Abramenko · Riecke · Schneider
WEG Kommentar
6. Auflage

Abramenko · Riecke · Schneider

WEG Kommentar

Herausgegeben von

Dr. Dr. Andrik Abramenko
Richter am Amtsgericht, Idstein

Dr. Olaf Riecke
weiland Richter am Amtsgericht Hamburg-Blankenese

Prof. Wolfgang Schneider
weiland Hochschullehrer an der Hochschule für Wirtschaft und Recht, Berlin

6., neu bearbeitete Auflage

Luchterhand Verlag 2025

Zitiervorschlag: Abramenko/Riecke/Schneider/*Bearbeiter* § x Rdn.

Bibliografische Information der Deutschen Nationalbibliothek

Die Deutsche Nationalbibliothek verzeichnet diese Publikation in der Deutschen Nationalbibliografie; detaillierte bibliografische Daten sind im Internet über http://dnb.d-nb.de abrufbar.

ISBN 978-3-472-09743-3

www.wolterskluwer.com

Umschlagkonzeption: Martina Busch, Grafikdesign, Homburg Kirrberg
Satz: Datagroup-Int SRL, Timisoara, Romania
Druck und Weiterverarbeitung: Rodona Industria Gráfica, Spanien

Gedruckt auf säurefreiem, alterungsbeständigem und chlorfreiem Papier.

Vorwort

In Deutschland gibt es rund zehn Millionen Wohnungs- und Teileigentumsrechte. Das Wohnungseigentumsrecht gehört damit zu den in der Rechtspraxis besonders wichtigen Rechtsgebieten. Wichtigstes Gesetz für alle Fragen rund um das Thema Wohnungseigentum ist das Wohnungseigentumsgesetz (WEG) aus dem Jahr 1951. Das Gesetz verfolgte damals das Ziel, den dringend notwendigen Wohnungsbau zu stärken und es der breiten Bevölkerung zu ermöglichen, Eigentum an einer Wohnung zu erwerben. Diese Ziele sind aufgrund der zunehmenden Wohnungsnot, vor allem in den deutschen Großstädten und Ballungsräumen, heute wichtiger denn je.

Im Laufe der Zeit sind Herausforderungen hinzugekommen. Dies betrifft etwa den Aus- und Umbau älterer Wohnungseigentumsanlagen zu energetisch sparsameren Objekten, die teils eigene Solaranlagen und Ladestationen für die E-Mobilität betreiben. Immer häufiger werden zudem Wohnungseigentumsrechte von institutionellen oder privaten Investoren zur Vermögensbildung oder zur Altersvorsorge erworben. Diese Gruppe von Eigentümern stellt andere Anforderungen an die Verwaltung des gemeinschaftlichen Eigentums. Wohnungs- und/oder Teileigentum wird von diesen wie eine Investition in eine Gesellschaft verstanden. Diesen Entwicklungen konnte das WEG nicht mehr in allen Fällen ausreichend gerecht werden.

Das wohnungseigentumsrechtliche Schrifttum hatte zwischen der Verkündung des WEMoG am 22.10.2020 und heute Gelegenheit, den Systemwechsel zu analysieren und die neue Dogmatik mit all ihren Facetten zu durchdringen.

Mit dieser 6. Auflage des WEG-Kommentars wird dem Leser der Systemwechsel im Spiegel von Rechtsprechung und Literatur veranschaulicht. Viele neuralgische Punkte des neuen Rechts werden neu vermessen. Wo immer zu diesem frühen Zeitpunkt möglich, haben alle Autoren versucht, nicht nur auf Fallstricke aufmerksam zu machen, sondern der Rechtspraxis Lösungen anzubieten.

Das WEMoG – in Kraft getreten am 01.12.2020 – hatte einen Paradigmenwechsel insbesondere bei der Verwaltung (obliegt jetzt der Gemeinschaft) und den baulichen Veränderungen herbeigeführt.

Selbst im Wortlaut unveränderte Normen, waren jetzt anders als früher auszulegen (§ 24 Abs. 2 WEG: Einberufung durch den Verwalter; nunmehr als Organ der Gemeinschaft).

Offen sind insbesondere noch folgende Fragen:

Ist der sog. Absenkungsbeschlusses anfechtbar (verneinend *LG Frankfurt*, Urteil vom 16.02.2023, 13 S 79/22, ZMR 2023, 564; bejahend *LG München I*, Urt. v. 21.03.2024 – 36 S 3331/23; ZMR 2024, 780)?

Wie ist die frühere »modernisierende Instandsetzung« zu qualifizieren (vgl. dazu Riecke, ZMR 2023, 178 unter Hinweis u.a. auf Bärmann/Dötsch, WEG, 15. Aufl. 2023, § 21 Rn. 24 und § 19 Rn. 161 ff.)?

Geklärt hat zumindest der *BGH* u.a. folgende Problemkreise:

Ein Beschluss über bauliche Veränderung darf die Zuweisung einer ausschließlichen Nutzungsbefugnis an dem dafür vorgesehenen Gemeinschaftseigentum zur Folge haben; einer Vereinbarung bedarf es nicht. Eine grundlegende Umgestaltung der Wohnanlage ist bei einer Maßnahme, die der Verwirklichung eines Zweckes i.S.d. § 20 Abs. 2 Satz 1 WEG dient, zumindest typischerweise nicht anzunehmen; der von dem Gesetzgeber im gesamtgesellschaftlichen Interesse erstrebten Privilegierung bestimmter Kategorien von Maßnahmen ist bei der Prüfung, ob eine grundlegende Umgestaltung vorliegt, im Sinne eines Regel-Ausnahme-Verhältnisses Rechnung zu tragen. Eine unbillige Benachteiligung eines Wohnungseigentümers setzt voraus, dass die beabsichtigte Maßnahme bei wertender Betrachtung und in Abwägung mit den mit der baulichen Veränderung verfolgten Vorteilen einem verständigen Wohnungseigentümer in zumutbarer Weise nicht abverlangt werden dürfte

(*BGH*, Urteil vom 09.02.2024 – V ZR 244/22, ZMR 2024, 391; *BGH*, Urteil vom 09.02.2024 – V ZR 33/23, ZMR 2024, 497);

Beschlüsse während der Corona-Pandemie in einer »Vertreter-Versammlung« sind nur anfechtbar, nicht aber nichtig (*BGH*, Urteil vom 08.03.2024, V ZR 80/23, ZMR 2024, 590);

Ein Beschluss, durch den – wie nach altem Recht – »der Wirtschaftsplan genehmigt wird«, ist nächstliegend dahingehend auszulegen, dass die Wohnungseigentümer damit lediglich die Höhe der in den Einzelwirtschaftsplänen ausgewiesenen Beträge (Vorschüsse) festlegen wollen (keine Teilnichtigkeit; vgl. *BGH*, Beschluss vom 25.10.2023, V ZB 9/23, ZMR 2024, 221);

§ 16 Abs. 2 Satz 2 WEG begründet die Kompetenz der Wohnungseigentümer, für einzelne Kosten oder bestimmte Arten von Kosten der Gemeinschaft der Wohnungseigentümer (GdWE) eine von dem gesetzlichen Verteilungsschlüssel oder von einer Vereinbarung abweichende Verteilung zu beschließen. Das gilt auch dann, wenn dadurch der Kreis der Kostenschuldner verändert wird, indem Wohnungseigentümer von der Kostentragung gänzlich befreit oder umgekehrt erstmals mit Kosten belastet werden (*BGH*, Urteil vom 22.03.2024, V ZR 81/23, ZMR 2074, 679; *BGH*, Urteil vom 22.03.2024, V ZR 87/23, ZMR 2024, 588).

Kosten, die der Gemeinschaft der Wohnungseigentümer (GdWE) in einem Beschlussklageverfahren auferlegt worden sind, gehören zu den Kosten der Verwaltung gemäß § 16 Abs. 2 S. 1 WEG, die, soweit keine abweichende Regelung getroffen worden ist, nach dem allgemeinen Kostenverteilungsschlüssel umzulegen sind; demzufolge muss bei Fehlen einer abweichenden Regelung auch der obsiegende Beschlusskläger die Prozesskosten der unterlegenen GdWE anteilig mitfinanzieren (*BGH*, Urt. v. 19.07.2024 – V ZR 139/23).

In den Anhängen zu WEG-Normen und am Ende des Kommentars werden Spezialfragen erörtert. Die Vorbemerkung Skauradszuns zu den §§ 23 ff. WEG zieht verbandsrechtliche Besonderheiten zum besseren Verständnis »vor die Klammer«.

Das WEMoG und dessen Systemwechsel wurden zum Anlass genommen, in der 6. Auflage den Kommentar »Riecke/Schmid« in »Abramenko/Riecke/Schneider« umzubenennen.

Das Autorenteam hat sich wie folgt geändert:

Professor Lehmann-Richter und RA Drasdo sind auf eigenen Wunsch ausgeschieden.

Neu hinzugekommen sind (in alphabetischer Reihenfolge):

RA Agatsy, RA Blankenstein, RA Fritsch, Rechtsanwältin Langjahr und Professor Skauradszun.

Am Schluss des Werkes findet sich eine Doppel-Synopse. Dort werden inhaltlich die Normen alten und neuen Rechts gegenübergestellt. Die Suche wird von »alt« nach »neu« und von »neu« nach »alt« ermöglicht.

Bearbeitungsstand ist September 2024. Die letzte gesetzliche Änderung erfolgte nach der Bundesratssitzung am 27.09.2024 mit der Einführung der virtuellen Eigentümerversammlung und der Qualifizierung der »Balkonkraftwerke« als privilegierte bauliche Veränderungen.

Über kritische Anmerkungen und weiterführende Hinweise aus dem Leserkreis – gerichtet z.B. an olaf@riecke-hamburg.de – freuen sich die Herausgeber.

Idstein, Hamburg und Berlin im September 2024

Dr. Dr. Andrik Abramenko

Dr. Olaf Riecke

Prof. Wolfgang Schneider

Autoren

Dr. Dr. Andrik Abramenko
Richter am Amtsgericht, Idstein

Kai-Uwe Agatsy
Rechtsanwalt, Berlin

Alexander C. Blankenstein
Rechtsanwalt, Düsseldorf

Johannes Drabek (bis zur 4. Aufl.)
weiland Rechtsanwalt, Erlangen

Michael Drasdo (bis zur 5. Aufl.)
Rechtsanwalt, Neuss

Dr. Oliver Elzer
Vors. Richter am Kammergericht, Berlin

Rüdiger Fritsch
Rechtsanwalt, Solingen

Dr. Sylvia Graf
Vors. Richterin am Landgericht, Itzehoe

Anne Kopatschek
Steuerberaterin, Köln

Carsten Küttner
Rechtsanwalt, Hamburg

Dr. Grete Langjahr
Rechtsanwältin, München

Prof. Dr. Arnold Lehmann-Richter (bis zur 5. Aufl.)
Professor an der Hochschule für Wirtschaft und Recht, Berlin

Dr. Olaf Riecke
weiland Richter am Amtsgericht, Hamburg-Blankenese

Dr. Michael J. Schmid (†) (bis zur 4. Aufl.)
weiland Richter am Bayerischen Obersten Landesgericht, München

Prof. Wolfgang Schneider
weiland Professor an der Hochschule für Wirtschaft und Recht, Berlin

Prof. Hon.-Prof. Dr. Dominik Skauradszun, LL.M.
Professor, Hochschule Fulda, Honorarprofessor, Nottingham Trent University, Richter am Oberlandesgericht, Frankfurt a.M.

Dr. A. Olrik Vogel
Rechtsanwalt, München

Julia Weber
Rechtsanwältin, Köln

Autoren

Dr. Dr. Andrik Abramenko
Richter am Amtsgericht, Idstein

Kai-Uwe Agatsy
Rechtsanwalt, Berlin

Alexander C. Blankenstein
Rechtsanwalt, Düsseldorf

Johannes Drabek (bis zur 4. Aufl.)
weiland Rechtsanwalt, Erlangen

Michael Drasdo (bis zur 5. Aufl.)
Rechtsanwalt, Neuss

Dr. Oliver Elzer
Vors. Richter am Kammergericht, Berlin

Rüdiger Fritsch
Rechtsanwalt, Solingen

Dr. Sylvia Graf
Vors. Richterin am Landgericht, Itzehoe

Anne Kopatschek
Steuerberaterin, Köln

Carsten Küttner
Rechtsanwalt, Hamburg

Dr. Grete Langjahr
Rechtsanwältin, München

Prof. Dr. Arnold Lehmann-Richter (bis zur 5. Aufl.)
Professor an der Hochschule für Wirtschaft und Recht, Berlin

Dr. Olaf Riecke
weiland Richter am Amtsgericht, Hamburg-Blankenese

Dr. Michael J. Schmid (†) (bis zur 4. Aufl.)
weiland Richter am Bayerischen Obersten Landesgericht, München

Prof. Wolfgang Schneider
weiland Professor an der Hochschule für Wirtschaft und Recht, Berlin

Prof. Hon.-Prof. Dr. Dominik Skauradszun, LL.M
Professor, Hochschule Fulda, Honorarprofessor, Nottingham Trent University, Richter am Oberlandesgericht, Frankfurt a.M.

Dr. A. Olrik Vogel
Rechtsanwalt, München

Julia Weber
Rechtsanwältin, Köln

Bearbeiterverzeichnis

Dr. Dr. Abramenko	§§ 9b, 13–16, 20- 22, 26–29, Vor § 43–45
Agatsy	Anhänge zu § 13, 14
Blankenstein	GEG
Dr. Elzer	§§ 556-556a BGB; §§1-14 HeizkostenV; §§ 1-5 WohnflV
Dr. Graf	§§ 18, 19, 21 WEG
Küttner	§§ 18, 20, tlw. 23 WEG
Dr. Langjahr	Anhang zu § 8 WEG (inkl. Muster) mit Dr. Vogel
Dr. Riecke	§§ 17–19, tw. 23, 24, – 25, 30 – 42, 47, 48, 60, 62 – 64 WEG, Anhänge zu § 8 (inkl. Muster), 13 und 16 WEG; §§ 554 BGB, § 2 BetrKV, §§ 1-5 WohnflV; Trinkwasserverordnung; Rauchwarnmelder
Kopatschek/Weber	Steuerrecht
Prof. Schneider	§§ 1–9, 11, 12, 46, 49 WEG
Prof. Dr. Skauradszun	§§ 9a, 10, Vor §§ 23-25 WEG
Dr. Vogel	Anhang zu § 8 WEG (inkl. Muster) mit Dr. Langjahr

Inhaltsübersicht

Inhaltsverzeichnis

Abkürzungsverzeichnis

a.A.	anderer Ansicht
a.a.O.	am angegebenen Ort
a.E.	am Ende
a.F.	alte Fassung
abl.	ablehnend
Abs.	Absatz
Abschn.	Abschnitt
abw.	abweichend
AG	Amtsgericht
AGB	Allgemeine Geschäftsbedingungen
AGBG	Gesetz zur Regelung des Rechts der Allgemeinen Geschäftsbedingungen (AGB-Gesetz)
allg.	allgemein
Alt.	Alternative
Anh.	Anhang
Anl.	Anlage
Anm.	Anmerkung
AO	Abgabeordnung
Art.	Artikel
Aufl.	Auflage
AVBFernwärmeV	Verordnung über allgemeine Bedingungen für die Versorgung mit Fernwärme
Az.	Aktenzeichen
BAG	Bundesarbeitsgericht
BauGB	Baugesetzbuch
BauNVO	Baunutzungsverordnung
BauR	Baurecht (Zeitschrift)
BayObLG	Bayerisches Oberstes Landesgericht
BayObLGZ	Entscheidungen des Bayerischen Obersten Landesgerichts in Zivilsachen
BayVBl	Bayerische Verwaltungsblätter
BayVerfGH	Bayerischer Verfassungsgerichtshof
BayVGH	Bayerischer Verwaltungsgerichtshof
BB	Betriebs-Berater (Zeitschrift)
Bd.	Band
Bek.	Bekanntmachung
BerlVerfGH	Verfassungsgerichtshof des Landes Berlin
Beschl.	Beschluss
betr.	betreffend
BetrKV	Betriebskostenverordnung
BetrVG	Betriebsverfassungsgesetz
BewG	Bewertungsgesetz
BFH	Bundesfinanzhof
BGB	Bürgerliches Gesetzbuch
BGBl	Bundesgesetzblatt
BGH	*Bundesgerichtshof*
BGHZ	Entscheidungen des Bundesgerichtshofs in Zivilsachen
BImSchV	Verordnungen zur Durchführung des Bundes-Immissionsschutzgesetzes (mit jeweiliger Nr.)
BlGBW	Blätter für Grundstücks-, Bau- und Wohnungsrecht
BR-Drucks	Bundesrats-Drucksache
BRAGO	Bundesgebührenordnung für Rechtsanwälte
BStBl	Bundessteuerblatt
BT-Drucks	Bundestagsdrucksache
Buchst.	Buchstabe

II. BV	Zweite Berechnungsverordnung
BVerfG	Bundesverfassungsgericht
BVerfGE	Entscheidungen des Bundesverfassungsgerichts
BVerwG	*Bundesverwaltungsgericht*
BVerwGE	Entscheidungen des Bundesverwaltungsgerichts
BWNotZ	Zeitschrift für das Notariat in Baden-Württemberg
bzw.	beziehungsweise
ca.	Circa
d.h.	das heißt
dass.	dasselbe
DB	Der Betrieb (Zeitschrift)
ders.	derselbe
DGVZ	Deutsche Gerichtsvollzieher-Zeitung
DIN	Deutsche Industrienorm
DNotZ	Deutsche Notar-Zeitschrift
DRiZ	Deutsche Richterzeitung
DStR	Deutsches Steuerrecht (Zeitschrift)
DtZ	Deutsch-Deutsche Rechts-Zeitschrift
DW	Die Wohnungswirtschaft (Zeitschrift)
DWE	Der Wohnungseigentümer (Zeitschrift)
DWW	Deutsche Wohnungswirtschaft (Zeitschrift)
EFG	Entscheidungen der Finanzgerichte
EGBGB	Einführungsgesetz zum Bürgerlichen Gesetzbuch
EichG	Gesetz über das Eich- und Messwesen
EnEG	Gesetz zur Einsparung von Energie in Gebäuden
EnEV	Verordnung über energiesparende Anlagentechnik bei Gebäuden
entspr.	entsprechend
ErbbauVO	Verordnung über das Erbbaurecht
Erl.	Erläuterung(en)
EStG	Einkommensteuergesetz
etc.	et cetera
EuGVVO	Verordnung (EG) des Rates über die gerichtliche Zuständigkeit und die Anerkennung und Vollstreckung von Entscheidungen in Zivil- und Handelssachen
EuGVÜ	Europäische Übereinkunft über die gerichtliche Zuständigkeit und die Vollstreckung gerichtlicher Entscheidungen in Zivil- und Handelssachen
EZB	Europäische Zentralbank
EzFamR	Entscheidungssammlung zum Familienrecht
f. (ff.)	folgend(e)
FamGB	Familiengesetzbuch der DDR
FamRZ	Zeitschrift für das gesamte Familienrecht
FG	Finanzgericht
FGG	Gesetz über die Angelegenheiten der freiwilligen Gerichtsbarkeit
Fn.	Fußnote
GBO	Grundbuchordnung
GBV	Grundbuchverfügung
GE	Das Grundeigentum. (Zeitschrift für die gesamte Grundstücks-, Haus- und Wohnungswirtschaft)
gem.	gemäß
GenG	Gesetz betreffend die Erwerbs- und Wirtschaftsgenossenschaften
GewO	Gewerbeordnung
GG	Grundgesetz
ggf.	gegebenenfalls

GKG	Gerichtskostengesetz
GmbH	Gesellschaft mit beschränkter Haftung
GmbHG	Gesetz betreffend die Gesellschaften mit beschränkter Haftung
GStG	Gewerbesteuergesetz
GStR	Gewerbesteuerrichtlinien
GVG	Gerichtsverfassungsgesetz
GVKostG	Gesetz über die Kosten d. Gerichtsvollzieher
h.M.	herrschende Meinung
Halbs.	Halbsatz
HausratsVO	Verordnung über die Behandlung der Ehewohnung und des Hausrats (Sechste Durchführungsverordnung zum Ehegesetz)
HaustürWG	Gesetz über den Widerruf von Haustürgeschäften
HeizkostenV	Verordnung über die verbrauchsabhängige Abrechnung der Heiz- und Warmwasserkosten (Verordnung über die Heizkostenabrechnung – Heizkostenverordnung)
HFR	Höchstrichterliche Finanzrechtsprechung
HGB	Handelsgesetzbuch
HKA	Die Heizkostenabrechnung
HmbGE	Hamburger Grundeigentum (Zeitschrift)
i.d.F.	in der Fassung
i.d.R.	in der Regel
i.e.	im Einzelnen
i.H.v.	in Höhe von
InsO	Insolvenzordnung
i.S.d.	im Sinne des/der
i.Ü.	im Übrigen
i.V.m.	in Verbindung mit
inkl.	inklusive
JGG	Jugendgerichtsgesetz
JurBüro	Das Juristische Büro (Zeitschrift)
JW	Juristische Wochenschrift (Zeitschrift)
JZ	Juristen-Zeitung
KEHE	Kuntze/Ertl/Herrmann/Eickmann, Grundbuchrecht
KLBR	Korintenberg/Lappe/Bengel/Reimann, Kommentar zur KostO
KG	*Kammergericht*, Kommanditgesellschaft
KO	Konkursordnung
KrsG	Kreisgericht
KStG	Körperschaftsteuergesetz
LAG	Landesarbeitsgericht
LG	Landgericht
Lit.	Literatur
LPartG	Lebenspartnerschaftsgesetz
m.	mit
m.E.	meines Erachtens
m.w.N.	mit weiteren Nachweisen
MaBV	Verordnung über die Pflichten der Makler, Darlehens- und Anlagenvermittler, Bauträger und Baubetreuer (Makler- und Bauträgerverordnung)
MDR	Monatsschrift für Deutsches Recht (Zeitschrift)
MHG	Gesetz zur Regelung der Miethöhe
MieWo	Miet- und Wohnungsrecht – Texte und Erläuterungen
MieWoE	Miet- und Wohnungsrecht Entscheidungssammlung
MieWoEG	Miet- und Wohnungsrecht Entscheidungssammlung Gewerberaum

MitBayNot	Mitteilungen der Bayerischen Notarkammer und der Notarkasse
MüKo	Münchener Kommentar zum Bürgerlichen Gesetzbuch
MM	Mietermagazin (Zeitschrift)
ModEnG	Gesetz zur Förderung der Modernisierung und von Maßnahmen zur Einsparung von Heizenergie (Modernisierungs- und Energieeinsparungsgesetz)
m.w.N.	mit weiteren Nachweisen
m.W.v.	mit Wirkung vom
MwSt.	Mehrwertsteuer
NdsRpfl.	Niedersächsische Rechtspflege
n.F.	neue Fassung
NJ	Neue Justiz (Zeitschrift)
NJW	Neue Juristische Wochenschrift (Zeitschrift)
NJW-RR	NJW-Rechtsprechungsreport Zivilrecht
NJWE-MietR	NJW-Entscheidungsdienst Miet- und Wohnungsrecht (Zeitschrift)
NMV 1970	Verordnung über die Ermittlung der zulässigen Miete für preisgebundene Wohnungen (Neubaumietenverordnung)
Nr.	Nummer
n.v.	nicht veröffentlicht
o.	oben
o.ä.	oder ähnliches
o.g.	oben genannt(e)
OLG	Oberlandesgericht
OLGE	Die Rechtsprechung der Oberlandesgerichte auf dem Gebiet des Zivilrechts
OLGZ	Entscheidungen der Oberlandesgerichte in Zivilsachen
OVG	Oberverwaltungsgericht
OWiG	Gesetz über Ordnungswidrigkeiten
RE	Rechtsentscheid
Rn.	Randnummer
RG	Reichsgericht
RGRK	Das Bürgerliche Gesetzbuch mit besonderer Berücksichtigung der Rechtsprechung des Reichsgerichts und des Bundesgerichtshofes
RGZ	Entscheidungen des Reichsgerichts in Zivilsachen
RiLi	Richtlinie
Rpfleger	Der Deutsche Rechtspfleger (Zeitschrift)
RPflG	Rechtspflegergesetz
Rspr.	Rechtsprechung
RVG	Rechtsanwaltsvergütungsgesetz
S.	Satz
S.	Seite
s.a.	Siehe auch
SchRAnpG	Gesetz zur Anpassung schuldrechtlicher Nutzungsverhältnisse an Grundstücken im Beitrittsgebiet (Schuldrechtsanpassungsgesetz)
s.o.	siehe oben
Sog.	so genannt(e)
st.	ständig(e)
StGB	Strafgesetzbuch
str.	streitig
s.u.	siehe unten
Tz.	Textziffer
u.	und
u.a.	unter anderem
u.U.	unter Umständen

Urt.	Urteil
UStG	Umsatzsteuergesetz
UStR	Umsatzsteuerrichtlinien
usw.	und so weiter
v.	vom, von
VDI	Verein Deutscher Ingenieure
VersR	Versicherungsrecht (Zeitschrift)
VG	Verwaltungsgericht
VGH	Verwaltungsgerichtshof
vgl.	vergleiche
v.H.	vom Hundert
Vorbem.	Vorbemerkung
VuR	Verbraucher und Recht (Zeitschrift)
VwGO	Verwaltungsgerichtsordnung
WärmeschutzV	Verordnung über einen energiesparenden Wärmeschutz bei Gebäuden (Wärmeschutzverordnung)
WE	Wohnungseigentum (Zeitschrift)
WEG	Wohnungseigentumsgesetz
WGG	Gesetz über die Gemeinnützigkeit im Wohnungswesen (Wohnungsgemeinnützigkeitsgesetz)
WGGDV	Verordnung zur Durchführung des Wohnungsgemeinnützigkeitsgesetzes
WGV	Wohnungsgrundbuchverfügung
WiB	Wirtschaftsrechtliche Beratung (Zeitschrift)
WiStG	Wirtschaftsstrafgesetz
WKSchG	Zweites Wohnraumkündigungsschutzgesetz
WoBauErlG	Gesetz zur Erleichterung des Wohnungsbaus im Planungs- und Baurecht sowie zur Änderung mietrechtlicher Vorschriften (Wohnungsbau-Erleichterungsgesetz)
II. WoBauG	Zweites Wohnungsbaugesetz (Wohnungsbau und Familienheimgesetz)
WoBindG	Gesetz zur Sicherung der Zweckbestimmung von Sozialwohnungen (Wohnungsbindungsgesetz)
WoFG	Wohnraumförderungsgesetz
WoflV	Wohnflächenverordnung
WPM	Wertpapier-Mitteilungen (Zeitschrift)
WoVermG	Gesetz zur Regelung der Wohnungsvermittlung
WuM	Wohnungswirtschaft und Mietrecht (Zeitschrift)
z.B.	zum Beispiel
ZGB	Zivilgesetzbuch der DDR
Ziff.	Ziffer
ZIP	Zeitschrift für Wirtschaftsrecht
zit.	zitiert
ZK	Zivilkammer
ZMR	Zeitschrift für Miet- und Raumrecht
ZPO	Zivilprozessordnung
z.T.	zum Teil
ZVG	Gesetz über die Zwangsversteigerung und die Zwangsverwaltung (Zwangsversteigerungsgesetz)
zzgl.	zuzüglich
ZZP	Zeitschrift für Zivilprozess

Literaturverzeichnis

Abramenko	Das neue WEG in der anwaltlichen Praxis, 1. Aufl. 2007
ders.	Handbuch WEG 2. Aufl. 2013
Bärmann	Wohnungseigentumsgesetz, 15. Aufl. 2023
ders.	Kurzlehrbuch, 1991
Bärmann/Seuß	Praxis des Wohnungseigentums, 7. Aufl. 2017 (Münchener HdB des WE-Rechts, 2023, 8. Aufl.)
Bamberger/Roth/ Bearbeiter	Kommentar zum BGB mit Wohnungseigentumsgesetz, 5. Aufl. 2023
Bauer/Schaub	Kommentar zur GBO, 5. Aufl. 2023
Becker	Die Teilnahme an der Versammlung der Wohnungseigentümer, 1996
Becker/Ott/Suilmann	Wohnungseigentum, 3. Aufl. 2015
BGB-RGRK	Das Bürgerliche Gesetzbuch mit besonderer Berücksichtigung der Rechtsprechung des Reichsgerichts und des Bundesgerichtshofs, 12. Aufl., 1996
Bischof/Jungbauer pp.	RVG – Kompaktkommentar, 9. Aufl. 2021
Blackert	Die Wohnungseigentümergemeinschaft im Zivilprozess, 1999
Blankenstein/Probst/wilde	GEG 2024 Heizungsgesetz in der Praxis, 2024
Bornheimer	Das Stimmrecht im Wohnungseigentumsrecht, 1993
Boruttau/Bearbeiter	Kommentar zum Grunderwerbsteuergesetz, 18. Aufl. 2016 (Viskorf 21. Aufl. 2024)
Böttcher	Kommentar zum ZVG, 7. Aufl. 2022
Bub/von der Osten	Wohnungseigentum von A-Z, 7. Aufl. 2004 (Nachtrag 2007)
Bub	Rew. Das Finanz- und Rechnungswesen der Wohnungseigentümergemeinschaft, 2. Aufl. 1996
Dassler/Schiffhauer/ Bearbeiter	Kommentar zum ZVG, 16. Aufl. 2020
Deckert	Die Eigentumswohnung, Loseblattsammlung
Demharter	Grundbuchordnung, 33. Aufl. 2023
Diester	Kommentar zum WEG, 1952
Drabek	Das Wohnungseigentum, 2002
Drasdo	Die Eigentümerversammlung nach WEG, 5. Aufl. 2014
Elzer/Fritsch/Meier	Wohnungseigentumsrecht (NomosFormulare), 4. Aufl. 2023
Erman/Bearbeiter	Kommentar zum BGB mit Wohnungseigentumsgesetz, 17. Aufl. 2023
Ernst/Zinkahn/Bielenberg/ Krautzberger/Fassbender/ Hötzel/ v. Jeinsen/Pikalo,	HöfeO, 3. Aufl. 1994
Feuerich/Weyland	BRAO, 9. Aufl. 2016 (Weyland, 11. Aufl. 2024)
Fritsch	Das neue Wohnungseigentumsgesetz, 2007
Gerold/Schmidt	Rechtsanwaltsvergütungsgesetz – RVG, 26. Aufl. 2024
Gottschalg	Die Haftung von Verwalter und Beirat in der Wohnungseigentümergemeinschaft, 3. Aufl. 2009

Greiner	Wohnungseigentumsrecht, 5. Aufl. 2022
Grüneberg/Bearbeiter	Kommentar zum BGB mit WEG, 83. Aufl. 2024
Häublein	Sondernutzungsrechte und ihre Begründung im Wohnungseigentumsrecht, 2003
Hartmann	Kostengesetze, 48. Aufl. 2018 (Toussaint 53. Aufl. 2023)
Harz/Riecke/Schmid	Handbuch des Fachanwalts Miet- und Wohnungseigentumsrecht, 7. Aufl. 2020
Heckschen/Herrler/Münch	Becksches Notar-Handbuch/Bearbeiter 8. Aufl. 2024
Heismann	Werdende Wohnungseigentümergemeinschaft, 2003
Hinz/Junker/v. Rechenberg/Sternel	Formularbuch des Fachanwalts Miet- und Wohnungseigentumsrecht, 4. Aufl. 2021
Hock/Bohner/Bohlander/Surges	Immobiliarvollstreckung, 7. Aufl. 2024
Hügel	Grundbuchordnung, 5. Aufl. 2024
Hügel	Wohnungseigentum, 5. Aufl. 2021
Hügel/Elzer	Das neue WEG-Recht, 1. Aufl. 2007
Hügel/Elzer	WEG, 3. Aufl. 2021
Jennißen/Schmidt	Der WEG-Verwalter, 2. Aufl. 2010
Jennißen	Die Verwalterabrechnung nach dem WEG, 7. Aufl. 2013
Jennißen/Schwermer	Ratgeber für die Wohnungseigentümerversammlung, 1991
Kahlen	Das neue Wohnungseigentumsrecht, 2007
ders.	Praxiskommentar zum WEG 1. Aufl. 2000
Köhler	Das neue WEG, 1. Aufl. 2007
Köhler/Bearbeiter	Anwaltshandbuch Wohnungseigentumsrecht, 5. Aufl. 2023
Kuntze/Ertl/Herrmann/Eickmann (KEHE/Bearbeiter)	Grundbuchrecht, 9. Aufl. 2024
Lammel	Heizkostenverordnung, 5. Aufl. 2022
Lüdtke-Handjery/von Jeinsen/Bearbeiter	Höfeordnung - HöfeO, 11. Aufl. 2015
Lutter/Winter/Bearbeiter	Kommentar zum UmwG, 7. Aufl. 2023
Maletz	Grundstücks- und Wohnungskauf von A-Z, 2. Aufl. 2006
Meikel/Bearbeiter	Grundbuchrecht, 11. Aufl. 2014
Müller	Becksches Formularbuch Wohnungseigentumsrecht/Bearbeiter 5. Aufl. 2022
Müller/Fichtner	Praktische Fragen des Wohnungseigentums, 7. Aufl. 2023
Münchener Kommentar BGB/Bearbeiter (MüKo/Bearbeiter)	Kommentar zum BGB, Band Sachenrecht mit Wohnungseigentumsgesetz, 9. Aufl. 2023
Münchener Kommentar ZPO/Bearbeiter	Kommentar zur ZPO, 7. Aufl.
Munzig	Teilungserklärung und Gemeinschaftsordnung, 2. Aufl. 2008
Musielak/Voit/Bearbeiter	Zivilprozessordnung - ZPO, 21. Aufl. 2024

Niedenführ/Schmidt-Räntsch/Vandenhouten	WEG, 13. Aufl. 2020
Ott	Das Sondernutzungsrecht, 2000
Prütting/Wegen/Weinreich	BGB Kommentar mit WEG, 18. Aufl. 2024
Riecke/Schmidt/Elzer	Die erfolgreiche Eigentümerversammlung, 4. Aufl., 2006
Röll/Sauren	Handbuch für Wohnungseigentümer und Verwalter, 10. Aufl. 2018
Sauren	Kommentar zum WEG, 7. Aufl. 2025
ders.	Verwaltungsvertrag und Verwaltervertrag im Wohnungseigentum, 3. Aufl. 2000
Schmid	Handbuch der Mietnebenkosten, 18. Aufl. 2022
Schmid/Harz	Mietrecht, 6. Aufl. 2020
Schneider, W.	Wohnungseigentumsrecht 1. Aufl. 2017
Schöner/Stöber	Grundbuchrecht, 16. Aufl. 2020
Seuß	Die Eigentumswohnung, 11. Aufl. 2000
Soergel/Bearbeiter	Kommentar zum BGB mit WEG, 14. Aufl. WEG,
Skauradszun	Der Beschluss als Rechtsgeschäft, 2020
Spielbauer/Then	Kommentar WEG, 3. Aufl. 2017
Staudinger/Bearbeiter	Kommentar zum BGB mit WEG, Neu-Bearbeitung 2023
Steiner/Bearbeiter	Zwangsversteigerung und Zwangsverwaltung, 9. Aufl. 1984
Stöber	Forderungspfändung, 17. Aufl.
Stöber	Zwangsversteigerungsgesetz - ZVG, 23. Aufl. 2022
Weitnauer/Bearbeiter	Wohnungseigentumsgesetz, 9. Aufl. 2005
Zöller/Bearbeiter	ZPO, 35. Aufl. 2024

Gesetz über das Wohnungseigentum und das Dauerwohnrecht (Wohnungseigentumsgesetz)

Vom 15.03.1951 (BGBl I. S. 175, 209), neugefasst durch B. v. 12.01.2021 BGBl. I S. 34

Zuletzt geändert durch Art. 34 Abs. 15 des Gesetzes vom 22. Dezember 2023 (BGBl. I. 2023 Nr. 411)

Teil 1 Wohnungseigentum

Abschnitt 1 Begriffsbestimmungen

§ 1 Begriffsbestimmungen

(1) Nach Maßgabe dieses Gesetzes kann an Wohnungen das Wohnungseigentum, an nicht zu Wohnzwecken dienenden Räumen eines Gebäudes das Teileigentum begründet werden.

(2) Wohnungseigentum ist das Sondereigentum an einer Wohnung in Verbindung mit dem Miteigentumsanteil an dem gemeinschaftlichen Eigentum, zu dem es gehört.

(3) Teileigentum ist das Sondereigentum an nicht zu Wohnzwecken dienenden Räumen eines Gebäudes in Verbindung mit dem Miteigentumsanteil an dem gemeinschaftlichen Eigentum, zu dem es gehört.

(4) Wohnungseigentum und Teileigentum können nicht in der Weise begründet werden, daß das Sondereigentum mit Miteigentum an mehreren Grundstücken verbunden wird.

(5) Gemeinschaftliches Eigentum im Sinne dieses Gesetzes sind das Grundstück und das Gebäude, soweit sie nicht im Sondereigentum oder im Eigentum eines Dritten stehen.

(6) Für das Teileigentum gelten die Vorschriften über das Wohnungseigentum entsprechend.

Literatur

Abramenko Das neue WEG in der anwaltlichen Praxis 2007; *ders.* Die Wohnungseigentümergemeinschaft als Eigentümerin in derselbe Wohnanlage ZWE 2010, 193; *ders.* Erwerb wertloser Einheiten durch die Wohnungseigentümergemeinschaft ZWE 2010, 452; *ders.* Das neue Wohnungseigentumsrecht – WEG-Reform 2020, 2021; *Armbrüster* Parallelen zwischen Wohnungseigentumsrecht und Gesellschaftsrecht FS Wenzel 2005, 85; *Bärmann* Zur Dogmatik des gemeinen Raumeigentums AcP 155, 1; *ders.* Zur Theorie des Wohnungseigentumsrechts NJW 1989, 1057; *Basty* Erwerb von Wohnungseigentum durch die Gemeinschaft ZWE 2009, 253; *Becker/Schneider* WEG-Reform 2020: Anmerkungen zum Regierungsentwurf des WEMoG ZfIR 2020, 281; *Belz* Die werdende Wohnungseigentümergemeinschaft FS Merle 2000, 51; *Bernert/Bühler* Endlich Rechtssicherheit bei grundstücksübergreifenden Tiefgaragen DNotZ 2023, 885; *Böttcher* Erfahrungen mit dem reformierten Wohnungseigentumsrecht Rpfleger 2009, 181; *Bonifacio* Die Wohnungseigentümergemeinschaft als Wohnungseigentümerin im eigenen Verwaltungsobjekt ZMR 2009, 257; *Bräuer/Oppitz* Hausgeldforderungen in der Zwangsversteigerung ZWE 2007, 326; *Brünger* Eigentumswohnungen auf teilweise fremdem Grundstück MittRhNotK 1987, 269; *Bub* Das Verwaltungsvermögen ZWE 2007, 15; *ders.* Gestaltung der Teilungserklärung und Gemeinschaftsordnung WE 1993, 185 u. 212; *Coester* Die »werdende Eigentümergemeinschaft« im Wohnungseigentumsgesetz NJW 1990, 3184; *Deckert* Zum rechtlichen Status einer werdenden Eigentümergemeinschaft ZMR 2005, 335; *Demharter* Wohnungseigentum und Überbau Rpfleger 1983, 133; *ders.* Isolierter Miteigentumsanteil beim Wohnungseigentum NZM 2000, 1196; *ders.* Grundbuchfähigkeit der rechtsfähigen Wohnungseigentümergemeinschaft NZM 2005, 601; *DNotI-Gutachten* Erbbaurecht an in Wohnungseigentum aufgeteiltem Grundstück DNotI-Report 1998, 13; *DNotI-Gutachten* Aufteilung in Wohnungseigentum bei Überbau in Luftraum des benachbarten Grundstücks (Straße), DNotI-Report 2002, 9; *DNotI-Gutachten* Aufteilung in Wohnungseigentum bei Eigengrenzüberbau DNotI-Report 2007, 1; *DNotI-Gutachten* Wohnungseigentümergemeinschaft als Grundstückseigentümerin bzw. Wohnungseigentümerin DNotI-Report 2007, 169; *DNotI-Gutachten* Vermächtniserfüllung durch Übereignung von Wohnungseigentum von der Großmutter an minderjährige Enkelkinder; Bestellung von Ergänzungspflegern; Nachweise gegenüber dem Grundbuchamt DNotI-Report 2008, 131; *DNotI-Gutachten* Überbau einer Tiefgarage von kleinem Zufahrtsgrundstück aus DNotI-Report 2009, 49; *DNotI-Gutachten* Regelung zum Stimmrecht von Wohnungs- und Teileigentümern in einer Wohnungseigentümergemeinschaft DNotI-Report 2009, 131; *DNotI-Gutachten* Nr. 117232 v. 01.06.2012: Vertretung des Verbands der Wohnungseigentümer durch den Verwalter; Nachweis eines Beschlusses gem. § 27 Abs. 3 Nr. 7 WEG im Grundbuchverfahren = DNotI-Report 2013, 177; *DNotI-Gutachten* Nr. 127640 v. 07.02.2013: Erwerb des Erbbaurechtsgrundstücks durch die Wohnungseigentümergemeinschaft; DNotI-Gutachten Identität des Auflassungsgegenstands bei nachträglicher Änderung der Teilungserklärung DNotI-Report 2016, 77; *DNotI-Gutachten* Aufteilung eines mit einem Erbbaurecht belasteten Grundstücks nach WEG, DNotI-Report 2022, 129; *Dötsch/Schultzky/Zschieschack* (DSZ) WEG-Recht 2021, 2021; *Drasdo* Rechtsfähigkeit der Wohnungseigentümergemeinschaft NJW 2004, 1988; *Elzer* Die Teilrechtsfähigkeit der Wohnungseigentümergemeinschaft MietRB 2005, 248; ders. Die WEG-Novelle 2007 WuM 2007, 295; *ders.* Änderungen des ZVG durch die WEG-Novelle ZAP 2007, 1025; *ders.* Die rechtsfähige Gemeinschaft der Wohnungseigentümer im Lichte des Verbandsrechts – die Rechtslage in Deutschland ZMR 2013, 769; *ders.* Überbau und Wohnungseigentumsrecht FS Riecke (2019), 83; *Ertl* Ausübungsbereiche des Wohnungsrechts am Wohnungseigentum FS Bärmann und Weitnauer 1990, 251; *ders.* Isoliertes Miteigentum? WE 1992, 219; *ders.* Wohnungseigentum oder isolierter Miteigentumsanteil? MittBayNot 1991, 141; Froese Das Wohnungseigentum als verfassungsrechtliches Eigentum? ZWE 2015, 250; *Gaberdiel* Mängel bei der Begründung von Wohnungseigentum NJW 1972, 847; *Göken* Die Mehrhausanlage im Wohnungseigentumsrecht 1999; *Greiner* Überlegungen zur WEG-Reform ZMR 2018, 821 u. 912, ZMR 2019, 182 u. 257; *Häublein* Mehrhausanlagen und Rechtsfähigkeit der Gemeinschaft ZWE 2010, 149; *ders.* Der Erwerb von Sondereigentum durch die Wohnungseigentümergemeinschaft FS Seuß 2007, 127; *ders.* Gestaltungsprobleme im Zusammenhang mit der abschnittsweisen Errichtung von Wohnungseigentumsanlagen DNotZ 2000, 442; *Heinemann* Wohnungseigentum unter der Erde, zu Wasser und in der Luft ZMR 2017, 547; *Heinrich* 60 Jahre Wohnungseigentum – eine Terra Incognita ZMR 2012, 421; *Heismann* Die werdende Wohnungseigentümergemeinschaft – ein traditionelles Rechtsinstitut des WEG auf dem dogmatischen Prüfstand, ZMR 2004, 10; ders. Die werdende Wohnungseigentümergemeinschaft – Die ungewisse Zukunft eines traditionellen Rechtsinstituts 2003; *Hügel* Die Begründung von Wohnungseigentum am selbständigen Gebäudeeigentum und dessen Behandlung im Rahmen von § 67 SachenRBerG DtZ 1996, 66; *ders.* Das unvollendete oder substanzlose Sondereigentum ZMR 2004, 549; *ders.* Die Teilrechtsfähigkeit der Wohnungseigentümergemeinschaft und ihre Folgen für die notarielle Praxis DNotZ 2005, 753; *ders.* Die Umwandlung von Teileigentum zum Wohnungseigentum und umgekehrt FS Bub 2007, S. 137; *ders.* Das neue Wohnungseigentumsrecht DNotZ 2007, 326; *ders.* Die Umwandlung von Teileigentum zu Wohnzwecken und umgekehrt ZWE 2008, 120; *ders.* Die Mehrhausanlagen nach der Reform des WEG NZM 2010, 8; *Hügel/Elzer* Das neue WEG-Recht 2007; *dies.* 2 Jahre neues WEG – oder: Das Wohnungseigentum auf dem Weg vom Immobiliareigentum zur gesellschaftsrechtlichen Beteiligung? NZM 2009, 457; *Hügel/Elzer* Die Reform des Wohnungseigentumsrechts durch das WEMoG DNotZ 2021, 3; *Hurst* »Mit-Sondereigentum« und »abgesondertes Miteigentum«, noch ungelöste Probleme des Wohnungseigentumsgesetzes DNotZ 1968, 131; *Junker* Die Gesellschaft nach dem Wohnungseigentumsgesetz 1993; *Klühs* Dingliche und grundbuchverfahrensrechtliche Auswirkungen der Nichterrichtung von Wohnungs- bzw. Teileigentum ZWE 2010, 730; *Langhein* Das neue Vorkaufsrecht des Mieters bei Umwandlungen DNotZ 1993, 650; *Lehmann-Richter/Wobst* WEG-Reform 2020, 2020; *Ludwig* Grenzüberbau bei Wohnungs- und Teileigentum DNotZ 1983, 411; *ders.* Begründung von Raumeigentum beim Sonderfall des Grenzüberbaus BWNotZ 1984, 133; *ders.* Überbaurente und Parteivereinbarung DNotZ 1984, 541; *Lutter* Die Grenzen des sogenannten Gutglaubensschutzes im Grundbuch AcP 164, 122; *Merle* Das Wohnungseigentum im System des bürgerlichen Rechts 1979; *ders.* Die Mehrhausanlage – Bauträgervertrag und Gemeinschaftsordnung ZWE 2005, 164; *Müller, H* Der Übergang von der Bauherrengemeinschaft zur Wohnungseigentümergemeinschaft FS Seuß (1997) S. 211; *ders.* Zuordnung und Übergang des Verwaltungsvermögens gem. § 10 VII WEG ZWE 2012, 472; *Nüßlein* Die Divergenzen zwischen Wohnungseigentums- und Mietrecht 2006; *Oppermann* Grundstücksübergreifende Tiefgaragen bei Mehrhausanlagen DNotZ 2015, 662; *Ott* Die zweckbestimmungswidrige Nutzung von Wohnungs- und Teileigentum ZfIR 2005, 129; *Raiser* Rechtsfähigkeit der Wohnungseigentümergemeinschaft ZWE 2001, 173; *Rastätter* Raumeigentum und Grenzüberbau BWNotZ 1986, 79; *Röll* Wohnungseigentum und Grenzüberbau MittBayNot 1982, 172; *ders.* Grenzüberbau, Grunddienstbarkeiten und Wohnungseigentum MittBayNot 1983, 5; *ders.* Gutgläubiger Erwerb im Wohnungseigentum FS Seuß 1987, 233; *ders.* Die Rechtsprechung des *BGH* zur faktischen Gemeinschaft und ihre Auswirkungen auf die Praxis des Wohnungseigentums NJW 1989, 1070; *ders.* Isolierter Miteigentumsanteil und gutgläubiger Erwerb im Wohnungseigentum MittBayNot 1990, 85; *ders.* Umbauten in Eigentumswohnanlagen und die Überbauvorschrift des § 912 Abs. 1 BGB

MittBayNot 1993, 265; *Rühlicke* Verfassungsrechtliche Anforderungen an die Ausdehnung von Mehrheitskompetenzen im WEG ZMR 2002, 713; *ders.* Gesamthand, rechtsfähige Personengesellschaft, juristische Person und Wohnungseigentümergemeinschaft ZWE 2007, 261; *Sauren*, Mitsondereigentum – eine Bilanz DNotZ 1988, 667; *F. Schmidt* Gegenstand und Inhalt des Sondereigentums FS Bärmann und Weitnauer 1985, 37; *J. Schmidt* Die sukzessive Begründung von Wohnungseigentum bei Mehrhausanlagen ZWE 2005, 58; *J.-H. Schmidt* Zwangsvollstreckung in das Verwaltungsvermögen ZWE 2012, 341; *Schneider* Immobilienerwerb durch den Verband der Wohnungseigentümer Rpfleger 2007, 175; *ders.* Das vernachlässigte Wohnungserbbaurecht ZMR 2006, 660; *ders.* Nachweise anläßlich der Grundbucheintragung des »Verbandes Wohnungseigentümergemeinschaft« als Eigentümer Rpfleger 2008, 291; *ders.* Umfang des Vollstreckungsvorrechts nach § 10 Abs. 1 Nr. 2 ZVG ZWE 2011, 341; *ders.* WEG-Begründung am erbbaurechtsbelasteten Grundstück, RpflegerStud 2023, 172 #; *Schwörer* Parteifähigkeit der Wohnungseigentümergemeinschaft NZM 2002, 421; *Seuß* Faktische Wohnungseigentümer FS Bärmann und Weitnauer 1990, 599; *Simon* Begründung und Weiterveräußerung vermieteten Wohnungseigentums – eine Gefahrenquelle für die Rechtsstellung der Mieter? NZM 2000, 848; *Skauradszun/Elzer/Hinz/Riecke* (SEHR) Die WEG-Reform 2020, 2021; *Tersteegen* Der Überbau in der notariellen Praxis RNotZ 2006, 433; *Weitemeyer* Probleme der Vermietung von Eigentumswohnungen – Der Eintritt des Erwerbers in das Mietverhältnis nach der Begründung von Wohnungseigentum NZM 1998, 169; *Weitnauer* Wohnungseigentum und isolierter Miteigentumsanteil WE 1991, 120; *ders.* Zur Dogmatik des Wohnungseigentums WE 1994, 33; *Wenzel* Der Bereich der Rechtsfähigkeit der Gemeinschaft ZWE 2006, 462; *ders.* Die Wohnungseigentümergemeinschaft – ein janusköpfiges Gebilde aus Rechtssubjekt und Miteigentümergemeinschaft? NZM 2006, 321; *ders.* Die Teilrechtsfähigkeit und die Haftungsverfassung der Wohnungseigentümergemeinschaft – eine Zwischenbilanz, ZWE 2006, 2; *Wicke* Die verbandsrechtliche Einordnung der Wohnungseigentümergemeinschaft nach der WEG-Reform 2020 und ihre Konsequenzen für die Rechtsanwendung ZHR 2023, 544; *Wolicki* Die Zwangsverwaltung von Sondereigentum NZM 2000, 321; *Zimmermann* Belastung von Wohnungseigentum mit Dienstbarkeiten Rpfleger 1981, 333.

Übersicht

A. Allgemeines

Wohnungs- und Teileigentumsrechte erfreuen sich mit über 10 Mio. Einheiten in der Bundesrepublik Deutschland allgemein großer Beliebtheit (vgl. *GmS-OGB* BGHZ 119, 42 = Rpfleger 1993, 238 = ZMR 1993: »Eigenheim auf der Etage«; vgl. für eine Bestandsaufnahme auch *Heinrich* ZMR 2012, 421). Abgesehen von einigen kleineren Anpassungen hat das WEG in den vergangenen mehr als 60 Jahren zunächst keine gravierenden Veränderungen erfahren. Erst die Novelle des Jahres 2007 (G zur Änderung des Wohnungseigentumsgesetzes und anderer Gesetze v. 26.03.2007 – BGBl. I, 370) war der erste große gesetzgeberische Eingriff in das Recht des Wohnungseigentums. Der Gesetzgeber wollte damit nicht nur den beiden »Jahrhundertentscheidungen« des *BGH* zur Beschlusskompetenz (BGHZ 145, 158 = DNotZ 2000, 854 = NJW 2000, 3500 = Rpfleger 2001, 19 = ZMR 2000, 771) und zur konstitutiven Beschlussfeststellung durch den Versammlungsleiter (BGHZ 148, 335 = DNotZ 2002, 131 = NJW 2001, 3339 = ZMR 2001, 809) sowie der »Jahrtausendentscheidung« zur (Teil-) Rechtsfähigkeit der Wohnungseigentümergemeinschaft (BGHZ 163, 154 = DNotZ 2005, 776 = NJW 2005, 2061 = Rpfleger 2005, 521 = ZMR 2005, 547) Rechnung tragen, sondern setzte weiter gehende Schwerpunkte, die auch einer Versteinerung des Wohnungseigentums entgegenwirken sollten (in Anlehnung an eine Pressemitteilung des BMJ v. 30.03.2007): 1

– Das Gesetz lässt verstärkt Mehrheitsentscheidungen – z.T. mit qualifizierter Mehrheit der Wohnungseigentümer – zu.

- Die rechtlichen Verhältnisse zwischen Eigentümergemeinschaft, Wohnungseigentümern und Gläubigern der Eigentümergemeinschaft werden klarer geregelt.
- Das Verfahren in Wohnungseigentumssachen richtet sich jetzt nach der Zivilprozessordnung und nicht mehr wie bisher nach dem Gesetz über die freiwillige Gerichtsbarkeit.
- Das Gesetz verbessert durch Einführung einer Beschluss-Sammlung die Möglichkeiten, sich über den Inhalt der aktuellen Beschlüsse der Gemeinschaft näher zu informieren.
- Schließlich führt das Gesetz für sog. Hausgeldforderungen der Wohnungseigentümer ein begrenztes Vorrecht vor Grundpfandrechten in der Zwangsversteigerung ein.

2 Darüber hinaus enthält die Novelle (2007) in einigen Punkten detaillierte Regelungen, die erklärtermaßen der Stärkung der Privatautonomie dienen sollen.

3 Der zweite große gesetzgeberische Eingriff in das Recht des Wohnungseigentums erfolgte 2020 mit dem G zur Förderung der Elektromobilität und zur Modernisierung des Wohnungseigentumsgesetzes und zur Änderung von kosten- und grundbuchrechtlichen Vorschriften (Wohnungseigentumsmodernisierungsgesetz – WEMoG) vom 16.10.2020 (BGBl. I S. 2187). Erklärtes Ziel ist eine grundlegende Reformierung des Wohnungseigentumsrechts, bei der »kein Stein auf dem anderen« geblieben ist (*Elzer* ErbbauZ 2020, 147; *Skauradszun* ZRP 2020, 34). Im Wesentlichen geht es dabei um folgende Aspekte (RegE BT-Drs. 19/18791 S. 1f.):

- Anspruch für Wohnungseigentümer und Mieter auf Einbau einer Ladestation für Elektrofahrzeuge, auf einen barrierefreien Aus- und Umbau der Wohnanlage, auf Maßnahmen des Einbruchschutzes und auf einen Glasfaseranschluss;
- Erleichterte Beschlussfassung über bauliche Veränderungen;
- Erweiterte Rechte der Wohnungseigentümer (Einsichtsrechte, Vermögensbericht, jederzeitige Verwalterabberufung);
- Erleichterte Beschlussfassung (verlängerte Einberufungsfrist, Online-Teilnahme, Wegfall der Schranken der Beschlussfähigkeit);
- Stärkung des Verwaltungsbeirats (flexible Zusammensetzung, Haftungsbeschränkung);
- Verstärkte Ausrichtung auf die rechtsfähige Gemeinschaft der Wohnungseigentümer;
- Anpassung des Prozessrechts.

4 Ob mit dem Gesetz nach mehreren Anläufen in der Vergangenheit nunmehr »der große Wurf« gelungen ist, wird in den folgenden Kommentierungen zu untersuchen sein.

B. Elemente des Wohnungseigentums

I. Rechtliche Struktur des Wohnungseigentums

5 § 1 enthält **Legaldefinitionen** der grundlegenden Begriffe des Gesetzes und zeigt zugleich die wesentlichen **Strukturen** der besonderen Rechtsform auf, die durch das WEG geschaffen wird. Abweichend von dem Akzessionsgrundsatz des BGB (rechtliche Einheit von Grundstück und Gebäude, §§ 93, 94 BGB) eröffnet es die Möglichkeit, an Teilen eines Gebäudes Eigentum zu erwerben, allerdings nur »nach Maßgabe dieses Gesetzes«. Ein vom Eigentum am Grundstück losgelöstes Eigentum sieht das Gesetz nicht vor; es verknüpft vielmehr das Sondereigentum an Wohnungen oder nicht zu Wohnzwecken dienenden Räumen mit dem Bruchteilsmiteigentum am Grundstück.

6 Diese Verbindung von Alleineigentum an den im Sondereigentum stehenden Räumen und Gebäudeteilen mit dem Miteigentum am Grundstück ist charakteristisch für das Wohnungs- und Teileigentum. Beide sind geprägt durch die **unauflösliche Verbindung von Miteigentum und Sondereigentum** (§ 1 Abs. 2 u. Abs. 3). Die Begründung von Sondereigentum kann deshalb nur erfolgen, indem entweder bei bereits bestehendem Bruchteilseigentum Sondereigentum eingeräumt wird (§ 3 WEG) oder bei Alleineigentum eine Teilung in Miteigentumsanteile verbunden mit Sondereigentum zugelassen wird (§ 8 WEG). Die Inhaltsänderung des bloßen Miteigentumsanteils (Staudinger/*Rapp* § 3 Rn. 31; Weitnauer/*Briesemeister* Vor § 1 Rn. 24) führt dazu, dass das Sondereigentum ohne den dazugehörigen Miteigentumsanteil grundsätzlich nicht veräußert oder belastet werden kann (§ 6 Abs. 1 WEG; zu Ausnahmen s. dort). Weil der Miteigentumsanteil somit nicht mehr alleiniger Ver-

fügungsgegenstand sein kann, erstrecken sich konsequenterweise die Rechte an dem Miteigentumsanteil auch auf das Sondereigentum (§ 6 Abs. 2 WEG).

Da zwangsläufig zwischen den Miteigentümern des in Wohnungs- und Teileigentumsrechte aufgeteilten Grundstücks ein Gemeinschaftsverhältnis besteht, werden diese Vorschriften durch den sich in § 11 niederschlagenden Grundsatz der **Unauflöslichkeit der Gemeinschaft** der Wohnungseigentümer flankiert. Er sichert die Verkehrsfähigkeit des Rechtsgebildes Wohnungseigentum und verhindert nicht nur in Abweichung von § 749 BGB eine einseitige Aufhebung der Gemeinschaft durch einen einzelnen Wohnungseigentümer, sondern schützt auch in Abweichung von § 751 BGB vor Aufhebungsverlangen von Pfändungsgläubigern und entsprechenden Ansprüchen in einem Insolvenzverfahren § 84 Abs. 2 InsO. 7

II. Unterschiedliche Dogmatik

Dem Wohnungseigentum liegt der Eigentumsbegriff des allgemeinen bürgerlichen Rechts zugrunde. Es ist **echtes Eigentum** (*OLG München* NJW 2010, 1467 = ZMR 2010, 706) und somit veräußerlich und vererbbar. Die jetzt in § 3 Abs. 1 S. 1 BGB aufgenommene Legaldefinition soll dies noch einmal verdeutlichen (RegE BT-Drs. 19/18791, S. 38). Wohnungseigentum setzt sich zum einen aus Alleineigentum am Sondereigentum gem. §§ 903 ff. BGB und zum anderen aus Miteigentum am gemeinschaftlichen Eigentum gem. §§ 1008 ff. BGB zusammen (BGHZ 49, 250 = NJW 1968, 499; BGHZ 116, 392 = ZMR 1992, 167; *KG* ZMR 2001, 849; *BayObLG* Rpfleger 2002, 19 = ZMR 2002, 142; *Bärmann/Armbrüster* § 1 Rn. 6; Staudinger/*Rapp* [2018] § 1 Rn. 15; Weitnauer/*Briesemeister* Vor § 1 Rn. 24; eingehend *Froese* ZWE 2015, 250). Dabei steht unbeschadet der wirtschaftlichen Erstrangigkeit des Sondereigentums juristisch das Miteigentum im Vordergrund; das Sondereigentum bildet lediglich sein Anhängsel (BGHZ 49, 250 = NJW 1968, 499; BGHZ 50, 56 = WM 1968, 572; *KG* ZMR 1984, 189; *BayObLG* DNotZ 1995, 51 = Rpfleger 1994, 108; BayObLGZ 1981, 407 = DNotZ 1982, 246). 8

Dementsprechend wurde Wohnungs- und Teileigentum nach bisher h.M. als besonders ausgestaltetes Bruchteilseigentum begriffen (BGHZ 150, 109 = Rpfleger 2002, 424 = ZMR 2002, 440; BGHZ 108, 156, 160 = DNotZ 1990, 417; *BayObLG* Rpfleger 2002, 19 = ZMR 2002, 142; *BayObLG* DNotZ 1998, 125 = Rpfleger 1997, 431; *BayObLG* DNotZ 1995, 51 = Rpfleger 1994, 108; Bärmann/*Armbrüster* § 1 Rn. 7; Staudinger/*Rapp* [2018] Einl. Rn. 23; Weitnauer/*Briesemeister* Vor § 1 Rn. 25), das aus drei Komponenten besteht: zwei sachenrechtlichen – Sondereigentum und Miteigentum – und einer schuldrechtlichen, nämlich der Teilhabe an der durch das gemeinschaftliche Eigentum begründeten Bruchteilsgemeinschaft (Weitnauer/*Briesemeister* Vor § 1 Rn. 27; *OLG Hamm* OLGZ 1983, 386 = Rpfleger 1983, 395: »dreigliedrige Einheit« von Miteigentum, Sondereigentum und Mitgliedschaftsrechten). 9

Die **Bruchteilstheorie** zeigte jedoch **Schwächen**, wenn es um die rechtliche Einordnung des Verwaltungsvermögens, insbesondere den Übergang der Instandhaltungsrücklage im Veräußerungsfall, ging. So hat insbesondere das *BayObLG* angenommen, es bestehe insoweit eine schlichte Rechtsgemeinschaft der Wohnungseigentümer nach §§ 741 ff. BGB mit der Folge, dass die Mitberechtigung eines Wohnungseigentümers an diesen Vermögensgegenständen bei einem Eigentümerwechsel durch Veräußerung oder Zuschlag in der Zwangsversteigerung nicht kraft Gesetzes auf den neuen Wohnungseigentümer übergehe (vgl. *BayObLG* Rpfleger 2001, 403 = ZMR 2001, 642; *BayObLG* DNotZ 1995, 627 = Rpfleger 1995, 410; ebenso Erman/*Grziwotz* 11. Aufl., § 1 Rn. 6; *Weitnauer*, 8. Aufl., § 1 Rn. 11 ff.; anders Weitnauer/*Briesemeister*, 9. Aufl., § 1 Rn. 25 – zu behandeln wie gemeinschaftliches Eigentum). Allerdings sollte auch nach dieser Ansicht der Verwalter berechtigt sein, bei der Entgegennahme von Zahlungen die bereits ausgeschiedenen Wohnungseigentümer zu vertreten und eine löschungsfähige Quittung zu erteilen (*BayObLG* DNotZ 1995, 627 = Rpfleger 1995, 410). 10

Andere Erklärungsansätze mit markanter Ausprägung des gemeinschaftsbezogenen Elements als Mitgliedschaftsrecht (sog. »**Einheitstheorien**«) finden sich bei *Bärmann* (NJW 1989, 1057 ff.: Wohnungseigentum als neue Rechtsform durch Typenverschmelzung zu einer »dreigliedrigen Ein- 11 heit von Miteigentum, Sondereigentum und Teilhabe am Gemeinschaftsverhältnis«), *Bärmann/Pick/Merle*, 9. Aufl. (Einl. Rn. 45 ff.: »Trinität«) und auch noch bei MüKo/*Commichau* 8. Aufl. (Vorbem. § 1 Rn. 27 ff.).

12 Dagegen will *Merle* das Wohnungs- und Teileigentum gar als **grundstücksgleiches Recht** verstehen (*Merle* Das Wohnungseigentum im System des bürgerlichen Rechts, S. 172: »Rechtsgesamtheit«); ihm folgte Staudinger/*Gursky* (2012) § 1008 Rn. 4.

13 Noch weiter gehender finden sich bei *Röll* Vorstellungen, die den Miteigentumsanteil quasi zu einer Art Buchungsposten im Grundbuch degradieren (MüKo/*Röll*, 3. Aufl. Vor § 1 Rn. 10 ff.: Nur **zwei Hauptelemente** des Wohnungseigentums, nämlich Sondereigentum und das Gemeinschaftsverhältnis).

14 Wohnungs- und Teileigentum als **gesellschaftsrechtliches Modell** begreifen möchte dagegen *Junker* (Die Gesellschaft nach dem Wohnungseigentumsgesetz, S. 205: Sondereigentum sei kein Eigentum i.S.d. § 903 BGB – der luftleere Raum sei nicht eigentumsfähig).

15 Eine ausführliche Darstellung und Untersuchung zur Dogmatik des Wohnungseigentums findet sich bei Staudinger/*Rapp* [2018] Einl. WEG Rn. 1 ff.

III. Vom (teil-)rechtsfähigen »Verband Wohnungseigentümergemeinschaft« zur rechtsfähigen »Gemeinschaft der Wohnungseigentümer«

1. Gesetzliche Regelung

16 § 1 Abs. 2 und 3 bestimmen die **sachenrechtlichen Grundlagen** des Wohnungs- und Teileigentums. Das **mitgliedschaftliche Element** ist nach der **»Entdeckung« des (teil-)rechtsfähigen »Verbandes sui generis«** durch den *BGH* (BGHZ 163, 154 = DNotZ 2005, 776 = NJW 2005, 2061 = Rpfleger 2005, 521 = ZMR 2005, 547) mit der anschließenden Kodifizierung in § 10 Abs. 6 bis Abs. 8 WEG a.F. des Gesetzes zur Änderung des Wohnungseigentumsgesetzes und anderer Gesetze vom 26.03.2007 (BGBl. I S. 370) auf eine völlig neue Grundlage gestellt worden. Danach konnte »die Gemeinschaft der Wohnungseigentümer« im Rahmen der gesamten Verwaltung des gemeinschaftlichen Eigentums gegenüber Dritten und Wohnungseigentümern selbst Rechte erwerben und Pflichten eingehen. Sie war Inhaberin der als Gemeinschaft gesetzlich begründeten und rechtsgeschäftlich erworbenen Rechte und Pflichten (§ 10 Abs. 6 S. 1 u. 2 WEG a.F.). **Rechtsträger** des Verwaltungsvermögens war damit »die Gemeinschaft«. Mit der gesetzlichen Regelung ist dann auch denjenigen Stimmen in der Literatur die Grundlage entzogen, die wegen der Anerkennung der (Teil-) Rechtsfähigkeit durch den *BGH* Zweifel an einer zulässigen Rechtsfortbildung geäußert hatten (vgl. *Bork* ZIP 2005, 1205; *Hügel* DNotZ 2005, 753; *Lüke* ZfIR 2005, 516; *Rapp* MittBayNot 2005, 449).

17 Das WEMoG hat die bisherige Beschränkung »im Rahmen der gesamten Verwaltung« beseitigt und in § 9a Abs. 1 S. 1 WEG der Gemeinschaft der Wohnungseigentümer eine unbeschränkte Rechtsfähigkeit zuerkannt. Das Verwaltungsvermögen der Gemeinschaft wird jetzt als »Gemeinschaftsvermögen« bezeichnet (§ 9a Abs. 3 WEG). Die erst mit der Novelle 2007 eingeführten Abs. 6 bis 8 des § 10 WEG wurden durch das WEMoG wieder aufgehoben.

2. Sprachregelung

18 § 10 Abs. 6 S. 1 WEG a.F. sprach von der »Gemeinschaft der Wohnungseigentümer«. Gem. § 10 Abs. 6 S. 4 WEG a.F. war die rechtsfähige Gemeinschaft der Wohnungseigentümer im Rechtsverkehr als »Wohnungseigentümergemeinschaft« zu bezeichnen gefolgt von der bestimmten Angabe des gemeinschaftlichen Grundstücks (s. bereits *Demharter* NZM 2005, 601 ff.). Diese Wortwahl des Gesetzes war zumindest unglücklich, weil sie die notwendige Unterscheidung der rechtsfähigen Gemeinschaft der Wohnungseigentümer einerseits und den in Bruchteilsgemeinschaft verbundenen Wohnungseigentümern als Miteigentümern gem. §§ 741 ff., 1008 ff. BGB andererseits vermissen ließ (so auch *Elzer* WuM 2007, 295, 296). Darüber hinaus verwendete das Gesetz den Begriff »Gemeinschaft« bereits in anderen Zusammenhängen (vgl. nur § 11 Abs. 1 S. 1; § 17 Satz 1; § 43

Nr. 1 WEG a.F.), bei denen es jedoch um die nicht rechtsfähige Bruchteilsgemeinschaft der Wohnungseigentümer nach bisherigem Verständnis ging. Die unterschiedliche Vermögenszuordnung mit den daran knüpfenden Verfügungsmöglichkeiten verlangte jedoch nach einer eindeutigen sprachlichen Abgrenzung. Die rechtsfähige Gemeinschaft der Wohnungseigentümer wurde daher hier als »**Verband Wohnungseigentümergemeinschaft**« bezeichnet.

Nach der aktuellen Rechtslage führt die rechtsfähige Gemeinschaft die Bezeichnung »Gemeinschaft der Wohnungseigentümer« oder »Wohnungseigentümergemeinschaft« gefolgt von der bestimmten Angabe des gemeinschaftlichen Grundstücks (§ 9a Abs. 1 S. 3 WEG). In Anlehnung an die inzwischen auch vom *BGH* verwendete Abkürzung soll daher auch hier von der »GdWE« gesprochen werden, wenn der rechtsfähige Verband gemeint ist. 19

3. Begriff und Umfang der (Teil-) Rechtsfähigkeit

Mit der Anerkennung der Rechtsfähigkeit ist grundsätzlich die Fähigkeit verbunden, Rechte zu erwerben und Verbindlichkeiten einzugehen (vgl. § 14 Abs. 2 BGB); darüber hinaus besteht **keine gesetzliche Definition.** Bereits die vormalige Beschränkung auf die »gesamte Verwaltung des gemeinschaftlichen Eigentums« (§ 10 Abs. 6 S. 1 WEG a.F.) sollte dabei zum Ausdruck bringen, dass es einerseits um die volle Rechtsfähigkeit eines Personenverbandes in bestimmten Beziehungen ging, andererseits jedoch die uneingeschränkte Rechtsfähigkeit in anderer Hinsicht verneint wurde (*Bub* ZWE 2007, 15, 20; *Wenzel* ZWE 2006, 462). Es handelte sich also nicht um eine Rechtsfähigkeit minderer Art (*Wenzel* ZWE 2006, 462); sie war vielmehr **für ihren Anwendungsbereich inhaltlich unbeschränkt** (*Hügel* DNotZ 2005, 753, 755; *Schneider* ZMR 2006, 813, 814). Mit dem Wegfall von § 10 Abs. 6 S. 1 WEG a.F. und der Kodifizierung der Rechtsfähigkeit in § 9a Abs. 1 S. 1 WEG ist die vormalige Beschränkung auf die gesamte Verwaltung des gemeinschaftlichen Eigentums entfallen. Die GdWE ist jetzt als **voll rechtsfähig** anzusehen (vgl. RegE BT-Drs. 19/18791 S. 45). 20

Das Verwaltungsvermögen – jetzt »Gemeinschaftsvermögen« – gehört der rechtsfähigen » Wohnungseigentümergemeinschaft« (§ 9a Abs. 3 WEG; § 10 Abs. 7 S. 1 WEG a.F.). Es besteht aus den im Rahmen der gesamten Verwaltung des gemeinschaftlichen Eigentums gesetzlich begründeten und rechtsgeschäftlich erworbenen Sachen und Rechten sowie den entstandenen Verbindlichkeiten. Zu dem Verwaltungsvermögen gehören insbesondere die Ansprüche und Befugnisse aus Rechtsverhältnissen mit Dritten und mit Wohnungseigentümern sowie die eingenommenen Gelder (§ 10 Abs. 7 S. 2 u. S. 3 WEG a.F.). Die **Verwaltungskompetenz des »Verbandes Wohnungseigentümergemeinschaft«** umfasst bei einem solch weit verstandenen Verwaltungsbegriff somit alle Maßnahmen, die in tatsächlicher oder rechtlicher Hinsicht für die Erhaltung, Sicherung, Verbesserung und gewöhnliche Nutzung des gemeinschaftlichen Eigentums erforderlich und geeignet sind oder sich sonst als Geschäftsführung zugunsten der Wohnungseigentümer in Bezug auf das gemeinschaftliche Eigentum darstellen (BGHZ 121, 22, 26 = ZMR 1993, 173; *Wenzel* ZWE 2006, 462, 464; *Häublein* FS Seuß [2007], S. 125, 131; Staudinger/*Bub* [2005] § 20 WEG Rn. 4 ff.). Die »ultra-vires-Lehre«, die außerhalb des Verbandszweckes eine Rechtsfähigkeit verneint, war schon vor der Novelle 2020 wie auch im übrigen Verbandsrecht richtigerweise nicht anzuwenden (*Elzer* WuM 2007, 295, 296; *Wenzel* ZWE 2006, 462, 469). Nicht abzustellen ist weiterhin auf eine Prüfung, ob die konkrete Angelegenheit auch **ordnungsmäßiger Verwaltung** entspricht. Die Reichweite der Rechtsfähigkeit des früheren »Verbandes Wohnungseigentümergemeinschaft« musste zum Schutz des Rechtsverkehrs nämlich abstrakt ermittelt werden. Nur so ließen sich Sicherheit und Bestandskraft des Rechtsgeschäfts objektiv gewährleisten (*Hügel/Elzer* Das neue WEG-Recht § 3 Rn. 37). Selbst wenn der Rahmen der Ordnungsmäßigkeit im Einzelfall überschritten gewesen sein sollte, änderte dies an der Wirksamkeit der Verwaltungsmaßnahme nichts und betraf nur das Innenverhältnis der Wohnungseigentümer und des Verbandes (*Hügel*/Elzer Das neue WEG-Recht § 3 Rn. 37; *Schneider* ZMR 2006, 813, 815; *Kümmel* ZMR 2007, 894). Das Kriterium der Ordnungsmäßigkeit ist für Verwaltungsmaßnahmen damit nicht kompetenzbegründend (BGHZ 145, 158 = NJW 2000, 3500 = Rpfleger 2001, 19 = ZMR 2000, 771). Das Risiko der Einordnung eines Geschäfts als Verwaltungsangelegenheit trägt daher die Gemeinschaft und nicht der Geschäftsgegner (*Wenzel* ZWE 2006, 21

462, 469). Nach Zuerkennung der umfassenden Rechtsfähigkeit in § 9a Abs. 1 S. 1 WEG hat sich im Außenverhältnis sowohl die Anwendung der »ultra-vires-Lehre« als auch die Frage nach einer ordnungsmäßigen Verwaltung erledigt.

4. Abgrenzung gemeinschaftliches Eigentum und Verwaltungsvermögen

22 **Gemeinschafts- und Sondereigentum** i.S.v. § 1 Abs. 2, Abs. 3 WEG (zu den Begrifflichkeiten s. Rdn. 60 ff. u. Rdn. 57 ff.) sind nach der Grundregel des § 10 Abs. 1 WEG **den Wohnungseigentümern persönlich zugewiesen.** Sie sind somit Alleineigentümer des jeweiligen Sondereigentums und Miteigentümer in Bruchteilsgemeinschaft gem. §§ 741 ff., 1008 ff. BGB hinsichtlich des gemeinschaftlichen Eigentums (*Bub* ZWE 2007, 15, 18). Dazu gehört insbesondere das Grundstück mit seinen wesentlichen Bestandteilen, soweit daran kein Sondereigentum begründet wurde (dazu s. ausführlich Rdn. 244 ff.); darüber hinaus sind auch sämtliche im Gemeinschaftseigentum stehenden Teile, Anlagen und Einrichtungen vermögensrechtlich ausschließlich den Wohnungseigentümern zugewiesen.

23 **Verfügungsberechtigt** sind insoweit daher allein die Wohnungseigentümer in ihrer sachenrechtlichen Verbundenheit als Bruchteilseigentümer, wenn über gemeinschaftliches Eigentum verfügt werden soll (§ 747 S. 2 BGB). Demgemäß kommt nach der neuen Kompetenzverteilung (ersatzloser Wegfall des früheren § 27 Abs. 2 WEG a.F.) dem Verwalter auch nicht die Befugnis zu, für die Wohnungseigentümer eine Eintragungsbewilligung bzgl. des gemeinschaftlichen Eigentums abzugeben (*BGH* NJW-RR 2023, 521 [zur Passivlegitimation bei einer Grundbuchberichtigungsklage zur Beseitigung einer für die Wohnungseigentümer eingetragenen Grunddienstbarkeit]; *OLG Karlsruhe* FGPrax 2023, 12; *OLG München* ZMR 2022, 910; a.A. noch *OLG Nürnberg* ZMR 2021, 999 m. abl. Anm. *Schneider*; mit abl. Anm. *Wilsch FGPrax 2021, 203*; abl. ebenfalls *Wobst* ZWE 2022, 45 u. *Forschner* Rpfleger 2022, 66).

24 Demgegenüber war bis zur Entscheidung des *BGH* vom 02.06.2005 (BGHZ 163, 154 = DNotZ 2005, 776 = NJW 2005, 2061 = Rpfleger 2005, 521 = ZMR 2005, 547) streitig, wie das im Gesetz nicht erwähnte sog. **Verwaltungsvermögen** zu behandeln ist. Darunter werden insbesondere die gemeinschaftlichen Gelder (z.B. Instandhaltungsrücklage, gemeinschaftliche Forderungen gegen Dritte, Guthaben auf gemeinschaftlichen Konten) verstanden (s. Staudinger/*Rapp* [2018] Einl. WEG Rn. 36 ff.; Weitnauer/*Briesemeister* § 1 Rn. 9 f.; vgl. jetzt § 9a Abs. 3 WEG [»Gemeinschaftsvermögen«] und zuvor § 10 Abs. 7 S. 2 bis 4 WEG a.F.). Nach einer vorwiegend in der Literatur vertretenen Auffassung wurden die (Bruchteils-) Anteile des einzelnen Wohnungseigentümers am Verwaltungsvermögen als subjektiv-dingliche Rechte i.S.d. § 96 BGB angesehen mit der Folge, dass sie als wesentliche Bestandteile des Wohnungseigentums galten und gesonderte Verfügungen über sie nicht möglich waren, sie jedoch von Verfügungen über das Wohnungseigentum erfasst wurden (so noch Palandt/*Bassenge* § 1 WEG Rn. 14; *Bärmann/Pick/Merle*, 9. Aufl., § 20 WEG Rn. 3). Vermehrt wurde auch aus Gründen der Praktikabilität eine Zuordnung dieser Vermögensgegenstände zum gemeinschaftlichen Eigentum befürwortet (vgl. *KG* NJW-RR 1988, 844, das einen Übergang kraft Gesetzes jedenfalls bei rechtsgeschäftlicher Veräußerung annimmt; *Niedenführ*/Schulze, 7. Aufl., § 21 WEG Rn. 4 f.; Weitnauer/*Briesemeister* § 1 Rn. 25 Nachbemerkung S. 79). Die bisherigen Schwierigkeiten bei der Lösung dieser praktisch relevanten Fragen hat der *BGH* (BGHZ 163, 154 = DNotZ 2005, 776 = NJW 2005, 2061 = Rpfleger 2005, 521 = ZMR 2005, 547) als ein wesentliches Argument für die Anerkennung der (Teil-) Rechtsfähigkeit des »Verbandes Wohnungseigentümergemeinschaft« herangezogen, die dafür eine schlüssige Lösung bietet. Träger des Verwaltungsvermögens einschließlich der gemeinschaftlichen Forderungen und Verbindlichkeiten ist danach unabhängig von einem Eigentümerwechsel der rechtsfähige Verband, nicht der einzelne Eigentümer. Ein Eigentümerwechsel ändert folglich auch nichts an der Forderungszuständigkeit. **Forderungsinhaberin** ist die Wohnungseigentümergemeinschaft selbst. **Schuldnerin** der Verbindlichkeiten aus Dauerschuldverhältnissen, insbesondere aus dem Verwaltervertrag, ist ebenfalls der »Verband Wohnungseigentümergemeinschaft« als solcher.

Nachdem nunmehr § 10 Abs. 6 S. 1 WEG a.F. bzw. § 9a Abs. 3 WEG der rechtsfähigen »**Wohnungseigentümergemeinschaft**« **das Verwaltungsvermögen** als Rechtsträger auch gesetzlich zuordnet (daher unzutreffend *OLG Köln* ZWE 2014, 254 m. abl. Anm. Elzer; *LG Schwerin* ZMR 2009, 401), besteht neben der Bruchteilsgemeinschaft somit eine weitere Form gemeinschaftlicher Berechtigung. Dieses **Verwaltungsvermögen** ist jedoch streng von der sachenrechtlichen Eigentümerstellung zu unterscheiden. Ein Wohnungseigentümer erwirbt also mit dem Wohnungseigentum echtes Eigentum. Zugleich wird er »zusätzlich« zusammen mit den übrigen aktuellen Miteigentümern »automatisch« Mitglied eines Verbandes mit eigenem Verbandsvermögen; einer besonderen Beitrittserklärung bedarf es hierfür nicht. Dieses Verbandsvermögen ist separiert vom Vermögen seiner einzelnen Mitglieder. Ein Mitglied des »Verbandes Wohnungseigentümergemeinschaft« kann weder über seinen Anteil am Verwaltungsvermögen insgesamt noch über seinen Anteil an den einzelnen Vermögensgegenständen gesondert verfügen. Eine gleichzeitige Eigentumszuordnung eines Rechtes zu beiden Vermögenssphären ist nicht denkbar (*Hügel/Elzer* Das neue WEG-Recht § 3 Rn. 12). Es handelt sich also nach der hier vertretenen Auffassung um **zwei getrennte Gemeinschaften** mit unterschiedlichen Vermögenszuordnungen. Diese Sichtweise entspricht der herrschenden »Trennungstheorie« (*BGH* NJW 2010, 1007 = Rpfleger 2010, 293 = ZfIR 2010, 108 m. Anm. *Elzer* = ZMR 2010, 376 = ZWE 2010, 86; *BGH* NZM 2007, 411 = Rpfleger 2007, 479 = ZMR 2007, 875; *KG* Rpfleger 2014, 132 = ZMR 2014, 300; *OLG München* Rpfleger 2013, 611 = ZWE 2013, 425; *Abramenko* ZMR 2006, 409, 410; *Demharter* NZM 2006, 489, 491; *Elzer* ZMR 2006, 626, *Gottschalg* FS Seuß 2007, S. 113, 114; *Hügel* DNotZ 2005, 753, 757; *Hügel/Elzer* Das neue WEG-Recht § 3 Rn. 9 ff.; *Jennißen* NZM 2006, 203, 204; *Müller* FS Seuß 2007, S. 211, 213; *Rühlicke* ZWE 2007, 261, 266 f.; *Sauren* ZWE 2006, 258, 259; *J.-H. Schmidt* ZMR 2007, 90, 91; *Sommer* ZWE 2006, 335, 337) und steht im Widerspruch zu der von einem Teil der Literatur vertretenen »Einheitstheorie« (*Armbrüster* ZWE 2006, 470; *Bub* NZM 2006, 841, 847; *Häublein* FS Wenzel 2005, S. 175, 198 f.; *Niedenführ* NJW 2007, 1841, 1843; *Wenzel* NZM 2006, 321 u. *ders.* ZWE 2006, 462, 463 f.). 25

Der frühere Meinungsstreit ist nur noch akademischer Natur; aus den unterschiedlichen Auffassungen ergeben sich praktisch keine relevanten Unterschiede mehr. 26

IV. Keine Transformation des Wohnungseigentums

Bereits in seiner Entscheidung zur (Teil-) Rechtsfähigkeit (BGHZ 163, 154 = DNotZ 2005, 776 = NJW 2005, 2061 = Rpfleger 2005, 521 = ZMR 2005, 547) hat der *BGH* festgestellt, dass der Kombination von Sondereigentum und Bruchteilseigentum nicht zwingend zu entnehmen sei, dass der Gesetzgeber die Wohnungseigentümergemeinschaft ausschließlich als Bruchteilsgemeinschaft nach §§ 741 ff. BGB konzipieren wollte. An gleicher Stelle wird jedoch unter Berufung auf *Maroldt* (Die Rechtsfolgen einer Rechtsfähigkeit der Gemeinschaft der Wohnungseigentümer [2004], S. 8; *ders.* ZWE 2002, 387, 389) und *Pauly* (WuM 2002, 531, 532) auch konzediert, dass das **Wohnungseigentum als echtes Eigentum** ausgestaltet werden sollte. Dies betreffe aber nur die sachenrechtliche Seite, nicht die korporative Ausgestaltung der Wohnungseigentümergemeinschaft im Rechtsverkehr. Insoweit schließe die Bruchteilsgemeinschaft das Verständnis der Wohnungseigentümergemeinschaft als einen überindividuellen Personenverband in Bezug auf die Teilnahme am Rechtsverkehr bei der Verwaltung des gemeinschaftlichen Eigentums nicht aus. Nur die Anerkennung der (partiellen) Rechtsfähigkeit lasse eine schlüssige Lösung praxisrelevanter Rechtsprobleme, insbesondere bezüglich der das Verwaltungsvermögen betreffenden Forderungen und Verbindlichkeiten zu (*BGH* a.a.O.). 27

Konsequenterweise schrieb das Gesetz mit § 10 Abs. 1 WEG a.F. deshalb fest, dass die Wohnungseigentümer Inhaber der Rechte und Pflichten, insbesondere des Sondereigentums und des gemeinschaftlichen Eigentums sind, soweit nicht etwas Anderes ausdrücklich bestimmt ist. Diese Bestimmung ermöglichte es, **Wohnungseigentum** weiterhin **als echtes Eigentum** zu verstehen; eine Zuordnung der Eigentumssphäre zum Verbandsvermögen fand somit nicht statt. *Elzer* sprach in diesem Zusammenhang zu Recht von einem »Bekenntnis« des Gesetzgebers (*Elzer* WuM 2007, 295, 296), das angesichts der ersten z.T. doch sehr erregten Diskussionen wohl auch angezeigt schien, um die 28 für das Verhältnis zwischen Wohnungseigentümern und Verband zentrale Frage, wer nämlich Inhaber des Gemeinschafts- und des Sondereigentums ist, eindeutig zugunsten der Wohnungseigentümer zu klären. Betrachtet man nun mit einigem zeitlichen Abstand die Entwicklung der vergangenen Jahre, so zeigt sich, dass die Strukturen des WEG durch die Entdeckung des »Verbandes Wohnungseigentümergemeinschaft« und seine Übernahme in das Gesetz keineswegs gelitten haben. Im Gegenteil: die sachenrechtliche Grundkonzeption des Wohnungseigentums hat sich bewährt; sie ist jetzt sogar ausdrücklich in Abgrenzung zum verbandsrechtlichen Zuordnungsbereich kodifiziert. Das bedeutet, dass in Zukunft – ungeachtet aller noch einer Lösung harrenden Fragestellungen – **Wohnungseigentum als besonders ausgestaltetes Miteigentum mit obligatorischer Verbandsmitgliedschaft** der Eigentümer begriffen werden muss (in diese Richtung auch Bärmann/*Armbrüster* § 1 Rn. 7; *M. Müller* Änderungen des sachenrechtlichen Grundverhältnisses der Wohnungseigentümer 2010, 28; ebenso Staudinger/Rapp [2018] Einl WEG Rn. 23). Die drei bekannten Elemente des Wohnungseigentums (s.o. zwei sachenrechtliche und ein mitgliedschaftsrechtliches/verbandsrechtliches) sind mit anderer Ausrichtung im Bereich der Eigentümergemeinschaft neu zusammengesetzt worden (weitergehend wohl *Hügel*/Elzer Das neue WEG-Recht § 3 Rn. 22: »Einheit von Miteigentum, Sondereigentum und Teilhabe am Gemeinschaftsverhältnis« und *Hügel* DNotZ 2007, 326, 330). An dieser Einschätzung ist auch nach den Änderungen durch das WEMoG unverändert festzuhalten; Wohnungseigentum ist in erster Linie Sachenrecht (*Wicke* ZHR 2023, 544, 553; **a.A.** *Hügel/Elzer* § 1 Rn. 10). Dem verbandsrechtlichen Element kommt lediglich eine dienende Funktion zu (Bärmann/*Suilmann* § 9a Rn. 7 f. m.w.N.). Die Änderung des § 10 Abs. 1 WEG a.F. wird nun durch die Legaldefinition des (Sonder-)Eigentums in § 3 Abs. 1 S. 1 WEG kompensiert.

29 Schon zum früheren Recht hatte der *BGH* festgestellt, dass es sich bei der Wohnungseigentümergemeinschaft um ein »kompliziertes Gebilde« handelt (BGHZ 78, 166 = Rpfleger 1981, 97 = ZMR 1981, 125). Die Entscheidung des *BGH* vom 02.06.2005 (BGHZ 163, 154 = DNotZ 2005, 776 = NJW 2005, 2061 = Rpfleger 2005, 521 = ZMR 2005, 547) mit der sich anschließenden gesetzlichen Normierung hat die Rechtslage nicht wie zunächst erhofft in allen Beziehungen einfacher und durchschaubarer gemacht. Auch die WEG-Novelle 2020 hat eine Reihe neuer Fragen aufgeworfen, die derzeit von der Rechtsprechung geklärt werden müssen.

C. Begründung des Wohnungseigentums

I. Art und Weise der Begründung

30 Gem. § 2 kann Wohnungs- und Teileigentum nur durch **vertragliche Einräumung** von Sondereigentum gem. § 3 oder durch **Vorratsteilung** gem. § 8 begründet werden. Dabei muss die **Begründung** jeweils **vollständig** erfolgen.

1. Kein Miteigentum ohne Sondereigentum

31 Das bedeutet einerseits, dass **mit jedem Miteigentumsanteil** zwingend auch **Sondereigentum zu verbinden** ist; es kann kein Nebeneinander von gewöhnlichem Miteigentum und Wohnungseigentum an ein und demselben Grundstück geben (vgl. den Wortlaut des § 3 Abs. 1 S. 1 WEG: »*jedem* der Miteigentümer« u. des § 8 Abs. 1 WEG: »mit *jedem* Anteil Sondereigentum verbunden«). Andernfalls wäre der Bestand der Gemeinschaft im Hinblick auf § 751 BGB u. § 84 Abs. 2 InsO gefährdet. Demgemäß kann auch die unwirksame Begründung von Sondereigentum an einem Gebäudeteil die Aufteilung der Miteigentumsanteile insgesamt grundsätzlich nicht berühren. Die vorgesehenen Miteigentumsanteile entstehen selbst dann, wenn das mit einem Anteil zu verbindende Sondereigentum gar nicht entstehen konnte (BGHZ 109, 179 = Rpfleger 1990, 62 = ZMR 1990, 112; *OLG Hamm* Rpfleger 2007, 137 = ZMR 2007, 213). In diesem Fall entsteht ein sog. isolierter Miteigentumsanteil (dazu s. Rdn. 294 f.; zu den Voraussetzungen vgl. auch *OLG München* ZWE 2012, 487). Zwar können isolierte Miteigentumsanteile gem. § 3 Abs. 1 S. 1 und § 8 Abs. 1 nicht rechtsgeschäftlich begründet werden, ihre nachträgliche Entstehung ist aber sachenrechtlich nicht ausgeschlossen (*BGH* ZfIR 2004, 108 = Rpfleger 2004, 207 = ZMR 2004, 206; BGHZ 130, 159 = Rpfleger 1996, 19 = ZMR 1995, 521; BGHZ 109, 179 = Rpfleger 1990, 62 = ZMR 1990, 112).

Gleiches gilt bei einem vollständig missglückten Gründungsakt wegen eines Verstoßes gegen das Bestimmtheitsgebot (*OLG München* Rpfleger 2008, 632 = ZMR 2008, 905 = ZWE 2009, 39).

Denkbar ist auch die **Verbindung mehrerer Sondereigentumsrechte mit nur einem Miteigentumsanteil**, die ggf. zu einem späteren Zeitpunkt durch weitere Unterteilung wieder gelöst werden kann (vgl. *BGHZ* 146, 241 = DNotZ 2002, 127 = ZMR 2001, 289; *KG* Rpfleger 1989, 500 m. Anm. *Meyer-Stolte*). 32

Voraussetzung für eine wirksame Aufteilung und die Begründung einer Wohnungseigentümergemeinschaft sind **mindestens zwei Miteigentumsanteile**, die mit Sondereigentum verbunden werden können; im Hinblick auf § 8 WEG können diese aber demselben Eigentümer zustehen. Eine Obergrenze für die **Anzahl der Einheiten** gibt es dagegen nicht. *Röll* (MüKo/*Röll*, 3. Aufl., Vor § 1 Rn. 8) und *Heinrich* (ZMR 2012, 421) nennen Beispiele für Anlagen mit mehr als 1.000 Einheiten. Auch bei der Bestimmung der **Größe der Miteigentumsanteile** sind die Wohnungseigentümer grundsätzlich frei, wenngleich im Hinblick auf § 16 WEG grobe Missverhältnisse vermieden werden sollten (*BGH* Rpfleger 1986, 430 = ZMR 1986, 365; *OLG Stuttgart* NJW-RR 2004, 375; *OLG Düsseldorf* ZMR 2004, 613; *BayObLG* ZWE 2000, 171). 33

2. Kein Sondereigentum ohne Miteigentumsanteil

Jedes Sondereigentumsrecht *muss* nach der Systematik des WEG mit einem Miteigentumsanteil verbunden sein (§ 1 Abs. 2 u. Abs. 3 WEG); es kann kein rechtsgeschäftlich begründetes isoliertes Sondereigentum geben (*OLG Karlsruhe* Rpfleger 2014, 313 = ZMR 2014, 303 = ZWE 2014, 162; *OLG München* Rpfleger 2007, 459; *BayObLG* Rpfleger 1996, 240 = ZMR 1996, 285; *BayObLG* DNotZ 1988, 316 = Rpfleger 1988, 102). 34

3. Kein Sondereigentum mit mehreren Miteigentumsanteilen

Andererseits kann Sondereigentum insbesondere im Fall des § 3 WEG nur in der Weise begründet werden, dass das **Sondereigentum** auch **nur mit einem Miteigentumsanteil** verbunden wird (BGHZ 86, 393 = Rpfleger 1983, 270; *BayObLG* MittBayNot 1982, 26). Wegen einer ggf. im Vorfeld erforderlichen Zusammenlegung von Miteigentumsanteilen s. § 2 Rn. 15 m.w.N.). Die Begründung von »Mitsondereigentum« ist unzulässig (BGHZ 130, 159, 168 = NJW 1995, 2851 = Rpfleger 1996, 19 = ZMR 1995, 521; *OLG Schleswig* ZMR 2007, 726 = DNotZ 2007, 620 m. insoweit zust. Anm. *Commichau*; *BayObLG* Rpfleger 2000, 326 = ZMR 2000, 622; *BayObLG* Rpfleger 1996, 240 = ZMR 1996, 285). 35

4. Eindeutige Eigentumszuordnung

Die Einräumung von **Sondereigentum muss eindeutig** sein. So stellt es einen vom Gesetz nicht erlaubten Rechtszustand dar, wenn die betreffenden Räume entgegen § 1 Abs. 5 WEG einerseits als gemeinschaftliches Eigentum ausgewiesen sind, andererseits aber durch eine als solche erkennbare Unterteilungserklärung als Sondereigentum behandelt und mit einem Miteigentumsanteil verbunden worden sind (*BGH* NJW-RR 2005, 10 = Rpfleger 2005, 17 = ZMR 2005, 59; *BayObLG* DNotZ 1988, 316 = Rpfleger 1988, 102). 36

II. Terminologie

1. Wohnungseigentum

Wohnungseigentum ist nach der Definition des § 1 Abs. 2 WEG das Sondereigentum an einer Wohnung in Verbindung mit dem Miteigentumsanteil an dem gemeinschaftlichen Eigentum, zu dem es gehört. Eine Wohnung dient dem Menschen dazu, seinen Lebensmittelpunkt zu gestalten (*BayObLG* NZM 2005, 263; *BayObLG* OLG-Report 2004, 390 LS). Der **Begriff der Wohnung** ist im Gesetz selbst nicht definiert; er ergab sich bis zum Inkrafttreten des WEMoG aber unmittelbar aus der Allgemeinen Verwaltungsvorschrift für die Ausstellung von Bescheinigungen gem. § 7 Abs. 4 37

Nr. 2 und § 32 Abs. 2 Nr. 2 des Wohnungseigentumsgesetzes v. 19.03.1974 – BAnz Nr. 58. Durch die Neufassung der AVA 2021 hat sich insoweit keine Änderung ergeben (BR-Drs. 312/21, S. 9). Danach ist eine Wohnung die Summe der Räume, welche die Führung eines Haushalts ermöglichen. Dazu gehören stets eine Küche oder ein Raum mit Kochgelegenheit sowie Wasserversorgung, Ausguss und WC (Nr. 4 AVV a.F.). Unter einem »**Raum**« wird allgemein der durch Fußboden, Wände und Decke begrenzte Luftraum verstanden, der einen ungehinderten Zutritt durch Dritte ausschließt (vgl. *GmS-OGB* BGHZ 119, 42 = Rpfleger 1993, 238 = ZMR 1993, 25; *KG* OLG-Report 2006, 418; *OLG München* ZMR 2006, 388; *OLG Jena* NotBZ 2005, 219; *BayObLG* ZMR 2001, 820; s. auch § 5 Rdn. 13).

38 **Appartements** in Hotels, Senioren- oder Studentenheimen, die keine Kochgelegenheit aufweisen, sind demzufolge keine Wohnungen; an ihnen kann aber unter den Voraussetzungen des § 3 Abs. 3 WEG Teileigentum begründet werden (s. Rdn. 42).

39 Nach § 3 Abs. 3Var. 1 WEG soll Sondereigentum nur eingeräumt werden, wenn auch sichergestellt ist, dass die **Wohnungen** oder sonstigen Räume in sich **abgeschlossen** sind (zum Begriff s. § 3 Rdn. 111 ff.). Zu solchermaßen abgeschlossenen Wohnungen können dann auch **Nebenräume** außerhalb des Wohnungsabschlusses wie z.B. Keller, Speicher oder auch Garagen gehören (vgl. *OLG Nürnberg* Rpfleger 2012, 527 = ZWE 2012, 317 für ein zusätzliches WC außerhalb des Wohnungsabschlusses), wenn sie nur ihrerseits verschließbar sind (Nr. 5 Abs. 2 AVV). Zur grundbuchmäßigen Behandlung von Nebenräumen s. § 7 Rdn. 114 ff.

40 Nach dem Wohnungseigentumsgesetz kann aber nicht nur an Etagenwohnungen Wohnungseigentum begründet werden. Auch **mehrere** auf einem Grundstück im Rechtssinne errichtete **Gebäude** (wie z.B. Reihenhäuser oder sogar freistehende Einfamilienhäuser) können insbesondere mangels realer Teilbarkeit des Grundstücks in die Rechtsform des Wohnungseigentums überführt werden (*BGH* NJW-RR 2001, 800; *BGH BGHZ* 50, 56; *OLG Düsseldorf* ZfIR 2004, 778 = Rpfleger 2004, 691). Selbst »schwimmende Häuser« können in Wohnungseigentum überführt werden, wenn sie nur fest mit dem Grund und Boden des Eigentümers verbunden sind (*OLG Schleswig* ZMR 2016, 898 = ZWE 2016, 371; s. dazu auch *Heinemann* ZMR 2017, 547 und hier § 3 Rdn. 59).

2. Teileigentum

41 **Teileigentum** ist nach § 1 Abs. 3 WEG das Sondereigentum an nicht zu Wohnzwecken dienenden Räumen eines Gebäudes in Verbindung mit dem Miteigentumsanteil an dem gemeinschaftlichen Eigentum, zu dem es gehört. Anders als bei Wohnungen kann bei Teileigentumseinheiten bereits mit der Begründung ein bestimmter Nutzungszweck (z.B. »Sondereigentum an der Garage«) näher festgelegt werden (MüKo/*Krafka* § 1 Rn. 6).

42 An **Hotelzimmern** und – **Appartements** kann Sondereigentum in Form von Teileigentum begründet werden (*OLG München* ZWE 2017, 175; *OLG Naumburg* NotBZ 2005, 221; *BayObLG* ZMR 2003, 588; *BayObLG* ZMR 1999, 418; *OLG Oldenburg* ZMR 1998, 195; Bärmann/*Armbrüster* § 3 Rn. 73 ff.; *Häublein* NotBZ 2004, 243; Weitnauer/*Briesemeister* § 1 Rn. 38; Sondereigentumsfähigkeit dagegen verneinend: *OVG Lüneburg* DNotZ 1984, 390 m. krit. Anm. *Röll*).

43 Zulässig ist auch die Begründung von Teileigentum an nicht zu Wohnzwecken dienenden Räumen wie z.B. Kellern oder Garagen, um diese mit Sondernutzungsrechten an Wohnungen zu verbinden (»**Kellermodell**«). Es handelt sich insoweit nicht um eine Gesetzesumgehung (*BayObLG* Rpfleger 1992, 154 m. Anm. *Eckardt*; *OLG Hamm* Rpfleger 1993, 445; Bärmann/*Armbrüster* § 1 Rn. 47 ff.; Bärmann/*Schneider* § 16 Rn. 189; Bauer/Schaub/*Schneider* AT E Rn. 143; *Pause* NJW 1990, 3178; *ders.* NJW 1992, 671; *Schneider* Rpfleger 1991, 499; *Blum* MittRhNotK 1992, 109; *F. Schmidt* WE 1992, 2; *Schöner/Stöber* Rn. 2910a; inzidenter auch *BGH* NJW 2019, 3716 = ZMR 2019, 518; **a.A.** *LG Braunschweig* Rpfleger 1991, 201 m. zust. Anm. *Schäfer* Rpfleger 1991, 307; *LG Hagen* NJW-RR 1993, 402; Staudinger/*Rapp* [2018] § 5 Rn. 18; *Häublein* Sondernutzungsrechte und ihre Begründung im Wohnungseigentumsrecht S. 100, 106). Zu den Hintergründen für das Aufkommen dieses Modells s. ausführlich *Pause* (NJW 1990, 3178).

3. Wohnungs- und Teileigentum

44 Nach der Konstruktion des Gesetzes in § 1 Abs. 2 und 3 WEG gibt es **keinen strukturellen Unterschied** zwischen Wohnungseigentum und Teileigentum. Beide Arten unterscheiden sich lediglich in der vereinbarten Nutzungsbefugnis. Aus diesem Grunde kann auch ein aus einer Wohnung und einem nicht zu Wohnzwecken dienenden Raum **gemischt zusammengesetztes Sondereigentum** mit nur einem Miteigentumsanteil verbunden werden.

45 Für die **Abgrenzung** zwischen Wohnungseigentum und Teileigentum ist nur die bauliche Eignung und Zweckbestimmung der im Sondereigentum stehenden Räume maßgeblich, nicht dagegen die Art ihrer tatsächlichen Nutzung (*OLG München* ZMR 2017, 177 = ZWE 2017, 127; *BayObLG* Rpfleger 1973, 139 = ZMR 1973, 205; Weitnauer/*Briesemeister* § 1 Rn. 39). Deshalb geht die Eigenschaft als Wohnung auch nicht dadurch verloren, dass einzelne Räume vorübergehend oder dauernd zu beruflichen oder gewerblichen Zwecken benutzt werden (vgl. auch Nr. 4 AVV a.F.).

46 Weil Wohnungs- und Teileigentum somit **keine unterschiedliche Rechtsqualität** zukommt, bestimmt das Gesetz in § 1 Abs. 6 WEG, dass die Vorschriften über das Wohnungseigentum entsprechend für das Teileigentum gelten (vgl. auch § 7 Abs. 5 WEG). Wird daher in einer Teilungserklärung nur der Begriff »Wohnungseigentümer« verwendet, umfasst dieser nicht lediglich die Wohnungseigentümer, sondern auch die Teileigentümer, wenn es nach der Teilungserklärung nur eine Eigentumsgemeinschaft gibt, die sich aus den Eigentümern der Wohnungen und denen der Teileigentumseinheiten zusammensetzt (*OLG Hamm* ZWE 2007, 370 – Ls –; ebenso auch *DNotI-Gutachten* DNotI-Report 2009, 131 mit weiter gehenden Überlegungen zu den Auswirkungen auf das Stimmrecht). Konsequenterweise besteht in einem solchen Fall dann auch die Möglichkeit, ein Sondernutzungsrecht nachträglich dem jeweiligen Eigentümer eines *Teileigentums* zuzuordnen, wenn in dem Zuordnungsvorbehalt lediglich vorgesehen war, Sondernutzungsrechte dem jeweiligen Eigentümer eines *Wohnungseigentums* zuzuordnen (*OLG München* ZWE 2011, 265). Im Folgenden kann daher nur noch von Wohnungseigentum gesprochen werden; die Ausführungen gelten auch für das Teileigentum, wenn nichts Anderes gesagt ist.

47 Wegen der Bezeichnung der Grundbücher s. § 7 Rdn. 4 f.

4. Raumeigentum

48 Das Wohnungseigentumsgesetz kennt **keinen gemeinsamen Oberbegriff** für das Wohnungs- und Teileigentum. In Literatur und Rechtsprechung wird hierfür jedoch die durchaus zutreffende Bezeichnung »Raumeigentum« gewählt (vgl. *OLG Hamm* Rpfleger 2007, 137 = ZMR 2007, 213; *OLG Saarbrücken* NZM 2006, 588 u. 590; *OLG Frankfurt am Main* NZM 2006, 144; *BayObLG* ZfIR 2004, 159; Bärmann/*Armbrüster* § 1 Rn. 3; *Rapp* MittBayNot 1998, 77; Weitnauer/*Briesemeister* § 1 Rn. 2 f.). Auch in der Praxis ist der Begriff »Raumeigentum« weit verbreitet (vgl. nur die Sachverhaltsdarstellungen bei *OLG Frankfurt* ZWE 2015, 320; *KG* Rpfleger 2013, 199; *OLG München* ZWE 2011, 267; *OLG München* ZMR 2007, 643 und *OLG Köln* ZMR 2005, 403). An der Zulässigkeit des Oberbegriffs hat sich auch durch die Einführung der neuen Eigentumsformen gem. § 3 Abs. 1 S. 2 WEG (Stellplatzeigentum) und § 3 Abs. 2 WEG (Annexeigentum) nichts geändert. Während im erstgenannten Fall der Gesetzgeber mit einer Fiktion arbeitet, setzt die Erstreckung auf einen Annex ebenfalls ein hauptsächliches Raumeigentum voraus. Der Gesetzgeber verwendet den Begriff jedoch auch nach den Novellen 2007 und 2020 nicht.

5. Umwandlung von Wohnungseigentum in Teileigentum und umgekehrt

49 Die Rechtsnatur von Sondereigentum als Wohnungseigentum einerseits (§ 1 Abs. 2 WEG) oder Teileigentum andererseits (§ 1 Abs. 3 WEG) beinhaltet bereits eine **allgemeine Zweckbestimmung** (*BGH* ZMR 2018, 782; *BGH* BGHZ 216, 333 = NJW 2018, 41 = ZMR 2018, 238 [Flüchtlingsunterkunft]; *BayObLG* NZM 2005, 263; *BayObLG* NJW-RR 1998, 946 = ZMR 1998, 946; *BayObLG* WuM 1994, 222). Nach *BayObLG* (WE 1995, 157 m. abl. Anm. *Weitnauer*; ebenfalls abl. *F. Schmidt* WE 1996, 212) soll es sich dabei um eine **Zweckbestimmung im weiteren Sinne** han-

deln. Demgegenüber soll eine Zweckbestimmung im engeren Sinne vorliegen, wenn lediglich die konkrete Nutzung eines Sondereigentums z.B. als Büro, Gaststätte o.Ä. näher festlegt wird (abl. auch *Armbrüster* ZMR 2005, 244, 246 f.). Die Festlegung des Nutzungszwecks anlässlich der Begründung des Sondereigentums stellt sich insoweit als **Zweckbestimmung mit Vereinbarungscharakter** gem. §§ 10 Abs. 3, 18, 19 WEG dar (*OLG München* ZMR 2014, 568; *BayObLG* ZMR 2000, 778; Bärmann/*Armbrüster* § 1 Rn. 26 ff.). Nach der nächstliegenden Bedeutung der Grundbucheintragung ist damit nämlich eine Zweckbestimmung getroffen, auf die sich der einzelne Erwerber verlassen kann, jedenfalls insoweit, als keine Nutzung zulässig ist, die mehr als die angegebene stört oder beeinträchtigt (für einen »Laden« *BayObLG* WuM 1989, 524 m.w.N.). Nichts anderes gilt, wenn ein Wohnungseigentum in der Teilungserklärung als »Wohnung« bezeichnet ist. Auch hierbei handelt es sich um eine Zweckbestimmung dergestalt, dass jedenfalls keine Nutzung zulässig ist, die mehr stört oder beeinträchtigt als eine Nutzung als Wohnung (*BayObLG* ZMR 1991, 232). Hierzu s.i.E. die Kommentierung zu § 18f. WEG. Keine Zweckbestimmung iSv § 18f. WEG liegt dagegen vor, wenn einzelne zu einer Sondereigentumseinheit gehörende Räume ersichtlich nur zur näheren räumlichen Abgrenzung des Sondereigentums im Aufteilungsplan mit Funktionsbezeichnungen beschrieben werden (»Gaststube«, »kleiner Gastraum«, »Vorratsraum«; st. Rspr. *BGH* ZWE 2017, 367; vgl. auch *LG Berlin* v. 14.09.2018 – 55 S 201/13).

50 Eine Änderung des vereinbarten Nutzungszwecks von »Wohnungseigentum« in »Teileigentum« und umgekehrt bewirkt somit eine **Umwidmung** des zuvor festgelegten Gebrauchszwecks. Sie stellt sich damit als Änderung der im Grundbuch eingetragenen Gemeinschaftsordnung und somit als **Inhaltsänderung des Sondereigentums** gem. §§ 5 Abs. 4 S. 1, 10 Abs. 3 S. 1 WEG dar (*BGH* ZMR 2021, 992 = ZWE 2021, 451; *BGH* ZMR 2015, 390 = ZWE 2015, 208; *BGH* ZMR 2012, 793 = ZWE 2012, 361; *OLG München* ZMR 2017, 177 = ZWE 2017, 127; *OLG Frankfurt* ZWE 2015, 320; *OLG München* ZMR 2014, 568; *OLG München* ZWE 2014, 121; *KG* Rpfleger 2013, 515 = ZWE 2013, 322; *KG* Rpfleger 2011, 268 = ZWE 2011, 84; *KG* WuM 2008, 165; *KG* ZMR 2007, 299; *OLG Hamm* NZM 2007, 294 = ZMR 2006, 634; *OLG Schleswig* ZMR 2006, 891; *HansOLG Hamburg* ZMR 2003, 697; *HansOLG Bremen* ZWE 2002, 184; *BayObLG* NJW-RR 2001, 1163; *HansOLG Hamburg* ZMR 2000, 627; *OLG Köln* ZMR 1997, 376; *Armbrüster* ZMR 2005, 244, 247; *Armbrüster/M. Müller* FS Seuß 2007, 3, 14, 15; Bärmann/*Armbrüster* § 1 Rn. 27 ff.; *Hügel* ZWE 2008, 120; *ders.* FS Bub 2007, S. 137; *ders.* RNotZ 2005, 149, 154; MüKo/*Krafka* § 1 Rn. 53; Niedenführ/*Vandenhouten* § 1 Rn. 20; Grüneberg/*Wicke* § 1 Rn. 4; *F. Schmidt* ZWE 2005, 315, 316; *Schüller* RNotZ 2011, 203, 207; Weitnauer/*Lüke* § 15 Rn. 15; § 7 Rn. 284). Eine Grundbucheintragung der Inhaltsänderung bezweckt demgemäß nur die Bindung des Sondernachfolgers gem. § 10 Abs. 3 S. 1 WEG und bedarf aus diesem Grunde – vorbehaltlich eines **Änderungsvorbehaltes** in der Gemeinschaftsordnung (*BGH* ZMR 2021, 992 = ZWE 2021, 451) – der Mitwirkung sämtlicher Wohnungseigentümer; die Eintragung ist damit nicht konstitutiv (*BayObLG* Rpfleger 1998, 19; *BayObLG* DNotZ 1984, 104; Staudinger/*Rapp* [2018] § 1 Rn. 11). Die Änderung des Nutzungszwecks muss aber von den Wohnungseigentümern vereinbart werden; es besteht insoweit **keine Beschlusskompetenz** (*BGH* ZMR 2012, 793 = ZWE 2012, 361; *KG* ZMR 2007, 299; *KG* ZMR 2005, 223; *OLG Köln* ZMR 1997, 376).

51 Diese hier vertretene Auffassung war jedoch nicht unbestritten. Nach **a.A.** sollte es sich bei der Änderung des festgelegten Nutzungszwecks um eine **Änderung des sachenrechtlichen Begründungsaktes** handeln, die der Einigung gem. § 4 WEG und der – konstitutiven – Grundbucheintragung bedürfte (so noch *KG* ZMR 2005, 223; *KG* ZMR 2002, 72; *OLG Celle* ZWE 2001, 33; *BayObLG* ZMR 1997, 537; *BayObLG* WE 1995, 157 m. abl. Anm. *Weitnauer*; *Kümmel* ZWE 2008, 273; *Ott* ZfIR 2005, 129, 130 f.; *Wenzel* ZWE 2006, 62; hier bis zur 3. Aufl. § 3 Rn. 22). Wenngleich es sich *formal* um einen Teil des sachenrechtlichen Begründungsaktes handelt, stellt sich die Festlegung des Nutzungszwecks *materiell* doch als eine dem eigentlichen Begründungsakt vorgelagerte Bestimmung dar, die die Wohnungseigentümer – ohne Grundbucheintragung – bereits bei der Errichtung der Teilungsurkunde getroffen haben. Für die Qualifizierung als Wohnung oder als nicht zu Wohnzwecken dienende Räume kommt es somit nicht auf die – konstitutive – Eintragung in das Grundbuch an; sie liegt vielmehr im Bereich der tatsächlichen Verfügungsmacht (*Weitnauer* WE

1995, 158) und betrifft inhaltlich eine Nutzungsregelung, auf die jedoch die Bestimmungen der §§ 5 Abs. 4 S. 1, 10 Abs. 3 WEG anzuwenden sind. Dafür spricht auch, dass Wohnungs- und Teileigentum **keine unterschiedliche Rechtsqualität** zukommt; die Bezeichnungen erklären sich vielmehr aus semantischen Schwierigkeiten bei der Suche nach einem passenden Oberbegriff (vgl. BR-Drs. 75/51 zu § 1 – abgedr. bei *Bärmann* S. 1417 ff.).

Die **Unterschiede** zwischen beiden Auffassungen sind **gravierend.** 52

So konnte schon bisher nach der hier vertretenen Auffassung eine in der Teilungserklärung **vorweggenommene Ermächtigung/Bevollmächtigung** zur Vornahme von Änderungen des Gebrauchszwecks mit einer den Sondernachfolger bindenden Wirkung gem. § 10 Abs. 3 S. 1 WEG als zulässig angesehen werden (vgl. *OLG München* ZMR 2017, 177 = ZWE 2017, 127; *OLG Frankfurt* ZWE 2015, 320; *OLG München* ZWE 2014, 121; *BayObLG* NZM 2000, 668 = ZMR 2000, 316; *BayObLG* DNotZ 1998, 379 = Rpfleger 1998, 19). Sieht man dagegen in der Änderung eine solche des notwendigen Teils des dinglichen Aktes zur Begründung von Wohnungseigentum, kann eine Verdinglichung der Ermächtigung/Vollmacht nicht in Betracht kommen (konsequent: *Ott* ZfIR 2005, 129, 132; vgl. dazu auch die nicht mögliche Verdinglichung einer Ermächtigung/Vollmacht zur Umwandlung von Gemeinschafts- in Sondereigentum und umgekehrt, Rdn. 65). 53

Nach der Novelle 2007 (BGBl. I, 370) zeigt sich ein weiterer Unterschied in den beiden Rechtsauffassungen: Durch die vom Gesetzgeber im Rahmen der Änderung von § 5 Abs. 4 WEG eingeführte Beschränkung der **Zustimmungspflichten dinglich Berechtigter** (dazu s. § 5 Rdn. 147 ff.) entfällt nach der hier vertretenen Auffassung eine Mitwirkung von Grundpfandrechtsgläubigern und Reallastberechtigten, weil es sich bei der Änderung des Gebrauchszwecks um eine inhaltliche Änderung der Gemeinschaftsordnung handelt, der die Genannten gem. § 5 Abs. 4 S. 2 WEG nun nicht mehr zustimmen müssen (*OLG München* ZMR 2014, 568; *KG* Rpfleger 2011, 268 = ZWE 2011, 84 m. zust. Anm. *F. Schmidt*; Bärmann/*Armbrüster* § 1 Rn. 31; **a.A.** Erman/*Grziwotz* § 1 Rn. 9). Demgegenüber kommt für eine gem. §§ 876, 877 BGB erforderliche Zustimmung dinglich Berechtigter anlässlich einer Änderung der sachenrechtlichen Grundlagen gem. § 4 WEG unverändert die Mitwirkung aller im Grundbuch eingetragenen Rechtsinhaber, und damit auch der nach § 5 Abs. 4 WEG ausgeschlossenen, in Betracht. 54

Man muss wohl davon ausgehen, dass dem Gesetzgeber diese Auswirkungen bewusst waren, wenn es in der amtlichen Begründung heißt, dass sich eine Einschränkung der Verwertungsmöglichkeit eines Wohnungseigentums durch eine vereinbarte Zweckänderung oder eine Gebrauchsbeschränkung konkret noch nicht im Zeitpunkt ihres Abschlusses, sondern erst im Zeitpunkt der Vollstreckung beurteilen lässt. Daraus wird der Schluss gezogen, dass solche Vereinbarungen in ihrer Wirkung anderen, zustimmungsfreien Maßnahmen der Wohnungseigentümer entsprechen, die ebenfalls den Wert der Wohnung beeinflussen und vom Verhalten der Wohnungseigentümer abhängen. Beide Fallgruppen sollen deshalb dem Risikobereich des Gläubigers zugeordnet werden (Entwurf eines G. zur Änderung des Wohnungseigentumsgesetzes und anderer Gesetze v. 09.03.2006 – BT-Drs. 16/887 S. 15). 55

Wegen der **grundbuchmäßigen** Anforderungen zur Eintragung einer Umwandlung von Wohnungseigentum in Teileigentum und umgekehrt – insbesondere zu **bedingten Änderungsvorbehalten** – s. § 7 Rdn. 356 ff. Wegen der **Richtigstellung** einer unrichtigen Angabe zur Zweckbestimmung s. § 7 Rdn. 250. 56

6. Sondereigentum

Der Begriff des Sondereigentums war bis zum Inkrafttreten des WEMoG gesetzlich nicht definiert und ließ sich nur aus der Gegenüberstellung zum gemeinschaftlichen Eigentum (Abs. 5) ermitteln (*Bärmann/Armbrüster* 14. Aufl. § 1 Rn. 14).Nunmehr definiert § 3 Abs. 1 S. 1 WEG das Sondereigentum in der Weise, dass das Eigentum an einer bestimmten Wohnung oder an nicht zu Wohnzwecken dienenden bestimmten Räumen in einem auf dem Grundstück errichteten oder zu errichtenden Gebäude eingeräumt wird. Daraus ergibt sich, dass **Sondereigentum** diejenigen Räume 57 und deren Bestandteile sind, die nach § 3 Abs. 1 WEG zu Sondereigentum bestimmt werden und nach § 5 Abs. 1, Abs. 2 WEG auch sondereigentumsfähig sind. Im Gegensatz zum Miteigentum handelt es sich damit um den Bereich des Einzeleigentums (Weitnauer/*Briesemeister* § 1 Rn. 4). Aus § 1 Abs. 5 WEG folgt, dass Sondereigentum die Ausnahme und gemeinschaftliches Eigentum die Regel bildet (*OLG München* ZMR 2006, 388).

58 Mit seinem Sondereigentum kann ein Wohnungseigentümer nach § 13 Abs. 1 WEG wie ein **Alleineigentümer** verfahren, soweit nicht das Gesetz oder Rechte Dritter entgegenstehen (*Röll* DNotZ 1977, 69). Sondereigentum darf dabei nicht mit dem Wohnungseigentum als Ganzem verwechselt werden, dessen Teil es lediglich bildet.

59 Sondereigentum ist rechtstechnisch **keine Belastung des Miteigentumsanteils**, zu dem es gehört. Die Einräumung der Sondereigentumsrechte stellt sich vielmehr als wechselseitige Beschränkung der Wohnungseigentümer hinsichtlich des Miteigentums an den vorhandenen Räumlichkeiten unter gleichzeitigem Rechtszuwachs an echtem Alleineigentum in Bezug auf die dem jeweiligen Miteigentumsanteil zugeordneten Sondereigentumsbereiche dar.

7. Gemeinschaftliches Eigentum

60 Gemeinschaftliches Eigentum sind das Grundstück und das Gebäude (mit den bisher ausdrücklich im Gesetz erwähnten Teilen, Anlagen und Einrichtungen des Gebäudes), soweit sie nicht im Sondereigentum oder im Eigentum eines Dritten stehen (§ 1 Abs. 5 WEG). Der Umfang des gemeinschaftlichen Eigentums wird damit negativ durch den des Sondereigentums definiert. Daraus ergibt sich für das Gebäude, dass diejenigen Teile, die nicht gem. § 3 Abs. 1 S. 1 WEG zum Sondereigentum erklärt sind, zum gemeinschaftlichen Eigentum zählen. Es besteht also eine **Vermutung** für die Zugehörigkeit der Bestandteile eines Gebäudes zum gemeinschaftlichen Eigentum (*OLG Düsseldorf* ZMR 2000, 551; Bärmann/*Armbrüster* § 1 Rn. 53). § 5 Abs. 2 WEG legt darüber hinaus fest, was neben dem (nicht als Sondereigentum zugeordneten) Grundstück **zwingend** zum **Gemeinschaftseigentum** gehört, nämlich die Teile des Gebäudes, die für dessen Bestand und Sicherheit erforderlich sind, sowie die Anlagen und Einrichtungen, die dem gemeinschaftlichen Gebrauch dienen.

61 An Teilen des Grundstücks konnte somit mangels Raumeigenschaft kein Sondereigentum begründet werden. Das galt unabhängig davon, ob die Flächen unbebaut waren oder eine bauliche Veränderung stattgefunden hat (vgl. für ein **Carport** *BayObLG* Rpfleger 1986, 217 = ZMR 1986, 207 u. *OLG Köln* MittRhNotK 1996, 61; für einen **Pkw-Stellplatz im Freien** *BayObLG* Rpfleger 1986, 217 = ZMR 1986, 207 u. *OLG Frankfurt am Main* Rpfleger 1983, 482; für eine **ebenerdige** bzw. **plattierte Terrasse** *KG* ZWE 2015, 118; *OLG Köln* MittRhNotK 1996, 61; *OLG Köln* OLGZ 1982, 413 = Rpfleger 1982, 278; *LG Landau* ZWE 2011, 272). Dies gilt auch nach dem Inkrafttreten des WEMoG unverändert, falls nicht von den neuen Eigentumsformen des § 3 Abs. 1 S. 2 WEG (selbstständiges Stellplatzeigentum) oder des § 3 Abs. 2 WEG (unselbstständiges Annexeigentum) Gebrauch gemacht wird. Insoweit kann aber seit jeher unverändert die Einräumung eines Sondernutzungsrechts in Betracht kommen (dazu s. § 16). Zum Begriff des Grundstücks s. ausführlich Rdn. 244 ff.

62 Das **gemeinschaftliche Eigentum** i.S.v. § 1 Abs. 5 WEG ist **nicht identisch mit dem Vermögen des »Verbandes Wohnungseigentümergemeinschaft«**. Das jetzt im § 9a Abs. 3 WEG genannte »Gemeinschaftsvermögen« stellt ein eigenes Sondervermögen dar, an dem die Wohnungseigentümer zwar mitgliedschaftlich beteiligt sind; ihnen kommt insoweit aber keine sachenrechtliche Eigentümerstellung zu. Zu den sich aus dieser Unterscheidung ergebenden Fragen s. Rdn. 22 ff.

63 Zur **Abgrenzung** von Sonder- und Gemeinschaftseigentum im Einzelnen s. die Erläuterungen zu § 5 WEG.

8. Umwandlung von Sondereigentum in Gemeinschaftseigentum und umgekehrt

64 Zur Umwandlung von Sondereigentum in gemeinschaftliches Eigentum und umgekehrt bedarf es der **Einigung aller Wohnungseigentümer** in der Form der Auflassung und der Eintragung in das

Grundbuch (*OLG München* ZWE 2018, 442; *OLG München* ZWE 2017, 28; *OLG Stuttgart* ZMR 2013, 54; *OLG München* Rpfleger 2007, 459; *BayObLG* DNotZ 1988, 316 = Rpfleger 1988, 102). Es handelt sich hierbei – anders als bei der Umwidmung von Wohnungs- in Teileigentum – um eine **Änderung des sachenrechtlichen Grundverhältnisses**, die nur gem. § 4 WEG erfolgen kann. (*BGH* ZMR 2012, 793 = ZWE 2012, 361; *BGH* Rpfleger 2005, 17 = ZMR 2005, 59; *BGH* NZM 2003, 480 = ZMR 2003, 748; *OLG Saarbrücken* NZM 2005, 423; *OLG Celle* OLG-Report 2004, 79; *BayObLG* DNotZ 2000, 466 = ZMR 2000, 316; *KG* ZMR 1998, 368; *BayObLG* DNotZ 1998, 379 = Rpfleger 1998, 19; *OLG Frankfurt am Main*, Rpfleger 1997, 374 = ZMR 1997, 367; Bärmann/*Armbrüster* § 4 Rn. 9; *Demharter* Anh. zu § 3 Rn. 91; *Häublein* DNotZ 2000, 442, 450; *Schöner/Stöber* Rn. 2967; Weitnauer/*Briesemeister* § 4 Rn. 4).

Eine Änderung der durch den dinglichen Begründungsakt festgelegten Grundstruktur der Gemeinschaft kann nicht Gegenstand von Vereinbarungen der Wohnungseigentümer im Sinn von § 5 Abs. 4 S. 1, § 10 Abs. Abs. 3 S. 1 WEG sein. Vereinbarungen können nur das darauf aufbauende Gemeinschaftsverhältnis betreffen (*BGH* NJW 2019, 3716 = ZfIR 2019, 405 = ZMR 2019, 518; *BGH* ZMR 2012, 793 = ZWE 2012, 361). Das Gesetz trennt mit § 5 Abs. 1 bis 3 WEG einerseits und § 5 Abs. 4 WEG andererseits streng zwischen Gegenstand und Inhalt des Sondereigentums (grundlegend *F. Schmidt* FS Bärmann und Weitnauer 1985, S. 37, 41 ff.). Aus diesem Grunde kann eine Gemeinschaftsordnung auch **nicht** eine **vorweg genommene Ermächtigung/Zustimmung** zur Vornahme solcher Veränderungen mit einer den Sondernachfolger bindenden Wirkung als *Inhalt* des Sondereigentums vorsehen (*OLG Celle* DNotZ 2021, 970; *BayObLG* Rpfleger 2002, 140 = ZMR 2002, 283; *BayObLG* DNotZ 2000, 466 = ZMR 2000, 316; *BayObLG* DNotZ 1998, 379 = Rpfleger 1998, 19; *KG* ZMR 1998, 368; *Basty* NotBZ 1999, 233, 235; *Häublein* DNotZ 2000, 442, 450 f.; **a.A.** *Röll* DNotZ 1998, 345, 346 u. *Rapp* MittBayNot 1998, 77, 79 f.). 65

Ein Bauträger kann sich aber in den einzelnen Erwerbsverträgen jeweils entsprechende **Vollmachten** zur Umwandlung von Gemeinschaftseigentum in Sondereigentum und umgekehrt einräumen lassen. Allerdings betrifft die in einem notariellen Kaufvertrag dem Verkäufer erteilte »gegenüber dem Grundbuchamt uneingeschränkte Vollmacht zur Änderung der Teilungserklärung« nur das Verhältnis der Käufer zum Verkäufer; sie macht nach h.M. die Bewilligung der dinglich Berechtigten gem. §§ 876, 877 BGB nicht entbehrlich (*BayObLG* NJW 2005, 444 = Rpfleger 2005, 136 = ZMR 2005, 300 m. zust. Anm. *F. Schmidt* ZWE 2005, 315; *BayObLG* DNotZ 1996, 297). 66

Wegen der **grundbuchmäßigen** Anforderungen zur Eintragung einer Umwandlung von Gemeinschafts- in Sondereigentum und umgekehrt s. § 7 Rdn. 278 ff. u. 297 ff. 67

9. Nachbareigentum

Nachbareigentum ist nicht im WEG geregelt. Es handelt sich insoweit um **allgemeines Nachbarrecht** nach §§ 921 ff. BGB. Zu den Voraussetzungen und Rechtswirkungen s. § 5 Rdn. 108 ff. 68

10. Unterwohnungseigentum

Die Bildung von Wohnungseigentum an Wohnungseigentum (Unterwohnungseigentum) nach Art eines Untererbbaurechtes ist nicht möglich. Wohnungseigentum ist kein grundstücksgleiches Recht; die Summe der Miteigentumsanteile muss immer ein Ganzes ergeben, sodass nicht Untereinheiten mit zusätzlichen Anteilen ausgestattet werden können. In Betracht kommt lediglich die Unterteilung einer Einheit, wenn die Abgeschlossenheit gewährleistet ist. (*OLG Köln* OLGZ 1984, 294 = Rpfleger 1984, 268; Bärmann/*Armbrüster* § 1 Rn. 17; Weitnauer/*Briesemeister* § 3 Rn. 33). 69

11. Mitsondereigentum und abgesondertes Miteigentum

Die Begründung von »Mitsondereigentum« i.S.v. dinglich verselbstständigten Untergemeinschaften ist **unzulässig** (*BGH* ZMR 2012, 377 = ZWE 2012, 81; *BGHZ* 130, 159, 168 = NJW 1995, 2851 = Rpfleger 1996, 19 = ZMR 1995, 521; *OLG Schleswig* ZMR 2007, 726 = DNotZ 2007, 620 m. insoweit zust. Anm. *Commichau*; *BayObLG* Rpfleger 2000, 326 = ZMR 2000, 622; *BayObLG* Bay- 70

ObLGZ 1995, 399 = ZMR 1996, 285). Soweit der *BGH* von Mitsondereigentum oder »abgesondertem Miteigentum« spricht (*BGH* BGHZ 177, 338 [Luftschranken] = NJW 2008, 2982 = ZMR 2008, 897; *BGH* BGHZ 146, 241 [Wanddurchbruch] = NJW 2001, 1212 = ZMR 2001, 289), ist **Nachbareigentum** gemeint (s. § 5 Rdn. 108 ff.; vgl. weiterhin Rdn. 309).

III. Kein Zwang zur vollständigen Aufteilung des Gebäudes

71 Das Gebäude braucht nicht vollständig in Sondereigentum aufgeteilt zu werden; nach der Regelung in § 1 Abs. 5 WEG verbleiben alle Teile des Gebäudes, an denen kein Sondereigentum begründet werden soll oder kann, im gemeinschaftlichen Eigentum (*BGHZ* 109, 179 = Rpfleger 1990, 62 = ZMR 1990, 112).

IV. Begründung trotz Beschlagnahme

72 Die aufgrund einer angeordneten **Zwangsversteigerung** eingetretene Beschlagnahme des noch ungeteilten Grundstücks hat für den betreibenden Gläubiger dieses Verfahrens die Wirkung eines Veräußerungsverbotes (§ 23 Abs. 1 S. 1 ZVG). Das **Veräußerungsverbot** kommt sachlich einem Verfügungsverbot gleich (*Böttcher* § 23 Rn. 2). Es bewirkt jedoch keine Grundbuchsperre; Verfügungen des Eigentümers sind vielmehr dem betreibenden Gläubiger gegenüber insoweit – relativ – unwirksam (§§ 135, 136 BGB), wie sie dessen Anspruch vereiteln würden (*BGH* NJW 1997, 1581; *BGH* NJW-RR 1988, 1274 = Rpfleger 1988, 543).

73 Die Aufteilung eines Grundstücks in Miteigentumsanteile verbunden mit Sondereigentumsrechten fällt unter das Verfügungsverbot des § 23 ZVG. Zwar kann der Eigentümer nach der Beschlagnahme in einem Zwangsversteigerungsverfahren das Grundstück noch in Wohnungs- und Teileigentumsrechte aufteilen, jedoch ist die **Aufteilung** dem betreibenden Gläubiger gegenüber **relativ unwirksam.** Verweigert dieser nach einer entsprechenden Anhörung durch das Versteigerungsgericht seine Zustimmung zur Aufteilung und beruft sich auf seine Rechte aus dem Verfügungsverbot, kann nur das ursprünglich in Beschlag genommene Grundstück in seiner Gesamtheit zur Versteigerung kommen (*BGH* ZMR 2012, 638 = ZWE 2012, 270; *LG Würzburg/AG Würzburg* Rpfleger 1989, 117 m. zust. Anm. *Meyer-Stolte*; Bärmann/*Armbrüster* § 1 Rn. 229; *Böttcher* § 23 Rn. 11; Dassler u.a./*Hintzen* § 23 Rn. 16; Dassler u.a./*Hintzen* § 63 Rn. 10; *Eickmann* EWiR 1987, 627; *Stöber* § 23 Rn. 2.2 Buchst. b); **a.A.** *OLG Frankfurt am Main* OLGZ 1987, 266; *LG Essen* Rpfleger 1989, 116; Weitnauer/*Briesemeister* § 3 Rn. 126). Einzelausgebote auf die gebildeten Wohnungs- und Teileigentumseinheiten gem. § 63 Abs. 1 ZVG kommen dann nicht in Betracht.

74 Zur grundbuchmäßigen Behandlung der angelegten Wohnungsgrundbücher in diesem Fall s. § 9 Rdn. 42.

V. Zustimmung eingetragener Berechtigter anlässlich der Begründung

1. Belastungsgegenstand Grundstück

75 Im Grundbuch des ungeteilten Grundstücks eingetragene Belastungen, deren **Belastungsgegenstand das gesamte Grundstück** ist, **setzen sich** nach Aufteilung an sämtlichen gebildeten Wohnungseinheiten **fort.** Dies gilt unabhängig davon, ob sich die Begründung des Wohnungseigentums nach § 3 WEG oder § 8 WEG vollzieht. Zustimmungen Drittberechtigter sind für die Aufteilung daher nicht erforderlich, da den Berechtigten auch nach der Aufteilung das Objekt in seiner Gesamtheit haftet (allgem. Meinung *BGH* NJW 2012, 1226 = Rpfleger 2012, 376 = ZfIR 2012, 245 = ZMR 2012, 563 = ZWE 2012, 219; *BGH* Rpfleger 1968, 114; *OLG Frankfurt am Main,* Rpfleger 1997, 374).

76 Wegen der grundbuchmäßigen Behandlung der jeweiligen Eintragungen und den auftretenden Besonderheiten s. insoweit § 7 Rdn. 48 ff. m.w.N.

2. Belastungsgegenstand Miteigentumsanteil

Ist nur ein **Miteigentumsanteil mit einem Recht** belastet, so ist zu unterscheiden, ob sich die Aufteilung gem. § 3 WEG durch Teilungsvertrag der Miteigentümer oder gem. § 8 WEG durch einseitige Bestimmung des eingetragenen Alleineigentümers vollzieht. Während sich bei einer Aufteilung gem. § 8 WEG bisher auf einem Miteigentumsanteil eingetragene Rechte alsdann an den entsprechenden Miteigentumsanteilen sämtlicher Wohnungseigentumsrechte fortsetzen, lasten bei einer Aufteilung gem. § 3 WEG die auf den bisherigen Miteigentumsanteilen eingetragenen Rechte infolge der Verbindung mit Sondereigentum weiterhin nur auf den – dann allerdings inhaltlich veränderten – Anteilen. 77

Infolgedessen entfällt bei einem belasteten Miteigentumsanteil für den eingetragenen Berechtigten die Zustimmung im Fall der **Aufteilung gem. § 8 WEG**, da dem Berechtigten in der Summe unverändert sein ursprüngliches Objekt haftet. Hieran hat mangels einer planwidrigen Regelungslücke auch die Einführung des Rangklassenprivilegs für Hausgeldansprüche gem. § 10 Abs. 1 Nr. 2 ZVG nichts geändert (*BGH* NJW 2012, 1226 = Rpfleger 2012, 376 = ZfIR 2012, 245 = ZMR 2012, 563 = ZWE 2012, 219; *OLG Celle* ZWE 2012, 276; *KG* Rpfleger 2011, 202 = ZfIR 2011, 254 m. zust. Anm. *Heinemann* = ZWE 2011, 81; *OLG Oldenburg* Rpfleger 2011, 318 = ZMR 2011, 492; *OLG München* NJW 2011, 3588 = Rpfleger 2011, 663 = ZfIR 2011, 571 = ZMR 2011, 818 = ZWE 2011, 266; *Becker/Schneider* ZfIR 2011, 545, 552; *Schneider* ZNotP 2010, 387; *ders.* ZNotP 2010, 299; **a.A.** *Kesseler* NJW 2010, 2317; *ders.* ZNotP 2010, 335; ihm folgend *Böttcher* NotBZ 2010, 239; Palandt/*Bassenge* 71. Aufl., § 8 WEG Rn. 1). Bei der **Begründung gem. § 3 WEG** bedarf es dagegen der Mitwirkung eines Drittberechtigten gem. §§ 876, 877 BGB, da sein bisheriges Haftungsobjekt durch die Verbindung mit Sondereigentum für ihn eine Veränderung erfährt, die seine Rechte z.B. hinsichtlich der bisher möglichen Aufhebung der Gemeinschaft gem. § 751 BGB beeinträchtigen kann (*BGH* NJW 2012, 1226 = Rpfleger 2012, 376 = ZfIR 2012, 245 = ZMR 2012, 563 = ZWE 2012, 219; *BayObLG* Rpfleger 1986, 177; *OLG Frankfurt am Main*, MittBayNot 1986, 23; Bamberger/Roth/*Hügel* § 4 Rn. 6; Bärmann/*Armbrüster* § 2 Rn. 26: *Schöner/Stöber* Rn. 2849; Staudinger/*Rapp* [2018] § 3 Rn. 24; Weitnauer/*Briesemeister* § 3 Rn. 75; **a.A.** *LG Wuppertal* Rpfleger 1987, 366 m. abl. Anm. *Meyer-Stolte*). 78

VI. Genehmigungserfordernisse

Zu **Genehmigungserfordernissen** anlässlich der Begründung von Wohnungseigentum s. ausführlich § 7 Rdn. 86 ff. 79

VII. Stellung des Mieters

1. Auswirkungen der Aufteilung auf das Vertragsverhältnis

Wohnungseigentum kann auch an vermieteten Wohnungen begründet werden. Der **Erwerber tritt** dann in ein bestehendes Mietverhältnis **ein** (§§ 566 ff. BGB). Insoweit gelten allerdings **Kündigungsbeschränkungen** gem. § 577a Abs. 1 BGB. Ist danach an vermieteten Wohnräumen nach der Überlassung an den Mieter Wohnungseigentum begründet und das Wohnungseigentum veräußert worden, so kann sich ein Erwerber auf berechtigte Interessen im Sinne des § 573 Abs. 2 Nr. 2 BGB (Eigenbedarfskündigung) oder § 573 Abs. 2 Nr. 3 BGB (Verwertungskündigung) erst nach Ablauf von drei Jahren seit der Veräußerung berufen. Die Frist kann sich bei Vorliegen einer entsprechenden landesrechtlichen Verordnung auf bis zu 10 Jahre verlängern (§ 577a Abs. 2 BGB). § 577a Abs. 1 BGB ist allerdings nicht auf den sog. »gekauften Eigenbedarf« anwendbar, wenn das Wohnungseigentum bereits vor der Überlassung an den Mieter begründet worden ist; in diesem Fall muss ein Mieter nämlich mit der Kündigung durch einen Erwerber rechnen (noch zur inhaltsgleichen Vorgängerregelung *BayObLG* OLGZ 1981, 492 = NJW 1981, 2197 = ZMR 1981, 333). 80

Die Kündigungsbeschränkung wird durch § 577a Abs. 1a BGB zur Verhinderung von Umgehungsmodellen auf weitere Fallgestaltungen erstreckt (BT-Drs. 17/10485, S. 2 f., 16). Dabei ist es nicht erforderlich, dass zusätzlich zu den im Tatbestand des § 577a Abs. 1a BGB genannten Voraus- 81 setzungen an dem vermieteten Wohnraum auch Wohnungseigentum begründet worden ist oder der Erwerber zumindest die Absicht hat, eine solche Wohnungsumwandlung vorzunehmen (BGHZ 218, 162 = NJW 2018, 2187 = ZMR 2018, 569). Zum Kreis der gem. § 577a Abs. 1a S. 2 BGB **privilegierten Familienangehörigen** zählen Ehegatten auch dann, wenn sie getrennt leben oder geschieden sind (*BGH* ZfIR 2023, 535 = ZMR 2023, 773; *BGH* NJW 2021, 620 = ZMR 2021, 29). Da für die Auslegung des § 577a Abs. 1a BGB die Rechtsprechung zu § 573 Abs. 2 Nr. 2 BGB entsprechend heranzuziehen ist (BT-Drs. 17/10485, S. 26) gehören auch leibliche Nichten und Neffen des Vermieters kraft ihres nahen Verwandtschaftsverhältnisses zum Vermieter ebenfalls zu den Familienangehörigen (*BGH* BGHZ 184, 138 = NJW 2010, 1290)

82 Der über eine Wohnung und eine Garage geschlossene **einheitliche Mietvertrag** wird durch die Veräußerung der Wohnung und der Garage an verschiedene Erwerber nicht in mehrere Mietverhältnisse aufgespaltet; vielmehr treten die Erwerber in den einheitlichen Mietvertrag ein. Ihr Verhältnis bestimmt sich nach den Regelungen über die Bruchteilsgemeinschaft (*BGH* ZMR 2006, 30).

83 Der Erwerber einer nach Überlassung an den Mieter in Wohnungseigentum umgewandelten Wohnung ist auch dann **alleiniger Vermieter**, wenn zusammen mit der Wohnung ein Kellerraum vermietet ist, der nach der Teilungserklärung im Gemeinschaftseigentum aller Wohnungseigentümer steht (BGHZ 141, 239 = DNotZ 1999, 1002 = ZMR 1999, 546).

84 Ist Wohnungseigentum erst nach der Überlassung an den Mieter begründet und auch veräußert worden, so ist für den Erwerber eine **Kündigung** des Mietverhältnisses lediglich beschränkt möglich (§ 577a BGB). Die Sperrfrist des § 577a BGB gilt auch dann, wenn die Übertragung des Wohnungseigentums in Erfüllung eines Vermächtnisses erfolgt ist, weil es lediglich auf einen auf freiwilliger Entscheidung beruhenden Verpflichtungsgrund, nicht aber darauf ankommt, welcher Verpflichtungsgrund der Eigentumsübertragung zugrunde liegt (*BayObLG* ZMR 2001, 795 noch zur Vorläuferregelung des § 564b Abs. 2 S. 2 Nr. 2 BGB).

2. Vorkaufsrecht des Mieters

85 Dem Mieter einer Wohnung steht im Fall des Verkaufs an einen Dritten das **Vorkaufsrecht** zu, wenn nach der Überlassung an den Mieter Wohnungseigentum begründet worden ist oder begründet werden soll (§ 577 BGB). Allerdings genießt ein **dinglich gesichertes Vorkaufsrecht** jedenfalls dann **Vorrang** vor dem gesetzlichen Vorkaufsrecht des Mieters, wenn es von dem Eigentümer zugunsten eines Familienangehörigen i.S.v. § 577 Abs. 1 S. 2 BGB bestellt wurde (*BGH* ZfIR 2023, 535 = ZMR 2023, 773).

86 Das Vorkaufsrecht des Mieters nach § 577 Abs. 1 S. 1, 2. Alt. BGB entsteht bei dem **Verkauf eines** mit einem Mehrfamilienhaus bebauten **ungeteilten Grundstücks** im Grundsatz nur dann, wenn sich der Veräußerer vertraglich zur Durchführung der Aufteilung gem. § 8 WEG verpflichtet und ferner die von dem Vorkaufsrecht erfasste zukünftige Wohnungseigentumseinheit in dem Vertrag bereits hinreichend bestimmt oder zumindest bestimmbar ist. Es entsteht in der Regel nicht, wenn erst die Erwerber Wohnungseigentum begründen sollen, und zwar auch dann nicht, wenn diese beabsichtigen, die neu geschaffenen Einheiten jeweils selbst zu nutzen (»Erwerbermodell«). Über die am 01.05.2013 in Kraft getretene Vorschrift des § 577a Abs. 1a BGB hat der Gesetzgeber eine im Kündigungsschutzrecht für den Mieter bislang bestehende Gesetzeslücke im Umwandlungsrecht geschlossen und dessen Verdrängungsrisiko entschärft. Dass in Altfällen weder die Sperre für die Eigenbedarfskündigung eingreift noch ein Vorkaufsrecht entsteht, ist hinzunehmen (BGHZ 199, 136 = NJW 2014, 850 m. zust. Anm. *Klühs* = ZfIR 2014, 241 = ZMR 2015, 199 = ZWE 2014, 118). Zum Vorkaufsrecht des Mieters vgl. auch § 9 Rn. 40.

87 Das gesetzliche Vorkaufsrecht des Mieters besteht allerdings **nur für den ersten Verkaufsfall** nach der Umwandlung (BGHZ 167, 58 = DNotZ 2006, 747 = ZMR 2006, 511; BGHZ 141, 194 = Rpfleger 1999, 405 = ZMR 1999, 607).

Einem Mieter steht demnach kein Vorkaufsrecht mehr zu, wenn das Wohnungseigentum vor dem am 01.09.1993 erfolgten Inkrafttreten des § 570 BGB a.F. – der Vorgängerbestimmung des § 577 BGB – **bereits einmal verkauft** worden ist und nach diesem Zeitpunkt erneut verkauft wird (BGHZ 167, 58 = DNotZ 2006, 747 = ZMR 2006, 511). Dies gilt sowohl für den Mieter einer öffentlich geförderten Wohnung als auch im freien Wohnungsbau (BGHZ 141, 194 = Rpfleger 1999, 405 = ZMR 1999, 607 und BGHZ 167, 58 = DNotZ 2006, 747 = ZMR 2006, 511). 88

Das Mietervorkaufsrecht kann selbst dann beim zweiten Verkauf nicht mehr ausgeübt werden, wenn es beim ersten Verkauf gar **nicht ausgeübt werden konnte**, z.B. weil der erste Verkauf im Wege der Zwangsvollstreckung erfolgte. Mit der Beschränkung auf den ersten Verkauf einer umgewandelten Eigentumswohnung ist dem Schutz des Mieters vor einer spekulativen Verdrängung aus der Mietwohnung nämlich Genüge getan (BGHZ 141, 194 = Rpfleger 1999, 405 = ZMR 1999, 607 noch zum ähnlichen § 2b Abs. 1 WoBindG a.F., der in § 2b Abs. 2 S. 3 WoBindG u.a. auf § 512 BGB a.F. = § 471 BGB n.F. verwies; vgl. jetzt § 577 Abs. 1 S. 3 BGB). Nichts Anderes kann gelten, wenn die Möglichkeit zur Ausübung des Vorkaufsrechts bei dem ersten Verkauf nicht bestand, weil die Wohnung an einen Familien- oder Haushaltsangehörigen verkauft wurde (§ 577 Abs. 1 S. 2 BGB). Auch der Umstand, dass der erste Verkauf der Wohnung in diesem Fall nicht isoliert, sondern »en bloc« – zusammen mit weiteren Eigentumswohnungen – erfolgte und dadurch für den Mieter u.U. die Ermittlung des anteiligen, auf seine Wohnung entfallenen Kaufpreises schwierig sein konnte, ändert an diesem Ergebnis nichts (*BGH* NJW 2007, 2699). 89

3. Mietrechtliche Besonderheiten

Wegen Besonderheiten bei der Vermietung von Sonder- und/oder Gemeinschaftseigentum s. ausführlich **Anh. zu § 13 WEG**. 90

Wegen der Vermietung von Gemeinschaftseigentum und von Sondereigentum nebst Mitnutzung des Gemeinschaftseigentums s. ausführlich **Anh. zu § 14 WEG**. 91

Zur Betriebskostenabrechnung des vermietenden Sondereigentümers s. ausführlich **Anh. zu § 16 WEG**. 92

D. Verfügungen über das Wohnungseigentum

I. Übertragung

1. Grundsatz

Die Übertragung von Wohnungseigentum unterfällt den allgemeinen Bestimmungen des Sachenrechts; sie erfolgt gem. §§ 873, 925 BGB durch **Auflassung und Eintragung** in das Grundbuch (allgem. Meinung; vgl. nur BGHZ 173, 71 = NJW 2007, 3204 = Rpfleger 2007, 597; *OLG Düsseldorf* DNotZ 2007, 46 = Rpfleger 2007, 25). Für das Verpflichtungsgeschäft gilt § 311b BGB (§ 4 Abs. 3 WEG). 93

Wohnungseigentum kann im Hinblick auf § 6 WEG nur in seiner **Gesamtheit**, bestehend aus dem Miteigentumsanteil verbunden mit Sondereigentum übertragen werden. Zur Möglichkeit isolierter Verfügungen zwischen den Wohnungseigentümern über eine der genannten Komponenten und den damit verbundenen Fragestellungen s. § 6 Rdn. 3 ff. 94

Sog. **isolierte (substanzlose) Miteigentumsanteile** (s. Rdn. 294 f.) sind verkehrsfähig und können damit auch nach den allgemeinen Grundsätzen übertragen werden (vgl. *BGH* Rpfleger 2005, 17 = ZMR 2005, 59; *BGH* Rpfleger 2004, 207 = ZMR 2004, 206; *OLG Hamm* Rpfleger 2007, 137 = ZMR 2007, 213). 95

Für die Übertragung des Wohnungseigentums kann abweichend von § 137 BGB eine **Veräußerungsbeschränkung** vereinbart worden sein. Dazu s. näher bei § 12 WEG. 96

97 Ein **gesetzliches Vorkaufsrecht** besteht gem. § 24 Abs. 2 BauGB bei der Veräußerung von Wohnungseigentum selbst dann nicht, wenn sämtliche Miteigentumsanteile einer Wohnungseigentumsanlage veräußert werden (*OLG Hamm* ZWE 2012, 129).

98 Im **Umlegungsverfahren** unterfallen Verfügungen über Wohnungs- und Teileigentumsrechte der Genehmigungspflicht gem. § 51 BauGB, da es sich hierbei um ein besonders ausgestaltetes Miteigentumsrecht an dem Grundstück handelt (Battis/Krautzberger/Löhr/*Reidt* § 51 Rn. 15). Ist im Grundbuch ein **Sanierungsvermerk** eingetragen, bedarf es bei der Veräußerung und Belastung des Wohnungseigentums grundsätzlich der Genehmigung der Gemeinde gem. § 144 Abs. 2 BauGB; Wohnungseigentum ist nämlich kein grundstücksgleiches Recht i.S.d. § 200 Abs. 2 BauGB (*LG Berlin* Rpfleger 1996, 342).

2. Bestandsangaben bei angelegtem Wohnungsgrundbuch

99 Zur **Bezeichnung** eines bereits im Grundbuch eingetragenen Wohnungseigentums reicht es gem. § 28 GBO aus, wenn im notariellen Vertrag die Angabe des betreffenden Wohnungsgrundbuchs erfolgt ist. Weitergehender Merkmale wie z.B. Angaben über die Höhe des veräußerten Miteigentumsanteils oder die Größe und Lage des Sondereigentums bedarf es dann ebensowenig wie einer **Mitbeurkundung** der Teilungsurkunde gem. § 13a BeurkG, da diese Angaben durch doppelte Bezugnahme Inhalt der Grundbucheintragung geworden sind (BGHZ 125, 235 = DNotZ 1994, 476 = ZMR 1994, 270). Soweit – wie in der Praxis durchaus üblich – weitergehende Angaben zur Beschreibung des Vertragsgegenstandes in eine Urkunde aufgenommen werden, sollten diese mit den Merkmalen der Grundbucheintragung übereinstimmen. Zusätze oder Auslassungen gegenüber der Eintragung im Bestandsverzeichnis dürften unweigerlich Nachfragen zur Identität und somit zumindest Zeitverluste mit sich bringen. Die notwendige Kongruenz von Grundbuchinhalt und Vertragsinhalt wird in der Praxis ggf. durch eine nachträgliche Identitätserklärung erreicht (*OLG Schleswig* MietRB 2016, 232). Mangels Zweifeln am Umfang des Sondereigentums soll eine **Einsichtnahme** in die Grundakten durch einen Notar entbehrlich sein, selbst wenn in dem von ihm einzusehenden Wohnungsgrundbuch auf die in den Akten befindliche Eintragungsbewilligung Bezug genommen wird s. BGHZ 179, 194 = DNotZ 2009, 444 = NJW 2009, 516 mit zu Recht krit. Bespr. *Böttcher* NJW 2010, 1647.

100 Weicht die tatsächliche Bauausführung vom Aufteilungsplan ab, so richtet sich der Eigentumserwerb durch Umschreibung im Grundbuch gleichwohl ausschließlich nach dem eingetragenen Grundbuchinhalt. Eine vom Aufteilungsplan **abweichende Bauausführung** macht das Grundbuch nämlich nicht unrichtig (BGHZ 146, 241 = DNotZ 2002, 127 = ZMR 2001, 289). Sondereigentum entsteht vielmehr nur in den rechtlichen Grenzen von Teilungserklärung und Aufteilungsplan; auf die tatsächliche Bauausführung kommt es nicht an (BGHZ 208, 29 = NJW 2016, 473 = ZfIR 2016, 276 = ZMR 2016, 215 = ZWE 2016, 79). Eine **Prüfungspflicht** bzgl. der Einhaltung des sachenrechtlichen Bestimmtheitsgrundsatzes besteht für das Grundbuchgericht aber anlässlich der Anlegung der Wohnungsgrundbücher. Ob und ggf. welche Ansprüche innerhalb der Gemeinschaft der Wohnungseigentümer bestehen, um die Rechtslage mit den tatsächlichen Gegebenheiten aufgrund der vom Aufteilungsplan abweichenden Bauausführung in Übereinstimmung zu bringen, ist nicht Gegenstand des Grundbucheintragungsverfahrens anlässlich einer Eigentumsumschreibung (*OLG Zweibrücken* NZM 2006, 586 = Rpfleger 2006, 394 = ZWE 2006, 187 m. Anm. *F. Schmidt*). Etwas Anderes kann nur dann gelten, wenn bei der Bauausführung vom Aufteilungsplan in der Abgrenzung von Sondereigentum zu gemeinschaftlichem Eigentum oder von Sondereigentum mehrerer Eigentümer untereinander in einer Weise abgewichen wird, die es unmöglich macht, die errichteten Räume einer in dem Aufteilungsplan ausgewiesenen Raumeinheit zuzuordnen (vgl. für bauliche Abweichungen in einem Veräußerungsfall *OLG Düsseldorf* ZMR 2016, 895). In diesem Fall entsteht wegen fehlender Bestimmbarkeit der Abgrenzung kein Sondereigentum, sondern gem. § 1 Abs. 5 WEG nur gemeinschaftliches Eigentum (*BGH* NJW 2004, 1798 = Rpfleger 2004, 207 = ZMR 2004, 206; *OLG München* ZWE 2005, 446 – Ls –; *BayObLG* DNotZ 1999, 212 = ZMR 1998, 794: Abweichung von 11 m^2 durch eine versetzte Trennwand begründet Sondereigentum des

von der tatsächlichen Nutzung ausgeschlossenen Eigentümers). Ist allerdings die Begrenzung des Sondereigentums nach dem Aufteilungsplan und der Bauausführung eindeutig, kann Sondereigentum an einem Raum auch dann entstehen, wenn es an einer tatsächlichen Abgrenzung des Raums gegen fremdes Sondereigentum fehlt (»Luftschranke«; BGHZ 208, 29 = NJW 2016, 473 = ZfIR 2016, 276 = ZMR 2016, 215 = ZWE 2016, 79; BGHZ 177, 338 = NJW 2008, 2982 = Rpfleger 2008, 631 = ZfIR 2008, 734 = ZMR 2008, 897 = ZWE 2008, 426).

Typischerweise ergeben sich **Abweichungen vom Grundbuchstand** in Bezug auf dort vermerkte 101 Sondernutzungsrechte (wobei deren Erkennbarkeit noch zusätzlich durch eine – zwar zulässige, aber wenig zweckmäßige – Eintragung lediglich unter Bezugnahme gem. § 7 Abs. 3 S. 1 WEG erschwert sein kann; zur Problematik vgl. § 7 Rdn. 223 ff.). Zwar bedarf es zur Übertragung eines verdinglichten Sondernutzungsrechts keiner zusätzlichen Erklärungen, weil sich der Rechtsübergang gem. § 6 Abs. 2 WEG auch ohne ausdrückliche Erwähnung vollzieht (*Kreuzer* FS Merle 2000, S. 203, 214). Da aber auch eine Übertragung *ohne* das bisher zugeordnete Sondernutzungsrecht beabsichtigt sein könnte, wird eine entsprechende Vertragsgestaltung wohl ebenso Rückfragen auslösen wie umgekehrt ein zwar ausdrücklich im Übertragungsvertrag erwähntes, aber bisher noch gar nicht im Grundbuch verlautbartes – schuldrechtliches – Sondernutzungsrecht (zur Eigentumsumschreibung in diesem Fall vgl. *OLG Zweibrücken* MittRhNotK 1996, 59).

Verändert sich nach erklärter Auflassung aber noch vor Vollzug der Eigentumsumschreibung im 102 Grundbuch **das gemeinschaftliche Eigentum** (z.B. durch Umwandlung von Gemeinschafts- in fremdes Sondereigentum und umgekehrt) oder **der Inhalt der Gemeinschaftsordnung** (z.B. durch Zuordnung oder Abschreibung eines verdinglichten Sondernutzungsrechts), ändert sich nach h.M. an der Identität des aufgelassenen dinglichen Rechts selbst nichts. Der insoweit hinsichtlich der veräußerten Einheit unveränderte Miteigentumsanteil verbunden mit dem nach Gegenstand und Umfang identischen Sondereigentum erfordert keine neuerliche Auflassung (*OLG Nürnberg* Rpfleger 2017, 24; *BayObLG* Rpfleger 1984, 408; Bärmann/*Armbrüster* § 1 Rn. 84; DNotI-Gutachten DNotI-Report 2016, 77 auch zu weiteren Änderungen; *Schöner/Stöber* Rn. 2939).

3. Bestandsangaben bei noch nicht angelegtem Wohnungsgrundbuch

Soll bei einem Kaufvertrag über Wohnungseigentum hinsichtlich des Gemeinschaftsverhältnisses 103 und der Verwaltung des gemeinschaftlichen Eigentums die in einer **notariell beglaubigten Teilungserklärung** enthaltene Regelung in den Kaufvertrag einbezogen werden, so reicht die bloße Bezugnahme auf die beigefügte Teilungserklärung nicht aus, wenn bei Vertragsabschluss das Wohnungseigentum noch nicht im Grundbuch eingetragen ist. Die Teilungserklärung muss dann vielmehr gem. §§ 9, 13 BeurkG bei Beurkundung des Kaufvertrages mitverlesen und mitgenehmigt werden, weil insoweit auf ein noch nicht wirksames sachenrechtliches Rechtsverhältnis verwiesen wird (*BGH* DNotZ 1979, 479 = NJW 1979, 1498).

Für den Fall einer **notariell beurkundeten Teilungserklärung**, kann bei noch nicht angelegtem 104 Wohnungsgrundbuch nunmehr wegen Gegenstand und Inhalt des Sondereigentums gem. § 13a BeurkG wirksam auf die Teilungserklärung Bezug genommen wird (Beck'sches Notarhandbuch/*Rapp* A III Rn. 152 m.w.N.).

Allerdings kommt es zur späteren Bestimmung von Gegenstand und Inhalt des Wohnungseigen- 105 tums allein auf die dem Grundbuchgericht zum Zwecke der Aufteilung vorgelegte Teilungserklärung nebst Gemeinschaftsordnung an. Die dem notariellen Wohnungskaufvertrag als Anlage beigefügte Fassung der Teilungserklärung ist insoweit ohne Belang (zutr. *LG Itzehoe* ZMR 2008, 736). Insbesondere bei einem »Schnellverkauf« vor der Eintragung der Aufteilung im Grundbuch ist gleichwohl nur die erst später im Grundbuch in Bezug genommene Eintragungsbewilligung maßgeblich (dazu vgl. § 7 Rdn. 22 f.). Vielfach wird deshalb bei Abweichungen des Kaufvertrages von der erst später nachfolgenden Grundbucheintragung eine sog. **Identitätserklärung** erforderlich, die für die regelmäßig einzutragende Erwerbsvormerkung (Auflassungsvormerkung) und die spätere Eigentumsumschreibung ausdrücklich den Erwerbsgegenstand auf die zur Eintragung in das Grundbuch bewilligte Teilungserklärung/Gemeinschaftsordnung festlegt.

106 Beim Kauf eines Wohnungseigentums kann dem Verkäufer vertraglich das Recht vorbehalten werden, in der erst **noch zu errichtenden Teilungserklärung** Bestimmungen zur Regelung des Gemeinschaftsverhältnisses zu treffen (*BGH* DNotZ 1986, 273 = Rpfleger 1986, 92 = ZMR 1986, 90). Es handelt sich um einen zwar zulässigen, aber nicht zu empfehlenden (Staudinger/*Rapp* [2018] § 1 Rn. 47) Bestimmungsvorbehalt gem. § 315 BGB (Weitnauer/*Briesemeister* nach § 8 Rn. 8 m.w.N.).

107 Wegen der für einen **Bauträgervertrag** geltenden Bestimmungen s. ausführlich die Grundzüge des Bauträgerrechts **Anh. zu § 8 WEG.**

4. Erwerb durch Minderjährige

108 Der **schenkweise Erwerb** eines Wohnungseigentums durch ein über 7 Jahre altes Kind ist möglich, wenn er für den Minderjährigen **lediglich rechtlich vorteilhaft** ist (§ 107 BGB). Dies war jedoch schon nach der früheren Rechtsprechung dann nicht der Fall, wenn in der Gemeinschaftsordnung die den einzelnen Wohnungseigentümer kraft Gesetzes treffenden Verpflichtungen nicht unerheblich verschärft worden waren oder der Minderjährige für die ihn als Wohnungseigentümer treffenden Pflichten nicht lediglich dinglich mit dem erworbenen Wohnungseigentum, sondern auch persönlich haftete (BGHZ 78, 28 = Rpfleger 1980, 463 = ZMR 1981, 53; *BayObLG* DNotZ 1998, 505 = Rpfleger 1998, 71). Bei der Beurteilung, ob sich der Erwerb als lediglich rechtlich vorteilhaft darstellt, begründet die aus der Eigentumsübertragung folgende Haftung des Erwerbers für die **gewöhnlichen öffentlichen Lasten** des Grundstücks keinen Rechtsnachteil i.S.d. § 107 BGB (für die Übertragung eines Miteigentumsanteils an einem Grundstück im Rahmen eines Überlassungsvertrages *BGH* NJW 2024, 1957 = FamRZ 2024, 1098; BGHZ 161, 170 = NJW 2005, 415 = Rpfleger 2005, 189 = ZfIR 2005, 288). Es handelt sich insoweit um **laufende Aufwendungen**, die typischerweise ein ganz unerhebliches Gefährdungspotential bergen und in der Regel aus den Einkünften des Grundstücks bestritten werden können. Eine am Schutzzweck der Norm orientierte Auslegung kann daher eine solche klar abgegrenzte Gruppe von Rechtsnachteilen vom Anwendungsbereich der Norm ausschließen. Ausdrücklich **nicht geklärt** ist allerdings, ob dies auch für außerordentliche Grundstückslasten, insbesondere die Verpflichtung zur Entrichtung von Erschließungs- oder Anliegerbeiträgen, sowie für die Tragung der Kosten des zur Zwangsvollstreckung in das Grundstück erforderlichen Titels gelten kann. Eine mit dem **Erwerb eines belasteten oder gleichzeitig zu belastenden Objekts** verbundene Haftung ist dinglich auf die zugewendete Sache beschränkbar, sodass diese Haftung zwar den im Eigentumserwerb liegenden Vorteil mindert, ihn jedoch nicht beseitigt (»Erwerbsmodalität«; vgl. BayObLGZ 1979, 49, 53; *OLG Dresden*, MittBayNot 1996, 288; *OLG München* Rpfleger 2012, 136; *OLG Celle* Rpfleger 2014, 201).

109 Ein lediglich rechtlich vorteilhafter Erwerb ist allerdings ausgeschlossen, wenn das **Wohnungseigentum vermietet** ist, da der Erwerber nach Maßgabe der §§ 566 ff. in das Mietverhältnis eintritt. Dies gilt selbst dann, wenn sich der Veräußerer ein **Nießbrauchsrecht** an dem geschenkten Wohnungseigentum vorbehalten haben sollte. Im Fall der Beendigung des Nießbrauchs müsste der Minderjährige nämlich zunächst in das Mietverhältnis eintreten (*OLG München* MittBayNot 2020, 577; vgl. die entsprechend zu Grundstücken ergangene Rechtsprechung BGHZ 162, 137 = DNotZ 2005, 625 = Rpfleger 2005, 354; *BayObLG* NJW 2003, 1129 = Rpfleger 2003, 240; *OLG Karlsruhe* OLG-Report 2000, 259; *OLG Oldenburg* NJW-RR 1988, 839).

110 Ebenfalls hatte die Rechtsprechung bisher einen Nachteil angenommen, wenn mit dem Erwerb des Wohnungseigentums seitens des Minderjährigen der **Eintritt in einen Verwaltervertrag** verbunden war (*BayObLG* NJW-RR 2004, 810 = DNotZ 2004, 378 = Rpfleger 2004, 93; *OLG Hamm* NJW-RR 2000, 1611 = Rpfleger 2000, 449 = ZMR 2000, 695). Dieser Hinderungsgrund ist jedoch nach Anerkennung der (Teil-) Rechtsfähigkeit des »Verbandes Wohnungseigentümergemeinschaft« (BGHZ 163, 154 = DNotZ 2005, 776 = NJW 2005, 2061 = Rpfleger 2005, 521 = ZMR 2005, 547; vgl. jetzt § 9a Abs. 1 WEG) fragwürdig geworden. Geht man nämlich mit der wohl h.M. davon aus,

dass alleiniger Vertragspartner des Verwalters der »Verband Wohnungseigentümergemeinschaft« bzw jetzt die GdWE ist (so *OLG Düsseldorf* NZM 2007, 137 = ZMR 2007, 56 = ZWE 2007, 92; *OLG Hamm* ZMR 2006, 633; *Abramenko* ZMR 2006, 6, 8; *Wenzel* ZWE 2006, 462, 464; zweifelnd *Müller* FS Seuß 2007, S. 211) und der Verwaltervertrag als Vertrag mit Schutzwirkung zugunsten der einzelnen Wohnungseigentümer anzusehen ist, so entfällt der bisher mit dem Eintritt in den Vertrag angenommene rechtliche Nachteil. Im Hinblick auf die unterschiedlichen Regelungsbereiche in § 27 Abs. 2 und Abs. 3 WEG erschien diese Rechtsauffassung jedoch dogmatisch zumindest nicht unbedenklich. Auf eine Klärung kommt es jedoch nach Inkrafttreten des WEMoG nicht mehr an.

Der schenkweise Erwerb von Wohnungseigentum durch einen über 7-jährigen Minderjährigen ist **111** allerdings auch dann, wenn ein Verwalter nicht bestellt und eine Verschärfung der den Wohnungseigentümer kraft Gesetzes treffenden Verpflichtungen durch die Gemeinschaftsordnung nicht feststellbar ist, **nach Inkrafttreten der WEG-Novelle 2007 nicht lediglich rechtlich vorteilhaft**, sodass selbst unter Aufgabe der vormals vom *BGH* vertretenen Lehre von der Gesamtbetrachtung allein für das dingliche Rechtsgeschäft die Einwilligung des gesetzlichen Vertreters gem. § 108 Abs. 1 BGB oder im Fall dessen Verhinderung (§§ 1629 Abs. 2 S. 1, 1824 [vormals 1795], 181 BGB) eines **Ergänzungspflegers** gem. § 1809 (vormals 1909 Abs. 1) BGB notwendig ist (BGHZ 187, 119 = NJW 2010, 3643 = Rpfleger 2011, 203 = ZfIR 2011, 25 = ZWE 2011, 32; *OLG München* Rpfleger 2008, 416 = ZMR 2008, 662; so auch Bärmann/*Armbrüster* § 1 Rn. 90; **a.A.** *OLG München* DNotZ 2013, 205; *DNotI-Gutachten* DNotI-Report 2008, 131 für **Vermächtniserfüllung**). Einen minderjährigen Erwerber treffen nun persönliche und nicht beschränkbare Verpflichtungen aus dem Gemeinschaftsverhältnis, für die er nicht lediglich dinglich mit der erworbenen Immobilie haftet (Tragung der Instandhaltungs- und Instandsetzungspflichten sowie der Kosten der sonstigen Verwaltung und des Gebrauchs des gemeinschaftlichen Eigentums gem. § 16 Abs. 2 WEG; anteilige Außenhaftung für Verwaltungsschulden gem. § 9a Abs. 4 [vormals 10 Abs. 8] WEG; unbeschränkte Nachschusspflicht im Innenverhältnis dazu vgl. *Hügel/Elzer* § 10 Rn. 313). Die Haftung für diese Verbindlichkeiten stellt sich rechtlich als Haftung für eine fremde Schuld – nämlich die des »Verbandes Wohnungseigentümergemeinschaft«, jetzt GdWE – dar. Hinzu kommt, dass gesetzes- und vereinbarungsändernde Beschlüsse der Wohnungseigentümer gem. § 10 Abs. 4 S. 2 WEG gar nicht mehr und nach dem WEMoG gem. § 5 Abs. 4 S. 1 i.V.m. § 10 Abs. 3 S. 1 WEG lediglich eingeschränkt im Grundbuch verlautbart werden können. Es lässt sich daher gar nicht mehr feststellen, ob eine Verschärfung der wohnungseigentumsrechtlichen Pflichten außerhalb des Grundbuchs eingetreten ist (ebenso *OLG München* Rpfleger 2008, 416 = ZMR 2008, 662; diesen Aspekt offenlassend BGHZ 187, 119 = NJW 2010, 3643 = Rpfleger 2011, 203 = ZfIR 2011, 25 = ZWE 2011, 32).

Von diesen Grundsätzen konnte man eine **Ausnahme** dann machen, wenn ein Minderjähriger **112** schenkweise alle (unvermieteten) Einheiten einer Wohnungseigentumsanlage erwerben soll, da er damit das Grundstück insgesamt erhält (DNotI-Gutachten v. 20.08.2012, Nr 116773).

Handelt es sich bei dem Erwerb nicht um ein lediglich rechtlich vorteilhaftes Rechtsgeschäft für **113** den Minderjährigen, muss der **gesetzliche Vertreter** (nicht ausgeschlossene Eltern bzw. Ergänzungspfleger) seine **Zustimmung** gem. § 108 BGB erteilen (*BayObLG* DNotZ 1998, 505 = Rpfleger 1998, 70). Dazu bedarf es solange keiner **zusätzlichen familiengerichtlichen Genehmigung** wie sich etwaige Belastungen lediglich als Erwerbsmodalität darstellen (BGHZ 187, 119 = NJW 2010, 3643 = Rpfleger 2011, 203 = ZfIR 2011, 25 = ZWE 2011, 32; *BGH* DNotZ 1998, 490 = Rpfleger 1998, 110; *ThürOLG Jena* NotBZ 2012, 429; vgl. Rn. 93 aE). Übernimmt der Minderjährige mit der Übertragung aber auch nur möglicherweise eine persönliche Verpflichtung, machte dies eine Genehmigung gem. § 1643 Abs. 1 (§ 1915 Abs. 1 S. 1) i.V.m. § 1821 Abs. 1 Nr. 1 und 4 BGB a.F. bzw. aktuell gem. §§ 1799 Abs. 1, 1813 Abs. 1, 1850 Nr. 1 u. Nr. 5 BGB notwendig (*OLG München* MittBayNot 2020, 577; *BayObLG* NJW-RR 2004, 810 = DNotZ 2004, 378 = Rpfleger 2004, 93; *OLG Köln* NJW-RR 1998, 363 = Rpfleger 1998, 159; bei vom Gesetz abweichender Rückübertragungsverpflichtung). Hierher gehörte auch der schenkweise Erwerb einer Eigentumswohnung mit einer sog. Haftungsklausel, die den Mdj. u.U. zur Übernahme von Hausgeldschulden des Voreigentümers zwingt (*OLG Nürnberg* ZWE 2023, 27). Die Auflassung von **Bruchteilen eines Wohnungseigentums** an Minderjährige bedurfte jedoch stets der familiengerichtlichen Genehmigung nach § 1822 Nr. 10 BGB a.F., und zwar auch dann, wenn zwei minderjährige Kinder gemeinsam zu gleichen Anteilen erwarben (*OLG Köln* Rpfleger 2015, 541 = ZWE 2015, 318; *OLG München* DNotZ 2013, 205 = ZEV 2013, 202; *KG* ZWE 2011, 41). In diesem Fall haften nämlich die Minderjährigen gem. §§ 426 BGB, 16 Abs. 2 WEG für die Hausgeldzahlungen gesamtschuldnerisch. Damit wird jedoch eine fremde Verbindlichkeit übernommen, für deren anteilige Erfüllung im Innenverhältnis der Dritte zu sorgen hat.

114 Seit dem 01.01.2023 ist neben der Zustimmung des Ergänzungspflegers (anstelle der verhinderten Eltern als gesetzliche Vertreter) **zusätzlich** die **Genehmigung des Familiengerichts** erforderlich (§§ 1643 Abs. 1, 1799 Abs. 1, 1813 Abs. 1, 1850 Nr. 4 u. Nr. 5 BGB). Die durch das Gesetz zur Reform des Vormundschafts- und Betreuungsrechts v. 04.05.2021 (BGBl. I S. 882) getroffene Neuregelung erfordert jetzt für jeden unentgeltlichen Erwerb eines Wohnungseigentums den Nachweis der wirksamen und rechtskräftigen Genehmigung. Gleiches gilt gem. § 1850 Nr. 5 BGB für die Eingehung einer entsprechenden Verpflichtung (krit. zum Anwendungsbereich der neuen Vorschrift *Zorn* NotBZ 2023, 107).

5. Die GdWE als Erwerber

a) Rechtsfähigkeit und Grundbuchfähigkeit

115 Mit der Entdeckung des (teil-)rechtsfähigen Verbandes der Wohnungseigentümer durch den *BGH* (BGHZ 163, 154 = DNotZ 2005, 776 = NJW 2005, 2061 = Rpfleger 2005, 521 = ZMR 2005, 547) und der entsprechenden Kodifizierung in § 10 Abs. 6 WEG a.F. stellte sich alsbald die Frage nach der **Erwerbsfähigkeit** des Verbandes. Die dem Verband zukommende (Teil-) Rechtsfähigkeit war dabei keine solche minderer Art. Der Begriff sollte lediglich deutlich machen, dass es um die volle **Rechtsfähigkeit** eines Personenverbandes in bestimmten Beziehungen und die uneingeschränkte Verneinung der Rechtsfähigkeit in anderer Beziehung geht (*Wenzel* ZWE 2006, 462; *Bub* ZWE 2007, 15, 20); sie war also für ihren Anwendungsbereich inhaltlich unbeschränkt (*Hügel* DNotZ 2005, 753, 755; *Schneider* ZMR 2006, 813, 814). Der »Verband Wohnungseigentümergemeinschaft« konnte somit bewegliche und unbewegliche Sachen erwerben (vgl. § 14 Abs. 2 BGB); er war auch **grundbuchfähig** (ausdrücklich anerkannt für Zwangssicherungshypotheken bereits in BGHZ 163, 154 = DNotZ 2005, 776 = NJW 2005, 2061 = Rpfleger 2005, 521 = ZMR 2005, 547; *Armbrüster* ZWE 2006, 53, 55, 58; *Demharter* NZM 2005, 601, 604; *ders.* Rpfleger 2006, 120; *Hügel* DNotZ 2005, 753, 768; *Hügel*/Elzer Das neue WEG-Recht § 3 Rn. 55; *Rapp* MittBayNot 2005, 449, 458; *Sauren* ZWE 2006, 258, 263; *Wilsch* RNotZ 2005, 536).

116 Die Eintragung des »Verbandes Wohnungseigentümergemeinschaft« in das Grundbuch hat jetzt gem. § 9a Abs. 1 S. 3 WEG (vormals § 10 Abs. 6 S. 4 WEG a.F.) i.V.m. § 15 GBV zu erfolgen (*Hügel*/Elzer Das neue WEG-Recht § 3 Rn. 56). Der Angabe eines Gemeinschaftsverhältnisses bedarf es dazu nicht mehr, weil nur *ein* Berechtigter einzutragen ist (*Bub*/*Petersen* NJW 2005, 2560; *Hügel*/Elzer Das neue WEG-Recht § 3 Rn. 55; *Wilsch* RNotZ 2005, 536, 539); demzufolge kann auch keine Eigentümerliste verlangt werden (*LG Bremen* Rpfleger 2007, 315). Vielmehr muss gem. § 9a Abs. 1 S. 3 WEG (vormals § 10 Abs. 6 S. 4 WEG a.F.) die Gemeinschaft »die Bezeichnung ›Gemeinschaft der Wohnungseigentümer‹ oder ›Wohnungseigentümergemeinschaft‹ gefolgt von der bestimmten Angabe des gemeinschaftlichen Grundstücks« führen. Die bloße Angabe »Wohnungseigentümergemeinschaft« war seinerzeit zumindest unglücklich, weil sie die notwendige Unterscheidung der rechtsfähigen Gemeinschaft der Wohnungseigentümer einerseits und den in Bruchteilsgemeinschaft verbundenen Wohnungseigentümern als Miteigentümern gem. §§ 741 ff., 1008 ff. BGB andererseits vermissen ließ (zutreffend *Elzer* WuM 2007, 295, 296). Darüber hinaus verwendete das Gesetz den Begriff »Gemeinschaft« bereits in anderem Kontext, wobei es jedoch um die nicht rechtsfähige Bruchteilsgemeinschaft der Wohnungseigentümer nach bisherigem Verständnis geht (vgl. Rdn. 18). Die unterschiedliche Vermögenszuordnung mit den daran knüpfenden Verfügungsmöglichkeiten verlangt jedoch nach einer eindeutigen sprachlichen Abgrenzung, wobei mit *Böhrin-*

ger/Hintzen Rpfleger 2007, 353, 354 die Kurzform »WEG« abzulehnen ist. Es sprach deshalb zunächst nichts dagegen aber viel dafür, zur Klarstellung den Verbandsbegriff zusätzlich in die gesetzlich vorgeschriebene Mindestbezeichnung aufzunehmen (ähnlich schon *Dümig* Rpfleger 2005, 528, 529, der noch von der »Verwaltungsgemeinschaft der Wohnungseigentümer« spricht; **a.A.** *Böttcher* Rpfleger 2009, 181, 186: »nicht notwendig«). Nunmehr hat sich auch in der Rechtsprechung des *BGH* die Bezeichnung »Gemeinschaft der Wohnungseigentümer« (GdWE) zur Bezeichnung des rechtsfähigen Personenverbandes durchgesetzt.

Die darüber hinaus der Bezeichnung »GdWE« bzw. » Wohnungseigentümergemeinschaft« hinzuzufügende bestimmte Angabe des gemeinschaftlichen Grundstücks kann auf unterschiedliche Weise erfolgen (vgl. auch *OLG Rostock* ZWE 2014, 122). Dazu kann auf die bisherige Rechtsprechung und Literatur zurückgegriffen werden. Da der Verband namensfähig i.S.d. § 12 BGB ist (*Böhringer/ Hintzen* Rpfleger 2007, 353, 354, *Böttcher* Rpfleger 2009, 181, 186) stehen die weiteren Angaben zur Disposition des Verbandes. Folgende Varianten sind – auch in Kombination (zutreffend *Dümig* Rpfleger 2005, 528, 529 mit Beispiel) und unter Hinzufügung von Phantasienamen (zutreffend *Böhringer* Rpfleger 2006, 53, 55; **a.A.** *Wilsch* RNotZ 2005, 536, 539) – denkbar: 117

aa) Postalische Bezeichnung

»Gemeinschaft der Wohnungseigentümer« unter Angabe der **Lage** *des Grundstücks nach Ort, Straße und Hausnummer;* 118

bb) Katastermäßige Bezeichnung

»Gemeinschaft der Wohnungseigentümer« unter Angabe der **katastermäßigen** *Bezeichnung nach Gemarkung, Flur und Flurstück;* 119

cc) Grundbuchmäßige Bezeichnung

»Gemeinschaft der Wohnungseigentümer« unter Angabe der **grundbuchmäßigen** *Buchungsstellen nach Gemarkung und Grundbuchblattnummern.* 120

Da das Rechtssubjekt bei allen Fassungsvorschlägen hinreichend gekennzeichnet ist und § 15 Abs. 1 Buchst. b) GBV auf den vorliegenden Sachverhalt nicht anwendbar erscheint, bedarf es keiner weiter gehenden Angabe zum Sitz des Personenverbandes (*Böhringer/Hintzen* Rpfleger 2007, 353, 354; *Dümig* Rpfleger 2005, 528, 529). Nicht mehr geeignet zur Bezeichnung des rechtsfähigen Verbandes ist dagegen die bisher gebräuchliche Angabe »Wohnungseigentümergemeinschaft, bestehend aus den Eigentümern …«, weil sie nicht den rechtsfähigen Verband als Rechtsträger verlautbart (zum Ganzen s.a. *Schneider* Rpfleger 2008, 291). 121

b) Anwendungsbereich

Die Rechtsfähigkeit des Verbandes der Wohnungseigentümer war zunächst auf den Bereich der **gesamten Verwaltung des gemeinschaftlichen Eigentums** gegenüber Dritten und Wohnungseigentümern beschränkt (§ 10 Abs. 6 S. 1 WEG a.F. in Anlehnung an *BGHZ* 163, 154 = DNotZ 2005, 776 = NJW 2005, 2061 = Rpfleger 2005, 521 = ZMR 2005, 547). Die »ultra-vires-Lehre«, die außerhalb des Verbandszweckes eine Rechtsfähigkeit verneint, ist wie auch im übrigen Verbandsrecht nicht anzuwenden (*Wenzel* ZWE 2006, 462, 469). Der Erwerb einer Sondereigentumseinheit durch den rechtsfähigen Verband war also zulässig, wenn er sich als Maßnahme der Verwaltung darstellte (*BGH* NJW 2016, 2177 = ZMR 2016, 476 m. Anm. *Schneider* = ZWE 2016, 268 m. Bespr. Lehmann-Richter, 250; *OLG Hamm* Rpfleger 2010, 583 = ZMR 2010, 785 = ZWE 2010, 270; *OLG Hamm* NJW 2010, 1464 = Rpfleger 2010, 132 = ZfIR 2010, 190 = ZMR 2010, 216 m. Anm. *Schneider*; *OLG Celle* NJW 2008, 1537 = Rpfleger 2008, 296 = ZMR 2008, 210; *LG Frankenthal* MittBayNot 2008, 128; *Abramenko* ZMR 2006, 338, 340; *Böhringer* NotBZ 2008, 179, 181; *Böttcher* Rpfleger 2009, 181, 183; *Häublein* FS Seuß 2007, S. 125, 148; *Heggen* NotBZ 2008, 198; *Hügel* DNotZ 2005, 753, 771 f.; *ders.* DNotZ 2007, 326, 338; *Jennißen* NZM 2006, 203, 205; 122

Kümmel ZMR 2007, 894; *Rapp* MittBayNot 2005, 449, 458 f.; *Saumweber* MittBayNot 2007, 357, 360; *Schmitz* ZNotP 2008, 353, 357; *Schneider* Rpfleger 2007, 175, 177; *Schöner/Stöber* 15. Aufl. Rn. 2838c unter ausdr. Aufgabe der noch in der Voraufl. vertretenen abl. Auffassung; *Wenzel* ZWE 2006, 462, 469; *ders.* NZM 2006, 321, 323; a.A. *LG Nürnberg-Fürth* ZMR 2006, 812 m. abl. Anm. *Schneider*; *LG Heilbronn* ZMR 2007, 649 m. abl. Anm. *Hügel; Bonifacio* ZMR 2009, 257; krit. *auch DNotI-Gutachten* DNotI-Report 2007, 169).

123 Die vorgenannte Beschränkung ist durch das WEMoG entfallen. Der GdWE kommt nunmehr volle Rechtsfähigkeit zu (§ 9a Abs. 1 S. 1 WEG).

c) Beschlusskompetenz

124 Nachdem § 9a Abs. 1 S. 1 WEG die volle Rechtsfähigkeit zuerkennt, kommt es auf die frühere Notwendigkeit einer entsprechenden Beschlusskompetenz jetzt nicht mehr an. Wegen der damit verbundenen Fragestellungen s. deshalb in der 5. Aufl. § 1 Rn. 99.

d) Nachweise

125 Rechts- und Erwerbsfähigkeit sind aufgrund der gesetzlichen Regelung jetzt offenkundig und nicht gem. § 29 GBO nachzuweisen. Ein Nachweis über die Ordnungsmäßigkeit der Verwaltungsmaßnahme konnte auch bisher schon nicht gefordert werden (jeweils zum früheren Recht: *OLG Frankfurt* MietRB 2015, 210; *OLG Hamm* NJW 2010, 3586 = ZMR 2011, 403 = ZWE 2010, 454; *OLG Hamm* ZWE 2009, 452; *LG Deggendorf* MittBayNot 2008, 380. zutr. bereits *OLG Celle* NJW 2008, 1537 = Rpfleger 2008, 296 = ZMR 2008, 210; a.A. noch *LG Hannover* ZMR 2007, 893 m. abl. Anm. *Kümmel*).

126 Die GdWE wird bei einem Erwerb kraft Gesetzes i.d.R. durch den Verwalter vertreten (§ 9b Abs. 1 S. 1 WEG) Die **Beschränkung** im zweiten Hs., wonach der Verwalter beim Abschluss eines Grundstückskauf- oder Darlehensvertrags aber nur aufgrund eines Beschlusses der Wohnungseigentümer vertreten könne, bezieht sich nach dem klaren Wortlaut und ausweislich der Gesetzesbegründung (BT-Drs. 19/22634, S. 43) allein auf das Verpflichtungsgeschäft (*Bremkamp/Echternach* DNotZ 2021, 162). Dem **Grundbuchgericht** gegenüber ist also **kein Nachweis** einer entsprechenden Ermächtigungsgrundlage zu führen (*OLG München* NZM 2024, 723). Die Einschränkung wird allerdings vom beurkundenden Notar im Rahmen der Beurkundung des **Verpflichtungsgeschäfts** gem. § 311b Abs. 1 BGB zu beachten sein. Dabei ist die Ausnahmeregelung lediglich auf den Abschluss von Kaufverträgen gerichtet; andere Vertragsformen – wie etwa Tauschverträge – sind nach dem klaren Wortlaut und wegen des Verbots der erweiterten Auslegung von Ausnahmeregelungen richtigerweise nicht erfasst. Der sonach – nur für die Urkundstätigkeit – erforderliche Nachweis einer ordnungsgemäßen Vertretung durch den WEG-Verwalter kann an die bisherige Rechtsprechung zum Nachweis von Ermächtigungsbeschlüssen nach früherem Recht anknüpfen (vgl. *OLG München* ZWE 2017, 93). Ein notwendiger Nachweis der Ermächtigung gem. § 9b Abs. 1 S. 1 Hs. 2 WEG bedarf bei der Tätigkeit des Notars jedoch nicht der nur für das Grundbuchgericht geltenden Form des § 29 GBO.

127 Es ist unverändert noch der Nachweis über die **Bestellung zum Verwalter** durch Vorlage einer Niederschrift über den Bestellungsbeschluss zu führen, bei dem die Unterschriften der in § 24 Abs. 6 WEG genannten Personen öffentlich beglaubigt sind (§ 26 Abs. 4 WEG). Wegen des früher erforderlichen Nachweises der **Ermächtigung des Verwalters zum rechtsgeschäftlichen Eigentumserwerb** s. in der 5. Aufl.

e) Weitere Erwerbsmöglichkeiten

128 Nach dem zuvor Ausgeführten muss es für den Verband auch möglich sein, **mehrere Sondereigentumseinheiten** innerhalb der von ihm selbst verwalteten Anlage zu erwerben (vgl. zu einem solchen »Insicherwerb« bereits nach früherem Recht *OLG Frankfurt* MietRB 2015, 210; *OLG Hamm* ZWE 2009, 452; *OLG Celle* NJW 2008, 1537 = Rpfleger 2008, 296; *LG Frankenthal* MittBayNot 2008,

128). Eine »natürliche Grenze« bildete dabei der Erwerb sämtlicher Einheiten der eigenen Anlage. Da die Vereinigung aller Wohnungseigentumsrechte in einer Hand zur Gesamtrechtsnachfolge auf den Grundstückseigentümer führte, würde der teilrechtsfähige Verband in diesem Fall kraft Gesetzes beendet. Richtigerweise mussten also schon nach bisherigem Recht noch zwei weitere Eigentümer neben dem »Verband Wohnungseigentümergemeinschaft« vorhanden sein, wenn nicht die seinerzeit vom Gesetz vorgesehene Rechtsnachfolge eintreten sollte (§ 10 Abs. 7 S. 4 WEG). Die in diesem Punkt einsetzende Kritik *Bonifacios* (ZMR 2009, 257) ging fehl; die an verschiedenen Beispielen aufgezeigten Fragestellungen verkannten die jeweils schon zuvor eingetretene Gesamtrechtsnachfolge auf den letzten noch vorhandenen Eigentümer. Zum Schicksal des Verbandsvermögens im Fall der seinerzeitigen Rechtsnachfolge s. *Bonifacio* NZM 2009, 561.

Die »natürliche Grenze« muss auch nach geltendem Recht beachtet werden. Es kann keine nur aus sich selbst bestehende GdWE geben, weil diese dann mitgliedslos wäre. Allerdings ist § 10 Abs. 7 S. 4 WEG a.F. ersatzlos weggefallen. Eine Rechtsnachfolge auf den Grundstückseigentümer findet nun nicht mehr statt. Dazu s. auch die Kommentierung zu § 9 Rdn. 18f. 129

Denkbar wäre auch ein **Hinzuerwerb von Immobilien außerhalb der vom Verband verwalteten Anlage.** Zu denken wäre etwa an den Hinzuerwerb einer selbstständigen Grundstückfläche, die nicht in die Aufteilung einbezogen werden soll (*BGH* NJW 2016, 2177 = ZMR 2016, 476 m. Anm. Schneider = ZWE 2016, 268 m. Bespr. *Lehmann-Richter*, 250; *OLG Hamm* Rpfleger 2010, 583 = ZMR 2010, 785 = ZWE 2010, 270; *LG Deggendorf* ZMR 2008, 909 m. Anm. *Schneider*; vgl. auch *Hügel*/Elzer § 3 Rn. 82), oder der Erwerb einer Sondereigentumseinheit in einem anderen in Wohnungs- und Teileigentumsrechte aufgeteilten Objekt, weil sich bspw. der Erwerb einer benötigten Hausmeisterwohnung oder eines Pkw-Stellplatzes in der eigenen Anlage nicht realisieren lässt (*OLG München* ZfIR 2016, 465 m. Anm. *Schneider* = ZWE 2016, 256; *Wenzel* ZWE 2006, 2, 7). 130

Letztlich ist auch der **Erwerb eines Grundstücks** durch die rechtsfähige »Wohnungseigentümergemeinschaft« als zulässig anzusehen, **wenn das Grundstück mit einem in Wohnungs- und Teilerbbaurechte aufgeteilten Erbbaurecht belastet ist** (so zutr. *Schöner/Stöber* 15. Aufl. Rn. 2999a; a.A. *DNotI-Gutachten* Nr. 127640 v. 07.02.2013). Der Erwerb des Grundstücks durch den Verband vermeidet die sonst umständliche »Rückabwicklung« der Wohnungs- und Teilerbbaurechte zur Begründung »normalen« Wohnungseigentums. Da die Wohnungs- und Teilerbbauberechtigten es nach dem Grundstückserwerb in der Hand haben zu entscheiden, ob sie zukünftig an den von ihnen selbst gebildeten Verband den vereinbarten Erbbauzins weiterzahlen oder die Zahlungen einstellen wollen, erwächst der Wohnungseigentümergemeinschaft bzw. den Sondereigentümern in jedem Fall neben der Verpflichtung zur Zahlung des Kaufpreises auch ein Vermögensvorteil. Aus welchem Grunde eine entsprechende Beschlussfassung allgemein nicht einer **ordnungsmäßigen Verwaltung** entsprechen sollte, blieb bereits nach früherem Recht unklar (so aber noch *Basty* ZWE 2009, 253, 257). Vielmehr wird im Rahmen einer Anfechtung auf die konkreten Erwerbsbedingungen (wie z.B. Höhe des bisher zu zahlenden Erbbauzinses, Notwendigkeit eines fremdfinanzierten Erwerbs, Höhe einer evtl. Zinsbelastung, Dauer einer ggf. vorzunehmenden Tilgungsleistung in Relation zur Zahlungspflicht eines fortdauernden Erbbauzinses, Renditeerwartung bei einem rücklagenfinanzierten Erwerb im Vergleich zu einer traditionellen Anlage pp.) abzustellen sein. Im Außenverhältnis spielt die »ordnungsmäßige Verwaltung« jedenfalls für das Bestehen einer uneingeschränkten Erwerbsmöglichkeit keine Rolle mehr. Zu dieser Art des Grundstückserwerbs s. ausführlich *Schneider* ZfIR 2018, 589 mwN. 131

Gegenüber dem Grundbuchgericht vollzieht sich der Erwerb nach den oben unter Rdn. 125 ff. dargestellten Grundsätzen. Ein evtl. am Grundstück eingetragener **Finanzierungsgläubiger** kann vor dem Verlust des in den Wohnungserbbaugrundbüchern eingetragenen Erbbauzinses aufgrund unterschriftsbeglaubigten Löschungsantrags der »Wohnungseigentümergemeinschaft« und anschließender Grundbucheintragung durch Eintragung eines sog. **Herrschvermerks** gem. §§ 9, 21 GBO, § 876 Satz 2 BGB geschützt werden. 132

f) Folgefragen

133 Für die rechtsfähige Wohnungseigentümergemeinschaft kann auch eine **Erwerbsvormerkung** in das Grundbuch eingetragen werden. Da sich die Prüfung des Grundbuchgerichts insoweit nach dem formellen Konsensprinzip gem. § 19 GBO richtet, ist für die Eintragung der Vormerkung zugunsten des Verbandes ein Nachweis über dessen Vertretung noch nicht zu führen (zutr. jetzt *Schöner/Stöber* 15. Aufl. Rn. 2838d auch zur seinerzeit entbehrlichen Ermächtigungsgrundlage).

II. Belastung

1. Grundsatz

134 Wohnungseigentum kann als echtes Eigentum grundsätzlich mit den folgenden Rechten aus dem Kreis der beschränkten dinglichen Rechte belastet werden:
- **Grundpfandrechte**, also Hypotheken, Grundschulden und Rentenschulden (§ 1113, § 1191, § 1199 BGB);
- **Dienstbarkeiten**, soweit es sich um Nießbrauchsrechte handelt (§§ 1030 ff. BGB);
- **Vorkaufsrechte** (§§ 1094 ff. BGB; die Eintragung kann nicht als Inhalt des Sondereigentums gem. § 10 Abs. 3 WEG erfolgen (*OLG Bremen* Rpfleger 1977, 313 = ZMR 1978, 245);
- **Reallasten** (§§ 1105 ff. BGB).

135 Insoweit hat der Gesetzgeber jeweils die Belastung eines Miteigentumsanteils ausdrücklich zugelassen (vgl. für Grundpfandrechte §§ 1114, 1192 Abs. 1, 1199 BGB; für Nießbrauchsrechte § 1066 BGB; für Vorkaufsrechte § 1095 BGB; für Reallasten § 1106 BGB), sodass gegen eine Belastung des Wohnungseigentums als besonders ausgestaltetem Miteigentum insoweit keine Bedenken bestehen.

136 Belastet werden kann auch ein **noch nicht errichtetes Wohnungseigentum**, das rechtlich noch aus einem substanzlosen Miteigentumsanteil verbunden mit der »Anwartschaft« auf Sondereigentum an den zugewiesenen Räumlichkeiten besteht (vgl. *HansOLG Hamburg* ZMR 2002, 372). Überhaupt sind **isolierte (substanzlose) Miteigentumsanteile** verkehrsfähig und damit auch belastbar (vgl. *BGH* Rpfleger 2005, 17 = ZMR 2005, 59; *BGH* Rpfleger 2004, 207 = ZMR 2004, 206; *OLG Hamm* Rpfleger 2007, 137 = ZMR 2007, 213; **a.A.** noch *OLG Hamm* DNotZ 1992, 492 m. abl. Anm. *Hauger*). Ist jedoch die Belastung eines Wohnungseigentums mit einer Grundschuld bewilligt und beantragt worden, so kann nicht im Wege der Auslegung infolge der noch nicht eingetragenen Begründung des Wohnungseigentums der noch im Grundbuch eingetragene gewöhnliche Miteigentumsanteil belastet werden (*OLG Hamm* Rpfleger 1983, 395).

137 Hinzu kommt die Möglichkeit, Wohnungseigentumsrechte mit **Vormerkungen** zur Sicherung des Anspruchs auf Übertragung der betreffenden Einheit (üblicherweise »Erwerbsvormerkung« oder »Auflassungsvormerkung« genannt), **Widersprüchen** und **Verfügungsbeschränkungen** zu belasten. Auch diese sind auf Miteigentumsanteilen eintragungsfähig. Zur Anspruchssicherung durch Vormerkungen vgl. auch § 4 Rdn. 20 ff.

138 Eine **Belastung des Grundstücks** ist auch **nach der Begründung** von Wohnungseigentum für solche Rechte noch möglich, die nur am Grundstück als Ganzem eingetragen werden können wie z.B. Dienstbarkeiten (*OLG Hamm* Rpfleger 2006, 462; *OLG Hamm* DNotZ 2001, 216 = ZMR 2000, 630; *KG* Rpfleger 1976, 180, 181; im Erg. ebenso Bärmann/*Armbrüster* § 1 Rn. 128).

139 Als **Berechtigter** eines subjektiv-persönlichen dinglichen Rechts (etwa einer beschränkten persönlichen Dienstbarkeit) kann nunmehr auch der »**Verband Wohnungseigentümergemeinschaft**« in das Grundbuch eingetragen werden (*KG* ZfIR 2015, 898 = ZWE 2016, 23; vgl. *Hügel* DNotZ 2005, 753, 769; *ders.* DNotZ 2007, 326; *Rapp* MittBayNot 2005, 449, 458; *Wenzel* ZWE 2006, 462, 465; *Wilsch* RNotZ 2005, 536, 538). Die Grundbuchfähigkeit ergibt sich aus der Rechtsfähigkeit des Verbandes und wurde bereits vom *BGH* ausdrücklich für Zwangssicherungshypotheken anerkannt (BGHZ 163, 154 = DNotZ 2005, 776 = NJW 2005, 2061 = Rpfleger 2005, 521 = ZMR 2005, 547). Umstritten ist lediglich die Frage, ob auch Versorgungsdienstbarkeiten für die Gesamtanlage und Dienstbarkeiten zur Einhaltung nachbarrechtlicher Grenzabstände oder zur Unterlassung

von Immissionen zugunsten des Verbandes zulässig sind (bejahend *Wenzel* ZWE 2006, 462, 465; verneinend *Böhringer* NotBZ 2008, 179, 184; *Böttcher* Rpfleger 2009, 181, 183 unter Hinweis darauf, dass solche Dienstbarkeiten ein Recht der Miteigentümer und nicht des Verbandes begründen sollen). Die ablehnenden Stimmen vermögen heute vor dem Hintergrund des § 9a Abs. 2 WEG nicht mehr zu überzeugen.

2. Belastung mit Grunddienstbarkeiten (§§ 1018 ff. BGB), beschränkten persönlichen Dienstbarkeiten (§§ 1090 ff. BGB) sowie Dauerwohn- und Dauernutzungsrechten (§§ 31 ff. WEG)

a) Zulässigkeit

Bezüglich der Belastung mit einer **Grunddienstbarkeit** und einer **beschränkten persönlichen Dienstbarkeit** ist im Gesetz die Möglichkeit zur Belastung nur eines Miteigentumsanteils an einem Grundstück nicht vorgesehen. Rechtsprechung und Literatur sind sich jedoch darüber einig, dass auch die Belastung eines mit Sondereigentum verbundenen Miteigentumsanteils mit den beiden genannten Dienstbarkeitsarten möglich ist, wenn und solange der **Ausübungsbereich** eines solchen Rechts sich lediglich auf das Sondereigentum und das sich aus dem Gemeinschaftseigentum ergebende Mitbenutzungsrecht bezieht (BGHZ 107, 289 = DNotZ 1990, 493 m. Anm. *Amann* = Rpfleger 1989, 452; *OLG Hamm* DNotZ 2001, 216 m. zust. Anm. *v. Oefele*; *BayObLG* DNotZ 1990, 496; *KG* OLGZ 1976, 257 = Rpfleger 1976, 180; Bärmann/*Armbrüster* § 1 Rn. 153; Bauer/v. Oefele/*Bayer* 3, Aufl. AT III Rn. 260; *Ertl* FS Bärmann und Weitnauer 1990, S. 251; *Schöner/Stöber* Rn. 2952; Staudinger/*Rapp* [2018] § 1 Rn. 51; Weitnauer/*Briesemeister* § 3 Rn. 116). Nutzungs- und Belastungsobjekt müssen bei dinglichen **Nutzungsrechten** also identisch sein (*Ertl* DNotZ 1988, 4, 13). Dabei ist allerdings die Zweckbestimmung des Sondereigentums zu beachten. So kann z.B. an einem selbstständig gebuchten Pkw-Abstellplatz kein Wohnungsrecht eingetragen werden (*BayObLG* DNotZ 1987, 223 = Rpfleger 1987, 62). Auch umfasst das an einem Wohnungseigentum eingetragene **Wohnungsrecht** gem. § 1093 BGB die dem jeweiligen Eigentümer eingeräumte Befugnis zur Sondernutzung des im gemeinschaftlichen Eigentum stehenden Gartens, weil die Mitübertragung der alleinigen Nutzungsbefugnis des Wohnungseigentümers auf den Wohnungsberechtigten vorbehaltlich einer abweichenden Vereinbarung gesetzliche Folge der Einräumung des Wohnungsrechts ist (§ 1093 Abs. 3 BGB, § 16 Abs. 1 S. 3 WEG). Der Vorgang ist vergleichbar der Mitübertragung der Mitbenutzungsbefugnis des Wohnungseigentümers an den im gemeinschaftlichen Eigentum stehenden und zum gemeinschaftlichen Gebrauch bestimmten Anlagen und Einrichtungen, die sich kraft Gesetzes vollzieht (*OLG Nürnberg* NotBZ 2002, 69; *BayObLG* DNotZ 1998, 384 = Rpfleger 1998, 68; *Ertl* FS für Bärmann und Weitnauer 1990, S. 251, 265). Soll darüber hinaus eine weiter gehende Belastung des gemeinschaftlichen Eigentums erfolgen, müssten insoweit sämtliche Wohnungseigentümer mitwirken, weil dann nämlich gemeinschaftliches Eigentum betroffen wäre, der jeweilige Wohnungseigentümer aber nur Verfügungsmacht über das ihm gehörende Wohnungseigentum besitzt (BGHZ 107, 289 = DNotZ 1990, 493 m. Anm. *Amann* = Rpfleger 1989, 452). Aus diesem Grunde kann auch eine Wiederherstellungspflicht des Eigentümers im Fall der Zerstörung des Objekts nicht dinglicher Inhalt des Wohnungsrechts gem. § 1093 BGB an einem Wohnungseigentum sein (*OLG Hamm* ZWE 2014, 83). 140

Die Belastung eines einzelnen Wohnungseigentums kann aber nicht nur durch Eintragung einer solchen **Benutzungsdienstbarkeit** (§ 1018 BGB, 1. Alt., § 1090 BGB) erfolgen. Auch die Eintragung einer **Unterlassungsdienstbarkeit** (§ 1018 BGB, 2. Alt., § 1090 BGB) oder einer **Ausschlussdienstbarkeit** (§ 1018 BGB, 3. Alt., § 1090 BGB) am einzelnen Wohnungseigentum ist denkbar (vgl. *BayObLG* DNotZ 1991, 480 = NJW-RR 1991, 593: Abgrenzungsverbot gegenüber Nachbargrundstück und *OLG Hamm* Rpfleger 1980, 468: Verzicht auf eine teilbare Geldforderung – »Bergschädenminderwertverzicht« bzw. *OLG Hamm* Rpfleger 1980, 469: Ausschluss der Gartenmitbenutzung; **beachte** aber *OLG Hamm* DNotZ 2006, 623 = Rpfleger 2006, 462: Enthält die zur Eintragung beantragte Dienstbarkeit eine über den Bergschädenminderwertverzicht hinausgehende Duldungsverpflichtung hinsichtlich der Einwirkungen aus dem Bergbaubetrieb, so betrifft diese stets das im 141 gemeinschaftlichen Eigentum befindliche Grundstück; sie kann daher auch nur auf allen Einheiten eingetragen werden.).

142 Wohnungseigentum kann im Rahmen des § 1018 BGB sowohl **herrschendes** als auch **dienendes »Grundstück«** sein (vgl. BGHZ 107, 289 = DNotZ 1990, 493 m. Anm. *Amann* = Rpfleger 1989, 452). Ist zugunsten des jeweiligen Eigentümers des in Wohnungs- und Teileigentumsrechte aufgeteilten Grundstücks eine Grunddienstbarkeit bestellt, kommt eine **Teillöschung** des Rechts nur aufgrund der Bewilligung eines oder einiger Wohnungseigentümer nicht in Betracht. Allenfalls könnte an eine Inhaltsänderung des Rechts nur noch zugunsten einzelner Wohnungseigentümer gedacht werden; eine solche bedürfte jedoch der Mitwirkung sämtlicher Wohnungseigentümer (*BayObLG* MittBayNot 1983, 168).

143 Auch die Belastung eines Wohnungseigentums mit einem dienstbarkeitsähnlichen **Dauerwohn- und Dauernutzungsrecht** (vgl. Bärmann/*Schneider* § 31 Rn. 2) ist in Rechtsprechung und Literatur anerkannt, weil sich auch hier die Ausübung des Rechts auf das konkrete Sondereigentum beschränken lässt (*BGH* Rpfleger 1979, 58 – Ls – = ZMR 1981, 253 – Ls –; *BayObLG* NJW 1957, 1840; Bamberger/Roth/*Hügel* § 31 Rn. 5; *Schöner/Stöber* Rn. 2952; Weitnauer/*Briesemeister* § 3 Rn. 116; § 31 Rdn. 2).

b) Umfang der Belastungsmöglichkeit bei zugeordnetem Sondernutzungsrecht

144 In Konsequenz dieser Auffassung verneint die h.M. die Möglichkeit zur **Belastung eines Wohnungseigentums mit einer Grunddienstbarkeit**, wenn sich diese ausschließlich auf das für den jeweiligen Wohnungseigentümer bestellte **Sondernutzungsrecht** an einem Pkw-Abstellplatz bezieht. Sondernutzungsrechte sind nämlich keine dinglichen oder grundstücksgleichen Rechte (BGHZ 145, 133 = Rpfleger 2001, 69 = ZMR 2001, 119) und deshalb nicht selbstständig belastbar. Da das mit dem Wohnungseigentum verbundene Sondernutzungsrecht zur Nutzung gemeinschaftlichen Eigentums berechtigt, liegt in der Belastung auch eine Verfügung über das gemeinschaftliche Eigentum, die aber nur von allen Miteigentümern getroffen werden kann (*OLG Düsseldorf* DNotZ 2020, 44; *OLG Schleswig* ZWE 2012, 42; *HansOLG Hamburg* ZMR 2004, 616; *HansOLG Hamburg* ZMR 2001, 380; *OLG Zweibrücken* ZfIR 1999, 524; *BayObLG* Rpfleger 1998, 68 = ZMR 1998, 179; *BayObLG* Rpfleger 1997, 431 = DNotZ 1998, 125 m. krit. Anm. *Ott*; *BayObLG* MittBayNot 1990, 110; *OLG Düsseldorf* Rpfleger 1986, 376 = DNotZ 1988, 31; Bärmann/*Armbrüster* § 1 Rn. 151; Bauer/v. Oefele/*Bayer* 3. Aufl. AT III Rn. 260; *Böhringer* NotBZ 1999, 154, 161; *Hügel*/Scheel Rn. 314; MüKo/*Joost* § 1090 Rn. 26; Palandt/*Wicke* § 13 Rn. 13; *Schöner/Stöber* Rn. 2952; Weitnauer/*Briesemeister* § 3 Rn. 116).

145 Diese Sichtweise wird von einer im Vordringen befindlichen Auffassung infrage gestellt, die nicht mehr auf die formalen Eigentumsverhältnisse am Belastungsgegenstand abstellen will. Wenn Inhalt einer Sondernutzungsberechtigung die Befugnis zur Nutzung gemeinschaftlichen Eigentums ist, soll danach diese sich aus dem verdinglichten Rechtsverhältnis ableitende **Befugnis auch mit einer Dienstbarkeit belastet** werden können. Eine Beeinträchtigung der übrigen Wohnungseigentümer wäre damit nicht verbunden, weil sie auch bei einer Ausübung durch den belasteten Wohnungseigentümer von dem der Sondernutzung unterliegenden Bereich ausgeschlossen wären (Staudinger/*Mayer* 2009 § 1018 Rn. 60). Dabei ist unerheblich, ob das einem Wohnungseigentumsrecht zugeordnete Sondernutzungsrecht *ausschließlich* oder *zusammen mit dem Wohnungseigentum* belastet werden soll (*OLG Hamm* DNotZ 2001, 216 m. zust. Anm. *v. Oefele* = ZMR 2000, 630; *Amann* DNotZ 1990, 498, 499 f.; Bärmann/*Schneider* § 16 Rn. 182ff.; Bauer/Schaub AT E Rn. 301 f.; *Merle* Das Wohnungseigentum im System des bürgerlichen Rechts, S. 195; *Röll* Rpfleger 1980, 90, 91; Staudinger/*Mayer* 2009 § 1018 BGB Rn. 60; Staudinger/*Rapp* [2018] § 1 Rn. 51; Staudinger/*Kreuzer* § 15 Rn. 14). Der *BGH* hat sich dieser Sichtweise nunmehr iE angeschlossen. Danach kann ein Sondernutzungsrecht zwar nicht selbstständig mit einer Dienstbarkeit belastet werden. Allerdings kann der Ausübungsbereich einer Grunddienstbarkeit auch eine Sondernutzungsfläche sein, die dem belasteten Sondereigentum zugeordnet ist; sie kann auch den alleinigen Ausübungsbereich darstellen (BGHZ 225, 136 = ZfIR 2020, 533 = ZMR 2020, 776 = ZWE 2020, 328).

Die Streitfrage braucht für die **Belastung** eines Wohnungseigentumsrechts **mit einem Wohnungsrecht** gem. § 1093 BGB nicht entschieden zu werden. Insoweit ist anerkannt, dass neben dem belasteten Sondereigentum auch zugeordnete Sondernutzungsbereiche z.B. an Gartenflächen oder Tiefgaragenstellplätzen bereits über § 1093 Abs. 3 BGB kraft Gesetzes erfasst werden (s. Rdn. 140). Die Einräumung der beschränkten persönlichen Dienstbarkeit ist zugleich mit der Übertragung der aus dem Sondereigentum fließenden Berechtigung als gesetzliche Folge der Bestellung des dinglichen Rechts verbunden (*OLG Nürnberg* NotBZ 2002, 69; *BayObLG* DNotZ 1998, 384 = Rpfleger 1998, 68; *Ertl* FS Bärmann und Weitnauer 1990, S. 251, 265). 146

c) **Besonderheit bei der Grundbucheintragung**

Die Grundbucheintragung ist in sämtlichen für das aufgeteilte Grundstück gebildeten Wohnungs- und Teileigentumsgrundbüchern vorzunehmen. Die Belastung des gesamten Grundstücks ist dabei jeweils durch einen auf die übrigen Eintragungen verweisenden **Gesamtvermerk** kenntlich zu machen (§ 4 Abs. 1 WGV). Zu den Rechtsfolgen beim Fehlen eines solchen Vermerks s. § 7 Rdn. 55 ff.. 147

Berechtigt eine Dienstbarkeit zur Nutzung von Sondereigentum, ist die Berechtigung vorbehaltlich einer abweichenden Regelung in der Eintragungsbewilligung dahingehend zu verstehen, dass sie auch die Nutzung der Fläche umfasst, an der ein dem Sondereigentum zugeordnetes **Sondernutzungsrecht** besteht. Die Befugnis zur Nutzung einer solchen Fläche muss daher **nicht schlagwortartig** im Grundbuch selbst gekennzeichnet werden (*BGH* BGHZ 225, 136 = ZfIR 2020, 533 = ZMR 2020, 776 = ZWE 2020, 328). 148

d) **Keine dinglich wirkende Veräußerungsbeschränkung**

Die Belastung eines Wohnungseigentums mit einer Benutzungsdienstbarkeit (z.B. einem Wohnungsrecht gem. § 1093 BGB) oder einem Dauerwohn- und -nutzungsrecht kann nach der hier vertretenen Auffassung **nicht mit dinglicher Wirkung** von einer vereinbarten **Zustimmung gem. § 12 WEG** abhängig gemacht werden. Zum Problem s. § 12 Rdn. 23, 93 je m.w.N. auch zur **a.A.** 149

e) **Genehmigungspflichten**

Wegen etwaiger umlegungs- bzw. sanierungsrechtlicher Genehmigungserfordernisse s. § 7 Rn. 86. 150

III. Aufhebung, Verzicht und Aufgebot

1. Aufhebung des Sondereigentums

Eine **Aufhebung des Sondereigentums** ist materiell-rechtlich nur unter den Voraussetzungen des § 4 WEG möglich. Danach bedarf es der Einigung der Beteiligten und der Eintragung in das Grundbuch, wobei die Einigung der für die Auflassung vorgeschriebenen Form bedarf. Die Regelung führt im Fall der **Aufhebung sämtlicher Sondereigentumsrechte** zur Entstehung einer gewöhnlichen Bruchteilsgemeinschaft (vgl. § 9 Rdn. 13). Die **Aufhebung** lediglich **eines einzelnen Sondereigentums** führt zum Ausscheiden des betreffenden Wohnungseigentümers aus der Gemeinschaft; sein Miteigentumsanteil steht dann den im Wege der Auflassung übernehmenden Miteigentümern zu (vgl. § 7 Rdn. 302). 151

2. Verzicht auf das Wohnungseigentum

Ein **Verzicht auf das Wohnungseigentum** entsprechend § 928 BGB ist wie bei einem gewöhnlichen Miteigentumsanteil an einem Grundstück nicht möglich (zu Letzterem: *BGH* BGHZ 115, 1 = DNotZ 1992, 359 = Rpfleger 1991, 495; *BGH* BGHZ 172, 209 = NJW 2007, 2254 = Rpfleger 2007, 457 = ZMR 2007, 793). Eine Dereliktion käme nämlich einer einseitigen Teilaufhebung der Gemeinschaft und des zwischen den Wohnungseigentümern bestehenden besonderen Schuldverhältnisses gleich (*BGH* BGHZ 172, 338 = NZM 2007, 600 = Rpfleger 2007, 537 = ZMR 2007, 795; *OLG Celle* MDR 2004, 29; *OLG Zweibrücken* ZMR 2003, 137; *OLG Düsseldorf* ZMR 2001, 152

129 = NJW-RR 2001, 233; *BayObLG* NJW 1991, 1962; *KG* NJW 1989, 42; *Briesemeister* ZWE 2007, 218; **a.A.** *OLG Düsseldorf* ZMR 2007, 382 = NZM 2007, 219; *Kanzleiter* NJW 1996, 905, 907; s.a. § 7 Rdn. 70; und ausführlich § 11 Rdn. 20 m.w.N.). Auch ist eine Eigentumsaufgabe nur an **einzelnen Räumen** nicht möglich (*OLG Nürnberg* ZMR 2021, 602).

153 Für **Wohnungs- und Teilerbbaurechte** ist die Anwendung von § 928 BGB gem. § 11 Abs. 1 ErbbauRG kraft Gesetzes ausgeschlossen.

154 Zulässig ist dagegen ein **Verzicht sämtlicher Wohnungseigentümer.** In diesem Fall wird zugleich das ganze Eigentum an dem Grundstück aufgegeben. Die rechtliche Situation ist dann dieselbe wie bei dem Verzicht auf das Alleineigentum nach § 928 Abs. 1 BGB (BGHZ 172, 338 = NZM 2007, 600 = Rpfleger 2007, 537 = ZMR 2007, 795).

3. Aufgebot von Wohnungseigentum

155 Es wird ganz überwiegend als möglich angesehen, dass der Eigentümer hinsichtlich seines gesamten im Grundbuch eingetragenen Wohnungseigentums im Wege des Aufgebotsverfahrens mit seinem Recht gem. § 927 Abs. 1 BGB ausgeschlossen werden kann (Bärmann/*Armbrüster* § 1 Rn. 178; Erman/*Lorenz* § 927 Rn. 2; *Lemke* § 927 Rn. 2; zweifelnd allerdings Palandt/*Bassenge* § 6 WEG Rn. 8; Staudinger/*Pfeifer* [2011] § 927 Rn. 4d)). Richtigerweise wird man jedoch die Zulässigkeit eines solchen Aufgebotsverfahrens für ein Wohnungseigentum ablehnen müssen. Der Ausschluss im Wege des Aufgebotsverfahrens bewirkt nämlich noch keinen Rechtsübergang auf den Eigenbesitzer, der das Aufgebotsverfahren betrieben hat. Mit der Rechtskraft des Ausschließungsbeschlusses gem. § 439 Abs. 2 FamFG tritt nämlich zunächst nur die Unrichtigkeit des Grundbuchs hinsichtlich des dort noch verlautbarten Eigentums ein. Das bisherige Bucheigentum besteht nicht mehr; dem Eigenbesitzer kommt lediglich ein Aneignungsrecht zu. Damit würde das Wohnungseigentum aber zunächst **herrenlos.** Der Ausschließungsbeschluss gewährt dem Eigenbesitzer lediglich ein Aneignungsrecht, nicht das Eigentum selbst. Hinzukommen muss also noch eine zusätzliche **Aneignungserklärung.** Abgesehen von dem Sonderfall, dass der Aneignungsberechtigte bereits als Eigentümer im Grundbuch eingetragen ist, vollendet sich der originäre Eigentumserwerb gem. § 927 Abs. 2 BGB ohne Rückwirkung also erst mit der Eintragung des neuen Eigentümers (*RG* JW 2013, 204; Staudinger/*Pfeifer* § 927 Rn. 26).

156 Die Löschung des unrichtigerweise noch eingetragenen Bucheigentümers und die Eintragung des Aneignungsberechtigten als neuen Eigentümer müssen aber nicht zwingend gleichzeitig vollzogen werden (Staudinger/*Pfeifer* § 927 Rn. 28). Sie werden insbesondere dann einzeln oder ggf. getrennt erfolgen, wenn der Aneignungsberechtigte auf sein Recht verzichtet oder es jedenfalls derzeit nicht ausüben möchte. Ein solches Verhalten muss auch keineswegs »reine Theorie« bleiben (wie *Schöner/Stöber* Rn. 1020 Fn. 2 meinen). Das Aufgebotsverfahren gem. § 927 Abs. 1 S. 3 BGB ist nur zulässig, wenn der eingetragene Eigentümer gestorben oder verschollen ist und eine Eintragung in das Grundbuch, die der Zustimmung des Eigentümers bedurfte, seit 30 Jahren nicht erfolgt ist. Ist also eine Grundbuchberichtigung unterblieben, könnte bei inzwischen in die Jahre gekommenen Wohnungseigentumsanlagen mit der Eintragung der Herrenlosigkeit eine Möglichkeit gesehen werden, sich einer kostenmäßigen Beteiligung an notwendigen Sanierungsmaßnahmen zu entziehen. Nach Eintragung der Herrenlosigkeit wäre jedenfalls die Kostenlast unter den verbliebenen Wohnungseigentümern aufzuteilen, sodass sich das Ergebnis wie bei einer – unzulässigen – Dereliktion gem. § 928 BGB darstellt. Allein die Möglichkeit, sich seiner gemeinschaftsrechtlichen Verpflichtungen auf diese Weise entziehen zu können, rechtfertigt die **Ablehnung eines Aufgebotsverfahrens** gem. § 927 Abs. 1 BGB für das Wohnungseigentum (ebenso Staudinger/*Rapp* [2018] § 1 Rn. 50a).

157 Für **Wohnungs- und Teilerbbaurechte** ist die Anwendung des § 927 BGB gem. § 11 Abs. 1 ErbbauRG ohnehin kraft Gesetzes ausgeschlossen.

158 In jedem Fall sind **einzelne Räume** eines Wohnungseigentums einem Aufgebotsverfahren gem. § 927 Abs. 1 BGB nicht zugänglich. Die dadurch bewirkte Herrenlosigkeit verträgt sich nicht mit dem

Wesen der Eigentümergemeinschaft und widerspricht auch dem Verbot isolierten Sondereigentums (*OLG München* Rpfleger 2011, 29 = ZWE 2010, 419).

4. Aufhebung und Löschung eines Sondernutzungsrechts

Bei der Bewilligung gem. § 19 GBO zur **Löschung eines Sondernutzungsrechts** handelt es sich nicht um einen einseitigen Verzicht, sondern um eine verfahrensrechtliche Erklärung zur Beseitigung einer im Grundbuch verlautbarten Eintragung durch den formell Betroffenen. Materiell-rechtlich verbleibt es in diesem Fall dagegen bei dem zur Aufhebung der Vereinbarung erforderlichen »actus contrarius«, sodass mit einer **Löschung des Vermerks** im Grundbuch nicht zwangsläufig auch eine **Aufhebung des Sondernutzungsrechts** einhergehen muss (BGHZ 145, 133 = Rpfleger 2001, 69 = ZMR 2001, 119). Die von der Gegenmeinung vertretene Auffassung (*Häublein* ZMR 2001, 120, 122; *Ott* ZMR 2002, 7, 10; hier bis zur 3. Aufl. § 11 Rn. 22) unterscheidet nicht genügend zwischen der materiell-rechtlichen, nur im Vereinbarungswege möglichen Aufhebung des Sondernutzungsrechts einerseits und den verfahrensrechtlichen, nach Grundbuchvorschriften zu beurteilenden Löschungsvoraussetzungen andererseits. Der Sondernutzungsberechtigte kann einseitig auch keinen der Dereliktion entsprechenden Zustand zulasten der anderen Miteigentümer schaffen, indem er das ihm zustehende Sondernutzungsrecht im Grundbuch löschen lässt und sodann durch Übertragung des Wohnungseigentums das unverändert fortbestehende (schuldrechtliche) Sondernutzungsrecht zum Erlöschen bringt, indem ein Erwerber der bisherigen Regelung nicht beitritt (vgl. *OLG Köln* ZMR 2002, 73 = DNotZ 2002, 223 m. Anm. *Häublein*; *BayObLG* FGPrax 2005, 106). Zum einen würde dies nämlich die Veräußerung des Wohnungseigentums erfordern, die auch sonst von der Gemeinschaft grundsätzlich nicht verhindert werden könnte (zu Erschwerungen s. § 12 WEG), zum anderen könnte selbst ein arglistiges Verhalten nicht die Folgen einer schon früher etwaig eingetretenen Kostentragungspflicht aus der Sondernutzungsberechtigung beseitigen. 159

IV. Veränderungen

1. Änderungen durch den teilenden Alleineigentümer

Dazu s. ausführlich § 7 Rdn. 272 ff. m.w.N. 160

2. Änderungen bei bestehender Eigentümergemeinschaft

a) Änderung der Miteigentumsanteile

Dazu s. ausführlich § 6 Rdn. 4 ff. m.w.N. 161

b) Gegenständliche Veränderungen des Sondereigentums

Dazu s. ausführlich § 7 Rdn. 278 ff. m.w.N. 162

c) Inhaltliche Veränderungen des Sondereigentums

Dazu s. ausführlich § 5 Rdn. 112 ff. u. bei § 10 je m.w.N. 163

V. Zustimmungen Dritter

1. Grundsatz

Versteht man Wohnungseigentum als echtes Eigentum (Rdn. 8 f.), kann eine **Zustimmung Dritter gem. §§ 876, 877 BGB** zu den unter Abschnitt III Rdn. 151 ff. genannten Aufhebungen sowie den unter Abschnitt IV. genannten Veränderungen aus unterschiedlichen Gründen in Betracht kommen. Zwar erfasst der Anwendungsbereich der §§ 876, 877 BGB zunächst nur »Rechte an einem Grundstück« und nicht das Eigentum selbst. Es herrschte jedoch weitgehend Einigkeit, dass im Hinblick auf die Regelung in § 9 Abs. 2 WEG auch Rechtsvorgänge beim Wohnungseigentum den genannten Vorschriften zumindest entsprechend unterfallen (vgl. BGHZ 91, 343, 345 ff. = DNotZ 1984, 164

695 = Rpfleger 1984, 408 = JZ 1984, 1113 m. Anm. *Weitnauer*; Staudinger/*Gursky* [2012] § 877 Rn. 43; a.A. allerdings *BGH* NJW 2012, 1226 = Rpfleger 2012, 376 = ZfIR 2012, 245 = ZMR 2012, 563 = ZWE 2012, 219).

165 Aus der materiell-rechtlichen Betroffenheit folgt das **verfahrensrechtliche** Mitwirkungserfordernis gem. **§ 19 GBO** (vgl. nur BGHZ 145, 133 = NJW 2000, 3643 = Rpfleger 2001, 69 = ZMR 2001, 119; BGHZ 91, 343, 346 = DNotZ 1984, 695 = Rpfleger 1984, 408 = JZ 1984, 1113 m. Anm. *Weitnauer*). Betroffen i.S.d. § 19 GBO ist dabei jeder, dessen grundbuchmäßiges Recht durch die beantragte Eintragung **nicht nur wirtschaftlich**, sondern rechtlich beeinträchtigt wird oder möglicherweise beeinträchtigt werden kann (BGHZ 145, 133 = NJW 2000, 3643 = Rpfleger 2001, 69 = ZMR 2001, 119; BGHZ 91, 343, 346 = DNotZ 1984, 695 = Rpfleger 1984, 408 = JZ 1984, 1113 m. Anm. *Weitnauer*). Grundbuchrechtlich bedarf die Erklärung des Betroffenen der Form des § 29 GBO.

2. Dinglich Berechtigte

166 Als grundbuchmäßig **Berechtigte** kommen grundsätzlich alle Inhaber eintragungsfähiger, in Abteilung II oder III des Grundbuchs dinglich gesicherter Rechte nach dem numerus clausus der dinglichen Rechte in Betracht. Dazu s. im Einzelnen die Darstellung Rdn. 134, 140 u. 143.

167 Ein Berechtigter aus einer **Erwerbsvormerkung** wäre grundsätzlich über §§ 883, 888 BGB gegen die Wirkungen beeinträchtigender Verfügungen geschützt. Bezüglich Veränderungen bei einem Wohnungseigentum ist jedoch anerkannt, dass im Interesse einheitlicher Rechtsverhältnisse in der Gemeinschaft die vorherige Zustimmung erforderlich ist (*BGH* ZfIR 2017, 355; *BayObLG* Rpfleger 1999, 178; *OLG Frankfurt am Main,* Rpfleger 1998, 356; *OLG Düsseldorf* Rpfleger 1997, 305; *Böhringer* NotBZ 2003, 285, 286, 288; a.A. *Häublein* Sondernutzungsrechte, S. 130).

168 Aufgrund eines Miet- oder Pachtverhältnisses Berechtigte sind keine solchen i.S.d. § 19 GBO.

3. Zustimmungserfordernisse

169 Wegen der im Einzelnen bestehenden Zustimmungserfordernisse s. die Verweisungen unter Abschnitt III Rdn. 134 ff. u. Abschnitt IV Rdn. 160 ff.

170 Wegen evtl. Zustimmungserfordernisse beim Hinzuerwerb von Grundstücken zu dem bereits in Wohnungseigentumsrechte aufgeteilten Grundstück s. § 6 Rdn. 19 ff.

171 Wegen evtl. Zustimmungserfordernisse bei der Abveräußerung von Grundstücksflächen von dem in Wohnungseigentum aufgeteilten Grundstück s. § 6 Rdn. 27 ff.

4. Entbehrlichkeit erforderlicher Zustimmungen aufgrund Unschädlichkeitszeugnisses

a) Landesrechtliche Regelungen

172 Besteht nach dem zuvor Gesagten ein Zustimmungserfordernis für einen Drittberechtigten, können Härten und Verzögerungen in den Fällen vermieden werden, in denen der dinglich Berechtigte von einer Änderung seines Belastungsobjekts nur geringfügig betroffen ist (*Panz* BWNotZ 1998, 16). Art. 120 Abs. 1 EGBGB eröffnet für die Bundesländer die Möglichkeit, landesrechtliche Bestimmungen über das Unschädlichkeitszeugnis zu treffen, um auf diese Weise an sich erforderliche Zustimmungen gem. §§ 876, 877 BGB entbehrlich zu machen. Wird das Zeugnis erteilt, ersetzt es auch die verfahrensrechtlichen Erklärungen des dinglich Berechtigten (*LG Regensburg* Rpfleger 1988, 406). Von dieser Möglichkeit haben nahezu alle Bundesländer Gebrauch gemacht. Wegen der unterschiedlichen Zuständigkeiten und des Verfahrens s. die Fundstellennachweise zum jeweiligen Landesrecht im Beck'schen Formularbuch Wohnungseigentumsrecht Teil G Form. III. 7.

b) Anwendungsbereich

173 Wenngleich in der Praxis Unschädlichkeitszeugnisse überwiegend zur lastenfreien Abschreibung von Grundstücksteilflächen in Betracht kommen, ist doch anerkannt, dass vom Normzweck alle einer einheitlichen Belastung fähigen Objekte erfasst werden (Staudinger/*Mayer* 2005 Art. 120 Rn. 12). Damit ist die Anwendung auch im Bereich des Wohnungseigentumsrechts grundsätzlich denkbar (vgl. auch Staudinger/*Kreuzer* § 10 Rn. 44); die Praxis macht jedoch offenbar regional unterschiedlich von dieser Möglichkeit Gebrauch. Entsprechendes gilt für Wohnungserbbaurechte (*BayObLG* WE 1994, 250).

174 **Auch nach Einführung des § 5 Abs. 4 S. 2 WEG** besteht noch ein **Bedürfnis** für eine entsprechende Anwendung der Vorschriften. Zwar ist das Erfordernis einer Drittzustimmung für inhaltliche Veränderungen, die nicht die nachträgliche Einräumung, die Aufhebung, Änderung oder Übertragung eines bereits im Grundbuch vermerkten Sondernutzungsrechts betreffen, nunmehr für Grundpfandrechts- und Reallastgläubiger entfallen. Jedoch wollte der Gesetzgeber eine darüber hinaus mögliche Anwendung mit der Änderung des § 5 Abs. 4 nicht unterbinden (ebenso Staudinger/*Gursky* [2012] § 877 Rn. 60; ohne Problematisierung auch Bärmann/*Armbrüster* § 2 Rn. 126; *Hügel/Elzer* § 5 Rn. 75; *Schöner/Stöber* Rn. 2958 Fn. 3; *Demharter* Anh. zu § 3 Rn. 82 a.E.; **a.A.** *OLG Hamburg* v. 27.04.2023 – 13 W 16/23 n.v.;Bärmann/*Suilmann* § 10 Rn. 59).

c) Rechtsprechung zur Erteilung von Unschädlichkeitszeugnissen

175 **Veränderungen im Bereich des gemeinschaftlichen Eigentums und des Sondereigentums:**

176
- *HansOLG Hamburg* (ZMR 2002, 619): Kellertausch durch Umwandlung von Gemeinschaftseigentum in Sondereigentum und umgekehrt.
- *BayObLG* (Rpfleger 1992, 208): Bildung einer weiteren Wohnung durch Umwandlung des bisher im Gemeinschaftseigentum befindlichen Speichers in Sondereigentum. Am Speicher bestand insoweit ein Sondernutzungsrecht.
- *LG München I* (MittBayNot 1983, 174): Veräußerung eines Raumes, der von Gemeinschaftseigentum in Sondereigentum umgewandelt wurde.

177 **Veränderungen im Bereich des Inhalts des Sondereigentums:**

178
- *BayObLG* (Rpfleger 1988, 140)
- *HansOLG Hamburg* (ZMR 2002, 619)
- *BayObLG* (Rpfleger 2005, 136 = ZMR 2005, 300): a.A. keine Anwendbarkeit des UnSchZG auf Wohnungseigentum in Nordrhein-Westfalen:
- *OLG Köln* (ZMR 1993, 428); vgl. demgegenüber aber *OLG Hamm* FGPrax 2004, 206)

Nachträgliche Einräumung von Sondernutzungsrechten an gemeinschaftlichem Eigentum hinsichtlich eines Kfz-Stellplatzes in der Tiefgarage und hinsichtlich mehrerer Terrassenflächen.

179
- *LG München I* (Rpfleger 2006, 396): Änderung der Teilungserklärung hinsichtlich eines Sondernutzungsrechts infolge der Errichtung eines konkret bestimmten Gartenhauses auf einer Dachterrasse.
- *OLG Hamm* (FGPrax 2004, 206): Teilweise Aufhebung von Sondernutzungsrechten an Gartenflächen.

- *BayObLG* (Rpfleger 1991, 500): Umwandlung eines in der Teilungserklärung als Hobbyraum bezeichneten Teileigentums in Wohnungseigentum.

  Zur Rechtsnatur der Umwandlung s. Rn. 42.
- *BayObLG* (ZMR 2004, 683): Grundsätzlich anwendbar bei Änderungen der als Inhalt des Sondereigentums im Grundbuch eingetragenen Gemeinschaftsordnung. Im konkreten Fall ging es um die Änderung der Kostenverteilung nach altem Recht.

180 **Veränderungen im Bereich des in Wohnungseigentum aufgeteilten Grundstücks:**

181 – *LG München I* (MittBayNot 1967, 365): Übertragung einer Grundstücksteilfläche

182 Die Anwendung des Landesrechts über Unschädlichkeitszeugnisse auf **weitere Fallgestaltungen** ist durchaus denkbar und nach dem Sinn und Zweck der Regelungen auch **zu befürworten**; vgl. insoweit *Demharter* (MittBayNot 2004, 17 f. für das bayerische Unschädlichkeitsgesetz) und *Reinl* (Rpfleger 1988, 142).

183 Wird ein Unschädlichkeitszeugnis erteilt, ist das **Grundbuchgericht** daran **gebunden**; eine sachliche Überprüfung des Zeugnisses steht ihm nicht zu (*OLG Hamm* FGPrax 2004, 206).

VI. Schutz des guten Glaubens

1. Grundsatz

184 Wohnungseigentum unterliegt als echtes Eigentum (vgl. Rdn. 11 f.) den Vorschriften über den gutgläubigen Erwerb nach den **§§ 892 ff. BGB** (vgl. nur BGHZ 109, 179 = Rpfleger 1990, 62 = ZMR 1990, 112; *OLG Zweibrücken* ZWE 2011, 411; *Lutter* AcP [1964], 164, 122, 142 f.). Voraussetzung für einen gutgläubigen Erwerb ist allerdings, dass weder zwischen der Eintragung und der in Bezug genommenen Eintragungsbewilligung (*OLG Zweibrücken* ZWE 2011, 335) noch zwischen der wörtlichen Beschreibung des Gegenstands des Sondereigentums in der Teilungserklärung und den Angaben im Aufteilungsplan (BGHZ 130, 159 = NJW 1995, 2851 = Rpfleger 1996, 19 = ZMR 1995, 521) ein nicht aufzulösender Widerspruch vorliegt (s. Rn. 191).

185 Wegen der Anwendung der Grundsätze über die **fehlerhafte Gesellschaft** s. § 3 Rn. 35 ff.

2. Schutz des guten Glaubens in der Gründungsphase

186 War beim Abschluss des **Teilungsvertrages gem. § 3 WEG einer der beteiligten Miteigentümer ein Nichtberechtigter**, so sind die Vorschriften über den gutgläubigen Erwerb anwendbar (*Dreyer* DNotZ 2007, 594, 611; Staudinger/*Rapp* [2018] § 3 Rn. 65). Entgegen einer hierzu vertretenen Auffassung erwirbt durch die vertragliche Begründung des Wohnungseigentums auch der bisherige Buchberechtigte Wohnungseigentum (*Gaberdiel* NJW 1972, 847; Staudinger/*Rapp* [2018] § 3 Rn. 65) und nicht lediglich einen einfachen Miteigentumsanteil ohne Sondereigentum, weil das ihm insoweit zugedachte Sondereigentum zum Gemeinschaftseigentum wird (so aber *Däubler* DNotZ 1964, 216, 224 f.; Soergel/*Stürner* § 3 Rn. 10). Ein nebeneinander von »normalen« und wohnungseigentumsrechtlich gebundenen Miteigentumsanteilen ist nicht zulässig, weil auf diese Weise der Bestand der Gemeinschaft durch die Anwendbarkeit der §§ 749, 751 BGB, § 84 Abs. 2 InsO gefährdet wäre.

187 Sind beim Abschluss des **Teilungsvertrages gem. § 3 alle beteiligten Miteigentümer Nichtberechtigte**, ändert dies nichts an der Anwendbarkeit des § 892 BGB im Verhältnis der Miteigentümer. Jeder von ihnen kann sich selbstständig auf die Vermutung des § 891 BGB berufen, sodass unter den Voraussetzungen des § 892 BGB auch der gute Glaube geschützt wird; es handelt sich bei einem Vertrag gem. § 3 WEG um ein Verkehrsgeschäft und nicht um einen Akt der »Selbstbeschaffung«

(Staudinger/*Rapp* [2018] § 3 Rn. 65; **a.A.** jedoch die h.M. *Däubler* DNotZ 1964, 216, 227; Soergel/*Stürner* § 3 Rn. 11; Staudinger/*Picker* [2019] § 892 Rn. 123; vgl. zum Begriff des Verkehrsgeschäftes zwischen Miteigentümern aber BGHZ 173, 71 = NJW 2007, 3204 = Rpfleger 2007, 597.

Anlässlich einer **Vorratsteilung gem. § 8 WEG** scheidet ein Schutz des guten Glaubens aus, weil es bereits an einem Verkehrsgeschäft mangelt. 188

3. Schutz des guten Glaubens nach Begründung des Wohnungseigentums

Sind Miteigentümer als Berechtigte eines Wohnungseigentums eingetragen, so ist die **rechtsgeschäftliche Übertragung eines Miteigentumsanteils** zwischen ihnen ein **Verkehrsgeschäft**. Dabei wird der Erwerber eines im Grundbuch verlautbarten Miteigentumsanteils durch den öffentlichen Glauben des Grundbuchs auch dann geschützt, wenn er bereits Eigentümer eines anderen Anteils oder als solcher zu Unrecht im Grundbuch eingetragen ist. Der Erwerb des weiteren Anteils durch einen der Wohnungseigentümer ist auch dann ein Verkehrsgeschäft, wenn die Miteigentümer das Wohnungseigentum gemeinschaftlich erworben hatten und der erwerbende Miteigentümer bei jenem Erwerbsgeschäft in gleicher Weise wie der veräußernde Miteigentümer von der Nichtigkeit des Ersterwerbs betroffen war (BGHZ 173, 71 = NJW 2007, 3204 = Rpfleger 2007, 597). 189

Der Schutz des guten Glaubens muss beim Wohnungseigentum wegen dessen Gemeinschaftsgebundenheit jedoch über die einzelne Einheit hinausgehen. So vertritt der *BGH* in ständiger Rechtsprechung, dass **Gründungsmängel**, die sich auf die **Einräumung von Sondereigentum** beschränken, die Aufteilung in Miteigentumsanteile nicht berühren (BGHZ 109, 179 = Rpfleger 1990, 62 = ZMR 1990, 112; BGHZ 130, 159 = Rpfleger 1996, 19 = ZMR 1995, 521; *BGH* NJW 2004, 1798 = Rpfleger 2004, 207 = ZMR 2004, 206). Das beruht auf der Überlegung, dass auf diese Weise die Auswirkungen und die Beseitigung eines Gründungsmangels zu lokalisieren sind, während die Begründung des Wohnungseigentums an den übrigen Einheiten unberührt bleibt (*BGH* Rpfleger 2005, 17 = ZMR 2005, 59). Ein zur Unwirksamkeit des Teilungsvertrages führender Gründungsmangel wird demnach **durch den gutgläubigen Erwerb** auch nur eines der anderen Wohnungseigentumsrechte **insgesamt geheilt**, weil Wohnungseigentum nicht nur an einer Wohnung entstehen kann (BGHZ 109, 179 = Rpfleger 1990, 62 = ZMR 1990, 112; *BayObLG* NZM 1998, 525 = ZMR 1998, 360; *OLG Karlsruhe* ZMR 1993, 474; *BayObLG* MittBayNot 1981, 125; Bamberger/Roth/*Hügel* § 3 Rn. 15; Erman/*Artz* § 892 Rn. 46; *Röll* FS Seuß 1987, S. 233, 236, 238; Staudinger/*Picker* [2019] § 892 Rn. 34; Weitnauer/*Briesemeister* § 3 Rn. 38; **a.A.** *Gaberdiel* NJW 1972, 847). 190

An den unmittelbar vom Gründungsmangel betroffenen Einheiten entstehen insoweit nach h.M. isolierte (substanzlose) Miteigentumsanteile (dazu s. Rdn. 294 f.). Ein gutgläubiger Erwerb auch für diese Einheiten ist nicht möglich, weil § 892 BGB voraussetzt, dass die **Grundbuchunrichtigkeit auf einer zulässigen Eintragung** beruht. Verlautbart die Grundbucheintragung jedoch einen Rechtszustand, der in sich widersprüchlich ist oder den es gar nicht geben kann, scheidet ein gutgläubiger Erwerb aus (BGHZ 130, 159 = Rpfleger 1996, 19 = ZMR 1995, 521; *BGH* NJW 2004, 1798 = Rpfleger 2004, 207 = ZMR 2004, 206; *BGH* Rpfleger 2005, 17 = ZMR 2005, 59; *OLG Zweibrücken* ZWE 2011, 335; *OLG München* Rpfleger 2007, 459; *BayObLG* Rpfleger 1996, 240 = ZMR 1996, 285; *OLG Hamm* NJW 1976, 1752 = Rpfleger 1976, 317; Bauer/Schaub/*Schneider* AT E Rn. 276; *Röll* FS Seuss 1987, S. 233, 239; Staudinger/*Picker* [2019] § 892 Rn. 34; Staudinger/*Rapp* [2018] § 3 Rn. 67a; Weitnauer/*Briesemeister* § 3 Rn. 37). Diese Grundsätze gelten ebenso für eine nachträgliche **Unterteilung** eines Wohnungseigentums (*BGH* ZfIR 2015, 492 = ZMR 2015, 390 = ZWE 2015, 208; *OLG München* ZfIR 2008, 115); dazu s. näher § 8 Rn. 87 ff. 191

Einen Unterfall hierzu bildet der **unzulässige Überbau** (dazu Rdn. 277 ff.). Auch hier ist der Gründungsakt zunächst insgesamt gescheitert, weil infolge des Akzessionsgrundsatzes nicht mit jedem Miteigentumsanteil auch ein Sondereigentumsrecht verbunden werden konnte (Staudinger/*Rapp* [2018] § 1 Rn. 32). Ein guter Glaube daran, dass ein Gebäude sich innerhalb der Grundstücksgrenzen befindet, wird durch § 892 BGB nämlich nicht geschützt (*Brünger* MittRhNotK 192

1987, 269, 276; *Ludwig* DNotZ 1983, 411, 421; Staudinger/*Rapp* [2018] § 1 Rn. 32). Möglich ist dagegen die Entstehung von Wohnungseigentum hinsichtlich der Einheiten, die sich auf dem Stammgrundstück befinden, wenn insoweit auch nur eine Einheit gutgläubig erworben wird (*Brünger* MittRhNotK 1987, 269, 277; Staudinger/*Rapp* [2018] § 1 Rn. 32; **a.A.** *Demharter* Rpfleger 1983, 133, 136: Entstehung sämtlicher Einheiten). Im Übrigen führt die fehlgeschlagene Begründung hinsichtlich der Einheiten auf dem Nachbargrundstück zu isolierten (substanzlosen) Miteigentumsanteilen.

193 Eine Heilung kann jedoch im Fall eines Gründungsmangels nicht nur durch – zulässigen – gutgläubigen Erwerb einer Sondereigentumseinheit eintreten, sondern auch bereits dann, wenn vor der Übertragung eines der bisher nur scheinbar entstandenen Wohnungseigentumsrechte bereits eine **Belastung mit einer Erwerbsvormerkung oder einem Grundpfandrecht** in das Wohnungsgrundbuch eingetragen wird. Erwirbt in einem solchen Fall der Berechtigte seine Position gutgläubig, entsteht damit nicht nur das belastete Wohnungseigentum, auf das sich die konkrete Verfügung bezieht. Aus den gleichen Erwägungen wie auch sonst Gründungsmängel lokalisiert werden, um eine Unwirksamkeit des gesamten Gründungsaktes auf Dauer zu verhindern (s. Rdn. 190), muss durch die Eintragung einer Erwerbsvormerkung oder eines Grundpfandrechtes ein Gründungsmangel auch hinsichtlich aller übrigen Wohnungseigentumsrechte dieser Gemeinschaft geheilt werden (Erman/*Artz* § 892 Rn. 46; *Röll* MittBayNot 1990, 85, 87; Staudinger/*Picker* [2019] § 892 Rn. 230; vgl. auch für eine reale Grundstücksteilung *BayObLG* DNotZ 1996, 32).

4. Schutz des guten Glaubens hinsichtlich des Inhalts des Sondereigentums

194 Die h.M. in Literatur und Rechtsprechung hat bisher – allerdings mit sehr unterschiedlicher Begründung – die Möglichkeit eines gutgläubigen Erwerbs hinsichtlich einer als **Inhalt des Sondereigentums** im Grundbuch eingetragenen Vereinbarung angenommen (obiter dictum *BGH* ZWE 2017, 169), wenn ein Eigentümer Wohnungseigentum rechtsgeschäftlich erworben hat (zu den unterschiedlichen theoretischen Ansätzen s. ausführlich Beck'sches Formularbuch Wohnungseigentumsrecht Form E I. 1 Anm. 9 m.w.N.). Literatur und Rechtsprechung beziehen sich hauptsächlich auf **Sondernutzungsrechte** (*OLG Hamm* DNotZ 2009, 383; *OLG Hamm* WE 1993, 250 = Rpfleger 1994, 60; *BayObLG* Rpfleger 1991, 308; *BayObLG* DNotZ 1990, 381; *OLG Stuttgart* NJW-RR 1986, 318 = OLGZ 1986, 35; *LG München I* ZMR 2011, 749 = ZWE 2011, 232; *LG Nürnberg-Fürth* NJW 2009, 3442 = ZMR 2009, 950; *LG Stuttgart* WE 1994, 119; Bärmann/*Schneider* § 16 Rn. 267 f.; *Ertl* FS Seuß, S. 150, 158; *Lutter* AcP 164, 122, 143; *H. Müller* ZMR 2000, 473; *Röll* FS Seuß 1987, S. 233, 238; Staudinger/*Rapp* Einl. zum WEG Rn. 91; **a.A.** *LG Köln* MDR 2002, 1186; Weitnauer/*Lüke* § 15 Rn. 35; *Weitnauer* DNotZ 1990, 385, 392; *Demharter* DNotZ 1991, 28; *Schnauder* FS Weitnauer und *Bärmann* S. 567, 591 ff.) und **Zweckbestimmungen** (*BGH* ZfIR 2015, 492 = ZMR 2015, 390 = ZWE 2015, 208; *OLG Frankfurt am Main,* ZMR 1997, 659 = FGPrax 1997, 214). Auch der gutgläubige Erwerb eines isoliert übertragenen, zwar im Grundbuch verlautbarten, aber tatsächlich nicht bestehenden Sondernutzungsrechts sollte sich auf diese Weise vollziehen können (ebenso Bärmann/*Schneider* § 16 Rn. 267; Staudinger/*Rapp* Einl. WEG Rn. 91; **a.A.** im Hinblick auf den Forderungscharakter *Demharter* WuM 2001, 103, *Hogenschurz* Das Sondernutzungsrecht nach WEG § 2 Rn. 126 f.). Dem konnte bisher in der Sache gefolgt werden, wenn man berücksichtigt, dass es sich bei den als Inhalt des Sondereigentums im Grundbuch eingetragenen Regelungen zwar nicht um dingliche Rechte, sondern um schuldrechtliche Vereinbarungen handelt (BGHZ 145, 133 = Rpfleger 2001, 69 = ZMR 2001, 119), die jedoch den Inhalt und Umfang eines dinglichen Rechts bestimmen. Der Gutglaubensschutz des § 892 BGB bezieht sich jedoch nicht nur auf den Erwerb des Eigentums als solches, sondern wirkt im Zweifel hinsichtlich seines gesamten Inhalts (Meikel/*Schneider* § 53 Rn. 51; Grüneberg/*Wicke* § 892 Rn. 11; Staudinger/*Picker* [2019] § 892 Rn. 221; *Schneider* ZfIR 2002, 108, 114). Nach diesem Verständnis kommt es also auf den guten Glauben an das Vorhandensein eines eingetragenen Erstreckungsvermerkes im Grundbuch an und nicht auf die Frage, ob Sondernutzungsrechte unmittelbar dem Anwendungsbereich der §§ 892 ff. BGB unterfallen können.

Dagegen kommt ein gutgläubiger Erwerb eines Sondernutzungsrechts durch Zuschlag in der **Zwangsversteigerung** von vornherein nicht in Betracht, weil es insoweit an einem Verkehrsgeschäft mangelt (*BayObLG* Rpfleger 1994, 294 = ZMR 1994, 231). Ebenso ist der gutgläubige Erwerb eines Sondernutzungsrechts ausgeschlossen, wenn zwischen der Eintragung im Grundbuch und der in Bezug genommenen Eintragungsbewilligung ein Widerspruch besteht und die **Eintragung** deshalb **unzulässig** ist (*OLG Zweibrücken* ZWE 2013, 85 m. abl. Anm. *F. Schmidt*, das jedoch – inkonsequent – nicht eine Amtslöschung, sondern die Eintragung eines Amtswiderspruchs befürwortet). 195

Ob an dieser Auffassung auch weiterhin festgehalten werden kann, war mit dem Inkrafttreten des G. zur Änderung des Wohnungseigentumsgesetzes und anderer Gesetze zum 01.07.2007 (BGBl. I, 370) zumindest fraglich geworden. Die nach diesem Zeitpunkt bekannt gewordenen, einen gutgläubigen Erwerb von Sondernutzungsrechten ebenfalls befürwortenden Entscheidungen (*OLG Hamm* DNotZ 2009, 383; *LG München I* ZMR 2011, 749 = ZWE 2011, 232; *LG Nürnberg-Fürth* NJW 2009, 3442 = ZMR 2009, 950) problematisieren die geänderte Rechtslage allerdings nicht (ebensowenig *BGH* ZWE 2017, 169). Nachdem der Gesetzgeber der ganz überwiegenden Meinung in der Literatur zur Eintragungsfähigkeit von vereinbarungs- bzw. gesetzesändernden Beschlüssen aufgrund einer Öffnungsklausel in der Gemeinschaftsordnung (vgl. nur *Bärmann/Pick/Merle*, 9. Aufl., § 23 Rn. 20; *Hügel* DNotZ 2001, 176; *Ott* ZWE 2001, 466; *Schneider* ZfIR 2002, 108; Weitnauer/*Lüke* § 10 Rn. 51; *Wenzel* ZWE 2004, 130) mit der Novelle bewusst nicht gefolgt ist (vgl. RegEntwurf v. 09.03.2006 – BT-Drs. 16/887 S. 20), untersagte § 10 Abs. 4 S. 2 WEG a.F. ausdrücklich die Eintragung solcher Beschlüsse in das Grundbuch (*OLG München* NJW 2010, 450 = ZMR 2010, 393 = ZWE 2010, 128; *Abramenko* § 2 Rn. 5; Bärmann/*Suilmann* § 10 Rn. 190; BeckOK-WEG/Timme/*Dötsch* § 10 Rn. 198; *Hogenschurz* Das Sondernutzungsrecht nach WEG § 2 Rn. 102 f.; Jennißen/*Grziwotz* § 10 Rn. 48; NK/*Niedenführ*/§ 10 Rn. 70; Palandt/*Wicke* § 10 Rn. 22; *Schneider* NotBZ 2008, 442, 447; *Schöner/Stöber* Rn. 2887; Riecke 5. Aufl. § 24 Rn. 148; **a.A.** vom Ansatz einer »Mehrheitsvereinbarung« *Böttcher* NotBZ 2010, 108; *ders.* NotBZ 2007, 421, 428; *Hügel* DNotZ 2007, 326, 349 f.; *Rapp* DNotZ 2009, 335, 342; vgl. auch 3. Aufl. § 10 Rn. 289). Daraus ergab sich für zukünftige Beschlussfassungen, die eine im Grundbuch eingetragene Vereinbarung zulässigerweise abändern, dass sie eine auf Dauer angelegte Unrichtigkeit des Grundbuchs herbeiführen. Die fehlende Berichtigungsmöglichkeit durch Verlautbarung der Inhaltsänderung beeinträchtigte die **Aussagekraft des Grundbuchs**. Seine Verlässlichkeit im Hinblick auf **Richtigkeit und Vollständigkeit** der Angaben zum Inhalt des Sondereigentums **wurde damit aufgegeben**. Insoweit konnte das Grundbuch daher **keinen öffentlichen Glauben** mehr genießen; der Bereich der Gemeinschaftsordnung war dem Anwendungsbereich der §§ 892 ff. BGB entzogen (*Becker* ZWE 2008, 217, 225; *Demharter* ZWE 2005, 131, 151; *F. Schmidt* ZWE 2007, 280, 288; *Schneider* ZMR 2005, 15; vgl. auch Hügel/*Elzer* Das neue WEG-Recht § 8 Rn. 24 für den Bereich der Kostentragungsregelung). Die – systemwidrige (Bärmann/*Suilmann* § 10 Rn. 190) – Entscheidung des Gesetzgebers gegen die Eintragung der genannten Beschlüsse, die den Inhalt des Wohnungseigentums betreffen, wurde bereits als der gravierendste Mangel der WEG-Novelle von 2007 angesehen, weil sich auf diese Weise der Inhalt eines Sachenrechts nicht mehr aus dem Grundbuch entnehmen lässt (*F. Schmidt* ZWE 2007, 280, 288). 196

Gedacht werden konnte allenfalls noch an die Möglichkeit eines gutgläubigen Erwerbs im Bereich des Sondernutzungsrechts, wenn ein solches mit der einmal durch die Grundbucheintragung erlangten Erstreckungswirkung unverändert verlautbart wird (auch insoweit abl. *Demharter* ZWE 2005, 131, 151). In diesem Fall könnte nämlich die Eintragung nicht mehrheitlich ohne Mitwirkung des Berechtigten grundbuchmäßig beseitigt werden (§ 19 GBO); eine außergrundbuchliche Veränderung bedürfte seiner Zustimmung (vgl. zu den engen Voraussetzungen eines Aufhebungsanspruchs *BGH* ZMR 2018, 681 = ZfIR 2018, 521). Dies entsprach insoweit dem früheren Rechtszustand, sodass durch die Eintragung des Erstreckungsvermerks unverändert ein grundbuchmäßiger Anknüpfungspunkt für einen gutgläubigen Erwerb bestand. Die Rechtsprechung hat die Frage offengelassen (*OLG München* DNotZ 2008, 289 = Rpfleger 2007, 653 = IMR 2007, 289 m. Anm. *Briesemeister*; ebenso bereits *BayObLG* ZMR 1993, 476). Vor dem geschilderten Hintergrund befürworteten BeckOK/Timme/*Dötsch* § 15 Rn. 266, *Hogenschurz* (Das Sondernutzungsrecht nach WEG § 2 197

Rn. 134 ff.) und ähnlich auch *M. Müller* (ZMR 2011, 103) zur Feststellung eines gutgläubigen Erwerbs im Rahmen von Sondernutzungsrechten eine Prüfung in jedem Einzelfall dahingehend, ob eine vereinbarte oder gesetzliche Öffnungsklausel fehlt und/oder im konkreten Regelungsbereich keine Anhaltspunkte dafür ersichtlich sind, dass der konkrete Grundbuchinhalt durch Mehrheitsbeschlüsse unrichtig geworden sein kann. Nach dieser Ansicht sollen allein die Fälle von einem gutgläubigen Rechtserwerb ausgeklammert werden, in denen eine vereinbarte Öffnungsklausel besteht und das Grundbuch durch einen außergrundbuchlichen Mehrheitsbeschluss unrichtig geworden sein kann.

198 Die WEG-Novelle 2020 hat jedenfalls für den Bereich der Sondernutzungsrechte die Möglichkeit eines gutgläubigen Erwerbs (wieder)eröffnet, weil die Grundbucheintragung von Beschlüssen aufgrund einer rechtsgeschäftlichen Öffnungsklausel insoweit jetzt vorgesehen ist (§ 5 Abs. 4 S. 1, § 10 Abs. 3 S. 1 WEG). Aufgrund der Übergangsregelung in § 48 Abs. 1 S. 1 WEG dürfte sich die zuvor dargestellte zwischenzeitliche Problematik einer nicht möglichen Grundbucheintragung entschärfen. Die genannten Neuregelungen wirken vorbehaltlich einer nur befristet möglichen Nachholung auch rückwirkend.

5. Schutz des guten Glaubens beim Erwerb im Beitrittsgebiet

199 § 9 Abs. 1 S. 1 GBBerG begründet **kraft Gesetzes beschränkte persönliche Dienstbarkeiten** zugunsten von **Versorgungsunternehmen** an solchen Grundstücken in dem in Art. 3 des Einigungsvertrages genannten Gebiet, auf denen Leitungstrassen für näher bezeichnete Energieanlagen betrieben werden. Eine Berichtigung der jeweiligen Grundbücher erfolgt jedoch nur auf Antrag des Versorgungsunternehmens unter Vorlage einer von der zuständigen Landesbehörde erteilten Bescheinigung (§ 9 Abs. 5 GBBerG). Die Möglichkeit eines gutgläubigen lastenfreien Erwerbs besteht erst für Anträge, die nach dem 31.12.2010 gestellt werden (§ 9 Abs. 1 S. 2 GBBerG).

200 Ist eine nach § 9 Abs. 1 S. 1 GBBerG kraft Gesetzes entstandene beschränkte persönliche Dienstbarkeit bis zum 31.12.2010 weder im Grundbuch eingetragen noch die Eintragung beantragt (vgl. *KG* ZfIR 2012, 334) und auch kein Widerspruch nach § 899 BGB für den Berechtigten eingetragen, wird der gutgläubige Erwerber, dessen Eintragungsantrag nach diesem Stichtag eingegangen ist, durch § 892 Abs. 1 BGB geschützt. Handelt es sich um Grundstücksbelastungen, mit denen nicht ein einzelner Miteigentumsanteil isoliert, sondern nur das Grundstück insgesamt belastet werden kann, führt das Erlöschen der Dienstbarkeit an einem Miteigentumsanteil – gleich aus welchen Gründen – zum Erlöschen der Dienstbarkeit insgesamt. Ein solcher Miteigentumsanteil kann gutgläubig lastenfrei erworben werden (*BGH* ZWE 2015, 448; *ThürOLG* NotBZ 2012, 393; **a.A.** *OLG Dresden* ZfIR 2010, 545 m. abl. Anm. *Heggen*). Der gutgläubige lastenfreie Erwerb des einem gebuchten Wohnungseigentum zugehörigen Miteigentumsanteils hat dann das Erlöschen der beschränkten persönlichen Dienstbarkeit auf den übrigen Anteilen des Grundstücks zur Folge (*BGH* ZWE 2015, 448; *OLG Brandenburg* NotBZ 2015, 231). Auch eine evtl. erteilte Anlagenrechtsbescheinigung beschränkt das Grundbuchgericht nicht in seiner Prüfungspflicht, ob die Eintragung einer beantragten Dienstbarkeit im Wege der Grundbuchberichtigung wegen eines zwischenzeitlichen gutgläubigen Erwerbs des betroffenen Grundstücks seit dem 01.01.2011 scheitert (*ThürOLG* v. 29.08.2011 – 9 W 356/11).

VII. Immobiliarvollstreckung

1. Grundsätze

201 Wohnungseigentum ist nach dem hier zugrunde gelegten Verständnis besonders ausgestaltetes Bruchteilseigentum (s. Rdn. 9 m.w.N.). Vollstreckungsmaßnahmen in das Wohnungseigentum richten sich demzufolge nach den für unbewegliche Sachen geltenden **Vorschriften der §§ 864 ff. ZPO.** Danach kann bei einem Wohnungseigentum die Zwangsvollstreckung durch Eintragung einer **Zwangshypothek**, durch **Zwangsversteigerung** oder **Zwangsverwaltung** der Immobilie erfolgen.

202 Im Hinblick auf § 6 WEG ist Gegenstand der Immobiliarvollstreckung das **Wohnungseigentum in seiner Gesamtheit** (*Stöber/Keller* Einl. Rn. 12.8). Anders als bei einem gewöhnlichen Miteigentumsanteil erfasst eine Beschlagnahme im Wege der Immobiliarvollstreckung aufgrund der strukturellen Besonderheiten des Wohnungseigentums gem. §§ 20, 21, 148 ZVG also auch die Gegenstände des **Hypothekenhaftungsverbandes** (Weitnauer/*Briesemeister* § 3 Rn. 125). Zum unterschiedlichen Beschlagnahmeumfang in der Zwangsversteigerung gegenüber der Zwangsverwaltung s. *Harz/Riecke/Schmid* Handbuch des Fachanwalts Miet- und Wohnungseigentumsrecht, Kapitel 33 Rn. 215 u. 530 f.

203 Nicht der Immobiliarvollstreckung unterliegt jedoch das an die GdWE als »Verband Wohnungseigentümergemeinschaft« gebundene Verwaltungsvermögen der Wohnungseigentümer. Rechtsträger dieses Vermögens ist allein die »Gemeinschaft der Wohnungseigentümer« (§ 9a Abs. 3 WEG, zuvor § 10 Abs. 7 S. 1 WEG a.F.). Da aber kein Wohnungseigentümer über »seinen Anteil« an dem ihm rechtlich nicht zugeordneten Sondervermögen verfügen kann, kann auch ein Gläubiger eines Wohnungseigentümers **nicht** im Wege der Immobiliarvollstreckung auf das **Verbandsvermögen** zugreifen. Der Wechsel der Verbandsmitgliedschaft auf den Ersteher in der Zwangsversteigerung vollzieht sich vielmehr automatisch mit dessen Eintritt in die Eigentümergemeinschaft (*BFH* BFHE 271, 455 = ZMR 2021, 783; vgl. bereits BGHZ 163, 154 = Rpfleger 2005, 521 = ZMR 2005, 547). Zur Zwangsvollstreckung gegen einzelne Wohnungseigentümer s. auch Rdn. 225; zur Zwangsvollstreckung in das Verwaltungsvermögen s. ausf. *J.-H. Schmidt* ZWE 2012, 341.

204 Wie bei einem Grundstück kann auch bei Wohnungseigentum in den **Bruchteil eines Miteigentümers** gem. § 864 Abs. 2 ZPO vollstreckt werden (*Schneider/Schmidberger/Schneider/Traub* Einl Rn. 27), sodass auch lediglich ein Miteigentumsanteil an einem Wohnungseigentum Gegenstand der Zwangsvollstreckung sein kann (wie z.B. bei Eheleuten, wenn nur ein Ehepartner Vollstreckungsschuldner ist).

205 Gem. § 16 Abs. 1 S. 3 WEG einem Wohnungseigentümer eingeräumte **Sondernutzungsrechte** unterliegen dabei der Zwangsvollstreckung in das unbewegliche Vermögen. Eine Beschlagnahme in der Immobiliarvollstreckung erfasst auch ein etwaig zugeordnetes Sondernutzungsrecht (s. § 6 Rdn. 44 m.w.N.). Selbst ein Zuweisungsvorbehalt des Bauträgers im Fall einer gestreckten Begründung von Sondernutzungsrechten unterliegt nicht der Mobiliarvollstreckung (*OLG Stuttgart* ZWE 2002, 542).

206 Zu den **Besonderheiten** bei der Zwangsversteigerung und Zwangsverwaltung von Wohnungseigentum s. ausführlich *Harz/Riecke/Schmid* Handbuch des Fachanwalts Miet- und Wohnungseigentumsrecht, Kapitel 33 Rn. 163 ff. u. 493 ff.

2. Die Zwangsvollstreckung aus Titeln zugunsten der Wohnungseigentümer

a) Rechtslage vor der Entscheidung des BGH v. 02.06.2005 (BGHZ 163, 154)

207 Sind Wohnungseigentümer als Berechtigte einer Zwangshypothek einzutragen gewesen, wurde bis zur Entscheidung des *BGH* v. 02.06.2005 (BGHZ 163, 154 = Rpfleger 2005, 521 = ZMR 2005, 547) die Auffassung vertreten, dass die Grundbucheintragung wegen der Einordnung der Wohnungseigentümergemeinschaft als besonders ausgestalteter Bruchteilsgemeinschaft nur in der Weise vorgenommen werden könne, dass **sämtliche Wohnungseigentümer einzeln** unter Angabe der nach § 15 GBV erforderlichen Merkmale sowie des Gemeinschaftsverhältnisses einzutragen sind (vgl. zuletzt noch *BayObLG* Rpfleger 2005, 309; *OLG Frankfurt am Main* NZM 2004, 503). Dabei war im Einzelnen umstritten, wie detailliert insbesondere bei größeren Gemeinschaften die Angaben zu erfolgen hatten und wie die zutreffende Bezeichnung des Gemeinschaftsverhältnisses zu lauten hatte (vgl. dazu nur die widerstreitenden Auffassungen in *BayObLG* Rpfleger 2001, 403 = ZMR 2001, 642; *OLG Köln* Rpfleger 1994, 496 m. Anm. *Sauren*; *KG* Rpfleger 1985, 435; *LG Bochum* Rpfleger 1981, 148; seiner Zeit voraus, weil bereits für eine Eintragung der Wohnungseigentümergemeinschaft plädierend *Böhringer* BWNotZ 1988, 1).

b) Rechtslage nach der Entscheidung des BGH v. 02.06.2005 (BGHZ 163, 154)

208 Nachdem der *BGH* durch den genannten Beschl. v. 02.06.2005 die Wohnungseigentümergemeinschaft selbst für rechtsfähig erklärt hat, soweit sie bei der Verwaltung des gemeinschaftlichen Eigentums am Rechtsverkehr teilnimmt, ist Rechtsträger des Verwaltungsvermögens der Wohnungseigentümer somit der »Verband Wohnungseigentümergemeinschaft« unabhängig von der konkreten Zusammensetzung der Wohnungseigentümer. Diesem Verband wurde auch die Grundbuchfähigkeit zugesprochen, wenn es um die Eintragung einer Zwangshypothek für Forderungen der Gemeinschaft aus rückständigen Hausgeldansprüchen geht (BGHZ 163, 154 = Rpfleger 2005, 521 = ZMR 2005, 547, 553 Nr. 7.). Die Eintragung in das Grundbuch kann deshalb bei entsprechender Titulierung in sinngemäßer Anwendung des § 15 GBV z.B. in der folgenden Weise vorgenommen werden: »Wohnungseigentümergemeinschaft A-Stadt, B-Straße Hausnummern 17 und 19« (*Demharter* NZM 2005, 601, 602). Es handelt sich somit nicht um einen Fall des § 47 GBO, weil nicht eine Mehrheit von Berechtigten einzutragen ist; die Angabe eines Beteiligungsverhältnisses ist deshalb entbehrlich (*Böhringer* Rpfleger 2006, 53, 55; *Bub/Petersen* NJW 2005, 2560; *Wilsch* RNotZ 2005, 536, 539). Der Gesetzgeber hat sodann mit § 10 Abs. 6 S. 4 WEG a.F. diese Rechtsauffassung übernommen und jetzt in § 9a Abs. 1 S. 1 WEG eine umfassende Rechtsfähigkeit kodifiziert.

209 Wegen des auch weiterhin gegebenen Rechtsschutzinteresses für die Eintragung von Zwangshypotheken und zur Art der Grundbucheintragung s. Rdn. 242.

c) Problematik bei Alteintragungen und Alttiteln

210 Voraussetzung für die Eintragung der rechtsfähigen Gemeinschaft der Wohnungseigentümer ist jedoch, dass auch der zugrunde liegende Titel eine entsprechende Bezeichnung enthält, weil das Grundbuchgericht als Berechtigten nur denjenigen eintragen kann, den der Titel als Gläubiger ausweist und dann auch nur so, wie er dort bezeichnet ist (BGHZ 148, 392 = Rpfleger 2002, 17 = ZMR 2002, 134). In zukünftigen Fällen wird das unproblematisch sein, weil sich die Rechtsprechung bereits auf die geänderte Sichtweise des *BGH* eingestellt hat. **Verwerfungen** aus der unterschiedlichen Dogmatik können sich jedoch noch für eine gewisse Übergangszeit ergeben (vgl. nur *KG* NotBZ 2019, 459):

aa) Alteintragungen

211 Im Grundbuch bereits eingetragene Zwangshypotheken nennen in Übereinstimmung mit der früheren Rechtsauffassung die eingetragenen Miteigentümer als Gläubiger. Dies ist für Hausgeldansprüche jetzt unzutreffend. Gleichwohl scheidet ein Amtswiderspruch gegen die Eintragung oder gar eine Amtslöschung (§ 53 Abs. 1 GBO) aus, weil die Eintragung seinerzeit weder unter Verletzung gesetzlicher Vorschriften zustande gekommen ist noch ein inhaltlich unzulässiges Recht verlautbart wird (**a.A.** für Letzteres wohl *F. Schmidt* NotBZ 2005, 309, 312). Das Grundbuchgericht kann aufgrund der bestehenden **Titelbindung** (*BGH* NJW 2001, 3627) auch nicht ohne Weiteres in die Rechtsposition eines jetzt unzutreffend verlautbarten Gläubigers eingreifen. Vielmehr müsste zunächst der zugrunde liegende Vollstreckungstitel umgeschrieben werden. Ob und unter welchen Voraussetzungen dies überhaupt möglich ist, ist streitig und nicht abschließend geklärt. In jedem Fall entfallen mit der Rechtskraft der Entscheidung jedoch die möglicherweise noch im Erkenntnisverfahren denkbaren Korrekturen (*Abramenko* ZMR 2005, 749, 752 a.E.; **a.A.** *F. Schmidt* NotBZ 2005, 309, 312 f.). So hat bspw. noch das *BayObLG* im Wege einer Klarstellung den »Verband Wohnungseigentümergemeinschaft« an die Stelle der zuvor benannten Wohnungseigentümer gesetzt (*OLG München* Rpfleger 2005, 662 = ZMR 2005, 729; *OLG München* ZMR 2006, 157). Auch das *OLG Düsseldorf* befürwortet ebenso eine Berichtigung des Rubrums gem. § 319 ZPO (*OLG Düsseldorf* NZM 2006, 182) wie *Wenzel* (ZWE 2006, 2, 10 f.) und *Briesemeister* (ZWE 2006, 15, 19).

212 Soweit Wohnungseigentümer bereits als Berechtigte einer Zwangshypothek im Grundbuch eingetragen sind, kann es damit sein Bewenden haben (so auch *Demharter* NZM 2005, 601, 604). Das kann jedoch nur solange gelten, wie nicht für die Eintragung einer Verfügung über das Recht die

Voreintragung gem. § 39 GBO erforderlich wird. Für diesen Fall befürwortet *Böhringer* (Rpfleger 2006, 53, 55 f.) die Anpassung der Grundbucheintragung nach einer vorherigen Umschreibung der Vollstreckungsklausel entsprechend § 727 ZPO (**a.A.** *Wenzel* ZWE 2006, 62, 67). § 727 ZPO ist jedoch auf diesen Fall nicht anwendbar; es handelt sich nämlich nicht um eine spätere Rechtsnachfolge, sondern um eine anfängliche, aber nicht erkannte Unrichtigkeit des Titels. Infolgedessen kann auch keine Rechtsnachfolgeklausel erteilt werden (s. Rdn. 224).

Soweit lediglich die **Löschung** einer noch auf den Namen der Wohnungseigentümer persönlich eingetragenen **Zwangshypothek** in Rede steht, ist auch schon nach früherem Rechtsverständnis der Verwalter als zur Erteilung einer **löschungsfähigen Quittung** berechtigt angesehen worden (*BayObLG* Rpfleger 2001, 296 = ZMR 2001, 369; *BayObLG* Rpfleger 1995, 410; *Zeiser* Rpfleger 2003, 550, 553). Mangels ausreichender Vertretungsbefugnis für die Wohnungseigentümer schied jedoch insoweit die Abgabe einer **Löschungsbewilligung** durch den Verwalter aus (*LG Frankfurt/M.* RNotZ 2006, 63). 213

Erst bei der Löschung solcher für den »Verband Wohnungseigentümergemeinschaft« eingetragenen Rechte wird dieser zukünftig durch den Verwalter vertreten. Der Verwalter war dann nach hier vertretener Auffassung in Bezug auf solche »Neurechte« sowohl für die Erteilung löschungsfähiger Quittungen als auch für die Abgabe von Löschungsbewilligungen allein zuständig (*Hügel*/Elzer Das neue WEG-Recht § 3 Rn. 58; Meikel/*Böttcher* Einl. F Rn. 60). Demgegenüber forderte das *OLG München* im Hinblick auf § 27 WEG eine ausdrückliche Ermächtigung des WEG-Verwalters zur Abgabe einer Löschungsbewilligung (*OLG München* Rpfleger 2011, 429 = ZWE 2011, 180; ebenso *LG Köln* ZWE 2011, 289), sodass für die Praxis zunächst nur die Erteilung einer löschungsfähigen Quittung als sicherer Weg erschien. 214

Mit dem Inkrafttreten des WEMoG hat die unbeschränkte Vertretungsbefugnis des WEG-Verwalters dieses Problem beseitigt; der WEG-Verwalter kann jetzt **auch Löschungsbewilligungen** für die GdWE erklären (§ 9b Abs. 1 S. 1 WEG). 215

bb) Alttitel

Liegt lediglich ein noch auf die Wohnungseigentümer selbst lautender Titel vor und ist die Eintragung einer Zwangshypothek erst beantragt, hat das Grundbuchgericht die Gläubigereigenschaft gem. § 1115 BGB zu prüfen. Nicht umgeschriebene und noch auf die Wohnungseigentümer als Gläubiger lautende Vollstreckungstitel können dann aber nicht mehr ohne Weiteres als Eintragungsgrundlage dienen, weil sie einen nach heutiger Erkenntnis **falschen Gläubiger** hinsichtlich der Hausgeldansprüche ausweisen, dessen Eintragung das Grundbuch unrichtig machen würde (*F. Schmidt* NotBZ 2005, 309, 312). Das Grundbuchgericht darf jedoch keine Eintragung vornehmen, wenn feststeht, dass diese zur Unrichtigkeit des Grundbuchs führen würde. *F. Schmidt* (NotBZ 2005, 309, 312) folgert daraus, dass entsprechende **Titel** mit der *BGH*-Entscheidung **wertlos** geworden seien, da nach seinem Verständnis ein entsprechender Eintragungsantrag zurückzuweisen sei (**a.A.** *Demharter* Rpfleger 2007, 480, 481 Nr. 5.). 216

Demgegenüber hat das *LG Hamburg* (Rpfleger 2006, 10 m. abl. Anm. *Demharter* Rpfleger 2006, 120) in der Annahme einer **Rechtsidentität** (wie schon zuvor das *OLG München* Rpfleger 2005, 662 = ZMR 2005, 729 im Erkenntnisverfahren) die Eintragung im Wege der Zwangsvollstreckung angeordnet, weil das Grundbuchgericht den vorgelegten Vollstreckungstitel im Sinne der damals neuen *BGH*-Rechtsprechung auszulegen hätte. Diese Ansicht hatten sich ebenfalls KEHE/*Dümig* 6. Aufl. Einl. B Rn. 78a; und vormals Bauer/v. Oefele/*Wilke* 3. Aufl. § 13 Rn. 38 sowie *Hock/Mayer/Hilbert/Deimann* Rn. 2112 ff. jetzt jew. aufgegeben) zu eigen gemacht. Danach wäre von einer quasi **automatischen Überleitung** der titulierten Zahlungsansprüche auszugehen; dem kann jedoch aus systematischen und sachlichen Erwägungen nicht gefolgt werden. 217

So ist diese Rechtsauffassung allein schon deshalb abzulehnen, weil damit ohne eine vorherige Rubrumsänderung des zugrunde liegenden Vollstreckungstitels die Auslegung durch das Vollstreckungsorgan im formalisierten Zwangsvollstreckungsverfahren weiter gehen würde als der (immer 218 noch) titulierte materielle Anspruch. Für die Anordnung der Zwangsvollstreckung ist jedoch die **Identität von Titel- und Vollstreckungsgläubiger** unerlässliche Voraussetzung. Aus diesem Grunde kann auch nicht eine Zwangshypothek für den »Verband Wohnungseigentümergemeinschaft« bzw. die GdWE in das Grundbuch eingetragen werden, wenn der zugrunde liegende Vollstreckungstitel eben nicht auf diese(n) sondern auf »übrige Eigentümer der WEG« lautet (*OLG München* ZWE 2018, 354; *OLG München* Rpfleger 2013, 611 = ZWE 2013, 425). Das Vollstreckungsgericht ist selbst dann nicht zur Überprüfung des Titels berechtigt, wenn zweifelsfrei feststeht, dass der titulierte Anspruch nach der materiellen Rechtslage dem vollstreckenden Gläubiger nicht zusteht (vgl. *BGH* Rpfleger 2007, 479, 480; Zöller/*Seibel* § 750 Rn. 3; MüKoZPO/*Heßler* § 750 Rn. 29). Hinzu kommt, dass nicht jeder für die Wohnungseigentümer titulierte **Anspruch** nunmehr auch zwangsläufig **dem Verband zustehen** muss. So müssen z.B. Unterlassungs- und Beseitigungsansprüche der Wohnungseigentümer nicht auf den Verband übergegangen sein und auch sonst können Ansprüche unverändert den Miteigentümern zustehen (vgl. *BGH* ZMR 2006, 457; *BGH* NJW 2007, 518 = ZMR 2007, 286; *BGH* Rpfleger 2007, 479 = ZMR 2007, 875; *BGH* NJW 2010, 1007 = Rpfleger 2010, 293 = ZfIR 2010, 108 m. Anm. *Elzer* = ZMR 2010, 376 = ZWE 2010, 86; *KG* Rpfleger 2014, 132 = ZMR 2014, 300; *OLG München* ZMR 2005, 733). Infolgedessen bedarf es in jedem konkreten Fall der Prüfung, ob die Wohnungseigentümer (seinerzeit noch im Rahmen der Verwaltung des gemeinschaftlichen Eigentums) als Gemeinschaft am Rechtsverkehr teilnehmen, weil nur dann auch ein Übergang des titulierten Anspruchs erfolgt sein kann. Aus diesem Grunde befürwortet *Böhringer* auch hier eine Umschreibung der Alttitel auf den Verband in entsprechender Anwendung des § 727 ZPO (Rpfleger 2006, 53, 55; ebenso, 3. Aufl. § 10 Rdn. 388 u. Rn. 441; a.A. *Wenzel* ZWE 2006, 62, 67). Tatsächlich liegt der Umschreibung aber kein Fall einer Rechtsnachfolge zugrunde, sodass auch keine Vollstreckungsklausel gem. § 727 ZPO erteilt werden kann (s. Rdn. 224).

219 Zur **Rechtskraftwirkung** von Alttiteln vgl. 3. Aufl. § 10 Rn. 442.

d) Rechtslage nach dem 01.07.2007 (G. v. 26.03.2007 – BGBl. I, 370)

220 Nachdem sich der Gesetzgeber mit § 10 Abs. 6 WEG a.F. der Auffassung des *BGH* (BGHZ 163, 154 = Rpfleger 2005, 521 = ZMR 2005, 547) zur Rechtsfähigkeit der Wohnungseigentümergemeinschaft angeschlossen hat, kann wegen zu vollstreckender Ansprüche nach neuem Recht zunächst auf die unter Buchst. b) gemachten Ausführungen verwiesen werden. Zuordnungssubjekt für geltend zu machende Hausgeldforderungen ist nunmehr allein der »Verband Wohnungseigentümergemeinschaft«.

221 Auch nach der Gesetzesänderung scheidet jedoch für in Rechtskraft erwachsene Titel eine Berichtigung des Rubrums gem. § 319 ZPO ebenso aus wie eine Anwendung des § 727 ZPO. Während einerseits Korrekturen des Gläubigers nach Eintritt der Rechtskraft ausgeschlossen sind (*Abramenko* ZMR 2005, 749, 752 a.E.), liegen andererseits die Voraussetzungen für eine Titelumschreibung nicht vor, weil es sich nicht um eine Rechtsnachfolge, sondern um einen anfänglichen, aber nicht erkannten Mangel in der Bezeichnung des Gläubigers handelt (*F. Schmidt* ZWE 2007, 280, 289; *Wenzel* ZWE 2006, 62, 67).

222 Beide Ansätze zur Lösung des Dilemmas sind jedoch nun überholt, nachdem das Gesetz mit der Neufassung des § 10 WEG eine andere Beurteilung erlaubt. Gem. § 10 Abs. 7 S. 1 WEG a.F. wird das gesamte Verwaltungsvermögen der Gemeinschaft der Wohnungseigentümer als Rechtssubjekt zugeordnet. Zu diesem Verwaltungsvermögen gehören die Ansprüche und Befugnisse aus Rechtsverhältnissen mit Dritten und mit Wohnungseigentümern (§ 10 Abs. 7 S. 3 WEG a.F.), also insbesondere auch Hausgeldansprüche. Die Vermögenszuordnung erfolgt dabei umfassend; sie ist unabhängig davon, ob der Erwerb schon vor langer Zeit stattgefunden hat, in der Zeit seit dem 02.06.2005 stattfand oder erst in der Zukunft nach Inkrafttreten des Änderungsgesetzes stattfinden wird (RegE eines Gesetzes zur Änderung des Wohnungseigentumsgesetzes und anderer Gesetze v. 09.03.2006 – BT-Drs. 16/887, Anlage 3: Gegenäußerung der Bundesregierung zur Stellungnahme des Bundesrates, S. 63). Diese Regelung entspricht dem **Leitgedanken eines schon immer vor-**

handenen, aber erst am 02.06.2005 entdeckten »Verbandes Wohnungseigentümergemeinschaft« als eigenständigem Rechtsträger. § 10 Abs. 7 WEG a.F. ist damit der Nachweis, dass im Rahmen der Verwaltung des gemeinschaftlichen Eigentums erworbene Ansprüche – also insbesondere Hausgeldansprüche – seit jeher dem »Verband Wohnungseigentümergemeinschaft« zustehen.

Diese Erkenntnis kann jedoch noch nicht ohne Weiteres zu einem unmittelbaren Unrichtigkeitsnachweis z.B. im Rahmen einer Grundbuchberichtigung hinsichtlich einer bereits eingetragenen Zwangshypothek führen (so aber wohl *F. Schmidt* ZWE 2007, 280, 289). Vielmehr erhellt sie, dass bei einem auf die Wohnungseigentümer persönlich lautenden Alttitel wegen eines die Verwaltung des gemeinschaftlichen Eigentums betreffenden Anspruchs kein Fall der Rechtsnachfolge, sondern eine lediglich die wahre Identität des Berechtigten verdunkelnde Bezeichnung vorliegt. Dieser Sachverhalt ist damit insoweit einer **Namensänderung** bei unveränderter Rechtsinhaberschaft der berechtigten Partei vergleichbar, als es sich bei den betreffenden Ansprüchen nicht um solche den Miteigentümern persönlich zustehende handelt. Die Namensänderung bezieht sich also nur auf einen Teil der von den Wohnungseigentümern schon immer eingenommenen Rechtspositionen. Nur insoweit können dann aber auch die für Namensänderungen entwickelten Grundsätze herangezogen werden, wenn zugleich sichergestellt ist, dass es sich im Einzelfall um einen verbandsbezogenen Anspruch handelt. 223

Eine auch nur entsprechende Anwendung des § 727 ZPO scheidet aus; es handelt sich nicht um einen Dritten im Sinne dieser Vorschrift. Stattdessen könnte eine bloße **Beischreibung der bereits erteilten Vollstreckungsklausel** erfolgen, wenn nachgewiesenermaßen ein solcher verbandsbezogener Anspruch tituliert ist (vgl. *BayObLG* DNotZ 1979, 55; *BayObLGZ* 87, 446 = Rpfleger 1988, 241 – Ls; *OLG Bremen* Rpfleger 1989, 172; *Baumbach/Lauterbach/Albers/Hartmann* Einf. §§ 727 bis 729 Rn. 4; Zöller/*Seibel* § 727 Rn. 31). Da es sich insoweit nur um eine klarstellende Aufdeckung des wahren Sachverhalts handeln würde (Stein/Jonas/*Münzberg* § 727 Rn. 10), könnte der Klauselvermerk auch durch den Urkundsbeamten der Geschäftsstelle angebracht werden (vgl. Zöller/*Seibel* § 727 Rn. 33). Möglich ist aber auch die Feststellung der Identität des noch unter dem Namen der Wohnungseigentümer bezeichneten rechtsfähigen Verbandes in Bezug auf das zugeordnete Verwaltungsvermögen durch das zuständige Vollstreckungsorgan, also z.B. das Grundbuch- oder Zwangsversteigerungsgericht (Stein/Jonas/*Münzberg* § 727 Rn. 10; Zöller/*Seibel* § 750 Rn. 4). Nach der zwischenzeitlich ergangenen obergerichtlichen Rechtsprechung (vgl. *BGH* NJW 2010, 1007 = Rpfleger 2010, 293 = ZfIR 2010, 108 m. Anm. *Elzer* = ZMR 2010, 376 = ZWE 2010, 86; *BGH* Rpfleger 2007, 479 = ZMR 2007, 875; *KG* Rpfleger 2014, 132 = ZMR 2014, 300; *OLG München* Rpfleger 2013, 611 = ZWE 2013, 425) dürfte ein solcher Nachweis in der Praxis allerdings regelmäßig nicht gelingen (**a.A.** allerdings ohne auf die Klauselproblematik einzugehen *Schöner/Stöber* Rn. 2162c m. Fußnote 13). 224

3. Die Zwangsvollstreckung aus Titeln gegen die Wohnungseigentümer

Liegt ein Titel lediglich gegen einen **Wohnungseigentümer** vor, kann daraus die Zwangsvollstreckung auch nur in dessen Vermögen betrieben werden. Liegt ein Titel gegen den »Verband Wohnungseigentümergemeinschaft« vor, genügt dieser nicht zur Zwangsvollstreckung in das Vermögen eines Wohnungseigentümers (RegE v. 09.03.2006 – BT-Drs. 16/887 S. 67). 225

Soll die Zwangsvollstreckung in das **Vermögen des »Verbandes Wohnungseigentümergemeinschaft«** betrieben werden, ist dafür ein gegen den Verband gerichteter Titel erforderlich; ein Titel gegen sämtliche Wohnungseigentümer reicht hierfür nicht aus (*J.-H. Schmidt* ZWE 2012, 341, 342). Allerdings kommt eine Titelberichtigung auf den »Verband Wohnungseigentümergemeinschaft« dann nicht in Betracht, wenn dem Gläubiger gegen die Wohnungseigentümer als Gesamtschuldner ein Störungsbeseitigungsanspruch zusteht, zu dessen Erfüllung diese als Miteigentümer des Grundstücks verurteilt worden sind (*BGH* ZMR 2007, 286). Sofern zum Verbandsvermögen Eigentum an unbeweglichen Sachen gehören sollte (vgl. Rdn. 115 ff.), unterliegt dieses dann ebenfalls der Immobiliarvollstreckung (*J.-H. Schmidt* ZWE 2012, 341, 343; *Hügel* ZMR 2007, 650, 651; *Jennißen* NZM 2006, 203, 205). 226

4. Der »Verband Wohnungseigentümergemeinschaft« als Gläubiger im Zwangsversteigerungsverfahren

a) Neue Rangklasse für sog. Hausgeldansprüche

227 Bis zum Inkrafttreten der Neuregelungen zum ZVG am 01.07.2007 (vgl. Art. 2 des Gesetzes zur Änderung des Wohnungseigentumsgesetzes und anderer Gesetze v. 26.03.2007 – BGBl. I, 370) sind **Hausgeldforderungen** der Wohnungseigentümer hinter den dinglich gesicherten Ansprüchen der Finanzierungsgläubiger in der Rangklasse 4 des § 10 Abs. 1 ZVG regelmäßig nicht mehr zum Zuge gekommen. Entweder handelte es sich um lediglich persönliche Ansprüche, deretwegen insoweit nachrangig das Verfahren aus der Rangklasse 5 des § 10 Abs. 1 ZVG betrieben wurde, oder die Forderungen waren durch Eintragung von Zwangssicherungshypotheken zwar in Rangklasse 4, aber ohne Realisierungsaussichten im Rang nach den Finanzierungsgläubigern im Grundbuch abgesichert. Die Neufassung des § 10 Abs. 1 Nr. 2 ZVG bietet den Wohnungseigentümergemeinschaften nunmehr erstmals nicht nur die Möglichkeit zur wirkungsvollen Beitreibung sonst regelmäßig ausfallgefährdeter Hausgeldansprüche, sondern aufgrund des Vorranges können erstmals auch zahlungsunwillige oder unzumutbare Mitglieder zwangsweise aus der Gemeinschaft entfernt werden (*Abramenko* ZMR 2006, 338).

b) Art der Geltendmachung – Begrenzungen des Vorrechts

228 Soweit der »Verband Wohnungseigentümergemeinschaft« in einem Zwangsversteigerungsverfahren **Hausgeldansprüche** aus der **Rangklasse 2** des § 10 Abs. 1 ZVG geltend machen will, kann er dies auf **zweierlei Weise** erreichen. Die Ansprüche können entweder in einem bereits von einem anderen Gläubiger betriebenen Zwangsversteigerungsverfahren vorrangig zum Verfahren **angemeldet** werden (§ 45 Abs. 3 ZVG). Dabei geht der *BGH* von einer entsprechenden Verpflichtung des WEG-Verwalters aus (*BGH* NJW 2018, 1613 = ZMR 2018, 340). Das Vorrecht ist begrenzt auf Beträge i.H.v. nicht mehr als 5 % des gerichtlich festgesetzten Verkehrswertes (§ 10 Abs. 1 Nr. 2 Satz 3 ZVG). In diesem Fall ist die Gemeinschaft der Wohnungseigentümer aufgrund der Anmeldung Beteiligte gem. § 9 Nr. 2 ZVG (*Schneider* ZfIR 2012, 613), weil die geltend gemachte Forderung nicht aus dem Grundbuch ersichtlich ist.

229 Möglich ist aber auch bei Vorliegen der Vollstreckungsvoraussetzungen (zu deren Nachweismöglichkeiten s. jetzt § 10 Abs. 3 ZVG) ein selbstständiges **Betreiben** des Zwangsversteigerungsverfahrens. Die im Zusammenhang mit dem früheren Verzugsbetrag i.H.v. 3 % des Einheitswertes aufgetretenen Nachweisprobleme (vgl. *BGH* NJW 2008, 1956 = Rpfleger 2008, 375 = ZMR 2008, 724; *BGH* NJW 2009, 1888 = Rpfleger 2009, 399 = ZMR 2009, 701; *BGH* NJW 2009, 2066 = Rpfleger 2009, 518 = ZfIR 2009, 475 m. Anm. *Schneider*; *BGH*, Beschl. v. 10.07.2009 – V ZB 48/09; *FG Düsseldorf* Rpfleger 2009, 258 = ZMR 2009, 213) sind mit der ersatzlosen Streichung des § 10 Abs. 3 S. 1 ZVG a.F. entfallen.

230 Neben der **betragsmäßigen Begrenzung** durch einen Höchstbetrag sind die privilegierten Hausgeldansprüche auch in anderer Hinsicht mehrfach beschränkt. So unterliegen Hausgeldansprüche einer **objektmäßigen Begrenzung**. Die genannten Ansprüche können nur hinsichtlich der jeweiligen die Zahlungspflicht verursachenden Wohnungs- oder Teileigentumseinheit bevorrechtigt geltend gemacht werden (vgl. § 10 Abs. 1 Nr. 2 Satz 1 ZVG: »bei Vollstreckung in ein Wohnungseigentum die *daraus* fälligen Ansprüche«). Das Vollstreckungsvorrecht erfasst weiterhin nur die laufenden und die rückständigen Beträge aus dem Jahr der Beschlagnahme und den letzten 2 Jahren (§ 10 Abs. 1 Nr. 2 Satz 2 ZVG); es ist damit **zeitlich begrenzt**. Das Vorrecht kann in demselben Zwangsversteigerungsverfahren nur einmal in Anspruch genommen werden; seine **anzahlmäßige Begrenzung** zeigt sich insbesondere in Fällen einer Ablösung gem. § 268 BGB (*BGH* ZWE 2010, 367; *BGH* NJW 2010, 3169 = Rpfleger 2010, 333 = ZMR 2010, 383).

231 Wegen Einzelheiten s. ausf. *Schneider* ZWE 2011, 341 und *Harz/Riecke/Schmid* Handbuch des Fachanwalts Miet- und Wohnungseigentumsrecht, Kapitel 33 Rn. 163 ff.

c) **Zwangsversteigerung von Wohnungserbbaurechten**

Betreibt der »Verband Wohnungseigentümergemeinschaft« die Zwangsversteigerung eines Wohnungserbbaurechts wegen rückständiger Hausgeldansprüche aus der neu besetzten Rangklasse 2 des § 10 Abs. 1 ZVG, würde nach dem bis zum 01.07.2007 geltenden Recht mit der Zuschlagserteilung die in Rangklasse 4 des § 10 Abs. 1 ZVG eingeordnete Erbbauzinsreallast erlöschen. Sofern keine Ablösung der Verbandsansprüche erfolgen sollte, droht damit das **Entstehen eines erbbauzinslosen Wohnungserbbaurechts.** Dies würde auch dann gelten, wenn eine – seit 1994 mögliche – **Bestehenbleibensvereinbarung** gem. § 9 Abs. 3 S. 1 Nr. 1 ErbbauRG getroffen sein sollte, die eigentlich den Bestand der Erbbauzinsreallast außerhalb des geringsten Gebotes sichern und den leidigen, jahrzehntealten Rangkonflikt zwischen Finanzierungsgläubigern und Erbbaurechtsausgebern entschärfen sollte. Eine solche Vereinbarung erfasste nämlich nach bisherigem Recht lediglich die Fälle, in denen die Zwangsversteigerung entweder aus der Erbbauzinsreallast selbst oder aus einem im Rang vorgehenden oder gleichstehenden Grundpfandrecht betrieben wurde (zum Ganzen s. *Schneider* ZMR 2006, 660 ff.). 232

Der Gesetzgeber hat mit dem kurzfristig eingefügten Art. 3 Abs. 4 Nr. 1 des Gesetzes zur Änderung des Wohnungseigentumsgesetzes und anderer Gesetze v. 26.03.2007 (BGBl. I, 370) den **Anwendungsbereich** des § 9 Abs. 3 S. 1 Nr. 1 ErbbauRG dahin gehend **erweitert**, dass eine Bestehenbleibensvereinbarung nunmehr auch im Hinblick auf rückständige Hausgeldansprüche des »Verbandes Wohnungseigentümergemeinschaft« möglich ist, deretwegen aus der Rangklasse 2 des § 10 Abs. 1 ZVG die Zwangsversteigerung betrieben wird. Die auf einem Wohnungserbbaurecht lastende Erbbauzinsreallast zugunsten des erbbaurechtsausgebenden Grundstückseigentümers bleibt jedoch im Versteigerungsfall nicht kraft Gesetzes bestehen, sondern nur dann, wenn dies auch für den Fall des § 9 Abs. 3 S. 1 Nr. 1 ErbbauRG in der jetzt erweiterten Fassung vereinbart worden ist. Dies erfordert jedoch zusätzliche arbeits- und kostenaufwendige **Nachbesserungen** (zutr. *Abramenko* Das neue WEG § 8 C III 3). 233

Eine solche **erweiterte Bestehenbleibensvereinbarung kann für zukünftig bestellte (Wohnungs-) Erbbaurechte** ohne Weiteres als Inhalt des Erbbauzinses vertraglich geregelt werden. Dies ist auch schon vor Begründung der Wohnungs- und Teilerbbaurechte zulässig (*Schneider* ZfIR 2007, 168, 171; ebenso *Böttcher* Rpfleger 2007, 526, 527; Ingenstau/*Hustedt* § 9 Rn. 139 S. 243). **Für bereits bestehende Wohnungserbbaurechte**, die entweder gar keine oder nur die seit 1994 mögliche und aus heutiger Sicht »verkürzte« Bestehenbleibensvereinbarung aufweisen, erscheint eine Nachholung oder Nachbesserung der Vereinbarung ungleich schwieriger. Dazu bedürfte es nämlich außer der Mitwirkung des Wohnungserbbauberechtigten auch der Zustimmung der Rechtsinhaber von auf dem Wohnungserbbaurecht lastenden dinglichen Rechten soweit sie der Erbbauzinsreallast rangmäßig vorgehen oder gleichstehen (§ 9 Abs. 3 S. 2 ErbbauRG). Einer Zustimmung der der Erbbauzinsreallast im Rang nachgehenden Berechtigten bedarf es dagegen nicht (*KG* Rpfleger 2018, 437; *Böttcher* Praktische Fragen des Erbbaurechts Rn. 467, 468; *Ingenstau/Hustedt* § 9 Rn. 139; Meikel/*Morvilius* Einl. C 426; MüKo/*Weiß* § 9 Rn. 26 ErbbauRG; *Schöner/Stöber* Rn. 1806a; **a.A.** *Eichel* MittRhNotK 1995, 193, 199). Von Ausnahmefällen jedoch einmal abgesehen (zu einem eventuellen Anspruch aus § 242 BGB vgl. *Kümpel* WM 1998, 1057, 1059) kann der Grundstückseigentümer aber weder vom Wohnungserbbauberechtigten den Abschluss einer entsprechenden Vereinbarung gem. § 9 Abs. 3 S. 1 Nr. 1 ErbbauRG verlangen, noch die erforderliche Zustimmung vor- oder gleichrangiger Gläubiger gem. § 9 Abs. 3 S. 2 ErbbauRG erzwingen (*Böttcher* Rpfleger 2007, 526, 527; Meikel/*Morvilius* Einl. C 425; *Schneider* ZfIR 2007, 168). 234

Gelingt die nachträgliche Vereinbarung oder Ergänzung eines versteigerungsfesten Erbbauzinses aber nicht, hat dies zur Folge, dass ein **erbbauzinsfreier Erwerb** eines Wohnungserbbaurechts in der Zwangsversteigerung **auch zukünftig möglich** sein wird. Dies erscheint vor dem Hintergrund des verfassungsmäßig garantierten Eigentums nicht unbedenklich (vgl. *Schneider* ZMR 2006, 660). 235

Die weiter gehenden Überlegungen *Elzers*, ob man dem Grundstückseigentümer nicht einen auf Treu und Glauben gestützten Anspruch auf zwangsweise Anpassung der bisherigen Bestehenblei- 236 bensvereinbarung an das neue Recht einräumen will (in diese Richtung bei entsprechender Kostenübernahme wohl auch Jennißen/*Grziwotz* § 30 Rn. 16) oder ob im Einzelfall eine ergänzende Vertragsauslegung nicht ergeben könnte, dass von der bisherigen Vereinbarung auch die Hausgeldansprüche des »Verbandes Wohnungseigentümergemeinschaft« erfasst sein sollen (Hügel/*Elzer* Das neue WEG-Recht § 17 Rn. 2; ebenso jetzt Staudinger/*Rapp* [2017] § 9 ErbbauRG Rn. 32), greifen zumindest für die Fälle zu kurz, in denen bisher – einem Rat in der Fachliteratur folgend (vgl. *v. Oefele/Winkler* Handbuch des Erbbaurechts 4. Aufl. u. Voraufl. Rn. 6.257) – überhaupt keine Vereinbarungen zum Bestehenbleiben erforderlich schienen und demgemäß auch nicht getroffen wurden, weil der Grundstückseigentümer mit seinem Erbbauzins nämlich gar keinen Vorrang einräumte. Da aber auch eine ergänzende Vertragsauslegung zu keinem eindeutigen und zweifelsfreien Ergebnis führt (Ingenstau/*Hustedt* § 9 Rn. 138 S. 243), wird man richtigerweise eine ausdrückliche Bestehenbleibensvereinbarung gem. § 9 Abs. 3 S. 1 Nr. 1 ErbbauRG auch hinsichtlich der in der Rangklasse 2 des § 10 Abs. 1 ZVG aufgenommenen Hausgeldansprüche treffen müssen.

d) **Inkrafttreten**

237 Die geänderten Bestimmungen des ZVG sind zusammen mit denen des WEG am 01.07.2007 in Kraft getreten. Bei der Geltendmachung von Hausgeldansprüchen durch den »Verband Wohnungseigentümergemeinschaft« ist jedoch die **Übergangsregelung** des § 62 Abs. 1 WEG (!) zu beachten. Nach dieser Vorschrift sind für die am 01.07.2007 bei Gericht anhängigen Verfahren in Zwangsversteigerungssachen die durch Art. 2 des Gesetzes v. 26.03.2007 (BGBl. I, 370) geänderten Vorschriften des Gesetzes über die Zwangsversteigerung und die Zwangsverwaltung in ihrer bis dahin geltenden Fassung weiter anzuwenden. Das bedeutet, dass es für die Anwendbarkeit des neuen Rechts allein darauf ankommt, ob am 01.07.2007 bereits ein Zwangsversteigerungs*verfahren anhängig* war oder nicht. Nicht maßgebend ist also, ob der zugrunde liegende Anspruch oder seine Titulierung vor diesem Stichtag liegt. Der Gesetzgeber geht bei der Übergangsregelung damit von einem Verfahrensbegriff aus, der sich im Gegensatz zu dem sonst im ZVG gebräuchlichen auf das **Gesamtverfahren** der Zwangsversteigerung bezieht. Auf diese Weise soll sichergestellt werden, dass die Einführung eines begrenzten Vorranges für Hausgeldforderungen die im Zeitpunkt des Inkrafttretens anhängigen Verfahren nicht berührt, weil es ansonsten zu Verzögerungen und Erschwerungen kommen könnte (Gesetzentwurf der Bundesregierung – BT-Drs. 16/887 v. 09.03.2006, S. 43). War somit am 01.07.2007 ein Zwangsversteigerungsverfahren über die betreffende Immobilie überhaupt anhängig, so ist für die Geltendmachung von Hausgeldansprüchen nicht mehr auf die Person des Gläubigers oder den Rang seines Anspruchs abzustellen. Auch ist unerheblich, ob die Wohnungseigentümergemeinschaft das Verfahren selbst betreiben oder lediglich ihre Ansprüche anmelden will (vgl. aktuell *BGH* ZMR 2018,.340 m. Anm. Schneider ZWE 2018, 172). Ebenfalls ist eine »Umwandlung« von (nach bisherigem Recht) rangschlechteren Ansprüchen in nunmehr rangbessere der Rangklasse 2 nicht möglich, weil sonst in einem (Gesamt-) Verfahren unterschiedliches – und sich bzgl. der Rangklasse 2 widersprechendes – Recht zur Anwendung kommen müsste. Weder ist eine Berücksichtigung im geringsten Gebot, noch ein vorrangiges Betreiben aus der Rangklasse 2 für Hausgeldansprüche der Wohnungseigentümergemeinschaft denkbar (so auch Böhringer/*Hintzen* Rpfleger 2007, 353, 360: keine relativen Rangverhältnisse; *Bräuer/Oppitz* ZWE 2007, 326, 332; a.A. *Elzer* ZAP 2007, 1025, 1032). Die Übergangsregelung in § 62 WEG wäre für das ZVG auch überflüssig, wenn statt auf das Gesamtverfahren auf die von den jeweiligen Gläubigern betriebenen Einzelverfahren abgestellt werden sollte. Der *BGH* hat sich dieser Sichtweise angeschlossen, wobei er zur Ermittlung des maßgeblichen Zeitpunkts auf den Erlass des Anordnungsbeschlusses abstellt (*BGH* NJW 2008, 1383 = Rpfleger 2008, 321 = ZMR 2008, 385).

e) **Haftungsgefahren aufgrund Übergangsregelung**

238 Nach alledem ist damit zu rechnen, dass auch noch längere Zeit für ununterbrochen über den 01.07.2007 hinweg andauernde Zwangsversteigerungsverfahren die Anwendung des neuen Rechts auf Wohnungseigentümergemeinschaften ausgeschlossen sein wird (so schon *Bräuer/Oppitz* ZWE 2007, 326, 332; vgl. zur Problematik des »richtigen« Rechts *BGH* ZMR 2018,.340 m. Anm. Schneider ZWE 2018, 172). Dies bringt insbesondere für Verwalter **Haftungsgefahren** mit sich, da sich die Beitreibung von Hausgeldansprüchen infolge der Stichtagsregelung nach gravierend unterschiedlichen Verfahrensgrundsätzen richtet und nach bisherigem Recht das Betreiben der Zwangsversteigerung oder die Eintragung einer Zwangshypothek für eine Berücksichtigung dieser Ansprüche unerlässliche Voraussetzung waren.

5. Der »Verband Wohnungseigentümergemeinschaft« als Ersteher im Zwangsversteigerungsverfahren

Kann nach den Ausführungen zu Rdn. 115 ff. der »Verband Wohnungseigentümergemeinschaft« Vermögensgegenstände und insbesondere Immobilien rechtsgeschäftlich erwerben, muss auch ein entsprechender **Erwerb im Wege der Zwangsvollstreckung möglich** sein (§ 90 ZVG). Dies gilt besonders für den sog. »Rettungserwerb« im Wege der Zwangsversteigerung, um auf diese Weise einen unzumutbaren Wohnungseigentümer aus der Gemeinschaft zu entfernen (vgl. *Abramenko* ZMR 2006, 338; *Jennißen* NZM 2006, 203, 205). Denkbar ist z.B. auch der Erwerb eines Teileigentums im Dachgeschoss im Wege der Zwangsversteigerung, wenn dadurch die Weiterführung eines bereits begonnenen unsachgemäßen Ausbaus entgegen den genehmigten Bauplänen verhindert und Schaden vom Gemeinschaftseigentum abgewendet werden soll. Wie beim rechtsgeschäftlichen Erwerb ist verbandsintern eine nicht nachzuweisende Mehrheitsentscheidung ausreichend (noch zum früheren Recht: *Hügel* ZMR 2007, 650; *Schneider* Rpfleger 2007, 175; *Wenzel* ZWE 2006, 462, 464 f.; **a.A.** *LG Nürnberg-Fürth* ZMR 2006, 812 m. abl. Anm. *Schneider*; *LG Heilbronn* ZMR 2007, 649 m. abl. Anm. *Hügel*). 239

Neben dem **Nachweis der Bestellung** zum Verwalter entfällt nach dem Inkrafttreten des WEMoG der weiter gehende **Nachweis der Bevollmächtigung** des Verwalters zum Erwerb einer Immobilie. (vgl. Rdn. 125 f. m.w.N.). 240

Gilt eine vereinbarte **Veräußerungsbeschränkung** auch für den Eigentumserwerb im Wege der Zwangsvollstreckung (vgl. § 12 Abs. 3 S. 2 WEG), so bedarf der Zuschlag in der Zwangsversteigerung zugunsten der » Wohnungseigentümergemeinschaft« dann keines Zustimmungsnachweises, wenn der Verband in der von ihm selbst verwalteten Anlage Eigentum erwirbt (s. § 12 Rdn. 62 mwN auch zur aA). 241

6. Rechtsschutzinteresse für Eintragung von Zwangssicherungshypotheken

Auch wenn die Gemeinschaft der Wohnungseigentümer nunmehr zumindest für Neuverfahren seit dem 01.07.2007 in die Lage versetzt ist, ihre Hausgeldansprüche vorrangig in der Rangklasse 2 des § 10 Abs. 1 ZVG anzumelden oder sogar aus dieser Rangposition das Verfahren selbst zu betreiben, ist einem Antrag auf Eintragung einer Zwangshypothek in das Grundbuch deshalb nicht das **Rechtsschutzinteresse** abzusprechen. Abgesehen davon, dass das Grundbuchgericht Schwierigkeiten haben könnte zu beurteilen, ob der der Eintragung zugrunde liegende Anspruch ein privilegierter i.S.d. § 10 Abs. 1 Nr. 2 ZVG ist, wird eine dingliche Sicherung der Hausgeldansprüche durch Eintragung auch deshalb nicht verwehrt werden dürfen, weil in der Regel nicht zugleich mit der Anordnung eines Versteigerungsverfahrens auch die für den Vorrang erforderlichen Grenzwerte feststehen, sodass ein etwaiger Vorrang nicht sofort erkennbar sein muss. Denkbar sind aber auch Fälle, in denen erst die grundbuchliche Absicherung durch Eintragung einer Zwangshypothek eine Berücksichtigung der Ansprüche im Versteigerungsverfahren (Rangklasse 4) ermöglicht, weil das gesetzlich vorgegebene Volumen im Vorrang der Rangklasse 2 bereits ausgeschöpft worden ist oder es sich noch um ein für das Grundbuchgericht nicht ohne Weiteres erkennbares »Altverfahren« zur Versteigerung handelt (s. Rdn. 210). 242

Aus diesen Gründen kann die **Eintragung einer Zwangshypothek** zur Sicherung von Hausgeldansprüchen **in das Grundbuch** wie bisher erfolgen. Einzutragender Gläubiger ist nunmehr – vorbehaltlich der Geltendmachung durch einen Miteigentümer gem. § 10 Abs. 1 Nr. 2 Satz 5 ZVG – die rechtsfähige » Wohnungseigentümergemeinschaft«. Hierzu kann nunmehr keine Eigentümerliste 243 verlangt werden (*LG Bremen* Rpfleger 2007, 315). Zur Bezeichnung des »Verbandes Wohnungseigentümergemeinschaft« als Gläubiger s. Rdn. 118ff.. Die Annahme, die Eintragung könne entsprechend § 54 GBO nur noch unter der aufschiebenden Bedingung erfolgen, dass das Vorrecht wegfällt (*Zeiser* Rpfleger 2008, 58, ihm folgend noch *Böhringer* Rpfleger 2009, 124, 132; *Böttcher* Rpfleger 2009, 181, 182), ist abzulehnen, weil weder das Grundbuchgericht noch der Gläubiger zu einer abschließenden Beurteilung in der Lage sind, ob es sich tatsächlich um einen gem. § 10 Abs. 1 Nr. 2 ZVG privilegierten Anspruch handelt (*OLG Stuttgart* = Rpfleger 2011, 267 = ZfIR 2011, 66 m. abl. Anm. *Traub* = ZMR 2011, 154 = ZWE 2011, 39; *OLG Frankfurt am Main* ZMR 2011, 401 = ZWE 2011, 89; *OLG Dresden* ZWE 2011, 365; *Demharter* § 54 Rn. 12; *Schneider* ZfIR 2008, 161, 169; *Schöner/Stöber* Rn. 2162d; *Wilsch* in BeckOK-GBO Sonderbereich Zwangssicherungshypothek Rdn. 114 a.E.; vgl. auch *LG Düsseldorf* NJW 2008, 3150 = ZMR 2008, 819). Die Frage ist höchstrichterlich noch nicht geklärt; der *BGH* hatte bisher lediglich zu entscheiden, ob bei entsprechender Antragstellung – selbstverständlich – eine bedingte Zwangshypothek eingetragen werden *kann*, nicht aber, ob sie auch in jedem Fall eingetragen werden *muss* (*BGH* ZfIR 2011, 802 m. Anm. Zeiser = ZWE 2011, 401 m. Anm. *Schneider*).

E. Grundstück

I. Grundstücksbegriff

244 Unter einem **Grundstück im Rechtssinne** ist ein im Bestandsverzeichnis des Grundbuchs unter einer selbstständigen laufenden Nummer gebuchter, räumlich abgegrenzter Teil der Erdoberfläche zu verstehen (vgl. *RGZ* 84, 265, 270; *OLG Celle* FGPrax 2010, 224; *OLG München* Rpfleger 2009, 673; *BayObLG* Rpfleger 1981, 190; *OLG Hamm* NJW 1966, 2411; BayObLGZ 1954, 258, 262). Nach dieser Definition kann ein Grundstück im Rechtssinne also durchaus aus mehreren (unselbstständigen) Flurstücken bestehen, während umgekehrt niemals ein Flurstück aus mehreren Grundstücken bestehen kann.

II. Aufzuteilendes Grundstück

245 Wohnungs- und Teileigentum kann gem. § 1 Abs. 4 WEG ausschließlich in der Weise begründet werden, dass das Sondereigentum mit Miteigentum **nur an einem Grundstück im Rechtssinne** verbunden wird. Soll das Wohnungs- und Teileigentum also an mehreren bislang rechtlich selbstständigen Grundstücken begründet werden, bedarf es der vorherigen Zusammenführung zu einem Grundstück im Rechtssinne (*OLG München* v. 20.09.2011 – 34 Wx 373/11). Dies kann nur durch Vereinigung gem. § 890 Abs. 1 BGB oder Bestandteilszuschreibung gem. § 890 Abs. 2 BGB erfolgen. Die bloße Zusammenschreibung der beteiligten Grundstücke auf einem Grundbuchblatt gem. § 4 Abs. 1 GBO reicht dafür nicht aus, weil sie nur einen buchungstechnischen Vorgang darstellt (*OLG Saarbrücken* NJW 1972, 691; *BayObLG* Rpfleger 1970, 346).

246 **Vor** der Einfügung des **§ 1 Abs. 4 WEG** durch das Gesetz zur Änderung des Wohnungseigentumsgesetzes und der Verordnung über das Erbbaurecht v. 30.07.1973 (BGBl. I, 910) war streitig, ob Wohnungseigentum nicht auch wirksam durch Verbindung des Sondereigentums mit Miteigentumsanteilen an mehreren Grundstücken begründet werden könnte (**befürw.** *Haegele* Rpfleger 1972, 283; *Promberger* MittBayNot 1970, 125; **abl.** *BayObLG* Rpfleger 1970, 346; *Diester* Rpfleger 1972, 200; Weitnauer/ *Wirths*, 4. Aufl. § 3 Rn. 2b). Da entsprechende Eintragungen bis zu dieser Zeit aber erfolgt waren, war zur Vermeidung eines möglicherweise nichtigen Begründungsaktes eine gesetzliche **Übergangsregelung** erforderlich. Art. 3 § 1 Abs. 1 ÄndG bestimmte für die Fälle gleich großer Miteigentumsanteile an mehreren Grundstücken eine Vereinigungsfiktion; Art. 3 § 1 Abs. 2 ÄndG stellte die Wirksamkeit bei ungleichen Miteigentumsanteilen an mehreren Grundstücken her, soweit nicht andere, die rechtswirksame Begründung ausschließende Mängel vorlagen.

III. Vorherige Vereinigung oder Bestandteilszuschreibung

1. Voraussetzungen

Die Vereinigung gem. § 890 Abs. 1 BGB und die Bestandteilszuschreibung gem. § 890 Abs. 2 BGB können im Grundbuch nur unter den Voraussetzungen der §§ 5 u. 6 GBO eingetragen werden. Das setzt neben gleichen Eigentumsverhältnissen und einer bestimmten Lage der beteiligten Grundstücke gem. § 5 Abs. 1 S. 1 und § 6 Abs. 1 S. 1 GBO auch voraus, dass von der Eintragung **keine Verwirrung zu besorgen** ist. Dies wird namentlich bei unterschiedlichen Belastungen der beteiligten Grundstücke in Betracht kommen. Die Frage, ob ungleiche Belastungsverhältnisse in der II. oder III. Abteilung des Grundbuchs Verwirrungsgefahr begründen können, wurde allerdings nicht einheitlich beantwortet; inzwischen hat der Gesetzgeber im Rahmen des DatenbankgrundbuchG v. 01.10.2013 (DaBaGG BGBl. I S. 3719) für weitere Klarheit gesorgt. 247

2. Belastungen in Abteilung II des Grundbuchs

Es dürfte anerkannt sein, dass unterschiedliche **Belastungsverhältnisse in der II. Abteilung** eines Grundbuchs weder für eine Vereinigung noch für eine Bestandteilszuschreibung Verwirrung besorgen lassen (vgl. *BayObLG* Rpfleger 1987, 13; *OLG Frankfurt am Main* DNotZ 1993, 612). Entweder wird die Ausübungsstelle der Rechte auf den bisherigen Einzelgrundstücken eindeutig feststellbar sein (vgl. *BayObLG* DNotZ 1997, 398) oder aber die entsprechenden Eintragungen könnten wegen § 7 Abs. 2 GBO ohnehin auch noch nachträglich in der Weise vorgenommen werden, dass lediglich ein früheres Einzelgrundstück belastet wird. Jedenfalls kann das Grundbuchgericht eine Erstreckung von bisher nur auf einem Grundstück eingetragenen Rechten zur Herstellung einheitlicher Belastungsverhältnisse nicht verlangen (*BayObLG* Rpfleger 1995, 151). Im Hinblick auf den Ausübungsort dürfte sie auch nicht immer möglich sein. Insoweit hat das DaBaGG keine Änderungen gebracht. 248

3. Belastungen in Abteilung III des Grundbuchs

Umstritten war, ob die unterschiedliche Belastung der verschiedenen realen Teile eines zur Vereinigung oder Zuschreibung beantragten Grundstücks mit einem Verwertungsrecht die Besorgnis der Verwirrung begründen kann. (zutr. **bejaht** von Lemke/*Schneider* § 5 Rn. 54 ff.; *Stöber* MittBayNot 2001, 281; *Schöner/Stöber* Rn. 636 ff.; **a.A.** jedoch die h.M. *BGH* NJW 2014, 1002 = Rpfleger 2014, 123 = ZfIR 2014, 60 m. Anm. *Schneider* = ZMR 2014, 297 = ZWE 2014, 79; *OLG Brandenburg* ZfIR 2010, 25; *OLG Düsseldorf* NJW-RR 2000, 608; *KG* NJW-RR 1989, 1360; Bauer/v. Oefele/*Waldner* 4. Aufl. §§ 5, 6 Rn. 26; *DNotI-Gutachten* DNotI-Report 2002, 19). Zumindest im Hinblick auf die beantragte Aufteilung in Wohnungseigentumsrechte sind jedoch **gleiche Belastungsverhältnisse in Abteilung III** unerlässlich. Eine unterschiedliche Belastung der verbundenen Flurstücke würde nämlich eine Zwangsversteigerung unmöglich machen. Weder bezieht sich der dingliche Titel auf das Gesamtgrundstück oder das Wohnungseigentumsrecht, noch wäre es möglich, nur den Teil eines Wohnungseigentums zu versteigern, der dem belasteten realen Grundstücksteil zuzuordnen ist (*OLG Hamm* Rpfleger 1998, 154; Meikel/*Böttcher* § 5 Rn. 36). Gleiches muss dann auch für unterschiedliche **Rangverhältnisse** infolge der Vereinigung oder Zuschreibung bei Rechten in der III. Abteilung gelten (Beck'sches Formularbuch WEG/*Schneider* Form G I 1. Anm. 6c)), wenn nicht durch gleichzeitige Pfandfreigaben oder Verteilungserklärungen die unterschiedlichen Belastungen in der Weise aufgeteilt werden, dass an bestimmten Wohnungseigentumsrechten nur noch einzelne Rechte lasten (*LG Wuppertal* MittRhNotK 1995, 65). 249

Der Gesetzgeber folgt insoweit aus Gründen der erleichterten Datenhaltung der Mindermeinung, wenn er mit dem DaBaGG die Neuregelung des § 5 Abs. 1 S. 2 GBO einfügt. Danach soll eine **Vereinigung** insbesondere dann unterbleiben, wenn die beteiligten Grundstücke im Zeitpunkt der Vereinigung entweder mit unterschiedlichen Grundpfandrechten oder Reallasten belastet sind oder zwar mit denselben Grundpfandrechten oder Reallasten, aber in unterschiedlicher Rangfolge. Für 250 eine **Bestandteilszuschreibung** gilt durch Verweisung über § 6 Abs. 2 GBO die Regelung entsprechend.

4. Lage der beteiligten Grundstücke

251 Gem. § 5 Abs. 2 S. 2 u. 3 GBO i.V.m. § 6 Abs. 2 GBO ist eine Vereinigung oder Zuschreibung von Grundstücken unter bestimmten Voraussetzungen selbst dann möglich, wenn die beteiligten Grundstücke **nicht unmittelbar aneinander** grenzen. Der fehlende räumliche Zusammenhang lässt also eine Begründung von Wohnungseigentum in besonderen Fällen damit nicht ausgeschlossen erscheinen, wenngleich getrennte Gebäude im Hinblick auf die nicht absehbare weitere Entwicklung wohl besser auch in getrennte Eigentümergemeinschaften überführt werden sollten (Staudinger/*Rapp* [2018] § 1 Rn. 27).

5. Zeitpunkt der Erklärung und Berechtigung

252 Soll Wohnungseigentum an mehreren bisher selbstständigen Grundstücken begründet werden, so braucht die Vereinigungs- oder Zuschreibungserklärung des Grundstückseigentümers nach § 890 BGB nicht schon vor der Teilungserklärung nach § 8 WEG abgegeben zu werden. Es reicht auf jeden Fall aus, dass beide Erklärungen zugleich abgegeben werden (*OLG Saarbrücken* NJW 1972, 691). Auch ist eine solche Erklärung seitens des Grundstückserwerbers ausreichend (vgl. § 185 BGB), wenn dessen Eintragung als Eigentümer bei Vollzug der Vereinigung/Zuschreibung erfolgt sein wird (vgl. *OLG Zweibrücken* DNotZ 1991, 605 m. Anm. *Herrmann*).

IV. Überbauproblematik

1. Grundsatz

253 Wohnungseigentum kann gem. § 1 Abs. 4 WEG nur wirksam an *einem* Grundstück im Rechtssinne begründet werden. Befindet sich ein zur Aufteilung in Wohnungseigentum vorgesehenes Gebäude jedoch auf zwei oder mehr rechtlich selbstständigen Grundstücken, bei denen eine Vereinigung oder Bestandteilszuschreibung (z.B. wegen unterschiedlicher Eigentumsverhältnisse) nicht möglich ist, so kann grundsätzlich kein Wohnungseigentum begründet werden. Liegt jedoch ein Fall des Überbaus vor und kann das **einheitliche Gebäude** (zum Begriff vgl. *BGH* BGHZ 237, 184 = NJW 2023, 3090 = ZfIR 2023, 546 = ZNotP 2023, 398 = ZWE 2023, 395 [gemeinschaftl. Tiefgarage]; *BGH* DNotZ 1982, 43; *OLG Stuttgart* ZWE 2011, 410 [Tiefgaragenabfahrt als Stammgrdst.]; *OLG Karlsruhe* BWNotZ 1988, 91) eigentumsrechtlich allein dem **Stammgrundstück zugeordnet** werden, von dem aus überbaut worden ist, so kann nach inzwischen ganz h.M. dieses Grundstück in Wohnungseigentum aufgeteilt werden (*BGH* BGHZ 237, 184 = NJW 2023, 3090 = ZfIR 2023, 546 = ZNotP 2023, 398 = ZWE 2023, 395 [gemeinschaftl. Tiefgarage]; *KG* ZMR 2019, 972; *OLG Karlsruhe* ZWE 2014, 23; *OLG Karlsruhe* DNotZ 1986, 753 m. Anm. *Ludwig*; *OLG Hamm* Rpfleger 1984, 98; *Brünger* MittRhNotK 1987, 269; *Demharter* Rpfleger 1983, 133; *Ludwig* DNotZ 1983, 411; *ders.* BWNotZ 1984, 133; *Rastätter* BWNotZ 1986, 79; *Röll* MittBayNot 1982, 172; *ders.* MittBayNot 1983, 5; einschr. – Aufteilung möglich, aber nur bei Eintragung einer Grunddienstbarkeit – *OLG Stuttgart* DNotZ 1983, 444; überholt *OLG Hamm* DNotZ 1977, 308). In diesem Fall sind die Wohnungseigentümer nach den Bruchteilen ihrer Miteigentumsanteile ebenfalls Miteigentümer des auf dem fremden Grundstück stehenden Gebäudes (*BGH* NJW 1983, 2022). Keine Rolle spielt dabei, ob sich der Baukörper auf, unter oder über der Erdoberfläche befindet (*Demharter* Rpfleger 1983, 133 m.w.N.). Aus diesem Grund kann sogar eine grenzüberschreitend errichtete Tiefgarage unabhängig von einer aufstehenden Bebauung auf dem überbauten Grundstück eigentumsmäßig dem Stammgrundstück zuzuordnen sein (*BGH* BGHZ 237, 184 = NJW 2023, 3090 = ZfIR 2023, 546 = ZNotP 2023, 398 = ZWE 2023, 395 [gemeinschaftl. Tiefgarage]). Ein Überbau liegt jedoch dann nicht vor, wenn das Gebäude (z.B. eine selbstständige Garage oder eine Doppelhaushälfte) vollständig auf dem fremden Grundstück errichtet worden ist (*OLG Karlsruhe* BWNotZ 1988, 91). Lässt sich keine eindeutige eigentumsmäßige Zuordnung treffen, werden die Grundstücke mit dem Gebäude entsprechend dem Akzessionsgrundsatz real lotrecht zur Grenze

geteilt. Die Anwendung der Überbauvorschriften ist nicht ausgeschlossen, wenn die Überbauung möglicherweise schon vor dem Jahr 1900 stattgefunden hat (Art. 181 EGBGB; RGZ 169, 172; BGHZ 97, 292 = NJW 1986, 2639; *OLG Karlsruhe* ZWE 2014, 23). Ob eine eigentumsmäßige Zuordnung des Überbaus zum Stammgrundstück erfolgt, beurteilen Literatur und Rechtsprechung anhand verschiedener Fallgruppen:

2. Unrechtmäßiger, aber entschuldigter Überbau

Teile des in Wohnungseigentum aufzuteilenden Gebäudes sind wesentlicher Bestandteil des über- 254
bauenden Stammgrundstücks und damit vom überbauten Nachbareigentümer zu dulden, wenn es sich um einen sog. entschuldigten Überbau handelt. Von einem entschuldigten Überbau i.S.d. § 912 Abs. 1 BGB ist auszugehen, wenn der Eigentümer eines Grundstücks bei der Errichtung des Gebäudes über die Grenze gebaut hat, ohne dass ihm Vorsatz oder grobe Fahrlässigkeit zur Last fällt und der Nachbar weder vor noch sofort nach der Grenzüberschreitung Widerspruch erhoben hat (vgl. BGHZ 27, 204 = NJW 1958, 1182).

Verfahrensrechtlich kann der **Nachweis** gegenüber dem Grundbuchgericht durch Vorlage einer 255
Erklärung des überbauten Nachbareigentümers in der Form des § 29 GBO erbracht werden, dass dieser dem Überbau nicht sofort widersprochen hat.

Unterschiedliche Auffassungen bestehen darüber, wie der **Nachweis** zu führen ist, dass dem über- 256
bauenden Eigentümer des in Wohnungseigentum aufzuteilenden Stammgrundstücks kein Vorsatz oder grobe Fahrlässigkeit zur Last fällt. Hier wird man eine einvernehmliche Erklärung der beteiligten Eigentümer in der Form des § 29 GBO als Nachweis genügen lassen können, weil die Beteiligten das gleiche Ergebnis auch prozessual durch Vergleich oder Anerkenntnis in einem Rechtsstreit erreichen könnten (*Brünger* MittRhNotK 1987, 269, 272; strenger *OLG Karlsruhe* DNotZ 1986, 753 m. auch insoweit krit. Anm. *Ludwig*; Staudinger/*Roth* [2020] § 912 Rn. 80: Nachweis durch Urteil).

Die Annahme eines nur geringfügigen Überbaues aufgrund **Lebenserfahrung** (so *Röll* MittBayNot 257
1982, 172, 173; *Schöner/Stöber* Rn. 2817) dürfte sich demgegenüber mit den grundbuchrechtlichen Anforderungen ebenso wenig vereinbaren lassen wie ein nur »einigermaßen zuverlässig(er)« Nachweis, wonach die eigentumsrechtliche Zuordnung »nicht auszuschließen« ist (so aber Bauer/*v. Oefele* 3. Aufl. AT V Rn. 30; *Ludwig* Rpfleger 1984, 266, 267).

3. Rechtmäßiger Überbau bei Gestattung

Die Grundsätze des entschuldigten Überbaues sind auf den vom Nachbareigentümer gestatteten 258
Überbau entsprechend anzuwenden. Wenn schon der nicht rechtmäßige Überbau unter den Voraussetzungen des § 912 Abs. 1 BGB zur Durchbrechung des Akzessionsgrundsatzes führt, so muss dies erst recht für den rechtmäßigen Überbau gelten (BGHZ 62, 141 = NJW 1974, 794). Die Beteiligten haben die Möglichkeit, die Rechtsfolgen eines Überbaues durch Rechtsgeschäft auch abweichend von §§ 912 ff. BGB zu bestimmen. Die Pflicht des Nachbarn zur Duldung des Überbaues folgt dann nicht aus § 912 Abs. 1 BGB, sondern aus dem Einverständnis (*BGH* NJW 2008, 3122; BGHZ 157, 301 = NJW 2004, 1237 = ZfIR 2004, 329 = ZMR 2004, 489; *BGH* NJW 1983, 1112; *OLG Düsseldorf* OLGR 2001, 451; *LG Rostock* NJOZ 2014, 524). Im Fall des wechselseitigen Überbaus einzelner Geschosse gilt nichts anderes (BGHZ 175, 253 = NJW 2008, 1810). Für die Frage, welches Grundstück als Stammgrundstück anzusehen ist, kommt es nur auf die subjektiven Absichten und wirtschaftlichen Interessen des Überbauenden, nicht aber auf die Größe und die wirtschaftliche Bedeutung des überbauten Gebäudeteils (*OLG Stuttgart* ZWE 2011, 410 – Tiefgaragenabfahrt) oder den Ort des Baubeginns an (BGHZ 110, 298 = NJW 1990, 1791). Befindet sich ein Gebäudeteil einer Tiefgarage (wie etwa eine Rampe) auf dem Stammgrundstück und ist die im Wege des rechtmäßigen Überbaus grenzüberschreitend errichtete Tiefgarage durch eine Zufahrt von dem Stammgrundstück aus als Ganzes erreichbar, ist von dem Grundbuchamt aufgrund der allgemeinen Lebenserfahrung der Schluss zu ziehen, dass der Tiefgaragenkörper unabhängig von einer auf-

stehenden Bebauung auf dem überbauten Grundstück eigentumsrechtlich dem Stammgrundstück zuzuordnen ist (*BGH* BGHZ 237, 184 = NJW 2023, 3090 = ZfIR 2023, 546 = ZNotP 2023, 398 = ZWE 2023, 395). Der überbaute Gebäudeteil ist lediglich ein Scheinbestandteil des überbauten Grundstücks gem. § 95 Abs. 1 S. 2 BGB (*OLG Stuttgart* ZWE 2011, 410).

259 Zum Nachweis der Rechtmäßigkeit bedarf es zwar nicht zwingend der Eintragung einer **Grunddienstbarkeit** (*OLG Hamm* Rpfleger 1984, 98; *OLG Karlsruhe* DNotZ 1986, 753; *Demharter* Rpfleger 1983, 133; *Ludwig* DNotZ 1983, 411). Gleichwohl ist eine solche Eintragung in der Praxis zu empfehlen, weil dadurch der Nachweis der Zustimmung erbracht werden kann (zur Zulässigkeit *BGH* BGHZ 237, 184 = NJW 2023, 3090 = ZfIR 2023, 546 = ZNotP 2023, 398 = ZWE 2023, 395; *BGH* NJW 2014, 311; Staudinger/*Rapp* [2018] § 1 Rn. 30). Neuerdings wird der Eintragung einer Grunddienstbarkeit sogar eine eigentumsändernde konstitutive Wirkung beigelegt (*Hertel* MittBayNot 2006, 321, 323; *Tersteegen* RNotZ 2006, 433, 450; *Wicke* DNotZ 2006, 252).

260 Unklar ist allerdings nach wie vor, ob verfahrensrechtlich dem Grundbuchgericht die Gestattung durch Bestellung einer **Grunddienstbarkeit vor Baubeginn** in der Form des § 29 GBO **nachzuweisen** ist (vgl. *OLG Stuttgart* ZWE 2011, 410; *Kesseler* ZNotP 2006, 251, 254). Einer erst *nach* Baubeginn eingetragenen Grunddienstbarkeit soll diese Wirkung nicht zukommen können, weil insoweit nicht gem. § 95 Abs. 1 S. 2 BGB »in Ausübung eines Rechts« gebaut wurde (*Brünger* MittRhNotK 1987, 269, 274; *Ludwig* Rpfleger 1984, 266, 267; *Rastätter* BWNotZ 1986, 79, 80; Staudinger/*Rapp* [2018] § 1 Rn. 30; **a.A.** ohne ausdrückliche Thematisierung *OLG Hamm* Rpfleger 1984, 98; *OLG Karlsruhe* DNotZ 1986, 753). Die Eintragung einer Grunddienstbarkeit zur Absicherung des Überbaus wäre in diesem Fall ohne Einfluss auf die eigentumsrechtliche Zuordnung des Gebäudes, sodass ihre nachweisrechtliche Funktion fraglich wäre. Ihre Eintragung in das Grundbuch kann sich aber trotz nachträglicher Bestellung dennoch empfehlen, weil hierdurch klargestellt wird, dass die Regelungen der §§ 912 ff. BGB im Hinblick auf die Verpflichtung zur Rentenzahlung und zum Ankauf auf Verlangen des Eigentümers des überbauten Grundstücks nicht gelten (*Brünger* MittRhNotK 1987, 269, 274). Dies gilt auch dann, wenn bei der Aufteilung eines bereits vor längerer Zeit errichteten Gebäudes die Zustimmung des seinerzeitigen Eigentümers nicht mehr zu erlangen ist. Die vom jetzigen Nachbarn bestellte Dienstbarkeit zur Duldung des Überbaus sichert zumindest die Nutzung des Wohnungseigentums und den Nichtabriss (*Schöner/Stöber* Rn. 2817 Fn. 34). Die Eintragung einer Grunddienstbarkeit kann weiterhin zweckmäßig sein, um eine Bindung auch des Sonderrechtsnachfolgers im Eigentum des überbauten Grundstücks für den Fall einer noch nicht begonnenen Grenzüberschreitung sicherzustellen; die Verdinglichung bewirkt damit eine Beschränkung des Widerspruchsrechts (*Ludwig* BWNotZ 1984, 133, 137). Geht man entgegen der h.M. von einer eigentumsändernden Wirkung der Grunddienstbarkeit aus, so wäre auch ihre nachträgliche Eintragung in das Grundbuch noch ein tauglicher Beweis für die Rechtmäßigkeit des Überbaus (so *Hertel* MittBayNot 2006, 321, 323; *Tersteegen* RNotZ 2006, 433, 450 f.; *Wicke* DNotZ 2006, 252; offen gelassen von *OLG Karlsruhe* ZWE 2014, 23 m. abl. Anm. *Sandweg* BWNotZ 2013, 117).

261 Nicht möglich ist im Rahmen der Begründung von Wohnungseigentum wegen § 4 Abs. 2 S. 2 WEG eine ansonsten zulässige Gestattung des **Überbaus auf Zeit** (zur Befristung aufgrund eines Mietvertrages und den Rechtsfolgen für das gebildete Teileigentum s. *BGH* NJW 2008, 3122; BGHZ 157, 301 = NJW 2004, 1237 = ZfIR 2004, 329 = ZMR 2004, 489).

4. Eigengrenzüberbau

262 Ein sog. Eigengrenzüberbau liegt immer dann vor, wenn der Eigentümer des Stammgrundstücks mit dem des überbauten Grundstücks identisch ist. Auch insoweit wird § 912 Abs. 1 BGB für die eigentumsrechtliche Zuordnung entsprechend herangezogen (BGHZ 64, 333 = DNotZ 1976, 224; BGHZ 102, 311 = DNotZ 1988, 570; BGHZ 110, 298 = NJW 1990, 191; *KG* MittBayNot 2016, 145; *Demharter* Rpfleger 1983, 133, 134; *Ludwig* DNotZ 1983, 411, 413). Der Überbau wird wesentlicher Bestandteil des Grundstücks, zu dem er nach Absicht und Interesse des Erbauers gehört

(*DNotI-Gutachten* DNotI-Report 2007, 1, 2; **krit.** Bärmann/*Armbrüster* § 1 Rn. 60; Weitnauer/*Briesemeister* § 3 Rn. 10).

Demzufolge kann auch bei einem Eigengrenzüberbau die Aufteilung in Wohnungseigentum erfolgen, wenn dem Grundbuchgericht die **Zuordnung** zum Stammgrundstück **nachgewiesen** wird (*Brünger* MittRhNotK 1987, 269, 272 f.; *Tersteegen* RNotZ 2006, 433, 454 f.). Dieser Nachweis kann nach der h.M. in der Bestellung einer Grunddienstbarkeit gesehen werden (*BGH* NJW 2014, 311 = Rpfleger 2014, 182 = ZfIR 2014, 143; Bärmann/*Armbrüster* § 1 Rn. 60; *DNotI-Gutachten* DNotI-Report 2007, 1, 3; Weitnauer/*Briesemeister* § 3 Rn. 10; **a.A.** Staudinger/*Rapp* [2018] § 1 Rn. 33: kein Nachweis mit den Erkenntnismitteln des Grundbuchgerichts möglich). Als ausreichend muss aber auch eine Erklärung des Eigentümers in der Form des § 29 GBO angesehen werden (*Brünger* MittRhNotK 1987, 269, 273). Inhaltlich wird zu beachten sein, dass aus der Pflicht des Nachbarn, einen Garagenüberbau zu dulden, sich nicht zugleich das Recht des Eigentümers zur Nutzung der (teilweise) auf dem Grundstück des Nachbarn belegenen Garagenzufahrt ergibt (*BGH* NJW 2014, 311 = Rpfleger 2014, 182 = ZfIR 2014, 143). 263

5. Nachträglicher Überbau

Um einen sog. nachträglichen Überbau handelt es sich, wenn ein Gebäude auf einem zunächst einheitlichen Grundstück errichtet wird. Die spätere Teilung des Grundstücks führt dazu, dass das Gebäude anschließend auf den neu entstandenen Grundstücken steht. Auch hier wendet die h.M. die Regelung des § 912 Abs. 1 BGB entsprechend an, wenn sich das Stammgrundstück nachträglich feststellen lässt (BGHZ 64, 333 = NJW 1975, 1553; *BGH* DNotZ 2002, 290; *BGH* Rpfleger 2004, 155 = ZfIR 2004, 104; *KG* MittBayNot 2016, 145; *Ludwig* DNotZ 1983, 411, 417). Zur Bestimmung greift die h.M in diesem Fall wegen der fehlenden subjektiven Momente auf objektive Kriterien zurück. Abgestellt wird darauf, auf welchem der neuen Grundstücke der nach Umfang, Lage und wirtschaftlicher Bedeutung eindeutig maßgebende Teil des Gebäudes steht (**zust.** *Brünger* MittRhNotK 1987, 269, 273; **krit.** Weitnauer/*Briesemeister* § 3 Rn. 10). 264

Dies kann auch dazu führen, dass lediglich eines von mehreren **Geschossen** eines Hauses als übergebauter Gebäudeteil anzusehen ist (*BGH* DNotZ 2002, 290). Lässt sich hiernach nicht eindeutig eine Bestimmung des Stammgrundstücks erzielen, muss es beim Akzessionsgrundsatz verbleiben (*BGH* NJW 1985, 789). 265

Verfahrensrechtlich kann der **Nachweis** der Eigenschaft als Stammgrundstück bei geringfügigen Grenzüberschreitungen anhand von Flurkarten (vgl. *KG* MittBayNot 2016, 145), im Übrigen durch eine Erklärung des Eigentümers über die Bedeutung und die jeweilige wirtschaftliche Nutzung in der Form des § 29 GBO geführt werden (*Brünger* MittRhNotK 1987, 269, 274; *Ludwig* DNotZ 1983, 411, 417; **a.A.** Staudinger/*Rapp* [2018] § 1 Rn. 31: kein Nachweis mit den Erkenntnismitteln des Grundbuchgerichts möglich). 266

6. Überhängender Überbau

Einen **Sonderfall** bildet der sog. überhängende Überbau. Dabei ragen Teile des auf dem aufzuteilenden Grundstück stehenden Baukörpers (z.B. Erker, Balkone, Mauervorsprünge) lediglich in den Luftraum des Nachbargrundstück hinüber. Es handelt sich dabei zwar um einen Überbau (vgl. BGHZ 75, 395 = NJW 1976, 669; *BGH* NJW 1983, 1112; *DNotI-Gutachten* DNotI-Report 2002, 9, 10; MüKoBGB/*Brückner* § 912 Rn. 9 ff.; Staudinger/*Roth* [2020] § 912 Rn. 15; **a.A.** *LG Bautzen* NZM 2001, 201; *Ludwig* DNotZ 1983, 411, 412 f.; *Schöner/Stöber* Rn. 2817 a.E.: kein eigentlicher Überbau), dieser unterfällt jedoch nicht dem sonst typischen Normenkonflikt von Gebäudeeinheit und Bodenakzession. Aufgrund der fehlenden Verbindung des überbauten Gebäudeteils mit dem Nachbargrundstück kann in diesen Fällen nur der Grundsatz der Gebäudeeinheit zum Tragen kommen (so zutr. *KG* ZMR 2015, 882; *OLG Karlsruhe* ZWE 2014, 23; Bärmann/*Armbrüster* § 1 Rn. 62; *DNotI-Gutachten* DNotI-Report 2002, 9, 10; *Tersteegen* RNotZ 2006, 433, 454; im Ergebnis ebenso *LG Bautzen* NZM 2001, 201; *Ludwig* DNotZ 1983, 411, 412 f.; *Schöner/Stöber* Rn. 2817; **a.A.** 267

unzutreffend *LG Leipzig* Rpfleger 1999, 272 m. zust. Anm. *Wudy*). Der Teil des Gebäudes, der lediglich im Luftraum die Grenze überschreitet, ist daher stets – und zwar unabhängig davon, ob es sich um einen entschuldigten oder einen unentschuldigten Überbau handelt – dem Stammgrundstück zuzuordnen (*KG* ZMR 2015, 882; *Tersteegen* RNotZ 2006, 433, 454).

268 Da für die Eigentumszuordnung kein anderer Anknüpfungspunkt als der Gebäudezusammenhang gegeben ist, kann Wohnungseigentum gebildet werden, ohne dass es hierfür eines besonderen Nachweises bedürfte (*KG* ZMR 2015, 882; *OLG Karlsruhe* ZWE 2014, 23; *LG Bautzen* NZM 2001, 201; Bauer/Schaub/*Schneider* AT E Rn. 30; *DNotI-Gutachten* DNotI-Report 2002, 9, 10; *Tersteegen* RNotZ 2006, 433, 454; **a.A.** *LG Leipzig* Rpfleger 1999, 272 m. zust. Anm. *Wudy*).

7. Ausgeschlossene Fallgestaltungen

269 Die Begründung von **Wohnungseigentum** ist unter Berücksichtigung der vorgenannten Fallgruppen somit **nicht möglich**, wenn eine vertikale Teilung des Baukörpers auf der Grenze stattfindet. Dies ist der Fall bei einem **nicht entschuldigten**, also vorsätzlich oder grob fahrlässig erfolgten Überbau (*BGH* NJW 1985, 789; BGHZ 27, 204) sowie immer dann, wenn das **Stammgrundstück nicht festgestellt** werden kann (Bauer/Schaub/*Schneider* AT E Rn. 30; *Brünger* MittRhNotK 1987, 269, 275).

270 Möglich ist allerdings die Begründung von Teileigentum an Tiefgaragenplätzen in einer grundstücksübergreifenden Tiefgarage, wenn sich die einzelnen Stellplätze jeweils unter dem konkret zur Teilung vorgesehenen Grundstück innerhalb dessen Grenzen befinden (*KG* ZMR 2019, 972 m. zust. Anm. *Bernhard* MittBayNot 2020, 343; krit. *Hügel* ZWE 2020, 174). Insoweit liegt gerade kein Überbau, sondern eine vertikale Teilung auf der Grenze vor. Raumeigenschaft und Abgeschlossenheit werden jeweils grundstücksbezogen durch die katastermäßige Grenzziehung determiniert.

8. Abweichende Bauausführung innerhalb eines aufgeteilten Gebäudes

271 Es war lange streitig, ob die Grundsätze über den Überbau entsprechend angewendet werden können, wenn innerhalb eines in Wohnungseigentumsrechte aufgeteilten Gebäudes über die Grenzen des Sonder- oder Gemeinschaftseigentums hinweg tatsächlich anders gebaut worden ist (**bejahend** *KG* ZfIR 2001, 745 = ZMR 2001, 849 = ZWE 2001, 554; Bamberger/Roth/*Hügel* § 3 Rn. 21; Bauer/*v. Oefele* 3. Aufl. AT V Rn. 258 u. 265; *Ertl* WE 1992, 221; *Hügel/Elzer* § 3 Rn. 92; *Röll* MittBayNot 1993, 265; Staudinger/*Rapp* [2005] § 3 Rn. 78b; **offen gelassen** von *OLG Düsseldorf* ZMR 2003, 954; **verneinend** *BayObLG* DNotZ 1993, 741; Weitnauer/*Briesemeister* § 3 Rn. 44). Der *BGH* hat sich jetzt der ablehnenden Auffassung angeschlossen (*BGH* BGHZ 208, 29 = NJW 2016, 473 = ZMR 2016, 215 = ZfIR 2016, 276). Damit dürfte die Streitfrage für die Praxis entschieden sein.

9. Grundbucheintragung

272 Dem Grundbuchgericht ist zur Eintragung der beantragten Aufteilung in Wohnungseigentumsrechte **nachzuweisen**, dass der überbaute Gebäudeteil wesentlicher Bestandteil des Stammgrundstücks ist (*BGH* BGHZ 237, 184 = NJW 2023, 3090 = ZfIR 2023, 546 = ZNotP 2023, 398 = ZWE 2023, 395; *KG* MittBayNot 2016, 145; *OLG Karlsruhe* ZWE 2014, 23; *OLG Stuttgart* DNotZ 1983, 444; *Demharter* Rpfleger 1983, 133, 136 f.). Andernfalls ist die Begründung von Wohnungseigentum abzulehnen, da Gebäude(teile) auf einem fremden Grundstück nicht in Miteigentumsanteile verbunden mit Sondereigentum aufgeteilt werden können (*OLG Karlsruhe* DNotZ 1986, 753).

273 Die eigentumsrechtliche Zuordnung muss allerdings **aus dem Grundbuch nicht ersichtlich** sein (*Demharter* Rpfleger 1983, 133; Staudinger/*Roth* [2020] § 912 Rn. 79). Sie ist sogar unzulässig, weil sie eine Kommentierung der Eintragungswirkungen darstellen würde (Meikel/*Schneider* § 3 WGV Rn. 8 a.E.). Auch die Verpflichtung zur Duldung des Überbaus ist im Fall des § 912 Abs. 1 BGB als bloße Wiederholung der gesetzlichen Verpflichtung ebenso wenig in das Grundbuch ein-

tragbar (Staudinger/*Roth* [2020] § 912 Rn. 35; MüKoBGB/*Brückner* § 912 Rn. 36) wie die korrespondierende Verpflichtung des überbauenden Eigentümers zur Zahlung einer Überbaurente (vgl. § 914 Abs. 2 S. 1 BGB).

Allerdings können **Zweifel**, ob ein entschuldigter oder ein nicht entschuldigter Überbau vorliegt, sowohl durch Eintragung einer auf Duldung des Überbaus gerichteten Grunddienstbarkeit als auch eines Verzichtes auf die Überbaurente in das Grundbuch eingetragen werden (*BGH* NJW 2014, 311 = Rpfleger 2014, 182; *OLG Düsseldorf* OLGZ 1978, 19 = Rpfleger 1978, 16; *LG Köln* RNotZ 2006, 289; *LG Düsseldorf* Rpfleger 1990, 288; Staudinger/*Roth* [2020] § 912 Rn. 36). 274

Erfolgt bei einer der vorgenannten Fallgruppen die Eintragung einer **Grunddienstbarkeit**, so sollte diese möglichst die erste Rangstelle im Grundbuch erhalten, da andernfalls eine erhöhte Ausfallgefahr im Fall einer Zwangsversteigerung besteht (MüKo/*Krafka* § 1 Rn. 31; Staudinger/*Rapp* [2018] § 1 Rn. 30). Inhaltlich sollte die Grunddienstbarkeit zugunsten des jeweiligen Eigentümers des *gesamten* überbauenden, in Wohnungseigentumsrechte aufzuteilenden (aufgeteilten) Grundstücks bestellt werden. Zwar ist auch eine Begründung des Rechts lediglich zugunsten eines einzelnen Wohnungseigentümers zulässig. Dies würde jedoch nicht zu der notwendigen Bestandteilseigenschaft des Gebäudeteils mit dem *Grundstück* führen (Staudinger/*Rapp* [2018] § 1 Rn. 30). 275

Zur Eintragung des **Verzichts** auf eine Überbaurente s. § 7 Rdn. 14 m.w.N. 276

10. Gutgläubiger Erwerb hinsichtlich eines unzulässigerweise übergebauten Wohnungseigentums

Kann nach dem zuvor Gesagten die eigentumsmäßige Zuordnung zum Stammgrundstück nicht festgestellt werden, muss es bei der lotrechten Teilung des Gebäudes auf der Grundstücksgrenze verbleiben. Insoweit wird also der Nachbar Eigentümer des überbauten Gebäudeteiles. Zur Frage, ob durch einen **gutgläubigen Erwerb** das Wohnungseigentum insgesamt entstehen kann, s. Rdn. 192. 277

V. Erbbaurecht

1. Grundsatz

Das aufgrund eines Erbbaurechts errichtete Bauwerk gilt als wesentlicher Bestandteil des *Erbbaurechts* (§ 12 Abs. 1 S. 1 ErbbauRG). Es können deshalb keine Miteigentumsanteile an dem *Grundstück* mit Sondereigentum an Räumlichkeiten verbunden werden, die sich in einem aufgrund des Erbbaurechts errichteten oder noch zu errichtenden Gebäude befinden (*OLG Karlsruhe* DNotZ 2023, 460 = ZWE 2023, 306 m. zust. *Merk*; *OLG Hamm* Rpfleger 1998, 335 = ZMR 1998, 590; *M. Müller* BeckOGK § 3 Rn. 44; *Schneider* ZfIR 2023, 503; Staudinger/*Rapp* [2018] § 1 Rn. 35). Die a.A. (*OLG München* ZfIR 2023, 501 = ZWE 2023, 448 m. zust. Anm. *Reichel*; *DNotI-Gutachten* DNotI-Report 2022, 2022, 129 [unter ausdrücklicher Abkehr von DNotI-Report 1998, 13]; *Bernert* DNotZ 2023, 464; *Forschner* FGPrax 2023, 11; *Götting* ErbbauZ 2023, 118) vermag nicht zu überzeugen, wenn sie eine Substanzlosigkeit aus *tatsächlichen* Gründen mit einer solchen aus *rechtlichen* Gründen gleichsetzen will. Die spätere Verbindung des Gebäudeeigentums mit dem Grundstück nach Beendigung des Erbbaurechts stellt sich im Hinblick auf § 12 Abs. 1 ErbbauRG als aufschiebende Bedingung bei der Begründung des Wohnungseigentums dar. Dies verstößt gegen § 4 Abs. 2 S. 2 WEG; lediglich die Rechtsbedingung einer fehlenden Bausubstanz bei einem noch zu errichtenden Gebäude hat der Gesetzgeber zugelassen (ausf. *Schneider* RpflegerStud 2023, 172). Insoweit vermag auch ein Rückgriff auf die Rechtsfigur des Anwartschaftsrechts nichts zu ändern, weil auch dem Anwartschaftsrecht eine Bedingung immanent ist. Wohl möglich ist dagegen die Verbindung von Miteigentumsanteilen an dem *Erbbaurecht* mit Sondereigentum an solchen Räumlichkeiten (§ 30 WEG). 278

2. Fehlende Deckungsgleichheit von Rechtsinhalt und Belastungsgegenstand beim Erbbaurecht

279 Sind Wohnungserbbaurechte gem. § 30 WEG begründet worden, wird zu beachten sein, dass die Einräumung von Sondernutzungsrechten an sog. **Nebenflächen** gem. § 1 Abs. 2 ErbbauRG nur dann möglich sein wird, wenn auch insoweit die Benutzungsbefugnis zum Rechtsinhalt des Erbbaurechts gehört. Die Einbeziehung von Nebenflächen hat fakultativen Charakter; Rechtsinhalt und Belastungsgegenstand müssen bei einem Erbbaurecht – und damit auch hinsichtlich der daran gebildeten Wohnungserbbaurechte – nicht zwingend übereinstimmen (*OLG Hamm* Rpfleger 2006, 9; *Ingenstau/Hustedt* § 1 Rn. 46; *Winkler/Schlögel § 2* Rn. 69).

3. Erbbaurecht und Wohnungseigentum am selben Grundstück

280 Demzufolge ist es auch möglich, von mehreren auf demselben Grundstück errichteten Bauwerken eines rechtlich dem Erbbaurecht und das andere dem Grundstückseigentum zuzuordnen (*DNotI-Gutachten* DNotI-Report 1998, 13; *OLG Zweibrücken* FGPrax 1996, 131; *OLG Hamm* Rpfleger 1998, 335 = ZMR 1998, 590). Allerdings darf im Hinblick auf § 10 ErbbauRG an der Grundstücksfläche, auf die sich die Ausübung des Erbbaurechts erstreckt, kein Sondereigentum oder Sondernutzungsrecht eines Wohnungseigentümers bestehen (*OLG Hamm* Rpfleger 1998, 335 = ZMR 1998, 590). Die **spätere Begründung von Wohnungseigentum** an der nicht mit dem Erbbaurecht belasteten Teilfläche ist nur in der Weise möglich, dass die Aufteilung das Gesamtgrundstück erfasst. Sämtliche entstehenden Wohnungseigentumsrechte sind dann mit dem Erbbaurecht belastet (*DNotI-Gutachten* DNotI-Report 1998, 13; *Röll* DNotZ 1978, 76; Staudinger/*Rapp* [2018] § 1 Rn. 36), das seinerseits wiederum in Wohnungserbbaurechte aufgeteilt werden kann (*Winkler/Schlögel § 2* Rn. 31).

281 Anders verhält es sich aber im umgekehrten Fall. Soll **nachträglich** ein **Erbbaurecht** an einem bereits in Wohnungseigentumsrechte aufgeteilten Grundstück bestellt werden, erfolgt die Zuordnung des Gebäudes mit den Räumen – wie bei einem »normalen« Grundstück – allein zum Erbbaurecht (§ 12 ErbbauRG). Die bei den Wohnungseigentumseinheiten bereits vorgenommene Zuordnung des Gemeinschafts- und des Sondereigentums an Räumen wird dann in gleicher Weise wie bei einem Grundstück bis zum Ablauf des Erbbaurechts »suspendiert« (zutr. Staudinger/*Rapp* [2021] § 1 ErbbauRG Rn. 15b; a.A. *DNotI-Gutachten* DNotI-Report 1998, 13, 14 [nur bei unterschiedlichen Gebäuden]).

282 Eine **Sonderform** stellt die horizontale Teilung dar. Eigentlich ist eine solche Teilung eines Gebäudes gem. § 1 Abs. 3 ErbbauRG unzulässig. Das Verbot bezieht sich nach einhelliger Auffassung jedoch nicht auf zwei unabhängige Gebäudekörper, die sich nach ihrer bautechnischen Beschaffenheit völlig selbstständig übereinander befinden können wie z.B. eine Tiefgarage als Erbbaurecht (Teilerbbaurechte) und das darüber befindliche Gebäude als Wohnungseigentum oder umgekehrt (Staudinger/*Rapp* [2018] § 1 Rn. 36; *Winkler/Schlögel § 2* Rn. 9 u. 32). Vgl. dazu jetzt auch die Rechtsprechung des *BGH* zu unterschiedlichen Eigentumsverhältnissen an der grenzüberschreitenden Tiefgarage im Teileigentum/Teilerbbaurecht einerseits und den jeweils auf den Einzelgrundstücken durchgeführten Aufteilungen in Wohnungseigentum andererseits (BGHZ 237, 184 = NJW 2023, 3090 = ZfIR 2023, 546 = ZNotP 2023, 398 = ZWE 2023, 395).

4. Kein Wohnungseigentum an einem mit einem Erbbaurecht vereinigten Grundstück

283 Gem. § 1 Abs. 2 u. 3 WEG kann das Sondereigentum an abgeschlossenen Räumen mit dem Miteigentumsanteil an einem Grundstück verbunden werden. Möglich ist außerdem noch die Verbindung von Sondereigentum mit dem Bruchteil an einem Erbbaurecht (§ 30 WEG). Während im zuerst genannten Fall das Gebäude gem. § 94 Abs. 1 S. 1 BGB wesentlicher Bestandteil des Grundstücks ist (*BayObLG* ZWE 2000, 213), gilt das aufgrund eines Erbbaurechts errichtete Bauwerk als wesentlicher Bestandteil des Erbbaurechts (§ 12 Abs. 1 ErbbauRG). Weitere Möglichkeiten zur Begründung von Raumeigentum bestehen darüber hinaus nicht; auch Mischformen sind nicht

möglich. Dies gilt insbesondere vor dem Hintergrund, dass die h.M. die rechtliche Vereinigung eines Grundstücks mit einem Erbbaurecht – allerdings nicht am selben Grundstück – für zulässig halten will (Bauer/Schaub *Maaß* AT F Rn. 180; *Demharter* § 5 Rn. 6; Grüneberg/*Herrler* § 890 Rn. 2; *Schöner/Stöber* Rn. 1848; zur Bestandteilszuschreibung *OLG Jena* Rpfleger 2018, 256; a.A. Lemke/*Schneider* § 5 Rn. 17 f.; Meikel/*Böttcher* § 5 Rn. 7; *Winkler/Schlögel* § 5 Rn. 179). In diesem Fall bliebe unklar, ob der für das Sondereigentum erforderliche Miteigentumsanteil an dem vereinigten Gebilde im Einzelnen an dem Grundstück oder an dem Erbbaurecht besteht. Da Grundstück und Erbbaurecht aber nicht wesensgleich sind und bei Verfügungen unterschiedlichen Rechtsnormen folgen, kann also entweder nur eine Aufteilung des – ggf. zu vereinigenden – Grundstücks oder eine Aufteilung des – ggf. zu erstreckenden – Erbbaurechts in Betracht kommen.

5. Keine Kombination von Wohnungserbbaurecht und Wohnungseigentum am selben Gebäude

Aus dem zuvor Gesagten ergibt sich, dass auch eine Kombination von Wohnungserbbaurechten und Wohnungseigentum an demselben Gebäude nicht möglich sein kann. Bestandteile des Erbbaurechts können nicht auch zugleich Bestandteile des Grundstücks sein (§ 12 Abs. 2 ErbbauRG). Eine Beschränkung des Erbbaurechts auf einen Teil eines Gebäudes – insbesondere ein Stockwerk – ist jedoch wegen § 1 Abs. 3 ErbbauRG nicht möglich. Aus diesem Grunde ist auch die **Umwandlung einzelner Wohnungserbbaurechte** in Wohnungseigentum an den entsprechenden Räumlichkeiten nicht möglich (Bauer/Schaub/*Maaß* AT F Rn. 280; *Winkler/Schlögel § 3* Rn. 131). Die Aufhebung kann nur für sämtliche Wohnungserbbaurechte gleichzeitig erfolgen (Bauer/Schaub/*Maaß* AT F Rn. 280). 284

6. Umwandlung aller Wohnungserbbaurechte in Wohnungseigentumsrechte

Eine unmittelbar dinglich wirkende Umwandlung aller bestehenden Wohnungserbbaurechte in Wohnungseigentumsrechte ist auch dann nicht möglich, wenn die bisherigen Erbbauberechtigten Miteigentum am Grundstück zu identischen Bruchteilen erworben haben. Das Gebäude als bisheriger wesentlicher Bestandteil des Erbbaurechts wird nur im Fall des Erlöschens des Erbbaurechts auch wieder zum wesentlichen Bestandteil des – gesamten und ungeteilten – Grundstücks (§ 12 Abs. 3 ErbbauRG). Mit dem Erlöschen des Erbbaurechts und den daran bestehenden Mitberechtigungsanteilen erlischt jedoch auch das Sondereigentum an den einzelnen Wohnungserbbaurechten (§ 30 Abs. 3 S. 2 i.V.m. § 6 Abs. 1 WEG). Eine neuerliche Verbindung von Sondereigentum an den bisherigen Räumlichkeiten mit Miteigentumsanteilen an dem Grundstück setzt somit eine erneute Begründung von Wohnungseigentum durch vertragliche Einräumung gem. § 3 WEG voraus (*BayObLG* Rpfleger 1999, 327 = MittBayNot 1999, 375 m. Anm. *Rapp*; Bauer/Schaub/*Maaß* AT F Rn. 280; *Winkler/Schlögel § 3* Rn. 130). 285

Zu den Konsequenzen für an den bisherigen Wohnungserbbaurechten eingetragenen dinglichen Rechten s. § 7 Rdn. 73. 286

VI. Gebäudeeigentum gem. § 288 Abs. 4 oder § 292 Abs. 3 DDR-ZGB

Zwar gelten für das Gebäudeeigentum nach dem DDR-ZGB gem. Art. 233 § 4 Abs. 1 EGBGB von dem Wirksamwerden des Beitritts an die sich auf Grundstücke beziehenden Vorschriften des Bürgerlichen Gesetzbuches mit Ausnahme der §§ 927 und 928 BGB entsprechend. Jedoch kann Gebäudeeigentum nicht nach den Bestimmungen des WEG in Wohnungseigentum aufgeteilt werden, weil keine rechtliche Verbindung zu einem Miteigentumsanteil an dem Grundstück besteht (*OLG Jena* DtZ 1996, 88 = Rpfleger 1996, 194; Beck'sches Notarhandbuch/*Rapp* A III Rn. 19; *Hügel* DtZ 1996, 66; a.A. *Heinze* DtZ 1995, 195). Der Gebäudeeigentümer müsste also zuvor das Grundstück erwerben. 287

VII. Verfügungen über das in Wohnungseigentum aufgeteilte Grundstück

1. Zuerwerb von Grundstücken

288 Dazu s. zunächst § 6 Rdn. 19 ff., wenn das hinzuerworbene Grundstück auch in das bereits gebildete Wohnungseigentum als gemeinschaftliches Eigentum (§ 1 Abs. 5 WEG) einbezogen werden soll.

289 Es besteht nunmehr aber auch die Möglichkeit, dass der »Verband Wohnungseigentümergemeinschaft« seinerseits z.B. ein angrenzendes Nachbargrundstück erwirbt (zum Immobilienerwerb des Verbandes s. Rdn. 115ff.). In diesem Fall erfolgt keine Einbeziehung des erworbenen Grundstücks in das gemeinschaftliche Eigentum der Wohnungseigentümer, das diesen gem. § 1 Abs. 2, 3 u. 5 WEG zu Bruchteilen zusteht. Vielmehr wird mit dem Erwerb die reale Grundstücksfläche dem Vermögen des »Verbandes Wohnungseigentümergemeinschaft« zugeordnet. Ein solches Verfahren kann insbesondere bei größeren Gemeinschaften von Vorteil sein, da der Verwalter als Organ beim Erwerbsvorgang allein zu handeln vermag und somit nicht die ansonsten formgebundene Mitwirkung aller Wohnungseigentümer erforderlich ist (*Hügel*/Elzer Das neue WEG-Recht § 3 Rn. 84).

2. Abtrennung von Grundstücksflächen

290 Dazu s. § 6 Rdn. 27 ff.

F. Anwendbarkeit der WEG-Bestimmungen

I. Fehlendes Bauwerk

291 Das Wohnungseigentumsgesetz ist bereits **ab Anlegung der Wohnungsgrundbücher** anwendbar und nicht erst mit der (vollständigen) Errichtung der Baulichkeiten (*OLG Hamm* Rpfleger 2007, 137 = ZMR 2007, 213; Bamberger/Roth/*Hügel* § 3 Rn. 14). Wohnungseigentum kann gem. §§ 3 Abs. 1 S. 1, 8 Abs. 1 WEG nämlich schon vor Errichtung des Gebäudes gebildet werden (»oder zu errichtenden Gebäude«). Das den Miteigentumsanteilen am Grundstück jeweils zugeordnete Sondereigentum an einer Wohnung entsteht dann erst mit deren Errichtung (»schrittweise Fertigstellung«). Bis zur Errichtung des Gebäudes steht den Wohnungseigentümern ein »Anwartschaftsrecht« auf Erwerb des Sondereigentums als Vollrecht zu (BGHZ 110, 36 = NJW 1990, 1111 = Rpfleger 1990, 159; *OLG Frankfurt am Main* ZMR 2012, 30; *OLG München* ZWE 2010, 459; *OLG Hamm* ZMR 2006, 60; *OLG Hamm* DNotZ 2003, 945 = Rpfleger 2003, 574 = ZMR 2004, 369; *BayObLG* Rpfleger 2002, 199 = ZMR 2002, 291; *HansOLG Hamburg* NZM 2003, 109 = ZMR 2002, 372; *KG* ZfIR 2001, 745 = ZMR 2001, 849 = ZWE 2001, 554; **krit.** zur Begriffswahl Bärmann/*Armbrüster* § 2 Rn. 38). Zulässig ist es auch, wenn der Erwerber die Herstellung des unfertigen Sondereigentums selbst übernimmt; der Erwerber ist dann berechtigt, das Vollrecht zur Entstehung zu bringen (*LG Hamburg* ZMR 2011, 901). Dinglich vollzogen wird die Teilungserklärung aber bereits durch Eintragung in die Wohnungsgrundbücher (§ 8 Abs. 2, § 7 Abs. 1 WEG), obwohl zu diesem Zeitpunkt dasjenige Wohnungseigentum, das sich auf eine Wohnung in einem erst noch zu errichtenden Gebäude erstreckt, tatsächlich nur ein Miteigentumsanteil am Grundstück ist (BGHZ 110, 36 = DNotZ 1990, 259 = Rpfleger 1990, 159). Nach Anlegung der Wohnungsgrundbücher und vor Errichtung des Sondereigentums sind die Bestimmungen des WEG anwendbar, nicht dagegen §§ 741 ff. BGB (*Hügel* ZMR 2004, 549). Dem Eigentümer eines solchen substanzlosen Miteigentumsanteils stehen somit alle Mitgliedschaftsrechte, also auch das volle Stimmrecht zu (*OLG Hamm* ZMR 2006, 60).

292 Zum – im Grundbuchverfahren nicht nachweisbaren – Untergang des »Anwartschaftsrechtes« s. *OLG München* ZWE 2010, 459 und ausführlich *Klühs* NZM 2010, 730.

293 *Vor Anlegung* der Wohnungsgrundbücher konnten schon bisher nach der hier vertretenen Auffassung die Bestimmungen des Wohnungseigentumsgesetzes keine – auch nicht lediglich eine entsprechende – Anwendung finden (*KG* NJW-RR 1986, 1274 = ZMR 1986, 295; *Schneider* ZWE 2010, 449). Erst *nach Anlegung* der Wohnungsgrundbücher konnte ein Rückgriff auf die Figur des werdenden Wohnungseigentümers angezeigt sein (vgl. *BayObLG* ZMR 2004, 767; **a.A.** allerdings BGHZ 177,

53 = NJW 2008, 2639 = ZfIR 2008, 866 = ZMR 2008, 805 = ZWE 2008, 378). Nach der Kodifizierung des werdenden Wohnungseigentümers in § 8 Abs. 3 WEG wird die Anlegung der Wohnungsgrundbücher gem. § 9a Abs. 1 S. 2 WEG nun aus Gründen der Rechtsklarheit vorausgesetzt (BT-Drs. 19/18791, S. 44).

II. Isolierte (substanzlose) Miteigentumsanteile

Wenngleich die rechtsgeschäftliche Begründung isolierter Miteigentumsanteile gem. § 3 Abs. 1 S. 1 WEG und § 8 Abs. 1 WEG unzulässig ist (*BGH* Rpfleger 2005, 17 = ZMR 2005, 59; *OLG München* ZWE 2010, 459; *HansOLG Hamburg* ZMR 2002, 372; *BayObLG* Rpfleger 1996, 240 = ZMR 1996, 285), kann doch sachenrechtlich ein solcher **Miteigentumsanteil ohne Verbindung mit Sondereigentum** nachträglich entstehen (*BGH* Rpfleger 2005, 17 = ZMR 2005, 59 [fehlgeschlagene Unterteilung] *BGH* Rpfleger 2004, 207 = ZMR 2004, 206 [unmögliche Zuordnung von Räumen aufgrund abweichender Bauausführung]; BGHZ 130, 159 = Rpfleger 1996, 19 = ZMR 1995, 521 [fehlende Bestimmtheit aufgrund widersprüchlicher Angaben]; BGHZ 109, 179 = Rpfleger 1990, 62 = ZMR 1990, 112 [mangelnde Sondereigentumsfähigkeit]). Zur Verkehrsfähigkeit isolierter (substanzloser) Miteigentumsanteile s. Rn. 136 m.w.N. 294

Auf den Erwerber eines solchen Miteigentumsanteils sind nach ganz überwiegender Auffassung die **Bestimmungen des WEG direkt oder doch zumindest entsprechend anwendbar.** Der Sache nach besteht nämlich insoweit kein Unterschied zu der Situation, in der Wohnungseigentum schon vor Errichtung des Gebäudes gebildet wurde (Rdn. 291), die Bauausführung jedoch unterbleibt. Dann bleibt zwar das Wohnungseigentum – mit der Folge der Anwendbarkeit des Wohnungseigentumsgesetzes – bestehen, stellt aber seiner Substanz nach ebenfalls nur einen Miteigentumsanteil am Grundstück dar (*BGH* Rpfleger 2005, 17 = ZMR 2005, 59; *BGH* Rpfleger 2004, 207 = ZMR 2004, 206; *OLG Hamm* Rpfleger 2007, 137 = ZMR 2007, 213; *OLG Köln* ZMR 2004, 623; *Hügel* ZMR 2004, 549, 553; *Hauger* DNotZ 1992, 502; **diff.** Bärmann/*Armbrüster* § 2 Rn. 64 ff.; **abl.** *Weitnauer* WE 1991, 123). Wegen weiterer Einzelheiten – insbesondere zu Fragen der Kosten- und Lastentragung, des Stimmrechts und der Heilung – s. ausführlich § 3 Rdn. 157 ff. 295

III. Werdende (faktische) Wohnungseigentümer

Bei der einseitigen Begründung von Wohnungseigentum gem. § 8 WEG bejahte die ganz h.M. ein erhebliches praktisches Bedürfnis dafür, bereits **vor der rechtlichen Invollzugsetzung der Eigentümergemeinschaft** durch Eintragung des ersten Erwerbers in das Grundbuch (vgl. *BayObLG* ZMR 2004, 767; *OLG Hamm* ZMR 2003, 776) die materiellen und verfahrensrechtlichen **Bestimmungen des Wohnungseigentumsgesetzes entsprechend anzuwenden**, wenn ein Erwerber eine gesicherte Rechtsposition erlangt hat (*BGH* ZfIR 2020, 542 = ZMR 2020, 673; *BGHZ* 193, 219 = NJW 2012, 2650 = Rpfleger 2012, 641 = ZfIR 2012, 603 = ZMR 2012, 711 = ZWE 2012, 369; *BGHZ* 177, 53 = NJW 2008, 2639 = Rpfleger 2008, 564 = ZMR 2008, 805; *OLG Hamm* ZMR 2007, 712; *OLG München* ZMR 2006, 308 = Rpfleger 2006, 317; *OLG Düsseldorf* ZMR 2007, 126; *OLG Köln* NZM 2006, 301; *OLG Hamm* DNotZ 2004, 389 = ZMR 2005, 219; *OLG Köln* ZMR 2004, 859; *BayObLG* NJW-RR 1991, 216; *Heismann* ZMR 2004, 10; **krit.** *OLG Saarbrücken* NJW-RR 2002, 1236; **a.A.** *OLG Brandenburg* ZWE 2006, 447; *Belz* FS Merle 2000, S. 51 ff.). Eine solche gesicherte Erwerbsposition soll nach der höchstrichterlichen Rechtsprechung bereits entstanden sein, wenn ein wirksamer, auf die Übereignung von Wohnungseigentum gerichteter Erwerbsvertrag vorliegt, der Übereignungsanspruch durch eine Auflassungsvormerkung gesichert ist und der Besitz an der Wohnung auf den Erwerber übergegangen ist (*BGH* ZMR 2016, 299 = ZfIR 2016, 237 = ZWE 2016, 169; *BGH* NJW 2015, 2877 = ZfIR 2015, 765 = ZMR 2015, 878 = ZWE 2015, 406; *BGHZ* 193, 219 = NJW 2012, 2650 = Rpfleger 2012, 641 = ZfIR 2012, 603 = ZMR 2012, 711 = ZWE 2012, 369; *BGHZ* 177, 53 = NJW 2008, 2639 = Rpfleger 2008, 564 = ZMR 2008, 805). Der Zeitpunkt des Erwerbs vom teilenden Bauträger ist hierfür nicht von Bedeutung (*BGH* ZfIR 2020, 542 = ZMR 2020, 673). Nach der hier vertretenen Auffassung bedurfte es weiterhin zur Erhaltung eines materiell- und verfahrensrechtlichen Gleichlaufs auch noch der Anlegung der 296

Wohnungsgrundbücher (*Schneider* ZWE 2010, 449). Der Gesetzgeber hat das Rechtsinstitut des werdenden Wohnungseigentümers nunmehr in § 8 Abs. 3 WEG kodifiziert.

297 Die Rechtsfigur des werdenden Wohnungseigentümers **widerspricht** damit **nicht** der **Rechtsprechung des BGH** zum faktischen Wohnungseigentümer (BGHZ 106, 113 = DNotZ 1989, 422 = NJW 1989, 1087 = Rpfleger 1989, 150; BGHZ 107, 285 = Rpfleger 1989, 366 = ZMR 1989, 434). Diese genannten Entscheidungen betreffen ausschließlich den Fall eines erwerbenden Wohnungseigentümers, der bei einer **bereits in Vollzug gesetzten Gemeinschaft** erworben hat.

298 Zum Ganzen s. ausführlich die Kommentierung zu § 8 Abs. 3 WEG.

299 Zur Frage, ob eine Anwendung der Regelungen aus der Gemeinschaftsordnung auch bei der vertraglichen Begründung von Wohnungseigentum gem. **§ 3 WEG** denkbar ist s. § 3 Rdn. 176 f.

G. Sonderformen

I. Errichtung von Mehrhausanlagen in mehreren Bauabschnitten

1. Ausgangslage

300 Das WEG erlaubt auch die Begründung von Wohnungseigentum, wenn mehr als ein Gebäude auf dem aufzuteilenden Grundstück errichtet ist oder errichtet werden soll (vgl. *BGH* NZM 2001, 435; *KG* IBR 2012, 26; *OLG Düsseldorf* Rpfleger 2004, 691 = ZfIR 2004, 778). Probleme bereitet dabei die abschnittsweise Erstellung noch zu errichtender Gebäude. Soweit **Wohnungseigentum in Form mehrerer selbstständiger Gebäude** mangels realer Teilbarkeit an einem Grundstück im Rechtssinne gebildet werden soll, wird in diesem Fall in der Praxis mit der Erstellung des zweiten oder weiteren Bauabschnitts erst begonnen werden, wenn die Abveräußerung der Einheiten des ersten Bauabschnitts (weitgehend) erfolgt ist. Die Aufteilung solcher Mehrhausanlagen kann sich auf unterschiedliche Weise vollziehen:

2. »Große (Komplett-) Aufteilung«

301 Möglich ist eine vollständige Aufteilung der Gesamtanlage mit sämtlichen konzipierten Gebäuden »in einem Zug«. Das Sondereigentum entsteht in diesem Fall jeweils mit dem Baufortschritt (vgl. Rn. 291).

302 Dieses Verfahren wird jedoch nur dann umsetzbar sein, wenn bereits zu Beginn alle Bauabschnitte vollständig geplant werden können und die allgemeinen Voraussetzungen für die Begründung von Wohnungseigentum, insbesondere § 7 Abs. 4 WEG, gegeben sind (Staudinger/*Rapp* [2018] § 5 Rn. 54). Auch verbleiben dem Bauträger keine Planungsspielräume bei der Errichtung der weiteren Abschnitte, da die Erstellung nur in Übereinstimmung mit den bereits festgelegten Plänen erfolgen kann (*Häublein* DNotZ 2000, 442, 443).

3. »Kleine Aufteilung«

303 Denkbar ist auch eine vollständige Aufteilung lediglich bezogen auf die Einheiten des ersten Bauabschnitts. Erwerber aus diesem Abschnitt verpflichten sich beim Erwerb zur Übertragung von Miteigentumsanteilen, mit denen der Bauträger bei Realisierung eines weiteren Bauabschnitts Sondereigentum an den noch zu schaffenden Wohnungen verbinden kann. Die Absicherung dieses schuldrechtlichen Anspruchs auf Abtrennung von Miteigentumsanteilen und Einräumung von Sondereigentum zugunsten des Bauträgers kann nur durch Eintragung entsprechender Vormerkungen gem. § 883 BGB an sämtlichen Wohnungseinheiten erfolgen. Dafür ist neben der genauen Angabe der noch zu bebauenden Teilfläche eine Bezugnahme auf die künftige baurechtliche Genehmigung ausreichend (*BayObLG* Rpfleger 1992, 292 = ZMR 1992, 256).

304 Die an den einzelnen Einheiten des ersten Bauabschnitts eingetragenen Vormerkungen behindern jedoch die weitere Abwicklung. Zum einen bedarf es der erstrangigen Eintragung, wenn die Vormerkungen vollstreckungsfest sein sollen, was zu Schwierigkeiten bei der Endfinanzierung der

Erwerber führen kann. Zum anderen sind bei zukünftigen Übertragungen von Miteigentumsanteilen die Zustimmungen der dinglich Berechtigten gem. §§ 876, 877 BGB erforderlich, da die zur Verbindung mit Sondereigentum vorgesehenen Anteile lastenfrei gemacht werden müssen. Aus diesen Gründen wird von der »kleinen Aufteilung« zu Recht **abgeraten** (vgl. Beck'sches Notarhandbuch/*Rapp* A III Rn. 37).

4. Aufteilung mit überdimensionalem Miteigentumsanteil

Die Aufteilung kann auch noch dergestalt erfolgen, dass bei der vollständigen Aufteilung des ersten Bauabschnitts einer Einheit (typischerweise dem mutmaßlich als letztem zu veräußernden Garagen- oder Stellplatzeigentum) ein **überdimensonaler Miteigentumsanteil** zugeordnet wird, der sich an der Fläche der noch zu erstellenden Einheiten in den zukünftigen Bauabschnitten orientiert (grundlegend *Röll* DNotZ 1977, 69, 74 ff.). Liegen dann für den zweiten Bauabschnitt die Voraussetzungen des § 7 Abs. 4 WEG vor (Aufteilungsplan und ergänzte Abgeschlossenheits- und Flächenbescheinigung), kann in einem Nachtrag zur Teilungserklärung die Aufspaltung des überdimensionalen Miteigentumsanteils erfolgen. 305

Die mit der späteren Abtrennung von Miteigentumsanteilen verbundene Überführung der zunächst noch im gemeinschaftlichen Eigentum stehenden Wohnungen des weiteren Bauabschnitts in Sondereigentum macht jedoch grundsätzlich die **Mitwirkung aller Wohnungseigentümer** (§ 4 WEG) **und** ihrer **dinglich Berechtigten** (§§ 876, 877 BGB) erforderlich, da gemeinschaftliches Eigentum in Sondereigentum umgewandelt werden muss (vgl. *BayObLG* ZMR 1994, 576; dazu ausführlich § 7 Rdn. 278 ff.). 306

Eine **verdinglichte Ermächtigung** in der Gemeinschaftsordnung zur späteren Umwandlung von Gemeinschafts- in Sondereigentum ist dabei nach inzwischen h.M. **nicht möglich** (*BGH* NJW 2019, 3716 = ZfIR 2019, 405 = ZMR 2019, 518; *BGH* ZMR 2012, 793 = ZWE 2012, 361; *BGH* DNotZ 2003, 536 = ZMR 2003, 748; *BayObLG* DNotZ 1998, 379 = Rpfleger 1998, 19; *BayObLG* NZM 2000, 668 = ZMR 2000, 316; *BayObLG* Rpfleger 2002, 140 = ZMR 2002, 283; *KG* NZM 1999, 258; *Armbrüster* ZMR 2005, 244, 247; *Demharter* Anh. zu § 3 Rn. 91; *Hügel* RNotZ 2005, 149, 151; *Krause* NotBZ 2001, 433, 434 u. 437 f.; Meikel/*Böttcher* Einl. I Rn. 15 f.; *Schöner/Stöber* Rn. 2967c), sodass Mitwirkungspflichten nur über entsprechende Vollmachten individuell abgesichert werden können (vgl. *BayObLG* DNotZ 1996, 297). Die fehlende Weitergabe der Mitwirkungsverpflichtung im Veräußerungsfall durch einen Wohnungseigentümer des ersten Bauabschnitts kann jedoch nicht über die Versagung einer auch insoweit vereinbarten Veräußerungszustimmung gem. § 12 WEG sanktioniert werden (*Armbrüster* ZMR 2005, 244, 249; *Häublein* DNotZ 2000, 442, 455; § 12 Rn. 146; **a.A.** *Hügel* NZM 2010, 8, 17; *ders.* DNotZ 2003, 517, 522 ff.). Auch kann nicht zunächst an dem gesamten zu erstellenden Gebäude Sondereigentum begründet werden, um sodann das notwendige Gemeinschaftseigentum an Treppenhäusern pp. durch Aufgabe gem. § 928 BGB zu erreichen (so aber *Gaier* FS Wenzel 2005, 145, 152 ff.). Dereliktion führt nämlich nicht zu Gemeinschaftseigentum, sondern zur Herrenlosigkeit (zu Recht deshalb **abl.** Staudinger/*Rapp* [2018] § 5 Rn. 52). Es wird dem Bauträger daher nichts anderes übrig bleiben, als sich die Mitwirkungspflicht der jeweiligen Eigentümer des vorherigen Bauabschnitts bei der Bildung des neuen Sondereigentums individualvertraglich durch Eintragung einer Vormerkung in jedem Wohnungsgrundbuch zu sichern (*Häublein* DNotZ 2000, 442; *Röll* ZWE 2000, 446). 307

Selbst die in der Praxis geläufige Einräumung eines umfassenden Sondernutzungsrechtes an der zukünftig zu bebauenden Teilfläche des Grundstücks zugunsten des Bauträgers soll nicht geeignet sein, die **Mitwirkungpflicht Drittberechtigter** auszuschließen (so *BayObLG* Rpfleger 2002, 140 = ZMR 2002, 283; *BayObLG* Rpfleger 2000, 544 = ZMR 2000, 779; *BayObLG* WE 1996, 155; *BayObLG* MittRhNotK 1993, 224; *BayObLG* Rpfleger 1992, 20; Bauer/*v. Oefele* 3. Aufl. AT V Rn. 358; *Demharter* Anh. zu § 3 Rn. 91; *Schöner/Stöber* Rn. 2967). Zur Kritik an dieser Auffassung 308

s. § 7 Rdn. 289 f. m.w.N. Ein Ausschluss der von der h.M. angenommenen Zustimmungspflicht Drittberechtigter kann jedoch auf folgenden Wegen erreicht werden:

- Zum einen kann eine in der Teilungserklärung selbst enthaltene, dem Bestimmtheitsgrundsatz entsprechende Änderungsbefugnis auch Wirkung gegen die dinglich Berechtigten entfalten, weil sie anders als eine nur in einem notariellen Vertrag erteilte Vollmacht zur Änderung nicht lediglich das Verhältnis der Vertragsparteien betrifft. Zwar wird auch dann mit der Reduzierung von gemeinschaftlichem Eigentum das Haftungsobjekt dinglich Berechtigter geschmälert, jedoch nur in einem von Anfang an zugelassenen Umfang. Deren Zustimmung ist daher in einem solchen Fall nicht erforderlich (*LG Augsburg* NZM 1999, 872).
- Denkbar ist aber auch die Verwendung einer von Anfang an hinsichtlich der Entstehung des künftigen Sondereigentums auflösend bedingten Eintragungsbewilligung für die Rechte der Enderwerber am ersten Bauabschnitt. Mit der Umwandlung des Gemeinschaftseigentums in Sondereigentum an den weiteren Bauabschnitten entfällt dann die Zustimmung der dinglich Berechtigten infolge des Bedingungseintritts; die Belastungen der Eigentümer am ersten Bauabschnitt bestehen automatisch nur noch an dem reduzierten Gemeinschaftseigentum. Insoweit liegt auch kein Fall des § 4 Abs. 2 S. 2 WEG vor, da es sich um eine Gestaltungsfrage hinsichtlich der dinglichen Rechte am Wohnungseigentum und nicht des Wohnungseigentums selbst handelt (zur Zulässigkeit von Bedingungen bei dinglichen Rechten vgl. Bauer/Schaub/*Kilian* § 19 Rn. 56 ff.).

II. Unzulässigkeit von rechtlich verselbstständigten Unter- und Übergemeinschaften

1. Untergemeinschaften

309 Das Wohnungseigentumsgesetz sieht **dinglich verselbstständigte Untergemeinschaften** an einzelnen Räumen oder Gebäudeteilen nicht vor, sodass diese gem. § 93 BGB auch nicht Gegenstand besonderer Rechte sein können (Weitnauer/*Briesemeister* § 3 Rn. 32; **a.A.** noch *Bärmann/Pick/Merle*, 9. Aufl., § 1 Rn. 41 u. § 7 Rn. 38). Dies stünde im Widerspruch zu den Bemühungen des WEG, klar und überschaubar abgegrenzte Bereiche des Sondereigentums zu schaffen. Sondereigentum kann deshalb immer nur *einem* Miteigentumsanteil zugeordnet werden (*BayObLG* MittBayNot 1982, 26); durch die Aufteilung darf **kein Mitsondereigentum** zugunsten einer Gruppe von Wohnungseigentümern z.B. an Fahrstühlen, Treppenhäusern oder einzelnen Wohnungen vorgelagerten Fluren entstehen (*BGH* ZMR 2012, 377 = ZWE 2012, 81; BGHZ 130, 159, 168 = NJW 1995, 2851 = Rpfleger 1996, 19 = ZMR 1995, 521; *OLG Schleswig* ZMR 2007, 726 = DNotZ 2007, 620 m. insoweit zust. Anm. *Commichau*; *BayObLG* Rpfleger 2000, 326 = ZMR 2000, 622; *BayObLG* Rpfleger 1996, 240; *BayObLG* Rpfleger 1988, 102; Bamberger/Roth/*Hügel* § 5 Rn. 8; *Schöner/Stöber* Rn. 2824). Etwas anderes gilt lediglich für das sog. Nachbareigentum (dazu s. § 5 Rdn. 108 ff.).

310 Soweit mehrere Eigentümer eine Wohnungs- oder Teileigentumseinheit gemeinschaftlich erwerben, bilden sie keine rechtlich verselbstständigte Untergemeinschaft. Für diese Eigentümer gilt vielmehr **im Innenverhältnis das jeweilige Gemeinschaftsrecht** (also z.B. das der Bruchteilsgemeinschaft gem. §§ 741 ff. BGB oder das einer Gesamthandsgemeinschaft) und nicht das WEG (*BGH* NJW-RR 2005, 308 = DNotZ 2005, 207 m. Anm. *Wolfsteiner*; *BGH* NJW-RR 2001, 6; *OLG Frankfurt am Main* DNotZ 2007, 471 = ZMR 2007, 291; *OLG Jena* FGPrax 2000, 7; Weitnauer/*Briesemeister* § 3 Rn. 121; eine Ausnahme macht der *BGH* allerdings in der Zeit vor dem WEMoG für sog. Mehrfachparker: *BGH* NJW 2014, 1879 = Rpfleger 2014, 362 = ZfIR 2014, 441 = ZWE 2014, 211). § 11 WEG findet deshalb auf diese Gemeinschaften keine Anwendung; für Gläubiger ist daher insoweit das Zugriffsrecht gem. § 751 BGB eröffnet. Nunmehr kann der einzelne Mehrfachparker in Sondereigentum überführt werden (vgl. § 3 Abs. 1 S. 2 WEG), so dass diese Konstellationen voraussichtlich in Zukunft an Bedeutung verlieren werden.

311 **Auch** eine aus mehreren Wohnhäusern gebildete Wohnungseigentumsanlage ist nach diesen Grundsätzen zu behandeln (*OLG Köln* WE 1998, 191). Das schließt aber insbesondere für solche **Mehrhausanlagen** nicht aus, dass sich aus der Gemeinschaftsordnung eine Verpflichtung des Verwalters ergeben kann, für Teile der Gemeinschaft eigene Wirtschaftspläne und Jahresabrechnungen aufzu-

stellen (vgl. *BGH* NJW-RR 2012, 1291; *Hügel* NZM 2010, 8), über die gesondert in einer Teil – Eigentümerversammlung abzustimmen ist (*BayObLG* ZMR 2004, 598). Neben solchen separierten Beschlusskompetenzen und Kostentragungsregelungen werden typischerweise auch Sonderregelungen über gemeinschaftliche Sondernutzungsrechte mit entsprechender Kostentragungsverpflichtung für die jeweiligen Eigentümer der Wohnhäuser erreicht (sog. Gruppensondernutzungsrechte; vgl. *Hogenschurz* Das Sondernutzungsrecht nach WEG § 3 Rn. 116). Wegen der bei späteren Änderungen der Gruppensondernutzungsrechte zu beachtenden Grenzen s. *OLG München* ZMR 2016, 303.

Ein besonderes Problem ergibt sich nach der Anerkennung der Rechtsfähigkeit der Wohnungseigentümergemeinschaft für solche Mehrhausanlagen. Als rechtsfähig kann nämlich lediglich die übergeordnete Gesamteigentümergemeinschaft angesehen werden; die untergeordneten »Verwaltungsgemeinschaften« sind nur ein Teil dieses Gesamtverbandes und nicht selbst rechtsfähig, weil sie ihre Organisationsbefugnisse lediglich von dem Gesamtverband ableiten (*OLG Koblenz* ZMR 2011, 225 = ZWE 2011, 91; *OLG Düsseldorf* ZWE 2010, 336; *OLG Naumburg* ZMR 2009, 389; *LG Gera* ZMR 2014, 1008; *LG Frankfurt* ZMR 2014, 142; *AG Aachen* ZMR 2011, 752 = ZWE 2010, 285; *Armbrüster* ZWE 2011, 110; *Häublein* ZWE 2010, 149, 150; *Hügel* NZM 2010, 8, 9; *Hogenschurz* Das Sondernutzungsrecht nach WEG § 3 Rn. 114; *Jennißen* NZM 2006, 203, 206; *Wenzel* NZM 2006, 321, 323 f.). Auch dann, wenn nach der Gemeinschaftsordnung einer Mehrhausanlage Untergemeinschaften in eigener Zuständigkeit nach dem Vorbild selbständiger Eigentümergemeinschaften über die Lasten und Kosten entscheiden, muss für die Wohnungseigentümergemeinschaft eine einheitliche Jahresabrechnung erstellt und beschlossen werden. Über die Gesamtabrechnung als Teil der einheitlichen Jahresabrechnung muss zwingend allein die Gesamtgemeinschaft beschließen; ebenso ist die Darstellung der Instandhaltungsrücklage notwendigerweise Sache der Gesamtgemeinschaft, und zwar auch dann, wenn für Untergemeinschaften separate Rücklagen zu bilden sind. Untergemeinschaften kann eine Befugnis zur eigenständigen Beschlussfassung über Teile der einheitlichen Jahresabrechnung nur durch ausdrückliche, eindeutige Regelung in der Gemeinschaftsordnung eingeräumt werden, und zwar beschränkt auf die Verteilung der ausschließlich die jeweilige Untergemeinschaft betreffenden Kosten in den Einzelabrechnungen; im Zweifel ist das Rechnungswesen insgesamt Sache der Gesamtgemeinschaft (*BGH* NJW 2021, 3057 = ZfIR 2021, 594 = ZMR 2021, 910). 312

Auch kann nur ein Verwalter für die Gesamtgemeinschaft bestellt werden (*LG Hamburg* ZMR 2013, 214; *LG Düsseldorf* NZM 2010, 288; *LG Nürnberg-Fürth* ZMR 2010, 315). 313

Der *BGH* hält eine Beschlusskompetenz für eine Untergemeinschaft zur Durchführung von Instandhaltungs-, Instandsetzungs- und Sanierungsmaßnahmen unter Ausschluss der anderen Eigentümer dann für möglich, wenn zugleich bestimmt wird, dass die durch diese Maßnahmen verursachten Kosten im Innenverhältnis allein von den Mitgliedern der jeweiligen Untergemeinschaft zu tragen sind (*BGH* NJW 2018, 1309 = ZMR 2018, 234 = ZfIR 2018, 353 = ZWE 2018, 124). Im Hinblick auf § 9a Abs. 4 S. 1 (vormals § 10 Abs. 8 Satz 1 WEG ergeben sich allerdings **Haftungsprobleme.** Obwohl eine untergeordnete Verwaltungsgemeinschaft im Innenverhältnis zur Kostentragung für solche Angelegenheiten, die lediglich das von ihr verwaltete Haus betreffen, verpflichtet ist, haften im Außenverhältnis alle Wohnungseigentümer der Gesamtanlage entsprechend ihrer Miteigentumsquote (*Häublein* ZWE 2010, 149, 151 f.; *Hügel* ZWE 2010, 8, 10). Nach Auffassung des *BGH* soll die anteilige Außenhaftung für die an der Untergemeinschaft nicht beteiligten Eigentümer jedoch nur mit einem geringen wirtschaftlichen Risiko verbunden sein (*BGH* NJW 2018, 1309 = ZMR 2018, 234 = ZfIR 2018, 353 = ZWE 2018, 124). Die in der Entscheidung angesprochene Aufrechnungsmöglichkeit zur Kompensation einer gleichwohl eingetretenen Haftung für einen nicht zur fraglichen Untergemeinschaft gehörenden Miteigentümer dürfte allerdings an der fehlenden Aufrechnungslage scheitern. Zu möglichen Lösungsstrategien s. auch *Müller* zit. nach Schmolke NZM 2007, 474 und *Hügel*/Elzer Das neue WEG-Recht § 3 Rn. 28 ff. mit einem Formulierungsvorschlag. 314

2. Übergemeinschaften

315 Umgekehrt können die Miteigentümer zweier selbstständiger Wohnungseigentumsgemeinschaften **kein gemeinsames Verwaltungs- und Wirtschaftswesen** unter Verdrängung der gesetzlichen Verwaltungsbefugnisse der einzelnen Gemeinschaft vereinbaren. Die Begründung einer solchen Übergemeinschaft oder Dachgemeinschaft wäre wegen Verstoßes gegen zwingende Vorschriften des Wohnungseigentumsrechts und Umgehung des sachenrechtlichen Typenzwangs nichtig (*OLG Hamm* DNotZ 2004, 627 = NZM 2004, 787; *OLG Düsseldorf* ZMR 2003, 765). Es bleibt mehreren Eigentümergemeinschaften jedoch unbenommen, sich zu einer **Wirtschaftsgemeinschaft** zusammenzuschließen, z.B. um gemeinsam einen Ferienwohnpark zu betreiben. Allerdings findet dann auf diese Wirtschaftsgemeinschaft nicht das Recht des WEG, sondern der **BGB-Gesellschaft** Anwendung (*OLG Köln* ZMR 2000, 561; *BayObLG* ZMR 1999, 418; *LG Stade* ZMR 2021, 422).

Abschnitt 2 Begründung des Wohnungseigentums

§ 2 Arten der Begründung

Wohnungseigentum wird durch die vertragliche Einräumung von Sondereigentum (§ 3) oder durch Teilung (§ 8) begründet.

Literatur:
DNotI-Gutachten, Aufteilung eines Grundstücks in Sondereigentum bei zwei Grundstücksmiteigentümern; Zuweisung von 10 Wohnungseigentumseinheiten zu einem Miteigentümer und einer Wohnungseigentumseinheit zu dem anderen Miteigentümer; Abgrenzung zwischen § 3 WEG und § 8 WEG, DNotI-Report 2015, 169.

A. Allgemeines

1 § 2 ist lediglich eine **Leitvorschrift** (Weitnauer/*Briesemeister* Rn. 1), die die beiden – einzigen – Möglichkeiten zur Begründung von Wohnungs- und Teileigentum) aufzeigt. Danach kann die Begründung entweder durch eine vertragliche Einräumung von Sondereigentum seitens der schon vorhandenen Miteigentümer (§ 3) oder durch einseitige Aufteilungserklärung des/der Alleineigentümer/s erfolgen (§ 8). Die Art seiner Begründung ist für das entstandene Wohnungs- und Teileigentum im weiteren Rechtsverkehr unerheblich (vgl. *OLG Celle* ZMR 2009, 214).

2 **Andere Möglichkeiten** der Begründung von Wohnungs- und Teileigentum kennt das Gesetz **nicht.** So besteht z.B. grundsätzlich keine Möglichkeit einer richterlichen Teilung (vgl. *OLG Oldenburg* FamRZ 1996, 1437). Auch durch letztwillige Verfügung kann Wohnungseigentum nicht unmittelbar begründet werden. Sowohl ein Vermächtnis als auch eine Teilungsanordnung gewähren dem Berechtigten lediglich einen schuldrechtlichen Anspruch auf Verschaffung von Wohnungseigentum, dessen Begründung die Erben erst noch in der beschriebenen Weise vornehmen müssen (*BGH* DNotZ 2003, 56 = Rpfleger 2002, 520 = ZMR 2002, 762; Bamberger/Roth/*Hügel* Rn. 3).

3 Beide Arten der Begründung von Wohnungs- und Teileigentum sind sowohl hinsichtlich bereits bestehender als auch hinsichtlich noch zu errichtender **Gebäude** möglich (vgl. § 3 Abs. 1 S. 1 u. § 8 Abs. 1: »Sondereigentum an … Räumen in einem auf dem Grundstück errichteten oder zu errichtenden Gebäude«). Die **Anzahl** der Wohnungs- und Teileigentumseinheiten an einem Grund-

stück ist dabei nicht begrenzt. Sie kann im Einzelfall durchaus vierstellige Größenordnungen erreichen (vgl. *Heinrich* ZMR 2012, 421), wenngleich dies im Hinblick auf die Verwaltbarkeit der Anlage wenig sinnvoll erscheint.

B. Vertragliche Einräumung gem. § 3 WEG

Soll die Begründung von Wohnungseigentum in der Weise erfolgen, dass mehrere Bruchteilseigentümer sich gegenseitig vertraglich Sondereigentum einräumen, gelten für diesen dinglichen Vertrag dieselben Formvorschriften wie für die Auflassung (§ 4 Abs. 2 WEG, § 925 BGB). In der Einräumung von Alleineigentum an den vorgesehenen Wohnungs- und Teileigentumsrechten liegt eine Verfügung über den jeweiligen Miteigentumsanteil. 4

Nach Durchführung der vertraglichen Einräumung von Sondereigentum setzt sich das Miteigentum der bisherigen Bruchteilseigentümer jeweils an den neu entstehenden Wohnungs- und Teileigentumsrechten dergestalt fort, dass alleiniger Rechtsinhaber nunmehr jeweils die vormaligen Miteigentümer des Grundstücks sind. Dabei müssen für die Aufteilung gem. § 3 die gewöhnlichen Bruchteilsquoten mit den zukünftig mit Sondereigentum zu verbindenden Miteigentumsanteilen übereinstimmen. Dies schließt Verschiebungen und Anpassungen der Bruchteile im Vorfeld der Grundbucheintragung nicht aus (s.a. Rdn. 13 f.). Im Gegenteil zwingt die dargestellte Systematik u.U. sogar zu – grunderwerbsteuerpflichtigen – Übertragungen bloßer Miteigentumsanteile, um die Voraussetzungen für die Begründung des Wohnungseigentums zu schaffen. Im Hinblick auf § 16 Abs. 2 spiegeln sich nämlich vielfach in den Miteigentumsanteilen die Verhältnisse der Wohnungsgrößen, sodass »glatte« Anteile in der Praxis eher die Ausnahme sind. Angezeigt wäre es daher, bereits beim Erwerb eines Grundstücks darauf zu achten, dass Miteigentumsanteile in dem Verhältnis erworben werden, wie sie demnächst dem Alleineigentum am zugeordneten Wohnungs- und Teileigentumsrecht entsprechen sollen. 5

Durch die vertragliche Einräumung von Sondereigentum kann auch die **Aufhebung einer Miteigentümergemeinschaft** (§ 752 BGB) bewirkt werden. Voraussetzung ist jedoch, dass die Teilhaber darüber Einvernehmen herbeiführen; die Begründung von Wohnungseigentum kann nicht durch richterliche Teilungsentscheidung gegen den Willen eines Teilhabers erzwungen werden. Die Bildung von Sondereigentum stellt nämlich keine Teilung in Natur i.S.d. § 752 BGB dar, da an einem bebauten Grundstück i.d.R. keine gleichartigen Anteile gebildet werden können (*OLG Hamm* NJW-RR 1992, 665). Zudem wird die Bindung unter den bisherigen Gemeinschaftern nicht endgültig und umfassend gelöst wie in § 749 BGB vorgesehen, sondern durch eine neue Bindung, nämlich die Wohnungseigentümergemeinschaft, abgelöst. Sind sich die Gemeinschafter über die Einräumung von Sondereigentum nicht einig, kann die Teilung nur nach § 753 BGB durch Versteigerung des Grundstücks erfolgen (*OLG München* NJW 1952, 1298 = DNotZ 1953, 147; Weitnauer/*Briesemeister* § 2 Rn. 1 a.E.). 6

Allerdings kann in besonders gelagerten Einzelfällen die Aufhebung der Gemeinschaft gerade durch Zwangsversteigerung wegen einer mit ihr verbundenen besonderen Härte für den widersprechenden Teilhaber eine unzulässige Rechtsausübung darstellen mit der Folge, dass sich der die Aufhebung betreibende Teilhaber auf Realteilung in gleichwertige Teile verweisen lassen muss (*BGH* BGHZ 58, 146 = JZ 1972, 403). Unter diesen engen Voraussetzungen – bloße Billigkeitserwägungen genügen nicht – kann dann auch eine Realteilung durch Bildung von Wohnungseigentum in Betracht kommen (*OLG Frankfurt am Main* DStR 2007, 868; Bärmann/*Armbrüster* § 2 Rn. 5; a.A. Niedenführ/*Vandenhouten* Rn. 3). 7

Die **Auseinandersetzung einer Erbengemeinschaft** (§ 2042 Abs. 2 BGB i.V.m. § 752 BGB) kann ebenfalls durch vertragliche Einräumung von Sondereigentum erfolgen, wobei zunächst das Gesamthandseigentum der Erbengemeinschaft in Bruchteilseigentum umgewandelt werden muss. Auch hier ist Einvernehmen der Miterben erforderlich, wenn nicht aufgrund einer Teilungsanordnung des Erblassers nach § 2048 BGB die Auseinandersetzung durch Aufteilung in Wohnungseigentum angeordnet wird. In diesem Fall hat jeder Miterbe einen einklagbaren Anspruch auf Begründung 8 von Wohnungseigentum nach § 3 WEG entsprechend den Vorgaben des Erblassers. Können sich die Miterben lediglich auf die Gemeinschaftsordnung nicht einigen, können die über die gesetzlichen Vorschriften hinaus im Einzelfall erforderlichen Regelungen durch das Gericht getroffen werden (*BGH* NJW 2002, 2712 = Rpfleger 2002, 520 = ZMR 2002, 762).

9 Die Begründung von Sondereigentum durch Vertrag kam insbesondere bei den sog. »Bauherrenmodellen« zur Anwendung. Im Einzelnen s. die Kommentierung zu § 3.

C. Einseitige Teilungserklärung gem. § 8 WEG

10 In der Praxis hat sich die einseitige Begründung von Wohnungs- und Teileigentum durch den allein teilenden Eigentümer gem. § 8 als die häufigere Erscheinungsform herausgebildet. Wesensmerkmal dieser sog. **Vorratsteilung** ist, dass die Teilung als rechtstechnische Maßnahme die bisherige Gemeinschaftsform der (Mit-) Eigentümer des Grundstücks nicht verändert, sondern lediglich dazu dient, die Entstehung einer Wohnungseigentümergemeinschaft vorzubereiten und zu erleichtern (*KG* Rpfleger 1995, 17).

11 Steht das Eigentum an einem Grundstück also mehreren Personen in **Bruchteilsgemeinschaft** zu, so hat eine Teilung des Eigentums nach § 8 zur Folge, dass sich die Bruchteilsgemeinschaft an den einzelnen Raumeigentumsrechten fortsetzt (*KG* Rpfleger 1995, 17; *BayObLG* NJW 1969, 883). Sind mehrere Eigentümer an dem ungeteilten Grundstück in **Erbengemeinschaft** eingetragen, bewirkt die Teilung gem. § 8 lediglich die Bildung von neuen Miteigentumsanteilen verbunden mit Sondereigentum, an denen aber nach wie vor jeweils unverändert die Mitglieder der Erbengemeinschaft eingetragen sind. Eine Auseinandersetzung erfolgt bei dieser Art der Teilung also nicht; dafür hätte es einer vorherigen Umwandlung in eine Bruchteilsgemeinschaft mit anschließender Begründung des Wohnungseigentums gem. § 3 bedurft.

12 Erfolgt die Bildung der Wohnungseigentumsrechte gem. § 8 durch eine **natürliche Person**, so wird bei späteren Abveräußerungen ggf. zu beachten sein, dass die sog. »Drei-Objekt-Grenze« überschritten werden kann, was zur Annahme eines gewerblichen Grundstückshandels und einer entsprechenden **Steuerpflicht** führen kann (vgl. § 15 Abs. 2 EStG; *BFH* BStBl. II 2004, S. 950 = BFHE 207, 162; *BFH* BStBl. II 2005, S. 41 = BFHE 207, 263; *Fischer* MittBayNot 1999, 221).

D. Besonderheiten

13 Denkbar ist eine **Mischform** in der Anwendung von § 3 WEG u. § 8 WEG in der Weise, dass ein zunächst größer dimensionierter Miteigentumsanteil eines Miteigentümers im Zuge der vertraglichen Begründung von Wohnungseigentum weiterhin gem. § 8 WEG unterteilt wird. Statt – wie bei einer bloß vertraglichen Einräumung – diesen größeren Miteigentumsanteil mit einem einheitlichen Sondereigentum z.B. an mehreren Wohnungen zu verbinden, kann auch sogleich den entsprechend § 8 durch weitere Unterteilung gebildeten kleineren Miteigentumsanteilen jeweils unmittelbar eigenes Sondereigentum an einer bestimmten Wohnung zugeordnet werden (wie hier *KG* NJW 1995, 62; *LG Bochum* NJW-RR 1999, 887; BeckOGK/*M. Müller* § 2 Rn. 11; DNotI-Gutachten DNotI-Report 2015, 169; Grüneberg/*Wicke* BGB § 3 WEG Rn. 2; *Schöner/Stöber* Rn. 2814; vgl. *BGH* BGHZ 49, 250 = NJW 1968, 499; **a.A.** *OLG München* ZfIR 2020, 678 = ZWE 2020, 416; Bärmann/*Armbrüster* § 2 Rn. 12). Das gleiche Ergebnis ließe sich auch sukzessive über getrennte Urkunden und Eintragungen erreichen.

14 Ebenfalls können die beiden **Möglichkeiten** zur Begründung von Wohnungs- und Teileigentum auch in der Weise **kombiniert** werden, dass mehrere Bruchteilseigentümer die Begründung einer bestimmten Anzahl von Wohnungseigentumsrechten mit der Maßgabe vereinbaren, dass sie einen Teil davon selbst zu Eigentum übernehmen (Fall des § 3 WEG), sich jedoch hinsichtlich der übrigen Wohnungseigentumsrechte als Miteigentümer zu den am Stammgrundstück bestehenden ursprünglichen Anteilen (insoweit Fall des § 8 WEG) eintragen lassen (*KG* Rpfleger 1995, 17 = FGPrax 1995, 24).

Weiterhin können Miteigentümer eines Grundstücks durch einen dinglichen Vertrag Wohnungseigentum nach § 3 WEG auch in der Weise begründen, dass sie sowohl die Zahl der Miteigentumsanteile durch **Zusammenlegung** verändern als auch diesen neuen Anteilen jeweils das Sondereigentum an *einer* Wohnung zuordnen (*BGH* BGHZ 86, 393 = NJW 1983, 1672 = Rpfleger 1983, 270). Auf diese Weise können z.B. zwei Ehepaare ihre ursprünglichen jeweils 1/4 Miteigentumsanteile zunächst zu jeweils einem 1/2 Miteigentumsanteil zusammenführen, um alsdann mit jedem der neu gebildeten halben Miteigentumsanteile das Sondereigentum an einer bestimmten Wohnung zu verbinden. An den so entstandenen Einheiten sind die jeweiligen Eheleute intern wiederum in gewöhnlicher Bruchteilsgemeinschaft gem. §§ 741 ff. zu je 1/2 Anteil berechtigt. 15

Umgekehrt ist auch eine **Abspaltung** von Miteigentumsanteilen bei einigen oder allen Bruchteilseigentümern möglich, um auf diese Weise einen neuen Miteigentumsanteil bilden zu können, an dem sie sodann im Verhältnis der eingebrachten Anteile berechtigt sind. Das so gebildete neue Miteigentum kann anschließend mit Sondereigentum verbunden werden, das ausschließlich diesen Bruchteilsinhabern zustehen soll wie dies z.B. bei einem Doppel- bzw. Mehrfachparker oder einem Schwimmbad der Fall sein kann (*LG Bochum* Rpfleger 1999, 24). 16

E. Genehmigungen

Die Begründung von Wohnungs- und Teileigentumsrechten kann im Einzelfall von einer öffentlich-rechtlichen Genehmigung abhängen; dazu s. ausführlich § 7 Rdn. 86 ff. 17

§ 3 Vertragliche Einräumung von Sondereigentum

(1) Das Miteigentum (§ 1008 des Bürgerlichen Gesetzbuches) an einem Grundstück kann durch Vertrag der Miteigentümer in der Weise beschränkt werden, dass jedem der Miteigentümer abweichend von § 93 des Bürgerlichen Gesetzbuches das Eigentum an einer bestimmten Wohnung oder an nicht zu Wohnzwecken dienenden bestimmten Räumen in einem auf dem Grundstück errichteten oder zu errichtenden Gebäude (Sondereigentum) eingeräumt wird. Stellplätze gelten als Räume im Sinne des Satzes 1.

(2) Das Sondereigentum kann auf einen außerhalb des Gebäudes liegenden Teil des Grundstücks erstreckt werden, es sei denn, die Wohnung oder die nicht zu Wohnzwecken dienenden Räume bleiben dadurch wirtschaftlich nicht die Hauptsache.

(3) Sondereigentum soll nur eingeräumt werden, wenn die Wohnungen oder sonstigen Räume in sich abgeschlossen sind und Stellplätze sowie außerhalb des Gebäudes liegende Teile des Grundstücks durch Maßangaben im Aufteilungsplan bestimmt sind.

Literatur

Abramenko Nochmals zu Aufteilungsplan und abweichender Bauausführung, ZMR 1998, 741; *Armbrüster* Änderungsvorbehalte und -vollmachten zugunsten des aufteilenden Bauträgers, ZMR 2005, 244; *Armbrüster/Müller* Zur Wirkung wohnungseigentumsrechtlicher Gebrauchsbeschränkungen gegen Mieter, FS Seuß (2007), 3 = ZWE 2007, 218; *dies.* Direkte Ansprüche der Wohnungseigentümer gegen Mieter, insbesondere bei zweckwidrigem. Gebrauch, ZMR 2007, 321; *Bärmann* Wohnungseigentum, 1991; Becker/Schneider WEG-Reform 2020: Anmerkungen zum Regierungsentwurf des WEMoG ZfIR 2020, 281; *Bornemann* Der Erwerb von Sondernutzungsrechten im Wohnungseigentumsrecht, 2000; *Brock* Rechtliche Grenzen beim Umbau von Teileigentumseinheiten, ZfIR 2004, 841; *Bub* Aufteilungsplan und Abgeschlossenheitsbescheinigung, WE 1991, 124; *Däubler* Gründungsmängel beim Wohnungseigentum, DNotZ 1964, 216; *Demharter* Isolierter Miteigentumsanteil beim Wohnungseigentum, NZM 2000, 1196; *ders.* Wohnungseigentum und Überbau, Rpfleger 1983, 133; DNotI-Gutachten Annexeigentum nach § 3 Abs. 2 WEG an Außenstellplätzen, DNotI-Report 2022, 169; DNotI-Gutachten Begriff der Maßangaben bei Stellplätzen DNotI-Report 2022, 155; DNotI-Gutachten Sondereigentumsfähigkeit von Parksystemen mit horizontal und vertikal verschiebbaren Parkblechen; Mehrfachparker, DNotI-Report 2021, 161; DNotI-Gutachten v. 27.11.2018 Heizungsanlage im Kellerraum; Sondereigentumsfähigkeit des Kellerraums und von dualuse- Räumen; Zugang nur über das Sondereigentum Abruf-Nr. 162120; *Dreyer* Mängel bei der Begründung von Wohnungseigentum, DNotZ 2007, 594; *Elzer* Das Flächen- und Annexeigentum nach der WEG-Reform ZNotP 2021, 97; ders. Umwandlung von Gemeinschafts- in Sondereigentum, MietRB 2007, 78; *Ertl* Isoliertes Miteigentum?, WE 1992, 219; *ders.* Wohnungseigentum oder isolierter Miteigentumsanteil?, MittBayNot 1991, 141; Falkner Das Zugangserfordernis zum Sondereigentum DNotZ 2023, 5; Forschner (Neue) Gestaltungsfragen nach dem WEMoG ZNotP 2021, 202; *Gaberdiel* Mängel bei der Begründung von Wohnungseigentum, NJW 1972, 847; *Gleichmann* Sondereigentumsfähigkeit von Doppelstockgaragen, Rpfleger 1988, 10; *Häublein* Mehrhausanlagen und Rechtsfähigkeit der Gemeinschaft ZWE 2010, 149; *ders.* Die Mehrhausanlage in der Verwalterpraxis, NZM 2003, 785; *ders.* Gestaltungsprobleme bei der abschnittsweisen Errichtung von Mehrhausanlagen, DNotZ 2000, 442; *Heinemann* Nachbareigentum im Wohnungseigentumsrecht ZMR 2016, 680; *Hügel* Das Raum- und Zugangserfordernis im WEG als Soll-Vorschrift FS Müller (2019), S. 153; ders. Problemfelder und Konsequenzen mangelhafter Wohnungseigentumsbegründung in Deutschland PiG 93 (2012), 149; *ders.* Die Umwandlung von Teileigentum zu Wohnungseigentum und umgekehrt, FS Bub (2007), 37; *ders.* Der nachträgliche Ausbau von Dachgeschossen – Gestaltungsmöglichkeiten in der Gemeinschaftsordnung RNotZ 2005, 149; *ders.* Das unvollendete oder substanzlose Sondereigentum, ZMR 2004, 549; *ders.* Sicherheit durch § 12 WEG bei der abschnittsweisen Errichtung von Mehrhausanlagen, DNotZ 2003, 517; *ders.* Begründung von Wohnungseigentum mittels eines vorläufigen Aufteilungsplans, NotBZ 2003, 147; *ders.* Benutzungsregelungen nach § 15 WEG für Doppelparker, NotBZ 2000, 349; Hügel/Elzer Unbewohnbares Wohnungseigentum? – Zugleich zur »AVA 2021« NZM 2023, 57; diess. Die Reform des Wohnungseigentumsrechts durch das WEMoG DNotZ 2021, 3; *Kahlen* Abgeschlossenheitsbescheinigung für Hotelzimmer und -appartements BlGBW 1984, 127; Klühs Dingliche und grundbuchverfahrensrechtliche Auswirkungen der Nichterrichtung von Wohnungs- und Teileigentum NZM 2010, 730; *Kreuzer* Änderung von Teilungserklärung und Gemeinschaftsordnung, PiG 63, 249; *ders.* Änderung der Teilungserklärung und Gemeinschaftsordnung, ZWE 2002, 285; Köther Abgrenzung von Gemeinschafts- und Sondereigentum in der notariellen Praxis RNotK 2021, 377; *Kowalski* Zum Begriff der »Abgeschlossenheit« von Wohnungen i.S. von § 3 Abs. 2 Satz 1 WEG ZMR 1991, 457; *Merle* Die Sondereigentumsfähigkeit von Garagenstellplätzen auf dem nicht überdachten Oberdeck eines Gebäudes Rpfleger 1977, 196; *H. Müller* Die zweckbestimmungswidrige Nutzung von Sondereigentum, Potsdamer Tage rund um das Wohnungseigentum 2000, 141; *ders.* Der Übergang von der Bauherrengemeinschaft zur Wohnungseigentümergemeinschaft, FS Seuß (1997), S. 211; M. Müller Zu den sachenrechtlichen Änderungen durch das WEMoG ZWE 2020, 445; *Noack* Sondereigentumsfähigkeit von Doppelstockgaragen? Rpfleger 1976, 5; *Ott* Die zweckbestimmungswidrige Nutzung von Wohnungs- und Teileigentum, ZfIR 2005, 129; *Pfeilschifter/Wüstenberg* Wohnungseigentum ohne Abgeschlossenheitsbescheinigung?, WuM 2004, 635; *Rapp* Identische Strukturen bei Erbbaurecht und Wohnungseigentum, FS Wenzel, S. 271; *ders.* Verdinglichte Ermächtigungen in der Teilungserklärung, MittBayNot 1998, 77; *Röll* Vereinigung und Bestandteilszuschreibung im Wohnungseigentum, FS Seuß (1997), 253; *ders.* Automatische Garagensysteme in Eigentumswohnanlagen, Rpfleger 1996, 322; *ders.* Errichtung einer Wohnanlage in mehreren Bauabschnitten WE 1993, 16; *ders.* Garagenstellplätze und Gebäudeeigenschaft, DNotZ 1992, 221; *ders.* Teilungsplanwidriger Bau von Eigentumswohnanlagen, MittBayNot 1991, 241; *ders.* Gutgläubiger Erwerb im Wohnungseigentum, FS Seuß (1987), 233; *ders.* Das AGB-Gesetz und die Aufteilung zu Wohnungseigentum, DNotZ 1978, 720; *ders.* Teilungserklärung und Entstehung des Wohnungseigentums, 1975; *Ruge* Begründung von Wohnungseigentum an Bestandsimmobilien, 2009; *Sauren/Höckelmann* Die Sondereigentumsfähigkeit nicht überdachter Garagenstellplätze eines Gebäudes, Rpfleger 1999, 14; Schäuble § 3 und § 5 neue Fassung – Gestaltungsüberlegungen BWNotZ 2022, 167; *F. Schmidt* Entscheidungsfolgen und Gesetzgeber im Wohnungseigentum, FS Seuß (2007), 241; *ders.* Kellermodell im Aufbruch? WE 1992, 2; *H. Schmidt* Zweckbestimmung durch die Teilungserklärung, MittBayNot 1981, 12; *J. Schmidt* Die sukzessive Begründung von Wohnungseigentum bei Mehrhausanlagen, ZWE 2005, 58; Schneider Verfügungen über Annexeigentum ZMR 2023, 937; ders. Praktischer Umgang mit der AVA ZfIR 2023, 116; ders.Neues im Sachen- sowie Grundbuchrecht und Aufgaben des Verwalters ZWE 2021, 237; *Schuschke* Kfz-Stellplätze in der Wohnungseigentumsanlage NZM 1999, 1121; *Trautmann* Zur Reform der Abgeschlossenheitsbescheinigung ZWE 2004, 318; *ders.* Abgeschlossenheit von Wohnungen in Neubauten nach §§ 3 II 1, 7 IV 1 Nr. 2 WEG seit der Privatisierung bauaufsichtlicher Verwaltungsaufgaben, FS für Merle (2000), 313; *Weitnauer* Die Innovationsfreudigkeit des WEG-Gesetzgebers, FS Seuß (1997), 305; *ders.* Die Tiefgarage auf dem Nachbargrundstück, ZfBR 1982, 87; *ders.* Wohnungseigentum und isolierter Miteigentumsanteil, WE 1991, 120; Wilsch Aktuelle Grundbuchfragen zum Aufteilungsplan und zur Abgeschlossenheitsbescheinigung ZfIR 2021, 11; ders. Der Referentenentwurf zur Modernisierung des Wohnungseigentumsrechts (WEMoG) aus grundbuchamtlicher Sicht ZfIR 2020, 1; Wobst Die Neufassung der Allgemeinen Verwaltungsvorschrift für die Ausstellung von Bescheinigungen nach dem Wohnungseigentumsgesetz (AVA) DNotZ 2021, 582.

Übersicht

A. Allgemeines

I. Gegenstand von § 3 WEG

Gegenstand von § 3 WEG ist die Begründung von Wohnungseigentum durch **vertragliche Einräumung** (Teilungsvertrag). Nach § 3 WEG kann Miteigentum an einem Grundstück (§ 1008 BGB) durch Vertrag der Miteigentümer »beschränkt« werden. Jedem von **mehreren Miteigentümern** ist dabei mit Blick auf § 6 Abs. 1 WEG untrennbar entweder ein Sondereigentum an einer bestimmten Wohnung (**Wohnungseigentum**) oder ein Sondereigentum an nicht zu Wohnzwecken dienenden Räumen (**Teileigentum**) in einem auf dem Grundstück bereits errichteten oder einem noch zu errichtenden Gebäude »einzuräumen«. Das bisherige Miteigentum an den zum **Sondereigentum** gehörenden Räumen wird durch den dinglichen Vollzug der Teilung (der Anlegung der Wohnungs- oder Teileigentumsbücher) allerdings nicht – wie es ggf. dem Wortlaut von § 3 WEG entnommen werden könnte – nur »beschränkt«. Das Miteigentum an den einem Sondereigentum unterliegenden Räumen, Teilen, Einrichtungen und Anlagen wird durch den Teilungsvertrag vielmehr zugunsten des jeweiligen Sondereigentümers **vollständig aufgehoben**. Durch die mit dieser Bestimmung und mit der Parallelvorschrift des § 8 WEG geschaffene Möglichkeit, ein Grundstück ideell zu teilen und einem Eigentümer »Eigentum auf der Etage« zu verschaffen, **weicht** das Gesetz von dem durch §§ 93, 1114 BGB, 1 Abs. 3 ErbbauRG, 864 Abs. 2 ZPO i.ü. Recht verkörperten **Grundsatz** ab, dass eine **ideelle Teilung** eines Grundstücks **nicht** möglich ist (dazu *BGH* BGHZ 49, 250, 253 [Unterteilung] = NJW 1968, 499; *RG* RGZ 68, 79, 80; *OLG München* FGPrax 2018, 158; *BayObLG* BayObLGZ 1996, 41 = DNotZ 1997, 391). Grundstück und Gebäude bilden normalerweise stets eine **Einheit** (allerdings gibt es weitere Ausnahmen, z.B. nach Art. 231 § 5 EGBGB: Gebäudeeigentum). Nach dem BGB gibt es grundsätzlich kein Eigentum an realen Gebäudeteilen, sondern nur Miteigentum am – bebauten oder unbebauten – Grundstück nach ideellen Bruchteilen, vgl. § 1008 BGB. Das Wohnungseigentumsgesetz ermöglicht von diesem Akzessionsgrundsatz **bewusst abweichend** (*Weitnauer* FS Seuß [1997], S. 305, 307) die Verbindung von Miteigentum an einem Grundstück und Alleineigentum an Teilen eines auf dem Grundstück errichteten oder noch zu errichtenden Gebäudes. Auf die Begründung eines **Wohnungserbbaurechts** durch Mehrere ist die Bestimmung des § 3 WEG entsprechend anwendbar, vgl. § 30 Abs. 1 und Abs. 3 WEG. Wohnungseigentum kann neben § 3 WEG i.Ü. durch **Teilung** durch den Alleineigentümer (§ 8 WEG) oder durch eine Kombination von »Einräumung« und »Teilung« begründet werden (*KG* MDR 1994, 1007 = NJW 1995, 62; Bamberger/Roth/*Hügel* WEG § 3 Rn. 2). Eine **Verbindung** beider Arten der Begründung von Wohnungseigentum ist möglich, wenn die nach Bruchteilen eingetragenen Miteigentümer des Grundstücks die Begründung einer Anzahl von Wohnungseigentumsrechten mit der Maßgabe vereinbaren, dass sie einen Teil davon selbst zu Eigentum übernehmen (ein Fall des § 3 WEG), sich jedoch hinsichtlich der übrigen Wohnungseigentumsrechte als Miteigentümer zu den am Stammgrundstück bestehenden ursprünglichen Anteilen eintragen lassen (insoweit ein Fall des § 8 WEG); zu Kombinationsmöglichkeiten s. § 2 Rdn. 13 ff. 1

Die Vorschrift ist durch das WEMoG in mehreren Punkten geändert worden. So sind insbesondere mit § 3 Abs. 1 S. 2 WEG (selbstständiges Stellplatzeigentum) und § 3 Abs. 2 WEG (unselbstständiges Annexeigentum) neue Eigentumsformen eingeführt und in deren Folge die Begründungsvoraussetzungen bzgl. Abgeschlossenheits- und Flächenbescheinigung neu gefasst worden (jetzt § 3 Abs. 3 WEG). 2

II. Echtes Eigentum

3 Wohnungseigentum ist **echtes Eigentum** i.S. von § 903 BGB (schon vor der Novelle 2020: *BGH* BGHZ 163, 154, 177 [Teilrechtsfähigkeit] = ZMR 2005, 547 = MDR 2005, 1156 = NJW 2005, 2061; *BGH* ZfIR 2004, 1006, 1007 = ZMR 2005, 59 = NJW 2005, 10; *BGH* BGHZ 116, 392, 394 = NJW 1992, 978 ff.; *BGH* BGHZ 49, 250, 251 [Unterteilung] = NJW 1968, 499; *KG* ZMR 2002, 300, 301; *BayObLG* BayObLGReport 2002, 77, 78; *Armbrüster/Müller* FS Seuß [2007], S. 3, 6; *Lechner* NZM 2005, 604; § 1 Rdn. 8). Die geänderte sprachliche Fassung des § 3 Abs. 1 S. 1 WEG mit der Legaldefinition für Sondereigentum stellt dies jetzt noch einmal klar. Ziel des Wohnungseigentumsgesetzes ist es, durch die rechtliche **Verselbstständigung des Wohnungs- und Teilungseigentums** gegenüber dem Miteigentum den Erwerb von Immobiliareigentum zu fördern. Hierzu ist das Wohnungseigentum dem Eigentum an einem Grundstück grundsätzlich gleich gestellt (*BGH* BGHZ 177, 338 [Luftschranken] = NJW 2008, 2982 = ZMR 2008, 897). Das Wohnungseigentum besteht aus dem Sondereigentum und dem Miteigentum an dem Grundstück. Das Sondereigentum ist als Alleineigentum ausgestaltet, das aus der gemeinschaftlichen Berechtigung der Miteigentümer des Grundstücks gelöst ist. Zu dessen Abgrenzung tritt der Aufteilungsplan an die Stelle der Vermessung und katastermäßigen Erfassung (Rdn. 108). Wohnungseigentum kann vererbt (Bärmann/*Armbrüster* WEG § 1 Rn. 108), veräußert (*BGH* BGHZ 73, 150 = ZMR 1979, 312) oder teilweise veräußert (*BayObLG* BayObLGZ 1977, 1, 4), belastet (Bärmann/*Armbrüster* WEG § 1 Rn. 109 ff.; dazu § 1 Rdn. 134 ff.) und auch unterteilt werden (s. dazu § 8 Rdn. 70 ff.). Ein Wohnungs- oder Teileigentum unterliegt ferner vollständig der **Immobiliarzwangsvollstreckung** (s. § 1 Rdn. 201 ff.); eine Ausnahme gilt allerdings für eine Immobiliarvollstreckung im Fall des § 8 Abs. 3 WEG (dazu § 8 Rdn. 126). Die h.M. geht zu Recht davon aus, dass Wohnungseigentum im Ergebnis **modifiziertes Miteigentum** ist (s. § 1 Rdn. 28 f. m.w.N.). Nach anderer Auffassung handelt es sich um ein »eigenständiges besonderes Eigentumsrecht« (*Dreyer* DNotZ 2007, 394, 598).

III. Sonderregelungen für die neuen Bundesländer

4 Das Wohnungseigentumsgesetz kannte früher eine **Sonderregelung für die neuen Bundesländer**. Der bisherige, bereits seit Längerem **inhaltsleere** § 3 Abs. 3 WEG (s. dazu 1. Aufl. Rn. 140 ff.) ist durch das Gesetz zur Änderung des Wohnungseigentumsgesetzes und anderer Gesetze vom 26.03.2007 (BGBl. I S. 370) aufgehoben worden (Rdn. 186) und nun durch das WEMoG wieder neu belegt worden.

B. Teilungsvertrag

I. Allgemeines zum Teilungsvertrag

1. Vertrag Mehrerer

5 Die Begründung von Wohnungs- und Teileigentum (z.T. zusammenfassend »Raumeigentum« genannt, s. § 1 Rdn. 48) nach § 3 WEG ist nur möglich, wenn Bruchteilseigentum gem. § 1008 BGB besteht, also am bebauten oder zu bebauenden Grundstück das **Eigentum Mehrerer** besteht (Staudinger/*Rapp* WEG § 3 Rn. 2; Bärmann/Armbrüster WEG § 3 Rn. 8). Steht das Grundstück im Alleineigentum einer Personengesellschaft, einer Gesamthand oder ist eine Gesellschaft bürgerlichen Rechts Eigentümerin, ist nicht § 3 WEG, sondern die Bestimmung des § 8 WEG einschlägig (s. § 8 Rdn. 4). Eine **spätere Aufteilung** von bestehendem Teil- oder Wohnungseigentum ist allerdings **einseitig** durch Teilung sowohl der ideellen Miteigentumsanteile als auch der real bestehenden Sondereigentumseinheit in zwei oder mehrere Wohnungseigentumsrechte möglich (Unterteilung, s. § 8 Rdn. 70 ff.). Vor der Einräumung von Wohnungseigentum müssen nicht die Miteigentumsbruchteile vorliegen, die für die beabsichtigte Zuordnung des Sondereigentums vorgesehen sind (*BGH* BGHZ 86, 393, 399 = NJW 1983, 1672, 1673). Die Vertragsschließenden müssen zum Zeitpunkt des Abschlusses des Teilungsvertrages noch nicht Miteigentümer sein (*LG Bielefeld* Rpfleger 1985, 189). Notwendig, aber auch ausreichend ist, dass die Vertragsschließenden **mit Eintragung des Sondereigentums** als Miteigentümer im Grundbuch **eingetragen werden.** Steht das Grundstück

einer Erbengemeinschaft oder einer Gütergemeinschaft zu, können sich die Teilhaber nicht gem. § 3 WEG in der Weise auseinandersetzen, das für die Einzelnen einzelnes Wohnungseigentum entsteht. Die Gesamthandsgemeinschaft muss vielmehr zuerst in **Bruchteilseigentum auseinandergesetzt** werden (*OLG Hamm* DNotZ 1968, 489). Eine »Zwischeneintragung« und Umschreibung der Miteigentumsanteile ist aber wie bei einer Kettenauflassung unnötig. Mit entsprechender Eintragung im Wohnungsgrundbuch ist der einheitliche, auf Bildung von Wohnungseigentum unter Zusammenlegung der Miteigentumsanteile gerichtete, dingliche Vertrag vollzogen. Weitere Eintragungen sind nicht veranlasst (*BGH* BGHZ 86, 393, 399 = NJW 1983, 1672, 1673; *LG München* Rpfleger 1969, 431; *Diester* Rpfleger 1969, 432; *Weitnauer* DNotZ 1960, 118). Die Miteigentümer können z.B. ihre Miteigentumsanteile am Grundstück im Teilungsvertrag verändern (z.B. 1/4 auf 1/2 zusammenlegen) und zugleich diesen (neuen) Anteilen jeweils das Sondereigentum an einer Wohnung zuordnen. Eine dingliche Übertragung **vor** Abschluss des Teilungsvertrages ist nicht erforderlich.

2. Beschluss

Eine (ggf. teilweise) Begründung von Sonder- oder Gemeinschaftseigentum jenseits von §§ 3 und 6
8 WEG **durch Beschluss** der Miteigentümer ist nicht möglich (*BayObLG* MDR 1987, 326 = WuM 1987, 235 = NJW-RR 1987, 329). Wie auch die Änderung in der Aufteilung von Gemeinschaftseigentum und Sondereigentum, kann auch die Begründung nur durch einen **Vertrag der Miteigentümer** und späteren Wohnungseigentümer bewirkt werden.

3. Kein »Gesellschaftsvertrag«

Der Teilungsvertrag ist ein dinglicher Vertrag zwischen **sämtlichen Grundstückseigentümern** als 7
Miteigentümern (*BayObLG* BayObLGZ 1984, 198 = MDR 1984, 1028). Gegenstand des Teilungsvertrages ist eine Einigung i.S.d. § 4 WEG. Der Teilungsvertrag ist unabhängig von dem zugrunde liegenden schuldrechtlichen Grundgeschäft und **kein Gesellschaftsvertrag** – und diesem, anders als in gewissen Teilen die Gemeinschaftsordnung, auch nicht ähnlich (*BayObLG* BayObLGZ 1984, 198; a.A. *Junker* Gesellschaft, S. 75). Weder beruht das die Wohnungseigentümer verbindende Verhältnis (s. dazu *BGH* BGHZ 163, 154, 172 [Teilrechtsfähigkeit] = ZMR 2005, 547: »sui generis«) auf Vertrag noch gibt es einen Verbandszweck. Der Gesetzgeber hat mit dem Wohnungseigentumsgesetz **keine neue Gesellschaftsform** (die »GWEG«) schaffen wollen noch – ungeachtet mancher verbandsrechtlicher Tendenzen vor allem der Rechtsprechung – geschaffen. Auch mit der gesetzlichen Anerkennung des **Verbandes Wohnungseigentümergemeinschaft** durch § 9a Abs. 1 WEG (zuvor § 10 Abs. 6 WEG a.F.) hat sich an diesem Bild nichts Wesentliches geändert. Insbesondere weil – wie noch § 10 Abs. 1 WEG a.F. ausdrücklich klarstellte – das Sondereigentum und das Gemeinschaftseigentum als echtes Eigentum **ausschließlich** in den Händen der Wohnungseigentümer als Miteigentümer liegen und nicht Teil des Vermögens des rechtsfähigen Verbandes sind, wäre das Bild einer Gesellschaft **nicht stimmig** (*BGH* BGHZ 163, 154, 177 [Teilrechtsfähigkeit] = ZMR 2005, 547 = MDR 2005, 1156 = NJW 2005, 2061). Das jedem Wohnungseigentümer zugeordnete Wohnungseigentum stellt keinen »dinglichen Gesellschaftsanteil« dar. Das Wohnungseigentumsgesetz setzt zwar als weitere Elemente zwingend eine **schuldrechtliche Beziehung** zwischen den Miteigentümern als Eigentümergemeinschaft voraus. Diese Beziehung ist aber nach § 10 Abs. 1 S. 1 WEG nur eine **besonders ausgestaltete Bruchteilsgemeinschaft.**

4. Grundstück

Wohnungs- oder Teileigentum werden durch gegenseitige Einräumung von Sondereigentum durch 8
einen Vertrag der ideellen Miteigentümer als Bruchteilseigentümer **eines Grundstücks** begründet. Was unter einem Grundstück zu verstehen ist, beschreibt das Wohnungseigentumsgesetz nicht (*Ruge* Begründung, S. 13 m.w.N.). Es bedarf daher des Rückgriffs auf die allgemeine bürgerlich-rechtliche Definition des Grundstücks (*Ruge* Begründung, S. 13 m.w.N.). Grundstück im Rechtssinne ist jeder gegen andere Teile räumlich abgegrenzte Teil der Erdoberfläche, der auf einem **besonderen Grund-**

buchblatt unter einer **besonderen Nummer** im **Verzeichnis der Grundstücke** eingetragen ist (*BGH* BGHZ 49, 145, 147 = NJW 1968, 791; *RG* RGZ 84, 265, 270; *BVerwG* BVerwGE 66, 69: bürgerlich-rechtlicher oder grundbuchrechtlicher Grundstücksbegriff). Ein Buchgrundstück kann aus einem oder aus mehreren Flurstücken bestehen. Das Flurstück ist ein katastermäßig vermessener und bezeichneter Teil der Erdoberfläche. Es genügt, wenn das aufzuteilende Grundstück **bei Anlegung der Wohnungsgrundbücher** ein selbstständiges (Grundbuch-) Grundstück wird (*OLG Saarbrücken* OLGZ 1972, 129, 138). Wohnungseigentum kann nach § 1 Abs. 4 WEG **nicht an zwei Grundstücken** im Rechtssinne begründet werden (*BayObLG* BayObLGZ 1970, 163; dazu *F. Schmidt* ZWE 2007, 280). Soll Wohnungs- und Teileigentum an zwei Grundstücken begründet werden, müssen die Grundstücke **vor Begründung** gem. § 890 Abs. 1 oder Abs. 2 BGB durch **Vereinigung** oder **Zuschreibung** miteinander verbunden werden (*OLG München* v. 20.09.2011 – 34 Wx 373/11); vgl. § 1 Rdn. 247 ff.

II. Aufgaben des Teilungsvertrages

1. Allgemeines

9 Wohnungs- und Teileigentum besteht gem. §§ 1 und 6 WEG in der **untrennbaren Verbindung** des Alleineigentums an einer Wohnung oder an sonstigen Raumeinheiten (Sondereigentum) mit dem ideellen Miteigentumsanteil am übrigen Grundstück (gemeinschaftliches Eigentum). Der **Teilungsvertrag** hat wie die Teilungserklärung des Alleineigentümers nach § 8 WEG vor diesem Hintergrund allein **zwei sachenrechtliche Aufgaben:**

– Zum einen muss bestimmt werden, was im **Gemeinschafts-** und was im **Sondereigentum** stehen soll (Rdn. 12 ff.). Um die Flächen und Räume voneinander abzugrenzen, ist dem Teilungsvertrag ein Aufteilungsplan mitzugeben (Rdn. 108 ff.). Um die Selbstständigkeit der Sondereigentumsrechte sicherzustellen, bedarf es ferner einer Abgeschlossenheits- und Flächenbescheinigung (Rdn. 111 ff.).
– Zum anderen müssen die Miteigentümer die Höhe und Anzahl der **Miteigentumsrechte** bestimmen (Rdn. 13 ff.) und sie müssen anordnen, ob im Sondereigentum stehende Räume Wohnungs- oder Teileigentum sein sollen (Rdn. 22 ff.).

10 **Einigkeit** besteht darüber, dass die **Bestimmung** des Gegenstandes und der Grenzen **von Gemeinschafts- und Sondereigentum** sowie die **Bestimmung** der Höhe der **Miteigentumsteile** einen »sachenrechtlichen Charakter« haben und nicht §§ 10 bis 29 WEG unterfallen. Die durch sie angeordneten sachenrechtlichen Zuordnungen sind von der inhaltlichen Ausgestaltung des Gemeinschaftsverhältnisses zu unterscheiden und können nicht Gegenstand einer Vereinbarung nach § 10 Abs. 1 und Abs. 3 WEG sein (*BGH* ZMR 2003, 748, 749 = NZM 2003, 480 = NJW 2003, 2165; *BayObLG* ZMR 2002, 283, 284). Ob diese Sichtweise auch für die Anordnung, dass ein Sondereigentum **Wohnungs- oder Teileigentum** ist, richtig ist, ist **streitig** und wird jedenfalls von der h.M. verneint (dazu Rdn. 22 ff.).

11 Zu den sachenrechtlichen Komponenten kommen als **weitere Elemente** die **schuldrechtliche Sonderbeziehung** zwischen den Miteigentümern als Gemeinschaft der Wohnungseigentümer i.S.v. §§ 10 WEG, 741 ff. BGB (s. dazu § 10) sowie – auf dem Boden der **Trennungstheorie** (dazu § 1 Rdn. 25) – der **Verband Wohnungseigentümergemeinschaft** (s. § 10). Die Ausgestaltung dieser beiden schuldrechtlichen Elemente kann mit der Beurkundung des Teilungsvertrages als sog. **Gemeinschaftsordnung** erfolgen (dazu Rdn. 159 ff.). Anders als des Teilungsvertrages bedarf es aber keiner Gemeinschaftsordnung für die Begründung von Wohnungseigentum (Rdn. 159).

2. Bestimmung von Inhalt und Grenzen des Gemeinschafts- und Sondereigentums

12 Der Teilungsvertrag muss **bestimmen**, welche Flächen, Anlagen, Teile, Einrichtungen und Räume im Gemeinschafts- und welche im Sondereigentum stehen sollen. Das Wohnungseigentumsgesetz gewährt den Miteigentümern und künftigen Wohnungseigentümern für die notwendigen Bestimmungen die Freiheit, im Rahmen gewisser, indes sehr weiter Grenzen (s. vor allem § 5 Abs. 2

WEG) autonom und emanzipiert von gesetzlicher Gängelung festzulegen, was im Gemeinschafts- und was im Sondereigentum stehen soll (*Häublein* DNotZ 2000, 442). Für die Abgrenzung von gemeinschaftlichem Eigentum und Sondereigentum kommt es dabei allein auf den **Teilungsvertrag** und den **Aufteilungsplan** an (*BayObLG* ZMR 1992, 65, 66). Wird ein Raum im Aufteilungsplan, nicht aber im Teilungsvertrag als Sondereigentum ausgewiesen, haben weder der Teilungsvertrag noch der Aufteilungsplan einen Vorrang (Rdn. 43). Treffen die Wohnungseigentümer keine oder eine unzulässige Bestimmung, so liegt stets Gemeinschaftseigentum vor (*BayObLG* WuM 1991, 609; Rdn. 43). Zur Abgrenzung des Sondereigentums zum Gemeinschaftseigentum i.Ü.s. ausführlich bei § 5.

3. Bestimmung der Miteigentumsanteile

a) Einführung

Die Miteigentümer müssen die Höhe und Anzahl der Miteigentumsanteile bestimmen. Das Gesetz enthält allerdings **keine Bestimmung** darüber, welche Größe Miteigentumsanteile haben müssen und ob und wie sie im Verhältnis zum Sondereigentum und etwaigen Sondernutzungsrechten stehen (Rdn. 14 ff.). Ferner steht es im Ermessen der Miteigentümer, in welche Anteile sie das Gemeinschaftseigentum aufteilen (Rdn. 19). 13

b) Größe der Miteigentumsanteile

aa) Allgemeines

Die Anordnung, welche Höhe die jeweiligen Miteigentumsanteile haben, ist den Miteigentümern nach **billigem Ermessen** selbst überlassen (*OLG Düsseldorf* ZMR 2004, 613). Grund für die gesetzliche Zurückhaltung ist, dass die Übereinstimmung der Miteigentumsanteile mit einem bestimmten Wertverhältnis die Gerichte bei einer Überprüfung **überlasten** könnte. Außerdem erhoffte sich der Gesetzgeber, dass die Eigentümer vor allem mit Blick auf die Verteilung der Nutzen und der Kosten nach § 16 Abs. 2 WEG – der auf die Höhe der Miteigentumsanteile rekurriert – selbst eine **möglichst zutreffende Bestimmung** anstreben werden. Allgemein anerkannte Maßstäbe für die notwendige Bewertung der Anteile gibt es daher nicht (*OLG Düsseldorf* ZMR 2001, 378 = ZWE 2001, 388). Der Verkehrswert der einzelnen Sondereigentumseinheiten oder ihre Wohn- oder Nutzfläche müssen nicht mit der Höhe der Miteigentumsanteile korrelieren (*BGH* NJW 1986, 2759 = MDR 1987, 41 = DNotZ 1987, 208 = Rpfleger 1986, 430; *BGH* NJW 1976, 1976 = MDR 1977, 41; *OLG München* OLGReport München 2005, 869; *OLG Karlsruhe* OLGReport Karlsruhe 2004, 263, 264; *OLG Hamburg* ZMR 2003, 448; *OLG Düsseldorf* ZMR 2002, 293, 294; *BayObLG* WE 1995, 343, 344). Es ist weder erforderlich, dass die Miteigentumsanteile gleich groß sind, noch dass sie sich am Wert, der Grundfläche oder der Nutzungsmöglichkeit des jeweiligen Wohnungs- oder Teileigentums orientieren. Die Miteigentumsanteile müssen nicht in einem bestimmten Verhältnis zueinander noch zum Wert oder der Größe des Sondereigentums stehen (*BGH* MDR 1999, 833, 834; *BGH* NJW 1986, 2759, 2760 = MDR 1987, 41 = DNotZ 1987, 208 = Rpfleger 1986, 430; *BGH* NJW 1976, 1976; *BayObLG* NZM 2000, 301); das Grundbuch wird dadurch nicht unrichtig i.S.d. § 53 Abs. 1 GBO (*OLG München* ZfIR 2014, 450 Ls.). Aus diesem Grunde kann Sondereigentum auch **ohne Änderung** des damit verbundenen Miteigentumsanteils **im Umfang erweitert** werden (*BGH* MDR 1987, 41 = DNotZ 1987, 208 = Rpfleger 1986, 430), während ebenso der wirtschaftliche Wert eines Miteigentumsanteils durch **Verkleinerung des zugehörigen Sondereigentums** verkürzt werden kann, ohne dass sich der nominelle Umfang des Miteigentumsanteils ändert (*OLG Karlsruhe* OLGReport Karlsruhe 2004, 263, 264; *OLG Schleswig* SchlHA 1977, 203; *OLG Celle* DNotZ 1975, 42, 43). 14

bb) Prüfsteine

Die gesetzliche **Kosten- und Lastenverteilung** zwischen den Wohnungseigentümern und der Anteil an den Nutzungen des gemeinschaftlichen Eigentums bemessen sich grundsätzlich gem. § 16 Abs. 1 15 und Abs. 2 WEG nach den **Miteigentumsanteilen**. Ferner kann sich das Stimmrecht an den Miteigentumsanteilen ausrichten (Wertstimmrecht). Schließlich bestimmt sich gem. § 9a Abs. 4 S. 1 WEG die Außenhaftung der Wohnungseigentümer neben dem Verband nach den Miteigentumsanteilen. Bei der Bestimmung der Miteigentumsanteile sollte aus diesen Gründen soweit wie möglich der unterschiedliche Verkehrswert, die Wohnfläche und der Nutzwert der jeweiligen Einheiten **berücksichtigt** werden (*BayObLG* ZMR 1999, 52 für Anlagen, die für gewerbliche Zwecke bestimmt sind). Für die Berechnung der Miteigentumsanteile sollten **angemessene** und **objektive Maßstäbe** zugrunde gelegt werden. Für die Bemessung der Anteile kommen u.a. in Betracht die Wohn- und Nutzflächen (*Bub* WE 1993, 85, 87), die Ausstattung der Räume und ihre innere Aufteilung, die Wohnungs- und Stockwerkslage im Gesamtgebäude (Himmelsrichtung, Höhe etc.), die Aussicht, die Nähe zu einem Fahrstuhl oder anderen Gemeinschaftseinrichtungen (z.B. der Waschküche oder der Sauna), Umweltlärm, Helligkeit, aber auch Nutzungsberechtigungen (Sondernutzungsrechte), Baurechte (*BayObLG* NJW-RR 1992, 342, 343) oder Bausubstanzwerte. Zur »gerechten« Bemessung der Anteile s. ausführlich *Jürgens/Roschke* NotBZ 2016, 174.

cc) **Änderung**

16 Die Bestimmung der Größe der Miteigentumsanteile kann von **Anfang an** verfehlt sein. Ebenso kann eine nachträgliche bauliche Veränderung, die zu einer erheblichen Vergrößerung und Wertsteigerung eines einzelnen Wohnungseigentums oder eines Teileigentums geführt hat, eine zunächst **sachgerechte Festlegung** der Miteigentumsanteile **aufheben.** In diesen Fällen können die Wohnungseigentümer oder subsidiär die Wohnungseigentumsgerichte die Größe der Miteigentumsanteile neu bestimmen.

(1) **Änderung durch die Wohnungseigentümer**

17 Eine Änderung der Größe der Miteigentumsanteile (sog. »Quotenänderung«; s. § 6 Rn. 4) ist **jederzeit durch eine Vereinbarung** möglich. Die Einigung muss im Auflassungswege bei gleichzeitiger Anwesenheit der Beteiligten vor einer zuständigen Stelle erklärt werden (*BayObLG* DNotZ 1986, 237). Die Änderung ist ferner im **Grundbuch einzutragen**. Außerdem ist ggf. die Zustimmung dinglich berechtigter Dritter an dem Raumeigentum erforderlich, deren Miteigentumsanteil verringert werden soll (§§ 877, 876 BGB analog), wenn nicht nach der Art des dinglichen Rechts eine Beeinträchtigung ausgeschlossen ist (dies ist z.B. bei einem Gesamtrecht der Fall). Nicht zustimmen müssen Drittberechtigte an einem Wohnungs- oder Teileigentum, dessen Miteigentumsanteil **vergrößert** werden soll, da die Berechtigten durch eine Veränderung keinen Rechtsverlust erleiden.

(2) **Änderung durch das Wohnungseigentumsgericht**

18 Der einzelne Wohnungseigentümer oder sämtliche belasteten Eigentümer haben nach h.M. entsprechend den Grundsätzen der §§ 242, 313 BGB i.V.m. mit dem Gemeinschaftsverhältnis einen einklagbaren **Anspruch auf Abänderung** der Miteigentumsanteile, wenn wegen **außergewöhnlicher Umstände** ein Festhalten an der geltenden Regelung **grob unbillig** wäre und damit gegen Treu und Glauben verstieße (s. zur Änderung einer Vereinbarung *BGH* BGHZ 160, 354, 358 [Kostenverteilungsschlüssel] = ZMR 2004, 834, 835; BGHZ 156, 192, 196 [Kaltwasser] = ZMR 2003, 937; BGHZ 130, 304, 312 = NJW 1995, 2791; s.i.Ü. § 8 Rdn. 13). Eine Änderung ist vor allem dann vorstellbar, wenn der **Alleineigentümer** die Miteigentumsanteile in der **Teilungserklärung** bestimmt hat (s. dazu deshalb § 8 Rdn. 11 ff.). Bei der gerichtlichen Abwägung ist in beiden Fällen zu berücksichtigen, dass die Änderung der Umstände ggf. bereits seit Beginn der Gemeinschaft der Wohnungseigentümer angelegt war (*OLG Düsseldorf* ZMR 2004, 613, 614; *OLG Düsseldorf* ZMR 2002, 293, 294). Bei dem Anspruch ist außerdem der **Vertrauensgrundsatz** zu berücksichtigen (*BayObLG* ZMR 2003, 949, 950; *BayObLG* ZMR 2001, 997). Ein Änderungsanspruch kann nicht auf § 10 Abs. 2 WEG gestützt werden. Diese Bestimmung erlaubt es nicht, eine Änderung der **sachenrechtlichen Grundlagen** zu erzwingen (*BGH* NJW 2019, 3716 = ZfIR 2019, 405 = ZMR 2019, 518 = ZWE 2019, 318). Umgekehrt kann allerdings auch nicht angenommen werden, dass § 10 Abs. 2 WEG

diesen Fragenkreis abschließend regeln will und daher eine auf das Treueverhältnis der Wohnungseigentümer gestützte Klage im Einzelfall **sperren will.** § 10 Abs. 2 WEG ist nicht zu entnehmen, dass der bislang **anerkannte Anspruch** auf Änderung der Miteigentumsanteile nunmehr **ausgeschlossen** sein soll (vgl. schon bisher *BGH* ZfIR 2020, 98 = ZMR 2020, 197 = ZWE 2020, 138; *BGH* NJW 2013, 1962 = ZfIR 2013, 646 = ZMR 2013, 730 = ZWE 2013, 330; *BGH* ZMR 2012, 793 = ZWE 2012, 361). Für eine Änderung der sachenrechtlichen Zuordnung besteht vor allem angesichts der in § 9a Abs. 4 S. 1 WEG angeordneten, nach Miteigentumsanteilen angeordneten **Außenhaftung** ein ganz praktisches Bedürfnis (Bärmann/*Armbrüster* WEG § 2 Rn. 86). S. zu diesem Fragenkreis auch § 8 Rdn. 13. Der Verwalter kann für eine gerichtliche Durchsetzung eines Änderungsanspruches nicht ermächtigt werden (*KG* ZMR 2001, 659, 660).

c) Anzahl der Miteigentumsanteile

Für die Anzahl der Miteigentumsanteile bestehen **keine gesetzlichen Bestimmungen.** Bei großen Anlagen hat sich eine Aufteilung in 10.000stel oder mehr Miteigentumsanteile durchgesetzt. In der Praxis wurde eine Zeit lang gerne eine Aufteilung in 1.000stel Miteigentumsanteile genutzt (Weitnauer/*Briesemeister* WEG § 3 Rn. 5). Bei einer zweigliedrigen Eigentümergemeinschaft (Doppel- oder Zweifamilienhäusern) ist bei gleichem Nutzwert hingegen eine Aufteilung zu je 1/2 (bzw. 50/100stel) üblich. **Beispiel** einer tabellarischen Form: 19

20

Miteigentumsanteile	Wohnungseigentum Nr.	Beschreibung
40/100	1	Wohnung im Erdgeschoss nebst einem Kellerraum. Die Wohnung ist im Aufteilungsplan mit Nummer 1 bezeichnet; ebenso der Kellerraum.
25/100	2	Wohnung im 1. Obergeschoss rechts nebst Balkon. Die Wohnung ist im Aufteilungsplan mit Nummer 2 bezeichnet; ebenso der Kellerraum.
25/100	3	Wohnung im 1. Obergeschoss links nebst Balkon. Die Wohnung ist im Aufteilungsplan mit Nummer 3 bezeichnet; ebenso der Kellerraum.
10/100	4	Wohnung im 2. Obergeschoss. Die Wohnung ist im Aufteilungsplan mit Nummer 4 bezeichnet; ebenso der Kellerraum.

d) Veränderung der Miteigentumsanteile untereinander

Zwei Wohnungseigentümer können ihre Miteigentumsanteile **untereinander verändern,** also den einem Sondereigentum zugeordneten Miteigentumsanteil zugunsten des Miteigentumsanteils eines anderen Sondereigentums **verringern oder erhöhen** (*BGH* NJW 1976, 1976 = MDR 1977, 41; *BayObLG* ZMR 2000, 468, 469; *KG* ZMR 1999, 204, 206; *KG* ZMR 1998, 368, 369 = FGPrax 1998, 9). Dies kann nur in Form einer Auflassung geschehen (vgl. § 6 Rdn. 4 m.w.N.).Einer Mitwirkung der anderen Wohnungseigentümer bedarf es zu diesen Veränderungen nicht, ggf. aber der Zustimmung betroffener Dritter. 21

4. Bestimmung eines Sondereigentums als Wohnungs- oder Teileigentum

Die Miteigentümer **müssen** weder nach dem Wortlaut des Gesetzes, und auch nicht – mit Blick auf die Anforderungen der Abgeschlossenheit – nach Sinn und Zweck für jedes Sondereigentum **bestimmen,** ob es an einer bestimmten Wohnung (Wohnungseigentum), oder an Räumen, die nicht Wohnzwecken dienen sollen (Teileigentum), begründet werden soll (so aber *BayObLG* WE 1994, 153; *Armbrüster/Müller* FS Seuß [2007], S. 3, 12; *Rapp* MittBayNot 1998, 77; a.A. *KG* MittBayNot 2008, 209 = GuT 2008, 59; *LG Koblenz* NZM 1998, 676 = MittBayNot 1998, 134; *Bub/Bernhard* 22

FD-MietR 2008, 267447; Bärmann/*Armbrüster* WEG § 1 Rn. 26; »**Zweckbestimmungen im weiteren Sinne**«). Streitig ist, ob diese Anordnung als »Grobjustierung« (*Hügel* FS Bub [2007], S. 137 ff.) eines zulässigen Gebrauchs eine **sachenrechtliche Zuordnung** ist oder ob sich in der Anordnung eine **Vereinbarung** i.S. von § 10 Abs. 1 und Abs. 3 WEG »verbirgt«.

a) Herrschende Einordnung

23 Nach inzwischen ganz h.M. ist die Einordnung, ob ein Raum Wohnungs- oder Teileigentum ist, eine **schuldrechtliche Bestimmung** i.S. von § 10 Abs. 1 WEG (*BGH* ZMR 2021, 992 = ZWE 2021, 451; *BGH* ZMR 2015, 390 = ZWE 2015, 208; *BGH* ZMR 2012, 793 = ZWE 2012, 361; *OLG München* ZMR 2017, 177 = ZWE 2017, 127; *OLG Frankfurt* ZWE 2015, 320; *OLG München* ZMR 2014, 568; *OLG München* ZWE 2014, 121; *KG* Rpfleger 2013, 515 = ZWE 2013, 322; *KG* Rpfleger 2011, 268 = ZWE 2011, 84; *KG* WuM 2008, 165; *KG* ZMR 2007, 299; *OLG Hamm* NZM 2007, 294 = ZMR 2006, 634; *OLG Schleswig* ZMR 2006, 891; *HansOLG Hamburg* ZMR 2003, 697; *HansOLG Bremen* ZWE 2002, 184; *BayObLG* NJW-RR 2001, 1163; *OLG Hamburg* ZMR 2000, 627; *BayObLG* Rpfleger 1998, 19; *BayObLG* Rpfleger 1989, 325; Rpfleger 1986, 177; *Hügel* FS Bub [2007], S. 137, 142; *Hügel* RNotZ 2005, 149, 154; *Armbrüster/Müller* FS Seuß [2007], 3, 14/15; *Armbrüster* ZMR 2005, 244, 246, 247; *F. Schmidt* ZWE 2005, 315, 316; Bärmann/*Armbrüster* WEG § 2 Rn. 25; vgl. auch § 1 Rn. 49 u. § 7 Rn. 356 ff. insbes. zu Ermächtigungsvorbehalten; vgl. auch *BayObLG* WuM 1994, 222). Zur Begründung wird im Wesentlichen darauf verwiesen, dass die Definition des Begriffspaares Wohnungs- und Teileigentum vor dem 2. Abschnitt des WEG steht und nicht Teil des 2. Abschnittes des WEG sei. Außerdem ergäbe eine historische Auslegung, dass der Gesetzgeber mit den Begrifflichkeiten »Wohnungs-« und »Teileigentum« keine unterschiedlichen (sachenrechtlich relevanten) Gegenspieler schaffen wollte, sondern bloß dem neu geschaffenen Institut Wohnungseigentum eine möglichst zutreffende und in der Laiensphäre verständliche Bezeichnung geben wollte (*Hügel* FS Bub [2007], S. 137, 141; BR-Drs. 75/51, zu § 1).

b) Gegenansicht

24 An der bis zur 3. Aufl. hier noch unter Hinweis auf *KG* ZMR 2005, 223; *KG* ZMR 2002, 72; *OLG Celle* ZWE 2001, 33 = OLGReport 2000, 307; *OLG Hamm* ZMR 2000, 244, 245; *BayObLG* ZMR 1997, 537; *Kümmel* ZWE 2008, 273, 274; *Wenzel* ZWE 2006, 62; *Ott* ZfIR 2005, 129, 131 vertretenen Kritik wird nicht mehr festgehalten. Zur Begründung s. auch § 1 Rn. 49 ff. Insbesondere besteht der von der Gegenansicht behauptete Zwang zur anfänglichen Bestimmung einer Einheit als Wohnungs- bzw. Teileigentum nicht. So ist es ohne Verstoß gegen den wohnungseigentumsrechtlichen Kernbereich möglich, eine Bestimmung der Nutzungsart in der Teilungserklärung bzw. der Gemeinschaftsordnung gänzlich zu unterlassen. Es besteht ebenfalls die Möglichkeit, eine Sondereigentumseinheit ausdrücklich zur gemischten oder alternativen Nutzung, nämlich zur Nutzung zu Wohnzwecken und/oder nicht zu Wohnzwecken, zu bestimmen (vgl. *KG* MittBayNot 2008, 209). Die Frage, ob ein Teileigentums- oder ein Wohnungsgrundbuch anzulegen ist, hat das Grundbuchgericht selbstständig zu beurteilen, wobei die sich aus den vorgelegten Unterlagen ergebende Nutzungsmöglichkeit als maßgebliches Kriterium heranzuziehen ist (*LG Koblenz* NZM 1998, 676).

c) Falsche Bezeichnung eines Sondereigentums

25 Bezeichnet das Grundbuchgericht eine Sondereigentumseinheit **fälschlicherweise** mit Wohnungseigentum oder Teileigentum, ist deshalb nicht der **Aufteilungsakt unwirksam** (so aber *OLG Stuttgart* ZWE 2022, 444; *OLG München* FGPrax 2017, 17; *BayObLG* Rpfleger 1998, 242; hier bis zur 3. Aufl.; a.A. zutreffend *Hügel* FS Bub [2007] S. 137, 148; s.a. § 7 Rdn. 250 m.w.N.).

d) Abgrenzungen

aa) Gebrauchsbestimmungen (Zweckbestimmungen im engeren Sinne)

Die Miteigentümer können in den Teilungsvertrag **schuldrechtliche Zweckbestimmungen** nach §§ 10 Abs. 1 S. 2 und Abs. 3, 5 Abs. 4 Satz 1 WEG aufnehmen (»Zweckbestimmungen im engeren Sinne«). Als Zweckbestimmung für ein Wohnungs- oder Teileigentum kann z.B. eine Nutzung als »Bodenraum«, »Praxis«, »Lagerraum«, »Gaststätte«, »Speicher«, »Archivraum« oder »Hobbyraum« vereinbart werden. Eine solche **schuldrechtlich vereinbarte Gebrauchsregelung** nach § 18 Abs. 2 WEG ist **Teil der Gemeinschaftsordnung** (*BayObLG* ZMR 2004, 685, 686; *BayObLG* ZMR 1988, 436 jew. noch zu § 15 Abs. 1 WEG) und kann genauso wie die Bestimmung, ob ein Sondereigentum ein Wohnungs- oder ein Teileigentum sein soll, **formfrei** durch eine **neue Vereinbarung** auch **außerhalb** des Grundbuchs geändert werden. Gebrauchsregelungen i.S. von § 18 Abs. 2 WEG sind dabei nicht nur in dem als »Gemeinschaftsordnung« bezeichneten (überschriebenen) Teil des Teilungsvertrages/der Teilungserklärung zu suchen (*BayObLG* BayObLGZ 1982, 1, 5). Bestimmungen im Teilungsvertrag (oder in der Teilungserklärung), wie ein Sondereigentum **konkret zu nutzen** ist, sind stets nur **vereinbarte Gebrauchsregelungen** nach § 18 Abs. 2 WEG (s.a. *OLG Zweibrücken* ZMR 1987, 187; *OLG Zweibrücken* ZMR 1987, 228; *OLG Stuttgart* NJW 1987, 385; *BayObLG* NJW-RR 1988, 140, 141; *BayObLG* ZMR 1986, 297; *BayObLG* BayObLGZ 1983, 73, 78; *KG* ZMR 1986, 296; *OLG Hamm* OLGZ 1978, 10) und haben keinen sachenrechtlichen Charakter. Der Ort, wo sie beurkundet werden, ist uninteressant. 26

bb) Aufteilungsplan und öffentlich-rechtliche Genehmigungen

Eine nur im **Aufteilungsplan** enthaltene **Nutzungsangabe** (zumeist Eintragungen des Architekten in der Bauzeichnung) – z.B. die Bezeichnung eines Raums als Kinderwagenkeller oder Trockenraum – hat **grundsätzlich keine Bedeutung** und ist bloßer Nutzungsvorschlag (§ 7 Rdn. 261). Der Aufteilungsplan regelt grundsätzlich nur die räumliche Abgrenzung, nicht aber die Nutzung der Räumlichkeiten; die Bezeichnungen des planenden Architekten im Aufteilungsplan enthalten grundsätzlich keine Beschränkung der Nutzungsmöglichkeit. Denn Aufgabe des Aufteilungsplans ist es nach § 7 Abs. 4 S. 1 Nr. 1 WEG, die Aufteilung des Gebäudes sowie die Lage und Größe der im Sondereigentum und der im gemeinschaftlichen Eigentum stehenden Gebäudeteile ersichtlich zu machen, und nicht, die Rechte der Wohnungs- und Teileigentümer über die Bestimmung der Grenzen des jeweiligen Eigentums hinaus zu erweitern oder zu beschränken (*BGH* ZMR 2013, 452 = ZWE 2013, 168; *BGH* ZMR 2010, 461 = ZWE 2010, 178). Erlaubt **eine öffentlich-rechtliche Genehmigung** des Baurechts eine Nutzung, die nach den Vereinbarungen nicht zulässig ist, ist eine Nutzung gleichwohl nur im Rahmen des Vereinbarten möglich (*BayObLG* ZMR 2004, 925). 27

III. Teilungsvertrag und Gemeinschaftsordnung

Der Teilungsvertrag ist nicht mit der **Gemeinschaftsordnung** (s. Rdn. 159) durcheinander zu werfen oder zu verwechseln. Während der Teilungsvertrag allein sachenrechtliche Fragen klärt (den Gegenstand des Gemeinschafts- und Sondereigentums, Höhe und Anzahl der Miteigentumsrechte), bestimmt die **schuldrechtliche Gemeinschaftsordnung** als Zusammenfassung der Vereinbarungen und Organisationsbeschlüsse das Innenverhältnis der Wohnungseigentümer i.S. von § 10 WEG (den Inhalt des Eigentums). Diese Unterscheidung ist z.B. wichtig für die Änderung der Bestimmungen. Während etwa die Umwandlung von Gemeinschafts- in Sondereigentum der Form des § 4 WEG bedarf und im **Grundbuch** eingetragen werden muss (s. § 7 Rdn. 278 ff.), kann eine Vereinbarung als Teil der Gemeinschaftsordnung **formfrei** und auch außerhalb des Grundbuchs geändert werden (s. § 7 Rdn. 356 ff.). 28

IV. Teilungsvertrag und Vereinbarungen mit Beschlussinhalt

Nicht zum Teilungsvertrag gehören **konkrete Entscheidungen** der Miteigentümer zu **Verwaltungsfragen** – wie die Ernennung des ersten Verwalters, die Bestimmung einer Hausordnung oder Fest- 29 setzungen der Höhe des Wohngeldes. Solche Entscheidungen stellen eine **Vereinbarung mit Beschlussinhalt** dar (so bis zur 3. Aufl. § 10 Rn. 75 ff.; str.). Unstreitig können die späteren Wohnungseigentümer diese Entscheidungen jedenfalls **im Wege des Beschlusses** wieder ändern.

V. Form des Teilungsvertrages

30 Der Teilungsvertrag muss nach § 4 Abs. 2 S. 1 WEG i.V.m. § 925 BGB bei gleichzeitiger Anwesenheit sämtlicher Vertragsschließender vor einer zuständigen Stelle, in der Regel vor einem Notar, erklärt werden. Sondereigentum kann gem. § 4 Abs. 2 S. 2 WEG nicht unter einer Bedingung oder Zeitbestimmung eingeräumt oder aufgehoben werden. Für die schuldrechtlichen Verpflichtungsgeschäfte zur gegenseitigen Einräumung von Sondereigentum ist die notarielle Form des § 311b Abs. 1 BGB zu beachten. Wird die erforderliche Form nicht beachtet, wäre der Teilungsvertrag **grundsätzlich nichtig**, § 125 Satz 1 BGB. Weil eine Nichtigkeit aber nicht angemessen ist (a.A. *BGH* BGHZ 109, 179, 183 [Heizwerkfall] = ZMR 1990, 112 = NJW 1990, 447: Heilung durch gutgläubigen Erwerb einer Einheit), ist bei **Gründungsmängeln** eine Lösung über die Grundsätze der fehlerhaften Gesellschaft zu suchen (s. Rdn. 35 ff.).

VI. Zustimmungen Dritter zum Teilungsvertrag

1. Gesamtbelastungen

31 Ist das Grundstück als Ganzes oder sind alle Miteigentumsanteile mit einem **Gesamtrecht** belastet (z.B. einem Grundpfandrecht [Hypothek, Grundschuld] oder Reallasten), ist eine Zustimmung **dinglich Berechtigter** zur Begründung des Wohnungseigentums nicht erforderlich (*BGH* NJW 2012, 1226 = ZfIR 2012, 245 = ZMR 2012, 563 = ZWE 2012, 219; *BayObLG* BayObLGZ 1958, 273, 279; a.A. *Weitnauer* DNotZ 1951, 492). Eine am ganzen Grundstück bestehende Grundschuld wandelt sich bei einer vertraglichen Begründung von Wohnungs- und Teileigentum in eine **Gesamtgrundschuld** an allen Anteilen um, §§ 1192 Abs. 1, 1132, 1114 BGB (*OLG Oldenburg* NJW-RR 1989, 273 = MDR 1989, 263; *OLG München* MDR 1972, 239; *OLG Frankfurt am Main,* NJW 1959, 1977; *BayObLG* NJW 1957, 1840). Daran hat auch die Einführung des Rangklassenprivilegs für Hausgeldansprüche mit § 10 Abs. 1 Nr. 2 ZVG nichts geändert (*BGH* NJW 2012, 1226 = ZfIR 2012, 245 = ZMR 2012, 563 = ZWE 2012, 219). Auch Dienstbarkeiten und Vorkaufsrechte am gesamten Grundstück setzen sich nach dem Teilungsvertrag am **gesamten Grundstück** fort. Ein **dingliches Wohn(ungs)recht** an dem Grundstück besteht dagegen in entsprechender Anwendung von §§ 1093 Abs. 1, 1090 Abs. 2, 1026 BGB nur an dem Anteil fort, dem der betroffene Gebäudeteil unterliegt; die übrigen Wohnungseigentumsrechte werden von der Belastung frei (*OLG Hamm* ZMR 2000, 630 = ZfIR 2001, 293; *OLG Oldenburg* NJW-RR 1989, 273; *OLG München* MDR 1972, 239; *OLG Frankfurt am Main,* NJW 1959, 1977; *BayObLG* NJW 1957, 1840).

2. Rechte an nur einem Miteigentumsanteil

32 Besteht **vor der Aufteilung** ein Recht oder ein Grundpfandrecht ausnahmsweise an nur **einem Miteigentumsanteil**, bedarf es zur Begründung von Wohnungseigentum der Zustimmung des Gläubigers dieses Miteigentumsanteils (*BGH* NJW 2012, 1226 = ZfIR 2012, 245 = ZMR 2012, 563 = ZWE 2012, 219; *OLG Frankfurt am Main,* OLGZ 1987, 266; *BayObLG* Rpfleger 1986, 177; *BayObLG* NJW 1958, 2016; *Rapp* in Beck'sches Notarhandbuch, A III Rn. 42). Denn durch die Aufteilung ändert sich der Gegenstand der Belastung, weil der Gläubiger nunmehr nicht nur bloßer Miteigentümer ist und gem. § 11 Abs. 2 WEG nicht (mehr) die Aufhebung der Gemeinschaft verlangen kann (*OLG Frankfurt* OLGZ 1987, 266, 268). **Dingliche Rechte** an einem Miteigentumsanteil setzen sich nach der Einräumung des Sondereigentums an dem **entsprechenden Wohnungseigentum** fort (*BayObLG* BayObLGZ 1957, 102 = NJW 1957, 1840 und *OLG Frankfurt* NJW 1959, 1977 für das Dauerwohnrecht nach § 31 WEG).

3. Form

Ist ausnahmsweise die Zustimmungserklärung eines Dritten notwendig, z.B. wenn an einem Miteigentumsanteil ein Vorkaufsrecht besteht (*Rapp* in: Beck'sches Notarhandbuch A III Rn. 42), ist diese Erklärung in der Form des § 29 GBO abzugeben. 33

VII. Gründungsmängel des Teilungsvertrages

1. Gründungsmängel bei sämtlichen Einheiten

a) Mängel und Fehler

Ist der Teilungsvertrag mit Mängeln behaftet, z.B. weil ein Miteigentümer gem. §§ 105 ff. BGB geschäftsunfähig war, eine Willenserklärung nach §§ 119 ff. BGB erfolgreich angefochten wurde oder die Form des § 4 WEG nicht eingehalten war, müssten diese Fehler und Mängel nach den auf den Teilungsvertrag anwendbaren **allgemeinen Regelungen** die **Unwirksamkeit** des Teilungsvertrages zur Folge haben (s. dazu auch *Dreyer* DNotZ 2007, 594 ff.). Diese Rechtsfolge würde den **spezifischen Bedürfnissen** des Wohnungseigentumsrechts, der komplexen Organisation der Gemeinschaft der Wohnungseigentümer, dem Verband Wohnungseigentümergemeinschaft und den Erwartungen des Rechtsverkehrs **nicht gerecht** werden. Regelmäßig werden weder eine Auflösung des Verbandes Wohnungseigentümergemeinschaft noch eine der Gemeinschaft der Wohnungseigentümer sachgerecht sein. Die zu fehlerhaften Personengesellschaften entwickelten Grundsätze, wonach Gründungsmängel zur Auflösung der Gesellschaft im Wege der Klage führen, können weder auf rechtswirksam entstandene Körperschaften mit vielen Mitgliedern (*KG* KGReport 1997, 174, 176) noch auf das Wohnungseigentumsrecht übertragen werden. Weder wäre eine Unwirksamkeit des Vertrages »ex tunc« zum Abschluss des Vertrages noch im Hinblick auf § 11 WEG »ex nunc« angemessen (*Gaberdiel* NJW 1972, 847; a.A. *BGH* BGHZ 109, 179, 183 [Heizwerkfall] = ZMR 1990, 112 = NJW 1990, 447). Nichtigkeit wäre ferner auch dann nicht angemessen, wenn zwar nicht der Teilungsvertrag, wohl aber seine **grundbuchrechtliche Eintragung** wegen eines Formfehlers nicht ordnungsmäßig ist, z.B. wenn eine notwendige Unterschrift zum Vollzug fehlt (in diesem Sinne auch § 7 Rdn. 28 f.). 34

b) Fehlerhafte Gemeinschaft der Wohnungseigentümer; fehlerhafter Verband

Aus den angeführten Gründen ist allein sachgerecht, sowohl auf die Bruchteilsgemeinschaft nach §§ 10 Abs. 1 WEG, 741 ff. BGB als auch auf den Verband Wohnungseigentümergemeinschaft die entwickelten Grundsätze über die **fehlerhafte Gesellschaft** entsprechend anzuwenden (s. dazu *Dreyer* DNotZ 2007, 594, 610 ff.; *Röll* Teilungserklärung, S. 54; *Gaberdiel* NJW 1972, 847; *Däubler* DNotZ 1964, 216; Weitnauer/*Briesemeister* WEG § 3 Rn. 36; Bärmann/*Armbrüster* WEG § 2 Rn. 57; offen gelassen von *OLG Hamm* NZM 2004, 787, 789 m.w.N.). Nach diesen Grundsätzen führt, falls der Gründungsvertrag fehlerhaft ist und eine Gesellschaft in Vollzug gesetzt, ein Mangel des Gesellschaftsvertrages nicht zur Nichtigkeit ab dem Mangel, sondern der Mangel ist **wenigstens zunächst nebensächlich** und führt **allenfalls für die Zukunft** zur Auflösung. Diese Rechtsfolgen gelten dann, wenn eine Gesellschaft nach außen aufgetreten ist, etwa durch Verträge mit Dritten (*BGH* MDR 2005, 404; MDR 1992, 656 = NJW 1992, 1501, 1502). Diese Rechtsfolgen gelten aber auch dann, wenn ohne Handeln nach außen bereits ein **Verwaltungsvermögen** i.S. von § 9a Abs. 3 WEG gebildet wurde (so auch Bärmann/*Armbrüster* WEG § 2 Rn. 58). Rechtsgrund für diese Annahmen ist jeweils eine **teleologische Reduktion** der bürgerlich-rechtlichen Unwirksamkeitsvorschriften (s. *Kummer* Jura 2006, 330, 331; *Maultzsch* JuS 2003, 54, 545). Die Idee der fehlerhaften Gesellschaft, dass nämlich das Gewollte und als **maßgeblich angesehene Statut** auch dann Wirkungen entfaltet, wenn der Gründungsvertrag vorübergehend noch nicht wirksam ist, ist **auf das Wohnungseigentumsrecht** und das in ihm besonders repräsentierte Gemeinschaftsprinzip zwanglos **übertragbar**. Für eine Analogie zu den Grundsätzen über die fehlerhafte Gesellschaft spricht im reformierten Recht vor allem, dass der Verband Wohnungseigentümergemeinschaft nach § 9a Abs. 1 WEG rechtsfähig ist und sich das Wohnungseigentumsrecht durch diese Rechtsfigur also den 35

Körperschaften und Personengesellschaften deutlich genähert hat. Allein die Annahme einer fehlerhaften Wohnungseigentümergemeinschaft anstelle der Unwirksamkeit des Teilungsvertrages entspricht i.Ü. sowohl im **Innen**- als auch im **Außenverhältnis** den Erwartungen der Gemeinschafter und denen des Rechtsverkehrs, z.B. eines Energieversorgers oder des Verwalters, dass nämlich auch bei einem Gründungsmangel bereits eine Gemeinschaft der Wohnungseigentümer und ein Verband Wohnungseigentümergemeinschaft entstanden sind. Folgte man dem nicht, könnte – was § 3 WEG aber gerade ausschließen will – im Innenverhältnis ggf. gewöhnliches Miteigentum und Wohnungseigentum teilweise **nebeneinander** bestehen. Nur durch Anwendung der Grundsätze über die fehlerhafte Gesellschaft kann erreicht werden, dass die Bestimmungen des Wohnungseigentumsgesetzes, und nicht die unzureichenden der BGB-Gemeinschaft, für die Verwaltung und den Gebrauch, aber auch i.Ü. wenigstens entsprechend angewendet werden können.

c) Rechtsfolgen

aa) Grundsatz

36 Bis zur Geltendmachung der Nichtigkeit oder Unwirksamkeit ist ein bemakelter Teilungsvertrag als **rechtswirksam** zu behandeln. Wird die Nichtigkeit geltend gemacht wird, können nach §§ 16 Abs. 2, 28 Abs. 2 WEG erbrachte Leistungen nicht zurückverlangt werden, für bereits eingegangene Verpflichtungen haften die Mitglieder einer fehlerhaften Eigentümergemeinschaft weiterhin nach § 9a Abs. 4 S. 1 WEG. Auch die vom Verband Wohnungseigentümergemeinschaft geschlossenen Verträge, z.B. der Verwaltervertrag, sind wirksam. Nach §§ 242, 313 BGB i.V.m. dem Gemeinschaftsverhältnis haben die Mitglieder einer auf einem nichtigen Teilungsvertrag beruhenden Gemeinschaft **grundsätzlich die Verpflichtung**, den Mangel **einvernehmlich zu beheben** (vgl. auch *BGH* BGHZ 130, 159, 168 = ZMR 1995, 521 = NJW 1995, 2851). Der Wunsch nach einer **Auflösung** der Gemeinschaft der Wohnungseigentümer und des Verbandes Wohnungseigentümergemeinschaft ist im Hinblick auf § 11 Abs. 1 S. 1 WEG grundsätzlich **rechtsmissbräuchlich**. Etwas anderes gilt, wenn ein Mitglied ausnahmsweise ein **berechtigtes Interesse** hat, den Gründungsmangel geltend zu machen. Dieses Mitglied hat das Recht, als Mitglied aus dem Verband Wohnungseigentümergemeinschaft und aus der Bruchteilsgemeinschaft nach §§ 10 Abs. 1 WEG, 741 ff. BGB **für die Zukunft** und mit **Wirkung des dinglichen Vollzugs** auszuscheiden (»Teilaufhebung« der Gemeinschaft der Wohnungseigentümer). An die Stelle des diesem Wohnungseigentümer nach allgemeinen Grundsätzen (§ 17 WEG) zustehenden Anteiles am Gemeinschaftseigentum tritt ein Anspruch auf ein nach den Grundsätzen gesellschaftsrechtlicher Abwicklung zu ermittelndes »Abfindungsguthaben«.

bb) Ausnahme

37 Die Rechtsprechung zur fehlerhaften Gesellschaft lässt **Ausnahmen** zu, vor allem wenn gewichtige Interessen der Allgemeinheit oder die **Interessen einzelner schutzwürdiger Personen**, insbesondere Minderjähriger, der rechtlichen Anerkennung einer fehlerhaften Gesellschaft entgegenstehen und also wegen höherrangiger schutzwürdiger Interessen ausnahmsweise der **Rückgriff auf die allgemeinen Rechtsfolgen** unwirksamer Vertragsbeziehungen veranlasst ist (*BGH* MDR 2005, 404; *BGH* MDR 2000, 1201, 1203; *BGH* BGHZ 55, 5, 9 = MDR 1971, 280; *BGH* BGHZ 26, 330, 335). Dies ist zum einen der Fall, wenn der Zweck der Gesellschaft mit dem Gesetz (§ 134 BGB) oder den guten Sitten (§ 138 BGB) unvereinbar ist. Diese Ausnahme ist im Wohnungseigentumsrecht vor allem für **schutzwürdige Personen** vorstellbar, z.B. wenn der Teilungsvertrag von einer nicht voll geschäftsfähigen Person geschlossen wurde. Gegen eine solche Person können auch bei Anerkennung der Rechtsprechung zur fehlerhaften Gesellschaft **keine Pflichten** aus §§ 10 ff. WEG oder daran anknüpfende Ansprüche geltend gemacht werden. Zum anderen wird von der Rechtsprechung eine Ausnahme bei arglistigen Täuschungen in Fällen mit besonders schwerwiegenden Folgen für möglich gehalten. Diese Ausnahme ist im Wohnungseigentumsrecht nicht praxisrelevant.

d) **Nichtberechtigter**

War einer der vertragsschließenden Miteigentümer i.Ü. ein **Nichtberechtigter,** sind die Vorschriften über den **gutgläubigen Erwerb** entsprechend anwendbar. Der bisherige Buchberechtigte erwirbt Wohnungseigentum (*Gaberdiel* NJW 1972, 847; Staudinger/*Rapp* § 3 Rn. 65; § 1 Rdn. 184 ff.) und nicht lediglich einen einfachen Miteigentumsanteil ohne Sondereigentum, weil das ihm insoweit zugedachte Sondereigentum zum Gemeinschaftseigentum wird (so aber *Däubler* DNotZ 1964, 216, 224 f.; Soergel/*Stürner* § 3 Rn. 10; hier bis zur 3. Aufl.). Es kann kein Nebeneinander von normalem und wohnungseigentumsrechtlich gebundenem Bruchteilseigentum geben. 38

2. **Gründungsmängel einzelner oder mehrerer Sondereigentumseinheiten**

a) **Grundsatz**

Gründungsmängel, die sich auf die Einräumung einer einzelnen oder mehrerer Sondereigentumseinheiten **beschränken**, lassen die anderen Sondereigentumseinheiten und die Aufteilung des Grundstückes in Miteigentumsanteile insgesamt unberührt (*BGH* ZfIR 2004, 1006, 1008 = ZMR 2005, 59 = NJW 2005, 10; *BGH* NJW 2004, 1798, 1800; *BGH* BGHZ 130, 159, 168 = ZMR 1995, 521 = NJW 1995, 2851; *BGH* BGHZ 109, 179, 184 [Heizwerkfall] = ZMR 1990, 112 = NJW 1990, 447). Die Beschränkung des Mangels auf die davon betroffene Einheit beruht auf der Überlegung, dass auf diese Weise die Auswirkungen und die Beseitigung eines Gründungsmangels sachgerecht **eingrenzbar** sind (*BGH* BGHZ 130, 159, 170 = ZMR 1995, 521 = NJW 1995, 2851). Eine solche Interessenlage ist auch bei einer **fehlerhaften Unterteilung** gegeben. Bei einer fehlerhaften Unterteilung besteht ebenfalls ein schützenswertes Interesse der Beteiligten daran, dass ein **gegenständlich beschränkter Gründungsmangel** ohne Folgen für das Entstehen von Sondereigentum an den nicht unmittelbar betroffenen (neuen) Einheiten bleibt. S. dazu § 8 Rdn. 87 ff. 39

b) **Heilung durch gutgläubigen Erwerb**

Leidet ein Sondereigentum unter einem Gründungsmangel, wird dieser Fehler **ex nunc geheilt** und die Eintragung **insgesamt wirksam**, sobald ein Käufer **gutgläubig** Wohnungs- oder Teileigentum als Sondernachfolger eines »Gründungsmitglieds« **erwirbt** (*BGH* BGHZ 109, 179, 184 [Heizwerkfall] = ZMR 1990, 112 = NJW 1990, 447; *OLG Karlsruhe* NJW-RR 1993, 1294, 1295 = ZMR 1993, 474, 475; *Dreyer* DNotZ 2007, 594, 605/610). Das Gleiche muss bei einer (gutgläubig erworbenen) Belastung des Wohnungseigentums gelten (s. § 1 Rdn. 189 m.w.N.). 40

VIII. Auslegung des Teilungsvertrages und Widersprüche

1. **Grundsatz**

Die Auslegung der **Teilungsvertrages** (aber auch der **Teilungserklärung** i.S. von § 8 WEG, der **Vereinbarungen** nach §§ 10 Abs. 1 und Abs. 3, 5 Abs. 4 Satz 1 WEG und auch sämtlicher **Beschlüsse** der Wohnungseigentümer) hat den für **Grundbucheintragungen** maßgeblichen Regeln zu folgen. Nach der ständigen, allgemein anerkannten obergerichtlichen Rechtsprechung ist deshalb vorrangig auf Wortlaut und Sinn des Teilungsvertrages abzustellen, wie er sich für einen unbefangenen Betrachter als nächstliegende Bedeutung des Eingetragenen ergibt (*BGH* ZMR 2017, 818 = ZWE 2017, 367; *BGH* NZM 2008, 732; *BGH* BGHZ 156, 192, 197 [*Kaltwasser*] = ZMR 2003, 937; *BGH* BGHZ 139, 288, 292 = NZM 1998, 955, 956 = ZMR 1999, 41; *BGH* BGHZ 121, 236, 239 = ZMR 1993, 287, 288; *BGH* ZMR 1991, 230, 231; *KG* ZMR 2009, 135, 136; *OLG Celle* ZMR 2009, 214; *OLG Düsseldorf* ZMR 2008, 472, 474; *OLG Hamm* ZMR 2008, 159, 160; *OLG Hamm* ZMR 2005, 73). Es kommt nicht auf den Willen des Erklärenden, sondern darauf an, was jeder gegenwärtige und zukünftige Betrachter als **objektiven Sinn der Erklärung** ansehen muss (*BGH* BGHZ 113, 374, 379 = ZMR 1991, 230, 231; *BGH* BGHZ 47, 191, 195; *OLG Düsseldorf* ZMR 2002, 214, 215; *OLG Karlsruhe* ZMR 2001, 385, 386; *BayObLG* WE 1994, 17; *BayObLG* WE 1993, 285; *BayObLG* NJW-RR 1988, 140; *BayObLG* BayObLGZ 1982, 1, 4; *BayObLG* BayObLGZ 1977, 226, 230; *OLG Hamm* WE 1993, 318). **Maßgebend** ist der **Zeitpunkt der Eintragung** 41

(*OLG München* NZM 2008, 652 = NJW-RR 2008, 1394). Da es sich bei Grundbucheintragungen nicht um Individualerklärungen handelt, ist die Entstehungsgeschichte der Eintragung unerheblich, wenn sie nicht aus den Eintragungsunterlagen erkennbar wird. Umstände **außerhalb** der Eintragung und der in ihr in Bezug genommenen Eintragungsbewilligung dürfen nur herangezogen werden, wenn sie nach den besonderen Umständen des Einzelfalles für jedermann ohne Weiteres erkennbar sind (*BGH* ZMR 2017, 818 = ZWE 2017, 367; *BGH* NJW 2013, 681 = ZMR 2013, 290 = ZWE 2013, 29; *BGH* NJW 2006, 2187 = NZM 2006, 465; *BGH* BGHZ 113, 374, 378 = ZMR 1991, 230, 231; *BGH* BGHZ 92, 351, 355 = NJW 1985, 385; *BGH* BGHZ 47, 190, 195; *KG* v. 26.05.2014 – 1 W 55/14; *OLG Celle* ZMR 2009, 214; *OLG München* NJW-RR 2008, 1182, 1183; *OLG München* NJW-RR 2007, 375, 376; *KG* KGReport 2006, 418, 419; *OLG Schleswig* ZMR 2004, 68; *BayObLG* ZMR 2003, 693, 694). Solche außerhalb der Eintragung liegenden Umstände können bspw. die – ohne Weiteres erkennbaren – **örtlichen Verhältnisse** innerhalb der Wohnungseigentumsanlage sein (*BGH* ZMR 2006, 457, 458; *OLG Karlsruhe* ZMR 2001, 385, 386 = NZM 2002, 701 = WuM 2001, 140; *KG* NJW-RR 1989, 140). Für die Auslegung der Eintragung über den Gegenstand des Sondereigentums ist der **Teilungsvertrag** (die Teilungserklärung) und der **Aufteilungsplan** heranzuziehen (*BGH* BGHZ 130, 159, 166 = ZMR 1995, 521 = NJW 1995, 2851, 2853; *KG* KGReport 2006, 418, 419; *BayObLG* NJW-RR 1993, 1040). Der Wille der oder des Erklärenden (*BayObLG* NZM 1999, 866), die Meinung des Notars (*OLG Frankfurt am Main,* ZMR 2006, 873, 874; *OLG Hamburg* MDR 1997, 816), Prospekte, der Kaufvertrag, behördliche Unterlagen außerhalb der Abgeschlossenheitsbescheinigung oder die Entstehungsgeschichte sind nicht maßgeblich, da ein Sondernachfolger sich über den Rechtsinhalt **anhand des Grundbuchs** orientieren können muss (*OLG München* NJW-RR 2007, 375, 376). Erweist sich eine Vereinbarung nach ihrer Auslegung **teilweise als unwirksam**, ist nach § 139 BGB zu fragen, ob die Regelung auch ohne den nichtigen Teil getroffen worden wäre (*OLG Hamm* ZWE 2008, 465, 468 m. Anm. *F. Schmidt* ZWE 2008, 463).

2. Umdeutung

42 Im **Einzelfall** ist vorstellbar, durch Auslegung in einer fehlgeschlagenen Zuweisung zum Sondereigentum im Wege der **Umdeutung** nach § 140 BGB eine Kostentragungspflicht für das Gemeinschaftseigentum zu erkennen (*OLG Düsseldorf* ZMR 1999, 350, 352; *OLG Düsseldorf* ZMR 1998, 304, 305 = NJW-RR 1998, 515, 516; *OLG Hamm* ZMR 1997, 193, 195; *AG Hamburg* ZMR 2004, 221, 222). Eine solche Auslegung bietet sich z.B. an, wenn aus dem Teilungsvertrag oder der Teilungserklärung konkrete Anhaltspunkte zu entnehmen sind, dass die Instandhaltungsverpflichtung für die Balkone dem jeweiligen Wohnungseigentümer unabhängig von der eigentumsrechtlichen Zuordnung objekt- oder sachbezogen aufgrund der tatsächlichen Nutzung oder Nutzungsmöglichkeit aufgebürdet werden soll. Wird einem Wohnungseigentümer **durch Beschluss** der Ausbau des Dachgeschosses zu Wohnraum gestattet, kommt anstelle einer damit verbundenen formunwirksamen Einräumung von Sondereigentum auch die Umdeutung in ein Sondernutzungsrecht in Betracht (*KG* ZMR 1999, 204, 206; zu den damit u.U. verbundenen Problemen s. § 5 Rn. 27 ff.).

3. Widerspruch zwischen Teilungsvertrag und Aufteilungsplan

43 Stimmen die wörtliche Beschreibung des Gegenstand: von Sondereigentum und Gemeinschaftseigentum im Teilungsvertrag (Teilungserklärung) und die Angaben im Aufteilungsplan nicht überein, ist grundsätzlich keiner der sich widersprechenden Erklärungsinhalte vorrangig. Bei einem **Widerspruch** zwischen dem Teilungsvertrag und dem Aufteilungsplan kann **kein Sondereigentum entstehen** (*BGH* ZMR 2004, 206, 207 = NJW 2004, 1798 = MDR 2004, 439; *BGH* BGHZ 130, 159, 166 = ZMR 1995, 521 = NJW 1995, 2851; *OLG Celle* NJOZ 2007, 4184, 4186; *OLG Celle* OLGReport Celle 2005, 706, 707; 1; wohl auch *OLG Hamburg* ZMR 2003, 445, 446). Im Gegensatz zu der in § 2 Abs. 2 GBO vorgeschriebenen Benennung der Grundstücke nach dem Liegenschaftskataster, wird der Gegenstand des Sondereigentums im Grundbuch nach § 7 Abs. 1 und Abs. 3 WEG **nicht vorrangig** durch eine Bezugnahme auf den Aufteilungsplan benannt, sondern durch den Inhalt des Eintragungsvermerks und der darin in Bezug genommenen Eintragungs-

bewilligung (§ 7 Abs. 3 WEG). Hierin kommt zum Ausdruck, dass der Aufteilungsplan nicht den Inhalt des Teilungsvertrages (der Teilungserklärung) verdrängt. Der Widerspruch bewirkt, dass an den hiervon betroffenen Räumen **kein Sondereigentum** entstanden ist, sondern gem. § 1 Abs. 5 WEG **Gemeinschaftseigentum** anzunehmen ist (*BGH* ZMR 2004, 206, 207/208 = NJW 2004, 1798 = MDR 2004, 439; *BGH* BGHZ 109, 179, 184 [Heizwerkfall] = ZMR 1990, 112 = NJW 1990, 447; *OLG Celle* NJOZ 2007, 4184, 4186; *OLG Schleswig* MietRB 2007, 149; *OLG Karlsruhe* NJW-RR 1993, 1294, 1295 = ZMR 1993, 474, 475; *BayObLG* ZMR 1992, 65, 66; *OLG Stuttgart* OLGZ 1981, 160, 163; *OLG Frankfurt am Main,* OLGZ 1978, 290, 291).

4. Widersprüche bei Zweckbestimmungen

a) Widerspruch zwischen Teilungsvertrag und Gemeinschaftsordnung

Im Grundsatz kann es zu einem Widerspruch zwischen dem **Teilungsvertrag und der Gemeinschaftsordnung** wegen ihrer **grundsätzlich unterschiedlichen Funktionen** gar nicht kommen. 44

Eine Ungenauigkeit, einen Widerspruch kann es nur dann geben, wenn der den Teilungsvertrag beurkundende Notar in den Teilungsvertrag i.S.d. Gesetzes (Teilungsvertrag im engeren Sinne) absichtlich oder versehentlich eine schuldrechtliche Bestimmung, eine Gebrauchsbestimmung nach § 18 Abs. 2 WEG aufgenommen hat. Wird z.B. eine Teileigentumseinheit im **Teilungsvertrag im engeren Sinne** (entsprechendes gilt für die Teilungserklärung) als »Bürogruppe« bezeichnet, ist das auch nach der hier nicht vertretenen Meinung selbstverständlich keine sachenrechtliche Bestimmung – das könnte nach diesem Ansatz allenfalls die Einordnung eines Sondereigentums als Teileigentum sein –, sondern eine **schuldrechtliche Gebrauchsregelung** für diese Einheit nach § 18 Abs. 2 WEG. Widersprechen sich eine im Teilungsvertrag im engeren Sinne beurkundete schuldrechtliche Gebrauchsregelung und eine im schuldrechtlichen Teil beurkundete Vereinbarung, widersprechen sich also **zwei schuldrechtliche Vereinbarungen**, soll **keine** dieser Vereinbarungen **vorrangig sein.** In der obergerichtlichen Rechtsprechung wird teilweise angenommen, dass bei einem Widerspruch des Teilungsvertrages/der Teilungserklärung im engeren Sinne zur sog. sachenrechtlichen Teilungserklärung (der Gemeinschaftsordnung) die Regelung in der Gemeinschaftsordnung vorgeht (*OLG Düsseldorf* NZM 2008, 489 = NJW 2008, 2194; *OLG Düsseldorf* ZMR 2004, 448, 449 = FGPrax 2003, 202; *BayObLG* BeckRS 2005 03097). Dieser Rechtsprechung ist entgegen der hier bis zur 3. Aufl. vertretenen a.A. **zu folgen.** Die Gemeinschaftsordnung ist der zutreffende Ort, Nutzungsbefugnisse zu regeln; der Teilungsvertrag/die Teilungserklärung regeln demgegenüber primär die sachenrechtliche Zuordnung. 45

b) Widerspruch zwischen Gemeinschaftsordnung und Aufteilungsplan

Ist in einem Aufteilungsplan für einen Raum eine Nutzungsangabe enthalten (zumeist Eintragungen des Architekten in der Bauzeichnung), z.B. »Kinderwagenkeller« oder »Trockenraum«, handelt es sich in der Regel um einen **unverbindlichen Nutzungsvorschlag**, aus dem sich keine Rechte herleiten lassen (*BGH* ZWE 2018, 367; *BGH* ZMR 2013, 452 = ZWE 2013, 168; *BGH* ZMR 2010, 461 = ZWE 2010, 178; *OLG Düsseldorf* NJW 2008, 2194; *OLG Zweibrücken* ZMR 2006, 76; *OLG Schleswig* ZMR 2004, 68; *OLG Hamburg* ZMR 2002, 372, 373 = OLGReport Hamburg 2002, 342, 343; *OLG Hamburg* ZMR 2001, 727; *OLG Hamburg* ZMR 2000, 628, 630; *BayObLG* ZMR 2000, 234; *Riecke* ZMR 2003, 89, 90; s.a. *OLG Frankfurt am Main,* ZMR 1993, 125; *OLG Stuttgart* ZMR 1990, 190). Eine Eintragung im Aufteilungsplan ist grundsätzlich **keine Vereinbarung** i.S. von § 10 Abs. 1 WEG. Eine vereinbarte Zweckbestimmung wird nicht dadurch infrage gestellt, dass im Aufteilungsplan die einzelnen Räume des Teileigentums **anders bezeichnet** sind (*BGH* ZMR 2013, 452 = ZWE 2013, 168; *BGH* ZMR 2010, 461 = ZWE 2010, 178; *BayObLG* ZfIR 2004, 129). Etwas anders gilt nur dann, wenn sich im Wege der Auslegung ermitteln lässt, dass die Benennung im Aufteilungsplan ausnahmsweise auch eine **Vereinbarung** sein soll. Dies ist im Zweifel zu verneinen. 46

c) Widerspruch zwischen Gemeinschaftsordnung und Bauzeichnungen

47 Eine »Zweckbestimmung«, die sich nur aus Bauzeichnungen in der bauordnungsbehördlichen Bauakte ergibt, die aber **nicht Gegenstand des grundbuchrechtlichen Eintragungsverfahrens** war, bindet die Wohnungseigentümer nicht (*OLG Hamburg* ZMR 2003, 770).

IX. Änderungen des Teilungsvertrages

1. Änderung durch Neubestimmung

a) Grundsatz

48 Die Miteigentümer können den Teilungsvertrag jederzeit **gemeinsam vertraglich** ändern und also ihren neuen Vorstellungen anpassen (*BayObLG* ZMR 2004, 925; *BayObLG* NJW-RR 1997, 586, 587; *BayObLG* WuM 1996, 357, 358). Eine Änderung der Aufteilung von gemeinschaftlichem Eigentum und Sondereigentum betrifft allerdings das **Grundverhältnis der Mitglieder der Gemeinschaft der Wohnungseigentümer** und die sachenrechtliche Zuordnung der Flächen, Gebäudeteile und Räume (*KG* ZMR 1999, 204, 205; *BayObLG* BayObLGZ 1986, 444) – nicht das Verhältnis der Wohnungseigentümer untereinander i.S. von §§ 5 Abs. 4, 10 Abs. 1 Satz 2 und Abs. 3 WEG (*BGH* ZMR 2003, 748, 749 = NZM 2003, 480 = NJW 2003, 2165). Etwa eine Gemeinschaftsfläche, an der ein Sondernutzungsrecht besteht, kann daher nicht im Wege einer Vereinbarung nach § 10 Abs. 1 WEG in ein **Sondereigentum** umgewandelt werden (*OLG Saarbrücken* MietRB 2005, 151). Die Änderung der sachenrechtlichen Grenzen und sachenrechtlichen Zwecke kann weder nach § 10 Abs. 1 S. 2 WEG vereinbart noch nach § 23 Abs. 1 WEG beschlossen werden (*BGH* ZMR 2012, 793; *Hügel* MietRB 2005, 151, 152; unklar *Brock* ZfIR 2004, 841, 844). Eine Änderung der sachenrechtlichen Grenzen und sachenrechtlichen Zwecke ist keine Vereinbarung i.S. von §§ 5 Abs. 4, 10 Abs. 1 Satz 2 WEG (*KG* ZMR 2002, 72, 73; *BayObLG* ZMR 1998, 241, 242). Dies ergibt sich vor allem aus der Gegenüberstellung von § 5 Abs. 4 und Abs. 3 WEG. Nach der letzteren Bestimmung können die Wohnungseigentümer, und zwar auch nachträglich, vereinbaren, dass Bestandteile des Gebäudes, die Gegenstand des Sondereigentums sein können, zum gemeinschaftlichen Eigentum gehören. Das Gesetz hebt eine solche Vereinbarung von einer Vereinbarung über das Verhältnis der Wohnungseigentümer untereinander i.S. von §§ 5 Abs. 4, 10 Abs. 1 Satz 2 und Abs. 3 WEG ab (*BGH* ZMR 2003, 748, 749 = NZM 2003, 480 = NJW 2003, 2165). Zur Umwandlung von Gemeinschafts- in Sondereigentum, zur Änderung der Miteigentumsanteile, zur Begründung von Sondernutzungsrechten und zur Umwidmung von Teil- in Wohnungseigentum bedarf es daher **der Einigung aller Wohnungs- und Teileigentümer** – für die Änderung der Miteigentumsanteile und die Umwandlung von Gemeinschafts- in Sondereigentum in Form der Auflassung (§ 925 Abs. 1 BGB) –, der Eintragung in das Grundbuch (*BGH* ZMR 2012, 793; *OLG München* ZWE 2017, 28; *KG* ZMR 1999, 204, 205; *BayObLG* BayObLGZ 1987, 390; Weitnauer/*Briesemeister* WEG § 4 Rn. 4) und gem. §§ 876, 877 BGB auch der Mitwirkung der möglicherweise nachteilig betroffenen dinglich Berechtigten (s. Rdn. 57). Dies gilt ebenfalls dann, wenn an dem Teil des Gemeinschaftseigentums, das umgewandelt werden soll, ein Sondernutzungsrecht eingeräumt ist (*OLG München* ZWE 2012, 316 m. abl. Anm. *F. Schmidt; BayObLG* ZMR 2002, 283, 284; *BayObLG* BayObLGZ 1991, 313, 316). Der Verwalter ist nicht befugt, sich über dieses sachenrechtliche Grundverhältnis zu vergleichen (*KG* ZWE 2001, 612, 613 = ZMR 2002, 72, 73).

b) Umwandlung von Teil- in Wohnungseigentum

49 Für die **Umwandlung von Teil- in Wohnungseigentum** kann die notwendige Mitwirkung aller Eigentümer, also auch von Sondernachfolgern, allerdings bereits im Teilungsvertrag (oder der Teilungserklärung) **abbedungen** werden (s. *BGH* ZfIR 2021, 489 = ZMR 2021, 992 = ZWE 2021, 451; *OLG München* ZMR 2017, 177 = ZWE 2017, 127; *BayObLG* NJW-RR 1997, 586; *BayObLG* BayObLGZ 1989, 28, 31). Ist etwa einem Teileigentümer gestattet, sein Teileigentum in bestimmter Weise baulich zu verändern um Wohnräume zu schaffen, liegt darin die **vorweggenommene Mitwirkung** der übrigen Wohnungseigentümer in die Umwandlung des Teileigentums

in Wohnungseigentum oder deren Verpflichtung, die hierzu erforderlichen materiell- und grundbuchrechtlichen Erklärungen abzugeben (*BayObLG* NJW-RR 1997, 586; s. ausführlich auch zu bedingten Ermächtigungen § 7 Rn. 356 m.w.N.; anders hier bis zur 3. Aufl.). Durch eine bloße Änderung der tatsächlichen Verhältnisse oder durch bauliche Maßnahmen gegenüber den im Teilungsvertrag beschriebenen Grenzen, kann neues Sonder- oder Gemeinschaftseigentum **nicht begründet** oder geändert werden (*KG* FGPrax 2004, 216; *KG* ZMR 2001, 849; *BayObLG* ZMR 2004, 925; *Elzer* MietRB 2007, 78, 80). Auch ein gutgläubiger Erwerb allein aufgrund der tatsächlichen Verhältnisse ist **nicht möglich** (*KG* FGPrax 2004, 216).

2. Einseitige Änderungen

Eine einseitige Änderung des Teilungsvertrages kann es nach § 4 WEG **im Grundsatz nicht geben.** 50
Bei einer Änderung des Teilungsvertrages müssen stets **alle Wohnungseigentümer** mitwirken. Um einem einzelnen Wohnungseigentümer dennoch die Möglichkeit einzuräumen, allein, jedenfalls aber frei von Behinderungen in das sachenrechtliche Grundverhältnis nach §§ 3, 4 und 8 WEG einzugreifen, kann ihm allerdings eine **Vollmacht eingeräumt** oder eine **Mitwirkung bindend** versprochen werden. Vollmachten zur einseitigen Änderung des Teilungsvertrages sind auch noch nach Entstehung der Wohnungseigentümergemeinschaft zulässig. Sie bezwecken vor allem, einem Bauträger auch noch nach Entstehung der Gemeinschaft der Wohnungseigentümer die Möglichkeit zu sichern, Einfluss auf die Ausgestaltung des Wohnungseigentums zu nehmen, damit er Wünschen späterer Erwerber von Wohnungseigentum entsprechen kann, ohne daran durch die bereits zur Wohnungseigentümergemeinschaft gehörenden Wohnungseigentümer gehindert werden zu können. Sie sind daher ein **Problem des § 8 WEG** und im Wesentlichen dort darzustellen, s. § 8 Rdn. 39 ff.

Soweit entsprechende Erklärungen und Vollmachten der Wohnungseigentümer dennoch im Ausnahmefall gemeinsam auch mit dem Teilungsvertrag als »Inhalt des Sondereigentums« i.S.v. §§ 10 Abs. 3, 5 Abs. 4 WEG **beurkundet werden** (Änderungsvorbehalte), sind sie **nichtig**. Eine Ermächtigung (aber auch eine Zustimmung), Sondereigentum in gemeinschaftliches Eigentum umzuwandeln oder umgekehrt, kann nicht als »Inhalt des Sondereigentums« vereinbart werden (*BGH* ZMR 2012, 793; *BGH* ZMR 2003, 748, 749 = NZM 2003, 480 = NJW 2003, 2165; *BayObLG* NJW 2005, 444, 445; *OLG Saarbrücken* OLGReport Saarbrücken 2005, 282, 284; *Elzer* MietRB 2007, 78, 81 m.w.N.). Unwirksam ist ferner die Verpflichtung, einem einzelnen Wohnungseigentümer das Alleineigentum an einer Gemeinschaftsfläche zu verschaffen (*BGH* ZMR 2003, 748, 749 = NZM 2003, 480 = NJW 2003, 2165). Ob hingegen eine **gegenseitige Verpflichtung** der Wohnungseigentümer zur Übertragung von gemeinschaftlichem Eigentum möglich ist, ist noch unsicher (*Hügel* RNotZ 2005, 149, 151), im Ergebnis aber als **Umgehung und Verstoß** gegen §§ 4 Abs. 3 WEG, 311b Abs. 1 BGB auch abzulehnen. 51

3. Änderungen durch Beschluss

Eine Änderung des Teilungsvertrages **durch einen Beschluss** ist nicht möglich. Ein solcher Beschluss ist ohne Weiteres nichtig (*OLG Saarbrücken* MietRB 2005, 151; *OLG Köln* ZMR 1997, 376; *BayObLG* NJW-RR 1987, 329 = MDR 1987, 326). Dies ist zwar kein Problem von § 10 Abs. 3 WEG und des nicht ganz klaren Verhältnisses von Vereinbarung und Beschluss. Denn auch eine Vereinbarung i.S. von § 10 Abs. 1 und Abs. 3 WEG kann einen Teilungsvertrag nicht wirksam ändern. Eine beschlussweise Änderung wäre aber als **Verstoß gegen den Kernbereich des Wohnungs- bzw. Teileigentums** unwirksam (*BayObLG* NJW-RR 1987, 329 = MDR 1987, 326; s.a. *BayObLG* NZM 1998, 973; *BayObLG* NJW-RR 1990, 660, 662; *OLG Düsseldorf* NJWE 1997, 81; *OLG Stuttgart* NJW-RR 1986, 815). 52

Wenn die Eigentümer eine Öffnungsklausel vereinbart haben, gilt **nichts** anderes. Eine Änderung der sachenrechtlichen Grundlagen ist auch dann nicht beschließbar (s. bei § 10). Ein aufgrund einer Öffnungsklausel möglicher Beschluss kann nur solche Angelegenheiten betreffen, die einer Vereinbarung nach § 10 Abs. 1 S. 2 WEG zugänglich wären. Ein Vertrag über die Eigentumsverhältnisse, die sachenrechtliche Zuordnung von Gemeinschafts- und Sondereigentum, ist aber von der mit 53

§ 10 WEG angesprochenen inhaltlichen Ausgestaltung des Gemeinschaftsverhältnisses zu unterscheiden **und keine Vereinbarung** im dortigen Sinne (*BGH* ZMR 2012, 793; *BGH* ZMR 2003, 748, 749 = NZM 2003, 480 = NJW 2003, 2165; *BayObLG* BayObLGZ 2001, 279, 283 = NZM 2002, 70).

4. Änderungsanspruch

54 Aus der Treueverpflichtung der Wohnungseigentümer untereinander (s. dazu bei § 10) kann sich gem. §§ 242, 313 BGB i.V.m. mit dem Gemeinschaftsverhältnis ausnahmsweise – z.B. wenn (vorerst) die Begründung von **Sondereigentum fehlgeschlagen** und **isoliertes** Miteigentum entstanden ist – eine **Verpflichtung** ergeben, nach Entstehung der Gemeinschaft der Wohnungseigentümer einer **Änderung** des Teilungsvertrages (oder der Teilungserklärung) zuzustimmen, z.B. der Überführung eines im Sondereigentum stehenden Raumes in Gemeinschaftseigentum (zu diesen Fragen § 11 Rdn. 16).

55 Über den **Anspruch** auf Änderung kann – kommt keine vertragliche Einigung zustande – nur gerichtlich vor dem **WEG-Gericht** gem § 43 Abs. 2 Nr. 1 WEG (anders noch bis zum 30.11.2020: *KG* ZWE 2002, 131; *Hügel* MietRB 2005, 151, 152: Prozessgericht), nicht durch Mehrheitsbeschluss entschieden werden (*BayObLG* ZMR 2005, 390; *OLG Düsseldorf* NJW 1985, 2837). Ein Anspruch auf Änderung ist neben der Heilung fehlerhafter Gründungen vor allem vorstellbar, wenn eine Änderung des Teilungsvertrages (der Teilungserklärung) **dringend geboten** ist und außergewöhnliche Umstände ein Festhalten an der getroffenen Regelung als grob unbillig und damit gegen Treu und Glauben verstoßend erscheinen lassen (*BGH* BGHZ 160, 354, 358 [Kostenverteilungsschlüssel] = ZMR 2004, 834; *OLG Hamburg* ZMR 2006, 220; *OLG Hamm* ZMR 2000, 244, 245; *BayObLG* WE 1992, 83; WE 1992, 140; BayObLGZ 1985, 47, 50 ff. = ZMR 1985, 132; *OLG Düsseldorf* NJW 1985, 2837). Auf dieser Grundlage kann sich z.B. ein Anspruch auf Veränderung der im Teilungsvertrag vorgesehenen Miteigentumsquoten ergeben (*OLG Hamm* ZMR 2000, 244, 245; *BayObLG* BayObLGZ 1985, 47, 50 ff. = ZMR 1985, 132).

56 S. zu diesen Fragen noch Rdn. 18 im Zusammenhang mit einem **Anspruch auf Änderung der Miteigentumsanteile** sowie ferner bei § 10 im Zusammenhang mit einem Anspruch auf Änderung einer Vereinbarung nach § 10 Abs. 2 WEG.

5. Zustimmung Dritter

57 Nach §§ 877, 876 BGB und § 19 GBO kann für eine **Änderung des Teilungsvertrages** die **Zustimmung der Inhaber dinglicher Rechte** erforderlich sein (*BGH* BGHZ 91, 343, 346 = NJW 1984, 2409; *BayObLG* ZMR 2002, 283, 284; *OLG Hamm* DNotZ 1984, 108; *Elzer* MietRB 2007, 78, 82; *Häublein* DNotZ 2000, 442, 455; *Rapp* MittBayNot 1998, 77; s. dazu ausführlich § 1 Rdn. 164 ff.). Eine Zustimmung ist z.B. notwendig bei **Änderung der Miteigentumsanteile** (Weitnauer/*Briesemeister* WEG § 3 Rn. 101) oder der von **Gemeinschafts- in Sondereigentum** und umgekehrt (*Elzer* MietRB 2007, 78, 80 und 82; *Kreuzer* PiG 63, 249, 260), weil sich durch die Umwandlung von Sonder- in Gemeinschaftseigentum das Haftungsobjekt verringert (*Häublein* DNotZ 2000, 442, 455). Eine Zustimmung kann ggf. entbehrlich sein, wenn die Veränderung des Haftungsobjektes bereits bei Begründung des Wohnungseigentums **angelegt** war (*LG Augsburg* NZM 1999, 872). § 5 Abs. 4 S. 2 WEG ist hier nicht anwendbar. § 5 Abs. 4 WEG spricht nur Vereinbarungen i.S. von § 10 WEG an *OLG Düsseldorf* (ZWE 2010, 93). Zur Einordnung einer **Umwidmung von Wohnungs- in Teileigentum** und den sich daraus ergebenden Konsequenzen s. ausf. § 1 Rn. 49 ff.

C. Wohnung und sonstige Räume

58 Sondereigentum kann grds. nur an einer bestimmten **Wohnung** (Wohnungseigentum, § 1 Abs. 2 WEG) oder an **nicht zu Wohnzwecken** dienenden bestimmten **Räumen** (Teileigentum, § 1 Abs. 3 WEG) in einem **Gebäude** begründet werden (Bärmann/*Armbrüster* WEG § 3 Rn. 22). Sondereigen-

tum an bloßen **Grundstücksflächen** (z.B. Terrassen oder Pkw-Stellplätzen im Freien) war zunächst nicht vorgesehen (zu neuen Eigentumsformen jetzt Rdn. 64 ff.). Streitig ist, ob Sondereigentum entstehen kann, wenn eine Wohnung oder ein Raum zwar geplant, aber **nicht gebaut werden** (zu dieser Frage vgl. Rdn. 152 ff.).

I. Gebäude

1. Begriff

Der Begriff »Gebäude« ist ein Unterbegriff des Begriffs »Bauwerk«. Unter einem Bauwerk ist eine unter Verwendung von Arbeit und Material in Verbindung mit dem Erdboden hergestellte Sache zu verstehen (*BGH* MDR 1992, 581 = NJW 1992, 1681). Gebäude i.S.d. Wohnungseigentumsgesetzes ist eine **Baulichkeit**, die einer Nutzung zugängliche Räume enthält, die nach allen Seiten abgeschlossen sind (*LG Frankfurt/M.* NJW 1971, 759). Ein Gebäude kann über der Erde liegen – z.B. Doppel- oder Mehrfamilienhäuser, Reihenhäuser (*BayObLG* DNotZ 1966, 488), Garagen oder ggf. auch eine Fabrikhalle – oder unter ihr, z.B. ein Gebäude der U- oder S-Bahn (*LG Frankfurt/M.* NJW 1971, 759; Weitnauer/*Briesemeister* WEG § 3 Rn. 4). In Betracht kommen auch »schwimmende Häuser«, sofern sie gem. §§ 93, 94 BGB fest mit dem Grund und Boden des Eigentümers verbunden sind und diese Verbindung wegen einer zum Ufer führenden Steganlage nur mit wirtschaftlich unvertretbarem Aufwand und erheblicher Zerstörung aufgelöst werden kann (*OLG Schleswig* ZMR 2016, 898 = ZWE 2016, 371). Weiterhin genügt die Sicherung der horizontalen Lagestabilität, wenn die vorhandenen Verankerungen im Erdboden mittels eingerammter Dalben lediglich die vertikalen Schwankungen des Wasserstandes ausgleichen. Eine überdachte Tankstelle (*LG Münster* DNotZ 1953, 148) ist ebenso wie ein Carport (*BayObLG* NJW-RR 1986, 761) kein Gebäude. 59

2. Bestehende und zu errichtende Gebäude

Wohnungseigentum kann an einem **bestehenden Gebäude** (z.B. einem Altbau), gem. §§ 3 Abs. 1, 8 Abs. 2 WEG aber auch an einem zu **errichtenden Gebäude** begründet werden. Wird Sondereigentum an einem noch zu errichtenden Gebäude begründet, entsteht zunächst ein **isolierter Miteigentumsanteil** (Rdn. 152 ff.) verbunden mit einem »Anwartschaftsrecht« auf einen mit diesem Miteigentumsanteil verbundenen Sondereigentumsanteil (*OLG Hamburg* ZMR 2002, 372, 373 und 374; *OLG Hamm* OLGZ 1987, 389 = Rpfleger 1987, 304; *BayObLG* BayObLGZ 1957, 95 = NJW 1957, 753; s. Rdn. 179). Wird ein **Gebäude**, gleichgültig aus welchen Gründen, **nicht erstellt** oder geht ein Gebäude nachträglich unter, bleibt ein Wohnungseigentum zunächst in dem Zustand wirksam, in dem es sich bei der Grundbucheintragung befand, also der Substanz nach nur in dem eines Miteigentumsanteils am Grundstück (*BGH* BGHZ 110, 36, 39 [Bauverbotsfall] = NJW 1990, 1111 = MDR 1990, 325; *Demharter* NZM 2000, 1196 m.w.N.). Zu diesen Fragen Rdn. 152 ff. und § 11 Rdn. 12 ff. 60

II. Wohnung

Unter »Wohnung« i.S.d. Gesetzes ist eine **Räumlichkeit für Menschen** zu verstehen, die so ausgestattet ist, dass sie ihnen auf Dauer die Führung eines **selbstständigen Haushalts** ermöglicht. Nach der inzwischen außer Kraft gesetzten Allgemeinen Verwaltungsvorschrift für die Ausstellung von Bescheinigungen gem. § 7 Abs. 4 Nr. 2 und § 32 Abs. 2 Nr. 2 des Wohnungseigentumsgesetzes vom 19.03.1974 (BAnz. Nr. 58 vom 23.03.1974) war eine Wohnung die **Summe der Räume, welche die Führung eines Haushaltes ermöglichen**. Daran ist mit der Verkehrsauffassung unverändert festzuhalten. Dazu gehören stets eine Küche oder ein Raum mit Kochgelegenheit sowie Wasserversorgung, Ausguss und WC. Eine Wohnung dient Menschen dazu, ihren **Lebensmittelpunkt** zu gestalten (*BayObLG* FGPrax 2005, 11, 13). Maßgebend für die Abgrenzung des Begriffs im Einzelfall sind der **allgemeine Sprachgebrauch**, die **Verkehrsanschauung** sowie die **Zweckbestimmung** der Räume. Die Anschauungen können mit dem Wandel der technischen Gegebenheiten einer Veränderung unterliegen. 61

III. Raum

62 Unter »Raum« i.S.d. Wohnungseigentumsgesetzes ist der lichte (umbaute) Raum in einem Gebäude vom Boden bis zur Decke mit den vier oder mehr Wänden zu verstehen (*OLG München* NZM 2006, 635; *OLG Celle* WE 1992, 48; § 5 Rdn. 13); zur Frage was gilt, wenn eine **Wand** oder eine **Decke fehlt** (Luftschranken), i.E. Rdn. 183. Raum kann auch eine Garage, eine Lagerhalle oder ein Schuppen sein. **Unbebaute Grundstücksflächen** – etwa Terrassen – konnten bis zum Inkrafttreten des WEMoG nicht im Sondereigentum stehen (*OLG Köln* MittRhNotK 1996, 61; *OLG Köln* DNotZ 1982, 753; § 5 Rdn. 20); entsprechendes galt für einen **Carport**, auch wenn er mit vier Eckpfosten und einer Überdachung versehen war (§ 5 Rdn. 81). Etwas anderes gilt ausnahmsweise für **Dachterrassen** oder **Dachgärten** und wenigstens teilweise für **Balkone** (Balkonräume; s.a. § 5 Rdn. 47). Besonderheiten gelten ferner für (Kfz-)Abstellplätze. S. zum Ganzen jetzt Rdn. 64 ff.

D. Beschrieb im Grundbuch

63 Für den Beschrieb der Miteigentumsanteile und der Sondereigentumsanteile ist z.B. die folgende Formulierung üblich, die § 47 GBO beachtet: »Miteigentumsanteil von …/1000stel verbunden mit dem Sondereigentum an der im Aufteilungsplan mit der Nr. 1 bezeichneten Wohnung, Obergeschoss, links, Mitte. Zu der Wohnung gehören folgende Nebenräume: …«. Zu Einzelheiten des Beschriebs s. etwa *Schöner/Stöber* Rn. 2867 ff., *Bub* WE 1993, 85, 187 ff. und *H. Schmidt* MittBayNot 1981, 12, 14.

E. Neue Eigentumsformen

64 Nach bisherigem Recht konnte Sondereigentum ausschließlich an Räumen begründet werden. Nach § 3 Abs. 1 WEG a.F. und § 8 Abs. 1 WEG a.F. war es nicht möglich, das Sondereigentum auf außerhalb des Gebäudes liegende Teile des Grundstücks auszuweiten, etwa auf Stellplätze für Fahrzeuge im Freien oder Gartenflächen. In der Praxis konnten einzelnen Wohnungseigentümern an solchen Flächen lediglich ausschließliche Nutzungsrechte zugewiesen werden. Solche Sondernutzungsrechte seien jedoch gesetzlich nicht näher geregelt, weshalb sie im Detail eine Reihe schwieriger, teilweise noch nicht abschließend geklärter Rechtsfragen aufwerfen sollen (vgl. BT-Drs. 19/18791, S. 29). Die damit zusammenhängende Rechtsunsicherheit soll durch das WEMoG beseitigt werden. In den meisten Fällen werde dadurch die Bestellung von Sondernutzungsrechten entbehrlich. Zur Kritik an dieser Darstellung s. Rdn. 100 f..

I. Stellplatzeigentum (§ 3 Abs. 1 S. 2 WEG)

1. Regelungssystematik

65 Gem. § 3 Abs. 1 S. 2 WEG gelten Stellplätze als sondereigentumsfähige Räume. An ihnen kann daher selbstständiges Teileigentum begründet werden, wenn die Voraussetzungen des § 3 Abs. 3 Var. 2 WEG erfüllt sind. Das angestrebte Ziel einer Sondereigentumsfähigkeit von Stellplätzen außerhalb eines Gebäudes lässt sich dem Wortlaut des Gesetzes allerdings nicht entnehmen. § 3 Abs. 1 S. 2 WEG fingiert aufgrund der Satzstellung und seines Rückbezugs auf S. 1 zunächst die Raumeigenschaft nur für innerhäusige Stellplätze (vgl. MüKoBGB/*Krafka* § 3 WEG Rn. 44). Damit ist dann allerdings der jahrzehntealte Meinungsstreit, ob § 3 Abs. 2 S. 2 WEG a.F. lediglich die Abgeschlossenheit oder auch die Raumeigenschaft fingiere, beendet (vgl. noch *OLG Jena* NotBZ 2005, 219; a.A. *Hügel* ZWE 2001, 42, 48 je m.w.N.). Der *BGH* hat für in der Vergangenheit abgeschlossene Begründungsvorgänge nach altem Recht entschieden, dass nur die Abgeschlossenheit ersetzt werden sollte (*BGH* v. 07.03.2024 – V ZB 46/23). Die vom Gesetz angestrebte Änderung erschließt sich erst aus der Gesetzesbegründung (BT-Drs. 19/18791 S. 37). Danach sollen **sämtliche Stellplätze** sowohl in einem Gebäude, auf einem Gebäude, unter einem Gebäude aber auch im Freien und in einem Mehrfachparker sondereigentumsfähig sein.

2. Begriff

Konsequenterweise wird die bisher im Gesetz enthaltene Beschränkung auf »Garagenstellplätze« aufgegeben (vgl. § 3 Abs. 2 S. 2 WEG a.F.); sondereigentumsfähig sind allgemein »Stellplätze«. Der **Stellplatzbegriff** unterliegt jedoch weder nach seiner Art noch nach seinem Umfang einer näheren Bestimmung. So ist ausdrücklich nicht von »Pkw-Stellplätzen« die Rede. Man wird allerdings wohl aufgrund des Gesamtzusammenhanges, in dem die geänderte Norm steht, nicht davon ausgehen dürfen, dass jede Art von Abstellplätzen erfasst werden sollte (also z.B. auch Mülltonnenstellplätze). Richtigerweise wird es sich um Stellplätze für – nicht zwingend motorgetriebene – Fortbewegungsmittel handeln müssen (zutr. D/Sch/Z Kap. 1 Rn. 5 u. Rn. 35; *Elzer* ZNotP 2021, 97, 98; *M. Müller* ZWE 2020, 445; a.A. weitergehend Grüneberg/*Wicke* § 3 Rn. 8). Dazu gehören im weiteren Sinne neben den obligatorischen Pkws sicherlich auch Lkws, Motorräder, Fahrräder, Busse und Wohnmobile etc. (ebenso *Abramenko* § 1 Rn. 4; *Lehmann-Richter/Wobst* Rn. 1667), richtigerweise auch Kinderwagen (Bärmann/*Armbrüster* § 3 Rn. 57; a.A. *Zimmer* ZWE 2021, 436, 438). 66

Es fehlen aber weiterhin Angaben zur möglichen **räumlichen Ausdehnung** solcher Stellplätze im Sondereigentum. Nach dem allgemeinen Sprachverständnis dürften neben den klassischen Einzelstellplätzen wohl auch Doppelstellplätze und mehrere nebeneinander liegende Stellplätze auf einem Grundstück einem einheitlichen Sondereigentum zugeordnet werden können (z.B. eine Reihe von 10 Pkw-Stellplätzen). Die sich anschließende Frage möglicher Zuwegungen oder Wendemöglichkeiten im Sondereigentum kann nach hier vertretener Auffassung dann über das nachstehend behandelte Annexeigentum gelöst werden. 67

Nach hier vertretener Auffassung könnte sogar – je nach Lage und Größe – die **gesamte Grundstücksfläche** mit Ausnahme der Grundfläche des Gebäudes **als Stellplatz** zum Sondereigentum eines Miteigentümers bestimmt werden. Die wohnungseigentumsrechtlichen Strukturprinzipien (Miteigentumsanteil verbunden mit Sondereigentum) wären gewahrt. Deshalb wäre es sogar möglich, auf einem unbebauten Grundstück ausschließlich fingiertes Sondereigentum zu begründen, solange nur ein Rest gemeinschaftlichen Eigentums (z.B. als Zugangsfläche) verbleibt (*Schneider* ZWE 2021, 237, 238). Unklar ist allerdings, welche räumliche Ausdehnung einem Sondereigentum in einem Mehrfachparker genau zukommen soll (pragmatisch D/Sch/Z Kap. 1 Rn. 10: In der Praxis wird man sich damit behelfen, dass es der Feststellung der genauen Raumhöhe in den meisten Fällen nicht bedarf; vgl. jetzt auch *BGH* v. 07.03.2024 – V ZB 46/23: Raumfiktion ist nach dem Willen des Gesetzgebers jedenfalls bei fester Zuordnung ausreichend [»mobiles Immobiliareigentum«]). 68

3. Verkehrsfähigkeit

Aufgrund ihrer besonderen wirtschaftlichen Bedeutung können Stellplätze – anders als andere Freiflächen – alleiniger Gegenstand des Sondereigentums sein (BT-Drs. 19/18791 S. 37). Sie können deshalb bei der Begründung des Raumeigentums zusammen mit einem eigenen Miteigentumsanteil auch als **selbstständige Teileigentumseinheiten** gebucht werden (vgl. § 7 Abs. 1 S. 1 WEG). Als solche sind sie – ggf. in den Grenzen des § 12 WEG – voll verkehrsfähig. 69

Sie können im Gegensatz zu den bisher gebräuchlichen Sondernutzungsrechten an gemeinschaftsfremde Erwerber übertragen werden. Die damit einhergehende Zunahme der Mitgliederzahl in einer solchermaßen verfassten Wohnungseigentümergemeinschaft könnte aber unter öffentlich-rechtlichen Gesichtspunkten zu Problemen führen, etwa wenn das jeweilige Landesrecht Vorgaben zur Anzahl vorzuhaltender »Einstellplätze« für die Gemeinschaft macht. 70

Die Verkehrsfähigkeit umfasst neben der Übertragbarkeit von selbstständig gebuchten Stellplätzen auch die Möglichkeit der Belastung mit dinglichen Rechten. Dazu gehören vor allem etwaige Finanzierungsrechte (Hypotheken, Grundschulden), aber auch Dienstbarkeiten (insbes. Grunddienstbarkeiten und beschränkte persönliche Dienstbarkeiten). Bei den letztgenannten muss sich lediglich der Ausübungsbereich auf das Sondereigentum und das sich aus dem Gemeinschaftseigentum ergebende Mitbenutzungsrecht beziehen (*BGH* ZNotP 2019, 462; *BGH* BGHZ 107, 289 = DNotZ 1990, 493; *OLG Hamm* ZfIR 2001, 293). 71

4. Grundbucheintragung

72 Wie schon bisher für sondereigentumsfähige Pkw-Stellplätze in einem Gebäude besteht neben der selbstständigen **Einzelbuchung** eines Miteigentumsanteils verbunden mit dem Sondereigentum an einem Stellplatz (vgl. § 7 Abs. 1 S. 1 WEG) auch hier die Möglichkeit eines **gemeinsamen Miteigentumsanteils** in Verbindung mit einer Wohnung (vgl. § 7 Abs. 1 AVV; zu den Buchungsmöglichkeiten s. im Einzelnen *Schneider* ZfIR 2020, 822, 823). Voraussetzung ist in allen Fällen, dass Stellplätze jetzt durch Maßangaben im Aufteilungsplan bestimmt sind (§ 3 Abs. 3 WEG). Die bisherige Markierungspflicht nach Nr. 6 der AVA v. 19.03.1974 ist dadurch entfallen.

73 Es handelt sich bei § 3 Abs. 3 WEG insgesamt um eine **Sollvorschrift**. Ein Verstoß gegen die Ordnungsvorschrift führt deshalb materiell-rechtlich nicht zur Unwirksamkeit eines gleichwohl begründeten Teileigentums, solange auf andere Weise eine hinreichende Bestimmbarkeit gewährleistet ist. Dies entspricht der bisherigen Rechtsprechung zur (fehlenden) Abgeschlossenheit (*BGH* BGHZ 177, 338 = ZMR 2008, 897 [Luftschranke]).

5. Nachträgliche Umwandlung

74 Ein weiteres Problem ergibt sich, wenn nach Vollzug der Grundbucheintragung die Nutzungsart eines selbstständig als Teileigentum gebuchten Stellplatzes geändert werden soll. Zu Recht differenziert *M. Müller* (ZWE 2020, 445 sub IV.3) insoweit zwischen Stellplätzen mit »echter« Raumeigenschaft (§ 3 Abs. 1 S. 1 WEG) und solchen mit lediglich fingierter Raumeigenschaft (§ 3 Abs. 1 S. 2 WEG). Nur für die Letztgenannten ist die Stellplatzeigenschaft bei der Einräumung des Sondereigentums konstitutiv; eine **Änderung der Nutzungsart** muss daher insoweit zwingend mit der Aufhebung des Sondereigentums verbunden sein (a.A. *Zimmer* ZWE 2021, 436, 438).

6. Nachträgliche Bebauung

75 Das Sondereigentum an einem Stellplatz im Freien beschränkt sich auf die Oberfläche des Grundstücks. Insoweit fingiert § 3 Abs. 1 S. 2 WEG die Raumeigenschaft. Fraglich ist nun, wie ein zulässigerweise geschaffener **Aufbau** (etwa in Form einer Garage) sachenrechtlich einzuordnen ist. § 5 Abs. 1 S. 2 WEG n.F. ordnet zwar die entsprechende Geltung des § 94 BGB an, soweit sich das Sondereigentum auf außerhalb des Gebäudes liegende Teile des Grundstücks erstreckt. Nach dem Wortlaut ist davon allerdings nur das Annexeigentum des § 3 Abs. 2 WEG n.F., nicht aber das Stellplatzeigentum gem. § 3 Abs. 1 S. 2 WEG erfasst (*M. Müller* ZWE 2020, Heft 12 sub. VI). Gleichwohl geht der RegE von der Anwendbarkeit des § 5 Abs. 1 S. 2 WEG n.F. auch für Stellplätze im Freien aus, deren Raumeigenschaft fingiert wird (BT-Drs. 19/18791 S. 38). Nach dem Regelungskonzept des Gesetzgebers erscheint daher zumindest eine analoge Anwendung des § 5 Abs. 1 S. 2 gerechtfertigt (*Elzer* ZNotP 2021, 97, 99; *M. Müller* ZWE 2020, 445, 449; widersprüchlich D/Sch/Z Kap. 1 Rn. 17 für Anwendung der Norm, dagegen allerdings in Rn. 30 aE).

76 Damit sind auch die Sachen Gegenstand des Sondereigentums, die mit dem Teil des Grundstücks fest verbunden sind, auf den sich das Sondereigentum am Stellplatz erstreckt. Das gilt insbesondere für Gebäude, die auf diesen Flächen errichtet werden; § 5 Abs. 2 gilt für diese Gebäude nicht (RegE BT-Drs. 19/18791 S. 38); sie unterfallen damit auch nicht dem Verwaltungs- und Kostenregime des gemeinschaftlichen Eigentums (*Schneider* ZWE 2021, 237, 239).

7. Mehrfachparker

77 Einen Sonderfall stellen Mehrfachparker dar (sog. Doppel- oder Quadroparker). Sie wurden in der Vergangenheit häufig in der Weise rechtlich gestaltet, dass mit nur einem Miteigentumsanteil das Sondereigentum an einem abgeschlossenen Mehrfachparker insgesamt verbunden wurde. Erwerbsinteressenten konnten dann einen gewöhnlichen Miteigentumsanteil an dem Teileigentum erwerben. Die mehreren Stellplatzflächen wurden über (Sonder-)Nutzungsrechte gem. § 13 Abs. 2 WEG a.F. oder Miteigentümerregelungen gem. § 1010 BGB den Miteigentümern an dem Teileigentum zugeordnet. Auf diese Weise entstanden Untereigentümergemeinschaften am Mehrfachparker in

seiner Gesamtheit und ggf. auch an den technischen Einrichtungen (wie etwa der Hydraulik- und Hebeanlage), soweit diese gem. § 5 Abs. 1 WEG ebenfalls dem Sondereigentum der Teileigentümer zuzuordnen sind (vgl. *BGH* ZMR 2015, 232). Diese Art der Buchung ist auch zukünftig nicht untersagt.

Soll jedoch an den einzelnen Stellplätzen selbstständiges Sondereigentum mit einem eigenen Miteigentumsanteil verbunden werden, kann die Hydraulik- und Hebeanlage nicht mehr im Sondereigentum der Teileigentümer des Mehrfachparkers stehen (*BGH* ZMR 2012, 377). Da sie nun mehreren Sondereigentümern zu dienen bestimmt ist, muss sie – mit der entsprechenden Kostentragungspflicht! – gem. § 5 Abs. 2 WEG zwingend im Gemeinschaftseigentum verbleiben. Ist ein solches Ergebnis nicht erwünscht, bedarf es rechtsgeschäftlicher Regelungen in der Gemeinschaftsordnung (*Becker/Schneider* ZfIR 2020, 281, 285; zur zweckmäßigen Regelung der Erhaltungs- u. Kostentragungspflichten s. auch D/Sch/Z Kap. 1 Rn. 15 und *Hügel/Elzer* § 3 Rn. 64 a.E.). 78

8. Übergangsrecht

Das WEMoG sieht für die Begründung von Sondereigentum an Stellplätzen keine Übergangsregelung vor. Bisher begründete Sondernutzungsrechte bleiben unverändert bestehen. Etwaig beabsichtigte Umwandlungen bisheriger Sondernutzungsrechte in Sondereigentum stellen sich als Umwandlung von Gemeinschafts- in Sondereigentum dar (zu den Anforderungen s. § 7 Rdn. 278 ff.). 79

II. Annexeigentum (§ 3 Abs. 2 WEG)

1. Erstreckung des Sondereigentums

Nach § 3 Abs. 2 WEG kann das Sondereigentum auf einen außerhalb des Gebäudes liegenden Teil des Grundstücks erstreckt werden. Es bedarf daher zwingend immer des Sondereigentums an zumindest einem Raum (gleichgültig, ob WE oder TE, D/Sch/Z Kap. 1 Rn. 20), um von dort aus das Freiflächen-Sondereigentum als Annexeigentum begründen zu können. Die Eigentumsverhältnisse an der Hauptsache müssen mit denen an der Nebensache identisch sein (*Becker/Schneider* ZfIR 2020, 281, 285; *Hügel/Elzer* § 3 Rn. 68). Zwei verschiedene Sondereigentumseinheiten können deshalb selbst dann nicht auf denselben Annex erstreckt werden, wenn sie demselben Eigentümer gehören (*D/Sch/Z* Kap. 1 Rn. 20; *Elzer* ZNotP 2021, 97, 102; *M. Müller* ZWE 2020, 445, 448; *Schneider* ZWE 2021, 237, 240; zweifelnd *Dressler-Berlin* Rpfleger 2021, 193, 194). Die Verbindung eines Miteigentumsanteils allein mit Sondereigentum an einer Freifläche ist nicht möglich. Ausgeschlossen ist auch die Begründung von Annexeigentum an **Dachterrassen**; sie liegen nicht außerhalb des Gebäudes. Eine gleichwohl erfolgte Eintragung wäre inhaltlich unzulässig und von Amts wegen zu löschen (§ 53 Abs. 1 S. 2 GBO). Die Erstreckung des Sondereigentums setzt nach dem Wortlaut der Vorschrift kein unmittelbares räumliches **Näheverhältnis** voraus. Es ist also durchaus denkbar, das Sondereigentum an der Wohnung im 4. Obergeschoß mit Annexeigentum im Gartenbereich zu verbinden (so auch MüKoBGB/*Krafka* § 3 WEG Rn. 50; *M. Müller* ZWE 2020, 445, 449; *Hügel/Elzer* § 3 Rn. 66). 80

Mangels einer gesetzlichen Unterscheidung zwischen »echten« und fingierten Räumen (§ 3 Abs. 1 S. 1 u. 2 WEG) ist es möglich, auch das Sondereigentum an einem Stellplatz auf Freiflächen zu erstrecken (*Elzer* ZNotP 2021, 97, 102; *Köther* RNotZ 2021, 377, 397; a.A. *Schäuble* BWNotZ 2022, 167, 175). Dabei dürfte es sich nicht lediglich um eine theoretische Möglichkeit handeln (so aber *Lehmann-Richter/Wobst* Rn. 1683). Auf diese Weise lässt sich nämlich die für Stellplätze u.U. auftretende Schwierigkeit benötigter Zugangs- und Wendeflächen lösen (so auch *Abramenko* § 1 Rn. 9). 81

Ob auch eine Erstreckung des Sondereigentums in der Weise möglich ist, dass **Annexeigentum** gem. § 3 Abs. 2 WEG (auch) **an Stellplätzen** gebildet werden kann, wird unterschiedlich beurteilt. Während *Abramenko* dies allein schon vom Wortlaut her für zulässig hält (§ 1 Rn. 8; ebenfalls bejahend *DNotI-Gutachten* DNotI-Report 2022, 169; *Dressler-Berlin* Rpfleger 2021, 193, 194; *Köther* RNotZ 2021, 377, 386 Fn 120; SEHR/*Schneider* § 3 Rn. 23), gelangt *M. Müller* (ZWE 2020, 445 sub. 82

V.2.b); ihm folgend *Hügel/Elzer* § 3 Rn. 59 aE; ebenso wohl auch D/Sch/Z Kap. 1 Rn. 18 f.) aufgrund der exklusiven Regelung des § 3 Abs. 1 S. 2 WEG zum gegenteiligen Ergebnis. In der Praxis dürfte sich zeigen, dass die Einräumung von Annexeigentum auch vor Stellplätzen ggf. im Zusammenhang mit sonstigen umgenutzten Nebenflächen nicht Halt machen wird. Dass Stellplätze jetzt über § 3 Abs. 1 S. 2 WEG als Räume gelten und rechtlich als Teileigentum verselbständigt werden können, schließt ihre Verbindung mit einem gemeinsamen Miteigentumsanteil und anderem Sondereigentum nicht aus (s. die Eintragungsmöglichkeiten bei *Schneider* ZfIR 2020, 822, 823). Dies war auch bisher schon für (innerhäusige) Stellplätze anerkannt. Lediglich die Übertragbarkeit ist in solchen Fällen eingeschränkt und müsste ggf. durch spätere Abtrennung und Verbindung mit einem eigenen Miteigentumsanteil erst uneingeschränkt hergestellt werden. Für diese Abtrennung dürften dann die Grundsätze zur Unterteilung von Sondereigentum entsprechend heranzuziehen sein (*Schneider* ZMR 2023, 937).

83 Bei einer nachträglichen Erstreckung auf Freiflächen handelt es sich in der Sache um die Umwandlung von bisherigem Gemeinschaftseigentum in Sondereigentum. Diese ist materiell-rechtlich gem. § 4 WEG selbst dann nur durch entsprechende Auflassung zu erreichen, wenn dem Erwerber zuvor bereits ein Sondernutzungsrecht an der betreffenden Freifläche eingeräumt war (zu den weiteren Voraussetzungen s. § 7 Rdn. 278 ff.).

2. Umfang der Erstreckung

84 Gem. § 3 Abs. 2 WEG n.F. kann das Sondereigentum auf einen außerhalb des Gebäudes liegenden Teil des Grundstücks erstreckt werden. Nach dem Wortlaut erscheint es daher nicht ausgeschlossen, auf diesem Wege **am gesamten Grundstück Annexeigentum** zu begründen. Dies ist jedoch nicht zulässig, da andernfalls der für das Wohnungseigentumsrecht strukturbildende Akzessionsgrundsatz der §§ 93, 94 Abs. 1 BGB außer Kraft gesetzt würde (*Becker/Schneider* ZfIR 2020, 281, 285; *Hügel/Elzer* § 3 Rn. 66; a.A. offenbar D/Sch/Z Kap. 1 Rn. 25). Auch ohne eine ausdrückliche Beschränkung im Gesetz stößt die Einräumung umfassenden Annexeigentums insoweit an eine »natürliche« Zulässigkeitsschranke. Die Sondereigentumsfähigkeit wird allgemein begrenzt durch das in § 5 Abs. 2 WEG genannte zwingende gemeinschaftliche Eigentum (vgl. § 1 Abs. 5 WEG). Dazu gehört neben den konstruktiven Teilen des Gebäudes auch die mit diesen verbundene Standfläche des Gebäudes im Erdreich. An der Grundfläche unterhalb des Gebäudes kann deshalb kein (Annex-)Sondereigentum gebildet werden (so auch i.E. *Lehmann-Richter/Wobst* Rn. 1689). Im Übrigen kann unter Berücksichtigung des Zugangserfordernisses am gesamten Grundstück Annexeigentum begründet werden. Aus diesem Grund ist es auch nicht möglich, über § 3 Abs. 2 WEG i.V.m. § 5 Abs. 1 WEG an den Gebäuden einer Reihen- oder Mehrhausanlage ausschließlich Sondereigentum zu begründen (Bärmann/*Armbrüster* § 3 Rn. 67; *DNotI-Gutachten* DNotI-Report 2021, 97, 98; *Forschner* ZNotP 2021, 202, 203; zweifelnd Grüneberg/*Wicke* § 3 Rn. 11).

85 Durch die Erweiterung des § 5 Abs. 2 WEG auf im Sondereigentum stehende Teile des Grundstücks sind etwa Versorgungsleitungen im Boden, die dem gemeinschaftlichen Gebrauch der Wohnungseigentümer dienen, ebenfalls stets gemeinschaftliches Eigentum, auch wenn sie in Bereichen verlegt sind, die im Sondereigentum stehen (BT-Drs. 19/18791 S. 38).

3. Wirtschaftliche Hauptsache

86 Gem. § 3 Abs. 2 WEG kann das Sondereigentum auf einen aushäusigen Grundstücksteil erstreckt werden, es sei denn, die Wohnung oder die nicht zu Wohnzwecken dienenden Räume bleiben dadurch wirtschaftlich nicht die Hauptsache. Terrassen und Gartenflächen sollen in aller Regel nicht als wirtschaftliche Hauptsache anzusehen sein (BT-Drs. 19/18791 S. 37; *OLG Rostock* NJW 2023, 617 = ZMR 2023, 654 = ZWE 2023, 79).

87 Abzustellen ist als Abgrenzungsmaßstab auf den wirtschaftlichen Wert der Hauptsache. Die Bestimmung der wirtschaftlichen Hauptsache soll dabei in Anlehnung an die vergleichbaren Regelungen der § 1 Abs. 2 ErbbauRG und § 31 Abs. 1 S. 2 WEG erfolgen. Wie sich aus der negativen

Formulierung des Gesetzes ergibt, wird vermutet, dass die Räume wirtschaftlich die Hauptsache bleiben. Es soll deshalb im Grundbuchverfahren einer Prüfung nur dann bedürfen, wenn konkrete Anhaltspunkte für das Gegenteil bestehen (BT-Drs. 19/18791 S. 37; *OLG Rostock* NJW 2023, 617 = ZMR 2023, 654 = ZWE 2023, 79). Dann wird allerdings richtigerweise eine **Gesamtbetrachtung** unter Berücksichtigung von Nutzungsschwerpunkt, Flächengröße und Wertverhältnissen, also nicht nur eines dieser Kriterien maßgeblich anzustellen sein (*Schneider* ZWE 2021, 237, 240; *Wicke* ZWE 2023, 80, 81).

Maßgeblicher **Beurteilungszeitpunkt** für die Wertverhältnisse kann nur der Zeitpunkt der Begründung des Annexeigentums sein; spätere Veränderungen können die einmal wirksam erfolgte Begründung nicht mehr berühren (*Abramenko* § 1 Rn. 15; *Becker/Schneider* ZfIR 2020, 281, 285; D/Sch/Z Kap. 1 Rn. 21; *Hügel/Elzer* § 3 Rn. 70). Unklar ist allerdings, ob eine ggf. in der Zukunft mögliche Bebaubarkeit des Grundstücksteils in die Berechnung zum Begründungszeitpunkt einzufließen hat (bejahend: *Lehmann-Richter/Wobst* Rn. 1697; *M. Müller* ZWE 2020, 445 sub. V.4.; in diese Richtung wohl auch *Wilsch* FGPrax 2020, 1, 5). Abzustellen ist demgegenüber auf den objektiven Wert zum Zeitpunkt der Erstreckung; wird zu diesem Zeitpunkt die betreffende Grundstücksfläche z.B. als Gartenfläche genutzt, können subjektive Vorstellungen über deren zukünftige Nutzbarkeit keinen Eingang in den Wertvergleich finden. Das Grundbuchgericht braucht sich deshalb auch nicht an Spekulationen über evtl. Bauabsichten zu beteiligen (*Abramenko* § 1 Rn. 15; *Becker/Schneider* ZfIR 2020, 281, 285). Wollte man dies anders sehen, kämen auf die Grundbuchgerichte wohl erstmals aufwändige Wertermittlungsarbeiten im Zusammenhang mit der Begründung von Annexeigentum zu, die eines derzeit nicht erkennbaren objektivierbaren Maßstabes bedürften. Ein solches Ergebnis wäre umso verwunderlicher, als gleichzeitig für die Abschaffung des § 5 Abs. 4 S. 3 WEG a.F. angeführt wird, dass eine Prüfung des Wertverhältnisses im Rahmen des Grundbuchverfahrens gerade nicht erfolgen könne (BT-Drs. 19/18791, S. 39). 88

4. Verkehrsfähigkeit

Unproblematisch ist zunächst die vollständige Übertragung eines Wohnungs- oder Teileigentums zusammen mit dem zugeordneten Freiflächensondereigentum an einen beliebigen Erwerber. Annexeigentum benötigt jedoch stets ein »herrschendes« Sondereigentum an Räumen, von dem aus es sich erstrecken kann. Eine isolierte Übertragung an einen gemeinschaftsfremden Erwerber scheidet damit aus. 89

Innerhalb der Wohnungseigentümergemeinschaft kann es nur eingeschränkt übertragen werden. Es handelt sich dann um eine gegenständliche Änderung des Sondereigentums, bei der das Annexeigentum entweder vollständig oder teilweise von dem bisher zugeordneten Raumeigentum abgetrennt wird, um sogleich eine neue Verbindung mit einem anderen Sondereigentum einzugehen (§ 6 Abs. 1 WEG; zur isolierten Übertragung von Sondereigentum zwischen Wohnungseigentümern vgl. *OLG München* ZMR 2017, 822). Eine solche isolierte Übertragung setzt allerdings voraus, dass auch nach der geänderten Zuordnung die neuen im Sondereigentum stehenden Räume wie bei einer erstmaligen Begründung wirtschaftlich die Hauptsache darstellen. Andernfalls ist der Vollzug der Veränderung vom Grundbuchgericht abzulehnen (*M. Müller* ZWE 2020, 445 sub. V.5a); *Hügel/Elzer* § 3 Rn. 70), weil sonst das Regelungskonzept des Gesetzgebers mit einem führenden Raumeigentum unterlaufen werden könnte (*Schneider* ZMR 2023, 937). Zu den Folgen eines etwaigen Verstoßes s. sogleich Rdn. 94. 90

Die Verkehrsfähigkeit umfasst neben der – eingeschränkten – Übertragbarkeit von Annexeigentum auch die Möglichkeit zur (Mit-)Belastung mit dinglichen Rechten. Dazu gehören vor allem etwaige Finanzierungsrechte (Hypotheken, Grundschulden), aber auch Dienstbarkeiten (insbes. Grunddienstbarkeiten und beschränkte persönliche Dienstbarkeiten). Bei den letztgenannten muss sich lediglich der Ausübungsbereich auf das Sondereigentum und das sich aus dem Gemeinschaftseigentum ergebende Mitbenutzungsrecht beziehen (*BGH* ZNotP 2019, 462; *BGH* BGHZ 107, 289 = DNotZ 1990, 493; *OLG Hamm* ZfIR 2001, 293). Denkbar erscheint daher z.B. auch die Bestellung einer Grunddienstbarkeit zugunsten des jeweiligen Grundstücksnachbarn mit der Berechtigung zum 91

Überbau auf das Freiflächensondereigentum (*Becker/Schneider* ZfIR 2020,281, 286; a.A. D/Sch/Z Kap. 1 Rn. 46, die hier einen Zustimmungsvorbehalt gem. § 13 Abs. 2 WEG sehen wollen, dabei aber nicht hinreichend zwischen tatsächlichen Maßnahmen und rechtlich möglichen Verfügungen gem. § 13 Abs. 1 WEG unterscheiden). Die Eintragung einer solchen Belastung würde nur am Wohnungseigentum des allein bewilligungsberechtigten betroffenen Wohnungseigentümers erfolgen (ebenso *Heinemann* ZWE 2020, 333, 335; *Lehmann-Richter/Wobst* Rn. 1737; *Wilsch* FGPrax 2020, 1, 5); die übrigen Miteigentümer würden von der Eintragung noch nicht einmal benachrichtigt (vgl. § 55 Abs. 2 S. 1 GBO). Für die Wirksamkeit der dinglichen Belastung wäre es ohne Bedeutung, ob sie im Innenverhältnis gegen das Beeinträchtigungsverbot des § 14 Abs. 2 Nr. 1 WEG verstößt; die präjudizierende Wirkung eines solchen Rechts würde sich für die übrigen Wohnungseigentümer spätestens im Falle der Aufhebung des Wohnungseigentums wegen der dann notwendigen Drittzustimmung gem. § 9 Abs. 2 WEG, § 876 BGB zeigen (*Becker/Schneider* ZfIR 2020,281, 286).

5. Rechtsfolgen der Grundbucheintragung

92 Voraussetzung für die Eintragung von Annexeigentum ist, dass die außerhalb des Gebäudes liegenden Teile des Grundstücks durch **Maßangaben** im Aufteilungsplan bestimmt sind (§ 3 Abs. 3 WEG). Eine Markierungspflicht besteht wie bei Stellplätzen insoweit nicht.

93 Es handelt sich bei § 3 Abs. 3 WEG insgesamt um eine **Sollvorschrift**. Ein Verstoß gegen diese Ordnungsvorschrift führt deshalb materiell-rechtlich nicht zur Unwirksamkeit eines gleichwohl begründeten Annexeigentums, solange auf andere Weise eine hinreichende Bestimmbarkeit des Sondereigentums gewährleistet ist. Dies entspricht der bisherigen Rechtsprechung zur (fehlenden) Abgeschlossenheit (*BGH* BGHZ 177, 338 = ZMR 2008, 897 [Luftschranke]).

94 Ebenso wird man auch § 3 Abs. 2 WEG zu verstehen haben, weil andernfalls unlösbare rechtliche Folgeprobleme entstehen, die das neue Rechtsinstitut unattraktiv machen würden. Ein Verstoß gegen § 3 Abs. 2 WEG kann deshalb nach hier vertretener Auffassung materiell-rechtlich ebenfalls nicht zur Unwirksamkeit eines gleichwohl begründeten Annexeigentums führen; ein einmal in das Grundbuch eingetragenes Annexeigentum muss unabhängig von wirtschaftlichen Erwägungen bestandsfest sein (so bereits *Becker/Schneider* ZfIR 2020, 281, 285; SEHR/*Schneider* § 3 Rn. 36). Demgegenüber geht die inzwischen vorh.M. davon aus, dass es sich bei der Vorschrift des § 3 Abs. 2 WEG im Gegensatz zu § 3 Abs. 3 WEG nicht lediglich um eine verfahrensrechtliche Soll-Vorschrift, sondern um ein Begründungserfordernis handelt (vgl. auch BT-Drs. 19/18791 S. 37, wonach die Räume wirtschaftlich die Hauptsache des Sondereigentums bleiben *müssen*). Ein Verstoß gegen das Hauptsacheerfordernis bei der Begründung hätte danach die Unwirksamkeit der Eintragung zur Folge (so *Abramenko* § 1 Rn. 16; Bärmann/*Armbrüster* § 3 Rn. 70; D/Sch/Z Kap. 1 Rn. 22; *Hügel/Elzer* § 3 Rn. 70; *Köther* RNotZ 2021, 377, 397; MüKoBGB/*Krafka* § 3 WEG Rn. 53; *Lehmann-Richter/Wobst* Rn. 1700; *M. Müller* ZWE 2020, sub. V.4a); *Wicke* ZWE 2023, 80, 81; wie hier wohl nur *Dressler/Berlin* FGPrax 2023, 13, 15). Diese Rechtslage soll der beim Erbbaurecht und beim Dauerwohnrecht entsprechen (so D/Sch/Z Kap. 1 Rn. 22 mwN, die allerdings nicht darauf eingehen, dass es sich vorliegend um unwirksam begründetes *Eigentum* handeln würde). Insoweit könnte also kein Annexeigentum entstehen; die Aufteilung im Übrigen könnte nach den Grundsätzen des § 139 BGB aufrechterhalten werden (BeckOK/*Leidner* § 3 Rn. 48; D/Sch/Z Kap. 1 Rn. 22; *Lehmann-Richter/Wobst* Rn. 1700). Das nach der h.M. unwirksam begründete Annexeigentum soll die betreffende Freifläche im Gemeinschaftseigentum belassen. Die gescheiterte Erstreckung des Sondereigentums auf diese Fläche soll in die Einräumung eines Sondernutzungsrechts umzudeuten sein (so zumindest *Abramenko* § 1 Rn. 16; *Köther* RNotZ 2021, 377, 400; *Lehmann-Richter/Wobst* Rn. 1700). Eine solche Umdeutung wird jedoch erst in Betracht kommen, wenn das Annexeigentum nicht bereits aus vorgehenden Erwägungen aufrechtzuerhalten ist. Im o.g. Beispielsfall einer Überbaudienstbarkeit müsste eine Umdeutung obendrein ausscheiden, weil der Sondernutzungsberechtigte nicht die alleinige Rechtsmacht zur Bestellung eines solchen Rechtes zulasten von Gemeinschaftseigentum hätte (*BGH* BGHZ 225, 136 = ZfIR 2020, 533 = ZMR 2020, 776 = ZWE 2020, 328). Sollte dann etwa auch die Bestellung des dinglichen Rechts unwirksam sein?

In Betracht zu ziehen wäre daher zunächst die Möglichkeit eines gutgläubigen (Zweit-)Erwerbs durch einen dinglich Berechtigten am Sondereigentum der zwar eingetragenen, aber unwirksam begründeten Freifläche (erwähnt, wenngleich nicht weiter vertieft von *M. Müller* ZWE 2020, 445 sub. V.4a) a.E.). Wäre das im Grundbuch eingetragene Freiflächeneigentum nämlich als solches mit einem dinglichen Recht (mit-)belastet worden, gilt der Inhalt des Grundbuchs für den rechtsgeschäftlichen Erwerber eines dinglichen Rechts als richtig, es sei denn, dass ein Widerspruch gegen die Richtigkeit eingetragen oder die Unrichtigkeit dem Erwerber bekannt ist (§ 892 Abs. 1 S. 1 BGB). Die Eintragung des Annexeigentums unter Verstoß gegen das Hauptsacheerfordernis dürfte nach der Prämisse der h.M. das Grundbuch i.S.d. § 894 BGB unrichtig gemacht haben; materielle und formelle Rechtslage fallen auseinander. Die Eintragung von Freiflächeneigentum ist nach dem Inkrafttreten des WEMoG auch nicht inhaltlich unzulässig; eine Amtslöschung könnte deshalb wohl nicht erfolgen (vgl. § 53 Abs. 1 S. 2 GBO; a.A. D/Sch/Z Kap. 1 Rn. 22 aE). Anders als in den bisher höchstrichterlich entschiedenen Fällen scheidet ein gutgläubiger Erwerb in der beschriebenen Konstellation auch nicht bereits deshalb aus, weil die Grundbucheintragung entweder widersprüchlich ist oder einen Rechtszustand verlautbart, den es gar nicht geben kann (vgl. *BGH* ZMR 2015, 390; *BGH* ZMR 2005, 59; *BGH* BGHZ 130, 159 = ZMR 1995, 521). 95

In gleicher Weise werden von der h.M. wohl auch nachträglich eintretende Verschiebungen in den Wertverhältnissen oder gar ein gänzlicher Wegfall der Hauptsacheigenschaft infolge rechtlicher Veränderungen (wie z.B. Aufhebungen, Unterteilungen, Abtrennungen o.ä. beim »herrschenden« Raumeigentum) zu beurteilen sein (vgl. *M. Müller* ZWE 2020, 445 sub. V.5a)). Erfolgt die Grundbucheintragung solcher Veränderungen gleichwohl unter Außerachtlassung des § 3 Abs. 2 WEG, wird die h.M. wohl wiederum primär an eine Aufrechterhaltung des Freiflächeneigentums zu denken haben. Dass die Schaffung weiterer Baulichkeiten auf dem Annexeigentum als tatsächliche bauliche Veränderung für das bestehende Annexeigentum sachenrechtlich nicht prägend sein kann (insoweit zustimmend *M. Müller* ZWE 2020, 445 sub. V.5b)), entspricht der hier vertretenen Sichtweise (ebenso bereits *Becker/Schneider* ZfIR 2020, 281, 285). Zugleich wird damit aber auch das Dilemma der h.M. sichtbar: ob bei nachträglicher Betrachtung das Annexeigentum nun aus tatsächlichen Gründen (Bebauung) oder infolge rechtlicher Vorgänge (z.B. fehlerhafte Abtrennung vom Raumeigentum) wirtschaftlich im Verhältnis zum (restlichen) Sondereigentum überwiegt, kann in der rechtlichen Bewertung eigentlich keinen Unterschied machen. In beiden Fällen handelt es sich nämlich nicht mehr um einen nebensächlichen Annex des Raumeigentums. 96

Hält man demgegenüber einen gutgläubigen Erwerb zugunsten dinglich Berechtigter nicht für möglich, dürfte sich die latente »Rückfallgefahr« des Annexeigentums in gemeinschaftliches Eigentum durchaus wertmindernd auswirken. Die sich daraus für die Konzeption des Annexeigentums langfristig ergebenden Konsequenzen lassen sich derzeit nur umreißen. Das Kernproblem ist die bisher nicht gekannte Abhängigkeit der Rechtsqualität (fort-)bestehenden (Sonder-)Eigentums von seiner wirtschaftlichen Einordnung und Bedeutung; die in diesem Zusammenhang auftretenden Fragen dürften in der Praxis zu kaum lösbaren rechtlichen Folgeproblemen führen. 97

6. Nachträgliche Bebauung

Rechtliche Schwierigkeiten können aber auch entstehen, wenn das Annexeigentum an einer unbebauten und wirtschaftlich untergeordneten Grundstücksteilfläche zulässigerweise begründet wird. Errichtet der Eigentümer der betreffenden Wohnungs- bzw. Teileigentumseinheit auf dem in seinem Sondereigentum stehenden Grundstücksteil nämlich ein Gebäude, so steht das Eigentum an diesem Gebäude gem. § 5 Abs. 1 S. 2 WEG in entsprechender Anwendung von § 94 Abs. 1 BGB allein diesem Sondereigentümer zu (BT-Drs. 19/18791 S. 38). Dies wird insbesondere dann als bauliche Maßnahme am Sondereigentum auch ohne Zustimmung der übrigen Wohnungseigentümer möglich sein, wenn bereits in der Gemeinschaftsordnung das Recht zur näher beschriebenen Bebauung als Inhalt des Sondereigentums eingeräumt wurde. Ein solchermaßen errichtetes Gebäude (z.B. eine Garage) befindet sich jedoch im Gegensatz zu den bisher bekannten Gebäudeformen vollständig im Sondereigentum des »herrschenden Wohnungseigentümers«. Insoweit besteht kein zwin- 98 gendes Gemeinschaftseigentum an den für den Bestand notwendigen Gebäudeteilen (wie etwa dem Dach); § 5 Abs. 2 WEG gilt für diese Gebäude nicht (BT-Drs. 19/18791 S. 38; a.A. D/Sch/Z Kap. 1 Rn. 30).

99 Ein **Gebäude im Sondereigentum** ist nicht in die Verwaltung des gemeinschaftlichen Eigentums eingebunden; dementsprechend erfolgt die Verwaltung in dem einen Fall als Sondereigentumsverwaltung und im anderen Fall wie bisher als Verwaltung des gemeinschaftlichen Eigentums. Es sind also zukünftig zwei Rechtsformen von Gebäudeeigentum auf demselben Grundstück mit unterschiedlichen Verwaltungen und Kostentragungsregelungen denkbar (*Becker/Schneider* ZfIR 2020, 281, 285).

7. Kritik

100 Die bisher in der Praxis gebräuchlichen Sondernutzungsrechte zur alleinigen rechtlichen Zuordnung von Grundstücksflächen an bestimmte Wohnungseigentümer sind durch das WEMoG weder untersagt noch eingeschränkt worden; sie sind unverändert zulässig (vgl. § 19 Abs. 1, § 5 Abs. 4 S. 2 WEG). Die mit der Einführung von Sondereigentum an Grundstücksfreiflächen verbundene Durchbrechung der wohnungseigentumsrechtlichen Strukturprinzipien wird voraussichtlich zu einem dauerhaften **Dualismus** von Sondernutzungsrechten und Sondereigentum führen. Eine zwingende Notwendigkeit ist dafür jedoch nicht ersichtlich. Bereits der historische Gesetzgeber hatte bewusst eine »Möglichkeit, das Sondereigentum auf außerhalb des Gebäudes liegende Teile des Grundstücks zu erstrecken, (…) nicht vorgesehen. Eine solche Regelung wäre bedenklich, da sie zu einer besonderen Art der realen Teilung von Grundstücken führen würde. Ein Bedürfnis hierfür ist zu verneinen, weil insoweit eine Benutzungsregelung (…) ausreicht« (BR-Drs. 75/51 S. 13).

101 Die Vorteile der Neuregelungen überwiegen bei näherer Betrachtung auch nicht (ebenso *Heinemann* ZWE 2020, 333). So sollen durch die Einräumung von Annexeigentum Freiflächen einzelnen Wohnungseigentümern wirtschaftlich zugeordnet werden können, ohne dass damit die mit der Zuweisung von Sondernutzungsrechten verbundene Rechtsunsicherheit in Kauf genommen werden müsse; Sondernutzungsrechte seien nämlich gesetzlich nicht geregelt (RegE BT-Drs. 19/18791 S. 37). Diese Aussagen überraschen nach nahezu 70-jähriger Kautelarpraxis auch deshalb, weil der Gesetzgeber selbst noch 2006 festgestellt hat, das der seinerzeit neu ins Gesetz aufgenommene Begriff »Sondernutzungsrecht« sich in der Rechtspraxis bewährt habe und es deshalb weder erforderlich noch sinnvoll sei, ihn gesetzlich zu definieren (BT-Drs. 16/887 S. 16 reHsp.). Auch die jetzt ebenfalls monierte Streitanfälligkeit von Sondernutzungsrechten dürfte in der Praxis wohl oftmals auf Gestaltungsdefizite zurückzuführen sein, die sich mit der Einführung von Freiflächeneigentum nicht von selbst erledigen werden (so auch *Heinemann* ZWE 2020, 333). In der ganz überwiegenden Mehrzahl der Fälle hat die zutreffende Verwendung von Sondernutzungsrechten dagegen wohl durchaus zu rechtssicheren Ergebnissen geführt (ebenso *M. Müller* ZWE 2020, 445 sub. V.1.). Empirische Grundlagen für den Sinneswandel des Gesetzgeber werden nicht benannt.

102 Demgegenüber erweist sich vielmehr das Annexeigentum wegen seiner Abhängigkeit von Bewertungsfragen bei näherer Betrachtung als rechtsunsicher. Hier wird die weitere Entwicklung abzuwarten sein.

103 Sondernutzungsrechte sind aus der täglichen wohnungseigentumsrechtlichen Gestaltungspraxis inzwischen auch wegen der mit ihrer Einräumung verbundenen großen Flexibilität nicht mehr wegzudenken (s. etwa die Modelle zur zeitlich gestreckten Begründung von Sondernutzungsrechten, die z.B. eine Anbindung von Stellplätzen innerhalb der Wohnungseigentümergemeinschaft gewährleisten). Auch Sondereigentum an Freiflächen vermag hier ungeachtet der sonstigen damit verbundenen Probleme nicht immer adäquaten Ersatz zu verschaffen. So muss nach der Konzeption des § 3 Abs. 2 WEG das Annexeigentum zwingend im Eigentum *eines* Wohnungs- oder Teileigentümers stehen; die Eigentumsverhältnisse müssen also identisch sein (»das Sondereigentum kann (…) erstreckt werden«). Die in der Praxis jedoch oftmals nachgefragte Zuordnung bestimmter Außenflächen (Garten-, Wege und Zufahrtsflächen insbesondere in Mehrhausanlagen) zur gemein-

schaftlichen Mitbenutzung mehrerer Wohnungseigentümer vermag das Annexeigentum nicht zu leisten (*Becker/Schneider* ZfIR 2020, 281, 285; D/Sch/Z Kap. 1 Rn. 48; *M. Müller* ZWE 2020, 445 sub. V.3.).

Darüberhinaus gibt es wohnungseigentumsrechtliche Bedürfnisse, die eine »Flucht in das Sondernutzungsrecht« (RegE BT-Drs. 19/18791 S. 29) als einzig sinnvolle Gestaltungsmöglichkeit erscheinen lassen, weil das Freiflächeneigentum hierfür von vornherein nicht in Betracht kommt. Dazu gehören etwa Sondernutzungsrechte an Fassadenflächen zu Werbezwecken (*Abramenko* § 1 Rn. 28) und Sondernutzungsrechte an Nebenflächen bei Wohnungserbbaurechten (*Becker/Schneider* ZfIR 2020, 281, 286; Grüneberg/*Wicke* § 30 Rn. 1). **104**

8. Übergangsrecht

Das WEMoG sieht für die Begründung von Annexeigentum keine Übergangsregelung vor. Bisher begründete Sondernutzungsrechte an Terrassen und Gartenflächen bleiben unverändert bestehen. Etwaig beabsichtigte Umwandlungen bisheriger Sondernutzungsrechte in Sondereigentum stellen sich als Umwandlung von Gemeinschafts- in Sondereigentum dar (zu den Anforderungen s. § 7 Rdn. 278 ff.). **105**

9. Verfügungen über Annexeigentum

Wegen möglicher Verfügungen über Annexeigentum und deren materieller sowie verfahrensrechtlicher Voraussetzungen s. ausf. *Schneider* ZMR 2023, 937. **106**

F. Anlagen zum Teilungsvertrag: Aufteilungsplan sowie Abgeschlossenheits- und Flächenbescheinigung

I. Allgemeines

Wohnungs- und Teileigentum kann nur dann im Grundbuch **eingetragen** werden, wenn neben dem Eintragungsantrag nach § 13 Abs. 1 S. 1 GBO und der Eintragungsbewilligung der einzutragenden Miteigentümer (§ 19 GBO) dem Grundbuchgericht auch die in § 7 Abs. 4 S. 1 WEG genannten **Anlagen** vorliegen, nämlich inhaltlich zusammengehörend (*BayVGH* ZMR 1998, 469; *OLG Köln* ZMR 1992, 511) **Aufteilungsplan** sowie **Abgeschlossenheits- u. Flächenbescheinigung** (*BayObLG* ZMR 2003, 370, 371; *BayObLG* BayObLGZ 1989, 447, 449; *BayObLG* Rpfleger 1993, 335). **Verändern** sich durch die Übertragung von Sondereigentum an einzelnen Räumen die Grenzen des bestehenden Sondereigentums (§ 8 Rdn. 100 ff.), bedarf es, wie im Fall der **Unterteilung** (s. § 8 Rdn. 70 ff.), erneut der Vorlage eines **bestätigten Aufteilungsplans** sowie einer Bescheinigung der Baubehörde über die **Abgeschlossenheit** u. Flächenbemaßung der neu gebildeten Einheiten (*OLG München* ZWE 2011, 267; *OLG Zweibrücken* ZMR 2001, 663 = ZWE 2001, 395). Werden bereits getrennt gelegene Räume übertragen, reicht hinsichtlich der Restwohnung die frühere Abgeschlossenheitsbescheinigung jedenfalls dann nicht aus, wenn nach dem neuen Aufteilungsplan Änderungen eingetreten sind, wonach die infolge Übertragung der Räume verkleinerte Wohnung nicht (mehr) als in sich abgeschlossen gelten kann. **107**

II. Aufteilungsplan

Nach der **Legaldefinition** des § 7 Abs. 4 S. 1 Nr. 1 WEG ist der Aufteilungsplan eine von der Baubehörde mit Unterschrift und Siegel oder Stempel versehene Bauzeichnung, aus der die Aufteilung des Gebäudes und des Grundstücks sowie die Lage und Größe der im Sondereigentum und der im gemeinschaftlichen Eigentum stehenden Teile des Gebäudes und des Grundstücks ersichtlich ist. Der Aufteilungsplan besteht in der Regel aus Grundriss-, Schnitt- und Ansichtszeichnungen (*KG* Rpfleger 2023, 156; *KG* ZMR 2023, 128) (früher) im Maßstab 1:100 (die Vorgabe in der AVA 2021 ist entfallen), die typischer Weise auch für das Baugenehmigungsverfahren erforderlich sind (*Trautmann* ZWE 2004, 318). Der Aufteilungsplan bezweckt vor allem, die **sachenrechtliche Bestimmtheit** zu sichern (BGHZ 208, 29 = NJW 2016, 473 = ZfIR 2016, 276 = ZMR 2016, 215 = **108**

ZWE 2016, 79; *BGH* ZMR 2013, 452 = ZWE 2013, 168; *OLG Zweibrücken* OLGReport Zweibrücken 2006, 521 = MDR 2006, 172 = NZM 2006, 586 m.w.N.; *BayObLG* ZMR 2003, 370, 371; *OLG Hamburg* ZMR 2002, 372, 373). Er soll gewährleisten, dass das Sondereigentum auf die dafür vorgesehenen und geeigneten Räume beschränkt bleibt und also die **Grenzen des Sondereigentums und des Gemeinschaftseigentums** klar absteckt sind (BGHZ 208, 29 = NJW 2016, 473 = ZfIR 2016, 276 = ZMR 2016, 215 = ZWE 2016, 79; *BGH* ZMR 2013, 452 = ZWE 2013, 168; *BGH* ZMR 2004, 206 = NJW 2004, 1798 = MDR 2004, 439; *OLG Hamburg* ZMR 2002, 372, 373; *OLG Karlsruhe* NJW-RR 1993, 1294 = ZMR 1993, 474; *BayObLG* RPfleger 1982, 21); das gilt auch für Sondereigentumsbereiche der Wohnungseigentümer untereinander (*OLG Zweibrücken* OLGReport Zweibrücken 2006, 521 = MDR 2006, 172 = NZM 2006, 586 m.w.N.; *BayObLG* DNotZ 1999, 212, 214 = NZM 1998, 973). Unter anderem sind nach § 7 Abs. 4 S. 1 Nr. 1 WEG zu diesem Zweck alle zu demselben Wohnungs- oder Teileigentum gehörenden Einzelräume und Grundstücksteile mit der jeweils **gleichen Nummer** zu kennzeichnen. Der Aufteilungsplan muss die Aufteilung des Grundstücks und des Gebäudes (Grundrisse, Raumaufteilung, usw.), die Lage, die Größe und den Standort der Gebäudeteile auf dem Grundstück enthalten (*BayObLG* ZMR 1986, 21; Rpfleger 1982, 21; *Bub* WE 1991, 124, 125). Die genaue Umgrenzung der Wohnungseigentumseinheiten wird durch den Teilungsvertrag/die Teilungserklärung i.V.m. dem Aufteilungsplan und der Abgeschlossenheitsbescheinigung festgelegt, auch soweit das Sondereigentum an einer bestimmten Wohnung in einem auf dem **Grundstück noch zu errichtenden Gebäude** eingeräumt wird. Ausgangspunkt der Aufteilung sind nicht die tatsächlich bestehenden Raumverhältnisse, sondern der **Grundbuchinhalt** (*OLG Zweibrücken* OLGReport Zweibrücken 2006, 521 = MDR 2006, 172 = NZM 2006, 586 m.w.N.; *KG* ZMR 2001, 849).

109 Gem. § 7 Abs. 3 S. 1 WEG kann zur näheren Bestimmung des Gegenstandes und des Inhalts des Sondereigentums auf die **Eintragungsbewilligung** Bezug genommen werden, der wiederum gem. § 7 Abs. 4 WEG der Aufteilungsplan hinzuzufügen ist. Der Aufteilungsplan wird durch diese **doppelte Bezugnahme** – ebenso wie die Abgeschlossenheits- und Flächenbescheinigung (*KG* FGPrax 2004, 216) – **Inhalt des Eintragungsantrags** und später des Wohnungsgrundbuchs (*BGH* ZfIR 2004, 1006, 1008 = ZMR 2005, 59 = NJW 2005, 10; *OLG Schleswig* ZMR 2004, 68; *BayObLG* ZMR 2003, 370, 371; *OLG Stuttgart* Justiz 1981, 82 = OLGZ 1981, 160 = Rpfleger 1981, 109) und nimmt so am öffentlichen Glauben teil (*BayObLG* Rpfleger 1991, 414). § 7 Abs. 4 S. 1 Nr. 1 WEG verlangt nicht, dass der Aufteilungsplan schon bei Niederschrift dem Teilungsvertrag oder der Teilungserklärung als Anlage beigeheftet wird (*BayObLG* ZMR 2003, 370, 371; *Böttcher* Rpfleger 2004, 21, 26; *Hügel* NotBZ 2003, 147). Der Aufteilungsplan muss erst für die **Grundbucheintragung** vorliegen (*BayObLG* ZMR 2003, 370, 371; *Bub* WE 1991, 124, 126).

110 Das Grundbuchgericht hat **selbstständig prüfen**, ob durch den Aufteilungsplan der sachenrechtliche Bestimmtheitsgrundsatz gewahrt ist (*BayObLG* ZMR 2003, 370, 371; *OLG Frankfurt am Main*, Rpfleger 1980, 391; *Bub* WE 1991, 124, 126) und ob der zur Unterschriftsbeglaubigung vorliegende Entwurf des Aufteilungsplans mit der grundsätzlich von der Baubehörde mit Unterschrift und Siegel oder Stempel versehenen Bauzeichnung identisch ist (*BayObLG* ZMR 2003, 370, 371). Insoweit unterscheidet sich die Aufgabe des Grundbuchgerichts nicht wesentlich von der Pflicht, die **Widerspruchsfreiheit von Bauzeichnungen** zu überprüfen (*BayObLG* Rpfleger 1993, 335; *Schöner/Stöber* Rn. 2856). Der Pflicht, den Aufteilungsplan zu prüfen, kann sich das Grundbuchgericht nicht durch das Verlangen einer sog. »**Identitätserklärung**« entziehen. Stimmt der vorläufige Aufteilungsplan, auf dessen Grundlage der Teilungsvertrag oder die Teilungserklärung abgegeben wurde, nicht mit dem amtlichen Aufteilungsplan überein, hat das Grundbuchgericht die Identität grundsätzlich **selbst zu prüfen** (*BayObLG* ZMR 2003, 370, 371). Durch den Aufteilungsplan muss eindeutig und zweifelsfrei bestimmt sein, auf welche Räume oder Flächen sich das Sondereigentum bezieht. Fehlt es an dieser Bestimmtheit, ist der Eintragungsantrag gem. § 18 GBO zurückzuweisen oder es ist eine **Zwischenverfügung** zur Behebung des Hindernisses zu erlassen (*OLG Köln* NJW-RR 1993, 204 = ZMR 1992, 511). Zu den weiteren **Einzelheiten** des Aufteilungsplans s. ausführlich § 7 Rdn. 103 ff. sowie *Ruge* Begründung, S. 85 ff.

III. Abgeschlossenheit von Wohnungen und sonstigen Räumen (§ 3 Abs. 3 Var. 1 WEG)

1. Abgeschlossenheits- und Flächenbescheinigung

Für die Eintragung von Wohnungs- oder Teileigentum ist der Eintragungsbewilligung gem. § 7 Abs. 4 S. 1 Nr. 2 WEG eine **Abgeschlossenheits- und Flächenbescheinigung** beizufügen. Eine solche Bescheinigung wird auf Antrag des Grundstückseigentümers, des Erbbauberechtigten oder einer sonstigen Person mit berechtigtem Interesse (z.B. Erwerber) durch die Bauaufsichtsbehörde erteilt (§ 3 AVA), die für die bauaufsichtliche Erlaubnis (Baugenehmigung) und die bauaufsichtlichen Abnahmen zuständig ist, soweit die zuständige oberste Landesbehörde nicht etwas anderes bestimmt. Zu den Einzelheiten s. die Allgemeine Verwaltungsvorschrift für die Ausstellung von Bescheinigungen nach dem Wohnungseigentumsgesetz (AVA) vom 06.07.2021 (BAnz AT 12.07.2021 B2). Die z.T. mit beträchtlichen **Gebühren** verbundene Erteilung der Bescheinigung verstößt nicht gegen das Äquivalenzgebot (vgl. *OVG* NW v. 08.07.1999 – 9 A 3995/98, zit. juris: 300,– DM Festgebühr je Sondereigentumseinheit; *VG Düsseldorf* BeckRS 2012, 57393: 100,– € Festgebühr je Sondereigentumseinheit, auch je Pkw-Stellplatz; *VG Frankfurt* v. 25.06.2003 – 4 E 4498/02, zit. juris: mittlere Rahmengebühr i.H.v. 150,– € pro Sondereigentumseinheit). Eine Abgeschlossenheits- und Flächenbescheinigung ist nach h.M. **kein Verwaltungsakt**, sondern behördliche Wissensmitteilung (*BGH* NJW 1991, 1611; *BVerwG* NJW-RR 1988, 649 = DNotZ 1988, 702; *Ruge* Begründung, S. 122; str.). Eine Abgeschlossenheits- und Flächenbescheinigung dient zwar als urkundlicher Nachweis gegenüber dem Grundbuchgericht, dass ein Sondereigentum abgeschlossen ist. Eine darüber hinausgehende verbindliche Aussage über den Umfang der baurechtlich zulässigen Nutzung des Sondereigentums enthält eine Abgeschlossenheitsbescheinigung aber nicht (*BVerwG* NJW-RR 1988, 649 = DNotZ 1988, 702). Das Erfordernis eines Raumabschlusses findet seinen Grund vor allem darin, dass zum Sondereigentum gem. § 13 Abs. 1 WEG – anders als beim schlichten Miteigentum nach Bruchteilen – die **alleinige Sachteil- und Raumherrschaft** des Sondereigentümers gehört (*GmS-OGB* BGHZ 119, 42, 46 = ZMR 1993, 25). Dieser Herrschaftsbereich des Sondereigentums soll über die von § 3 Abs. 3 WEG geforderte Abgeschlossenheit **klar und dauerhaft** abgegrenzt als auch gegen widerrechtliches Eindringen tatsächlich abgeschirmt werden. Dem »Eigenheim auf der Etage« soll nach dem Plan des Gesetzes durch die Macht der Tatsachen der »Burgfriede« gewährt werden, den das Heim auf eigenem Grund und Boden von Natur aus hat (*GmS-OGB* BGHZ 119, 42, 46 = ZMR 1993, 25). Die **Aufhebung** der Abgeschlossenheit lässt den **Bestand des Sondereigentums unberührt** (*BGH* BGHZ 177, 338 [Luftschranken] = NJW 2008, 2982 = ZMR 2008, 897; *BGH* BGHZ 146, 241, 246 [Mauerdurchbruch] = NJW 2001, 1212 = ZMR 2001, 289). 111

2. Begriff und Zweck der Abgeschlossenheit

Abgeschlossenheit i.S. von § 3 Abs. 3 Var. 1 WEG bedeutet die **dauerhafte räumliche Abgrenzung** 112
und **Abschließbarkeit** einer Wohnung. Die Abgeschlossenheit der Sondereigentumsbereiche soll gewährleisten, dass jeder Sondereigentumsbereich von demjenigen der anderen Wohnungseigentümer **eindeutig abgegrenzt** ist (*BGH* BGHZ 110, 36, 39 [Bauverbotsfall] = NJW 1990, 1111 = MDR 1990, 325). Zweck des in § 3 Abs. 3 Var. 1 WEG ausgestalteten Abgeschlossenheitserfordernisses ist es, dem Grundbuchgericht die Prüfung bautechnischer und baurechtlicher Fragen zu ersparen (*BVerwG* NJW 1997, 71, 74; *Trautmann* ZWE 2004, 318, 319) sowie eine **eindeutige räumliche Abgrenzung** der Sondereigentumsbereiche untereinander sowie zum gemeinschaftlichen Eigentum zu gewährleisten und dadurch Streitigkeiten zu vermeiden, wie sie unter der Geltung des früheren Stockwerkeigentums als Folge unklarer Verhältnisse entstanden sind (*GmS-OGB* BGHZ 119, 42, 46 = ZMR 1993, 25; *BGH* BGHZ 146, 241, 247 [Mauerdurchbruch] = NJW 2001, 1212 = ZMR 2001, 289; BGHZ 110, 36, 40 [Bauverbotsfall] = NJW 1990, 1111 = MDR 1990, 325; s. dazu *Pfeilschifter/Wüstenberg* WuM 2004, 635).

3. § 3 Abs. 3 als Sollvorschrift

Die Prüfung, ob ein Sondereigentum oder ein Teileigentum abgeschlossen sind, beruht gem. § 3 113
Abs. 3 WEG auf einer **Sollvorschrift** (noch zum früheren Recht *BGH* BGHZ 146, 241, 246 [Mauer-

durchbruch] = NJW 2001, 1212 = ZMR 2001, 289; *BGH* BGHZ 110, 36, 40 [Bauverbotsfall] = NJW 1990, 1111 = MDR 1990, 325; *OLG München* ZWE 2009, 25 = RNotZ 2009, 46 = NZM 2009, 402; *OLG Köln* ZMR 1994, 230, 231). Wenn das Grundbuchgericht nach Prüfung eine Eintragung vorgenommen hat, **entsteht Sondereigentum** gemäß dem Aufteilungsplan auch dann, wenn die Abgeschlossenheitsvoraussetzungen **in Wirklichkeit nicht vorliegen** (*OLG München* ZWE 2009, 25 = RNotZ 2009, 46 = NZM 2009, 402; s. *Schneider* Rpfleger 1991, 499; dazu Rdn. 182). Benutzungsrecht und Lastentragungspflicht sowie die Rechte dinglich gesicherter Gläubiger können nicht davon abhängen, ob im **Einzelfall** die Voraussetzungen der Abgeschlossenheit tatsächlich erfüllt oder nicht erfüllt sind (*BGH* BGHZ 177, 338 [Luftschranken] = NJW 2008, 2982 = ZMR 2008, 897; *OLG München* ZWE 2009, 25 = RNotZ 2009, 46 = NZM 2009, 402; *BayObLG* BayObLGZ 1981, 332 = Rpfleger 1982, 21 = MDR 1982, 148; *Röll* Rpfleger 1983, 380, 382).

4. Selbstständige Prüfung durch das Grundbuchgericht

114 Das Grundbuchgericht hat die Frage der Abgeschlossenheit in **eigener Verantwortung** zu prüfen (*BVerwG* DNotZ 1988, 702; *KG* DNotZ 1985, 437; *BayObLG* BayObLGZ 1984, 138, 139). Hat die **Baubehörde** die Abgeschlossenheit bescheinigt, ist das Grundbuchgericht an diese Bescheinigung nicht gebunden, wenn sich aus den Eintragungsunterlagen (Teilungsvertrag oder -erklärung, Gemeinschaftsordnung, Aufteilungsplan) das Gegenteil ergibt (*BVerwG* NJW-RR 1988, 649, 650; *KG* OLGZ 1985, 129; *BayObLG* BayObLGZ 1984, 138, 139). Bei der Entscheidung der **Baubehörde** über einen Antrag auf Abänderung einer Abgeschlossenheitsbescheinigung handelt es sich genauso wie bei der Erteilung der Abgeschlossenheitsbescheinigung (Rdn. 111) selbst nicht um einen Verwaltungsakt, sodass die Abänderung im Wege der **allgemeinen Leistungsklage** zu verfolgen ist (*BVerwG* DNotZ 1988, 702; *VG Berlin* NZM 1998, 732).

5. Verstöße; Mängel

115 Wird **versehentlich nicht abgeschlossenes Wohnungseigentum** eingetragen, ist es dennoch **wirksam entstanden** (s. dazu auch noch Rdn. 182). Die Wirksamkeit der Eintragung kann nicht unter Berufung auf § 3 Abs. 3 WEG und somit auch nicht wegen eines Mangels der bloß baubehördlichen Prüfung in Zweifel gezogen werden (*BGH* BGHZ 110, 36, 40 [Bauverbotsfall] = NJW 1990, 1111 = MDR 1990, 325; *OLG Köln* ZMR 1994, 230). Für das Entstehen des Sondereigentums ist die Abgeschlossenheitsbescheinigung vielmehr **ohne Bedeutung**, sofern die Eintragung in das Grundbuch erfolgt (*BGH* BGHZ 177, 338 [Luftschranken] = NJW 2008, 2982 = ZMR 2008, 897). Im Einzelfall ist unter Zugrundelegung dieser Grundsätze vorstellbar, dass etwa eine **Garage** (so im Fall *OLG München* MietRB 2008, 108) oder ein **Nebenraum** (so im Fall *OLG München* ZWE 2009, 25 = RNotZ 2009, 46 = NZM 2009, 402) nur über/durch **anderes Sondereigentum** erreichbar ist und **keine rechtlich gesicherte Zugangsmöglichkeit** besteht. Eine **fehlende Zugangsmöglichkeit** steht zwar der Abgeschlossenheit des Raumes entgegen (Rdn. 117); deren Fehlen hindert aber die Entstehung von Sondereigentum nach Eintragung im Grundbuch letztlich nicht. Ein solcher Verstoß führt **nicht zur Nichtigkeit** der entsprechenden Grundbucheintragung (*OLG München* ZWE 2009, 25 = RNotZ 2009, 46 = NZM 2009, 402). Sondereigentum kann auch dann bestehen, wenn die **Abgeschlossenheitsvoraussetzungen** in Wirklichkeit **nicht vorliegen** (*BGH* BGHZ 146, 241, 246 [Wanddurchbruch] = NJW 2001, 1212 = ZMR 2001, 289; *BayObLG* Rpfleger 1991, 414; *OLG München* ZWE 2009, 25 = RNotZ 2009, 46 = NZM 2009, 402; Rdn. 182). Der **notwendige Ausgleich** ist nicht darin zu suchen, dass **Zugang/Zufahrt** ebenso wie Treppenhäuser oder Korridore nach § 5 Abs. 2 WEG als notwendiges Gemeinschaftseigentum angesehen werden müssen (offen gelassen von *OLG München* MietRB 2009, 108). Der Sondereigentümer des **Zugangs/der Zufahrt** muss aber einen **angemessenen Gebrauch** seines Eigentums nach dem die Wohnungseigentümer verbindenden Gemeinschaftsverhältnis und dem Rücksichtnahmegebot (s. § 10) **dulden**. Den Anspruch kann man ferner in einer entsprechenden Anwendung des § 917 BGB finden (*OLG München* MietRB 2008, 108). Der Duldungspflichtige kann jedenfalls analog § 917 Abs. 2 S. 1 BGB **Entschädigung** verlangen. Wie bei später entstandenen, zusätzlichen Räumen (Rdn. 158), folgt aus dem Rücksichtnahmegebot die Pflicht, einen Durchgang durch das Sondereigentum zu gewähren

(*Elzer* IMR 2009, 98; vgl. zum Durchgang einer einem **Sondernutzungsrecht unterliegenden Fläche** *OLG Frankfurt am Main,* IBR 2006, 1174 und *OLG Stuttgart* ZMR 2001, 730, 731; *KG* NJW-RR 1990, 333; *LG Frankfurt*/M. NZM 2023, 887; s.a. *BayObLG* ZMR 2005, 889). Der Inhaber eines Sondereigentums, das keinen Zugang hat, besitzt allerdings nur ein **eingeschränktes Betretungsrecht.** Er hat kein in seinem Belieben stehendes, jederzeitiges Durchgangsrecht, sondern nur ein **zeitlich und räumlich beschränktes** Betretungsrecht. Ein Betretungsrecht ist zu **verneinen**, wenn ein ausreichender Zugang über ein eigenes Sondereigentum oder das Gemeinschaftseigentum oder aufgrund eines dinglichen oder schuldrechtlichen Wegerechts an einem anderen Grundstück möglich ist, mag dieser Zugang auch weiter, unbequemer oder kostspieliger sein. Anders ist es nur, wenn ein anderer Zugang so hohe Aufwendungen oder Erschwernisse mit sich bringt, dass die Wirtschaftlichkeit in unzumutbarer Weise beeinträchtigt würde.

6. Verlust der Abgeschlossenheit

Der **spätere Wegfall** der Abgeschlossenheit, etwa durch den Einbau von Treppenanlagen innerhalb 116
übereinander liegender Wohnungen oder wegen eines Durchbruches durch Trennmauern, beeinträchtigt das einmal entstandene Sondereigentum nicht (*BGH* BGHZ 146, 241 [Wanddurchbruch] = NJW 2001, 1212 = ZMR 2001, 289; *BayObLG* ZMR 2001, 43; Bärmann/*Armbrüster* WEG § 2 Rn. 83).

7. Abgeschlossenheit von Wohnungseigentum

Abgeschlossenheit i.S. von § 3 Abs. 3 und § 7 Abs. 4 S. 1 Nr. 2 WEG wurde noch mit den in Nr. 5 117
der inzwischen aufgehobenen Allgemeinen Verwaltungsvorschrift für die Ausstellung von Bescheinigungen gem. § 7 Abs. 4 Nr. 2 und § 32 Abs. 2 Nr. 2 des Wohnungseigentumsgesetzes vom 19.03.1974 (BAnz. Nr. 58 vom 23.03.1974) niedergelegten **Grundsätzen** umschrieben (*BayObLG* ZMR 1984, 359). Abgeschlossenheit von Wohnungen erforderte demnach dreierlei:

- **Abgegrenztheit (eigentliche Abgeschlossenheit).** Das Wohnungs- oder Teileigentum muss gegenüber anderem Sonder- und Gemeinschaftseigentum **klar abgegrenzt** sein. Dies erfordert es, dass das Sondereigentum baulich vollkommen von fremden Wohnungen und Räumen abgesondert ist, z.B. durch Wände und Decken, die den Anforderungen der Bauaufsichtsbehörden (Baupolizei) an Wohnungstrennwände und Wohnungstrenndecken entsprechen. Unschädlich ist, wenn zwischen zwei Wohnungen eine jederzeit **zu öffnende Verbindungstür** besteht (*KG* OLGZ 1985, 129 = MDR 1984, 1027 = Rpfleger 1985, 107 = MittBayNot 1985, 35 = DNotZ 1985, 437). Der Abgeschlossenheit einer Wohnung oder Garage schadet es grundsätzlich auch nicht, wenn den übrigen Eigentümern durch Gebrauchsregelung das zeitweise **Recht zum Betreten** eingeräumt wird (*BayObLG* NJW-RR 1989, 142 = WE 1989, 214). S. dazu auch Rdn. 135 ff.
- **Zugangsmöglichkeit.** Das Wohnungs- oder Teileigentum muss einen eigenen – abschließbaren – Zugang unmittelbar vom Freien, von einem Treppenhaus oder von einem Vorraum haben (*OLG München* ZWE 2009, 25 = RNotZ 2009, 46 = NZM 2009, 402; *BayObLG* ZMR 1996, 509 = NJWE-MietR 1997, 80; *OLG Düsseldorf* OLGZ 1987, 51; *BayObLG* BayObLGZ 1983, 266). Der notwendige freie Zugang kann in der Weise geschaffen werden, dass die Benutzung des im Nachbargebäude befindlichen und im Eigentum eines Dritten stehenden Treppenhauses durch eine **Grunddienstbarkeit** zugunsten aller jeweiligen Wohnungseigentümer sichergestellt wird (*OLG Düsseldorf* MDR 1987, 235; s.a. *BayObLG* ZMR 1984, 359). Zu **Mängeln** s. Rdn. 115.
- **Ausstattung.** Die Gesamtheit der Räume des Wohnungs- oder Teileigentums muss einen **selbstständigen Haushalt** erlauben (*BayVGH* DWW 1976, 306; *Röll* MittBayNot 1991, 241; Bamberger/Roth/*Hügel* WEG § 3 Rn. 6). Anforderungen an die Ausstattung ergeben sich aus der Funktion des Wohnungseigentums. Zum Wohnen bedarf es einer Wasserversorgung, eines Ausgusses und einer Toilette (*OLG Zweibrücken* ZMR 2001, 663, 664; *OLG Düsseldorf* ZMR 1997, 662, 664; *BayObLG* ZMR 1984, 359). Ferner bedarf es eines **Stromanschlusses**, der innerhalb der Wohnung liegen muss. **Innerhalb der Wohnung** muss auch wenigstens die Möglichkeit zur Installation einer **Küche** oder **Kochgelegenheit** bestehen; es reicht, wenn die bauseitigen Anschlüsse

vorhanden sind. Bad, Dusche und Heizung (*Pfeilschifter/Wüstenberg* WuM 2004, 635, 639; a.A. *Ruge* Begründung, S. 46) können fehlen.

118 Die **aktuelle AVA 2021** enthält die Verweisungen auf die baurechtlichen Anforderungen an Trennwände und –decken nicht mehr (vgl. § 4 Abs. 2 AVA [2021]). Weiterhin wird das **Ausstattungserfordernis nicht mehr ausdrücklich** genannt (§ 5 Abs. 1 AVA [2021]). Eine inhaltliche Änderung gegenüber der entsprechenden Vorschrift der AVA (1974) soll allerdings mit der neuen Fassung nicht verbunden sein (BR-Drs. 312/21, S. 9). Der Wegfall erklärt sich aus der Rechtsprechung des Gemeinsamen Senats der obersten Gerichtshöfe des Bundes (*GmS-OGB* BGHZ 119, 42 = NJW 1992, 3290), wonach Wohnungen und sonstige Räume in bestehenden Gebäuden auch dann i.S.v. § 3 Abs. 2 S. 1 WEG a.F. in sich abgeschlossen sein können, wenn die Trennwände und Trenndecken entgegen Nr. 5a S. 1 AVA (1974) nicht den Anforderungen entsprechen, die das Bauordnungsrecht des jeweiligen Bundeslandes aufstellt. Die AVA könne nämlich als Verwaltungsvorschrift ohne Gesetzesqualität bereits den durch Auslegung ermittelten gesetzlichen Abgeschlossenheitsbegriff nicht durch zusätzliche Anforderungen verengen; sie diene lediglich der verwaltungstechnischen Durchführung im Rahmen der Anlegung der Wohnungs- und Teileigentumsgrundbücher. Die damit verbundene Aussage – keine Berücksichtigung bauordnungsrechtlicher Vorgaben im Rahmen der Erteilung einer Abgeschlossenheitsbescheinigung – soll sich auf alle anderen bisher in der AVA genannten Anforderungen übertragen lassen, die über die Anforderungen des WEG als Bundesgesetz an die Abgeschlossenheit hinausgehen und lediglich im nachgelagerten Bauordnungsrecht der Länder ihre Rechtfertigung finden (*Wobst* MittBayNot 2022, 322, 323: »Sachwidrige Verquickung von Sachen- und Bauordnungsrecht«; *Wobst* DNotZ 2021, 582, 588 f.; *Kümmel* NotBZ 2022, 441, 450). Dazu sollen auch die bisher ausdrücklich genannten Ausstattungsmerkmale einer Wohnung gehören.

119 Das WEG selbst definiert auch nach der Novelle nicht, was materiellrechtlich unter einer **Wohnung** zu verstehen ist. Gleichwohl verwendet es diesen Begriff vorgreiflich an verschiedenen Stellen (vgl. § 1 Abs. 1 und 2, § 3 Abs. 1 S. 1 und Abs. 3 WEG). Wenn demnach nur an »Wohnungen« das Wohnungseigentum begründet werden kann (§ 1 Abs. 2 WEG), stellt das Wohnungseigentumsrecht selbst unterschiedliche (bauliche) Anforderungen an die Qualifikation von Räumen als Wohnungs- bzw. Teileigentum (a.A. *Kümmel* NotBZ 2022, 441, 450). In einer Wohnung muss man auch wohnen können. Dafür ist maßgeblich die Verkehrsauffassung auf der Grundlage der baulichen Ausgestaltung der Räume heranzuziehen (BayObLGZ 1973, 1 = MittBayNot 1973, 154; BeckOK WEG/*Hogenschurz* Stand: 02.04.2024, § 1 Rz. 27; *Hügel/Elzer* § 1 Rz. 13; Grüneberg/*Wicke* § 1 WEG Rz. 2; a.A. *Wobst* DNotZ 2021, 582, 588 f., der allein auf die Zweckbestimmung abstellen will; *Kümmel* NotBZ 2022, 441, 450.); **aus der Funktion als Wohnung ergeben sich** also **Anforderungen an deren Ausstattung** (vgl. Bärmann/*Armbrüster* § 1 Rn. 15, § 3 Rn. 96; BeckOGK/*M. Müller* Stand: 01.03.2024, § 1 WEG Rn. 162.) Danach bildet eine Wohnung die Summe der Räume, die die Führung eines selbstständigen Haushalts ermöglichen. Deshalb gehört dazu stets eine Kochgelegenheit sowie Wasserversorgung, Abfluss und WC (vgl. zum inhaltsgleichen Wohnungsbegriff *BVerwG* 38, 290 = ZMR 1972, 158). Eine Wohnung dient dem Menschen dazu, seinen Lebensmittelpunkt zu gestalten (*BayObLG* NZM 2005, 263; vgl. auch *BGH* ZfIR 2019, 542 (m. Anm. *Baer*, S. 545) (»Eigengestaltung der Haushaltsführung und des häuslichen Wirkungskreises«) sowie BGHZ 216, 333 = NJW 2018, 41 = ZfIR 2018, 17 (Anforderungen an die Ausstattung einer Wohnung gegenüber Flüchtlings- und Asylbewerberheim). Eine »Wohnung« setzt keine Mindestgröße voraus und muss auch nicht zwingend aus mehreren Räumen bestehen (*OVG Lüneburg* DNotZ 1984, 390). Auch sämtliche Räume eines Gebäudes oder einer Doppelhaushälfte können eine »Wohnung« bilden (BeckOGK/*M. Müller* Stand: 01.03.2024 § 3 WEG Rn. 162 m.w.N.).

120 Die Einhaltung dieser Mindestanforderungen hat unter Berücksichtigung des Legalitätsprinzips (vgl. allgemein *Böttcher* ZfIR 2013, 673) das Grundbuchgericht bei der Anlegung der neuen (»Wohnungs-«!)Grundbücher von Amts wegen zu prüfen (vgl. § 7 Abs. 1 WEG); die Grundbucheintragung einer nicht zu Wohnzwecken geeigneten Einheit als Wohnung ist unzulässig (*Schneider* ZfIR 2023,

116, 118). Bereits die den Baubehörden zur Erteilung der Abgeschlossenheitsbescheinigung vorzulegende Bauzeichnung setzt also – unverändert – die **Erkennbarkeit als** potenzielle **Wohnungseinheit** voraus. Auf diese Weise können die dem Grundbuchgericht im weiteren Verlauf als Anlage zur Abgeschlossenheitsbescheinigung beizufügenden Baupläne die **notwendigen Ausstattungsmerkmale** abbilden. Deshalb ist es gerade nicht ausreichend, wenn der Aufteilungsplan keine Raumbezeichnungen enthält (a.A *Wobst* MittBayNot 2022, 322, 323). Ob etwa eine »Küche« oder ein – innenliegendes – »WC« vorhanden ist, muss erkennbar sein, weil nur unter Beachtung dieser Mindeststandards die Bildung von Wohnungseigentum überhaupt möglich ist (Bärmann/*Armbrüster* § 3 Rn. 96; BeckOGK/*M. Müller* Stand: 01.03.2024 § 3 WEG Rn. 216; Erman/*Grziwotz* § 1 WEG Rn. 7; *Hügel/Elzer* NZM 2023, 57, 60; *Köther* RNotZ 2021, 377, 382; *Ruge* AnwZert MietR 15/2021 Anm. 2; *Schneider* ZfIR 2023; 116, 118; a.A. *KG* ZfIR 2023, 138 = ZMR 2023, 386; *KG* ZMR 2023, 127; BeckOK WEG/*Leidner* Stand: 02.04.2024 § 3 Rn. 64.2; *Wobst* MittBayNot 2022, 322, 323, ders. DNotZ 2021, 582, 588f.; der allein auf die Zweckbestimmung abstellen möchte; *Zimmer* ZWE 2021, 436, 439).

Diese Prüfung wurde den Grundbuchgerichten bisher durch Vorlage der Abgeschlossenheits- 121 bescheinigung erleichtert; die Prüfung bautechnischer und bauordnungsrechtlicher Vorgaben sollte den Grundbuchgerichten gerade erspart bleiben, zumal im Rahmen der Erteilung einer Baugenehmigung die Eigenschaft als Wohnung ohnehin von der Bauaufsicht festzustellen ist. Werden diese Anforderungen zukünftig von den Baubehörden nicht mehr attestiert, entfällt dadurch nicht der (rechtliche) Prüfungsauftrag an das Grundbuchgericht. Die notwendigen Kenntnisse müsste sich das Grundbuchgericht dann ggf. selbst im Wege einer Zwischenverfügung beschaffen (*Hügel/Elzer* NZM 2023, 57; *Schneider* ZfIR 2023, 116, 118; a.A. *KG* ZfIR 2023, 138 = ZMR 2023, 386).

Dagegen kann auch nicht eingewendet werden, die Widmung als Wohnung oder Nicht-Wohnein- 122 heit erfolge erst mit Eintragung der Gemeinschaftsordnung im Grundbuch, also zeitlich nach Erteilung der Abgeschlossenheitsbescheinigung (so aber *Wobst* MittBayNot 2022, 322, 323). Diese frühere Rechtsansicht, wonach es sich bei der Zweckbestimmung um ein dem Sachenrecht zuzuordnendes Element handele, das erst mit einer konstitutiven Grundbucheintragung Wirksamkeit erlange (seinerzeit noch *Kümmel* ZWE 2008, 273; *Ott* ZfIR 2005, 129). hat sich nicht durchsetzen können. Nach heute ganz h.M. handelt es sich bei der ersten Widmung von Räumen als Wohnung oder nicht zu Wohnzwecken dienenden Räumen um eine dem Eintragungsvorgang vorgelagerte schuldrechtliche Zweckbestimmung, deren Eintragung in das Grundbuch nicht konstitutiv, sondern lediglich zur Erlangung der Erstreckungswirkung gegenüber Sondernachfolgern im Eigentum erfolgt (*BGH* ZfIR 2021, 489; § 1 Rn. 44 m.w.N.). Diese Zweckbestimmung wirkt demnach lediglich im Innenverhältnis der Wohnungseigentümer (§ 5 Abs. 4 S. 1, § 10 Abs. 3 S. 1 WEG) und kann keine Aussage über die objektive Eignung als Wohnung treffen. Bis zu einer hier für erforderlich gehaltenen **Klarstellung der AVA** (*Hügel/Elzer* NZM 2023, 57, 61; *Schneider* ZfIR 2023, 116, 118) sind die derzeitigen Bestimmungen so auszulegen, dass die Prüfung des materiellrechtlichen Wohnungsbegriffs weiterhin ermöglicht wird.

8. Abgeschlossenheit von Teileigentum

Bei **Teileigentum**, z.B. einer Garage, einem Kellerraum, einem Schuppen, einer Lagerhalle, gelten 123 die Erfordernisse nur **sinngemäß**. Es bedarf auch hier der Abgegrenztheit (eigentliche Abgeschlossenheit) und einer **freien Zugangsmöglichkeit**. Die **Ausstattung** konnte aber schon immer hinter Wohnungseigentum zurückbleiben. **Hotelapartments**, aber auch einzelne **Hotelzimmer** können abgeschlossen sein (*OLG Naumburg* NotBZ 2005, 221; a.A. *OVG Lüneburg* DNotZ 1984, 390, 392; *LG Halle* NotBZ 2004, 242 m. Anm. *Häublein*). Dass Hotelzimmer nur in **Verbindung mit weiteren Einrichtungen** des Hotels (Restaurant, Aufenthaltsräume etc.) eine wirtschaftliche und funktionelle Einheit bilden und nur so voll funktionsfähig sind, ist zweifelhaft (*OLG Naumburg* NotBZ 2005, 221). Dies stünde einer Abgeschlossenheit jedenfalls nicht entgegen, da auch beim klassischen Wohnungseigentum eine notwendige Anbindung zu anderen Eigentumsbestandteilen (insbesondere zu Gemeinschaftseigentum) besteht (*OLG Naumburg* NotBZ 2005, 221; *BayObLG* ZMR 2003, 588; *OLG Oldenburg* ZMR 1988, 195).

9. Abgeschlossenheit von Nebenräumen

124 Zu einem Sondereigentum, vor allem einem Wohnungseigentum, können **zusätzliche Räume** außerhalb des Wohnungsabschlusses gehören, die nicht zu Wohnzwecken im engeren Sinne dienen (Nebenräume; § 5 Abs. 2 AVA [2021]). Hiermit gemeint sind etwa Keller- oder Bodenräume, Garagen, Nebengebäude, Lagerhallen, Werkstätten oder eine Abstellkammer. Für Nebenräume gelten die **Anforderungen** in Bezug auf Raumeigenschaft (dazu Rdn. 62), nicht aber die auf Abgeschlossenheit: Es reicht aus, wenn ein Nebenraum **klar abgeteilt** und **verschließbar** ist (s.a. BR-Drs. 75/51 zu § 3 WEG). Ferner muss er **frei zugänglich** sein (Rdn. 117). Nebenräume bedürfen weder Wasserversorgung, Ausguss, Toilette, Stromanschluss, noch muss dort eine Küche oder Kochgelegenheit bestehen. Zur Abgeschlossenheit einer Wohnung mit einem zusätzlichen WC s. *OLG Nürnberg* ZWE 2012, 317. Eine räumliche Verbindung mit den Haupträumen ist nicht erforderlich (*OLG München* ZWE 2009, 25 = RNotZ 2009, 46 = NZM 2009, 402). Für die Abgeschlossenheit von Nebenräumen ist es **unschädlich**, wenn sich diese auf **mehreren Etagen** befinden, sofern sie dort einen eigenen abschließbaren Zugang zum gemeinschaftlichen Treppenhaus haben (*LG Bielefeld* Rpfleger 2000, 387; Bärmann/*Armbrüster* WEG § 3 Rn. 60).

IV. Maßangaben für Stellplätze und Teile des Grundstücks (§ 3 Abs. 3 Var. 2 WEG)

1. Allgemeines

125 Gem. § 3 Abs. 3 Var. 2 WEG sollen Stellplätze sowie außerhalb des Gebäudes liegende Teile des Grundstücks durch Maßangaben im Aufteilungsplan bestimmt sein. Da insofern keine Abgeschlossenheit gem. § 3 Abs. 3 Var. 1 WEG bescheinigt werden kann, ist für die genannten Bereiche eine **Flächenbescheinigung** erforderlich. Zugleich entfällt die – allerdings immer noch mögliche – bisherige Markierungspflicht für Stellplätze. Zum Begriff des Stellplatzes nach dem WEMoG s. Rdn. 66. Wegen der Sollbestimmung in § 3 WEG kann auf die Ausführungen zur Abgeschlossenheit verwiesen werden (Rdn. 113).

2. Maßangaben

126 Die Maßangaben zu Stellplätzen (in- und aushäusig!) sowie Teilen des Grundstücks müssen es ermöglichen, die Größe und Lage der zum Sondereigentum gehörenden Flächen ausgehend von den Grenzen des Grundstücks oder eines Gebäudes zu bestimmen (§ 6 AVA [2021]). Dazu bedarf es **konkreter Maßangaben**; der Rückgriff auf einen angegebenen Maßstab reicht nicht aus (Bärmann/*Armbrüster* § 3 Rn. 107; *DNotI-Gutachten* DNotI-Report 2022, 155; *Hügel/Elzer* § 3 Rn. 65; *Wobst* DNotZ 2021, 582, 587).

127 In Doppelstockgaragen/Doppelparkern und Quattroparkern ist nunmehr der einzelne Stellplatz sondereigentumsfähig. Für **Mehrfachparker** bietet die AVA [2021] in § 7 Abs. 2 deshalb Darstellungsvorschläge. Danach muss in der Bauzeichnung jeder Stellplatz in einer Mehrfachparkanlage, an dem Sondereigentum begründet werden soll, eindeutig bezeichnet werden (zum Beispiel »Nr. 5 (oben)«, »Nr. 6 (unten)«). Zulässig ist es auch, jede Ebene einer Mehrfachparkanlage wie ein eigenständiges Stockwerk darzustellen (zum Beispiel »obere Stellplätze in den Mehrfachparkanlagen«, »untere Stellplätze in den Mehrfachparkanlagen«. Nicht erwähnt werden in der AVA **bewegliche Parksysteme**, bei denen die einzelnen Stellplätze horizontal (Laufband) oder vertikal (Regalsystem) angeordnet sind. Da nach den Vorstellungen des Gesetzgebers jeder Stellplatz sondereigentumsfähig sein soll (BT-Drs. 19/18791, S. 39), soll über den Wortlaut der AVA hinaus jede Art der Darstellung genügen, die dem sachenrechtlichen Bestimmtheitserfordernis genügt. Dies ist jedenfalls dann anzunehmen, wenn ein bestimmter Palettenstellplatz zum alleinigen Gebrauch fest zugewiesen wird (*BGH* v. 07.03.2024 – V ZB 46/23; Bärmann/*Armbrüster* § 3 Rn. 108; BeckOGK/*Meier* Stand: 01.06.2023 § 5 Rn. 119; BeckOGK/*M. Müller* Stand: 01.09.2023 § 3 WEG Rn. 125, 129; BeckOK WEG/

Leidner Stand: 02.10.2023, § 3 Rn. 16; MüKoBGB/*Krafka* § 3 WEG Rn. 48; *Forschner* ZNotP 2021, 202, 203; D/Sch/Z Kap. 1 Rn. 7; *DNotI-Gutachten* DNotI-Report 2021, 161, 163; a.A. noch *Elzer* ZNotP 2021, 97, 99; Bauer/Schaub/*Schneider* AT E Rn. 92b unter Hinweis auf § 905 BGB).

3. Zugangserfordernis für Stellplätze

Nach dem Wortlaut des § 5 Abs. 1 Nr. 2 AVA gilt das Zugangserfordernis nicht für Stellplätze, an denen Sondereigentum begründet werden soll (§ 3 Abs. 1 S. 2 WEG). Zwar kann ein Stellplatz alleiniger Gegenstand einer Teileigentumseinheit sein; allerdings muss er dann über das gemeinschaftliche Eigentum zugänglich ist (§ 7 Abs. 1 S. 2 AVA). Insoweit dürfte es sich um ein redaktionelles Versehen des Verordnungsgebers handeln. Das **Zugangserfordernis** gilt richtigerweise für jegliches Sondereigentum; es wird im Rahmen des § 5 AVA nur nochmals wiederholt (BeckOGK BGB/*M. Müller* § 3 WEG Rn. 244; *Falkner* DNotZ 2023, 5, 12; *Schneider* ZfIR 2023, 116, 120). Und aus welchem Grund rechtlich verselbstständigte Stellplätze nicht über das Nachbargrundstück zugänglich sein sollen, erschließt sich ebenfalls nicht, wenn die Einführung der Sondereigentumsfähigkeit an Freiflächen sogar das leitende Motiv für die Aufnahme dieser bisher nicht ausdrücklich geregelten Zugangsmöglichkeit in die neue AVA war (BR-Drs. 312/21, S. 9). 128

V. § 7 Abs. 4 S. 3–6 WEG; Öffnungsklausel zur Bescheinigung der Abgeschlossenheit; Verzicht

Die Landesregierungen konnten nach § 7 Abs. 4 S. 3 – 6 WEG, der erst 2007 durch das Gesetz zur Änderung des Wohnungseigentumsgesetzes und anderer Gesetze vom 26.03.2007 (BGBl. I, 370) eingefügt wurde, durch Rechtsverordnung bestimmen, dass und in welchen Fällen ein Aufteilungsplan und eine Abgeschlossenheitsbescheinigung von einem **öffentlich bestellten oder anerkannten Sachverständigen** für das Bauwesen statt von der Baubehörde ausgefertigt und bescheinigt werden sollte. Diese Öffnungsklausel ist durch das WEMoG wieder abgeschafft worden, nachdem kein Bundesland davon Gebrauch gemacht hat. 129

Ein Gesetzentwurf des Bundesrates (BT-Drs. 15/3423), der anregte, auf eine **Abgeschlossenheitsbescheinigung** vollständig **zu verzichten** (s. dazu *Trautmann* ZWE 2004, 318 ff. und *Pfeilschifter/Wüstenberg* WuM 2004, 635 ff.), wurde **bislang nicht weiter verfolgt**. Der Gesetzentwurf des Bundesrates begründete den Verzicht auf eine Abgeschlossenheitsbescheinigung vor allem damit, dass Eigentumswohnungen auch ohne diese in aller Regel als Kaufobjekt nur dann verkehrsfähig sind, wenn sie abgeschlossen sind. Der sachenrechtliche Bestimmtheitsgrundsatz werde bereits durch den Aufteilungsplan gewahrt. Sofern die Betroffenen eine besondere Feststellung und Bestätigung der Abgeschlossenheit für erforderlich erachteten, bliebe es ihnen unbenommen, hierüber in eigener Verantwortung vertragliche Regelungen zu finden. Die Abgeschlossenheitsbescheinigung ist freilich **nicht verzichtbar** (so auch *Pfeilschifter/Wüstenberg* WuM 2004, 635, 642). Sie ist im Interesse des Schutzes der Wohnungseigentümer erforderlich, um die Eigentums- und Benutzungsverhältnisse innerhalb des Gebäudes klarzustellen und Streitigkeiten vorzubeugen, die sich aus einer Unklarheit dieser Beziehungen ergeben können. Ein Verzicht würde es ermöglichen, Wohnungseigentum auch an Einzelzimmern ohne Küche oder Toilette oder an Zimmern in Senioren- oder Studentenwohnheimen zu begründen. Wohnanlagen dieser Art führen aber erfahrungsgemäß **vermehrt zu Streitigkeiten** über Art und Intensität der Nutzung der gemeinschaftlichen Einrichtungen sowie über die Höhe der anteiligen Kosten und damit letztlich zu weiteren, unnötigen und nicht tragbaren Belastungen der Gerichte. 130

G. Einräumung von Sondereigentum

Das gegenseitig eingeräumte Sondereigentum qualifiziert die einzelnen Miteigentumsteile der vormaligen Miteigentümer und jetzigen Wohnungseigentümer. Gegenstand der vertraglichen Einräumung von Sondereigentum sind die gem. § 3 Abs. 1 WEG bestimmten Räume sowie die zu diesen Räumen gehörenden Anlagen, Teile und Bestandsteile des Gebäudes, die verändert, beseitigt oder eingefügt werden können, ohne dass dadurch das gemeinschaftliche Eigentum oder ein auf 131

Sondereigentum beruhendes Recht eines anderen Wohnungseigentümers über das nach § 14 WEG zulässige Maß hinaus beeinträchtigt oder die äußere Gestaltung des Gebäudes verändert wird, § 5 Abs. 1 WEG. Sondereigentum stellt sich in Bezug auf das Grundstück gleichsam als **Scheinbestandteil** dar (*Rapp* FS Wenzel [2005], S. 271, 275). Es unterfällt § 95 Abs. 1 S. 2 BGB als ein Gebäude oder ein anderes Werk, das in Durchbrechung des Akzessionsprinzips mit dem Grundstück verbunden wurde (*Rapp* FS Wenzel [2005], S. 271, 275).

I. Sondereigentum für jeden Miteigentümer

1. Grundsatz

132 Das Wohnungseigentumsgesetz lässt ein »**isoliertes Sondereigentum**« ohne Verbindung mit einem bestimmten Miteigentumsanteil nicht zu; wird eine Verbindung unterlassen, verbleibt es bei gemeinschaftlichem Eigentum. Der Teilungsvertrag muss daher ebenso wie die Teilungserklärung nach § 8 WEG vorsehen, dass **jedem** (künftigen) **Miteigentümer** irgendein Sondereigentum (z.B. eine oder mehrere Wohneinheiten [*BayObLG* BayObLGZ 1971, 102], gewerbliche Räume oder ein Stellplatz) eingeräumt wird (*OLG Frankfurt am Main,* OLGZ 1969, 387). Das Wohnungseigentumsgesetz geht dabei von dem Modellfall aus, dass Gegenstand des Sondereigentums i.S. seines § 1 Abs. 2 in sich abgeschlossene Wohnungen **eines Gebäudes** sind (*BGH* BGHZ 50, 56, 57; *OLG Köln* NJW 1962, 156; *Weitnauer* DNotZ 1962, 216). Stehen auf einem Grundstück **mehrere Gebäude** (z.B. Reihenhäuser), kann Wohnungseigentum allerdings auch derart bestellt werden, dass jeder Miteigentümer an **sämtlichen Räumen** eines Gebäudes Sondereigentum erhält (*BGH* NJW-RR 2001, 800 = BGHReport 2001, 361; BGHZ 50, 56, 57; *KG* NZM 1999, 257; WE 1991, 324). Nach § 5 Abs. 2 WEG gehören die **konstruktiven Teile dieses Gebäudes** allerdings auch in diesem Fall – vorbehaltlich § 5 Abs. 1 S. 2 WEG -zum gemeinschaftlichen Eigentum aller Miteigentümer (*BGH* BGHZ 50, 56, 59; *OLG Düsseldorf* ZfIR 2004, 778). Nach h.M. kann Sondereigentum auch an einem **Teileigentum** (z.B. einem Kellerraum [»Kellerlösung«] oder einer Garage) bestimmt und i.Ü. **Sondernutzungsrechte** an näher bezeichneten Wohnräumen begründet werden (*OLG Hamm* NJW-RR 1993, 1233; *BayObLG* NJW 1992, 700; *Häublein* Sondernutzungsrechte, S. 100 m.w.N.; *Pause* NJW 1992, 671; *ders.* NJW 1990, 3178; *F. Schmidt* WE 1992, 2; *Schneider* Rpfleger 1991, 499, 500; a.A. *LG Hagen* NJW-RR 1993, 402; *LG Braunschweig* Rpfleger 1991, 305, 306 *Schäfer* Rpfleger 1991, 307). Dieser Weg wurde zeitweise wegen Problemen mit der Abgeschlossenheit der Wohneinheiten gewählt. Nach der Entscheidung des Gemeinsamen Senats der obersten Gerichtshöfe des Bundes (*GmS-OGB* BGHZ 119, 42 ff. = NJW 1992, 3290 = ZMR 1993, 25 = MDR 1993, 344) kommen diese Modelle in der Praxis seltener vor. Die Räume eines Gebäudes brauchen i.Ü. **nicht vollständig** in Sonder- und Gemeinschaftseigentum aufgeteilt zu werden; nach § 1 Abs. 5 WEG verbleiben alle Teile des Gebäudes, an denen kein Sondereigentum begründet werden soll (oder kann), gemeinschaftliches Eigentum (*BGH* BGHZ 109, 179 [Heizwerkfall] = ZMR 1990, 112 = NJW 1990, 447; *BayObLG* BayObLGZ 1987, 390, 395; 1973, 267, 268; *OLG Frankfurt am Main,* OLGZ 1978, 290, 291; *OLG Karlsruhe* DNotZ 1973, 235; *OLG Stuttgart* OLGZ 1979, 21, 23). Einzelne Räume, aber auch ganze Wohnungen können **ohne Weiteres** im Gemeinschaftseigentum verbleiben (*BayObLG* BayObLGZ 1971, 102 = DNotZ 1971, 473). S. zu den Fragen des Sondereigentums i.Ü. § 5 Rdn. 1 ff.

2. »Mitsondereigentum«

a) Grundsatz

133 Das Sondereigentum muss immer einem **einzigen Miteigentumsanteil** zugeordnet werden. Dasselbe Sondereigentum kann nicht **mehreren verschiedenen Miteigentumsanteilen** zugeordnet werden. Die Rechtsfigur einer dinglich **verselbstständigten Untergemeinschaft** an einzelnen Räumen, z.B. an einem Vorflur, ist dem Wohnungseigentumsrecht fremd (*BGH* ZMR 2012, 377 = ZWE 2012, 81; *BGH* BGHZ 130, 159, 168 = ZMR 1995, 521 = NJW 1995, 2851; *OLG Schleswig* MietRB 2007, 149 = DNotZ 2007, 620 m. Anm. *Commichau*; *BayObLG* ZMR 2000, 622, 623; *BayObLG* ZMR 1999, 48, 49; *BayObLG* BayObLGZ 1987, 390, 396; *BayObLG* DNotZ 1982, 246,

247; *OLG Düsseldorf* Rpfleger 1975, 308; *J. Schmidt* ZWE 2005, 58, 60; *Häublein* NZM 2003, 785). Das Wohnungseigentumsgesetz lässt ein »**Mitsondereigentum**« nicht zu (*Commichau* DNotZ 2007, 622; Bärmann/*Armbrüster* WEG § 3 Rn. 29; a.A. *Hurst* DNotZ 1968, 131 ff.). Soweit der *Bundesgerichtshof* von Mitsondereigentum oder »abgesondertem Miteigentum« spricht (*BGH* BGHZ 177, 338 [Luftschranken] = NJW 2008, 2982 = ZMR 2008, 897; *BGH* BGHZ 146, 241 [Wanddurchbruch] = NJW 2001, 1212 = ZMR 2001, 289), ist **Nachbareigentum** (Rdn. 134) gemeint (s. § 5 Rdn. 108).

b) »Nachbareigentum«

Eine **Ausnahme** ist für das sog. **Nachbareigentum** anerkannt (*OLG Schleswig* MietRB 2007, 149 = DNotZ 2007, 620 m. Anm. *Commichau*; *OLG Zweibrücken* NJW-RR 1987, 332; *Gaier* FS Wenzel [2005], S. 145, 149; Bärmann/*Armbrüster* WEG § 3 Rn. 32; s.a. *BayObLG* ZMR 1996, 618, 618; a.A. *Brückner* DNotZ 2024, 393; *Heinemann* ZMR 2016, 680; *Commichau* DNotZ 2007, 622, 624; neuerdings offen lassend BGHZ 208, 29 = NJW 2016, 473 = ZfIR 2016, 276 = ZMR 2016, 215 = ZWE 2016, 79). Liegt ein Nachbareigentum vor, ist Miteigentum und Mitbesitz der beiden Nachbarn i.S. gemeinsamen Sondereigentums anzunehmen (*OLG Schleswig* MietRB 2007, 149 = DNotZ 2007, 620 m. Anm. *Commichau*; § 5 Rn. 84). **Nachbareigentum** ist gegeben, wenn eine **nicht tragende Mauer**, also eine solche, die nicht zwingend nach § 5 Abs. 2 WEG im Gemeinschaftseigentum steht, zwei Sondereigentumseinheiten voneinander oder eine Sondereigentumseinheit vom Gemeinschaftseigentum trennt. In diesen Fällen ist eine **analoge** Anwendung von § 921 BGB geboten. Bei dem Nachbareigentum als eine Ausnahmeregelung ist der **Anwendungsbereich eng** zu halten (*OLG Schleswig* MietRB 2007, 149 = DNotZ 2007, 620 m. Anm. *Commichau*; *Sauren* DNotZ 1988, 667, 673; s.a. § 5 Rdn. 108 ff.). 134

3. Tatsächliche Verhältnisse

a) Grundsatz

Die rein **tatsächlichen Verhältnisse** einer Wohnanlage sind für die Frage, ob Sondereigentum oder ein anderes Recht vorliegt, grundsätzlich **unerheblich**. Ist z.B. ein **Spitz- oder Dachboden** nur durch die darunter liegende und dem Sondereigentum eines Wohnungseigentümers zugewiesene Wohnung zugänglich (entsprechendes gilt für einen **Balkon**), macht diese Lage die Fläche nicht zum Sondereigentum dieser Wohnung oder zu einem Sondernutzungsrecht. Ein Sondereigentum oder ein Sondernutzungsrecht entstehen nicht aus der **Natur der Sache** (*Elzer* MietRB 2007, 78, 80). Welche Räume Sondereigentum sind, bestimmt sich gem. §§ 3, 5 Abs. 1, 7 Abs. 3 und 4 S. 1 Nr. 1, 8 WEG **allein nach der Teilungserklärung** und dem **Aufteilungsplan** (*LG Wuppertal* RNotZ 2009, 48). Die **Isolierung eines Gemeinschaftseigentums** ersetzt nicht den für ein Sondereigentum oder ein Sondernutzungsrecht unbedingt notwendigen Zuordnungswillen durch rechtsgeschäftlichen Begründungsakt (*OLG Köln* ZMR 2001, 570). Vielmehr ist umgekehrt ein Raum, der der einzige Zugang zu einem im gemeinschaftlichen Eigentum stehenden Raum ist, nach § 5 Abs. 2 WEG **selbst zwingend Gemeinschaftseigentum** (*OLG München* NJOZ 2007, 2670; *OLG München* ZMR 2006, 388, 389; *BayObLG* WuM 2001, 292, 293 = ZMR 2001, 562, 563; *BayObLG* BayObLGZ 1991, 165, 169 = ZMR 1991, 489, 492; *BayObLG* BayObLGZ 1986, 26 = ZMR 1986, 209, 210). 135

b) Ausnahme

Eine Ausnahme hiervon wird angenommen, wenn es sich zwar um im gemeinschaftlichen Eigentum stehende Räume handelt, diese von ihrer Beschaffenheit her aber nicht zum **ständigen Mitgebrauch** aller Wohnungseigentümer **bestimmt** sind. In einem solchen Fall spielt nämlich der Zugang zu diesem Raum keine maßgebende Rolle. Der Zugang braucht dann auch **nicht zwangsläufig** im gemeinschaftlichen Eigentum zu stehen (*OLG Celle* NJOZ 2007, 4184, 4186; *OLG München* NJOZ 2007, 2670; *OLG München* ZMR 2006, 388, 389; *BayObLG* WuM 2001, 292, 293 = ZMR 2001, 562, 563; *BayObLG* NJW-RR 1995, 908, 909 = ZMR 1995, 371, 372; *BayObLG* BayObLGZ 1991, 165, 169 = ZMR 1991, 489, 491; *BayObLG* BayObLGZ 1986, 26 = ZMR 1986, 209, 210). 136

In einem solchen Fall bestimmen Lage und Beschaffenheit des Raumes sowie insbesondere der fehlende Zugang vom Gemeinschaftseigentum i.Ü. auch den **zulässigen Mitgebrauch** aller Wohnungseigentümer nach §§ 16 Abs. 1 S. 3 und 14 WEG (*OLG Hamburg* ZMR 2005, 68, 69; *OLG Hamburg* ZMR 2001, 999, 1000; *BayObLG* WuM 2001, 292 = ZMR 2001, 562, 563; *OLG Hamm* ZMR 2001, 221; *J.-H. Schmidt* MietRB 2005, 83, 84). Die Nutzung des Gemeinschaftseigentums ist deshalb zu Zwecken beschränkt, die nur ein gelegentliches, von dem Eigentümer der betroffenen Wohnung zu gestattendes Betreten **notwendig** machen (*BayObLG* ZMR 2004, 844, 845; *BayObLG* WuM 2001, 292 = ZMR 2001, 562, 563). Die anderen Wohnungseigentümer haben gem. § 14 Abs. 1 Nr. 2, Abs. 2 Nr. 2 WEG vor allem dann ein **Recht auf Zugang**, sofern Gemeinschaftseinrichtungen des isolierten Gemeinschaftseigentums **gewartet** oder **repariert** werden müssen.

137 Die Ausnahme soll allerdings nur für **Räume** im gemeinschaftlichen Gebäude gelten und sich nicht auf den unbebauten Grundstücksteil beziehen. Nehmen etwa das Wohngebäude und eine daneben errichtete Garage die gesamte Grundstücksbreite zur öffentlichen Zuwegung ein, so soll aus § 5 Abs. 2 WEG nicht die zwingende Notwendigkeit abgeleitet werden können, dass die Garage im Gemeinschaftseigentum stehen müsse, um für die Wohnungseigentümer den Zugang zu der hinter den Gebäuden liegenden unbebauten Grundstücksfläche zu sichern (*OLG Hamm* ZMR 2001, 655; vgl. auch *OLG Düsseldorf* ZMR 2013, 731; a.A. allerdings schon bisher zu Recht *OLG Frankfurt am Main* ZMR 2012, 30). Nachdem das WEMoG ausdrücklich Grundstücksflächen in § 7 Abs. 4 S. 1 Nr. 1 WEG einbezieht, hat das Zugangserfordernis auch für unbebaute Grundstücksflächen im Gemeinschaftseigentum zu gelten (vgl. § 5 Rdn. 17).

c) **Balkone**

138 Wird rechtmäßig an ein im Gemeinschaftseigentum stehendes Gebäude **nachträglich** ein Balkon angebaut, der nur von einer Wohnung aus betreten werden kann oder besteht an einem Gebäude **von vornherein** ein Balkon ohne weitere Bestimmungen zur Nutzung, steht ausnahmsweise nur dem Wohnungseigentümer ein **Benutzungsrecht** zu, an dessen **Sondereigentum** sich der Balkon befindet (*BayObLG* ZMR 2004, 132 = NJW-RR 2004, 1240). Die alleinige Nutzungsbefugnis des Balkons folgt aus der **Natur der Sache** i.V.m. §§ 242 BGB, 44 Abs. 2 II. BV oder unmittelbar aus § 14 Nr. 1 WEG a.F. (*Ott* ZMR 2004, 132, 133; *ders.* Sondernutzungsrecht, S. 109 ff.). Die durch die Isolierung bedingte Einschränkung des Mitgebrauchs am Gemeinschaftseigentum lässt sich als **»faktisches Sondernutzungsrecht«** beschreiben (*J.-H. Schmidt* MietRB 2005, 83, 84; *Häublein* Sondernutzungsrechte, S. 27). Wegen der Auswirkungen einer unterlassenen Nummerierung bzgl. eines Balkons auf die Zuordnung zum Sondereigentum s. aber § 7 Rn. 118.

4. Teile eines Raumes; tragende Teile

139 An bloßen **Teilen eines Raumes** (*OLG Koblenz* WuM 1991, 603 = WE 1992, 19 m. Anm. *Merle*; *OLG Düsseldorf* OLGZ 1988, 239 = NJW-RR 1998, 590 = MDR 1988, 410) oder an seinen **tragenden Teilen** – wie z.B. seinem Dach (*OLG Düsseldorf* ZMR 2004, 280, 281) – **kann kein Sondereigentum** begründet werden (*OLG Düsseldorf* MietRB 2004, 111; *Hügel* MietRB 2005, 36; missverständlich *BGH* BGHZ 177, 338 [Luftschranken] = NJW 2008, 2982 = ZMR 2008, 897). Die Begründung wäre ein **unzulässiger Verstoß** gegen § 93 BGB. Eine abweichende Auffassung stünde ferner im Widerspruch zu den Bemühungen des Wohnungseigentumsgesetzes, klar und überschaubar **abgegrenzte Bereiche** des Sondereigentums zu schaffen. Es bleibt den Wohnungseigentümern unbenommen, Einrichtungen und Aggregate, die nicht wesentliche Bestandteile des Gebäudes sind, in das Eigentum beliebiger Gruppierungen von Wohnungseigentümern zu stellen. **Etwas anderes gilt** ausnahmsweise dann, wenn bloß eine zwischen den Wohnräumen zweier Wohnungen **vorgesehene Trennwand** nicht errichtet worden ist (Luftschranke), die Abgrenzung der Räume gegeneinander aufgrund der in dem Aufteilungsplan angegebenen Maße aber **eindeutig** ist (BGHZ 208, 29 = NJW 2016, 473 = ZfIR 2016, 276 = ZMR 2016, 215 = ZWE 2016, 79; *BGH* BGHZ 177, 338 [Luftschranken] = NJW 2008, 2982 = ZMR 2008, 897; Rn. 89; a.A. *OLG Düsseldorf* NJW-RR 1988, 590). Notwendig, aber ausreichend ist, dass das Sondereigentum gegen sonstiges Sonder-

eigentum und gegen das Gemeinschaftseigentum **eindeutig abgrenzbar** ist (BGHZ 208, 29 = NJW 2016, 473 = ZfIR 2016, 276 = ZMR 2016, 215 = ZWE 2016, 79; *BGH* BGHZ 177, 338 [Luftschranken] = NJW 2008, 2982 = ZMR 2008, 897; Rdn. 183).

II. Inhalt des Sondereigentums

Gesetzlicher Inhalt des Sondereigentums ist gem. § 13 Abs. 1 WEG das Recht, mit den im Sondereigentum stehenden Gebäudeteilen (inklusive der von ihnen gebildeten Räume) nach Belieben zu verfahren und andere von Einwirkungen auszuschließen (*GmS-OGB* BGHZ 119, 42, 47 = NJW 1992, 3290 = ZMR 1993, 25 = MDR 1993, 344). Dadurch unterscheidet sich das Sondereigentum eines Wohnungseigentümers sachenrechtlich von der nach § 1010 Abs. 1 BGB möglichen **raumgebundenen Benutzungsregelung** zugunsten eines einfachen Miteigentümers. Darüber hinaus besteht für die Wohnungseigentümer noch die Möglichkeit zur vereinbarungsmäßigen fakultativen Ausgestaltung gem. § 5 Abs. 4 S. 1 WEG. 140

III. Abweichungen

Gem. § 3 Abs. 1 WEG oder jetzt über die Verweisung nach § 8 Abs. 2 WEG kann Sondereigentum bereits an einem noch »zu errichtenden Gebäude« eingeräumt werden. Probleme treten in diesem Fall auf, wenn die (spätere) tatsächliche Bauausführung **nicht** mit der ursprünglichen, Teilungsvertrag und Aufteilungsplan zugrunde liegenden, **Planung übereinstimmt** (*BGH* ZMR 2004, 206, 207 = NJW 2004, 1798 = MDR 2004, 439; *Abramenko* ZMR 1998, 741; *Bub* WE 1991, 124, 126). Solche Abweichungen sind in der Praxis häufig anzutreffen (*Röll* BayMittNot 1991, 240). Im Einzelfall ist es dann schwierig zu beantworten, was für das Sondereigentum gelten soll: 141

– infrage kommt die tatsächliche Ausgestaltung des Gebäudes;
– es kann aber auch das gelten, was im Grundbuch eingetragen ist.

Eine vom Aufteilungsplan **abweichende Bauausführung** macht das Grundbuch jedenfalls nicht unrichtig (*OLG Zweibrücken* OLGReport Zweibrücken 2006, 521, 522 = MDR 2006, 172 = NZM 2006, 586). Auch der Eigentumserwerb durch Umschreibung richtet sich ausschließlich nach dem **eingetragenen** Grundbuchinhalt (*KG* ZMR 2001, 849). Dies gilt grundsätzlich auch dann, wenn die tatsächliche Bauausführung bei schrittweiser Herstellung in nicht unwesentlichem Umfang vom rechtsverbindlich gewordenen Aufteilungsplan abweicht (*OLG Frankfurt am Main* ZMR 2012, 30). In der Instanzrechtsprechung wird demgemäß zwischen **unwesentlichen** und **wesentlichen Änderungen** unterschieden. 142

1. Errichtung des Gebäudes an anderer Stelle

Wird ein Gebäude **abweichend vom Aufteilungsplan** an einer anderen Stelle auf dem Grundstück oder in einer anderen Form errichtet, entsteht in diesem Gebäude Sondereigentum, sofern das Gemeinschaftseigentum und das Sondereigentum dennoch und ungeachtet der abweichenden Errichtung **zweifelsfrei voneinander abgrenzbar** sind (*BGH* BGHZ 177, 338 [Luftschranken] = NJW 2008, 2982 = ZMR 2008, 897). Solange trotz der Abweichung eine Abgrenzung zwischen diesen beiden **zweifelsfrei** möglich ist, hat der Aufteilungsplan seine Funktion letztlich erfüllt und es entsteht (ggf. teilweise) Sondereigentum an dem Gebäude, so wie es errichtet wird (*BGH* BGHZ 177, 338 [Luftschranken] = NJW 2008, 2982 = ZMR 2008, 897; *BGH* ZMR 2004, 206, 207 = NJW 2004, 1798 = MDR 2004, 439; *BayObLG* NJW-RR 1990, 332; *BayObLG* Rpfleger 1982, 21; *OLG Karlsruhe* NJW-RR 1993, 1294 = ZMR 1993, 474). Kann eine Abgrenzbarkeit indes **nicht zweifelsfrei festgestellt** werden und sind die Abgrenzungen zwischen Gemeinschafts- und Sondereigentum unklar, sind sämtliche Miteigentumsanteile substanzlos und isoliert. Hier sind die Sondereigentumsrechte rechtlich nur ein »Anwartschaftsrecht« (Rdn. 180). 143

2. Grundrissverschiebungen

144 Sondereigentum entsteht auch dann, wenn nur die **innere Aufteilung** einer oder ggf. mehrerer Wohnungen verändert wird (*Rapp* in Beck'sches Notarhandbuch, A III Rn. 43c; *Bub* WE 1991, 124, 127). Änderungen der bloßen Raumaufteilung sind **stets unschädlich** (*OLG Hamm* Rpfleger 1986, 374, 375 = OLGZ 1986, 420). Soll nach dem Teilungsvertrag oder dem Aufteilungsplan Sondereigentum entstehen, werden die dafür vorgesehenen Räume aber **anders aufgeteilt**, entsteht Sondereigentum in den Grenzen des Aufteilungsplans auch dann, wenn die tatsächliche Bauausführung nur **unwesentlich** vom Aufteilungsplan abweicht (BGHZ 208, 29 = NJW 2016, 473 = ZfIR 2016, 276 = ZMR 2016, 215 = ZWE 2016, 79; *BayObLG* ZMR 1998, 794, 795 = NZM 1998, 973; BayObLGZ 1991, 332; *OLG Celle* OLGZ 1981, 106 ff.). Der Aufteilungsplan erlaubt es dann nämlich trotz der Änderungen, die Wohnung insgesamt zweifelsfrei von dem angrenzenden Sonder- und Gemeinschaftseigentum **abzugrenzen** (*OLG Hamm* Rpfleger 1986, 374, 375 = OLGZ 1986, 420; *BayObLG* Rpfleger 1982, 21). Es genügt sogar, wenn trotz der Abweichung die dem Sondereigentum zugrunde liegende Raumeinheit jedenfalls bestimmbar ist (*OLG Düsseldorf* Rpfleger 1970, 26, 27), also die **Abgrenzungen** der im Gemeinschaftseigentum und im Sondereigentum stehenden Gebäudeteile nach wie vor **übereinstimmen** (*OLG Köln* MDR 1982, 1021 = Rpfleger 1962, 374). Beispiele hierfür sind der Einbau eines im Plan nicht vorgesehenen Kellerfensters oder wenn etwa Fenster, Türen oder **Trennwände** an anderer Stelle eingebaut werden (BGHZ 208, 29 = NJW 2016, 473 = ZfIR 2016, 276 = ZMR 2016, 215 = ZWE 2016, 79; *BGH* BGHZ 177, 338 [Luftschranken] = NJW 2008, 2982 = ZMR 2008, 897).

3. Weitere unerhebliche Änderungen

145 Sondereigentum entsteht aus **praktischen Erwägungen** heraus (Bamberger/Roth/*Hügel* Rn. 15) auch dann, wenn bspw. zwei Wohnungen zu einer zusammengefasst werden (*BayObLG* GE 1981, 332) oder wenn etwa Fertiggaragen auf einem Grundstück gegenüber dem Aufteilungsplan lediglich um einen Meter versetzt errichtet wurden (*BayObLG* NJW-RR 1990, 332). Maßgeblich ist auch hier die Erwägung, dass Gegenstand des Sondereigentums nicht die einzelnen Räume sind, sondern die aus einzelnen Räumen zusammengesetzte Wohnung. Solange also in irgendeiner Weise die **Identität der einzelnen Wohnung** noch sichergestellt ist, sind die Gegenstände von Sonder- und Gemeinschaftseigentum **hinreichend bestimmt** (*BayObLG* Rpfleger 1982, 21; *Bub* WE 1991, 124, 127). Wenn trotz der Abweichung eine Abgrenzung zwischen diesen beiden zweifelsfrei möglich ist, hat der Aufteilungsplan seine Funktion erfüllt und es entsteht Sondereigentum an dem Gebäude, so wie es errichtet wird (*OLG Karlsruhe* NJW-RR 1993, 1294 = ZMR 1993, 474; *BayObLG* NJW-RR 1990, 332; *BayObLG* Rpfleger 1982, 21).

4. Wesentliche Bauabweichung

146 Wenn die tatsächliche bauliche Ausführung vom Aufteilungsplan und der dort vorgesehenen Abgrenzung von Sondereigentum zum gemeinschaftlichen Eigentum (oder vom Sondereigentum mehrerer Eigentümer untereinander) ganz oder teilweise so abweicht, dass die planerische Darstellung an Ort und Stelle nicht mehr mit der nötigen Sicherheit festzustellen ist und es also **unmöglich** macht, die errichteten Räume einer in dem Aufteilungsplan ausgewiesenen Raumeinheit zuzuordnen, entsteht wegen fehlender Bestimmbarkeit der Abgrenzung kein unzulässiges **isoliertes Sondereigentum** (Rdn. 132 und § 8 Rdn. 89; für den Fall des vergessenen Sondereigentums *BayObLG* DNotZ 1988, 316, 318; *Röll* MittBayNot 1991, 240, 244), sondern gem. § 1 Abs. 5 WEG **gemeinschaftliches Eigentum** (*BGH* ZMR 2004, 206, 207 = NJW 2004, 1798 = MDR 2004, 439; *BGH* BGHZ 130, 159, 169 = ZMR 1995, 521 = NJW 1995, 2851; *BGH* BGHZ 109, 179, 184 [Heizwerkfall] = ZMR 1990, 112 = NJW 1990, 447; *OLG Frankfurt am Main* ZMR 2012, 30; *OLG Zweibrücken* OLGReport Zweibrücken 2006, 521, 522 = MDR 2006, 172 = NZM 2006, 586; *OLG Hamburg* ZWE 2002, 592, 594; *OLG Hamm* ZWE 2000, 44, 46 = ZMR 2000, 244; *BayObLG* ZMR 1998, 794, 795; *BayObLG* ZMR 1992, 65, 66; *OLG Karlsruhe* NJW-RR 1993, 1294, 1295; *Bub* WE 1991, 124, 127/128). In diesem Fall ist auch ein **gutgläubiger Erwerb** aus-

geschlossen. Sondereigentum kann freilich wenigstens **teilweise** entstehen, wenn nämlich der Fehler abgrenzbar ist. Für die übrigen Einheiten ist dann von einem **isolierten Miteigentumsanteil** auszugehen (a.A. möglicherweise Bärmann/*Armbrüster* WEG § 2 Rn. 72). S. dazu ausführlich Rdn. 152 ff., auch zur **Heilung**.

IV. Überbauungen innerhalb des Gemeinschaftseigentums

Für die Frage, ob eine **abweichende Bausausführung** oder eine **bauliche Veränderung** als »Überbau«, die Frage der Duldungspflicht also gem. § 912 BGB behandelt werden kann, und ob und ggf. in welchem Umfang §§ 912 ff. BGB direkt oder entsprechend auch zwischen Wohnungseigentümern Anwendung findet (**abl.** BGHZ 208, 29 = NJW 2016, 473 = ZfIR 2016, 276 = ZMR 2016, 215 = ZWE 2016, 79; *BayObLG* ZMR 1993, 423; **offen gelassen** von *OLG Düsseldorf* ZMR 2003, 954, 955; **bejahend** Bamberger/Roth/*Hügel* WEG § 3 Rn. 15; s.a. *OLG Celle* ZMR 2004, 361; *KG* ZMR 2001, 849; *Hügel* MietRB 2004, 43; *Horst* MDR 2000, 494, 498), ist zu **unterscheiden:** 147

1. Anpassung an Rechtslage

Um ein Auseinanderklaffen zwischen tatsächlichen Verhältnissen und beurkundeter Rechtslage auf Dauer zu vermeiden, ist eine abweichende Bauausführung oder eine unrechtmäßige bauliche Veränderung vorrangig dadurch zu lösen, dass die **tatsächlichen Verhältnisse** an die Rechtslage – oder aber umgekehrt, die Rechtslage an die tatsächlichen Verhältnisse – **angepasst wird** (*KG* ZMR 2001, 849; a.A. *Röll* MittBayNot 1991, 240, 244). Nimmt bspw. ein Wohnungseigentümer eine bauliche Änderung unter Verstoß gegen § 20 Abs. 1 WEG vor, so kann von ihm die **Wiederherstellung des früheren Zustand:** verlangt werden. Hat ein Wohnungseigentümer unberechtigt im Gemeinschaftseigentum stehende **Dachgeschossflächen ausgebaut**, muss er diese **zurückbauen** und herausgeben (*Bub* WE 1991, 150, 151). Die Lösung nach den Bestimmungen der §§ 912 ff. BGB, die auf einen bloß **finanziellen Ausgleich** hinausläuft, ist stets **nachrangig** im Vergleich zur ordnungsmäßigen Ersterstellung der Sondereigentumseinheiten in Natur oder einer Folgenbeseitigung. Die Unterlassung und Beseitigung der Störung kann jeder Wohnungseigentümer nach § 1004 BGB verlangen (*OLG Köln* OLGReport 1998, 137, 138). Das Verlangen kann aber auch **vergemeinschaftet** werden (§ 9a Abs. 2 WEG, früher § 10 Abs. 6 S. 3 WEG). Eine zur baulichen Veränderung etwa erteilte öffentlich-rechtliche Baugenehmigung hat auf diesen Anspruch keinen Einfluss (*OLG Köln* OLGReport 1998, 137, 138). Für die Zeit der Nutzung schuldet der Störer den anderen Wohnungseigentümern (nicht dem Verband) außerdem eine **Nutzungsentschädigung** (*KG* FGPrax 2004, 216). Allerdings ist es insoweit allein Aufgabe des Verbandes, nicht des Einzelnen, diesen sämtlichen Wohnungseigentümern zustehenden Anspruch durchzusetzen. Ein Sondernachfolger haftet für einen Überbau nicht als Handlungs-, ggf. aber als **Zustandsstörer**. Ist zurückzubauen, schuldet der Sondernachfolger aber keinen Rückbau, sondern stets nur dessen Duldung (s.a. *Horst* MDR 2000, 494, 498). 148

2. Finanzieller Ausgleich

Der jedem Wohnungseigentümer zustehende Anspruch **auf Änderung der Bauausführung** oder Beseitigung einer ohne die erforderliche Zustimmung nach § 20 Abs. 1 WEG vorgenommenen baulichen Veränderung kann **im Einzelfall ausgeschlossen** sein, wenn die Erfüllung dieses Anspruchs dem Anspruchsgegner unter Berücksichtigung aller Umstände nach Treu und Glauben (§ 242 BGB) **nicht zuzumuten** ist (*OLG Düsseldorf* ZMR 2003, 954, 955; *OLG Celle* OLGZ 1981, 106; *OLG Hamm* OLGZ 1976, 61; offen gelassen von *OLG Köln* OLGReport Köln 1998, 137). Hierbei ist ein **strenger Maßstab** anzuwenden. Ein Beseitigungsverlangen stellt sich vor allem dann als **rechtsmissbräuchlich** dar, wenn sich z.B. die Herstellung des an sich gebotenen Zustands im Verhältnis zum Ausmaß der Beeinträchtigung als unverhältnismäßig erweist. In diesem Fall müssen sich die anderen Wohnungseigentümer aus ihrer Treueverpflichtung ausnahmsweise auf einen **Ausgleichsanspruch** verweisen lassen. Die Geltendmachung des Anspruchs ist nach § 9a Abs. 2 WEG 149

WEG wegen ihrer Gemeinschaftsbezogenheit Verbandssache (vgl. für einen Schadenersatzanspruch *BGH* NJW 2014, 1090 = ZfIR 2014, 382 = ZMR 2014, 554 = ZWE 2014, 178).

3. Kein Sondereigentum kraft Gesetzes

150 Eine abweichende Bauausführung oder eine bauliche Veränderung führen innerhalb einer Wohnungseigentumsanlage zu **keiner Eigentumsänderung** entsprechend §§ 912, 93 und 94 BGB. Maßgeblich für die Frage, ob ein Raum im Gemeinschafts- oder Sondereigentum steht, ist **allein das Grundbuch** (BGHZ 208, 29 = NJW 2016, 473 = ZfIR 2016, 276 = ZMR 2016, 215 = ZWE 2016, 79). Sondereigentum entsteht nur in den **rechtlichen Grenzen** von Teilungsvertrag/Teilungserklärung und Aufteilungsplan, also **nicht entsprechend** der tatsächlichen Bauausführung (*OLG Zweibrücken* OLGReport Zweibrücken 2006, 521 = MDR 2006, 172 = NZM 2006, 586 m.w.N.). Werden etwa Räume, die im Gemeinschaftseigentum stehen, baulich vorsätzlich oder versehentlich in eine Wohnung einbezogen, bleiben diese dennoch im **Gemeinschaftseigentum** stehen und werden also kein Sondereigentum kraft Gesetzes (*KG* ZMR 2001, 849, 950; *Elzer* MietRB 2007, 78, 80). Dies gilt unabhängig davon, ob die bauliche Ausführung unverschuldet oder mit einer beschlussweisen Erlaubnis der übrigen Wohnungseigentümer oder durch eine Vereinbarung i.S. von § 10 Abs. 1 WEG gedeckt geschieht (*OLG Köln* OLGReport Köln 1998, 137; *BayObLG* ZMR 1993, 423, 424; *Elzer* MietRB 2007, 78, 80).

V. Überbauungen und Nachbargrundstück

151 Ist das Gebäude der Anlage **über die Grenze gebaut** worden und hat der Nachbar nach § 912 Abs. 1 BGB den Überbau zu **dulden oder gestattet** (allgemein *BGH* BGHZ 62, 141 ff.; *OLG Celle* ZMR 2004, 361; s. dazu auch *Ludwig* DNotZ 1983, 411, 412; *Röll* ZfBR 1983, 201; *Weitnauer* ZfBR 1982, 97; § 1 Rdn. 253 ff.), entsteht an dem überbauten Gebäudeteil **Wohnungseigentum** (*BGH* NZM 2008, 863 = MDR 2008, 968 = NJW 2008, 3122; Bärmann/*Armbrüster* WEG § 1 Rdn. 58 f.). Der übergebaute Gebäudeteil ist gem. §§ 93, 94 Abs. 1 BGB **wesentlicher Bestandteil** des Wohnungseigentumsgrundstücks und **sondereigentumsfähig.** Die Eintragung einer **Grunddienstbarkeit** ist sinnvoll, aber nicht erforderlich (*OLG Karlsruhe* DNotZ 1986, 253; *OLG Hamm* Rpfleger 1984, 98; *Demharter* Rpfleger 1983, 133; *Ludwig* DNotZ 1983, 411; 9; a.A. *OLG Stuttgart* Rpfleger 1982, 375). Für den Fall, dass eine Grunddienstbarkeit besteht, wird der überbaute Grundstücksteil **wesentlicher Bestandteil des herrschenden Grundstücks** nach §§ 95 Abs. 1, 96 BGB (*BGH* NZM 2008, 863 = MDR 2008, 968 = NJW 2008, 3122; s. *OLG Hamm* MittBayNot 1984, 34; *OLG Stuttgart* Rpfleger 1982, 375 und *LG Stade* Rpfleger 1987, 63). Wohnungseigentum kann dann begründet werden, weil das Sondereigentum und das Miteigentum **nicht an mehreren Grundstücken** besteht (§ 1 Abs. 4 WEG). Liegen die Voraussetzungen des § 912 Abs. 1 BGB **nicht vor** und hat der Nachbar dem Überbau **nicht zugestimmt,** wird der Nachbareigentümer **Eigentümer** des überbauten Gebäudeteiles (*BGH* NJW-RR 1989, 1039 = MDR 1989, 1089; *OLG Karlsruhe* DNotZ 1986, 753). Befindet sich eine Sondereigentumseinheit **vollständig** auf dem Nachbargrundstück, ist der entsprechende Miteigentumsanteil **substanzlos und isoliert** (dazu Rdn. 152 ff.) und die Begründung von Wohnungseigentum gescheitert (vgl. *BGH* BGHZ 109, 179, 184 [Heizwerkfall] = ZMR 1990, 112 = NJW 1990, 447). Nach § 1 Abs. 4 WEG kann Wohnungs- oder Teileigentum in diesem Fall an den überbauten Flächen **nicht** entstehen (s. § 1 Rdn. 192). Die übrigen Miteigentümer sind in diesem Fall verpflichtet, den substanzlosen Miteigentumsanteil gegen Entschädigung zu erwerben (§ 11 Rdn. 16 ff.).

VI. Isolierte Miteigentumsteile

152 Ist die **Begründung** von Wohnungseigentum zum »Vollrecht« (zunächst oder endgültig) **gescheitert,** hat der entsprechende Miteigentümer (ggf. noch) **kein Sondereigentum** erworben. Seine Miteigentumsanteile, die mit einem (noch) nicht zum Vollrecht erstarkten Sondereigentum verbunden sind, werden zumeist als isolierte, aber auch als **substanzlose oder sondereigentumslose Miteigentumsanteile** bezeichnet (*Hügel* ZMR 2004, 549, 552). Die »Isolierung« der Miteigentumsanteile besteht

darin, dass sich das Sondereigentum zunächst als eine **bloße »Anwartschaft«** darstellt (s. dazu Rdn. 180 und § 8 Rdn. 105). Es entsteht aber Wohnungs- oder Teileigentum und der Eigentümer wird auch »echter« Wohnungseigentümer (a.A. *BGH* ZMR 2004, 206, 208 = NJW 2004, 1798 = MDR 2004, 439: auf den Eigentümer fänden die Regeln der werdenden oder faktischen Eigentümergemeinschaft Anwendung; s. dazu Rdn. 157). Isolierte Miteigentumsanteile können ferner auch **rechtsgeschäftlich übertragen** werden (*BGH* ZfIR 2004, 1006 = ZMR 2005, 59 = NJW 2005, 10; *OLG Hamm* NZM 2007, 448 = ZMR 2007, 213 = MietRB 2007, 68 m. Anm. *Hügel*; *OLG Hamm* NZM 2006, 142 = ZMR 2006, 60).

1. Entstehung

a) Rechtsgeschäftliche Begründung

Die **rechtsgeschäftliche Begründung** eines in dieser Weise begriffenen isolierten Miteigentumsanteils ist ebenso wenig wie die eines **isolierten Sondereigentums** ohne damit verbundenen Miteigentumsanteil möglich und also unzulässig (*BGH* ZfIR 2004, 1006 = ZMR 2005, 59 = NJW 2005, 10; *OLG Hamburg* ZMR 2002, 372, 373 = ZWE 2002, 592; *BayObLG* BayObLGZ 1995, 399, 403 = ZMR 1996, 285; *Merle* System, S. 61; Bärmann/*Armbrüster* WEG § 2 Rn. 62). 153

b) Faktische Entstehung

Ein isolierter Miteigentumsanteil kann aber **faktisch** entstehen. Das ist in der Praxis dann der Fall, wenn: 154

- ein **Miteigentumsanteil** mit einem **nicht ausreichend bestimmten** Sondereigentum verbunden ist und dennoch eingetragen wird (*BGH* BGHZ 130, 159, 168 = ZMR 1995, 521 = NJW 1995, 2851);
- die **Bauausführung** so vom **Aufteilungsplan abweicht**, dass es gleichsam unmöglich ist, die errichteten Räume einer Raumeinheit zuzuordnen (*BGH* ZMR 2004, 206, 208 = NJW 2004, 1798 = MDR 2004, 439; *OLG Dresden* ZMR 2008, 812, 814; *OLG Hamm* WE 1991, 136);
- Miteigentum mit einem **nicht sondereigentumsfähigen** Raum verbunden wird (z.B. indem eine Vereinbarung einen Gebäudeteil dem Sondereigentum zuordnet, der nach § 5 Abs. 1 und Abs. 2 WEG **zwingend** dem gemeinschaftlichen Eigentum zuzuordnen ist, vgl. *BGH* BGHZ 109, 179, 184 [Heizwerkfall] = ZMR 1990, 112 = NJW 1990, 447; *OLG Schleswig* ZMR 2006, 886, 887; *OLG Hamburg* MietRB 2004, 290; die entsprechende Vereinbarung ist nichtig); eine solche Eintragung ist **unwirksam** und kann keine Grundlage für einen **gutgläubigen Erwerb** sein (*BGH* BGHZ 109, 179, 184 [Heizwerkfall] = ZMR 1990, 112 = NJW 1990, 447; *OLG Hamm* NZM 2007, 448 = ZMR 2007, 213 = MietRB 2007, 68 m. Anm. *Hügel*);
- wenn ein Miteigentumsanteil versehentlich **mit keinem Sondereigentum** verbunden wird.
- wenn wegen Verstoßes gegen das **Bestimmtheitsgebot** (Verwechslung in der nummernmäßigen Bezeichnung des jeweiligen Sondereigentums) ausschließlich isolierte Miteigentumsanteile entstanden sind (*OLG München* FGPrax 2008, 197, 199 = ZMR 2008, 905 = NZM 2008, 810).

2. Auswirkungen

a) Auf die anderen Sondereigentumsrechte

Die Isolierung eines Miteigentumsanteils führt nicht dazu, dass die anderen Wohnungseigentumsrechte nicht entstehen (*BGH* BGHZ 109, 179, 184 [Heizwerkfall] = ZMR 1990, 112 = NJW 1990, 447; *OLG München* FGPrax 2008, 197, 199 = ZMR 2008, 905; *OLG Schleswig* ZMR 2006, 886, 887; *Röll* DNotZ 1987, 228, 229). Sind nur einzelne oder einige Miteigentumsanteile isoliert und (noch) substanzlos, wird eine ordnungsmäßige Aufteilung der Miteigentumsanteile i.Ü. von diesem Mangel tatsächlich **nicht berührt** (*BGH* ZfIR 2004, 1006 = ZMR 2005, 59 = NJW 2005, 10; *BGH* BGHZ 130, 159, 169 = ZMR 1995, 521 = NJW 1995, 2851; *BGH* BGHZ 109, 179, 184 [Heizwerkfall] = ZMR 1990, 112 = NJW 1990, 447; *OLG Schleswig* ZMR 2006, 886, 887; *OLG Köln* ZMR 2004, 623, 624; *OLG Frankfurt am Main*, OLGZ 1978, 290, 291; a.A. *Weitnauer* WE 1991, 155

120 = MittBayNot 1991, 143; *Weitnauer* WE 1999, 53). Die vorgesehenen Miteigentumsanteile entstehen selbst dann – wenigstens vorübergehend –, wenn das mit einem Anteil zu verbindende Sondereigentum **nicht** entstehen kann. Stets entsteht – zumindest zunächst – ein isolierter Miteigentumsanteil. Auch wenn ein Raum, der nach dem Aufteilungsplan oder dem Teilungsvertrag Sondereigentum sein soll, in Wirklichkeit ganz oder teilweise nicht vorhanden ist (und kann dieser auch nicht mehr errichtet werden), führt dies **nicht** zur Nichtigkeit des Teilungsvertrages (der Teilungserklärung) i.Ü.

b) Heilung

156 Die Miteigentümer sind gem. §§ 242, 313 BGB i.V.m. dem Gemeinschaftsverhältnis gehalten, den **fehlerhaften Gründungsakt zu ändern** (*BGH* ZMR 2004, 206, 208 = NJW 2004, 1798 = MDR 2004, 439; *BGH* BGHZ 130, 159, 169 = ZMR 1995, 521 = NJW 1995, 2851; BGHZ 109, 179, 185 [Heizwerkfall] = ZMR 1990, 112 = NJW 1990, 447; *OLG Köln* ZMR 2004, 623, 624; *Röll* Teilungserklärung, S. 52; s. im Einzelnen § 11 Rdn. 13 ff.). Die Wohnungseigentümer heben die Isolierung von Miteigentumsanteilen durch erstmalige ordnungsmäßige Herstellung des entsprechenden Sondereigentums auf (§ 11 Rdn. 14). Ist eine **Heilung nicht möglich**, muss die **Isolierung dennoch aufgehoben** werden. Dies geschieht durch eine **Vereinigung oder Zuschreibung** (§ 890 BGB) der isolierten Miteigentumsanteile auf die verbleibenden Wohnungseigentümer (*BGH* ZfIR 2004, 1006, 1008 = ZMR 2005, 59 = NJW 2005, 10; *Demharter* NZM 2000, 1196, 1199; § 11 Rdn. 16). Dies ist z.B. geboten, wenn sich die Isolierung des Miteigentumsanteils z.B. wegen eines **öffentlich-rechtlichen Bauverbots** (so in *BGH* BGHZ 110, 36, 39 [Bauverbotsfall] = NJW 1990, 1111 = MDR 1990, 325) oder jedenfalls praktisch niemals aufheben lässt (etwa, wenn ein Wohnhaus abgerissen und wie vorgesehen aufgebaut werden müsste).

3. Anwendung des WEG auf isoliertes Miteigentum

157 Das Wohnungseigentumsgesetz ist auf den Wohnungseigentümer, der isoliertes Miteigentum erworben hat, **unmittelbar** anwendbar (*Hügel* ZMR 2004, 549, 553; *Hauger* DNotZ 1992, 502; *Weitnauer* WE 1991, 123; a.A. *Dreyer* DNotZ 2007, 594, 602), wenigstens aber entsprechend (so *BGH* ZMR 2004, 206, 207 = NJW 2004, 1798 = MDR 2004, 439; *OLG Köln* ZMR 2004, 623, 624; *OLG München* FGPrax 2008, 197, 199 = ZMR 2008, 905). Der entsprechende Miteigentümer ist **echter Wohnungseigentümer** (*Ertl* WE 1992, 219, 221; a.A. *BGH* ZfIR 2004, 1006, 1007 = ZMR 2005, 59 = NJW 2005, 10; *OLG München* FGPrax 2008, 197, 199 = ZMR 2008, 905; *OLG Hamm* NZM 2007, 448 = ZMR 2007, 213 = MietRB 2007, 68 m. Anm. *Hügel*: **werdender** Eigentümer) und z.B. nach § 16 Abs. 2 WEG an den Kosten und Lasten des Gemeinschaftseigentums zu beteiligen (*OLG Hamm* NZM 2007, 448 = ZMR 2007, 213; *Wenzel* DNotZ 1993, 297, 300; *Ertl* WE 1992, 219, 221; a.A. *Demharter* NZM 2000, 1196, 1198) oder in der Versammlung der Eigentümer **stimmberechtigt** (*OLG Hamm* ZMR 2006, 60, 61; a.A. *OLG Naumburg* NJOZ 2005, 335, 336).

VII. Zusätzliche Räume

158 Wenn anfangs oder später zusätzlich zu den geplanten Baulichkeiten **weitere Räume** oder Anlagen errichtet werden, z.B. Garagen, Räume oder Balkone oder neue Dachräume, stehen diese im **Gemeinschaftseigentum** (*OLG Celle* ZWE 2009, 128 = IMR 2009, 98; *OLG München* NJW-RR 2007, 1384 = IMR 2007, 190; *OLG München* OLGReport München 2005, 607 = MietRB 2005, 320; *BayObLG* DNotZ 1982, 244; *Elzer* MietRB 2007, 78, 80; *Rapp* in Beck'sches Notarhandbuch, A III Rn. 43c). Weil diese Räume nicht im Aufteilungsplan ausgewiesen sind, kann kein Wohnungseigentümer an diesen Räumen Sondereigentum erworben haben (*BayObLG* NJW-RR 1990, 657; Bamberger/Roth/*Hügel* WEG § 3 Rdn. 15). Sie werden vielmehr gem. § 1 Abs. 5 WEG **Gemeinschaftseigentum** (*BayObLG* NJW-RR 1990, 657; Bamberger/Roth/*Hügel* WEG § 3 Rn. 15; *Abramenko* ZMR 1998, 741). Unklar ist, was gilt, wenn der neue Raum nur über das Sondereigentum eines Wohnungseigentümers erreicht werden kann. Vorstellbar ist, dass es zu einem **gesetzlichen**

Eigentumsübergang von Sonder- ins Gemeinschaftseigentum kommt (s. dazu *Hügel* ZWE 2009, 130). Eine andere Lösung besteht darin, aus dem die Wohnungseigentümer verbindenden Gemeinschaftsverhältnis ein Rücksichtnahmegebot abzuleiten (*Elzer* IMR 2009, 98). Aus dem Rücksichtnahmegebot kann durchaus die Pflicht folgen, einen Durchgang zu gewähren (vgl. nur *OLG Frankfurt am Main,* IBR 2006, 1174 = OLGReport Frankfurt 2006, 524 [Ls]; *OLG Stuttgart* ZMR 2001, 730, 731). S. Rdn. 115.

H. Gemeinschaftsordnung

I. Einführung

Die Miteigentümer können **zusammen** mit dem Teilungsvertrag in Ergänzung oder Abweichung 159
des dispositiven Gesetzes Vereinbarungen für ihr **Verhältnis untereinander** beurkunden und nach §§ 10 Abs. 3 S. 1, 5 Abs. 4 Satz 1 WEG als Inhalt des Sondereigentums im **Grundbuch eintragen** lassen (*BGH* ZMR 2007, 284, 286). Daneben können die Wohnungseigentümer auch nach der Beurkundung und Eintragung des Teilungsvertrages Vereinbarungen für ihr Verhältnis untereinander treffen oder Materien, die über bloße Verwaltungsentscheidungen hinausgehen, beschließen. Der Inbegriff dieser Entscheidungen und Bestimmungen wird gemeinhin verkürzend als »Gemeinschaftsordnung« benannt (*BGH* ZMR 2006, 457 = NJW 2006, 2187; *BGH* ZMR 2005, 884, 885 = NJW 2005, 3146; *BGH* BGHZ 160, 354, 358 [Kostenverteilungsschlüssel] = ZMR 2004, 834) oder als »Teilungsvertrag im weiteren Sinne«, Gemeinschaftsvertrag, Miteigentumsordnung, Teilungsordnung oder Miteigentümerordnung begriffen. Dem Wohnungseigentumsgesetz sind alle diese Beschreibungen unbekannt. Vor allem der Begriff der »Gemeinschaftsordnung« hat sich – ohne indes je ein klare Kontur erhalten zu haben – in der **Praxis** durchgesetzt. Die Schaffung und Formung einer vom Gesetz abweichenden Gemeinschaftsordnung für das Verhältnis der Wohnungseigentümer als Wohnungseigentümer untereinander ist zweckmäßig, für die wirksame Aufteilung des Miteigentums und Begründung von Sondereigentum aber **keine Tatbestandsvoraussetzung** (*BGH* ZMR 2002, 762, 763). Der zum Teil erweckte Eindruck (*BGH* BGHZ 163, 154, 162 [Teilrechtsfähigkeit] = ZMR 2005, 547 = MDR 2005, 1156 = NJW 2005, 2061), die Gemeinschaft der Wohnungseigentümer verfüge **stets** über eine Gemeinschaftsordnung, ist praktisch richtig, aber rechtlich falsch. Die Gemeinschaftsordnung ist lediglich fakultativ (*Müller* FS Spiegelberger [2009], S. 1234).

II. Begriff

1. Allgemeines

Die Gesamtheit aller verdinglichten und schuldrechtlichen Vereinbarungen, durch die die Wohnungs- 160
eigentümer ihr Verhältnis untereinander in Ergänzung oder Abweichung von den Vorschriften des Wohnungseigentumsgesetzes oder der übrigen dispositiven Bestimmungen des materiellen Rechts regeln, und damit eine Gemeinschaft der Wohnungseigentümer gegenüber anderen Eigentümergemeinschaften individualisieren und absondern, sowie sämtliche Beschlüsse, die sich nicht auf einen bloßen Ausführungsakt beschränken sondern das Grundverhältnis der Wohnungseigentümer berühren, bilden die **Gemeinschaftsordnung** einer Eigentümergemeinschaft (*Elzer* ZMR 2004, 633, 634; *Grebe* DNotZ 1987, 5 Fn. 1; a.A. *Schuschke* NZM 2001, 497, 498 der – enger – nur die **verdinglichten Vereinbarungen** zur Gemeinschaftsordnung zählt; a.A. auch *Merle* ZWE 2001, 49 und *Becker/Kümmel* ZWE 2001, 128, 135, die – weiter gehend – auch die **gesetzlichen Regelungen** zur Gemeinschaftsordnung zählen wollen). Die die Gemeinschaftsordnung bildenden Vereinbarungen und Beschlüsse sind in ihrer Gesamtheit als die **Verfassung** der Gemeinschaft der Wohnungseigentümer zu begreifen (ihr Organisationsvertrag). Nach der Rechtsprechung steht die Gemeinschaftsordnung der **Satzung einer juristischen Person** (*BGH* ZfIR 2021, 489 = ZMR 2021, 992; *BGH* BGHZ 227, 289 = ZfIR 2021, 394 = ZMR 2021, 405; *BGH* ZMR 2019, 518 = ZWE 2019, 318; *BGH* ZMR 2012, 793 = ZWE 2012, 361; *BGH* BGHZ 163, 154, 171 [Teilrechtsfähigkeit] = ZMR 2005, 547 = MDR 2005, 1156 = NJW 2005, 2061; *BGH* ZMR 2003, 748, 749 = NZM 2003, 480 = NJW 2003, 2165; *BGH* NJW 1984, 2576 = ZMR 1984, 420; *BGH* NJW 1984, 308; *BGH*

ZMR 1979, 312 = NJW 1979, 870; *BGH* BGHZ 49, 250, 252 = NJW 1968, 499; *Wenzel* DNotZ 1993, 297, 298) oder – unglücklich – einem **Gesellschaftsvertrag** gleich.

2. Schuldrechtliche Vereinbarungen

161 Teil der Gemeinschaftsordnung sind neben den im Grundbuch eingetragenen Vereinbarungen auch die später getroffenen, aber absichtlich oder versehentlich **nicht verdinglichten** (ergänzenden oder abändernden) Vereinbarungen der Wohnungseigentümer. Damit eine Bestimmung der Gemeinschaftsordnung nicht mit einem Eigentümerwechsel hinfällig wird (s. § 10 Abs. 3 S. 1 WEG), werden Vereinbarungen in der Regel zwar **eingetragen** und damit »verdinglicht«. Die Eintragung einer Vereinbarung ist aber für die **Bindung der Vertragsschließenden** und den Satzungscharakter auch dieser Bestimmung **nicht konstitutiv** (a.A. *Deckert* ZMR 2002, 21, 26).

3. Beschlüsse in Vereinbarungsangelegenheiten

162 Beschlüsse der Wohnungseigentümer gehören zur Gemeinschaftsordnung, soweit sie die »Funktion« einer Vereinbarung, nämlich das Verhältnis der Wohnungseigentümer untereinander zu bestimmen, **übernehmen**. Dies ist für Beschlüsse anzunehmen, die auf einer nach § 23 Abs. 1 WEG **gewillkürten** oder einer der **gesetzlichen Öffnungsklauseln** (z.B. §§ 12 Abs. 4, 16 Abs. 2 S. 2 WEG) beruhen.

4. Vereinbarungen in Beschlussangelegenheiten

163 Vereinbarungen in Beschlussangelegenheiten (dazu s. bei § 10) gehören **nicht** zur Gemeinschaftsordnung. Sie haben die Funktion eines Verwaltungsbeschlusses und treten an dessen Stelle. Wie auch Verwaltungsbeschlüsse gehört zu ihrem Gegenstand keine Frage, die das Grundverhältnis der Wohnungseigentümer berührt (z.B. Bestellung des ersten Verwalters mit der Begründung des WEig).

III. Abgrenzung

1. Gemeinschaftsordnung und Teilungsvertrag

164 Die Gemeinschaftsordnung und der Teilungsvertrag i.S. von § 3 WEG (bzw. die Teilungserklärung nach § 8 WEG) sind **begrifflich streng voneinander** zu trennen. Während der Teilungsvertrag ein Vertrag der Miteigentümer zur Begründung von Wohnungseigentum und zwingend im Grundbuch einzutragen ist, ist die Gemeinschaftsordnung die bloß begriffliche Zusammenfassung der Vereinbarungen und Organisationsbeschlüsse der Wohnungseigentümer. Teilungsvertrag (und Teilungserklärung) bestimmen **Gegenstand** und Grenzen von Gemeinschafts- und Sondereigentum, die Zweckbestimmungen im weiteren Sinne und die Miteigentumsanteile. Die Gemeinschaftsordnung bestimmt hingegen den **Inhalt** des Eigentums und seinen zulässigen Gebrauch innerhalb der sachenrechtlich festgelegten Nutzungen (Teil- oder Wohnungseigentum).

2. Einzelne Vereinbarungen und Organisationsbeschlüsse

165 Die Gemeinschaftsordnung ist begrifflich von den **einzelnen Vereinbarungen** und **Organisationsbeschlüssen** zu trennen (*Elzer* ZMR 2004, 633, 634; s. aber *BGH* BGHZ 157, 322, 330 [Parabolantenne] = MDR 2004, 563 = BGHReport 2004, 499 = NJW 2004, 937 ff., wo zwischen Regelungen in der Gemeinschaftsordnung **und** solchen in Vereinbarungen unterschieden wird oder *BGH* ZMR 2004, 522, 523 [Olympiadorf I], wo zwischen Vereinbarungen und Teilungsordnung unterschieden wird; ähnlich *Bub* WE 1993, 185, 189).

IV. Form

166 Die die Gemeinschaftsordnung bildenden Vereinbarungen und Beschlüsse unterliegen **keinen** besonderen Formvorschriften. Auf die Vereinbarungen sind aber §§ 104 ff. BGB, auf die Beschlüsse hingegen das Wohnungseigentumsgesetz, vor allem §§ 23 ff., anwendbar. Die Gemeinschaftsordnung selbst ist ohne Weiteres wirksam und bedarf nicht der Eintragung in das Grundbuch. Eine Ein-

tragung ist nur erforderlich, um Sondernachfolger nach § 10 Abs. 3 S. 1 WEG an die Gemeinschaftsordnung zu binden. Für die Eintragung bedarf es dann allerdings der grundbuchmäßigen Form des § 29 Abs. 1 GBO.

V. Änderung der Gemeinschaftsordnung

1. Durch die Wohnungseigentümer

Eine Gemeinschaftsordnung kann geändert werden, indem die sie bildenden verdinglichten und schuldrechtlichen Vereinbarungen sowie die Beschlüsse geändert werden. Für die Änderungen von Vereinbarungen – auch die mögliche Zustimmung Dritter – s. daher vor allem bei § 10. Die Änderung einer Vereinbarung kann darüber hinaus auch durch einen zugelassenen Beschluss erfolgen (Öffnungsklausel). Für die Änderung eines Beschlusses (Zweitbeschluss) s. bei § 23. 167

2. Durch das Wohnungseigentumsgericht

Sind über die gesetzlichen Bestimmungen hinaus Regelungen zum Gemeinschaftsverhältnis **erforderlich**, können sich die Wohnungseigentümer darüber aber **weder einigen** noch hält das Gesetz eine **angemessene Regelung bereit**, entscheidet darüber im Rahmen der materiell-rechtlichen und verfahrensrechtlichen Vorschriften des WEG nach § 43 Abs. 2 Nr. 1 WEG das **Wohnungseigentumsgericht nach billigem Ermessen** (*BGH* BGHZ 130, 304, 312 = ZMR 1995, 483; *BGH* NJW 1992, 978 = ZMR 1992, 167; »Regelungsstreitigkeit«). Die Klage auf eine angemessene Vereinbarung kann auf § 10 Abs. 2 WEG (dazu vgl. nur *BGH* ZMR 2018, 782 [keine einredeweise Geltendmachung im Unterlassungsprozess]; *BGH* ZMR 2011, 85 = ZWE 2011, 170; *BGH* BGHZ 186, 34 = NJW 2010, 3296 = ZfIR 2010, 684 = ZMR 2010, 778 = ZWE 2010, 330), die auf einen angemessenen Beschluss auf § 19 WEG (vgl. nur *OLG Hamm* ZMR 2008, 156 nach früherem Recht für einen durch Öffnungsklausel legitimierten Beschluss) gestützt werden. 168

VI. Inhaltskontrolle

Für die Vereinbarungen, die die Wohnungseigentümer nach § 3 WEG oder nach Entstehung der Wohnungseigentümergemeinschaft geschlossen haben, kann **regelmäßig vermutet werden**, dass die Miteigentümer/Wohnungseigentümer eine interessensgerechte, jedenfalls aber eine den widerstreitenden Interessen angemessene und vertretbare Regelung gefunden haben. Wie auch Verbänden, steht es den Eigentümern nach den allgemeinen Grundsätzen aber nicht frei, sich selbst willkürlichen oder grob unbilligen, Treu und Glauben (§ 242 BGB) widerstreitenden Satzungsgestaltungen zu unterwerfen. Die die Gemeinschaftsordnung bildenden Vereinbarungen und Beschlüsse unterliegen daher h.M. nach einer **Inhaltskontrolle**. Schranken für den Inhalt einer Gemeinschaftsordnung ergeben sich vor allem aus den Grenzen der Vertragsfreiheit nach §§ 134, 138 BGB und einer – freilich bislang nicht konturierten und damit uferlosen – Überprüfung nach § 242 BGB. S. zu diesen Fragen, auch zur Anwendbarkeit von §§ 305 ff. BGB, **ausführlich** § 8 Rdn. 65 ff. 169

VII. Auslegung

Ebenso wie beim Teilungsvertrag (s. Rdn. 41 ff.) und der Teilungserklärung (s. § 8 Rdn. 48 ff.) hat die **Auslegung** einer Bestimmung der **Gemeinschaftsordnung** den für Grundbucheintragungen maßgeblichen Regeln zu folgen (*Wenzel* DNotZ 1993, 297). S. für die Einzelheiten daher ausführlich Rdn. 41 ff. 170

VIII. Regelungsunterworfene

1. Grundsatz

Die Gemeinschaftsordnung berechtigt und verpflichtet grundsätzlich nur Wohnungseigentümer. Vereinbarungen und Beschlüsse regeln die Beziehungen der Wohnungseigentümer untereinander und entfalten nur in diesem »Binnenbereich« eine Wirkung. Eine **Bindung** entfaltet die Gemein- 171 schaftsordnung über §§ 10 Abs. 3 S. 1, 5 Abs. 4 S. 1 WEG, wenn die sie bildenden Vereinbarungen zum Inhalt des Sondereigentums gemacht und also in das Grundbuch eingetragen worden sind; das Gleiche gilt für beschlussweise Regelungen aufgrund einer rechtsgeschäftlichen Öffnungsklausel. Vor Eintragung der Wohnungseigentumsrechte im Grundbuch getroffene, aber nicht gemeinsam mit dem Teilungsvertrag eingetragene Vereinbarungen der teilenden Miteigentümer sind Sondernachfolgern gegenüber – ebenso wie »Beschlüsse« (*BayObLG* MietRB 2004, 325) – rechtlich unbeachtlich und unwirksam (*KG* ZMR 2001, 656, 657).

2. Vereinbarungen vor Entstehung der Gemeinschaft der Wohnungseigentümer

172 Solange noch keine Gemeinschaft der Wohnungseigentümer entstanden ist, kann nicht von einer Gemeinschaftsordnung gesprochen werden. Gibt es ein Bedürfnis, auf die vor der Entstehung der Gemeinschaft noch bestehende Verbindung der Wohnungseigentümer die spätere Gemeinschaftsordnung anzuwenden, können ihre Vorschriften aber entsprechend angewendet werden (Rdn. 177).

IX. Gesetzliches Schuldverhältnis

173 Haben die Miteigentümer oder die späteren Wohnungseigentümer keine Vereinbarungen i.S. von § 10 WEG getroffen, besteht zwischen ihnen als Wohnungseigentümern stets – und in jedem Fall die Gemeinschaftsordnung begleitend – ein **gesetzliches Schuldverhältnis** (Gemeinschaftsverhältnis), das der Regelung des Wohnungseigentumsgesetzes und den gem. § 10 Abs. 1 S. 1 WEG ergänzend anwendbaren Bestimmungen des BGB über die Bruchteilsgemeinschaft unterliegt. Aus diesem Verhältnis erwachsen den Wohnungseigentümern diverse Rechte, aber auch Pflichten (dazu s. bei § 10).

I. Rechtsfolgen

I. Entstehung von Wohnungseigentum

174 Durch den Teilungsvertrag selbst oder seine Beurkundung entstehen **noch keine Wohnungseigentumsrechte.** Nach § 4 Abs. 1 WEG ist zur Entstehung des Wohnungs- bzw. Teileigentums neben der Einigung der Beteiligten über den Eintritt der Rechtsänderung die **Eintragung in das Grundbuch** erforderlich. Sondereigentum entsteht also erst mit dem **dinglichen Vollzug** im Grundbuch (der Anlegung der Wohnungs- bzw. Teileigentumsgrundbücher). Das gilt auch in bewertungsrechtlicher Hinsicht (*BFH* NJW 1993, 1672).

II. Entstehung der Eigentümergemeinschaft

1. Grundsatz

175 Die Gemeinschaft der Wohnungseigentümer entsteht mit **Anlegung der Wohnungsgrundbücher** (§ 9a Abs. 1 S. 2 WEG (anders nach früherem Recht: **Eintragung** der Vertragsparteien in die Wohnungsgrundbücher als Wohnungseigentümer (*KG* ZMR 2001, 656; *BayObLG* NJW-RR 2000, 1540 = NZM 2000, 655; a.A. *Müller* FS Seuß [1997], S. 211, 214: bereits mit Stellung des Antrages). Die **Errichtung des Gebäudes** ist für die Entstehung der Gemeinschaft der Wohnungseigentümer **bedeutungslos.** Bei der Begründung nach § 3 WEG werden nach Vorlage des Teilungsvertrags an das Grundbuchgericht in Verbindung mit einem Eintragungsantrag sämtliche Miteigentümer sogleich als **Wohnungseigentümer** ins Grundbuch eingetragen. Gemeinsam mit der Eigentümergemeinschaft entsteht auch der rechtsfähige **Verband Wohnungseigentümergemeinschaft.**

2. Vor Anlegung der Wohnungsgrundbücher

a) Keine werdende Wohnungseigentümergemeinschaft

176 Vor Anlegung der Wohnungsgrundbücher entsteht im Fall der Begründung nach § 3 WEG nach h.M. keine werdende Wohnungseigentümergemeinschaft (schon nach früherem Recht *BayObLG* ZMR 2002, 610; *BayObLG* ZMR 2000, 623 = NJW-RR 2000, 1540; *BayObLG* NJW-RR

1992, 597, 598; *KG* ZMR 2001, 656, 657; *KG* NJW-RR 1986, 1274 = WuM 1986, 357 = ZMR 1986, 295; *Heismann* ZMR 2004, 10, 13; a.A. Bärmann/*Suilmann* WEG § 10 Rn. 20).

b) Entsprechende Heranziehung der Gemeinschaftsordnung

Wenn eine Gemeinschaft von Wohnungseigentümern als Miteigentümergemeinschaft noch nicht zustande gekommen ist, kann es im Einzelfall gerechtfertigt sein, auf die bis dahin nach §§ 741 ff., 1008 ff. BGB noch bestehende **Verbindung der Miteigentümer als Bruchteilsgemeinschaft** (*KG* ZMR 2005, 75, 76; *BGH* ZMR 2002, 604, 605 spricht pragmatisch von den »künftigen Wohnungseigentümern«) die für die spätere Gemeinschaft der Wohnungseigentümer geschaffene, aber als solche noch nicht bestehende Gemeinschaftsordnung als konkludente **vertragliche Gebrauchsregelung** für das Miteigentum (*OLG Celle* MDR 1998, 397; *OLG Stuttgart* NJW-RR 1987, 1098) für das Verhältnis der Miteigentümer untereinander heranzuziehen (*BayObLG* ZMR 2002, 610 = NJW-RR 2002, 1022). 177

c) Bauherrengemeinschaft

Treten die Miteigentümer als »Bauherrengemeinschaft« nach außen auf, sind sie als **Gesellschaft bürgerlichen Rechts** zu begreifen (*BGH* ZMR 2002, 604, 605 [Kölner Modell]; *BGH* MDR 1999, 744; *KG* KGReport 2005, 735, 736), können aber auch als **Publikums-Kommanditgesellschaft** (Weitnauer/*Briesemeister* WEG Nach § 3 Rdn. 3 [Hamburger Modell]) oder als Stille organisiert sein. Für eine solche GbR ist jetzt ebenfalls eine Voreintragung im Gesellschaftsregister erforderlich (vgl. § 705 Abs. 2 BGB) Die Bauherren haften für die Herstellungskosten (»Aufbauschulden«) nur **anteilig** (*BGH* ZMR 2002, 604, 605; *BGH* BGHZ 76, 86, 89 = NJW 1980, 992). Das gemeinsame Vermögen der Bauherren geht mit der Eintragung des Teilungsvertrages in das Grundbuch im Wege der **Auseinandersetzung** i.S.v. § 740b BGB a.F. analog in das Vermögen der Wohnungseigentümer oder das der rechtsfähigen Gemeinschaft über (*KG* KGReport 2005, 735, 736). Wer neuer Vermögensträger wird, richtet sich danach, ob die Vermögensgegenstände nach der Eintragung als Gemeinschaftseigentum oder als Teil des Verwaltungsvermögens einzuordnen sind. 178

III. Entstehung des Sondereigentums

1. Schrittweise Herstellung; Fertigstellung

Das den Miteigentumsanteilen am Grundstück i.S. von § 1 Abs. 1 WEG jeweils zugeordnete, im Wesentlichen abgeschlossene (dazu Rdn. 182) Sondereigentum (Wohnungs- oder Teileigentum) an einer Wohnung entsteht mit der **schrittweisen Herstellung** (Umschließung) der jeweiligen Wohnung bzw. Teileigentumseinheit (*BGH* BGHZ 177, 338 [Luftschranken] = NJW 2008, 2982 = ZMR 2008, 897; *BGH* BGHZ 110, 36, 38 [Bauverbotsfall] = NJW 1990, 1111 = MDR 1990, 325; *OLG Hamm* NZM 2006, 142 = ZMR 2006, 60; *OLG Hamburg* ZWE 2002, 592, 594; *KG* ZMR 2001, 849; *Röll* BayMittNot 1991, 240; *ders.* DNotZ 1977, 71; *Bub* WE 1991, 124, 127; *Hauger* WE 1991, 66, 68), **spätestens mit der Herstellung des Gebäudes** (*BGH* BGHZ 177, 338 [Luftschranken] = NJW 2008, 2982 = ZMR 2008, 897; *Hügel* ZMR 2004, 549). Auf die **Umschließung der anderen Sondereigentumseinheiten** kommt es für die Entstehung des bereits umschlossenen Sondereigentums nicht an. Auch bei einer **abschnittsweisen Errichtung** der Wohnanlage entsteht Sondereigentum als **Vollrecht** jeweils mit Herstellung der Wohnung, spätestens **Fertigstellung** des Gebäudes. Abweichungen der Bauausführung von dem Aufteilungsplan berühren das Entstehen des Sondereigentums solange nicht, wie die Abgrenzung des Sondereigentums gegen das Gemeinschaftseigentum und das weitere Sondereigentum in dem Gebäude nicht unmöglich ist (Rdn. 141 ff.). Das gilt grundsätzlich auch dann, wenn die tatsächliche Bauausführung in einem **wesentlichen Umfang** vom Aufteilungsplan abweicht (*BGH* BGHZ 177, 338 [Luftschranken] = NJW 2008, 2982 = ZMR 2008, 897; *KG* ZMR 2001, 849; *BayObLG* ZMR 1998, 794 = NZM 1998, 973; *BayObLGZ* 1991, 332; *OLG Celle* OLGZ 1981, 106). Der Entstehung des Sondereigentums steht nicht entgegen, wenn es an einer tatsächlichen Abgrenzung des Raums gegen fremdes 179

Sondereigentum fehlt (BGHZ 208, 29 = NJW 2016, 473 = ZfIR 2016, 276 = ZMR 2016, 215 = ZWE 2016, 79; *BGH* BGHZ 177, 338 [Luftschranken] = NJW 2008, 2982 = ZMR 2008, 897).

2. »Anwartschaftsrecht«

180 Haben die Miteigentümer an einem erst zu **errichtenden Gebäude** Wohneigentum begründet, existiert vor Fertigstellung des Sondereigentums (Errichtung des Rohbaus) **ein isolierter Miteigentumsanteil** (*BGH* BGHZ 110, 36, 38 [Bauverbotsfall] = NJW 1990, 1111 = MDR 1990, 325). Die Eintragung der jeweiligen Rechte im Grundbuch verschafft den Grundstückseigentümern aber als »Anwartschaftsrecht« eine **gesicherte Rechtsposition**, welche dem Anteil am Grundstück im Fall der Bebauung als **Sondereigentum zuwächst** (*OLG Hamm* NZM 2006, 142 = ZMR 2006, 60; *BayObLG* ZMR 2002, 291, 292; *OLG Düsseldorf* WE 1984, 92; *OLG Frankfurt am Main,* Rpfleger 1978, 381; *OLG Karlsruhe* DNotZ 1973, 235; Weitnauer/*Briesemeister* WEG § 3 Rn. 67; *Wenzel* DNotZ 1993, 297, 299; *Bub* WE 1991, 124, 127; *Röll* BayMittNot 1991, 240, 241; *ders.* DNotZ 1977, 69; *ders.* Teilungserklärung, S. 47).

181 Das »Anwartschaftsrecht« **erlischt**, wenn der Raum hergestellt und Sondereigentum **entstanden** ist. Das »Anwartschaftsrecht« **erlischt** ferner, wenn die Herstellung des als Sondereigentum vorgesehenen Raumes – etwa wegen einer vom Aufteilungsplan abweichenden Bebauung – **dauerhaft unmöglich** geworden ist (*OLG Hamm* NZM 2006, 142, 143 = ZMR 2006, 60; *OLG Hamm* WE 1991, 31 = NJW-RR 1991, 335; s.a. § 11 Rdn. 16 ff.). Das Gleiche gilt nicht schon bei bloßer **Aufgabe der Bauabsicht** (*OLG München* ZWE 2010, 459; unklar *BayObLG* ZMR 2002, 291, 292) oder bei Insolvenz des Bauträgers (*OLG Hamm* NZM 2006, 142, 143 = ZMR 2006, 60).

3. Abgeschlossenheit?

182 Sondereigentum soll nach § 3 Abs. 3 WEG nur eingeräumt werden, wenn die Wohnungen oder sonstigen Räume in sich **abgeschlossen** sind und Stellplätze sowie Grundstücksteile durch **Maßangaben** bestimmt sind. Fehlt es hieran im Ausnahmefall, ist zur Entstehung von Sondereigentum notwendig, aber auch ausreichend, dass das Sondereigentum gegen sonstiges Sondereigentum und gegen das Gemeinschaftseigentum **eindeutig abgrenzbar** ist (BGHZ 208, 29 = NJW 2016, 473 = ZfIR 2016, 276 = ZMR 2016, 215 = ZWE 2016, 79; *BGH* BGHZ 177, 338 [Luftschranken] = NJW 2008, 2982 = ZMR 2008, 897 m.w.N.). **Verliert** ein Sondereigentum **nachträglich** seine Abgeschlossenheit, lässt dieses den Bestand des Sondereigentums unberührt (*BGH* BGHZ 177, 338 [Luftschranken] = NJW 2008, 2982 = ZMR 2008, 897; *BGH* BGHZ 146, 241, 246 [Wanddurchbruch] = NJW 2001, 1212 = ZMR 2001, 289).

4. Sondereigentum an »offenen Räumen«; Luftschranken

183 Unsicher ist, ob Sondereigentum entstehen kann, obwohl einer Wohnung oder einem Raum eine oder mehrere Wände fehlen. Der *Bundesgerichtshof* hat diese Frage unter dem **Problemkreis Abgeschlossenheit** geprüft und bejaht (vgl. BGHZ 208, 29 = NJW 2016, 473 = ZfIR 2016, 276 = ZMR 2016, 215 = ZWE 2016, 79; *BGH* BGHZ 177, 338 [Luftschranken] = NJW 2008, 2982 = ZMR 2008, 897; Rdn. 182). Zur Lösung wäre danach im Einzelfall zu unterscheiden. Solange die **Raumeigenschaft** letztlich **nicht gefährdet** würde, könnte Sondereigentum zur Entstehung kommen. Das wäre der Fall, wenn nur **eine Wand** (*Armbrüster* ZWE 2005, 182, 190; *Merle* WE 1992, 11, 12; Bärmann/*Armbrüster* WEG § 5 Rn. 13; so auch im Ergebnis *BGH* BGHZ 177, 338 [Luftschranken] = NJW 2008, 2982 = ZMR 2008, 897; a.A. *Ruge* Begründung: »allseitiger Abschluss«) oder die Decke fehlt, sofern eine **Abgrenzung** erkennbar ist (Rdn. 182). Etwa eine Küche, die sich in den Wohnraum öffnet, wird gemeinhin als Küche wahrgenommen und als **eigener Raum angesprochen.** Vorstellbar wäre dann, dass an **verschiedenen Teilen eines großen Raumes verschiedene Sondereigentumsrechte bestehen, weil letztlich zwei Räume** vorliegen (*BGH* BGHZ 177, 338 [Luftschranken] = NJW 2008, 2982 = ZMR 2008, 897). Etwas anderes müsste selbst nach dieser Auffassung hingegen angenommen werden, wenn es an einer Raumqualität völlig fehlt, was sicher der Fall ist wenn drei Wände fehlen (a.A. Bärmann/*Armbrüster* WEG § 5 Rn. 15), wohl

aber auch i.d.R., wenn nur zwei Wände nicht vorhanden sind (in diesem Sinne auch hier in der 3. Aufl.).

Eine fehlende Wand ist indes nicht oder nicht nur ein Problem der Abgeschlossenheit. Das Problem liegt vielmehr darin, dass Sondereigentum an einem »Nichtraum« nicht entstehen kann (s.a. *Mayr* IMR 2008, 345). Bevor man sich also der Frage der Abgeschlossenheit zuwendet, muss zur Bejahung der Sondereigentumsfähigkeit zunächst die Existenz eines natürlichen Raumes bejaht werden können. Verläuft aber eine reine Luftschranke zwischen zwei geplanten Raumeinheiten und werden diese nicht in Natur voneinander getrennt, handelt es sich nur um **einen Raum** im natürlichen, d.h. »körperlichen« Sinne (zutr. *Hügel* PiG 93 [2012], 149, 157). Ein solches Gebilde kann aber nach dem WEG nicht unterschiedlichen Wohnungseigentümern zu Sondereigentum zugeordnet sein. Richtigerweise wird man daher nicht zu einer vertikalen Aufteilung von Räumen gelangen können; vielmehr ist die Bildung von Sondereigentum nach dem hier zugrundegelegten Verständnis insoweit gescheitert. Ein vollständiges Scheitern der Begründung von Wohnungseigentum bei beiden betroffenen Gesamteinheiten (so wohl *Hügel* PiG 93 [2012], 149, 150) braucht hingegen nicht angenommen zu werden, weil der Fehler auf die betreffende Räumlichkeit begrenzt werden kann und i.ü. wirksames Alleineigentum begründet sein kann. Eine Korrektur müsste auch in diesem Fall über eine ergänzende sachenrechtliche Zuordnung gem. § 4 WEG erreicht werden (z.T. anders *Hügel* PiG 93 [2012], 149 f., der die Lösung nach den von der h.M. abgelehnten Regeln des Überbaus, zumindest im Fall eines erlaubten Überbaus, erreichen will). 184

IV. Gegenstand des Sondereigentums

Gegenstand des Sondereigentums sind nach § 5 Abs. 1 S. 1 WEG die gem. § 3 Abs. 1 S. 1 WEG bestimmten **Räume** sowie die zu diesen Räumen gehörenden **Bestandteile** des Gebäudes, die verändert, beseitigt oder eingefügt werden können, ohne dass dadurch das gemeinschaftliche Eigentum oder ein auf Sondereigentum beruhendes Recht eines anderen Wohnungseigentümers über das bei einem geordneten Zusammenleben unvermeidliche Maß hinaus beeinträchtigt oder die äußere Gestaltung des Gebäudes verändert wird. 185

J. Sonderregelungen für die neuen Bundesländer

Durch das Gesetz zur Änderung des Wohnungseigentumsgesetzes und anderer Gesetze vom 26.03.2007 (BGBl. I, 370) ist der ehemalige § 3 Abs. 3 WEG aus Gründen der **Rechtsbereinigung** aufgehoben worden (BT-Drs. 16/3843 S. 44). Die **Übergangsvorschrift** zur Abgeschlossenheit von Wohnungen in den neuen Bundesländern war durch das Gesetz zur Beseitigung von Hemmnissen der Privatisierung von Unternehmen und zur Förderung von Investitionen vom 22.03.1991 (BGBl. I, 766) in das Gesetz eingeführt worden. Sie war bereits bislang durch eine Entscheidung des Gemeinsamen Senats der obersten Gerichtshöfe des Bundes (*GmS-OBG* BGHZ 119, 42 ff. = NJW 1992, 3290 = ZMR 1993, 25 = MDR 1993, 344) **gegenstandslos** geworden (s. 1. Aufl. Rn. 140 ff.) und mit Ablauf des 31.12.1996 außer Kraft getreten. 186

K. Kosten und Gebühren

I. Grunderwerbsteuer

Die Bildung von Wohnungs- und/oder Teileigentum nach § 3 Abs. 1 WEG im Wege eines Teilungsvertrages ist anders als eine Bildung durch eine Teilungserklärung nach § 8 Abs. 1 WEG (dazu § 8 Rdn. 128) grundsätzlich ein **grunderwerbsteuerbarer** Vorgang. Auf die Begründung durch Teilungsvertrag ist allerdings § 7 Abs. 1 GrEStG **entsprechend** anwendbar. Wird ein Grundstück, das mehreren Miteigentümern gehört, von den Miteigentümern flächenweise geteilt, wird die **Steuer** nach dieser Bestimmung **nicht erhoben**, soweit der Wert des Teilgrundstücks, das der einzelne Erwerber erhält, dem Bruchteil **entspricht**, zu dem er am gesamten zu verteilenden Grundstück beteiligt ist. 187

Damit unterliegt die Begründung von Wohnungseigentum jedenfalls dann nicht der Grunderwerbsteuer, wenn und solange die **wertmäßige Beteiligung der Miteigentumsanteile gleich bleibt** (*Schö-* 188 *ner/Stöber* Rn. 2585). Etwas anderes gilt, wenn ein ehemaliger Mit- und jetziger Wohnungs- oder Teileigentümer gegen Entgelt ein **zusätzliches** Miteigentum erwirbt, er also nach der Teilung am Gesamten mehr hält, als zuvor. Zum **Grundbuchvollzug** ist – ebenso wie für die Änderung der Miteigentumsanteile (Meikel/*Morvilius* Einl. C Rn. 135; s. § 6 Rdn. 10) oder die isolierte Übertragung von Sondereigentum (§ 6 Rdn. 17) – gem. § 22 Abs. 1 S. 1 GrEStG eine grunderwerbsteuerliche **Unbedenklichkeitsbescheinigung** des Finanzamtes notwendig (*LG Saarbrücken* NZM 1998, 924; s. § 7 Rdn. 87).

II. Geschäftswert, Notar- und Grundbuchkosten

189 Der **Geschäftswert** bestimmt sich sowohl für die **Notarkosten** als auch für die **Grundbuchkosten** nach § 42 Abs. 1 GNotKG. Geschäftswert ist in beiden Fällen der Wert des bebauten Grundstücks (§ 42 Abs. 1 S. 1 GNotKG). Ist das Grundstück noch nicht bebaut, ist dem Grundstückswert der Wert des zu errichtenden Bauwerks hinzuzurechnen (§ 42 Abs. 1 S. 2 GNotKG). Steht der Verkehrswert nicht fest, hat eine praktikable und zeitnahe Bewertung zu erfolgen (§§ 46, 47 GNotKG). Eine förmliche Beweiserhebung ist nicht zulässig (*KG* DNotZ 2021, 543). S. im Einzelnen § 8 Rdn. 129 ff.

190 Für die **Beurkundung des Teilungsvertrages** ist die doppelte Gebühr nach Nr. 21100 KV-GNotKG zu erheben.

191 Für die **Eintragung des Teilungsvertrages** in das Grundbuch und für die Anlegung der Wohnungsgrundbücher fällt nach Nr. 14112 KV-GNotKG nunmehr eine ganze Gebühr an. Ist mit der Begründung von Wohnungs- und Teileigentum eine Änderung der bisherigen Eigentumsverhältnisse verbunden, fällt zusätzlich die Gebühr der Nr. 14110 Abs. 2 KV-GNotKG an.

§ 4 Formvorschriften

(1) Zur Einräumung und zur Aufhebung des Sondereigentums ist die Einigung der Beteiligten über den Eintritt der Rechtsänderung und die Eintragung in das Grundbuch erforderlich.

(2) Die Einigung bedarf der für die Auflassung vorgeschriebenen Form. Sondereigentum kann nicht unter einer Bedingung oder Zeitbestimmung eingeräumt oder aufgehoben werden.

(3) Für einen Vertrag, durch den sich ein Teil verpflichtet, Sondereigentum einzuräumen, zu erwerben oder aufzuheben, gilt § 311b des Bürgerlichen Gesetzbuchs entsprechend.

Literatur:
Drasdo Die Besonderheiten von in Form des Wohnungseigentums organisierten Time-Sharing-Objekten FS Merle 2000, S. 129; *Ertl* Zur Frage, ob die Umwandlung von gemeinschaftlichem Eigentum in Sondereigentum einer Einigung in Form der Auflassung bedarf (Anm.) DNotZ 1990, 39; *F. Schmidt* Vormerkungen im Wohnungseigentum FS Bärmann und Weitnauer 1990, S. 545.

Übersicht

A. Allgemeines

Die Vorschrift betrifft die erstmalige **vertragliche Begründung** von Sondereigentum, nicht dagegen die Veräußerung von bereits bestehendem Sondereigentum (vgl. hierzu § 1 Rdn. 93 ff.). Sie setzt deshalb voraus, dass bereits Miteigentum nach Bruchteilen am Grundstück besteht, für dessen Begründung §§ 925, 1008 BGB gelten. § 4 WEG erfasst außerdem die **nachträgliche Einräumung** von Sondereigentum, die **nachträgliche Änderung** des Gegenstandes des Sondereigentums sowie Fälle einer **teilweisen Aufhebung** des Sondereigentums (Bamberger/Roth/*Hügel* § 4 Rn. 2; Weitnauer/*Briesemeister* § 4 Rn. 3 f.). **Nicht** von § 4 erfasst wird demgegenüber eine sog. **Quotenänderung**; die isolierte Veränderung von Miteigentumsanteilen folgt richtigerweise §§ 873, 925 BGB (a.A. *Streuer* Rpfleger 1992, 181, 183). 1

B. Einräumung und Aufhebung von Sondereigentum

I. Einigung über die Einräumung

Die vertragliche Einräumung von Sondereigentum stellt eine Inhaltsänderung des bisherigen Miteigentums dar, da das bestehende gewöhnliche Miteigentum sowohl erweitert als auch beschränkt wird (Bamberger/Roth/*Hügel* § 4 Rn. 6; MüKo/*Commichau* § 4 Rn. 4; Niedenführ/*Vandenhouten* § 4 Rn. 1; Weitnauer/*Briesemeister* § 4 Rn. 2; weiter gehend Staudinger/*Rapp* [2018] § 4 Rn. 3: dinglich wirkende Neuzuordnung des Eigentums). Für den dinglichen Vertrag ist in Übereinstimmung mit den allgemeinen sachenrechtlichen Vorschriften (§§ 873 ff. BGB) die Einigung aller Beteiligten – also sämtlicher Miteigentümer – über die Rechtsänderung und die Eintragung in das Grundbuch erforderlich. § 878 BGB findet Anwendung. 2

Die Einigung über die Einräumung von Sondereigentum hat in der Form der Auflassung (§ 925 BGB) zu erfolgen (Abs. 2 Satz 1), muss also bei gleichzeitiger Anwesenheit aller Beteiligten vor einer zuständigen Stelle (Notar, Prozessgericht) erklärt werden. Dabei wird zu beachten sein, dass nach inzwischen wohl h.M. ein Beschlussvergleich gem. § 278 Abs. 6 ZPO keine geeignete Eintragungsgrundlage darstellt (*OLG Hamm* FGPrax 2018, 155 m.w.N.). 3

Die Einräumung oder Aufhebung von Sondereigentum kann nicht unter einer Bedingung oder Befristung erfolgen. § 4 Abs. 2 S. 2 WEG entspricht § 925 Abs. 2 BGB; aus diesem Grund werden von § 4 Abs. 2 S. 2 sog. Rechtsbedingungen ebenfalls nicht erfasst (BeckOGK WEG/*M. Müller* § 4 Rn. 52). Das Bedingungs- und Befristungsverbot gilt seit dem Inkrafttreten des WEMoG ausdrücklich auch für einseitige Begründungen von Wohnungseigentum (§ 8 Abs. 2). Ein Verstoß gegen die Vorschrift führt zur Nichtigkeit der Begründung (§ 125 BGB); eine gleichwohl erfolgte Eintragung macht das Grundbuch unrichtig. Ein gutgläubiger Erwerb ist ausgeschlossen, da die Eintragung inhaltlich unzulässig ist (ebenso BeckOGK WEG/*M. Müller* § 4 Rn. 58). Zur – nach hier vertretener Auffassung unzulässigen – Begründung von Wohnungseigentum an Räumlichkeiten, die im Rahmen eines noch bestehenden Erbbaurechts diesem als Sondereigentum zugeordnet sind s. § 1 Rdn. 278 ff. m.w.N. 4

Unterliegt ein Miteigentumsanteil einer angeordneten **Nacherbfolge**, stellt die Einräumung des Sondereigentums durch den nicht befreiten Vorerben (vgl. § 2136 BGB) eine das Recht des Nacherben vereitelnde bzw. beeinträchtigende Verfügung i.S.d. § 2113 Abs. 1 BGB dar. Mit Eintritt des Nacherbfalles wird die Verfügung des Vorerben unwirksam, wenn nicht der Nacherbe sie genehmigt. Zur Verhinderung einer solchen auf den Eintritt des Nacherbfalles auflösend bedingten Einräumung des Sondereigentums ist die vorherige Zustimmung des Nacherben erforderlich (vgl. für den ähnlich gelagerten Fall einer Erbbaurechtsbestellung durch den nicht befreiten Vorerben *BGH* BGHZ 52, 269 = NJW 1969, 2043). 5

»**Timesharing**« an einem Wohnungseigentum kann deshalb nur in der Form erfolgen, dass mehrere Interessenten beim Erwerb eines Wohnungseigentums eine Gesellschaft i.S.d. §§ 705 ff. BGB oder eine Bruchteilsgemeinschaft i.S.d. §§ 741 ff. BGB bilden. Die den Eigentümern zustehenden Nutzungszeiträume können dann durch eine interne Verwaltungs- und Benutzungsregelung fest- 6 gelegt werden. Zu weiteren Begründungmodellen (Treuhänderlösungen, Dauerwohnrechte) und den insbesondere mit der Verwaltung verbundenen Fragestellungen s. ausführlich *Drasdo* (FS Merle 2000, S. 129). Das frühere Teilzeit-Wohnrechtegesetz (TzWrG) v. 20.12.1996 (BGBl. I, 2154), jetzt §§ 481 ff. BGB (i.d.F. des G *zur Modernisierung der Regelungen über Teilzeit-Wohnrechteverträge, Verträge über langfristige Urlaubsprodukte sowie Vermittlungsverträge und Tauschsystemverträge vom 17.01.2011* – BGBl. I S. 34) regelt lediglich den Vertrieb, limitiert aber nicht die sachenrechtlichen Gestaltungsmöglichkeiten.

7 Auch wenn auf einem Grundstück mehrere selbstständige Gebäude in der Rechtsform des Wohnungseigentums errichtet werden, weil zu diesem Zeitpunkt eine Realteilung nicht möglich ist, kann nicht durch eine Bedingung oder Befristung erreicht werden, dass das Wohnungseigentum unmittelbar mit der späteren Realteilung endet. Möglich ist jedoch, dass sich die Wohnungseigentümer schuldrechtlich verpflichten, in diesem Fall der Aufhebung der Wohnungseigentümergemeinschaft zuzustimmen. § 11 Abs. 1 WEG steht einer derartigen Vereinbarung nicht entgegen (*BayObLG* MittBayNot 1980, 20 = Rpfleger 1980, 110).

II. Einigung über die Aufhebung

8 Für die **Aufhebung des Wohnungseigentums** gelten dieselben Formvorschriften wie für die Einräumung. Die Aufhebung kann nur durch Einigung aller Wohnungseigentümer in der Form der Auflassung und Eintragung im Grundbuch erfolgen. Zur Beteiligung eines nicht befreiten Vorerben s. ausf. § 9 Rdn. 3. Ein **Verzicht** entsprechend § 928 BGB ist beim Wohnungseigentum aufgrund der besonderen gemeinschaftsrechtlichen Bindungen nicht möglich (*BGH* BGHZ 172, 338 = NJW 2007, 2547 = ZMR 2007, 795; *OLG Celle* MDR 2004, 29; *OLG Zweibrücken* ZMR 2003, 137 = ZWE 2002, 603; *OLG Düsseldorf* ZMR 2001, 129; *BayObLG* NJW 1991, 1962 = Rpfleger 1991, 247; ebenso zum Verzicht auf einen Miteigentumsanteil an einem Grundstück *BGH* BGHZ 172, 209 = NJW 2007, 2254 = NZM 2007, 535 = Rpfleger 2007, 457 = ZMR 2007, 793; BGHZ 115, 1 = NJW 1991, 2488 = Rpfleger 1991, 495; a.A. *Bärmann/Pick/Merle*, 9. Aufl. § 3 Rn. 79; MüKoBGB/*Kanzleiter* § 928 Rn. 4). Zum Verzicht auf einzelne Räumlichkeiten im Sondereigentum s. Rdn. 11.

9 Die **Aufhebung sämtlicher Sondereigentumsrechte** führt zur Entstehung einer Bruchteilsgemeinschaft nach §§ 1008 ff., 741 ff. BGB (dazu s. § 9 Rdn. 13).

10 Die **Aufhebung nur eines Sondereigentums** führt zum Ausscheiden des betreffenden Wohnungseigentümers aus der Gemeinschaft. Sein Miteigentumsanteil ist auf die übrigen Miteigentümer im Wege der Auflassung zu übertragen, da rechtsgeschäftlich kein isolierter Miteigentumsanteil begründet werden kann (*BGH* BGHZ 109, 179 = Rpfleger 1990, 62 = ZMR 1990, 112; *OLG München* ZMR 2017, 421; wie hier jetzt auch Bärmann/*Armbrüster* § 4 Rn. 44; dazu s. § 7 Rdn. 302 m.w.N.).

11 Bei **Aufhebung des Sondereigentums an einzelnen Räumen** werden diese gemeinschaftliches Eigentum (dazu s. § 7 Rdn. 297). Auch insoweit ist bereits aus den in Rdn. 8 genannten Gründen **kein Verzicht** möglich (a.A. *Gaier* FS Wenzel [2005] S. 145, 152f.). I.ü. entstünde auch kein gemeinschaftliches Eigentum; der Verzicht hätte vielmehr eine im WEG nicht vorgesehene gebäudeinterne Herrenlosigkeit zur Folge (*OLG Nürnberg* ZMR 2021, 602).

III. Grundbuchvollzug

12 Für die Eintragung der **Begründung** im Grundbuch genügt nach der hier vertretenen Auffassung die Eintragungsbewilligung (§ 19 GBO) aller Miteigentümer in der Form des § 29 GBO (formelles Konsensprinzip; vgl. auch § 7 Rn. 81), da § 20 GBO mangels entsprechender Verweisung keine Anwendung findet. Der Nachweis der Einigung gem. § 20 GBO (materielles Konsensprinzip) ist deshalb nicht erforderlich (*OLG Zweibrücken* OLGZ 1982, 263; *Demharter* Anh. zu § 3 Rn. 41 u. 101; KEHE/*Munzig* § 20 Rn. 7; Niedenführ/*Vandenhouten* § 4 Rn. 5; Weitnauer/*Briesemeister* § 4 Rn. 5; a.A. die wohl h.M. *OLG Düsseldorf* ZMR 2010, 975 = ZWE 2010, 368; Bärmann/*Armbrüster* § 4 Rn. 21 f.; Bauer/Schaub/*Kilian* § 20 Rn. 66; BeckOGK WEG/*M. Müller* § 4 Rn. 10; Grüneberg/*Wicke* § 7 Rn. 2; *Hügel/Elzer* § 4 Rn. 29; MüKo/*Krafka* § 4 Rn. 4; *Schöner/Stöber* Rn. 2842;

Staudinger/*Rapp* [2018] § 4 Rn. 4). Wie in § 873 Abs. 1 BGB ist auch hier keine Reihenfolge für die Einigung und Eintragung vorgeschrieben; die Einigung kann daher auch der Eintragung nachfolgen (BeckOGK WEG/*M. Müller* § 4 Rn. 7).

Für die Eintragung der **Aufhebung** vgl. § 9 Rdn. 5. 13

IV. Zustimmungen dinglich Berechtigter

1. Zustimmungen anlässlich der Einräumung des Sondereigentums

Sind anlässlich der Einräumung des Sondereigentums im Grundbuch des ungeteilten Grundstücks 14 Belastungen eingetragen, deren **Belastungsgegenstand das gesamte Grundstück** ist, so setzen sich diese nach Aufteilung an sämtlichen gebildeten Wohnungseinheiten fort. Zustimmungen Drittberechtigter sind für die Aufteilung daher nicht erforderlich, da den Berechtigten auch nach der Aufteilung das Objekt in seiner Gesamtheit haftet (allgem. Meinung *BGH* Rpfleger 1968, 114; *OLG München* ZMR 2017, 421; *OLG Frankfurt am Main,* Rpfleger 1997, 374 = ZMR 1997, 367). Auch nach Einführung des Rangklassenprivilegs für Hausgeldansprüche (§ 10 Abs. 1 Nr. 2 ZVG) bedarf die Begründung von Wohnungseigentum nicht der Zustimmung derjenigen Gläubiger, deren Grundpfandrechte auf dem ganzen Grundstück lasten (*BGH* NJW 2012, 1226 = ZfIR 2012, 245 = ZMR 2012, 563 = ZWE 2012, 219). Wegen der grundbuchmäßigen Behandlung der jeweiligen Eintragungen und den auftretenden Besonderheiten s. insoweit § 7 Rdn. 50 ff. m.w.N.

Ist nur ein **Miteigentumsanteil mit einem Recht belastet**, so lasten bei einer Aufteilung gem. § 3 15 WEG die auf den bisherigen Miteigentumsanteilen eingetragenen Rechte infolge der Verbindung mit Sondereigentum weiterhin nur auf diesen – dann allerdings inhaltlich veränderten – Anteilen. Das macht die Mitwirkung eines Drittberechtigten gem. §§ 876, 877 BGB erforderlich, da sein bisheriges Haftungsobjekt durch die Verbindung mit Sondereigentum für ihn eine Veränderung erfährt, die seine Rechte z.B. hinsichtlich der bisher möglichen Aufhebung der Gemeinschaft gem. § 751 BGB beeinträchtigen kann (*BGH* NJW 2012, 1226 = ZfIR 2012, 245 = ZMR 2012, 563 = ZWE 2012, 219; *BayObLG* Rpfleger 1986, 177; *OLG Frankfurt am Main,* MittBayNot 1986, 23; Bamberger/Roth/*Hügel* § 4 Rn. 6; *Schöner/Stöber* Rn. 2849; Staudinger/*Rapp* [2018] § 3 Rn. 24; Weitnauer/*Briesemeister* § 3 Rn. 75; **a.A.** *LG Wuppertal* Rpfleger 1987, 366 m. abl. Anm. *Meyer-Stolte.*

2. Zustimmungen anlässlich der Aufhebung des Sondereigentums

Das zuvor Gesagte gilt umgekehrt entsprechend für die Aufhebung des Sondereigentums. Hier kann 16 bereits aus § 9 Abs. 2 WEG entnommen werden, dass lediglich Inhaber von Einzelrechten gem. §§ 876, 877 BGB bei der Aufhebung mitwirken müssen. Wegen der besonderen mit einer Aufhebung des Sondereigentums verbundenen Fragen bei eingetragenen Einzelbelastungen s. § 9 Rdn. 24 ff.

V. Genehmigungen

Bei der Eintragung der Einräumung des Sondereigentums in das Grundbuch können unterschied- 17 liche Genehmigungserfordernisse vom Grundbuchgericht zu beachten sein. Im Einzelnen vgl. dazu § 7 Rdn. 86 ff.

C. Verpflichtung zur Einräumung oder Aufhebung von Sondereigentum

Der notariellen **Beurkundung** bedarf nach Abs. 3 auch ein schuldrechtlicher Vertrag, mit dem sich 18 ein Teil verpflichtet, Sondereigentum einzuräumen, zu erwerben oder aufzuheben. Die Vorschrift verweist insoweit auf § 311b Abs. 1 BGB (früher § 313 BGB). Ein ohne Einhaltung dieser Form geschlossener Vertrag wird jedoch nach § 311b Abs. 1 S. 2 BGB insgesamt geheilt, wenn die Einigung über die Einräumung im Grundbuch eingetragen ist.

19 Nicht anwendbar ist § **925a BGB**; die Erklärungen über die Einräumung von Sondereigentum können also ohne Vorlegung oder gleichzeitige Errichtung der Urkunde über das zugrunde liegende Kausalgeschäft entgegengenommen werden (Weitnauer/*Briesemeister* § 4 Rn. 7; Grüneberg/*Wicke* § 4 Rn. 1; a.A. Bärmann/*Armbrüster* § 4 Rn. 27; *Hügel/Elzer* § 4 Rn. 30; Staudinger/*Rapp* [2018] § 4 Rn. 4). Die Frage ist jedoch ohne große praktische Bedeutung (BeckOGK WEG/*M. Müller* § 4 Rn. 51).

20 **Vorverträge** bedürfen gleichermaßen der Beurkundung (*Schöner/Stöber* Rn. 2845). Das Formerfordernis erstreckt sich weiterhin auf alle Erklärungen, die nach der Vorstellung der Parteien zum **Vertragsinhalt** gehören (also z.B. die gleichzeitig errichtete Gemeinschaftsordnung; BeckOGK WEG/*M. Müller* § 4 Rn. 60).

D. Sicherung durch Vormerkung

21 Der schuldrechtliche **Anspruch auf Übertragung eines** bereits im Grundbuch **eingetragenen Wohnungseigentums** bedarf der Form des § 311b Abs. 1 BGB und kann durch Eintragung einer Erwerbsvormerkung gesichert werden; Wohnungseigentum ist echtes Eigentum (vgl. § 1 Rdn. 8 u. 27). Dabei ist unerheblich, ob das Wohnungseigentum erst noch fertig gestellt werden muss oder bereits errichtet ist. Zur Eintragung in das Grundbuch bedarf es gem. § 19 GBO der Bewilligung des betroffenen Wohnungseigentümers in der Form des § 29 GBO (vgl. *Schöner/Stöber* Rn. 2951).

22 Daneben können ebenfalls die schuldrechtlichen Ansprüche gem. § 4 Abs. 3 WEG durch Eintragung einer Vormerkung gem. § 883 BGB abgesichert werden (Grüneberg/*Wicke* § 4 Rn. 3; Staudinger/*Rapp* [2018] § 4 Rn. 13):

23 Der schuldrechtliche Anspruch auf vertragliche **Einräumung von Sondereigentum** kann durch Eintragung einer Vormerkung im Grundbuch des noch ungeteilten Grundstücks gesichert werden (Bärmann/*Armbrüster* § 4 Rn. 46; *F. Schmidt* FS Bärmann u. Weitnauer 1990, S. 545, 552; *Schöner/Stöber* Rn. 2940).

24 Weitergehend kann auch der schuldrechtliche Anspruch auf **Übertragung eines Miteigentumsanteils und Verbindung mit noch zu begründendem Sondereigentum** sowohl im Fall einer Teilung gem. § 3 WEG als auch nach § 8 WEG durch Eintragung einer Vormerkung gesichert werden (*BayObLG* DNotZ 1977, 544 = Rpfleger 1977, 300 = ZMR 1977, 340). Voraussetzung hierfür ist, dass der schuldrechtliche Anspruch, der durch die Vormerkung gesichert werden soll, nach Inhalt und Gegenstand bestimmt oder wenigstens eindeutig bestimmbar ist. Bei einem Gebäude, das in Wohnungseigentum überführt werden soll, genügt es, dass die Wohnung in der Eintragungsbewilligung so beschrieben ist, dass sie aufgrund der Beschreibung der Örtlichkeit zweifelsfrei festgestellt werden kann. Der Vorlage eines Aufteilungsplanes oder des Bauplanes für das Gebäude bedarf es dagegen nicht zwingend (*OLG Köln* DNotZ 1985, 450; *BayOblG* DNotZ 1977, 544 = Rpfleger 1977, 300 = ZMR 1977, 340). Dies gilt nicht nur für bereits fertig gestellte Gebäude, sondern auch für noch nicht errichtete Gebäude, solange der Anspruch im Hinblick auf das durch die bestimmte Bezeichnung der Teilfläche und das Erfordernis der Baugenehmigung begrenzte Bestimmungsrecht des begünstigten Wohnungseigentümers ausreichend bestimmbar ist (*BayObLG* DNotZ 1992, 426 = Rpfleger 1992, 292 = ZMR 1992, 256 unter Aufgabe von *BayObLG* DNotZ 1975, 36 = Rpfleger 1974, 261; Weitnauer/*Briesemeister* Nach § 8 Rn. 22). Bloße Bestimmbarkeit kann jedoch wegen § 47 GBO nicht im Hinblick auf den Miteigentumsanteil genügen; hier bedarf es der bestimmten Angabe (*LG Hamburg* Rpfleger 1982, 272; *Meyer-Stolte* Rpfleger 1977, 121 f.; Staudinger/*Rapp* [2018] § 4 Rn. 14; Weitnauer/*Briesemeister* Nach § 8 Rn. 22; a.A. *OLG Düsseldorf* DNotZ 1997, 162 = Rpfleger 1996, 503; *LG Dresden* MittBayNot 2002, 115; *Schmedes* Rpfleger 1975, 284; *Schöner/Stöber* Rn. 2943 unter Hinweis auf *BGH* DNotZ 1986, 273 = Rpfleger 1986, 92: Vorbehalt zugunsten des Verkäufers gem. § 315 BGB zur Regelung des Gemeinschaftsverhältnisses).

25 Die **Eintragung** einer solchen Vormerkung soll jedoch nur möglich sein, wenn sie auch **an sämtlichen Miteigentumsanteilen** erfolgt (*BayObLG* DNotZ 1977, 544 = Rpfleger 1977, 300 = ZMR

1977, 340; Staudinger/*Rapp* [2018] Rn. 15;). Hält man mit *F. Schmidt* (FS Bärmann u. Weitnauer 1990, S. 545, 552; ebenso *OLG Köln* DNotZ 1985, 450) die Eintragung lediglich auf einem oder einigen Miteigentumsanteilen für möglich, so könnte der schuldrechtlich vereinbarte Anspruch bei einer vormerkungswidrigen Verfügung nicht gegen sämtliche Miteigentümer durchgesetzt werden und wäre damit insgesamt zum Scheitern verurteilt (so zutr. Staudinger/*Rapp* [2018] § 4 Rn. 15; *Schöner/Stöber* Rn. 2942). Dies ist jedoch ggf. hinzunehmen. Weder hat das Grundbuchgericht zu prüfen, ob der einzelne Miteigentümer seine Verpflichtung zur Verschaffung des Sondereigentums auch erfüllen kann, noch kann von der Eintragung zur Sicherung des schuldrechtlichen Anspruchs verlangt werden, dass sie an sämtlichen betroffenen Einheiten auf einer einheitlichen Bewilligung fußend auch gleichzeitig erfolgen müsste (ebenso *Hügel/Elzer* § 4 Rn. 34). Ob und ggf. wann aber noch weitere Eintragungsbewilligungen anderer Miteigentümer vorgelegt werden, ist für das Grundbuchgericht nicht erkennbar; es hat ggf. die Eintragungen an den jeweiligen Miteigentumsanteilen sukzessive zu vollziehen (ebenso Bärmann/*Armbrüster* § 4 Rn. 47; BeckOGK WEG/*M. Müller* § 4 Rn. 76; vgl. auch die Parallelproblematik bei § 6 Rdn. 35 für eine vorzumerkende Teilflächenübertragung).

Der schuldrechtliche Anspruch auf Übertragung eines Wohnungseigentums kann verknüpft werden 26
mit dem Anspruch auf **Abtrennung und Übereignung eines Raumes** von einem anderen Wohnungseigentum sowie anschließender Verbindung mit dem erworbenen Wohnungseigentum (*Schöner/Stöber* Rn. 2946 unter Hinweis auf *AG Würzburg* MittBayNot 1976, 173 m. Anm. *Kirchner*). Die Vormerkung zum Erwerb und zur Abtrennung ist auf beiden beteiligten Einheiten einzutragen (Fassungsvorschlag bei *Kirchner* MittBayNot 1976, 173, 174).

Der schuldrechtliche Anspruch auf **Aufhebung des Sondereigentums** kann durch Eintragung einer 27
Vormerkung im Wohnungsgrundbuch gesichert werden (*BayObLG* MittBayNot 1980, 20 = Rpfleger 1980, 110; Bärmann/*Armbrüster* § 4 Rn. 49). In diesem Fall können als Berechtigte der Vormerkung die jeweiligen anderen Wohnungseigentümer eingetragen werden (*F. Schmidt* FS Bärmann und Weitnauer 1990, 545, 565).

Wegen einer Vormerkung zur Sicherung des Anspruchs auf **Übertragung einer realen Teilfläche** aus 28
dem Wohnungseigentum s. § 6 Rdn. 35.

Durch Vormerkung sicherbar sind auch **Inhaltsänderungen des Sondereigentums.** So kann der 29
schuldrechtliche Anspruch auf nachträgliche **Einräumung eines Sondernutzungsrechtes** vorgemerkt werden, wobei in diesem Fall eine sukzessive Eintragung an den einzelnen Einheiten zugelassen wird (*Schöner/Stöber* Rn. 2961a). Ebenfalls durch eine Vormerkung kann der Anspruch eines Wohnungseigentümers auf **Übertragung eines Sondernutzungsrechts** gesichert werden. Die Eintragung erfolgt dabei nur im Grundbuch des bisher nutzungsberechtigten Wohnungseigentümers; einer Mitwirkung der übrigen Eigentümer bedarf es nicht (*BayObLG* DNotZ 1979, 307 = Rpfleger 1979, 217).

E. Änderung der Zuordnung zum Sonder- oder Gemeinschaftseigentum

I. Umwandlung von Sonder- in Gemeinschaftseigentum und umgekehrt

Eine Änderung der sachenrechtlichen Zuordnung wird in der Praxis insbesondere bei nachträglichen 30
Ausbauten etwa von Dachgeschossen oder bei Errichtung weiterer Gebäude angestrebt. Die Zuordnung zum Sonder- oder Gemeinschaftseigentum betrifft jedoch die **sachenrechtlichen Grundlagen** der Gemeinschaft; Änderungen – sei es die Umwandlung von Gemeinschafts- in Sondereigentum oder die Umwandlung von Sondereigentum in gemeinschaftliches Eigentum – erfordern deshalb gem. § 4 WEG die Einigung aller Wohnungseigentümer in der Form der Auflassung und die Eintragung in das Grundbuch (*BGH* Rpfleger 2005, 17 = ZMR 2005, 59; *BGH* NZM 2003, 480 = ZMR 2003, 748; *KG* ZMR 2015, 323; *OLG Saarbrücken* NZM 2005, 423; *OLG Celle* OLG-Report 2004, 79; *BayObLG* DNotZ 2000, 466 = ZMR 2000, 316; *KG* ZMR 1998, 368; *BayObLG* DNotZ 1998, 379 = Rpfleger 1998, 19; *OLG Frankfurt am Main,* Rpfleger 1997, 374 = ZMR 1997, 367; Bärmann/*Armbrüster* § 4 Rn. 8 f.; *Demharter* Anh. zu § 3 Rn. 91; *Häublein* DNotZ 2000, 442, 450; *Schöner/Stöber* Rn. 2967; Weitnauer/*Briesemeister* § 4 Rn. 4). Eine Umwandlung durch ein-

seitige Erklärung des einzelnen Eigentümers ist nicht möglich. Erforderlich ist ferner die Zustimmung der dinglich Berechtigten, die ggf. durch ein Unschädlichkeitszeugnis ersetzt werden kann (wegen der verfahrensrechtlichen Voraussetzungen s. § 7 Rdn. 278 ff. u. Rdn. 297 ff.; zu den Möglichkeiten der Ersetzung durch ein Unschädlichkeitszeugnis s. § 1 Rdn. 172 ff.). Dazu gehören wegen der notwendigen einheitlichen Gestaltung der Gemeinschaft auch Vormerkungsberechtigte und Berechtigte von Verfügungsverboten an einer Einheit (*KG* ZMR 2015, 323).

31 Die Mitwirkung der übrigen Wohnungseigentümer wird nicht dadurch entbehrlich, dass in die Gemeinschaftsordnung eine **Ermächtigung** aufgenommen wird, neues Wohnungseigentum durch Umwandlung von Gemeinschafts- in Sondereigentum zu schaffen. Eine derartige Ermächtigung bindet den Sondernachfolger nicht; die Änderung der durch den dinglichen Begründungsakt festgelegten Grundstruktur der Gemeinschaft kann nicht Gegenstand von Vereinbarungen der Wohnungseigentümer nach § 5 Abs. 4 WEG, § 10 WEG sein (*BGH* ZfIR 2021, 489 = ZMR 2021, 992; *BGH* NJW 2019, 3716 = ZfIR 2019, 405 = ZMR 2019, 518; *KG* ZMR 2015, 323; *BayObLG* Rpfleger 2002, 140 = ZMR 2002, 283; *BayObLG* DNotZ 2000, 466 = ZMR 2000, 316; *BayObLG* DNotZ 1998, 379 = Rpfleger 1998, 19; *KG* ZMR 1998, 368; *Basty* NotBZ 1999, 233, 235; *Häublein* DNotZ 2000, 442, 450 f.; a.A. *Röll* DNotZ 1998, 345, 346 u. *Rapp* MittBayNot 1998, 77, 79 f.).

32 Das gilt auch dann, wenn bereits ein **Sondernutzungsrecht** besteht (etwa an einem Dachgeschoss, dessen Ausbau zu Wohnzwecken erfolgen soll, oder einem Teil des Grundstücks, auf dem ein weiteres Gebäude errichtet werden soll). Die Einräumung eines Sondernutzungsrechts ändert nichts an der sachenrechtlichen Zuordnung; das im Grundbuch eingetragene Sondernutzungsrecht ist weder ein dingliches noch gar ein grundstücksgleiches Recht, sondern ein schuldrechtliches Gebrauchsrecht (BGHZ 145, 133 = Rpfleger 2001, 69 = ZMR 2001, 119). Es gibt dem Inhaber deshalb nicht die Befugnis, an den in Ausübung dieses Rechts neu geschaffenen Räumen Sondereigentum zu begründen (*BGH* NJW-RR 2005, 10 = Rpfleger 2005, 17 = ZMR 2005, 59; *OLG Celle* OLG-Report 2004, 79; *BayObLG* NJW-RR 2002, 443 = Rpfleger 2002, 140 = ZMR 2002, 283; *BayObLG* Rpfleger 2000, 544 = ZMR 2000, 779; *BayObLG* MittBayNot 2000, 551 m. abl. Anm. *Roellenbleg*).

33 Möglich ist jedoch die Erteilung einer entsprechenden **Vollmacht** zugunsten des zum Ausbau berechtigten Wohnungseigentümers in den Erwerbsverträgen; diese ist grundsätzlich unwiderruflich (zur Widerruflichkeit aus wichtigem Grund und zum Prüfungsrecht des Grundbuchgerichts bei Vollmachtsmißbrauch s. *OLG München* NZM 2015, 632) und schließt das Recht ein, Untervollmacht zu erteilen (*BGH* NJW-RR 2005, 10 = Rpfleger 2005, 17 = ZMR 2005, 59; *OLG Celle* OLG-Report 2004, 79; *BayObLG* ZMR 2003, 518; *BayObLG* NJW-RR 2002, 443 = Rpfleger 2002, 140 = ZMR 2002, 283). Die Vollmacht muss hinreichend bestimmt sein (vgl. dazu *BayObLG* DNotZ 1999, 665 = ZMR 1998, 299). Zum Prüfungsrecht des Grundbuchgerichts angesichts einer im Außenverhältnis unbeschränkten Vollmacht, gegen deren interne Bindungen jedoch evident verstoßen wird, s. *OLG München* ZWE 2013, 209.

34 Die **Umdeutung** einer formunwirksamen Einräumung von Sondereigentum (etwa durch allstimmigen Eigentümerbeschluss) in ein Sondernutzungsrecht ist grundsätzlich möglich (zur Zulässigkeit einer Klausel in der GO, wonach die erklärte Zuweisung zur Sondernutzung für den Fall der fehlenden Sondereigentumsfähigkeit zuvor bezeichneter Gebäudeteile dem Bestimmtheitsgrundsatz genügen soll, vgl. *OLG Düsseldorf* ZfIR 2022, 502; a.A. § 5 Rn. 32). Voraussetzung ist jedoch, dass es mit einem Wohnungseigentumsrecht verbunden ist (vgl. *KG* NZM 1999, 258 = ZMR 1999, 204). Zur Umdeutung s. i.Ü. § 5 Rdn. 27 ff.

35 Eine **Umwandlung** von Sonder- in Gemeinschaftseigentum und umgekehrt kann sich nicht nur rechtsgeschäftlich, sondern auch **kraft Gesetzes** vollziehen. So gehören die wesentlichen Bestandteile eines Gebäudes bereits unter den Voraussetzungen des § 5 Abs. 1 WEG zum Gegenstand des betreffenden Sondereigentums, ohne dass dem Eigentümer insoweit eine Kompetenz zur sachenrechtlichen Zuordnung oder Änderung zusteht (a.A. *OLG Düsseldorf* ZWE 2010, 93). Allerdings

kann sich die bisherige Eigentumszuordnung bspw. einer Heizungsanlage durch bauliche Maßnahmen in der Weise ändern, dass anstelle des bisherigen Gemeinschaftseigentums nunmehr Sondereigentum allein derjenigen Einheit besteht, der die neu installierte Anlage ausschließlich als Etagenheizung zugeordnet ist. In solchen Fällen ist materiell-rechtlich weder eine rechtsgeschäftliche Zuordnungserklärung noch die Zustimmung dinglich Berechtigter erforderlich (*Hügel/Elzer* Rn. 8; *Müller* Änderungen des sachenrechtlichen Grundverhältnisses S. 115 f.; *F. Schmidt* Münchener Vertragshandbuch, Bd. 6, VIII. 1 Anm. 6). Verfahrensrechtlich ist deshalb weder die Eintragung einer solchen gesetzlichen Eigentumsänderung in das Grundbuch möglich, noch bedarf es des Nachweises der Zustimmung dinglich Berechtigter (*LG Koblenz* ZWE 2015, 120; *Hügel/Elzer* Rn. 11; a.A. *OLG Düsseldorf* ZWE 2010, 93).

II. Unterteilung

Die Mitwirkung aller Wohnungseigentümer ist auch dann erforderlich, wenn bei der **Unterteilung** 36 eines Wohnungs- oder Teileigentums in mehrere selbstständige Einheiten Räume, die bisher im Sondereigentum standen, in Gemeinschaftseigentum umgewandelt werden müssen (etwa, weil ein gemeinsamer Eingangsbereich für die neu entstehenden Einheiten erforderlich ist). Dadurch wird der Gegenstand des gemeinschaftlichen Eigentums verändert; das kann nicht ohne die formgerechte Mitwirkung aller Betroffenen, also aller übrigen Wohnungseigentümer geschehen (*BGH* Rpfleger 2005, 17 = ZMR 2005, 59; *BGHZ* 139, 352 = NJW 1998, 3711 = Rpfleger 1999, 66 = ZMR 1999, 182; a.A. *Röll* DNotZ 1998, 79; *Gaier* FS Wenzel 2005, 145). Gemeinschaftliches Eigentum kann niemandem aufgedrängt werden (*OLG München* Rpfleger 2007, 459). S. ausf. § 8 Rdn. 70 ff.

Die Unterteilung eines Sondereigentums in mehrere Einheiten ist nur dann durch einseitige Erklärung 37 des jeweiligen Eigentümers möglich, wenn ausschließlich dessen Sondereigentum betroffen ist, also kein neues Gemeinschaftseigentum entsteht (*BGH* Rpfleger 2005, 17 = ZMR 2005, 59). Auch darf die bisherige Zweckbestimmung anlässlich der Unterteilung nicht ohne Mitwirkung der übrigen Eigentümer verändert werden (*BGH* Rpfleger 2015, 386 = ZMR 2015, 390). Wegen der verfahrensrechtlichen Voraussetzungen s. § 7 Rdn. 312 ff.

Gleiches gilt für die Zusammenlegung zweier bisher selbstständiger Einheiten zu einem Sonder- 38 eigentum (*BGHZ* 146, 241 = NJW 2001, 1212 = ZMR 2001, 289; ausf. § 8 Rdn. 91 ff.). Insoweit s. wegen der verfahrensrechtlichen Voraussetzungen § 7 Rdn. 325 ff.

III. Umwandlung von Teil- in Wohnungseigentum und umgekehrt

Von der Umwandlung gemeinschaftlichen Eigentums in Sondereigentum und umgekehrt ist die 39 **Umwandlung** von Teileigentum in Wohnungseigentum und umgekehrt zu unterscheiden. Letztere bedürfen nach h.M. nicht der Form des § 4 Abs. 1, Abs. 2 WEG, § 925 Abs. 1 BGB weil sie den vereinbarten Inhalt des Sondereigentums gem. §§ 5 Abs. 4, 10 Abs. 3 WEG betreffen. Vgl. dazu ausführlich § 1 Rdn. 49 ff. m.w.N.

§ 5 Gegenstand und Inhalt des Sondereigentums

(1) Gegenstand des Sondereigentums sind die gemäß § 3 Absatz 1 Satz 1 bestimmten Räume sowie die zu diesen Räumen gehörenden Bestandteile des Gebäudes, die verändert, beseitigt oder eingefügt werden können, ohne dass dadurch das gemeinschaftliche Eigentum oder ein auf Sondereigentum beruhendes Recht eines anderen Wohnungseigentümers über das bei einem geordneten Zusammenleben unvermeidliche Maß hinaus beeinträchtigt oder die äußere Gestaltung des Gebäudes verändert wird. Soweit sich das Sondereigentum auf außerhalb des Gebäudes liegende Teile des Grundstücks erstreckt, gilt § 94 des Bürgerlichen Gesetzbuchs entsprechend.

(2) Teile des Gebäudes, die für dessen Bestand oder Sicherheit erforderlich sind, sowie Anlagen und Einrichtungen, die dem gemeinschaftlichen Gebrauch der Wohnungseigentümer dienen, sind

nicht Gegenstand des Sondereigentums, selbst wenn sie sich im Bereich der im Sondereigentum stehenden Räume oder Teile des Grundstücks befinden.

(3) Die Wohnungseigentümer können vereinbaren, daß Bestandteile des Gebäudes, die Gegenstand des Sondereigentums sein können, zum gemeinschaftlichen Eigentum gehören.

(4) Vereinbarungen über das Verhältnis der Wohnungseigentümer untereinander und Beschlüsse aufgrund einer solchen Vereinbarung können nach den Vorschriften des Abschnitts 4 zum Inhalt des Sondereigentums gemacht werden. Ist das Wohnungseigentum mit der Hypothek, Grund- oder Rentenschuld oder der Reallast eines Dritten belastet, so ist dessen nach anderen Rechtsvorschriften notwendige Zustimmung nur erforderlich, wenn ein Sondernutzungsrecht begründet oder ein mit dem Wohnungseigentum verbundenes Sondernutzungsrecht aufgehoben, geändert oder übertragen wird.

Literatur

Abramenko Die Umdeutung unwirksamer Eintragungen von Sondereigentum in Sondernutzungsrechte Rpfleger 1998, 313; *ders.* Immer Ärger mit dem Duplex-Parker ZMR 2014, 779; ders. Die Eintragung von Beschlüssen in das Grundbuch nach dem WEMoG ZMR 2020, 453; *Armbrüster* Ausnahmen vom Erfordernis der Zustimmung dinglich Berechtigter nach neuem Recht (§ 5 Abs. 4 Sätze 2 und 3 WEG n.F.) ZWE 2008, 329; *ders.* Zuordnung von Heizkörpern, Anschlussleitungen und Ventilen zum Sondereigentum ZWE 2011, 392: Becker/Schneider WEG-Reform 2020: Anmerkungen zum Regierungsentwurf des WEMoG ZfIR 2020, 281; *Bielefeld* Der Einbau von Rauchwarnmeldern DWE 2009, 11; *ders.* Verbrauchszähler im Wohnungseigentum – Sonder- oder Gemeinschaftseigentum? NZM 1998, 249; *Böhringer* Inhaltlich unzulässige Grundbucheintragungen und Umdeutung von Grundbucherklärungen MittBayNot 1990, 12; *Bonifacio* Die Umdeutung unwirksamer Sondereigentumszuweisungen in Kostentragungsregelungen MietRB 2010, 91; *Brandt/Hansen* Die Folgen einer mißglückten Sondereigentumszuweisung in der Teilungserklärung WuM 2016, 647; *Conitz* Ist die Heizungszentrale einer Wohnungseigentümergemeinschaft bei Mitversorgung fremder Wohngebäude sondereigentumsfähig? Rpfleger 1973, 390; *DNotI-Gutachten* Änderung des Kostenverteilungsschlüssels durch Vereinbarung bzw. allseitigen Beschluss DNotI-Report 2004, 149; *DNotI-Gutachten* Sondereigentum an Heizungs- und Tankraum sowie dessen Zugang DNotI-Report 1997, 17; *DNotI-Gutachten* Sondereigentumsfähigkeit eines Innenhofes DNotI-Report 1998, 1; DNotI-Gutachten Abgeschlossenheit; Entstehung von Sondereigentum bei sog. »Luftschranken«; fehlende bauliche Abgrenzung zu Gemeinschaftseigentum und weiterem Sondereigentum DNotI-Report 2015, 41; DNotI-Gutachten Eigentum an baulichen Anlagen auf Freiflächen-Sondereigentum/Annex-Sondereigentum; Sondereigentumsfähigkeit der Grundfläche des Ausgangsgebäudes DNotI-Report 2021, 97; Dötsch Wohnungseigentum: Sondereigentumsfähigkeit von Absperrventilen und Auslegung einer Öffnungsklausel WuM 2018, 633; Drasdo Blockheizkraftwerke in Wohnungseigentumsanlagen ZWE 2020, 357; *Elzer* Aktuelle Rechtsprechung zum Sachenrecht des WEG NotBZ 2014, 321; *ders.* Aktuelle Rechtsprechung zum Sachenrecht des WEG NotBZ 2017, 13; ders. Aktuelle Rechtsprechung zum Sachenrecht des WEG NotBZ 2021, 1; ders. Das Flächen- und Annexeigentum nach der WEG-Reform ZNotP 2021, 97; *Frank* Zur grundbuchmäßigen Behandlung von Stellplätzen in Doppelstockgaragen, MittBayNot 1994, 512; *Gleichmann* Sondereigentumsfähigkeit von Doppelstockgaragen Rpfleger 1988, 10; Greiner Alte Fragen, neu durchdacht nach neuem Recht - hier: Dämm- und Isolierschichten als Sonder- oder Gemeinschaftseigentum ZMR 2022, 530; *Greupner* Rauchwarnmelder: Die Verpflichtung zur Nachrüstung in Wohnungseigentumsanlagen ZMR 2012, 497; *Grziwotz* Die Abgrenzung von Gemeinschafts- und Sondereigentum NotBZ 2013, 161; *Häublein* Die Abgrenzung von Sonder- und Gemeinschaftseigentum durch den *BGH* und deren Folgen für die notarielle Gestaltungspraxis notar 2016, 179; *ders.* Wem gehört die Fußbodenheizung? Zur Abgrenzung von Sonder- und Gemeinschaftseigentum nach der neuesten Rechtsprechung des *BGH* ZMR 2016, 935; *Heinemann* Nachbareigentum im Wohnungseigentumsrecht ZMR 2016, 680; *ders.* Das Dach – sondereigentumsfähig? ZMR 2017, 716; *Höckelmann/Sauren* Die Sondereigentumsfähigkeit nicht überbauter Garagenstellplätze eines Gebäudes Rpfleger 1999, 14; *Hügel* Die Benutzungsregelungen nach § 15 WEG für Doppelparker, ZWE 2001, 42; ders. Der gesetzliche Eigentumsübergang an Gebäudebestandteilen ZMR 2018, 113; ders. Das Raumerfordernis im WEG als Sollvorschrift ZWE 2020, 174; *Hügel/Elzer* Vereinbarungen zum Sondereigentum? DNotZ 2012, 4; *dies.* Über die Grenzen des Sondereigentums DNotZ 2013, 487; *dies.* Sondernutzungsrechte am Sondereigentum DNotZ 2014, 403; *Hurst* Das Eigentum an der Heizungsanlage DNotZ 1984, 66 (Teil I) und 140 (Teil 2); Köther Abgrenzung von Gemeinschafts- und Sondereigentum in der notariellen Praxis RNotZ 2021, 377; *Lehmann-Richter* Das *BGH*-Heizkörper-Urteil: Kritik und Konsequenzen ZWE 2013, 69; *Lutz* Das gemeinschaftliche Sondernutzungsrecht in der notariellen Praxis NotBZ 2014, 209; *Meffert* Entbehrlichkeit der Zustimmung dinglich Berechtigter zu Vereinbarungen der Wohnungseigentümer gem. § 5 Abs. 4 Satz 2 und 3 WEG n.F. ZMR 2007, 517; *Merle* Die Sondereigentumsfähigkeit von Garagenstellplätzen auf dem nicht überdachten Oberdeck eines Gebäudes Rpfleger 1977, 196; *M. Müller* Sondereigentum an wesentlichen Bestandteilen ZWE 2013, 203; *ders.* Eintragungsfähigkeit von Öffnungsklausel-Beschlüssen ZMR 2011, 103; ders. Zu den sachenrechtlichen Änderungen durch das WEMoG ZWE 2020, 445; *Ott* Mehrfachparker – Instandhaltung, Instandsetzung und Kostentragung ZWE 2013, 156; *Rathke* Die Eigentumsverhältnisse an Versorgungsanlagen und -leitungen in der Wohnungseigentümergemeinschaft ZWE 2010, 352; *Reinold* Rechtliche Gestaltungsmöglichkeiten bei der Veräußerung von nicht sondereigentumsfähigen Stellplätzen MittBayNot 2001, 540; *Riecke* E-Mobilität – Im Spannungsfeld zwischen Miet- und WEG-Recht FS Hannemann (2023), S. 273; ders. Die Abgrenzung von Gemeinschafts- und Sondereigentum im Wohnungseigentumsrecht BTR 2003, 11; *Röll* Sondereigentum an Heizungsräumen und deren Zugangsflächen DNotZ 1986, 706; *Sauren* Mit-Sondereigentum – eine Bilanz DNotZ 1988, 667; *ders.* Die Sondereigentumsfähigkeit nicht überdachter Garagenstellplätze eines Gebäudes, Rpfleger 1999, 14; Schäuble § 3 und § 5 WEG neue Fassung – Gestaltungsüberlegungen BWNotZ 2022, 167; *Scheffler* Eigentumsrechtliche Zuordnung von Heizkörpern jurisAnwZert Miet- u. Wohnungseigentumsrecht 25/2008 Anm. 2; *Schlüter* Gehören Thermostatventile zum Sondereigentum? ZMR 2011, 935; *M. J. Schmid* Die Heizung und ihre Peripherie ZMR 2008, 862; *ders.* Heizkörper, Heizungsleitungen, Thermostatventile u.a. im Sondereigentum DWE 2011, 128; *ders.* Heizkörper als Sondereigentum MDR 2011, 1081; *F. Schmidt* Gegenstand und Inhalt des Sondereigentums, MittBayNot 1985, 237; *ders.* Balkone als Sondereigentum MittBayNot 2001, 442; *J. H. Schmidt/R. Breiholdt/Riecke* Zum Einbau von Rauchwarnmeldern in Wohnungseigentumsanlagen – Betrachtungen nach WEG- und Mietrecht ZMR 2008, 341; *U. Schmitz* Aktuelles zum WEG: Die Sondereigentumsfähigkeit von Heizungsanlagen MittBayNot 2012, 180; *Schneider* Die sachenrechtliche Zuordnung von Rauchwarnmeldern in Eigentumswohnungsanlagen ZMR 2010, 822; ders. Neues im Sachen- sowie Grundbuchrecht und Aufgaben des Verwalters ZWE 2021, 237; *Schultz* Der Einbau von Rauchwarnmeldern in Wohnungseigentumsanlagen ZWE 2011, 21; *ders.* Zur Anbringung von Rauchwarnmeldern im Wohnungseigentum ZWE 2009, 383; Steiner/Steiner Balkone und Spitz- oder Dachböden: Abgrenzung Gemeinschafts-/Sondereigentum, Nutzung, Kosten NZM 2020, 578; *Suilmann* Blockheizkraftwerk und Gestaltung der Teilungserklärung ZWE 2014, 302; Wanderer Zur eigentumsrechtlichen Einordnung von Heizkostenverteilern ZMR 2015, 438; *Wilhelmy* Photovoltaik in der Wohnungseigentümergemeinschaft NZM 2014, 569.

Übersicht

A. Allgemeines

1 § 5 WEG ist durch das WEMoG an drei Stellen inhaltlich geändert worden. Zum einen trägt der neu eingefügte Abs. 1 S. 2 dem durch § 3 Abs. 2 neu ermöglichten Annexeigentum Rechnung. Zum anderen berücksichtigt Abs. 4 die neu geschaffene Eintragungsfähigkeit von Beschlüssen in das Grundbuch und schränkt die vormals bestehende Ausnahmeregelung bzgl. notwendiger Drittzustimmungen ein. Die Vorschrift regelt in den **Abs. 1 und 2** zwingend die **Abgrenzung zwischen Sonder- und Gemeinschaftseigentum**. Die Abgrenzung ist von erheblicher praktischer Bedeutung; sie ist sachenrechtlicher Natur (*BGH* BGHZ 50, 56 = WM 1968, 572). Eine gesetzliche Definition des Sondereigentums findet sich nunmehr in § 3 Abs. 1 S. 1 WEG. Mit dem Sondereigentum kann der Wohnungseigentümer wie ein Alleineigentümer »nach Belieben verfahren«, soweit nicht das Gesetz entgegensteht (§ 13 Abs. 1 WEG). Die Kosten der Erhaltung (Instandhaltung und Instandsetzung) des Sondereigentums hat er allein zu tragen, die des gemeinschaftlichen Eigentums hingegen die Wohnungseigentümergemeinschaft. Das Sondereigentum unterliegt nicht der gemeinschaftlichen Verwaltung; dagegen verstoßende Beschlüsse sind mangels Beschlusskompetenz unwirksam (*OLG Düsseldorf* ZMR 2002, 613 = ZWE 2002, 420).

2 Das gemeinschaftliche Eigentum berechtigt demgegenüber zum Mitgebrauch (§ 16 Abs. 1 S. 3 WEG). Gemeinschaftliches Eigentum sind zwingend das Grundstück und das Gebäude, soweit sie nicht im Sondereigentum oder im Eigentum eines Dritten stehen (§ 1 Abs. 5 WEG). Soweit also nicht wirksam Sondereigentum begründet wird, verbleibt es bei gemeinschaftlichem Eigentum (*BGH* BGHZ 177, 338 [Luftschranke] = NJW 2008, 2982 = ZfIR 2008, 734 = ZMR 2008, 897 = ZWE 2008, 426). Aufgrund dieser negativen Abgrenzung ist Gemeinschaftseigentum die **Regel** und Sondereigentum die **Ausnahme** (*OLG München* ZMR 2006, 388; Niedenführ/*Vandenhouten* § 1 Rn. 4). Zur Umdeutungsmöglichkeit s. Rdn. 27.

3 Für die Abgrenzung zwischen Sonder- und Gemeinschaftseigentum ist die **Grundbucheintragung maßgeblich** mit den Unterlagen, auf die sie in zulässiger Weise Bezug nimmt, also Teilungsvereinbarung bzw. Teilungserklärung und Aufteilungsplan (BayObLGZ 1991, 186; *KG* NZM 2001, 1127). Eine davon abweichende **Bauausführung** kann kein Sondereigentum begründen (*OLG Celle* ZWE 2009, 128; *OLG München* ZMR 2007, 643; *KG* ZMR 2001, 849 = NZM 2001, 1127).

4 Besteht hinsichtlich der Zuordnung einzelner Räume ein **Widerspruch** zwischen der wörtlichen Beschreibung in der Teilungserklärung und der zeichnerischen Darstellung im Aufteilungsplan, entsteht ebenfalls kein Sondereigentum, sondern gemeinschaftliches Eigentum (*BGH* BGHZ 130, 157 = NJW 1995, 2851 = ZMR 1995, 521). Das gleiche gilt, wenn das **Sondereigentum nicht hinreichend bestimmt** bezeichnet ist (*BGH* ZfIR 2004, 1006 = ZMR 2005, 59) oder der zum Sondereigentum erklärte Gegenstand **nicht sondereigentumsfähig** ist (*BGH* BGHZ 109, 179 = NJW 1990, 447 = ZMR 1990, 112). Zur Umdeutungsmöglichkeit s. Rdn. 27 ff.

5 Da die Begründung des Wohnungseigentums in das Grundbuch eingetragen werden muss, gelten für die **Auslegung** der Teilungserklärung bzw. -vereinbarung die im Grundbuchrecht maßgeblichen Auslegungsgrundsätze: Sie sind »aus sich heraus« objektiv und normativ auszulegen. Maßgebend sind dabei der Wortlaut und ihr Sinn, wie er sich aus unbefangener Sicht als nächstliegende Bedeutung ergibt; Umstände außerhalb der Eintragung dürfen nur herangezogen werden, wenn sie nach den besonderen Verhältnissen des Einzelfalles für jedermann ohne Weiteres erkennbar sind (st. Rspr. zum Gegenstand und Inhalt von Sondereigentum *BGH* ZMR 2021, 992; *BGH* ZMR 2020, 862; *BGH* ZMR 2019, 625; *BGH* NJW 2018, 1309 = ZMR 2018, 234; *BGH* ZMR 2017, 818 = ZWE 2017, 367; *BGH* ZWE 2014, 125; *BGH* ZWE 2013, 121; *BGH* NJW 2012, 1722 = ZMR 2012,

641 = ZWE 2012, 267; *BGH* BGHZ 139, 288 = NJW 1998, 3714 = ZfIR 1998, 713 = ZMR 1999, 41).

6 **Abs. 3** eröffnet die Möglichkeit, durch Vereinbarung sondereigentumsfähige Bestandteile des Gebäudes dem gemeinschaftlichen Eigentum zuzuordnen. Die umgekehrte Zuordnung von Gegenständen des gemeinschaftlichen Eigentums zum Sondereigentum ist dagegen unzulässig. Die Teilungserklärung kann die Grenze zwischen dem gemeinschaftlichen Eigentum und dem Sondereigentum nur zugunsten, nicht aber zu ungunsten des gemeinschaftlichen Eigentums verschieben (*BGH* NJW 2013, 1154 = ZfIR 2013, 377 = ZMR 2013, 454 = ZWE 2013, 205). Eine solche unzulässige Zuordnung kann im Einzelfall jedoch als Einräumung eines Sondernutzungsrechts (vgl. *KG* NZM 1999, 258) oder als Änderung der Kostentragungspflicht (Abbedingung von § 16 Abs. 2 WEG, § 21 WEG) ausgelegt werden (*OLG Hamm* NJW-RR 1992, 148; *OLG Hamm* ZMR 1997, 193; *OLG München* NZM 2005, 825; *OLG Karlsruhe* ZMR 2010, 873). S. Rn. 33.

7 Gegenstand des Sondereigentums sind nach Abs. 1 zunächst die bei der Begründung des Wohnungseigentums als Sondereigentum ausgewiesenen Räume, ferner die zu diesen gehörenden Bestandteile des Gebäudes, die verändert, beseitigt oder eingefügt werden können, ohne dass dadurch das gemeinschaftliche Eigentum oder ein auf Sondereigentum beruhendes Recht eines anderen Wohnungseigentümers über das bei einem geordneten Zusammenleben unvermeidliche Maß hinaus beeinträchtigt oder die äußere Gestaltung des Gebäudes (erheblich, *BGH* ZMR 2017, 409) verändert wird.

8 Keinesfalls Sondereigentum, sondern stets nur **gemeinschaftliches Eigentum** können – jetzt vorbehaltlich Abs. 1 S. 2 (s. Rdn. 20 ff.) – die in Abs. 2 genannten Teile des Gebäudes sein, die für dessen Bestand und Sicherheit erforderlich sind (konstruktive Teile).

9 Das gilt auch dann, wenn es sich bei dem Gebäude um **Doppelhaushälften, Reihenhäuser** oder auch mehrere **freistehende Einfamilienhäuser** handelt, die in der Rechtsform des Wohnungseigentums errichtet wurden, weil für das Grundstück keine Realteilung erfolgen konnte. Das Sondereigentum kann auch hier nur die Räume des jeweiligen Hauses umfassen. Die konstruktiven Bauteile wie Außenmauern und Dach sowie das Grundstück – zumindest unterhalb des Baukörpers – sind zwingend gemeinschaftliches Eigentum, an ihnen können nur Sondernutzungsrechte begründet werden, nicht aber Sondereigentum (*BGH* NJW-RR 2001, 800; *OLG Düsseldorf* FGPrax 2004, 267 für Doppelhaus; a.A. noch *Bärmann/Pick/Merle*, 9. Aufl., § 5 Rn. 42). Zur Anbauproblematik s. Rdn. 20.

10 Gemeinschaftliches Eigentum sind auch die dem gemeinschaftlichen Gebrauch dienenden Anlagen und Einrichtungen, zu denen auch Räume gehören. Sie stehen **zwingend** im **gemeinschaftlichen Eigentum**, wenn ihr Zweck darauf gerichtet ist, der Gesamtheit der Wohnungseigentümer einen ungestörten Gebrauch ihrer Wohnungen und der Gemeinschaftsräume zu ermöglichen und zu erhalten (*BGH* NJW 1991, 2909). Dazu zählen insbesondere die Räume, in denen sich die gemeinschaftlichen Wasser-, Wärme- und Energieversorgungseinrichtungen sowie Zähl-, Sicherungs- und Schaltvorrichtungen befinden, sowie die Zugänge dazu (*BGH* NJW 1991, 2909). Zum Problem s.a. Rdn. 67, 101 u. 107.

11 Während in den **Abs. 1 bis 3** Regelungen zum **Gegenstand des Sondereigentums** getroffen werden, ermöglicht **Abs. 4** eine **inhaltliche Ausgestaltung des Eigentums** nach den Vorschriften des 4. Abschnitts. Die Sätze 2 und 3 sind dem Abs. 4 mit der WEG-Novelle 2007 angefügt worden; S. 3 wurde durch das WEMoG – jedenfalls für die Zukunft – wieder abgeschafft (s. Rn. 150 a.E.).

12 § 5 findet im Fall der Vorratsteilung gem. § 8 WEG entsprechende Anwendung (§ 8 Abs. 2 WEG).

B. Gegenstände des Sondereigentums

13 Zum Sondereigentum gehören die **Räume**, die nach § 3 Abs. 1 S. 1, § 8 Abs. 1 WEG hierzu **bestimmt** sind. Unter »Raum« ist der umbaute, von Fußboden, Decke und Wänden umschlossene »lichte« Raum zu verstehen (*OLG München* ZMR 2006, 388; *BayObLG* NJW-RR 1986, 761; Niedenführ/

Vandenhouten Rn. 11; *Rapp* RNotZ 2012, 42, 43; inzidenter auch *GmS-OGB* BGHZ 119, 42 = NJW 1992, 3290 = ZMR 1993, 25; s. § 3 Rn. 109). Durch die Bezugnahme auf § 3 Abs. 1 S. 1 WEG wird sichergestellt, dass auch Wohnungen unter § 5 WEG fallen und damit auch die zu Haupträumen gehörenden Nebenräume wie Keller, Abstellräume u.Ä., ohne dass an ihnen ein einzelnes Sondereigentum gebildet wird; eine räumliche Verbindung mit den Haupträumen ist nicht erforderlich (*OLG München* NZM 2009, 402 = Rpfleger 2009, 20; vgl. Niedenführ/*Vandenhouten* § 5 Rn. 11).

14 Fraglich erscheint, ob Sondereigentum auch dann entstehen kann, wenn einer Wohnung oder einem Raum eine oder mehrere Wände fehlen. Der *BGH* hat diese Frage unter dem Gesichtspunkt der Abgeschlossenheit bejaht (*BGH* BGHZ 208, 29 = NJW 2016, 473 = ZMR 2016, 215; *BGH* BGHZ 177, 338 [**Luftschranken**] = NJW 2008, 2982 = ZMR 2008, 897; s. ausf. § 3 Rdn. 139). Eine fehlende Wand ist indes nicht oder nicht nur eine Frage der Abgeschlossenheit. Das Problem liegt vielmehr darin, dass Sondereigentum an einem »Nichtraum« nicht entstehen kann. Verläuft aber eine reine Luftschranke zwischen zwei geplanten Raumeinheiten und werden diese nicht in Natur voneinander getrennt, handelt es sich nur um **einen Raum** im natürlichen, d.h. »körperlichen« Sinne (zutr. *Hügel* PiG 93 [2012], 149, 157). *Ein* Raum kann jedoch nach hier vertretener Ansicht nicht gleichzeitig zwei Sondereigentumsrechten zugeordnet sein (wie hier *OLG Koblenz* WE 1992, 19; *OLG Düsseldorf* OLGZ 1988, 239 = NJW-RR 1988, 590; *Hügel* PiG 93 [2012], 149, 157; *Lutter* AcP 1964, 122, 148). Die überwiegende Meinung hält jedoch Sondereigentum an durch Luftschranken begrenzten Teilräumen für möglich (BGHZ 208, 29 = NJW 2016, 473 = ZfIR 2016, 276 = ZMR 2016, 215 = ZWE 2016, 79; *BGH* BGHZ 177, 338 [Luftschranken] = NJW 2008, 2982 = ZMR 2008, 897 ebenso *BGH* NJW 2011, 3237 = ZMR 2011, 809 = ZWE 2011, 328; *OLG Zweibrücken* ZWE 2006, 186; *KG* ZfIR 2001, 745 = ZMR 2001, 849; *BayObLG* ZMR 1998, 794; *OLG Celle* OLGZ 1981, 106; *Abramenko* ZMR 1998, 741, 742; *Armbrüster* ZfIR 2004, 113, 114, *ders.* ZWE 2005, 182, 188, 190; Bärmann/*Armbrüster* Rn. 13 ff.; *DNotI-Gutachten* DNotI-Report 2015, 41; *Merle* WE 1989, 116, 118; *ders.* WE 1992, 11; Staudinger/*Rapp* BGB [2018], § 3 WEG Rdn. 76, 78a; Weitnauer/*Briesemeister* WEG, 9. Aufl., § 3 Rdn. 42).

15 Keine Räume bildeten schon nach bisher vorherrschender Rechtsansicht die einzelnen Stellplätze einer Duplex-Garage (nach Inkrafttreten des WEMoG für das frühere Recht bestätigt durch *BGH* ZfIR 2024, 303 = ZWE 2024, 255); bei ihnen fehlte eine klare Trennung durch eine Begrenzung in der Höhe (*BayObLG* NJW-RR 1995, 783; § 3 Rn. 71 m.w.N.; **a.A.** Bärmann/*Armbrüster* 14. Aufl. Rn. 70; vgl. auch hier Rn. 56 m.w.N.). Sondereigentum konnte deshalb bis zum 30.11.2020 nur an der Duplex-Garage insgesamt bestehen. Diese Begründungsmodelle bestehen unverändert fort. Seit dem Inkrafttreten des WEMoG ist es allerdings möglich, an dem einzelnen Stellplatz eines Mehrfachparkers selbstständiges Sondereigentum zu begründen (§ 3 Abs. 1 S. 2 WEG). Dies ermöglicht den Verzicht auf die bisher gebräuchlichen Absicherungen zugunsten der späteren Enderwerber von Bruchteilsanteilen an dem übergeordneten Teileigentum.

16 Sondereigentum sind ferner die zu den bestimmten Räumen gehörenden **Bestandteile des Gebäudes**, die verändert, beseitigt oder eingefügt werden können, ohne dass dadurch das gemeinschaftliche Eigentum oder ein auf Sondereigentum beruhendes Recht eines anderen Wohnungseigentümers über das bei einem geordneten Zusammenleben unvermeidliche Maß hinaus beeinträchtigt oder die äußere Gestaltung des Gebäudes (erheblich, *BGH* ZMR 2017, 409) verändert wird (Abs. 1 S. 1). Sondereigentum kann weiterhin nur eingeräumt werden an Räumen, die sondereigentumsfähig sind, also nicht dem gemeinschaftlichen Gebrauch aller Wohnungseigentümer dienen (Abs. 2). Die Zuordnung nach Abs. 2 ist gegenüber derjenigen nach Abs. 1 vorrangig (Bärmann/*Armbrüster* Rn. 25). Nicht sondereigentumsfähig sind daher Räumlichkeiten, die den einzigen Zugang zu gemeinschaftlichen Einrichtungen bilden, etwa ein Verbindungsflur, der den einzigen Zugang zur Heizanlage darstellt (*BGH* NJW 1991, 2909), oder ein Kellerraum, der den einzigen Zugang zum gemeinschaftlichen Geräteraum bildet (*BayObLG* NJW-RR 1996, 12).

17 Sondereigentum ist dagegen möglich an einem zusätzlichen Treppenabgang zu einem von der Gemeinschaft genutzten Keller (*OLG Hamm* WE 1992, 317). Auch Räume, die den **einzigen Zugang** zum

im gemeinschaftlichen Eigentum stehenden Speicher bilden, können im Sondereigentum stehen, wenn der vom Zugang erschlossene Raum seiner Beschaffenheit nach nicht dem ständigen Mitgebrauch aller Wohnungseigentümer dient (*BayObLG* ZMR 2004, 844; *BayObLG* BayObLGZ 2001, 25 = NJW-RR 2001, 801 = ZMR 2001, 562). Dasselbe sollte nach bisherigem Verständnis für eine Garage gelten, die den einzigen Zugang zu der hinter dem Gebäude liegenden unbebauten Grundstücksfläche bietet (*OLG Hamm* NZM 2002, 253); die Zugangsmöglichkeit musste danach nur zu den Räumlichkeiten eröffnet werden (a.A. allerdings schon zuvor *OLG Frankfurt am Main* ZMR 2012, 30; *Schmenger* ZNotP 2005, 283, 292 f.; vgl. auch *OLG Düsseldorf* ZMR 2013, 731 zur Aufhebung eines Sondernutzungsrechts am nicht allgemein zugänglichen Garten; s. ausf. § 3 Rn. 137). Nachdem nun Abs. 2 ausdrücklich »Teile des Grundstücks« erwähnt, dürfte Abs. 2 zumindest nach neuem Recht auch auf unbebaute Grundstücksflächen anwendbar sein (jetzt ebenso Bärmann/*Armbrüster* § 5 Rn. 53). Alleinige Zugangsflächen und -Räume, die mehr als einer Einheit dienen, stehen demnach zwingend im Gemeinschaftseigentum (*BGH* ZfIR 2024, 303 = ZWE 2024, 255; *Falkner* DNotZ 2023, 5, 8; *Hügel/Elzer* Rn. 35).

Zu den Gebäudebestandteilen i.S.d. § 5 Abs. 1 S. 1 WEG zählen insbesondere nicht tragende Innenwände, Innentüren, Wand- und Deckenputz sowie Innenanstrich und Tapeten und der Fußbodenbelag (Parkett, Teppichboden, Linoleum), ferner Badewannen, Duschen, Waschbecken. 18

§ 5 Abs. 1 S. 1 WEG betrifft nur Gegenstände, die nach den allgemeinen Vorschriften **als wesentliche Bestandteile** (§§ 93, 94 BGB) nicht sonderrechtsfähig wären. Sachen, die keine wesentlichen Bestandteile sind, können auch nach den allgemeinen Vorschriften im Eigentum eines Wohnungseigentümers oder eines Dritten stehen. Dies gilt auch für **Zubehör** (vgl. § 97 BGB). 19

Das **Sondereigentum kann sich** nach dem WEMoG nun auch **auf** außerhalb des Gebäudes liegende **Teile des Grundstücks erstrecken** (§ 3 Abs. 2 WEG). Zu diesem sog. Annexeigentum s. ausf. § 3 Rdn. 80 ff. In einem solchen Fall gilt § 94 BGB entsprechend (§ 5 Abs. 1 S. 2 WEG). Mit dem betreffenden Grundstücksteil fest verbundene Sachen stehen damit im Eigentum dieses Sondereigentümers (BT-Drs. 19/18791, S. 38). Dies gilt insbesondere für fest mit dem Grund und Boden verbundene Baulichkeiten wie etwa Garagen oder Gartenpavillons. Dies hat aber auch für Anbauten an Doppel- oder Reihenhäusern zu gelten (wie hier Grüneberg/*Wicke* § 5 Rn. 10; **a.A.** DNotI-Gutachten DNotI-Report 2021, 97, das ähnlich wie bei einem Überbau verfahren will). An den für Bestand und Sicherheit notwendigen Gebäudeteilen (z.B. dem Dach) besteht in einem solchen Fall kein zwingendes gemeinschaftliches Eigentum; § 5 Abs. 2 WEG gilt für solche Gebäude nicht (BT-Drs. 19/18791, 38; Bärmann/*Armbrüster* § 5 Rn. 27; *Hügel/Elzer* § 5 Rn. 18; **a.A.** *Dötsch/Schultzky/Zschieschack* Kap. 1 Rn. 30). Damit sind jetzt zwei Rechtsformen von Gebäudeeigentum auf demselben Grundstück mit unterschiedlichen Verwaltungs- und Kostentragungsregelungen denkbar (*Becker/Schneider* ZfIR 2020, 281, 285). Das Recht zur Errichtung solcher Gebäude auf einem Annexeigentum kann als bauliche Maßnahme am Sondereigentum bereits in der Gemeinschaftsordnung als Inhalt des Sondereigentums vorgesehen werden. Einer weitergehenden Zustimmung der übrigen Wohnungseigentümer bedarf die bauliche Ausführung dann grds. nicht mehr (*Schneider* ZWE 2021, 237, 241). 20

Wenngleich der Wortlaut des § 5 Abs. 1 S. 2 WEG nur das unselbstständige Annexeigentum gem. § 3 Abs. 2 WEG, nicht aber das **selbstständige Stellplatzeigentum** gem. § 3 Abs. 1 S. 2 WEG erfasst, besteht weitgehend Einigkeit darüber, dass nach dem Regelungskonzept des Gesetzgebers und den Aussagen im RegE (BT-Drs. 19/18791, S. 38) aber zumindest eine analoge Anwendung der Vorschrift gerechtfertigt erscheint (Bärmann/*Armbrüster* § 5 Rn. 28; *Elzer* ZNotP 2021, 97, 99; *M. Müller* ZWE 2020, 445, 449 f.; SEHR/*Schneider* § 3 Rn. 13; widersprüchlich *Dötsch/Schultzky/Zschieschack* Kap. 1 Rn. 17 für Anwendung der Norm, dagegen allerdings *diess.* in Rn. 30 a.E.). 21

Anlagen und Einrichtungen, die dem gemeinschaftlichen Gebrauch der Wohnungseigentümer dienen (wie etwa Versorgungsleitungen), stehen auch dann gem. Abs. 2 zwingend im gemeinschaftlichen Eigentum, wenn sie sich auf oder in Grundstücksteilen befinden, an denen Sondereigentum gem. § 3 Abs. 1 S. 2 bzw. § 3 Abs. 2 WEG besteht (Grüneberg/*Wicke* § 5 Rn. 11). 22

C. Keine Gegenstände des Sondereigentums

23 Grds. nicht sondereigentumsfähig sind die außerhalb des Gebäudes gelegenen Grundstücksflächen, soweit daran nicht selbstständiges Stellplatzeigentum (§ 3 Abs. 1 S. 2 WEG) oder unselbstständiges Annexeigentum (§ 3 Abs. 2 WEG) begründet wird; insoweit konnten und können nur Sondernutzungsrechte begründet werden. Gemeinschaftliches Eigentum waren und sind im Rahmen der genannten Einschränkungen deshalb Kfz-Abstellplätze im Freien (*BayObLG* BayObLGZ 1986, 29 = ZMR 1986, 207), ebenso Gartenflächen, die einer Erdgeschosswohnung vorgelagert sind (*LG Landau* ZWE 2011, 272).

24 Zwingend gemeinschaftliches Eigentum, weil für **Bestand und Sicherheit** des Gebäudes erforderlich, sind mit der sich jetzt aus § 5 Abs. 1 S. 2 WEG ergebenden Einschränkung (dazu Rn. 20 ff.) die gesamten tragenden Teile des Gebäudes, insbesondere Fundamente und tragende Mauern, Fassaden, Schornsteine, die für die statischen Verhältnisse wichtigen Balken- und Trägerkonstruktionen, Geschossdecken und Dach, ferner schwimmender Estrich, Trittschalldämmung und Isolierschichten, ebenso die Brüstung und die konstruktiven Teile eines Balkons.

Zum zwingenden Gemeinschaftseigentum an **Zugangsflächen und –Räumen** bzgl. »gefangener Grundstücksteile« s. Rdn. 17 m.w.N.

25 Gemeinschaftliches Eigentum sind weiterhin **Anlagen und Einrichtungen**, die dem Gebrauch aller Wohnungseigentümer in ihrer Gesamtheit dienen, wie etwa gemeinschaftlicher Speicher, Treppenhaus, Aufzug, Zentralheizung, Einrichtungen für die Versorgung mit Wasser, Elektrizität und Gas, Gemeinschaftsantenne.

26 Ändert sich die ursprüngliche Funktion solcher Anlagen und Einrichtungen (z.B. Umstellung der bisherigen Zentralheizung auf Etagenheizung), hat dies einen **gesetzlichen Eigentumswechsel** zur Folge (*Hügel* ZMR 2018, 113, 114 f.).

D. Umdeutung

I. Umdeutung in ein Sondernutzungsrecht

27 Die **fehlgeschlagene Begründung von Sondereigentum** kann ggf. **in ein Sondernutzungsrecht** für den Berechtigten gem. § 140 BGB **umgedeutet** werden, wenn sämtliche Tatbestandsmerkmale für die Entstehung eines Sondernutzungsrechts vorliegen (*KG* ZMR 1999, 206; *OLG Köln* MittRhNotK 1996, 61; *BayObLG* MittBayNot 1987, 197; *OLG Hamm* Rpfleger 1983, 19; *BayObLG* MDR 1981, 145; *LG Hamburg*, Urt. v. 29.07.2009 – 318 S 138/08; einschr. *Böhringer* MittBayNot 1990, 12; *Schmenger* BWNotZ 2003, 73, 75; Weitnauer/*Briesemeister* § 5 Rn. 10; **a.A.** *Abramenko* Rpfleger 1998, 313: nur schuldrechtliche Anpassungsansprüche). Eine Umdeutung scheidet mithin in den Fällen aus, in denen das gesamte einem Miteigentumsanteil zugedachte Sondereigentum umgedeutet werden müsste. Nach der Systematik des WEG kann ein Sondernutzungsrecht nämlich nicht mit einem isolierten (substanzlosen) Miteigentumsanteil verbunden werden. Rechtlich gehört das Sondernutzungsrecht (vgl. § 5 Abs. 4 S. 1) zum Inhalt des Sondereigentums, sodass immer ein (Rest-) Sondereigentum vorhanden sein muss, dessen Inhalt das umgedeutete Sondernutzungsrecht bilden kann (*KG* ZMR 1999, 206; *F. Schmidt* ZWE 2007, 280, 284 f.). Seine **Grenzen** findet eine Umdeutung daher immer dann, wenn es für den Berechtigten innerhalb der Gemeinschaft keine entsprechende Rechtsposition gibt oder das Sondernutzungsrecht einem außenstehenden Dritten zugeordnet werden müsste (vgl. *F. Schmidt* ZWE 2007, 280, 284 f. mit Beispielen). Nach diesem Verständnis erscheint eine nachträgliche Umdeutung in ein Sondernutzungsrecht als ausgeschlossen, wenn bei einer von Anfang an fehlgeschlagenen Begründung von Sondereigentum an Pkw-Stellplätzen die »isolierten Miteigentumsanteile« später anderen Wohnungseinheiten zugeschrieben werden sollen (Fall des *BGH* ZfIR 2024, 303 = ZWE 2024, 255). Nach dem hier zugrunde gelegten Verständnis treten die Wirkungen der Umdeutung ex tunc ein (vgl. Rdn. 31 auch zur anderslautenden h.M.); zu diesem Zeitpunkt bestand jedoch kein zuordnungsfähiges Sondereigentum. Auch nicht in Betracht kommt eine Umdeutung, wenn die Verhältnisse so unklar sind, dass ein entsprechend

den Anforderungen des Grundbuchverkehrs eindeutiges Ergebnis nicht gefunden werden kann (*Böhringer* MittBayNot 1990, 12, 16; Meikel/*Streck* § 53 Rn. 34).

Vorsicht ist geboten, wenn sich durch eine Umdeutung in ein Sondernutzungsrecht der Berechtigte anschließend in einer für ihn günstigeren Rechtsposition wiederfindet, weil mit der Einräumung eines Sondernutzungsrechts im Hinblick auf § 16 Abs. 2 WEG keine entsprechende Kostentragungsverpflichtung wie bei einem Sondereigentum verbunden sein muss (Köhler/*Häublein/Ott*, 3. Aufl. Teil 17 Rn. 102). 28

Von der **Rechtsprechung** (insbes. *BGH* NJW 1991, 2909 = Rpfleger 1991, 454; *BayObLG* MittBayNot 2004, 192 = Rpfleger 2004, 214; *OLG Köln* MittRhNotK 1996, 61) **nicht problematisiert** wird die Frage, ob die Umdeutung unzulässigen Sondereigentums in ein Sondernutzungsrecht nicht ein **unzulässiges Umgehungsgeschäft** darstellen kann, wenn die Begründung des Sondereigentums allein an § 5 Abs. 2 scheitert (in diese Richtung aber Bärmann/*Suilmann* 14. Aufl. § 13 Rn. 82; Staudinger/*Rapp* [2018] § 5 Rn. 29; Köhler/*Häublein/Ott*, 3. Aufl., Teil 17 Rn. 100). Dies dürfte aber wohl nur dann der Fall sein, wenn man nicht im Wege der Auslegung zu einem eingeschränkten Mitbenutzungsrecht der anderen Wohnungseigentümer gelangt (vgl. auch *OLG München* ZWE 2019, 263). 29

Das *LG Regensburg* (MittBayNot 1990, 43) ging im Wege der Umdeutung so weit, unwirksame Sondereigentumsrechte in Sondernutzungsrechte von Wohnungseigentümern umzudeuten und deren Einheiten **von Amts wegen** die frei gewordenen Miteigentumsanteile ohne Mitwirkung der Eigentümer und der dinglich Berechtigten als Bestandteil zuzuschreiben (für eine Grundbuchberichtigung von Amts wegen ebenfalls Meikel/*Böhringer* Einl. G Rn. 140; **a.A.** *Schöner/Stöber* Rn. 2917: Berichtigung gem. § 22 GBO durch Unrichtigkeitsnachweis). Zur Problematik einer Nachverpfändung bei zugeschriebenen Miteigentumsanteilen s. § 6 Rdn. 8. Eine Berichtigungsmöglichkeit von Amts wegen ist allein schon deshalb zu bejahen, weil nur auf diese Weise erst nachträglich vom Grundbuchgericht erkannte Fehler ohne weiteren Schaden schnellstmöglich behoben werden können; der Mangel wohnt der fehlgeschlagenen Begründung von Anfang an inne. Dagegen scheidet die Eintragung eines Amtswiderspruches gem. § 53 GBO gegen eine fehlgeschlagene Begründung des Sondereigentums aus; an eine unzulässige Eintragung kann sich kein gutgläubiger Erwerb anschließen (ganz h.M. vgl. *BGH* BGHZ 130, 159 = Rpfleger 1996, 19 = ZMR 1995, 521; *BGH* NJW 2004, 1798 = Rpfleger 2004, 207 = ZMR 2004, 206; **a.A.** zur Eintragung eines Amtswiderspruchs – allerdings ohne nähere Auseinandersetzung – *OLG Zweibrücken* ZWE 2013, 85; *OLG München* Rpfleger 2007, 459). Ob und wann die Wohnungseigentümer einen ggf. bestehenden Anpassungsanspruch realisieren (vgl. a.a.O.), kann dann ihrer Entscheidungsfindung überlassen bleiben. 30

Die **Wirkungen** einer solchen Umdeutung sind umstritten. Während von einer vornehmlich älteren Meinung einerseits zu Recht die Möglichkeit einer rückwirkenden Heilung angenommen wird (Meikel/*Streck* 10. Aufl. § 53 Rn. 34; MüKo/*Wacke*, 4. Aufl. § 873 Rn. 55), will die überwiegende aktuelle Meinung die Wirkung erst ex nunc infolge neuerlicher Eintragung nach vorausgegangener Amtslöschung eintreten lassen (*OLG München* Rpfleger 2010, 135; *Demharter* § 53 Rn. 4; Meikel/*Böhringer* Einl. G Rn. 140; m. Einschr. auch Staudinger/*C. Heinze* [2018] § 873 Rn. 280 f.). Richtigerweise hat jedoch ein Sondernachfolger oder ein Gläubiger eines anderen Wohnungseigentümers sein Recht bereits von vornherein belastet mit der Umdeutungsmöglichkeit erworben; nur die rückwirkende Heilung kann Rechtsverluste vermeiden. 31

Aufgrund des für den Eintragungsantrag und die Eintragungsbewilligung geltenden Bestimmtheitsgrundsatzes muss die **Umdeutung** einer fehlgeschlagenen Begründung von Sondereigentum bereits **im Eintragungsverfahren** durch das Grundbuchgericht **ausscheiden** (*Schöner/Stöber* Rn. 2917; **a.A.** *OLG Düsseldorf* ZfIR 2022, 502; *OLG Köln* MittRhNotK 1996, 61 allerdings für den Sonderfall einer Mehrhausanlage mit Einfamilienhäusern und eindeutiger Gemeinschaftsordnung). Hier besteht zur Klärung der Rechtsverhältnisse noch die Möglichkeit einer Aufklärungsverfügung (§ 28 FamFG bzw. entsprechend § 139 ZPO); eine rangwahrende Zwischenverfügung gem. § 18 Abs. 1 GBO 32 scheidet insoweit aus, weil ein unzulässiger Rechtszustand nicht vorgemerkt werden kann und mit einer Zwischenverfügung gem. § 18 GBO auch nicht darauf hingewirkt werden kann, dass das einzutragende dingliche Recht erst inhaltlich bestimmt wird (*BayObLG* Rpfleger 2003, 289 = ZMR 2003, 370; Bauer/Schaub/*Wilke* § 18 Rn. 19). Abzulehnen ist deshalb die Rechtsprechung des *OLG Düsseldorf* (ZfIR 2022,502) zur vermeintlichen Zulässigkeit einer Klausel in der GO, wonach die erklärte Zuweisung zur Sondernutzung für den Fall der fehlenden Sondereigentumsfähigkeit zuvor bezeichneter Gebäudeteile im Eintragungsverfahren dem Bestimmtheitsgrundsatz genügen soll (abl. wie hier auch *Böttcher* ZNotP 2023, 109, 110 ff.).

II. Umdeutung in eine Kostentragungsverpflichtung

33 Schlägt die in der Teilungserklärung vorgesehene Begründung von Sondereigentum an einem bestimmten Gebäudeteil nach § 5 Abs. 2 fehl (praktisch bedeutsam für Fenster, Türen, Balkontüren und -geländer, Isolierschichten), so kann die Auslegung bzw. Umdeutung der Teilungserklärung, deren Grenzen sich aus dem Grundbuchinhalt ergeben, dazu führen, dass den betreffenden Wohnungseigentümer zumindest eine von den §§ 16 Abs. 2, 21 Abs. 5 Nr. 2 a.F. abweichende, § 14 Nr. 1 a.F. entsprechende Instandhaltungspflicht hinsichtlich dieses Gebäudeteils trifft (*OLG Karlsruhe* ZMR 2010, 873 = ZWE 2011, 38; *OLG Karlsruhe* NZM 2002, 220; *BayObLG* ZfIR 2000, 132 = ZMR 2000, 241; *OLG Düsseldorf* ZMR 1998, 304; *OLG Hamm* ZMR 1997, 193; *OLG Hamm* FGPrax 1996, 176 = ZMR 1996, 503; *OLG Hamm* NJW-RR 1992, 148; mit Bedenken dagegen *OLG Köln* ZMR 2008, 815). Dabei ist jedoch von entscheidender Bedeutung, ob überhaupt eine Kostenbelastung des einzelnen Sondereigentümers gewollt ist. Sollten ausschließlich Rechte eingeräumt werden, scheidet eine Umdeutung in eine Kostentragungspflicht aus. Kommt eine Umdeutung in Betracht, darf auch hier das Ersatzgeschäft nicht weiterreichen als das ursprünglich geplante (zum Ganzen vgl. ausführlich *Bonifacio* MietRB 2010, 91).

E. Einzelfälle alphabetisch

34	**Abdichtungsanschlüsse**	S. *Balkon*
35	**Abdichtungsebene**	Abdichtungsebenen im Fußbodenbereich der Whirlpoolanlagen bzw. Duschbereiche sind zwingendes gemeinschaftliches Eigentum gem. § 5 Abs. 2 WEG; sie sollen Feuchtigkeitsschäden am Bauwerk durch eindringendes Wasser verhindern und sind damit für die Sicherheit des Gebäudes erforderlich (*LG Rostock* ZMR 2021, 611; a.A. *Greiner* ZMR 2022, 530).
36	**Abflussrohr**	S. *Leitungen*
37	**Abluftanlage**	Eine Abluftanlage kann im Sondereigentum stehen, soweit sie im räumlichen Bereich des Sondereigentums installiert und diesem zu dienen bestimmt ist (vgl. *AG Hamburg* ZMR 2012, 303; enger Bärmann/*Armbrüster* Rn. 55A, der für außerhalb liegende Bestandteile gemeinschaftliches Eigentum annimmt).
38	**Abstellplatz**	S. *Pkw-Abstellplätze*
39	**Absperrventile**	Absperreinrichtungen für Kalt-/Warmwasserzähler in den Räumen des Sondereigentümers stehen gem. § 5 Abs. 2 WEG zwingend im gemeinschaftlichen Eigentum, weil sie das im gemeinschaftlichen Eigentum stehende Leitungsnetz abschließen und dessen notwendigen Bestandteil bilden (*AG Bremen-Blumenthal* ZMR 2018, 370; *Dötsch* WuM 2018, 633).

Abwasserhebeanlage	Eine Hebeanlage in einer Wohnungseigentumsanlage, die für die Entwässerung des Überlaufs der gemeinschaftlichen Heizungsanlage sowie für die Beseitigung der Rückstaugefahr, d.h. die Verhinderung einer Überschwemmung des gemeinschaftlichen Eigentums durch Rückstau aus dem öffentlichen Kanal erforderlich ist, dient einem originär gemeinschaftlichen Zweck und ist somit sachenrechtlich dem Gemeinschaftseigentum zuzuordnen (*BayObLG* NJW-RR 2003, 587 = ZMR 2003, 433). Dies gilt auch dann, wenn die Entwässerungsstelle in das Sondereigentum eines Wohnungseigentümers fällt (*OLG Hamm* ZMR 2005, 806). Eine Hebeanlage ist auch in dem Fall gemeinschaftliches Eigentum, wenn sie lediglich der Abwasserentsorgung der im Souterrain gelegenen Wohnungen dient; ein »Mitsondereigentum« nur der begünstigten Einheiten ist unzulässig (*OLG Schleswig* DNotZ 2007, 620 m. insoweit zust. Anm. *Commichau*). Dagegen gehört eine Abwasserhebeanlage, die sich im gemeinschaftseigenen Heizungskeller befindet, aber lediglich der Abwasserentsorgung *einer* einzelnen Eigentumswohnung dient, als Gebäudebestandteil gem. § 5 Abs. 1 S. 1 WEG zu den Sondereigentumsräumen, deren Abwässer sie entsorgt. Sie kann deshalb Gegenstand des Sondereigentums sein (*OLG Düsseldorf* NZM 2001, 752 = ZMR 2001, 216).	40
Abwasserkanal	Ein Abwasserkanal ist bis zur Abzweigung in die Räume des Sondereigentums Gemeinschaftseigentum (Bärmann/*Armbrüster* § 5 Rn. 55A; *Müller*, 4. Aufl. Rn. 81).	41
Alarmanlage	Es handelt sich um sonderrechtsfähiges Zubehör eines Wohnungseigentums(*OLG München* MDR 1979, 934 = ZMR 1980, 308 Ls.; Staudinger/*Rapp* [2018] § 5 Rn. 25; a.A. *OLG Hamm* NJW-RR 1988, 923: Außenhautsicherung als Gebäudebestandteil; Bärmann/*Armbrüster* § 5 Rn. 55A: Sondereigentum)	42
Antennen	Antennen für den Rundfunk- und Fernsehempfang der gesamten Wohnanlage (»Gemeinschaftsantennen«) sind gemeinschaftliches Eigentum (Weitnauer/*Briesemeister* § 5 Rn. 20; *Müller* Teil 2 Rn. 32).	43
Antennenanlagen	Antennenanlagen können dann im Sondereigentum stehen, wenn sie nicht dem gemeinschaftlichen Gebrauch der Wohnungseigentümer dienen. Dies ist dann der Fall, wenn die Anlage bestimmungsgemäß nicht durch die Gesamtheit der Wohnungseigentümer, sondern von vornherein durch einen Miteigentümer, der die Anlage eingerichtet hat, betrieben werden soll und die Anlage überdies dafür bestimmt und ausgelegt ist, außer den Wohnungen der betreffenden Wohnungseigentümergemeinschaft eine Anzahl von weiteren Gebäuden zu versorgen (*BGH* NJW 1975, 688 = ZMR 1975, 247 Ls; a.A. Bärmann/*Armbrüster* § 5 Rn. 55A). Werden nachträglich von einzelnen Wohnungseigentümern Antennen(schüsseln) installiert, dürfte es sich um Scheinbestandteile gem. § 95 BGB handeln, die im Eigentum des jeweils Anbringenden verbleiben.	44
Aufzug	Ein Aufzug ist grds. gemeinschaftliches Eigentum (*OLG Hamburg* ZMR 2006, 298). Dies gilt auch dann, wenn er nicht von allen Eigentümern genutzt werden kann; ein Mitsondereigentum ist nicht möglich (vgl. § 1 Rdn. 309). Möglich ist allerdings in der Teilungserklärung die Zuordnung des Aufzugsschachtes nebst Aufzugsanlage zum Sondereigentum, wenn der Aufzug lediglich der Erschließung nur einer Sondereigentumseinheit dient (Bärmann/Seuß/*Kümmel* 6. Aufl. Teil C Rn. 66).	45

46	**Bad**	Sanitäreinrichtungen (Badewanne, Dusche, Waschbecken, WC) sind nach heutiger Verkehrsanschauung als wesentliche Gebäudebestandteile Sondereigentum (vgl. *BGH* ZWE 2017, 177 [Einbau zur Erfüllung bauordnungsrechtlicher Vorgaben]; Staudinger/*Rapp* Rn. 25; Weitnauer/*Briesemeister* Rn. 17), soweit es sich nicht ausnahmsweise um Zubehör oder unwesentliche Bestandteile handelt.
47	**Balkon**	Ein Balkon ist nach h.M. grundsätzlich sondereigentumsfähig (*BGH* BGHZ 184, 88 = NJW 2010, 2129 = ZfIR 2010, 360 = ZMR 2010, 542 = ZWE 2010, 174; *KG* ZWE 2017, 84; *OLG München* ZfIR 2011, 881 = ZMR 2012, 118 = ZWE 2012, 37; *OLG München* DNotZ 2007, 690; *BayObLG* ZMR 1999, 59; *LG Hamburg* ZMR 2021, 924; Bärmann/*Armbrüster* § 5 Rn. 55B; Weitnauer/*Briesemeister* § 5 Rn. 11) und kann deshalb durch die Teilungserklärung/Teilungsvereinbarung dem Sondereigentum zugeordnet werden (**a.A.** *Hügel/Elzer* § 5 Rn. 40; Staudinger/*Rapp* [2018] § 5 Rn. 7 m.w.N.: nur Gemeinschaftseigentum). Nach der hier vertretenen Auffassung ist er sogar zwingendes Sondereigentum als Bestandteil der ihm vorgelagerten und nur von dort zugänglichen Wohnung (*OLG München* ZMR 2012, 118 = ZWE 2012, 37; *Greiner* Rn. 40; *F. Schmidt* MittBayNot 2001, 442; ähnlich auch *Hügel* RNotZ 2009, 49; vgl. insoweit auch § 7 Rdn. 118; **a.A.** *Hügel/Elzer* DNotZ 2012, 4, 9 f.; *Rapp* RNotZ 2012, 42; *Steiner/Steiner* NZM 2020, 578, 580). Ein Balkon besteht jedoch weitgehend aus Bauteilen, die zwingend gemeinschaftliches Eigentum sind, weil sie für den Bestand und die Sicherheit des Gebäudes erforderlich sind. Aus diesem Grunde beschränkt sich das **Sondereigentum** in der Regel auf den **Luftraum**, den **Innenanstrich** und den **Bodenbelag** (*BGH* BGHZ 184, 88 = NJW 2010, 2129 = ZfIR 2010, 360 = ZMR 2010, 542 = ZWE 2010, 174; *BayObLG* DWE 2004, 61; ähnlich Weitnauer/*Briesemeister* § 5 Rn. 11). Die konstruktiven Teile sind **gemeinschaftliches Eigentum**, also **Brüstung und Geländer** (*BGH* BGHZ 196, 45 = NJW 2013, 1439 = ZfIR 2013, 201 = ZMR 2013, 292 = ZWE 2013, 172; *BGH* BGHZ 184, 88 = NJW 2010, 2129 = ZfIR 2010, 360 = ZMR 2010, 542 = ZWE 2010, 174; *OLG München* DNotZ 2007, 690 m. Anm. *Rapp* = NZM 2007, 369; *BayObLG* NJW-RR 1990, 784; *BayObLG* NZM 1999, 27; auch Innenseite *LG Itzehoe* ZMR 2010, 149), **Bodenplatte** (*BGH* BGHZ 184, 88 = NJW 2010, 2129 = ZfIR 2010, 360 = ZMR 2010, 542 = ZWE 2010, 174; *BGH* NJW-RR 2001, 800; *OLG München* DNotZ 2007, 690 m. Anm. *Rapp* = NZM 2007, 369; *LG Hamburg* ZMR 2021, 924) einschließlich **Isolierschicht** (*BGH* BGHZ 184, 88 = NJW 2010, 2129 = ZfIR 2010, 360 = ZMR 2010, 542 = ZWE 2010, 174; *OLG Frankfurt am Main* OLGZ 1984, 148; *BayObLG* NJW-RR 1994, 598; *OLG Düsseldorf* NJW-RR 1998, 515 = ZMR 1998, 304; *OLG Hamm* ZMR 2007,296; *OLG München* DNotZ 2007, 690 m. Anm. *Rapp* = NZM 2007, 369; *LG Hamburg* ZMR 2021, 924), **Trennwand** zum Nachbarbalkon (*BayObLG* WuM 1985, 31), **Decke** (*BGH* BGHZ 184, 88 = NJW 2010, 2129 = ZfIR 2010, 360 = ZMR 2010, 542 = ZWE 2010, 174; *OLG München* DNotZ 2007, 690 m. Anm. *Rapp* = NZM 2007, 369; *OLG Zweibrücken* NZM 2000, 294) und **Abdichtungsanschlüsse** (*BGH* BGHZ 184, 88 = NJW 2010, 2129 = ZfIR 2010, 360 = ZMR 2010, 542 = ZWE 2010, 174; *OLG München* DNotZ 2007, 690 m. Anm. *Rapp* = NZM 2007, 369; *BayObLG* NZM 2000, 867 = ZWE 2001, 31).

	Auch wenn die Gemeinschaftsordnung die Balkone dem Sondereigentum zuordnet, stellt die **Verglasung** eines Balkons zwingend eine bauliche Veränderung des gemeinschaftlichen Eigentums dar; eine pauschale Zuordnung zum Sondereigentum erfasst nicht die Teile der Balkone, die von außen sichtbar und nicht sondereigentumsfähig sind (*BayObLG* NJW 1995, 202; *BayObLG* NZM 2004, 106).	
Baum	Als dauerhafte Bepflanzung sind Bäume grds. wesentliche Bestandteile des Grundstücks und stehen im gemeinschaftlichen Eigentum (*BGH* ZWE 2016, 288; *BGH* ZMR 2010, 622; *Elzer* FS H. Müller [2019], S. 81; *Schmid* ZWE 2015, 109). Soweit jedoch eine Grundstücksfläche dem Sondereigentum zugeordnet ist (s. Rdn. 20 ff.), erstreckt sich das Sondereigentum gem. § 5 Abs. 1 S. 2 WEG, § 94 BGB auch auf einen dort gepflanzten Baum (*Hügel/Elzer* § 5 Rn. 50).	48
Blockheizkraftwerk	s. Heizungsanlage	49
Bodenbelag	Der **Bodenbelag in der Wohnung** (z.B. Fliesen, Teppich, Linoleum; Laminat und Parkett) ist Sondereigentum (*BGH* NJW 2012, 2725 = ZfIR 2012, 641; *OLG Düsseldorf* OLG-Report 2005, 148; *OLG Hamm* ZMR 2001, 842; *BayObLG* ZMR 1994, 152; *LG Hamburg* ZMR 2017, 829). Der Wohnungseigentümer darf ihn entfernen und durch einen anderen ersetzen. Wenn diese Veränderung zu einer Trittschallbelästigung in der darunter liegenden Wohnung führt, die über das bei einem geordneten Zusammenleben unvermeidliche Maß hinausgeht, kann sich aus § 14 Nr. 3 WEG a.F. (vgl. § 14 Abs. 2 Nr. 2 WEG n.F.) eine Pflicht zur Beseitigung ergeben (*OLG Düsseldorf* NZM 2001, 958). Der **Fliesenbelag eines Balkons** kann grundsätzlich im Sondereigentum stehen (*BayObLG* ZWE 2004, 93 Ls). In Altbauten gehören **Bodendielen** als Bestandteil der Geschoßdecke zum Gemeinschaftseigentum, wenn sich darunter kein begehbarer Belag befindet (Bärmann/Seuß/*Kümmel* 6. Aufl. Teil C Rn. 66).	50
Briefkasten	Eine **Briefkastenanlage** im Bereich des gemeinschaftlichen Eigentums (Hauseingangsbereich, vor dem Haus) ist gemeinschaftliches Eigentum. Ein neben einer Wohnungseingangstür angebrachter **Einzelbriefkasten** eines Wohnungseigentümers beeinträchtigt die optische Gestaltung des Treppenhauses und kann daher nicht im Sondereigentum stehen (wie hier Bärmann/Seuß/*Kümmel* 6. Aufl. Teil C Rn. 66; a.A. Staudinger/*Rapp* [2018] § 5 Rn. 22). Ein **Briefkastenschlitz** in der Wohnungseingangstür gehört als deren Bestandteil zum gemeinschaftlichen Eigentum (*Hügel/Elzer* § 5 Rn. 50).	51
Carport	S. *Pkw-Stellplätze*	52
Dach	Ein Dach ist **grds. gemeinschaftliches Eigentum**, und zwar sowohl hinsichtlich der tragenden Konstruktion als auch der Dachplatten. Das gilt auch für Einfamilien-, Doppel- und Reihenhäuser sowie Anbauten (*BGH* NJW-RR 2001, 800 = NZM 2001, 435; *BayObLG* NZM 2000, 674 = ZMR 2000, 471; *OLG Hamm* FGPrax 1996, 176 = ZMR 1996, 503). Auch das einen Hof überdeckende **Glasdach** ist zwingend gemeinschaftliches Eigentum (*OLG Düsseldorf* ZMR 2009, 53 = ZWE 2008, 302 m. insoweit abl. Anm. *Sauren*).	53

		Das gleiche gilt für **Lichtkuppeln** (*LG Stuttgart* WE 2009, 146). **Dachvorbauten** sollen demgegenüber nach den für Balkone geltenden Grundsätzen sondereigentumsfähig sein (*BGH* ZWE 2017, 266; *Bärmann/Armbrüster* Rn. 67; **a.A.** *Hügel/Elzer* Rn. 50; *Heinemann* ZMR 2017, 716. Ein Dach gehört dann zum **Sondereigentum**, wenn das zugehörige Gebäude gem. § 5 Abs. 1 S. 2 WEG im Sondereigentum steht.
54	**Dachterrasse/Dachgarten**	Eine Dachterrasse kann nach h.M. hinsichtlich des abgrenzbaren Raumes Sondereigentum sein, allerdings nur bzgl. der Teile, die nicht konstruktiv für das Gebäude sind (*BGH* Rpfleger 2018, 532; *OLG München* ZWE 2012, 316; *OLG München* OLG-Report 2007, 419 = MDR 2007, 827; *OLG Frankfurt am Main,* MittBayNot 1975, 225 = Rpfleger 1975, 178; *LG Schwerin* ZMR 2009, 401; **a.A.** *OLG Köln* OLGZ 1982, 413; Staudinger/*Rapp* [2018] § 5 Rn. 7; Weitnauer/*Briesemeister* § 5 Rn. 10). Sondereigentum ist deshalb nur der begehbare Oberbelag, nicht jedoch die darunter liegenden Abdichtungs- und Isolierschichten (*KG* ZMR 2009, 135, 136; *BayObLG* WuM 1994, 152). Der Abdichtungsanschluss zwischen Dachterrasse und Gebäude gehört zum gemeinschaftlichen Eigentum, auch wenn der Ausbau des Dachgeschosses nachträglich durch den einzelnen Wohnungseigentümer erfolgt (*BayObLG* NJW-RR 2001, 305). Die auf einer Dachterrasse liegende Humusschicht kann Sondereigentum sein (*BayObLG* WuM 1991, 610). Diese Grundsätze finden für **Dachgärten** entsprechende Anwendung (*BGH* NJW 2017, 2184 = ZfIR 2017, 409 = ZMR 2017, 409 = ZWE 2017, 266).
55	**Decken**	Die tragenden **Geschossdecken** einschließlich der Isolierung gegen Feuchtigkeit und Trittschall sind zwingend gemeinschaftliches Eigentum (*BGH* ZMR 2017, 412 = ZWE 2017, 216; *OLG Frankfurt am Main* ZMR 2009, 215; *OLG München* NZM 2008, 493 = ZMR 2008, 232). **Zwischendecken** stehen als Deckenverkleidungen innerhalb des Sondereigentums gem. § 5 Abs. 1 S. 1 im Sondereigentum (*BGH* ZMR 2017, 412 = ZWE 2017, 216). Eine der Feuchtigkeitsisolierung dienende **Folie in einer Zwischendecke** ist auch dann Bestandteil des gemeinschaftlichen Eigentums, wenn in der Teilungserklärung bestimmt ist, dass der Bodenbelag zum Sondereigentum gehört, und wenn sich die Notwendigkeit der Isolierung nur aus der Nutzung der Raumeinheit als gastronomische Küche ergibt (*OLG Köln* NZM 2002, 125 = ZMR 2002, 377). Wird in der Teilungserklärung die Isolierschicht als Sondereigentum bezeichnet, kann die Auslegung ergeben, dass die Instandhaltungskosten für die Isolierschicht nicht von der Gemeinschaft, sondern von dem einzelnen Wohnungseigentümer zu tragen sind (*OLG Hamm* ZMR 1997, 193). Zur Auslegung und Umdeutung s. Rn. 27 ff. **Geschossdecken** einer **Tiefgarage** sind ebenfalls zwingend gemeinschaftliches Eigentum. Dies gilt insbesondere für die aus Brandschutzgründen erforderliche Betonüberdeckung über der Bewehrung (*OLG München* NZM 2008, 493 = ZMR 2008, 232).

Doppelparker/Duplexgarage	Eine **Duplexgarage (Doppelparker)** war bis zum 30.11.2020 nach h.M. nur in ihrer Gesamtheit sondereigentumsfähig, nicht dagegen der einzelne Stellplatz (*BGH* ZfIR 2024, 303 = ZWE 2024, 255; *BGH* NJW 2014, 1879 = ZMR 2015, 232 = ZWE 2014, 211; *OLG Jena* NotBZ 2005, 219; *OLG Celle* NZM 2005, 871; *OLG Düsseldorf* NZM 1999, 571; *BayObLG* NJW-RR 1995, 783; *LG Dresden* ZMR 2010, 979; *Böttcher* Rpfleger 2004, 21, 25; Niedenführ/*Vandenhouten* Rn. 13; Weitnauer/*Briesemeister* § 5 Rn. 29; **a.A.** Bärmann/*Armbrüster* Rn. 55M; Staudinger/*Rapp* [2018] § 5 Rn. 20; *Hügel* NotBZ 2000, 349). Die **Hebebühne** war als konstruktives Bauteil nur dann zwingendes gemeinschaftliches Eigentum, wenn sie noch weitere Garageneinheiten betreibt; ansonsten dient sie nur den Sondereigentümern des Duplexparkers und steht in deren Sondereigentum (*BGH* ZMR 2012, 377 = ZWE 2012, 81; *Häublein* MittBayNot 2000, 112; weitergehend – immer gemeinschaftliches Eigentum – *OLG Düsseldorf* NZM 1999, 571; *OLG Celle* NZM 2005, 871; *AG Rosenheim* ZMR 2008, 923; hier bis zur 3. Aufl.). Gleiches galt für die **Hydraulik** (*BGH* ZMR 2012, 377 = ZWE 2012, 81; enger noch *KG* ZMR 2005, 569; *AG Rosenheim* ZMR 2008, 923). Eine Regelung der stellplatzberechtigten Wohnungseigentümer zur Benutzung der einzelnen Stellplätze konnte insoweit nicht nur über eine Eintragung gem. § 1010 BGB verdinglicht werden; möglich war nach h.M. auch eine Regelung als Inhalt des Sondereigentums gem. §§ 13 Abs. 2, 15 WEG a.F. (*BGH* NJW 2014, 1879 = ZfIR 2014, 441 = ZWE 2014, 211; *OLG Jena* FGPrax 2000, 7; *OLG Frankfurt am Main*, NZM 2001, 527 = Rpfleger 2000, 212 m. zust. Anm. *v. Oefele* MittBayNot 2000, 440; *BayObLG* NJW-RR 1994, 1427 = Rpfleger 1995, 67; *LG München II* MittBayNot 1988, 78; *LG München I* MittBayNot 1971, 242; Bauer/*v. Oefele* 3. Aufl. AT V Rn. 91; *Böttcher* ZfIR 1997, 321, 327; *ders.* Rpfleger 2004, 21, 26; *Ertl* Rpfleger 1979, 81; *ders.* DNotZ 1988, 4, 11; *Frank* MittBayNot 1994, 512; *Häublein* Sondernutzungsrechte, S. 11; *v. Heinitz* DNotZ 1971, 645; *Schmenger* BWNotZ 2003, 73, 74; *F. Schmidt* MittBayNot 1995, 115; *Schneider* Rpfleger 1998, 9, 12 f.; *Staudenmaier* BWNotZ 1975, 170, 172; Staudinger/*Kreuzer* § 15 Rn. 4; vgl. auch *OLG Zweibrücken* ZMR 2001, 734; **a.A.** *LG Düsseldorf* MittRhNotK 1987, 163; *Basty* Rpfleger 2001, 169; *Huff* WE 1996, 134; *Hügel* ZWE 2001, 42; *Hügel/Elzer* DNotZ 2014, 403; *Niedenführ//Vandenhouten* § 15 Rn. 1; Palandt/*Bassenge* § 15 Rn. 1; Riecke/Schmid/*Elzer*, 3. Aufl. § 3 Rn. 73; *Schöner* Rpfleger 1997, 416; *Schöner/Stöber* Rn. 2836; *Stumpp* MittBayNot 1971, 10; Weitnauer/*Briesemeister* § 3 Rn. 121). Diese Regelungen bestehen unverändert fort und können auch nach dem Inkrafttreten des WEMoG noch getroffen werden. Zusätzlich besteht seit dem 01.12.2020 die Möglichkeit, an den einzelnen Stellplätzen eines Mehrfachparkers Sondereigentum zu begründen (§ 3 Abs. 1 S. 2 WEG). Soweit nun die konstruktiven Teile des Doppelparkers (Hebebühne, Hydraulik) mehreren Sondereigentümern zu dienen bestimmt sind, stehen sie zwingend im gemeinschaftlichen Eigentum. Insofern bieten sich entsprechende Untergemeinschaften mit Kostentragungs- und Verwaltungsregelungen in der Gemeinschaftsordnung an (*Becker/Schneider* ZfIR 2020, 281, 285). S.a. *Pkw-Stellplätze.*	56

57	**Einbauküche/Einbauschrank**	Eine Einbauküche ist sondereigentumsfähig, wenn sie ein **wesentlicher Bestandteil** des Gebäudes ist. Der Erwerb durch Zuschlag im Zwangsversteigerungsverfahren erstreckt sich dann auch auf das Eigentum an der Einbauküche (*OLG Celle* NJW-RR 1989, 913). Ob es sich um einen solchen wesentlichen Bestandteil handelt, wird nach der Verkehrsanschauung regional unterschiedlich beurteilt – für den norddeutschen Raum bejaht für eine komfortable, individuell angepasste Einbauküche (*BGH* NJW-RR 1990, 586; *OLG Celle* NJW-RR 1989, 913; ebenso *OLG Hamburg* MDR 1978, 138); – bejaht auch für eine mit Umbauarbeiten im Haus verbundene Sonderanfertigung (*OLG Zweibrücken* NJW-RR 1989, 84); – für den west- u. süddeutschen Raum verneint (*BGH* NJW-RR 1990, 586; *OLG Hamm* FamRZ 1998, 1028 [weder Bestandteil noch Zubehör]; *OLG Düsseldorf* OLGZ 1994, 424 = NJW-RR 1994, 1039 = Rpfleger 1994, 374 [weder Bestandteil noch Zubehör]; *OLG Hamm* MittRhNotK 1989, 114 [weder Bestandteil noch Zubehör]; *OLG Karlsruhe* Rpfleger 1988, 542 = ZMR 1988, 91 [für den südbadischen Bereich: weder Bestandteil noch Zubehör]; *OLG Frankfurt am Main* ZMR 1988, 136 [weder Bestandteil noch Zubehör]; *OLG Karlsruhe* ZMR 1987, 265 [für den nordbadischen Bereich: weder Bestandteil noch Zubehör] **a.A.** *Jaeger* NJW 1995, 432). – für den west- und norddeutschen Raum wird bisweilen **Zubehöreigenschaft** bejaht (*BGH* NJW-RR 1990, 586; *OLG Köln* VersR 1980, 51). Zur **Zubehöreigenschaft** einer Einbauküche, die ein Mieter in die Wohnung einbringt vgl. *BGH* Rpfleger 2009, 253 = ZMR 2009, 271. Ein **Einbauschrank** wird i.d.R. weder Bestandteil noch Zubehör sein, weil er ohne Weiteres an anderer Stelle wieder aufgebaut werden kann (*OLG Köln* v. 09.12.2011 – 19 U 48/11). Sondereigentumsfähigkeit wird nur in Betracht kommen, wenn dem Einbauschrank aufgrund seiner mauerersetzenden Funktion ausnahmsweise Bestandteilseigenschaft zukommt (*BFH* BFHE 120, 486 = NJW 1977, 648 m.w.N.).
58	**Eingangshalle**	Eine Eingangshalle ist zwingendes gemeinschaftliches Eigentum (*BayObLG* WuM 1985, 232).
59	**Estrich**	Der Estrich ist im Hinblick auf die mit ihm verbundene Trittschall- und Isolierfunktion zwingend gemeinschaftliches Eigentum (*BGH* NJW 2018, 2123 = ZMR 2018, 689 [allerdings eine zwingende Zuordnung offenlassend]; *BGH* BGHZ 184, 88 = NJW 2010, 2129 = ZfIR 2010, 360 = ZMR 2010, 542 = ZWE 2010, 174; *BayObLG* NJW-RR 1994, 598; *OLG Hamm ZMR 1997, 193*; *OLG Düsseldorf* NJW-RR 2001, 1594; *OLG Hamm* ZMR 2007, 296 = ZWE 2007, 135; **a.A.** *Greiner* ZMR 2022, 530, 531; *Schlüter* ZWE 2012, 310). Die im Estrich einer Eigentumswohnung verlegten Entsorgungsleitungen gehören zum gemeinschaftlichen Eigentum, weil die Rohre nur durch einen Eingriff in den im gemeinschaftlichen Eigentum stehenden Estrich beseitigt und anders verlegt werden können (*OLG München* MietRB 2010, 174). Ist Wohnungs- oder Teileigentum an separaten Baukörpern begründet (Einfamilienhaus, Garage), kann der Estrich im Alleineigentum eines Sondereigentümers stehen (*OLG Düsseldorf* FGPrax 2004, 16 = ZMR 2004, 280), weil in diesem Fall mit dem Estrich kein Trittschallschutz verbunden sein kann.

Fenster	Fenster sind grundsätzlich gemeinschaftliches Eigentum, da sie das äußere Bild des Gebäudes bestimmen (*BGH* BGHZ 222, 187 = NJW 2019, 3780 = ZfIR 2019, 721 = ZMR 2019, 890 = ZWE 2019, 488; *BGH* ZWE 2014, 125; *BGH* NJW 2012, 1722 = ZMR 2012, 641 = ZWE 2012, 267; *OLG Karlsruhe* ZMR 2010, 873 = ZWE 2011, 38; *OLG Frankfurt am Main* ZMR 2009, 215; *BayObLG* WuM 2000, 560; *BayObLG* ZMR 2001, 241; *OLG Düsseldorf* NZM 1998, 269 = ZMR 1998, 304), und zwar sowohl der **Rahmen** (*BGH* BGHZ 222, 187 = NJW 2019, 3780 = ZfIR 2019, 721 = ZMR 2019, 890 = ZWE 2019, 488; *BGH* NJW 2012, 1722 = ZMR 2012, 641 = ZWE 2012, 267; *OLG Düsseldorf* NZM 1998, 269 = ZMR 1998, 304) als auch die **Verglasung**, unabhängig von der Art der Verglasung (Einfach-, für Doppelverglasung mit einfachem Rahmen: *BayObLG* (NJW-RR 1996, 140); für Kunststofffenster mit Isolierglas *BayObLG* (ZMR 2003, 951). Eine Zuordnung zum Sondereigentum kann allenfalls bezüglich der Innenfenster von echten **Doppelfenstern** erfolgen, die über einen eigenen, gesondert zu öffnenden Rahmen verfügen; aufgrund der technischen Entwicklung sind diese inzwischen aber selten geworden (vgl. *BayObLG* ZMR 2000, 241 = ZWE 2000, 177; ebenso Bärmann/*Armbrüster* § 5 Rn. 55F; einschränkend Bärmann/Seuß/*Kümmel* 6. Aufl. Teil C Rn. 66, der Sondereigentum nur anerkennen will, wenn durch eine Entfernung der Innenfenster die Energiebilanz des Hauses nicht über das in § 14 Nr. 1 WEG a.F. bestimmte Maß hinaus beeinträchtigt wird. Die eigentumsmäßige Zuordnung kann jedoch nicht von der unbestimmten und Wechseln unterworfenen Feststellung des »unvermeidbaren Maßes« abhängen). In allen anderen Fällen ist eine derartige Bestimmung der Teilungserklärung unwirksam; sie kann im Einzelfall aber dahin umgedeutet werden, dass der jeweilige Wohnungseigentümer die Erhaltungskosten für die Fenster im Bereich seines Sondereigentums zu tragen hat (*OLG Karlsruhe* ZMR 2010, 873 = ZWE 2011, 38; *OLG Karlsruhe* NZM 2002, 220; *OLG Düsseldorf* NZM 1998, 269 = ZMR 1998, 304; *OLG Hamm* NJW-RR 1992, 148; s. Rn. 26a). Obliegt nach der Gemeinschaftsordnung die Behebung von Glasschäden dem jeweiligen Wohnungseigentümer, gilt dies auch für den Austausch trüb oder blind gewordener Scheiben (*BayObLG* NZM 2001, 1081). Auch **Fenstersimse, Fensterbänke** und **Fensterläden** sind zwingend gemeinschaftliches Eigentum (vgl. *OLG Frankfurt am Main* NJW 1975, 2297), da sie die äußere Gestaltung des Gebäudes betreffen. **Innenfensterbänke** können aus diesem Grunde im Sondereigentum stehen. **Fenstergriffe** können dem Sondereigentum zugeordnet werden, wenn sie unabhängig von der Schließmechanik ausgetauscht werden können. Außen angebrachte **Fenstergitter** können nicht im Sondereigentum einzelner Wohnungseigentümer stehen (*KG* NJW-RR 1994, 401 = ZMR 1994, 169).	60
Flure	Flure, die den Zugang zu mehr als einer Einheit gewährleisten, stehen zwingend im gemeinschaftlichen Eigentum. Ein sog. **Vorflur**, der den Zugang lediglich zu zwei Wohnungen bildet, steht ebenfalls zwingend im gemeinschaftlichen Eigentum (vgl. zum Eingangsflurproblem § 7 Rdn. 313). Ein **Verbindungsflur**, der die einzige Verbindung zu zentralen Versorgungseinrichtungen bildet, ist ebenfalls zwingendes gemeinschaftliches Eigentum (*BGH* NJW 1991, 2909 = Rpfleger 1991, 454).	61
Gartenwasserhahn	Wasserhähne im Bereich des gemeinschaftlichen Gartens sind gemeinschaftliches Eigentum. Eine Zuweisung zur alleinigen Nutzung an einige Wohnungseigentümer kann deshalb auch nicht durch Mehrheitsbeschluss erfolgen (*OLG München* NZM 2007, 447 = ZMR 2007, 561).	62

63	**Gastherme**	Eine zentrale Heizungsanlage, die sich in einem im Sondereigentum eines Wohnungseigentümers stehenden Raum befindet und von der die Räume dieses Wohnungseigentümers und die Räume eines anderen Wohnungs- oder Teileigentümers mit Wärmeenergie versorgt werden, dient nicht dem gemeinschaftlichen Gebrauch der Wohnungseigentümer. Sie kann daher Sondereigentum sein (*BayObLG* NJW-RR 2000, 1032 = Rpfleger 2000, 326 = ZMR 2000, 622). S.a. *Heizungsanlage*.
64	**Grundstücksflächen**	Im Hinblick auf §§ 1 Abs. 5, 5 Abs. 2 WEG kann an Grundstücksflächen, die nicht Bestandteil eines Gebäudes sind, grds. kein Sondereigentum gebildet werden (*BGH* NJW 2020, 42 = ZfIR 2019, 860 = ZMR 2020, 43 = ZWE 2020, 32; *OLG Hamm* Rpfleger 2007, 137 = ZMR 2007, 213; *OLG Hamm* DNotZ 2003, 945 = Rpfleger 2003, 574 = ZMR 2004, 369; *OLG Hamm* Rpfleger 1998, 241 = ZMR 1998, 456; *BayObLG* MDR 1992, 673; *OLG Celle* DNotZ 1992, 213). Gem. § 3 Abs. 1 S. 2 WEG und § 3 Abs. 2 WEG kann jedoch an Grundstücksflächen selbstständiges **Stellplatzeigentum** bzw. unselbstständiges **Annexeigentum** begründet werden. Dabei kann die gesamte Grundstücksfläche zum Sondereigentum bestimmt werden; die Standfläche des Gebäudes verbleibt jedoch im (restlichen) gemeinschaftlichen Eigentum. **Unbebaute Grundstücksflächen** benötigen daher immer eine (Rest-)Fläche im gemeinschaftlichen Eigentum, da andernfalls die wohnungseigentumsrechtliche Konzeption von Mit- und Sondereigentum nicht aufrecht erhalten werden kann.
65	**Haus**	Ein Einfamilienhaus kann grds. nicht insgesamt im Sondereigentum stehen; die tragenden Teile müssen im gemeinschaftlichen Eigentum verbleiben; dasselbe gilt für Doppel- und Reihenhäuser (*BGH* NJW-RR 2001, 800 = NZM 2001, 435; *OLG Düsseldorf* Rpfleger 2004, 691 = ZfIR 2004, 778; *BayObLG* NJW-RR 2000, 1179 = ZMR 2000, 471) sowie Anbauten (*OLG Hamm* FGPrax 1996, 176 = ZMR 1996, 503). Die Zuordnung zu einem Eigentümer kann ggf. über Sondernutzungsrechte gelöst werden. Ein auf einem Annexeigentum gem. § 3 Abs. 2 WEG errichtetes Haus steht jedoch im Eigentum des betreffenden Sondereigentümers (§ 5 Abs. 1 S. 2 WEG).
66	**Heizungsanlage**	Eine **Heizungsanlage**, die **ausschließlich** der **Eigenversorgung** der Wohnanlage dient, ist zwingend gemeinschaftliches Eigentum, unabhängig davon, wie viele Gebäude die Anlage umfasst (BGHZ 73, 302 = NJW 1979, 2391 = Rpfleger 1979, 255 = ZMR 1981, 123; *OLG Schleswig* ZMR 2006, 886; *BayObLG* ZMR 1999, 50; **a.A.** *Grziwotz* MietRB 2010, 152: Einräumung eines Sondernutzungsrechts für die übrigen Wohnungseigentümer sei ausreichend). Dies muss auch dann gelten, wenn ein Miteigentümer die Wärme gewerbsmäßig an die übrigen Eigentümer liefern will; er steht einem Außenstehenden nicht gleich (Bärmann/*Armbrüster* Rn. 39; a.A. Weitnauer/*Briesemeister* Rn. 24; *Schmid* ZMR 2008, 862 m.w.N.). Streitig ist, ob Sondereigentum an einer **Heizungsanlage** bestehen kann, die nicht nur der Versorgung der Wohnungseigentümergemeinschaft, sondern **auch der Fremdversorgung** dient (so *BGH* NJW 1975, 688 = ZMR 1975, 247 Ls.; BGHZ 73, 302 = Rpfleger 1979, 255 = ZMR 1981, 123; *Schmid* ZMR 2008, 862 m.w.N.; **a.A.** Bärmann/*Armbrüster* § 5 Rn. 42). Eine Fremdversorgung führt jedoch nicht zur Sondereigentumsfähigkeit; § 5 Abs. 2 bezweckt den Schutz der übrigen Wohnungseigentümer und differenziert nicht danach, ob die Anlage dem *ausschließlichen* Zweck der Wohnungseigentümer zu dienen bestimmt ist.

	Versorgt die **Zentralheizung** zwar nicht alle, aber **mehrere Einheiten** in der Anlage, besteht gemeinschaftliches Eigentum, wenn sie von der Gemeinschaft oder von den betroffenen Wohnungseigentümern gemeinschaftlich betrieben wird (*Abramenko* ZWE 2007, 61, 68; Bärmann/*Armbrüster* Rn. 45). Dient eine **Heizungsanlage** allein der **Versorgung einer Wohnungseinheit** (typisch: Etagenheizung), kann sie im Sondereigentum des betreffenden Wohnungseigentümers stehen (*BayObLG* ZfIR 2000, 798 = ZMR 2000, 622 = ZWE 2000, 213; Bärmann/*Armbrüster* Rn. 50). S. auch *Gastherme*. Beim **Wärme-Contracting** kann die gemeinschaftliche Heizungsanlage vom Contractor gepachtet sein oder dieser kann sie als Scheinbestandteil gem. § 95 BGB eingebaut haben. Ist die Anlage nur gepachtet, ist sie notwendiges gemeinschaftliches Eigentum; ist sie nur Scheinbestandteil, gehört sie dem Wärmecontractor (*Schmid* ZMR 2008, 862 m.w.N.).
	Die vorgenannten Grundsätze gelten auch für sog. **Blockheizkraftwerke** (vgl. *LG Hamburg* ZMR 2020, 229; *LG Itzehoe* ZWE 2012, 182 jew. für gemeinschaftliches Eigentum bei Selbstversorgung). Ausf. zur sachenrechtlichen Einordnung unter Berücksichtigung der problematischen Eigenversorgung bei Einspeisung überschüssigen Stroms in das Stromnetz *Drasdo* ZWE 2020, 357; *Suilmann* ZWE 2014, 302. S. auch *Leitungen*.
	Nach Auffassung des *BGH* können **Heizkörper** in der Teilungserklärung dem Sondereigentum zugeordnet werden (*BGH* NJW 2011, 2958 = ZfIR 2011, 833 m. abl. Anm. *Rüscher* = ZMR 2011, 971 m. abl. Anm. *Jennißen* = ZWE 2011, 394 m. zust. Bespr. *Armbrüster* ZWE 2011, 392). Nach dieser Ansicht stellen Heizkörper kein gemeinschaftliches Eigentum gem. § 5 Abs. 2 dar. Sie müssten dann aber auch ohne ausdrückliche Zuordnung gem. § 5 Abs. 1 S. 1 im Sondereigentum stehen (*Schlüter* ZMR 2011, 935), weil eine Vereinbarung, die gemeinschaftliches Eigentum zu Sondereigentum erklärt, nichtig ist (*Hügel/Elzer* DNotZ 2012, 4, 6 ff.). Nach hier vertretener Auffassung sind die einzelnen Heizkörper in den Wohnungen nicht nur dann gemeinschaftliches Eigentum, wenn das Vorhandensein des einzelnen Heizkörpers zwingende Voraussetzung für das Funktionieren der Gesamtanlage ist (*Hügel/Scheel* Teil 1 Rn. 35). Die Erhaltung der Gebrauchsfähigkeit des Heizungssystems insgesamt macht eine Zuordnung zum gemeinschaftlichen Eigentum erforderlich; auf die Möglichkeit einer Demontage einzelner Heizkörper kann es deshalb nicht ankommen (*Greiner*, 2. Aufl. Rn. 31 [jetzt aufgegeben]; Jennißen/*Grziwotz* § 5 Rn. 85; *H. Müller* Teil 2 Rn. 18; *Rathke* ZWE 2010, 352; *Scheffler* AnwZert MietR 25/2008 Anm. 2; *Schmid* ZMR 2008, 862, 863; *ders.* MDR 2011, 1081; zur Einheitlichkeit eines Heizsystems s. auch *OLG München* ZMR 2009, 64; **a.A.** hier noch bis zur 2. Aufl.; *BayObLG* ZMR 2003, 366; Bärmann/*Armbrüster* § 5 Rn. 55H).
	Fußbodenheizungen sind gemeinschaftliches Eigentum, weil die Heizschlangen im Estrich verlegt sind und dieser idR im gemeinschaftlichen Eigentum steht (*LG Bonn* WE 2001, 47 m. abl. Anm. *Happ*; *Schmid* ZMR 2008, 862, 863; **a.A.** *AG Mettmann* ZMR 2006, 240; Bärmann/*Armbrüster* § 5 Rn. 55F; *Häublein* ZMR 2016, 935; Niedenführ/*Vandenhouten* Rn. 33).

		Sofern kein Dritteigentum besteht, sind die Geräte zur Verbrauchserfassung (**Heizkostenverteiler**) gemeinschaftliches Eigentum, da sie zwingend erforderlich sind, um die durch HeizkostenV und GEG vorgeschriebene verbrauchsabhängige Abrechnung für alle Wohnungen vornehmen zu können (*HansOLG Hamburg* ZMR 1999, 502; *Bielefeld* NZM 1998, 249). **Thermostatventile** sind aus dem gleichen Grunde entgegen dem *BGH* ebenfalls zwingend gemeinschaftliches Eigentum (*OLG München* MDR 2008, 620 = ZMR 2009, 64; *OLG Stuttgart* ZMR 2008, 243; *OLG Hamm* NJW-RR 2002, 156 = ZMR 2001, 839; *Schmid* ZMR 2008, 862; **a.A.** *BGH* NJW 2011, 2958 = ZfIR 2011, 833 m. abl. Anm. *Rüscher* = ZMR 2011, 971 m. abl. Anm. *Jennißen* = ZWE 2011, 394 m. zust. Bespr. *Armbrüster* ZWE 2011, 392; Bärmann/*Armbrüster* § 5 Rn. 55T). Zu einem in das Erdreich eingebrachten **Erdöltank** als wesentlicher Gebäudebestandteil nach Grundstücksteilung s. *BGH* Rpfleger 2013, 227.
67	**Heizungsraum**	Das zu Heizungsanlagen Ausgeführte gilt entsprechend auch für einen Heizungsraum (BGHZ 73, 302 = Rpfleger 1979, 255 = ZMR 1981, 123; *OLG Schleswig* ZMR 2006, 886). Sondereigentum kann hieran nur begründet werden, wenn der Heizungsraum nicht ausschließlich Heizzwecken dient. Andere Nutzungszwecke müssen allerdings annähernd gleichwertig sein, wenn Sondereigentum begründet werden soll (*OLG Bremen* ZMR 2016, 716; *OLG Schleswig* ZMR 2006, 886, 887). Zur Sondereigentumsfähigkeit von *Zugangsräumen* s. dort.
68	**Innenhof**	An einem teilweise überdachten Hof, der auf drei Seiten von Räumen des angrenzenden und eines anderen Wohnungseigentums und auf der vierten Seite von einer das Grundstück begrenzenden Mauer umgeben ist, kann kein Sondereigentum begründet werden, weil es an der Gebäudeeigenschaft fehlt (*DNotI-Gutachten* DNotI-Report 1998, 1). Ein allseits umfasster Innenhof mit einem (im gemeinschaftlichen Eigentum stehenden) Glasdach ist sondereigentumsfähig (*OLG Düsseldorf* ZMR 2009, 53; a.A. *Sauren* ZWE 2008, 305). Dies soll auch für einen allseits umschlossenen, nicht überdachten Innenhof gelten, der nur von dem alleinigen im Erdgeschoss befindlichen Wohnungseigentum betreten werden kann (so *OLG Hamm* ZWE 2016, 167; *Bartholome* NJW 2017, 2082; *Bärmann/Armbrüster* Rn. 55I; *Ott* DNotZ 2016, 626). Ein solcher Innenhof ist jedoch lediglich Grundstücksbestandteil und nicht Gebäudebestandteil und als solcher nicht sondereigentumsfähig (zu Recht abl. deshalb *Böttcher* ZNotP 2017, 93; *Elzer* NotBZ 2017, 13; *Rapp* MittBayNot 2016, 399; *Schneider* ZMR 2016, 303; Staudinger/*Rapp* Rn. 5). Seit dem Inkrafttreten des WEMoG kann die Sondereigentumsfähigkeit über § 3 Abs. 2 WEG als Annexeigentum herbeigeführt werden.
69	**Isolierschichten**	Isolierschichten sind gemeinschaftliches Eigentum (*OLG München* NZM 2007, 369; *BayObLG* ZMR 2004, 928; *OLG Düsseldorf* NZM 1998, 269 = ZMR 1998, 304; BayObLGZ 1982, 203). S.a. Balkon.
70	**Jalousien**	Außenjalousien einer Wohnungseigentumsanlage stehen im gemeinschaftlichen Eigentum; sie betreffen die äußere Gestaltung des Gebäudes (*BGH* ZfIR 2018, 695 = ZMR 2019, 47; *KG* ZMR 1985, 344). S. auch Rolläden. Innenjalousien stellen keine Bestandteile des Gebäudes dar.

Kamin	Kamine (Schornsteine) sind insgesamt gemeinschaftliches Eigentum, auch wenn sie nur für Räume im Erdgeschoss genutzt und durch die oberen Stockwerke geführt werden (*BayObLG* ZMR 1999, 50). Sondereigentum kann jedoch ein offener Kamin im räumlichen Bereich eines Sondereigentums sein (*LG München I* ZMR 2015, 149; Bärmann/*Armbrüster* Rn. 55K).	71
Kanalisation	Die Kanalisation ist gemeinschaftliches Eigentum. S. auch *Abwasserhebeanlage*	72
Klingel(tableau)	Das Klingeltableau im Eingangsbereich eines Gebäudes steht zwingend im gemeinschaftlichen Eigentum (*BayObLG* ZWE 2005, 96). Die einzelne Klingel an der Wohnungstür steht im Sondereigentum des jeweiligen Wohnungseigentümers, da sie ausschließlich seiner Nutzung dient (Bärmann/*Armbrüster* Rn. 55K).	73
Laubengänge	Laubengänge sind zwingend gemeinschaftliches Eigentum (*BGH* NJW 2014, 379 = ZfIR 2014, 15 = ZMR 2014, 223 = ZWE 2014, 81).	74
Leitungen	Leitungen zur Ver- und Entsorgung, die wesentliche Bestandteile des Gebäudes sind, stehen zwingend im gemeinschaftlichen Eigentum, soweit sie im räumlichen Bereich des gemeinschaftlichen Eigentums verlaufen. Das gilt nach Auffassung des *BGH* auch dann, wenn ein Leitungsstrang ausschließlich der Versorgung einer einzelnen Wohnung dient. (*BGH* NJW 2013, 1154 = ZfIR 2013, 377 = ZMR 2013, 454 = ZWE 2013, 205). **Energiezuleitungsrohre**, die im Treppenhaus von der Steigleitung abzweigen und durch die Mauer des Treppenhauses zu einer Eigentumswohnung geführt werden, stehen ebenfalls im gemeinschaftlichen Eigentum (*BayObLG* WuM 1993, 79). Ebenso sind **Wasser- und Entwässerungsleitungen**, die zwar von der Hauptleitung abzweigen, aber durch fremdes Sondereigentum laufen, ehe sie die im Sondereigentum eines anderen Wohnungseigentümers stehende Zapfstelle erreichen, notwendigerweise gemeinschaftliches Eigentum (*KG* WuM 1989, 89). Die früher h.M. nahm Sondereigentum dann ab der Abzweigung zum jeweiligen Sondereigentum an. Nach der neueren *BGH*-Rechtspr. gehören zu dem im gemeinschaftlichen Eigentum stehenden Versorgungsnetz die Leitungen allerdings nicht nur bis zu ihrem Eintritt in den räumlichen Bereich des Sondereigentums, sondern bis zu der ersten für die Handhabung durch den Sondereigentümer vorgesehenen Absperrmöglichkeit (*BGH* ZMR 2017, 412 = ZWE 2017, 216; *BGH* NJW 2013, 1154 = ZfIR 2013, 377 = ZMR 2013, 454 = ZWE 2013, 205). Je nach Bauweise kann das schon daraus folgen, dass eine – nicht durch Ventile, Eckverbindungen oder ähnliche Zwischenstücke – unterteilte Leitung eine einheitliche Sache ist, an der nur einheitliches Eigentum bestehen kann. In erster Linie ist hingegen maßgeblich, dass Wasser- und Heizungsleitungen erst von dem Punkt an ihre Zugehörigkeit zu dem Gesamtnetz verlieren, an dem sie sich durch eine im räumlichen Bereich des Sondereigentums befindliche Absperrvorrichtung hiervon trennen lassen. Wendet man diese Grundsätze auf **Heizleitungen** an, so gehören diese auch nach der neueren *BGH*-Rechtsprechung zum gemeinschaftlichen Eigentum, weil sie üblicherweise nicht über eine Absperrvorrichtung verfügen. Dies widerspricht jedoch der »Heizkörperentscheidung« (*BGH* NJW 2011, 2958 = ZfIR 2011, 833 = ZMR 2011, 971 = ZWE 2011, 394) und geht auch über die bisherige h.M. hinaus (der *BGH* sieht insoweit keinen Widerspruch [*BGH* NJW 2013, 1154 = ZfIR 2013, 377 = ZMR 2013, 454 = ZWE 2013, 205]; dagegen zu Recht krit. *Greiner* Rn. 58). Heizleitungen einer zentralen Heizanlage stehen demnach insgesamt im gemeinschaftlichen Eigentum; dies muss nach hier vertretener Auffassung schon wegen des einheitlichen Heizsystems auch für Abzweigleitungen innerhalb eines Sondereigentums gelten. Darüber hinaus vermag eine Absperrvorrichtung nicht die gem. § 5 Abs. 2 WEG erfolgte sachenrechtliche Zuordnung zu ändern (*Hügel/Elzer* DNotZ 2013, 487, 496: vgl. auch *Heizungsanlagen*).	75

		Die vom *BGH* entwickelten Grundsätze sollen auch für **Stromleitungen** gelten (vgl. Bärmann/Armbrüster Rn. 55L). Dies ist jedoch bisher ebensowenig höchstrichterlich entschieden wie für die Fälle einer **Abwasserleitung** oder (Tele-) **Kommunikationsleitungen**. Nach hier vertretener Auffassung wird man wegen des einheitlichen Leitungssystems auch insoweit von gemeinschaftlichem Eigentum auszugehen haben. In einer Teilungserklärung kann auch bestimmt werden, dass Ver- und Entsorgungsleitungen, die nur dem Gebrauch eines Sondereigentümers dienen, selbst dann zum gemeinschaftlichen Eigentum gehören, wenn sie sich im Bereich eines (anderen) Sondereigentums befinden (*OLG Düsseldorf* NZM 1998, 864 = ZMR 1998, 652). Die im Estrich einer Eigentumswohnung verlegten Entsorgungsleitungen gehören zum gemeinschaftlichen Eigentum, weil die Rohre nur durch einen Eingriff in den im gemeinschaftlichen Eigentum stehenden Estrich beseitigt und anders verlegt werden können (*OLG München* MietRB 2010, 174; **a.A.** *Häublein* ZMR 2016, 935 für die Heizschlangen einer Fußbodenheizung). Bei der Beurteilung der Frage, ob durch die eigenmächtige Verlegung eines im gemeinschaftlichen Eigentum stehenden Abflussrohrs die Gefahr von Schäden droht, ist darauf abzustellen, dass ein erheblicher nicht hinnehmbarer Nachteil schon darin liegt, dass eventuelle Schäden am gemeinschaftlichen Eigentum nur unter Schwierigkeiten festgestellt werden können bzw. später nicht mehr feststellbar ist, ob Schäden auf dieser konkreten baulichen Veränderung oder auf dem Verschleiß oder der Reparaturbedürftigkeit des bauseitig vorhandenen Abwassersystems beruhen (*OLG Bremen* OLG-Report 1998, 352).
76	**Loggia**	Eine Loggia kann Sondereigentum sein; die tragenden Teile sind jedoch wie beim Balkon zwingend gemeinschaftliches Eigentum (für Bodenisolierung vgl. *BayObLG* ZMR 1987, 98).
77	**Markise**	Die Einordnung als Gemeinschafts- oder Sondereigentum wird nicht einheitlich beurteilt: So soll eine Markise, die der einzelne Eigentümer im Bereich seines Sondereigentums anbringt, regelmäßig dem **Sondereigentum** zuzuordnen sein (so noch *Bärmann/Pick/Merle*, 9. Aufl. Rn. 52). Demgegenüber wird überwiegend aufgrund der Eigenschaft als Zubehör oder wegen des fassadengestaltenden Elementes gemeinschaftliches Eigentum angenommen (für eine die gesamte Außenfront des Gebäudes kennzeichnende einheitliche Markisenanlage mit Stellmotoren in den Decken des Hauseingangsbereichs *OLG Frankfurt am Main* NZM 2007, 523; vgl. auch Bärmann/*Armbrüster* Rn. 55M; *Sauren* § 1 Rn. 9; Staudinger/*Rapp* [2018] Rn. 25). Wegen der Beseitigungsverpflichtung im Fall einer Beeinträchtigung des optischen Gesamteindrucks vgl. *OLG Zweibrücken* ZMR 2004, 465; *BayObLG* NJW-RR 1996, 266 m.w.N. Darauf, wer die Markisen angebracht hat (so noch 1. Aufl. Rn. 45; Staudinger/*Rapp* [2018] Rn. 25; vgl. auch Weitnauer/*Briesemeister* § 5 Rn. 18) kann im Hinblick auf den Wortlaut des Abs. 1 ebenso wenig abgestellt werden wie darauf, wessen Sondereigentum sie zu dienen bestimmt sind (so aber *H. Müller* Teil 2 Rn. 59, 84).
78	**Mauern**	Mauern sind zwingendes gemeinschaftliches Eigentum, soweit sie tragend sind. Etwas Anderes gilt lediglich für Mauern, die als wesentliche Bestandteile eines Annexeigentums gem. § 3 Abs. 2 WEG errichtet werden.

Müllentsorgung	**Müllschlucker** sind gemeinschaftliches Eigentum (Bärmann/*Armbrüster* § 5 Rn. 55M). **Mülltonnen** sind i.d.R. kommunales Eigentum. Erfolgte die Anschaffung durch die Eigentümergemeinschaft, gehören sie gem. § 9a Abs. 3 zum Gemeinschaftsvermögen (a.A. Jennißen/*Grziwotz* Rn. 93: Gemeinschaftseigentum).	79
Photovoltaikanlage	Will sich die Eigentümergemeinschaft nicht auf die Einräumung eines **Sondernutzungsrechts** beschränken (dazu *OLG Saarbrücken* ZWE 2011, 82), wird sich die sachenrechtliche Einordnung an der bautechnischen Verarbeitung der Solarelemente zu orientieren haben: Sind die Solarelemente in die einzelnen Dachziegel integriert, bilden diese die »Außenhaut« des Gebäudes. Sie stehen dann gem. § 94 Abs. 2 BGB zwingend im gemeinschaftlichen Eigentum, weil sie zur Herstellung des Gebäudes eingefügt worden sind. Sind die Solarelemente lediglich auf dem Dach montiert oder aufgeständert, handelt es sich nicht um wesentliche Bestandteile, weil diese jederzeit ohne Beschädigung auch für das Dach wieder demontiert werden können (*OLG Karlsruhe* v. 19.09.2017 – 12 U 70/17; *OLG Nürnberg* ZfIR 2017, 151; *OLG Oldenburg* JurBüro 2013, 96; vgl. *BGH* NJW 2014, 845; anders jedoch für eine festverbaute Anlage auf einer Tennishalle *BGH* NJW 2016, 2876 = ZfIR 2016, 625). Die Photovoltaikanlage ist demnach weder Sonder- noch Gemeinschaftseigentum. Es dürfte sich deshalb regelmäßig um **Zubehör** handeln, das auch im Eigentum eines Dritten, aber auch eines Wohnungseigentümers oder des rechtsfähigen Verbandes Wohnungseigentümergemeinschaft, stehen kann (*LG Passau* ZfIR 2014, 71; z.T. a.A. Bärmann/*Armbrüster* Rn. 55S). Dies wird insbesondere auch für sog. Steckersolargeräte (**Balkonkraftwerke**) zu gelten haben (vgl. § 3 Nr. 43 EEG). Demgegenüber soll nach Auffassung des *OLG Nürnberg* (ZfIR 2017, 151) eine Aufdachphotovoltaikanlage weder einen (wesentlichen) Bestandteil noch Zubehör des Grundstücks bzw. des Gebäudes darstellen, wenn sie ohne einen unverhältnismäßigen Aufwand und ohne Verursachung von Beschädigungen vom Gebäude getrennt und andernorts wieder installiert werden kann. Auch das *OLG Frankfurt* (v. 12.08.2022 – 19 U 196/18) sieht in einer auf einem **Flachdach** aufgeständerten PV-Anlage lediglich einen (unwesentlichen) Scheinbestandteil und bezieht sich auf den vergleichbaren Sachverhalt des *BGH* für eine **Freilandanlage** (BGHZ 231, 310 = NJW 2022, 614 = ZfIR 2022, 184). Die unterschiedliche Einordnung wird insbesondere versicherungsrechtlich und bei einer Immobiliarvollstreckung relevant.	80
Pkw-Stellplätze	Hier ist in mehrfacher Hinsicht zu unterscheiden: Pkw-Stellplätze **im Freien** sind grds. nicht sondereigentumsfähig (*OLG Hamm* Rpfleger 2007, 137 = ZMR 2007, 213; *OLG Hamm* DNotZ 1999, 216 = Rpfleger 1998, 241 = ZMR 1998, 456; *Böhringer* MittBayNot 1990, 12). Dies gilt auch dann, wenn sie mit vier Eckpfosten und einer Überdachung (**Carport**) versehen sind (*BayObLG* Rpfleger 1986, 217 = ZMR 1986, 207) oder nur eine Seitenbegrenzung fehlt (*OLG Celle* Rpfleger 1991, 364). Denkbar und in der Praxis zweckmäßig ist deshalb die Verschaffung ausschließlicher Nutzungsrechte durch Einräumung entsprechender Sondernutzungsrechte.	81

		Pkw-Stellplätze **in einer (Tief) Garage** waren nach der Einfügung des § 3 Abs. 2 S. 2 WEG a.F. sondereigentumsfähig, wenn sie durch dauerhafte Markierungen abgegrenzt sind. Ein zur Abgrenzung der Stellplätze untereinander und gegenüber dem Gemeinschaftseigentum angebrachter **Markierungsnagel** ist Gemeinschaftseigentum (*BayObLG* ZMR 2001, 820).
		Pkw-Stellplätze **auf dem nicht überdachten Oberdeck eines Garagengebäudes** sollten nach überwiegender Ansicht sondereigentumsfähig sein. (*OLG Hamm* DNotZ 1999, 216 = Rpfleger 1998, 241 = ZMR 1998, 456; *OLG Köln* DNotZ 1984, 700 m. zust. Anm. *F. Schmidt* = Rpfleger 1984, 464 m. zust. Anm. *Sauren*; *OLG Frankfurt am Main,* DNotZ 1977, 635 = Rpfleger 1977, 312; *LG Braunschweig* Rpfleger 1981, 298; Bärmann/*Armbrüster* § 5 Rn. 96; Bamberger/Roth/*Hügel* § 3 Rn. 7; Bauer/*v. Oefele* 3. Aufl. AT V Rn. 85; Erman/*Grziwotz* § 3 Rn. 7; *Höckelmann/Sauren* Rpfleger 1999, 14; *Merle* Rpfleger 1977, 196; MüKo/*Commichau* § 3 Rn. 75; *Sauren* § 3 Rn. 13; *Schöner/Stöber* Rn. 2835; **a.A.** *KG* NJW-RR 1996, 587 = ZMR 1996, 216; *OLG Celle* DNotZ 1992, 231 = Rpfleger 1991, 364; *Demharter* Anh. zu § 3 Rn. 5; Palandt/*Bassenge* § 3 Rn. 8; Niedenführ/*Vandenhouten* § 3 Rn. 32; Soergel/*Stürner* § 3 Rn. 34; Staudinger/*Rapp* § 3 Rn. 20; Weitnauer/*Briesemeister* § 3 Rn. 62 u. § 5 Rn. 10; § 7 Rn. 157). Der Streit ging im Kern um die Frage, ob § 3 Abs. 2 S. 2 WEG a.F. nur das Erfordernis der Abgeschlossenheit fingiert oder ob durch diese Vorschrift auch die erforderliche Raumeigenschaft fingiert werden soll. Der Gesetzeswortlaut weicht insoweit von der amtlichen Begründung zu § 3 Abs. 2 S. 2 WEG ab (vgl. *Merle* Rpfleger 1977, 196). Hält man abweichend von der hier vertretenen Auffassung Pkw-Stellplätze auf dem nicht überdachten Oberdeck eines Garagengebäudes für sondereigentumsfähig, müsste dies dann auch für den Fall gelten, dass die **Stellplatzfläche** des Garagengebäudes **nicht über das Niveau des Erdbodens** hinausragt (so konsequent *LG Braunschweig* Rpfleger 1981, 298; *Höckelmann/Sauren* Rpfleger 1999, 14; *F. Schmidt* ZWE 2007, 280, 284; **a.A.** *OLG Frankfurt am Main,* Rpfleger 1983, 482). Bedenken klingen jedoch bei *LG Braunschweig* (Rpfleger 1981, 298) an, wenn sich zwischen Garagenkörper und ebener Erde noch eine Erdschicht befinden sollte. Im Ergebnis würde nach dieser Ansicht also das Vorhandensein und das Ausmaß einer Zwischenschicht über die Zulässigkeit von Sondereigentum entscheiden. Der *BGH* hat nach dem Inkrafttreten des WEMoG entschieden, dass § 3 Abs. 2 S. 2 WEG a.F. lediglich die Abgeschlossenheit, nicht aber die Raumeigenschaft fingiert habe (*BGH* ZfIR 2024, 303 = ZWE 2024, 255). Damit müsste eine Begründung von Sondereigentum an Pkw-Stellplätzen auf dem nicht überdachten Oberdeck eines Garagengebäudes vor dem 01.12.2020 als unwirksam angesehen werden. Der Meinungsstreit hat sich mit der Einführung des selbstständigen Stellplatzeigentums gem. § 3 Abs. 1 S. 2 WEG jedenfalls für die Zukunft erledigt. Wird von dieser Möglichkeit Gebrauch gemacht, können sowohl innerhalb eines Gebäudes liegende Stellplätze als auch Stellplätze auf dem Gebäude oder dem Grundstück unter den Voraussetzungen des § 3 Abs. 3 WEG zu Sondereigentum bestimmt werden. Dies soll nach Auffassung des *BGH* zumindest dann auch für Stellplätze auf horizontal verschiebbaren **Parkpaletten** gelten, wenn ein bestimmter Palettenstellplatz zum alleinigen Gebrauch fest zugewiesen worden ist (*BGH* ZfIR 2024, 303 = ZWE 2024, 255). S.a. **Doppelparker.**
82	(Innen-) Putz	**Wand- und Deckenputz** stehen als Bestandteil einer Wohnung im Sondereigentum (*OLG Düsseldorf* OLG-Report 2005, 148; *BayObLG* ZMR 2003, 366 = ZWE 2003, 187).

Rauchwarnmelder	Rauchwarnmelder dienen nicht nur der Sicherheit der im Gebäude befindlichen Personen, sondern auch der Sicherheit des Gebäudes selbst (**a.A.** *Bärmann/Armbrüster* § 5 Rn. 55B; *Schultz* ZWE 2009, 383). Die aufgrund eines Beschlusses der Wohnungseigentümergemeinschaft installierten Rauchwarnmelder sollen daher nicht sondereigentumsfähig und somit zwingendes gemeinschaftliches Eigentum sein (*OLG Frankfurt am Main* DWE 2009, 63 [zutreffend, allerdings für einen an ein Meldesystem angeschlossenen *Brandmelder*]; *AG Ahrensburg* ZMR 2009, 78 m. zust. Anm. *Riecke; Schmidt/Breiholdt/Riecke* ZMR 2008, 352; **a.A.** *Schultz* ZWE 2009, 383). Auch der *BGH* nimmt jedenfalls dann zwingendes **Gemeinschaftseigentum** an, wenn die Installation von Rauchwarnmeldern gesetzlich vorgeschrieben ist (auch zur Beschlusskompetenz *BGH* NJW 2013, 3092 = ZfIR 2013, 511 = ZMR 2013, 642 = ZWE 2013, 358). Bereits im Vorgriff von Mietern oder einzelnen Wohnungseigentümern angebrachte Rauchwarnmelder sollen Scheinbestandteile gem. § 95 BGB darstellen (*Riecke* ZMR 2009, 80). Richtigerweise wird man Rauchwarnmelder weder als Sondereigentum noch als gemeinschaftliches Eigentum ansehen können, weil sie mangels einer festen Verbindung nicht wesentliche Bestandteile des Grundstücks oder des Gebäudes sind. Sie stellen vielmehr **Zubehörteile** gem. § 97 BGB dar, die deshalb auch im Eigentum eines Dritten (z.B. des rechtsfähigen Verbandes) stehen können (*LG Hamburg* ZMR 2012, 129 = ZWE 2012, 55; *LG Hamburg* ZMR 2011, 387 = ZWE 2011, 286; *Abramenko* ZWE 2013, 117; *ders.* ZMR 2013, 645; Bärmann/*Armbrüster* Rn. 55B; *Greiner* Rn. 62; Niedenführ/*Vandenhouten* Rn. 47; *Schneider* ZMR 2010, 822, ebenso jetzt auch *Schultz* ZWE 2011, 21; **a.A.** *Greupner* ZMR 2012, 497). Eine etwaige (landesrechtlich begründete) Einbaupflicht hat keine eigentumsbestimmende Wirkung. Bei bereits erfolgter Installation deutlich teurerer Melder seitens eines Wohnungseigentümers soll dieser ausnahmsweise nicht verpflichtet werden können, die von der Gemeinschaft ausgewählten Geräte zu dulden (*AG Rendsburg* ZMR 2009, 239). Bei der Beschlussfassung über den Einbau von Rauchwarnmeldern ist jeweils das gültige Landesbaurecht zu beachten. Beschlussmuster finden sich bei *Schmidt/Breiholdt/Riecke* ZMR 2008, 352.	83
Rollläden	Rollläden können nicht dem Sondereigentum zugewiesen werden (*OLG Köln* NZM 2001, 53; *OLG Saarbrücken* FGPrax 1997, 56; *KG* ZMR 1994, 169; Staudinger/*Rapp* Rn. 25; **a.A.** *LG Memmingen* Rpfleger 1978, 101). Dies gilt auch für in der Außenwand angebrachte Rollladenkästen (*OLG Saarbrücken* ZMR 1997, 31).	84
Rückstauventil	Haben die im zum Gemeinschaftseigentum zählenden Waschmaschinenkeller stehenden, zum Privateigentum einzelner Wohnungseigentümer gehörenden Waschmaschinen jeweils einen eigenen Wasserablauf, so sind die an den Wasserabläufen montierten Rückstausicherungen gemeinschaftliches Eigentum (*OLG Köln* WuM 1998, 308; **a.A.** *AG Hannover* ZMR 2004, 786).	85
Sanitäreinrichtung	S. *Bad.*	86
Sauna	S. *Schwimmbad*	87
Schornstein	Ein Schornstein ist zwingendes gemeinschaftliches Eigentum gem. § 5 Abs. 2 (*OLG Frankfurt am Main* ZMR 2009, 215).	88

89	**Schwimmbad**	Ein Schwimmbad mit Sauna kann in der Teilungserklärung zum Gegenstand des Sondereigentums bestimmt werden, auch wenn die Anlage nach ihrem Fassungsvermögen nur auf die Zahl derjenigen Wohnungseigentümer zugeschnitten ist, in deren gemeinschaftlichem Eigentum das die Anlage enthaltende Gebäude steht. Eine Vorenthaltung der gemeinschaftlichen Verfügungsbefugnis durch Bildung von Sondereigentum läuft nicht den schutzwürdigen Belangen der Wohnungseigentümer zuwider; ein Schwimmbad schafft lediglich persönliche Annehmlichkeiten für die Wohnungseigentümer (BGHZ 78, 225 = Rpfleger 1981, 96 = ZMR 1982, 60).
90	**Sprechanlage**	Sprechanlagen sind gemeinschaftliches Eigentum. Mangels anderweitiger Regelung in der Teilungserklärung sind die in den jeweiligen Sondereigentumseinheiten gelegenen Sprechstellen einer gemeinschaftlichen Sprechanlage eines Hauses Sondereigentum der jeweiligen Wohnungseigentümer, wenn nicht ihr Funktionieren Voraussetzung für das Funktionieren der zentralen Haussprechanlage insgesamt ist. Dann wäre die einzelne Sprechstelle ein wesentlicher Bestandteil der Gesamtanlage (*OLG Köln* NZM 2002, 865 = ZMR 2003, 373).
91	**Steckdosen**	(Antennen-, Strom- und Telefon-) Steckdosen im räumlichen Bereich eines Sondereigentums gehören zum Sondereigentum (Bärmann/*Armbrüster* Rn. 55S; Staudinger/*Rapp* [2018] Rn. 25).
92	**Tapeten**	Tapeten und Innenanstriche sind Gegenstand des Sondereigentums (*BayObLG* WuM 2003, 163 = ZMR 2003, 366).
93	**Terrasse**	Eine ebenerdige Terrasse, die lediglich aus einer plattierten Fläche ohne seitliche und obere Begrenzung besteht, kann als Grundstücksbestandteil grds. nicht Sondereigentum sein (*KG* ZWE 2015, 118; *OLG Köln* OLGZ 1982, 413 = Rpfleger 1982, 278; *LG Landau* ZWE 2011, 272; *LG Frankfurt/M.* DWE 1993, 32; Weitnauer/*Briesemeister* § 5 Rn. 21 a.E.; *Müller* Rn. 81). Besteht gegenüber dem umgebenden gemeinschaftlichen Eigentum eine vertikale Begrenzung, waren Terrassen nach überwiegender Ansicht auch schon bisher sondereigentumsfähig (*OLG Köln* OLGZ 1982, 413 = Rpfleger 1982, 278; *BayVGH* ZMR 1998, 469; Bauer/*v. Oefele* 3. Aufl. AT V Rn. 36; Jennißen/*Dickersbach*, 1. Aufl. Rn. 10; *Schöner/Stöber* Rn. 2831 a.E.; vgl. auch *DNotI-Gutachten* DNotI-Report 1998, 1). Eine gewünschte Zuordnung zum Sondereigentum kann nunmehr unter den Voraussetzungen des § 3 Abs. 2 WEG als Annexeigentum erfolgen.
94	**Thermostatventil**	S. *Heizungsanlage*.
95	**Tiefgarage**	Eine Tiefgarage, für die kein eigener Miteigentumsanteil gebildet worden ist, kann nicht bestimmten Wohnungseigentumsrechten als gemeinschaftliches Sondereigentum zugeordnet werden, sie ist daher gemeinschaftliches Eigentum (*BayObLG* NZM 1999, 26 = ZMR 1999, 48). Unabhängig davon, ob die Tiefgarage insgesamt oder nur einzelne Stellplätze (früher gem. § 3 Abs. 2 S. 2 a.F.) zum Sondereigentum bestimmt worden sind, stellen das Garagendach bzw. die -decke, Stützpfeiler, Seitenbegrenzungen, Fußgängertreppen, Bodenplatte, Zu- und Abfahrten zwingendes gemeinschaftliches Eigentum dar (*OLG München* ZMR 2008, 232 = NZM 2008, 493; *BayObLG* ZMR 2004, 928; *OLG Düsseldorf* DNotZ 2004, 630 = ZMR 2004, 280; *Niedenführ/Vandenhouten* Rn. 31).

Treppe	Treppen sind gemeinschaftliches Eigentum, ebenso das Treppenhaus (*BGH* NJW 2014, 379 = ZfIR 2014, 15 = ZMR 2014, 223 = ZWE 2014, 81; *BGH* BGHZ 114, 383 = NJW 1991, 2480 = ZMR 1991, 400; *BayObLG* DNotZ 1982, 246). Dient ein Treppenhaus jedoch lediglich dem ausschließlichen Gebrauch eines Raumeigentümers, dessen Räumlichkeiten zu einem Stockwerk eines mehrere obere Stockwerke umfassenden Raumeigentums gehören, können diese zu Sondereigentum bestimmt werden (*OLG Hamm* NJW-RR 1992, 1296).	96
Tresor	Ein Tresor ist nach der Verkehrsanschauung ebenso wie etwa ein Einbauschrank weder als Zubehör noch als Bestandteil des Hauses anzusehen (vgl. *BFH*, NJW 1977, 648), da er an anderer Stelle ohne Weiteres wieder aufgestellt werden kann (*OLG Köln* v. 09.12.2011 – 19 U 48/11).	97
Trittschalldämmung	Die Trittschalldämmung ist gemeinschaftliches Eigentum (*BGH* BGHZ 114, 383 = NJW 1991, 2480 = ZMR 1991, 400; *OLG Hamm* ZMR 2001, 842; *OLG Hamm* ZMR 1997, 193). Eine zum Fußbodenaufbau gehörende Trittschallmatte hat die Funktion, den bei der Nutzung entstehenden Trittschall von konstruktiven Teilen des Bauwerks abzukoppeln, um so eine Übertragung des Trittschalls auf die übrigen Gebäudeteile zu verhindern (*OLG Düsseldorf* ZMR 1999, 726; **a.A.** *Greiner* ZMR 2022, 530, 531).	98
Türen	Es ist wie folgt zu unterscheiden: Sondereigentum sind die **Innentüren** eines Raumeigentums (*OLG Düsseldorf* OLG-Report 2005, 148; *BayObLG* ZMR 2000, 241 = ZWE 2000, 177). Die **Wohnungsabschlusstüren** können dagegen durch die Teilungserklärung nicht dem Sondereigentum zugeordnet werden; sie sind nach h.M. zwingendes gemeinschaftliches Eigentum (*BGH* NJW 2014, 379 = ZfIR 2014, 15 = ZMR 2014, 223 = ZWE 2014, 81; *OLG München* ZMR 2007, 725; *OLG Stuttgart* BauR 2005, 1490; *BayObLG* ZfIR 2004, 23; **a.A.** *OLG Düsseldorf* NZM 2002, 571 = ZMR 2002, 445). Nach anderer Ansicht kann lediglich der Innenanstrich der Wohnungseingangstüren Sondereigentum sein (*Müller* Teil 2 Rn. 70). **Balkon- und Terrassentüren** sind gemeinschaftliches Eigentum (*OLG Düsseldorf* NZM 2007, 528; *OLG München* NZM 2007, 369; *OLG Karlsruhe* NZM 2002, 220). **Hauseingangstüren** sind gemeinschaftliches Eigentum (*OVG Münster* ZWE 2011, 166; Bärmann/*Armbrüster* § 5 Rn. 55T). **Kellerausgangstüren** sind gemeinschaftliches Eigentum (*BGH* ZWE 2014, 125). Die **Nebenausgangstür** einer Garage ist gemeinschaftliches Eigentum (*BGH* ZWE 2014, 125).	99
(Geräte zur) **Verbrauchserfassung**	Geräte zur Verbrauchserfassung sind wegen des engen Zusammenhanges mit den entsprechenden Versorgungseinrichtungen gemeinschaftliches Eigentum (für **Wasserzähler** *OLG Hamburg* ZMR 2004, 291; für **Heizkostenverteiler** *OLG Hamburg* ZMR 1999, 502; *LG Dresden* ZWE 2014, 54; Bärmann/*Armbrüster* Rn. 55V; *Schmid* ZMR 2008, 862; **a.A.** *BGH* NJW 2011, 2958 = ZfIR 2011, 833 m. abl. Anm. *Rüscher* = ZMR 2011, 971 m. abl. Anm. *Jennißen* = ZWE 2011, 394; *Schlüter* ZMR 2011, 934). Zum Ganzen s.a. *Bielefeld* NZM 1998, 249. **Stromzähler** dürften dagegen i.d.R. im Eigentum des Versorgungsunternehmens stehen; wird durch sie lediglich der Verbrauch in einer Sondereigentumseinheit erfasst, sind sie sondereigentumsfähig (Bärmann/Seuß/*Kümmel* 6. Aufl. Teil C Rn. 66).	100

101	(Raum mit Geräten zur) **Verbrauchserfassung**	Räume mit Zählereinrichtungen können nur im gemeinschaftlichen Eigentum stehen, wenn ihr Zweck darauf gerichtet ist, der Gesamtheit der Wohnungseigentümer einen ungestörten Gebrauch ihrer Wohnungen und der Gemeinschaftsräume zu ermöglichen und zu erhalten (*BGH* NJW 1991, 2909 = Rpfleger 1991, 454; *OLG München* ZNotP 2020, 382; *OLG Dresden* ZWE 2017, 306; *OLG Schleswig* ZMR 2006, 886; *OLG Hamm* NZM 2006, 142 = ZMR 2006, 60; *LG Hamburg* ZWE 2010, 141; **a.A.** *OLG Bremen* ZMR 2016, 716 = ZWE 2016, 324; *OLG Saarbrücken* ZMR 1999, 431; *LG Duisburg* NZM 2014, 169 jew. für eine aus zwei Parteien bestehende Wohnungseigentümergemeinschaft).
102	**Wallbox**	Bei einer Wallbox handelt es sich um eine Ladestation für Elektrofahrzeuge, die zur Befestigung an der Wand oder einer Ladesäulenstele bestimmt ist. Eine gesetzliche Definition fehlt bisher ebenso wie eine die verschiedenen im Handel anzutreffenden Bautypen beschreibende Einordnung. Die rechtliche Qualifizierung ist daher – vorbehaltlich des etwaigen Dritteigentums eines Dienstleisters – nach den allgemeinen Grundsätzen vorzunehmen: Ist die Wallbox mehreren Teileigentümern zu dienen bestimmt (**Mehrnutzeranlage** – ggf. auch erweiterungsfähig), so kann sie je nach baulicher Beschaffenheit im gemeinschaftlichen Eigentum stehen. IdR dürfte es jedoch insoweit an der Eigenschaft als Gebäudebestandteil fehlen, so dass das nachfolgend für Einzelplatzanlagen Gesagte entsprechend gilt. Befindet sich die Wallbox im Sondereigentumsbereich eines Teileigentümers (Tiefgaragenstellplatz, Stellplatz auf dem Grundstück), dem sie ausschließlich zu dienen bestimmt ist (**Einzelplatzanlage**), so handelt es sich nach hier vertretener Auffassung um Zubehör i.S.d. § 97 BGB (ebenso *Riecke* FS Hannemann [2023], S. 273, 283; vgl. zur Parallelproblematik: »Rauchwarnmelder«). Es handelt sich bei einer Wallbox nicht um einen wesentlichen Bestandteil des Gebäudes (ebenso *Burgmair* ZWE 2018, 237, 243; offenlassend *Greiner* § 4 Rn. 156; **a.A.** offenbar Bärmann/*Dötsch* § 21 Rn. 124 mit ungenauer Wortwahl); sie ist auch nicht zur Herstellung des Gebäudes eingefügt worden. Die Wallbox kann demnach bei Anschaffung durch die GdWE als Gemeinschaftsvermögen gem. § 9a Abs. 3 WEG auch in deren Eigentum stehen (zutr. *Riecke* FS Hannemann [2023], S. 273, 282). Dies hat auch zu gelten, wenn der Stellplatz nicht im Sondereigentum steht, sondern lediglich zur **Sondernutzung** zugewiesen ist. Wegen der Eigentumsverhältnisse an den Stromleitungen s. »Leitungen«.
103	**Wand**	**Tragende Wände** stehen gem. § 5 Abs. 2 zwingend im gemeinschaftlichen Eigentum (für die Außenwand eines Reihenhauses *BGH* NJW 2014, 1090 = ZfIR 2014, 382 = ZMR 2014, 554 = ZWE 2014, 178; vgl. BGHZ 146, 242 = NZM 2001, 196 = ZMR 2001, 289). Diese Zuordnung steht jetzt unter dem Vorbehalt des § 5 Abs. 1 S. 2 WEG, soweit sich die Wand als wesentlicher Bestandteil auf einem Annexeigentum gem. § 3 Abs. 2 WEG befindet (vgl. § 5 Abs. 1 S. 2 WEG analog; s. Rdn. 21). Bzgl. **Zwischenwänden** ist darüber hinaus zu differenzieren: – Handelt es sich um eine nicht tragende Zwischenwand, die als Innenwand zwei Räume desselben Sondereigentums trennt, steht diese gem. § 5 Abs. 1 S. 1 im Sondereigentum (Bärmann/*Armbrüster* Rn. 55W). – Handelt es sich um eine nicht tragende Zwischenwand, die Räumlichkeiten des Sondereigentums von solchen des gemeinschaftlichen Eigentums trennt, steht diese zwingend gem. § 5 Abs. 2 im gemeinschaftlichen Eigentum. Dasselbe gilt für die Trennwand zum Nachbarhaus (*OLG Frankfurt am Main* ZMR 2009, 215; Bärmann/*Armbrüster* Rn. 55W).

	– Handelt es sich dagegen um eine Zwischenwand zweier im Sondereigentum stehender benachbarter Wohnungen, ist nach überwiegender Auffassung von Nachbareigentum auszugehen (Bärmann/*Armbrüster* Rn. 55Z m.w.N.; **a.A.** mglweise *OLG Frankfurt am Main* ZMR 2009, 215). Dazu s. ausf. Rdn. 108 ff. **Brandwände** stehen immer im gemeinschaftlichen Eigentum, weil sie der Sicherheit des gesamten Gebäudes dienen (*BayObLG* NJW-RR 1991, 1490).

Wandanstrich	S. *Tapeten.*	104

Wintergarten	Ein Wintergarten wird als Teil des Gesamtgebäudes angesehen; dessen Dach stellt damit als konstruktives Element einen Teil des Hauses dar und kann aus diesem Grund insoweit nur gemeinschaftliches Eigentum sein (*OLG Düsseldorf* OLG-Report 2005, 148). Eine Zuordnung zum Sondereigentum ermöglicht unter den Voraussetzungen des § 3 Abs. 2 WEG als Gebäude auf einem Annexeigentum die Regelung in § 5 Abs. 1 S. 2 WEG.	105

Zähler(raum)	S. *Verbrauchserfassung*	106

Zugangsräume (zu zwingendem Gemeinschaftseigentum)	Zugangsräume zu Räumen mit zwingendem gemeinschaftlichem Eigentum können nicht im Sondereigentum stehen (*BGH* NJW 1991, 2909 = Rpfleger 1991, 454; *OLG Dresden* ZWE 2017, 306; *OLG Hamm* NZM 2006, 142 = ZMR 2006, 60). Möglich wäre allenfalls ein Sondernutzungsrecht am gemeinschaftlichen Eigentum (*BGH* NJW 1991, 2909 = Rpfleger 1991, 454; zur Umgehungsproblematik s. Rn. 29). Ein im gemeinschaftlichen Eigentum stehender Heizungsraum kann aber auch nur unmittelbar aus jedem Sondereigentum erreichbar sein (*LG Köln* MittRhNotK 1993, 224).	107

F. Nachbareigentum/Mitsondereigentum

I. Nachbareigentum

Nachbareigentum ist als **dritte Eigentumsform** neben Sonder- und Gemeinschaftseigentum im WohnungseigentumsG nicht ausdrücklich erwähnt. Anerkannt sind jedoch Fallgestaltungen, in denen sich das Eigentum zweier Wohnungseigentümer auf einen Gegenstand bezieht, der nicht zwingend gem. § 5 Abs. 2 WEG im gemeinschaftlichen Eigentum steht. Dies gilt etwa für eine nicht tragende Mauer, die zwei Sondereigentumseinheiten voneinander abgrenzt oder für ein von der Hauptleitung abzweigendes Rohrstück, das zwei Sondereigentumseinheiten versorgt (BGHZ 146, 241 = DNotZ 2002, 127 = ZMR 2001, 289; *OLG Schleswig* DNotZ 2007, 620; *OLG Zweibrücken* Rpfleger 1987, 106 = ZMR 1987, 102; *Bärmann/Armbrüster* § 5 Rn. 55Z; Bamberger/Roth/*Hügel* § 5 Rn. 8; *Schöner/Stöber* Rn. 2824; Staudinger/*Rapp* § 5 Rn. 61; Weitnauer/*Briesemeister* § 5 Rn. 36; offen gelassen von BGHZ 208, 29 = NJW 2016, 473 = ZfIR 2016, 276 = ZMR 2016, 215 = ZWE 2016, 79; *BayObLG* ZMR 1996, 618; **a.A.** *Brückner* NZM 2024, 393, 397; *Heinemann* ZMR 2016, 680; *Commichau* DNotZ 2007, 622, 624: kein Bedürfnis für analoge Anwendung, da über Sondernutzungsrechte regelbar). 108

Allerdings werden die **Begrifflichkeiten** insoweit nicht einheitlich gebraucht. So sprechen bspw. Weitnauer/*Briesemeister* (§ 5 Rn. 36) in Übereinstimmung mit BGHZ 146, 241 von »Mitsondereigentum« (ebenso *Brückner* NZM 2024, 393, 397) und *Bärmann/Pick/Merle* (9. Aufl., § 5 Rn. 66) von »abgesondertem Miteigentum«. Zutreffend handelt es sich um allgemeines Nachbarrecht der §§ 921 ff. BGB (Staudinger/*Rapp* § 5 Rn. 61; in diese Richtung auch Weitnauer/*Briesemeister* § 5 Rn. 36), das nach einer Auffassung auch dann entsprechend zur Anwendung kommen kann, wenn eine nicht tragende Mauer ein Sondereigentum von gemeinschaftlichem Eigentum trennt (Staudinger/*Rapp* § 5 Rn. 61; **a.A.** hier Rn. 103). Soweit der *BGH* von Mitsondereigentum oder 109

»abgesondertem Miteigentum« spricht (*BGH* BGHZ 177, 338 [Luftschranken] = NJW 2008, 2982 = ZMR 2008, 897; *BGH* BGHZ 146, 241 [Wanddurchbruch] = NJW 2001, 1212 = ZMR 2001, 289), ist Nachbareigentum (Rdn. 103) gemeint (s. § 3 Rdn. 133).

110 Bei entsprechender Anwendung des Nachbarrechts sind die benachbarten Eigentümer solche nach Bruchteilen, die im Zweifel zu gleichen Anteilen gem. § 922 Satz 4 BGB i.V.m. § 742 BGB berechtigt sind (*Müller* Teil 1 Rn. 62; *Sauren* DNotZ 1988, 667, 675; Staudinger/*Rapp* § 5 Rn. 61).

II. Mitsondereigentum

111 Zu trennen ist ein solchermaßen zulässiges »Nachbareigentum« im hier verstandenen Sinne von einem im Gesetz nicht vorgesehenen »Mitsondereigentum« oder »gemeinschaftlichem Sondereigentum« einer dinglich verselbstständigten Untergemeinschaft als Eigentum einiger Wohnungseigentümer an einzelnen Gebäudeteilen oder Anlagen. Das Gesetz sieht eine solche dinglich verselbstständigte Untergemeinschaft an einzelnen Räumen oder Gebäudeteilen nicht vor, sodass diese gem. § 93 BGB auch nicht Gegenstand besonderer Rechte sein können (*BGH* ZMR 2012, 377 = ZWE 2012, 81; *BGH* BGHZ 130, 159, 168 = ZMR 1995, 521 = NJW 1995, 2851; *OLG Schleswig* MietRB 2007, 149 = DNotZ 2007, 620 m. Anm. *Commichau*; *BayObLG* ZMR 2000, 622, 623; *BayObLG* ZMR 1999, 48, 49). Auch zwingendes gemeinschaftliches Eigentum kann nicht lediglich einigen Wohnungseigentümern zugeordnet werden (z.B. Treppenhäuser einer Mehrhausanlage; vgl. *BayObLG* BayObLGZ 1981, 407 = DNotZ 1982, 246). Dem Umstand, dass manche Einrichtungen wie etwa ein Aufzug oder ein Schwimmbad nicht von allen Wohnungseigentümern genutzt werden können, kann nur durch eine Vereinbarung zur Regelung der Nutzung und der Kostentragung Rechnung getragen werden (Weitnauer/*Briesemeister* § 3 Rn. 32).

G. Inhalt des Sondereigentums

I. Grundsatz

1. Vereinbarungen

112 § 5 Abs. 4 S. 1 WEG bestimmt zunächst, dass **Vereinbarungen** über das Verhältnis der Wohnungseigentümer untereinander als sog. Gemeinschaftsordnung zum Inhalt des Sondereigentums gemacht werden können. Solchermaßen **verdinglichte Regelungen** wirken auch gegen den Sonderrechtsnachfolger, wenn sie in das Grundbuch eingetragen werden, § 10 Abs. 3 S. 1 WEG. In Betracht kommen hier insbesondere Gebrauchsregelungen, Regelungen zu baulichen Veränderungen und zur Kostentragung sowie die Begründung von Sondernutzungsrechten. Vereinbarungen gem. § 5 Abs. 4 S. 1 WEG werden somit in Anlehnung an das ErbbauRG (Weitnauer/*Briesemeister* § 5 Rn. 34) als **Inhalt des Eigentumsrechts** und nicht als dessen Belastung in das Grundbuch eingetragen. Der Unterschied zeigte sich nach bisherigem Verständnis besonders deutlich bei der Doppelparkerproblematik, wenn einerseits eine verdinglichte Regelung über § 5 Abs. 4 S. 1 WEG für möglich gehalten wird, während andererseits nur die Eintragung einer am Rangsystem des Grundbuchs teilnehmenden Kosten- und Verwaltungsregelung gem. § 1010 BGB für zulässig erachtet wird (s. Rdn. 56 m.w.N.).

113 Erfolgt die Begründung des Wohnungseigentums durch **einseitige Teilungserklärung** gem. § 8 WEG, gilt § 5 Abs. 4 S. 1 WEG für die vom teilenden Eigentümer getroffenen Regelungen über die Verweisung in § 8 Abs. 2 WEG entsprechend.

2. Beschlüsse aufgrund einer Vereinbarung

a) Grundsatz

114 Nach dem erst mit der Novelle 2007 eingeführten § 10 Abs. 4 S. 2 WEG a.F. konnten vereinbarungsändernde Beschlüsse nicht in das Grundbuch eingetragen werden, um gegen Sondernachfolger zu wirken. Dem lag die Vorstellung zugrunde, dass der notwendige Schutz der Erwerber nicht über die Eintragung im Grundbuch, sondern über die im § 24 Abs. 7 WEG a.F. vorgesehene

Beschluss- Sammlung gewährleistet werden könne. Diese Konzeption hat sich in der Praxis allerdings nicht bewährt. Nach neuem Recht müssen daher auf der Grundlage (allein) einer rechtsgeschäftlich vereinbarten Öffnungsklausel der Wohnungseigentümer getroffene Beschlüsse nun in das Grundbuch eingetragen werden, um gegenüber einem Sondernachfolger Wirkung entfalten zu können (§ 5 Abs. 4 S. 1, § 10 Abs. 3 S. 1 WEG). Der erst mit der Novelle 2007 eingefügte § 10 Abs. 4 S. 2 WEG a.F. ist ersatzlos weggefallen. Wohl um die Grundbuchämter nicht zu überlasten und das Grundbuch nicht zu überfrachten sind Beschlüsse aufgrund einer gesetzlich eingeräumten Beschlusskompetenz nicht eintragungsfähig (§ 10 Abs. 3 S. 2 WEG); sie wirken wie bisher ohne Grundbucheintragung gegenüber einem Sondernachfolger. Zur Kritik an dieser hybriden Verfahrensweise s. SEHR/*Schneider* § 3 Rn. 53 mwN.

b) Eintragungsfähigkeit

Nicht eintragungsfähig sind Regelungen der Wohnungseigentümer, die sich sowohl aus dem Gesetz 115
als auch aus einer entsprechenden Vereinbarung ergeben (RegE BT-Drs. 19/18791 S. 39). Über die Eintragungsfähigkeit entscheidet allein die formale Abgrenzung. Könnte ein Beschluss bereits aufgrund der aktuellen gesetzlichen Regelungen gefasst werden, bedarf es nicht des Rückgriffs auf eine lediglich wiederholende vereinbarungsändernde Regelung (*Lehmann- Richter/Wobst* Rn. 1757 ff.). Die Abgrenzung kann sich im Einzelfall als schwierig erweisen (vgl. *Abramenko* ZMR 2020, 453, 454; *Lehmann- Richter/Wobst* Rn. 1760 ff.). Etwaigen Abgrenzungsschwierigkeiten soll dadurch begegnet werden, dass im Rahmen einer Folgenabwägung in Zweifelsfällen eine Grundbucheintragung vorgenommen werden sollte (Bärmann/*Armbrüster* § 5 Rn. 63).

c) Antragstellung beim Grundbuchgericht

Zur Stellung des Eintragungsantrags berechtigt ist nach den allgemeinen grundbuchrechtlichen 116
Bestimmungen zunächst jeder Wohnungseigentümer (§ 13 Abs. 1 S. 2 GBO). Dessen Antragsrecht beschränkt sich allerdings auf das jeweilige dem Eigentümer zugeordnete Grundbuchblatt (*OLG München* ZMR 2014, 810; a.A. *Lehmann- Richter/Wobst* Rn. 1766). Zur Erleichterung einer gleichzeitigen Antragstellung für alle Grundbücher der Wohnungseigentumsanlage erweitert § 7 Abs. 2 S. 2 WEG das Antragsrecht auf die rechtsfähige Gemeinschaft der Wohnungseigentümer, die dabei in der Regel durch den Verwalter vertreten wird (§ 9b Abs. 1 S. 1 WEG).

d) Prüfung durch das Grundbuchgericht

Eine **inhaltliche Überprüfung** des Beschlusses durch das Grundbuchgericht sieht das Gesetz **nicht** 117
vor. Es obliegt vielmehr auch bei einzutragenden Beschlüssen den Wohnungseigentümern, Beschlüsse anzufechten, wenn sie von deren Rechtswidrigkeit ausgehen. Die Erhebung einer Klage gegen einen Beschluss hindert dessen Eintragung in das Grundbuch deshalb nicht (RegE BT-Drs. 19/18791 S. 40). Das Grundbuchgericht braucht sich also insbesondere nicht darum zu kümmern, ob der zur Eintragung bestimmte Beschluss materiellrechtlich u.U. in unentziehbare, aber verzichtbare Rechte eines Wohnungseigentümers eingreift (vgl. *BGH* BGHZ 221, 373 = NJW 2019, 2083 = ZMR 2019, 619; BGHZ 202, 346 = NJW 2015, 549 = ZMR 2015, 239).

Gleichwohl entfällt die Prüfungskompetenz des Grundbuchgerichts nicht vollständig; sie reduziert 118
sich vielmehr auf eine **formelle Prüfungskompetenz** (*Lehmann- Richter/Wobst* Rn. 1780). Dazu gehört insbesondere nach den vorgenannten Kriterien die Eintragungsfähigkeit/Deckungsgleichheit mit der Öffnungsklausel, der ordnungsmäßige Nachweis des Beschlusses gem. § 7 Abs. 2 WEG, keine Nichtigkeitsgründe gem. §§ 134, 138 BGB und die Vorlage etwaiger notwendiger Drittzustimmungen (dazu sowie zu besonderen Prüfungsfragen sogleich).

e) Grundbucheintragung

Grundsätzlich bedürfte es zur Eintragung von Beschlüssen in das Grundbuch der Bewilligung sämt- 119
licher Wohnungseigentümer gem. § 19 GBO in der Form des § 29 Abs. 1 S. 1 GBO. Die Grund-

bucheintragung kann jedoch gem. § 7 Abs. 2 S. 1 WEG erfolgen. Danach stellt sich die Eintragung von Beschlüssen aufgrund einer Niederschrift oder eines rechtskräftigen Urteils als **Grundbuchberichtigung** dar (vgl. SEHR/*Schneider* § 3 Rn. 56ff.

120 Die Eintragung selbst kann gem. § 7 Abs. 3 S. 1 WEG grds. durch Bezugnahme erfolgen (*Schneider* ZfIR 2020, 822, 824f.; **a.A.** Bärmann/*Armbrüster* § 5 Rn. 64; *Dötsch/Schultzky/Zschieschack* Kap. 1 Rn. 63); ein aussagekräftiger Eintragungsvermerk empfiehlt sich allerdings.

f) Besondere Eintragungskonstellationen

aa) Eigentumserwerb nach Beschlussfassung, aber vor Eintragung des Beschlusses

121 Nach den zuvor genannten Grundsätzen kann von einer sämtliche Wohnungseigentümer erfassenden Unrichtigkeit des Grundbuchs nicht ausgegangen werden, wenn nach der Beschlussfassung, aber noch vor der Eintragung des Beschlusses in das Grundbuch ein Eigentumswechsel in der Wohnungseigentümergemeinschaft stattgefunden hat. Ein solcher Beschluss kann gegenüber dem Wohnungserwerber mangels Eintragung noch keine Wirkung entfalten, wenn er nicht ausnahmsweise an der Beschlussfassung bereits mitgewirkt hat. Zur Vervollständigung des Unrichtigkeitsnachweises ist daher in einem solchen Fall zusätzlich noch die **Zustimmung des Erwerbers** in der Form des § 29 Abs. 1 GBO zur Eintragung des Beschlusses in das Grundbuch nachzuweisen.

122 Nichts anderes hat zu gelten, wenn zur Vorbereitung eines solchen Eigentumserwerbs bereits vor der Beschlussfassung eine *Erwerbsvormerkung* im Grundbuch eingetragen worden ist. Wegen der notwendigen Einheitlichkeit der Rechtsverhältnisse muss der Vormerkungsberechtigte als zukünftiger Wohnungseigentümer der Eintragung des Beschlusses zustimmen (vgl. Rdn. 134). Auf die Frage, ob der zeitlich nach der Vormerkung eingetragene Beschluss ein die Vormerkung beeinträchtigendes Recht i.S.d. § 883 Abs. 2 S. 1 BGB darstellen kann, kommt es somit nicht an (so aber *Wilsch* FGPrax 2020, 1, 3 und *Dötsch/Schultzky/Zschieschack* Kap. 1 Rn. 66).

bb) Eigentumserwerb nach Anfechtung des Beschlusses

123 Die Erhebung einer Klage gegen einen Beschluss hindert dessen Eintragung in das Grundbuch nicht. Zum Schutz vor einem etwaigen gutgläubigen Erwerb vor der Entscheidung über die Klage bedarf es also eines zusätzlichen Sicherungsmittels. Die ganz überwiegende Auffassung bejaht die Möglichkeit eines gutgläubigen Erwerbs im Zusammenhang mit Eintragungen nach § 5 Abs. 4 S. 1 (vgl. bei § 10 mwN); der Reg-Entwurf will sich zu dieser Frage nicht verhalten und ihre Beantwortung weiterhin der Rechtsprechung überlassen (RegE BT-Drs. 19/18791 S. 40). Nach allgemeinen Regeln soll zur Lösung des Problems die Eintragung eines **Rechtshängigkeitsvermerks** in Betracht kommen (RegE BT-Drs. 19/18791 S. 40). Zur Eintragung eines solchen Vermerkes bedarf es einer einstweiligen Verfügung (*BGH* NJW 2013, 2357). Umstritten ist nun, wer der zutreffende Antragsgegner in diesem Verfahren ist (für die GdWE *Lehmann- Richter/Wobst* Rn. 1789; **a.A.** Wohnungseigentümer in ihrer Gesamtheit persönlich *Abramenko* ZMR 2020, 453, 457). Von der Beantwortung dieser Frage wird entscheidend abhängen, ob sich der vom Gesetzgeber herangezogene Rechtshängigkeitsvermerk als taugliches Mittel zur Verhinderung eines gutgläubigen Erwerbs überhaupt eignet (vgl. SEHR/*Schneider* § 3 Rn. 65).

cc) Änderung einer Vereinbarung durch Beschlussfassung aufgrund gesetzlicher Öffnungsklausel

124 Eine im Grundbuch als Inhalt des Sondereigentums eingetragene Vereinbarung kann ggf. aufgrund einer gesetzlichen Öffnungsklausel durch Beschluss geändert werden (z.B. § 16 Abs. 2 S. 2 WEG). Ein solcher Beschluss kann infolge der »halbseitig« geregelten Eintragungsfähigkeit nicht in das Grundbuch eingetragen werden; faktisch besteht der aufgehobene § 10 Abs. 4 S. 2 WEG aF damit für den Anwendungsbereich gesetzlicher Öffnungsklauseln fort. Wie schon nach der Novelle 2007 kommt die Eintragung eines »**Negativvermerkes**«, mit dem klargestellt werden sollte, dass die ursprünglich im Grundbuch eingetragene Vereinbarung aufgrund eines Öffnungsklausel-Beschlusses

nicht mehr gelte, **nicht** in Betracht (*M. Müller* ZMR 2011, 103 m.w.N.). Das Grundbuch verlautbart in solchen Fällen ohne eine Möglichkeit zur Berichtigung nicht mehr die zutreffende Rechtslage.

dd) Löschung eines eingetragenen Beschlusses

Wird ein im Grundbuch bereits eingetragener Beschluss aufgrund eines rechtskräftigen Anfechtungs- oder Nichtigkeitsurteils aufgehoben, kann dessen verfahrensrechtliche Löschung im Grundbuch aufgrund eines neuerlichen Unrichtigkeitsnachweises gem. § 22 Abs. 1 GBO erfolgen (*Lehmann-Richter/Wobst* Rn. 1786). Auf einen evtl. zwischenzeitlichen gutgläubigen Erwerb braucht das Grundbuchgericht keine Rücksicht zu nehmen, weil das Urteil gem. § 44 Abs. 3 WEG gegenüber allen Wohnungseigentümern wirkt und somit einen etwaigen gutgläubigen Erwerb wieder zunichtemacht (*Lehmann- Richter/Wobst* Rn. 1786). Zur Antragstellung ist auch hier – spiegelbildlich zur Eintragung – die rechtsfähige Gemeinschaft der Wohnungseigentümer analog § 7 Abs. 2 S. 2 WEG berechtigt. Erfolgt ein rechtsgeschäftlicher Erwerb erst nach Eintritt der Rechtskraft des Urteils, kann damit ggf. ein gutgläubiger Erwerb verbunden sein, der die Rechtskraft des Urteils überwindet. In einem solchen Fall bedarf es nach hier vertretener Auffassung der Zustimmung dieses Erwerbers zur Eintragung der Löschung in der Form des § 29 Abs. 1 GBO (SEHR/*Schneider* § 3 Rn. 67; **a.A.** *Lehmann- Richter/Wobst* Rn. 1787: Bewilligungen aller Wohnungseigentümer). 125

g) Übergangsrecht

Die Vorschriften der §§ 5 Abs. 4, § 7 Abs. 2 und § 10 Abs. 3 WEG gelten auch für solche Beschlüsse, die vor dem Inkrafttreten der Gesetzesänderung gefasst oder durch gerichtliche Entscheidung ersetzt wurden (§ 48 Abs. 1 S. 1 WEG). § 48 Abs. 1 S. 2 WEG sieht jedoch insoweit eine **Übergangsfrist** bis zum 31.12.2025 vor. Sie verhindert, dass Altbeschlüsse gegenüber Sondernachfolgern nicht wirken, weil die Sondernachfolge eintritt, bevor der Beschluss im Grundbuch eingetragen ist. Altbeschlüsse wirken deshalb auch ohne Eintragung im Grundbuch noch gegen einen Sondernachfolger, wenn die Sondernachfolge bis zum 31. Dezember 2025 eintritt. Die Praxis soll damit ausreichend Zeit erhalten, um die Eintragung von Altbeschlüssen in das Grundbuch zu bewirken (RegE BT-Drs. 19/18791 S. 83). Für das Eintragungsverfahren gilt wiederum § 7 Abs. 2 WEG. Sollte die hierfür notwendige Form des § 29 GBO nicht mehr erlangt werden können, kann jeder Wohnungseigentümer bis zum 31.12.2025 verlangen, dass ein Beschluss erneut gefasst wird (§ 48 Abs. 1 S. 3 WEG). Dieser Anspruch setzt allerdings voraus, dass ein wirksamer Altbeschluss gefasst wurde (RegE BT-Drs. 19/18791 S. 83). Zum Problem materiell-rechtlich notwendiger Drittzustimmungen bei Beschlussfassungen s. ausf. SEHR/*Schneider* § 3 Rn. 68. 126

II. Rechtsnatur der Vereinbarungen

§ 5 Abs. 4 S. 1 WEG ist das Einfallstor für die Grundbucheintragung gemeinschaftsbezogener Regelungen. An dieser Vorschrift entzündet sich folgerichtig der **Meinungsstreit** über die **Rechtsnatur** der getroffenen Vereinbarungen, die als Inhalt des Sondereigentums in das Grundbuch eingetragen werden sollen. Nach den »Einheitstheorien« (vgl. § 1 Rdn. 11 ff. m.w.N.) soll es sich um einen dinglichen Bestandteil des Wohnungseigentums handeln, der mit allen Konsequenzen unmittelbar den sachenrechtlichen Vorschriften unterworfen wird (*Bärmann/Pick/Merle*, 9. Aufl., § 10 Rn. 55; Bärmann/*Pick* vor § 10 Rn. 23; *Ott* Sondernutzungsrecht, S. 15 ff.; *ders.* ZMR 2002, 7, 9; *Röll* Rpfleger 1980, 90; *ders.* MittBayNot 1990, 85, 87). Zutreffenderweise handelt es sich jedoch bei den Bestimmungen über das Gemeinschaftsverhältnis um **schuldrechtliche Rechtsbeziehungen**, die mit dinglichen Rechten verknüpft werden, dadurch ihren schuldrechtlichen Charakter aber nicht verlieren (sog. »Begleitschuldverhältnisse«, vgl. KEHE/*Munzig* 6. Aufl. Einl. B Rn. 5). Solche Regelungen können außerhalb des Grundbuchs wirksam entstehen und werden durch ihre Eintragung in das Grundbuch nicht zu dinglichen oder grundstücksgleichen Rechten (*BGH* BGHZ 225, 136 = ZfIR 2020, 533 = ZMR 2020, 776 = ZWE 2020, 328; BGHZ 145, 133 = Rpfleger 2001, 69 = ZMR 2001, 119; BGHZ 91, 343 = DNotZ 1984, 695 = Rpfleger 1984, 408; *BayObLG* DNotZ 127

1998, 125 = Rpfleger 1997, 431; vgl. auch *Häublein* ZMR 2001, 120, 121; *Bornemann* Erwerb S. 95 ff.; Weitnauer/*Lüke* § 10 Rn. 29). Die Eintragung in das Grundbuch bezweckt zuallererst die Erstreckung des »schuldrechtlichen Bandes« hinsichtlich des in die Gemeinschaft eintretenden Sondernachfolgers (*Schnauder* FS Bärmann u. Weitnauer 1990, S. 567, 595). Spätere Veränderungen können allenfalls zu einer analogen Anwendung der §§ 873 ff. BGB führen. Zum Ganzen s. ausführlich auch bei § 10 m.w.N.

III. Zustimmungserfordernis für Drittberechtigte bei Inhaltsänderungen des Sondereigentums

1. Zustimmungserfordernis

128 Während bei der Anlegung der Wohnungsgrundbücher und erstmaligen Eintragung der inhaltlichen Regelungen zum Sondereigentum kein separates Zustimmungserfordernis für dinglich Berechtigte besteht (Bamberger/Roth/*Hügel* § 10 Rn. 12), ist spätestens seit der Entscheidung des *BGH* v. 14.06.1984 (BGHZ 91, 343 = DNotZ 1984, 695 = Rpfleger 1984, 408) unabhängig vom theoretischen Ansatz allgemein anerkannt, dass eine **Inhaltsänderung des Sondereigentums** materiellrechtlich der **Zustimmung** der im Grundbuch eingetragenen **Drittberechtigten** zumindest in analoger Anwendung der §§ 876, 877 BGB und verfahrensrechtlich ihrer Bewilligung gem. § 19 GBO bedarf, soweit nicht ausgeschlossen werden kann, dass sie von der Änderung nicht betroffen sind (*BGH* NJW 2012, 1226 = ZMR 2012, 563; BGHZ 91, 343 = DNotZ 1984, 695 = Rpfleger 1984, 408; *BayObLG* NJW 2005, 444 = Rpfleger 2005, 136 = ZMR 2005, 300; *BayObLG* DNotZ 2003, 936 = NZM 2003, 853 = ZMR 2004, 683; *OLG Köln* Rpfleger 2001, 535; *BayObLG* DNotZ 1998, 379 = Rpfleger 1998, 19; *OLG Frankfurt am Main* Rpfleger 1998, 20 = ZMR 1997, 660; *OLG Hamm* NZM 1998, 673 = ZMR 1998, 453; *OLG Köln* ZMR 1993, 428; Bärmann/*Armbrüster* § 5 Rn. 68 ff.; Bamberger/Roth/*Hügel* § 10 Rn. 12; Bauer/*v. Oefele* 3. Aufl. AT V Rn. 319; *Demharter* § 19 Rn. 53 u. *Demharter*, Anh. zu § 3 Rn. 79; *Ertl* DNotZ 1988, 4, 14, anders noch *ders.* DNotZ 1979, 267, 278 ff.; *Gaier* ZWE 2005, 39; Meikel/*Morvilius* 10. Aufl. Einl. C Rn. 169; *Lüke* WE 1998, 202, 204; *Ott* Das Sondernutzungsrecht, S. 66 ff.; *Röll* Rpfleger 1980, 90; *Sauren* § 10 Rn. 38; *Schneider* Rpfleger 1998, 53, 55; *Schöner/Stöber* Rn. 2958; Staudinger/*Kreuzer* § 10 Rn. 45 ff.; Weitnauer/*Lüke* § 10 Rn. 50; *Weitnauer* JZ 1984, 1113; differenzierend *Häublein* Sondernutzungsrechte, S. 120 ff.; insoweit missverständlich BGHZ 127, 99 = DNotZ 1995, 599 = ZMR 1995, 34). Abzustellen ist darauf, ob das grundbuchmäßige Recht durch die beantragte Eintragung **nicht nur wirtschaftlich, sondern rechtlich beeinträchtigt** wird oder möglicherweise beeinträchtigt werden kann (BGHZ 91, 343 = DNotZ 1984, 695 = Rpfleger 1984, 408; *OLG Jena* ZWE 2012, 40; *OLG Hamm* Rpfleger 1997, 376 = ZfIR 1997, 290). Grundbuchrechtlich bedarf die Erklärung des Betroffenen dann der Form des § 29 GBO (BGHZ 91, 343 = DNotZ 1984, 695 = Rpfleger 1984, 408).

129 Das Zustimmungserfordernis gilt jetzt genauso für einzutragende **Beschlüsse** aufgrund einer rechtsgeschäftlichen Öffnungsklausel. Nach dem eindeutigen Wortlaut in § 5 Abs. 4 S. 1 und 2 WEG sollen jedoch Beschlüsse aufgrund einer gesetzlichen Öffnungsklausel vom Zustimmungserfordernis ausgenommen sein (*Becker/Schneider* ZfIR 2020, 281, 287f.; *Dötsch/Schultzky/Zschieschack* Kap. 1 Rn. 71).

130 Ein bestehendes Zustimmungserfordernis kann nicht durch eine anderslautende im Grundbuch eingetragene Regelung ausgeschlossen werden (*BayObLG* NJW 2005, 444 = Rpfleger 2005, 136 = ZMR 2005, 300).

2. Begriff des Drittberechtigten

131 Zum Kreis der Drittberechtigten gehören zunächst sämtliche Grundpfandrechtsgläubiger und Reallastberechtigten, da deren Rechte als **Verwertungsrecht** von der Änderung des Inhalts insoweit betroffen sein können, als sich ihr Haftungsgegenstand nachteilig verändert.

132 Das gleiche gilt grundsätzlich für Rechtsinhaber von **Grunddienstbarkeiten und beschränkten persönlichen Dienstbarkeiten, Nießbrauchsberechtigten** sowie **Dauerwohn- und Dauernutzungs-**

berechtigten, wenn durch die Inhaltsänderung in deren **Nutzungsbefugnisse** eingegriffen werden soll. In diesem Rahmen stehen den Berechtigten nämlich vom Eigentümer abgeleitete positive Befugnisse zu, sodass Vereinbarungen der Wohnungseigentümer insoweit auch für die dinglich Berechtigten bindend sind. Für Berechtigte einer Grunddienstbarkeit und einer beschränkten persönlichen Dienstbarkeit ist also eine Betroffenheit nur hinsichtlich der jeweils 1. Alt. der § 1018 u. § 1090 Abs. 1 BGB denkbar (vgl. *Häublein* Sondernutzungsrechte, S. 147). Den insoweit anderslautenden Auffassungen (*Röll* MittBayNot 1996, 77, 79; *Böttcher* BWNotZ 1996, 80, 81; differenzierend *Ott* Das Sondernutzungsrecht, S. 71 ff.) kann nicht gefolgt werden, da sie im Ergebnis zu einer relativen Unwirksamkeit der Regelungen innerhalb der Gemeinschaft führen würden (*Schneider* ZfIR 2002, 108, 120 Fn. 144; Staudinger/*Gursky* [2012] § 877 Rn. 70). Auch der Gesetzgeber hat die in Anlehnung an *Röll* und *Böttcher* (je a.a.O.) ursprünglich vertretenen Novellierungsvorstellungen ausdrücklich nicht weiter verfolgt und ist von der noch im Referentenentwurf wiedergegebenen Rechtsansicht nach neuerlicher Prüfung ausdrücklich abgerückt (vgl. RegE v. 27.05.2005 BR-Drs. 397/05, S. 31).

Einer Zustimmung dinglich gesicherter **Vorkaufsrechtsberechtigter** zur Änderung des Inhalt des 133
Sondereigentums bedarf es generell nicht (*BGH* BGHZ 237, 207 = NJW 2023, 2875 = ZfIR 2023, 496 = ZMR 2023, 1023 = ZWE 2023, 443; *OLG München* ZWE 2013, 216; Staudinger/*Gursky* [2012] § 877 Rn. 60); der Vorkaufsberechtigte kann das Wohnungseigentum nur in dem Zustand und zu den Bedingungen übernehmen, die sich aus dem späteren Verkauf ergeben (*Böttcher* BWNotZ 1996, 80, 81; *Ott* Das Sondernutzungsrecht, S. 79; *Röll* Rpfleger 1980, 90; Beck'sches Formularbuch Wohnungseigentumsrecht/*Schneider* Form. E II. 5 Anm. 4 f.). Im Fall einer nachträglichen Verschlechterung seiner Rechtsposition bspw. durch Bestellung eines Sondernutzungsrechts zulasten der mit dem Vorkaufsrecht belasteten Einheit ist der Vorkaufsberechtigte auf Schadensersatz zu verweisen; weil die dem Vorkaufsrecht beigelegte Vormerkungswirkung erst mit dessen Ausübung entsteht (§ 1098 Abs. 2 BGB).

Bei der Inhaltsänderung von Sondereigentum findet zugunsten eines **Vormerkungsberechtigten** 134
§ 888 BGB nach h.M. keine Anwendung, um einheitliche Belastungsverhältnisse innerhalb der Gemeinschaft zu gewährleisten. Ein vormerkungsberechtigter Erwerber muss daher einer Inhaltsänderung zustimmen, wenn er ihr auch als Eigentümer zustimmen müsste (*BGH* Rpfleger 2017, 263 = ZfIR 2017, 355 = ZWE 2017, 169; *BayObLG* Rpfleger 1999, 178 = ZMR 1999, 115; *OLG Frankfurt am Main* Rpfleger 1998, 336 = ZMR 1998, 365; *OLG Düsseldorf* FGPrax 1997, 129 = Rpfleger 1997, 305; *Böhringer* NotBZ 2003, 285 ff.; *Demharter* Anh. zu § 3 Rn. 80; **a.A.** *Häublein* Sondernutzungsrechte, S. 130; *Ott* Das Sondernutzungsrecht, S. 80). Der Gesetzgeber hat in der Neufassung des § 5 Abs. 4 WEG auf eine Nennung des Vormerkungsberechtigten zwar verzichtet, die Notwendigkeit einer Zustimmungspflicht damit aber nicht ausschließen wollen (vgl. BT-Drs. 16/887, S. 16). Dies gilt auch für die vormerkungsgesicherte Eintragung dinglicher Rechte.

Kein Drittberechtigter i.S.d. §§ 876, 877 BGB ist der im Grundbuch vermerkte **Nacherbe** des vor- 135
maligen Eigentümers. Die Rechte des Nacherben werden gem. §§ 2112, 2113 BGB gewahrt. Danach sind allerdings Verfügungen des Vorerben über ein zur Erbschaft gehörendes Grundstück oder ein Recht an einem Grundstück im Fall des Eintritts der Nacherbfolge insoweit unwirksam, als sie das Recht des Nacherben vereiteln oder beeinträchtigen würden. Werden die Rechte des Nacherben jedoch durch einen im Grundbuch eingetragenen Nacherbenvermerk gem. § 51 GBO gesichert, können Verfügungen des Vorerben über im Grundbuch eingetragene Rechte grundsätzlich ohne Zustimmung des Nacherben vollzogen werden (*RGZ* 102, 332, 334; *RGZ* 148, 385, 392).

Die Verfügungsbeschränkung des Vorerben führt bei Eintritt des Nacherbfalles jedoch zur Unwirk- 136
samkeit der den Nacherben belastenden Verfügung. Die Vorerbenverfügung wird allerdings voll wirksam, wenn der Nacherbe insoweit seine Zustimmung erteilt hat (*BayObLG* NJW-RR 1995, 1032; *BayObLG* Rpfleger 1993, 148). Die Rechtslage ist damit der einer eingetragenen Erwerbsvormerkung vergleichbar (s. Rn. 95). Will man im Interesse **einheitlicher Rechtsverhältnisse** in der Wohnungseigentümergemeinschaft keine auflösend durch den Eintritt des Nacherbfalls bedingt wirkenden Verfügungen zulassen, bedarf auch die Verfügung eines Vorerben – trotz des eingetragenen

Nacherbenvermerks – der **Zustimmung des Nacherben** in grundbuchmäßiger Form. Sind mehrere Personen bedingt und/oder befristet hintereinander als Nacherben eingesetzt, ist für die volle Wirksamkeit der Verfügung die Zustimmung sämtlicher eingesetzten Nacherben erforderlich (*Schöner/Stöber* Rn. 3484). Die Zustimmung eines Ersatznacherben ist dagegen entbehrlich, weil der Ersatznacherbe zwar eine rechtlich gesicherte Anwartschaft auf den späteren Erwerb der Erbschaft hat, aber anders als der in erster Linie berufene Nacherbe noch keine Rechte und Pflichten in Bezug auf den Nachlass; mit Zustimmung der Nacherben vorgenommene und damit endgültig wirksame Verfügungen des Vorerben kann er nicht verhindern (*BayObLG* DNotZ 1993, 404; *LG Bonn* RNotZ 2005, 365).

137 Hat der Erblasser den **Vorerben** von den Beschränkungen des § 2113 Abs. 1 BGB **befreit** (vgl. § 2136 BGB), bedarf es zur Wirksamkeit einer entgeltlichen Verfügung nicht der Zustimmung eines im Grundbuch vermerkten Nacherben.

IV. Ausschluss des Zustimmungserfordernisses Drittberechtigter bei Inhaltsänderungen des Sondereigentums

138 Nach Auffassung des *OLG Hamm* stellt der **Verzicht auf Beseitigungs- und Unterlassungsansprüche** im Zusammenhang mit einer Änderung der Teilungserklärung keine *rechtliche* Beeinträchtigung dar; auch die **Erhöhung der Unterhaltslasten** bedeutet danach lediglich eine *wirtschaftliche* Beeinträchtigung (*OLG Hamm* Rpfleger 1997, 376 = ZfIR 1997, 290). Nicht gefolgt werden kann dem *OLG Hamm* jedoch, wenn es im Fall der Nutzungserweiterung eines bestehenden Sondernutzungsrechts keine Beeinträchtigungsmöglichkeit sehen will (a.a.O.).

139 Sind dingliche **Rechte** bereits **auf allen Einheiten** der in Wohnungseigentum aufgeteilten Anlage oder insoweit als **Gesamtrecht** eingetragen, steht den Berechtigten das Haftungsobjekt in der Summe unverändert zur Verfügung. Eine Zustimmung ist daher für solche Berechtigte entbehrlich, da sie von Inhaltsänderungen durch gemeinschaftsinterne Verschiebungen nicht betroffen werden können (*OLG Frankfurt am Main* ZMR 2023, 652; *OLG Frankfurt am Main,* NJW-RR 1996, 918 = Rpfleger 1996, 340; *OLG Frankfurt am Main,* Rpfleger 1997, 374 = ZMR 1997, 367; *Schöner/Stöber* Rn. 2958 i.V.m. 2849). Die von dieser allgem. M. abweichende Einzelfallentscheidung des *BayObLG* (NJW-RR 2002, 1526 = MittBayNot 2002, 397 m. abl. Anm. *Röll* = Rpfleger 2002, 432) ist abzulehnen (so zu Recht auch *Schöner/Stöber* Rn. 2849 Fn. 20: »abwegig«); sie übersieht, dass durch eine Vereinbarung von Wohnungseigentümern – sei es anlässlich der Begründung oder der späteren inhaltlichen Änderung des Wohnungseigentums – in keinem Fall ohne Mitwirkung eines Berechtigten in den Bestand seines dinglichen Rechts eingegriffen werden kann; es bestehen vielmehr Beseitigungs- und Unterlassungsansprüche gem. § 1027 (§ 1090 Abs. 2) BGB.

140 Wirken die Regelungen der Wohnungseigentümer lediglich **schuldrechtlich im Innenverhältnis**, können sie keine Beeinträchtigung dinglicher Rechtsinhaber darstellen (*LG Mönchengladbach* RNotZ 2003, 568; Staudinger/*Kreuzer* § 10 Rn. 49).

141 Auch im Fall eingetragener **Einzelrechte** ist die Zustimmung dinglich Berechtigter dann entbehrlich, wenn die inhaltliche Änderung des Sondereigentums lediglich zu einer **Begünstigung** führt. Dies trifft bspw. auf Rechte an der gewinnenden Einheit bei der nachträglichen Zuordnung von Sondernutzungsrechten zu (*BayObLG* Rpfleger 1990, 63; Bauer/*v. Oefele* 3. Aufl. AT V Rn. 328). Soweit die Zuordnung eines Sondernutzungsrechts mit einer gesteigerten Kosten- und Lastentragungspflicht einhergeht, führt dies gleichwohl nicht zu einem Wegfall des *rechtlichen* Vorteils (a.A. *Ott* Das Sondernutzungsrecht, S. 68, 92, der jedoch zu Unrecht auf die *wirtschaftliche* Betrachtung abstellt).

142 Eine Zustimmungspflicht zur Inhaltsänderung durch zeitlich gestreckte **Begründung von Sondernutzungsrechten** entfällt weiterhin, wenn die zukünftigen Erwerber eines Wohnungseigentums und damit auch die ihre Rechte von diesen ableitenden dinglich Berechtigten bereits in der Teilungserklärung durch die noch fehlende Zuordnungserklärung **aufschiebend bedingt von der Nutzung** genau beschriebener Flächen im Gemeinschaftseigentum **ausgeschlossen** worden sind (*KG* ZWE

2007, 447; *KG* ZMR 2007, 384; *OLG Düsseldorf* NZM 2002, 73 = Rpfleger 2001, 534 m. ins. zust. Anm. *Schneider* = ZMR 2001, 838; *OLG Hamm* DNotZ 2000, 210 = ZMR 2000, 123; *OLG Frankfurt am Main,* DNotZ 1998, 392 = Rpfleger 1998, 20 = ZMR 1997, 660; *OLG Hamm* NZM 1998, 673 = ZMR 1998, 453; *OLG Düsseldorf* Rpfleger 1993, 193 = ZMR 1993, 179; *OLG Düsseldorf* NJW-RR 1987, 1491 = Rpfleger 1988, 63; *BayObLG* DNotZ 1986, 479 m. Anm. *Ertl* = NJW-RR 1986, 93 = Rpfleger 1986, 132; *Häublein* Sondernutzungsrecht, S. 271 ff.).

Der Ausschluss der Zustimmungspflicht ist jedoch nur dann gegeben, wenn die betroffene Fläche bereits bei der Eintragung des Begründungsvorbehaltes im Grundbuch **bestimmt** bezeichnet worden ist, weil auch nur insoweit eine Verdinglichung des Nutzungsausschlusses eintreten kann (*BayObLG* Rpfleger 2005, 136 = ZMR 2005, 300). Fehlt es an einem wirksamen aufschiebend bedingten Nutzungsausschluss, so bedarf es weiterhin der Mitwirkung der dinglich Berechtigten. Dies gilt ebenfalls für solche dinglich Berechtigten, deren Rechte im Fall einer **vorbehaltenen Zuordnung von Sondernutzungsrechten** bei Eintragung der Zuordnung am verbleibenden Eigentum des teilenden Bauträgers eingetragen sind (*OLG Köln* Rpfleger 2001, 535 m. Anm. *Schneider*; *BayObLG* Rpfleger 1990, 63; *BayObLG* DNotZ 1986, 87 m. Anm. *Herrmann*; Meikel/*Böttcher* 10. Aufl. § 3 WGV Rn. 30; *Ott* Das Sondernutzungsrecht, S. 82; **a.A.** allerdings ohne Problembewusstsein *BGH* NJW 2012, 676 = ZfIR 2012, 182 = ZWE 2012, 175). 143

Bereits nach bisher h.M. entfiel eine Mitwirkung dinglich Berechtigter bei der Eintragung einer gemeinschaftsrechtlichen **Öffnungsklausel** in das Grundbuch, weil zunächst lediglich verfahrensrechtlich ein anderes Instrument der internen Willensbildung in der Gemeinschaft festgelegt wird (*OLG Düsseldorf* Rpfleger 2004, 347 = ZMR 2004, 284 m. zust. Anm. *Schneider*; *Ott* ZWE 2001, 466, 467; *Wenzel* ZWE 130, 132; *Hügel* ZWE 2002, 503; *Schneider* Rpfleger 2002, 503; **a.A.** *Becker* PiG 63, 99, 110; *ders.* DNotZ 2004, 642). Nach zwischenzeitlicher Unklarheit angesichts der ausgeschlossenen Eintragungsmöglichkeit gem. § 10 Abs. 4 S. 2 WEG a.F. durch die Gesetzesänderung v. 26.03.2007 (BGBl. I, 370) kann nunmehr nach Inkrafttreten des WEMoG an der h.M. festgehalten werden. Für jetzt eintragungsfähige Regelungen aufgrund einer rechtsgeschäftlichen Öffnungsklausel ergibt sich das Zustimmungserfordernis unmittelbar aus § 5 Abs. 4 S. 1 u. 2 WEG; für Beschlüsse aufgrund einer gesetzlichen Öffnungsklausel entfällt ein Zustimmungserfordernis (vgl. Rdn. 129). 144

Die **Aufhebung einer Veräußerungsbeschränkung** gem. § 12 WEG ist zustimmungsfrei, weil sie dinglich Berechtigte nicht beeinträchtigen kann (s. § 12 Rdn. 90 m.w.N.). 145

Wird anlässlich einer vorgesehenen Änderung der Gemeinschaftsordnung ein Wohnungseigentümer nach **Treu und Glauben** zur Abgabe einer Zustimmungserklärung gem. § 894 ZPO verurteilt (dazu s. § 10 Abs. 2 WEG), macht dies auch die Zustimmungserklärung der dinglich Berechtigten an dieser Einheit entbehrlich (enger offenbar *BGH* BGHZ 225, 136 = ZfIR 2020, 533 = ZMR 2020, 776 = ZWE 2020, 328: sind zur Zustimmung verpflichtet). Die **Anpassungsverpflichtung** hat bereits von Anfang an der von dem dinglich Berechtigten erlangten Rechtsposition innegewohnt (*HansOLG Hamburg* FGPrax 1995, 31 = ZMR 1995, 170; *BayObLG* NJW-RR 1987, 714). 146

V. Einschränkungen des Zustimmungserfordernisses Drittberechtigter bei Inhaltsänderungen des Sondereigentums

Ist nach dem zuvor Gesagten die Zustimmungserklärung eines dinglich Berechtigten zur Inhaltsänderung des Sondereigentums gem. §§ 876, 877 BGB erforderlich, schränkt § 5 Abs. 4 S. 2 WEG dieses Erfordernis dahin gehend ein, dass bei **Belastung** des Wohnungseigentums **mit einem Verwertungsrecht** (Grundschuld, Hypothek, Rentenschuld und Reallast) die **Zustimmung** dieser Gläubiger nur noch dann erforderlich ist, wenn ein **Sondernutzungsrecht** begründet, oder ein mit dem Sondereigentum verbundenes Sondernutzungsrecht aufgehoben, geändert oder übertragen werden soll. Änderungsvereinbarungen mit einem anderen Inhalt bedürfen nicht mehr der Zustimmung dieser genannten Berechtigten. Wegen der sich für Änderungen der Zweckbestimmung daraus ergebenden Konsequenzen vgl. § 1 Rdn. 52 ff. Entgegen der ursprünglichen Absicht im Referenten- 147 entwurf verbleibt es damit aber im Rahmen des zuvor Dargestellten grds. bei dem uneingeschränkten **Zustimmungserfordernis für Inhaber dinglicher Rechte**, deren Eintragungen i.Ü. in **Abt. II** des Grundbuchs erfolgt sind (vgl. RegE v. 27.05.2005 BR-Drs. 397/05, S. 31).

148 In weiterer Einschränkung des sich danach noch für einen Verwertungsgläubiger ergebenden Zustimmungserfordernisses war **bei der nachträglichen Begründung** eines Sondernutzungsrechtes dessen Zustimmung auch dann nicht erforderlich, wenn durch die Vereinbarung **gleichzeitig** das zu seinen Gunsten belastete Wohnungseigentum **mit einem Sondernutzungsrecht verbunden** wird (§ 5 Abs. 4 S. 3 WEG a.F.). Die Vorschrift galt ausdrücklich nur für Begründungen, nicht aber für Aufhebungen, Änderungen und Übertragungen. Als Ausnahmeregelung war sie eng auszulegen, weil bei gleichzeitigen Verfügungen über ein bestehendes Sondernutzungsrecht der Schutz der Verwertungsgläubiger nicht mehr gewährleistet ist (*OLG Frankfurt am Main* ZMR 2023, 652; *OLG Köln* Rpfleger 2018, 446 = ZfIR 2018, 622 = ZWE 2018, 317; *OLG München* ZMR 2014, 568 = ZWE 2014, 164; *OLG München* NotBZ 2009, 330 = Rpfleger 2009, 562 = ZMR 2009, 870). Angesichts dieser formalen Betrachtungsweise dürfte eine Zustimmungsfreiheit auch bei einem **Tausch** von Sondernutzungsrechten ausscheiden (beiläufig bestätigt in *OLG München* ZWE 2013, 216; **a.A.** *Böttcher* ZNotP 2015, 42, 50; *ders.* Rpfleger 2009, 181, 194; Bamberger/Roth/*Hügel* § 5 Rn. 22). Eine entsprechende Anwendung der Ausnahmevorschrift verbietet sich ebenfalls, wenn die Umwandlung von Gemeinschafts- in Sondereigentum beabsichtigt ist (*OLG Düsseldorf* ZWE 2010, 93).

149 Die im Gesetz geforderte **Gleichzeitigkeit** der Sondernutzungsrechtseinräumung setzt allerdings nicht voraus, dass die betreffenden Vereinbarungen auch in derselben Urkunde getroffen werden. Ggf. kann durch einen verbindenden Vorbehalt gem. § 16 Abs. 2 GBO bei der grundbuchmäßigen Antragstellung der gleichzeitige Vollzug sichergestellt werden (*Böhringer* Rpfleger 2007, 353, 356; *Böttcher* Rpfleger 2009, 181, 194).

150 Der Gesetzestext nach der Novelle 2007 war zum Einen im Hinblick auf den Kreis der angesprochenen dinglich Berechtigten missverständlich; gemeint sind hier die im Vorsatz 2 angesprochenen Verwertungsgläubiger, nicht aber die übrigen dinglich Berechtigten (vgl. RegierungsE v. 09.03.2006 – BT-Drs. 16/887 S. 14 ff.). Misslungen war aber auch die Umsetzung des gesetzgeberischen Motives (a.a.O.), den vermeintlich überdehnten Schutz der Grundpfandrechtsgläubiger bei der wechselseitigen Einräumung von Sondernutzungsrechten zu reduzieren. Pate gestanden hat die Entscheidung des *BGH* (BGHZ 91, 343 = DNotZ 1984, 695 m. Anm. *F. Schmidt* = Rpfleger 1984, 408), die mangels eines entsprechenden Nutzungsausschlusses in der Teilungserklärung anlässlich der späteren, gleichzeitigen Einräumung von Sondernutzungsrechten an Pkw-Stellplätzen zugunsten mehrerer Wohnungseigentümer wechselseitige Zustimmungen der dinglich Berechtigten zur Eintragung der Inhaltsänderung in das Grundbuch forderte. Im Gesetz wurde insoweit aber weder der bisher noch nicht verwendete Begriff »Sondernutzungsrecht« definiert, noch bemüht sich der Text um einen Hinweis auf die Qualität dieser Sondernutzungsrechte. Ging man allerdings mit den Motiven (a.a.O.) davon aus, dass ein Zustimmungserfordernis der Verwertungsgläubiger in Fällen wechselseitiger Einräumung von Sondernutzungsrechten deshalb entfallen sollte, weil der Verlust der Nutzungsmöglichkeit an den übrigen Flächen durch die Einräumung des Alleinnutzungsrechts an einem Pkw-Abstellplatz kompensiert wird, ist der Zustimmungsfreiheit gem. § 5 Abs. 4 S. 3 WEG die Erfüllung des **Äquivalenzerfordernisses** aber immanent (so auch *Meffert* ZMR 2007, 517, 518). Vor dem dargestellten Hintergrund forderten Niedenführ/*Vandenhouten* (§ 5 Rdn. 44) und ebenso Grüneberg/*Wicke* (§ 5 Rn. 12) für eine Befreiung vom Zustimmungserfordernis nicht nur **Gleichwertigkeit**, sondern **Gleichartigkeit** der eingeräumten Sondernutzungsrechte. Beides fand im Gesetz selbst keine Stütze (*OLG München* ZWE 2013, 216; *Armbrüster* ZWE 2008, 329, 331; *Böttcher* Rpfleger 2009, 181, 194; *Schmitz* ZNotP 2008, 482, 486), sodass vom reinen Wortlaut der Vorschrift die Einräumung von nach Art und Wertigkeit völlig unterschiedlichen Sondernutzungsrechten gedeckt wäre (Beispiele bei *Hügel*/Elzer Das neue WEG-Recht § 1 Rn. 17 ff.). Daraus folgerte *Böhringer*, dass das Grundbuchgericht insoweit auch nicht in eine Prüfung eintreten müsse (*Böhringer*/Hintzen Rpfleger 2007, 353, 356). Dem konnte jedoch nur eingeschränkt gefolgt werden: Stellte

sich die materiell-rechtliche Zuordnung mehrerer Sondernutzungsrechte nämlich aufgrund ihres Ungleichgewichts offensichtlich als **Umgehungsgeschäft** zum Ausschluss an sich erforderlicher Zustimmungserklärungen dar, so musste auch die verfahrensrechtliche Zustimmung eines Drittberechtigten vom Grundbuchgericht gefordert werden können (in diese Richtung offenbar auch *OLG München* ZWE 2013, 216; strenger dagegen Staudinger/*Gursky* [2012] § 877 Rn. 59, der nur gleichartige *und* annähernd gleichwertige Sondernutzungsrechte zustimmungsfrei belassen wollte). Das Grundbuchgericht darf nicht sehenden Auges »Umgehungsstrategien« (*Hügel/Elzer* Das neue WEG-Recht § 1 Rn. 19) durch Eintragung in das Grundbuch zum Erfolg verhelfen, die auf der anderen Seite mit einer Schädigung der nicht mehr beteiligten Drittberechtigten einhergehen können. Da eine Prüfung der vom Gesetz zugrunde gelegten Gleichwertigkeit jedoch vom Grundbuchgericht mit den zur Verfügung stehenden verfahrensrechtlichen Mitteln nicht vorgenommen werden konnte, hat der Gesetzgeber des WEMoG 2020 die Regelung des § 5 Abs. 4 S. 3 WEG *für die Zukunft* ersatzlos gestrichen. Gem. § 48 Abs. 2 WEG gilt § 5 Abs. 4 S. 3 in der vor dem 01.12.2020 geltenden Fassung allerdings weiter für Vereinbarungen und Beschlüsse, die vor diesem Zeitpunkt getroffen oder gefasst wurden, und zu denen vor dem 01.12.2020 alle Zustimmungen erteilt wurden, die nach den vor diesem Zeitpunkt geltenden Vorschriften erforderlich waren. Frühere Sachverhalte sind also immer noch nach der jetzt aufgehobenen Vorschrift zu beurteilen und können auch durchaus noch relevant werden (vgl. z.B. *OLG Frankfurt am Main* ZMR 2023, 652).

Die Regelungen des § 5 Abs. 4 S. 2 u. 3 WEG sind bzw. waren weder in der Gemeinschaftsordnung oder Teilungserklärung noch durch Vereinbarung mit den Verwertungsgläubigern **abdingbar** (*Abramenko* § 6 Rn. 14; dort auch zu Sicherungsmöglichkeiten für Grundpfandgläubiger; *Armbrüster* ZWE 2008, 329; *Böttcher* Rpfleger 2009, 181, 193). 151

VI. Ersetzung einer erforderlichen Zustimmung des Drittberechtigten bei Inhaltsänderungen des Sondereigentums

Eine erforderliche Zustimmungserklärung kann ggf. durch ein **Unschädlichkeitszeugnis** ersetzt werden (dazu und zur Anwendbarkeit nach Inkrafttreten des WEGÄndG s. § 1 Rdn. 172 ff.). 152

§ 6 Unselbständigkeit des Sondereigentums

(1) Das Sondereigentum kann ohne den Miteigentumsanteil, zu dem es gehört, nicht veräußert oder belastet werden.

(2) Rechte an dem Miteigentumsanteil erstrecken sich auf das zu ihm gehörende Sondereigentum.

Literatur:
Böttcher Veränderungen beim Wohnungseigentum BWNotZ 1996, 80; DNotI-Gutachten Änderung der Miteigentumsanteile (Quotenänderung) innerhalb der Wohnungseigentümergemeinschaft; Pfanderstreckung bzgl. bestehender Grundschulden; Auswirkung des Risikobegrenzungsgesetzes DNotI-Report 2015, 49; *Rapp* Unterteilungen und Neuaufteilungen von Wohnungseigentum MittBayNot 1996, 344; *Röll* Veräußerung und Zuerwerb von Teilflächen bei Eigentumswohnanlagen Rpfleger 1990, 277; *Schneider* Verfügungen über Annexeigentum ZMR 2023, 937; *Streuer* Nachverpfändung, Zuschreibung oder Pfanderstreckung kraft Gesetzes? Rpfleger 1992, 181; *Weikart* Bestandsänderungen von Sondereigentumsgrundstücken NotBZ 1997, 89.

Übersicht

A. Allgemeines

1 § 6 normiert zusammen mit § 11 einen der tragenden **Grundsätze des WEG** (Bamberger/Roth/*Hügel* Rn. 1). Danach kann Sondereigentum nicht ohne den Miteigentumsanteil, zu dem es gehört, veräußert oder belastet werden. Verfügungen über das Sondereigentum sind also nur möglich, wenn zugleich über den damit verbundenen Miteigentumsanteil verfügt wird. Diese grundsätzlich unlösbare Verknüpfung von Miteigentumsanteil und Sondereigentum hat zur Folge, dass sowohl ein isolierter Miteigentumsanteil als auch isoliertes Sondereigentum rechtsgeschäftlich nicht begründet werden können (*BGH* Rpfleger 2005, 17 = ZMR 2005, 59; *HansOLG Hamburg* ZMR 2002, 372; *BayObLG* ZMR 1996, 285; s. § 1 Rdn. 31 ff.). § 6 ist zwingender Natur (Weitnauer/*Briesemeister* Rn. 1).

2 Umgekehrt erstrecken sich gem. Abs. 2 Rechte am Miteigentumsanteil immer auch auf das damit verbundene Sondereigentum. Verfügungen über den Miteigentumsanteil erfassen zwingend das zugehörige Sondereigentum (*OLG Düsseldorf* FGPrax 2019, 250). Wohnungseigentum ist damit auch nach Inkrafttreten des WEMoG sachenrechtlich immer noch besonders ausgestaltetes Bruchteilseigentum (*BGH* NJW 2002, 1647, vgl. auch § 1 Rdn. 6 u. 28).

B. Isolierte Verfügungen

3 Isolierte Verfügungen über den Miteigentumsanteil und das damit verbundene Sondereigentum sind durch § 6 allerdings nur im Verhältnis zu außenstehenden Dritten untersagt. Im Verhältnis der Wohnungseigentümer untereinander sind Verfügungen sowohl über den Miteigentumsanteil allein als auch über das Sondereigentum allein möglich, solange nicht eines der beiden Elemente ohne Verbindung verbleibt (*OLG München* Rpfleger 2017, 610 = ZMR 2017, 822 = ZWE 2017, 309; *Hügel/Elzer* Rn. 6). Eine rechtsgeschäftliche Begründung isolierter Miteigentumsanteile (dazu *BGH* ZfIR 2004, 108 = Rpfleger 2004, 207 = ZMR 2004, 206) oder isolierten Sondereigentums (dazu *OLG Düsseldorf* FGPrax 2019, 250; *OLG Karlsruhe* Rpfleger 2014, 313 = ZMR 2014, 303; *OLG München* Rpfleger 2007, 459) ist nicht zulässig.

I. Verfügungen über den Miteigentumsanteil

4 Eine Änderung der Miteigentumsanteile ist sowohl in der Hand eines Alleineigentümers als auch durch Verfügung zwischen Wohnungseigentümern derselben Anlage ohne gleichzeitige Veränderung des Sondereigentums möglich (*BGH* Rpfleger 1986, 430 = ZMR 1986, 365; *BGH* Rpfleger 1976, 352; *KG* ZMR 1998, 368; *OLG Hamm* Rpfleger 1998, 514 = ZMR 1999, 197; *BayObLG* Rpfleger 1993, 444; *Demharter* Anh. zu § 3 Rn. 87; *Schöner/Stöber* Rn. 2971). Verfügungen über den Miteigentumsanteil folgen dabei den Regeln für das Alleineigentum an Grundstücken (Weitnauer/*Briesemeister* Rn. 1). Eine solche **Quotenänderung** setzt deshalb materiell-rechtlich eine entsprechende Auflassungserklärung zwischen den beteiligten Miteigentümern gem. §§ 873, 925 BGB voraus (Bauer/Schaub/*Schneider* AT E Rn. 341; *Demharter* Anh. zu § 3 Rn. 87; *Schöner/Stöber* Rn. 2971; krit. Kersten/Bühling/*Langhein* § 58 Rn. 56, der angesichts der teilschuldnerischen Außenhaftung gem. dem seinerzeitigen § 10 Abs. 8 WEG die Gefahr von nachteiligen Haftungs- und Stimmgewichtsverschiebungen sah). Soweit die betroffenen Einheiten demselben Eigentümer gehören, genügt analog § 8 WEG dessen einseitige Erklärung (*BGH* Rpfleger 1976, 352). Eine Änderung der Miteigentumsquoten ist einer Vereinbarung gem. § 10 Abs. 1 S. 2, Abs. 3 WEG nicht zugänglich (*OLG Saarbrücken* NZM 2005, 423; *OLG Celle* OLG-Report 2004, 79).

Verfahrensrechtlich ist zur Eintragung in das Grundbuch die **Auflassung** gem. § 20 GBO in der Form des § 29 GBO nachzuweisen. Sie muss nur zwischen den unmittelbar an der Quotenänderung beteiligten Miteigentümern erfolgen; andere Wohnungseigentümer sind nicht beteiligt (*BGH* Rpfleger 1976, 352). Weiterhin muss die regelmäßig mangels abweichender Bestimmung in der Auflassung zu sehende Eintragungsbewilligung des betroffenen Miteigentümers gem. § 19 GBO nachgewiesen werden. Weder Auflassungserklärung noch Bewilligung sollen bei mehrfachen gleichzeitigen Quotenänderungen erkennen lassen müssen, welcher Miteigentumsanteil von welchem Wohnungseigentum wohin übertragen werden soll. Es soll vielmehr ausreichen, dass die Summe aller Miteigentumsanteile nach Abschluss der Umverteilung wieder ein Ganzes ergibt; getrennte Einzelauflassungen der betroffenen Miteigentumsanteile seien nicht erforderlich (*BayObLG* Rpfleger 1993, 444; *OLG Hamm* Rpfleger 1986, 374, 375). Diese Auffassung erscheint bedenklich, weil Übertragungsmängel nicht mehr zu lokalisieren sein werden und die Unwirksamkeit eines Übertragungsvorgangs dann zwangsläufig auch die Übrigen erfassen muss. 5

Die Veränderung der Miteigentumsanteile bedarf gem. §§ 876, 877 BGB, § 19 GBO der **Zustimmung dinglich Berechtigter** am verkleinerten Miteigentumsanteil in der Form des § 29 GBO, soweit eine rechtliche Beeinträchtigung nicht ausgeschlossen werden kann (*BayObLG* Rpfleger 1993, 444; a.A. zustimmungsbedürftig nach § 875 BGB: *F. Schmidt* MittBayNot 1985, 237, 244; *Streblow* MittRhNotK 1987, 141, 151; a.A. zustimmungsbedürftig, weil Quotenänderung zum Erlöschen kraft Gesetzes führt: Meikel/*Böttcher* 11. Aufl. § 3 WGV Rn. 26; *Streuer* Rpfleger 1992, 181, 183). Nicht erforderlich ist daher die Zustimmung von Berechtigten am gesamten Grundstück (Meikel/*Morvilius* Einl. C Rn. 188; *Schöner/Stöber* Rn. 2971) oder von solchen Berechtigten, die mit ihren Rechten gleichrangig auf sämtlichen an der Quotenänderung beteiligten Miteigentumsanteilen lasten. Ebenfalls nicht erforderlich ist die Mitwirkung eines Wohnungsberechtigten an der verkleinerten Einheit, da er durch die Reduzierung des Miteigentumsanteils in seinen Nutzungsmöglichkeiten nicht beeinträchtigt wird (*Böttcher* BWNotZ 1996, 80, 84; *Streuer* Rpfleger 1992, 181, 183). In der Zustimmungserklärung ist regelmäßig auch die Bewilligung einer Pfandentlassung hinsichtlich des übertragenen Miteigentumsanteils zu sehen, sodass eine separate Bewilligung dafür nicht erforderlich ist (*OLG Hamm* Rpfleger 1998, 514; *LG Bremen* Rpfleger 1985, 106 m. abl. Anm. *Meyer-Stolte*; Bauer/Schaub/*Schneider* AT E Rn. 342; *Böttcher* BWNotZ 1996; 80, 85; *Schöner/Stöber* Rn. 2971; *Streuer* Rpfleger 1992, 181, 183 Fn. 29). 6

Eine vereinbarte **Veräußerungsbeschränkung** gem. § 12 ist auch bei der isolierten Übertragung von Miteigentumsanteilen zu beachten (s. § 12 Rdn. 45; Staudinger/Rapp [2018] § 6 Rn. 22d). 7

Die im Zuge der Quotenänderung vergrößerten Miteigentumsanteile bedürfen einer entsprechenden **Pfanderstreckung** hinsichtlich der an den bisherigen Anteilen schon eingetragenen Rechte in der Form des § 29 GBO. Andernfalls würde im Fall einer Zwangsversteigerung die ursprüngliche Belastung des unveränderten Miteigentumsanteils fingiert (§ 864 Abs. 2 ZPO) und nur dieser einem Ersteher auch zugeschlagen (§ 91 Abs. 1 ZVG). Ob es zur Pfanderstreckung einer rechtsgeschäftlichen Nachverpfändung bedarf (so *BayObLG* Rpfleger 1993, 444; *OLG Hamm* Rpfleger 1986, 374, 375; *Demharter* Anh. zu § 3 Rn. 88; *Mottau* Rpfleger 1990, 455; *Nieder* BWNotZ 1984, 49, 51) oder aber eine Pfanderstreckung bereits kraft Gesetzes durch Inhaltsänderung eintritt (so *OLG Hamm* ZfIR 2024, 250; *OLG Karlsruhe* ZWE 2013, 208; *LG Lüneburg* NdsRpfl. 2005, 92 = RNotZ 2005, 364; *LG Wiesbaden* Rpfleger 2004, 350; *Böttcher* BWNotZ 1996, 80, 85; ders. Rpfleger 2005, 648, 655; *Streuer* Rpfleger 1992, 181, 183 f.) könnte letztlich dahin stehen. Grundsätzlich ist nämlich bereits in der Einigung über die Quotenänderung konkludent auch die entsprechende Pfandunterstellung zu sehen (*OLG Hamm* Rpfleger 1998, 514; ebenfalls offen gelassen von *Schöner/Stöber* Rn. 2971). Eine solche Pfandunterstellung schließt auch eine etwaige Zwangsvollstreckungsunterwerfung gem. § 800 ZPO ein (*LG Köln* Rpfleger 2002, 566). Folgt man der letztgenannten Auffassung zur Pfanderstreckung durch Inhaltsänderung, kann jedenfalls von den Beteiligten nicht verlangt werden, die Fälligkeitsbestimmung einer vorhandenen Grundschuld dem seit dem 19.08.2008 (Inkrafttreten des RisikobegrenzungsG v. 12.08.2008, BGBl. I S. 1666) geltenden § 1193 Abs. 2 S. 2 BGB anzupassen (*OLG Karlsruhe* ZWE 2013, 208). Bei einer rechtsgeschäftlichen Pfand- 8 erstreckung könnte es demgegenüber zu unterschiedlichen Fälligkeitsregelungen bezüglich desselben Wohnungseigentums kommen (vgl. *BGH* BGHZ 186, 28 = NJW 2010, 3300 = ZfIR 2010, 622), sodass unter dem Gesichtspunkt der Vollstreckungseinheit der Pfanderstreckung durch Inhaltsänderung der Vorzug zu geben sein wird (wie hier auch *DNotI-Gutachten* DNotI-Report 2015, 49). Zu Recht abgelehnt wird dagegen die eine Bestandteilszuschreibung verlangende Auffassung (so aber *LG Bochum* Rpfleger 1990, 291; Bauer/*v. Oefele* 3. Aufl. AT V Rn. 341 f.; *F. Schmidt* MittBayNot 1985, 237, 244 f.; *Streblow* MittRhNotK 1987, 141, 151). Zum einen erstrecken sich die Wirkungen der Zuschreibung lediglich auf Grundpfandrechte (§ 1131 BGB), sodass für andere Rechte gleichwohl eine rechtsgeschäftliche Nachverpfändung gefordert werden müsste, zum anderen ist der hinzukommende Miteigentumsanteil kein eigenständig verkehrsfähiges Objekt und weder einer Vereinigung noch einer Zuschreibung zugänglich (*Böttcher* BWNotZ 1996, 80, 85; *Schöner/Stöber* Rn. 2971; Staudinger/Rapp [2018] § 6 Rn. 22d; s. § 7 Rdn. 41 m.w.N.).

9 Ist für den jeweiligen Eigentümer eines Wohnungseigentums ein **Sondernutzungsrecht** begründet, verbleibt dieses grundsätzlich bei der verkleinerten Einheit, soweit nichts anderes bestimmt ist.

10 Für die Änderung der Miteigentumsanteile ist gem. § 22 GrEStG dem Grundbuchgericht die Erteilung einer steuerlichen **Unbedenklichkeitsbescheinigung** nachzuweisen (*Viskorf*/Viskorf § 2 Rn. 12 und Rn. 282; Meikel/*Grziwotz* Einl. B Rn. 222 a.E.).

11 Die **Eintragung** in den Grundbüchern erfolgt dergestalt, dass im Bestandsverzeichnis des aufnehmenden Grundbuchs nach Übernahme der vergrößernden Miteigentumsanteile in Sp. 5 u. 6 eine Neueintragung der Einheit in den Hauptspalten unter der nächst folgenden lfd. Nr. mit dem vergrößerten Miteigentumsanteil vorgenommen wird. Weiterhin ist die Auflassung des Bruchteils in Abt. I Sp. 3 u. 4 zu vermerken. Im Bestandsverzeichnis des abgebenden Grundbuchs genügt ein Abschreibevermerk in Sp. 7 u. 8 unter gleichzeitiger Neueintragung der Einheit unter der nächst lfd. Nr. mit dem reduzierten Miteigentumsanteil (vgl. Bauer/Schaub/*Schneider* AT E Rn. 343; *Schöner/Stöber* Rn. 2972 f., dort auch zu einer selteneren Eintragungsvariante).

II. Verfügungen über das Sondereigentum

12 Der **Gegenstand des Sondereigentums** kann auch ohne eine Verfügung über den Miteigentumsanteil verändert werden (dazu s. § 7 Rdn. 297 ff. und Rdn. 339 ff.). Dabei ist sogar ein vollständiger **Austausch des Sondereigentums** zulässig (*BayObLG* Rpfleger 1984, 268). Materiell-rechtlich bedarf es zur Übertragung des Sondereigentums entsprechend § 4 Abs. 2 einer Einigung des Veräußerers und des Erwerbers in Auflassungsform (*OLG München* ZMR 2017, 822; *OLG Köln* ZMR 2007, 555; *OLG Zweibrücken* ZMR 2001, 663). Wird ein bisher zum Sondereigentum gehöriger Raum versehentlich im Bestandsverzeichnis des neugefassten Grundbuchs nicht mehr erwähnt, führt dies nicht zum Entstehen isolierten Sondereigentums (*OLG Nürnberg* ZMR 2021, 602). Zur teilweisen Übertragung des Sondereigentums und den damit ggf. verbundenen baulichen Veränderungen s. ausführlich § 7 Rdn. 339 ff. Zur – fortbestehenden – Identität des Auflassungsgegenstandes »Wohnungseigentum« bei **inhaltlichen Veränderungen** des Sondereigentums s. ausf. *DNotI-Gutachten* DNotI-Report 2016, 77 und *OLG Nürnberg* MittBayNot 2017, 262.

13 Der Vorlage eines geänderten **Aufteilungsplanes** bedarf es bei der vollständigen Übertragung des Sondereigentums nicht, da sich am Gegenstand des Sondereigentums nichts ändert und die Eigentumssphären nach wie vor abgegrenzt sind. Gleiches gilt bei der Herauslösung einzelner Räume eines Wohnungseigentums, wenn die Änderung einen von vornherein in sich abgeschlossenen Raum betrifft, dessen Übertragung keine Unklarheit im Hinblick auf die Grenzen des Sondereigentums und die Abgeschlossenheit der neuen Einheiten bewirkt (*OLG München* DNotZ 2019, 532 = Rpfleger 2019, 193 = ZWE 2019, 207).

14 **Verfahrensrechtlich** genügt nach der hier vertretenen Auffassung die Bewilligung des verlierenden Teils in der Form des § 29 GBO (vgl. § 7 Rdn. 269).

Die **dinglich Berechtigten** haben gem. §§ 876, 877 BGB der Übertragung zuzustimmen; regelmäßig werden insoweit Pfandfreigaben hinsichtlich des übertragenen Sondereigentums erfolgen. Nachverpfändungen des erwerbenden Wohnungseigentümers sind nicht erforderlich, da der Miteigentumsanteil unverändert bleibt und sich die eingetragenen Belastungen kraft Gesetzes auf die Bestandteile des Miteigentums erstrecken (*OLG Hamm* ZfIR 2024, 250; *OLG Karlsruhe* ZWE 2013, 208; *LG Düsseldorf* MittRhNotK 1986, 78; Meikel/*Morvilius* 11. Aufl. Einl. C 187; *Streuer* Rpfleger 1992, 181). 15

Eine **Zustimmung Dritter** gem. § 12 kann dann in Betracht kommen, wenn sie besonders vereinbart worden ist (s. dazu § 12 Rdn. 52). 16

Zur Eintragung der isolierten Übertragung von Sondereigentum in das Grundbuch ist gem. § 22 GrEStG die Vorlage einer steuerlichen **Unbedenklichkeitsbescheinigung** erforderlich (vgl. *Viskorf* § 2 Rn. 283). 17

Eingetragen wird die Übertragung des gesamten Sondereigentums lediglich im Bestandsverzeichnis (§ 3 Abs. 5 WGV) der am Tausch unmittelbar beteiligten Grundbuchblätter (*OLG München* Rpfleger 2017, 610 = ZMR 2017, 822 = ZWE 2017, 309; Meikel/*Morvilius* 11. Aufl. Einl. C 187). 18

Zu den verschiedenen Verfügungsmöglichkeiten beim **Annexeigentum** gem. § 3 Abs. 2 s. ausf. *Schneider* ZMR 2023, 937. 18a

C. Verfügungen im Zusammenhang mit dem in Wohnungs- und Teileigentum aufgeteilten Grundstück

I. Zuerwerb von Grundstücken

1. Erwerb unbebauter Grundstücke

Wohnungs- und Teileigentümer können nachträglich weitere Grundstücke nach den allgemeinen Bestimmungen hinzuerwerben. Soweit ein solches selbstständiges Grundstück in eine bestehende Aufteilung von Wohnungs- und Teileigentumsrechten einbezogen werden soll, bedarf es wegen § 1 Abs. 4 einer rechtsgeschäftlichen **Erstreckung.** Wohnungseigentum kann nur an einem einzigen Grundstück im Rechtssinne bestehen, auf das sich dann als Inhalt des Sondereigentums auch die Gemeinschaftsverhältnisse beziehen (Bauer/Schaub/*Schneider* AT E Rn. 378; *Röll* Rpfleger 1990, 277, 278). Die Erstreckung kann nur im Wege der Vereinigung gem. § 890 Abs. 1 BGB oder der Bestandteilszuschreibung gem. § 890 Abs. 2 BGB erreicht werden (*OLG Oldenburg* Rpfleger 1977, 22; *OLG Frankfurt am Main* Rpfleger 1973, 394). Materiell-rechtlich ist ein Erwerb der einzubeziehenden Fläche im Wege der Auflassung (§§ 873, 925 BGB) durch alle Wohnungseigentümer in demselben Beteiligungsverhältnis erforderlich, das an dem aufgeteilten Grundstück bereits besteht. Weiterhin soll es nach wohl vorherrschender – allerdings zu Recht bestrittener – Auffassung noch der **Umwandlung** und Einbeziehung des jeweiligen normalen Miteigentumsanteils in die bestehende wohnungseigentumsrechtliche Aufteilung bedürfen (*OLG Frankfurt am Main,* Rpfleger 1993, 396; *OLG Zweibrücken* DNotZ 1991, 605 m. Anm. *Herrmann*; *LG Dortmund* Rpfleger 1992, 478; Beck'sches Notar-Handbuch/*Rapp* A III Rn. 141; *Böttcher* BWNotZ 1996, 80, 91; *Demharter* § 5 Rn. 7; *Schöner/Stöber* Rn. 2981; **a.A.** Bärmann/*Armbrüster* § 1 Rn. 66; BeckOGK/*M. Müller* § 1 Rn. 438; Meikel/*Grziwotz* Einl. B Rn. 241; Weitnauer/*Briesemeister* § 1 Rn. 31). Dies ist nicht erforderlich, weil die hinzuerworbenen Miteigentumsanteile an den neuen Flächen mit den schon vorhandenen (ohne Sondereigentum!) strukturgleich sind. Weiterhin ist es nicht erforderlich, das bestehende Wohnungs- und Teileigentum zunächst aufzuheben, um sodann an dem neu gebildeten Gesamtgrundstück eine Neuaufteilung vollziehen zu können (*KG* ZMR 2012, 462; *OLG Zweibrücken* DNotZ 1991, 605; *LG Ravensburg* Rpfleger 1990, 291; Bauer/Schaub/*Schneider* AT E Rn. 378; *Röll* Rpfleger 1990, 277; *Schöner/Stöber* Rn. 2981 Fn. 93; a.A. *OLG Saarbrücken* Rpfleger 1988, 479). 19

Verfahrensrechtlich ist neben der für den Erwerb nachzuweisenden Auflassungserklärung (§ 20 GBO), in der regelmäßig auch die entsprechende Eintragungsbewilligung für die Eigentums- 20

umschreibung zu sehen ist, noch die Vorlage einer weiteren Bewilligung gem. § 19 GBO für die Eintragung der Vereinigung oder der Bestandteilszuschreibung erforderlich. Soweit gefordert, dürfte eine darüber hinausgehende separate Umwandlungs- und Einbeziehungsbewilligung entbehrlich sein, weil sie regelmäßig bereits in der Erstreckung der Teilungserklärung (so *OLG Frankfurt am Main,* Rpfleger 1993, 396; *Böttcher* BWNotZ 1996, 80, 91) oder in der Angabe des Erwerbsverhältnisses (als Mitglieder der Wohnungseigentümergemeinschaft) gesehen werden kann (so *OLG Zweibrücken* DNotZ 1991, 605; Bauer/Schaub/*Schneider* AT E Rn. 378; *Böttcher* BWNotZ 1996, 80, 91; *Röll* Rpfleger 1990, 277, 278). Der Vorlage eines neuerlichen Aufteilungsplanes oder gar einer ergänzten Abgeschlossenheitsbescheinigung bedarf es insoweit nicht, weil sich an den seinerzeit bescheinigten Kriterien der Abgeschlossenheit (dazu § 3 Rdn. 117 ff.) durch die Einbeziehung eines unbebauten Grundstücks nichts geändert haben kann (vgl. auch § 7 Rdn. 194 für den Fall eines vor vollzogener Aufteilung hinzu erworbenen Grundstücks m.w.N.).

21 Eine **Zustimmung dinglich Berechtigter** an den einzelnen Einheiten ist nicht erforderlich, da sich ihr Belastungsobjekt nur vergrößert und durch den Hinzuerwerb keine rechtliche Beeinträchtigung erfährt (*Böttcher* BWNotZ 1996, 80, 91; Meikel/*Grziwotz* Einl. B Rn. 241).

22 Die Eintragung der Vereinigung gem. § 5 GBO oder der Bestandteilszuschreibung gem. § 6 GBO sind grundsätzlich nur möglich, wenn die beteiligten Grundstücke **aneinander grenzen** und von den Eintragungen **keine Verwirrung** zu besorgen ist.

23 Es ist deshalb erforderlich, für das hinzu erworbene Grundstück die bereits am aufgeteilten Grundstück bestehenden **Belastungs- und Rangverhältnisse** herzustellen. Dies kann im Wege der **Nachverpfändung** durch alle Wohnungseigentümer erreicht werden (*Böttcher* BWNotZ 1996, 80, 92; *Röll* Rpfleger 1990, 277, 278). Soweit lediglich Rechte der III. Abteilung betroffen sind, würde wegen der Wirkung aus § 1131 BGB auch eine Bestandteilszuschreibung genügen. Eine solche Zuschreibung würde im Gegensatz zur Vereinigung auch separate Vollstreckungsunterwerfungen gem. § 800 ZPO entbehrlich machen. In der nach h.M. für erforderlich gehaltenen Umwandlungserklärung der gewöhnlichen Miteigentumsanteile in Wohnungseigentumsanteile kann jedoch in der Regel auch diese Nachverpfändung der hinzuerworbenen Fläche gesehen werden (*OLG Frankfurt am Main,* Rpfleger 1993, 396; *Böttcher* BWNotZ 1996,80, 92).

24 Zum Eigentumserwerb durch die Wohnungseigentümer bedarf es der Vorlage einer steuerlichen **Unbedenklichkeitsbescheinigung** gem. § 22 GrEStG. Weiterhin muss die **Nichtausübung des Vorkaufsrechtes** seitens der Gemeinde (§§ 24, 28 BauGB) bescheinigt sein.

25 Die **Eintragung** erfolgt im Bestandsverzeichnis aller für die betreffende Anlage gebildeten Wohnungs- und Teileigentumsgrundbücher. Zugleich ist der Erwerbsgrund in der I. Abteilung sämtlicher Grundbücher zu vermerken. Soweit Nachverpfändungen oder Belastungserstreckungen gem. § 1131 BGB erfolgen, bedarf es keiner Eintragung des Hinzuerwerbs in den Abteilungen II und III, da dort eingetragene Rechte ohne Weiteres den einheitlichen, im Bestandsverzeichnis aufgeführten Belastungsgegenstand erfassen.

2. Erwerb bebauter Grundstücke

26 Hier ergeben sich zunächst keine Unterschiede zum Erwerb unbebauter Grundstücke. Etwaig vorhandene Gebäude auf dem einbezogenen Grundstück stehen im Gemeinschaftseigentum der Wohnungs- und Teileigentümer (§ 1 Abs. 5). Für eine Überführung in Sondereigentum bedürfte es daher noch einer zusätzlichen Umwandlung von Gemeinschafts- in Sondereigentum (dazu s. ausführlich § 7 Rdn. 278 ff.).

27 Auch für den Hinzuerwerb bebauter Grundstücke im Gemeinschaftseigentum ist keine ergänzte Abgeschlossenheitsbescheinigung vorzulegen. Selbst wenn bei unmittelbar aneinander grenzenden Baulichkeiten die bisherige Abgeschlossenheit fraglich geworden sein sollte, kann das einmal wirksam begründete Wohnungseigentum durch die – möglicherweise bestehende – Beeinträchtigung seiner Abgeschlossenheit nicht wieder in Wegfall gebracht werden (BGHZ 110, 36 = NJW 1990,

1111 = Rpfleger 1990, 159; *OLG Köln* Rpfleger 1994, 348 = ZMR 1994, 230). Die Bestimmung des § 3 Abs. 3 ist lediglich eine Ordnungsvorschrift (*OLG Köln* a.a.O.); aus diesem Grunde ist sie auch nur als Sollvorschrift ausgestaltet, sodass die einmal vollzogene Begründung von Sondereigentum nicht nachträglich an einem Mangel der Abgeschlossenheit oder ihrer Bescheinigung scheitern kann (ebenso § 3 Rdn. 115f.).

II. Abtrennung von Grundstücksflächen

1. Veräußerung einer Teilfläche ohne Räumlichkeiten im Sondereigentum

Miteigentümer können von ihrem in Wohnungs- und Teileigentum aufgeteilten Grundstück Teilflächen veräußern. Sind diese Teilflächen nicht bebaut, steht § 1 Abs. 4 der Abveräußerung nicht entgegen (Bauer/Schaub/*Schneider* AT E Rn. 381; Weitnauer/*Briesemeister* § 1 Rn. 33). Die Veräußerung stellt sich in einem solchen Fall als **Verfügung über das Gemeinschaftseigentum** gem. § 747 Satz 2 BGB dar (*BGH* NJW 2013, 1962 = ZfIR 2013, 646 = ZMR 2013, 730 = ZWE 2013, 330; *OLG Köln* Rpfleger 2024, 142 = ZWE 2024, 118; *LG Düsseldorf* MittRhNotK 1980, 77). Stimmen einzelne Wohnungseigentümer einer Veräußerung von Teilen des gemeinschaftlichen Grundstücks nicht zu, können sie deshalb nicht durch einen Mehrheitsbeschluss dazu verpflichtet werden. Die Veräußerung betrifft die sachenrechtlichen Grundlagen der Gemeinschaft; sie stellt grundsätzlich keine Verwaltung im Sinne von §§ 18, 19 Abs. 1 WEG (früher § 21 Abs. 3 WEG) dar und kann auch nicht Gegenstand einer Vereinbarung sein (*BGH* NJW 2013, 1962 = ZfIR 2013, 646 = ZMR 2013, 730 = ZWE 2013, 330; vgl. auch *BGH* ZMR 2012, 793 = ZWE 2012, 361). Dementsprechend kann der WEG-Verwalter grundsätzlich auch nicht durch Mehrheitsbeschluss ermächtigt werden, eine im Gemeinschaftseigentum stehende Fläche an einen Dritten aufzulassen, selbst wenn sich alle Wohnungseigentümer individualvertraglich dazu verpflichtet haben (*OLG München* ZMR 2010, 706). Eine Veräußerung lässt sich nach diesen Grundsätzen nur im Wege der Auflassung erreichen und bedarf der Mitwirkung aller Wohnungs- und Teileigentümer (Bauer/Schaub/*Schneider* AT E Rn. 382). Die Veräußerung einer bebauten Teilfläche steht dem gleich, wenn sich auf dem abzutrennenden Teilstück kein in Sondereigentum aufgeteiltes Gebäude oder Freiflächeneigentum befindet. Einer weiter gehenden Aufhebungs- oder Umwandlungserklärung bedarf es auch hier nicht. Mit der Teilung des bisherigen WE-Grundstücks und Veräußerung sämtlicher Miteigentumsanteile an der Teilfläche erlöschen die insoweit bestehenden Rechtsverhältnisse aus der Wohnungseigentümergemeinschaft (z.B. auch Sondernutzungsrechte) von selbst (*OLG Köln* Rpfleger 2024, 142 = ZWE 2024, 118; Bauer/Schaub/*Schneider* AT E Rn. 382; *Böttcher* BWNotZ 1996, 80, 90; *Röll* Rpfleger 1990, 277, 278; *Schöner/Stöber* Rn. 2982; Weitnauer/*Briesemeister* § 1 Rn. 33; a.A. *BGH* BGHZ 237, 207 = NJW 2023, 2875 = ZfIR 2023, 496 = ZMR 2023, 1023 = ZWE 2023, 443 [obiter]; *OLG Frankfurt am Main,* Rpfleger 1990, 292; Beck'sches Notar-Handbuch/*Rapp* A III Rn. 139; *Herrmann* DNotZ 1991, 607, 609). Auch hier ist eine vorherige Aufhebung des Sondereigentums und Neubegründung an der verbleibenden Restfläche nicht erforderlich (*OLG Köln* Rpfleger 2024, 142 = ZWE 2024, 118; vgl. Rdn. 19 a.E.). 28

Verfahrensrechtlich bedarf es der Vorlage einer entsprechenden **Auflassungserklärung** (§ 20 GBO) in der Form des § 29 GBO. Darin ist regelmäßig die erforderliche Eintragungsbewilligung gem. § 19 GBO zu sehen, soweit nichts anderes bestimmt ist. Darüber hinaus ist durch Vorlage einer entsprechenden **amtlichen Karte** auch noch der Nachweis zu erbringen, dass sich auf der abveräußerten Teilfläche keine im Sondereigentum stehenden Gebäudeteile oder Freiflächen befinden (Weitnauer/*Briesemeister* § 1 Rn. 33). Die Vorlage einer separaten Teilungsbewilligung ist entbehrlich; bei der Veräußerung der Teilfläche erfolgt die Abschreibung gem. § 7 GBO von Amts wegen, sofern ein selbstständiges Flurstück für die Teilfläche bereits gebildet wurde (*Böttcher* Rpfleger 1989, 133, 134). 29

Zur lastenfreien Abschreibung sind wegen der damit verbundenen Inhaltsänderung **Zustimmungserklärungen** der dinglich Berechtigten gem. §§ 876, 877 BGB, § 19 GBO an sämtlichen Einheiten erforderlich (Bauer/Schaub/*Schneider* AT E Rn. 382). Dies gilt auch für Gesamtrechte am ganzen Grundstück oder an sämtlichen Wohnungseigentumsrechten (*OLG Frankfurt am Main,* Rpfleger 30

1990, 292, 293 a.E.; insoweit zu eng *OLG Zweibrücken* Rpfleger 1986, 93; dem folgend *Böttcher* BWNotZ 1996, 80, 90; *Schöner/Stöber* Rn. 2982; die genannten Rechtsinhaber brauchen der teilweisen Aufhebung des Wohnungseigentums nur solange nicht zuzustimmen, als eine lastenfreie Abschreibung aus der Hand sämtlicher Miteigentümer [noch] nicht beabsichtigt ist). In einer Zustimmungserklärung ist die erforderliche Pfandentlassung für die abzuschreibende Teilfläche zu sehen. Ggf. kann für Dienstbarkeiten die entsprechende Anwendung des § 1026 BGB in Betracht kommen, wenn der Ausübungsbereich die abzuschreibende Teilfläche nicht betrifft. Nach Auffassung des *BGH* soll die »Aufhebung des Sondereigentums« vor Eintritt des Vorkaufsfalls nicht der Zustimmung eines dinglich Vorkaufsberechtigten bedürfen (*BGH* BGHZ 237, 207 = NJW 2023, 2875 = ZfIR 2023, 496 = ZMR 2023, 1023 = ZWE 2023, 443). Die Entscheidung irritiert, weil zum Einen nach dem Sachverhalt überhaupt keine »Aufhebung des Sondereigentums« zur Diskussion stand (Aufhebung des *Wohnungs*eigentums und Aufhebung des *Sonder*eigentums werden möglicherweise synonym gebraucht?) und zum Anderen der Haftungsgegenstand und nicht der Inhalt des Sondereigentums betroffen war.

31 Ist hinsichtlich der von der Veräußerung erfassten Teilfläche ein **Sondernutzungsrecht** begründet, so erfasst die von sämtlichen Miteigentümern erklärte Auflassung zugleich auch die Zustimmung zur Abschreibung aus dem zum Inhalt des Wohnungseigentums gehörenden Gemeinschaftsverhältnis (Bauer/Schaub/*Schneider* AT E Rn. 382; Weitnauer/*Briesemeister* § 1 Rn. 33). Damit wird ein Sondernutzungsrecht insoweit gegenstandslos. Die Aufhebung eines Sondernutzungsrechts bedarf nicht der Zustimmung des Berechtigten eines dinglichen Vorkaufsrechts an einem Wohnungseigentum (*BGH* BGHZ 237, 207 = NJW 2023, 2875 = ZfIR 2023, 496 = ZMR 2023, 1023 = ZWE 2023, 443).

32 Zur rechtlichen Verselbstständigung der Teilfläche kann die Vorlage einer **Teilungsgenehmigung** nach landesrechtlichen Bestimmungen erforderlich sein (vgl. dazu die Aufstellung bei *Schöner/Stöber* Rn. 3821). Soweit die abzuschreibende Teilfläche nicht bereits ein selbstständiges Flurstück ist, muss auch ein **Veränderungsnachweis** des Vermessungsamtes gem. § 2 GBO vorgelegt werden (*Böttcher* BWNotZ 1996, 80, 91). Weiterhin bedarf es zum Vollzug der Abveräußerung einer steuerlichen **Unbedenklichkeitsbescheinigung** gem. § 22 GrEStG.

33 Die **Eintragung** hat in allen für die Wohnungseigentumsanlage gebildeten Grundbüchern zu erfolgen. Dabei kann die Bestandsabschreibung (§ 3 Abs. 5 WGV) dergestalt vollzogen werden, dass nach einer Abschreibung der veräußerten Teilfläche in Sp. 7 und 8 des Bestandsverzeichnisses das verbleibende Restgrundstück mit den übrigen unverändert bleibenden Angaben jeweils unter einer neuen lfd. Nr. mit entsprechendem Verweis auf die Voreintragung (»Rest von …«) eingetragen wird. Für die Eintragung im aufnehmenden Grundbuch bestehen keine Besonderheiten.

34 Eine **Besonderheit** kann nach dem Inkrafttreten des WEMoG allerdings nicht mehr bei der Veräußerung von **Straßenland** durch die Mitglieder einer Wohnungseigentümergemeinschaft in Betracht kommen (vgl. dazu noch die 5. Aufl und Beck'sches Notar-Handbuch/*Rapp* A III Rn. 138 ff.; Weitnauer/*Lüke* Vor § 20 Rn. 3 und 5; wohl auch Bärmann/*Armbrüster* § 1 Rn. 67 Fn. 121; im jetzt hier vertretenen Sinne auch BeckOGK/*M. Müller* § 1 Rn. 420). Es bedarf einer ausdrücklichen Bevollmächtigung des Verwalters zur Abgabe der sachenrechtlichen Erklärungen für die Miteigentümer in Erweiterung seiner gesetzlichen Befugnisse (vgl. § 9b Abs. 1 WEG). Dem WEG-Verwalter kommt nämlich nach dem WEMoG keine gesetzliche Vertretungsmacht für die Wohnungseigentümer zu; § 27 Abs. 2 WEG a.F. ist ersatzlos weggefallen.

35 Eine **Vormerkung** zur Sicherung des Anspruchs auf Übertragung einer realen Teilfläche aus dem Wohnungseigentumsgrundstück kann nach h.M. nur gleichzeitig an sämtlichen Einheiten eingetragen werden (*BayObLG* Rpfleger 1974, 261; *BayObLG* DNotZ 2002, 784 m. Anm. *Hoffmann* MittBayNot 2002, 155; *OLG Düsseldorf* ZWE 2013, 208; Bärmann/*Armbrüster* § 1 Rn. 71; *Demharter* Anh. zu § 3 Rn. 97; Meikel/*Morvilius* Einl. C Rn. 211, **a.A.** demgegenüber zu BeckOGK WEG/*M. Müller* § 1 Rn. 430; *Elzer* NotBZ 2013, 409; zur Begründung s. auch § 4 Rdn. 25). Wegen weiter gehender Sicherungen durch Vormerkungen s. § 4 Rdn. 21 ff.

2. Veräußerung einer bebauten Teilfläche mit Räumlichkeiten im Sondereigentum

Soll eine Teilfläche des in Wohnungs- und Teileigentumsrechte aufgeteilten Grundstücks veräußert werden, auf der sich Gebäude mit im Sondereigentum stehenden Räumlichkeiten befinden, genügt zur Abveräußerung materiell-rechtlich nicht nur eine einvernehmliche Aufhebung der zum Inhalt des Sondereigentums gehörenden Vereinbarungen. In diesem Fall sind nämlich nicht nur Regelungen des Gemeinschaftsverhältnisses betroffen; vielmehr wird auch der bisherige Gegenstand des Sondereigentums verändert. Für eine solche rechtsgeschäftliche **(Teil-) Aufhebung des Sondereigentums** verlangt die h.M. eine Einigungserklärung sämtlicher Miteigentümer in Auflassungsform gem. § 4 (Bauer/Schaub/*Schneider* AT E Rn. 385; *Böttcher* BWNotZ 1996, 80, 90; ähnlich *Schöner/Stöber* Rn. 2982a, die – allerdings inkonsequent – nur für eine Teilung ohne Veräußerung den Nachweis einer Einigung fordern). Das gilt auch, wenn das Gebäude, das im Bereich der abzuschreibenden Teilfläche liegen sollte, noch nicht erbaut ist, die Wohnungsgrundbücher aber bereits angelegt sind (*KG* ZMR 2012, 462). Dies muss entsprechend für Grundstücksflächen im Sondereigentum gelten (Stellplätze gem. § 3 Abs. 1 S. 2 WEG und Annexeigentum gem. § 3 Abs. 2 WEG). Zur Aufhebung von Annexeigentum s. auch *Schneider* ZMR 2023, 937. 36

Verfahrensrechtlich genügt nach der hier vertretenen Auffassung die Bewilligung des von der Teilaufhebung betroffenen Miteigentümers in der Form des § 29 GBO. Da für die Eigentumsübertragung der abveräußerten bebauten Teilfläche jedoch ohnehin eine **Auflassungserklärung** gem. § 20 GBO nachzuweisen ist, kann darin auch die Bewilligung zur Teilaufhebung gesehen werden. Weiterhin ist durch Vorlage einer **amtlichen Karte** noch der Nachweis zu erbringen, welche der im Sondereigentum stehenden Gebäudeteile sich auf der abveräußerten Teilfläche befinden. Auch hier ist eine separate Teilungsbewilligung entbehrlich (s. Rdn. 29). 37

Die im Vollzug der Teilaufhebung verbleibenden (Rest) Einheiten müssen sowohl hinsichtlich der Miteigentumsanteile als auch hinsichtlich des Sondereigentums den Erfordernissen des WEG entsprechen. Daraus ergibt sich, dass in der Folge einer Teilaufhebung bei der Abveräußerung **kein isolierter Miteigentumsanteil** verbleiben darf (*KG* ZMR 2012, 462). Dies wäre z.B. denkbar, wenn sich auf der abveräußerten Fläche lediglich eine im Sondereigentum stehende, separat gebuchte Garage eines Miteigentümers befindet. Ein solcher isolierter Miteigentumsanteil müsste durch Übertragung beseitigt werden (Bauer/Schaub/*Schneider* AT E Rn. 385; *Röll* Rpfleger 1990, 277). Ebenfalls müsste verbleibendes **Sondereigentum** noch die Voraussetzungen des **§ 3 Abs. 3** erfüllen und entsprechend **zugänglich** sein. 38

Im Übrigen gelten für den Grundbuchvollzug die weiteren vorstehend unter Rdn. 29 ff. dargestellten Voraussetzungen entsprechend. Die von *Böttcher* (BWNotZ 1996, 80, 90) im Fall einer teilweisen vertraglichen Aufhebung des Sondereigentums befürwortete Schließung und Neuanlegung der Grundbücher nach Teilung und Abschreibung des betroffenen realen Teils erscheint verfehlt und entspricht nicht der von ihm ansonsten vertretenen differenzierten Betrachtungsweise (wie hier auch *KG* ZMR 2012, 462). 39

Zur realen Teilung des Grundstücks unter gleichzeitiger Aufhebung der wohnungseigentumsrechtlichen Teilung (**Doppelhausumwandlung**) s. § 9 Rdn. 30. Zur realen Teilung des Grundstücks in zwei **selbstständige Wohnungseigentümergemeinschaften** s. Staudinger/Rapp [2018] § 4 Rn. 22 f. Zur realen Teilung eines WE-Grundstücks bei gleichzeitiger **Teilauseinandersetzung** und rechtlicher Verselbstständigung der Teilfläche unter Beibehaltung der bisherigen dinglichen Berechtigung s. *OLG München* ZMR 2017, 421. 40

3. Teilung im eigenen Besitz

Teilen die Miteigentümer das in Wohnungs- und Teileigentumsrechte aufgeteilte Grundstück real unter Umwandlung des Wohnungseigentums in normales Bruchteilseigentum an nicht veräußerten Teilflächen, gilt das zuvor Gesagte entsprechend. Die h.M. hält zur Umwandlung auch in diesem Fall eine gesonderte Einigungserklärung der Wohnungs- und Teileigentümer gem. § 4 für erforderlich (*OLG Frankfurt am Main*, Rpfleger 1990, 292; Bauer/*v. Oefele* 3. Aufl. AT V Rn. 387; *Schöner/* 41

Stöber Rn. 2982a; a.A. Weitnauer/*Briesemeister* § 1 Rn. 33, der zu Recht die – reale – Teilungserklärung genügen lassen will). Von der rechtlichen Teilung (vgl. § 903 BGB) ist allerdings die katastertechnische Fortführung durch bloße Zerlegung des bisher einheitlichen aufgeteilten Grundstücks zu unterscheiden. In diesem Fall ändert sich an den wohnungseigentumsrechtlichen Verhältnissen nichts, weil sich lediglich die Bezeichnung des aufgeteilten Grundstücks verändert.

III. Belastung mit dinglichen Rechten

42 Das Grundstück im Rechtssinne kann noch **Verfügungsgegenstand** sein (*OLG Hamm* DNotZ 2001, 216 = ZMR 2000, 630; § 7 Rdn. 34). So können Eintragungen, die nur am Grundstück als Ganzem möglich sind (z.B. Dienstbarkeiten), nach wie vor erfolgen (im Ergebnis ebenso Bärmann/*Armbrüster* § 1 Rn. 178; vgl. dazu § 7 Rdn. 48 ff.).

D. Zwangsvollstreckung

43 Die durch § 6 WEG untersagte separate Verfügung über den Miteigentumsanteil oder das Sondereigentum verbietet auch eine Zwangsvollstreckung in die einzelnen Elemente des Wohnungseigentums. Weder kann der Miteigentumsanteil separat gepfändet werden, noch kann das Sondereigentum alleiniger Gegenstand der Zwangsvollstreckung sein. **Vollstreckungsmaßnahmen** in das Wohnungseigentum richten sich nach den **für unbewegliche Sachen** geltenden Vorschriften der §§ 864 ff. ZPO wie bei einem gewöhnlichen Miteigentumsanteil am Grundstück (dazu s. ausf. § 1 Rdn. 201 ff.).

44 Ebenso unterliegen im Grundbuch eingetragene **Sondernutzungsrechte** ausschließlich der Zwangsvollstreckung in das unbewegliche Vermögen. Ein eingetragenes Grundpfandrecht erstreckt sich auch auf ein bei dem Wohnungseigentum vermerktes Sondernutzungsrecht (davon geht auch der Gesetzgeber bei der Regelung in § 5 Abs. 4 S. 2 [u. vormals S. 3] aus); eine Beschlagnahme in der Immobiliarvollstreckung erfasst damit auch ein zugeordnetes Sondernutzungsrecht (*BGH* ZWE 2015, 97; *OLG Stuttgart* Rpfleger 2002, 576 = ZMR 2003, 56; *OLG Stuttgart* OLG-Report 2002, 407; *Lüke/Becker* DNotZ 1996, 676, 679; *Ott* ZWE 2001, 18; *Schneider* Rpfleger 1998, 53, 59 f.; Staudinger/*Rapp* [2018] § 1 Rn. 54; *Stöber* Forderungspfändung Rn. 1792; Hogenschurz/*Kral* § 7 Rn. 164). Eine **a.A.** will dagegen – zusätzlich – noch eine separate Pfändung durch Mobiliarvollstreckung gem. § 857 ZPO innerhalb der Gemeinschaft ermöglichen (*LG Stuttgart* DWE 1989, 72; *Schuschke* NZM 1999, 830; Grüneberg/*Wicke* § 13 Rn. 17; *Sauren* § 13 Rn. 17; *Schmid* ZfIR 2011, 733, 736; Staudinger/*Kreuzer* [2005] § 15 Rn. 14; Weitnauer/*Lüke* § 15 Rn. 36), ohne das Konkurrenzverhältnis der dinglichen Pfandrechte zu den Pfändungspfandrechten auflösen zu können. Ausführlich s. zum Ganzen Bärmann/*Seuß* § 13 Rn. 180 ff.

45 Wegen der unzulässigen Pfändung eines **Zuweisungsvorbehalts** für Sondernutzungsrechte s. *OLG Stuttgart* ZWE 2002, 542 Ls. = ZMR 2003, 56.

46 Zur – zulässigen – **Pfändbarkeit** von Ansprüchen, die sich aus dem **Treuhandverhältnis** eines aus der Gemeinschaft bereits ausgeschiedenen Treugebers (Bauträgers) gegenüber einem für ihn mehrere Sondernutzungsrechte an Pkw-Stellplätzen »verwahrenden« Wohnungseigentümer (Treuhänder) ergeben, s. *BGH* NJW 2010, 2346 = ZWE 2010, 333 m. zust. Anm. *Ott.*

§ 7 Grundbuchvorschriften

(1) Im Falle des § 3 Abs. 1 wird für jeden Miteigentumsanteil von Amts wegen ein besonderes Grundbuchblatt (Wohnungsgrundbuch, Teileigentumsgrundbuch) angelegt. Auf diesem ist das zu dem Miteigentumsanteil gehörende Sondereigentum und als Beschränkung des Miteigentums die Einräumung der zu den anderen Miteigentumsanteilen gehörenden Sondereigentumsrechte einzutragen. Das Grundbuchblatt des Grundstücks wird von Amts wegen geschlossen.

(2) Zur Eintragung eines Beschlusses im Sinne des § 5 Absatz 4 Satz 1 bedarf es der Bewilligungen der Wohnungseigentümer nicht, wenn der Beschluss durch eine Niederschrift, bei der die

Unterschriften der in § 24 Absatz 6 bezeichneten Personen öffentlich beglaubigt sind, oder durch ein Urteil in einem Verfahren nach § 44 Absatz 1 Satz 2 nachgewiesen ist. Antragsberechtigt ist auch die Gemeinschaft der Wohnungseigentümer.

(3) Zur näheren Bezeichnung des Gegenstandes und des Inhalts des Sondereigentums kann auf die Eintragungsbewilligung oder einen Nachweis gemäß Absatz 2 Satz 1 Bezug genommen werden. Veräußerungsbeschränkungen (§ 12) und die Haftung von Sondernachfolgern für Geldschulden sind jedoch ausdrücklich einzutragen.

(4) Der Eintragungsbewilligung sind als Anlagen beizufügen:

1. **eine von der Baubehörde mit Unterschrift und Siegel oder Stempel versehene Bauzeichnung, aus der die Aufteilung des Gebäudes und des Grundstücks sowie die Lage und Größe der im Sondereigentum und der im gemeinschaftlichen Eigentum stehenden Teile des Gebäudes und des Grundstücks ersichtlich ist (Aufteilungsplan); alle zu demselben Wohnungseigentum gehörenden Einzelräume und Teile des Grundstücks sind mit der jeweils gleichen Nummer zu kennzeichnen;**
2. **eine Bescheinigung der Baubehörde, daß die Voraussetzungen des § 3 Abs. 2 3 vorliegen.**

Wenn in der Eintragungsbewilligung für die einzelnen Sondereigentumsrechte Nummern angegeben werden, sollen sie mit denen des Aufteilungsplanes übereinstimmen.

(5) Für Teileigentumsgrundbücher gelten die Vorschriften über Wohnungsgrundbücher entsprechend.

Literatur

Amann Amtslöschung von Dienstbarkeiten am Gemeinschaftseigentum? MittBayNot 1995, 267; *Becker* Die Rechtsnatur der Abgeschlossenheitsbescheinigung nach dem Wohnungseigentumsgesetz und das Prüfungsrecht des Grundbuchamtes NJW 1991, 2742; Becker/Schneider WEG-Reform 2020; Anmerkungen zum Regierungsentwurf des WEMoG ZfIR 2020, 281; *Bielefeld* Wider eine Abschaffung der Abgeschlossenheitsbescheinigung bzw. einen Verzicht auf staatliche Mitwirkung beim Aufteilungsplan NZM 2004, 521; *Böhringer* Eintragung von Haftungsklauseln bei Wohnungseigentum, Rpfleger 2022, 375; ders. Die neuen Sondereigentumstypen des § 3 WEG im Grundbuchverfahren, Rpfleger 2021, 393; ders. Informationelles Selbstbestimmungsrecht kontra Publizitätsprinzip bei § 12 GBO Rpfleger 1987, 181; *ders.* Veränderungen des Wohnungseigentums in Rechtsprechung und Grundbuchpraxis NotBZ 1999, 154; *Böttcher* Die Prüfungspflicht des Grundbuchgerichts Rpfleger 1990, 486; *ders.* Veränderungen beim Wohnungseigentum BWNotZ 1996, 80; *ders.* Verbindung von Grundstücken unter Berücksichtigung des DaBaGG ZNotP 2013, 367; *ders.* Die Renaissance des Legalitätsprinzips im Grundbuchverfahren ZfIR 2013, 673; *Bub* Aufteilungsplan und Abgeschlossenheitsbescheinigung WE 1991, 124 und WE 1991, 150; *Demharter* Wohnungseigentum und Überbau Rpfleger 1983, 133; *ders.* Isolierter Miteigentumsanteil beim Wohnungseigentum NZM 2000, 1196; *ders.* Das Zentralgrundbuch – mehr Licht als Schatten? Rpfleger 2007, 121; *Diester* Die Aufgaben der Grundbuchämter nach dem Wohnungseigentumsgesetz Rpfleger 1965, 193; *DNotI-Gutachten* Beurkundung mit vorläufigem Aufteilungsplan DNotI-Report 1999, 17; *dass.* Vereinigung und Unterteilung von Wohnungseigentum DNotI-Report 2004, 85; *dass.* Ansichten als Bestandteil des Aufteilungsplans in Form von Bauzeichnungen; Vorlage von Fotografien statt Bauzeichnungen Nr. 11273 v. 12.09.2002; *dass.* Genehmigungserfordernis für Aufteilung in Wohnungseigentum in Gebieten mit Fremdenverkehrsfunktionen DNotI-Report 2008, 97; *dass.* Entbehrlichkeit der Abgeschlossenheitsbescheinigung bei noch zu errichtenden Reihenhäusern und vorliegender Baugenehmigung DNotI-Report 2011, 107; dass. DNotI-Gutachten Begriff der Maßangaben bei Stellplätzen DNotI-Report 2022, 155; *Eickmann* Formularverfahren oder Rechtsverwirklichung Rpfleger 1973, 341; *ders.* Allgemeine Geschäftsbedingungen und Freiwillige Gerichtsbarkeit Rpfleger 1978, 1; *Ertl* Eintragung von Sondernutzungsrechten i.S.d. § 15 WEG Rpfleger 1979, 81; *ders.* AGB-Kontrolle von Gemeinschaftsordnungen der Wohnungseigentümer durch das Grundbuchamt? DNotZ 1981, 149; *ders.* Dingliche und verdinglichte Vereinbarungen über den Gebrauch des Wohnungseigentums DNotZ 1988, 4; *Frank* Zur grundbuchmäßigen Behandlung von Stellplätzen in Doppelstockgaragen MittBayNot 1994, 512; *Gaier* Unterteilung von Wohnungseigentum FS Wenzel 2005, 145; *Grziwotz* Pro Raum eine Nummer? DNotZ 2009, 405; *ders.* Abgeschlossenheit einer Wohnung MietRB 2013, 127; *ders.* Milieuschutz und Grundstückskauf MittBayNot 2014, 394; *Hauger* Unterteilung und Erweiterung von Wohnungseigentum WE 1991, 66; *Heinemann* Umwandlungsvorgänge im Wohnungs- und Teileigentumsrecht MietRB 2011, 231; *Hügel* Begründung von Wohnungseigentum mittels eines vorläufigen Aufteilungsplans NotBZ 2003, 147; *ders.* Der nachträgliche Ausbau von Dachgeschossen – Gestaltungsmöglichkeiten in der Gemeinschaftsordnung RNotZ 2005, 149; *ders.* Die Umwandlung von Teileigentum zu Wohnungseigentum und umgekehrt Fs Bub 2007, S. 137; = ZWE 2008, 120; Hügel/Elzer Unbewohnbares Wohnungseigentum? – Zugleich zur »AVA 2021« NZM 2023, 57; *Kesseler* Grundpfandrechte und Reallasten als Aufteilungshindernisse NJOZ 2010, 1466; Klühs Dingliche und grundbuchverfahrensrechtliche Auswirkungen der Nichterrichtung von Wohnungs- bzw. Teileigentum ZWE 2010, 730; *Kolb* Bauliche Veränderungen am Gemeinschaftseigentum bei Wohnungseigentumsanlagen MittRhNotK 1996, 254; Köther Abgrenzung von Gemeinschafts- und Sondereigentum in der notariellen Praxis RNotZ 2021, 377; *Kreuzer* Änderung von Teilungserklärung und Gemeinschaftsordnung ZWE 2002, 285; *Lotter* Zum Inhalt des Aufteilungsplans nach § 7 Abs. 4 Satz 1 Nr. 1 WEG MittBayNot 1993, 144; *Ludwig* Grenzüberbau bei Wohnungs- und Teileigentum DNotZ 1983, 411; *M. Müller* Zustimmungserfordernis bei Unterteilung von Wohnungs- oder Teileigentum ZWE 2012, 22; *Nieder* Die Änderung des Wohnungseigentums und seiner Elemente BWNotZ 1984, 49; *von Oefele/Schneider* Zur Einführung des Zentralgrundbuchs durch die WEG-Reform DNotZ 2004, 740; *dies.* Noch einmal: Das Zentralgrundbuch – Bei Licht betrachtet ZMR 2007, 753; *Ott* Die Zweckbestimmungswidrige Nutzung von Wohnungs- und Teileigentum ZfIR 2005, 129; *Pause* Begründung von Wohnungseigentum an Altbauten ohne Abgeschlossenheitsbescheinigung? NJW 1990, 3178; *Pfeilschifter/Wüstenberg* Wohnungseigentum ohne Abgeschlossenheitsbescheinigung? WuM 2004, 635; *Rapp* Unterteilungen und Neuaufteilungen von Wohnungseigentum MittBayNot 1996, 344; ders. Wohnungseigentum und aufteilungsplanwidrige Bauausführung MittBayNot 2016, 474; *Röll* Aufteilung zu Wohnungseigentum und Standort des Gebäudes DNotZ 1977, 643; *ders.* Das AGB-Gesetz und die Aufteilung zu Wohnungseigentum DNotZ 1978, 720; *ders.* Die Bemessung der Miteigentumsanteile beim Wohnungseigentum MittBayNot 1979, 4; *ders.* Die Eintragung von Änderungen der Teilungserklärung in die Wohnungsgrundbücher MittBayNot 1979, 218; *ders.* Das Erfordernis der Abgeschlossenheit nach dem Wohnungseigentumsgesetz Rpfleger 1983, 380; *ders.* Sondereigentum an Räumen mit zentralen Versorgungsanlagen und ihren Zugangsräumen Rpfleger 1992, 94; *ders.* Die Unterteilung von Eigentumswohnungen DNotZ 1993, 158; *ders.* Rechenfehler bei der Aufteilung zu Wohnungseigentum MittBayNot 1996, 175; *ders.* Mauer- und Deckendurchbrüche sowie das Verlegen von Trennwänden in Eigentumswohnanlagen und die Prüfungspflicht des Grundbuchamts MittBayNot 1996, 275; *ders.* Das Eingangsflurproblem bei der Unterteilung von Eigentumswohnungen DNotZ 1998, 345; *Sauren* Die Sondereigentumsfähigkeit nicht überdachter Garagenstellplätze eines Gebäudes Rpfleger 1999, 14; *Schmid* Nutzungsbeschränkung im Aufteilungsplan? NZM 2010, 852; *F. Schmidt* Teilungserklärung als AGB? MittBayNot 1979, 139; *ders.* Gegenstand und Inhalt des Sondereigentums MittBayNot 1985, 237; *ders.* Kellermodell im Aufbruch WE 1992, 2; *ders.* Balkone als Sondereigentum MittBayNot 2001, 442; *Schneider* Überlegungen zur Einführung eines »Zentralgrundbuches« Rpfleger 2003, 70 = WE 2003, 12; *ders.* Zur Eintragung des WEG-Verwalters in einem Zentralgrundbuch ZWE 2003, 339; *ders.* Beschlussbuch statt Grundbuch? ZMR 2005, 15; *ders.* Zustimmungen Drittberechtigter bei der Begründung von Wohnungseigentum ZNotP 2010, 299; *ders.* Noch einmal – keine Zustimmung Drittberechtigter zur einseitigen Begründung von Wohnungseigentum ZNotP 2010, 387; ders. Verwalter und Grundbuch ZWE 2014, 349; ders. Neues im Sachen- sowie Grundbuchrecht und Aufgaben des Verwalters ZWE 2021, 237; ders. Grundbucheintragung und Nachweis von Beschlüssen der Wohnungseigentümer ZfIR 2022, 349; ders. Praktischer Umgang mit der AVA ZfIR 2023, 116; *Schüller* Änderungen von Teilungserklärungen und Gemeinschaftsordnungen RNotZ 2011, 203; *Seidl* Zur Abgeschlossenheitsbescheinigung nach dem Wohnungseigentumsgesetz BWNotZ 1990, 95; *Streblow* Änderungen von Teilungserklärungen nach Eintragung der Aufteilung in das Grundbuch MittRhNotK 1987, 141; *Streuer* Nachverpfändung, Zuschreibung oder Pfanderstreckung kraft Gesetzes? Rpfleger 1992, 181; *Thoma* Rechtsprobleme bei der Aufteilung in Wohnungseigentum RNotZ 2008, 121; *Trautmann* Abgeschlossenheit von Wohnungen in Neubauten nach §§ 3 II 1, 7 IV 1 Nr. 2 WEG seit der Privatisierung bauaufsichtlicher Verwaltungsaufgaben FS Merle 2000, 313; *ders.* Zur Reform der Abgeschlossenheitsbescheinigung ZWE 2004, 318; *Ulmer* ABGB und einseitig gesetzte Gemeinschaftsordnungen von Wohnungseigentümern FS Weitnauer 1980, 205; *Vogel* Probleme der Änderung von Teilungserklärung und Gemeinschaftsordnung beim Erwerb vom Bauträger ZMR 2008, 270; *Weitnauer* Wiedergabe von Veräußerungsbeschränkungen nach § 12 WEG im Grundbuch und im Hypothekenbrief Rpfleger 1968, 205; *Wilsch* Aktuelle Grundbuchfragen zum Aufteilungsplan und zur Abgeschlossenheitsbescheinigung ZfIR 2021, 11; ders. Der Referentenentwurf zur Modernisierung des Wohnungseigentumsrechts (WEMoG) aus grundbuchamtlicher Sicht ZfIR 2020, 1; ders. Veränderungen von Wohnungseigentum und Grundbuchgebühren nach dem GNotKG ZfIR 2014, 457 u. 513; Wobst Die Neufassung der Allgemeinen Verwaltungsvorschrift für die Ausstellung von Bescheinigungen nach dem Wohnungseigentumsgesetz (AVA) DNotZ 2021, 582.

Übersicht

A. Allgemeines

1 § 7 enthält die für das Wohnungs- und Teileigentum maßgeblichen besonderen Grundbuchvorschriften. Sie stellen zusammen mit den Bestimmungen der Verordnung über die Anlegung und Führung der Wohnungs- und Teileigentumsgrundbücher v. 01.08.1951 in der Fassung der Bekanntmachung der Neufassung v. 24.01.1995 (BGBl. I S. 134) die notwendige verfahrensrechtliche Ergänzung zu den i.Ü. anwendbaren allgemeinen Bestimmungen der Grundbuchordnung (GBO) und der Grundbuchverfügung (GBV) dar (vgl. *OLG Düsseldorf* Rpfleger 1970, 394).

2 Das Wohnungs- und Teileigentumsgrundbuch ist das **Grundbuch i.S.d. BGB und der GBO** (Staudinger/*Rapp* Rn. 2; Weitnauer/*Briesemeister* Rn. 1). Jedes Wohnungs- und Teileigentumsgrundbuch ist wie ein selbstständiges Grundstück zu behandeln.

3 Wohnungseigentum kann erst entstehen, wenn **sämtliche** Wohnungseigentums-/Teileigentums**rechte** in der nachfolgend beschriebenen Art **eingetragen** sind (KEHE/*Keller* § 1 WGV Rn. 2). Zu Ausnahmen s. Rdn. 246 u. § 1 Rdn. 291 ff. Gleiches gilt für die sog. Vorratsteilung gem. § 8 Abs. 2 WEG. Der Eintragung kommt damit eine nicht lediglich deklaratorische Funktion zu; sie hat **konstitutiven Charakter.**

B. Anlegung der Wohnungs- und Teileigentumsgrundbücher

I. Bezeichnung der Grundbücher

§ 7 Abs. 1 S. 1, § 7 Abs. 5 WEG i.V.m. § 8 Abs. 2 WEG regeln in Ergänzung der Bestimmungen des § 3 GBO, dass für jeden gebildeten Miteigentumsanteil verbunden mit Sondereigentum von Amts wegen ein eigenes Grundbuchblatt anzulegen ist (Realfolium). In der **Aufschrift** ist unter die Blattnummer in Klammern das Wort »Wohnungsgrundbuch« oder »Teileigentumsgrundbuch« zu setzen, je nachdem, ob sich das Sondereigentum auf eine Wohnung oder auf nicht zu Wohnzwecken dienende Räume bezieht (vgl. § 2 WGV). Maßgeblich für die Beurteilung, ob es sich um ein Wohnungs- oder Teileigentumsgrundbuch handelt, ist dabei nicht die tatsächliche Nutzung, sondern die Zweckbestimmung der betreffenden Räumlichkeiten (*OLG München* ZMR 2017, 820 = ZWE 2017, 307; *OLG München* ZMR 2017, 177 = ZWE 2017, 127; *BayObLG* Rpfleger 1973, 139 = ZMR 1973, 205). 4

Ist mit dem Miteigentumsanteil Sondereigentum **sowohl** an einer **Wohnung als auch** an **nicht zu Wohnzwecken dienenden Räumen** verbunden und überwiegt nicht einer dieser Zwecke offensichtlich, so ist das Grundbuchblatt als »Wohnungs- und Teileigentumsgrundbuch« zu bezeichnen (vgl. § 2 WGV). Zu denken ist hier an Fallgestaltungen, bei denen entweder originäre Teileigentumseinheiten ohne einen eigenen Miteigentumsanteil mit Wohnungseigentum verbunden werden (z.B. Stellplätze gem. § 3 Abs. 1 S. 2 WEG und Wohnungen – vgl. § 7 Abs. 1 S. 1 der AVV) oder bei denen außerhalb des eigentlichen Wohnungsverbundes zu abgeschlossenen Wohnungen weitere abschließbare Nebenräume gehören (z.B. Keller- und Speicherräume – vgl. § 5 Abs. 2 der AVV), die auch einer selbstständigen Buchung als Teileigentum zugänglich gewesen wären (*BayObLG* Rpfleger 1992, 154 m. Anm. *Eckardt*; *Schneider* Rpfleger 1991, 499). Für die erstgenannte Fallgestaltung grundsätzlich selbstständiger Teileigentumsrechte wird die Verwendung der Mischbezeichnung in der Aufschrift für sachgerecht gehalten, um auch nach außen den unterschiedlichen Charakter des im selben Grundbuchblatt gebuchten Sondereigentums erkennbar machen zu können (**enger** Meikel/*Böttcher* 10. Aufl. § 2 WGV Rn. 3). Ein offensichtliches Überwiegen eines bestimmten Zweckes dürfte in diesem Fall wohl kaum feststellbar sein. 5

Ist eine **Bestimmung der Nutzungsart** in der Gemeinschaftsordnung gänzlich **unterblieben**, kann in der Aufschrift eines Grundbuchs ebenfalls nur die Mischbezeichnung als »Wohnungs- und Teileigentumsgrundbuch« in Betracht kommen. Das Gleiche hat zu gelten, wenn eine Sondereigentumseinheit ausdrücklich zur **gemischten oder alternativen Nutzung**, nämlich zur Nutzung zu Wohnzwecken und/oder nicht zu Wohnzwecken, bestimmt worden ist (vgl. *KG* ZMR 2023, 127; *KG* MittBayNot 2008, 209: »Gewerbewohnung«). Die fehlende bzw. die weite Fassung der Nutzungsmöglichkeiten vermeidet im Fall einer nachträglichen Umwandlung von Wohnungs- in Teileigentum und umgekehrt die sonst erforderlichen Zustimmungen aller Wohnungseigentümer und ggf. auch der dinglich Berechtigten; dazu vgl. Rdn. 356 und § 1 Rdn. 49 ff. 6

Das Grundbuchgericht kann sich jedoch auf etwaige **Angaben der Beteiligten** verlassen; eine **falsche Bezeichnung** ist unschädlich (Bauer/Schaub/Schneider AT E Rn. 233). Zur Berichtigung der Zweckbestimmung s. Rdn. 250. 7

II. Inhalt der Eintragung

1. Miteigentumsanteil am Grundstück

Für jeden Miteigentumsanteil ist ein eigenes Grundbuchblatt anzulegen (§ 7 Abs. 1 S. 1, § 8 Abs. 2 WEG). Zum früher möglichen gemeinschaftlichen Grundbuch s. Rdn. 30. Der Anteil ist dabei als zahlenmäßiger **Bruchteil gem. § 47 GBO** zu bezeichnen (§ 3 Abs. 1 Buchst. a) WGV); eine wörtliche Wiederholung ist nicht vorgesehen (Meikel/*Böttcher* 10. Aufl. § 3 WGV Rn. 5; anders Muster Anlage 1 zur WGV S. 2). Die Größe der Bruchteile ist im Verhältnis zu dem damit zu verbindenden Sondereigentum nicht vorgeschrieben und kann grundsätzlich frei gewählt werden (*BGH* Rpfleger 1986, 430 = ZMR 1986, 365; *OLG Düsseldorf* ZMR 2004, 613; *OLG Stuttgart* NJW-RR 2004, 8

375; *BayObLG* ZWE 2000, 171; s. § 3 Rdn. 14 ff.); ihre Addition muss wieder **ein Ganzes** ergeben (zu Abweichungen infolge Rechenfehlern s. Rdn. 241 ff.; im Eintragungsverfahren ist eine Zwischenverfügung zur Behebung möglich, *KG* DNotZ 2023, 209). Im Hinblick auf die in § 16 Abs. 2 WEG geregelte Lastentragungsverpflichtung wird in der Praxis jedoch vielfach die Größe eines Anteils in Anlehnung an das Verhältnis zur Gesamtfläche der Sondereigentumseinheiten bestimmt. Dabei sind nicht nur glatte 100stel oder 1.000stel Brüche zulässig und an der Tagesordnung.

9 Bei der vertraglichen Einräumung von Wohnungs- oder Teileigentumsrechten gem. § 3 WEG wird vielfach erst der zur Verbindung mit dem vorgesehenen Sondereigentum erforderliche **Bruchteil zu schaffen** sein. Dies kann sich zwischen verschiedenen Miteigentümern im Wege der gewöhnlichen **Übertragung von Miteigentumsanteilen** durch Auflassung und vorherige Eintragung (§§ 873 Abs. 1, 925 BGB) vollziehen. Die Veränderung der Miteigentumsanteile und die Aufteilung in Wohnungseigentum können im Grundbuch allerdings auch in einem Schritt vollzogen werden (*DNotI-Gutachten* DNotI-Report 2002, 81; s. § 2 Rdn. 5).

10 Denkbar ist aber auch eine **Abspaltung** von Miteigentumsanteilen bei mehreren oder allen Miteigentümern, um nach Zusammenfügung eines neuen Anteils und Verbindung mit Sondereigentum diesen dann im Verhältnis der eingebrachten Quoten den Beteiligten Miteigentümern eigentumsmäßig (z.B. zur Bildung einer Teileigentumseinheit: Schwimmbad oder Hausmeisterwohnung) zuzuordnen (vgl. *LG Bochum* Rpfleger 1999, 24).

11 Umgekehrt kann zunächst auch erst eine **Zusammenlegung** von Miteigentumsanteilen erforderlich werden, um die Buchung eines einheitlichen Miteigentumsanteils erreichen zu können. An dem zusammengelegten Miteigentumsanteil verbunden mit Sondereigentum entsteht für die einbringenden Berechtigten mit der Eintragung eine Bruchteilsgemeinschaft (§§ 741 ff., 1008 ff. BGB) im entsprechenden Verhältnis. Es handelt sich dabei um eine lediglich rechtstechnische Zusammenlegung der Bruchteile, die mit der Eintragung im Bestandsverzeichnis bewirkt ist. Eines ausdrücklichen Vermerks über die Anteilszusammenlegung bedarf es dazu nicht. Diese Konstellation ist typisch für Eheleute, die ihre bisher selbstständigen Miteigentumsanteile (von z.B. je 1/4 Anteil zu einem 1/2 Anteil) zusammenführen, um nach Verbindung mit Sondereigentum jeweils hälftig in dem betreffenden Grundbuchblatt als Eigentümer eingetragen zu sein (*BGH* BGHZ 86, 393 = Rpfleger 1983, 270).

12 Sind die künftigen Wohnungseigentümer **noch nicht Miteigentümer** des Grundstücks, so genügt zum Vollzug der erklärten Auflassung die **unmittelbare Eintragung** der Wohnungseigentümer in den neu anzulegenden Grundbuchblättern. Der Erwerb kann dann direkt durch Eintragung in Abt. I des für den entsprechenden Miteigentumsanteil gebildeten Wohnungsgrundbuchs verlautbart werden (*Demharter* Anhang zu § 3 Rn. 53; *Schöner/Stöber* Rn. 2864; Weitnauer/*Briesemeister* Rn. 6). Einer vorherigen Eintragung noch auf dem Grundbuchblatt des ungeteilten Grundstücks bedarf es nicht (zur Formulierung der Eintragung in einem solchen Fall vgl. Muster Anlage 1 zur WGV S. 4).

13 Die Angabe des Miteigentumsanteils hat sich auf das in Wohnungseigentum aufgeteilte **Grundstück** zu beziehen. Die erforderlichen Grundstücksangaben ergeben sich dabei aus den allgemeinen Vorschriften (vgl. § 3 Abs. 1 Buchst. b) und Abs. 4 WGV). Die Beschreibung erfolgt mit den üblichen Katasterdaten (Gemarkung, Flur, Flurstück, Wirtschaftsart und Lage). Gem. § 1 Abs. 4 WEG (eingefügt durch Gesetz v. 30.07.1973, BGBl. I, 910) kann es sich nur um *ein* Grundstück im Rechtssinne handeln, das allerdings durchaus aus mehreren Flurstücken bestehen kann. In diesem Fall soll in geeigneter Weise zum Ausdruck gebracht werden, dass die im amtlichen Verzeichnis selbstständig eingetragenen Teile ein Grundstück im Rechtssinne bilden (§ 3 Abs. 1 Buchst. b) WGV). Wegen der Vereinigungsfiktion bzgl. der vor der Einfügung des Abs. 4 an mehreren Grundstücken begründeten Wohnungseigentumsrechte s. Art. 3 § 1 des Gesetzes v. 30.07.1973.

14 Bei Vorliegen eines **Überbaus** (dazu s. § 1 Rdn. 253 ff.) hat in der Grundbucheintragung der überbauenden Wohnungs- und Teileigentumsrechte ein Hinweis auf den Überbau zu unterbleiben, weil dies eine unzulässige Kommentierung der Eintragungswirkungen darstellen würde (Meikel/*Böttcher* 10. Aufl. § 3 WGV Rn. 8). Eintragungsfähig ist jedoch der Verzicht auf eine Überbaurente sowie

eine vertragliche Feststellung ihrer Höhe (§ 914 Abs. 2 BGB). Diese Eintragung hat nach inzwischen h.M. auf dem rentenpflichtigen – in Wohnungseigentum aufgeteilten – Grundstück zu erfolgen (*BayObLG* Rpfleger 1998, 463; *OLG Düsseldorf* Rpfleger 1978, 16; *Ludwig* DNotZ 1984, 541, 543). Zur unzulässigen Eintragung eines Vermerks über den Verzicht des rentenberechtigten Grundstückseigentümers auf die Überbaurente in das für das überbaute Grundstück angelegte Grundbuchblatt s. *BGH* NJW 2014, 1179 = Rpfleger 2014, 245 = ZfIR 2015, 17. Zur grundbuchmäßigen Behandlung eines Überbaues bei Wohnungseigentum s. *KG* FGPrax 2016, 3; *OLG Hamm* Rpfleger 1984, 98 m. Anm. *Ludwig* Rpfleger 1984, 266; *OLG Stuttgart* DNotZ 1983, 444; *OLG Karlsruhe* DNotZ 1986, 753 m. Anm. *Ludwig*; *LG Bautzen* NJW-RR 2001, 591; *Röll* MittBayNot 1982, 172; *Röll* MittBayNot 1983, 5; *Demharter* Rpfleger 1983, 133; *Ludwig* DNotZ 1983, 411; *Ludwig* BWNotZ 1984, 133; *Rastätter* BWNotZ 1986, 79; *Brünger* MittRhNotK 1987, 269 u. § 1 Rdn. 253 ff.

Bei der Aufteilung in Wohnungseigentum müssen im Hinblick auf § 6 **alle gebildeten Miteigentumsanteile auch mit Sondereigentum verbunden** sein (*BGH* BGHZ 109, 179 = Rpfleger 1990, 62 = ZMR 1990, 112; BGHZ 130, 159 = Rpfleger 1996, 19 = ZMR 1995, 521; *BGH* Rpfleger 2004, 207 = ZMR 2004, 206; *OLG Hamm* Rpfleger 1990, 509; *Weitnauer* MittBayNot 1991, 143). Eine **teilweise Anlegung** der Wohnungs- und Teileigentumsgrundbücher unter Belassung der restlichen Miteigentumsanteile im Übrigen verbietet sich genauso wie die Bildung einer Miteigentumsanteilsreserve für spätere Bauabschnitte bei einer Mehrhausanlage (Staudinger/*Rapp* § 7 Rn. 6). Zur nachträglichen Entstehung **isolierter Miteigentumsanteile** und den sich daraus ergebenden Rechtswirkungen vgl. § 1 Rdn. 294 f. u. § 3 Rdn. 152 ff. 15

Soweit man mit der wohl herrschenden Meinung die rechtliche **Vereinigung eines Grundstücks mit einem Erbbaurecht** für zulässig halten will (so Bauer/Schaub/*Maaß* AT F Rn. 180; *Demharter* § 5 Rn. 6; Grüneberg/*Herrler* § 890 Rn. 2; *Schöner/Stöber* Rn. 1848; a.A. Lemke/*Schneider* § 5 Rn. 17 f.; Meikel/*Böttcher* § 5 Rn. 7; Winkler/Schlögel § 5 Rn. 179), kann an diesem Mischgebilde kein Wohnungseigentum begründet werden, weil unklar ist, ob der für das Wohnungseigentum erforderliche Miteigentumsanteil im Einzelnen an dem Grundstück oder an dem Erbbaurecht besteht. Da Grundstück und Erbbaurecht nicht wesensgleich sind und bei Verfügungen unterschiedlichen Rechtsnormen folgen, kann also entweder nur eine Aufteilung des Grundstücks (§ 1) oder eine Aufteilung des Erbbaurechts (§ 30) erfolgen (s. § 1 Rdn. 280). 16

2. Sondereigentum

Das mit dem Miteigentumsanteil zu verbindende Sondereigentum erfordert die eindeutige **Zuordnung von Räumen**. Diese Eintragung in das Grundbuch ist im Hinblick auf §§ 7 Abs. 1, 8 Abs. 2 WEG zur Abgrenzung der Eigentumssphären konstitutiv. Ein Miteigentumsanteil kann dabei mit mehreren zu Wohn- oder sonstigen Zwecken bestimmten Sondereigentumseinheiten verbunden werden (*KG* NJW-RR 1989, 1360); ein Sondereigentumsrecht kann jedoch umgekehrt nur mit einem – ggf. zuvor zusammengelegten – Miteigentumsanteil verbunden werden (*BGH* DNotZ 1983, 487). Ist die Zuordnung nicht eindeutig erfolgt (z.B. Balkone als Sonder- oder Gemeinschaftseigentum), so scheidet ein an sich in Betracht kommender **Klarstellungsvermerk** dann aus, wenn die Gefahr besteht, dass eine vermeintlich bloße Klarstellung in Wirklichkeit zu einer Änderung eingetragener Rechte führt (*OLG Düsseldorf* Rpfleger 2009, 501). 17

Die **Beschreibung** der Räumlichkeiten erfolgt dabei regelmäßig unter Heranziehung des gem. Abs. 4 Satz 1 Nr. 1 beizufügenden amtlichen Aufteilungsplans. Gebräuchlich waren zunächst farbige (dazu *LG Bayreuth* MittBayNot 1975, 102) oder ziffernmäßige Markierungen. Zu den Bezugnahmemöglichkeiten s. Rdn. 22. § 7 Abs. 4 S. 1 Nr. 1 Hs. 2 schreibt nunmehr allein eine ziffernmäßige Beschreibung vor. Ausreichend – jedoch keineswegs zweckmäßig – sind Kurzbezeichnungen des räumlichen Bereichs des Sondereigentums wie z.B. *»verbunden mit dem Sondereigentum an (der Wohnung) Nr. 1 des Aufteilungsplanes«*. Formulierungen dieser Art mögen aufgrund der fortschreitenden Datenverarbeitung dem dadurch vielfach bedingten Drang zu Standardisierungen genügen, benutzerfreundlich sind sie wegen der damit verbundenen fehlenden Aussagekraft bzgl. 18

der Eigenschaft und der Lage des Sondereigentums gleichwohl nicht (so auch zu Recht Meikel/*Böttcher* 10. Aufl. § 3 WGV Rn. 9 unter Hinweis auf die Normtexte des Bayerischen Staatsministeriums). Damit können im Einzelfall nicht nur Mehrarbeiten durch später erforderlich werdende Nachforschungen verursacht werden (so auch Bauer/Schaub/*Schneider* AT E Rn. 235), sondern auch haftungsträchtige Verzögerungen bei Beschlagnahmen z.B. im Wege einer Zwangsverwaltung verbunden sein, wenn die Zuordnung u.U. erst nach vielen Jahrzehnten nur auf der Grundlage der Pläne nicht mehr eindeutig geklärt werden kann. S. insoweit auch die auftretenden Probleme mit gleich lautenden Nummerierungen Rdn. 119. Angezeigt erscheinen deshalb vielmehr Formulierungen, die die **Lage** der jeweiligen Einheit in dem Gesamtkomplex näher beschreiben, wie es auch die entsprechenden Angaben für gewöhnliche Grundstücke vorsehen (Meikel/*Böttcher* 10. Aufl. § 3 WGV Rn. 9). Sofern nicht anders bei der Aufteilung definiert, sind **Lagebezeichnungen** grundsätzlich vom Eingang her zu sehen (so auch *OLG München* ZWE 2009, 39, 41).

19 Der Angabe von **Wohnungsgrößen** bedarf es nicht. Diese sind nicht Teil der Eintragungsbewilligung und unterliegen wie das Flächenmaß bei Grundstücken auch nicht dem öffentlichen Glauben des Grundbuchs (vgl. Staudinger/*Picker* [2019] § 892 Rn. 66 m.w.N.). Wegen der bei Wohnungseigentum bestehenden Möglichkeiten der Abweichung vom Aufteilungsplan sollten solche Angaben unterbleiben. Wurden sie unzutreffend angegeben, ist aus diesem Grunde auch keine Grundbuchberichtigung erforderlich (*Demharter* § 22 Rn. 23 a.E.; *Röll* Rpfleger 1994, 501; a.A. *LG Passau* Rpfleger 1994, 500; a.A. auch noch Münchener Vertragshandbuch/*F. Schmidt* Bd. VI, VIII 1 Nr. 16: »Eine qm Angabe ist … im Hinblick auf die … Heizkostenanteile … dringend zu empfehlen.«).

3. Wechselseitige Beschränkungen der Miteigentumsanteile

20 Einzutragen ist weiterhin die wechselseitige **Beschränkung** der Miteigentumsanteile **durch** die Einräumung der zu den anderen Miteigentumsanteilen gehörenden **Sondereigentumsrechte** (§ 7 Abs. 1 S. 2). Dabei sind die Grundbuchblätter der übrigen Miteigentumsanteile anzugeben (§ 3 Abs. 1 Buchst. c) WGV). Für die Eintragung kann dabei eine Fassung gewählt werden, die in allen Grundbüchern eine gleich lautende Eintragung zulässt (vgl. den Formulierungsvorschlag von Meikel/*Böttcher* 10. Aufl. § 3 WGV Rn. 10); eine Einzelauflistung ist nicht erforderlich.

21 Trägt das Grundbuchgericht bei Begründung von Wohnungseigentum durch den teilenden Eigentümer einen Beschränkungsvermerk ein, der nicht den Formulierungen der gesetzlichen Vorgabe entspricht und wegen **Missverständlichkeit** zu Rechtsunsicherheiten führen kann (hier: »Sondereigentum an Miteigentumsanteilen«), so besteht ein Anspruch auf Beischreibung eines Klarstellungsvermerks, der im Wege einer Fassungsbeschwerde geltend gemacht werden kann. Unbeachtlich ist dabei, dass die vom Grundbuchgericht verwendeten Formulierungen durch das eingesetzte Computerprogramm vorgegeben waren; denn das Grundbuchgericht ist keinesfalls an solche **Programmvorschläge** gebunden (*LG Münster* NZM 2009, 640).

4. Bezugnahmemöglichkeiten und Unterschriften

22 Gem. §§ 7 Abs. 1 S. 2, 8 Abs. 2 WEG sind die vorgenannten Angaben zum Miteigentumsanteil, dem aufzuteilenden Grundstück, dem zugehörigen Sondereigentum und der wechselseitigen Beschränkung der Miteigentumsanteile ausdrücklich in das Grundbuch einzutragen. Im Übrigen erlaubt § 7 Abs. 3 S. 1 WEG in Erweiterung des § 874 BGB zur näheren Bezeichnung des Gegenstandes und des Inhalts des Sondereigentums eine **Bezugnahme** auf die Eintragungsbewilligung, die allerdings inhaltliche Gestaltungen zu Veräußerungsbeschränkungen und Haftungsklauseln jetzt von der Bezugnahmemöglichkeit wieder ausnimmt (§ 7 Abs. 3 S. 2 WEG).

23 Die Eintragungsbewilligung ihrerseits wird wegen des **Gegenstandes des Sondereigentums** regelmäßig Bezug nehmen auf den nach § 7 Abs. 4 S. 1 Nr. 1 WEG beizufügenden Aufteilungsplan. Daraus ergeben sich Lage und Größe der im Sondereigentum und im gemeinschaftlichen Eigentum stehenden Gebäude- und Grundstücksteile. Die Grundbucheintragung erfolgt daher im Wege einer **doppelten Bezugnahme** (*BGH* ZfIR 2004, 1006, 1007; *OLG Schleswig* ZMR 2004, 68; *Bay-*

ObLG ZMR 2003, 370, 371; *BayObLG* Rpfleger 1991, 414; *OLG Köln* NJW-RR 1993, 204; *OLG Stuttgart* Rpfleger 1981, 109). Dadurch wird der Aufteilungsplan zum Inhalt der Grundbucheintragung (*BGH* BGHZ 177, 338 = NJW 2008, 2982 = ZfIR 2008, 734 = ZMR 2008, 897 = ZWE 2008, 426) und nimmt insoweit am öffentlichen Glauben teil (BGHZ 130, 159 = Rpfleger 1996, 19 = ZMR 1995, 521; *BayObLG* Rpfleger 1987, 310; *BayObLG* Rpfleger 1982, 63; Weitnauer/*Briesemeister* Rn. 32). Neben der notwendigen Eintragung der Raumzuordnung zum Sondereigentum kann weiterhin noch eine gegenständliche Bezugnahme in Betracht kommen hinsichtlich sondereigentumsfähiger Räume und Gebäudebestandteile, die zum gemeinschaftlichen Eigentum erklärt werden (§ 5 Abs. 3). Welche Teile Gemeinschaftseigentum sind, braucht bei der Eintragung aber nicht ausdrücklich vermerkt zu werden (*LG Lübeck* Rpfleger 1988, 102).

Eine Bezugnahme auf die Eintragungsbewilligung wird regelmäßig erfolgen hinsichtlich des **Inhalts des Sondereigentums** (§§ 5 Abs. 4 S. 1, 10 Abs. 1 Satz 2 WEG). Es handelt sich dabei um Vereinbarungen der Wohnungseigentümer gem. § 10 Abs. 3 S. 1 bzw. durch Teilungserklärung gesetzte Regelungen, die wie Vereinbarungen behandelt werden (s. dazu § 8 Rdn. 53f.). Zur Erstreckungswirkung der Grundbucheintragung in diesem Fall s. § 10 Abs. 3 S. 1 WEG. Vereinbarte Veräußerungsbeschränkungen gem. § 12 und Haftungsklauseln sind jedoch ausdrücklich einzutragen (§ 7 Abs. 3 S. 2 WEG; § 3 Abs. 2 Hs. 2 WGV). 24

Achtung: Wird zur Eintragung in das Grundbuch nur die in der Teilungserklärung vorgenommene Aufteilung des Grundstücks und die der Teilungserklärung als Anlage beigefügte Gemeinschaftsordnung bewilligt und beantragt, werden andere Bestimmungen in der Teilungserklärung nicht **Gegenstand der Grundbucheintragung** und wirken daher nicht gegen einen Sondernachfolger. Ein Sondernachfolger muss sie sich jedoch entgegenhalten lassen, wenn er im Kaufvertrag in alle Rechte und Pflichten aus der Teilungserklärung eingetreten ist (*BayObLG* ZfIR 2001, 390 = ZMR 2001, 210 = ZWE 2001, 321). Es handelt sich in der Praxis um eine typische Fehlerquelle, die insbesondere anlässlich »nachgeschobener« Erklärungen auftritt, die dann schon räumlich von der Eintragungsbewilligung nicht mehr erfasst sein können. 25

Wegen der Eintragung einer vereinbarten Veräußerungsbeschränkung s. Rdn. 207. Wegen der Rechtsfolgen einer unterbliebenen ausdrücklichen Eintragung einer vereinbarten Veräußerungsbeschränkung s. § 12 Rdn. 19. Wegen der Eintragung von Sondernutzungsrechten im Grundbuch s. Rdn. 223; wegen der Eintragung einer Haftungsbeschränkung s. Rdn. 212;wegen abweichender Angaben in einem Kaufvertrag s. § 1 Rdn. 105. 26

Die Anlegung der Wohnungs- und Teileigentumsgrundbücher ist abgeschlossen, wenn die Eintragungen im Bestandsverzeichnis der neu angelegten Grundbücher sämtlich **unterschrieben** sind. Wegen der konstitutiven Bedeutung des Eintragungsvermerkes in Sp. 3 des Bestandsverzeichnisses (s. Rdn. 3) ist dort die Eintragung gem. § 44 GBO zu datieren und zu unterschreiben (vgl. Muster Anlage 1 zur WGV S. 2). Wird das Grundbuch maschinell geführt, ist eine Eintragung wirksam, sobald sie in den für die Grundbucheintragungen bestimmten Datenspeicher aufgenommen ist und auf Dauer inhaltlich unverändert in lesbarer Form wiedergegeben werden kann (§ 129 Abs. 1 S. 1 GBO). Auch insoweit soll jede Eintragung den Tag angeben, an dem sie wirksam geworden ist (§ 129 Abs. 2 S. 1 GBO). Wegen der notwendigen Erkennbarkeit des Veranlassers s. § 130 GBO. Wenn der die Herkunft des Miteigentumsanteils ausweisende Übertragungsvermerk (§ 3 Abs. 5 S. 1 WGV) in den Spalten 5 und 6 des Bestandsverzeichnisses zusätzlich vorgenommen werden sollte, so ist auch dieser zu datieren und zu unterschreiben (wie hier Meikel/*Böttcher* 10. Aufl. § 3 WGV Rn. 4; a.A. *OLG Celle* Rpfleger 1971, 184). Ausreichend gem. § 3 Abs. 5 S. 2 WGV ist jedoch ein Übertragungsvermerk, der in der Spalte 3 angebracht wird. 27

Fehlt bei der Anlegung einer Wohnungseigentumsserie in einem der neu anzulegenden Grundbuchblätter die gem. § 44 Abs. 1 S. 1 bzw. § 129 Abs. 2 S. 1 GBO erforderliche **Datierung** im Bestandsverzeichnis, so ist die Grundbucheintragung gleichwohl wirksam; sie ist lediglich unvollständig. Die unterbliebene Datierung kann von Amts wegen nachgeholt werden, da der Zeitpunkt der unter- 28 lassenen Unterzeichnung ohne Weiteres anhand der übrigen Eintragungen ermittelt werden kann (Bauer/Schaub/*Weber* § 44 Rn. 25ff.; Meikel/*Böttcher* § 44 Rn. 24).

29 **Fehlt** bei der Anlegung einer Wohnungseigentumsserie in einem der neu anzulegenden Grundbuchblätter hingegen eine der gem. § 44 Abs. 1 S. 2 GBO erforderlichen Unterschriften im Bestandsverzeichnis, so ist die Eintragung formal wirkungslos und kann zunächst auch keine materiellen Wirkungen entfalten; es liegt noch keine Eintragung im Rechtssinne vor. Vollendet wird die Grundbucheintragung nämlich erst mit der Leistung der – soweit vorgeschrieben – zweiten **Unterschrift** (*OLG Köln* Rpfleger 1980, 477; Bauer/Schaub/*Weber* § 44 Rn. 30; Meikel/*Böttcher* § 44 Rn. 26). Die nachträgliche Unterzeichnung der – dann neu zu datierenden (KEHE/*Keller* § 44 Rn. 15) – Eintragung im Bestandsverzeichnis ist jedoch nicht ausgeschlossen, da der ursprüngliche Eintragungsantrag bislang noch nicht vollständig erledigt worden ist (Bauer/Schaub/*Weber* § 44 Rn. 38). Die fehlende Unterzeichnung führt nicht zur Gesamtnichtigkeit. Aus diesem Grunde können auch etwaig später eingetretene Verfügungsbeschränkungen bei einem teilenden Bauträger die Nachholung nicht beeinträchtigen, wenn die Voraussetzungen des § 878 BGB vorliegen. Für das maschinell geführte Grundbuch vgl. § 130 GBO, § 75 GBV (elektronische Unterschrift).

III. Gemeinschaftliches Wohnungs-/Teileigentumsgrundbuch

30 Der inzwischen aufgehobene § 7 Abs. 2 WEG a.F. eröffnete noch die Möglichkeit, von der Anlegung besonderer Wohnungs- und Teileigentumsgrundbücher abzusehen, wenn hiervon Verwirrung nicht zu besorgen war. Zur Aufhebung von § 7 Abs. 2 a.F. s. Art. 4 Abs. 6 des DaBaGG v. 01.10.2013 (BGBl. I S. 3719).

31 Die Möglichkeit eines gemeinschaftlichen Grundbuchs kam wegen der Verwirrungsgefahr überhaupt nur bei wenigen Einheiten und einer gleichmäßigen Belastung der Anteile in Betracht. In der Praxis hat § 7 Abs. 2 a.F. **keine Bedeutung** erlangt; er war darüber hinaus wegen des unterbliebenen Verweises in § 8 Abs. 2 a.F. (vgl. § 8 Rn. 16) auch nur im Fall der vertraglichen Begründung gem. § 3 anwendbar. Wurde bisher von der Anlegung besonderer Grundbuchblätter für die einzelnen Wohnungseigentumsrechte abgesehen, sollen diese nun bei der nächsten Eintragung, die das Wohnungseigentum betrifft, spätestens jedoch bei der Anlegung des Datenbankgrundbuchs angelegt werden (§ 10 Abs. 4 WGV). Dadurch wird mittelfristig eine Umstellung der Grundbuchführung durch Schließung gemeinschaftlicher Wohnungsgrundbücher angestrebt.

C. Schließung des bisherigen Grundbuchblattes

32 Sind die Wohnungs- und Teileigentumsgrundbücher angelegt, ist gem. § 7 Abs. 1 S. 3 WEG das **Grundbuchblatt** des Grundstücks von Amts wegen zu **schließen**. Dies kann selbstverständlich nur dann gelten, wenn auf dem Grundbuchblatt nicht noch weitere – von der Teilung nicht erfasste – Grundstücke eingetragen sind (§ 6 Satz 2 WGV).

33 Auf die Schließung findet § 36 GBV Anwendung. Nach Abschreibung der Miteigentumsanteile in den Sp. 7 und 8 des Bestandsverzeichnisses ist ein entsprechender **Schließungsvermerk** anzubringen. Die beschrifteten Einzelseiten des Grundbuchsblattes sind zu durchkreuzen. Das bisherige Grundbuchblatt des Grundstücks soll nicht für eine der neu anzulegenden Einheiten verwendet werden (Bauer/Schaub/Schneider AT E Rn. 231; Weitnauer/*Briesemeister* Rn. 6; anders in Fällen der Unterteilung; s. dazu Rdn. 324).

34 Das **Grundstück** im Rechtssinne kann jedoch auch künftig noch **Verfügungsgegenstand** sein (*OLG Hamm* DNotZ 2001, 216 = ZMR 2000, 630). So können Eintragungen, die nur am Grundstück als Ganzem möglich sind (z.B. Dienstbarkeiten), nach wie vor erfolgen (vgl. dazu Rdn. 54 ff.). Ebenso kann das in Wohnungseigentum aufgeteilte Grundstück nachträglich noch vergrößert oder verkleinert werden (vgl. dazu § 6 Rdn. 19 ff. u. 28 ff.; Bamberger/Roth/*Hügel* Rn. 14).

35 Auch ist bei einem bereits in Wohnungseigentum aufgeteilten Objekt aufgrund eines zuvor angeordneten Zwangsversteigerungsverfahrens dem Ersteher wegen § 23 ZVG noch das Grundstück

als Ganzes zuzuschlagen, wenn nicht der das Verfahren betreibende Gläubiger seine Zustimmung zur Aufteilung erklärt hat (*BGH* Rpfleger 2014, 689; *BGH* ZMR 2012, 638 = ZWE 2012, 270). Die abweichende Auffassung von Weitnauer/*Briesemeister* § 3 Rn. 126 berücksichtigt nicht, dass der das Verfahren betreibende Gläubiger eine (u.U. für ihn nachteilige) Veränderung des Versteigerungsobjektes nicht hinnehmen muss. Zur Behandlung der angelegten Wohnungs- und Teileigentumsgrundbücher in diesem Fall s. § 9 Rdn. 42 m.w.N.

D. Folgen der Anlegung

I. Folgen der Anlegung im Verhältnis zu anderen Grundstücken

1. Vereinigung mit einem Grundstück

Ob die **Vereinigung** eines Wohnungs- oder Teileigentumsrechts **mit einem Grundstück** gem. §§ 890 Abs. 1 BGB, 5 GBO zulässig ist, ist umstritten (**bejahend** *BayObLG* Rpfleger 1994, 108; Bärmann/*Armbrüster* § 1 Rn. 103; Bauer/Schaub/*Waldner* §§ 5, 6 Rn. 17; *Demharter* § 5 Rn. 5: Meikel/*Böttcher* § 5 Rn. 8; *Schöner/Stöber* Rn. 2979; Weitnauer/*Briesemeister* § 3 Rn. 92 unter Aufgabe der bisherigen Meinung; **abl.** *OLG Düsseldorf* MittRhNotK 1963, 595; *OLG Zweibrücken* DNotZ 1991, 605 m. Anm. *Herrmann*; *LG Dortmund* Rpfleger 1992, 478; Lemke/*Schneider* § 5 Rn. 19; Staudinger/*Picker* [2019] § 890 BGB Rn. 20; *Riedel* Rpfleger 1966, 81). Die zunehmende Bedeutung des Wohnungseigentums vermag eine solche systemfremde Buchungsart nicht zu rechtfertigen. Dass eine Verbesserung der Verkehrs- oder Beleihungsfähigkeit durch die Vereinigung erreicht werden könnte (so Meikel/*Böttcher* § 5 Rn. 8), ist weder erkennbar noch vermag sie die – auch im Übrigen nicht zulässige (*BayObLG* Rpfleger 1994, 408; *OLG Saarbrücken* OLGZ 1972, 129; *HansOLG Hamburg* NJW 1965, 1765) – Vereinigung eines (rechtlich im Vordergrund stehenden) Miteigentumsanteils mit einem Grundstück zu rechtfertigen. Unklar bleibt auch, welche weiter gehenden Vorteile eine Vereinigung bringen könnte, die nicht schon über eine Gesamtbelastung zur Mithaft der beteiligten Objekte erreicht werden. 36

Im Gegenteil verlangt die Vereinigung eine **auf Dauer ausgerichtete Schaffung einer Rechtseinheit** (vgl. Staudinger/*Picker* [2019] § 890 Rn. 20; Lemke/*Schneider* § 5 Rn. 20; MüKoBGB/*Weiß* § 11 ErbbauRG Rn. 41 für Erbbaurechte). Diese ist jedoch nicht möglich, wenn die Belastung und die Änderung der beiden Elemente unterschiedlichen Regelungen folgen. So dürfte etwa nach einer solchen Vereinigung mit Schwierigkeiten immer dann zu rechnen sein, wenn eine Neubelastung eines oder aller vereinigten Elemente in Abt. II erfolgen soll, die »das Grundstück« betrifft. Da Rechte »am Grundstück« nur noch auf dem einheitlichen neu gebildeten Belastungsgegenstand eingetragen werden können (vgl. *BGH* Rpfleger 1978, 52 = ZMR 1978, 213; Meikel/*Böttcher* § 5 Rn. 81 m.w.N.), ein Miteigentumsanteil verbunden mit Sondereigentum allein aber nicht Belastungsgegenstand eines solchen (Nutzungs-)Rechtes am Grundstück sein kann, würde in diesen Fällen gar kein einheitliches Verfügungsobjekt vorliegen. Allenfalls unter den Voraussetzungen des § 7 Abs. 2 GBO könnte hier de facto wieder im Wege der Einzelbelastung Abhilfe geschaffen werden. Ebenfalls (so zu Recht Staudinger/*Picker* [2019] § 890 Rn. 20) wäre ein Verzicht auf das Eigentum am Grundstück gem. § 928 BGB ohne Weiteres möglich; ein Verzicht auf das Wohnungseigentum dagegen wäre genauso unzulässig wie ein Verzicht auf einen gewöhnlichen Miteigentumsanteil (*BGH* BGHZ 172, 338 = NJW 2007, 2547 = Rpfleger 2007, 537 = ZMR 2007, 795 = DNotI-Report 2007, 127; *BayObLG* NJW-RR 1994, 403; *OLG Düsseldorf* NZM 2001, 342). 37

Eine Vereinigung von Wohnungs- und Teileigentumsrechten mit einem Grundstück lässt sich daher nur über die **Vereinigung der Grundstücke** erreichen. Die Vereinigung erfordert dann allerdings die Schaffung deckungsgleicher Miteigentumsanteile, die sodann mit den bereits mit Sondereigentum verbundenen Anteilen zusammengeführt werden. Dazu s. § 6 Rdn. 19 ff. 38

2. Bestandteilszuschreibung zu einem Grundstück oder umgekehrt

Die **Zuschreibung** eines Wohnungs- oder Teileigentumsrechts zu einem Grundstück oder auch umgekehrt gem. §§ 890 Abs. 2 BGB, 6 GBO ist aus den zuvor genannten Gründen ebenfalls für 39 unzulässig zu halten (**a.A.** die h.M. *BayObLG* Rpfleger 1994, 108; *OLG Hamm* NJW-RR 1996, 1100; Bärmann/*Armbrüster* § 1 Rn. 104; Bauer/Schaub/*Waldner* §§ 5, 6 Rn. 17; *Demharter* § 6 Rn. 5; Meikel/*Böttcher* § 6 Rn. 9; *Schöner/Stöber* Rn. 2980). Vereinigung und Zuschreibung unterscheiden sich hauptsächlich durch die unterschiedliche Wirkung auf Grundpfandrechte gem. § 1131 BGB.

3. Vereinigung von Wohnungseigentumsrechten an verschiedenen Grundstücken

40 Eine **Vereinigung** mehrerer Wohnungs- oder Teileigentumsrechte desselben Eigentümers **an verschiedenen Grundstücken** ist nicht möglich (Weitnauer/*Briesemeister* § 3 Rn. 91; *Schöner/Stöber* Rn. 2979; *Demharter* § 5 Rn. 5). Dies liefe im Ergebnis auf die Verbindung von Sondereigentum mit Miteigentumsanteilen an verschiedenen Grundstücken hinaus, was gegen § 1 Abs. 4 WEG verstieße (**a.A.** Bauer/Schaub/*Waldner* §§ 5, 6 Rn. 16 a.E.).

4. Vereinigung mit einem gewöhnlichen Miteigentumsanteil und Zuschreibung

41 Ebenfalls ist die **Vereinigung** eines Wohnungs- oder Teileigentumsrechts **mit einem Miteigentumsanteil** an einem Grundstück genauso wenig möglich wie die Vereinigung eines gewöhnlichen Miteigentumsanteils mit einem anderen Miteigentumsanteil (*BayObLG* Rpfleger 1994, 108; *Schöner/Stöber* Rn. 2979). Gleiches ergibt sich auch für die Zuschreibung (Bauer/Schaub/*Waldner* §§ 5, 6 Rn. 18; Meikel/*Böttcher* § 6 Rn. 13). Dies gilt auch dann, wenn die Miteigentumsanteile nach § 3 Abs. 5 selbstständig gebucht sind (Bauer/Schaub/*Waldner* §§ 5, 6 Rn. 18). Eine solche Buchung würde auf die Verbindung von Sondereigentum mit Miteigentumsanteilen an verschiedenen Grundstücken hinauslaufen, da an dem in Wohnungseigentum aufgeteilten Grundstück rechtsgeschäftlich keine isolierten Miteigentumsanteile mit der Anlegung begründet werden dürfen (s. § 3 Rdn. 152).

42 Zum Zwecke der nachträglichen **Behebung eines Gründungsmangels** hält es der *BGH* für einen denkbaren Lösungsweg, einen sondereigentumslosen Miteigentumsanteil durch Vereinigung oder Zuschreibung gem. § 890 BGB auf die anderen Anteile zu beseitigen (BGHZ 130, 159 = Rpfleger 1996, 56 = ZMR 1995, 521; BGHZ 109, 179 = Rpfleger 1990, 62 = ZMR 1990, 112).

5. Zubuchung eines gewöhnlichen Miteigentumsanteils

43 Zulässig und in den meisten Fällen auch möglich ist die **Zubuchung** eines gewöhnlichen **Miteigentumsanteils** unter den Voraussetzungen des § 3 Abs. 4 ff. GBO zu einem herrschenden Wohnungs- oder Teileigentumsrecht. Dabei macht der durch das RegVBG v. 20.12.1993 (BGBl. I, 2182) eingefügte Abs. 7 die Zubuchung von Miteigentumsanteilen an dienenden Grundstücken bei Vorliegen der in Abs. 4 genannten Voraussetzungen zum Regelfall, wenn die Miteigentumsanteile neu gebildet werden (»… das Grundbuchamt *soll in der Regel* … verfahren«). Zu den mehrfachen Vorteilen einer Zubuchung s. *Demharter* § 3 Rn. 30. Diese Buchungsart lässt Abs. 6 ausdrücklich auch für den Fall zu, dass sich sämtliche herrschenden Einheiten noch im Eigentum des teilenden Bauträgers befinden. Der dienende – gewöhnliche – Miteigentumsanteil kann dabei nicht nur an einem anderen Grundstück, sondern auch an einem Wohnungseigentumsrecht oder Erbbaurecht bestehen. Dies wird z.B. in Betracht kommen bei Wegeanteilen, Anteilen an Mehrfachparkern (zumindest nach früherem Recht), Heizkraftwerken oder Hausmeisterwohnungen im Sondereigentum (vgl. *OLG Düsseldorf* Rpfleger 1970, 394; BayObLGZ 1974, 466 = Rpfleger 1975, 90; BayObLGZ 1994, 221 = Rpfleger 1995, 153).

44 Dabei muss **nicht allen** Miteigentümern einer Wohnungseigentümergemeinschaft auch **ein Miteigentumsanteil** am dienenden Objekt zugeordnet werden (*OLG Celle* Rpfleger 1997, 522). Zu beachten ist allerdings, dass im Rahmen der Buchung **sämtliche** Miteigentumsanteile **einheitlich** zugeordnet werden müssen und nicht ein Restanteil ohne Zuordnung verbleibt (*LG Nürnberg-Fürth* Rpfleger 1971, 223 m. Anm. *Meyer-Stolte*; *BayObLG* Rpfleger 1995, 153; Bauer/Schaub/*Waldner* § 3 Rn. 33; Meikel/*Böttcher* 10. Aufl. § 3 WGV Rn. 36).

Die **Zubuchungserklärung** hat der Eigentümer gegenüber dem Grundbuchgericht abzugeben. Sie unterliegt *nicht* der Form des § 29 GBO (Bauer/Schaub/*Waldner* Rn. 36; *Demharter* § 3 Rn. 34; Meikel/*Nowak* § 3 Rn. 45; a.A. noch KEHE/*Eickmann* 6. Aufl. § 3 Rn. 10). Es handelt sich insoweit nicht um eine Bewilligung, sondern lediglich um eine Anregung an das Grundbuchgericht (so jetzt zutreffend KEHE/*Keller* § 3 Rn. 9). Dieser Anregung wird das Grundbuchgericht umso eher nachkommen können, als sich ihm durch zusätzliche Vorlage von Karten, Plänen o.Ä. Lage und Bedeutung der Objekte leichter erschließen. 45

Die Grundbuch**eintragung** vollzieht sich gem. § 8 GBV. In der Praxis finden sich aus den in Rdn. 44 dargestellten Gründen gelegentlich Eintragungen mit einem überdimensionierten Miteigentumsanteil, die ein zwischenzeitliches »**Parken**« der noch nicht verteilten oder noch nicht verteilbaren Miteigentumsanteile bezwecken. Auf diese Weise kann bei noch nicht abschließender Kenntnis der Gesamtbaumaßnahme bei bestehender Zuordnung eine zeitliche Streckung bis zur endgültigen Aufteilung erreicht werden (Lemke/*Schneider* § 3 Rn. 73). 46

6. Zusammenlegung

Zu weiteren Fragen bei der **Zusammenlegung** von Wohnungs- oder Teileigentumseinheiten miteinander vgl. Rdn. 325 ff. 47

II. Auswirkungen auf Eintragungen in den Abteilungen des Grundbuchs

1. Eintragungen zulasten des aufgeteilten Grundstücks

a) Belastungsgegenstand Grundstück

Im Grundbuch bestehende Eintragungen, deren **Belastungsgegenstand** das gesamte **Grundstück** ist, setzen sich nach der Begründung von Wohnungseigentum grundsätzlich an sämtlichen gebildeten Wohnungseigentumseinheiten fort. Im Einzelnen gilt: 48

Grundpfandrechte und Reallasten werden Gesamtrechte (vgl. §§ 1132 Abs. 1 S. 1, 1192 Abs. 1, 1200 Abs. 1, 1107 BGB; *BGH* NJW 2012, 1226 = Rpfleger 2012, 376 = ZfIR 2012, 245 = ZMR 2012, 563). Insoweit sind gem. § 48 Abs. 1 S. 1 GBO Mithaftvermerke in allen beteiligten Grundbüchern von Amts wegen einzutragen. Gleiches gilt für Neueintragungen. Eingetragene **Zwangshypotheken** werden, was originär wegen § 867 Abs. 2 ZPO nicht möglich wäre, durch die Aufteilung zu Gesamtzwangshypotheken (*OLG Hamm* FGPrax 1998, 44 = Rpfleger 1998, 154; *BayObLG* MittBayNot 1996, 108 = Rpfleger 1996, 333). 49

Zustimmungen Drittberechtigter sind für die Aufteilung gem. §§ 877, 876 BGB nicht erforderlich, da die Rechte an sämtlichen Einheiten eingetragen bleiben und den Berechtigten das Objekt nach wie vor in seiner Gesamtheit zur Verfügung steht (allgem. Meinung *BGH* NJW 2012, 1226 = Rpfleger 2012, 376 = ZfIR 2012, 245 = ZMR 2012, 563; *BGH* BGHZ 49, 250 = NJW 1968, 499 = Rpfleger 1968, 114; *OLG Hamm* FGPrax 1998, 44 = Rpfleger 1998, 154; *OLG Frankfurt am Main,* FGPrax 1997, 139 = Rpfleger 1997, 374; *OLG Frankfurt am Main,* FGPrax 1996, 139 = Rpfleger 1996, 340; *BayObLG* Rpfleger 1986, 177; *BayObLG* NJW 1958, 2016; Bärmann/*Armbrüster* § 2 Rn. 23; Bamberger/Roth/*Hügel* § 4 Rn. 6; *Demharter* Anh. zu § 3 Rn. 17 u. 18; Hügel/*Kral* WEG Rn. 70; Meikel/*Morvilius* Einl. C Rn. 120; *Schneider* ZNotP 2010, 299; *Schöner/Stöber* Rn. 2849; Weitnauer/*Briesemeister* § 3 Rn. 74 u. § 8 Rn. 15). 50

Auch wohnungseigentumsrechtliche Regelungen zur Gemeinschaftsordnung greifen nicht in den Bestand dinglicher Rechte ein. Dies gilt z.B. für den Fall, dass mit der Aufteilung ein Zustimmungserfordernis gem. § 12 begründet wird (*OLG Frankfurt am Main,* Rpfleger 1996, 340). Zur fehlenden Beeinträchtigung eines bereits am Grundstück eingetragenen Grunddienstbarkeitsberechtigten s. Rn. 53. 51

An diesen Grundsätzen hat sich auch durch die Einführung der neuen Rangklasse 2 des § 10 Abs. 1 ZVG mit dem WEGÄndG v. 30.03.2007 (BGBl. I S. 370) nichts geändert. So führt auch nicht die 52

Einräumung des Vorranges für Hausgeldansprüche zu einer Beeinträchtigung der am ungeteilten Grundstück eingetragenen Globalberechtigten (*BGH* NJW 2012, 1226 = Rpfleger 2012, 376 = ZfIR 2012, 245 = ZMR 2012, 563 = ZWE 2012, 219; *OLG Celle* ZWE 2012, 276; *KG* Rpfleger 2011, 202 = ZfIR 2011, 254 m. zust. Anm. *Heinemann* = ZWE 2011, 81; *OLG Oldenburg* Rpfleger 2011, 318 = ZMR 2011, 492; *OLG München* NJW 2011, 3588 = Rpfleger 2011, 663 = ZfIR 2011, 571 = ZMR 2011, 818 = ZWE 2011, 266; *Becker/Schneider* ZfIR 2011, 545, 552; *Schneider* ZNotP 2010, 387; *ders.* ZNotP 2010, 299; **a.A.** Timme/*Kesseler* 2. Aufl. § 3 Rn. 30; *Kesseler* NJW 2010, 2317; *ders.* ZNotP 2010, 335; ihm folgend *Böttcher* NotBZ 2010, 239; Palandt/*Bassenge* 71. Aufl., § 8 WEG Rn. 1). Die sachenrechtlichen Normen der §§ 877, 876 BGB sollen nach Auffassung des *BGH* auf eine reale oder ideelle Teilung nicht anwendbar sein; insbesondere vermögen sie auch nicht das Erfordernis von Zustimmungspflichten Globalberechtigter im Fall der Aufteilung des Grundstückseigentums gem. § 8 WEG zu begründen, weil es insoweit beim Begründungsvorgang noch an einer die privilegierten Hausgeldansprüche auslösenden Wohnungseigentümergemeinschaft fehlt (*Schneider* ZNotP 2010, 387; *ders.* ZNotP 2010, 299; **a.A.** Timme/*Kesseler* 2. Aufl. § 3 Rn. 30; *Kesseler* NJOZ 2010, 1466; ihm folgend *Böttcher* NotBZ 2010, 239).

53 Bei **Grunddienstbarkeiten** und **beschränkten persönlichen Dienstbarkeiten** (vgl. §§ 1018, 1090 Abs. 1 BGB) richtet sich der Anspruch auf Nutzung, Unterlassung oder Rechtsausschluss unverändert gegen sämtliche – dann Wohnungs-Eigentümer des belasteten Grundstücks (*Demharter* Anhang zu § 3 Rn. 17; *Schöner/Stöber* Rn. 2849). Eine Zustimmung ist aus diesem Grunde auch hier nicht erforderlich. Eine in der Gemeinschaftsordnung vereinbarte entgegenstehende Regelung – auch ein Sondernutzungsrecht – ändert daran nichts (Bamberger/Roth/*Hügel* § 8 Rn. 25; *Röll* MittBayNot 2002, 397; *Schneider* ZNotP 2010, 299; *Schöner/Stöber* Rn. 2849; Timme/*Kral* § 8 Rn. 24; anders aber *BayObLG* Rpfleger 2002, 432 = ZMR 2002, 773; hier bis zur 3. Aufl. § 8 Rdn. 24). Der Anspruch aus §§ 1027, 1004 BGB besteht unabhängig von einer Aufteilung in Wohnungs- und Teileigentumsrechte.

54 Soweit diese Rechte ihrer Natur nach nicht an dem einzelnen Wohnungs- oder Teileigentum als solchem bestehen können (z.B. Wege- und Leitungsrechte), hat allerdings in diesem Fall die Eintragung gem. § 4 Abs. 1 WGV in der Weise zu erfolgen, dass die **Belastung des ganzen Grundstücks erkennbar** ist. Die Belastung ist deshalb in sämtlichen für Miteigentumsanteile an dem belasteten Grundstück angelegten Wohnungs- und Teileigentumsgrundbüchern einzutragen, wobei jeweils auf die übrigen Eintragungen zu verweisen ist. Dies gilt auch für Neueintragungen.

55 **Fehlt** ein solcher **Gesamtvermerk**, soll die Eintragung nach *BayObLG* Rpfleger 1995, 455 inhaltlich unzulässig i.S.d. § 53 Abs. 1 S. 2 GBO sein und nicht nachträglich vervollständigt werden können. Dem kann nicht gefolgt werden (*Amann* MittBayNot 1995, 267). Ist die Eintragung nämlich in allen Grundbüchern einer Wohnungseigentumsserie erfolgt und lediglich der kenntlich machende Vermerk unterblieben, so liegt materiell-rechtlich doch eine inhaltlich zulässige Gesamteintragung vor. Der fehlende Vermerk kann in diesem Fall ohne Weiteres auch später noch nachgeholt werden (*BGH* ZfIR 2019, 437 = ZWE 2019, 364; *Amann* MittBayNot 1995, 267; *Böttcher* ZfIR 1997, 321, 323; Meikel/*Morvilius* Einl C Rn. 164; *Schöner/Stöber* Rn. 2870).

56 Bedenklich mutet demgegenüber die Annahme an (*BGH* ZfIR 2019, 437 = ZWE 2019, 364), dass es der Eintragung einer Grunddienstbarkeit in das Wohnungs- oder Teileigentumsgrundbuch der herrschenden Sondereigentumseinheit nicht bedürfe, wenn ein in Wohnungseigentumsrechte aufgeteiltes Grundstück insgesamt zugunsten einer Einheit belastet werden soll (zu Recht abl. *Wilsch* NotBZ 2019, 454).

57 Fehlt dagegen die Eintragung eines solchen das gesamte Grundstück belastenden **Rechtes**, weil die **Übernahme** bei der Anlegung der Wohnungs- und Teileigentumsgrundbücher in das Einzelgrundbuch **nicht erfolgt** ist, führt auch die versehentliche Nichtübertragung gem. § 46 Abs. 2 GBO zur Löschung des Rechtes an dem in diesem Grundbuchblatt eingetragenen Miteigentumsanteil (*BGH* Rpfleger 1988, 353; Meikel/*Böhringer* § 46 Rn. 2). Die materiell-rechtlich fehlende Aufhebung des Rechts führt zu einer »fiktiven Löschung« (*Böhringer* BWNotZ 1988, 84, 88). Das Recht besteht

außerhalb des Grundbuchs weiter und kann im Wege der Grundbuchberichtigung (§ 894 BGB, § 22 GBO) mit Gesamtvermerk wieder eingetragen werden, solange nicht ein zwischenzeitlich erfolgter gutgläubiger Erwerb gem. § 892 BGB entgegensteht. Die **Wiedereintragung** kann jedoch nur auf Antrag (§ 13 GBO) erfolgen; eine Berichtigung von Amts wegen ist unzulässig (BayObLGZ 1988, 124; KEHE/*Eickmann* 6. Aufl. § 46 Rn. 6; *Schöner/Stöber* Rn. 288; a.A. offenbar *Demharter* § 46 Rn. 20: eine Nachholung sei nicht mehr möglich). Erfolgt eine solche Antragstellung nicht, bleibt das Grundbuch unrichtig i.S.d. § 53 GBO (BayObLGZ 1995, 413, 419), sodass regelmäßig die Eintragung eines **Amtswiderspruches** in Betracht kommt (*BGH* NJW 1994, 2947; BayObLGZ 1988, 124; *Böhringer* BWNotZ 1988, 84; KEHE/*Eickmann* 6. Aufl. § 46 Rn. 6; Meikel/*Böhringer* § 46 Rn. 109). Ist jedoch gegen das Erlöschen einer Grunddienstbarkeit oder beschränkten persönlichen Dienstbarkeit (noch) kein Amtswiderspruch eingetragen, führt ein gutgläubiger lastenfreier Erwerb der fehlerhaften Einheit durch einen Dritten zugleich auch zum Erlöschen des Rechts an den übrigen Wohnungseinheiten, da Grundstücksbruchteile mit solchen Rechten nicht wirksam belastet werden können (*Schöner/Stöber* Rn. 2870). Die Wiedereintragung eines solchen Rechts kommt lediglich nur noch an rangbereiter Stelle in Betracht, wenn zwischenzeitlich der Berechtigte eines anderen dinglichen Rechts gutgläubig durch Eintragung den Vorrang erworben hat (*Schöner/Stöber* Rn. 2870).

Soweit solche Rechte ihrer Natur nach **an einem einzelnen Wohnungs- oder Teileigentumsrecht bestehen** können (z.B. Wohnungsrechte), werden die übrigen Einheiten bei der Aufteilung entsprechend § 1026 BGB von der Belastung frei (§ 1090 Abs. 2 BGB). Ein solches Recht besteht nur an demjenigen Wohnungs- oder Teileigentumsrecht fort, auf dessen Raumeinheit es sich erstreckt (*BayObLG* NJW 1957, 1840; *OLG Frankfurt am Main,* DNotZ 1960, 153; *OLG Oldenburg* NJW-RR 1989, 273). Überschreitet jedoch der Ausübungsbereich eines Wohnungsrechtes den Sondereigentums- und Sondernutzungsbereich eines Wohnungseigentums, muss das gesamte Grundstück belastet bleiben (vgl. *OLG Hamm* DNotZ 2001, 216 m. Anm. *von Oefele*). In der Praxis werden daher die Grundbuchgerichte zunächst entsprechende Eintragungen in alle neu für das Grundstück anzulegenden Wohnungseigentums- und Teileigentumsgrundbücher übernehmen, wenn nicht der Nachweis der Übereinstimmung des Ausübungsbereiches bereits bei der Anlegung der neuen Grundbuchblätter (in der Form des § 29 GBO!) geführt wird oder offenkundig ist. An den Nachweis sind strenge Anforderungen zu stellen (*BayObLG* Rpfleger 1992, 57; *BayObLG* Rpfleger 1987, 451;). Die vorherige Gewährung rechtlichen Gehörs dürfte angezeigt sein (*Demharter* § 46 Rn. 19). 58

Auch bei Neueintragungen von beschränkten persönlichen Dienstbarkeiten und Grunddienstbarkeiten dürfen die Befugnisse des Wohnungseigentümers am gemeinschaftlichen Eigentum mitberührt werden. Die Einräumung eines **Wohnungsrechtes** gem. § 1093 BGB erfasst daher mangels anderslautender Bestimmung kraft Gesetzes auch die alleinige Nutzungsbefugnis des Eigentümers an dem zur **Sondernutzung** zugewiesenen Teil des gemeinschaftlichen Eigentums (*OLG Nürnberg* NotBZ 2002, 69; *BayObLG* Rpfleger 1998, 68). Möglich ist auch die Bestellung einer Dienstbarkeit an nur einem Wohnungs- oder Teileigentumsrecht, wenn der Ausübungsbereich sich ausschließlich auf ein eingetragenes Sondernutzungsrecht beziehen soll (*BGH* BGHZ 225, 136 = ZfIR 2020, 533 = ZMR 2020, 776 = ZWE 2020, 328; a.A. noch *OLG Schleswig* ZWE 2012, 42; *BayObLG* Rpfleger 1997, 431; *OLG Zweibrücken* FGPrax 1999, 44; krit. *v. Oefele* DNotZ 2001, 219 – zum Meinungsstand vgl. § 1 Rdn. 144 f. m.w.N.). 59

Gem. § 4 Abs. 2 WGV hat die Eintragung eines entsprechenden Gesamtbelastungsvermerkes auch bei **Verfügungsbeschränkungen** zu erfolgen, die sich auf das Grundstück als Ganzes beziehen. 60

Die Regelung des § 4 Abs. 2 WGV findet auf **Nießbrauchsrechte**, **Vorkaufsrechte** (*Panz* BWNotZ 1995, 156, 158; Staudinger/*Rapp* § 3 Rn. 26) und **Erwerbsvormerkungen** keine Anwendung. Nach Aufteilung kann eine Übernahme in die neu angelegten Grundbücher ohne weitere Vermerke erfolgen. Das jeweilige Recht bzw. die Vormerkung kann sich hier auf die einzelnen Miteigentumsanteile verbunden mit Sondereigentum beziehen. Ohne zusätzliche Erklärungen sind auch Vormerkungen zur Sicherung des Anspruchs auf Übertragung eines Miteigentumsanteils und Bildung von Sonder- 61 eigentum zunächst auf sämtliche neu gebildeten Einheiten zu übernehmen (zur Zulässigkeit solcher Vormerkungen s. § 4 Rdn. 21 ff.).

62 Eine Besonderheit gilt für den Fall, dass am ungeteilten Grundstück bei einem solchen Recht oder einer Erwerbsvormerkung ein **Rangvorbehalt** zur späteren Ausübung durch Eintragung von Grundpfandrechten eingetragen ist. In diesem Fall kann der Rangvorbehalt wegen der ansonsten eintretenden Vervielfältigung nur dergestalt ausgeübt werden, dass sämtliche anzulegenden Wohnungs- und Teileigentumsrechte ausschließlich gemeinsam bis zu dem eingetragenen Höchstbetrag des/der vorbehaltenen Rechte/s zur Verfügung stehen. Bei der Übernahme des Rangvorbehaltes in die Einzelgrundbücher ist dies deshalb entsprechend kenntlich zu machen (*OLG Schleswig* Rpfleger 2000, 11; *LG Köln* Rpfleger 1987, 368). Wegen der nach seinerzeitigem Recht oftmals maßgeblichen kostenrechtlichen Erwägungen vgl. *OLG Düsseldorf* Rpfleger 1998, 446; *OLG Hamm* Rpfleger 1997, 85; *KG* Rpfleger 1996, 33; *OLG Zweibrücken* Rpfleger 1996, 217; das seinerzeitige Gebührenprivileg ist mit der Einführung des GNotKG entfallen.

b) Belastungsgegenstand Miteigentumsanteil

63 Im Grundbuch eingetragene Rechte, deren **Belastungsgegenstand** lediglich ein **Miteigentumsanteil** an dem ungeteilten Grundstück ist, setzen sich nach **Aufteilung gem. § 8** ebenfalls an den entsprechenden Miteigentumsanteilen sämtlicher Wohnungs- und Teileigentumseigentumseinheiten fort. Auch hier muss daher ein Zustimmungserfordernis entfallen, da dem Berechtigten in der Summe immer noch der ursprüngliche Miteigentumsanteil haftet (*Demharter* Anh zu § 3 Rn. 18; Timme/*Kral* 2. Aufl. § 8 Rn. 23; insoweit unzutreffend *OLG Hamm* FGPrax 1998, 44 = Rpfleger 1998, 154; *OLG Frankfurt/M.* OLGZ 1987, 266). Die vorstehenden Ausführungen mit Ausnahme der für Grunddienstbarkeiten und beschränkten persönlichen Dienstbarkeiten dargestellten Besonderheiten gelten insoweit entsprechend. Das Gleiche hat zu gelten, wenn nicht das Grundstück als Ganzes, sondern sämtliche Miteigentumsanteile bereits vor der Begründung mit einem Gesamtrecht belastet sind (Bärmann/*Armbrüster* § 2 Rn. 24).

64 Erfolgt die **Begründung gem. § 3**, lasten die auf den bisherigen Miteigentumsanteilen eingetragenen Rechte infolge der Verbindung mit Sondereigentum weiterhin auf den dann allerdings inhaltlich geänderten Anteilen. Dies macht die Zustimmung Drittberechtigter gem. §§ 876, 877 BGB erforderlich (*BGH* NJW 2012, 1226 = Rpfleger 2012, 376 = ZfIR 2012, 245 = ZMR 2012, 563 = ZWE 2012, 219; *OLG Hamm* FGPrax 1998, 44 = Rpfleger 1998, 154; *OLG Frankfurt am Main* DNotZ 1991, 604 = Rpfleger 1990, 292 = ZMR 1990, 229; *BayObLG* Rpfleger 1986, 177; *OLG Frankfurt am Main,* MittBayNot 1986, 23; Bamberger/Roth/*Hügel* § 4 Rn. 6; *Schöner/Stöber* Rn. 2849; Staudinger/*Rapp* § 3 Rn. 24; Weitnauer/*Briesemeister* § 3 Rn. 75; a.A. *LG Wuppertal* Rpfleger 1987, 366 m. abl. Anm. *Meyer-Stolte*). Auch Vorkaufsrechte bedürfen keiner Neubestellung (*DNotI-Gutachten* DNotI-Report 2002, 59).

2. Rechte zugunsten des aufgeteilten Grundstücks

65 In Betracht kommen die **subjektiv-dinglichen Rechte** der § 1018 BGB (Grunddienstbarkeiten), § 1105 Abs. 2 BGB (Reallasten) und §§ 1094 Abs. 2, 1103 Abs. 1 BGB (Vorkaufsrechte). Sie werden mit der Aufteilung des herrschenden Grundstücks in Wohnungs- und Teileigentumsrechte gemeinschaftliche Berechtigungen der Inhaber der Miteigentumsanteile (vgl. *BayObLG* Rpfleger 1983, 434 für eine Grunddienstbarkeit). Evtl. eingetragene »**Herrschvermerke**« gem. § 9 Abs. 1 GBO sind daher im Bestandsverzeichnis sämtlicher für die Miteigentumsanteile an dem herrschenden Grundstück angelegten Wohnungs- und Teileigentumsgrundbücher einzutragen (vgl. § 3 Abs. 7 WGV). Eine Beschränkung auf nur einige der neu angelegten Wohnungs- oder Teileigentumsgrundbücher wäre eine unzulässige Teillöschung des Rechts. Die Löschung bedarf der Bewilligung sämtlicher Miteigentümer (*BayObLG* Rpfleger 1983, 434). Möglich ist aber die Eintragung solcher Rechte zugunsten aller oder lediglich einiger Wohnungs- und Teileigentümer mit Angabe eines Beteiligungsverhältnisses gem. § 47 Abs. 1 GBO.

Zum Schicksal dinglicher Rechte bei Aufhebung einer Wohnungseigentumseinheit s. § 9 Rdn. 38 f.. 66

3. Löschung und Pfandentlassung bei Grundpfandrechten

Ist durch die Aufteilung aus einem eingetragenen Einzelgrundpfandrecht ein Gesamtrecht entstanden 67 (s. Rdn. 49 u 63), so ist eine vom eingetragenen Gläubiger erteilte **Löschungsbewilligung** regelmäßig dahin gehend auszulegen, dass sie auch einen **Teilvollzug** durch Eintragung lediglich einer Pfandfreigabe ermöglicht (*OLG Hamm* Rpfleger 1998, 511; *LG Gera* MittBayNot 2002, 190 m. Anm. *Munzig*; *LG Berlin* Rpfleger 2001, 409; *LG München I* MittBayNot 2001, 484; *LG Chemnitz* MittRhNotK 2000, 433; *Demharter* § 13 Rn. 19; Meikel/*Böttcher* § 27 Rn. 21; *Lotter* MittBayNot 1985, 8; Grüneberg/*Herrler* § 1175 Rn. 3; a.A. *Schöner/Stöber* Rn. 2724a). Die Entlassung aus der Mithaft einer oder mehrerer Einheiten kann auf diese Weise sukzessiv bis zur Löschung des Rechtes an der letzten Einheit vollzogen werden. Nur die Löschung bedarf der Zustimmung des an der/den letzten Einheit/en eingetragenen Eigentümers gem. § 27 GBO in der Form des § 29 GBO. Wegen der nicht unumstrittenen Rechtsfrage und der großen Bedeutung für den Umgang mit Globalgrundpfandrechten im Tagesgeschäft sollten finanzierende Gläubiger in die Löschungsbewilligung einen klarstellenden Zusatz aufnehmen, wonach bspw. der beurkundende/beglaubigende Notar berechtigt sein soll, die Löschungsbewilligung auch zum Teilvollzug vorzulegen. Zu Auslegungsfragen hinsichtlich der bei einer Löschung gem. § 27 GBO erforderlichen Eigentümerzustimmung s. *OLG Schleswig* FGPrax 2022, 15; *OLG München* MittBayNot 2016, 234; *OLG München* v. 26.11.2007 – 34 Wx 119/07, zit. juris.

Unbestritten ist umgekehrt, dass (auch separate) **Pfandentlassungserklärungen** des eingetragenen 68 Gläubigers mit Eintragung bei der letzten Einheit die Gesamtlöschung eines Grundpfandrechtes ermöglichen. Die Löschung an der letzten Einheit bedarf dann allerdings der Zustimmung des eingetragenen Eigentümers gem. § 27 GBO in der Form des § 29 GBO (*LG Leipzig* NotBZ 2001, 71; *LG Dresden* NotBZ 2000, 273 m. Anm. *Endorf*; *LG Wuppertal* DNotI-Report 2000, 34; *DNotI-Gutachten* DNotI-Report 1999, 53; Meikel/*Böttcher* § 27 Rn. 10; *Schöner/Stöber* Rn. 2724c; Staudinger/*Wolfsteiner* [2009] § 1175 Rn. 3).

4. »Pfandentlassung« bei (Rück-)Erwerbsvormerkungen

Wird bei Teilung eines Grundstücks in Wohnungseigentum eine zuvor bestehende Auflassungsvor- 69 merkung in den einzelnen Wohnungsgrundbuchblättern vermerkt, können später nicht einzelne Wohnungen aus der Vormerkung »freigegeben« werden. Die Vormerkung kann nur insgesamt gelöscht werden (*OLG Frankfurt* DNotZ 2022, 69).

5. Dereliktion

Ein angelegtes Wohnungs- oder Teileigentumsrecht kann im Gegensatz zu einem ungeteilten Grund- 70 stück **nicht** durch **Verzicht** gem. § 928 BGB aufgegeben werden (*BGH* BGHZ 172, 338 = NJW 2007, 2547 = Rpfleger 2007, 537 = ZfIR 2008, 17 = ZMR 2007, 795 = DNotI-Report 2007, 127 Ls.; *BayObLG* Rpfleger 1991, 247 = NJW 1991, 1962; *OLG Düsseldorf* ZMR 2001, 129; *OLG Zweibrücken* ZWE 2002, 603 = ZMR 2003, 137; *OLG Celle* MDR 2004, 29; Weitnauer/*Briesemeister* § 3 Rn. 90; a.A. noch *Bärmann/Pick/Merle*, 9. Aufl. § 3 Rn. 79; MüKo/*Kanzleiter* § 928 Rn. 4). Aufgrund der besonderen gemeinschaftsrechtlichen Bindungen beim Wohnungseigentum muss hier erst recht eine einseitige Aufgabe des Eigentums – ebenso wie bei gewöhnlichem Miteigentum – abgelehnt werden. Andernfalls könnte auf diesem Wege eine Teilaufhebung des zwischen den Wohnungseigentümern bestehenden gesetzlichen Schuldverhältnisses erreicht werden (s. § 11 Rdn. 20 ff.). Zur Unzulässigkeit der Eigentumsaufgabe bei gewöhnlichem Miteigentum s. *BGH* (BGHZ 115, 1 = NJW 1991, 2488 = Rpfleger 1991, 495; *BGH* BGHZ 172, 209 = NJW 2007, 2254 = NZM 2007, 535 = ZMR 2007, 793).

6. Umwandlung aus Wohnungserbbaurechten

71 Während der Dauer des Bestehens von Wohnungserbbaurechten kann eine Verbindung von Miteigentumsanteilen an dem Grundstück mit dem Sondereigentum an den Wohnungen, die auch Gegenstand eben dieser Wohnungserbbaurechte sind, nicht vorgenommen werden. Es ist **unzulässig, Sondereigentum** mit einem Mitberechtigungsanteil an einem **Erbbaurecht und gleichzeitig** mit einem Miteigentumsanteil am **Grundstück** zu verbinden. Dies scheitert zum einen daran, dass die sondereigentumsfähigen Gebäudeteile wesentliche Grundstücksbestandteile sein müssen (s. Staudinger/*Rapp* § 5 Rn. 19 m.w.N.), aber aufgrund der Bestimmung des § 12 Abs. 1 S. 1 ErbbauRG als wesentliche Bestandteile des Erbbaurechts gelten. Im Übrigen läge auch Unvereinbarkeit mit § 1 Abs. 4 vor (*Rapp* MittBayNot 1999, 376, 377).

72 Die Aufhebung des Erbbaurechtes führt **nicht** dazu, dass sich die Wohnungserbbaurechte in Wohnungseigentum **umwandeln.** Dazu bedarf es vielmehr eines Vertrages der Miteigentümer über die Aufteilung des Grundstücks in Wohnungseigentum gem. §§ 3, 4 (*BayObLG* MittBayNot 1999, 375). Nicht möglich ist deshalb auch die Umwandlung von Wohnungserbbaurechten in Wohnungseigentum über den Weg des § 890 BGB (*Rapp* MittBayNot 1999, 376, 377).

73 Weil Wohnungserbbaurecht und Wohnungseigentum an denselben Räumlichkeiten nicht gleichzeitig nebeneinander bestehen können, muss im Rahmen einer Aufhebung der Wohnungserbbaurechte und Aufteilung des vormals mit dem Erbbaurecht belasteten Grundstücks in Wohnungseigentum eine Gesamtbelastung im Wege der Pfanderstreckung für bisher am Wohnungserbbaurecht eingetragene Grundpfandrechte ausscheiden (offen gelassen von *BayObLG* DNotZ 1995, 61). Die Belastung des Wohnungseigentums erfordert stattdessen eine **Neueintragung** dieser **Rechte** (*BayObLG* DNotZ 1995, 61). Folgerichtig kann der verbreiteten Meinung, die Aufhebung eines Erbbaurechts bedürfe dann nicht der Zustimmung der am Erbbaurecht dinglich Berechtigten, sofern deren Rechte nach Wegfall des Erbbaurechts mit gleicher Rangstelle am Grundstück weiterbestehen (so zumindest *OLG München* NotBZ 2024, 58; *OLG Hamm* MittBayNot 2014, 431; *LG Köln* RNotZ 2001, 391; *LG Krefeld* Rpfleger 1998, 284 und *LG Bayreuth* MittBayNot 1997, 39), jedenfalls dann nicht gefolgt werden, wenn das aufzuhebende Erbbaurecht in Wohnungserbbaurechte aufgeteilt ist, an denen jeweils Verwertungsrechte bestellt sind (*OLG München* Rpfleger 2011, 77 = ZWE 2010, 420).

III. Folgen der Anlegung für das Einsichtsrecht

74 Auch für Wohnungseigentumssachen gelten die allgemeinen Bestimmungen des **§ 12 GBO** (*OLG München* ZWE 2016, 131; *KG* ZWE 2014, 310). Danach ist bei Darlegung eines berechtigten Interesses die Einsicht in das Grundbuch sowie in die dort in Bezug genommenen Urkunden und die noch nicht erledigten Eintragungsanträge gestattet. Die Bestimmungen des **BDSG** treten insoweit ausdrücklich zurück (vgl. § 1 Abs. 2 S. 1 BDSG [2018] bzw. zuvor § 45 Nr. 7 BDSG; *Lüke* NJW 1983, 1407; *Lüke/Dutt* Rpfleger 1984, 253). Wegen des Grundsatzes der Priorität der bundesrechtlichen Regelung gilt dies auch gegenüber den einzelnen Landesdatenschutzgesetzen (*Pfeilschifter* WuM 1986, 327; *Böhringer* Rpfleger 1987, 181, 182).

75 Insbesondere hat jeder Wohnungs- und Teileigentümer ein berechtigtes Interesse daran, zu erfahren, wer die übrigen **Miteigentümer** der Gemeinschaft sind (Weitnauer/*Briesemeister* § 7 Rn. 3). Aus diesem Grunde ist einem Wohnungseigentümer wegen der durch die Gemeinschaft begründeten Rechtsbeziehungen (§§ 10 ff. WEG) zumindest die Einsicht in die I. und – wegen etwaig eingetragener Verfügungsbeschränkungen – auch in die II. Abteilung eines Wohnungs- oder Teileigentumsgrundbuches zu gestatten (so auch *OLG Bremen* ZMR 2020, 527; *OLG München* ZWE 2016, 133; *OLG München* ZWE 2016, 51 [nur BV u. Abt. I]; Staudinger/*Rapp* § 7 Rn. 2; KEHE/*Keller* § 12 Rn. 9 Stw Wohnungseigentümer; enger *OLG Hamm* MittBayNot 2016, 36; *KG* ZWE 2014, 310; *Schöner/Stöber* Rn. 525 Fn. 28; a.A. Meikel/*Böttcher* § 12 Rn. 58 [grds. keine Beschränkung des Einsichtsrechts auf Teile des Grundbuchs]; KEHE/*Eickmann* § 12 Rn. 6). Noch weiter gehender – die Einsichtnahme ist insgesamt jedem Miteigentümer zu gestatten – allerding noch vor »Ent-

deckung« der rechtsfähigen Gemeinschaft *OLG Düsseldorf* Rpfleger 1987, 199 und *Böhringer* Rpfleger 1987, 181, 190, der das Einsichtsrecht zugestehen will, sobald ein Wirtschaftsplan aufzustellen ist. Im Rahmen der Restfertigstellung einer steckengebliebenen Wohnungseigentumsanlage kann darüber hinaus ein berechtigtes Interesse – und nicht nur Neugier – eines Wohnungseigentümers bestehen, auch in die Grundakten seiner Mitwohnungseigentümer (insbes. wegen der dort enthaltenen Erwerbsverträge) Einsicht zu nehmen (*HansOLG Hamburg* ZMR 2008, 814).

Dem **Verwalter** der Wohnungseigentumsanlage steht ein eigenständiges und uneingeschränktes Einsichtsrecht – auch für Abteilung III – zumindest dann zu, wenn Hausgeldrückstände bestehen, für deren Geltendmachung und Durchsetzung die Kenntnis der Belastungs- und Rangsituation unerlässlich ist (KEHE/*Keller* § 12 Rn. 9 Stw Wohnungseigentümer; Lemke/*Schneider* § 12 Rn. 57; Meikel/*Böttcher* § 12 Rn. 58). Wird das Einsichtsbegehren lediglich auf rückständige Hausgeldansprüche gestützt, verdrängt das Einsichtsrecht des WEG-Verwalters als gesetzlicher Vertreter des einziehungsberechtigten Verbandes (vgl. jetzt § 9a Abs. 3 i.V.m. § 9b Abs. 1 S. 1 WEG) regelmäßig das eines einzelnen Wohnungseigentümers (*OLG Hamm* MittBayNot 2016, 36; vgl. auch *KG* ZWE 2014, 310). Darüber hinaus muss dem Verwalter ein berechtigtes Interesse an der Einsichtnahme der aktuellen Eigentümerangaben mit evtl. bestehenden Verfügungsbeschränkungen (Abt. I und II) zugestanden werden, weil diese u.a. zur ordnungsgemäßen Einberufung und Durchführung der Eigentümerversammlung erforderlich sind (zur Informationsgewinnung s. i.E. *Schneider* ZWE 2014, 349). Zur Berechtigung des Verwalters zur Erteilung von Auskünften über einzelne Hausgeldschuldner z.B. durch Listenversendung vgl. *Drasdo* NZM 1999, 542. Die unternehmerische Tätigkeit als Wohnungseigentumsverwalter begründet jedoch keinen Anspruch auf Genehmigung zur Teilnahme am eingeschränkten automatisierten **Grundbuchabrufverfahren.** Auch die für eine Datenabfrage im maschinellen Verfahren grundsätzlich gebotene Zustimmung des Grundeigentümers kann der die Teilnahme am Verfahren begehrende Wohnungseigentumsverwalter nicht in Vertretung des »Verbandes Wohnungseigentümergemeinschaft« erklären (*OLG Hamm* NJW 2008, 1891 = ZMR 2008, 403). 76

Wegen der Einsichtsmöglichkeiten für **andere Personen** (z.B. Mieter, Nachbarn, Makler) gelten die allgemeinen Grundsätze für die Einsichtnahmen bei Grundstücken (vgl. dazu *Böhringer* Rpfleger 1987, 181; *ders.* Rpfleger 2001, 331; *Melchers* Rpfleger 1993, 309; *Schreiner* Rpfleger 1980, 51 je m.w.N.). 77

E. Eintragungsverfahren

Auf die Begründung von Wohnungs- und Teileigentum findet das **Verfahrensrecht der GBO** Anwendung. Im Einzelnen müssen folgende Eintragungsvoraussetzungen erfüllt sein: 78

I. Allgemeine Eintragungsvoraussetzungen

1. Antrag

Der verfahrensrechtlich erforderliche **Eintragungsantrag** ist gem. § 13 GBO von dem/den Eigentümer(n) zu stellen. Antragsberechtigt ist dabei jeder einzelne Miteigentümer (*Demharter* § 13 Rn. 45; Meikel/*Böttcher* § 13 Rn. 60; Staudinger/*Rapp* Rn. 14). Schriftform ist ausreichend (§ 30 GBO). Ein zeitlich später eingehender Antrag auf Eintragung einer Grundschuld an einem noch zu bildenden Wohnungseigentum darf nicht zurückgewiesen werden, solange nicht der früher gestellte Antrag auf Eintragung des Wohnungseigentums erledigt ist (*OLG Düsseldorf* MittRhNotK 1985, 239; *Schöner/Stöber* Rn. 2956). 79

2. Eintragungsbewilligung

Nachzuweisen ist die **Eintragungsbewilligung** (§ 19 GBO). In ihr ist das zu teilende Grundstück in Übereinstimmung mit dem Grundbuch zu bezeichnen (§ 28 Satz 1 GBO). Die Bewilligung ist von sämtlichen Miteigentümern in der Form des § 29 GBO zu erklären. Bei Abgabe einer Teilungserklärung gem. § 8 WEG ist darin regelmäßig die Bewilligung enthalten (*OLG Köln* ZMR 1992, 80

511; *OLG Hamm* Rpfleger 1985, 109; *OLG Zweibrücken* OLGZ 1982, 263; *LG Itzehoe* ZMR 2008, 736).

81 Ein weiter gehender Nachweis der Einigung über die Einräumung von Sondereigentum gem. § 4 ist bei der vertraglichen Begründung von Wohnungseigentum nicht vorgesehen (*OLG Zweibrücken* OLGZ 1982, 263; *Demharter* Anhang zu § 3 Rn. 41; KEHE/*Munzig* § 20 Rn. 7; Weitnauer/*Briesemeister* § 4 Rn. 5;). Entgegen der h.M. findet § 20 GBO mangels entsprechender Verweisung keine Anwendung; es gilt auch insoweit das **formelle Konsensprinzip** (**a.A.** *OLG Düsseldorf* ZMR 2010, 975 = ZWE 2010, 368; Bamberger/Roth/*Hügel* Rn. 6; Bärmann/*Armbrüster* § 4 Rn. 21 f. u. § 7 Rn. 74; Bauer/Schaub/*Kilian* § 20 Rn. 66; Grüneberg/*Wicke* § 7 Rn. 2; Meikel/*Böttcher* § 20 Rn. 59; MüKo/*Krafka* § 4 Rn. 4; *Schöner/Stöber* Rn. 2842; Staudinger/*Rapp* § 4 Rn. 4).

82 In der Praxis werden bei der vertraglichen Einräumung von Sondereigentum jedoch regelmäßig keine Nachweisschwierigkeiten auftreten, da die Form der Auflassung (§ 925 BGB) in jedem Fall gem. § 4 Abs. 2 S. 1 zu wahren ist, sodass beurkundete Erklärungen vorliegen werden (so auch *Schöner/Stöber* Rn. 2842). Im Hinblick darauf, dass oftmals Erwerbsverträge für einzelne Einheiten schon vor Vollzug einer Teilungserklärung beurkundet werden, empfiehlt sich auch im Fall der Vorratsteilung gem. § 8 WEG wegen der Bezugnahmemöglichkeit des § 13a BeurkG die Beurkundung einer Teilungserklärung (*Schöner/Stöber* Rn. 2846).

83 Gem. § 4 Abs. 2 S. 2 kann Wohnungs- und Teileigentum nicht unter einer Bedingung oder Zeitbestimmung eingeräumt werden; die Vorschrift findet nun mit ausdrücklicher Verweisung auch für die einseitige Begründung von Wohnungseigentum Anwendung (§ 8 Abs. 2 WEG). Der Beifügung der Urkunde über das Verpflichtungsgeschäft (§ 925a BGB) bedarf es nicht, da auch insoweit eine entsprechende Verweisung fehlt (*Demharter* Anhang zu § 3 Rn. 16; Weitnauer/*Briesemeister* § 4 Rn. 7).

3. Zustimmungen Dritter

84 Ggf erforderliche Zustimmungen Drittberechtigter sind gem. §§ 876, 877 BGB, § 19 GBO in der Form des § 29 GBO nachzuweisen. Dazu s. i.E. Rdn. 50ff. u. 63f..

4. Voreintragung

85 Die Voreintragung der Bewilligenden gem. § 39 GBO ist erforderlich. Sind die künftigen Wohnungseigentümer noch nicht als Miteigentümer des Grundstücks eingetragen, genügt zum Vollzug einer erklärten Auflassung die **unmittelbare Eintragung** der Wohnungseigentümer in den neu anzulegenden Grundbuchblättern (Rdn. 9 u. 12). Allerdings bedarf es der Voreintragung der Erben gemäß § 39 Abs. 1 GBO, wenn durch Teilung des im Eigentum einer Erbengemeinschaft stehenden Grundstücks mit nachfolgender Übertragung des Wohnungseigentums auf die Erben in Vollzug der Aufhebung der Erbengemeinschaft eine Wohnungseigentümergemeinschaft gebildet werden soll; § 40 Abs. 1 GBO ist auf diesen Fall weder direkt noch analog anwendbar (*OLG Karlsruhe* ZWE 2024, 28).

5. Behördliche Genehmigungen und Bescheinigungen

86 Sowohl die vertragliche Einräumung von Sondereigentum als auch die einseitige Begründung von Wohnungseigentum durch Teilungserklärung bedürfen unter den Voraussetzungen der §§ 1643 Abs. 1, 1850 Nr. 1, 1888 BGB der **familien-, betreuungs- bzw. vormundschaftsgerichtlichen Genehmigung**. Die Begründung von Sondereigentum stellt sich als Verfügung über ein Recht an einem Grundstück, zumindest aber als verfügungsähnliche Handlung (Bärmann/*Armbrüster* § 2 Rn. 31) dar (Bamberger/Roth/*Hügel* § 4 Rn. 7 i.V.m. § 8 Rn. 5; *Klüsener* Rpfleger 1981, 464; Meikel/*Morvilius* Einl. C Rn. 123; MüKo/*Krafka* § 4 Rn. 23 und § 8 Rn. 11; *Schöner/Stöber* Rn. 2850; Soergel/*Stürner* § 4 Rn. 6 und § 8 Rn. 12; Staudinger/*Rapp* § 4 Rn. 22 und differenzierend zur Teilungserklärung § 8 Rn. 20; a.A. zur Teilungserklärung *KG* ZWE 2015, 118; Bärmann/*Armbrüster* § 2 Rn. 33; MüKo/*Krafka* § 8 Rn. 11; RGRK/*Augustin* § 8 Rn. 3). Zum **schenkweisen Erwerb**

von Wohnungseigentum durch Minderjährige s. noch *BGH* (BGHZ 187, 119 = NJW 2010, 3643 = Rpfleger 2011, 203 = ZfIR 2011, 25 = ZWE 2011, 32; BGHZ 78, 28 = Rpfleger 1980, 463 = ZMR 1981; 53 und Rpfleger 2005, 189); *BayObLG* (Rpfleger 1998, 70 und DNotZ 2004, 378 = Rpfleger 2004, 93) sowie *OLG Köln* (NJW-RR 1998, 363 = Rpfleger 1998, 159) und *OLG Hamm* (Rpfleger 2000, 449 = ZMR 2000, 695; vgl. jetzt aber § 1850 Nr. 4 BGB u. ausf. § 1 Rdn. 108 ff.).

Zur Grundbucheintragung einer vertraglichen Einräumung von Sondereigentum nach § 3 bedarf 87
es der **Vorlage einer steuerlichen Unbedenklichkeitsbescheinigung** gem. § 22 GrEStG (*LG Saarbrücken* NZM 1998, 924; Bärmann/*Armbrüster* § 2 Rn. 47, MüKo/*Krafka* § 4 Rn. 28; *Schöner/Stöber* Rn. 2859; Staudinger/Rapp § 4 Rn. 23; a.A. *LG Marburg* DNotI-Report 1996, 207). Ob eine verhältniswahrende Aufteilung i.S.d. § 6 GrEStG stattfindet oder andere Befreiungstatbestände eingreifen (vgl. *BFH* DNotZ 1981, 426), kann das Grundbuchgericht regelmäßig nicht beurteilen (zur Anwendbarkeit des § 7 GrEStG vgl. auch *Gottwald/Schiffner* MittBayNot 2006, 125, 126). Eine notwendige Unbedenklichkeitsbescheinigung kann in beglaubigter Abschrift eingereicht werden, wenn der antragstellende Notar bestätigt, dass ihm die Urschrift vorgelegen hat (*KG* DNotZ 2012, 299). Zur Grundbucheintragung einer Aufteilung gem. **§ 8** ist **keine Unbedenklichkeitsbescheinigung** nachzuweisen, weil sich hier die vorhandenen Anteile am Ganzen wertmäßig nicht verändern können (MüKo/*Krafka* § 8 Rn. 11; *Schöner/Stöber* Rn. 2858; s. § 8 Rdn. 30). Zum separaten Erwerb eines Sondernutzungsrechtes s. § 2 Abs. 3 Nr. 3 GrEStG.

Für den grundbuchlichen Vollzug kann ein Genehmigungserfordernis nach § 22 BauGB in sog. 88
Fremdenverkehrsgebieten bestehen, wenn eine entsprechende Satzung dies vorsieht. Zur Sicherung des Grundbuchvollzuges darf eine Aufteilung nach dem WEG nur eingetragen werden, wenn entweder der Genehmigungsbescheid, ein Negativzeugnis, ein Fiktionszeugnis oder eine Freistellungserklärung der Gemeinde vorgelegt wird (*Grziwotz* DNotZ 2004, 674, 682 auch zu weiteren Neuerungen des EAG Bau). Fehlt eine erforderliche Genehmigung, wird das Grundbuch mit Eintragung der Aufteilung unrichtig (Bärmann/*Armbrüster* § 2 Rn. 16). Gegen die Aufteilung ist die Eintragung eines Widerspruchs sowohl gem. § 53 Abs. 1 GBO als auch gem. § 22 Abs. 6 S. 2 BauGB möglich. Die Eintragung aufgrund eines entsprechenden Ersuchens darf nur bei sicherer Kenntnis des Grundbuchgerichts von der Richtigkeit des Grundbuchs zurückgewiesen werden. Bis zur Eintragung des Widerspruchs ist ein gutgläubiger genehmigungsfreier Erwerb möglich (*BayObLG* DNotZ 1996, 32 = Rpfleger 1995, 495). Darüber hinaus besteht eine Heilungsmöglichkeit durch Nachreichung der Genehmigung. Zum Ganzen s. ausf. *DNotI-Gutachten* DNotI-Report 2008, 97. § 22 BauGB gilt entsprechend für die Begründung von Wohnungs- und Teilerbbaurechten (*Demharter* Anh. zu § 3 Rn. 48). Die bloße Aufteilung eines Wohngrundstückes mit Vereinbarungen nach § 1010 BGB (statt nach WEG) unterlag demgegenüber zunächst nicht dem Genehmigungsvorbehalt nach § 22 BauGB und stellte auch kein verbotenes **Umgehungsgeschäft** dar (*OLG Schleswig* Rpfleger 2000, 492 = ZfIR 2000, 642). Mit Wirkung vom 13.05.2017 erfasst der Anwendungsbereich mit § 22 Abs. 1 S. 1 Nr. 3 u. 4 BauGB nunmehr auch Regelungen gem. § 1010 BGB bei begründetem oder schon vorhandenem Bruchteilseigentum gem. § 1008 BGB (Gesetz zur Umsetzung der Richtlinie 2014/5 2/EU im Städtebaurecht und zur Stärkung des neuen Zusammenlebens in der Stadt vom 04.05.2017 [BGBl. I S. 1057]).

Nach ganz herrschender Auffassung sind rechtsgeschäftliche Verfügungen jeder Art über Grund- 89
stücke in einem **Umlegungsverfahren** gem. § 51 BauGB genehmigungsbedürftig (vgl. Ernst/Zinkahn/Bielenberg/Krautzberger/*Otte* § 51 Rn. 4a). Dazu gehört nach zutreffender Ansicht auch die Begründung von Wohnungseigentum, weil sie unabhängig von der Art der Aufteilung (§ 3 oder § 8) eine Inhaltsänderung des Eigentums darstellt (Bärmann/*Armbrüster* § 2 Rn. 18; *Schöner/Stöber* Rn. 3863; Timme/*Kral* § 7 Rn. 89; **a.A.** für § 8 WEG: Battis/Krautzberger/Löhr/*Reidt* § 51 Rn. 14; Ernst/Zinkahn/Bielenberg/Krautzberger/*Söfker* § 19 Rn. 28).

Das Gleiche muss dann auch gelten, wenn über das in Wohnungseigentumsrechte aufzuteilende 90
Grundstück ein **Enteignungsverfahren** eingeleitet worden ist (vgl. §§ 108, 109 BauGB), weil der Verfügungsbegriff dem des § 51 BauGB entspricht (Ernst/Zinkahn/Bielenberg/Krautzberger/*Dyong* § 109 Rn. 18).

91 In einem förmlich festgelegten **Sanierungsgebiet** bedarf die Begründung von Wohnungseigentum keiner schriftlichen Genehmigung der Gemeinde (vgl. § 144 BauGB; Battis/Krautzberger/Löhr/*Mitschang* § 144 Rn. 17; Bauer/Schaub/*Waldner* AT H Rn. 117; Ernst/Zinkahn/Bielenberg/*Krautzberger* § 144 Rn. 43 m.w.N.). Nur wenn bei der Teilung gem. § 3 WEG vorab noch eine Anpassung der bereits vorhandenen Miteigentumsanteile an die für die Bildung der Wohnungseigentumsrechte vorgesehenen Bruchteile vorgenommen werden soll, ist diese rechtsgeschäftliche Verfügung gem. § 144 Abs. 2 Nr. 1 BauGB genehmigungspflichtig (vgl. Ernst/Zinkahn/Bielenberg/*Krautzberger* § 144 Rn. 29).

92 Soweit eine Gemeinde für städtebauliche Entwicklungsmaßnahmen ein **Entwicklungsgebiet** festgelegt hat, finden die vorstehend unter Rdn. 91 genannten Regelungen entsprechende Anwendung (§ 169 Abs. 1 Nr. 3 i.V.m. § 144 Abs. 2 Nr. 1 BauGB).

93 Die Begründung von Sondereigentum bedarf der Genehmigung gem. § 172 Abs. 1 S. 4 BauGB, wenn eine entsprechende Rechtsverordnung der Landesregierung zur Erhaltung bestimmter **Milieustrukturen** in Wohngebieten und eine gemeindliche **Erhaltungssatzung** vorliegen (dazu *Hertel* DNotI-Report 1997, 159, 160). Der Genehmigung bedürfen über den Wortlaut hinaus auch die Begründung von Wohnungs- und Teilerbbaurechten sowie die Unterteilung von Einheiten (*OLG München* MittBayNot 2022, 88 m. Anm. *Böttcher* = NZM 2021, 617 = ZWE 2021, 358 m. Anm. Grziwotz [zumindest für solche Umgehungsfälle, in denen der Eigentümer sich selbst oder einer Sanierungsgesellschaft ein Erbbaurecht bestellt]; Bauer/Schaub/*Waldner* AT H Rn. 78; *Böttcher* ZNotP 2021, 49, 51; *Demharter* GBO Anh. § 3 Rn. 50; *Hügel* ST Verfügungsbeeinträchtigungen Rn. 56; **a.A.** *OVG Berlin-Brandenburg* ZWE 2019, 293; Ernst/Zinkahn/Bielenberg/Krautzberger/*Stock* BauGB § 172 Rn. 121; *Grziwotz* MittBayNot 2014, 394, 395; *Häublein* ErbbauZ 2021, 164; Ingenstau/Hustedt/*Drasdo*, ErbbauRG, 11. Aufl. 2018, Anh. III Rn. 26; Jennißen/*Grziwotz* § 30 Rn. 11; *Langhein* ZNotP 1998, 346 (348); *Schöner/Stöber* Rn. 3846; Staudinger/*Rapp* (2021) § 11 ErbbauRG Rn. 24a; *Theus* RNotZ 2019, 573, 585).

94 Ist der Eintragungsantrag beim Grundbuchgericht vor Inkrafttreten einer solchen Rechtsverordnung gestellt worden, so ist § 878 BGB entsprechend anwendbar (*BGH* NJW 2017, 1546 = Rpfleger 2017, 133 = ZfIR 2017, 113 = ZMR 2017, 70). Zum weiteren Verfahren, zum Umgang mit einer evtl. Unterlassungsverfügung und zur Behandlung unvollständig gestellter Anträge auf Begründung von Wohnungseigentum vor Eintritt der Verfügungsbeschränkung s. ausf. Bärmann/*Schneider* § 30 Rn. 29a ff. Der Genehmigungsvorbehalt erfasst **nicht** die Aufteilung von zu errichtenden **Neubauten** (Battis/Krautzberger/Löhr/*Mitschang* § 172 Rn. 14). Hat ein Bundesland eine solche Verordnung überhaupt nicht erlassen, darf auch kein Negativattest gefordert werden (*OLG Zweibrücken* Rpfleger 1999, 441; *OLG Hamm* Rpfleger 1999, 487). Von der Ermächtigung haben aktuell mehrere Bundesländer Gebrauch gemacht (dazu s. die jeweils aktualisierte homepage des DNotI unter https://www.dnoti.de/fileadmin/user_upload/Arbeitshilfen/Immobilienrecht/Uebersicht_Erhaltungssatzung.pdf).

95 Wird ein in Wohnungs- bzw. Teileigentum aufgeteiltes (mit einem Wohnzwecken dienenden Gebäude bebautes) Grundstück, das im Gebiet einer kommunalen Erhaltungssatzung liegt, vom Eigentümer sämtlicher Einheiten **vollständig geändert aufgeteilt**, darf das Grundbuchamt die Aufteilung nur eintragen, wenn die gemeindliche Genehmigung (oder ein entsprechendes Negativattest) vorgelegt wird (*OLG München* NZM 2016, 56).

96 Die Eintragung der Begründung kann aber u.U. nicht wie in der Begründungsurkunde vorgesehen erfolgen, wenn § 878 BGB keine Anwendung findet und gleichwohl nach Inkrafttreten der Erhaltungssatzung ein **Anspruch** des Eigentümers **auf Vollzug** besteht. In diesem Fall ist der Ausnahmetatbestand des § 172 Abs. 4 S. 3 Nr. 4 BauGB eng auszulegen. Die Umwandlungsgenehmigung ist mit dem Inhalt zu erteilen, dass nur die Wohnungen in separate Wohnungseigentumseinheiten umgewandelt werden, für die schon vor dem Erlass der Umwandlungsverordnung ein Eigentumsverschaffungsanspruch bestand, der durch eine Vormerkung im Grundbuch gesichert wurde. Wohnungen, die diese Voraussetzungen nicht erfüllen, sind gemeinsam auf einem einzigen Wohnungsgrundbuchblatt zusammenzufassen (*VG Berlin* ZMR 2023, 330 m. Anm. *Schneider*).

Sind Gebiete mit **angespannten Wohnungsmärkten** i.S.v. § 201a S. 3 u. 4 BauGB durch Rechtsverordnung bestimmt, so kann in bestimmten Fällen für bestehende Wohngebäude die Begründung oder Teilung von Wohnungseigentum oder Teileigentum genehmigungspflichtig sein (§ 250 Abs. 1 S. 1 u. 3 BauGB). Gem. § 250 Abs. 6 Nr. 1 BauGB sind Wohnungs- und Teilerbbaurechte hier ausdrücklich erfasst. Ein Genehmigungsvorbehalt nach § 250 BauGB geht im räumlichen Anwendungsbereich einer Rechtsverordnung gem. § 172 Abs. 1 S. 4 BauGB vor (§ 250 Abs. 7 BauGB). Von der Ermächtigung haben aktuell mehrere Bundesländer Gebrauch gemacht (dazu s. die jeweils aktualisierte homepage des DNotI unter https://www.dnoti.de/fileadmin/user_upload/Arbeitshilfen/Immobilienrecht/Umwandlungsverordnungen.pdf). Auch bei dem Genehmigungserfordernis aufgrund einer Rechtsverordnung gem. § 250 BauGB handelt es sich um eine Verfügungsbeschränkung (*BGH* NJW 2024, 1875 = ZfIR 2024, 350 = ZWE 2024, 311). Für das weitere Verfahren, die Behandlung unvollständig gestellter Anträge auf Begründung von Wohnungseigentum vor Eintritt der Verfügungsbeschränkung und die Frage der Anwendbarkeit des § 878 BGB s. ausf. Bärmann/*Schneider* § 30 Rn. 33. Eine erst nach Stellung des Antrags auf Vollzug einer Teilungserklärung in Kraft getretene Umwandlungsverordnung i.S.v. § 250 Abs. 1 S. 1, 3 BauGB ist vom Grundbuchgericht zu beachten, wenn eine Beschwerde gegen die Zurückweisung des Antrags nur deshalb erfolgreich ist, weil die Abgeschlossenheitsbescheinigung erstmals im Beschwerdeverfahren beigebracht wird. Die nicht fristgebundene Grundbuchbeschwerde ist wie ein neuer Antrag zu behandeln, wenn die Zurückweisung des Eintragungsantrags rechtsfehlerfrei war und der zurückweisende Beschluss lediglich aufgrund neuer Tatsachen aufgehoben wird (*BGH* NJW 2024, 1875 = ZfIR 2024, 350 = ZWE 2024, 311). Letztlich gilt für das Verfahren nichts anderes als im Zusammenhang mit einem Genehmigungsvorbehalt gem. § 172 Abs. 4 S. 1 BauGB (*KG* DNotZ 2023, 209; *KG* NZM 2022, 109; *KG* ZMR 2022, 140). 97

Im räumlichen Anwendungsbereich einer Rechtsverordnung nach § 250 Abs. 1 S. 3 BauGB ist dem Grundbuchamt vor Eintragung der **Umwandlung** im Grundbuch als Wohnungseigentum gebuchten Sondereigentums **in Teileigentum** die Genehmigung nach § 250 Abs. 5 S. 1 BauGB nachzuweisen (*KG* Rpfleger 2023, 399). 98

In den neuen Bundesländern bedarf die vertragliche Begründung von Wohnungseigentum der Genehmigung nach §§ 2, 3 Satz 2 Nr. 1 **Grundstücksverkehrsordnung**, da die dingliche Rechtsänderung auch eine Veränderung des Restitutionsanspruches mit sich bringt (Bamberger/Roth/*Hügel* § 4 Rn. 9 m.w.N.; *Frenz* DtZ 1994, 56; *Schöner/Stöber* Rn. 4108a; a.A. noch *Böhringer* Rpfleger 1993, 221, 225). 99

Landesrechtliche Genehmigungserfordernisse durch die **LBauO** sind möglich (vgl. vormals § 9 LBauO BadWürtt). 100

Die Begründung von Wohnungseigentum ist zulässig, auch wenn das Grundstück der **Höfe-Ordnung** unterliegt. Dabei handelt es sich um eine im Gebiet der Länder Hamburg, Niedersachsen, Nordrhein-Westfalen oder Schleswig-Holstein belegene land- oder forstwirtschaftliche Besitzung mit einer zu ihrer Bewirtschaftung geeigneten Hofstelle, die einen bestimmten Wirtschaftswert erreichen muss (§ 1 HöfeO). S. jetzt auch das Gesetz über die Höfeordnung für das Land Brandenburg (BbgHöfeOG) v. 19.06.2019 (GVBl.I/19, [Nr. 28]). Die HöfeO untersagt jedoch nicht Verfügungen des Hofeigentümers unter Lebenden. Auch wird die Hofeigenschaft durch die Schaffung von Wohnungs- und Teileigentum allein nicht berührt, sodass der Hofvermerk zunächst auf den neu anzulegenden Wohnungsgrundbüchern einzutragen ist. Erst mit der Übertragung eines Miteigentumsanteils verbunden mit Sondereigentum an dem Hofstellengrundstück gerät die Hofeigenschaft in Fortfall, weil für den Fortbestand das Alleineigentum einer natürlichen Person bzw. das gemeinschaftliche Eigentum von Eheleuten unerlässlich ist (*OLG Köln* ZMR 2007, 390). Auf entsprechendes Ersuchen des Landwirtschaftsgerichts ist dann der Hofvermerk zu löschen (*OLG Oldenburg* Rpfleger 1993, 149 m. Anm. *Hornung*; *OLG Hamm* Rpfleger 1989, 18; *Lange/Wulff/Lüdtke-Handjery* § 1 Rn. 30; a.A. *Faßbender/Hötzel/v. Jeinsen/Pikalo* § 1 Rn. 30 u. 58). 101

102 Die Bildung von Sondereigentum gem. §§ 3 oder 8 WEG unterfällt keiner Genehmigungspflicht nach dem **Grundstücksverkehrsgesetz** (Bauer/Schaub/*Waldner* AT H Rn. 95). Allerdings kann – unter Berücksichtigung der jeweiligen landesrechtlichen Befreiungsvorschriften (vgl. insoweit die Zusammenstellung bei *Schöner/Stöber* Rn. 3961 ff.) – ein Genehmigungserfordernis gem. § 2 Abs. 2 Nr. 1 GrdstVG dann bestehen, wenn bei der Teilung gem. § 3 vorab noch eine Anpassung der bereits vorhandenen Miteigentumsanteile an die für die Bildung der Wohnungseigentumsrechte vorgesehenen Bruchteile durch rechtsgeschäftliche Verfügung vorgenommen werden soll.

II. Besondere Eintragungsvoraussetzungen

103 Der Eintragungsbewilligung sind als **Anlagen** gem. § 7 Abs. 4 WEG der Aufteilungsplan und die zugehörige Abgeschlossenheits- und Flächenbescheinigung beizufügen. Es handelt sich um **andere Eintragungsvoraussetzungen** i.S.d. § 29 Abs. 1 S. 2 GBO (*OLG Zweibrücken* MittBayNot 1983, 242; *Demharter* Anh. zu § 3 Rn. 43); beglaubigte Abschriften genügen (*Schöner/Stöber* Rn. 2851). Ihr Fehlen begründet ein Eintragungshindernis, das bei Nichtbeachtung Amtshaftungsansprüche auslösen kann (BGHZ 124, 100 = DNotZ 1995, 37 = Rpfleger 1994, 245). Ebenso darf bei Widersprüchlichkeiten keine Eintragung durch das Grundbuchgericht erfolgen (*BayObLG* Rpfleger 1993, 335).

104 Allerdings führt die Eintragung unter Bezugnahme auf einen Plan, der die formellen grundbuchrechtlichen Anforderungen nicht erfüllt, nicht zu einer Unrichtigkeit des Grundbuchs. Wird demgemäß die Anlegung des Wohnungsgrundbuchs unter Verwendung eines nur formell nicht ordnungsgemäßen Aufteilungsplans vorgenommen (hier: – möglicherweise – fehlende Original-Unterschrift der Baubehörde auf Bauzeichnung), hindert dies die wirksame Begründung von Wohnungseigentum nicht, wenn der Aufteilungsplan im Übrigen den gesetzlichen Anforderungen genügt (*OLG München* ZWE 2013, 450).

105 Die frühere Möglichkeit zu einer Übertragung der Zuständigkeit für die Ausfertigung der Aufteilungspläne und die Erteilung der Abgeschlossenheits- u. Flächenbescheinigung auf einen Sachverständigen gem. § 7 Abs. 4 S. 3 bis 6 ist mit dem WEMoG entfallen; s. Rdn. 365 f.

106 »**Beifügen**« ist in diesem Zusammenhang **nicht beurkundungstechnisch** zu verstehen; die Anlagen können, müssen aber nicht gem. §§ 9 Abs. 1 S. 3, 13, 44 BeurkG mitbeurkundet bzw. der unterschriftsbeglaubigten Teilungserklärung nach § 8 WEG angeheftet werden (*BayObLG* MittBayNot 2003, 127; *DNotI-Gutachten* DNotI-Report 1999, 17, 18). Vielmehr genügt die Vorlage des Planes und der Abgeschlossenheitsbescheinigung bis zur Anlegung der Wohnungs- und Teileigentumsgrundbücher (*KG* NZM 2016, 525; *OLG Düsseldorf* ZMR 2010, 975 = ZWE 2010, 368; *OLG Zweibrücken* MittBayNot 1983, 242). Es muss dann lediglich sichergestellt sein, dass die Zusammengehörigkeit von Plan, Bescheinigung und Bewilligung deutlich wird (*OLG Düsseldorf* ZMR 2010, 975 = ZWE 2010, 368; *BayObLG* MittBayNot 2003, 127; *OLG Zweibrücken* MittBayNot 1983, 242; *LG Köln* MittRhNotK 1984, 16; Bamberger/Roth/*Hügel* Rn. 7; *DNotI-Gutachten* DNotI-Report 1999, 17, 18; *Peters* BWNotZ 1991, 87, 91 f.; a.A. noch, die Bestimmungen des BeurkG sind einzuhalten: Bauer/*v. Oefele* 3. Aufl. AT V Rn. 218; Staudinger/*Rapp* Rn. 15). Die zum grundbuchrechtlichen Vollzug einer Teilungserklärung nach §§ 8, 7 Abs. 4 S. 1 WEG beizufügenden Anlagen – Aufteilungsplan und Abgeschlossenheits- und Flächenbescheinigung – müssen auch dann nicht mit der Bewilligung körperlich verbunden werden, wenn nur die Unterschrift unter der Bewilligung beglaubigt worden ist (*KG* FGPrax 2021, 147). Beim Aufteilungsplan und der Abgeschlossenheits- und Flächenbescheinigung können außer einer Verbindung mit Schnur und Siegel auch übereinstimmende Bezeichnungen z.B. mit Aktenzeichen erfolgen (vgl. § 8 Abs. 2 S. 2 AVA) oder die Bescheinigung auch unmittelbar auf den Plan gesetzt werden (*BayObLG* Rpfleger 1984, 314; *LG Köln* MittRhNotK 1984, 16; *DNotI-Gutachten* DNotI-Report 1999, 17, 19). In jedem Fall müssen Aufteilungsplan und Bescheinigung denselben Sachverhalt erfassen; nachträgliche Änderungen sind ggf. anzupassen (vgl. *OLG Frankfurt* ZWE 2018, 160).

1. Aufteilungsplan

Der Aufteilungsplan hat für das Wohnungseigentum eine ähnliche **Funktion** wie das Liegenschaftskataster für die Lage eines Grundstücks in der Natur (*BGH* BGHZ 208, 29 = NJW 2016, 473 = ZfIR 2016, 276 = ZMR 2016, 215 = ZWE 2016, 79; BGHZ 177, 338 = NJW 2008, 2982 = ZfIR 2008, 734 = ZMR 2008, 897 = ZWE 2008, 426 [Luftschranken]). Er sichert den sachenrechtlichen Bestimmtheitsgrundsatz durch Abgrenzung der Bereiche des Sonder- und Gemeinschaftseigentums (*BGH* ZMR 2004, 206; BGHZ 130, 159 = Rpfleger 1996, 19 = ZMR 1995, 521; *BayObLG* MittBayNot 2003, 127; *HansOLG Hamburg* ZMR 2002, 372; *BayObLG* NJW 1993, 1040; *OLG Frankfurt am Main,* Rpfleger 1980, 391; Staudinger/*Rapp* Rn. 16; Weitnauer/*Briesemeister* Rn. 20). 107

An den Aufteilungsplan sind daher besondere **Sorgfaltsanforderungen** hinsichtlich einer genauen Abgrenzung von Sondereigentum und gemeinschaftlichem Eigentum sowie von Sondereigentum untereinander zu stellen (*OLG Hamm* Rpfleger 1984, 98; *Bub* WE 1991, 124). Dies gilt gleichermaßen für bestehende und noch zu errichtende Gebäude (*BayObLGZ* 1980, 226). 108

Um Lage und Größe der im Sondereigentum und der im gemeinschaftlichen Eigentum stehenden Gebäude- und Grundstücksteile ersichtlich machen zu können, setzt sich die nach Abs. 4 S. 1 Nr. 1 von der Baubehörde mit Unterschrift und Siegel oder Stempel zu versehene Bauzeichnung vor Inkrafttreten des WEMoG im Maßstab von mindestens 1:100 (AVV v. 19.03.1974 Nr. 2, jetzt in der AVV v. 06.07.2021 nicht mehr enthalten) regelmäßig zusammen aus **Grundrissen** der einzelnen Stockwerke, **Schnitten** und **Ansichten** des Gebäudes (*KG* Rpfleger 2023, 156; *KG* ZMR 2023, 128; *BayObLG* DNotZ 1998, 377 = ZMR 1998, 43; *BayObLG* MittBayNot 1984, 130 = Rpfleger 1984, 314; *BayObLG* BayObLGZ 1980, 226 = Rpfleger 1980, 435; *LG Köln* MittRhNotK 1985, 16; Bamberger/Roth/*Hügel* Rn. 8; *DNotI-Gutachten* v. 12.09.2002 Nr. 11273; *Schöner/Stöber* Rn. 2852; Weitnauer/*Briesemeister* Rn. 12). Siegel und Unterschrift der Baubehörde müssen sich auch auf Letztere erstrecken (*BayObLG* Rpfleger 1980, 435; *LG Lüneburg* Rpfleger 1979, 314). Die vorgenannten Anforderungen müssen auch für mehrere vermeintlich **baugleiche Gebäude** gelten, weil die Prüfung der Gleichheit die Kenntnis der Pläne voraussetzt. Nach § 3 Abs. 3 S. 4 AVA muss die Bauzeichnung bei bestehenden Gebäuden eine Bestandszeichnung sein. Befinden sich auf dem zu teilenden Grundbesitz mehrere Gebäude, von denen nicht in allen Sondereigentum begründet wird, genügen neben den Grundrissen für diejenigen Gebäude Schnitt- und Ansichtszeichnungen, in denen Sondereigentum entstehen soll (*OLG Düsseldorf* ZMR 2000, 398; *BayObLG* DNotZ 1998, 377 = ZMR 1998, 43; *BayObLG* Rpfleger 1993, 398; *Demharter* Anh. zu § 3 Rn. 46; *Lotter* MittBayNot 1993, 144; a.A. Bauer/*v. Oefele* 3. Aufl. AT V Rn. 208; *Schöner/Stöber* Rn. 2852 Fn. 10; *LG Lüneburg* Rpfleger 1979, 314). 109

Die Grundrisszeichnungen sollen sämtliche Geschosse, damit also auch **Kellergeschosse** und **Spitzböden** umfassen (*BayObLG* DNotZ 1998, 377 = ZMR 1998, 43). Dem kann mit *F. Schmidt* (MittBayNot 1997, 276; ebenso Bauer/*v. Oefele* 3. Aufl. AT V Rn. 208; Erman/*Grziwotz* Rn. 3) zumindest für den Fall nicht gefolgt werden, dass der im Gemeinschaftseigentum befindliche Spitzboden schon aufgrund seiner Standhöhe nicht zum dauernden Aufenthalt von Menschen geeignet ist und auch sonst keine weiteren darstellungsbedürftigen Merkmale aufweist. In diesen Fällen ist keine über Schnitt- und Ansichtszeichnungen hinausgehende Notwendigkeit für einen Grundrissplan erkennbar. 110

Aus dem Teilungsplan muss auch der **Standort des Gebäudes** ersichtlich sein (noch zum früheren Recht Bamberger/Roth/*Hügel* Rn. 8; *Böhringer* BWNotZ 1998, 4, 9; *Schöner/Stöber* Rn. 2852; a.A. *Demharter* Anh. zu § 3 Rn. 46; einschränkend Weitnauer/*Briesemeister* Rn. 20 und *ders.* § 1 Rn. 8). Weitergehende Anforderungen – insbesondere eine Verpflichtung zur Beibringung eines Lageplanes – hatte die h.M. damit nicht verbunden, wenngleich sie einen Lageplan im Einzelfall durchaus für sinnvoll erachtet oder gar seine Beifügung empfiehlt (*BayObLG* Rpfleger 1990, 204; Bamberger/Roth/*Hügel* Rn. 8; *Röll* DNotZ 1977, 643; *Schöner/Stöber* Rn. 2852). Richtigerweise bedurfte es nach hier vertretener Auffassung zur Standortangabe des Gebäudes im Grundstückskomplex über den reinen Wortlaut des Gesetzes hinaus schon immer der Vorlage eines **amtlichen Lageplanes** 111

(*OLG Hamm* Rpfleger 1976, 317; *OLG Bremen* Rpfleger 1980, 68 = DNotZ 1980, 489; *Bub* WE 1991, 124, 125; *Böhringer* BWNotZ 1998, 4, 9; *Sauren* Rpfleger 1985, 261, 266; in diesem Sinne wohl auch *Becker/Kümmel/Ott* § 2 Rn. 27; empfohlen auch von Bauer/*v. Oefele* 3. Aufl. AT V Rn. 207; offen gelassen von *BayObLG* NJW-RR 1990, 332 und *BayObLG* ZWE 2002, 407; wie hier jetzt auch Bärmann/*Armbrüster* § 7 Rn. 89). Nur auf diese Weise lassen sich auch bei nur einem Baukörper die Grenzen des unbebauten, dem gemeinschaftlichen Gebrauch unterliegenden Grundstücks feststellen. Mögliche Überbausituationen (so zu Recht *Bub* WE 1991, 124, 125; *Böhringer* BWNotZ 1998, 4, 9) oder Verwechslungen (instruktiv *BGH* DNotZ 1995, 37 = Rpfleger 1994, 245) lassen sich auf diese Weise erkennen und vermeiden, sodass sich dieses Verlangen gerade aus dem in § 7 Abs. 4 S. 1 Nr. 1 WEG normierten Zweck ableitet, klare Rechtsverhältnisse zu schaffen (**a.A.** *Schöner/Stöber* Rn. 2852 Fn. 21, die die durch das WEG selbst begründeten Anforderungen zu eng abstecken). Auch die von *Demharter* (Anh. zu § 3 Rn. 46) vertretene Auffassung, der Aufteilungsplan brauche grundsätzlich den Standort der Gebäude auf dem zu teilenden Grundstück nicht auszuweisen, verlor bereits zuvor ihre Bestimmtheit, wenn andererseits dem Grundbuchgericht mittels Zwischenverfügung gem. § 18 GBO die Anforderung eines *amtlichen Lageplans* aufgegeben wird, wenn es Grund zu der Annahme hat, dass das Gebäude über die Grundstücksgrenze gebaut ist oder gebaut werden soll (*Demharter* Rpfleger 1983, 133, 136). Offen blieb, wie anders als durch eben jenen amtlichen Lageplan es zu einer solchen Annahme kommen sollte. Nach dem Inkrafttreten des WEMoG ist die Vorlage eines amtlichen Lageplans zwingend (Bärmann/*Armbrüster* § 7 Rn. 91; MüKo/*Krafka* § 7 Rn. 28; *Forschner* ZNotP 2021, 202, 204; *Wobst* DNotZ 2021, 582, 585; a.A. *KG* ZMR 2023, 128; *Kümmel* NotBZ 2022, 441, 447f.: nur wenn Freiflächen zu Sondereigentum bestimmt werden).

112 Soll an baulich **selbstständigen Garagen** Sondereigentum begründet werden, sind dem Grundbuchgericht auch für diese Gebäudeteile die in Rdn. 109 genannten Unterlagen gem. § 7 Abs. 4 WEG vorzulegen (*OLG Düsseldorf* ZMR 2000, 398; *OLG Hamm* Rpfleger 1977, 308). Soll dagegen das selbstständige Garagenbauwerk im Gemeinschaftseigentum verbleiben, sind Ansichten und Schnitte entbehrlich (*BayObLG* WE 1994, 242 Ls. = MittBayNot 1993, 215).

113 Handelt es sich bei den **Garagen** um **Stellplätze** der in § 3 Abs. 1 S. 2 bezeichneten Art, muss sich aus der Bauzeichnung die genaue Bemaßung ergeben (§ 6 AVA). Die frühere Markierungspflicht ist entfallen, wenngleich immer noch möglich.

114 Nach § 7 Abs. 4 S. 1 Nr. 1 sind alle zu demselben Wohnungseigentum gehörenden Einzelräume im Aufteilungsplan **mit** der jeweils gleichen **Nummer** zu **kennzeichnen**. Werden in der Eintragungsbewilligung Nummern für die einzelnen Sondereigentumsrechte angegeben, sollen sie darüber hinaus mit denen des Aufteilungsplanes übereinstimmen (§ 7 Abs. 4 S. 2 WEG). Zweck dieser Regelung ist es, den sachenrechtlichen Bestimmtheitsgrundsatz durch eine eindeutige Abgrenzung des Sondereigentums zu anderen Sondereigentumseinheiten und zum Gemeinschaftseigentum zu gewährleisten (Grüneberg/ *Wicke* Rn. 3). Dass dies auch dann gelten soll, wenn die Teilungserklärung vor der Grundbucheintragung geändert wird (so aber *BayObLG* Rpfleger 1991, 414; *Demharter* Anh. zu § 3 Rn. 46), erscheint dagegen überspannt und unzweckmäßig, weil auch eine andere Zuordnung bspw. eines Kellers unmittelbar nach vollzogener Ersteintragung unter Beibehaltung der einmal zugewiesenen Nummer erfolgen kann (insoweit nicht richtig *OLG München* MittBayNot 2011, 229 m insoweit abl. Anm. *Grziwotz* = ZWE 2010, 421; jetzt offenbar nicht mehr weiter vertreten s Rn. 345). Es ist nicht einzusehen, weshalb eine spätere Eintragung einen Zustand zu schaffen vermag, der bei der ursprünglichen Anlegung der Grundbücher unzulässig sein soll (wie hier Erman/ *Grziwotz* Rn. 3). Abgrenzungsprobleme oder Verwirrung sind hier nicht zu besorgen (krit. auch *Westermeier* MittBayNot 2004, 265). Zumindest berühren vom Notar im Aufteilungsplan angebrachte Umnummerierungsvermerke die einmal bescheinigte und fortbestehende Abgeschlossenheit nicht, sodass die Grundbucheintragung nicht von der Vorlage einer neuen, die nachträglich veränderte Zuordnung der Nebenräume verlautbarenden Abgeschlossenheitsbescheinigung abhängig gemacht werden kann (*LG Chemnitz* MittBayNot 1997, 294).

115 Nach dem Sinn und Zweck gilt das Gebot der einheitlichen **Nummerierung** nur für selbstständige Wohnungs- und Teileigentumseinheiten, nicht dagegen für die von Anfang an zulässige Verbindung grundsätzlich selbstständiger Einheiten mit nur einem Miteigentumsanteil (*LG Passau* MittBayNot 2004, 264 m. zust. Anm. *Westermeier*; Bauer/Schaub/Schneider AT E Rn. 210; *Demharter* Anh zu § 3 Rn. 46). Innerhalb des Wohnungsverbundes genügt auch eine farbliche Umrandung (Weitnauer/*Briesemeister* Rn. 13); eine Einzelnummerierung kann dann insoweit unterbleiben, wenn durch eine einmalige Nummerierung und farbliche Umrandung der ganzen Wohnung eine eindeutige Zuordnung erfolgt (*LG Bayreuth* MittBayNot 1975, 102; Bauer/Schaub/*Schneider* AT E Rn. 210; großzügiger Staudinger/*Rapp* Rn. 20; zum Ganzen s.a. *Grziwotz* DNotZ 2009, 405). Eine Nummerierung muss nicht fortlaufend erfolgen; auch Buchstaben können zur Unterscheidung der Einheiten hinzugefügt werden (*Hügel*/Scheel Rn. 21; Bauer/Schaub/*Schneider* AT E Rn. 211). Letzteres dürfte sich besonders bei Doppel- und Mehrfachparkern empfohlen haben, wenn die nach seinerzeit h.M. nicht sondereigentumsfähigen Einzelplätze (dazu § 5 Rdn. 56 u. 81) in dem Gesamtteileigentum zu bezeichnen waren.

116 Eine Nummerierung ist jedoch für außerhalb der eigentlichen Wohnung liegende **Nebenräume** (Kellerräume, Speicherräume) unerlässlich (§ 5 Abs. 2 AVA). Fehlt eine solche und ist die Zuordnung zum Sondereigentum nicht in anderer Weise eindeutig ersichtlich, entsteht durch die Grundbucheintragung kein Sondereigentum; es verbleibt bei gemeinschaftlichem Eigentum (*BayObLG* MittBayNot 1988, 236). Zu weit dürfte die Auslegung des *OLG Köln* (ZMR 1992, 511) gehen, das die ausdrückliche verbale Zuordnung eines Kellerraumes mit Blick auf eine pauschale Planbezugnahme in der Teilungserklärung »wegen Aufteilung, Lage und Größe der im Sondereigentum stehenden Räume« für entbehrlich hält. Gerade wenn andere Deutungsmöglichkeiten nicht mit Sicherheit ausgeschlossen werden können, muss im Anlegungsverfahren wegen des das Grundbuchverfahren beherrschenden Bestimmtheitsgrundsatzes und des Erfordernisses urkundlich eindeutig belegter Eintragungsunterlagen durch Zwischenverfügung die Frage der Zugehörigkeit eines Kellerraumes zu einem bestimmten Sondereigentum zweifelsfrei geklärt werden (zutreffend daher die Vorinstanz *LG Köln* Rpfleger 1992, 478). Umgekehrt folgt aus der Ordnungsfunktion des § 7 Abs. 4 S. 1 Nr. 1 Halbs. 2 WEG nicht, dass Nebenräume, die mit bestimmten Ziffern bezeichnet sind, jeweils den ziffernmäßig entsprechenden Wohnungseigentumseinheiten über den Inhalt der Teilungserklärung hinaus als Sondereigentum zuzuordnen sind (*OLG Düsseldorf* WuM 2004, 110).

117 Soll sich das Sondereigentum einer im Dachgeschoss gelegenen Wohnung auch auf den über der Wohnung im Spitzboden befindlichen **Luftraum** erstrecken, muss die Zugehörigkeit des Luftraumes im darüber liegenden Geschoss durch Eintragung der entsprechenden Nummer der Einheit im Grundrissplan dieses Geschosses zum Ausdruck kommen (*Bub* WE 1991, 124, 125). Andernfalls bedarf die Erstreckung des Sondereigentums auch auf den Luftraum über einer **Kehlbalkenanlage** einer Änderung der Teilungserklärung unter Beifügung neuer Aufteilungspläne mit Abgeschlossenheitsbescheinigung (*OLG Düsseldorf* DNotZ 1995, 82). Zur Mehrdeutigkeit des Begriffs »Dachgeschossraum« (einerseits »Dachgeschoss« – andererseits »Dachraum« mit Pyramide) s. *KG* (OLG-Report 2006, 418).

118 Anders als Nebenräume im Keller- oder im Dachgeschoss gehören **Balkone und Loggien** funktional unmittelbar zur Wohnung; sie sind die räumliche Fortsetzung der Wohnung und nur von ihr aus zugänglich. Der Balkon*raum* ist damit nicht nur sondereigentums*fähig* (so aber die ganz h.M. vgl. *KG* Rpfleger 2017, 273; Bärmann/*Armbrüster* § 5 Rn. 55; Bamberger/Roth/*Hügel* § 5 Rn. 10; MüKo/*Commichau* § 5 Rn. 20; *Sauren* § 1 Rn. 9; Weitnauer/*Briesemeister* § 5 Rn. 11; s.a. § 5 Rdn. 47 je m.w.N.; a.A. wohl nur Staudinger/*Rapp* § 5 Rn. 7 u. Rn. 25: Balkon ist stets Gemeinschaftseigentum), sondern zwingend als Teil der im Sondereigentum befindlichen Wohnung anzusehen, weil er deren wesentlicher Bestandteil i.S.d. § 94 BGB ist (*OLG München* ZfIR 2011, 881 = ZMR 2012, 118 = ZWE 2012, 37; in diese Richtung auch *Böttcher* Rpfleger 2009, 550, 555; *Hügel* RNotZ 2009, 49; a.A. *KG* Rpfleger 2017, 273). Die Bezeichnung als Balkon ohne weitere Differenzierung erfasst regelmäßig nur den Luftraum; es ist unschädlich, wenn dabei nicht hinsichtlich der einzelnen Bauteile unterschieden wird (*OLG Düsseldorf* ZMR 1999, 350; *BayObLG* ZMR 1999,

59). Das kann auch hinsichtlich der vereinbarten Instandhaltungspflichten gelten (*BayObLG* NZM 2004, 106). Davon abzugrenzen ist das Bauelement Balkon als in seiner konstruktiven Substanz zwingend gemeinschaftlicher Gebäudeteil. Einzelne Räume einer einheitlichen Wohnung können aber nicht im Gemeinschaftseigentum stehen. Der Aufteilungsplan darf den Balkon als Raum auch wegen der ansonsten gegebenen Zugangsproblematik (*BayObLG* MittBayNot 2001, 480) nicht als Gemeinschaftseigentum ausweisen. Vor diesem Hintergrund spricht *J.-H. Schmidt* (MietRB 2005, 83, 84) von einem »faktischen Sondernutzungsrecht«. Ist eine entsprechende Nummerierung unterblieben, gehört der Balkonraum gleichwohl **kraft Gesetzes** zum **Sondereigentum der Gesamtwohnung** (*Diester* Wichtige Rechtsfragen des Wohnungseigentums, Rn. 109 ff.; grundlegend *F. Schmidt* MittBayNot 1985, 240 u. MittBayNot 2001, 442; ebenso *Bielefeld* Der Wohnungseigentümer S. 30; Hügel/*Kral* GBO Wohnungseigentum Rn. 26; **a.A.** hier noch bis zur 3. Aufl. § 3 Rdn. 80). Abzulehnen sind deshalb die Entscheidungen des *LG Frankfurt/M.* (NJW-RR 1990, 1238 = WE 1991, 124 m. abl. Anm. *Bielefeld*) und des *OLG Frankfurt am Main,* (Rpfleger 1997, 374), in denen die Zuordnung eines Balkons zum Sondereigentum wegen fehlender ausdrücklicher Zuweisung zum Sondereigentum bzw. wegen fehlender Bezeichnung in der Teilungserklärung und im Aufteilungsplan verneint wurde (Unbehagen über die letztgenannte Entscheidung äußern auch *Schöner/Stöber* Rn. 2852 Fn. 15).

119 Eine **gleichlautende Nummerierung für Wohnungs- und Teileigentumseinheiten** (WE 1 – TE 1 usw.) sollte wegen der bestehenden Verwechslungsgefahr (insbes. angesichts nicht absehbarer Umwandlungen) nicht erfolgen (Staudinger/*Rapp* Rn. 20; Soergel/*Stürner* Rn. 9; a.A. *OLG Zweibrücken* OLGZ 1982, 263; *Bub* WE 1991, 124, 125). Auch wenn die Teilungserklärung den Gegenstand des jeweiligen Sondereigentums eindeutig beschreiben sollte, können Verwechslungsprobleme entstehen, wenn nicht alle mit derselben Nummer bezeichneten Räumlichkeiten auch zum Sondereigentum erklärt worden sind (vgl. *OLG Düsseldorf* ZMR 2000, 398) oder spätere Veränderungen vollzogen werden sollen. Insbesondere aber vor dem Hintergrund des Trends zu simplifizierenden Beschreibungen bei der Grundbucheintragung (»Sondereigentum Nr. 1«; s. Rdn. 18) erscheinen Doppelnummerierungen in derselben Wohnungseigentumsanlage als nicht akzeptabel.

120 Die Angabe von **Wohnungsgrößen** ist nicht erforderlich (*Schöner/Stöber* Rn. 2852). Sie kann mitunter Anlass zu Fehlinterpretationen geben und sollte deshalb unterbleiben (*Röll* DNotZ 1996, 294). Im Einzelfall lassen sich die Größen ggf. aus den maßstabgerechten Plänen errechnen. Für den einen Kaufvertrag beurkundenden Notar besteht regelmäßig keine Verpflichtung zur Ermittlung der Wohnungsgröße (*BGH* ZMR 1999, 565). Im Übrigen s. Rdn. 19.

121 In der Praxis finden vielfach **vorläufige Aufteilungspläne** Verwendung. Für diese gelten zunächst die dargestellten Grundsätze ebenfalls. Die Bestimmtheit des Grundbuchinhalts erfordert es, dass der Entwurf des Aufteilungsplanes völlig identisch ist mit der von der Baubehörde mit Unterschrift und Siegel oder Stempel versehenen Bauzeichnung nach § 7 Abs. 4 S. 1 Nr. 1 WEG. Die Überprüfung der **Identität** hat das Grundbuchgericht grundsätzlich selbst vorzunehmen (*BayObLG* Rpfleger 2003, 289 m. Anm. *Morhard* MittBayNot 2003, 128 u. Anm. *F. Schmidt* DNotZ 2003, 277). Einer zusätzlichen Identitätserklärung bedarf es dazu nicht (Bauer/Schaub/*Schneider* AT E Rn. 221; *Hügel*/Scheel Rn. 100). Einer solchen Erklärung käme keinerlei weiter gehende materiell-rechtliche Wirkung zu; sie entbände das Grundbuchgericht auch nicht von seiner eigenen Prüfungspflicht (*BayObLG* Rpfleger 2003, 289; *Demharter* § 20 Rn. 32). Widersprechen sich demnach vorläufiger und amtlich bestätigter Aufteilungsplan, bedarf es zur Festlegung, auf welcher Grundlage die Aufteilung vorgenommen werden soll, eines formgerechten Nachtrages zur Teilungserklärung (*BayObLG* Rpfleger 2003, 289; Bauer/Schaub/*Schneider* AT E Rn. 221; *Hügel* NotBZ 2003, 147, 150). Eine evtl. Bevollmächtigung muss daher die Befugnis zur Änderung der Eintragungsbewilligung erkennen lassen; die bloße Berechtigung zur Abgabe einer verfahrensrechtlichen Identitätserklärung genügt nicht (*BayObLG* Rpfleger 2003, 289; *Hügel* NotBZ 2003, 147, 151 auch zu den mit einer Vollmachtserteilung verbundenen Schwierigkeiten; *Kersten/Bühling* § 65 Rn. 41 M). Eine **Verpflichtung des Notars** zur Überprüfung der formellen Anforderungen auf ihre inhaltliche Richtigkeit besteht nicht (*OLG Koblenz* RNotZ 2002, 116).

Unbedingt zu beachten ist bei einer Nachtragsbeurkundung im vorstehenden Sinne, dass solche Nachträge zur Teilungserklärung für gewöhnlich auch entsprechende **Nachträge für bereits abgeschlossene Erwerbsverträge** erforderlich machen werden (*BayObLG* Rpfleger 1991, 414; *Basty* NotBZ 1999, 237). 122

2. Abgeschlossenheits- und Flächenbescheinigung

Die nach § 7 Abs. 4 S. 1 Nr. 2 der Eintragungsbewilligung beizufügende Abgeschlossenheits- und Flächenbescheinigung hat die **Funktion**, dem Grundbuchgericht die Beachtung des in § 3 Abs. 3 normierten Abgeschlossenheitserfordernisses sowie der notwendigen Maßangaben urkundlich zu belegen. Damit ist jedoch keine Aussage über eine baurechtlich zulässige Nutzung verbunden (*BVerwG* DNotZ 1988, 702). Sogar ein Bauverbot ist ohne Belang für die Begründung von Wohnungseigentum (*BGH* BGHZ 110, 36 = NJW 1990, 1111 = Rpfleger 1990, 159). Dem Grundbuchgericht soll vielmehr die Prüfung bautechnischer und baurechtlicher Fragen erspart werden (*BVerwG* NJW 1997, 71; *Trautmann* ZWE 2004, 318, 319). Aus diesem Grunde durfte grundsätzlich auch nicht nachgeprüft werden, ob die Baubehörde die Erfüllung bautechnischer Anforderungen an Wohnungstrenndecken und -wände beachtet hatte (*BGH* Rpfleger 1990, 159). 123

Zum Begriff der Abgeschlossenheit und den notwendigen Maßangaben s. ausführlich § 3 Rdn. 111 ff. 124

Das WEG sieht als einzige Form des Nachweises für die Abgeschlossenheit und die Maßangaben die Bescheinigung nach § 7 Abs. 4 S. 1 Nr. 2 WEG vor. **Andere Formen des Nachweises** über das Vorliegen einer Abgeschlossenheit oder den Nachweis von Flächen (z.B. Ermittlungen oder Beweiserhebungen) sind dem Grundbuchgericht versagt (*OLG Frankfurt am Main* ZWE 2012, 34; *BayObLG* Rpfleger 1990, 457; Meikel/*Böttcher* Einl. Rn. 106; Staudinger/*Rapp* Rn. 28; insoweit a.A. *Bub* WE 1991, 150, 154: Freibeweis; *DNotI-Gutachten* DNotI-Report 2022, 155 für nicht zulässige maßstabgemäße Ermittlung der Flächen). Deshalb kann wegen des mit der Abgeschlossenheits- und Flächenbescheinigung verfolgten Zwecks der Entlastung der Grundbuchgerichte von der Prüfung bautechnischer und baurechtlicher Vorfragen auch nicht auf die Vorlage aus bauplanungs- oder baurechtlichen Gründen verzichtet werden. Eine **Abgeschlossenheits- und Flächenbescheinigung** ist deshalb bei Reihenhäusern **nicht** bereits aufgrund einer erteilten Baugenehmigung **entbehrlich** (DNotI-Gutachten DNotI-Report 2011, 107). Die Vorlagepflicht kann jedoch nach allgemeinen Grundsätzen dann nicht gelten, wenn die Voraussetzungen der Abgeschlossenheit für das Grundbuchgericht i.S.v. § 29 Abs. 1 S. 2 GBO z.B. aufgrund früherer Antragstellungen ausnahmsweise **offenkundig oder aktenkundig** sind (*OLG Frankfurt am Main* ZWE 2012, 34; insoweit zutreffend *Bub* WE 1991, 150, 154; *DNotI-Gutachten* DNotI-Report 2011, 107). Für eine einmal gem. § 7 Abs. 4 S. 1 Nr. 2 WEG erteilte Bescheinigung gibt es nämlich **kein Verfalldatum** und keine Beschränkung auf eine einmalige Verwendung. Erforderlich ist allerdings, dass die in früherer Zeit erteilte und bereits verwendete Bescheinigung – weiterhin – richtig ist, insbesondere dass der der Bescheinigung zugrunde liegende Aufteilungsplan mit den aktuellen wirklichen Verhältnissen betreffend die bescheinigte Abgeschlossenheit der Räume übereinstimmt. Mit Rücksicht darauf, dass Immobilien eine übliche Gebrauchsdauer von 80 bis 100 Jahren haben, kann allein ein Zeitablauf von gut 14 Jahren nicht die Annahme rechtfertigen, dass sich hinsichtlich der Gebäude- und Raumsituation sowie auch der haustechnischen Einrichtungs- und der Nutzungsverhältnisse etwas geändert hat (*OLG Schleswig* RNotZ 2012, 335). 125

Das Grundbuchgericht hat die Vorlage einer Abgeschlossenheits- und Flächenbescheinigung zur Begründung von Wohnungs- und Teileigentum zu fordern (*BGH* Rpfleger 1994, 245; *OLG Frankfurt* ZWE 2018, 160; *BayObLG* Rpfleger 1990, 457). Erfolgt eine **Grundbucheintragung, obwohl** die **Anforderungen** für eine Abgeschlossenheit bzw. die notwendigen Maßangaben oder gar die Bescheinigung selbst **nicht vorliegen**, entsteht Sondereigentum gleichwohl wirksam nach dem in Bezug genommenen Plan, wenn die Bestimmbarkeit sichergestellt ist. Das Abgeschlossenheits- und Maßangabenerfordernis ist als Sollvorschrift ausgestaltet; von seiner Nichtbeachtung – gleich aus welchem Grunde – kann nicht der Bestand dinglicher Rechte abhängen (*BGH* BGHZ 110, 36 = 126

NJW 1990, 1111 = Rpfleger 1990, 159; *OLG Köln* Rpfleger 1994, 348 = ZMR 1994, 230; *Röll* Rpfleger 1983, 380).

127 Die Bescheinigung selbst ist **kein Verwaltungsakt** (*BVerwG* Rpfleger 1988, 256; Bauer/Schaub/*Schneider* AT E Rn. 214; Staudinger/*Rapp* Rn. 25; Weitnauer/*Briesemeister* Rn. 14; a.A. *Becker* NJW 1991, 2742; *Trautmann* FS Merle 2000, 313, 323 für Neubauten); es handelt sich um eine sog. Wissenserklärung (*BVerwG* NJW 1997, 71). Ihr **Widerruf** oder ihre **Kraftloserklärung** sollen zumindest dann für das Grundbuchgericht unbeachtlich sein, wenn sie auf der Nichteinhaltung bautechnischer Anforderungen beruhen (*BayObLG* Rpfleger 1990, 457; a.A. *Böttcher* Rpfleger 1990, 486, 497). Stimmen aber der tatsächliche und der im Grundbuch eingetragene Bautenstand nicht mehr überein, kann die Baubehörde die Abgeschlossenheitsbescheinigung für kraftlos erklären; eine Grundbuchberichtigung kann jedoch nicht gefordert werden (*BVerwG* NJW 1997, 71; Staudinger/*Rapp* Rn. 27). Wird die Kraftloserklärung dem Grundbuchgericht vor Vollzug der Aufteilung bekannt, darf diese nicht mehr eingetragen werden (Staudinger/*Rapp* Rn. 27).

128 Es ist zulässig, die Abgeschlossenheits- und Flächenbescheinigung **auf den** Aufteilungs**plan** zu setzen (*BayObLG* Rpfleger 1984, 314). Zu Form und Inhalt der Abgeschlossenheitsbescheinigung s. i.Ü. die Musterbescheinigung im Anhang zu § 8 Abs. 1 AVA v. 06.07.2021. Wegen der damit verbundenen Schwierigkeiten s. ausf. § 3 Rdn. 118 ff.

III. Prüfungsrecht und Prüfungspflicht des Grundbuchgerichtes

1. Allgemeine Eintragungsvoraussetzungen

129 Das Grundbuchgericht hat im Eintragungsverfahren zu prüfen, ob Wohnungseigentum nach den vorliegenden Unterlagen wirksam begründet werden kann. Das erfordert zunächst wie in jedem Grundbuchverfahren die Beachtung der **allgemeinen Eintragungsvoraussetzungen** (Bamberger/Roth/*Hügel* Rn. 12; Bauer/Schaub/*Schneider* AT E Rn. 204; dazu s. i.E. Rdn. 79 ff.).

2. Besondere Eintragungsvoraussetzungen

130 Das Grundbuchgericht hat weiterhin zu prüfen, ob die Regelungen der Teilungserklärung/des Teilungsvertrages und die mitbeurkundeten Vereinbarungen rechtmäßig sind; sie dürfen nicht gegen **zwingendes Recht** verstoßen (vgl. *KG* ZWE 2017, 403; *OLG Hamm* ZWE 2017, 173). Das Grundbuchgericht darf nicht sehenden Auges dabei mitwirken, das Grundbuch unrichtig zu machen (BGHZ 99, 90 = DNotZ 1988, 24 = Rpfleger 1987, 106; *BayObLG* ZMR 1999, 773; *Sauren* Rn. 9).

131 **Teilungsvertrag/Teilungserklärung, Aufteilungsplan** und **Abgeschlossenheitsbescheinigung** müssen **übereinstimmen** (Bauer/Schaub/*Schneider* AT E Rn. 219; *Hügel*/Scheel Rn. 101). Bei Abweichungen und Widersprüchen hat das Grundbuchgericht die Anlegung der Wohnungs- und Teileigentumsgrundbücher abzulehnen (*BGH* BGHZ 130, 159 = Rpfleger 1996, 19; *BayObLG* Rpfleger 1993, 335). Zu Divergenzfällen s. Rdn. 241 ff.

a) Gegenständliche Prüfung

132 Wohnungs- und Teileigentum kann nur begründet werden, wenn das Sondereigentum mit Miteigentum an nur **einem Grundstück** im Rechtssinne verbunden ist (§ 1 Abs. 4). Ggf. ist vor der Aufteilung noch eine Vereinigung (§ 890 Abs. 1 BGB) oder eine Bestandteilszuschreibung (§ 890 Abs. 2 BGB) erforderlich (*OLG München* v. 20.09.2011 – 34 Wx 373/11 zit. juris). Besteht Grund zu der Annahme, dass das Gebäude über die Grundstücksgrenze gebaut ist oder gebaut werden soll, darf das Grundbuchgericht die Eintragung nur vornehmen, wenn ihm in der Form des § 29 GBO nachgewiesen ist, dass entweder kein **Überbau** vorliegt oder der übergebaute Gebäudeteil wesentlicher Bestandteil des Stammgrundstücks ist (*Demharter* Rpfleger 1983, 133, 136 f.). Dazu s. Rdn. 14.

133 Das zu bildende Sondereigentum muss nach den Bestimmungen des WEG **sondereigentumsfähig** sein. Das setzt Raumeigenschaft in einem Gebäude bzw. Flächeneigenschaft auf dem Grundstück voraus (s. dazu ausführlich § 3 Rdn. 58 ff.). Dabei muss die Beschreibung dem sachenrechtlichen

Bestimmtheitsgrundsatz genügen und eindeutig sein. An Teilen eines Raumes kann mangels baulicher Abgrenzung Sondereigentum nicht originär begründet werden (*OLG Koblenz* WE 1992, 19 m. Anm. *Merle;* **a.A.** jedoch die h.M. vgl. nur *BGH* BGHZ 208, 29 = NJW 2016, 473 = ZfIR 2016, 276 = ZMR 2016, 215 = ZWE 2016, 79; BGHZ 177, 338 = NJW 2008, 2982 = ZfIR 2008, 734 = ZMR 2008, 897 = ZWE 2008, 426 [Luftschranken]). Zu Abgeschlossenheitsfragen s.a. Rdn. 189 ff.

Die Summe aller gebildeten Miteigentumsanteile muss wieder **ein Ganzes** ergeben. S. dazu Rdn. 8 u. 241 ff. Zur Korrektur kann ggf. eine Zwischenverfügung nach § 18 Abs. 1 GBO erlassen werden (*KG* DNotZ 2023, 209). 134

Mit jedem gebildeten **Miteigentumsanteil** ist ein **Sondereigentumsrecht** zu **verbinden**; umgekehrt ist auch Sondereigentum ohne einen Miteigentumsanteil nicht möglich (§ 3 Abs. 1, § 8 Abs. 1: »jeder Anteil«; vgl. § 6). **Isolierte Miteigentumsanteile** können rechtsgeschäftlich nicht begründet werden (BGHZ 109, 179 = NJW 1990, 447; Bamberger/Roth/*Hügel* § 3 Rn. 2; Bärmann/*Armbrüster* § 3 Rn. 21; Staudinger/*Rapp* § 3 Rn. 6; Weitnauer/*Briesemeister* § 3 Rn. 22). 135

Ebenso darf durch die Aufteilung **kein Mitsondereigentum** einer Gruppe von Wohnungseigentümern an Räumen oder Einrichtungen entstehen (z.B. an Fahrstühlen, Heizungsanlagen oder einzelnen Wohnungen vorgelagerten Fluren), die dem gemeinschaftlichen Gebrauch aller dienen (*BGH* ZMR 2012, 377 = ZWE 2012, 81; BGHZ 130, 159, 168 = NJW 1995, 2851 = Rpfleger 1996, 19 = ZMR 1995, 521; *BayObLG* Rpfleger 1988, 102; *BayObLG* Rpfleger 1996, 240; *BayObLG* Rpfleger 2000, 326 = ZMR 2000, 622; *OLG Schleswig* DNotZ 2007, 620 m. zust. Anm. *Commichau*; Bamberger/Roth/*Hügel* § 5 Rn. 8; *Schöner/Stöber* Rn. 2824). **Dinglich verselbstständigte Untergemeinschaften** verbieten sich schon allein wegen § 93 BGB (Weitnauer/*Briesemeister* § 3 Rn. 32; a.A. noch *Bärmann/Pick/Merle*, 9. Aufl. § 7 Rn. 38: auf jeden Fall aber **keine Grundbucheintragung** möglich). Sonderregelungen lassen sich durch Sondernutzungsrechte oder Sonderstimmrechte erreichen. Denkbar wäre allenfalls kraft Gesetzes entstehendes **Nachbareigentum** an trennenden Gebäudeteilen (z.B. nichttragende Zwischenwände) oder Versorgungseinrichtungen (z.B. gemeinsame Wasserzu- und -ableitungen), die nicht zum gemeinschaftlichen Eigentum aller Miteigentümer gehören (BGHZ 146, 241 = FGPrax 2001, 65; *OLG Zweibrücken* Rpfleger 1987, 106; *OLG Schleswig* DNotZ 2007, 620; Weitnauer/*Briesemeister* § 3 Rn. 34; a.A. *Brückner* NZM 2024, 393; *Commichau* DNotZ 2007, 622, 624; offen gelassen von *BGH* BGHZ 208, 29 = NJW 2016, 473 = ZfIR 2016, 276 = ZMR 2016, 215 = ZWE 2016, 79). 136

Unzulässig ist auch die Bildung von **Unterwohnungseigentum** nach Art eines Untererbbaurechtes, weil Wohnungseigentum kein grundstücksgleiches Recht sondern besonders ausgestaltetes Miteigentum ist (*OLG Köln* Rpfleger 1984, 268; Weitnauer/*Briesemeister* § 3 Rn. 33). 137

Teile des Gebäudes, die für dessen Bestand oder Sicherheit erforderlich sind, sowie Anlagen und Einrichtungen, die dem gemeinschaftlichen Gebrauch der Wohnungseigentümer dienen, sind **zwingend Gemeinschaftseigentum** (§ 5 Abs. 2). Aus diesem Grunde kann z.B. an einer Doppelhaushälfte insgesamt – also unter Einbeziehung der konstruktiven Teile – Sondereigentum nicht wirksam begründet werden (BGHZ 50, 56; *BGH* NJW-RR 2001, 800; *OLG Düsseldorf* FGPrax 2004, 267). Vgl. i.Ü. die ausführliche alphabetische Aufstellung in § 5. Etwas anderes gilt, wenn auf Stellplätzen oder Annexeigentum Baukörper errichtet werden (vgl. § 5 Abs. 1 S. 2 WEG). 138

b) Inhaltliche Prüfung des Teilungsvertrages/der Teilungserklärung

Die beantragte Aufteilung in Wohnungseigentum muss **rechtmäßig** sein. Andernfalls würde das Grundbuch durch die Eintragung unrichtig; dabei darf das Grundbuchgericht aufgrund des Legalitätsprinzips aber nicht mitwirken (dazu ausf. *Böttcher* ZfIR 2013, 673). Daraus leitet sich die **Verpflichtung des Grundbuchgerichts** zur Prüfung derjenigen Bestimmungen ab, die nach §§ 5 Abs. 4 S. 1; 8 Abs. 2, 10 ff. WEG als **Inhalt des Sondereigentums** in das Grundbuch eingetragen werden sollen (vgl. *KG* ZWE 2017, 403; *OLG Hamm* ZWE 2017, 173). Soweit solche Regelungen nicht durch eine Grundbucheintragung verdinglicht werden sollen, verbleibt es bei der bloß schuldrechtlichen Regelung. Diese werden dann nicht zum Inhalt des Sondereigentums; sie sind daher vom 139

Grundbuchgericht auch nicht zu überprüfen (*OLG Köln* Rpfleger 1982, 61 m. krit. Anm. *Meyer-Stolte*, der auf § 139 BGB hinweist).

140 Die beantragte Eintragung einer Vereinbarung (in ihrer Mehrheit: Gemeinschaftsordnung) ist **insgesamt abzulehnen**, wenn auch nur eine einzige Bestimmung unzulässig ist (*BayObLG* Rpfleger 1986, 220; *OLG Köln* NJW-RR 1989, 780; Weitnauer/*Briesemeister* Rn. 32). Wird daraufhin ein Teilvollzug der Urkunde beantragt, hat der Eintragungsvermerk im Bestandsverzeichnis die **eingeschränkte Bezugnahme** deutlich zu machen, damit die nicht eingetragenen Bestimmungen eindeutig feststellbar sind (vgl. BGHZ 130, 159, 167 = Rpfleger 1996, 19 = ZMR 1995, 521; Staudinger/*Rapp* Rn. 33).

141 Erfolgt die **Anlegung** der Grundbücher in Unkenntnis eines Gesetzesverstoßes, so liegt ein **Gründungsmangel** vor. Diejenigen Vereinbarungen, die gegen zwingende Bestimmungen verstoßen, sind unwirksam. i.Ü. bleibt die Begründung des Wohnungseigentums aber wirksam; an die Stelle der unwirksamen Regelung treten die gesetzlichen Bestimmungen (*OLG Hamm* ZMR 2009, 219 = ZWE 2008, 465; Staudinger/*Rapp* Rn. 64).

aa) Prüfung des § 134 BGB

142 Bestimmungen, die wegen Verstoßes gegen ein gesetzliches Verbot nichtig sind, können nicht zum Inhalt des Sondereigentums gemacht werden. Damit können all diejenigen Regelungen nicht in das Grundbuch eingetragen werden, mit denen von zwingenden gesetzlichen Bestimmungen abgewichen werden soll. **Zwingendes Recht des WEG** im Bereich der Gemeinschaftsordnung ist:

143
- § 11 Abs. 1 S. 3: Grundsätzliche Unauflöslichkeit der Gemeinschaft
- § 12 Abs. 2: Versagung einer vereinbarten Veräußerungszustimmung nur aus wichtigem Grund (s. zur unwirksamen Bestimmung, wonach die Zustimmung zur Veräußerung bei Hausgeldrückständen verweigert werden kann *LG Frankfurt*/M. NJW-RR 1988, 598)
- § 17 Abs. 3: Keine Beschränkung des Anspruchs auf Entziehung
- § 26 Abs. 1: Maximaldauer der Verwalterbestellung und keine Beschränkungen der Bestellung und Abberufung
- § 26 Abs. 2: Wiederholte Bestellung frühestens ein Jahr vor Ablauf
- §§ 43 ff.: Gerichtliches Verfahren

144 Weiterhin ist **zwingend** zu beachten, dass eine ansonsten zulässige (*BGH* Rpfleger 1994, 498) Vereinbarung über die **Haftung** des in die Gemeinschaft eintretenden Erwerbers für Hausgeldrückstände bei einem **Ersteher** nach der Zuschlagserteilung in der Zwangsversteigerung gegen § 56 Satz 2 ZVG verstößt (BGHZ 99, 358 = Rpfleger 1987, 208 = ZMR 1987, 273).

145 Ebenfalls **nichtig** ist ein genereller, wenn auch zeitlich begrenzter **Stimmrechtsausschluss** (*OLG Köln* NZM 1999, 846).

146 Die Klausel in einer Teilungserklärung, dass ein Wohnungseigentümer, der mit der Zahlung von Beiträgen länger als einen Monat in Verzug ist, **von der Teilnahme** an der Eigentümerversammlung **ausgeschlossen** werden kann, ist wegen Verstoßes gegen den mitgliedschaftsrechtlichen Kernbereich des Wohnungseigentums **nichtig** (*BGH* NJW 2011, 679 = ZfIR 2011, 321 = ZMR 2011, 397 = ZWE 2011, 122; *LG Nürnberg-Fürth* ZMR 2010, 719; *LG Stralsund* NZM 2005, 709; *Elzer* ZWE 2010, 234; vgl. auch Rdn. 170).

147 **Nichtig** ist eine in der Gemeinschaftsordnung vorweg genommene **Ermächtigung zur Schaffung neuen Wohnungseigentums** durch Umwandlung von Gemeinschaftseigentum in Sondereigentum. Eine solche Bestimmung betrifft das sachenrechtliche Grundverhältnis und kann nicht in einer den Sondernachfolger bindenden Weise als Inhalt des Sondereigentums gem. § 10 Abs. 1 u. 3 vereinbart werden (*BGH* ZfIR 2021, 489 = ZMR 2021, 992 = ZWE 2021, 451; *BGH* NJW 2019, 3716 = ZfIR 2019, 405 = ZMR 2019, 518 = ZWE 2019, 318; *BGH* ZMR 2012, 793 = ZWE 2012, 361;

BGH NZM 2003, 480 = ZMR 2003, 748; *BayObLG* DNotZ 1998, 379 = Rpfleger 1998, 19; *BayObLG* NZM 2000, 668 = ZMR 2000, 316; *BayObLG* NZM 2002, 70 = ZMR 2002, 283; *KG* NZM 1999, 258; *Armbrüster* ZMR 2005, 244, 247; *Demharter* Anh. zu § 3 Rn. 91; *Hügel* RNotZ 2005, 149, 151; *Krause* NotBZ 2001, 433, 434 u. 437 f.; Meikel/*Böttcher* Einl. I Rn. 15 f.; *Schöner/Stöber* Rn. 2967c).

Nichtig ist auch eine Regelung in der Teilungserklärung, die für den Mehraufwand des Verwalters im Fall der Säumnis eines Wohnungseigentümers die **doppelte**, bei gerichtlichen Maßnahmen die dreifache jährliche **Verwaltergebühr** bestimmt (*OLG Hamm* ZMR 2008, 554). 148

Eine Regelung in einer Mehrhausanlage zur Bestellung eines »**Unterverwalters**« lediglich für eine Untergemeinschaft ist **nichtig**. Mangels Beschlusskompetenz kann die Verwalterbestellung ausschließlich durch und für die Gesamtgemeinschaft erfolgen (*OLG Düsseldorf* ZWE 2010, 336, 337; *LG Düsseldorf* NZM 2010, 288; *LG Nürnberg-Fürth* ZMR 2010, 315). 149

Die Begründung eines **dinglichen Vorkaufsrechts** nach § 1094 BGB kann nicht in der Gemeinschaftsordnung erfolgen (*OLG Bremen* Rpfleger 1977, 313; *OLG Celle* DNotZ 1955, 320); es geht insoweit nicht um eine inhaltliche Ausgestaltung des Sondereigentums, sondern um eine Belastung des Wohnungseigentums. Umstritten ist die Frage, ob dies auch für ein **schuldrechtliches Vorkaufsrecht** zu gelten hat. Nach hier vertretener Auffassung kann ein schuldrechtliches Vorkaufsrecht als Inhalt des Sondereigentums vereinbart werden, weil eine solche Regelung ebenfalls das Verhältnis aller Wohnungseigentümer untereinander betrifft (ebenso Weitnauer/*Lüke* § 12 Rn. 17; s.a. § 12 Rn. 61; **abl.** jetzt Bärmann/*Suilmann* § 12 Rn. 3). Die im Rahmen des § 7 Abs. 3 erfolgende Eintragung verlautbart das schuldrechtliche Vorkaufsrecht im Grundbuch ebenso wie ein vereinbartes Sondernutzungsrecht; einer ausdrücklichen Eintragung bedarf es folglich nicht, weil es nicht um die Eintragung einer dinglichen Belastung, sondern um die Verlautbarung einer gemeinschaftsinternen Regelung geht. 150

Darüber hinaus gewährt das WEG den Wohnungseigentümern **weitgehende Gestaltungsfreiheit**. Zulässig sind daher Vereinbarungen jeder Art (§§ 5 Abs. 4, 8 Abs. 2, 10 Abs. 1 u. Abs. 3 WEG), sofern sie nur das Verhältnis der Wohnungseigentümer untereinander betreffen (Bamberger/Roth/*Hügel* § 10 Rn. 9) und nicht gegen die §§ 138, 242, 315 BGB verstoßen. Wegen der großen praktischen Bedeutung seien deshalb an dieser Stelle beispielhaft nur folgende zulässige Regelungen genannt: 151

Zulässig ist etwa ein **Überschreiten** der 70 %-Regelungen des § 7 Abs. 1 und § 8 Abs. 1 nach der **HeizkostenV** vom 20.01.1989 (BGBl. I, 115) i.V.m. der ÄnderungsVO v. 02.12.2008 (BGBl. I, 2375). Grundsätzlich findet die HeizkostenV gem. § 3 HeizkostenV auf das Wohnungseigentum Anwendung (*BGH* NJW 2012, 1434 = ZfIR 2012, 432 = ZMR 2012, 372 = M ZWE 2012, 216); aufgrund der Bestimmung in § 10 HeizkostenV ist jedoch eine abweichende Vereinbarung möglich, wenn die Wohnungseigentümer eine entsprechende Regelung getroffen haben (vgl. *OLG Düsseldorf* NJW-RR 1986, 179; zur ordnungsmäßigen Verwaltung s. aber auch § 10 HeizkostenV Rdn. 10u. Rdn. 14). 152

Zulässig ist die Vereinbarung von **Geldstrafen**, die bei näher bezeichneten Zuwiderhandlungen durch Mehrheitsbeschluss verhängt werden können (*BayObLG* NJW-RR 1986, 179 = ZMR 1985, 421). 153

Zulässig ist die Vereinbarung von **Verzugszinsen** für rückständige Hausgeldbeiträge (BGHZ 115, 151 = Rpfleger 1991, 413 = ZMR 1991, 398). 154

Zulässig ist zwar eine **Verpflichtung** in der Gemeinschaftsordnung zur Abgabe einer **Unterwerfungserklärung unter die sofortige Zwangsvollstreckung** (§ 794 Abs. 1 Nr. 5 ZPO) hinsichtlich des zu zahlenden Hausgeldes (*KG* ZMR 1997, 644; *OLG Celle* NJW 1955, 953; Bärmann/*Becker* § 28 Rn. 79; Weitnauer/*Lüke* § 10 Rn. 42), sie erweist sich jedoch im Ergebnis als wenig effektiv (*Wolfsteiner* FS Wenzel 2005, 59, 60 ff.). Erfolgt die Unterwerfung unter die sofortige Zwangsvollstreckung selbst bereits im Teilungsvertrag (was wegen der noch bestehenden Personenidentität in einer Teilungs- 155 erklärung gem. § 8 WEG nicht möglich ist!), ist auf die Einhaltung der notwendigen Beurkundungsform zu achten. Zu beachten ist allerdings, dass **nicht die Unterwerfung selbst** – wohl aber die Verpflichtung hierzu – **zum Inhalt des Sondereigentums** gemacht werden kann. Es gibt keine verdinglichte Zwangsvollstreckungsunterwerfung zulasten Dritter (*Wolfsteiner* FS Wenzel 2005, 59, 66 ff.; *ders.* MittBayNot 1998, 49, 50, dort auch zu Klauselproblemen nach einer erfolgten Unterwerfung). Auch Vollmachtslösungen scheiden in diesem Bereich aus (*Wolfsteiner* FS Wenzel 2005, 59, 67 f.). Nach dem hier vertretenen Ansatz eines dinglich wirkenden Rangklassenprivilegs für Hausgeldansprüche gem. § 10 Abs. 1 Nr. 2 ZVG (abgelehnt von *BGH* NJW 2018, 1613 = Rpfleger 2018, 398 = ZfIR 2018, 232; *BGH* BGHZ 198, 216 = NJW 2013, 3515 = ZfIR 2013, 806 = ZMR 2014, 80 = ZWE 2013, 466) ließe sich eine im Erwerbsvertrag erklärte Zwangsvollstreckungsunterwerfung gegen einen Rechtsnachfolger ohne Grundbucheintragung umschreiben (*Schneider* NotBZ 2013, 249).

156 **Zulässig** ist die Vereinbarung einer **Öffnungsklausel**, nach der die Gemeinschaftsordnung mehrheitlich abgeändert werden kann, wenn für die beschlossene Regelung ein sachlicher Grund vorliegt und einzelne Wohnungseigentümer gegenüber dem früheren Rechtszustand nicht unbillig beeinträchtigt werden (so bereits BGHZ 95, 137 = NJW 1985, 2832; *OLG Hamm* ZWE 2000, 425 = ZMR 2000, 483). Der *BGH* hat inzwischen vor dem Hintergrund der seinerzeitigen gesetzlichen Öffnungsklausel in § 16 Abs. 3 a.F., die keinen Einschränkungen unterworfen werden durfte (§ 16 Abs. 5 a.F.), die Anforderungen für eine Beschlussfassung abgesenkt. Es ist jetzt ausreichend, wenn der entsprechende Beschluss ordnungsmäßiger Verwaltung entspricht und damit nicht willkürlich ist (*BGH* ZWE 2011, 327). Die Öffnungsklausel kann dabei **auch umfassend** vereinbart werden (*OLG Düsseldorf* Rpfleger 2004, 347 = ZMR 2004, 284 m. Anm. *Schneider* und m.w.N., dort auch zur Frage evtl. Drittzustimmungen). Nach Auffassung des *BGH* darf jedoch eine aufgrund einer allgemeinen Öffnungsklausel gefasste Mehrheitsentscheidung nicht gegen das **Belastungsverbot** verstoßen (*BGH* ZWE 2016, 374; *BGH* BGHZ 202, 346 = NJW 2015, 549). Auf diese Weise soll jeder Wohnungseigentümer vor der Aufbürdung neuer Leistungspflichten geschützt sein (abl. *Hügel/Elzer* § 10 Rn. 151, weil die Belastung schließlich auf einer Vereinbarung aller Wohnungseigentümer beruht und deshalb aus der GO erkennbar ist). Nachdem der Gesetzgeber die Eintragungsfähigkeit und -bedürftigkeit der aufgrund einer solchen Klausel gefassten Regelungen mit der Novellierung des § 10 Abs. 4 S. 2 (G v. 26.03.2007 – BGBl. I, 370) ausdrücklich verneint hatte (**a.A.** *Hügel*/Elzer Das neue WEG-Recht § 3 Rn. 143; vgl. ausführlich bei § 10), drohte eine Aushöhlung des Wohnungseigentums durch nicht im Grundbuch verlautbarte Regelungen. Nunmehr ermöglicht das WEMoG die Grundbucheintragung von bestimmten Beschlüssen (s. Rdn. 204).

157 **Zulässig** ist eine Vereinbarung von Sondernutzungsrechten an Wohnungen, die mit dem Teileigentum an Kellern oder Garagen verbunden sind (»**Kellermodell**«). Zu den Hintergründen für das Aufkommen dieses Modells vgl. *Pause* NJW 1990, 3178. Nach überwiegender und zutreffender Auffassung sind solche Vereinbarungen **nicht nichtig**, weil sie **keine Gesetzesumgehung** darstellen (*BayObLG* Rpfleger 1992, 154 m. Anm. *Eckardt*; *OLG Hamm* Rpfleger 1993, 445; Bärmann/*Armbrüster* § 1 Rn. 50; Bauer/*v. Oefele* 3. Aufl. AT V Rn. 143; *Pause* NJW 1990, 3178; *ders.* NJW 1992, 671; *Schneider* Rpfleger 1991, 499; *Blum* MittRhNotK 1992, 109; *F. Schmidt* WE 1992, 2; *Schöner/Stöber* Rn. 2910a; a.A. *LG Braunschweig* Rpfleger 1991, 201 m. zust. Anm. *Schäfer* Rpfleger 1991, 307; *LG Hagen* NJW-RR 1993, 402; Staudinger/*Rapp* § 5 Rn. 18; *Häublein* Sondernutzungsrechte und ihre Begründung im Wohnungseigentumsrecht S. 100, 106). Entgegen der Ansicht von Weitnauer/*Briesemeister* (§ 3 Rn. 60) und des *OLG Hamm* (Rpfleger 1993, 445) handelt es sich nicht lediglich um eine temporäre Erscheinung. Das Bedürfnis für Kellermodelle ist mit der Entscheidung des *GmS-OGB* (BGHZ 119, 42 = NJW 1992, 3290 = Rpfleger 1993, 238 = ZMR 1993, 25) keineswegs entfallen (vgl. nur *BGH* NJW 2019, 3716 = ZfIR 2019, 405 = ZMR 2019, 518 = ZWE 2019, 318; *OLG Düsseldorf* Rpfleger 2001, 534, 535 m. Anm. *Schneider*), wenngleich doch erheblich reduziert.

158 Zulässig ist die **Vereinbarung von Handlungspflichten** in der TE/GO (z.B. Räum- und Streupflicht im Wechsel); mangels Beschlusskompetenz nichtig wäre allerdings deren Begründung im Beschluss-

wege außerhalb des Bereichs der gemeinschaftlichen Kosten und Lasten (*BGH* NJW 2012, 1724 = ZMR 2012, 646; *BGH* NJW 2011, 1221 = ZMR 2011, 490; *BGH* NJW 2010, 2801 = ZMR 2010, 777).

bb) Prüfung des § 138 BGB und der §§ 242, 315 BGB

Es ist allgemein anerkannt, dass Teilungsverträge gem. § 3 WEG und Teilungserklärungen gem. § 8 WEG einer **Inhaltskontrolle** nach §§ 138, 242, 315 BGB unterliegen (*BGH* NJW 2012, 676 = ZfIR 2012, 182 = ZWE 2012, 175; *BGH* BGHZ 157, 322 = NJW 2004, 937 = ZfIR 2004, 250 = ZMR 2004, 438 = ZWE 2004, 352; *BGH* NJW 1994, 2950, 2952; *BGH* Rpfleger 1987, 106 = NJW 1987, 650; *OLG Frankfurt am Main,* NZM 2004, 231; *BayObLG* NJW-RR 1996, 1037; *BayObLG* NJW-RR 1992, 83; *BayObLG* Rpfleger 1990, 160 m. Anm. *Böttcher*; *OLG Köln* Rpfleger 1989, 405 m. Anm. *Böttcher*; *OLG Karlsruhe-Freiburg* Rpfleger 1987, 412; Bamberger/Roth/*Hügel* § 10 Rn. 9; Bärmann/*Armbrüster* § 2 Rn. 49; Weitnauer/*Briesemeister* Rn. 24 u. 29). 159

Dies hat grundsätzlich **auch für das Anlegungsverfahren** bei dem Grundbuchgericht zu gelten (so zu Recht *KG* ZWE 2017, 403 m. Einschr.; *OLG Hamm* ZWE 2017, 173; *OLG Frankfurt am Main,* Rpfleger 1998, 336; *BayObLG* Rpfleger 1997, 375 = ZMR 1997, 369; *OLG Zweibrücken* MittBayNot 1994, 44; *Demharter* Anh. zu § 3 Rn. 25; Erman/*Grziwotz* Rn. 6; Meikel/*Morvilius* Einl. C 156; Meikel/*Böttcher* Einl. H 88; MüKo/*Commichau* Rn. 11; KEHE/*Hermann* Einl. E 87; *Schöner/Stöber* Rn. 2815; a.A. Prüfung nur im Verfahren gem. §§ 43 ff.: Bauer/*v. Oefele* 3. Aufl. AT V Rn. 113; Staudinger/*Rapp* Rn. 38; *Weitnauer* DNotZ 1989, 430). Ein Antrag muss nämlich abgelehnt werden, wenn feststeht, dass die mit der Eintragung begehrte Rechtsänderung sittenwidrig ist oder gegen Treu und Glauben verstößt. Für eine solche Eintragung fehlt das Rechtsschutzinteresse (*Böttcher* Rpfleger 1990, 486, 492). 160

Davon zu unterscheiden ist die Frage, *wie* diese Prüfung des Grundbuchgerichts durchgeführt werden kann. Auch insoweit findet die in Grundbuchsachen geltende **Beweismittelbeschränkung** auf die nach dem Verfahrensrecht zur Verfügung stehenden Erkenntnismöglichkeiten Anwendung. Die Prüfung hat sich damit auf öffentliche Urkunden und offenkundige Tatsachen zu beschränken. Erfordert die Prüfung – insbesondere im Rahmen des § 242 BGB – eine wertende Beurteilung unter Berücksichtigung aller Umstände, so ist das Grundbuchgericht dazu im Eintragungsverfahren in der Regel nicht in der Lage. Es muss dann eine Überprüfung im Einzelfall dem Wohnungseigentumsgericht im Verfahren gem. §§ 43 ff. vorbehalten bleiben (*KG* ZWE 2017, 403; *BayObLG* Rpfleger 1997, 375; *OLG Frankfurt am Main,* Rpfleger 1998, 336; *Demharter* Anh. zu § 3 Rn. 25). Gelangt das Grundbuchgericht deshalb im Rahmen seiner Prüfung nicht zu der vollen Überzeugung, dass die Eintragung wegen eines Verstoßes gegen die §§ 138, 242, 315 BGB unrichtig wird, muss es den Antrag vollziehen. Nur wenn das Grundbuchgericht sichere Kenntnis davon hat, dass die beantragte Eintragung sittenwidrig ist oder gegen Treu und Glauben verstößt, hat es den Eintragungsantrag – ggf. nach vorheriger Zwischenverfügung – zurückzuweisen (*Böttcher* ZfIR 2013, 673). Bloße Zweifel genügen jedoch nicht (*BayObLG* Rpfleger 1997, 375; *OLG Frankfurt am Main,* Rpfleger 1998, 336; *Demharter* Anh. zu § 13 Rn. 29). Zweckmäßigkeitserwägungen hat das Grundbuchgericht dabei nicht anzustellen (*LG Mainz* MittRhNotK 2000, 168). Im Einzelnen gilt daher: 161

Sittenwidrig ist eine **Knebelung** der Wohnungseigentümer über das vom Grundcharakter des Wohnungseigentums gebildete, besonders gestaltete Gemeinschaftsverhältnis hinaus, wenn dadurch das Mitgliedschaftsrecht der Wohnungseigentümer ausgehöhlt wird. Dies ist bei einem in der Teilungserklärung gem. § 8 enthaltenen **Vermietungsmonopol** zugunsten eines zentralen Vermieters der Fall, wenn Kontroll- und Eingriffsrechte der Wohnungseigentümer nicht bestehen (*OLG Karlsruhe-Freiburg* Rpfleger 1987, 412). 162

Dagegen verstößt eine vom teilenden Eigentümer in der Gemeinschaftsordnung aufgestellte Regelung **nicht gegen Treu und Glauben**, wonach ein Wohnungseigentümer im Fall der **Vermietung** seines Wohnungseigentums verpflichtet ist, die **Verwaltung des Sondereigentums** dem Wohnungseigentumsverwalter **zu übertragen** (*BayObLG* MittBayNot 1995, 388). Ebenfalls verstößt eine Ver- 163

mietungsbeschränkung in der Gemeinschaftsordnung, die die Berechtigung zur Vermietung von der Zustimmung des Verwalters abhängig macht, insbesondere dann nicht gegen § 242 BGB, wenn die Zustimmung nur aus wichtigem Grund verweigert und die Wohnungseigentümerversammlung angerufen werden kann (*OLG Frankfurt am Main* NZM 2004, 231).

164 **Sittenwidrig** ist ferner eine Regelung in einer Teilungserklärung gem. § 8, die sich als grobe **Missachtung des Gleichheitsgrundsatzes** gem. Art. 3 Abs. 1 GG darstellt und bestimmte Personengruppen willkürlich benachteiligt. Ein Beispiel stellt folgende vom *OLG Zweibrücken* (MittBayNot 1994, 44) als sittenwidrig eingestufte Klausel dar: »Das Sondereigentum ist veräußerlich. Zur Veräußerung und Vermietung eines Sondereigentums ist keine Zustimmung der anderen Sondereigentümer erforderlich. Die Zustimmung ist jedoch bei einer Veräußerung und Vermietung an Ausländer, kinderreiche Familien (= mehr als zwei Kinder) oder Wohngemeinschaften (= mehr als 3 Personen) erforderlich.«

165 Ein **generelles Verbot** des Anbringens von **Parabolantennen** kann gem. **§ 242 BGB** unwirksam sein, wenn es für ein Festhalten insbesondere an einem generellen Verbot an einem berechtigten Interesse fehlt (BGHZ 157, 322 = NJW 2004, 937 = ZfIR 2004, 250 = ZMR 2004, 438 = ZWE 2004, 352).

166 Als **Verstoß gegen § 242 BGB** hat das *BayObLG* (Rpfleger 1990, 160 m. Anm. *Böttcher*) folgende Bestimmung in der Gemeinschaftsordnung angesehen: »Wenn nicht innerhalb von 14 Tagen nach der Absendung der **Abrechnung** ein schriftlicher, begründeter Widerspruch von mehr als der Hälfte der Wohnungseigentümer eingelegt ist, gilt die Abrechnung als anerkannt.« Eine solche Klausel würde dem einzelnen Wohnungseigentümer praktisch jede Möglichkeit nehmen, die Abrechnung des Verwalters überprüfen zu lassen, und sei diese auch noch so unrichtig. Denn die **Genehmigungsfiktion** soll schon dann eintreten, wenn nicht mehr als die Hälfte der Wohnungseigentümer gegen die Abrechnung schriftlichen, begründeten Widerspruch erhebt. Insbesondere bei größeren Gemeinschaften wird dies aber erfahrungsgemäß so gut wie nie der Fall sein, sodass eine solche Bestimmung die personenrechtliche Gemeinschaftsstellung der Wohnungseigentümer zu sehr aushöhlt.

167 Ebenfalls **gegen § 242 BGB verstößt** eine Regelung in der Gemeinschaftsordnung, wonach die Wohnungseigentümergemeinschaft nur Verträge mit **Versicherungsgesellschaften** abschließen darf, wenn diese dem Verwalter genehm sind, um ihm auf diese Art Provisionsansprüche zu sichern (*Röll* DNotZ 1978, 720, 723; Meikel/*Böttcher* Einl. H 88).

168 Eine Regelung in der Gemeinschaftsordnung, wonach der **aufteilende Wohnungseigentümer** ohne zeitliche und sachliche Begrenzung **keine Verwaltungs- und Instandhaltungskosten** zu tragen hat, ist wegen Verstoßes gegen § 242 BGB unwirksam (*AG München* ZMR 2012, 306).

169 Mit dem Grundsatz von **Treu und Glauben** ebenfalls **nicht vereinbar** ist folgende vom teilenden Eigentümer einseitig in die Gemeinschaftsordnung aufgenommene Regelung über den **Abstimmungsmodus:** »Stellen ein Wohnungseigentümer oder der Verwalter vor oder nach einer Abstimmung ein entsprechendes Verlangen, so sind die Stimmen nicht nach Köpfen, sondern nach dem Verhältnis der Miteigentumsanteile zu bewerten« (*LG Regensburg* Rpfleger 1991, 244 m. zust. Anm. *R. Schmid*). Die Teilnehmer einer Eigentümerversammlung können nicht darauf vertrauen, dass ein einmal gefasster Beschluss aufgrund einer vor einer Abstimmung festgelegten alternativen Zählweise tatsächlich gültig ist. Das Bestehen bzw. der Umfang des Stimmrechts eines Wohnungseigentümers muss aber *vor* der Abstimmung zu dem jeweiligen Punkt der Tagesordnung zuverlässig feststellbar sein.

170 Eine Klausel in der Gemeinschaftsordnung **verstößt gegen § 242 BGB**, wenn ein Wohnungseigentümer, der mit seinen Hausgeldzahlungen im Rückstand ist, allein aus diesem Grund von der **Teilnahme an der Eigentümerversammlung ausgeschlossen** werden soll (*LG Regensburg* Rpfleger 1991, 244 m. zust. Anm. *R. Schmid*; *Sauren* § 25 Rn. 46; Weitnauer/*Lüke* § 25 Rn. 27; vgl. aber auch Rn. 146). Es handelt sich bei der Teilnahme um ein wesentliches mit dem Wohnungseigentum verbundenes Eigentümerrecht. Inzwischen ist auch nicht mehr **streitig**, dass ein **Ruhen des Stimm-**

rechts auch nicht für den Fall vereinbart werden kann, dass ein Wohnungseigentümer seiner Pflicht zur Zahlung des Hausgeldes mit der Folge hoher Rückstände nicht nachkommt (s. jetzt unter Berücksichtigung von *BGH* ZWE 2011, 122 *Bärmann/Merle* § 25 Rn. 190 mwN; zuvor schon zumindest bei einmaligen oder kurzfristigen Rückständen Verstoß gegen § 242 BGB: *Sauren* § 25 Rn. 46). Ebenfalls zu beanstanden ist eine Regelung, die das Stimm- und Teilnahmerecht in der Eigentümerversammlung von der **Eigentümerstellung im Zeitpunkt der Ladung** abhängig macht (*KG* ZfIR 2018, 234).

Nicht offensichtlich unwirksam ist demgegenüber eine Regelung in der Gemeinschaftsordnung, 171 wonach diejenigen, denen ein Miteigentumsanteil gemeinschaftlich zusteht, zur **Bestellung eines Bevollmächtigten** verpflichtet sind und ihr Stimmrecht bis dahin ruht (*KG* ZfIR 2018, 234).

Offen gelassen hat der *BGH* (DNotZ 2007, 39 = NJW 2007, 213 = ZMR 2007, 284), ob eine in 172 der Teilungserklärung enthaltene Verpflichtung der Wohnungseigentümer, einen Betreuungsvertrag mit einer zeitlichen Bindung von mehr als 2 Jahren abzuschließen, bereits aufgrund einer Inhaltskontrolle gem. §§ 307 ff. BGB (zur Problematik vgl. Rdn. 179 ff.) oder wegen eines Verstoßes gegen § 242 BGB unwirksam ist. Zwar kann der teilende Eigentümer in der Teilungserklärung eine Gebrauchsregelung vorgeben, wonach Wohnungen nur im Sinne des **Betreuten Wohnens** genutzt werden dürfen, jedoch darf eine diesbezügliche Verpflichtung für die Wohnungseigentümer zu keiner weiter gehenden **Bindung** als der nach § 309 Nr. 9a BGB zugelassenen Bindung führen. Zu wohnungseigentumsrechtlichen und steuerrechtlichen Aspekten des Betreuten Wohnens vgl. auch *Rapp* notar 2013, 359 ff. und *Kahlen* ZMR 2007, 671 ff.

Nicht gegen § 242 BGB verstößt folgende **Vertretungsregelung** in der Gemeinschaftsordnung: 173 »Jeder Wohnungseigentümer kann sich **in der Eigentümerversammlung** nur durch seinen Ehegatten, einen Wohnungseigentümer oder den Verwalter vertreten lassen« (*BGH* BGHZ 99, 90 = Rpfleger 1987, 106; *OLG Karlsruhe/Freiburg* Rpfleger 2006, 647 = ZMR 2006, 795 ausdrücklich auch für eine Teilung gem. § 8 WEG; vgl. auch BGHZ 121, 236 = ZMR 1993, 287 dort auch zur – eingeschränkten – Möglichkeit der Hinzuziehung eines Beraters).

Unwirksam ist dagegen eine Regelung über die **Ermächtigung des Ehegatten** bzw. eingetragenen 174 Lebenspartners zur Wahrnehmung der Rechte aus dem Wohnungseigentum (*OLG Hamm* ZWE 2017, 173). Das Gleiche gilt für eine Regelung über die **Ermächtigung des bisherigen Wohnungseigentümers** zur Wahrnehmung der Rechte bis zum Nachweis des Eigentumswechsels durch öffentliche Urkunden (*OLG Hamm* ZWE 2017, 173).

Nicht gegen § 242 BGB verstieß eine Regelung über die **Bevollmächtigung des Verwalters zum** 175 **Erwerb von Wohnungs- und Teileigentum** innerhalb und außerhalb der Gemeinschaft (*OLG Hamm* ZWE 2017, 173). Für eine rechtsgeschäftliche Bevollmächtigung dürfte nach dem WEMoG angesichts der sich nun aus § 9b WEG ergebenden organschaftlichen Rechtsstellung kein Bedürfnis mehr bestehen. Dem Grundbuchgericht gegenüber ist ein solcher Nachweis jedenfalls nicht mehr zu führen (*OLG München* NZM 2024, 723).

Nicht gegen § 242 BGB verstößt eine Regelung, nach der **Zustellungen** an die dem Verwalter 176 zuletzt mitgeteilte Anschrift stets wirksam sind (*OLG Hamm* ZWE 2017, 173).

Ebenfalls **nicht gegen § 242 BGB verstößt** die von dem teilenden Alleineigentümer als **Vetorecht** 177 getroffene Regelung in der Gemeinschaftsordnung einer aus drei Wohnungen bestehenden Wohnanlage, dass für das Stimmrecht die unterschiedliche Größe der Miteigentumsanteile maßgebend ist, gegen seine Stimme aber ein Eigentümerbeschluss nicht gefasst werden kann, solange ihm auch nur eine Wohnung gehört (*BayObLG* Rpfleger 1997, 375 = ZMR 1997, 369; a.A. Bärmann/*Armbrüster* § 8 Rn. 127).

Nicht rechtsmissbräuchlich ist eine **Ermächtigung** des teilenden Eigentümers in der Teilungs- 178 erklärung dahin gehend, bei Verkauf der Wohnungseigentumseinheiten dem jeweiligen Erwerber das **Sondernutzungsrecht** an bestimmten Flächen **einzuräumen** und dessen **Inhalt näher zu bestimmen**, wenn die Ermächtigung zeitlich begrenzt ist und das Gestaltungsermessen des teilenden

Eigentümers gem. § 315 BGB eingehalten wird (*BGH* NJW 2012, 676 = ZfIR 2012, 182 = ZWE 2012, 175). Noch weiter gehend wird eine in der Gemeinschaftsordnung enthaltene Regelung für zulässig gehalten, wonach der teilende Bauträger bis zur Veräußerung der letzten Eigentumswohnung befugt ist, am Gemeinschaftseigentum weitere **Sondernutzungsrechte**, deren **Ausübungsbereich** in der Gemeinschaftsordnung **nicht näher beschrieben** ist, zu begründen. Nach Auffassung des *OLG Frankfurt am Main,* (Rpfleger 1998, 336 = ZMR 1998, 365) ist den Erwerbern von Wohnungs- und Teileigentumsrechten trotz einer in die Entscheidung eingeflossenen Berücksichtigung einer evtl. Missbrauchsgefahr die uneingeschränkte Befugnis des Bauträgers zur Begründung von Sondernutzungsrechten zumutbar. Ergeben sich aus der Grundakte keine sicheren Anhaltspunkte dafür, dass die spätere Begründung eines Sondernutzungsrechts an einer Treppenhausfläche die übrigen Wohnungseigentümer in einem Umfang beeinträchtigt, der sich als ein gegen Treu und Glauben verstoßender Fehlgebrauch der dem Bauträger in der Gemeinschaftsordnung verliehenen Befugnis darstellen würde, kann ein solches Sondernutzungsrecht auch noch nach Eintragung einer Auflassungsvormerkung für den ersten Erwerber eines Wohnungseigentums allein begründet werden. Vgl. demgegenüber aber *LG Düsseldorf* (Rpfleger 1999, 217), das in der dem teilenden Eigentümer in der Teilungserklärung eingeräumten Befugnis zur jederzeitigen Änderung der Teilungserklärung und einer entsprechend in den Erwerbsverträgen erteilten Vollmacht ein einseitiges Leistungsbestimmungsrecht sah und die Vollmachtsklausel wegen Verstoßes gegen das (damalige) AGBG für unwirksam hielt. In diesem Sinne nunmehr auch *LG Nürnberg-Fürth* NJW 2009, 789 = ZMR 2009, 950.

cc) Prüfung der §§ 305 ff. BGB

179 Die Vorschriften über **Allgemeine Geschäftsbedingungen** (jetzt §§ 305 ff. BGB) werden von der h.M. zu Recht auf Teilungsverträge gem. § 3 WEG und einseitige Teilungserklärungen gem. § 8 **nicht** angewendet.

180 Bei der **vertraglichen Begründung** von Wohnungseigentum wird eine einvernehmlich aufgestellte Gemeinschaftsordnung wohl nie die Voraussetzungen für die Anwendung von Allgemeinen Geschäftsbedingungen erfüllen (allg. M. *Ertl* DNotZ 1981, 149, 151; Meikel/*Böttcher* Einl. B 135 ff.; *Röll* DNotZ 1978, 720, 721; *Ulmer* FS Weitnauer 1980 S. 205, 209; Weitnauer/*Briesemeister* Rn. 25). Es mangelt bereits an einer einseitigen Setzung bei Errichtung der Gemeinschaftsordnung. Darüber hinaus wird weder die Gemeinschaftsordnung vorformuliert sein, noch werden die gleichen Bestimmungen in einer Vielzahl von Verträgen mit anderen Wohnungseigentümern verwendet.

181 Bei der **einseitigen Begründung** von Wohnungseigentum scheint der Wortlaut der §§ 305 ff. BGB zunächst eine Anwendung der Bestimmungen nahe zu legen. So wird i.d.R. ein Bauträger eine vorformulierte Gemeinschaftsordnung in einer Vielzahl von Fällen zur einseitigen Errichtung der Teilungserklärung verwenden und aus diesem Grund ein Aushandeln i.S.d. § 305 Abs. 1 S. 3 BGB unmöglich sein. Daraus wird z.T. die **unmittelbare Anwendung der §§ 305 ff.** BGB auf die einseitig errichtete Gemeinschaftsordnung gefolgert, weil diese mit der Übertragung eines Wohnungseigentums auf einen Erwerber Vertragsqualität erhalte (*Eickmann* Rpfleger 1978, 1, 5; *Stürner* BWNotZ 1977, 106, 111). Dies ist jedoch **nicht zutreffend.** Der Grund für die Anwendung der Bestimmungen der Gemeinschaftsordnung liegt gerade nicht in einer vertraglichen Regelung der Erwerbsparteien; ihre Anwendung ist vielmehr ein inhaltsbestimmendes Merkmal der durch den Erwerb kraft Gesetzes entstehenden Eigentümergemeinschaft (Meikel/*Böttcher* Einl. B 135 ff.; Staudinger/*Rapp* Rn. 35; Weitnauer/*Briesemeister* Rn. 25). Die Eintragung der Gemeinschaftsordnung als Inhalt des Sondereigentums macht diese zum Inhalt des Wohnungseigentums und damit zum Inhalt eines dinglichen Rechts. Die Anwendung des Rechts Allgemeiner Geschäftsbedingungen ist jedoch für die Gestaltung der Bedingungen von schuldrechtlichen Austauschverträgen vorgesehen (Weitnauer/*Briesemeister* Rn. 26).

182 Auch eine **analoge Anwendung** der Bestimmungen §§ 305 ff. auf Gemeinschaftsordnungen **scheidet aus.** (*KG* ZWE 2017, 403; *OLG Frankfurt am Main,* Rpfleger 1998, 336; *OLG Hamburg* FGPrax 1996, 132; *BayObLG* NJW-RR 1992, 83; Bamberger/Roth/*Hügel* § 10 Rn. 9; *Bärmann/Armbrüster*

§ 2 Rn. 49 ff.; Bauer/v. Oefele 3. Aufl. AT V Rn. 111; *Brambring/Schippel* DNotZ 1977, 131, 139; *Demharter* Anh. zu § 3 Rn. 26; *Ertl* DNotZ 1981, 149; KEHE/*Herrmann* Einl. E 88; Meikel/*Morvilius* Einl. Rn. C Rn. 156; MüKo/*Commichau* Rn. 11; *Röll* Rpfleger 1997, 108; *F. Schmidt* MittBayNot 1979, 139; *Schöner/Stöber* Rn. 2815; Staudinger/*Kreuzer* § 10 Rn. 74; Staudinger/*Rapp* Rn. 35; Weitnauer/*Briesemeister* Rn. 28; § 8 Rn. 62; **a.A.** *LG Magdeburg* Rpfleger 1997, 108; Erman/*Grziwotz* Rn. 6; Meikel/*Böttcher* Einl. B Rn. 1135 ff.; *Ulmer* FS Weitnauer 1980, 205; noch **offen gelassen** von *BGH* NJW 2012, 676 = ZfIR 2012, 182 = ZWE 2012, 175 [Zuordnungsvorbehalt für Sondernutzungsrecht]; *BGH* DNotZ 2007, 39 = NJW 2007, 213 = ZMR 2007, 284 [»Betreutes Wohnen«]; *BGH* BGHZ 151, 164 = DNotZ 2002, 945 = ZMR 2002, 766 [Verwalterbestellung in Teilungserklärung]; *BGH* BGHZ 99, 90 = NJW 1987, 650 = Rpfleger 1987, 106 [Vertretungsregelung in GO]; *OLG München* ZWE 2013, 209; *OLG Hamm* FGPrax 2012, 244; *OLG Frankfurt am Main* NZM 2004, 231; *OLG Düsseldorf* NJW-RR 1990, 154; *OLG Köln* Rpfleger 1989, 405 m. Anm. *Böttcher*; *OLG Karlsruhe-Freiburg* Rpfleger 1987, 412). Bestimmungen einer Gemeinschaftsordnung wirken sich nicht einseitig zulasten einer Vertragspartei sondern im Regelfall wechselseitig auf die Mitglieder der Gemeinschaft aus, wobei das Bestreben eines Bauträgers regelmäßig auf ein schnelles Ausscheiden aus der Gemeinschaft gerichtet sein wird. Vieles spricht deshalb für eine Anwendung des Ausschlusstatbestandes des § 310 Abs. 4 BGB auch auf die wohnungseigentumsrechtliche Gemeinschaftsordnung (*Ertl* DNotZ 1981, 149, 163; *Röll* DNotZ 1978, 720, 722; Weitnauer/*Briesemeister* Rn. 25); dies gilt erst recht angesichts der stark verbandsrechtlich geprägten Novelle 2007. Hier wie bei den dort genannten gesellschaftsrechtlichen Verträgen kommt es maßgeblich auf die Ausgestaltung eines längerfristig angelegten Dauerschuldverhältnisses der Beteiligten mit satzungsähnlichem Charakter und nicht auf die Regelung eines kurzfristigen Austauschverhältnisses mit dem dort typischerweise vorhandenen Konfliktpotenzial an (**a.A.** *Ulmer* FS Weitnauer 1980, 205, 215 ff.). Ein weiter gehendes Bedürfnis für eine analoge Anwendung ist auch nicht erkennbar, wenn nach dem hier vertretenen Standpunkt (Rdn. 159 f.) eine Überprüfung unter dem Gesichtspunkt der §§ 242, 315 BGB für zulässig gehalten wird (so auch *BayObLG* NJW-RR 1992, 83; in diese Richtung auch BGHZ 151, 164 = DNotZ 2002, 945 = ZMR 2002, 766). Der *BGH* hat in diesem Sinne entschieden, dass die Regelungen über die Inhaltskontrolle allgemeiner Geschäftsbedingungen (§§ 307 ff. BGB) auf die Gemeinschaftsordnung der Wohnungseigentümergemeinschaft grundsätzlich nicht entsprechend anwendbar sind. Von dem teilenden Eigentümer vorgegebene Bestimmungen in der Gemeinschaftsordnung, die in einem spezifischen Zusammenhang mit der einseitigen Aufteilung stehen, unterliegen einer Inhaltskontrolle im Hinblick auf einen Missbrauch der einseitigen Gestaltungsmacht; diese Inhaltskontrolle richtet sich unter Berücksichtigung der Besonderheiten des Einzelfalls am Maßstab von Treu und Glauben gemäß § 242 BGB aus (BGHZ 227, 289 = ZfIR 2021, 394 = ZMR 2021, 405 = ZWE 2021, 273).

c) Prüfung der Aufteilungspläne und der Abgeschlossenheitsbescheinigung

Zu den früheren Möglichkeiten und Besonderheiten bei einer Übertragung der Zuständigkeit für die Ausfertigung der Aufteilungspläne und die Erteilung der Abgeschlossenheitsbescheinigung auf einen Sachverständigen gem. § 7 Abs. 4 S. 3 bis 6 s. Rdn. 365f. 183

aa) Aufteilungspläne

Es handelt sich bei dem Aufteilungsplan um eine andere Voraussetzung der Eintragung i.S.d. § 29 184 Abs. 1 S. 2 GBO (*Demharter* § 29 Rn. 15). Das Grundbuchgericht hat deshalb das Vorliegen eines den gesetzlichen Anforderungen genügenden **Aufteilungsplanes** mit der Bescheinigung über die Abgeschlossenheit und den notwendigen Maßangaben zu prüfen. Mithin besteht eine **Prüfungspflicht** des Grundbuchgerichts, ob der Aufteilungsplan § 7 Abs. 4 S. 1 Nr. 1 entspricht (*Hügel/Scheel* Rn. 104; Weitnauer/*Briesemeister* Rn. 20).

Die Prüfung hat sich in sachlicher Hinsicht unter Berücksichtigung aller Rdn. 109 ff. dargestellten 185 Einzelheiten auf die **Vollständigkeit** der vorgelegten Pläne, eine ordnungsgemäße **Nummerierung** sowie die **Zusammengehörigkeit** der Pläne mit der beigefügten Abgeschlossenheits- und Flächenbescheinigung zu erstrecken. Wegen des sachenrechtlichen Bestimmtheitsgrundsatzes müssen die Aufteilungspläne zwingend mit der Abgeschlossenheits und Flächenbescheinigung sowie dem Teilungsvertrag/der Teilungserklärung (§ 7 Abs. 4 S. 2) übereinstimmen (*BayObLG* Rpfleger 2003, 289). Bei Abweichungen oder Widersprüchen hat das Grundbuchgericht eine Anlegung der Wohnungs- und Teileigentumsgrundbücher abzulehnen (BGHZ 130, 159 = Rpfleger 1996, 19 = ZMR 1995, 521; *OLG Frankfurt am Main* ZWE 2012, 34; *OLG Köln* NJW-RR 1993, 204).

186 Wird bei Errichtung der Teilungserklärung/des Teilungsvertrages ein **vorläufiger Aufteilungsplan** verwendet, hat das Grundbuchgericht die **Identität** mit dem nachträglich vorgelegten amtlichen Aufteilungsplan selbst zu prüfen und festzustellen (*BayObLG* Rpfleger 2003, 289 m. Anm. *Morhard* MittBayNot 2003, 128 u. Anm. *F. Schmidt* DNotZ 2003, 277; *Hügel* NotBZ 2003, 147). Zur Verwendung vorläufiger Pläne und dem – nicht gerechtfertigten – Verlangen nach einer Identitätserklärung s. Rdn. 121.

187 Der Aufteilungsplan muss **in sich widerspruchsfrei** sein (*BayObLG* Rpfleger 1993, 335). Es dürfen keine offensichtlichen Widersprüche oder Unrichtigkeiten vorliegen wie z.B. seitenverkehrte Ansichten oder Widersprüche zwischen Grundrissen und Schnitten. Anderes hat für unterbliebene Nummerierungen zu gelten (*KG* MittBayNot 2023, 249).

188 Formal kommt als Nachweismittel gem. § 29 Abs. 1 S. 2 GBO nur eine öffentliche Urkunde in Betracht; einfache Fotokopien sind nicht ausreichend (*KG* ZMR 2023, 128; *Demharter* § 29 Rn. 26). Weder § 7 Abs. 4 noch die AVA lassen **andere** als zeichnerische **Möglichkeiten des Nachweises** zu. Insbesondere scheiden nach der derzeitigen Rechtslage in den meisten Bundesländern damit **elektronische Formen** der Darstellung als Nachweis aus. Das Gesetz über die Verwendung elektronischer Kommunikationsformen in der Justiz (JKomG) v. 22.03.2005 (BGBl. I, 837) betrifft nicht die Grundbuchordnung und das Wohnungseigentumsgesetz, vgl. aber auch § 3 Abs. 3 S. 2 AVA (2021). Gleichwohl steht dem grundbuchamtlichen Vollzug einer Teilungserklärung nach dem WEG im Hinblick auf § 135 GBO nicht entgegen, dass der Aufteilungsplan nicht in elektronischer, sondern in Papierform eingereicht wurde, obwohl nach Landesrecht die Möglichkeit hierzu eröffnet war (für Bayern: *OLG München*, 04.09.2024 – 34 Wx 224/24e).

188a Dem Urkundenbegriff widerspricht es allerdings, wenn in Teilen gefertigte Einzelpläne durch jederzeit **lösbare Verbindungen** (z.B. mittels Klebestreifen oder Klebestiften) zusammengefügt werden. Wegen der großen Bedeutung für die Abgrenzung der Eigentumssphären sind dauerhafte Verbindungen unerlässlich, wobei die Zusammengehörigkeit auch urkundstechnisch zu verdeutlichen ist (vgl. § 44 BeurkG).

188b **Fotographien** sind als urkundlicher Nachweis i.S.d. §§ 415 ff. ZPO nicht geeignet (a.A. Wurm/Wagner/Zartmann/*H. Götte* Kap. 41 Rn. 49 für Ansichten bei bestehenden Gebäuden). Das Recht des Urkundenbeweises ist formalisiert, indem die freie Beweiswürdigung (§ 286 ZPO) zugunsten einer formellen Beweiskraft eingeschränkt ist; Fotographien sind jedoch Gegenstand des Augenscheins (vgl. BGHZ 65, 300 = Rpfleger 1976, 93). Sie vermitteln insbesondere keinen Maßstab und lassen eine Orientierung anhand der Himmelsrichtungen nicht erkennen (ebenfalls ablehnend deshalb *DNotI-Gutachten* v. 12.09.2002 Nr. 11273).

188c Wird der Aufteilungsplan in einem **Format** größer als DIN A3 vorgelegt (vgl. § 3 Abs. 3 S. 1 AVA [2021]), ist dies im Hinblick auf die lediglich intern wirkende Verwaltungsbestimmung unschädlich (*OLG München*, 04.09.2024 – 34 Wx 224/24e; Bauer/Schaub/*Schneider* AT E Rn. 205; *Wobst* MittBayNot 2022, 322, 323; a.A. wohl Erman/*Grziwotz* BGB 17. Aufl. § 7 Rn. 3 WEG).

bb) Abgeschlossenheitsbescheinigung

189 Auch die gem. § 7 Abs. 4 S. 1 Nr. 2 der Eintragungsbewilligung beizufügende Abgeschlossenheits- und Flächenbescheinigung ist eine andere Eintragungsvoraussetzung i.S.d. § 29 Abs. 1 S. 2 GBO. Sie ist nach heute ganz h.M. **für das Grundbuchgericht nicht bindend** (*OLG Nürnberg* ZWE 2012, 317; *OLG Hamm* MittBayNot 1998, 186 = ZMR 1998, 456; *OLG Düsseldorf* ZMR 1997, 662;

BayObLG Rpfleger 1990, 114; Bamberger/Roth/*Hügel* Rn. 13; Bärmann/*Armbrüster* § 7 Rn. 124; Bauer/v. Oefele 3. Aufl. AT V Rn. 224; MüKo/*Commichau* Rn. 8; *Schneider* Rpfleger 1991, 499; Staudinger/*Rapp* Rn. 31; Weitnauer/*Briesemeister* Rn. 21 f.; **a.A.** noch *LG Frankfurt/M.* NJW 1971, 759; *Becker* NJW 1991, 2742, 2746). Dieses hat vielmehr für das Eintragungsverfahren in eigener Verantwortung zu prüfen, ob die Baubehörde § 3 Abs. 2 S. 1 WEG a.F. (aktuell § 3 Abs. 3 WEG) richtig ausgelegt hat (*GmS-OGB* BGHZ 119, 42 = NJW 1992, 3290 = Rpfleger 1993, 238 = ZMR 1993, 25; *BVerwG* NJW 1997, 71). Dies gilt auch dann, wenn es sich bei der betreffenden Vorschrift um eine »Sollvorschrift« handelt, denn das Grundbuchgericht darf nicht sehenden Auges gegen geltendes Recht verstoßen, auch wenn ein Verstoß nicht unmittelbar zur Unwirksamkeit der Eintragung führt (*OLG München* ZWE 2011, 267; *BayObLG* Rpfleger 1984, 407; *BayObLG* DNotZ 1990, 260; *Bub* WE 1991, 150, 155; *Schöner/Stöber* Rn. 2856 a.E.); es entsteht aufgrund einer dem Aufteilungsplan entsprechenden Eintragung gleichwohl Sondereigentum (*BayObLG* Rpfleger 1980, 295; *BayObLG* Rpfleger 1991, 414).

Das Grundbuchgericht ist demnach **berechtigt selbstständig nachzuprüfen**, ob eine ordnungsgemäße Bescheinigung über die Abgeschlossenheit und die Maßangaben vorliegt, die nicht **offenkundig unrichtig** oder im Verhältnis zum Aufteilungsplan **widersprüchlich** ist (BGHZ 110, 36 = Rpfleger 1990, 159; *OLG Frankfurt am Main* ZWE 2012, 34; *BayObLG* Rpfleger 1984, 407; Bärmann/*Armbrüster* § 7 Rn. 124; *Demharter* Anh. zu § 3 Rn. 45; *Diester* Rpfleger 1965, 193, 197; *Schöner/Stöber* Rn. 2856). Ist der in der Abgeschlossenheitsbescheinigung in Bezug genommene Aufteilungsplan widersprüchlich oder steht er in Widerspruch zu der Eintragungsbewilligung, so liegt keine das Grundbuchgericht bindende Abgeschlossenheits- u. Flächenbescheinigung vor (*BayObLG* Rpfleger 1993, 335; *Demharter* Anh. zu § 3 Rn. 45). Das Grundbuchgericht wird seine Prüfung auf **Rechtsfragen** im Zusammenhang mit der räumlichen Aufteilung des Gebäudes und des Grundstücks zu beschränken haben; die Prüfung bautechnischer Anforderungen bleibt dem Grundbuchgericht mangels eigener Erkenntnismöglichkeiten dagegen versagt (*BayObLG* Rpfleger 1990, 114; Bamberger/Roth/*Hügel* Rn. 13; Bauer/*v. Oefele* 3. Aufl. AT V Rn. 224; *Trautmann* FS Merle 2000, 313, 322). Deshalb hat das Grundbuchgericht mit Sicherheit keine Berechtigung und auch keine Verpflichtung zur Prüfung, ob die tatsächliche Bauausführung mit dem Plan oder der Bescheinigung übereinstimmt (*Schöner/Stöber* Rn. 2856; Weitnauer/*Briesemeister* Rn. 21). Jedoch ergibt sich aus dem zuvor Gesagten für das Grundbuchgericht durchaus die **Verpflichtung** zu einer sog. **Evidenzkontrolle** (*GmS-OGB* BGHZ 119, 42 = NJW 1992, 3290 = Rpfleger 1993, 238 = ZMR 1993, 25: »das Grundbuchamt … *hat* vielmehr in eigener Verantwortung zu prüfen, ob die Baubehörde § 3 Abs. 2 Satz 1 (a.F., der Verf.) richtig ausgelegt hat«; noch zum früheren Recht *OLG Düsseldorf* ZMR 1997, 662 = FGPrax 1998, 12; Bärmann/*Armbrüster* § 7 Rn. 124; *Bub* WE 1991, 150, 155; *Demharter* Anh. zu § 3 Rn. 44; Staudinger/*Rapp* Rn. 31; großzügiger allerdings Bamberger/Roth/*Hügel* Rn. 13, der auf »pflichtgemäßes Ermessen« bei der Prüfung abstellen möchte und Weitnauer/*Briesemeister* Rn. 21, der in der Vornahme einer Eintragung aufgrund der vorgelegten Bescheinigung keine Pflichtverletzung sieht). Die Abgeschlossenheits- und Flächenbescheinigung soll dem Grundbuchgericht aber lediglich die Prüfung erleichtern (zutreffend *Demharter* Anh. zu § 3 Rn. 44; Erman/*Grziwotz* Rn. 7), indem bautechnische und baurechtliche Fragen ausgeklammert werden können (*BVerwG* NJW 1997, 71, 74; *Trautmann* ZWE 2004, 318, 319), sie soll sie nicht entbehrlich machen (so aber Bamberger/Roth/*Hügel* Rn. 13). Ermittlungspflichten für das Grundbuchgericht bestehen dagegen infolge der Beweismittelbeschränkung im Grundbuchverfahren nicht. 190

Nach hier vertretener Auffassung ist das Grundbuchgericht berechtigt und verpflichtet, die **Eigenschaft** eines Sondereigentums als **Wohnung** oder als nicht zu Wohnzwecken dienende Räumlichkeit zu prüfen und den Grundbuchbeschrieb entsprechend zu gestalten (zum Problem vgl. ausf. § 3 Rn. 118ff.). Die noch nach früherem Recht ausgestellten Abgeschlossenheitsbescheinigungen enthielten diesbezügliche Aussagen. Soweit die neugefasste AVA (2021) keine Angaben mehr zur Ausstattung des Sondereigentums enthält, hat sich das Grundbuchgericht notfalls im Wege einer Zwischenverfügung gem. § 18 Abs. 1 GBO die entsprechende Kenntnis zu verschaffen, wenn nicht ohnehin in der Praxis oftmals noch alte Muster der Bescheinigung mit den erforderlichen Angaben verwendet werden (*Schneider* ZfIR 2023, 116, 121). 191

192 In der Praxis ließen sich insbesondere bei der Auslegung der §§ 3 Abs. 2 und 5 Abs. 2 WEG a.F. durch die Baubehörden **typische** Beispiele für **Fehlerquellen in Abgeschlossenheitsbescheinigungen** nach früherem Recht zeigen. Die neuen Eigentumsformen dürften insoweit zukünftig zur Fehlerminimierung beitragen. Wegen der nach früherem Recht relevanten Punkte s. die 5. Aufl. § 7 Rn. 153 ff.

193 Dem Grundbuchgericht muss zur Begründung von Wohnungseigentum zwingend eine Abgeschlossenheits- und Flächenbescheinigung vorliegen; das **Fehlen** stellt ein absolutes **Hindernis** für die Eintragung dar (*OLG Frankfurt* ZWE 2018, 160; *OLG Frankfurt am Main* ZWE 2012, 34; *OLG Zweibrücken* ZWE 2001, 395; *BayObLG* WE 1990, 102; *BayObLG* Rpfleger 1990, 457 = ZMR 1990, 424), es sei denn, die Voraussetzungen sind nach der hier vertretenen Auffassung ausnahmsweise offenkundig oder aktenkundig (*OLG Düsseldorf* ZMR 2010, 975; s. Rdn. 125). Die vorgelegte Bescheinigung muss das aufzuteilende Grundstück in Übereinstimmung mit dem Grundbuch genau bezeichnen. Dies kann zur **Ergänzung** bzw. **Anpassung** einer bereits erteilten Bescheinigung nötigen, wenn bspw. infolge der Aufteilung eines größeren Grundstücks inzwischen mehrere kleinere Nachfolgegrundstücke im Grundbuch eingetragen sind, die Bescheinigung aber noch das Ursprungsgrundstück bezeichnet (instruktiv BGHZ 124, 100 = DNotZ 1995, 37 = Rpfleger 1994, 245 auch zu möglichen Amtshaftungsansprüchen infolge Nichtbeachtung).

194 Umgekehrt kann einem Eintragungsantrag jedoch entsprochen werden, wenn sich die vorgelegte Abgeschlossenheitsbescheinigung auf ein genau beschriebenes Grundstück bezieht, im Zuge der Begründung von Wohnungseigentum jedoch noch ein weiteres **unbebautes Grundstück** in die Teilung einbezogen werden soll (so auch *LG Duisburg* ZMR 2007, 889 m. Anm. *Schneider*). Eine Ergänzung der Bescheinigung für diesen Fall zu fordern, wäre bloße Förmelei, weil sich an den bereits bescheinigten maßgeblichen Rechtsverhältnissen und den vorliegenden Aufteilungsplänen durch die Einbeziehung keine Änderungen ergeben können und das in Wohnungseigentum aufzuteilende Objekt insgesamt ohnehin schon eindeutig erkennbar und bezeichnet ist. Eine weiter gehende Bescheinigung könnte nicht mehr an Abgeschlossenheit ausweisen als die bisher schon vorliegende; an der Abgrenzung des Sondereigentums gegenüber dem Gemeinschaftseigentum ändert sich ebensowenig etwas wie an den Zugangsmöglichkeiten oder an den bisherigen Ausstattungsstandards. Sogar die nachträgliche Einbeziehung eines **bebauten Grundstücks** ist nach diesen Grundsätzen zu behandeln, solange das Bauwerk mangels ausdrücklicher Zuordnung zum Sondereigentum nach der Regelung des § 1 Abs. 5 im Gemeinschaftseigentum verbleibt. An der Abgeschlossenheit kann sich nämlich mit Sicherheit dann ebenfalls nichts durch die Einbeziehung ändern, wenn es sich um freistehende Baulichkeiten auf dem hinzukommenden Grundstück handelt. Nur wenn Gebäude auf dem einzubeziehenden Grundstück unmittelbar an bereits vorhandenes und als abgeschlossen bescheinigtes Sondereigentum angrenzen, könnte sich im Einzelfall die Abgrenzung gegenüber dem – neuen – Gemeinschaftseigentum als kritisch erweisen. Die bisher vorliegende Abgeschlossenheitsbescheinigung brauchte nämlich insoweit keine Aussage über eine Abgrenzung gegenüber dem früheren Nachbargrundstück zu treffen (vgl. *BayObLG* NJW-RR 1991, 593; *LG Düsseldorf* MittRhNotK 1985, 126). Gleichwohl kann in solchen Fällen eine ergänzte oder gar neue Abgeschlossenheitsbescheinigung nicht gefordert werden. Der teilende Eigentümer wäre nämlich ohne Weiteres in der Lage, aufgrund der bisher vorliegenden Abgeschlossenheitsbescheinigung die Aufteilung in Wohnungseigentumsrechte im verkürzten Umfang vornehmen zu lassen. Unmittelbar nach der Anlegung der Wohnungsgrundbücher könnte sodann die nachträgliche Einbeziehung des weiteren – bisher selbstständigen – Grundstücks im Wege der Vereinigung oder Bestandteilszuschreibung beantragt werden. Wählte er diesen Weg, könnte eine ergänzte oder gar neuerliche Abgeschlossenheitsbescheinigung aber nicht mehr gefordert werden, weil das einmal wirksam begründete Wohnungseigentum durch die – möglicherweise bestehende – Beeinträchtigung seiner Abgeschlossenheit nicht wieder in Wegfall gebracht werden kann (BGHZ 110, 36 = NJW 1990, 1111 = Rpfleger 1990, 159; *OLG Köln* Rpfleger 1994, 348 = ZMR 1994, 230). Ist der teilende Eigentümer aber in der Lage, dasselbe Ergebnis durch eine der Aufteilung unmittelbar nachfolgende Antragstellung bei ansonsten gleichen Eintragungsvoraussetzungen zu erreichen, kann das Verlangen nach einer ergänzten oder neuerlichen Abgeschlossenheitsbescheinigung vor Eintragung der Aufteilung nicht

gerechtfertigt sein. Bei dieser Konstellation verstößt auch das Grundbuchgericht nicht gegen die ihm obliegende Einhaltung gesetzlicher Bestimmungen, wenn es von der Beibringung einer ergänzten Abgeschlossenheitsbescheinigung absieht (s. dazu i.E. auch *Schneider* ZMR 2007, 890).

Geht die Bescheinigung der Abgeschlossenheit und Maßangaben für weitere in den Plänen dargestellte Räumlichkeiten und Flächen über die in der Eintragungsbewilligung ausdrücklich erfolgte Zuordnung zum Sondereigentum hinaus, führt dies nicht zu einem Widerspruch. Nicht alle bescheinigten Einheiten *müssen* auch zum Sondereigentum erklärt werden. Aufgrund einer solchen **weiter gehenden Bescheinigung** kann an den betreffenden Räumlichkeiten und Flächen auch die Begründung von Sondernutzungsrechten in Betracht kommen. Eine neue Abgeschlossenheits- und Flächenbescheinigung oder gar ein neuer Aufteilungsplan kann wegen der »überschüssigen« sondereigentumsfähigen Einheiten nicht verlangt werden (*DNotI-Gutachten* DNotI-Report 2002, 68). 195

Bei der Begründung von Wohnungseigentum braucht die Abgeschlossenheit einer **Garage**, die zu einem Wohnungseigentum gehört, **nicht** neben der Abgeschlossenheit des Wohnungseigentums **gesondert bescheinigt** zu werden, wenn durch eine einheitliche Bezifferung auf den Aufteilungsplan Bezug genommen wird (*LG Wuppertal* MittRhNotK 1988, 123). 196

Für die Abgeschlossenheit der **Räume**, die zu einem Sondereigentum gehören, ist es unschädlich, wenn sich diese **auf mehreren Etagen** befinden, sofern sie dort nur einen eigenen abschließbaren Zugang zum gemeinschaftlichen Treppenhaus haben (*LG Bielefeld* Rpfleger 2000, 387). 197

Wird dem Grundbuchgericht **vor Vollzug** der Aufteilung die **Kraftloserklärung der Abgeschlossenheitsbescheinigung** bekannt, die nicht auf der bloßen Nichteinhaltung bautechnischer Anforderungen beruht, so darf die Aufteilung nicht mehr eingetragen werden (*Müller*, 4. Aufl. Rn. 16; Staudinger/*Rapp* Rn. 27). 198

Nach hier vertretener Auffassung ist die Erteilung und Verwendung einer Abgeschlossenheits- und Flächenbescheinigung unbedenklich, wenn darin **weitergehende Angaben** als im Mustervordruck gem. § 8 Abs. 1 AVA enthalten sind (*Schneider* ZfIR 2023, 116, 120 f.). 198a

IV. Grundbucheintragung und Bezugnahmemöglichkeiten

1. Allgemeine Grundsätze

Zur näheren Bezeichnung des Gegenstandes und des Inhalts des Sondereigentums wird bei der Grundbucheintragung regelmäßig gem. § 7 Abs. 3 S. 1 auf die Eintragungsbewilligung Bezug genommen, die ihrerseits wiederum auf die Abgeschlossenheits- und Flächenbescheinigung mit den Aufteilungsplänen Bezug nimmt – sog. **doppelte Bezugnahme** (vgl. i.E. die Ausführungen zur Grundbuchanlegung Rdn. 22f.). Ausschließlich die insoweit in Bezug genommenen Urkunden können daher Anknüpfungspunkt für eine sich an den allgemeinen Grundsätzen zur Auslegung von Grundbucheintragungen (vgl. *BGH* BGHZ 130, 159 = ZMR 1995, 521 = NJW 1995, 2851; *BGH* BGHZ 113, 374, 379 = ZMR 1991, 230, 231) orientierenden Auslegung sein. Von den Beteiligten vorgelegte Urkunden (insbes. Pläne) können nicht diese sachenrechtliche Richtigkeitsgewähr bieten (vgl. *LG Itzehoe* ZMR 2008, 736). Dies macht z.B. für Prozessgerichte jenseits der Parteimaxime die Beiziehung der Grundakten unerlässlich, soll der Inhalt einer Grundbucheintragung rechtssicher festgestellt werden. 199

Für die Wirksamkeit der Grundbucheintragung ist es unschädlich, wenn die Eintragungsbewilligung **global** auf die Gemeinschaftsordnung **Bezug** nimmt, auch wenn dort neben abweichenden und ergänzenden Regelungen mit dem Gesetz deckungsgleiche Bestimmungen enthalten sind (*OLG Hamm* Rpfleger 1997, 305). 200

Sollen lediglich Teile der Gemeinschaftsordnung zur Eintragung kommen, hat der Eintragungsvermerk im Bestandsverzeichnis die **eingeschränkte Bezugnahme** deutlich zu machen, damit die nicht eingetragenen Bestimmungen eindeutig feststellbar sind (vgl. BGHZ 130, 159, 167 = Rpfleger 1996, 19 = ZMR 1995, 521; Staudinger/*Rapp* Rn. 33). 201

202 Gem. § 3 Abs. 5 S. 1 WGV sind Veränderungen, die sich auf den Bestand des Grundstücks, die Größe des Miteigentumsanteils oder den Gegenstand oder den Inhalt des Sondereigentums beziehen, in den Spalten 6 und 8 des Bestandsverzeichnisses einzutragen. In der Praxis finden sich jedoch vielfach von dieser Vorschrift und den Eintragungsmustern (vgl. Anl. 1 Satz 3 zur WGV) **abweichende Grundbucheintragungen** (vgl. *OLG München* MietRB 2013, 329). Insbesondere in großstädtischen Ballungsräumen mit einer Vielzahl großer Wohnungs- und Teileigentumsanlagen genügt die veraltete WGV nicht mehr den modernen Anforderungen an eine effiziente und nachvollziehbare Grundbuchführung auch bei größeren Anlagen (MüKo/*Röll*, 3. Aufl. Vor § 1 Rn. 8 Fn. 12 nennt Beispiele für Wohnungseigentumsanlagen mit über 1.000 Einheiten; vgl. auch *Heinrich* ZMR 2012, 421). Häufig finden sich deshalb Eintragungen von Veränderungen nicht wie eigentlich vorgesehen in den Spalten 6 und 8 des Bestandsverzeichnisses; sie erfolgen stattdessen in den Hauptspalten des Bestandsverzeichnisses (*OLG München* MietRB 2013, 329; vgl. auch für die Eintragung von Sondernutzungsrechten *Kreuzer* FS Merle 2000, S. 203, 219). Solchermaßen vorgenommene Grundbucheintragungen sind gleichwohl wirksam.

203 Die in Bezug genommenen Eintragungsbewilligungen und Aufteilungspläne mit Abgeschlossenheitsbescheinigung werden für die jeweilige Anlage üblicherweise zu den Grundakten des ersten Grundbuchblattes der neuen Wohnungseigentumsserie genommen und dort **aufbewahrt** (§ 24 Abs. 3 GBV). Zweckmäßigerweise wird zur Wahrung der berechtigten Eigentümerinteressen des dort eingetragenen Miteigentümers für die Aufbewahrung ein separater Aktenband vorzusehen sein.

2. Eintragung von Beschlüssen (§ 7 Abs. 2 WEG)

204 Zur Eintragung eines Beschlusses im Sinne des § 5 Abs. 4 S. 1 WEG bedarf es der Bewilligungen der Wohnungseigentümer nicht, wenn der Beschluss durch eine Niederschrift, bei der die Unterschriften der in § 24 Abs. 6 bezeichneten Personen öffentlich beglaubigt sind, oder durch ein Urteil in einem Verfahren nach § 44 Abs. 1 S. 2 nachgewiesen ist. Antragsberechtigt ist auch die Gemeinschaft der Wohnungseigentümer (§ 7 Abs. 2 WEG).

205 Die Möglichkeit zur Grundbucheintragung bestimmter Beschlüsse wurde durch das WEMoG neu geschaffen. Zu den **Voraussetzungen** und den **Prüfungsaufgaben des Grundbuchgerichts** s. ausf. § 5 Rn. 114 ff. Grundsätzlich bedürfte es zur Eintragung von Beschlüssen in das Grundbuch der Bewilligung sämtlicher Wohnungseigentümer gem. § 19 GBO in der Form des § 29 Abs. 1 S. 1 GBO. Die Grundbucheintragung kann jedoch gem. § 7 Abs. 2 S. 1 WEG erfolgen. Danach stellt sich die Eintragung von Beschlüssen aufgrund einer Niederschrift oder eines rechtskräftigen Urteils als **Grundbuchberichtigung** dar (vgl. SEHR/*Schneider* § 3 Rn. 56 ff.). Die Eintragung selbst kann gem. § 7 Abs. 3 S. 1 WEG grds. durch Bezugnahme erfolgen (*Schneider* ZfIR 2020, 822, 824f.; a.A. Bärmann/*Armbrüster* § 5 Rn. 64; *Dötsch/Schultzky/Zschieschack* Kap. 1 Rn. 63); ein aussagekräftiger Eintragungsvermerk empfiehlt sich allerdings.

▶ **Eintragungsvorschlag zur Beschlusseintragung:**

206 *»Der Inhalt des Sondereigentums ist dahingehend geändert, dass der jeweilige Eigentümer des Wohnungseigentums Nr. 1 nunmehr [zur geänderten Gebrauchs-/Nutzungsregelung/Zweckbestimmung pp.] berechtigt ist.*

Unter Bezugnahme auf die Eintragungsbewilligung/Niederschrift vom […]/das Urteil vom […] eingetragen am […].«.

Der Vorschlag lehnt sich an *Schneider* ZfIR 2020, 822, 824 f. an; knapper demgegenüber *Lehmann-Richter/Wobst* Rn. 1784.

3. Eintragung von Veräußerungsbeschränkungen gem. § 12 WEG (§ 7 Abs. 3 S. 2 Var. 1 WEG)

207 Zur näheren Bezeichnung des Inhalts des Sondereigentums kann bei der Grundbucheintragung gem. §§ 7 Abs. 3 S. 1, 8 Abs. 2 auf die Eintragungsbewilligung Bezug genommen werden. Verein-

barte Veräußerungsbeschränkungen gem. § 12 sind jedoch **ausdrücklich** im Grundbuch **einzutragen** (§ 7 Abs. 3 S. 2 WEG; schon zuvor gem. § 3 Abs. 2 WGV). Die Anordnung erfolgt nun ausdrücklich im WEG selbst, nachdem die Wirkungsweise vergessener Eintragungsvermerke unterschiedlich beurteilt wurde. Der Umfang des Eintragungsvermerkes ergibt sich allerdings nicht ausdrücklich aus der genannten Vorschrift. Die Eintragung wird zu berücksichtigen haben, dass in der Praxis Veräußerungsbeschränkungen vielfach mit Ausnahmen verbunden sein werden, die z.B. den teilenden Eigentümer (vgl. § 61), bestimmte Verwandte oder Finanzierungsgläubiger vom Erfordernis einer vereinbarten Veräußerungsbeschränkung ausnehmen.

Nach inzwischen wohl herrschender Auffassung bedarf es bei der Grundbucheintragung nicht der Wiedergabe einer vereinbarten Veräußerungsbeschränkung gem. § 12 im vollen Wortlaut mit allen Einzelheiten. Vielmehr kann die Eintragung dergestalt erfolgen, dass auf die Tatsache des **Vorhandenseins** einer Veräußerungsbeschränkung selbst mit ihrem wesentlichen Inhalt in dem Eintragungstext **ausdrücklich** hinzuweisen ist. Wegen der näheren **Einzelheiten** (wie z.B. vereinbarten Ausnahmeregelungen, Angaben zum Zustimmungsberechtigten, Möglichkeiten der Ersetzung, Form der Zustimmung) kann dann zulässigerweise auf die Eintragungsbewilligung **Bezug** genommen werden (Bärmann/*Suilmann* § 12 Rn. 9; *Demharter* Anh. zu § 3 Rn. 51; *Diester* Rpfleger 1968, 207 unter Aufgabe von Rpfleger 1968, 41; KEHE/*Eickmann* § 3 WGV Rn. 8; Staudinger/*Kreuzer* § 12 Rn. 10; *Weitnauer* Rpfleger 1968, 205; Weitnauer/*Lüke* § 12 Rn. 8; vgl. auch das Muster Anl. 1 zur WGV S. 2; a.A. – für eine ausdrückliche Eintragung zumindest der wesentlichen Ausnahmen – *LG Kempten* Rpfleger 1968, 58; Bauer/*v. Oefele* 3. Aufl. AT V Rn. 237 f.; *Schöner/Stöber* Rn. 2902; – noch für eine vollständige Eintragung aller Einzelheiten – *OLG Saarbrücken* Rpfleger 1968, 57; *LG Marburg* Rpfleger 1960, 336 m. Anm. *Haegele*; *LG Mannheim* Rpfleger 1963, 301; *AG Göppingen* Rpfleger 1966. 14 m. Anm. *Haegele*). Die hier beschriebene Art der Grundbucheintragung ähnelt damit der Eintragung von Bedingungen und Befristungen, bei denen ebenfalls nur die Tatsache ihres Bestehens einzutragen ist, im Übrigen aber wegen der näheren Modalitäten jedoch auf die Eintragungsbewilligung Bezug genommen werden kann (KEHE/*Eickmann* § 3 WGV Rn. 8; Weitnauer/*Lüke* § 12 Rn. 8). 208

Die Aufnahme der wesentlichen Ausnahmen vom Zustimmungserfordernis ist bisweilen mit der Berücksichtigung berechtigter Gläubigerinteressen begründet worden (s. die vorstehenden Nachweise). In der heutigen Grundbuchpraxis wird dagegen – unbeschadet der Zulässigkeit eines verkürzten Eintragungsvermerkes – schon allein aus Gründen einer schnelleren Nachprüfbarkeit im Veräußerungsfalle der unmittelbaren Eintragung von Ausnahmetatbeständen der Vorzug zu geben sein, da andernfalls erst eine zeit- und arbeitsaufwendige Einsichtnahme in die zugrunde liegende, regelmäßig aber nicht in der Einzelakte (vgl. Rdn. 203) befindliche Vereinbarung erfolgen müsste. Dies gilt insbesondere angesichts einer zunehmenden Zahl von älteren Teilungserklärungen. Als Eintragungsvorschlag wird daher folgende Formulierung für zweckmäßig gehalten, die im Vereinbarungsfalle – ggf. auch selektiv – mit den Mitteln der modernen Datenverarbeitungstechnik gut zu handhaben ist: 209

▶ **Eintragungsvorschlag zur Veräußerungsbeschränkung:**

»Zur Veräußerung bedarf es der Zustimmung des Verwalters. 210

Dies gilt nicht im Fall

- *der Erstveräußerung durch den teilenden Eigentümer;*
- *der Veräußerung an Ehegatten, Verwandte in gerader Linie oder Verwandte zweiten Grades in der Seitenlinie;*
- *der Veräußerung durch den Insolvenzverwalter oder im Wege der Zwangsvollstreckung;*
- *der Veräußerung durch Gläubiger dinglich gesicherter Darlehen, wenn sie ein von ihnen erworbenes Raumeigentum weiterveräußern.«*

Zu den Rechtswirkungen einer nicht ausdrücklich oder nur unvollständig erfolgten Grundbucheintragung s. § 12 Rdn. 18 f. 211

4. Eintragung von Haftungsklauseln (§ 7 Abs. 3 S. 2 Var. 2 WEG)

212 § 7 Abs. 3 S. 2 Var. 2 WEG sieht zum Schutz von Erwerbern ebenfalls vor, dass Regelungen, die die Haftung von Sondernachfolgern für Geldschulden begründen, zur Wirkung gegenüber Sondernachfolgern zukünftig **ausdrücklich** in das Grundbuch eingetragen werden müssen. Eine Eintragung wie bisher lediglich unter Bezugnahme (§ 7 Abs. 3 S. 1 WEG n.F.) genügt zukünftig materiell-rechtlich nicht mehr. Eine identische Regelung findet sich nun auch verfahrensrechtlich in § 3 Abs. 2 Hs. 2 WGV (Art. 7 WEMoG). Die Eintragung erfolgt im Bestandsverzeichnis aller Wohnungsgrundbücher und kann ebenfalls vom WEG-Verwalter veranlasst werden (§ 48 Abs. 3 S. 2 WEG). Sie ist mangels Gebührentatbestandes gerichtskostenfrei vorzunehmen.

213 Der Begriff der Geldschuld ist wie in § 288 Abs. 1 S. 1 BGB zu verstehen. Er erfasst insbesondere die Haftung für Hausgeldschulden (RegE BT-Drs. 19/18791, S. 40). Solche rechtsgeschäftlich vereinbarten Haftungsklauseln führen mit dem Wohnungserwerb automatisch zu einer Übernahme fälliger Hausgeldschulden zulasten des Wohnungserwerbers. Ihre Zulässigkeit ist höchstrichterlich bereits seit Längerem anerkannt; sie müssen sich lediglich in den vom Gesetz gezogenen Grenzen des § 56 S. 2 ZVG halten (*BGH* NJW 2012, 2797 = ZfIR 2012, 365; BGHZ 142, 90 = ZMR 1999, 834; *BGH* NJW 1994, 2950 = ZMR 1994, 271).

214 Die Pflicht zur ausdrücklichen Eintragung von Haftungsklauseln gilt gem. § 48 Abs. 3 S. 1 WEG n.F. auch für Vereinbarungen und Beschlüsse, die vor dem 01.12.2020 getroffen oder gefasst wurden. Ist eine solche Regelung entgegen § 7 Abs. 3 S. 2 WEG bisher nicht ausdrücklich, sondern lediglich unter Bezugnahme auf die Eintragungsbewilligung in das Grundbuch eingetragen worden, kann die ausdrückliche Eintragung in allen Wohnungsgrundbüchern wiederum nur auf Antrag eines Wohnungseigentümers oder der Gemeinschaft der Wohnungseigentümer nachgeholt werden (§ 48 Abs. 3 S. 2 WEG). Anders als noch bei der Nachholung einer (fehlerhaft) nicht ausdrücklich eingetragenen Veräußerungsbeschränkung werden die Grundbuchgerichte in diesem Fall wohl keine Veranlassung für eine Tätigkeit von Amts wegen sehen; die bisherige Eintragung war nämlich zutreffend in Übereinstimmung mit den zum Zeitpunkt der Eintragung geltenden gesetzlichen Bestimmungen erfolgt (vgl. § 7 Abs. 3 WEG a.F.).

215 Für die Nachholung räumt das Gesetz wiederum eine Übergangsfrist bis zum 31.12.2025 ein. Ist eine Haftungsklausel bisher nicht ausdrücklich in das Grundbuch eingetragen worden, soll die Wirkung gegenüber dem Sondernachfolger eines Wohnungseigentümers unberührt bleiben, wenn die Sondernachfolge bis zum 31.12.2025 eintritt (§ 48 Abs. 3 S. 3 WEG n.F.). Ohne Nachholung der ausdrücklichen Grundbucheintragung soll die Klausel nach diesem Zeitpunkt dann keine Wirkung mehr gegenüber dem Sondernachfolger eines Wohnungseigentümers entfalten.

216 Die Übergangsregelung differenziert nach dem hier zugrunde gelegten Verständnis nicht genügend zwischen der Eintragung einer Haftungsklausel aufgrund einer Vereinbarung der Wohnungseigentümer und einer solchen aufgrund eines zulässigerweise gefassten Beschlusses infolge einer Öffnungsklausel (ebenso bereits *Becker/Schneider* ZfIR 2020, 281, 289).

217 Soweit es sich grundbuchrechtlich bei der Eintragung um eine Richtigstellung handeln soll (so RegE BT-Drs. 19/18791 S. 84), kann sich diese Aussage nur auf eine vereinbarte Haftungsklausel beziehen. Einer Bewilligung bedarf es insoweit richtigerweise nicht; es handelt sich der Sache nach nämlich lediglich um die veränderte Fassung einer Grundbucheintragung in einer anderen Darstellungsform (*Becker/Schneider* ZfIR 2020, 281, 289). Die Haftungsklausel ist bereits zutreffend unter Bezugnahme in das Grundbuch eingetragen worden; die Eintragung ist auch wirksam, weil sie in Übereinstimmung mit den zum Zeitpunkt der Eintragung geltenden gesetzlichen Bestimmungen erfolgt ist (vgl. § 7 Abs. 3 WEG a.F.). Der Sachverhalt ist vergleichbar der später auf Anregung nachgeholten ausdrücklichen Grundbucheintragung eines Sondernutzungsrechts, das zuvor bereits zulässigerweise unter Bezugnahme im Grundbuch vermerkt war (vgl. *OLG Hamm* OLGZ 1985, 19 = Rpfleger 1985, 109; § 7 Rdn. 229 ff.).

Der Fall einer bloßen Klarstellung einer bereits abgeschlossenen Grundbucheintragung liegt jedoch nicht vor, wenn bisher lediglich außerhalb des Grundbuchs aufgrund einer Öffnungsklausel eine Haftungsregelung zulässigerweise begründet wurde. Diese soll nämlich nach dem Inkrafttreten des WEMoG erstmalig zur Grundbucheintragung gelangen. Damit handelt es sich der Sache nach aber um eine Grundbuchberichtigung, die eine bisher schon außerhalb des Grundbuchs eingetretene Änderung des Sondereigentumsinhalts erstmals im Buch verlautbaren soll (*Becker/Schneider* ZfIR 2020, 281, 289). Nur für solche bisher noch nicht eingetragenen Haftungsklauseln, die auf einer Öffnungsklausel beruhen, ist die fortdauernde Wirkung gegenüber Sondernachfolgern sinnvoll, wenn die Sondernachfolge bis zum Ablauf der Übergangsfrist eintritt. Dies entspricht auch der korrespondierenden Regelung in § 48 Abs. 1 S. 2 WEG für die Eintragung von allgemein aufgrund einer Öffnungsklausel beschlossenen Vereinbarungen. 218

Demgegenüber ist die Neufassung einer wirksam erfolgten Grundbucheintragung auch über den 31.12.2025 hinaus möglich, ohne dass die Wirkung gegenüber dem Sondernachfolger eines Wohnungseigentümers nach diesem Zeitpunkt entfällt. Die einmal dinglich gesicherte Haftungsklausel wirkt unverändert weiter. Der Gesetzgeber würde andernfalls mit der missglückten Formulierung rückwirkend in den Bestand wirksam erworbener dinglicher Rechte eingreifen. Es handelt sich bei solchen noch unter Bezugnahme eingetragenen Haftungsklauseln immerhin um den Inhalt des Sondereigentums (vgl. § 5 Abs. 4 S. 1, § 10 Abs. 3 WEG a.F.). 219

Das Eigentum wird durch **Art. 14 Abs. 1 GG** jedoch gegen solche Eingriffe besonders geschützt. Ein solcher einfachgesetzlicher Eingriff in das verfassungsrechtlich garantierte Eigentumsrecht der Wohnungseigentümer könnte mit echter Rückwirkung nur erfolgen, wenn das WEMoG mit § 48 Abs. 3 WEG sich ausdrücklich und zulässigerweise Rückwirkung beilegt, was hinsichtlich des nach dem 31.12.2025 eintretenden Rechtsverlustes aber nicht geschieht. 220

Will man demgegenüber ohne Rücksicht auf die bestehende Verdinglichung (wegen der sachenrechtlichen Rechtseinheit vgl. aber auch § 6 WEG) die wohnungseigentumsrechtliche Beziehung der Miteigentümer lediglich als eine Art dauerhafte schuldrechtliche Sonderverbindung begreifen, könnte die Verbotswirkung grundsätzlich erst mit dem Inkrafttreten für zukünftig neu errichtete Gemeinschaftsordnungen einsetzen. § 48 Abs. 3 WEG erschöpft sich deshalb in der Anordnung der Nachholung der ausdrücklichen Eintragung für bestehende Gemeinschaftsordnungen, beinhaltet jedoch nach Sinn und Zweck keinen Wegfall der fortdauernden Wirkungen bestehender Regelungen nach dem 31.12.2025. Ein solcher Wegfall ist schon deshalb nicht angebracht, weil der mit § 48 Abs. 3 WEG angestrebte Zweck den Schutz eines Sondernachfolgers höher einordnen würde als das Vertrauen der Wohnungseigentümer in den Inhalt ihres Eigentums. Sondernachfolger konnten aber auch bisher über rd. 70 Jahre nicht auf eine fehlende Haftungsvereinbarung vertrauen, ohne die zugrundeliegende Eintragungsbewilligung eingesehen zu haben. Selbst diese Erkenntnismöglichkeit versagte ihnen die ganz h.M. in der Vergangenheit, wenn die Regelung aufgrund einer Öffnungsklausel zustande gekommen war. Vor diesem Hintergrund lässt eine Abwägung der unterschiedlichen Interessen den für einen Erwerbsinteressenten auch im Hinblick auf andere verdinglichte Regelungen (wie etwa Sondernutzungsrechte) unverändert mit einer Grundbucheinsicht verbundenen Aufwand für Altfälle weiterhin als zumutbar erscheinen (vgl. SEHR/*Schneider* § 3 Rn. 81 ff.). Zum Ganzen s. auch § 48 Rdn. 30 ff. 221

▶ **Eintragungsvorschlag zur Haftungsklausel:**

»Es besteht eine Haftungsvereinbarung (für Hausgeldschulden).« 222

Der Vorschlag lehnt sich an *Schneider* ZfIR 2020, 822, 827 an; ähnlich *Böhringer* Rpfleger 2022, 375.

5. Eintragung von Sondernutzungsrechten

223 Unter einem Sondernutzungsrecht versteht man gemeinhin die verdinglichte Rechtsstellung eines Wohnungseigentümers auf der Grundlage der §§ 5 Abs. 4 S. 1, 10 Abs. 1 u. 3, die den Inhaber (positive Komponente) abweichend von § 16 Abs. 1 S. 3 WEG zur alleinigen Nutzung des gemeinschaftlichen Eigentums unter Ausschluss der übrigen Wohnungseigentümer (negative Komponente) berechtigt. Materiell-rechtlich handelt es sich um Vereinbarungen der Wohnungseigentümer, soweit keine Öffnungsklausel zugrunde liegt. Vereinbarte Sondernutzungsrechte sind somit **eintragungsfähig**; der Eintragung in das Grundbuch bedürfen sie lediglich zur Erlangung der Erstreckungswirkung des § 10 Abs. 3 S. 1, ein dingliches Recht entsteht durch die Eintragung nicht (*BGH* BGHZ 225, 16 = ZfIR 2020, 533 = ZMR 2020, 776 = ZWE 2020, 328; BGHZ BGHZ 145, 158 = Rpfleger 2001, 19 = ZMR 2000, 771)

224 Die Behandlung von Sondernutzungsrechten ist grundsätzlich nicht Sache des Aufteilungsplanes (Bauer/Schaub/*Schneider* AT E Rn. 213). Aufteilungsplan und Abgeschlossenheitsbescheinigung beziehen sich regelmäßig nicht auf evtl. vereinbarte Sondernutzungsrechte (Bauer/Schaub/*Schneider* AT E Rn. 222). Gleichwohl kann selbstverständlich **auf den Aufteilungsplan Bezug genommen** werden. Dies gilt im besonderen Maße auch für den nach der hier vertretenen Auffassung erforderlichen amtlichen Lageplan, der dann zugleich eine maßstabgerechte Wiedergabe erlaubt. Voraussetzung ist in diesem Fall allerdings die beurkundungsrechtliche Beifügung als Bestandteil zur Teilungserklärung/zum Teilungsvertrag gem. §§ 9 Abs. 1 S. 2 u. 3, 13 Abs. 1 BeurkG, soweit nicht ausnahmsweise eine Bezugnahme gem. § 13a BeurkG möglich ist (Bauer/Schaub/*Schneider* AT E Rn. 222; *Böhringer* BWNotZ 1993, 153, 158). Ein Anknüpfen an den Lageplan ist jedoch nicht zwingend.

225 Allerdings unterliegen auch Sondernutzungsrechte dem das Grundbuchverfahren allgemein beherrschenden **Bestimmtheitsgrundsatz** (*BGH* ZMR 2012; 883 = ZWE 2012, 377; *BGH* ZMR 2012, 651 = ZWE 2012, 258; *BGH* NJW 2012, 676 = ZfIR 2012, 182 = ZWE 2012, 175 [alle für Ermächtigungsvorbehalte]; *KG* ZWE 2007, 447), da sie als Inhalt des Sondereigentums Gegenstand der Grundbucheintragung sind (*Schneider* Rpfleger 1998, 9, 15). Dieser Grundsatz verlangt klare und eindeutige Eintragungen und damit als Eintragungsgrundlage ebenso eindeutige Erklärungen hinsichtlich des betroffenen Grundstücks, des Berechtigten und des Umfangs sowie des Inhaltes eines einzutragenden Rechts (*OLG Düsseldorf* ZWE 2017, 211; *OLG München* ZWE 2016, 19 für aufschiebend bedingt begründete Sondernutzungsrechte; *OLG München* ZMR 2013, 761 = ZWE 2013, 318; *OLG Saarbrücken* ZMR 2005, 981; *BayObLG* Rpfleger 1985, 488; *BayObLG* Rpfleger 1989, 194; *LG Hamburg* ZMR 2011, 990). Mangels Bestimmtheit entsteht kein Sondernutzungsrecht (*OLG Hamm* DNotZ 2009, 383; *KG* ZWE 2007, 447; *BayObLG* DNotZ 1994, 244; *LG Hamburg* ZMR 2010, 62). Zu errichtende Pkw-Einstellplätze müssen daher in der Teilungserklärung – ggf. durch Bezugnahme – nach Lage und Größe beschrieben sein (*BGH* ZWE 2017, 169; *BGH* ZWE 2012, 258; *LG Bielefeld* Rpfleger 1993, 241; tendenziell auch *Elzer* MietRB 2012, 373, 375; **a.A.** *OLG Frankfurt am Main* ZfIR 1997, 665 = ZMR 1997, 660; *KG* WE 1996, 388 im Fall der Zuordnung sämtlicher auf einem Grundstück befindlichen Pkw-Einstellplätze; vgl. auch *OLG Nürnberg* ZWE 2018, 169 für einen weit gefassten Zuweisungsvorbehalt). Zur Auslegung der Berechtigung, »*eine* Funkfeststation« auf dem Dach betreiben zu dürfen, im Sinne eines Zahlwortes statt eines unbestimmten Artikels s. *BGH* NJW 2006, 2187 = ZWE 2006, 285.

226 An die Bezeichnung einer Grundstücksfläche sind aber keine anderen **Anforderungen** zu stellen als in sonstigen Fällen, bei denen es darum geht, dass Eintragungen in Bezug auf einen Grundstücksteil erfolgen sollen (*BayObLG* MittRhNotK 1986, 77). Zur eindeutigen Bezeichnung eines Sondernutzungsrechtes kann daher ggf. auch ein **separater Sondernutzungsplan** als Bestandteil der Aufteilung – und eines Erwerbsvertrages – beigefügt werden (*BGHZ* 150, 334 = Rpfleger 2002, 513 = ZMR 2002, 763; *BayObLG* NotBZ 2005, 158 Ls; *OLG Frankfurt am Main,* Rpfleger 1998, 336; *BayObLG* MittBayNot 1986, 77); dieser Plan muss nicht der Aufteilungsplan i.S.d. § 7 Abs. 4 S. 1 Nr. 1 sein (*OLG München* ZWE 2016, 255; *OLG Frankfurt am Main* DNotZ 2007, 470; s. Rn. 224). Dabei genügt jedoch eine **Bestimmbarkeit** der Sondernutzungsfläche (*OLG Saarbrücken* MittBay-

Not 2005, 43; *OLG Hamm* ZMR 2000, 691; *BayObLG* Rpfleger 1994, 294 = ZMR 1994, 231; strenger noch Bärmann/*Suilmann* § 13 Rn. 71). Insoweit sollen dann die gleichen Grundsätze wie bei der Kennzeichnung von Sondereigentum gelten (*OLG Düsseldorf* ZMR 2004, 611; a.A. Bamberger/Roth/*Hügel* § 15 Rn. 13). Für eine hinreichende Bestimmbarkeit wird jedoch eine Skizze nur dann genügen, wenn im Streitfall durch Vermessung vor Ort die Grenzen in der Natur festgelegt werden können (*BayObLG* MittBayNot 1992, 266 für ein nicht im Grundbuch vermerktes Sondernutzungsrecht; ebenso Bärmann/*Klein* § 13 Rn. 91: zwingend maßstabgerechte Zeichnung).

Auch eine eindeutige **Beschreibung** der Sondernutzungsrechte **in Worten** ist möglich, wobei auf Merkmale in der Natur (wie z.B. Bäume, Hecken, Zäune, Pfähle, Pflöcke oder Gräben) verwiesen werden kann. Diese Anhaltspunkte in der Natur müssen nicht unabänderlich sein. Ebenso kann auf Merkmale innerhalb eines Gebäudes dann Bezug genommen werden, wenn sie mit dem Gebäude dauerhaft verbunden sind (*BayObLG* MittRhNotK 1986, 77 unter ausdrücklichem Hinweis auf die zu Grunddienstbarkeiten ergangenen *BGH*-Entscheidungen BGHZ 59, 11; NJW 1981, 1781; NJW 1982, 1039). Zulässig ist danach der Verweis auf vorhandene Lattenverschläge zur Beschreibung von Kellerräumen und Bezeichnungen wie »das erste Drittel des hergestellten Kellerraumes vom Abgang her gesehen« oder für einen »Freiraum unter der Treppe im Bereich des Erdgeschosses«. Zur näheren Bestimmung einer Sondernutzungsfläche kann auch eine Quadratmeterangabe erfolgen (*BayObLG* Rpfleger 1989, 194). Lässt sich die genaue Größe einer Sondernutzungsfläche gleichwohl nicht exakt bestimmen, so entsteht das Sondernutzungsrecht zumindest in dem Umfang, wie über dessen **Mindestfläche** Einvernehmen erzielt werden kann (*BayObLG* ZMR 2002, 849). 227

Die Bestimmtheitsanforderungen beziehen sich jedoch lediglich auf die notwendige Abgrenzung gegenüber dem sonstigen Gemeinschaftseigentum bzw. dem Sondereigentum der Miteigentümer. Nutzungsvereinbarung zwischen den mehreren Sondernutzungsberechtigten eines **gemeinschaftlichen Sondernutzungsrechts** gehören nicht dazu (*OLG Düsseldorf* ZMR 2010, 975 = ZWE 2010, 368). 228

§§ 7 Abs. 3 S. 1, 8 Abs. 2 WEG erlauben bei der **Anlegung** der Grundbücher zur näheren Bezeichnung des Inhalts des Sondereigentums **grundsätzlich** in allen Wohnungs- und Teileigentumsgrundbüchern für die betreffende Anlage eine **Bezugnahme** auf die Eintragungsbewilligung. Dies gilt auch für vereinbarte Sondernutzungsrechte (*OLG Frankfurt* ZWE 2022, 204; *OLG München* ZWE 2013, 404; *OLG Frankfurt am Main* NZM 2008, 214; *OLG München* Rpfleger 2007, 70; *OLG Zweibrücken* ZMR 2007, 490; *KG* NJW-RR 1997, 205; *OLG Hamm* Rpfleger 1985, 109; *LG Köln* Rpfleger 1990, 205). Erfolgen nach Anlegung der Wohnungs- und Teileigentumsgrundbücher **Veränderungen** beim Inhalt des Sondereigentums, sind diese gem. § 3 Abs. 5 WGV in den Spalten 5 bis 8 des Bestandsverzeichnisses aller Grundbücher einzutragen (Ausnahme: Übertragung der positiven Nutzungsbefugnis; nur insoweit zutr. *OLG Frankfurt am Main* NZM 2008, 214), wobei auch hier eine allgemeine Bezugnahme ausreichend ist (*OLG Köln* Rpfleger 1985, 110). Davon will Bärmann/*Suilmann* 14. Aufl. § 13 Rn. 117 in Anlehnung an BGHZ 174, 61 = NJW 2007, 3777 = Rpfleger 2008, 60 = ZMR 2008, 136 abweichen, wenn das Sondernutzungsrecht bereits zuvor schon ausdrücklich vermerkt war. Eine Bezugnahme soll dann unzulässig sein und zu einer Nichteintragung führen. Ebenfalls ist für die **Löschung** eines Sondernutzungsrechts die Eintragung in sämtlichen Grundbüchern der Wohnungseigentumsanlage erforderlich; die Eintragung nur im bisher berechtigten Grundbuch allein reicht nicht aus, weil andernfalls die übrigen Grundbücher bzgl. der entfallenen Erstreckungswirkung unrichtig würden (zutr. Bärmann/*Suilmann* 14. Aufl. § 13 Rn. 117; **a.A.** *OLG Frankfurt am Main* NZM 2008, 214; Niedenführ/*Vandenhouten* § 7 Rn. 49). Zur Zwangsvollstreckung in Sondernutzungsrechte s. § 6 Rn. 44 ff. 229

Die Eintragung eines Sondernutzungsrechtes in das Grundbuch lediglich unter **Bezugnahme** stellt jedoch **im Rechtsverkehr** die Quelle von nicht zu unterschätzenden **Schwierigkeiten, Gefahren und Schäden** dar. Je mehr Veränderungen des Inhalts des Sondereigentums nur unter Bezugnahme auf die Bewilligung eingetragen werden, umso schwieriger wird auch für den Fachmann die Feststellung, ob, wem und woran ein Sondernutzungsrecht zusteht (so schon *Ertl* Rpfleger 1979, 81, 83 mit der sehr instruktiven Schilderung eines Falles, in dem eine Hausmeisterwohnung, der bei Zuschlag 230

Sondernutzungsrechte an mehreren Kfz-Stellplätzen auf Vorrat zugeordnet waren, zum reinen Wohnungswert ohne Berücksichtigung des Wertes der Stellplätze versteigert wurde, weil der wahre Grundbuchinhalt hinter einem rechtlich zwar einwandfreien, aber nichtssagenden Eintragungsvermerk verborgen war). Insbesondere dürfte die Abwicklung von Bauträgerprojekten mit **gestreckten Zuordnungen** von Sondernutzungsrechten wegen der damit verbundenen Überwachungs- und Prüfungspflichten (vgl. dazu *OLG Düsseldorf* Rpfleger 2001, 534; *OLG Köln* Rpfleger 2001, 535 je m. Anm. *Schneider*) heutzutage kaum noch ohne ausdrückliche Vermerke durchführbar sein (vgl. insoweit auch die Vorschläge zur Einführung eines Zentralgrundbuches bei *v. Oefele/Schneider* DNotZ 2004, 740, 742 f.). Im Einzelfall wird für solche Gestaltungen die ausdrückliche Eintragung in das Grundbuch nicht nur als zweckmäßig (*BayObLG* Rpfleger 1986, 132, 135; Meikel/*Böttcher* 10. Aufl. § 3 WGV Rn. 30 a.E. S. 2910), sondern sogar als Wirksamkeitsvoraussetzung angesehen, wenn mit der Eintragung zugleich eine Abbedingung des Zustimmungserfordernisses gem. § 20 Abs. 1 mit dinglicher Wirkung verbunden sein soll (*Häublein* Sondernutzungsrechte S. 290 f.; *Schneider* ZWE 2012, 171, 174). Bei größeren Wohnungseigentumsanlagen werden zur besseren Übersicht **Übertragungsvermerke** empfohlen (*Ertl* Rpfleger 1979, 81, 84; *Schöner/Stöber* Rn. 2965). Für unübersichtlich gewordene Grundbücher, in denen bisher Eintragungen über Sondernutzungsrechte und ihre Veränderungen nur unter Bezugnahme auf die Bewilligung vorgenommen wurden, bietet sich die Eintragung eines **Klarstellungsvermerkes** nach den dafür in der Rechtsprechung entwickelten Grundsätzen an (*Ertl* Rpfleger 1979, 81, 84 a.E.).

231 Ist allerdings im Grundbuch ein Sondernutzungsrecht als Inhalt des Sondereigentums an einer Wohnung bereits wirksam durch eine Bezugnahme auf die Teilungserklärung eingetragen, soll kein **Anspruch der Berechtigten** mehr auf eine weiter gehende und ausdrückliche Verlautbarung des Sondernutzungsrechts im Grundbuch bestehen (*OLG München* Rpfleger 2007, 70; *OLG Zweibrücken* ZMR 2007, 490). Das Grundbuchgericht wird allerdings – auch im eigenen Interesse – gut beraten sein, einen solchen Antrag jenseits der fomaljuristisch zutreffenden und ausreichenden Eintragungsweise wohlwollend im Lichte der vorstehenden Ausführungen zu prüfen (einen Klarstellungsvermerk halten jetzt auch für zulässig *Schöner/Stöber* Rn. 2915 Fn. 194; zur Nachholung eines ausdrücklichen Eintragungsvermerks aufgrund einer sog. Fassungsbeschwerde s.a. *OLG Frankfurt am Main* NJW-RR 1996, 1168 und *LG Köln* Rpfleger 1992, 479).

232 Es handelt sich bei § 7 Abs. 3 S. 1 WEG lediglich um eine Kann-Vorschrift. Sie stellt die Art der Eintragung in das Ermessen des Grundbuchrechtspflegers. Eine ausdrückliche Eintragung ist nur für eine vereinbarte Veräußerungsbeschränkung gem. § 12 (s. Rdn. 207) und eine sog. Haftungsklausel vorgeschrieben (s. Rdn. 212). Dieses Ermessen erfährt auch insoweit durch die Neufassung des § 44 Abs. 2 GBO (RegVBG v. 20.12.1993 – BGBl. I, 2182) keine Einschränkung, als es dem Rechtspfleger dadurch nicht verboten ist, nach seinem Ermessen für erforderlich gehaltene klarstellende oder gar notwendige Zusätze in den Eintragungsvermerk aufzunehmen, wenn diese wegen der damit verbundenen Klarheit und Sicherheit zweckmäßig oder erforderlich sind (*OLG Frankfur/M.t* ZWE 2022, 204; *Demharter* FGPrax 1999, 46; *Demharter* § 44 Rn. 31 und 37; *Schöner/Stöber* Rn. 271 a.E. und 2915). Nach *LG Köln* (Rpfleger 1992, 479) ist auf besonderen Antrag der Beteiligten die Tatsache der Vereinbarung von Sondernutzungsrechten ausdrücklich im Grundbuch zu vermerken. Es handelt sich bei § 44 Abs. 2 GBO auch lediglich um eine Ordnungsvorschrift; ein Verstoß führt daher nicht zur Nichtigkeit der Grundbucheintragung (*Demharter* § 44 Rn. 37).

233 Demgemäß wird für Sondernutzungsrechte nach heute ganz h.M. die **Aufnahme ausdrücklicher Eintragungsvermerke** nicht nur für zulässig gehalten, sondern zu Recht auch befürwortet (*OLG München* ZWE 2013, 404; *OLG Frankfurt am Main,* NJW-RR 1996, 1168, 1169; *BayObLG* DNotZ 1994, 244, 245; *OLG Hamm* Rpfleger 1985, 109; *OLG Köln* Rpfleger 1985, 110; *BayObLG* MittBayNot 1985, 74, 78; *LG Köln* Rpfleger 1992, 479; *LG Köln* Rpfleger 1990, 205; Bamberger/Roth/*Hügel* Rn. 4; Bauer/*v. Oefele* 3. Aufl. AT V Rn. 239; Bauer/v. Oefele/*Knothe* 3. Aufl. § 44 Rn. 44; *Demharter* § 44 Rn. 31; Erman/*Grziwotz* Rn. 2; *Ertl* Rpfleger 1979, 81; KEHE/*Eickmann* § 3 WGV Rn. 7; [zögerlich] *Kreuzer* FS Merle 2000, 203, 216 ff.; Meikel/*Böttcher* § 3 WGV Rn. 30 a.E.; MüKo/*Commichau* Rn. 26; Niedenführ/*Vandenhouten* § 7 Rn. 49; *Nieder* BWNotZ 1984, 49, 52;

Noack Rpfleger 1976, 193, 196; *F. Schmidt* MittBayNot 1985, 237, 242; *Schneider* Rpfleger 1998, 53, 64; *Schöner/Stöber* Rn. 2915 u. 2961; Weitnauer/*Lüke* § 15 Rn. 33; a.A. wohl nur *Schnauder* FS Bärmann u. *Weitnauer* 1990, S. 567, 583 f.; Staudinger/*Rapp* Rn. 9, die den Eindruck eines eigenständigen mit dem herrschenden Wohnungseigentum verbundenen dinglichen Rechts vermeiden wollen und auf zusätzliche Fehlerquellen bei der ausdrücklichen Eintragung verweisen).

Die bisher befürworteten Eintragungsvorschläge beziehen sich entweder auf »verkehrsfähige«, also innerhalb der Gemeinschaft selbstständig übertragbare Sondernutzungsrechte (*F. Schmidt* MittBayNot 1985, 237, 242) oder auf solche »von besonderem Wert« (*Ertl* Rpfleger 1979, 81, 83 f.; ihm folgend *Schöner/Stöber* Rn. 2915 für »wesentliche« Sondernutzungsrechte und Weitnauer/*Lüke* § 15 Rn. 36). Die Einschränkungen erscheinen angesichts der in diesem Bereich stattfindenden Entwicklungen nicht mehr gerechtfertigt, weil sie unscharf bleiben. Für zweckmäßig wird es deshalb gehalten, die Tatsache der Vereinbarung von Sondernutzungsrechten schlagwortartig wegen des damit verbundenen Nutzungsausschlusses für die Wohnungseigentümer (negative Komponente: *BGH* Rpfleger 1979, 57; *OLG Hamm* WE 1999, 138) in sämtlichen Grundbüchern der betreffenden Wohnungseigentumsanlage zu vermerken. Der Vermerk könnte bspw. lauten: 234

▶ **Eintragungsvorschlag zum negativen Nutzungsausschluss (in allen Wohnungsgrundbüchern):**

»Es sind Sondernutzungsrechte begründet hinsichtlich der mit STP 1 bis STP 20 bezeichneten Pkw-Stellplätze.« 235

Der Vermerk über die positive Zuordnung eines solchen Sondernutzungsrechtes braucht dann lediglich in dem begünstigten Grundbuchblatt vermerkt zu werden und könnte bspw. lauten: 236

▶ **Eintragungsvorschlag zur positiven Zuordnung (nur im begünstigten Wohnungsgrundbuch):**

»Dem jeweiligen Eigentümer dieser Einheit steht das Sondernutzungsrecht an dem Pkw-Stellplatz STP 8 zu.« 237

Im Fall einer aufschiebend bedingten Zuordnung von Sondernutzungsrechten (dazu *Schöner/Stöber* Rn. 2913a; *Schneider* Rpfleger 2001, 536) könnte der entsprechende Vermerk über den Ausschluss bspw. lauten: 238

▶ **Eintragungsvorschlag für einen aufschiebend bedingten Nutzungsausschluss (in allen Wohnungsgrundbüchern):**

»Unter der aufschiebenden Bedingung, dass der zur jeweiligen Sondernutzung an den Pkw-Stellplätzen STP 1 bis STP 20 berechtigte Sondereigentümer in näher festgelegter Form bestimmt wird, sind die jeweils anderen Sondereigentümer von der Nutzung der genannten Stellplätze ausgeschlossen.« 239

Gerade mit den Mitteln der modernen Datenverarbeitungstechnik lassen sich solche aussagekräftigen Eintragungsvermerke gut bewerkstelligen. Die näheren Modalitäten werden – ähnlich wie bei der Veräußerungsbeschränkung gem. § 12 – durch die allgemeine Bezugnahme zum Inhalt der Grundbucheintragung gemacht. 240

F. Divergenzfragen

I. Mängel der Grundbucheintragung

1. Additions- und Bemessungsversehen

Die **Addition** sämtlicher Miteigentumsanteile muss wieder **ein Ganzes** ergeben. Fehler können beim Vollzug der Teilungserklärung sowohl zu einer in der Summe nicht vollständigen Aufteilung als auch zu einer Überverteilung führen. Die Ursache kann in einer bei der Antragstellung vorgelegten und 241 schon mit dem Mangel behafteten Urkunde oder auch in einem fehlerhaften Eintragungsvorgang liegen. Soweit der Mangel im Eintragungsverfahren erkannt wird, kann die Verteilung der Miteigentumsanteile auf entsprechende Zwischenverfügung noch berichtigt werden (*KG* DNotZ 2023, 209).

242 Soweit es sich um einen **offensichtlichen Schreib- oder Rechenfehler** bei der Gesamtberechnung der Miteigentumsanteile handelt, kann mit *Röll* (MittBayNot 1996, 175) davon ausgegangen werden, dass die Unrichtigkeit des Grundbuches im Wege der Umdeutung beseitigt werden kann, wenn die Aufteilung ersichtlich für alle Einheiten nach einem nachvollziehbaren Maßstab (z.B. dem Verhältnis der Wohnflächen) erfolgen sollte (so auch Staudinger/*Rapp* § 3 Rn. 47 und Rn. 82). Durch Angleichung der fehlerhaften Zahlen (z.B. 999/1.000stel oder 1.001/1.000stel) im Nenner der Gesamtanteile (in z.B. 999/999stel oder 1.001/1.001stel) kann eine dem Willen des Aufteilenden entsprechende Gesamtaufteilung erreicht werden. Es handelt sich um eine Grundbuchberichtigung, zu der dann keine Zustimmungen Drittberechtigter erforderlich sind, da der Rechenfehler mit der Eintragung offenkundig angelegt ist (*Röll* MittBayNot 1996, 175, 176). Die Gewährung rechtlichen Gehörs vor Durchführung der Berichtigung dürfte allerdings angezeigt sein.

243 Kann eine **Korrektur** der Miteigentumsanteile **nicht** in dem zuvor dargestellten Sinne erfolgen, ergibt sich für den Fall der **Unterverteilung** ein sog. isolierter Miteigentumsanteil. Zu dessen Behandlung s. § 3 Rdn. 152 ff. Im Fall der **Überverteilung** ist die Aufteilung insgesamt unwirksam. Eine Grundbucheintragung, die mehr als 1/1 als Eigentum eines Grundstücks ausweist, ist rechtlich unmöglich mit der Folge, dass insoweit auch ein gutgläubiger Erwerb infolge der Doppelbuchung ausgeschlossen ist (Staudinger/*Rapp* § 3 Rn. 47a m.w.N.).

244 Beruht die unrichtige Eintragung des Miteigentumsanteils auf einem Versehen des Grundbuchgerichts (z.B. einem »Zahlendreher«), so kann der Mangel im Wege der **Schreibfehlerberichtigung** jedenfalls solange von Amts wegen behoben werden, als dadurch nicht in Rechte Dritter eingegriffen wird (*Schöner/Stöber* Rn. 290 ff.).

245 Keine Unrichtigkeit des Grundbuchs liegt vor, wenn nach der Anlegung der Wohnungsgrundbücher die **Wohn- bzw. Nutzflächen** nicht mit der Höhe der Miteigentumsanteile korrelieren. Das Wohnungseigentumsrecht enthält nämlich keine Bestimmung über die Größe von Miteigentumsanteilen. Notwendig ist nur die Verknüpfung von Miteigentumsanteilen mit dem Sondereigentum (§ 1 Abs. 2, § 6 WEG). In der **Bemessung der Miteigentumsanteile** ist der aufteilende Eigentümer dagegen grundsätzlich frei (vgl. § 8 Rn. 11), sodass die Zuordnung eines größeren Miteigentumsanteils zur flächenmäßig kleineren Wohnung und umgekehrt eines kleineren Miteigentumsanteils zur flächenmäßig größeren Wohnung zwar eine unbeabsichtigte Verwechslung, aber keine Grundbuchunrichtigkeit i.S.d. § 22 GBO darstellen kann (*OLG München* ZfIR 2014, 450 Ls.). Die aus der Sicht der Beteiligten fehlerhafte Zuordnung der Miteigentumsanteile kann deshalb nur im Auflassungswege geändert werden.

2. Unvollständige Aufteilungen

246 Wird bei der Anlegung der Wohnungseigentumsgrundbücher ein **Miteigentumsanteil samt Sondereigentum vergessen**, ist die unterbliebene Komplettaufteilung nachholbar. Im Wege ergänzender Vertragsauslegung ist der Mangel durch nachholende Verbindung des Miteigentumsanteils mit Sondereigentum zu heilen (Staudinger/*Rapp* § 3 Rn. 82). Zur Nachholung, wenn der Mangel auf einer **fehlenden Datierung** oder **fehlenden Unterzeichnung** einer schon vorbereiteten Grundbucheintragung beruht s. Rdn. 27 f.

3. Zuordnung eines nicht sondereigentumsfähigen Bereiches zum Sondereigentum

247 Ordnet die Grundbucheintragung einen nicht sondereigentumsfähigen Raum (z.B. Keller mit gemeinschaftlicher Heizungsanlage) dem Sondereigentum zu, so kann insoweit Sondereigentum nicht wirksam begründet werden (*BGH* BGHZ 109, 179 = Rpfleger 1990, 62). Das Gleiche gilt für ebenerdige Grundstücksflächen, die vor dem 01.12.2020 unter Verstoß gegen § 1 Abs. 5 WEG zu Sondereigentum erklärt wurden (*OLG Hamm* ZMR 2007, 213). Es handelt sich jeweils um eine

inhaltlich unzulässige Eintragung, die gem. § 53 Abs. 1 S. 2 GBO von Amts wegen zu löschen ist (*OLG Hamm* ZMR 2007, 213; *BayObLG* DNotZ 2000, 205 = ZfIR 1999, 846 = ZMR 1999, 773 = ZWE 2000, 69). Ist darüber hinaus für die betreffende Einheit kein weiteres Sondereigentum eingetragen, entsteht ein sog. isolierter Miteigentumsanteil (zu dessen Beseitigung vgl. BGHZ 130, 159 = Rpfleger 1996, 19 = ZMR 1995, 521; *BGH* Rpfleger 2004, 207 = ZMR 2004, 206; *OLG Hamm* NZM 2007, 448 = Rpfleger 2007, 137 = ZMR 2007, 213). Grundbuchmäßig ist in diesem Fall die Verbindung des Miteigentumsanteils mit den als Sondereigentum ausgewiesenen Räumen unter entsprechender Rötung in Sp 3 des Bestandsverzeichnisses als inhaltlich unzulässig zu löschen (*Demharter* Anh. zu § 3 Rn. 12; weiter gehend noch, dem isolierten Miteigentumsanteil die Buchungsfähigkeit absprechend, aber wegen der jederzeit bestehenden Beseitigungsmöglichkeiten nicht zutreffend *OLG Hamm* DNotZ 1992, 492 = Rpfleger 1990, 509 Ls, inzwischen zutr. *OLG Hamm* Rpfleger 2007, 137 = ZMR 2007, 213).

4. Eintragung eines nicht abgeschlossenen Raumes als Sondereigentum

Ein Verstoß gegen das Abgeschlossenheitserfordernis des § 3 Abs. 3 führt nicht zur Nichtigkeit der 248 entsprechenden Grundbucheintragung; es handelt sich insoweit lediglich um eine Ordnungsvorschrift. Sondereigentum gemäß dem Aufteilungsplan entsteht auch dann, wenn die Abgeschlossenheitsvoraussetzungen in Wirklichkeit nicht vorliegen (*BGH* BGHZ 208, 29 = NJW 2016, 473 = ZfIR 2016, 276 = ZMR 2016, 215 = ZWE 2016, 79; BGHZ 177, 338 = NJW 2008, 2982 = ZfIR 2008, 734 = ZMR 2008, 897 = ZWE 2008, 426 [Luftschranke]; *BGH* BGHZ 146, 241 = DNotZ 2002, 127 = NJW 2001, 1212 = ZMR 2001, 289; *BayObLG* Rpfleger 1980, 295; *BayObLG* Rpfleger 1991, 414; *OLG Köln* Rpfleger 1994, 348 = ZMR 1994, 230; *OLG München* Rpfleger 2009, 20). Das Grundbuch ist auch nicht unrichtig, sodass die Eintragung eines Amtswiderspruchs ebenfalls ausscheidet (*OLG München* Rpfleger 2009, 20).

5. Falschbezeichnung (Sondereigentum – Sondernutzungsrecht)

Steht eine Grundbucheintragung zu der in Bezug genommenen Bewilligung in Widerspruch, weil 249 sie statt richtig »Sondereigentum« eine Änderung eines »Sondernutzungsrechts« verlautbart und ergibt sich aus der Bewilligung zweifelsfrei und für jedermann offensichtlich, dass die Eintragung das Sondereigentum betrifft und lediglich die Bezeichnung des Rechts bzw. der Berechtigung versehentlich falsch gewählt wurde, so ist die Grundbucheintragung so zu verstehen, als hätte sie von Anfang an zutreffend das zugeordnete Sondereigentum betroffen. Sie kann daher nach Gewährung rechtlichen Gehörs berichtigt werden (*OLG München* MietRB 2013, 329).

6. Unrichtige Angabe der Zweckbestimmung

Ist die Art der **Zweckbestimmung** in der Grundbucheintragung **unrichtig** angegeben worden 250 (Wohnungseigentum statt wie vereinbart Teileigentum oder umgekehrt), so ist gleichwohl wirksam Sondereigentum entstanden. § 7 Abs. 1 verlangt lediglich Eintragung des zu einem Miteigentumsanteil gehörenden Sondereigentums, nicht dessen zutreffende Bezeichnung der Räume als Wohnungs- oder Teileigentum. Es handelt sich um eine Unrichtigkeit tatsächlicher Art, die durch **Richtigstellung von Amts wegen** beseitigt werden kann (Bärmann/*Armbrüster* § 1 Rn. 32 u. § 7 Rn. 50; *Hügel* FS Bub 2007, 137, 148; *Schöner/Stöber* Rn. 2872b; a.A. *OLG Stuttgart* ZWE 2022, 444; *OLG München* ZWE 2017, 126; *BayObLG* Rpfleger 1998, 242; Meikel/*Morvilius* Einl. C 177). Da die Eintragung im Grundbuch als Wohnungs- oder Teileigentum vergleichbar der fehlerhaften Angabe zur Nutzungsart eines Grundstücks nicht am öffentlichen Glauben teilnimmt (*Schöner/Stöber* Rn. 2872c), kann sie auch nicht Grundlage eines gutgläubigen Erwerbs sein (*Schöner/Stöber* Rn. 2872c; **a.A.** *BayObLG* Rpfleger 1998, 242; widersprüchlich zu Rn. 32 Bärmann/*Armbrüster* § 1 Rn. 33). Anknüpfungspunkt für einen etwaigen gutgläubigen Erwerb bildet vielmehr die im Grundbuch eingetragene Vereinbarung der Wohnungseigentümer über eine Zweckbestimmung. Im Übrigen s. Rdn. 356.

251 Einen **Klarstellungsvermerk** hält aber auch das *OLG München* für zulässig, wenn im Bestandsverzeichnis eines Teileigentumsgrundbuchs die Eintragung statt als »Gewerberäume« mit »Laden« erfolgt ist (*OLG München* NJW 2014, 3584 = ZWE 2014, 426).

7. Angabe unrichtiger Wohnungsgrößen

252 Zu unrichtig angegebenen Wohnungsgrößen s. Rdn. 19 u. 120.

II. Abweichungen zwischen Teilungsurkunde, Aufteilungsplan und Abgeschlossenheitsbescheinigung

1. Widersprüchliche Angaben hinsichtlich des Gegenstandes von Sondereigentum

253 Für die Auslegung einer nicht eindeutigen Grundbucheintragung sind sowohl die in Bezug genommene Eintragungsbewilligung als auch der in Bezug genommene Aufteilungsplan heranzuziehen. Stimmen die wörtliche Beschreibung des Gegenstandes von Sondereigentum im Text der Teilungserklärung und die Angaben im Aufteilungsplan nicht überein, so ist grundsätzlich keiner der sich **widersprechenden Erklärungsinhalte** vorrangig und deshalb Sondereigentum nicht entstanden (*BGH* ZMR 2004, 206; BGHZ 130, 159 = DNotZ 1996, 289 m. krit. Anm. *Röll* = Rpfleger 1996, 19 = ZMR 1995, 521; *BGH* ZMR 1993, 25; *OLG München* ZWE 2012, 487; *OLG München* ZWE 2010, 463; *OLG Hamm* Rpfleger 2003, 574 = ZMR 2004, 369; *HansOLG Hamburg* ZMR 2000, 628; *BayObLG* ZMR 1999, 773; *OLG Karlsruhe* ZMR 1993, 474; *OLG Köln* NJW-RR 1993, 204; *BayObLG* ZMR 1992, 65; *OLG Stuttgart* ZMR 1990, 190; *Bärmann/Armbrüster* Rn. 15 u. Rn. 97; *Müller*, 4. Aufl. Rn. 26; Weitnauer/*Briesemeister* § 3 Rn. 19). Die betreffenden Räume verbleiben im Gemeinschaftseigentum; ein gutgläubiger Erwerb als Sondereigentum ist ausgeschlossen (*OLG Zweibrücken* ZWE 2011, 335).

254 Betrifft der offene Widerspruch das gesamte Sondereigentum einer Einheit, so entsteht ein sog. **isolierter Miteigentumsanteil** (*OLG München* ZWE 2012, 487). Die Wirksamkeit der Begründung der übrigen Einheiten wird dadurch nicht berührt (BGHZ 130, 159 = Rpfleger 1996, 19 = ZMR 1995, 521 auch zur Änderungsverpflichtung der Wohnungseigentümer in einem solchen Fall; *OLG München* ZWE 2012, 487). Auch wenn bei Bildung von Wohnungseigentum aufgrund eines wegen Verstoßes gegen das Bestimmtheitsgebot fehlerhaften Gründungsakts **ausschließlich isolierte Miteigentumsanteile** entstanden sind und Sondereigentum an den Räumen der Wohnanlage bisher nicht begründet wurde, können die als Wohnungseigentümer eingetragenen Berechtigten nachträglich den ursprünglich fehlerhaften Gründungsakt ändern und somit erstmals Sondereigentum zur Entstehung bringen (*OLG München* NZM 2008, 810 = Rpfleger 2008, 632 = ZMR 2008, 905).

2. Fehlende Kennzeichnung von Sondereigentum im Aufteilungsplan

255 Trotz einer anderslautenden Teilungserklärung verbleibt es bei gemeinschaftlichem Eigentum, wenn der Aufteilungsplan entweder den beschriebenen Raum überhaupt nicht erkennen lässt (*OLG Frankfurt am Main,* OLGZ 1989, 50) oder ein solcher Raum zwar vorhanden, aber nicht mit einer der Wohnung entsprechenden Nummerierung oder farblichen Markierung versehen ist (*BayObLG* Rpfleger 1982, 21) und bei der Begründung des Sondereigentums der Widerspruch nicht ausdrücklich ausgeräumt wurde (*OLG München* NZM 2006, 704 = ZWE 2006, 103 Ls).

256 Zu den Besonderheiten einer fehlenden Kennzeichnung bei **Balkonen** s. Rdn. 118. Nicht zutreffend ist nach der hier vertretenen Auffassung die Ansicht des *OLG Frankfurt am Main,* (Rpfleger 1997, 374; ebenso *KG* ZWE 2017, 84; *Dötsch* ZfIR 2011, 882; *Rapp* RNotZ 2012, 42; *Hügel/Elzer* DNotZ 2012, 4, 9f.), wonach bei einer fehlenden Nummerierung des als Wohnungsbestandteils angesehenen Balkons insoweit kein Sondereigentum am Balkonraum entstehen soll (wie hier allerdings *OLG München* ZfIR 2011, 811 = ZMR 2012, 118 = ZWE 2012, 37; *F. Schmidt* MittBayNot 2001, 442; wohl auch *Böttcher* Rpfleger 2009, 550, 555; *Schöner/Stöber* Rn. 2852 Fn. 15 und *Hügel* RNotZ 2009, 49).

3. Fehlende Zuordnung von Sondereigentum in der Teilungsurkunde

Die Begründung von Sondereigentum setzt eine entsprechende **rechtsgeschäftliche Zuordnungserklärung** voraus. Fehlt eine solche, verbleibt der betreffende Raum im Gemeinschaftseigentum (*OLG Hamm* ZMR 2012, 288; *OLG Düsseldorf* ZMR 2004, 611; *OLG Stuttgart* Rpfleger 1981, 109). Ist in dem Aufteilungsplan ein separat gelegener Raum lediglich mit der gleichen Nummer wie eine Wohnung versehen, so kann an diesem Sondereigentum entstanden sein, wenn zwar in der Teilungserklärung keine ausdrückliche Zuordnung erfolgt ist, jedoch wegen des Gegenstandes und der Lage des Sondereigentums im Übrigen auf den Aufteilungsplan verwiesen wird, sodass der **Zuordnungswille zweifelsfrei** erkennbar ist (*OLG Frankfurt am Main,* Rpfleger 1997, 430 = ZMR 1997, 426 für einen Dachbodenraum; *OLG Zweibrücken* ZMR 1996, 387 für eine Garage; im konkreten Fall allerdings zu weit auslegend *OLG Köln* ZMR 1992, 511 für einen Kellerraum). 257

Im Eintragungsverfahren sind solche **Kennzeichnungsdefizite** jedoch wegen des grundbuchrechtlichen Bestimmtheitsgrundsatzes zur Vermeidung späterer Auslegungsschwierigkeiten zu **beanstanden**, wenn der Zuordnungswille für das Grundbuchgericht mit den im Grundbuchverfahren zur Verfügung stehenden Mitteln nicht eindeutig feststellbar ist (vgl. *KG* ZMR 2023, 128). Das formellrechtliche Eintragungsverfahren verlangt klare und eindeutige Erklärungen (**a.A.** *OLG Frankfurt am Main,* Rpfleger 1997, 430 = ZMR 1997, 426). Nach vollzogener Eintragung soll das Grundbuch nicht der Ort einer Klärung der materiell-rechtlichen Zweifelsfrage sein, ob Balkonräume im Sondereigentum stehen oder nicht; deshalb ist für eine dort zu treffende Klarstellung dahin, dass das jeweilige Sondereigentum auch verbunden sei mit einer zu jeder Wohnung gehörenden, mit derselben Nummer wie die jeweilige Wohnung bezeichneten Loggia bzw. Terrasse, kein Raum (*OLG Düsseldorf* FGPrax 2009, 151 = Rpfleger 2009, 501). 258

Kein Widerspruch besteht deshalb trotz einer entsprechenden Kennzeichnung von Räumlichkeiten im Aufteilungsplan, wenn aufgrund einer ausdrücklichen Erklärung **anstelle von Sondereigentum** an den bezeichneten Räumlichkeiten **Sondernutzungsrechte** begründet werden sollen (*DNotI-Gutachten* DNotI-Report 2002, 68). 259

4. Widersprüchliche Angaben zu Sondernutzungsrechten

Besteht hinsichtlich vereinbarter Sondernutzungsrechte ein Widerspruch zwischen der Teilungserklärung und dem Lageplan, so soll der Teilungserklärung mit der Gemeinschaftsordnung im Rahmen der vorzunehmenden Auslegung der Vorrang zukommen, da sie der Ort der Vereinbarung ist (*HansOLG Hamburg* ZMR 2003, 445; *HansOLG Hamburg* OLGZ 1990, 308). Dem ist nicht zu folgen, da sowohl bei der Einräumung von Sondereigentum als auch bei der Begründung von Sondernutzungsrechten rechtsgeschäftliche Zuordnungserklärungen erforderlich sind, denen aber kein Vorrang gegenüber einem in Bezug genommen Plan zukommt. Es gelten somit die gleichen Grundsätze wie für den Gegenstand von Sondereigentum. Lassen sich der Text der Eintragungsbewilligung und die Angaben im Plan auch nicht durch Auslegung in Einklang bringen und verbleibt auf diese Weise ein nicht ausräumbarer Widerspruch, so ist ein Sondernutzungsrecht nicht entstanden (so zutreffend *OLG Zweibrücken* ZWE 2013, 85; *OLG Frankfurt am Main* ZWE 2006, 243; *BayObLG* NotBZ 2005, 263; *BayObLG* WE 2001, 71; vgl. auch *BayObLG* MittBayNot 2004, 191). Ein solches Sondernutzungsrecht kann dann auch nicht gutgläubig erworben werden (*OLG Zweibrücken* ZWE 2013, 85). 260

5. Abweichungen hinsichtlich Zweckbestimmungen

Nutzungsangaben im Aufteilungsplan haben grundsätzlich keinen Vorrang gegenüber solchen im Teilungsvertrag (*OLG Frankfurt am Main,* ZMR 1993, 125). Es handelt sich insoweit lediglich um Nutzungsvorschläge (*BGH* ZMR 2017, 317 = ZWE 2017, 177; *BGH* ZMR 2015, 390 = ZWE 2015, 208; *BGH* ZMR 2013, 452 = ZWE 2013, 168; *BGH* ZMR 2010, 461 = ZWE 2010, 178; *OLG Schleswig* ZMR 2004, 68; krit. *Schmid* NZM 2010, 852). Ihnen kommt deshalb nicht die 261

Bedeutung einer Zweckbestimmung mit Vereinbarungscharakter zu. Hierzu s. ausführlich § 3 Rdn. 43 ff.

262 Auch bei Widersprüchen zwischen Angaben in der Teilungserklärung und der Gemeinschaftsordnung sind **Zweckbestimmungen primär** der **Gemeinschaftsordnung** zu entnehmen; (*BayObLG* ZMR 1998, 184).

6. Widersprüchlicher Aufteilungsplan mit Abgeschlossenheitsbescheinigung

263 Wenn die als Aufteilungsplan vorgelegten Bauzeichnungen und die darauf Bezug nehmende Abgeschlossenheitsbescheinigung **in sich widersprüchlich** sind und gleichwohl eine Grundbucheintragung erfolgt ist, kann mangels Bestimmtheit kein Sondereigentum entstehen (*BayObLG* Rpfleger 1993, 335). Dies gilt auch für Unklarheiten infolge Streichungen oder Radierungen (*OLG Frankfurt am Main* Rpfleger 1978, 380).

III. Abweichungen bei der Bauausführung

1. Errichtung des Gebäudes an anderer Stelle

264 Wird ein **Gebäude** abweichend vom Aufteilungsplan **an anderer Stelle** auf dem Grundstück errichtet, entsteht sachenrechtlich dann Wohnungseigentum mit Sondereigentum in diesem Gebäude, wenn Gemeinschaftseigentum und Sondereigentum zweifelsfrei abgrenzbar sind (*BGH* ZMR 2004, 206; *OLG Karlsruhe* ZMR 1993, 474; *BayObLG* Rpfleger 1990, 204).

2. Änderungen in der Raumaufteilung

265 **Grundrissverschiebungen** innerhalb einer Wohnung sind solange unschädlich, wie sich die Wohnung insgesamt von angrenzendem Sonder- und Gemeinschaftseigentum abgrenzen lässt (*OLG Bamberg* NJW-RR 2003, 1138; *OLG Hamm* Rpfleger 1986, 374, 375; *BayObLG* Rpfleger 1982, 21). Abweichungen in der Bauausführung innerhalb einer mit dem Aufteilungsplan übereinstimmenden Einheit hat das Grundbuchgericht daher nicht zu prüfen (*OLG Köln* Rpfleger 1982, 374). Zu Unterteilungen s. Rdn. 312 ff.

3. Sonstige Abweichungen

266 Zu sonstigen Änderungen in der Bauausführung s. § 3 Rdn. 145 ff.

G. Nachträgliche Veränderungen beim Wohnungs-/Teileigentum

267 Die Bestimmungen des § 7 WEG gelten grundsätzlich auch für später einzutragende **Veränderungen** des Bestandes von Wohnungs-/Teileigentumseinheiten (Staudinger/*Rapp* Rn. 1). Zur Zulässigkeit vgl. auch § 6 Rdn. 3. Im Einzelnen sind die dargestellten Veränderungen auch kombiniert denkbar. In solchen Fällen muss zur Durchführung in die einzelnen Elemente untergliedert werden. Zum Vollzug sind dann alle für die einzelnen Änderungselemente nötigen Voraussetzungen zu erfüllen, wobei die umfassendere Form einheitlich für alle Elemente der Veränderung genügt (*BayObLG* Rpfleger 1993, 444; Bauer/Schaub/*Schneider* AT E Rn. 376).

268 Allgemein gilt, dass für die **Veränderung von Miteigentumsanteilen** eine Auflassung gem. §§ 873, 925 BGB erforderlich ist, für die verfahrensrechtlich § 20 GBO gilt (*BayObLG* Rpfleger 1993, 444; Bauer/Schaub/*Schneider* AT E Rn. 341; *Demharter* Anh. zu § 3 Rn. 78).

269 Soweit nur der **Gegenstand des Sondereigentums** von der Änderung betroffen ist, erfordert dies lediglich eine Einigung in Form der Auflassung gem. § 4 Abs. 1 u. 2, für die jedoch nach der hier vertretenen Auffassung verfahrensrechtlich § 20 GBO keine Anwendung findet (ebenso *Demharter* Anh. zu § 3 Rn. 78; vgl. dazu Rdn. 81 auch zur h.M.).

270 Betreffen die Änderungen ausschließlich den **Inhalt des Sondereigentums**, wendet die h.M. §§ 877, 873 BGB auf die Grundbucheintragung an (s. nur BGHZ 145, 133 = NJW 2000, 3643 = Rpfleger

2001, 69 = ZMR 2001, 119; BayOblG Rpfleger 1998, 19 in ständiger Rechtsprechung m.w.N.; Bärmann/*Suilmann* § 10 Rn. 88; Bauer/Schaub/*Schneider* AT E Rn. 318a; *Demharter* Anh. zu § 3 Rn. 78; Meikel/*Morvilius* Einl. C Rn. 168; *Röll* Rpfleger 1980, 90). Zutreffenderweise handelt es sich bei den entsprechenden Grundbucheintragungen jedoch um berichtigende Eintragungen (dazu ausführlich *Schneider* ZfIR 2002, 108, 116 ff. m.w.N.; wie hier *Böhringer* NotBZ 2003, 285, 289; KEHE/*Dümig* 6. Aufl. § 22 Rn. 53; Meikel/*Böttcher* § 22 Rn. 7), auf die weder § 873 BGB (Weitnauer/*Lüke* § 10 Rn. 29 u. 35) noch § 4 Abs. 1 u. 2, § 925 BGB Anwendung finden (*BayObLG* Rpfleger 1998, 19 m.w.N.; *Demharter* Anh. zu § 3 Rn. 78). Die Bestimmungen über das Gemeinschaftsverhältnis stellen schuldrechtliche Regelungen der Wohnungseigentümer dar, die außerhalb des Grundbuchs wirksam entstehen, geändert und aufgehoben werden können; sie verlieren durch die Eintragung nicht ihren schuldrechtlichen Charakter und werden auch nicht zu dinglichen Rechten (*BGH* BGHZ 225, 136 = ZfIR 2020, 533 = ZMR 2020, 776 = ZWE 2020, 328; BGHZ 145, 133 = Rpfleger 2001, 69 = ZMR 2001, 119; *BGH* Rpfleger 1984, 408; Staudinger/*Ertl* 12. Aufl. Vorbem. zu § 873 Rn. 44; *Weitnauer* DNotZ 1990, 385, 387 f.; *Ertl* DNotZ 1988, 4, 16 f.). Der in § 10 Abs. 3 S. 1 vorgesehenen Grundbucheintragung kommt nach diesem Verständnis nur die Funktion der Erstreckung des schuldrechtlichen Bandes bezüglich belastender Regelungen gegenüber dem in die Gemeinschaft eintretenden Sondernachfolger zu (*Schnauder* FS Bärmann und Weitnauer 1990, 567, 595; Weitnauer/*Lüke* § 10 Rn. 29). Eine Unrichtigkeit des Grundbuchs ist demnach dann gegeben, wenn eine im Grundbuch eingetragene Vereinbarung mit Wirkung gegenüber allen derzeitigen Wohnungseigentümern außerhalb des Grundbuchs nachweislich aufgehoben ist oder so nicht mehr besteht (*BayObLG* DNotZ 1990, 381; *BayObLG* Rpfleger 1991, 308; *OLG Frankfurt am Main,* MittRhNotK 1996, 269; KEHE/*Dümig* 6. Aufl. § 22 Rn. 53; a.A. *Demharter* DNotZ 1991, 28, 30, der auf eine anderslautende bindende Regelung abstellt). Die Berichtigung solchermaßen verdinglichter Regelungen erfolgt also hinsichtlich der unrichtig eingetragenen Erstreckungswirkung des § 10 Abs. 3 S. 1 (*Schneider* ZfIR 2002, 108, 118; *Böhringer* NotBZ 2003, 285, 289). Verfahrensrechtlich ist deshalb in diesen Fällen ein Unrichtigkeitsnachweis entsprechend § 22 GBO bzw. eine Berichtigungsbewilligung entsprechend § 19 GBO vorzulegen (*BayObLG* Rpfleger 1979, 108; Bauer/Schaub/*Schäfer* § 22 Rn. 46; *Ertl* DNotZ 1979, 267, 286; offen gelassen von *OLG München* ZMR 2017, 820 = ZWE 2017, 307).

Auch für die Grundbucheintragung nachträglicher Veränderungen beim Wohnungs-/Teileigentum 271
bedarf es **verfahrensrechtlich** einer entsprechenden **Antragstellung** gem § 13 GBO. Antragsberechtigt ist gem § 13 Abs. 1 S. 2 GBO jedoch nur der unmittelbar Beteiligte, dessen dingliche Rechtsstellung durch die Eintragung einen Verlust erleidet (= Betroffener) oder einen Gewinn erfährt (= Begünstigter). Mittelbare Vorteile bzw. Nachteile oder das Interesse an der Erfüllung schuldrechtlicher Ansprüche sind nicht zu berücksichtigen (*Böttcher* NJW 2008, 2088, 2095). Aus diesem Grunde kann der Berechtigte einer Eigentumsvormerkung weder einen Antrag auf Eintragung der Umwandlung von Gemeinschaftseigentum in Sondereigentum zu seinen Gunsten stellen (*KG* DNotZ 2004, 149), noch ist er antragsberechtigt für Veränderungen bei einem eingetragenen Sondernutzungsrecht (*OLG Zweibrücken* NotBZ 2007, 300 = Rpfleger 2007, 460 = ZMR 2007, 490). Auch kann ein Wohnungseigentümer nicht die in dem Grundbuch eines anderen Miteigentümers vermerkte Veräußerungsbeschränkung ohne Weiteres zur Löschung beantragen (*OLG München* ZWE 2014, 267; *OLG München* ZWE 2011, 418; *Niedenführ/Vandenhouten* § 12 Rn. 9; BeckOK WEG/*Hogenschurz* § 12 Rn. 94; *Wilsch* NotBZ 2007, 305, 308; § 12 Rn. 86).

I. Änderungen durch den teilenden Alleineigentümer

Im Fall der Aufteilung gem. § 8 WEG kann auch noch nach Anlegung der Wohnungs-/Teileigen- 272
tumsgrundbücher der teilende Alleineigentümer **Veränderungen** sowohl hinsichtlich der Anzahl und Größe der Miteigentumsanteile als auch hinsichtlich der Zuordnung zum Gemeinschafts- oder Sondereigentum oder der Bestimmungen über das Verhältnis der zukünftigen Wohnungseigentümer untereinander vornehmen. Zu einer Zusammenlegung vgl. *OLG München* ZWE 2009, 25. Die Möglichkeit zur einseitigen Änderung besteht im Hinblick auf §§ 876, 877 BGB bis zur Eintragung der ersten Erwerbsvormerkung oder der ersten Einzelbelastung (*BGH* Rpfleger 2017, 263 = ZfIR

2017, 355 = ZWE 2017, 169; *OLG Köln* FGPrax 2016, 60; *BayObLG* DNotZ 1990, 381 = Rpfleger 1989, 503 – Ls; *BayObLG* BayObLGZ 1993, 259 = MittBayNot 1993, 292 = Rpfleger 1994, 17; *BayObLG* Rpfleger 1999, 178 = ZMR 1999, 115; *OLG Düsseldorf* Rpfleger 1997, 305; *OLG Frankfurt am Main*, Rpfleger 1998, 336 = ZMR 1998, 365; *OLG Düsseldorf* ZMR 2001, 650; *BayObLG* ZMR 2003, 857; Bamberger/Roth/*Hügel* § 8 Rn. 10). Im Interesse einheitlicher Rechtsverhältnisse in der Eigentümergemeinschaft ist die vorherige Zustimmung des Berechtigten aus der **Auflassungsvormerkung** erforderlich; § 888 BGB findet in diesem Fall keine Anwendung (incidenter *BGH* Rpfleger 2017, 263 = ZfIR 2017, 355 = ZWE 2017, 169; *OLG Köln* FGPrax 2016, 60; *OLG München* ZWE 2013, 209; *BayObLG* BayObLGZ 1998, 255 = Rpfleger 1999, 178 = ZfIR 1999, 40 = ZMR 1999, 115; *OLG Düsseldorf* Rpfleger 1997, 305; *BayObLG* BayObLGZ 1993, 259 = Rpfleger 1994, 17; **a.A.** *Häublein* Sondernutzungsrechte, S. 130; *Ott* Sondernutzungsrecht, S. 80). Nicht erforderlich ist dagegen die Zustimmung des zeitgleich mit der Anlegung des Wohnungseigentums eingetragenen Vormerkungsberechtigten (*BayObLG* Rpfleger 1999, 123 = ZMR 1999, 187).

273 Der Bauträger kann bereits in der Teilungserklärung **zur Vornahme** späterer Änderungen **ermächtigt/bevollmächtigt** werden. Die an sich notwendige **Mitwirkung** der übrigen Wohnungs-/Teileigentümer kann auf diese Weise bereits in der Teilungserklärung **abbedungen** werden. Die Grundbucheintragung einer solchermaßen vorweggenommenen Zustimmung kann jedoch nur dann Wirkungen gegenüber einem Sondernachfolger im Eigentum gem. § 10 Abs. 3 S. 1 WEG entfalten, wenn die Regelung nicht das sachenrechtliche Grundverhältnis der Wohnungseigentümer betrifft. Regelungsgegenstand solcher durch Grundbucheintragung verdinglichten Ermächtigungen/Bevollmächtigungen können daher nicht die Eigentumsverhältnisse sondern nur Fragen des Gemeinschaftsverhältnisses der Wohnungseigentümer sein (*BGH* ZMR 2021, 992 = ZWE 2021, 451; *BGH* ZMR 2015, 390 = ZWE 2015, 208; *BGH* ZMR 2012, 793; *BGH* NZM 2003, 480 = ZMR 2003, 748; *BayObLG* DNotZ 1998, 379 = Rpfleger 1998, 19; *BayObLG* NZM 2000, 668 = ZMR 2000, 316; *BayObLG* Rpfleger 2002, 140 = ZMR 2002, 283; *KG* NZM 1999, 258; *Armbrüster* ZMR 2005, 244, 247; *Demharter* Anh. zu § 3 Rn. 91; *Hügel* RNotZ 2005, 149, 151; *Krause* NotBZ 2001, 433, 434 u. 437 f.; Meikel/*Böttcher* Einl. I Rn. 15 f.; *Müller*, 4. Aufl. Rn. 85; *Schöner/Stöber* Rn. 2967c). Nicht möglich sind daher verdinglichte Ermächtigungen/Bevollmächtigungen zur Umwandlung von Gemeinschafts- in Sondereigentum und umgekehrt (vgl. den Regressfall des *OLG Frankfurt* Urt. v. 03. Juni 2015 – 4 U 218/14, zit. juris), wohl aber zur Umwandlung von Wohnungs- in Teileigentum und umgekehrt (*BGH* ZMR 2021, 992 = ZWE 2021, 451; *BayObLG* NZM 2000, 668 = ZMR 2000, 316; *BayObLG* DNotZ 1998, 379 = Rpfleger 1998, 19). Zur Ausgestaltung und zum Umfang solcher Änderungsvorbehalte s. zuletzt *OLG München* ZMR 2017, 820 = ZWE 2017, 307; *OLG München* ZWE 2014, 121 und ausführlich *Krause* NotBZ 2001, 433 und NotBZ 2002, 11 sowie *Armbrüster* ZMR 2005, 244; zur Auseinandersetzung mit der vorgenannten Rechtsprechung und a.A. s. § 3 Rdn. 23f.

274 **Verfahrensrechtlich** ist neben der entsprechenden Antragstellung die Eintragungsbewilligung des aufteilenden Eigentümers gem. § 19 GBO ausreichend. Ggf. ist der Nachweis der Zustimmung bzw. Bevollmächtigung für einen bereits eingetragenen vormerkungsberechtigten Einzelerwerber oder dinglich Berechtigte zu erbringen (vgl. Rdn. 272). Dabei ist zu beachten, dass die in einem notariellen Kaufvertrag dem Verkäufer erteilte und gegenüber dem Grundbuchgericht uneingeschränkte Vollmacht zur Änderung der Teilungserklärung nur das Verhältnis der Erwerber zum Verkäufer betrifft; sie macht die Bewilligung der dinglich Berechtigten nicht entbehrlich (*BayObLG* DNotZ 1996, 297). Zu Vollmachtsfragen s. auch § 8 Rdn. 40 f. m.w.N.

275 Wird ein bereits in Wohnungs- bzw. Teileigentum aufgeteiltes (mit einem Wohnzwecken dienenden Gebäude bebautes) Grundstück, das im Gebiet einer **kommunalen Erhaltungssatzung** liegt (§ 172 BauGB), vom Eigentümer sämtlicher Einheiten vollständig geändert aufgeteilt, darf das Grundbuchamt die Aufteilung nur eintragen, wenn die gemeindliche **Genehmigung** (oder ein entsprechendes Negativattest) vorgelegt wird (*OLG München* MittBayNot 2016, 353).

Die Vorlage einer neuerlichen **Abgeschlossenheitsbescheinigung** oder ggf. auch abgeänderter **Aufteilungspläne** ist für die mit gegenständlichen Veränderungen des Sondereigentums verbundenen Eintragungen ebenso erforderlich wie in den nachfolgenden Fallgestaltungen bei einer bestehenden Eigentümergemeinschaft, da der Aufteilungsplan in beiden Fällen die Einhaltung des das Sachen- und Grundbuchrecht beherrschenden Bestimmtheitsgrundsatzes sichert. Dies setzt jedoch voraus, dass eine erforderliche Bewilligung auch in einem erkennbaren Zusammenhang zu einer ebenfalls vorzulegenden neuen Abgeschlossenheitsbescheinigung steht (*KG* ZMR 2015, 881 für die Umwandlung von Teil- in Wohnungseigentum). 276

Die **Eintragung** im Grundbuch erfolgt wie in den nachfolgenden Fallgestaltungen. 277

II. Gegenständliche Änderungen des Sondereigentums bei bestehender Eigentümergemeinschaft

1. Umwandlung von Gemeinschaftseigentum in Sondereigentum

Eine Umwandlung von Gemeinschaftseigentum in Sondereigentum kann sich **auf unterschiedliche Weise** vollziehen. Denkbar ist lediglich die Überführung eines bisher im gemeinschaftlichen Eigentum stehenden Raumes (z.B. eines Kellerraumes; vgl. *BGH* Rpfleger 1986, 430 = ZMR 1986, 365) oder bestimmter abgetrennter Teile eines solchen Raumes und Verbindung mit einem bereits vorhandenen und im Übrigen unverändert bleibenden Wohnungseigentum. Aber auch die Bildung völlig neuer Einheiten (z.B. beim nachträglichen Dachgeschossausbau, vgl. *BayObLG* Rpfleger 1993, 488 = ZMR 1993, 423 oder der Errichtung eines weiteren Gebäudes bei einer Mehrhausanlage, vgl. *BayObLG* DNotZ 1995, 607 = ZMR 1994, 576) kann auf diese Weise unter Einbeziehung abgespaltener Miteigentumsanteile in Betracht kommen. Auch die Beseitigung isolierter Miteigentumsanteile kann durch Umwandlung bisherigen Gemeinschaftseigentums in Sondereigentum erfolgen (vgl. *LG Hamburg* ZMR 2013, 57). Vielfach wird diese Gestaltung im Rahmen von Unterteilungen auftreten (s. Rdn. 312 ff.). Voraussetzung ist allerdings immer, dass die umgewandelten Bereiche grundsätzlich sondereigentumsfähig sind. Zwingendes Gemeinschaftseigentum (§ 5 Abs. 2) kann nicht in Sondereigentum überführt werden. 278

Ein **Anspruch** eines Wohnungseigentümers **auf Umwandlung** von Gemeinschaftseigentum in Sondereigentum besteht allerdings nur in besonderen Ausnahmefällen (*OLG Schleswig* OLG-Report 2006, 432 – Baumaßnahmen mit Zustimmung; *OLG Saarbrücken* NZM 2005, 423 – Kellerraum; *KG* ZMR 1998, 368 – Dachboden nach Ausbau; zu den strengen Voraussetzungen eines Anpassungsanspruchs s. *BGH* ZMR 2012, 793). 279

Bei der Umwandlung von Gemeinschaftseigentum in Sondereigentum handelt es sich um eine **gegenständliche Veränderung** des Gemeinschafts- und des Sondereigentums. Zur Änderung des sachenrechtlichen Grundverhältnisses ist materiell-rechtlich eine Einigungserklärung sämtlicher Miteigentümer gem. § 4 in Auflassungsform erforderlich (*BGH* ZMR 2012, 793 = ZWE 2012, 361; *BGH* Rpfleger 2005, 17 = ZMR 2005, 59; *BGH* NZM 2003, 480 = ZMR 2003, 748; *BGH* NJW 1986, 2759 = Rpfleger 1986, 430 = ZMR 1986, 365; *OLG Saarbrücken* NZM 2005, 423; *OLG Celle* OLG-Report 2004, 79; *KG* ZMR 1998, 368; *OLG Frankfurt am Main,* Rpfleger 1997, 374; *BayObLG* MittBayNot 1994, 41; *BayObLG Rpfleger* 1992, 20; *BayObLG* DNotZ 1990, 37 m. zust. Anm. *Ertl*; Bärmann/*Armbrüster* § 4 Rn. 9; *Demharter* Anh. zu § 3 Rn. 91; *Schöner/Stöber* Rn. 2967; Weitnauer/*Briesemeister* § 4 Rn. 4). Die bloße Nachreichung eines geänderten Aufteilungsplanes reicht dafür nicht aus (*BayObLG* Rpfleger 1974, 11). Ebensowenig können nachträglich durchgeführte **bauliche Maßnahmen** (z.B. Anbauten, Dachaufstockungen) zu einer automatischen **Erweiterung des bisherigen Sondereigentums** einer schon bestehenden Einheit führen. Zusätzlich gebildete Räumlichkeiten stehen mangels einer entsprechenden Einigung zwingend im Gemeinschaftseigentum (*OLG Celle* ZWE 2009, 128; *OLG München* DNotZ 2008, 127 = NZM 2007, 842 = ZMR 2007, 643; *OLG München* ZMR 2007, 69; vgl. auch *OLG Hamm* v. 29.10.2018 – I-5 U 34/18 –, zit. juris). Zur Frage der vorweggenommenen Einigung im Fall eines umfassend ein- 280 geräumten Sondernutzungsrechts s. Rdn. 282. Wegen evtl. erforderlicher Drittzustimmungen s. Rdn. 288.

281 Eine solche vertragliche Regelung der **sachenrechtlichen Zuordnung** ist von einer inhaltlichen Ausgestaltung des Gemeinschaftsverhältnisses streng zu unterscheiden (*BGH* ZMR 2021, 992 = ZWE 2021, 451; *BGH* ZMR 2012, 793; *BGH* ZMR 2003, 748; *Hügel* RNotZ 2005, 149, 151). Für den Vollzug ist deshalb lediglich eine Änderung der Teilungserklärung durch Vereinbarung der Wohnungseigentümer gem. § 10 Abs. 1 und 3 nicht ausreichend. Aus diesem Grunde kann in Gemeinschaftsordnungen eine vorweg genommene Zustimmung/Ermächtigung zur Vornahme solcher Veränderungen mit einer den Sondernachfolger bindenden Wirkung nicht als Inhalt des Sondereigentums vereinbart und daher auch nicht in das Grundbuch eingetragen werden (*BGH* ZMR 2021, 992 = ZWE 2021, 451; *BayObLG* Rpfleger 2002, 140 = ZMR 2002, 283; *BayObLG* Rpfleger 2000, 544 = ZMR 2000, 779; *BayObLG* Rpfleger 1998, 19; *KG* ZMR 1998, 368; Bauer/Schaub/*Schneider* AT E Rn. 356; Meikel/Morvilius Einl. C Rn. 183; *Schöner/Stöber* Rn. 2967; a.A. *Rapp* MittBayNot 1998, 77; *Röll* DNotZ 1998, 345; s. auch Rdn. 273). Deshalb können auch Erleichterungen des § 5 Abs. 4 S. 2 (und früher auch Satz 3) WEG keine Anwendung finden, sie gelten nur für Vereinbarungen i.S. von § 10 WEG (*OLG Düsseldorf* ZWE 2010, 93). Auch ein Beschluss der Eigentümerversammlung über die Umwandlung von Gemeinschafts- in Sondereigentum ist als Eintragungsgrundlage nicht geeignet; ein solcher Beschluss ist wegen absoluter Unzuständigkeit nichtig (*BGH* ZMR 2012, 793; *BayObLG* MittBayNot 1998, 440; *OLG Düsseldorf* NJW-RR 1996, 210).

282 Auch die Einräumung eines **umfassenden Sondernutzungsrechtes** (z.B. bei Errichtung einer Anlage in mehreren Bauabschnitten) mit Bebauungsbefugnis an einer Grundstücksteilfläche des in Wohnungseigentum aufgeteilten Gesamtgrundstücks enthält nicht die vorweggenommene Einigung über die Einräumung von Sondereigentum zugunsten des Sondernutzungsberechtigten an den auf diese Weise entstehenden Räumlichkeiten (*BGH* NJW-RR 2005, 10 = Rpfleger 2005, 17 = ZMR 2005, 59; *OLG Celle* OLG-Report 2004, 79; *BayObLG* Rpfleger 2002, 140 = ZMR 2002, 283; *BayObLG* Rpfleger 2000, 544 = ZMR 2000, 779; *BayObLG* MittBayNot 2000, 551 m. abl. Anm. *Roellenbleg*). Der teilende Bauträger kann sich die Befugnis zur späteren Umwandlung von Gemeinschafts- in Sondereigentum nur durch eine entsprechende Bevollmächtigung in allen Erwerbsverträgen sichern (*BGH* NJW-RR 2005, 10 = Rpfleger 2005, 17 = ZMR 2005, 59; *OLG Celle* OLG-Report 2004, 79; *BayObLG* ZMR 2003, 518; *BayObLG* Rpfleger 2002, 140 = ZMR 2002, 283; *BayObLG* ZMR 2000, 779; *BayObLG* ZMR 2000, 316; Bauer/Schaub/*Schneider* AT E Rn. 356; a.A. *Gaier* FS Wenzel 2005, 145).

283 Zu den noch ungeklärten Rechtsfragen im Zusammenhang mit einer »verdinglichten« Übertragungsverpflichtung der Wohnungseigentümer vgl. *Hügel* RNotZ 2005, 149, 151 f.).

284 Ebenfalls kann Sondereigentum ohne Einigung und Eintragung nicht entstehen nach den Regeln des entschuldigten oder erlaubten **Überbaus** (*BGH* BGHZ 208, 29 = NJW 2016, 473 = ZfIR 2016, 276 = ZMR 2016, 215; *BayObLG* Rpfleger 1993, 448 m. Anm. *Röll* MittBayNot 1993, 265 str.; vgl. § 1 Rdn. 271 m.w.N.). Auch eine **tatsächliche Erweiterung** des Sondereigentums auf gemeinschaftliches Eigentum bewirkt **keine Rechtserweiterung** (*KG* ZMR 2004, 377; *KG* ZMR 2001, 849; *Briesemeister* ZWE 2004, 310).

285 **Verfahrensrechtlich** ist zu unterscheiden:

286 Nach der hier vertretenen Auffassung bedarf es neben einer entsprechenden Antragstellung gem. § 13 GBO (kein Antragsrecht für den nur mittelbar beteiligten Vormerkungsberechtigten; *KG* DNotZ 2004, 149) auch für den Vollzug der Umwandlung nur der Vorlage einer entsprechenden **Eintragungsbewilligung** sämtlicher betroffenen Wohnungseigentümer in der Form des § 29 GBO (vgl. Rdn. 269; Rdn. 81), wenn lediglich Sondereigentum mit einem vorhandenen und ansonsten unverändert bleibenden Wohnungseigentum verbunden wird. Der aufnehmende Wohnungseigentümer ist daher nicht betroffen. Da sich in diesem Fall die Änderung nur auf das Sondereigentum bezieht, ist für die Grundbucheintragung der Nachweis der Einigung entsprechend § 20 GBO nicht erforder-

lich (*Demharter* Anh. zu § 3 Rn. 78). Der Unterschied zur h.M. ist jedoch in der Praxis gering, wenn man berücksichtigt, dass das Grundbuchgericht jedenfalls nicht sehenden Auges in Kenntnis einer fehlenden oder unwirksamen Einigung die Eintragung vollziehen darf (deshalb die nachweisrechtliche Frage offen lassend *BayObLG* DNotZ DNotZ 1990, 37).

Wird dagegen gemeinschaftliches Eigentum dergestalt in Sondereigentum umgewandelt, dass mit neu entstehendem Sondereigentum abgespaltene Miteigentumsbruchteile zur **Schaffung neuer Einheiten** verbunden werden, richtet sich der gegenüber dem Grundbuchgericht zu führende Nachweis nach §§ 873, 925 BGB; verfahrensrechtlich findet dann **§ 20 GBO** Anwendung (*Demharter* Anh. zu § 3 Rn. 78; s. Rdn. 268). 287

Zustimmungserklärungen dinglich Berechtigter in der Form des § 29 GBO sind in beiden dargestellten Fällen erforderlich, soweit die Umwandlung für sie eine Beeinträchtigung ihres Belastungsgegenstandes durch Aufgabe gemeinschaftlichen Eigentums mit sich bringt (§§ 876, 877 BGB, § 19 GBO). Nicht betroffen sind daher Inhaber von Gesamtrechten an allen Einheiten bzw. am ganzen Grundstück, da sich deren Rechtsposition insgesamt nicht verändert (*OLG Frankfurt am Main*, Rpfleger 1997, 374, 375; Bauer/Schaub/*Schneider* AT E Rn. 358; *Böhringer* BWNotZ 1993, 153, 158 f.). Ebenfalls nicht betroffen sind dinglich Berechtigte am aufnehmenden Wohnungseigentum (*Schöner/Stöber* Rn. 2967). Die Erleichterungen des § 5 Abs. 4 S. 2 (und früher Satz 3) WEG gelten hier nicht, da diese nur für Vereinbarungen i.S. von § 10 WEG anwendbar sind (*OLG Düsseldorf* ZWE 2010, 93). In der Zustimmungserklärung ist die verfahrensrechtliche Bewilligung zu einer erforderlichen Pfandentlassung hinsichtlich des umgewandelten Gemeinschaftseigentums zu sehen (*LG Bremen* Rpfleger 1985, 106 m. abl. Anm. *Meyer-Stolte*). 288

Diese Grundsätze sollen auch dann gelten, wenn bei der Umwandlung von Gemeinschafts- in Sondereigentum dem hinzuerwerbenden Wohnungseigentümer **bereits** ein **Sondernutzungsrecht** an dem in Sondereigentum überführten Gegenstand eingeräumt war. Grundpfandrechtsgläubiger der abgebenden Einheiten sollen danach in ihrer Rechtsposition betroffen sein, weil der Verlust des Miteigentums weit einschneidender sei als der Ausschluss vom Mitgebrauch. Die Grundpfandrechtsgläubiger erlitten eine Schmälerung des Haftungsobjektes und dadurch einen weiter gehenden Rechtsverlust, als er schon durch die Begründung von Sondernutzungsrechten eingetreten war. Zustimmungserklärungen Drittberechtigter sollen demnach auch in diesem Fall nicht entbehrlich sein (*BayObLG* Rpfleger 2002, 140 = ZMR 2002, 283; *BayObLG* WE 1996, 155; *BayObLG* MittRhNotK 1993, 224; *BayObLG* Rpfleger 1992, 20; Bauer/*v. Oefele* 3. Aufl. AT V Rn. 358; *Demharter* Anh. zu § 3 Rn. 91; *Schöner/Stöber* Rn. 2967c). 289

Dinglich Berechtigte der abgebenden Einheiten finden jedoch von vornherein einen um das Mitbenutzungsrecht reduzierten Haftungsgegenstand vor, sodass es für sie keinen Unterschied macht, ob der der Haftung nicht unterliegende Bereich im Sondereigentum eines anderen Miteigentümers steht, oder ob diesem ein Sondernutzungsrecht daran gebührt. Aus der Sicht eines Gläubigers und der Werthaltigkeit des Pfandobjekts ist es unerheblich, ob ein Sondernutzungsrecht oder Sondereigentum für die Wertbestimmung maßgeblich ist. Weder die Beleihbarkeit noch die Sicherheit des Rechtsverkehrs werden beeinträchtigt, wenn beide Fälle im Hinblick auf § 19 GBO und §§ 877, 876 BGB gleich behandelt werden (*F. Schmidt* WE 1996, 157, 159; *Schneider* Rpfleger 1998, 53, 59). Ebenso sollte eine Zustimmung dinglich Berechtigter zur nachträglichen Begründung von Sondereigentum durch Umwandlung entbehrlich sein, wenn bereits in der Teilungserklärung diejenigen Teile des Gemeinschaftseigentums, die später bebaut werden sollen, dem zum Bau berechtigten Eigentümer als Sondernutzungsrecht zugewiesen sind (Münchner Vertragshandbuch/*F. Schmidt* Bd. 6 VIII 3 Nr. 5; *Rapp* MittBayNot 1998, 77; *Schöner/Stöber* Rn. 2967c). 290

Das *OLG München* hält demgegenüber unverändert an der Rechtsprechung des früheren *BayObLG* auch für folgenden Sonderfall fest. Selbst wenn es danach in einzelnen Häusern einer **Mehrhausanlage** durch einen Nachtrag zur Teilungserklärung zu Veränderungen im Verhältnis des Gemeinschaftseigentums zum Sondereigentum (z.B.: Öffnung der Dachhaut durch Einbau von Terrassen) kommt, bedarf es der **Zustimmung der Grundpfandgläubiger der übrigen Häuser** auch dann, wenn 291 die Gemeinschaftsordnung eine weitestgehende Verselbstständigung der einzelnen Häuser, etwa durch ein umfassendes Sondernutzungsrecht für die jeweiligen Eigentümer an »ihrem« Haus, vorsieht (*OLG München* ZWE 2012, 316 m. abl. Anm. *F. Schmidt*).

292 **Nachverpfändungserklärungen** werden nach h.M. nur dann für erforderlich gehalten, wenn hinzuerworbene Miteigentumsanteile am aufnehmenden Wohnungseigentum dort bereits eingetragenen Rechten unterstellt werden müssen (*Demharter* Anh. zu § 3 Rn. 88; s. aber auch § 6 Rdn. 8 m.w.N. auch zur **a.A.**). Dagegen erstrecken sich bereits eingetragene Belastungen am aufnehmenden Wohnungseigentum kraft Gesetzes auf später hinzuerworbenes isoliertes Sondereigentum (*OLG Karlsruhe* ZWE 2013, 208; *LG Düsseldorf* MittRhNotK 1986, 78; *Schöner/Stöber* Rn. 2967; *Streuer* Rpfleger 1992, 181).

293 Zur Eintragung der Umwandlung von Gemeinschaftseigentum in Sondereigentum ist grundsätzlich ein **geänderter Aufteilungsplan** mit **Abgeschlossenheitsbescheinigung** vorzulegen (*BayObLG* BayObLGZ 1997, 347 = Rpfleger 1998, 194 = ZfIR 1998, 156). Abweichungen von dem ursprünglichen Aufteilungsplan sind dabei unbeachtlich, solange sie lediglich von der Umwandlung nicht betroffene Räume oder Gebäudeteile betreffen (*LG Traunstein* MittBayNot 1995, 297).

294 Die Vorlage einer steuerlichen **Unbedenklichkeitsbescheinigung** ist grundsätzlich gem. § 22 GrEStG erforderlich (*Viskorf*/Viskorf 21. Aufl. § 2 Rn. 283; a.A. Meikel/*Morvilius* Einl. C Rn. 183, der auf eine Veränderung der Miteigentumsanteile des erwerbenden Wohnungseigentümers und damit dessen wertmäßige Beteiligung am gemeinschaftlichen Grundstück im Hinblick auf § 7 Abs. 1 GrEStG abstellt); das Grundbuchgericht kann jedoch einen evtl. »Mehrerwerb« nicht prüfen.

295 Die **Eintragung** der Umwandlung gemeinschaftlichen Eigentums in Sondereigentum hat in allen für das Grundstück angelegten Wohnungs- und Teileigentumsgrundbüchern zu erfolgen (*BayObLG* BayObLGZ 1997, 347 = Rpfleger 1998, 194 = ZfIR 1998, 156; BeckOGK/*M. Müller* Stand: 01.06.2024, § 4 Rn. 16; *Schöner/Stöber* Rn. 2967; a.A. Meikel/*Böttcher* 10. Aufl. § 3 WGV Rn. 22). Entstehen durch die Umwandlung bei gleichzeitiger Verbindung mit Miteigentumsanteilen neue Wohnungs- oder Teileigentumseinheiten, hat insoweit nach § 7 Abs. 1 S. 1 die Anlegung neuer Grundbücher nach den in Rdn. 4 ff. dargestellten Grundsätzen zu erfolgen. Zugleich ist in diesem Fall gem. § 7 Abs. 1 S. 2 die weiter gehende Beschränkung der bereits eingetragenen Miteigentumsanteile durch die Einräumung des zu dem neu geschaffenen Miteigentumsanteil gehörenden Sondereigentumsrechts einzutragen. Die Eintragung ist gem. § 3 Abs. 5 WGV in den Spalten 5 und 6 des Bestandsverzeichnisses vorzunehmen. Eine Änderung im Bestand der zum Sondereigentum gehörenden Räume muss auf dem Grundbuchblatt selbst ausdrücklich vermerkt werden. Eine Eintragung nur durch Bezugnahme auf die Eintragungsbewilligung ist auch nach § 7 Abs. 3 WEG nicht zulässig (*BGH* BGHZ 174, 61 = Rpfleger 2008, 60 = ZfIR 2008, 574 = ZMR 2008, 136).

296 Zur Zulässigkeit einer teilweisen Umwandlung unter Berücksichtigung der Grundsätze des § 139 BGB s. *OLG München* ZWE 2017, 28.

296a Zur Umwandlung von Gemeinschaftseigentum in Annexeigentum gem. § 3 Abs. 2 WEG s. *Schneider* ZMR 2023, 937.

2. Umwandlung von Sondereigentum in Gemeinschaftseigentum

297 Auch die Umwandlung von Sonder- in Gemeinschaftseigentum kann sich bei fortbestehender Eigentümergemeinschaft auf unterschiedliche Weise vollziehen. So kann nach Anlegung der Wohnungsgrundbücher eine nachträgliche Änderung der **Zuordnung einzelner Gebäudeteile** zum Sondereigentum erfolgen. Denkbar ist aber auch die **Aufhebung einer vollständigen Sondereigentumseinheit** und Überführung des bisherigen Sondereigentums in das Gemeinschaftseigentum z.B. zur Schaffung einer Hausmeisterwohnung oder eines Geräteraumes für Gartenmaterialien (*BGHZ* 139, 352 = Rpfleger 1999, 66 = ZMR 1999, 182). Eine Umwandlung kann insbesondere auch im Rahmen einer Unterteilung erforderlich werden; dazu s. Rn. 312 ff. Ausnahmsweise kann ein **Anspruch auf Zustimmung** zur Umwandlung von Sondereigentum in Gemein-

schaftseigentum nach § 242 BGB bzw. aus den sich aus dem Wohnungseigentümerverhältnis abzuleitenden Rücksichtnahmegebot in Betracht kommen (*OLG Stuttgart* ZMR 2013, 54).

Auch bei der Umwandlung von Sondereigentum in Gemeinschaftseigentum handelt es sich um eine **gegenständliche Veränderung** des Gemeinschafts- und des Sondereigentums. Zur Änderung des sachenrechtlichen Grundverhältnisses ist daher wie im umgekehrten Fall materiell-rechtlich eine **Einigungserklärung** sämtlicher Miteigentümer gem. § 4 in Auflassungsform erforderlich (BGHZ 139, 352 = Rpfleger 1999, 66 = ZMR 1999, 182; *OLG Stuttgart* ZMR 2013, 54; *BayObLG* Rpfleger 1998, 19; *BayObLG* Rpfleger 1996, 240 = ZMR 1996, 285; *Demharter* Anh. zu § 3 Rn. 93; Müller, 4. Aufl. Rn. 85; *Schöner/Stöber* Rn. 2967; Weitnauer/*Briesemeister* § 4 Rn. 2). Gemeinschaftliches Eigentum kann niemandem aufgedrängt werden (*OLG Stuttgart* ZMR 2013, 54; *OLG München* Rpfleger 2007, 459 = ZfIR 2008, 115; *BayObLG* Rpfleger 1998, 19). Aus diesem Grunde ist auch ein einseitiger **Verzicht** auf das Sondereigentum analog § 928 BGB nicht zulässig (*BGH* BGHZ 172, 338 = NZM 2007, 600 = Rpfleger 2007, 537 = ZMR 2007, 795; *OLG Celle* MDR 2004, 29; *OLG Zweibrücken* ZMR 2003, 137; *OLG Düsseldorf* ZMR 2001, 129 = NJW-RR 2001, 233; *BayObLG* NJW 1991, 1962; *KG* NJW 1989, 42; **a.A.** *OLG Düsseldorf* ZMR 2007, 382 = NZM 2007, 219; *Kanzleiter* NJW 1996, 905, 907). Gleiches muss nach dem Sinn und Zweck dann auch für ein **Aufgebotsverfahren** gem. § 927 Abs. 1 BGB gelten (s. dazu § 1 Rn. 155). Entstandenes Sondereigentum an einem Raum kann auch nicht durch die **Nichtmitübertragung** im Rahmen einer Neufassung des Bestandsverzeichnisses erlöschen (*OLG Nürnberg* ZMR 2021, 602). Wegen evtl. erforderlicher Drittzustimmungen s. sogleich. 298

In Gemeinschaftsordnungen kann eine **vorweg genommene Zustimmung/Ermächtigung** zur Vornahme solcher Veränderungen mit einer den Sondernachfolger bindenden Wirkung nicht als Inhalt des Sondereigentums vereinbart und daher auch nicht in das Grundbuch eingetragen werden (*BayObLG* Rpfleger 2002, 140 = ZMR 2002, 283; *BayObLG* Rpfleger 2000, 544; *BayObLG* Rpfleger 1998, 19; *KG* FGPrax 1998, 94; a.A. *Röll* DNotZ 1998, 345; vgl. Rdn. 273, 281). Hat der teilende Bauträger sich die Befugnis zur späteren Umwandlung von Sonder- in Gemeinschaftseigentum durch eine entsprechende Bevollmächtigung in allen Erwerbsverträgen gesichert, wird zu beachten sein, dass die von den Erwerbern erteilten Vollmachten nur das Verhältnis des Erwerbers zum Veräußerer betreffen; sie machen nicht die Bewilligung der dinglich Berechtigten entbehrlich (*BayObLG* ZMR 1998, 299). 299

Verfahrensrechtlich ist wiederum zu unterscheiden: 300

Nach der hier vertretenen Auffassung bedarf es für den Vollzug der Umwandlung von Sonder- in Gemeinschaftseigentum der Vorlage einer entsprechenden **Eintragungsbewilligung** der rechtlich allein betroffenen verlierenden Wohnungseigentümer in der Form des § 29 GBO (vgl. Rdn. 269, 286), wenn lediglich Teile ihres Sondereigentums in Gemeinschaftseigentum überführt werden (*BayObLG* ZMR 1998, 299). Die aufnehmenden Wohnungseigentümer sind rechtlich nicht betroffen. Da sich in diesem Fall die Änderung nur auf das Sondereigentum bezieht, ist für die Grundbucheintragung der Nachweis der Einigung entsprechend § 20 GBO nicht erforderlich (*Demharter* Anh. zu § 3 Rn. 78). Der Unterschied zur h.M. ist jedoch in der Praxis gering, wenn man berücksichtigt, dass das Grundbuchgericht jedenfalls nicht sehenden Auges in Kenntnis einer fehlenden oder unwirksamen Einigung die Eintragung vollziehen darf (die nachweisrechtliche Frage offen lassend *BayObLG* DNotZ 1990, 37). 301

Wird dagegen Sondereigentum dergestalt in gemeinschaftliches Eigentum umgewandelt, dass lediglich ein isolierter Miteigentumsanteil verbleiben würde, handelt es sich faktisch um die **Aufhebung** eines einzelnen Wohnungseigentums. Der verbleibende Miteigentumsanteil muss dann im Wege der Auflassung mit einem oder mehreren/allen anderen Anteil/en verbunden werden. Ein isolierter Miteigentumsanteil kann rechtsgeschäftlich nämlich nicht begründet werden (*BGH* BGHZ 109, 179 = Rpfleger 1990, 62 = ZMR 1990, 112; *OLG München* ZWE 2010, 459) und sollte nach allerdings inzwischen zu Recht bestrittener Auffassung des *OLG Hamm* (DNotZ 1992, 492 m. abl. Anm. *Hauger* = Rpfleger 1990, 509 – Ls) mangels eines damit noch verbundenen Anwartschafts- 302 rechts sogar seine Buchungsfähigkeit im Grundbuch verlieren (insoweit zu Recht a.A. jetzt *OLG Hamm* Rpfleger 2007, 137 = ZMR 2007, 213; *Demharter* Anh. zu § 3 Rn. 12). Die Übertragung des Miteigentumsanteils richtet sich dann nach §§ 873, 925 BGB; verfahrensrechtlich findet in diesem Fall **§ 20 GBO** Anwendung (*Demharter* Anh. zu § 3 Rn. 78; vgl. Rdn. 268).

303 **Zustimmungserklärungen dinglich Berechtigter** in der Form des § 29 GBO sind in beiden dargestellten Fällen erforderlich, soweit die Umwandlung für sie eine Beeinträchtigung ihres Belastungsgegenstandes durch Aufgabe von Sondereigentum mit sich bringt (§§ 876, 877 BGB, § 19 GBO). Nicht betroffen sind daher auch hier Inhaber von Gesamtrechten an allen Einheiten bzw. am ganzen Grundstück, da sich deren Rechtsposition insgesamt nicht verändert (*Böhringer* BWNotZ 1993, 153, 158 f.; *Schöner/Stöber* Rn. 2967) und andernfalls nach Überführung in Gemeinschaftseigentum bei sämtlichen Einheiten eine Nachverpfändung erfolgen müsste, da eine real gespaltene Belastung des gemeinschaftlichen Eigentums nicht möglich ist. Nicht betroffen sind aber auch die dinglich Berechtigten an den aufnehmenden Einheiten, da die Vergrößerung des Gemeinschaftseigentums das jeweilige Pfandobjekt rechtlich nicht nachteilig berührt. Eine Erhöhung der Unterhaltslast, die sich aus der Vergrößerung des Gemeinschaftseigentums u.U. ergibt, hat für die dinglich Berechtigten keine rechtliche, sondern allenfalls eine wirtschaftliche Beeinträchtigung zur Folge. In einem solchen Fall ist jedoch die Zustimmung der dinglich Berechtigten nicht erforderlich (*BayObLG* MittBayNot 1998, 180 = ZMR 1998, 299). In der Zustimmungserklärung ist die verfahrensrechtliche Bewilligung zu einer erforderlichen Pfandentlassung hinsichtlich des umgewandelten Sondereigentums zu sehen (*LG Bremen* Rpfleger 1985, 106 m. abl. Anm. *Meyer-Stolte*).

304 **Nachverpfändungserklärungen** werden nach h.M. nur dann erforderlich, wenn im Fall der vollständigen Umwandlung des Sondereigentums der verbleibende isolierte Miteigentumsanteil mit anderen Einheiten zu verbinden ist. Der jeweils hinzuerworbene Miteigentumsanteil muss dann den dort bereits eingetragenen dinglichen Einzelrechten unterstellt werden (*Demharter* Anh. zu § 3 Rn. 88; s. aber auch § 6 Rdn. 8 zur a.A.). Soweit der Miteigentumsanteil bereits mit denselben Rechten wie die aufnehmende Einheit belastet ist, entfallen Pfandentlassung und Nachverpfändung ohnehin. In diesem Fall genügt die bloße Übertragung des belasteten Miteigentumsanteils. Im Übrigen erlöschen die Belastungen am aufgehobenen Sondereigentum (*Demharter* Anh. zu § 3 Rn. 94).

305 Zur Eintragung der Umwandlung von Sonder- in Gemeinschaftseigentum in das Grundbuch ist grundsätzlich ein **geänderter Aufteilungsplan mit Abgeschlossenheitsbescheinigung** erforderlich (*BayObLG* DNotZ 1999, 208). Dem Zweck der Abgeschlossenheitsbescheinigung und des damit verbundenen Aufteilungsplanes genügt es jedoch, wenn die Beschreibung der Änderung in der Eintragungsbewilligung im Zusammenhang mit dem bereits vorhandenen und in Bezug genommenen Aufteilungsplan eindeutig ist. Umfang und Ausmaß der gegenständlichen Änderungen beim Sondereigentum und beim gemeinschaftlichen Eigentum müssen auf diese Weise allerdings zweifelsfrei festgestellt werden können. Da die Abgeschlossenheit der übrigen Sondereigentumseinheiten von der Umwandlung nicht berührt wird, wäre es bloßer Formalismus, in einem solchen Fall einen geänderten behördlichen Aufteilungsplan zu verlangen (*BayObLG* DNotZ 1999, 208). Auf diese Weise kann z.B. die Überführung einer vollständigen Sondereigentumseinheit in Gemeinschaftseigentum ohne eine Ergänzung der Abgeschlossenheitsbescheinigung lediglich auf der Grundlage der vorhandenen Aufteilungspläne erfolgen. Zu beachten ist dabei allerdings, dass in einem solchen Fall kein isolierter Miteigentumsanteil verbleiben darf; der frei werdende Miteigentumsanteil ist daher mit anderen Miteigentumsanteilen im Wege der Auflassung gem. §§ 873, 925 BGB zu verbinden.

306 Betrifft die Umwandlung von Sondereigentum in Gemeinschaftseigentum lediglich einen **Teil eines bisher abgeschlossenen Wohnungseigentums**, ist zu differenzieren:

307 Handelt es sich bei der Überführung in gemeinschaftliches Eigentum nicht um einen genau bestimmten Raum oder um einen bisher zu einer abgeschlossenen Wohnung gehörenden Raum, muss es bei dem grundsätzlichen **Erfordernis einer neuerlichen Abgeschlossenheitsbescheinigung mit entsprechenden Aufteilungsplänen** verbleiben. Gegenstand und Umfang des geänderten Sonder-

eigentums bedürfen in diesen Fällen einer neuerlichen Prüfung und Festlegung. Eine Ausnahme kann wiederum nur dann gelten, wenn es sich bei dem bisher zum Sondereigentum gehörigen Raum um einen außerhalb der eigentlichen Wohnung gelegenen **räumlich abgetrennten Nebenraum** handelt (z.B. einen Kellerraum im Kellergeschoss oder einen Abstellraum im Spitzboden). In diesem Fall können Umfang und Ausmaß der gegenständlichen Änderungen beim Sondereigentum wiederum eindeutig festgestellt werden, ohne dass die Abgeschlossenheit der übrigen Einheiten tangiert würde. Auch hier ist daher ein geänderter Aufteilungsplan ausnahmsweise nicht erforderlich (*BayObLG* DNotZ 1999, 208).

Ist für den jeweiligen Eigentümer eines Wohnungs- oder Teileigentums ein **Sondernutzungsrecht** eingeräumt und im Grundbuch vermerkt, so wird dieses durch eine teilweise Überführung von Sondereigentum in Gemeinschaftseigentum grundsätzlich nicht berührt, es sei denn, dass ausdrücklich etwas anderes bestimmt wird. Ein zugeordnetes Sondernutzungsrecht erlischt jedoch durch den vollständigen Wegfall der berechtigten Einheit, wenn diese rechtsgeschäftlich in Gemeinschaftseigentum umgewandelt wird. 308

Die Vorlage einer steuerlichen **Unbedenklichkeitsbescheinigung** wird gem. § 22 GrEStG für erforderlich gehalten, weil sich die wertmäßige Beteiligung der erwerbenden Wohnungseigentümer am gemeinschaftlichen Grundstück ändern kann (vgl. *Viskorf* § 2 Rn. 11 und Rn. 283 für den umgekehrten Fall; a.A. Meikel/*Morvilius* Einl. C Rn. 183, der auf eine Veränderung der Miteigentumsanteile im Hinblick § 7 Abs. 1 GrEStG abstellt). 309

Die **Eintragung** der Umwandlung von Sondereigentum in gemeinschaftliches Eigentum hat in allen für das Grundstück angelegten Wohnungs- und Teileigentumsgrundbüchern zu erfolgen (*BayObLG* BayObLGZ 1997, 347 = Rpfleger 1998, 194; BeckOGK/*M. Müller* Stand: 01.06.2024, § 4 Rn. 16; *Schöner/Stöber* Rn. 2967; a.A. Meikel/*Böttcher* 10. Aufl. § 3 WGV Rn. 22). Fällt durch die Umwandlung eine bisherige Wohnungs- oder Teileigentumseinheit vollständig weg, hat insoweit die Schließung des betreffenden Grundbuches nach § 34 Buchst. a) GBV zu erfolgen. Zugleich ist in diesem Fall gem. § 7 Abs. 1 S. 2 die reduzierte Beschränkung der bereits eingetragenen Miteigentumsanteile durch den Wegfall des zu dem übertragenen Miteigentumsanteil gehörenden Sondereigentumsrechts einzutragen. Die Eintragung ist gem. § 3 Abs. 5 WGV vorzunehmen. War allerdings bei der ursprünglichen Eintragung im Bestandsverzeichnis des Grundbuches das Sondereigentum konkret bezeichnet, reicht für die Eintragung der Änderung eine bloße Bezugnahme auf das betroffene Sondereigentum nicht aus. Eine solche Eintragung ist unzulässig und führt zur Unwirksamkeit der Eintragung. Der konkrete Gegenstand der von der Änderung betroffenen Eintragung ist vielmehr ausdrücklich im Grundbuch anzugeben (BGHZ 174, 61 = NJW 2007, 3777 = Rpfleger 2008, 60 = ZMR 2008, 136; *OLG Hamm* DNotZ 2019, 288). 310

Zur (teilweisen) Umwandlung von Annexeigentum in Gemeinschaftseigentum gem. § 3 Abs. 2 WEG s. *Schneider* ZMR 2023, 937. 310a

3. Umwandlung von Wohnungseigentum in Teileigentum und umgekehrt

Es handelt sich hierbei nicht um eine *gegenständliche* sondern um eine *inhaltliche* Änderung des Sondereigentums. S. dazu ausführlich Rdn. 356 auch m.w.N. zur a.A. 311

4. Unterteilung von Wohnungs- und Teileigentumseinheiten

Wohnungs- und Teileigentümer können ihr Eigentum in mehrere selbstständige Einheiten **unterteilen** (allgem. Meinung *BGH* ZfIR 2015, 492 = ZMR 2015, 390; *BGH* ZMR 2005, 59; BGHZ 73, 150 = Rpfleger 1979, 96 = ZMR 1979, 312; BGHZ 49, 250 = Rpfleger 1968, 114; *OLG München* v. 30.08.2018 – 34 Wx 66/18, zit. juris; *OLG München* ZMR 2014, 137; *OLG München* ZMR 2014, 136 = ZWE 2013, 355; *BayObLG* Rpfleger 1991, 455; *OLG Düsseldorf* MittRhNotK 1990, 81; *BayObLG* Rpfleger 1986, 177; *OLG Braunschweig* ZMR 1978, 380; *Demharter* Anh. zu § 3 Rn. 73; Meikel/*Böttcher* § 7 Rn. 106; *Röll* DNotZ 1993, 158; *Schöner/Stöber* Rn. 2975 ff.). Dazu bedarf es materiell-rechtlich einer formlosen Aufteilungserklärung hinsichtlich des bisherigen Mit- 312 eigentumsanteils in entsprechender Anwendung des § 8 durch den oder die eingetragenen Eigentümer (*OLG München* v. 30.08.2018 – 34 Wx 66/18, zit. juris; *LG Frankfurt/M.* Rpfleger 1989, 281; Bärmann/*Armbrüster* § 2 Rn. 93; Meikel/*Böttcher* 10. Aufl. § 3 WGV Rn. 23; **a.A.** Weitnauer/*Lüke* § 8 Rn. 3: § 7 WEG). Zugleich sind die neu entstehenden Miteigentumsanteile mit dem Sondereigentum an bereits vorhandenen und in sich abgeschlossenen Raumeinheiten oder an neu aus dem bisherigen Sondereigentum gebildeten Raumeinheiten zu verbinden. Die Unterteilung kann, sie muss aber nicht verknüpft sein mit einer gleichzeitigen Abveräußerung einer der neu gebildeten Einheiten. Wegen evtl. erforderlicher Drittzustimmungen s. sogleich. Möglich muss aber auch die Unterteilung einer Einheit durch Bruchteilseigentümer analog § 3 sein (Bauer/Schaub/*Schneider* AT E Rn. 361).

313 Die **Unterteilung** muss **vollständig** erfolgen. Es dürfen weder Teile des bisherigen Sondereigentums ohne Verknüpfung mit einem Miteigentumsanteil übrig bleiben (Eingangsflurproblem, vergessene Nebenräume), noch darf bisher gemeinschaftliches Eigentum in die Unterteilung ohne Mitwirkung der anderen Wohnungseigentümer einbezogen werden (*OLG Karlsruhe* ZMR 2014, 303). In beiden Fällen bedürfte es einer entsprechenden Umwandlung des bisherigen Sonder- bzw. Gemeinschaftseigentums (dazu Rdn. 278 ff. u. Rdn. 297 ff.). Kann eine solche Umwandlung mangels Zustimmung der übrigen Eigentümer und der dinglich Berechtigten nicht erfolgen, ist die vorgesehene Unterteilung nicht möglich (*BGH* BGHZ 139, 352 = Rpfleger 1999, 66; *OLG Stuttgart* ZMR 2013, 54; *OLG München* Rpfleger 2007, 459; *BayObLG* Rpfleger 1996, 240 = ZMR 1996, 285; Beck'sches Notar-Handbuch/*Rapp* A III Rn. 83; a.A. *Röll* DNotZ 1998, 79, der eine Umwandlung der nicht berücksichtigten Räume in Gemeinschaftseigentum annimmt, ebenso auch *Gaier* FS Wenzel 2005, 145). Erfolgte gleichwohl eine Eintragung im Grundbuch, führt die unterbliebene Umwandlung nicht lediglich zu einer ggf. durch gutgläubigen Erwerb heilbaren Unrichtigkeit des Grundbuchs (so aber *Böttcher* BWNotZ 1996, 80, 87; *ders* ZfIR 2008, 116; *ders.* Rpfleger 2009, 650; *Röll* MittBayNot 1988, 22). Eine solche Eintragung ist vielmehr inhaltlich unzulässig und damit nichtig (*BGH* Rpfleger 2005, 17 = ZMR 2005, 59; *OLG Karlsruhe* ZMR 2014, 303; *OLG München* OLG-Report 2007, 551 = Rpfleger 2007, 459 = ZfIR 2008, 115; *BayObLG* Rpfleger 1996, 240; *BayObLG* Rpfleger 1988, 102; *BayObLG* Rpfleger 1988, 256; *Demharter* Anh. zu § 3 Rn. 73; Meikel/*Morvilius* Ein C Rn. 197; *Müller* Rn. 41; *Schöner/Stöber* Rn. 2976a). Die Eintragung eines Amtswiderspruches scheidet damit aus (*BayObLG* Rpfleger 1988, 256; *BayObLG* ZMR 1999, 46; a.A. ohne nähere Begründung *OLG München* Rpfleger 2007, 459). Die Unterteilung muss jedoch nicht insgesamt nichtig sein. Lässt sich die Einbeziehung gemeinschaftlichen Eigentums auf eine bestimmte durch die Unterteilung neu gebildete Einheit beschränken, liegt unter Berücksichtigung des § 139 BGB nur insoweit eine inhaltlich unzulässige Eintragung vor (*BayObLG* ZMR 1999, 46).

314 Eine Zustimmung der anderen Wohnungseigentümer ist ebenfalls erforderlich, wenn im Zuge einer Unterteilung die ursprüngliche **Zweckbestimmung** von Räumen durch den unterteilenden Eigentümer einseitig geändert werden soll und sich dadurch die ursprüngliche Teilungserklärung und die Unterteilungserklärung widersprechen (*BGH* ZMR 2015, 390 = ZWE 2015, 208). Unselbständige, nicht unmittelbar Wohnzwecken dienende Nebenräume eines Wohnungseigentums (Kellerräume, Hobbyräume etc.) ändern durch die Aufteilung ihre Zweckbestimmung als Teileigentum jedoch nicht (*BGH* ZMR 2015, 390 = ZWE 2015, 208; BGHZ 73, 150 = Rpfleger 1979, 96 = ZMR 1979, 312; *OLG München* ZWE 2018, 442).

315 **Verfahrensrechtlich** bedarf es der Vorlage einer entsprechenden Bewilligung zur Unterteilung der bisherigen Einheit (§ 19 GBO) seitens des teilenden Eigentümers in der Form des § 29 GBO.

316 Eine **Zustimmung der übrigen Wohnungs- und Teileigentümer** ist zum Vollzug der bloßen Unterteilung ohne gleichzeitige Abveräußerung nicht nachzuweisen (*BGH* NJW 2012, 2434 = ZfIR 2012, 558 = ZMR 2012, 639; *BGH* Rpfleger 2005, 17 = ZMR 2005, 59; BGHZ 49, 250; *Böttcher* BWNotZ 1996, 80, 87; Meikel/*Morvilius* Einl. C Rn. 193 u. 199). Dies gilt auch im Hinblick auf eine möglicherweise erforderliche Zustimmung zu **baulichen Veränderungen** im Rahmen der Unterteilung gem. § 20 Abs. 1. Dabei handelt es sich um tatsächliche Maßnahmen und nicht um Rechtsänderungen (*OLG München* ZWE 2018, 442; *OLG München* ZMR 2014, 137; *OLG München*

ZMR 2014, 136; *BayObLG* DNotZ 1999, 210; *LG Würzburg* MittBayNot 1996, 302; *LG Köln* MietRB 2009, 205; *Röll* MittBayNot 1996, 275; *Schöner/Stöber* Rn. 2977a).

Keine Beeinträchtigungen der übrigen Miteigentümer ergeben sich für die bloße Aufteilung **aus den** durch die Unterteilung entstehenden **Stimmrechtsverhältnissen.** Aus der Summe der durch die Unterteilung entstehenden Wohnungseigentumsrechte können grundsätzlich nicht mehr Befugnisse erwachsen, als aus dem ungeteilten Wohnungseigentum. Dies gilt unabhängig vom geltenden Stimmrechtsprinzip (Meikel/*Morvilius* Einl. C Rn. 193; *Müller* Rn. 42), es sei denn, die Gemeinschaftsordnung lässt eine Erhöhung der Stimmenzahl zu (*OLG Köln* NZM 2005, 148; *OLG Köln* WE 1992, 259; *BayObLG* NJW-RR 1991, 910). Wegen der Auswirkungen einer Unterteilung auf das Stimmrecht bei gleichzeitiger Veräußerung der gebildeten Einheiten vgl. ausf. § 8 Rdn. 77 ff. 317

Auch **dinglich Berechtigte** an der unterteilten Einheit sind bei einer Unterteilung entsprechend § 8 grundsätzlich nicht beeinträchtigt. Dort eingetragene Rechte werden entweder nach den Rdn. 48 ff. dargestellten Grundsätzen zu Gesamtrechten oder bestehen an jeder der neu entstandenen Einheiten als Einzelrecht fort (*Demharter* Anh. zu § 3 Rn. 74). Für dingliche Rechte, die zum Besitz der zu unterteilenden Einheit berechtigen (wie z.B. Wohnungsrechte gem. § 1093 BGB oder Dauerwohnrechte gem. § 31), soll dies nicht gelten, wenn sie durch die Umgestaltung beeinträchtigt würden (*Böttcher* BWNotZ 1996, 80, 87; Meikel/*Morvilius* Einl. C Rn. 196). Dabei wird jedoch übersehen, dass die Beeinträchtigung durch die – nur möglicherweise – stattfindenden *tatsächlichen* baulichen Maßnahmen, nicht aber durch die *rechtliche* Unterteilung als solche, verursacht würde. Die Beeinträchtigung dinglicher Rechte durch tatsächliche Veränderungen des Belastungsgegenstandes ist jedoch nicht vom Grundbuchgericht zu beachten. Ein Nachweis der Zustimmung solcher Berechtigten gegenüber dem Grundbuchgericht ist daher für den Vollzug der Unterteilung nicht erforderlich, zumal die Vornahme der möglicherweise stattfindenden baulichen Veränderungen zeitlich auch erst nach dem Grundbuchvollzug liegen kann. Erfasst nach der Unterteilung eine der genannten dinglich Berechtigungen nicht mehr sämtliche durch die Unterteilung entstandenen Einheiten, werden die nicht mehr belasteten entsprechend §§ 1026, 1090 Abs. 2 BGB von der Belastung frei (*Demharter* Anh. zu § 3 Rn. 74). Dies ist dann allerdings dem Grundbuchgericht in der Form des § 29 Abs. 1 S. 2 GBO nachzuweisen, sofern das Erlöschen nicht offenkundig ist. 318

Für die Unterteilung kann nach h.M. ein **Zustimmungsvorbehalt** entsprechend **§ 12** vereinbart werden (*BGH* NJW 2012, 2434 = ZfIR 2012, 558 = ZMR 2012, 639; BGHZ 49, 250 = Rpfleger 1968, 114; *OLG München* ZMR 2014, 137; *BayObLG* Rpfleger 1986, 177; *BayObLG* Rpfleger 1991, 455; Bauer/Schaub/*Schneider* AT E Rn. 366; *Demharter* Anh. zu § 3 Rn. 75; Meikel/*Morvilius* Einl. C Rn. 193; **a.A.** *M. Müller* ZWE 2012, 22; vgl. § 8 Rdn. 76 und § 12 Rdn. 58 m.w.N.). Soll nach der Teilungserklärung bereits die Unterteilung von Wohnungseigentum in entsprechender Anwendung von § 12 WEG der Zustimmung des Verwalters unterworfen werden, muss dies wegen des **Ausnahmecharakters** deutlich zum Ausdruck kommen. Verlangt die Teilungserklärung im unmittelbaren Zusammenhang mit der Zulässigkeit von Eingriffen in Geschossdecken und Wänden die schriftliche Zustimmung des Verwalters unter Erbringung der hierzu erforderlichen technischen und statischen Angaben, bezieht sich dieses Zustimmungserfordernis regelmäßig nicht auch auf die im gleichen Abschnitt geregelte Zulässigkeit der Unterteilung an sich (*OLG München* ZMR 2014, 137). 319

Zur Unterteilung ist die Vorlage eines geänderten **Aufteilungsplanes** mit entsprechender **Abgeschlossenheitsbescheinigung** für jede der neu gebildeten Einheiten erforderlich (*OLG München* ZWE 2011, 267). Aus diesem Plan muss sich die Abgeschlossenheit der neu zu bildenden Einheit ergeben; er muss im Verhältnis zu dem der Aufteilung zugrunde liegenden Plan widerspruchsfrei sein (*OLG München* v. 30.08.2018 – 34 Wx 66/18, zit. juris). Es reicht aus, wenn sich der Nachtrag auf die veränderten Einheiten beschränkt (*Hügel* RNotZ 2005, 149, 153; MüKo/*Commichau* 8. Aufl. § 3 Rn. 70). Die Vorlage ist auch dann erforderlich, wenn durch die Unterteilung eine vormalige Vereinigung wieder rückgängig gemacht und der frühere Rechtszustand wieder hergestellt werden soll (*BayObLG* MittBayNot 1994, 224; krit. Bauer/Schaub/*Schneider* AT E Rn. 367). Die Vorlage eines Unterteilungsplanes ist jedoch entbehrlich, wenn bereits der ursprüngliche Aufteilungsplan 320 bisher mit demselben Miteigentumsanteil verbundene selbstständige Raumeinheiten ausweist, deren Abgeschlossenheit auch seinerzeit bescheinigt worden ist (*OLG München* ZWE 2011, 267; *OLG Zweibrücken* ZMR 2001, 663). Bei der Bezeichnung der neu gebildeten Einheiten kann die bisherige Nummerierung für eine der neu gebildeten Einheiten weiter verwendet werden (*OLG München* ZWE 2011, 267; *LG Lübeck* Rpfleger 1988, 102).

321 Ist mit dem unterteilten Wohnungseigentum ein **Sondernutzungsrecht** für den jeweiligen Eigentümer verbunden, steht dieses nach der Unterteilung den jeweiligen Eigentümern der neu entstandenen Einheiten als gemeinschaftliches Sondernutzungsrecht zu, wenn nichts anderes bestimmt ist (Bauer/Schaub/*Schneider* AT E Rn. 364; a.A. Becksches Notar-Handbuch/*Rapp* A III Rn. 90; Meikel/*Morvilius* Einl. C 202, die zunächst klären wollen, wem dieses Sondernutzungsrecht zustehen soll; davon kann jedoch die Zulässigkeit der Unterteilung nicht abhängig gemacht werden). Für das Gemeinschaftsverhältnis der mehreren Sondernutzungsberechtigten gelten §§ 741 ff. BGB (*BayObLG* WE 1994, 12). Eine ausdrückliche Angabe des Beteiligungsverhältnisses und die entsprechende Eintragung in das Grundbuch sind insoweit nicht erforderlich, da § 47 GBO sich nur auf dingliche Rechte bezieht (Becksches Notar-Handbuch/*Rapp* A III Rn. 132; *Röll* Rpfleger 1996, 322, 323; *Schneider* Rpfleger 1998, 9, 14).

322 Die Vorlage einer steuerlichen **Unbedenklichkeitsbescheinigung** ist für die Eintragung einer weiteren Aufteilung ebenso wenig erforderlich wie bei einer originären Aufteilung gem. § 8 (s. dazu Rdn. 87).

323 Allerdings kann die Unterteilung in Gebieten mit Fremdenverkehrsfunktionen einer **Genehmigungspflicht** gem. § 22 BauGB unterliegen (s. Rdn. 88 u. § 8 Rdn. 31). Auch kann eine Genehmigung gem. § 172 BauGB zur Erhaltung der Zusammensetzung der Wohnbevölkerung in Betracht kommen, wenn in dem jeweiligen Bundesland eine entsprechende Rechtsverordnung erlassen worden ist (s. dazu Rdn. 93); vergleichbares gilt für Gebiete mit angespannten Wohnungsmärkten gem. § 250 BauGB (s. dazu Rdn. 97).

324 Die **Eintragung** der Unterteilung kann dergestalt erfolgen, dass für sämtliche neu entstehenden Einheiten neue Grundbuchblätter angelegt werden und das bisherige Grundbuch der geteilten Einheit geschlossen wird. Denkbar ist aber auch die Fortführung des bisherigen Grundbuchs für eine Einheit (*BayObLG* Rpfleger 1988, 256) und Anlegung neuer Grundbücher für die übrigen Einheiten. In jedem Fall ist bei den von der Unterteilung nicht betroffenen Einheiten im Hinblick auf §§ 7 Abs. 1 S. 2, 8 Abs. 2 WEG die weiter gehende Beschränkung der dort gebuchten Miteigentumsanteile durch die neu gebildeten Sondereigentumsrechte zu vermerken. Wird bei der Grundbucheintragung eines durch Unterteilung entstandenen Wohnungseigentums sowohl auf die ursprüngliche Teilungserklärung, die von der Unterteilung erfasste Räume als gemeinschaftliches Eigentum ausweist, als auch auf die Unterteilungserklärung Bezug genommen, so liegt eine **inhaltlich unzulässige Eintragung** vor, die nicht Grundlage eines gutgläubigen Erwerbs sein kann (*BGH* NZM 2004, 876 = Rpfleger 2005, 17 = ZMR 2005, 59). Dasselbe soll für eine Bezugnahme im Rahmen einer Unterteilung mit Änderung der bisherigen Zweckbestimmung ohne Zustimmung der übrigen Miteigentümer gelten (*BGH* ZMR 2015, 390 = ZWE 2015, 208). Richtigerweise wird man aber wohl davon auszugehen haben, dass die Unterteilung im letztgenannten Fall entgegen dem *BGH* wirksam ist und lediglich die Änderung der Zweckbestimmung ohne Zustimmung der übrigen Wohnungseigentümer scheitert. Die unterteilte Einheit darf dann nur in der ursprünglichen Art und Weise genutzt werden.

324a Zur Unterteilung von Annexeigentum gem. § 3 Abs. 2 WEG s. *Schneider* ZMR 2023, 937.

5. Zusammenlegung von Wohnungs- und Teileigentumseinheiten

a) Zusammenschreibung

325 Ein Wohnungseigentümer kann in entsprechender Anwendung des § 4 Abs. 1 GBO zwei oder mehrere ihm gehörende Wohnungseigentumsrechte auf einem Grundbuchblatt unter Aufrecht-

erhaltung der bestehenden Verbindung der jeweiligen Miteigentumsanteile mit den einzelnen Sondereigentumsrechten zusammenschreiben lassen (*Demharter* § 4 Rn. 3; Weitnauer/*Briesemeister* § 7 Rn. 37). Es handelt sich um die **buchungstechnische Zusammenfassung** mehrerer gleichwohl selbstständig bleibender Wohnungseigentumsrechte. Wenngleich gem. § 7 Abs. 1 S. 1 für Wohnungseigentum der Grundsatz des Realfoliums gilt, lassen sich solche Zusammenfassungen auf einem Grundbuchblatt (z.B. zur Vorbereitung einer nachfolgenden Vereinigung) nicht immer vermeiden.

Verfahrensrechtlich bedarf es zur Zusammenschreibung weder eines Antrages noch einer Bewilligung 326
des Eigentümers oder gar eines Dritten. Einem Antrag kommt nur die Bedeutung einer Anregung zu. Die Zusammenschreibung geschieht von Amts wegen; die Entscheidung liegt im Ermessen des Grundbuchgerichts (*Demharter* § 4 Rn. 7).

Durch die Zusammenschreibung darf **keine Verwirrung** zu besorgen sein (vgl. § 4 Abs. 1 GBO). 327
Ob eine Zusammenschreibung Verwirrung befürchten lässt, richtet sich nach den Umständen des Einzelfalls. Die Gefahr der Unübersichtlichkeit und damit der Verwirrung kann sich u.U. auch aus der Zusammenschreibung allzu vieler Einheiten oder aus der Verschiedenheit der jeweiligen Einzelbelastungen ergeben (*Demharter* § 4 Rn. 6). Nach KEHE/*Eickmann* (§ 7 WGV Rn. 3) dürfte das allgemeine Gebot der Übersichtlichhaltung des Grundbuchs eine solche Buchung regelmäßig ausschließen. Dies entspricht auch dem o.g. Grundsatz des Realfoliums.

b) Vereinigung

Demgegenüber kann ein Wohnungseigentümer zwei oder mehrere ihm am selben Grundstück 328
zustehende Wohnungseigentumsrechte in entsprechender Anwendung des § 890 Abs. 1 BGB durch Zusammenlegung der Miteigentumsanteile und Verbindung des neuen Anteils mit allen zu den bisherigen Einheiten gehörenden, im Sondereigentum stehenden Räumen zu einem einheitlichen Wohnungseigentum **vereinigen** (*BGH* NJW 2014, 1002 = Rpfleger 2014, 123 = ZfIR 2014, 60 m. Anm. *Schneider* = ZMR 2014, 297 = ZWE 2014, 79; *BGH* BGHZ 146, 241, 247 = NJW 2001, 1212 = ZfIR 2001, 209 = ZMR 2001, 289 = ZWE 2001, 314; *BayObLG* ZMR 1999, 266; *BayObLG* MittRhNotK 2000, 210 = ZMR 2000, 468; *OLG Hamm* MittRhNotK 1999, 344 = ZMR 2000, 244; *KG* Rpfleger 1989, 500; Bauer/Schaub/*Schneider* AT E Rn. 370; Bärmann/*Armbrüster* § 1 Rn. 101; *Demharter* § 5 Rn. 5 GBO; a.A. *Streuer* Rpfleger 1992, 181, 184, der in der Vereinigung eine Umkehrung der Aufteilung entsprechend § 8 sieht). Das Gleiche hat für die Vereinigung von Wohnungserbbaurechten zu gelten (*OLG Hamm* DNotZ 2007, 226). Der Vorgang lässt sich als »gemischte real-ideelle« Veränderung begreifen, wenn gleichzeitig eine gegenständliche Zusammenführung angestrebt wird. Die sachenrechtliche Vereinigung zeitigt **Konsequenzen** sowohl hinsichtlich eines nach vollzogener Vereinigung ausgeschlossenen steuerlichen Objektverbrauches (vgl. *BFH* NJW 1992, 2504) als auch hinsichtlich der Erhebung einer objektbezogenen Verwaltervergütung (vgl. *LG Lüneburg* ZMR 2012, 393; *AG Aachen* ZMR 2009, 717; Staudinger/*Bub* [2005] § 16 Rn. 31). Materiell-rechtlich bedarf es einer entsprechenden einseitigen Vereinigungserklärung seitens des/der Eigentümer gem. § 890 Abs. 1 BGB (**a.A.** *Streuer* Rpfleger 1992, 181 f., der auf § 8 Abs. 1 abstellt). Wegen evtl. erforderlicher Drittzustimmungen s. sogleich.

Verfahrensrechtlich bedarf es zur Eintragung der Vereinigung neben der erforderlichen formlosen 329
Antragstellung einer entsprechenden Bewilligung des eingetragenen Eigentümers (§ 19 GBO) in der Form des § 29 GBO. Voraussetzung ist, dass bei sämtlichen von der Vereinigung betroffenen Einheiten derselbe Eigentümer oder dieselbe Eigentümergemeinschaft im Grundbuch eingetragen ist oder zumindest gleichzeitig mit der Vereinigung eingetragen wird (Bärmann/*Armbrüster* § 1 Rn. 98). In der Praxis wird vielfach ein sog. gemischter Antrag in der Form der §§ 29, 30 GBO vorgelegt.

Durch die Vereinigung darf **keine Verwirrung** zu besorgen sein (vgl. § 5 Abs. 1 S. 1 GBO). Dies 330
wäre z.B. dann der Fall, wenn die an der Vereinigung beteiligten Wohnungseigentumsrechte hinsichtlich eines Verwertungsrechtes eine **unterschiedliche Belastung** ausweisen würden (Lemke/*Schneider* § 5 Rn. 29; Meikel/*Böttcher* § 5 Rn. 16; *Meyer-Stolte* Rpfleger 1989, 502; *Streuer* Rpfleger

1992, 181, 185; a.A. noch für eine unterschiedliche Belastung in Form eines aufgeteilten Erbbauzinses bei der Vereinigung von Wohnungserbbaurechten *OLG Hamm* DNotZ 2007, 226). Inzwischen hat der Gesetzgeber im Rahmen des DatenbankgrundbuchG v. 01.10.2013 (DaBaGG BGBl. I S. 3719) diese Rechtsauffassung bestätigt. Nach der Einfügung des neuen § 5 Abs. 1 S. 2 GBO soll eine Vereinigung nunmehr insbesondere dann unterbleiben, wenn die beteiligten Wohnungseigentumsrechte im Zeitpunkt der Vereinigung mit unterschiedlichen Grundpfandrechten oder Reallasten belastet sind oder die Belastung zwar mit denselben Grundpfandrechten oder Reallasten erfolgt ist, aber in unterschiedlicher Rangfolge. Eine rechtliche Vereinigung zweier Eigentumswohnungen setzt also hinsichtlich etwaiger Verwertungsrechte gleichmäßige Belastungsverhältnisse voraus, die ggf. erst noch z.B. im Wege der Nachverpfändung herzustellen sind (vgl. *Schneider* ZWE 2014, 349, 350). Keine Verwirrung ist insbesondere dadurch zu besorgen, dass im Fall einer Vereinigung die beteiligten Sondereigentumseinheiten eine **unterschiedliche Nummerierung** aufweisen (*BayObLG* MittBayNot 2000, 319; *Schöner/Stöber* Rn. 2979). Ebenfalls können wegen der identischen Rechtsstruktur **Wohnungs- und Teileigentumseinheiten** problemlos vereinigt werden; beide Formen des Raumeigentums sind inhaltsgleiche und nur zur Kennzeichnung der Nutzungsart unterschiedliche Rechte (*OLG Düsseldorf* ZWE 2016, 165).

331 Keine Schwierigkeiten bereitet bei Wohnungseigentumsrechten § 5 Abs. 2 S. 1 GBO. Danach sollen die an der Vereinigung beteiligten Grundstücke **unmittelbar aneinander grenzen.** Dies kann für Wohnungseigentumsrechte nicht gelten, da die zu vereinigenden Einheiten wegen § 1 Abs. 4 ohnehin am selben Grundstück bestehen müssen und bereits bei der Begründung von Wohnungseigentum die Verbindung eines Miteigentumsanteils mit zwei oder mehreren Sondereigentumsrechten möglich ist, die zwar im selben Objekt, nicht aber unmittelbar nebeneinander liegen müssen (*OLG Düsseldorf* ZWE 2016, 165; Lemke/Schneider § 5 Rn. 81; *Böttcher* BWNotZ 1996, 80, 89; Meikel/*Morvilius* Einl. C 205; a.A. *BayObLG* DNotZ 2003, 352 = Rpfleger 2003, 241).

332 **Zustimmungen** gem. § 19 GBO, §§ 876, 877 BGB seitens der übrigen Wohnungseigentümer oder deren dinglich Berechtigter sind für die Eintragung der Vereinigung in das Grundbuch nicht erforderlich; sie sind rechtlich von der Vereinigung nicht betroffen (*HansOLG Hamburg* ZMR 2004, 529; *BayObLG* ZMR 2000, 468; *BayObLG* ZMR 1999, 266; *OLG Hamm* MittRhNotK 1999, 344). Auch die an den vereinigten Einheiten eingetragenen dinglich Berechtigten brauchen nicht zuzustimmen. Dies gilt auch dann, wenn es sich um Einzelrechte an nicht allen vereinigten Einheiten handelt (**a.A.** *Streuer* Rpfleger 1992, 181, 185, der irrig davon ausgeht, dass Vereinigungen zwangsläufig auch zu Verschmelzungen im Bereich des Sondereigentums führen). Die Vereinigung allein ändert nämlich grundsätzlich nicht den ursprünglichen Belastungsgegenstand dinglicher Rechte; sie bestehen an dem Miteigentumsanteil verbunden mit dem ursprünglichen Sondereigentum fort, an dem sie bisher eingetragen waren (wie hier Bauer/Schaub/*Schneider* AT E Rn. 372 m. Fn. 953; Meikel/*Böttcher* 10. Aufl. § 3 WGV Rn. 24). Demnach ist es durchaus denkbar, dass mit einem vereinigten Miteigentumsanteil mehrere selbstständige Wohnungen als Sondereigentum verbunden sind (vgl. *KG* Rpfleger 1989, 500 m. zust. Anm. *Meyer-Stolte*; Weitnauer/*Briesemeister* § 3 Rn. 91).

333 Nach Köhler/Bassenge/*Fritsch*, 1. Aufl. Teil 17 Rn. 19 soll die Vereinbarung eines entsprechenden Zustimmungsvorbehaltes gem. **§ 12** für die Fälle einer Vereinigung möglich sein. Diese Ansicht ist abzulehnen; vgl. i.E. § 12 Rdn. 63.

334 Die durch die Vereinigung entstehende Wohnung braucht nicht insgesamt in sich abgeschlossen zu sein (jetzt h.M. *BGH* BGHZ 146, 241 = ZMR 2001, 289; *BayObLG* MittRhNotK 2000, 210; *BayObLG* ZMR 1999, 266; *KG* Rpfleger 1989, 500; *LG Wiesbaden* Rpfleger 1989, 194; *Demharter* § 5 Rn. 5 GBO; Meikel/*Morvilius* Einl. C Rn. 203; a.A. noch *OLG Stuttgart* OLGZ 1977, 430; *HansOLG Hamburg* Rpfleger 1966, 79 – ausdrücklich nicht mehr aufrechterhalten durch *HansOLG Hamburg* ZMR 2004, 529; s.a. § 8 Rdn. 94 ff.). Zur Eintragung der Vereinigung im Grundbuch ist die Vorlage einer neuen **Abgeschlossenheitsbescheinigung** und eines neuen **Aufteilungsplanes** bezüglich der Gesamtheit des zusammengelegten Sondereigentums **nicht erforderlich** (*LG Wiesbaden* Rpfleger 1989, 194). Dies gilt auch dann, wenn mit der rechtlichen Vereinigung eine bauliche Zusammenlegung zweier bisher selbstständiger Einheiten verbunden ist (*HansOLG*

Hamburg ZMR 2004, 529 = Rpfleger 2004, 620 – Aufgabe von Rpfleger 1966, 79). Selbst wenn die anderen Wohnungseigentümer z.B. dem Durchbruch einer tragenden Wand zum Zwecke der baulichen Zusammenlegung nicht zugestimmt haben sollten (vgl. § 20 Abs. 1 WEG), ist das Grundbuchgericht nicht gehindert, die rechtliche Vereinigung der Miteigentumsanteile in das Grundbuch einzutragen. Durch die Eintragung wird das Grundbuch nämlich nicht unrichtig. Die dingliche Rechtslage wird durch einen möglicherweise (im WEG-Verfahren zu prüfenden) unzulässigen tatsächlichen Eingriff in das Gemeinschaftseigentum nicht verändert (Beck'sches Notar-Handbuch/*Rapp* A III Rn. 95d). Auch die nachträgliche Aufhebung der Abgeschlossenheit von zwei Wohneinheiten durch Zusammenlegung berührt weder den Bestand noch den Umfang des in der Teilungserklärung ausgestalteten Wohnungseigentums (*HansOLG Hamburg* ZMR 2004, 529). Zur Befugnis eines Eigentümers aneinander grenzender Wohnungen, zur Verbindung die Trennwand auch dann zu durchbrechen, wenn es sich um eine tragende Wand handelt, s. *BGH* BGHZ 146, 241 = ZMR 2001, 289 und *BayObLG* BayObLGZ 2000, 252; a.A. noch *OLG Köln* WE 1995, 221; *BayObLG* ZMR 1996, 618; *KG* NJW-RR 1997, 587; *OLG Zweibrücken* ZMR 2000, 254.

Besteht ein **Sondernutzungsrecht** nur für eines der vereinigten Wohnungseigentumsrechte, so tritt 335
in entsprechender Anwendung der Grundsätze für die Grunddienstbarkeit keine automatische Erstreckung der Berechtigung auf das andere, bisher nicht begünstigte Wohnungseigentum ein (Beck'sches Notar-Handbuch/*Rapp* A III Rn. 93; Meikel/*Morvilius* Einl. C Rn. 206).

Die **Eintragung** der Vereinigung in den Grundbüchern der betroffenen Einheiten kann aufgrund 336
des zwingend entstehenden einheitlichen Miteigentumsanteils nur dergestalt erfolgen, dass die bisherigen separat gebuchten Einheiten auf ein gemeinsames Grundbuchblatt zusammengeführt werden (vgl. den Eintragungsvorschlag bei Meikel/*Böttcher* 10. Aufl. § 3 WGV Rn. 24). Nach der Übertragung kann dann die Buchung unter einer neuen gemeinsamen lfd. Nummer im Bestandsverzeichnis erfolgen (*Schneider* ZfIR 2014, 63 m.w.N.). Die vom *KG* (Rpfleger 1989, 500, 502 m. Anm. *Meyer-Stolte*) dargestellte Vereinigung ohne Verschmelzung der Miteigentumsanteile unter Beibehaltung eigenständiger Einheiten unter einer lfd. Nummer im Bestandsverzeichnis ist abzulehnen (*OLG Düsseldorf* ZWE 2016, 165; Bauer/Schaub/*Schneider* AT E Rn. 373; Beck'sches Notar-Handbuch/*Rapp* A III Rn. 92; *Böttcher* BWNotZ 1996, 80, 89; Lemke/*Schneider* § 5 Rn. 29 mwN; *Streuer* Rpfleger 1992, 181, 185, der allerdings auch von einem Verschmelzen der Sondereigentumsrechte ausgeht). Die übrigen im Rahmen der Vereinigung nicht mehr benötigten Grundbuchblätter der bisherigen Einzeleinheiten können alsdann geschlossen werden. Die Schließung ist wegen § 7 Abs. 1 S. 2 WEG allerdings auch in den übrigen zur Wohnungseigentumsserie gehörenden Grundbuchblättern korrespondierend zu vermerken.

Neben der Vereinigung in entsprechender Anwendung des § 890 Abs. 1 BGB kann auch eine 337
Bestandteilszuschreibung in entsprechender Anwendung des § 890 Abs. 2 BGB i.V.m. § 6 GBO in Betracht kommen (*BGH* NJW 2014, 1002 = Rpfleger 2014, 123 = ZfIR 2014, 60 m. Anm. *Schneider* = ZMR 2014, 297 = ZWE 2014, 79; *LG Ravensburg* Rpfleger 1976, 303; Bärmann/*Armbrüster* § 1 Rn. 101 ff.; *Streuer* Rpfleger 1992, 181, 186; Weitnauer/*Briesemeister* § 3 Rn. 91; *Schöner/Stöber* Rn. 2980). Das zuvor Gesagte gilt insbesondere im Hinblick auf die Belastungsverhältnisse entsprechend (§ 6 Abs. 2 GBO). Grundpfandrechte erstrecken sich wegen § 1131 Satz 1 BGB auf die zugeschriebene Einheit, sodass u.U. rechtsgeschäftliche Nachverpfändungen entbehrlich werden können. Die Bestandteilszuschreibung von Sondereigentumsrechten verlangt allerdings außer derjenigen des Sondereigentums zwingend auch eine Verfügung über den Miteigentumsanteil, der zu dem Wohnungs- oder Teileigentum gehört (*OLG München* ZfIR 2015, 304 Ls.).

Zu weiteren Fragen im Zusammenhang mit der Vereinigung/Bestandteilszuschreibung unterschied- 338
licher Objekte vgl. Rdn. 36 ff.

6. Abspaltungen bei Wohnungs- und Teileigentumseinheiten

Werden Sondereigentumsräume von einer abgeschlossenen Wohnung ohne »Mitnahme« von Mit- 339
eigentumsanteilen abgetrennt und einer anderen Einheit zugeordnet, handelt es sich um eine **Gegen-**

standsänderung der beteiligten Einheiten gem. §§ 877, 873 BGB, für deren Vollzug materiell-rechtlich lediglich die Einigungserklärung der beteiligten Wohnungseigentümer entsprechend § 4 in der Form des § 925 BGB erforderlich ist. Einer Mitwirkung der übrigen Wohnungseigentümer bedarf es nicht (*OLG München* Rpfleger 2017, 610 = ZMR 2017, 822 = ZWE 2017, 309; *OLG München* Rpfleger 2009, 20 = ZWE 2009, 25; *OLG Köln* ZMR 2007, 555; *OLG Zweibrücken* ZMR 2001, 663). Die isolierte Übertragung von Sondereigentum kann sogar dergestalt erfolgen, dass ein vollständiger **Austausch des Sondereigentums** stattfindet (*BayObLG* Rpfleger 1984, 268). Wegen evtl. erforderlicher Drittzustimmungen s. sogleich.

340 **Verfahrensrechtlich** bedarf es für den Vollzug der Gegenstandsänderung neben einer entsprechenden Antragstellung nach der hier vertretenen Auffassung lediglich einer Eintragungsbewilligung des Eigentümers der verkleinerten Einheit gem. § 19 GBO; diese ist regelmäßig in der Einigungserklärung enthalten, wenn nicht etwas anderes bestimmt worden ist. Nachweis und Prüfung der materiell-rechtlichen Einigung sind mangels entsprechenden Verweises auf § 20 GBO entbehrlich (vgl. Rdn. 269).

341 Sofern nichts anderes entsprechend **§ 12** vereinbart worden ist, bedarf es keiner Mitwirkung der übrigen Sondereigentümer oder des Verwalters (*OLG München* Rpfleger 2017, 610 = ZMR 2017, 822 = ZWE 2017, 309; s. § 12 Rdn. 52 m.w.N.).

342 Ein Nachweis der **Zustimmung der übrigen Sondereigentümer** ist selbst dann nicht erforderlich, wenn im Zuge der Abspaltung **bauliche Veränderungen** innerhalb einer Sondereigentumseinheit vorgenommen werden, die in das Gemeinschaftseigentum eingreifen (z.B. Deckendurchbruch zur Verbindung eines abgespaltenen Raumes). Die baulichen Maßnahmen ändern weder die Abgrenzung zwischen Sonder- und Gemeinschaftseigentum, noch wird das Gemeinschaftseigentum in seiner *rechtlichen* Ausgestaltung inhaltlich verändert. Die dingliche Rechtsstellung der übrigen Wohnungseigentümer ist daher i.S.d. § 19 GBO *rechtlich* nicht betroffen. Die *tatsächliche* Durchführung von Baumaßnahmen unterfällt jedoch nicht der Prüfungskompetenz des Grundbuchgerichts, da Baumaßnahmen nicht zu einer Änderung der rechtlichen Zuordnung und damit zur Unrichtigkeit des Grundbuches führen können (*BayObLG* ZMR 1998, 242; *Kolb* MittRhNotK 1996, 254, 255; *Röll* MittBayNot 1996, 275, 276; *ders.* MittBayNot 1998, 81; *Schöner/Stöber* Rn. 2977a). Die Änderung der Raumzuordnung kann daher im Grundbuch stets ohne Rücksicht auf die tatsächliche Bauausführung vollzogen werden (*Schöner/Stöber* Rn. 2977a). Etwaige Beseitigungsansprüche gem. §§ 20 Abs. 1, 14 WEG, § 1004 Abs. 1 BGB bleiben unberührt. Die Erteilung einer gem. § 20 WEG erforderlichen Zustimmung ist vom Grundbuchgericht nicht zu prüfen. Zur Befugnis eines Eigentümers aneinander grenzender Wohnungen, zwecks Verbindung die Trennwand auch dann zu durchbrechen, wenn es sich um eine tragende Wand handelt, s. *BGH* BGHZ 146, 241 = ZMR 2001, 289, *OLG Celle* ZWE 2002, 533 und *BayObLG* (BayObLGZ 2000, 252 = ZMR 2001, 43); a.A. noch *OLG Köln* WE 1995, 221; *BayObLG* ZMR 1996, 618; *KG* NJW-RR 1997, 587; *OLG Zweibrücken* ZMR 2000, 254.

343 Daneben sind dem Grundbuchgericht **Zustimmungserklärungen** beeinträchtigter dinglich Berechtigter gem. § 19 GBO, §§ 876, 877 BGB am verlierenden Sondereigentum vorzulegen (vgl. *BayObLG* DNotZ 1999, 210). Eine Beeinträchtigung kann nur dann in Betracht kommen, wenn es sich um Rechte handelt, die nicht insgesamt und gleichrangig auf den beteiligten Einheiten lasten. Die erforderliche Zustimmungserklärung eines dinglich Berechtigten enthält dabei regelmäßig auch die Bewilligung zur Pfandentlassung hinsichtlich des abzuschreibenden Sondereigentums (*LG Bremen* Rpfleger 1985, 106 m. abl. Anm. *Meyer-Stolte; Böttcher* BWNotZ 1996, 80, 86; *Streuer* Rpfleger 1992, 181, 182; vgl. auch für einen abgespaltenen Miteigentumsanteil *OLG Hamm* Rpfleger 1998, 514).

344 Eine rechtsgeschäftliche **Nachverpfändung** für Rechte, die am aufnehmenden Sondereigentum bereits eingetragen sind, ist nicht erforderlich (*OLG Karlsruhe* ZWE 2013, 208; *LG Düsseldorf* MittRhNotK 1986, 78; *Böttcher* BWNotZ 1996, 80, 86; *Demharter* Anh. zu § 3 Rn. 88; Meikel/*Böttcher* 10. Aufl. § 3 WGV Rn. 27; *Streuer* Rpfleger 1992, 181, 182; *Schöner/Stöber* Rn. 2970). Die Ein-

beziehung in die Mithaft vollzieht sich kraft Gesetzes. Eine bisweilen geforderte Nachverpfändung oder Bestandteilszuschreibung (Beck'sches Notar-Handbuch/*Rapp* A III Rn. 97; *Nieder* BWNotZ 1984, 49, 50; *Böhringer* BWNotZ 1990, 105, 110; *F. Schmidt* MittBayNot 1985, 237, 244; *Streblow* MittRhNotK 1987, 141, 152) scheitert schon an der rechtlichen Unselbstständigkeit des Sondereigentums (§ 6 Abs. 1). Sondereigentum allein kann weder selbstständig gebucht noch belastet werden. Darüber hinaus würde eine Bestandteilszuschreibung gem. § 890 Abs. 2 nicht die Probleme der Einbeziehung von Rechten in der II. Abteilung des Grundbuchs lösen, da § 1131 BGB insoweit keine Anwendung findet.

Grundsätzlich ist für alle betroffenen Wohnungen eine neue **Abgeschlossenheitsbescheinigung** und regelmäßig ein neuer **Aufteilungsplan** vorzulegen (*BayObLG* DNotZ 1999, 210). Eine Ausnahme kann nur zugelassen werden, wenn von der Abspaltung lediglich Nebenräume außerhalb des eigentlichen Wohnungsabschlusses (z.B. beim Kellertausch) betroffen sind (*OLG Zweibrücken* MittBayNot 2001, 318; *Nieder* BWNotZ 1984, 49, 50; *Schöner/Stöber* Rn. 2968). In einem solchen Fall ändert sich weder an der Abgeschlossenheit der beteiligten Einheiten noch an der zeichnerischen Darstellung der Räume etwas; bei derartigen Übertragungen verändern sich die Grenzen des Sondereigentums gegenüber dem anderen Sondereigentum und dem Gemeinschaftseigentum nicht (*OLG München* MittBayNot 2011, 229 m. Anm. *Grziwotz* = ZWE 2010, 421; diesen Fall hat offensichtlich Beck'-sches Notarhandbuch/*Rapp* A III Rn. 99 im Auge, wenn er einen neuen Aufteilungsplan für entbehrlich hält). Nicht gefolgt werden kann dem *OLG München* allerdings, wenn es eine **Umnummerierung** in der Weise für geboten hält, dass der neu zugeordnete Nebenraum nicht die gleiche Nummer beibehält wie das Sondereigentum, zu dem er bisher gehörte (so allerdings *OLG München* MittBayNot 2011, 229 m insoweit zu Recht abl. Anm. *Grziwotz* = ZWE 2010, 421; das OLG scheint diese Ansicht inzwischen nicht weiter zu verfolgen, vgl. *OLG München* Rpfleger 2017, 610 = ZMR 2017, 822 = ZWE 2017, 309). Eine solche Maßnahme ist weder vorgeschrieben noch geeignet, die vermeintliche Verwirrungsgefahr zu beseitigen. Im Gegenteil scheint das Verwirrungspotential von Räumen mit u.U. mehrfach veränderten Nummerierungen ungleich größer. Eine gleichwohl ohne neuerlichen Aufteilungsplan mit Abgeschlossenheitsbescheinigung vollzogene Abspaltung ist in jedem Fall materiell wirksam, da es sich bei § 3 Abs. 3 um eine Sollvorschrift handelt. Der spätere Wegfall der Abgeschlossenheit berührt nicht die Wirksamkeit der Aufteilung und damit der Zuordnung von Sondereigentum (*OLG München* Rpfleger 2009, 20 = ZWE 2009, 25). 345

Sind mit den an der Abspaltung beteiligten Wohnungs- und Teileigentumseinheiten **Sondernutzungsrechte** verbunden, verbleiben diese grundsätzlich bei der Resteinheit, wenn nichts anderes bestimmt ist (**a.A.** Beck'sches Notarhandbuch/*Rapp* A III Rn. 99 u. 101, es sei klarzustellen, ob die Sondernutzungsrechte jeweils bei der bisherigen Einheit verbleiben sollen; davon kann jedoch die Zulässigkeit der Abspaltung nicht abhängig gemacht werden.). 346

Die Vorlage einer steuerlichen **Unbedenklichkeitsbescheinigung** ist gem. § 22 GrEStG erforderlich (vgl. *Viskorf*/Viskorf 21. Aufl. § 2 Rn. 283). 347

Die **Eintragung** im Grundbuch erfolgt nur in den für die beteiligten Einheiten gebildeten Grundbuchblättern (§ 3 Abs. 5 WGV); in den Grundbuchblättern der übrigen Wohnungseigentümer vollziehen sich keine Änderungen (*OLG München* Rpfleger 2017, 610 = ZMR 2017, 822 = ZWE 2017, 309). Zur näheren Bezeichnung kann auch hier auf die Eintragungsbewilligung Bezug genommen werden (§ 7 Abs. 3). War allerdings bei der ursprünglichen Eintragung im Bestandsverzeichnis des Grundbuches das Sondereigentum konkret bezeichnet, reicht für die Eintragung der Änderung eine bloße Bezugnahme auf das betroffene Sondereigentum nicht aus. Eine solche Eintragung ist unzulässig und führt zur Unwirksamkeit der Eintragung. Der **konkrete Gegenstand** der von der Änderung betroffenen Eintragung ist dann vielmehr **ausdrücklich** im Grundbuch anzugeben (BGHZ 174, 61 = NJW 2007, 3777 = Rpfleger 2008, 60 = ZMR 2008, 136; *OLG München* ZWE 2019, 207; *OLG München* Rpfleger 2017, 610 = ZMR 2017, 822 = ZWE 2017, 309). Eintragungen in Abt. I erfolgen nicht (wie hier *Schöner/Stöber* Rn. 2970). Wird versehentlich die **Rötung** des abgeschriebenen Raumes bei der bisherigen Grundbucheintragung **unterlassen**, beeinträchtigt dies nicht die Aussagekraft eines ansonsten zutreffenden Eintragungsvermerks. Die Rötung ist nämlich 348 keine Eintragung im Sinne der GBO, sondern lediglich ein buchungstechnisches Hilfsmittel zur übersichtlichen Gestaltung des Grundbuchs (*BGH* NJW 2007, 3777, 3778; *Demharter* § 46 Rn. 12 f.; Hügel/*Reetz* § 46 Rn. 38; *Schöner/Stöber* Rn. 281). Sie gehört daher nicht zum Inhalt des Grundbuchs, auf den sich nach § 892 BGB der öffentliche Glaube bezieht (Schöner/Stöber Rn. 281). Mangels materiellrechtlicher Wirkung ist sie weder geeignet noch erforderlich, um den Verlust des Raumeigentums herbeizuführen. Maßgeblich für die Löschung ist vielmehr allein der Löschungsvermerk gemäß § 46 Abs. 1 GBO (*OLG München* Rpfleger 2017, 610 = ZMR 2017, 822 = ZWE 2017, 309 mwN).

348a Zur (teilweisen) Abspaltung von Annexeigentum gem. § 3 Abs. 2 WEG s. *Schneider* ZMR 2023, 937.

III. Sonstige Veränderungen der Wohnungs- und Teileigentumsrechte

1. Inhaltliche Veränderungen des Sondereigentums

a) Eintragungsvoraussetzungen

349 Gem. §§ 5 Abs. 4 S. 1, 8 Abs. 2, 10 Abs. 3 S. 1 WEG können **Vereinbarungen** der Wohnungseigentümer über ihr Verhältnis untereinander durch Grundbucheintragung zum **Inhalt des Sondereigentums** gemacht werden. Der Eintragung in das Grundbuch bedürfen solche Regelungen der Gemeinschaftsordnung allerdings lediglich zur Erlangung der Erstreckungswirkung des § 10 Abs. 3 (vgl. Rdn. 270).

350 Materiell-rechtlich genügt zur **Entstehung** eine formlose Vereinbarung aller Wohnungseigentümer. Verfahrensrechtlich ist zur Eintragung in das Grundbuch mit der Aufteilung in Wohnungseigentum eine entsprechende Bewilligung gem. § 19 GBO in der Form des § 29 GBO erforderlich; weder § 4 noch § 20 GBO finden insoweit Anwendung (Bärmann/*Armbrüster* § 4 Rn. 16; *Demharter* Anh. zu § 3 Rn. 78; Weitnauer/*Briesemeister* § 4 Rn. 4). Auf die gleiche Weise können solchermaßen getroffene Vereinbarungen auch **nachträglich geändert oder aufgehoben** werden (Bauer/Schaub/*Schneider* AT E Rn. 318ff.). Bei der Eintragung einer Änderung oder Aufhebung von Gemeinschaftsregelungen in das Grundbuch handelt es sich sachlich entgegen der h.M. um eine Grundbuchberichtigung (*Schneider* ZfIR 2002, 108, 116 ff.; *Böhringer* NotBZ 2003, 285, 289; offen gelassen von *OLG München* ZMR 2017, 820 = ZWE 2017, 307; s. Rdn. 270). Wegen evtl. erforderlicher Drittzustimmungen s. sogleich.

351 **Verfahrensrechtlich** ist deshalb in diesen Fällen nach der hier vertretenen Auffassung mit der Antragstellung ein Unrichtigkeitsnachweis entsprechend § 22 GBO bzw. eine Berichtigungsbewilligung entsprechend § 19 GBO vorzulegen (s. dazu Rdn. 270 m.w.N.). Die Bewilligung ist von sämtlichen *betroffenen* Miteigentümern in der Form des § 29 GBO abzugeben. Insoweit zeigt sich hier in der Praxis kein Unterschied zur h.M. (vgl. *Demharter* Anh. zu § 3 Rn. 86 m.w.N.). Im Gegensatz dazu wird allerdings bisweilen von der eine konstitutive Eintragung annehmenden h.M. in Überdehnung des Bewilligungsprinzips auch der Nachweis einer Inhaltsänderung durch Vorlage einer Bewilligung *sämtlicher* Wohnungseigentümer gefordert (vgl. noch Bauer/*v. Oefele* 3. Aufl. AT E Rn. 318 m.w.N.

352 Die Mitwirkung der Wohnungs- und Teileigentümer ist nur dann entbehrlich, wenn in der Gemeinschaftsordnung eine vorweg genommene **Zustimmung/Ermächtigung** zur Vornahme solcher Veränderungen mit einer den Sondernachfolger bindenden Wirkung als Inhalt des Sondereigentums vereinbart und auch in das Grundbuch eingetragen worden ist (*BGH* ZMR 2021, 992; *OLG München* ZMR 2017, 820 = ZWE 2017, 307; *OLG München* ZMR 2017, 177 = ZWE 2017, 127; *OLG München* ZWE 2014, 121; *BayObLG* NZM 2002, 24; *BayObLG* Rpfleger 2000, 544; *BayObLG* Rpfleger 1998, 19; *KG* FGPrax 1998, 94). Ist die Vereinbarung im Grundbuch eingetragen, wird sie nach § 5 Abs. 4 S. 1 WEG zum Inhalt des Sondereigentums und wirkt damit gem. § 10 Abs. 3 S. 1 WEG auch gegenüber Sondernachfolgern. Sie betrifft nicht das sachenrechtliche Grundverhältnis sondern lediglich die Ausgestaltung des Gemeinschaftsverhältnisses.

Zur Grundbucheintragung einer inhaltlichen Änderung bedarf es der **Zustimmung dinglich Berechtigter** gem. §§ 877, 876 BGB, § 19 GBO immer dann, wenn das Recht des Dritten auch nur möglicherweise rechtlich betroffen wird; bloße wirtschaftliche Nachteile genügen dagegen nicht (BGHZ 91, 343 = Rpfleger 1984, 408). Inhaber von dinglichen Rechten am gesamten Grundstück oder sämtlichen Wohnungs- und Teileigentumseinheiten sind demnach von einer Änderung nicht betroffen (*OLG Frankfurt am Main,* Rpfleger 1996, 340; *BayObLG* Rpfleger 1979, 111; *BayObLG* Rpfleger 1974, 314; *Demharter* Anh. zu § 3 Rn. 79). Eine Zustimmung dinglich Berechtigter ist auch dann entbehrlich, wenn in der Gemeinschaftsordnung eine vorweg genommene Zustimmung/Ermächtigung zur Vornahme solcher Veränderungen mit einer den Sondernachfolger bindenden Wirkung als Inhalt des Sondereigentums vereinbart und in das Grundbuch eingetragen worden ist (*BayObLG* NZM 2002, 24; *BayObLG* Rpfleger 1989, 325; *Demharter* Anh zu § 3 Rn. 95; **a.A.** *BayObLG* Rpfleger 2005, 136 = ZMR 2005, 300). Mit dem Inkrafttreten des Gesetzes zur Änderung des Wohnungseigentumsgesetzes und anderer Gesetze am 01.07.2007 (BGBl. I, 370) sind unter den Voraussetzungen des § 5 Abs. 4 S. 2 (u. bis zum 30.11.2020 auch S. 3) WEG die bisher erforderlichen Zustimmungen von Grundpfandrechts- und Reallastberechtigten entbehrlich geworden. Wegen der Einzelheiten s. § 5 Rdn. 131 ff. 353

Die für einen **Minderjährigen** oder **Betreuten** abgegebene Bewilligung der Eintragung einer Abänderung der Gemeinschaftsordnung im Grundbuch ist als Verfügung im Sinne des § 1821 Abs. 1 Nr. 1 BGB a.F. (= § 1850 Nr. 1 BGB n.F.) zu qualifizieren und bedarf deshalb einer betreuungsgerichtlichen bzw. familiengerichtlichen **Genehmigung** (*OLG Hamm* MittBayNot 2016, 239 = Rpfleger 2016, 290 = ZWE 2016, 131). 354

b) Häufige Anwendungsfälle

aa) Änderungen der Kostenverteilung, einer vereinbarten Veräußerungsbeschränkung oder eines vereinbarten Sondernutzungsrechtes

In der **Praxis** kommt neben der Änderung von **Kostenverteilungsschlüsseln** (vgl. dazu aber jetzt § 16 Abs. 2 S. 2 WEG) und der Änderung einer vereinbarten **Veräußerungsbeschränkung** gem. § 12 der Änderung und Aufhebung von **Sondernutzungsrechten** eine herausragende Bedeutung zu. Wegen der damit im Einzelnen verbundenen Fragestellungen vgl. ausführlich *Häublein* Sondernutzungsrechte; *Kreuzer* FS Merle 2000, 203 ff.; *Ott* Sondernutzungsrecht; *Schneider* Rpfleger 1998, 53 ff.. 355

bb) Umwandlung von Wohnungseigentum in Teileigentum und umgekehrt

Auch die **Umwandlung von Wohnungseigentum in Teileigentum und umgekehrt** gehört hierher (z.B. Umwandlung von Teileigentum an Büro- und Hobbyräumen, Ladenlokalen und Speichern in Wohnungseigentum und umgekehrt). Ist in der Teilungsurkunde die Nutzung von Räumen als Wohnungs- oder Teileigentum geregelt, sieht die h.M. darin eine Zweckbestimmung im weiteren Sinne mit Vereinbarungscharakter gem. § 10 Abs. 1 S. 2, die nur durch eine Vereinbarung aller Wohnungseigentümer unter Mitwirkung der dinglich Berechtigten (s. Rdn. 353) geändert werden kann (*BGH* ZMR 2018, 782; *BGH* NJW 2018, 41 = ZMR 2018, 238 [Flüchtlingsunterkunft]; *BGH* ZMR 2015, 390 = ZWE 2015, 208; *BGH* ZMR 2012, 793 = ZWE 2012, 361; *OLG München* ZMR 2017, 177 = ZWE 2017, 127; *OLG Frankfurt* ZWE 2015, 320; *OLG München* ZMR 2014, 568; *HansOLG Hamburg* ZMR 2000, 627; *BayObLG* Rpfleger 1998, 19; *BayObLG* Rpfleger 1989, 325; *BayObLG* Rpfleger 1986, 177; *Böttcher* BWNotZ 1996, 80, 82; *F. Schmidt* WE 1996, 212; *Schöner/Stöber* Rn. 2872d; Staudinger/*Rapp* § 1 Rn. 11; a.A. noch die 3. Aufl. § 3 Rdn. 20 ff. m.w.N.). Ein Mehrheitsbeschluss ist mangels Beschlusskompetenz nichtig (*BGH* ZMR 2012, 793 = ZWE 2012, 361; *KG* ZMR 2007, 299; *KG* ZMR 2005, 223; *OLG Köln* ZMR 1997, 376; Meikel/*Morvilius* Einl. C Rn. 174). Eine solche Änderung bewirkt eine Umwidmung des zuvor festgelegten Gebrauchszweckes und stellt sich somit als Inhaltsänderung des Sondereigentums gem. §§ 5 Abs. 4 S. 1, 10 Abs. 3 S. 1 dar (*BGH* ZfIR 2015, 492 = ZMR 2015, 390 = ZWE 2015, 208; *BGH* ZMR 2012, 793 = ZWE 2012, 361; *OLG München* ZMR 2017, 820 = ZWE 2017, 307; *OLG München* 356

ZMR 2017, 177 = ZWE 2017, 127; *OLG München* ZMR 2014, 568; *OLG München* ZWE 2014, 121; *KG* Rpfleger 2013, 515 = ZWE 2013, 322; *KG* Rpfleger 2011, 268 = ZWE 2011, 84; *KG* WuM 2008, 165; *KG* ZMR 2007, 299; *BayObLG* NZM 2005, 263; *HansOLG Bremen* ZWE 2002, 184; *BayObLG* NZM 2002, 24; *OLG Köln* ZMR 1997, 376; *Hügel* FS Bub 2007, 137; *ders.* RNotZ 2005, 149, 154; MüKo/*Commichau* § 1 Rn. 44; *Müller* Teil 5 Rn. 269; Weitnauer/*Briesemeister* § 1 Rn. 39).

357 Es handelt sich also nicht um eine gegenständliche Veränderung der Eigentumszuordnung durch Abänderung des dinglichen Begründungsaktes (so aber noch – unzutreffend – *KG* ZMR 2005, 223; *KG* ZMR 2002, 72; *BayObLG* ZMR 1997, 537; *BayObLG* WE 1995, 157 m. abl. Anm. *Weitnauer*; *Ott* ZfIR 2005, 129, 130 f.; *Wenzel* ZWE 2006, 62; hier bis zur 3. Aufl. § 3 Rdn. 20 ff.), sondern um eine Vereinbarung der Wohnungseigentümer über ihr Verhältnis untereinander. Zum Vollzug ist materiell-rechtlich deshalb auch keine Einigung in Auflassungsform gem. § 4 erforderlich (*BayObLG* Rpfleger 1998, 19; *Hügel* RNotZ 2005, 149, 154; MüKo/*Kanzleiter* § 925 Rn. 4). Konsequenterweise kann von den Vertretern der Auffassung, die in einer Änderung des Gebrauchszwecks eine Änderung des notwendigen Teils des dinglichen Akts zur Begründung von Wohnungs- und Teileigentum sehen wollen, eine vorweggenommene Bevollmächtigung/Ermächtigung zur Vornahme solcher Veränderungen mit einer den Sondernachfolger bindenden Wirkung als Inhalt des Sondereigentums nicht anerkannt werden (*Ott* ZfIR 2005, 129, 132).

358 Erkennt man jedoch mit der h.M. (vgl. nur *BGH* ZMR 2021, 992; *OLG München* ZWE 2014, 121; *BayObLG* ZMR 2000, 468) die Möglichkeit eines solchen **Änderungsvorbehaltes** an, muss dieser dem sachen- und grundbuchrechtlichen **Bestimmtheitsgrundsatz** entsprechen, d.h. nach Inhalt, Zweck und Ausmaß hinreichend bestimmt sein (*OLG München* ZMR 2017, 820 = ZWE 2017, 307). Dabei kann eine ansonsten wirksame **Ermächtigung** dennoch nicht zu einer einseitigen Umwandlung von Teileigentum in Wohneigentum führen, wenn sie dadurch **bedingt** ist, dass bestimmte bauliche Vorgaben eingehalten sind. In diesem Fall ist ein Nachweis der Voraussetzungen in der Form des § 29 GBO nicht möglich. Indessen ist für die Annahme, eine entsprechende Verknüpfung zwischen der Einhaltung baubezogener (gesetzlicher wie technischer) Normen und der rechtlichen Befugnis habe hergestellt werden sollen, Zurückhaltung zu üben (*OLG München* ZWE 2014, 121). Als Grundbucherklärung ist die Gemeinschaftsordnung nämlich auslegungsfähig, sodass dort z.B. geregelt werden kann, dass der Eigentümer den zu seiner Wohnung gehörenden Speicher zu einer selbstständigen Eigentumswohnung unter Bildung von Wohnungs- oder Teileigentum nach Aufteilung der Miteigentumsanteile ausbauen darf, »und zwar im Rahmen der baurechtlichen Bestimmungen nach noch einzuholender Baugenehmigung«. Dies ist regelmäßig nicht als **Einschränkung der vorweggenommenen Zustimmung** zur Änderung der Teilungserklärung zu verstehen (*OLG München* ZMR 2014, 136). Vgl. auch § 1 Rdn. 49 ff. m.w.N.

359 Ein ergänzter **Aufteilungsplan** wird für die Eintragung der Umwandlung von Wohnungs- in Teileigentum oder umgekehrt solange nicht benötigt, wie Lage und Umfangsgrenzen des bisherigen Sondereigentums unverändert bleiben (*HansOLG Bremen* ZWE 2002, 184; *Hügel* RNotZ 2005, 149, 155). Die bloße Umwidmung verändert diese nicht.

360 Allerdings wird die Nachreichung einer berichtigten **Abgeschlossenheitsbescheinigung** selbst bei unveränderter Lage des Sondereigentums dann erforderlich sein, wenn eine Umwandlung von Teileigentum in Wohnungseigentum vorgenommen werden soll. In diesem Fall sind nämlich die besonderen Anforderungen an die Ausstattung eines Wohnungseigentums (s. Nr. 5 der AVV v. 19.03.1974) nachzuweisen (*KG* ZMR 2015, 881; *KG* Rpfleger 2013, 515 = ZWE 2013, 322; Beck'sches Notarhandbuch/*Rapp* A III Rn. 110; *Hügel* RNotZ 2005, 149, 155; wohl auch MüKo/*Commichau* Rn. 40). Daran hat sich nach hier vertretener Auffassung auch nach dem Inkrafttreten der AVA (2021) nichts geändert (zum Problem vgl. ausf. § 3 Rdn. 117 ff. m.w.N. auch zur a.A.).

361 Nur eine **scheinbare Umwandlung** liegt vor, wenn mit einem Wohnungseigentum Nebenräume verbunden sind (z.B. eine Garage), die im Fall einer Abtrennung nur als Teileigentum eingetragen werden können (vgl. für eine unterteilte Wohnung *BGH* ZMR 2015, 390 = ZWE 2015, 208 und

für einen Lagerraum *OLG München* ZWE 2014, 121). Ist wegen des vermeintlich überwiegenden Charakters (zur Problematik s. Rdn. 5) die Eintragung als Wohnungseigentum erfolgt, so ist z.B. die Garage bei einer späteren Unterteilung gleichwohl als Teileigentum einzutragen; sie ändert also ihre Zweckbestimmung nicht *(OLG München* v. 30.08.2018 – 34 Wx 66/18, zit. juris). Hierfür ist die Zustimmung der übrigen Miteigentümer nicht erforderlich (BGHZ 73, 150 = Rpfleger 1979, 96 = ZMR 1979, 312; Becksches Notarhandbuch/*Rapp* A III Rn. 111; Meikel/*Morvilius* Einl. C Rn. 176).

c) Eintragung

Die **Eintragung** von Veränderungen der Gemeinschaftsordnung hat als Inhaltsänderung des Sondereigentums bei sämtlichen Einheiten einer Wohnungs-/Teileigentumsanlage zu erfolgen. Bei der Eintragung kann gem. § 7 Abs. 3 S. 1 auf die Bewilligung Bezug genommen werden. Lediglich die Änderung oder Aufhebung einer Veräußerungsbeschränkung gem. § 12 und einer sog. Haftungsklausel sind ausdrücklich in das Grundbuch einzutragen (§ 7 Abs. 3 S. 2 WEG, § 3 Abs. 2 WGV; Bauer/Schaub/*Schneider* AT E Rn. 320). Die Eintragung von Veränderungen des Inhalts des Sondereigentums hat gem. § 3 Abs. 5 WGV in den Spalten 5 bis 8 des Bestandsverzeichnisses zu erfolgen. Wegen der bei Sondernutzungsrechten bestehenden Besonderheiten s. Rdn. 230 ff. Bei einer Umwandlung von Wohnungs- in Teileigentum oder umgekehrt ist weiterhin noch die Aufschrift des Grundbuchblattes zu berichtigen. 362

2. Änderung der Miteigentumsanteile

Dazu s. § 6 Rdn. 4 ff. 363

3. Veränderungen am aufgeteilten Grundstück

Dazu s. § 6 Rdn. 19 ff. 364

H. Öffnungsklausel zugunsten der Bundesländer zur Zuständigkeitsbestimmung für die Ausfertigung des Aufteilungsplans und die Bescheinigung der Abgeschlossenheit (§ 7 Abs. 4 S. 3 bis 6)

– *unbelegt* – 365

Die erst mit der WEG-Novelle 2007 eingefügte Öffnungsklausel für die Bundesländer wurde in der Praxis nicht genutzt. Sie wurde deshalb mit dem WEMoG 2020 bereits wieder aufgehoben. 366

I. Reformvorschlag: Einführung eines Zentralgrundbuches

I. Anlass

Ein zentraler Punkt in der Diskussion zur Novellierung des WEG nach der sog. Jahrhundertentscheidung des *BGH* vom 20.09.2000 (Rpfleger 2001, 19 = ZMR 2000, 771) war die Frage nach der Eintragung von Beschlüssen der Wohnungseigentümer in das Grundbuch. Die Eintragungsfähigkeit und -bedürftigkeit von Beschlüssen, die Regelungen im vereinbarungs- oder gesetzesändernden Bereich aufgrund einer rechtsgeschäftlichen Öffnungsklausel zum Gegenstand haben, wurde zu Recht vor der Novellierung von der h.M. befürwortet (vgl. u.a. *Wenzel* ZWE 2004, 130, 135 ff.; *Bärmann/Pick/Merle*, 9. Aufl., § 23 Rn. 20; Weitnauer/*Briesemeister* § 10 Rn. 57 je m.w.N.; dazu s. ausführlich 2. Aufl. § 10 Rn. 297 ff.; zur Kritik an der 2007 Gesetz gewordenen systemwidrigen Regelung des § 10 Abs. 4 S. 2 s. *Hügel* DNotZ 2007, 326, 349). Die sich dadurch möglicherweise für die Grundbuchgerichte abzeichnende Mehrbelastung war neben einer Reihe weiterer Erleichterungen *ein* Anlass für Überlegungen zur Einführung eines sog. Zentralgrundbuches. 367

II. Dogmatischer Ansatz

368 Das Zentralgrundbuch spiegelt die **Doppelnatur des Wohnungseigentums** wider: Eintragungen, die das Grundstück als Ganzes oder die Gemeinschaft betreffen, erfolgen im Zentralgrundbuch; Eintragungen die lediglich die einzelne Einheit betreffen, erfolgen im jeweiligen Einzelgrundbuch (*von Oefele* WE 2002, 196; *Schneider* Rpfleger 2003, 70). Das Zentralgrundbuch wird gleichsam als Grundbuchblatt »0« vor die für die jeweiligen Sondereigentumsrechte anzulegenden Einzelgrundbücher geschaltet (ebenso *Kreuzer* ZWE 2003, 145, 153). Einzelgrundbuch und Zentralgrundbuch bilden das Grundbuch i.S.d. BGB.

III. Aufbau und Inhalt der Grundbücher

369 Im Verlaufe der Diskussion zeigte sich schnell, dass auch andere Eintragungsbereiche von der Einführung eines Zentralgrundbuches profitieren können. Im Einzelnen ergeben sich nach den bisherigen Überlegungen folgende Strukturen:

370 Im **Bestandsverzeichnis** des **Zentralgrundbuches** werden neben den Angaben über das in Wohnungseigentum aufgeteilte Grundstück die Grundbuchblätter sämtlicher zu der jeweiligen Serie gehörenden Wohnungs- und Teileigentumseinheiten bezeichnet. Weiterhin erfolgen im Hinblick auf Gegenstand und Inhalt des Sondereigentums Bezugnahmen auf die zugrunde liegenden Eintragungsbewilligungen und Aufteilungspläne. Fakultativ können Vermerke über die gestreckte Zuordnung von Sondernutzungsrechten erfolgen. Spätere Änderungen der Teilungserklärung/Gemeinschaftsordnung brauchen lediglich im Bestandsverzeichnis des Zentralgrundbuches vermerkt zu werden.

371 Im **Bestandsverzeichnis** der **Einzelgrundbücher** erfolgt wie bisher die Beschreibung der jeweiligen Sondereigentumseinheit. Evtl. vereinbarte Veräußerungsbeschränkungen und zugeordnete Sondernutzungsrechte sind hier zu vermerken. Im Übrigen wird wegen der Beschränkung des Miteigentums, der im Hinblick auf Gegenstand und Inhalt des Sondereigentums in Bezug genommenen Eintragungsbewilligungen und Aufteilungspläne auf die Eintragung im Zentralgrundbuch verwiesen. Spätere Änderungen der Teilungserklärung/Gemeinschaftsordnung brauchen wegen der in allen Einzelgrundbüchern erfolgten Bezugnahme hier nicht mehr vermerkt zu werden.

372 **Abteilung I** des Zentralgrundbuches dient der – neuen – Eintragung des WEG-Verwalters. Die vorhandene Spalteneinteilung wird als Verwalterverzeichnis mit Angaben zur Dauer und Grundlage der Bestellung genutzt. In den Einzelgrundbüchern ändert sich nichts.

373 **Abteilung III** des **Zentralgrundbuches** kann unter Verwendung der vorhandenen Spalteneinteilung als Haftungsverzeichnis für Rechte verwendet werden, die als Globalrecht das gesamte Grundstück bzw. sämtliche Miteigentumsanteile belasten. Für die Grundpfandrechte erfolgt nur noch hier die maßgebliche Angabe der aktuellen Mithaftstellen.

374 In der III. **Abteilung** der **Einzelgrundbücher** erfolgt wie bisher die Eintragung der Globalfinanzierungsrechte und der Einzelrechte an der jeweiligen Sondereigentumseinheit. Anstelle der bisherigen laufend anzupassenden Angaben hinsichtlich der aktuellen Mithaftstellen wird insoweit lediglich auf die Eintragung im Zentralgrundbuch Bezug genommen.

375 Grundsätzlich könnte auch im Hinblick auf die das gesamte Grundstück oder sämtliche Miteigentumsanteile belastenden Eintragungen in der II. **Abteilung** entsprechend verfahren werden (zur differenzierenden Betrachtung s. insoweit *von Oefele/Schneider* DNotZ 2004, 740, 749).

376 Eine ausführliche Darstellung der **Eintragungsmöglichkeiten** und des damit verbundenen Entlastungspotentials findet sich bei *von Oefele/Schneider* DNotZ 2004, 740. **Eintragungsvorschläge** finden sich bei *Schneider* Rpfleger 2003, 70.

IV. Wirkungen

377 Die mit der Einführung des Zentralgrundbuches insbesondere für Gerichte und Notare verbundene **Arbeits- und Kostenersparnis** im Vergleich zur derzeitigen Praxis geht einher mit einer deutlich

verbesserten **Grundbuchklarheit** und gesteigerten **Rechtssicherheit** bei gleichzeitiger **Reduzierung von Haftungsrisiken.** Hervorzuheben ist insbesondere, dass die Einführung des Zentralgrundbuches nicht nur sachlich ohne nennenswerte Mehrkosten weitgehend **mit den vorhandenen Mitteln** erfolgen könnte sondern auch personell nicht mit Mehrbelastungen zu rechnen ist (*von Oefele/Schneider* DNotZ 2004, 740).

V. Stand der Diskussion

Die Überlegungen zur Einführung des Zentralgrundbuches für Wohnungseigentumssachen sind ganz überwiegend auf **Zustimmung** gestoßen (*Drasdo* ZWE 2003, 170; *Kreuzer* ZWE 2003, 145, 153 f.; *Armbrüster* DNotZ 2003, 493, 514; *ders.* ZWE 2003, 355, 360; Köhler/Bassenge/*Häublein* Anwaltshandbuch Wohnungseigentumsrecht 2004, Teil 12 Rn. 76; *Röll* ZWE 2000, 13, 16; *Schmidt-Räntsch* in Protokoll der 23. Sitzung des Rechtsausschusses v. 18.09.2006, S. 185 ff.; *Wenzel* zit. nach Deckert NZM 2004, 91; MüKo/*Commichau* § 7 Rn. 14 ff. WEG; *Weitnauer*, 9. Aufl. Vorwort VI; Stellungnahme des BfW WE 2002, 61; Stellungnahme der Bundesnotarkammer ZWE 2003, 346, 354 f; Entschließung des 31. Deutschen Rechtspflegertages RpflBl. 2004, 47; a.A. wohl nur *Demharter* Rpfleger 2007, 121 mit Erwiderung *v. Oefele/Schneider* ZMR 2007, 753). 378

Der Gesetzgeber **berücksichtigt** dagegen die Vorschläge ausdrücklich **nicht.** Der noch im Regierungs-Entwurf eines Gesetzes zur Änderung des Wohnungseigentumsgesetzes und anderer Gesetze v. 09.03.2006 – BT-Drs. 16/887, S. 13 geäußerten Befürchtung, die Einheitlichkeit des Rechts könnte durch die Einführung des Zentralgrundbuches aufgegeben werden, dürfte mit den inzwischen vorliegenden Ergebnissen der Untersuchungen von *v. Oefele/Schneider* (DNotZ 2004, 740 und ZMR 2007, 753) die Grundlage entzogen sein. Der weiterhin erfolgende Hinweis auf ein erst noch zu entwickelndes Datenbankgrundbuch vermag ebenfalls nicht zu überzeugen (vgl. *Schneider* ZMR 2005, 15, 18). Indessen ist das DatenbankgrundbuchG v. 01.10.2013 (DaBaGG BGBl. I S. 3719) ohne Berücksichtigung der Vorschläge in Kraft getreten. Die Bund-Länder-Arbeitsgruppe zur Reform des WEGs hat sich in ihrem Abschlussbericht gegen die Einführung eines Zentralgrundbuchs ausgesprochen (ZWE 2019, 429, 432). Die dafür vorgebrachten Argumente lassen allerdings nicht unbedingt auf eine vertiefte Durchdringung der Thematik schließen (»offenlassen« des Grundbuchs des aufgeteilten Grundstücks – vgl. demgegenüber Rdn. 368; Reduzierung des technischen Aufwands durch Einführung des Datenbankgrundbuchs – vgl. demgegenüber [unabhängig von der bis heute [2024] nicht erfolgten Einführung] die weitergehenden Zielsetzungen Rdn. 377; vermeintliche Rangprobleme – vgl. demgegenüber Rdn. 368; das Gesamtgrundstück existiere nach der Aufteilung materiell-rechtlich als Verfügungsgegenstand nicht mehr – vgl. demgegenüber § 6 Rdn. 42 m.w.N.). Demgemäß hat der Gesetzgeber das Zentralgrundbuch im WEMoG 2020 nicht berücksichtigt. 379

Gerade im Hinblick auf die offenbar mit Schwierigkeiten verbundenen Bemühungen zur Schaffung eines Datenbankgrundbuchs (vgl. nur »geplante[s] Vergabeverfahren[] für die Neuausschreibung des Entwicklungsdienstleisters« – TOP 2 der Beschlüsse des E-Justice-Rats in seiner 22. Sitzung am 29.09.2022 in Bremen, https://justiz.de/laender-bund-europa/e_justice_rat/beschluesse/22_sitzung.pdf;jsessionid=89F217651FCD85B3BB211248C0BC3E2B) wird die Einführung des Zentralgrundbuchs – jetzt weiterführend in Kombination mit KI-gestützten Verfahren – zum frühest möglichen Zeitpunkt unverändert für sinnvoll und umsetzbar gehalten, wenngleich der inzwischen verstrichene Zeitraum von über 20 Jahren (!) wenig Hoffnung macht. Zu den auch nach dem Inkrafttreten des DatenbankgrundbuchG v. 01.10.2013 (DaBaGG BGBl. I S. 3719) unverändert aktuellen Bedürfnissen der Grundbuchpraxis s. *Schneider* ZfIR 2013, 81. 380

J. Gerichtsgebühren

Für die **Eintragung** der vertraglichen Einräumung von Sondereigentum gem. §§ 3, 4 und für die Anlegung der Wohnungsgrundbücher im Fall des § 8 fallen Gebühren nach dem GNotKG an. 381

Für die vertragliche Einräumung s. § 3 Rdn. 189 ff. 382

383 Für die Vorratsteilung s. § 8 Rdn. 129 ff.

384 Wegen der zahlreichen denkbaren Fallgestaltungen bei **Veränderungen** eines Wohnungseigentums sei auf die hervorragenden Ausführungen von *Wilsch* ZfIR 2014, 457 (Teil I) und ZfIR 2014, 513 (Teil II) verwiesen.

§ 8 Teilung durch den Eigentümer

(1) Der Eigentümer eines Grundstücks kann durch Erklärung gegenüber dem Grundbuchamt das Eigentum an dem Grundstück in Miteigentumsanteile in der Weise teilen, dass mit jedem Anteil Sondereigentum verbunden ist.

(2) Im Falle des Absatzes 1 gelten § 3 Absatz 1 Satz 2, Absatz 2 und 3, § 4 Absatz 2 Satz 2 sowie die §§ 5 bis 7 entsprechend.

(3) Wer einen Anspruch auf Übertragung von Wohnungseigentum gegen den teilenden Eigentümer hat, der durch Vormerkung im Grundbuch gesichert ist, gilt gegenüber der Gemeinschaft der Wohnungseigentümer und den anderen Wohnungseigentümern anstelle des teilenden Eigentümers als Wohnungseigentümer, sobald ihm der Besitz an den zum Sondereigentum gehörenden Räumen übergeben wurde.

Literatur

Armbrüster Änderungsvorbehalte und -vollmachten zugunsten des aufteilenden Bauträgers, ZMR 2005, 244; *Becker* Die Einpersonen-Eigentümergemeinschaft, FS Seuß (2007), 19; Becker Was wurde aus dem Werdenden? FS H. Müller (2019), S. 21; *Becker/Schneider* WEG-Reform 2020: Anmerkungen zum Regierungsentwurf des WEMoG ZfIR 2020, 281; dies. Werdende Wohnungseigentümergemeinschaft und Zustimmung Drittberechtigter, ZfIR 2011, 545; *Bielefeld* Unterteilung und Veräußerung von Wohnungseigentum, FS Merle 2000, 73; *Bornemann* Der Erwerb von Sondernutzungsrechten im Wohnungseigentumsrecht, 2000; *Bornheimer* Das Stimmrecht im Wohnungseigentumsrecht, 1993; Böttcher Vereinigung von Eigentumswohnungen ZNotP 2013, 57; *Bub* Gestaltung der Teilungserklärung und Gemeinschaftsordnung, WE 1993, 185 und 212; *Briesemeister* Das Stimmrecht bei unterteiltem Wohnungseigentum – oder: Kann es nach dem Gesetz einen »halben« Wohnungseigentümer geben?, FS Seuß (2007), S. 39; *ders.* Stimmrecht nach Unterteilung von Wohnungseigentum, NZM 2000, 992; *Coester* Die »werdende Eigentümergemeinschaft« im Wohnungseigentumsgesetz, NJW 1990, 3184; *Demharter* Isolierter Miteigentumsanteil beim Wohnungseigentum, NZM 2000, 1196; DNotI-Gutachten Ausschluss der Rechte als »werdender Wohnungseigentümer« im Bauträgervertrag; Allgemeine Geschäftsbedingungen, DNotI-Report 2021, 73; DNotI-Gutachten Teilungserklärung durch vollmachtlosen Vertreter; Folgen fehlerhafter WEGBildung; gutgläubiger Zweiterwerb von Wohnungseigentum; Heilung, DNotI-Report 2016, 189; *Elzer* Umwandlung von Gemeinschafts- in Sondereigentum, MietRB 2007, 78; *Ertl* Alte und neue Probleme der Gemeinschaftsregelungen des WEG, DNotZ 1979, 267; Gaier Unterteilung von Wohnungseigentum FS Wenzel (2005), S. 245; *Galster* Vorstellung und Kommentierung der Teilungserklärung, WE 1995, 290; *Giese* Umwandlung von Mietwohnungen in Eigentumswohnungen, BB 1986, 1271; *Gottschalg* Stimmrechtsfragen in der Wohnungseigentümerversammlung, NZM 2005, 88; Grziwotz Bauträgervollmachten bei der Vorratsteilung MietRB 2015, 27; *Häublein* Sondernutzungsrechte und ihre Begründung im Wohnungseigentumsrecht, 2003; *ders.* Gestaltungsprobleme bei der abschnittsweisen Errichtung von Mehrhausanlagen, DNotZ 2000, 442; *ders.* Rechtliche Probleme im Zusammenhang mit der Begründung, der Übertragung und der Aufhebung von Sondernutzungsrechten, Potsdamer Tage rund um das Wohnungseigentum 2000, 27; *Heismann* Die werdende Wohnungseigentümergemeinschaft – ein traditionelles Rechtsinstitut des WEG auf dem dogmatischen Prüfstand, ZMR 2004, 10; *ders.* Die werdende Wohnungseigentümergemeinschaft – Die ungewisse Zukunft eines traditionelles Rechtsinstituts, 2003; *Hügel* Die Rechtsfähigkeit der werdenden Wohnungseigentümergemeinschaft ZWE 2010, 122; *ders.* Das unvollendete oder substanzlose Sondereigentum, ZMR 2004, 549; Jürgens/Roschke Zur Feststellung der Miteigentumsanteile in Wohnungseigentumsanlagen NotBZ 2016, 174; *Kümmel* Die Bindung der Wohnungseigentümer und deren Sondernachfolger an Vereinbarungen, Beschlüsse und Rechtshandlungen nach § 10 WEG, 2002; *Lotz-Störmer* Stimmrechtsausübung und Stimmrechtsbeschränkungen im Wohnungseigentumsrecht, 1993; *Mediger* Die Vermehrung von Stimmrechten nach § 25 II WEG, NZM 2011, 137 *Merle* Das Wohnungseigentum im System des bürgerlichen Rechts, 1979; *Ott* Das Sondernutzungsrecht im Wohnungseigentum, 2000; *Rapp* Verdinglichte Ermächtigungen in der Teilungserklärung, MittBayNot 1998, 77; *Reymann* Werdende Wohnungseigentümergemeinschaft bei der Vorratsteilung – Fortexistenz bis zur Veräußerung der letzten Einheit? ZWE 2012, 357; *Röll* Ermächtigung zur Begründung von Sondereigentum in der Gemeinschaftsordnung, ZWE 2000, 446; *ders.* Das Eingangsflurproblem bei der Unterteilung von Eigentumswohnungen, DNotZ 1998, 345; *ders.* Vereinigung und Bestandteilszuschreibung im Wohnungseigentum, FS Seuß (1997), S. 253; *ders.* Einmannbeschlüsse im Wohnungseigentum, WE 1996, 370; *ders.* Die Unterteilung von Eigentumswohnungen, DNotZ 1993, 158; *ders.* Teilungsplanwidriger Bau von Eigentumswohnungen, MittBayNot 1991, 240; *ders.* Die Rechtsprechung des *BGH* zur faktischen Gemeinschaft und ihre Auswirkungen auf die Praxis des Wohnungseigentums NJW 1989, 1070; *ders.* Die Teilungserklärung und das Gesetz zur Änderung und Ergänzung beurkundungsrechtlicher Vorschriften, MittBayNot 1980, 1; *ders.* Die Änderung der Teilungserklärung, Rpfleger 1976, 283; *ders.* Teilungserklärung und Entstehung von Wohnungseigentum, 1975; *Ruge* Begründung von Wohnungseigentum an Bestandsimmobilien, 2009; *F. Schmidt* Der Alleineigentümerstatus im Wohnungseigentum, ZMR 2009, 725; *ders.* (Un)zeitgemäße Betrachtungen – § 8 WEG im Wandel der Zeiten, FS Bub, S. 221; *J.-H. Schmidt* Wohnungseigentum in der Gründungsphase – anwendbares Recht, Entstehung der Gemeinschaft und Erwerberschutz in Deutschland, PiG 93 (2012), 107; *Schneider* Anlegung der Wohnungsgrundbücher als Voraussetzung für das Entstehen einer werdenden Wohnungseigentümergemeinschaft ZWE 2010, 449; *ders.* Zwangsvollstreckung von Beitragsforderungen gegen den werdenden Wohnungseigentümer ZWE 2010, 341; ders. Sondernutzungsrechte im Grundbuch, Rpfleger 1998, 9 u. 53; *Schweiger* Sondernutzungsrechte im Wohnungseigentum, 1987; *Ulmer* AGBG und einseitig gesetzte Gemeinschaftsordnungen von Wohnungseigentümer, Festgabe für Weitnauer 1980, S. 205; *Wedemeyer* Stimmrecht nach Unterteilung von Wohnungseigentum, NZM 2000, 638; *Wenzel* Vereinbarungen in Beschlussangelegenheiten? – Zur Rechtsnatur der Verwalterbestellung in der Gemeinschaftsordnung FS Bub S. 249; *ders.* Aktuelle Entwicklungen in der Rechtsprechung des *BGH* zum Recht des Wohnungseigentums, DNotZ 1993, 297; Wicke Die Gründungsphase nach der WEG-Reform ZWE 2021, 21.

Übersicht Rdn.

A. Allgemeines

1 Wohnungs- bzw. Teileigentum kann gem. § 2 WEG neben der gegenseitigen vertraglichen Einräumung von Sondereigentum Mehrerer nach § 3 WEG auch durch eine **einseitige Erklärung** des

Alleineigentümers – meist, aber nicht zwingend eines Bauträgers – begründet werden. Die Begründung von Wohnungseigentum durch Teilung ist Gegenstand von § 8 WEG. Diese Bestimmung ermöglicht es einem Alleineigentümer oder an dessen Stelle einem Verfügungsberechtigten über das Grundstück, etwa einem Testamentsvollstrecker, Nachlass- oder einem Insolvenzverwalter (*BayObLG* BayObLGZ 1957, 108 zum Konkursverwalter), entgegen des in §§ 1114 BGB, 864 Abs. 2 ZPO, 1 Abs. 3 ErbbauRG verkörperten Rechtsgedankens (s. dazu § 3 Rdn. 1), **Miteigentum** an einem Grundstück und **Alleineigentum** an Teilen eines auf dem Grundstück errichteten oder noch zu errichtenden Gebäudes miteinander zu **verbinden**. Weil das Gesetz zur Förderung des Wohnungsbaus und wirtschaftlich vernünftig eine Teilung auch in Bezug auf noch zu errichtende Gebäude erlaubt (jetzt in § 8 nicht mehr ausdrücklich, sondern durch die Legaldefinition in § 3 Abs. 1 S. 1 WEG), können vor allem Bauträger bereits vor Baubeginn oder während des Baus die noch in ihrer Hand vereinigten Miteigentumsanteile einzeln veräußern (sog. **Vorratsteilung**). Rechtlich ist eine solche Aufteilung der Teilung eines Grundstücks in selbstständige Grundstücke nachgebildet (*BayObLG* BayObLGZ 1969, 82 = NJW 1969, 883). Die dadurch ggf. entstehenden Probleme mit »stecken gebliebenen« Bauwerken sind zwar nicht selten, in jedem Fall aber hinzunehmen. Die mit § 8 WEG verbundenen Vorteile überwiegen die Risiken. Für eine Besicherung der Käufer sorgt u.a. die Makler- und Bauträgerverordnung (s. dazu Anhang zu § 8).

Zur Begründung von Wohnungseigentum im Wege des § 8 WEG ist das Grundstück erstens in **Miteigentumsanteile** aufzuteilen. Betrifft die Teilung mehrere Grundstücke, müssen diese nach § 1 Abs. 4 WEG vorher oder gleichzeitig mit der Teilung (*OLG München* v. 20.09.2011 – 34 Wx 373/11; *OLG Saarbrücken* NJW 1972, 691 = MittBayNot 1972, 120) gem. § 890 BGB zu einem Grundstück im Rechtssinne verbunden werden. Jeder **Miteigentumsanteil** ist zweitens mit einer oder mehreren Sondereigentumseinheiten an einer bestimmten Wohnung (**Wohnungseigentum**) oder mit einer oder mehreren Sondereigentumseinheiten an nicht zu Wohnzwecken dienende Räume (**Teileigentum**) in einem auf dem Grundstück bereits errichteten oder an einem noch zu errichtenden Gebäude zu **verbinden**. Drittens ist vom Alleineigentümer der **Gegenstand von Gemeinschafts- und Sondereigentum** zu bestimmen. Das Grundstück, an dem Wohnungseigentum begründet werden soll, kann auch ein Hofgrundstück sein. Durch die Bildung von Wohnung- oder Teileigentum geht allerdings **die Hofeigenschaft verloren** (*OLG Hamm* NJW-RR 1989, 141 = DNotZ 1989, 448), sofern der Alleineigentümer eine Einheit auf einen Dritten überträgt (*OLG Köln* ZMR 2007, 390 auch mit Nachw. zur Gegenansicht; *OLG Oldenburg* NJW-RR 1993, 1235). § 8 WEG ist nicht, auch nicht entsprechend, auf den Fall anwendbar, dass nicht Grundstückseigentum in Miteigentumsanteile aufgespaltet wird, sondern, **selbstständiges Gebäudeeigentum**, das gem. Art. 233 §§ 2b, 4 und 8 EGBGB fortbesteht (*OLG Jena* Rpfleger 1996, 194 = ZMR 1996, 94). Eine Teilung nach § 8 WEG (oder eine Unterteilung, *BGH* Rpfleger 2015, 386 = ZfIR 2015, 492 = ZMR 2015, 390; *BGH* ZfIR 2004, 1006 = ZMR 2005, 59 = NJW 2005, 10; dazu Rdn. 70 ff.) kann aber dazu genutzt werden, z.B. eine spätere Auseinandersetzung von Erben vorzubereiten, weil eine Pflicht, die Miteigentumsanteile nach der Teilung zu veräußern, nicht besteht (*BayObLG* ZMR 2005, 464 m. Anm. *Elzer*). 2

Diese Möglichkeit einer Aufteilung der Miteigentumsanteile auf »Vorrat« mit der Absicht und dem Zweck, die entstandenen Teile später an Dritte zu veräußern und zu übertragen (Vorratsteilung) und mit der Möglichkeit, die Miteigentumsanteile einzeln zu belasten, hat in der Praxis seit Jahrzehnten eine **überragende Bedeutung** (Bamberger/Roth/*Hügel* WEG § 8 Rn. 1; *Röll* Teilungserklärung, S. 13). Die Vorratsteilung hat sich deutlich gegenüber der vertraglichen Einräumung nach § 3 WEG durchgesetzt und ist der Regelfall für die Begründung von Raumeigentum geworden. Wie es der Aufbau des Gesetzes und § 8 Abs. 2 WEG zeigen, steht zwar § 3 WEG regelungssystematisch im Vordergrund. Diese »Reihenfolge« entspricht aber nicht mehr den praktischen Bedürfnissen. Seit langem wird Raumeigentum ganz überwiegend durch Teilungserklärung des Bauträgers nach § 8 WEG gebildet (s. bereits *BGH* BGHZ 95, 137, 141 = ZMR 1986, 19 = MDR 1986, 138). Eine gewisse Renaissance hat § 3 WEG durch die mittlerweile wieder verebbten **Bauherrenmodelle** und **Bauerrichtungsverträge** erlebt (dazu Weitnauer/*Briesemeister* Nach § 3). Auf 3 die Begründung eines **Wohnungserbbaurechts** durch einen Erbbauberechtigten ist § 8 WEG i.Ü. entsprechend anwendbar, § 30 Abs. 2 und Abs. 3 WEG.

B. Grundstückseigentümer

4 Grundstückseigentümer i.S. von § 8 WEG kann eine natürliche oder juristische Person sein. In Betracht kommt auch, dass eine Gemeinschaft zur gesamten Hand (Erbengemeinschaft [so in *BGH* ZMR 2004, 206 = NJW 2004, 1798 = MDR 2004, 439], eine eheliche Gütergemeinschaft), eine GbR, eine *KG*, OHG oder eine Bruchteilsgemeinschaft (*BayObLG* BayObLGZ 1969, 82 = NJW 1969, 883) Grundstückseigentümer ist. Eine Gemeinschaft zur gesamten Hand setzt sich bei einer Aufteilung am einzelnen Raumeigentum ebenso unverändert fort wie auch eine Bruchteilsgemeinschaft (*KG* Rpfleger 1995, 17; *OLG Zweibrücken* MittBayNot 1983, 242, 243; *BayObLG* BayObLGZ 1969, 82 = NJW 1969, 883; § 2 Rdn. 11). Die notwendigen Erklärungen sind deshalb **von allen Gemeinschaftern** als Grundstückseigentümern abzugeben. Das Teilungsbegehren muss von allen Miteigentümern erklärt werden, da § 8 WEG nur die Teilung des Volleigentums, nicht die einzelner Miteigentumsanteile (§ 1008 BGB) zulässt. Dieses und die Kosten (Grunderwerbsteuer) macht den Weg über § 8 WEG für eine Gemeinschaft zur gesamten Hand nicht attraktiv (Bärmann/*Armbrüster* WEG § 8 Rn. 16). Wie bei einer Begründung nach § 3 WEG (s. dazu *LG Bielefeld* Rpfleger 1985, 189), muss der Aufteilende auch bei einer Begründung nach § 8 WEG **noch nicht** Eigentümer des Grundstücks sein. Es reicht, wenn er es zur Zeit der Anlegung der Wohnungsgrundbücher – ggf. zeitgleich – wird (*OLG Düsseldorf* DNotZ 1976, 168).

C. Anforderungen bei der Begründung von Wohnungseigentum

5 Grundsätzlich gelten für den Alleineigentümer bei der Begründung von Wohnungseigentum **dieselben Anforderungen** wie für die Miteigentümer bei einer Begründung nach § 3 WEG (s. dazu i.E. § 3). § 8 Abs. 2 WEG erklärt die Bestimmung des § 3 Abs. 1 S. 2, Abs. 2 u. 3 WEG ebenso wie § 4 Abs. 2 S. 2 u §§ 5 bis 7 WEG für die Aufteilung **entsprechend** anwendbar. Es gilt aber auch einige **Besonderheiten** zu beachten.

I. Erklärung gegenüber dem Grundbuchgericht

6 Die Aufteilung bedarf **keiner Einigung** des oder der Alleineigentümer. Nach § 8 Abs. 1 WEG genügt materiell-rechtlich die im Prinzip **formfreie Erklärung** gegenüber dem Grundbuchgericht, das Eigentum an dem **Grundstück** (dazu § 3 Rdn. 8) in Miteigentumsanteile in der Weise zu teilen, dass mit jedem Anteil Sondereigentum verbunden ist (*BayObLG* BayObLGZ 1969, 82 = NJW 1969, 883). Die Erklärung soll bis zur Anlegung der Wohnungsgrundbücher in der Form des § 29 Abs. 1 S. 1 GBO widerruflich sein, da es keinen von der Teilung begünstigten Dritten gebe (*BGH* ZWE 2014, 118; *KG* ZWE 2016, 82; *LG Köln* MittRhNotK 1984, 16; *Demharter* § 13 Rn. 9; *Schöner/Stöber* Rdn. 113). Richtigerweise wird man jedoch in entsprechender Anwendung des § 875 Abs. 2 BGB von einer **Bindung** des teilenden Eigentümers auszugehen haben, die sich unter den Voraussetzungen des § 878 BGB gegen eine Verfügungsentziehung durchzusetzen vermag. Der Gesetzgeber selbst hat schließlich für die vergleichbare Rechtslage in § 1196 Abs. 2 BGB ausdrücklich § 878 BGB für anwendbar erklärt (*BGH* Rpfleger 2017, 133 = ZfIR 2017, 113 = ZMR 2017, 70; *LG Leipzig* NotBZ 2000, 342 m. Anm. *Egerland* = MittBayNot 2000, 324; Bamberger/Roth/*Hügel* § 8 Rn. 2; Bauer/Schaub/*Kilian* § 19 Rn. 165; Erman/*Lorenz* § 878 Rn. 2; Meikel/*Böttcher* Anhang zu §§ 19, 20 GBO Rdn. 71, 87 m.w.N.; Staudinger/*Heinze* [2012] § 878 BGB Rn. 9; *hier seit der 3. Aufl.* Rn. 23 a.E.). Bislang ungeklärt ist die Anwendbarkeit des § 878 BGB, wenn der teilende Eigentümer die Abgeschlossenheits- und Flächenbescheinigung nicht zugleich mit der Teilungserklärung vorlegen kann (vgl. dazu *Johannsen* DNotZ 2023, 325). Nach hier vertretener Auffassung ist in solchen Fällen eine rangwahrende Zwischenverfügung gem. § 18 Abs. 1 GBO angezeigt. Nach der ratio des § 878 BGB muss es für die Anwendung der Norm genügen, wenn eine zur Eintragung verfahrensrechtlich erforderliche behördliche Bescheinigung zum Zeitpunkt des Wirksamwerdens der Verfügungsbeschränkung bereits beantragt ist und nur noch deren Erteilung aussteht. Auf den Zeitpunkt

der Erteilung hat der Antragsteller nämlich genauso wenig Einfluss wie im unmittelbaren Anwendungsbereich des § 878 BGB auf den Zeitpunkt der Grundbucheintragung. Allerdings muss dann der Nachweis der rechtzeitigen Antragstellung bei der Behörde in der Form des § 29 Abs. 1 GBO geführt werden (Bärmann/*Schneider* § 30 Rn. 32 u. 34).

Nicht geschützt wird dagegen der gute Glaube des teilenden Eigentümers an die Folgen der Teilung. 7
Ein **gutgläubiger Erwerb** des Wohnungseigentums im Wege der einseitigen Teilung muss allein schon deshalb ausscheiden, da es insoweit an einem notwendigen Verkehrsgeschäft fehlt (ebenso Bärmann/*Armbrüster* § 8 Rn. 38).

Zur Eintragung selbst bedarf es verfahrensrechtlich gem. § 13 Abs. 1 S. 1 GBO eines schriftlichen 8
Eintragungsantrages (ersatzweise kann der Antrag auch zu Protokoll der Geschäftsstelle erklärt werden) und der **Eintragungsbewilligung** nach § 19 GBO (s. zum Eintragungsverfahren ausführlich *Schneider* ZfIR 2002, 108, 115 ff.). Die gem. § 8 Abs. 2, § 7 Abs. 3 WEG erforderliche Eintragungsbewilligung kann allerdings in der Teilungserklärung zu sehen sein (*OLG Köln* ZMR 1992, 511; *OLG Hamm* Rpfleger 1985, 109; *OLG Zweibrücken* OLGZ 1982, 263; *LG Itzehoe* ZMR 2008, 736). Der **Teilungserklärung** (s. Rdn. 23ff.) sind nach §§ 8 Abs. 2, 7 Abs. 4 S. 1 Nr. 1 und Nr. 2 WEG als **Anlagen** ein Aufteilungsplan sowie eine Abgeschlossenheits- und Flächenbescheinigung beizufügen (s. Rn. 9 f.). Der **sachenrechtlichen** Teilungserklärung wird in der Praxis außerdem fast ausnahmslos eine – freilich nicht notwendige – **schuldrechtliche** Gemeinschaftsordnung beigefügt (s. Rdn. 51 ff.).

II. Anlagen zur Teilungserklärung

1. Aufteilungsplan

Der Eintragungsbewilligung (§ 19 GBO) gegenüber dem Grundbuchgericht ist gem. §§ 8 Abs. 2, 9
7 Abs. 4 Nr. 1 WEG als Anlage ein **Aufteilungsplan** beizufügen. Zu den Einzelheiten s. § 3 Rdn. 108 ff. und vor allem § 7 Rdn. 103 ff.

2. Abgeschlossenheits- und Flächenbescheinigung

Sondereigentum kann ferner nur eingeräumt werden, wenn die Wohnungen oder sonstige Räume 10
in sich **abgeschlossen** sind (s. hierzu § 3 Rdn. 117 ff.) sowie Stellplätze und außerhalb des Gebäudes liegende Teile des Grundstücks durch Maßangaben im Aufteilungsplan bestimmt sind (s. hierzu § 3 Rdn. 125). Mit der Eintragungsbewilligung ist daher nach § 7 Abs. 4 Nr. 2 WEG eine **Abgeschlossenheits- und Flächenbescheinigung** vorzulegen. Zu den Einzelheiten s.a. § 7 Rdn. 103 ff.

III. Inhalt der Teilungserklärung

1. Bestimmung der Höhe und Anzahl der Miteigentumsanteile

Der aufteilende Alleineigentümer muss – anders als die Miteigentümer nach § 3 WEG, die ja schon 11
über entsprechende Bruchteile verfügen – die **Größe** und die **Anzahl der** den jeweiligen Sondereigentumseinheiten zugeordneten **Miteigentumsanteile** erst bestimmen. Das Gesetz enthält dabei auch in § 8 WEG **keine Bestimmung** darüber, welche Größe die Miteigentumsanteile haben müssen, wie ihre Anzahl zu sein hat und ob und wie sie im Verhältnis zum Sondereigentum und etwaigen Sondernutzungsrechten stehen. In der **Bemessung der Miteigentumsanteile** ist der Alleineigentümer ebenso wie die Miteigentümer nach § 3 WEG grundsätzlich frei (zur »gerechten« Bemessung der Anteile s. ausführlich *Jürgens/Roschke* NotBZ 2016, 174 und § 3 Rdn. 13 ff.).

a) Sittenwidriges Verhalten

Besonderheit der Begründung nach § 8 WEG ist, dass der Alleineigentümer die Miteigentums- 12
anteile originär und ohne Kontrolle Dritter bestimmt. Ein **sittenwidriges Verhalten** des Alleineigentümers bei der Bestimmung der Größe der Miteigentumsanteile kommt dabei in Betracht, wenn er die Wertverhältnisse so festlegt, dass den Inhabern einzelner Sondereigentumsrechte eine geringere,

durch keine Umstände begründete Beteiligung an den gemeinsamen Kosten und Lasten verschafft wird (*BayObLG* BayObLGZ 1998, 199 = ZMR 1999, 52; *Röll* DNotZ 1978, 723). Die Annahme **sittenwidrigen Verhaltens** liegt besonders dann nahe, wenn das bevorzugte Sondereigentum zeitweise oder dauerhaft dem **Alleineigentümer** zusteht.

b) Anspruch auf Änderung der Miteigentumsanteile

13 Sofern Einigkeit besteht, können die Wohnungseigentümer nach Entstehung der Gemeinschaft der Wohnungseigentümer die Miteigentumsanteile ändern (s. § 3 Rdn. 17). Hat der Alleineigentümer die Höhe der Miteigentumsanteile unbillig und gleichsam sittenwidrig bestimmt, können die von ihm Erwerbenden ferner nach §§ 242, 313 BGB i.V.m. dem Gemeinschaftsverhältnis ausnahmsweise einen **Anspruch auf Änderung der Miteigentumsanteile** haben (*BayObLG* ZWE 2000, 171, 172 = ZMR 1999, 842; *BayObLG* BayObLGZ 1985, 47, 50 ff. = ZMR 1985, 132; *OLG Hamm* ZMR 2000, 244, 245 = ZWE 2000, 44, 45; *Ruge* Begründung, S. 19 ff.). Ein Anspruch auf Abänderung der Miteigentumsanteile kommt vor allem in Betracht, wenn eine **nicht sachgerechte Festlegung** der Miteigentumsanteile gegeben ist und darüber hinaus **außergewöhnliche Umstände** ein Festhalten an der geltenden Regelung als unbillig und als gegen Treu und Glauben verstoßend erscheinen lassen (*OLG Düsseldorf* ZMR 2002, 292, 294; *BayObLG* BayObLGZ 1991, 396, 398 = BayObLGReport 1992, 27 = MDR 1992, 673). Ein weiterer Verdachtsgrund für einen Änderungsanspruch ist gegeben, wenn der Alleineigentümer die tatsächlichen Wertverhältnisse gekannt und die Miteigentumsanteile dennoch abweichend von den Wertverhältnissen mit dem Ziel festgelegt hat, dem Inhaber einzelner Teileigentumsrechte eine geringere Beteiligung an den gemeinsamen Kosten und Lasten zu verschaffen (*BayObLG* BayObLGZ 1998, 199 = ZMR 1999, 52). Der Anspruch aus §§ 242, 313 BGB i.V.m. dem Gemeinschaftsverhältnis wird durch § 10 Abs. 2 WEG **nicht ausgeschlossen** (§ 3 Rdn. 18). Da der Gesetzgeber nicht verlangt, dass die Miteigentumsanteile nach dem Wert oder der Größe des Wohnungs- oder Teileigentums festgelegt werden, und durch eine Änderung der Miteigentumsanteile in den Kernbereich des Wohnungseigentums eingegriffen wird, ist eine Änderung der Miteigentumsanteile nicht gerechtfertigt, wenn sich die **Änderung des Kostenverteilungsschlüssels** anbietet (*BayObLG* ZWE 2000, 171, 172 = ZMR 1999, 842; *BayObLG* BayObLGReport 1997, 10; *BayObLG* BayObLGZ 1991, 396, 399 = BayObLGReport 1992, 27 = MDR 1992, 673) und bereits dadurch die Unbilligkeit behoben werden kann (Bärmann/*Armbrüster* WEG § 2 Rdn. 88). Bei der Prüfung, ob die Voraussetzungen für eine Änderung der Miteigentumsanteile oder nur des Kostenverteilungsschlüssels vorliegen, war nach der Rechtsprechung bislang ein **strenger Maßstab** anzulegen (*OLG Düsseldorf* ZMR 2002, 292, 294; *BayObLG* ZWE 2000, 171, 172 = ZMR 1999, 842; *BayObLG* BayObLGZ 1998, 199, 204; *BayObLG* BayObLGReport 1995, 9 = NJW-RR 1995, 529, 530 = WE 1995, 343, 344). Die obergerichtliche Rechtsprechung verwies darauf, dass die Regelung über die Kostenverteilung in der Gemeinschaftsordnung **grundsätzlich bindend** sei. Diese Argumentation trifft angesichts des § 16 Abs. 2 S. 2 WEG seit dem Inkrafttreten des WEMoG nicht mehr zu. Dennoch sollte von der Möglichkeit, die Privatautonomie zu durchbrechen und eine vertragliche Regelung zu erzwingen, nur mit **Vorsicht Gebrauch** gemacht werden. Früher begründete § 16 Abs. 3 WEG a.F. noch nicht die Befugnis, einen Wohnungseigentümer, der nach einer bestehenden Vereinbarung von der Tragung bestimmter Kosten oder der Kostentragungspflicht insgesamt befreit ist, durch Beschluss erstmals an den Kosten zu beteiligen (*BGH* ZMR 2016, 713 = ZWE 2016, 374; *BGH* NJW 2012, 2578 = ZMR 2012, 709 = ZWE 2012, 363). § 16 Abs. 2 S. 2 WEG begründet demgegenüber die Kompetenz der Wohnungseigentümer, für einzelne Kosten oder bestimmte Arten von Kosten der GdWE eine von dem gesetzlichen Verteilungsschlüssel oder von einer Vereinbarung abweichende Verteilung zu beschließen. Das gilt auch dann, wenn dadurch der Kreis der Kostenschuldner verändert wird, indem Wohnungseigentümer von der Kostentragung gänzlich befreit oder umgekehrt erstmals mit Kosten belastet werden (*BGH* NJW 2024, 1587 = ZMR 2024, 679). Zu diesen Fragen s.a. § 3 Rdn. 18 sowie bei § 10.

c) Überdimensionale Miteigentumsanteile (abschnittsweise Errichtung von Wohnungseigentumsanlagen)

Bei der sog. **abschnittsweisen Errichtung von Wohnungseigentumsanlagen** kann der ehemalige Alleineigentümer (meistens ein Bauträger) ein Interesse daran haben, die Aufteilung der weiter zu errichtenden Einheiten **hinauszuzögern** (dazu im Zusammenhang ausführlich § 1 Rdn. 300 ff.). Neben der »großen« (= sofortige endgültige Aufteilung; § 1 Rdn. 301) und der »kleinen Aufteilung« (s. *Rapp* in Beck'sches Notarhandbuch, A III Rn. 36 ff.; § 1 Rdn. 303) wird zu diesem Zweck auch die Aufteilung mithilfe eines »**überdimensionalen Miteigentumsanteils**« genutzt (*BayObLG* ZMR 1994, 576 = MittRhNotK 1994, 288; *Rapp* in Beck'sches Notarhandbuch, A III Rn. 38 ff.; *Hügel* DNotZ 2003, 517 ff.; *Häublein* DNotZ 2000, 442, 444; § 1 Rdn. 305; **Gestaltungsvorschläge** finden sich bei *Hügel* in: Beck'sches Formularhandbuch Wohnungseigentum, Form B. II. 1). Dem Alleineigentümer wird bei einem überdimensionalen Miteigentumsanteil das Recht eingeräumt, an Räumen auf dem Grundstück **zukünftig zu errichtender** Wohnhäuser Sondereigentum zu begründen. Ferner wird einer im Eigentum des ehemaligen Alleineigentümers bereits stehenden Wohneinheit ein »überdimensionaler« Miteigentumsanteil zugewiesen. Im Rahmen des weiteren Bauverlaufs kann der Alleineigentümer Bruchteile dieses Miteigentumsanteils mit dem Sondereigentum an den Räumen in den später errichteten Gebäuden verbinden und so für spätere Erwerber Wohneigentum begründen. Erforderlich für diese Umgestaltung ist die Einigung aller Wohnungs- und Teileigentümer in der Form der Auflassung gem. § 4 Abs. 1, Abs. 2 Satz 1 WEG, weil sowohl Sondereigentum aufgehoben als auch neues Sondereigentum eingeräumt wird; ferner ist die Eintragung in das Grundbuch notwendig (*BayObLG* ZMR 1994, 576 = MittRhNotK 1994, 288). Zur Aufhebung des bisherigen Sondereigentums ist außerdem die Zustimmung der dinglich Berechtigten gem. §§ 875, 876 BGB und grundbuchrechtlich ihre Bewilligung gem. § 19 GBO erforderlich; durch die Aufhebung des bisherigen Eigentums gehen die daran bestehenden dinglichen Rechte unter. Im Hinblick auf die Inhaltsänderung der übrigen Wohnungs- und Teileigentumsrechte ist ferner die Zustimmung und Bewilligung der dinglich Berechtigten an diesen Rechten erforderlich (§§ 876, 877 BGB), weil deren Pfandobjekt verändert wird. Erforderlich ist eine Zustimmung dinglich Berechtigter aber nur mit der Einschränkung, dass ihre Rechtsstellung rechtlich und nicht bloß wirtschaftlich nachteilig berührt wird. Haben die dinglich Berechtigten zugestimmt und wird das Sondereigentum einzelner neu zu schaffender Wohnungseigentumsrechte aufgrund einer nachträglichen Planänderung durch die Wohnungseigentümer kleiner, so ist eine erneute Zustimmung der dinglich Berechtigten nicht erforderlich, weil ihre Rechtsstellung nicht nachteilig berührt wird (*BayObLG* ZMR 1994, 576). 14

2. Bestimmung von Sonder- und Gemeinschaftseigentum

Der Alleineigentümer muss mit der Teilungserklärung ferner **Gegenstand und Grenzen des Sondereigentums** (Wohnungs- oder Teileigentum) sowie spiegelbildlich des **Gemeinschaftseigentums** bestimmen. Zu den damit im Zusammenhang stehenden Fragen s.a. § 3 Rdn. 12. 15

3. Zweckbestimmungen

Wie die Miteigentümer nach § 3 WEG, so muss auch der Alleineigentümer nach § 8 WEG für jedes Sondereigentum bestimmen, ob es ein **Wohnungs- oder ein Teileigentum** sein soll (Zweckbestimmungen im weiteren Sinne). Diese Bestimmung ist nach jetzt hier vertretener Ansicht keine sachenrechtliche Regelung sondern eine Vereinbarung i.S. von § 10 Abs. 1 und Abs. 3 WEG (a.A. noch hier bis zur 3. Aufl.; s. dazu § 1 Rn. 44 ff., § 3 Rdn. 22 ff.). Hält es der Alleineigentümer für richtig, kann er ferner **schuldrechtliche Gebrauchsregelungen** anlegen (Zweckbestimmungen im engeren Sinne; vgl. § 19 Abs. 1 WEG). Er kann z.B. anordnen, dass in einem bestimmten Teileigentum nur ein Büro oder ein Laden zulässig ist und damit die Möglichkeiten des entsprechenden Teileigentümers, sein Teileigentum zu nutzen, einschränken. 16

IV. Eintragung im Grundbuch

17 Die **Teilung** selbst wird nach § 8 Abs. 2 WEG mit **Anlegung der Wohnungsgrundbücher** und ihrer Eintragung im Grundbuch **wirksam** (vgl. § 9a Abs. 1 S. 2 Hs. 2 WEG). Der Alleineigentümer wird durch die Teilung – wie bei der Realteilung eines Grundstücks – Inhaber mehrerer ihm jeweils zustehender Eigentumsrechte. § 8 Abs. 2 WEG ermöglicht damit eine Durchbrechung des allgemeinen bürgerlich-rechtlichen Grundsatzes, wonach es in der Hand eines Alleineigentümers keine ideellen Bruchteile ohne gleichzeitige Abveräußerung eines Teils geben kann (*BGH* BGHZ 49, 250 = NJW 1968, 499; *KG* Rpfleger 2020, 505; *OLG München* FGPrax 2018, 158; *BayObLG* BayObLGZ 1996, 41 = DNotZ 1997, 391). Die Vorschrift knüpft damit die buchungstechnische Verselbstständigung der Wohnungseigentumsrechte an einen im Sachenrecht gebräuchlichen Doppeltatbestand (vgl. auch § 3 Abs. 6 GBO für die Buchung von gewöhnlichen Miteigentumsanteilen in der Hand des Alleineigentümers). Der Eintragung im Grundbuch kommt somit konstitutive Bedeutung zu. Wohnungseigentum ist deshalb als verkehrsfähiges Objekt mit der Anlegung des letzten Wohnungsgrundbuchs für ein aufgeteiltes Grundstück entstanden (so zutreffend bereits *J.-H. Schmidt* PiG 93 [2012], 107, 111 ff.; **a.A.** wohl die früher vorh.M., die zur Entstehung von Wohnungseigentum die Existenz von gemeinschaftlichem Eigentum voraussetzte).

18 Anders als noch im früheren Recht, das eine »Ein-Mann-Gemeinschaft« ganz überwiegend ablehnte, entsteht die rechtsfähige Gemeinschaft der Wohnungseigentümer jetzt bereits mit Anlegung der Wohnungsgrundbücher; dies gilt ausdrücklich auch im Fall des § 8 WEG (§ 9 Abs. 1 S. 2 Halbs. 2 WEG).

19 Ein **gemeinschaftliches Grundbuchblatt** war gem. § 8 Abs. 2 S. 1 WEG a.F. i.V.m. § 7 WEG **unzulässig:** § 8 WEG a.F. verwies nicht auf § 7 Abs. 2 WEG a.F.. Bei einem Verstoß war die Teilung zwar ordnungswidrig, aber gleichwohl wirksam (Weitnauer/*Briesemeister* WEG § 8 Rn. 12). § 8 WEG ist insoweit eine bloße Ordnungsvorschrift. Im Interesse des Rechtsverkehrs und der Rechtssicherheit musste ein dennoch angelegtes gemeinschaftliches Grundbuchblatt wirksam sein. Die Anlegung eines gemeinschaftlichen Grundbuchs ist allerdings aktuell nicht mehr möglich (zur Aufhebung von § 7 Abs. 2 a.F. s. Art. 4 Abs. 6 des DaBaGG v. 01.10.2013, BGBl. I S. 3719). Wurde bisher im Rahmen der vertraglichen Einräumung von Wohnungseigentum von der Anlegung besonderer Grundbuchblätter für die einzelnen Wohnungseigentumsrechte abgesehen, sollen diese nun bei der nächsten Eintragung, die das Wohnungseigentum betrifft, spätestens jedoch bei der Anlegung des Datenbankgrundbuchs angelegt werden (§ 10 Abs. 4 WGV). Diese Regelung hat gleichermaßen auch für ordnungswidrig angelegte gemeinschaftliche Grundbuchblätter zu gelten. Zum grundbuchrechtlichen Vollzug einer Teilungserklärung s. i.Ü. die Wohnungsgrundbuchverfügung in Form der Neufassung vom 24.01.1995, gültig ab 10.02.1995 (BGBl. I 1995, S. 134). Zum Beschrieb s. § 3 Rdn. 63.

V. Gebäude

20 Gegenstand des Sondereigentums können zunächst **Räume** (s. § 3 Rdn. 62) in einem errichteten, aber auch in einem noch zu errichtenden Gebäude sein. Zum **Begriff des Gebäudes** s. § 3 Rdn. 59. Solange sich der zu dem jeweiligen Sondereigentum bestimmte Raum in einem noch nicht errichteten Gebäude befindet und also noch nicht gebaut und damit noch nicht vorhanden ist, befindet sich das Sondereigentum in einem Zustand, der einer **Anwartschaft** ähnelt (s. Rdn. 105). Mit der Veräußerung des Sondereigentums durch den teilenden Eigentümer entsteht deshalb ein »Anwartschaftsrecht« des Erwerbers gegenüber dem Veräußerer auf Herstellung der »Substanz« des Sondereigentums (*OLG Hamburg* ZMR 2002, 372, 373 = OLGReport Hamburg 2002, 342, 343; *BayObLG* ZMR 2002, 291, 292). Zulässig ist, dass der Erwerber selbst die Herstellung des unfertigen Sondereigentums übernimmt und das Vollrecht selbst zur Entstehung bringt (*LG Hamburg* ZMR 2011, 901). Die Rechte der übrigen Wohnungseigentümer sind dann entsprechend beschränkt (*OLG Hamburg* ZMR 2002, 372, 373 = OLGReport Hamburg 2002, 342, 343; *OLG Hamm* NJW-RR 1987, 842, 843; *OLG Frankfurt am Main,* OLGZ 1978, 295). Geht ein Raum unter, z.B. wenn das Wohngebäude zerstört wird, bleibt das **Sondereigentum bestehen**, wird aber wieder zu einer

bloßen »Anwartschaft«. Zu den Ansprüchen des Eigentümers, der bei einem Untergang der Substanz des Sondereigentums im Ergebnis Inhaber »nachträglich« isolierten Miteigentums wird, s. § 11 Rdn. 12 ff.

Gegenstand des Sondereigentums können nunmehr auch selbstständige **Stellplätze** gem. §§ 3 Abs. 1 S. 2, 8 Abs. 2 WEG oder unselbstständiges **Annexeigentum** gem. §§ 3 Abs. 2, 8 Abs. 2 WEG sein (dazu s. § 3 Rdn. 64ff.). 21

VI. Grundstück

Grundstück i.S. von § 8 ist jeder gegen andere Teile räumlich abgegrenzte Teil der Erdoberfläche, der auf einem **besonderen Grundbuchblatt** unter einer **besonderen Nummer** im **Bestandsverzeichnis des Grundbuchs** eingetragen ist (vgl. § 3 Rdn. 8). Für Wohnungs- und Teilerbbaurechte wird in § 30 Abs. 2, 3 auf die Vorschrift verwiesen. Umfassend zum Grundstücksbegriff s. § 1 Rn. 244 ff. 22

D. Teilungserklärung

I. Begriff und Inhalt

Unter einer **Teilungserklärung** i.S. von § 8 WEG ist die **einseitige und amtsempfangsbedürftige** Willenserklärung des Alleineigentümers (der mehreren Eigentümer oder des Verfügungsberechtigten) gegenüber dem Grundbuchgericht zu verstehen, das Eigentum an einem Grundstück in Miteigentumsanteile zu teilen, die nach § 6 WEG zwingend **jeweils** mit einem oder mehreren Sondereigentumsrecht(en) verbunden sind. Eine rechtsgeschäftliche Aufteilung, die einen Miteigentumsanteil nicht mit Sondereigentum verbindet, ist nach § 6 WEG unzulässig; ein **isolierter Miteigentumsanteil** kann aber faktisch entstehen (s. dazu § 3 Rdn. 152 ff.). Die Teilungserklärung ist nach den für eine Grundbucheintragung anzuwendenden Grundsätzen auszulegen (s. Rn. 48). 23

Die Teilungserklärung i.S.d. § 8 WEG ist nicht mit der **Gemeinschaftsordnung** (s. Rdn. 51) durcheinander zu werfen. Zur Abgrenzung wird in der Praxis teilweise von der »Teilungserklärung im engeren Sinne« gesprochen. Damit ist dann die Teilungserklärung i.S.d. Gesetzes gemeint. Davon unterschieden wird die »Teilungserklärung im weiteren Sinne«. Damit ist weitergehend die schuldrechtliche, aber verdinglichte Sammlung der Vereinbarungen der Wohnungseigentümer, die Gemeinschaftsordnung, gemeint. Nicht zur Teilungserklärung gehören »als dritter Teil« erste Erklärungen des Alleineigentümers über **konkrete Verwaltungsentscheidungen**, wie die Ernennung des ersten Verwalters, die Bestimmung einer Hausordnung oder erste Festsetzungen des Hausgeldes. Solche Entscheidungen wurden früher entweder als Vereinbarungen in Beschlussangelegenheiten verstanden (so hier die 3. Aufl. § 10 Rdn. 75 ff.) oder als »Entschlüsse« des teilenden Eigentümers qualifiziert (Bärmann/*Merle* § 26 Rn. 76). Ihre Besonderheit bestand jedenfalls darin, dass sie durch Beschluss geändert werden konnten (s. auch *Wenzel* FS Bub [2007], S. 249, 267 m.w.N.). Nach dem Inkrafttreten des WEMoG ist ihre Einordnung als »Ein-Mann-Beschluss« konsequent und anerkannt (Bärmann/*Dötsch* § 23 Rn. 15). 24

II. Wirksamkeit

Die Teilungserklärung ist **Ausfluss des Verfügungsrechts** des Alleineigentümers und damit **materiellrechtlicher Natur** (*Ruge* Begründung von Wohnungseigentum, S. 9; Weitnauer/*Briesemeister* WEG § 8 Rn. 4). Auf die Teilungserklärung sind somit die allgemeinen Regelungen des BGB, z.B. §§ 104 ff., 1850 BGB, anwendbar. Die Teilungserklärung eines **Vertreters ohne Vertretungsmacht** gem. § 180 BGB (einseitiges Rechtsgeschäft) wäre demzufolge nichtig und nicht genehmigungsfähig. Eine Heilung könnte allenfalls noch über den gutgläubigen Erwerb eines Dritten gem. § 892 Abs. 1 BGB in Betracht kommen, wenn nicht die Grundbucheintragung aus anderen Gründen inhaltlich unzulässig sein sollte. Die von einem vollmachtslosen Vertreter abgegebene Teilungserklärung muss allerdings nach hier vertretener Auffassung nicht nichtig sein, solange die Genehmigung des vertretenen Eigentümers gleichzeitig beim Grundbuchgericht eingeht (*DNotI-Gutachten* DNotI-Report 2016, 189; *Schöner/Stöber* Rn. 2846; **a.A.** die wohl h.M. Bärmann/*Armbrüster* § 8 Rn. 19; *Hügel/* 25

Elzer § 8 Rn. 3; Jennißen/*Krause* § 8 Rn. 6; BeckOK/*Kral* § 8 Rn. 18; Bamberger/Roth/*Hügel* § 8 WEG Rn. 3); das Grundbuchgericht kann unter dieser Voraussetzung zwischenverfügen (§ 18 Abs. 1 GBO). Bei gleichzeitigem Zugang von Teilungserklärung und Genehmigung tritt die Wirksamkeit nämlich erst mit Zugang beim Grundbuchgericht ein. Deshalb ist auch der Schutzzweck des § 180 BGB nicht gefährdet, wonach eine Unsicherheit beim Adressaten oder bei dem sonst von der Erklärung Betroffenen über die Wirksamkeit der Erklärung vermieden werden soll. Für eine teleologische Reduktion des § 180 BGB daher zu Recht in diesem Fall auch *DNotI-Gutachten* DNotI-Report 2016, 189. Zur Vermeidung der Nichtigkeitsfolge wird jedoch bei Abwesenheit des Eigentümers wegen § 167 Abs. 2 BGB eine mündliche Vollmacht mit anschließender **Vollmachtsbestätigung** in der Form des § 29 GBO empfohlen (Bamberger/Roth/*Hügel* § 8 Rn. 3).

Zu den Auswirkungen eines im Grundbuch des ungeteilten Grundstücks eingetragenen **Zwangsversteigerungsvermerks** auf das Verfügungsrecht des Eigentümers s. § 7 Rdn. 35 m.w.N.

Zur entsprechenden Anwendbarkeit des § 878 BGB auf die Teilungserklärung gem. § 8 WEG s. *BGH* NJW 2024, 2042; *BGH* ZfIR 2024, 350; *BGH* NJW 2017, 1546 = ZfIR 2017, 131 = ZMR 2017, 70.

26 Die Teilungserklärung selbst ist zwar materiell **formfrei**, muss aber für den grundbuchrechtlichen Vollzug nach § 29 GBO in Form einer **öffentlichen** oder **öffentlich beglaubigten** Urkunde (§ 129 BGB) abgegeben werden. In der Praxis ist die notarielle Beurkundung der Teilungserklärung nach §§ 129 Abs. 2, 128 BGB im Hinblick auf § 13a Abs. 1 S. 1 BeurkG üblich und sinnvoll (*Bub* WE 1993, 185, 186; *Röll* MittBayNot 1980, 1; s.a. *BGH* NJW 1979, 1495, 1498). Bei Verfügungsverträgen vor Vollzug der Teilungserklärung und vor Anlegung der Wohnungsgrundbücher kann dann auf die noch einzutragende sachenrechtliche Teilungserklärung und die ggf. mit ihr verbundene schuldrechtliche Gemeinschaftsordnung (als Teil der Teilungserklärung) Bezug genommen werden. Durch eine solche **Bezugnahme** werden der Inhalt der Teilungserklärung und der Inhalt der Gemeinschaftsordnung zum Bestandteil des Verfügungsvertrages. Eine Identität derjenigen Personen, die an der Verweisungsurkunde beteiligt sind und derjenigen Personen, die Erklärungen in der verweisenden Urkunde abgeben, ist nicht erforderlich (*OLG Düsseldorf* FGPrax 2003, 88 = Rpfleger 2003, 176). Nach § 13a Abs. 1 S. 3 BeurkG soll der Notar aber nur beurkunden, wenn den Beteiligten die andere Niederschrift zumindest in beglaubigter Abschrift bei der Beurkundung vorliegt.

27 Die Teilungserklärung kann in entsprechender Anwendung des (jetzt ausdrücklich in Bezug genommenen) § 4 Abs. 2 S. 2 **nicht bedingt oder befristet** abgegeben werden (schon zuvor *Hügel/Elzer* § 8 Rn. 4; Niedenführ/*Vandenhouten* § 8 Rn. 8; Weitnauer/*Briesemeister* § 8 Rn. 4); sie muss das Sondereigentum gegen das gemeinschaftliche Eigentum **klar** und **nachvollziehbar** abgrenzen. Nach § 47 GBO müssen außerdem die Miteigentumsanteile **in Bruchteilen** angegeben werden. Die Formvorschrift des § 4 WEG ist i.Ü. nicht einzuhalten.

III. Zustimmung Dritter

1. Grundsatz

28 Die Teilung nach § 8 WEG ist **keine** inhaltliche Änderung des Alleineigentums, sondern **Teilung des Vollrechts**. Die Bestimmungen der §§ 877, 876 BGB sind somit grundsätzlich **nicht anwendbar** (*BGH* NJW 2012, 1226 = Rpfleger 2012, 376 = ZfIR 2012, 245 = ZMR 2012, 563 = ZWE 2012, 219; *BGH* DNotZ 1979, 96; *BGH* DNotZ 1979, 168, 170; *Ertl* DNotZ 1979, 267, 278). Die Zustimmung eines Dritten zur Teilungserklärung ist **grundsätzlich nicht erforderlich** (*OLG Frankfurt am Main,* ZMR 1997, 367, 369; *OLG Frankfurt am Main,* FGPrax 1996, 139 = NJW-RR 1996, 918 = Rpfleger 1996, 340; *OLG Oldenburg* MDR 1989, 263; *BayObLG* Rpfleger 1986, 177; *OLG Stuttgart* NJW 1954, 682 = DNotZ 1954, 252; *Diester* Rpfleger 1954, 569; a.A. *Werhan* DNotZ 1954, 255). Eine unterschiedliche Belastung der Bruchteile des Alleineigentümers ist nach § 1114 BGB jedenfalls grundsätzlich nur in Ausnahmefällen vorstellbar (vgl. *OLG München* FGPrax 2018, 158; etwas anderes gilt bei Bruchteilseigentümern, wenn gegen einen Bruchteilseigentümer z.B. bereits eine Zwangsvollstreckungsmaßnahme veranlasst ist – etwa bei Eheleuten). Der **Haftungs-**

gegenstand als Ganzes bleibt unverändert (*OLG Frankfurt am Main,* ZMR 1997, 367, 369; *OLG Frankfurt am Main,* FGPrax 1996, 139 = NJW-RR 1996, 918 = Rpfleger 1996, 340; *BayObLG* Rpfleger 1986, 177), denn die Summe aller Wohnungseigentumsrechte ist mit dem ungeteilten Grundstück identisch. Grundpfandrechte werden – bei Miteigentümern ggf. an dem bisher belasteten Anteil – durch die Aufteilung zu **Gesamtbelastungen** (*BayObLG* BayObLGZ 1958, 273; *OLG München* MDR 1972, 239; *OLG Stuttgart* NJW 1954, 682; *LG Köln* Rpfleger 1987, 368). Hieran hat mangels einer planwidrigen Regelungslücke auch die Einführung des Rangklassenprivilegs für Hausgeldansprüche gem. § 10 Abs. 1 Nr. 2 ZVG nichts geändert (*BGH* NJW 2012, 1226 = Rpfleger 2012, 376 = ZfIR 2012, 245 = ZMR 2012, 563 = ZWE 2012, 219; *OLG Celle* ZWE 2012, 276; *KG* Rpfleger 2011, 202 = ZfIR 2011, 254 m. zust. Anm. *Heinemann* = ZWE 2011, 81; *OLG Oldenburg* Rpfleger 2011, 318 = ZMR 2011, 492; *OLG München* NJW 2011, 3588 = Rpfleger 2011, 663 = ZfIR 2011, 571 = ZMR 2011, 818 = ZWE 2011, 266; *Becker/Schneider* ZfIR 2011, 545, 552; *Schneider* ZNotP 2010, 387; *ders.* ZNotP 2010, 299; **a.A.** noch Timme/*Kesseler* § 3 Rn. 30; *Kesseler* NJW 2010, 2317; *ders.* ZNotP 2010, 335; ihm folgend *Böttcher* NotBZ 2010, 239; Palandt/*Bassenge* 71. Aufl., § 8 WEG Rn. 1).

2. Ausnahme

Nach einer – hier abgelehnten Auffassung (s. § 12 Rn. 13 m.w.N.) – konnte das Wirksamwerden einer Veräußerungsbeschränkung gem. § 12 zur Anwendung des § 878 BGB auf die zu diesem Zeitpunkt dem Grundbuchgericht bereits vorliegenden Eigentumsumschreibungsanträge anderer Wohnungseigentumserwerber führen (*OLG Hamm* NJW-RR 1994, 975 = MDR 1994, 1004 = OLGZ 1994, 519). Das Problem hat sich mit dem Inkrafttreten des WEMoG erledigt (§ 9 Abs. 1 S. 2 WEG). 29

3. Behördliche Bescheinigungen

Eine **Unbedenklichkeitsbescheinigung des Finanzamts** ist nicht notwendig (*Schöner/Stöber* Rn. 2585). 30

Es kann aber eine behördliche **Genehmigung** nach § 22 Abs. 1 S. 1 BauGB (Fremdenverkehrsgebiete) oder nach §§ 51, 144 BauGB (Umlegung, Sanierung) erforderlich werden (s. dazu und zur inzwischen entfallenen Möglichkeit der Umgehung durch die Bruchteilsgemeinschaft *Frind* ZMR 2001, 429). 31

In Betracht kommen ggf. auch **Genehmigungen** gem. § 172 BauGB (Erhaltungssatzung) und § 250 BauGB (angespannte Wohnungsmärkte). 32

Zu betreuungsgerichtlichen/familiengerichtlichen Genehmigungen einer Teilungserklärung s. § 7 Rdn. 86.

IV. Aufhebung

Die Teilungserklärung ist bis zur Anlegung der Wohnungsgrundbücher frei widerruflich (*BGH* BGHZ 119, 136 = NJW 2014, 850 = ZfIR 2014, 241 = ZMR 2015, 199 = ZWE 2014, 118). Der Alleineigentümer kann bis zur Eintragung eines werdenden Eigentümers seine Teilungserklärung nach § 9 Abs. 1 Nr. 2 WEG jederzeit gegenüber dem Grundbuchgericht **zurücknehmen** und damit die Teilung und die Entstehung von Wohnungseigentum wieder **rückgängig machen**. Unerheblich ist, ob der Alleineigentümer eine bereits vollzogene Aufteilung lediglich rückgängig machen möchte oder erst nachträglich sämtliche Einheiten rechtsgeschäftlich oder im Wege der Zwangsvollstreckung erworben hat (§ 9 Rdn. 8). Mit Vorliegen der Voraussetzungen des Abs 3 für einen werdenden Wohnungseigentümer verliert der teilende Eigentümer allerdings seine alleinige Verfügungsberechtigung (*BGH* NJW 2020, 610 = ZfIR 2020, 196 = ZWE 2020, 130). 33

V. Änderung

34 Nach Abgabe der Teilungserklärung kann diese wieder geändert werden. Änderungsbedarf zeigt sich häufig bei **missglückter Schaffung** von Sondereigentum (s. § 11 Rdn. 13) und bei Umwidmung von Wohnungs- in Teileigentum oder von Gemeinschafts- in Sondereigentum (*BayObLG* NJW-RR 1992, 208), selten bei ungerechten Kostenverteilungsschlüsseln durch Änderung der Miteigentumsanteile (s. Rdn. 13 ff.). Die Änderung tritt grundsätzlich mit der Einigung aller Wohnungseigentümer in der erforderlichen Form und der Eintragung der Änderung in das Grundbuch ein; dazu ist eine Antragstellung gegenüber dem Grundbuchgericht erforderlich.

1. Änderungen vor Entstehung der Gemeinschaft

35 Vor Entstehung der Gemeinschaft der Wohnungseigentümer kann der Alleineigentümer seine Teilungserklärung durch eine einseitige Erklärung in der Form des § 29 GBO **beliebig ändern** und seinen Bedürfnissen – oder denen künftiger Erwerber – anpassen, sofern die Voraussetzungen der §§ 3 Abs. 3, 7 Abs. 4 WEG vorliegen (*BGH* NJW 2020, 610 = ZfIR 2020, 196 = ZWE 2020, 130; *BGH* Rpfleger 2017, 263; *OLG Düsseldorf* ZMR 2001, 650, 651 = FGPrax 2001, 135; *BayObLG* ZMR 1984, 483; *BayObLG* NJW 1974, 2134). Wenn der Eigentümer nach § 9 Abs. 1 Nr. 2 WEG die Teilungserklärung durch einseitige Erklärung aufheben kann (Rdn. 33 und § 9 Rdn. 8), kann er als »Minus« hierzu auch Änderungen erklären (*OLG Düsseldorf* ZMR 2001, 650, 651; *Diester* NJW 1971, 1153, 1158).

a) Änderungen durch eine »schuldrechtliche« Bestimmung

36 Eine Änderung muss als »actus contrarius« durch eine Erklärung erfolgen, die auch im **Grundbuch eingetragen** wird. Eine Änderung der Teilungserklärung außerhalb des Grundbuchs ist für den Alleineigentümer nicht bindend, für Sondernachfolger **bedeutungslos**. Eine Änderung der Teilungserklärung außerhalb des Grundbuchs geht stets **ins Leere** und bindet Sondernachfolger nicht – auch nicht, wenn ein Sondernachfolger die Änderungsbestimmung kennt (*BayObLG* WE 1990, 214, 215). Einer Änderung z.B. in einem **Testament**, die nicht im Grundbuch vollzogen wird, fehlt jegliche Außenwirkung; sie ist damit ohne eine Wirkung (a.A. *BayObLG* ZMR 2005, 464 m. Anm. *Elzer*).

b) Änderungen durch einen »Ein-Mann-Beschluss«

37 Die Änderung einer verdinglichten Bestimmung des Alleineigentümers durch einen »Ein-Mann-Beschluss« ist jetzt nach dem WEMoG möglich, solange noch kein werdender Wohnungseigentümer im Grundbuch eingetragen ist.

2. Nach Entstehung der Gemeinschaft

a) Sämtliche Wohnungseigentümer

38 Nach Entstehung der Gemeinschaft der Wohnungseigentümer, ist eine Änderung der Teilungserklärung grundsätzlich nur dann möglich, wenn sämtliche (ggf. werdenden) Eigentümer der Änderung der Teilungserklärung zustimmen (*BGH* NJW 2020, 610 = ZfIR 2020, 196 = ZWE 2020, 130; *BGH* ZfIR 2004, 1006, 1007 = ZMR 2005, 59 = NJW 2005, 10; *BayObLG* ZMR 2003, 857, 858 = ZfIR 2003, 641; *BayObLG* DNotZ 1999, 667; *BayObLG* Rpfleger 1994, 17 = ZMR 1994, 483; *BayObLG* BayObLGZ 1974, 217, 219; *Heismann* S. 215 ff.).

b) Änderungen durch den ehemaligen Alleineigentümer

39 Die Befugnis des Alleineigentümers zur einseitigen Änderung der Teilungserklärung **erlischt mit Entstehung der Eigentümergemeinschaft** (*BGH* Rpfleger 2017, 263; *BGH* ZfIR 2004, 1006, 1007 = ZMR 2005, 59 = NJW 2005, 10; *KG* ZMR 2007, 384, 386). Sind die Voraussetzungen eines **werdenden Wohnungseigentümers** gegeben (dazu Rdn. 113 ff.), endet die einseitige Änderungsbefug-

nis bereits mit Eintritt dieser Voraussetzungen (*BGH* Rpfleger Rpfleger 2017, 263; *BayObLG* ZMR 2003, 857 = ZfIR 2003, 641; *BayObLG* NZM 1999, 126 = ZMR 1999, 115; *BayObLG* WE 1995, 90; *OLG Düsseldorf* ZMR 2001, 650, 651). Durch eine ohne die erforderliche Zustimmung des durch eine Auflassungsvormerkung gesicherten Erwerbers eingetragene Änderung wird das Grundbuch absolut unrichtig; § 888 Abs. 1 BGB ist in diesem Fall nicht anwendbar (*OLG München* ZWE 2013, 209; *BayObLG* BayObLGZ 1998, 255 = ZMR 1999, 115; *BayObLG* BayObLGZ 1993, 259 = Rpfleger 1994, 17). Dasselbe hat bei einem eingetragenen Verfügungsverbot zu gelten (*KG* ZMR 2015, 323).

aa) Änderungsvollmacht zugunsten des Alleineigentümers in den Erwerbsverträgen

Will der Alleineigentümer auch **nach Entstehung** der Eigentümergemeinschaft das Recht behalten, die Teilungserklärung noch einseitig und ohne Mitwirkung der anderen Wohnungseigentümer zu verändern, kann er sich in den jeweiligen **Erwerbsverträgen** eine Änderungsvollmacht einräumen lassen oder den Erwerber zu einer Mitwirkung verpflichten (*OLG Hamburg* ZMR 2003, 697, 698; *BayObLG* ZMR 2002, 953, 954 = NJW-RR 2002, 443, 444; *BayObLG* DNotZ 1994, 233; *BayObLG* BayObLGZ 1993, 259; *OLG Hamm* ZWE 2000, 83; *OLG Frankfurt am Main,* ZMR 1998, 365 = Rpfleger 1998, 336; *Armbrüster* ZMR 2005, 244, 248; *Hügel* DNotZ 2003, 517, 525; *Basty* NotBZ 1999, 233, 236; *Hügel* in: Würzburger Notar-HdB, Teil 2 Rn. 1326 ff.; s.a. *BGH* ZMR 2003, 748, 749 = NZM 2003, 480 = NJW 2003, 2165 und § 3 Rdn. 50 ff.). Für eine solche Vollmacht gelten die allgemeinen Grenzen (vor allem der Bestimmtheitsgrundsatz und die Kontrolle anhand von §§ 305 ff. BGB; dazu *Krause* NotBZ 2003, 11 ff.). Wegen der Gefahr, dass eine Einheit weiterveräußert werden könnte, wird der Anspruch des Bauträgers auf Bildung von Sondereigentum häufig durch eine **Vormerkung** gesichert. Findet sich in dem Ersterwerbsvertrag eine Vollmacht für den Bauträger, wird der Ersterwerber häufig verpflichtet, im Fall der Weiterveräußerung für eine **Vollmacht des Zweiterwerbers** für den Bauträger zu sorgen (*Elzer* MietRB 2007, 78, 81). Die Vollmacht ist dabei jeweils grundsätzlich unwiderruflich und schließt das Recht ein, eine Untervollmacht zu erteilen. Sie umfasst i.d.R. die Rechtsmacht, den Teilungsvertrag zu ändern und die Auflassung zu erklären. Ferner ist ggf. die Änderung weiterer Verträge ihr Gegenstand. 40

Eine Vollmacht wird häufig vereinbart, um dem Alleineigentümer die Möglichkeit zu geben, den Bedürfnissen weiterer Erwerber angemessen entsprechen zu können. Im Vordergrund steht zwar die **Zuweisung eines Sondernutzungsrechtes** (s. hierzu Rdn. 59, da es sich um eine Änderung einer Vereinbarung und nicht der Teilungserklärung handelt). In Betracht kommt aber eine spätere Umwidmung zwischen **Sonder- und Gemeinschaftseigentum** (vor allem bei einer abschnittsweisen Herstellung der Anlage, dazu Rdn. 14) oder von Teil- in Wohnungseigentum. Nach dem **Bestimmtheitsgrundsatz** und dem Gebot der Klarheit der Grundbucheintragungen ist zu fordern, dass die dem Alleineigentümer hierfür eingeräumte Befugnis **eindeutig bestimmt** ist (*OLG Frankfurt am Main,* ZMR 1998, 365, 367; *BayObLG* DNotZ 1997, 473; *OLG Düsseldorf* FGPrax 1997, 129 = ZfIR 1997, 302; *KG* FGPrax 1996, 178 = WE 1996, 388; s. dazu ausführlich *Armbrüster* ZMR 2005, 244, 248, 249; instruktiv *Krause* NotBZ 2003, 11 ff.). Wegen der Gefahr, dass eine Einheit weiterveräußert werden könnte, wird der Anspruch häufig durch eine **Vormerkung** gesichert (*Elzer* MietRB 2007, 78, 81). 41

Das Grundbuchgericht kann entsprechende Vollmachten **selbstständig prüfen** (*BayObLG* BayObLGZ 2002, 296 = ZMR 2002, 953, 954). Die Prüfungskompetenz beschränkt sich allerdings auf offensichtliche Verstöße, weil eine umfassende Kontrolle die Prüfungsmöglichkeiten des Grundbuchgerichts, wie sie von der Grundbuchordnung vorgegeben sind, übersteigen würde. Demgemäß liegt eine für das Grundbuchgericht offensichtliche Unwirksamkeit nach § 308 Nr. 4 BGB in der Regel nicht vor, wenn eine nach außen unbeschränkte Vollmacht Bindungen im Innenverhältnis unterliegt (*BayObLG* BayObLGZ 2002, 296 = ZMR 2002, 953, 954). Hat allerdings das Grundbuchgericht – etwa aus ihm bekannten offensichtlichen und eindeutig gefassten internen Bindungsklauseln – *sichere Kenntnis* vom Missbrauch einer im Außenverhältnis unbeschränkten Vollmacht, dann kann und muss es die Eintragung ablehnen (*OLG München* ZWE 2013, 209 m.w.N.). 42

bb) Keine Bindung von Sondernachfolgern an eine Änderungsvollmacht

43 Die vorweggenommene Zustimmung oder die Ermächtigung, Gemeinschafts- in Sondereigentum umzuwandeln, kann **nicht** mit einer Sondernachfolger nach § 10 Abs. 1, Abs. 3, 5 Abs. 4 Satz 1 WEG bindenden Wirkung als **Inhalt des Sondereigentums** vereinbart und daher auch **nicht** in das Grundbuch eingetragen werden (*BGH* ZMR 2012, 793; *BGH* ZMR 2003, 748, 749 = NZM 2003, 480 = NJW 2003, 2165; *BayObLG* ZMR 2002, 283, 284; *BayObLG* ZMR 2000, 779, 780; *BayObLG* ZMR 2000, 316, 317; *BayObLG* BayObLGZ 1997, 233 = WE 1998, 151 = MittBayNot 1998, 99 = WuM 1997, 512; *Hügel* ZfIR 2004, 1009, 1011; krit. *Röll* ZWE 2000, 446, 447; a.A. *Röll* DNotZ 1998, 345, 346; *Rapp* MittBayNot 1998, 77, 79; s.a. *Wenzel* ZWE 2004, 5, 6).

44 Ein Vertrag über die Eigentumsverhältnisse, also die sachenrechtliche Zuordnung von Gemeinschafts- und Sondereigentum, oder z.B. die Frage, ob Gemeinschaftseigentum in Sondereigentum umgewandelt werden soll, ist von der mit § 10 WEG angesprochenen inhaltlichen Ausgestaltung des Gemeinschaftsverhältnisses zu unterscheiden und **keine Vereinbarung im dortigen Sinne** (*BGH* ZMR 2012, 793; *BGH* ZfIR 2004, 1006, 1007 = ZMR 2005, 59 = NJW 2005, 10; *BGH* ZMR 2003, 748, 749 = NZM 2003, 480 = NJW 2003, 2165; *BayObLG* BayObLGZ 2001, 279, 283 = NZM 2002, 70; *KG* ZMR 1999, 204, 205; *Häublein* DNotZ 2000, 442, 451).

3. Zustimmung Dritter

45 Für eine **Änderung der Teilungserklärung** ist – soweit sie nicht der teilende Eigentümer noch allein vornimmt – in den meisten Fällen die **Zustimmung Dritter** notwendig (*BGH* BGHZ 91, 343, 346 = MDR 1984, 830 = DNotZ 1984, 695 = JZ 1984, 1113 m. Anm. *Weitnauer*; *BayObLG* ZMR 2002, 773; *BayObLG* BayObLGZ 1974, 217; *Elzer* MietRB 2007, 78, 82). Zustimmungsbedürftig ist etwa die **Änderung der Miteigentumsanteile** (hier kann außerdem eine Unbedenklichkeitsbescheinigung des Finanzamts notwendig sein) oder die Änderung (Umwidmung) von Sonder- in Gemeinschaftseigentum. In Sonderfällen kann ferner eine behördliche Genehmigung nach dem BauGB erforderlich werden, s. dazu Rdn. 30 ff.. Eine Zustimmung scheidet nur dann aus, wenn jede rechtliche, nicht bloß eine wirtschaftliche Beeinträchtigung ausgeschlossen ist (*BGH* BGHZ 91, 343, 346 = MDR 1984, 830 = DNotZ 1984, 695 = JZ 1984, 1113 m. Anm. *Weitnauer*). Die Erleichterungen des § 5 Abs. 4 S. 2 WEG **gelten nicht**, da diese nur für Vereinbarungen i.S. von § 10 WEG anwendbar sind (insoweit zutreffend *OLG Düsseldorf* ZWE 2010, 93).

4. Anspruch auf Änderung

46 Zum **Anspruch auf Änderung der Teilungserklärung** s. § 3 Rdn. 54 ff. Die Voraussetzungen für einen Anspruch auf Änderung des Teilungsvertrages (der Teilungserklärung) sind mit denen auf Änderung der Gemeinschaftsordnung weitgehend identisch. Die Voraussetzungen sind hier aber, also bei den sachenrechtlichen Grundlagen, **noch strenger** als bei Änderung einer Vereinbarung zu prüfen.

VI. Inhaltskontrolle

47 Die **sachenrechtliche Teilungserklärung** (im engeren Sinne) unterliegt **keiner** Inhaltskontrolle, etwa durch das Grundbuchgericht. Die Teilungserklärung kann aber von den Wohnungseigentümern in einem Gerichtsverfahren zur Überprüfung gestellt werden. Für die Prüfung des sachrechtlichen Teils auf inhaltliche Mängel gibt es freilich **zumeist kein Bedürfnis**. Etwas anderes kann im Einzelfall für die Bestimmung der Größe der Miteigentumsanteile gelten (s. Rdn. 13). Eine Inhaltskontrolle ist hingegen für die Vorschläge des Alleineigentümers für das Verhältnis der (künftigen) Wohnungseigentümer untereinander geboten (Gemeinschaftsordnung). Für diese Anordnungen ist eine Kontrolle anhand von § 242 BGB möglich, s. dazu Rdn. 169.

VII. Auslegung

1. Allgemeines

Die **Auslegung der Teilungserklärung** hat den für Grundbucheintragungen maßgeblichen Regeln zu folgen (*Wenzel* DNotZ 1993, 297). Nach der **obergerichtlichen Rechtsprechung** ist deshalb bei der Auslegung der Teilungserklärung vorrangig auf ihren Wortlaut und Sinn, wie er sich für einen unbefangenen Betrachter als nächstliegende Bedeutung des Eingetragenen ergibt, abzustellen (*BGH* BGHZ 130, 159 = ZMR 1995, 521 = NJW 1995, 2851; *BGH* BGHZ 113, 374, 379 = ZMR 1991, 230, 231). S. dazu ausführlich § 3 Rdn. 41 ff. 48

Damit kommt es für die Auslegung **nicht auf den Willen des Erklärenden** an, sondern auf das, was jeder gegenwärtige und zukünftige Betrachter als objektiven Sinn der Erklärung ansehen muss (*BGH* BGHZ 113, 374, 379 = ZMR 1991, 230, 231; *BGH* BGHZ 47, 191, 195; *OLG Düsseldorf* ZMR 2002, 214, 215; *BayObLG* WE 1994, 17; 1993, 285; *OLG Hamm* WE 1993, 318). Umstände außerhalb der Eintragung und der in ihr in Bezug genommenen Eintragungsbewilligung dürfen nur insoweit herangezogen werden, als sie nach den besonderen Umständen des Einzelfalles für jedermann ohne Weiteres erkennbar sind (*BGH* NJW 2013, 681 = ZMR 2013, 290 = ZWE 2013, 29; *BGH* BGHZ 113, 374, 378 = ZMR 1991, 230; *BGH* BGHZ 92, 351, 355 = NJW 1985, 385; *BGH* BGHZ 47, 190, 195; *KG* v. 26.05.2014 – 1 W 55/14; *OLG Celle* ZMR 2009, 214; *OLG Karlsruhe* WuM 2001, 140, 141; Bärmann/*Armbrüster* § 8 Rn. 24; Niedenführ/*Vandenhouten* § 8 Rn. 8). 49

2. Widersprüche zwischen den einzelnen Teilen der Teilungserklärung

Zu Widersprüchen zwischen Teilungserklärung und Gemeinschaftsordnung oder zwischen der Gemeinschaftsordnung und dem Aufteilungsplan s. § 3 Rdn. 43 ff. 50

E. Gemeinschaftsordnung

Gemeinschaftsordnung und Teilungserklärung sind **begrifflich** streng voneinander zu trennen: Während die Teilungserklärung eine **einseitige Erklärung** des Alleineigentümers gegenüber dem Grundbuchgericht mit sachenrechtlichen Inhalt ist und im Grundbuch eingetragen werden muss, ist die Gemeinschaftsordnung **begriffliche Zusammenfassung** der Vereinbarungen und Organisationsbeschlüsse der Wohnungseigentümer und bedarf grds. zur Wirksamkeit nicht der Grundbucheintragung. 51

In der Praxis ist es eigentlich von Anfang an üblich, dass der Alleineigentümer neben der Teilungserklärung im engeren Sinne solche rein schuldrechtlichen Bestimmungen für das Verhältnis der Wohnungseigentümer untereinander trifft (**Teilungserklärung im weiteren Sinne**). Dem teilenden Eigentümer steht es nach §§ 8 Abs. 2, 5 Abs. 4 S. 1 WEG i.V.m. §§ 10 Abs. 1 und Abs. 3 WEG frei, von ihm für richtig erachtete Regelungen für das spätere Verhältnis der Wohnungseigentümer untereinander durch Eintragung in das Grundbuch zum **Inhalt des Sondereigentums** zu machen (*BGH* ZMR 2007, 284, 286; *BGH* BGHZ 157, 322, 330 [Parabolantenne] = ZMR 2004, 438, 441; *BGH* BGHZ 99, 90, 94 = NJW 1987, 650 = WuM 1987, 92; *BGH* BGHZ 73, 145, 147 = ZMR 1979, 380; *BayObLG* BayObLGZ 1974, 172, 176 = NJW 1974, 1910; *OLG Hamm* Rpfleger 1975, 401, 402), z.B. eine Gebrauchsregelung i.S. von § 19 Abs. 1 WEG (noch zu § 15 Abs. 1 WEG a.F. *BGH* ZMR 2007, 284, 286), und damit für das künftige Verhältnis der Wohnungseigentümer untereinander vorzuschlagen. 52

I. Rechtscharakter

Die vom Alleineigentümer einseitig getroffenen und durch Eintragung in das Grundbuch verdinglichten Bestimmungen sind zunächst **weder Vereinbarung noch Beschluss** (BeckOK WEG/*Kral* § 8 Rn. 38). Niemand kann mit sich selbst einen Vertrag schließen (*Röll* ZWE 2000, 343, 344). Da es sich bei einer Vereinbarung stets um ein mehrseitiges Rechtsgeschäft handelt, ist der der Teilungserklärung beigegebene »schuldrechtliche Teil« zunächst bloßer **Vorschlag** für **künftige Vereinbarungen** 53 der vor Eintragung eines weiteren Eigentümers noch nicht entstandenen Eigentümergemeinschaft (*Elzer* ZMR 2005, 465; i.E. ebenso *Wenzel* FS Bub [2007], S. 249, 261). Zur Rechtsqualität s. vor allem 3. Aufl. § 10 Rdn. 162 bis 164.

54 Für diese Vorschläge fingiert (unterstellt) § 8 Abs. 2 WEG durch seine Verweisung auf § 5 Abs. 4 WEG allerdings, dass sie einer **Vereinbarung gleichstehen** (*BGH* ZMR 2001, 119 = MDR 2001, 80 = NJW 2000, 3643 = NZM 2000, 1187 = ZfIR 2000, 884; *BGH* BGHZ 73, 145, 147 = ZMR 1979, 380; *BGH* BGHZ 37, 203, 206 ff.; *BayObLG* NZM 2001, 753 = ZMR 2001, 210; *BayObLG* NJW-RR 1989, 273; *BayObLG* BayObLGZ 1987, 291, 295 = WuM 1988, 90; *BayObLG* BayObLGZ 1982, 9, 12). Sie sind daher jedenfalls **wie eine Vereinbarung** zu behandeln. Auch die vom Alleineigentümer gesetzten Bestimmungen können aus diesem Grunde nur wieder durch eine Vereinbarung geändert oder aufgehoben werden (a.A. *Röll* ZWE 2000, 343, 344: Beschluss).

55 Anders als die Teilungserklärung im engeren Sinne (§ 8 Abs. 1 WEG) werden die von dem teilenden Eigentümer zunächst einseitig aufgestellten Regelungen allerdings erst dann zu einem **voll wirksamen**, die späteren Wohnungseigentümer nach § 10 Abs. 3 S. 1 WEG bindenden Rechtsgeschäft, nachdem eine Eigentümergemeinschaft entstanden ist und also die sachenrechtliche Teilungserklärung und die mit ihr beurkundeten schuldrechtlichen Regelungen **nicht mehr einseitig abgeändert werden können** (*BGH* Rpfleger 2017, 263; *BGH* ZMR 2001, 119 = MDR 2001, 80 = NJW 2000, 3643 = ZfIR 2000, 884). Erst wenn also wenigstens ein weiterer Wohnungseigentümer die Vorschläge des Alleineigentümers (zumeist konkludent) akzeptiert und sich ihnen durch den Erwerbsvertrag **unterwirft** (*BayObLG* NJW 1973, 151, 153; *Ulmer* Festgabe für Weitnauer 1980, S. 205, 210), also auf ihrer Grundlage Eigentum rechtsgeschäftlich oder originär in der Zwangsversteigerung erworben hat (oder eine wenigstens geschützte Eigentumsposition erreicht hat), kann von einer Vereinbarung oder einer **Gesamtheit von Vereinbarungen** zwischen mehreren Wohnungseigentümern ausgegangen werden (vgl. auch *BGH* BGHZ 157, 322, 331 [Parabolantenne] = ZMR 2004, 438). Die vom Alleineigentümer im Voraus festgestellte Ordnung des Gemeinschaftsverhältnisses ist für Erwerber verbindlich, ohne dass es einer weiteren vertraglichen Vereinbarung bedürfte (*OLG Oldenburg* ZMR 1978, 245, 247; *KG* NJW 1956, 1679, 1680).

56 Auf die **genaue oder auch nur ungefähre Kenntnis** des neuen Wohnungseigentümers über den Inhalt der vom Alleineigentümer einseitig bestimmten Regelungen, auf eine Mitwirkung des Sondernachfolgers oder auf eine konkrete Einbeziehung der Teilungserklärung in den Kaufvertrag, kommt es **nicht** an (*BGH* BGHZ 157, 322, 330 [Parabolantenne] = ZMR 2004, 438; *BGH* NJW 1994, 1347; *BayObLG* ZMR 2002, 607 = ZWE 2002, 357; *Kümmel* Bindung, S. 52). Auch die vom Alleineigentümer getroffenen Regelungen gelten **kraft Gesetzes** gegenüber jedem Sondernachfolger wie eine Satzung (a.A. *Wenzel* FS Bub [2007], S. 249, 261). Der Sondernachfolger muss daher auch solche Regelungen gegen sich gelten lassen, die er kennen konnte, aber nicht kennt (*BayObLG* ZMR 2002, 607 = ZWE 2002, 357). Die Regelungen gelten ferner nach dem Grundsatz des »venire contra factum proprium« auch dann, wenn der Sondernachfolger die Regelungen ablehnt und sich ihnen nicht unterwirft (*Ertl* DNotZ 1979, 267, 271). Etwas anderes gilt nur dann, wenn die Wohnungs- und Teileigentumsgrundbücher noch nicht angelegt sind. Die Erwerber sind dann nicht nach § 10 Abs. 3 WEG gebunden. Eine Bindung ist dann aber durch Einbeziehung der – beurkundeten – Gemeinschaftsordnung in den jeweiligen **Kaufvertrag** vorstellbar.

II. Notwendigkeit

57 Der Alleineigentümer kann – wie die Miteigentümer nach § 3 WEG – der Teilungserklärung für das Verhältnis der Wohnungseigentümer untereinander eine Gemeinschaftsordnung beifügen. Die Gemeinschaftsordnung ist aber wie auch bei einem Teilungsvertrag nach § 3 WEG **keine** Tatbestandsvoraussetzung für die wirksame Teilung und damit der Teilungserklärung (s. § 3 Rdn. 159). Fehlt es ausnahmsweise an einer Gemeinschaftsordnung (vgl. *F. Schmidt* MittBayNot 1981, 12), so gelten **ohne Weiteres** die gesetzlichen Bestimmungen.

III. Änderungen

Die »Gemeinschaftsordnung« kann **nicht** geändert werden. Geändert werden können nur die verdinglichten und die schuldrechtlichen Vereinbarungen oder die Beschlüsse, die z.B. zulässigerweise in die Handlungsorganisation der Gemeinschaft der Wohnungseigentümer eingreifen, und deren Inbegriff die Gemeinschaftsordnung darstellt. Für die Änderungen von Vereinbarungen – auch die mögliche Zustimmung Dritter – s. daher vor allem bei § 10. 58

1. Änderungen durch den Alleineigentümer

Solange nur der **Vorschlag für eine Gemeinschaftsordnung** vorhanden und kein weiterer (werdender) Eigentümer an seine Seite getreten ist, behält der teilende Alleineigentümer die Befugnis zur **einseitigen Änderung** der von ihm vorgeschlagenen Regelungen (*BGH* Rpfleger 2017, 263; *BGH* ZMR 2001, 119 = MDR 2001, 80 = NJW 2000, 3643 = ZfIR 2000, 884; *OLG Frankfurt* am Main NJW-RR 2008, 173; *OLG Düsseldorf* ZMR 2002, 386; *BayObLG* NZM 1999, 126). Der teilende Alleineigentümer kann auch nach der Teilung z.B. Sondernutzungsrechte **einseitig** durch entsprechende Regelung begründen und durch ihre Eintragung in das Grundbuch für Sondernachfolger verbindlich machen (*BGH* Rpfleger 2017, 263; *OLG Frankfurt am Main,* ZMR 1998, 365, 366; *BayObLG* WE 1997, 235 = Rpfleger 1997, 63; *BayObLG* BayObLGZ 1985, 124 = DNotZ 1986 = MittBayNot 1985, 74; *OLG Düsseldorf* ZMR 1993, 179 = Rpfleger 1993, 193; *Schneider* Rpfleger 1998, 53, 61). Diese Änderungen müssen aber selbst wiederum nach § 8 WEG, also durch Erklärung gegenüber dem Grundbuchgericht, erfolgen (*OLG Frankfurt* am Main NJW-RR 2008, 173; Weitnauer § 8 Rn. 9). 59

a) Keine Änderung durch einen schuldrechtlichen Vorschlag

Ein bloß **schuldrechtlicher Vorschlag** des Alleineigentümers für eine Regelung, die nicht nach § 10 Abs. 3 WEG im Grundbuch eingetragen wird, ist für Sondernachfolger **rechtlich unbeachtlich** (*KG* ZMR 2007, 384, 386; s. bereits Rdn. 36 für die Änderung der Teilungserklärung). Freilich ist – wie stets – vorstellbar, dass ein Sondernachfolger später ausdrücklich oder **konkludent** einer entsprechenden Regelung **»zustimmt«** und damit eine auch ihn bindende Vereinbarung entsteht (*BayObLG* ZMR 2001, 210; *OLG Düsseldorf* NJWE 1997, 229; kritisch *KG* ZMR 2002, 300). 60

b) Änderung durch einen »Ein-Mann-Beschluss«

Traf der Alleineigentümer »beschlussweise« eine Anordnung, konnte diese nach früherem Verständnis **nicht als Beschluss** verstanden werden (s. aber bereits *Becker* FS Seuß [2007], S. 19; *F. Schmidt* ZMR 2009, 725; *ders.* FS Bub [2007], S. 221, 236). Seit dem Inkrafttreten des WEMoG sind nach der Neukonzeption der Ein-Personen-Gemeinschaft (vgl. § 9a Abs. 1 S. 2 Halbs. 2 WEG) auch Ein-Personen-Beschlüsse des aufteilenden Alleineigentümers möglich (Bärmann/*Dötsch* § 23 Rn. 15 u. 59). 61

c) Vollmachten; »Änderungsvorbehalte«

Der Alleineigentümer kann sich in den jeweiligen Kaufverträgen **Vollmachten zur Änderung** der schuldrechtlichen, vor allem aber der dinglichen Vereinbarungen einräumen lassen (sog. Änderungsvorbehalte), auch nach Entstehung der Eigentümergemeinschaft einseitig Regelungen zur Gemeinschaftsordnung zu treffen (*BGH* ZfIR 2021, 489 = ZMR 2021, 992 = ZWE 2021, 451; *BGH* NJW 2002, 2247 = BGHReport 2002, 667 = MDR 2002, 1001 = ZMR 2002, 763; *BGH* NJW 1986, 845 = DNotZ 1986, 274 = MDR 1986, 303; *KG* ZfIR 2024, 262 m. Anm. *Schneider*; *BayObLG* ZMR 2005, 300, 301; *Armbrüster* ZMR 2005, 244, 245; *Häublein* Sondernutzungsrechte, S. 275 ff.; kritisch *Rastätter* BWNotZ 1988, 135). Es ist z.B. vorstellbar, dass sich der Alleineigentümer das Recht vorbehält, zu einem späteren Zeitpunkt **weitere Sondernutzungsrechte zu begründen** (*BGH* ZMR 2012, 651 = ZWE 2012, 258; *BayObLG* ZMR 2005, 300, 301; *BayObLG* ZWE 2002, 78, 81; *OLG Frankfurt am Main,* FGPrax 1998, 85 = NZM 1998, 408; *Armbrüster* ZMR 2005, 244, 245; 62

s. ausführlich *Häublein* Sondernutzungsrechte, S. 275 ff. und *Bornemann* Erwerb, S. 169 ff.). Stattdessen kann der teilende Eigentümer allerdings die Sondernutzungsrechte auch bereits in der Teilungserklärung begründen und einer in seinem Eigentum möglichst lange verbleibenden Einheit (etwa einem geringwertigen Teileigentum, z.B. einer Garage) zuweisen (sog. »Parken«; *KG* ZMR 2007, 384, 387). Ferner kann der teilende Eigentümer in der Teilungserklärung alle Erwerber von dem gemeinschaftlichen Gebrauch an bestimmten Flächen ausschließen mit der Folge, dass er allein im Rahmen der Bestimmung zur Nutzung dieser Flächen berechtigt bleibt (*BGH* ZMR 2012, 883; *BGH* NJW 2012, 676 = ZfIR 2012, 182 = ZWE 2012, 175; *KG* ZMR 2007, 384, 387; *Häublein* Sondernutzungsrechte, S. 277, 279). Der Sache nach handelt es sich dann um »persönliche« Sondernutzungsrechte (*Schneider* ZWE 2012, 171; a.A. möglicherweise *BGH* Rpfleger 2017, 263 Rn. 26 allerdings ohne Diskussion, insbes. der sich daraus für vorbehaltene Zuordnungen ergebenden Konsequenzen). Eine weitere Möglichkeit besteht darin, dass die Erwerber unter der aufschiebenden Bedingung (§ 158 Abs. 1 BGB) einer Zuweisung eines Sondernutzungsrechts von der Mitnutzung bestimmter Teile des gemeinschaftlichen Eigentums ausgeschlossen werden (*KG* ZMR 2007, 384, 387; *BayObLG* NJW-RR 1986, 93; *Häublein* Sondernutzungsrechte, S. 277).

2. Zustimmung Dritter

63 Begründungsvorbehalte können nicht in einer die **dinglich Berechtigten** bindenden Weise als Inhalt des Sondereigentums vereinbart werden (*BayObLG* ZMR 2005, 300, 301). Dies wäre ein unzulässiger Vertrag zulasten Dritter. Soll daher eine verdinglichte Vereinbarung geändert werden und liegt kein Fall des § 5 Abs. 4 S. 2 WEG vor, müssen Dritte einer Änderung zustimmen. Eine Ausnahme kann sich nur für eine aufschiebend bedingte Zuordnung eines Sondernutzungsrechts ergeben (s. Rdn. 62). In diesem Fall ist eine Drittzustimmung i.d.R. im Hinblick auf § 161 BGB entbehrlich. Wegen Zustimmungspflichten Drittberechtigter bei der nachträglichen Begründung von Sondernutzungsrechten s. ausf. Bärmann/*Schneider* § 16 Rn. 207 ff.

3. Nach Entstehung der Gemeinschaft

64 Nach **Entstehung der Gemeinschaft der Wohnungseigentümer** können die Wohnungseigentümer Vereinbarungen grundsätzlich nur **gemeinsam ändern** (*BGH* Rpfleger 2017, 263; *KG* ZfIR 2024, 262 m. Anm. *Schneider*; *KG* ZMR 2007, 384, 386; a.A. *Röll* ZWE 2000, 343, 344).

4. Inhaltskontrolle

a) Allgemeines

65 Das Grundbuchgericht muss bei der Eintragung einer Vereinbarung nach § 5 Abs. 4 S. 1 WEG prüfen, ob diese gegen ein **gesetzliches Verbot** (Rdn. 66), die guten Sitten (Rdn. 67) oder gegen **Treu und Glauben** verstößt (Rdn. 68). Das Grundbuchgericht darf nicht »sehendes Auges« dabei mitwirken, das Grundbuch unrichtig zu machen (s. § 7 Rdn. 139 ff.). Das Grundbuchgericht darf eine Eintragung allerdings nur dann ablehnen, wenn **zweifelsfrei** feststeht, dass das Grundbuch durch die Eintragung unrichtig würde. Die bloße »Besorgnis« einer Unrichtigkeit genügt nicht (*KG* ZWE 2017, 403; *OLG Hamm* ZMR 2017, 419 = ZWE 2017, 173; *OLG Frankfurt am Main*, ZMR 1998, 365, 367 = Rpfleger 1998, 336). Sofern die Prüfung eine **wertende Beurteilung** unter Berücksichtigung aller Umstände erfordert, ist das Grundbuchgericht dazu wegen der Beweismittelbeschränkung im Eintragungsantragsverfahren schon gar **nicht in der Lage**. Wenn das Grundbuchgericht allerdings **sichere Kenntnis** davon hat, dass die beantragte Eintragung das Grundbuch unrichtig machen würde, hat es den Eintragungsantrag – ggf. nach vorheriger Zwischenverfügung – zurückzuweisen. Gelangt das Grundbuchgericht indes nicht zu der vollen Überzeugung, dass das Grundbuch durch eine beabsichtigte Eintragung unrichtig wird, muss es den **Antrag vollziehen** (*OLG Frankfurt am Main*, ZMR 1998, 365, 367 = Rpfleger 1998, 336; *BayObLG* ZMR 1997, 369 = Rpfleger 1997, 375; *OLG Frankfurt am Main*, Rpfleger 1998, 336). Die Frage, ob eine solche Vereinbarung das Grundbuch unrichtig macht, muss dann unter den Wohnungseigentümern in

einem Verfahren nach § 43 WEG geklärt werden (*BayObLG* ZMR 1997, 369 = Rpfleger 1997, 375; *OLG Düsseldorf* DNotZ 1973, 552).

b) Gesetzesverstöße

Das Grundbuchgericht hat zu prüfen, ob eine Vereinbarung gegen **zwingende gesetzliche Vorschriften** verstößt und deshalb **nach § 134 BGB nichtig** ist (*KG* ZWE 2017, 403; *OLG Hamm* ZMR 2017, 419 = ZWE 2017, 173; *BayObLG* ZMR 1997, 369 = Rpfleger 1997, 375; *OLG Hamburg* FGPrax 1996, 132 = ZMR 1996, 443; *OLG Zweibrücken* MittBayNot 1994, 447; § 7 Rdn. 142). Zur Frage, welche Bestimmungen des Wohnungseigentumsgesetzes als zwingend angesehen werden; s. § 7 Rdn. 142 ff.. 66

c) Verstöße gegen die guten Sitten

Die Prüfung erstreckt sich auch auf **Verstöße gegen § 138 BGB** (*KG* ZWE 2017, 403; *OLG Hamm* ZMR 2017, 419 = ZWE 2017, 173; vgl. BGHZ 125, 329 = NJW 1995, 2036 = ZMR 1995, 416; *OLG Zweibrücken* MittBayNot 1994, 44; s. § 7 Rdn. 159ff.). 67

d) Verstöße gegen Treu und Glauben

aa) Ausgangslage

Es ist eine Aufgabe des Grundbuchgerichts, bei der Eintragung von Vereinbarungen zu prüfen, ob diese gegen **Treu und Glauben** verstoßen (§ 242 BGB; Rdn. 65). Ein inhaltliches Ungleichgewicht und gleichsam eine Äquivalenzstörung liegen nicht fern, weil die Formulierung der späteren Vereinbarungen in der Regel **vollständig in den Händen von Bauträgern** liegt. Vor allem Bauträger bestimmen in der Teilungserklärung aufgrund der Rechtsmacht, die ihnen §§ 8 Abs. 2, 5 Abs. 4 Satz 1 und § 10 Abs. 1 und Abs. 3 WEG einräumen, in welchem **gewillkürten Rechtsverhältnis** die künftigen Wohnungseigentümer in Abweichung von den gesetzlichen Bestimmungen und Leitideen leben werden. Diese einseitig gesetzten und stets von einem subjektiven Interesse geleiteten Regelungen können sich im Zusammenleben der Wohnungseigentümer als **von Anfang an** verfehlt oder unzweckmäßig erweisen, etwa weil sie zu wenig auf die Besonderheiten der jeweiligen Wohnungseigentümergemeinschaft abgestimmt sind (*BGH* BGHZ 95, 137, 141 = ZMR 1986, 19). Ferner kommt es vor allem bei Großanlagen vor, dass diese nicht wie geplant fertig gestellt werden. Hierdurch kann der in der Gemeinschaftsordnung noch vorgesehene Lasten- und Kostenverteilungsschlüssel unbillig werden – wenn hier auch § 16 Abs. 2 S. 2 WEG **Erleichterung verschaffen kann.** Auch können neuere Erfahrungen, technische Entwicklungen oder eine Umstellung der Lebensgewohnheiten eine Anpassung an die geänderten Verhältnisse erforderlich machen (*BGH* BGHZ 95, 137, 141 = ZMR 1986, 19; *Bub* PiG 32, S. 53, 57 ff.; *F. Schmidt* PiG 32, S. 67, 74). Änderungsbedarf trat z.B. bei der **Begründung von Sondernutzungsrechten** und vor allem bei der **dauerhaften Änderung von Kostenverteilungsschlüsseln** auf (diese Not fängt für Letztere wie ausgeführt jetzt § 16 Abs. 2 S. 2 WEG auf). Die von den Bauträger-Alleineigentümern vorgeschlagenen **Bestimmungen** unterliegen u.a. aus diesen Gründen ebenso wie auch die Vereinbarungen der Miteigentümer (s. § 3 Rdn. 169) einer behutsamen **Inhaltskontrolle** (*BGH* NJW 2012, 676 = ZfIR 2012, 182 = ZWE 2012, 175; *BGH* ZMR 2007, 284, 286; *BGH* BGHZ 157, 322, 331 [Parabolantenne] = ZMR 2004, 438, 441; *BGH* BGHZ 151, 164, 173 = ZMR 2002, 766; *BGH* BGHZ 99, 90, 94 = NJW 1987, 650 = WuM 1987, 92; *BayObLG* NJW 1973, 151, 152). Zwar ist auch bei der Überprüfung der von einem Einzelnen vorgeschlagenen Bestimmungen stets **große Zurückhaltung** geboten. Ein »Gefälle« und eine überragende Machtstellung des teilenden Eigentümers gegenüber den von ihm Erwerbenden kann aber in engen Ausnahmefällen anerkannt werden. Bei der Begründung von Wohnungseigentum nach § 8 WEG ist aber eher als bei einer Begründung nach § 3 WEG vorstellbar, dass eine Vereinbarung letztlich **grob einseitig** ist und die anderen Wohnungseigentümer benachteiligt. 68

bb) Maßstab für eine Inhaltskontrolle

69 Maßstab für eine Inhaltskontrolle ist § 242 BGB (*OLG Hamm* ZWE 2008, 293, 294 m. Anm. *Briesemeister*) und sind nicht die Bestimmungen der §§ 305 ff. BGB (*KG* ZWE 2017, 403; *Ertl* DNotZ 1981, 149; a.A. *Ulmer* Festgabe für Weitnauer 1980, S. 205, 217 noch zum AGBG: höheres Schutzbedürfnis). Dieses Verständnis findet seine Begründung darin, dass angesichts der besonderen Verhältnisse im Bereich des Wohnungseigentums die Anwendung der §§ 305 ff. BGB bereits nicht angezeigt ist. Für eine Kontrolle nach §§ 305 ff. BGB neben einer Angemessenheitsprüfung gem. § 242 BGB gibt es regelmäßig kein Bedürfnis (in diesem Sinne jetzt auch *BGH* BGHZ 227, 289 = ZfIR 2021, 394 = ZMR 2021, 405 = ZWE 2021, 273). Die im Bereich des **formellen Konsensprinzips** als Eintragungsgrundlage allein in Betracht kommende Eintragungsbewilligung des Alleineigentümers ist außerdem eine **einseitige Erklärung.** Schon dies **verbietet eine Anwendung** von §§ 305 ff. BGB (*OLG Frankfurt am Main,* ZMR 1998, 365, 367). In der Rechtsprechung der Obergerichte wurde die Anwendbarkeit der §§ 305 ff. BGB auf Gemeinschaftsordnungen deswegen bisher entweder ausdrücklich **verneint** (*KG* ZWE 2017, 403; *OLG Hamburg* FGPrax 1996, 132 = ZMR 1996, 443; *BayObLG* NJW-RR 1992, 83 = WE 1992, 140 = WuM 1991, 365) oder jedenfalls ausdrücklich **offen gelassen** (z.B. *BGH* NJW 2012, 676 = ZfIR 2012, 182 = ZWE 2012, 175; *BGH* ZMR 2007, 284, 286; *BGH* BGHZ 157, 322, 331 [Parabolantenne] = ZMR 2004, 438, 441; *BGH* BGHZ 151, 164, 174 = ZMR 2002, 766; *BGH* NJW 1994, 2950, 2952 = MDR 1994, 580 = ZMR 1994, 271; *OLG Düsseldorf* NJW-RR 1990, 154; *OLG Karlsruhe* NJW-RR 1987, 651 = Rpfleger 1987, 412; *OLG Köln* NJW-RR 1989, 780 = Rpfleger 1989, 405). Der *BGH* (BGHZ 227, 289 = ZfIR 2021, 394 = ZMR 2021, 405 = ZWE 2021, 273) hat sich nun ausdrücklich gegen eine entsprechende Anwendung der Regelungen über die Inhaltskontrolle allgemeiner Geschäftsbedingungen (§§ 307 ff. BGB) auf die Gemeinschaftsordnung der Wohnungseigentümergemeinschaft ausgesprochen. Es ist allerdings keine Aufgabe des Grundbuchgerichts zu erforschen, ob die Interessen der Wohnungseigentümer in gebührendem Maße berücksichtigt sind oder ob die Rechtsstellung der Wohnungseigentümer in unangemessener Weise ausgehöhlt wird (*OLG Düsseldorf* DNotZ 1973, 552). Zur verfahrensrechtlichen Umsetzung s. § 7 Rdn. 159 ff. m. Beisp.

F. Unterteilung

70 Ein Wohnungseigentümer kann als Ausfluss seines Rechtes nach § 903 Satz 1 BGB mit seinem Eigentum nach Belieben verfahren und andere von jeder Einwirkung ausschließen (*BGH* ZfIR 2004, 1006, 1007 = ZMR 2005, 59 = NJW 2005, 10; *Merle* System, S. 184). Er kann entsprechend § 8 Abs. 1 WEG (*BGH* ZfIR 2004, 1006, 1007 = ZMR 2005, 59 = NJW 2005, 10; *OLG München* ZMR 2014, 136; *Röll* DNotZ 1993, 158, 162) oder nach anderer Auffassung analog § 7 GBO (so Weitnauer/*Briesemeister* WEG § 8 Rn. 3), jedenfalls aber in der Form der §§ 8 Abs. 2, 3 Abs. 3, 7 Abs. 4 WEG (*OLG München* ZWE 2011, 267; *BayObLG* NZM 1998, 440 = ZMR 1999, 46, 8; *Röll* DNotZ 1993, 158, 162), sein Wohnungs- oder Teileigentum **einseitig ohne Mitwirkung der anderen Wohnungseigentümer** unter Aufteilung der bisherigen Raumeinheit in mehrere (zwei oder mehrere) in sich wiederum abgeschlossene Raumeinheiten unterteilen und veräußern (*BGH* Rpfleger 2015, 386 = ZfIR 2015, 492 = ZMR 2015, 390 = ZWE 2015, 208; *BGH* NJW 2012, 2434 = ZfIR 2012, 558 = ZMR 2012, 639 = ZWE 2012, 271; *BGH* ZfIR 2004, 1006, 1007 = ZMR 2005, 59 = NJW 2005, 10; *BGH* BGHZ 73, 150, 152 = ZMR 1979, 312 = NJW 1979, 870 = MDR 1979, 389; *BGH* BGHZ 49, 250, 253 [Unterteilung] = NJW 1968, 499; *BayObLG* NJW-RR 1991, 910 = WE 1992, 55; *OLG Schleswig* MDR 1965, 46; *Röll* Teilungserklärung, S. 38; *Meier-Kraut* MittBayNot 1974, 16; s.a. § 7 Rdn. 312 ff.). Den übrigen Wohnungseigentümern steht nicht die Kompetenz zu, die Unterteilung durch Beschluss zu untersagen (*BayObLG* NZM 2003, 481 = ZMR 2003, 689). Werden aus einem Anteil mehrere Anteile gebildet, liegt dann eine gemischt real-ideelle Aufteilung vor (*BGH* ZfIR 2004, 1006, 1007 = ZMR 2005, 59 = NJW 2005, 10; *BGH* BGHZ 49, 250, 252 [Unterteilung] = NJW 1968, 499). Bleibt die Einheit hingegen real ungeteilt, liegt eine **bloß ideelle Unterteilung** vor (*Gaier* FS Wenzel [2005], S. 145, 146). Ein Wohnungseigentümer kann die durch Unterteilung entstandenen Einheiten später wiederum zu einer Wohnungseigentumseinheit vereinigen.

Durch Unterteilung eines Wohnungs- bzw. Teileigentumsrechts entstehen **nicht mehr Befugnisse**, als sie dem Wohnungseigentümer vor Unterteilung und Veräußerung zugestanden haben. Der durch die Teilungserklärung bestimmte Status der Wohnungseigentümer darf durch die Unterteilung **nicht beeinträchtigt** werden (*BGH* Rpfleger 2015, 386 = ZfIR 2015, 492 = ZMR 2015, 390 = ZWE 2015, 208 [Zweckbestimmung]; *BGH* BGHZ 160, 354, 367 [Kostenverteilungsschlüssel] = ZMR 2004, 834; *BGH* BGHZ 73, 150, 152 = ZMR 1979, 312 = NJW 1979, 870 = MDR 1979, 389; *OLG Hamm* ZMR 2002, 859; *KG* ZMR 2000, 191, 192; *KG* ZMR 1999, 426; *BayObLG* WE 1992, 55, 56 = NJW-RR 1991, 910; *OLG Düsseldorf* WE 1990, 170 = NJW-RR 1990, 521). Der bloß unterteilende Eigentümer hat z.B. keine Möglichkeit, einseitig (neue) Bestimmungen für das Gemeinschaftsverhältnis zu treffen. Und er hat auch keine Möglichkeit, auf die Stimmenverhältnisse der Versammlung der Wohnungseigentümer einzuwirken und diese zulasten der anderen Wohnungseigentümer zu verändern (*BGH* BGHZ 160, 354, 367 [Objektstimmrecht] = ZMR 2004, 834; *BGH* NJW 2012, 2434 = ZfIR 2012, 558 = ZMR 2012, 639 = ZWE 2012, 271 und *BGH* BGHZ 73, 150, 155 = ZMR 1979, 312 = NJW 1979, 870 = MDR 1979, 389 [Kopfstimmrecht]; s. noch Rdn. 77 ff.). Ebenfalls kann der unterteilende Eigentümer nicht ohne Mitwirkung der übrigen Wohnungseigentümer die Unterteilung mit einer Änderung der bisherigen Zweckbestimmung verbinden (vorher: nicht zu Wohnzwecken dienend – nachher: Wohnung; *BGH* Rpfleger 2015, 386 = ZfIR 2015, 492 = ZMR 2015, 390 = ZWE 2015, 208). 71

I. Voraussetzungen

1. Beliebig viele Bruchteile

Die Unterteilung eines Wohnungs- oder Teileigentums in **beliebig viele Bruchteile** ist durch Teilung sowohl der ideellen Miteigentumsanteile als auch der real bestehenden Sondereigentumseinheit möglich (*BGH* BGHZ 49, 250, 252 [Unterteilung] = NJW 1968, 499; *KG* ZMR 2000, 191, 192; *BayObLG* NJW-RR 1995, 783). 72

2. Verbindung der neuen Miteigentumsanteile mit Sondereigentum

Neues Raumeigentum kann allerdings nur dann entstehen, wenn mit jedem Miteigentumsanteil wieder ein sondereigentumsfähiger Raum i.S.d. § 5 Abs. 1 WEG i.V.m. § 8 Abs. 2 WEG verbunden wird (*BayObLG* NJW-RR 1995, 783; *Demharter BGH*-Report 2004, 1612, 1613). Bei einer Unterteilung müssen daher **sämtliche** bisher im Sondereigentum stehende Räume mit dem Miteigentumsanteilsanteil eines der neu entstandenen Wohnungs- bzw. Teileigentumsrechte verbunden werden; andererseits dürfen auch nur solche Räume als Sondereigentum mit einem Miteigentumsanteil verbunden werden (*BayObLG* BayObLGZ 1998, 70 = ZMR 1999, 46 ff.). Sondereigentum kann ebenso wie ein Miteigentumsanteil an einem Grundstück nicht entsprechend § 928 Abs. 1 BGB durch **teilweisen Verzicht** gegenüber dem Grundbuchgericht »aufgegeben« werden (*BGH* ZMR 2007, 795, 796 m. Anm. *Elzer*). Wegen der Besonderheiten bei der Unterteilung von Wohnungseigentum mit zugeordnetem Annexeigentum s. § 3 Rdn. 80ff.. 73

3. Zustimmung

Einer Zustimmung der **übrigen Wohnungseigentümer** oder **Dritter** zu einer Unterteilung bedarf es nach h.M. grundsätzlich nicht, solange deren bisheriger Status gewahrt bleibt (*BGH* Rpfleger 2015, 386 = ZfIR 2015, 492 = ZMR 2015, 390 = ZWE 2015, 208; *BGH* NJW 2012, 2434 = ZfIR 2012, 558 = ZMR 2012, 639 = ZWE 2012, 271; *BGH* ZfIR 2004, 1006, 1008 = ZMR 2005, 59 = NJW 2005, 10; *BGH* NJW 1998, 3711; *BGH* BGHZ 73, 150, 152 = ZMR 1979, 312 = NJW 1979, 870 = MDR 1979, 389; *BGH* BGHZ 49, 250, 256 [Unterteilung] = NJW 1968, 499 = JZ 1968, 562 = MDR 1968, 396; *OLG München* ZMR 2014, 136; *OLG München* ZWE 2011, 267; *KG* ZMR 2000, 191, 192). Eine Zustimmung kann aber in bestimmten – nachfolgend dargestellten – Fällen erforderlich werden. 74

a) **Betroffenheit des Gemeinschaftseigentums**

75 Eine Zustimmung bzw. Mitwirkung ist zum einen erforderlich, wenn aus der bisherigen Raumeinheit nicht mehrere in sich wieder abgeschlossene Einheiten entstehen, sondern ein Teil der bisher sondereigentumsfähigen Räume und Gebäudeteile in **gemeinschaftliches Eigentum überführt** werden muss (*Elzer* MietRB 2007, 78, 80). Dies ist z.B. der Fall, wenn der **Eingangsflur** der früheren größeren Wohnung außerhalb der Ummauerung beider kleinerer Wohnungen bleibt. In diesem Fall kann der Aufteilende nicht allein handeln, sondern die anderen Wohnungseigentümer müssen mitwirken (*BGH* NJW 1998, 3711 = ZMR 1999, 182). Ggf. Ist weiterhin die Zustimmung dinglich Berechtigter beizubringen (*BayObLG* DNotZ 1999, 665). Bei einer solchen Änderung der sachenrechtlichen Grundlagen bedarf es dann auch der für die **Auflassung vorgeschriebenen Form** (*OLG München* ZfIR 2008, 115; *Hauger* Immobilienrecht 1998, 31, 33).

b) **Vereinbarte Zustimmungsbedürftigkeit**

76 Eine Zustimmung ist zum anderen notwendig, wenn die Eigentümer in entsprechender Anwendung von § 12 WEG vereinbart haben, eine Unterteilung von der **Zustimmung anderer Wohnungseigentümer oder eines Dritten** abhängig zu machen (*BGH* BGHZ 49, 250, 257 [Unterteilung] = NJW 1968, 499; *OLG München* ZMR 2014, 137; *OLG München* ZWE 2011, 267; a.A. Weitnauer/*Briesemeister* WEG § 8 Rn. 3); diese Zustimmung darf aber entsprechend § 12 Abs. 2 WEG nur aus einem **wichtigen Grunde** versagt werden (*BGH* BGHZ 49, 250, 257 [Unterteilung] = NJW 1968, 499).

c) **Veränderung des Stimmrechts**

77 Eine Unterteilung könnte sich auf das **Stimmrecht** des unterteilenden Eigentümers und der von ihm erwerbenden künftigen Eigentümer in der Versammlung der Eigentümer auswirken und aus diesem Grunde zustimmungsbedürftig sein. Zu unterscheiden ist insoweit nach Kopf-, Wert- und Objektstimmrecht (dazu i.E. *Briesemeister* FS Seuß [2007], S. 39 ff.).

aa) **Wertstimmrecht**

78 Keine Schwierigkeiten entstehen, wenn die Wohnungseigentümer in zulässiger Weise (*BayObLG* ZMR 2002, 527, 528) eine von § 25 Abs. 2 S. 1 WEG **abweichende Vereinbarung** getroffen haben, wonach sich das Stimmrecht nicht nach der Anzahl der Wohnungseigentümer, sondern nach der Höhe der Miteigentumsanteile (**Wertstimmrecht**) richten soll (§ 25 Rdn. 123). In diesem Fall bestimmt sich das Stimmrecht entsprechend § 745 Abs. 1 S. 2 BGB und den allgemeinen Regelungen nach **Größe oder Anzahl** der im Grundbuch gem. § 47 GBO eingetragenen Miteigentumsanteile. Die übrigen Wohnungseigentümer werden hier durch eine Unterteilung nicht beeinträchtigt (*OLG Frankfurt am Main* ZWE 2012, 272; *Wedemeyer* NZM 2000, 638, 639); ihre Stimme hat in der Versammlung auch nach der Unterteilung denselben Erfolgswert. Gesamtstimmenzahl und Gewicht **bleiben unverändert.**

bb) **Kopf- und Objektstimmrecht**

79 Nichts anderes gilt inzwischen nach h.M., wenn ein **Objektstimmrecht** vereinbart ist oder die Eigentümer bei dem gesetzlichen **Kopfstimmrecht** nach § 25 Abs. 1 S. 1 WEG geblieben sind. In beiden Fällen könnte zwar durch eine Unterteilung die Mehrheit in der Versammlung bzw. der Erfolgswert einer Stimme und damit in **unzulässiger Weise der Status** der anderen Eigentümer verändert werden. Auch nach einer Unterteilung muss aber die ursprüngliche Stimmenzahl grundsätzlich gleich bleiben (dies gilt freilich nicht, wenn einem Eigentümer **mehrere Wohnungen** gehören: veräußert er davon eine, haben die Sondernachfolger ein eigenes Stimmrecht, vgl. *BayObLG* ZMR 2002, 527, 528). Der unterteilende Eigentümer hat es anders als der Eigentümer, der mehrere der ursprünglich aufgeteilten Einheiten erworben hat und diese einzeln abverkauft, nicht in der Hand, die Mehrheiten der Eigentümerversammlung einseitig zu ändern. Eine »Stimmenvermehrung« muss **weder**

bei gesetzlichem Kopfstimmrecht (*BGH* NJW 2012, 2434 = ZfIR 2012, 558 = ZMR 2012, 639 = ZWE 2012, 271; *BGH* BGHZ 73, 150, 155 = ZMR 1979, 312 = NJW 1979, 870 = MDR 1979, 389; *OLG Stuttgart* ZMR 2005, 478; *LG München I* NJW-RR 2010, 587; *Mediger* NZM 2011, 137; *Wedemeyer* NZM 2000, 638, 640; a.A. *OLG Düsseldorf* ZMR 2004, 696, 697; *KG* ZMR 2000, 191, 192 = NZM 2000, 671; Weitnauer/*Briesemeister* WEG § 3 Rn. 104 und Rn. 3; *Gottschalg* NZM 2005, 88, 89; *Weitnauer* WE 1988, 3, 4) noch **beim Objektstimmrecht** hingenommen werden (*BGH* BGHZ 160, 354, 367 [Kostenverteilungsschlüssel] = ZMR 2004, 834; *OLG Hamm* ZMR 2002, 859; *KG* NZM 1999, 850, 852; *OLG Köln* WE 1992, 259, 260; *BayObLG* NJW-RR 1991, 910; *OLG Düsseldorf* MDR 1990, 633 = NJW-RR 1990, 521; *Wedemeyer* NZM 2000, 638, 640). Eine **Stimmrechtsvermehrung** der im Zeitpunkt der Teilungserklärung vorhandenen Stimmrechte durch Unterteilung von Wohnungseigentumseinheiten ist daher **nicht möglich**, weil ansonsten in unzulässiger Weise der Status der übrigen Wohnungseigentümer verändert werden würde (*BGH* NJW 2012, 2434 = ZfIR 2012, 558 = ZMR 2012, 639 = ZWE 2012, 271; *BGH* BGHZ 160, 354, 367 [Kostenverteilungsschlüssel] = ZMR 2004, 834; *OLG Hamm* ZMR 2002, 659; *BayObLG* WE 1992, 55 = NJW-RR 1991, 910; *OLG Köln* WE 1992, 259).

Das bestehende Stimmrecht ist nach jetzt h.M. wegen der Selbstständigkeit der neu geschaffenen Einheiten von deren Erwerbern **nach Bruchteilen** und nicht analog § 25 Abs. 2 S. 2 WEG zur gesamten Hand **auszuüben;** diese für das Objektstimmrecht bereits entschiedene Rechtsfolge (BGHZ 160, 354 [367] = NJW 2004, 3413 = NZM 2004, 870) gilt in gleicher Weise für das Kopfstimmrecht, wenn die neu geschaffenen Einheiten an unterschiedliche Erwerber veräußert werden (*BGH* NJW 2012, 2434 = ZfIR 2012, 558 = ZMR 2012, 639 = ZWE 2012, 271; noch offen gelassen in BGHZ 73, 150 [155] = NJW 1979, 870; a.A. hier noch die 3. Aufl.). 80

cc) Anspruch auf Änderung des Stimmrechts

Eigentümer, die ein durch Unterteilung entstandenes Raumeigentum erworben haben, können ggf. aus §§ 242, 313 BGB i.V.m. mit dem Gemeinschaftsverhältnis (s. § 10) einen **Änderungsanspruch** auf Veränderung und Anpassung der Stimmrechte haben. Außerdem ist vorstellbar, einen Änderungsanspruch im Wege der ergänzenden Auslegung der Vereinbarung, die das Stimmrecht abgeändert hat, zu ermitteln (*BGH* BGHZ 160, 354, 367 [Kostenverteilungsschlüssel] = ZMR 2004, 834). In der Regel wird diese Auslegung aber **ergebnislos** sein. 81

d) Änderungen der Zweckbestimmung

Nach Auffassung des *BGH* soll die ohne Mitwirkung der übrigen Wohnungseigentümer erfolgte Unterteilung eines Wohnungseigentums unzulässig sein, wenn Räume, die nach der Teilungserklärung nicht zu Wohnzwecken dienen, nach der Unterteilungserklärung ein neues Wohnungseigentum bilden. Grundbucheintragungen, die eine solche Unterteilung vollziehen, sind danach inhaltlich unzulässig gem. § 53 Abs. 1 S. 2 GBO und können nicht Grundlage für einen gutgläubigen Erwerb sein (*BGH* Rpfleger 2015, 386 = ZfIR 2015, 492 = ZMR 2015, 390 = ZWE 2015, 208). Richtigerweise wird man aber wohl die sachenrechtliche Unterteilung für wirksam zu halten haben. Lediglich die gemeinschaftsrechtliche Änderung der Zweckbestimmung wäre dann als unwirksam anzusehen (*Hügel/Elzer* § 8 Rn. 56 aE). Zu einer nur scheinbaren Umwandlung s. Rdn. 86. 82

e) Gründungsmängel

Gründungsmängel, die sich auf die **Einräumung von Sondereigentum beschränken**, lassen die Aufteilung in Miteigentumsanteile **unberührt**. Eine solche Interessenlage ist auch bei einer **fehlerhaften** Unterteilung gegeben (*BGH* ZfIR 2004, 1006, 1008 = ZMR 2005, 59 = NJW 2005, 10; *BayObLG* BayObLGZ 1998, 70 = ZMR 1999, 46, 47; a.A. *Gaier* FS Wenzel [2005], 145, 150 ff.). Bei einer Unterteilung besteht ebenfalls ein **schützenswertes Interesse** der Beteiligten daran, dass ein gegenständlich beschränkter Gründungsmangel ohne Folgen für das Entstehen von Raumeigentum an den nicht unmittelbar betroffenen (neuen) Einheiten bleibt. Ob der durch die Unterteilung geschaffene Grundbuchinhalt i.Ü. richtig oder unrichtig ist, richtet sich nach der Wirksamkeit des 83 zugrunde liegenden materiell-rechtlichen Rechtsgeschäfts; diese ist wiederum nach § 139 BGB zu beurteilen (*BayObLG* BayObLGZ 1998, 70 = ZMR 1999, 46, 47; enger offenbar *OLG Hamm* ZMR 2012, 288, das ohne Rücksicht auf § 139 BGB die Löschung der inhaltlich unzulässigen Unterteilung anordnet).

f) Verfahrensrecht

84 Zu den verfahrensrechtlichen Voraussetzungen s. § 7 Rdn. 315 ff.

II. Teileigentum

85 Für Teileigentum i.S. von § 1 Abs. 3 WEG gelten nach § 1 Abs. 6 WEG die Vorschriften über das Wohnungseigentum **entsprechend.** Die Aufteilung von Teileigentum in **mehrere Teileigentumsrechte** ist daher gem. § 1 Abs. 6, Abs. 3 WEG in gleicher Weise wie die von Wohnungseigentum zu beurteilen (*BGH* BGHZ 73, 150 = ZMR 1979, 312 = NJW 1979, 870 = MDR 1979, 389).

III. Unterteilung eines Wohnungs- bzw. Teileigentums in Teil- und Wohnungseigentum

86 Wenn ein Wohnungs- bzw. Teileigentum in ein **Wohnungseigentum und ein Teileigentum** aufgeteilt wird, kann eine Unterteilung unter dem Gesichtspunkt einer unzulässigen einseitigen Änderung einer **festgelegten Zweckbestimmung** (s. dazu ausführlich § 3 Rdn. 22#) untersagt sein (*BGH* Rpfleger 2015, 386 = ZfIR 2015, 492 = ZMR 2015, 390 = ZWE 2015, 208; *BGH* BGHZ 73, 150, 152 = ZMR 1979, 312 = NJW 1979, 870 = MDR 1979, 389; *OLG Braunschweig* MDR 1976, 1023). Grundsätzlich wirkt nämlich die ursprünglich für unselbstständige Nebenräume (z.B. Keller, Garage) vereinbarte Zweckbestimmung auch nach einer Unterteilung für die neuen Sondereigentumsrechte fort (*OLG München* ZMR 2014, 136). Keine Bedenken bestehen jedenfalls dann, wenn die Zweckbestimmung der neuen Raumeinheiten i.S.d. § 1 Abs. 2 und Abs. 3 WEG **übereinstimmt** mit dem Zweck, der schon ursprünglich für die **einzelnen Räume** festgelegt war (*BGH* BGHZ 73, 150, 152 = ZMR 1979, 312 = NJW 1979, 870 = MDR 1979, 389; *OLG München* ZMR 2014, 136). Es handelt sich dann nur um eine **scheinbare Umwandlung** (vgl. § 7 Rdn. 314). In einem solchen Fall wird bei entsprechender Aufteilung eines ursprünglich einheitlichen Wohnungs- bzw. Teileigentumsrechts in ein Wohnungseigentumsrecht und ein Teileigentumsrecht die **festgelegte Zweckbestimmung** nur formell geändert, materiell aber wird ihr durch die Aufteilung in ein Wohnungseigentumsrecht und ein Teileigentumsrecht Rechnung getragen. Ist hingegen mit der Unterteilung eine Änderung der vereinbarten Zweckbestimmung verbunden, macht dies nach den dafür entwickelten Grundsätzen (s. § 1 Rdn. 49 ff.) grundsätzlich die Mitwirkung der übrigen Wohnungseigentümer erforderlich, wenn nicht eine Zustimmung bereits in der Gemeinschaftsordnung vorweggenommen worden ist (*OLG München* ZMR 2014, 136 auch zur Frage einer möglichen Einschränkung der vorweggenommenen Zustimmung durch Verknüpfung mit baurechtlichen Erfordernissen).

IV. Fehler bei der Unterteilung

1. »Übergriff« auf das Gemeinschaftseigentum

87 Eine Unterteilung kann nur solche Räume erfassen, die zum Sondereigentum des aufgeteilten Raumeigentums gehören (*BGH* ZfIR 2004, 1006 = ZMR 2005, 59 = NJW 2005, 10; *BayObLG* NZM 1998, 440 = NJW-RR 1999, 8; *BayObLG* BayObLGZ 1995, 399 = ZMR 1996, 285; *BayObLG* BayObLGZ 1987, 390, 398 = DNotZ 1988, 316). Weist der Aufteilungsplan und, durch die zulässige Bezugnahme darauf, das Grundbuch Räume als Sondereigentum einer der neu gebildeten Einheiten aus, die nach dem ursprünglichen Aufteilungsplan gemeinschaftliches Eigentum sind, so liegt insoweit eine ihrem Inhalt **nach unzulässige Eintragung** vor (*OLG Karlsruhe* ZMR 2014, 303 = ZWE 2014, 162; *OLG Hamm* ZMR 2012, 288; *BayObLG* BayObLGZ 1998, 70 = ZMR 1999, 46, 47; *BayObLG* BayObLGZ 1995, 399 = ZMR 1996, 285; a.A. *Röll* DNotZ 1993, 158, 162). Sonder-

eigentum kann dann nicht entstehen und auch **nicht gutgläubig** erworben werden (*BayObLG* BayObLGZ 1998, 70 = ZMR 1999, 46, 48; *BayObLG* BayObLGZ 1995, 399 = ZMR 1996, 285;).

2. »Aufgedrängtes Gemeinschaftseigentum«

Eine Unterteilung, bei der nicht alle im Sondereigentum stehenden Räume mit einem Miteigentumsanteil verbunden werden, z.B. wenn der Eingangsflur Gemeinschaftseigentum werden soll, ist wegen der damit verbundenen Gefahr des **»aufgedrängten Gemeinschaftseigentums«** nicht möglich, sofern die anderen Wohnungseigentümer und ggf. zustimmungsberechtigte Dritte damit nicht einverstanden sind (*BGH* BGHZ 139, 352, 356 = MDR 1998, 1471; *OLG Karlsruhe* ZMR 2014, 303 = ZWE 2014, 162; *OLG München* Rpfleger 2007, 459 = MietRB 2007, 176 m. Anm. *Hügel*; *BayObLG* ZMR 1996, 285, 287 = NJW-RR 1996, 721; *Elzer* MietRB 2007, 78, 84; a.A. *Gaier* FS Wenzel [2005], S. 145, 152). Es ist rechtlich nicht möglich, den anderen Wohnungseigentümern durch eine Unterteilung ehemaliges Sondereigentum als neues Gemeinschaftseigentum »aufzudrängen« (*OLG Karlsruhe* ZMR 2014, 303 = ZWE 2014, 162; *BayObLG* ZWE 2000, 69, 71; *BayObLG* BayObLGZ 1987, 390, 396 = DNotZ 1988, 316). Gegen eine Aufdrängung von Gemeinschaftseigentum spricht der mit ihr verbundene Effekt einer **Teilaufhebung der Gemeinschaft.** Die Rechte der anderen Wohnungseigentümer sind auch nicht dadurch gesichert, dass der »Alteigentümer« allein die Sorge und Kostentragungspflicht für die jetzt im Gemeinschaftseigentum stehende Fläche trifft. § 5 Abs. 2 WEG ist in Fällen der Aufteilung weder direkt noch analog anwendbar (*Elzer* MietRB 2007, 78, 84). Eine solche ohne Mitwirkung der anderen Wohnungseigentümer und ohne Mitwirkung Dritter durchgeführte Unterteilung ist **nichtig** (*BayObLG* ZMR 1996, 285 = NJW-RR 1996, 721) und kann **nicht Grundlage** weiterer Eintragungen sein. Die Eintragung kann ferner nicht Grundlage für einen **gutgläubigen Erwerb** nach § 892 BGB sein (*BGH* NJW 1995, 2851, 2854 = MDR 1996, 139; *BayObLG* ZMR 1996, 285 = NJW-RR 1996, 721; BayObLGZ 1987, 390, 393; a.A. *Böttcher* Rpfleger 2009, 550, 559 f.). Vielmehr muss das ehemalige Sondereigentum unter Mitwirkung aller Wohnungseigentümer in Gemeinschaftseigentum »überführt« werden (*BGH* NJW 1998, 3711 = ZMR 1999, 182; s. dazu § 11 Rdn. 16 ff.), sofern diese dazu bereit sind. Fehlt es hieran und ist die Eintragung schon erfolgt, ist diese gem. § 53 Abs. 1 S. 2 GBO **von Amts wegen** zu löschen (*OLG Karlsruhe* ZMR 2014, 303 = ZWE 2014, 162; *BayObLG* ZWE 2000, 69, 71). 88

3. »Isoliertes Sondereigentum«

Eine Unterteilung muss sich stets innerhalb der Grenzen des unterteilten ursprünglichen Sondereigentums halten (*OLG München* NZM 2007, 603 = Rpfleger 2007, 459 = MietRB 207, 176 m. Anm. *Hügel*; *BayObLG* BayObLGZ 1987, 390, 394). Wird bei der Unterteilung ein Raum, der bislang zum Sondereigentum gehörte, **vergessen** (isoliertes Sondereigentum), wird dieser **nicht Gemeinschaftseigentum.** Die Unterteilung ist vielmehr **nichtig** (*OLG Karlsruhe* ZMR 2014, 303 = ZWE 2014, 162; *OLG München* NZM 2007, 603 = Rpfleger 2007, 459 = MietRB 207, 176 m. Anm. *Hügel*; *BayObLG* Rpfleger 1988, 256 = WE 1988, 102 = DNotZ 1988, 316; *Röll* MittBayNot 1991, 241, 244). Während bei der Begründung von Wohnungseigentum alles, was nicht Sondereigentum sein kann, nach § 5 Abs. 2 WEG **Gemeinschaftseigentum** bleibt (*BGH* BGHZ 109, 179, 184 [Heizwerkfall] = ZMR 1990, 112 = NJW 1990, 447; *OLG München* Rpfleger 2007, 459 = MietRB 207, 176 m. Anm. *Hügel*), ist dies bei der **nachträglichen Unterteilung** von Sondereigentum nicht der Fall (*OLG München* NZM 2007, 603 = Rpfleger 2007, 459 = MietRB 207, 176 m. Anm. *Hügel*; *BayObLG* ZMR 1996, 285, 287 = NJW-RR 1996, 721). Ein Wohnungseigentümer kann den übrigen Wohnungseigentümern nicht einen Teil seines Sondereigentums als Gemeinschaftseigentum »aufdrängen« (Rdn. 88). Zum Ausschluss eines gutgläubigen Erwerbs in diesen Fällen s. Rdn. 88. 89

4. Geänderte Zweckbestimmung

90 Zu den Rechtsfolgen einer ohne Mitwirkung der übrigen Wohnungseigentümer eingetragenen Umwandlung der bisherigen Zweckbestimmung s. Rdn. 82.

G. Vereinigung oder Bestandteilszuschreibung, Abspaltung

I. Grundsätze

91 Ein Wohnungseigentümer kann – vor allem aus **steuerlichen Gesichtspunkten** – zwei in seinem Eigentum befindliche Raumeigentumsrechte (und damit gem. § 30 WEG auch mehrere Wohnungserbbaurechte, s. *OLG Düsseldorf* ZMR 2021, 337; *OLG Hamm* FGPrax 2007, 62 = MittBayNot 2007, 490) in entsprechender Anwendung von §§ 890 Abs. 1 BGB, 5 GBO miteinander vereinigen (dann entsteht ein neues Raumeigentum) oder ein Wohnungseigentum einem anderen entsprechend § 890 Abs. 2 BGB i.V.m. § 6 GBO als Bestandteil zuschreiben (dann verliert die zugeschriebene Einheit ihre Selbstständigkeit; vgl. *BGH* NJW 2014, 1002 = ZMR 2014, 297; *BayObLG* ZMR 2000, 468, 469; *KG* NJW-RR 1989, 1360; s.a. § 7 Rdn. 328 ff.). Ein Käufer erwirbt in beiden Fällen nur eine Einheit im steuerrechtlichen Sinne (*BFH* NJW 1992, 2504). Zur Vereinigung von Räumen mit Einheiten anderer Wohnungseigentümer s. Rdn. 100 ff. Der Eintragung einer Vereinigung bzw. Bestandteilszuschreibung stand nach h.M. eine **unterschiedliche Belastung** mit dinglichen Rechten nicht entgegen (vgl. noch *OLG Hamm* FGPrax 2007, 62). Zu den durch das DaBaGG v. 01.10.2013 (BGBl. I S. 3719) insoweit geänderten **verfahrensrechtlichen Anforderungen** s. ausf. § 7 Rn. 329 ff. Zu einer Vereinigung bzw. Bestandteilszuschreibung bedarf ein Wohnungseigentümer grundsätzlich **nicht der Mitwirkung der übrigen Eigentümer** (*BGH* NJW 2014, 1002 = ZMR 2014, 297; *BGH* BGHZ 141, 241, 245 [Mauerdurchbruch] = ZMR 2001, 289, 291 = NJW 2001, 1212; *BGH* NJW 1976, 1976 = MDR 1977, 41; *OLG Hamm* FGPrax 2007, 62 = MittBayNot 2007, 490; *OLG Hamm* ZMR 2000, 244, 246; *OLG Hamburg* MietRB 2004, 289, 290; *BayObLG* ZMR 2004, 925; *BayObLG* BayObLGZ 2000, 252; *BayObLG* ZMR 1999, 266; *KG* NJW-RR 1989, 1360; *Hügel* ZfIR 2004, 1009, 1010).

II. Mitwirkung der anderen Wohnungseigentümer

1. Vereinigung ohne bauliche Maßnahmen

92 Eine Mitwirkung anderer Wohnungseigentümer ist unnötig, wenn das Raumeigentum aus steuerlichen Gründen lediglich rechtlich vereinigt wird und sich dies **ohne tatsächliche Baumaßnahmen** vollzieht (*Böttcher* ZNotP 2013, 367; *ders.* Rpfleger 2004, 21, 35).

2. Vereinigung mit baulichen Maßnahmen

93 Eine Mitwirkung ist hingegen vorstellbar, wenn die rechtliche Vereinigung **mit tatsächlichen Baumaßnahmen** verbunden ist (vgl. § 20 WEG).

a) Abgeschlossenheit

94 Das durch die Vereinigung bzw. Zuschreibung entstehende neue Raumeigentumsrecht braucht nicht **in sich abgeschlossen** zu sein (*BGH* BGHZ 141, 241, 246 [Mauerdurchbruch] = ZMR 2001, 289 = NJW 2001, 1212; *OLG Düsseldorf* ZWE 2016, 165; *OLG Hamburg* MietRB 2004, 289, 290 = FGPrax 2004, 217 = Rpfleger 2004, 620; *BayObLG* ZMR 2002, 468, 469). Es stellt keinen Nachteil (noch i.S. von § 14 Nr. 1 WEG a.F.) dar, wenn z.B. durch einen Wanddurchbruch und den Einbau einer Verbindungstür zwischen den beiden angrenzenden Sondereigentumseinheiten die Abgeschlossenheit der Wohnungen (§ 3 Abs. 3 WEG) entfällt (*BGH* BGHZ 141, 241, 246 [Mauerdurchbruch] = ZMR 2001, 289, 291 = NJW 2001, 1212; *BGH* NJW 1991, 1611, 1612 = ZMR 1991, 185; a.A. *Röll* MittBayNot 1985, 63). Das Erfordernis der Abgeschlossenheit ist nur auf den Schutz derjenigen Wohnungseigentümer gerichtet, deren Wohneinheiten durch die fehlende oder weggefallene Trennung der verschiedenen Bereiche berührt werden, nicht aber auf den Schutz der

Belange anderer Wohnungseigentümer (*BayObLG* Rpfleger 1984, 409, 410). Deren subjektive Rechte werden durch eine die Abgeschlossenheit beseitigende, räumliche Verbindung zweier Wohnungen nicht beeinträchtigt.

b) Keine tragende Wand (Umgestaltung des Sondereigentums)

Auch wenn bei der Baumaßnahme eine Mauer einer **nicht tragenden Wand** durchbrochen wurde, ist diese Maßnahme von den übrigen Wohnungseigentümern **ohne Weiteres** hinzunehmen (*BGH* BGHZ 141, 241, 248 [Mauerdurchbruch] = ZMR 2001, 289, 291 = NJW 2001, 1212). Es liegt kein Eingriff in die Substanz des Gemeinschaftseigentums vor (*BayObLG* WE 1997, 118, 119 = ZMR 1996, 618; *OLG Zweibrücken* NJW-RR 1987, 332, 333) noch sind eine Beeinträchtigung der Statik oder sonstige Nachteile ernsthaft zu befürchten. 95

c) Tragende Wand (Veränderung des Gemeinschaftseigentums)

Wird hingegen eine tragende, im Gemeinschaftseigentum stehende Wand durchbrochen, bedarf der Wohnungseigentümer gem. § 20 Abs. 1 WEG (vormals §§ 22 Abs. 1, 14 Nr. 1 WEG a.F.) der Zustimmung der anderen Eigentümer. Diese Zustimmung ist allerdings nicht gegenüber dem Grundbuchgericht nachzuweisen (*Böttcher* ZNotP 2013, 57, 59); es handelt sich hierbei ggf. um eine tatsächliche, nicht aber um eine rechtliche Beeinträchtigung der übrigen Eigentümer. Ein nicht hinnehmbarer Nachteil ist erst dann ausgeschlossen, wenn **kein vernünftiger Zweifel** daran besteht, dass ein wesentlicher Eingriff in die Substanz des Gemeinschaftseigentums unterblieben ist, insbesondere zum Nachteil der übrigen Eigentümer keine Gefahr für die **konstruktive Stabilität** des Gebäudes und dessen **Brandsicherheit** geschaffen wurde (*BGH* BGHZ 116, 392, 396 = ZMR 1992, 167; *BayObLG* FGPrax 1999, 53 = ZMR 1999, 273; *KG* 1997, 587, 589 = ZMR 1997, 197). 96

Eine Klage auf Zustimmung empfiehlt sich jedenfalls bei kleineren Baumaßnahmen **nicht.** Der Wohnungseigentümer könnte nicht auf Zustimmung – die er ja gerade nicht für erforderlich hält – klagen, sondern allenfalls einen deklaratorisch-feststellenden Beschluss anstreben, dass eine zustimmungspflichtige Maßnahme nicht vorliegt. Ggf. beeinträchtigte Wohnungseigentümer können auf Unterlassung klagen. 97

III. Vereinigung von Räumen; Abspaltung von Räumen

Ein Wohnungseigentümer kann von einer seiner Sondereigentumseinheiten einen Teil des Miteigentumsanteils und einen Teil des Sondereigentums – das Sondereigentum ggf. auch isoliert (s. Rdn. 100) – **abspalten** und mit einem anderen, **in seinem Eigentum** stehenden Sondereigentum **verbinden** (*OLG München* Rpfleger 2017, 610 = ZMR 2017, 822 = ZWE 2017, 309; *OLG München* ZWE 2009, 25 = RNotZ 2009, 46 = NZM 2009, 402; *OLG Köln* FGPrax 2007, 19). Hierzu bedarf er grundsätzlich nicht der Mitwirkung anderer Wohnungseigentümer (*OLG München* Rpfleger 2017, 610 = ZMR 2017, 822 = ZWE 2017, 309; *OLG München* RNotZ 2009, 46), ggf. aber der Zustimmung Dritter (*Rapp* in Beck'sches Notarhandbuch, A III Rn. 97; Bärmann/*Armbrüster* § 2 Rn. 122), insbesondere der Grundpfandrechtsgläubiger gem. §§ 877, 876 BGB. Wie im Fall der Unterteilung, bedarf es eines **neuen Aufteilungsplans** sowie einer **Abgeschlossenheits- und Flächenbescheinigung** (*OLG München* RNotZ 2009, 46; a.A. *Rapp* in Beck'sches Notarhandbuch, A III Rn. 96). Das Erfordernis der Abgeschlossenheit und der etwaige Nachweis gegenüber dem Grundbuchgericht sind aber **keine Voraussetzungen** für die Wirksamkeit der Ab- bzw. der Zuschreibung (*OLG München* RNotZ 2009, 46). Wegen der verfahrensrechtlichen Anforderungen s. § 7 Rdn. 340 ff. Grundpfandrechte am erweiterten Sondereigentum erstrecken sich nach hier vertretener Auffassung ohne Nachverpfändung auf das neu hinzu verbundene Sondereigentum (*LG Düsseldorf* MittRhNotk 1986, 78; ebenso für übertragene Miteigentumsanteile *OLG Hamm* ZWE 2023, 162; *OLG Karlsruhe* ZWE 2013, 208). 98

IV. Grundbuch

99 Eine grundbuchrechtliche »Absicherung« einer tatsächlichen Verbindung ist nur möglich, wenn damit zugleich rechtliche Veränderungen einher gehen. Es steht dem jeweiligen Wohnungseigentümer aber frei, eine räumliche Verbindung nur tatsächlich durchzuführen, ohne daran zugleich auch rechtliche Konsequenzen zu knüpfen. Die Rechte und Pflichten – etwa das Stimmrecht i.S. von § 25 Abs. 2 WEG oder die Kostentragungspflicht nach § 16 Abs. 2 WEG – sind in diesem Fall vor und nach einer räumlichen Verbindung gleich.

H. Übertragung einzelner Räume

I. Allgemeines

100 Wohnungseigentümer sind berechtigt, **einzelne Räume** ihres Sondereigentums – insbesondere, aber nicht nur Kellerräume, Abstellräume oder sonstige Nebenräume, Garagen usw. – von einem auf den **anderen zu übertragen oder untereinander auszutauschen**, ohne dass es einer gleichzeitigen Änderung der **jeweiligen Miteigentumsanteile** bedarf (*OLG München* Rpfleger 2017, 610 = ZMR 2017, 822 = ZWE 2017, 309; *OLG Zweibrücken* ZMR 2001, 663; *BayObLG* DNotZ 1984, 381; *OLG Schleswig* SchlHAnz 1977, 203; *OLG Celle* Rpfleger 1974, 267) – was aber möglich ist. Solche Rechtsgeschäfte unter Wohnungseigentümern werden von § 6 Abs. 1 WEG solange nicht berührt, wie nicht Miteigentum oder Sondereigentum isoliert verbleiben (*OLG München* ZMR 2017, 822; *Tasche* DNotZ 1972, 710, 712 ff.; s.a. *BGH* BGHZ 73, 145, 148 ff., 149 für das ähnlich liegende Problem der Übertragung von **Sondernutzungsrechten** zwischen Wohnungseigentümern). Die Übertragung bedarf der Form der § 4 Abs. 1, 2 WEG, § 925 BGB. Zur isolierten Änderung von Miteigentumsanteilen zwischen zwei Wohnungseigentümern s. § 3 Rdn. 21 u. § 6 Rdn. 4 ff.

II. Mitwirkung anderer Wohnungseigentümer und Dritter

101 Die **Mitwirkung** anderer Wohnungseigentümer ist für einen Raumtausch oder eine Raumveränderung **nicht erforderlich** (*BGH* NJW 1976, 1976 = MDR 1977, 41; *OLG München* Rpfleger 2017, 610 = ZMR 2017, 822 = ZWE 2017, 309; *KG* FGPrax 1998, 9). Wegen § 6 Abs. 2 WEG, §§ 877, 876 BGB ist aber eine Zustimmung der an dem Wohnungs- oder Teileigentum **dinglich Berechtigten** erforderlich, es sei denn, das Sondereigentum wird nicht verkleinert oder sonst nachteilig beeinträchtigt (*BayObLG* DNotZ 1984, 381; *OLG Schleswig* SchlHAnz 1977, 203; *OLG Celle* Rpfleger 1974, 267).

III. Aufteilungsplan und Abgeschlossenheit

102 Verändern sich durch die Veränderung der Räume die Grenzen des jeweiligen Sondereigentums, bedarf es der Vorlage eines neuen **bestätigten Aufteilungsplans** mit einer Bescheinigung der Baubehörde über die **Abgeschlossenheit** und **Flächen** der neu gebildeten Einheiten (*OLG Zweibrücken* ZMR 2001, 663; *BayObLG* DNotZ 1984, 381, 382; *Rapp* MittBayNot 1996, 344, 348; *Hauger* WE 1991, 66, 67). Eine Abgeschlossenheits- und Flächenbescheinigung ist nur im Fall der Übertragung eines von **vornherein in sich abgeschlossenen Raums** (Garage oder Keller) entbehrlich. Grund dafür ist, dass durch die Übertragung hinsichtlich der Aufteilung der einzelnen Räume keine Unklarheit geschaffen wird (*OLG Zweibrücken* ZMR 2001, 663; *OLG Celle* DNotZ 1975, 42, 44). Fehlt die Abgeschlossenheits- und Flächenbescheinigung, darf Wohnungseigentum durch das Grundbuchgericht **nicht begründet** werden (*OLG Zweibrücken* ZMR 2001, 663).

103 Wegen der weiteren verfahrensrechtlichen Anforderungen s. § 6 Rdn. 12.

I. Wirkung der Aufteilung

104 Die Teilung wird gem. § 9a Abs. 1 S. 2 Halbs. 2 WEG (bereits früher gem. § 8 Abs. 2 S. 2 WEG mit Anlegung sämtlicher Wohnungs- und Teileigentumsgrundbücher) **wirksam** (*OLG Hamm* NJW-RR 1990, 335; *OLG Hamm* NJW-RR 1987, 842). Maßgeblich ist die Anlegung des **letzten**

Wohnungsgrundbuches (*Galster* WE 1995, 290, 292). Für den Vollzug ist die Eintragungsbewilligung des Alleineigentümers nach § 19 GBO in der Form des § 29 GBO ausreichend. Rechtsfolge einer wirksamen Teilungserklärung ist, dass mit jedem Miteigentumsanteil Sondereigentum verbunden ist. Die bisherigen Eigentumsverhältnisse am Grundstück setzen sich an jedem einzelnen Wohnungs- bzw. Teileigentum fort.

I. Entstehung des Sondereigentums

Das einem bestimmten Miteigentumsanteil zugeordnete **Sondereigentum** an einer bestimmten Wohnung entsteht mit der **Fertigstellung der Wohnung** (*BGH* BGHZ 177, 338 [Luftschranken] = DNotZ 2009, 50 = NJW 2008, 2982; *BGH* BGHZ 110, 36, 38 [Bauverbotsfall] = NJW 1990, 1111), spätestens mit der Herstellung des Gebäudes (*BGH* NJW 2008, 2982 = ZWE 2008, 426, 428 = ZMR 2008, 897). Dinglich vollzogen wird die Teilung zwar schon dann, wenn alle vorgesehenen Wohnungsgrundbücher und/oder Teileigentumsgrundbücher angelegt sind. Zu diesem Zeitpunkt besteht dasjenige Sondereigentum, das sich auf den Raum in der erst noch zu errichtenden Wohnung erstreckt, tatsächlich aber nur in einem **Miteigentumsanteil am Grundstück** (substanzloses Miteigentum, s. § 3 Rdn. 152 ff.). Die Anlegung des Wohnungsgrundbuchs verschafft dem Sondereigentümer freilich eine gesicherte Rechtsposition, die allgemein als eine »Anwartschaft« auf Erlangung von Sondereigentum beschrieben wird (*BGH* BGHZ 110, 36, 39 [Bauverbotsfall] = NJW 1990, 1111; *OLG Hamm* ZMR 2006, 60, 61 = NZM 2006, 142; s. § 3 Rdn. 180). Ist ein Wohnungs- oder ein Teileigentum mit Anlegung des Wohnungs- bzw. Teileigentumsgrundbuchs entstanden, wohnt ihm nämlich das Recht zur Herstellung des in der Teilungserklärung vorgesehenen Raums (Gebäudes) unabdingbar inne (*OLG Hamm* ZMR 2006, 60 = NZM 2006, 142; *OLG Hamm* OLGZ 1991, 27; *OLG Hamm* OLGZ 1987, 389; *OLG Frankfurt am Main,* OLGZ 1978, 389), es sei denn, dass die Herstellung des Gebäudes **unmöglich** ist, etwa aus Gründen des öffentlichen Baurechts (*BGH* BGHZ 110, 36, 39 [Bauverbotsfall] = NJW 1990, 1111). 105

Stellt sich heraus, dass das Gebäude oder der Gebäudeteil, in dem sich das Sondereigentum befinden soll, nicht errichtet werden kann oder dass bei der Bauausführung von dem Aufteilungsplan in einer Weise abgewichen worden ist, die es unmöglich macht, die errichteten Räume einer in dem Aufteilungsplan ausgewiesenen Raumeinheit zuzuordnen, **erlischt** das Anwartschaftsrecht (s. § 3 Rdn. 181). Es bleibt zwar Wohnungseigentum bestehen. Dieses stellt aber seiner Substanz nach nur einen isolierten, d.h. nicht mit Sondereigentum verbundenen Miteigentumsanteil am Grundstück dar (*BGH* BGHZ 110, 36, 39 [Bauverbotsfall] = NJW 1990, 1111; *OLG Hamm* ZMR 2006, 60, 61 = NZM 2006, 142). 106

Kann oder will der erste Inhaber eines zunächst aus einem bloßen »Anwartschaftsrecht« bestehenden Sondereigentums das Sondereigentum **nicht mehr selbst errichten**, kann er den mit einem »Anwartschaftsrecht« auf Erlangung von Sondereigentum verbundenen **substanzlosen Miteigentumsanteil** veräußern (*OLG Hamm* ZMR 2006, 60 = NZM 2006, 142). Ein Anspruch auf Eigentumsverschaffung ist noch vor Vollzug der Teilung **vormerkbar**, wenn der schuldrechtliche Anspruch nach Inhalt und Umfang zweifelsfrei bestimmt oder doch bestimmbar ist (*BayObLG* NJW-RR 1992, 663). Der Anspruch ist bestimmt, wenn das Recht, die i.E. geschuldete Leistung zu bestimmen, dem Vertragspartner (§ 315 BGB) oder einem Dritten (§ 317 BGB) eingeräumt ist (*BayObLG* NJW-RR 1986, 568 = Rpfleger 1986, 174; *BayObLG* BayObLGZ 1973, 309, 312). Dies gilt insbesondere dann, wenn das Bestimmungsrecht innerhalb eines festgelegten Höchstrahmens ausgeübt werden muss (*BayObLG* DNotZ 1985, 44). Die Bestimmbarkeit kann auch von der Entschließung einer Behörde abhängig sein, z.B. bei Maßgeblichkeit eines erst aufzustellenden Bebauungsplans (*BayObLG* DNotZ 1985, 44). Das Bestimmungsrecht des Vertragspartners kann außerdem in zulässiger Weise durch das Ergebnis eines Baugenehmigungsverfahrens eingeschränkt sein (*BGH* MittBayNot 1981, 233). Der Erwerber hat aufgrund des »Anwartschaftsrechts« das Recht, das Gebäude seinerseits zu errichten und damit dem »Vollrecht« des Sondereigentums aus der »Anwartschaft« heraus zur Entstehung zu verhelfen (*OLG Hamm* ZMR 2006, 60, 61 = NZM 2006, 142; *OLG Hamburg* 107

ZMR 2002, 372, 373 = OLGReport Hamburg 2002, 342, 343; *OLG Frankfurt am Main,* OLGZ 1978, 389).

II. Entstehung und Ende der Eigentümergemeinschaft

1. Grundsatz

108 Die Eigentümergemeinschaft wird aus **allen im Grundbuch eingetragenen Wohnungseigentümern** gebildet. Auch wenn das Wohnungs- oder Teileigentum durch Teilungserklärung nach § 8 WEG begründet wird, ist die eigentliche (Bruchteils-)Gemeinschaft aber erst mit der **Eintragung eines weiteren Beteiligten** (meist eines Käufers vom Alleineigentümer-Bauträger) im Grundbuch als zweitem Wohnungseigentümer neben dem Alleineigentümer **rechtlich in Vollzug** gesetzt und entstanden (noch zum früheren Recht: *OLG Düsseldorf* ZMR 2006, 463, 464 = ZfIR 2006, 331 m. Anm. *Riecke*; *BayObLG* ZMR 2005, 462, 463; *BayObLG* ZMR 2004, 767, 768; *BayObLG* ZMR 2003, 526; *BayObLG* ZMR 1995, 38 = NJW-RR 1995, 209; *OLG Hamm* ZMR 2003, 776, 777; *KG* ZMR 2003, 52, 53; *OLG Karlsruhe* ZMR 2003, 374; *Heismann* S. 81 ff.). Bevor nicht wenigstens ein Käufer eine rechtlich geschützte Position inne hat (faktischer Eigentümer), bestand nach h.M. wegen § 10 Abs. 7 S. 4 WEG a.F. auch keine »Ein-Personen-Gemeinschaft«. Zur jetzt nach dem WEMoG möglichen »**Ein-Personen-Gemeinschaft**«(Rdn. 61). Zu »Ein-Personen-Beschlüssen« s. Rdn. 61.

109 Der Veräußerer eines Wohnungseigentums bleibt **bis zur Eigentumsumschreibung** im Grundbuch **rechtlich** Mitglied der Eigentümergemeinschaft. Diese rechtliche Zugehörigkeit wird mit der Verpflichtung zur Veräußerung des Raumeigentums (auch wenn der Auflassungsanspruch des Erwerbers durch eine Vormerkung gesichert ist), der Besitzübertragung auf den Erwerber sowie dessen nachfolgender Nutzung der Wohnung **nicht** beendet. Dies hat zur Folge, dass der Veräußerer bis zur Umschreibung des Eigentums im Grundbuch nach § 16 Abs. 2 WEG die **Lasten und Kosten des gemeinschaftlichen Eigentums** zu tragen hat (*BGH* BGHZ 107, 285 = NJW 1989, 2697 = ZMR 1989, 434; BGHZ 87, 138, 142 = NJW 1983, 1615; *Elzer* ZMR 2007, 714, 715). Aus der Mitgliedschaft des Veräußerers folgt bis zur Umschreibung ferner sein **Stimmrecht** als Mitverwaltungsrecht i.S.d. § 18 Abs. 2 WEG; dem durch eine Vormerkung gesicherten Erwerber kommt in einer vollständig und rechtlich in Vollzug gesetzten Gemeinschaft kein verdrängendes oder neben dem Veräußerer bestehendes Stimmrecht zu (*BGH* BGHZ 106, 113 = NJW 1989, 1087).

2. Werdender Wohnungseigentümer

110 Wird Wohnungseigentum durch Teilungserklärung gem. § 8 begründet, können vom Zeitpunkt der Beurkundung des Kaufvertrags zwischen den Vertragsparteien bis zur Grundbucheintragung des vom Alleineigentümer erwerbenden Käufers als Wohnungseigentümer Monate verstreichen. Der Zeitraum bis zur rechtlichen Invollzugsetzung der Eigentümergemeinschaft kann sich unter Umständen sogar über **viele Jahre erstrecken**, wenn sich die Eigentumsumschreibung auf die einzelnen Erwerber aufgrund der mit dem Bauträger geschlossenen schuldrechtlichen Verträge wegen rechtlicher Auseinandersetzungen über Gewährleistungsansprüche hinauszögert (vgl. *BGH* NJW 2018, 1613 = ZMR 2018, 340: mindestens 15 Jahre; *OLG Frankfurt am Main*, BeckRS 2005 09118: nahezu 7 Jahre). Nach dem Rn. 109 Gesagten gebühren dem Erwerber erst mit der Grundbucheintragung Besitz, Kosten, Lasten und Nutzungen des zu erwerbenden Wohnungseigentums, mag der Erwerber das Wohnungseigentum auch schon lange vorher »übernommen« haben.

111 Wird Wohnungseigentum vor Entstehen einer Wohnungseigentümergemeinschaft im Rechtssinne erworben, besteht demnach ein **unabwendbares praktisches Bedürfnis** dafür, Erwerber, wenn sie eine gesicherte Rechtsstellung erlangt haben, bis zu ihrer Eintragung im Grundbuch wenigstens als Wohnungseigentümer zu behandeln. Um den von dem teilenden Alleineigentümer kaufenden Erwerber eines Wohnungseigentumsrechtes zu schützen, bejahte die obergerichtliche Rechtsprechung aus diesem Grunde zugunsten und zulasten des Erwerbers eine antizipierte (vorweggenommene) Anwendung der Vorschriften des Wohnungseigentumsgesetzes und hat das Gebilde des »**werdenden Wohnungseigentümers**« geschaffen (*BGH* ZfIR 2020, 542 = ZMR 2020, 673 = ZWE 2020, 267;

BGHZ 193, 219 = NJW 2012, 2650 = ZfIR 2012, 603 = ZMR 2012, 711 = ZWE 2012, 369; *BGH* BGHZ 177, 53 = NJW 2008, 2639 = ZfIR 2008, 866 = ZMR 2008, 805 = ZWE 2008, 378)). Die zeitliche Vorverlagerung und die Figur des werdenden Wohnungseigentümers **dienten** dabei **im Kern dazu**, einen rechtlichen Rahmen für eine von den Wohnungseigentumserwerbern vor Eigentumsübergang praktizierte gemeinschaftliche Nutzung des Objekts zur Verfügung zu stellen, für die die schuldrechtlichen Erwerbsverträge keine geeignete Grundlage geben können. Die tatsächliche gemeinschaftliche Nutzung verursacht insbesondere Lasten und Kosten, die im Verhältnis der Nutzer zueinander verteilt werden sollten (*OLG Frankfurt am Main,* BeckRS 2005, 09118).

3. Entstehung des Verbandes Wohnungseigentümergemeinschaft

Der neben der nicht rechtsfähigen Bruchteilsgemeinschaft der Wohnungseigentümer stehende rechtsfähige Verband Wohnungseigentümergemeinschaft **entstand** nach diesem Verständnis **spätestens**, wenn die Voraussetzungen einer Wohnungseigentümergemeinschaft vorlagen (*Elzer* Info M 2006, 28; *Wenzel* ZWE 2006, 2, 6; *Hügel* DNotZ 2005, 753, 756), also mit **Eintragung des zweiten Wohnungseigentümers.** Mit faktischem Beginn des Gemeinschaftslebens – also mit Beginn der »werdenden Wohnungseigentümergemeinschaft« war es indes notwendig, einen Wirtschaftsplan zu beschließen und entsprechende Hausgeldzahlungen anzufordern. Nur so konnte die – rechtlich an sich noch nicht existierende – Gemeinschaft die ab Gebrauch einzelner Wohnungen notwendigerweise zu erfüllenden Aufgaben wahrnehmen (*Hügel/Elzer* Das neue WEG-Recht § 3 Rn. 93). Neben einer werdenden Wohnungseigentümergemeinschaft war daher auch **ein (werdender) Verband Wohnungseigentümergemeinschaft** anzuerkennen. Dieser entstand nach seinerzeitigem Verständnis in dem Zeitpunkt, ab dem eine werdende Eigentümergemeinschaft anzuerkennen war (zum früheren Recht: *Hügel* ZWE 2010, 122; *Hügel/Elzer* § 10 Rn. 36; *Schneider* ZWE 2018, 172; krit. *Sauren* ZWE 2006, 258, 261; a.A. H. Müller FS Merle [2010] S. 255, 259); er war identisch mit dem (endgültigen) Verband nach rechtlicher Invollzugsetzung der Wohnungseigentümergemeinschaft (Bärmann/*Suilmann* § 10 Rn. 205; *Dötsch* ZfIR 2016, 239, 240; *Hügel* ZWE 2010, 122; *J.-H. Schmidt* PiG 93 [2012], 107, 119; *Schneider* ZfIR 2016, 467). Der Verband ging nach § 10 Abs. 7 S. 4 WEG a.F. **unter,** wenn sich **sämtliche Wohnungseigentumsrechte** in einer Person vereinigten, und damit nach seinerzeitigem Verständnis auch die Gemeinschaft der Wohnungseigentümer endete. 112

III. Werdende Wohnungseigentümergemeinschaft und werdender Wohnungseigentümer nach dem WEMoG

Nach dem WEMoG kommen die Bestimmungen des WEG bereits vor der Eintragung des ersten Erwerbers mit der Anlegung der Wohnungsgrundbücher zur Anwendung (§ 9a Abs. 1 S. 2 WEG). Für die Annahme einer **werdenden Wohnungseigentümergemeinschaft** ist daher nach aktueller Rechtslage **kein Raum** mehr. 113

Des in der Rechtsprechung entwickelten Rechtsinstituts des **werdenden Wohnungseigentümers** bedarf es demgegenüber **unverändert**, um die Zuordnung der Rechte und Pflichten für einen Erwerber zu regeln. Diese Aufgabe übernimmt nun der neu geschaffene § 8 Abs. 3 WEG. 114

IV. Werdender Wohnungseigentümer

1. Gesetzliche Regelung

Wer einen Anspruch auf Übertragung von Wohnungseigentum gegen den teilenden Eigentümer hat, der durch Vormerkung im Grundbuch gesichert ist, gilt gegenüber der Gemeinschaft der Wohnungseigentümer und den anderen Wohnungseigentümern anstelle des teilenden Eigentümers als Wohnungseigentümer, sobald ihm der Besitz an den zum Sondereigentum gehörenden Räumen übergeben wurde (§ 8 Abs. 3 WEG). Die gesetzliche Kodifizierung lehnt sich damit nahtlos an das bisherige Richterrecht an. 115

a) **Erst- und Zweiterwerb**

116 Die Vorschrift gilt nur für den **erstmaligen Erwerb** eines Wohnungseigentums vom teilenden Eigentümer. **Nicht** hierunter fällt demnach der sog. **Zweiterwerber.** Zweiterwerber ist nach der bisherigen Rechtsprechung derjenige Erwerber, der sein Wohnungseigentum nicht vom teilenden Eigentümer (Bauträger) erwirbt, sondern von einem bereits im Grundbuch eingetragenen Wohnungseigentümer oder von einem noch nicht als Eigentümer eingetragenen werdenden Wohnungseigentümer (*BGH* NJW 2015, 2877; *LG München* ZWE 2018, 447). Der Ersterwerb ist allerdings nicht auf einen Erwerb von einem Bauträger beschränkt (vgl. BT-Drs. 19/18791, S. 44). Erfasst werden vielmehr alle Vertragsarten, aus denen sich ein Übertragungsanspruch ergeben kann, also z.B. auch Schenkungsverträge (ebenso bereits zur früheren Rechtslage *BGH* ZfIR 2020, 542 = ZMR 2020, 673 = ZWE 2020, 267). Auch ist der Ersterwerb nicht **zeitlich** beschränkt; er erfasst auch sog. Nachzügler und hängt nicht davon ab, ob zwischenzeitlich bereits ein Eigentumserwerb eines anderen Erwerbers stattgefunden hat (ebenso bereits *BGH* ZfIR 2020, 542 = ZMR 2020, 673 = ZWE 2020, 267).

b) **Teilender Eigentümer**

117 Als **teilender Eigentümer** ist derjenige anzusehen, der zum Zeitpunkt der Anlegung der Wohnungsgrundbücher als solcher im Grundbuch eingetragen ist. Dies setzt nicht voraus, dass es sich bei dem Ersterwerb von dem teilenden Eigentümer um einen Bauträgervertrag handelt. Die Regelungen zum werdenden Wohnungseigentümer gelten vielmehr unabhängig davon, ob der Erwerbsvertrag eine Errichtungs-, Herstellungs- oder Sanierungsverpflichtung umfasst, für jeden Ersterwerb vom teilenden Eigentümer (schon zuvor *BGH* ZfIR 2020, 542 = ZMR 2020, 673 = ZWE 2020, 267).

118 Demnach dürften die Grundsätze über den werdenden Wohnungseigentümer auch dann nicht gelten, wenn ein Zweiterwerber sämtliche Wohnungseigentumsrechte von einem im Grundbuch eingetragenen Ersterwerber erwirbt, der seinerseits sämtliche Einheiten vom aufteilenden Eigentümer im Paket erworben hat. Eine **entsprechende Anwendung** der Vorschrift erscheint indes angezeigt, weil das für die Regelung in § 8 Abs. 3 WEG maßgebliche Motiv in beiden Fällen identisch ist. Wenn man bei einem Ersterwerb ein schützenswertes Interesse an einer vorzeitigen Anwendung wohnungseigentumsrechtlicher Vorschriften annimmt, dann besteht das Interesse in gleicher Weise beim Zweiterwerb von Wohnungseigentum, solange eine Gemeinschaft mehrerer Wohnungseigentümer nach einer **Paketveräußerung** noch nicht entstanden ist (*Becker* FS H. Müller [2019] S. 21, 29; *Becker/Schneider* ZfIR 2020, 281, 291f.; *Armbrüster* ZWE 2019, 66, 69 noch zum früheren Recht, anders jetzt Bärmann/*Armbrüster* § 8 Rn. 45).

119 Eine **entsprechende Anwendung** der Vorschrift erscheint desweiteren angezeigt, wenn sich die Begründung des Wohnungseigentums durch vertragliche Einräumung von Sondereigentum gem. § 3 WEG bereits vollzogen hat und ein Wohnungseigentümer den ihm zugeordneten **Miteigentumsanteil** verbunden mit Sondereigentum anschließend gem. § 8 WEG weiter **unterteilt.** Zwar gibt es in diesem Fall bereits eine Gemeinschaft mehrerer Wohnungseigentümer. Für den Erwerber eines Wohnungseigentums vom weiter unterteilenden Eigentümer ergibt sich jedoch wiederum eine vergleichbare Interessenlage. Das schützenswerte Interesse an einer vorzeitigen Anwendung wohnungseigentumsrechtlicher Vorschriften besteht für den Erwerber einer unterteilten Einheit nämlich in gleicher Weise, da es für ihn keine Rolle spielt, ob der Veräußerer seinerseits bereits in eine Eigentümergemeinschaft eingebunden ist (Vgl. *LG Frankfurt/M.* ZfIR 2020, 204 m. Anm. *Baer; AG Rosenheim* ZWE 2017, 135; *Becker/Schneider* ZfIR 2020, 281, 292; a.A. *LG München* ZWE 2018, 447; Bärmann/*Armbrüster* § 8 Rn. 46; *Hügel/Elzer* § 8 Rn. 76; *Reichert* ZWE 2017, 126). Da nach der Konzeption des § 8 Abs. 3 ohnehin jeder spätere Erwerb vom teilenden Eigentümer ohne zeitliche Begrenzung den Grundsätzen über den werdenden Wohnungseigentümer unterworfen werden soll, stellt sich für einen späteren Erwerber vom vormaligen Alleineigentümer die Rechtslage nach einer zwischenzeitlichen Eigentumsumschreibung im Ergebnis nicht anders dar als für einen Wohnungserwerber vom weiter unterteilenden Eigentümer.

c) Eintragung einer Erwerbsvormerkung

Über den reinen Wortlaut des § 8 Abs. 3 WEG hinaus, wird man wie schon bisher (vgl. *BGH* ZfIR 2016, 237 = ZMR 2016, 299 = ZWE 2016, 169; *BGH* BGHZ 206, 281 = NJW 2015, 2877 = ZfIR 2015, 765 = ZMR 2015, 878 = ZWE 2015, 406; *BGH* BGHZ 193, 219 = NJW 2012, 2650 = ZMR 2012, 711 = ZWE 2012, 369; *BGH* BGHZ 177, 53 = NJW 2008, 2639 = ZfIR 2008, 866 = ZMR 2008, 805 = ZWE 2008, 378) neben der bloßen **Eintragung einer Erwerbsvormerkung** deren Sicherung eines **wirksamen schuldrechtlichen Anspruchs** für erforderlich zu halten haben. Eine Vormerkung kann nämlich nur dann Wirkung entfalten, wenn der streng akzessorische Anspruch auch besteht (vgl. § 883 Abs. 1 S. 1 BGB). Zu den praktischen Schwierigkeiten bei der Feststellung eines wirksamen Erwerbsvertrages s. *Becker/Schneider* ZfIR 2020, 281, 290). Die bloße Antragstellung zur Eintragung der Erwerbsvormerkung dürfte mangels Erkennbarkeit im Rechtsverkehr und angesichts des eindeutigen Wortlauts nicht ausreichen (Bärmann/*Armbrüster* § 8 Rn. 47; *Hügel/Elzer* § 8 Rn. 77; a.A. noch zum früheren Recht *Wenzel* NZM 2008, 625). 120

d) Besitzübergabe

Eine rechtlich verfestigte Erwerbsposition mit einem entsprechenden Interesse an der Ausübung der wohnungseigentumsrechtlichen Mitwirkungsrechte ist bereits nach der bisherigen Rechtsprechung nur anzunehmen, wenn der Erwerber auch den **Besitz** an der Wohnung durch **Übergabe** erlangt hat. Verbotene Eigenmacht ist hierfür genauso wenig ausreichend wie eine Besitzverschaffung ohne Mitwirkung des teilenden Eigentümers (*BGH* ZfIR 2016, 237 = ZMR 2016, 299 = ZWE 2016, 169). Den Parteien des (Bauträger-)Vertrages soll es dann obliegen, den Verwalter als Vertreter der rechtsfähigen Gemeinschaft über einen im Einzelfall nicht offensichtlichen Besitzwechsel zu informieren. 121

§ 8 Abs. 3 WEG stellt nun ausdrücklich klar, dass es allein auf die Besitzübergabe an den zum **Sondereigentum** gehörenden **Räumen** ankommt. Damit kommt es weder auf die Fertigstellung, noch auf die Übergabe des gemeinschaftlichen Eigentums an. Ebenso spielt nach der eindeutigen Formulierung die Übergabe von außerhalb des Gebäudes liegenden Teilen des Grundstücks, auf die sich das Sondereigentum u.U. erstreckt (vgl. § 3 Abs. 2 WEG: unselbstständiges **Annexeigentum**) keine Rolle, weil es insoweit an der Raumeigenschaft fehlt (BT-Dr. 19/18791, 44). Demgegenüber werden rechtlich selbstständige **Stellplätze** gem. § 3 Abs. 1 S. 2 WEG vom Übergabeerfordernis erfasst, da sie als Räume gelten (Bärmann/*Armbrüster* § 8 Rn. 48). 122

e) Anlegung der Wohnungsgrundbücher

Im Gegensatz zum früheren Recht reicht die Eintragung der Erwerbsvormerkung am ungeteilten Grundstück nicht mehr aus (schon zuvor abl. *Schneider* ZWE 2010, 449 m.w.N. zur seinerzeitigen h.M.). Das Wohnungseigentum muss als sachenrechtliches Zuordnungsobjekt bereits bestehen, damit WEG-Recht Anwendung finden kann (*Becker/Schneider* ZfIR 2020, 281, 290). Nach der Neukonzeption in § 9 Abs. 1 S. 2 Halbs. 2 WEG ist dies jedoch erst dann der Fall, wenn auch sämtliche Wohnungsgrundbücher angelegt sind. 123

2. Rechtsstellung des werdenden Wohnungseigentümers

a) Fiktion im Innenverhältnis

Der werdende Wohnungseigentümer gilt im **Innenverhältnis** gegenüber der rechtsfähigen Gemeinschaft der Wohnungseigentümer und den übrigen Wohnungseigentümern als Wohnungseigentümer. Damit tritt er hinsichtlich der Rechte und Pflichten an die Stelle des aufteilenden Eigentümers. Die Verwaltungsrechte gem. §§ 18 ff. WEG und die Kostentragungspflicht gem. § 16 Abs. 2 WEG stehen **allein** ihm zu; eine gemeinsame Wahrnehmung der Verwaltungsaufgaben mit dem noch eingetragenen teilenden Eigentümer ist demgemäß genauso ausgeschlossen wie eine gesamtschuldnerische Haftung für Hausgeldrückstände (ebenso bereits zum früheren Recht *BGH* BGHZ 193, 219 = NJW 2012, 2650 = ZMR 2012, 711 = ZWE 2012, 369). Allerdings korrespondiert die wohnungseigen- 124 tumsrechtliche Außenhaftung gem. § 9a Abs. 4 S. 1 WEG nicht mit den internen Wirkungsmöglichkeiten (insow. krit. Bärmann/*Armbrüster* § 8 Rn. 49).

b) Sachenrechtliche Zuordnung

125 Die Fiktion des § 8 Abs. 3 WEG gilt nur im Innenverhältnis; sie bezieht sich lediglich auf die gemeinschaftsrechtliche Stellung des Erwerbers. Im Grundbuch ist während der Erwerbsphase unverändert der **teilende Eigentümer** eingetragen. Ihm allein kommen die **sachenrechtlichen Befugnisse** zu; eine Verschiebung oder gar Vorwegnahme der sachenrechtlichen Zuordnung geht mit der Kodifizierung des werdenden Wohnungseigentümers nicht einher (ebenso bereits zum früheren Recht *BGH* BGHZ 193, 219 = NJW 2012, 2650 = ZMR 2012, 711 = ZWE 2012, 369). Dies bedeutet zunächst, dass Ansprüche aus dem Sondereigentum oder dem gemeinschaftlichen Eigentum gegenüber außenstehenden Dritten allein dem teilenden Eigentümer zustehen. Nur ihm steht ggf. auch die Begründung und Zuordnung von Sondernutzungsrechten zu.

c) Immobiliarvollstreckung

126 Weiterhin ist der Wohnungserwerber zwar der (alleinige) Schuldner der Hausgeldansprüche; er ist jedoch (noch) nicht als sachenrechtlicher Eigentümer in das Grundbuch eingetragen, so dass das Wohnungseigentum noch nicht zu seinem Vermögen gehört. Verfahrensrechtlich mangelt es deshalb für eine Zwangsvollstreckung (z.B im Wege der Zwangsversteigerung wegen rückständiger Hausgeldansprüche) an der erforderlichen Identität von Vollstreckungsschuldner und eingetragenem Eigentümer (§ 869 ZPO , § 17 Abs. 1 ZVG). Eine Immobiliarvollstreckung seitens der GdWE in das vom werdenden Wohnungseigentümer angeschaffte Wohnungseigentum ist vor dessen grundbuchmäßiger Umschreibung nach wie vor nicht möglich. Insoweit läuft die mit § 10 Abs. 1 Nr. 2 ZVG erfolgte versteigerungsrechtliche Privilegierung der Eigentümergemeinschaften in dieser zeitkritischen Rangklasse oftmals leer (zum Problem ausführlich *Böttcher/Keller/Schneider/Beeneken*, Rechtstatsächliche Forschung zur Ermittlung eines Reformbedarfs des Gesetzes über die Zwangsversteigerung und die Zwangsverwaltung, Abschlussbericht 2017, S. 334 ff.). Eine dingliche Haftung des Wohnungseigentums könnte das praktisch gar nicht so selten auftretende Problem lösen; sie wird vom *BGH* allerdings bisher abgelehnt (*BGH* NJW 2018, 1613 = ZfIR 2018, 232 m. abl. Anm. *Becker* = ZMR 2018, 340 m. abl. Anm. *Schneider* ZWE 2018, 172; *BGH* BGHZ 198, 216 = NJW 2013, 3515 = ZfIR 2013, 806 m. Anm. *Becker* = ZMR 2014, 80 = ZWE 2013, 466; anders allerdings noch *BGH* NJW 2011, 3098 [Beitragsansprüche ruhen »ähnlich einer privaten Last auf dem Grundstück«] = ZfIR 2011, 825 m. Anm. *Derleder* = ZMR 2012, 788 = ZWE 2013, 43). Die empfohlene Aufnahme einer dinglichen Haftung des Wohnungseigentums für Hausgeldrückstände (*Böttcher/Keller/Schneider/Beeneken* Rechtstatsächliche Forschung zur Ermittlung eines Reformbedarfs des Gesetzes über die Zwangsversteigerung und die Zwangsverwaltung, Abschlussbericht 2017, S. 340 f.) hat der Gesetzgeber des WEMoG nicht weiter verfolgt. Die stattdessen von der Bund-Länder-Arbeitsgruppe zur Reform des WEG angeführte Möglichkeit zur Zwangsvollstreckung in das Anwartschaftsrecht des Wohnungserwerbers (Abschlussbericht der Bund-Länder-Arbeitsgruppe, S. 100) führt demgegenüber zu keiner befriedigenden Lösung. Die Zwangsvollstreckung in das Anwartschaftsrecht verspricht nämlich zum einen keine Aussicht auf Erlös (ausführlich *Schneider* ZWE 2010, 341) und stellt zum anderen auch keine (privilegierte) Zwangsvollstreckung in das Grundstück dar. Angesichts dieser Rechtslage sind der GdWE derzeit sämtliche Möglichkeiten der Immobiliarzwangsvollstreckung in das vom werdenden Wohnungseigentümer angeschaffte Wohnungseigentum verschlossen. Die die Hausgeldforderung erst verursachende Immobilie ist dem Vollstreckungszugriff der Wohnungseigentümergemeinschaft entzogen (*Becker/Schneider* ZfIR 2020, 281, 291).

d) Keine Abdingbarkeit

127 § 8 Abs. 3 WEG ist nicht abdingbar; dies gilt insbesondere auch für AGB-Regelungen (Bärmann/*Armbrüster* § 8 Rn. 51; *DNotI-Gutachten* DNotI-Report 2021, 73).

J. Kosten und Gebühren

I. Grunderwerbsteuer

Die Begründung von Wohnungseigentum im Wege der Teilungserklärung nach § 8 Abs. 1 WEG ist kein »Erwerbsvorgang« i.S. von § 1 GrEStG. Allein durch die Erklärung des Alleineigentümers gegenüber dem Grundbuchgericht verändert sich sachenrechtlich nichts, es findet **kein Wechsel des Rechtsträgers** des Grundstücks statt. Erst mit dem Eintritt eines weiteren Eigentümers entsteht eine Gemeinschaft und es kann **erstmals** von realem Gemeinschaftseigentum – also dem Eigentum mehrerer – und einem realen Sondereigentum – dem Eigentum eines Einzelnen – gesprochen werden (vgl. *Elzer* ZMR 2005, 465). 128

II. Geschäftswert, Notar- und Grundbuchkosten

Der **Geschäftswert** bestimmt sich im Fall einer Teilungserklärung – wie beim Teilungsvertrag (s. dazu § 3 Rdn. 189) – nach § 42 GNotKG. Geschäftswert ist in beiden Fällen der Wert des bebauten Grundstücks (§ 42 Abs. 1 S. 1 GNotKG). Ist das Grundstück noch nicht bebaut, ist dem Grundstückswert der Wert des zu errichtenden Bauwerks hinzuzurechnen (§ 42 Abs. 1 S. 2 GNotKG). Zur Wertberechnung bei einem sog. überdimensionalen Miteigentumsanteil s. *OLG München* Rpfleger 2015, 731. Ist mit der Begründung von Wohnungs- und Teileigentum eine Änderung der bisherigen Eigentumsverhältnisse verbunden, fällt zusätzlich die Gebühr der Nr. 14110 Abs. 2 KV-GNotKG an. Wegen nachträglicher Änderungen s. im Einzelnen § 7 Rdn. 384 ff. 129

Für die **Beurkundung** der Teilungserklärung als **einseitiger Erklärung** ist die volle Gebühr nach Nr. 21200 KV-GNotKG zu erheben. Der **Geschäftswert** bestimmt sich ebenfalls nach § 42 Abs. 1 GNotKG. 130

Für die **Eintragung** der Teilungserklärung in das Grundbuch und für die Anlegung der Wohnungsgrundbücher fällt nach Nr. 14112 KV-GNotKG eine volle Gebühr an. 131

Anhang zu § 8 WEG

Grundzüge des Bauträgerrechts

Literatur

Abramenko, Handbuch WEG, 1. Aufl. 2009; *Armbrüster*, Änderungsvorbehalte und -vollmachten zugunsten des aufteilenden Bauträgers, ZMR 2005, 244 ff.; *ders.*, WE 1999, Heft 12, S. 4 ff.; *Auktor*, Zwang zur Geltendmachung des Nachbesserungsanspruchs des Wohnungseigentümers gegen den Bauträger, NZM 2002, 239 ff.; *Baer*, Gemeinschaftsbezogenheit von Mängelrechten beim Erwerb vom Bauträger, BTR 2006, 113 ff.; *Bamberger/Roth*, Kommentar zum Bürgerlichen Gesetzbuch BGB, 3. Aufl. 2012; *Bärmann*, Wohnungseigentumsgesetz: WEG 15. Aufl. 2023; *Basty*, Aktuelle Fragen zur Abnahme beim Bauträgervertrag, Immobilienrecht 2002, S. 247 ff.; *ders.*, BTR 2002, 12 ff.; *ders.*, Regelungen zur Abnahme des Gemeinschaftseigentums im Bauträgervertrag, PiG 74 (2006), 49 ff.; *ders.*, Die Nachzüglerproblematik beim Bauträgervertrag BauR 2012, 316 ff.; *ders.*, Der Bauträgervertrag, 9. Aufl. 2017; ders., Baurechtsreform 2017 und Bauträgervertrag, MittBayNot 2017, 445 ff.; *Blank*, Gestaltungshinweise des *BGH* für den Bauträgervertrag – zugleich Anmerkungen zu den Entscheidungen des *BGH* v. 27.9.2013 – V ZR 52/12, DNotZ 2014, 41 und v. 12.9.2013 – VII ZR 308/12, DNotZ 2014, 39, DNotZ 2014, 166 ff.; Beck'scher Online-Kommentar Wohnungseigentumsrecht, hrsg. v. *Timme*, Stand: 01.11.2013 (zitiert: BeckOK-WEG/*Bearbeiter*); Beck'scher Online-Kommentar VOB/B, hrsg. v. *Jansen/Preussner*, Stand: 01.11.2007 (zitiert: BeckOK-VOB/B/*Bearbeiter*); *Briesemeister*, Rechtsfähigkeit der WEG-Gemeinschaft und Verfahren, ZWE 2006, 15 ff.; *Brock*, Bauprozess: Richtige Vorbereitung und Führung durch den Verwalter auf Grundlage des neuen Schuldrechts, WuM 2002, 198 ff.; *Bub*, Funktion und Aufgabe des Verwalters bei Mängeln am Gemeinschaftseigentum, NZM 1999, 530 ff.; *Cramer*, Die Verjährungsverkürzung im Nachzüglerbauträgervertrag – taugliches Instrument zur Synchronisierung der Verjährung der Gewährleistungsansprüche wegen Mängel des Gemeinschaftseigentums, MittBayNot 2017, 547 ff.; *Derleder*, Wohnungseigentum unter modernisiertem Werkvertragsrecht, NZM 2003, 81 ff.; *ders.*, Die gemeinschaftsbezogenen Mängelrechte gemäß § 10 VI 3 WEG gegenüber dem Bauträger, ZWE 2009, 1 ff.; *ders.*, Die Klagebefugnis bei Gewährleistungsansprüchen wegen anfänglicher Baumängel am Gemeinschaftseigentum der neuerstellten Eigentumswohnanlage ZfBR 1984, 161 ff.; *ders.*, Zum rechtlichen Status einer werdenden Eigentümergemeinschaft, ZMR 2005, 335 ff.; *Doerry*, EWiR 1990, 459 ff.; Dötsch, Ermächtigung der Gemeinschaft zur Ausübung von Individualrechten der Wohnungseigentümer: »Vergemeinschaftung« – und dann?, ZWE 2016, 149 ff.; ders., Abnahme des Gemeinschaftseigentums, NZM 2017, 832 ff.; Esbrjörnsson, Bauträgerrecht – aktuelle Entwicklungen, notar 2018, 91 ff.; *Fritsch*, Die Abnahme des Gemeinschaftseigentums vom Bauträger durch den Verwalter und sonstige Dritte, BauRB 2004, 28 ff.; *Fuchs*, Die Mängelhaftung des Bauträgers bei der Altbausanierung, BauR 2007, 264 ff.; *Gottschalg*, Bauträger-, Verwalter- und Vermieteridentität, NZM 2002, 841 ff.; *ders.*, Typische Haftungsrisiken des WEG-Verwalters, NZM 2003, 457 ff.; *Graf von Westphalen/Thüsing*, Vertragsrecht und AGB-Klauselwerke 34. Aufl. 2013; *Greiner*, Mängel am Gemeinschaftseigentum und Aufrechnung einzelner Erwerber gegen Restforderungen des Bauträgers, ZfBR 2001, 439 ff.; *ders.*, Kaufvertrag als rechtssichere Alternative zum Bauträgervertrag, NZM 2017, 713 ff.; *Groß*, Die Geltendmachung von Mängelansprüchen am Gemeinschaftseigentum, BTR 2003, 217 ff.; *ders.*, Die Gewährleistung des Baubetreuers i.w.S. bei Mängeln am Gemeinschaftlichen Eigentum, BauR 1975, 12 ff.; Grziwotz/Koeble, Handbuch Bauträgerrecht 2004; *Häublein*, Die Gestaltung der Abnahme gemeinschaftlichen Eigentums beim Erwerb neu errichteter Eigentumswohnungen, DNotZ 2002, 608 ff.; *Harz/Riecke/Schmid*, Handbuch des Fachanwalts Miet- und Wohnungseigentumsrecht, 7. Aufl. 2021 (zitiert: HdBFA-Miet- und WEG-Recht/*Bearbeiter*); *Hauger*, Die Rechte des Wohnungseigentümers auf Wandlung, Minderung und Schadensersatz bei Baumängeln, NZM 1999, 536 ff.; *Heiermann/Riedl/Rusam*, Handkommentar zur VOB 12. Aufl. 2011; *Heismann*, Die werdenden Wohnungseigentümergemeinschaft – ein traditionelles Rechtsinstitut auf dem Prüfstand, ZMR 2004, 10 ff.; *Hildebrandt*, Die Abnahme des Gemeinschaftseigentums nach der Schuldrechtsreform, BTR 2003, 211 ff.; *Hogenschurz*, Bauträgervertrag – Die Abnahme des Gemeinschaftseigentums MDR 2012, 386; MDR 2012, 386 ff.; *Hügel*, Ausübungsbefugnis der Wohnungseigentümergemeinschaft für die Abnahme des Gemeinschaftseigentums und zur Verfolgung von Mängelrechten, ZMR 2008, 855 ff.; *Jagenburg*, Die Entwicklung des Baubetreuungs-, Bauträger- und Wohnungseigentumsrecht seit 1989/1990 NJW 1992, 282 ff.; *Jennißen*, Wohnungseigentumsgesetz: WEG, 3. Aufl. 2012; Jurgeleit, Befugnis zur Geltendmachung von Mängelrechten in Bezug auf das Gemeinschaftseigentum, NJW 20222, 2641 ff.; *Kaufhold*, Verbraucherschutz durch europäisches Vertragsrecht – materielle und institutionelle Bezüge zur notariellen Praxis, DNotZ 1998, 254 ff.; *Kellmann*, Geltendmachung von Mängeln am Gemeinschaftseigentum durch Mehrheitsbeschluss, NJW 1980, 400 ff.; *Kleine-Möller/Merl*, Handbuch des privaten Baurechts, 4. Aufl. 2009; Klumpp AGB-Gewährleistungsausschluss für »alte« Neubauten, NJW 1993, 372 ff.; *Kniffka*, Die gemeinschaftliche Durchsetzung der Rechte wegen Mängeln am Gemeinschaftseigentum, Festschrift für Hans Ganten, 2007, 125 ff. (zitiert; *Kniffka*, FS Ganten); *ders.*, Die Durchsetzung der Gewährleistungsansprüche durch den einzelnen Wohnungseigentümer in der Rechtsprechung des Bundesgerichtshofs, ZfBR 1990, 159 ff.; *ders.*, EWiR 1991, 773 ff.; *ders.*, Keine Kostenerstattung bei verfrühter Selbstvornahme, BauR 2005, 1024; *Kniffka/Koeble*, Kompendium des Baurechts, 3. Aufl. 2008; *Koeble*, Gewährleistungsansprüche der Wohnungseigentümer beim Gemeinschaftseigentum in Festschrift für Soergel zum 70. Geburtstag 1993, 125 ff. (zitiert *Koeble*, FS Soergel); *Koeble/Grziwotz*, Rechtshandbuch Immobilien 21. Aufl. 2013; *Köhler*, das neue WEG, 2007; *ders.*, Bauträgervertrag – Rechte des einzelnen Erwerbers wegen Mängeln am Gemeinschaftseigentum, MDR 2005, 1148 ff.; *Köhler*, Anwalts-Handbuch Wohnungseigentumsrecht, 3. Aufl. 2012; *Lauer*, Haftet Architekt voll oder nur quotal, IBR 1999, 219; *Lieder*, Entstehung der Wohnungseigentümergemeinschaft und Ausübung von Mängelrechten, DNotZ 2018, 177 ff.; *Locher*, Das private Baurecht, 8. Aufl. 2012; *Lorenz/Riehm*, Lehrbuch zum neuen Schuldrecht 2002; *Lotz*, Die Abnahme und das WEG – Die Besonderheiten, BauR 2008, 740 ff.; *Merl*, in Festschrift für Walter Jagenburg zum 65. Geburtstag 2002, Schuldrechtsmodernisierungsgesetz und werkvertragliche Gewährleistung, S. 596 ff.; *Messerschmidt/Leidig*, Rechtsfolgen unwirksamer Abnahmeklauseln zum Gemeinschaftseigentum in notariellen Bauträgerverträgen, BauR 2014, 1 ff.; *Messerschmidt/Voit*, Privates Baurecht, Kommentar zu §§ 631 ff. BGB, 2008; *Müller*, Praktische Fragen des Wohnungseigentums, 5. Aufl. 2012 (*Müller/Fichtner*, 7. Aufl. 2023) ; Münchner-Kommentar zum Bürgerlichen Gesetzbuch, 7. Aufl. 2018; Münchner Vertragshandbuch, 7. Aufl. 2013; *Niedenführ/Vandenhouten*, WEG-Kommentar und Handbuch zum Wohnungseigentumsrecht 12. Aufl. 2017; *v. Oefele*, Abnahmeregelung für das Gemeinschaftseigentum im Bauträgervertrag nach der WEG-Novelle, DNotZ 2011, 249 ff.; *Ott*, Die Auswirkung der Schuldrechtsreform auf Bauträgerverträge und andere aktuelle Fragen des Bauträgerrechts, NZBau 2003, 233 ff.; *ders.*, Die Verfolgung von Mängelrechten gegen den Bauträger – Wedelt der Schwanz mit dem Hund?, NZM 2007, 505 ff.; *ders.*, Die Abnahme des Werks bei Gemeinschaftseigentum, ZWE 2010, 157 ff.; *ders.*, Die Abnahme des Gemeinschaftseigentums vom Bauträger, ZWE 2013, 253 ff.; ders., Ausübung von Mängelrechten aus Bauträgerverträgen durch die Gemeinschaft, ZWE 2017, 106 ff.; *Pauly*, Zur Notwendigkeit rechtsgeschäftlichen Erklärungsbewusstseins bei der Abnahme von Gemeinschaftseigentum, ZWE 2011, 349 ff.; *ders.*, Zur Problematik formularvertraglicher

Abnahmeklauseln betreffend des Gemeinschaftseigentum von Eigentumswohnanlagen, ZMR 2011, 532 ff.; *ders.*, Zur »Vergemeinschaftung der Abnahme« von Wohnungseigentum – Neue Rechtsentwicklung in der Schnittmenge zwischen Bau- und Wohnungseigentumsrecht?, ZfBR 2013, 3 ff.; ders., Die Rechtsverfolgung wegen Mängeln am Gemeinschaftseigentum, MDR 2018, 376 ff.; *Pause*, Bauträgerkauf und Baumodelle, 5. Aufl. 2011; *ders.*, Die Geltendmachung von Gewährleistungsansprüchen der Wohnungseigentümer gegen den Bauträger, NJW 1993, 553 ff.; *ders.*, Auswirkungen der Schuldrechtsmodernisierung auf den Bauträgervertrag NZBau 2002, 648 ff.; *ders.*, Die Entwicklung des Bauträgerrechts seit 2001, NZBau 2006, 342 ff.; *ders.*, Hindernisse auf dem Weg zum »großen Schadensersatz« beim Bauträgervertrag, NZM 2007, 234 ff.; ders., Die Mängelklage der Wohnungseigentümergemeinschaft nach § 9a Abs. 2 WEG, NZBau 2021, 230 ff.; ders., Neuregelungen im Wohnungseigentumsgesetz - Ausübungs- und Wahrnehmungsbefugnisse der Wohnungseigentümergemeinschaft, BauR 2022, 374 ff.; *Pause/Vogel*, Auswirkungen der Teilrechtsfähigkeit der Wohnungseigentümergemeinschaft auf die Verfolgung von Mängeln am Gemeinschaftseigentum, NJW 2006, 3670 ff.; *dies.*, Auswirkungen der WEG-Reform auf die Geltendmachung von Mängeln am Gemeinschaftseigentum, BauR 2007, 1298 ff. = ZMR 2007, 575 ff.; dies., Die Folgen einer unwirksamen Abnahmeklausel im Bauträgervertrag, BauR 2014, 764 ff.; *Popescu*, Zur Vergemeinschaftung der gemeinschaftsbezogenen Abnahme, ZWE 2014, 109 ff.; *Pießkalla/Reichart*, Verwalters Sondervergütungsanspruch in der AGB-Kontrolle, NZM 2009, 728 ff.; *Prütting/Wegen/Weinreich*, BGB Kommentar, 13. Aufl. 2018; *Reithmann*, Minderung bei Mängeln am Gemeinschaftseigentum, DNotZ 1991, 133 ff.; *Reithmann/Meichsner/v. Heymann*, Kauf vom Bauträger, 7. Aufl. 2005; *Reiter*, Das neue Bauvertragsrecht – Teil II: Verbraucherbauvertrag, Architekten- und Ingenieurvertrag, Bauträgervertrag, JA 2018, 241 ff.; *Riemenschneider*, Unwirksamer Änderungsvorbehalt beim Bauträgervertrag MittBayNot 2006, 142 ff.; *Riesenberger*, Abnahme des gemeinschaftlichen Eigentums – »Was leicht scheint, misslingt oft deshalb«, NZM 2004, 537 ff.; Sagemeister, Probleme des Bauträgerrechts, ZfIR 2023, 157 ff.; *Scheffelt*, Wirksame Abnahmevollmachten in Bauträgerverträgen, BauR 2014, 163 ff.; Scheibengruber, Bauträgerrecht – aktuelle Entwicklungen, notar 2015, 86 ff.; *ders.*, Bauträgerrecht – aktuelle Entwicklungen, notar 2016, 86 ff.; *Schilling*, Mängel am Gemeinschaftseigentum: Gewährleistungsansprüche BauR 1986, 449 ff.; *Schmid*, Die Abnahme des Gemeinschaftseigentums oder: Der einzelne und die anderen Erwerber, BTR 2004, 150 ff. und 217 ff.; *ders.*, Warum es keine Zuständigkeit der WEG für die sog. »Mängel am Gemeinschaftseigentum« gibt, BauR 2009, 727 ff.; *ders.*, Wahrnehmung und Erfüllung von Pflichten der Wohnungseigentümer durch die Wohnungseigentümergemeinschaft nach § 10 VI 3 WEG NZM 2010, 683 ff.; *F. Schmidt*, in: Festschrift für Wolf-Dietrich Deckert zum 60. Geburtstag, 2002, Bauträgervertrag und Abnahme nach der Schuldrechtsmodernisierung, S. 443 ff.; *J.H. Schmidt*, Deutscher Anwaltverein durch den Ausschuss Miet- und Wohnrecht zur WEG-Reform NZM 2006, 767 ff.; *J.-H.Schmidt/Riecke*, Anspruchsbegründung und Anspruchsvernichtung durch Mehrheitsbeschluss – kann die Wohnungseigentümergemeinschaft mit Miteigentümern »kurzen Prozess« machen? ZMR 2005, 252 ff.; *C. Schmitz*, Sicherheiten des Erwerbers, PiG 74 (2006), 98 ff.; *Schöner/Stöber*, Grundbuchrecht, 14. Aufl. 2008; *Schüller*, Änderungen von Teilungserklärungen und Gemeinschaftsordnung RNotZ 2011, 203 ff.; *Schulz*, Ausschließliche Abnahmezuständigkeit Dritter in Bauträgerverträgen unwirksam BWNotZ 2012, 62 ff.; Schulze-Hagen Aktuelle Probleme des Bauträgervertrags BauR 1992, 320 ff.; *Staudinger/Peters/Jacoby*, §§ 631–651 BGB, Bearb. 2013; *Sterner*, Teilabnahme von Sonder- und Gemeinschaftseigentum im Bauträgervertrag BauR 2012, 1160 ff.; *Suilmann*, mangelhafte Erstherstellung – was kommt auf den Verwalter zu?, ZWE 2017, 61 ff.; Tschäpe/Trefzger, Unwirksame Abnahmeklauseln in Bauträgerverträgen vor dem Hintergrund des Verjährungsbeginns, ZfBR 2022, 523 ff.; *Thode*, Die wichtigsten Änderungen im BGB-Werkvertragsrecht: Schuldrechtsmodernisierung und erste Probleme NZBau 2002, 297 ff.; *ders.*, Mängel am Gemeinschaftseigentum: Kann der Erwerber mit Vorschussanspruch aufrechnen IBR 2007, 488; *Ulmer/Brandner/Hensen*, AGB-Recht 11. Aufl. 2011; *Vogel*, Abhängigkeiten zwischen Bauträgervertrag und Vertriebsvertrag, PiG 77 (2007), 109 ff.; *ders.*, Probleme der Änderung von Teilungserklärung und Gemeinschaftsordnung beim Erwerb vom Bauträger, ZMR 2008, 270 ff.; *ders.*, Die Abnahme des Gemeinschaftseigentums – ein (immer noch) ungelöstes Problem der Bauträgerpraxis NZM 2010, 377 ff.; *ders.*, Vergleich über Mängelansprüche: Bindet WEG-Beschluss den einzelnen Eigentümer. IBR 2005, 20; *ders.*, Tücken der Geltendmachung von Ansprüchen bei Mängeln am Gemeinschaftseigentum, NJW 2013, 656 ff.; *ders.*, ZfIR 2005, 139 ff.; *ders.*, Verkauf von Wohnungseigentum nach Abnahme des Gemeinschaftseigentums – Nachzügler BauR 2010, 1992 ff.; *ders.*, Haftung der Wohnungseigentümer untereinander für mangelhafte Bauleistungen? IBR 1999, 322; ders., Fallstricke bei der Verfolgung von Mängelansprüchen, ZWE 2016, 442 ff.; ders., Auswirkungen des Wohnungseigentumsmodernisierungsgesetzes (WEMoG) auf die Verfolgung von Mängelansprüchen gegen den Bauträger, BauR 2021, 420 ff. = ZMR 2021, 181 ff.; *Vogelheim*, Die Behandlung von Sonderwünschen beim Bauträgervertrag BauR 1999, 117 ff.; *Vorwerk*, Mängelhaftung des Werkunternehmers und Rechte des Bestellers nach neuem Recht, BauR 2003, 1 ff.; *K.-R. Wagner*, Bauträgervertrag und Geschosswohnungsbau – kann die Wohnungseigentümergemeinschaft Abnahme und Gewährleistungsrechte gegenüber dem Bauträger geltend machen?, ZNotP 2004, 4 ff.; *Weber*, Die Auswirkungen des neuen Bauvertragsrechts auf das Bauträgerrecht, notar 2017, 379 ff.; Weiler/Hamestuk, Die Abnahme beim Bauträgervertrag, ZAP 2017, 957 ff.; Weingart, Die Verfolgung von Sachmängelansprüchen bei Mängeln am Gemeinschaftseigentum, BauR 2023, 373 ff.; *Weise*, Der Bauträgervertrag nach der Baurechtsreform, NJW-Spezial 2018, 44 ff.; *Weitnauer*, Wohnungseigentumsgesetz, 9. Aufl. 2004; *Wendel*, Gewährleistungsrechte der Wohnungseigentümer nach dem Schuldrechtsmodernisierungsgesetz, ZWE 2002, 57 ff.; *Werner*, Rechtsfolgen einer unwirksamen förmlichen Abnahme des Gemeinschaftseigentums im Rahmen eines Bauträgervertrags, NZBau 2014, 80 ff.; *Wenzel*, Rechte der Erwerber bei Mängeln am Gemeinschaftseigentum – eine systematische Betrachtung, ZWE 2006, 109 ff.; *ders.*, Der Bereich der Rechtsfähigkeit der Gemeinschaft, ZWE 2006, 462 ff.; *ders.*, Die Zuständigkeit der Wohnungseigentümergemeinschaft bei der Durchsetzung von Mängelrechten der Ersterwerber, NJW 2007, 1905 ff.; *ders.*, RWS-Forum Immobilienrecht 1998, 51 ff.; *ders.*, Die neuere Rechtsprechung des *BGH* zum Wohnungseigentumsrecht NZM 2000, 65 ff.; *ders.*, Festschrift für Prof. Dr. Derleder 2005 (zitiert Wenzel FS Derleder) *Werner/Pastor*, Der Bauprozess, 14. Aufl. 2013; *Wolf/Horn/Lindacher*, AGB-Gesetz, 4. Aufl. 1999.

Übersicht Rdn.

A. Ursprung der bauvertraglichen Ansprüche

1 Der Erwerbervertrag über ein Wohnungseigentum, regelmäßig mit einem Bauträger abgeschlossen, ist ein sog. typengemischter Vertrag aus kauf- und werkvertraglichen Elementen, der auch Elemente des Auftrags- und Geschäftsbesorgungsrechts enthält (*BGH* NJW 1996, 925, 926). Hinsichtlich des Grundstücks gilt Kaufrecht gem. §§ 433 ff. BGB, hinsichtlich des Bauwerks i.Ü. Werkvertragsrecht gem. §§ 633 ff. BGB (*BGH* BGHZ 92, 123 = NJW 1984, 2573 = BauR 1984, 634; *Weitnauer/Briesemeister* Anh. § 8 WEG Rn. 2 ff.). Dies hat der Gesetzgeber jetzt in § 650u Abs. 1 BGB normiert und in den §§ 650u, 650v BGB das anwendbare Recht näher definiert (hierzu näher *Basty* MittBayNot 2017, 445 ff.; *Esbjörnsson* notar 2018, 91 ff.; *Weber* notar 2017, 379 ff.; *Reiter* JA 2018, 241 ff.; *Weise* NJW-Spezial 2018, 44 ff.). Die Bezeichnung des Vertrages als »Kaufvertrag« sowie die

Ausgestaltung der Mängelrechte nach den Regeln des Kaufvertragsrechts sind rechtlich irrelevant (*BGH* BGHZ 74, 204 = NJW 1979, 1820 = BauR 1979, 337; BGHZ 74, 258 = NJW 1980, 400 = BauR 1980, 267; BGHZ 101, 350 = NJW 1988, 135 = BauR 1987, 686; BGHZ 108, 164 = NJW 1989, 1537 = BauR 1989, 597; *BGH* BauR 1997, 1030; *BGH* NJW 2016, 1572 Rn. 27). Zum Schutze des Erwerbers wandte der *BGH* (BGHZ 74, 204 = NJW 1979, 1820 = BauR 1979, 337; NJW 1981, 2344 = BauR 1981, 571; NJW 1982, 2243 = BauR 1982, 493; NJW 1985, 1551 = BauR 1985, 314; BauR 1990, 466) zum »alten Recht« und wendet er zum neuen Recht (*BGH* NJW 2016, 1572 Rn. 28; *BGH* NJW 2016, 1575 Rn. 25; *BGH* NJW 2007, 3275 Rn. 22 nur obiter dictum) auch dann Werkvertragsrecht an, wenn Neubauten bei Vertragsschluss ganz oder teilweise fertiggestellt, längere Zeit leer standen, vorübergehend vermietet waren oder als Musterwohnung dienten; die Grenze liegt bei ca. drei Jahren (zu den Einzelheiten: *Pause* NZBau 2017, 22 ff). Gleiches gilt jedenfalls bei Erwerberverträgen über grundlegend sanierte Altbauten (*BGH* BGHZ 100, 391 = NJW 1988, 490 = BauR 1987, 439; *BGH* BauR 1988, 464 = NJW 1988, 1972; BGHZ 108, 164 = NJW 1989, 2748 = BauR 1989, 597; *BGH* ZfIR 2005, 134 m. Anm. *Vogel*; *BGH* BauR 2006, 99), was der Gesetzgeber in § 650u Abs. 1 S. 1 BGB klargestellt hat (näher *Kniffka-Pause/Vogel*, § 650u BGB Rn. 13 f.). Sind Umfang und Bedeutung der Umbauarbeiten mit Neubauarbeiten nicht vergleichbar, haftet der Bauträger nach den Mängelvorschriften des Werkvertragsrechts für Baumängel nur, soweit die Herstellungspflicht verletzt ist; i.Ü. gilt Kaufrecht (*BGH* BauR 2006, 99; dazu und zur Abgrenzung *Fuchs* BauR 2007, 264, 272 f.). Diese Rechtsprechung ist auch nach der Schuldrechtsreform im Hinblick auf das Wahlrecht des Bauträgers, wie er nacherfüllen will und der Abnahme als »Zäsur« für die Frage der ordnungsgemäßen Erfüllung, weiter sachgerecht (*Vogel* ZfIR 2005, 139 m.w.N.; so auch der Hinweis in *BGH*, NJW 2007, 3275 Rn. 19).

Der einzelne Erwerber/Wohnungseigentümer kann Erfüllungs- und Mängelansprüche gem. §§ 633 ff. 2
BGB gegenüber dem Bauträger nicht kraft seines Wohnungseigentums geltend machen (*BGH* NJW 1994, 443 = BauR 1994, 105). Grundlage der Ansprüche des Erwerbers gegen den Bauträger ist allein der jeweilige Bauträgervertrag (Frage der Aktivlegitimation [*BGH* NJW 1977, 2173 = BauR 1997, 488; BGHZ 114, 385 = NJW 1991, 2480 = BauR 1991, 606 *Pause/Vogel* NJW 2006, 3670 f.]). Auf die Eintragung des Erwerbers im Grundbuch als Wohnungseigentümer kommt es somit nicht an (*OLG Frankfurt*, NJW-RR 1993, 339). Ein sog. Zweiterwerber kann nur dann eigene Ansprüche gegenüber dem Bauträger geltend machen, wenn diese ihm entweder – zumindest stillschweigend – abgetreten wurden (*Pause* Rn. 759) oder er zu ihrer Geltendmachung vom Ersterwerber ermächtigt wurde (so *Staudinger/Bub* Bearb. 2005, § 21 WEG Rn. 257).

Die Rechtsprechung (*BGH* NJW 1997, 652 = ZfIR 1997, 73; *OLG Düsseldorf* IBR 2004, 206; 3
OLG Frankfurt, NJW-RR 1991, 665 = BauR 1991, 516; für Ermächtigung *BGH* NJW 1997, 2173 = BauR 1997, 488; weiter gehender *BayObLG* WuM 1990, 178) geht freilich von einer Abtretung durch schlüssiges Verhalten aus, wenn das Wohnungseigentum unter Ausschluss jeglicher Mängelhaftung des Ersterwerbers veräußert wurde, wobei der V. Zivilsenat des *BGH* (NJW 2004, 1873) deutlich zurückhaltender ist. Der Zweiterwerber besitzt gegenüber dem Ersterwerber grundsätzlich einen Anspruch auf Abtretung von Erfüllungs- und evtl. noch bestehenden Mängelansprüchen, wenn die Mängelhaftung zwischen Erst- und Zweiterwerber ausgeschlossen ist (*Staudinger/Bub* Bearb. 2005, § 21 WEG Rn. 257). Erfüllungs- und Mängelansprüche können nach herrschender und zutreffender Auffassung grundsätzlich abgetreten werden (zu den Einzelheiten *Staudinger/Peters* Bearb. 2019, Anh. II zu § 638 BGB Rn. 1 ff.). Abtretbar sind der Erfüllungs- bzw. Nacherfüllungsanspruch gem. § 635, 634 Nr. 1 BGB sowie deren Folgeansprüche aus § 634 Nr. 2 bis 4 BGB (*BGH* BGHZ 96, 146 = NJW 1986, 713 = BauR 1986, 98; *BGH* NJW-RR 1989, 406 = BauR 1989, 199). Dasselbe gilt nach der Rechtsprechung (*BGH* BGHZ 95, 250 = NJW 1985, 2822 = BauR 1985, 686) für die Minderung und den kleinen Schadensersatz. Demgegenüber ging die überwiegende Ansicht (*Kleine-Möller/Merl/Oelmeier*, 3. Aufl. 2005 § 12 Rn. 496; unentschieden *BGH* BGHZ 68, 118 = NJW 1977, 848; für ein vertragliches Rücktrittsrecht bejahend *BGH* NJW 1973, 1793) davon aus, dass der Anspruch auf Wandlung (heute: Rücktritt, § 634 Nr. 3, 636 BGB) nicht abtretbar sei, weil dies den Bestand des Erwerbsvertrags berühre; dasselbe müsste konsequenterweise auch für den großen Schadensersatz gelten. Diese apodiktische Sichtweise erscheint unzutreffend.

Inhalt und Umfang einer »Abtretungserklärung« ergeben sich aus einer Vertragsauslegung nach §§ 133, 157 BGB. Soweit in den Rechten auf Rücktritt und Rückabwicklung im Wege des großen Schadensersatzes unselbstständige, akzessorische Gestaltungsrechte gesehen werden, kann deren Ausübung und damit die Umgestaltung des Vertrages in ein Rückgewährschuldverhältnis jedenfalls dem Zessionar (Zweiterwerber) überlassen werden. Eine so weitgehende Rechtsmacht wird aber regelmäßig nicht gewollt sein, weil dann letztlich sowohl der Erst- als auch der Zweiterwerb rückabgewickelt werden müssten. Das Leistungsverweigerungsrecht gem. § 320 BGB steht demgegenüber auch nach der Abtretung nur dem Zedenten (Ersterwerber) zu (*BGH* BGHZ 55, 354; *BGH* BauR 1978, 398 = LM § 320 BGB Nr. 17), da dieser nach wie vor zur Zahlung der Vergütung an den Bauträger verpflichtet ist; es ist also nicht übertragbar (Staudinger/*Busche* Bearb. 2005, § 401 BGB Rn. 43). Kraft Treu und Glauben (§ 242 BGB) ist aber der Zedent zur Ausübung der Einrede jedenfalls dann verpflichtet, wenn hierdurch der Bauträger als Vertragsgegner wegen der Forderung des Zessionars zusätzlich unter Druck gesetzt wird (vgl. Staudinger/*Otto* Bearb. 2004, § 320 BGB Rn. 16).

B. Ansprüche hinsichtlich des Sondereigentums

4 Soweit Erfüllungs- und Mängelansprüche das Sondereigentum des einzelnen Wohnungseigentümers betreffen, bestehen grundsätzlich keine Besonderheiten (*Staudinger/Peters/Jacoby* Bearb. 2014, Anh. III zu § 638 Rn. 21; zur Abgrenzung eines Mangels am Gemeinschaftseigentums zu einem des Sondereigentums bei optisch und ästhetischen Beeinträchtigung instruktiv *OLG Düsseldorf* BauR 2000, 286 [verneint]; zu den Folgen für den einzelnen Erwerber zutreffend *Grziwotz/Koeble-Koeble* 4. Aufl. Teil Rn. 299 a.E.). Hieran hat auch die Einführung des Wohnungseigentumsmodernisierungsgesetzes vom 16.10.2020 (WEMoG), welches zum 01.12.2020 in Kraft getreten ist, nichts geändert. Der Erwerber wird bezüglich seines Sondereigentums ebenso behandelt wie ein Alleineigentümer. Er kann die ihm aus dem Erwerbervertrag erwachsenden Ansprüche unabhängig von den übrigen Erwerbern geltend machen (*OLG Hamm* NZM 2011, 814; *BGH* NJW 2007, 1952 Rn. 18). Auch wenn derselbe Mangel (sog. Serienmangel) bei mehreren Sondereigentumseinheiten gegeben ist (Beispiel: fehlerhafte Verklebung des Teppichbodens), liegt keine Gläubigergemeinschaft i.S.d. §§ 420 ff. BGB vor, da die Erfüllungs- und Mängelansprüche der einzelnen Erwerber nicht auf eine Leistung, sondern auf mehrere, unabhängig voneinander stehende Leistungen gerichtet sind (vgl. *BGH* NJW 2005, 1115, 1117; *BGH* NJW 1984, 725 = BauR 1984, 166).

5 Oftmals wird es sinnvoll sein, die dem einzelnen Erwerber zustehenden Ansprüche bezüglich des Sondereigentums treuhänderisch an die »Gemeinschaft« abzutreten, die dann einheitlich sowohl Ansprüche hinsichtlich des Gemeinschafts- als auch des Sondereigentums geltend machen kann, insbesondere wenn eine bautechnische Einheit vorliegt (*Weitnauer* Anh. § 8 WEG Rn. 87). Möglich (und ggf. sinnvoll) ist auch eine Ermächtigung der »Gemeinschaft«, die Ansprüche der Erwerber im Wege der gewillkürten Prozessstandschaft geltend zu machen (*BGH* ZMR 2007, 627 = NZM 2007, 403 Rn. 24). Eine solche Vorgehensweise ist bei sog. Systemmängeln am Sondereigentum sinnvoll. Die Gemeinschaft kann dem Erwerber auch nicht die Aufrechnung mit Mängelansprüchen bezüglich des Sondereigentums verwehren. Bei einem vereinbarten koordinierten Vorgehen für die Verfolgung von Sondereigentumsmängeln, den Verwalter zur Geltendmachung im eigenen Namen als Prozessstandschafter gem. § 185 Abs. 1 BGB zu ermächtigen (vgl. *BGH* NJW-RR 1986, 755 = BauR 1986, 374 = DB 1986, 1330), ist mangels eigenem schutzwürdigen Interesse des Verwalters und Rechtsfähigkeit der Gemeinschaft nicht mehr möglich (vgl. *BGH* ZMR 2011, 487); hierfür besteht auf Grund der Möglichkeit, die Gemeinschaft zu ermächtigen, auch kein Bedürfnis mehr. Ein Mehrheitsbeschluss, der sich auf Mängel am Sondereigentum bezieht, ist nichtig, da der Gemeinschaft eine entsprechende Beschlusskompetenz fehlt (*BGH* ZMR 2017, 317 Rn. 22; *BGH* ZMR 2007, 627 = NZM 2007, 403 Rn. 23; a.A. für das Ineinandergreifen von Mängeln am Sonder- und Gemeinschaftseigentum *BGH* NJW-RR 1986, 755 = BauR 1986, 447). Bezieht sich der Beschluss auf das Sonder- und das Gemeinschaftseigentum, kann er u.U. gem. § 139 BGB teilweise für das Gemeinschaftseigentum aufrechterhalten werden (vgl. *BGH* ZMR 2017, 317 Rn. 11). Bislang ungeklärt ist, ob die Gemeinschaft als Annex auch mittelbar über das Sondereigentum mit beschließen

kann, wenn sie Mängel des Gemeinschaftseigentums beseitigt, etwa dergestalt, dass sie die Wiederherstellung – mit Zustimmung des Betroffenen – beschließt. Für das »alte« Recht vor dem 01.12.2020 wurde dies bejaht (*BGH* ZMR 2022, 983 Rn. 14 ff.; für die Fortgeltung unter »neuem« Recht *Drasdo*, NJW-Spezial 2022, 674; *Elzer*, IMR 2022, 406; wohl auch *Brückner*, ZWE 2023, 1, 7).

Besonderheiten ergeben sich allerdings dann, wenn sich behebbare Mängel des Gemeinschaftseigentums auf den Bereich des Sondereigentums auswirken (Beispiele: mangelhafte Schalldämmung des Gemeinschaftseigentums führt zur erheblicher Geräuschbelastung im Sondereigentum, undichtes Dach führt zu Feuchtigkeitsschäden in der Wohnung). Nach der Rechtsprechung (*BGH* BGHZ 74, 259 = NJW 1979, 2207 = BauR 1979, 420; BGHZ 110, 258 = NJW 1990, 1663 = BauR 1990, 353; BGHZ 114, 383 = NJW 1991, 2480 = BauR 1991, 606; *OLG Köln* NJW-RR 1994, 470 = ZMR 1994, 219; vgl. näher *Kniffka* ZfBR 1990, 159, 161) sind auf einen solchen Mangel insgesamt ausschließlich die nachfolgend dargelegten Regeln für Mängel des Gemeinschaftseigentums anwendbar. Die Rechtsprechung begründet dies damit, dass so einerseits den Interessen der Gemeinschaft an der Durchsetzung gemeinschaftsbezogener Ansprüche, andererseits auch den Interessen des Bauträgers an einer übersichtlichen Haftungslage Rechnung getragen werden könne. Dies ist überzeugend. In dieser besonderen Fallkonstellation umfasst die Ermächtigung der Gemeinschaft für das Gemeinschaftseigentum im Zweifel auch Ansprüche hinsichtlich des Sondereigentums (*BGH* NJW-RR 1986, 755 = BauR 1986, 374 = DB 1986, 1330 für den ermächtigten Verwalter; NJW 1988, 490 = BauR 1987, 439; *OLG Köln* NJW-RR 1994, 470 = ZMR 1994, 219), u.E. jedenfalls dann, wenn Mängel am Sonder- und Gemeinschaftseigentum ineinandergreifen und der betroffene Sondereigentümer dem Beschluss zugestimmt hat. 6

Der *BGH* hat von dieser Regel bei Mängeln am Gemeinschaftseigentum mit Auswirkungen auf das Sondereigentum aber bei besonderen Fallgestaltungen Ausnahmen gemacht (*Kniffka* ZfBR 1990, 159, 161; *Koeble* in: Rechtshandbuch Immobilien, Kap. 22 Rn. 22a/22b). Wirkt sich ein unbehebbarer Mangel nur in einem Sondereigentum aus und ist der Gemeinschaft deshalb kein Schaden entstanden, so kann der betroffene Erwerber/Wohnungseigentümer auch eigenständig (auch sekundäre) Ansprüche gegen den Bauträger geltend machen, da ein schützenswertes Interesse der Gemeinschaft an der Wahl eines bestimmten Mängelanrechts nicht besteht (*BGH* BGHZ 110, 258 = NJW 1990, 1663 = BauR 1990, 353, dazu *Doerry* EWiR 1990, 459; *OLG Hamm* NJW-RR 2011, 14; *OLG Karlsruhe* IBR 2016, 496; ebenso *OLG Frankfurt*, NJW-RR 1991, 665 = BauR 1991, 516, wenn Ansprüche aller anderen Eigentümer verjährt sind; krit. *Pause* NJW 1993, 553, 555 Fn. 49). Vergleichbares gilt beim Anspruch wegen arglistigen Verschweigens, der seinen Voraussetzungen nach nur bei einem bestimmten Erwerber vorliegen kann (*BGH* NJW 1989, 2534 = BauR 1990, 221). Die Rechtsprechung (*OLG Celle* IBR 2009, 142) nimmt Arglist bereits dann an, wenn der Bauträger die Anlage entgegen der Baubeschreibung baut und hierauf nicht hinweist. Ist durch den Mangel ein Wohnungseigentümer exklusiv betroffen, so kann er eigenständig die Zahlung eines Schadensersatzanspruches i.H.d. gesamten Schadens an die Gemeinschaft verlangen, auch wenn die Ansprüche aller anderen Eigentümer verjährt sind; insofern kann er auch allein ein selbstständiges Beweisverfahren betreiben (*BGH* BGHZ 114, 383 = NJW 1991, 2480 = BauR 1991, 606, dazu *Kniffka* EWiR 1991, 773). Diese Ausnahmen sind dogmatisch kaum stringent. Es liegt vieles im »Dunkeln« (zutreffend *Dötsch*, IBR 2016, 496). 7

C. Ansprüche hinsichtlich des Gemeinschaftseigentums

Bei Ansprüchen, die das Gemeinschaftseigentum betreffen, sind mehrere Ebenen voneinander zu unterscheiden. 8

I. Aktivlegitimation

Der Bauträger schuldet jedem Erwerber aus dem jeweiligen Erwerbervertrag die vertragsgerechte Herstellung des gesamten Gemeinschaftseigentums; eine Beschränkung auf einen Bruchteil (Miteigentumsanteil am Gemeinschaftseigentum) findet nicht statt (*BGH* NJW 2016, 2878 Rn. 33 = ZMR 2016, 711; *BGH* ZMR 2016, 474 Rn. 18 = NJW 2016, 1575; *BGH* ZMR 1999, 489 = NJW 9

1999, 1705). Jeder Ersterwerber ist Inhaber der Ansprüche auf Herstellung des Gemeinschaftseigentums sowie der Beseitigung von Mängeln am Gemeinschaftseigentum; er, und nur er ist als Rechtsinhaber aktivlegitimiert (*BGH* BauR 2007, 1221 Rn. 14 = NJW 2007, 1952; *Pause/Vogel* NJW 2006, 3670 f.; *Wenzel* NJW 2007, 1905). Der Zweiterwerber ist aktivlegitimiert, wenn ihm entsprechende Ansprüche abgetreten wurden oder er zu deren Geltendmachung ermächtigt wurde.

II. Ausübungsbefugnis für Mängelrechte

10 Durch das Wohnungseigentumsmodernisierungsgesetz (WEMoG) vom 16.10.2020 (BGBl. I S. 2187) wurde die Vorschrift des § 9a WEG in das Wohnungseigentumsgesetz eingefügt. § 9a Abs. 2 WEG ersetzt und ändert die früheren Vorschriften des § 10 Abs. 6 WEG. Hiernach übt die Gemeinschaft der Wohnungseigentümer die sich aus dem gemeinschaftlichen Eigentum ergebenden Rechte (*BGH*, ZMR 2021, 826 Rn. 6; *BGH*, ZMR 2021, 680 Rn. 6) sowie solche Rechte der Wohnungseigentümer aus, die eine einheitliche Rechtsverfolgung erfordern. Mit dieser gesetzlichen Regelung werden im Grundsatz auch die Mängelansprüche der Wohnungseigentümer als Erwerber erfasst, die ihnen wegen Mängeln der im Gemeinschaftseigentum stehenden Bausubstanz aus den Bauträgerverträgen zustehen, da auch bei Mängeln am Gemeinschaftseigentum der Grundsatz gilt, dass jeder Erwerber die Beseitigung von Mängeln am Gemeinschaftseigentum verlangen kann.

11 Die Ausübung von Mängelrechten durch die Gemeinschaft setzt dem Wortlaut des § 9a Abs. 2 WEG zufolge voraus, dass eine einheitliche Rechtsverfolgung erforderlich ist. Die Reichweite des Begriffs der »Erforderlichkeit« ist ungeklärt. Je weiter diese ausgelegt wird, desto umfangreicher ist die Zuständigkeit der Gemeinschaft der Wohnungseigentümer bei der Verfolgung der Mängelansprüche (näher *Pause* BauR 2022, 374, 378). In diesem Zusammenhang muss beachtet werden, dass das Gesetz dem Wortlaut nach nur noch die »geborene« Ausübungsbefugnis kennt. Würde der Begriff der »Erforderlichkeit« eng ausgelegt werden, wären die einzelnen Eigentümer umfassend ausübungsbefugt und die Gemeinschaft lediglich darauf beschränkt, dort zu entscheiden, wo es gilt, unterschiedliche Interessen miteinander zu verbinden, also insbesondere über den Verzicht auf die Nacherfüllung zu befinden, um eine doppelte Inanspruchnahme des Bauträgers zu verhindern (vgl. *Vogel* BauR 2021, 420, 424). Es erscheint auch möglich, eine gestufte Kompetenz der Gemeinschaft dergestalt anzunehmen, dass die Gemeinschaft die Nacherfüllung (und damit auch die Ersatzvornahme nebst Aufwendungsersatz und den Kostenvorschuss) als geborene Befugnis geltend machen kann, während die sekundären Rechte grundsätzlich den Erwerbern (nach Verzicht der Gemeinschaft auf die Nacherfüllung) überlassen bleiben (so *Pause* NZBau 2021, 230, 232; *ders.* BauR 2022, 374, 385).

12 Die Vorschrift des § 9a Abs. 2 WEG unterscheidet sich von der Vorgängernorm (§ 10 Abs. 6 S. 3 WEG a.F.) erheblich: Die Gemeinschaft der Wohnungseigentümer (GdWE) soll nur noch für solche Rechte ausschließlich zuständig sein, die eine einheitliche Rechtsverfolgung erfordern. Für sie wird damit eine alleinige Ausübungsbefugnis der Gemeinschaft im Sinne einer Ermächtigung bzw. einer gesetzlichen Prozessstandschaft geschaffen. § 9a Abs. 2 WEG entspricht inhaltlich § 10 Abs. 6 S. 3 Halbs. 2 WEG a.F., also der aus dieser Vorschrift bekannten »geborenen« Ausübungsbefugnis für gemeinschaftsbezogene Rechte. Eine weitere Ausübungsbefugnis für »sonstige Rechte« kennt die Neuregelung nicht. Während die frühere Regelung für die (geborene) Ausübungsbefugnis tatbestandlich auf »gemeinschaftsbezogene Rechte« abhob (vgl. § 10 Abs. 6 S. 3 WEG a.F.), wird in § 9a Abs. 2 WEG auf die Erforderlichkeit einer »einheitlichen Rechtsverfolgung« abgestellt. Bei der Formulierung des § 9a Abs. 2 WEG ging der Gesetzgeber von der Interpretation des Begriffs der »gemeinschaftsbezogenen Rechte« durch die Rechtsprechung aus. Der *BGH* hat von gemeinschaftsbezogenen Rechten gesprochen, wenn schutzwürdige Belange der Wohnungseigentümer eine »einheitliche Rechtsverfolgung« erforderlich gemacht haben (*BGH* NJW 2015, 2874). Die Gesetzesbegründung (BT-Drs. 19/18791, 46) weist ausdrücklich darauf hin, dass mit dieser neuen tatbestandlichen Umschreibung die Definition des *BGH* für die gemeinschaftsbezogenen Rechte aufgegriffen werden soll und die Rechtsprechung des Bundesgerichtshofs (*BGH* NJW 2007, 1952), wonach die Gemeinschaft bestimmte Rechte (gemeint sind die Nacherfüllung und der Kostenvorschuss) nach einer

entsprechenden Beschlussfassung ausüben kann, unberührt bleiben soll. Diese Rechtsprechung des *BGH* beruhe nämlich nicht auf § 10 Abs. 6 S. 3 WEG a.F., sondern sei noch vor der WEG-Novelle 2007 ergangen, mit der § 10 WEG a.F. überhaupt erst ins WEG eingefügt worden war. Die Streichung der gekorenen Ausübungsbefugnis i.S.v. § 10 Abs. 6 S. 3 Halbs. 2 WEG a.F. hätte deshalb keine Auswirkung auf die Geltendmachung der Mängelrechte. Ob die vom Gesetzgeber selbst gegebene Begründung geeignet ist, den Fortbestand der aus dem früheren Recht bekannten Ausübungsbefugnisse der Gemeinschaft auch unter der Geltung des neuen § 9a Abs. 2 WEG zu begründen, ist fraglich (*Pause* BauR 2022, 374 ff.; *Vogel* BauR 2021, 420 ff.). Bei Zugrundelegung der Gesetzesbegründung, nach der die Rechtsprechung des Bundesgerichtshofs zur Verfolgung der Rechte wegen Mängeln am Gemeinschaftseigentum unverändert Beachtung finden soll, bleibt die gesamte Kasuistik zu diesem Problemkreis beachtlich (siehe unten). Der V. Zivilsenat des *BGH* (ZMR 2023, 307 Rn. 24 ff. = ZWE 2023, 123 m. Anm. *Vogel*; bereits *OLG München* ZMR 2022, 574 = BauR 2022, 1369 = ZWE 2022, 353; *Müller/Fichtner* § 13 Rn. 86 ff.; *Jurgeleit* NJW 2022, 2641, 2643) hat entschieden, dass die Gemeinschaft nach wie vor die Befugnisse besitzt, nach den §§ 9a Abs. 2, 19 Abs. 2 Nr. 2 WEG Mängelrechte der in ihr verbundenen Erwerber nach den bisherigen Grundsätzen geltend zu machen. Soweit § 9a Abs. 2 WEG nicht greife, sei ergänzend § 19 Abs. 2 Nr. 2 WEG anwendbar. Der *Bundesgerichtshof* führt insoweit aus:

»Die Neuregelung der Ausübungsbefugnis in § 9a Abs. 2 WEG hat die bisherige Rechtsprechung des Bundesgerichtshofs zur Vergemeinschaftung der auf das Gemeinschaftseigentum bezogenen Erfüllungs- und Nacherfüllungsansprüche der Wohnungseigentümer unberührt gelassen.« 13

Die Vorschrift erfasst jedenfalls die primären Mängelrechte der Wohnungseigentümer nicht. Die Ansprüche ergeben sich nicht aus dem gemeinschaftlichen Eigentum im Sinne von § 9a Abs. 2 Fall 1 WEG, sondern aus dem jeweiligen Erwerbsvertrag. Sie erfordern auch keine einheitliche Rechtsverfolgung nach § 9a Abs. 2 Fall 2 WEG. Mit dem Merkmal der Erforderlichkeit der einheitlichen Rechtsverfolgung wollte der Gesetzgeber sich an die Rechtsprechung des Senats zur Gemeinschaftsbezogenheit gemäß § 10 Abs. 6 S. 3 Halbs. 1 WEG aF anlehnen; sie kann im Interesse der Wohnungseigentümer oder aus Gründen des Schuldnerschutzes bestehen (vgl. BT-Drs. 19/18791 S. 46). Bei der Annahme der Erforderlichkeit ist Zurückhaltung geboten. Der Entzug der materiellen Ausübungsbefugnis mit der Folge des Verlusts auch der Prozessführungsbefugnis kraft Gesetzes stellt jedenfalls bei vertraglich begründeten Individualrechten einen gravierenden Eingriff in die Privatautonomie (Art. 2 Abs. 1 GG) dar, die auch verbürgt, dass eigene Rechte grundsätzlich selbst ausgeübt und prozessual durchgesetzt werden können. Auch als Mitglied einer GdWE können dem Wohnungseigentümer diese Befugnisse gegen seinen Willen nicht ohne weiteres entzogen werden (Senat, Urt. v. 24.07.2015 – V ZR 167/14, ZfIR 2015, 801 Rn. 12). Hieran gemessen »erfordert« die Durchsetzung der Erfüllungs- und Nacherfüllungsansprüche aus den Erwerbsverträgen der einzelnen Wohnungseigentümer nicht zwingend eine einheitliche Rechtsverfolgung, wenn diese Ansprüche – wie hier – jeweils in vollem Umfang auf Beseitigung der Mängel am Gemeinschaftseigentum und damit auf das gleiche Ziel gerichtet sind. Denn der Wohnungseigentümer, der selbständig die Mängelbeseitigung gegen den Veräußerer verfolgt, handelt grundsätzlich auch im wohlverstandenen Interesse aller anderen Wohnungseigentümer (vgl. *BGH*, Urt. v. 10.05.1979 – VII ZR 30/78, BGHZ 74, 258, 264), und er darf seine vertraglichen Rechte im Grundsatz selbst wahrnehmen. 14

Eine Vergemeinschaftung der auf das Gemeinschaftseigentum bezogenen Erfüllungs- und Nacherfüllungsansprüche der Wohnungseigentümer wird durch § 9a Abs. 2 WEG andererseits auch nicht ausgeschlossen. Der Wortlaut der Vorschrift steht dem nicht entgegen (vgl. BeckOGK/*Falkner* WEG [01.04.2024], § 9a Rn. 240). Die Beschlusskompetenz der GdWE ergibt sich in der Sache unverändert aufgrund der Verwaltungsbefugnis für das gemeinschaftliche Eigentum (§ 18 Abs. 1 WEG) sowie der in § 19 Abs. 2 Nr. 2 WEG geregelten Pflicht zu dessen Erhaltung. Hierfür spricht zudem der in der Gesetzesbegründung zuletzt zum Ausdruck kommende Wille des Gesetzgebers, die bisherige Rechtsprechung des Bundesgerichtshofs zum Bauträgerrecht beizubehalten (vgl. BT-Drs. 19/18791 S. 46), nach der eine Vergemeinschaftung von werkvertraglichen Erfüllungs- und 15

Nacherfüllungsansprüchen möglich war. Entsprechendes muss für die Vergemeinschaftung von kaufrechtlichen Erfüllungs- und Nacherfüllungsansprüchen gelten. Die weitere Äußerung in der Begründung, auf der Grundlage des § 10 Abs. 6 S. 3 Halbs. 2 WEG aF gefasste Beschlüsse verlören nach allgemeinen Grundsätzen mit Inkrafttreten der Neuregelung ihre Wirkung (BT-Drs. 19/18791 S. 47), bezieht sich erkennbar nicht auf den zuvor angesprochenen Ausnahmefall. Nur diese Sichtweise trägt der nach der Gesetzesänderung unveränderten Interessenlage der Wohnungseigentümer hinreichend Rechnung. Dass die Verwaltung des gemeinschaftlichen Eigentums nunmehr der GdWE obliegt, hat nichts daran geändert, dass es Sache der Wohnungseigentümer ist, in der Eigentümerversammlung darüber zu befinden, auf welche Weise Mängel am Gemeinschaftseigentum zu beseitigen sind (vgl. Senat, Urt. v. 15.01.2010 – V ZR 80/09, NJW 2010, 933 Rn. 10). Ordnungsmäßiger Verwaltung wird es auch weiterhin in aller Regel entsprechen, einen gemeinschaftlichen Willen darüber zu bilden, wie die ordnungsgemäße Herstellung des Gemeinschaftseigentums zu bewirken ist (vgl. *BGH*, Urt. v. 12.04.2007 – VII ZR 236/05, BGHZ 172, 42 Rn. 20) und ggf. welche vertraglichen Ansprüche geltend gemacht werden sollen (vgl. Senat, Urt. v. 20.09.2019 – V ZR 258/18, ZfIR 2020, 98 Rn. 10). Ein Bedürfnis zur Vergemeinschaftung besteht zudem dann, wenn nur einzelnen Wohnungseigentümern durchsetzbare Erfüllungs- und Nacherfüllungsansprüche zustehen, diese aber zu einer gerichtlichen Geltendmachung nicht willens oder in der Lage sind.

16 Ein solches Verständnis des § 9a Abs. 2 WEG unterläuft auch nicht die vom Gesetzgeber beabsichtigte Zuordnung von Rechten und Pflichten (vgl. BT-Drs. 19/18791 S. 47). Die Beschlusskompetenz, die sich aus der Verwaltungskompetenz der GdWE für das gemeinschaftliche Eigentum gemäß § 18 Abs. 1, § 19 Abs. 2 Nr. 2 WEG ableitet, kommt nur bei Individualansprüchen aus den Erwerbsverträgen wegen Mängeln am Gemeinschaftseigentum in Betracht.

17 Der VII. Zivilsenat des Bundesgerichtshofs (*BGH* ZfBR 2023, 342 Rn. 1; *BGH* BauR 2023, 958 Rn. 1; *BGH* NZM 2023, 113 Rn. 32) hat sich dem uneingeschränkt angeschlossen.

18 Die Formulierung der §§ 18 Abs. 1, 19 Abs. 2 Nr. 2 WEG räumt der Gemeinschaft die Befugnis zur Wahrnehmung der Mängelrechte ein. Die einzelnen Erwerber bleiben jedoch Inhaber ihrer Rechte mit der Folge, dass Rechtsinhaberschaft und Ausübungsbefugnis auseinanderfallen. Die Gemeinschaft nimmt die Ansprüche der Erwerber folglich als Ermächtigte bzw. als Prozessstandschafterin wahr. Der Inhalt und Umfang der Ermächtigung wurden vom Gesetzgeber nicht definiert. Inhalt und Zweck der Ermächtigung folgen aus dem Zweck der §§ 9a Abs. 2, 18 Abs. 1, 19 Abs. 2 Nr. 2 WEG (vgl. *Pause/Voge*, Kap. 13 Rn. 2 ff./37 ff.). Die Gemeinschaft kann daher die Forderungen nicht nur geltend machen, sondern darüber hinaus auch Wahlrechte ausüben und Erklärungen abgeben (Mängelanzeigen, Mahnungen). Die Gemeinschaft ist deshalb berechtigt, zwischen den verschiedenen Mängelrechten zu wählen. Aus dem Gemeinschaftsbezug wird außerdem das Recht der Wohnungseigentümergemeinschaft abgeleitet, über die Mängelansprüche zu verfügen, also etwa auch einen Vergleich abschließen zu können (*OLG Köln* ZWE 2014, 26 [27]; *OLG München* NJW 2007, 2418; *BayObLG* NJW-RR 2000, 379). Dass die Gemeinschaft im Rahmen ihrer Ausübungsbefugnisse berechtigt wäre, mit den Mängelansprüchen gegen etwaige Restvergütungsansprüche des Bauträgers die Aufrechnung zu erklären, ist nicht anzunehmen, weil dadurch in die individuelle Rechtszuständigkeit des einzelnen Erwerbers weitgehender eingegriffen würde, als dies für die Geltendmachung der Mängelansprüche erforderlich ist (*Pause/Vogel* Kap. 13 Rn. 139). Mit dem Zweck der Ermächtigung ist außerdem die Berechtigung der Gemeinschaft der Wohnungseigentümer zu erklären, Zahlung an die Gemeinschaft statt an die Forderungsinhaber verlangen zu können. Die Empfangszuständigkeit der Gemeinschaft begründet sich insbesondere für den Kostenvorschuss und den Aufwendungsersatz mit der Erhaltungspflicht des gemeinschaftlichen Eigentums (§ 19 Abs. 2 Nr. 2 WEG), zumal diese Ansprüche auch den Erwerbern selbst nur in Mitgläubigerschaft zustehen und schon deshalb an die Gemeinschaft zu fordern wären (vgl. *Pause/Vogel* Kap. 13 Rn. 41/80).

19 Die der Gemeinschaft durch § 9a Abs. 2 und §§ 18 Abs. 1, 19 Abs. 2 Nr. 2 WEG zugewiesenen Ausübungsbefugnisse sind für die Mängelrechte unterschiedlich. Mängelrechte, die eine einheitliche Rechtsverfolgung nach den §§ 9a Abs. 2, 18 Abs. 1, 19 Abs. 2 Nr. 2 WEG erfordern (Minderung,

kleiner Schadensersatz), können nur von der Gemeinschaft geltend gemacht werden. Trotz der von Anfang an bestehenden Zuständigkeiten der Gemeinschaft muss diese einen Beschluss fassen, auf dessen Grundlage die Verwaltung die beschlossenen Maßnahmen umsetzen kann. Bei den weiteren Mängelrechten (Nacherfüllung, Kostenvorschuss, Ersatz der Selbstvornahmekosten), für die nach §§ 18 Abs. 1, 19 Abs. 2 Nr. 2 WEG eine Ausübungsbefugnis angenommen wird, besteht eine gekorene Zuständigkeit insoweit, als dass diese Ansprüche von den Erwerbern grundsätzlich zunächst individuell geltend gemacht werden können, solange die Gemeinschaft nicht tätig geworden ist. Sobald die Gemeinschaft die Geltendmachung der Ansprüche des Erwerbers beschließt und diese zur gemeinsamen Sache macht, ist der Erwerber mit der Durchsetzung der Ansprüche ausgeschlossen (*BGH* NJW 2007, 1952). Die Beschränkung des Erwerbers seine Rechte gegenüber dem Bauträger zu verfolgen, (§§ 9a Abs. 2, 18 Abs. 1, 19 Abs. 2 Nr. 2 WEG) beruht auf den Besonderheiten des Bauträgervertrages beim Erwerb von Wohnungseigentum. Er kann die Durchsetzung durch die Gemeinschaft auch nicht verhindern.

III. Gesetzliche Prozessstandschaft

20 Hiervon zu trennen ist die Frage, ob er befugt ist, seine Ansprüche durchzusetzen. Die Gemeinschaft der Wohnungseigentümer kann Mängelrechte für die Erwerber als Prozessstandschafterin geltend machen, wenn sie hierzu befugt ist (vgl. Ziffer II.). Die gesetzliche Prozessstandschaft ist ebenfalls aus der Befugnis, fremde Rechte ausüben zu können, wie sie sich aus § 9a Abs. 2 WEG ergibt, ableitbar. In gleicher Weise wurde auch bereits § 10 Abs. 6 S. 3 WEG a.F. verstanden. Die Rechtsprechung hatte bereits vor der ausdrücklichen Aufnahme einer Ausübungsbefugnis der Gemeinschaft mit der WEG-Novelle 2007 eine gesetzliche Prozessstandschaft mit § 21 Abs. 5 Nr. 2 WEG a.F. begründet. Diese kann also über den Anwendungsbereich des § 9a Abs. 2 WEG hinaus auch für eine gekorene Ausübungsbefugnis auf der Grundlage von §§ 18 Abs. 1, 19 Abs. 2 Nr. 2 WEG angenommen werden (*OLG München* IMR 2022, 206). Vor dem 01.12.2020 gefasste Beschlüsse bleiben von dem WEMoG und damit § 9a Abs. 2 WEG jedenfalls unberührt (ZMR 2023, 307 Rn. 24 ff. = ZWE 2023, 123 m. Anm. *Vogel*; *OLG München* IMR 2022, 206; *Pause* NZBau 2021, 230, 232; *Vogel* BauR 2021, 420, 425).

21 Aus der Prozessstandschaft leitet sich auch ab, dass die Gemeinschaft über die Mängelrechte verfügen kann. Sie ist für Zahlungen empfangsbefugt und auch in der Lage, sich mit dem Bauträger zu vergleichen (*BGH* NJW 2006, 3275 Rn. 31 = ZMR 2007, 48 m. Anm. *Vogel; Vogel* ZWE 2016, 442, 450; *Wenzel* NJW 2007, 1905, 1909).

IV. Zuständigkeit der Gemeinschaft durch Beschluss

22 Die Wohnungseigentumsgemeinschaft kann durch einen Mehrheitsbeschluss nach h.M. (*BGH* ZMR 2007, 627 = NZM 2007, 403. Rn. 16; *BGH,* ZMR 2007, 630 = NZM 2007, 407. Rn. 22; *OLG Düsseldorf* NJW-RR 1993, 89 = BauR 1993, 229; *LG München I* NJW-RR 1996, 333; *Pause* NJW 1993, 553, 557) die Verfolgung von Ansprüchen hinsichtlich des Gemeinschaftseigentums beschließen und damit dem einzelnen Erwerber die Sachbefugnis nehmen, diese Ansprüche selbst geltend zu machen; der Beschluss hat damit Außenwirkung (*BGH* NJW 2007, 2007, 1952 Rn. 21; a.A. *Derleder* ZWE 2009, 1, 11). Die Einzelklage des Erwerbers wird damit unbegründet und ist in der Hauptsache für erledigt zu erklären (*Ott* ZWE 2017, 106, 111 ff.; a.A. *OLG Hamm* IMR 2010, 151: §§ 265, 326 ZPO seien analog anwendbar; *AG Reutlingen* ZWE 2013, 408). Der *BGH* hat diese Frage nun ausdrücklich entschieden (*BGH* NJW 2010, 933 Rn. 9 = BauR 2010, 774; *BGH* ZMR 2007, 627 = NZM 2007, 403. Rn. 16/20 f.; näher *Staudinger/Peters/Jacoby* Bearb. 2014, Anh. III zu § 638 Rn. 33 mit Hinweisen zur Vermeidung von Kostennachteilen). Ein (bestandskräftiger und wirksamer) Beschluss hat wegen der Gefahr im Ergebnis »widerstreitender Entscheidungen« zum Schutze des Bauträgers notwendigerweise auch Außenwirkung. Der Eingriff in die Individualrechte des Erwerbers ist dem Erwerb von Wohnungseigentum immanent (*BGH* ZMR 2007, 627 = NZM 2007, 403, Rn. 22; *Wenzel* ZWE 2006, 109, 111). Der Erwerber und sein Rechtsnachfolger sind an bestandskräftige Beschlüsse gebunden (*OLG München* NJW-RR 2002,

1454 = NZM 2002, 826). Um Rechtsnachteile zu vermeiden, kann auch die Gemeinschaft den vom einzelnen Erwerber geführten Prozess im Wege des Parteiwechsels übernehmen; ein solcher ist auch noch in der Revisionsinstanz sachdienlich (*BGH* NZM 2015, 787). Der einzelne Erwerber kann sich nach zweifelhafter Ansicht (*Ott* ZWE 2017, 106, 112; *Skauradszun* ZMR 2015, 515, 520) als streitgenössischer Nebenintervenient weiter (oder überhaupt) am Rechtsstreit beteiligen. Zu beachten ist, dass ein Beschluss der Gemeinschaft keine Rückwirkung besitzt; er wirkt ex nunc, so dass vorangegangene Rechtshandlungen einzelner Eigentümer wirksam bleiben (*BGH* BGHZ 74, 258 = NJW 1979, 2207 = BauR 1979, 420; BGHZ 114, 383 = NJW 1991, 2480 = BauR 1991, 606; *Pause* NJW 1993, 553, 559). Die Gemeinschaft hat aber keinesfalls (vgl. *J.-H. Schmidt/Riecke* ZMR 2005, 252 ff.) die Beschlusskompetenz, dem Erwerber seine entstandenen und ausgeübten Rechte auf Rückgängigmachung des Vertrags (Rücktritt oder Schadensersatz statt der Leistung) aus dem individuellen Vertrag zu nehmen.

23 Die Gemeinschaft der Wohnungseigentümer entscheidet über die Geltendmachung von Erfüllungs- und Mängelansprüchen durch Mehrheitsbeschluss gem. § 19 Abs. 1 WEG. Die Mitglieder einer sog. werdenden bzw. faktischen Eigentümergemeinschaft (*Heismann* ZMR 2004, 10) bei Begründung von Wohnungseigentum nach § 8 WEG verdrängen den Bauträger bei der Stimmrechtsausübung in der Wohnungseigentümerversammlung auch nach Entstehen der Gemeinschaft (bereits zur »alten« Rechtslage *BayObLG* NJW 1990, 3216; NJW 1993, 603; *Pause* NJW 1993, 553, 558, vgl. *Deckert* WE 2000, 28 und ZMR 2005, 335 gegen *OLG Köln* NJW-RR 1999, 959 sowie ZMR 2004, 859; wie hier jetzt *OLG Köln* ZMR 2006, 383; zu den Voraussetzungen für die Annahme einer werdenden Gemeinschaft vgl. *Lieder* DNotZ 2018, 177, 188 ff.). Soweit der Bauträger i.Ü. noch Eigentümer einzelner Wohnungen geblieben ist, ist er wegen Interessenkollision nach § 25 Abs. 4, 1. Alt. WEG nicht stimmberechtigt (*BayObLG* ZMR 2001, 826; *BayObLG* NJW 1993, 603, 604; *BayObLG* ZMR 1986, 249; *Kniffka* FS Ganten [2007], 125, 135; *Pause/Vogel* ZMR 2007, 577, 583). Er muss sich aber an den Kosten der Rechtsverfolgung beteiligen (*LG München I* NZM 2013, 684 = ZMR 2013, 832; Bärmann/*Becker* § 16 WEG Rn. 170a; a.A. *Fritsch* ZMR 2014, 253).

24 Die beschriebene Zuständigkeit der Wohnungseigentümergemeinschaft ist dogmatisch nicht unproblematisch. Die Erfüllungs- und Mängelansprüche stehen dem jeweiligen Ersterwerber zu; dies gilt auch dann, wenn die Wohnungseigentümerversammlung entsprechende Beschlüsse gefasst hat (*Wenzel* RWS-Forum Immobilienrecht, 1998, S. 51, 59). Auch nach Weiterveräußerung an den Zweiterwerber bleibt er Vertragspartner des Bauträgers (*Kellmann* NJW 1980, 400 f.). Die Gemeinschaft, der er nach Grundbuchumschreibung nicht mehr angehört, trifft dann ggf. einen Beschluss über einen ihm individuell und unabhängig von der Gemeinschaft zustehenden Anspruch; mit anderen Worten verliert er durch die Veräußerung sein Mitwirkungsrecht (*Pause* Rn. 981; *Koeble* FS Soergel, S. 125, 130).

V. Empfangszuständigkeit der Gemeinschaft

25 Eine von der Aktivlegitimation und Prozessführungsbefugnis wiederum zu differenzierende Frage ist, an wen Erfüllung der jeweiligen Ansprüche verlangt werden kann. Welche Form der Gläubigermehrheit zwischen den einzelnen Erwerbern vorliegt, war außerordentlich streitig; der dogmatische Streit ist im Ergebnis jedoch wenig fruchtbar. Neben der Mitgläubigerschaft (§ 432 BGB) kommt noch Gesamtgläubigerschaft (§ 428 BGB) in Betracht. Für die Gesamtgläubigerschaft hatte sich beiläufig eine ältere *BGH*-Entscheidung (*BGH* BGHZ 74, 258 = NJW 1979, 2207 = BauR 1979, 420) entschieden, dies hat der *BGH* aber später wohl verneint (*BGH* NJW 1985, 1551 = BauR 1985, 314). Die Annahme einer Gesamtgläubigerschaft passt bereits deshalb nicht, weil dann jeder Erwerber Zahlung an sich verlangen könnte. Seit längerem lässt die Rechtsprechung (*BGH* BauR 2005, 1623, 1624; *BGH* BauR 2004, 1148, 1149 f.; *BGH* NJW 1992, 435 = BauR 1992, 88; NJW 1992, 1881 = BauR 1992, 373) die Frage ausdrücklich offen. Andere Stimmen (*OLG Karlsruhe* BauR 1990, 622; *BayObLG* NJW 1973, 1086; *Koeble* in: Rechtshandbuch Immobilien, Kap. 22 Rn. 9, 22; *Pause* NJW 1993, 553, 555, 560, der jedoch zwischen Minderung und kleinen Schadensersatzanspruch differenziert; *Schmid* BTR 2004, 150, 153; *Schilling* BauR 1986, 449, 450; *Wenzel*

ZWE 2006, 109, 110; in diese Richtung *BGH* NJW 1997, 2173 = BauR 1997, 488; ZfIR 2000, 44) gehen jedenfalls bei den gemeinschaftsbezogenen Ansprüchen von Mitgläubigerschaft aus. In diesem Fall kann nach Ansicht des *BGH* (ZfIR 2000, 44) der einzelne Erwerber allerdings ermächtigt werden, die Zahlung des Schadensersatzes an sich zu verlangen. Für diejenigen Ansprüche, die der Eigentümer grundsätzlich auch alleine geltend machen kann, hat der *BGH* (NJW 1992, 1881 = BauR 1981, 373) zunächst offengelassen, ob auf Leistung an alle zu klagen ist, dieses aber nun (*BGH* ZMR 2007, 630 = NZM 2007, 407 Rn. 18) bejaht. Die Empfangszuständigkeit der Gemeinschaft begründet sich für den Kostenvorschuss und den Aufwendungsersatz mit der Erhaltungs-/Instandhaltungs- und Instandsetzungspflichtpflicht (§ 19 Abs. 2 Nr. 2 WEG, § 21 Abs. 1, 2 5 Nr. 5 WEG a.F.), zumal diese Ansprüche auch den Erwerbern selbst nur in Mitgläubigerschaft zustehen und schon deshalb an die Gemeinschaft zu fordern sind. Sofern die Gemeinschaft Minderung oder kleinen Schadensersatz geltend macht, geht die Rechtsprechung des *BGH* infolge des diesen Rechten zugesprochenen Gemeinschaftsbezugs ebenfalls von der Einzugsberechtigung der Gemeinschaft aus. Dies erscheint jedoch fragwürdig.

Eine Gesamtgläubigerschaft entspricht nicht der Interessenlage beider Vertragsparteien. Die anderen Erwerber liefen Gefahr, ihre Ansprüche zu verlieren, wenn die in Geld gewandelte Leistung (Kostenvorschuss, Fremdnachbesserungskosten) an einen Miterwerber erbracht wird. Sie trügen damit das volle Insolvenzrisiko ihrer Miterwerber. Andererseits könnte jeder Erwerber dem Bauträger gegenüber das volle Leistungsverweigerungsrecht aus § 320 BGB geltend machen. Dies hätte zur Folge, dass auch bei recht wenigen Mängeln ein erheblicher Teil der Gesamtvergütung zurückbehalten werden könnte. 26

D. Ansprüche hinsichtlich Mängel am Sondernutzungsrecht (SNR)

Sondernutzungsrechte stellen Regelungen über den Gebrauch des gemeinschaftlichen Eigentums dar, und zwar in der Art und Weise, dass im Gemeinschaftseigentum stehende Grundstücksflächen, Räume oder Anlagen einem einzelnen Wohnungseigentümer zur ausschließlichen Nutzung zugewiesen werden. Sondernutzungsrechte können durch Vereinbarung (§ 10 Abs. 3 S. 2 WEG) oder durch den teilenden Eigentümer in der Teilungserklärung begründet und ggf. geändert werden (§ 8 Abs. 2, § 5 Abs. 4 i.V.m. § 10 Abs. 3 WEG). Da es sich bei den dem Sondernutzungsrecht unterfallenden Teil des Grundstücks und seiner wesentlichen Bestandteile weiter um Gemeinschaftseigentum handelt, sind die Erfüllungs- und Mängelansprüche grundsätzlich gemeinschaftsbezogen, so dass die dargestellten Grundregeln gelten (*OLG Frankfurt,* NJW-RR 1987, 1163; *Pause/Vogel, Kap.6* Rn. 12 und Kap. 13 Rn. 61). Dies folgt daraus, dass das Sondernutzungsrecht lediglich eine zwischen den Wohnungseigentümern intern wirkende Regelung ist. Abweichende Regelungen in den Erwerbsverträgen sollen nach verbreiteter Auffassung zulässig sein. Dies ist zweifelhaft, da der Gemeinschaftsbezug hierdurch nicht verloren geht, faktisch also ein unzulässiger Vertrag zulasten Dritter, nämlich der Gemeinschaft, entsteht. Etwas anderes könnte dann gelten, wenn das Sondernutzungsrecht in der Teilungserklärung vergleichbar dem Sondereigentum eindeutig ausgestaltet ist, was bspw. bei einer Reihenhausanlage üblich ist. So findet sich dort oft folgende Formulierung: 27

»Soweit nicht zwingende gesetzliche Vorschriften dem entgegenstehen, ist die Gemeinschaftsordnung so auszulegen und anzuwenden, dass jeder Wohnungseigentümer wirtschaftlich als auch rechtlich soweit als möglich so gestellt wird, als ob er Alleineigentümer der ihm zur Sondernutzung zugewiesenen Fläche und der darauf errichteten Sachen wäre.« 28

Dann könnte in dieser Regelung eine Ermächtigung nebst Einziehungsermächtigung gesehen werden (in diese Richtung *BGH* ZfIR 2000, 44 = ZfBR 2000, 3). Eine solche Abweichung von der Behandlung des »unbelasteten« Gemeinschaftseigentums ist rechtlich noch nicht ausreichend geklärt (näher *Häublein,* ZWE 2021, 337 ff.; *Vogel,* ZWE 2016, 442, 450). Ob die Verwaltungskompetenz der Gemeinschaft für den Ersterrichtungsanspruch ausgeschlossen werden kann, ist unklar. Fasst die Gemeinschaft einen entsprechenden Beschluss, dürfte dieser allenfalls anfechtbar sein (*OLG München* NJW 2007, 2418; str.). Richtigerweise erfassen nämlich entsprechende Regelungen nicht die Fälle erstmaliger mangelfreier Herstellung (*KG* ZMR 2009, 135, 136; *OLG München* NZM 2007, 29

369; *BayObLG* ZMR 2003, 366, 368; *BayObLG* ZMR 1996, 574; *LG Köln* ZMR 20017, 262; *J.-H. Schmidt*, ZWE 2017, 238, 247; *Jennißen* ZWE 2017, 116, 117; a.A. *LG München I* ZWE 2012, 47, 49 f.; *LG Koblenz* ZWE 2015, 269). Dies gilt jedenfalls dann, wenn sich nicht ausdrücklich Abweichendes aus der Gemeinschaftsordnung ergibt (*BGH*, ZMR 2020, 862 Rn. 6 ff.). Aus *BGH*, ZMR 2022, 230 Rn. 11 dürfte sich nichts Abweichendes ergeben.

E. Besonderheiten der Vertragsabwicklung

30 Während der Vertragsabwicklung gibt es nur wenige Besonderheiten, die ausschließlich durch Eigenheiten des Wohnungseigentumsrechts bedingt sind.

I. Einführung

31 Soweit während der Errichtung der Eigentumswohnung die geschuldete Bauleistung im Bereich des Sondereigentums verändert werden soll (sog. Sonderwünsche), gelten grundsätzlich keine Besonderheiten. Ein wohnungseigentumsrechtliches Problem kann allerdings dann entstehen, wenn das zukünftige Gemeinschaftseigentum betroffen ist. Ähnlich problematisch ist es, wenn nachträglich die dingliche Zuordnung einzelner im Gemeinschaftseigentum stehender Räume verändert wird oder das Gemeinschaftseigentum von den Erwerbern abgenommen werden soll. Besonderheiten können sich ferner ergeben, wenn einzelne Sondereigentümer eigenmächtig am Gemeinschaftseigentum nachbessern lassen.

II. Veränderung der geschuldeten Bauleistung

32 Jeder Erwerber hat einen selbstständigen Anspruch auf Errichtung der Wohnanlage in einem seinem Vertrag entsprechenden Zustand. Was genau die geschuldete Bauleistung ist, ergibt sich aus dem Erwerbervertrag in Verbindung mit der mit beurkundeten Baubeschreibung, den Plänen sowie den Prospekten und Anpreisungen des Bauträgers oder seiner Vertriebsmitarbeiter (zur Auslegung des Bauträgervertrags und der Bestimmung der geschuldeten Bauleistung vgl. *Vogel* PiG [2007], 109, 113 ff.). Hieran hat sich durch die Reform des Bauvertragsrechts im Grundsatz nichts geändert (zu den Einzelheiten *Kniffka-Pause/Vogel*, § 650u BGB Rn. 48 ff./193 ff.). In der Praxis kommt es oft vor, dass während der Bauwerkserrichtung die Baubeschreibung geändert wird, sodass hinsichtlich derselben Eigentumsanlage Erwerberverträge mit z.T. divergierenden Baubeschreibungen existieren. Dies wirft zahlreiche, z.T. auch ungelöste Probleme auf. Nach der Abnahme ist jedenfalls die Gemeinschaft befugt, im Rahmen ordnungsmäßiger Verwaltung darüber zu entscheiden, welche Bauausführung der Bauträger hinsichtlich des Gemeinschaftseigentums zu erbringen hat (zutreffend *Kniffka* FS Ganten, 125, 134).

33 Der Bauträger schuldet nach §§ 631 Abs. 1, 633 Abs. 1 BGB jedem Erwerber individuell die Herstellung des Gemeinschaftseigentums so, wie dies ursprünglich in seinem Erwerbervertrag vereinbart wurde. Änderungen der Bauerrichtungsverpflichtung bedürfen, damit sie nicht vertragswidrig sind, grundsätzlich einer Änderungsvereinbarung zwischen den Vertragsparteien. Soweit sich der Bauträger die Änderung der von ihm geschuldeten Bauleistung vorbehält, muss die Vertragsklausel § 308 Nr. 4 BGB sowie über § 310 Abs. 3 BGB der Wertung von Anhang 1 Buchst. k) zu Art. 3 Abs. 3 der Richtlinie über missbräuchliche Klauseln in Verbraucherverträgen (RiL 93/13/EWG) genügen. Nach Auffassung des *BGH* müssen Anlass (triftiger Grund), Inhalt und Umfang der Änderungsbefugnis in der Klausel für den Erwerber transparent und mit abstrakten Kriterien vorab zumutbar festgelegt werden (*BGH* BauR 2005, 1473, 1475; dem *BGH* folgend *OLG Köln* IBR 2018, 264; *OLG Koblenz* IBR 2017, 435; *OLG Karlsruhe* IBR 2012, 265; *OLG Celle* BauR 2009, 103; ebenso zuvor *OLG Hamm* BauR 2005, 1324, 1326; teilw. abw. *Armbrüster* ZMR 2005, 244, 250). Übliche Vertragsklauseln genügen diesen Anforderungen in der Regel nicht. Die bloße Wiedergabe des Gesetzes reicht nämlich nicht aus, vielmehr ist die Angabe der Kriterien, nach denen sich die Zumutbarkeit ergeben soll, notwendig (*BGH* NJW 1983, 1322).

Zur Vermeidung von Streitigkeiten ist es daher empfehlenswert, sofern sich eine Änderung bei sachgerechter Bauprojektierung nicht vermeiden lässt, dass mit allen Erwerbern ein Änderungsvertrag abgeschlossen wird. Dieser Vertrag muss grundsätzlich nach § 311b Abs. 1 S. 1 BGB – wie der Erwerbervertrag selbst – notariell beurkundet werden (*BGH* NJW 1992, 1897 = BauR 1992, 508; *Pause* Rn. 129; **a.A.** *Vogelheim* BauR 1999, 117, 121). Zwar hat die Rechtsprechung (*BGH* NJW-RR 1988, 185; ZIP 1999, 143; *MüKo/Kanzleiter* § 311b BGB Rn. 57 ff. m.w.N.) bei Änderungen aufgrund unvorhersehbarer Schwierigkeiten bei der Vertragsabwicklung bisweilen Ausnahmen von dem Formerfordernis des § 311b Abs. 1 BGB gemacht. Die Abgrenzung ist aber unsicher. Die Vereinbarung soll weiter nicht beurkundungsbedürftig sein, wenn im Bauträgervertrag bereits die Auflassung erklärt wurde und die Änderungsvereinbarung die Eigentumsverschaffungspflicht nicht berührt (*BGH* NJW 1996, 452 = ZMR 1996, 122; NJW 1985, 266; *Basty* Rn. 763; str., **a.A.** *BGH* NJW 1984, 612: Vollzug der Auflassung im Grundbuch erforderlich; *Staudinger/Wufka* Bearb. 2012, § 311b BGB Rn. 206 ff. m.w.N.). Die unterlassene Beurkundung birgt aber aufgrund kaum möglicher Abgrenzungen so erhebliche Risiken, dass trotz der finanziellen Belastung (Notargebühren, ggf. Nachlässe des Erwerbspreises, Zeitverlust) generell zu einer Beurkundung mit sämtlichen Erwerbern zu raten ist. Bis zur Heilung durch Eigentumsumschreibung ist nicht nur ggf. die Änderungsvereinbarung formunwirksam (§§ 125 Satz 1, 311b Abs. 1 Satz 2 BGB), sondern gem. § 139 BGB im Zweifel auch der ursprünglich formwirksame Bauträgervertrag (*Vogel* ZfIR 2005, 139, 140; **a.A.** die h.M. in der Lit.; zweifelnd *Staudinger/Wufka* Bearb. 2005, § 311b BGB Rn. 205). Die Formnichtigkeit der Änderungsvereinbarung wirkt sich praktisch aber nur bei erheblichen baulichen Veränderungen aus. 34

III. Änderung der dinglichen Zuordnung

Im Regelfall wird bei Abschluss eines Bauträgervertrages über Wohnungseigentum auf die bereits erstellte Teilungserklärung Bezug genommen; der Stand dieser Teilungserklärung wird dann Inhalt des Bauträgervertrags. Während der Veräußerungsphase stellt sich des Öfteren heraus, dass die dingliche Zuordnung geändert werden muss. So will ein Erwerber eine abweichende Einteilung von Gemeinschafts- und Sondereigentum. In der Tiefgarage werden Sondernutzungsrechte an Stellplätzen verschoben, um Erwerbern in fortgeschrittenem Alter den Alltag zu erleichtern, oder ein Erwerber erwirbt einen zweiten Stellplatz. Selten sind die Fälle, in denen der Inhalt des zugeteilten Eigentums geändert werden soll, etwa wenn ein als Kellerraum bezeichneter Raum (Teileigentum) nunmehr auch zu Wohnzwecken (Wohnungseigentum) benutzt werden darf (vgl. *BayObLG* DNotZ 1996, 666). 35

Das zu veräußernde Eigentum wird im Normalfall durch den Bauträger gem. § 8 WEG aufgeteilt. Wohnungseigentumsrechtlich kann er die Teilungserklärung nachträglich grundsätzlich einseitig abändern. Auch Berechtigte in Abt. II und Abt. III müssen nicht zustimmen (*BayObLG* DNotZ 1996, 297). Die Änderungserklärung bedarf wie die Teilungserklärung materiell-rechtlich keiner bestimmten Form, sie muss aber zur Vorlage beim Grundbuchamt gem. § 29 GBO öffentlich beglaubigt werden. Wegen der Möglichkeit, bei Abschluss weiterer Erwerberverträge gem. § 13a Abs. 1 BeurkG auch auf die Änderungserklärung Bezug nehmen zu können, ist eine Beurkundung allerdings empfehlenswert. Sobald aber zugunsten eines Erwerbers bereits eine Vormerkung im Wohnungsgrundbuch eingetragen ist, kann die Teilungserklärung nur mit Zustimmung des Vormerkungsberechtigten gem. §§ 877, 876 BGB geändert werden (*BayObLG* DNotZ 1996, 297; NJW-RR 1993, 1362). Auch sonstige in Abt. II und Abt. III dinglich Berechtigte müssen nunmehr zustimmen (*BayObLG* DNotZ 1996, 297; ZMR 1998, 241; ZMR 1998, 299; str., vgl. *Böttcher* ZfIR 1997, 321, 324). Grundpfandrechtsgläubiger müssen auch zustimmen, wenn Gemeinschaftseigentum in Sondereigentum umgewandelt werden soll (*OLG München* IMR 2012, 389 – *Briesemeister*). Ohne die Zustimmungen erfolgt grundbuchrechtlich kein Vollzug der geänderten Teilungserklärung (vgl. § 19 GBO). Gewisse Erleichterungen bringt hier jedoch die Vorschrift des § 5 Abs. 4 S. 2 und 3 WEG. 36

37 Soweit in der üblichen Kautelarpraxis dem Veräußerer unter Befreiung von § 181 BGB Vollmacht eingeräumt wird, die Zustimmung zur Teilungserklärung/Gemeinschaftsordnung zu erklären (vgl. *OLG Frankfurt*, NJW-RR 1998, 1707; *BayObLG* NJW-RR 1995, 612; dazu jetzt *Armbrüster* ZMR 2005, 244 ff.), sind die dingliche und die schuldrechtliche Ebene zu unterscheiden: Schuldrechtlich verändert der Bauträger auf diese Weise die von ihm geschuldete Leistung, sodass entsprechende Änderungsklauseln wieder an § 308 Nr. 4 BGB usw. zu messen sind (bereits *BGH* NJW 1984, 725, 728; offen gelassen für Zuweisungsvorbehalte von Sondernutzungsrechten in der Teilungserklärung durch *BGH* NZM 2012, 157 = NJW 2012, 676 Rn. 18; *Armbrüster* ZMR 2005, 244, 250; *Schüller* RNotZ 2011, 203, 209 f.). Sachenrechtlich genügen solche Vollmachten, da sie aus AGB-rechtlichen Gründen unbestimmte Rechtsbegriffe enthalten müssen, meistens nicht der für Verfügungen erforderlichen Bestimmtheit (*BayObLG* NJW-RR 1993, 1362; NJW-RR 1997, 586; NJW-RR 1995, 208). Die Problematik lässt sich nur lösen, wenn eine im Außenverhältnis gegenüber dem Grundbuchamt unbeschränkte Vollmacht erteilt wird, die im Innenverhältnis erheblichen Beschränkungen unterworfen ist (*Staudinger/Rapp* Bearb. 2005, § 8 WEG Rn. 22; zur gebotenen engen Auslegung einer vermeintlich unbegrenzten Generalvollmacht *OLG München* IBR 2009, 457). Ob eine solche Klausel in ihrer Gesamtheit dem AGB-Recht bzw. der Verbraucherrichtlinie genügt, ist nicht abschließend geklärt; jedoch wird das Grundbuchamt wegen der möglichen Unwirksamkeit der Klausel die Eintragung nicht verweigern dürfen, da ihm bis auf offenkundige Missbrauchsfälle die materielle Prüfungskompetenz hierzu fehlt (*OLG München* IMR 2013, 1097; *OLG München* IMR 2009, 315; *OLG München* NZM 2006, 867; *Pause* NZBau 2006, 642; vgl. zum Streitgegenstand *Ulmer/Brandner/Hensen* 11. Aufl. 2011, § 308 Nr. 4 BGB Rn. 10 m.w.N. sowie für Regelungen in der Teilungserklärung; *Staudinger/Rapp* Bearb. 2005, § 7 WEG Rn. 38). Aufgrund dieser Rechtsunsicherheit ist die Aufnahme einer entsprechenden Vollmachtsklausel problematisch. Es spricht vieles dafür, dass die obige Entscheidung des *BGH* aus dem Jahr 2005 (*BGH* BauR 2005, 1473, 1475) zur Änderung der geschuldeten Bauleistung auch auf die Änderung der dinglichen Zuordnung anwendbar ist (*Riemenschneider* MittBayNot 2006, 142, 144; *Schüller* RNotZ 2011, 203, 209 f.; *Vogel*, ZMR 2005, 801; ausführlich *ders.* ZMR 2008, 270, 271). Bereits im Jahr 1983 (*BGH* NJW 1984, 725) wurde nämlich entschieden, dass sich im Innenverhältnis die Änderungsklausel an § 308 Nr. 4 BGB messen lassen muss. Dann müssten Anlass, Inhalt und Umfang der Änderungsbefugnis transparent und für den Erwerber vorab in einem Regelbeispielskatalog zumutbar in der Klausel niederlegt werden. Ist die Änderungsklausel unwirksam oder wird von ihr nicht rechtmäßig Gebrauch gemacht, verstößt der Bauträger gegen seine Vertragspflichten (zutreffend *LG Nürnberg-Fürth* MittBayNot 2010, 132; **a.A.** *Müller*, Änderungen des sachenrechtlichen Grundverhältnisses der Wohnungseigentümer, S. 219). So berechtigt etwa die Umwandlung der Nachbareinheiten von Wohn- in Teileigentum den Erwerber aufgrund eines gravierenden Mangels zur Rückabwicklung (*BGH* NZM 2005, 753; hierzu instruktiv *Weise* NJW-Spezial 2005, 504, 505).

IV. Abnahme des Gemeinschaftseigentums

38 Der einzelne Erwerber ist aufgrund des mit ihm abgeschlossenen Erwerbervertrages individuell zur Abnahme des Vertragsobjektes (bereits *OLG Köln* NJW 1968, 2063; *Bub* NZM 1999, 530, 531 m.w.N.) verpflichtet und grundsätzlich auch berechtigt (*BGH* NJW 1985, 1551; bestätigt durch *BGH* NJW 2016, 2878 Rn. 33 f.). Sondereigentum und Gemeinschaftseigentum können durch den Erwerber grundsätzlich getrennt abgenommen werden (*BGH* BauR 1983, 573; bestätigt durch *BGH* NJW 2016, 2878 = ZMR 2016, 711 Rn. 29; **a.A.** *Sterner* BauR 2012, 1160, 1162). Es handelt sich rechtlich um Teilabnahmen (*Staudinger/Peters/Jacoby*, Bearb. 2014, § 640 BGB Rn. 72). In Allgemeinen Geschäftsbedingungen, die vom Bauträger gestellt werden, dürfte es aus Transparenzgründen (§ 307 Abs. 1 S. 2 BGB) erforderlich sein, die gegenständlichen Bereiche, die getrennt abgenommen werden müssen, näher zu beschreiben.

39 Die Abnahme des Gemeinschaftseigentums ist zunächst Sache jedes Erwerbers; dies ergibt sich bereits aus § 640 Abs. 1 BGB (*BayObLG* NJW-RR 2000, 13 = NZM 1999, 862). Die Rechtslage hat sich durch das Gesetz zur Reform des Bauvertragsrechts nicht geändert. Es besteht nach geltendem Recht praktisch keine Möglichkeit, eine wirksame gemeinsame Abnahme durch sämtliche

Erwerber vertraglich so zu gestalten, dass sie den AGB-rechtlichen Anforderungen genügen. Der einzelne Erwerber ist zur Teilabnahme ohne Mitwirkung der übrigen Erwerber vertraglich verpflichtet. Die Abnahme des Sondereigentums umfasst im Zweifel nicht die Abnahme des Gemeinschaftseigentums (*Bühl* BauR 1984, 237, 243; *Staudinger/Bub* Bearb. 2005, § 21 WEG Rn. 243; offen gelassen von *BGH* BauR 1983, 573). Von der Abnahme des Sondereigentums kann daher nicht ohne weiteres auf die Abnahme des Gemeinschaftseigentums geschlossen werden (*OLG Dresden* IMR 2012, 465; *OLG Schleswig* IBR 2011, 410). Etwas anderes kann im Einzelfall zulasten des Sondereigentümers bei entsprechender Regelung gelten, wenn es sich um Teile des Gemeinschaftseigentums handelt, die ausschließlich in seinem Sondereigentumsbereich liegen (*OLG Stuttgart* ZMR 2015, 903). Für Gemeinschafts- und Sondereigentum laufen damit bereits für den einzelnen Erwerber im Allgemeinen unterschiedliche Verjährungsfristen, weil die einzelnen Erwerber individuell zur Abnahme des Gemeinschaftseigentums berechtigt und verpflichtet sind. Die Abnahme des gemeinschaftlichen Eigentums durch die Mehrheit der Erwerber bzw. Wohnungseigentümer bindet einen späteren Ersterwerber (sog. Nachzügler) nicht (*BGH* NJW 2016, 2878 = ZMR 2016, 711 Rn. 23 ff.; *BGH* NJW 1985, 1551 = BauR 1985, 314; **a.A.** *OLG Koblenz* ZMR 2013, 912 m. abl. Anm. *Abramenko*).

Der Gemeinschaft fehlt vorbehaltlich einer abweichenden Regelung in der Gemeinschaftsordnung auch die erforderliche Kompetenz, die Modalitäten der rechtsgeschäftlichen Abnahme zu regeln bzw. die Abnahme des Gemeinschaftseigentums durch Beschluss »an sich zu ziehen« (*BGH* NJW 2016, 2878 = ZMR 2016, 711 Rn. 37; *LG München I* ZWE 2017, 49; *OLG München* IMR 2017, 71; *OLG München* IBR 2017, 255; *Basty* PiG 74 [2006], 49, 55; *Dötsch* NZM 2017, 832, 836; *Fritsch* BauR 2004, 28, 29; *Jennißen/Heinemann*, § 21 WEG Rn. 15; *Ott* NZBau 2003, 233, 241; *Pauly*, ZfBR 2013, 3, 5; *Pause* Rn. 596; *Popescu* ZWE 2014, 109, 110 ff.; *Riesenberger* NZM 2004, 537, 539; *Schmidt* FS *Deckert* [2002], 443, 463; *C. Schmitz* PiG 74 [2006], 98, 142; *Staudinger/Bub* Bearb. 2005, § 21 WEG Rn. 245; *Vogel* NZM 2010, 377, 380; **a.A.** zur Rechtslage vor dem 01.12.2020 *LG München I* BeckRS 2013, 09934; *AG München* NJW 2011, 2222; *AG Tettnang* IMR 2011, 510; *BayObLG* NJW-RR 2000, 13 = ZMR 1999, 862). Spätestens mit Einführung des § 9a Abs. 2 WEG hat der Gesetzgeber deutlich gemacht, dass es keine Ausübungsbefugnis der Gemeinschaft der Wohnungseigentümer für die Abnahme beim Bauträgererwerb durch Beschluss gibt – nicht anders kann der Hinweis in der Gesetzesbegründung verstanden werden, dass der Entzug von originär individuellen Befugnissen ein gravierender Eingriff in die durch Art. 2 Abs. 1 GG geschützte Privatautonomie sei. Mangels Zuständigkeit waren und sind etwaige Beschlüsse der Wohnungseigentümergemeinschaft, mit der sie die Abnahme des Gemeinschaftseigentums regeln will, nicht nur anfechtbar, sondern nichtig (*BGH* 12.05.2016, NZBau 2016, 551 Rn. 36; *LG München I* 07.04.2016, ZWE 2017, 39; *Pauly* ZfBR 2013, 3). Denn die Abnahme ist anders als die unmittelbar oder mittelbar auf Mangelbeseitigung gerichteten Mängelansprüche nicht gemeinschaftsbezogen (zutreffend *Popescu* ZWE 2014, 109, 111 f.; *Schmid* NZM 2010, 683, 686); sie hat nichts mit der Instandhaltung oder Instandsetzung des Gemeinschaftseigentums zu tun. Wie bei der Rückabwicklung des Erwerbsvertrags durch den einzelnen Erwerber, also im Wege des Rücktritts oder des Schadensersatzes statt der Leistung, besteht keine Beschlusskompetenz der Gemeinschaft (*BGH* ZMR 2007, 48 = NJW 2006, 3275 Rn. 32; *BGH* ZMR 2007, 627 = NJW 2007, 1952 Rn. 18). Hieran hat sich auch durch die WEG-Novelle, die zum 01.12.2020 in Kraft getreten ist, nichts geändert. Vielmehr stützt § 9a Abs. 2 WEG die Auffassung, dass es an einer Beschlusskompetenz für die Abnahme fehlt (*Hügel/Elzer* § 9a WEG Rn. 136). Wenn durch einzelne Erwerber das Gemeinschaftseigentum nicht abgenommen wurde, berührt dies die Interessen der übrigen Erwerber und der Wohnungseigentümergemeinschaft nicht nachteilig, ganz im Gegenteil (*BGH* NJW 1985, 1551, 1552). 40

Regelungen in der Gemeinschaftsordnung, die die Abnahme des Gemeinschaftseigentums zur gemeinsamen Sache machen und damit die Beschlusskompetenz der Gemeinschaft eröffnen wollen, sind im Verhältnis zum Bauträger nach § 310 Abs. 3 BGB i.V.m. RiL 93/13/EWG unwirksam, wenn der Bauträger auf den Inhalt der Gemeinschaftsordnung – wie üblich – Einfluss genommen hat (*Ott* ZWE 2010, 157, 162; *Lotz* BauR 2008, 740, 745; im Ergebnis ebenso *BGH* NJW 2016, 41

2878 = ZMR 2016, 711 Rn. 32 f.; **a.A.** *Hügel* ZMR 2008, 855, 857). Denn für die Richtlinie kommt es nicht auf den Ort der Regelung (Gemeinschaftsordnung) an, sondern auf den Ort der materiellen Auswirkungen an. Die Regelung in der Gemeinschaftsordnung will letztlich auf den Inhalt aller Erwerbsverträge einwirken und dem einzelnen Erwerber die Möglichkeit nehmen, selbst die Abnahme zu erklären. Zudem bestehen Zweifel, ob durch den Verweis in dem Erwerbervertrag auf die Gemeinschaftsordnung insofern transparent die »Abnahmeklausel« in die vertraglichen Rechte und Pflichten einbezogen wird (*BGH* NJW 2016, 2878 = ZMR 2016, 711 Rn. 33 unter Berufung auf *Vogel* NZM 2010, 377, 382; zutreffend HdBFA-Miet- und WEG-Recht/*Ott* 27. Kap. Rn. 105 mit Hinweis auf *Grziwotz/Koeble-Riemenschneider* 3. Teil Rn. 758). Ob eine »Vergemeinschaftung der Abnahme« aus Sicht des Bauträgers derzeit überhaupt sinnvoll ist, ist zweifelhaft. Zum Zeitpunkt der Abnahmefähigkeit dürfte es nämlich regelmäßig noch an einer »werdenden Wohnungseigentümergemeinschaft« fehlen.

42 Eine auf Basis eines mangels Beschlusskompetenz nichtigen Beschlusses erklärte Abnahme des Gemeinschaftseigentums hat im Verhältnis zwischen dem einzelnen Erwerber und dem Bauträger keine Rechtswirkungen. Ob die Abnahmeerklärung, wenn man Beschlusskompetenz für gegeben halten würde, auch gegenüber späteren Erwerbern (sog. Nachzüglern) wirkt (so *Bärmann/Klein, 12. Aufl.,* nach § 10 WEG Rn. 81; *Hügel* ZMR 2008, 855, 857), ist zweifelhaft (*Basty* BauR 2012, 316, 322; *Staudinger/Bub* Bearb. 2005, § 21 WEG Rn. 245). Die Norm führt zu einer Bindung des Sondernachfolgers an einen Beschluss. Der Erwerber ist weder Sondernachfolger des Bauträgers noch ist die Abnahmeerklärung als solche Inhalt des Beschlusses; sie wird allenfalls auf Basis des Beschlusses gesondert erklärt. Eine Bindung des Erwerbers durch Rechtsscheinvollmacht gem. den §§ 171 ff. BGB kommt nicht in Betracht, da der Bauträger kein gutgläubiger Dritter ist (näher *Pause/Vogel* BauR 2014, 764, 767 f. m.w.N.; **a.A.** *Scheffelt* BauR 2014, 163, 176).

43 Eine vom Bauträger vorformulierte Klausel, wonach die Abnahme durch den Verwalter, der zugleich der Bauträger ist, erfolgt, hält einer Inhaltskontrolle nach § 307 Abs. 1 BGB nicht stand (*BGH* ZMR 2016, 790 = NJW-RR 2016, 1143 Rn. 22; *BGH* NJW 2013, 3360 Rn. 7 ff. = BauR 2013, 2020; *OLG München* IBR 2017, 81; *OLG Stuttgart* MDR 1980, 495; *Riesenberger* NZM 2004, 537, 539; **a.A.** *BayObLG* NZM 2001, 739). Die Einsetzung des Erstverwalters oder eines bestimmten Sachverständigen als diejenigen, die bindend für Erwerber die Abnahme erklären dürfen, ist nicht nur aus Haftungsgründen problematisch, da bei kundenfeindlichster Auslegung der Bauträger eine Person auswählen kann, die rechtlich oder wirtschaftlich oder persönlich mit ihm verbunden ist, sodass die Gefahr besteht, dass diese Person die Abnahmefähigkeit nicht neutral prüft, sondern zugunsten des Bauträgers verfährt (*BGH* NJW 2013, 3360 Rn. 8; **a.A.** *OLG Dresden* IBR 2013, 82). Sofern der Verwaltungsbeirat als Abnahmebevollmächtigter eingesetzt wird, dürfte die Klausel ebenfalls unwirksam sein (**a.A.** *Blank* DNotZ 2014, 166, 176). Deren Mitgliedern fehlt regelmäßig die gebotene Sachkunde, zumal deren Benennung wesentlich in die Rechtsstellung des Erwerbers eingreift, selbst die Abnahme erklären zu können. Auch die Sachkunde von Sachverständigen für die Abnahme ist zweifelhaft, weil für die Abnahme auch zahlreiche rechtliche Vorfragen insbesondere zum geschuldeten Leistungsumfang und Leistungsinhalt geklärt werden müssen (*Vogel* NZM 2010, 377, 379; *v. Oefele* DNotZ 2011, 249, 258 f.; vgl. *BGH* NJW 2016, 2878 Rn. 33 = ZMR 2016, 711). Klauseln, die unwiderruflich dem Erwerber das Abnahmerecht nehmen oder jedenfalls nicht hinreichend klarstellen, dass der Erwerber jederzeit selbst die Abnahme erklären kann, sind unwirksam (*OLG Düsseldorf* BauR 2013, 470; *OLG Brandburg* BauR 2013, 1734; *OLG Karlsruhe* NJW 2012, 237; *Blank* DNotZ 2014, 166, 177; *Ott* ZWE 2013, 253, 256; offen gelassen von *BGH* NJW 2013, 3360 Rn. 12; in diesem Sinne jetzt *BGH* NJW 2016, 2878 Rn. 33 = ZMR 2016, 711). Von dem mit der Hauptpflicht des Erwerbers, im Fall der Abnahmereife die Abnahme zu erklären, korrespondierenden Recht, selbst über die Abnahme zu entscheiden, kann der Erwerber nicht faktisch AGB-rechtlich wirksam »verdrängt« werden (*Schulz* BWNotZ 2012, 62, 64; *Vogel* NZM 2010, 377, 379; in diesem Sinne jetzt ausdrücklich *BGH* NJW 2016, 2878 Rn. 33 = ZMR 2016, 711). Die zumeist unwirksamen Klauselgestaltungen sind vielgestaltig (weitere Beispiele für unwirksame Klauseln bei *Ott* ZWE 2013, 254, 255 ff.). Unter Geltung des neuen Bauvertragsrechts ist eine Klausel unwirksam, wonach die Abnahmewirkungen nach Ablauf einer angemessenen Frist eintreten, wenn

nicht innerhalb der Frist unter Angabe wesentlicher Mängel die Abnahme verweigert wird, weil § 640 Abs. 2 S. 1 BGB nur die Angabe irgendeines Mangels erfordert, der nicht wesentlich sein muss (*OLG Frankfurt* NZBau 2021, 328 Rn. 95 ff.). Orientiert sich eine Klausel allein an § 308 Nr. 5 BGB, dürfte sie, weil sie sich nicht an dem gesetzlichen Leitbild des § 640 Abs. 2 BGB n.F. orientiert, ebenfalls unwirksam sein.

Es erscheint sinnvoller und AGB-rechtlich wohl zulässig, wenn die Abnahme des Gemeinschafts- 44
eigentums durch einen vereidigten und öffentlich bestellten Bausachverständigen lediglich in technischer Hinsicht vorbereitet wird, den die »werdende« Gemeinschaft in ihrer ersten Versammlung selbst auswählt (näher *Vogel* NZM 2010, 377, 382 f.; ebenso *Pause* NJW 1993, 553, 555; *ders.* Rn. 599 ff.). Der Beauftragung und der Vorbereitung der Abnahmeerklärung des Sachverständigen steht das RechtsdienstleistungsG nicht entgegen (ebenso *Häublein* DNotZ 2002, 608, 622; *Pause* Rn. 600; **a.A.** mit beachtlichen Argumenten *Basty* BTR 2002, 12, 13 f.; *ders.* Immobilienrecht 2002, 247, 258 ff.; *Hildebrandt* BTR 2003, 211, 214; *Riesenberger* NZM 2004, 537, 539 jeweils noch zum RBerG). Eine etwaige rechtsgeschäftliche Abnahmeempfehlung wäre ein Hilfsgeschäft. Im Vordergrund steht die technische Überprüfung der erbrachten Bauleistung. Um letzte Risiken zu vermeiden, ist die Beauftragung eines größeren Sachverständigenbüros empfehlenswert, welches schon eine Erlaubnis nach dem Rechtsberatungsgesetz besaß (z.B. TÜV, Dekra pp.). *Basty* hält seit Jahren den vollständigen Ausschluss der Möglichkeit, dass der einzelne Erwerber selbst das Gemeinschaftseigentum abnimmt, mit beachtlichen Argumenten gem. § 307 Abs. 2 Nr. 2 BGB für unwirksam (*Basty* PiG 74 [2006], 49, 58; *ders.* Rn. 1013). Hieran ist zutreffend, dass es für den vollständigen Ausschluss des »Abnahmerechts« auch aus Sicht des Bauträgers keinen rechtfertigenden Grund gibt, weil der einzelne Erwerber zur Abnahme des Gemeinschaftseigentums verpflichtet ist, wenn die Leistung des Bauträgers objektiv abnahmereif ist. *Basty* schlägt zutreffend unter Berufung auf eine Entscheidung des *BGH* (*BGH* BauR 1992, 232, 233) vor, dass der Sachverständige, der von den Erwerbern letztlich ausgewählt wird, nur die technische Abnahme erklärt, jeder Erwerber hierüber ein Protokoll erhält und vom Bauträger – bei Feststellung der Abnahmereife – aufgefordert wird, die Abnahme des Gemeinschaftseigentums zu erklären; erklärt sich der Erwerber binnen bestimmter, angemessener Frist nicht, gilt das Gemeinschaftseigentum verbindlich als abgenommen, worauf der Erwerber nochmals bei Protokollübersendung hinzuweisen ist (*Basty* PiG 74 [2006], 49, 65 f.). An diesem Vorschlag war sicherlich bestechend, dass er für beide Parteien des Bauträgervertrags und die Gemeinschaft fair und praktisch umsetzbar ist. Allerdings überwiegen auch nach *Basty* die generellen Zweifel an einer gemeinschaftlichen Abnahme. *Basty* hält eine gemeinsame Abnahme für zweifelhaft, weil der Bauträger aufgrund zwischenzeitlicher Änderungen der Bauausführung, die von einer Änderungsbefugnis im Innenverhältnis nicht gedeckt sein müssen, nicht jedem Erwerber die identische Ausführung des Gemeinschaftseigentums schuldet (*Basty* PiG 74 [2006], 49, 53). Trotz der gemeinschaftlichen Vorbereitung, die sich auf die unverbindliche Klärung der Abnahmereife in technischer Hinsicht beschränkt, verbleibt es also bei der individuellen rechtsgeschäftlichen Abnahme des Gemeinschaftseigentums, zumal nicht zweifelsfrei ist, wie eine Klausel formuliert sein muss, um § 640 Abs. 2 BGB n.F. zu genügen (vgl. *OLG Frankfurt* NZBau 2021, 328 Rn. 95 ff.).

Sofern die Gemeinschaftsordnung und der Bauträgervertrag wirksam die Abnahme zur »gemeinsamen 45
Sache« machen (vgl. dazu die gravierenden Bedenken oben in Rdn. 41), müssten sowohl der Bauträgervertrag und als auch die Gemeinschaftsordnung überstimmende Regelungen enthalten, dass der Erwerber dem ausgewählten Sachverständigen bei fehlender entgegenstehender Erklärung Abnahmevollmacht erteilt und ggf. vor Vollzug einer werdenden Wohnungseigentümergemeinschaft der Erwerbergemeinschaft die Rechtsmacht verliehen wird, durch Mehrheitsbeschluss den Sachverständigen auszuwählen. Hält man eine unmittelbare Vollmacht an den Sachverständigen für wirksam, so ist die erteilte Vollmacht vom Erwerber jederzeit frei widerruflich (§ 671 Abs. 1 BGB; zutreffend *OLG Koblenz* BauR 2003, 546 = ZfIR 2002, 897). Ein Ausschluss der Widerruflichkeit führt dazu, dass der Erwerber mangels Bestehens einer treuhänderähnlichen Stellung des Sachverständigen an dessen Erklärung ABG-rechtlich nicht wirksam gebunden werden kann (*OLG Karlsruhe* NJW 2012, 237; *OLG Düsseldorf* BauR 2013, 470; *LG Hamburg* BauR 2010, 1953; *OLG Koblenz* BauR 2003, 546 = ZfIR 2002, 897; *Basty* PiG 74 [2006], 49, 59; *ders.* Rn. 1014). Um nicht

gegen das Transparenzgebot zu verstoßen, muss die Klausel ausdrücklich vorsehen, dass die Vollmacht jederzeit frei widerruflich ist (*OLG Stuttgart* NJW-RR 2015, 1226; offen gelassen von *BGH* NJW 2013, 3360 Rn. 12 = BauR 2013, 2020). Jedenfalls ist ein Widerruf aus wichtigem Grund immer möglich (*OLG Hamm* ZfIR 2004, 644). Aufgrund der beiderseitigen Bedeutung der Abnahme für den Bauträger und jeden einzelnen Erwerber sind Klauseln, die eine »persönliche« Abnahme durch den Erwerber ausschließen, nach § 307 Abs. 2 Nr. 1 BGB unwirksam (ebenso *Basty* Rn. 1014; *Schöner/Stöber* Rn. 3229).

46 Eine stillschweigende Abnahme ist auch hinsichtlich des Gemeinschaftseigentums möglich, wobei für eine widerspruchslose Ingebrauchnahme wegen des Umfanges der Überprüfung eine längere Benutzungszeit erforderlich ist (*BGH* NJW 1985, 731 = BauR 1985, 200; *Pause* NJW 1993, 553, 556). Enthält der Bauträgervertrag eine unwirksame Abnahmeklausel und wird auf deren Grundlage vermeintlich die Abnahme erklärt, so kommt i.d.R. eine stillschweigende Abnahme durch die einzelnen Erwerber nicht mehr in Betracht; aus Sicht eines objektiven Dritten bestand für den redlichen Bauträger aufgrund der Unkenntnis der Erwerber über die fehlende Bindung der Abnahmeerklärung kein Anlass, dass dieser abermals (!) die Abnahme erklärt (*BGH* NJW 2016, 1572 = ZMR 2016, 660 Rn. 40; *BGH* NJW 2016, 2878 = ZMR 2016, 711 Rn. 56; *Scheibengruber* notar 2016, 86, 87; so bereits *Fritsch* BauR 2004, 28, 30; *Häublein* DNotZ 2002, 608, 609; a.A. und unvertretbar *BayObLG* NZM 2001, 539). Denn den Erwerbern fehlt ohne entsprechende Aufklärung über die Unwirksamkeit das potenzielle Erklärungsbewusstsein dafür, eine »weitere« Abnahme zu erklären (*OLG Brandenburg* IBR 2013, 622; *OLG Düsseldorf* BauR 2013, 470; *OLG Karlsruhe* NJW 2012, 237; *LG Hamburg* IBR 2009, 458; *OLG München* BauR 2009, 1444; *Ott* ZWE 2013, 253, 256 f.; *Pause* Rn. 598; *Pause/Vogel* BauR 2014, 764, 766; a.A. *Messerschmidt/Leidig* BauR 2014, 1, 4; *Pauly* ZMR 2011, 532, 535; *ders.* ZWE 2011, 349, 350; *ders.* MDR 2018, 376, 377). Er geht davon aus, dass die Abnahme bereits wirksam aufgrund der (unwirksamen) Abnahmeklausel erklärt wurde. Dies war zu vergleichbaren Fallgestaltungen bereits höchstrichterlich entschieden (*BGH* NJW 2013, 3434 Rn. 27; *BGH* NJW 2010, 2873 Rn. 17 f.; dazu näher *Vogel* jurisPRBauR 12/2011 Anm. 1). Regelmäßig wird daher in den Fällen, in denen auf Basis einer unwirksamen Abnahmeklausel vermeintlich die Abnahme erklärt wurde, die Mängelverjährungsfrist noch nicht zu laufen begonnen haben; die §§ 195, 199 BGB mit der Höchstfrist des § 199 Abs. 3 BGB von zehn Jahren ist nicht anwendbar (*BGH* BauR 2024, 273 = NZM 2024, 113 Rn. 45; *OLG Karlsruhe* BauR 2020, 1333 = ZMR 2019, 523; OLG Stuttgart BeckRS 2024, 15819 a.A. *Tschäpe/Trefzger* ZfBR 2022, 523, 530: § 199 Abs. 3 Nr. 1 BGB analog). Das OLG Stuttgart (BeckRS 2024, 10179) geht hingegen in dieser Entscheidung davon aus, dass es mit Treu und Glauben unvereinbar wäre, wenn ein unverjährbares Recht geschaffen werden würde und geht davon aus, dass die Haftung des Bauträgers spätestens 15 Jahre nach Fälligkeit seiner Leistung endet. Auf etwaigen Rechtsschein aufgrund der im Bauträgervertrag im Zusammenhang mit der Abnahmeklausel enthaltenen Vollmacht kann sich der Bauträger als Vertragspartner nicht berufen; er ist kein schutzwürdiger Dritter (*Pause/Vogel* BauR 2014, 764, 767; a.A. *Scheffelt* BauR 2014, 163, 176). In seltenen Ausnahmefällen, in denen kumulativ das Zeit- und das Umstandsmoment vorliegen, können Mängelrechte der Erwerber verwirkt sein (hierzu *LG München* I IBR 2013, 1232; vgl. ferner *Pause/Vogel* BauR 2014, 764, 770 zu AGB-rechtlichen Besonderheiten, die bei der Verwirkung eine Rolle spielen). I.d.R. wird aber das Umstandsmoment fehlen.

47 Nach den Grundsätzen der personalen Teilunwirksamkeit wirkt sich die AGB-rechtliche Unwirksamkeit der Abnahmeklausel und damit die fehlende Abnahme dahin aus, dass es am Verjährungsbeginn mangels Abnahme fehlt, der Erwerber aber bereits vor Abnahme nach Treu und Glauben (§ 242 BGB) Mängelrechte geltend machen kann (zuletzt *BGH* BauR 2024, 273 = NZM 2024, 113 Rn. 41). Die unwirksame Formularklausel wirkt sich einerseits (bezüglich der Voraussetzungen für die Geltendmachung von Mängelansprüchen, insbesondere Kostenvorschussansprüchen vor Abnahme) günstig und andererseits (bezüglich des fehlenden Beginns der Verjährung der Mängelansprüche) ungünstig aus (vgl. *Rodemann* BauR 2020, 519, 522 f.); die Inhaltskontrolle dient nämlich ausschließlich dem Schutz des Vertragspartners (Erwerber) des Verwenders (Bauträger), nicht dem Schutz des Verwenders (vgl. BGHZ 210, 206 = ZMR 2016, 711 Rn. 58 m.w.N.; NJW

2017, 2762 = BauR 2017, 1995 = NZBau 2018, 29 Rn. 31). Eine Verwirkung kommt allenfalls dann in Betracht, wenn nicht entsprechend der Abnahmeklausel das Abnahmeprocedere gestaltet wurde (*OLG Bamberg* BauR 2016, 688, 692). Auch die Überlegung (*Werner* NZBau 2014, 80, 84), der u.U. mangels Abnahme verjährte Erfüllungsanspruch sei verjährt, so dass der Erwerber nach Abnahmeerklärung keine Mängelrechte mehr durchsetzen dürfe, können aus Rechtsgründen nicht zum Erfolg führen (*BGH*, BauR 2024, 273 = NZM 2024, 113 Rn. 45; hierzu bereits *Pause/Vogel* BauR 2014, 764, 768 f.). Gleiches gilt, wenn der Bauträger ausnahmsweise vorrangig schutzwürdig ist, nicht mehr in Anspruch genommen zu werden (*BGH* BauR 2024, 273 = NZM 2024, 113 Rn. 39 ff.). Allein der Zeitablauf oder die vorherige Durchsetzung von Mängelansprüchen reicht hierfür nicht aus. Für das Umstandsmoment kommt es nicht darauf an, ob der Bauträger mit der Unwirksamkeit der Abnahmeklausel rechnen musste (a.. *OLG München* BeckRS 2023, 31609). Denkbar ist eine Verwirkung wohl nur dann, wenn die Erwerber von einem konkreten Mangel Kenntnis haben und jahrelang zuwarten, bis sie diesen gerichtlich durchsetzen.

Die Vereinbarung der VOB/B als »Ganzes« und damit die einer fiktiven Abnahme nach § 12 Abs. 5 48
VOB/B ist in einem Bauträgervertrag nicht möglich (*Ott* ZWE 2010, 157, 158). Die Vereinbarkeit mit § 307 Abs. 2 Nr. 1 BGB ist ungeklärt, da das gesetzliche Leitbild in § 640 BGB a.F. eine Willenserklärung vorsieht und die Abnahmewirkungen auch bei einer nicht abnahmereifen Leistung eintreten würden. Hieran hat die Einfügung von § 640 Abs. 1 S. 3 BGB a.F. durch das »Gesetz zur Beschleunigung fälliger Zahlungen« nichts geändert, da der Gesetzgeber die Wirkungen der Abnahme nur eintreten lässt, wenn die Bauleistung **abnahmereif war** (vgl. den Gesetzeswortlaut: »obwohl er dazu verpflichtet ist«). Auf das Abnahmesurrogat in § 640 Abs. 1 S. 3 BGB a.F. sollte sich der Auftragnehmer nicht verlassen. Die Wirkungen der Abnahme treten nicht ein, wenn sich nachträglich herausstellt, dass zum Zeitpunkt des Abnahmeverlangens nicht unwesentliche Mängel vorlagen. Der eigentliche Vorteil der Neuregelung liegt darin, dass der Gesetzgeber einige Rechtsfolgen der unberechtigten Abnahmeverweigerung nunmehr geregelt hat. Ob die Bauträgerleistung objektiv erst dann abnahmereif ist, wenn der Erwerber lastenfreies Eigentum erlangt hat, ist ungeklärt (dafür: *Thode* NZBau 2002, 297, 301 f.; *Vorwerk* BauR 2003, 1, 7 f.). Hierfür spräche die Formulierung von § 633 Abs. 1 BGB (»frei von Sach- und Rechtsmängeln zu verschaffen«). Nach § 640 Abs. 2 BGB kommt es für den Eintritt der Wirkungen der fiktiven Abnahme nicht mehr auf die Abnahmereife, sondern auf die Fertigstellung und die ergebnislose Fristsetzung unter Belehrung an (i.E. *Kniffka-Pause/Vogel*, § 640 BGB Rn. 64 ff. m.w.N.).

Enthält die förmliche Abnahmeerklärung eine Auflistung von Mängeln, deren Vorhandensein sich 49
die Erwerber nach § 640 Abs. 2 BGB vorbehalten und deren Beseitigung der Bauträger zusagt, so kann hierin ein deklaratorisches Anerkenntnis des Bauträgers hinsichtlich der Mängel liegen (*KG* IMR 2011, 70; *Werner/Pastor* Rn. 2531).

Die Fertigstellungsbescheinigung gem. § 641a BGB a.F. stand ebenfalls weitgehend einer Abnahme 50
gleich. Sie ist nicht geeignet, dem Bauträger die Durchsetzung seiner Vergütungsforderung zu erleichtern. Sie nutzt dem Bauträger nur, wenn das Verfahren zur Erteilung der Fertigstellungsbescheinigung penibel eingehalten wird und die Bauleistung frei von Mängeln ist. Ungeklärt ist weiter, ob die gesetzliche Regelung überhaupt in der Praxis sachgerecht umgesetzt werden konnte. Angesichts der ungeklärten Fragen und des Kostenrisikos konnte im Regelfall eine Begutachtung nach § 641a BGB a.F. dem Auftragnehmer nicht empfohlen werden. Die Vorschrift ist zutreffend vom Gesetzgeber ersatzlos gestrichen worden.

Die in der Kautelarpraxis üblichen Vereinbarungen in den Erwerbsverträgen, die einen späteren 51
Erwerber, sog. Nachzügler, an die Wirkungen und das Ergebnis einer bereits durchgeführten Abnahme binden wollen, sind unwirksam (*BGH* NJW 2016, 1572 = ZMR 2016, 660 Rn. 32 ff.; *BGH* NJW 2016, 2878 Rn. 44 ff. = ZMR 2016, 711). Die Literatur (*Jagenburg* NJW 1992, 282, 290 f.; *Pause* NJW 1993, 553, 556; *Schulze-Hagen* BauR 1992, 320, 327; *Staudinger/Bub* Bearb. 2005, § 21 WEG Rn. 238) bejahte diese Möglichkeit teilweise. Die obergerichtliche Rechtsprechung und die Literatur hielten solche Klauseln schon lange für unwirksam (*OLG Frankfurt* IBR 2013, 746; ebenso *Ott* ZWE 2013, 253, 255; *Staudinger/Peters/Jacoby* Bearb. 2014 Anhang III zu § 638 BGB Rn. 35;

Vogel BauR 2010, 1992, 1995; **a.A.** und ohne jegliches Problembewusstsein *OLG Koblenz* ZMR 2014, 912 m. abl. Anm. *Abramenko*). Die Klauselvorschläge scheitern an § 309 Nr. 8 b) ff.) BGB, wenn zwischen Fertigstellung und Veräußerung der Wohnung durch den Bauträger nur eine verhältnismäßig geringfügige Zeitspanne liegt (*OLG Frankfurt* IBR 2013, 746; *LG Hamburg* IBR 2010, 458; *OLG Schleswig* IBR 2009, 655; *Pause* Rn. 610; *Staudinger/Bub* Bearb. 2005, § 21 WEG Rn. 238). »Neu« ist die Wohnung im Ganzen aber auch dann, wenn sie nur kurzfristig (ca. 2 Jahre) vermietet war oder über 2 1/2 Jahre leer stand; insoweit korrespondieren die Einordnung als Werkvertrag sowie der Neuheitsbegriff des früheren AGBG (*BGH* NJW 2016, 2878 Rn. 23 ff. = ZMR 2016, 711; ebenso *Klumpp* NJW 1993, 372, 373; **a.A.** *Ulmer/Brandner/Hensen* 11. Aufl. 2011, § 309 Nr. 8 BGB Rn. 25; *Wolf/Horn/Lindacher* Vorb. § 309 Nr. 8 Buchst. b) 14 – vermittelnd *Staudinger/Coester-Waltjen* Bearb. 2006, § 309 Nr. 8 BGB Rn. 25). Die Grenze für die Annahme einer Herstellungsverpflichtung und für die »Neuheit« ist ein Zeitraum von ca. drei Jahren (*BGH* NJW 2016, 1575 Rn. 25 = ZMR 2016, 474). Die genaue Abgrenzung ist »dunkel« (*Cramer* MittBayNot 2017, 547, 551 m.w.N.; *Greiner* NZM 2017, 713, 715). An der Einordnung des Nachzüglervertrags als Werkvertrag, soweit die Bauerrichtungsverpflichtung betroffen ist, hat sich durch die Schuldrechtsreform nichts geändert (*BGH* NJW 2016, 2878 Rn. 23 ff. = ZMR 2016, 711; *BGH* NJW 2007, 3275 Rn. 19 *obiter dictum*). Die Klausel nimmt zudem dem Nachzüglererwerber das Recht, die Leistung bezüglich des Gemeinschaftseigentums bei Übergabe auf ihre Vertragsgemäßheit selbst zu prüfen. Die in der Praxis übliche Hilfsklausel, wonach der Nachzügler zugleich hilfsweise die Abnahme zum Tage des Vertragsschlusses erklärt, ist ebenfalls unwirksam. Mangels Übergabe und Überprüfungsmöglichkeit läuft sie auf eine Abnahmefiktion hinaus (ähnlich *Basty* BauR 2012, 316, 323). Die Formulierung »hilfsweise« ist intransparent, weil sie offenlässt, für welche Fallgestaltung der Nachzügler aus Sicht des Bauträgers nochmals die Abnahme erklären soll.

52 Mängel des Gemeinschaftseigentums können sich gerade auf das durch den Nachzügler erworbene Sondereigentum besonders auswirken. Wegen § 310 Abs. 3 Nr. 1 BGB (s.i.E. *MüKo/Basedow* § 310 Rn. 64; *Wolf/Horn/Lindacher* § 310 Abs. 3 BGB Rn. 14) ändert hieran eine ausführliche Belehrung des Notars nichts (so aber *Kaufhold* DNotZ 1998, 254, 263). Angesichts der auch mit einer modifizierten Klausel verbundenen Unsicherheiten läuft der Bauträger bei den üblichen Vertragsmustern, in denen er indirekt auf eine erneute Abnahme des Gemeinschaftseigentums verzichtet, Gefahr, dass sich der Bauträgervertrag mangels Abnahme jahrelang noch in der Erfüllungsphase befindet und die Mängelverjährungsfrist nicht zu laufen begonnen hat.

53 Bei sog. Mehrhausanlagen, die sukzessive in mehreren Bauabschnitten errichtet werden, stellen sich die eben aufgezählten Probleme noch dringlicher. Da auch hier sämtliche Erwerber grundsätzlich aktivlegitimiert sind, Mängel am Gemeinschaftseigentum geltend zu machen, wäre eine Angleichung der Mängelverjährungsfrist sachgerecht. Ob dies in dieser Fallkonstellation möglich ist, ist ungeklärt (gegen eine Differenzierung von gebrauchtem und neuem Gemeinschaftseigentum *BGH* NJW 2016, 1572 Rn. 29; **a.A.** *Pause* NZBau 2017, 22, 24). Wegen weiterer Probleme während der gemeinschaftlichen Verwaltung (vgl. *BGH* BGHZ 92, 18 = BauR 1984, 655 sowie *Staudinger/Bub* Bearb. 2005, § 16 WEG Rn. 41 zum gerechten Verteilungsschlüssel und *BayObLG* NJW-RR 1988, 274 zur getrennten Instandhaltungsrücklage) ist es sehr empfehlenswert, größere Objekte von vornherein in mehrere Wohnungseigentümergemeinschaften zu unterteilen (ebenso *Pause* NJW 1993, 553, 556). Ist dies nicht möglich, könnten Untergemeinschaften begründet und die Herstellungspflichten des Bauträgers gegenüber den Erwerbern auf die ordnungsgemäße Herstellung des Gemeinschaftseigentums ihrer Untergemeinschaft beschränkt werden; ob eine solche Begrenzung bei transparenter Vertragsgestaltung und ausgiebiger Belehrung in Verbraucherverträgen einer Inhaltskontrolle standhält, ist ungeklärt, aber wohl eher zu bejahen. Ohne entsprechende Regelung beginnt die Verjährung der Mängelansprüche betreffend dem Gemeinschaftseigentum erst mit der »letzten« Abnahme des letzten Bauabschnitts zu laufen (*OLG Nürnberg* IBR 2009, 585; *Kniffka-Pause/Vogel* § 650u BGB Rn. 111).

V. Eigennachbesserung eines Sondereigentümers

1. Einführung

Viele Erwerber bessern in Unkenntnis der werkvertraglichen Mängelvorschriften (insbes. § 637 BGB) ohne den Bauträger aufzufordern, die Mängel zu beseitigen, diese selbst nach. Soweit es sich um Mängel am Sondereigentum handelt, gelten keine Besonderheiten. Problematisch wird eine solche Eigennachbesserung im Bereich des Gemeinschaftseigentums. Ebenfalls problematisch ist es, wenn der Erwerber nach ordnungsgemäßer Fristsetzung gem. § 637 BGB ein Drittunternehmen mit der Sanierung beauftragt und dieses mangelhaft arbeitet (Stichwort: »Sanierung der Sanierung«) oder es im Zusammenhang mit Nachbesserungsarbeiten zu Schäden am Gemeinschaftseigentum kommt. 54

2. »Unberechtigte« Eigennachbesserung und Ersatzvornahme

Lässt der einzelne Erwerber nachbessern, ohne dass die Voraussetzungen von §§ 634 ff. BGB herbeigeführt sind, so hat er auch nach der Schuldrechtsreform gegenüber dem Bauträger keinen Anspruch auf Ersatz der Nacherfüllungskosten (*Kniffka* BauR 2005, 1024, 1025). Auch gegenüber den Miterwerbern und damit der Gemeinschaft besteht ein solcher Anspruch nicht, denn das Verhalten des einzelnen Erwerbers hat dazu geführt, dass die Miterwerber nicht mehr in der Lage sind, ihrerseits vom Bauträger Kostenersatz zu verlangen. Müssten sich die Miterwerber auf diese Weise anteilig an den Nacherfüllungskosten beteiligen, entstünde ihnen ein Schaden. Der einzelne Erwerber kann aus keinem Rechtsgrund Beteiligung verlangen, da er durch seine Vorgehensweise seine gemeinschaftlichen Mitwirkungspflichten verletzt hat; die Voraussetzungen der Geschäftsführung ohne Auftrag und des Bereicherungsrechts liegen regelmäßig nicht vor (*BGH* ZMR 2019, 890 Rn. 11 ff.). 55

Zwar wäre der einzelne Erwerber im Verhältnis zum Bauträger bei dessen Verzug (bzw. Ablauf einer ihm gesetzten angemessenen Frist) berechtigt, die Nachbesserung in eigener Regie durchführen zu lassen. Wohnungseigentumsrechtlich handelt es sich aber um eine Maßnahme, die wiederum der gemeinschaftlichen Verwaltung gem. § 19 Abs. 1, Abs. 2 Nr. 2 WEG unterliegt. Daher hat die Gemeinschaft im Innenverhältnis (!) über die Ersatzvornahme vorher zu beschließen, es sei denn, es liegt ein Fall der Notgeschäftsführung vor (*BGH* BauR 2010, 774 = NJW 2010, 933 Rn. 10). Die Ablehnung eines Beschlusses, beweisverwertbar festgestellte Baumängel sachgerecht zu sanieren, entspricht im Regelfall nicht den Grundsätzen ordnungsmäßiger Verwaltung (*Weitnauer/Lüke* § 21 WEG Rn. 33; *BGH* NJW 2015, 613 Rn. 10 = ZMR 2015, 241; zur ordnungsgemäßen Ersterrichtung im Falle der Abweichung von der Aufteilung *BGH* NJW 2016, 473 Rn. 7/21 ff. = ZMR 2016, 215). Wegen der finanziellen Tragweite ist es empfehlenswert, dass die Gemeinschaft vertreten durch den Verwalter einen entsprechenden Auftrag vergibt. Weigert sich die Gemeinschaft, Mängel am Gemeinschaftseigentum zu sanieren und wird hierdurch das Sondereigentum beschädigt, so hat der Sondereigentümer einen verschuldensabhängigen Anspruch auf Schadensersatz gegen die übrigen Wohnungseigentümer, wenn eine Beschlussfassung schuldhaft unterblieben ist (*BGH* NJW 2015, 613 Rn. 21 ff. = ZMR 2015, 241; *BGH* ZWE 2018, 316; *OLG Frankfurt* OLGZ 1985, 114; *BayObLG* NJW 1986, 3145; GE 1997, 1403). Setzt die Gemeinschaft einen Sanierungsbeschluss nicht um, haftet neben dem Verwalter nicht auch die Gemeinschaft (*BGH* ZMR 2018, 777; anders *BGH* NJW 2015, 613 Rn. 25 = ZMR 2015, 241 unter Offenlassen der Begründung). Hat die Wohnungseigentümergemeinschaft die Nichtvornahme der Mängelbeseitigung beschlossen, so kann aus diesem Verhalten nur dann ein Schadensersatzanspruch hergeleitet werden, wenn der Beschluss binnen der Anfechtungsfrist des § 46 Abs. 1 S. 2 WEG (früher § 23 Abs. 4 S. 2 WEG a.F.) angefochten wird (*KG* NJW-RR 1991, 402; *BGH* ZMR 2012, 974). Hierbei kommt es für die Beschlussqualität nicht mehr so entscheidend darauf an, ob der Beschlussantrag positiv oder negativ formuliert war (vgl. *Wenzel* in FS *Derleder* 2005, 315 = ZMR 2005, 413). Bei mehrheitlicher Ablehnung eines Antrages auf Vornahme von Mängelbeseitigungsarbeiten liegt nach h.M. ein sog. Negativbeschluss vor, der ebenfalls anfechtbar ist, auch wenn seine Aufhebung nicht zum positiven Ergebnis führt (*Riecke/Schmidt* ETV, 3. Aufl., S. 97 zu *BGH* ZMR 2001, 809). Enthält der antragsablehnende Beschluss 56 zeitlich eine bindende Regelung, ist er in jedem Fall anfechtbar (vgl. *Staudinger/Bub* Bearb. 2005, § 23 WEG Rn. 149).

3. Fehlerhafte Nachbesserung und Schäden bei Nachbesserung

57 Bessert der durch einen einzelnen Erwerber beauftragte Drittunternehmer mangelhaft nach, so bestehen gegen ihn seinerseits Mängelansprüche; diese stehen allerdings nur dem einzelnen Erwerber zu. I.Ü. bestehen keine Besonderheiten. Der einzelne Erwerber kann aber kraft gemeinschaftlicher Treuepflicht gehalten sein, entweder die ihm so erwachsenden Ansprüche an die Gemeinschaft abzutreten oder die Ansprüche selbst geltend zu machen.

58 Schädigt der beauftragte Unternehmer bei Nachbesserung das Sondereigentum eines Miterwerbers, so haftet der beauftragende Erwerber dem Miterwerber hierfür nach § 278 BGB (vgl. *BGH* NJW 1999, 2108 = BauR 1999, 1032 m. Anm. *Riecke* MDR 1999, 925 und *Vogel* IBR 1999, 322 sowie *Armbrüster* WE 1999, Heft 12, S. 4; bereits *BayObLG* NJW-RR 1992, 1102; WE 1995, 189; *Sauren* § 14 WEG Rn. 13). Die Pflicht zur ordnungsgemäßen Instandsetzung umfasst neben der Beseitigung anfänglicher Mängel auch die entsprechende Bauleistung mithilfe von Fachkräften. Zwischen den Wohnungseigentümern besteht nach §§ 10 Abs. 1 S. 1 WEG, 741 ff. BGB ein gesetzliches Schuldverhältnis, sodass § 278 BGB anwendbar ist. Allerdings muss sich der Geschädigte dieses Verschulden gem. §§ 254, 278 BGB als Mitverschulden quotal anrechnen lassen (*BGH* NJW 1999, 2108 = BauR 1999, 1032; *BayObLG* NJW-RR 1992, 1102); mangels abweichender Regelung in der Teilungserklärung bestimmt sich der Umfang anhand des Miteigentumsanteils (*Riecke* MDR 1999, 925, 926). Aus der genannten *BGH*-Entscheidung folgt weiterhin, dass zulasten des handelnden Sondereigentümers bezüglich des Verschuldens eine Beweislastumkehr stattfindet (*Armbrüster* WE 1999, Heft 12, S. 4, 5).

4. Empfehlungen für die Praxis

59 Aufgrund der eben dargelegten »Haftungsfallen« schlagen wir vor, bei der Verfolgung von Herstellungs- und Mängelansprüchen außer in dem Fall der Notgeschäftsführung gemeinschaftlich zu handeln. Dies ist schon deshalb sinnvoll, weil der Verwalter mithilfe eines Privatgutachters und eines Rechtsanwaltes eher in der Lage sein wird, abzuschätzen, ob entweder durch eine gerichtliche Geltendmachung zunächst Beweise gesichert werden sollten oder ob und wie (Ausführungsmethode, Vertragsmanagement, Solvenz des Bauträgers) wegen der Eilbedürftigkeit sogleich ein Nachbesserungsauftrag vergeben werden kann. Notfalls (unterschiedliche Verjährungsfristen, keine Einigung der Wohnungseigentümer) kann ein einzelner Erwerber/Sondereigentümer ermächtigt und beauftragt werden, isoliert entsprechend gegen den Bauträger vorzugehen.

F. Mängelrechte des Erwerbers/Wohnungseigentümers

I. Einführung

60 Auch nach der Schuldrechtsreform sind die Ansprüche auf »kleinen« Schadensersatz und Minderung gemeinschaftsbezogen und können grundsätzlich gemeinschaftlich nach vorherigem Beschluss als Gestaltungsrecht herbeigeführt und geltend gemacht werden (*BGH* NJW 2015, 2874 Rn. 9 = ZMR 2015, 952; *BGH* NJW 2007, 403 Rn. 19 = ZMR 2007, 627; dies ist teilweise zweifelhaft, vgl. *Pause/Vogel* ZMR 2007, 577, 580 f.).

61 Soweit der Sondereigentümer ausschließlich Mängel im Bereich des Sondereigentums aufgrund des Erwerbervertrages rügt, gibt es keine wohnungseigentumsrechtlichen Besonderheiten. Solche Mängel können aber gemeinschaftlich durch alle Erwerber oder durch die Gemeinschaft im Wege gewillkürter Prozessstandschaft geltend gemacht werden.

62 Bei Mängeln zumindest auch am Gemeinschaftseigentum stellt sich das Problem der materiellen Berechtigung des einzelnen Erwerbers sowie des Einflusses eventueller Rechtsverluste der Mitwohnungseigentümer sei es durch Verjährung, Verzicht oder Umwandlung von primären in sekundäre

Mängelansprüche. Den Verwalter trifft insofern jedenfalls aus §§ 675, 666 BGB die Pflicht, auf die ihm bekannten, grundlegenden Planungs- und Ausführungsmängel des verwalteten Objektes hinzuweisen (*BGH* NJW 1998, 680 = BauR 1998, 196 m. Anm. *Riecke* MDR 1998, 208; umfassend *Bub* NZM 1999, 530 ff.). Er hat zudem darauf hinzuwirken, dass zweckentsprechende Beschlüsse gefasst werden (*Bub* NZM 1999, 530, 531). Seine Pflichten sind vielseitig (näher *Suilmann* ZWE 2017, 61 ff.). Ist der Verwalter zugleich der Bauträger, ändert sich sein Pflichtenprogramm nicht (*BGH* ZMR 2020, 134 Rn. 11).

Beachte: Für Bauträgerverträge, die bis zum 31.12.2001 abgeschlossen wurden, gilt das alte Gewährleistungsrecht fort (Art. 229 § 5 Satz 1 EGBGB). Der gesetzliche Anknüpfungspunkt (Datum des Vertragsabschlusses) kann dazu führen, dass bei einer Wohnungseigentumsanlage unterschiedliches Recht anzuwenden ist. Problematisch kann dies bei der Herbeiführung und Geltendmachung sekundärer Gewährleistungs- bzw. Mängelansprüche sein. 63

II. Erfüllungsansprüche

Der Erfüllungs- und der Nacherfüllungsanspruch stehen im Regelfall aus eigenem Recht dem Ersterwerber oder aus abgetretenem Recht dem Zweiterwerber gegenüber dem Bauträger zu. Lag der Mangel am Gemeinschaftseigentum bereits zum Zeitpunkt der Abnahme des Gemeinschaftseigentums vor, so besteht ein Nacherfüllungsanspruch nur, soweit bekannte Mängel gem. § 640 Abs. 2 BGB konkret vorbehalten wurden (*BGH* BGHZ 77, 134 = NJW 1980, 1952 = BauR 1980, 460). Anspruchsberechtigter des Nacherfüllungsanspruchs bleibt der einzelne Erwerber. Er kann den Anspruch alleine, also ohne Mitwirkung der Gemeinschaft gegen den Bauträger geltend machen (*Derleder* NZM 2003, 81, 83; *Groß* BTR 2003, 217; *Ott* NZBau 2003, 233, 240; *Wenzel* ZWE 2006, 109, 113). Ein vorheriger Beschluss der Wohnungseigentümergemeinschaft ist nicht erforderlich (*BGH* BGHZ 68, 372 = NJW 1977, 1336 = BauR 1977, 271; *BGH* NJW 1988, 1718 = BauR 1988, 336). Der Gemeinschaftsbezug ergibt sich daraus, dass über das »ob« der Mangelbeseitigung sowie die Art und Weise entschieden werden kann, auch um den Bauträger vor der Geltendmachung unterschiedlicher Ansprüche zu schützen (*BGH* NJW 2017, 1952 = BauR 2007, 16 ff.; *Kniffka*, FS Ganten, 125, 128 f.). Die Gemeinschaft kann beschließen, dass der Nacherfüllungsanspruch von ihr geltend gemacht wird. Der Nacherfüllungsanspruch steht jedem Erwerber in voller Höhe zu; mit anderen Worten, der Mangel ist in vollem Umfang zu beseitigen (*Staudinger/Peters/Jacoby* Bearb. 2014, Anh. III zu § 638 BGB Rn. 29). Der Bauträger kann nicht einwenden, die Nacherfüllung sei rechtlich unverhältnismäßig, weil die übrigen Erwerber aufgrund von Verjährung keine Mängelansprüche mehr geltend machen können (*BGH* NJW 1985, 1551 = BauR 1985, 314; *BGH* BGHZ 114, 383 = NJW 1991, 2480 = BauR 1991, 606). 64

Ebenso wie beim Erfüllungs- und Nacherfüllungsanspruch wird auch beim Anspruch auf Kostenvorschuss von einem Anspruch des einzelnen Wohnungseigentümers ausgegangen; der Erwerber kann ihn also zunächst selbst geltend machen (*BGH* BGHZ 68, 372 = NJW 1977, 1336 = BauR 1977, 271; BGHZ 81, 35 = NJW 1981, 1841 = BauR 1981, 467; *Derleder* NZM 2003, 81, 84; a.A. *Staudinger/Bub* Bearb. 2005, § 21 WEG Rn. 265 m.w.N.; *Wenzel* ZWE 2006, 109, 115, der die Selbstvornahme als Gestaltungsrecht ansieht). Die hierfür erforderliche Aufforderung zur Mangelbeseitigung kann ebenfalls durch jeden Erwerber alleine erfolgen; sie hat dann jedoch nur Rechtswirkung für und gegen den Mahnenden (*Staudinger/Bub* Bearb. 2005, § 21 WEG Rn. 264). Er kann jedoch – außer bei entsprechender Ermächtigung der Gemeinschaft (*OLG Köln* NJW-RR 1994, 470) – die Zahlung des Kostenvorschusses nur zu Händen der Gemeinschaft fordern, damit eine zweckgerichtete Mittelverwendung gewährleistet ist (*BGH* ZMR 2007, 627 = NZM 2007, 403 Rn. 18; *BGH* BGHZ 114, 383 = NJW 1991, 2480 = BauR 1991, 606 [zum kleinen Schadensersatzanspruch gem. § 635 BGB]; *BGH* NJW 1997, 2173 = BauR 1997, 488; *OLG Stuttgart* BauR 2003, 1394; *Ehmann/Breitfeld* JZ 1992, 318; *Greiner* ZfBR 2001, 439, 440; *Wenzel* Immobilienrecht 1998, 51, 53; einer Ermächtigung steht es gleich, wenn alle Erwerber ihre Ansprüche gegen den Bauträger an einen Erwerber abtreten, weil in der Abtretung als »Minus« auch die Ermächtigung zum Einzug und zur Ausübung von Wahlrechten enthalten ist, so *BGH* BauR 2001, 798; bestätigt 65 jetzt durch *OLG Düsseldorf* BauR 2007, 1890). Gleichwohl ist die Gemeinschaft befugt, über den Vorschuss- und Kostenersatzanspruch durch Beschluss zu entscheiden, weil die gemeinschaftliche Verwaltung tangiert ist (i.E. *Pause/Vogel* ZMR 2007, 577, 580).

66 Der Bauträger kann gegen den Vorschussanspruch aus § 637 Abs. 3 BGB nicht mit Restvergütungsforderungen gegenüber anderen Sondereigentümern aufrechnen; wegen der Gemeinschaftsbezogenheit fehlt es an der für §§ 387 ff. BGB erforderlichen Gegenseitigkeit (*OLG Nürnberg* BauR 1999, 1464; *OLG Karlsruhe* BauR 1990, 622; *Staudinger/Bub*, 2005, § 21 WEG Rn. 269 a.E.). Dasselbe gilt, wenn der klagende Sondereigentümer selbst einer der säumigen Zahler ist; anderenfalls wäre der besondere Zweck des Kostenvorschusses, seine Verwendung zur Mangelbeseitigung, nicht gewährleistet, da der Sondereigentümer aus eigener Tasche intern die notwendigen Mittel nachlegen müsste (*BGH* NJW 1992, 435 = BauR 1992, 88; *Greiner* ZfBR 2001, 439, 440; **a.A.** offenbar *OLG Frankfurt* NJW-RR 1993, 339). Es besteht also wechselseitig auf Grund der Gemeinschaftsbezogenheit aus Rechtsgründen keine Aufrechnungslage (*BGH* BauR 1992, 88 = NJW 1992, 435; *OLG Stuttgart* NJW 2013, 669 m. Anm. *Vogel* = BauR 2012, 1962).

67 Hat der einzelne Erwerber die Mängel am Gemeinschaftseigentum ordnungsgemäß beseitigt, kann er ausnahmsweise zu seinen Händen den Aufwendungsersatzanspruch geltend machen (*BGH* BauR 2005, 1623, 1624). Die Rechte der übrigen Erwerber und der Gemeinschaft werden hierdurch nicht tangiert. Bleibt die Gemeinschaft untätig, kann der einzelne Erwerber so im Ergebnis – wenn auch bei Übernahme des Bonitäts- und Insolvenzrisikos des Bauträgers – die Mangelbeseitigung auf Kosten des Bauträgers erreichen (*Pause/Vogel* ZMR 2007, 577, 580).

III. Leistungsverweigerungs- und Zurückbehaltungsrechte

68 Der Erwerber ist berechtigt, wegen Mängeln am Gemeinschaftseigentum sein Leistungsverweigerungsrecht gegenüber den restlichen Vergütungsansprüchen des Bauträgers auszuüben, und zwar zunächst ohne Rücksicht auf seine Miteigentumsquote. Bei Baumängeln steht dem Erwerber vor der Abnahme im Regelfall ein Leistungsverweigerungsrecht gem. § 320 BGB i.V.m. §§ 632a Abs. 1 S. 3, 641 Abs. 3 BGB (in der ab 01.01.2009 geltenden Fassung) i.H.d. zweifachen Betrages der Mängelbeseitigungskosten zu. Der einzelne Erwerber kann daher gegenüber dem Bauträger Zahlungen wegen Mängeln am Gemeinschaftseigentum zurückhalten (*BGH* NJW 1998, 2967 = BauR 1998, 783). Nach Abnahme folgt dies aus § 641 Abs. 3 BGB, wobei das Leistungsverweigerungsrecht mindestens i.H.d. Zweifachen der Mangelbeseitigungskosten besteht. Nicht abschließend geklärt ist, ob er nur den zweifachen quotal auf seinen Miteigentumsanteil entfallenen Mängelbeseitigungsbetrag zurückhalten kann oder gar den zweifachen Betrag der gesamten Mängelbeseitigungskosten am Gemeinschaftseigentum (vgl. nur *Werner/Pastor* Rn. 482 m.w.N.). Es ist zu unterscheiden: Macht nur ein Erwerber von dem Leistungsverweigerungsrecht Gebrauch, so kann er dies in unbeschränkt zweifacher Höhe (*BGH* NJW 1998, 2967 = BauR 1998, 783; **a.A.** *Koeble* FS Soergel [1993], S. 125, 126). Machen aber mehrere Erwerber von ihrer Einrede Gebrauch, so verteilt sich die Zurückbehaltungssumme gem. § 242 BGB anteilig auf diese Erwerber (*Deckert* ZfBR 1984, 161, 166; *Heiermann/Riedl/Rusam* § 13 VOB/B Rn. 108; in diese Richtung *BGH* NJW 1984, 725 = BauR 1984, 166; **a.A.** *Groß* BauR 1975, 12, 22; jüngst *OLG Karlsruhe* BauR 2019, 266 = ZMR 2019, 523). Hiermit ist bezweckt, einen verstärkten Zwang auf den Bauträger zur Mängelbeseitigung durch das Leistungsverweigerungsrecht auszuüben. Dass grundsätzlich jeder einzelne Erwerber nicht nur eine seinem Miteigentumsanteil entsprechende Quote an den Mängelbeseitigungskosten zurückhalten darf, ergibt sich aus der Rechtsprechung des VII. Senats des *BGH* (zuletzt *BGH* NJW 2016, 2878 Rn. 33 = ZMR 2016, 711; *BGH* ZMR 2016, 474 Rn. 18 = NJW 2016, 1575; bereits *BGH* BGHZ 141, 63 = NJW 1999, 1705 = BauR 1999, 657 in Ergänzung zu *BGH* BGHZ 114, 383 = NJW 1991, 2480 = BauR 1991, 606), der dem Erwerber einen vollen Schadensersatzanspruch zugesteht. Die Beschränkung aus Treu und Glauben stellt lediglich sicher, dass die Gesamtsumme der zurückbehaltenen Beträge das Zweifache der erforderlichen Kosten nicht übersteigt; anderenfalls wäre der Druck auf den Bauträger unangemessen und die Erwerber »übersichert« (*Deckert* ZfBR 1984, 161, 166). In der praktischen Umsetzung obliegt es dem Bauträger, den einzelnen Erwerber

mitzuteilen, welche weiteren Erwerber ebenfalls wegen Mängeln am Gemeinschaftseigentum Erwerbspreise zurückhalten und aufgrund welcher Tatsachen und auf welche Höhe sich die Leistungsverweigerungsrechte reduzieren. Das Leistungsverweigerungsrecht entfällt nicht dadurch, dass die Gemeinschaft nach §§ 9a Abs. 2, 19 Abs. 2 Nr. 2 WEG beschlossen hat, die Mängelansprüche geltend zu machen (vgl. zu § 10 Abs. 6 S. 3 WEG a.F.: *OLG Düsseldorf* ZWE 2010, 267, 268; *Ott* ZWE 2017, 106, 108; *Vogel* NJW 2013, 656, 657 mit eingehender Begründung; ebenso Grziwotz/*Koeble-Koeble* Kap. 7 Rn. 174). Sobald statt der Nacherfüllung ein Kostenvorschuss geltend gemacht wird, entfällt das Leistungsverweigerungsrecht. Die Nacherfüllung und ein Kostenvorschuss können nicht gleichzeitig beansprucht werden (*OLG Stuttgart* NZBau 2012, 771) Mangels Gegenseitigkeit der Erwerbspreisforderungen und der Mängelansprüche bezüglich des Gemeinschaftseigentums kann der Bauträger die Erfüllung der Mängelansprüche auch nicht im Hinblick auf offene Erwerbspreisforderungen verweigern (*OLG Köln* ZMR 2016, 66).

IV. Rückgängigmachung des Erwerbervertrags Rücktritt bzw. Schadensersatz statt der Leistung

Die Voraussetzungen dieser Ansprüche aus §§ 634 Nr. 3, 636, 323, 326 Abs. 5 BGB kann der Erwerber ohne Mitwirkung der Gemeinschaft herbeiführen (*BGH* NJW 2010, 3089 Rn. 22; *BGH* BauR 2010, 774 = NJW 2010, 933 Rn. 13; *BGH* BauR 2006, 979, 981; *Brock* WuM 2002, 195, 197; *Derleder* NZM 2003, 81, 86; *Köhler* MDR 2005, 1148, 1149; *Merl* FS Jagenburg [2002], 597, 606; *Pause* Rn. 942; *Wendel* ZWE 2002, 57, 60). Durch die Geltendmachung dieser Rechte werden die schutzwürdigen Belange der Gemeinschaft oder des Bauträgers nicht berührt. Dem Erwerber wird der bereits entstandene Rückabwicklungsanspruch nicht dadurch genommen, dass die Gemeinschaft wegen vorhandener Mängel Gestaltungsrechte (§§ 281 Abs. 4, 638 Abs. 1 BGB) ausübt, z.B. die Minderung erklärt (*BGH* BauR 2006, 979, 981; *Kniffka* FS Ganten, 125, 131/137; *Pause* Rn. 921; *ders.* NZBau 2002, 648, 653). Der zugrunde liegende Beschluss ist insofern mangels Beschlusskompetenz teilnichtig, als dem Erwerber das bereits entstandene Recht zur Rückabwicklung genommen wird. Rücktritt oder Schadensersatz statt der Leistung sind nicht gemeinschaftsbezogen. Sind diese Mängelrechte des Erwerbers durch Ausübung seines Gestaltungsrechts noch nicht entstanden, bindet ein beschlossener Vergleich oder eine beschlossene Minderung auch den Erwerber, der nicht rechtzeitig von seinem Gestaltungsrecht Gebrauch gemacht hat. Denn mit dem Abschluss des Vergleichs bzw. der Ausübung der Minderung erlischt der Nacherfüllungsanspruch (*KG* IBR 2014, 214; *OLG Köln* ZWE 2014, 26; *Bärman/Klein* 12. Aufl., nach § 10 Rn. 24). Hierauf hat der Verwalter »ausstiegswillige Erwerber« hinzuweisen (*Pause/Vogel* ZMR 2007, 577, 583). Der Erwerber ist auch nach einem Beschluss, die Rechte gemeinschaftlich geltend machen zu wollen, nicht gehindert, eine Frist (früher: mit Ablehnungsandrohung) zu setzen und den Vertrag rückabzuwickeln, wenn dies mit den Interessen der Gemeinschaft nicht kollidiert (*BGH* NJW 2010, 3089 Rn. 27; *KG* IBR 2012, 26; *KG* IBR 2011, 208). Dies kann im Einzelfall anders sein, wenn die Gemeinschaft die Mangelbeseitigung des Bauträgers nicht (mehr) annehmen will (*OLG Schleswig* IMR 2013, 252 – *Theissen*; bestätigt durch *BGH* IBR 2014, 274 – *Vogel*). Für die Erheblichkeit eines Mangels kommt es auf das gesamte versprochene Gemeinschaftseigentum an, nicht nur auf die konkrete Eigentumswohnung (*KG* IBR 2012, 26). 69

V. Minderung und sog. kleiner Schadensersatz

1. Grundregel

Die Befugnis zur Fristsetzung mit dem Ziel, ein Minderungsverlangen geltend zu machen, birgt die Gefahr doppelter Inanspruchnahme des Bauträgers in sich, solange noch ein anderer Erwerber Nacherfüllung verlangen kann. Die Fristsetzung bei behebbaren Mängeln gerichtet auf ein künftiges Minderungsverlangen oder die Geltendmachung des kleinen Schadensersatzes kann somit als eine Art Gestaltungsrecht von den Wohnungseigentümern nur gemeinschaftlich und einheitlich ausgeübt werden. Dies entspricht der Rechtsprechung des VII. Zivilsenats des *BGH* (NJW 2010, 3089 Rn. 22; ZMR 2007, 627 = NZM 2007, 403 Rn. 19; BauR 2006, 979, 981; NJW 1998, 2967 = BauR 1998, 783). Der *BGH* (BGHZ 74, 258 = NJW 1979, 2207 = BauR 1979, 420; BGHZ 114, 383 = NJW 70

1991, 2480 = BauR 1981, 606; *Pause* NJW 1993, 553, 557) hat bereits mehrfach betont, es sei allein Angelegenheit der Gemeinschaft, zwischen Minderung und Schadensersatz, der nicht auf Rückgängigmachung des einzelnen Erwerbervertrages gerichtet ist, zu wählen und die entsprechenden Anspruchsvoraussetzungen herbeizuführen (ebenso etwa *OLG Hamm* IMR 2010, 439). Dies wird aus der Gemeinschaftsbezogenheit dieser Rechte hergeleitet. Die Rechtsausübung des einzelnen Erwerbers ist dadurch beschränkt, dass ihm keine Befugnis zusteht, aus seinem Erwerbervertrag heraus Einfluss auf die Rechte der anderen Wohnungseigentümer zu nehmen. An dieser Rechtsprechung hat sich durch die große »WEG-Novelle«, die zum 01.12.2020 in Kraft getreten ist, nichts geändert.

2. Ausnahme

71 Eine Ausnahme von der zwingenden Gemeinschaftsgebundenheit gilt, wenn der Sondereigentümer kraft Gemeinschaftsordnung oder ausdrücklicher Ermächtigung bindend das Wahlrecht zwischen Minderung und Schadensersatz ausüben kann (*BGH* ZfIR 2000, 44 = ZfBR 2000, 3; *OLG München* ZMR 2007, 725 verneint insofern auch die Beschlusskompetenz der Gemeinschaft). In einem solchen Fall der Einzelklagebefugnis kann der Erwerber bei entsprechender Ermächtigung auch Schadensersatzzahlungen an sich selbst verlangen (*BGH* BGHZ 114, 383 = NJW 1991, 2480 = BauR 1991, 606). Auch eine im Laufe des Prozesses erteilte Ermächtigung räumt den klagenden Sondereigentümern ein die restlichen Wohnungseigentümer bindendes Wahlrecht ein (*BGH* BGHZ 110, 258 = NJW 1990, 1663 = BauR 1990, 353). Bei einer sog. Mehrhausanlage kann der klagende Sondereigentümer, wenn ihm schon nach der Teilungserklärung an seinem Sondereigentum »Reihenhaus« das alleinige Nutzungs-, Instandsetzungs-, Instandhaltungs- u. Verwaltungsrecht zusteht, sowohl bei Mängeln am Sondereigentum als auch bei solchen, hinsichtlich des für die einzelnen Häuser abgrenzbaren Gemeinschaftseigentums und der den jeweiligen Reihenhäusern zugewiesenen alleinigen Nutzungsflächen seine Ansprüche dergestalt geltend machen, dass er Zahlung an sich selbst und nicht lediglich an die Eigentümergemeinschaft fordern darf (vgl. *BGH* ZfIR 2000, 44 = ZfBR 2000, 3). Problematisch ist in der Praxis, dass Ermächtigungsbeschlüssen oft die notwendige Eindeutigkeit fehlt, welche Rechte der Handelnde geltend machen darf (*OLG Celle* BauR 2001, 1753).

3. Umfang der Minderung

72 Die Berechnung des Umfanges der Minderung erfolgt grundsätzlich entsprechend den allgemeinen Grundsätzen gem. §§ 634, 638 BGB. Sie bezieht sich daher auf die Gesamtbeeinträchtigung durch den Mangel am Gemeinschaftseigentum (*BGH* BGHZ 114, 383 = NJW 1991, 2480 = BauR 1991, 606; für den Schadensersatzanspruch aus § 635 BGB: *BGH* BGHZ 141, 63 = NJW 1999, 1705 = BauR 1999, 657) und entgegen der wohl h.M. für das Kaufrecht nicht auf eine entsprechende Miteigentumsquote (*Brych/Pause* Rn. 686 unter Berufung auf die kaufrechtlichen Entscheidungen des V. Zivilsenats *BGH* BGHZ 108, 383 = NJW 1989, 2534 = BauR 1990, 221; *BGH* NJW 1996, 1056 = BauR 1996, 401). Für die Gemeinschaft kann daher – in welcher Prozesskonstellation auch immer – Minderung eines letztlich fiktiven »Gesamterwerbspreises« verlangt werden. Die Minderung berechnet sich nicht mehr nach den Mangelbeseitigungskosten zuzüglich technischer und merkantiler Minderwerte (i.E. *OLG Frankfurt* NJW 2020, 10 Rn. 220 unter zutreffendem Verweis auf *BGH* ZMR 2019, 463 = NJW 2018, 1463 Rn. 41 ff.). Der so erlangte Geldbetrag muss entweder durch die Gemeinschaft im Innenverhältnis entsprechend der Erwerbspreisanteile oder nach den Miteigentumsanteilen (in diese Richtung *BGH* BGHZ 81, 35 = NJW 1981, 1841 = BauR 1981, 467; *BGH* NJW 1983, 453 = BauR 1983, 84) verteilt werden. Richtigerweise muss hierbei auch der konkrete Minderwert betroffener Einheiten besonders berücksichtigt werden (zutreffend *Pause* Rn. 948). Etwas anderes gilt, wenn die Gemeinschaft zusammen die Voraussetzungen für die Minderung herbeigeführt, Minderung gewählt hat und sodann jedem Erwerber freigestellt hat, ob er individuell seinen Anteil geltend machen will. In diesem Fall bemisst sich die Minderung auch nur nach dem jeweiligen Erwerbspreis im Verhältnis zur Belastung durch die Mängel (*BGH* NJW 1983, 453 = BauR 1983, 84; BGHZ 114, 383 = NJW 1991, 2480 = BauR 1991, 606; *Deckert*

ZfBR 1984, 161, 164; *Koeble* in: Rechtshandbuch Immobilien, Kap. 22 Rn. 19). Insgesamt verändert sich dadurch eine Gesamtminderungssumme nicht; macht die Gemeinschaft insgesamt Minderung geltend, entspricht es der Billigkeit, wenn der Betrag im Innenverhältnis nicht ausschließlich nach Miteigentumsanteilen, sondern zusätzlich nach dem Grad der Belastung verteilt wird (*Kniffka* ZfBR 1990, 159, 162).

4. Umfang des Schadensersatzes

Wie bereits dargelegt, kann der Erwerber – soweit er hierzu berechtigt ist – vollen Schadensersatz 73 gem. § 634, 636 BGB verlangen (*BGH* BGHZ 141, 63 = NJW 1999, 1705 = BauR 1999, 657). Dies folgt daraus, dass der Bauträger dem Erwerber die vollständige und mangelfreie Herstellung des gesamten Gemeinschaftseigentums schuldet. Die Rechtsprechung des V. Zivilsenats (*BGH* BGHZ 108, 383 = NJW 1989, 2534 = BauR 1990, 221; *BGH* NJW 1996, 1056 = BauR 1996, 401) zum Anspruch aus § 463 Satz 1 BGB a.F. findet im Baurecht keine Anwendung (*Greiner* ZfBR 2001, 439, 443 f.; **a.A.** *Wenzel* RWS-Forum Immobilienrecht, 1998, 51, 57; *ders.* NZM 2000, 65, 66). Der Schadensersatz steht der Gemeinschaft zu, da nur so seine zweckentsprechende Verwendung für die Mängelbeseitigung gewährleistet ist. Will die Gemeinschaft Mängel nicht beseitigen, kann sie keine fiktiven Mangelbeseitigungskosten verlangen (*BGH* NJW 2018, 1463 Rn. 31 ff. = BauR 2018, 815). Unterlässt die Gemeinschaft jahrelang die Sanierung eines ihr bekannten Mangels, kann sich der Bauträger ggf. auf ein Mitverschulden bezüglich der Folgeschäden berufen (*OLG Celle* BauR 2001, 650).

5. Wohnungseigentumsrechtliche Probleme

Die Gemeinschaft kann die zur Prozessführung erforderlichen finanziellen Mittel durch Sonder- 74 umlage erheben. An dieser muss sich anteilig der Bauträger beteiligen, wenn er noch Eigentümer einzelner Einheiten ist und die Ansprüche gegen ihn durchgesetzt werden sollen (*BayObLG* ZMR 2001, 826; *LG München I* ZWE 2013, 406; *Drasdo* NZM 2015, 65, 67; **a.A.** *Fritsch* ZMR 2014, 253).

Hier ergeben sich allerdings im Innenverhältnis unter den Wohnungseigentümern Probleme, wie 75 die erlangten Beträge zu verwalten, verwenden oder auszukehren sind. Jedenfalls dann, wenn der Betrag nicht kurzfristig zur Sanierung verwendet wird, ist er an die Wohnungseigentümer im Verhältnis der nominellen Erwerbspreise auszukehren (*Wenzel* ZWE 2006, 109, 118; **a.A.** nach Kostentragungsquote für die Sanierung im Innenverhältnis *Bärman/Klein* nach § 10 Rn. 52). Nach Auffassung des Kammergerichts (*KG* NZBau 2004, 437) muss der einzelne Erwerber jedenfalls den Betrag eines von den übrigen Erwerbern/Gemeinschaft nachgenehmigten Vergleichs an die Gemeinschaft herausgeben, der auf das Gemeinschaftseigentum entfällt.

6. Sonderproblem: Aufrechnung des rückständigen Erwerbspreises

Nicht abschließend geklärt war lange die Frage, ob der Erwerber mit einem Vorschussanspruch aus 76 § 637 Abs. 3 BGB gegen den Restvergütungsanspruch des Bauträgers aufrechnen kann. Die überwiegende Ansicht (*OLG München* IBR 2002, 22 [Revision durch *BGH*, Beschl. v. 08.11.2001 – VII ZR 495/99 nicht angenommen]; *LG München I* NJW-RR 1990, 30; *OLG Frankfurt* NJW-RR 1993, 329 = BauR 1993, 124; *LG Marburg* Anerkenntnisurteil v. 27.10.1999 – 1 O 218/97 [unveröffentlicht]; *Pause* Rn. 955 f.) bejaht dies mit der Argumentation, dass der Vorschussanspruch individualvertraglicher Natur sei. Der Erwerber müsse allerdings den erlangten Betrag an die Gemeinschaft zu Händen des Verwalters zur zweckentsprechenden Verwendung abführen. Dies ist – so damals bereits zutreffend *Bub* (*Staudinger/Bub* Bearb. 2005, § 21 WEG Rn. 256) – bedenklich. Auf diese Weise trügen die übrigen Erwerber hinsichtlich der Mängel am Gemeinschaftseigentum nicht nur das Risiko der Insolvenz des Bauträgers, sondern zusätzlich auch das des aufrechnenden Erwerbers. Außerdem kann der Erwerber mit dem Vorschussanspruch, der zwar auf seinem individuellen Erwerbsvertrag beruht, nur Zahlung an die Gemeinschaft fordern. Die Aufrechnung ist daher weder für den Erwerber noch den Bauträger möglich (*BGH* ZMR 2007, 630 Rn. 75; *KG* NZM 2011,

80; *Staudinger/Peters/Jacoby* Anh. III zu § 638 Rn. 31; *Thode* IBR 2007, 488; *Wenzel* NJW 2007, 1905, 1906; **a.A.** *OLG München* BauR 2008, 373). Es fehlt rechtlich an der Gegenseitigkeit (*Vogel* NJW 2013, 656, 657). Dies gilt auch dann, wenn der Erwerber etwa durch Beschluss ermächtigt wurde, Vorschuss zu eigenen Händen geltend zu machen (*OLG Stuttgart* NJW 2013, 699; *Vogel* NJW 2013, 656, 657 mit Begründung).

VI. Pflichten und Rechte des Verwalters

77 Dem Verwalter kommt bei der Verfolgung von Mängelansprüchen bezüglich des Gemeinschaftseigentums in der Praxis eine entscheidende Rolle zu.

1. Pflichten und Haftung des Verwalters

78 Der Verwalter ist verpflichtet, die für die ordnungsmäßige Instandhaltung und Instandsetzung (Erhaltung) des gemeinschaftlichen Eigentums erforderlichen Maßnahmen zu treffen. Er hat etwaige Baumängel festzustellen, die Eigentümer über Baumängel zu informieren, geeignete Schritte zur Geltendmachung der Ansprüche vorzuschlagen, auf entsprechende Beschlüsse in der Versammlung hinzuwirken – und diese umzusetzen. Bei der außergerichtlichen wie bei der gerichtlichen Geltendmachung der Ansprüche, wird die Gemeinschaft der Wohnungseigentümer durch den Wohnungseigentumsverwalter vertreten (§ 9b WEG). Für diese Vertretung besteht nunmehr eine gesetzliche Ermächtigung nach § 9b WEG. Voraussetzung ist die wirksame und fortbestehende Bestellung des Verwalters.

79 Der Verwalter muss der Ursache der im Sondereigentum auftretenden Mangelsymptome (z.B. Feuchtigkeit und Schimmel) nachgehen, wenn – wie so oft – von vornherein ein Mangel im Gemeinschaftseigentum nicht ausgeschlossen werden kann. Anderenfalls handelt er pflichtwidrig und muss dem Sondereigentümer den ursächlichen Schaden ersetzen, wenn sich später als Ursache ein Mangel im Gemeinschaftseigentum herausstellt (*LG München I* ZMR 2013, 657).

80 Zur Instandsetzung gehört auch die Behebung von anfänglichen Baumängeln am Gemeinschaftseigentum. Weil es aber in erster Linie Sache der Wohnungseigentümer selbst ist, für die Behebung der Baumängel zu sorgen (§ 18 Abs. 1 und § 19 Abs. 2 WEG), beschränkt sich die Verpflichtung des Verwalters grundsätzlich darauf, Baumängel rechtzeitig durch eine Überprüfung vor Ablauf der Mängelverjährungsfrist feststellen zu lassen, die Wohnungseigentümer darüber zu unterrichten, geeignete Beschlussvorschläge zu unterbreiten und eine Entscheidung der Gemeinschaft über das weitere Vorgehen herbeizuführen (*OLG München* IMR 2008, 385; *OLG Düsseldorf* NJW 2007, 161; *BayObLG* ZMR 2001, 558 = NJW-RR 2001, 388; *BayObLG* NZM 2002, 957 = ZMR 2002, 956; *BayObLG* ZMR 2003, 216; *OLG Düsseldorf* ZMR 2002, 857; näher *Gottschalg* NZM 2003, 457, 459 f.). Verletzt der Verwalter diese Verpflichtung schuldhaft und hat dies zur Folge, dass Mängelansprüche nicht mehr durchgesetzt werden können, haftet der Verwalter für den dadurch den Wohnungseigentümern entstandenen Schaden aus Verletzung des Verwaltervertrags nach §§ 675, 328 BGB. Allenfalls in besonders dringlichen Eilfällen (§ 27 Abs. 2 Nr. 2, Abs. 3 Satz 1 Nr. 2 WEG) kann und darf der Verwalter ohne Beschluss tätig werden (*OLG Hamm* NJW-RR 1997, 908). Ein solcher Eilfall liegt nur vor, wenn es zeitlich nicht mehr möglich, auch unter Verkürzung der Ladungsfrist einen Beschluss der Gemeinschaft rechtzeitig herbeizuführen (*OLG Düsseldorf* ZMR 1994, 520). Der Verwalter ist regelmäßig ohne Beschluss nicht befugt, von sich aus Sachverständige mit der Begutachtung des Gemeinschaftseigentums zu beauftragen (*Suilmann* ZWE 2017, 61, 65).

81 Konkret bedeutet dies, dass der Verwalter rechtzeitig vor Ablauf der Mängelverjährungsfrist die Wohnungseigentümer auf die Verjährung von Ansprüchen aus den Erwerbsverträgen hinweisen muss, wenn ihm die Abnahme des Gemeinschaftseigentums bekannt ist. Der Verwalter ist verpflichtet, das Gebäude während der Gewährleistungsphase regelmäßig zu begehen und auf Baumängel zu untersuchen; er hat dabei insbesondere etwaigen Mängelhinweisen der Eigentümer nachzugehen. Er muss durch knappe Information über die Folgen des Ablaufs der Verjährungsfrist die Wohnungseigentümer dahin sensibilisieren, dass eine rechtzeitige Begehung des Objekts durch einen

Bausachverständigen sinnvoll wäre; hierbei sind zuvor Feststellungen tatsächlicher (Begehungen mit dem Beirat, Termine in Sondereigentumseinheiten usw.) und rechtlicher (Beschaffung von Erwerberverträgen, Abnahmeprotokollen, Mängelrügen usw.) Art erforderlich. In einem weiteren Schritt muss er der Gemeinschaft Handlungsoptionen aufzeigen und einen vollziehbaren Beschlussvorschlag unterbreiten (*BGH* ZMR 2020, 134 Rn. 10). Aufgrund der originären Zuständigkeit der Gemeinschaft sowie der zahlreichen rechtlich ungeklärten Fragen ist die Hinzuziehung eines Sachverständigen und eines Rechtsanwalts zur Vorbereitung der Versammlung sowie des Beschlussvorschlags nahezu unabdingbar geworden (*Pause/Vogel* ZMR 2007, 577, 583). Haben sich bereits Mängel gezeigt oder stellt sie ein von der Gemeinschaft beauftragter Privatgutachter fest, so erschöpfen sich die Pflichten des Verwalters darin, rechtzeitig eine (notfalls außerordentliche) Eigentümerversammlung anzuberaumen und sachgerechte Beschlussvorschläge zur außergerichtlichen und gerichtlichen Anspruchsverfolgung gegen den Bauträger zu unterbreiten, hierbei einem einzuschaltenden Rechtsanwalt Vollmacht zu erteilen und die Finanzierung des Vorgehens (z.B. durch Entnahme aus der Instandhaltungsrücklage) sicherzustellen. Informiert der Verwalter nach Sachverhaltserforschung über die Existenz von Mängeln die Wohnungseigentümer und ermöglicht er eine Entscheidung der Gemeinschaft, so haftet er nicht, wenn diese untätig bleibt (*BayObLG* BayObLGR 2004, 124 = BauR 2003, 1941; weiter gehend wohl *Bauriedl* ZMR 2006, 252, 254 f.). Der Verwalter schuldet keine umfassende Rechtsberatung; er muss auf Basis des ihm bekannten Sachverhalts auf die mögliche Verjährung hinweisen (*Suilmann* ZWE 2017, 61, 65). Ist der Verwalter zugleich der Bauträger, so kommt dessen Haftung auch dann in Betracht, wenn er Mängelansprüche schuldhaft verjähren lässt (*BGH* ZMR 2020, 134 Rn. 11; *OLG Stuttgart* BeckRS 2011, 21602; *BayObLG* ZMR 2001, 558 = NZM 2001, 388; dazu *Gottschalg* NZM 2002, 841, 844). Dann verjähren Ansprüche gegen ihn in der regelmäßigen Verjährungsfrist (§ 195 BGB).

2. Vergütung des Verwalters

82 Die Betreuung der Gemeinschaft der Wohnungseigentümer bzw. mittelbar der Erwerber/Wohnungseigentümer im Rahmen der Verfolgung von Mängelansprüchen erfordert erhebliche organisatorische Leistungen des Verwalters, die zeit- und haftungsträchtig sind. Eine Zusatzvergütung steht ihm nur zu, wenn diese im Verwaltervertrag vereinbart wurde. Für Tätigkeiten, die das Berufsbild des (Erst-) Verwalters typischerweise prägen und in den gesetzlich zwingenden Aufgabenbereich des § 27 WEG fallen, kann AGB-rechtlich oft keine Sondervergütung verlangt werden (*Pießkalla/Reichart* NZM 2009, 728, 730). Entsprechende Klauseln dürften zwar als Preishauptabrede keiner Inhaltskontrolle unterliegen (*Lehmann-Richter, in: Graf von Westphalen*, Vertragsrecht und AGB-Klauselwerke, Verwaltervertrag über Wohnungseigentum Rn. 37); sie sind aber regelmäßig überraschend, wenn hierauf nicht vor Abschluss des Vertrags bei Beschlussfassung explizit hingewiesen wurde. Zahlreiche Klauseln in den üblichen Verwalterverträgen genügen zudem nicht den Anforderungen des Transparenzgebots in § 307 Abs. 1 S. 2 BGB.

83 Es soll aber ordnungsmäßiger Verwaltung entsprechen, dem Verwalter nachträglich eine Sondervergütung (variable Vergütung) für dessen Leistungen im Rahmen einer umfangreichen Sanierung/Instandsetzung zuzubilligen (*OLG Köln* OLGR 2001, 233 = NZM 2001, 470; *Pause* Rn. 711). Dies erscheint zweifelhaft, wenn nicht besondere Umstände hierfür (völlig außergewöhnlicher Umfang der Tätigkeiten) vorliegen (*Vogel* ZWE 2016, 442, 450). Die Verwaltervergütung kann einen Schadensposten gegenüber dem Bauträger darstellen (Pause/Vogel Kap. 8 Rn. 199).

3. Beschlüsse der Gemeinschaft

84 Die erstmalige ordnungsmäßige Herstellung des Gemeinschaftseigentums und damit die Beseitigung von anfänglichen Baumängeln gehört zur Instandsetzung (Erhaltung) des Gemeinschaftseigentums nach § 19 Abs. 2 Nr. 2 WEG (*BGH* ZMR 2007, 627 Rn. 20 ff.; *BGH* ZMR 2007, 630 Rn. 22; *BayObLG* ZMR 2003, 436; *OLG Schleswig* ZMR 2003, 876). An dieser Auffassung hat sich durch das Wohnungseigentumsmodernisierungsgesetz nichts geändert (*OLG München* IMR 2022, 2552; *Vogel* BauR 2020, 420, 425). Die Gemeinschaft kann über entsprechende Maßnahmen (Art und

Weise der Anspruchsdurchsetzung, Verfolgung nur von erheblichen Mängeln, Minderung anstelle von Sanierung, Geltendmachung durch die Gemeinschaft oder alle bzw. einzelne Erwerber usw.) im Rahmen ordnungsmäßiger Verwaltung entscheiden; sie hat insofern ein weites Ermessen (*OLG Düsseldorf* NJW-RR 2003, 1099; *BayObLG* ZMR 2002, 530; *OLG Köln* ZMR 2002, 972; *LG Dresden* ZMR 2007, 491; BeckOK-WEG/*Munzig* § 2 Rn. 29; sehr lesenswert hierzu *Wenzel* NJW 2007, 1905, 1907 f.). Der Beschluss muss, um ordnungsmäßiger Verwaltung zu entsprechen, bestimmen, welche Mängelrechte wegen welcher Mängel die Gemeinschaft geltend machen soll (*Kniffka* FS Ganten [2007], 125, 136). Es wird im Rahmen der Überprüfung des Ermessens eine erhebliche Rolle spielen, ob den Mitgliedern der Gemeinschaft bei Beschlussfassung die wesentlichen tatsächlichen und rechtlichen Gesichtspunkte, die gegeneinander abzuwägen sind, bekannt waren (*Pause/Vogel* ZMR 2007, 577, 583). Es findet daher im wohnungseigentumsrechtlichen Beschlussanfechtungsverfahren (§§ 43 Nr. 4, 46 WEG) nur eine gerichtliche Ermessenskontrolle statt. Das Gericht ist nicht befugt, seine Sacherwägungen an die Stelle derjenigen der Gemeinschaft zu setzen, es sei denn, nur das Ergreifen einer ganz bestimmten Maßnahme entspricht ordnungsmäßiger Verwaltung (vgl. *Riecke/Schmidt/Elzer* ETV, 4. Aufl., Rn. 1005). Anfechtbar ist ein Beschluss zur gerichtlichen Durchsetzung von Mängelansprüchen, wenn eine Klage keine hinreichenden Erfolgsaussichten besitzt (*BayObLG* NJW-RR 2000, 13 = NZM 2000, 13). Erforderlich ist also vor Beschlussfassung eine sorgfältige Analyse der Rechtslage (*BayObLG* NJW-RR 2000, 379 [zur Genehmigung eines Vergleichs]). Andererseits entsprechen Beschlüsse, in denen ohne Gegenleistung auf schlüssig erscheinende Mängelansprüche verzichtet werden, nicht ordnungsmäßiger Verwaltung; sie sind anfechtbar (vgl. *OLG Düsseldorf* NJW-RR 2000, 381 = ZMR 2000, 243). Im Regelfall darf von der Verfolgung von Mängelansprüchen gegen den Bauträger nur abgesehen werden, wenn dies besondere Gründe ausnahmsweise rechtfertigen (*BGH* NJW 2010, 933 Rn. 11). Hat der Bauträger unterschiedliche Baubeschreibungen gegenüber den Erwerbern verwendet, kann die Gemeinschaft durch Mehrheitsbeschluss entscheiden, welchen der gebündelten Ansprüche sie verfolgt, also welche Bauerrichtung sie durchsetzen will (*OLG Celle* IMR 2013, 1118; vgl. ferner *BGH* NJW 2010, 933 Rn. 7 f.). Die Gemeinschaft kann sich auf bereits von einem einzelnen Erwerber ausgebrachten Mängelrügen stützen; einer Wiederholung bedarf es nicht (*OLG Hamm* BauR 2011, 1977; *Wenzel* NJW 2007, 1905, 1908). Sie kann sich ebenfalls nach § 493 ZPO auf die Ergebnisse eines Beweisverfahrens stützen, welches ein einzelner Erwerber gegen den Bauträger geführt hat (bereits *BGH* BauR 1980, 69).

85 Ist der Bauträger noch (Rest-) Wohnungseigentümer, ist er nach § 25 Abs. 4 WEG vom Stimmrecht ausgeschlossen, wenn über die außergerichtliche und gerichtliche Verfolgung von Mängelansprüchen ein Beschluss gefasst werden soll (*AG Landsberg* IMR 2011, 425). Nach § 16 Abs. 2 WEG muss er sich aber an den Kosten auch in diesem Fall anteilig beteiligen (*LG München I* NZM 2013, 684). Ist zu deren Finanzierung eine Sonderumlage erforderlich, ist auch insofern der Bauträger vom Stimmrecht ausgeschlossen (*BayObLG* NJW 1993, 603).

86 Sollen auch Ansprüche von Nachzüglern geltend gemacht werden, muss dies nach einer zweifelhaften Entscheidung des *OLG München* (IMR 2012, 383) im Beschluss entsprechend klargestellt werden. Die Beschlüsse sollten auch regeln, ob der Verwalter befugt ist, mit dem Rechtsanwalt eine Vergütungsvereinbarung abzuschließen. Da der Verwalter zur gerichtlichen Geltendmachung von Ansprüchen grundsätzlich erst nach Beschlussfassung befugt ist, sollte ein Beschluss ihm diese ausdrücklich verleihen; anderenfalls läuft die Gemeinschaft Gefahr, dass die Klage kostenpflichtig als unzulässig abgewiesen wird (*OLG München* IBR 2008, 518; *OLG München* BauR 2010, 1609). Indes hemmt auch die unzulässige Klage eines Berechtigten die Verjährung (*OLG München* BauR 2010, 1609). Die Hinzuziehung eines Rechtsanwalts zur Beschlussformulierung ist daher ratsam (zu den Problemen *Greiner* § 5 Rn. 42 ff. mit Musterbeschluss).

87 Die Regelung in einer Gemeinschaftsordnung, wonach bestimmte Erwerber als Eigentümer auf eigene Rechnung für die Instandhaltung von Teilen des Gemeinschaftseigentums sorgen müssen, führt dazu, dass ein Beschluss, die Mängelansprüche hinsichtlich dieser Teile des Gemeinschaften durchzusetzen, u.U. anfechtbar ist (*OLG München* DNotZ 2008, 126 = NJW 2007, 2418 = IMR

2007, 267; ausdrücklich offen gelassen von *BGH* NJW 2012, 1722 Rn. 9). Eine Nichtigkeit scheidet aus, da die Gemeinschaft subsidiär zuständig bleibt.

4. Besonderheiten der Anspruchsverfolgung

Hat die Gemeinschaft entschieden, dass sie die Ansprüche gegenüber dem Bauträger geltend macht, 88
so hemmen Verhandlungen der Gemeinschaft auch die Verjährung der individuellen Mängelansprüche betreffend das Gemeinschaftseigentum (*BGH* NJW 2010, 3089 Rn. 34; *KG* IBR 2011, 208). Dies ist Folge davon, dass die Gemeinschaft ein Anspruchsbündel geltend macht (vgl. *BGH* NJW 2007, 1952 Rn. 32 »Anspruchsbündelung«). Die Hemmung bezieht sich indes nur auf gemeinschaftsbezogenen Mängelansprüchen, nicht auf die bereits entstandenen Rückabwicklungsrechte, weil diese nur der einzelne Erwerber geltend machen kann (*BGH* NJW 2010, 3089 Rn. 35). Haben zunächst einzelne Erwerber die Verjährung durch Einleitung eines Beweisverfahrens gehemmt und entscheidet dann die Gemeinschaft, dass diese die Mängelansprüche gegenüber dem Bauträger selbst geltend macht, kann der Bauträger gegenüber der Gemeinschaft als Prozessstandschafterin nicht erfolgreich die Verjährungseinrede erheben (*OLG Naumburg* IBR 2012, 331).

Im Fall der Entscheidung der Eigentümer die Mängelansprüche gegenüber dem Bauträger geltend 89
zu machen, ist die Gemeinschaft sachbefugt und kann als materiell Berechtigte durch die Rechtsverfolgung auch die Mängelverjährungsfrist hemmen (*BGH* NJW 2009, 2449 Rn. 16; *OLG München* BauR 2010, 1609; *BGH* NJW-RR 2013, 1169 Rn. 12). Eine spätere Vergemeinschaftung wirkt verjährungsrechtlich nur *ex nunc* (*BGH* NJW-RR 2013, 1169 Rn. 12; *OLG Dresden* IBR 2010, 506; *OLG Schleswig* IMR 2011, 347). Eine Untergemeinschaft ist nicht aktivlegitimiert (*OLG München* BauR 2013, 1896). Entsprechende Beschlüsse sind, wenn sie bestandskräftig geworden sind, interessengerecht auszulegen, um der Gemeinschaft eine Rechtsverfolgung zu ermöglichen (*OLG München* IMR 2011, 1083; *BGH* NJW 2009, 2449 Rn. 13 ff.; *BGH* NJW 2010, 3089 Rn. 23; *BGH* NJW 2010, 933 Rn. 7; *BGH* NJW 2016, 53 Rn. 5; *BGH* NJW 2016, 2878 Rn. 19; zur interessengerechten Auslegung, wer Klagepartei sein soll *BGH* NJW-RR 2013, 1169 Rn. 16 ff.; ferner *OLG Hamm* IBR 2012, 151).

Im Fall eines Beschlusses der Gemeinschaft ist richtige Klagepartei die Gemeinschaft. Werden in 90
der Klage die Gemeinschaft und alle einzelnen Wohnungseigentümer genannt, ist das Rubrum zu berichtigen, weil auch eine Falschbezeichnung durch eine Klagepartei irrelevant ist (*BGH* NJW-RR 2013, 1169 Rn. 14 ff.; *BGH* NJW 2007, 1952 Rn. 25; *BGH* NJW 2007, 3275 Rn. 8, 15 f.; *KG* NZM 2011, 80). Dies gilt insbesondere in Altverfahren, die vor den vorgenannten Grundsatzentscheidungen eingeleitet wurden (*BGH* NJW-RR 2013, 1169 Rn. 17 ff.; *OLG Schleswig* IMR 2011, 302). Freilich kann die Gemeinschaft auch einzelne Eigentümer oder – nicht ordnungsmäßig – den Verwalter zur Anspruchsverfolgung im eigenen Namen zu Händen der Gemeinschaft ermächtigen (*BGH* NJW 2007, 1952 Rn. 22; *OLG Hamm* IBR 2012, 151). Diese sind dann gewillkürte Prozessstandschafter. Die Gemeinschaft ist gewillkürter Prozessstandschafter, wenn sie mit Ermächtigung des jeweiligen Erwerbers Mängelrechte betreffend dem Gemeinschaftseigentum geltend macht, was möglich ist (*BGH* NJW 2007, 1952 Rn. 24). Der einzelne Erwerber soll sich als streitgenössischer Nebenintervenient am Prozess beteiligen dürfen (*Ott* ZWE 2017, 106, 112; *Skauradszun* ZMR 2015, 515, 520).

VII. Exkurs: Herausgabe von Unterlagen und Plänen

Ansprüche auf Einsicht und Herausgabe von Zeichnungen oder Subunternehmerverträgen, stati- 91
schen Berechnungen, Ausführungs- sowie Bestandsplänen und sonstigen Bauunterlagen sind für die Beurteilung der Mängelfreiheit, die Wartung sowie Instandhaltung und Instandsetzung oft von großer Bedeutung. Hierbei macht es keinen Unterschied, ob nach dem Bauträgervertrag die Erstellung oder Beschaffung dieser Unterlagen vom Erwerbspreis mit abgegolten war oder gesondert zu vergüten ist.

92 Ob sich aus dem Bauträgervertrag gemäß den Rechtsgrundsätzen in §§ 445, 444 BGB a.F. i.V.m. § 810 BGB analog zumindest ein Anspruch des Erwerbers (Käufer/Auftraggeber) auf Einsicht in sämtliche Bauunterlagen, angefangen von der Baugenehmigung samt Plänen und Statik sowie weiteren Unterlagen (z.B. Entwässerungspläne, Installationspläne, Betriebs- u. Bedienungsanleitungen etc.) ergab, war höchst streitig (vgl. *Pause* Rn. 470 ff. m.w.N.). Entgegen der in der Rechtsprechung vereinzelt vertretenen Auffassung (*OLG Hamm* NJW 1975, 694; *OLG München* BauR 1992, 95; *LG Krefeld* IBR 2009, 276; *OLG München* BauR 2013, 1896) wird man einen solchen Herausgabeanspruch bejahen können, wenn die Unterlagen bei Behörden nicht ohne Weiteres zu beschaffen sind, wenn diese Unterlagen für den bestimmungsgemäßen Gebrauch und die ordnungsmäßige Verwaltung (Wartung, Instandhaltung und Instandsetzung) des Erwerbsobjekts erforderlich sind (*OLG Köln* ZMR 2016, 66; so auch für den Planervertrag *BGH* NJW 2004, 2588, 2589). Eines konkreten Anlasses für die Herausgabe bedarf es nicht (a.A. *LG München I* BauR 2007, 1431). Die Überlassung dieser Unterlagen gehört dann zum vom Bauträger geschuldeten funktionellen Werkerfolg (ebenso *Basty* Rn. 464). § 650n BGB, der auch für den Bauträgervertrag nach § 650u Abs. 1 S. 2 BGB gilt, hat die Diskussion in Rechtsprechung und Literatur weitgehend ignoriert, so dass offen ist, welche Unterlagen der Bauträger an den Erwerber anlasslos herausgeben muss (näher *Kniffka-Pause/Vogel*, § 650u BGB Rn. 216 ff.). Die Praxisrelevanz dieses Problems ist von vornherein begrenzt, da die Bauträger sich typischerweise durch Abtretung der ihnen gegen eigene Planer und Subunternehmer zustehenden Ansprüche partiell von der Mängelhaftung frei zeichnen, was hinsichtlich der Haftungsbeschränkung unwirksam ist. Ein Anspruch auf Herausgabe von zusätzlichen Unterlagen (Verträge, Leistungsverzeichnisse, Pläne, Berechnungen, Prüfberichte, Rechnungen usw.) ergibt sich dann bereits aus § 402 BGB.

93 Für den Verbraucherbauvertrag wurde in § 650n BGB eine Verpflichtung zur Erstellung und Herausgabe von Unterlagen geschaffen. Sie gilt nach § 650u Abs. 1 S. 2 BGB auch für die ab dem 01.01.2018 abgeschlossenen Bauträgerverträge. Voraussetzung für die Anwendung der Vorschriften des § 650n BGB ist, dass es sich beim Erwerber um einen Verbraucher iSv § 13 BGB handelt. Mit der Ausdehnung des Anwendungsbereichs von § 650n BGB auf den Bauträgervertrag soll sichergestellt werden, dass auch der Erwerber vom Bauträger die Bauunterlagen, die er für Nachweise gegenüber den Behörden, aber auch für spätere Unterhaltungsmaßnahmen oder Umbauten benötigt, durch den Bauträger erhält.

94 Für den Verbraucherbauvertrag (§ 650i BGB) sieht das Gesetz eine abgestufte Dokumentationspflicht vor: Nach § 650n BGB soll der Unternehmer rechtzeitig vor Beginn der Ausführung die Unterlagen erstellen und herausgeben, die der Verbraucher benötigt, um gegenüber den Behörden (und ggf. auch gegenüber Dritten, z.B. der finanzierenden Bank, Abs. 3) nachweisen zu können, dass das Bauvorhaben unter Einhaltung der öffentlich-rechtlichen Vorschriften ausgeführt wird (Abs. 1) bzw. dass es im Zeitpunkt der Fertigstellung nach den öffentlich-rechtlichen Vorschriften ausgeführt wurde (Abs. 2). Da der Erwerber jedoch nicht Bauherr im Sinne des Abs. 1 ist (dies ist der Bauträger) kann er über diese Vorschrift keine Unterlagen herausverlangen. Auch ein Herausgabeanspruch des Erwerbers nach Abs. 2 dürfte sich nur in seltenen Ausnahmefällen bejahen lassen, da der Erwerber auch in diesem Fall in der Regel keine Verpflichtung gegenüber der Behörde hat, entsprechende Nachweise zu führen. Ein Herausgabeanspruch lässt sich nur bejahen, wenn der Erwerber nach den einschlägigen Landesbauordnungen bzw. den dazu erlassenen Ausführungsvorschriften zur Vorhaltung und ggf. Vorlage bestimmter Bauunterlagen verpflichtet ist. In diesem Fall steht ihm ein Anspruch gegenüber dem Bauträger zu,

95 Durch den Verweis auf § 650n BGB für den Bauträgervertrag wollte der Gesetzgeber die Position des Erwerbers stärken und nicht schwächen. Es ist daher davon auszugehen, dass die in Rn. 92 dargestellten Grundsätze weiter gelten (näher Pause/*Vogel* Kap. 5 Rn. 182 ff.; im Ergebnis *Kniffka/Jurgeleit-Stretz* § 650n BGB Rn. 1 ff.).

96 Wegen der Gemeinschaftsbezogenheit des Anspruchs auf Herausgabe von Unterlagen besteht kein Recht des einzelnen Erwerbers, die Herausgabe der Unterlagen an sich selbst zu verlangen, es sei denn, er wäre hierzu von der Eigentümergemeinschaft durch Beschluss ausdrücklich ermächtigt

(vgl. *OLG Stuttgart* ZWE 2017, 129 Rn. 15). Nach der Wahl eines WEG-Verwalters (vgl. § 26 WEG) wird man einen Anspruch auf Herausgabe der Bauunterlagen nur an den Verwalter als Organ der GdWE bejahen können.

§ 9 Schließung der Wohnungsgrundbücher

(1) Die Wohnungsgrundbücher werden geschlossen:
1. **von Amts wegen, wenn die Sondereigentumsrechte gemäß § 4 aufgehoben werden;**
2. **auf Antrag des Eigentümers, wenn sich sämtliche Wohnungseigentumsrechte in einer Person vereinigen.**

(2) Ist ein Wohnungseigentum selbständig mit dem Rechte eines Dritten belastet, so werden die allgemeinen Vorschriften, nach denen zur Aufhebung des Sondereigentums die Zustimmung des Dritten erforderlich ist, durch Absatz 1 nicht berührt.

(3) Werden die Wohnungsgrundbücher geschlossen, so wird für das Grundstück ein Grundbuchblatt nach den allgemeinen Vorschriften angelegt; die Sondereigentumsrechte erlöschen, soweit sie nicht bereits aufgehoben sind, mit der Anlegung des Grundbuchblatts.

Literatur

DNotI-Gutachten Vereinigung aller Wohnungseigentumsrechte in einer Hand; Aufhebung von Wohnungseigentum; Auswirkungen auf einzelne Grundpfandrechte eines Eigentümers mehrerer Einheiten DNotI-Report 2008, 27; *DNotI-Gutachten* Mietervorkaufsrecht nach Schließung der Wohnungsgrundbücher, DNotI-Report 2006, 48; Herrler Kein Erlöschen einer Grunddienstbarkeit mit Untergang des berechtigten Wohnungseigentums DNotZ 2017, 726; *Kreuzer* Aufhebung von Wohnungseigentum NZM 2001, 123 (mit umfangreichen Formulierungsvorschlägen auch zur Wertberechnung); *Meyer-Stolte* Übertragung von Grundpfandrechten bei Schließung der Wohnungsgrundbücher (Anm. zur Entscheidung des *OLG Schleswig* vom 25.10.1990 – 2 W 20/90 –) Rpfleger 1991, 150; *Röll* Die Aufhebung von Wohnungseigentum an Doppelhäusern DNotZ 2000, 749; *Schmid* Auflösung der Wohnungseigentümergemeinschaft und Abriss des Gebäudes ZfIR 2011, 809; *Weber* Die Aufhebung des Wohnungseigentums – ungeahnte Konsequenzen für den Fortbestand von Dienstbarkeiten ZWE 2017, 256; *Weingart* Die Beendigung der Wohnungseigentümergemeinschaft BauR 2022, 568 (Teil I) u. 707 (Teil II).

Übersicht

A. Allgemeines

1 Die Vorschrift des § 9 regelt abschließend die rechtsgeschäftlichen Tatbestände, deren Vorliegen zur Beendigung des Wohnungs- und Teileigentums und der damit verbundenen Schließung der Wohnungs- und Teileigentumsgrundbücher führen. Abs. 1 Nr. 2 a.F. wurde durch das WEMoG aufgehoben; die bisherige Nr. 3 a.F. wurde Nr. 2. Abgesehen von der eigentlich überflüssigen Regelung des Abs. 1 Nr. 2 a.F. stellen die verbliebenen Abs. 1 Nr. 1 und Nr. 2 n.F. die komplementären Bestimmungen zur vertraglichen bzw. einseitigen Begründung von Wohnungseigentum dar. Daneben kommt noch eine Schließung nach allgemeinen Grundsätzen in Betracht (s. Rdn. 42).

B. Schließung der Wohnungs- und Teileigentumsgrundbücher

I. Aufhebung der Sondereigentumsrechte

2 Nach § 9 Abs. 1 Nr. 1 werden die Wohnungsgrundbücher geschlossen, wenn die **Sondereigentumsrechte** gem. § 4 **aufgehoben** worden sind. Das erfordert eine Einigung der Beteiligten über den Eintritt der Rechtsänderung und die Eintragung in das Grundbuch. Der Grundbucheintragung kommt in diesem Fall daher konstitutive Bedeutung zu (Staudinger/*Rapp* [2018] Rn. 2). Die Einigung bedarf der für die Auflassung vorgeschriebenen Form (vgl. § 925 BGB); sie ist bedingungs- und befristungsfeindlich (§ 4 Abs. 2). Nach § 4 Abs. 3 bedarf das zugrunde liegende Verpflichtungsgeschäft der Form des § 311b Abs. 1 BGB.

3 Besondere Aufmerksamkeit verdient § 4 Abs. 2 S. 2, wonach Wohnungseigentum nicht unter einer Bedingung oder Zeitbestimmung aufgehoben werden kann. Werden nämlich Wohnungseinheiten von einer angeordneten **Nacherbfolge** erfasst, stellt die Beendigung des Sondereigentums durch den nicht befreiten Vorerben (vgl. § 2136 BGB) eine das Recht des Nacherben vereitelnde bzw. beeinträchtigende Verfügung i.S.d. § 2113 Abs. 1 BGB dar. Mit Eintritt des Nacherbfalles wird die Verfügung des Vorerben unwirksam, wenn nicht der Nacherbe sie genehmigt. Zur Verhinderung einer solchen auf den Eintritt des Nacherbfalles auflösend bedingten Aufhebung des Sondereigentums ist die vorherige Zustimmung des Nacherben erforderlich (vgl. für den ähnlich gelagerten Fall einer Erbbaurechtsbestellung durch den nicht befreiten Vorerben *BGH* BGHZ 52, 269 = NJW 1969, 2043).

4 **Nicht** hierher gehören die Fälle der Aufhebung einzelner Sondereigentumseinheiten; hierzu § 7 Rdn. 297. § 9 geht von einer vollständigen Beendigung des Sondereigentums aus (a.A. *BGH* BGHZ 237, 207 = NJW 2023, 2875 = ZfIR 2023, 496 = ZMR 2023, 1023 = ZWE 2023, 443, der § 9 WEG – allerdings ohne Problematisierung – auch auf eine Freigabe aus der wohnungseigentumsrechtlichen Sonderbeziehung anwendet). Zur teilweisen Aufhebung des Sondereigentums durch Abtrennung eines Grundstücksteils s. § 6 Rdn. 28 ff.

5 Damit die Aufhebung in das Grundbuch eingetragen werden kann, ist **verfahrensrechtlich** gegenüber dem Grundbuchgericht neben der schriftlichen Antragstellung (zu weitgehend Bärmann/*Armbrüster* § 9 Rn. 25, der auch für den reinen Antrag die Form des § 20 GBO fordert) nicht der Nachweis der materiellen Einigung zu führen. § 20 GBO ist nicht entsprechend für anwendbar erklärt; es gilt daher auch in diesem Fall das formelle Konsensprinzip (*Demharter* Anhang zu § 3 Rn. 101; ebenso auch für den umgekehrten Fall der vertraglichen Einräumung von Sondereigentum *OLG Zweibrücken* OLGZ 1982, 263; *Demharter* § 20 Rn. 10; KEHE/*Munzig* § 20 Rn. 7; Weitnauer/*Briesemeister* § 4 Rn. 5; **a.A.** *OLG Düsseldorf* ZMR 2010, 975; Bärmann/*Armbrüster* § 4 Rn. 21 f.; Bauer/Schaub/*Kilian* § 20 Rn. 66; BeckOGK WEG/*M. Müller* § 4 Rn. 10; Grüneberg/*Wicke* § 7 Rn. 3; *Hügel/Elzer* § 4 Rn. 29; MüKo/*Krafka* § 4 Rn. 4f.; *Schöner/Stöber* Rn. 2995; Staudinger/*Rapp* [2018] § 4 Rn. 4). Beizubringen sind demnach lediglich **Eintragungsbewilligungen** sämtlicher Wohnungseigentümer in der Form des § 29 GBO. Ebenso können die Erklärungen über die Aufhebung des Sondereigentums ohne Vorlegung oder gleichzeitige Errichtung der Urkunde über das Kausalgeschäft entgegengenommen werden, da § 925a BGB nicht für entsprechend anwendbar erklärt worden ist (*Demharter* Anhang zu § 3 Rn. 100; Grüneberg/*Wicke* § 4 Rn. 2; Weitnauer/*Briesemeister* § 4 Rn. 7; **a.A.** Bärmann/*Armbrüster* § 4 Rn. 27; MüKo/*Krafka* § 4 Rn. 30; Staudinger/*Rapp* [2018] § 4 Rn. 4).

Die Aufhebung der Sondereigentumsrechte führt **von Amts wegen** zur **Schließung** der Wohnungs- und Teileigentumsgrundbücher. Auf diese Weise wird ein rechtliches Vakuum zwischen dem Untergang des Sondereigentums und der Anlegung des Grundstücksgrundbuchs verhindert. Zum Eintragungsverfahren *s.* Rdn. 43 ff. 6

II. Gegenstandsloswerden der Sondereigentumsrechte

Die früher in Abs. 1 Nr. 2 a.F. vorgesehene Möglichkeit des Gegenstandsloswerdens aller Sondereigentumsrechte ist durch das WEMoG ersatzlos abgeschafft worden. 7

III. Vereinigung aller Wohnungseigentumsrechte

Vereinigen sich **sämtliche Wohnungseigentumsrechte** in der Hand eines Eigentümers, kann die Schließung der Wohnungsgrundbücher allein auf seinen Antrag hin erfolgen. Unerheblich ist dabei, ob der Eigentümer eine bereits vollzogene Aufteilung lediglich rückgängig machen möchte (*OLG Düsseldorf* ZMR 2001, 650) oder erst nachträglich sämtliche Einheiten rechtsgeschäftlich oder im Wege der Zwangsvollstreckung erworben hat (Staudinger/*Rapp* Rn. 8; im letzteren Fall für analoge Anwendung Bärmann/*Armbrüster* Rn. 19). Wie im umgekehrten Fall des § 8 Abs. 1 WEG können auch hier **Personenmehrheiten** die Schließung beantragen; unabdingbare Voraussetzung ist lediglich, dass für sämtliche Einheiten dasselbe Beteiligungsverhältnis gem. § 47 GBO besteht (vgl. für eine Gesellschaft bürgerlichen Rechts nach früherem, noch die Gesellschafter selbst bezeichnenden Recht *OLG Köln* NJW-RR 1997, 1443). 8

Nicht hierher gehören die Fälle einer Vereinigung einzelner Sondereigentumseinheiten; hierzu vgl. § 7 Rdn. 328 ff. 9

Ebenfalls ist es dem Alleineigentümer wegen Verstoßes gegen § 1 (»Miteigentumsanteil an dem gemeinschaftlichen Eigentum«) **nicht** möglich, **sämtliche** Wohnungseigentumsrechte gem. § 890 Abs. 1 BGB miteinander zu **vereinigen**, ohne zugleich das Sondereigentum aufzuheben (so aber Bärmann/*Armbrüster* § 9 Rn. 20; NK-BGB/*Heinemann* § 9 Rn. 5; wie hier Meikel/*Grziwotz* Einl. B Rn. 187 a.E.). 10

Verfahrensrechtlich ist für die Schließung nach § 9 Abs. 1 Nr. 2 ein entsprechender Antrag des bzw. der Wohnungseigentümer in der Form des § 29 GBO erforderlich; es handelt sich um einen sog. gemischten Antrag gem. § 30 GBO (ebenso Bärmann/*Armbrüster* Rn. 26). 11

Hat der Alleineigentümer eine oder einige Wohnungseinheiten lediglich als **Vorerbe** erworben, wird man nach dem Schutzzweck für die Antragstellung die Zustimmung des Nacherben verlangen müssen, wenngleich diese Art der Beendigung des Wohnungseigentums im strengen Sinne wohl keine Verfügung darstellt (vgl. Rdn. 3). Andernfalls könnte es nämlich je nach Beendigungstatbestand zu einer endgültigen (§ 9 Abs. 1 Nr. 1) oder einer nur auflösend bedingten (§ 9 Abs. 1 Nr. 2) Beendigung des Wohnungseigentums kommen; der Nacherbenvermerk wäre nämlich hinsichtlich der früheren von der Nacherbfolge erfassten Wohnungseigentumsrechte auf das Grundstück zu übertragen. 12

C. Folgen der Beendigung der Wohnungs- und Teileigentumsrechte

I. Rechtsbeziehungen der Eigentümer

1. Sachenrechtliche Ebene

Die Aufhebung des Sondereigentums gem. § 9 Abs. 1 Nr. 1 i.V.m. § 4 lässt eine **gewöhnliche Bruchteilsgemeinschaft** nach §§ 741 ff., 1008 BGB entstehen (vgl. *BGH* BGHZ 237, 207 = NJW 2023, 2875 = ZfIR 2023, 496 = ZMR 2023, 1023 = ZWE 2023, 443). Sämtliche Regelungen und Beschränkungen aus der vormaligen Wohnungseigentümergemeinschaft entfallen ersatzlos. Dies gilt auch für evtl. eingeräumte Sondernutzungsrechte, die sich nicht als Benutzungsregelungen gem. §§ 745, 1010 BGB fortsetzen (Staudinger/*Rapp* Rn. 11 f.). Räume, Flächeneigentum und Gebäudebestandteile unterfallen nunmehr wieder ausschließlich dem Akzessionsgrundsatz der §§ 93 ff. BGB. 13

14 Werden die Wohnungsgrundbücher infolge Vereinigung aller Wohnungseigentumsrechte geschlossen, entsteht normales **Grundeigentum des Alleineigentümers** bzw. normales Grundeigentum einer bisher in sämtlichen Wohnungsgrundbüchern identisch eingetragenen Eigentümergemeinschaft.

15 Standen einem Miteigentümer zuvor noch mehrere Wohnungseigentumsrechte oder Anteile hieran zu, kann nach dem Erlöschen der Sondereigentumsrechte in der Hand eines Eigentümers nur noch ein einheitlicher Miteigentumsanteil bestehen (*BGH* Rpfleger 1968, 114; *KG* Rpfleger 2020, 505; *OLG München* FGPrax 2018, 158; *BayObLG* BayObLGZ 1996, 41 = DNotZ 1997, 391; *LG Köln* MittRhNotK 1977, 32; Bärmann/*Armbrüster* Rn. 38; Staudinger/*Rapp* Rn. 14).

2. Verbandsrechtliche Ebene

16 Hinsichtlich des Schicksals des rechtsfähigen Verbandes Wohnungseigentümergemeinschaft ist nach zeitlichen Gesichtspunkten folgendermaßen zu differenzieren:

a) Rechtslage bis zum 30.11.2020

17 Die mit dem Wegfall der Wohnungs- und Teileigentumsrechte verbundene Beendigung der Wohnungseigentümergemeinschaft führte seinerzeit auch zum **Erlöschen des Verbandes** der Wohnungseigentümer. Ausdrücklich hatte der Gesetzgeber dies jedoch nur für den Fall der Vereinigung sämtlicher Wohnungseigentumsrechte in der Hand eines Eigentümers geregelt (vgl. § 9 Abs. 1 Nr. 3 a.F.). Gem. § 10 Abs. 7 S. 4 WEG a.F. ging dann bereits mit der Vereinigung (also noch vor Schließung der Wohnungsgrundbücher!) das Verwaltungsvermögen im Wege der Gesamtrechtsnachfolge auf den Eigentümer des Grundstücks über. Nichts anderes konnte jedoch nach dem Sinn und Zweck der Regelung gelten, wenn eine gewöhnliche Bruchteilsgemeinschaft gem. § 9 Abs. 1 Nr. 1 entstanden war (*AG Bremerhaven* ZMR 2010, 882). Auch in diesen Fällen war für einen Fortbestand des Verbandes der bisherigen Wohnungseigentümer kein Raum mehr; das Verbandsvermögen ging deshalb auch insoweit in analoger Anwendung des § 10 Abs. 7 S. 4 WEG a.F. auf die Miteigentümer des Grundstücks über (ebenso *Hügel*/Elzer § 3 Das neue WEG-Recht Rn. 164). Eine »Einmann-Gemeinschaft« war nach seinerzeit h.M. ausgeschlossen (*BGH* BGHZ 177, 53 = NJW 2008, 2639 = Rpfleger 2008, 564 = ZMR 2008, 805; **a.A.** insbes *Becker*, FS Seuß [2007] S. 19 [36]; *ders.*, ZWE 2007, 119; *ders.*, ZfIR 2008, 869, 870; *F. Schmidt* ZMR 2009, 725; *Lieder* DNotZ 2018, 177, 181 f.). Trotz möglicherweise fortbestehender Wohnungs- und Teileigentumsgrundbücher im Fall des § 9 Abs. 1 Nr. 3 entfiel nach dem Untergang des Verbandes die vormalige Zweckbindung des Verwaltungsvermögens (*Abramenko* § 6 Rn. 8; *Bonifacio* NZM 2009, 561). Damit konnten auch persönliche Gläubiger des Alleineigentümers auf das ehemalige Verbandsvermögen zugreifen (*Abramenko* § 6 Rn. 8; *Bonifacio* NZM 2009, 561, 563; *H. Müller* ZWE 2012, 472, 475; **a.A.** Bärmann/*Wenzel* 10. Aufl. § 10 Rn. 295 unter Berufung auf die Gesetzesbegründung; vgl. BT-Drs. 16/887 S. 63; widersprüchlich Bärmann/*Suilmann* 14. Aufl. § 10 Rn. 15, wie hier dagegen in Rn. 343). Mit der späteren Veräußerung einer Wohnungseinheit durch den Alleineigentümer entstand sodann eine neue Eigentümergemeinschaft. Zur Verteilung des Verbandsvermögens s. § 17 Rdn. 4 ff. Wegen des mit dem Erlöschen des Verbandes verbundenen Wegfalls seiner Parteifähigkeit s. zutreffend *LG Duisburg* ZWE 2019, 277; *AG Bremerhaven* ZMR 2010, 882 (ohne Problembewußtsein unzutreffend dagegen *LG Frankfurt/M.* IMR 2014, 226 = ZWE 2014, 336).

b) Rechtslage ab dem 01.12.2020

18 Diese Rechtslage hat sich mit dem Inkrafttreten des WEMoG grundlegend geändert Der Gesetzgeber hat die Ein-Personen-Gemeinschaft in § 9a Abs. 1 S. 2 anerkannt; zugleich ist § 10 Abs. 7 S. 4 a.F. ersatzlos weggefallen. Die rechtsfähige Gemeinschaft der Wohnungseigentümer (GdWE) entsteht danach als Verband in jedem Fall mit der Anlegung der Wohnungsgrundbücher. Die Beendigung des Verbandes ist demgegenüber im Gesetz nicht geregelt. Allerdings lässt sich aus der engen Verknüpfung der sachenrechtlichen Existenz mit der gemeinschaftsrechtlichen Ebene schließen, dass umgekehrt der rechtsfähige Verband nur solange bestehen soll, wie auch Wohnungseigentum existiert. Die rechtsfähige GdWE erlischt deshalb erst, wenn das Wohnungseigentum infolge

Schließung der Wohnungsgrundbücher untergeht (BT-Drs. 19/18791, S. 46; *Hügel/Elzer* § 9a Rn. 37).

Nachfolgeregelungen für evtl. verbliebene Aktiva und Passiva fehlen im Gesetz. Nach den Vorstellungen des Gesetzgebers sollen für ein sich evtl. anschließendes Liquidationsverfahren bzgl. des verbliebenen Gemeinschaftsvermögens die allgemeinen Vorschriften gelten (BT-Drs. 19/18791 S. 46). Dies ist wenig zielführend (krit. bereits *Becker/Schneider* ZfIR 2020, 281, 294), zumal nach vollzogener Schließung der Wohnungsgrundbücher kein zu liquidierender Rechtsträger mehr existiert. Eine dem früheren § 10 Abs. 7 S. 4 a.F. entsprechende (Gesamtrechtsnachfolge-)Regelung gibt es nicht. Nicht gefolgt werden kann dem Lösungsvorschlag von *Weingart* BauR 2022, 568 u. 707, der die Rechte dinglich Berechtigter im Rahmen seines »Abspaltungsmodells« überhaupt nicht berücksichtigt. I.ü. s. zum Problem § 9a Rdn. 17. 19

c) Übergangsfälle

Mit der Vereinigung sämtlicher Miteigentumsanteile in der Hand eines Wohnungseigentümers ging (nur) bis zum 30.11.2020 die rechtsfähige Wohnungseigentümergemeinschaft unter. Durch die WEG-Reform (2020) kann ein solcher Untergang jedoch nicht rückwirkend aufgehoben werden. Sind bei Inkrafttreten des § 9a Abs. 1 S. 2 n.F. die Wohnungsgrundbücher (immer noch) angelegt, ist von der Entstehung einer (neuen) GdWE zum 01.12.2020 auszugehen. Diese neu entstandene Wohnungseigentümergemeinschaft haftet nicht für die Verbindlichkeiten der untergegangenen Wohnungseigentümergemeinschaft (*LG Dresden* ZMR 2023, 491). 20

II. Eingetragene Rechte Dritter

Mit Beendigung des Sondereigentums sind Belastungen des Grundstücks als solche und Belastungen der einzelnen Wohnungseigentumsrechte als Belastungen des entsprechenden Miteigentumsanteils in die II. und III. Abteilung des neu anzulegenden Grundstücksgrundbuches zu übertragen (*OLG Schleswig* Rpfleger 1991, 150; *OLG Frankfurt am Main,* DNotZ 2000, 778; *Demharter* Anhang zu § 3 Rn. 102; *Schöner/Stöber* Rn. 2996). 21

Zumindest missverständlich ist in diesem Zusammenhang die Aussage von Bärmann/*Armbrüster* § 9 Rn. 36, wonach wegen § 17 a.F. (jetzt § 11 Abs. 3 n.F.) für die Eintragung nicht die bisherigen Miteigentumsanteile maßgeblich seien, sondern das Verhältnis des Wertes der Wohnungseigentumsrechte zum Zeitpunkt der Aufhebung der Wohnungseigentümergemeinschaft. § 11 Abs. 3 n.F. bezieht sich primär auf die Aufhebung der Gemeinschaft insgesamt, also sowohl die Aufhebung des Sondereigentums als auch die Aufhebung des Miteigentums nach Bruchteilen (Bärmann/*Pick* § 17 Rn. 9). Selbst wenn man für den Fall einer vertraglichen Aufhebung des Sondereigentums § 11 Abs. 3 analog heranziehen will (so Bärmann/*Pick* noch zu § 17 Rn. 9), ergibt sich daraus lediglich eine Bestimmung für das jeweilige Auseinandersetzungsguthaben; an der dinglichen Rechtslage der unverändert fortbestehenden Miteigentumsanteile ändert sich dadurch jedoch nichts. 22

1. Gesamtbelastungen

Sind dingliche Rechte am aufgeteilten Grundstück oder an sämtlichen Wohnungseigentumsrechten als Gesamtrechte eingetragen, bedarf die Beendigung des Sondereigentums schon nach dem Wortlaut des § 9 Abs. 2 **nicht** der **Zustimmung** dieser Rechtsinhaber. Da die Rechte sich inhaltsgleich am ungeteilten Grundstück fortsetzen, sind die Berechtigten in diesem Fall ebenso wenig betroffen, wie sie umgekehrt von der Aufteilung in Wohnungseigentum betroffen sind (vgl. *OLG Brandenburg* NotBZ 2019, 43; *OLG Frankfurt am Main,* Rpfleger 1997, 374). 23

2. Einzelbelastungen

Der Wegfall der Sondereigentumsrechte führt zu einer inhaltlichen Veränderung der Miteigentumsanteile (Weitnauer/*Briesemeister* Rn. 6; *Staudinger/Rapp* Rn. 14). Dies macht gem. § 9 Abs. 2, §§ 877, 876 BGB die **Zustimmung** der dinglichen Rechtsinhaber an den Einzelbelastungen erforderlich 24

(*OLG Brandenburg* NotBZ 2019, 43; *OLG München* Rpfleger 2011, 77; *OLG Frankfurt am Main,* Rpfleger 1990, 292; *OLG Zweibrücken* Rpfleger 1986, 93). Dasselbe gilt für die Aufhebung von Wohnungserbbaurechten (*OLG München* Rpfleger 2011, 77).

25 Die Zustimmung zur inhaltlichen Veränderung durch die Einzelberechtigten kann jedoch nur dann zur Übertragung der Belastung in das neu anzulegende Grundstücksgrundbuch führen, wenn das betreffende dingliche Recht auch **an einem gewöhnlichen Miteigentumsanteil** bestehen kann. Dies trifft auf Grundpfandrechte (vgl. §§ 1114, 1192 Abs. 1, 1200 Abs. 1 BGB), Reallasten (vgl. § 1106 BGB), Vorkaufsrechte (vgl. § 1095 BGB) und Nießbrauchsrechte (vgl. § 1066 BGB) zu. Mehrere auf verschiedenen Wohnungseigentumseinheiten lastende Einzelgrundpfandrechte können dabei nicht ohne Nachverpfändungs- und Rangerklärungen zu einem Einheitsgrundpfandrecht zusammengefasst werden (zutreffend *Meyer-Stolte* Rpfleger 1991, 150). Es mangelt an der dafür erforderlichen Ranggleichheit bzw. Rangaufeinanderfolge (für Erbbauzinsreallasten m.w.N. auch zur Einheitshypothek s. *Schneider* ZMR 2021, 279; **a.A.** *OLG Düsseldorf* ZMR 2021, 337; *OLG Schleswig* Rpfleger 1991, 150; Bärmann/*Armbrüster* § 9 Rn. 36).

26 Soweit ein dingliches Recht seiner Art nach **nicht an einem Miteigentumsanteil** bestehen kann (Grunddienstbarkeit, beschränkte persönliche Dienstbarkeit), geht ein solches Recht mit dem Wegfall des Sondereigentums unter und kann durch Nichtmitübertragung gem. §§ 84 ff., 46 Abs. 2 GBO von Amts wegen gelöscht werden (*OLG Hamm* ZMR 2016, 791; *Demharter* Anhang zu § 3 Rn. 102; *Schöner/Stöber* Rn. 2996). In diesem Fall bewirkt die Zustimmung des Berechtigten zur Beendigung des Sondereigentums also die Löschung seines Rechts.

27 Soll dagegen ein solches Recht (z.B. ein Wohnungsrecht gem. § 1093 BGB) fortbestehen, bedarf es der vorherigen **Erstreckung** auf das gesamte Grundstück (Bärmann/*Armbrüster* § 9 Rn. 37; *Schöner/Stöber* Rn. 2996; Staudinger/*Rapp* [2018] Rn. 15). Hierfür sind verfahrensrechtlich entsprechende Eintragungsbewilligungen der übrigen Miteigentümer erforderlich (§§ 19, 29 GBO). Weitnauer/*Briesemeister* (Rn. 6) nehmen in diesem Zusammenhang ohne Weiteres eine Rückverlegung des Rechtes auf das gesamte Grundstück an. Dem kann wegen Verstoßes gegen den Bewilligungsgrundsatz (§ 19 GBO) nicht gefolgt werden (ebenso Bärmann/*Armbrüster* § 9 Rn. 37; Staudinger/*Rapp* [2018] Rn. 15). Darüber hinaus könnte das Recht auch erstmalig an dem belasteten Wohnungseigentum zur Eintragung gekommen sein, sodass die übrigen Anteile bisher noch nicht mit diesem Recht belastet waren und eine »Rückverlegung« schon deshalb ausscheidet.

28 Die bei einer solchen Erstreckung auftretenden **Rangfragen** sind nach den allgemeinen Grundsätzen zu beantworten. Danach ist zur Schaffung eines einheitlichen **Vorranges** für die Dienstbarkeit verfahrensrechtlich die Mitwirkung der übrigen an den nachverpfändeten Anteilen bereits eingetragenen Berechtigten gem. § 19 GBO, § 880 Abs. 1 BGB erforderlich (in diesem Sinne wohl auch MüKo/*Commichau* 8. Aufl. Rn. 14). Ggf. ist nach Maßgabe des § 880 Abs. 2 S. 2 BGB auch die Zustimmung der übrigen Miteigentümer zur Rangänderung erforderlich, die wohl nicht ohne Weiteres in deren Eintragungsbewilligungen oder Antragstellungen erblickt werden kann. Werden entsprechende Rangrücktrittserklärungen zugunsten des zu erstreckenden (z.B. Wohnungs-)Rechtes nicht abgegeben, ist die Eintragung eines das Grundstück insgesamt vorrangig belastenden Rechts nicht möglich; die Rechtstellung der vorgehenden Berechtigten hat unberührt zu bleiben. Eine Zustimmung bereits eingetragener dinglich Berechtigter zur Ausdehnung der bisherigen Einzelbelastung kann deshalb nicht verlangt werden (so aber Bärmann/*Armbrüster* Rn. 36); ein auf diese Weise angestrebtes gleichmäßiges Rangverhältnis auf sämtlichen Miteigentumsanteilen mag zwar wünschenswert sein, ist aber nicht notwendige Voraussetzung der Erstreckung. Eine Eintragung könnte dann allenfalls noch rangbereit mit einem »schiefen« Rang in Betracht kommen (KGJ 36 A 237, 238). Das uneinheitliche Rangverhältnis wäre im Grundstücksgrundbuch bei allen beteiligten Rechten kenntlich zu machen (vgl. § 18 GBV). Anders als im Fall einer Bestandteilszuschreibung (§§ 890 Abs. 2, 1131 BGB), die ähnliche Rangfragen aufwerfen kann, besteht für das Grundbuchgericht bei der Erstreckung nicht die Möglichkeit, die Eintragung mit der Begründung abzulehnen, es sei Verwirrung zu besorgen (vgl. demgegenüber für die Zuschreibung § 6 GBO; Staudinger/*Wolfsteiner* 2002 § 1114 Rn. 8).

Nicht gefolgt werden kann der Ansicht von MüKo/*Krafka* § 9 Rn. 9, wonach auch bei Grundpfandrechten der **Alleineigentümer** die Einzelbelastungen am Miteigentumsanteil auf das gesamte Objekt (bzw. den gesamten vereinigten Miteigentumsanteil eines Miteigentümers) erstrecken muss, da diese ansonsten erlöschen (wie hier *DNotI-Gutachten* DNotI-Report 2008, 27 und jetzt auch Staudinger/*Rapp* [2018] § 9 Rn. 14). Der zur Begründung herangezogene § 1114 BGB verbietet lediglich eine Neubelastung von Anteilen mit Grundpfandrechten, wenn nicht der Anteil im Anteil eines Miteigentümers besteht. Er trifft aber keine Aussage über das rechtliche Schicksal von bereits zulässigerweise eingetragenen Belastungen, wenn der ursprünglich belastete Miteigentumsanteil verbunden mit Sondereigentum später wegfällt. Der Wegfall des Sondereigentums führt lediglich zu einer inhaltlichen Veränderung der Miteigentumsanteile. Diese Fallgestaltung entspricht damit durchaus einem zulässigerweise an einem bloßen ideellen Anteil begründeten Grundpfandrecht. Fällt hier später der belastete Anteil weg, so braucht **keine Nachverpfändung** zu erfolgen. Es ist anerkannt, dass das ursprünglich zulässigerweise an diesem Anteil begründete Recht dort weiterhin unverändert lastet (RGZ 94, 154, 157; *BayObLG* Rpfleger 1971, 316; *BayObLG* Rpfleger 1996, 333 = DNotZ 1997, 391; *OLG München* FGPrax 2018, 158; Staudinger/*Wolfsteiner* § 1114 Rn. 8). Nichts anderes kann für ein Wohnungseigentum gelten. Die Belastung eines vormaligen Wohnungseigentums mit einem Grundpfandrecht setzt sich nach Beendigung des Sondereigentums an dem bloßen Miteigentumsanteil fort, auf dem es auch schon vorher lastete. Dabei ist unerheblich, ob der Miteigentumsanteil jetzt in der Hand des Alleineigentümers oder in einem größeren Anteil aufgegangen ist. Es kann nämlich für den Bestand eines lediglich an *einem* Wohnungseigentum eingetragenen Grundpfandrechtes keinen Unterschied machen, ob der Eigentümer, der letztlich sämtliche Wohnungseigentumsrechte in seiner Hand vereinigt, die Teilung aufhebt oder ob sich zunächst die Aufhebung durch Einigung aller Miteigentümer und Eintragung vollzieht und sodann ein Miteigentümer sämtliche Anteile übernimmt. In beiden Fällen besteht die Belastung an dem früheren Miteigentumsanteil fort, wenn der Gläubiger jeweils der Inhaltsänderung zugestimmt hat. Pfandunterstellungen und Rangregulierungen mögen durchaus zweckmäßig erscheinen, können aber nicht gefordert werden (so aber MüKo/*Krafka* Rn. 9, und auch Bärmann/*Armbrüster* Rn. 36; wie hier dagegen *DNotI-Gutachten* DNotI-Report 2008, 27; Staudinger/*Rapp* [2018] Rn. 14). 29

Die Beendigung des Sondereigentums kann mit einer **Realteilung** des vormals in Wohnungseigentum aufgeteilten Grundstücks einhergehen (typisch: Umwandlung von Wohnungseigentum an **Doppelhäusern** in Normaleigentum). Dazu ist weiterhin die Teilung des Grundstücks (ggf. nach Landesrecht genehmigungspflichtig; vgl. hierzu die Aufstellung bei *Schöner/Stöber* Rn. 3819) sowie die rechtsgeschäftliche Übertragung des jeweiligen Hälfteanteils an den jeweils anderen Miteigentümer im Auflassungswege erforderlich. Hinzukommen muss dann noch die Pfandfreigabe hinsichtlich derjenigen Rechte, die am jeweils zu übertragenden Anteil zulasten des Veräußerers eingetragen sind sowie eine Nachverpfändung des jeweils hinzu erworbenen Anteils für die auf dem bisherigen Anteil jeweils verbliebenen Rechte (*Kreuzer* NZM 2001, 123, 124; *Röll* DNotZ 2000, 749; *Schöner/Stöber* Rn. 2997). Einer vorherigen Erstreckung auf das Gesamtgrundstück bedarf es dagegen nicht (so aber *OLG Frankfurt am Main,* DNotZ 2000, 778 m. krit. Anm. *Volmer* ZfIR 2000, 285). 30

III. Nicht dinglich gesicherte, aber gegenstandsbezogene Ansprüche

Durch das Erlöschen sämtlicher Sondereigentumsrechte entsteht gewöhnliches Miteigentum nach Bruchteilen (vgl. Rdn. 13). Mehrere demselben Miteigentümer zustehende Wohnungseigentumsrechte oder Anteile hieran können in der Hand desselben Eigentümers grds. nur noch als einheitlicher Miteigentumsanteil bestehen (*BGH* Rpfleger 1968, 114; *KG* Rpfleger 2020, 505; *OLG München* FGPrax 2018, 158; *BayObLG* BayObLGZ 1996, 41 = DNotZ 1997, 391; *LG Köln* MittRhNotK 1977, 32; Bärmann/*Armbrüster* Rn. 32; Staudinger/*Rapp* [2018] Rn. 14). Vereinigen sich sämtliche Wohnungseigentumsrechte in einer Person, entsteht Alleineigentum. Je nach Fallgestaltung existiert also nach der Beendigung des Wohnungseigentums entweder 31

a) nur noch ein normaler, seines Sondereigentums entkleideter Miteigentumsanteil, dessen Bruchteilsgröße mit der des vormaligen Wohnungseigentums übereinstimmt, 32

b) ein verschmolzener größerer entkleideter Miteigentumsanteil oder 33

34 c) gar kein Miteigentumsanteil mehr.

35 Eine **Zwangsvollstreckung in das ursprüngliche Rechtsobjekt** ist damit grundsätzlich in keiner der drei Konstellationen mehr möglich; im Fall a) wegen fehlender Identität, in den Fallgestaltungen b) und c) wegen der fehlenden Voraussetzungen des § 864 Abs. 2 ZPO (*OLG Schleswig* FGPrax 2011, 69; *OLG Frankfurt am Main* NJW-RR 1988, 463).

36 Die Rechtsordnung kennt allerdings gegenstandsbezogene Ansprüche, nach denen der Eigentümer die Zwangsvollstreckung in einen vormaligen – nicht mehr existenten – Miteigentumsanteil zu dulden hat, weil sich seine Haftung auf diesen früheren Miteigentumsanteil beschränkt. Die Durchsetzung solcher ausgeurteilten Ansprüche ist nur möglich, wenn für die Zwangsvollstreckung der vormalige **Miteigentumsanteil als fortbestehend fingiert** wird. Dies ist z.B. für den Fall anerkannt, wenn der Miteigentumsanteil in anfechtbarer Weise (nach §§ 3 ff. AnfG) erworben wurde (*BGH* BGHZ 90, 207 = NJW 1984, 1968; *OLG Celle* OLGR 2005, 15; *OLG Frankfurt am Main* NJW-RR 1988, 463), oder wenn der Erbe, der mit dem Erbfall Alleineigentümer geworden ist, infolge einer von ihm geltend gemachten Haftungsbeschränkung nach § 1990 Abs. 1 S. 2 BGB dem Gläubiger den im Nachlass enthaltenen ehemaligen Miteigentumsanteil des Erblassers zum Zwecke der Befriedigung im Wege der Zwangsvollstreckung herauszugeben hat (*OLG Schleswig* FGPrax 2011, 69). Dasselbe hat zur Durchsetzung eines Pflichtteilsergänzungsanspruchs gegen den Beschenkten nach § 2329 Abs. 1 BGB zu gelten (*BGH* DNotZ 2014, 108 = NJW 2013, 3786 = ZfIR 2013, 779) und ist für den Fall einer Vermögensübernahme nach § 419 BGB a.F. ebenso anerkannt gewesen (*OLG Frankfurt am Main* NJW-RR 1988, 463; *OLG Jena* JW 1935, 3647).

37 Erfolgt die Beendigung des Wohnungseigentums, bevor in den genannten Fällen im Wege der Zwangsvollstreckung die Ansprüche in das haftende Objekt gesichert werden konnten, verlieren die dinglich ungesicherten Anspruchsberechtigten durch die rechtsgeschäftliche Aufhebung bzw. Schließung der Wohnungsgrundbücher nicht nur einen – nicht mehr existenten – Anteil, sondern das Vollstreckungsobjekt selbst. Nach der Beendigung des Wohnungseigentums können nämlich auch keine Anteile mehr daran fingiert werden. Folgt man mit dem hier vertretenen Ansatz der Auffassung von der Prädominanz des Miteigentums (vgl. § 1 Rn. 5 ff.), lässt sich nach dem Untergang des Sondereigentums allerdings zwanglos eine **Sicherungsmöglichkeit an dem Grundstück** insgesamt begründen. Während nach § 6 Abs. 2 sich Rechte an einem Miteigentumsanteil automatisch auf das zu ihm gehörende Sondereigentum erstrecken, beschränken sich umgekehrt Rechte nach Wegfall des Sondereigentums auf den fortbestehenden (ggf. vergrößerten) Miteigentumsanteil. Dies hat auch für dinglich nicht gesicherte, aber gegenstandsbezogene Ansprüche gelten. Die ausgeurteilten gegenstandsbezogenen Duldungsansprüche sind deshalb in die jeweiligen sondereigentumslosen Miteigentumsanteile am Grundstück zu vollstrecken. Dies muss auch für den Fall gelten, dass sich der Anspruch vormals auf ein »vollständiges« Wohnungseigentum und nicht nur einen Miteigentumsanteil daran richtete, weil auch insoweit nur noch ein Bruchteil am Grundstück als Resthaftungsmasse zur Verfügung steht. Betreiben die Anspruchsberechtigten also keine rechtzeitige Sicherung ihrer mutmaßlichen Duldungsansprüche (z.B. im Wege einer einstweiligen Verfügung: »Aufhebungs«- bzw. »Schließungsverbot«), so steht ihnen nach der Beendigung des Wohnungseigentums nur noch ein bloßer Miteigentumsanteil am Grundstück als Haftungsmasse zur Verfügung. Die hier vertretene Auffassung sichert den Anspruchsberechtigten zumindest ein »Minus« im Vergleich zum geschuldeten Vollstreckungsobjekt; andernfalls würde die Zwangsvollstreckung aus den genannten und oftmals erst zeitlich später erwirkten Titeln unmöglich werden. Der Vollstreckungsschuldner könnte sich dann durch rechtzeitige Beendigung des Wohnungseigentums der gegenstandsbezogenen Zwangsvollstreckung entziehen.

IV. Wohnungs- und Teileigentum als »herrschendes Grundstück«

1. Sämtliche Wohnungs- und Teileigentumsrechte als »herrschendes Grundstück«

38 Sämtliche Wohnungs- und Teileigentumsrechte eines nach dem WEG aufgeteilten Grundstücks können herrschendes Zuordnungsobjekt eines subjektiv-dinglichen Rechts sein. In Betracht kom-

men hier Grunddienstbarkeiten gem. § 1018 BGB, aber auch Reallasten gem. § 1105 Abs. 2 BGB und Vorkaufsrechte gem. § 1094 Abs. 2 BGB. Solche **subjektiv-dinglichen Berechtigungen** können zum Einen dadurch entstehen, dass bereits vor der Begründung des Wohnungseigentums zugunsten des noch ungeteilten Grundstücks eine entsprechende Berechtigung bestand. Sie wird mit der Aufteilung des herrschenden Grundstücks in Wohnungs- und Teileigentumsrechte zur gemeinschaftlichen **Berechtigung sämtlicher Wohnungs- und Teileigentümer** (vgl. § 7 Rdn. 65; *BayObLG* Rpfleger 1983, 434 für eine Grunddienstbarkeit). Möglich ist aber auch die nachträgliche Bestellung eines solchen Rechts zugunsten der jeweiligen Eigentümer sämtlicher bereits begründeten Wohnungs- und Teileigentumsrechte unter Angabe eines Gemeinschaftsverhältnisses gem. § 47 Abs. 1 GBO (vgl. *KG* Rpfleger 2018, 434). Sind sämtliche Wohnungs- und Teileigentumsrechte aus dem subjektiv-dinglichen Recht berechtigt, so verändert sich bei der Aufhebung aller Sondereigentumsrechte das Zuordnungsobjekt als Ganzes nicht. Die Berechtigung besteht nunmehr inhaltsgleich zugunsten des jeweiligen Eigentümers des ungeteilten Grundstücks fort. Evtl. eingetragene Herrschvermerke gem. § 9 GBO sind von Amts wegen anzupassen.

2. Einzelne Wohnungs- und Teileigentumsrechte als »herrschendes Grundstück«

39 Denkbar ist allerdings auch, dass lediglich **der jeweilige Eigentümer eines einzelnen Wohnungs- oder Teileigentumsrechts** aus einem subjektiv-dinglichen Recht **berechtigt** ist (vgl. *BGH* BGHZ 107, 289 = DNotZ 1990, 493 = NJW 1989, 2391 = Rpfleger 1989, 452). In diesem Fall erlischt insbesondere eine Grunddienstbarkeit kraft Gesetzes mit der Aufhebung des Sondereigentums, da zugunsten eines ideellen Miteigentumsanteils keine Grunddienstbarkeit bestellt werden kann (*OLG Hamm* ZMR 2016, 791; Bärmann/*Armbrüster* § 9 Rn. 32; *Hügel/Elzer* § 9 Rn. 3; Staudinger/*Rapp* [2018] § 9 Rn. 11; Staudinger/*Weber* [2017] § 1018 Rn. 45; a.A. *Herrler* DNotZ 2017, 726; *Weber* ZWE 2017, 256). Auch die spätere Begründung von (neuem) Sondereigentum an denselben Räumen im Rahmen einer erneuten Teilung des Grundstücks nach dem WEG vermag an diesem Ergebnis nichts zu ändern (*OLG Hamm* ZMR 2016, 791). Ein Erlöschen kraft Gesetzes soll allerdings dann nicht eintreten, wenn dem Wohnungseigentümer des dienstbarkeitsberechtigten Wohnungseigentums mit der Aufhebung des Wohnungseigentums zugleich im Wege der Realteilung ein dem ursprünglichen Wohnungseigentum entsprechendes, ausgegliedertes Grundstück zu Alleineigentum übertragen wird. In diesem Fall wird die Gemeinschaft unter Ausscheiden des berechtigten Wohnungseigentums lediglich teilauseinandergesetzt. Im Zuge dieser Teilauseinandersetzung erstarkt das bisher berechtigte Miteigentum am Grundstück lediglich unter Erhaltung der bisherigen dinglichen Berechtigung zu Alleineigentum an der rechtlich verselbstständigten Grundstücksteilfläche (*OLG München* ZMR 2017, 421; Bärmann/*Armbrüster* § 9 Rn. 32; Staudinger/*Rapp* [2018] § 9 Rn. 15).

V. Vorkaufsrecht für Mieter

40 Ein **Vorkaufsrecht** für Mieter kann nach § 577 BGB in Betracht kommen. Durch die Schließung des Wohnungs- oder Teileigentumsgrundbuchs **erlischt** allerdings das Vorkaufsrecht eines Mieters aus § 577 BGB grundsätzlich hinsichtlich eines späteren Verkaufs (Bärmann/*Armbrüster* § 1 Rn. 255; *DNotI-Gutachten* DNotI-*Report* 2006, 48). Das Vorkaufsrecht kann jedoch dann erneut eingreifen, wenn im unmittelbaren zeitlichen Zusammenhang mit der Veräußerung eine Neuaufteilung auf der Grundlage der ursprünglichen oder einer bereits vorliegenden Aufteilung erfolgen soll (Bub/Treier/*Drasdo* MietR-Handbuch, Abschn. VII Rn. 308; *Klühs* NZM 2013, 809, 816; *Langhein* DNotZ 1993, 650, 661; *Schilling/Meyer* ZMR 1994, 497, 503; *Wirth* MittBayNot 1998, 8, 12; Staudinger/*Rolfs* [2021] § 577 Rn. 32; a.A. *Becker* MietRB 2013, 124, 126; *Häublein* ZfIR 2014, 245, 246). Kein Vorkaufsrecht des Mieters besteht, wenn zum Zeitpunkt des Vertragsabschlusses noch Wohnungseigentum besteht, jedoch vor Eigentumsübertragung die Wohnungsgrundbücher geschlossen werden sollen und Kaufgegenstand das nicht aufgeteilte Grundstück ist (*DNotI-Gutachten* DNotI-*Report* 2006, 48; MüKo/*Häublein* § 577 Rn. 14; **a.A.** *Langhein* DNotZ 1993, 650, 661).

VI. Rückgängigmachung von Vereinigung und Zuschreibung

41 Besteht das ursprünglich in Wohnungseigentum aufgeteilte Grundstück aus mehreren Flurstücken, sind diese mit der Aufteilung in Wohnungseigentum durch Vereinigung oder Bestandteilszuschreibung gem. § 890 BGB zu einem Grundstück im Rechtssinne zusammengefasst worden (§ 1 Abs. 4; für vor 1973 begründetes Wohnungseigentum gilt die Vereinigungsfiktion des Art. 3 § 1 Abs. 1 des WEG-ÄndG vom 30.07.1973 – BGBl. I, 910). Die Beendigung der Sondereigentumsrechte führt jedoch nicht automatisch auch zu einer Beendigung der Vereinigung oder Zuschreibung. Hierzu ist vielmehr eine auf **Teilung** des noch eine Rechtseinheit bildenden Grundstücks gerichtete Erklärung des bzw. der Eigentümer in der Form des § 29 GBO **erforderlich** (so zu Recht *Meyer-Stolte* Rpfleger 1991, 150, 151). Wegen der insoweit evtl. erforderlichen landesrechtlichen Genehmigungen vgl. *Schöner/Stöber* Rn. 3819.

D. Schließung nach allgemeinen Grundsätzen

42 Eine Schließung der Wohnungsgrundbücher kann auch dann in Betracht kommen, wenn die **Aufteilung** in Wohnungseigentumsrechte erst **nach** einer **Beschlagnahme** in einem Zwangsversteigerungsverfahren erfolgt ist (vgl. § 1 Rdn. 72 f.). Da ohne Zustimmung des betreibenden Gläubigers ihm gegenüber die Aufteilung in Wohnungseigentumsrechte unwirksam ist (§ 23 ZVG), kann der Zuschlag in diesem Fall nur auf das ursprüngliche Grundstück in seiner Gesamtheit erteilt werden (*BGH* ZMR 2012, 638; *LG Würzburg/AG Würzburg* Rpfleger 1989, 117 m. zust. Anm. *Meyer-Stolte*; Bärmann/*Armbrüster* § 1 Rn. 229; *Böttcher* § 23 Rn. 11; Dassler u.a./*Hintzen* § 23 Rn. 16 u. § 63 Rn. 10; *Eickmann* EWiR 1987, 627; Köhler/Bassenge/*Klose*, 1. Aufl., Teil 19 Rn. 448; Schneider/*Goldbach/Klos* § 23 Rn. 11; Stöber/*Becker* ZVG § 23 Rn. 7; **a.A.** *OLG Frankfurt am Main* OLGZ 1987, 266; *LG Essen* Rpfleger 1989, 116; Weitnauer/*Briesemeister* § 3 Rn. 126). Die Zustimmungserklärung des Gläubigers ist gegenüber dem Versteigerungsgericht, nicht gegenüber dem Grundbuchgericht zu erbringen (vgl. *BGH* ZMR 2012, 638). An die Stelle der sonst erforderlichen Eigentümererklärungen tritt das entsprechende Ersuchen des Zwangsversteigerungsgerichts gem. § 130 Abs. 1 S. 1 ZVG. Um die Eintragung des neuen Eigentümers bei dem Grundstück vornehmen zu können, ist die Anlegung der Wohnungsgrundbücher durch Schließung wieder rückgängig zu machen und ein Grundstücksgrundbuch anzulegen. Zwischenzeitlich eingetragene Rechte an einzelnen Wohnungseigentumseinheiten sind nach dem Ersuchen des Zwangsversteigerungsgerichtes zu behandeln.

E. Schließungsverfahren

I. Schließung

43 Die **Schließung** der Wohnungs- und Teileigentumsgrundbücher erfolgt nach Maßgabe der §§ 1 WGV, 36 GBV. Danach sind sämtliche Seiten der Blätter, soweit sie Eintragungen enthalten, rot zu **durchkreuzen**. Ferner ist ein **Schließungsvermerk**, in dem der Grund der Schließung anzugeben ist, in der Aufschrift anzubringen. Im Fall der Beendigung des Sondereigentums durch Aufhebung ist wegen der mit der Eintragung eintretenden Rechtsänderung zusätzlich die Eintragung der Aufhebung in den Sp. 7 und 8 des Bestandsverzeichnisses erforderlich (wie hier *Demharter* Anhang zu § 3 Rn. 102, der allerdings die erforderliche Eintragung in Sp. 6 des Bestandsverzeichnisses vornehmen will; Meikel/*Böttcher* 11. Aufl. § 3 WGV Rn. 39, der allerdings eine separate Eintragung im Fall des § 9 Abs. 1 Nr. 1 für entbehrlich hält).

II. Anlegung eines Grundstücksgrundbuches

44 Nach Schließung der Wohnungs- und Teileigentumsgrundbücher wird für das Grundstück nach den allgemeinen Vorschriften ein **neues Grundbuchblatt** angelegt (§ 9 Abs. 3 S. 1; § 6 GBV). Dabei ist im Bestandsverzeichnis des neu angelegten Grundbuchs für das Grundstück zu vermerken, dass das Grundstücksgrundbuch nach Schließung der zu bezeichnenden Wohnungs- und Teileigentumsgrundbücher neu angelegt worden ist (MüKo/*Krafka* Rn. 13).

Die Anlegung des Grundstücksgrundbuches bewirkt gem. § 9 Abs. 3 S. 2 das Erlöschen der Sondereigentumsrechte, soweit diese nicht bereits gem. § 9 Abs. 1 Nr. 1 i.V.m. § 4 aufgehoben worden sind. Sind die Wohnungsgrundbücher unter Anlegung eines neuen Grundbuchblattes für das Grundstück geschlossen worden, kommt eine nachträgliche **Berichtigung des** Vermerks zum **Erwerbsgrund** in den Wohnungsgrundbüchern nicht mehr in Betracht, weil diese ihre bisherige materiell-rechtliche Bedeutung als Grundbuch verloren haben (*KG* v. 15.11.2011 – 1 W 464/10). 45

Mit der Anlegung des Grundstücksgrundbuches kann eine **Grundbuchunrichtigkeit** einhergehen, wenn bspw. im Fall des § 9 Abs. 1 Nr. 1 eine Aufhebungserklärung unwirksam ist oder im Fall des § 9 Abs. 1 Nr. 2 der aufhebende Alleineigentümer ein Wohnungseigentum nicht wirksam erworben hat. Im letztgenannten Fall tritt die Erlöschenswirkung des § 9 Abs. 3 S. 2 nicht ein. In beiden Fällen kann sich jedoch gutgläubiger Erwerb gem. § 892 Abs. 1 BGB hinsichtlich des unrichtig eingetragenen Grundstückseigentums vollziehen (Bärmann/*Armbrüster* § 9 Rn. 34; *Hügel/Elzer* § 9 Rn. 13). 46

III. Sonstige Nachweise

Wie im umgekehrten Fall einer vertraglichen Einräumung gem. § 3 ist auch für die Aufhebung gem. § 9 Abs. 1 Nr. 1 i.V.m. § 4 die Vorlage einer steuerlichen **Unbedenklichkeitsbescheinigung** erforderlich (Bauer/Schaub/*Schneider* AT V Rn. 406; wohl auch Staudinger/*Rapp* [2018] Rn. 12 und mit Zweifeln grds. auch *Viskorf*/Viskorf GrErStG § 2 Rn. 285). Im Fall des § 9 Abs. 1 Nr. 2 ist eine solche Unbedenklichkeitsbescheinigung auch dann entbehrlich, wenn die Löschung der Sondereigentumsrechte von mehreren Miteigentümern betrieben wird. In diesem Fall sind die Miteigentümer an allen Einheiten genauso berechtigt, wie sie es an dem ungeteilten Grundstück sind; es findet also kein Erwerb statt. 47

Zur geänderten Auffassung der Finanzverwaltung im Hinblick auf eine entsprechende Anwendbarkeit des § 7 GrEStG auch in den Fällen einer Aufhebung des Wohnungseigentums mit anschließender Realteilung (dazu vgl. Rdn. 30) s. *Gottwald/Schiffner* (MittBayNot 2006, 125, 127) sowie das Schreiben des *Bayerischen Staatsministeriums der Finanzen* v. 19.09.2005 (MittBayNot 2006, 179). 48

Sind an der Aufhebung oder Löschung der Sondereigentumsrechte Minderjährige beteiligt, wird aus denselben Gründen wie bei der Anlegung der Wohnungs- und Teileigentumsgrundbücher die Vorlage einer **familiengerichtlichen Genehmigung** für erforderlich gehalten. Gleiches gilt auch für Vormünder und Betreuer. s. dazu § 7 Rdn. 86. 49

IV. Gemeinschaftliches Wohnungsgrundbuch

Wird noch ein gemeinschaftliches Wohnungsgrundbuch geführt (zur Aufhebung von § 7 Abs. 2 a.F. s. Art. 4 Abs. 6 des DaBaGG v. 01.10.2013, BGBl. I S. 3719), ist die Aufhebung des Sondereigentums gem. § 9 Abs. 1 Nr. 1 in der Sp. 4 der I. Abteilung einzutragen (*Demharter* Anh. zu § 3 Rn. 103). Die Bezeichnung als gemeinschaftliches Wohnungs- oder Teileigentumsgrundbuch in der Aufschrift wird genauso gerötet wie sämtliche sich auf das bisherige Sondereigentum beziehenden Eintragungen. 50

Die Fälle des Erlöschens des Sondereigentums nach § 9 Abs. 1 Nr. 2 sind entsprechend zu behandeln. Einzutragen ist statt der bei Einzelblättern erfolgenden Schließung der Wohnungsgrundbücher die Eintragung des Erlöschens der Sondereigentumsrechte (*Demharter* Anhang zu § 3 Rn. 107; Weitnauer/*Briesemeister* Rn. 10 f.). 51

Wurde bisher von der Anlegung besonderer Grundbuchblätter für die einzelnen Wohnungseigentumsrechte abgesehen, sollen diese nun bei der nächsten Eintragung, die das Wohnungseigentum betrifft, spätestens jedoch bei der Anlegung des Datenbankgrundbuchs angelegt werden (§ 10 Abs. 4 WGV). Dadurch wird mittelfristig eine Umstellung der Grundbuchführung durch Schließung gemeinschaftlicher Wohnungsgrundbücher angestrebt. Die Schließung eines gemeinschaftlichen Wohnungsgrundbuchs bewirkt allerdings lediglich eine **Änderung der Buchungsform**, nicht aber 52 eine Aufhebung der bisher gemeinschaftlich geführten Wohnungseigentumsrechte; für sie sind nun gem. § 7 Abs. 1 Einzelgrundbücher anzulegen.

F. Gerichtsgebühren

53 Für die Eintragung der Aufhebung von Sondereigentum im Grundbuch fällt eine **Festgebühr** gem. KV-Nr. 14160 Nr. 5 zum GNotKG i.H.v. 50,– € für jedes Sondereigentumsrecht an.

54 Die frühere Regelung der KostO erhob für die Aufhebung gem. § 4 Abs. 1 und für die Anlegung des Grundbuchblattes für das Grundstück gem. § 9 Abs. 1 Nr. 2 und 3 a.F. i.V.m. Abs. 3 die Hälfte der vollen Gebühr gem. § 76 Abs. 3 KostO (vgl. *OLG Zweibrücken* Rpfleger 2004, 321). Da die neue Regelung des GNotKG lediglich an die Stelle des früheren § 76 Abs. 3 treten sollte und zur Vereinfachung eine Festgebühr pro betroffenem Sondereigentum vorsieht, wird trotz der sprachlichen Unschärfe auch im Fall des § 9 Abs. 1 Nr. 2 für jedes betroffene Sondereigentumsrecht die Festgebühr zu erheben sein (vgl. RegE zum 2. KostRMoG v. 14.11.2012 – BT-Drs. 17/11471 S. 210; a.A. wohl Leipziger Kommentar/*Schulz*, wo nur auf die rechtsgeschäftliche Aufhebung abgestellt wird).

55 Für die notariellen Geschäfte bestimmt sich der Geschäftswert nach § 42 GNotKG. Danach ist jetzt als Geschäftswert der **volle Wert des bebauten Grundstücks** zugrunde zu legen (anders noch § 21 Abs. 2 KostO: Hälfte des Grundstückswertes). Erfolgt zugleich mit der vertragsmäßigen Aufhebung der Wohnungseigentumsrechte die Überführung des Grundstücks in Alleineigentum, so handelt es sich um zwei selbstständige Geschäfte. Dabei ist nur für die Aufhebung der Wohnungseigentumsrechte § 42 maßgebend; für die Veräußerung finden i.Ü. die allgemeinen Vorschriften des GNotKG Anwendung (ebenso für eine Realteilung Leipziger Kommentar/*Deecke* § 42 Rn. 12).

Abschnitt 3 Rechtsfähige Gemeinschaft der Wohnungseigentümer

§ 9a Gemeinschaft der Wohnungseigentümer

(1) [1]Die Gemeinschaft der Wohnungseigentümer kann Rechte erwerben und Verbindlichkeiten eingehen, vor Gericht klagen und verklagt werden. [2]Die Gemeinschaft der Wohnungseigentümer entsteht mit Anlegung der Wohnungsgrundbücher; dies gilt auch im Fall des § 8. [3]Sie führt die Bezeichnung »Gemeinschaft der Wohnungseigentümer« oder »Wohnungseigentümergemeinschaft« gefolgt von der bestimmten Angabe des gemeinschaftlichen Grundstücks.

(2) Die Gemeinschaft der Wohnungseigentümer übt die sich aus dem gemeinschaftlichen Eigentum ergebenden Rechte sowie solche Rechte der Wohnungseigentümer aus, die eine einheitliche Rechtsverfolgung erfordern, und nimmt die entsprechenden Pflichten der Wohnungseigentümer wahr.

(3) Für das Vermögen der Gemeinschaft der Wohnungseigentümer (Gemeinschaftsvermögen) gelten § 18, § 19 Absatz 1 und § 27 entsprechend.

(4) [1]Jeder Wohnungseigentümer haftet einem Gläubiger nach dem Verhältnis seines Miteigentumsanteils (§ 16 Absatz 1 Satz 2) für Verbindlichkeiten der Gemeinschaft der Wohnungseigentümer, die während seiner Zugehörigkeit entstanden oder während dieses Zeitraums fällig geworden sind; für die Haftung nach Veräußerung des Wohnungseigentums ist § 728b des Bürgerlichen Gesetzbuchs entsprechend anzuwenden. [2]Er kann gegenüber einem Gläubiger neben den in seiner Person begründeten auch die der Gemeinschaft der Wohnungseigentümer zustehenden Einwendungen und Einreden geltend machen, nicht aber seine Einwendungen und Einreden gegenüber der Gemeinschaft der Wohnungseigentümer. [3]Für die Einrede der Anfechtbarkeit und Aufrechenbarkeit ist § 770 des Bürgerlichen Gesetzbuchs entsprechend anzuwenden.

(5) Ein Insolvenzverfahren über das Gemeinschaftsvermögen findet nicht statt.

Literatur:
Agatsy, Der Verband Wohnungseigentümergemeinschaft als Verbraucher, ZMR 2020, 626; *Bruns*, Die Zukunft der Vergemeinschaftung: Zur Auslegung des neuen § 9a Abs. 2 WEG, AnwZert MietR 13/ 2020 Anm. 2; *Bruns*, Nachbarschutz im Lichte der WEG-Novelle 2020, NZM 2020, 909; *Emmerich*, Das neue Recht der Abwehr von Gebrauchsstörungen, ZWE 2021, 193; *Krug*, Fortdauernde Prozessbefugnis trotz § 9a WEG, AnwZert MietR 25/2021, Anm. 1; *Lehmann-Richter/Wobst*, Direktansprüche gegen zweckwidrig nutzende Mieter, ZWE 2020, 123; *Lieder/Pordzik*, WEG-Reform 2020: Änderungen der Rechte und Pflichten der Wohnungseigentümer, ZWE 2021, 105; *Lübke*, Erforderlichkeit und Möglichkeiten prozessualer Reaktion auf den Verlust der Prozessführungsbefugnis infolge der Reform des WEG-Rechts, ZMR 2021, 101; *Mediger*, Neuregelung der Störungsabwehr im WEG-Verband, NZM 2021, 489; *Riecke*, Vorgehen insbesondere eines Wohnungseigentümers gegen den störenden Mieter eines (fremden) Wohnungseigentums, AnwZert MietR 12/2022, Anm. 2; *Vogel*, Auswirkungen des Wohnungseigentumsmodernisierungsgesetzes (WEMoG) auf die Verfolgung von Mängelansprüchen gegen den Bauträger, ZMR 2021, 181; *Wicke*, Die Gründungsphase nach der WEG-Reform, ZWE 2021, 21; *Wobst*, Die neue Struktur der Rechtsbeziehungen in der Gemeinschaft, ZWE 2021, 17; *Zschieschack*, Das neue Wohnungseigentumsrecht, NZM 2020, 897.

Übersicht

A. Überblick

§ 9a gehört zusammen mit § 9b zu den beiden einzigen Vorschriften in **Abschnitt 3** betreffend die rechtsfähige Gemeinschaft der Wohnungseigentümer. Dieser Abschnitt regelt überwiegend Fragen des **Außenverhältnisses** (BeckOGK/*Falkner* WEG § 9a Rn. 26). Einen **Fremdkörper** stellt § 9a Abs. 3 über das Gemeinschaftsvermögen dar. Diese Regelung gehört systematisch eigentlich zu Abschnitt 4 (*Lehmann-Richter/Wobst* WEG-Reform 2020, Rn. 165) und damit zum Binnenrecht 1 der Gemeinschaft der Wohnungseigentümer, was schon die Inbezugnahme der drei zentralen Vorschriften §§ 18, 19 und 27 WEG deutlich macht. Soweit § 9a WEG Fragen des Außenverhältnisses, insbesondere mit Bezug zu den Gläubigern der rechtsfähigen Gemeinschaft der Wohnungseigentümer betrifft (Rechtsfähigkeit, Entstehungszeitpunkt, Ausübungs- und Wahrnehmungsbefugnis, Gemeinschaftsvermögen als Haftungsmasse [BeckOGK/*Falkner* WEG § 9a Rn. 62], Außenhaftung der Wohnungseigentümer und Insolvenzfähigkeit), sind die gesetzlichen Vorgaben in § 9a WEG **nicht dispositiv**, sondern **vereinbarungsfest** (*Dötsch/Schultzky/Zschieschack* WEG-Recht 2021, Kap. 3 Rn. 24; BeckOGK/*Falkner* WEG § 9a Rn. 29).

2 § 9a ist durch das **WEMoG** neu geschaffen worden. § 9a Abs. 1 und 2 basieren auf der Vorgängervorschrift § 10 Abs. 6 WEG a.F., § 9a Abs. 3 WEG auf § 10 Abs. 7 WEG a.F., § 9a Abs. 4 WEG auf § 10 Abs. 8 WEG a.F. und § 9a Abs. 5 WEG auf § 11 Abs. 3 WEG a.F. Der ursprüngliche Entwurf des neuen § 9a WEG im RefE wurde im RegE unverändert übernommen (BT-Drs. 19/18791, S. 9 f.). Auch der 6. Ausschuss des 19. Deutschen Bundestages ließ den Entwurf diesbezüglich unverändert (BT-Drs. 19/22634, S. 8). Die **zwei wesentlichen Änderungen** sind die Vollrechtsfähigkeit der Gemeinschaft der Wohnungseigentümer (Rn. 3), die das Verwaltungsmonopol der Gemeinschaft der Wohnungseigentümer flankiert (Rn. 20) sowie das neue Konzept der Ausübungs- und Wahrnehmungsbefugnis (Rn. 21).

B. Rechtsnatur der Gemeinschaft der Wohnungseigentümer (Abs. 1 S. 1)

I. Rechts- und Parteifähigkeit

3 Die Gemeinschaft der Wohnungseigentümer kann nach § 9a Abs. 1 S. 1 WEG Rechte erwerben und Verbindlichkeiten eingehen, vor Gericht klagen und verklagt werden. Sie ist also **vollrechtsfähig** (*Lehmann-Richter/Wobst* WEG-Reform 2020, Rn. 80; *Hügel/Elzer* WEG § 9a Rn. 13; *Lübke* ZMR 2021, 101; *Zschieschack* NZM 2020, 897, 899; *Dötsch/Schultzky/Zschieschack* WEG-Recht 2021, Kap. 3 Rn. 1 ff.) und gehört zu den **Verbänden des Privatrechts**. Die gesetzliche Beschreibung der Vollrechtsfähigkeit entspricht den gesetzlichen Formulierungen im Personenhandelsgesellschaftsrecht (dort § 105 Abs. 2 HGB und über § 161 Abs. 2 HGB auch für die Kommanditgesellschaft), im Kapitalgesellschaftsrecht (dort etwa § 13 Abs. 1 GmbHG) und im Genossenschaftsrecht (§ 17 Abs. 1 GenG). Der Begriff der Vollrechtsfähigkeit bringt auch zum Ausdruck, dass die Rechtsfähigkeit **nicht auf den Verbandszweck beschränkt** ist (vgl. BT-Drs. 19/18791, S. 45), die Rechtsfähigkeit der Gemeinschaft der Wohnungseigentümer also nicht endet, wenn diese ein Rechtsgeschäft abschließen will, das außerhalb des typisierten Verbandszwecks des § 18 Abs. 1 WEG liegt (MüKoBGB/*Burgmair* WEG § 9a Rn. 8). Ob eine Maßnahme noch vom Verbandszweck erfasst ist oder nicht, ist allein eine Frage der Rechtmäßigkeit der Maßnahme, was sich nach dem Maßstab des § 18 Abs. 2 WEG bestimmt (vgl. Jennißen/*Abramenko* WEG § 9a Rn. 27; sehr ähnlich BeckOGK/*Falkner* WEG § 9a Rn. 56).

4 **Untergemeinschaften** sind von § 9a Abs. 1 S. 1 WEG nicht erfasst. Sie sind **nicht rechtsfähig** (BeckOGK/*Falkner* WEG § 9a Rn. 39, 41; MüKoBGB/*Burgmair* WEG § 9a Rn. 6; Bärmann/*Suilmann* WEG § 9a Rn. 37, 41). Ihnen kommt nicht der verbandsrechtliche Charakter der Gemeinschaft der Wohnungseigentümer zu. Wie Untergemeinschaften jedoch verwaltet werden, kann vertraglich in einer Vereinbarung nach § 10 Abs. 1 S. 2 WEG geregelt werden (*BGH,* 12.11.2021 – V ZR 204/20, ZMR 2022, 232, Rn. 13). Neben der Gemeinschaft der Wohnungseigentümer besteht im Übrigen kein Bedarf für die Annahme einer Bruchteilsgemeinschaft zwischen den Wohnungseigentümern (BeckOGK/*Falkner* WEG § 9a Rn. 42, 93).

5 Aufgrund ihrer Rechtsfähigkeit ist die Gemeinschaft der Wohnungseigentümer nach § 50 Abs. 1 ZPO **parteifähig** (BeckOGK/*Falkner* WEG § 9a Rn. 51). Im Prozess wird sie durch die gesetzlichen Vertreter nach § 9b WEG vertreten (vgl. § 51 Abs. 1 ZPO). Die Vorschriften zur **Prozesskostenhilfe** nach den §§ 114 ff. ZPO sind im Grundsatz auch auf die Gemeinschaft der Wohnungseigentümer anwendbar (Jennißen/*Abramenko* WEG § 9a Rn. 31; MüKoBGB/*Burgmair* WEG § 9a Rn. 18; BeckOK WEG/*Müller* § 9a Rn. 115). Im **Verwaltungsrechtsweg** ist die Gemeinschaft der Wohnungs-

eigentümer nach § 61 Nr. 2 VwGO beteiligungsfähig, da ihr nach § 9a Abs. 1 S. 1 WEG ein Recht zustehen kann (MüKoBGB/*Burgmair* WEG § 9a Rn. 19). Sie kann ferner Adressatin eines Verwaltungsakts sein (BeckOGK/*Falkner* WEG § 9a Rn. 51).

Mit dem **WEMoG** hat der Gesetzgeber eine Entwicklung vervollständigt, wonach die ursprünglich nicht rechtsfähige Gemeinschaft der Wohnungseigentümer zunächst als teilrechtsfähig definiert wurde (§ 10 Abs. 6 S. 1 WEG a.F. und zuvor *BGH*, 02.06.2005 – V ZB 32/05, NJW 2005, 2061) und nun durch das WEMoG als vollrechtsfähig gilt. Diese Entwicklung liegt auf einer Linie mit der Fortentwicklung anderer Verbände wie die der Gesellschaft bürgerlichen Rechts, die durch das Gesetz zur Modernisierung des Personengesellschaftsrechts (MoPeG) eine ähnliche Entwicklung erfahren hat (vgl. § 705 Abs. 2 Var. 1 BGB). Die Fortentwicklung durch das WEMoG geht ferner Hand in Hand mit dem dogmatischen Systemwechsel in § 18 Abs. 1 WEG: Obliegt die Verwaltung des gemeinschaftlichen Eigentums allein der Gemeinschaft der Wohnungseigentümer, dann macht es Sinn, dass diese vollrechtsfähig ist, am Rechtsverkehr teilnehmen und ihre Verwaltungsaufgabe auch im Außenverhältnis erfüllen kann. 6

Das WEG klassifiziert die Gemeinschaft der Wohnungseigentümer **nicht** als **juristische Person** 7
(BeckOGK/*Falkner* WEG § 9a Rn. 90; BeckOK WEG/*Müller* § 9a Rn. 60; Bärmann/*Suilmann* WEG § 9a Rn. 22). Vergleicht man **jedoch** § 9a Abs. 1 S. 1 WEG mit den genannten Parallelvorschriften, dann fällt etwa die **Parallele** zur Genossenschaft als juristische Person auf (*Skauradszun* ZRP 2020, 34; Bärmann/*Suilmann* WEG § 9a Rn. 27). Denn § 17 Abs. 1 GenG, der in der amtlichen Überschrift den Begriff »Juristische Person« führt, definiert, dass »[d]ie eingetragene Genossenschaft als solche selbständig ihre Rechte und Pflichten [hat]; sie kann Eigentum und andere dingliche Rechte an Grundstücken erwerben, vor Gericht klagen und verklagt werden«. Diese Charakteristika weist die Gemeinschaft der Wohnungseigentümer ausweislich des § 9a Abs. 1 S. 1 WEG ebenfalls auf. Typisch für eine juristische Person ist ferner, dass sie über ein Willensbildungsorgan verfügt und der für die juristische Person gebildete Wille von einem Vertretungsorgan ausgeführt wird – auch dies ist bei der Gemeinschaft der Wohnungseigentümer vorgesehen (§§ 19, 27 WEG). Da schließlich die Rechtsstellung als Wohnungseigentümer übertragbar ist (§§ 873, 925 BGB; Soergel/*Wendt* WEG § 4 Rn. 13), lässt sich überdies sagen, dass die Gemeinschaft der Wohnungseigentümer von konkreten Personen unabhängig ist (*Hügel/Elzer* WEG § 9a Rn. 16; Jennißen/*Abramenko* WEG § 9a Rn. 32). Auch dies ist ein Wesensmerkmal der juristischen Person. Trotz aller Ähnlichkeit stellt die Gemeinschaft der Wohnungseigentümer keine juristische Person dar, denn § 9a Abs. 4 WEG sieht – typisch für Personengesellschaften – ein System der teilschuldnerischen Haftung für Verbindlichkeiten der Gemeinschaft der Wohnungseigentümer vor, was den juristischen Personen im Grundsatz fremd ist. Anders als die juristischen Personen in der Form einer Kapitalgesellschaft bedarf es für die Entstehung einer Gemeinschaft der Wohnungseigentümer ferner keines Mindestkapitals; es ist auch kein Teil des Gemeinschaftsvermögens zugunsten der Gläubiger besonders durch Kapitalerhaltungsregelungen geschützt. Dies alles zeigt, dass die Gemeinschaft der Wohnungseigentümer ein **Verband sui generis** ist (*Lehmann-Richter/Wobst* WEG-Reform 2020, Rn. 79; *Dötsch/Schultzky/Zschieschack* WEG-Recht 2021, Kap. 3 Rn. 23; *Hügel* WEG-HdB § 4 Rn. 2; *Hügel/Elzer* WEG § 9a Rn. 15; BeckOGK/*Falkner* WEG § 9a Rn. 25, 89; BeckOGK/*Skauradszun* WEG § 18 Rn. 6; BeckOK WEG/*Müller* § 9a Rn. 60; schon vor dem WEMoG so *Neuner* BGB AT § 16 Rn. 47; Soergel/*Schäuble* WEG § 1 Rn. 9; *Armbrüster/Witsch* ZWE 2019, 386, 388), mit Anlehnung an das Recht der juristischen Personen und das Recht der Personengesellschaften (ohne dass die Gemeinschaft der Wohnungseigentümer zu den Gesellschaften gehört, BeckOGK/*Falkner* WEG § 9a Rn. 25).

Aufgrund der Vollrechtsfähigkeit ist die Gemeinschaft der Wohnungseigentümer **grundbuchfähig** 8
(Rn. 49; Jennißen/*Abramenko* WEG § 9a Rn. 35; MüKoBGB/*Burgmair* WEG § 9a Rn. 12; Bärmann/*Suilmann* WEG § 9a Rn. 14) und kann Mitglied in anderen Verbänden sein (MüKoBGB/*Burgmair* WEG § 9a Rn. 11; Bärmann/*Suilmann* WEG § 9a Rn. 20), beispielsweise in einem wohnungseigentumsrechtlichen Verein. Sie kann Vertragspartnerin zahlreicher privatrechtlicher Verträge sein, etwa betreffend Bankverträge, Anwaltsverträge und Arbeitsverträge.

II. Einordnung im Verbandsrecht

9 Gegen die von der h.M. vorgenommene dogmatische Einordnung der Gemeinschaft der Wohnungseigentümer als Verband lässt sich nicht einwenden, dass für die Entstehung des Verbands eine rechtsgeschäftliche Grundlage fehle, vergleichbar mit dem Gesellschaftsvertrag der Gesellschaften oder der Satzung des Vereins. Ein Verband kann in der Tat durch Rechtsgeschäft entstehen, allerdings auch **kraft Gesetzes**. Letzteres ist ausweislich § 9a Abs. 1 S. 2 WEG der Fall: Mit Anlegung der Wohnungsgrundbücher entsteht der Verband kraft Gesetzes (BeckOGK/*Falkner* WEG § 9a Rn. 92). Da dessen Verbandszweck typisiert ist (§ 18 Abs. 1 WEG; ausf. § 10 Rn. 21) und die Rechte und Pflichten der Verbandsorgane kodifiziert wurden (vgl. etwa § 19 WEG für das Willensbildungsorgan und § 27 WEG für das Geschäftsführungs- und Vertretungsorgan), ist eine zusätzliche rechtsgeschäftliche Grundlage nicht zwingend notwendig. **Rechtsgeschäftliche Elemente** gibt es gleichwohl beim sachenrechtlichen Grundverhältnis, wenn das Sondereigentum nach § 3 WEG vertraglich eingeräumt wird, ferner, wenn die Wohnungseigentümer eine Vereinbarung nach § 10 Abs. 1 S. 2 WEG abschließen, in der sie – vergleichbar mit der Satzung einer Körperschaft – grundlegende Rechte und Pflichten regeln, wenn auch häufig nur gesetzeswiederholend (vgl. § 10 Rn. 29).

10 **Methodisch** ist dies deshalb von Bedeutung, da die Vorschriften des WEG, die eine Ähnlichkeit zu Vorschriften anderer Gesetze über juristische Personen und Personengesellschaften aufweisen, bei der Auslegung auch das dortige Rechtsverständnis in den Blick nehmen können und sollen. Dies gilt beispielsweise für die Willensbildung in der Gemeinschaft der Wohnungseigentümer, die in anderen privatrechtlichen Kollektivorganen in ähnlicher, teils identischer Form anzutreffen ist, und daher wechselseitig die Primär- und Sekundärquellen für die Auslegung herangezogen werden können (für solch **harmonisierende Ansätze** im Verbandsrecht und zum Recht der Kollektivorgane siehe *Fleischer/Eschwey* DB 2018, 810, 816; *Skauradszun* Der Beschluss als Rechtsgeschäft 2020 S. 45 ff.).

11 Verbandsrechtlich sind die Wohnungseigentümer zugleich **Mitglieder des Verbands** »Gemeinschaft der Wohnungseigentümer« (BT-Drs. 19/18791, S. 45; BeckOGK/*Falkner* WEG § 9a Rn. 27; BeckOK WEG/*Müller* § 9a Rn. 62). Diese Mitgliedschaft beginnt mit dem Erwerb von Wohnungseigentum in einer konkreten Gemeinschaft der Wohnungseigentümer (*BGH,* 25.03.2015 – VIII ZR 243/13, NJW 2015, 3228, Rn. 35; *Hügel* WEG-HdB § 4 Rn. 10; *Hügel/Elzer* WEG § 9a Rn. 27; BeckOGK/*Falkner* WEG § 9a Rn. 95). Mit diesem Erwerb entscheiden sich die Erwerber nicht nur für einen Eigentumserwerb, sondern für die Mitgliedschaft in einem konkreten Verband (*Skauradszun* Der Beschluss als Rechtsgeschäft 2020 S. 43), der fortan das gemeinschaftliche Eigentum verwaltet (§ 18 Abs. 1 WEG). Sie unterwerfen sich dem Regelungsregime dieser Gemeinschaft der Wohnungseigentümer, mithin verdinglichten Vereinbarungen und in das Grundbuch eingetragenen Beschlüssen (§ 10 Abs. 3 S. 1 WEG), insbesondere aber dem WEG mit seinem verbandsrechtlichen System (in der Sache wie hier, nur kritischer formuliert BeckOGK/*Falkner* WEG § 9a Rn. 23: »Die Mitgliedschaft im Verband zur Verwaltung des Gemeinschaftseigentums ist nur »notwendiges Übel««). Aus dieser Mitgliedschaft leiten sich mitgliedschaftsrechtliche Rechte und Pflichten ab, wie etwa eine Mitwirkungspflicht an Beschlussfassungen (§ 19 Abs. 1 WEG). Die Gemeinschaft der Wohnungseigentümer hat **mindestens ein Mitglied**, nämlich im Fall des § 8 WEG den teilenden Eigentümer (sog. **Ein-Personen-Gemeinschaft**; BT-Drs. 19/18791, S. 45; *Wicke* ZWE 2021, 21; *Lehmann-Richter/Wobst* WEG-Reform 2020, Rn. 261; BeckOGK/*Falkner* WEG § 9a Rn. 11; *Vogel* ZMR 2021, 181, 185; *Dötsch/Schultzky/Zschieschack* WEG-Recht 2021, Kap. 2 Rn. 1). Sind später hinzukommende Mitglieder mit den Beschlüssen des früheren einzigen Mitglieds nicht einverstanden, steht es ihnen frei, nach § 19 Abs. 1 WEG Aufhebungsbeschlüsse zu fassen. Das verbandsrechtliche System des WEG gilt im Übrigen auch dann, wenn es sich um eine **Kleinstgemeinschaft** handelt. Den Versuchen, ein paralleles Wohnungseigentumsrecht für Kleinstgemeinschaften zu entwickeln (vgl. BeckOGK/*Falkner* WEG § 9a Rn. 43 ff.), ist nicht zu folgen (ebenso, wenngleich noch zum alten Recht *BGH,* 25.09.2020 – V ZR 288/19, ZWE 2021, 128, Rn. 15).

12 Ausgehend von § 9a Abs. 1 S. 1 WEG folgt aus der Vollrechtsfähigkeit, dass der Verband **eigene Rechte** erwerben (Beispiel: Forderungen nach beschlossenen Zahlungspflichten nach § 28 Abs. 1 und 2 WEG, Rechte aus § 14 Abs. 1 WEG) und **eigene Verbindlichkeiten** eingehen kann (Beispiel:

Verbindlichkeiten aus einem Werkvertrag). Dies gilt auch für den Erwerb durch Gesamtrechtsnachfolge; die Gemeinschaft der Wohnungseigentümer ist also **erbfähig** (BeckOGK/*Falkner* WEG § 9a Rn. 51; Bärmann/*Suilmann* WEG § 9a Rn. 5). Es ist sodann eine Frage des Verbandsrechts, **welches Organ** eigene Rechte der Gemeinschaft der Wohnungseigentümer durchsetzt bzw. eigene Pflichten der Gemeinschaft der Wohnungseigentümer erfüllt. Wann der Verwalter als Organ hierfür zuständig ist, bestimmt sich nach § 27 WEG. Im Übrigen entscheidet über die Ausübung und Durchsetzung eigener Rechte der Gemeinschaft der Wohnungseigentümer die Gesamtheit der Wohnungseigentümer als Willensbildungsorgan (Jennißen/*Abramenko* WEG § 9a Rn. 25). Dies gilt auch dann, wenn die Gemeinschaft der Wohnungseigentümer eigene Rechte im Zivilprozess verfolgen muss. Verletzt ein Organwalter im Willensbildungsorgan seine Mitwirkungspflicht aus § 19 Abs. 1 WEG und entsteht einem Wohnungseigentümer deshalb ein **Schaden**, wird dieser die Gemeinschaft der Wohnungseigentümer nach §§ 280 Abs. 1 und 2, 286 BGB auf Schadensersatz in Anspruch nehmen (ausf. vor §§ 23–25 Rn. 64 ff.; BeckOGK/*Falkner* WEG § 9a Rn. 102: Anspruchsgegnerin ist die Gemeinschaft der Wohnungseigentümer). Muss die Gemeinschaft der Wohnungseigentümer diesem Wohnungseigentümer Schadensersatz leisten, kann sie bei demjenigen Wohnungseigentümer **Regress nehmen**, dessen Stimmverhalten ordnungswidrig war (vor §§ 23–25 Rn. 70; BeckOGK/*Falkner* WEG § 9a Rn. 106; Jennißen/*Abramenko* WEG § 9a Rn. 74). Über die Geltendmachung dieses eigenen Anspruchs der Gemeinschaft der Wohnungseigentümer aus §§ 280 Abs. 1 und 2, 286 BGB entscheidet die Gesamtheit der Wohnungseigentümer. Derjenige Wohnungseigentümer, der Anspruchsgegner des Regressanspruchs wäre, unterliegt einem Stimmverbot. Beschließt die Gesamtheit der Wohnungseigentümer die Anspruchsverfolgung, was im Regelfall ordnungsmäßiger Verwaltung entspricht, setzt der Verwalter den Beschluss durch, er vertritt also notfalls die Gemeinschaft der Wohnungseigentümer bei der Leistungsklage (§ 9b Abs. 1 S. 1 WEG). Anders als bei der Haftungsprivilegierung des § 9a Abs. 4 S. 1 WEG ist der Regressanspruch der Gemeinschaft der Wohnungseigentümer der Höhe nach unbegrenzt. Mehrere Wohnungseigentümer, die ihre Mitwirkungspflicht verletzt haben, haften als **Gesamtschuldner** (Jennißen/*Abramenko* WEG § 9a Rn. 74).

III. Gemeinschaft der Wohnungseigentümer als Verbraucherin

Die Gemeinschaft der Wohnungseigentümer kann Verbraucherin i.S.v. § 13 BGB sein (*Agatsy* ZMR 2020, 626; noch weiter *Lehmann-Richter/Wobst* WEG-Reform 2020, Rn. 79; BeckOGK/*Falkner* WEG § 9a Rn. 66 und Jennißen/*Abramenko* WEG § 9a Rn. 51: grundsätzlich), obwohl sie nicht unmittelbar unter den Wortlaut des § 13 BGB subsumiert werden kann (BeckOGK/*Falkner* WEG § 9a Rn. 63: fällt durchs Raster). Nach der Vorstellung des Gesetzgebers soll dies über die bisherige Rechtsprechung des *BGH* hinaus, der dies bejahte, wenn der Gemeinschaft der Wohnungseigentümer **mindestens eine natürliche Person als Verbraucher** angehört (*BGH*, 25.03.2015 – VIII ZR 243/13, NJW 2015, 3228, Rn. 35 ff.; ebenfalls so MüKoBGB/*Burgmair* WEG § 9a Rn. 7 und BeckOGK/*Falkner* WEG § 9a Rn. 67, wenngleich sie in Rn. 66 eigentlich den Verbraucherstatus grundsätzlich bejaht), auch dann schon der Fall sein, wenn die Gemeinschaft der Wohnungseigentümer **auf den Eintritt von Verbrauchern gerichtet** ist (BT-Drs. 19/18791, S. 45; krit. *Dötsch/Schultzky/Zschieschack* WEG-Recht 2021, Kap 3 Rn. 57 sowie BeckOK WEG/*Müller* § 9a Rn. 28 ff.). Die Schutzbedürftigkeit der Gemeinschaft der Wohnungseigentümer, der zumindest eine natürliche Person als Verbraucher angehört bzw. die auf den Eintritt von Verbrauchern gerichtet ist, lässt sich nicht ernsthaft in Frage stellen. Ist die Gemeinschaft der Wohnungseigentümer Verbraucherin und schließt sie einen Vertrag mit einem Unternehmer, handelt es sich um einen Verbrauchervertrag i.S.v. § 310 Abs. 3 BGB. Verbraucherschützende Vorschriften finden dann Anwendung, etwa betreffend Verbraucherdarlehensverträge (§§ 491 ff. BGB) und Allgemeine Geschäftsbedingungen (§§ 305 ff., 310 Abs. 3 BGB). Umgekehrt kann die Gemeinschaft der Wohnungseigentümer allerdings auch **Unternehmerin** i.S.v. § 14 BGB sein, wenn sie eine gewerbliche Tätigkeit ausübt oder ihre Teileigentümer allesamt Unternehmer sind (*Hügel/Elzer* WEG § 9a Rn. 41; Jennißen/*Abramenko* WEG § 9a Rn. 51; MüKo-BGB/*Burgmair* WEG § 9a Rn. 27; Soergel/*Skauradszun* WEG § 10 Rn. 55). 13

C. Entstehung der Gemeinschaft der Wohnungseigentümer (Abs. 1 S. 2)

14 Die Gemeinschaft der Wohnungseigentümer entsteht nach § 9a Abs. 1 S. 2 WEG **mit Anlegung der Wohnungsgrundbücher.** Das Wohnungsgrundbuch wird in § 7 Abs. 1 S. 1 WEG legaldefiniert als das besondere Grundbuchblatt für jeden Miteigentumsanteil. Diesem Anlegen kommt also eine **konstitutive Wirkung** zu. Bei mehreren Grundbuchblättern müssen **alle** angelegt sein (*Lehmann-Richter/Wobst* WEG-Reform 2020, Rn. 258; *Wicke* ZWE 2021, 21; *Dötsch/Schultzky/Zschieschack* WEG-Recht 2021, Kap. 2 Rn. 4). Die Wohnungseigentümer haben den genauen Zeitpunkt der Entstehung nicht in der Hand, sondern sind vom Grundbuchamt abhängig. Dies ist aus der Entstehung von juristischen Personen bekannt, die ebenfalls konstitutive Eintragungen im Vereins-, Handels- oder Genossenschaftsregister kennen (vgl. exemplarisch § 11 Abs. 1 GmbHG, § 13 GenG, § 41 Abs. 1 S. 1 AktG). Der Vorteil einer solch konstitutiven Anlegung der Wohnungsgrundbücher liegt darin, dass Vertragspartner **rechtssicher** ab diesem Zeitpunkt mit der Gemeinschaft der Wohnungseigentümer Rechtsgeschäfte eingehen können (vgl. BT-Drs. 19/18791, S. 28 f.). Beispielsweise kann ein Energieversorger schon ab diesem Zeitpunkt mit der Gemeinschaft der Wohnungseigentümer kontrahieren, obwohl die Immobilie noch nicht fertiggestellt und bezogen ist (BT-Drs. 19/18791, S. 46). Die frühere durch die Rechtsprechung geschaffene Rechtsfigur der werdenden Wohnungseigentümergemeinschaft wurde vom Gesetzgeber ausdrücklich aufgegeben (BT-Drs. 19/18791, S. 44). Hinsichtlich der Teilung durch den Eigentümer nach **§ 8 WEG** gilt nichts anderes, wie § 9a Abs. 1 S. 2 Halbs. 2 WEG deutlich macht. Dieser kann als einziger Wohnungseigentümer die Gemeinschaft der Wohnungseigentümer nach § 9b Abs. 1 S. 2 WEG vertreten (*Dötsch/Schultzky/Zschieschack* WEG-Recht 2021, Kap. 2 Rn. 11) und – auch unter Verzicht auf Form- und Fristvorschriften – Beschlüsse fassen (Jennißen/*Abramenko* WEG § 9a Rn. 10; MüKoBGB/*Burgmair* WEG § 9a Rn. 27). Diese Teilung entspricht in der Praxis dem Regelfall. § 9a Abs. 1 S. 2 WEG führt praktisch dazu, dass die rechtsfähige Gemeinschaft der Wohnungseigentümer schon deutlich früher als Rechtssubjekt am Rechtsverkehr teilnehmen kann (*Lehmann-Richter/Wobst* WEG-Reform 2020, Rn. 263; Jennißen/*Abramenko* WEG § 9a Rn. 4; *Hügel/Elzer* WEG § 9a Rn. 35; MüKoBGB/*Burgmair* WEG § 9a Rn. 2). Es **gilt** ferner nach **§ 8 Abs. 3 WEG** derjenige gegenüber der Gemeinschaft der Wohnungseigentümer als Wohnungseigentümer, der einen Anspruch auf Übertragung von Wohnungseigentum gegen den teilenden Eigentümer hat, der durch Vormerkung im Grundbuch gesichert ist (vgl. § 883 BGB), sobald ihm der Besitz an den zum Sondereigentum gehörenden Räumen übergeben wurde. Diese Vorschrift betrifft das **Innenverhältnis** (BT-Drs. 19/18791, S. 44) und ermöglicht den Erwerbern die Rechte und Pflichten der Wohnungseigentümer.

15 Solange auch nur ein Wohnungseigentum existiert, besteht auch die Gemeinschaft der Wohnungseigentümer (*Lehmann-Richter/Wobst* WEG-Reform 2020, Rn. 84). Werden die Wohnungsgrundbücher jedoch geschlossen, etwa weil das Wohnungseigentum aufgehoben wird, **erlischt** die Gemeinschaft der Wohnungseigentümer (BT-Drs. 19/18791, S. 46; Bärmann/*Suilmann* WEG § 9a Rn. 32). Eine solch einvernehmliche Aufhebung wird von § 11 Abs. 1 WEG nicht ausgeschlossen. Dort geht es nur um das Verlangen eines oder mehrerer Wohnungseigentümer, die Gemeinschaft der Wohnungseigentümer aufzuheben. Dies ist gesetzlich ausgeschlossen. Ob die einvernehmliche Aufhebung, mit der die Gemeinschaft der Wohnungseigentümer erlischt, unter die **Formvorschrift** des § 4 Abs. 3 WEG fällt und daher notariell beurkundet werden muss (§§ 8 ff. BeurkG), war vor dem WEMoG **streitig.** Zwar spricht der Übereilungsschutz einer Formvorschrift wie § 4 WEG eher dafür, jedoch erfasst der Wortlaut diesen Fall nicht, da sich nicht nur »ein Teil verpflichtet«, Sondereigentum aufzuheben, sondern alle Teile. Das Zivilrecht ist ferner vom Grundsatz der Vertragsfreiheit geprägt, sodass die einvernehmliche Aufhebung formfrei zulässig ist (a.A. *Hügel/Elzer* WEG § 9a Rn. 146).

16 Erlischt sodann die Gemeinschaft der Wohnungseigentümer, regelt **§ 11 Abs. 3 WEG** die weitere Verteilung für die Abwicklungsphase (a.A. *Hügel/Elzer* WEG § 9a Rn. 147, die den Verteilungsschlüssel nach § 16 WEG anwenden wollen): Im Fall der Aufhebung bestimmt sich der Anteil der Miteigentümer nach dem **Verhältnis des Wertes** ihrer Wohnungseigentumsrechte **zur Zeit der Aufhebung** der Gemeinschaft (§ 11 Abs. 3 S. 1 WEG). Hat sich der Wert eines Miteigentumsanteils

durch Maßnahmen verändert, deren Kosten der Wohnungseigentümer nicht getragen hat, so bleibt eine solche Veränderung bei der Berechnung des Wertes dieses Anteils außer Betracht (§ 11 Abs. 3 S. 2 WEG). Das gemeinschaftliche Eigentum wird also verkauft und übertragen, aus dem Kaufpreis werden Verbindlichkeiten erfüllt und der Überschuss nach dem genannten Verteilungsmaßstab an die Veräußerer verteilt. Ist die Abwicklung abgeschlossen, ist der Rechtsträger vollbeendigt (*Lehmann-Richter/Wobst* WEG-Reform 2020, Rn. 85 f.).

Das WEG kennt für § 9a Abs. 1 S. 2 WEG **keine Übergangsvorschrift**. Sollte auch noch nach dem Inkrafttreten des WEMoG am 01.12.2020 (Art. 18 WEMoG) zu klären sein, wann eine Altgemeinschaft der Wohnungseigentümer zeitlich entstanden ist, gilt Folgendes: Waren die Wohnungsgrundbücher am 01.12.2020 schon angelegt, fand aber noch keine Besitzverschaffung statt, ist die Gemeinschaft der Wohnungseigentümer zum 01.12.2020 entstanden. Waren die Wohnungsgrundbücher am 01.12.2020 noch nicht angelegt, war aber nach alter Rechtslage von einer werdenden Wohnungseigentümergemeinschaft auszugehen, ist eine Gemeinschaft der Wohnungseigentümer entstanden; diese verlor ihre (Teil-)Rechtsfähigkeit nicht am 01.12.2020 (*Lehmann-Richter/Wobst* WEG-Reform 2020, Rn. 311). 17

D. Bezeichnung der Gemeinschaft der Wohnungseigentümer (Abs. 1 S. 3)

Vergleichbar mit § 19 HGB über die Bezeichnung der Kaufleute oder § 5a GmbHG über die Bezeichnung der Unternehmergesellschaft (haftungsbeschränkt) ist auch die **Bezeichnung** der Gemeinschaft der Wohnungseigentümer **vorgegeben**. Der Verband ist als »Gemeinschaft der Wohnungseigentümer« oder »Wohnungseigentümergemeinschaft« zu bezeichnen. In der Praxis wird letzterer Begriff häufig mit »WEG« abgekürzt, was aufgrund der gleichnamigen Abkürzung des Wohnungseigentumsgesetzes allerdings nicht zu empfehlen ist. Der Gesetzgeber verwendet sowohl im Gesetzestext, in der zu eigen gemachten Gesetzesbegründung der Bundesregierung (BT-Drs. 19/18791) als auch in der Beschlussempfehlung des 6. Ausschusses des 19. Deutschen Bundestages (BT-Drs. 19/22634) einheitlich den Begriff »Gemeinschaft der Wohnungseigentümer«. Die bestimmte Angabe des gemeinschaftlichen Grundstücks wird durch die Ortsbezeichnung, die Straße und die Hausnummer erreicht (*Hügel/Elzer* WEG § 9a Rn. 40; *Dötsch/Schultzky/Zschieschack* WEG-Recht 2021, Kap. 3 Rn. 55; Bärmann/*Suilmann* WEG § 9a Rn. 33). Ein **Beispiel** ist »Gemeinschaft der Wohnungseigentümer Hallerstraße 123, 36037 Fulda« oder »Wohnungseigentümergemeinschaft Mendelssohnweg 30-32, 70180 Stuttgart«. Als bestimmte Angabe i.S.v. § 9a Abs. 1 S. 3 WEG kann auch die Grundbuchangabe (Flurstücknummer einer Gemarkung) verwendet werden, was allerdings weniger üblich ist (*Lehmann-Richter/Wobst* WEG-Reform 2020, Rn. 81; *Dötsch/Schultzky/Zschieschack* WEG-Recht 2021, Kap. 3 Rn. 55; Bärmann/*Suilmann* WEG § 9a Rn. 33). 18

E. Ausübungs- und Wahrnehmungsbefugnis (Abs. 2)

§ 9a Abs. 1 WEG betrifft die **eigenen** Rechte und Verbindlichkeiten der Gemeinschaft der Wohnungseigentümer (Rn. 12 und 36), Abs. 2 hingegen **fremde** Rechte und Verbindlichkeiten, deren Ausübung und Wahrnehmung in den in Abs. 2 genannten Fällen der Gemeinschaft der Wohnungseigentümer obliegt. 19

I. Dogmatik und praktische Effizienz der monopolisierten Ausübungsbefugnis

Das dogmatische Konzept des WEMoG beruht darauf, dass der Gemeinschaft der Wohnungseigentümer die Verwaltung des gemeinschaftlichen Eigentums obliegt (§ 18 Abs. 1 WEG) und diese dafür zuständig ist, alle Ansprüche der Wohnungseigentümer auf ordnungsmäßige Verwaltung des gemeinschaftlichen Eigentums und Benutzung des gemeinschaftlichen Eigentums und des Sondereigentums zu erfüllen (§ 18 Abs. 2 WEG). Dem Verband steht insoweit im **Innenverhältnis** das **Verwaltungsmonopol** zu (*Skauradszun/Harnack* AnwZert MietR 13/2020, Anm. 1; *Skauradszun*/Elzer/Hinz/Riecke Die WEG-Reform 2020, § 1 Rn. 24), was bedeutet, dass dem Verband eine **Generalzuständigkeit** für alle Themen der Verwaltung und Benutzung zukommt. Zur Erfüllung der damit verbundenen Aufgaben bedient sich der Verband seiner **Verbandsorgane**, mithin der Gesamtheit der Wohnungs- 20 eigentümer als Willensbildungsorgan, dem Verwalter als Geschäftsführungs- und Vertretungsorgan und ggf. dem Verwaltungsbeirat als unterstützendes und überwachendes Organ (*Hügel/Elzer* WEG § 9a Rn. 28 ff.). Gelegentlich – wie etwa in § 12 Abs. 1 und § 10 Abs. 2 WEG – ist aus dem Gesetzestext nicht ersichtlich, wem eine Aufgabe obliegt. Nach der sog. **reinen Verbandsrechtslehre** gilt dann, dass im Regelfall und im Zweifel der Verband zuständig ist (*Skauradszun/Harnack* AnwZert MietR 13/2020, Anm. 1; § 10 Rn. 71; für § 12 BeckOGK/*Skauradszun* WEG § 12 Rn. 17). Sodann ist stets zu klären, welches Verbandsorgan zuständig ist. Dieses verbandsrechtliche System ist kein Selbstzweck, sondern soll der Gemeinschaft der Wohnungseigentümer die Verwaltung des gemeinschaftlichen Eigentums erleichtern. Die Gemeinschaft der Wohnungseigentümer hat daher eine **dienende Funktion** (BeckOGK/*Falkner* WEG § 9a Rn. 46, 55, 140; *Skauradszun* ZWE 2020, 105, 108).

21 Da die Gemeinschaft der Wohnungseigentümer im Regelfall nicht selbst Eigentümerin des gemeinschaftlichen Eigentums ist (vgl. *BGH*, 20.01.2023 – V ZR 65/22, ZWE 2023, 310, Rn. 9; ausf. Rn. 49; MüKoBGB/*Burgmair* WEG § 9a Rn. 4) und sie daher die Rechte und Pflichten nicht schon nach § 9a Abs. 1 S. 1 WEG ausüben bzw. wahrnehmen kann, ihr aber das Verwaltungsmonopol zukommt, hat sich der Gesetzgeber entschieden, dass die Gemeinschaft der Wohnungseigentümer aufgrund von § 9a Abs. 2 WEG **erstens** die sich aus dem gemeinschaftlichen Eigentum ergebenden Rechte ausübt, **zweitens** solche Rechte der Wohnungseigentümer ausübt, die eine einheitliche Rechtsverfolgung erfordern und **drittens** die entsprechenden Rechte der Wohnungseigentümer wahrnimmt. Diese Befugnis wird **Ausübungs- und Wahrnehmungsbefugnis** genannt. Ihr kommt ein treuhändischer Charakter zu (*Hügel/Elzer* WEG § 9a Rn. 95; Bärmann/*Suilmann* WEG § 9a Rn. 70, 106). Diese Befugnis betrifft vorrangig das **Außenverhältnis**, was die Verortung der Vorschrift in Abschnitt 3 verdeutlicht (*Lehmann-Richter/Wobst* WEG-Reform 2020, Rn. 91 f.; Bärmann/*Suilmann* WEG § 9a Rn. 102 zur Wahrnehmungsbefugnis). § 9a Abs. 2 WEG komplettiert damit § 18 Abs. 1 WEG: Innen- und Außenverhältnis werden beim Verband konzentriert (sehr ähnlich BeckOGK/*Falkner* WEG § 9a Rn. 140). Die **Sozialansprüche und -pflichten** der Wohnungseigentümer, also diejenigen Rechte und Pflichten, die das WEG den Wohnungseigentümern zuweist, fallen von Grund auf nicht in den Anwendungsbereich der Ausübungs- und Wahrnehmungsbefugnis (BT-Drs. 19/18791, S. 46; Bärmann/*Suilmann* WEG § 9a Rn. 53). Beispielsweise weist § 19 Abs. 1 WEG den Wohnungseigentümern eine Mitwirkungspflicht an den Beschlussfassungen zu (ausf. vor §§ 23–25 WEG Rn. 6). Diese Pflicht der Wohnungseigentümer nimmt die Gemeinschaft der Wohnungseigentümer nicht wahr.

22 Aus Sicht der Wohnungseigentümer als Miteigentümer des Grundstücks und des gemeinschaftlichen Eigentums mag die Ausübungsbefugnis des Verbands als eine Einschränkung ihrer Rechtsmacht im Außenverhältnis, gar als Eingriff in ihre Eigentumsrechte und in ihre durch Art. 2 Abs. 1 GG **geschützte Privatautonomie** empfunden werden (BT-Drs. 19/18791, S. 47; *BGH*, 24.07.2015 – V ZR 167/14, NZM 2015, 700, Rn. 12). Allerdings ist das Wohnungseigentum eine gesetzlich ausgeformte Eigentumsart, bei welcher der Miteigentumsanteil in Verbindung mit dem Sondereigentum immer nur so eingeräumt bzw. erworben werden kann, dass der Verband die sich aus dem gemeinschaftlichen Eigentum ergebenden Rechte ausübt und grundsätzlich solche Rechte der Wohnungseigentümer ausübt, die eine einheitliche Rechtsverfolgung erfordern. Jedenfalls wird denjenigen Wohnungseigentümern, die Wohnungseigentum seit Inkrafttreten des WEMoG erworben haben, **kein Recht weggenommen**, sondern es kann grundsätzlich nur mit dieser Ausübungsbefugnis bestehen. Anders gewendet ist das Wohnungseigentum von vornherein keine Eigentumsart, bei der der einzelne Wohnungseigentümer zur Verfolgung von Rechten befugt ist, die sich aus dem gemeinschaftlichen Eigentum ergeben, sondern nur die Gemeinschaft der Wohnungseigentümer.

23 Das System des § 9a Abs. 2 WEG besticht durch seine dogmatische Klarheit. Seine **praktische Effizienz** ist aber davon abhängig, dass die Gemeinschaft der Wohnungseigentümer, der die Ausübungsbefugnis zusteht, diese auch tatsächlich ausübt. Da die Gemeinschaft der Wohnungseigentümer selbst nicht handlungsfähig ist – was ein Wesensmerkmal des Verbands darstellt –, ist die Rechtsdurchsetzung im zweiten Schritt davon abhängig, dass das Willensbildungsorgan – die Gesamtheit

der Wohnungseigentümer – zeitnah im Rahmen einer Wohnungseigentümerversammlung zusammenkommt (§ 23 Abs. 1 WEG) oder den Willen außerhalb der Versammlung bilden kann (§ 23 Abs. 3 WEG). Bevor die Rechte im Außenverhältnis ausgeübt bzw. die Pflichten wahrgenommen werden können, bedarf es im Regelfall also zunächst einer Willensbildung im Innenverhältnis, wie die Gemeinschaft der Wohnungseigentümer vorgehen will (vgl. *Lehmann-Richter/Wobst* WEG-Reform 2020, Rn. 105, 136; BeckOGK/*Falkner* WEG § 9a Rn. 150). Des Weiteren ist das System davon abhängig, dass nach der Willensbildung das ausführende Organ – der Verwalter – zeitnah tätig wird und die Rechte mit der gebotenen Zielstrebigkeit verfolgt. Diese Zielstrebigkeit ist auch dann vonnöten, wenn der Verwalter nach § 27 Abs. 1 WEG unmittelbar zuständig ist und zunächst keine Beschlussfassung benötigt wird. All dies kann ein einzelner Wohnungseigentümer von der Gemeinschaft der Wohnungseigentümer verlangen (**§ 18 Abs. 2 Nr. 1 WEG**; *Lehmann-Richter/Wobst* WEG-Reform 2020, Rn. 134; Bärmann/*Suilmann* WEG § 9a Rn. 67), was aber nichts daran ändert, dass der Anspruch erst einmal in dem beschriebenen Prozedere behandelt werden muss. Aufgrund dieser Abfolge führt die gesetzgeberisch vorgeschriebene Ausübungsbefugnis meist zu einer **Verzögerung**, insbesondere, wenn der im Willensbildungsorgan gebildete Wille zunächst angefochten wird (§ 44 WEG), die gerichtliche Klärung über mehrere Instanzen ausgeweitet wird (§§ 511 ff., 542 ff. ZPO), oder der Verwalter den gebildeten Willen nur halbherzig umsetzt (ähnlich BeckOGK/*Falkner* WEG § 9a Rn. 144: Rechtsdurchsetzung erschwert). Es mag sein, dass der Wohnungseigentümer, der auf die Ausübung der aus dem gemeinschaftlichen Eigentum ergebenden Rechte besteht, am Ende in den Rechtsstreitigkeiten obsiegen wird. Er wird aber die **Prozesskosten** stets anteilig **mittragen müssen**, beispielsweise im Wege von Nachschüssen nach § 28 Abs. 2 WEG – ein Dilemma, das aus anderen Verbandsprozessen bekannt ist (*BGH*, 19.07.2024 – V ZR 139/23, BeckRS 2024, 17391; BeckOGK/*Skauradszun* WEG § 44 Rn. 89).

Bei dem System des § 9a Abs. 2 WEG geht es nicht (mehr) um geborene oder gekorene Rechte und auch nicht (mehr) um die Frage, ob ein Individualrecht eines Wohnungseigentümers durch Beschluss vergemeinschaftet werden kann. Das frühere System des § 10 Abs. 6 S. 3 WEG a.F. wurde insoweit vom Gesetzgeber aufgegeben (BT-Drs. 19/18791, S. 46; *Lehmann-Richter/Wobst* WEG-Reform 2020, Rn. 102; Bärmann/*Suilmann* WEG § 9a Rn. 64). Es gibt also **keine Vergemeinschaftungsbeschlüsse** mehr (*Lehmann-Richter/Wobst* WEG-Reform 2020, Rn. 107, 124; *Dötsch/Schultzky/Zschieschack* WEG-Recht 2021, Kap. 3 Rn. 153). Diese Entscheidung des Gesetzgebers ist zu begrüßen, da ein Vergemeinschaftungsbeschluss für den einzelnen Wohnungseigentümer einen Eingriff in die Privatautonomie darstellte und häufig vom betroffenen Wohnungseigentümer nicht hingenommen, die Vergemeinschaftung also mit der Anfechtungsklage angegriffen wurde. Von der früheren Vergemeinschaftung **zu unterscheiden** ist die **schuldrechtliche Verfügung** eines materiellen Rechts von den Wohnungseigentümern an die Gemeinschaft der Wohnungseigentümer, die nach den §§ 398, 413 BGB weiter möglich ist, sowie eine **gewillkürte Prozessstandschaft** (*Lehmann-Richter/Wobst* WEG-Reform 2020, Rn. 156; *Dötsch/Schultzky/Zschieschack* WEG-Recht 2021, Kap. 3 Rn. 167), bei der die Gemeinschaft der Wohnungseigentümer durch Vertrag ermächtigt wird, was ebenfalls von § 9a Abs. 2 WEG nicht ausgeschlossen wird. 24

II. Rechte aus dem gemeinschaftlichen Eigentum

Die Gemeinschaft der Wohnungseigentümer übt die sich aus dem gemeinschaftlichen Eigentum ergebenden Rechte aus (§ 9a Abs. 2 Var. 1 WEG). Dies gilt ex lege und ohne dass es eines Vergemeinschaftungsbeschlusses bedarf (*Riecke* AnwZert MietR 12/2022, Anm. 2). Was zum **gemeinschaftlichen Eigentum** gehört, ergibt sich aus **§ 1 Abs. 5 WEG.** Dies sind das Grundstück und das Gebäude, soweit sie nicht im Sondereigentum oder im Eigentum eines Dritten stehen. Teile des Gebäudes, die für dessen Bestand oder Sicherheit erforderlich sind, sowie Anlagen und Einrichtungen, die dem gemeinschaftlichen Gebrauch der Wohnungseigentümer dienen, sind nicht Gegenstand des Sondereigentums, selbst wenn sie sich im Bereich der im Sondereigentum stehenden Räume und Teile des Grundstücks befinden (**§ 5 Abs. 2 WEG**). Diese Teile sind gemeinschaftliches Eigentum und fallen daher in den Anwendungsbereich des § 9a Abs. 2 Var. 1 WEG. Für den konkreten Anwendungsbereich des § 9a Abs. 2 Var. 1 WEG ist überdies zu prüfen, ob eine **Vereinbarung** nach 25

§ 5 Abs. 3 WEG abgeschlossen wurde, wonach Bestandteile des Gebäudes, die Gegenstand des Sondereigentums sein können, zum gemeinschaftlichen Eigentum gehören. Im Übrigen bedeutet die Wendung »aus dem gemeinschaftlichen Eigentum« im Gesetzwortlaut, dass sich diese Rechte direkt aus dem gemeinschaftlichen Eigentum ergeben und nicht aus einem Rechtsgeschäft betreffend das gemeinschaftliche Eigentum (*Lehmann-Richter/Wobst* WEG-Reform 2020, Rn. 128).

1. Einzelne Rechte aus dem gemeinschaftlichen Eigentum

26 Die Rechte, die sich aus dem gemeinschaftlichen Eigentum ergeben, sind häufig sachenrechtlicher Natur. Dazu gehört der negatorische **Beseitigungs- und Unterlassungsanspruch** aus § 1004 Abs. 1 BGB (BT-Drs. 19/18791, S. 46 f.; *Lehmann-Richter/Wobst* WEG-Reform 2020, Rn. 118, 129; *Hügel/Elzer* WEG § 9a Rn. 97; BeckOK WEG/*Müller* § 9a Rn. 105). Dabei ist es schon nach allgemeinem Sachenrecht unschädlich, dass der einzelne Eigentümer nur einen Miteigentumsanteil hält und gleichwohl Rechte aus dem Bruchteilseigentum beansprucht (vgl. *Lehmann-Richter/Wobst* WEG-Reform 2020, Rn. 96). Denn nach § 1011 BGB kann jeder Miteigentümer die Ansprüche aus dem Eigentum Dritten gegenüber in Ansehung der ganzen Sache geltend machen. Im Wohnungseigentumsrecht können die Rechte nach § 9a Abs. 2 Var. 1 WEG nur von der Gemeinschaft der Wohnungseigentümer ausgeübt werden. Daran ändert auch nichts, dass der Anspruch aus § 1004 BGB von einem Wohnungseigentümer gegen einen anderen Wohnungseigentümer wegen der Störung des gemeinschaftlichen Eigentums geltend gemacht werden soll (*Lehmann-Richter/Wobst* WEG-Reform 2020, Rn. 68). Auch hier ist nur die Gemeinschaft der Wohnungseigentümer zur Ausübung befugt. Wird sodann § 1004 Abs. 2 BGB geprüft, ist zu fragen, ob die Wohnungseigentümer (nicht die Gemeinschaft der Wohnungseigentümer) die Beeinträchtigung zu dulden haben (vgl. § 906 BGB).

27 Rechte aus dem gemeinschaftlichen Eigentum sind darüber hinaus **Ansprüche wegen Besitzentziehung und Besitzstörung** (§§ 861 f. BGB; *Hügel/Elzer* WEG § 9a Rn. 97; a.A. *Dötsch/Schultzky/Zschieschack* WEG-Recht 2021, Kap. 3 Rn. 132, die Ansprüche aus §§ 861 f. BGB unter § 9a Abs. 2 Var. 2 WEG subsumieren), ferner der **Herausgabeanspruch** aus § 985 BGB, wenn eine Vindikationslage besteht (*Dötsch/Schultzky/Zschieschack* WEG-Recht 2021, Kap. 3 Rn. 130). Rechte aus dem gemeinschaftlichen Eigentum können auch **deliktische Ansprüche** sein (*Hügel/Elzer* WEG § 9a Rn. 99; *Dötsch/Schultzky/Zschieschack* WEG-Recht 2021, Kap. 3 Rn. 128; Bärmann/*Suilmann* WEG § 9a Rn. 56), da das Eigentum in § 823 Abs. 1 BGB sowie etwa durch § 823 Abs. 2 BGB i.V.m. § 303 StGB geschützt ist (**Beispiel:** Die Hauswand wird von A mit Graffiti besprüht und das Fenster der Eingangstür von A mit einem Stein eingeworfen. Die Gemeinschaft der Wohnungseigentümer nimmt A aus Delikt in Anspruch).

28 Ein weiteres **Beispiel** für den Anwendungsbereich des § 9a Abs. 2 Var. 1 WEG ist ein Nachbar, der im Zuge eines Neubaus einen Kran aufstellen lässt, der teilweise auf dem gemeinschaftlichen Eigentum steht. Die Wohnungseigentümer können von dem Störer die Beseitigung der Beeinträchtigung verlangen, wobei nur die Gemeinschaft der Wohnungseigentümer den Anspruch aus § 1004 Abs. 1 S. 2 BGB geltend machen kann. In einer etwaigen Leistungsklage beantragt die Gemeinschaft der Wohnungseigentümer nach § 253 Abs. 2 Nr. 2 ZPO »Der Beklagte wird verurteilt, es zu unterlassen, auf dem Grundstück Hohenweg 8 in 36041 Fulda einen Kran aufzustellen«.

2. Gesetzliche Prozessstandschaft und Bindung der Wohnungseigentümer und Sondernachfolger

29 Ist ein Teil des Gebäudes Gegenstand des gemeinschaftlichen Eigentums oder ist das Grundstück betroffen, steht allein der Gemeinschaft der Wohnungseigentümer die Ausübung der Rechte zu (*Bruns* NZM 2020, 909, 910; *Dötsch/Schultzky/Zschieschack* WEG-Recht 2021, Kap. 3 Rn. 126; *Emmerich* ZWE 2021, 193, 195; *Lieder/Pordzik* ZWE 2021, 105, 110; *Lübke* ZMR 2021, 101; *Mediger* NZM 2021, 489, 492; *Wobst* ZWE 2021, 17, 20). Es fällt dann das materielle Recht – das Eigentum – mit der Ausübungsbefugnis auseinander (ähnlich *Lehmann-Richter/Wobst* WEG-Reform 2020, Rn. 100; BeckOGK/*Falkner* WEG § 9a Rn. 142). Im Prozess ist die Gemeinschaft der

Wohnungseigentümer **prozessführungsbefugt** (vgl. *BGH,* 15.02.2023 – VII ZR 13/22, ZfBR 2023, 342, Rn. 1; *BGH,* 01.10.2021 – V ZR 48/21, ZMR 2022, 230, Rn. 14; Bärmann/*Suilmann* WEG § 9a Rn. 74). § 9a Abs. 2 WEG stellt eine **gesetzliche Prozessstandschaft** dar (*Lehmann-Richter/Wobst* WEG-Reform 2020, Rn. 100, 1991; *Dötsch/Schultzky/Zschieschack* WEG-Recht 2021, Kap. 3 Rn. 146; Jennißen/*Abramenko* WEG § 9a Rn. 59; MüKoBGB/*Burgmair* WEG § 9a Rn. 22; *Riecke* AnwZert MietR 12/2022, Anm. 2). Da es sich um eine gesetzliche Prozessstandschaft handelt, braucht die Gemeinschaft der Wohnungseigentümer darauf im Schriftsatz nicht hinzuweisen. Im Prozess kann die Gemeinschaft der Wohnungseigentümer über das ausgeübte Recht disponieren, etwa im Wege eines Prozessvergleichs (*Lehmann-Richter/Wobst* WEG-Reform 2020, Rn. 135: Vergleich; *Dötsch/Schultzky/Zschieschack* WEG-Recht 2021, Kap. 14 Rn. 185). Wer nach dem Binnenrecht über die gerichtliche Geltendmachung, etwaige Rechtsmittel und Möglichkeiten der Prozessbeendigung entscheiden darf, ist eine verbandsrechtliche Frage, für die Rn. 12 entsprechend gilt. Dies bestimmt sich also danach, ob der Verwalter nach § 27 WEG zuständig ist; ist dies nicht der Fall, entscheidet darüber die Gesamtheit der Wohnungseigentümer durch Beschluss nach § 19 Abs. 1 WEG. Dieser Beschluss muss ordnungsmäßiger Verwaltung i.S.v. § 18 Abs. 2 WEG entsprechen.

Sowohl das rechtskräftige Urteil als auch der Prozessvergleich **binden** nicht nur die Gemeinschaft der Wohnungseigentümer und die andere Prozesspartei, sondern auch die Wohnungseigentümer. Deren Rechte aus dem gemeinschaftlichen Eigentum wurden zwar durch die Gemeinschaft der Wohnungseigentümer ausgeübt, in der Sache wurde aber über das materielle Recht der Wohnungseigentümer entschieden bzw. ein entsprechender Vergleichsvertrag geschlossen. Da die Wohnungseigentümer über keine Ausübungsbefugnis verfügen, können sie eine anderslautende Entscheidung nicht erstreiten. Sie werden an das Ergebnis gebunden, welches die allein zuständige Gemeinschaft der Wohnungseigentümer in Ausübung der sich aus dem gemeinschaftlichen Eigentum ergebenden Rechte erzielt hat. Dies entspricht auch dem Prinzip des § 44 Abs. 3 WEG, wonach das Urteil über eine Beschlussklage für und gegen alle Wohnungseigentümer wirkt, auch wenn sie nicht Partei sind. Von der Bindung der Wohnungseigentümer ist die Frage nach der **Bindung der Sondernachfolger** der Wohnungseigentümer zu unterscheiden. Nach der hier vertretenen Auffassung muss über einen Prozessvergleich zwischen der Gemeinschaft der Wohnungseigentümer und der anderen Prozesspartei kein Beschluss gefasst werden und ein solcher Beschluss erst recht nicht in das Grundbuch eingetragen werden. Nach seinem Wortlaut ist § 10 Abs. 3 WEG nicht auf den Prozessvergleich anwendbar (a.A. MüKoBGB/*Burgmair* WEG § 9a Rn. 25). Wer, wie hier, der Auffassung ist, dass die Sondernachfolger an ein rechtskräftiges Urteil im Prozess der Gemeinschaft der Wohnungseigentümer und der anderen Prozesspartei gebunden sind, muss dies auch für den Prozessvergleich so annehmen. Die Prozessparteien können durch den Prozessvergleich die gleichen prozessualen Folgen herbeiführen wie es durch ein Urteil möglich ist (so in Ansätzen auch *Lehmann-Richter/Wobst* WEG-Reform 2020, Rn. 1958 Fn. 1). Wer zutreffend vertritt, dass die Gemeinschaft der Wohnungseigentümer über nach § 9a Abs. 2 Var. 1 WEG ausgeübte Rechte einen Prozessvergleich schließen kann (*Lehmann-Richter/Wobst* WEG-Reform 2020, Rn. 135; *Dötsch/Schultzky/Zschieschack* WEG-Recht 2021, Kap. 14 Rn. 185), würde die Möglichkeit des Prozessvergleichs im Handumdrehen beseitigen, wenn die Sondernachfolger daran nicht gebunden wären. Denn dann macht ein Prozessvergleich häufig keinen Sinn. 30

Wenngleich ein einzelner Wohnungseigentümer die sich aus dem gemeinschaftlichen Eigentum ergebenden Rechte nicht geltend machen kann, kann er die klagende Gemeinschaft der Wohnungseigentümer zumindest als **Nebenintervenient** i.S.v. § 66 ZPO unterstützen (sog. Streithilfe, vgl. dazu *Skauradszun* ZMR 2020, 905, 911). Das dazu notwendige rechtliche Interesse (§ 66 Abs. 1 ZPO) besteht darin, dass das gemeinschaftliche Eigentum betroffen ist, an dem er einen Miteigentumsanteil hält. Der Nebenintervenient muss den Rechtsstreit zwar in der Lage annehmen, in der er sich zur Zeit seines Beitritts befindet, er kann aber fortan Angriffsmittel geltend machen und alle Prozesshandlungen wirksam vornehmen, insoweit nicht seine Erklärungen und Handlungen mit denen der Hauptpartei in Widerspruch stehen (§ 67 S. 1 ZPO). Erhebt im Übrigen ein Wohnungseigentümer eine Klage, obwohl für den materiell-rechtlichen Anspruch allein die Gemeinschaft der Wohnungseigentümer ausübungsbefugt ist, fehlt dem Kläger die Prozessführungsbefugnis (*Elzer* 31

FD-ZVR 2020, 429759; BeckOK WEG/*Müller* § 9a Rn. 120a), weshalb die Klage als unzulässig abzuweisen ist (BeckOGK/*Falkner* WEG § 9a Rn. 143; Jennißen/*Abramenko* WEG § 9a Rn. 54).

3. Rechte aus dem Sondereigentum

32 Falls **allein Sondereigentum betroffen** sein sollte, ist § 9a Abs. 2 Var. 1 WEG nicht einschlägig. Eine Ausübung von Rechten, die sich aus einem Sondereigentum ergeben, ist durch die Gemeinschaft der Wohnungseigentümer nicht möglich (*Lehmann-Richter/Wobst* ZWE 2020, 123, 128; *Hügel/Elzer* WEG § 9a Rn. 106; *Dötsch/Schultzky/Zschieschack* WEG-Recht 2021, Kap. 3 Rn. 161; *Mediger* NZM 2021, 489, 494; *Riecke* AnwZert MietR 12/2022, Anm. 2), auch nicht nach vorheriger Beschlussfassung der Gesamtheit der Wohnungseigentümer (*Skauradszun*/Elzer/Hinz/Riecke Die WEG-Reform 2020, § 1 Rn. 31; Bärmann/*Suilmann* WEG § 9a Rn. 64). Ein solcher Beschluss würde außerhalb des Verbandszwecks des § 18 Abs. 1 WEG liegen und wäre nicht ordnungsmäßig i.S.v. § 18 Abs. 2 WEG (Jennißen/*Abramenko* WEG § 9a Rn. 55: nichtig).

33 **Sondernutzungsrechte** bestehen zwar am gemeinschaftlichen Eigentum, Rechte aus einem Sondernutzungsrecht sind aber allein dem berechtigten Wohnungseigentümer zugewiesen und gehören nicht in den Anwendungsbereich des § 9a Abs. 2 Var. 1 WEG. Daher kann der Inhaber des Sondernutzungsrechts beispielsweise Ansprüche aus § 1004 Abs. 1 BGB ausüben (*BGH*, 01.10.2021 – V ZR 48/21, ZMR 2022, 230, Rn. 11; zuvor schon so MüKoBGB/*Burgmair* WEG § 9a Rn. 31).

4. Rechte aus dem gemeinschaftlichen Eigentum und Sondereigentum

34 Es gibt Fälle, in denen eine Handlung oder ein Unterlassen sowohl die Rechte betrifft, die sich aus dem gemeinschaftlichen Eigentum ergeben, als auch solche Rechte, die sich aus einem oder mehreren Sondereigentumsrechten ergeben. Im zuvor genannten Beispiel sind **beide Eigentumsarten betroffen**, wenn der Kran sowohl auf einer Fläche aufgestellt wird, die zum gemeinschaftlichen Eigentum gehört, als auch auf einem Stellplatz, an dem nach § 3 Abs. 2 und 3 WEG ein Sondereigentum besteht. Für diesen Fall trifft § 9a Abs. 2 WEG keine Regelung, weshalb die Reichweite der Vorschrift durch **Auslegung** zu bestimmen ist. § 9a Abs. 2 WEG könnte **erstens** so ausgelegt werden, dass sich die Ausübungsbefugnis der Gemeinschaft der Wohnungseigentümer auch auf die Rechte erstreckt, die sich aus dem Sondereigentum ergeben, sofern Rechte betroffen sind, die sich aus dem gemeinschaftlichen Eigentum ergeben. Zwar ließe sich diese Auslegung nicht auf den Wortlaut stützen, nach Sinn und Zweck würde aber eine einheitliche Rechtsverfolgung ermöglicht werden, was als vorteilhaft eingeschätzt werden könnte. **Zweitens** könnte § 9a Abs. 2 WEG eng ausgelegt werden, wonach nur solche Fälle unter die Vorschrift fallen, in denen allein die Rechte betroffen sind, welche sich aus dem gemeinschaftlichen Eigentum ergeben (*Bruns* AnwZert MietR 13/2020, Anm. 2). Für eine solche Auslegung würde sprechen, dass die Ausübungsbefugnis nach § 9a Abs. 2 WEG aus der Sicht der Wohnungseigentümer als Einschränkung ihrer Rechtsmacht empfunden werden könnte und eine solche nur gerechtfertigt wäre, wenn tatsächlich allein das gemeinschaftliche Eigentum betroffen ist. Folglich wäre nur der Sondereigentümer des Stellplatzes zur Ausübung von Rechten befugt. Nach der **dritten**, vermittelnden und **hier vertretenen Auslegung** führt das Betroffensein von beiden Eigentumsarten sowohl zu einer Ausübungsbefugnis der Gemeinschaft der Wohnungseigentümer betreffend die Rechte, die sich aus dem gemeinschaftlichen Eigentum ergeben, als auch zu einem Rechtsverfolgungsrecht des Sondereigentümers betreffend die Rechte, die sich aus seinem Sondereigentum ergeben (vgl. *BGH*, 28.01.2022 – V ZR 106/21, NJW-RR 2022, 664, Rn. 11; ebenso *Lehmann-Richter/Wobst* WEG-Reform 2020, 2020, Rn. 128, 130, 1431a; *Dötsch/Schultzky/Zschieschack* WEG-Recht 2021, Kap. 3 Rn. 161; *Elzer* FD-ZVR 2020, 429759; Jennißen/*Abramenko* WEG § 9a Rn. 55; BeckOK WEG/*Müller* § 9a Rn. 108; *Riecke* AnwZert MietR 12/2022, Anm. 2). Diese Auslegung harmoniert mit dem Wortlaut des § 9a Abs. 2 WEG und führt nicht zu einer Erweiterung des Anwendungsbereichs der Vorschrift. Sie belässt dem Sondereigentümer ferner sein Rechtsverfolgungsrecht für Rechte, die sich aus seinem Sondereigentum ergeben.

Aus **Sicht des Anspruchsgegners** kann ein **Rechtsverfolgungspluralismus** allerdings **nachteilig** sein. 35
Dieser kann mehreren Inanspruchnahmen ausgesetzt sein, die auf unterschiedliche Weise verfolgt werden (*Bruns* AnwZert MietR 13/2020, Anm. 2). Eine solche Rechtszersplitterung sollte mit § 9a Abs. 2 WEG eigentlich verhindert werden (*Lehmann-Richter/Wobst* WEG-Reform 2020, Rn. 95). Im genannten Beispiel kann die Gemeinschaft der Wohnungseigentümer etwa den Anspruch aus § 1004 Abs. 1 S. 1 BGB geltend machen, während der Sondereigentümer anstelle des negatorischen Unterlassungsanspruchs einen possessorischen Anspruch verfolgt, etwa wegen Besitzstörung nach § 861 BGB. Im Falle einer gerichtlichen Rechtsverfolgung kann im Turnus die erste Klage zur ersten Abteilung und die zweite Klage zur zweiten Abteilung verteilt werden. Neben dem doppelten Kostenrisiko des Anspruchsgegners können sich die Prozesse, die womöglich nicht verbunden werden, unterschiedlich entwickeln. Insbesondere ist im Rechtsstreit des Sondereigentümers zum Störer leichter ein Vergleich dergestalt möglich, dass der Sondereigentümer beispielsweise für vier Wochen auf Besitzansprüche verzichtet, der Anspruchsgegner dafür aber die Besitzstörung mit 500 € kompensiert.

5. Rechte betreffend das Gemeinschaftsvermögen

Nicht in den Anwendungsbereich des § 9a Abs. 2 Var. 1 WEG gehört die Rechtsverfolgung der 36
Gemeinschaft der Wohnungseigentümer betreffend das **Gemeinschaftsvermögen** nach § 9a Abs. 3 WEG. Dieses steht materiell-rechtlich der Gemeinschaft der Wohnungseigentümer zu (*Hügel/Elzer* WEG § 9a Rn. 138), weshalb sie keiner gesetzlichen Vorschrift bedarf, um ausübungsbefugt zu sein. Sie zieht ihr Rechtsverfolgungsrecht aus ihrer materiell-rechtlichen Rechtsposition, Eigentümerin des Gemeinschaftsvermögens zu sein.

III. Erforderliche einheitliche Rechtsverfolgung

Die Gemeinschaft der Wohnungseigentümer übt solche Rechte der Wohnungseigentümer aus, die 37
eine einheitliche Rechtsverfolgung erfordern (§ 9a Abs. 2 Var. 2 WEG). Auch in dieser Fallgruppe sind materiell die Wohnungseigentümer berechtigt, da diese Miteigentumsanteile am gemeinschaftlichen Eigentum halten oder Vertragspartner eines schuldrechtlichen Rechtsverhältnisses sind. Die Rechte der Wohnungseigentümer müssen nicht aus dem Eigentum resultieren (BT-Drs. 19/18791, S. 46). Ist aber die einheitliche Rechtsverfolgung erforderlich, kommt nur der Gemeinschaft der Wohnungseigentümer die Ausübungsbefugnis zu. Die Tatbestandsvoraussetzung der **Erforderlichkeit** stellt eine **normative Voraussetzung** dar. Jeder Einzelfall muss unter diese Voraussetzung subsumiert werden. Dies ist – wie stets bei normativen Tatbestandsvoraussetzungen – streitanfällig. Der **BGH** mahnte bislang: »Bei der Annahme der Erforderlichkeit ist Zurückhaltung geboten« (*BGH*, 24.07.2015 – V ZR 167/14, NZM 2015, 700, Rn. 12). Er bejahte diese nur, »wenn schutzwürdige Belange der Wohnungseigentümer oder des Schuldners an einer einheitlichen Rechtsverfolgung das grundsätzlich vorrangige Interesse des Rechtsinhabers, seine Rechte selbst und eigenverantwortlich auszuüben und prozessual durchzusetzen, deutlich überwiegen«. Diese Definition wollte der Gesetzgeber auch für die Auslegung des § 9a Abs. 2 Var. 2 WEG heranziehen (BT-Drs. 19/18791, S. 46; zustimmend *Lehmann-Richter/Wobst* WEG-Reform 2020, Rn. 132; MüKoBGB/*Burgmair* WEG § 9a Rn. 33; wohl auch Bärmann/*Suilmann* WEG § 9a Rn. 62). Die Definition muss bei der Anwendung auf den konkreten Fall jedoch nach dem WEMoG nicht unbedingt unverändert gelten, da die Verbandsbezogenheit durch das neue verbandsrechtliche System des § 18 Abs. 1 WEG signifikant ausgebaut wurde und der Gesetzgeber daher mehr den Verband im Vordergrund sieht als den einzelnen Wohnungseigentümer.

§ 9a Abs. 2 Var. 2 WEG könnte vor allem für rechtsgeschäftlich begründete Rechte relevant sein 38
(*Lehmann-Richter/Wobst* WEG-Reform 2020, Rn. 133; *Hügel/Elzer* WEG § 9a Rn. 101). Ein Anwendungsfall des § 9a Abs. 2 WEG ist der Neubau eines Gebäudes, bei dem der **Bauträger** mit den späteren Wohnungseigentümern individuelle Verträge abschließt und daher die Wohnungseigentümer aus dem **schuldrechtlichen Vertrag** individuelle Mängelgewährleistungsrechte geltend machen können. Beziehen sich die Mängelgewährleistungsrechte auf das Grundstück oder Teile des

Gebäudes, die im gemeinschaftlichen Eigentum stehen, dann ist es in der Regel erforderlich, dass die Gemeinschaft der Wohnungseigentümer auch diese schuldrechtlichen Rechte der Wohnungseigentümer einheitlich verfolgt (*Hügel/Elzer* WEG § 9a Rn. 102; tendenziell auch Jennißen/*Abramenko* WEG § 9a Rn. 89). Wird die Erforderlichkeit i.S.v. § 9a Abs. 2 WEG bejaht, ist allein die Gemeinschaft der Wohnungseigentümer ausübungsbefugt. Nach dem hier vorgestellten Verständnis ist nicht (mehr) zu fragen, ob die individuellen Verträge mit dem Bauträger so auszulegen sind, dass nicht der Erwerber, sondern nur die Gemeinschaft der Wohnungseigentümer Rechte aus dem Vertrag zwischen Erwerber und Bauträger geltend machen kann (vgl. *BGH*, 12.04.2007 – VII ZR 236/05, NJW 2007, 1952, Rn. 15 ff.), sondern es ist **allein § 9a Abs. 2 Var. 2 WEG zu prüfen.** Dabei wird nicht übersehen, dass die Bundesregierung in BT-Drs. 19/18791, S. 47 formulierte, dass die Rechtsprechung zum Bauträgervertragsrecht unberührt bleiben solle. Wenn nun aber eine gesetzliche Vorschrift – § 9a Abs. 2 WEG – abschließend regelt, wann im Außenverhältnis der Gemeinschaft der Wohnungseigentümer die singuläre Ausübungsbefugnis zukommt, dann geht diese – nicht dispositive (*Lehmann-Richter/Wobst* WEG-Reform 2020, Rn. 250) – Vorschrift des Außenverhältnisses etwaigen Verträgen und deren Auslegung vor. Mit § 9a Abs. 2 WEG lässt sich im Übrigen nicht begründen, dass die Gemeinschaft der Wohnungseigentümer für die **Abnahme** aus den einzelnen Bauträgerverträgen zuständig wäre (*Lehmann-Richter/Wobst* WEG-Reform 2020, Rn. 154; *Dötsch/Schultzky/Zschieschack* WEG-Recht 2021, Kap. 3 Rn. 142). Die rechtsgeschäftliche Abnahmepflicht obliegt den Vertragspartnern und bezieht sich regelmäßig auch und gerade auf das Sondereigentum. Klarzustellen ist ferner, dass für einen Rücktritt vom individuellen Vertrag zwischen Bauträger und Erwerber nur der Vertragspartner zur Ausübung des Gestaltungsrechts berechtigt ist (Jennißen/*Abramenko* WEG § 9a Rn. 89). Abschließend ist festzuhalten, dass Mängelgewährleistungsrechte für **Mängel am Sondereigentum** allein vom Wohnungseigentümer geltend gemacht werden können (Jennißen/*Abramenko* WEG § 9a Rn. 86), handelt es sich nicht ausnahmsweise um Wohnungseigentum, welches die Gemeinschaft der Wohnungseigentümer im Gemeinschaftsvermögen hält (Rn. 49) und sie daher aus eigenen Rechten vorgeht (Rn. 12).

IV. Wahrnehmung von Pflichten der Wohnungseigentümer

39 Die Gemeinschaft der Wohnungseigentümer nimmt entsprechende Pflichten der Wohnungseigentümer wahr (§ 9a Abs. 2 Var. 3 WEG). Damit gemeint sind die Pflichten der Wohnungseigentümer aus dem gemeinschaftlichen Eigentum und solche Pflichten, die mit den Rechten der Wohnungseigentümer korrespondieren, die eine einheitliche Rechtsverfolgung erfordern. Die Wahrnehmungsbefugnis setzt keinen vorherigen Beschluss des Willensbildungsorgans voraus und kann nicht durch Beschluss erweitert werden (*Lehmann-Richter/Wobst* WEG-Reform 2020, Rn. 109, 143). Es handelt sich auch bei dieser Variante um eine Norm, die das **Außenverhältnis** betrifft. Die Wahrnehmungspflicht besteht auch dann, wenn die Pflichten gegenüber einem **Dritten** bestehen (*Lehmann-Richter/Wobst* WEG-Reform 2020, Rn. 72; Bärmann/*Suilmann* WEG § 9a Rn. 102). Aus Sicht des Dritten führt § 9a Abs. 2 Var. 3 WEG zu einer **Vereinfachung**, da dieser die Pflichten der Wohnungseigentümer gegenüber einem zentralen Rechtssubjekt einfordern kann – der Gemeinschaft der Wohnungseigentümer –, an welches sich der Dritte leicht wenden kann, insbesondere ohne zuvor den Aufenthalt und die Anschrift der Wohnungseigentümer ermitteln zu müssen.

40 Die Norm hat ihren Anwendungsbereich nicht nur im **Privatrecht**, beispielsweise bei den **Verkehrssicherungspflichten** (*Lehmann-Richter/Wobst* WEG-Reform 2020, Rn. 145; *Hügel/Elzer* WEG § 9a Rn. 100; Jennißen/*Abramenko* WEG § 9a Rn. 83), sondern auch im **öffentlichen Recht** (*Hügel/Elzer* WEG § 9a Rn. 100). Zum Beispiel nimmt die Gemeinschaft der Wohnungseigentümer öffentlich-rechtliche Streupflichten wahr, wofür sie sich im Innenverhältnis ihrer Verbandsorgane bedient. Es gibt allerdings auch öffentlich-rechtliche Abgabenvorschriften, die die Inanspruchnahme des individuellen Miteigentümers als Zahlungsverpflichteten vorsehen; dann ist zu prüfen, ob eine Verwaltung durch die Gemeinschaft der Wohnungseigentümer – also eine Bezahlung aus dem Gemeinschaftsvermögen – zum typisierten Verbandszweck nach § 18 Abs. 1 WEG gehört. Besteht eine privat- oder öffentlich-rechtliche Pflicht des Wohnungseigentümers aus dem gemeinschaftlichen Eigentum i.S.v. § 9a Abs. 2 Var. 3 WEG, dann kann der einzelne Wohnungseigentümer von der

Gemeinschaft der Wohnungseigentümer nach § 18 Abs. 2 WEG verlangen, dass die Gemeinschaft der Wohnungseigentümer ihrer Wahrnehmungsbefugnis nachkommt. Der Anspruch kann auch auf Freistellung im Außenverhältnis gerichtet sein (vgl. *Lehmann-Richter/Wobst* WEG-Reform 2020, Rn. 111; Bärmann/*Suilmann* WEG § 9a Rn. 111). Im **Prozess** führt § 9a Abs. 2 Var. 3 WEG schließlich dazu, dass allein die Gemeinschaft der Wohnungseigentümer zu verklagen ist (MüKoBGB/*Burgmair* WEG § 9a Rn. 22). Die einzelnen Wohnungseigentümer wären die falschen Beklagten; eine gegen sie gerichtete Klage wäre unzulässig (*Lehmann-Richter/Wobst* WEG-Reform 2020, Rn. 149: keine passive Prozessführungsbefugnis; Jennißen/*Abramenko* WEG § 9a Rn. 69).

V. Auswirkung von § 9a Abs. 2 WEG auf anhängige Rechtsstreite

Anhängige Rechtsstreitigkeiten können auf Klägerseite die Prozessführungsbefugnis aus dem bisherigen § 10 Abs. 6 S. 3 WEG a.F. bzw. einem Vergemeinschaftungsbeschluss herleiten. Nach dem geltenden § 9a Abs. 2 WEG kann es Fälle geben, in denen der Kläger keine Prozessführungsbefugnis mehr hat. Eine Übergangsvorschrift für § 9a Abs. 2 WEG gibt es nicht (vgl. *Lübke* ZMR 2021, 101). Da § 9a Abs. 2 WEG zum zweiten Teil des WEG gehört, ist insbesondere die Übergangsvorschrift des § 48 Abs. 5 WEG nicht anwendbar, die auf vor dem 01.12.2020 bei Gericht anhängige Verfahren nur die Vorschriften des dritten Teils des WEG in ihrer bis dahin geltenden Fassung für anwendbar erklärt. Der **BGH** behandelt solche Fälle so, dass der Kläger **so lange prozessführungsbefugt bleibt, bis** das Gericht von dem vertretungsberechtigten Organ nach § 9b WEG informiert wurde, dass die Gemeinschaft der Wohnungseigentümer die Prozessfortführung durch den klagenden Wohnungseigentümer nicht will (*BGH*, 07.05.2021 – V ZR 299/19, NZM 2021, 561; *BGH*, 01.10.2021 – V ZR 48/21, ZMR 2022, 230, Rn. 15; *BGH*, 04.11.2021 – V ZR 106/21, NZM 2021, 933; zust. *Krug* AnwZert MietR 25/2021, Anm. 1). Ob die Lösung des *BGH* methodisch tatsächlich auf eine Analogie gestützt werden kann, ist durchaus zweifelhaft, da § 48 Abs. 5 WEG auch so verstanden werden könnte, dass § 9a Abs. 2 WEG zum 01.12.2020 einen vollständigen Systemwechsel ermöglichen sollte (vgl. BeckOGK/*Skauradszun* WEG § 48 Rn. 24). 41

Bevor ein solcher Schriftsatz vom Verwalter, der nach § 9b Abs. 1 S. 1 WEG vertretungsbefugt ist, eingereicht werden kann, muss die Gesamtheit der Wohnungseigentümer nach § 19 Abs. 1 WEG beschließen, dass gemäß dem geltenden § 9a Abs. 2 WEG nur noch die Gemeinschaft der Wohnungseigentümer zur Ausübung dieser Rechte befugt ist (**Beschlussantrag** »Die Gemeinschaft der Wohnungseigentümer ist mit einer Verfolgung der angeblichen Rechte aus dem gemeinschaftlichen Eigentum durch den klagenden Wohnungseigentümer W in dem Verfahren beim Amtsgericht Fulda 8 C 123/19 WEG nicht einverstanden«) oder die Prozessführung durch den klagenden Wohnungseigentümer toleriert wird (**Beschlussantrag** »Die Gemeinschaft der Wohnungseigentümer tritt der Verfolgung angeblicher Rechte aus dem gemeinschaftlichen Eigentum durch den klagenden Wohnungseigentümer W in dem Verfahren beim Amtsgericht Fulda 8 C 123/19 WEG nicht entgegen«). Wird letzterem Beschlussantrag zugestimmt, müsste dem Gericht der Beschluss nicht mitgeteilt werden, da der *BGH* den Kläger in diesem Falle ohnehin weiter als prozessführungsbefugt ansieht. 42

Erklärt die Gesamtheit der Wohnungseigentümer einen anderslautenden Willen i.S.d. Rechtsprechung des *BGH*, bestehen **verschiedene Möglichkeiten**, über das weitere Vorgehen zu beschließen: Die Gesamtheit der Wohnungseigentümer kann nach § 19 Abs. 1 WEG beschließen, dass angebliche Rechte aus dem gemeinschaftlichen Eigentum nicht ausgeübt werden, da das Willensbildungsorgan die Rechtslage anders einschätzt als der bislang klagende Wohnungseigentümer. Ob dieser Beschluss ordnungsmäßiger Verwaltung entspricht, wird ggf. von der überstimmten Minderheit mit einer Beschlussanfechtungsklage nach § 44 Abs. 1 S. 1 WEG überprüft werden. Die Gesamtheit der Wohnungseigentümer kann alternativ beschließen, dass der klagende Wohnungseigentümer in **gewillkürter Prozessstandschaft** die angeblichen Rechte aus dem gemeinschaftlichen Eigentum durchsetzen darf (*LG Frankfurt/M.*, 11.02.2021 – 2-13 S 46/20, ZWE 2021, 185; *AG Oberhausen,* 09.03.2021 – 37 C 1585/20, IBRRS 2021, 1484; *Zschieschack* IMR 2020, 487; *Lübke* ZMR 2021, 102; *Dötsch/Schultzky/Zschieschack* WEG-Recht 2021, Kap. 14 Rn. 188 ff.; eine Prozessstand- 43 schaft scheint der Gesetzgeber ebenfalls als zulässig anzusehen, vgl. BT-Drs. 19/18791, S. 47: »[…] nach allgemeinen Regeln möglich (zum Beispiel durch Übertragung des Rechts oder Einräumung einer Prozessstandschaft)«; grundsätzlich zur Zulässigkeit auch Jennißen/*Abramenko* WEG § 9a Rn. 60; *Hügel/Elzer* WEG § 9a Rn. 113). Die Gesamtheit der Wohnungseigentümer kann ferner beschließen, dass die Klage von der Gemeinschaft der Wohnungseigentümer fortgesetzt werden soll, also ein **Klägerwechsel** angestrebt wird (*LG Frankfurt/M.*, 11.02.2021 – 2–13 S 46/20, ZWE 2021, 185; *Zschieschack* IMR 2020, 487; *Lübke* ZMR 2021, 102; *Elzer* ZMR 2021, 717, 719; dieser sei stets sachdienlich, vgl. *LG Frankfurt/M.*, a.a.O.; *Lehmann-Richter/Wobst* WEG-Reform 2020, Rn. 2034 verlangen die Zustimmung der anderen Partei).

44 Erklärt das vertretungsberechtigte Organ einen anderslautenden Willen der Gemeinschaft der Wohnungseigentümer und strebt diese keinen Klägerwechsel an, liegt für den Kläger ein **erledigendes Ereignis** vor (BeckOGK/*Skauradszun* WEG § 48 Rn. 25). Ihm geht im Moment der Erklärung bei Gericht die Prozessführungsbefugnis verloren. Der Beklagte kann sich der Erledigungserklärung anschließen; das Gericht würde dann einen Beschluss nach § 91a Abs. 1 S. 1 ZPO erlassen. Geht der Beklagte davon aus, dass die Klage abgewiesen worden wäre oder ist eine materiell-rechtliche Einschätzung des Gerichts etwa mit Blick auf die drohende Klage der Gemeinschaft der Wohnungseigentümer gewollt, wird sich der Beklagte meist der Erledigung nicht anschließen. Der Kläger wird seine Klage dann **auf Feststellung umstellen**, was nach §§ 495, 264 Nr. 2 ZPO möglich ist, wonach die ursprüngliche Klage im Zeitpunkt der Erledigung zulässig und begründet war.

45 Soweit die Gesetzesbegründung über die prozessualen Folgen hinaus anmerkte, dass Vergemeinschaftungsbeschlüsse »nach allgemeinen Grundsätzen mit Inkrafttreten der Neuregelung für die Zukunft ihre Wirkung [verlieren]«, ist nicht klar, wie dies begründet werden soll und welche Fälle der Gesetzgeber hier vor Augen hatte. Auch der Hinweis auf eine Kommentarfundstelle zu § 134 BGB betreffend gesetzliche Verbote verwirrt mehr, als der Beleg tatsächlich erhellt (ebenfalls krit. und i. Erg. wie hier *Bruns* NZM 2020, 909, 911).

F. Gemeinschaftsvermögen (Abs. 3)

I. Zuordnung und Verwaltung

46 Das Verbandsvermögen der Gemeinschaft der Wohnungseigentümer wird nach § 9a Abs. 3 WEG als Gemeinschaftsvermögen legaldefiniert. Es steht **eigentumsrechtlich** der rechtsfähigen Gemeinschaft der Wohnungseigentümer zu (*Dötsch/Schultzky/Zschieschack* WEG-Recht 2021, Kap. 3 Rn. 13; *Hügel/Elzer* WEG § 9a Rn. 138; BeckOGK/*Falkner* WEG § 9a Rn. 42; MüKoBGB/*Burgmair* WEG § 9a Rn. 37; BeckOK WEG/*Müller* § 9a Rn. 320). Dies gilt auch für solche Vermögensgegenstände, die vor Inkrafttreten des WEMoG erworben wurden (MüKoBGB/*Burgmair* WEG § 9a Rn. 37). Die Wohnungseigentümer haben am Gemeinschaftsvermögen keinen Anteil vergleichbar dem Miteigentumsanteil am gemeinschaftlichen Eigentum (BeckOK WEG/*Müller* § 9a Rn. 303). Daher stellt sich auch nicht die Frage nach einer Abfindung, wenn ein Wohnungseigentümer aus der Gemeinschaft der Wohnungseigentümer ausscheidet. Vielmehr übernimmt der Erwerber Wohnungseigentum in einer Gemeinschaft der Wohnungseigentümer, die über ein bestimmtes Gemeinschaftsvermögen verfügt. Zwischen dem ausscheidenden Wohnungseigentümer und dem Erwerber kann das Gemeinschaftsvermögen jedoch ein kaufpreisbestimmender Faktor sein, etwa wenn eine Erhaltungsrücklage i.S.v. § 19 Abs. 2 Nr. 4 WEG aufgebaut wurde, die aufwendigere Instandsetzungen abdecken könnte. Da einem Wohnungseigentümer kein Anteil am Gemeinschaftsvermögen zugeordnet ist, kann ein Vollstreckungsgläubiger eines Wohnungseigentümers auch keinen Anteil am Gemeinschaftsvermögen pfänden.

47 Die **Verwaltung** des Gemeinschaftsvermögens ist vom Verbandszweck erfasst, denn § 18 Abs. 1 WEG ist nach § 9a Abs. 3 WEG entsprechend für die Verwaltung des Gemeinschaftsvermögens anwendbar (vgl. BT-Drs. 19/18791, S. 47; Bärmann/*Suilmann* WEG § 9a Rn. 129). Die Gemeinschaft der Wohnungseigentümer verwaltet das Gemeinschaftsvermögen im Übrigen auch dann, wenn ein einzelner Gegenstand des Gemeinschaftsvermögens zwar im Eigentum der Gemeinschaft

der Wohnungseigentümer steht, jedoch nicht mehr zur Verwaltung des gemeinschaftlichen Eigentums gehört (i. Erg. wie *Lehmann-Richter/Wobst* WEG-Reform 2020, Rn. 162; Jennißen/*Abramenko* WEG § 9a Rn. 103). **Beispiel:** Der Verwalter erwirbt für die Gemeinschaft der Wohnungseigentümer einen Süßigkeitenaufsteller (§§ 433, 929 BGB, § 9b Abs. 1 S. 1 WEG), der an der Eingangstür steht und die Gäste der Sondereigentümer herzlich begrüßen soll. Obwohl dies vom Verbandszweck nicht erfasst ist, ist die Gemeinschaft der Wohnungseigentümer als vollrechtsfähiger Verband auch bei diesen Rechtsgeschäften Käuferin und Eigentümerin geworden. Sie kann nach § 9a Abs. 3 WEG in der Folge durch ihr Willensbildungsorgan entsprechend § 19 Abs. 1 WEG einen Beschluss über den Süßigkeitenaufsteller fassen lassen, beispielsweise diesen künftig nur noch mit zuckerfreien Süßigkeiten zu befüllen.

Das Gemeinschaftsvermögen muss dabei so verwaltet werden, dass die Gemeinschaft der Wohnungseigentümer das gemeinschaftliche Vermögen verwalten kann. Über diese Verwaltung entscheidet im Regelfall das Willensbildungsorgan Gesamtheit der Wohnungseigentümer durch **Beschluss** (§ 19 Abs. 1 WEG; *Dötsch/Schultzky/Zschieschack* WEG-Recht 2021, Kap. 5 Rn. 47; Jennißen/*Abramenko* WEG § 9a Rn. 111; MüKoBGB/*Burgmair* WEG § 9a Rn. 42; BeckOK WEG/*Müller* § 9a Rn. 324) oder ggf. aber auch die Wohnungseigentümer durch eine Vereinbarung nach § 10 Abs. 1 S. 2 WEG (BT-Drs. 19/18791, S. 47; MüKoBGB/*Burgmair* WEG § 9a Rn. 42; ähnlich Bärmann/*Suilmann* WEG § 9a Rn. 129). Bei Maßnahmen von untergeordneter Bedeutung ist der **Verwalter** zuständig, etwa wenn er aus dem Gemeinschaftsvermögen eine kleine Erhaltungsmaßnahme bezahlt (vgl. § 27 Abs. 1 Nr. 1 WEG; Jennißen/*Abramenko* WEG § 9a Rn. 111) oder im Wege der Notgeschäftsführung aus Mitteln des Gemeinschaftsvermögens eine notdürftige Abdichtung erwirbt (vgl. § 27 Abs. 1 Nr. 2 WEG). Die Gesamtheit der Wohnungseigentümer kann dem Verwalter durch einen Beschluss nach § 27 Abs. 2 WEG weitreichende Befugnisse zur Verwaltung des Gemeinschaftsvermögens im Innenverhältnis einräumen, beispielsweise eigenständig ein geeignetes Kreditinstitut aussuchen oder wechseln zu dürfen oder eigenständig das Gemeinschaftsvermögen für eine bestimmte Anzahl an Jahren anlegen zu können. Ein jeder **Wohnungseigentümer kann** nach §§ 9a Abs. 3, 18 Abs. 2 WEG **verlangen**, dass die Gemeinschaft der Wohnungseigentümer das Gemeinschaftsvermögen ordnungsmäßig verwaltet (BT-Drs. 19/18791, S. 47; Jennißen/*Abramenko* WEG § 9a Rn. 111; Bärmann/*Suilmann* WEG § 9a Rn. 129), also etwa mit dem Vermögen sparsam umgeht und dieses nachhaltig einsetzt. 48

II. Bestandteile des Gemeinschaftsvermögens

Das **Gemeinschaftsvermögen** wird insbesondere durch Vorschüsse zur Kostentragung und durch Rücklagen **aufgebaut** (§ 28 Abs. 1 S. 1 WEG; BeckOK WEG/*Müller* § 9a Rn. 311; Bärmann/*Suilmann* WEG § 9a Rn. 131). Mit dem aufgebauten Gemeinschaftsvermögen kann die rechtsfähige Gemeinschaft der Wohnungseigentümer andere Vermögensgegenstände erwerben, etwa von einer aufgebauten Rücklage für Gartengeräte einen Rasenmäher kaufen und das Eigentum daran erlangen. Die erworbenen Vermögensgegenstände können einen beachtlichen Verkehrswert aufweisen, zum Beispiel wenn eine Gemeinschaft der Wohnungseigentümer ein Nachbarflurstück erwirbt, auf dem die Wohnungseigentümer Stellplätze erhalten. **Kein Teil des Gemeinschaftsvermögens** ist im Regelfall **das Wohnungseigentum** (*Lehmann-Richter/Wobst* WEG-Reform 2020, Rn. 928; Jennißen/*Abramenko* WEG § 9a Rn. 19). Es kann aber den Sonderfall geben, dass die Gemeinschaft der Wohnungseigentümer – etwa im Zuge einer Einziehung nach § 17 WEG – das (betroffene) **Wohnungseigentum erwirbt** (dies ist möglich *Dötsch/Schultzky/Zschieschack* WEG-Recht 2021, Kap. 12 Rn. 17; MüKoBGB/*Zschieschack* WEG § 17 Rn. 49; Jennißen/*Abramenko* WEG § 9a Rn. 24; MüKoBGB/*Burgmair* WEG § 9a Rn. 41; BeckOK WEG/*Müller* § 9a Rn. 42; BeckOGK/*Skauradszun* WEG § 17 Rn. 52) und dann – im Zuge einer Einziehung typischerweise für eine kürzere Zeit – in ihrem Vermögen hält. Die rechtsfähige Gemeinschaft der Wohnungseigentümer ist aufgrund ihrer Vollrechtsfähigkeit **grundbuchfähig** (BeckOGK/*Falkner* WEG § 9a Rn. 51; Jennißen/*Abramenko* WEG § 9a Rn. 35; BeckOK WEG/*Müller* § 9a Rn. 32). 49

50 **Im Übrigen** besteht das **Gemeinschaftsvermögen** aus dem Guthaben bei Kreditinstituten. Auf diesen Konten werden insbesondere die Erhaltungsrücklagen nach § 19 Abs. 2 Nr. 4 WEG sowie die Rücklagen angesammelt, über die nach § 28 Abs. 1 S. 1 WEG beschlossen wurde (*Jahns* ZWE 2021, 201, 203; *Hügel/Elzer* WEG § 9a Rn. 140). Teil des Gemeinschaftsvermögens können auch **Forderungen** gegen Wohnungseigentümer, den Verwalter oder Dritte sein (*Hügel/Elzer* WEG § 9a Rn. 140; Bärmann/*Suilmann* WEG § 9a Rn. 131). Forderungen, die auf Geld gerichtet sind, haben einen Vermögenswert und sind daher Vermögen i.S.v. § 9a Abs. 3 WEG. Dies gilt etwa für die nach § 28 Abs. 1 und 2 WEG beschlossenen Zahlungspflichten, die so zu Forderungen führen, die materiellrechtlich der rechtsfähigen Gemeinschaft der Wohnungseigentümer zustehen (MüKoBGB/*Skauradszun* WEG § 28 Rn. 22). Je nach Heizmethode gehören zum Gemeinschaftsvermögen auch Brennstoffe wie Heizöl, Brennholz und Pellets. Hinsichtlich des Gebäudes und des Gartens können typische Vermögensgegenstände des Gemeinschaftsvermögens Gartengeräte und Maschinen sein. Bestimmte Vermögensgegenstände sind nach dem sachenrechtlichen Rechtsgeschäft gemäß § 929 BGB zwar zunächst Eigentum der Gemeinschaft der Wohnungseigentümer, gehen dann aber etwa mit Verbindung mit dem Grundstück (§ 946 BGB; *Lehmann-Richter/Wobst* WEG-Reform 2020, Rn. 169; Beispiel: erworbene Außenputzfarbe wird an den Außenputz gestrichen), mit Vermischung (§ 948 BGB; Beispiel: erworbene Pellets werden mit dem bestehenden Pelletbestand der Gemeinschaft der Wohnungseigentümer vermischt) oder mit Verarbeitung (§ 950 BGB; Beispiel: erworbenes Holz wird vom Verwalter zu einem Gartenhaus verarbeitet) in das gemeinschaftliche Eigentum der Wohnungseigentümer über (so bei §§ 946 und 950 BGB; für die Vermischung siehe die Rechtsfolge in § 947 BGB). Hat die Gemeinschaft der Wohnungseigentümer Sachen erworben und werden diese mit Grund und Boden fest verbunden, sodass sie wesentlicher Bestandteil des Grundstücks geworden sind (Beispiel: eingepflanzter Baum), können diese Sachen im Übrigen nicht Gegenstand besonderer Rechte sein (BeckOK WEG/*Müller* § 9a Rn. 307; Bärmann/*Suilmann* WEG § 9a Rn. 133). Sie sind dann vielmehr wesentlicher Bestandteil des Grundstücks und somit gemeinschaftliches Eigentum (§§ 93, 94 BGB, § 1 Abs. 5 WEG).

51 An den einzelnen Vermögensgegenständen des Gemeinschaftsvermögens hat der einzelne Wohnungseigentümer **kein Recht zum Mitgebrauch** (*Lehmann-Richter/Wobst* WEG-Reform 2020, Rn. 174). Beispielsweise kann ein Wohnungseigentümer nicht argumentieren, dass ein Hochdruckreiniger des Gemeinschaftsvermögens von ihm auch in seinem Sondereigentum gebraucht werden könne, da er an dem Gegenstand ein Mitgebrauchsrecht habe. § 16 Abs. 1 S. 3 WEG wurde vom Gesetzgeber bewusst nicht für direkt oder entsprechend anwendbar erklärt (BT-Drs. 19/18791, S. 47 f.). Über die Benutzung des Gemeinschaftsvermögens kann jedoch ein Beschluss gefasst werden (§§ 9a Abs. 3, 19 Abs. 1 WEG).

52 Im Übrigen gehören vermögensrechtlich zum Gemeinschaftsvermögen auch **Verbindlichkeiten**, welche die Gemeinschaft der Wohnungseigentümer gegenüber Wohnungseigentümern oder Dritten hat (*Lehmann-Richter/Wobst* WEG-Reform 2020, Rn. 166 f.; *Hügel/Elzer* WEG § 9a Rn. 140; MüKoBGB/*Burgmair* WEG § 9a Rn. 38; Bärmann/*Suilmann* WEG § 9a Rn. 137).

53 Es kann Vermögensgegenstände des Gemeinschaftsvermögens geben, die **Früchte** i.S.d. § 99 BGB hervorbringen, etwa Zinsen auf eine **Kapitalanlage**. Nach § 16 Abs. 1 S. 1 WEG gebührt jedem Wohnungseigentümer ein seinem Anteil entsprechender Bruchteil der Früchte des Gemeinschaftsvermögens (MüKoBGB/*Burgmair* WEG § 9a Rn. 44). Ob die allgemeine Beschlusskompetenz nach § 19 Abs. 1 WEG auch einen abweichenden Beschluss erlaubt, wonach beispielsweise erzielte Zinsen der Gemeinschaft der Wohnungseigentümer zustehen, ist noch nicht geklärt (verneinend *Lehmann-Richter/Wobst* WEG-Reform 2020, Rn. 173). Jedenfalls dürfte eine **abweichende Vereinbarung** nach § 10 Abs. 1 S. 2 WEG zugunsten der Gemeinschaft der Wohnungseigentümer auch über die Früchte des Gemeinschaftsvermögens möglich sein (ebenso *Lehmann-Richter/Wobst* WEG-Reform 2020, Rn. 250).

III. Vermögensbericht über das Gemeinschaftsvermögen

Über das Gemeinschaftsvermögen erstellt der Verwalter zwar keine Bilanz, weshalb er den in Rn. 49 genannten Aktivtausch zwischen dem Bankvermögen und den Gartengeräten nicht bilanzieren muss, allerdings hat der im Innenverhältnis zuständige Verwalter nach Ablauf eines Kalenderjahres nach § 28 Abs. 4 S. 1 WEG einen **Vermögensbericht** zu erstellen, der auch eine Aufstellung des **wesentlichen** Gemeinschaftsvermögens enthält. Ob in den Vermögensbericht tatsächlich Rechte und Pflichten aufzunehmen sind, für die nach § 9a Abs. 2 WEG die Gemeinschaft der Wohnungseigentümer die Ausübungs- und Wahrnehmungsbefugnis hat (so *Lehmann-Richter/Wobst* WEG-Reform 2020, Rn. 929), ist noch nicht geklärt und nicht zweifelsfrei, da diese Rechte und Pflichten materiell-rechtlich den Wohnungseigentümern zugeordnet sind. Eine solche Sichtweise ähnelt dem Grundsatz der **wirtschaftlichen Zurechnung** im Handelsbilanzrecht, wonach im Grundsatz der Eigentümer einen Vermögensgegenstand in seiner Bilanz anzusetzen hat, es sei denn, der Gegenstand ist einem anderen wirtschaftlich zuzurechnen. Dann hat dieser den Gegenstand zu bilanzieren (§ 246 Abs. 1 S. 2 Halbs. 2 HGB). Zwar gelten weder für den Vermögensbericht noch die Jahresabrechnung die Vorschriften des Handelsbilanzrechts, zumindest erscheint ein Ausweis von Rechten und Pflichten i.S.v. § 9a Abs. 2 WEG im Vermögensbericht vertretbar. Der Verkehrswert des Gemeinschaftsvermögens wird im Vermögensbericht allerdings nicht bewertet. Der Verwalter muss keine Folgebewertung und daher weder eine planmäßige noch eine außerplanmäßige Abschreibung nach § 253 Abs. 3 HGB vornehmen, da die §§ 238 ff. HGB nicht anwendbar sind (BT-Drs. 19/18791, S. 78; Grüneberg/*Wicke* WEG § 28 Rn. 24). Ist ein Vermögensgegenstand des Gemeinschaftsvermögens jedoch wertlos geworden, zum Beispiel eine Forderung gegen einen Dritten nicht mehr einbringlich, hat der Verwalter im Vermögensbericht jedenfalls die Zweifelhaftigkeit der Einbringlichkeit zu vermerken (MüKoBGB/*Skauradszun* WEG § 28 Rn. 98). 54

Der einzelne Wohnungseigentümer kann sich über das Gemeinschaftsvermögen einen Überblick verschaffen, indem er den Vermögensbericht einsieht. Der **Vermögensbericht** ist nach § 28 Abs. 4 S. 2 WEG jedem Wohnungseigentümer **zur Verfügung zu stellen.** Diese Organpflicht des Verwalters kann ein Wohnungseigentümer nach § 18 Abs. 2 WEG von der Gemeinschaft der Wohnungseigentümer verlangen (BT-Drs. 19/18791, S. 78). Der Anspruch wird im Innenverhältnis vom Verwalter erfüllt (BT-Drs. 19/18791, S. 77; ausf. MüKoBGB/*Skauradszun* WEG § 28 Rn. 105). 55

IV. Zugriff auf das Gemeinschaftsvermögen

Zugriff auf das Gemeinschaftsvermögen hat primär der Verwalter, der für die Gemeinschaft der Wohnungseigentümer mit einem Kreditinstitut einen Vertrag schließt und beim Kreditinstitut typischerweise als zeichnungsberechtigt gelistet wird. Im Rahmen des Notverwaltungsrechts nach § 18 Abs. 3 WEG kann auch ein Wohnungseigentümer auf das Gemeinschaftsvermögen zugreifen (BT-Drs. 19/18791, S. 47; Bärmann/*Suilmann* WEG § 9a Rn. 129). Jedenfalls in größeren Wohnungseigentümergemeinschaften wird ein Wohnungseigentümer jedoch keinen Zugriff auf das Bankkonto der Gemeinschaft der Wohnungseigentümer haben und ist folglich auf Ersatzansprüche gegen die Gemeinschaft der Wohnungseigentümer angewiesen (vgl. BeckOGK/*Skauradszun* WEG § 18 Rn. 59 ff.). 56

G. Haftung (Abs. 4)

I. Akzessorische proratarische Haftung

Nach § 9a Abs. 4 S. 1 WEG haftet jeder Wohnungseigentümer einem Gläubiger nach dem Verhältnis seines Miteigentumsanteils i.S.v. § 16 Abs. 1 S. 2 WEG. Es geht nicht um ein Schuldverhältnis des Wohnungseigentümers als Schuldner zu seinem Gläubiger, sondern um eine **akzessorische Haftung** des Wohnungseigentümers für die Schulden der Gemeinschaft der Wohnungseigentümer (BeckOGK/*Falkner* WEG § 9a Rn. 259; BeckOK WEG/*Müller* § 9a Rn. 328; Bärmann/*Suilmann* WEG § 9a Rn. 143). Diese Haftung kommt hinzu und tritt neben die Haftung der Gemeinschaft der Wohnungseigentümer (*Dötsch/Schultzky/Zschieschack* WEG-Recht 2021, Kap. 3 Rn. 100; BeckOK 57

WEG/*Müller* § 9a Rn. 328), die schließlich rechtsfähig ist (§ 9a Abs. 1 S. 1 WEG) und über ein eigenes Gemeinschaftsvermögen verfügt (§ 9a Abs. 3 WEG). Das Haftungssystem des § 9a Abs. 4 WEG war schon vor dem WEMoG in § 10 Abs. 8 WEG a.F. vorgesehen; nur dessen S. 4 wurde nicht übernommen (vgl. BT-Drs. 19/18791, S. 48). Das System der akzessorischen Haftung ist dem Personengesellschaftsrecht entnommen (vgl. §§ 721–721b, 728b BGB, §§ 126–128, 137 HGB). Die akzessorische Haftung ist einer der maßgeblichen Gründe, warum die Gemeinschaft der Wohnungseigentümer keine juristische Person darstellt. Anders als die Akzessorietätshaftung des Personengesellschaftsrechts ist die akzessorische Haftung der Wohnungseigentümer jedoch auf die Miteigentumsanteilsquote beschränkt, weshalb sie **proratarische Haftung** (Haftung pro rata; BeckOK WEG/*Müller* § 9a Rn. 345) bzw. **teilschuldnerische Haftung** genannt wird. Dies ist der Grund, warum zwischen den Wohnungseigentümern **keine Gesamtschuld** i.S.v. § 421 BGB besteht (*BGH*, 25.03.2015 – VIII ZR 243/13, NJW 2015, 3228, Rn. 38; auch keine Quasi-Gesamtschuld, so aber MüKoBGB/*Burgmair* WEG § 9a Rn. 47) und kein Gesamtschuldnerausgleich möglich ist (Jennißen/*Abramenko* WEG § 9a Rn. 129). Der Gläubiger kann von einem Wohnungseigentümer nicht die volle Leistung verlangen, was für eine Gesamtschuld aber erforderlich ist. Aufgrund der Vertragsfreiheit ist es aber möglich, dass sich die Wohnungseigentümer gegenüber dem Gläubiger verpflichten, für die Verbindlichkeiten der Gemeinschaft der Wohnungseigentümer akzessorisch als Gesamtschuldner zu haften (*Hügel/Elzer* WEG § 9a Rn. 153; BeckOGK/*Falkner* WEG § 9a Rn. 62; MüKoBGB/*Burgmair* WEG § 9a Rn. 49; Bärmann/*Suilmann* WEG § 9a Rn. 142). Dies würde dann eine vertragliche **Haftungsverschärfung** darstellen. Durch Beschluss kann diese Haftungsverschärfung jedoch nicht geregelt werden, da es hierfür keine Beschlusskompetenz gibt.

58 Hintergrund der nur teilschuldnerischen Haftung ist die Überlegung, dass die Interessenten – insbesondere finanziell schwächere Personen – vom Erwerb des Wohnungseigentums Abstand nehmen könnten, wenn sie grundsätzlich in voller Höhe für Verbindlichkeiten der Gemeinschaft der Wohnungseigentümer haften müssten. Anders als die Gemeinschaft der Wohnungseigentümer, die in voller Höhe haftet, werden die einzelnen Wohnungseigentümer also im Außenverhältnis privilegiert, indem sie nur in der Höhe ihres Miteigentumsanteils haften. Aus Sicht der Gläubiger ist diese **Haftungsbeschränkung** nachteilig, da der Gläubiger, insbesondere wenn er bei der Gemeinschaft der Wohnungseigentümer ausfällt, nicht nur den finanzstärksten Wohnungseigentümer in Anspruch nehmen muss, sondern mehrere oder gar alle Wohnungseigentümer. Auf der anderen Seite werden mühsame **Regressansprüche vermieden**, die bei einer gewöhnlichen akzessorischen Haftung typischerweise von einem in Anspruch genommenen Gesamtschuldner gegen die übrigen Gesamtschuldner verfolgt werden (vgl. § 426 Abs. 1 und 2 BGB). Solche Regressansprüche zwischen den Wohnungseigentümern bestehen von vornherein nicht, da ein Wohnungseigentümer nicht mehr als in der Höhe seines Miteigentumsanteils am gemeinschaftlichen Eigentum haftet. Diese Haftung in der Höhe des Miteigentumsanteils nach § 16 Abs. 1 S. 3 WEG gilt im Übrigen auch dann, wenn die Wohnungseigentümer für die Verteilung von Kosten der Gemeinschaft der Wohnungseigentümer einen anderen Verteilungsgrundsatz vereinbart haben (§ 16 Abs. 2 S. 2 WEG).

59 Gläubiger werden die teilschuldnerische Haftung der Wohnungseigentümer gewöhnlich erst dann erwägen, wenn sie bei der **Inanspruchnahme der Gemeinschaft der Wohnungseigentümer ausfallen**; sie werden also im Regelfall versuchen, erst und nur die Gemeinschaft der Wohnungseigentümer als Schuldnerin in Anspruch zu nehmen (BeckOGK/*Falkner* WEG § 9a Rn. 60). Zwingend ist dies jedoch nicht. Die Gläubiger können von vornherein **neben** der Gemeinschaft der Wohnungseigentümer auch die Wohnungseigentümer persönlich in Anspruch nehmen (*BGH*, 25.03.2015 – VIII ZR 243/13, NJW 2015, 3228, Rn. 38; BeckOGK/*Falkner* WEG § 9a Rn. 259; Bärmann/*Suilmann* WEG § 9a Rn. 181). Da eine solche persönliche Inanspruchnahme bei den Wohnungseigentümern Unruhe auslöst, ist sie vorwiegend in Rechtsverhältnissen anzutreffen, die nicht fortgesetzt werden sollen und es nur noch um die Erfüllung der Schuld der Gemeinschaft der Wohnungseigentümer geht. Ferner kann der Gläubiger **ausschließlich die Wohnungseigentümer** in Anspruch nehmen (*BGH*, 25.03.2015 – VIII ZR 243/13, NJW 2015, 3228, Rn. 38; Jennißen/*Abramenko* WEG § 9a Rn. 119; Bärmann/*Suilmann* WEG § 9a Rn. 181), wobei der Gläubiger **wählen** kann, ob er alle Wohnungseigentümer oder nur solche in Anspruch nehmen will, die er als leistungsfähig

einschätzt (BeckOGK/*Falkner* WEG § 9a Rn. 260). Diese Vorgehensweise bietet sich an, wenn dem Gläubiger bekannt ist, dass die Gemeinschaft der Wohnungseigentümer nicht leisten kann und daher die Rechtsverfolgung als aussichtslos eingeschätzt wird. In Fällen, in denen der Gläubiger Zeit für die Rechtsverfolgung hat, kann auch eine Inanspruchnahme der Gemeinschaft der Wohnungseigentümer, die gegenwärtig nicht leistungsfähig ist, sinnvoll sein, da die Gesamtheit der Wohnungseigentümer nach § 28 Abs. 2 S. 1 WEG sodann über die **Einforderung von Nachschüssen** beschließen muss, um die Verbindlichkeiten der Gemeinschaft der Wohnungseigentümer erfüllen zu können (*BGH,* 25.09.2015 – V ZR 244/14, NZG 2015, 1268, Rn. 17; Jennißen/*Abramenko* WEG § 9a Rn. 123). Anders als die teilschuldnerische Haftung ist die Einforderung von Nachschüssen **der Höhe nach unbegrenzt** (*BGH,* 25.09.2015 – V ZR 244/14, NZG 2015, 1268, Rn. 17; Jennißen/*Abramenko* WEG § 9a Rn. 123; MüKoBGB/*Burgmair* WEG § 9a Rn. 54; i. Erg. *Dötsch/Schultzky/Zschieschack* WEG-Recht 2021, Kap. 12 Rn. 32) und kann daher für die Wohnungseigentümer belastender sein als die Haftung nach § 9a Abs. 4 S. 1 WEG. Mit einem **Vollstreckungstitel** gegen die Gemeinschaft der Wohnungseigentümer kann allerdings nicht unmittelbar auch die Vollstreckung gegen einen oder mehrere Wohnungseigentümer betrieben werden. Vielmehr ist gegen den jeweiligen Vollstreckungsschuldner ein Vollstreckungstitel erforderlich (BeckOGK/*Falkner* WEG § 9a Rn. 260; Bärmann/*Suilmann* WEG § 9a Rn. 190).

II. Verbindlichkeiten der Gemeinschaft der Wohnungseigentümer

Die für die teilschuldnerische Außenhaftung der Wohnungseigentümer relevanten Verbindlichkeiten 60 der Gemeinschaft der Wohnungseigentümer können **privat- oder öffentlich-rechtlicher Natur** sein. Die Verbindlichkeiten können aus vertraglichen oder gesetzlichen Schuldverhältnissen resultieren, beispielsweise aus Energielieferverträgen, Kauf- und Werkverträgen, Verwaltervertrag, (langfristigem) Darlehensvertrag (*BGH,* 25.09.2015 – V ZR 244/14, NZG 2015, 1268, Rn. 17), einer Geschäftsführung ohne Auftrag (§§ 677 ff. BGB) und Delikt (§§ 823 ff. BGB). Gerade eine solche Haftung aus unerlaubter Handlung für die Verletzung einer **Verkehrssicherungspflicht** (*Hügel/Elzer* WEG § 9a Rn. 155; Bärmann/*Suilmann* WEG § 9a Rn. 153) kann für die Wohnungseigentümer ernsthafte Folgen haben, da diese Haftung auf Rechtsfolgenseite (§§ 249 ff. BGB) der Höhe nach nicht beschränkt ist.

Eine Verbindlichkeit der Gemeinschaft der Wohnungseigentümer kann grundsätzlich dann begründet 61 werden, wenn die Gemeinschaft der Wohnungseigentümer als Rechtssubjekt entstanden ist, mithin **mit Anlegung der Wohnungsgrundbücher** (§ 9a Abs. 1 S. 2 WEG). Es ist irrelevant, ob ein Wohnungseigentümer, der nach § 9a Abs. 4 S. 1 WEG in Haftung genommen wird, schon Mitglied der Gemeinschaft der Wohnungseigentümer war, als die Verbindlichkeit entstanden ist. Es ist möglich, dass ein Wohnungseigentümer für **Altverbindlichkeiten** persönlich in Anspruch genommen wird, obwohl dieser im Zeitpunkt der Entstehung der Verbindlichkeit noch nicht Mitglied der Gemeinschaft der Wohnungseigentümer war und daher keinen Einfluss auf den Haftungsgrund nehmen konnte (Soergel/*Skauradszun* 12. Aufl. WEG § 10 Rn. 102; Bärmann/*Suilmann* WEG § 9a Rn. 166). **Ausreichend** ist, dass die Verbindlichkeit der Gemeinschaft der Wohnungseigentümer während der Zugehörigkeit des betroffenen Wohnungseigentümers zur Gemeinschaft der Wohnungseigentümer **fällig geworden** ist (§ 9a Abs. 4 S. 1 Halbs. 1 WEG). Das Risiko, für Altverbindlichkeiten haften zu müssen, ist dem Personengesellschaftsrecht gleichfalls bekannt (vgl. §§ 721, 721a BGB, §§ 126, 127 HGB) und lässt sich dort **im Außenverhältnis** gegenüber den Gläubigern ebenfalls **nicht ausschließen**. Zum einen ist aber das Risiko einer Haftung für Altverbindlichkeiten durch eine vorherige Prüfung einschätzbar (**Due Diligence**), zum anderen kann im schuldrechtlichen Vertrag zwischen dem früheren Wohnungseigentümer und dem Erwerber vereinbart werden, dass der Erwerber im Falle einer Inanspruchnahme **Regressansprüche** gegen den früheren Wohnungseigentümer hat. Eine solche Vereinbarung im Innenverhältnis ist im Grundsatz auch zwischen dem Erwerber und den anderen Wohnungseigentümern denkbar. Im Regelfall wird jedoch kein Argument dafür ersichtlich sein, warum die anderen Wohnungseigentümer den Erwerber von einer Haftung im Innenverhältnis freistellen sollten. Im Vergleich zum personengesellschaftsrechtlichen Pendant ist die Haftung nach § 9a Abs. 4 S. 1 WEG im Übrigen insoweit milder, als ein

Sondernachfolger bzw. Rechtsnachfolger dann nicht haftet, wenn die Altverbindlichkeit schon **vor seinem Erwerb fällig** geworden ist (BeckOGK/*Falkner* WEG § 9a Rn. 266; Bärmann/*Suilmann* WEG § 9a Rn. 166).

62 Zu den Verbindlichkeiten der Gemeinschaft der Wohnungseigentümer gehören **keine Verbindlichkeiten der Wohnungseigentümer gegenüber Dritten**. Für Verbindlichkeiten aus individuellen Schuldverhältnissen zwischen einem Wohnungseigentümer und einem Gläubiger haften die anderen Wohnungseigentümer also nicht akzessorisch. Dies gilt auch für Verbindlichkeiten aus dem **öffentlichen Recht**, die einen Bezug zum gemeinschaftlichen Eigentum haben, aber keine Verbindlichkeiten der Gemeinschaft der Wohnungseigentümer darstellen, sondern individuelle Verbindlichkeiten eines Wohnungseigentümers sind. So ist dies etwa für Verbindlichkeiten aus öffentlichen Abgabenbescheiden und Bescheiden der öffentlichen Abfallentsorgung. Sollte ein öffentlich-rechtlicher Haftungstatbestand eine Gesamtschuld der Wohnungseigentümer vorsehen, geht dieses Haftungssystem als das speziellere dem allgemeinen § 9a Abs. 4 S. 1 WEG vor.

63 Die Gemeinschaft der Wohnungseigentümer kann auch einer **Verbindlichkeit gegenüber** einem ihrer **Wohnungseigentümer** ausgesetzt sein. So kann beispielsweise der Wohnungseigentümer die Gemeinschaft der Wohnungseigentümer aus §§ 280 Abs. 1 und 2, 286 BGB in Anspruch nehmen, wenn sich die Gemeinschaft der Wohnungseigentümer einen rechtswidrigen Beschluss ihres Willensbildungsorgans zurechnen lassen muss, weil dort ein oder mehrere Wohnungseigentümer pflichtwidrig ihre Mitwirkungspflicht aus § 19 Abs. 1 WEG verletzt haben (ausf. vor §§ 23–25 Rn. 6 und 64 ff.; zur Mitwirkungspflicht BT-Drs. 19/18791, S. 60; *Lehmann-Richter/Wobst* WEG-Reform 2020, Rn. 47, 413; MüKoBGB/*Rüscher* WEG § 19 Rn. 4, 44; Jennißen/*Sommer* WEG § 19 Rn. 21 ff.; BeckOGK/*Skauradszun* WEG § 19 Rn. 23 ff.; *Hügel/Elzer* WEG § 19 Rn. 10; BeckOGK/*Falkner* WEG § 9a Rn. 103.3: »Die organschaftlichen Mitwirkungspflichten sind zwingend«). Ferner kann die Gemeinschaft der Wohnungseigentümer Ansprüchen aus § 18 Abs. 2 WEG ausgesetzt sein. Für diese Verbindlichkeiten der Gemeinschaft der Wohnungseigentümer ist fraglich, wie das Tatbestandsmerkmal »Gläubiger« in § 9a Abs. 4 S. 1 WEG auszulegen ist. Im Personengesellschaftsrecht ist anerkannt, dass die Akzessorietätshaftung nicht für Sozialverbindlichkeiten einschlägig ist. Gläubiger ist danach nicht der eigene Gesellschafter, der Ansprüche aus der Mitgliedschaft im Verband geltend macht. Der Hintergrund dieser Auslegung ist, dass die weiteren Mitglieder des Verbands andernfalls weitere Beiträge leisten müssten, was bei Personengesellschaften im Grundsatz ausgeschlossen ist (§ 710 S. 1 BGB, §§ 105 Abs. 3, 161 Abs. 2 HGB). Solche Nachschüsse sind im Wohnungseigentumsrecht allerdings in § 28 WEG vorgesehen und notwendig, um die Gemeinschaft der Wohnungseigentümer mit einem Gemeinschaftsvermögen auszustatten, welches zur Erfüllung der Verbindlichkeiten genügt. Der **Gläubiger** im Sinne von § 9a Abs. 4 S. 1 WEG ist jedoch **nicht der Wohnungseigentümer** der Gemeinschaft der Wohnungseigentümer, sondern ein **Dritter**, sodass § 9a Abs. 4 S. 1 WEG **nicht auf Sozialverbindlichkeiten anwendbar** ist (*Hügel/Elzer* WEG § 9a Rn. 156; Jennißen/*Abramenko* WEG § 9a Rn. 120; BeckOGK/*Falkner* WEG § 9a Rn. 262 und MüKoBGB/*Burgmair* WEG § 9a Rn. 46). Der Gesetzgeber unterscheidet insoweit zwischen Wohnungseigentümern und Dritten. Daher müssen Wohnungseigentümer nicht befürchten, von anderen Wohnungseigentümern im Wege der teilschuldnerischen Außenhaftung in Anspruch genommen zu werden. Von diesem Fall ist diejenige Konstellation abzugrenzen, bei der ein Wohnungseigentümer der Gemeinschaft der Wohnungseigentümer **wie ein Dritter** gegenübersteht, etwa weil ein Wohnungseigentümer aus einem Werkvertrag mit der Gemeinschaft der Wohnungseigentümer ein Werk verrichtet hat und nunmehr die Vergütung beansprucht (§ 631 BGB). Für solche Verbindlichkeiten der Gemeinschaft der Wohnungseigentümer ist § 9a Abs. 4 S. 1 WEG anwendbar (BeckOGK/*Falkner* WEG § 9a Rn. 262).

64 Es kann sein, dass ein Wohnungseigentümer, der die Gemeinschaft der Wohnungseigentümer in Anspruch nimmt, etwa nach Einsicht in den Vermögensbericht weiß, dass das Gemeinschaftsvermögen derzeit nicht ausreichend ist, um den geltend gemachten Anspruch zu erfüllen. Auch dies erlaubt jedoch nicht, § 9a Abs. 4 S. 1 WEG zugunsten des anspruchsstellenden Gläubigers anzuwenden, damit dieser direkt die anderen Wohnungseigentümer in Anspruch nehmen kann. Der

Wohnungseigentümer kann aber von der Gemeinschaft der Wohnungseigentümer nach § 18 Abs. 2 WEG **verlangen**, dass das Willensbildungsorgan **über Nachschüsse bzw. höhere Vorschüsse beschließt** (vgl. § 28 Abs. 1 und 2 WEG). Dieser Anspruch auf Beschlussfassung könnte notfalls mit der Beschlussersetzungsklage nach § 44 Abs. 1 S. 2 WEG durchgesetzt werden. Ist der geltend gemachte Anspruch begründet, entspricht ein solcher Beschluss im Grundsatz auch ordnungsmäßiger Verwaltung, damit die Gemeinschaft der Wohnungseigentümer (weitere) Verzugsschäden beim anspruchsstellenden Wohnungseigentümer verhindert (Soergel/*Skauradszun* WEG § 10 Rn. 113).

III. Nachhaftung

§ 9a Abs. 4 S. 1 Halbs. 2 WEG sieht eine entsprechende Anwendung von § 728b BGB vor. Eine solch »entsprechende Anwendung« ermöglicht es, die Norm verständig im Lichte des Wohnungseigentumsrechts anzuwenden. Das System der Nachhaftung ist dem Personengesellschaftsrecht angelehnt. Eine **Nachhaftung** besteht für **fünf Jahre** nach Ausscheiden eines Wohnungseigentümers aus der Gemeinschaft der Wohnungseigentümer. Diese Nachhaftung **beginnt** in dem Moment, in dem der Veräußerer sein Wohnungseigentum auf den Erwerber übertragen hat, was ab dem Zeitpunkt der **Eintragung im Wohnungsgrundbuch** der Fall ist (*Hügel/Elzer* WEG § 9a Rn. 164; BeckOK WEG/*Müller* § 9a Rn. 355; Bärmann/*Suilmann* WEG § 9a Rn. 162). Ob der Gläubiger von der Eintragung im Wohnungsgrundbuch Kenntnis hat, ist nicht entscheidend. Die Verbindlichkeit der Gemeinschaft der Wohnungseigentümer muss vor dem Ausscheiden begründet und vor Ablauf von fünf Jahren nach dem Ausscheiden **fällig** werden. Dem Gläubiger muss es darüber hinaus gelingen, seinen Anspruch gegen den früheren Wohnungseigentümer innerhalb der Nachhaftungsfrist in einer in § 197 Abs. 1 Nr. 3 bis 5 BGB bezeichneten Art **feststellen zu lassen.** Alternativ muss eine gerichtliche oder behördliche Vollstreckungshandlung vorgenommen oder beantragt werden. Bei öffentlich-rechtlichen Verbindlichkeiten genügt der Erlass eines Verwaltungsakts. Bei privatrechtlichen Gläubigern ist das Erstreiten eines **rechtskräftigen Leistungsurteils der Regelfall** (vgl. § 197 Abs. 1 Nr. 3 BGB). Im Übrigen ist die Nachhaftung nach § 9a Abs. 4 S. 1 Halbs. 2 WEG auch auf eine Veräußerung anwendbar, die durch das Zwangsvollstreckungsrecht erzwungen wurde (BeckOGK/*Falkner* WEG § 9a Rn. 268), also das Wohnungseigentum nicht durch ein Rechtsgeschäft, sondern einen Hoheitsakt übertragen wurde. 65

Nimmt der Gläubiger, wie im Regelfall, zunächst die Gemeinschaft der Wohnungseigentümer in Anspruch und dauert diese Inanspruchnahme einige Zeit, kann die Nachhaftungsfrist schon zu einem Großteil verstrichen sein. Der ausgeschiedene Wohnungseigentümer kann sich jedoch erst dann in Sicherheit wiegen, wenn die fünfjährige Nachhaftungsfrist abgelaufen ist und keine die Enthaftung **hemmenden Tatbestände** erfüllt wurden. So finden nach § 728b Abs. 1 S. 4 BGB die aus dem Verjährungsrecht bekannten Vorschriften zur Hemmung auch auf die Entfristung entsprechende Anwendung (BeckOK WEG/*Müller* § 9a Rn. 356). Beispielsweise hemmt nach § 204 Abs. 1 Nr. 1 Var. 1 BGB die **Erhebung der Leistungsklage** die Entfristung. Auch die Zustellung des gerichtlichen **Mahnbescheids** führt schon zur Hemmung der Entfristung (§ 204 Abs. 1 Nr. 3 BGB). 66

IV. Einwendungen und Einreden

§ 9a Abs. 4 S. 2 WEG nennt die zugelassenen Einwendungen und Einreden, mithin die möglichen Verteidigungsargumente des in Anspruch genommenen Wohnungseigentümers. Diese folgen zum einen aus dem Wesen der Akzessorietätshaftung (BeckOGK/*Falkner* WEG § 9a Rn. 272: systemgerecht; Bärmann/*Suilmann* WEG § 9a Rn. 170), also aus dem Rechtsverhältnis zwischen dem Gläubiger und der Gemeinschaft der Wohnungseigentümer, da sich die akzessorische Haftung nach dem Bestand der Hauptverbindlichkeit richtet (**abgeleitete Einwendungen und Einreden**). Zum anderen können dem in Anspruch genommenen Wohnungseigentümer Einwendungen und Einreden aus eigenem Recht zustehen (**autonome Einwendungen und Einreden**). Der in Anspruch genommene Wohnungseigentümer hat bei allen Verteidigungslinien ein ureigenes Interesse, alle möglichen Einwendungen und Einreden zu erkennen. Deren gibt es viele: 67

1. Abgeleitete Einwendungen und Einreden der Gemeinschaft der Wohnungseigentümer

68 Die Gemeinschaft der Wohnungseigentümer kann ggf. einwenden, dass die Verbindlichkeit schon ganz oder teilweise nach § 362 BGB **erfüllt** wurde. Der Wohnungseigentümer kann – was unstreitig sein dürfte – nicht nur die vollständige Erfüllung durch die Gemeinschaft der Wohnungseigentümer einwenden, er kann dies auch, wenn die Gemeinschaft der Wohnungseigentümer nur einen Teil erfüllt hat (a.A. BeckOGK/*Falkner* WEG § 9a Rn. 277, die die teilweise Erfüllung durch den Verband nicht als Einwendung für den Wohnungseigentümer in dieser Höhe zulässt). Ist der Gemeinschaft der Wohnungseigentümer etwa eine Erfüllung zu zwei Dritteln gelungen, ist für die teilschuldnerische Außenhaftung nur noch die verbleibende Hauptverbindlichkeit zu einem Drittel der ursprünglichen Höhe relevant. Denn dies ist das Wesen einer Akzessorietätshaftung. Darüber hinaus kann die Gemeinschaft der Wohnungseigentümer eine vollständige oder teilweise **Aufrechnung** erklärt haben, weshalb die Verbindlichkeit nicht oder nicht mehr in voller Höhe besteht (§§ 387, 388, 389 BGB). Die Gemeinschaft der Wohnungseigentümer kann bei verjährten Verbindlichkeiten ferner nach § 214 Abs. 1 BGB die **Einrede der Verjährung** geltend machen (Jennißen/*Abramenko* WEG § 9a Rn. 127; Bärmann/*Suilmann* WEG § 9a Rn. 171). Diese Einrede kann der in Anspruch genommene Wohnungseigentümer auch dann geltend machen, wenn die Gemeinschaft der Wohnungseigentümer die Einrede selbst noch nicht geltend gemacht hat (vgl. § 9a Abs. 4 S. 2 WEG).

69 § 9a Abs. 4 S. 3 WEG betrifft den Sonderfall, wonach die Gemeinschaft der Wohnungseigentümer das Rechtsgeschäft zum Gläubiger anfechten kann oder aber der Gläubiger sich durch Aufrechnung gegen eine fällige Forderung der Gemeinschaft der Wohnungseigentümer befriedigen kann, die entsprechenden Erklärungen nach § 143 BGB bzw. § 388 BGB jedoch nicht abgegeben wurden. Zwar gestattet das WEG dem Wohnungseigentümer nicht, selbst die Gestaltungsrechte auszuüben (diesbezüglich nicht richtig Jennißen/*Abramenko* WEG § 9a Rn. 127: Wohnungseigentümer könne aufrechnen; Bärmann/*Suilmann* WEG § 9a Rn. 170), er kann die **Anfechtbarkeit** bzw. **Aufrechenbarkeit** jedoch in Form einer Einrede nutzen. § 9a Abs. 4 S. 3 WEG i.V.m. § 770 Abs. 1 und 2 BGB räumen dem Wohnungseigentümer dann ein **Leistungsverweigerungsrecht** ein. Wird dieses ausgeübt, ist die akzessorische Haftung derzeit nicht durchsetzbar. Eine Leistungsklage wäre derzeit unbegründet (BeckOGK/*Falkner* WEG § 9a Rn. 273). Obgleich der Anpassung an das MoPeG wurde in § 9a Abs. 4 S. 3 WEG die Bürgschaftsnorm des § 770 BGB nicht durch § 721b Abs. 2 BGB ersetzt.

70 Die Verbindlichkeit der Gemeinschaft der Wohnungseigentümer kann aus einem Verbrauchervertrag resultieren, sodass der Gemeinschaft der Wohnungseigentümer in ihrer Eigenschaft als Verbraucherin ein **Widerrufsrecht** nach § 312g BGB oder § 495 BGB i.V.m. § 355 BGB zustehen kann. Ob sich der nach der Akzessorietätshaftung in Anspruch genommene Wohnungseigentümer auch mit dem Widerrufsrecht der Gemeinschaft der Wohnungseigentümer verteidigen kann, wird in § 9a Abs. 4 S. 2 und 3 WEG nicht geregelt. Aus S. 3 wird jedoch ersichtlich, dass der Gesetzgeber den Wohnungseigentümer nicht als befugt ansieht, das fremde Gestaltungsrecht auszuüben, da dieses materiell-rechtlich nur der Gemeinschaft der Wohnungseigentümer zusteht, das Ziel der Verteidigung aber auch durch ein **Leistungsverweigerungsrecht** erreicht werden kann. Daher spricht alles dafür, dass der Wohnungseigentümer die Leistung verweigern kann, wenn der Gemeinschaft der Wohnungseigentümer ein Widerrufsrecht zusteht. In den Sonderfällen des § 356 Abs. 3 BGB beginnt die Widerrufsfrist nicht, bevor der Unternehmer den Verbraucher entsprechend den gesetzlichen Anforderungen unterrichtet hat, weshalb ein Leistungsverweigerungsrecht des Wohnungseigentümers in diesen Fällen durchaus auch noch Monate nach Vertragsschluss denkbar ist. Gleiches gilt entsprechend für gesetzliche und vertragliche **Rücktrittsrechte** der Gemeinschaft der Wohnungseigentümer. Der in Anspruch genommene Wohnungseigentümer kann diese zwar nicht ausüben, aus den Gestaltungsrechten der Gemeinschaft der Wohnungseigentümer resultiert jedoch für den in Anspruch genommenen Wohnungseigentümer ein Leistungsverweigerungsrecht.

2. Autonome Einwendungen und Einreden des Wohnungseigentümers

Der in Anspruch genommene Wohnungseigentümer kann sich ggf. mit **autonomen Einwendungen und Einreden** verteidigen. Diese sind in seiner Person begründet (§ 9a Abs. 4 S. 2 WEG). So ist denkbar, wenngleich es in der Praxis selten ist, dass die Gemeinschaft der Wohnungseigentümer mit einem Vertragspartner einen Vertrag schließt und der Vertragspartner einem oder mehreren Wohnungseigentümern zusagt, ihnen gegenüber auf die teilschuldnerische Außenhaftung zu verzichten. Ein solch **individueller Haftungsausschluss** ist möglich, da der Gläubiger auf ein gesetzliches Recht verzichten würde; ein bloß zwischen den Wohnungseigentümern vereinbarter Haftungsausschluss wäre den Gläubigern gegenüber hingegen unwirksam, da es sich um ein Rechtsgeschäft zulasten Dritter handeln würde. Daher kann von § 9a Abs. 4 WEG zulasten der Gläubiger auch nicht durch Vereinbarung nach § 10 Abs. 1 S. 2 WEG abgewichen werden. Ferner kann zwischen dem Gläubiger und den Wohnungseigentümern eine Stundung der persönlichen Haftung vereinbart worden sein. Nimmt der Gläubiger die Wohnungseigentümer gleichwohl in Anspruch, können diese die Leistung verweigern (**Stundungseinrede**). 71

§ 9a Abs. 4 S. 3 WEG verweist nur punktuell auf das Recht der Bürgschaft. Die Einrede der Vorausklage aus dem Bürgschaftsrecht (§ 771 BGB) kann ein Wohnungseigentümer jedoch nicht entsprechend geltend machen (BeckOGK/*Falkner* WEG § 9a Rn. 265; Bärmann/*Suilmann* WEG § 9a Rn. 168). Der Wohnungseigentümer kann die Verweigerung der Befriedigung des Gläubigers auch nicht auf den Grundsatz von Treu und Glauben stützen, solange der Gläubiger nicht eine Zwangsvollstreckung gegen die Gemeinschaft der Wohnungseigentümer ohne Erfolg versucht hat. Es handelt sich um eine Besonderheit des Bürgschaftsrechts, die nicht analogiefähig ist und ohnehin in der Praxis regelmäßig von der selbstschuldnerischen Bürgschaft verdrängt wird. Auch die Akzessorietätshaftung im Personengesellschaftsrecht kennt **keine Einrede der Vorausklage**. Schließlich sind alle Einwendungen und Einreden dem Gläubiger gegenüber ausgeschlossen, die dem Wohnungseigentümer nur im Innenverhältnis gegenüber der Gemeinschaft der Wohnungseigentümer zustehen (§ 9a Abs. 4 S. 2 letzter Halbs. WEG). 72

3. Erstattungsanspruch des Wohnungseigentümers

Leistet ein Wohnungseigentümer nach § 9a Abs. 4 S. 1 WEG auf eine Verbindlichkeit der Gemeinschaft der Wohnungseigentümer, steht diesem gegen die Gemeinschaft der Wohnungseigentümer ein **Anspruch auf Erstattung** (Regress) zu (BeckOGK/*Falkner* WEG § 9a Rn. 276; Bärmann/*Suilmann* WEG § 9a Rn. 178). Dieser Erstattungsanspruch ist im WEG nicht normiert. Ein solcher Erstattungsanspruch ist aber sowohl im Personengesellschaftsrecht anerkannt, dem der § 9a Abs. 4 WEG nachgebildet wurde, als auch im Bürgschaftsrecht vorgesehen, zu dem es ausweislich § 9a Abs. 4 S. 3 WEG Parallelen gibt. Da der Wohnungseigentümer nur aufgrund seiner Mitgliedschaft in der Gemeinschaft der Wohnungseigentümer haftet und auf eine fremde Verbindlichkeit leistet, scheint die Interessenlage zum Personengesellschafts- und Bürgschaftsrecht vergleichbar. Gemäß **§ 716 Abs. 1 BGB analog** kann der Wohnungseigentümer von der Gemeinschaft der Wohnungseigentümer Ersatz für die Aufwendungen verlangen, die er zum Zwecke der Erfüllung der Haftung für die Gemeinschaft der Wohnungseigentümer getätigt hat und die er den Umständen nach für erforderlich halten durfte (vor Inkrafttreten des MoPeG wurde eine Analogie zu § 110 HGB a.F. auch bejaht von *Lehmann-Richter/Wobst* WEG-Reform 2020, Rn. 114 im Anwendungsbereich des § 9a Abs. 2 WEG; wohl auch Jennißen/*Abramenko* WEG § 9a Rn. 130; BeckOGK/*Falkner* WEG § 9a Rn. 276 sah § 110 HGB a.F. als analogiefähig an und argumentiert daneben für Analogien zu weiteren Regressansprüchen; Bärmann/*Suilmann* WEG § 9a Rn. 178). Wer einen solchen Erstattungsanspruch bejaht, kann von dem Wohnungseigentümer nicht verlangen, sich den eigenen Anteil anrechnen lassen zu müssen, denn genau in dieser Höhe wurde der Wohnungseigentümer in Anspruch genommen und begehrt nun eine Erstattung (BeckOGK/*Falkner* WEG § 9a Rn. 276). Andernfalls würde der Erstattungsanspruch leerlaufen. Der Erstattungsanspruch kann allerdings nur bestehen, wenn die Leistung des Wohnungseigentümers **erforderlich** war, der Gläubiger also gegen die Gemeinschaft der Wohnungseigentümer einen Anspruch verfolgen konnte, der entstanden, nicht unter- 73 gegangen und durchsetzbar war. Übersieht der in Anspruch genommene Wohnungseigentümer Einwendungen oder Einreden der Gemeinschaft der Wohnungseigentümer oder eigene Einwendungen oder Einreden, die in seiner Person begründet waren, sind gleichwohl getätigte Aufwendungen nicht erforderlich gewesen, sodass der Anspruch auf Erstattung folglich nicht besteht.

4. Befreiungsanspruch des Wohnungseigentümers

74 Nimmt der Gläubiger einen Wohnungseigentümer aus der akzessorischen Haftung in Anspruch, kann der Wohnungseigentümer die Gemeinschaft der Wohnungseigentümer **auf Befreiung in Anspruch nehmen** (BeckOGK/*Falkner* WEG § 9a Rn. 276; BeckOK WEG/*Müller* § 9a Rn. 330). Denn wer berechtigt ist, Ersatz für Aufwendungen zu verlangen, die er für einen bestimmten Zweck macht, kann, wenn er für diesen Zweck eine Verbindlichkeit eingeht, Befreiung von der Verbindlichkeit verlangen (§ 257 S. 1 BGB). Der Hintergrund dieses Befreiungsanspruchs ist die Überlegung, dass es unbillig erscheint, jemanden leisten zu lassen, der unmittelbar nach der Aufwendung ohnehin Ersatz für diese Aufwendung verlangen kann. Dann ist es gerecht, dass die eigentlich verpflichtete Gemeinschaft der Wohnungseigentümer schon jetzt in Anspruch genommen werden kann und den in Anspruch genommenen Wohnungseigentümer befreien muss. Eine solche Freistellung im Innenverhältnis ist auch im Personengesellschaftsrecht bekannt. **Praktisch** ist der Befreiungsanspruchs **jedoch schwer durchzusetzen.** Der in Anspruch genommene Wohnungseigentümer muss die Gemeinschaft der Wohnungseigentümer in Anspruch nehmen, was im nächsten Schritt dazu führt, dass der Verwalter die Inanspruchnahme auf die Tagesordnung der nächsten ordentlichen Wohnungseigentümerversammlung setzt oder aber eine außerordentliche Wohnungseigentümerversammlung einberuft bzw. eine Beschlussfassung außerhalb der Versammlung initiiert (§§ 23, 24 WEG). Über die Inanspruchnahme muss im Innenverhältnis also zunächst das Willensbildungsorgan entscheiden (§ 19 Abs. 1 WEG). Lehnt dieses die Inanspruchnahme ab, wird der Wohnungseigentümer an zwei Fronten kämpfen müssen, da er den ablehnenden Beschluss anfechten muss (§ 44 Abs. 1 S. 1 WEG), um dessen Bestandskraft zu verhindern. All dies kostet Zeit, die der in Anspruch genommene Wohnungseigentümer nicht hat.

5. Gerichtliche Zuständigkeit

75 Klagt ein Gläubiger der Gemeinschaft der Wohnungseigentümer gegen einen Wohnungseigentümer aus dem Anspruch i.V.m. § 9a Abs. 4 WEG, ist für diese Klage das **Gericht zuständig**, in dessen Bezirk das Grundstück liegt, für das eine Gemeinschaft der Wohnungseigentümer besteht (§ 43 Abs. 1 S. 2 WEG). Der Gläubiger kann dann, was häufig sinnvoll ist, die Gemeinschaft der Wohnungseigentümer (Beklagte zu 1) und einen oder mehrere Wohnungseigentümer (Beklagte zu 2 etc.) vor dem gleichen Gericht verklagen. Es handelt sich um einfache Streitgenossen i.S.v. § 59 ZPO (BeckOK WEG/*Müller* § 9a Rn. 381; Bärmann/*Suilmann* WEG § 9a Rn. 191). § 43 Abs. 1 S. 2 WEG ist im Übrigen auch auf solche Wohnungseigentümer anwendbar, die aufgrund ihrer **Nachhaftung** nach § 9a Abs. 4 S. 1 WEG in Anspruch genommen werden, denn § 43 Abs. 1 S. 2 WEG verweist auf den gesamten ersten Satz des § 9a Abs. 4 WEG, in dessen letztem Halbsatz die Nachhaftung geregelt ist.

H. Insolvenzverfahren (Abs. 5)

I. Keine Insolvenzfähigkeit

76 Das Gemeinschaftsvermögen gehört aufgrund von § 9a Abs. 5 WEG nicht zu den insolvenzfähigen Vermögensmassen. Gemeint ist, dass die Gemeinschaft der Wohnungseigentümer insolvenzunfähig ist (*Lehmann-Richter/Wobst* WEG-Reform 2020, Rn. 88; *Hügel/Elzer* WEG § 9a Rn. 175; BeckOK WEG/*Müller* § 9a Rn. 406; Bärmann/*Suilmann* WEG § 9a Rn. 192). Dies entsprach auch vor dem WEMoG der Rechtslage (§ 11 Abs. 3 WEG a.F.). Es handelt sich um eine **wohnungseigentumsrechtliche Besonderheit** im Insolvenzrecht, denn § 11 Abs. 1 und 2 InsO erklärt die Eröffnung von Insolvenzverfahren nicht nur über das Vermögen von natürlichen und juristischen Personen als zulässig – zu denen die Gemeinschaft der Wohnungseigentümer nicht zählt –, sondern auch über

das Vermögen der rechtsfähigen Gesellschaften wie der OHG und Partnerschaft. Der Hintergrund der Regelung zur Insolvenzunfähigkeit des Gemeinschaftsvermögens ist, dass das gemeinschaftliche Eigentum und das Sondereigentum im Regelfall kein Teil des Gemeinschaftsvermögens ist und daher die bedeutendsten Vermögensgegenstände ohnehin im Eigentum der einzelnen Wohnungseigentümer stehen, sprich der jeweilige Miteigentumsanteil an dem gemeinschaftlichen Eigentum i.V.m. dem Sondereigentum an einer Wohnung. *Hügel/Elzer* WEG § 9a Rn. 174; Bärmann/*Suilmann* WEG § 9a Rn. 192 befürchten daher, dass die Kosten eines Insolvenzverfahrens in keinem Verhältnis zu den Vorteilen stünden. Mangels Insolvenzfähigkeit ist das Insolvenzgeld auch dann nicht einschlägig, wenn die Gemeinschaft der Wohnungseigentümer Arbeitnehmer hat (BeckOGK/*Falkner* WEG § 9a Rn. 298).

II. Zwangsvollstreckung in das Gemeinschaftsvermögen

Wenngleich das Gemeinschaftsvermögen keine Insolvenzmasse bilden kann, können Vollstreckungsgläubiger in das Gemeinschaftsvermögen vollstrecken (Jennißen/*Abramenko* WEG § 9a Rn. 145; *Hügel/Elzer* WEG § 9a Rn. 175; konkludent auch BeckOK WEG/*Müller* § 9a Rn. 316). Die Gemeinschaft der Wohnungseigentümer kann Vollstreckungsschuldnerin und einem Vollstreckungstitel ausgesetzt sein, der auf eine Geldforderung gerichtet ist (§§ 802a ff. ZPO). Damit kann ein Vollstreckungsgläubiger in **körperliche Sachen** vollstrecken (§ 808 ZPO), die Teil des Gemeinschaftsvermögens sind, genauso wie ein Vollstreckungsgläubiger das **Kontoguthaben** der Gemeinschaft der Wohnungseigentümer pfänden kann (§§ 828 ff., 833a ZPO; Jennißen/*Abramenko* WEG § 9a Rn. 123; BeckOK WEG/*Müller* § 9a Rn. 317). Diese Pfändung würde das am Tag der Zustellung des Pfändungsbeschlusses bei dem Kreditinstitut bestehende Guthaben sowie die Tagesguthaben der auf die Pfändung folgenden Tage umfassen. Sollte die Gemeinschaft der Wohnungseigentümer ausnahmsweise Wohnungseigentum oder ein Grundstück im Gemeinschaftsvermögen halten, würden diese Gegenstände nach § 864 Abs. 2 ZPO der Zwangsvollstreckung unterliegen, weshalb der Vollstreckungsgläubiger eine **Zwangshypothek** eintragen (§ 867 ZPO) oder die **Zwangsversteigerung** bzw. **Zwangsverwaltung** beantragen könnte (§ 869 ZPO, §§ 15 ff., 146 ff. ZVG). Bei allen Einzelzwangsvollstreckungsmaßnahmen gilt das Prioritätsprinzip (Jennißen/*Abramenko* WEG § 9a Rn. 145). Das durch eine frühere Pfändung begründete Pfandrecht geht also demjenigen vor, das durch eine spätere Pfändung begründet wird (§ 804 Abs. 3 ZPO). 77

III. Teilschuldnerische Haftung der Wohnungseigentümer

Den Fall einer ungenügend großen Masse für mehrere ungesicherte Gläubiger, sog. Common-Pool-Problem, kann es auch bei einer Gemeinschaft der Wohnungseigentümer geben. Der Gläubigerschutz wird jedoch faktisch durch die Nachschusspflicht, die in unbegrenzter Höhe besteht (Rn. 59, 63 f.; BeckOGK/*Falkner* WEG § 9a Rn. 296), und ausweislich § 9a Abs. 4 WEG durch das System der **teilschuldnerischen Haftung** erreicht. Qualitativ steht eine teilschuldnerische Haftung – insbesondere in Gemeinschaften mit sehr vielen Wohnungseigentümern – dem insolvenzrechtlichen System nach, da nur im Insolvenzverfahren der Insolvenzverwalter nach § 93 InsO berechtigt ist, die teilschuldnerische Haftung geltend zu machen (vgl. BeckOGK/*Skauradszun* WEG § 11 Rn. 43). Ohne ein solches Insolvenzverfahren müssen Gläubiger, die drohen, bei der Gemeinschaft der Wohnungseigentümer auszufallen, mitunter mehrere individuelle Inanspruchnahmen von Wohnungseigentümern anstrengen, also deren Namen und Adressen in Erfahrung bringen und den Anspruch i.V.m. § 9a Abs. 4 WEG geltend machen. Gegebenenfalls konkurrieren die Gläubiger der Gemeinschaft der Wohnungseigentümer dann mit anderen Gläubigern der Wohnungseigentümer. Es gilt außerhalb des Insolvenzrechts das allgemeine Prioritätsprinzip (vgl. etwa § 804 Abs. 3 ZPO). 78

§ 9a Abs. 5 WEG trifft keine Regelung dazu, was gilt, wenn bei einem Wohnungseigentümer ein Eröffnungsgrund nach § 16 InsO vorliegt. Für diese Konstellation gilt die InsO ohne Besonderheiten. Ist der Wohnungseigentümer nach § 11 InsO insolvenzfähig, liegt ein Eröffnungsgrund vor und besteht genügend Masse für das Insolvenzverfahren, verwaltet ein Insolvenzverwalter das Wohnungseigentum (§§ 80, 148 ff., 159 InsO). Dieser kann das Wohnungseigentum beispielsweise 79 veräußern. Solange der Insolvenzverwalter verwaltungsbefugt ist, nimmt er die Rechte aus dem Wohnungseigentum wahr (vgl. *Skauradszun* ZWE 2016, 61, 65). Auch die Vorschriften zum Verbraucherinsolvenzverfahren nach den §§ 304 ff. InsO können anwendbar sein, wenn der insolvente Wohnungseigentümer Verbraucher ist.

§ 9b Vertretung

(1) Die Gemeinschaft der Wohnungseigentümer wird durch den Verwalter gerichtlich und außergerichtlich vertreten, beim Abschluss eines Grundstückskauf- oder Darlehensvertrags aber nur aufgrund eines Beschlusses der Wohnungseigentümer. Hat die Gemeinschaft der Wohnungseigentümer keinen Verwalter, wird sie durch die Wohnungseigentümer gemeinschaftlich vertreten. Eine Beschränkung des Umfangs der Vertretungsmacht ist Dritten gegenüber unwirksam.

(2) Dem Verwalter gegenüber vertritt der Vorsitzende des Verwaltungsbeirats oder ein durch Beschluss dazu ermächtigter Wohnungseigentümer die Gemeinschaft der Wohnungseigentümer.

Übersicht Rdn.

Rdn.

A. Der Systemwandel in der Verwaltung

I. Der Verwalter als Organ der Wohnungseigentümergemeinschaft

§ 9b WEG ist zwar systematisch nicht unzutreffend in die Regelungen zur rechtsfähigen Gemeinschaft eingefügt, steht aber an der Schnittstelle zu den Neuerungen im Hinblick auf den Verwalter. Die Vorschrift spiegelt den durchgreifenden dreifachen Systemwandel in der Verwaltung von Gemeinschaftseigentum und Gemeinschaftsvermögen wider, der auch die Stellung des Verwalters ein- 1 schneidend verändert. Dadurch, dass nach §§ 9a Abs. 2, 18 Abs. 1 WEG jetzt die Wohnungseigentümergemeinschaft an die Stelle des Verwalters als alleinige Trägerin der Verwaltung des gemeinschaftlichen Eigentums tritt, wird letzterer entsprechend dieser Grundkonzeption alleine für die Gemeinschaft, nicht mehr für die Wohnungseigentümer tätig. Dies spiegelt § 9b Abs. 1 WEG wider, wonach der Verwalter (nur noch) Vertreter der Wohnungseigentümergemeinschaft, nicht mehr der Wohnungseigentümer ist. Letzteren gegenüber kommen ihm weder im Innenverhältnis Befugnisse noch im Außenverhältnis Vollmacht zu.

II. Umfassende Vertretungsmacht für die Wohnungseigentümergemeinschaft

2 Zweitens gibt der Gesetzgeber das System beschränkter Vollmachten nach außen und unabdingbarer Befugnisse nach innen vollständig auf. Der Verwalter ist nunmehr gemäß § 9b Abs. 1 WEG nur noch Vertreter der Wohnungseigentümergemeinschaft, dies aber mit nach außen (abgesehen von Grundstückskauf- und Darlehensverträgen) unbeschränkbarer Vollmacht, was § 9b Abs. 1 Sätze 1, 3 WEG regeln.

III. Passivlegitimation der Wohnungseigentümergemeinschaft für Primär- und Sekundäransprüche

3 In der Folge richten sich auch sämtliche Ansprüche sowohl auf bestimmte Maßnahmen ordnungsmäßiger Verwaltung als auch Sekundäransprüche wegen fehlerhafter Verwaltung nunmehr gegen die Wohnungseigentümergemeinschaft, nicht mehr gegen den Verwalter. Der Verwalter kommt erst dann als Anspruchsgegner in Betracht, wenn zuvor Primär- oder Sekundäransprüche gegen die Wohnungseigentümergemeinschaft durchgesetzt wurden. § 9b Abs. 2 WEG regelt in der Konsequenz die Vertretung der Wohnungseigentümergemeinschaft in diesen Fällen, die dann ja nicht mehr dem Verwalter zukommen kann. Die weiteren Änderungen des Gesetzes stellen im Wesentlichen Folgemodifikationen dar.

B. Die neue Stellung von Wohnungseigentümergemeinschaft und Verwalter

I. Die Wohnungseigentümergemeinschaft als Trägerin der Verwaltung

1. Verpflichtung der Wohnungseigentümergemeinschaft zur Verwaltung

4 Nach altem Recht war der Verwalter gegenüber den Wohnungseigentümern zur Verwaltung und Beschlussdurchführung verpflichtet. Diese Verpflichtung erlegt das WEMoG nunmehr unter ausdrücklicher Ablehnung der höchstrichterlichen Rechtsprechung (BT-Drs. 19/18791, S. 56) und der ganz h.M. der Wohnungseigentümergemeinschaft auf. Entgegen der unglücklichen Formulierung in § 18 Abs. 1 WEG; wo es heißt, die »Verwaltung des gemeinschaftlichen Eigentums obliegt der Gemeinschaft der Wohnungseigentümer«, handelt es sich nicht nur um eine Obliegenheit der Wohnungseigentümergemeinschaft, sondern um eine Rechtspflicht (so auch BT-Drs. 19/18791, S. 56). Der Verwalter ist nach § 9b Abs. 1 WEG (nur) noch Vertreter der Wohnungseigentümergemeinschaft. Zwar weist das Gesetz dem Verwalter teilweise mit identischem Wortlaut wie nach altem Recht noch bestimmte Aufgaben zu, etwa in § 24 Abs. 8 WEG oder § 28 Abs. 1 S. 2 WEG. Trotz der Ähnlichkeiten mit dem früheren Recht hat sich die Bedeutung dieser Zuweisungen grundlegend verändert. Es handelt es sich nicht mehr um Pflichten des Verwalters gegenüber den Wohnungseigentümern, sondern nur noch um interne Zuständigkeitsverteilungen (BT-Drs. 19/18791, S. 56). Ihre Durchführung ist nunmehr Sache der Wohnungseigentümergemeinschaft.

2. Entscheidungsträger

5 Die Entscheidungen über Maßnahmen ordnungsmäßiger Verwaltung trifft in untergeordneten oder dringenden Angelegenheiten gemäß § 27 Abs. 1 WEG der Verwalter, dessen Rechte und Pflichten durch Beschluss gemäß § 27 Abs. 2 WEG noch erweitert werden können. Im Übrigen befindet hierüber gemäß § 19 Abs. 1 WEG die Wohnungseigentümerversammlung durch Beschluss, sofern die Angelegenheit nicht durch Vereinbarung geregelt ist. Diese weitgesteckte Beschlusskompetenz

entspricht inhaltlich den Vorgängervorschriften in § 15 Abs. 2 WEG a.F. und § 21 Abs. 3 WEG a.F., fasst lediglich Verwaltung und Gebrauch zusammen, ohne dass hiermit inhaltliche Änderungen bezweckt wären.

3. Durchsetzung von Ansprüchen auf ordnungsmäßige Verwaltung

a) Primäransprüche

6 Die Neugestaltung der Pflichten zur Verwaltung verändert auch die Durchsetzung des Anspruchs auf ordnungsmäßige Verwaltung erheblich. Auf der ersten Stufe hat der Inhaber eines solchen Anspruchs zunächst zu prüfen, ob es sich um eine beschlussfreie Maßnahme gemäß § 27 Abs. 1 Nr. 1 WEG handelt. In diesem Falle kann er zwar eine Weisung nach § 27 Abs. 2 WEG einholen, muss es aber nicht. Er kann von der Wohnungseigentümergemeinschaft auch unmittelbar, ohne Beschlussfassung, die Unterlassung oder Durchführung einer Maßnahme durch den Verwalter verlangen (vgl. § 27 Rdn. 45). Maßnahmen, die der Verwalter nicht ohne Beschlussfassung ergreifen darf, setzen nach wie vor die Befassung der Eigentümerversammlung voraus. Fasst diese den gebotenen Beschluss nicht, muss der Inhaber eines Anspruchs auf eine solche Maßnahme den Beschluss gerichtlich ersetzen lassen. Auch das entspricht noch dem alten Recht. Komplett geändert ist das Vorgehen dagegen nach einer Beschlussfassung bzw. Beschlussersetzung durch das Gericht. Die Durchführung des gefassten bzw. gerichtlich ersetzten Beschlusses kann der einzelne Wohnungseigentümer nun nicht mehr vom Verwalter verlangen. Eine gegen ihn gerichtete Klage wäre mangels Passivlegitimation unbegründet. Da nunmehr die Wohnungseigentümergemeinschaft für die Beschlussdurchführung zuständig ist, muss sie hierauf in Anspruch genommen werden. Nur sie kann dann gegen den Verwalter vorgehen und von ihm die Durchführung des Beschlusses verlangen, da er ihr gegenüber hierzu verpflichtet ist. Ebenso sind sonstige Klagen von Wohnungseigentümern und Dritten auf Vornahme oder Unterlassung von Handlungen des Verwalters also grundsätzlich nicht mehr gegen ihn, sondern gegen die Wohnungseigentümergemeinschaft zu richten, als deren Organ er tätig wird. Für die Einsicht in Verwalterunterlagen regelt dies § 18 Abs. 4 WEG sogar ausdrücklich.

b) Sekundäransprüche wegen Verletzung des Anspruchs auf ordnungsmäßige Verwaltung

7 Dieses neue System von Rechten und Pflichten verändert auch das Verfahren zur Durchsetzung von Schadensersatzansprüchen wegen Pflichtverletzungen erheblich. Wie bei Geltendmachung eines Anspruchs auf ordnungsmäßige Verwaltung kann der einzelne Wohnungseigentümer auch Schadensersatzansprüche wegen diesbezüglicher Pflichtverletzungen nicht gegen den Verwalter geltend machen. Da der Anspruch nur gegenüber der Wohnungseigentümergemeinschaft besteht, wäre eine gegen ihn gerichtete Klage wegen der Verletzung dieser Pflichten wiederum aufgrund fehlender Passivlegitimation unbegründet (-Drucks.19/18791, S. 56). Dem einzelnen Wohnungseigentümer gegenüber ist die Wohnungseigentümergemeinschaft als Trägerin der Verwaltung zum Schadensersatz verpflichtet (BT-Drs. 19/18791, S. 56), die aber ihrerseits wegen der Verletzung von Pflichten des Verwalters ihr gegenüber beim Verwalter Regress nehmen kann (BT-Drs. 19/18791, S. 56).

c) Anspruchsverdoppelung und Verfahrensvereinfachung

8 Diese Neuordnung der Rechte und Pflichten bei der Verwaltung des gemeinschaftlichen Eigentums führt gegenüber dem alten Recht sowohl zu Komplikationen als auch zu Vereinfachungen im Verfahren. Die Verlagerung der Pflichten bei der ordnungsmäßigen Verwaltung des Gemeinschaftseigentums wird bei Pflichtverletzungen regelmäßig zu einer Anspruchsverdoppelung führen. Denn bislang waren Schadensersatzansprüche wegen vertraglicher Pflichten des Verwalters nur in einem Prozess gegen ihn geltend zu machen. Nunmehr muss der einzelne Wohnungseigentümer zuerst gegen die Wohnungseigentümergemeinschaft vorgehen und anschließend jene gegen den Verwalter. Die Verlagerung der Pflichten im Rahmen der Verwaltung kann für den Kläger aber umgekehrt in Verbindung mit der ebenfalls neu geregelten Passivlegitimation für Beschlussklagen mit erheblichen Erleichterungen verbunden sein. Er muss jetzt nicht mehr zuerst gegen die Wohnungseigentümer die Ersetzung eines Beschlusses erstreiten und im Obsiegensfalle den Verwalter auf Durchführung

in Anspruch nehmen. Beide Klageziele kann er nunmehr in einer Klage (regelmäßig im Wege der Stufenklage) gegen denselben Beklagten, eben die Wohnungseigentümergemeinschaft verfolgen.

II. Lücken in der Regelung der Verwaltungszuständigkeit und der Vertretung

1. Fortbestehende Zuständigkeiten der Wohnungseigentümer

9 Mit der weitgehenden Konzentration der Verwaltungszuständigkeit bei der Wohnungseigentümergemeinschaft sind zwar die wichtigsten Anwendungsfälle der Vertretung von Wohnungseigentümern und Wohnungseigentümergemeinschaft nach altem Recht abgedeckt. Gleichwohl kommen sie noch als Anspruchsgegner in Angelegenheiten der Verwaltung des gemeinschaftlichen Eigentums in Betracht. Dies ist etwa dann der Fall, wenn das Landesrecht sie als Schuldner kommunaler Abgaben für das gemeinschaftliche Eigentum bestimmt, ferner in sachenrechtlichen Streitigkeiten oder selbst in Beschlussklagen für die Eintragung des Rechtshängigkeitsvermerks (vgl. *Abramenko* ZMR 2020, 453). In diesen Fällen, die der Gesetzgeber offenkundig nicht bedacht hat, kann der Verwalter die Wohnungseigentümer nicht mehr kraft Gesetzes vertreten. Gleichwohl an ihn erfolgende Zustellungen sind somit unwirksam. Es kommt allenfalls eine Heilung nach § 189 ZPO in Betracht, deren Anwendungsbereich der *BGH* beträchtlich erweitert hat (*BGH*, 20.04.2018 – V ZR 202/16, ZMR 2018, 685 = WuM 2018, 457 = MDR 2018, 783; *BGH*, 07.10.2020 – XII ZB 167/20, NJW-RR 2021, 193 = FamRZ 2021, 55).

2. Lückenschluss über § 27 Abs. 2 WEG

10 Eine Änderung dieser für den Rechtsverkehr misslichen Situation kann durchaus auch im Sinne der Wohnungseigentümergemeinschaft sein. Für diesen Fall erscheint nach hier vertretener Auffassung (vgl. § 27 Rdn. 123) eine Erweiterung der Verwalterrechte und -pflichten nach § 27 Abs. 2 WEG ein gangbarer Ausweg. Die Wohnungseigentümer können demzufolge beschließen, dass der Verwalter auch in solchen gemeinschaftsbezogenen Angelegenheiten Vollmacht erhält, in denen sie ihm nicht kraft Gesetzes zukommt. Eine solche Erweiterung ist auch im Außenverhältnis wirksam, da sie die Verwaltervollmacht nicht nach § 9b Abs. 1 S. 3 WEG einschränkt, sondern erweitert.

III. Der Verwalter als Organ der Wohnungseigentümergemeinschaft

1. Kein Handeln für die Wohnungseigentümer

11 Bereits die systematische Einordnung in den Abschnitt 3 macht augenfällig, dass der Verwalter nur noch Organ der Wohnungseigentümergemeinschaft ist. Dies formuliert § 9b Abs. 1 WEG denn auch ausdrücklich, wonach der Verwalter (nur) die Gemeinschaft der Wohnungseigentümer vertritt. Dies zeigt auch die neue Fassung von § 27 WEG, der früher die Vertretungsmacht des Verwalters auch für die Wohnungseigentümer regelte. Das diesbezügliche Schweigen dieser Vorschrift bestätigt, dass § 9b Abs. 1 WEG insoweit abschließend ist, als dem Verwalter weder Vertretungsmacht noch Aufgaben und Befugnisse gegenüber den Wohnungseigentümern mehr zukommen. Sämtliche im Gesetz normierten Rechte und Pflichten bestehen nur der Wohnungseigentümergemeinschaft gegenüber

2. Beschränkung auf das Außenverhältnis

12 § 9b Abs. 1 WEG regelt nur das Außenverhältnis der Wohnungseigentümergemeinschaft gegenüber Dritten. Der Verwalter ist im Innenverhältnis, an Weisungen der Wohnungseigentümerversammlung gebunden, hat insbesondere, auch wenn eine entsprechende Regelung unverständlicherweise nicht in das neue Recht aufgenommen wurde, Vereinbarungen und Beschlüsse auszuführen. Zudem können die Wohnungseigentümer Rechte und Pflichten des Verwalters im Innenverhältnis gemäß § 27 Abs. 2 WEG abweichend ausgestalten, allerdings wegen § 9b Abs. 1 S. 3 WEG nicht mit Außenwirkung einschränken. Das bedeutet, dass der Verwalter zwar aufgrund seiner gesetzlichen Vollmacht von Vereinbarungen und Beschlüssen abweichen bzw. gänzlich ohne Einholung von Weisungen

handeln kann, aber nicht darf. Tut er es trotzdem, macht er sich im Innenverhältnis gegenüber der Wohnungseigentümergemeinschaft schadensersatzpflichtig.

3. Haftung

a) Haftung gegenüber Wohnungseigentümern

Die Neuregelungen zur Verwaltung von Gemeinschaftseigentum und Gemeinschaftsvermögen, insbesondere ihre Konzentration bei der Wohnungseigentümergemeinschaft führen auch zu drastischen Änderungen bei der Haftung des Verwalters. Verletzt er vertragliche Pflichten, wird dies der Wohnungseigentümergemeinschaft zugerechnet. Schadensersatzansprüche der Wohnungseigentümer bestehen damit (nur) noch gegenüber der Wohnungseigentümergemeinschaft, die sich ihrerseits gegenüber dem Verwalter schadlos hält. Die zum alten Recht entwickelten Rechtsfiguren, wonach der Verwaltervertrag ein Vertrag mit Schutzwirkung zugunsten Dritter bzw. sogar ein Vertrag zugunsten Dritter war, sind nunmehr obsolet. Sofern die Ausführungen des Rechtsausschusses den Verwaltervertrag weiterhin als Vertrag mit Schutzwirkung zugunsten der Eigentümer ansehen und dem geschädigten Wohnungseigentümer einen vertraglichen Schadensersatz gegenüber dem Verwalter zubilligen (BT-Drs. 19/22634 S. 47), widerspricht dies allen anderen Aussagen der Gesetzesmaterialien und ist mit der neuen Systematik des Gesetzes nicht vereinbar. Eine unmittelbare Haftung den Wohnungseigentümern gegenüber besteht nur noch, sofern der Verwalter deren Sondereigentum oder absolute Rechte schädigt. 13

b) Haftung gegenüber Dritten

Die Haftung Dritten gegenüber gestaltet sich nun unproblematisch, da der Verwalter nunmehr zweifellos Organ der Wohnungseigentümergemeinschaft ist, die nach § 31 BGB für ihn eintreten muss (s. schon *LG Berlin* ZMR 2018, 426, 427; *AG München* ZMR 2017, 275). Zudem haftet die Wohnungseigentümergemeinschaft Vertragspartnern gegenüber für den Verwalter auch gemäß § 278 BGB, wenn dieser in Erfüllung seiner Verbindlichkeiten tätig wird, etwa bei Zahlungen in Verzug gerät. Darüber hinaus kann der Verwalter Verrichtungsgehilfe des Verbandes sein, was aber von geringerer Bedeutung sein wird, da jener häufig in der Lage sein wird, sich nach § 831 Abs. 1 S. 2 BGB zu exkulpieren. 14

C. Die gesetzliche Vollmacht des Verwalters

I. Keine Vollmacht für die Wohnungseigentümer

Nach oben Gesagtem versteht sich, dass die gesetzliche Vollmacht des Verwalters aus § 9b Abs. 1 S. 1 WEG nur gegenüber der Wohnungseigentümergemeinschaft, nicht gegenüber einzelnen oder allen Wohnungseigentümern besteht. Dies gilt auch in gemeinschaftsbezogenen Angelegenheiten, etwa bei der Zustellung einer Klage aus § 10 Abs. 2 WEG auf Abänderung einer Vereinbarung. Diese kann der Verwalter weder für einzelne noch für die »übrigen Wohnungseigentümer« entgegennehmen. Tut er es gleichwohl, ist die Zustellung unwirksam. Gleiches gilt für einen Antrag auf Erlass einer einstweiligen Verfügung wegen der Eintragung eines Rechtshängigkeitsvermerks. Obwohl es hierbei um einen wichtigen Schritt zur Verhinderung guten Glaubens in eingetragene, aber angefochtene Beschlüsse geht, kann der Verwalter als Vertreter der Wohnungseigentümergemeinschaft Zustellungen in dieser Sache nicht entgegennehmen, da sie an die Wohnungseigentümer gerichtet sind. Erst recht kann er nicht die Eintragung eines Rechtshängigkeitsvermerks bewilligen, da die Wohnungseigentümergemeinschaft weder Eigentümerin des Gemeinschafts- noch des Sondereigentums ist. 15

II. Reichweite der Vollmacht für die Wohnungseigentümergemeinschaft

1. Erfasste Verträge und Rechtsgeschäfte

Die Vollmacht des Verwalters für die Wohnungseigentümergemeinschaft aus § 9b Abs. 1 S. 1 WEG ist umfassend. Anders als nach früherem Recht, das die Reichweite der Verwaltervollmacht etwa bei 16

»laufenden Maßnahmen« gemäß § 27 Abs. 3 S. 1 Nr. 3 WEG a.F. nur wenig präzise definierte, hat der Rechtsverkehr nun Klarheit. Die Vollmacht des Verwalters besteht für jegliche Rechtsgeschäfte der Wohnungseigentümergemeinschaft mit Ausnahme von Grundstückskauf- und Darlehensverträgen. Der Verwalter kann kraft dieser Vollmacht auch rechtsgeschäftsähnliche Handlungen und einseitige Rechtsgeschäfte im Namen der Wohnungseigentümergemeinschaft vornehmen. Es bedarf deshalb nicht mehr der Nachfrage nach einem bevollmächtigenden Beschluss (BT-Drs. 19/18791, S. 46). Die gesetzliche Vollmacht wirkt auch dann zugunsten eines Geschäftspartners, wenn dieser von Beschränkungen im Innenverhältnis Kenntnis hat. Eine Ausnahme gilt nur für ein kollusives Zusammenwirken mit dem Verwalter zulasten der Wohnungseigentümergemeinschaft.

2. Gegenstand der Rechtsgeschäfte

a) Verwaltung von Gemeinschaftseigentum und Gemeinschaftsvermögen

17 Es versteht sich von selbst, dass von der Vollmacht des § 9b Abs. 1 Sätze 1 u. 3 WEG sämtliche Rechtsgeschäfte erfasst werden, die der Bewirtschaftung des gemeinschaftlichen Eigentums dienen. Hinsichtlich des Gemeinschaftsvermögens fehlt in § 9a Abs. 3 WEG zwar erstaunlicherweise ein Verweis auf § 9b Abs. 1 WEG. Dennoch kann kein Zweifel bestehen, dass auch diesbezügliche Rechtsgeschäfte von der Vollmacht des § 9b Abs. 1 S. 1 WEG erfasst werden. Dies zeigen schon die Ausnahmen zu Grundstückskauf- und Darlehensverträgen in § 9b Abs. 1 S. 1 letzter Hs. WEG, die beide das Gemeinschaftsvermögen betreffen. Wäre dies von vorneherein nicht von der Vollmacht des § 9b Abs. 1 S. 1 WEG erfasst, bedürfte es dieser Ausnahmeregelungen nicht.

b) Geschäfte jenseits der Verwaltung von Gemeinschaftseigentum und Gemeinschaftsvermögen

18 Weniger klar ist die Rechtslage bei Geschäften, die über die Verwaltung Gemeinschaftseigentum und Gemeinschaftsvermögen hinausgehen. Der *BGH* vertrat in der vergleichbaren Frage, wie weit die Beschlusskompetenz der Wohnungseigentümer bei Grundstücksgeschäften reicht, zumindest implizit die Auffassung, dass diese dort nicht mehr besteht, wo das Geschäft über die Verwaltung des gemeinschaftlichen Eigentums hinausgeht. Schon in diesem Zusammenhang wurde aber berechtigterweise kritisiert, dass dies auf eine Übernahme der ultra-vires-Doktrin hinauslaufe, die dem deutschen Recht fremd sei (*Weber* ZWE 2017, 68 ff.; ähnlich *Lehmann-Richter* ZWE 2016, 250 f.). Zudem spricht der Wortlaut des § 9b Abs. 1 S. 1 WEG gegen eine solche Beschränkung. Denn das Gesetz nennt die von ihm gewollte Ausnahme der Grundstückskauf- und Darlehensverträge ausdrücklich, daneben aber gerade keine Einschränkung. Schließlich entspricht nur eine solche, nicht auf die Verwaltung von Gemeinschaftseigentum und Gemeinschaftsvermögen beschränkte Vollmacht dem Sinn des Gesetzes. Denn mit der Neuregelung sollte für den Rechtsverkehr Klarheit geschaffen werden, welche Geschäfte der Verwalter für die Wohnungseigentümergemeinschaft abschließen darf. Dieses Ziel würde gründlich verfehlt, müsste der Geschäftspartner bei jedem Rechtsgeschäft ermitteln, ob sich dieses auf die Verwaltung von Gemeinschaftseigentum und Gemeinschaftsvermögen bezieht.

3. Die Entgegennahme von Willenserklärungen und Zustellungen

a) Der Verwalter als Empfangsvertreter des Verbandes

19 Mit der Rechtsfähigkeit des Verbandes ist dieser in vielerlei Hinsicht an die Stelle der Wohnungseigentümer getreten. Folglich ergab sich die Notwendigkeit, auch ihm Willenserklärungen und Zustellungen zu übermitteln. Auch hierfür ist der Verwalter aus § 9b Abs. 1 S. 1 WEG bevollmächtigt. Da er **gesetzlicher Zustellungsvertreter nach § 170 Abs. 1 ZPO** ist, genügt die Zustellung einer Abschrift oder Ausfertigung des Schriftstücks (*Jennißen/Heinemann* § 27 Rn. 87). Dies setzt voraus, dass ihm das Schriftstück genau **in dieser Funktion, nicht etwa als Wohnungseigentümer oder Streitverkündetem** übermittelt wird (*Jennißen/Heinemann* § 27 Rn. 85; vgl. *BayObLG* WE 1995, 251; *OLG Hamm* ZMR 1999, 508). Fehlt es an einer solchen Bezeichnung, ist die Zustellung

unwirksam. Die Empfangszuständigkeit ist wegen § 9b Abs. 1 S. 3 WEG im Interesse des Rechtsverkehrs unabdingbar.

b) Pflichten des Verwalters als Empfangsvertreter

Die Pflicht des Verwalters erschöpft sich nicht in der Entgegennahme von Willenserklärungen oder Zustellungen. Er muss sie vielmehr den Wohnungseigentümern **bekannt geben**, damit sie durch Beschluss über das weitere Verhalten des Verbandes befinden können (vgl. BGHZ 78, 173; *OLG Köln* ZMR 1980, 191; *OLG Hamm* NJW-RR 2003, 591; BayObLGZ 1989, 345). In welcher Form dies zu geschehen hat, hängt von den konkreten Umständen des Einzelfalles, insbesondere von der Eilbedürftigkeit ab. Dem Verwalter kommt hier ein weites Ermessen zu (BGHZ 78, 173; *OLG Köln* ZMR 1980, 191). Bei nicht eilbedürftigen Angelegenheiten genügt die **Information auf der nächsten Eigentümerversammlung** (*Jennißen/Heinemann* § 27 Rn. 89). Jedenfalls bei Angelegenheiten geringerer Bedeutung wird auch ein Aushang am **Anschlagbrett des Hauses** genügen, sofern dessen Existenz und Bedeutung den Wohnungseigentümern bekannt ist (ebenso *Jennißen/Heinemann* § 27 Rn. 89; zu Ableseterminen vgl. *AG Langenfeld* ZMR 2011, 907 f.). Wenn eine Literaturmeinung bezweifelt, dass die Kenntnisnahme durch die Wohnungseigentümer hierdurch hinreichend gewährt wird (Bärmann/*Merle* § 27 Rn. 129), erscheint dies nicht überzeugend. Denn auch durch die Information auf der Eigentümerversammlung ist die Kenntnisnahme der abwesenden Wohnungseigentümer nicht sichergestellt. In dringlicheren Fällen ist ein Rundschreiben geboten, wobei die Beifügung des Schriftstücks in Kopie häufig empfehlenswert sein wird (*Jennißen/Heinemann* § 27 Rn. 89). Die Kosten hierfür sind **allgemeine Verwaltungskosten.** Sie sind in Rechtsstreitigkeiten nicht vom unterlegenen Gegner gemäß § 91 ZPO zu erstatten. Die Vorschrift ist **nicht abschließend.** Über die Entgegennahme von Willenserklärungen und Zustellungen hinaus muss sich der rechtsfähige Verband etwa auch das Wissen des Verwalters nach **§ 166 Abs. 1 BGB** zurechnen lassen. Dies gilt allerdings nicht bei Straftaten des Verwalters gegen den Verband, da für eine Wissenszurechnung zum Nachteil einer juristischen Person die Personen außer Betracht zu bleiben haben, die den Schaden selbst verursachten (*BGH* ZMR 2014, 563 f.; *OLG Zweibrücken* ZMR 2012, 718 f.). 20

c) Der Ausschluss des Verwalters als Empfangs- und Zustellungsbevollmächtigter

Eigene Interessen können dazu führen, dass der Verwalter nicht berechtigt ist, den Verband zu vertreten. Für diesen Fall sieht der Gesetzgeber allerdings keinen Ersatzzustellungsvertreter, sondern nach § 9b Abs. 1 S. 2 WEG eine Gesamtvertretung des Verbandes durch alle Wohnungseigentümer vor (s.u. Rdn. 43 ff.). Für einen Ausschluss der Zustellungsberechtigung genügt die abstrakte Gefahr einer Interessenkollision etwa deswegen, weil die Beschlussvorlage vom Verwalter stammt und dieser bei Ungültigerklärung mit Regressforderungen rechnen müsste, entgegen einer früher vertretenen Meinung (*OLG Hamm* ZMR 2001, 139; *Mansel* in: FS Bärmann und Weitnauer 1990, 493; Staudinger/*Bub* 2005 § 27 Rn. 235; Bärmann/*Merle*, 9. Aufl. 2003 § 27 Rn. 176 f.) nicht. Es bedarf des tatsächlichen Interessengegensatzes. Nach Rechtsprechung des *BGH* ist der Verwalter nur dann von der Zustellungsvertretung ausgeschlossen, wenn er **selbst Gegner der Wohnungseigentümer** ist (*BGH* ZWE 2007, 397; ZMR 2007, 799; *KG* ZMR 2007, 801; *OLG Hamburg* ZMR 2008, 149). Gleiches gilt, wenn es um seine **eigene Rechtsstellung** geht (*AG Dortmund* ZMR 2009, 231; ohne Begründung anders jetzt *BGH* ZMR 2012, 568). Dies wurde entweder auf eine analoge Anwendung von § 178 Abs. 2 ZPO (bzw. die Vorgängernorm § 185 ZPO a.F.) oder auf den Rechtsgedanken dieser Vorschrift gestützt: Der Verwalter soll nicht in die Lage versetzt werden, gegen ihn gerichtete oder gar eigene Antrags- oder Rechtsmittelschriften für die Wohnungseigentümergemeinschaft entgegennehmen zu müssen, da dies naturgemäß die Gefahr unzureichender Weiterleitung in sich birgt (*BGH* ZMR 2007, 799; *BayObLG* NJW-RR 1989, 1169 = BayObLGZ 1989, 345; *OLG Düsseldorf* WuM 1994, 719; *Heinrich* NJW 1974, 126). Eine dennoch an den Verwalter vorgenommene Zustellung ist nach dem Grundsatz des § 178 Abs. 2 ZPO **wirkungslos** (*BGH* ZMR 2007, 799). In der Folge ist die Wohnungseigentümergemeinschaft nunmehr nach neuem Recht (zum früheren Rechtszustand vgl. noch *BGH* ZMR 2007, 799) nicht richtig vertreten, da der von der Zustellung ausgeschlossene Verwalter weder für die Wohnungseigentümergemeinschaft auftreten noch einen 21

Prozessbevollmächtigten bestellen kann. Dieser absolute Revisionsgrund nach § 547 Nr. 4 ZPO kann aber nur von der Gemeinschaft geltend gemacht und i.Ü. durch nachträgliche Genehmigung auch geheilt werden (vgl. *Zöller/Heßler* § 547 Rn. 6; dem zuneigend auch *BGH* ZMR 2013, 976). Ob man darüber hinaus gehen und eine wirksame Zustellung schon dann annehmen sollte, wenn »nicht ersichtlich ist, dass die Verwalterin die Mitglieder der Gemeinschaft über das (…) Verfahren etwa nicht unterrichtet hätte« – und dass selbst bei Anträgen auf Abberufung des Verwalters – erscheint zweifelhaft (*KG* NJW-RR 2003, 1234 = ZMR 2004, 143; ähnlich schon *BayObLG* ZMR 2002, 533).

d) Pflichten des nicht empfangsberechtigten Verwalters

22 In einem solchen Fall stellt sich die Frage, ob den Verwalter gleichwohl Pflichten treffen, wenn ihm trotz Ausschlusses von der Empfangsvertretung eine Willenserklärung zugeht oder Schriftstücke durch das Gericht zugestellt werden. Die Antwort auf diese Frage wird sich am Sinn und Zweck des Ausschlusses orientieren müssen: Hierdurch sollen nur Defizite in der Information der Wohnungseigentümer verhindert, nicht aber die Anforderungen an die Fürsorge des Verwalters für die Liegenschaft verringert werden. Nach diesen Maßstäben ist der Verwalter trotz fehlender Empfangszuständigkeit jedenfalls dann zur Weiterleitung von Willenserklärungen und Zustellungen verpflichtet, wenn dem Verband ansonsten, etwa durch Ablauf der Annahmefrist für ein günstiges Vertragsangebot, Nachteile drohen (insoweit richtig *Hügel/Elzer* § 13 Rn. 102). Hingegen ist der Verwalter nicht verpflichtet, dem Prozessgegner bei der ordnungsgemäßen Bezeichnung der Gegenseite behilflich zu sein, indem er etwa auf die Unwirksamkeit einer an ihn gerichteten Zustellung hinweist. Vielmehr kann das Interesse der von ihm verwalteten Gemeinschaft – etwa bei nahezu abgelaufener Verjährungsfrist – die Unterlassung derartiger Aufklärung sogar gebieten.

e) Die Folgen einer unrichtigen Einschätzung durch das Gericht

23 Die Einschätzung der Frage, ob »aufgrund des Streitgegenstandes die Gefahr besteht, der Verwalter werde die Wohnungseigentümer nicht sachgerecht unterrichten«, erfordert in jedem Fall eine Prognoseentscheidung des Gerichts (*AG Düsseldorf* ZMR 2010, 807). Naturgemäß kann diese falsch sein, was die Folgefrage nach den Auswirkungen für das Verfahren aufwirft. Hier wird der Natur der Prognoseentscheidung gemäß zu differenzieren sein: War die Prognose des Gerichts zu der Zeit, da es eine Interessenkollision verneinte, zutreffend, können spätere Erkenntnisse hieran nichts ändern. Die nachträgliche Erweiterung der Beurteilungsgrundlage wird die Änderung der Zustellungspraxis für die Zukunft, u.U. auch die erneute Übermittlung bereits zugestellter Schriftstücke erfordern, **macht eine ursprünglich richtige Prognoseentscheidung aber nicht mit Rückwirkung hinfällig.** Die Zustellung bleibt dann wirksam (vgl. *BGH* ZMR 2016, 124). Die gegenteilige Ansicht wäre auch ihren verfahrensrechtlichen Auswirkungen nach kaum hinnehmbar. Denn eine erneute Zustellung wäre in Verfahren nach § 43 Abs. 2 Nr. 4 WEG in aller Regel nicht mehr in der Monatsfrist des § 45 Satz 1 WEG möglich. War die Entscheidung des Gerichts dagegen schon z.Zt. der Entscheidung über die Zustellung falsch, so ist die Zustellung an den als Zustellungsvertreter ausgeschlossenen Verwalter unwirksam. Um diese missliche Rechtsfolge zu vermeiden, sollte das Gericht in Zweifelsfällen **stets dem Verwalter und einem Wohnungseigentümer zustellen** lassen. Denn dann ist bei fehlender Verwalterbestellung nach den Grundsätzen der Gesamtvertretung jedenfalls die Zustellung an den Wohnungseigentümer wirksam. Diese wirkt gemäß § 170 Abs. 3 ZPO auch gegen die Wohnungseigentümergemeinschaft. Der Vertreter des Anfechtungsklägers sollte stets auf diese Möglichkeit hinweisen. Zwar kann dann, wenn das Gericht dem Verwalter zustellt, eine erneute Zustellung auch dann regelmäßig nur außerhalb der Monatsfrist des § 45 Satz 1 WEG erfolgen. Dies hat aber das Gericht zu verantworten und geht nicht zu Lasten des Anfechtungsklägers. Denn bei der Beurteilung, ob eine Zustellung noch »demnächst« erfolgt, **werden Verzögerungen, die das Gericht zu verantworten hat, nicht mitgerechnet** (*BGH* NJW 2000, 2282; s. § 45 Rdn. 10). Eine später nachgeholte Zustellung, die das Gericht bereits bei Eingang der Klageschrift hätte verfügen müssen, aber unterlassen hat, ist damit noch fristgerecht (*BayObLG* NZM 2001, 144; *OLG Köln* ZMR 2001, 661 f.; *OLG Zweibrücken* ZMR 2003, 452).

III. Unabdingbarkeit der Vollmacht

1. Direkte Einschränkungen

Die Eigentümerversammlung kann die Rechte und Pflichten des Verwalters zwar gemäß § 27 Abs. 2 WEG im Innenverhältnis einschränken, nicht aber, wie § 9b As. 3 Satz 1 WEG bestimmt, mit Wirkung gegenüber Dritten. Eine Beschränkung oder gar der Ausschluss der gesetzlichen Vertretungsmacht des Verwalters kann somit weder durch Vereinbarung noch gar durch Beschluss erfolgen. Auch früher zulässige Regelungen in der Gemeinschaftsordnung oder in Beschlüssen, die vor dem 01.12.2020 gefasst wurden, haben keine Wirkung mehr Dritten gegenüber. 24

2. Mittelbare Einschränkungen

Diese Unwirksamkeit Dritten gegenüber tritt auch bei mittelbaren Beschränkungen der Verwaltervollmacht ein. Etwa die in der Praxis häufigen Vorgaben, dass der Verwalter einen Auftrag nur im Einvernehmen mit dem Verwaltungsbeirat vergeben soll, beschränken die Verwaltervollmacht. Auch solche mittelbaren Beschränkungen sind daher nach § 9b Abs. Satz 3 WEG Dritten gegenüber unwirksam. 25

3. Folgen eines Verstoßes gegen § 9b Abs. 1 S. 3 WEG

§ 9b Abs. 1 S. 3 WEG nennt nur die Unwirksamkeit von Beschränkungen der Vollmacht Dritten gegenüber als Folge einer vereinbarten oder beschlossenen Einschränkung der Vollmacht. Eine entsprechende Vereinbarung oder Beschlussfassung ist also nicht nichtig, sondern nur Dritten gegenüber unwirksam. Verlangt etwa ein Beschluss über eine Erhaltungsmaßnahme für die Inauftraggabe der Arbeiten die Zustimmung des Verwaltungsbeirates, ist ein ohne dessen Zustimmung geschlossener Vertrag zwischen dem Dritten und der Wohnungseigentümergemeinschaft wirksam. Gleichwohl verstößt er im Innenverhältnis gegen wirksame Beschränkungen. Der Verwalter verletzt somit seine Pflichten gegenüber der Wohnungseigentümergemeinschaft durch ein solches Vorgehen. 26

4. Erweiterungen der Verwaltervollmacht

§ 9b Abs. 3 S. 1 WEG bestimmt nicht für jede vom Gesetz abweichende Regelung der Verwaltervollmacht die Unwirksamkeit Dritten gegenüber. Betroffen sind nur Einschränkungen. Regelt die Gemeinschaftsordnung etwa eine unbeschränkte Vollmacht des Verwalters für alle Geschäfte, so kann er ohne zusätzlichen Beschluss auch Grundstückskauf- und Darlehensverträge abschließen. Selbst einer Erweiterung seiner Rechte und Pflichten durch Beschluss gemäß § 27 Abs. 2 WEG darf der Rechtsverkehr vertrauen, da nur eine Einschränkung der Vollmacht gemäß § 9b Abs. 1 S. 3 WEG unwirksam ist. Allerdings hat der Dritte in diesen Fällen wieder mit den allgemeinen Risiken der Unwirksamkeit einer Vollmacht zu rechnen, etwa bei Anfechtung des Beschlusses nach § 27 Abs. 2 WEG. 27

5. Wegfall der Regelungen zur Vollmachtsurkunde

Die gesetzliche Vollmacht des Verwalters aus § 9b Abs. 1 Sätze 1 u. 3 WEG erübrigt die Vorlage einer Vollmachtsurkunde. Hieraus hat der Gesetzgeber die gebotene Konsequenz gezogen und die Regelungen zur Vollmachtsurkunde in § 27 Abs. 6 WEG a.F. ersatzlos gestrichen, die schon im alten Recht einen Anachronismus darstellten. So war schon unklar, weshalb der Verwalter von den Wohnungseigentümern die Erstellung einer Vollmachtsurkunde verlangen konnte, wenn der Vollmachtgeber der Verband war. Von Bedeutung ist dies insbesondere im Hinblick auf die früher bejahte Möglichkeit der Zurückweisung einseitiger Rechtsgeschäfte nach § 174 BGB. Diese scheidet bei der nunmehr auch für den Wohnungseigentumsverwalter kraft Gesetzes bestehenden Vollmacht aus (BT-Drs. 19/18791, S. 47). Denn die Vollmacht ergibt sich aus dem Gesetz. Der Geschäftspartner benötigt allenfalls einen Nachweis über die Bestellung des Verwalters. 28

D. Beschränkung der Vollmacht bei Grundstückskauf- und Darlehensverträgen

I. Hintergrund der Regelung

29 Ursprünglich war die Einschränkung der Verwaltervollmacht im Gesetzesentwurf nicht vorgesehen. Wohl in Reaktion auf die Kritik an der übermächtigen Stellung des Verwalters, die in der öffentlichen Diskussion laut wurde, schränkte der Gesetzgeber die Vollmacht des Verwalters in § 9b Abs. 1 S. 1 WEG »beim Abschluss eines Grundstückskauf- oder Darlehensvertrages« ein. Hier darf der Verwalter nur aufgrund eines Beschlusses der Wohnungseigentümer für die Wohnungseigentümergemeinschaft handeln. Ob damit den Bedenken gegen die weitreichende gesetzliche Vollmacht des Verwalters für die Wohnungseigentümergemeinschaft hinreichend Rechnung getragen wurde, erscheint indessen zweifelhaft. Sofern Verwalter ihre Stellung missbrauchten, betraf dies in der Regel nicht den An- oder Verkauf von Grundstücken oder den Abschluss von Darlehensverträgen. Es stand auch ohne die diesbezügliche Regelung nicht zu befürchten, dass Verwalter reihenweise Grundstücke für ihre Gemeinschaften gekauft oder Darlehensverträge abgeschlossen hätten. Die missbräuchliche Inanspruchnahme der Verwalterstellung betraf fast immer unrechtmäßige Verfügungen über Gemeinschaftsvermögen zugunsten des Verwalters oder ihm nahestehender natürlicher oder juristischer Personen. Hieran werden illoyale Verwalter durch das nun eingefügte Erfordernis einer Beschlussfassung bei Grundstückskauf- und Darlehensverträgen nicht gehindert.

II. Vorgehen bei Grundstückskauf- und Darlehensverträgen

1. Inhalt des Beschlusses

a) Erteilung der Vollmacht

30 Der Wortlaut der Vorschrift lässt offen, ob die Einschränkung des § 9b Abs. 1 S. 1 WEG die Verwaltervollmacht bei Grundstückskauf- und Darlehensverträgen entfallen lässt. Die Vorschrift ließe sich auch dahingehend verstehen, dass es nur eines zusätzlichen Beschlusses der Wohnungseigentümer bedarf, mit dem sie über den Abschluss eines solchen Vertrages positiv befinden. Nach den Gesetzesmaterialien bedarf es aber eines separaten Beschlusses über die Erteilung einer diesbezüglichen Vollmacht (BT-Drs. 19/22634, S. 43). Die Vollmacht kommt also überhaupt erst mit dem Beschluss zustande.

b) Umfang der Vollmacht; Einzel- oder Vorratsbeschluss

31 § 9b Abs. 1 letzter Hs. WEG macht keine Vorgaben dazu, welchem Umfang die Vollmacht des Verwalters für Grundstücks- und Darlehensverträge erteilt werden kann. Die Wohnungseigentümer können also nur für die Begründung eines einzelnen, konkreten Vertragsverhältnisses Vollmacht erteilen, aber auch für eine Mehrheit (etwa Grundstückskauf- und Darlehensvertrag zur Finanzierung des ersteren in einem Beschluss). Schließlich können sie dem Verwalter auch für noch nicht genau bestimmte Verträge in der Zukunft Vollmacht erteilen. Derartige Vorratsbeschlüsse können auch inhaltlich beschränkt werden, etwa im Hinblick auf die Höhe der Darlehen oder die Lage zu erwerbender Grundstücke.

2. Anfechtbarkeit

a) Vorläufige Wirksamkeit des Beschlusses über die Vollmacht

32 Diese Regelung führt dazu, dass auch ein anfechtbarer Beschluss nach der Grundregel des § 23 Abs. 4 S. 2 WEG bis zu seiner rechtskräftigen Ungültigerklärung wirksam ist. Da die Entscheidung hierüber alleine dem Gericht für Wohnungseigentumssachen zusteht, dürfen die Grundbuchämter die Eintragung eines Erwerbsgeschäftes nicht unter Hinweis auf die Anfechtbarkeit des Beschlusses über die Vollmacht verweigern. Dies wird der Anfechtung derartiger Beschlüsse jedenfalls bei Grundstückskaufverträgen häufig den Sinn nehmen. Denn über die Eintragung wird üblicherweise schneller entschieden als über die Beschlussklage.

b) **Einstweiliger Rechtsschutz**

Denkbar ist in diesen Fällen die Inanspruchnahme einstweiligen Rechtsschutzes. Dieser wird allerdings von der Rechtsprechung nur unter äußerst strengen Bedingungen gewährt. Demnach soll der Beschluss entweder offenkundig rechtswidrig sein oder seine Durchführung irreparable Schäden nach sich ziehen. Sofern diese strengen Voraussetzungen erfüllt sind, kann im Wege des einstweiligen Rechtsschutzes die durch Beschluss erteilte Vollmacht vorläufig suspendiert werden. 33

c) **Rückabwicklung**

Ansonsten wird nach erfolgreicher Anfechtung des Beschlusses häufig nur die Rückabwicklung der betroffenen Grundstückskauf- bzw. Darlehensverträge bleiben. Denn der Verwalter handelte dann ohne Vollmacht, so dass die Wohnungseigentümergemeinschaft nicht vertreten wurde. Der Gutglaubensschutz aus § 892 BGB steht dem auch bei Grundstückskaufverträgen nicht entgegen, da der Beschluss nach § 9b Abs. 1 S. 1 letzter Halbs. WEG keine im Grundbuch eingetragene Tatsache darstellt. 34

3. **Zusätzliche Anforderungen**

Die besonderen Anforderungen des § 9b Abs. 1 letzter Halbs. WEG ersetzen sonstige zivil- oder gar öffentlich-rechtliche Voraussetzungen für Grundstückskauf- bzw. Darlehensverträge nicht. Sie treten neben derartige Anforderungen. Sieht etwa die Gemeinschaftsordnung für derartige Verträge die Zustimmung Dritter vor, muss diese eingeholt werden, sofern es sich nicht um ein bloßes Vorschalterfordernis handelt, das ohnehin durch Mehrheitsentscheidung korrigiert werden darf. Bei Grundstückskaufverträgen muss der Beschluss nach § 9b Abs. 1 letzter Halbs. WEG zudem in der Form des § 29 GBO nachgewiesen werden, was § 26 Abs. 4 WEG erleichtert. 35

4. **Abdingbarkeit**

a) **Abweichende Regelung in der Gemeinschaftsordnung**

In § 9 Abs. 1 S. 3 WEG ist ausdrücklich geregelt, von welchen Regelungen nicht abgewichen werden kann. § 9b Abs. 1 S. 1 letzter Halbs. WEG gehört nicht dazu. Denn der Verzicht auf das Beschlusserfordernis stellt jedenfalls keine Beschränkung der Vollmacht des Verwalters dar. Auch aus der Gesetzessystematik ergibt sich nicht, dass § 9b Abs. 1 S. 1 letzter Halbs. WEG zum unabdingbaren Kernbestand des Wohnungseigentumsrechts gehören soll. Die Gemeinschaftsordnung kann dem Verwalter also Vollmacht auch für Grundstückskauf- oder Darlehensverträge ohne zusätzlichen Beschluss einräumen. 36

b) **Verhältnis von § 9b Abs. 1 S. 1 letzter Hs. WEG und § 27 Abs. 2 WEG**

Bislang weitgehend ungeklärt ist das Verhältnis von § 9b Abs. 1 S. 1 letzter Hs. WEG zu § 27 Abs. 2 WEG. Nach letztgenannter Vorschrift können die Wohnungseigentümer dem Verwalter sogar durch Mehrheitsbeschluss über § 27 Abs. 1 WEG hinausgehende Rechte einräumen. Dies umfasst dem Wortlaut nach auch das Recht, im Namen der Wohnungseigentümergemeinschaft ohne weitere Beschussfassung Grundstückskauf- und Darlehensverträge abzuschließen. § 9b As. 1 Satz 3 WEG steht dem nicht entgegen, da die dort geregelte Unabdingbarkeit nur Einschränkungen der gesetzlichen Vollmacht erfasst. 37

III. **Grundstückskaufverträge**

1. **Betroffene Grundstücke**

Die nach § 9b Abs. 1 S. 1 WEG erforderliche Vollmacht des Verwalters bezieht sich dem Wortlaut nach auf alle Grundstückskaufverträge. Dies könnte man auf den ersten Blick dahingehend als Erleichterung bei der Verfügung über Gemeinschaftseigentum verstehen, dass auch über dessen An- oder Verkauf durch Mehrheitsbeschluss entschieden werden kann. Dem steht aber die systematische 38

Stellung der Vorschrift entgegen, die nur die Rechte und Pflichten der Gemeinschaft betrifft. Diese ist aber nicht Eigentümerin des Gemeinschaftseigentums. Über dessen Veräußerung oder Vergrößerung durch Ankauf weiteren Grundeigentums können nur die Wohnungseigentümer gemeinschaftlich befinden. Ein Mehrheitsbeschluss nach § 9b Abs. 1 S. 1 WEG reicht somit nicht aus.

2. Betroffene Verträge

a) Erwerb und Veräußerung

39 Die besonderen Anforderungen des § 9b Abs. 1 letzter Halbs. WEG erfassen bei Grundstücksgeschäften nur Kaufverträge. Dies könnte man auf den ersten Blick dahingehend verstehen, dass nur der Erwerb von Grundeigentum durch die Wohnungseigentümergemeinschaft eines Beschlusses der Eigentümerversammlung bedarf. Dies greift jedoch zu kurz. Denn auch die Veräußerung von Grundeigentum des Verbandes stellt einen Kauf dar, eben durch den Vertragspartner. Auch hierfür besitzt der Verwalter keine gesetzliche Vollmacht.

b) Sonstige Grundstücksgeschäfte

40 Nach dem eindeutigen Gesetzeswortlaut unterfallen den besonderen Anforderungen des § 9b Abs. 1 letzter Hs. WEG nicht sämtliche Grundstücksgeschäfte, sondern nur Kaufverträge. Sonstige Verfügungen, die das Grundeigentum der Wohnungseigentümergemeinschaft betreffen, darf der Verwalter somit vornehmen, etwa die Belastung mit Grundpfandrechten oder die Bewilligung von Dienstbarkeiten.

IV. Darlehensverträge

1. Erfasste Verträge

41 Die zusätzlichen Anforderungen des § 9b Abs. 1 letzter Hs. WEG sind auf Darlehensverträge beschränkt. Dies erfasst im Grundsatz jeden Darlehensvertrag, unabhängig von der Höhe des gewährten Darlehens. Auch auf den Zweck der Finanzierung kommt es nicht an. Ob der Verwalter also einen Grundstückskauf oder den neuen Aufsitzrasenmäher finanzieren will, ist gleichgültig. Offen bleibt, ob § 9b Abs. 1 letzter Halbs. WEG auch ähnliche Verträge erfasst, in denen die Bezahlung einer Leistung gestundet wird, etwa Leasing- oder Ratenkaufverträge. Nach dem Wortlaut der Vorschrift ist dies nicht der Fall. Hiergegen spricht auch ihr Sinn. Denn das Darlehen führt zu einer Rückzahlungsverpflichtung, unabhängig davon, ob das ausgekehrte Geld ordnungsgemäß verwendet wurde. Dies ist gerade vom Schutzzweck der Norm erfasst, der eigenmächtige Verfügungen des Verwalters zu Lasten der Gemeinschaft verhindern will. Hingegen kommt der Wohnungseigentümergemeinschaft etwa bei etwa Leasing- oder Ratenkaufverträgen unmittelbar eine Gegenleistung zu. Es besteht somit nicht die Gefahr, dass der Verwalter eigenmächtige Verfügungen zu Lasten der Gemeinschaft trifft.

2. Kontrolle der Vollmacht hinsichtlich des Darlehensvertrages

42 Der *BGH* hat die Darlehensaufnahme der Wohnungseigentümergemeinschaft zwar als reguläre Maßnahme zur Deckung ihres Finanzbedarfs behandelt. Hierbei machte er aber umfangreiche Vorgaben an die Ordnungsmäßigkeit einer entsprechenden Beschlussfassung, etwa bei Zweck, Laufzeit, Modalitäten etc. des Darlehens. Sofern dem Verwalter Vollmacht für die Aufnahme eines bestimmten Darlehens erteilt wird, kann dieser Beschluss schon im Hinblick auf die Ordnungsmäßigkeit des Darlehensvertrages überprüft werden. Widerspricht etwa die Laufzeit von 15 Jahren ordnungsmäßiger Verwaltung, ist schon eine Vollmacht, die dies gestattet, anfechtbar.

E. Wohnungseigentümergemeinschaften ohne Verwalter

I. Grundsatz der gemeinschaftlichen Vertretung

1. Anwendungsbereich

Das neue Recht regelt in § 9b Abs. 1 S. 2 WEG nur das völlige Fehlen des Verwalters und in § 9b Abs. 2 WEG nur die Vertretung der Wohnungseigentümergemeinschaft gegenüber dem Verwalter. Nicht ausdrücklich geregelt sind die Fälle, in denen es um Beziehungen der Gemeinschaft zu Dritten geht, in denen der bestellte Verwalter nicht handeln kann, etwa im Falle einer Interessenkollision. Hier dürfte eine Analogie zu § 9b Abs. 1 S. 2 WEG zur Lückenschließung geboten sein. Denn es dürfte außer Zweifel stehen, dass eine Wohnungseigentümergemeinschaft auch dann in der Lage sein muss, im Rechtsverkehr zu handeln, wenn der Verwalter dies nicht kann. Dem ungeregelten Fall eines nicht zur Vertretung befugten Verwalters kommt aber das völlige Fehlen eines Verwalters am nächsten. Hingegen dürfte eine Analogie zu § 9b Abs. 2 WEG nicht in Betracht kommen. Denn zum einen ist die Vorschrift speziell auf das Verhältnis zwischen Verwalter und Wohnungseigentümergemeinschaft zugeschnitten und schon daher nicht analogiefähig. Zum anderen wollte der Gesetzgeber die Vertretung der Wohnungseigentümergemeinschaft durch einzelne Wohnungseigentümer gerade beschränken (s. gleich u. Rdn. 46). Dies schließt eine analoge Anwendung der Vorschrift aus. 43

2. Abdingbarkeit

Nach § 9b Abs. 1 S. 3 WEG ist eine »Beschränkung des Umfangs der Vertretungsmacht« unwirksam. Aus systematischen Gründen, namentlich der Einstellung der Norm nach § 9b Abs. 1 Sätze 1 und 2 WEG ergibt sich, dass diese Vorschrift nicht nur auf diejenige des Verwalters bezogen ist. Vielmehr kann auch die gemeinschaftliche Vertretung gemäß § 9b Abs. 1 S. 2 WEG nicht eingeschränkt werden kann. Selbst die Gemeinschaftsordnung oder eine nachträgliche Vereinbarung können somit nicht wirksam bestimmen, dass ein Vertreter mit Mehrheitsbeschluss bestellt werden kann. Denn dadurch würde die gemeinschaftliche Vertretung durch alle Wohnungseigentümer eingeschränkt, da es ihrer Mitwirkung nicht mehr bedürfte. 44

II. Außenverhältnis

1. Fortführung alten Rechts

Im Grundsatz führt das WEMoG den in § 27 Abs. 3 S. 1 WEG a.F. normierten Grundsatz fort, dass beim Fehlen eines Verwalters die Wohnungseigentümer den Verband gemeinschaftlich vertreten. Darin sehen die Gesetzesmaterialien zutreffend einen Fall der Gesamtvertretungsberechtigung. Damit bleibt es auf Passivseite beim Althergebrachten: Für diejenigen, die der Wohnungseigentümergemeinschaft Willenserklärungen oder Zustellungen zukommen lassen wollen, genügt gemäß § 170 Abs. 3 ZPO (analog) der Zugang bei einem Wohnungseigentümer (BT-Drs. 19/17791 S. 47.) Damit ist der Wohnungseigentümergemeinschaft eine Willenserklärung zugegangen und eine Klage zugestellt. Ein aktives Handeln der Gemeinschaft der Wohnungseigentümer setzt dagegen nach ausdrücklichem Bekunden der Gesetzesmaterialien, ein gemeinschaftliches Handeln der Wohnungseigentümer voraus. Damit kommt es zu dem Paradoxon, dass die Wohnungseigentümer zwar über alle Angelegenheiten der Verwaltung mit Mehrheit der anwesenden Miteigentümer entscheiden, nach außen aber nur einheitlich auftreten können. 45

2. Vertretung durch ermächtigten Wohnungseigentümer

Das gemeinschaftliche Handeln der Wohnungseigentümer schließt die Vertretung der Wohnungseigentümergemeinschaft nicht aus. Nur muss dann eben der Vertreter gemeinschaftlich, also durch alle Wohnungseigentümer bevollmächtigt werden. Nicht mehr möglich ist es, durch Mehrheitsbeschluss einen Vertreter der Wohnungseigentümergemeinschaft aus dem Kreise der Miteigentümer zu bestellen. Denn der Gesetzgeber des WEMoG hat § 27 Abs. 3 S. 3 WEG a.F. bewusst ersatzlos 46 gestrichen. Eine Vertretung der Wohnungseigentümergemeinschaft durch Personen, die nicht zum Verwalter bestellt sind, hielt der Gesetzgeber für untunlich, da der Minderheit die Existenz eines Vertreters nicht zuzumuten sei, der nicht die Pflichten eines Verwalters hat (BT-Drs. 19/17791 S. 47). Im Ergebnis droht der Wohnungseigentümergemeinschaft, deren Verwalter verhindert ist, die Handlungsunfähigkeit. Dies kann dramatische Folgen haben. Fehlt etwa nach Zustellung einer Klage in der Verteidigungsanzeige auch nur die Unterschrift eines Wohnungseigentümers, ist diese unwirksam. Es wird also Versäumnisurteil ergehen.

3. Die Wohnungseigentümer als Empfangsvertreter

a) Die erleichterte Übermittlung von Willenserklärungen

47 Der Verband muss wie jedes rechtsfähige Gebilde nicht nur Erklärungen abgeben, sondern auch empfangen können. Auch insoweit sind die Wohnungseigentümer Gesamtvertreter. Dies erleichtert die Übermittlung von Willenserklärungen und Zustellungen an den Verband erheblich. Denn insoweit gilt der in vielen Einzelvorschriften zum Ausdruck kommende Rechtsgrundsatz, dass die **Zustellung an einen Gesamtvertretungsberechtigten genügt**: Wenn selbst die Zustellung staatlicher Hoheitsakte nach § 170 Abs. 3 ZPO nur an einen Gesamtvertretungsberechtigten erfolgen muss, kann für die Abgabe privater Willenserklärungen nichts anderes gelten. Daher entfaltet die nur einem Wohnungseigentümer gegenüber abgegebene Willenserklärungen Wirkung gegen den Verband (BGHZ 62, 173; *Merle* ZWE 2006, 370; *Reichert* ZWE 2006, 478; *Hügel/Elzer* § 11 Rn. 108). Ein entsprechendes Vorgehen empfiehlt sich auch bei Zweifeln, ob der Verwalter zur Vertretung des Verbandes berechtigt ist: Wird die Willenserklärung **sowohl ihm als auch einem Wohnungseigentümer übermittelt**, ist sie in jedem Fall zugegangen. Bei bestehender Vertretungsberechtigung wirkt die Erklärung an den Verwalter, bei fehlender diejenige an den Wohnungseigentümer.

b) Die Pflichten des einzelnen Erklärungsempfängers

48 Die Gesamtvertretung und ihre Folgen bei der Übermittlung von Willenserklärungen an einzelne Wohnungseigentümer kann nicht ohne Auswirkungen auf deren Pflichten bleiben. Denn der Wohnungseigentümer, dem eine Willenserklärung für den Verband zugeht, ist jedenfalls aufgrund seiner Treuepflicht den Miteigentümern und dem Verband gegenüber verpflichtet, diese **hierüber zu informieren**. Die Anforderungen an diese Information sind aber nicht so hoch wie bei einem professionellen Verwalter. Regelmäßig wird ein Aushang am schwarzen Brett der Liegenschaft oder die Nutzung eines sonstigen allgemein zugänglichen Mediums genügen (zweifelnd *Jennißen/Heinemann* § 27 Rn. 131). Dem Empfänger der Willenserklärung kann nicht angesonnen werden, alle Miteigentümer ausfindig zu machen und persönlich zu informieren. Denn diese sind, wenn sie bewusst auf die Bestellung eines Verwalters und dessen Möglichkeiten verzichten, ihrerseits **aus der Treuepflicht gehalten, ein solches allgemeines Informationsmedium der Gemeinschaft zu nutzen.** Sofern ein solches schwarzes Brett o.Ä. (etwa in Reihenhaussiedlungen) mangels gemeinschaftlicher Räume gar nicht existiert, wird man von dem Erklärungsempfänger den **Einwurf einer entsprechenden Mitteilung in den Briefkasten** verlangen dürfen. Mehr ist aber auch dann, wenn die Einheiten bekanntermaßen nicht vom Eigentümer bewohnt werden, nicht zu verlangen. Denn die Wohnungseigentümer sind im Gegensatz zum berufsmäßigen Verwalter nicht verpflichtet, Eigentümerlisten mit den aktuellen Anschriften zu führen und Mitteilungen an die jeweils aktuelle Adresse zu versenden. Dies umso weniger, als der vermietende Wohnungseigentümer selbst für die Weiterleitung entsprechender Mitteilungen sorgen kann, indem er den Mieter vertraglich hierzu verpflichtet (vgl. *BayObLG* WuM 1996, 447, ZWE 2000, 467).

c) Folgen eines Pflichtverstoßes

49 Die unzulängliche Information der anderen Wohnungseigentümer über zugegangene Willenserklärungen dürfte in der gerichtlichen Praxis komplizierte Probleme aufwerfen. Grundsätzlich löst diese Untätigkeit ebenso wie andere Verletzungen der Pflichten aus dem Gemeinschaftsverhältnis Schadensersatzansprüche aus § 280 Abs. 1 BGB aus (*Jennißen/Heinemann* § 27 Rn. 131). Der

Schadensersatzanspruch zielt auf Naturalrestitution, was bedeutet, dass der bei der Weiterleitung der Information säumige Wohnungseigentümer den Verband **so zu stellen hat, als wenn er die Wohnungseigentümer korrekt unterrichtet** und somit eine rechtzeitige Beschlussfassung ermöglicht hätte. So kann etwa die Differenz zum nächstbesten Angebot auszugleichen sein, wenn aufgrund der unterlassenen Weiterleitung ein günstiges Vertragsangebot nicht angenommen wird. Ebenso kommt bei unterlassener Übermittlung einer Mahnung die Erstattung von Verzugszinsen in Betracht. Bereits hier kann die Bezifferung des Schadens erhebliche Schwierigkeiten bereiten, erfordert sie doch die Ermittlung eines hypothetischen Sachverhalts. Zudem sind zahlreiche Einwände im Prozess denkbar. Auf entsprechendes Bestreiten wird z.B. zu klären sein, ob die anderen Miteigentümer bei rechtzeitiger Information tätig geworden wären, ob der Verband überhaupt früher hätte zahlen können und wollen u.Ä. Weitere Komplikationen ergeben sich dann, wenn der Empfänger der Willenserklärung nicht völlig untätig bleibt oder wenn mehreren Wohnungseigentümern dieselbe Erklärung zugeht und diese in unterschiedlicher Weise tätig werden. Hier wird häufig wohl nur eine **Schätzung der Verursachungsanteile nach § 287 ZPO** Abhilfe schaffen können.

4. Alternativen zur Bestellung eines berufsmäßigen Verwalters

a) Genehmigung des Handelns einzelner Wohnungseigentümer

Die Regelung des § 9b Abs. 1 S. 2 WEG lässt sich durch die Regelungen zum vollmachtlosen Vertreter leicht umgehen. Handelt ein Wohnungseigentümer als Vertreter der Wohnungseigentümergemeinschaft, so ist er zwar vollmachtloser Vertreter. Das von ihm abgeschlossene Geschäft kann aber nach § 177 Abs. 1 BGB genehmigt werden, womit es wirksam wird. Da die vertretene Wohnungseigentümergemeinschaft ihren Willen nur durch Beschluss äußern kann, kommt es im Ergebnis doch dazu, dass jegliches Geschäft doch wieder durch die Mehrheit der anwesenden Eigentümer abgeschlossen werden kann. Allerdings setzt dies voraus, dass sich ihre Geschäftspartner auf ein Geschäft einlassen, das ohne eine Genehmigung nach § 177 Abs. 1 BGB für den Vertragspartner, die Wohnungseigentümergemeinschaft, nicht bindend ist. 50

b) Bestellung eines Wohnungseigentümers zum Verwalter

Die Vertretung durch einen Verwalter gemäß § 9b Abs. 1 S. 1 WEG erfordert nicht die Bestellung eines professionellen Berufsträgers. Die Wohnungseigentümer sind in der Wahl ihres Verwalters und der Bestimmung seiner Amtsdauer in den Grenzen des § 19 Abs. 2 Nr. 6 WEG frei. Gerade in kleinen Gemeinschaften können die Wohnungseigentümer also kostensparend einen Verwalter aus ihrer Mitte bestellen. Sie können seine Amtszeit sogar auf die Zeit bis zur Abwicklung des anstehenden Rechtsgeschäftes beschränken. 51

c) Beitritt als streitgenössischer Nebenintervenient

Besonders dramatisch sind die Folgen der gemeinschaftlichen Vertretung der Wohnungseigentümergemeinschaft durch alle Wohnungseigentümer in Rechtsstreitigkeiten, die regelmäßig eine Reaktion innerhalb knapper Fristen erfordert. Schon das Desinteresse eines Miteigentümers kann zum Prozessverlust führen. In dieser speziellen Situation des Zivilprozesses kommt ein Beitritt der verteidigungswilligen Wohnungseigentümer nach § 66 Abs. 1 ZPO in Betracht. Der Beitritt darf allerdings nicht auf Seiten der säumigen Miteigentümer erfolgen, da diese nicht Partei des Rechtsstreits, sondern nur Vertreter sind. Einzelne Wohnungseigentümer müssen vielmehr auf Seiten der Wohnungseigentümergemeinschaft beitreten. Damit kann der streitgenössische Nebenintervenient insbesondere Versäumnisurteile gegen den Verband verhindern und Vortrag zur Akte reichen, den das Gericht berücksichtigen muss. Die Voraussetzungen des § 66 Abs. 1 ZPO dürften regelmäßig vorliegen. Denn die einzelnen Wohnungseigentümer haben ein rechtliches Interesse am Ausgang des Rechtsstreits Dritter gegen den Verband, da dessen Unterliegen unmittelbar zu Rückgriffsansprüchen gegen die Wohnungseigentümer führt. Fraglich erscheint alleine, ob dies als Durchbrechung der vom Gesetzgeber gewollten Gesamtvertretung der Wohnungseigentümergemeinschaft ausgeschlossen sein soll. Dies ist wohl zu verneinen. Denn die Vertretung des Verbandes durch alle Wohnungs- 52 eigentümer wird durch den streitgenössischen Beitritt einzelner Miteigentümer weder erschwert noch gar verhindert. Der einzelne Wohnungseigentümer nimmt lediglich jedem Dritten zustehende Rechte gegenüber den Prozessparteien wahr.

III. Innenverhältnis

1. Das Problem

53 Besondere Probleme stellen sich im Innenverhältnis, also bei Streitigkeiten zwischen Wohnungseigentümern und Verband. Denn hier ist einer der Wohnungseigentümer Gegner des Verbandes, kann also in keinem Falle auch auf dessen Seite als Vertreter mitwirken. Deshalb wurde zum Teil angenommen, dass die Wohnungseigentümergemeinschaft dann nicht prozessfähig sei, weshalb ein Prozesspfleger nach § 57 Abs. 1 ZPO bestellt werden müsse (so etwa *AG Wiesbaden*, 04.05.2021 – 91 C 944/21, ZMR 2021, 695 = MietRB 2021, 308 = IMR 2021, 475). Nach der Gegenmeinung wird die Wohnungseigentümergemeinschaft im Rechtsstreit mit einem Miteigentümer von den übrigen Wohnungseigentümern vertreten (so *LG München I,* 01.09.2020 – 1 S 17376/19, ZWE 2021, 180 = IMR 2021, 174; *LG Frankfurt*/M., 15.07.2021 – 2–13 S 5/21, ZMR 2021, 833 = IMR 2021, 382). Dieser Auffassung schloss sich der *BGH* zunächst für Passiv- und später auch für Aktivprozesse der Wohnungseigentümergemeinschaft an (*BGH*, Versäumnisurteil v. 08.07.2022 – V ZR 202/21, ZMR 2022, 902).

2. Folgen der Vertretung durch die übrigen Miteigentümer in Zweiergemeinschaften

54 Mit der Vertretung durch die übrigen Eigentümer ist die Zweiergemeinschaft im Binnenrechtsstreit wenigstens handlungsfähig. Denn der »übrige Miteigentümer« kann ohne Weiteres, insbesondere ohne komplizierte Willensbildung für den Verband handeln. Gleichwohl ergeben sich gerade für Aktivprozesse paradoxe Folgen. Zum einen kann es dazu kommen, dass formal dieselbe Partei, nämlich die Wohnungseigentümergemeinschaft, vertreten jeweils durch einen der beiden Miteigentümer, in zwei Prozessen einander ausschließende Klageziele verfolgt. So kann der eine als Vertreter der Wohnungseigentümergemeinschaft etwa die Unterlassung einer bestimmten Nutzung verlangen, der andere deren Duldung. Zudem muss nicht derjenige, der im Namen der Wohnungseigentümergemeinschaft eine Klage anstrengt, die Kosten hierfür tragen, sondern der Verband.

3. Folgen für sonstige Wohnungseigentümergemeinschaften ohne Verwalter

55 Noch größere Probleme bereitet die Vertretung durch die übrigen Wohnungseigentümer in größeren Wohnungseigentümergemeinschaften ohne Verwalter. Hier wird noch nicht einmal das Problem der Handlungsunfähigkeit gelöst. Denn es bleibt gemäß § 9b Abs. 1 S. 2 WEG dabei, dass die übrigen Wohnungseigentümer gemeinschaftlich handeln müssen. Wie gefährlich dies gerade in Beschlussklagen ist, liegt auf der Hand: Schon ein einziger mit dem Anfechtungskläger sympathisierender oder auch nur desinteressierter Miteigentümer würde bereits eine wirksame Verteidigungsanzeige verhindern, da diese nur durch alle übrigen Miteigentümer abgegeben werden könnte. Die nach früherem Recht mögliche Bestellung eines Vertreters nach § 27 Abs. 3 S. 3 WEG a.F., der die Verteidigungsanzeige hätte zur Akte reichen können, hat der Gesetzgeber mit der Streichung des § 27 Abs. 3 S. 3 WEG a.F. bewusst entfallen lassen. Sofern man einen streitgenössischen Beitritt auf Seiten der Wohnungseigentümergemeinschaft nicht anerkennt, bleibt als einzige Abhilfe die Bestellung eines Verwalters.

F. Vertretung der Wohnungseigentümergemeinschaft gegenüber dem Verwalter

I. Bedeutung der Norm

1. Normzweck

56 Nach dem oben dargelegten Prinzip der Gesamtvertretung könnte die Wohnungseigentümergemeinschaft jedenfalls außerhalb kleiner Anlagen nie einen Verwaltervertrag schließen. Ebenso wenig wären

ihr andere Rechtsgeschäfte gegenüber dem Verwalter möglich. Denn dies setzt, wie dargelegt einvernehmliches Handeln aller Wohnungseigentümer voraus, das außerhalb von Kleinanlagen nicht zu erreichen sein wird. Deshalb lässt § 9b Abs. 2 WEG eine Ausnahme vom Prinzip der Gesamtvertretung zu.

2. Anwendungsbereich

a) Persönlicher Anwendungsbereich

Der persönliche Anwendungsbereich ist weit zu verstehen. Denn die Vorschrift ist ähnlich wie § 43 Abs. 2 Nr. 3 WEG weit auszulegen. Insbesondere erfasst sie auch Rechtsbeziehungen zu einem abberufenen und zu einem nicht wirksam bestellten Verwalter. Gleiches gilt für einem Wohnungseigentümer, der Verwalteraufgaben ohne Bestellung zum Verwalter übernommen hat. Die Grenze dürfte dort zu ziehen sein, wo ein Wohnungseigentümer nur einzelne Verwaltungstätigkeiten übernimmt, sich aber nicht der Stellung eines Verwalters berühmt. 57

b) Sachlicher Anwendungsbereich

Die Gesetzesmaterialien rücken die Vorschrift entgegen ihrem weiten Wortlaut in die Nähe von § 46 Nr. 8 GmbHG (BT-Drs. 19/18791 S. 47), was zu kurz greift. Denn § 46 Nr. 8 GmbHG regelt nur die Geltendmachung von Ersatzansprüchen und die Vertretung der Gesellschaft in Prozessen gegen den Verwalter. Selbstverständlich haben die in § 9b Abs. 2 WEG genannten Personen ebenfalls Vollmacht, Rechtsstreitigkeiten der Wohnungseigentümergemeinschaft gegen den Verwalter zu führen, sowohl Aktiv- als auch Passivprozesse. Dieser Konfliktfall dürfte auch bei § 9b Abs. 2 WEG ein wichtiger, aber bei weitem nicht der einzige Anwendungsbereich der Vorschrift sein. Die Vertretungsbefugnis nach dieser Vorschrift umfasst vielmehr sämtliche ein- und zweiseitigen Rechtsgeschäfte mit dem Verwalter im Rahmen der schuldrechtlichen Beziehungen zwischen Wohnungseigentümergemeinschaft und Verwalter. Dies betrifft insbesondere auch den Abschluss des Verwaltervertrages, wenn er nicht durch Beschluss erfolgt. 58

c) Abgrenzung zu § 27 Abs. 2 WEG

Rechtlich kann die Abgrenzung von § 9b Abs. 2 WEG zu § 27 Abs. 2 WEG Schwierigkeiten bereiten. So sollen nach den Gesetzesmaterialien die Erteilung von Zustimmungen etwa zu Verfügungen über das Vermögen der Wohnungseigentümergemeinschaft schon von § 27 Abs. 2 WEG erfasst sein (BT-Drs. 19/18791, S. 73). Dies dürfte nur eingeschränkt richtig sein. § 27 Abs. 2 WEG betrifft nur die interne Willensbildung und Beschlussfassung der Eigentümerversammlung über die Einschränkung oder Erweiterung der Rechte und Pflichten des Verwalters. Die Beschlussfassung kann durchaus genügen, wenn der Verwalter etwa auf der Eigentümerversammlung zugegen ist und die Willensbildung der Wohnungseigentümergemeinschaft unmittelbar wahrnehmen kann. Ist er hingegen abwesend und wird ihm die Beschlussfassung nachträglich mitgeteilt, sind die in § 9b Abs. 2 WEG genannten Personen hierzu befugt. Entsprechendes gilt für sonstige von der Eigentümerversammlung ausgesprochene Weisungen an den Verwalter oder für eine Abmahnung bei Fehlverhalten. 59

d) Analoge Anwendung auf sonstige Fälle der Vertretung gegenüber dem Verwalter

Ungeklärt ist die Frage, wer die Wohnungseigentümergemeinschaft in sonstigen Fällen vertritt, in denen dem Verwalter gegenüber Rechtshandlungen vorzunehmen sind, die nicht seine Stellung als Organ der Wohnungseigentümergemeinschaft betreffen. Dies kann insbesondere dann der Fall sein, wenn sie Verträge mit anderen Unternehmen (etwa des Gartenbau- oder Hausservicebereichs) abschließen will, für die der Verwalter ebenfalls rechtlich handelt. Hier dürfte eine analoge Anwendung von § 9b Abs. 2 WEG geboten sein. Denn es besteht eine vergleichbare Interessenlage, da die Wohnungseigentümergemeinschaft ansonsten wie beim Verwaltervertrag praktisch handlungsunfähig wäre. 60

e) **Vertretung Dritten gegenüber**

61 Andere Rechtsgeschäfte, namentlich Rechtshandlungen Dritten gegenüber, sind von § 9b Abs. 2 WEG nicht erfasst. Auch eine analoge Anwendung der Vorschrift kommt schon wegen § 9b Abs. 1 S. 3 WEG nicht in Betracht. Dies folgt schon aus dem Ausnahmecharakter des § 9b Abs. 2 WEG. Zudem würde in die Gesamtvertretung der Wohnungseigentümer nach § 9b Abs. 1 S. 2 WEG eingegriffen, was nach Satz 3 der Vorschrift Dritten gegenüber unwirksam ist. Treten der Vorsitzende des Verwaltungsbeirats oder ein zur Vertretung gegenüber dem Verwalter ermächtigter Wohnungseigentümer gleichwohl jenseits der in § 9b Abs. 2 WEG geregelten Angelegenheiten für die Wohnungseigentümergemeinschaft auf, handeln sie als Vertreter ohne Vertretungsmacht. Sämtliche Formen der Rechtsscheinvollmachten dürften ausscheiden, da sich die Grenzen der Vollmacht unmittelbar aus dem Gesetz ergeben.

II. Entstehen der Vollmacht

1. Vorsitzender des Verwaltungsbeirats

a) **Vollmacht des Vorsitzenden des Verwaltungsbeirates kraft Gesetzes**

62 Die Vollmacht des Vorsitzenden des Verwaltungsbeirates besteht kraft Gesetzes. Es bedarf folglich keines Aktes der Eigentümerversammlung o.ä. Nachgewiesen werden muss nur die Bestellung zum Mitglied des Verwaltungsbeirates und innerhalb desselben zu dessen Vorsitzenden. Fehlt es an einer Bestellung, handelt der vermeintliche Vorsitzende des Verwaltungsbeirats als Vertreter ohne Vertretungsmacht, selbst wenn er gutgläubig ist. Wird beispielsweise ein Nichteigentümer zum Mitglied des Verwaltungsbeirats bestellt und von diesem zum Vorsitzenden gewählt, sind beide Akte nichtig, da für die Bestellung eines Nichteigentümers keine Beschlusskompetenz besteht (s. § 29 Rdn. 52). Besteht der Verwaltungsbeirat, was nunmehr zulässig ist, nur aus einer Person, kann der Nachweis der Vorsitzendenstellung entfallen. Denn dann ist das einzige Mitglied des Verwaltungsbeirats zwingend auch dessen Vorsitzender. Im Rechtsstreit hat das Gericht Umstände, die der Bestellung des Vertreters zum Vorsitzenden des Verwaltungsbeirats entgegenstehen, von Amts wegen zu berücksichtigen.

b) **Reichweite der Vollmacht**

63 § 9b Abs. 2 WEG verleiht dem Verwalter kraft Gesetzes Vollmacht für alle in Betracht kommenden Geschäfte mit oder gegen den Verwalter. Anders als die Vollmacht aus § 9b Abs. 1 WEG kann diejenige des Verwaltungsbeiratsvorsitzenden in der Gemeinschaftsordnung beschränkt werden (s. gleich u. Rdn. 69). Durch Beschluss können die Wohnungseigentümer die gesetzliche Regelung indessen nur abändern, soweit eine Öffnungsklausel existiert.

2. Wohnungseigentümer

a) **Zusätzliche Möglichkeit neben der Vertretung durch den Vorsitzenden des Verwaltungsbeirats**

64 Nach § 9b Abs. 2 WEG kann neben der Vertretung durch den Vorsitzenden des Verwaltungsbeirats auch ein Miteigentümer zur Vertretung gegenüber dem Verwalter ermächtigt werden. Diese Möglichkeit besteht ähnlich wie in § 24 Abs. 3 WEG neben der Vertretung durch den Vorsitzenden des Verwaltungsbeirats. Sie setzt nicht das Fehlen eines Verwaltungsbeirats(vorsitzenden) oder seine pflichtwidrige Weigerung voraus, die Gemeinschaft gegenüber dem Verwalter zu vertreten. Beide Möglichkeiten stehen fakultativ nebeneinander.

b) **Einander widersprechende Handlungen beider Vertreter**

65 Die Möglichkeit des Nebeneinanders zweier Vertreter schafft, wiederum wie bei § 24 Abs. 3 WEG, die Gefahr einander widersprechender Handlungen. Ihre Wirksamkeit bemisst sich nach allgemeinen zivilrechtlichen Grundsätzen. So ist bei rechtsgestaltenden Erklärungen diejenige wirksam, die zuerst

zugeht. Bei Willenserklärungen, die auf das Zustandekommen eines Vertrages gerichtet sind, kommt es darauf an, welche zuerst angenommen wird. Die Eigentümergemeinschaft kann eventuelle Widersprüche aber von vorneherein vermeiden, im Innenverhältnis durch Weisungen an die Bevollmächtigten. Im Rahmen des § 9b Abs. 2 WEG kann die Vollmacht sogar im Außenverhältnis beschränkt werden (vgl. Rdn. 69). So kann etwa die Vollmacht des nach dieser Vorschrift ermächtigten Wohnungseigentümers auf die Fälle beschränkt werden, da der Vorsitzende des Verwaltungsbeirats noch nicht bestellt oder verhindert ist.

c) Inhalt der Ermächtigung

Anders als beim Vorsitzenden des Verwaltungsbeirats setzt die Vertretung der Wohnungseigentümer- 66
gemeinschaft durch einen Wohnungseigentümer, wie der Wortlaut der Vorschrift klarstellt, eine Beschlussfassung voraus. Da es an einer gesetzlichen Regelung wie beim Vorsitzenden des Verwaltungsbeirats fehlt, müssen die Rechtsgeschäfte, zu denen der Wohnungseigentümer Vertretungsmacht erhält, eindeutig bezeichnet sein. Allerdings kann der Vertreter im Wege des Vorratsbeschlusses auch zur Vornahme sämtlicher Rechtsgeschäfte gegenüber dem Verwalter bevollmächtigt werden.

d) Anfechtbarkeit

Der Beschluss über die Ermächtigung eines Wohnungseigentümers gemäß § 9b Abs. 2 WEG wird 67
nach Ablauf der Frist des § 45 Satz 1 WEG bestandskräftig. Er kann aber, wie jeder Beschluss aus formellen oder inhaltlichen Gründen angefochten werden. Letzteres kommt insbesondere dann in Betracht, wenn der von der Eigentümerversammlung ausgewählte Eigentümer zur Vertretung gegenüber dem Verwalter ungeeignet ist, etwa wegen persönlicher oder geschäftlicher Nähe. In diesen Fällen stellt sich ähnlich wie bei der Anfechtung der Verwalterbestellung die Frage, ob eine erfolgreiche Anfechtung die Vollmacht rückwirkend beseitigt oder nur ex nunc wirkt. Hier dürfte das Argument des Vertrauensschutzes weniger stark wirken als beim Verwalter. Denn dort träfe die rückwirkende Vernichtung der Vertretungsmacht jegliche Dritte, hier hingegen nur den Verwalter, der Einblick in die internen Vorgänge hat. Vor diesem Hintergrund erscheint ein Festhalten an der allgemeinen Regel der rückwirkenden Vernichtung erfolgreich angefochtener Beschlüsse vorzugswürdig.

3. Dritte

Die Vertretung der Wohnungseigentümergemeinschaft durch Dritte sieht das Gesetz auch gegen- 68
über dem Verwalter nicht vor. Dies kann insbesondere in Rechtsstreitigkeiten mit dem Verwalter von erheblicher Bedeutung sein. Denn nach dem eindeutigen Wortlaut der Vorschrift kann die Eigentümerversammlung nicht unmittelbar einen Rechtsanwalt mit der Vertretung der Wohnungseigentümergemeinschaft gegenüber dem Verwalter mandatieren. Ein solcher Beschluss wäre nichtig, da das Gesetz hierfür keine Beschlusskompetenz vorsieht. Vielmehr muss der Umweg über die Mandatierung durch den Vorsitzenden des Verwaltungsbeirates oder einen hierzu ermächtigten Wohnungseigentümer gewählt werden.

III. Abdingbarkeit

1. Person des Vertreters

§ 9b Abs. 2 WEG ist anders als die Vertretungsmacht nach § 9b Abs. 1 WEG nicht unabdingbar 69
ausgestaltet. In der Gemeinschaftsordnung kann folglich die Möglichkeit der Vertretung der Wohnungseigentümergemeinschaft abweichend geregelt werden. In Betracht kommt insbesondere eine Vertretung durch alle Mitglieder des Verwaltungsbeirates, entweder einzeln oder gemeinschaftlich. Denkbar ist etwa in Mehrhausanlagen auch eine Vertretung durch bestimmte Wohnungseigentümer, etwa der Art, dass jedes Haus an dem Geschäft mit dem Verwalter beteiligt werden muss. Sogar die gänzliche Abbedingung der Vorschrift ist möglich, im Hinblick auf die daraus folgende zwingende Gesamtvertretung aber wenig sinnvoll.

2. Reichweite der Vollmacht

70 Keine Abweichung vom Gesetz ist dagegen bei der Reichweite der Vollmacht möglich. Insbesondere kann sie nicht auf andere Geschäfte als solche mit dem Verwalter ausgedehnt werden. Dies ergibt sich nicht nur aus dem Charakter der Norm als Ausnahmevorschrift. Vielmehr folgt dies mittelbar bereits aus § 9b Abs. 1 S. 3 WEG. Denn jede Bevollmächtigung der in § 9b Abs. 2 WEG genannten Personen zu weiteren Rechtsgeschäften würde in die exklusive Vollmacht des Verwalters bzw. der Wohnungseigentümer nach § 9b Abs. 1 Sätze 1 u. 2 WEG eingreifen, was nach § 9b Abs. 1 S. 3 WEG eben unzulässig ist.

IV. Änderungen bestehender Vollmachten

1. Möglichkeit zur Änderung bestehender Regelungen

71 Aus der gänzlichen Abdingbarkeit von § 9b Abs. 2 WEG folgt erst recht, dass bestehende Regelungen geändert werden können. Im Innenverhältnis ist dies jederzeit durch einen Beschluss möglich, der vom Vertreter ein bestimmtes Vorgehen verlangt. Anders als nach § 9b Abs. 1 WEG kann die Vollmacht der in § 9b Abs. 2 WEG genannten Personen aber auch mit Wirkung gegen Dritte geändert werden. In Betracht kommen insbesondere der Entzug bzw. die Beschränkung der Vollmacht auf bestimmte Geschäfte. Für eine solche im Außenverhältnis wirksame Änderung bedarf es beim Vorsitzenden des Verwaltungsbeirats allerdings, sofern keine Öffnungsklausel existiert, einer Vereinbarung. Bei dem nach § 9b Abs. 2 WEG ermächtigten Wohnungseigentümer genügt hingegen, wenn selbst die Erteilung der Vollmacht durch Beschluss erfolgen kann, auch eine Abänderung auf diesem Wege.

2. Zeitpunkt der Wirksamkeit von Änderungen

72 Für die Wirksamkeit von Änderungen in der Person oder der Reichweite der Vollmacht gilt allerdings Ähnliches wie bei der Bestellung und Abberufung des Verwalters (vgl. § 26 Rdn. 7): Sie können grundsätzlich nur für die Zukunft erfolgen. Denn ansonsten würde die Wirksamkeit von Willenserklärungen oder Zustellungen durch nachträgliche Änderungen der Vollmacht in Frage gestellt.

Abschnitt 4 Rechtsverhältnis der Wohnungseigentümer untereinander und zur Gemeinschaft der Wohnungseigentümer

§ 10 Allgemeine Grundsätze

(1) Das Verhältnis der Wohnungseigentümer untereinander und zur Gemeinschaft der Wohnungseigentümer bestimmt sich nach den Vorschriften dieses Gesetzes und, soweit dieses Gesetz keine besonderen Bestimmungen enthält, nach den Vorschriften des Bürgerlichen Gesetzbuches über die Gemeinschaft. Die Wohnungseigentümer können von den Vorschriften dieses Gesetzes abweichende Vereinbarungen treffen, soweit nicht etwas anderes ausdrücklich bestimmt ist.

(2) Jeder Wohnungseigentümer kann eine vom Gesetz abweichende Vereinbarung oder die Anpassung einer Vereinbarung verlangen, soweit ein Festhalten an der geltenden Regelung aus schwerwiegenden Gründen unter Berücksichtigung aller Umstände des Einzelfalles, insbesondere der Rechte und Interessen der anderen Wohnungseigentümer, unbillig erscheint.

(3) Vereinbarungen, durch die die Wohnungseigentümer ihr Verhältnis untereinander in Ergänzung oder Abweichung von Vorschriften dieses Gesetzes regeln, die Abänderung oder Aufhebung solcher Vereinbarungen sowie Beschlüsse, die aufgrund einer Vereinbarung gefasst werden, wirken gegen den Sondernachfolger eines Wohnungseigentümers nur, wenn sie als Inhalt des Sondereigentums im Grundbuch eingetragen sind. Im Übrigen bedürfen Beschlüsse zu ihrer Wirksamkeit gegen den Sondernachfolger eines Wohnungseigentümers nicht der Eintragung in das Grundbuch.

Literatur

Abramenko, Beschlussfassung und Beschlussanfechtung in Untergemeinschaften, ZWE 2011, 159; *Armbrüster*, Parallelen zwischen Wohnungseigentumsrecht und Gesellschaftsrecht, FS Wenzel (2005), 85; *ders.*, Die Treuepflicht der Wohnungseigentümer, ZWE 2002, 333; *ders.*, Die Wohnungseigentümer und ihre Gemeinschaft, in: Hager (Hrsg.), Aktuelle Fragen des Wohnungseigentumsrechts (2012), S. 11; *ders.*, Auswirkungen der WEG-Novelle auf die notarielle Praxis, in: Hager (Hrsg.), Aktuelle Fragen des Wohnungseigentumsrechts (2009), S. 7; *Becker*, Die Einpersonen-Eigentümergemeinschaft, FS Seuß (2007), 19; *ders.*, Beschlusskompetenz kraft Vereinbarung – sog. Öffnungsklausel, ZWE 2002, 341; *ders.*, Der gerichtliche Vergleich in Wohnungseigentumssachen als Rechtsgeschäft der Wohnungseigentümer, ZWE 2002, 429; *Bonifacio*, Das Ende der Wohnungseigentümergemeinschaft durch Vereinigung, NZM 2009, 561; *Bub*, Das Verwaltungsvermögen, ZWE 2007, 2; *Elzer*, Von der Verdinglichung verwaltungsbezogener Verträge der Wohnungseigentümergemeinschaft mit Dritten – oder ein Lehrstück zu § 10 WEG, ZMR 2004, 633; *ders.*, Zauberlehrling reloaded oder: Ein neuer Globalplayer am WEG-Horizont?, NZM 2012, 718; *Ertl*, Gutgläubiger Erwerb von Sondernutzungsrechten?, FS Seuß (1987), S. 150; *Gaier*, Zustimmung dinglich Berechtigter zur Eintragung einer Öffnungsklausel im Grundbuch, ZWE 2005, 39; *Göken*, Die Mehrhausanlage im Wohnungseigentumsrecht (1999); *Greiner*, Anspruch auf Anpassung der Gemeinschaftsordnung gem. § 10 Abs. 2 Satz 3 WEG, ZWE 2012, 410; *Häublein*, Erstattungsansprüche des Wohnungseigentümers für Maßnahmen gem. § 21 Abs. 2 WEG, ZWE 2009, 410; *ders.*, Bindung des Erwerbers an Vereinbarungen der Wohnungseigentümer durch notariellen Erwerbsvertrag, DNotZ 2005, 741; *ders.*, Der Ersatzanspruch bei Beschädigung des Gemeinschaftseigentums durch einen Miteigentümer, FS Merle (2010), 153; *ders.*, Sondernutzungsrechte und ihre Begründung im Wohnungseigentumsrecht (2003); *ders.*, Bindung von Sondernachfolgern an einen gerichtlichen Vergleich der Wohnungseigentümer, ZMR 2001, 165; ders. »Drittwirkung« von Verwalterpflichten – Das Rechtsverhältnis zwischen Wohnungseigentümern und WEG-Verwalter nach Anerkennung der Rechtsfähigkeit der Gemeinschaft, ZWE 2008, 1 und 80; *Hügel*, Der »Eintritt« in schuldrechtlichen Vereinbarungen, FS Wenzel (2005), 219; *ders.*, Vereinbarungen aufgrund sog. Öffnungsklauseln, ZWE 2002, 503; *Jacoby*, Gesetzliche »Öffnungsklauseln« zur Änderung der Gemeinschaftsordnung?, ZWE 2013, 61; *Kreuzer*, Änderung der Teilungserklärung und Gemeinschaftsordnung, ZWE 2002, 285; *Kümmel*, Die Bindung der Wohnungseigentümer und deren Sondernachfolger an Vereinbarungen, Beschlüsse und Rechtshandlungen nach § 10 WEG (2002); *Lehmann-Richter*, Zum Schadensersatz wegen Beschädigung des Gemeinschafts- und Sondereigentums unter besonderer Berücksichtigung der Ansprüche des Rechtsnachfolgers, ZWE 2007, 413; *Ott*, Zur Bindung von Sondernachfolgern an Verträge der Wohnungseigentümer mit Dritten, ZMR 2002, 169; *ders.*, Das Sondernutzungsrecht im Wohnungseigentum (2000); *F. Schmidt*, Der Alleineigentümerstatus im Wohnungseigentum – Gedanken zur Einpersonen-Gemeinschaft, ZMR 2009, 725; *Ulmer*, AGB-Gesetz und einseitig gesetzte Gemeinschaftsordnungen von Wohnungseigentümern, Festgabe für Weitnauer (1980), 205.

Übersicht

A. Überblick

1 § 10 WEG regelt das **Binnenrecht** der Gemeinschaft der Wohnungseigentümer (MüKoBGB/*Burgmair* WEG § 10 Rn. 1). Die Regelung stellt die Eingangsvorschrift des 4. Abschnitts dar und ist systematisch im Zusammenhang mit weiteren Vorschriften zum Binnenrecht zu sehen, insbesondere den §§ 23–25 WEG, die das Binnenrecht durch Beschlussfassungen regeln. Der 4. Abschnitt ist von der durch das **WEMoG** weiterentwickelten **reinen Verbandsrechtslehre** geprägt (BeckOGK/*Skauradszun* WEG § 18 Rn. 19), weshalb § 10 WEG im Lichte des Verbandszwecks zu interpretieren ist. Die Regelung wurde durch das WEMoG verschlankt. Nach dem Wegfall der früheren Absätze 4 bis 8 in § 10 WEG, deren Regelungsinhalt teils nun in § 9a WEG fortgesetzt wird, ist § 10 WEG eine im Kern **rechtsgeschäftliche Vorschrift**. Die Vorschrift blieb vom Referenten- über den Regierungsentwurf vom 27.04.2020 bis hin zur Beschlussempfehlung des 6. Ausschusses des 19. Deutschen Bundestages vom 16.09.2020 (BT-Drs. 19/22634) in ihrer neuen Fassung unverändert. Im Zentrum steht die **Vereinbarung** und damit eines der beiden Rechtsgeschäfte, mit denen die Wohnungseigentümer das Rechtsverhältnis untereinander und zur Gemeinschaft der Wohnungseigentümer regeln können.

2 § 10 WEG regelt keine Rechtsbeziehung der Wohnungseigentümer zu **anderen Organen** wie dem Verwalter und dem Verwaltungsbeirat, denn in diesem Verhältnis bestehen **keine Rechtsbeziehungen** (*Lehmann-Richter/Wobst* WEG-Reform 2020, Rn. 52). In dem verbandsrechtlichen Modell nach dem WEMoG ist nicht vorgesehen, dass einzelne Wohnungseigentümer in einer Rechtsbeziehung zu Organen stehen (BeckOGK/*Falkner* WEG § 9a Rn. 97 betreffend den Verwalter als Organ). Stattdessen bestehen diese Rechtsbeziehungen zur Gemeinschaft der Wohnungseigentümer, die wiederum in Rechtsbeziehungen zu den Organen steht. Beispielsweise handelt der Verwalter als Organ der Gemeinschaft der Wohnungseigentümer. Neben der organschaftlichen Ebene kann eine rechtsgeschäftliche Beziehung zwischen dem Verwalter und der Gemeinschaft der Wohnungseigentümer bestehen, ohne dass dies für die Wohnungseigentümer zu Rechten führen würde (BeckOGK/*Falkner* WEG § 9a Rn. 99). Auf dieser Linie liegt es, dass auch der zwischen der Gemeinschaft der Wohnungseigentümer und dem Verwalter geschlossene **Verwaltervertrag keine Schutzwirkung zugunsten einzelner Wohnungseigentümer** hat (BT-Drs. 19/18791, S. 58; *Lehmann-Richter/Wobst*

WEG-Reform 2020, Rn. 37, 58 ff., 442, 444; Grüneberg/*Wicke* WEG § 27 Rn. 3; *Skauradszun* ZMR 2020, 905, 908; MüKoBGB/*Skauradszun* WEG § 27 Rn. 56). Soweit der 6. Ausschuss des 19. Deutschen Bundestages andeutete, dass der Verwaltervertrag auch nach Inkrafttreten des WEMoG ein Vertrag mit Schutzwirkung zugunsten einzelner Wohnungseigentümer sein könne, »[s]oweit die Voraussetzungen dieses Rechtsinstituts vorliegen«, fügt sich diese Begründung zwar nicht in das dogmatische Konzept des neuen Verbandsrechts ein, schadet aber auch nicht, da jedenfalls die vom 6. Ausschuss angesprochenen Voraussetzungen nicht vorliegen. Die Wohnungseigentümer sind nämlich nicht schutzbedürftig und können ihre Ansprüche gegenüber der Gemeinschaft der Wohnungseigentümer geltend machen.

Ungeachtet der aufgehobenen Absätze 4 bis 8 in § 10 WEG hat die durch das WEMoG weiterentwickelte reine Verbandsrechtslehre insbesondere auf § 10 Abs. 2 WEG Auswirkungen, da der dort geregelte **Anspruch** auf Abschluss oder Anpassung einer Vereinbarung nicht mehr **gegen** die übrigen Wohnungseigentümer, sondern **die Gemeinschaft der Wohnungseigentümer** zu richten ist (*Lehmann-Richter/Wobst* WEG-Reform 2020, Rn. 1971; ausf. in Rdn. 71 und dort mit Nachweisen zur Gegenauffassung). 3

B. Rechtsquellen (§ 10 Abs. 1 WEG)

I. WEG (§ 10 Abs. 1 S. 1 WEG)

Die **Rechtsquellen** des Innenverhältnisses ergeben sich aus § 10 Abs. 1 S. 1 und S. 2, § 19 sowie aus § 23 Abs. 1 WEG. Danach wird das Verhältnis der Wohnungseigentümer untereinander und zur Gemeinschaft der Wohnungseigentümer vorrangig durch die von ihnen rechtsgeschäftlich getroffenen Regelungen bestimmt (Vorrang der Rechtsgeschäfte). Rechtsgeschäftliche Instrumente hierfür sind die **Vereinbarung** (§ 10 Abs. 1 S. 2 WEG) und der in § 10 Abs. 3 WEG angesprochene, durch gesetzliche oder vertragliche Beschlusskompetenzen ermöglichte **Beschluss** (§§ 19 Abs. 1, 23 WEG). Soweit durch Rechtsgeschäft nichts Abweichendes geregelt ist, findet nach § 10 Abs. 1 S. 1 WEG für das Verhältnis der Wohnungseigentümer untereinander und zur Gemeinschaft der Wohnungseigentümer das Wohnungseigentumsgesetz Anwendung, ergänzt durch die Vorschriften des BGB über die Gemeinschaft in §§ 741 ff. BGB (BT-Drs. 19/18791, S. 50). Diese bürgerlichrechtlichen Vorschriften können allerdings nur das Verhältnis der Wohnungseigentümer untereinander und nicht zur Gemeinschaft der Wohnungseigentümer regeln, da die Gemeinschaft nach § 741 BGB gerade nicht rechtsfähig ist (MüKoBGB/*Burgmair* WEG § 10 Rn. 2). Immer dann, wenn das WEG vorrangige Regeln enthält, werden die Regeln des BGB verdrängt (*BGH,* 12.04.2013 – V ZR 103/12, ZWE 2013, 330). Da das **WEG Teil des Bürgerlichen Rechts** ist und die **Mitgliedschaft** im Verband ein **Schuldverhältnis** darstellt, sind subsidiär auch die Regeln aus dem allgemeinen Schuldrecht anwendbar (*BGH,* 11.07.1991 – V ZB 24/90, NJW 1991, 2637, 2638). Dies ist beispielsweise für den Anspruch auf Schadensersatz aus § 280 Abs. 1 BGB bedeutsam, der benötigt wird, wenn Wohnungseigentümer ihrer gesetzlichen Mitwirkungspflicht aus § 19 Abs. 1 WEG nicht nachkommen und daher einem anderen Wohnungseigentümer oder der Gemeinschaft der Wohnungseigentümer ein Schaden entsteht (ausf. vor §§ 23–25 WEG Rn. 6). 4

Ist gesetzlich oder rechtsgeschäftlich keine Beschlusskompetenz der Gesamtheit der Wohnungseigentümer vorgesehen, haben die Wohnungseigentümer die Möglichkeit, einen rechtsverbindlichen Willen durch Vereinbarung zu bilden (*Hügel/Elzer* WEG § 10 Rn. 11; BeckOK WEG/*Müller* § 10 Rn. 149). Sie können auch solche **Angelegenheiten vertraglich regeln**, die nach dem Gesetz beschlossen werden könnten (*Lüke* ZfIR 2000, 881, 883; *Wenzel* ZWE 2004, 130, 136; BeckOK WEG/*Müller* § 10 Rn. 54, 57). Umgekehrt können sie aber auch über den Inhalt einer Vereinbarung einen Beschluss treffen, soweit das WEG oder eine Vereinbarung (sog. **Öffnungsklausel** in der Vereinbarung) diese Angelegenheit einer Bestimmung durch Beschluss zugänglich macht (BeckOK WEG/*Müller* § 10 Rn. 57). Mit der Schaffung des § 19 Abs. 1 WEG, der eine allgemeine Beschlusskompetenz auf dem Gebiet der Verwaltung des gemeinschaftlichen Eigentums und Benutzung des gemeinschaftlichen Eigentums und des Sondereigentums vorsieht (*Hügel/Elzer* WEG § 19 Rn. 2; 5

BeckOGK/*Skauradszun* WEG § 19 Rn. 1), ist der Bedarf nach einer allgemeinen Öffnungsklausel in einer Vereinbarung gesunken.

II. Gemeinschaft nach den Vorschriften des BGB (§ 10 Abs. 1 S. 1 WEG)

6 Die Vorschriften des BGB über die Gemeinschaft finden seit dem WEMoG nur noch theoretisch Anwendung. Es handelt sich um ein **rechtshistorisches Relikt**. Mit der Verortung des Wohnungseigentumsrechts im allgemeinen Verbandsrecht spielt das Recht der Gemeinschaft nach Bruchteilen keine nennenswerte Rolle mehr. Stattdessen hat das WEG zahlreiche verbandsrechtliche Fragen normiert, sodass auch kein Bedarf mehr besteht, auf Vorschriften zurückzugreifen, die zu dem gegenwärtigen dogmatischen Konzept nicht mehr passen, sondern zu dem früheren dogmatischen Verständnis von der Gemeinschaft nach Bruchteilen gehören. Das WEMoG hätte den Verweis auf das Recht der Gemeinschaft daher streichen können. Der Verweis ist allerdings unschädlich, wenngleich er im Regelfall nicht zur Anwendung der entsprechenden Vorschriften führt.

III. Vereinbarungen (§ 10 Abs. 1 S. 2 WEG)

7 Nach § 10 Abs. 1 S. 2 WEG können die Wohnungseigentümer von den Vorschriften des WEG abweichende Regelungen vereinbaren, soweit nicht etwas anderes ausdrücklich bestimmt ist. Wie § 19 Abs. 1 WEG deutlich macht, dienen diese Vereinbarungen der Verwaltung des gemeinschaftlichen Eigentums und der Benutzung des gemeinschaftlichen Eigentums und des Sondereigentums (Rn. 21). Die Norm belässt den Wohnungseigentümer ihre **grundrechtlich geschützte Vertragsfreiheit**, um ihre Beziehungen im Innenverhältnis zu regeln (BT-Drs. 19/18791, S. 50; ähnlich Jennißen/*Abramenko* WEG § 10 Rn. 12; ähnlich BeckOK WEG/*Müller* § 10 Rn. 45) und damit rechtsgeschäftliche Grundlagen zu schaffen, damit der Verband seinem in § 18 Abs. 1 WEG vorgegebenen **Verbandszweck** nachkommen kann. Diese Vertragsfreiheit besteht im Ausgangspunkt für alle Regelungsbereiche des WEG und nicht nur für den 4. Abschnitt. Sie kann durch ein Gesetz eingeschränkt werden, was nicht notwendigerweise das WEG selbst sein muss. Eine Einschränkung kann ferner aus zwingenden Prinzipien wie jenen des Sachenrechts resultieren (vgl. Rdn. 9). **Im Zweifel** besteht aber für das Rechtsverhältnis der Wohnungseigentümer untereinander und zur Gemeinschaft der Wohnungseigentümer Vertragsfreiheit.

8 Für die in § 10 Abs. 1 S. 2 WEG genannten Vereinbarungen sind auch die Begriffe Gemeinschaftsordnung und Teilungserklärung verbreitet, die teils synonym verstanden werden (Jennißen/*Abramenko* WEG § 10 Rn. 8). Besonders gebräuchlich ist die Bezeichnung Gemeinschaftsordnung. Die **Gemeinschaftsordnung** ist ein Sammel- bzw. Oberbegriff. Denn alle Vereinbarungen zusammen bilden die Gemeinschaftsordnung (*Hügel/Elzer* WEG § 10 Rn. 19; MüKoBGB/*Burgmair* WEG § 10 Rn. 13). Der Begriff schließt gefasste Beschlüsse nicht ein. Die Gemeinschaftsordnung entspricht der Satzung anderer Verbände wie den Körperschaften. Teilweise wird allerdings nur das im Rahmen der Gründung der Gemeinschaft der Wohnungseigentümer aufgestellte Regelwerk als Gemeinschaftsordnung bezeichnet (vgl. etwa *BGH,* 22.01.2004 – V ZB 51/03, NJW 2004, 937, 940, wo unscharf von Gemeinschaftsordnung und Vereinbarungen die Rede ist). Für diese Differenzierung könnte die Diskussion um die Frage verantwortlich sein, ob es sich bei Regelungen, die vom teilenden Eigentümer nach § 8 WEG aufgestellt werden, überhaupt um eine Vereinbarung handelt. Das aus der Gründungsphase stammende Regelwerk wird daher teilweise auch als **Teilungserklärung** bezeichnet (etwa *BGH,* 28.10.2011 – V ZR 253/10, ZWE 2012, 80; *BGH,* 11.11.1986 – V ZB 1/86, NJW 1987, 650). Dieser Begriff sollte aber für das sachenrechtliche Grundverhältnis der Wohnungseigentümer vorbehalten bleiben. Denn mit der Teilungserklärung werden das Gemeinschaftseigentum und die Grenzen der Sondereigentumseinheiten festgelegt (*Hügel/Elzer* DNotZ 2012, 4, 7). Dieses sachenrechtliche Grundverhältnis ist hingegen nicht Gegenstand der Vereinbarungen nach § 10 Abs. 1 S. 2 WEG, weshalb die Begriffe differenziert werden sollten.

9 § 10 Abs. 1 S. 2 WEG ist damit Ausdruck der Vertragsautonomie der Wohnungseigentümer und damit ihrer **Selbstregelungsbefugnis**. Der Umfang der Vertragsautonomie ist aus zwei Gründen praktisch bedeutsam. Durch ihn wird zum einen die rechtsgeschäftliche **Grenze** einer Vereinbarung

bestimmt, also festgelegt, welche Regelungsgegenstände nicht durch Vereinbarung geregelt werden können. In diesen Bereichen steht dann rechtsgeschäftlich eine Vereinbarung nicht zur Verfügung. Hintergrund sind typischerweise Gesichtspunkte des **Verkehrsschutzes** oder Grundlagen des **Verbands- und Sachenrechts**, welche die Rechtsordnung grundsätzlich nicht zur Disposition der Wohnungseigentümer stellt. Daneben bestimmt der Bereich der Vertragsautonomie die **Schranken** für die Beschlüsse der Gesamtheit der Wohnungseigentümer, da bestimmte Fragen ausschließlich durch Vereinbarung geregelt werden können. In solchen Bereichen besteht also keine Beschlusskompetenz. Rechtsgeschäftlich steht ein Beschluss dann grundsätzlich nicht zur Verfügung.

1. Rechtsnatur der Vereinbarung

Eine Vereinbarung ist ein mehrseitiger schuldrechtlicher **Vertrag** (BeckOK WEG/*Müller* § 10 Rn. 59). 10
Sie besteht aus mindestens zwei übereinstimmenden **Willenserklärungen**. Es finden die Vorschriften der Rechtsgeschäftslehre über Willenserklärungen und den Vertrag Anwendung (§§ 116 ff., 145 ff. BGB). Eine Vereinbarung ist formfrei möglich (Rn. 49; *Hügel/Elzer* WEG § 10 Rn. 22 ff.; BeckOK WEG/*Müller* § 10 Rn. 76).

2. Abgrenzung der Vereinbarung vom (allstimmigen) Beschluss

Die im Wohnungseigentumsrecht von der Gesamtheit der Wohnungseigentümer – dem Willens- 11
bildungsorgan – und dem Verwaltungsbeirat – dem Überwachungsorgan – gefassten Beschlüsse stellen **Rechtsgeschäfte** im Sinne der bürgerlich-rechtlichen Rechtsgeschäftslehre dar (vgl. *BGH*, 10.09.1998 – V ZB 11/98, *BGHZ* 139, 288, 297; Staudinger/*Häublein* WEG § 23 Rn. 11, 13 und 36). Die Verortung all dieser Beschlüsse im Allgemeinen Teil des Bürgerlichen Rechts ist darauf zurückzuführen, dass die positiven Beschlüsse aus zumindest einer **Willenserklärung** bestehen (*Baltzer*, Der Beschluss als rechtstechnisches Mittel organschaftlicher Funktion im Privatrecht, S. 58; *Neuner* BGB AT § 29 Rn. 12), häufiger aus mehreren, gar sehr vielen Willenserklärungen, und diese das rechtsgeschäftliche Fundament bilden und typische rechtsgeschäftliche Themen wie Stellvertretung und Willensmängel auch beim Beschluss möglich sind. Zum Beschluss grundlegend vor §§ 23–25 WEG Rdn. 4 ff.

Es kann zweifelhaft sein, ob die Wohnungseigentümer im Einzelfall einen Willen durch Verein- 12
barung oder Beschluss gebildet haben. Die Abgrenzung ist u.a. mit Blick auf die Bindungswirkung gegenüber Sondernachfolgern von praktischer Bedeutung. Das Abgrenzungsproblem stellt sich, wenn in einer Wohnungseigentümerversammlung sämtliche Wohnungseigentümer anwesend oder vertreten sind und sämtliche Stimmberechtigten einem Beschlussantrag zustimmen (sog. allstimmiger Beschluss). Nach der älteren **Rechtsprechung** soll die Abgrenzung zwischen einer Vereinbarung und einem allstimmigen Beschluss **nach dem Gegenstand** der getroffenen Regelung vorzunehmen sein (*OLG Hamburg*, 26.11.2007 – 2 Wx 68/07, ZMR 2008, 154, 155; *OLG Hamm*, 11.11.2004 – 15 W 351/04, ZMR 2005, 400 m.w.N.). Eine Regelung sei danach als Beschluss zu qualifizieren, wenn ihr Gegenstand einem solchen zugänglich ist. Demgegenüber handele es sich um eine Vereinbarung, wenn ihr Gegenstand eine solche erfordert, also für eine Regelung durch Beschluss **keine Kompetenz** besteht (*BayObLG*, 13.06.2002 – 2Z BR 1/02, ZMR 2002, 848, 850; *OLG Hamm*, 11.11.2004 – 15 W 351/04, ZMR 2005, 400; *OLG Düsseldorf*, 14.02.2001 – 3 Wx 392/00, ZMR 2001, 649, 650; *OLG Zweibrücken*, 11.06.2001 – 3 W 218/00, ZMR 2001, 734, 735).

Dieses Kriterium der älteren Rechtsprechung **überzeugt nicht** (BeckOK WEG/*Müller* § 10 Rn. 83). 13
Maßgeblich ist allein das rechtsgeschäftlich gewählte Verfahren (BeckOK WEG/*Müller* § 10 Rn. 83). Denn aus § 23 Abs. 1 und 3 WEG folgt, dass Beschlüsse in einer **Beschlussprozedur** gefasst werden (ausf. vor §§ 23–25 WEG Rdn. 5 ff.). Stimmen also in einer Wohnungseigentümerversammlung alle Wohnungseigentümer für eine Maßnahme und wird der Beschluss vom Versammlungsleiter verkündet, so liegt ein Beschluss nach §§ 19 Abs. 1, 23 WEG und keine Vereinbarung vor (BeckOK WEG/*Müller* § 10 Rn. 83). Daher stellt ein allstimmiger Beschluss auch keine Vereinbarung dar (a.A. Jennißen/*Abramenko* WEG § 10 Rn. 9). Auch die Abgrenzung einer Vereinbarung zu Beschlüssen außerhalb der Versammlung (§ 23 Abs. 3 WEG) ist rechtsgeschäftlich vorzunehmen. Zu fragen ist,

ob aus objektiver Sicht gleichgerichtete Willenserklärungen beim Initiator gebündelt werden sollten (Beschluss) oder ob ein Zugang der jeweiligen Willenserklärung bei den jeweils anderen Wohnungseigentümern erfolgen sollte (Vereinbarung). Der objektive Beobachter hat ferner zu fragen, ob in der Wohnungseigentümerversammlung eine Mehrheitsentscheidung als ausreichend (Beschluss, vgl. § 25 Abs. 1 WEG) oder übereinstimmende Willenserklärungen als erforderlich angesehen wurden.

14 Haben die Wohnungseigentümer nach diesen Kriterien einen allstimmigen Beschluss gefasst, ist dieser bei **Fehlen** einer **Beschlusskompetenz** nichtig und kann wegen der unterschiedlichen Entstehung der Rechtsgeschäfte nicht in eine Vereinbarung umgedeutet werden (*OLG Köln,* 27.09.1991 – 16 Wx 60/91, NJW-RR 1992, 598; *Wenzel* in: FS Bub 2007 S. 249, 259; BeckOK WEG/*Müller* § 10 Rn. 83, 88; zur Umdeutung einer fehlgeschlagenen Vereinbarung in einen Mehrheitsbeschluss siehe *BGH,* 20.06.2002 – V ZB 39/01, NJW 2002, 3240, 3244; *Schuschke* NZM 2001, 497, 500; *Wenzel* NZM 2003, 217, 220; Jennißen/*Abramenko* WEG § 10 Rn. 17). Derartige **Umdeutungen** von einer Vereinbarung in einen Beschluss oder umgekehrt **gibt es jedoch nicht**, da beide Rechtsgeschäfte auf gänzlich unterschiedliche Weise entstehen, ausf. *Skauradszun* Der Beschluss als Rechtsgeschäft 2020 S. 171 f.

3. Zustandekommen und Aufhebung einer Vereinbarung

15 Für den Vertragsschluss ist erforderlich, dass sämtliche Wohnungseigentümer übereinstimmende Willenserklärungen abgeben und empfangen (Jennißen/*Abramenko* WEG § 10 Rn. 8; BeckOK WEG/*Müller* § 10 Rn. 71). Die Willenserklärungen können durch **Stellvertreter** oder **Boten** abgegeben werden, wobei der Stellvertreter eine eigene und der Bote eine fremde Willenserklärung abgibt. Die Vertretungsmacht für den Stellvertreter kann auf Vertrag (Vollmacht nach § 167 BGB) oder Gesetz beruhen (etwa § 78 Abs. 1 S. 1 AktG, § 35 Abs. 1 GmbHG). Eine Vereinbarung kann auch dadurch geschlossen werden, dass die Wohnungseigentümer **sukzessive einem Vertragstext zustimmen** (*Merle* in: FS Wenzel 2005 S. 251, 255 ff.). Auch dies ist ein Merkmal der Vereinbarung. Denn beim Beschluss ist jenseits des § 23 Abs. 3 WEG zur Beschlussfassung ohne Versammlung die Abgabe der Willenserklärung in der Regel nur in der Wohnungseigentümerversammlung möglich. Fehlt bei einer Vereinbarung die übereinstimmende Willenserklärung auch nur eines Wohnungseigentümers, ist diese **nicht zustande gekommen.** Eine solche fehlgeschlagene Vereinbarung kann nicht im Wege der Auslegung oder **Umdeutung** als Beschluss verstanden werden (vgl. Rdn. 14).

16 Der Abschluss einer Vereinbarung nach § 10 Abs. 1 S. 2 WEG ist kein höchstpersönliches Rechtsgeschäft, weshalb sich ein Wohnungseigentümer vertreten lassen kann (*Hügel/Elzer* WEG § 10 Rn. 26). In der Praxis werden Vollmachten auch in anderen Verträgen erteilt, beispielsweise in den **Erwerbsverträgen.** Damit wird der aufteilende Eigentümer bevollmächtigt, die nachträgliche Änderung der Gemeinschaftsordnung oder der Teilungserklärung (sachenrechtliches Grundverhältnis) zu erklären (vgl. *OLG München,* 31.07.2007 – 34 Wx 059/07, DNotZ 2008, 289, 290; Bärmann/*Armbrüster* WEG § 8 Rn. 28). Derartige Vollmachten sind mit Blick auf die Privatautonomie der Wohnungseigentümer zwar im Grundsatz zulässig, **inhaltliche Schranken** können aber insbesondere vom AGB-Recht gesetzt werden (§§ 307 ff. BGB). Teile der Literatur lehnen eine AGB-Kontrolle schon im Grundsatz ab und begründen dies mit dem vollmachtsrechtlichen Abstraktionsprinzip (*Basty* MittBayNot 2010, 131). Die herrschende Gegenansicht folgt dem zu Recht nicht und hält Vollmachten für unwirksam, die dem Veräußerer Änderungen ermöglichen, die den Wohnungseigentümern unzumutbar sind (*Armbrüster* Die Wohnungseigentümer und ihre Gemeinschaft S. 27 ff.). Dies ist eine Frage des Einzelfalls. Ein AGB-Verstoß wurde etwa bei einer weder zeitlich noch inhaltlich beschränkten Änderungsbefugnis bejaht (*LG Düsseldor,* 14.12.1998 – 19 T 361/98, Rpfleger 1999, 217; *LG Nürnberg-Fürth,* 10.06.2009 – 14 S 1895/09, NJW 2009, 3442). Das **Grundbuchamt** hat bei der Eintragung von auf Vollmachten gestützten Änderungen nur zu prüfen, ob die Vollmacht offensichtlich unwirksam ist (*OLG Hamm,* 21.12.2016 – I-15 W 590/15, ZMR 2017, 419; *OLG München,* 17.02.2009 – 34 Wx 91/08, OLGR München 2009, 457).

17 Vereinbarungen können auch durch **schlüssiges** (konkludentes) **Verhalten** zustande kommen (*Hügel/Elzer* WEG § 10 Rn. 24; BeckOK WEG/*Müller* § 10 Rn. 72). Hierfür reicht aber die schlichte

Duldung einer gegen die bisherige Gemeinschaftsordnung verstoßenden Praxis nicht aus. Erforderlich ist nach der Rechtsprechung vielmehr, dass jeder Wohnungseigentümer Kenntnis sowohl von dem Inhalt der Rechtsänderung hat als auch allseitig der rechtsgeschäftliche Wille besteht, für die Zukunft eine verbindliche Änderung vorzunehmen (*BGH,* 10.07.2015 – V ZR 169/14, ZMR 2015, 947 Rn. 23). Für jede dieser Voraussetzungen bedarf es konkreter Anhaltspunkte. In der Regel müssen die Wohnungseigentümer vor der stillschweigenden Willenskundgabe über den Gegenstand der Vereinbarung beraten und die Rechtsfolgen für die Zukunft erörtert haben (*BGH,* 10.07.2015 – V ZR 169/14, ZMR 2015, 947, 949). Andernfalls ist ein Rechtsbindungswille schwer zu begründen (im Ergebnis ebenso BeckOK WEG/*Müller* § 10 Rn. 72).

Eine **Eintragung** der Vereinbarung in das **Grundbuch** ist kein konstitutives Element. Sie ist allein eine Voraussetzung für die Bindung von Sondernachfolgern nach § 10 Abs. 3 S. 1 WEG (*Hügel/Elzer* WEG § 10 Rn. 37). 18

Es kann die Frage aufkommen, ob Drittberechtigte am Wohnungseigentum ihre Zustimmung zu einer Vereinbarung erklären müssen, damit diese wirksam zustande kommt. Ist das Wohnungseigentum mit der Hypothek, Grund- oder Rentenschuld oder der Reallast eines Dritten belastet, so ist dessen nach den Rechtsvorschriften des BGB notwendige **Zustimmung** (vgl. etwa § 876 BGB) nach § 5 Abs. 4 S. 2 WEG nur erforderlich, wenn ein Sondernutzungsrecht begründet oder ein mit dem Wohnungseigentum verbundenes Sondernutzungsrecht aufgehoben, geändert oder übertragen wird. 19

Eine **Vereinbarung** kann durch Vertrag **aufgehoben** werden (vgl. § 311 Abs. 1 BGB; *Hügel/Elzer* WEG § 10 Rn. 180). Für einen solchen Aufhebungsvertrag bedarf es übereinstimmender Willenserklärungen aller Wohnungseigentümer. 20

4. Regelungsgegenstände einer Vereinbarung

Vereinbarungen nach § 10 Abs. 1 S. 2 WEG gehören systematisch zum 4. Abschnitt des WEG und sind **im Zusammenhang mit** der **Schlüsselnorm des § 18 Abs. 1 WEG** zu sehen. Dort wird der **Verbandszweck typisiert** (BeckOGK/*Skauradszun* WEG § 18 Rn. 12; ähnlich BeckOGK/*Falkner* WEG § 9a Rn. 56, wonach ein anderer Verbandszweck grundsätzlich unzulässig wäre). Dieser besteht in der Verwaltung des gemeinschaftlichen Eigentums und – wie sich aus § 18 Abs. 2 WEG ergibt – der Benutzung des gemeinschaftlichen Eigentums und des Sondereigentums. **§ 19 Abs. 1 WEG** macht daher deutlich, dass die Verwaltung des gemeinschaftlichen Eigentums und die Benutzung des gemeinschaftlichen Eigentums und des Sondereigentums **entweder** durch eine **Vereinbarung oder** einen **Beschluss** geregelt wird (*Hügel/Elzer* WEG § 18 Rn. 14). Die Regelungsgegenstände einer Vereinbarung bewegen sich damit im Rahmen des Verbandszwecks. Klassische Regelungsgegenstände wie eine Regelung zur Organisation im Verwaltungsbeirat, zu Einzugsermächtigungen für die Vorschüsse nach § 28 Abs. 1 WEG, die Aufstellung einer Hausordnung, eine Regelung zum Musizieren in der Wohnung, zur Stimmkraft bei der Beschlussfassung oder der Mitversicherung des Sondereigentums beim Abschluss einer Versicherung für das gemeinschaftliche Eigentum (zu all diesen Beispielen MüKoBGB/*Burgmair* WEG § 10 Rn. 16) betreffen alle die Verwaltung des gemeinschaftlichen Eigentums bzw. Benutzung des gemeinschaftlichen Eigentums und des Sondereigentums und somit den Verbandszweck. Dies wird schon durch § 19 Abs. 2 WEG deutlich, der einige der genannten Regelungsgegenstände listet. **Im Zweifel** besteht für das Rechtsverhältnis der Wohnungseigentümer untereinander und zur Gemeinschaft der Wohnungseigentümer **Vertragsfreiheit** (*Hügel/Elzer* WEG § 10 Rn. 50; vgl. auch *BGH,* 12.11.2021 – V ZR 204/20, ZMR 2022, 232, Rn. 26: weitgehend freie Hand). Keine Vertragsfreiheit besteht hingegen in folgenden Bereichen: 21

a) Grenze: der Verbandszweck des § 18 WEG

Vereinbarungsfest ist der in § 18 WEG festgelegte Verbandszweck (*Hügel/Elzer* DNotZ 2021, 3, 14; BeckOGK/*Skauradszun* WEG § 18 Rn. 13). Nach allgemeinen verbandsrechtlichen Prinzipien können die Mitglieder den Verbandszweck zwar grundsätzlich durch Vertrag ändern oder erweitern, dieses Prinzip beruht aber auf der Privatautonomie der Mitglieder und setzt daher voraus, dass die 22

Regeln des konkreten Verbands diese Privatautonomie überhaupt eröffnen. Bei der Gemeinschaft der Wohnungseigentümer erfolgt die Festlegung des Verbandszwecks aber **nicht privatautonom**, sondern durch das Gesetz, namentlich durch § 18 WEG. § 18 Abs. 1 WEG definiert den Zweck der rechtsfähigen Gemeinschaft der Wohnungseigentümer als Verwaltung des gemeinschaftlichen Eigentums. Der Verbandszweck wurde also vom Gesetzgeber typisiert (BeckOGK/*Skauradszun* WEG § 18 Rn. 12). Dieser **gesetzliche Verbandszweck ist unabdingbar** (*Lehmann-Richter* ZWE 2012, 463, 467; *Hügel/Elzer* WEG § 9a Rn. 26; wohl auch MüKoBGB/*Burgmair* WEG § 10 Rn. 9: »Kernbereich des Wohnungseigentums«, wozu nach dem WEMoG § 18 WEG zählt; a.A. *Dötsch/Schultzky/Zschieschack* WEG-Recht 2021, Kap. 3 Rn. 25, wonach eine Änderung des Verbandszwecks hinzunehmen sei), denn auf ihm beruht das gesamte dogmatische Konzept des WEG in der Fassung des WEMoG. Dieser Verbandszweck entspricht dem Willen des Gesetzgebers. Auch aus § 47 S. 1 WEG wird der Wille des Gesetzgebers deutlich, das WEMoG flächendeckend und auch bei Bestandsgemeinschaften mit Altvereinbarungen zur Anwendung zu bringen und damit das neue verbandsrechtliche Konzept zugrunde zu legen; ausweislich § 47 S. 2 WEG soll ein anderer Wille in der Regel gerade nicht anzunehmen sein. Würden die Wohnungseigentümer beispielsweise vereinbaren wollen, dass die **Verwaltung** des gemeinschaftlichen Eigentums nicht dem Verband, sondern **den Mitgliedern obliegt**, würden in der Folge verbandsrechtliche Vorschriften des WEG nicht mehr passen. Beispielsweise würde dann der zentrale Anspruch aus § 18 Abs. 2 WEG gegen den Verband keinen Sinn mehr machen. Genauso wenig würde der Verbandsprozess nach § 44 Abs. 2 S. 1 WEG Sinn ergeben. Eine solche Vereinbarung würde ein zum WEG paralleles Wohnungseigentumsrecht begründen. Dies ist ersichtlich nicht zulässig (*Hügel/Elzer* WEG § 10 Rn. 56). Eine solche Beschränkung ist keine Besonderheit des Wohnungseigentumsrechts. Die Rechtsordnung hat vielmehr bestimmte Verbände zur Verfolgung bestimmter Zwecke geschaffen. Der im Gesetz festgeschriebene Verbandszweck wird ferner dann praktisch, wenn die Gesamtheit der Wohnungseigentümer einen über den Verbandszweck hinausgehenden Beschluss fasst. Ein solcher Beschluss ist nichtig.

23 Da der Verbandszweck die Verwaltung des gemeinschaftlichen Eigentums ist (§ 18 Abs. 1 WEG), können die Rechtsverhältnisse an einem **anderen** Grundstück, das nicht im gemeinschaftlichen Eigentum steht, nicht Gegenstand einer Vereinbarung nach § 10 Abs. 1 S. 2 WEG sein (*OLG Hamm,* 28.02.2006 – 15 W 352/05, ZMR 2006, 707, 708). Da die Verwaltung des gemeinschaftlichen Eigentums sich aber auch auf das **Gemeinschaftsvermögen** erstreckt, gilt etwas anderes, wenn das andere Grundstück im Eigentum der rechtsfähigen Gemeinschaft der Wohnungseigentümer steht (vgl. § 9a Abs. 1 WEG). Über dessen Nutzung und Verwaltung können die Wohnungseigentümer eine Vereinbarung schließen. Vom Verbandszweck gedeckt ist auch eine unternehmerische Betätigung, die sich bei wertender Betrachtung als Reflex oder Nebentätigkeit der Verwaltung des gemeinschaftlichen Eigentums darstellt. Die Gesamtheit der Wohnungseigentümer kann daher etwa beschließen, dass der Verband ein **Blockheizkraftwerk** zwecks Versorgung der Anlage betreiben soll, auch wenn Energie daneben an Dritte abgegeben wird (zur Ordnungsmäßigkeit eines solchen Beschlusses *LG Koblenz,* 26.05.2009 – 2 S 52/08, ZWE 2009, 282; *Derleder* ZWE 2012, 65).

b) Sachenrechtliche Grundsätze

24 Keine Vertragsfreiheit besteht für die Veränderung der sachenrechtlichen Vorgaben des WEG (MüKoBGB/*Burgmair* WEG § 10 Rn. 5). Denn im Sachenrecht gilt aus Gründen des Verkehrsschutzes der Grundsatz des numerus clausus der Sachenrechte. Die Wohnungseigentümer können daher nicht bestimmen, dass Wohnungseigentum abweichend von den §§ 1 ff. WEG begründet wird. Keine Rechtswirkung entfalten deshalb beispielsweise Vereinbarungen, die **§ 1 Abs. 4 WEG** (Bildung von Wohnungseigentum und Teileigentum nur an einem Grundstück), **§ 5 Abs. 2 WEG** (bestimmte Teile müssen Gemeinschaftseigentum sein, vgl. *Hügel/Elzer* DNotZ 2012, 4, 7; *Lehmann-Richter* ZWE 2013, 69) oder **§ 6 WEG** (Unselbstständigkeit des Sondereigentums) widersprechen. Ferner kann § 3 Abs. 1 S. 2 WEG betreffend **Stellplätze** nicht durch eine Vereinbarung auf sonstige Teile ausgeweitet werden.

Ebenfalls nicht unter die Vertragsfreiheit fallen Regelungen, die das sachenrechtliche Grundverhältnis betreffen (vgl. *Dötsch/Schultzky/Zschieschack* WEG-Recht 2021, Kap. 3 Rn. 24). Zwar können die Wohnungseigentümer kraft ihrer Privatautonomie das **sachenrechtliche Grundverhältnis** verändern, die Regelung dieses Verhältnisses erfolgt aber nicht durch eine Vereinbarung nach § 10 Abs. 1 S. 2 WEG, sondern durch die hiervon zu unterscheidende **Teilungserklärung oder den Teilungsvertrag** (*BGH,* 11.05.2012 – V ZR 189/11, ZMR 2012, 793; *Hügel/Elzer* DNotZ 2012, 4, 7). Will etwa der aufteilende Eigentümer nach Entstehung der Gemeinschaft der Wohnungseigentümer das Recht behalten, diese Teilungserklärung einseitig zu verändern, so kann er dies rechtsgeschäftlich mit den Erwerbern regeln, etwa durch entsprechende Vollmachten (*BayObLG,* 12.09.2002 – 2Z BR 75/02, ZMR 2002, 953, 954; *OLG Hamburg,* 06.12.2002 – 2 Wx 27/99, ZMR 2003, 697, 698; *OLG Hamm,* 09.09.1999 – 15 W 157/99, ZWE 2000, 80). Solche Vereinbarungen können aber nicht Inhalt der Vereinbarung nach § 10 Abs. 1 S. 2 WEG sein, was zur Folge hat, dass sie nicht durch Eintragung im Grundbuch Sondernachfolger binden. Dies ist praktisch bedeutsam insbesondere für Regelungen in der Gemeinschaftsordnung, die einzelne Wohnungseigentümer ermächtigen, das sachenrechtliche Grundverhältnis umzugestalten (*Häublein* DNotZ 2000, 442, 450). Wie ein Vergleich zwischen § 5 Abs. 3 und Abs. 4 WEG zeigt, differenziert das Gesetz zwischen den **Innenbeziehungen der Wohnungseigentümer** einerseits (Abs. 4; vgl. hierzu den 4. Abschnitt des WEG) und **sachenrechtlichen Fragen** andererseits (Abs. 3, *Häublein* DNotZ 2000, 442, 450). Eine Vereinbarung nach § 10 Abs. 1 S. 2 WEG setzt daher voraus, dass die Wohnungseigentümer ihre Innenbeziehungen untereinander regeln, also eine Gemeinschaftsordnung schaffen, die ähnlich einer Satzung die Verwaltung des gemeinschaftlichen Eigentums bzw. die Benutzung des gemeinschaftlichen Eigentums oder des Sondereigentums näher ausgestaltet (Rdn. 8). Daran fehlt es, wenn nicht das Gemeinschaftsverhältnis der Wohnungseigentümer untereinander, sondern mit den Eigentumsverhältnissen die sachenrechtlichen Grundlagen der Wohnungseigentümer betroffen sind (*BGH,* 12.04.2013 – V ZR 103/12, ZWE 2013, 330; *BGH,* 04.04.2003 – V ZR 322/02, NJW 2003, 2165, 2166). 25

Dies hat zur Folge, dass eine **Regelung in der Gemeinschaftsordnung**, die einen Wohnungseigentümer ermächtigt, das sachenrechtliche Grundverhältnis zu ändern, **keine Vereinbarung** i.S.d. § 10 Abs. 1 S. 2 WEG darstellt und daher nicht nach § 10 Abs. 3 S. 1 WEG gegen Sondernachfolger wirken kann. Zwischen den am Vertragsschluss beteiligten Wohnungseigentümern mag die Regelung als Vollmacht auszulegen sein. Dies betrifft etwa die Ermächtigungen, die Miteigentumsanteile zu ändern (*OLG Saarbrücken,* 28.09.2004 – 5 W 173/03, NZM 2005, 423), Gemeinschafts- in Sondereigentum **umzuwandeln** (*BayObLG,* 05.01.2000 – 2Z BR 163/99, ZMR 2000, 316; *KG,* 17.12.1997 – 24 W 3797–97, NZM 1998, 581) – und zwar auch bei Bestehen eines Sondernutzungsrechts (*BayObLG,* 12.10.2001 – 2 Z BR 110/01, ZWE 2002, 124) – oder die Verpflichtung, einen Teil des gemeinschaftlichen Eigentums auf einen anderen Wohnungseigentümer zu übertragen (*BGH,* 04.04.2003 – V ZR 322/02, NJW 2003, 2165, 2166). Etwas anderes gilt hingegen für die Ermächtigung, **Sondernutzungsrechte** zuzuweisen, weil hier nicht das sachenrechtliche Grundverhältnis betroffen ist, sondern eine Gebrauchsregelung vorliegt (*BGH,* 02.12.2011 – V ZR 74/11, ZWE 2012, 175). Wirksam ist aus diesem Grund auch die Ermächtigung in der Gemeinschaftsordnung, dass ein Wohnungseigentümer Wohnungs- in Teileigentum – oder umgekehrt – umwandeln kann (*Armbrüster* Die Wohnungseigentümer und ihre Gemeinschaft S. 19). 26

c) Öffentlich-rechtliche Normen

Bezüglich der öffentlich-rechtlichen Vorschriften im und außerhalb des WEG besteht keine Vertragsfreiheit. Die Wohnungseigentümer können auch nicht wirksam vereinbaren, dass *alle* Beschlüsse in das **Grundbuch** einzutragen sind. Denn dies sieht § 10 Abs. 3 S. 1 WEG nur für Beschlüsse vor, die aufgrund einer Vereinbarung gefasst werden (BT-Drs. 19/18791, S. 40). **Verfahrensrechtliche Vorschriften**, die zum öffentlichen Recht gehören, sind ebenfalls **vereinbarungsfest**. Dies gilt etwa für § 44 WEG betreffend die Beschlussklagen, die die Wohnungseigentümer durch Vereinbarung nicht auf Klagen der Verbandsorgane untereinander erstrecken können (ausf. BeckOGK/*Skauradszun* WEG § 44 Rn. 21 f.). 27

d) **Vereinbarungen mit Bezug zu Dritten**

28 Grenzen der Vertragsfreiheit ergeben sich auch bei Vereinbarungen, welche das Verhältnis der Wohnungseigentümer oder der Gemeinschaft der Wohnungseigentümer zu Dritten und damit das Außenverhältnis betreffen (*Dötsch/Schultzky/Zschieschack* WEG-Recht 2021, Kap. 3 Rn. 25; Jennißen/*Abramenko* WEG § 10 Rn. 18; *Hügel/Elzer* WEG § 10 Rn. 68; im Ergebnis ebenso BeckOK WEG/*Müller* § 10 Rn. 48). Zu denken ist etwa an Regelungen in der Gemeinschaftsordnung über den **Verwalter**, aber auch an Klauseln, welche Dritte begünstigen, etwa Dritten ein Nutzungsrecht am gemeinschaftlichen Eigentum einräumen oder den Verwalter ermächtigen, dem Bauträger gegenüber die **Abnahme** des errichteten gemeinschaftlichen Eigentums zu erklären (*BGH,* 09.11.2023 – VII ZR 241/22, NZM 2024, 113 Rn. 34 vgl. alternativ die Beschlussfassung nach § 27 Abs. 1 Nr. 1, Abs. 2 WEG). Hier ist im Ausgangspunkt zu beachten, dass die **Parteien** einer das Innenverhältnis der Gemeinschaft der Wohnungseigentümer regelnden Vereinbarung **nur** deren Mitglieder, also die **Wohnungseigentümer**, seien können. Dies folgt bereits aus dem Wortlaut von § 10 Abs. 1 S. 2 WEG (»Die Wohnungseigentümer…«), daneben aber auch aus dem allgemeinen Grundsatz, wonach die Bestimmung des Innenverhältnisses eines Verbands allein dessen Mitgliedern obliegt. Die Rechtsfolge dieses Prinzips ist, dass die Bindung eines Wohnungseigentümers an Vereinbarungen i.S.d. § 10 Abs. 1 S. 2 WEG mit dem Verlust des Wohnungseigentums entfällt. Denn dann wird der frühere Wohnungseigentümer zum Dritten, der an das Binnenrecht der Wohnungseigentümer nicht gebunden werden kann.

e) **Gesetzeswiederholende Vereinbarungen**

29 In Vereinbarungen finden sich teils auch Regelungen, die den Wortlaut des Gesetzestextes wiederholen. In der Literatur wird teilweise die Ansicht vertreten, solche Regelungen könnten nach § 10 Abs. 1 S. 2 WEG nicht vereinbart werden, da es sich nicht – wie vom Wortlaut verlangt – um »von den Vorschriften dieses Gesetzes abweichende« Vereinbarungen handele (Bärmann/*Suilmann* WEG § 10 Rn. 81). Diese Ansicht haftet zu formalistisch am Wortlaut der Norm (vgl. *F. Schmidt* ZWE 2008, 463, 464). Die Frage wird praktisch relevant, wenn sich das Gesetz nach Abschluss der Vereinbarung ändert. Würde bei gesetzeswiederholenden Vereinbarungen die Privatautonomie der Wohnungseigentümer nicht anerkannt werden, hätten diese keine Möglichkeit, ihre Rechtsbeziehungen insoweit mit Wirkung für und gegen Sondernachfolger über § 10 Abs. 3 S. 1 WEG zu perpetuieren. Für eine solche Beschränkung der Privatautonomie ist nichts ersichtlich, insbesondere weil bei einer Gesetzesänderung die Regelung in der Vereinbarung dann – wie vom Wortlaut des § 10 Abs. 1 S. 2 WEG gefordert – vom Gesetz abweicht. Für die Auslegung von gesetzeswiederholenden Vereinbarungen, die vor dem 01.12.2020 getroffen wurden, ist aber auf die besondere **Auslegungsvorschrift** des **§ 47 WEG** zu verweisen. Danach stehen der Anwendung der Vorschriften des WEG in der Fassung des WEMoG anderslautende Vereinbarungen nicht entgegen, soweit sich aus der Vereinbarung nicht ein anderer Wille ergibt. Ein solcher Wille ist in der Regel jedoch nach § 47 S. 2 WEG nicht anzunehmen.

30 Wiederholt die Vereinbarung eine gesetzliche Bestimmung, ist diese gleichwohl nach § 10 Abs. 3 S. 1 WEG im Grundbuch eintragungsfähig. Es ist eine Frage der Auslegung, ob das Wiederholen des Gesetzestextes als ein **dynamischer Hinweis** auf die jeweilige gesetzliche Regelung zu verstehen ist (für einen dynamischen Verweis: *BGH,* 17.03.2023 – V ZR 140/22, NJW-RR 2023, 791, Rn. 17). In der älteren Rechtsprechung wurde die Ansicht vertreten, dass durch einen bloßen Hinweis auf eine gesetzliche Regelung dessen Inhalt **nicht** vereinbart und damit nicht »**versteinert**« wird (*BayObLG,* 21.04.1972 – BReg. 2 Z 125/71, NJW 1972, 1376; *OLG Frankfurt/M.,* 17.03.1983 – 20 W 847/82, OLGZ 1983, 180). Die im Grundbuch eingetragene Vereinbarung ist jedoch objektiv auszulegen (*Hügel/Elzer* WEG § 10 Rn. 42). Aus dem Wortlaut der Vereinbarung wird sich regelmäßig nicht entnehmen lassen, dass eine dynamische Verweisung gewollt ist. Gesetzliche Vorschriften, die in die Vereinbarung aufgenommen worden sind, gelten daher regelmäßig kraft Vereinbarung und werden dann von einer späteren Gesetzesänderung nicht berührt, soweit diese nicht zwingendes

Recht enthält (so auch *F. Schmidt* ZWE 2008, 463, 464; BeckOK WEG/*Müller* § 10 Rn. 55). Zu beachten ist hierbei aber § 47 WEG (Rdn. 29).

5. Abschluss einer Vereinbarung vor Anlegung der Wohnungsgrundbücher

Die ersten Regelungen für die spätere Gemeinschaft der Wohnungseigentümer stammen meist aus dem Gründungsstadium, weil in der Praxis im Rahmen der Teilung des Grundstücks in Wohnungseigentum gleichzeitig solche Regelungen beurkundet werden. Diese werden durch Eintragung in das Grundbuch zum Inhalt des Sondereigentums gemacht, **§ 5 Abs. 4 S. 1 WEG** (*Hügel/Elzer* WEG § 10 Rn. 20, 29). Diese die Aufteilung durch Teilungsvertrag regelnde Norm gilt nach § 8 Abs. 2 WEG bei der Teilung durch den Alleineigentümer entsprechend. Die Gegenstände dieser ersten Regelungen betreffen den späteren Verbandszweck, also die spätere Verwaltung des gemeinschaftlichen Eigentums und die spätere Benutzung des gemeinschaftlichen Eigentums und des Sondereigentums (vgl. Rdn. 21). 31

Die bei der Aufteilung durch **Teilungsvertrag gem. § 3 WEG** durch die Miteigentümer abgeschlossene Vereinbarung lässt sich problemlos unter § 10 Abs. 1 S. 2 WEG subsumieren, da hier die Voraussetzungen eines Vertrags vorliegen. Der Umstand, dass es sich bei den Parteien noch nicht um Wohnungseigentümer handelt, ist unschädlich. Wie sich aus § 5 Abs. 4 WEG ergibt, sind Vereinbarungen auch im Gründungsstadium gesetzlich vorgesehen und zulässig. Es handelt sich im Übrigen auch dann um eine Vereinbarung i.S.d. § 10 Abs. 1 S. 2 WEG, wenn diese nicht in das Grundbuch eingetragen wird. Die Situation ist hier keine andere als etwa bei der GmbH, bei der nach § 2 Abs. 1 S. 2 GmbHG der Gesellschaftsvertrag von den Gesellschaftern zu unterzeichnen ist, die aber erst durch die spätere Registereintragung zu Gesellschaftern der GmbH werden. 32

Schwierigkeiten bereitet hingegen die Einordnung von Regeln, die vom aufteilenden Alleineigentümer bei der **Teilung nach § 8 WEG** stammen. Hier ist zu fragen, ob diese einseitige Bestimmung eine Vereinbarung sein kann. Solange es **keine weiteren Wohnungseigentümer** gibt, könnte es sich um bloße Entwürfe für eine Vereinbarung handeln und eine Vereinbarung erst zustande kommen, wenn zumindest zwei Wohnungseigentümer im Wohnungsgrundbuch eingetragen worden sind und durch ihren Kauf konkludent dem Angebot auf Abschluss einer Vereinbarung zugestimmt haben (vgl. *Elzer* ZMR 2005, 465). Aus §§ 8 Abs. 2, 5 Abs. 4 WEG folgt allerdings, dass die vom Alleineigentümer aufgestellten Regeln **wie eine Vereinbarung** behandelt werden. Diese gesetzliche Analogie stellt also die einseitigen Bestimmungen den Vereinbarungen i.S.d. § 10 Abs. 1 S. 2 WEG gleich (Timme/*Dötsch* § 10 Rn. 151; Bärmann/*Suilmann* WEG § 10 Rn. 68). Die Rechtslage ähnelt hier der Ein-Person-Gründung einer GmbH oder AG, bei der ebenfalls der Alleingründer befugt ist, den Inhalt der Satzung zu bestimmen. Eine **Bindung** an die vom Alleineigentümer gesetzte Regelung tritt **kraft Gesetzes aber nur ein**, wenn und solange diese gem. §§ 10 Abs. 3 S. 1, 5 Abs. 4 S. 1 WEG im Grundbuch eingetragen ist (*BGH,* 22.01.1987 – V ZB 3/86, NJW 1987, 1638, 1639; *Dötsch/Schultzky/Zschieschack* WEG-Recht 2021, Kap. 2 Rn. 16; BeckOK WEG/*Müller* § 10 Rn. 52). 33

6. Auslegung einer Vereinbarung

a) Grundsätze

Als schuldrechtliches Rechtsgeschäft sind Vereinbarungen nach § 10 Abs. 1 S. 2 WEG der Auslegung zugänglich (Jennißen/*Abramenko* WEG § 10 Rn. 15). Methodisch wird zwischen der Auslegung einer durch Eintragung nach § 10 Abs. 3 S. 1 WEG **verdinglichten Vereinbarung** und Vereinbarungen unterschieden, die nicht in das Grundbuch eingetragen wurden. 34

Verdinglichte Vereinbarungen sind nach h.M. **wie eine Grundbucheintragung** objektiv auszulegen. Dafür ist auf den Wortlaut und Sinn abzustellen (Jennißen/*Abramenko* WEG § 10 Rn. 15; BeckOK WEG/*Müller* § 10 Rn. 109), wie er sich bei unbefangener Sicht als nächstliegende Bedeutung der Eintragung ergibt (*BGH,* 12.11.2021 – V ZR 204/20, ZMR 2022, 232, Rn. 11). Umstände außerhalb der Eintragung können nur herangezogen werden, wenn sie nach den besonderen Verhältnissen des Einzelfalls für jedermann ohne Weiteres erkennbar sind (st. Rspr., etwa *BGH,* 13.05.2016 – V 35

ZR 152/15, ZMR 2016, 713, 715). Bei einem Widerspruch zwischen Teilungserklärung und Vereinbarung über die Nutzungsmöglichkeiten des Sondereigentums soll der Vereinbarung der Vorrang gebühren (*OLG Frankfurt/M.*, 01.11.2012 – 20 W 12/08, ZMR 2013, 296, 299). Dies liegt auf der Linie der Rspr. des *BGH*, der Angaben in der Teilungserklärung oder im Aufteilungsplan zum Nutzungszweck grds. keine nutzungsbeschränkende Wirkung beilegt (*BGH*, 16.11.2012 – V ZR 246/11, ZWE 2013, 168; *BGH*, 15.01.2010 – V ZR 40/09, NJW-RR 2010, 667, 668).

36 Eine Ausnahme vom Grundsatz der objektiven Auslegung gilt für eine **nicht über § 10 Abs. 3 S. 1 WEG verdinglichte Vereinbarung.** Da diese einen Sondernachfolger nicht bindet, besteht hier kein Bedürfnis nach einer streng objektiven Auslegung. Sie ist daher **wie jeder andere Vertrag** nach den §§ 133, 157 BGB auszulegen (*Hügel/Elzer* WEG § 10 Rn. 41; BeckOK WEG/*Müller* § 10 Rn. 111), sodass hier insbesondere sämtliche Begleitumstände oder die Entstehungsgeschichte der Vereinbarung berücksichtigt werden können.

37 Besteht in der Gemeinschaft der Wohnungseigentümer Uneinigkeit, wie eine Regelung in einer Vereinbarung zu verstehen ist, die zu Rechten und Pflichten der Wohnungseigentümer führt (etwa über die Kostenverteilung), so soll jeder Wohnungseigentümer bei dem nach § 43 Abs. 2 Nr. 1 WEG zuständigen Wohnungseigentumsgericht **Klage** nach § 256 ZPO mit dem Antrag erheben können, das Gericht möge ein bestimmtes **Auslegungsergebnis feststellen** (wohl auch BeckOK WEG/*Müller* § 10 Rn. 234). Dies ist dann zutreffend, wenn nicht eine abstrakte Rechtsfrage geklärt werden soll, sondern tatsächlich ein Feststellungsinteresse i.S.v. § 256 Abs. 1 ZPO besteht. **Klagegegner** ist die Gemeinschaft der Wohnungseigentümer; es sind nicht mehr die anderen Wohnungseigentümer zu verklagen. Der Gegenstand der Vereinbarung nach § 10 Abs. 1 S. 2 WEG ist ein Thema der Verwaltung des gemeinschaftlichen Eigentums bzw. der Benutzung des gemeinschaftlichen Eigentums und des Sondereigentums (vgl. § 19 Abs. 1 WEG) und damit der Verbandszweck. Wie auch beim Verbandsprozess nach § 44 Abs. 2 S. 1 WEG und beim Anspruch aus § 10 Abs. 2 WEG (Rn. 71) richten sich diese Rechtsverfolgungen gegen den Verband (vgl. zur reinen Verbandsrechtslehre *Skauradszun*/Elzer/Hinz/Riecke Die WEG-Reform 2020, § 1 Rn. 27, 40, 111; BeckOGK/*Skauradszun* WEG § 18 Rn. 19).

b) Unklare Vereinbarungen

38 Lässt sich nach Auslegung der Vereinbarung ein konkreter Sinn der streitigen Regelung nicht ermitteln, so ist keine wirksame Regelung zustande gekommen. Es ist dann nach der **gesetzlichen Regelung** zu verfahren (*OLG Frankfurt/M.*, 27.04.2004 – 20 W 183/02, OLGR Frankfurt 2005, 7, 10; *OLG Köln*, 16.11.2001 – 16 Wx 221/01, OLGR Köln 2002, 91). Dies ist etwa bei einer Regelung der Fall, wonach die Hausruhe beeinträchtigende Tätigkeiten zu unterlassen sind (*OLG Düsseldorf*, 19.08.2009 – I-3 Wx 233/08, ZWE 2009, 389, 391).

39 Ist eine Vereinbarung **unvollständig** geblieben, stellt sich die Frage, ob eine **Ergänzung** durch **Beschluss** möglich ist (verneinend Jennißen/*Abramenko* WEG § 10 Rn. 19). Die Rechtsprechung hat dies für Fälle anerkannt, in denen eine Voraussetzung unklar war, die nach der Vereinbarung eine bestimmte Rechtsfolge auslösen sollte. Ist etwa die Verteilung der Kosten nach Wohn- oder Nutzflächen vorgesehen, sind diese aber noch nicht vermessen, soll die Gesamtheit der Wohnungseigentümer die Vermessung und die genaue Festlegung der anteiligen Wohn- und Nutzflächen beschließen können (*KG*, 26.11.2001 – 24 W 50/01, ZMR 2002, 376). Wurde vereinbart, dass ein ausbauberechtigter Wohnungseigentümer ab Bezugsfertigkeit Vorschüsse nach § 28 Abs. 1 S. 1 WEG zu zahlen hat, soll die Gesamtheit der Wohnungseigentümer den Termin der Bezugsfertigkeit beschließen können (*KG*, 19.09.2001 – 24 W 6354/00, ZMR 2002, 147). Hier wird entweder im Wege der ergänzenden Auslegung die unvollständige Regel im Ergebnis um eine Öffnungsklausel ergänzt oder die allgemeine Beschlusskompetenz nach § 19 Abs. 1 WEG genutzt. Ähnlich verfährt die Rechtsprechung, wenn sie bei rechtlich, aber noch nicht physisch entstandenem Sondereigentum dem jeweiligen Wohnungseigentümer das Recht und die Pflicht zuspricht, die in der Teilungserklärung vorgesehenen – und nach dieser erst nachträglich zu errichtenden – Gebäude herzustellen

(*OLG Hamburg,* 25.02.2002 – 2 Wx 94/01, ZWE 2002, 592; *OLG Hamm,* 03.02.1987 – 15 W 456/85, NJW-RR 1987, 842).

c) Ergänzende Vertragsauslegung?

Nach h.M. ist methodisch die **ergänzende Vertragsauslegung** von Vereinbarungen möglich (*Hügel/ Elzer* WEG § 10 Rn. 43; BeckOK WEG/*Müller* § 10 Rn. 243). Wenn es sich nicht um eine im Grundbuch eingetragene Vereinbarung handelt, sei eine ergänzende Vertragsauslegung nach allgemeinen Grundsätzen zulässig. Bei einer durch Grundbucheintragung verdinglichten Vereinbarung hat die Rechtsprechung die ergänzende Vertragsauslegung ebenfalls schon angewandt (*BGH,* 07.10.2004 – V ZB 22/04, NJW 2004, 3413, 3416; *LG Nürnberg-Fürth,* 26.08.2009 – 14 S 3582/09, ZWE 2010, 145, 146). Da diese Vereinbarungen objektiv auszulegen seien, könnten aber nur solche Umstände berücksichtigt werden, die sich aus dem Grundbuch ergeben (*BGH,* 07.10.2004 – V ZB 22/04, NJW 2004, 3413, 3415). Die ergänzende Auslegung sei auch bei einer Gemeinschaftsordnung möglich, die einseitig vom **aufteilenden Wohnungseigentümer** stamme. Hier sei darauf abzustellen, welche Regelung der teilende Wohnungseigentümer bei einer angemessenen Abwägung der berührten Interessen nach Treu und Glauben redlicherweise getroffen hätte, wenn er den von ihm nicht geregelten Fall bedacht hätte. Der *BGH* hat eine ergänzende Vertragsauslegung in einem Fall für möglich gehalten, in dem laut Gemeinschaftsordnung die Kosten nach Miteigentumsanteilen verteilt werden sollten, die Nutzfläche des Gebäudes aber nachträglich ohne Änderung dieser Anteile durch Ausbau erweitert worden war (*BGH,* 07.10.2004 – V ZB 22/04, NJW 2004, 3413). Ließen sich hinreichende Anhaltspunkte für den hypothetischen Willen des oder der Erklärenden nicht finden, etwa weil mehrere gleichwertige Auslegungsmöglichkeiten in Betracht kämen, scheide jedoch eine ergänzende Vertragsauslegung aus (*BGH,* 07.10.2004 – V ZB 22/04, NJW 2004, 3413, 3416). 40

Bei der ergänzenden Auslegung fragt die Rechtsprechung zunächst, ob **eine Regelungslücke festzustellen** sei. Eine solche Lücke liege u.a. dann vor, wenn sich die bei Vertragsschluss bestehenden rechtlichen Verhältnisse nachträglich geändert haben (*BGH,* 06.10.2006 – V ZR 20/06, NJW 2007, 509, 510). Im Anschluss sei zu fragen, ob das WEG eine angemessene Regelung bereithält. Denn die Lücke in einer Vereinbarung könne im Wege ergänzender Vertragsauslegung nur dann geschlossen werden, wenn konkrete **gesetzliche Regelungen** zur Ausfüllung der Lücke nicht zur Verfügung stehen (s. allgemein *BGH,* 01.02.1984 – VIII ZR 54/83, NJW 1984, 1177). Eine solche Regel sei nicht der Anpassungsanspruch aus § 10 Abs. 2 WEG. Die ergänzende Vertragsauslegung der Vereinbarung habe nämlich Vorrang vor einer Anpassung nach dieser Norm (*BGH,* 13.05.2016 – V ZR 152/15, ZMR 2016, 713). In einem dritten Schritt sei zu fragen, welche **Regelung** die Miteigentümer, der teilende Wohnungseigentümer bzw. die Wohnungseigentümer bei einer angemessenen Abwägung der berührten Interessen nach Treu und Glauben redlicherweise **getroffen hätten**, wenn sie den nicht geregelten Fall bedacht hätten (s. dazu *BGH,* 06.10.2006 – V ZR 20/06, NJW 2007, 509, 510). Lassen sich hinreichende Anhaltspunkte für den hypothetischen Willen des aufteilenden Wohnungseigentümers nicht finden, etwa weil mehrere gleichwertige Auslegungsmöglichkeiten in Betracht kommen, scheidet eine ergänzende Vertragsauslegung aus. Im Übrigen finde die ergänzende Auslegung ihre **Grenze** in dem Willen des aufteilenden Eigentümers, wie er in der – wenn auch lückenhaften – Gemeinschaftsordnung zum Ausdruck komme. Die ergänzende Auslegung dürfe nämlich nicht zu einer Erweiterung des Vertragsgegenstandes führen, sondern müsse sich als zwingende selbstverständliche Folge aus dem Gesamtzusammenhang des Vereinbarten ergeben, sodass ohne sie das Ergebnis in offenbarem Widerspruch zu dem nach dem Inhalt des Vertrages tatsächlich Vereinbarten stehen würde (*BGH,* 01.12.1997 – II ZR 232/96, NJW 1998, 1480). 41

Die Methodik der ergänzenden Vertragsauslegung ist seit Jahren **grundsätzlicher Kritik** ausgesetzt (*Wieacker* JZ 1967, 385, 390; *Neuner* BGB AT § 35 Rn. 70). Die Gefahr ist stets, dass den Parteien durch das Gericht – obwohl die Parteien eine Regelung nicht ausdrücklich getroffen haben – ein hypothetischer Wille untergeschoben wird. Eine richterliche Entscheidung sollte auch eine Befriedungswirkung haben. Allerdings ist der unterliegenden Partei schwer zu erklären, dass sie nur 42 deshalb verloren hat, da der Richter anstelle der Parteien eine Regelung im Vertrag ergänzt hat. Der Richter kann dann Gefahr laufen, seine Vorstellung den Parteien als deren hypothetischer Wille aufzudrängen. Eine ergänzende Vertragsauslegung erweist sich bei Lichte betrachtet auch häufig als Rechtsfortbildung durch die Rechtsprechung, ohne dass diese als Rechtsfortbildung offengelegt wird. Bevor eine ergänzende Vertragsauslegung erwogen wird, ist daher gründlich zu prüfen, ob die streitige Frage nicht anhand des kodifizierten Rechts gelöst werden kann (*Cziupka* JuS 2009, 103, 106).

d) Auslegung von Altvereinbarungen (§ 47 WEG)

43 Altvereinbarungen i.S.v. § 47 WEG sind solche, die vor dem 01.12.2020 getroffen wurden. Diese legen das WEG in der Fassung vor dem WEMoG zugrunde und enthalten typischerweise keinen dynamischen Verweis auf das jeweils geltende WEG. Es stellt sich daher die Frage, wie solche Altvereinbarungen auszulegen sind: Soll das bisherige WEG oder das WEG in der Fassung des WEMoG gelten? § 47 S. 1 WEG sieht vor, dass Altvereinbarungen der Anwendung des WEG in der Fassung des WEMoG nicht entgegenstehen. Dies steht unter dem Vorbehalt, dass sich aus der Altvereinbarung kein anderer Wille ergibt. Nach § 47 S. 2 WEG ist ein solch entgegenstehender Wille jedoch in der Regel nicht anzunehmen.

7. Wirksamkeit von Vereinbarungen

44 Vereinbarungen können nicht mit Beschlussklagen i.S.v. § 44 WEG überprüft werden, da sich dieser Rechtsschutz nur auf Beschlüsse bezieht (für die nicht statthafte Anfechtungsklage BeckOK WEG/*Müller* § 10 Rn. 64). Die **Wohnungseigentümer** werden bei Vereinbarungen stattdessen **durch rechtsgeschäftliche Mechanismen geschützt**, indem eine Vereinbarung nur mit **übereinstimmendem** Willen aller Wohnungseigentümer abgeschlossen werden kann. Bewertet daher ein Wohnungseigentümer eine Vereinbarung so, dass die beabsichtigte Regelung einer ordnungsmäßigen Verwaltung und Benutzung entgegensteht, ist anzunehmen, dass der Wohnungseigentümer schon zum Abschluss der Vereinbarung nicht bereit sein wird. Folglich stellen sich Fragen nach der Wirksamkeit von Vereinbarungen weniger als bei der vergleichbaren Frage bei Beschlüssen, die nach § 25 Abs. 1 WEG mit der Mehrheit der abgegebenen Stimmen gefasst werden können. Gleichwohl können auch bei Vereinbarungen entsprechende Fragen nach der Wirksamkeit aufkommen, insbesondere wenn einige Zeit nach dem Abschluss der Vereinbarung verstrichen ist oder im Zuge einer Sondernachfolge von Wohnungseigentum.

45 Nach der Rechtsprechung des *BGH* wird die durch § 10 Abs. 1 S. 2 WEG gewährte Privatautonomie durch die allgemeinen Vorschriften der §§ 134, 138 BGB eingeschränkt (Rdn. 46 ff.). Wird eine Regelung einer Vereinbarung durch den teilenden Wohnungseigentümer vorgegeben, könnte die Klausel zudem einer Inhaltskontrolle unterliegen (Rdn. 50).

a) Nichtigkeit nach § 134 BGB

46 Eine gewisse Rolle spielt in der Praxis die Nichtigkeit einer Regelung in einer Vereinbarung nach § 134 BGB. Verstößt eine Klausel in einer Vereinbarung gegen eine zwingende gesetzliche Regelung, insbesondere aus dem WEG, ist das Rechtsgeschäft nichtig (MüKoBGB/*Burgmair* WEG § 10 Rn. 4; BeckOK WEG/*Müller* § 10 Rn. 115). Denn auch im Bereich ihrer Satzungsautonomie haben die Wohnungseigentümer nicht die Möglichkeit, durch eine Vereinbarung **zwingendes Recht** abzuändern. Die Nichtigkeit kann sich auch aus einem Verstoß gegen Normen außerhalb des WEG ergeben. Enthält die Vereinbarung Regelungen zum sachenrechtlichen Grundverhältnis – etwa Ermächtigungen zur Umwidmung von Wohnungs- in Teileigentum oder zur Umwidmung von Gemeinschafts- in Sondereigentum –, so stellt sich vorrangig aber die Frage, ob die Privatautonomie für eine solche Regelung überhaupt gegeben war. Versteht man § 10 Abs. 1 S. 2 WEG wörtlich, endet die Privatautonomie erst, wenn der zwingende Charakter einer Norm **ausdrücklich angeordnet** ist. Teilweise wird daher eine ausdrückliche Anordnung verlangt (Bärmann/*Dötsch* WEG § 23 Rn. 283). Die frühere Rechtsprechung stand hingegen teils auf dem Standpunkt, dass sich der zwingende Charakter einer gesetzlichen Regelung **auch durch Auslegung** ergeben kann (*OLG Hamm*,

19.08.2008 – I-15 Wx 89/08, ZMR 2009, 219). Dies entspricht im Ergebnis auch der Rechtsprechung des *BGH*, der sich zum Streit allerdings noch nicht ausdrücklich positioniert hat. Der *BGH* erkennt aber an, dass Vereinbarungen der Wohnungseigentümer unwirksam sind, die in den Kernbereich der Mitgliedschaft eingreifen. Hiergegen verstoßende Klauseln in Gemeinschaftsordnungen sind nach der Rechtsprechung des *BGH* gem. § 134 BGB nichtig (*BGH,* 10.11.2017 – V ZR 184/16, NJW 2018, 1309, 1312; *BGH,* 10.12.2010 – V ZR 60/10, NJW 2011, 679, 680). Daraus ergibt sich, dass auch der *BGH* ungeschriebene Abänderungsverbote anerkennt.

Mit der Integration der Gemeinschaft der Wohnungseigentümer in das allgemeine **Verbandsrecht** 47 sind viele Vorschriften, die die Gemeinschaft der Wohnungseigentümer und deren Organe betreffen, als **vereinbarungsfest** auszulegen (vgl. *Dötsch/Schultzky/Zschieschack* WEG-Recht 2021, Kap. 3 Rn. 26). Eine Vereinbarung, die hiervon abweichen will, würde gegen das jeweils ungeschriebene Abänderungsverbot verstoßen. Beispielsweise ist eine Bestimmung des Personenkreises, aus dem der Verwalter stammen muss, nichtig (*BayObLG,* 12.10.1994 – 2Z BR 97/94, NJW-RR 1995, 271). Eine Vereinbarung, die die Höchstbestelldauer des § 26 Abs. 2 S. 1 WEG erweitert, dürfte ebenfalls nichtig sein (vgl. *LG Itzehoe,* 25.10.2011 – 11 S 9/11, ZWE 2012, 145). Die Wohnungseigentümer können auch nicht entgegen § 26 Abs. 1 WEG vereinbaren, wer Verwalter sein soll (s. dazu auch *OLG Düsseldorf,* 14.02.2001 – 3 Wx 450/00, ZMR 2001, 650, 651).

b) Nichtigkeit nach § 138 BGB

Nach der Rechtsprechung des *BGH* v. 10.12.2010 – V ZR 60/10, NJW 2011, 679, 680 unterliegen 48 Vereinbarungen der Wohnungseigentümer auch der Inhaltskontrolle nach § 138 BGB (ebenso MüKoBGB/*Burgmair* WEG § 10 Rn. 4; im Ergebnis auch BeckOK WEG/*Müller* § 10 Rn. 115). Dies ist selbstverständlich, da diese Norm jedes Rechtsgeschäft auf seine Übereinstimmung mit den guten Sitten überprüft. In der **wohnungseigentumsrechtlichen Praxis** spielt § 138 BGB in Bezug auf die Vereinbarungen aber – soweit ersichtlich – eine untergeordnete Rolle. Ein Beispiel für eine Nichtigkeit nach § 138 BGB wäre aber etwa eine Vereinbarung, mit der die **Haftung** der Wohnungseigentümer wegen Verletzung der Mitwirkungspflicht aus § 19 Abs. 1 WEG ausgeschlossen wird. Denn diese Mitwirkungspflicht ist erforderlich, um im Willensbildungsorgan einen Willen zu bilden, der sodann der Gemeinschaft der Wohnungseigentümer zugerechnet wird, damit diese ihrer Verwaltungspflicht aus § 18 Abs. 1 WEG nachkommen kann.

c) Nichtigkeit nach § 125 BGB

Ein Rechtsgeschäft, welches der durch Gesetz vorgeschriebenen Form ermangelt, ist nach § 125 S. 1 49 BGB nichtig. Der Mangel der **durch Rechtsgeschäft bestimmten Form** hat im Zweifel gleichfalls die Nichtigkeit zur Folge, was aus § 125 S. 2 BGB folgt. Vereinbarungen nach § 10 Abs. 1 S. 2 WEG unterliegen im Grundsatz **keiner gesetzlichen Formvorschrift** (*BGH,* 21.10.1983 – V ZR 121/82, NJW 1984, 612, 613; Jennißen/*Abramenko* WEG § 10 Rn. 60; BeckOK WEG/*Müller* § 10 Rn. 76). Das WEG verlangt auch nicht, dass Vereinbarungen in einer Wohnungseigentümerversammlung getroffen werden (*BayObLG,* 13.06.2002 – 2Z BR 1/02, ZMR 2002, 848, 849). Für den Nachweis, dass eine Vereinbarung zustande gekommen ist, ist ferner keine Niederschrift erforderlich, die § 24 Abs. 6 S. 1 WEG nur für Beschlüsse vorsieht (*BayObLG,* 13.06.2002 – 2Z BR 1/02, ZMR 2002, 848, 849). Die Wohnungseigentümer können aber beispielsweise vereinbaren, dass die Gemeinschaftsordnung nur durch eine Vereinbarung geändert werden kann, die die Schriftform nach § 126 BGB wahrt. Wird sodann eine Vereinbarung per E-Mail abgeschlossen, die eine Vereinbarung ändert, ist diese nach § 125 S. 2 i.V.m. S. 1 BGB nichtig. Es kann aber Formklauseln geben, die so auszulegen sind, dass es den Wohnungseigentümern nur um eine Dokumentation und Beweissicherung ging. Dann wird die Vereinbarung auch bei Nichterfüllung der Formklausel als wirksam eingeschätzt (Grüneberg/*Ellenberger* BGB § 125 Rn. 17).

d) Inhaltskontrolle nach §§ 307 ff. BGB

50 Der *BGH* hatte lange offen gelassen, ob **vom aufteilenden Wohnungseigentümer stammende Regeln** in der Gemeinschaftsordnung der Inhaltskontrolle nach dem AGB-Recht (§§ 307 ff. BGB) unterliegen (etwa *BGH,* 10.11.2017 – V ZR 184/16, NJW 2018, 1309, 1312). Eine Anwendung des AGB-Rechts scheiterte jedenfalls nicht daran, dass die Regelungen nicht auf einem Vertrag zwischen teilendem Wohnungseigentümer und Erwerber beruhen, weil § 305 BGB auch auf einseitige Rechtsgeschäfte anwendbar ist (vgl. *BGH,* 09.04.1987 – III ZR 84/86, NJW 1987, 2011; *BGH,* 05.05.1986 – II ZR 150/85, NJW 1986, 2428, 2429). Die Bereichsausnahme für das Gesellschaftsrecht in § 310 Abs. 4 S. 1 BGB wurde bislang von der h.M. nicht auf das vergleichsweise ähnlich konzipierte Wohnungseigentumsrecht angewandt (*BayObLG,* 11.04.1991 – BReg. 2 Z 28/91, NJW-RR 1992, 83; deutlich ablehnende Tendenz auch bei *BGH,* 02.12.2011 – V ZR 74/11, NJW 2012, 676). Höchstrichterlich entschieden ist nun, dass der **BGH** die §§ 307 ff. BGB auf **Vereinbarungen der Wohnungseigentümer untereinander** grundsätzlich **nicht** entsprechend **anwendet** (*BGH,* 20.11.2020 – V ZR 196/19, ZWE 2021, 273, Rn. 21; zustimmend Jennißen/*Abramenko* WEG § 10 Rn. 5).

e) Rechtsfolgen einer Unwirksamkeit

51 Die Rechtsfolge der Unwirksamkeit tritt ein, soweit die Vereinbarung gegen das in Rede stehende Verbot verstößt. Ist die Vereinbarung nach § 139 BGB teilbar, so bleibt sie im Übrigen wirksam (zu § 16 Abs. 5 WEG a.F. *OLG Hamm,* 19.08.2008 – 89/08, ZWE 2008, 465, 468; *OLG Hamm,* 06.12.2007 – 15 W 224/07, ZWE 2008, 293, 294). Dies gilt insbesondere, wenn die zu beanstandende Klausel Teil der Gemeinschaftsordnung ist. Die **Nichtigkeit der gesamten Gemeinschaftsordnung** tritt nur ausnahmsweise ein, nämlich dann, wenn ihre Aufrechterhaltung vom Parteiwillen nicht mehr getragen wird (vgl. *BGH,* 15.03.2010 – II ZR 84/09, NJW 2010, 1660). Ein solcher Fall ist praktisch sehr selten.

C. Anspruch auf eine abweichende Vereinbarung oder Anpassung (§ 10 Abs. 2 WEG)

52 § 10 Abs. 2 WEG enthält einen **Individualanspruch** für jeden Wohnungseigentümer gegen die Gemeinschaft der Wohnungseigentümer (*Lehmann-Richter/Wobst* WEG-Reform 2020, Rn. 1971; ausf. Rn. 71, dort auch mit Nachweisen zur Gegenauffassung). Der Anspruch ist entweder auf den **erstmaligen Abschluss** einer Vereinbarung **oder** auf **Anpassung** einer schon abgeschlossenen Vereinbarung gerichtet. Die Anspruchsvoraussetzungen werden von § 10 Abs. 2 WEG relativ hoch gesetzt, da zu prüfen ist, ob ein Festhalten an der geltenden Regelung aus schwerwiegenden Gründen unter Berücksichtigung aller Umstände des Einzelfalles, insbesondere der Rechte und Interessen der anderen Wohnungseigentümer, unbillig erscheint. Gleichwohl sind diese Voraussetzungen geringer als nach der ursprünglich zu dieser Art Anspruch ergangenen Rechtsprechung, als der Anspruch noch nicht gesetzlich normiert war (vgl. *BGH,* 25.09.2003 – V ZB 21/03, NJW 2003, 3476; ebenso Jennißen/*Abramenko* WEG § 10 Rn. 34).

53 Der Anspruch aus § 10 Abs. 2 WEG kommt erst dann in Betracht, wenn das Anspruchsziel nicht schon durch **Auslegung** des WEG oder der bestehenden Vereinbarung zu erreichen ist (MüKoBGB/*Burgmair* WEG § 10 Rn. 47; Jennißen/*Abramenko* WEG § 10 Rn. 37; *Hügel/Elzer* WEG § 10 Rn. 181; BeckOK WEG/*Müller* § 10 Rn. 212). Es gilt insoweit der Grundsatz »Auslegung vor Anpassung«. Die Thematik kann ferner ggf. durch eine ergänzende Vertragsauslegung erschlossen werden (Rdn. 40), wobei die zurückhaltenden Äußerungen aus Rdn. 42 gelten.

54 Der Anspruch auf Abänderung aus § 10 Abs. 2 WEG ist **vereinbarungsfest**, er kann deshalb in einer Vereinbarung nicht ausgeschlossen werden. Dies folgt aus Sinn und Zweck der Regel, die jeden Wohnungseigentümer vor unbilligen Vereinbarungen schützen soll. Dieser Schutz wäre nicht gewährleistet, wenn durch Abbedingung von § 10 Abs. 2 WEG die unbilligen Regelungen abänderungsfest gemacht werden könnten.

I. Anspruch auf Abschluss einer Vereinbarung (§ 10 Abs. 2 Alt. 1 WEG)

Im Grundsatz kommt es dann zum Abschluss einer Vereinbarung i.S.v. § 10 Abs. 1 S. 2 BGB, wenn ein Wohnungseigentümer – womöglich unterstützt durch den Verwalter oder Verwaltungsbeirat – eine Vereinbarung vorschlägt, die von den übrigen Wohnungseigentümern für die Verwaltung des gemeinschaftlichen Eigentums und die Benutzung des gemeinschaftlichen Eigentums und des Sondereigentums (Rdn. 21) als ordnungsmäßig eingeschätzt wird und daher übereinstimmende Willenserklärungen abgegeben werden. Das Angebot zum Abschluss einer Vereinbarung überzeugt idealiter in der Sache und motiviert die übrigen Wohnungseigentümer zu dessen Annahme. Praktisch sind die übrigen Wohnungseigentümer jedoch nur in seltenen Fällen bereit, allesamt an dem Abschluss oder einer Änderung der bestehenden Regelungen in der Gemeinschaft der Wohnungseigentümer mitzuwirken. Für diese Verweigerungshaltung kann es rationale und irrationale Gründe geben. Die Überlegung des Gesetzgebers, für besondere Fälle einen gesetzlichen Individualanspruch vorzusehen, ist daher richtig. In diesen Fällen stellt sich also die Frage, ob die änderungswilligen Wohnungseigentümer einen **Anspruch auf Mitwirkung** beim Abschluss eines Änderungsvertrags haben. 55

§ 10 Abs. 2 WEG gibt jedem Wohnungseigentümer einen Anspruch auf Abschluss einer Vereinbarung. Die Norm ist durch die **WEG-Reform 2007** in das Gesetz eingeführt worden. Der Normtext blieb durch das **WEMoG** unverändert, wenngleich sich der Anspruch nicht mehr gegen die übrigen Wohnungseigentümer, sondern gegen die Gemeinschaft der Wohnungseigentümer richtet (*Lehmann-Richter/Wobst* WEG-Reform 2020, Rn. 1971; ausf. Rdn. 71). Die Anspruchsvoraussetzungen gehen auf die Rechtsprechung zurück, die den Anspruch zuvor schon anerkannt und aus §§ 242, 313 BGB i.V.m. dem Gemeinschaftsverhältnis der Wohnungseigentümer hergeleitet hatte. Voraussetzung war, dass aufgrund außergewöhnlicher Umstände ein Festhalten an der Regel der Gemeinschaftsordnung grob unbillig war (*BGH,* 25.09.2003 – V ZB 21/03, NJW 2003, 3476; *BGH,* 13.07.1995 – V ZB 6/94, NJW 1995, 2791, 2793). Mit Einführung des § 10 Abs. 2 S. 3 WEG a.F. (= § 10 Abs. 2 WEG-WEMoG) wollte der Gesetzgeber diese strengen Voraussetzungen lockern und den Anspruch, eine Vereinbarung erzwingen zu können, **erleichtern** (BT-Drs. 16/887, S. 17 ff.). Ob ihm dies im Ergebnis gelungen ist, wird unterschiedlich beurteilt. In der Literatur wird die Norm teilweise als »Papiertiger ohne nennenswerten Anwendungsbereich« bewertet (*Greiner* ZWE 2012, 410, 417; a.A. *Jacoby* ZWE 2013, 61, 68). 56

§ 10 Abs. 2 WEG ist auf den Abschluss einer Vereinbarung gerichtet. Erfasst werden jedoch nur Vereinbarungen, die generell das Verhältnis der Wohnungseigentümer untereinander regeln. Eine bloße **Einzelfallregelung** fällt daher nicht unter die Norm (*BGH,* 15.01.2010 – V ZR 114/09, NJW 2010, 2129). Ebenfalls nicht erfasst ist eine Änderung der **sachenrechtlichen Grundlagen** (*BGH,* 12.04.2013 – V ZR 103/12, ZWE 2013, 330; *BGH,* 23.03.2018 – V ZR 65/17, MittBayNot 2019, 41; BeckOK WEG/*Müller* § 10 Rn. 36). Dies folgt daraus, dass § 10 Abs. 2 WEG im Zusammenhang mit § 10 Abs. 1 S. 2 WEG zu sehen ist, der Vereinbarungen über die sachenrechtlichen Grundlagen nicht erfasst. Hierzu besteht keine Privatautonomie (vgl. Rdn. 22). 57

Die Anwendung von § 10 Abs. 2 WEG ist umstritten, wenn die vom Wohnungseigentümer begehrte Regelung auch durch **Beschluss** erreichbar ist. Dies ist zum einen der Fall, wenn der Regelungsgegenstand unter die allgemeine Beschlusskompetenz nach § 19 Abs. 1 WEG oder unter eine speziellere gesetzliche Öffnungsklausel fällt (etwa für Kosten nach § 16 Abs. 2 S. 2 WEG) oder wenn eine vertragliche Öffnungsklausel eine Beschlusskompetenz der Gesamtheit der Wohnungseigentümer begründet. Hier stellt sich die Frage, ob eine bestehende Beschlusskompetenz den Änderungsanspruch ausschließt. 58

Die Auffassung des **BGH** zu dieser Problematik ergibt sich aus zwei Entscheidungen zu § 16 WEG a.F. Zum **Betriebskostenverteilerschlüssel** urteilte der *BGH,* dass dessen Änderung vom Wohnungseigentümer durch Erzwingung eines Beschlusses nach § 16 Abs. 3 WEG a.F. (§ 16 Abs. 2 WEG n.F.) herbeigeführt werden müsse (*BGH,* 17.12.2010 – V ZR 131/10, ZMR 2011, 485). Zu § 16 Abs. 2 WEG a.F. (§ 16 Abs. 4 WEG n.F.), der die Verteilung von **Instandhaltungskosten** im Einzelfall betraf, entschied der *BGH* hingegen, dass diese Norm neben § 10 Abs. 2 S. 3 WEG a.F. zur 59

Anwendung komme, da es um unterschiedliche Regelungsgegenstände (Einzelfallentscheidung vs. Dauerlösung) gehe (*BGH,* 15.01.2010 – V ZR 114/09, NJW 2010, 2129, 2131). Aus dieser Rechtsprechung ergibt sich, dass der *BGH* bei sich überschneidenden Anwendungsbereichen von einem **Vorrang der Beschlussfassung** ausgeht. Der änderungswillige Wohnungseigentümer müsse daher sein Begehr in diesen Fällen nicht durch Klage auf Zustimmung zur Änderung der Vereinbarung, sondern durch Beschlussersetzungsklage nach § 21 Abs. 8 WEG a.F. durchsetzen (§ 44 Abs. 1 S. 2 WEG n.F.) (*Becker* ZWE 2011, 172; *Jacoby* ZWE 2013, 61, 64). Inhaltlich ergab sich zu § 16 Abs. 3 WEG a.F. (Betriebskosten) indes keine Abweichung, da der *BGH* sowohl den Anspruch auf Fassung eines Beschlusses nach § 16 Abs. 3 WEG a.F. als auch eines Beschlusses nach § 16 Abs. 4 WEG a.F. an die Voraussetzungen von § 10 Abs. 2 S. 3 WEG a.F. knüpfte (*BGH,* 17.12.2010 – V ZR 131/10, ZMR 2011, 485; *BGH,* 15.01.2010 – V ZR 114/09, NJW 2010, 2129).

60 Gesetzlich vorgesehene Beschlusskompetenzen verdrängen nach dem Auslegungsgrundsatz lex specialis derogat legi generali die allgemeine Norm des § 10 Abs. 2 WEG. Daher **überzeugt** die zuvor genannte Rechtsprechung. In diesen Fällen erachtet der Gesetzgeber den **Beschluss** und **nicht** den **Vertrag** als den rechtsgeschäftlichen Weg, um zu einer abweichenden Regelung zu gelangen. Mit dem Schaffen einer gesetzlichen Beschlusskompetenz nach § 19 Abs. 1 WEG entschied sich der Gesetzgeber auch für die Beschlussforensik des § 44 WEG und somit für die im Wege der Beschlussklage ermöglichte Überprüfung der Regelung.

61 Diese vom *BGH* zu § 16 WEG a.F. entwickelten Grundsätze sind auf alle gesetzlichen **Beschlusskompetenzen** übertragbar. Daher sind etwa die in §§ 12 Abs. 4 S. 1, 27 Abs. 1, 28 Abs. 1 bis 3 WEG vorgesehenen Regelungsgegenstände ausschließlich durch Beschluss bzw. die Beschlussersetzungsklage nach § 44 Abs. 1 S. 2 WEG durchsetzbar. Für vereinbarte Beschlusskompetenzen gilt die Rechtsprechung des *BGH* zu den gesetzlichen Beschlusskompetenzen hingegen nicht. Hier gilt der Auslegungsgrundsatz lex specialis derogat legi generali nicht, da kein spezielleres Gesetz vorliegt, sondern nur eine Vereinbarung. Eine **vereinbarte Beschlusskompetenz** wird regelmäßig auch nicht so zu verstehen sein, dass der gesetzliche Anspruch aus § 10 Abs. 2 WEG ausgeschlossen werden soll. Zudem ist § 10 Abs. 2 WEG **vereinbarungsfest.** Der auf diese Norm gestützte Anspruch kann weder durch eine Vereinbarung ausgeschlossen werden noch wird er durch eine vereinbarte Beschlusskompetenz verdrängt. Eine andere Frage ist, ob die Möglichkeit, das Ziel durch Beschluss zu erreichen, das Rechtsschutzbedürfnis für eine auf § 10 Abs. 2 WEG gestützte Klage entfallen lässt. Dies ist typischerweise zu verneinen, weil es dem Wohnungseigentümer überlassen ist, wie er die von ihm angestrebte Regelung herbeiführt.

II. Anspruch auf Anpassung einer Vereinbarung (§ 10 Abs. 2 Alt. 2 WEG)

62 Da das WEG, insbesondere seit dem WEMoG, etliche gesetzliche Beschlusskompetenzen vorsieht und diese den Anspruch auf erstmaligen Abschluss einer Vereinbarung verdrängen, hat der Anspruch nach § 10 Abs. 2 Alt. 1 WEG praktisch etwas an Bedeutung verloren. Der Anspruch auf Anpassung einer schon abgeschlossenen Vereinbarung ist hingegen gerade für die zuvor beschriebenen **Blockadehaltungen** einzelner Wohnungseigentümer aus irrationalen Gründen wichtig. Es kann nämlich eine Vereinbarung vorliegen, mit der von den Vorschriften des WEG abgewichen wurde (§ 10 Abs. 1 S. 2 WEG), und die nicht schon durch Mehrheitsbeschluss geändert werden kann. Dann bedarf es in den eng umrissenen Fällen des § 10 Abs. 2 Alt. 2 WEG einer vertraglichen Anspruchsgrundlage auf Anpassung der Vereinbarung. Denn die Anpassung einer Vereinbarung bedarf im Grundsatz übereinstimmender Willenserklärungen aller Wohnungseigentümer (Jennißen/*Abramenko* WEG § 10 Rn. 2).

III. Anspruchsvoraussetzungen

63 Der Anpassungsanspruch setzt voraus, dass ein **Festhalten** an der geltenden Regelung aus **schwerwiegenden Gründen** unter Berücksichtigung aller Umstände des Einzelfalles, insbesondere der Rechte und Interessen der anderen Wohnungseigentümer, **unbillig** erscheint. Damit ist im Vergleich zur Rechtslage vor der WEG-Reform 2007 (vgl. *BGH,* 25.09.2003 – V ZB 21/03, NJW 2003,

3476) die Schwelle für einen Änderungsanspruch etwas **gesenkt** worden, was bei der Würdigung von Entscheidungen zu beachten ist, die noch zum Recht vor der WEG-Reform 2007 ergangen sind. Waren früher für den Änderungsanspruch »außergewöhnliche Umstände« erforderlich, reichen nunmehr »schwerwiegende Gründe« aus. Zudem muss die bestehende Regelung nicht mehr grob unbillig sein und damit gegen Treu und Glauben verstoßen. Ausreichend ist vielmehr, dass ein Festhalten an der geltenden Regelung unbillig erscheint. Dies ist eine Frage des Einzelfalls, die nur nach umfassender **Interessenabwägung** beantwortet werden kann. Obgleich sich der Anspruch gegen die Gemeinschaft der Wohnungseigentümer richtet (*Lehmann-Richter/Wobst* WEG-Reform 2020, Rn. 1971; ausf. Rn. 71), sind bei der Interessenabwägung die Rechte und Interessen der anderen Wohnungseigentümer zu berücksichtigen. Denn nicht die Gemeinschaft der Wohnungseigentümer, sondern die anderen Wohnungseigentümer sind Vertragspartner der Vereinbarung.

Hinsichtlich der schwerwiegenden Gründe kommt es nur auf den Nachteil des die Änderung verlangenden Wohnungseigentümers an (*BGH,* 11.06.2010 – V ZR 174/09, NJW 2010, 3296). Wehrt sich etwa ein Wohnungseigentümer gegen eine mutmaßlich unbillige **Kostenverteilung**, führt nicht per se eine erhebliche Mehrbelastung bereits zu einem Änderungsanspruch. Nach Ansicht des *BGH* liegt eine unbillige Mehrbelastung erst bei einer um 25 % höheren Belastung als bei einer Verteilung der Kosten nach den Wohn- oder den Nutzflächen vor (*BGH,* 11.06.2010 – V ZR 174/09, NJW 2010, 3296). Für die Überschreitung dieser Grenze reicht es allerdings aus, wenn bei einzelnen Kostenpositionen eine Mehrbelastung von 25 % besteht (*Jacoby* ZWE 2013, 64, 66). Aber auch wenn die vom *BGH* gesetzte Grenze des Zumutbaren überschritten ist, können die sonstigen Umstände einen Änderungsanspruch ausschließen, etwa wenn die Kostenverteilung beim Erwerb des Wohnungseigentums erkennbar war oder die übrigen Wohnungseigentümer auf den Bestand des Verteilungsschlüssels vertrauen dürfen (*BGH,* 17.12.2010 – V ZR 131/10, ZMR 2011, 485, 486). 64

Dies verdeutlicht, dass ein Anspruch erst besteht, wenn die Gründe des Anspruchstellers die Gründe und Interessen der die Veränderung ablehnenden Wohnungseigentümer deutlich überwiegen, weil erst dann von einer unbilligen Regelung gesprochen werden kann (BeckOK WEG/*Müller* § 10 Rn. 205). Für die Änderung einer Vereinbarung kann sprechen, dass sich eine Regelung im Zusammenleben der Wohnungseigentümer als deutlich **verfehlt** oder **unzweckmäßig erwiesen hat,** etwa weil sie zu wenig auf die Besonderheiten der jeweiligen Gemeinschaft der Wohnungseigentümer abgestimmt ist (*BGH,* 13.07.1995 – V ZB 6/94, NJW 1995, 2791; *BayObLG,* 31.07.2003 – 2Z BR 24/03, ZMR 2003, 949). Auf der anderen Seite ist der **Vertrauensgrundsatz** zu berücksichtigen (*BGH,* 23.03.2018 – V ZR 307/16, ZfIR 2018, 451; BeckOK WEG/*Müller* § 10 Rn. 206). Jeder Wohnungseigentümer kann grundsätzlich darauf vertrauen, dass von der gesetzlichen Regelung bzw. einer Vereinbarung in der Gemeinschaft der Wohnungseigentümer nicht ohne seine Zustimmung abgewichen bzw. diese geändert wird. Indes ist dieses Vertrauen nicht stets schutzwürdig, weil sonst § 10 Abs. 2 WEG leerliefe (*BGH,* 23.03.2018 – V ZR 307/16, ZfIR 2018, 451). Es kommt ferner in Betracht, dass die änderungswilligen Wohnungseigentümer das enttäuschte Vertrauen in Geld kompensieren können. 65

Ein Änderungsanspruch scheidet regelmäßig auch aus, wenn sich **einseitige Erwartungen** eines Wohnungseigentümers nicht erfüllt haben oder wenn eine Entwicklung **allein in den Risikobereich eines Wohnungseigentümers** fällt. 66

Es ist nicht abschließend geklärt, ob am Ende der Interessenabwägung das Ergebnis stehen kann, dass der Wohnungseigentümer den Abschluss bzw. die Anpassung der Vereinbarung nur gegen **Leistung einer Kompensation** verlangen kann. Dies soll etwa dann denkbar sein, wenn ein Wohnungseigentümer eine vermögenswerte Rechtsposition aufgeben soll (*BGH,* 23.03.2018 – V ZR 65/17, MittBayNot 2019, 41 [obiter dictum]). Sollte eine solche Kompensationsleistung eine ungeschriebene Anspruchsvoraussetzung darstellen, ist zudem das Verfahren ungeklärt. Bei der Anpassung einer Vereinbarung müsste der Wohnungseigentümer den Anspruch dann darauf richten, dass sowohl die bestehende Regelung angepasst als auch eine Kompensationsleistung in die Vereinbarung aufgenommen wird. Bei dieser Kompensationsleistung wäre zu regeln, wer Schuldner dieser ist. Die 67

Anpassung der Vereinbarung wäre insgesamt unbedingt. Jeder Wohnungseigentümer, der eine Rechtsposition in der angepassten Vereinbarung aufgeben soll, könnte seine Leistung zurückhalten, bis ihm die Kompensation geleistet wird (§ 273 BGB). Dies alles zeigt, wie untauglich die Anspruchsgrundlage ist, wenn tatsächlich ein anderer Wohnungseigentümer eine Kompensation verlangen könnte.

IV. Inhalt des Anspruchs aus § 10 Abs. 2 WEG

68 § 10 Abs. 2 WEG gibt einen Anspruch auf erstmaligen Abschluss oder Änderung einer Vereinbarung. Der genaue Inhalt des Anspruchs, also welche konkrete Regelung der Gläubiger beanspruchen kann, ist durch Interessenabwägung im Einzelfall zu bestimmen. Der Gläubiger hat Anspruch auf die Regelung, die seinem Änderungsinteresse gerecht wird und dabei die schutzwürdigen Interessen der anderen Wohnungseigentümer am wenigsten beeinträchtigt. Der Anspruch kann dabei auch auf die **Aufhebung einer existierenden Regelung** gerichtet sein (*BGH,* 23.03.2018 – V ZR 65/17, MittBayNot 2019, 41; BeckOK WEG/*Müller* § 10 Rn. 217). Einen Anspruch auf einen Beschluss gewährt § 10 Abs. 2 WEG hingegen nicht (*Derleder* ZWE 2008, 253, 255; *Hügel/Elzer* NZM 2009, 467, 460; *Rapp* DNotZ 2009, 335, 345; a.A. BeckOK WEG/*Müller* § 10 Rn. 241).

69 § 10 Abs. 2 WEG gibt auch einen Anspruch **auf Zustimmung zur Eintragung der Änderung im Grundbuch** (*Hügel/Elzer* NZM 2009, 467, 460; wohl auch BeckOK WEG/*Müller* § 10 Rn. 222). Denn anderenfalls würde der Änderungsanspruch inhaltlich ausgehöhlt, weil die geänderte Vereinbarung ohne Eintragung nicht gegenüber einem Sondernachfolger wirkt. Der Gläubiger müsste den Sondernachfolger erneut auf Zustimmung in Anspruch nehmen. Der Ausgang dieses Verfahrens wäre ungewiss, weil die Entscheidung im vorangegangenen Zustimmungsprozess keine Bindungswirkung entfaltet. Ohne Eintragung droht also eine Rechtszersplitterung in der Gemeinschaft der Wohnungseigentümer. Dieses Ergebnis ist – schon mit Blick auf die Funktionsfähigkeit der Verwaltung, die auf einheitliche Regeln angewiesen ist – abzulehnen. Da der Anspruch aus § 10 Abs. 2 WEG auch die Grundbucheintragung umfasst, muss die Gemeinschaft der Wohnungseigentümer die damit verbundenen **Eintragungskosten** tragen, da sie Anspruchsgegnerin ist (Rdn. 71) und mit der einzutragenden Vereinbarung ihr Verbandszweck erfüllt wird.

70 Auch wenn die Änderung einer Vereinbarung die Interessen der **Grundbuchgläubiger berührt**, ist nach wohl h.M. für die Eintragung im Grundbuch nicht **analog §§ 876 ff. BGB** deren Zustimmung entbehrlich. Dafür wird argumentiert, die Grundbuchgläubiger hätten ihr Recht bereits belastet mit dem Abänderungsrecht erworben (*BayObLG,* 19.02.1987 – BReg. 2 Z 114/86, NJW-RR 1987, 714, 716; *Rapp* DNotZ 2009, 335, 346; a.A. *Elzer* ZWE 2010, 251, 253).

V. Durchsetzung des Anspruchs aus § 10 Abs. 2 WEG

1. Gemeinschaft der Wohnungseigentümer als Anspruchsgegner

71 **Gläubiger** des Anspruchs kann jeder **Wohnungseigentümer** sein (BeckOK WEG/*Müller* § 10 Rn. 201). Der Anspruch aus § 10 Abs. 2 WEG kann nicht durch Beschluss von der Gesamtheit der Wohnungseigentümer geltend gemacht werden, insbesondere nicht nach § 9a Abs. 2 WEG, denn diese Norm regelt nur das Außenverhältnis. Zudem stünde dann die Gemeinschaft der Wohnungseigentümer sowohl auf Gläubiger- als auch Schuldnerseite. Schon vor dem WEMoG war der Anspruch aus § 10 Abs. 2 WEG nicht vergemeinschaftungsfähig (*BGH,* 13.10.2017 – V ZR 305/16, NJW 2018, 1254; ebenso Jennißen/*Abramenko* WEG § 10 Rn. 36). Der **Anspruch** ist **gegen** die **Gemeinschaft der Wohnungseigentümer** zu richten (*Lehmann-Richter/Wobst* WEG-Reform 2020, Rn. 1971; a.A. *Dötsch/Schultzky/Zschieschack* WEG-Recht 2021, Kap. 3 Rn. 43; MüKoBGB/*Burgmair* WEG § 10 Rn. 45 [ohne Diskussion]; Jennißen/*Abramenko* WEG § 10 Rn. 56 [ohne Diskussion]; BeckOK WEG/*Müller* § 10 Rn. 194 [ohne Diskussion]). Ihr steht das **Verwaltungsmonopol** nach § 18 Abs. 1 WEG zu. Nur sie ist berechtigt und verpflichtet, das gemeinschaftliche Eigentum zu verwalten. Nur gegen sie richtet sich ausweislich des Gesetzeswortlauts der allgemeine Anspruch aus **§ 18 Abs. 2 WEG**, und daher konsequenterweise auch der besondere Anspruch aus § 10 Abs. 2 WEG, um die

Verwaltung des gemeinschaftlichen Eigentums und die Benutzung des gemeinschaftlichen Eigentums und des Sondereigentums durch Vereinbarung zu regeln (*Lehmann-Richter/Wobst* WEG-Reform 2020, Rn. 1971). Die Vereinbarung nach § 10 Abs. 1 und 2 WEG und deren Regelungsgegenstände (Rdn. 21) sind daher im **systematischen Zusammenhang mit §§ 18, 19 WEG** zu sehen, die allesamt zum 4. Abschnitt des WEG gehören, und daher im Lichte der reinen Verbandsrechtslehre zu interpretieren sind. Prozessual sind beide Varianten gegen den Verband gerichtet und führen einheitlich zu dem vom Gesetzgeber gewollten **Verbandsprozess**: Sowohl der Anspruch aus § 10 Abs. 2 WEG als auch die Beschlussersetzungsklage nach § 44 Abs. 1 S. 2 WEG sind gegen den Verband zu richten. Gegen diese Sicht könnte der Wortlaut des § 10 Abs. 2 WEG ins Feld geführt werden, der auf die Interessen der anderen Wohnungseigentümer, nicht aber die Interessen der Gemeinschaft der Wohnungseigentümer abstellt. Es könnte argumentiert werden, dass es seltsam anmute, wenn der Verband als Anspruchsgegner die Interessen seiner Mitglieder zu prüfen habe. Allerdings gehört die Vorschrift zu jenen Regelungen, deren Wortlaut durch das WEMoG nicht an die neue Dogmatik angepasst wurde, ohne dass bestreitbar wäre, dass das WEMoG die Dogmatik des Wohnungseigentumsrechts grundlegend verändert hat. Daher wird verbreitet betont, dass auch andere Vorschriften, deren Wortlaut nicht an das durch das WEMoG geschaffene System angepasst wurde, im Lichte des WEMoG auszulegen sind (so beispielsweise auch bei § 12 WEG, vgl. *Lehmann-Richter/Wobst* WEG-Reform 2020, Rn. 447; *Skauradszun/Harnack* AnwZert MietR 13/2020, Anm. 1; BeckOGK/*Skauradszun* WEG § 12 Rn. 15).

2. Behandlung des Anspruchs im Innenverhältnis

Macht ein Wohnungseigentümer den Anspruch aus § 10 Abs. 2 WEG gegen die Gemeinschaft der Wohnungseigentümer geltend, muss darüber das **Willensbildungsorgan entscheiden** (*Lehmann-Richter/Wobst* WEG-Reform 2020, Rn. 1972). Bevor das Willensbildungsorgan entscheiden konnte, ist eine Leistungsklage nicht zulässig, da insoweit noch das Rechtsschutzbedürfnis fehlt. Die Gesamtheit der Wohnungseigentümer beschließt nach § 19 Abs. 1 WEG mit einfacher Mehrheit, ob der Anspruch erfüllt werden soll oder nicht. Auch sonst besteht nach § 19 Abs. 1 WEG eine Beschlusskompetenz, über die Verwaltung des gemeinschaftlichen Eigentums und die Benutzung des gemeinschaftlichen Eigentums und des Sondereigentums zu beschliessen und zwar mit der einfachen Mehrheit der abgegebenen Stimmen (§ 25 Abs. 1 WEG). Fasst die Gesamtheit der Wohnungseigentümer einen **positiven Beschluss**, müssen alle anderen Wohnungseigentümer gegenüber der Gemeinschaft der Wohnungseigentümer übereinstimmende Willenserklärungen in notariell beglaubigter Form abgegeben (*Lehmann-Richter/Wobst* WEG-Reform 2020, Rn. 1972). Tun sie dies nicht, muss die Gemeinschaft der Wohnungseigentümer, die im Innenverhältnis durch die Gesamtheit der Wohnungseigentümer als Willensbildungsorgan den entsprechenden Willen gebildet hat, die **obstruierenden Wohnungseigentümer** im Wege der **Leistungsklage** auf Abgabe der jeweiligen Willenserklärung in Anspruch nehmen (*Lehmann-Richter/Wobst* WEG-Reform 2020, Rn. 1973). Mit Rechtskraft des Urteils, gelten die Willenserklärungen als abgegeben, § 894 ZPO (*Rapp* DNotZ 2009, 335, 345; im Ergebnis auch BeckOK WEG/*Müller* § 10 Rn. 229). Dann gilt die Vereinbarung als abgeschlossen bzw. angepasst (*OLG München*, 18.09.2006 – 34 Wx 081/06, ZMR 2006, 955). Die in Rn. 71 genannten Gegenstimmen könnten einwenden, dass die Anspruchsverfolgung gegenüber der Gemeinschaft der Wohnungseigentümer aufwendiger sein kann als direkt gegenüber den anderen Wohnungseigentümern. Dieser Einwand hätte aber kaum Gewicht, da auch § 18 Abs. 2 WEG die Anspruchsverfolgung gegenüber der Gemeinschaft der Wohnungseigentümer vorsieht und sich der Gesetzgeber ausweislich § 18 Abs. 1 und 2 WEG unzweifelhaft entschieden hat, dass der Verband im Zentrum aller Betrachtungen stehen soll. 72

Fasst die Gesamtheit der Wohnungseigentümer hingegen einen negativen Beschluss, hat der anspruchsstellende Wohnungseigentümer gegen die Gemeinschaft der Wohnungseigentümer keine Beschlussersetzungsklage nach § 44 Abs. 1 S. 2 WEG zu erheben, sondern direkt den Anspruch aus § 10 Abs. 2 WEG mit der Leistungsklage gegen die Gemeinschaft der Wohnungseigentümer zu verfolgen (*Lehmann-Richter/Wobst* WEG-Reform 2020, Rn. 1973). Unterliegt die Gemeinschaft der Wohnungseigentümer, müssen im Innenverhältnis die anderen Wohnungseigentümer die verlangten 73

Willenserklärungen abgeben. Geschieht dies nicht, muss auch in diesem Szenario die Gemeinschaft der Wohnungseigentümer die obstruierenden Wohnungseigentümer im Wege der Leistungsklage auf Abgabe der jeweiligen Willenserklärung in Anspruch nehmen.

3. Streitverkündung gegenüber den obstruierenden Wohnungseigentümern

74 In beiden Varianten kann die streitige Durchsetzung eines Anspruchs aus § 10 Abs. 2 WEG langwierig und zermürbend sein. Lässt sich der Verwalter mit der Einberufung der Wohnungseigentümerversammlung Zeit, kommt dort kein positiver Beschluss zustande, dauert die Leistungsklage länger, etwa durch Säumnis und Wiedereinsetzung oder Beweisaufnahmen über mehrere Termine, geht die Gemeinschaft der Wohnungseigentümer ins Rechtsmittel, lassen sich dann gleichwohl die obstruierenden Wohnungseigentümer verklagen, verzögern diese den Rechtsstreit und gehen ins Rechtsmittel, kann die Durchsetzung etliche Jahre in Anspruch nehmen. Dies kann faktisch zu einer Entwertung des Anspruchs führen. Prozessuale Möglichkeiten, die Leistungsklage gegen die Gemeinschaft der Wohnungseigentümer bestmöglich auf eine etwaige Folgestreitigkeit zwischen der Gemeinschaft der Wohnungseigentümer und obstruierenden Wohnungseigentümern vorzubereiten, bestehen etwa darin, die Gemeinschaft der Wohnungseigentümer aufzufordern, den **obstruierenden Wohnungseigentümern** nach § 72 ZPO den **Streit zu verkünden**, um diesen gegenüber die Nebeninterventionswirkung auszulösen (§§ 74 Abs. 3, 68 ZPO). Diese könnten dann im Folgeprozess nicht geltend machen, dass der Rechtsstreit zwischen anspruchsstellendem Wohnungseigentümer und der Gemeinschaft der Wohnungseigentümer unrichtig entschieden worden sei. Ist die Gemeinschaft der Wohnungseigentümer anwaltlich vertreten, gehört eine solche Streitverkündung im Regelfall zur **anwaltlichen Vorsicht**. Da diese Streitverkündungen seit dem WEMoG ein prozessual häufiger Fall werden könnten, wird man auch **vom Verwalter verlangen** können, dass dieser die Gemeinschaft der Wohnungseigentümer auf diese Möglichkeit hinweist.

4. Antragstellung in der Klageschrift

75 Für die Durchsetzung des Anspruchs aus § 10 Abs. 2 WEG muss der Gläubiger die gewünschte Regelung bzw. die gewünschte Anpassung benennen (*Dötsch/Schultzky/Zschieschack* WEG-Recht 2021, Kap. 14 Rn. 144; Jennißen/*Abramenko* WEG § 10 Rn. 55). In der etwaigen Leistungsklage muss er einen **konkreten Antrag** stellen. Er kann den Antrag **nicht** in das **Ermessen des Gerichts** stellen (Jennißen/*Abramenko* WEG § 10 Rn. 55). Die Grundsätze zum Klageantrag einer Beschlussersetzungsklage nach § 44 Abs. 1 S. 2 WEG sind nicht analogiefähig für eine Leistungsklage, die auf § 10 Abs. 2 WEG gestützt wird. Jedenfalls liegt die Planwidrigkeit der Regelungslücke nicht vor. Für die Leistungsklage definiert § 253 Abs. 2 ZPO die Anforderungen und verlangt vom Kläger nach Nr. 2 einen »bestimmten Antrag«. Zudem war der frühere Streit um eine solche Analogie (für eine Analogie *BGH,* 08.04.2016 – V ZR 191/15, NJW 2017, 64 Rn. 7, dagegen Staudinger/*Wobst* § 10 Rn. 67) dem Gesetzgeber bekannt, ohne dass er beim WEMoG eine Anpassung vorgenommen hätte. Es bleibt daher bei den Anforderungen des § 253 Abs. 2 Nr. 2 ZPO. Wird im Übrigen der Tatsachenvortrag von der beklagten Gemeinschaft der Wohnungseigentümer i.S.v. § 138 Abs. 3 ZPO ausdrücklich bestritten, liegt auf der Seite des klagenden Wohnungseigentümers nicht nur die Darlegungs-, sondern auch die **Beweislast** (Jennißen/*Abramenko* WEG § 10 Rn. 58: Anspruchssteller trägt die Darlegungs- und Beweislast).

5. Anspruch stellt keine Einrede dar

76 Der Anspruch aus § 10 Abs. 2 WEG erfüllt die Merkmale eines Anspruchs i.S.v. § 194 Abs. 1 BGB, denn – liegen die Anspruchsvoraussetzungen vor – ein Wohnungseigentümer kann von der Gemeinschaft der Wohnungseigentümer den Abschluss oder die Anpassung einer Vereinbarung verlangen. Umgekehrt hat auch die Gemeinschaft der Wohnungseigentümer Ansprüche gegen einen Wohnungseigentümer, beispielsweise die Leistung der Vor- und Nachschüsse nach § 28 WEG. Daher kann die Frage aufkommen, ob der von der Gemeinschaft der Wohnungseigentümer in Anspruch genommene Wohnungseigentümer dem Verband seinen Anspruch aus § 10 Abs. 2 WEG als Ein-

rede entgegenhalten kann. Dazu fehlt es nicht schon an der Gegenseitigkeit der Ansprüche. Ein **Anspruch** stellt aber **nicht zugleich** eine **Einrede** dar. Anspruch und Einrede haben unterschiedliche Aufgaben und werden konsekutiv geprüft. Bei gesetzlichen Ansprüchen der Gemeinschaft der Wohnungseigentümer kann der in Anspruch genommene Wohnungseigentümer seinen Anspruch auch nicht mit der Einrede des nicht erfüllten Vertrags nach § 320 BGB geltend machen, da dann die Ansprüche nicht aus einem gegenseitigen Vertrag resultieren. Ähnlich verhält es sich bei dem Zurückbehaltungsrecht nach § 273 BGB. Die vom Wohnungseigentümer geschuldete Leistung wird regelmäßig aus einem Beschluss resultieren, etwa betreffend die Zahlungspflichten aus einem Beschluss nach § 28 WEG, während der Anspruch aus § 10 Abs. 2 WEG nicht aus dem Beschluss als Rechtsgeschäft, sondern aus dem WEG aufgrund der Mitgliedschaft in dieser Gemeinschaft der Wohnungseigentümer resultiert. Wird der Wohnungseigentümer von der Gemeinschaft der Wohnungseigentümer verklagt, kann er aber den Anspruch aus § 10 Abs. 2 WEG im Wege der Widerklage verfolgen.

6. Verjährung

Ob und innerhalb welcher Frist der Änderungsanspruch **verjährt**, ist umstritten. Teilweise wird der Anspruch mit Verweis auf § 902 BGB (*Rapp* DNotZ 2009, 335, 346) oder den Charakter der Norm als »Dauerverpflichtung« (*Schmid* WuM 2010, 655, 657) für unverjährbar gehalten (so auch *Hügel/Elzer* WEG § 10 Rn. 197). Andere Stimmen gehen von der **Regelverjährung** nach §§ 195, 199 BGB aus (*Abramenko* ZMR 2010, 737, 739; ebenso für § 313 BGB etwa MüKoBGB/*Finkenauer* § 313 Rn. 109). Die zuletzt genannte Ansicht überzeugt. § 10 Abs. 2 WEG ist ebenso wenig wie § 313 BGB eine »Dauerverpflichtung«. Auch § 902 BGB ist nicht einschlägig, weil der Änderungsanspruch schuldrechtlicher Natur ist und daher nur mittelbar aus dem eingetragenen Wohnungseigentum folgt. 77

VI. Anspruch aus anderen Anspruchsgrundlagen

Ein Anspruch auf Anpassung einer Vereinbarung ergibt sich nur aus § 10 Abs. 2 WEG. Die Norm ist abschließend (*BGH*, 23.03.2018 – V ZR 65/17, NJW-RR 2018, 776). Außerhalb des Anwendungsbereichs des § 10 Abs. 2 WEG und damit außerhalb des Verbandszwecks – also insbesondere bei Regeln des sachenrechtlichen Grundverhältnisses – kann sich ein Anspruch auf Anpassung aus den Regeln des allgemeinen Schuldrechts ergeben. Anspruchsgrundlage ist nach der Rechtsprechung **§ 242 BGB**. Anspruchsgegner sind die anderen Wohnungseigentümer (zur Abgrenzung vgl. Rn. 71). Voraussetzung des Anspruchs ist, dass ein Festhalten an der Regel wegen außergewöhnlicher Umstände grob unbillig wäre (*BGH*, 21.10.2016 – V ZR 78/16, ZWE 2017, 169 Rn. 30; *BGH*, 25.09.2003 – V ZB 21/03, NJW 2003, 3476). Ein solcher Anspruch kann sich etwa ergeben, wenn **Sondereigentum** wegen fehlerhafter Abgrenzung **nicht entstanden** ist. Es sind dann sämtliche Wohnungseigentümer verpflichtet, an dem betroffenen Gebäudeteil **Sondereigentum einzuräumen** (*BGH*, 21.10.2016 – V ZR 78/16, ZWE 2017, 169 Rn. 30; *BGH*, 30.06.1995 – V ZR 118/94, NJW 1995, 2851). Gleiches gilt bei einer von der **Teilungserklärung abweichenden** Bauausführung, wenn kein Anspruch auf Änderung des fehlerhaften Bauzustands besteht (*BGH*, 14.11.2014 – V ZR 118/13, NJW 2015, 2027 Rn. 21). Aus § 242 BGB soll sich nach der Rechtsprechung auch die Pflicht ergeben, die fehlgeschlagene Zuordnung eines **Sondernutzungsrechts** nachzuholen (*BGH*, 21.10.2016 – V ZR 78/16, ZWE 2017, 169), was methodisch nicht überzeugt, da Sondernutzungsrechte auf einer Vereinbarung i.S.d. § 10 WEG beruhen. Die Anpassung einer solchen Vereinbarung fällt in den Anwendungsbereich des § 10 Abs. 2 WEG. § 242 BGB kann auch einen Anspruch auf Anpassung der Miteigentumsanteile an die tatsächlichen Flächenverhältnisse begründen. Denn die Miteigentumsanteile bestimmen über § 9a Abs. 4 S. 1 WEG die Außenhaftung des Wohnungseigentümers. Weichen diese erheblich von den tatsächlichen Nutzungsmöglichkeiten in der Anlage ab, kann das dann dem Wohnungseigentümer nicht zumutbare Haftungsrisiko in Ausnahmefällen zu einem Anspruch auf Anpassung führen. 78

VII. Änderung einer Vereinbarung durch Beschluss

79 Die Änderung einer Vereinbarung im Wege des Beschlusses ist nur möglich, soweit **eine Öffnungsklausel** dies ermöglicht. Anderenfalls ist ein entsprechender Beschluss nichtig, da für diesen die Beschlusskompetenz fehlt (*BGH,* 20.09.2000 – V ZB 58/99, NJW 2000, 3500; etwa *KG,* 23.06.2003 – 24 W 38/03, WuM 2003, 583; *OLG Hamburg,* 31.01.2003 – 2 Wx 121/00, ZMR 2003, 442). Daran ändert nichts, dass dieser Beschluss nicht angefochten und als bestandskräftig angesehen wurde. Zur Klarstellung kann ein nichtiger Beschluss durch einen Beschluss »aufgehoben« werden (*OLG Karlsruhe,* 31.05.2000 – 11 Wx 96/00, ZMR 2000, 700, 701; *OLG Stuttgart,* 09.02.2001 – 8 W 54/98, ZMR 2001, 664, 665). Dadurch wird der Rechtsschein eines wirksamen Rechtsgeschäfts beseitigt.

D. Bindung an Vereinbarungen und Beschlüsse (§ 10 Abs. 3 WEG)

80 Tritt durch Übertragung des Wohnungseigentums ein neues Mitglied in den Verband ein, so **endet** mit dem Ausscheiden des früheren Wohnungseigentümers dessen **Bindung** an das Binnenrecht der Gemeinschaft der Wohnungseigentümer. Schwieriger zu beantworten ist die Frage, unter welchen Voraussetzungen sich eine Bindung des neuen Wohnungseigentümers an das rechtsgeschäftlich geregelte Binnenrecht der Gemeinschaft der Wohnungseigentümer (Vereinbarungen und Beschlüsse) ergibt. Ein vergleichbares Problem besteht bei der Anteilsübertragung im Gesellschaftsrecht. Hier ist anerkannt, dass der Eintretende grds. vollständig in die Position des Veräußerers einrückt und daher auch an das Binnenrecht gebunden ist (MüKoHGB/*Fleischer* § 105 Rn. 454). Im Wohnungseigentumsrecht gilt dieser Grundsatz in dieser Allgemeinheit nicht. Vielmehr ist die Bindung von Sondernachfolgern in § 10 Abs. 3 WEG danach zu entscheiden, ob es sich um Beschlüsse handelt, deren Beschlusskompetenz aus dem WEG resultiert, oder aber um vereinbarungsbasierte Beschlüsse bzw. um Vereinbarungen, bei denen dann die Eintragung im Grundbuch entscheidend ist. Gegenüber dem **Gesamtrechtsnachfolger** – etwa dem Erben oder bei bestimmten Sachverhalten nach dem UmwG – besteht hingegen nach allgemeinen Grundsätzen eine umfassende Bindungswirkung (Rdn. 96). Der in § 10 Abs. 3 WEG verwendete **Begriff »Sondernachfolger«** ist an §§ 746, 1010 Abs. 1 BGB angelehnt. Sondernachfolger ist deshalb, wer durch Rechtsgeschäft (Übereignung) oder durch Zuschlag in der Zwangsversteigerung Wohnungseigentum erwirbt (*Hügel/Elzer* WEG § 10 Rn. 200).

I. Bindung an Beschlüsse aufgrund des WEG (§ 10 Abs. 3 S. 2 WEG)

81 Besteht die Beschlusskompetenz für einen Beschluss aufgrund des WEG (z.B. nach §§ 12 Abs. 4, 16 Abs. 2 S. 2, 19 Abs. 1, 27 Abs. 2, 28 WEG), **binden** diese Beschlüsse **alle Wohnungseigentümer** und deren **Sondernachfolger** (*BGH,* 05.02.2010 – V ZR 126/09, ZWE 2010, 215; vgl. *Dötsch/Schultzky/Zschieschack* WEG-Recht 2021, Kap. 1 Rn. 53; MüKoBGB/*Burgmair* WEG § 10 Rn. 53; *Hügel/Elzer* WEG § 10 Rn. 198; BeckOK WEG/*Müller* § 10 Rn. 62). Denn es ist das Wesen eines Beschlusses, im Kollektivorgan einen Willen zu bilden, der dem Verband zugerechnet wird und sodann die Grundlage für Umsetzungsmaßnahmen bildet. Insoweit ist § 10 Abs. 3 S. 2 WEG klarstellender Natur (BT-Drs. 19/18791, S. 50). Die Bindungswirkung tritt dabei nicht nur gegenüber denjenigen Wohnungseigentümern ein, die dem Beschluss zugestimmt haben, sondern auch solchen, die an der Abstimmung nicht teilgenommen, sich der Stimme enthalten oder gar gegen den Beschlussantrag gestimmt haben (*BGH,* 10.09.1998 – V ZB 11/98, BGHZ 139, 288, 297; *Baltzer* Der Beschluss als rechtstechnisches Mittel organschaftlicher Funktion im Privatrecht S. 39; *Bork* Allgemeiner Teil des Bürgerlichen Gesetzbuchs § 13 Rn. 437; *Medicus/Petersen* Allgemeiner Teil des BGB Rn. 205; Staudinger/*Häublein* WEG § 23 Rn. 70). Die Bindung von Personen, die keine JA-Stimme zum positiv formulierten Beschlussantrag abgegeben haben, geht auf eine jahrhundertelange Entwicklung zurück (vor §§ 23–25 WEG Rdn. 2). Diese Bindungswirkung ermöglicht der Gemeinschaft der Wohnungseigentümer eine effektive Verwaltung des gemeinschaftlichen Eigentums. Würden nämlich, wie bei der Vereinbarung, stets übereinstimmende Willenserklärungen erforderlich sein, wäre eine vollständige Willensübereinstimmung jedenfalls in größeren Anlagen unwahrschein-

lich und damit die Willensbildung in der Gemeinschaft der Wohnungseigentümer faktisch nicht möglich.

Da die Bindungswirkung und damit die **Majorisierung** der Minderheit heute **anerkannt** ist, muss dieser Rechtssatz nicht kodifiziert werden. Auch der Grundsatz pacta sunt servanda ist nicht kodifiziert, gleichwohl aber anerkannt. Rechtlich unschädlich ist daher, dass der Gesetzgeber des WEMoG den früheren § 10 Abs. 5 WEG entfallen lassen hat, der den Rechtssatz kodifiziert hatte, wonach der gefasste Mehrheitsbeschluss »auch für und gegen die Wohnungseigentümer wirk[t], die gegen den Beschluß gestimmt oder an der Beschlußfassung nicht mitgewirkt haben«. Wenngleich die Streichung keine inhaltlichen Folgen hat, ist sie insoweit bedauerlich, als sie zumindest in streitigen Fällen der Majorität die Möglichkeit bot, auf die Bindungswirkung eines Mehrheitsbeschlusses hinzuweisen. Mit dem früheren § 10 Abs. 5 WEG wurde überdies die Botschaft übermittelt, dass Wohnungseigentum eine Eigentumsform ist, bei der sich ein Wohnungseigentümer kritisch die Frage stellen muss, ob er es hinnehmen kann, gelegentlich oder gar regelmäßig überstimmt zu werden, gleichwohl aber an den Beschluss gebunden zu sein. Ein Interessent, der sich dieser Bindungswirkung nicht unterwerfen will, ist für Wohnungseigentum nicht geeignet und – freilich unter Einsatz höherer Mittel – beim Alleineigentum besser aufgehoben. An alldem ändert nichts, wenn ein Wohnungseigentümer nach einer Beschlussfassung sein Wohnungseigentum überträgt. Der **Sondernachfolger übernimmt** dann eine **Mitgliedschaft** in der Gemeinschaft der Wohnungseigentümer, in der das Willensbildungsorgan einen Willen gebildet hat, welcher der Gemeinschaft der Wohnungseigentümer zugerechnet wurde. Es steht diesem Sondernachfolger frei, sollte er mit dem Beschluss nicht einverstanden sein, einen neuen Beschluss anzustreben und für Mehrheiten zu werben, den Beschlussgegenstand anders zu entscheiden. 82

Personen, die Interesse am Erwerb von Wohnungseigentum haben, können sich bei Bestandsimmobilien über die bislang gefassten Beschlüsse informieren. Denn nach § 24 Abs. 7 S. 1 WEG ist eine **Beschluss-Sammlung** zu führen. Der Interessent kann als Dritter von einem Wohnungseigentümer ermächtigt werden, Einsicht in die Beschluss-Sammlung zu nehmen (§ 24 Abs. 7 S. 8 WEG). Jedem Erwerber muss klar sein, dass bei Beschlussgegenständen, für die eine gesetzliche Beschlusskompetenz besteht, auch Beschlüsse gefasst wurden. Diese Beschlüsse unterscheiden sich aber von solchen, bei denen die Beschlusskompetenz durch eine Vereinbarung geschaffen wurde (Rdn. 94; vgl. BT-Drs. 19/18791, S. 41). 83

II. Bindung an Vereinbarungen (§ 10 Abs. 3 S. 1 WEG)

1. Bindung der gegenwärtigen Wohnungseigentümer

Wohnungseigentümer, die übereinstimmende Willenserklärungen zu einer Vereinbarung abgegeben haben, werden an die Vereinbarung gebunden (BeckOK WEG/*Müller* § 10 Rn. 62). Dies folgt aus dem allgemeinen Wesen eines Vertrags. Die Vereinbarung wird allein deshalb abgeschlossen, da alle Wohnungseigentümer über einen Rechtsbindungswillen verfügen und die Bindungswirkung gerade auch für den Fall erzielen wollen, wenn später einer oder mehrere von ihnen an der Vereinbarung nicht mehr festhalten wollen. Die zwischen den Wohnungseigentümern geschlossene Vereinbarung ist dann nach dem allgemeinen Rechtsgrundsatz pacta sunt servanda zu halten. Umgekehrt ausgedrückt würde kein Wohnungseigentümer eine Vereinbarung abschließen wollen, wenn diese nicht die anderen Wohnungseigentümer binden würde. Scheidet ein Wohnungseigentümer aus, endet dessen Bindung an die Vereinbarung mit dem Verlust seines Eigentums. Jenseits der durch § 10 Abs. 3 S. 1 WEG gegebenen Möglichkeit, Sondernachfolger dann an die vor ihrem Erwerb abgeschlossene Vereinbarung zu binden, wenn die Vereinbarung im Grundbuch eingetragen wurde, können sich Sondernachfolger vertraglich verpflichten, eine Regelung zu übernehmen und sich an diese binden zu wollen. 84

2. Bindung der Sondernachfolger durch Grundbucheintragung

85 Die Bindungswirkung von Vereinbarungen kann nach § 10 Abs. 3 S. 1 WEG durch Eintragung im Grundbuch herbeigeführt werden (*Hügel/Elzer* WEG § 10 Rn. 201; BeckOK WEG/*Müller* § 10 Rn. 91, 249). Für diese sog. »Verdinglichung« (etwa *BGH,* 22.06.2012 – V ZR 73/11, ZMR 2012, 883, 884) ist nicht erforderlich, dass die konkrete Vereinbarung im Wohnungsgrundbuch mitgeteilt wird. **Ausreichend** ist nach § 7 Abs. 3 S. 1 WEG, dass im Wohnungsgrundbuch auf die **Eintragungsbewilligung Bezug** genommen wird und diese ihrerseits auf die Vereinbarung verweist (*OLG Frankfurt/M.*, 16.04.2007 – 20 W 290/05, NZM 2008, 214; *OLG München*, 13.08.2007 – 34 Wx 144/06, FGPrax 2007, 260; *OLG Zweibrücken*, 05.11.2012 – 3 W 127/12, ZWE 2013, 85). § 10 Abs. 3 WEG bezweckt den **Schutz** des **Sondernachfolgers.** Er muss nur solche Vereinbarungen gegen sich gelten lassen, die nach § 10 Abs. 3 WEG zum Inhalt seines Sondereigentums gemacht worden sind und die er im Grundbuch nachlesen konnte.

86 **Alle Vereinbarungen** i.S.v. § 10 Abs. 1 S. 2 WEG sind für eine Eintragung im Grundbuch i.S.v. § 10 Abs. 3 S. 1 WEG geeignet. Diese Eintragungsfähigkeit betrifft auch solche Vereinbarungen, die Maßnahmen der Verwaltung des gemeinschaftlichen Eigentums oder der Benutzung des gemeinschaftlichen Eigentums und des Sondereigentums betreffen, die durch Beschluss hätten entschieden werden können. Denn die Wohnungseigentümer können die Art des Rechtsgeschäfts wählen (vgl. § 19 Abs. 1 WEG).

87 Ist das Wohnungseigentum mit der Hypothek, Grund- oder Rentenschuld oder der Reallast eines Dritten belastet, so ist dessen nach anderen Rechtsvorschriften notwendige **Zustimmung** nach § 5 Abs. 4 S. 2 WEG nur **erforderlich**, wenn ein **Sondernutzungsrecht** begründet oder ein mit dem Wohnungseigentum verbundenes Sondernutzungsrecht aufgehoben, geändert oder übertragen wird. Weder eine Vereinbarung zur **Änderung von Stimmrechten** (*LG Aachen*, 07.03.1986 – 3 T 84/86, Rpfleger 1986, 258) noch zur Einführung einer **Veräußerungsbeschränkung nach § 12 WEG** (*Kreuzer* PiG 63, 249, 260) benötigt vor der Eintragung im Grundbuch die Zustimmung der Dritten.

88 Auch nach der Eintragung einer Vereinbarung im Grundbuch bleibt diese ein **schuldrechtlicher Vertrag.** Mit dem Begriff der »Verdinglichung« soll nur zum Ausdruck gebracht werden, dass auch nach einem Wechsel der dinglichen Berechtigung an einem Wohnungseigentum die schuldrechtliche Vereinbarung den Sondernachfolger bindet, obwohl dieser kein Vertragspartner der Vereinbarung war und deshalb nach dem Grundsatz der **Relativität der Schuldverhältnisse** ohne gesetzliche Regelung nicht an die Vereinbarung gebunden wäre. Die Eintragung einer Vereinbarung im Grundbuch meint **nicht**, dass die Vereinbarung **absolut**, also gegenüber jedermann wirken würde.

89 Die Charakterisierung eingetragener Vereinbarungen ist insbesondere bei der Eintragung von Sondernutzungsrechten praxisrelevant. Hier stellt sich nämlich etwa die Frage, ob ein im Grundbuch eingetragenes, aber nicht entstandenes Sondernutzungsrecht gutgläubig erworben werden kann. In Betracht kommt eine analoge Anwendung der §§ 893, 892 BGB (*Hügel/Elzer* WEG § 10 Rn. 207; BeckOK WEG/*Müller* § 10 Rn. 251 ff.). Wenn Wohnungseigentum durch **Zuschlag in der Zwangsversteigerung** erworben wird (§ 90 ZVG), kommt ein **gutgläubiger Erwerb nicht** in Betracht (*BayObLG*, 16.12.1993 – 2 Z BR 112/93, ZMR 1994, 231, 233; Bärmann/*Suilmann* WEG § 10 Rn. 127; *Hügel/Elzer* WEG § 10 Rn. 207). Denn der öffentliche Glaube des Grundbuchs gilt nur für den **Erwerb durch Rechtsgeschäft** im Sinne eines Verkehrsgeschäfts (*BGH,* 29.06.2007 – V ZR 5/07, NZM 2007, 686, 687; *BGH,* 05.05.2006 – V ZR 236/05, NJW-RR 2006, 1242, 1245). Der Eigentumserwerb durch Zuschlag in der Zwangsversteigerung ist hingegen ein Erwerb kraft Hoheitsakts. Wird **Wohnungseigentum hingegen rechtsgeschäftlich erworben, bejaht** die Rechtsprechung die Möglichkeit eines gutgläubigen Erwerbs (*OLG Hamm*, 21.10.2008 – I-15 Wx 140/08, ZWE 2009, 169; *OLG Stuttgart*, 04.12.1985 – 8 W 481/84, NJW-RR 1986, 318).

90 Wird eine eingetragene Vereinbarung im Grundbuch **gelöscht**, so ändert dies nichts am Bestehen der Vereinbarung und der Bindung derjenigen Wohnungseigentümer, die sie abgeschlossen haben. Der Berechtigte ist ohne die Grundbucheintragung aber nicht mehr in der Lage, dem Sonderrechts-

nachfolger eines anderen Wohnungseigentümers seine **Berechtigung** gem. § 10 Abs. 3 WEG **entgegenzuhalten** (*BGH*, 13.09.2000 – V ZB 14/00, NJW 2000, 3643, 3644).

Es kann Sonderfälle geben, in denen ein Interessent eine Vereinbarung zur Kenntnis erhält, welche nicht als Inhalt des Sondereigentums in das Grundbuch eingetragen wurde, es aber gleichwohl nicht mit den Grundsätzen von **Treu und Glauben** vereinbar wäre, sich als Sondernachfolger auf die fehlende Bindungswirkung zu berufen. 91

3. Bindung der Sondernachfolger ohne Grundbucheintragung

Vereinbarungen, die einen Sondernachfolger **nur begünstigen**, sollen auch zu dessen Gunsten wirken (*BayObLG*, 20.02.1997 – 2Z BR 136/96, ZMR 1997, 427, 428; *OLG Hamm*, 28.05.1998 – 15 W 4/98, ZMR 1998, 718; *OLG Düsseldorf*, 14.02.2001 – 3 Wx 392/00, ZMR 2001, 649; *OLG Frankfurt/M.*, 01.02.2006 – 20 W 291/03, ZWE 2006, 489, 491; *OLG Hamburg*, 26.11.2007 – 2 Wx 68/07, ZMR 2008, 154, 155; *Lehmann-Richter* ZWE 2018, 385, 387; *Hügel/Elzer* WEG § 10 Rn. 40 weisen zu Recht darauf hin, dass Vereinbarungen in der Regel nicht nur Rechte, sondern auch Pflichten enthalten). Enthalte eine Vereinbarung für den Sondernachfolger positive und nachteilige Regelungen, stehe § 10 Abs. 3 S. 1 WEG einer Bindung an die nachteilige, nicht eingetragene Regel entgegen. Der Übergang des aus der Vereinbarung folgenden Rechts nebst korrespondierenden Pflichten könne daher nur rechtsgeschäftlich erreicht werden. Eine Abtretung sei nicht möglich, da diese nicht zu einem Übergang der Pflichten führe. Geeignet sei aber die **Vertragsübernahme**, die allerdings nur bis zum Ausscheiden des Veräußerers aus der Gemeinschaft der Wohnungseigentümer möglich sei oder ein zwischen dem neuen und den verbleibenden Wohnungseigentümern vereinbarter Vertragsbeitritt (BeckOK WEG/*Müller* § 10 Rn. 94; näher *Lehmann-Richter* ZWE 2018, 385, 388). In der Rechtsprechung wird zudem häufig verlangt, dass der Sondernachfolger die ihm günstige Vereinbarung kennen müsse (*BayObLG*, 30.11.2000 – 2Z BR 76/00, NZM 2001, 753; *OLG Hamm*, 10.09.1996 – 15 W 236/96, ZMR 1996, 671, 674; *OLG Köln*, 02.04.2001 – 16 Wx 7/01, ZMR 2002, 73, 75). Ob diese **Rosinenpick-Rechtsprechung** richtig ist, ist zweifelhaft (ähnlich kritisch Jennißen/*Abramenko* WEG § 10 Rn. 62). Die Frage, ob eine Vereinbarung für den Sondernachfolger günstige oder ungünstige Regelungen vorsieht, löst das rechtsgeschäftliche Problem nicht, dass der Sondernachfolger kein Vertragspartner der Vereinbarung ist und daher entweder ein rechtsgeschäftlicher Grund gefunden werden muss, warum der Sondernachfolger an eine Vereinbarung gebunden wird, oder die Bindung aufgrund einer Grundbucheintragung erzielt werden muss. Jedenfalls ist kein Grund ersichtlich, warum eine Vereinbarung nicht zumindest diejenigen Vertragspartner binden sollte, bei denen keine Sondernachfolge eingetreten ist (a.A. Jennißen/*Abramenko* WEG § 10 Rn. 61). Es mag sein, dass eine nicht im Grundbuch eingetragene Vereinbarung einen Sondernachfolger nicht bindet, da sich dieser auf den Grundsatz der Relativität der Schuldverhältnisse stützen kann, warum die übrigen Vertragspartner aber nicht mehr gebunden sein sollen, erschließt sich nicht. Eine solche Rechtsprechung würde geradezu einladen, bei nur einem Wohnungseigentum eine Sondernachfolge vorzunehmen, um die Vereinbarung für alle Wohnungseigentümer – mitunter hunderte Wohnungseigentümer – hinfällig zu machen. 92

Davon zu unterscheiden ist die Frage, ob der Eintritt in die Vereinbarung der **Zustimmung** der anderen Vertragspartner bedarf. Die Rechtsprechung hielt eine solche Zustimmung der übrigen Wohnungseigentümer vor dem WEMoG häufig für entbehrlich und ließ die »Eintrittserklärung« des Sondernachfolgers ausreichen (etwa *OLG Zweibrücken*, 21.01.2005 – 3 W 198/04, OLGR Zweibrücken 2005, 281). Dem ist nicht zuzustimmen (ebenso *Hügel/Elzer* WEG § 10 Rn. 39; BeckOK WEG/*Müller* § 10 Rn. 95, 257). Denn bei nicht eingetragenen Vereinbarungen erfolgt die Bindung nicht kraft Gesetzes und bedarf daher wegen der Privatautonomie auch der Zustimmung der anderen Vertragspartner. Aus der Vereinbarung kann sich im Übrigen im Wege der Auslegung die **antizipierte Zustimmung** der anderen Wohnungseigentümer zur Übertragung der Pflichten aus dem Vertrag auf einen neuen Wohnungseigentümer entnehmen lassen, weil die anderen Vertragspartner an einer Kontinuität ihrer Vereinbarungen interessiert sind (vgl. *Häublein* DNotZ 2005, 741, 743 noch vor dem WEMoG; BeckOK WEG/*Müller* § 10 Rn. 95). In Sonderkonstellationen 93 kann es an dieser antizipierten Zustimmung aber fehlen, etwa wenn eine Begünstigung nur dem ausscheidenden Wohnungseigentümer persönlich gewährt werden sollte (*Häublein* DNotZ 2005, 741, 744).

III. Bindung an Beschlüsse aufgrund einer Vereinbarung (§ 10 Abs. 3 S. 1 WEG)

94 Die Frage nach der Bindung der Wohnungseigentümer bzw. deren Sondernachfolger an Beschlüsse, deren Beschlusskompetenz zuvor vereinbart wurde (sog. »**vereinbarte Öffnungsklausel**«, BT-Drs. 19/18791, S. 40; *Dötsch/Schultzky/Zschieschack* WEG-Recht 2021, Kap. 1 Rn. 65; *Hügel/Elzer* WEG § 10 Rn. 169), ist danach zu differenzieren, ob es um die Wirkung dieser Beschlüsse gegenüber den gegenwärtigen Wohnungseigentümern oder deren Sondernachfolgern geht. Im ersten Fall greifen die allgemeinen Grundsätze des Vertrags- und Verbandsrechts, sodass die Bindungswirkung unproblematisch zu bejahen ist (Rdn. 81). Für den zweiten Fall hat der Gesetzgeber in § 10 Abs. 3 S. 1 WEG hingegen **für die Erwerber** eine **Schutzvorschrift** vorgesehen (BT-Drs. 19/18791, S. 36). Hintergrund dieser durch das WEMoG aufgenommenen Schutzvorschrift ist die Vorstellung des Gesetzgebers, dass Erwerber zwar regelmäßig vor dem Erwerb Einsicht in das Grundbuch nehmen, eher selten aber die Beschluss-Sammlung einsehen (BT-Drs. 19/18791, S. 40). Daher sollte die Eintragung von vereinbarungsbasierten Beschlüssen im Grundbuch ermöglicht werden. Zu dieser Kategorie gehören allerdings keine Beschlüsse, bei denen die aus dem WEG folgende Beschlusskompetenz zusätzlich in einer Vereinbarung wiederholt wurde (**unechte vereinbarungsbasierte Beschlüsse**); diese Beschlüsse sind nicht eintragungsfähig (MüKoBGB/*Burgmair* WEG § 10 Rn. 54; Jennißen/*Abramenko* WEG § 10 Rn. 68). Die Bundesregierung des 19. Deutschen Bundestages rechnete damit, dass in 20 % aller Gemeinschaften von Wohnungseigentümern eine Vereinbarung getroffen wurde, die für einen oder mehrere Beschlussgegenstände eine Beschlusskompetenz schafft. Es soll bei diesen Wohnungseigentümergemeinschaften allerdings im Durchschnitt nur alle 15 Jahre ein solcher vereinbarungsbasierter Beschluss gefasst werden. Daher rechnete die Bundesregierung insgesamt deutschlandweit mit **jährlich 5.700 Eintragungen** in die jeweiligen Grundbücher (BT-Drs. 19/18791, S. 36).

1. Bindung der gegenwärtigen Wohnungseigentümer

95 Besteht eine Beschlusskompetenz nicht aufgrund des WEG, sondern aufgrund einer Vereinbarung der Wohnungseigentümer, ist der Beschluss als Rechtsgeschäft zulässig und **bindet** die Personen, die im Zeitpunkt der Beschlussfassung **Wohnungseigentümer** sind. Es besteht damit kein Unterschied wie bei Beschlüssen aufgrund des WEG (Rdn. 81). Die Bindungswirkung folgt aus dem Wesen des Beschlusses. Sie ist nicht davon abhängig, ob der Beschluss als Inhalt des Sondereigentums im Grundbuch eingetragen wurde. Viele Beschlüsse würden sich für eine solche Eintragung auch nicht lohnen, da sie Beschlussgegenstände regeln, die nach kurzer Zeit erledigt sind. Würden alle Beschlüsse, die auf einer Vereinbarung beruhen, im Grundbuch als Inhalt des Sondereigentums eingetragen werden, wären die Grundbuchämter überlastet.

2. Bindung der Sondernachfolger durch Grundbucheintragung

96 Während im Gesellschaftsrecht der Grundsatz gilt, dass Sondernachfolger eines Gesellschafters grundsätzlich an die vor dem Eintritt in den Verband gefassten Beschlüsse gebunden sind, sieht § 10 Abs. 3 S. 1 WEG für eine solche Bindungswirkung eine weitere Voraussetzung vor, nämlich, dass der auf einer Vereinbarung beruhende Beschluss als Inhalt des Sondereigentums in das Grundbuch eingetragen wurde. Diese besondere Voraussetzung ist zu erfüllen, wenn der Beschluss Wirkungen für den **Sondernachfolger** haben soll, also eine Person, die durch Rechtsgeschäft oder durch Zuschlag in der Zwangsversteigerung nach § 90 Abs. 1 ZVG Eigentümer geworden ist (MüKoBGB/*Burgmair* WEG § 10 Rn. 51). Von der Sondernachfolge i.S.d. § 10 Abs. 3 S. 1 WEG **zu unterscheiden** ist die **Gesamtrechtsnachfolge**, die etwa durch Erbfall (§ 1922 BGB) oder Verschmelzung eintreten kann (§ 20 Abs. 1 Nr. 1 UmwG). Hier tritt die Bindung durch die Gesamtrechtsnachfolge ein (MüKoBGB/*Burgmair* WEG § 10 Rn. 51).

IV. Bindungswirkung bei Altbeschlüssen (§ 48 WEG)

Für die Bindungswirkung bei Altbeschlüssen sieht § 48 Abs. 1 S. 1 WEG eine besondere Übergangsvorschrift vor. Im Grundsatz gilt § 10 Abs. 3 WEG auch für solche Beschlüsse, die vor dem 01.12.2020 gefasst oder durch gerichtliche Entscheidung ersetzt wurden. Wenn die Sondernachfolge allerdings bis zum **31.12.2025** eintritt, bestimmt sich die Wirksamkeit eines Beschlusses gegen den Sondernachfolger nach § 10 Abs. 4 WEG a.F. Der frühere Normtext lautete: »Beschlüsse der Wohnungseigentümer gemäß § 23 WEG und gerichtliche Entscheidungen in einem Rechtsstreit gemäß § 43 WEG bedürfen zu ihrer Wirksamkeit gegen den Sondernachfolger eines Wohnungseigentümers nicht der Eintragung in das Grundbuch. Dies gilt auch für die gem. § 23 Abs. 1 WEG aufgrund einer Vereinbarung gefassten Beschlüsse, die vom Gesetz abweichen oder eine Vereinbarung ändern«. 97

Würde es die besondere Übergangsvorschrift des § 48 Abs. 1 S. 1 WEG nicht geben, würde ein Sondernachfolger bei einem Altbeschluss argumentieren können, dass dieser ihm gegenüber keine Wirkung entfalte, da der Beschluss nicht nach § 10 Abs. 3 S. 1 WEG zum Inhalt des Sondereigentums gemacht wurde. Dies wäre unbefriedigend, da vor dem WEMoG Beschlüsse nicht in das Grundbuch eingetragen werden konnten, die Wohnungseigentümer also gar keine Möglichkeit hatten, diese Grundbucheintragung vornehmen zu lassen. Bis Ende 2025 wird die **Bindungswirkung** bei Altbeschlüssen daher **aufgrund einer gesetzlichen Regelung** erreicht, nicht aufgrund der Grundsätze des allgemeinen Verbandsrechts oder einer Grundbucheintragung (*Dötsch/Schultzky/Zschieschack* WEG-Recht 2021, Kap. 1 Rn. 67). 98

In einzelnen Fällen kann ein Beschluss für viele Jahre Bedeutung haben. Tritt die Sondernachfolge erst ab dem 01.01.2026 ein, können die Wohnungseigentümer prüfen, ob vor der Sondernachfolge eine Eintragung des Altbeschlusses in das Grundbuch Sinn macht (§§ 5 Abs. 4 S. 1, 7 Abs. 2 WEG). 99

Die Übergangsvorschrift des § 48 WEG hat die Besonderheit, dass in dessen Abs. 1 S. 3 eine **materiellrechtliche Anspruchsgrundlage** vorgesehen ist (*Wobst* MittBayNot 2021, 1, 5: »Reproduktionsanspruch«), die es jedem Wohnungseigentümer ermöglicht, von der Gemeinschaft der Wohnungseigentümer bis zum 31.12.2025 eine erneute Beschlussfassung über den damaligen Beschlussgegenstand verlangen zu können. Anspruchsgegner ist, wie auch sonst bei § 18 Abs. 2 WEG, die Gemeinschaft der Wohnungseigentümer. Diese kann sodann den Antrag auf Eintragung stellen (§ 7 Abs. 2 S. 2 WEG). Der Anspruch macht nur Sinn, wenn der **Altbeschluss wirksam** gefasst wurde. Ist dieser in der Beschlussprozedur steckengeblieben, also beispielsweise bei der damaligen Beschlussfassung nicht verkündet worden, oder verstieß der Altbeschluss gegen die guten Sitten (§ 138 BGB), liegt kein wirksamer Altbeschluss vor, der reproduziert werden könnte. Ob der Anspruch aus § 48 Abs. 1 S. 3 WEG **begründet** ist, hängt wohl auch davon ab, ob die erneute Beschlussfassung ordnungsmäßiger Verwaltung und Benutzung i.S.v. § 18 Abs. 2 WEG entspricht. Muss der Anspruch im Übrigen gerichtlich durchgesetzt werden, wird die **Entfristung** dieses Sonderrechts durch die Erhebung der Beschlussersetzungsklage **gehemmt** (§§ 44 Abs. 1 S. 2, 48 Abs. 1 S. 3 Halbs. 2 WEG, § 204 Abs. 1 Nr. 1 BGB). 100

V. Bindung an gerichtliche Entscheidungen und gerichtliche Vergleiche

Zivilgerichtliche Entscheidungen haben im Ausgangspunkt eine inter partes Wirkung, binden also die Parteien des Zivilprozesses. Da § 44 Abs. 2 S. 1 WEG den **Verbandsprozess** vorsieht, ist die Gemeinschaft der Wohnungseigentümer bei allen Beschlussklagen in der Beklagtenrolle. Die in Beschlussklagen ergangenen gerichtlichen Entscheidungen binden im prozessualen Sinne den Kläger und die Gemeinschaft der Wohnungseigentümer. Darüber hinaus werden mittelbar auch deren Organe wie der Verwalter gebunden und aufgrund § 44 Abs. 3 WEG auch alle Wohnungseigentümer, auch wenn sie nicht Partei sind (**inter omnes Wirkung**). Weist **beispielsweise** das Landgericht in der Berufungsinstanz rechtskräftig eine Anfechtungsklage nach § 44 Abs. 1 S. 1 ab, kann ein Wohnungseigentümer, der gegen den Beschluss gestimmt hatte, wegen § 44 Abs. 3 WEG nicht geltend machen, dass er sich nicht an das Urteil gebunden fühle und weiter von einem rechtswidrigen 101

Beschluss ausgehen dürfe. Das Urteil wirkt auch für diesen Wohnungseigentümer, wenngleich er nicht Partei war. Es steht nun fest, dass der Beschluss nicht aufgehoben wird, daher gültig ist und von den Organen und Organwaltern als geltendes Rechtsgeschäft zu beachten ist. Gleiches gilt für **Sondernachfolger** der Wohnungseigentümer, die ebenfalls nicht geltend machen können, sie binde die gerichtliche Entscheidung nicht.

102 Seit dem WEMoG kommt dem gerichtlichen **Vergleich** nach § 278 Abs. 6 ZPO im **Verbandsprozess** eine geringere Bedeutung zu (ausf. *Skauradszun* ZMR 2020, 905, 912 f.; vgl. ferner *Hügel/Elzer* WEG § 10 Rn. 79). Eine Beschlussfassung in einer Spontanversammlung der mündlichen Verhandlung kommt im Regelfall nicht in Betracht, da die beiden Prozessparteien – der klagende Wohnungseigentümer und die beklagte Gemeinschaft der Wohnungseigentümer – keinen Beschluss fassen können. Eine Vereinbarung i.S.v. § 10 Abs. 1 S. 2 WEG scheitert regelmäßig daran, dass nicht alle Wohnungseigentümer durch übereinstimmende Willenserklärungen die Vereinbarung treffen und der Verwalter, der nach § 9b Abs. 1 WEG die Gemeinschaft der Wohnungseigentümer vertritt, in der Regel keine Vertretungsmacht hat, die übrigen Wohnungseigentümer beim Abschluss der Vereinbarung bzw. des Vergleichs zu vertreten. Die beklagte Gemeinschaft der Wohnungseigentümer kann nie eine Vereinbarung i.S.v. § 10 Abs. 1 S. 2 WEG schließen, da diese nur zwischen den Wohnungseigentümern getroffen werden kann.

103 In Streitigkeiten über die Rechte und Pflichten der **Wohnungseigentümer untereinander** i.S.v. § 43 Abs. 2 S. 1 WEG kommt ein **Vergleich** hingegen durchaus in Betracht. Ein solcher Vergleich kann eine Vereinbarung i.S.v. § 10 Abs. 1 S. 2 WEG darstellen und dann die Vertragsparteien binden. Gegen Sondernachfolger der Wohnungseigentümer wirkt die Vereinbarung dann, wenn sie als Inhalt des Sondereigentums im Grundbuch eingetragen ist, § 10 Abs. 3 S. 1 WEG. Die Vereinbarung, die im Wege des Vergleichs geschlossen wird, kann nicht in einen Beschluss umgedeutet werden, da es sich um zwei unterschiedliche Rechtsgeschäftstypen handelt, bei denen der Weg zum Rechtsgeschäft nicht vergleichbar ist (Rdn. 14). Auch bei Themen, für die eine Beschlusskompetenz besteht und die anstelle einer Vereinbarung im Wege des Vergleichs auch durch Beschluss hätte entschieden werden können, kommt eine Bindungswirkung gegenüber den Sondernachfolgern nicht in Betracht. § 10 Abs. 3 S. 1 WEG kann insoweit nicht ausgehebelt werden. Die Wohnungseigentümer können aber in der Folge über den Inhalt der Vereinbarung noch einen Beschluss fassen. Besteht für diesen die Beschlusskompetenz nach dem WEG, werden Sondernachfolger an den Beschluss auch ohne Eintragung des Beschlusses in das Grundbuch gebunden, § 10 Abs. 3 S. 2 WEG. Für diesen Beschluss gilt das im WEG oder einer Vereinbarung vorgeschriebene Mehrheitserfordernis.

§ 11 Aufhebung der Gemeinschaft

(1) Kein Wohnungseigentümer kann die Aufhebung der Gemeinschaft verlangen. Dies gilt auch für eine Aufhebung aus wichtigem Grund. Eine abweichende Vereinbarung ist nur für den Fall zulässig, daß das Gebäude ganz oder teilweise zerstört wird und eine Verpflichtung zum Wiederaufbau nicht besteht.

(2) Das Recht eines Pfändungsgläubigers (§ 751 des Bürgerlichen Gesetzbuchs) sowie das im Insolvenzverfahren bestehende Recht (§ 84 Abs. 2 der Insolvenzordnung), die Aufhebung der Gemeinschaft zu verlangen, ist ausgeschlossen.

(3) Im Falle der Aufhebung der Gemeinschaft bestimmt sich der Anteil der Miteigentümer nach dem Verhältnis des Wertes ihrer Wohnungseigentumsrechte zur Zeit der Aufhebung der Gemeinschaft. Hat sich der Wert eines Miteigentumsanteils durch Maßnahmen verändert, deren Kosten der Wohnungseigentümer nicht getragen hat, so bleibt eine solche Veränderung bei der Berechnung des Wertes dieses Anteils außer Betracht..

Literatur

Armbrüster, Überlegungen zur Reform des Wohnungseigentumsrechts, DNotZ 2003, 493; *Becker*, Die Unauflöslichkeit der Gemeinschaft, WE 1998, 128; *Briesemeister*, Die Dereliktion von Wohnungseigentum, ZWE 2007, 218; *Buhl*, Die Liquidation der Wohnungseigentümergemeinschaft, BWNotZ 2013, 130; *Grziwotz*, Schrottimmobilien – Ausstieg oder mehrheitliche Umwandlung beim Wohnungseigentum?, ZfIR 2017, 21; *Hügel*, Zuordnung eines Sondernutzungsrechtes zum Miteigentumsanteil an einer Eigentumswohnung, NZM 2004, 766; *Hoffmann*, Zwangsvollstreckung in Miteigentumsanteile an Grundstücken, JuS 1969, 20; *Kreuzer*, Aufhebung von Wohnungseigentum, NZM 2001, 123; ders. Wertverschiebung auf Grund baulicher Änderungen, WE 1996, 451;*Merle*, Das Wohnungseigentum im System des bürgerlichen Rechts, 1979; *Müller*, Zwangsversteigerung von Wohnungseigentum, ZWE 2006, 378; *Ott*, Zur Aufhebung im Grundbuch eingetragener Vereinbarungen der Wohnungseigentümer, ZMR 2002, 7; *Paefgen*, Gläubigerschutz in der WEG-Novelle, ZfIR 2006, 529; *ders.*, Der »werdende« Wohnungseigentümer, Rpfleger 1985, 261; *Schmid*, Auflösung der Wohnungseigentümergemeinschaft und Abriss des Gebäudes, ZfIR 2011, 809.

Übersicht

A. Entstehungsgeschichte

Die Absätze 1 und 2 der Vorschrift gehören – abgesehen von sprachlichen Anpassungen – seit 1951 1
zu den zentralen Regelungen über die wohnungseigentumsrechtliche Sonderbeziehung (s. Rdn. 2). Absatz 3 a.F. wurde im Hinblick auf die fehlende Insolvenzfähigkeit der rechtsfähigen Gemeinschaft

durch das WEMoG in § 9a Abs. 5 WEG verortet. Absatz 3 der aktuellen Fassung entspricht dem bisherigen § 17 WEG a.F.

B. Grundsatz der »Unauflöslichkeit«

I. Einseitige Aufhebung

2 Nach dem Leitmodell des § 749 Abs. 1 BGB kann der Miteigentümer eines Grundstücks nach Bruchteilen (§ 1008 BGB) – soweit nicht etwas anderes für immer oder auf Zeit vereinbart ist (zu einer Einschränkung aus Treu und Glauben und den Grenzen des § 749 BGB s. *BGH* NZG 2005, 131) – **jederzeit die Aufhebung** der Gemeinschaft verlangen, insbesondere die Versteigerung des unteilbaren Grundstücks gem. §§ 753 Abs. 1 S. 1 BGB, 180 ff. ZVG (*BGH* MDR 2006, 832 = NJW 2006, 849, 850; *BGH* BGHZ 90, 207, 215 = MDR 1984, 486 = NJW 1984, 1968, 1970; *RG RGZ* 108, 422, 424). Diese Möglichkeit der **jederzeitigen Aufhebbarkeit** einer Bruchteilsgemeinschaft entspricht **nicht den Bedürfnissen** der zu einer Gemeinschaft verbundenen Wohnungseigentümer. Wie auch die Bestimmung des Art. 131 EGBGB zeigt, vertragen es vor allem die Verkehrsfähigkeit und Attraktivität gemeinschaftlichen Grundstückseigentums nicht, dass ein Einzelner jederzeit, jedenfalls aber aus wichtigem Grund, die Aufhebung der Gemeinschaft betreiben und die im Wohnungseigentum (oder im Fall des Art. 131 EGBGB des Stockwerkeigentums) verkörperten Werte einseitig »sprengen« kann (s. bereits BR-Drs. 75/71). Die Gemeinschaft der Miteigentümer an einem Grundstück ist vielmehr ebenso wie die Eigentümergemeinschaft auf **Dauer** angelegt. Keinem Wohnungseigentümer darf es daher im Grundsatz möglich sein, die Aufhebung der Gemeinschaft der Wohnungseigentümer i.S.v. § 10 Abs. 1 S. 1 WEG i.V.m. §§ 741 ff., 1008 ff. BGB zu verlangen. Garant und Bürge für dieses Interesse ist der nach § 11 Abs. 1 S. 3 WEG ausdrücklich **unabdingbare** § 11 Abs. 1 S. 1 WEG. Vor allem diese Bestimmung vermittelt dem einzelnen Wohnungseigentümer eine **gesicherte Rechtsstellung** (*BGH* BGHZ 150, 109, 115 [Nießbraucher] = ZMR 2002, 440, 442 = MDR 2002, 1003 = BGHReport 2002, 446 = NJW 2002, 1647; *Armbrüster* DNotZ 1999, 562, 570) und ist damit eine der wichtigsten Vorschriften für die Verkehrsfähigkeit von Wohnungseigentum und die hohe Wertschätzung, die es heute auszeichnet. **Sachenrechtlich** wird die durch § 11 Abs. 1 u. 2 WEG primär angestrebte Beständigkeit von **§ 6 WEG flankiert.** Danach kann Sondereigentum ohne den Miteigentumsanteil, zu dem es gehört, nicht veräußert oder belastet werden. Rechte an dem Miteigentumsanteil erstrecken sich außerdem auf das zu ihm gehörende Sondereigentum. Auch diese Vorschriften wollen das Wohnungseigentum als Einheit erhalten. Vor allem aber ohne § 11 Abs. 1 u. 2 WEG hätte das Wohnungseigentum nicht seine heutige Bedeutung erlangen können. Anders als im Recht der Gemeinschaft kann danach grundsätzlich kein Eigentümer **einseitig** die Aufhebung der Gemeinschaft verlangen (**indivison forcè**) – auch nicht mittelbar durch Verzicht (Rdn. 20). Will ein Wohnungs- oder Teileigentümer aus der Gemeinschaft der Wohnungseigentümer ausscheiden, ist dies nur durch Veräußerung des Wohnungseigentums möglich. Dies gilt nach § 11 Abs. 1 S. 2 WEG – anders als nach § 749 Abs. 2 S. 1 BGB – auch für eine **Aufhebung aus wichtigem Grund**. Eine Vereinbarung, die diesem Inhalt des § 11 WEG entgegensteht und einem Wohnungseigentümer das Recht einräumt, einseitig die Aufhebung der Gemeinschaft zu verlangen, ist ebenso wie ein entsprechender Beschluss gem. § 134 BGB nichtig (*BayObLG* BayObLGZ 1979, 414, 422 = Rpfleger 1980, 110). § 11 Abs. 1 S. 1 und 2 WEG stellen auf diese Weise sicher, dass die Gemeinschaft nicht durch die Initiative Einzelner aufgelöst werden muss und dass das die Eigentümer verbindende gesetzliche Schuldverhältnis (s. § 10) jedenfalls nicht einseitig beendet werden kann (*OLG Zweibrücken* ZMR 2003, 137 = ZWE 2002, 603).

II. Einvernehmliche Aufhebung

1. Allgemeines

3 § 11 WEG bestimmt **nicht**, dass die Gemeinschaft der Wohnungseigentümer **unauflöslich** ist. Es gibt keine »ewig« währende Verpflichtung, eine Gemeinschaft der Wohnungseigentümer aufrechtzuerhalten – insbesondere nicht dann, wenn es in der Realität kein Sondereigentum gibt. Nach Sinn

und Zweck will § 11 WEG nur verhindern, dass ein Einzelner (oder ein Pfändungsgläubiger bzw. Insolvenzverwalter eines Wohnungseigentümers; s. Rdn. 30) **einseitig** die Aufhebung der Eigentümergemeinschaft zur Unzeit und gegen den Willen der anderen Wohnungseigentümer betreibt. Eine Aufhebung der Eigentümergemeinschaft kommt deshalb wenigstens in **drei Fällen** in Betracht:
- nach § 9 Abs. 1 WEG (s. Rdn. 4 ff.; dazu auch § 9 Rdn. 2);
- durch eine entsprechende ursprüngliche oder nachträgliche Vereinbarung (s. Rdn. 9 ff.);
- durch ein einseitiges Verlangen im Fall von § 11 Abs. 1 S. 3 WEG (s. Rdn. 27 ff.).

a) Vertragliche Aufhebung

4 Die Wohnungseigentümer sind vor allem nicht daran gehindert, die Gemeinschaft **einvernehmlich durch reale Grundstücksteilung** aufzuheben (*BayObLG* WE 1984, 124; *BayObLG* BayObLGZ 1979, 414 = Rpfleger 1980, 110). Wie §§ 4 Abs. 1 und 9 Abs. 1 Nr. 1 WEG zeigen, können die Wohnungseigentümer jederzeit einen **Vertrag** mit dem Zweck schließen, die Sondereigentumsrechte und damit die Eigentümergemeinschaft aufzuheben. Solch ein Vertrag bedarf der Form der §§ 311b Abs. 1 S. 1, 925 Abs. 1 Satz 1 BGB (Bärmann/*Suilmann* Rn. 15; a.A. Weitnauer/*Lüke* WEG § 11 Rn. 4; Staudinger/*Kreuzer* [2018] WEG § 11 Rn. 31), weil § 4 Abs. 3 WEG **entsprechend anwendbar** ist.

5 Die Wohnungseigentümer können sich bereits bei Begründung der Gemeinschaft verpflichten, diese zu einem fixen Zeitpunkt oder bei Eintritt einer Bedingung aufzuheben. Eine entsprechende Vereinbarung kann aber auch zu jedem späteren Zeitpunkt geschlossen werden. Ein solcher Vertrag widerspricht nicht dem Rechtsgedanken des § 11 WEG: Dieser will nur verhindern, dass eine Auflösung der Gemeinschaft gegen den Willen auch nur eines Eigentümers möglich ist (*BayObLG* BayObLGZ 1979, 414 = Rpfleger 1980, 110). Im Fall der Aufhebung bestimmt sich der Anteil der Miteigentümer – soweit nichts anderes vereinbart ist – gem. § 11 Abs. 3 WEG nach dem Verhältnis des Wertes ihrer Wohnungseigentumsrechte z.Zt. der Beendigung der Gemeinschaft.

6 Wenn ein »Aufhebungsvertrag« besteht, sind sämtliche Eigentümer verpflichtet, bei einem Antrag auf Erteilung der evtl. erforderlichen behördlichen Teilungsgenehmigung mitzuwirken. Die Aufhebung kann durch Realteilung, aber auch nach §§ 752–758 BGB, 180 ff. ZVG erfolgen.

b) Zuständigkeit

7 Weigert sich ein Wohnungseigentümer, an einer vereinbarten Aufhebung teilzunehmen, ist der **Anspruch** der anderen Wohnungseigentümer **auf Zustimmung** zur Aufhebung im Verfahren nach § 43 Abs. 2 Nr. 1 WEG vor dem **Wohnungseigentumsgericht** zu verfolgen (*BayObLG* WuM 1999, 231, 232; *BayObLG* WE 1984, 124 [LS]; *BayObLG* BayObLGZ 1979, 414, 418 = Rpfleger 1980, 110 jew. noch zum früheren Recht). Davon zu unterscheiden sind die Ansprüche, die sich **aus der Aufhebung** der Gemeinschaft, vor allem gem. §§ 752 ff. ZPO, ergeben können. Für diese Ansprüche ist das Prozessgericht zuständig. Sie können erst erfolgreich geltend gemacht werden, nachdem die Verpflichtung zur Aufhebung der Gemeinschaft **rechtskräftig** ausgesprochen worden ist (*BayObLG* WuM 1999, 231, 232).

2. Zustimmung dinglich Berechtigter

8 Sind von einer vertraglich vereinbarten Aufhebung der Gemeinschaft die Rechte dinglich Berechtigter betroffen, müssen auch diese dem Aufhebungsvertrag zustimmen (allgemein *OLG Frankfurt am Main*, ZMR 1990, 229 = NJW-RR 1990, 1042; *OLG Düsseldorf* DNotZ 1990, 42; *BayObLG* BayObLGZ 1958, 273, 277). Sind das Gesamtgrundstück oder sämtliche Miteigentumsanteile belastet, besteht das Recht fort und eine Zustimmung ist entbehrlich (vgl. *BGH* NJW 2012, 1226 = ZfIR 2012, 245 = ZMR 2012, 563). Bei Einzelbelastungen der jeweiligen Miteigentumsanteile ist zu prüfen, ob sie ihrem Inhalt nach an einem Miteigentumsanteil nach Bruchteilen bestehen können (vgl. § 9 Rdn. 24 ff.).

III. Zerstörung des Wohngebäudes

1. Allgemeines

9 Wird das Gebäude ganz oder teilweise zerstört, besteht die Eigentümergemeinschaft fort. Wie insbesondere der inzwischen aufgehobene § 9 Abs. 1 Nr. 2 WEG a.F. zeigte, wandelt sich die Gemeinschaft bei einer Zerstörung des Wohngebäudes nicht (wieder) in eine Bruchteilsgemeinschaft gem. §§ 741 ff. BGB um, sondern bleibt eine **voll entstandene Eigentümergemeinschaft** (*Buhl* BWNotZ 2013, 134; Staudinger/*Kreuzer* WEG § 11 Rn. 10) deren Mitglieder freilich in Ermangelung einer Substanz allesamt nur **isolierte Miteigentumsanteile** besitzen (vgl. Rdn. 14 und § 3 Rdn. 152 ff.). Die Wohnungseigentümer können sich daher abweichend vom Grundsatz des § 11 Abs. 1 S. 1 WEG im Wege der Vereinbarung (entweder bereits als Teil der »Gemeinschaftsordnung« oder nachträglich) gem. § 11 Abs. 1 S. 3 WEG das **Recht einräumen**, die Aufhebung der Gemeinschaft zu verlangen, wenn das Gebäude ganz oder teilweise zerstört ist und eine Verpflichtung zum Wiederaufbau nicht vereinbart ist. Eine beschlussweise Einräumung des Rechts zur Aufhebung ist mangels Beschlusskompetenz selbst dann unwirksam, wenn sie einstimmig erfolgt oder unangefochten bleibt (Grüneberg/*Wicke* Rn. 1). Zerstört i.S.v. § 22 WEG ist ein Gebäude nur dann, wenn seine Nutzbarkeit durch punktuelle Ereignisse (wie Brand, Überflutung oder Explosion) wesentlich beeinträchtigt oder aufgehoben ist; die Sanierungspflichten der Wohnungseigentümer, die aus der Überalterung bzw. der mangelnden Instandhaltung des Gebäudes herrühren, werden durch die Vorschrift nicht begrenzt (*BGH* ZfIR 2021, 588 = ZMR 2022, 60).Allerdings besteht daneben analog § 11 Abs. 1 S. 3 WEG ein Aufhebungsanspruch, wenn das Gebäude aus rechtlichen oder tatsächlichen Gründen nicht mehr errichtet werden kann (s. i.E. Rdn. 27).

2. Wiederaufbaupflicht

10 Fehlt es an einer Aufhebungsvereinbarung, gibt es im Fall der vollständigen oder teilweisen Zerstörung des Wohngebäudes eine **Wiederaufbaupflicht** in zwei Fällen. Zum einen, wenn die Wohnungseigentümer eine Wiederaufbaupflicht vertraglich bestimmt haben. Zum anderen besteht eine Wiederaufbaupflicht nach § 22 WEG dann, wenn der Schaden durch eine Versicherung oder in anderer Weise gedeckt ist. In diesem Fall kann von jedem Wohnungseigentümer der Wiederaufbau gem. § 19 Abs. 1 u. 2 Nr. 2 WEG verlangt werden.

3. Anspruch auf Aufhebung bei Unterbleiben des Wiederaufbaus

11 Besteht keine Wiederaufbaupflicht und einigen sich die Wohnungseigentümer auch nicht darauf, das Gebäude wieder aufzubauen, kann es nur »in äußerst engen Grenzen« auch ohne entsprechende Vereinbarung einen **Anspruch** auf Mitwirkung zur **Aufhebung** der Gemeinschaft der Wohnungseigentümer aus §§ 242, 313 BGB i.V.m. dem die Eigentümer verbindenden Gemeinschaftsverhältnis geben (*BGH* ZfIR 2021, 588 = ZMR 2022, 60; *BayObLG* ZMR 2002, 291, 292; *Röll* WE 1997, 94, 95). Anderenfalls würde das Grundstück für immer »brachliegen« und wäre für die Eigentümer wertlos. Richtigerweise wird man als Anspruchsgrundlage aber wohl § 10 Abs. 2 WEG heranzuziehen haben (so auch Staudinger/*Wobst* [2023] § 11 Rn. 30; a.A. Jennißen/*Abramenko* § 11 Rn. 20). Die (vorbereitende) Aufhebungsgestaltung kann nämlich zum Inhalt des Gemeinschaftsverhältnisses gehören und betrifft (noch) nicht das sachenrechtliche Grundverhältnis. S. dazu auch noch Rdn. 19 für den Fall allseitigen isolierten Miteigentums.

IV. Nachträgliche Herstellung und (Teil-) Aufhebung der Gemeinschaft

12 Entsteht Wohnungseigentum zunächst nicht als Vollrecht, ist z.B. das Gebäude noch nicht errichtet, oder geht das Gebäude nach seiner Errichtung unter (Rdn. 9), besitzen die Wohnungseigentümer rechtlich gesehen grundsätzlich nur Eigentum am Gemeinschaftseigentum verbunden mit einer »Anwartschaft« auf Erwerb von Sondereigentum. Solche Miteigentumsanteile, die mit einem nicht zum Vollrecht erstarkten Sondereigentum verbunden sind, werden als **isolierte**, sondereigentumslose bzw. substanzlose **Miteigentumsanteile** bezeichnet (s. zum Begriff und den Problemen ausführ-

lich § 3 Rdn. 152 ff.). Es gilt nichts anderes, wenn nur ein oder einige wenige Sondereigentumseinheiten nicht entstanden sind, die anderen **Miteigentumsanteile** aber entstanden und mit Sondereigentum verbunden sind (§ 3 Rdn. 152 ff.). Die »Isolierung« endet, wenn das Gebäude (wieder) entsteht.

Ein Problem besteht darin, dass solche Wohnungseigentümer den anderen Wohnungseigentümern nach Sinn und Zweck der §§ 10 ff. WEG ohne Gebäude **nicht auf Dauer** gemeinschaftlich verbunden bleiben können. Um eine solche Gemeinschaft erstmalig vollständig herzustellen, ist primär stets zu versuchen, den »Gründungsfehler« zu heilen, die Isolierung zu beenden und also dem sondereigentums- bzw. substanzlosen Miteigentumsanteil voll entstandenes Sondereigentum zuzuführen. Ist eine solche Heilung **ausnahmsweise aber nicht möglich** oder jedenfalls nicht zumutbar – z.B. wenn das Wohngebäude wieder abgerissen werden müsste – ist subsidiär auch eine **Teilaufhebung der Gemeinschaft** vorstellbar. 13

1. Teilweise Isolierung: Erstmalige Herstellung der vollständigen Gemeinschaft

Besteht teilweise ein isolierter Miteigentumsanteil, begründet dies für alle Miteigentümer gem. § 242 BGB (*BayObLG* ZMR 1998, 582) i.V.m. ihrem Gemeinschaftsverhältnis (*BayObLG* ZMR 2001, 40) die **Verpflichtung**, den fehlerhaften **Gründungsakt** so zu **ändern**, dass der sondereigentumslose Miteigentumsanteil nicht weiter bestehen bleibt (*BGH* NJW 2004, 1798 = ZMR 2004, 206, 208; *BGH* BGHZ 130, 159, 169 = ZMR 1995, 521; *BGH* BGHZ 109, 179, 185 = ZMR 1990, 112; *OLG München* FGPrax 2008, 197, 199; *Wenzel* DNotZ 1993, 297, 300) und das Sondereigentum durch vertragliche Einräumung an den betroffenen Gebäudeteilen **erstmals begründet** wird. Diese Mitwirkungspflicht setzt allerdings voraus, dass nach dem Gründungsakt überhaupt Sondereigentum entstehen sollte. Besteht eine Mitwirkungspflicht, sind z.B. Teilungserklärung und Aufteilungsplan so abzuändern, dass zugunsten des Inhabers der isolierten Miteigentumsanteile erstmals **Sondereigentum** an Räumen (im Dachgeschoss) **entsteht** (*BGH* ZfIR 2004, 1006, 1008 = ZMR 2005, 59 = NJW 2005, 10; *BGH* ZMR 2004, 206, 207 = NJW 2004, 1798 = MDR 2004, 439; *BGH* BGHZ 130, 159, 168 = ZMR 1995, 521 = NJW 1995, 2851, 2853; *BGH* BGHZ 109, 179, 185 [Heizwerkfall] = ZMR 1990, 112 = NJW 1990, 447; *Röll* Teilungserklärung, S. 52) oder eine **Trennwand verschoben** wird und dadurch Sondereigentum so entsteht, wie es im Aufteilungsplan vorgesehen ist (*BGH* BGHZ 208, 29 = NJW 2016, 473 = ZfIR 2016, 276 = ZMR 2016, 215; *BayObLG* ZMR 2001, 988, 989; *KG* ZMR 2001, 849). 14

Der benachteiligte Miteigentümer kann die übrigen Eigentümer notfalls auf Zustimmung zu einer entsprechenden Abänderung – ggf. gegen eine **Ausgleichszahlung** (*BayObLG* ZMR 2001, 988, 989; *BayObLG* ZMR 2000, 464; *BayObLG* ZMR 1998, 794) – vor dem Wohnungseigentumsgericht in Anspruch nehmen (*BGH* BGHZ 130, 159, 169 = ZMR 1995, 521, 524; *BGH* NJW 1991, 2909 = MDR 1992, 50 = DNotZ 1992, 225 = Rpfleger 1991, 454; *BayObLG* ZMR 2001, 40; *Wenzel* DNotZ 1993, 297, 299). Das Urteil ersetzt dann nach § 894 ZPO die fehlenden Erklärungen der Miteigentümer, nach hier vertretener Auffassung jedoch auch die etwaig dinglich Berechtigter, weil diese ihre Rechte von Anfang an belastet mit der Anpassungsverpflichtung erworben haben. Liegt z.B. Gemeinschaftseigentum vor, weil das mit den Miteigentumsanteilen von zwei Speichern verbundene Sondereigentum wegen eines **Widerspruchs zwischen Teilungserklärung und Aufteilungsplan** nicht entstanden ist (s. dazu § 3 Rdn. 43), besteht ein gegen die übrigen Wohnungs- und Teileigentümer gerichteter Anspruch auf **Begründung von Sondereigentum**, das mit den isolierten Miteigentumsanteilen verbunden werden kann (*BayObLG* ZMR 2001, 40, 41). Welche Sondereigentumsflächen den einzelnen Miteigentumsanteilen zuzuweisen sind, bemisst sich nach den Grundsätzen von Treu und Glauben unter Berücksichtigung des Interesses der Gesamtheit der Miteigentümer nach billigem Ermessen. 15

2. Teilweise Isolierung: Teilaufhebung der Gemeinschaft der Wohnungseigentümer

Im Einzelfall kann eine **Heilung ausgeschlossen** und die Isolierung nicht zu beenden sein. Dies ist 16
etwa vorstellbar, wenn nach dem Teilungsvertrag oder der Teilungserklärung Sondereigentum ent-

stehen sollte, an dem nach § 5 Abs. 2 WEG **zwingend Gemeinschaftseigentum** bestehen muss (*BGH* BGHZ 109, 179, 184 [Heizwerkfall] = ZMR 1990, 112 = NJW 1990, 447; *OLG Schleswig* ZMR 2006, 886, 887; *OLG Hamburg* MietRB 2004, 290). Ferner ist z.B. möglich, dass baurechtliche Vorschriften (s. dazu etwa *OLG Braunschweig* OLGReport Braunschweig 1994, 257) die Einräumung von Sondereigentum und damit eine Heilung endgültig ausschließen und auch keine Fertigstellungspflicht besteht. Schließlich findet ein Heilungsanspruch wie auch ein Anspruch auf erstmalige Herstellung eines den Plänen entsprechenden Zustands seine Grenze in dem Rechtsgedanken des § 242 BGB i.V.m. mit dem Gemeinschaftsverhältnis (*BayObLG* BayObLGZ 1989, 470, 473). Ein Wohnungseigentümer kann die Heilung daher nicht verlangen, wenn dies den übrigen Wohnungs- und Teileigentümern bei Berücksichtigung aller Umstände nach Treu und Glauben nicht zumutbar ist (*BGH* BGHZ 208, 29 = NJW 2016, 473 = ZfIR 2016, 276 = ZMR 2016, 215; *BayObLG* ZMR 2001, 469, 471; *BayObLG* WE 1997, 73; *BayObLG* BayObLGZ 1989, 470, 473 für den Anspruch auf erstmalige Herstellung).

17 In diesen Fällen hat der Inhaber isolierter Miteigentumsanteile, aber auch jeder andere Wohnungseigentümer einen einklagbaren Anspruch darauf, dass die isolierten Miteigentumsanteile durch entsprechende Vereinbarung auf die verbleibenden Eigentümer durch Vereinigung oder Zuschreibung (§ 890 BGB) übertragen werden (*BGH* ZfIR 2004, 1006, 1008 = ZMR 2005, 59 = NJW 2005, 10; *BGH* BGHZ 109, 179, 185 [Heizwerkfall] = ZMR 1990, 112; *OLG Schleswig* ZMR 2006, 886, 887; *Hügel* ZfIR 2004, 1009, 1010) und er aus der Gemeinschaft ausscheidet (**Teilaufhebung der Gemeinschaft**). Es besteht insoweit ein schuldrechtlicher Anspruch nach § 242 BGB i.V.m. dem Gemeinschaftsverhältnis bzw. ein Anspruch entsprechend § 11 Abs. 1 S. 3 WEG, dass der isolierte Miteigentumsanteil unter »Aufhebung« des nicht entstandenen Sondereigentums (bzw. die entsprechend bereits entstandene »Anwartschaft«) den anderen Wohnungseigentümern anteilig – im Zweifel im Verhältnis der Miteigentumsanteile – **zugeschlagen** wird (*BGH* ZfIR 2004, 1006, 1008 = ZMR 2005, 59 = NJW 2005, 10; *BGH* ZMR 2004, 206; *BGH* BGHZ 130, 159, 170 = ZMR 1995, 521 = NJW 1995, 2851; *BayObLG* ZMR 2002, 291, 292 = ZWE 2001, 605, 606).

18 Diese Lösung kommt vor allem in den Fällen **der Sonderrechtsunfähigkeit von Gebäudeteilen** (§ 5 Abs. 2 WEG) in Betracht (*BGH* BGHZ 130, 159, 170 = ZMR 1995, 521 = NJW 1995, 2851). Ferner dann, wenn eine Tiefgarage nicht errichtet wird und die Wohnungseigentümer kein Interesse an ihrer Erstellung haben. Auch dann kann es nach Treu und Glauben geboten sein, den bestehenden Zustand in der Weise zu bereinigen, dass die Wohnungseigentümer ohne Zahlung eines Wertausgleichs die Miteigentumsanteile übernehmen, die mit dem Sondereigentum an der Tiefgarage verbunden sind, und dass das Sondereigentum formal endgültig »aufgehoben« (genauer: niemals zur Entstehung) gebracht wird (*OLG Hamm* ZMR 2007, 213 = NZM 2007, 448; *BayObLG* ZMR 2002, 291, 292).

3. Sonderfall: Sämtliche Miteigentumsteile sind isoliert

19 Die Einräumung von Sondereigentum nach § 3 Abs. 1 WEG kann im Einzelfall auch **vollständig fehlschlagen** (*OLG München* ZMR 2008, 905 = ZWE 2009, 39). Die Situation ist dann nicht anders, als wäre das Wohngebäude zerstört worden (s.a. Rdn. 9). Es entstehen dann zunächst **ausschließlich isolierte Miteigentumsanteile** (*OLG München* ZMR 2008, 905 = NZM 2008, 810; a.A. *BayObLG* ZMR 2002, 291, 292), jeweils verbunden mit einer Anwartschaft auf Sondereigentum (s. ausführlich § 3 Rdn. 152 ff.). Eine solche Gemeinschaft kann nicht dauerhaft bestehen (s. bereits Rdn. 9). Die Miteigentümer sind aufgrund des bestehenden Gemeinschaftsverhältnisses verpflichtet, jedenfalls berechtigt, den **Gründungsakt so zu ändern**, dass die sondereigentumsrechtliche Zuordnung mit der notwendigen Bestimmtheit vorgenommen werden kann. Dies erfolgt durch einen beurkundeten Nachtrag zur Teilungserklärung (*OLG München* ZMR 2008, 905 = NZM 2008, 810) unter Zustimmung der hiervon betroffenen dinglich Berechtigten (*OLG München* ZMR 2008, 905 = NZM 2008, 810; *BayObLG* BayObLGZ 1996, 149, 154; s.a. § 4 Rdn. 14). **Scheitert** die **Einräumung** von Sondereigentum z.B. aus baurechtlichen Gründen hingegen **endgültig** (*BGH* BGHZ 110, 36, 40 [Bauverbotsfall] = NJW 1990, 1111 = MDR 1990, 325) – das ist nicht anzunehmen

bei bloßer Aufgabe der Bauabsicht – erlöschen die »Anwartschaftsrechte« (*OLG Hamm* WE 1991, 31 = NJW-RR 1991, 335) und jeder Wohnungs- bzw. Teileigentümer kann nach §§ 242, 313 BGB i.V.m. dem Gemeinschaftsverhältnis bzw. entsprechend § 11 Abs. 1 S. 3 WEG verlangen, dass die **Eigentümergemeinschaft aufgelöst** wird (*OLG Braunschweig* OLGReport Braunschweig 1994, 257; Weitnauer/*Lüke* WEG § 11 Rn. 9; Bamberger/Roth/*Hügel* WEG § 11 Rn. 4). Etwaige Drittberechtigte müssen dem jedoch nach allgem. Grundsätzen zustimmen, wenn nicht nur die Gemeinschaft, sondern das Wohnungseigentum selbst aufgehoben werden soll (anders noch bis zur 3. Aufl.).

C. Dereliktion (Verzicht)

I. Wohnungseigentumsrechte

Weder kann ein Miteigentumsanteil an einem Grundstück entsprechend § 928 Abs. 1 BGB durch Verzicht »aufgegeben« werden (*BGH* ZMR 2007, 793; BGHZ 115, 1, 7 = NJW 1991, 2488; a.A. *OLG Düsseldorf* ZMR 2007, 208; *Reichard* FS für Otte, S. 265, 284; *Kanzleiter* NJW 1996, 905, 906) noch ist die Eintragung des Verzichts auf ein Wohnungs- oder Teileigentum in das Grundbuch zulässig (*BGH* ZMR 2007, 795, 796 m. Anm. *Elzer; OLG Celle* MDR 2004, 29; *OLG Zweibrücken* ZMR 2003, 137; *OLG Düsseldorf* ZMR 2001, 129 = NJW-RR 2001, 233; *BayObLG* NJW 1991, 1962; *KG* NJW 1989, 42; *Briesemeister* ZWE 2007, 218; a.A. *OLG Düsseldorf* ZMR 2007, 382 = NZM 2007, 219; *Kanzleiter* NJW 1996, 905, 907). Weil das Miteigentum am Grundstück nach § 6 Abs. 1 WEG nicht vom Sondereigentum (Wohnungs- und Teileigentum) getrennt werden kann, führt die Rechtsprechung, dass die Eintragung des Verzichts auf den Miteigentumsanteil an einem Grundstück in das Grundbuch unzulässig ist (*BGH* ZMR 2007, 793; BGHZ 115, 1, 7 = NJW 1991, 2488), **notwendigerweise** dazu, dass auch ein Wohnungs- und Teileigentum nicht durch Verzicht aufgegeben werden kann (*BGH* ZMR 2007, 795, 796 m. Anm. *Elzer*). 20

Eine Dereliktion käme einer nach § 11 Abs. 1 S. 1 WEG unzulässigen **einseitigen (Teil-)Aufhebung** der Gemeinschaft der Wohnungseigentümer gleich (*BGH* ZMR 2007, 795, 796 m. Anm. *Elzer*). Kein Wohnungseigentümer darf sich auf diese Weise und einseitig seinen gemeinschaftlichen Verpflichtungen entziehen. Art. 14 GG steht dem nicht entgegen, weil jeder Wohnungseigentümer durch den Erwerb von Wohnungseigentum sich bestimmter Rechte, u.a. des Rechts, frei über sein Eigentum zu verfügen, begibt (*BGH* ZMR 2007, 795, 796 m. Anm. *Elzer*; zweifelnd *OLG Düsseldorf* ZMR 2007, 382, 383 = NZM 2007, 219). Einem Verzicht steht ferner entgegen, dass jedenfalls die gesetzliche Regel des § 16 Abs. 2 WEG zum Umfang der Kosten- und Lastentragungspflicht unterlaufen werden würde. Bei einem Verzicht müssten die verbleibenden Eigentümer zwangsläufig einen **höheren Anteil** an den Lasten und Kosten tragen, ohne dass ihnen – mangels einer gesetzlich angeordneten Anwachsung – ein höherer Miteigentumsanteil an dem gemeinschaftlichen Grundstück zustünde (*BGH* ZMR 2007, 795, 796 m. Anm. *Elzer*). Eine Rechtfertigung für diese gesetzeswidrige Mehrbelastung gibt es nicht. Schließlich gibt es kein Bedürfnis für die Zulässigkeit eines Verzichts. Denn ein Wohnungseigentümer ist durch § 11 WEG nicht daran gehindert, die Gemeinschaft der Wohnungseigentümer zu verlassen. Zum einen kann er – soweit es hierfür einen Markt gibt – sein Wohnungseigentum veräußern. Ist das Wohnungseigentum hingegen **wertlos** (»Schrottimmobilie«) oder **dauerhaft nicht nutzbar** – z.B. weil Sondereigentum nicht entstanden ist oder in seinem Zustand völlig unbrauchbar – kann ein Wohnungseigentümer nach §§ 242, 313 BGB i.V.m. dem Gemeinschaftsverhältnis der Eigentümer eine (ggf. teilweise) **Aufhebung der Eigentümergemeinschaft** verlangen (*BGH* ZMR 2007, 795, 796 m. Anm. *Elzer*). Ein solcher Fall ist etwa bei noch unausgebauten und z.B. aus baurechtlichen Gründen auch **nicht ausbaubaren Dachgeschossflächen** als Gegenstand des Wohnungseigentums vorstellbar (*Elzer* ZMR 2007, 797). 21

II. Sondernutzungsrechte

Ein **Sondernutzungsrecht** kann materiell-rechtlich nicht durch einen einseitigen Verzicht, sondern nur im Wege eines »actus contrarius« zu seiner Begründung und also nur durch eine Vereinbarung gem. § 10 Abs. 3 S. 1 WEG aufgehoben werden (*BGH* BGHZ 145, 133 = NJW 2000, 3643 = ZMR 2001, 119; *Lüke/Becker* DNotZ 1996, 676). Das gilt auch dann, wenn das Sondernutzungs- 22 recht in der Gemeinschaftsordnung einer Teilungserklärung durch den Alleineigentümer angelegt wurde. Denn die in der Teilungserklärung getroffenen Bestimmungen stehen ab dem Zeitpunkt, ab dem die Bestimmung von dem teilenden Eigentümer nicht mehr einseitig abgeändert werden kann, einer Vereinbarung gleich (s. dazu ausführlich § 8 Rdn. 54). An der verfahrensmäßigen **Löschung** der entsprechenden Vereinbarung als Grundbucheintrag müssen die **übrigen Eigentümer** gem. §§ 877, 873 BGB, 10 Abs. 3, 5 Abs. 4 WEG nach zutreffender Ansicht des Bundesgerichtshofes **nicht mitwirken** (*BGH* BGHZ 145, 133 = NJW 2000, 3643 = ZMR 2001, 119).

23 Dieser Ansicht soll aber nach einer vertretenen Ansicht nicht zu folgen sein (*OLG Hamm* ZMR 1997, 34, 35; *OLG Düsseldorf* NJW-RR 1996, 1418 = ZMR 1995, 491; *Ott* ZMR 2002, 7, 10; hier bis zur 3. Aufl.). Ließe man es zu, den Grundbucheintrag ohne Mitwirkung der übrigen Wohnungseigentümer löschen zu lassen, könnte ein Sondernutzungsrecht **mittelbar doch** durch einseitigen Verzicht aufgehoben werden. Weil ein nicht im Grundbuch eingetragenes Sondernutzungsrecht (sog. **schuldrechtliches Sondernutzungsrecht**) nämlich erlischt, wenn ein Sondernachfolger in die Gemeinschaft eintritt und einer schuldrechtlichen Vereinbarung nicht beitritt (*OLG Köln* ZMR 2002, 73, 75 = MDR 2001, 1404, 1405 []), bedürfte es für die Aufhebung im Ergebnis doch keiner Vereinbarung. Ohne Löschungsbewilligung der anderen Eigentümer könnte der Sondernutzungsberechtigte einen einem Verzicht entsprechenden Zustand einseitig und zulasten der anderen Eigentümer erreichen, z.B. indem er ein Sondernutzungsrecht an einer Dachgeschossfläche zunächst löschen lässt und diese dann auf einen Dritten überträgt (im Ergebnis *Häublein* ZMR 2001, 120, 122 und hier bis zur 3. Aufl.).

24 Die Kritik an der *BGH*-Rechtsprechung unterscheidet jedoch nicht hinreichend zwischen der materiell-rechtlichen **Aufhebung** und der verfahrensrechtlichen **Löschung** eines Sondernutzungsrechts. Aufhebung und Löschung beschreiben zwei verschiedene Vorgänge mit unterschiedlichem Wirkungskreis. Der im Grundbuch gem. § 10 Abs. 3 S. 1 WEG eingetragene Erstreckungsvermerk kann bei Vorlage einer Bewilligung gem. § 19 GBO in grundbuchmäßiger Form (§ 29 GBO) gelöscht werden. Fraglich ist, wer dabei als **Betroffener i.S.d. § 19 GBO** anzusehen ist. Aus verfahrensrechtlicher Sicht wird hier wohl zutreffend ausschließlich auf die *rechtliche* Verschlechterung in der Person des Sondernutzungsberechtigten abgestellt. Dessen alleinige Bewilligung ist demnach ausreichend, weil er zukünftig das Sondernutzungsrecht nicht mehr den Sondernachfolgern eines anderen Wohnungseigentümers entgegenhalten kann (*Demharter* FGPrax 1996, 6, 7); andere Wohnungseigentümer brauchen bei der verfahrensrechtlichen Löschung nicht mitzuwirken (*BGH* BGHZ 145, 133 = NJW 2000, 3643 = Rpfleger 2001, 69; *Böhringer* NotBZ 2003, 285, 294, *Demharter* Anh zu § 3 Rn. 82; *Hogenschurz* Das Sondernutzungsrecht nach WEG § 5 Rn. 2; *Schneider* Rpfleger 1998, 53 f., 56). *Wirtschaftliche* Folgen der Löschung haben dabei außer Betracht zu bleiben (BGHZ 91, 343 = NJW 1984, 2409 = Rpfleger 84, 408; BGHZ 66, 341 = DNotZ 1976, 490; *Böhringer* MDR 2000, 758; *Demharter* FGPrax 1996, 6; *Schneider* Rpfleger 1998, 53, 56; *Röll* ZWE 2000, 343; a.A. *Egerland* NotBZ 2000, 157 f. und *Häublein* ZMR 2001, 120, 122). Demgegenüber wird angeführt, dass für den Wegfall einer u.U. mit dem Sondernutzungsrecht verbundenen Kostentragungspflicht nicht nur eine wirtschaftliche Beeinträchtigung anzunehmen sei (*Bärmann/Suilmann* § 13 Rn. 114; *Häublein* ZMR 2001, 120; *Ott* ZMR 2002, 7; *Demharter* WM 2001, 103 f. unter Abweichung seiner noch in FGPrax 1996, 6 vertretenen Auffassung). Wegen der Gefahr, dass sich der Sondernutzungsberechtigte etwaigen aus dem Sondernutzungsrecht resultierenden Pflichten zur Instandhaltung und Kostentragung durch seine alleinige Löschungsbewilligung und dem anschließenden Untergang des dann lediglich schuldrechtlichen Sondernutzungsrechts bei einem Eigentumswechsel entziehen könnte, sei auch grundbuchrechtlich die Mitwirkung der übrigen Wohnungseigentümer erforderlich. Sie erführen mit dem Zuwachs der Kosten- und Lastentragungsverpflichtung eine u.U. für sie nachteilige Belastung. Die Kritik an der rein verfahrensrechtlichen Sichtweise berücksichtigt jedoch nicht hinreichend, dass der Sondernutzungsberechtigte auch sogleich sein noch mit dem Sondernutzungsrecht verbundenes Wohnungseigentum veräußern könnte, sich dadurch aber ebenso wenig der ihn treffenden vertraglichen Verpflichtungen aus der Bestellung eines Sondernutzungsrechtes entledigen könnte. Sondernutzungsrecht und Kostentragungsvereinbarung dürfen in der Gesamtschau nur als einheitliche Vereinbarung im Rechtssinne gesehen werden, die

dem Berechtigten eine – insgesamt gesehen – rechtliche, bisher so nicht vorhandene Nutzungsmöglichkeit am gemeinschaftlichen Eigentum mit der Möglichkeit zur Durchsetzung gegenüber Sondernachfolgern anderer Wohnungseigentümer einräumt. Ein »Zerlegen« dieser Gesamtvereinbarung in einzelne, dann separat gewürdigte Segmente muss als unzulässig abgelehnt werden. Darüber hinaus dürfte für die Dauer der Zugehörigkeit zur Gemeinschaft wohl ein Anspruch der übrigen Wohnungseigentümer auf Wiedereintragung der materiell-rechtlich noch fortbestehenden Regelung gegeben sein, der seitens der von der Eintragung verfahrensrechtlich betroffenen übrigen Wohnungseigentümer auch durch erneute Grundbucheintragung des Vermerkes über das Sondernutzungsrecht ohne Mitwirkung des Sondernutzungsberechtigten (§ 19 GBO) verwirklicht werden könnte. Die Löschung im Grundbuch begründet nämlich – anders als die materielle Aufhebungsvereinbarung – noch nicht einen Rechtszuwachs bei den übrigen Wohnungseigentümern; sie beseitigt lediglich die »dingliche Wirkung« des Sondernutzungsrechtes, nicht aber das schuldrechtliche Sondernutzungsrecht selbst. Bis zum Abschluss einer materiell-rechtlichen Aufhebungsvereinbarung ist daher weiterhin vom unveränderten Fortbestand des Gebrauchsentzuges auszugehen (zum Ganzen *Bärmann/Seuß* 7. Aufl. § 13 Rn. 200 ff.).

III. Grundstückseigentum

25 Möglich ist demgegenüber ein **allseitiger Verzicht** sämtlicher Wohnungseigentümer auf das Grundstück (*BGH* BGHZ 172, 338 = NJW 2007, 2547 = ZfIR 2008, 17 = ZMR 2007, 795). In diesem Fall wird nämlich zugleich das gesamte Eigentum an dem Grundstück aufgegeben. Die rechtliche Situation ist dann dieselbe wie bei dem Verzicht auf das Alleineigentum nach § 928 Abs. 1 BGB. Demgegenüber lassen der einvernehmliche Verkauf oder die Zwangsversteigerung des Grundstücks mit anschließender Erlösteilung mangels Aufhebung das Sondereigentum und damit ggf. auch die Gemeinschaft bestehen; sie führen lediglich zu einem Eigentümerwechsel (wie hier Bärmann/*Suilmann* Rn. 7; a.A. Weitnauer/*Lüke* Rn. 4).

D. Miteigentümergemeinschaft an einem Wohnungseigentum

26 § 11 WEG steht der Anordnung einer Teilungsversteigerung eines Wohnungseigentums **mehrerer Miteigentümer** nicht entgegen (*LG Hamburg* ZMR 2002, 625, 626; *LG Berlin* Rpfleger 1976, 149). Bereits von seinem Gegenstand her ist die Aufhebung einer bloßen Miteigentümergemeinschaft nach §§ 741 ff., 1008 BGB von § 11 WEG nicht erfasst. Mehrere Eigentümer eines Wohnungseigentums bilden auch **keine (Unter) Gemeinschaft** i.S.d. Wohnungseigentumsgesetzes, sondern eine **bloße Miteigentümergemeinschaft** gem. §§ 741 ff., 1008 BGB (s. dazu *Hügel* NZM 2004, 766).

E. Ausnahmen von § 11 WEG

27 Wird das Wohngebäude zerstört, hat nach dem Gesetz grundsätzlich kein Wohnungseigentümer das Recht, die Aufhebung der Gemeinschaft der Wohnungseigentümer zu verlangen. Die Eigentümergemeinschaft besteht auch bei Zerstörung des Gebäudes als ideelle Berechtigung zunächst fort (Rdn. 9; *Grziwotz* ZfIR 2017, 81, 83). Diese Situation kann unbefriedigend sein, weil dem Sinne nach (nachträglich) **isoliertes Miteigentum** vorliegt. Die Miteigentumsanteile an allen Einheiten sind zwar buchungstechnisch (noch) mit Sondereigentum verbunden, weil die tatsächliche Zerstörung zunächst nicht zu einer rechtlichen Vernichtung führt. Die Miteigentumsanteile werden aber jedenfalls **praktisch substanzlos**. Die Wohnungseigentümer können aus diesen Gründen nach § 11 Abs. 1 S. 3 WEG ein **Recht auf Aufhebung** vereinbaren (ein entsprechender Beschluss wäre als »gesetzesändernd« nichtig, *BayObLG* ZMR 1996, 98 = WuM 1996, 495). Eine solche Vereinbarung über die Aufhebung der Gemeinschaft ist für den Fall zulässig, dass das Gebäude ganz oder teilweise zerstört wird und eine Verpflichtung zum Wiederaufbau nicht besteht. Haben die Wohnungseigentümer eine solche Vereinbarung **vergessen**, besteht außerdem aus §§ 242, 313 BGB i.V.m. dem Gemeinschaftsverhältnis (zutreffend wohl gem. § 10 Abs. 2 WEG) oder entsprechend § 11 Abs. 1 S. 3 WEG ein Anspruch auf Aufhebung der Gemeinschaft (s. bereits Rdn. 9). Die Vorschrift

ist weiterhin **analog** anwendbar, wenn das Gebäude aus **rechtlichen** (z.B. Bauverbot) oder **tatsächlichen** Gründen (z.B. Insolvenz des Bauträgers) nicht mehr errichtet werden kann (*Bärmann/Suilmann* Rn. 24; *Hügel/Elzer* Rn. 12; a.A. Jennißen/*Abramenko* § 11 Rn. 29). Besteht eine Aufhebungsvereinbarung bzw. ein Aufhebungsanspruch, können ausnahmsweise auch Pfändungsgläubiger und Insolvenzverwalter die Aufhebung verlangen bzw. den Aufhebungsanspruch selbstständig pfänden (*BGH* BGHZ 90, 207, 215 = NJW 1984, 1968; *OLG Hamm* NJW-RR 1992, 665; s. Rdn. 31).

I. Zerstörung des Gebäudes

28 Die Eigentümergemeinschaft kann an einem noch zu errichtenden Gebäude entstehen (s. § 3 Rdn. 60 und § 8 Rdn. 20). Aus diesem Grunde geht die Eigentümergemeinschaft mit der Zerstörung des Gebäudes auch nicht unter: sie setzt sich vielmehr nach dem Willen des Gesetzgebers auch ohne Gebäude zunächst fort. Ist das Gebäude allerdings zu **mehr als der Hälfte seines Wertes zerstört** und ist der Schaden auch nicht durch eine Versicherung oder in anderer Weise gedeckt, kann der Wiederaufbau nach § 22 WEG aber jedenfalls **nicht beschlossen** oder als Maßnahme ordnungsmäßiger Verwaltung **verlangt** werden. Diese Regelung, die vor allem die Vermögensinteressen der Eigentümer schützen will, ist **abdingbar** (*KG* ZMR 1997, 534 = WuM 1997, 698; *BayObLG* ZMR 1996, 98). In diesem Fall kann der Wiederaufbau auch **mehrheitlich beschlossen** oder als Maßnahme ordnungsmäßiger Verwaltung im Einzelfall verlangt werden.

II. Verpflichtung zum Wiederaufbau

29 Die Wohnungseigentümer können einerseits vereinbaren, das Gebäude im Fall seiner teilweisen oder vollständigen Zerstörung in jedem Fall wieder aufzubauen. Eine Verpflichtung zum Wiederaufbau besteht andererseits, wenn der Schaden durch eine Versicherung oder in anderer Weise gedeckt ist, § 22 WEG. Die **Aufhebung der Gemeinschaft** ist in diesen beiden Fällen **ausgeschlossen.**

F. Aufhebung der Gemeinschaft durch Pfändungsgläubiger und Insolvenzverwalter

I. Grundsatz

30 Ebenso wie jeder Wohnungseigentümer, kann gem. § 11 Abs. 2 WEG auch ein Pfändungsgläubiger abweichend von § 751 Satz 2 BGB **nicht** die Aufhebung der Gemeinschaft verlangen. Da es nach § 11 Abs. 1 WEG grundsätzlich keinen Aufhebungsanspruch eines Wohnungseigentümers gibt, kann ein solcher auch nicht gepfändet werden. Auch ein möglicher Anspruch auf Pfändung des Anteils an der Gemeinschaft kann frühestens nach Aufhebung der Gemeinschaft realisiert werden (Jennißen/*Abramenko* Rn. 33; Weitnauer/*Briesemeister* WEG § 3 Rn. 124). Entsprechendes gilt für den Insolvenzverwalter (*OLG Düsseldorf* NJW 1970, 1137 zum Konkursverwalter): Entgegen § 84 InsO kann auch der Insolvenzverwalter nicht die Aufhebung verlangen. Für Gläubiger verbleiben daher grundsätzlich nur die allgemeinen Möglichkeiten der Zwangsvollstreckung in unbewegliche Sachen gem. §§ 864, 866 Abs. 1 ZPO und den Vorschriften des ZVG: Zwangsversteigerung, Zwangsverwaltung oder Eintragung einer Zwangshypothek. Besonderheiten ergeben sich nicht (Weitnauer/*Briesemeister* WEG § 3 Rn. 124).

II. Aufhebungsvertrag oder Aufhebungsanspruch

31 Etwas anderes gilt, wenn die Wohnungseigentümer einen Aufhebungsvertrag (s. Rdn. 4 ff.) geschlossen haben oder ein außerordentlicher Aufhebungsanspruch (s. Rdn. 27 ff.) besteht. In diesen Fällen kann auch ein Pfändungsgläubiger oder der Insolvenzverwalter die Aufhebung verlangen (Staudinger/*Kreuzer* Rn. 16; Weitnauer/*Lüke* Rn. 10). Der Gläubiger des Wohnungseigentümers kann dessen Anspruch auf Aufhebung der Gemeinschaft der Wohnungseigentümer (Versteigerung des ganzen Grundstücks gem. §§ 180 ff. ZVG) sowie auf Teilung und Auszahlung des Erlöses gem. §§ 857, 829 ZPO **pfänden** und sich nach § 835 ZPO **überweisen** lassen (*BGH* MDR 2006, 832 = NJW 2006, 849, 850; *BGH* BGHZ 154, 64, 69; *BGH* BGHZ 90, 207, 215 = NJW 1984, 1968). Der Anspruch auf Auseinandersetzung kann jedenfalls dem zur Ausübung überlassen werden (§ 857

Abs. 3 ZPO), dem auch das übertragbare künftige Recht auf den dem Miteigentumsanteil entsprechenden Teil des Versteigerungserlöses abgetreten worden ist (*BGH* NJW 2006, 849, 850). Deshalb kann auch der Aufhebungsanspruch auf eine den Anteilen entsprechende Teilung und Auskehrung des Versteigerungserlöses gepfändet und überwiesen werden (*BGH* BGHZ 90, 207, 215 = NJW 1984, 1968; *OLG Köln* OLGZ 1969, 338; *LG Hamburg* ZMR 2002, 625, 626; MDR 1977, 1019; a.A. *KG* NJW 1953, 1832; *Hoffmann* JuS 1969, 20, 23). Bei der Zerstörung des Gebäudes erstrecken sich Pfandrechte im Übrigen auf etwaige Versicherungssummen (vgl. §§ 1127 ff., 1192 Abs. 1 BGB).

Die Bereinigung **isolierter Miteigentumsanteile** und der sog. **steckengebliebene Wohnungsbau** unterfallen nicht dem Anwendungsbereich des § 11 Abs. 1 S. 1 (s. Rdn. 12 ff.). Demzufolge werden solche Ansprüche auch nicht von § 11 Abs. 2 erfasst. Der Insolvenzverwalter kann also von den anderen Wohnungseigentümern die Änderung der Miteigentumsanteile bei fehlgeschlagener Begründung von Sondereigentum oder der Unmöglichkeit seiner Errichtung verlangen, ebenso die erstmalige Herstellung des geplanten Zustandes beim steckengebliebenen Bau (Jennißen/*Abramenko* Rn. 35). 32

III. Aufhebung des Verbandes

Ein Gläubiger des Verbandes Wohnungseigentümergemeinschaft kann **entsprechend § 11 Abs. 2 WEG** nicht verlangen, dass der **Verband aufgelöst** wird. Dies gilt auch dann, wenn für die Gemeinschaft der Wohnungseigentümer ein Aufhebungsvertrag oder ein außerordentlicher Aufhebungsanspruch besteht. Ein Verbandsgläubiger kann aber den Anspruch pfänden, den jeder Wohnungseigentümer ideell am Verwaltungsvermögen analog § 11 Abs. 3 besitzt (Rdn. 38 ff.). 33

G. Verteilung nach Aufhebung

I. Zweck, Anwendungsbereich und Voraussetzungen

1. Normzweck

Wenn die Gemeinschaft der Wohnungseigentümer i.S.v. §§ 741 ff., 1008 ff. BGB aufgehoben wird, ist zu klären, wie die Miteigentümer am **Wert** des Gemeinschafts-, aber auch des bisherigen Sondereigentums **zu beteiligen** sind und wie die dem rechtsfähigen Verband GdWE zugeordneten Vermögensgüter **zu verteilen** sind. Obwohl das Sondereigentum echtes Eigentum (s. § 3 Rdn. 3) und voll verkehrsfähig ist, lässt die gem. § 6 Abs. 1 WEG **unlösbare Einheit** von gemeinschaftlichem und Sondereigentum jedenfalls eine Auseinandersetzung nur des gemeinsam gehaltenen Vermögens, des gemeinschaftlichen Eigentums i.S.v. § 1 Abs. 5 WEG, und eine unterschiedliche Bewertung von gemeinschaftlichem und Sondereigentum im Wesentlichen (s. aber Rdn. 45) nicht zu. Etwas anderes gilt für das **Verbandsvermögen.** Auch für dieses ist aber bei Aufhebung der Gemeinschaft – insbesondere wegen des Fehlens einer Rechtsnachfolgeregelung im Gesetz – eine Auseinandersetzung anzustreben. Der Verband kann mit Aufhebung der Gemeinschaft der Wohnungseigentümer **nicht bestehen** bleiben, auch sein Vermögen ist zu verteilen (dazu Rdn. 40 ff.). Der **Zweck** von Abs. 3 besteht vor diesem Hintergrund jedenfalls darin, die **Höhe des Wertes** zu bestimmen, den jeder Wohnungseigentümer als Miteigentümer bei Aufhebung und Auseinandersetzung der Gemeinschaft nach §§ 752 ff. BGB beanspruchen kann. Abs. 3 – als Spezialnorm (Staudinger/*Kreuzer* noch zu § 17 Rn. 2) – ermöglicht auch noch eine Korrektur sog. Geburtsfehler bei der Bemessung der Miteigentumsquoten in Richtung auf Quoten, die den tatsächlichen Wertverhältnissen eher entsprechen (vgl. Jennißen/*Heinemann* WEG 6. Aufl. § 17 Rn. 3). 34

Eine Aussage zum Verbandsvermögen trifft Abs. 3 hingegen nicht (Rdn. 39). Als Nebenaufgabe zielt die Vorschrift ferner noch auf ein **anderes Ziel** ab, das jenseits der Aufhebung liegt. Er versucht (nämlich durch die besondere Wahl des Berechnungsparameters für die Auseinandersetzung), die Wohnungseigentümer während des Bestehens der Gemeinschaft dazu **anzuhalten** und zu **stimulieren** (vgl. *Kreuzer* NZM 2001, 123), ihr Sondereigentum in einen guten Zustand zu versetzen und in diesem auch zu erhalten. 35

36 **Ob** eine Aufhebung der Gemeinschaft und Aufhebung von gemeinschaftlichem und Sondereigentum überhaupt möglich sind und auf welche **Art und Weise** die Auseinandersetzungen zu erfolgen haben, kann Abs. 3 nicht entnommen werden. Die Art und Weise der Auseinandersetzung regeln – sofern nicht etwas anderes durch Vereinbarung bestimmt ist (vgl. Staudinger/*Kreuzer* § 17 Rn. 5 zum individuellen Aufhebungsvertrag) – hingegen §§ 752 ff. BGB. Die Auseinandersetzung erfolgt danach **grundsätzlich durch Teilung in Natur**, ohne Rücksicht darauf, was vorher als gemeinschaftliches- oder Sondereigentum angesehen worden ist (§ 752 Satz 1 BGB). Da eine solche Auseinandersetzung freilich grundsätzlich nicht in Betracht kommt, müssen das ehemalige gemeinschaftliche- und das Sondereigentum nach § 753 Abs. 1 S. 1 BGB meist **verkauft oder versteigert** werden (§§ 752 ff. BGB, 180 ff. ZVG). Der dabei erzielte Erlös ist dann nach dem durch Abs. 3 bestimmten Wert zu verteilen (zum Verfahren vgl. Bärmann/*Suilmann* § 11 Rn. 38 ff.).

2. Anwendungsbereich

a) Gemeinschaftliches Eigentum und Sondereigentum

37 § 11 Abs. 3 WEG regelt die Höhe des Anteils eines Miteigentümers im Fall der Aufhebung der »Gemeinschaft«. Diese Wortwahl nimmt Bezug auf §§ 1 Abs. 5, 10 Abs. 1, Abs. 3 Satz 1 WEG. Von seinem originären Anwendungsbereich bestimmt Abs. 3 mithin allein, nach welchem Wert jeder Wohnungseigentümer an dem der Gemeinschaft der Miteigentümer zugeordneten Gütern zu beteiligen ist. Als Bruchteilsgemeinschaft sind die Wohnungseigentümer nur am gemeinschaftlichen Eigentum i.S.v. § 1 Abs. 5 WEG miteinander verbunden. Daneben ist Abs. 3 aber auch für die Berechnung der den Sondereigentumseinheiten zugewiesenen Werte zu nutzen. Die gem. § 6 Abs. 1 WEG **unlösbare Einheit** von gemeinschaftlichem und Sondereigentum (s. § 6 Rdn. 1) lässt eine Auseinandersetzung nur des gemeinsam gehaltenen Vermögens und nur eine Berechnung des Wertes für dieses Eigentum nicht zu.

b) Das Vermögen der rechtsfähigen GdWE

38 Wird die Gemeinschaft aufgehoben, ist neben der Berechnung, in welcher Art die Wohnungseigentümer im Verhältnis zueinander an gemeinschaftlichem und Sondereigentum beteiligt sind, auch zu klären, wie das **Vermögen des Verbandes GdWE** unter den Wohnungseigentümern verteilt wird.

aa) Grundsatz

39 Für eine Verteilung des Vermögens des Verbandes GdWE kann nicht unmittelbar an Abs. 3 WEG angeknüpft werden. Die Vorschrift trifft keine Aussage dazu, mit welchem Wert das dem Verband nach § 9a Abs. 3 WEG zugewiesene Verwaltungsvermögen zu bemessen und wie dieses zu verteilen ist. Am Verband GdWE besitzen die Wohnungseigentümer keine »Anteile«, deren Wert im Fall einer Aufhebung zu bestimmen wäre. Das Verwaltungsvermögen gehört nicht den Wohnungseigentümern. Das Verwaltungsvermögen ist nach § 9a Abs. 3 WEG dem von den Wohnungseigentümern zu unterscheidenden rechtsfähigen Verband zugewiesen.

bb) Verteilung des Verbandsvermögens

40 Es ist allerdings nicht zu verkennen, dass es auch für die Frage, in welcher Höhe jeder Wohnungseigentümer **gedacht** am Verwaltungsvermögen beteiligt ist, ein **lebendiges Interesse** gibt. Im Fall der Beendigung des Wohnungseigentums muss auch der Verband untergehen – was mittelbar aus § 9a Abs. 1 S. 2 WEG herzuleiten ist – und sein Vermögen muss auf die Mitglieder des Verbandes verteilt werden. Zur Verteilung des Verbandsvermögens bietet sich eine analoge Anwendung des Abs. 3 an. Maßstab auch für die Verteilung des Verwaltungsvermögens wäre dann mithin der Anteil der Miteigentümer nach dem Verhältnis des Wertes ihrer Wohnungseigentumsrechte zurzeit der Aufhebung der Gemeinschaft. **Sachgerechter** erscheint es indes, für einen gerechten Verteilungsmaß des Verbandsvermögens an den subsidiären gesetzlichen Schlüssel nach § 16 Abs. 2 WEG (Jennißen/*Heinemann* WEG 5. Aufl. § 17 Rn. 12; *Schmid* ZfIR 2011, 809, 812 will dagegen § 17 WEG a.F.

analog anwenden) oder den vereinbarten **Kostenverteilungsschlüssel** anzuknüpfen (so auch Bärmann/*Suilmann* § 11 Rn. 37; *Hügel/Elzer* § 11 Rn. 17). Diese Schlüssel geben besser als die Höhe der jeweiligen Verkehrswerte der Sondereigentumsrechte den Umfang an, in welchem sich ein Wohnungseigentümer an der Ansammlung, an der Akkumulierung des zu verteilenden Verwaltungsvermögens beteiligt hat. Eine solche Anknüpfung hat den Vorteil, auch das Maß i.S.v. § 426 Abs. 1 S. 1 BGB (»soweit … anderes bestimmt ist«) zu beschreiben, an dem sich ein freilich nach außen für die Verbandsschulden – Schulden des Sondereigentums muss jeder Wohnungseigentümer selbst tragen – nach Liquidierung des Verbandes gesamtschuldnerisch haftender Wohnungseigentümer jedenfalls nach **innen** zu beteiligen hat.

Dass es bei dieser Lösung zu Unbilligkeiten durch Eigentümerwechsel kommen kann, ist systemimmanent und hinzunehmen. Für Schulden kann jeder Wohnungseigentümer nach § 755 Abs. 1 BGB bei der Aufhebung der Gemeinschaft verlangen, dass diese zunächst – soweit möglich – aus den Guthaben und Geldern des Verbandes berichtigt werden. 41

3. Voraussetzungen

a) Aufhebung der Gemeinschaft

§ 11 Abs. 3 WEG setzt für seine Anwendung voraus, dass die **Gemeinschaft der Wohnungseigentümer** einvernehmlich oder ausnahmsweise aufgrund eines zulässigen Verlangens eines Wohnungseigentümers **aufgehoben** wird (s. § 11 Rdn. 5 ff.). Abs. 3 erfasst damit grundsätzlich auch die Fälle des § 9 Abs. 1 Nr. 1 WEG. Etwas anderes ist nur dann anzunehmen, wenn die Miteigentümer die Sondereigentumsrechte zwar aufheben und neu ordnen, die Gemeinschaft aber **nicht** aufheben wollen. § 11 Abs. 3 WEG erfasst hingegen nicht die im früheren § 9 Abs. 1 Nr. 2 WEG a.F. beschriebenen Fälle. Die Gemeinschaft geht durch die bloße Zerstörung des Gebäudes **nicht unter** (s. § 11 Rdn. 9; vgl. auch *Schmid* ZfIR 2011, 809), sodass § 11 Abs. 3 WEG nach Sinn und Zweck **nicht anzuwenden** ist. Sehen die Wohnungseigentümer dennoch auch hier ein Bedürfnis für einen Wertausgleich, kann Abs. 3 **analog angewandt** werden (Weitnauer/*Lüke* WEG § 17 Rn. 7; str.). Entscheiden sich die Wohnungseigentümer sogar für eine Aufhebung, gilt § 11 Abs. 3 WEG allerdings direkt. Dies kann z.B. der Fall sein, wenn das Gebäude durch höhere Gewalt zerstört wird und die Wohnungseigentümer sich einvernehmlich gegen einen Wiederaufbau entscheiden. Auch in diesem Fall wird die Gemeinschaft der Wohnungseigentümer aufgehoben und es sind die Werte der Aufhebungsanteile nach § 11 Abs. 3 WEG – soweit nach Zerstörung noch möglich – zu ermitteln. 42

b) Aufhebung eines/allen Sondereigentums

Wird das **Sondereigentum nur eines Wohnungseigentümers** dauerhaft und zulässiger Weise aufgehoben, ist der Anwendungsbereich von § 11 Abs. 3 WEG nicht betroffen. Da auch für diesen Fall, also bei Fortbestehen der Gemeinschaft im Übrigen, ein Bedürfnis danach besteht, den Wert des aufgehobenen Sondereigentums zu bestimmen, bietet sich eine Analogie zu Abs. 3 an (s. auch Rdn. 14 f.). 43

Die **Aufhebung allen Sondereigentums** führt zu einer Miteigentümergemeinschaft gem. den §§ 1008 ff. BGB (vgl. Bärmann/*Suilmann* § 11 Rn. 47ff.). In diesem Fall soll Abs. 3 analog Wertausgleichsansprüche entstehen lassen. *Heinemann* (in Jennißen WEG 6. Aufl. § 17 Rn. 7) differenziert danach, ob die Bruchteilsgemeinschaft dauerhaft fortgeführt werden soll, weil dann nur die §§ 749 ff. BGB einschlägig seien oder ob mit Aufhebung allen Sondereigentums lediglich die Aufhebung der Gemeinschaft schrittweise vorangetrieben werden soll, was die (analoge) Anwendung des § 11 Abs. 3 (= § 17 WEG a.F.) rechtfertige. 44

II. Berechnung

1. Allgemeines

45 Für die Verteilung besteht ein Problem darin, dass die Höhe der im Grundbuch nach § 47 GBO eingetragenen Miteigentumsanteile und der Verkehrswert des jeweiligen Wohnungseigentums nicht (mehr) übereinstimmen müssen. Die Höhe der Miteigentumsanteile ist häufig willkürlich festgelegt worden (§ 3 Rdn. 13 ff. und § 8 Rdn. 11 ff.) und sagt nichts darüber aus, welchen Wert ein Sondereigentum wirtschaftlich betrachtet besitzt. Ein weiteres Problem besteht darin, dass das Gesetz nicht übersehen darf, dass die Wohnungseigentümer ggf. in ihre Einheiten investieren und also selbst zum Zeitpunkt der Begründung der Gemeinschaft die Verhältnisse noch zutreffend beschreibende Miteigentumsanteile nach einiger Zeit ein **verkehrtes Bild** der jeweiligen Werte vermitteln. Um diesen beiden Problemen entgegen zu treten und um **Unbilligkeiten**, also ungerechtfertigte Vor- und Nachteile, zu vermeiden, knüpft das Gesetz durch § 11 Abs. 3 WEG anders als in seinen anderen Vorschriften nicht an die formale Höhe der Miteigentumsanteile, sondern an den **wirtschaftlichen Wert** der »Wohnungseigentumsrechte« an (*Kreuzer* WE 1995, 450). Abs. 3 Satz 1 WEG bestimmt dazu für die Auseinandersetzung der ehemaligen Wohnungseigentümer, dass sich der Wert ihrer Anteile grundsätzlich nach dem Verhältnis des Wertes ihrer ehemaligen »Wohnungseigentumsrechte« bestimmt. Mit dem Begriff »Wohnungseigentumsrechte« sind dabei nicht nur (vgl. Rdn. 34, 37) die **Sondereigentumsrechte** i.S.v. § 1 Abs. 2 und Abs. 3 WEG zu verstehen, sondern es ist wegen des gleichen Wortlauts auch das Miteigentum gemeint (vgl. Bärmann/*Suilmann* § 11 Rn. 38). Das Verhältnis der nach § 47 GBO gebildeten MEAe ist grds. unerheblich (Bärmann/*Suilmann* § 17 Rn. 33). Anders als in § 16 Abs. 1 und Abs. 2 WEG, der für Nutzungen, Kosten und Lasten an die Höhe der Miteigentumsanteile anknüpft, berechnet sich der Aufhebungsanteil also **grundsätzlich** nach dem **Wertverhältnis der Kombination aus Sondereigentum und Miteigentumsanteil** untereinander. Ist z.B. ein WE-Recht Nr. 1 (Sondereigentum und Anteil am gemeinschaftlichen Eigentum) 200.000 €, ein weiteres Nr. 2 100.000 € und zwei weitere Nr. 3 und 4 jeweils 50.000 € wert, dann kann der Miteigentümer von Nr. 1 vom Wert des Versteigerungserlöses 1/2, der von Nr. 2 noch 1/4 und die Übrigen jeweils 1/8 verlangen. Etwas anders gilt nur dann, wenn es zu bestimmten **Wertveränderungen** gekommen ist (dazu Rdn. 50 f.).

46 Ist das Sondereigentum nicht mehr vorhanden, ist etwa das Gebäude zerstört, scheitert die korrigierende Wertermittlung aus **tatsächlichen Gründen**, wenn eine Schätzung z.B. anhand von Fotos nicht möglich ist. Dann hat grds. eine Verteilung nach den im Grundbuch festgelegten **Miteigentumsanteilen** zu erfolgen (s.a. *Kreuzer* NZM 2001, 123).

2. Wertermittlung

47 Der Wert der »Wohnungseigentumsrechte« ist **einvernehmlich**, aushilfsmäßig durch sachverständiges **Verkehrswertgutachten** und ggf. durch Urteil und gerichtliche Schätzung nach § 287 Abs. 2 ZPO festzustellen (Bärmann/*Suilmann* § 11 Rn. 39 ff; zu Methoden vgl. *Zimmermann* NZM 2012, 599). Gegenstand der Wertermittlung ist das Sondereigentum an der Wohnung mit allen Ausstattungen und Verbesserungen. Ermittelt werden sollten der **Sach- und der Ertragswert**. Besonderes Gewicht haben die Nutz- oder Wohnfläche sowie die Zahl der Zimmer einer Wohnung, die Ausstattung der Einheiten mit Bad und Heizung, das Alter, auch bei Um- und Zubauten, ihr Erhaltungszustand und die Lage einer Einheit im Gebäude (vgl. *Hügel/Elzer* § 11 Rn. 18). Ferner können die im Grundbuch eingetragenen Miteigentumsanteile für das Verhältnis der Wohnungseigentumsrechte zueinander eine Indizwirkung besitzen. **Belastungen der Sondereigentume**, die jeder Wohnungseigentümer für sich berichtigen muss, und **Schulden des Verbandes** (dazu Rdn. 41) sind bei der Berechnung des Wertes **nicht** zu berücksichtigen.

48 Bei der Wertermittlung sind demgemäß auch etwaig als Inhalt des Sondereigentums eingetragene **Sondernutzungsrechte** z.B. zur Terrassen- oder Stellplatzerrichtung zu berücksichtigen. Dies kann dann allerdings nicht allgemein für das Nutzungsrecht gelten (so aber Bärmann/*Suilmann* § 11 Rn. 40 aE), da dieses mit der Aufhebung des Sondereigentums erlischt. Die baulichen Maßnahmen

im Kontext des eingeräumten Sondernutzungsrechts sind allerdings im Rahmen von § 11 Abs. 3 S. 2 WEG als einseitige Maßnahmen ggf. wertsteigernd zu berücksichtigen (zutr. Niedenführ/Schmidt-Räntsch/*Vandenhouten* § 17 Rn. 5; vgl. Rdn. 53). Zugunsten des jeweiligen Eigentümers nur einer Sondereigentumseinheit eingeräumte **Grunddienstbarkeiten** (z.B. zur Garagennutzung auf dem Nachbargrundstück) erlöschen kraft Gesetzes, wenn die Eintragung der Aufhebung im Grundbuch erfolgt ist (*OLG Hamm* ZMR 2016, 791). Da es sich bei § 1018 Var. 1 BGB um ein reines Nutzungsrecht handelt, kann es bei der Wertermittlung nicht berücksichtigt werden.

3. Berechnungszeitpunkt

49 Berechnungszeitpunkt für die Wertermittlung (vgl. Staudinger/*Kreuzer* § 17 Rn. 24) ist der **Zeitpunkt der Aufhebung**. Der Wert der Sondereigentumsrechte zueinander zum Zeitpunkt der Entstehung der Gemeinschaft ist unerheblich. Zumeist wird – mangels abweichender ausdrücklicher Vereinbarung – auf den Zeitpunkt der tatsächlichen Teilung abgestellt (Beurkundung des Verkaufs; Zuschlag in der Teilungsversteigerung; vgl. Bärmann/*Suilmann* § 11 Rn. 38; a.A. *Hügel/Elzer* § 11 Rn. 18). Das bedeutet: Wird das Gebäude vor diesem Zeitpunkt vollkommen zerstört, ist allein nach Miteigentumsanteilen zu verteilen; kommt es später zur Zerstörung gilt § 11 Abs. 3 WEG (vgl. Jennißen/*Heinemann* WEG 5. Aufl. § 17 Rn. 17).

4. Wertveränderungen

a) Veränderungen des Sondereigentums

50 Verändert sich ein **Sondereigentum** durch eine **gewillkürte** Maßnahme in seinem Wert, ist das grundsätzlich die Sache des jeweiligen Wohnungseigentümers. Sorgt ein Wohnungseigentümer etwa durch Instandhaltungs-, Instandsetzung- und Modernisierungsmaßnahmen dafür, dass sich der Wert nur seines Eigentums erhöht, kommt dies im Fall der Aufhebung der Gemeinschaft der Wohnungseigentümer allein ihm durch Erhöhung seines Anteils zu Gute.

b) Veränderungen des gemeinschaftlichen Eigentums

51 Verändert sich der Wert des **Miteigentums** durch eine **gewillkürte** Maßnahme, kann diese Maßnahme von allen Wohnungseigentümern finanziert worden sein. Vorstellbar ist indes auch, dass sich an der Aufbringung der Kosten für diese Maßnahme nur einige Wohnungseigentümer beteiligt haben (vgl. Bärmann/*Suilmann* § 11 Rn. 43).

aa) Durch Beteiligung sämtlicher Wohnungseigentümer, § 11 Abs. 3 S. 1 WEG

52 Haben sich sämtliche Wohnungseigentümer an einer gewillkürten Wertverbesserung des gemeinschaftlichen Eigentums durch tätige Mithilfe und/oder durch Tragung der Kosten beteiligt, wird etwa auf Kosten aller das Treppenhaus instandgesetzt, das Dach neu eingedeckt oder die Fassade renoviert, werden **mittelbar** auch sämtliche Sondereigentumseinheiten im Wert gesteigert. Nach § 11 Abs. 3 S. 1 WEG bestimmt sich auch in diesem Fall der Wert, den ein Wohnungseigentümer am gemeinschaftlichen Eigentum verlangen kann, nur nach dem Wert der jeweiligen **Sondereigentumseinheiten**. Das Gesetz vernachlässigt also bewusst, dass die Wohnungseigentümer an der Aufbringung der Kosten für diese Wertsteigerung ggf. **unterschiedlich** beteiligt waren, etwa nach § 16 Abs. 2 S. 1 WEG i.H.d. Miteigentumsanteile, ggf. aber auch nach § 16 Abs. 2 S. 2 WEG auf Grundlage eines gewillkürten Schlüssels.

bb) Durch Beteiligung nur einiger Wohnungseigentümer, § 11 Abs. 3 S. 2 WEG

53 Haben nach § 21 Abs. 1 u. 3 WEG hingegen nicht alle, sondern nur einige Wohnungseigentümer die Kosten für eine Maßnahme, bspw. eine bauliche Veränderung des Gemeinschaftseigentums i.S.v. § 20 WEG aufgebracht, und ist durch diese Maßnahme der Wert des gemeinschaftlichen Eigentums und mittelbar auch der Wert der Sondereigentumsrechte (noch) messbar gestiegen, ist ausnahmsweise der Anwendungsbereich des § 11 Abs. 3 S. 2 WEG eröffnet (Staudinger/*Kreuzer* § 17 Rn. 27

ff). Dieser ordnet aus **Gründen der Gerechtigkeit** an, dass bei der Berechnung des Wertes der Wohnungseigentumsrechte untereinander solche Wertsteigerungen ausnahmsweise außer Betracht zu bleiben haben, an deren Kosten ein Wohnungseigentümer **nicht beteiligt** war. Auf welche Art und Weise der Wert zu bestimmen und herauszurechnen ist, bestimmt § 11 Abs. 3 S. 2 WEG als bloße Grundsatznorm allerdings **nicht**. Liegen die baulichen Maßnahmen längere Zeit zurück, wird die Anordnung häufig leer laufen. Lässt sich eine Wertsteigerung aber noch nachweisen, müssen die verschiedenen Werte in ein angemessenes Verhältnis zueinander gesetzt werden. Zur Berechnung s. *Kreuzer* WE 1996, 451, 455.

III. Abdingbarkeit

54 § 11 Abs. 3 WEG stellt kein gesetzliches Verbot dar und ist insgesamt abdingbar (*Kreuzer* WE 1995, 450, 451; Staudinger/*Kreuzer* WEG § 17 Rn. 4 ff.). Die Wohnungseigentümer sind berechtigt und gut beraten, nach § 10 Abs. 1 S. 2 WEG für die Berechnung des Wertes ihrer Anteile am gemeinschaftlichen Eigentum vom Gesetz abweichende Maßstäbe zu wählen. Ein von der gesetzlichen Regelung abweichender Mehrheitsbeschluss ist mangels Beschlusskompetenz nichtig (Bärmann/*Suilmann* § 11 Rn. 35). Die erforderliche Beschlusskompetenz kann vorliegend auch nicht im Wege einer rechtsgeschäftlichen Öffnungsklausel eingeräumt werden, weil nicht das wohnungseigentumsrechtliche Rechtsverhältnis, sondern das nach Aufhebung des Wohnungseigentums betroffen ist, wofür keine Mehrheitsmacht eröffnet werden kann (Jennißen/*Heinemann* WEG 5. Aufl. § 17 Rn. 1; Niedenführ/Schmidt-Räntsch/*Vandenhouten* WEG § 17 Rn. 1).

§ 12 Veräußerungsbeschränkung

(1) Als Inhalt des Sondereigentums kann vereinbart werden, daß ein Wohnungseigentümer zur Veräußerung seines Wohnungseigentums der Zustimmung anderer Wohnungseigentümer oder eines Dritten bedarf.

(2) Die Zustimmung darf nur aus einem wichtigen Grunde versagt werden. Durch Vereinbarung gemäß Absatz 1 kann dem Wohnungseigentümer darüber hinaus für bestimmte Fälle ein Anspruch auf Erteilung der Zustimmung eingeräumt werden.

(3) Ist eine Vereinbarung gemäß Absatz 1 getroffen, so ist eine Veräußerung des Wohnungseigentums und ein Vertrag, durch den sich der Wohnungseigentümer zu einer solchen Veräußerung verpflichtet, unwirksam, solange nicht die erforderliche Zustimmung erteilt ist. Einer rechtsgeschäftlichen Veräußerung steht eine Veräußerung im Wege der Zwangsvollstreckung oder durch den Insolvenzverwalter gleich.

(4) Die Wohnungseigentümer können beschließen, dass eine Veräußerungsbeschränkung gemäß Absatz 1 aufgehoben wird. Ist ein Beschluss gemäß Satz 1 gefasst, kann die Veräußerungsbeschränkung im Grundbuch gelöscht werden. § 7 Absatz 2 gilt entsprechend..

Literatur

Baer Veräußerungsbeschränkung nach § 12 WEG und Verwalterzustimmung ZfIR 2017, 656; *Böttcher* Aufhebung der Veräußerungsbeschränkung des § 12 WEG ZNotP 2007, 373; *ders.* Verfügungsbeschränkungen Rpfleger 1985, 1, 5; *Bub* Beschränkung der Verwalterbestellung durch Übertragung der Zustimmungsberechtigung im Falle der Veräußerung gem. § 12 WEG NZM 2001, 502; *Deckert* Die Vereinbarung der Verwalterzustimmung zur Wohnungsveräußerung WE 1998, 82; *Demharter* Nachweis eines Eigentümerbeschlusses gegenüber dem Grundbuchamt ZWE 2012, 75; *Diester* Grenzen der Anwendbarkeit des § 12 WEG Rpfleger 1974, 245; *DNotI-Gutachten* Verwalterzustimmung durch Bevollmächtigten DNotI-Report 1995, 148; *DNotI-Gutachten* Nachweis der Verwaltereigenschaft bei Verwalterzustimmung DNotI-Report 1997, 57; *DNotI-Gutachten* Treuhandauflage der Kostenerstattung bei Verwalterzustimmung zur Veräußerung von Wohnungseigentum DNotI-Report 1997, 209; *DNotI-Gutachten* Widerruflichkeit der Verwalterzustimmung nach WEG DNotI-Report 2004, 165; *DNotI-Gutachten* Zustimmungserfordernis zur Veräußerung von Wohneigentum nicht im Grundbuch eingetragen DNotI-Report 2005, 20; *DNotI-Gutachten* Rückwirkende

Verwalterbestellung DNotI-Report 2006, 62; *DNotI-Gutachten* Zustimmung des WEG-Verwalters bei gleichzeitigem Tätigwerden als Makler DNotI-Report 2008, 57; *DNotI-Gutachten* Zustimmungserklärung durch Wohnungseigentümerversammlung und Nachweis über die wirtschaftlichen Verhältnisse des Erwerbers DNotI-Report 2009, 105; *DNotI-Gutachten* Übertragung eines ideellen Bruchteils an einem Wohnungseigentum auf den anderen Miteigentümer; Übertragung im Wege der Erfüllung eines Vermächtnisses; Erforderlichkeit der Zustimmung des Verwalters nach § 12 WEG DNotI-Report 2009, 181; *DNotI-Gutachten* Verlust der Stellung als Verwalter vor Eigentumsumschreibung: Wirksamkeit der Zustimmung DNotI-Report 2010, 209; *DNotI-Gutachten* Auswirkung der Anfechtung der Verwalterbestellung auf die Zustimmung zur Veräußerung eines Wohnungseigentums; Mehrheitserfordernis bei der Verwalterbestellung DNotI-Report 2011, 113; *DNotI-Gutachten* v. 28.10.2011 Verwalterzustimmung bei Personenidentität von Wohnungseigentumskäufer und Verwalter Gutachten-Nr. 112064; *DNotI-Gutachten* Unterschriften unter die Niederschrift über Beschluss der Wohnungseigentümerversammlung; fehlende Teilnahme des Vorsitzenden oder stellvertretenden Vorsitzenden des Verwaltungsbeirats an der Wohnungseigentümerversammlung DNotI-Report 2012, 149; *DNotI-Gutachten* Stimmkraft des Wohnungseigentümers; Vereinbarkeit des Objektprinzips mit dem WEG; Auswirkungen der WEG-Novelle 2007 auf abweichende Stimmkraftvereinbarungen; ergänzende Auslegung der Teilungserklärung im Fall einer Altregelung DNotI-Report 2013, 105; *DNotI-Gutachten* v. 13.05.2013 Nachweis der Verwaltereigenschaft bei Verlängerungsklauselbeschluss über die Verwalterbestellung Gutachten-Nr. 120155; *DNotI-Gutachten* v. 05.11.2013 Nachweis der Verwalter- und Verwaltungsbeiratseigenschaft Gutachten-Nr. 130124; DNotI-Gutachten Erfordernis der Verwalterzustimmung bei Quotenänderung der Miteigentumsanteile desselben Wohnungseigentümers, DNotI-Report 2015, 165; DNotI-Gutachten v. 08.09.2015 Keine rückwirkende Bestellung eines WEG-Verwalters; Zustimmung des Verwalters zur Veräußerung einer Wohnungseinheit; nachträgliche Verwalterbestellung und nachträgliche Genehmigung Gutachten-Nr. 140932; DNotI-Gutachten v. 24.03.2016 Aufforderung des Erwerbers gegenüber dem Veräußerer zur Beibringung der Verwalterzustimmung Gutachten-Nr. 144937; DNotI-Gutachten Unterzeichnung des Protokolls durch einen Bruchteilseigentümer eines Wohnungseigentums DNotI-Report 2018, 113; DNotI-Gutachten v. 22.12.2022 Rückwirkende Verwalterbestellung; Zustimmung des Verwalters zur Veräußerung einer Wohnungseigentumseinheit Gutachten-Nr. 193990; DNotI-Gutachten Vorgezogene Verwalterzustimmung für den Fall der Zwangsvollstreckung durch den Grundschuldgläubiger DNotI-Report 2023, 59; *Dötsch* (Analoge) Anwendung des § 12 WEG in der werdenden Eigentümergemeinschaft? ZWE 2011, 385; *Drasdo* Die Aufhebung der Veräußerungsbeschränkung nach § 12 WEG RNotZ 2007, 264; *Elsing* Die Zustimmung eines Verwalters im Kaufvertrag ist unwirksam, wenn der Verwalter gleichzeitig Vermittler des Kaufvertrages ist ZNotP 2007, 414; *Fabis* Die Neuregelung des WEG – Inhalt und Auswirkungen auf die notarielle Praxis RNotZ 2007, 369; Froese Veräußerungsbeschränkungen im Wohnungseigentumsrecht – verfassungsrechtlich gebotener Schutzmechanismus oder unzulässige Beschränkung der Eigentumsrechte ZWE 2015, 390; *Först* Wer trägt die Kosten bei einer erforderlichen Zustimmung zum Eigentumsübergang nach § 12 WEG? IMR 2014, 272; *Füllbeck* Kosten der Verwalterzustimmung ZMR 2012, 1; *Gottschalg* Haftungsrisiken des WEG-Verwalters bei Entscheidung über die Zustimmung zur Veräußerung FS Deckert 2002, 161; *Grziwotz* Verwalterzustimmung und Schrottimmobilien NZM 2009, 812; *Hallmann* Probleme der Veräußerungsbeschränkung nach § 12 WEG MittRhNotK 1985, 1; *Häublein* Die Stärkung der Mehrheitsmacht durch zwingende Beschlusskompetenz – Überlegungen zu den Abänderungsverboten im novellierten WEG FS Bub (2007), S. 113; ders. Verweigerung der Veräußerungszustimmung aus wichtigem Grund gem. § 12 Abs. 2 WEG ZMR 2014, 777; ders. Veräußerungszustimmung und Selbstauskunft des Erwerbers – zu den Rechten und Pflichten im Vorfeld der Zustimmung gem. § 12 WEG, FS Derleder (2015), S. 175; *Heggen* Die Unterschriften unter der Niederschrift über eine WEG-Versammlung – Darf das Grundbuchamt die »Unterschriftsberechtigung« der unterzeichnenden Personen prüfen? NotBZ 2009, 401; *Herrler* Verwalterzustimmung zum Kaufvertrag, wenn der Verwalter gleichzeitig Vermittler des Kaufvertrages ist ZNotP 2007, 448; Hogenschurz Veräußerungszustimmung durch den Verwaltungsbeirat ZMR 2014, 774; ders. Die Veräußerungsbeschränkung gem. § 12 WEG MietRB 2016, 146, 176, 209; ders. Besonderheiten der Veräußerungszustimmung gem. § 12 WEG im Grundbuchverfahren ZfIR 2020, 453; *ders.* Rechtsschutz gegen die Versagung der Veräußerungszustimmung ZWE 2023, 73; *Hügel* Roma locuta – causa finita!? NotBZ 2013, 1; *ders.* Sicherheit durch § 12 WEG bei der abschnittsweisen Errichtung von Mehrhausanlagen DNotZ 2003, 517; ders. Aktuelles zur Veräußerungsbeschränkung nach § 12 WEG MittBayNot 2016, 109; ders. Gedanken zur Zustimmungserklärung nach § 12 WEG ZMR 2023, 517; *Kahlen* Schadensersatz wegen versagter Veräußerungszustimmung ZMR 1986, 76; *Langhein* Mietervorkaufsrecht und Veräußerungsbeschränkung FS Wolfsteiner (2008), S. 109; *Liessem* Zur Verwalterzustimmung bei Veräußerung von Wohnungseigentum NJW 1988, 1306; *H. Müller* Veräußerungsbeschränkung nach § 12 WEG und ihre praktische Durchführung WE 1998, 458; *M. Müller* Zustimmungserfordernis bei Unterteilung von Wohnungs- oder Teileigentum ZWE 2012, 22; *Nachtwey/Zajonz* Auswirkungen der Verschmelzung einer GmbH auf ihre Stellung als WEG-Verwalter ZfIR 2008, 701; *Nies* Zustimmung des WEG-Verwalters gem. § 12 WEG bei Ausübung des Vorkaufsrechts durch den Mieter einer in Wohnungseigentum umgewandelten Wohnung NZM 1998, 179; *Reuter* Divergenz zwischen Eintragungsvermerk und Eintragungsbewilligung MittBayNot 1994, 105; *Röll* Vereinbarung über die Zustimmung zur Veräußerung von Wohnungseigentum in der Gemeinschaftsordnung MittBayNot 1987, 98; *Schmedes* Bedarf die Übertragung eines ideellen Anteils an einer Eigentumswohnung auf den anderen Anteilsberechtigten der Zustimmung der übrigen Wohnungseigentümer? Rpfleger 1974, 421; *F. Schmidt* Der Verwaltungsnachweis nach § 26 Abs. 3 WEG ZMR 2013, 501; *ders.* Die Person des Erwerbers bei der Veräußerung DWE 1998, 5; *W. Schneider* Nachweise anlässlich der Grundbucheintragung des »Verbandes Wohnungseigentümergemeinschaft« als Eigentümer Rpfleger 2008, 291; ders.Grundbucheintragung und Nachweis von Beschlüssen der Wohnungseigentümer ZfIR 2022, 349; ders. Erleichterte Löschung einer Veräußerungsbeschränkung gem. § 12 WEG ZfIR 2023, 568; *Schneider/Karsten* Wer trägt die Kosten der Verwalterzustimmung nach § 12 WEG? RNotZ 2011, 238; Skauradszun Das Zusammenspiel der Organe nach dem WEMoG am Beispiel der Veräußerungsbeschränkung AnwZertMietR 13/2020 Anm. 1; *Sohn* Die Veräußerungsbeschränkung im Wohnungseigentumsrecht PiG Bd. 12; *ders.* Befreiung des Verwalters vom Verbot des Selbstkontrahierens? NJW 1985, 3060; *ders.* Die Zustimmung des Verwalters bei Veräußerung der eigenen Wohnung WE 1986, 19; *Vitzthum* Zur Veräußerungsbeschränkung des § 12 WEG WE 1984, 70; *Wagner* Weder der Verkäufer noch der Erwerber haften für die Kosten der Verwalterzustimmung! IMR 2011, 272; J. Weber Widerruf der Veräußerungszustimmung im Wohnungseigentums- und Erbbaurechtsgesetz ZWE 2017, 341; *Wenzel* Beschlusskompetenz zur Aufhebung einer Veräußerungsbeschränkung gemäß § 12 Abs. 4 WEG ZWE 2008, 69; *Wicke/Menzel* Der Amtsübergang bei Umstrukturierung des WEG-Verwalters MittBayNot 2009, 203; *Wilsch* Die Aufhebung von Veräußerungsbeschränkungen nach § 12 Abs. 4 WEG NotBZ 2007, 305; *Wochner* Übersendung der Zustimmung des Wohnungsverwalters unter Treuhandauflage ZNotP 1998, 489.

Übersicht Rdn.

A. Allgemeines

Durch das WEMoG wurde der mit der Novelle 2007 eingefügte Abs. 4 neu gefasst. Die Vorschrift enthält jetzt eine Verweisung auf § 7 Abs. 2 WEG. Die bisher bestehende Aufhebungsbeschränkung für ein vereinbartes Zustimmungserfordernis ist entfallen. 1

Die Vereinbarung einer Veräußerungsbeschränkung gem. § 12 WEG ermöglicht den Wohnungseigentümern, sich **gegen das Eindringen** persönlich oder wirtschaftlich unerwünschter Personen in die Gemeinschaft zu **schützen** (*BGH* ZfIR 2021, 128 = ZMR 2021, 259; *BGH* NJW 2012, 2434 = ZMR 2012, 639; *Schmedes* Rpfleger 1974, 421; Weitnauer/*Lüke* Rn. 1). Ebenso können auf diese Weise Eigentümergemeinschaften auch vor unerwünschten **Veränderungen** im Kreis der Teilhaber bewahrt werden (BayObLGZ 1977, 40; Weitnauer/*Lüke* Rn. 1). Auch kann ein zustimmungsberechtigter Verwalter sich auf diese Weise **Kenntnis** über die aktuellen **Personen der Eigentümer** in der von ihm verwalteten Anlage verschaffen (MüKo/*Krafka* Rn. 8 u. 10). 2

Von der Möglichkeit wird offensichtlich **regional unterschiedlich** Gebrauch gemacht (vgl. *Hügel* ZWE 2005, 134). Der Abschluss einer solchen Vereinbarung erscheint im Hinblick auf die Möglichkeiten zur Versagung der Zustimmung ineffizient und allenfalls für kleinere Gemeinschaften zweckmäßig (Bamberger/Roth/*Hügel* Rn. 2; Bauer/Schaub/*Schneider* AT E Rn. 114). 3

Die Vorschrift ist den Regelungen der §§ 5 bis 8 ErbbauRG nachgebildet und ermöglicht in **Abweichung von § 137 Satz 1 BGB** eine Beschränkung der Verfügungsmöglichkeiten über das ansonsten frei veräußerliche Wohnungs- oder Teileigentumsrecht (*BGH* BGHZ 37, 203 = NJW 1962, 1613). Es handelt sich infolge der Grundbucheintragung um eine **absolute**, gegenüber jedermann wirkende **Veräußerungsbeschränkung** (Bärmann/*Suilmann* Rn. 5; Weitnauer/*Lüke* Rn. 13). 4

B. Begründung der Veräußerungsbeschränkung

I. Veräußerungsbeschränkung als Inhalt des Sondereigentums

1. Vereinbarung mit der Begründung von Wohnungs- und Teileigentum

Eine Veräußerungsbeschränkung kann bereits mit der Begründung des Wohnungs- und Teileigentums gem. § 5 Abs. 4 S. 1 WEG zum **Inhalt des Sondereigentums** gemacht werden. Voraussetzung dafür ist im Fall einer Begründung gem. § 3 WEG eine **Vereinbarung** der Miteigentümer oder im Fall einer Teilung gem. § 8 WEG eine ihr gleichstehende **einseitige Setzung** durch den/die aufteilenden Eigentümer (vgl. *BayObLG* Rpfleger 1974, 314, 315) sowie ihre Eintragung in das Grundbuch (§ 8 Abs. 2 WEG). 5

Eine Zustimmung dinglich Berechtigter zur Vereinbarung einer Veräußerungsbeschränkung mit der Aufteilung in Wohnungseigentum ist nicht erforderlich. Soweit durch die Aufteilung ein Gesamtrecht entsteht, haften dem Gläubiger dann sämtliche Einheiten, sodass er nach wie vor das Gesamtobjekt verwerten kann (*BGH* NJW 2012, 1226 = ZMR 2012, 563; *OLG Frankfurt am Main*, NJW-RR 1996, 318 = Rpfleger 1996, 340; *LG Marburg* Rpfleger 1996, 341; *Schöner/Stöber* Rn. 2849; krit. Weitnauer/*Lüke* Rn. 5 S. 310: die Verwertung der Einzelobjekte könne durchaus erschwert sein). Dies gilt auch, wenn Miteigentümer ihre Immobilie gem. § 8 WEG in Wohnungs- und Teileigentumsrechte aufteilen und die Miteigentumsanteile unterschiedlich belastet sind, weil im Ver- 6 wertungsfall mit der Summe der Objekte wieder der ursprüngliche Belastungsgegenstand zur Verfügung steht (BeckOK WEG/*Hogenschurz* Rn. 4; *Hügel/Elzer* Rn. 6; vgl. § 7 Rdn. 63). Lediglich bei einer Begründung gem. § 3 WEG bedürfte die Vereinbarung der Zustimmung gem. §§ 876, 877 BGB, § 19 GBO, soweit dinglich Berechtigte an den einzelnen Miteigentumsanteilen durch die Veräußerungsbeschränkung in ihrer Rechtsstellung betroffen werden können. Eine weiter gehende Prüfung ist an dieser Stelle jedoch unter ganzheitlichen Gesichtspunkten entbehrlich. Dinglich Berechtigte an einzelnen Miteigentumsanteilen müssen unter den genannten Voraussetzungen wegen der inhaltlichen Änderung ihres Belastungsgegenstandes nämlich bereits dem Teilungsvertrag als solchem gem. §§ 877, 876 BGB, § 19 GBO zustimmen (vgl. § 7 Rdn. 64), sodass ein separates Zustimmungserfordernis hinsichtlich einer vereinbarten Veräußerungsbeschränkung entfällt. Eine Zustimmung dinglich Berechtigter zur Vereinbarung einer Veräußerungsbeschränkung zugleich mit der Begründung von Wohnungseigentum ist daher in keinem Fall erforderlich (**a.A.** Bärmann/*Suilmann* Rn. 7 aE, der offenbar von einer mehrfachen Zustimmungsbedürftigkeit ausgeht).

2. Nachträgliche Vereinbarung der Veräußerungsbeschränkung

7 Die **nachträgliche Begründung** einer Veräußerungsbeschränkung stellt sich als **Inhaltsänderung** des Wohnungseigentums dar. Auch sie bedarf einer Vereinbarung sämtlicher Wohnungseigentümer gem. § 10 Abs. 1, 3 S. 1 WEG und der Eintragung in das Grundbuch. Materiell-rechtlich bestehen keine Formerfordernisse; insbesondere finden § 4 WEG, § 925 BGB, § 20 GBO keine Anwendung. Verfahrensrechtlich ist mindestens Unterschriftsbeglaubigung (§ 29 GBO) für die Grundbucheintragung erforderlich (vgl. § 7 Rdn. 270 u. 355 m.w.N.). Die nachträgliche Begründung einer Veräußerungsbeschränkung durch Mehrheitsbeschluss ist mangels Beschlusskompetenz nichtig (*BGH* BGHZ 145, 158 = Rpfleger 2001, 19 = ZMR 2000, 771). Dies gilt auch dann, wenn die Veräußerungsbeschränkung zuvor mehrheitlich gem. § 12 Abs. 4 WEG durch Beschluss aufgehoben wurde (*OLG München* ZWE 2014, 267 m. Anm. *F. Schmidt*). Vgl. dazu auch Rdn. 89. Dasselbe gilt für eine Wiedereinführung durch eine Beschlussfassung im Wege eines den Erstbeschluss aufhebenden Zweitbeschlusses. Vgl. dazu Rdn. 89.

8 Für die nachträgliche Eintragung einer Veräußerungsbeschränkung in das Grundbuch ist gem. §§ 876, 877 BGB, § 19 GBO die **Zustimmung** aller **dinglich Berechtigten** erforderlich, denen nicht ein Gesamtrecht am ganzen Grundstück oder an allen Wohnungseinheiten zusteht (*OLG Frankfurt am Main,* Rpfleger 1996, 340 unter Abänderung der Vorinstanz *LG Wiesbaden* Rpfleger 1996, 195; Grüneberg/*Wicke* Rn. 5; **a.A.** Bärmann/*Suilmann* Rn. 7.). Eine Veräußerung des Grundstücks als Ganzes an denselben Erwerber ist nämlich nach dem Schutzzweck der Norm vom Zustimmungserfordernis des § 12 WEG ausgenommen. Seit dem 01.07.2007 entfällt überdies die Zustimmung von Grundpfandrechtsgläubigern und Reallastberechtigten (vgl. § 5 Abs. 4 S. 2 WEG; übersehen von Bärmann/*Suilmann* Rn. 7).

3. Inhaltliche Ausgestaltung

9 Die Vereinbarung einer wohnungseigentumsrechtlichen Veräußerungsbeschränkung unterfällt grundsätzlich der privatautonomen Gestaltung durch die Wohnungseigentümer (*KG* ZWE 2012, 426; *KG* ZMR 2011, 399). Vom **Gegenstand** her kann sich das Zustimmungserfordernis daher auf einzelne, näher bestimmte Einheiten beschränken. Auf diese Weise kann z.B. die Veräußerung von Wohnungseigentumseinheiten zustimmungspflichtig, die von Teileigentumseinheiten wie z.B. Pkw-Stellplätzen oder Ladenlokalen dagegen zustimmungsfrei gestellt werden. Nicht möglich soll dagegen eine gegenständliche Beschränkung der Zustimmungspflicht lediglich auf Teile eines Sondereigentums wie z.B. Lagerräume oder Garagen sein (Bärmann/*Suilmann* Rn. 11; *Hügel* MittBayNot 2016, 109, 110;). Dem kann nicht gefolgt werden. Soweit Teile des Sondereigentums veräußert und dadurch rechtlich verselbstständigt werden können, muss auch die Veräußerung gem. § 12 WEG beschränkt werden können (wie hier BeckOK//*Hogenschurz* Rn. 9). Besonders deutlich wird dies bei solchen Elementen einer Gesamteinheit, die für sich als separates Wohnungs- oder Teileigentum eintragungsfähig wären (z.B. Wohnung sowie Garage) und lediglich buchungstechnisch mit nur

einem Miteigentumsanteil zu einem gemeinsamen Wohnungs- und Teileigentumsrecht verbunden worden sind.

Auch vom **Umfang** her kann ein Ausschluss des Zustimmungserfordernisses für bestimmte Veräußerungsfälle erfolgen. § 12 WEG stellt eine Ausnahme vom Grundsatz des § 137 BGB dar. Erweiterungen der Zustimmungspflicht können daher nur in ganz wenigen Ausnahmefällen erfolgen, Beschränkungen auf bestimmte Fallgestaltungen sind jedoch beliebig vereinbar (Bauer/Schaub/Schneider AT E Rn. 120). So werden z.B. zweckmäßigerweise die Erstveräußerung, Veräußerungen an Ehegatten und bestimmte nahe Verwandte, sowie zur Erhaltung der Beleihbarkeit auch Veräußerungen im Wege der Zwangsversteigerung oder durch den Insolvenzverwalter vom Zustimmungserfordernis ausgenommen (vgl. Meikel/*Schneider* § 3 WGV Rn. 11 i.V.m. § 56 GBV Rn. 9 und den Formulierungsvorschlag bei § 7 Rdn. 210). 10

Wegen der **inhaltlichen Prüfung** der Vereinbarung durch das Grundbuchgericht s. insbesondere § 7 Rn. 139 m.w.N. Eine zur Eintragung in das Grundbuch bewilligte und beantragte Beschränkung des gem. § 12 WEG vereinbarten Zustimmungserfordernisses muss dem grundbuchrechtlichen **Bestimmtheitsgrundsatz** genügen (*LG Duisburg* ZMR 2007, 145 zum Begriff des »Angehörigen« i.S.d. § 18 WoFG). Soweit die Auslegung eines Zustimmungsvorbehalts zu keinem eindeutigen Ergebnis führt, ist dieser unwirksam. Die Auslegung folgt den Grundsätzen für die Auslegung von Grundbucheintragungen (*Hogenschurz* ZfIR 2020, 453, 454). 11

II. Grundbucheintragung

1. Bedeutung der Eintragung

Die **Grundbucheintragung** der Veräußerungsbeschränkung als Inhalt des Sondereigentums wirkt entgegen verbreiteter Meinung **nur hinsichtlich der Sukzessionswirkung konstitutiv** (Bärmann/*Suilmann* Rn. 5 u. 8; Erman/*Grziwotz* Rn. 6; Staudinger/*Kreuzer* [2018] Rn. 37; **a.A.** *Hogenschurz* MietRB 2016, 146 Fn 5; Weitnauer/*Lüke* Rn. 6; anders hier noch bis zur 2. Aufl.). Die Eintragung der Veräußerungsbeschränkung im Wohnungs- oder Teileigentumsgrundbuch ist **nicht** abweichend von der Eintragung sonstiger Vereinbarungen i.S.d. § 10 Abs. 3 S. 1 WEG notwendige **Wirksamkeitsvoraussetzung** im Verhältnis der Eigentümer untereinander. Die Grundbucheintragung bewirkt nämlich nicht die Wirksamkeit der Veräußerungsbeschränkung, sondern macht sie lediglich zum Inhalt des Sondereigentums und erzeugt damit über die Sukzessionswirkung hinaus gem. § 12 Abs. 3 WEG erst deren absolute Wirkung. Insoweit ist zur Gewährleistung ihres Schutzzweckes für die Vereinbarung gem. § 12 WEG ein zusätzliches Wirkungsmoment an die Grundbucheintragung geknüpft (ähnlich Bärmann/*Suilmann* Rn. 5). Die zugrunde liegende Verpflichtung ist jedoch zulässig (§ 137 Satz 2 BGB) und wirkt wie bei anderen Vereinbarungen der Wohnungseigentümer auch ohne Eintragung in das Grundbuch bereits schuldrechtlich zwischen den an ihrem Abschluss beteiligten Wohnungseigentümern; sie ist deshalb nicht unwirksam (vgl. *OLG München* ZMR 2006, 961; Grüneberg/*Wicke* Rn. 1; angedeutet bei Weitnauer/*Lüke* Rn. 6). Sie vermag bei einem Verstoß durchaus Schadensersatzansprüche bis hin zu einem Anspruch auf Rückerwerb auszulösen (Bärmann/*Suilmann* Rn. 8). Die unterschiedliche Sichtweise ist insbesondere bedeutsam für die Fälle einer nicht oder nicht ordnungsgemäß vollzogenen Eintragung der Veräußerungsbeschränkung in das Grundbuch (vgl. Rdn. 18). 12

Die Veräußerungsbeschränkung wird als Inhalt des Sondereigentums mit dessen Eintragung in das Grundbuch wirksam und **nicht** erst **mit rechtlicher Invollzugsetzung** der (Bruchteils-)Gemeinschaft (so schon zum früheren Recht: BeckOK//*Hogenschurz* Rn. 15; *Demharter* Anh. zu § 3 Rn. 36; Hügel MittBayNot 2016, 109; Niedenführ/Vandenhouten Rn. 3; Grüneberg/*Wicke* Rn. 2; *F. Schmidt* WE 1994, 239; *Schöner/Stöber* Rn. 2901; **a.A.** *OLG Köln* Rpfleger 1992, 293; *OLG Hamm* Rpfleger 1994, 460; Bärmann/*Suilmann* Rn. 10 [unter Abweichung von der 11. Aufl.]; Bauer/*v. Oefele* 3. Aufl. AT V Rn. 122; KEHE/*Herrmann* Einl. E 64; Meikel/*Böttcher* Anh. zu §§ 19, 20 Rn. 114; *Müller*, 4. Aufl. Rn. 121; Staudinger/*Kreuzer* Rn. 14). Das Grundbuchgericht hatte daher das eingetragene Zustimmungserfordernis auch dann zu beachten, wenn es sich tatsächlich noch um eine »**werdende** 13

Wohnungseigentümergemeinschaft« handeln sollte (vgl. *BGH* BGHZ 193, 219 = NJW 2012, 2650 = ZMR 2012, 711; *BGH* BGHZ 177, 53 = NJW 2008, 2639 = ZMR 2008, 805; ausf. zu diesem Problemkreis seinerzeit noch *Dötsch* ZWE 2011, 385). Nach dieser Auffassung brauchte eine Anwendung des § 878 BGB auf vorliegende Umschreibungsanträge entgegen der überwiegend vertretenen Ansicht vom Grundbuchgericht jedenfalls im Hinblick auf die Veräußerungsbeschränkung des § 12 WEG nicht in Erwägung gezogen zu werden. Das Problem ist nunmehr durch das Entstehen der GdWE mit der Grundbuchanlegung obsolet geworden (vgl. § 9a Abs. 1 S. 2 WEG).

2. Art der Eintragung

14 Gem. § 7 Abs. 3 S. 1 WEG i.V.m. § 874 BGB kann bei der Grundbucheintragung wegen des Gegenstandes und des Inhalts des Sondereigentums grundsätzlich auf die Eintragungsbewilligung Bezug genommen werden. Die Eintragung einer vereinbarten Veräußerungsbeschränkung in das Grundbuch hatte jedoch schon bisher gem. § 3 Abs. 2 WGV zu erfolgen. Danach ist im Unterschied zu sonstigen Vereinbarungen der Wohnungseigentümer eine vereinbarte Veräußerungsbeschränkung **ausdrücklich** in das Grundbuch einzutragen. Dies sieht das Gesetz jetzt auch ausdrücklich in § 7 Abs. 3 S. 2 WEG vor. Gleiches gilt für die Eintragung einer Änderung oder Aufhebung von Veräußerungsbeschränkungen (*Schöner/Stöber* Rn. 2958 a.E.).

3. Umfang der Eintragung

15 Wegen der bei der Grundbucheintragung auftretenden Frage, wie detailliert eine vereinbarte Veräußerungsbeschränkung wiederzugeben ist, s. ausführlich § 7 Rdn. 207 ff. m. Eintragungsvorschlag.

4. Fehler bei der Eintragung

16 Ist eine Veräußerungsbeschränkung vereinbart, aber **keine Eintragung** im Grundbuch – auch nicht unter Bezugnahme, dazu sogleich – erfolgt, ist eine Veräußerung nicht von vornherein wegen fehlender Zustimmung unwirksam (Staudinger/*Kreuzer* Rn. 10). Zu prüfen bleibt in einem solchen Fall, ob der seinerzeitige Eintragungsantrag zur Eintragung der Veräußerungsbeschränkung vollständig vollzogen worden ist oder ob ggf. noch eine Nachholung der Eintragung in Betracht kommen kann. Ohne Grundbucheintragung wirkt die getroffene Vereinbarung einer Veräußerungsbeschränkung zumindest schuldrechtlich im Verhältnis der Wohnungseigentümer (Bärmann/*Suilmann* Rn. 8; Erman/*Grziwotz* Rn. 6; Grüneberg/*Wicke* Rn. 1; **a.A.** Staudinger/*Kreuzer* Rn. 12; unklar Weitnauer/*Lüke* Rn. 6). Ob darüber hinaus zustimmungsfrei erwerbende Eigentümer verpflichtet sind, einer späteren Eintragung des Zustimmungserfordernisses in das Grundbuch zuzustimmen, beurteilt sich nach den übernommenen Verpflichtungen aus der Gemeinschaftsordnung (vgl. zu dieser Frage auch – allerdings unter der Annahme einer konstitutiv wirkenden ausdrücklichen Grundbucheintragung – *DNotI-Gutachten* DNotI-Report 2005, 20).

17 Zur Nachholung der Eintragung im Fall einer **unzulässigen Löschung** s. Rdn. 84.

18 War die **Eintragung** der Veräußerungsbeschränkung **vor dem Inkrafttreten des WEMoG** entgegen § 3 Abs. 2 WGV **nicht ausdrücklich, sondern lediglich unter Bezugnahme** auf die Eintragungsbewilligung erfolgt, war dies ohne Auswirkungen auf die Notwendigkeit der Zustimmung. Nach ganz überwiegender und zutreffender Auffassung handelte es sich bei § 3 WGV lediglich um eine Ordnungsvorschrift mit formell-rechtlichem Charakter, sodass ein Verstoß die materiell-rechtliche Wirksamkeit der getroffenen Vereinbarung bei entsprechender Bezugnahme (§ 874 BGB, § 7 Abs. 3 WEG a.F.) nicht beeinträchtigte (*OLG München* ZMR 2006, 961; *LG München II* MittBayNot 1994, 137; Bärmann/*Suilmann* Rn. 9; Bauer/*v. Oefele* 3. Aufl. AT V Rn. 238; *Demharter* Anh. zu § 3 Rn. 51; *Hügel/Elzer* Rn. 8; KEHE/*Eickmann* § 3 WGV Rn. 8; *Schöner/Stöber* Rn. 2902; Weitnauer/*Lüke* Rn. 7; **a.A.** – der ausdrücklichen Grundbucheintragung komme konstitutive Bedeutung zu – Erman/*Grziwotz* Rn. 4; Grüneberg/*Wicke* Rn. 5; Staudinger/*Kreuzer* Rn. 10; Staudinger/*Rapp* § 7 Rn. 8; wohl auch MüKo/*Commichau* Rn. 10; dem zuneigend *DNotI-Gutachten* DNotI-Report 2005, 20). Vereinbarte Veräußerungsbeschränkungen sind als Inhalt eines Rechtes nicht vom

Anwendungsbereich der §§ 874 BGB, 7 Abs. 3 WEG ausgenommen. Die Eintragung unter Bezugnahme auf die Bewilligung ließ daher das bestehende Zustimmungserfordernis erkennen. Lediglich auf die Grundbucheintragung ohne Einbeziehung der weiteren dort in Bezug genommenen Unterlagen verkürzte Einsichtnahmen vermögen keine andere Sichtweise zu rechtfertigen. Es gibt **keinen Vorrang des Eintragungsvermerkes** gegenüber der Eintragungsbewilligung (so aber *Reuter* MittBayNot 1994, 115, der von einem Eintragungsvermerk eine Sensibilisierung zu weiteren Nachforschungen in den Grundakten erwartet. Andernfalls soll gutgläubiger Erwerb möglich sein. Dagegen zu Recht wie hier noch Bauer/v. Oefele/*Knothe* § 44 Rn. 48). Eigentümereintragungen waren deshalb bei einer nur unter Bezugnahme erfolgten Eintragung der Veräußerungsbeschränkung bis zur Vorlage einer entsprechenden Zustimmung schwebend unwirksam und konnten unter den Voraussetzungen des § 53 GBO zur Eintragung eines Amtswiderspruches nötigen (vgl. *LG München II* MittBayNot 1994, 137). Die Frage nach einem gutgläubigen zustimmungsfreien Erwerb (§ 892 BGB) stellte sich nach der hier vertretenen Auffassung nicht, weil die Eintragung durch die Bezugnahme ja mittelbar im Grundbuch verlautbart wurde und der Erwerber deshalb nicht gutgläubig erwerben konnte (ebenso *Hügel/Elzer* Rn. 8). Eine unterbliebene ausdrückliche Grundbucheintragung der Veräußerungsbeschränkung konnte deshalb jederzeit nachgeholt werden (*Hügel/Elzer* Rn. 10).

Diese Rechtslage hat sich – jedenfalls für die Zukunft – durch das **WEMoG** geändert. Nach der neu aufgenommenen Regelung in § 7 Abs. 3 S. 2 WEG ist nur noch eine ausdrückliche Grundbucheintragung zulässig. Allein diese soll gegenüber einem Erwerber die Wirkung einer Veräußerungsbeschränkung entfalten können (vgl. BT-Drs. 19/18791, 42 u. BT-Drs. 19/19369, 6). Ein gutgläubiger Erwerb bei unterlassener ausdrücklicher Grundbucheintragung ist danach jetzt gem. § 892 BGB möglich. I.ü. verbleiben ggf. die schuldrechtlichen Wirkungen im Innenverhältnis. 19

Eine **Übergangsregelung** ist in § 48 WEG für die ausdrückliche Grundbucheintragung nicht vorgesehen. § 7 Abs. 3 S. 2 WEG gilt vielmehr auch für Vereinbarungen, die vor dem 01.12.2020 getroffen worden sind (§ 48 Abs. 3 S. 1 WEG). Allerdings soll auch bereits nach bisheriger Rechtslage – entgegen der oben dargestellten Rechtsansicht – eine ausdrückliche Grundbucheintragung konstitutiv gewesen sein (so zumindest behauptet in BT-Drs. 19/19369, 6). Folgt man dieser Rechtsansicht, könnte eine unterlassene ausdrückliche Grundbucheintragung auch ohne einen entsprechenden Antrag (so aber § 48 Abs. 3 S. 2 WEG; BT-Drs. 19/18791, 86) von Amts wegen nachgeholt werden (*Dressler-Berlin* Rpfleger 2021, 193, 199; *Schneider* ZfIR 2020, 822, 827). Es handelt sich nämlich in der Sache lediglich um eine Anregung zur **Klarstellung** (lt. RegE: »Richtigstellung«), die jederzeit auch von Amts wegen erfolgen kann (*Schneider* ZWE 2021, 237, 245). 20

Ist die Eintragung einer Veräußerungsbeschränkung zwar ausdrücklich, jedoch in Teilen der vereinbarten Ausnahmetatbestände **nicht in Übereinstimmung mit der Eintragungsbewilligung** erfolgt, muss das vorstehend für die neue Rechtslage Ausgeführte entsprechend gelten (vgl. den instruktiven Fall des *LG München II* MittBayNot 1994, 137, wo die ausdrückliche Eintragung eines zusätzlichen, aber nicht bewilligten Ausnahmetatbestandes bei der Grundbucheintragung zu einer zustimmungsfreien Veräußerung führte). Abzustellen ist stets auf die im Grundbuch ausdrücklich eingetragene Vereinbarung. Auch das *BayObLG* (Rpfleger 2002, 140) hat grundsätzlich keine rechtlichen Bedenken gegen eine Mischform von teilweise ausdrücklicher Eintragung und Bezugnahme i.Ü. (ebenso *Demharter* § 44 Rn. 15), sodass der von *Reuter* (MittBayNot 1994, 115) geforderte »Anlass« für eine Einsichtnahme in die zugrunde liegende Eintragungsbewilligung unscharf bleibt. Es bedarf daher – entgegen der früher h.M. – eine fälschlicherweise nach der ausdrücklichen Grundbucheintragung zustimmungsfrei gestellte Veräußerung zur Wirksamkeit jetzt nicht mehr der Zustimmung (wie hier *Hügel/Elzer* Rn. 11; schon zum früheren Recht *LG München* II MittBayNot 1994, 137; Bärmann/*Suilmann* Rn. 9; Erman/*Grziwotz* Rn. 4). 21

C. Anwendungsbereich

Der **Anwendungsbereich** des § 12 WEG bezieht sich auf rechtsgeschäftliche Verfügungen unter Lebenden (vgl. *BayObLG* Rpfleger 1977, 104 = ZMR 1977, 342). Eine Zustimmungserklärung 22 zum schuldrechtlichen Grundgeschäft erfasst im Hinblick auf Abs. 3 Satz 1 auch immer die Zustimmung zur Auflassung (Staudinger/*Kreuzer* [2018] Rn. 49).

23 Vereinbarte Veräußerungsbeschränkungen haben sich an dem **Ausnahmetatbestand** der Regelung zu orientieren, der eine Beschränkung der Verfügungsmöglichkeiten in Abweichung von den allgemeinen Regelungen des BGB ermöglicht. Sie sind daher als Ausnahmevorschrift eng auszulegen (*OLG Saarbrücken* ZMR 2012, 381 = ZWE 2012, 132; *KG* ZMR 2011, 399; *BayObLG* WuM 1991, 612; *Schmedes* Rpfleger 1974, 421, 422). Eine **Erweiterung des Anwendungsbereiches** kann nur in begründeten Ausnahmefällen in Betracht kommen, auf die jeweils in der folgenden **alphabetischen Übersicht** eingegangen wird.

Rn.	Stichwort	Erläuterung
24	**Abkömmlinge**	Erlaubt eine nach § 12 Abs. 1 WEG im Grundbuch eingetragene Veräußerungsbeschränkung Ausnahmen bei der Veräußerung an Abkömmlinge des Miteigentümers, greift diese Klausel auch dann ein, wenn dessen Erben das Wohnungseigentum an einen seiner Abkömmlinge übertragen (*KG* ZMR 2012, 653 = ZWE 2012, 227).
25	(reale) **Anteilsübertragung**	Zur Übertragung realer Teile des Sondereigentums s. Sondereigentum
	(ideelle) **Anteilsübertragung**	S. Gesamthandsgemeinschaft bzw. Miteigentumsanteil
26	**Belastungsbeschränkung**	§ 12 ermöglicht nicht die rechtsgeschäftliche Vereinbarung einer als Verfügungsbeschränkung zu beachtenden Belastungsbeschränkung (*OLG München* ZWE 2016, 337; *Böttcher* Rpfleger 1985, 1, 7; Niedenführ/Vandenhouten Rn. 7; *Hügel/Elzer* Rn. 19;). Die in diesem Zusammenhang als Beleg für die a.A. zitierte Entscheidung des *BGH* (BGHZ 37, 203 = Rpfleger 1962, 373 m. zust. Anm. *Diester* für Dauerwohn- bzw. Dauernutzungsrecht und Wohnungsrecht i.S.d. § 1093 BGB) gibt jedoch zunächst für eine andere Auffassung nichts her. Für eine Erweiterung des Anwendungsbereiches zu einer dinglich wirkenden Verfügungsbeschränkung besteht nach Sinn und Zweck der Regelung auch kein Anlass. In diese Richtung grundsätzlich auch Weitnauer/*Lüke* (Rn. 3), der allerdings eine entsprechende Anwendung für die Belastung mit einem eigentumsähnlichen Dauerwohnrecht zulassen will. Erst die späteren Entscheidungen des *BGH* zur Vereinbarung einer Veräußerungsbeschränkung bei Unterteilung (BGHZ 49, 250) und zur isolierten Übertragung eines Sondernutzungsrechtes (BGHZ 73, 145) verweisen hinsichtlich der grundsätzlichen Möglichkeit zur Erweiterung des Anwendungsbereiches auf die Entscheidung des *BGH* v. 15.06.1962 (BGHZ 37, 203 = Rpfleger 1962, 373). Ob mit diesem Verweis auch die (quasi rückwirkende) Anerkennung der Möglichkeit einer Belastungsbeschränkung in entsprechender Anwendung des § 12 WEG für die genannten Fälle beabsichtigt war, muss bezweifelt werden (so allerdings wegen der eigentümerähnlichen Stellung des Berechtigten Meikel/*Morvilius* Einl. C Rn. 108; *Schöner/Stöber* Rn. 2907). Die neuere Rechtsprechung des *BGH* (BGHZ 220, 253 Rn. 19 = ZfIR 2019, 398 = ZMR 2019, 773) weist in die Richtung einer zulässigen Gebrauchsregelung. Wegen des Ausnahmecharakters der Norm kann nach dem hier zugrunde gelegten Verständnis eine Erweiterung des Anwendungsbereichs lediglich auf die beiden zuletzt genannten Fälle der Unterteilung und der Sondernutzungsrechtsübertragung in Betracht kommen. Zur Vereinbarung von dinglich wirkenden Beschränkungen s. i.Ü. Rdn. 91 ff.
27	**BGB-Gesellschaft – Anteilsübertragung**	s. Gesamthandsgemeinschaft

Dauerwohn- und Dauernutzungsrecht	Zur Belastung eines Wohnungseigentums s. Belastungsbeschränkung. Zur Vereinbarung einer Veräußerungsbeschränkung als Inhalt s. § 35.	28
Ehegatte	Ist die Veräußerung an den Ehegatten vom Zustimmungserfordernis ausgenommen, bedarf ein vor Rechtskraft des Ehescheidungsurteils gerichtlich protokollierter Scheidungsvergleich keiner Zustimmung (*OLG Schleswig* Rpfleger 1994, 18). Auch eine erst nach Rechtskraft des Scheidungsurteils erklärte Auflassung bedarf keiner Zustimmung, wenn sie aufgrund einer noch zuvor getroffenen Scheidungsvereinbarung erklärt wird (*KG* Rpfleger 1996, 448; *Demharter* Anh. zu § 3 Rn. 36). Da nach der Ehescheidung eine weiter gehende Zustimmungsfreiheit nicht besteht (Übertragungsvereinbarung erst nach Rechtskraft der Scheidung: *KG* ZWE 2011, 220), wird es bei Umschreibungsanträgen erforderlich sein, zum Nachweis des vereinbarten Befreiungstatbestandes in grundbuchmäßiger Form (§ 29 Abs. 1 S. 2 GBO) eine entsprechende Personenstandsurkunde vorzulegen (so auch *KG* ZWE 2014, 310). Notaren dürfte in diesem Zusammenhang eine besondere Hinweis- und Belehrungspflicht zukommen.	29
Enteignung	Es handelt sich dabei nicht um eine rechtsgeschäftliche Veräußerung, sodass eine vereinbarte Beschränkung gem. § 12 WEG nicht zur Anwendung kommt (*KG* NZM 2015, 56 = Rpfleger 2014, 495; *KG* ZWE 2012, 426; *KG* ZMR 2011, 399; Bamberger/Roth/*Hügel* Rn. 4; Bärmann/*Suilmann* Rn. 16).	30
Entziehung des Wohnungseigentums	Eine gem. § 12 WEG vereinbarte Veräußerungsbeschränkung ist mangels abweichender Bestimmung gem. § 12 Abs. 3 S. 2 WEG auch in einem Zwangsversteigerungsverfahren zur Entziehung des Wohnungseigentums zu beachten (Jennißen/*Heinemann* § 17 Rn. 138; NV/*Vandenhouten* § 19 Rn. 9). Im Entziehungsbeschluss selbst kann hier allerdings ebensowenig eine Zustimmung zur Veräußerung gesehen werden wie in der Antragstellung beim Vollstreckungsgericht, weil zu den fraglichen Zeitpunkten der Ersteher noch unbekannt ist (Niedenführ/*Vandenhouten* § 19 Rn. 9) und eine gleichwohl angenommene Zustimmung obendrein haftungsgeneigt wäre (*Schneider* NZM 2014, 498). §§ 53 ff. WEG a.F. sind durch das WEGÄndG (2007) aufgehoben; das Verfahren richtet sich jetzt gem. § 17 Abs. 4 WEG nach dem ZVG. Dazu s. Rdn. 74	31
Erbauseinandersetzung	Eine Übertragung im Rahmen einer Erbauseinandersetzung bedarf der vereinbarten Zustimmung gem. § 12 WEG (*BayObLG* BayObLGZ 1982, 46 = Rpfleger 1982, 177; *LG Dortmund* MittBayNot 2009, 43; Bärmann/*Suilmann* Rn. 17).	32
Erbfolge	s. Gesamtrechtsnachfolge	33
Erbteilsübertragung	s. Gesamthandsgemeinschaft	34
Erstveräußerung	Im Fall einer vereinbarten Veräußerungsbeschränkung ist auch jede Erstveräußerung von Wohnungs- oder Teileigentum zustimmungspflichtig, sofern nicht ausdrücklich eine Ausnahme vorgesehen ist (*BGH* BGHZ 113, 374 = Rpfleger 1991, 246 = ZMR 1991, 230). Die frühere Rechtsansicht, die im Fall einer Teilung gem. § 8 WEG die erste Veräußerung zustimmungsfrei lassen wollte, ist überholt. Vgl. hierzu ausführlich § 46 Rdn. 3 m.w.N. Für Teilungsverträge gem. § 3 WEG wurde schon seit jeher auch eine Erstveräußerung als zustimmungsbedürftig angesehen (vgl. *BayObLG* Rpfleger 1987, 16; *OLG Hamburg* OLGZ 1982, 53).	35

		Eine an sich zustimmungsfreie Erstveräußerung wird nicht dadurch zustimmungspflichtig, dass der teilende Eigentümer **mehrere Jahre** eine Veräußerung nicht vornimmt. Die zulässige Auslegung eines allgemeinen Befreiungstatbestandes für Veräußerungen seitens des Bauträgers ergibt regelmäßig, dass jede Veräußerung als Erstveräußerung zustimmungsfrei ist, wann auch immer sie erfolgt (*OLG Köln* Rpfleger 1992, 293). Erfolgt die Eigentumsumschreibung auf den Erwerber nach **Abtretung des Auflassungsanspruchs** unmittelbar vom noch eingetragenen Veräußerer, liegt eine als zustimmungsfrei vereinbarte Erstveräußerung vor, da der Zwischenerwerb nicht vollzogen wurde (*OLG Frankfurt am Main,* WE 1989, 172; Bärmann/*Suilmann* Rn. 17). Das Gleiche hat dann auch für eine sog. **Kettenauflassung** zu gelten (*Böttcher* ZNotP 2013, 128, 137; *Schneider* ZMR 2012, 984; **a.A.** *OLG Köln* ZMR 2012, 982). Erfolgt die Veräußerung durch den ursprünglich teilenden Eigentümer **nach Rückabwicklung** der Erstveräußerung, so ist die erneute Veräußerung gem. § 12 Abs. 1 WEG zustimmungsbedürftig, ohne dass es darauf ankäme, inwieweit die Rückabwicklung auf einer gesetzlichen Pflicht des Ersterwerbers beruhte (*KG* Rpfleger 1988, 480). Die Ausnahme vom Zustimmungserfordernis nach § 12 der »ersten Veräußerung nach Teilung« erfasst nicht eine (erneute) Veräußerung durch eine Person, in deren Hand sich nach den Erstveräußerungen sämtliche Wohnungseigentumsrechte vereinigt haben (*KG* ZMR 2018, 692). Macht die Teilungserklärung die Veräußerung des Wohnungseigentums von der Zustimmung des Verwalters mit Ausnahme der Erstveräußerung abhängig, ist diese Ausnahme »verbraucht«, wenn die **teilende Eigentümerin eine Gesellschaft bürgerlichen Rechts** ist und die entstandenen Wohnungseigentumsrechte **auf** ihre **Gesellschafter übertragen** werden. Die weitere Veräußerung von einem Gesellschafter auf einen Dritten ist danach zustimmungspflichtig (*KG* ZWE 2014, 311). Die wechselseitige **Übertragung** von Hälfteanteilen **auf Miteigentümer, die** Wohnungseigentum **gebildet haben**, ist noch keine Erstveräußerung (*OLG Frankfurt am Main,* Rpfleger 1990, 254). Eine zustimmungsfreie Erstveräußerung kann auch noch durch die **Erben des Ersteigentümers** erfolgen (*LG Aachen* MittRhNotK 1993, 32; Bärmann/*Suilmann* Rn. 17). S. auch *Rückauflassung*.

36	**Gesamtrechtsnachfolge, Gesamthandsgemeinschaft, Rechtsübergang kraft Gesetzes**	Eine vereinbarte Veräußerungsbeschränkung erfasst nur **rechtsgeschäftliche Veräußerungsvorgänge.** **Keine Veräußerung** i.S.d. § 12 WEG sind daher der Erwerb durch **Erbfolge,** Vereinbarung einer **Gütergemeinschaft, Anwachsung** bei Gesamthandsgemeinschaften (Ausscheiden – auch des letzten Gesellschafters – aus einer GbR: noch zum früheren Recht *AG Bremerhaven* ZWE 2011, 141), **Verschmelzungen** oder **Ausgliederungen** nach dem UmwG (*OLG Jena* ZWE 2014, 123; *LG Darmstadt* Rpfleger 2008, 21; Bärmann/*Suilmann* Rn. 16; *Schöner/Stöber* Rn. 2897); **Spaltungen** nach dem UmwG (*Schöner/Stöber* Rn. 2897) als partielle Gesamtrechtsnachfolge.

	Veränderungen im Bestand einer **Gesamthandsgemeinschaft** fallen ebenfalls nicht unter § 12 WEG. Das gilt sowohl für die Übertragung eines Erbanteils (*OLG Hamm* Rpfleger 1979, 461; auch wenn der Nachlass nur noch aus dem Wohnungseigentumsrecht besteht; Bärmann/*Suilmann* Rn. 18) als auch für die Übertragung eines Anteils an einer Gesellschaft bürgerlichen Rechts (*KG* ZWE 2012, 41; *OLG Celle* ZWE 2011, 270; *OLG Hamm* MittBayNot 1989, 152; *OLG München* NJW 2007, 1536 = Rpfleger 2007, 541). Gleiches hat auch für eine erbrechtliche Abschichtung zu gelten (*Hügel/Elzer* Rn. 26 aE). S. aber auch GmbH & Co *KG* sowie Personengesellschaft. Die **Umwandlung** des **Gesamthandseigentums** einer Erbengemeinschaft **in Bruchteilseigentum** aller Miterben bedarf wegen der Personenkontinuität keiner Zustimmung gem. § 12 WEG (*OLG Karlsruhe* ZWE 2012, 490; *LG Lübeck* Rpfleger 1991, 201; Niedenführ/*Vandenhouten* Rn. 27; *Schmid* ZfIR 2012, 721; **a.A.** Staudinger/*Kreuzer* [2018] Rn. 16). S.a. Gütergemeinschaft.	
	Im Vereinbarungsfall zustimmungspflichtige **Veräußerungsvorgänge** i.S.d. § 12 WEG sind demnach grundsätzlich Übertragungen an Mitglieder einer **Erbengemeinschaft**, wenn nicht die Teilungserklärung eine Ausnahme von diesem Zustimmungserfordernis für Veräußerungen an Verwandte bestimmten Grades des Veräußerers vorsieht. In diesem Fall greift die Ausnahme auch dann, wenn das erwerbende Mitglied zu den übrigen Mitgliedern der Miterbengemeinschaft diesen Verwandtschaftsgrad aufweist (*OLG Nürnberg* ZMR 2016, 55 = Rpfleger 2016, 95).	
	Ein zustimmungspflichtiger Veräußerungsvorgang liegt auch dann vor, wenn miteinander verheiratete Gesellschafter einer **Gesellschaft bürgerlichen Rechts** in Ansehung der **Auseinandersetzung** der Gesellschaft ein zum Gesellschaftsvermögen gehörendes Wohnungseigentum auf sich zu Bruchteilen übertragen, selbst wenn als Ausnahme die Veräußerung an Ehegatten vereinbart ist (*KG* ZWE 2016, 377 = Rpfleger 2016, 721).	
GmbH & Co KG	Zur Vollziehung der Eigentumsübertragung von einer GmbH & Co. *KG* auf ihre beiden alleinigen Kommanditisten bedarf es des formgerechten Nachweises einer vereinbarten Veräußerungszustimmung, weil es im Hinblick auf den Wechsel der Rechtsträgerschaft auf die damit verbundene Umwandlung von Gesamthands- in Bruchteilseigentum nicht ankommt (*OLG Hamm* Rpfleger 2007, 139 = ZMR 2007, 212). Der Schutzzweck der Norm rechtfertigt eine formale Betrachtungsweise (zust. *Franck* HambGE 2007, 52).	37
Grundpfandrechtsgläubiger	§ 12 WEG erfasst mangels anderslautender Regelung auch eine Veräußerung an den Grundpfandrechtsgläubiger »zur Rettung seines Grundpfandrechts« (*LG Düsseldorf* Rpfleger 1981, 193; Bärmann/*Suilmann* Rn. 17). Dies gilt selbst dann, wenn die Veräußerung im Wege der Zwangsvollstreckung keiner Zustimmung bedürfte (*Schöner/Stöber* Rn. 2896).	38

39	**Grundstück als Ganzes**	Wird das **Grundstück als Ganzes** an denselben Erwerber veräußert, entfällt ein vereinbartes Zustimmungserfordernis nach dem Schutzzweck (*OLG Hamm* ZWE 2012, 276; *Böttcher* ZNotP 2013, 128, 136; *Schneider* RpflStud 2012, 119). Bei der **gleichzeitigen Veräußerung aller Einheiten** brauchen nach überwiegender Ansicht die Mitglieder der Gemeinschaft nicht vor unerwünschten Veränderungen geschützt zu werden, auch wenn für die Veräußerung die Zustimmung eines Dritten vorgesehen ist (*OLG Hamburg* ZMR 2024, 223; *Hügel/Elzer* Rn. 31; MüKo/*Krafka* Rn. 8; Staudinger/*Kreuzer* Rn. 19; Weitnauer/*Lüke* Rn. 16; zu Recht einschränkend noch *Bärmann/Pick/Merle*, 9. Aufl. Rn. 26 für den Fall, dass zufälligerweise sämtliche Wohnungseigentümer zur gleichen Zeit jeweils ihr Wohnungseigentum veräußern [**a.A.** für diesen Fall Bauer/Schaub/*Schneider* AT E Rn. 119 Fn 439; *Schneider* RpflStud 2012, 119]; ohne Einschränkung aber auch insoweit *OLG Saarbrücken* ZMR 2012, 381 = ZWE 2012, 132, das für den Fall gleichzeitiger Veräußerung an unterschiedliche Erwerber ebenfalls Zustimmungsfreiheit annimmt; ohne Differenzierung insoweit auch Bärmann/Suilmann Rn. 19).
40	**Grundstücksteil**	Zustimmungsfreiheit muss auch für die Veräußerung eines realen Grundstücksteils durch alle Miteigentümer gelten. Ein Schutzbedürfnis ist hier ebenfalls nicht gegeben. Ebenso entfällt ein vereinbartes Zustimmungserfordernis, wenn sich sämtliche (Miteigentums-) Anteile (noch oder wieder) in der Hand eines Eigentümers befinden (*Bärmann/Suilmann* Rn. 19).
41	**Gütergemeinschaft**	Die Vereinbarung einer Gütergemeinschaft betrifft nicht eine Veräußerungsbeschränkung i.S.d. § 12 (*Schöner/Stöber* Rn. 2897). S.a. Gesamtrechtsnachfolge. Eine eingetragene Veräußerungsbeschränkung erfasst die Auseinandersetzung des Gesamtguts bei Aufhebung einer Gütergemeinschaft (Bauer/Schaub/*Schneider* AT E Rn. 116).
42	**Insolvenzverwalter**	Soweit nichts anderes bestimmt ist, gilt die vereinbarte Veräußerungsbeschränkung auch für eine Veräußerung durch den Insolvenzverwalter (§ 12 Abs. 3 S. 2 WEG).
43	**Juristische Person**	Ist eine juristische Person Eigentümerin eines Wohnungseigentums, lösen identitätswahrende Rechtsformwechsel keine Zustimmungspflicht gem. § 12 WEG aus (Bärmann/*Suilmann* Rn. 18).
44	**Miteigentümer**	§ 12 WEG erfasst wegen der mit einem Erwerb verbundenen Risiken für die Gemeinschaft auch die Fälle einer Veräußerung an Personen, die bereits zur Gemeinschaft gehören (*KG* ZWE 2011, 220; *OLG Hamm* ZfIR 2001, 924 = NZM 2001, 953 = ZMR 2002, 146; *BayObLG* Rpfleger 1982, 177; *KG* Rpfleger 1978, 382 = ZMR 1979, 51; *BayObLG* Rpfleger 1977, 173 = ZMR 1977, 375; *OLG Celle* Rpfleger 1974, 438; Bärmann/*Suilmann* Rn. 17; *Demharter* Anh. zu § 3 Rn. 36; Weitnauer/*Lüke* Rn. 2;). Dies gilt grds. auch für die Übertragung eines Wohnungseigentums von einer Erbengemeinschaft auf einen der Miterben, wenn nicht der Erwerber darüber hinaus einen vereinbarten Ausnahmetatbestand erfüllt (*OLG Nürnberg* ZWE 2016, 20; *LG Dortmund* MittBayNot 2009, 43). S.a. unter *Erstveräußerung, Schenkung, Tausch.*

Miteigentumsanteil	Für die Veräußerung eines Miteigentumsanteils am Wohnungs- oder Teileigentum gilt die Beschränkung des § 12 WEG ebenso wie für die Veräußerung einer Einheit als Ganzes (*KG* ZWE 2011, 220; *OLG Hamm* Rpfleger 2002, 20 = ZMR 2002, 146; *OLG Frankfurt am Main,* OLGZ 1990, 149; Bärmann/*Suilmann* Rn. 17; *Böttcher* Rpfleger 1985, 1, 6). Die Veräußerung eines (**isolierten**) **Miteigentumsanteils** ohne gleichzeitige Veräußerung von Sondereigentum unterfällt nach dem Schutzzweck ebenfalls einer vereinbarten Veräußerungsbeschränkung (*KG* ZWE 2011, 220; *BayObLG* WE 1986, 30; *OLG Celle* Rpfleger 1974, 438; *Demharter* Anh. zu § 3 Rn. 36; *Müller*, 6. Aufl. Teil 4 Rn. 6; Weitnauer/*Lüke* Rn. 2; **a.A.** Bärmann/*Suilmann* Rn. 18; *Hügel/Elzer* Rn. 24; *Schmedes* Rpfleger 1974, 421; *Wenzel* ZWE 2008, 69, 72); einschränkend Niedenführ/*Vandenhouten* Rn. 6 u. Staudinger/*Kreuzer* Rn. 18 (nur, wenn die Änderung der Quote Auswirkungen auf das Stimmrecht oder die Lastentragung hat). **Verschiebungen** der Miteigentumsanteile zwischen Einheiten **desselben Wohnungseigentümers** sind wegen der unveränderten Personenidentität zustimmungsfrei (*OLG Celle* MittRhNotK 1981, 196; DNotI-Gutachten DNotI-Report 2015, 165). S.a. *Tausch.*	45
Nießbrauch	S. Belastungsbeschränkung und Rdn. 93.	46
Personengesellschaft	Verfügungen über Anteile an einer Personengesellschaft lösen keine Zustimmungspflicht aus (MüKo/*Krafka* Rn. 5). Zustimmungspflichtig soll aber ein Eigentumswechsel durch Veräußerung der Personengesellschaft im Ganzen sein (MüKo/*Krafka* Rn. 5). S.a. Gesamthandsgemeinschaft.	47
(bestimmter) **Personenkreis**	Eine Veräußerungsbeschränkung kann **nicht** in der Weise **erweitert** werden, dass eine Veräußerung lediglich an bestimmte Personen erfolgen darf (*BayObLG* MittBayNot 1984, 88 = Rpfleger 1984, 404 – Ls; *Demharter* Anh. zu § 3 Rn. 39). Zwar ist eine entsprechende Regelung schuldrechtlich zulässig, sie hat jedoch auch im Fall ihrer Eintragung im Grundbuch nicht die Wirkung einer vom Grundbuchgericht zu beachtenden Veräußerungsbeschränkung (*BayObLG* MittBayNot 1984, 88; *Demharter* Anh. zu § 3 Rn. 39). Allerdings kann durch die Eintragung als Inhalt des Sondereigentums eine Verdinglichung dahin gehend erreicht werden, dass Sonderrechtsnachfolger des verfügenden Wohnungseigentümers gem. § 10 Abs. 3 WEG gebunden sind und sich bei Verstoß ggf. Haftungsfolgen aussetzen (*Müller*, 4. Aufl. Rn. 114; **a.A.** Bärmann/*Suilmann* Rn. 14). S. dazu Rdn. 91. Die Vereinbarung eines Zustimmungserfordernisses nur für den Erwerb durch Kinderreiche oder Ausländer verstößt gegen § 138 BGB (*OLG Zweibrücken* MittBayNot 1994, 44).	48
Quotenänderung	s. Miteigentumsanteil	49
Rückauflassung	Eine vereinbarte Veräußerungsbeschränkung erfasst auch eine Rückübertragung des Eigentums infolge einer einvernehmlichen **Aufhebung** des Kaufvertrages (*BayObLG* Rpfleger 1977, 104; *Demharter* Anh. zu § 3 Rn. 36) und aufgrund der Ausübung eines vertraglich vereinbarten **Rücktrittsrechts** (*OLG Hamm* ZWE 2012, 97).	50

		Keiner Zustimmung soll eine Rückübertragung des Eigentums aufgrund **Rücktritts** (§§ 346 BGB), großen Schadensersatzes oder wegen Rechtsgrundlosigkeit des Erwerbs z.B. infolge Anfechtung (§§ 119 ff. BGB) bedürfen (*OLG Hamm* ZMR 2011, 147; Bärmann/*Suilmann* Rn. 17; *Böttcher* ZNotP 2013, 128, 137; *Müller*, 4. Aufl. Rn. 117; *Sohn* PiG 12, 62; Staudinger/*Kreuzer* [2018] Rn. 19; Weitnauer/*Lüke* Rn. 2). Dem kann nicht gefolgt werden, da es nicht darauf ankommen kann, ob die Rückabwicklung auf einer gesetzlichen Vorschrift oder einer vertraglichen Rechtspflicht beruht (wie hier *KG* OLGZ 1988, 400 = Rpfleger 1988, 480; Niedenführ/*Vandenhouten* Rn. 6). Der Hinweis, dass in diesen Fällen ein Anspruch auf Erteilung der Zustimmung bestehen dürfte (*KG* Rpfleger 1988, 480; Grüneberg/*Wicke* Rn. 3; Staudinger/*Kreuzer* Rn. 19), weil die Rückübertragung die gesetzliche Folge einer Veräußerung ist, der bereits zuvor zugestimmt wurde, macht jedoch eine vereinbarte Zustimmung nicht entbehrlich. Aus Gründen der Rechtssicherheit ist formal am Zustimmungserfordernis festzuhalten, zumal die Anforderungen an einen grundbuchmäßigen Nachweis der Voraussetzungen einer Zustimmungsfreiheit unklar sind (so zu Recht *KG* Rpfleger 1988, 480; **a.A.** Staudinger/*Kreuzer* [2018] Rn. 19, der die Umstände ggf. durch eine Bestätigung des Verwalters analog § 26 Abs. 3 a.F., § 24 Abs. 6 WEG nachweisen will). Im Fall der Grundbuchberichtigung aufgrund einer unwirksamen Übertragung entfällt die Zustimmungspflicht (Niedenführ/*Vandenhouten* Rn. 14).
51	**Schenkung**	Eine nach § 12 Abs. 1 WEG im Grundbuch eingetragene Veräußerungsbeschränkung, wonach die Veräußerung des Wohnungseigentums der Zustimmung des Verwalters als Organ der GdWE bedarf, erfasst auch eine rechtsgeschäftliche Übertragung im Wege der Schenkung (*KG* ZWE 2012, 426).
52	**Sondereigentum**	Die **isolierte Übertragung** von Sondereigentum ohne einen Miteigentumsanteil bedarf nach dem Schutzzweck einer vereinbarten Zustimmung (Bärmann/*Suilmann* Rn. 17; Bauer/Schaub/*Schneider* AT E Rn. 116; *Hallmann* MittRhNotK 1985, 1, 4; Meikel/*Morvilius* Einl. C Rn. 185; *Müller*, 4. Aufl. Rn. 117; Grüneberg/*Wicke* Rn. 3; Weitnauer/*Lüke* Rn. 2; **a.A.** *OLG Celle* DNotZ 1975, 42 = Rpfleger 1974, 267; *Schöner/Stöber* Rn. 2905; Staudinger/*Kreuzer* [2018] Rn. 27). Dies gilt nicht, wenn lediglich Teile des Sondereigentums unter Wohnungseigentumsrechten desselben Eigentümers anders zugeordnet werden (*OLG Celle* MittRhNotK 1981, 196) oder – allerdings für das Grundbuchgericht kaum nachprüfbar – getauschte Teile des Sondereigentums gleich groß sind (Grüneberg/*Wicke* Rn. 3). Die Übertragung von Teilen des Sondereigentums verbunden mit Miteigentumsanteilen bedarf einer vereinbarten Zustimmung (Weitnauer/*Lüke* Rn. 2).
53	**Sondernutzungsrecht**	Die isolierte Übertragung eines Sondernutzungsrechtes kann entsprechend § 12 WEG von einer Zustimmungserklärung der übrigen Wohnungseigentümer oder eines Dritten abhängig gemacht werden (*BGH* BGHZ 73, 145 = Rpfleger 1979, 57 = ZMR 1979, 380; *Demharter* Anh. zu § 3 Rn. 84; Meikel/*Morvilius* Einl. C Rn. 124). Fehlt eine solche Regelung, ist ein Sondernutzungsrecht innerhalb der Gemeinschaft frei übertragbar (*BGH* BGHZ 73, 149). Wegen des Ausnahmecharakters einer solchen Regelung kann eine für die Übertragung des Wohnungseigentums getroffene Veräußerungsbeschränkung mangels ausdrücklicher Anordnung nicht die isolierte Übertragung eines Sondernutzungsrechts erfassen.

Tausch	Der Tausch von Einheiten soll jedenfalls dann nicht einer vereinbarten Veräußerungsbeschränkung unterfallen, wenn damit keine Änderung der Miteigentumsanteile verbunden ist (*OLG Celle* NJW 1974, 1909; *Bärmann/Suilmann* Rn. 19; **a.A.** zu Recht Niedenführ/*Vandenhouten* Rn. 6).	54
Teilungsanordnung	Die Erfüllung einer Teilungsanordnung durch Übertragung eines Wohnungseigentums ist zustimmungspflichtig (*BayObLG* Rpfleger 1982, 177; *Demharter* Anh. zu § 3 Rn. 34).	55
Testierfähigkeit	Über die Anordnung einer Veräußerungsbeschränkung gem. § 12 WEG kann keine Beschränkung der Testierfähigkeit erreicht werden (*Hallmann* MittRhNotK 1985, 1, 6; *Bärmann/Pick/Merle*, 9. Aufl. Rn. 11).	56
Umwandlung	Rechtsformwechsel nach dem UmwG stellen keine Veräußerungsfälle dar. S.a. Gesamtrechtsnachfolge.	57
Unterteilung	Die Vereinbarung eines Zustimmungserfordernisses für die Unterteilung einer Einheit analog § 8 WEG ohne gleichzeitige Veräußerung wird in Erweiterung des Anwendungsbereiches von der h.M. zugelassen (*BGH* BGHZ 49, 250 = Rpfleger 1968, 114; *OLG München* ZMR 2014, 137; *BayObLG* Rpfleger 1986, 177; *BayObLG* Rpfleger 1991, 455; Bauer/Schaub/*Schneider* AT E Rn. 118 u. 366; Bärmann/*Armbrüster* § 2 Rn. 95; *Demharter* Anh. zu § 3 Rn. 75; Meikel/*Morvilius* Einl. C Rn. 193; vgl. § 8 Rn. 69; **a.A.** Bärmann/*Suilmann* Rn. 18 u. 20 [wie hier allerdings Rn. 11]; *Hügel/Elzer* Rn. 22; *M. Müller* ZWE 2012, 22; Weitnauer/*Lüke* Rn. 3; Staudinger/*Kreuzer* [2018] Rn. 26). Soll nach der Teilungserklärung bereits die Unterteilung von Wohnungseigentum in entsprechender Anwendung von § 12 WEG der Zustimmung des Verwalters unterworfen werden, muss dies wegen des Ausnahmecharakters deutlich zum Ausdruck kommen. Verlangt die Teilungserklärung im unmittelbaren Zusammenhang mit der Zulässigkeit von Eingriffen in Geschossdecken und Wänden die schriftliche Zustimmung des Verwalters unter Erbringung der hierzu erforderlichen technischen und statischen Angaben, bezieht sich dieses Zustimmungserfordernis regelmäßig nicht auch auf die im gleichen Abschnitt geregelte Zulässigkeit der Unterteilung an sich (*OLG München* ZMR 2014, 137). Ein vereinbartes Zustimmungserfordernis gilt auch für die gleichzeitige oder **spätere Veräußerung** eines der durch die Unterteilung entstandenen Teilrechte (BGHZ 73, 150 = Rpfleger 1979, 96 = ZMR 1979, 312; Bärmann/*Suilmann* Rn. 17; *Demharter* Anh. zu § 3 Rn. 75).	58
Veräußerungsbeschränkung	s. (bestimmter) Personenkreis	59
Veräußerungsgebot	s. (bestimmter) Personenkreis	60
Veräußerungsverbot	Ein völliges Veräußerungsverbot ist unwirksam, da es dem Wesen des Wohnungseigentums widerspricht (*BayObLG* DNotZ 1961, 266).	61

62	»Verband Wohnungseigentümergemeinschaft«	Erwirbt der »Verband Wohnungseigentümergemeinschaft« als rechtsfähige GdWE zulässigerweise Wohnungseigentum in der von ihm selbst verwalteten Anlage (dazu § 1 Rdn. 115 ff.), bedarf es einer an sich vereinbarten Veräußerungszustimmung nicht, da die Wohnungseigentümergemeinschaft nicht vor sich selbst geschützt werden muss (*OLG Hamm* NJW 2010, 1464 = ZMR 2010, 216; *Schneider* Rpfleger 2007, 175, 178; ebenso Bärmann/*Suilmann* Rn. 19; **a.A.** *Hügel/Elzer* Rn. 31). Etwas anderes hat allerdings dann zu gelten, wenn der »Verband Wohnungseigentümergemeinschaft« Wohnungseigentum in einer fremden, nicht von ihm verwalteten Anlage erwirbt (dazu § 1 Rdn. 130), weil er sich insoweit wie jeder andere Fremderwerber behandeln lassen muss (*Schneider* Rpfleger 2008, 291).
63	**Vereinigung**	Die Vereinigung mehrerer Wohnungs- oder Teileigentumseinheiten im Rechtssinne (vgl. § 7 Rdn. 333) kann nicht von einem Zustimmungserfordernis abhängig gemacht werden. Eine solche Erweiterung des Anwendungsbereichs ist nicht zulässig, weil sie keinen Veräußerungsfall betrifft (*KG* WE 1990, 22; Niedenführ/*Vandenhouten* Rn. 7; Grüneberg/*Wicke* Rn. 4; **a.A.** Köhler/Bassenge/*Fritsch*, 2. Aufl. Teil 17 Rn. 19; unklar *OLG München* ZMR 2014, 137).
64	**Verkauf**	Ob die »Veräußerung« entgeltlich oder unentgeltlich erfolgt, spielt solange keine Rolle, wie der Zustimmungsvorbehalt nicht ausdrücklich an einen »Verkauf« anknüpft (*KG* NZM 2015, 56 = Rpfleger 2014, 495; *KG* ZWE 2012, 426). Beschränkt die Gemeinschaftsordnung das Zustimmungserfordernis ausdrücklich auf einen »Verkauf«, so bedarf die Eintragung des Eigentumsübergangs aufgrund eines Schenkungsvertrages nicht des Nachweises der Zustimmung der anderen Wohnungseigentümer (*KG* ZMR 2011, 399).
65	**Vermächtnis**	Die Erfüllung eines Vermächtnisses durch Übertragung eines Wohnungseigentums ist zustimmungspflichtig (*BayObLG* Rpfleger 1982, 177; *Demharter* Anh. zu § 3 Rn. 34).
66	**Vermietung**	Zur Vereinbarung einer Vermietungsbeschränkung s. Rdn. 92.
67	**(»Freiwillige«) Versteigerung**	Auch im Fall einer freiwilligen Versteigerung gem. §§ 19, 53 ff. WEG a.F. galt mangels einer anderslautenden Regelung eine vereinbarte Veräußerungsbeschränkung (*Demharter* Anh. zu § 3 Rn. 36). §§ 53 ff. WEG sind mit der Novelle 2007 (BGBl. I, 370) aufgehoben worden. S.a. *Entziehung* des Wohnungseigentums.
68	**Verwandte**	§ 12 WEG erfasst mangels anderslautender Regelung grds. auch Veräußerungsgeschäfte mit (nahen) Verwandten (vgl. *OLG München* NJW 2007, 1536). Ist als Inhalt des Sondereigentums vereinbart, dass ein Eigentümer zur Veräußerung der Zustimmung des Verwalters bedarf, sofern nicht an näher bezeichnete Verwandte (vgl. *LG Duisburg* ZMR 2007, 145) veräußert wird, so erfasst diese Privilegierung nicht eine Gesellschaft bürgerlichen Rechts, deren Mitglieder derzeit alle privilegiert wären (*KG* ZWE 2012, 41; *OLG München* NJW 2007, 1536 = Rpfleger 2007, 541; insoweit mißverständlich *OLG Hamburg* ZMR 2024, 223, wo die Zustimmungsfreiheit auf die vorliegende Gesamtveräußerung zurückzuführen war).

Vorkaufsrecht	Die Ausübung eines Vorkaufsrechts durch den Mieter fällt unter eine vereinbarte Veräußerungsbeschränkung (Bauer/Schaub/*Schneider* AT E Rn. 116; Erman/*Grziwotz* Rn. 8; *Nies* NZM 1998, 179). Im Fall des Zusammentreffens eines Mietervorkaufsrechtes gem. § 577 BGB und einer Veräußerungszustimmung gem. § 12 WEG kann der Mieter die Vorkaufsrechtsausübung bereits vor Erteilung der Zustimmung zum Erstverkauf erklären. In diesem Fall bedarf nur der Vorkaufsfall der Zustimmung nach § 12 WEG; eine Zustimmung zum Erstkaufvertrag ist nicht mehr erforderlich. Die Ausübungsfrist des § 469 Abs. 2 BGB für den vorkaufsberechtigten Mieter beginnt allerdings erst mit Eintritt der Wirksamkeit des Erstkaufes zu laufen (ausführlich *Langhein* FS Wolfsteiner [2008], S. 109 ff.). Vereinbarung eines Vorkaufsrechts i.S.d. § 12 WEG ist dagegen unzulässig. Die Vereinbarung rein schuldrechtlich wirkender Vorkaufsrechte im Rahmen der Gemeinschaftsordnung bleibt nach hier vertretener Auffassung unbenommen (Weitnauer/*Lüke* Rn. 17; vgl. auch § 7 Rdn. 150).	69
Vormerkung	Die Eintragung einer Erwerbsvormerkung stellt keine Veräußerung dar und ist deshalb nicht zustimmungsbedürftig (*OLG Hamm* ZWE 2012, 97; *BayObLG* BayObLGZ 1964, 237 = Rpfleger 1964, 374 m. zust. Anm. *Riedel*).	70
Weiterveräußerung	Eine vereinbarte Zustimmungspflicht soll bei der Weiterveräußerung (nicht Erstveräußerung!) dann nicht gelten, wenn der Veräußerer sein Eigentum nicht in erster Linie zu dem Zweck erworben hat, um eine materielle Rechtsstellung aus dem Wohnungs- oder Teileigentum zu erlangen (z.B. bei Weiterveräußerung eines im Teileigentum stehenden Traforaumes vom Verwalter an die Gemeinde zum Zwecke der öffentlichen Stromversorgung; *BayObLG* Rpfleger 1983, 350). Im Ergebnis würde diese Ansicht dazu führen, dass vom Grundbuchgericht im Rahmen des § 12 WEG der **Zweck einer Veräußerung** zu prüfen wäre. Das widerspricht dem grundbuchrechtlichen Bestimmtheitsgrundsatz (abl. auch *Sauren* Rpfleger 1983, 350; *Böttcher* Rpfleger 1985, 1, 6; Bärmann/*Suilmann* Rn. 16). Auch eine Weiterveräußerung nach erfolgter Rückabwicklung oder Rückübertragung aufgrund der Erstveräußerung ist zustimmungsbedürftig (*KG* Rpfleger 1988, 480; Bärmann/*Suilmann* Rn. 17). Macht die Teilungserklärung die Veräußerung des Wohnungseigentums von der Zustimmung des Verwalters mit Ausnahme der Erstveräußerung abhängig, ist diese Ausnahme »verbraucht«, wenn die teilende Eigentümerin eine Gesellschaft bürgerlichen Rechts ist und die entstandenen Wohnungseigentumsrechte auf ihre Gesellschafter übertragen werden. Die weitere Veräußerung von einem Gesellschafter auf einen Dritten ist danach zustimmungspflichtig (*KG* NZM 2015, 56 = Rpfleger 2014, 495).	71
Werdender Wohnungseigentümer	s. Rdn. 13.	72
Wohnungsrecht	s. Belastungsbeschränkung	73

74	**Zwangsvollstreckung**	Soweit nichts anderes bestimmt ist, gilt eine vereinbarte Veräußerungsbeschränkung auch für eine Veräußerung im Wege der Zwangsvollstreckung (§ 12 Abs. 3 S. 2 WEG). Mangels anderslautender Regelung erfasst die vereinbarte Veräußerungsbeschränkung – genauso wie umgekehrt eine mögliche Befreiung für eine »Veräußerung im Wege der Zwangsvollstreckung« – auch die Versteigerung in den Verfahren nach §§ 172, 175, 180 ZVG (Bärmann/*Suilmann* Rn. 7). Das Gleiche muss nach der WEG-Novelle 2007 auch für ein Entziehungsverfahren gem. § 17 WEG gelten, das jetzt nach den ZVG-Bestimmungen abzuwickeln ist (*Schneider* NZM 2014, 498); vgl. *Entziehung.* Eine notwendige Zustimmungserklärung muss allerdings erst bei der Zuschlagserteilung und nicht schon bei der Anordnung des Verfahrens vorliegen (*LG Berlin* Rpfleger 1976, 149; s. Rdn. 144, 126).

D. Änderung und Aufhebung der Veräußerungsbeschränkung

I. Änderung der Veräußerungsbeschränkung

75 Jede **Änderung** einer eingetragenen Veräußerungsbeschränkung gem. § 12 WEG durch Reduzierung bestehender Ausnahmetatbestände bedarf einer entsprechenden **Vereinbarung** der Wohnungs- und Teileigentümer und der Grundbucheintragung. Eine solche Veränderung kann die Zustimmung dinglich Berechtigter zur Eintragung erforderlich machen, weil dadurch der Anwendungsbereich der Veräußerungsbeschränkung gegenständlich oder umfänglich erweitert wird. Zum Kreis der Zustimmungsberechtigten s. insoweit Rdn. 8. Umgekehrt bedeutet eine Reduzierung der Veräußerungsbeschränkung z.B. durch Einführung von (weiteren) Ausnahmetatbeständen oder durch gegenständliche Beschränkung auf bestimmte Einheiten (vgl. § 12 Rdn. 9 f.) eine teilweise Aufhebung der vereinbarten Veräußerungsbeschränkung. Dazu s. Rdn. 88.

II. Aufhebung der Veräußerungsbeschränkung

1. Grundsatz

76 Auch die **Aufhebung** einer Veräußerungsbeschränkung gem. § 12 WEG konnte wie ihre Begründung nur **durch Vereinbarung** erfolgen. Dabei entfaltet die Aufhebung des Zustimmungserfordernisses wie jede andere Vereinbarung zwischen den Wohnungseigentümern bereits mit Abschluss der Vereinbarung Wirkung, da insoweit der gesetzliche Regelzustand des § 137 BGB wiederhergestellt wird (MüKo/*Krafka* Rn. 13).

77 Verfahrensrechtlich wird die Löschung der Veräußerungsbeschränkung durch eine Bewilligung aller Wohnungseigentümer (§ 19 GBO) in der Form des § 29 Abs. 1 S. 1 GBO bewirkt (*OLG München* ZWE 2011, 418). Zur erleichterten Aufhebungsmöglichkeit seit dem 01.07.2007 s. Rdn. 79 ff.; zur Zustimmung Drittberechtigter s. Rdn. 90.

2. Aufhebung der Veräußerungsbeschränkung durch Mehrheitsbeschluss

a) Aufhebung der Veräußerungsbeschränkung durch Mehrheitsbeschluss vor dem 01.07.2007 (Gesetz zur Änderung des Wohnungseigentumsgesetzes und anderer Gesetze v. 26.03.2007 – BGBl. I, S. 370)

78 Eine **Aufhebung durch Beschluss** war vor dem 01.07.2007 nicht möglich; sie wäre mangels entsprechender Beschlusskompetenz nichtig. Ist insbesondere vor der sog. Jahrhundertentscheidung des *BGH* v. 20.09.2000 (BGHZ 145, 158 = Rpfleger 2001, 19 = ZMR 2000, 771) gleichwohl aufgrund eines Aufhebungsbeschlusses die Löschung der Veräußerungsbeschränkung im Grundbuch vorgenommen worden, ist ein solcher vereinbarungsändernder Beschluss nichtig. Die mit der Novelle 2007 (BGBl. I, 370) eingeführte erleichterte Aufhebungsmöglichkeit durch Mehrheitsbeschluss (s. sogleich Rdn. 79 ff.) vermag an dieser Rechtslage nichts zu ändern; insbesondere kann die Nichtigkeit der seinerzeitigen Beschlussfassung durch die Gesetzesänderung nicht rückwirkend beseitigt werden. Der Vertrauensschutz gebietet es allerdings, die Nichtigkeit des Eigentümerbeschlusses nicht

ex tunc, sondern ex nunc eingreifen zu lassen mit der Folge, dass die Zustimmung nur bei zukünftigen Veräußerungen wieder einzuholen ist (Köhler/Bassenge/*Fritsch*, 1. Aufl., Teil 20 Rn. 12; *Wenzel* ZWE 2001, 226, 229). In der Zwischenzeit erfolgte Übertragungen ohne Veräußerungszustimmung sind jedoch noch nicht abgeschlossen. Sollte aufgrund der unvollständigen Buchlage insoweit ein gutgläubiger (Dritt-) Erwerb stattgefunden haben, könnte eine Wiedereintragung der gelöschten Veräußerungsbeschränkung in die Grundbücher jedenfalls nicht ohne erneute Eintragungsbewilligungen vorgenommen werden. Unbenommen bleibt den Wohnungseigentümern, einen nunmehr rechtswirksamen »Zweitbeschluss« zur Aufhebung der Veräußerungsbeschränkung zu fassen.

b) Aufhebung der Veräußerungsbeschränkung durch Mehrheitsbeschluss seit dem 01.07.2007 (Gesetz zur Änderung des Wohnungseigentumsgesetzes und anderer Gesetze v. 26.03.2007 – BGBl. I, S. 370)

Mit der Gesetzesänderung zum 01.07.2007 hat der Gesetzgeber denjenigen Stimmen, die eine voll- 79
ständige Abschaffung des § 12 WEG forderten (*Böttcher/Hintzen* ZfIR 2003, 450; *Röll* Rpfleger 2003, 277, 279) bewusst eine Absage erteilt. Wenngleich die Vereinbarung einer Veräußerungsbeschränkung in der Praxis regelmäßig ein wenig effektives Instrument zur Verhinderung des Eindringens unliebsamer Mitglieder in die Gemeinschaft darstellt und mit der Erteilung der Zustimmung in der Form des § 29 GBO erheblicher Zeit- und Kostenaufwand verbunden sein kann (vgl. Entwurf eines Gesetzes zur Änderung des Wohnungseigentumsgesetzes und anderer Gesetze v. 09.03.2006 – BT-Drs. 16/887, S. 21), will der Gesetzgeber es letztlich den Wohnungseigentümern überlassen, ob eine entsprechende Regelung in der Teilungserklärung entfallen soll (vgl. *Abramenko* § 3 Rn. 2). Die durch Abs. 4 Satz 1 nunmehr begründete **Beschlusskompetenz zur Aufhebung einer vereinbarten Veräußerungsbeschränkung** erfasst demgemäß nicht nur zukünftige, sondern auch **bestehende Eigentümergemeinschaften** (vgl. *OLG Hamm* ZMR 2009, 219; vgl. auch den Entwurf eines Gesetzes zur Änderung des Wohnungseigentumsgesetzes und anderer Gesetze v. 09.03.2006 – BT-Drs. 16/887, S. 21). Demzufolge kann eine in der Gemeinschaftsordnung vereinbarte Regelung, wonach Beschlüsse in der Eigentümerversammlung nur einstimmig gefasst werden können, im Anwendungsbereich des § 12 Abs. 4 WEG nicht gelten (*OLG Hamm* ZMR 2009, 219). Bei **Mehrhausanlagen** steht die Beschlusskompetenz zur Aufhebung der Veräußerungsbeschränkung nicht der Untergemeinschaft, sondern allein der Eigentümerversammlung der Gesamtgemeinschaft zu (*OLG Hamm* ZWE 2012, 489). Zur Verhinderung einer anderslautenden einseitigen Bestimmung durch den teilenden Eigentümer stellte Abs. 4 Satz 2 a.F. zunächst noch sicher, dass die mehrheitliche Aufhebungsbefugnis nicht durch abweichende Vereinbarungen zuungunsten der Mehrheit der Wohnungseigentümer eingeschränkt oder ausgeschlossen werden konnte. Diese Regelung ist durch das WEMoG ersatzlos aufgehoben worden. Die Wirksamkeit bisheriger Vereinbarungen beurteilt sich nach § 47 WEG. Danach müsste sich ein anderslautender Vorrangwille aus der Vereinbarung selbst ergeben (§ 47 S. 1 WEG), was in der Regel aber nicht anzunehmen ist (§ 47 S. 2 WEG). Im Übrigen bleiben nach § 12 Abs. 4 S. 2 WEG a.F. unwirksame Altvereinbarungen unwirksam und leben auch nach Aufhebung des § 12 Abs. 4 S. 2 WEG a.F. nicht wieder auf (*Falkner* ZWE 2021, 149, 151; *Lehmann-Richter/Wobst* Rn. 2046; *Riecke* ZWE 2023, 350, 351).

Der Wegfall der bisher insoweit mehrheitsfesten Ausgestaltung der Gemeinschaftsordnung kann 80
jedoch für **Altgemeinschaften** mit besonderem Gestaltungsbedarf (wie z.B. bei sog. Familienanlagen, im Betreuten Wohnen, bei Ferienimmobilien und Mehrhausanlagen) mit erheblichen Problemen verbunden sein (*Hügel*/Elzer Das neue WEG-Recht § 4 Rn. 9 ff.). Hat man in der Vergangenheit § 12 WEG nämlich nicht nur an der Person des Erwerbers, sondern auch an einer bestimmten Nutzungskonzeption der Gesamtanlage durch Übernahme anlagentypischer Verpflichtungen ausgerichtet, kann die mehrheitliche Abschaffung zu einer Beeinträchtigung der Nutzungsmöglichkeiten einzelner Wohnungseigentümer führen. In diesen Fällen könnte allenfalls eine Anfechtung der Mehrheitsentscheidung eine Überprüfung gewährleisten, ob die Beseitigung der Veräußerungsbeschränkung im Hinblick auf die spezifischen Belange der betreffenden Anlage noch ordnungsmäßiger Verwaltung entspricht (*Abramenko* § 3 Rn. 3).

81 Zur Aufhebung einer vereinbarten Veräußerungsbeschränkung genügt nach dem ausdrücklichen Willen des Gesetzgebers – anders als für die früheren doppelt-qualifizierten Beschlüsse nach § 16 Abs. 4 WEG a.F. und § 22 Abs. 2 WEG a.F. – die einfache Mehrheit der Stimmen in der Eigentümerversammlung. Insoweit finden die allgemeinen Grundsätze für die Ermittlung der **Stimmenmehrheit** Anwendung (vgl. § 25 WEG). Danach kann in einer Wohnungseigentümergemeinschaft auch abweichend von dem gesetzlichen Kopfprinzip das Objekt- oder Wertprinzip vereinbart worden sein (vgl. im Einzelnen bei § 25). Für die Beschlussfassung zur Aufhebung der Veräußerungsbeschränkung galten dann die für die betreffende Gemeinschaft ggf. abweichend vereinbarten Stimmrechtsverhältnisse (*LG Frankfurt*/O. ZWE 2015, 369; *LG Dresden* ZMR 2011, 318; Bärmann/*Suilmann* 14. Aufl. Rn. 52; *Böttcher* Rpfleger 2009, 181, 192; *Derleder* ZWE 2008, 253, 256; *Fabis* RNotZ 2007, 369, 375; *Greiner* ZWE 2011, 118, 120; *Hügel* NotBZ 2008, 169, 174; *Hügel*/Elzer Rn. 80; *Rapp* DNotZ 2009, 335, 347; *F. Schmidt* NotBZ 2008, 318, 319; *Wenzel* ZWE 2008, 69, 74). Entgegen einer anderslautenden Auffassung enthielt Abs. 4 Satz 2 a.F. nämlich kein Verbot der Abdingbarkeit der Stimmrechtsverhältnisse für den Aufhebungsfall (so aber *Drasdo* RNotZ 2007, 264, 265, der bei einem Verstoß gegen das Kopfprinzip Nichtigkeit annahm; ebenso *Häublein* FS Bub 2007, 113 und ihm folgend *Deckert* ZMR 2008, 585, 590; *Merle* ZWE 2009, 15, 18). Die Bestimmung sollte lediglich sicherstellen, dass die Kompetenz zur mehrheitlichen Aufhebung nicht eingeschränkt oder aufgehoben wird; vereinbarte Stimmrechtsvarianten waren dadurch aber nicht ausgeschlossen, weil eine Beschränkung der Stimmkraft damit nicht verbunden sein sollte. Der *BGH* hat bisher zum früheren Recht über die Abbedingung des Kopfprinzips im Rahmen einer Verwalterbestellung bzw. -abberufung entschieden und die hier relevante Frage dort noch ausdrücklich offen gelassen (*BGH* BGHZ 191, 245 = NJW 2012, 921 = ZfIR 2012, 247 = ZMR 2012, 282 = ZWE 2012, 80). Zum Ganzen s. ausf. *DNotI-Gutachten* DNotI-Report 2013, 105. Die Abdingbarkeit des Kopfprinzips ist inzwischen allerdings auch für die vergleichbare Problematik bei der Änderung von Kostenverteilungsschlüsseln gem. § 16 Abs. 3 WEG a.F. anerkannt (*BGH* NJW 2015, 3371 = Rpfleger 2015, 690 = ZfIR 2015, 770 = ZMR 2015, 876 = ZWE 2015, 410). Durch den ersatzlosen Wegfall von § 12 Abs. 4 S. 2 WEG a.F. hat diese Frage im aktuellen Recht ihre Erledigung gefunden.

82 Der Aufhebungsbeschluss i.S.d. Abs. 4 Satz 1 bedarf zu seiner **Wirksamkeit** nicht der Grundbucheintragung (*Hügel*/*Elzer* Rn. 82). Er wird vielmehr mit seiner Verkündung wirksam (vgl. *BGH* BGHZ 148, 335 = ZMR 2001, 809 = NZM 2001, 961 = NJW 2001, 3339; *OLG Düsseldorf* ZMR 2002, 614; *KG* ZMR 2002, 697; *BayObLG* ZMR 2005, 462). Es kommt also weder auf die Eintragung des Aufhebungsbeschlusses in der Beschluss-Sammlung (§ 24 Abs. 7 WEG) noch auf die Wiedergabe in der Versammlungsniederschrift (§ 24 Abs. 6 WEG) an. Auch ein Anfechtungsverfahren hindert die Wirksamkeit des Beschlusses nicht, da dieser nach § 23 Abs. 4 S. 2 WEG bis zu seiner rechtskräftigen Aufhebung durch ein Urteil wirksam ist (*OLG München* ZWE 2014, 267; *Drasdo* RNotZ 2007, 264, 265).

83 Die anschließende Grundbucheintragung der Aufhebung einer Veräußerungsbeschränkung stellt sich somit als **Grundbuchberichtigung** dar. Eine solche Grundbuchberichtigung durch Eintragung eines Beschlusses der Wohnungseigentümer musste – entgegen den anderslautenden Vorstellungen des Gesetzgebers im Rahmen des § 10 Abs. 4 WEG a.F. – für § 12 WEG durch ausdrückliche Bestimmung in Abs. 4 Satz 2 zugelassen werden. Die – deklaratorische – Eintragung einer außerhalb des Grundbuchs erfolgten Aufhebung der Veräußerungsbeschränkung vollzieht sich alsdann gem. § 22 GBO (*OLG Hamm* ZWE 2014, 489; *OLG München* ZWE 2011, 418). Einer Bewilligung gem. § 19 GBO bedarf es hierfür regelmäßig nicht (so ausdr. noch Abs. 4 Satz 4 a.F.); sie dürfte in der Praxis auch kaum zu realisieren sein. Der erforderliche **Unrichtigkeitsnachweis** bedarf an sich der Vorlage öffentlicher oder zumindest öffentlich beglaubigter Unterlagen. Gem. Abs. 4 Satz 3 kann der Nachweis jedoch formgerecht durch Vorlage einer Niederschrift über den Aufhebungsbeschluss in entsprechender Anwendung des § 7 Abs. 2 WEG geführt werden. Dazu müssen die Unterschriften des Vorsitzenden der Eigentümerversammlung sowie eines Wohnungseigentümers und – bei Bestellung eines Verwaltungsbeirates – auch von dessen Vorsitzendem oder seinem Stellvertreter öffentlich beglaubigt sein (§ 24 Abs. 6 WEG). Der vor dem Inkrafttreten des WEMoG noch mög-

liche Nachweis der Unrichtigkeit durch einen Auszug aus der Beschluss-Sammlung ist jetzt nicht mehr möglich (dazu ausf. *Schneider* ZfIR 2023, 568). Wegen einer Zustimmung im Umlaufverfahren s. Rdn. 130 f.

Da § 12 Abs. 4 WEG für den Nachweis der Grundbuchunrichtigkeit nicht die Bestandskraft des Aufhebungsbeschlusses voraussetzt (s. Rdn. 82), können sich Konstellationen ergeben, bei denen ein Beschluss über die Aufhebung der Veräußerungsbeschränkung erfolgreich angefochten wird, nachdem bereits die grundbuchmäßige Löschung vollzogen ist. In diesem Fall sind in der Zwischenzeit erfolgte Eigentumsumschreibungen ohne Veräußerungszustimmung voll wirksam, da der Erwerber gutgläubig Eigentum erwirbt (*Abramenko* § 3 Rn. 6; Bärmann/*Suilmann* Rn. 73; Staudinger/*Gursky* [2013] § 892 Rn. 262; *Wilsch* NotBZ 2007, 305, 309; **a.A.** *Drasdo* RNotZ 2007, 264, 267, der unzutr. von einer schwebenden Unwirksamkeit ausgeht). Der anfechtende Wohnungseigentümer kann somit für die Dauer des Verfahrens gem. § 43 Abs. 2 Nr. 4 WEG das Eindringen unerwünschter Personen in die Gemeinschaft durch die Anfechtung allein nicht verhindern. Hierzu bedürfte es vielmehr der Eintragung eines Widerspruchs im Wege der Einstweiligen Verfügung nach § 899 Abs. 2 BGB (*Abramenko* § 3 Rn. 6; Bärmann/*Suilmann* Rn. 73). 84

Da die bestehende Grundbuchunrichtigkeit nur auf Antrag (§ 13 GBO) beseitigt werden kann (eine Amtslöschung ist nicht möglich; zutr. *Wilsch* NotBZ 2007, 305, 306 und Bärmann/*Suilmann* Rn. 76), sind weiterhin Fälle denkbar, bei denen zwar die Aufhebung der Veräußerungsbeschränkung materiellrechtlich erfolgt ist, der grundbuchmäßige Vollzug insoweit aber noch aussteht. Wird sodann der formgerechte Nachweis über den Wegfall der Veräußerungsbeschränkung gem. § 12 Abs. 4 WEG geführt, könnte eine anstehende Eigentumsumschreibung auch ohne gleichzeitige Löschung der Veräußerungsbeschränkung erfolgen (*Drasdo* RNotZ 2007, 264, 266). **Von einem solchen Verfahren kann aber nur abgeraten werden** (ebenso Bärmann/*Wenzel* 12. Aufl. Rn. 56). Ein Erwerber ist nämlich nur im Fall der Löschung der Veräußerungsbeschränkung im Grundbuch vor den Wirkungen einer stattgebenden Anfechtung geschützt (s. Rdn. 84). Da es keinen Schutz des guten Glaubens an die wirksame Aufhebung der noch im Grundbuch verlautbarten Veräußerungsbeschränkung gibt und ihre Wirkungen bei einer erfolgreichen Anfechtung ex tunc wieder zu beachten sind (vgl. *BGH* BGHZ 106, 113 = NJW 1989, 1087 = Rpfleger 1989, 150; *BayObLG* ZMR 2004, 711; *BayObLG* ZMR 2002, 850; *BayObLG* Rpfleger 1976, 364), kann einem Erwerber zur Vermeidung einer u.U. erst viel später erkennbaren schwebenden Unwirksamkeit seiner Eigentumsumschreibung nur geraten werden, vor seiner Eintragung in das Grundbuch auf eine Löschung der noch eingetragenen, aber vermeintlich aufgehobenen Veräußerungsbeschränkung hinzuwirken oder sich den Nachweis der Bestandskraft des Aufhebungsbeschlusses führen zu lassen. An dieser Stelle dürfte den Notaren in der Praxis bei Erkennbarwerden eines noch nicht im Grundbuch vollzogenen Aufhebungsbeschlusses eine besondere Hinweis- und Betreuungspflicht obliegen. 85

Für die Eintragung der Löschung im Grundbuchverfahren ist jeder Wohnungseigentümer als Miteigentümer antragsberechtigt (vgl. Bauer/v. Oefele/*Wilke*, 3. Aufl., § 13 Rn. 29; *Hügel/Elzer* Rn. 84; s.a. *Wilsch* NotBZ 2007, 305, 308; **a.A.** noch *Drasdo* RNotZ 2007, 264, 266 zum seinerzeitigen Recht, der das grundbuchverfahrensrechtliche Antragsrecht als Annex zur mehrheitlichen Aufhebungskompetenz der Wohnungseigentümer begreifen wollte und dabei zu Unrecht auf die individuellen Möglichkeiten zur Nachweisführung abstellte); die Löschung betrifft nämlich keine Verwaltungsangelegenheit des rechtsfähigen Verbandes, sondern das sachenrechtliche Grundverhältnis der Wohnungseigentümer. Allerdings reicht die **Antragsberechtigung** eines Wohnungseigentümers nur so weit, als auch seine Sondereigentumseinheiten betroffen sind. Da eine Begünstigung durch die Aufhebung der Veräußerungsbeschränkung an fremden Einheiten nicht ersichtlich ist, mangelt es im Übrigen an der erforderlichen Antragsberechtigung gem. § 13 Abs. 1 S. 2 GBO (*OLG München* ZWE 2014, 267; *OLG München* ZWE 2011, 418; Niedenführ/*Vandenhouten* § 12 Rn. 9; BeckOK WEG/*Hogenschurz* § 12 Rn. 94; *Wilsch* NotBZ 2007, 305, 308). Dies konnte in derselben Anlage hinsichtlich § 12 WEG zu beschränkt veräußerlichen und unbeschränkt veräußerlichen Einheiten führen. Dagegen bestehen jedoch keine Bedenken, weil das Zustimmungserfordernis auch von Anfang an auf einzelne, näher bestimmte Einheiten beschränkt werden könnte (vgl. Rdn. 9 u. 86

Rdn. 88; so jetzt auch *Wilsch* NotBZ 2007, 305, 308 und Bärmann/*Suilmann* Rn. 77). Zu Recht weist *Drasdo* allerdings auf die mit einer verzögerten Löschung möglicherweise verbundenen Schwierigkeiten im Zusammenhang mit den erforderlichen Unterschriftsbeglaubigungen hin (a.a.O.), sodass in der Praxis der Aufhebungsbeschluss zweckmäßigerweise mit einer entsprechenden Bevollmächtigung des Verwalters zur ordnungsgemäßen Antragstellung bei dem Grundbuchgericht hinsichtlich sämtlicher Einheiten verbunden werden sollte. Eine solche rechtsgeschäftliche Bevollmächtigung ist allerdings nach Einführung der erweiterten Antragsberechtigung in § 7 Abs. 2 S. 3 WEG zugunsten der rechtsfähigen GdWE entbehrlich geworden (*Schneider* ZfIR 2023, 568); die GdWE wird auch insoweit durch den Verwalter vertreten (§ 9b Abs. 1 S. 1 WEG).

87 Die Aufhebung der Veräußerungsbeschränkung bewirkt eine Änderung des Inhalts des Sondereigentums, deren Eintragung im Grundbuch den Gebührentatbestand der Nr. 14160 Nr. 5 KV GNotKG verwirklicht. Zu erheben ist diese **Festgebühr** für jedes betroffene Sondereigentum; betroffen im Sinne der Kostenvorschrift ist jedes Sondereigentum, bei dem das Grundbuchamt auf entsprechenden Antrag die Aufhebung der Veräußerungsbeschränkung einträgt (*OLG München* Rpfleger 2016, 58). Die Gebühr ist durch das WEMoG bei gleichzeitiger Antragstellung jetzt unabhängig von der Anzahl der betroffenen Wohnungseinheiten auf max. 100,-€ gedeckelt worden (Nr. 14160 Nr. 5 KV GNotKG), nachdem infolge der erheblichen Gebühren bei größeren Eigentümergemeinschaften von einer Antragstellung abgesehen wurde (*Schneider* ZfIR 2023, 568, 573 f. m.w.N.).

c) Teilweise Aufhebung der Veräußerungsbeschränkung durch Mehrheitsbeschluss seit dem 01.07.2007

88 Kann eine vereinbarte Veräußerungsbeschränkung insgesamt durch Mehrheitsbeschluss aufgehoben werden, so ist auch eine teilweise Beseitigung im Beschlusswege möglich (Bärmann/*Suilmann* Rn. 69; *Abramenko* § 3 Rn. 15; *Drasdo* RNotZ 2007, 264). So könnte z.B. das Zustimmungserfordernis lediglich auf bestimmte Einheiten (etwa Wohnungseigentum, nicht aber Teileigentum; zu einer solchen Möglichkeit s. grundsätzlich Rdn. 9 f.) beschränkt werden. Eine Vereinbarung ist daher insoweit nicht mehr zwingend erforderlich (zu weiteren Veränderungen s. Rdn. 75).

d) Keine beschlussweise Aufhebung der beschlossenen Aufhebung

89 Das Gesetz gewährt den Wohnungseigentümern mit § 12 Abs. 4 WEG lediglich eine Beschlusskompetenz zur Aufhebung einer bestehenden Veräußerungsbeschränkung. Eine Wiedereinführung der Veräußerungsbeschränkung kann nur durch eine entsprechende Vereinbarung aller Wohnungseigentümer erreicht werden; insoweit besteht keine Kompetenz für eine Mehrheitsregelung (*OLG München* ZMR 2014, 810 = ZWE 2014, 267; *Abramenko* § 3 Rn. 15; Bärmann/*Suilmann* Rn. 66; *Hügel/Elzer* Rn. 79). Dies gilt auch für eine Wiedereinführung durch eine Beschlussfassung im Wege eines den Erstbeschluss aufhebenden Zweitbeschlusses, zumal § 10 Abs. 3 S. 2 WEG die Eintragung von Beschlüssen in das Grundbuch untersagt (jeweils noch § 10 Abs. 4 S. 1 WEG a.F. *Drasdo* RNotZ 2007, 264, 268; *Hügel/Elzer* Rn. 79; zweifelnd *Sauren* MietRB 2005, 137).

3. Zustimmung dinglich Berechtigter

90 Für die Eintragung der Aufhebung in das Grundbuch bedarf es nicht der Mitwirkung **dinglich Berechtigter**, da sich nur die Veräußerungsbeschränkung selbst, nicht aber ihre Aufhebung, nachteilig auf das Haftungsobjekt auswirken kann (*LG Bielefeld* Rpfleger 1985, 232; *LG Düsseldorf* MittRhNotK 1983, 221; Bärmann/*Suilmann* Rn. 74; *BayObLG* Rpfleger 1989, 503 für Wohnungserbbaurechte).

E. Sonstige Vereinbarungen eines Zustimmungserfordernisses

91 Wohnungseigentümer können sich schuldrechtlich wirksam verpflichten, ihr Wohnungseigentum nur mit Zustimmung der übrigen Miteigentümer oder eines Dritten **an bestimmte Personen** zu veräußern (vgl. § 137 Satz 2 BGB). Eine solche Regelung kann durch Eintragung als Inhalt des

Sondereigentums (§ 5 Abs. 4 WEG) dahin gehend verdinglicht werden, dass Sonderrechtsnachfolger des verfügenden Wohnungseigentümers gem. § 10 Abs. 3 WEG gebunden sind und sich bei Verstoß ggf. Haftungsfolgen aussetzen (*Müller*, 4. Aufl. Rn. 114; Becker/Kümmel/*Ott* Rn. 62; **a.A.** Bärmann/*Suilmann* Rn. 14). Einer Eintragung als Inhalt des Sondereigentums kommt demzufolge nicht die Wirkung einer vom Grundbuchgericht zu beachtenden Veräußerungsbeschränkung i.S.d. § 12 WEG zu (s. Rdn. 48). Demzufolge muss eine solche Vereinbarung auch nicht ausdrücklich im Grundbuch vermerkt werden (§ 7 Abs. 3 S. 2 WEG, § 3 Abs. 2 WGV). Ein Mehrheitsbeschluss ist für eine solche Regelung allerdings nicht ausreichend (*OLG Celle* NZM 2005, 184).

Ebenso können Zustimmungserfordernisse hinsichtlich einer **Vermietung oder Verpachtung** des Wohnungseigentums schuldrechtlich vereinbart werden (*BGH* ZfIR 2021, 128 = ZMR 2021, 259; *BGH* BGHZ 37, 203 = Rpfleger 1962, 373 m. zust. Anm. *Diester; OLG Frankfurt am Main* NZM 2005, 910). Auch in diesem Fall kann durch eine Eintragung als Inhalt des Sondereigentums gem. § 5 Abs. 4 WEG eine Verdinglichung erreicht werden. Dadurch wird aber lediglich eine Bindung des Sondernachfolgers gem. § 10 Abs. 3 S. 1 WEG bewirkt. Das Fehlen einer vereinbarten Zustimmung beeinträchtigt dagegen in keiner Weise die Wirksamkeit eines abgeschlossenen Vertrages und führt auch nicht zu einer Grundbuchsperre (Erman/*Grziwotz* Rn. 1; *Müller*, 4. Aufl. Rn. 115; Weitnauer/*Lüke* § 15 Rn. 21). Für eine Anwendung des § 12 WEG fehlt es sowohl an einem Verfügungs- als auch an einem Veräußerungstatbestand (Köhler/Bassenge/*Fritsch* Teil 17 Rn. 20). Eine Grundbucheintragung des vereinbarten Zustimmungserfordernisses kann deshalb auch hier im Rahmen der allgemeinen Bezugnahme erfolgen (§ 7 Abs. 3 S. 1 WEG; § 3 Abs. 2 WGV). 92

Das vorstehend Gesagte muss auch für **andere Fälle der Gebrauchsüberlassung** gelten. Zu denken ist hier insbesondere an schuldrechtliche Vereinbarungen, die die Belastung eines Wohnungs- oder Teileigentums mit einem **Dauerwohn- oder Dauernutzungsrecht** bzw. einem **Wohnungsrecht** gem. § 1093 BGB mit dinglicher Wirkung beschränken sollen (vgl. BGHZ 37, 203 = Rpfleger 1962, 373; s. Rdn. 26 m.w.N. auch zur a.A.). Die Verdinglichung über §§ 5 Abs. 4 S. 1, 10 Abs. 3 S. 1 WEG stellt in diesen Fällen lediglich ein inhaltsbestimmendes Merkmal in den Rechtsbeziehungen der Miteigentümer dar. Sachlich handelt es sich auch hier um Gebrauchsregelungen i.S.d. §§ 18 Abs. 2, 19 WEG (früher § 15 WEG a.F.; Grüneberg/*Wicke* Rn. 1). Dadurch wird jedoch im Vereinbarungsfalle die Wirksamkeit der dinglichen Belastung mit einem der genannten Rechte durch das Grundbuchgericht nicht berührt (vgl. *LG Köln* MittRhNotK 1983, 221). Dem Grundbuchgericht gegenüber ist zum Vollzug der Eintragung kein Nachweis einer vereinbarten Zustimmung zu führen; die Verpflichtung zu einer schuldrechtlich wirkenden Belastungsbeschränkung bewirkt keine Grundbuchsperre (*Ertl* DNotZ 1979, 267, 274). Dementsprechend kann die Eintragung im Grundbuch unter Bezugnahme auf die Eintragungsbewilligung erfolgen und bedarf nicht der ausdrücklichen Erwähnung im Eintragungsvermerk (§ 7 Abs. 3 S. 1 WEG; § 3 Abs. 2 WGV). Das Gleiche gilt für eine in der Teilungserklärung enthaltene Bestimmung, dass ein Sondereigentümer zur Einräumung des **Nießbrauchs** an seiner Einheit der Zustimmung der übrigen Sondereigentümer bedarf (*BGH* BGHZ 220, 253 = ZMR 2019, 773 = ZWE 2019, 360; *OLG München* ZWE 2016, 337; *LG Augsburg* Rpfleger 1999, 125). Noch weiter gehend will Bärmann/*Suilmann* Rn. 20 auch die isolierte Übertragung eines Sondernutzungsrechts und die Unterteilung eines Wohnungseigentums lediglich solchen schuldrechtlich möglichen Zustimmungserfordernissen unterstellen (vgl. dagegen Rdn. 53 und Rdn. 58). 93

Als weiteres Beispiel eines lediglich schuldrechtlich wirkenden Zustimmungserfordernisses stellt sich die in der Praxis gebräuchliche Verknüpfung bei der Veräußerung eines Wohnungseigentums mit einem Bruchteilsanteil an einem Teileigentum (z.B. unselbstständiger Pkw-Stellplatz in einem Mehrfachparker) dar. Durch die **Koppelung der Veräußerungsvorgänge** soll ein Auseinanderfallen der »eingespielten« Zuordnungen – auch durch schlichtes Vergessen – verhindert werden. 94

Bei sonstigen Vereinbarungen eines Zustimmungserfordernisses stellt sich die Frage, ob die Zustimmung auch in diesen Fällen nur aus wichtigem Grund (analog § 12 Abs. 2 WEG) versagt werden darf (so *BayObLG* WuM 1992, 278; *Bub* WE 1989, 122, 123; **a.A.** dagegen *BayObLG* ZMR 95

2004, 133; *Armbrüster* ZWE 2004, 217; Bärmann/*Suilmann* Rn. 21). Soweit eine Beschränkung auf das Vorliegen eines wichtigen Grundes nicht ausdrücklich vereinbart worden ist (dann analoge Anwendung des § 12 Abs. 2 WEG: *BGH* ZfIR 2021, 128 = ZMR 2021, 259), kommt dem Zustimmungsberechtigten richtigerweise ein weitgehendes Ermessen zu, das seine Grenze lediglich im Verbot von Willkür und Missbrauch findet. Die Verweigerung der Zustimmung ist nur dann gerechtfertigt, wenn dies ohne jeden vernünftigen Grund erfolgt (*OLG Frankfurt/M.* NZM 2006, 144; *OLG Zweibrücken* WE 1991, 333; *BayObLG* NJW-RR 1989, 273; Bärmann/*Suilmann* Rn. 21; *Müller*, 4. Aufl. Rn. 247; Weitnauer/*Lüke* § 15 Rz. 20).

F. Zustimmungserteilung

I. Rechtswirkungen der Erteilung

96 Ist in der Gemeinschaftsordnung ein Zustimmungserfordernis der anderen Wohnungseigentümer oder eines Dritten für die Veräußerung eines Wohnungs- und Teileigentumsrechts vorgesehen, ist sowohl das schuldrechtliche als auch das dingliche Veräußerungsgeschäft gem. § 12 Abs. 3 S. 1 WEG bis zur Erteilung der Zustimmung **absolut** (nicht nur relativ) **schwebend unwirksam** (*BGH* NJW 2012, 3232 = ZMR 2012, 972; BGHZ 33, 76 = Rpfleger 1961, 192 für den vergleichbaren Fall bei einem Erbbaurecht; *OLG Hamm* Rpfleger 2001, 405 = ZMR 2001, 840; *OLG Köln* NJW-RR 1996, 1296; *BayObLG* Rpfleger 1983, 350; *Baer* ZfIR 2017, 656; Bamberger/Roth/*Hügel* Rn. 12; BeckOK/*Hogenschurz* Rn. 81; Weitnauer/*Lüke* Rn. 13). Die Wirksamkeit tritt rückwirkend mit der Erteilung der Zustimmung gem. § 184 BGB ein (*OLG München* ZWE 2016, 337; *LG Frankfurt/M.* NJW-RR 1996, 1080; Bamberger/Roth/*Hügel* Rn. 12; Erman/*Grziwotz* Rn. 7; Grüneberg/*Wicke* Rn. 14; *Schöner/Stöber* Rn. 2904; a.A. Bärmann/*Suilmann* Rn. 36; BeckOK/*Hogenschurz* Rn. 81; Weitnauer/*Lüke* Rn. 13, die unter Berufung auf den Wortlaut des Gesetzes eine Rückwirkung ablehnen). Dies gilt sowohl für den schuldrechtlichen als auch den dinglichen Vertrag; die Zustimmung erfolgt also immer einheitlich (*Froese* ZWE 2015, 392; *Hügel/Elzer* Rn. 69; *F. Schmidt* ZWE 2010, 396).

II. Anspruch auf Erteilung der Zustimmung

1. Berechtigung

97 Liegt kein wichtiger Zustimmungsversagungsgrund vor, besitzt der veräußernde Wohnungseigentümer einen Anspruch auf Erteilung der Zustimmung, der ggf. auch einklagbar ist und bei unberechtigter Verweigerung Schadensersatzansprüche auslösen kann (noch zum früheren Recht *BGH* ZfIR 2011, 615 = ZMR 2011, 813 = ZWE 2011, 321; *OLG Hamm* NJW-RR 1993, 279). Der Anspruch auf Erteilung der Zustimmung steht ausschließlich dem Veräußerer des betreffenden Wohnungs- oder Teileigentumsrechts zu, weil dieser durch die Anordnung der Zustimmungspflicht in der freien Übertragbarkeit des Wohnungseigentums beschränkt wird. Dem Erwerber steht demgegenüber kein Anspruch zu (*F. Schmidt* DWE 1998, 5, 7; Staudinger/*Kreuzer* Rn. 75; Weitnauer/*Lüke* Rn. 9). Der Anspruch richtet sich jetzt nach Inkrafttreten des WEMoG aufgrund der geänderten Binnenstrukturen der Gemeinschaft stets gegen die rechtsfähige GdWE (*BGH* NJW 2024, 2173; *BGH* ZMR 2023, 900 = ZWE 2023, 399; *Hogenschurz* ZWE 2023, 73, 74; Grüneberg/*Wicke* Rn. 13; *Skauradszun* AnwZertMietR 13/2020 Anm. 1; a.A. noch *AG Heidelberg* ZMR 2021, 523 = ZWE 2021, 269; *Hügel/Elzer* Rn. 71; *Hügel* ZMR 2023, 517); der WEG-Verwalter handelt lediglich als zuständiges Organ (vgl. auch Rdn. 106 f.). Dies gilt auch dann, wenn die Teilungserklärung mit einem vorgesehenen Zustimmungsvorbehalt des Verwalters noch aus der Zeit vor dem 01. Dezember 2020 stammt (*BGH* NJW 2024, 2173; *BGH* ZMR 2023, 900 = ZWE 2023, 399). Holt der Veräußerer allerdings **unnötigerweise** eine Zustimmungserklärung ein, hat er die dadurch veranlassten Kosten zu tragen (*KG* NJW-RR 1989, 975).

2. Mitwirkungspflichten

Gleichwohl kann der Erwerber aufgrund der eingegangenen schuldrechtlichen Verpflichtungen verlangen, dass der Veräußerer alles tut, um die erforderliche Zustimmung zu erlangen. Der Veräußerer ist also verpflichtet, dem Verwalter als Organ der GdWE die notwendigen Informationen über die persönlichen und wirtschaftlichen Verhältnisse des Erwerbers zu liefern. Dies wird dem Veräußerer wiederum in vielen Fällen nur möglich sein, wenn der Erwerber seinerseits dem bestehenden **Auskunftsanspruch** des Veräußerer zur Erteilung einer **Selbstauskunft** nachkommt, wozu der Veräußerer ihn zu veranlassen hat (*HansOLG Hamburg* ZMR 2004, 850; *HansOLG Hamburg* ZMR 2003, 866; *OLG Köln* NJW-RR 1996, 1296; *KG* ZMR 1990, 68; *BayObLG* WE 1983, 26; *AG Ansbach* ZMR 2014, 240; *Müller* WE 1998, 458; 459; *F. Schmidt* DWE 1998, 5, 8). Die Erfüllung der Informationspflicht kann zur Vorbedingung für die Erteilung der Zustimmung gemacht werden (*HansOLG Hamburg* ZMR 2004, 850; *KG* ZMR 1990, 68). Zum Umfang und den Rechtsfolgen einer fehlenden oder verweigerten Selbstauskunft s. ausführlich *F. Schmidt* (DWE 1998, 5, 12). Darüber hinaus trifft den Erwerber eine gewisse Offenbarungspflicht (dazu *F. Schmidt* DWE 1998, 5, 11). Ob zur Erfüllung der Informationspflichten der **Kaufvertrag im Ganzen vorgelegt** werden muss, ist umstritten (bejahend *Liessem* NJW 1988, 1306; verneinend *BGH* ZfIR 2021, 128 = ZMR 2021, 259; Jennißen/*Grziwotz* Rn. 30 unter Hinweis auf § 51 BeurkG; Staudinger/*Kreuzer* [2018] Rn. 74), kann sich aber aus der Auslegung der Teilungserklärung ergeben (*HansOLG Hamburg* ZMR 2004, 850). Nach Auffassung des *OLG Celle* soll gar der Zustimmungsanspruch erst fällig sein, wenn sämtliche – auch etwaige nachbeurkundeten – kaufvertraglichen Vereinbarungen der Kaufvertragsparteien offengelegt sind (*OLG Celle* ZMR 2009, 545; a.A. jetzt zu Recht *BGH* ZfIR 2021, 128 = ZMR 2021, 259). 98

Weiterhin dürfte die – sicherlich kurzfristig mögliche – Einholung einer Bonitätsauskunft über eine Kreditschutzorganisation (»**Schufa-Auskunft**«) im Normalfall nicht angemessen sein, da regelmäßig bereits durch die finanzierenden Banken im Rahmen der Kaufpreisfinanzierung entsprechende Auskünfte veranlasst werden (Erman/*Grziwotz* Rn. 2; **a.A.** erscheint angezeigt: *Drasdo* NJW-Spezial 2001, 1; Köhler/Bassenge/*Fritsch* Teil 17 Rn. 49; *F. Schmidt* DWE 1998, 5, 8). Ebenfalls zu weitgehend und unangemessen erscheint die Forderung, der Veräußerer müsse dem zustimmungsberechtigten Verwalter ein **polizeiliches Führungszeugnis** über die Person des Erwerbers vorlegen (*Gottschalg* FS Deckert 2002, 161, 166; Bärmann/*Suilmann* Rn. 31). Von einer GmbH, die Wohnungseigentum erwerben möchte, kann zumindest dann die Vorlage einer **Bilanz** gefordert werden, wenn die Gesellschaft erst vor Kurzem gegründet wurde und keine zuverlässigen Informationen über die Gesellschaft zu erlangen sind (*AG Bergheim* WuM 2013, 632). Den Verwalter trifft grundsätzlich keine Verpflichtung zur Einholung von Erkundigungen über die Person des Erwerbers (*Müller* WE 1998, 458, 459). 99

3. Pfändung

Im Fall einer Zwangsversteigerung wird der noch im Grundbuch eingetragene Eigentümer an einer Geltendmachung des Anspruchs zur Erlangung der für die Zuschlagserteilung erforderlichen Zustimmungserklärung regelmäßig kein Interesse mehr haben. Der Anspruch auf Erteilung der Zustimmung soll deshalb selbstständig zur Ausübung pfändbar sein (Staudinger/*Kreuzer* [2018] Rn. 40; Weitnauer/*Lüke* Rn. 12 S. 317; **a.A.** Bärmann/*Suilmann* Rn. 52), wenn auch nicht selbstständig abtretbar (*OLG Frankfurt am Main,* WE 1989, 172). Eine **Pfändung** des Anspruchs durch den betreibenden Gläubiger ist jedoch **entbehrlich**. Der Gläubiger kann unmittelbar, ohne vorherige Pfändung und Überweisung den Zustimmungsanspruch geltend machen (*BGH* ZWE 2014, 140). Dem die Zwangsversteigerung betreibenden Gläubiger steht ein eigenes Antragsrecht zu, weil durch die Anordnung der Zwangsversteigerung das Wohnungseigentum in seiner Gesamtheit, also mit dem Anspruch auf Zustimmungserteilung erfasst wird (Bärmann/*Suilmann* Rn. 52; Stöber/*Keller* § 15 Rn. 382; Grüneberg/*Bassenge* Rn. 15; **a.A.** Weitnauer/*Lüke* Rn. 12 S. 317). Dies entspricht der vergleichbaren Lage bei der Zwangsvollstreckung in ein Erbbaurecht (BGHZ 100, 107 = Rpfle- 100 ger 1987, 257; *Streuer* Rpfleger 1994, 59). Ein Insolvenzverwalter kann den Anspruch kraft Gesetzes geltend machen (§ 80 Abs. 1 InsO).

III. Zustimmungsberechtigte

1. Wohnungseigentümer

101 Zustimmungsberechtigt gem. § 12 Abs. 1 WEG können **alle Wohnungseigentümer** oder eine (bestimmte) **Mehrheit** von ihnen sein, mitunter auch der **Verwaltungsbeirat** (zu den Nachweisproblemen beim Verwaltungsbeirat s. Rdn. 133). Ein einzelner Wohnungseigentümer wird in der Praxis nur dann als Zustimmungsberechtigter in Betracht kommen, wenn er auch gleichzeitig als Verwalter tätig ist. Die Regelung muss wegen des im Grundbuchverfahren herrschenden Bestimmtheitsgrundsatzes eindeutig erkennen lassen, ob Zustimmungserklärungen aller oder ein ggf. qualifizierter Mehrheitsbeschluss genügen soll (Bauer/Schaub/*Schneider* AT ERn. 115; *Schöner/Stöber* Rn. 2896). Zur Auslegung, wenn – nicht dem grundbuchrechtlichen Bestimmtheitsgrundsatz entsprechend – die »Zustimmung der **Mehrheit der Hausgemeinschaft**« vereinbart ist s. *BayObLG* (MittBayNot 1987, 96 m. Anm. *Röll*). Demgegenüber kann die Formulierung »Die Weiterveräußerung **kann** von der Zustimmung der Hausgemeinschaft **abhängig gemacht werden**« dahin gehend auszulegen sein, dass das Zustimmungserfordernis erst noch durch Mehrheitsbeschluss der Wohnungseigentümer begründet werden muss (*LG Koblenz* NJOZ 2003, 1017). Ist die Veräußerung allgemein von der »**Zustimmung der anderen Wohnungseigentümer**« abhängig gemacht, so waren darunter im Zweifel sämtliche anderen Wohnungseigentümer zu verstehen, weil die Formulierung keine Zulassung des Mehrheitsprinzips erkennen ließ (*Sohn* Die Veräußerungsbeschränkung, S. 23; *Hügel/Elzer* Rn. 36; Grüneberg/*Wicke* Rn. 6; Staudinger/*Kreuzer* [2018] Rn. 34 **a.A.** Bärmann/*Suilmann* Rn. 24; Weitnauer/*Lüke* Rn. 5 S. 310, die im Zweifel die für Mehrheitsbeschlüsse der Wohnungseigentümerversammlung erforderliche Mehrheit ausreichen lassen wollten). Zur geänderten Rechtslage seit dem 01.12.2020 s. jetzt *BGH* NJW 2024, 2173. Stimmte in einem solchen Fall der Verwalter (als verdeckter Vertreter der Wohnungseigentümer; vgl. *BGH* BGHZ 112, 240 = ZMR 1991, 61) einer Veräußerung zu, war gleichwohl der Nachweis einer entsprechenden Bevollmächtigung durch jeden Wohnungseigentümer in grundbuchmäßiger Form zu erbringen. Demgegenüber ist die Bestimmung einer Teilungserklärung, dass zur Veräußerung eines Wohnungseigentums die Zustimmung der »**Mehrheit der übrigen Wohnungseigentümer**« erforderlich ist, schon seit jeher dahin auszulegen, dass als zustimmungsberechtigt die Eigentümerversammlung bezeichnet wird, die darüber im Rahmen ordnungsgemäßer Verwaltung mit der dafür in der Gemeinschaftsordnung vorgesehenen Mehrheit zu entscheiden hat (*OLG Hamm* Rpfleger 2016, 94 = ZMR 2016, 54). Diese Grundsätze dürften sich nach der geänderten Binnenstruktur der Wohnungseigentümergemeinschaft angesichts der jetzt der GdWE zugewiesenen Zustimmungsbefugnis auf Zustimmungserklärungen bis zum 30. November 2020 und verwalterlose Gemeinschaften beschränken (vgl. auch Rdn. 106 f.).

102 War insbesondere in kleineren Eigentümergemeinschaften die Wirksamkeit der Veräußerung von der »**Zustimmung aller übrigen Miteigentümer**« abhängig gemacht und ist diese auch nicht für den Fall der Zwangsversteigerung ausgenommen worden (vgl. Rdn. 74), so musste zum Eigentumserwerb durch Zuschlagserteilung (vgl. Rdn. 126) selbst dann die Zustimmung sämtlicher anderen Wohnungseigentümer und sogar des Vollstreckungsschuldners vorliegen, wenn dieser zugleich noch Alleineigentümer oder Miteigentümer weiterer Einheiten in derselben Anlage sein sollte. Dabei war unerheblich, ob wegen der übrigen Beteiligungen möglicherweise ebenfalls Verfahren zur Zwangsversteigerung angeordnet waren. Anders als im Fall rechtsgeschäftlicher Veräußerungen fehlte es bei dieser Konstellation an einer Veräußerungserklärung des Schuldner-Eigentümers, in der man sonst zutreffenderweise eine notwendige Zustimmungserklärung erblicken könnte, soweit er auch noch als Eigentümer weiterer Einheiten zustimmungspflichtig war. Dieses Problem dürfte sich infolge der geänderten Sichtweise zur Zustimmungsbefugnis ebenfalls auf Konstellationen bis zum 30. November 2020 und verwalterlose Gemeinschaften beschränken (vgl. Rdn. 106 f.).

Ist als Inhalt des Sondereigentums vereinbart, dass ein Wohnungseigentümer zur Veräußerung der Zustimmung anderer Wohnungseigentümer bedarf, steht die **Zustimmungsbefugnis** dem **jeweiligen Wohnungseigentümer** zu. Bei einem rechtsgeschäftlichen Eigentumswechsel vor Eingang des Umschreibungsantrags beim Grundbuchgericht soll eine vom Rechtsvorgänger des jeweiligen anderen Wohnungseigentümers erteilte Zustimmung wirkungslos sein (*OLG Celle* NZM 2005, 260; ebenso *OLG Düsseldorf* Rpfleger 1996, 340 für ein nach § 5 ErbbauVO vereinbartes Zustimmungserfordernis, wenn der Eigentumswechsel vor dem Eingang des Umschreibungsantrages bei dem Grundbuchgericht erfolgt; so noch MüKo/*Schramm* § 183 Rn. 6; Staudinger/*Gursky* [2004] § 183 Rn. 28). Erforderlich soll stattdessen die Zustimmung desjenigen sein, der bei Vornahme des Hauptgeschäftes Inhaber der durch das Zustimmungserfordernis geschützten Rechtsposition ist (so noch MüKo/*Schramm* § 183 Rn. 6; Staudinger/*Gursky* [2004] § 183 Rn. 28). Diese Ansicht entsprach der seinerzeit h.M., die nicht auf die rechtsgestaltende Wirkung einer nach Vertragsabschluss erteilten Zustimmungserklärung gem. § 12 WEG abstellt und die Zustimmungsbefugnis grundsätzlich bis zum vollendeten Rechtserwerb voraussetzt, sofern sich der Rechtsverlust nicht im Wege der Gesamtrechtsnachfolge oder nach Zessionsregeln vollzieht. Eine Vorverlagerung des maßgeblichen Zeitpunktes kommt nach dieser Auffassung lediglich unter den Voraussetzungen des § 878 BGB in Betracht (*BGH* Rpfleger 1963, 378; *OLG Hamm* Rpfleger 2001, 405, 406), wenn nicht das Gesetz ausdrücklich Anwendungsfälle unwiderruflicher Einwilligungen nennt (wie z.B. in den sachenrechtlichen Bestimmungen der §§ 876, 880 Abs. 2 u. 3, 1071, 1178 Abs. 2 Satz 2, 1183, 1245 Abs. 1 Satz 2, 1255 Abs. 2, 1276 Abs. 1 BGB). 103

Folgt man dagegen der der inzwischen wohl vorherrschenden Rechtsmeinung, die eine einmal (schuldrechtlich) wirksam gewordene nachträgliche Zustimmungserklärung (§ 184 Abs. 1 BGB) wegen ihrer rechtsgestaltenden Wirkung insgesamt sowohl hinsichtlich des schuldrechtlichen als auch hinsichtlich des dinglichen Vertragsteiles für unwiderruflich hält (*OLG Düsseldorf* ZfIR 2011, 529 = ZMR 2011, 814; Bärmann/*Suilmann* Rn. 39 ff.; Bauer/v. Oefele/*Kössinger* 4. Aufl. § 19 Rn. 199 ff.; *DNotI-Gutachten* DNotI-Report 2004, 165; Grüneberg/*Wicke* Rn. 11; *Hügel/Elzer* Rn. 42f.; *Kesseler* RNotZ 2005, 543; MüKo/*Commichau* 8. Aufl. Rn. 45; *F. Schmidt* MittBayNot 1999, 366, 367; *Schneider* ZfIR 2011, 531; auch Staudinger/*Gursky* [2014] § 183 Rn. 28), kann ein späterer Wechsel des Zustimmungsberechtigten keine Auswirkungen haben (so auch *BGH* NJW 2017, 3514 = Rpfleger 2018, 8 = ZfIR 2017, 782 = ZWE 2017, 444 für eine Zustimmung gem. § 5 Abs. 1 ErbbauRG unter ausdrücklichem Hinweis auf die wohnungseigentumsrechtliche Parallelproblematik). Der *BGH* hat seine Rechtsauffassung inzwischen in einer Wohnungseigentumssache – ohne dogmatische Festlegung – ausdrücklich bestätigt (*BGH* ZfIR 2019, 410 = ZMR 2019, 416 und ZMR 2019, 612). Der durch die Einwilligung begünstigte Veräußerer erlangt durch die vollständige Unwiderruflichkeit auch im dinglichen Bereich eine gesicherte Rechtsposition, die von weiteren Entwicklungen in der Sphäre des Zustimmungsberechtigten unabhängig ist. Der Erwerber eines Wohnungseigentums erwirbt dieses quasi »belastet« mit der von seinem Rechtsvorgänger zu einem bestimmten Erwerbsvorgang erteilten Zustimmung. Die einmal erteilte Zustimmungserklärung behält auf diese Weise insgesamt ihre Wirksamkeit und hat die ursprünglich auf Veräußererseite bestehende Beschränkung beseitigt (konsequent für ein vergleichbares erbbaurechtliches Zustimmungserfordernis *OLG München* DNotZ 2021, 341 = ZfIR 2020, 714). Ein rechtsgeschäftlicher Übergang der durch das Zustimmungserfordernis geschützten Rechtsposition auf einen Dritten kann sich dann nicht mehr als nachträgliche Beschränkung der Verfügungsbefugnis des veräußernden Wohnungseigentümers auswirken. Dieser Sichtweise liegt somit die Rechtsansicht zugrunde, dass es sich bei einem vereinbarten Zustimmungserfordernis nicht um eine Veräußerungsbeschränkung im Sinne einer Verfügungsbeschränkung, sondern um eine inhaltsbestimmende Ausgestaltung des Sondereigentums handelt. Sie erscheint auch sachgerecht, weil sie eine Aufspaltung der Zustimmungserklärung und den damit verbundenen Verlust der Verfügungsfähigkeit für das dingliche Rechtsgeschäft trotz wirksamer schuldrechtlicher Erklärung vermeidet und das Bestehen eines Zustimmungserfordernisses letztlich nicht von einem vom Veräußerer nicht zu beeinflussenden Zeitpunkt einer anderen Eigentumsumschreibung abhängig macht. Es entspricht darüber hinaus der für eine **Zustimmungserteilung durch den Verwalter** anerkannten Rechtslage; dort beeinträchtigen nach 104 h.M. weder der Wechsel des zustimmungsberechtigten Vertreters noch der eines vom Verwalter vertretenen Eigentümers die Wirksamkeit einer einmal erteilten Zustimmung (vgl. dazu Rdn. 112; *Kesseler* RNotZ 2005, 543, 545 macht zu Recht auf die Risiken der früher herrschenden Rechtsauffassung für den Fall eines Verwalterwechsels aufmerksam). In seinem Beschl. v. 11.10.2012 hat sich der *BGH* lediglich mit der parallelen Problematik einer verwalterseitigen Zustimmungserklärung befassen müssen und gelangte für diesen Fall ebenfalls zu dem hier vertretenen Ergebnis (*BGH* NJW 2013, 299 = ZfIR 2013, 25 = ZMR 2013, 125 = ZWE 2013, 21). Allerdings lässt sich die dortige Argumentation des *BGH* auf den vorstehend behandelten Sachverhalt nicht übertragen (zutr. *Hügel* NotBZ 2013, 1). Der *BGH* stellte dort nämlich die Zustimmung des Verwalters der Zustimmung der Mehrheit der Wohnungseigentümer gleich. Ist jedoch die Zustimmung der anderen – sämtlichen – Wohnungseigentümer ausbedungen, reichte nach seinerzeitigem Recht eine Mehrheitsentscheidung jedoch gerade nicht aus. S. Rdn. 101.

2. Zustimmungsberechtigte Dritte

105 Als Zustimmungsberechtigte kommen weiterhin außen stehende **dritte Personen**, hier insbesondere der **Verwalter** der Wohnungseigentumsanlage, in Betracht. Auch der gerichtlich bestellte Verwalter ist zur Erteilung einer erforderlichen Zustimmung befugt (*OLG Hamm* OLGZ 1967, 109 = DNotZ 1967, 686 noch zum früheren Recht; *Bärmann/Suilmann* Rn. 33). Bei der Zustimmung des Verwalters hat es sich bis zum 30.11.2020 i.d.R. um eine verdeckte Stellvertretung der Wohnungseigentümer gehandelt, sodass die Zustimmung durch diese ersetzt werden konnte (*BGH* NJW 2012, 3232 = ZMR 2012, 972; *BGH* ZfIR 2011, 615 = ZMR 2011, 813 = ZWE 2011, 321; *BGH* BGHZ 112, 240 = ZMR 1991, 61; Bamberger/Roth/*Hügel* Rn. 7; Erman/*Grziwotz* Rn. 5). Möglich war es aber auch, dass der Verwalter kraft eigener Kompetenz als Treuhänder zustimmungsbefugt ist (vgl. *BGH* ZfIR 2011, 615 = ZMR 2011, 813 = ZWE 2011, 321; *OLG Köln* ZMR 2010, 55 = ZWE 2010, 42; BayObLGZ 1980, 29; *Bub* NZM 2001, 502).

106 Auf diese Unterscheidung kommt es nach dem geänderten Verständnis des WEMoG nicht mehr an. Die Verwaltung obliegt nunmehr ausschließlich der rechtsfähigen GdWE (§ 18 Abs. 1 WEG), die durch den WEG-Verwalter als ihr Organ vertreten wird (§ 9b WEG). Die Zustimmungserteilung erfolgt daher stets im Namen der GdWE (*BGH* NJW 2024, 2173; *BGH* BGHZ 239, 1 = NJW 2023, 3654 = ZfIR 2024, 73 = ZMR 2023, 900 = ZWE 2023, 399 m. krit. Anm. *Elzer*; *Hogenschurz* ZWE 2023, 73; 74f.; *Skauradszun* AnwZertMietR 13/2020 Anm. 1; **a.A.** *AG Heidelberg* ZMR 2021, 523 = ZWE 2021, 269 m. abl. Anm. *Hogenschurz*; *Hügel* ZMR 2023, 517). Dies gilt im Hinblick auf § 47 WEG auch für Altvereinbarungen, weil ein abweichender Wille kaum denkbar erscheint (*Hogenschurz* ZWE 2023, 73, 74 f.).

107 Ob das neue Verständnis im Lichte des WEMoG auch dann zu gelten hat, wenn nach einer GO aus dem Jahr 2001 die »Zustimmung der anderen Wohnungseigentümer« erforderlich ist, erschien zumindest zweifelhaft (so aber bereits *LG Frankfurt* ZMR 2023, 910 = ZWE 2023, 402) und ist vom *BGH* jetzt auch für diese Konstellation ausdrücklich bestätigt worden (*BGH* NJW 2024, 2173).

108 Die Zustimmungsberechtigung ist **an die Person** des Verwalters **gebunden.** Ist der Verwalter eine **natürliche Person**, erlischt die Befugnis mit dem Tod und geht nicht auf dessen Erben über (*BayObLG* Rpfleger 2002, 305, 306; *Drasdo* WE 1998, 429, 430 f.). Auch die rechtsgeschäftliche Veräußerung des Handelsgeschäfts eines einzelkaufmännischen Verwalters führt ebenso wenig zum Übergang der Zustimmungsberechtigung (*BayObLG* WuM 1990, 234) wie die Einbringung seines Vermögens in eine neu gegründete GmbH (*BayObLG* ZMR 2001, 366) oder die Umwandlung in Form der Ausgliederung zum Zwecke der Neugründung einer GmbH (*BayObLG* Rpfleger 2002, 305). Ist zum Verwalter eine **Personengesellschaft** bestellt, führt eine Anwachsung oder Übertragung des Kommanditanteils jedenfalls dann nicht zu einem Übergang der Zustimmungsberechtigung, wenn damit das Ausscheiden der natürlichen Person verbunden ist (*BayObLG* ZMR 1987, 230 = Rpfleger 1987, 306 – Ls; *OLG Düsseldorf* Rpfleger 1990, 356; Weitnauer/*Lüke* § 26 Rn. 25; **a.A.** noch *LG Düsseldorf* Rpfleger 1985, 358; im Hinblick auf die neuere Rechtsprechung des *BGH* [s.u.] zweifelnd Bärmann/*Becker* § 26 Rn. 257). Eine **Gesellschaft bürgerlichen Rechts** kann nach derzeit

noch h.M. trotz Anerkennung ihrer Rechtsfähigkeit nicht zur Verwalterin nach dem WEG bestellt werden (*BGH* Rpfleger 2006, 257 = ZMR 2006, 375 in Bestätigung der früheren, noch zur vormaligen Rechtsansicht ergangenen Entscheidung BGHZ 107, 268 = Rpfleger 1989, 325 = DNotZ 1990, 34; **a.A.** *Schäfer* NJW 2006, 2160). Im Hinblick auf die Einführung des Gesellschaftsregisters mit Wirkung zum 01.01.2024 dürften die dafür maßgeblichen Gründe der mangelnden personellen und haftungsmäßigen Zuordnung entfallen; die eingetragene GbR wird im Grundbuchverfahren wie eine oHG behandelt (vgl. § 707b BGB n.F.) und haftet mit ihrem Vermögen (vgl. §§ 705 Abs. 2 Var. 1, 713 BGB n.F.). Das Vertretungsorgan lässt sich dann eindeutig durch die Registereintragung nachweisen (§ 707a Abs. 1 S. 1 i.V.m. § 707 Abs. 2 Nr. 3 BGB n.F.). Nach hier vertretener Auffassung spricht deshalb nichts mehr gegen die Bestellung einer eGbR zur WEG-Verwalterin (wie hier *Demharter* Anh. zu § 3 Rn. 35a). Gibt ein zum WEG-Verwalter bestimmter Gesellschafter einer GbR die nach § 12 WEG notwendige Zustimmung zur Veräußerung von Wohnungseigentum ab und nimmt der Notar fälschlicherweise den Zusatz auf, dass der Gesellschafter für die GbR handelt, so ist die Zustimmung dennoch wirksam erteilt, wenn er diese Erklärung im eigenen Namen unter Bezugnahme auf seine Stellung als Verwalter abgegeben und sie ohne Zusatz unterschrieben hat (*BGH* ZWE 2013, 402). Ist der Verwalter eine **juristische Person**, soll die Zustimmungsberechtigung mit dem Verwalteramt übergehen können, weil in diesem Fall das personengebundene Vertrauensverhältnis keine Rolle spielt (*Lüke* ZfIR 2002, 469, 470; Lutter/*Teichmann* § 132 UmwG Rn. 42; *Schöner/Stöber* Rn. 2935a; **a.A.** *OLG Köln* OLG-Report Köln 2004, 49; *OLG Köln* Rpfleger 2006, 395 = ZMR 2006, 385). Zur Verschmelzung einer GmbH vgl. auch *Nachtwey/Zajonz* ZfIR 2008, 701. Der *BGH* hat nunmehr entschieden, dass bei der **Verschmelzung** einer zur Verwalterin einer Wohnungseigentumsanlage bestellten juristischen Person auf eine andere juristische Person die Organstellung und der Verwaltervertrag – Letzterer allerdings mit niederschwelliger Kündigungsmöglichkeit bei Unzumutbarkeit – im Wege der Gesamtrechtsnachfolge auf den übernehmenden Rechtsträger übergehen. Der Verwaltervertrag erlischt nicht in entsprechender Anwendung von § 673 BGB, weil diese Norm durch die im **Umwandlungsgesetz** enthaltenen Spezialvorschriften verdrängt wird (*BGH* BGHZ 200, 221 = NJW 2014, 1447 = ZfIR 2014, 327 m. Anm. *Armbrüster/Greis* = ZMR 2014, 654 m. Anm. *Brandt/Hansen* = ZWE 2014, 216 m. Bespr. *Kopp*, 244). Der *BGH* hat diese Rechtsprechung im Hinblick auf die **Ausgliederung** eines zum Verwalter bestellten einzelkaufmännischen Unternehmens zur Neugründung einer Kapitalgesellschaft bestätigt. Danach gehen die Organstellung und der Verwaltervertrag in aller Regel im Wege der Rechtsnachfolge auf den übernehmenden Rechtsträger über; allein der Umstand, dass eine natürliche Person zum Verwalter bestellt wurde, gibt dem Verwalteramt und -vertrag nicht ein höchstpersönliches Gepräge (*BGH* ZfIR 2021, 542 = ZMR 2021, 913 = ZWE 2021, 410). Wegen der nach dieser Argumentation auch für **andere Umwandlungsfälle** anwendbaren Ausnahmenormen des UmwG dürfte das Verwalteramt – und damit die Zustimmungsberechtigung – zumindest bei juristischen Personen auch in anderen Umwandlungsfällen übergehen. Es dürfte dann allerdings kaum mehr begründbar sein, warum Personenhandelsgesellschaften noch eine andere Behandlung erfahren sollten (vgl. *Armbrüster/Greis* ZfIR 2014, 331; *Elzer* IMR 2014, 210). Für den Fall künftiger Umstrukturierungen der Verwaltergesellschaft könnte die Wohnungseigentümergemeinschaft sich ein außerordentliches Kündigungsrecht vorbehalten (*Wicke/Menzel* MittBayNot 2009, 203, 207), sodass für extreme Fallgestaltungen eine Lösungsmöglichkeit jenseits der bisherigen Annahme höchstpersönlicher Bestellung besteht. Anderslautende Entscheidungen der Instanzgerichte sind damit obsolet geworden (neben den schon genannten auch *OLG München* ZWE 2014, 169; *LG Frankfurt/M.* NZM 2012, 656; *LG Frankfurt an der Oder* ZMR 2013, 981; *LG Landau* ZMR 2013, 744).

Der Verwalter darf jedoch Dritte zur Erteilung der Zustimmung **bevollmächtigen** (*OLG Köln* Mitt- 109
RhNotK 2000, 393; *Schöner/Stöber* Rn. 2933; Staudinger/*Kreuzer* [2018] Rn. 47; **a.A.** *LG Dortmund* v. 30.08.1990 – 9 T 364/90, BeckRS 2006, 11700; *Demharter* Anh. zu § 3 Rn. 35). Dies wird insbesondere dann sogar unumgänglich sein, wenn Verwalter einer Eigentumsanlage eine juristische Person oder eine Personengesellschaft ist. In diesem Fall können Mitarbeiter des Verwalterunternehmens mit der Wahrnehmung der Verwalteraufgaben betraut und zur Entscheidung über die Zustimmungserteilung bevollmächtigt werden (*DNotI-Gutachten* DNotI-Report 1995, 148). Aller-

dings darf die Übertragung der Zustimmungsbefugnis nicht dergestalt erfolgen, dass die Verwalterstellung insgesamt auf einen (außenstehenden) Dritten übertragen wird. Eine vollständige Übertragung ist nicht mit der besonderen Vertrauensstellung eines Verwalters vereinbar und wäre daher nichtig (*OLG Schleswig* WE 1997, 388; *DNotI-Gutachten* DNotI-Report 1995, 148; Bedenken auch schon in *BGH* BGHZ 78, 166 = Rpfleger 1981, 97 = ZMR 1981, 125). Gleiches gilt für eine vollständige Übertragung der tatsächlichen Ausübung der Verwaltertätigkeit (*BayObLG* BayObLGZ 1990, 173 = MDR 1990, 1018).

110 Ist der die Zustimmung erteilende **Verwalter zugleich Eigentümer** der veräußerten Wohnung, soll nach wohl h.M. **§ 181 BGB** nicht anwendbar sein, weil es sich um eine formale Ordnungsvorschrift handelt und die Erklärung gem. § 182 BGB wahlweise sowohl gegenüber dem Veräußerer als auch gegenüber dem Erwerber abgegeben werden kann (*OLG Hamm* v. 05.09.2013 – 15 W 303/13; *BayObLG* MittBayNot 1986, 180; *OLG Düsseldorf* Rpfleger 1985, 61; BeckOK WEG/*Hogenschurz* Rn. 39; *Müller*, 4. Aufl. Rn. 130 a.E.; Niedenführ/*Vandenhouten* Rn. 25; Grüneberg/*Wicke* Rn. 6; *Schöner/Stöber* Rn. 2904; Staudinger/*Kreuzer* [2018] Rn. 33; offen lassend *BayObLG* Rpfleger 1983, 350). Entsprechendes soll gelten, wenn der **Verwalter zugleich Erwerber** einer Einheit ist (*OLG Hamm* ZWE 2020, 336; *OLG Düsseldorf* ZMR 2020, 431; *KG* Rpfleger 2004, 281). Die h.M. lässt auf diese Weise eine Erklärung des selbst veräußernden oder erwerbenden Verwalters ausreichen, wenn nur der Verwalter die Zustimmung jedenfalls auch gegenüber dem anderen Vertragsteil erklärt (so insbes. *Demharter* Anh. zu § 3 Rn. 38). Für Willenserklärungen, die wahlweise auch gegenüber dem Grundbuchgericht abgegeben werden können (z.B. die Aufhebungserklärung gem. § 875 Abs. 1 BGB), ist jedoch anerkannt, dass § 181 BGB Anwendung findet, wenn der handelnde Vertreter zugleich materiell Betroffener und damit der eigentliche Erklärungsempfänger ist (*BGH* BGHZ 77, 7 = Rpfleger 1980, 336; *Demharter* § 19 Rn. 89; Meikel/*Böttcher* Einl. E Rn. 300; *Schöner/Stöber* Rn. 3562). Der das Motiv für § 181 BGB bildende Interessenkonflikt besteht jedoch auch dann, wenn die Erklärung gegenüber verschiedenen privaten Adressaten abgegeben werden kann. Es liegt dann eine einem formalen Insichgeschäft vergleichbare Umgehung des Schutzzweckes vor, wenn der Verwalter zugleich als Veräußerer oder als Erwerber über die Zustimmung zur Veräußerung entscheidet. Der Verwalter hat es damit nämlich in der Hand, einen ihn andernfalls treffenden Vertretungsausschluss durch zielgerichtetes Handeln zu umgehen; eine objektive Prüfung ist wegen der bestehenden Personenidentität damit von vornherein ausgeschlossen (so mit Recht *Böttcher* RpflStud 2005, 48 und *ders.* NJW 2008, 2088, 2094). Richtigerweise ist also auf die Zustimmungserklärung des selbst veräußernden oder erwerbenden Verwalters § 181 BGB entsprechend anzuwenden (*LG Traunstein* MittBayNot 1980, 164; *LG Hagen* Rpfleger 2007, 196 m. Anm. *Jurksch*; Bärmann/*Suilmann* Rn. 34; *Hügel/Elzer* Rn. 41; Meikel/*Böttcher* Einl. E Rn. 303; *Sohn* NJW 1985, 3060; Staudinger/*Schilken* [2019] § 181 Rn. 36 a.E.; für den veräußernden Verwalter auch Köhler/Bassenge/*Fritsch*, 2. Aufl. Teil 17 Rn. 43; wie hier zur Frage der Umgehung eines Vertretungsausschlusses durch Erklärung gegenüber einer anderen privaten Person auch *Zorn* Das Recht der elterlichen Sorge, 2. Aufl. 2008 Rn. 446).

111 Ist der zur Zustimmungserteilung berufene **Verwalter zugleich als Immobilienmakler** des Erwerbers bzgl. derselben Einheit tätig, so entscheidet er über den Abschluss des Hauptvertrages. Dadurch wird zugleich der Interessenkonflikt zwischen den Gemeinschaftsinteressen einerseits und seinen Privatinteressen andererseits institutionalisiert. Ein Anspruch auf Zahlung der Maklerprovision gem. § 652 BGB ist in einem solchen Fall wegen der bestehenden Verflechtung ausgeschlossen (*BGH* ZMR 2003, 359 m. Anm. *Breiholdt*; *BGH* NJW-RR 1998, 992; BGHZ 112, 240 = ZMR 1991, 61). Daraus ergibt sich, dass der Verwalter in einem solchen Fall auch die erforderliche Zustimmungserklärung gem. § 12 WEG nicht mehr wirksam erteilen kann (Bärmann/*Wenzel* 10. Aufl. Rn. 27; *Elsing* ZNotP 2007, 414; Hügel/*Scheel* Teil 15 Rn. 27; Köhler/Bassenge/*Fritsch* Teil 17 Rn. 42; Staudinger/Kreuzer Rn. 33; **a.A.** *DNotI-Gutachten* DNotI-Report 2008, 57; *Herrler* ZNotP 2007, 448; *Schöner/Stöber* Rn. 2904). Das Gleiche muss gelten, wenn der Verwalter als Makler des Veräußerers tätig wird (*OLG Köln* NZM 2003, 241). Davon unabhängig kann nach der zitierten Rechtsprechung des *BGH* jedoch ein von den Voraussetzungen des § 652 BGB unabhängiges Provisionsversprechen in Betracht kommen. Das Vorgesagte gilt nicht für den »gewöhnlichen«, nur

Wohnungseigentum verwaltenden Verwalter (*BGH* ZMR 2003, 431 m. Anm. *Ott* ZWE 2003, 259).

Die Zustimmungsberechtigung des Verwalters muss nur im **Zeitpunkt** der Abgabe der Zustimmungserklärung vorliegen, nicht bei der Eigentumsumschreibung. Zur Parallelproblematik bei zustimmungspflichtigen Miteigentümern s. Rdn. 104 (*OLG Nürnberg* ZWE 2013, 86; *KG* ZWE 2012, 227; *OLG München* NZM 2012, 388; *OLG Düsseldorf* ZfIR 2011, 529 = ZWE 2011, 268; Bärmann/*Suilmann* Rn. 39f.; Bauer/Schaub/*Schneider* AT E Rn. 115; Bauer/v. Oefele/*Kössinger* 4. Aufl. § 19 GBO Rn. 199 ff.; *Böhringer* ZfIR 2012, 11, 18; *Hügel/Elzer* Rn. 42 f.; *Kesseler* RNotZ 2005, 543; *Kreuzer* DNotZ 2012, 11; Meikel/*Böttcher* Anh. zu §§ 19, 20 Rn. 138; Niedenführ/*Vandenhouten* Rn. 19; Grüneberg/*Wicke* Rn. 7 u. 11; *F. Schmidt* ZWE 2010, 394; *Schneider* ZMR 2011, 146; *Schöner/Stöber* Rn. 2904). Maßgebend für die Berechtigung ist insbes. auch nicht die Verwalterbestellung bei Abschluss des Kaufvertrages (*LG Wuppertal* MittRhNotK 1982, 207; *LG Mannheim* BWNotZ 1979, 125). Bei einer vereinbarten Veräußerungsbeschränkung gem. § 12 WEG handelt es sich nämlich nicht um ein Veräußerungsverbot im Sinne einer rechtsgeschäftlichen Verfügungsbeschränkung, sondern vielmehr um eine Beschränkung des Rechtsinhalts gem. § 5 Abs. 4, § 10 Abs. 3 WEG, auf die aber § 878 BGB keine Anwendung findet; es handelt sich lediglich um eine »Fungibilitätsbeschränkung« (Bauer/v. Oefele/*Kössinger* 4. Aufl. § 19 GBO Rn. 199 ff.). Demgegenüber forderte eine **a.A.** den Fortbestand der Verwaltereigenschaft bis zum Eintritt der Bindungswirkung gem. §§ 873 Abs. 2, 878 BGB aufgrund Antragstellung beim Grundbuchgericht (*OLG Frankfurt am Main* ZMR 2012, 383 = ZWE 2012, 273; *OLG Frankfurt* am Main ZWE 2012, 274; *OLG Saarbrücken* ZMR 2012, 381; *OLG Hamburg* ZfIR 2011, 528 = ZMR 2011, 815 = ZWE 2011, 408; *OLG Hamm* NZM 2010, 709 = ZfIR 2011, 526 = ZMR 2011, 145; *KG* ZMR 2009, 784; vgl. auch *OLG Celle* NZM 2005, 260; Bärmann/*Wenzel* 10. Aufl. Rn. 38). Die letztgenannte Auffassung will in der wohnungseigentumsrechtlichen Veräußerungsbeschränkung eine echte Verfügungsbeschränkung erblicken. Demnach könnten die Zustimmung zum Kaufvertrag und diejenige zur Eigentumsumschreibung auseinanderfallen (besonders deutlich *OLG Hamburg* ZfIR 2011, 528 m. abl. Anm. *Schneider* = ZMR 2011, 815 = ZWE 2011, 408; ausf. zum Problem auch *DNotI-Gutachten* DNotI-Report 2011, 113; s.a. Rdn. 104). 112

Der *BGH* hatte die streitige Rechtsfrage zunächst noch offen gelassen, wenngleich er die hier vertretene Auffassung bereits im Ergebnis teilte (*BGH* BGHZ 195, 120 = NJW 2013, 299 = ZfIR 2013, 25 = ZMR 2013, 125 = ZWE 2013, 21), Der von ihm stattdessen gewählte Ansatz ging davon aus, dass die Veräußerungszustimmung des Verwalters wie ein entsprechender Beschluss der Wohnungseigentümer selbst zu behandeln ist. Die Wohnungseigentümer könnten nämlich die Zustimmungserteilung jederzeit an sich ziehen, soweit der Verwalter nur als mittelbarer Vertreter handelt. Ihr Mehrheitsbeschluss sei jedoch gem. § 10 Abs. 4 S. 1 WEG a.F. bindend und kann deshalb auch nicht vom Grundbuchgericht hinterfragt werden. Offen blieb hierbei allerdings, woraus der *BGH* die Kompetenz für eine Mehrheitsentscheidung ableitet (zutr. *Elzer* MietRB 2013, 16; *Hügel* NotBZ 2013, 1). § 21 Abs. 3 WEG a.F. taugte als Grundlage für eine Beschlusskompetenz jedenfalls nicht. Ebenfalls vermochte der vom *BGH* gewählte Lösungsansatz diejenigen Fallgestaltungen nicht zu erfassen, bei denen ein Verwalter nicht als mittelbarer Vertreter, sondern kraft eigenen Rechts handelt. Auch die in Rdn. 104 behandelte Parallelproblematik bei der Eigentümerzustimmung lässt sich auf diesem Wege nicht befriedigend lösen. Allerdings hat der *BGH* die streitige Rechtsfrage nun ebenfalls im hier vertretenen Sinn entschieden (*BGH* NJW 2017, 3514 = Rpfleger 2018, 8 = ZfIR 2017, 782 = ZWE 2017, 444 für eine Zustimmung gem. § 5 Abs. 1 ErbbauRG unter ausdrücklichem Hinweis auf die wohnungseigentumsrechtliche Parallelproblematik). Diese Rechtsansicht wurde in einer Wohnungseigentumssache ausdrücklich – ohne dogmatische Festlegung – bestätigt (*BGH* ZfIR 2019, 410 = ZMR 2019, 416 und ZMR 2019, 612; die neuerliche a.A. unter Aufgabe seiner bisherigen Rechtsprechung mit ausführlicher Begründung des *OLG München* Rpfleger 2017, 529 = ZfIR 2017, 575 = ZMR 2017, 756 = ZWE 2017, 313 [Zustimmungserfordernis als Verfügungsbeschränkung] ist damit überholt). 113

114 Zu den auftretenden Fragen, wenn nach einer Zustimmung des neu bestellten Verwalters der entsprechende **Bestellungsbeschluss** erfolgreich **angefochten** wurde und dadurch rückwirkende Ungültigkeit eintritt s. *Deckert* (WE 1998, 82, 86). Nach Auffassung des *KG* soll die erfolgreiche Anfechtung der Verwalterwahl mit Eintritt der Rechtskraft ex tunc zum Wegfall einer erteilten Zustimmung führen (*KG* ZMR 2009, 784 = ZWE 2009, 330 = ZWE 2010, 87; **a.A.** Bärmann/*Wenzel* 10. Aufl. Rn. 38 und *Merle* ZWE 2010, 88, die beide auf den allgemeinen Rechtsgedanken des vormaligen § 32 FGG = § 47 FamFG Bezug nehmen; zum Ganzen vgl. auch *DNotI-Gutachten* DNotI-Report 2011, 113). Der *BGH* folgt nun der zuletzt genannten Auffassung – auch für den Fall der einseitigen Verwalterbestellung – analog § 47 FamFG (*BGH* ZfIR 2022, 336 = ZMR 2022, 566 = ZWE 2022, 253; *BGH* NJW 2020, 988 = ZfIR 2020, 142 = ZMR 2020, 206 = ZWE 2020, 83).

115 Die Zustimmungsberechtigung des Verwalters soll sich jedoch nicht aus einer **rückwirkenden Verwalterbestellung** herleiten lassen können (*OLG Hamm* WE 1996, 33, 35 = DWE 1995, 125 = ZMR 1995, 498 Ls.; *DNotI-Gutachten* DNotI-Report 2006, 62; DNotI-Gutachten v. 08.09.2015 – Nr. 140932 und *DNotI-Gutachten* v. 22.12.2022 – Nr. 193990). Hat demnach ein – vermeintlicher – Verwalter seine Zustimmung zur Veräußerung zu einem Zeitpunkt erteilt, zu dem tatsächlich infolge Fristablaufs keine wirksame Bestellung mehr vorlag, soll grundbuchverfahrensrechtlich eine neuerliche Erteilung bzw. Bestätigung der Veräußerungszustimmung durch den Verwalter in der Form des § 29 GBO nach seiner nachgeholten Bestellung erforderlich sein, weil sowohl eine Zustimmungsersetzung durch die Wohnungseigentümer als auch eine Genehmigung seiner Erklärung durch den Verwalter selbst am mangelnden Nachweis in der Form des § 29 GBO scheitere (*DNotI-Gutachten* DNotI-Report 2006, 62; DNotI-Gutachten v. 08.09.2015 – Nr. 140932 und *DNotI-Gutachten* v. 22.12.2022 – Nr. 193990). Dem kann jedoch für den Fall nicht gefolgt werden, dass der Verwalter selbst die seinerzeit erteilte Zustimmung nach seiner Wiederbestellung erneut – z.B. durch Vorlage bei dem Notar oder dem Grundbuchgericht – verwendet. Die darin zu sehende Genehmigung scheitert auch nicht an der erforderlichen Form des § 29 GBO; sie ist vielmehr offenkundig und damit den grundbuchrechtlichen Anforderungen genügend (§ 29 Abs. 1 S. 2 GBO). Noch weiter geht die Rechtsauffassung des *OLG Brandenburg* (ZMR 2008, 386); danach soll eine rückwirkende Bestellung lediglich zur Anfechtbarkeit der Verwalterbestellung führen.

116 Auch die **Corona-Sonderregelung** des § 6 Abs. 1 Covid-MaßnG (Art. 2 d G zur Abmilderung der Folgen der COVID-19-Pandemie im Zivil-, Insolvenz- und Strafverfahrensrecht v. 27.03.2020, BGBl. I S. 569) führte nicht dazu, dass der Verwalter, dessen Bestellung vor dem Inkrafttreten am 28.03.2020 geendet hatte, mit Inkrafttreten des Covid-MaßnG rückwirkend als bestellt anzusehen war. Der zuletzt bestellte WEG-Verwalter sollte danach bis zu seiner Abberufung oder bis zur Bestellung eines neuen Verwalters im Amt bleiben, um so die Verwaltung der Gemeinschaft auch in Zeiten zu ermöglichen, in denen eine Eigentümerversammlung nicht zusammentreten konnte. Allerdings lebte die Verwalterbestellung m.W.v. 28.03.2020 in der Weise wieder auf, dass der Verwalter eine von ihm nach Ablauf der Bestellungszeit erteilte Veräußerungszustimmung genehmigen oder neu erteilen konnte (*OLG Hamm* ZMR 2021, 140; *OLG Bamberg* ZMR 2022, 393). Demgegenüber lehnte das *Kammergericht* eine Anwendung von § 6 Abs. 1 Covid-MaßnG für solche Verwalter ab, deren Amtszeit schon 2018 oder früher endete (*KG* ZMR 2021, 262 = ZWE 2021, 286; *AG Hamburg-St. Georg* ZMR 2021, 770). Nach einer Verlängerung der ursprünglich bis zum 31.12.2021 befristeten gesetzlichen Regelung (Art. 6 Abs. 2) bis zum 31.08.2022 (Art. 16d AufbauhilfeG 2021 v. 10.09.2021, BGBl. I 2021, S. 4147) ist die Sonderregelung nicht weiter verlängert worden.

117 Dem Verwalter steht für die Erteilung der Zustimmungserklärung eine **Sondervergütung** zu, wenn sich ein entsprechender Anspruch entweder aus der Teilungserklärung (*KG* NJW-RR 1989, 975), aus dem Verwaltervertrag (*BayObLG* ZMR 1987, 60) oder aus einem Mehrheitsbeschluss der Wohnungseigentümer (*KG* WE 1989, 143) ergibt. In diesem Fall besteht ein Honoraranspruch selbst dann, wenn eine gar nicht benötigte Zustimmung angefordert wird (*KG* NJW-RR 1989, 975). Der Verwalter kann seiner Honorarforderung für die Veräußerungszustimmung lediglich eine

zum tatsächlichen Prüfungsaufwand in einem angemessenen Verhältnis stehende **Pauschale**, nicht aber einen Prozentsatz des Kaufpreises zugrunde legen (*KG* DNotZ 1998, 390 = ZMR 1997, 666). Fehlt es an einer entsprechenden Regelung, steht dem Verwalter für seine Tätigkeit wie auch hinsichtlich der anfallenden Notarkosten (§ 29 GBO; vgl. Rdn. 128) lediglich ein **Aufwendungsersatz** gem. § 670 BGB zu; die Tätigkeit ist dann mit dem allgemeinen Verwalterhonorar abgegolten (*DNotI-Gutachten* DNotI-Report 1997, 209; *Hügel/Elzer* Rn. 49; Köhler/Bassenge/*Fritsch* Teil 17 Rn. 53).

Soweit in der Gemeinschaftsordnung keine andere Verteilung vorgesehen ist, haftet für diese Kosten nunmehr als Vertragspartner des Verwalters die rechtsfähige GdWE (Köhler/Bassenge/*Fritsch* Teil 17 Rn. 54; *Schneider/Karsten* RNotZ 2011, 238; *Wagner* IMR 2011, 272; *Göhmann* RNotZ 2012, 251, 270; **a.A.** *Füllbeck* ZMR 2012, 1; nach früherem Recht alle Wohnungseigentümer gem. § 16 Abs. 2 WEG im Verhältnis ihrer Miteigentumsanteile; *OLG Hamm* OLGZ 1989, 302 = NJW-RR 1989, 974; *KG* DNotZ 1998, 390 = ZMR 1997, 666; Erman/*Grziwotz* Rn. 7; Staudinger/*Kreuzer* Rn. 30). Nach dem Inkrafttreten der WEG-Novelle am 01.12.2020 können die Wohnungseigentümer aber gem. § 16 Abs. 2 S. 2 WEG eine andere Kostenverteilung mehrheitlich für die Zukunft beschließen (*Hügel/Elzer* Rn. 53). Allerdings können die Wohnungseigentümer die Kosten einer formgerechten Zustimmung nicht auf den Erwerber umlegen, weil dies einen unzulässigen Vertrag zulasten Dritter darstellen würde (*BayObLG* BayObLGZ 1986, 368 = NJW-RR 1987, 80). Auch ist der zustimmungspflichtige Verwalter – und nicht etwa der Veräußerer (*OLG Brandenburg* NotBZ 2009, 28; *LG Düsseldorf* ZWE 2018, 401) – **Kostenschuldner des Notars** (*Füllbeck* ZMR 2012, 1, 6; *Schneider/Karsten* RNotZ 2011, 238), dies selbst dann, wenn der Erwerber im Innenverhältnis die Kosten gem. § 448 Abs. 2 BGB übernommen haben sollte (*BayObLG* MittBayNot 1994, 467). Ebenfalls als Vertrag zulasten Dritter unwirksam ist eine Kostentragungsregelung im Verwaltervertrag, wonach der Veräußerer bzw. der Erwerber das Sonderhonorar für die Erteilung der Veräußerungszustimmung zu zahlen hat (Niedenführ/*Vandenhouten* Rn. 34). Eine Überwälzung der Kosten durch eine entsprechende **Übernahmeerklärung** im Erwerbsvertrag seitens des Erwerbers scheitert regelmäßig an der fehlenden ausdrücklichen Erklärung; § 30 Abs. 3 GNotKG begrenzt nämlich nach seinem klaren Wortlaut die Übernahmeerklärung auf die Kosten des Beurkundungsverfahrens und die mit diesem Beurkundungsverfahren im Zusammenhang stehenden Kosten des Vollzugs oder der Betreuungstätigkeiten (*OLG Hamm* ZWE 2018, 399; *LG Düsseldorf* ZWE 2018, 401). 118

Zu **Kosten** und **Vergütungsfragen** im Zusammenhang mit der Zustimmungserklärung des Verwalters s. ausführlich *Müller* WE 1998, 458, 460 f.; *DNotI-Gutachten* DNotI-Report 1997, 209; *Först* IMR 2014, 273; *Füllbeck* ZMR 2012, 1; *Schneider/Karsten* RNotZ 2011, 238. Die unterlassene Belehrung durch den beurkundenden Notar über die Möglichkeit der kostengünstigeren Zusammenbeurkundung von Erwerbsvertrag und Zustimmungserklärung kann eine Pflichtverletzung darstellen, die zur Nichterhebung der Kosten wegen unrichtiger Sachbehandlung führt (*OLG Zweibrücken* ZWE 2010, 271). 119

Die Veräußerung eines Wohnungs- oder Teileigentumsrechts kann nach h.M. nicht von der Zustimmung eines **Grundpfandrechtsgläubigers** abhängig gemacht werden; § 1136 BGB geht als lex specialis vor (Bauer/Schaub/*Schneider* AT E Rn. 115; *Böttcher* Rpfleger 1985, 1, 6; Erman/*Grziwotz* Rn. 5; *Schöner/Stöber* Rn. 2898; Staudinger/*Kreuzer* [2018] Rn. 32a; Weitnauer/*Lüke* Rn. 14; **a.A.** *Hügel/Elzer* Rn. 37; Bärmann/*Suilmann* Rn. 35; Grüneberg/*Wicke* Rn. 6; offen gelassen von *BGH* BGHZ 220, 253 = ZfIR 2019, 398 = ZMR 2019, 773 = ZWE 2019, 360 Rn. 23). 120

3. Fehlen eines Zustimmungsberechtigten

Ist nach der Gemeinschaftsordnung die Veräußerung von der Zustimmung eines Dritten abhängig, ein solcher jedoch (z.B. wegen unterbliebener Bestellung eines Verwalters, unwirksamer Verwalterbestellung, fehlenden Verwaltungsbeirats oder weil die Wohnungseigentümer das Verfahren wieder an sich gezogen haben) **nicht vorhanden**, so bedarf die Veräußerung grds. der Zustimmungserklärung **sämtlicher** Wohnungs- und Teileigentümer in der Form des § 29 GBO (*Deckert* WE 1998, 82, 84; Köhler/Bassenge/*Fritsch* Teil 17 Rn. 39; Niedenführ/*Vandenhouten* Rn. 26; vgl. auch *KG* ZMR 121

2012, 117; *OLG Saarbrücken* DNotZ 1989, 439; *OLG Zweibrücken* Rpfleger 1987, 157; *LG Frankfurt/M.* NJW-RR 1996, 1080; Bauer/Schaub/*Schneider* AT E Rn. 115; *Demharter* Anh. zu § 3 Rn. 35). Übertragen die Wohnungseigentümer die in erster Linie ihnen selbst zukommende Zustimmungsbefugnis auf den Verwalter, so begeben sie sich damit nicht ihres Zustimmungsrechts (*Müller*, 4. Aufl. Rn. 124). Sie bleiben weiterhin berechtigt, selbst eine – auch den Verwalter bindende – Entscheidung über die Zustimmung zu treffen (*Gottschalg* FS Deckert 2002, S. 161, 172; *Liessem* NJW 1988, 1306). Eine Übertragung der Zustimmungsbefugnis auf eine Gruppe von Wohnungseigentümern ist nicht möglich (*HansOLG Bremen* ZWE 2002, 416). Eine Entscheidung der Wohnungseigentümer könnte im Rahmen ordnungsmäßiger Verwaltung jedoch mehrheitlich getroffen werden, wenn insoweit eine Beschlusskompetenz ausdrücklich begründet worden ist. Fehlt dagegen eine ausdrückliche Regelung in der Gemeinschaftsordnung, sollte sich bereits nach früherem Recht die notwendige Beschlusskompetenz aus der Verpflichtung zur ordnungsmäßigen Verwaltung gem. § 21 Abs. 3 WEG a.F. ergeben (so Bärmann/*Suilmann* 14. Aufl. Rn. 29; Weitnauer/*Lüke* Rn. 12; inzidenter wohl auch *BGH* NJW 2013, 299 = ZfIR 2013, 25 = ZMR 2013, 125 = ZWE 2013, 21; krit. *Elzer* MietRB 2013, 16; *Hügel* NotBZ 2013, 1; a.A. Staudinger/*Kreuzer* [2018] Rn. 33a: vorübergehend gänzlicher Wegfall des Zustimmungserfordernisses). Die Erfüllung dieser Anforderung an die ersetzende Beschlussfassung war allerdings gegenüber dem Grundbuchgericht in der Form des § 29 GBO bisher nicht ohne Weiteres nachweisbar, sodass es grundsätzlich bei dem Einstimmigkeitserfordernis zu verbleiben hatte. Nunmehr dürfte jedoch nach der WEG-Novelle (2007) im Hinblick auf den in § 12 Abs. 4 WEG zum Ausdruck kommenden Regelungsgedanken der Nachweis einer Zustimmung durch Mehrheitsbeschluss gem. § 12 Abs. 4 S. 5 i.V.m. § 26 Abs. 3 WEG a.F. auch dann zuzulassen sein, wenn die Gemeinschaftsordnung dies nicht ausdrücklich vorsehen sollte (ebenso *Abramenko* Das neue WEG § 3 Rn. 16 m.w.N.). Die Neuausrichtung des WEG durch das WEMoG bestätigt diese Sichtweise. Die Zustimmung ist danach jetzt durch die rechtsfähige GdWE zu erteilen (*BGH* NJW 2024, 2173; *BGH* ZMR 2023, 900 = ZWE 2023, 399 m. krit. Anm. *Elzer*). Über die Frage der Erteilung der Zustimmung kann deshalb jetzt die Wohnungseigentümerversammlung gem. §§ 19 Abs. 1, 23 Abs. 1 mit Mehrheitsbeschluss entscheiden (Bärmann/*Suilmann* Rn. 36).

122 Ist im Grundbuch eine Veräußerungsbeschränkung zugunsten mehrerer **namentlich benannter Wohnungseigentümer** bzw. des Längstlebenden unter ihnen eingetragen, führt der Umstand, dass die Benannten verstorben sind, nicht dazu, dass die Verfügungsbeschränkung wegen Unrichtigkeit des Grundbuches zu löschen wäre (*OLG Saarbrücken* FGPrax 2018, 205).

IV. Zustimmungserklärung

1. Wirksamkeit der Zustimmungserklärung

123 Die Zustimmungserklärung zur Veräußerung des Wohnungs- oder Teileigentums ist eine einseitige, bedingungsfeindliche und empfangsbedürftige Willenserklärung. Sie wird gem. § 182 BGB wirksam mit **Zugang** der Erklärung gegenüber dem Veräußerer oder gegenüber dem Erwerber (*BGH* ZfIR 2019, 410 = ZMR 2019, 612 = ZWE 2019, 313). Eine Vertretung durch den mit der Einholung beauftragten Notar ist dabei zulässig (Staudinger/*Kreuzer* [2018] Rn. 50 f.). Die Zustimmungserklärung bezieht sich grundsätzlich nur auf einen bestimmten Vertrag (*BayObLG* DNotZ 1992, 229).

2. Zeitpunkt der Zustimmung

124 Die Zustimmungserklärung kann **sowohl vor als auch nach Abschluss** des betreffenden Vertrages abgegeben werden. Eine vor Abschluss des Vertrages abgegebene Zustimmung wirkt aber (noch) nicht dinglich (Bauer/Schaub/*Schneider* AT E Rn. 120); sie kann bis zum Abschluss widerrufen werden (§ 183 BGB). Sofern die erforderliche Zustimmung bezogen auf den bestimmten Erwerber bereits vor Vertragsabschluss erteilt worden ist, wird der Veräußerungsvertrag mit seinem Abschluss wirksam. Die nachträglich erteilte Zustimmung wird mit ihrem Zugang unwiderruflich. Zur Sicherstellung des notwendigen Gleichlaufs bewirkt die Unwiderruflichkeit der Zustimmung zum Ver-

pflichtungsgeschäft auch die Unwiderruflichkeit zum Verfügungsgeschäft (zum Ganzen s. *BGH* ZfIR 2019, 410 = ZMR 2019, 612 = ZWE 2019, 313 und *BGH* NJW 2017, 3514 = Rpfleger 2018, 8 = ZfIR 2017, 782 = ZWE 2017, 444 für eine Zustimmung gem. § 5 Abs. 1 ErbbauRG unter ausdrücklichem Hinweis auf die wohnungseigentumsrechtliche Parallelproblematik sowie Rdn. 104 u. Rdn. 112 m.w.N. ebenso Grüneberg/*Wicke* Rn. 11).

Eine **Blanko-Zustimmung** ohne Kenntnis des Erwerbers dürfte sich bereits aus Haftungsgründen verbieten; jedenfalls besteht kein Anspruch auf ihre Erteilung (*DNotI-Gutachten* DNotI-Report 2023, 59). 125

Erfolgt die Veräußerung im Wege der **Zwangsvollstreckung**, muss eine notwendige Zustimmungserklärung nicht bereits zur Anordnung des Verfahrens vorliegen (*LG Berlin* Rpfleger 1976, 149; Staudinger/*Kreuzer* [2018] Rn. 70; Stöber/*Keller* § 15 Rn. 392). Unzutreffend ist aber auch die Auffassung, das *Grundbuchgericht* sei bei Vollzug des Umschreibungsersuchens berechtigt und verpflichtet, den Nachweis der Zustimmung in der Form des § 29 GBO zu verlangen (so noch Weitnauer/*Lüke* Rn. 13). Die Eintragung des Eigentumswechsels im Grundbuch ist lediglich Grundbuchberichtigung (vgl. § 90 Abs. 1 ZVG); maßgeblicher Zeitpunkt für das Vorliegen der Zustimmungserklärung ist deshalb die an die Stelle eines rechtsgeschäftlichen Eigentumserwerbs tretende Zuschlagserteilung seitens des Vollstreckungsgerichts. Ein zustimmender WEG-Verwalter muss lediglich bei Abgabe und Zugang der Zustimmungserklärung, nicht aber bei der Erteilung des Zuschlags im Amt sein. Das Grundbuchgericht hat den Nachweis der Zustimmung weder zu fordern noch zu prüfen (*LG Berlin* Rpfleger 1976, 149; Bärmann/*Suilmann* Rn. 44; Bauer/Schaub/*Bauer* § 38 Rn. 43; *Demharter* § 38 Rn. 40; Meikel/*Roth* § 38 Rn. 86; *Schöner/Stöber* Rn. 998; Stöber/*Keller* § 15 Rn. 392; *Streuer* Rpfleger 2000, 357; 361; s.a. für den vergleichbaren Fall bei einem Erbbaurecht BGHZ 33, 76). 126

Der Zustimmungsanspruch des Veräußerers bedarf einer raschen Verwirklichung (*BayObLG* WE 1984, 60). Besteht kein Anlass für Erkundigungen über die Person des Erwerbers, soll für die Erteilung der Zustimmung nach Vorliegen der Informationen deshalb keine längere **Frist** als 1 Woche zugebilligt werden können (*BayObLG* WE 1984, 60; *Müller* 4. Teil Rn. 19). Demgegenüber hält die h.M. zu Recht einen längeren Zeitraum von 1 bis 2 Wochen im Regelfall (Niedenführ/*Vandenhouten* Rn. 31), ca. 2 Wochen (für die Unterschrift beim Notar ab Informationserteilung: *LG Karlsruhe* ZWE 2017, 362; Bärmann/*Suilmann* Rn. 38; Erman/*Grziwotz* Rn. 3) bzw. von 3 bis 4 Wochen (*Sauren* Rn. 11; *F. Schmidt* DWE 1998, 5, 12; Staudinger/*Kreuzer* [2005] Rn. 68) für angemessen. Wird die Zustimmung zu spät erteilt oder unbegründet verweigert, macht sich der Verwalter u.U. schadensersatzpflichtig (*OLG Brandenburg* ZMR 2009, 703; *OLG Düsseldorf* ZMR 2005, 971; *Müller* WE 1998, 458, 460; s. dazu Rdn. 132). 127

3. Nachweis und Form der Zustimmungserklärung

Die eingetragene Veräußerungsbeschränkung ist vom Grundbuchgericht **von Amts wegen** zu beachten (*BGH* ZfIR 2019, 410 = ZMR 2019, 612 = ZWE 2019, 313; *OLG München* ZMR 2018, 594; *OLG Hamm* ZWE 2013, 215; *OLG Frankfurt am Main* ZWE 2011, 337; *BayObLG* Rpfleger 1983, 350; Bamberger/Roth/*Hügel* Rn. 12; Erman/*Grziwotz* Rn. 7; *Schöner/Stöber* Rn. 2904). Ein Nachweisverzicht kommt nur dann in Betracht, wenn der Anwendungsbereich des § 12 WEG offensichtlich nicht berührt wird (*OLG Hamm* ZMR 2007, 212). Die Zustimmung zur Veräußerung ist dem Grundbuchgericht ohne Vorbehalte und Bedingungen nachzuweisen (*OLG Hamm* Rpfleger 1992, 294; Bamberger/Roth/*Hügel* Rn. 7; Bärmann/*Suilmann* Rn. 43), soweit solche nicht im Rahmen der eigenen Erkenntnismöglichkeiten geprüft werden können. Sie kann materiell-rechtlich formfrei oder in einfacher Schriftform erklärt werden; sie muss jedoch dem **Grundbuchgericht** in der **Form des § 29 GBO** nachgewiesen werden (*OLG München* ZMR 2018, 594; *OLG Frankfurt am Main* ZWE 2011, 337; *OLG Hamm* OLGZ 1989, 302 = Rpfleger 1989, 451). Der veräußerungswillige Wohnungseigentümer hat einen Anspruch auf Erteilung einer Zustimmungserklärung, die nicht nur hinsichtlich ihrer Form, sondern auch in Bezug auf ihren Inhalt den Vollzug der Eigentumsumschreibung im Grundbuch zweifelsfrei ermöglicht (*Gottschalg* FS Deckert 2002, 161, 165). 128

129 Erfolgt die **Zustimmung durch Mehrheitsbeschluss** der Wohnungseigentümer, kann dem Grundbuchgericht eine Niederschrift über die Beschlussfassung vorgelegt werden, bei der die Unterschriften der in § 24 Abs. 6 WEG genannten Personen öffentlich beglaubigt sind (*OLG München* ZMR 2016, 717 = ZWE 2016, 331; *BayObLG* BayObLGZ 1961, 392 = Rpfleger 1962, 107 = ZMR 1962, 184; vgl. auch Rdn. 121 a.E.).

130 Wird die **Zustimmung** der Wohnungseigentümer zur Veräußerung oder der Nachweis der Verwalterbestellung **im Umlaufverfahren (früher: schriftliches Verfahren)** gem. § 23 Abs. 3 S. 1 beschlossen, bedarf es zur Führung des Nachweises der Allstimmigkeit in der Form des § 29 Abs. 1 GBO – jedenfalls nach der noch h.M. – der Vorlage von Zustimmungserklärungen sämtlicher Wohnungseigentümer in beglaubigter Form (*BGH* NJW 2022, 70 = ZfIR 2022, 88 = ZMR 2022, 735 m.w.N.; *OLG Köln* ZWE 2022, 77; *KG* ZMR 2013, 129 = ZWE 2012, 426; *OLG Hamm* ZWE 2012, 489; *BayObLG* DNotZ 1986, 490 = Rpfleger 1986, 299; *LG Karlsruhe* ZWE 2017, 362). Wegen der auch hier zu beachtenden konstitutiven Wirkung kommt im Umlaufverfahren ein Beschluss allerdings nicht bereits mit Vorliegen sämtlicher Zustimmungserklärungen, sondern erst mit der Feststellung und einer an alle Wohnungseigentümer gerichteten Mitteilung des Beschlussergebnisses zustande (*BGH* BGHZ 148, 335 = NJW 2001, 3339 = ZfIR 2001, 835 = ZMR 2001, 809 = ZWE 2001, 530, sub III.3.a.dd[5]; *LG Karlsruhe* ZWE 2017, 362). Richtigerweise genügt daher zum Nachweis gegenüber dem Grundbuchgericht auch insoweit eine Niederschrift über den zustande gekommenen allstimmigen Umlaufbeschluss, bei dem anstelle der Unterschrift des Versammlungsleiters die des Initiators sowie eines Wohnungseigentümers und ggf. des Vorsitzenden des Verwaltungsbeirats öffentlich zu beglaubigen sind (Bärmann/*Becker* § 26 Rn. 358; *Lehmann-Richter/Wobst* Rn. 653; Riecke/Schmid/*Drabek/Riecke* § 23 Rn. 58; *F. Schmidt* ZWE 2015, 105, 108 f.; *Schneider* ZfIR 2022, 349, 353; **a.A.** weitergehend – nur Unterschrift des Initiators sei ausreichend – Staudinger/*Jacoby* [2018] § 26 Rn. 233).

131 Die Zustimmung sämtlicher Wohnungseigentümer zur Veräußerung oder Verwalterbestellung kann auch mehrheitlich im Umlaufverfahren gem. § 23 Abs. 3 S. 2 WEG erfolgen. Dazu bedarf es allerdings zunächst eines sog. **Absenkungsbeschlusses**, der nur für einen einzelnen Gegenstand zulässig ist. Erst im Anschluss kann dann der eigentliche Durchführungsbeschluss mehrheitlich im Umlaufverfahren gefasst werden. Richtigerweise bedarf es aber auch insoweit zum Nachweis gegenüber dem Grundbuchgericht lediglich einer Niederschrift über den zustande gekommenen mehrheitlichen Umlaufbeschluss, bei dem anstelle der Unterschrift des Versammlungsleiters die des Initiators sowie eines Wohnungseigentümers und ggf. des Vorsitzenden des Verwaltungsbeirats öffentlich zu beglaubigen sind (BeckOGK BGB/*Greiner* § 26 WEG Rn. 384; *Demharter* § 29 Rn. 10; *Lehmann-Richter/Wobst* Rn. 1775; *Schneider* ZfIR 2022, 349, 354). Der Initiator des Umlaufverfahrens hat im Rahmen der Beschlussverkündung zu prüfen, ob ein ordnungsmäßiger Absenkungsbeschluss als Grundlage für das Umlaufverfahren vorgelegen hat; eines dahingehenden separaten Nachweises gegenüber dem Grundbuchgericht bedarf es daher nicht (*Lehmann-Richter/Wobst* Rn. 649; *Schneider* ZfIR 2022, 349, 354; **a.A.** ohne Begründung *Demharter* § 29 Rn. 10).

132 Hat die **Zustimmung durch den Verwalter** zu erfolgen, ist dieser verpflichtet, die **Verwaltereigenschaft** gem. § 26 Abs. 4 WEG nachzuweisen (*BGH* ZfIR 2019, 410 = ZMR 2019, 612 = ZWE 2019, 313; *KG* ZWE 2018, 263; *OLG München* ZWE 2016, 331; *KG* ZWE 2015, 173; *DNotI-Gutachten* DNotI-Report 1997, 57, 58). Erklärt der Verwalter die nach der Teilungserklärung erforderliche Zustimmung zur Veräußerung eines Wohnungseigentums zwar rechtzeitig, jedoch ohne den Nachweis seiner Verwaltereigenschaft in grundbuchmäßiger Form zu erbringen, so ist er dem Veräußerer zum Schadensersatz aus dem Gesichtspunkt der Pflichtverletzung (vormals: positive Vertragsverletzung) verpflichtet (*OLG Düsseldorf* ZMR 2003, 956). Eine nach Ablauf der Bestellungsfrist aber bereits vor der erneuten Bestellung zum Verwalter erteilte Zustimmung gem. § 12 Abs. 1 WEG soll unwirksam sein, weil die Verwalterbestellung im Außenverhältnis keine Rückwirkung entfaltet (*OLG Hamm* WE 1996, 33, 35 = DWE 1995, 125; *DNotI-Gutachten* DNotI-Report 2006, 62; s. demgegenüber aber Rdn. 115). Der Nachweis der Verwaltereigenschaft kann nicht durch Vorlage des Verwaltervertrages geführt werden (*LG Köln* MittRhNotK 1984, 121). Ist die Bestellung

des Verwalters in der Teilungserklärung erfolgt, so kann im Rahmen der Höchstdauer für eine Bestellung gem. § 26 Abs. 1 WEG (jetzt für die erste Bestellung nach Begründung max. 3 Jahre; § 26 Abs. 1 S. 2 WEG) ohne Weiteres vom Fortbestand der Bestellung ausgegangen und von weiteren Nachweisen abgesehen werden, wenn nicht konkrete Tatsachen gegen den Fortbestand der Bestellung sprechen (*BayObLG* MittBayNot 1991, 170; *OLG Oldenburg* Rpfleger 1979, 266; *LG Wuppertal* MittRhNotK 1982, 207). Der Nachweis kann auch ohne Grundbucheintragung durch Zustimmung aller Sondernachfolger in der jew. Erwerbsurkunde erbracht werden (*KG* ZMR 2018, 692; *KG* ZMR 2012, 117 m. Anm. *Elzer*). Eine eidesstattliche Versicherung sämtlicher Wohnungseigentümer zum Nachweis der Bestellung genügt (*OLG Zweibrücken* NJW-RR 1987, 269). Wird der Nachweis der Verwalterbestellung durch eine Niederschrift über eine Eigentümerversammlung geführt, so hat das Grundbuchgericht die **Unterschriftsberechtigung** der unterzeichnenden Personen (z.B. Vorsitzender der Eigentümerversammlung, weiterer Wohnungseigentümer, Vorsitzender des Verwaltungsbeirates) nicht zu prüfen (*LG Köln* MittRhNotK 1984, 121; *LG Wuppertal* MittRhNotK 1985, 11; *LG Aachen* MittRhNotK 1985, 13; *Heggen* NotBZ 2009, 401). Eine in **doppelter Funktion** (z.B. als Versammlungsleiter und als Beiratsvorsitzender) tätige Person braucht nach herkömmlichem Verständnis nur einmal zu unterschreiben (**a.A.** Jennißen/*Schultzky* § 24 Rn. 141). Unterschreibt allerdings ein anwesender Wohnungseigentümer in seiner Funktion als Beirat, so soll hierin nicht zugleich die erforderliche Unterschrift eines Wohnungseigentümers liegen (*OLG Düsseldorf* ZMR 2010, 548). Die nach § 24 Abs. 6 WEG erforderliche Unterschrift eines Miteigentümers kann jedoch auch von einem solchen geleistet werden, der Mitglied des Verwaltungsbeirates ist. Die Beifügung des Zusatzes »Beirat« zur Unterschrift ändert nichts daran, dass es sich um die Unterschrift eines Miteigentümers handelt (*OLG Hamm* ZMR 2011, 984; *Demharter* ZWE 2012, 74; *Heggen* RNotZ 2010, 455). Macht die Teilungserklärung selbst allerdings die Gültigkeit der Beschlüsse der Gemeinschaft von der Protokollierung und der Unterzeichnung des Protokolls von zwei Wohnungseigentümern abhängig, muss das Protokoll von zwei verschiedenen natürlichen Personen unterzeichnet werden, die entweder selbst Wohnungseigentümer sind oder für sich oder andere Wohnungseigentümer handeln (*BGH* NJW 2012, 2512 = ZfIR 2012, 506 = ZMR 2012, 644 = ZWE 2013, 87). Im Hinblick auf diese *BGH*-Entscheidung erscheint es wegen der damit verbundenen Richtigkeitsgewähr auch für § 24 Abs. 6 S. 2 WEG zielführend, bei Personenidentität im Wege des Vieraugenprinzips zwei Unterschriften verschiedener Personen zu fordern, wenn Versammlungsleitung und Beiratsvorsitz zusammenfallen (so auch *OLG Hamm* ZWE 2020, 336; *KG* Rpfleger 2015, 465 = ZWE 2015, 173; Jennißen/*Schultzky* § 24 Rn. 132a). Dem Grundbuchgericht ist im Hinblick auf das Legalitätsprinzip eine **Prüfungskompetenz** hinsichtlich der **Eigenschaften** der die Versammlungsniederschrift unterzeichnenden Personen zuzugestehen. Die Rechtsprechung fordert deshalb, dass die jeweilige Funktion des Unterzeichnenden für das Grundbuchgericht feststellbar sein muss (*OLG München* ZMR 2016, 717 = ZWE 2016, 331). Wird ein Protokoll daher von werdenden Wohnungseigentümern unterschrieben, kann ein ordnungsgemäßer Nachweis über deren Status (u.a. Besitzübergang) in der Form des § 29 Abs. 1 S. 2 GBO wohl kaum geführt werden (*OLG Köln* ZMR 2012, 982 m Anm. *Schneider;* **a.A.** *KG ZWE 2018, 397:* Im Grundbuchverfahren müsse nicht nachgewiesen werden, dass die Wohnung dem werdenden Wohnungseigentümer bereits übergeben worden ist). Bei einem mehrköpfigen Verwaltungsbeirat genügt die der Unterschrift beigefügte Bezeichnung »Verwaltungsbeirat« diesen Anforderungen nicht (*OLG München* ZMR 2016, 717 = ZWE 2016, 331; für den Fall eines noch nicht gewählten Vorsitzenden des Beirates einschränkend allerdings *KG* ZWE 2018, 263). Lassen sich **alle** an der Beschlussfassung teilnehmenden Wohnungseigentümer **durch den Verwalter vertreten**, kann der Nachweis der Verwalterbestellung durch Vorlage einer Niederschrift der Eigentümerversammlung geführt werden, die allein von dem Verwalter unterzeichnet ist (*OLG Hamm* ZMR 2013, 648). Eine ggf. noch fehlende Unterschrift kann **nachgeholt** werden (*OLG München* NJW 2008, 156 = ZMR 2007, 883). Zum Nachweis der Verwalterbestellung in sonstigen Fällen s. § 26 Abs. 4 i.V.m. § 24 Abs. 6 WEG. Die Unterschrift eines »Wohnungseigentümers« liegt auch dann vor, wenn ein **Bruchteilseigentümer eines Wohnungseigentums** das Protokoll unterzeichnet hat (zutr. DNotI-Gutachten DNotI-Report 2018, 113). Ein etwaiger **Einberufungsmangel** der Eigentümerversammlung führt jedenfalls nicht zu einer vom Grundbuchgericht zu berücksichtigenden Nichtigkeit des

Bestellungsbeschlusses (*OLG Frankfurt am Main* Rpfleger 2011, 152; *BayObLG* NZM 2002, 346 = Rpfleger 2002, 305 = ZMR 2002, 532). Dies gilt auch dann, wenn die Verwalterbestellung aufgrund einer in der Gemeinschaftsordnung nicht vorgesehenen Eventualeinberufung in der bereits mit dem Einladungsschreiben einberufenen Zweitversammlung erfolgt sein sollte (*OLG München* Rpfleger 2018, 370 = ZMR 2018, 534). Zu weiteren Einzelfragen s *Schneider* ZfIR 2023, 568.

133 Hat die Zustimmung durch den **Verwaltungsbeirat** zu erfolgen, muss neben der Zustimmung auch die Bestellung der Erklärenden zu Beiratsmitgliedern nachgewiesen werden. Dieser Nachweis kann in entsprechender Anwendung des § 26 Abs. 4 WEG geführt werden (*OLG Hamm* ZMR 2014, 302; *DNotI-Gutachten* DNotI-Report 2013, 177). Auf die Funktionszuordnung (Vorsitzender, Mitglied) kommt es in diesem Rahmen nicht an (vgl. *OLG Hamm* ZMR 2014, 302: »interne Willensbildung« ohnehin nicht nachweisbar; **a.A.** BeckOK WEG/*Hogenschurz* Rn. 65). Unklar ist allerdings, wie gegenüber dem Grundbuchgericht nachgewiesen werden kann, dass ein Verwaltungsbeirat nicht (mehr) besteht (zutr. BeckOK WEG/*Hogenschurz* Rn. 66, *ders.* ZMR 2014, 774, der nach allgemeinen Grundsätzen insoweit eine eidesstattliche Versicherung für zulässig hält).

134 Ist die Zustimmungserklärung im Rahmen eines **Zwangsversteigerungsverfahrens** erforderlich, hat auch das Versteigerungsgericht das Zustimmungserfordernis von Amts wegen zu beachten. Auch in diesem Verfahren kann die Zustimmung zur Veräußerung nicht mit Vorbehalten oder Bedingungen verbunden werden (Stöber/*Keller* § 15 Rn. 93 i.V.m. Rn. 392). Allerdings ist die Zustimmung hier **nicht formbedürftig**. Sie kann gegenüber dem Vollstreckungsgericht schriftlich oder zu Protokoll erklärt werden. Das Vollstreckungsrecht verlangt nicht den Nachweis in der grundbuchrechtlichen Form des § 29 GBO (Bärmann/*Suilmann* Rn. 44; Dassler u.a./*Hintzen* § 81 Rn. 48; Steiner/*Hagemann* §§ 15, 16 Rn. 195; Stöber/*Keller* § 15 Rn. 93 i.V.m. Rn. 392). Zum Vorlagezeitpunkt vgl. Rdn. 74.

4. Zurückbehaltungsrecht

135 Ein **Zurückbehaltungsrecht** an der Zustimmungserklärung gem. § 273 BGB für den erteilenden Verwalter z.B. wegen einer zu zahlenden Aufwandspauschale ist selbst dann **unzulässig**, wenn die Zahlung einer solchen Pauschale in der Gemeinschaftsordnung vorgesehen sein sollte; der Zustimmungsanspruch bedarf rascher Klärung (*HansOLG Hamburg* ZMR 2004, 850; *BayObLG* NJW-RR 1990, 657; *OLG Hamm* OLGZ 1989, 302 = NJW-RR 1989, 974; *OLG Schleswig* WE 1983, 26; *BayObLG* Rpfleger 1977, 173). Das Gleiche hat für eine **Treuhandauflage** bei der Erteilung zu gelten (Erman/*Grziwotz* Rn. 3; *Wochner* ZNotP 1998, 489). Hierzu und zu den ggf. auftretenden standesrechtlichen Fragen s. ausführlich *DNotI-Gutachten* DNotI-Report 1997, 209.

5. Wegfall einer erteilten Zustimmung

a) Widerruf

136 Ist eine Zustimmungserklärung schon **vor der Veräußerung** erteilt worden (vgl. *BayObLG* DNotZ 1992, 229; *LG Wuppertal* MittRhNotK 1982, 207), so ist sie bis zum Abschluss des Veräußerungsvertrages entsprechend § 183 BGB widerruflich. Danach wird die vorab erteilte Zustimmung insgesamt auch für das dingliche Erfüllungsgeschäft unwiderruflich, sobald die schuldrechtliche Vereinbarung über die Veräußerung wirksam geworden ist (*BGH* ZfIR 2019, 410 = ZMR 2019, 612 =ZWE 2019, 313).

137 Wird die Zustimmungserklärung **nach Abschluss des Veräußerungsvertrages** erteilt, kann sie hinsichtlich der schuldrechtlichen Regelungen wegen § 184 Abs. 1 BGB nicht mehr widerrufen werden. Nach inzwischen vorherrschender Meinung ist sie deshalb wegen der einheitlichen Erteilung sowohl hinsichtlich des schuldrechtlichen als auch hinsichtlich des dinglichen Rechtsgeschäfts insgesamt nicht mehr widerruflich (*BGH* ZfIR 2019, 410 = ZMR 2019, 612 =ZWE 2019, 313; *BGH* NJW 2017, 3514 = Rpfleger 2018, 8 = ZfIR 2017, 782 = ZWE 2017, 444 für eine Zustimmung gem. § 5 Abs. 1 ErbbauRG unter ausdrücklichem Hinweis auf die wohnungseigentumsrechtliche Parallelproblematik sowie Rn. 78 u. Rn. 84 mwN; *OLG München* ZWE 2012, 93; Bauer/v. Oefele/*Kössin-*

ger 4. Aufl. § 19 Rn. 199 ff.; MüKo/*Commichau* Rn. 35; Grüneberg/*Wicke* Rn. 11; *F. Schmidt* MittBayNot 1999, 366, 367; *Schneider* ZfIR 2011, 531; auch Staudinger/*Gursky* [2014] § 183 Rn. 28; zögerlich *Schöner/Stöber* Rn. 2904 S. 1224; angedeutet bereits bei *BGH* BGHZ 195, 120 = NJW 2013, 299 = ZfIR 2013, 25 = ZMR 2013, 125 = ZWE 2013, 21 Tz 15: »sofern man eine Widerruflichkeit der Zustimmungserklärung überhaupt bejaht«). Demgegenüber ging die vormals h.M. noch von der Widerrufsmöglichkeit hinsichtlich einer erteilten Zustimmung bis zum vollendeten Rechtserwerb durch Eintragung im Grundbuch aus. Die zuvor erteilte Zustimmung wurde lediglich als widerrufliche Einwilligung i.S.d. § 183 BGB, nicht aber als rechtsgestaltende Erklärung behandelt (*BGH* Rpfleger 1963, 378 m. Anm. *Haegele*; *OLG Hamburg* ZMR 2011, 815; *OLG Hamm* Rpfleger 2001, 405, 406; MüKo/*Schramm* § 183 Rn. 6). Dies hätte jedoch zur Folge gehabt, dass entweder der auf Veräußerung gerichtete schuldrechtliche Vertrag nach erteilter Zustimmung bereits wirksam geworden ist, aber u.U. nicht mehr erfüllt werden kann oder aber das schuldrechtliche Kausalgeschäft mangels Zustimmung nicht wirksam geworden ist und deshalb auch keine Pflicht zur Erfüllung (und damit auch zur Kaufpreiszahlung) bestanden hätte. In jedem Fall war auch nach dieser Rechtsansicht ein Widerruf der Zustimmungserklärung unter den Voraussetzungen des § 878 BGB für das Grundbuchgericht unbeachtlich (*BGH* Rpfleger 1963, 378; *OLG Hamm* Rpfleger 2001, 405, 406; Bärmann/*Klein* 11. Aufl. Rn. 32 f.; *DNotI-Gutachten* DNotI-Report 2004, 165; *Schöner/Stöber* Rn. 2904 S. 1224). Zu den Auswirkungen der unterschiedlichen Auffassungen im Grundbuchverfahren s.a. Rdn. 103 u. 112 m.w.N.

Wird eine Zustimmungserklärung in einem **Zwangsversteigerungsverfahren** erforderlich, ist sie bis 138
zur Zuschlagserteilung widerruflich (*LG Essen* KTS 1977, 191; Bärmann/*Suilmann* Rn. 44; *Schiffhauer* Rpfleger 1986, 326, 343 Abschn. X. 4; Stöber/*Keller* § 15 Rn. 93 i.V.m. Rn. 392).

b) Anfechtung

Haben die Wohnungseigentümer erlaubtermaßen mehrheitlich einen Beschluss über die Zustimmung 139
gefasst, gilt dieser auch im Fall seiner **Anfechtung** nach § 23 Abs. 4 S. 2 WEG zunächst als wirksam. Da es bis zur Rechtskraft der gerichtlichen Entscheidung bei der schwebenden Wirksamkeit des Zustimmungsbeschlusses verbleibt (*OLG Hamm* WuM 1997, 289; *OLG Hamm* DNotZ 1992, 232), sind hier Fälle einer Grundbuchunrichtigkeit denkbar (Köhler/Bassenge/*Fritsch* Teil 17 Rn. 61). Zur Anfechtung einer Verwalterbestellung, wenn dieser bereits eine Zustimmung zur Veräußerung erteilt hat s. *Deckert* (WE 1998, 82, 86) und *KG* (ZMR 2009, 784 = ZWE 2009, 330) sowie bei Rn. 114.

V. Fehlen einer erforderlichen Zustimmung

Fehlt eine gem. § 12 WEG erforderliche Zustimmungserklärung für eine rechtsgeschäftliche Ver- 140
äußerung, ist sowohl das schuldrechtliche als auch das dingliche Veräußerungsgeschäft bis zur Erteilung **absolut schwebend unwirksam** (*BGH* NJW 2012, 3232 = ZMR 2012, 972 = ZWE 2012, 499; *OLG Hamm* ZMR 2001, 840). Dies gilt gleichermaßen bei einer freihändigen Veräußerung durch den Insolvenzverwalter (Bärmann/*Suilmann* Rn. 64).

Zur **Verweigerung** einer erforderlichen Zustimmung s. Rdn. 145 ff. 141

Erfolgt hinsichtlich einer notwendigen Zustimmungserklärung **keine Äußerung**, muss die Klärung 142
im Verfahren gem. §§ 43 ff. WEG herbeigeführt werden, wenn die übrigen Wohnungseigentümer oder der Verwalter zustimmungspflichtig sind. Eine analoge Anwendung des Rechtsgedankens aus §§ 108 Abs. 2, 177 Abs. 2, 1366 Abs. 3, 1829 Abs. 2 BGB verbietet sich mangels einer entsprechenden Regelung im WEG (Bärmann/*Suilmann* Rn. 42; DNotI-Gutachten v. 24.03.2016-Nr. 144937; Erman/*Grziwotz* Rn. 7; Weitnauer/*Lüke* Rn. 13 a.E.). Dies gilt nicht nur im Verhältnis zwischen Veräußerer und WEG-Verwalter, sondern auch im Verhältnis zwischen Veräußerer und Erwerber (DNotI-Gutachten v. 24.03.2016-Nr. 144937).

Vollzieht das Grundbuchgericht eine rechtsgeschäftliche Veräußerung ohne die erforderliche 143
Zustimmungserklärung gem. § 12 WEG, wird das **Grundbuch unrichtig** (*BGH* NJW 2012, 3232 =

ZMR 2012, 972 = ZWE 2012, 499; *OLG Frankfurt* am Main NJW-RR 2004, 524). Unter den Voraussetzungen des § 53 GBO wird deshalb die Eintragung eines **Amtswiderspruchs** veranlasst sein. Die Rechtswirksamkeit der Grundbucheintragung wird dagegen nicht berührt, wenn zwar eine materiell wirksame Zustimmungserklärung vorliegt, diese aber nicht der Form des § 29 GBO entspricht (Weitnauer/*Lüke* Rn. 13). Der **Anspruch auf Grundbuchberichtigung** aus § 894 BGB steht nicht dem Verwalter oder den übrigen Wohnungseigentümern, sondern nur dem nicht mehr im Grundbuch eingetragenen Veräußerer zu, weil dessen fortbestehendes Eigentum im Grundbuch nicht mehr verlautbart wird (*OLG Frankfurt am Main,* NZM 2004, 233; *OLG Hamm* Rpfleger 2001, 405 = ZMR 2001, 840; *Schöner/Stöber* Rn. 2904 S. 1226; Staudinger/*Kreuzer* Rn. 37; Weitnauer/*Lüke* Rn. 13; **a.A.** *Sauren* Rn. 21). Wird der Verwalter von den Wohnungseigentümern durch Beschluss ermächtigt, den Veräußerer zur Geltendmachung seiner Berichtigungsansprüche anzuhalten, so entspricht dies ordnungsmäßiger Verwaltung (*OLG Hamm* Rpfleger 2002, 20 = ZMR 2002, 146).

144 Ein rechtskräftig gewordener **Zuschlag in der Zwangsversteigerung** heilt das Fehlen einer erforderlichen Zustimmung (*LG Frankenthal* Rpfleger 1984, 183; Bärmann/*Suilmann* Rn. 64; Grüneberg/*Wicke* Rn. 15; *Streuer* Rpfleger 2000, 357, 361). Der Zuschlag ersetzt nicht lediglich die Erklärungen des Veräußerers (so aber noch Staudinger/*Kreuzer* [2005] Rn. 70, der bezeichnenderweise von einer schwebenden Unwirksamkeit des *Vertrages* spricht und damit die umfassende Reichweite eines hoheitlichen Zuschlages verkennt; nicht zutreffend auch Weitnauer/*Lüke* Rn. 13, der eine schwebende Unwirksamkeit des Zuschlages annimmt).

G. Versagung der Zustimmung

I. Grundsatz

145 Eine Zustimmungsversagung ist nur **aus wichtigem Grund** möglich (§ 12 Abs. 2 S. 1 WEG). Die Bestimmung des § 12 Abs. 2 S. 1 WEG ist **zwingend** (*OLG Hamm* NJW-RR 1993, 279; *BayObLG* Rpfleger 1980, 142 = ZMR 1982, 63 – Ls; Bärmann/*Suilmann* Rn. 48; *Hügel/Elzer* Rn. 55; Weitnauer/*Lüke* Rn. 9; vgl. § 7 Rdn. 142). Aus der dort geregelten Erweiterungsmöglichkeit des Anspruchs auf Erteilung der Zustimmung wird der Umkehrschluss gezogen, dass von den Wohnungseigentümern keine vom Gesetz abweichenden Gründe für eine Zustimmungsverweigerung vereinbart werden können (*LG Frankfurt/M.* NJW-RR 1988, 598; Bärmann/*Suilmann* Rn. 48). Dadurch ist ausgeschlossen, dass die Wohnungseigentümer in der Gemeinschaftsordnung »wichtige Gründe« für eine Versagung der Zustimmung selbst definieren und auf diese Weise unwichtige Gründe zu wichtigen machen können (vgl. *OLG Hamm* NJW-RR 1993, 279; BayObLGZ 1980, 29; Bamberger/Roth/*Hügel* Rn. 11; Bärmann/*Suilmann* Rn. 44).

146 Nicht ausgeschlossen ist allerdings, dass die Wohnungseigentümer im Rahmen ihrer Vereinbarungen nach § 10 Abs. 3 S. 1 WEG **Fallgruppen** und **Beispiele** vorsehen, die nach ihrer Auffassung regelmäßig als wichtige Gründe für eine Versagung anzusehen sind (*F. Schmidt* DWE 1998, 5, 6; Weitnauer/*Lüke* Rn. 11). Solche können sich auch aus der Zweckbestimmung der Wohnanlage ergeben (vgl. *OLG Düsseldorf* NJW-RR 1997, 268) und daher auch in einem begründeten Ruhebedürfnis bestehen (Erman/*Grziwotz* Rn. 2). Die Grundbucheintragung solcher Vereinbarungen als Inhalt des Sondereigentums gem. §§ 5 Abs. 4, 10 Abs. 3 S. 1 WEG ist zulässig (Weitnauer/*Lüke* Rn. 11). In der Praxis finden sich solche Regelungen wegen der Einbettung in ein spezifisches Gesamtkonzept insbesondere auch bei sog. Familienanlagen, im Betreuten Wohnen, bei Ferienimmobilien und Mehrhausanlagen, wo die vereinbarte Zustimmungspflicht jedoch oftmals die Einhaltung zusätzlicher Eigentümerverpflichtungen gewährleisten soll. Der WEG-Richter wird dadurch aber nicht von seiner eigenen Prüfungspflicht entbunden, ob § 12 WEG durch solche Regelungen nur konkretisiert oder unzulässigerweise mit der Folge der Nichtigkeit eingeengt wird (Staudinger/*Kreuzer* [2005] Rn. 41).

II. Begriffsbestimmung

Ein wichtiger Grund liegt nur dann vor, wenn **objektiv im Einzelfall begründete Zweifel** in der Person des Erwerbers (*OLG Zweibrücken* ZMR 2006, 219; *BayObLG* WE 1995, 375; *OLG Zweibrücken* Rpfleger 1994, 459; *Deckert* WE 1998, 82, 83; *Hügel/Elzer* Rn. 56), nicht des Veräußerers (*OLG Köln* NZM 2004, 879 – Ls) bestehen, die erwarten lassen, dass eine Veräußerung zu einer **gemeinschaftswidrigen Gefährdung** für die übrigen Wohnungseigentümer führen wird (*BayObLG* MittBayNot 1972, 291; *OLG Frankfurt am Main* NZM 2006, 380; Bärmann/*Suilmann* Rn. 38; Weitnauer/*Lüke* Rn. 10). Dafür bedarf es allerdings konkreter Anhaltspunkte (*Deckert* WE 1998, 82, 83; Staudinger/*Kreuzer* Rn. 44); bloße Zweckmäßigkeitserwägungen genügen ebenso wenig (*BayObLG* BayObLGZ 1972, 348) wie spekulative Erwägungen (*OLG Zweibrücken* WE 1995, 25). Auf ein Verschulden des Erwerbers kommt es nicht an (*OLG Frankfurt am Main,* ZMR 1994, 124; *BayObLG* NJW-RR 1993, 280). Die Voraussetzungen für die Annahme eines wichtigen Ablehnungsgrundes sind geringer anzusetzen als für die Entziehung eines Wohnungseigentums (*BayObLG* NJW-RR 2002, 659; *LG Köln* ZMR 2009, 552). Belanglose Gegebenheiten, wie sie in jedem Gemeinschaftsverhältnis immer wieder vereinzelt auftreten können, stellen keinen wichtigen Grund dar (*OLG Köln* WE 2001, 103). Darlegungs- und beweispflichtig für das Vorliegen eines wichtigen Grundes ist der Zustimmungsberechtigte (*BGH* NJW 2012, 3232 = ZMR 2012, 972 = ZWE 2012, 499; *OLG Köln* ZMR 2010, 55; *OLG Brandenburg* ZMR 2009, 703; *OLG Frankfurt am Main* NZM 2006, 380, 381; *OLG Hamm* NJW-RR 1993, 279; Bärmann/*Suilmann* Rn. 38). 147

III. Versagungsgründe

Die Rechtsprechung hat Fallgruppen entwickelt, auf die in der nachfolgenden **alphabetischen Übersicht** eingegangen wird. Gründe für eine Versagung der erforderlichen Zustimmung bestehen demgemäß, wenn ein Erwerbsinteressent **im Hinblick auf seine Person oder seine wirtschaftliche Leistungsfähigkeit** für die Wohnungseigentümergemeinschaft **unzumutbar** ist (*BGH* ZfIR 2020, 345 = ZMR 2020, 422 = ZWE 2020, 188; *BGH* BGHZ 195, 120 = NJW 2013, 299 = ZfIR 2013, 25 = ZMR 2013, 125 = ZWE 2013, 21; Bärmann/*Suilmann* Rn. 49; *Hügel/Elzer* Rn. 55; *F. Schmidt* WE 1998, 5, 6; Weitnauer/*Lüke* Rn. 10): 148

Abschnittsweise Errichtung	s. Vollmachtserteilung	149
Andere Auffassung	Eine andere Rechtsauffassung des Erwerbers reicht für eine Zustimmungsversagung nicht aus (*BayObLG* WE 1990, 24).	150
Antipathie	Bloße Antipathie reicht als wichtiger Grund für die Verweigerung einer vereinbarten Zustimmung nicht aus (*OLG Köln* ZMR 2010, 54).	151
Änderung der Kostenverteilung	Die Zustimmungserklärung kann nicht von einer Einwilligung des Erwerbers zu einer Änderung des Kostenverteilungsschlüssels abhängig gemacht werden (*OLG Frankfurt am Main,* WE 1989, 172). S.a. Rdn. 153.	152
Auflagen/Bedingungen	Die Zustimmungserklärung kann nicht unter Auflagen oder Bedingungen erteilt werden. Sie muss sowohl der Form als auch dem Inhalt nach den Vollzug der Eigentumsumschreibung im Grundbuch zweifelsfrei ermöglichen (*OLG Hamm* Rpfleger 1992, 294). Unzulässig sind daher eine Verweigerung der Zustimmung mit der Begründung, der Veräußerer müsse erst ein rückständiges Verwalterhonorar begleichen (*Müller* WE 1998, 458, 459) oder die Kosten der formgerechten Zustimmung vorschießen (*Deckert* WE 1998, 82, 84). S.a. Rdn. 152.	153

154	**Aufwendungsersatz**	Die Zustimmungserklärung kann nicht deshalb verweigert werden, weil der Veräußerer einen Anspruch auf Ersatz von Aufwendungen geltend macht (*BayObLG* WE 1983, 26).
155	**Auskunftserteilung**	Die Nichterteilung einer Auskunft ist kein wichtiger Grund i.S.d. § 12 (*LG Itzehoe* ZMR 2012, 37; Bärmann/*Suilmann* Rn. 51; *F. Schmidt* WE 1998, 5, 12).
156	**Ausländische Personen**	Die Zustimmungserklärung kann nicht verweigert werden, weil der Erwerber eine türkische Ehefrau hat (*BayObLG* WuM 1981, 2156). S.a. Diskriminierung. Allerdings kann ein wichtiger Grund zur Versagung der Zustimmung darin liegen, dass bei einem ausländischen Erwerber mit russischer Staatsangehörigkeit ohne Wohnsitz in der EU die Durchsetzung von Ansprüchen nicht möglich wäre, weil es keine bilateralen Zustellungsabkommen und Anerkennungsverfahren für deutsche Gerichtsentscheidungen gibt (*AG Wedding* ZMR 2013, 127). Für die Gefährdungslage der Wohnungseigentümergemeinschaft macht es nämlich keinen Unterschied, ob der Erwerber über kein Vermögen verfügt oder er zwar vermögend ist, aber ein Zugriff darauf faktisch unmöglich ist (Niedenführ/*Vandenhouten* Rn. 43). Sieht die Teilungserklärung bei ausländischen Wohnungserwerbern die Bestellung eines inländischen Zustellungsbevollmächtigten in notariell beglaubigter Form vor, so stellt die Weigerung des Erwerbsinteressenten zur Beschaffung einer solchen Vollmacht einen wichtigen Grund für die Wohnungseigentümergemeinschaft zur Zustimmungsverweigerung zum Verkauf dar (*AG Hamburg* ZMR 2011, 67). Der Sitz eines Unternehmens im Ausland stellt für sich allein keinen Versagungsgrund dar (*Becker* ZWE 2001, 362).
157	**Baubehörde**	Maßnahmen der Baubehörde gegen einen Erwerber wegen der Verletzung bauordnungsrechtlicher Vorschriften (Veräußerung eines Pkw-Stellplatzes als selbstständiges Teileigentum an einen nicht zur Gemeinschaft gehörenden Dritten) rechtfertigen keine Zustimmungsversagung (*BayObLG* WE 1992, 142).
158	**Bauliche Veränderung**	Eine erforderliche Zustimmung kann nicht mit der Begründung verweigert werden, der Erwerbsinteressent habe die Eingangstür zu seiner Wohnung versetzen lassen, wenn die neue Position der Tür dem Teilungsplan entspricht (*LG Saarbrücken* NZM 1998, 675). S. Eigentümer.
159	**Betrug**	Eine strafrechtliche Verurteilung wegen Betruges im Zusammenhang mit der Vermietung einer Wohnung rechtfertigt die Zustimmungsverweigerung (*AG Siegburg* ZMR 2009, 240).
160	**Bordell**	s. Nutzung
161	**Briefkastenfirma**	Die Zustimmung zum Erwerb einer nachweislichen Briefkastenfirma kann versagt werden (Bärmann/*Suilmann* Rn. 50).
162	**Diskriminierung**	Kinderreiche Familien, studentische Wohngemeinschaften, Ausländer oder Angehörige anderer Religionsgemeinschaften können über § 12 WEG grundsätzlich nicht vom Erwerb abgehalten werden (vgl. *OLG Zweibrücken* MittBayNot 1994, 44).

	Die Verweigerung der Zustimmung aus Gründen der Diskriminierung ist sittenwidrig (Bärmann/*Suilmann* Rn. 51, der für § 138 BGB die Leitgedanken des AGG entsprechend heranziehen will; vgl. zu den Auswirkungen des AGG im Mietrecht *Schmidt-Räntsch* NZM 2007, 6). Zur Nichtigkeit solcher Regelungen im Eintragungsverfahren s. § 7 Rdn. 164. S.a. Ausländer, Kinderreiche, Wohngemeinschaften. Im Einzelfall kann jedoch insbesondere bei kleineren Gemeinschaften wegen ungewöhnlicher und ständig wechselnder Besuche, ortsunüblicher Lautstärke oder Überbelegung (vgl. *OLG Hamm* OLGZ 1993, 295; *OLG Frankfurt/M.* ZMR 1994, 378; *OLG Stuttgart* ZMR 1992, 508) eine Zustimmungsversagung in Betracht kommen (Staudinger/*Kreuzer* [2005] Rn. 50). Die negativen sozialen, ethischen und charakterlichen Eigenschaften des Erwerbers müssen aber für die anderen Miteigentümer unzumutbar sein; Unerwünschtsein genügt nicht (*AG Mettmann* WE 1990, 312; *F. Schmidt* WE 1998, 5, 7).	
Drohung	Versucht der Erwerber, eine erforderliche Zustimmung durch Drohung zu erreichen, stellt dies einen Versagungsgrund dar (*OLG Düsseldorf* ZMR 1997, 88).	163
Eidesstattliche Versicherung	Hat ein Erwerbsinteressent bereits die Eidesstattliche Versicherung (Vermögensauskunft) abgegeben, rechtfertigt dies eine Zustimmungsversagung (*Bärmann/Suilmann* Rn. 50; *Hügel/Elzer* Rn. 60; Staudinger/*Kreuzer* [2005] Rn. 49). S.a. Sicherheiten.	164
Einberufung der Eigentümerversammlung	Die eigenmächtige Einberufung einer Eigentümerversammlung berechtigt zur Versagung der Zustimmung (*AG Siegburg* ZMR 2009, 240).	165
Eigentümer	Ist der Erwerbsinteressent bereits Miteigentümer und durch gemeinschaftsschädigendes Verhalten aufgefallen (z.B. eigenmächtiger Umbau), rechtfertigt dies eine Versagung der Zustimmung (*OLG Düsseldorf* ZMR 1992, 68; *LG Köln* ZMR 2009, 552). Dies gilt auch für erhebliche Hausgeldrückstände (*LG Köln* ZMR 2009, 552; *LG Düsseldorf* WE 1991, 334). S. Gesellschaft und Verein.	166
Erwerbsvormerkung	Eine Versagung der Zustimmung ist trotz einer bereits eingetragenen Erwerbsvormerkung für den Erwerber noch möglich (*OLG Düsseldorf* ZMR 1998, 45).	167
»Genehmer« Erwerber	Die Wohnungseigentümer können nicht verlangen, dass Veräußerungen nur an ihnen genehme Erwerber erfolgen dürfen. Sie müssen vielmehr die Veräußerung an jeden beliebigen Erwerber hinnehmen, wenn kein wichtiger Grund gegen den Erwerb durch diese Person spricht (*OLG Köln* ZfIR 2002, 144). Ein solcher Grund kann in der Zugehörigkeit zu einer **verbotenen** Untergrund**organisation** liegen (Bärmann/*Suilmann* Rn. 50; *Müller*, 4. Aufl. Rn. 151).	168
Gesellschaft	Schlechte Erfahrungen mit der Veräußerung an eine andere **GmbH** können eine Versagung der Zustimmung ebenso wenig rechtfertigen wie die mit einer Veräußerung an eine GmbH generell verbundenen Gefahren (*BayObLG* WE 1989, 67; *LG Düsseldorf* ZMR 2016, 978; Staudinger/*Kreuzer* [2005] Rn. 49). Dies soll allerdings nicht für eine **unterkapitalisierte GmbH** gelten (*BayObLG* NJW-RR 1988, 1425; Staudinger/*Kreuzer* [2005] Rn. 49).	169

		Ist die als Eigentümerin eingetragene GmbH insolvent geworden, soll der Erwerb durch den Geschäftsführer eine Zustimmungsversagung rechtfertigen (*AG Mettmann* WE 1990, 213). War der alleinige Geschäftsführer einer GmbH schon früher Wohnungseigentümer in derselben Anlage und mit Wohngeldern in erheblicher Höhe rückständig, kann von einer finanziellen Unzuverlässigkeit der GmbH als Erwerberin auszugehen sein. Auf die Gesellschafterin der Erwerberin kommt es dann nicht mehr entscheidend an (*LG Düsseldorf* ZMR 2016, 978). Will eine **UG** (§ 5a GmbHG) ohne nennenswertes Eigenkapital erwerben, so stellt dies einen Versagungsgrund dar (Niedenführ/*Vandenhouten* Rn. 42). Wollen Wohnungseigentümer ihre mit Hausgeldrückständen belasteten Einheiten auf eine **GmbH & Co KG** übertragen, kann die Zustimmung verweigert werden, wenn diese über kein weiteres Vermögen als eben diese Wohnungen (»**Schrottimmobilien**«) verfügt (*Grziwotz* NZM 2009, 812). S. Eigentümer.
170	**Hausgeld**	Die Zustimmungserklärung kann nicht von einer vorherigen Zahlung des Hausgeldes abhängig gemacht werden (*KG* WE 1990, 86). Ein Rückstand des *Veräußerers* stellt keinen Versagungsgrund dar (*Brandenburgisches OLG* ZMR 2009, 703; *BayObLG* MittBayNot 1991, 290; *LG Frankfurt/M.* NJW-RR 1988, 598). Nutzt ein Erwerber die Wohnung bereits als Mieter, kann die Nichtzahlung des vertraglich übernommenen Hausgeldes ein Indiz für die fehlende Zahlungsfähigkeit oder -willigkeit sein und eine Versagung der Zustimmung rechtfertigen (*HansOLG Hamburg* OLGReport Hamburg 2004, 192; *OLG Düsseldorf* ZMR 1997, 430; **a.A.** *Drasdo* WuM 1997, 451; *Müller* WE 1998, 458, 459). Es dürfte Zurückhaltung geboten sein, da in den internen Rechtsbeziehungen zwischen Eigentümer und Mieter Gründe für eine Nichtzahlung bestehen können, die für die Beurteilung der Zahlungsfähigkeit oder -willigkeit nicht maßgeblich sind. Ist der Erwerber bereits Mitwohnungseigentümer und hat er erhebliche Wohngeldrückstände auflaufen lassen, so liegt ein wichtiger Versagungsgrund vor (*LG Köln* ZMR 2009, 552). Wenn bereits einigermaßen konkret absehbar erhebliche finanzielle Belastungen durch umfangreiche Sanierungsmaßnahmen auf den einzelnen Eigentümer zukommen, entspricht es einem berechtigten Interesse des Verwalters, auch die diesbezügliche Bonität zu klären (*LG Köln* NJW-RR 2015, 76).
171	**Hausordnung**	Die Weigerung des Erwerbers, die beschlossene Hausordnung zu befolgen (Haustierhaltung trotz Tierhaltungsverbot), stellt ebenso einen Versagungsgrund dar (*OLG Düsseldorf* ZMR 1998, 45) wie die voraussichtliche Nichteinhaltung der Reinigungsbestimmungen in der Hausordnung (Staudinger/*Kreuzer* 12. Aufl. Rn. 63).
172	**Insolvenz**	Die Eröffnung eines Insolvenzverfahrens über das Vermögen des Erwerbsinteressenten begründet i.d.R. ebenso die Vermutung mangelnder finanzieller Leistungsfähigkeit wie die Ablehnung der Eröffnung eines Insolvenzverfahrens mangels Masse (*Hügel/Elzer* Rn. 60). S. Eidesstattliche Versicherung.

Kaufvertrag	Die inhaltliche Gestaltung eines Kaufvertrages berechtigt ebenso wenig zur Versagung der Zustimmung (*OLG Frankfurt am Main*, ZMR 1994, 124) wie vermeintliche Fehler im Kaufvertrag. Die Zustimmung kann deshalb nicht mit der Begründung verweigert werden, der Veräußerer habe Teile des Gemeinschaftseigentums mitverkauft (*KG* ZWE 2002, 131; Bärmann/*Suilmann* Rn. 51). Die unzutreffende Erklärung des Veräußerers im Kaufvertrag, es bestünden keine Hausgeldrückstände, stört nicht (*BayObLG* WE 1984, 60).	173
Kinderreiche	S. Diskriminierung	174
Konkurrenzschutz	Konkurrenzschutzerwägungen stellen i.d.R. keinen wichtigen Grund zur Versagung einer vereinbarten Veräußerungszustimmung i.S.d. § 12 Abs. 2 WEG dar (*OLG Frankfurt/M.* NJOZ 2007, 4189).	175
Kostenübernahme	Die Zustimmungserklärung kann nicht von der Kostenübernahme durch den Veräußerer abhängig gemacht werden (*OLG Hamm* WE 1989, 173).	176
Kostenvorschuss	s. Auflagen/Bedingungen	177
Lärm	Gelegentliches lautes Zuschlagen einer Tür oder zu lautes Radiohören können keine Zustimmungsversagung begründen (*OLG Köln* WE 2001, 103).	178
Lebensgefährte	Die Zustimmung kann versagt werden, wenn der Lebensgefährte des Veräußerers die Wohnung erwerben soll und in der Vergangenheit durch provozierendes, beleidigendes und lärmendes Verhalten immer wieder für Streit mit anderen Wohnungseigentümern gesorgt hat (*BayObLG* ZMR 2002, 289). Zur Zurechenbarkeit des Verhaltens Dritter s. ausf. *Häublein* ZMR 2014, 777.	179
Majorisierung	Eine drohende Majorisierung kann allenfalls dann einen Versagungsgrund darstellen, wenn Anhaltspunkte für eine unsachgemäße oder gesetzeswidrige Ausübung des Stimmrechts bestehen (*LG Braunschweig* ZMR 2011, 158).	180
Meinungsverschiedenheiten	Meinungsverschiedenheiten zwischen dem Erwerber und einem anderen Wohnungseigentümer oder dem Verwalter, Spannungen oder Vorkommnisse, wie sie in jedem Gemeinschafts- und Nachbarschaftsverhältnis immer wieder einmal auftreten können, sowie unerwünschte Eigenschaften oder bloße Antipathie berechtigen nicht zur Versagung der Zustimmung (*BayObLG* WE 1995, 375; *OLG Frankfurt am Main* NZM 2006, 380; *LG Itzehoe* ZWE 2012, 180; Bärmann/*Suilmann* Rn. 51). Die Verknüpfung mit der Auseinandersetzung über eine andere, in den bisherigen Verhältnissen begründete Streitfrage widerspricht dem Zweck des § 12 WEG (*OLG Hamm* NJW-RR 1992, 785; *OLG Frankfurt am Main* NZM 2006, 380). Aus belastenden Einzelvorfällen im Zusammenhang mit einer gerichtlichen Auseinandersetzung kann nicht für die Zukunft auf die Unzumutbarkeit eines Erwerbers für die Eigentümergemeinschaft geschlossen werden (*OLG Zweibrücken* ZMR 2006, 219).	181
Mietrückstand	Hat der Erwerbsinteressent bereits als Mieter seine Miete nicht oder nicht rechtzeitig gezahlt, rechtfertigt dies eine Zustimmungsversagung (*OLG Köln* NJW-RR 1996, 1296). S.a. Rdn. 170.	182
Minderjährige	s. Sicherheiten	183

184	**Nutzung**	Die Veräußerung einer bisher ohne eine entsprechende Verpflichtung als Hausmeisterwohnung vermieteten Wohnung an einen Erwerber, der sie selbst nutzen möchte, stellt keinen Versagungsgrund dar (*BayObLG* BayObLGZ 1972, 348). Die Absicht des Erwerbers, eine bisher geduldete zweckwidrige Nutzung nach dem Erwerb fortzusetzen, rechtfertigt keine Versagung der Zustimmung (*BayObLG* NJW-RR 1990, 657). Die Gefahr einer zweckwidrigen Nutzung als Bordell bei Erwerb einer Wohnung durch eine Prostituierte rechtfertigt die Versagung der Zustimmung (*KG* Rpfleger 1978, 382; *Gottschalg* FS Deckert 2002, 161, 169; *Müller*, 4. Aufl., Rn. 145). Beabsichtigt der Erwerber, die Wohnung dem früheren Eigentümer zur Nutzung zu überlassen, rechtfertigt dies eine Zustimmungsversagung, wenn der frühere Eigentümer wegen Störung des Gemeinschaftsfriedens zur Veräußerung verurteilt wurde (*BayObLG* ZMR 1998, 790). Die Gefahr einer bestimmungswidrigen Nutzung durch einen Gewerbetreibenden, Arzt oder Rechtsanwalt kann eine Zustimmungsversagung rechtfertigen, wenn durch die Änderung des Bestimmungszweckes der bisherige reine Wohncharakter des Gebäudes beeinträchtigt wird (*Bärmann/Suilmann* Rn. 50; ähnlich Staudinger/*Kreuzer* [2005] Rn. 49; vgl. auch *OLG Düsseldorf* WE 1997, 78 und *HansOLG Hamburg* WE 1995, 43). Hat ein Erwerber den von ihm im Rahmen eines Sondernutzungsrechts genutzten Stellplatz einer Nachbar-WEG als Müllabladeplatz zur Verfügung gestellt, rechtfertigt dies eine Zustimmungsversagung (*LG Köln* ZMR 2009, 552).
185	**Prozesskostenhilfe**	Wurde dem Erwerbsinteressenten in einem Zivilprozess Prozesskostenhilfe über zwei Instanzen ohne Ratenzahlung bewilligt, stellt dies keinen Grund für die Versagung der Zustimmung gem. § 12 WEG dar (*LG Itzehoe* ZMR 2012, 37).
186	**Rauchwarnmelder**	Die Verweigerung eines nach der LBauO vorgeschriebenen Einbaus von Rauchwarnmeldern als Nutzer stellt keinen wichtigen Grund zur Versagung der Zustimmung dar (*LG Itzehoe* ZMR 2012, 37).
187	**Reparaturarbeiten**	Die Nichtvornahme von geforderten Reparaturarbeiten seitens des Erwerbsinteressenten berechtigt nicht zur Zustimmungsversagung (*OLG Hamm* NJW-RR 1993, 280).
188	**Rückstand**	S. Hausgeld
189	**Sicherheiten**	Fehlende Sicherheiten – insbesondere kein eigenes Einkommen oder Vermögen – zur Erfüllung der Hausgeld- und Finanzierungsverpflichtungen können zur Versagung der Zustimmung führen (*OLG Düsseldorf* ZMR 1997, 430; *OLG Köln* NJW-RR 1996, 1296), wobei das Vermögen des Ehegatten nicht zu berücksichtigen ist, wenn er für die Verbindlichkeiten nicht haftet *LG Köln* ZMR 2000, 704). Zu Minderjährigen als Erwerber s. *KG* ZMR 1990, 68. S.a. Eidesstattliche Versicherung.
190	**Streitsucht**	Streitsucht rechtfertigt Zustimmungsversagung (*OLG Zweibrücken* NJW-RR 1994, 1103; *OLG Frankfurt am Main* NZM 2006, 380; *Liessem* NJW 1988, 1306).

Strohmann	s. Nutzung	191

Verein	Tritt ein Verein als Erwerbsinteressent auf, dessen Vorstand als früherer Miteigentümer Hausgeldrückstände hatte, so rechtfertigt dies eine Zustimmungsversagung (*AG Hannover* NZM 2002, 991). S. Eigentümer.	192

Vollmachtserteilung	Bei der abschnittsweisen Errichtung von Mehrhausanlagen kann die Zustimmung zu einer Veräußerung gem. § 12 WEG nicht davon abhängig gemacht werden, dass der Zweiterwerber auch die vom Ersterwerber erteilte Vollmacht an den Bauträger bestätigt (*Armbrüster* ZMR 2005, 244, 249; Bärmann/*Suilmann* Rn. 51; *Häublein* DNotZ 2000, 442, 454 f.; Staudinger/*Kreuzer* [2005] Rn. 41 u. tendenziell [2018] Rn. 64; **a.A.** *Hügel* DNotZ 2003, 517, 522 ff.).	193

Wohngemeinschaften	s. Diskriminierung	194

Wohnsitz	Ein Interessent ohne festen Wohnsitz oder ohne ordnungsgemäße Anmeldung begründet für die Wohnungseigentümergemeinschaft eine Ausfallgefahr (Niedenführ/*Kümmel*/ *Vandenhouten* Rn. 42; s. auch Rn. 156).	195

Zwangsvollstreckung	s. Eidesstattliche Versicherung u. Insolvenz	196

Zwangsvollstreckungsunterwerfung	Gemeinschaftsordnungen sehen vielfach eine Verpflichtung zur Unterwerfung unter die sofortige Zwangsvollstreckung wegen Hausgeldrückständen vor. Die Nichterfüllung einer solchen Vollstreckungsunterwerfungspflicht soll allerdings als unzulässige (arg e Abs. 2 Satz 2) Erweiterung des Versagungsrechts anzusehen sein (Staudinger/*Kreuzer* [2018] Rn. 67).	197

IV. Wirkung der Versagung

Wird eine erforderliche Zustimmung **verweigert**, ist der Vertrag **endgültig unwirksam** (*BGH* NJW 198 2012, 3232 = ZMR 2012, 972 = ZWE 2012, 499; *OLG Hamm* WE 1993, 52; Weitnauer/*Lüke* Rn. 13). Dies gilt jedoch nicht, wenn eine erforderliche Zustimmung lediglich vorläufig und unter Erteilung von Auflagen verweigert wird (*HansOLG Hamburg* ZMR 2003, 863). Die Zustimmung gilt erst mit der Rechtskraft einer Entscheidung nach § 43 WEG als verweigert (*OLG Hamm* WuM 1997, 289; Bamberger/Roth/*Hügel* Rn. 12). Da die Zustimmung nur einheitlich sowohl zum schuldrechtlichen als auch zum dinglichen Vertrag erteilt werden kann (Rdn. 96), sind bei endgültiger Versagung auch beide Rechtsgeschäfte endgültig unwirksam (*AG Hamburg-St. Georg* ZMR 2023, 831; *Hügel/Elzer* Rn. 69 a.E.). Nur auf diese Weise kann eine andernfalls fortbestehende schuldrechtliche Bindung der Parteien – allerdings ggf. um den Preis einer Neubeurkundung – aufgelöst werden.

Wird eine erforderliche Zustimmung pflichtwidrig verweigert bzw. verspätet oder nicht den grund- 199 buchmäßigen Anforderungen genügend erteilt, können dem **Veräußerer Schadensersatzansprüche** aus Pflichtverletzung gem. § 280 BGB (früher: positiver Vertragsverletzung) zustehen (*OLG Brandenburg* ZMR 2009, 703; *OLG Düsseldorf* ZMR 2003, 956; *LG Karlsruhe* ZWE 2017, 362; *LG Essen* ZMR 1994, 172; Bärmann/*Suilmann* Rn. 58) bzw. für entstandenen Verzugsschaden gem. § 286 BGB (so *BayObLG* NZM 2003, 481; *BayObLG* WE 1993, 349; *Müller*, 4. Aufl. Rn. 128). Dazu gehören auch die Rechtsverfolgungskosten infolge einer unbegründet verweigerten Zustimmung (Bärmann/*Suilmann* Rn. 61 unter Hinweis auf *BGH* NJW 2018, 935). Tritt der Käufer wegen der verweigerten Zustimmung vom Kaufvertrag zurück, kann der Veräußerer auch Schadensersatz wegen Nichterfüllung verlangen (*LG Frankfurt/M.* NJW-RR 1989, 15). An das Vorliegen einer schuldhaft pflichtwidrigen Zustimmungsversagung sind aber hohe Anforderungen zu stellen. Nicht ausreichend ist, dass die Beurteilung der Sache zweifelhaft ist und sowohl für die Erteilung als auch für die Versagung der Zustimmung gute Gründe sprechen. Die Einschätzung des Verwalters über das Vorliegen eines wichtigen Grundes unterliegt einem Beurteilungsspielraum (*BGH* ZfIR 2020, 345 = ZMR 2020, 422 = ZWE 2020, 188). Der Antrag auf Feststellung der Schadensersatzpflicht wegen der Verweigerung der Verwalterzustimmung ist auch zulässig, wenn im Zeitpunkt der Klageerhebung nur eine teilweise Bezifferung möglich ist (*Brandenburgisches OLG* ZMR 2009, 703). Zur Erteilung der Zustimmung ohne die für einen Grundbuchvollzug erforderlichen Voraussetzungen s. auch Rdn. 132. Da der Erwerber weder zu den übrigen Wohnungseigentümern noch zum Verwalter in einer Rechtsbeziehung steht, sind die Genannten dem **Erwerber** gegenüber nicht zum Schadensersatz verpflichtet (Hügel/*Elzer* Rn. 73; Weitnauer/*Lüke* Rn. 12 S. 317). Schadensersatzansprüche der **übrigen Wohnungseigentümer** können allenfalls dann in Betracht kommen, wenn ein wichtiger Grund bei Erteilung der Zustimmung bereits vorlag und vom zustimmenden Verwalter hätte erkannt werden können. Schuldner des Schadenersatzanspruchs ist dann aber entgegen der bisherigen Rechtsauffassung die rechtsfähige GdWE selbst, vertreten durch den WEG-Verwalter. Der WEG-Verwalter handelt jetzt nicht mehr als mittelbarer Stellvertreter oder Treuhänder der GdWE, sondern als deren Organ; vgl. Rdn. 106 (*BGH* NJW 2024, 2173; *BGH* ZMR 2023, 900 = ZWE 2023, 399)..

H. Ersetzung der Zustimmung

I. Vorschaltverfahren

200 In Betracht kommen kann zunächst ein sog. internes **Vorschaltverfahren**, wenn die Wohnungseigentümer für den Fall der Zustimmungsversagung durch den Verwalter die Anrufung der Eigentümerversammlung vereinbart haben (vgl. *OLG Zweibrücken* NJW-RR 1994, 1103; *OLG Hamm* WE 1993, 52 *Gottschalg* FS Deckert 2002, S. 161, 164). Auch ohne eine entsprechende Vereinbarung bleiben die Wohnungseigentümer für die Entscheidung zuständig, sodass sie eine den Verwalter bindende Regelung treffen können (vgl. *Bub* NZM 2001, 502; *Gottschalg* FS Deckert 2002, S. 161, 172; *Müller*, 4. Aufl. Rn. 124) oder eine eigene Entscheidung des Verwalters ersetzen können, soweit die Zustimmung noch nicht erteilt ist (vgl. *OLG Hamm* ZWE 2002, 42; Weitnauer/*Lüke* Rn. 12 S. 316). Auch ist der Verwalter berechtigt, die Wohnungseigentümer um Erteilung einer Weisung anzugehen, wenn ernsthafte Zweifel bestehen, ob ein wichtiger Grund für die Versagung der Zustimmung vorliegt (*Müller*, 4. Aufl. Rn. 125). An dieser Möglichkeit hat sich durch das WEMoG nichts geändert.

II. Gerichtliche Ersetzung

201 Voraussetzung für eine gerichtliche Ersetzung wäre zunächst die gerichtliche Feststellung der Ungültigkeit eines gegen § 12 Abs. 2 S. 1 WEG verstoßenden Versagungsbeschlusses, wenn dieser lediglich anfechtbar wäre. Wegen des zwingenden Charakters der Bestimmung nahm die h.M. jedoch lange die Nichtigkeit des die Zustimmung verweigernden Beschlusses an, die allerdings festzustellen ist. Für die Beurteilung des Anspruches kommt es danach auf die tatsächlichen Verhältnisse zum Zeitpunkt der letzten mündlichen Verhandlung in den Tatsacheninstanzen an (*OLG Köln* ZMR 2010, 55; *BayObLG* NZM 2003, 481; *OLG Hamm* NJW-RR 1993, 279; *LG Braunschweig* ZMR 2011, 158; *Bärmann/Wenzel* 10. Aufl. Rn. 47; Köhler/Bassenge/*Fritsch* Teil 17 Rn. 73; **a.A.** *Müller*, 4. Aufl. Rn. 127, offen gelassen vom *HansOLG Hamburg* ZMR 2005, 565). Nunmehr hat der *BGH* jedoch für die Praxis geklärt, dass auch bei einer zu Unrecht erfolgenden Annahme eines wichtigen Grundes ein die Zustimmung versagender Beschluss wegen der damit verbundenen Beendigung des Schwebezustandes im Regelfall bestandskräftig wird (*BGH* NJW 2012, 3232 = ZMR 2012, 972 = ZWE 2012, 499 im Anschluss an Bärmann/*Klein* 11. Aufl. Rn. 42).

202 Wird die Zustimmung zur Veräußerung ohne Vorliegen eines wichtigen Grundes versagt, kann eine **Ersetzung der Zustimmung** im Verfahren gem. § 43 Abs. 2 WEG erfolgen, wenn die Zustimmungsberechtigung einem Wohnungseigentümer (Nr. 1) oder dem Verwalter (Nr. 3) zusteht (*BGH* ZWE 2014, 140). Der Antrag muss auf »Verpflichtung zur Erteilung der Zustimmungserklärung« lauten. Passiv legitimiert ist jetzt in dem häufigsten Anwendungsfall einer vereinbarten Verwalterzustimmung nach dem durch das WEMoG geänderten Verständnis allein die rechtsfähige GdWE (*BGH* NJW

2024, 2173; *BGH* ZMR 2023, 900 = ZWE 2023, 399; Bärmann/*Suilmann* Rn. 55; BeckOK WEG/*Hogenschurz* Rn. 72; BeckOGK WEG/*Skauradszun* Rn. 42; Grüneberg/*Wicke* Rn. 13; **a.A.** *AG Heidelberg* ZMR 2021, 523 = ZWE 2021, 269 m. abl Anm. *Hogenschurz; Hügel/Elzer* Rn. 71). Der WEG-Verwalter handelt lediglich als deren Organ. Zustimmungsklagen sind ausschließlich gegen die rechtsfähige GdWE zu richten; dies gilt gem. § 47 WEG auch für Altvereinbarungen, die vor dem 01.12.2020 getroffen worden sind (*BGH* NJW 2024, 2173; *BGH* ZMR 2023, 900 = ZWE 2023, 399).

III. Vollstreckung

Eine fehlende Zustimmung kann trotz eines bestehenden Anspruchs **nicht unmittelbar gerichtlich ersetzt** werden (Erman/*Grziwotz* Rn. 3; Grüneberg/*Wicke* Rn. 13; Weitnauer/*Lüke* Rn. 12; a.A. noch *BayObLG* NJW 1973, 152). Die Zustimmungserklärung gilt vielmehr gem. § 894 ZPO mit Rechtskraft der Entscheidung als abgegeben (noch zum alten Recht unter Hinweis auf den früheren § 45 Abs. 3 WEG: *BayObLG* Rpfleger 1977, 172 unter ausdrücklicher Aufgabe der zuvor genannten Entscheidung; Erman/*Grziwotz* Rn. 3; Weitnauer/*Lüke* Rn. 12). Ergeht demgemäß die gerichtliche Entscheidung in letzter Instanz, wird diese mit ihrem Erlass rechtskräftig und die Zustimmungserklärung gilt als abgegeben (*OLG Zweibrücken* ZMR 2006, 219). Das Grundbuchgericht kann daher den Eigentumswechsel eintragen, wenn ihm die Auflassung und eine rechtskräftige Verpflichtung zur Erteilung der erforderlichen Zustimmung vorgelegt werden (*Demharter* Anh. zu § 3 Rn. 38). 203

I. Gerichtsgebühren

Die **Eintragung** einer Veräußerungsbeschränkung zusammen **mit der Aufteilung** stellte sich bereits unter der Herrschaft der früheren KostO als gebührenfreies Nebengeschäft dar, weil die Gebühr des § 76 Abs. 1 KostO alle Eintragungen zum Gegenstand und Inhalt des Sondereigentums abgalt (*K/L/B/R* § 76 Rn. 16). Dies gilt auch für die Kostenberechnung nach dem GNotKG. 204

Die **nachträgliche Eintragung** einer Veräußerungsbeschränkung ist als Inhaltsänderung des Sondereigentums zu behandeln (so auch schon früher *K/L/B/R* § 64 KostO Rn. 29). Dementsprechend wird jetzt gem. Nr. 14160 Nr. 5 KV GNotKG eine Festgebühr i.H.v. 50,– € für jede betroffene Einheit zu erheben sein (vgl. *Wilsch* ZfIR 2014, 513, 516). 205

Die **separate Löschung** einer eingetragenen Veräußerungsbeschränkung ist kostenrechtlich ebenfalls als Inhaltsänderung des Sondereigentums zu behandeln und löst damit für jede betroffene Sondereigentumseinheit eine Festgebühr i.H.v. 50,– € gem. Nr. 14160 Nr. 5 KV GNotKG aus (*OLG München* Rpfleger 2016, 58; *Wilsch* ZfIR 2014, 513, 517). Durch das WEMoG wurde in der genannten KV-Nr. die max. zu erhebende Gebühr für gleichzeitig beantragte Löschungen auf 100,-€ begrenzt. 206

Der Geschäftswert eines **Verfahrens auf Erteilung der Zustimmung** zur Veräußerung eines Wohnungseigentums wird nach neuerer Auffassung regelmäßig mit 10 % bis 20 % des vereinbarten Kaufpreises zu bemessen sein (*KG* GE 2017, 1228; *OLG Celle* ZWE 2011, 93; *OLG Frankfurt am Main* NZM 2009, 624; *OLG Frankfurt am Main* ZWE 2008, 308; *OLG Zweibrücken* ZMR 2006, 219; *BayObLG* NZM 2002, 255 = ZMR 2002, 289; *OLG Hamm* WE 1993, 52; *OLG Hamm* Rpfleger 1992, 294; *KG* ZMR 1990, 68; BayObLGZ 1990, 24). Dem ist der *BGH* für eine rechtsgeschäftliche Veräußerung noch vor Inkrafttreten des WEMoG dahingehend gefolgt, dass sich der Streitwert bei Klagen über die Zustimmung zur Veräußerung gem. § 49a GKG a.F. in der Regel auf 20 % des Verkaufspreises des Wohnungseigentums beläuft (*BGH* NZM 2018, 824 = ZMR 2018, 1027; *BGH* NJW-RR 2018, 775 = ZMR 2018, 684). Das maßgebliche Kosteninteresse liegt nämlich nur in der Verzögerung, nicht aber im gänzlichen Wegfall der Veräußerung. Diese Grundsätze gelten auch dann, wenn die Veräußerung im Wege der Zwangsversteigerung erfolgt; das Interesse ist hier in der Regel auf 20 % des Meistgebots zu schätzen (*BGH* ZMR 2019, 357). Die **a.A.** – maßgebend sei der volle Kaufpreis – (zuletzt *OLG Hamm* ZWE 2015, 284; *OLG München* ZWE 2014, 335; *LG Itzehoe* ZMR 2016, 331; Erman/*Grziwotz* Rn. 3; Grüneberg/*Wicke* Rn. 13; Staudinger/*Kreuzer* 207

Rn. 83) ist damit überholt. Die Obergrenze von 20 % wird allerdings nur bei einem verhältnismäßig geringen Wert einer Wohnung zu wählen sein; bei einem hohen Wert dürften hingegen 10 % des Verkaufspreises angemessen sein (*KG* ZMR 2007, 553 = NZM 2008, 47; *OLG Düsseldorf* NZM 2005, 787 = ZMR 2005, 971; *BayObLGZ* 1990, 24, 28). Das WEMoG hat nichts daran geändert, dass der Streitwert einer Klage auf Erteilung der Zustimmung zur Veräußerung des Wohnungseigentums in der Regel 20 % des Verkaufspreises des Wohnungseigentums beträgt (*BGH* ZMR 2023, 900 = ZWE 2023, 399).

§ 13 Rechte des Wohnungseigentümers

(1) Jeder Wohnungseigentümer kann, soweit nicht das Gesetz entgegensteht, mit seinem Sondereigentum nach Beheben verfahren, insbesondere dieses bewohnen, vermieten, verpachten oder in sonstiger Weise nutzen, und andere von Einwirkungen ausschließen.

(2) Für Maßnahmen, die über die ordnungsmäßige Instandhaltung und Instandsetzung (Erhaltung) des Sondereigentums hinausgehen, gilt § 20 mit der Maßgabe entsprechend, dass es keiner Gestattung bedarf, soweit keinem der anderen Wohnungseigentümer über das bei einem geordneten Zusammenleben unvermeidliche Maß hinaus ein Nachteil erwächst.

Neuere Literatur:

Abramenko, Hausverbot für einen Nichtwohnungseigentümer durch Mehrheitsbeschluss, ZWE 2011, 442 f.; *ders.*, Verteidigungsmöglichkeiten des Eigentümers und des Nutzers von Sondereigentum gegen Gebrauchsbeschränkungen, IMR 2018, 225–230; *Bonifacio*, Gemeinschaftswidriges Nutzungsverhalten des Mieters, ZWE 2013, 196–199; *Brandt*, Die Folgen einer missglückten Sondereigentumszuweisung in der Teilungserklärung, WuM 2016, 647–651; *Dötsch*, Der Unterlassungsanspruch bei rechtswidriger Nutzung des vermieteten Sondereigentums, WuM 2017, 493–502; *Drasdo*, Die Begründung von Kostentragungspflichten bei der Einräumung von Sondernutzungsrechten, RNotZ 2018, 94–99; *Falkner*, Sondernutzungsrechte – Übertragung und gestreckte Begründung, ZNotP 2017, 251–161; Hogenschurz, Fehler bei gestreckter Begründung von Sondernutzungsrechten, WuM 2018, 194–195; *Jacoby*, Ahndung von Verstößen eines Mieters gegen Gebrauchsregelungen der Eigentümer, ZWE 2012, 70–75; *ders.*, Gebrauchsbeschränkungen bei Wohnungseigentum und Miete, ZMR 2012, 669–676; *Lutz*, Das gemeinschaftliche Sondernutzungsrecht in der notariellen Praxis, NotBZ 2014, 209–214; *Riecke*, Wohnungseigentum – Aktuelle Entwicklungen zu Eigentums- und Nutzungsrechten, baulichen Maßnahmen und Verfahren, MDR 2018, 121–125; *Suilmann*, Ausübungsbefugnis der Eigentümergemeinschaft für gemeinschaftsbezogene und sonstige Rechte und Pflichten nach § 10 Abs. 6 Satz 3 WEG, ZWE 2013, 302–307; *Tank*, Sondernutzungsrechte, MietRB 2016, 275–280.

Übersicht — **Rdn.**

A. Befugnisse beim Gebrauch des Sondereigentums (§ 13 Abs. 1 WEG)

I. Neuerungen durch das WEMoG

1 § 13 Abs. 1 WEG wurde durch das WEMoG kaum verändert. Der Gesetzgeber strich die Einschränkung, wonach Rechte Dritter der Nutzung des Sondereigentums nicht entgegenstehen dürfen. Dies ändert an der bisherigen Rechtslage nichts, da es sich um eine Selbstverständlichkeit handelt und diese Rechte ohnehin (etwa durch Dienstbarkeiten) anderweitig geregelt sind. Ferner kürzte der Gesetzgeber die ursprüngliche Formulierung, die auf die im Sondereigentum stehenden Gebäudeteile Bezug nahm, und redet nur noch vom Sondereigentum. Dies stellt lediglich eine Folgeänderung zu § 3 Abs. 1 S. 2, Abs. 2 WEG, wonach nunmehr auch am Grundstück Sondereigentum begründet werden kann. Die bisherige Regelung zum Mitgebrauch des gemeinschaftlichen Eigentums in § 13 Abs. 2 S. 1 WEG a.F. findet sich nunmehr fast wort- und vollständig inhaltsgleich in § 16 Abs. 1 S. 2 WEG. Die Regelung zu den Nutzungen wurde mit Präzisierung der »Früchte«, an deren Stelle nunmehr die »Nutzungen« getreten sind, in § 16 Abs. 1 S. 1 WEG übernommen. An die Stelle dieser Vorschriften sind in der Neufassung von § 13 Abs. 2 WEG Regelungen zu baulichen Maßnahmen im Sondereigentum getreten. Die Rechte und Pflichten im Hinblick auf das Gemeinschaftseigentum sind nunmehr in § 16 WEG konzentriert, weshalb nun auch die Kommentierung des Sondernutzungsrechtes dort angesiedelt ist.

II. Die Befugnisse des Sondereigentümers

2 § 13 Abs. 1 WEG lehnt sich im Wortlaut an § 903 BGB an und macht dadurch klar, dass das Sondereigentum nicht nur als beschränkt dingliches Recht, sondern als **echtes Eigentum** konzipiert ist (*BGH* – V ZB 9/67, BGHZ 49, 251; *BGH* – V ZB 27/90, ZMR 1992, 167 = NJW 1992, 979; *Jennißen/Schultzky* § 13 Rn. 1). Die (positiven) Befugnisse nach § 13 Abs. 1 WEG zur Nutzung nach Belieben erstrecken sich dabei nur auf die im Sondereigentum stehenden Gebäudeteile und Räume; ansonsten besteht nur eine Berechtigung nach § 16 Abs. 1 Satz 2 WEG (vgl. *BGH* – V ZR 182/87, BGHZ 107, 293 f.). Demgegenüber sind die (negativen) **Befugnisse zur Abwehr** der Einwirkung Dritter gegenüber § 903 BGB insoweit eingeschränkt, als der Wohnungseigentümer andere nicht von jeder Einwirkung ausschließen kann. Dies spiegelt die Duldungspflichten aus dem Gemeinschaftsverhältnis wider, denen der Alleineigentümer eines Grundstücks nicht unterworfen ist (BT-Drs. 1/252, S. 24).

III. Die Nutzungsmöglichkeiten

1. Die Bedeutung der gesetzlichen Beispiele

a) Bewohnen und Gebrauchen

3 Die in § 13 Abs. 1 WEG angeführten Möglichkeiten der Nutzung sind nur die wichtigsten, teilweise, wie insbesondere das Bewohnen, selbstverständlichen Beispiele der Nutzung. Dabei ist dem Wohnungseigentümer ohne ausdrückliche Einschränkung durch Gemeinschaftsordnung oder Beschluss **jede gesetzlich zulässige Nutzung** gestattet, die auch dem Alleineigentümer offen stünde, also etwa die Haustierhaltung (*KG* NJW 1992, 2577 f.) und das Musizieren außerhalb der Ruhezeiten (vgl. *BayObLG* ZMR 2002, 65). Darüber hinaus kann der Eigentümer seine Wohnung bzw. sein Teileigentum auch (in Verbindung mit dem Miteigentumsanteil) **veräußern** (*OLG Zweibrücken* ZMR 1994, 419 = NJW-RR 1994, 1103) oder dinglich belasten (*Jennißen/Schultzky* § 13 Rn. 6). Die Rechte aus § 13 umfassen auch die Möglichkeit, das Sondereigentum nicht zu nutzen (*Jennißen/Schultzky* § 13 Rn. 10). Möglich ist auch seine **bauliche Umgestaltung**, etwa die Auswechselung des Bodenbelags (*OLG Düsseldorf* ZMR 2002, 70), sofern dies andere Miteigentümer nicht beeinträchtigt. Der Gebrauch des Sonder- und besonders des Teileigentums umfasst auch die Anbringung ortsüblicher, branchenspezifischer **Werbung** etwa im Schaufenster für eine zulässigerweise ausgeübte Gewerbetätigkeit (*KG* NJW-RR 1995, 334; *BayObLG* ZMR 2001, 124; *OLG Karlsruhe* ZMR 2002, 219).

b) Grenzen des (Wohn-)Gebrauchs

4 Der zulässige Gebrauch findet seine **Grenzen gem. § 14 Abs. 1, 2 WEG** dort, wo gesetzliche Regelungen, Vereinbarungen oder Beschlüsse entgegenstehen oder das Sondereigentum der anderen Miteigentümer mehr als in unvermeidlichem Umfang beeinträchtigt wird. So ist die Aufstellung von Waren oder Ausstellungskästen in gemeinschaftlichen Räumen oder eine zu deutlich verstärkter Inanspruchnahme des Gemeinschaftseigentums führende gewerbliche Nutzung von Sondereigentum etwa als Pension unzulässig (vgl. i.E. u. § 14 Rdn. 18 ff.).

2. Die Vermietung und Verpachtung

a) Zulässigkeit kraft Gesetzes

5 Die in der Praxis bedeutsamste Nutzungsmöglichkeit neben dem Bewohnen ist wohl die Vermietung und Verpachtung. Sie ist grundsätzlich keine (unzulässige) gewerbliche Nutzung von Wohnungseigentum, auch wenn sie der dauerhaften Gewinnerzielung dient (*KG* ZMR 2008, 407). In der Gemeinschaftsordnung, nicht jedoch durch Mehrheitsbeschluss, kann die Vermietung ähnlich wie die Veräußerung von der **Zustimmung** des Verwalters oder der Eigentümer(versammlung) abhängig gemacht werden, deren Versagung aber analog § 12 WEG nur aus wichtigem Grund möglich ist (*BayObLG* ZMR 1988, 106 = NJW-RR 1988, 18). Die Zustimmung zur Vermietung von Wohnungseigentum kann dann nicht auf die Nichtvorlage des Mietvertrages gestützt werden (*BGH* v. 25.09.2020 – V ZR 300/18, ZfIR 2021, 128 = ZMR 2021, 259 = ZWE 2021, 120). Erst recht kann die Vermietung auch im Einzelfall nicht durch Mehrheitsbeschluss untersagt werden (a.A., aber abwegig *AG Hamburg-Wandsbek* ZMR 2012, 305). Dabei kann die beabsichtigte Nutzung durch den Mieter ein Grund für eine Versagung der Zustimmung sein (*BayObLG* NJW-RR 1988, 18). Das Erfordernis einer Zustimmung zur Vermietung erfasst aber nicht die unentgeltliche Nutzungsüberlassung (*OLG München* ZMR 2010, 469). Die Möglichkeit zur Vermietung des Sondereigentums schließt die Befugnis ein, das Recht zum **Mitgebrauch des gemeinschaftlichen Eigentums** auf Dritte zu übertragen (*BVerfG* ZMR 2010, 207; *OLG Düsseldorf* ZMR 1996, 97; NJW-RR 2005, 164; ZMR 1998, 182 f.). Diese Befugnis umfasst aber nur die Nutzung in dem von der Gemeinschaftsordnung gezogenen Rahmen. Der vermietende Eigentümer kann seinem Mieter daher nicht unter Änderung des Nutzungszwecks gestatten, eine Gemeinschaftsfläche als Biergarten für seine Gastwirtschaft zu nutzen (*AG Hamburg-St. Georg* ZMR 2012, 403 f.; allg. s. gleich u. Rdn. 8 ff.).

b) Beschränkungen der Vermietung

6 In der Gemeinschaftsordnung oder durch nachträgliche Vereinbarung kann die Vermietung allerdings eingeschränkt oder sogar ausgeschossen werden. Ferner kann die Vermietung ähnlich wie die Veräußerung von der Zustimmung des Verwalters oder der Eigentümer(versammlung) abhängig gemacht werden, deren Versagung aber analog § 12 WEG nur aus wichtigem Grund möglich ist (*BayObLG* ZMR 1988, 106 = NJW-RR 1988, 18). Durch Mehrheitsbeschluss ist dies allenfalls dann möglich, wenn es eine Öffnungsklausel erlaubt ist. Hier ist allerdings Vorsicht geboten, da eine allgemeine Öffnungsklausel nicht zugleich materiell-rechtlich die Zustimmung zu jeder künftigen Änderung der Gemeinschaftsordnung darstellt. Schranken ergeben sich aus unverzichtbaren Rechten, die durch Mehrheitsbeschluss nicht entzogen werden können, aber auch aus unentziehbaren Rechten, auf die ein Wohnungseigentümer verzichten kann. Hierzu gehört nach Auffassung des *BGH* auch das Recht zur (kurzfristigen) Vermietung von Sondereigentum. Denn hierbei handelt es sich nach Auffassung des *BGH* um eine Zweckbestimmung, deren Änderung oder Einschränkung die Nutzung des Sondereigentums in substanzieller Weise betrifft (*BGH* ZMR 2019, 619 = GE 2019, 737 = NJW 2019, 2083 Rn. 15 ff.) Erst recht kann die Vermietung auch im Einzelfall nicht durch Mehrheitsbeschluss untersagt werden (a.A., aber abwegig *AG Hamburg-Wandsbek* ZMR 2012, 305). Dabei kann die beabsichtigte Nutzung durch den Mieter ein Grund für eine Versagung der Zustimmung sein (*BayObLG* ZMR 1988, 106 = NJW-RR 1988, 18). Das Erfordernis einer Zustimmung zur Vermietung erfasst aber nicht die unentgeltliche Nutzungsüberlassung (*OLG München* ZMR 2010, 469).

c) Die Stellung des Mieters gegenüber den Eigentümern

7 Obwohl die Vermietbarkeit des Sondereigentums gem. § 13 Abs. 1 WEG neben der Nutzung von Sondereigentum den Mitgebrauch des gemeinschaftlichen Eigentums durch Dritte umfasst (*OLG Düsseldorf* ZMR 1996, 150), bestehen vertragliche Beziehungen nur zwischen Mieter und vermietendem Wohnungseigentümer. Der Vermieter kann dem Mieter **nicht weiter gehende Rechte einräumen** als ihm selbst gegenüber seinen Miteigentümern zustehen (*AG Hannover* ZMR 2010, 239 f.; insoweit unrichtig *LG Nürnberg-Fürth* ZMR 2010, 71; zu Abwehransprüchen gegen unzulässige Nutzungen Dritter s. § 15 Rdn. 28 ff.). Dem Mieter stehen alleine kraft Mietvertrages auch **keine Eigentümerrechte** etwa zur Beschlussanfechtung oder zur Geltendmachung von Ansprüchen aus § 18 Abs. 2 WEG wie etwa zur Beseitigung von Baumängeln zu (*OLG Frankfurt am Main* NJW-RR 1993, 981). Dies ist nur durch **Ermächtigung** möglich, die sich allerdings u.U. – etwa bei Ortsabwesenheit des Vermieters – im Einzelfall durchaus empfehlen kann (*BayObLG* ZMR 2001, 907). Ansonsten bestehen nur Ansprüche gegen den Vermieter etwa aus §§ 536, 536a, 536c BGB. Ebenso wenig kann sich der Mieter etwa Änderungen von Gebrauchsregelungen aufgrund mietvertraglicher Regelungen widersetzen, da sein Nutzungsrecht gegenüber den Wohnungseigentümern nicht weiter reicht als dasjenige des vermietenden Miteigentümers. Darüber hinaus kann der Mieter natürlich die allgemeinen Rechte etwa aus §§ 823, 1004 BGB gegen **Störungen seines Besitzrechtes** bzw. Mitbesitzrechtes am Gemeinschaftseigentum auch gegen Eigentümer geltend machen.

d) Die Beziehungen zwischen Mieter und vermietendem Eigentümer

aa) Gemeinschaftswidrige Gestattungen in Mietverträgen

8 Dieser Inkongruenz der Regelungsgebiete Wohnungseigentum und Mietrecht entsprechend können durchaus mietrechtliche Ansprüche gegen den vermietenden Wohnungseigentümer bestehen, die wohnungseigentumsrechtlich nicht durchsetzbar sind. Gestattet der Vermieter etwa Hundehaltung, obwohl sie durch die Gemeinschaftsordnung verboten ist, bleibt die Verpflichtung gegenüber dem Mieter wirksam, kann aber gleichwohl zu **Sanktionen gegen den vermietenden Miteigentümer** führen (vgl. *BayObLG* ZMR 1988, 106 = NJW-RR 1988, 18; *LG Hamburg* ZMR 2013, 633; *LG Karlsruhe* ZMR 2014, 395 f.; *AG Fürth* ZMR 2010, 476). Ein Kündigungsrecht deswegen besteht nicht, da die Vereinbarkeit der Räume mit dem geschlossenen Mietvertrag in die Risikosphäre des Vermieters fällt (*BGH* ZMR 1996, 148; *BayObLG* ZMR 1996, 508). Vielmehr ist der vermietende Eigentümer verpflichtet, sich mit allen Mitteln, notfalls unter Zuhilfenahme gerichtlicher Hilfe, um die Zustimmung der Miteigentümer zu der vertraglich gestatteten Nutzung zu bemühen (*KG* ZMR 1990, 336 = NJW-RR 1990, 1167). Der Mieter kann einen hierauf gerichteten Titel erwirken und nach § 888 ZPO vollstrecken (*KG* ZMR 1990, 336 = NJW-RR 1990, 1167). Ebenso wenig ist der Mieter bei Mängelrügen oder Ansprüchen auf bauliche Veränderungen an wohnungseigentumsrechtliche Vorgaben gebunden (*KG* ZMR 1990, 336 = NJW-RR 1990, 1167). Ob der vermietende Eigentümer dafür zu sorgen hat, dass auch der Mieter Beeinträchtigungen der anderen Wohnungseigentümer (bzw. ihrer Mieter) unterlässt, erscheint nach Streichung von § 14 Nr. 2 WEG a.F. zweifelhaft. Dem Mieter sollten daher in jedem Fall nachweisbar **Kenntnis der laut Gemeinschaftsordnung bestehenden Gebrauchsbeschränkungen** verschafft werden. Dies schließt **Mängelrechte** des Mieters nach § 536b Satz 1 BGB aus (*Jacoby* ZMR 2012, 675), allerdings nicht **Erfüllungsansprüche** (*Jacoby* ZMR 2012, 675). Insoweit empfiehlt sich eine genaue Abstimmung des Mietvertrages auf die Gemeinschaftsordnung. Die **statische Verweisung** auf die (zulässigen) Bestimmungen der aktuellen Gemeinschaftsordnung ist unbedenklich (*Jacoby* ZMR 2012, 674). Die Möglichkeit einer **dynamischen Verweisung** auf die Gemeinschaftsordnung ist freilich umstritten (unbegrenzt möglich ist sie nach Jennißen/*Schultzky* § 13 Rn. 35 in Individualverträgen; einschränkend für AGB Jennißen/*Hogenschurz* § 14 Rn. 16; ähnlich *Jacoby* ZMR 2012, 675).

bb) Betriebskosten

Besonders häufig treten Probleme bei der Abrechnung von **Betriebskosten** auf, wenn man eine vertragliche Vereinbarung über die Harmonisierung von Jahresabrechnung nach § 28 Abs. 5 WEG und Abrechnung gegenüber dem Mieter nicht für zulässig hält (so *Riecke* ZMR 2001, 79; Staudinger/*Weitemeyer* § 556 Rn. 113; a.A. *LG Düsseldorf* DWW 1990, 208; *Abramenko* ZMR 1999, 676 ff.). Der *BGH* hat nunmehr entschieden, dass zwar die Fristen des § 556 Abs. 3 BGB auch für vermietetes Wohnungseigentum gelten und dass die Säumnis des Wohnungseigentumsverwalters nicht automatisch dazu führt, dass der Vermieter die Versäumung der Frist nicht gemäß § 556 Abs. 3 S. 3 Halbs. 2 BGB zu vertreten hat. Der vermietende Eigentümer hat vielmehr konkret darzulegen, welche Bemühungen er gegenüber dem Verwalter unternommen hat, um eine rechtzeitige Abrechnung sicherzustellen (*BGH* WuM 2017, 138 = ZMR 2017, 303). Aus dieser Entscheidung geht im Umkehrschluss hervor, dass der Vermieter die Jahresabrechnung als Grundlage für die Betriebskostenabrechnung heranziehen kann. Offenbar ist er sogar nach § 556 Abs. 3 S. 3 Halbs. 2 BGB entschuldigt, wenn der Wohnungseigentumsverwalter trotz nachhaltigen Drängens keine Jahresabrechnung vorlegt. Damit ist er wohl jedenfalls nicht verpflichtet, in Falle der Säumnis des Wohnungseigentumsverwalters die Betriebskostenabrechnung nach Einsichtnahme in dessen Unterlagen selbst zu erstellen (so etwa *Riecke* WuM 2003, 309, 311). 9

3. Nutzung in sonstiger Weise

Darüber hinaus kann der Eigentümer seine Wohnung bzw. sein Teileigentum auch (in Verbindung mit dem Miteigentumsanteil) veräußern (*OLG Zweibrücken* ZMR 1994, 419 = NJW-RR 1994, 1103) oder dinglich belasten (Jennißen/*Schultzky* § 13 Rn. 9). Die Rechte aus § 13 umfassen auch die Möglichkeit, das Sondereigentum nicht zu nutzen (Jennißen/*Schultzky* § 13 Rn. 15). Möglich ist nach wie vor seine bauliche Umgestaltung, etwa die Auswechselung des Bodenbelags (*OLG Düsseldorf* ZMR 2002, 70), sofern dies andere Miteigentümer nicht beeinträchtigt (§ 13 Abs. 2 WEG). Anderenfalls gelten über die Verweisung in § 13 Abs. 2 WEG auf § 20 WEG dieselben Regeln wie bei der baulichen Veränderung. 10

B. Ansprüche bei der Beeinträchtigung des Sondereigentums

I. Ansprüche gegen Miteigentümer und Dritte

1. Herausgabe- und Unterlassungsansprüche

Da Sondereigentum (zu Ansprüchen wegen der Beeinträchtigung von Gemeinschaftseigentum s.u. § 13 Rdn. 38 ff. u.§ 16 Rdn. 28) vollwertiges Eigentum ist, stehen dem Wohnungseigentümer bei dessen Entzug oder Beeinträchtigung die **Ansprüche aus §§ 985 ff. BGB und § 1004 BGB** zu (*OLG Hamm* ZMR 1999, 508). Diese kann er auch nach neuem Recht alleine geltend machen, ihre Vergemeinschaftung war schon nach altem Recht unzulässig. Daneben bestehen **Besitzschutzansprüche** aus §§ 858, 861, 862, 866 BGB (*BayObLG* ZMR 2001, 820). Dies umfasst zunächst wie beim Alleineigentümer die – in der Praxis allerdings selteneren – unmittelbaren Eingriffe in das Sondereigentum, etwa die Mitbenutzung einer Heizung, die nur der Versorgung einzelner Einheiten dienen soll (*BayObLG* ZMR 2000, 622 = NJW-RR 2000, 1032). Des Weiteren kann jeder Wohnungseigentümer **mittelbare Einwirkungen** auf sein Sondereigentum, insbesondere jegliche Arten von Immissionen, abwehren. Zur Zulässigkeit bzw. Erheblichkeit solcher Beeinträchtigungen können die Normen des **Nachbarschaftsrechts und drittschützende Normen des öffentlichen Rechtes** zwar nicht pauschal analog angewandt werden, da das Verhältnis der Wohnungseigentümer untereinander enger ist und größere Rücksichtnahme gebietet als zwischen sonstigen Nachbarn. Die Wertungen dieser Normen sind jedoch auch im vorliegenden Zusammenhang zu berücksichtigen (vgl. u. Rdn. 39). 11

2. Schadensersatzansprüche

12 Ferner kann der Wohnungseigentümer **Schadensersatzansprüche** nach §§ 823 Abs. 1 BGB und dann, wenn drittschützende Normen verletzt wurden, auch solche aus § 823 Abs. 2 BGB, ferner aus § 280 BGB wegen der Verletzung von Pflichten aus dem Gemeinschaftsverhältnis geltend machen (*OLG Hamm* ZMR 1996, 42; *BayObLG* NJW-RR 1987, 332; ZMR 2002, 286; zu Schadensersatzansprüchen aufgrund der Vernachlässigung von Instandhaltungspflichten s.u. § 14 Rdn. 30, 54 f.). Zu ersetzen ist etwa der **Mietausfall**, wenn die Mieter des beeinträchtigten Wohnungseigentums aufgrund der Störungen die Miete minderten (*KG* ZMR 1992, 201 = NJW-RR 1991, 1116, 1117; a.A. *KG* NJW-RR 1988, 587, wonach aber die Mietminderung bei vermietetem Wohnungseigentum keinen Schadensersatzanspruch gegen den Miteigentümer begründen soll, da der Mieter selbst gegen ihn vorgehen kann – zweifelhaft). Sofern die schadenstiftende Nutzung dem Wohnungseigentümer sittenwidrig Schaden zufügen soll, sind sogar reine Vermögensschäden nach **§ 826 BGB** zu ersetzen, wenn etwa ein Miteigentümer durch ruhestörendes oder anstößiges Verhalten in seiner Wohnung Kaufinteressenten vergraulen will (*BayObLG* ZMR 2004, 49). Das Verlangen, ganz **geringfügige Beeinträchtigungen** wie etwa die kurzfristige Inanspruchnahme des Nachbarparkplatzes beim Öffnen der Wagentüren zu unterlassen, kann als Schikane nach § 226 BGB rechtsmissbräuchlich sein (*BayObLG* ZMR 2001, 821; *OLG München* ZMR 2006, 642). Ebenso scheiden Schäden aus der Ersatzpflicht aus, die nicht vom Schutzzweck der Norm erfasst sind, wenn etwa ein Eigentümer sein Wohnungseigentum aufgrund der Pflichtwidrigkeiten eines anderen Wohnungseigentümers verkauft und dabei Verluste erleidet (*OLG Köln* ZMR 1996, 676). Da die Unterlassung einer unzulässigen Nutzung in jedem Fall eigene Tätigkeiten des jeweiligen Eigentümers voraussetzt, ist die Frage der Haftung des Rechtsnachfolgers hier im Gegensatz zur Beseitigung baulicher Veränderungen (vgl. hierzu *OLG Köln* ZMR 2004, 707) ohne Belang.

II. Vorgehen bei der Abwehr von Störungen des Sondereigentums

1. Individuelle Geltendmachung durch den einzelnen Wohnungseigentümer

13 Bei allen Abwehransprüchen gegen Störungen des Sondereigentums handelt es sich um Individualansprüche, gleichgültig, ob Beseitigungs-, Unterlassungs-, Schadensersatz- oder Herausgabeansprüche geltend gemacht werden. Bereits nach früherem Recht wurde eine Geltendmachung durch die Wohnungseigentümergemeinschaft selbst abgelehnt, wenn sie zusammen mit Schadensersatzansprüchen wegen der Beschädigung von Gemeinschaftseigentum geltend gemacht werden sollten (*BGH* ZMR 2020, 675 = ZWE 2020, 344). Die Fortführung dieser Praxis entspricht dem ausdrücklichen Willen des Gesetzgebers (BT-Drs. 19/18791, 51). Für sämtliche Klagen auf Herausgabe, Unterlassung oder Beseitigung von Störungen des Sondereigentums sowie auf Ersatz von Substanzschäden ist der betroffene Wohnungseigentümer daher auch nach neuem Recht alleine prozessführungsbefugt (*BGH* ZMR 2021, 826 = WuM 2021, 521 = GE 2021, 1008; *LG Frankfurt/M.* v. 15.07.2021 – 2–13 S 88/20, WuM 2021, 577). Gehört das betroffene Sondereigentum mehreren Miteigentümern, kann jeder von ihnen nach § 1011 BGB die Ansprüche alleine geltend machen, die Herausgabe aber nach § 432 BGB nur an alle Miteigentümer verlangen (vgl. *OLG Hamm* ZMR 1999, 509; *LG Hamburg* ZMR 2016, 129, 130). Ähnliches gilt für das Sondernutzungsrecht (s. § 14 Rdn. 60; § 16 Rdn. 117).

2. Vorgehen bei Störungen von Sonder- und Gemeinschaftseigentum

14 Damit verbleibt auch für Veränderungen des Gemeinschaftseigentums eine Möglichkeit des eigenen Vorgehens einzelner Wohnungseigentümer ohne Einschaltung der Wohnungseigentümergemeinschaft: Will der Wohnungseigentümer selbst auf Unterlassung oder Beseitigung einer solchen Störung vorgehen, muss er die Beeinträchtigung seines Sondereigentums vortragen.

3. Vermögensschäden als Folge der Beeinträchtigung von Gemeinschaftseigentum

Anderes gilt nach oben dargelegter Verwaltungszuständigkeit der Wohnungseigentümergemeinschaft bei Vermögensfolgeschäden, die aus der Beschädigung von Gemeinschaftseigentum resultieren. Verursacht etwa ein Handwerker einen Schaden am Aufzug und mindert der Mieter des Wohnungseigentümers daraufhin die Miete, so bleibt es bei der Regulierungszuständigkeit der Wohnungseigentümergemeinschaft. Diese umfasst auch Vermögensfolgeschäden im Bereich des Sondereigentums. 15

4. Unmittelbare Schädigung des Sondereigentums oder sonstiger Vermögenswerte

Anders dürfte es entgegen einer Entscheidung des *LG Frankfurt/M.* bei einer unmittelbaren Substanzbeschädigung des Sondereigentums oder gar sonstiger Vermögenswerte stehen (*LG Frankfurt/M.* v. 23.02.2021 – 2–13 S 12/20; ZMR 2021, 512 = IMR 2021, 249). Denn dann geht der Schaden nicht von einer (nunmehr alleine in der Verwaltungsbefugnis der Wohnungseigentümergemeinschaft stehenden) Beeinträchtigung des Gemeinschaftseigentums aus, die sich auch auf das Sondereigentum auswirkt, etwa um eine Beschädigung von Heizung oder Aufzug, die eine Mietminderung nach sich zieht. Vielmehr wird hier unmittelbar in absolute Rechte des Wohnungseigentümers, nämlich sein Eigentum (im Fall des *LG Frankfurt/M.* noch nicht einmal sein Sondereigentum) eingegriffen. Wenn er aber selbst dessen Beeinträchtigung noch selbst abwehren kann, dann dürfte für Schadensersatzansprüche wegen seiner Beschädigung nichts anderes gelten. 16

III. Das gerichtliche Verfahren

1. Schlichtungsverfahren

Fraglich ist, ob die Gerichte in wohnungseigentumsrechtlichen Streitigkeiten ohne Durchführung eines Schlichtungsverfahrens angerufen werden können, was gerade hier beim Streit um die Beeinträchtigung von Gemeinschafts- und Sondereigentum von Bedeutung ist. Die Frage ist zwischen den Berufungsgerichten umstritten. Das *LG München I* hält ein Schlichtungsverfahren für entbehrlich (*LG München I* IMR 2021, 41). Gegenteilig äußerte sich vor kurzem noch das *LG Saarbrücken* (*LG Saarbrücken* v. 15.05.2020 – 5 S 24/19; ZWE 2020, 485 = IMR 2020, 435). Sofern noch keine Entscheidung des zentralen Berufungsgerichts vorliegt, sollte der Rechtsanwalt also als sichersten Weg ein Schlichtungsverfahren durchführen. 17

2. Zuständigkeit

Sofern sich die Ansprüche gegen Miteigentümer richten, sind sie im Verfahren nach § 43 Abs. 2 Nr. 1 WEG vor dem Gericht für Wohnungseigentumssachen geltend zu machen. Dritte sind vor dem Prozessgericht in Anspruch zu nehmen. Richtet sich der Anspruch sowohl gegen Wohnungseigentümer als auch gegen Dritte, so richtet sich die Zuständigkeit des Berufungsgerichtes einheitlich nach § 72 Abs. 2 GVG (*BGH*, Urt. v. 21.02.2020 – V ZR 17/19, ZMR 2020, 577 = ZWE 2020, 301 = NJW 2020, 1525). Veräußert der Wohnungseigentümer seine durch eine Leckage beschädigte Wohnung, bleibt seine Klage auf Schadensersatz gegen den Eigentümer der schadensstiftenden Wohnung eine Wohnungseigentumssache nach § 43 Abs. 2 Nr. 1 WEG. Denn das angenommene Recht, der Schadensersatzanspruch, steht in einem inneren Verhältnis zu einer Angelegenheit, die aus dem Gemeinschaftsverhältnis der Wohnungseigentümer erwachsen ist (*BGH*, Versäumnisurteil v. 13.12.2019 – V ZR 313/16, WuM 2020, 180 = GE 2020, 410). 18

IV. Besonderheiten beim werdenden Wohnungseigentümer

1. Bedeutung

Die Rechtsprechung zum bisherigen Recht hat es schon früh als notwendig angesehen, die Vorschriften des WEG bereits in der Entstehungsphase der Wohnungseigentümergemeinschaft anzuwenden, in der alleine der teilende Eigentümer im Grundbuch eingetragen ist (s. zuletzt *BGH* 19

MietRB 2016, 74 = MDR 2016, 264 = ZMR 2016, 299 u. *BGH* ZMR 2020, 673 = ZWE 2020, 267 = ZfIR 2020, 542) Denn die Erwerber nutzen das Wohnungseigentum bereits vor ihrer Eintragung wie Eigentümer. Deswegen sollten sie einerseits dessen Kosten tragen, andererseits auch die Befugnis zu seiner Verwaltung erhalten. Diesem Anliegen trägt § 8 Abs. 3 WEG mit der Vorverlagerung der Eigentümerstellung Rechnung. Diese Vorschrift regelt nun, anders als die Figur der »werdenden Wohnungseigentümergemeinschaft« nicht mehr die Frage, wann die Wohnungseigentümergemeinschaft entsteht, sondern nur noch, wer dem Kreise der Wohnungseigentümer zugerechnet wird.

2. Voraussetzungen

20 Die Voraussetzungen für eine Vorverlagerung der Eigentümerstellung entsprechen aber weitgehend denjenigen der früheren werdenden Wohnungseigentümergemeinschaft. Danach muss der Erwerber zunächst gegen den teilenden Eigentümer einen Anspruch auf Übertragung von Wohnungseigentum haben. Es wird also nur der Ersterwerber aus § 8 Abs. 3 WEG privilegiert; wer von einem eingetragenen Wohnungseigentümer erwirbt, wird nicht mit Auflassung und Besitzerwerb werdender Eigentümer nach § 8 Abs. 3 WEG. Der Anspruch auf Übertragung von Wohnungseigentum muss ferner durch eine Auflassungsvormerkung gesichert sein. Schließlich muss der Erwerber den Besitz auf Veranlassung des teilenden Eigentümers erlangen.

3. Folgen

a) Rechte und Pflichten gegenüber Wohnungseigentümergemeinschaft und Wohnungseigentümern

21 Die Erwerber nach § 8 Abs. 3 WEG haben sowohl gegenüber den Wohnungseigentümern als auch gegenüber der Wohnungseigentümergemeinschaft dieselben Rechte wie die bereits mit vollem Recht eingetragenen Wohnungseigentümer. Hier ist von Interesse, dass sie gegenüber den Wohnungseigentümern zur schonenden Nutzung des Sondereigentums und umgekehrt zur Duldung von Einwirkungen gemäß § 14 Abs. 2 WEG verpflichtet sind. Sie können also wegen der Beeinträchtigung »ihres« Sondereigentums (rechtlich also ihrer Anwartschaft) dieselben Beseitigungs-, Unterlassungs- und Schadensersatzansprüche geltend machen wie diejenigen Mitglieder der Gemeinschaft, die bereits als Wohnungseigentümer im Grundbuch eingetragen sind. Umgekehrt unterliegen sie wie jene im Innenverhältnis denselben Beschränkungen aus § 14 WEG und sind bei Beeinträchtigung fremden Sondereigentums denselben Beseitigungs-, Unterlassungs- und Schadensersatzansprüchen ausgesetzt.

b) Beschränkung auf das Innenverhältnis

22 Im Gesetz sind Rechte und Pflichten des Erwerbers gegenüber Dritten dadurch begrenzt, dass der werdende Wohnungseigentümer nur »gegenüber der Gemeinschaft der Wohnungseigentümer und den anderen Wohnungseigentümern anstelle des teilenden Eigentümers« als Wohnungseigentümer gilt. Auch die Gesetzesmaterialien beschränken die Reichweite des § 8 Abs. 3 WEG ausdrücklich auf das Innenverhältnis (BT-Drs. 19/18791, S. 42).

c) Folgen bei Beeinträchtigungen des Sondereigentums

aa) Keine Sondereigentümerbefugnisse im Außenverhältnis

23 Komplizierter gestaltet sich die Abwehr von Ansprüchen wegen der Beeinträchtigung von Sondereigentum durch Dritte. Hierzu ist der werdende Wohnungseigentümer nur gegenüber den anderen (werdenden) Miteigentümern befugt. Hingegen gilt der werdende Wohnungseigentümer im Außenverhältnis noch nicht als Wohnungseigentümer. Folglich ist nach außen nicht er, sondern der teilende Eigentümer zur Geltendmachung von Abwehransprüchen berechtigt.

bb) Verpflichtung des teilenden Eigentümers zur Durchsetzung der Abwehransprüche

Diese Lücke im Gesetz könnte dadurch geschlossen werden, dass der werdende Wohnungseigentümer den teilenden Eigentümer zur Geltendmachung der Abwehransprüche veranlasst. Sofern man nicht zumindest einen dem Erwerbsvertrag immanenten oder aus Treu und Glauben abzuleitenden Anspruch annehmen will, sollte man ihn jedenfalls im Erwerbsvertrag festlegen. Dann bleibt allerdings das Problem, wie die Abwehransprüche des Erwerbers nach seiner Eintragung in das Grundbuch zu behandeln sind. Sofern die Ansprüche bereits tituliert sind, wird man eine Klausel nach § 727 ZPO umschreiben können. Ist ein Rechtsstreit bereits anhängig, wird ihn der werdende Eigentümer nach §§ 265, 325 ZPO fortsetzen können. Bis dahin gelten die üblichen Regeln einer Rechtsnachfolge, d.h., der teilende Eigentümer verliert die Befugnisse aus dem Sondereigentum, der nunmehr in das Grundbuch eingetragene Eigentümer erwirbt sie. 24

d) Abtretung im Erwerbsvertrag

Diese Geltendmachung letztlich fremder Rechte des Erwerbers durch den teilenden Eigentümer erscheint jedoch wenig interessengerecht. Im Hinblick auf die enorme Praxisrelevanz dieser Konstellation sollten teilender Eigentümer und Erwerber auf jeden Fall eine diesbezügliche Regelung im Erwerbsvertrag treffen. Denkbar ist etwa die Abtretung etwaiger Abwehransprüche wegen der Beeinträchtigung von Sondereigentum an den Erwerber. Dann ist der werdende Eigentümer zunächst kraft Abtretung, nach seiner Eintragung in das Grundbuch aus eigenem Recht zur Abwehr von Störungen seines Sondereigentums befugt. Umgekehrt wird der teilende Eigentümer, der sich von der Liegenschaft trennen will, nicht mit Streitigkeiten der Erwerber belastet. 25

V. Ansprüche gegen die Gemeinschaft

1. Die Haftung für Fehler bei Instandhaltung und Instandsetzung

a) Alleinzuständigkeit der Wohnungseigentümergemeinschaft

Bei der Haftung für Fehler in der Erhaltung des Gemeinschaftseigentums ist zwischen solchen in der Willensbildung und solchen bei ihrer Umsetzung zu unterscheiden. Erstere liegen bei ungenügenden Beschlussfassungen, letztere bei fehlerhafter Beschlussdurchführung vor. Die ungenügende Durchführung von Beschlüssen durch den Verwalter oder Dritte ist Gegenstand der Regelungen durch die Novelle 2007 und das WEMoG. Ursprünglich hafteten in dieser Konstellation vor der Novelle 2007 die Wohnungseigentümer für die von ihnen mit der Instandsetzung und Instandhaltung beauftragten Unternehmen nach § 278 BGB (*BGH* ZMR 1999, 648 f.; *OLG Hamburg* ZMR 2005, 393). Der geschädigte Wohnungseigentümer musste sich nach § 254 BGB einen Betrag in Höhe seines Anteils an der allgemeinen Kostentragung (§ 16 Abs. 2 WEG) anrechnen lassen (*BGH* ZMR 1999, 649; *BayObLG* ZMR 2001, 47). Dieses Haftungssystem erfuhr durch die Anerkennung der Teilrechtsfähigkeit der Wohnungseigentümergemeinschaft eine erhebliche Umgestaltung. Der *BGH* ging zunächst davon aus, dass mit der Teilrechtsfähigkeit der Wohnungseigentümergemeinschaft diese zur Durchführung von Beschlüssen verpflichtet und in der Folge bei Pflichtverletzungen für den Verwalter nach § 31 BGB und für Handwerker oder sonstige Dritte nach § 278 BGB einstehen muss (*BGH* ZMR 2012, 974 = ZWE 2012, 431). Diese vom *BGH* zwischenzeitlich aufgegebene **Rechtsprechung**(*BGH*, Urt. v. 08.06.2018 – V ZR 125/17, ZMR 2018, 777) hat der Gesetzgeber nunmehr zum Normalfall gemacht. Er hat die Beschlussdurchführung und die ordnungsmäßige Verwaltung allgemein unter ausdrücklicher Ablehnung der höchstrichterlichen Rechtsprechung (hierzu s. BT-Drs. 19/18791, S. 56) vom Verwalter auf die Wohnungseigentümergemeinschaft verlagert. Soweit das Gesetz dem Verwalter noch bestimmte Aufgaben zuweist, handelt es sich um eine interne Zuständigkeitsverteilung (hierzu s. BT-Drs. 19/18791, S. 56), also um Regelungen im Innenverhältnis, deren Durchführung nunmehr Sache der Wohnungseigentümergemeinschaft ist. 26

b) Durchsetzung von Primäransprüchen auf ordnungsmäßige Verwaltung

27 Diese Umgestaltung der Zuständigkeiten hat zur Folge, dass dann, wenn ein Beschluss gefasst bzw. gerichtlich ersetzt ist, seine Durchsetzung nicht mehr vom Verwalter verlangt werden kann. Eine entsprechende Klage wäre mangels Passivlegitimation unbegründet. Vielmehr muss die Durchführung der Maßnahme von der hierfür gemäß §§ 9a Abs. 2, 18 Abs. 1 WEG zuständigen Wohnungseigentümergemeinschaft verlangt und ggf. gegen sie gerichtlich erstritten werden (hierzu s. BT-Drs. 19/18791, S. 56). Diese muss ihrerseits die Durchführung der Maßnahme von dem ihr gegenüber hierzu verpflichteten Verwalter verlangen. So muss der Wohnungseigentümer einen Antrag auf Berichtigung des Protokolls wegen der Beeinträchtigung seines Persönlichkeitsrechts nach neuem Recht gegen die Wohnungseigentümergemeinschaft richten. Ein Antrag gegen den Verwalter ist mithin unbegründet (*AG Ratingen* v. 12.05.2021 – 8 C 373/20; ZMR 2021, 692 = IMR 2021, 471).

c) Sekundäransprüche wegen Verletzung des Anspruchs auf ordnungsmäßige Verwaltung

28 Dieses neue System der Durchsetzung von Ansprüchen auf ordnungsmäßige Verwaltung schlägt sich auch bei der Durchsetzung von Schadensersatzansprüchen wegen Pflichtverletzungen nieder. Da der Anspruch des einzelnen Wohnungseigentümers auf ordnungsmäßige Verwaltung nur gegenüber der Wohnungseigentümergemeinschaft besteht, der der Verwalter nur im Innenverhältnis verpflichtet ist, wäre eine unmittelbar gegen ihn gerichtete Klage wegen der Verletzung dieser Pflichten wiederum mangels Passivlegitimation unbegründet (BT-Drs. 19/18791, S. 56).Zum Schadensersatz dem einzelnen Wohnungseigentümer gegenüber ist die Wohnungseigentümergemeinschaft verpflichtet (BT-Drs. 19/18791, S. 56). Diese kann aber wegen der Verletzung von Pflichten des Verwalters ihr gegenüber bei jenem Regress nehmen (BT-Drs. 19/18791, S. 56).

d) Schadensersatzansprüche Dritten gegenüber

29 Dieses System des Schadensersatzanspruchs gegenüber der Gemeinschaft der Wohnungseigentümer überträgt der Gesetzgeber sogar auf Ansprüche gegen Dritte, etwa Handwerker. Erleidet ein Wohnungseigentümer durch die Tätigkeit eines solchen Dritten für die Wohnungseigentümergemeinschaft einen Schaden, haftet gem. § 278 BGB die Wohnungseigentümergemeinschaft auch hierfür, kann aber bei dem Dritten Regress nehmen. Dies verteilt nach Auffassung des Gesetzgebers das Insolvenzrisiko eines Vertragspartners, den der einzelne Wohnungseigentümer nicht ausgesucht habe, gerechter als das bisherige Recht (BT-Drs. 19/18791, S. 56). Denn nunmehr trage nicht der einzelne Wohnungseigentümer das Insolvenzrisiko des Dritten, den die Wohnungseigentümergemeinschaft ausgesucht habe, sondern sie selbst.

2. Die Haftung für Unterlassungen bei der Beschlussfassung über Erhaltungsmaßnahmen

a) Grundsatz: Schadensersatzpflicht der Wohnungseigentümergemeinschaft

30 In den Materialien zum WEMoG nicht ausdrücklich behandelt wird die Haftung für Schäden aufgrund unzureichender Beschlussfassungen. Nach früherem Recht konnte die Wohnungseigentümer eine Schadensersatzpflicht treffen, wenn sie die gebotenen Beschlussfassungen zu Instandhaltung und Instandsetzung unterließen (*KG* ZMR 2001, 658). Diese Rechtsprechung dürfte nach neuem Recht nicht aufrechtzuerhalten sein. Die Umgestaltung von Zuständigkeit und Haftung dürfte auch die Einstandspflicht bei ungenügenden Beschlussfassungen zur Erhaltung nicht unberührt lassen. Wenn nunmehr die Wohnungseigentümergemeinschaft für die ordnungsmäßige Verwaltung zuständig ist, kann dies nicht auf das Verhältnis zum Verwalter, dem bloßen Ausführungsorgan beschränkt sein. Diese Grundsätze müssen auch gegenüber dem eigentlichen Entscheidungsträger, der Eigentümerversammlung gelten. Zum Schadensersatz dem einzelnen Wohnungseigentümer gegenüber ist primär auch hier die Wohnungseigentümergemeinschaft verpflichtet.

b) Regress bei den verantwortlichen Wohnungseigentümern

Wie beim Verwalter stellt sich dann auch bei Fehlern in der Beschlussfassung die Frage nach einem Regress der Wohnungseigentümergemeinschaft. Hier kann auf die Rechtsprechung aus der Zeit vor Inkrafttreten des WEMoG zurückgegriffen werden. Dem Verband gegenüber zum Schadensausgleich verpflichtet sind die Wohnungseigentümer, die nicht für die objektiv gebotene Maßnahme gestimmt haben (*BGH* ZMR 2015, 241 = ZWE 2015, 88; ähnlich früher schon *OLG München* ZMR 2008, 656; ZMR 2009, 226; ZMR 2009, 469; *Suilmann* ZWE 2013, 307). Allerdings hat der *BGH* die Anspruchsgrundlage modifiziert. Entspricht nur eine positive Beschlussfassung ordnungsmäßiger Verwaltung, besteht ausnahmsweise die **Pflicht zu einem hierauf gerichteten Abstimmungsverhalten.** Die Verletzung dieser Pflicht führt zu Schadensersatzansprüchen aus § 280 Abs. 1 BGB. Denn der *BGH* begründete die Haftung der einzelnen Wohnungseigentümer zuletzt (zutreffend) nicht mehr mit Verzug bei der Beschlussfassung, sondern mit einer originären Pflichtverletzung bei der Abstimmung. 31

c) Nachträglicher Entfall der Schadensersatzverpflichtung

Die Schadensersatzverpflichtung kann allerdings ex nunc entfallen, wenn sich der schädigende Miteigentümer bei einer späteren Abstimmung pflichtgemäß verhält, etwa für eine Durchführung und gegen eine erneute Vertagung der gebotenen Maßnahmen stimmt (*BGH*, Urt. v. 23.02.2018 – V ZR 101/16, ZMR 2018, 1015). Dann haftet er nur für den bis dahin entstandenen Schaden. 32

d) Abgrenzung von Fehlern des Verwalters

Diese Schadensersatzverpflichtung setzte allerdings schon nach altem Recht voraus, dass die Wohnungseigentümer und nicht nur den Verwalter (*KG* ZMR 2005, 402) ein Verschulden traf (*OLG Köln* ZMR 1998, 723; *OLG Hamburg* ZMR 2000, 482; 2003, 133; vgl. *BGH* v. 21.11.2019 – V ZR 101/19; ZMR 2020, 768 = WuM 2020, 239 = ZWE 2020, 191).Der Wohnungseigentümer muss somit entweder alle Miteigentümer über die Sachlage informieren oder aber die Aufnahme eines diesbezüglichen Tagesordnungspunktes auf die nächste Wohnungseigentümerversammlung verlangen (*OLG Düsseldorf* ZMR 1994, 524). Kommt der Verwalter dem nicht nach, muss er die Erweiterung der Tagesordnung – u.U. im Wege der einstweiligen Verfügung nach §§ 935 ff. ZPO – gerichtlich durchsetzen. Erst dann, wenn die solchermaßen informierten Wohnungseigentümer den gebotenen Beschluss nicht fassen, liegt eine Pflichtverletzung vor, die den Regress bei ihnen rechtfertigt. 33

e) Ermessen der Wohnungseigentümer

Bei der Beschlussfassung über die erforderlichen Maßnahmen haben die Wohnungseigentümer zudem ein weites **Ermessen** (*BGH* ZMR 2014, 219 = MietRB 2013, 240 = IMR 2013, 332; *LG Köln* ZMR 2010, 793 f.; ZMR 2013, 135; *AG Hannover* ZMR 2010, 810; *LG Hamburg* ZMR 2012, 655; *AG Hamburg-Altona* ZMR 2011, 906). Die Wohnungseigentümer können, sofern kein akuter Instandsetzungsbedarf besteht, beschließen, zunächst einen Sachverständigen mit der Feststellung der Schadensursache und den Möglichkeiten ihrer Beseitigung zu beauftragen oder schrittweise zu sanieren (*KG* ZMR 2001, 658). Nur dann, wenn die Wohnungseigentümer über das Begehren **keinen Beschluss fassen**, einen Antrag ablehnen oder nur ungenügende Maßnahmen ergreifen, kommen bei daraus resultierenden Schäden am Sondereigentum Ersatzansprüche in Betracht (*OLG Hamburg* ZMR 2003, 133; *OLG München* ZMR 2009, 22; ZMR 2009, 469; *OLG Frankfurt am Main* ZMR 2009, 384). 34

f) Handlungspflichten des Geschädigten

Ferner scheiden Schadensersatzansprüche aus, wenn sich der Betroffene nicht gegen einen Negativbeschluss wehrt und die **Ersetzung der gebotenen Beschlussfassung** nicht versucht hat. Denn insoweit ist die Beschlussanfechtung das vorrangige Rechtsschutzmittel (*BGH* ZMR 2012, 974; a.A. 35

OLG München ZMR 2009, 469). Schadensersatzansprüche werden aber nicht dadurch berührt, dass der Geschädigte nach der unterlassenen oder ungenügenden Beschlussfassung spätere pflichtwidrige Beschlüsse (etwa zur erneuten Vertragung der Maßnahme) nicht ebenfalls anficht. Denn mit der ersten Anfechtung ist den übrigen Miteigentümern bekannt, dass er die Unterlassung von Instandsetzungsarbeiten nicht hinnehmen wird (*BGH*, Urt. v. 23.02.2018 – V ZR 101/16, ZMR 2018, 1015).

g) Die gerichtliche Durchsetzung erforderlicher Maßnahmen

36 Der betroffene Wohnungseigentümer kann und sollte also einen ablehnenden Beschluss anfechten und die **Ersetzung eines Beschlusses** der Wohnungseigentümer über die Durchführung der begehrten Maßnahmen gerichtlich geltend machen. Wenn nur die Durchführung der begehrten Maßnahmen ordnungsmäßiger Verwaltung entspricht, hat er aus § 18 Abs. 2 WEG einen Anspruch hierauf. Die entsprechende Klage ist gemäß § 44 Abs. 1 S. 2 WEG nicht mehr gegen die Wohnungseigentümer, sondern **gegen den Verband** zu richten. Einem gerichtlichen Vorgehen vor einer Befassung der Wohnungseigentümerversammlung fehlt dagegen regelmäßig das Rechtsschutzbedürfnis, da der einfachere Weg – die Herbeiführung eines Mehrheitsbeschlusses – gar nicht versucht wurde (vgl. *BGH* ZMR 2010, 542 f.; *OLG Hamburg* ZMR 1993, 536 f.; *LG Berlin* ZMR 2013, 821; speziell für Beschlüsse aus § 21 Abs. 4 WEG a.F. s. *BGH* ZMR 2003, 941; *OLG Hamburg* ZMR 1993, 536 f.; *BayObLG* ZMR 1994, 523; *OLG Düsseldorf* ZMR 2004, 612 f.; *LG Hamburg* ZMR 2011, 233 f.). Materiell-rechtlich setzt eine Verpflichtung der Miteigentümer zur Vornahme bestimmter Arbeiten voraus, dass nur die beantragten Arbeiten ordnungsgemäßer Verwaltung entsprechen (*BayObLG* NZM 1999, 506; *OLG Düsseldorf* FGPrax 1999, 94 f.). Denn das Gericht darf in das Recht der Wohnungseigentümer zur autonomen Gestaltung ihrer Beziehungen nur dann eingreifen, wenn die Verweigerung bestimmter Maßnahmen ordnungsgemäßer Verwaltung widerspricht. Bei Schäden am Gemeinschaftseigentum, die das Sondereigentum eines Miteigentümers beeinträchtigen, wird dies indessen häufig der Fall sein. Daneben können deliktische Ansprüche, auch solche aus § 836 BGB bestehen (*OLG Düsseldorf* ZMR 1995, 177).

h) Herausgabe und Störung von Sondereigentum

37 Daneben kann auch die Eigentümergemeinschaft Schuldner eines **Herausgabeanspruchs** aus § 985 BGB (vgl. *OLG Köln* ZMR 2004, 708) oder von **Unterlassungsansprüchen** nach § 1004 BGB (*OLG Hamm* ZMR 1999, 509) sein, wenn sie zum Sondereigentum gehörende Räume gemeinschaftlich nutzt. Ihre Prozessführungsbefugnis ergibt sich jedenfalls aus entsprechender Anwendung von §§ 9a Abs. 2, 18 Abs. 1 WEG. Da der rechtsfähige Verband ähnlich wie bei der Vermietung gemeinschaftlichen Eigentums auch materiell Berechtigter ist, dürfte sich aber auch die Vollstreckung gegen ihn richten. Auch dann, wenn die Inanspruchnahme des Sondereigentums alleine auf eine **Entscheidung des Verwalters** im Rahmen seiner Verwaltungstätigkeit zurückgeht, ergibt sich nach neuem Recht nichts anderes (anders zur Rechtslage vor den 01.12.2020 *OLG Hamm* ZMR 1999, 509; *OLG Düsseldorf* ZMR 2006, 462). Denn nach oben (Rdn. 26) Gesagtem ist alleine sie Trägerin der Verwaltung.

i) Das Verfahren

38 Sämtliche Ansprüche gegen den Verband auf Herausgabe oder Unterlassung sind im Verfahren nach § 43 Abs. 2 Nr. 2 WEG vor dem Zivilgericht, Abteilung für Wohnungseigentumssachen geltend zu machen. Da es sich um **Individualansprüche** handelt, darf sie jeder Wohnungseigentümer ohne Ermächtigung durch die Eigentümerversammlung alleine geltend machen (*BGH* ZMR 1999, 648; *BayObLG* ZMR 1997, 375).

C. Beschränkungen beim Gebrauch des Sondereigentums

I. Beschränkungen kraft Gesetzes

Die Beschränkungen im Gebrauch des Sondereigentums können zunächst aus dem Gesetz folgen. 39
In Betracht kommen für **Dritte** zunächst **Abwehransprüche aus §§ 906 ff. BGB.** Insoweit besteht kein Unterschied zu sonstigem Immobiliareigentum. **Miteigentümer** können Abwehransprüche dagegen aufgrund der Vorrangigkeit dieser Normen nur auf § 14 WEG und die Regelungen der Gemeinschaftsordnung stützen, wobei die Grundsätze der §§ 906 ff. BGB allerdings auch bei der Anwendung der wohnungseigentumsrechtlichen Spezialregelungen zu beachten sind (*BayObLG* NJW-RR 2001, 157; a.A. MüKo-BGB/*Commichau* § 13 Rn. 3). Daneben können sich gesetzliche Beschränkungen auch aus **öffentlich-rechtlichen Vorschriften** etwa des Bauordnungs-, Denkmalschutz- oder Immissions- sowie des Nachbarrechtes ergeben, sofern sie Drittschutz bezwecken (*BayObLG* NJW-RR 1996, 463; 2000, 1253). Dies ist etwa bei Vorschriften zur Bewohnbarkeit, die die Nutzer der Einheit selbst schützen sollen, nicht der Fall (*BayObLG* NJW-RR 1996, 463). Auch drittschützende Normen sind allerdings nicht pauschal in analoger Anwendung heranzuziehen. Denn unter den Miteigentümern ist ein **erhöhtes Maß an Rücksichtnahme** geboten, das über das Nachbarschaftsverhältnis von Grundstückseigentümern hinausgeht (*BGH* ZMR 2007, 977; *OLG Hamm* ZMR 2003, 372). Aus diesem Grunde können etwa **Ausschlussfristen** des Nachbarrechtes für die Geltendmachung der Beseitigung störender Anpflanzungen keine Anwendung finden (*BGH* ZMR 2007, 977; *OLG Hamm* ZMR 2003, 373).

II. Beschränkungen aus sonstigen Rechten

1. Zweckbestimmung des Sondereigentums

Der Gebrauch des Sondereigentums kann ferner durch entgegenstehende Rechte beschränkt werden. 40
Dabei ist vorrangig an Rechte der Miteigentümer zu denken. Die Rechte der Miteigentümer können sich zunächst aus der Gemeinschaftsordnung ergeben, wenn diese zulässigerweise **Grenzen für den Gebrauch des Sondereigentums** vorsieht, insbesondere durch die Beschränkung der Nutzung einzelner Räume. Grundlegend ist dabei die Unterscheidung zwischen **Wohnungseigentum und Teileigentum**, die die Möglichkeit der Wohnnutzung mit Vereinbarungscharakter regelt (*KG* ZMR 1998, 309; *OLG Köln* 2001, 662; *BayObLG* ZMR 2004, 925; vgl. i.E. u. § 14 Rdn. 8). Daneben kann die **Nutzungsart noch spezieller festgelegt** werden (etwa als Abstell- oder Hobbyraum). Die Teilungserklärung kann auch das Erfordernis einer Zustimmung durch Verwalter oder Wohnungseigentümerversammlung zu einer bestimmten Nutzung vorsehen (*OLG Celle* ZMR 2004, 690; *BayObLG* ZMR 2004, 133), wobei eine erweiterte oder zusätzliche Kosten verursachende Nutzung mit einer Modifikation des Kostenverteilungsschlüssels verbunden sein kann. Eine **Abweichung** von solchermaßen bestimmten Nutzungsarten ist ohne Vereinbarung nur dann zulässig, wenn sie bei typisierender Betrachtung keine weiter gehende Beeinträchtigung für die anderen Miteigentümer mit sich bringt als die zulässige Nutzung (*BayObLG* ZMR 2004, 686; *OLG Celle* ZMR 2004, 690; im Einzelnen s. § 14 Rdn. 18). So kann die gewerbliche Nutzung dann nicht untersagt werden, wenn sie ohne Publikumsverkehr oder Immissionen möglich ist, etwa bei reiner Bürotätigkeit (*KG* NJW-RR 1995, 333 f.; *OLG Köln* ZMR 2002, 381). Die lang anhaltende Duldung einer teilungserklärungswidrigen Nutzung kann zur Verwirkung von Unterlassungsansprüchen führen.

2. Gebrauchsregelungen

Die Gemeinschaftsordnung kann aber auch die **Nutzung des Wohnungseigentums insgesamt** etwa 41
hinsichtlich Tierhaltung, Gewerbeausübung oder Musizieren regeln oder einen für alle Einheiten gleichermaßen verbindlichen Zweck wie etwa betreutes Wohnen vorsehen (vgl. *OLG Hamm* NJW-RR 1986, 501; *BayObLG* ZMR 2002, 606). Derartige Regelungen können die Wohnungseigentümer auch **nachträglich** durch Vereinbarung gem. § 10 WEG oder, wenn Gesetz, Gemeinschaftsordnung oder Vereinbarungen nicht entgegenstehen durch Mehrheitsbeschluss aufstellen. Zu Letzteren gehört typischerweise eine **Hausordnung.** Daneben können sich Beschränkungen auch

aus **Verträgen zwischen einzelnen Eigentümern**, etwa zu Konkurrenzverboten, ergeben (zu einer entsprechenden Bestimmung in der Gemeinschaftsordnung s. *OLG Hamm* NJW-RR 1986, 1336 f.; *BayObLG* ZMR 1997, 428 f.). Darüber hinaus kann die Teilungserklärung **Veräußerungsbeschränkungen** gem. § 12 WEG enthalten. Auch die Vermietung oder sonstige Gebrauchsüberlassung kann in der Teilungserklärung geregelt werden. Rechte Dritter können abgesehen von gesetzlichen Regelungen insbesondere aus Dienstbarkeiten resultieren.

D. Über Erhaltungsmaßnahmen hinausgehende Veränderungen im Sondereigentum (§ 13 Abs. 2 WEG)

I. Gesteigerte Bedeutung aufgrund der Sondereigentumsfähigkeit des Grundstücks

42 Die rechtliche Behandlung baulicher Maßnahmen ausschließlich im Sondereigentum war nach früherem Recht eher von rein dogmatischem Interesse. Denn derartige Veränderungen von der Intensität einer baulichen Veränderung betrafen fast immer auch das Gemeinschaftseigentum und waren somit ohnehin nach den Regelungen des § 22 WEG a.F. zu beurteilen. Selbst die maßgebliche Entscheidung des *BGH* zu derartigen Veränderungen im Sondereigentum ist insoweit bereits im Ansatz zweifelhaft, da der Ausgangspunkt dort ein Vordach war, dessen Zuordnung zum Sondereigentum wenig überzeugend erscheint (*BGH* v. 18.11.2016 – V ZR 49/16, ZMR 2017, 409 = ZWE 2017, 266). Dies wird sich mit der neuen Sondereigentumsfähigkeit des Grundstücks nach § 3 Abs. 2 WEG ändern. Während über Instandhaltung und Instandsetzung hinausgehende Veränderungen dort nach altem Recht stets bauliche Veränderungen gewesen wären, da das Grundstück zwingend im Gemeinschaftseigentum stand, können sie nun nach der Grundregel des § 93 BGB Veränderungen des Sondereigentums darstellen. Hier dürfte künftig das Hauptanwendungsgebiet der Sonderregelung des § 13 Abs. 2 WEG liegen.

II. Erleichterungen

1. Unerhebliche Beeinträchtigung

43 Hinsichtlich des Sondereigentums enthält § 13 Abs. 2 WEG für den umbauwilligen Wohnungseigentümer nur eine einzige Erleichterung: Er darf die Veränderung des Sondereigentums ohne gestattenden Beschluss durchführen, wenn seine Maßnahme nicht zu einer mehr als unerheblichen Beeinträchtigung der übrigen Wohnungseigentümer führt. Für die Frage, wann eine Beeinträchtigung vorliegt, gelten mangels neuer Vorgaben die zu § 14 Nr. 1 WEG a.F. für das Gemeinschaftseigentum entwickelten Kriterien fort, dessen Wortlaut und Inhalt § 13 Abs. 2 WEG wiederholt. Damit ist es wenigstens bei unwesentlichen Beeinträchtigungen wie dem Einsetzen eines Dübels im Sondereigentum nicht erforderlich, einen Beschluss der Eigentümerversammlung einzuholen oder gar gerichtlich ersetzen zu lassen. Es empfiehlt sich, das Erfordernis des Beschlusses für alle anderen Veränderungen zumindest teilweise durch eine weite Handhabung der Erheblichkeitsschwelle korrigieren. So stellten schon nach altem Recht die mit den Bauarbeiten einhergehenden Immissionen in der Regel keine erhebliche Beeinträchtigung dar. Hieraus resultierende Belästigungen stehen somit der Genehmigungsfreiheit aus § 13 Abs. 2 WEG nicht entgegen.

2. Einverständnis aller beeinträchtigten Miteigentümer

44 § 13 Abs. 2 WEG bietet keine Erleichterung für den Fall, dass alle beeinträchtigten Miteigentümer ihr Einverständnis mit der Veränderung des Sondereigentums erklärt haben. Dies ist nach dem ausdrücklichen Bekunden des Gesetzgebers kein Versehen (s. BT-Drs. 19/18791, S. 50). Vielmehr muss der Umbauwillige auch in diesen Fällen die Gestattung der Maßnahme durch Beschluss der Eigentümerversammlung einholen.

III. Anwendbarkeit der Regeln zur baulichen Veränderung

1. Beschlusskompetenz

a) Vom Wohnungseigentümer gewünschte bauliche Veränderungen

Das WEMoG unterwirft jetzt auch Veränderungen im Sondereigentum, die über die Erhaltung hinausgehen, den Regeln zur baulichen Veränderung. Es verwendet diesen Begriff nur deswegen nicht, weil er terminologisch auf das Gemeinschaftseigentum beschränkt sein soll (BT-Drs. 19/18791, S. 49). Damit bedürfen jetzt grundsätzlich alle über bloße Erhaltungsmaßnahmen hinausgehenden Veränderungen auch im Sondereigentum der Gestattung durch Beschluss, sofern sie nicht ohne Nachteil für die Miteigentümer bleiben. Der Wohnungseigentümer wird somit in seiner Möglichkeit, sein Sondereigentum nach seinen Vorstellungen zu gestalten, erheblich eingeschränkt. Denn viele selbstverständliche Eingriffe in das Sondereigentum wie das Anbringen von Vorhängen etc. dienen zwar nicht der Erhaltung des Sondereigentums und gehören zum normalen Wohnverhalten, können aber den Gesamteindruck der Wohnanlage optisch verändern. Folglich sind sie nur unter den Voraussetzungen des § 13 Abs. 2 WEG ohne Gestattung zulässig. 45

b) Vom Wohnungseigentümer nicht erwünschte bauliche Veränderungen

Noch schwerer wiegt die im Gesetz nunmehr angelegte Möglichkeit, in das Sondereigentum hineinzuregieren. Über die Verweisung des § 13 Abs. 2 WEG auf § 20 WEG kann die Mehrheit in der Eigentümerversammlung jedenfalls nach dem Wortlaut der Vorschrift auch im Sondereigentum über die Erhaltung hinausgehende Veränderungen beschließen. Diese Ausdehnung der Mehrheitsmacht erscheint umso gravierender, als auch bei Beschlüssen über Veränderungen des Sondereigentums nur die in § 20 Abs. 4 WEG aufgeführten, besonders gravierenden Fehler zur Anfechtbarkeit führen. Eine Korrektur erscheint nach dem Wortlaut des Gesetzes nur über eine weite Handhabung der unbilligen Benachteiligung gemäß § 20 Abs. 4 WEG möglich. 46

2. Anspruch auf Gestattung baulicher Veränderungen im Sondereigentum

a) Privilegierungen aus § 20 Abs. 2 S. 1 WEG

Wie beim Gemeinschaftseigentum sind über den Verweis in § 13 Abs. 2 WEG auch Veränderungen des Sondereigentums nach § 20 Abs. 2 S. 1 WEG privilegiert. Sie können also unabhängig von einer Beeinträchtigung einzelner oder aller Miteigentümer verlangt werden. Dies dürfte in der Praxis eine erhebliche Rolle spielen, da die nach § 20 Abs. 2 S. 1 WEG privilegierten Veränderungen häufig nicht an der Grenze zum Sondereigentum ändern. Die Herstellung zeitgemäßer Internetverbindungen zielt ja gerade auf die Fortführung der Anschlüsse in das Sondereigentum der einzelnen Wohnungseigentümer. Ebenso wird die Herstellung der Ladetechnik für E-Fahrzeuge häufig auch Veränderungen in der Garage oder an dem im Sondereigentum stehenden Stellplatz verlangen. Die Gestattung der Maßnahmen im Sondereigentum sollte daher beim Verlangen nach § 20 Abs. 2 S. 1 WEG und bei der Beschlussfassung über die privilegierte bauliche Veränderung nach § 20 Abs. 2 S. 1 WEG stets mitbedacht werden. Anderenfalls wäre sie teilweise mangels Gestattung durch Beschluss rechtswidrig. Zudem besteht im Falle der Einwirkung auf fremdes Sondereigentum mangels Beschlusses aus § 14 Abs. 1 Nr. 1, Abs. 2 Nr. 2 WEG keine Duldungspflicht. 47

b) Einverständnis der beeinträchtigten Wohnungseigentümer

Wie bei baulichen Veränderungen im Gemeinschaftseigentum kann der Wohnungseigentümer schließlich nach §§ 13 Abs. 2, 20 Abs. 3 WEG die Gestattung einer Veränderung seines Sondereigentums verlangen, mit der alle beeinträchtigten Wohnungseigentümer ihr Einverständnis erklärt haben. Dies stellt in der Sache nur den Anspruch auf eine entsprechende Beschlussfassung dar; ohne eine solche bleibt auch die Veränderung des Sondereigentums rechtswidrig. Insoweit kann auf obige Ausführungen zum Gemeinschaftseigentum (s. § 20 Rdn. 16, 72) verwiesen werden. 48

3. Fehlerhafte Beschlüsse

a) Allgemeines Beschlussmängelrecht

49 Die Genehmigung von Veränderungen im Sondereigentum kann aus denselben Gründen fehlerhaft sein wie diejenige baulicher Veränderungen im Gemeinschaftseigentum. Zunächst gilt das allgemeine Beschlussmängelrecht. Formelle Fehler wie Ladungsmängel oder die Verletzung des Grundsatzes der Nichtöffentlichkeit führen als auch in diesem Zusammenhang zur Anfechtbarkeit.

b) Grundlegende Umgestaltung der Wohnanlage

50 Die grundlegende Umgestaltung der Wohnanlage ist selbstverständlich auch im Zusammenhang mit Veränderungen im Sondereigentum unzulässig, dürfte dort aber noch seltener vorkommen als im Gemeinschaftseigentum. Denn hier betrifft die bauliche Maßnahme ja von vorneherein nur einen kleinen Ausschnitt der Anlage, der bei einer Gesamtbetrachtung meist nicht ins Gewicht fällt. Anderes kann namentlich bei der Zuweisung von Grundstücksflächen zum Sondereigentum der Fall sein. Wird etwa den Eigentümern der Einzelflächen, die bislang den Gesamteindruck eines zusammenhängenden Parks ergeben, die Einzäunung und Umgestaltung zu Einzelgärten gestattet, sind zwar im Einzelfall nur kleine Flächen betroffen. Bei vollständiger Umsetzung wird jedoch der Gesamteindruck in einem Maße verändert, der nach § 20 Abs. 4 WEG erheblich ist. Eine grundlegende Umgestaltung gem. § 20 Abs. 4 WEG kann ferner bei Veränderungen von Teileigentumseinheiten in Betracht kommen, die von vorneherein den Gesamteindruck der Liegenschaft prägen. Nach §§ 13 Abs. 2, 20 Abs. 4 WEG kann etwa die vollständige Umgestaltung der Ladeneinheit im Erdgeschoss anfechtbar sein, wenn sie den Gesamteindruck der Liegenschaft umgestaltet. Anfechtbar kann ferner eine Gestattung von Veränderungen für eine Vielzahl von Einheiten sein, die in der Summierung zu einer Beeinträchtigung des Gesamteindrucks führt.

c) Unbillige Benachteiligung anderer Wohnungseigentümer

51 Größere Bedeutung dürfte in der Praxis der Anfechtbarkeit wegen unbilliger Benachteiligung anderer Wohnungseigentümer zukommen. Entgegen den Gesetzesmaterialien wird es dabei nicht auf einen Ausgleich der Nachteile durch Vorteile der baulichen Veränderung ankommen, da eine Veränderung im Sondereigentum den Miteigentümern bestimmungsgemäß keinen Vorteil bringen soll. Wenig ergiebig erscheint auch das Kriterium der Gleichbehandlung, da Veränderungen im Sondereigentum gerade keinen Bezug zur Gemeinschaft haben und daher eine gleiche Behandlung der Wohnungseigentümer gar nicht anstreben. Sachgerecht erscheint es wie bei baulichen Veränderungen des Gemeinschaftseigentums, auf die herkömmlichen Fallgruppen der Beeinträchtigung abzustellen, die aber eine besondere Schwere erreichen müssen.

Anhang zu § 13 WEG

Besonderheiten bei der Vermietung von Sonder- und/oder Gemeinschaftseigentum

Übersicht

A. Grundsätzliches

I. Vermietungsbeschränkungen

1. Vermietungsausschluss

1 Nach der älteren Rechtsprechung des *BayObLG* (ZMR 1976, 313) kann allenfalls durch eine Regelung **in der Teilungserklärung/Gemeinschaftsordnung** – d.h. niemals durch bloßen Mehrheitsbeschluss (AG *Essen*, Urt. v. 30.12.2021 – 196 C 73/21, ZMR 2022, 247 unter Hinweis auf *OLG Frankfurt*, Beschl. v. 15.06.2005 – 20 W 63/05, NZM 2005, 910: »*Das Recht auf Vermietung des Sondereigentums kann durch die Gemeinschaftsordnung eingeschränkt werden. Ist in der Gemeinschaftsordnung eine Regelung enthalten, die eine Verwalterzustimmung zur Vermietung vorsieht, kann eine Ergänzung, wonach die Verletzung von Informationspflichten im Vorfeld der Vermietung zu einer Gemeinschaftsstrafe führt, mangels Beschlusskompetenz der Wohnungseigentümerversammlung nicht wirksam mehrheitlich beschlossen werden.*«) – das Recht zur Vermietung des Wohnungseigentums gänzlich untersagt werden (vgl. Jennißen/*Schultzky* WEG, 8. Aufl., § 13 Rn. 20; *Schmid* Die Vermietung von Eigentumswohnungen I/26 ff.).

2 Die absoluten Vermietungsverbote (vgl. dazu *Armbrüster* ZWE 2004, 217, 220) haben die Rechtsprechung bisher kaum beschäftigt, da sie als »Verkaufshindernisse erster Qualität« (*Bub* WE 1989, 122) anerkannt sind und dementsprechend selten vereinbart werden. Diskriminierende Vermietungsverbote (wegen Rasse oder Herkunft) sind nichtig (§ 134 BGB i.V.m. § 19 Abs. 2 AGG).

3 Wie die Verweisungsnorm des § 8 Abs. 2 S. 1 WEG zeigt, steht eine in der Teilungserklärung einseitig vom teilenden Eigentümer getroffene Bestimmung ab Eintragung im Grundbuch einer Vereinbarung zwischen den Wohnungseigentümern gem. § 10 WEG gleich (zum Vermietungs**verbot** durch Vereinbarung oder Teilungserklärung vgl. etwa Bärmann/*Suilmann* WEG, 15. Aufl., § 13 Rn. 114, 121). *Gottschalg* (ZWE 2000, 50 ff.) sieht schon aus verfassungsrechtlichen Gründen keine Möglichkeit für ein Totalverbot, da im Einzelfall jedes Gebrauchsrecht hierdurch ausgeschlossen werden könnte. Hierbei berücksichtigt er allerdings nicht, dass der Wohnungseigentümer trotz Vermietungsverbots einen Nießbrauch oder ein Dauerwohnrecht bestellen könnte, wenn er nicht selbst sein Sondereigentum nutzen oder veräußern will.

4 Es wird zwar eingeräumt, dass die Vorschrift des § 137 Satz 2 BGB auf die Vermietung nicht anwendbar ist, auch wenn diese zwar nicht juristisch, aber doch wirtschaftlich/faktisch eine »**Verfügung**« darstelle. Es wird allerdings darauf hingewiesen, dass der völlige Ausschluss des Vermietungsrechts eine **unzulässige Knebelung** darstellen könne i.S.d. § 138 BGB und das in den § 13 WEG, § 903 BGB festgeschriebene Recht des Eigentümers, mit seinem Eigentum nach Belieben verfahren zu dürfen, hierdurch in begriffswidriger Weise ausgehöhlt werde.

5 **§ 13 Abs. 1 WEG** regelt, dass jeder Wohnungseigentümer (und über § 1 Abs. 6 WEG auch jeder Teileigentümer), soweit nicht das Gesetz oder Rechte Dritter entgegenstehen, die im Sondereigentum stehenden Gebäudeteile und den ihm zustehenden Mitgebrauch am Gemeinschaftseigentum **vermieten** darf (vgl. Hogenschurz/*Müller* § 13 Rn. 4).

6 Diese Bestimmung allein steht allerdings einer abweichenden Vereinbarung der Wohnungseigentümer nicht entgegen. Aber: Zu den unentziehbaren, aber verzichtbaren (»mehrheitsfesten«) Rechten eines Sondereigentümers gehört die Zweckbestimmung seines Wohnungs- oder Teileigentums; sie darf durch einen auf der Grundlage einer allgemeinen Öffnungsklausel gefassten Mehrheitsbeschluss nur mit Zustimmung des Sondereigentümers geändert oder eingeschränkt werden (*BGH* – V ZR 112/18, ZMR 2019, 619).

7 Auch die Regelung des § 12 WEG spricht nicht gegen ein totales Vermietungsverbot. Die Wohnungseigentümer haben es vielmehr weitgehend in der Hand, ihr Verhältnis untereinander **autonom** zu regeln.

8 Der Gedanke, dass den Wohnungseigentümern die rechtliche Möglichkeit gegeben werden sollte, sich gegen das Eindringen Dritter in ihre Gemeinschaft zu schützen, soll nach Auffassung des *BGH* (V ZB 2/62, WM 1962, 822 = BGHZ 37, 203, 208) auch bei der bloßen Gebrauchsüberlassung Beachtung verdienen. Auch *Ruthmann* (Wohnungseigentumsrechtliche Bindungen bei Mietverträgen über Wohnungseigentum, S. 30–37) verneint Verstöße des Vermietungsverbots gegen die §§ 137 Satz 1 und 2 BGB, 138 BGB, § 15 WEG, sowie sachenrechtliche Grundsätze und Art. 14 GG.

9 Zu beachten ist allerdings, dass der Eigentümerversammlung die **Beschlusskompetenz** (*BGH* – V ZB 58/99, ZMR 2000, 771) **fehlt**, durch Mehrheitsbeschluss ein **absolutes Vermietungsverbot** auszusprechen. Dies wird auch für die Begründung relativer Vermietungsverbote zu gelten haben, die es dem Wohnungseigentümer nur erlauben z.B. an Ehegatten oder Kinder zu vermieten. Nach Auffassung des *OLG Celle* (NZM 2005, 184) kann nicht »in Ergänzung der Hausordnung« eine Vermietung von Wohnungseigentum an Feriengäste (vgl. *BGH* – V ZR 72/09, ZMR 2010, 378, zur Nutzung durch »Medizintouristen« vgl. *LG München I* ZMR 2017, 325) untersagt werden. Selbst die Festsetzung einer maßvoll bemessenen Umzugskostenpauschale wegen der Nutzung durch Touristen qua Mehrheitsbeschluss nach § 21 Abs. 7 WEG a.F. entsprach nur dann den Grundsätzen einer ordnungsmäßigen Verwaltung, wenn die Regelung nicht zu einer ungerechtfertigten Ungleichbehandlung der Wohnungseigentümer führt (*BGH* – V ZR 220/09, ZMR 2011, 141 = MDR 2011, 20). Ab 01.12.2020 ist nach Streichung des § 21 Abs. 7 WEG a.F. eine solche Pauschalregelung nicht mehr möglich. Dem vermietenden Eigentümer als Verursacher können nun allerdings durch Beschluss nach § 16 Abs. 2 S. 2 WEG entstandene von ihm verursachte Kosten auferlegt werden.

10 Die kurzfristige Vermietung einer Wohnung an Feriengäste, auch wenn die damit verbundenen Beeinträchtigungen über das bei einem geordneten Zusammenleben unvermeidliche Maß hinausgehen, ist noch Wohnnutzung. Das führt nur dazu, dass der betroffene Wohnungseigentümer nach § 14 WEG i.V.m. § 1004 Abs. 1 BGB von jedem anderen Wohnungseigentümer darauf in Anspruch genommen werden kann, die konkrete Ausgestaltung der Vermietung zu ändern und die Beeinträchtigungen abzustellen; untersagen lässt sich die Vermietung nicht über eine beschlossene Gebrauchsregelung (*BGH* – V ZR 78/10, ZMR 2011, 396 = ZWE 2011, 78). Selbst wenn die Vermietung an Ferien- und Kurgäste als gewerbliche Nutzung (vgl. dazu *Böhm* ZWE 2008, 323 und *Fritz/Schacht* NZM 2008, 155) einzustufen wäre, könnte sie allenfalls (vgl. *KG* ZMR 2008, 406) für Wohnungseigentum nach der Teilungserklärung ohne Weiteres untersagt werden. Bei dieser Sachlage kommt ein generelles Verbot der Vermietung jedenfalls über die Hausordnung (dazu *Elzer* ZMR 2006, 733) nicht in Betracht. Darin liegt ein Verstoß gegen § 13 WEG. Einschränkungen des Rechts zur Vermietung, das sich ausdrücklich aus § 13 WEG ergibt, können nicht in einer Gebrauchsregelung getroffen werden. Die Beschlusskompetenz gem. § 19 Abs. 1 WEG umfasst nur weniger wichtige Regelungen, nicht aber das vollständige Verbot des Vermietens. Hierfür ist eine Änderung der Teilungserklärung/Gemeinschaftsordnung durch Vereinbarung notwendig.

2. Zustimmungsvorbehalte

Zustimmungsvorbehalte sind von großer **praktischer** Bedeutung (vgl. *Armbrüster* ZWE 2004, 217, 221; Jennißen/*Schultzky* § 13 Rn. 21). In Teilungserklärungen findet sich häufig sinngemäß folgende Regelung: 11

»Will der Wohnungseigentümer die Wohnung ganz oder zum Teil einem Dritten zur Benutzung überlassen, so bedarf er der schriftlichen Einwilligung des Verwalters (bzw. eines Beschlusses der Eigentümerversammlung)« (vgl. zur Beschlusskompetenz zu § 12 Abs. 4 S. 1 WEG und deren Auswirkungen im Mietrecht *Derleder* WuM 2008, 445, Fall 1; Jennißen/*Schultzy* § 13 Rn. 20 ff.). 12

Eine solche Bestimmung der Gemeinschaftsordnung/Teilungserklärung, die die Überlassung der im Sondereigentum stehenden Räume an Dritte von der Zustimmung des Verwalters abhängig macht, ist gem. den §§ 5 Abs. 4, 10 Abs. 1 Satz 2 WEG wirksam (vgl. *BGH* – V ZB 2/62, WM 1962, 822 = BGHZ 37, 203 ff.; *BayObLG* WuM 1988, 90 ff. = ZMR 1988, 106 sowie WuM 1992, 278 ff.). 13

Das *BayObLG* schränkt jedoch das Erfordernis der Zustimmung eines Dritten (damals: Verwalter oder andere Wohnungseigentümer; heute: GdWE; *BGH* – V ZR 90/22, ZMR 2023, 900 und *LG Frankfurt/M.* ZMR 2023, 910) dahin ein, dass diese Zustimmung **nur aus wichtigem Grunde** verweigert werden dürfe. Ein Zustimmungsvorbehalt ist in der Regel in diesem Sinne einschränkend auszulegen (*BayObLG* WuM 1992, 278 ff.: Ein wichtiger Grund für die Verweigerung der Einwilligung liegt vor, wenn drei Stellplätze in der Tiefgarage zur Überlassung an Hotelgäste des benachbarten Hotels vermietet werden sollen; vgl. auch Jennißen/*Schultzky* § 13 Rn. 21). 14

Im Hinblick auf die vergleichbare Interessenlage der Beteiligten bei einer Veräußerungsbeschränkung wird § 12 Abs. 2 S. 1 WEG analog angewendet (vgl. aber Bärmann/*Suilmann* § 12 Rn. 21). 15

Es wird zwar davon ausgegangen, dass eine Einschränkung der bloßen Gebrauchsbefugnis grundsätzlich der freien Vereinbarung der Wohnungseigentümer unterliegt (§ 10 Abs. 1 S. 2 WEG), andererseits aber ein **ohne** die erforderliche Zustimmung geschlossener Mietvertrag schuldrechtlich wirksam ist (vgl. auch Jennißen/*Schultzky* § 13 Rn. 23). § 12 Abs. 3 WEG gilt insoweit nicht analog. Dennoch ist eine den bloßen Gebrauch der Wohnung von der Zustimmung eines anderen abhängig machende Regelung für den Wohnungseigentümer eine erhebliche Einschränkung seiner Eigentümerbefugnisse i.S.d. § 13 Abs. 1 WEG. 16

Jedenfalls wird ein **ohne jedwede Eingrenzung** festgelegter Zustimmungsvorbehalt als nicht wirksam angesehen, weil der Wohnungseigentümer nicht der völlig freien Entscheidung eines Dritten hinsichtlich der Nutzungsbefugnis/Vermietung seines Sondereigentums ausgeliefert werden könne. 17

Die Rechtsprechung zum **wichtigen Grund** i.S.d. § 12 Abs. 2 WEG kann jedoch nicht unbesehen auf den Fall der Vermietung übernommen werden. Während es bei der Veräußerung nur auf Gründe ankommt, die in der Person des Erwerbers ihre Ursache haben, kommt bei dem Zustimmungsvorbehalt für die Vermietung gerade auch der Art der vom künftigen Mieter in Aussicht genommenen Nutzung der Räume große Bedeutung zu. Der teilende Eigentümer oder später die Gemeinschaft der Wohnungseigentümer können einen Zustimmungsvorbehalt treffen, in dem exemplarisch Gründe aufgeführt sind, die eine Verweigerung der Zustimmung rechtfertigen. Abzustellen ist **nicht** auf **konkrete** Beeinträchtigungen; es genügt bereits (bei typisierender Betrachtungsweise) die gerechtfertigte Besorgnis solcher nicht hinnehmbarer Nachteile. 18

In einem solchen Fall kann die Auslegung ergeben, dass die Zustimmung nicht nur aus wichtigem Grund verweigert werden darf, sondern vielmehr ein Ermessen eingeräumt ist, das seine Grenzen im Verbot von Willkür und Missbrauch findet. 19

Ein solcher Fall kommt insbesondere dann in Betracht, wenn ausnahmsweise Wohnungseigentum zum Betrieb einer freiberuflichen Praxis genutzt werden soll. Begründet wird dies damit, dass der betroffene Eigentümer sich hiermit nicht auf den gesetzlichen Regelfall berufen könne, bei dem eine 20

Verweigerung der Zustimmung nur aus wichtigem Grund möglich sei (vgl. *BayObLG* WuM 1989, 92, 93).

21 Einen wichtigen Grund zur **Verweigerung der Zustimmung** hat das *BayObLG* (WuM 1992, 278 ff.) in einem Fall angenommen, in dem drei Stellplätze in der Tiefgarage (Sondereigentum) zur Überlassung an Hotelgäste an das benachbarte Hotel vermietet werden sollten. Das Gericht stellte fest, es sei den übrigen Wohnungseigentümern nicht zuzumuten, dass die Stellplätze gewerblich genutzt würden. Damit würde der Hotelbetrieb auf das Grundstück der Wohnungseigentümer ausgedehnt. Die Benutzung der Stellplätze durch die ständig wechselnden Hotelgäste brächte Nachteile und Gefahren mit sich, die mit der üblichen Vermietung an bestimmte Personen nicht verbunden seien (zu einem anders gelagerten »Hotel-Fall« vgl. *BGH* – V ZB 46/99, ZMR 2000, 845).

22 In einem besonders gelagerten Fall, der ebenfalls eine Hotelanlage betraf, wurden die Sondereigentümer verpflichtet, ihre Appartements an den Betreiber eines Hotels zu vermieten, der Zuschüsse im Rahmen der Aufbaufinanzierung geleistet hatte (vgl. *BayObLG* WE 1988, 202 = NJW-RR 1988, 1163; WuM 1994, 156 = WE 1994, 283; *Gottschalg* ZWE 2000, 50).

23 Wenn der zustimmungsberechtigte Dritte Treuhänder der Gemeinschaft ist (dagegen *BGH* – V ZR 90/22, ZMR 2023, 900 und *LG Frankfurt/M.* – ZMR 2023, 910), können die Wohnungseigentümer auch seine Zustimmung ersetzen oder den Verwalter anweisen. Auch ein Beschluss der Eigentümerversammlung ist vorrangig (vgl. Bärmann/*Suilmann* § 12 Rn. 26 f.).

24 Der *BGH* hat mit Beschl. v. 21.12.1995 (V ZB 4/94, ZMR 1996, 274 = NJW 1996, 1216) und jüngst mit Urteil vom 16.09.2022 (V ZR 69/21, ZMR 2023, 55) ausdrücklich die Befugnis eines **gewerblichen** WEG-Verwalters bejaht, bei Bestehen ernstlicher Zweifel, ob ein wichtiger Grund zur Versagung der beantragten Zustimmung vorliegt, die Eigentümerversammlung um eine **Weisung** anzugehen. Hierbei wird der **Profi-Verwalter** allerdings für verpflichtet gehalten, die Eigentümerversammlung über tatsächliche und rechtliche Zweifelsfragen aufzuklären (zu den möglichen Konflikten dabei mit dem früheren Rechtsberatungsgesetz – jetzt RDG – vgl. *Riecke* ZMR 2000, 493 ff.; *ders.* FS Deckert, 2002, 358 ff.).

25 Der *BGH* stellte auch fest, dass der von der Eigentümerversammlung dann getroffene Beschluss für den Verwalter solange bindend ist, bis er eventuell durch eine rechtskräftige Gerichtsentscheidung für ungültig erklärt ist (vgl. § 23 Abs. 4 S. 2 WEG).

26 Streitig ist, ob bei dieser Vorgehensweise der Verwalter für das gerichtliche Verfahren auf Zustimmung der richtige Beklagte ist. Haben die Wohnungseigentümer die Entscheidung über die an sich von dem Verwalter zu erteilende Zustimmung an sich gezogen und beschlossen, sie zu verweigern, sollen sie und nicht der Verwalter für die Klage auf Erteilung der Zustimmung passivlegitimiert sein. Das soll auch dann gelten, wenn die Wohnungseigentümer ihre Entscheidung in der Form einer Anweisung an den Verwalter getroffen haben, die Zustimmung zu verweigern (so *BGH* ZMR 2011, 813 = NZM 2011, 719). Das *AG Heidelberg* (ZMR 2021, 523) entschied noch:

27 *»Sieht die Teilungserklärung/Gemeinschaftsordnung vor, dass ein Wohnungseigentümer ….. der Zustimmung des Verwalters bedarf, ist die Klage gegen den Verwalter und nicht gegen die Gemeinschaft der Wohnungseigentümer zu richten. Im Falle eines vereinbarten Zustimmungserfordernisses ist der Verwalter nach dem eindeutigen Wortlaut von § 12 Abs. 1 WEG ein Dritter und handelt zwar im Interesse der Wohnungseigentümer, jedoch nicht als Organ der Wohnungseigentümergemeinschaft. Denn der Wortlaut des § 12 Abs. 1 WEG sieht die Vereinbarung der Zustimmung des Verwalters (sei es als Person oder als Organ der Wohnungseigentümergemeinschaft) oder der Wohnungseigentümergemeinschaft gar nicht vor, sondern es kann außer der Zustimmung anderer Wohnungseigentümer die Zustimmung »eines Dritten«, also auch solcher Dritter, die nicht Verwalter sind, vereinbart werden. Ein solcher Dritter kann die Wohnungseigentümergemeinschaft aber nicht vertreten, § 9b WEG.«*

Dem widerspricht die obergerichtliche Rechtsprechung, die jeweils die GdWE für zustimmungsberechtigt und -verpflichtet ansieht (vgl. *BGH* – V ZR 90/22, ZMR 2023, 900 und *LG Frankfurt/M.* – ZMR 2023, 910). 28

II. Inkongruenz zwischen Mietvertrag und der Teilungserklärung bzw. der Beschlusslage

Die Vermietung von Wohnungseigentum schafft in mancher Hinsicht (z.B. Kostenverteilungsschlüssel trotz der Neuregelung des § 556a Abs. 3 BGB vgl. hierzu Anh. zu § 16 WEG, Gebrauchsbeschränkungen, vgl. hier Anh. zu § 14 WEG sowie Armbrüster ZWE 2004, 217 ff., Belegeinsicht, Versorgungssperre) ein erhebliches rechtliches Spannungsfeld zwischen Mietvertrag (Mietrecht) und Gemeinschaftsordnung/Beschlusslage (WEG-Recht) bzw. Mietrechtsprechung auf der einen und WEG-Rechtsprechung auf der anderen Seite. Welche Risiken sich hier bei der Vermietung von Wohnungs- und Teileigentum (vgl. *Hannemann* NZM 2004, 531 ff., 535 »bindungswidrige Einräumung von Gebrauchsrechten durch einen Nichtberechtigten ist schuldrechtlich wirksam«) ergeben, zeigt ein Urteil des *BGH* (XII ZR 230/94, ZMR 1996, 147), wonach es zum Risikobereich des Vermieters gehöre, dass seine **Vermietung mit der Gemeinschaftsordnung/Beschlusslage vereinbar** sei und dass bei Nichtvereinbarkeit kein wichtiger Grund zur Kündigung des Mietverhältnisses bestehe, sondern vielmehr die Gemeinschaft der Wohnungseigentümer gegenüber dem Mieter einen **direkten Unterlassungsanspruch** (§ 1004 BGB; vgl. Hogenschurz/*Müller* § 14 Rn. 12: Die Reform dürfte hieran nichts geändert haben.) habe und der Mieter seinerseits wiederum nur Schadensersatz von dem Vermieter des Wohnungseigentums verlangen könne (vgl. *Sternel* Mietrecht aktuell, 4. Aufl. Kap. VII Rn. 236 m.w.N.). 29

Auch der Mieter ist nicht im Rahmen der Schadensminderung zur Vertragskündigung verpflichtet. Allenfalls kann er im Einzelfall verpflichtet sein, das Mietobjekt gegebenenfalls unter Beachtung der Zweckbestimmung der Räume innerhalb der WE-Gemeinschaft unterzuvermieten (vgl. *BGH* WE 1996, 81). 30

Bereits bei der Auswahl des Mieters und der Ausgestaltung des Mietvertrages ist die **Zweckbestimmung** der Räume vom vermietenden Sondereigentümer zu beachten, wenn er sich nicht wegen eigenen (!) Verschuldens aus der teilungserklärungswidrigen Nutzung schadensersatzpflichtig machen will (vgl. *OLG Düsseldorf* WuM 1995, 497 = NJW-RR 1995, 1165). Es ist bei Abschluss des Mietvertrages über Wohnungseigentum darauf zu achten, dass die dem Mieter eingeräumten Gebrauchsrechte – diese umfassen immer auch einen dem Vermieter zustehenden Mitgebrauch des gemeinschaftlichen Eigentums – nicht mit der Gemeinschaftsordnung (z.B. Hundehaltungs- und Musizierverbote; vgl. *BGH* – V ZB 5/95, ZMR 1995, 416: Ein unangefochtener Mehrheitsbeschluss der Wohnungseigentümer, der die Hundehaltung in einer Wohnanlage generell verbietet, hat vereinbarungsersetzenden Charakter und bindet alle Wohnungseigentümer, weil er weder sittenwidrig ist noch in den dinglichen Kernbereich des Wohnungseigentums eingreift; *BayObLG* ZMR 2002, 64 und 605; anders im Mietrecht vgl. *BGH* – VIII ZR 168/12, ZMR 2013, 618) kollidieren. Nichtige Beschränkungen sind allerdings unverbindlich. Dies gilt insbesondere für mangels Beschlusskompetenz der Gemeinschaft nichtige Beschlüsse der Eigentümerversammlung. Zu Einzelheiten vgl. auch Anh. zu § 14 WEG. 31

Schwierigkeiten können entstehen, wenn der Mietvertrag vor Beurkundung bzw. Vorliegen der Teilungserklärung abgeschlossen wird (so im Fall *BGH* – XII ZR 230/94, ZMR 1996, 147). 32

Der Entscheidung des *OLG Düsseldorf* (WuM 1995, 497 = NJW-RR 1995, 1165) lag eine Fallkonstellation zugrunde, wie sie bei der gewerblichen Zwischenvermietung (vgl. § 565 BGB) typisch ist, dass nämlich der Mieter eines Sondereigentums aufgrund seines objektiv vertragswidrigen Verhaltens berechtigte Minderungen von Mietern anderer Sondereigentümer verursachte und Letztere vom an den Störer vermietenden Sondereigentümer ihren Mietausfallschaden ersetzt haben wollten. 33

Als Anspruchsgrundlage kommt hier gem. § 280 BGB eine Verletzung des sich aus dem Gemeinschaftsverhältnis der Wohnungseigentümer ergebenden gesetzlichen Schuldverhältnisses (vgl. § 10 Abs. 1 WEG) in Betracht (PWW/*Kramme* § 278 Rn. 7; *BayObLG* NJW-RR 1992, 1102). In dem 34

Umfang, in dem sich ein Wohnungseigentümer zur Erfüllung seiner Pflichten aus § 14 Abs. 1 Nr. 1 WEG eines Mieters »bedient«, haftet er auch für dessen Verschulden gem. § 278 BGB (vgl. auch § 14 Abs. 2 WEG; *KG* ZMR 2002, 968; vgl. auch *Prölss* in FS Canaris, 2007, S. 1037 ff.).

35 Das *OLG Düsseldorf* (WuM 1995, 497 = NJW-RR 1995, 1165) bejaht eine solche Haftung für Drittverschulden nur bei Pflichtverletzung des Mieters, wenn ein innerer sachlicher Zusammenhang zwischen den Pflichten des Sondereigentümers aus § 14 WEG und dem Tun des Mieters bejaht werden kann.

36 Störungen, die nur »bei Gelegenheit« der Erfüllung erfolgen, seien nicht erfasst (Beispiel: Bedrohung eines anderen Wohnungseigentümers mit einer Gaspistole).

37 Bei Ausschluss der Verantwortlichkeit des Mieters nach den §§ 827, 828 BGB jedenfalls scheide eine Haftung des vermietenden Sondereigentümers für das Handeln des Mieters aus. Bei zufälligem und verantwortlichem Handeln kommt dem Versicherungsschutz wegen der Rechtsprechung zum Regressverzicht (vgl. *Prölss* ZMR 2001, 157 ff. und *ders.* ZMR 2005, 241 ff.; *BGH* – VIII ZR 28/04, ZMR 2005, 116; *v. Rechenberg/Riecke* MDR 2002, 123, 124) große Bedeutung zu. Mit der Schadensverursachung durch den Wohnungseigentümer selbst befassen sich *BGH* – IV ZR 163/99, ZMR 2001, 717 und *BGH* – IV ZR 226/01, ZMR 2003, 209.

38 Der funktionsbedingte Erfüllungsgehilfe (Mieter) muss andererseits seine diesbezügliche Funktion nicht einmal kennen (zum Streitstand vgl. *MüKo/Grundmann* § 278 Rn. 4 ff.). *Kirchhoff* (ZMR 1989, 323, 325) weist zutreffend darauf hin, dass die Anwendung des § 278 BGB auf deliktsähnliche Sachverhalte als zu weit empfunden wird und dass der vermietende Sondereigentümer nicht für alle Verletzungshandlungen seines Mieters zu haften hat, die dieser im Rahmen des obligationsmäßigen Kontakts Miteigentümern zufügt (a.A. *E. Schmidt* AcP 170, 509).

39 I.d.R. scheiden im Bereich des Wohnungseigentums Verletzungshandlungen aus dem Haftungsbereich des § 278 BGB aus, die der Mieter den übrigen Wohnungseigentümern **vorsätzlich** zufügt, sofern sie nicht unmittelbar mit der Nutzung der Wohnung zusammenhängen (vgl. PWW/*Kramme* § 278 Rn. 15, 19).

40 Der typische Haftungsfall ist ein vom Mieter fahrlässig verursachter Wasserschaden, der Gegenstand der Entscheidung des *AG Frankfurt/M.* v. 23.12.1993 (NJW-RR 1994, 1167) war. Das Gericht bejahte hier eine Haftung des vermietenden Sondereigentümers mit folgender Alternativbegründung:

41 Entweder habe er dem Mieter die Sorgfaltspflichten aus § 14 WEG – die trotz Aufgabe des unmittelbaren Besitzes fortbestehen – mietvertraglich übertragen. Dann müsse er sich **fremdes** Verschulden gem. § 278 BGB wie eigenes zurechnen lassen. Anderenfalls läge in der Nichtübertragung dieser Pflichten eine **eigene** (!) Pflichtverletzung des vermietenden Sondereigentümers, für die dieser nach § 276 BGB einzustehen habe.

42 Für eine derartig weite, allerdings nicht uferlose Ausweitung der Haftung für Dritte besteht auch ein evident praktisches Bedürfnis. Gerade der Fall des *AG Frankfurt/M.* (NJW-RR 1994, 1167) zeigt, dass nach Auszug des den Schaden verursachenden Mieters die Realisierung von Regressansprüchen gegen ihn äußerst fraglich ist. Zwar sei der Mieter im Innenverhältnis zur Tragung des Gesamtschadens verpflichtet. Andererseits erscheine es sachgerecht, den vermietenden Sondereigentümer, der sich diesen Mieter ausgesucht habe und als einziger dessen Namen kenne und u.a. die Möglichkeit gehabt habe, sich durch eine Kautionsabsprache zu schützen, im Verhältnis zu den Mitwohnungseigentümern haften zu lassen.

43 Der vermietende Sondereigentümer ist nicht verpflichtet, einen Mieter, der z.B. nachhaltig durch Beleidigungen, Bedrohungen etc. gegen die Hausordnung verstößt, fristlos (§§ 543 Abs. 1, Abs. 2 Nr. 2; 569 Abs. 2 BGB) oder fristgemäß (§ 573 Abs. 2 Nr. 1 BGB) zu kündigen (vgl. *OLG Köln* ZMR 1997, 253, 254).

44 Es bleibt dem – neben dem Mieter (vgl. Hogenschurz/*Müller* § 14 Rn. 11 ff.) – als Störer in Anspruch genommenen Wohnungseigentümer überlassen, wie er ein hausordnungsgemäßes Verhalten des

Mieters bewirkt. Es kann ihm nicht eine bestimmte Maßnahme, insbesondere nicht die Räumung vorgeschrieben werden (*BayObLG* NJW-RR 1991, 658, 659). Es ist zunächst nämlich nicht die Vermietung an sich, sondern nur die Art des Mietgebrauchs unzulässig. Nur wenn im Vorhinein feststeht, dass eine Kündigung die einzig wirksame Maßnahme ist, kann eine entsprechende Verpflichtung der Gemeinschaft gegenüber bestehen (vgl. *BayObLG* WuM 1991, 208). Die **Einwirkungspflicht** des Vermieters gegen seinen Mieter (Jennißen/*Schultzky* § 13 Rn. 23: z.B. Aufhebungs- oder Änderungsvertrag anstreben) erstreckt sich ansonsten gem. § 14 WEG allgemein darauf, durch geeignete rechtliche Maßnahmen für die Beseitigung aktueller und Unterlassung künftiger Eigentumsbeeinträchtigungen zum Nachteil der anderen Eigentümer zu sorgen (vgl. *OLG Köln* ZMR 2000, 65 = NZM 2000, 1018, 1019; *BayObLG* ZMR 1994, 25). Zu den Rechten des vermietenden Sondereigentümers gegenüber dem Mieter vgl. auch *Nüßlein* PiG 76, 2006, S. 136.

Auch wenn § 13 Abs. 1 WEG ausdrücklich nur ein Recht zur Vermietung der im Sondereigentum stehenden Gebäudeteile erwähnt, ist allgemein anerkannt, dass auch dem vermietenden Eigentümer eingeräumte Sondernutzungsflächen, die rechtlich gemeinschaftliches Eigentum sind, nicht nur (mit)vermietet werden können und dürfen (*Gottschalg* ZWE 2000, 50, 51; *Schuschke* NZM 1999, 241, 245), sondern insoweit der Vertrag auch erfüllt werden kann, ohne Rechte anderer Wohnungseigentümer zu tangieren. Wie bereits der Wortsinn Sondernutzung nahe legt, ist auch die Fruchtziehung von der positiven Komponente eines Sondernutzungsrechts (zum Inhalt eines Sondernutzungsrechts vgl. *Häublein* Sondernutzungsrechte, 2003, S. 14 ff.; *Ott*, Das Sondernutzungsrecht im Wohnungseigentum, S. 3 ff.; *Hogenschurz*, Das Sondernutzungsrecht nach WEG, § 3) erfasst. Die Miete gebührt deshalb auch dem vermietenden Eigentümer allein (*OLG Düsseldorf* ZMR 1996, 96 = WuM 1996, 57 = WE 1996, 347). Möglich ist es auch, dass ein Eigentümer nur den seiner Sondernutzung unterliegenden Stellplatz vermietet. Auch ohne Sondernutzungsberechtigung kann ein Sondereigentümer sein Recht auf Mitgebrauch des gemeinschaftlichen Eigentums (§ 16 Abs. 1 letzter Satz WEG) auf den Mieter seiner Einheit übertragen. Vielfach würde der Mietgebrauch ohne Mitgebrauch gar nicht möglich sein (vgl. *OLG Düsseldorf* WE 1996, 347). Der vermietende Sondereigentümer darf nach Übertragung des Mitgebrauchsrechts auf seinen Mieter das gemeinschaftliche Eigentum aber nicht auch noch selbst weiter gebrauchen, wenn durch die Doppelnutzung Rechte der anderen Eigentümer beeinträchtigt werden, z.B. bei ständiger Überfüllung der privaten Sauna. 45

Der VIII. Senat des *BGH* erkannte mit Urt. v. 28.09.2005 (VIII ZR 399/03, ZMR 2006, 30): 46

> *»Der über eine Wohnung und eine Garage geschlossene einheitliche Mietvertrag wird durch die Veräußerung der Wohnung und der Garage an verschiedene Erwerber nicht in mehrere Mietverhältnisse aufgespalten; vielmehr treten die (!) Erwerber in den einheitlichen Mietvertrag ein. Ihr Verhältnis bestimmt sich nach den Regelungen über die Bruchteilsgemeinschaft.«* 47

Im konkreten Fall hatten die Mieter von F 1995 eine Wohnung nebst Stellplatz (Nr. 302) in einer Wohnanlage gemietet; für den Stellplatz waren 100 DM Miete zu zahlen. 1997 teilte F die Wohnanlage in Wohnungseigentum auf. Die an die Mieter vermietete Wohnung erhielt die Bezeichnung Nr. 110. Diese Wohnung (ohne Stellplatz) erwarb der B; am Stellplatz 302 wurde ein Sondernutzungsrecht begründet und dieses der Wohnung Nr. 34 zugeordnet. Diese Wohnung veräußerte F zusammen mit dem Sondernutzungsrecht am Stellplatz 302 an K., die als neue Eigentümer in das Wohnungsgrundbuch eingetragen wurden. Die Mieter zahlen seit Mai 1999 weder an die K. noch an den B. für den Stellplatz 302 Miete. 48

Der *BGH* entschied: Sondereigentümer und Sondernutzungsberechtigter sind gemeinsam Vermieter des Stellplatzes 302. Das Verhältnis zwischen den beiden Vermietern bestimmt sich nach den Regelungen über die Bruchteilsgemeinschaft (vgl. *BGH* – VIII ARZ 1/98, ZMR 1999, 546). Besteht aber an einem Grundstück eine Gemeinschaft nach Bruchteilen, schließt der Grundsatz der gemeinsamen Verwaltung (§§ 744, 745 BGB) die Anwendung des § 420 BGB auf Forderungen der Gemeinschaft gegen einen Mieter aus; die Forderungen sind auf eine im Rechtssinne unteilbare Leistung (§ 432 BGB) gerichtet. Sondereigentümer und Sondernutzungsberechtigte können wechsel- 49 seitig gem. § 745 Abs. 2 BGB die Mitwirkung an der Einziehung der Miete für den Stellplatz verlangen.

50 Kritik: Der Leitsatz ist – wohl eher zufällig? – zutreffend. Es kann nur entweder der Sondereigentümer der Wohnung allein (vgl. MüKo/*Häublein* § 566 Rn. 29) Vermieter sein oder es werden alle Wohnungseigentümer Vermieter. Die Begründung des rein schuldrechtlichen – (noch) nicht verdinglichten – Sondernutzungsrechts, das bei fehlender Eintragung nach § 398 BGB übertragen werden kann, ist mit einer Veräußerung i.S.d. § 566 BGB nicht gleichzusetzen.

51 Widersprüche zwischen dem Mietvertrag und der Gemeinschaftsordnung können auch nicht durch eine mietvertragliche Formularklausel vermieden werden, wonach der Mieter die Gemeinschaftsordnung, die Hausordnung und sonstige Beschlüsse der Wohnungseigentümer als für sich verbindlich anerkennt, soweit sie das Gebrauchsrecht betreffen (so aber *Weitnauer/Lüke* Nach § 13 Rn. 5 unter Hinweis auf *Blank* PiG Bd. 15, S. 38; vgl. auch *Armbrüster* FS Blank, 2006, S. 582 ff.).

52 Eine derartige Klausel wäre zum einen unklar (§ 305c Abs. 2 BGB), soweit nicht deutlich wird, ob es sich hier um eine Bindung an bereits bestehende oder künftige Beschlüsse oder Bestimmungen der Gemeinschaftsordnung handeln soll.

53 Soweit die »Anpassungsklausel« im Mietvertrag sich ausdrücklich auf bereits aktuelle existierende bestimmte Gebrauchsregelungen bezieht, muss dem Mieter die Möglichkeit verschafft werden, in zumutbarer Weise von ihrem Inhalt bei Vertragsabschluss Kenntnis zu erlangen (vgl. § 305 Abs. 2 BGB). Der sicherste Weg ist es hier, die konkreten Gebrauchsregelungen der Mietvertragsurkunde beizufügen (vgl. *Bub* WE 1989, 122, 124).

54 Soweit eine sog. dynamische Verweisung (*LG Hamburg* ZMR 2009, 288: Dynamische Verweisung auf die Jahresabrechnung nach § 28 WEG ist unwirksam < anders ab 01.12.2020 allerdings für Betriebskosten gemäß § 556a Abs. 3 BGB >; *Armbrüster* FS Blank, 2006, 582; Ulmer-Brandner-Hensen/*Fuchs* § 307 Rn. 340) gewollt ist, die künftige Änderungen der Beschlusslage mit einbezieht, können künftige Regelungen auch gegen § 305c Abs. 1 BGB verstoßen, wenn der Mieter »mit ihnen nicht zu rechnen brauchte«. Eine Umdeutung der gem. § 305c Abs. 1 BGB nicht Vertragsbestandteil werdenden »überraschenden (Miet-)Klausel« in eine gesetzeskonforme statische Verweisung, auf die zur Zeit des Mietvertragsschlusses gültigen Beschlüsse und Regelungen der Gemeinschaftsordnung scheitert schon am Verbot der geltungserhaltenden Reduktion (vgl. PWW/*Berger* § 306 Rn. 4, 5).

55 Nach *Ruthmann* (Wohnungseigentumsrechtliche Bindungen, 1993, S. 26, 29) soll die Anpassung an künftige Gebrauchsregelungen als Änderungsvorbehalt i.S.d. § 308 Nr. 4 BGB zu qualifizieren sein, wobei dieser Vorbehalt zulässig sei hinsichtlich solcher Änderungen, die nach billigem Ermessen beschlossen wurden.

56 *Röll/Sauren* (Hdb. für Wohnungseigentümer und Verwalter, 2002, Rn. 471) schlugen wegen der überwiegend für unwirksam gehaltenen Formularmietvertragsklausel den Abschluss einer individualvertraglichen Zusatzvereinbarung zum Mietvertrag vor, in der der Mieter nach ausdrücklichem Hinweis darauf, dass es sich bei dem Mietobjekt um Wohnungseigentum handelt, sich zur Anerkennung aller zukünftigen WE-Beschlüsse mit Auswirkung auf den abgeschlossenen Mietvertrag verpflichtet, während der Vermieter seinerseits es übernimmt, den Mieter über derartige Beschlüsse zu informieren. Der Vermieter muss den Passus ernsthaft zur Disposition stellen und dem Mieter eigene Gestaltungsfreiheit zur Wahrung seiner Interessen einräumen. *Nüßlein* (PiG 76, 2006, S. 147 Fn. 627) bezeichnet die Lösung allerdings als abwegig; sie hält sogar individualvertraglich vereinbarte Bindungen des Mieters an künftige Änderungen der Gemeinschaftsordnung für nichtig nach § 138 BGB (PiG 76, 2006, S. 153).

▶ **Beispiel:**

57 Das *AG Hamburg*-Blankenese, ZMR 2018, 677 sah § 10 Abs. 2 Hamburger Mietvertrag (2–2017) lautend: »Bei vermieteten ETW trägt der Mieter denjenigen Anteil an den vereinbarten Betriebskosten gemäß § 2 BetrKVO, den die Einzelabrechnung des WE-Verwalters

vorgibt, sofern der Mieter hierdurch nicht grob unbillig benachteiligt wird. Daneben trägt er die weiteren Betriebskosten, die außerhalb dieser Abrechnung unmittelbar auf die Wohnung entfallen (z.B. Grundsteuer)« als wirksam an; vgl. auch *Riecke*, GuT 2011, 1 ff. < 12/13> sowie hier Anh. zu § 16 WEG).

III. Haftung des vermietenden Sondereigentümers gegenüber der Gemeinschaft der Wohnungseigentümer und den übrigen Wohnungseigentümern

Der frühere § 13 Abs. 2 WEG (2007) zu den Nutzungen des gemeinschaftlichen Eigentums findet 58
sich jetzt in § 16 Abs. 1 letzter Satz WEG in Verbindung mit § 14 WEG. Insoweit wird verwiesen auf die Vorauflage und nunmehr *Agatsy*, Anh. zu § 14 WEG.

IV. Sanktionen gegen den (zahlungssäumigen) vermietenden Wohnungseigentümer und/oder seinen Mieter

1. Keine Energiesperre gegen Mieter von wohngeldsäumigen Eigentümern?

Im Mietrecht ist die Energiesperre zur Anhaltung von Betriebskosten(nach)zahlungen nach Sternel 59
(Mietrecht II Rn. 81; Mietrecht Aktuell, 4. Aufl. Kap. VII Rn. 215 ff.) verboten. Nach Auffassung des *Kammergerichts* (ZMR 2005, 951) gilt:

Innerhalb des **laufenden** (nach Beendigung des Mietverhältnisses gilt anderes: *KG* GE 2004, 1171 = 60
KGRep 2004, 540; GE 2004, 622) Mietverhältnisses ist der Vermieter grundsätzlich nicht berechtigt, die von ihm zu erbringenden Versorgungsleistungen einzustellen, wenn sich der Mieter mit der Zahlung von Miete im Verzug befindet.

Das *KG* verneint ein Zurückbehaltungsrecht des Vermieters und schließt sich der Rechtsprechung 61
des *OLG Köln* (ZMR 2005, 124, OLGRep Köln 2004, 281) an. Das Ausfrieren des Mieters wird als verbotene Eigenmacht (§ 858 BGB) eingestuft. Auf die Erheblichkeit des Rückstands soll es nicht ankommen (**a.A.** *LG Freiburg* WuM 1997, 113 für das Pachtrecht). Dies soll selbst dann gelten, wenn nach der Schwergewichtstheorie von einem gewerblichen Mietverhältnis auszugehen ist.

Der Entscheidung des *KG* lag folgender Sachverhalt zugrunde: 62

Der Mieter nutzte die gemieteten Räume überwiegend als Geschäftsraum, teilweise jedoch auch zu 63
Wohnzwecken. Nachdem er mit der Zahlung der Miete in Verzug geriet, unterbrach der Vermieter die Stromversorgung. Hiergegen wandte sich der Mieter erfolgreich mit einer einstweiligen Verfügung. Dazu das *KG*:

> *»Der Antrag auf Erlass einer einstweiligen Verfügung war begründet, weil die Verfügungsbeklagte* 64
> *zur Einstellung der Stromversorgung* **nicht** *berechtigt war. Auszugehen ist davon, dass der Vermieter im* **laufenden** *Mietverhältnis nicht zur Einstellung der von ihm – wie hier – als Nebenpflicht übernommenen Belieferung des Mieters mit Energie- und Versorgungsleistungen berechtigt ist, weil ihm ein Zurückbehaltungsrecht wegen Mietzinsrückständen grundsätzlich nicht zusteht (vgl. hierzu m.w.N. OLG Köln Beschl. v. 26.4.2003 – 1 U 67/03 –, ZMR 2005, 124 = MietRB 2004, 318; OLG Report Köln 2004, 281). Die Einstellung der Versorgungsleistung stellt deshalb eine* **Besitzstörung** *und damit eine verbotene Eigenmacht nach § 858 Abs. 1 BGB dar. Dies gilt erst recht dann, wenn die Mieträume dem Mieter auch* **zu Wohnzwecken** *überlassen worden sind. So liegt der Fall hier, weil der Verfügungskläger entsprechend der Vereinbarung im Mietvertrag von der Gesamtfläche von 220 qm etwa 60 qm und damit 27 % zum Wohnen nutzt.«*

Dies bedeutet für den vorsichtigen Vermieter, dass er verpflichtet ist, die erforderlichen Ver- und 65
Entsorgungsleistungen zu erbringen, damit die gemieteten Räume entsprechend dem vereinbarten Zweck auch genutzt werden können. Hierin wird eine Nebenpflicht des Vermieters erblickt. Nach der im Mietrecht verbreiteten Meinung ist ein Vermieter nicht nach §§ 273, 320 BGB berechtigt, die Versorgung der Mieträume mit Wärme, Wasser oder Energie zurückzuhalten, um die Zahlung rückständiger Miete oder Nebenkosten oder die Räumung der Mietsache durch den Mieter nach

Vertragsbeendigung durchzusetzen. Nach dieser Auffassung führt die Einstellung z.B. der Beheizung im Winter oder das Abstellen der Wasserzufuhr oder des Stroms zur Unbewohnbarkeit der Mietsache mit der Maßgabe, dass derartige Maßnahmen den Tatbestand der verbotenen Eigenmacht erfüllen.

66 Nach anderer obergerichtlicher Auffassung soll das Abstellen von Strom, Heizung und Wasser **nach** Beendigung des Mietverhältnisses allerdings keine verbotene Eigenmacht (jedenfalls bei Geschäftsraummietverhältnissen; *BGH* – XII ZR 137/07, ZMR 2010, 2639) darstellen (*KG* GE 2004, 622; *KG* ZMR 2008, 47; *LG Münster* WuM 2007, 247).

67 Nach Auffassung des *AG Bergheim* (ZMR 2005, 53 m. Anm. *Keppeler*) soll ein Vermieter (von Wohnraum!) aber dann berechtigt sein, ein Zurückbehaltungsrecht hinsichtlich der Versorgung mit Wasser und Heizung auszuüben, wenn der Mieter für einen Zeitraum von mehr als drei aufeinanderfolgenden Monaten keinerlei Miet- sowie Nebenkostenvorauszahlungen mehr erbracht hat.

2. Rechtslage gegenüber dem säumigen Erbbauberechtigten oder Wohnungseigentümer

68 Hier gilt das Gegenteil, denn es hat der *BGH* (V ZR 235/04, ZMR 2005, 880 m. Anm. *Elzer*; zum Mietrecht vgl. *BGH* – XII ZR 137/07, ZMR 2010, 263) entschieden, dass der nachhaltige Zahlungsrückstand des Mitglieds einer nicht rechtsfähigen Gemeinschaft (von Erbbauberechtigten) deren Mitglieder zur Verhängung einer Versorgungssperre (vgl. *Briesemeister* FS Blank 2006, 597 ff.) berechtigt. Dies kann auf die gemäß § 9a WEG voll rechtsfähige Gemeinschaft der Wohnungseigentümer übertragen werden (vgl. *Gaier* ZWE 2004, 109, 112; *BGH* – V ZB 32/05, ZMR 2005, 547). Der *BGH* teilt der abweichenden Auffassung des *OLG Köln* (ZMR 2000, 639 = ZWE 2000, 543 = NZM 2000, 1026) eine klare Absage. Ist die 100-fache Durchsetzung individueller Versorgungssperren nicht wirtschaftlich durchführbar, kommt nach *AG Gladbeck* (ZMR 2007, 734; vgl. auch *OLG Hamm* ZWE 2008, 443 = ZMR 2008, 474 sowie *Scholz* NZM 2008, 387) sogar eine »**große Versorgungssperre**« in Betracht, die auch wenige nicht zahlungssäumige Wohnungseigentümer erfassen kann, wenn deren isolierte Versorgung technisch nicht realisiert werden kann. Eine Versorgungssperre ist bei Wohngeldrückständen von mindestens 6 Monatsbeiträgen gerechtfertigt und verhältnismäßig. Das Bezahlen der reinen Verbrauchskosten ist ebenso wenig wie die Wiederaufnahme der laufenden Zahlungen geeignet, die Aufhebung der Versorgungssperre zu bewirken (*OLG Dresden* ZMR 2008, 140).

69 Die Umsetzung der Versorgungssperre setzt einen Beschluss der Gemeinschaft voraus, weil sie über die Befugnisse des Verwalters – wenn nicht dessen Rechte nach § 27 Abs. 2 WEG wirksam erweitert wurden – hinausgeht. Der *BGH* sieht einen Rückstand i.H.v. mehr als 6 Monatsbeträgen als ausreichend und erheblich an. Außerdem muss dem Vollzug der Versorgungssperre eine Androhung derselben vorausgehen.

70 Der *BGH* bejaht sogar hinsichtlich der Schuldnerwohnung ein Betretungsrecht des Verwalters sowie Dritter als Erfüllungsgehilfen im Rahmen des Vollzugs der Sperre (zur Durchsetzung vgl. *Briesemeister* ZMR 2007, 661). Bei Weigerung des Schuldners bedarf es allerdings eines Vollstreckungstitels. Enthält dieser bereits die Betretungsbefugnis wäre wohl eine richterliche Ermächtigung nach den §§ 758, 758a ZPO im Rahmen der Zwangsvollstreckung entbehrlich. Das *Kammergericht* verneint ein Betretungsrecht **gegenüber dem Mieter** (ZMR 2006, 379) zwecks Durchsetzung der Versorgungssperre durch Maßnahmen in der Mietwohnung. Gegenüber Wohnungseigentümern als Schuldnern hat das Gericht die Verhältnismäßigkeit der Maßnahme zu beurteilen (*OLG München* ZMR 2005, 311).

71 **Beachte**: Selbst bei **Teilzahlungen** nur auf die anteiligen Wasserkosten ist nach Auffassung des *Kammergerichts* (WuM 2005, 600 = ZMR 2005, 905) das Aufrechterhalten der Versorgungssperre bei erheblichen Wohngeldrückständen weiterhin gerechtfertigt. Umstritten ist, ob die Versorgungssperre auch die **Stromleitungen** erfassen darf, wenn der Nutzer Strom direkt beim Versorger bezieht (so nur *LG München I* ZMR 2011, 326 = ZWE 2011, 186).

Nach (abzulehnender) Ansicht des *OLG Köln* (ZMR 2000, 639 ff. = WE 2001, 44 m. abl. Anm. *Deckert* S. 68) soll das »Ausfrieren« bzw. »Austrocknen« des Mieters eines mit Wohngeldzahlungen in Verzug befindlichen Wohnungseigentümers auch bei erheblichen Rückständen verbotene Eigenmacht sein (§§ 858 ff. BGB, dagegen insbesondere *Ulrici,* Liefersperren als verbotene Eigenmacht, ZMR 2003, 895). 72

Im Innenverhältnis der Wohnungseigentümer wird ein entsprechender Mehrheitsbeschluss mit Blick auf § 273 BGB bislang überwiegend als zulässig erachtet, wenn die Gemeinschaft mangels einzelvertraglicher Beziehungen mit dem Versorgungsunternehmen Energieschuldnerin ist, die Rückstände tituliert oder anerkannt sind und die Sperrung technisch möglich sowie verhältnismäßig ist (vgl. *KG* ZMR 2001, 1007; *AG Peine* WE 2000, 128; *OLG Hamm* MDR 1994, 163; *BayObLG* WE 1992, 347 = NJW-RR 1992, 787; *Deckert* WE 2001, 68; *Armbrüster* WE 1999, 14, 16). 73

Da die Entscheidungen sich allerdings auf **selbst genutzte** Einheiten bezogen, ist die 1:1-Übertragung auf das vermietete Wohnungseigentum nicht zwingend. 74

Die wohl h.M. bejaht eine Versorgungssperre auch bei einer vermieteten WE-Einheit, selbst wenn so der Wohngeldschuldner nur mittelbar betroffen ist (*KG* NZM 2001, 761; *OLG Hamm* NJW 1994, 145; *BayObLG* WuM 1992, 207; *OLG Celle* NJW-RR 1991, 1118; *Armbrüster* WE 1999, 14, 15 f.; *Suilmann* ZWE 2001, 476 ff.). 75

Rechtlich wird dieses Druckmittel als Zurückbehaltungsrecht i.S.d. § 273 BGB angesehen (*KG* NZM 2001, 761, 762; *Armbrüster* WE 1999, 14, 15). Es kann sowohl vor einer Zwangsvollstreckung angebracht sein als auch im Nachgang zu einer erfolglos verlaufenden Zwangsvollstreckung, wenn und weil droht, dass der zahlungsschwache Schuldner weiterhin auf Kosten der Gemeinschaft sein Wohnungseigentum nutzt. 76

Eine Energiesperre ist unzulässig, wenn ein **individueller Liefervertrag** zwischen Versorgungsunternehmen und Schuldner besteht und Energie direkt in diesem Verhältnis erbracht und abgerechnet wird; hier kommen nur Rechte des Energielieferers in Betracht (vgl. *Armbrüster* WE 1999, 14, 15; a.A. *LG München I* ZMR 2011, 326 = ZWE 2011, 186). Es fehlt dann bereits an der erforderlichen Konnexität von Leistung und Gegenleistung. Anders ist die Lage, wenn Versorgungsleistungen zentral über Gemeinschaftsanlagen und -anschlüsse verteilt und zunächst aus der Gemeinschaftskasse bezahlt werden. 77

Nach h.M. ist für eine Versorgungssperre im WEG ein Mehrheitsbeschluss erforderlich aber auch ausreichend. Der Beschluss entspricht i.d.R. ordnungsmäßiger Verwaltung. § 18 Nr. 2 WEG a.F. (anders jetzt § 17 WEG n.F.) war bei Zahlungsrückständen keine abschließende Sonderregelung und ließ andere Maßnahmen zu. 78

Die nach § 273 BGB erforderliche Konnexität der wechselseitig geschuldeten Leistungen liegt darin, dass der Wohnungseigentümer der Gemeinschaft Vorschüsse (Wohngeldbeiträge) auf die Gesamtkosten der Bewirtschaftung schuldet, während die Gemeinschaft über die im gemeinschaftlichen Eigentum gelegenen Versorgungsleitungen dem einzelnen Wohnungseigentümer die Versorgung seiner Einheit verschafft (*KG* NZM 2001, 761, 762 m.w.N.). Soweit dagegen eingewandt wird, es fehle bereits an einer »Leistung« i.S.d. § 273 Abs. 1 BGB, weil die Gemeinschaft nicht Lieferantin von Strom, Gas und Wasser sei, sondern der Miteigentümer lediglich am Gebrauch der Leitungen gehindert werde, wird verkannt, dass auch die anderen Eigentümer zur Duldung des bestimmungsgemäßen Leitungsmitgebrauchs verpflichtet sind (§§ 13 Abs. 2 S. 1, 14 Nr. 1, 3 WEG a.F.; §§ 16 Abs. 1, 14 Abs. 1 WEG n.F.), da es über weite Strecken zwingend gemeinschaftliches Eigentum (vgl. *BGH* – V ZR 57/12, ZMR 2013, 454) ist, und auch Duldungen zurückgehalten werden können. Dies hat der *BGH* für die Duldung der Nutzung eines Notweges gegen Zahlung der Notwegrente entschieden (*BGH – V ZR 195/74,* MDR 1976, 917 f.) und gilt m.E. auch für Leitungsnutzungsrechte. 79

Eine Vermietung steht der Ausübung des Zurückbehaltungsrechts nach h.M. nicht im Wege, da dem Mieter gegenüber der Gemeinschaft erstens keine Gebrauchsgewährungsansprüche zustünden 80 und er zweitens gegenüber der Gemeinschaft nicht mehr Rechte haben könne als der vermietende Wohnungseigentümer selbst sie einwenden könnte. Diese Argumentation ist allerdings umstritten; vgl. nur *Armbrüster/Müller* ZMR 2007, 321.

81 Ist zur technischen Durchführung der Versorgungssperre eine bauliche Maßnahme erforderlich, z.B. der Einbau eines Absperrventils, und/oder das Betreten der Wohnung des Schuldners, wird auch dieses nach h.M. vom Beschluss bzw. vom Gesetz gedeckt. Es gilt nicht § 20 WEG, da es sich um eine Maßnahme i.S.d. § 19 Abs. 1 WEG handelt (*Armbrüster* WE 1999, 17). Die Pflicht zur Gestattung des Betretens der Wohnung wird § 14 Abs. 1 WEG entnommen.

▶ **Beachte:**

82 Das **Insolvenzverfahren** gegen einen säumigen Wohngeldschuldner unterbricht nach *AG Kassel* (ZMR 2005, 743) nicht das Verfahren gegen ihn auf Duldung der Versorgungssperre seiner Wohnung mit Heizung und Wasser.

B. Instandsetzungsansprüche des Mieters

I. Grundsätzliches

83 Derartige Ansprüche können aufseiten des Mieters bestehen gegenüber dem vermietenden Wohnungseigentümer, dem gewerblichen Zwischen(ver)mieter oder sonstigen vermietenden Dritten, und zwar unabhängig davon, ob Mängel im Bereich des Sondereigentums, des gemeinschaftlichen Eigentums oder an Sondernutzungsflächen des gemeinschaftlichen Eigentums geltend gemacht werden (vgl. *Sternel* Mietrecht aktuell 4. Aufl. Kap. VII, Rn. 37).

II. Mängel am Sondereigentum und am Gemeinschaftseigentum

84 Es ist zu unterscheiden zwischen Mängeln am Mietobjekt, deren Ursache und Beseitigung allein im Sondereigentum liegen, und solchen, die ohne Eingriff in das gemeinschaftliche Eigentum nicht behoben werden können.

1. Mängel am Sondereigentum

85 Zum Sondereigentum gehören nach dem Gesetz die Gebäudebestandteile, die verändert, beseitigt oder eingefügt werden können, ohne dass dadurch das gemeinschaftliche Eigentum oder das Sondereigentum eines anderen Wohnungseigentümers über das nach § 14 Abs. 1 WEG zu duldende Maß hinaus beeinträchtigt wird (vgl. § 5 Abs. 1 WEG, zur Abgrenzung vgl. *Riecke* BTR 2003 Heft 1, S. 11 ff.).

86 Damit sind die reinen Sondereigentumsbereiche einer Eigentumswohnung sehr eng umrissen. Sie beschränken sich auf das Innere der Eigentumswohnung, namentlich auf
- die nicht tragenden Zwischenwände,
- den Innenputz der Decken und tragenden Wände,
- den Fußbodenbelag,
- Einbauten, Sanitärgegenstände und Elektrogeräte.

87 Nichttragende Wände stehen im Sondereigentum. Handelt es sich um eine Trennwand zwischen zwei Einheiten, steht sie im gemeinschaftlichen Sondereigentum (sog. Mitsondereigentum) der anliegenden Eigentümer (*BGH* – V ZB 45/00, ZMR 2001, 289 = ZfIR 2001, 209 m. Anm. *J.-H. Schmidt*).

88 **Heizkörper** zählen nach h.M. zum Sondereigentum (z.B. *BGH* – V ZR 176/10, ZMR 2011, 971 m. Anm. *Jennißen*; *OLG Hamm* NJW-RR 1995, 909, 910 zu Nachtstromspeicheröfen; Heizkörperventile sollen aber zwingend gemeinschaftliches Eigentum sein, wobei eine Umdeutung in eine Kostentragungsregel im Einzelfall infrage kommt, vgl. *OLG Hamm* ZMR 2001, 2001, 839 = ZWE 2001, 393). Die Zuordnung von Wasser- und Abwasserleitungen, Strom- und Gasleitungen, Fern-

heizungs- und Entlüftungsanlagen kann schon problematisch sein (zu Leitungen vgl. *BGH* – V ZR 57/12, ZMR 2013, 454). Der Eingriff in Heizungskreisläufe durch Anbringung und Änderung von Thermostatventilen kann in Rechte anderer eingreifen und ist daher – entgegen *BGH* – V ZR 57/12, ZMR 2013, 454 – dem einzelnen Sondereigentümer im Allgemeinen nicht gestattet, wenn z.B. der hydraulische Abgleich hierdurch gestört wird.

Fenster und Türen – außer reinen Innentüren – sind zwingend gemeinschaftliches Eigentum (**a.A.** allerdings *OLG Düsseldorf* ZMR 2002, 445 für die Wohnungsabschlusstür). Das gilt jedenfalls für Außenfenster und zum gemeinschaftlichen Eigentum hin gewandte Türen; Sondereigentum können nur Innenrahmen und die Innenscheiben bei echten Doppelfenstern mit trennbarem Rahmen sein (*BayObLG* ZWE 2000, 177, 178; *OLG Düsseldorf* ZMR 1998, 304). Soweit in Teilungserklärungen Außenfenster als Sondereigentum bezeichnet werden, wird eine solche Bestimmung von der Rechtsprechung ausgelegt als eine schuldrechtliche Verpflichtung dahin gehend, dass der betreffende Wohnungseigentümer verpflichtet ist, die Fenster seiner Wohnung – obwohl gemeinschaftliches Eigentum – auf eigene Kosten zu erhalten (instand zu setzen und instand zu halten; vgl. *OLG Hamm* MDR 1992, 258; *LG Wuppertal* WE 1997, 42). Ohne Weiteres zulässig ist eine Bestimmung in der Teilungserklärung, wonach der jeweilige Wohnungseigentümer die im Bereich seines Sondereigentums liegenden Fenster auf seine Kosten instand zu setzen und zu erhalten hat (vgl. *OLG Düsseldorf* WuM 1999, 350 f. = ZMR 1999, 350). Balkone sind auch ohne ausdrückliche Erklärung in der Teilungserklärung Sondereigentum (überzeugend *Fr. Schmidt* MittBayNot 2001, 442; **a.A.** zu Unrecht *OLG Frankfurt am Main*, ZMR 1997, 367 ff.; *OLG Köln* ZMR 2001, 568 f.; *OLG Düsseldorf* ZMR 1999, 350 f., ZMR 1998, 304 und die h.M.). Das bedeutet, dass der Bodenbelag und der Balkoninnenanstrich unter die Erhaltungspflicht des Sondereigentümers fallen. Jedoch sind Eingriffe ins Sondereigentum zumindest kostenmäßig dann alle Wohnungseigentümer treffende Lasten des gemeinschaftlichen Eigentums, wenn sie notwendige Voraussetzung für Arbeiten am gemeinschaftlichen Eigentum sind. Das gilt etwa für die Entfernung von Balkonfliesen, um an schadhafte konstruktive oder sicherheitsrelevante Balkonteile herankommen zu können (vgl. *OLG Düsseldorf* WuM 1999, 349 f. = ZMR 1999, 350). Die abdichtenden, isolierenden und tragenden Balkonteile sind zwingend gemeinschaftliches Eigentum (*BGH* – VII ZR 193/99, NJW-RR 2001, 800 f.; *OLG Düsseldorf* ZMR 2002, 613). Das gilt auch für die Balkonbrüstung oder ein Balkongeländer (vgl. *BayObLG* ZMR 1999, 59; zur Isolierschicht vgl. *OLG Hamm* ZMR 1997, 193). Eine Unterhaltungspflicht des einzelnen Sondereigentümers insoweit kann aber wiederum aus einer Bestimmung in der Teilungserklärung folgen (*KG* WuM 2001, 298 = WE 2001, 118 = ZWE 2001, 331; *BayObLG* ZMR 1999, 59). Zur strittigen Frage der Kostentrennung vgl. *OLG Braunschweig* ZMR 2006, 787. 89

Soweit ein Schaden allein am Sondereigentum vorliegt, kann der Mieter ohne Weiteres die mietrechtlichen Mängelansprüche (§§ 536 ff. BGB) gegen seinen Vermieter geltend machen, z.B. bei Verzug des Vermieters den Mangel gem. § 536a Abs. 2 Nr. 1 BGB im Wege der Ersatzvornahme auf Kosten des Vermieters beseitigen lassen oder – umständlich aber ohne Vorleistung des Mieters – nach Verurteilung des Vermieters zur Beseitigung gem. § 887 ZPO (als vertretbare Handlung) vollstrecken. 90

2. Vorgehen bei Mängeln am gemeinschaftlichen Eigentum, soweit die Erhaltung/Instandhaltung einem Eigentümer obliegt

Soweit vermietende Eigentümer gegenüber der Gemeinschaft der Wohnungseigentümer nach dem Inhalt der Teilungserklärung/Gemeinschaftsordnung auch zur Beseitigung von Schäden am gemeinschaftlichen Eigentum verpflichtet sind, gilt dasselbe. Das kann der Fall sein z.B. bei entsprechender Regelung in der Teilungserklärung/Gemeinschaftsordnung, die etwa wie folgt lauten kann: 91

»Einrichtungen, Anlagen und Gebäudeteile, die nach der Beschaffenheit oder dem Zweck des Bauwerks oder gemäß dieser Teilungserklärung zum **ausschließlichen** Gebrauch durch einen Wohnungseigentümer bestimmt sind (z.B. Balkone, Fenster), sind von ihm auf seine Kosten instand zu halten und instand zu setzen.« (vgl. *OLG Braunschweig* ZMR 2006, 787 und *LG Braunschweig* ZMR 2006, 395). 92

93 Dies gilt jedenfalls dann, wenn derartige Regelungen so klar abgefasst sind, dass sie keinen Anlass zu Streit innerhalb der Gemeinschaft der Wohnungseigentümer geben. Soweit derartige Regelungen nicht bestimmt genug sind, können sie unterschiedlicher Auslegung zugänglich sein. So hat z.B. das *LG Flensburg* (WE 1989, 70 ff.) entschieden, dass die dem einzelnen Wohnungseigentümer obliegenden Erhaltungspflichten (früher: Instandsetzungs- und Instandhaltungspflichten) bei derartigen Klauseln sich nur auf die Teile des gemeinschaftlichen Eigentums beziehen, die ihm wirklich zum ausschließlichen Gebrauch zur Verfügung stehen, also nur auf die bloße Oberfläche. Das *OLG Hamburg* hat in einem durchaus vergleichbaren Fall anders entschieden (Beschl. v. 20.08.1992 – 2 Wx 92/91 – n.v.). Hieraus wird deutlich, dass es nicht ganz unproblematisch ist, bei Vorliegen derartiger Klauseln ohne Weiteres von einer Erhaltungspflicht des einzelnen Wohnungseigentümers und Vermieters auszugehen. Dies könnte der Mieter bei der anschließenden gerichtlichen Rückforderung des von ihm gem. § 536a Abs. 2 BGB verauslagten Aufwandes zu spüren bekommen.

3. Mängel am gemeinschaftlichen Eigentum, das von der Gemeinschaft der Wohnungseigentümer zu erhalten ist

94 Problematisch wird die Beseitigung von Mängeln am Mietobjekt dann, wenn diese ihre Ursache in Mängeln am gemeinschaftlichen Eigentum haben und das gemeinschaftliche Eigentum entsprechend der gesetzlichen Regelung in § 16 Abs. 2 WEG von allen Wohnungseigentümern gemeinschaftlich zu erhalten ist. Soweit die Beseitigung durch einen kooperativen WEG-Verwalter im Rahmen seiner Regelungs- und Kostenkompetenz erfolgt, kann der Mieter schnell zufriedengestellt werden. Wenn – wie so oft – unklar ist, worin die Mängelursachen bestehen und welche Beseitigungsmaßnahmen im Sinne einer ordnungsmäßigen Verwaltung notwendig sind, dann bedarf es zusätzlich regelmäßig auch noch der Beschlussfassung durch die Gemeinschaft der Wohnungseigentümer, der Einholung mehrerer Kostenangebote, der Einforderung von Sonderumlagen – soweit die Erhaltungsrücklage nicht ausreicht – etc. (zur gutachterlichen Schadensfeststellung vor größeren **Erhaltungsmaßnahmen** vgl. *BGH* – V ZR 94/11, ZMR 2012, 974; *BayObLG* WE 1999, 119 m. Anm. *Kümmel*). Insgesamt kann eine Gemeinschaft der Wohnungseigentümer bei Weitem nicht so schnell reagieren wie der Vermieter, dem das gesamte Gebäude allein gehört. Aus dieser Problematik wird die einschlägige Rechtsprechung verständlich. Auf keinen Fall kann der Mieter nach § 536a Abs. 2 BGB eine Ersatzvornahme durchführen und seine Kosten gegenüber dem vermietenden Sondereigentümer liquidieren (a.A. zu Unrecht *Nüßlein* PiG 76, 2006, S. 29).

a) Frühere Rechtsprechung

95 Bis zum Jahre 1990 wurden zu dieser Frage durchaus unterschiedliche Auffassungen vertreten. Vorherrschend war die Meinung, dass ein vermietender Wohnungseigentümer bei erforderlichen Eingriffen in das gemeinschaftliche Eigentum nicht zur Durchführung von Erhaltungsmaßnahmen verpflichtet werden kann. Die Auffassung wurde damit begründet, dass der Wohnungseigentümer als Vermieter daran gehindert sei, **allein** die notwendigen Maßnahmen selbst durchzuführen. Bei Maßnahmen zur Abwehr unmittelbar drohenden Schadens könne der Verwalter zwar gem. § 27 Abs. Abs. 1 Nr. 2 WEG allein tätig werden. Ansonsten setze die Durchführung von Erhaltungsmaßnahmen gem. § 19 Abs. 2 Nr. 2 WEG aber einen Mehrheitsbeschluss der Wohnungseigentümerversammlung voraus. Erst wenn ein derartiger Beschluss der Gemeinschaft der Wohnungseigentümer vorliege, könne das Verlangen des Mieters nach Durchführung von Erhaltungsmaßnahmen gegenüber einem vermietenden Wohnungseigentümer eine rechtlich zulässige Maßnahme darstellen. Bis dahin ist das Verlangen auf eine rechtlich unmögliche Leistung gerichtet. So entschied auch noch bis zum Jahre 1989 die 65. ZK des *LG Berlin* (vgl. *Bielefeld* WE 1990, 50 ff.).

b) Heutige Rechtsprechung

96 Dieser Auffassung ist das *Kammergericht* entgegengetreten (ZMR 1990, 336 = NJW-RR 1990, 1166 = WuM 1990, 376) und formulierte folgenden Leitsatz:

»Der Mieter einer Eigentumswohnung hat gegen seinen Vermieter auch dann einen gerichtlich durchsetzbaren Anspruch auf Mängelbeseitigung, wenn die zur Mängelbeseitigung erforderlichen Maßnahmen Eingriffe in das gemeinschaftliche Eigentum der Wohnungseigentümergemeinschaft notwendig machen und – soweit erforderlich – ein zustimmender Beschluss der Wohnungseigentümergemeinschaft noch nicht vorliegt«. 97

Das *Kammergericht* stellte in seinen Entscheidungsgründen wesentlich darauf ab, dass die interne Aufgabenverteilung innerhalb der Gemeinschaft der Wohnungseigentümer hinsichtlich der Erhaltung/Instandsetzung des gemeinschaftlichen Eigentums nicht die rechtliche Unmöglichkeit der Erhaltung/Instandsetzung der Mietsache für den einzelnen Wohnungseigentümer zur Folge habe und dieser damit nicht von seiner Leistungspflicht gegenüber dem Mieter frei werde. Es bestehe bis zur ggf. erforderlichen Beschlussfassung der Gemeinschaft der Wohnungseigentümer lediglich ein vorübergehendes Leistungshindernis für den einzelnen Wohnungseigentümer als Vermieter. Notfalls müsse der einzelne Wohnungseigentümer seinen Anspruch aus § 18 Abs. 2 WEG auf ordnungsmäßige Verwaltung im Verfahren nach § 43 Abs. 2 WEG gerichtlich geltend machen. 98

Auch Geldmangel der Gemeinschaft der Wohnungseigentümer entlastet den Vermieter von Wohnungseigentum nicht. Dies bedeutet, dass der Vermieter ggf. seiner Gemeinschaft der Wohnungseigentümer die Kosten für die im Verhältnis zu seinem Mieter geschuldeten Reparaturmaßnahmen vorzufinanzieren hat. Dieser Hinweis bedeutet jedoch keine Einschränkung der Mitwirkung aller Wohnungseigentümer an einer Beseitigung von Mängeln am gemeinschaftlichen Eigentum. Nach der einschlägigen Rechtsprechung kann sich ein Wohnungseigentümer nicht gegen eine Mängelbeseitigungsmaßnahme wehren mit der Begründung, er verfüge nicht über die hierfür notwendigen Mittel. Zur Opfergrenze vgl. *BGH* – VIII ZR 342/03, ZMR 2005, 935. 99

c) Aktiv- und Passivlegitimation

Das *OLG Zweibrücken* (ZMR 1995, 119) hat ausdrücklich festgestellt, dass sich der Mängelbeseitigungsanspruch des Mieters gegen jeden Vermieter richtet, auch gegen den gewerblichen Zwischenvermieter, von dem der (End) Mieter Instandsetzung auch dann verlangen könne, wenn bei Wohnungseigentum/Eigentumswohnungen ein Eingriff in das gemeinschaftliche Eigentum notwendig sei. 100

Nach Auffassung des *OLG Hamm* (ZMR 1989, 98 ff.) machen Wohnungseigentümer derartige Ansprüche gegenüber der Gemeinschaft der Wohnungseigentümer auf Beseitigung von Mängeln als eigene Ansprüche geltend und sind deshalb jeder für sich prozessführungsbefugt (vgl. *BayObLG* ZMR 1992, 352 = WuM 1992, 389). 101

4. Durchsetzung gerichtlich festgestellter Ansprüche im Wege der Zwangsvollstreckung

Aufgrund der neueren Rechtsprechung verlagert sich der Einwand rechtlicher Unmöglichkeit vom Erkenntnisverfahren in die Zwangsvollstreckung. Diese richtet sich in einem solchen Fall nicht nach § 887 ZPO (vertretbare Handlung), sondern nach § 888 ZPO (unvertretbare Handlung). Für den Mieter einer Eigentumswohnung ergibt sich daraus, dass er zwar einen durchsetzbaren Anspruch auf Mängelbeseitigung hat, aber bei der zwangsweisen Durchsetzung eines gerichtlichen Titels unter Umständen große Geduld haben muss. Es kann passieren, dass der durchaus zur Mängelbeseitigung bereite Wohnungseigentümer und Vermieter trotz allen Bemühens durch mehrere Instanzen wegen Mitwirkung (oder Duldung) an den Mängelbeseitigungsarbeiten prozessieren muss. Richtet sich der Titel materiell zu Unrecht gegen die Wohnungseigentümer steht die Rechtsfähigkeit des Verbandes (§ 9a WEG) der Vollstreckung nach *LG Wuppertal* nicht entgegen (ZMR 2006, 968; *BGH* – I ZB 83/06, ZMR 2007, 286). 102

5. Das Vorgehen des vermietenden Wohnungseigentümers gegen die Gemeinschaft der Wohnungseigentümer

103 Der Vermieter von Wohnungseigentum muss alle zumutbaren rechtlichen Möglichkeiten gegenüber der Gemeinschaft der Wohnungseigentümer, den Miteigentümern und dem Verwalter ausschöpfen, um seiner mietvertraglichen Pflicht gegenüber dem Mieter zu genügen. Nur dann kann er der Festsetzung und Vollstreckung von Zwangsmitteln gem. § 888 ZPO entgehen. Der vermietende Wohnungseigentümer wird zu beachten haben, dass er seine Miteigentümer vor Einleitung eines Verfahrens gem. § 43 WEG zur Mitwirkung auffordern muss. Da Gemeinschaften von Wohnungseigentümern diesbezügliche Entscheidungen im Allgemeinen nur auf Wohnungseigentümerversammlungen treffen (können), kann es passieren, dass bei Auftreten eines Mangels in der Zeit kurz nach einer ordentlichen Eigentümerversammlung bis zur nächsten Versammlung abgewartet werden muss. Wenn es nicht gelingt, die Gemeinschaft, vertreten durch ihr Organ, den Verwalter, zu einer außerordentlichen Wohnungseigentümerversammlung zu bewegen und er auf die erst im kommenden Jahr stattfindende ordentliche Wohnungseigentümerversammlung verwiesen wird, sind zeitaufwendige Streitereien mit der Gemeinschaft und Wohnungseigentümern vorprogrammiert.

104 Das Nachsehen hat dann der Mieter, der seinen unter Umständen titulierten Mängelbeseitigungsanspruch nicht mit dem nötigen Nachdruck vollstrecken kann. Aus diesem Grunde empfiehlt sich immer dann, wenn der Mieter seinen Vermieter gerichtlich auf Mängelbeseitigung in Anspruch nimmt, die Streitverkündung gegenüber den übrigen Eigentümern und dem Verband (vgl. Weitnauer/*Mansel* Nach § 43 Rn. 17). Durch die Streitverkündung kann oft erreicht werden, dass die Willensbildung innerhalb der Gemeinschaft der Wohnungseigentümer bei Vorliegen des Urteils so weit vorangeschritten ist, dass die Mängelbeseitigungsarbeiten am gemeinschaftlichen Eigentum ohne Verzögerungen in Angriff genommen werden können.

105 Ist ein Titel nur gegen Sicherheitsleistung gemäß § 709 oder §§ 708 Nr. 11, 711 ZPO vorläufig vollstreckbar und der vermietende Wohnungseigentümer zur Sicherheitsleistung bereit und in der Lage, lässt sich so eine erhebliche Beschleunigung erreichen.

6. Schadensersatzansprüche gegen die Gemeinschaft der Wohnungseigentümer bzw. die anderen Wohnungseigentümer

106 Soweit dem vermietenden Wohnungseigentümer durch die Weigerung der anderen Wohnungseigentümer wegen verspäteter oder Nichtdurchführung notwendiger Erhaltungsmaßnahmen am gemeinschaftlichen Eigentum ein Schaden entsteht, etwa durch Mietausfall, Mietminderung, Anwalts- und Gerichtskosten, kann, wenn Verschulden vorliegt, ein Schadensersatzanspruch gegen die anderen Wohnungseigentümer bzw. den Verband (str.) in Betracht kommen (vgl. *BGH* – V ZR 94/11, ZMR 2012, 974; Weitnauer/*Lüke* § 21 Rn. 48).

C. Kündigung

I. Grundsätzliches

107 Hier ergeben sich in den sog. Umwandlungsfällen (vgl. *Skauradszun* ZWE 2008, 458), d.h. wenn ein Mietshaus in Wohnungseigentum umgewandelt und das Wohnungseigentum an Dritte veräußert wird, erhebliche Rechtsprobleme für Vermieter und Mieter, da wegen des Grundsatzes der Einheitlichkeit des Mietverhältnisses eine Vermieterkündigung von sämtlichen Vermietern auszusprechen ist und eine Mieterkündigung gegenüber sämtlichen Vermietern erklärt werden muss (vgl. *BGH* – VIII ARZ 1/98, WuM 1999, 390 m. Anm. *Riecke/Schütt* S. 499 = ZMR 1999, 546; *Nüßlein* PiG 76, 2006, S. 43; *Sternel* MDR 1997, 315 ff.).

108 Das Mietverhältnis besteht wegen der Regelung des § 566 BGB auch bei der Umwandlung unverändert fort. Der im BGB geregelte Vertragseintritt kraft Gesetzes (ungenau bezeichnet als »Kauf bricht nicht Miete«) hat lediglich im Regelfall Auswirkung auf die Zusammensetzung der Vermietergemeinschaft. Voraussetzung ist auch hier, dass Vermieter und Umwandler personenidentisch (vgl.

Harke ZMR 2002, 490 ff.) sind. Eine Ausnahme macht die Rechtsprechung dann, wenn von zwei Miteigentümern nur einer die Mietverträge abgeschlossen hat und der andere mit der Vermietung einverstanden war (vgl. *OLG Karlsruhe* NJW 1981, 1278). Die bloße Stellung als wirtschaftlicher Eigentümer (vgl. § 39 AO) genügt nicht. Zum Erfordernis der Personenidentität vgl. insbesondere MüKo/*Häublein* § 566 Rn. 19; zum »mit gekauften« Mieter vgl. *Derleder* NJW 2008, 1190.

§ 566 BGB gilt auch dann, wenn sämtliche Miteigentümer eines Grundstückes, die zugleich dessen Vermieter sind, das Eigentum an dem Grundstück durch Begründung von Wohnungseigentum (§ 8 WEG) teilen und sodann einem Miteigentümer durch Auflassung und Eintragung in das Wohnungsgrundbuch das alleinige Wohnungseigentum an einer bestimmten vermieteten Wohnung übertragen (vgl. *BayObLG* NJW 1982, 451). 109

Die für § 566 BGB erforderliche »Veräußerung« wird hier darin gesehen, dass einem ehemaligen bloßen Miteigentümer durch Auflassung und Eintragung in das Wohnungsgrundbuch das alleinige Wohnungseigentum übertragen wurde. 110

In diesem Fall trete der Erwerber und bisherige Mitvermieter als Alleinvermieter anstelle der bisherigen Eigentümer- und Vermietergemeinschaft, in die sich während der Dauer seines Wohnungseigentums aus dem Mietverhältnis ergebenden Rechte und Verpflichtungen ein. 111

Dieses die Eigentumsverhältnisse ändernde Rechtsgeschäft sei auch als Veräußerung an einen »Dritten« i.S.d. § 566 BGB anzusehen, denn die ihre Anteile veräußernden Miteigentümer und der von ihnen allein erwerbende Miteigentümer sind nicht personenidentisch. 112

Lediglich in diesem Fall führt ausnahmsweise die Begründung von Wohnungseigentum (Umwandlung) einmal zur Reduzierung der Zahl der Vermieter, falls Mietobjekt und Sondereigentum identisch sind. 113

Im Übrigen richtet sich die Zusammensetzung der Vermietergemeinschaft nach dem jeweiligen Mietgegenstand laut Mietvertrag und der jeweils gültigen Teilungserklärung. 114

Es sind folgende Fallgruppen zu unterscheiden: 115

▶ **Fall 1:**

Das Mietobjekt umfasst das neu geschaffene Sondereigentum an einer Wohnung sowie einen Kellerraum und/oder eine Garage, die im Sondereigentum stehen. 116

Hier sind Vermieter zumindest die Sondereigentümer an Keller bzw. Garage und Wohnung, die nicht notwendig personenidentisch sein müssen (vgl. *LG Hamburg* ZMR 1999, 765 m. Anm. *Greiner*; *Lammel* § 566 Rn. 56 Fn. 61; *Greiner* ZMR 1999, 365 ff.). 117

Die neue Vermietergemeinschaft besteht hier personell aus einer Teilmenge der Gemeinschaft der Wohnungseigentümer, die sich anhand des Wohnungsgrundbuchs zweifelsfrei feststellen lässt. 118

▶ **Fall 2:**

Das Mietobjekt umfasst neben dem Sondereigentum (wie im Fall 1) auch das Recht zur Mitbenutzung von gemeinschaftlichem Eigentum in Form von Treppenhäusern, Hauseingangstüren und der Zuwegung. 119

In diesem Fall ist streitig, ob allein der/die Sondereigentümer Rechtsnachfolger auf Vermieterseite werden (so *Happ* WE 1994, 126) oder die gesamte Gemeinschaft der Wohnungseigentümer (so *Beuermann* WuM 1995, 7 Nr. 21). 120

Der Auffassung von *Beuermann* ist nicht zu folgen, auch wenn er zutreffend davon ausgeht, dass all diese Räume und Flächen auch ohne besondere Erwähnung im Mietvertrag (zur Mitbenutzung) mitvermietet sind (*BGH*, VIII ZR 93/64, NJW 1967, 154). Das *LG Hamburg* hat mit Urt. v. 19.11.1996 (WuM 1997, 47) zutreffend § 566 BGB einschränkend dahin ausgelegt, dass dieser jedenfalls nicht zum Tragen kommen soll, soweit dem Mieter nicht ausschließlich, sondern nur – wie anderen 121

Wohnungseigentümern und Mietern auch – Teile des gemeinschaftlichen Eigentums zur bloßen Mitbenutzung überlassen werden.

122 Würde in einer solchen Fallkonstellation die gesamte Gemeinschaft der Wohnungseigentümer »notwendiger Vermieter«, hätte dies für Vermieter und Mieter gleichermaßen belastende Wirkungen (vgl. *Sternel* MDR 1997, 316).

123 Eine rechtlich praktikable Lösung lässt sich nur durch die vom *LG Hamburg* vorgenommene teleologische Reduktion der Regelung des § 566 BGB erreichen, indem man den Terminus »überlassen« auf die Einräumung von Alleinbesitz reduziert.

124 Der vorstehenden Auffassung ist auch das *LG Hamburg* mit Urt. v. 28.03.1996 (WuM 1997, 176) gefolgt.

125 Es wird dort festgestellt, dass § 566 BGB dem Mieter bei Eigentumswechsel die durch Vertrag erworbenen Rechte erhalten wolle, und zwar ohne Rücksicht auf die Relativität der Schuldverhältnisse. Insbesondere habe der Mieter keinen Anspruch auf eine Verbesserung seines Bestandsschutzes, bestehend in den Kündigungsproblemen seines Vertragspartners. Das *LG Hamburg* erkennt zutreffend, dass ohne Einsichtnahme in das Grundbuch dem Mieter die gegenüber allen Wohnungseigentümern zu erklärende Kündigung ebenfalls kaum möglich wäre. Da § 566 BGB jedoch die Rechte des Mieters weder verbessern noch verschlechtern solle, sei allein die teleologische Reduktion hier sachgerecht.

▶ Fall 3:

126 Mietgegenstand ist neben dem Sondereigentum auch gemeinschaftliches Eigentum, an dem zugunsten des Sondereigentums wirksam Sondernutzungsrechte begründet wurden.

127 Dies ist der umstrittenste Fall des Vertragseintritts kraft Gesetzes (vgl. *Greiner* ZMR 1999, 366 sowie WE 2000, 106).

128 Das *LG Hamburg* (WuM 1997, 47) und *Sternel* (MDR 1997, 316) befürworten hier eine Analogie zu § 577 BGB a.F. (vgl. nunmehr § 567 BGB).

129 Hiergegen spricht, dass § 567 BGB ausdrücklich nur das Erbbaurecht, das dingliche Wohnrecht, den Nießbrauch und Dienstbarkeiten, d.h. dingliche Rechte, erwähnt.

130 Im Übrigen verweist § 567 BGB – der selbst eine Ausnahmevorschrift ist – auf die Sonderregelung des § 566 BGB, die von der Rechtsprechung schon als kaum analogiefähig angesehen wurde (vgl. *OLG Düsseldorf* MDR 1993, 143 = NJW-RR 1992, 1291, 1292).

131 Dies muss hier im Erst-Recht-Schluss auch für § 567 BGB gelten.

132 Außerdem hat das Sondernutzungsrecht am gemeinschaftlichen Eigentum verglichen mit dem Erbbaurecht und dem Nießbrauch eine deutlich geringere und abweichende Qualität, d.h. auch bei Begründung durch eine Vereinbarung der Wohnungseigentümer nach § 10 Abs. 2 WEG gewährt das Sondernutzungsrecht dem begünstigten Wohnungseigentümer lediglich einen Rechtsanspruch gegen die übrigen auf Gewährung des vereinbarten ausschließlichen Gebrauchs. Dieser Anspruch ist seiner Art nach nicht vom Anspruch des Mieters gegen den Vermieter auf Gewährung des Mitgebrauchs verschieden (vgl. Weitnauer/*Lüke* § 15 Rn. 25).

133 Nach *Lüke* (Weitnauer § 15 Rn. 32) begründet die als Sondernutzungsrecht bezeichnete Rechtsposition auch bei Eintragung im Wohnungsgrundbuch kein dingliches Recht, insbesondere nicht eine der Dienstbarkeit gleiche Rechtsstellung.

134 Dies wird schon dadurch deutlich, dass der Sondernutzungsberechtigte immer Wohnungseigentümer derselben Anlage sein muss und nicht außenstehender Dritter sein kann (Weitnauer/*Lüke* § 10 Rn. 35).

Berücksichtigt man weiter, dass die Eintragung des Sondernutzungsrechts im Grundbuch nicht konstitutiv ist (zum stillschweigenden Abschluss einer Sondernutzungsvereinbarung vgl. *Häublein* Sondernutzungsrechte, 2003, S. 64 ff.), sondern lediglich wegen der Rechtswirkung gegenüber Sondernachfolgern gem. § 10 Abs. 3 WEG geschieht und darüber hinaus die Sondernutzungsrechte zwischen den Wohnungseigentümern ein und derselben Gemeinschaft der Wohnungseigentümer sogar ohne Zustimmung der anderen wirksam übertragen bzw. getauscht werden können (vgl. *Bärmann/Suilmann* 14. Aufl. § 13 Rn. 103 ff.), zeigen sich so große Unterschiede zu den in § 567 BGB erwähnten dinglichen Rechten, dass vor dem Hintergrund des Gebots der Rechtssicherheit eine doppelte Analogie zu § 566 BGB über § 567 BGB ausscheidet. 135

Neue Vermieter sind dann alle Wohnungseigentümer, soweit die Sondernutzungsfläche dem Mieter auch zur ausschließlichen Nutzung mietvertraglich überlassen wurde (a.A. *Happ* WE 1994, 126, 2. Fall; *KG* ZMR 1999, 246 sowie *BGH* WuM 1999, 390). 136

Es hat insbesondere nicht nur »bautechnische Gründe« (so aber *Greiner* ZMR 1999, 367), wenn kein Sondereigentum, sondern bloß Sondernutzungsrechte begründet werden. Kellerabteile, Abstellräume sowie Stellplätze in Tiefgaragen sind sondereigentumsfähig; seit 01.12.2020 auch Gartenflächen (vgl. jetzt § 3 Abs. 2 WEG). 137

Das Sondernutzungsrecht ist flexibler; es ermöglicht ohne Weiteres den Tausch von Kellerabteilen. 138

Die Rechtsprechung des *BGH* zum Schutz des Endmieters bei der gewerblichen Zwischenvermietung spricht ebenso wie die Einführung des § 565 BGB gegen eine analoge Anwendung des § 566 BGB (vgl. dazu *Riecke* WuM 1997, 91). 139

(unbelegt) 140

Der Leitsatz von *BGH* – VIII ZR 399/03, ZMR 2006, 30 ist zwar zutreffend, aber nur weil er das Sondernutzungsrecht nicht erwähnt. Die Begründung des schuldrechtlichen Sondernutzungsrechts, das jedenfalls vor Eintragung (§ 10 Abs. 3 WEG) nach § 398 BGB jederzeit ohne Erkennbarkeit nach Außen übertragen werden kann, ist mit einer Veräußerung i.S.d. § 566 BGB nicht gleichzusetzen. *Nüßlein* (PiG 76, 2006, 55 ff., 64) favorisiert den Eintritt nur des Sondereigentümers in das einheitliche Mietverhältnis und will die Besitzrechtsbrücke über § 986 Abs. 2 BGB analog herstellen. Eine gewagte Konstruktion. 141

▶ Fall 4:

Mietgegenstand ist neben dem Sondereigentum an der Wohnung auch ein Kellerraum, der im gemeinschaftlichen Eigentum steht, ohne dass Sondernutzungsrechte bestehen. 142

Hier wird nach dem Rechtsentscheid des *BGH* v. 28.04.1999 (VIII ARZ 1/98, WuM 1999, 390 nebst krit. Anm. *Riecke/Schütt* WuM 1999, 499 ff. = ZMR 1999, 546) allein der Sondereigentümer der »Eigentumswohnung« neuer Vermieter (vgl. *Greiner* WE 2000, 106). 143

Der Mieter soll dem Herausgabeanspruch der übrigen Wohnungseigentümer (§ 985 BGB) sein Recht zum Besitz aus dem Mietvertrag gem. § 986 BGB entgegensetzen können. 144

Diese Lösung erscheint fragwürdig, weil die übrigen Wohnungseigentümer nach *BGH* nicht über § 566 BGB Mitvermieter werden sollen. Dann aber besteht auch kein schuldrechtlich den Eigentümer der Kellerräume bindendes relatives Besitzrecht des Mieters. Der Sondereigentümer der Wohnung und der Mieter sind in dieser Konstellation gerade nicht besitzberechtigt gegenüber anderen Wohnungseigentümern. Es fehlt die Besitzrechtsbrücke (vgl. *Riecke/Schütt* Die Beseitigung der »Umwandlungsfalle« WuM 1999, 499). *Nüßlein* (PiG 76, 2006, 55 ff., 64, zweifelhaft) will auch hier die Besitzrechtsbrücke über § 986 Abs. 2 BGB analog herstellen. 145

▶ Fall 5:

Das Mietobjekt umfasst neben dem Sondereigentum »Wohnung« auch einen Balkon. 146

147 Hier kommt der richtigen wohnungseigentumsrechtlichen Zuordnung des Balkons für die Bestimmung der Vermieterstellung entscheidende Bedeutung zu. Soweit eine Teilungserklärung vorsieht, dass die zu den jeweiligen Wohnungen gehörenden Balkone zum Sondereigentum gehören, ist diese Regelung gemäß § 134 BGB (teil-)nichtig. Auch Balkonabdichtungen gehören als konstruktive Elemente des Gebäudes zwingend zum gemeinschaftlichen Eigentum (*AG Hannover*, Urt. v. 15.12.2020 – 482 C 5792/20, ZMR 2021, 933, rkr. *LG Lüneburg* – 9 S 9/21; vgl. auch *LG Hamburg* ZMR 2021, 924).

148 Nach Auffassung des *OLG Frankfurt am Main* (ZMR 1997, 367–369) entsteht am »Luftraum Balkon« dann kein Sondereigentum, wenn die Fläche in dem Aufteilungsplan zwar ebenso umrandet ist wie das Sondereigentum der angrenzenden Wohnung jedoch nicht mit derselben Ziffer versehen wurde.

149 Nach *Bärmann/Seuß-Kümmel* (Praxis des Wohnungseigentums, 6. Aufl., C Rn. 5; anders *Schneider* in: Münchener HdB des Wohnungseigentumsrechts 8. Aufl. § 2 Rn. 355) sind innerhalb der abgeschlossenen Wohnung alle Räume Sondereigentum; es können nicht einzelne gemeinschaftliches Eigentum bleiben. Dies müsse auch für einen zur Wohnung gehörenden Balkon gelten, der auch dann Sondereigentum sei, wenn er bei den Räumen (in der Teilungserklärung) nicht genannt ist (vgl. *Schmidt* FS Bärmann/Weitnauer 1985, S. 45). Auch *Armbrüster* (Bärmann § 5 Rn. 55B) stellt fest, dass Balkone Gegenstand von Sondereigentum sein können, wobei die fehlende vollständige Überdachung dem nicht entgegenstünde.

150 Richtigerweise wird man in diesem Zusammenhang als Mietgegenstand lediglich den Balkon(innen) raum ansehen müssen, der allein vom Sondereigentümer betreten und genutzt werden darf. Dessen Zuordnung zum Sondereigentum liegt auf der Hand, da ein Mitgebrauchsrecht der Gemeinschaft wegen fehlenden Zugangs praktisch nicht ausübbar ist und andererseits ein allgemeiner Zugang dem Erfordernis der Abgeschlossenheit der Wohnung widerspräche (vgl. *Armbrüster* in Bärmann § 5 Rn. 55B).

151 Dass die konstruktiven Bestandteile des Balkons (Balkonplatte, Balkongitter, Balkonbrüstung) dem gemeinschaftlichen Eigentum zugerechnet werden, ist für die Problematik der Vermieterstellung unbeachtlich, da auch beim vermieteten Sondereigentum dieses in Form der tragenden Wände vom gemeinschaftlichen Eigentum umgeben ist, ohne dass allein deshalb über § 566 BGB bei Umwandlung sämtliche Eigentümer Mitvermieter würden.

152 Bei der Kündigung ist neben dem Ausspruch durch die richtigen Vermieter auch zu beachten, dass wegen der Einheitlichkeit des Mietverhältnisses einerseits und der Gestaltungswirkung der Kündigung andererseits die Erklärung der Vermieter sich nicht nur auf ihren jeweiligen Leistungsteil beziehen darf, sondern die Willensentscheidung und Willenserklärung jedes Vermieters sich auf das gesamte Mietverhältnis beziehen muss.

153 Anderenfalls lägen lediglich zwei unzulässige Teilkündigungen vor (vgl. *LG Hamburg* WuM 1997, 47).

154 Soweit aufgrund der Inkongruenz von Teilungserklärung und Mietvertrag die übrigen Eigentümer die Kündigung miterklären müssen, genügt hierzu ein zustimmender Beschluss der Gemeinschaft der Wohnungseigentümer oder die Ausstellung entsprechender Vollmachten (*LG Hamburg* WuM 1997, 47; *OLG Hamburg* ZMR 1996, 614 = WuM 1996, 637).

155 Seit dem Beschluss des *OLG Hamburg* v. 18.07.1996 (ZMR 1996, 614 = WuM 1996, 637) bestehen wohnungseigentumsrechtlich keinerlei Probleme, die Mitwirkung der übrigen Wohnungseigentümer ggf. zu erzwingen. Das *OLG* sah »im Hinblick auf die Rechtsprechung in Mietesachen« eine weitgehende Mitwirkung der übrigen Wohnungseigentümer als erforderlich und rechtlich durchsetzbar an und hielt eine abschließende Entscheidung über die Frage, wer nach Umwandlung nun Vermieter geworden sei, für entbehrlich.

Von großer praktischer Bedeutung ist, dass das Gericht auch einen Mehrheitsbeschluss in der Eigentümerversammlung für ausreichend ansah, damit die Beschlusskompetenz der Eigentümerversammlung bejaht und, lediglich um ganz sicher zu gehen, darüber hinaus die Erteilung von Vollmachten für geboten erachtete, wenn ein eventuelles Kostenrisiko der Gemeinschaft durch entsprechende Freihalteerklärungen kompensiert sei. 156

Greiner (ZMR 1999, 369) meint, es sei möglich, den mietvertraglichen Anspruch auf Zahlung der Miete, die Kündigung des Mietverhältnisses etc. allein dem Sondereigentümer der Wohnung einzuräumen und trotzdem den personenverschiedenen Sondereigentümer von Nebenräumen mit dem Besitzrecht des Mieters zu belasten. Das überzeugt nicht (vgl. *Nüßlein* PiG 76, 2006, S. 43). Schon bei Schäden am Mietereigentum aufgrund von Baumängeln im Bereich der Nebenräume gingen dem Mieter diverse Gesamtschuldner grundlos verloren oder man müsste eine Haftung der übrigen Wohnungseigentümer bejahen, ohne deren Partizipieren an der Mietzahlung. 157

II. Besonderheiten bei der Eigenbedarfskündigung

In Umwandlungsfällen – durch den Verkauf wird »Eigenbedarf produziert« – sieht das Gesetz in § 577a BGB (seit 01.05.2013 in der Fassung des MietRÄndG unter »Ausbremsen des Münchener Modells«) eine mehrjährige Sperre gegen den Ausspruch von Eigenbedarfskündigungen vor. Die Vorschrift fasst § 564b Abs. 2 S. 2–4 und Nr. 3 Satz 4 BGB a.F. sowie das sog. Sozialklauselgesetz zusammen. 158

Hiermit soll vereitelt werden, dass Mietwohnungen durch Umwandlung zum schnelllebigen Handelsobjekt werden. Zu Umwandlungsproblemen unter Beteiligung von BGB-Gesellschaften als Vermieter vgl. *Weitemeyer* GS Sonnenschein, 2003, 455 = ZMR 2004, 153. 159

Während des Laufs der Sperrfrist kann eine Eigenbedarfskündigung nicht wirksam ausgesprochen werden, auch wenn während der verlängerten Kündigungssperrfrist dem Mieter Wohnraum vergleichbarer Art, Größe, Ausstattung, Beschaffenheit und Lage vom Vermieter nachgewiesen würde und der Vermieter sich verpflichtete, Umzugskosten in angemessener Höhe zu erstatten (§ 577a Abs. 2 S. 3 und 4 RefE – in ZMR-Sonderdruck 7/2000, S. 14 und 51 – wurden nicht Gesetz). 160

Es war lange umstritten, ob die Sperrfrist auch schon bei Begründung von Wohnungseigentum gem. § 3 WEG in Lauf gesetzt wird, d.h. wenn die Erwerber das Miteigentum in der Weise beschränken, dass hier Miteigentümern abweichend von § 93 BGB Sondereigentum an einer bestimmten Wohnung eingeräumt wird. 161

Der *BGH* hat mit Beschl. v. 06.07.1994 (VIII ARZ 2/94, ZMR 1994, 554) festgestellt, dass die Sperrfrist auch dann nicht eingreife, wenn der jeweilige Wohnungseigentümer anstelle der früheren Miteigentümergemeinschaft gem. § 566 (§ 571 a.F.) BGB als Vermieter in das Mietverhältnis eingetreten sei. Die Sperrfristregelung sei nicht dazu gedacht, den Mieter vor einer unabhängig von der Umwandlung bestehenden Eigenbedarfslage zu schützen. Im vorliegenden Fall hätte ein Miteigentümer sich vor der Umwandlung ohne Rücksicht auf seine quotielle Beteiligung auf Eigenbedarf für sich und seine Familienangehörigen berufen können. Nach Begründung von Wohnungseigentum gem. § 3 WEG – ohne Veräußerung an Dritte – bestehe diese ursprüngliche Risikolage lediglich fort. Es verringere sich das Risiko für den Mieter vielmehr durch Wegfall der übrigen Miteigentümer auf Vermieterseite, da vor der Umwandlung jeder Einzelne Eigenbedarf hätte anmelden können. 162

Die Umwandlung in Wohnungseigentum kombiniert mit Nießbrauchsbestellung, war Auslöser für die neue Rechtsprechung zur Eigenbedarfskündigung eingeleitet durch den Vorlagebeschluss des *LG Hamburg* v. 19.04.1985 (Az. 11 S 287/84), der zum Rechtsentscheid des *OLG Hamburg* v. 10.12.1985 (WuM 1986, 52 m. Anm. WuM 1986, 47) führte, der zwischenzeitlich vom Rechtsentscheid des *BGH* v. 20.11.1988 (VIII ARZ 4/87, NJW 1988, 904) abgelöst wurde. 163

§ 14 Pflichten des Wohnungseigentümers

(1) Jeder Wohnungseigentümer ist gegenüber der Gemeinschaft der Wohnungseigentümer verpflichtet,

1. die gesetzlichen Regelungen, Vereinbarungen und Beschlüsse einzuhalten und

2. das Betreten seines Sondereigentums und andere Einwirkungen auf dieses und das gemeinschaftliche Eigentum zu dulden, die den Vereinbarungen oder Beschlüssen entsprechen oder, wenn keine entsprechenden Vereinbarungen oder Beschlüsse bestehen, aus denen ihm über das bei einem geordneten Zusammenleben unvermeidliche Maß hinaus kein Nachteil erwächst.

(2) Jeder Wohnungseigentümer ist gegenüber den übrigen Wohnungseigentümern verpflichtet,

1. deren Sondereigentum nicht über das in Absatz 1 Nummer 2 bestimmte Maß hinaus zu beeinträchtigen und

2. Einwirkungen nach Maßgabe des Absatzes 1 Nummer 2 zu dulden.

(3) Hat der Wohnungseigentümer eine Einwirkung zu dulden, die über das zumutbare Maß hinausgeht, kann er einen angemessenen Ausgleich in Geld verlangen.

Übersicht Rdn.

A. Inhalt der Vorschrift

§ 14 WEG regelt wie im alten Recht die Pflichten des Wohnungseigentümers. Eine erhebliche Neuerung besteht freilich darin, dass das neue Recht nunmehr zwischen Pflichten gegenüber der Wohnungseigentümergemeinschaft (§ 14 Abs. 1 WEG) und den Wohnungseigentümern (§ 14 Abs. 2 WEG) differenziert (BT-Drs. 19/18791, S. 50). Zudem ist die Durchsetzung der Pflichten gegenüber der Wohnungseigentümergemeinschaft nach der Neuregelung der Verwaltungszuständigkeit alleine ihre Sache. Sofern sich die Eigentümerversammlung nicht auf Maßnahmen zur Durchsetzung solcher Pflichten oder wenigstens auf Rückermächtigung des betreffenden Wohnungseigentümers (hierzu s. § 16 Rdn. 32) verständigen kann, bleibt diesem nur die Beschlussersetzung. Lediglich die Einhaltung der in § 14 Abs. 2 WEG genannten Pflichten den Wohnungseigentümern gegenüber kann der einzelne Wohnungseigentümer im Verfahren nach § 43 Abs. 2 Nr. 1 WEG alleine durchsetzen (BT-Drs. 19/18791, S. 51). Diese individuellen Abwehr- und Beseitigungsansprüche der Wohnungseigentümer sind auch nicht gemeinschaftsbezogen, sondern entspringen dem Sondereigentum. Deshalb können sie nicht zur Ausübung auf die Wohnungseigentümergemeinschaft übertragen werden; ein entsprechender Beschluss wäre nichtig (*BGH*, 24.01.2020 – V ZR 295/16; ZMR 2020, 675 = ZWE 2020, 344). 1

B. Pflichten gegenüber der Wohnungseigentümergemeinschaft aus gesetzlichen Regelungen, Vereinbarungen und Beschlüssen (§ 14 Abs. 1 Nr. 1 WEG)

I. Materiell-rechtliche Entbehrlichkeit der Vorschrift

Die neue Regelung hat keinen Vorgänger im alten Recht. Sie ist insoweit überflüssig, als sie materiellrechtlich eine Selbstverständlichkeit enthält. Dass die Wohnungseigentümer gesetzliche Regelungen, Vereinbarungen und (wirksame) Beschlüsse einhalten müssen, bedarf keiner ausdrücklichen Normierung. 2

II. Alleinige Ausübungsbefugnis der Wohnungseigentümergemeinschaft

Ein Gewinn an Rechtsklarheit ist mit dieser Vorschrift nur insoweit verbunden, als die Einhaltung von gesetzlichen Regelungen, Vereinbarungen und Beschlüssen in § 14 Abs. 1 WEG, bei den Pflichten gegenüber der Wohnungseigentümergemeinschaft verortet wurde. Damit hat ausschließlich diese deren Einhaltung durchzusetzen, was allerdings auch aus §§ 9a Abs. 2, 18 Abs. 1 WEG schon hervorgeht. Die Ausübungsbefugnis erfasst auch die Abwehr von Zuwiderhandlungen gegen die Gemeinschaftsordnung, insbesondere die in der Praxis so wichtigen Zweckbestimmungen mit Vereinbarungscharakter. Eröffnet etwa ein Sondereigentümer in einer als Büro bezeichneten Einheit eine Gaststätte, kann kraft Gesetzes, sofern nicht auch das Sondereigentum eines Miteigentümers beeinträchtigt wird, nicht mehr, wie bisher, jeder einzelne Wohnungseigentümer auf Unterlassung klagen. Diese Befugnis steht nunmehr ausschließlich der Wohnungseigentümergemeinschaft zu (BT-Drs. 19/18791, S. 50). Tut sie dies nicht und wird der hierauf drängende Miteigentümer nicht wenigstens zum Vorgehen in eigenem Namen rückermächtigt (hierzu s. § 16 Rdn. 32), muss der einzelne Wohnungseigentümer ein Vorgehen der Gemeinschaft im Wege der Beschlussersetzung erzwingen. 3

III. Regelungen des Gebrauchs durch Gemeinschaftsordnung, Vereinbarungen und Beschlüsse

1. Gemeinschaftsordnung

4 Da § 14 Abs. 1 Nr. 1 WEG nur schon bisher Selbstverständliches normiert, kann zum Gebrauch, der sich nicht in dem von der Teilungserklärung bzw. Gemeinschaftsordnung vorgegebenen Rahmen hält, in vollem Umfang auf die Rechtsprechung zum alten Recht verwiesen werden. Grundsätzlich gilt, dass es sich bei Regelungen der Gemeinschaftsordnung zum Gebrauch von Sondereigentum um eine **Zweckbestimmung mit Vereinbarungscharakter** handelt (*BGH* ZMR 2011, 967; *OLG Düsseldorf* ZMR 2000, 330; *BayObLG* ZMR 2000, 546; *OLG Hamm* ZMR 2000, 634; *LG München I* ZMR 2012, 477; ZMR 2012, 483). Durch **Mehrheitsbeschluss** kann eine Zweckbestimmung daher nicht geändert werden (*LG München I* ZMR 2012, 477; *AG Bremen* ZMR 2013, 566). Insoweit kann in vollem Umfang auf das frühere Recht zurückgegriffen werden.

2. Zweckbestimmungen durch nachträgliche Vereinbarung

5 Sämtliche in Teilungserklärung oder Gemeinschaftsordnung möglichen Regelungen können auch **nachträglich durch Vereinbarung** zustande kommen. Sie stehen den Regelungen in der Gemeinschaftsordnung, die der teilende Eigentümer konzipiert, gleich. Allerdings müssen sie gemäß § 10 Abs. 3 WEG in das Grundbuch eingetragen werden, um Wirkung gegen Sonderrechtsnachfolger zu entfalten. Ebenso kann eine in der Gemeinschaftsordnung enthaltene Gebrauchsregelung nur durch Vereinbarung, nicht aber durch Mehrheitsbeschluss (*OLG Düsseldorf* NJW-RR 1997, 1307; *KG* ZMR 2007, 300; *AG Bremen* ZMR 2013, 751) **abgeändert** werden. Dies ist grundsätzlich auch **konkludent** möglich, was aber nur selten angenommen werden kann. Denn den Wohnungseigentümern muss bei ihrem Handeln bewusst sein, dass sie mit ihrem Verhalten, insbesondere mit einer Hinnahme einer bestimmten Nutzung die Zweckbestimmung in der Gemeinschaftsordnung ändern, woran es i.d.R. fehlen wird (vgl. *BayObLG* NJW-RR 1994, 339 = ZMR 1994, 70 = WuM 1994, 45 f.; *BayObLG* ZMR 2001, 987; *AG München* ZMR 2017, 269, 271). Die bloß **tatsächlich von der Gemeinschaftsordnung abweichende Nutzung** genügt nicht, auch wenn sie über längere Zeit erfolgt (*BayObLG* NJW-RR 1991, 139; *OLG Düsseldorf* NJW-RR 1995, 528; NJW-RR 1997, 907 = ZMR 1997, 374; NJW-RR 1997, 1307; *OLG Saarbrücken* ZMR 2006, 556; *OLG Schleswig* ZMR 2006, 887; *AG München* ZMR 2017, 269, 271; **a.A.** jedenfalls im entschiedenen Einzelfall *OLG Hamburg* ZMR 2005, 976). Die **öffentlich-rechtliche Genehmigung einer Nutzung** etwa durch die Baubehörde ändert hieran nichts, da sie in das zivilrechtliche Verhältnis zwischen den Wohnungseigentümern nicht eingreift (*BayObLG* NJW-RR 1995, 1104; *OLG Düsseldorf* NJW-RR 1997, 1307).

3. Beschlüsse

6 Regelungen des Gebrauchs in Gemeinschaftsordnung und Vereinbarungen können nur dann durch Beschluss geändert werden, wenn dies eine Öffnungsklausel erlaubt. Ansonsten kann die Benutzung von Gemeinschafts- und Sondereigentum nur dann durch Beschluss gemäß § 19 Abs. 1 WEG geregelt werden, wenn keine Vereinbarung entgegensteht. (s. die Kommentierung dort).

4. Im Aufteilungsplan genannte Nutzungsvorschläge

7 Eine nur im **Aufteilungsplan** genannte Nutzung ist dagegen regelmäßig nur ein rechtlich nicht bindender Vorschlag (*BGH* ZMR 2010, 461; ZMR 2010, 461 f.; ZMR 2013, 452 f.; ZMR 2017, 317, 318; *OLG Hamm* NJW-RR 1986, 1336; ZMR 2006, 634 f.; *BayObLG* ZMR 2000, 234; *OLG Düsseldorf* NJW-RR 2000, 1401; *OLG Hamburg* ZMR 2003, 446; *OLG Zweibrücken* NJW-RR 2005, 1540 = ZMR 2006, 76; *LG Hamburg* ZMR 2010, 788; *LG Itzehoe* ZMR 2014, 478; **a.A.** *LG Dresden* ZMR 2010, 58). Denn der Aufteilungsplan soll nur die Aufteilung des Gebäudes sowie Lage und Größe der in Sonder- und Gemeinschaftseigentum stehenden Gebäudeteile nachweisen, wozu regelmäßig die Zeichnungen des Architekten übernommen werden (*BGH* ZMR 2013, 452 f.; *OLG Schleswig* ZMR 2004, 68 f.). Zudem enthält er seinem ursprünglichen Zweck als Bauplan ent-

sprechend zahlreiche Eintragungen des Architekten wie »Kinderzimmer« oder sonstige Nutzungsvorschläge, die ohne ausdrückliche Bezugnahme in der Gemeinschaftsordnung nicht zur wohnungseigentumsrechtlichen Zweckbestimmung gehören (*BGH* ZMR 2010, 461). Daher ist eine dort anzutreffende Beschreibung der Räumlichkeiten als »Laden« oder »Café« ohne Bedeutung für das Verhältnis der Wohnungseigentümer untereinander (*BGH* ZMR 2010, 461 f.; **a.A.** *LG Dresden* ZMR 2010, 58). Ebenso darf etwa ein als »Küche« bezeichneter Raum zum Kinderzimmer umgebaut werden (*OLG Hamm* ZMR 2006, 634 f.). Anderes gilt allerdings dann, wenn die Gemeinschaftsordnung **auf die im Aufteilungsplan genannten Nutzungen ausdrücklich Bezug nimmt** (*BGH* ZMR 2013, 452 f.; *BayObLG* NJW-RR 1986, 1077; ZMR 2004, 48; *OLG Hamburg* ZMR 2001, 727; 2003, 697; *OLG Schleswig* ZMR 2004, 68).

IV. Wohnnutzung und Teileigentum

1. Wohnnutzung

Die Möglichkeit, den Gebrauch durch Gemeinschaftsordnung oder Vereinbarung zu beschränken, 8
betrifft zunächst die grundsätzliche, in jeder Teilungserklärung enthaltene Unterteilung der Räumlichkeiten in solche, die Wohnzwecken und solche, die anderen Zwecken dienen. Dieser Unterscheidung kommt grundsätzlich **Vereinbarungscharakter** zu (*OLG Düsseldorf* ZMR 1998, 247; ZMR 2008, 394; *KG* ZMR 1998, 309; *OLG Köln* 2001, 662; *BayObLG* ZMR 2001, 42 u. 2004, 925; *LG München I* ZMR 2016, 989). Allerdings besagt der Wohnzweck nicht, dass der Eigentümer sein Sondereigentum selbst bewohnen muss; jedenfalls eine Vermietung ist hiervon gleichfalls erfasst (*KG* NJW-RR 2001, 948 = ZMR 2001, 659; *BayObLG* ZMR 2003, 693 f.). Eine »**Verwalterwohnung**« darf auch von anderen Personen bewohnt werden (*BayObLG* ZMR 2000, 546 = NJW-RR 2000, 1253). Grundsätzlich geht die Unterbringung von **Asylbewerbern und Aussiedlern** nicht über die Wohnnutzung hinaus (*BGH* ZMR 2018, 238, 239; *KG* NJW 1992, 3045; *AG Traunstein* ZMR 2015, 978 f.; *AG Laufen* ZMR 2016, 320), sofern es nicht zur Überbelegung (*BGH* ZMR 2018, 238, 240; *OLG Stuttgart* ZMR 1992, 508 = NJW 1992, 3046) oder ständigem Wechsel der Bewohner (*OLG Hamm* WE 1992, 135 f.) kommt. Eine Überbelegung liegt bei acht Personen in einer 92 qm großen Wohnung noch nicht vor (*AG Laufen* ZMR 2016, 320 f.). Zu Wohnzwecken dient eine Wohnung auch dann, wenn Kinder und Jugendliche dort langfristig in familienähnlichen Gruppen untergebracht sind. Die Grenze der Zulässigkeit liegt dort, wo an die Stelle einer Eigengestaltung der Haushaltsführung ein durch Organisationsstruktur, Nutzungsregeln, gemeinsame Küchen- und Sanitäranlagen bestimmte Heimnutzung erfolgt. Diese ist nur in Teil-, aber nicht in Wohnungseigentum zulässig (*BGH* ZMR 2018, 238, 240 ff.). In **Fremdenverkehrsgebieten** konnte die Vermietung an häufig wechselnde Bewohner schon nach früherer Auffassung vom Wohnzweck umfasst sein (BayObLGZ 1978, 306 ff.). In normalen Wohngebieten stellte die **Kurzzeitvermietung** an ständig wechselnde Bewohner nach Art einer Pension hingegen nach früherer (und richtiger) Auffassung keine Wohnnutzung dar (*KG* ZMR 2007, 804; 2008, 407; *LG Berlin* ZMR 2010, 225 f.; *LG Hamburg* ZMR 2010, 226). Die höchstrichterliche Rechtsprechung mutet den Wohnungseigentümer diese Nutzungsform allerdings zu (*BGH* ZMR 2010, 378 f.; *LG München I* ZMR 2017, 263, 265; ähnlich schon *LG Karlsruhe* ZMR 2009, 943). Gleiches gilt für »Medizin-Touristen« (*LG München I* ZMR 2016, 490 f.; ZMR 2017, 325 f.; *AG München* ZMR 2015, 888 f.). Allerdings gilt dies nur für Wohnungseigentum; wenn es sich um Wohnnutzung handelt, darf sie nicht in Teileigentum erfolgen (*BGH* ZMR 2018, 238, 242; **a.A.** *AG Erfurt* ZMR 2016, 809 f.). Nach h.M. kann die Kurzzeitvermietung auch nicht durch Beschluss verboten werden (*AG Düsseldorf* ZMR 2013, 314). Bei Bestehen einer Öffnungsklausel ist ein durch Mehrheitsbeschluss verhängtes Verbot jedenfalls nicht nichtig, da nicht in den Kernbereich des Wohnungseigentums eingegriffen wird (*LG Berlin* ZMR 2015, 327 f.). Auch nach dieser Rechtsprechung nicht mehr zur Wohnnutzung gehört das Zusammenleben einer Vielzahl nicht familiär oder sonstwie verbundener Personen nach der **Art eines Heimes** (*BGH* ZMR 2018, 238, 240 ff.; *OLG Hamm* NJW-RR 1993, 787; ZMR 1999, 504 f.; *KG* ZMR 2001, 659; *OLG Saarbrücken* ZMR 2006, 555). Dies gilt noch viel mehr für die Nutzung als **Pflegeheim**, da es hierbei zu erheblich verstärkter Nutzung durch Personal, Publikumsverkehr und Lieferbetrieb kommt (*OLG Köln* NJW-RR 2007, 87). Bei entsprechender Organisation, etwa

durch Empfangs- und Verwaltungspersonal wird sogar eine gewerbliche Nutzung vorliegen (*KG* ZMR 2007, 805). Auch die Wohnnutzung als solche kann bei **Überbelegung** ein Nachteil sein. Dies ist bei einer Belegung von mehr als zwei Personen pro Normalzimmer (*OLG Hamm* NJW-RR 1993, 787; im Ergebnis ebenso *OLG Frankfurt am Main* NJW-RR 2004, 663 f.) oder mehr als einer Person auf 7,5 bis 10 m² der Fall. Fällt eine Nutzung grundsätzlich unter den Wohnzweck, kann sie auch bei störender Ausübung nicht als solche untersagt werden; es kommen nur eigenständige **Ansprüche auf Unterlassung der störenden Ausübung** dieser Nutzung in Betracht (*BGH* ZMR 2011, 396 f..

2. Teileigentum

9 Hingegen bedeutet die Ausweisung von Räumen als Teileigentum, dass diese grundsätzlich zu allen anderen Zwecken als zum Wohnen genutzt werden können. So ist weitgehend unumstritten, dass die Nutzung von Teileigentum, etwa eines Abstellraumes (*OLG Hamburg* ZMR 2003, 697), eines Bühnenraumes (*OLG Stuttgart* NJW-RR 1993, 1041 f.), eines Dachbodens (*OLG Düsseldorf* ZMR 2004, 610 f.; *AG Bremen* ZMR 2013, 566 f.), eines Flurs (*BayObLG* NJW-RR 1995, 1103), einer Garage (*OLG Hamburg* ZMR 2003, 697), gewerblicher Räume (*OLG Hamm* ZMR 2006, 150), eines Hobbyraumes (*BGH* ZMR 2011, 967; *BayObLG* NJW-RR 1991, 139; ZMR 2004, 925 f.; *OLG Köln* ZMR 2001, 662; *OLG Zweibrücken* ZMR 2002, 220; *OLG München* ZMR 2007, 304; *LG Hamburg* ZMR 2013, 634; *AG Bremen* ZMR 2013, 566 f.) eines Kellers (*BayObLG* ZMR 1993, 30; *OLG Zweibrücken* ZMR 2002, 220; ZMR 2006, 316 f.; *OLG Schleswig* ZMR 2006, 891) oder eines Speicherabteils (*BayObLG* NJW-RR 1991, 140 u. 1041; 1995, 1103) zu **Wohnzwecken** in welcher Form auch immer ausscheidet (so allgemein auch *OLG Karlsruhe* ZMR 2001, 386 f., aber mit Bedenken für einen Ausstellungsraum mit abendlichem Publikumsverkehr im konkreten Fall). Die Beeinträchtigung der anderen Eigentümer ist jedenfalls dann stärker als die vorgesehene Nutzung, wenn Wohn- und Gewerbeeinheiten räumlich getrennt sind (*BGH*, v. 15.07.2022 – V ZR 127/21, ZMR 2022, 900). Zwischen Wohnungs- und Teileigentum gibt es keine Schnittmenge; jede Nutzung muss einer der beiden Möglichkeiten zugeordnet werden (*BGH* ZMR 2018, 238, 240; **a.A.** *LG Frankfurt/M.* ZMR 2017, 1000). Allenfalls dann, wenn die zugelassenen Nutzungen bei typisierender Betrachtung weit störender wären als die Wohnnutzung kommt im Einzelfall letztere in Betracht (*LG München I* ZMR 2016, 989). Die im Einzelfall erklärte Duldung von Immissionen angrenzender Wohnungen durch den Eigentümer, der sein Teileigentum zu Wohnzwecken nutzt, steht dem wiederum nicht entgegen, da es auf eine **typisierende Betrachtungsweise** ankommt und schon der Sonderrechtsnachfolger hieran nicht mehr gebunden wäre (*OLG Köln* ZMR 2003, 385). Wenn die Teilungserklärung oder Gemeinschaftsordnung anordnen, dass das Teileigentum nicht zu Wohnzwecken dient, wiederholen sie nur die Definition in § 1 Abs. 3 WEG, schließen aber nicht die Eignung der Einheit zum dauerhaften Aufenthalt von Menschen aus (*BGH* ZMR 2017, 818, 819).

3. Beschreibungen ohne Regelung des Nutzungszwecks

10 Bisweilen ist aber selbst die Abgrenzung zwischen Wohn- und sonstiger Nutzung nicht eindeutig getroffen, etwa beim Begriff der »**Kammer**«. Finden sich keine weiteren Einschränkungen, soll dieser Begriff den Teil einer Wohnung bezeichnen, was die Wohnnutzung und sogar die separate Vermietung ermöglicht (*KG* NJW-RR 1991, 1359). Hingegen ist die Bezeichnung als »**Raum**« keine Zweckbestimmung, die auf Wohnzwecke hindeutet, da sie viel zu allgemein gehalten ist (*BayObLG* NJW-RR 1995, 1103). Gleiches gilt für die Bezeichnung als »Bodenraum« und als »**Zimmer**« (*BGH* ZMR 2017, 317, 318) und jedenfalls dann, wenn eine sonstige Zweckbestimmung vorliegt, auch für die Bezeichnung als »**Geschäftslokal**« (*LG Itzehoe* ZMR 2018, 362, 262). Der *BGH* hat diese Kategorie rechtlich nicht bindender Beschreibungen weit ausgedehnt, indem er dem Begriff nach rechtlich durchaus erhebliche Bezeichnungen (im entschiedenen Fall »Laden«) als bloße Beschreibung ansah. Damit solle lediglich auf die in der Teilungserklärung beschriebene Nutzung zur Zeit der Aufteilung Bezug genommen wird, um zu verdeutlichen, welche Räume zu welcher

Einheit gehören (*BGH* v. 08.03.2019 – V ZR 330/17; ZMR 2019, 425 = ZWE 2019, 268 = GE 2019, 605).

V. Weitere Regelungen in Gemeinschaftsordnung und Aufteilungsplan

1. Regelungsmöglichkeiten

Neben der Differenzierung von Wohn- und Teileigentum kann die Gemeinschaftsordnung insbesondere bei den nicht zur Wohnnutzung vorgesehenen Räumen noch weitere Bestimmungen vorsehen, etwa die Nutzung als **Waschküche, Trockenraum, Fahrradkeller oder Hobbyraum.** Auch Flächen können verbindlich für einen Nutzungszweck beschränkt werden, etwa als **Stellplatz**, was eine Nutzung zu anderen Zwecken als dem Abstellen von Kraftfahrzeugen, etwa als Lagerfläche, ausschließt (*LG Hamburg* ZMR 2009, 549 f.; ZMR 2015, 787). Sofern diese Bezeichnungen in der Gemeinschaftsordnung selbst genannt sind, stellen sie verbindliche **Regelungen mit Vereinbarungscharakter** dar (*BayObLG* NJW-RR 1986, 1077; *OLG Zweibrücken* ZMR 2002, 220; *BayObLG* ZMR 2004, 686; *OLG Frankfurt am Main* ZMR 2013, 298). Sie nehmen am öffentlichen Glauben des Grundbuchs gem. § 892 BGB teil (*OLG Frankfurt am Main* ZMR 1997, 659 f.; ZMR 2013, 299). Ein dort als Heizungsraum bezeichneter Kellerraum kann dadurch auch bei Änderung der tatsächlichen Verhältnisse nicht ohne Weiteres etwa als Abstellraum genutzt werden (*OLG Schleswig* ZMR 2006, 887 f.). Bisweilen ist nur durch Auslegung zu ermitteln, ob es sich bei der Bezeichnung eines Raumes tatsächlich um eine Zweckbestimmung mit Vereinbarungscharakter oder nur um eine unverbindliche Bezeichnung handelt (vgl. o. Rdn. 10). So soll der Begriff des »**Badehauses**« – eines kleinen Häuschens an einer Wasserfläche – nicht auf die Benutzung unmittelbar im Zusammenhang mit dem Baden beschränkt sein, sondern umfasst zumindest insoweit auch eine wohnungsähnliche Nutzung als Freizeiteinrichtung (*BayObLG* ZMR 2003, 689 = NJW-RR 2003, 950 f.). Neben der Regelung zum Gebrauch einzelner Räume kann die Gemeinschaftsordnung auch Vorgaben zur **Nutzung der gesamten Liegenschaft** machen. Häufig ist etwa die Widmung zum betreuten Wohnen (*BGH* ZMR 2007, 286). In diesem Zusammenhang ist allerdings eine **zeitliche Bindung an Dritte**, etwa einen Pflegedienst, nach § 309 Nr. 9a) BGB nur auf 2 Jahre möglich (*BGH* ZMR 2007, 286). 11

2. Regelungen zum Gebrauch gemeinschaftlicher Einrichtungen

Neben diesen in allen Teilungserklärungen anzutreffenden Bestimmungen kann die Gemeinschaftsordnung **spezielle Regelungen zur Nutzung von Sonder- und Gemeinschaftseigentum** vorsehen. Dies betrifft zum einen den Gebrauch bestimmter in der Liegenschaft vorhandener Einrichtungen. Dies ist immer dann sinnvoll, wenn die gleichzeitige Nutzung von Gemeinschaftseinrichtungen wie Waschkeller, Trockenraum oder Parkplätze durch alle Wohnungseigentümer nicht möglich ist. Hier kommen **Turnusregelungen** o.Ä. in Betracht, die die Mitbenutzung aller Miteigentümer zu bestimmten Zeiten oder in bestimmtem Umfang sicherstellen. Dies können aber ordnungsmäßiger Verwaltung widersprechen, wenn etwa bei Gartenflächen jeder Berechtigte zur Zeit seiner Gebrauchsberechtigung die Maßnahmen des vorherigen Gebrauchsberechtigten zunichte macht (*BGH* ZMR 2016, 888, 891; *LG München I* ZMR 2017, 925, 927 f.). In diesen Fällen kann ausnahmsweise ein Anspruch auf Begründung von Sondernutzungsrechten aus § 10 Abs. 2 WEG bestehen (*BGH* ZMR 2016, 888, 891). Darüber hinaus kann die **Benutzung als solche näher geregelt werden**, was meistens auf die Vermeidung von Belästigungen anderer zielt. Häufig sind Einschränkungen der Art, dass den Miteigentümern auch im Rahmen zulässiger Nutzung bestimmte Verhaltensweisen (**Rauchen** im Waschkeller oder in den Hausfluren, das dauerhafte **Abstellen von Wohnmobilen** auf Parkplätzen für Pkw o.Ä.) untersagt werden. Die Regelung kann sich auch ohne ausdrückliche Regelung aus Lage und Beschaffenheit der Räume ergeben, etwa bei Stellplätzen (*KG* ZMR 2009, 793). Besonderheiten können aus **spezifischen Umständen der Liegenschaft** folgen (*LG Hamburg* ZMR 2015, 50, 51). Wenn etwa der einzige Zugang zur Kellertreppe über eine Sondernutzungsfläche führt, ergibt sich aus den Umständen ein Mitbenutzungsrecht der Kellernutzer für den Transport von Gegenständen etc. (vgl. *KG* ZMR 1990, 151 = NJW-RR 1990, 333 f., wo allerdings von einer 12 konstitutiven gerichtlichen Regelung ausgegangen wird). Ähnliches gilt für **Mehrhausanlagen**. Der Flur in jedem der einzelnen Häuser ist der Natur der Sache nach grundsätzlich nur der Benutzung durch die dortigen Bewohner zugedacht (*OLG Düsseldorf* ZMR 1995, 88 = NJW-RR 1995, 528).

3. Regelungen zum Gebrauch des Sondereigentums

a) Materielle Regelungen

13 Schließlich kann die Gemeinschaftsordnung auch Regelungen zum Gebrauch des Sondereigentums vorsehen. Denkbar ist z.B. der gänzliche oder teilweise Ausschluss der **Tierhaltung** (vgl. *BGH* ZMR 1995, 417 f.) oder des **Musizierens** (*BayObLG* ZMR 2002, 64 f.), das Verbot oder die Einschränkung der Vermietung (*BayObLG* NJW-RR 1988, 17 f. u. 1163 f.; *OLG Frankfurt am Main*, NZM 2004, 231 = NJW-RR 2004, 662 f.) und nähere Bestimmungen zur gewerblichen Nutzung.

b) Regelungen zum Verfahren, insbesondere zur Zustimmung des Verwalters zu bestimmten Nutzungszwecken

14 Die Gemeinschaftsordnung kann auch nähere Regelungen vorsehen, wie ein bestimmter Gebrauch genehmigt werden kann. Häufig ist die Regelung, dass eine von der Gemeinschaftsordnung abweichende Nutzung der Genehmigung durch die Wohnungseigentümerversammlung oder den Verwalter bedarf. Hierbei handelt es sich, sofern die Gemeinschaftsordnung dies nicht ausdrücklich vorsieht, nicht um eine Befugnis zur abschließenden Entscheidung des Verwalters, sondern um ein Vorschalterfordernis (*LG München I* ZMR 2015, 791, 792). Sofern die Gemeinschaftsordnung die Genehmigung des Verwalters vorsieht, **kann die Eigentümerversammlung die Entscheidung an sich ziehen**; auf die Zustimmung des Verwalters kommt es dann nicht mehr an (*OLG Frankfurt am Main* ZMR 1997, 607; *BayObLG* NJW-RR 1991, 850 u. ZMR 2001, 42 u. 2004, 133; *OLG München* ZMR 2008, 565 f.). Verweigert der Verwalter die Zustimmung, kann der Betroffene allerdings unmittelbar klagen, jetzt allerdings gegen die Gemeinschaft der Wohnungseigentümer. Die Anrufung der Eigentümerversammlung ist eine zusätzliche Möglichkeit des betroffenen Wohnungseigentümers, aber **keine Voraussetzung des Rechtsschutzbedürfnisses für eine Klage gegen die Gemeinschaft der Wohnungseigentümer** (vgl. noch zum alten Recht *BayObLG* WE 1989, 67; *AG Hamburg-St. Georg* ZMR 2010, 481). Von der Abstimmung hierüber ist der betroffene Wohnungseigentümer **nicht nach § 25 Abs. 4 WEG ausgeschlossen** (*BayObLG* ZMR 1998, 174; 1999, 187; *BayObLG* ZMR 2005, 562). Ein solcher oder kraft Öffnungsklausel gefasster Beschluss darf nicht ohne Weiteres durch **Zweitbeschluss** abgeändert werden, da der durch den Erstbeschluss begünstigte Wohnungseigentümer dann eines bereits erworbenen Rechtes beraubt und hierdurch unbillig benachteiligt würde (*BayObLG* WuM 1990, 171 = NJW-RR 1990, 979). Alle diese Gegenstände können im Rahmen der allgemeinen Gesetze, also bis zum Verstoß gegen §§ 134, 138 BGB bzw. gegen öffentlich-rechtliche Vorschriften in der Gemeinschaftsordnung geregelt werden.

c) Regelungen für Eigentümergemeinschaften nach §§ 741 ff. BGB

15 Ob durch Gemeinschaftsordnung oder Mehrheitsbeschluss auch Bestimmungen dazu getroffen werden können, wie sich die Beziehungen **mehrerer Inhaber eines Sondereigentums im Innenverhältnis** gestalten, ist umstritten, aber wohl zu bejahen (*BayObLG* ZMR 2004, 929; sogar für Gebrauchsregelungen, die auf ein Sondernutzungsrecht hinauslaufen, jetzt *BGH* ZMR 2015, 232 = ZWE 2014, 211 = MietRB 2014, 172 = ZfIR 2014, 441). Bedeutsam wird diese Frage vor allem bei **Duplexparkern** oder ähnlichen Abstellmöglichkeiten, an denen insgesamt Sondereigentum begründet wurde, die aber Stellplätze einer Mehrheit von Eigentümern nach §§ 741 ff. BGB enthalten. Denn die Regelung des Innenverhältnisses innerhalb einer Sondereigentümergemeinschaft geht nicht über sonstige Einschränkungen im Gebrauch des Sondereigentums hinaus und betrifft darüber hinaus den Frieden in der Liegenschaft, da die Stellplätze regelmäßig Miteigentümern verschiedener Sonder- bzw. Teileigentumseinheiten zugeordnet sind (*BGH* ZMR 2015, 232; zum Sondernutzungsrecht in diesen Fällen s. § 16 Rdn. 84). Ohne eine solche Vereinbarung können die

Miteigentümer mit Stimmenmehrheit gem. § 745 BGB den Gebrauch ihres Teil- bzw. Sondereigentums regeln und dabei Dritte von seiner Nutzung ausschließen (*BayObLG* ZMR 1996, 94).

d) Die Auslegung von Gebrauchsregelungen in der Gemeinschaftsordnung

Was eine Vereinbarung oder ein Beschluss zur Nutzung von Sonder- und Gemeinschaftseigentum 16 im Einzelnen aussagt, ergibt sich daraus, was der objektive Leser aus dem Grundbuch bzw. der Niederschrift entnehmen kann (sog. objektiv-normative Auslegung, s. *BGH* ZMR 1999, 42 f.; *BayObLG* NJW-RR 1986, 1077; *OLG Köln* ZMR 1995, 493; *BayObLG* ZMR 2001, 820 u. 830; *OLG Karlsruhe* ZMR 2001, 386). Anders als bei Willenserklärungen ist demnach der Wille der an der Beurkundung der Gemeinschaftsordnung bzw. an der Beschlussfassung Beteiligten nicht maßgeblich. Grundsätzlich sind nur in der Teilungserklärung und Gemeinschaftsordnung selbst enthaltene Umstände zu berücksichtigen, etwa bei einer konkreten Nutzungsbestimmung das Bestreben, konkurrierende Gewerbebetriebe fernzuhalten (*OLG Hamm* OLGZ 1987, 17 = NJW-RR 1986, 1337). Umstände außerhalb der Urkunde können bei der Auslegung nur dann Bedeutung erlangen, wenn sie für jedermann ohne Weiteres erkennbar sind, etwa **Gegebenheiten der Topografie oder des Bauwerks** (*OLG Zweibrücken* ZMR 1988, 68 = NJW-RR 1988, 141). Die Auslegung kann noch in der höheren Instanz vorgenommen werden, die nur die rechtliche Richtigkeit der angegriffenen Entscheidung zu prüfen hat, nunmehr also vom Revisionsgericht (*BGH* ZMR 1999, 42; *BayObLG* NJW-RR 1986, 1077; ZMR 2005, 302; *OLG München* ZMR 2005, 311). Bei der Auslegung sind besondere **Rücksichtnahmepflichten zwischen Eltern und Kindern** nach § 1618a BGB zu berücksichtigen. Dies kann aber nicht dazu führen, dass ein Abkömmling bestimmte Pflichten alleine zu erfüllen hat, da aus § 1618a BGB keine zusätzlichen Unterhaltspflichten resultieren (*BayObLG* WuM 1993, 561 = NJW-RR 1993, 1361).

e) Divergenzen zwischen Teilungserklärung, Aufteilungsplan und Gemeinschaftsordnung

Es kann zu Widersprüchen zwischen der **Teilungserklärung im engeren Sinne**, also den rein sachen- 17 rechtlichen Regelungen und der Gemeinschaftsordnung im engeren Sinne kommen, die nur die Beziehungen zwischen den Wohnungseigentümern regelt. Oftmals enthalten nämlich beide Regelungswerke Bestimmungen zur Nutzung der Räumlichkeiten, die differieren, wenn etwa die Teilungserklärung von einem »Laden« und die Gemeinschaftsordnung von einer – weiter gehenden – gewerblichen Nutzung redet. In diesem Fall ist die sachnähere Regelung maßgeblich. Dies ist für die Regelung des Gebrauchs die Gemeinschaftsordnung, da die Teilungserklärung vorrangig die Abgrenzung von Gemeinschaftsordnung und Sondereigentum bzw. der Sondereigentumseinheiten untereinander betrifft. Die Gebrauchsregelung sind dagegen den Bestimmungen zum Gemeinschaftsverhältnis, also der Gemeinschaftsordnung, zu entnehmen, die in diesen Fragen der Teilungserklärung vorgeht (*BayObLG* ZMR 1998, 184; *OLG Düsseldorf* ZMR 2004, 449; *OLG München* ZMR 2008, 72; *OLG Schleswig* ZMR 2008, 991 f.; *OLG Frankfurt am Main* ZMR 2013, 298). Bei **Widersprüchen innerhalb der Gemeinschaftsordnung** ist die Zweckbestimmung vorrangig, die den Miteigentümern den größten Schutz bietet (*AG München* ZMR 2011, 678 f.). Abweichungen des **Aufteilungsplans** von Teilungserklärung und Gemeinschaftsordnung sind durchweg ohne Bedeutung, da er in der Regel aus den Bauplänen besteht, die zum Zwecke der optischen Verdeutlichung der Grenzen von Sonder- und Gemeinschaftseigentum dem schriftlichen Beschrieb beigefügt sind. Seine Bedeutung erschöpft sich alleine in der Visualisierung der schriftlichen Teilungserklärung (*BGH* ZMR 2010, 461; anders, wonach dem Aufteilungsplan nur dann keine Relevanz zukommt, wenn er dem schriftlichen Beschrieb widerspricht *OLG Frankfurt am Main* ZMR 2013, 298; vgl. o. Rdn. 7). Ohne Belang ist eine dem **Kaufvertrag** angefügte abweichende Fassung der Teilungserklärung, die nicht mit der grundbuchlich gewahrten übereinstimmt (*LG Itzehoe* ZMR 2008, 737). Ebenso sind nicht in der Gemeinschaftsordnung enthaltene **Zusagen des teilenden Eigentümers** für die Beziehungen der Wohnungseigentümer ohne Bedeutung (*AG Bremen* ZMR 2013, 566 f.); sie gewähren nur Ansprüche gegen den Verkäufer.

VI. Abweichende Nutzungen

1. Nutzung von Wohnungseigentum zu sonstigen Zwecken

18 Die Nutzung einer Wohnung zu **gewerblichen Zwecken** ist grundsätzlich unzulässig. Eine den Wohnzweck überschreitende Nutzung liegt jedenfalls dann vor, wenn sie als kommerziell anzusehen ist (*BGH* ZMR 2018, 782 = WuM 2018, 387 = ZfIR 2018, 451; *LG Köln* ZMR 2012, 40). Anderes gilt nur, wenn die gewerbliche Tätigkeit **keine weiter gehenden Störungen** verursacht als die reine Wohnnutzung. Zu berücksichtigen sind dabei insbesondere die verstärkte Nutzung des Gemeinschaftseigentums, dessen erhöhte Verschmutzung (*BGH* ZMR 2011, 486 f.; *LG Berlin* ZMR 2010, 225 f.) und Abnutzung (*LG Berlin* ZMR 2010, 225 f.), die Wertminderung anderer Einheiten (hierzu s. *KG* ZMR 2007, 804), aber auch zusätzliche Immissionen (vgl. u. Rdn. 76). Hierbei ist eine objektiv-abstrakte Bewertung vorzunehmen (*LG Berlin* ZMR 2010, 225 f.). Es kommt also nicht auf eine möglicherweise besonders schonende Nutzung durch den aktuellen Eigentümer, sondern darauf an, wie sich die abweichende Nutzung bei **typisierender Betrachtung** auswirkt. Die gewünschte bzw. praktizierte Nutzung darf also ihrer Art nach typischerweise nicht mehr beeinträchtigen als die Wohnnutzung (*BGH* ZMR 2018, 529, 530; *BayObLG* ZMR 2001, 42 u. 2004, 926; *OLG Saarbrücken* ZMR 2006, 555; *OLG Düsseldorf* ZMR 2008, 394; *KG* ZMR 2008, 407; *LG Hamburg* ZMR 2010, 228; *LG München I* ZMR 2015, 794). So ist die Nutzung einer Wohnung als Arztpraxis (*BayObLG* ZMR 2000, 778; einschränkend *OLG Frankfurt am Main* ZMR 2013, 300; a.A. *KG* NJW-RR 1991, 1421), als Ballettschule (*BayObLG* WE 1985, 125), als Billard-Café (*OLG Zweibrücken* ZMR 1987, 228 f.), als Blumenladen mit Zeitungsverkauf (*BayObLG* NJW-RR 1991, 850), als »boarding-house« (*OLG Saarbrücken* ZMR 2006, 554 ff.) oder als Friseursalon (*BayObLG* ZMR 2001, 42 f.) unzulässig, da i.d.R. mit stärkeren Immissionen (Geräusche durch Publikumsverkehr oder Musik bzw. Gerüche) verbunden. Anderes kommt bei reiner Bürotätigkeit **ohne oder mit nur geringem Publikumsverkehr** in Betracht. Dies soll bei einem Architektenbüro (*KG* NJW-RR 1995, 334), einer Steuerberaterpraxis (*BayObLG* ZMR 1999, 187), einer Patentanwaltskanzlei (*OLG Köln* ZMR 2002, 381), einer sonstigen Rechtsanwaltskanzlei (*KG* NJW-RR 1991, 1421), bei einem Wachlokal für Polizeibeamte (*BayObLG* NJW-RR 1996, 1358 = ZMR 1996, 508), einer Versicherungsvertretung (*KG* NJW-RR 1994, 206 f.), einer Digitaldruckerei (*OLG Düsseldorf* ZMR 2008, 394) und unter Beachtung der üblichen Sprechstundenzeiten für Freiberufler auch bei einer psychologischen und psychotherapeutischen Praxis (*OLG Düsseldorf* ZMR 1998, 247) der Fall sein. Umgekehrt folgt aus dem ausdrücklichen Verbot einer gewerblichen Nutzung nicht, dass alle anderen Nutzungen außerhalb des Gewerbes im engeren Sinne – oder gar die Prostitution – zulässig sind (*KG* NJW-RR 1986, 1073).

2. Nutzung von Teileigentum zu anderen als in der Gemeinschaftsordnung vorgesehenen Zwecken

a) Grundsatz

19 Inwieweit Teileigentum zu anderen als den vorgesehenen Zwecken genutzt werden darf, ist Gegenstand einer umfangreichen, nicht immer einheitlichen Rechtsprechung. Eine abweichende Nutzung ist zulässig, wenn sie nicht mehr stört als die vorgesehene (*KG* NJW-RR 1986, 1074; *BayObLG* NJW-RR 1988, 141; ZMR 2000, 53). Entgegen einer ganz vereinzelten Mindermeinung (*OLG Schleswig* ZMR 2004, 464) kommt es nicht auf die möglicherweise ungewöhnlichen Umstände des Einzelfalls, sondern auf eine **typisierende Betrachtung** an (*OLG Düsseldorf* ZMR 2000, 330; *OLG Zweibrücken* ZMR 2002, 220; *BayObLG* ZMR 2004, 686; *OLG Celle* ZMR 2004, 690; *OLG Hamm* ZMR 2006, 150; *OLG München* ZMR 2007, 304; *OLG Frankfurt am Main* ZMR 2009, 385; *LG München I* ZMR 2012, 477 f.). Denn ansonsten würde die im konkreten Fall noch nicht störende Nutzung generell zulässig, was bei weniger rücksichtsvoller Fortführung des dann zulässigen, nur im Einzelfall nicht beeinträchtigenden Gebrauchs etwa nach Eigentümerwechsel zu unzumutbaren Beeinträchtigungen führen könnte (vgl. zuletzt *BayObLG* ZMR 2005, 68). Einer Beweisaufnahme zu den konkreten Beeinträchtigungen bedarf es also weder, wenn bei typisierender Betrachtung eine Beeinträchtigung vorliegt noch dann, wenn sie nicht vorliegt (*AG Rosenheim* ZMR 2011, 914).

Auch die Einstellung eines »Silencers« ist für die typisierende Betrachtung unerheblich (*LG München I* ZMR 2018, 443, 444). Dafür, dass die abweichende Nutzung bei typisierender Betrachtung nicht beeinträchtigender ist als die vorgesehene, ist der Eigentümer **darlegungs- und beweisbelastet**, der die Räumlichkeiten abweichend von der Gemeinschaftsordnung nutzt (*LG München I* ZMR 2012, 483; *Dötsch* ZMR 2013, 19 f.).).

b) Sonstiges störendes Verhalten

Sonstiges **sozial-inadäquates Verhalten** rechtfertigt nicht die Untersagung einer durch die Gemeinschaftsordnung grundsätzlich gestatteten Nutzung. Es kann aber ein Anspruch auf Unterlassung der konkreten Störung gegeben sein (vgl. u. Rdn. 41, 70). 20

c) Gesellschaftliche Veränderungen

Ob Veränderungen in den gesellschaftlichen Vorstellungen insbesondere **Wandlungen im Betriebstyp** eines laut Teilungserklärung zulässigen Gewerbes zu berücksichtigen sind, ist streitig (hiergegen *OLG Hamburg* ZMR 1998, 714; *BayObLG* ZMR 2001, 52; grundsätzlich auch *OLG München* ZMR 2009, 628; für eine Berücksichtigung *OLG Hamm* NJW-RR 1986, 1337). Letztgenanntem Standpunkt dürfte schon deswegen zu folgen sein, da ein u.U. Jahrzehnte alter Sprachgebrauch der Teilungserklärung dem Rechtsverkehr kaum mehr zuzumuten und im Übrigen den gesellschaftlichen Veränderungen kaum Rechnung tragen dürfte. Unsicherheiten entstehen hierdurch nicht, da ja gerade das naheliegende derzeitige Verständnis maßgeblich ist, kein veralteter Sprachgebrauch (zu Aspekten des Vertrauensschutzes s. aber *OLG München* ZMR 2007, 720). Bei sehr speziellen Nutzungen wird aber i.d.R. kein Interesse der anderen Wohnungseigentümer bestehen, schlechthin jede andere Nutzung auszuschließen (*OLG Hamm* NJW-RR 1986, 1336 zu einem Eiscafé). 21

d) Anspruch auf Änderung der Zweckbestimmung

Es kann u.U. ein **Anspruch auf Abänderung der Zweckbestimmung** in der Gemeinschaftsordnung bestehen, wofür § 10 Abs. 2 WEG nicht mehr außergewöhnliche, sondern nur noch schwerwiegende Umstände verlangt, aufgrund derer ein Festhalten an der bisherigen Regelung auch unter Berücksichtigung der Interessen der anderen Eigentümer unbillig erscheint (vgl. i.E. *Abramenko* § 3 Rn. 45, besonders Rn. 50). Bloße Schwierigkeiten bei der Vermietung der Räumlichkeiten unter Beibehaltung einer üblichen Zweckbestimmung dürften aber nach wie vor nicht genügen (vgl. *OLG Zweibrücken* NJW-RR 1987, 465). 22

VII. Häufige Abweichungen von Zweckbestimmungen und ihre Beurteilung in der Rechtsprechung

1. Gastronomische Betriebe im Teileigentum

Besonders zurückhaltend ist die Rechtsprechung aufgrund der Geräusch- und Geruchsimmissionen sowie der Öffnungszeiten bei der Zulassung von **Gaststätten** und ähnlichen Betrieben in Räumen mit abweichender Zweckbestimmung. Diese dürfen in Räumlichkeiten nicht betrieben werden, die nach der Teilungserklärung als Atelier (*BayObLG* WuM 1985, 235), als Büro (*BayObLG* NZM 2000, 868 f.) als Café (*OLG Hamburg* ZMR 1998, 714; *BayObLG* ZMR 2001, 52; *OLG München* ZMR 2010, 222) bzw. Tagescafé (*AG München* ZMR 2011, 678 f.), als Eisdiele (*OLG München* NJW-RR 1992, 1493), als Laden (*BayObLG* NJW-RR 1989, 720; NZM 2000, 868 f.; *OLG Celle* ZMR 2004, 689 f.) oder als Praxis (*BayObLG* ZMR 2004, 685 f.) bezeichnet werden. Öffentlich-rechtliche Genehmigungen vermögen hieran nichts zu ändern (*BayObLG* ZWE 2001, 606 f.; *OLG Karlsruhe* ZMR 2017, 174, 176). Ähnliches gilt für **Spielsalons**, die in Räumen nicht eingerichtet werden dürfen, die nach der Teilungserklärung als Büro (*AG Passau* Rpfleger 1980, 23), als Internetcafé (*LG München I* ZMR 2012, 477), als Lokal (*LG München I* ZMR 2012, 482; *AG München* ZMR 2013, 232 f.) oder als Laden (*BayObLG* NJW-RR 1990, 595; **a.A.** *AG Rosenheim* ZMR 2013, 580 f.) zu nutzen sind (vgl. *Hogenschurz* ZMR 2011, 856 f.). In einer als »Res- 23 taurant« bezeichneten Einheit kann eine »Spielhalle« allerdings zulässig sein (*LG München I* ZMR 2015, 794).

2. Die Zweckbestimmung »Laden«

24 Ausgesprochen häufig sind auch Streitigkeiten um die Nutzung eines als **Laden** bezeichneten Teileigentums. Nach allgemeiner Auffassung impliziert diese Bezeichnung eine Tätigkeit, die zumindest ihrem Schwerpunkt nach auf den Verkauf von Waren ausgerichtet ist (BayObLGZ 1980, 159) und insbesondere die Einhaltung von Öffnungszeiten beachtet (*OLG Zweibrücken* NJW-RR 1987, 465; *BayObLG* NZM 2000, 869). Dies gilt aber nur für den Publikumsverkehr; andere Tätigkeiten wie das Auffüllen von Regalen sind auch außerhalb der Öffnungszeiten zulässig (*OLG München* ZMR 2009, 628). Gleichwohl verhindern diese Vorgaben oftmals eine andere Nutzung, sodass andere Tätigkeiten mit längerem Publikumsverkehr und anderen Schwerpunkten wie Bewirtung oder musikalischen Darbietungen regelmäßig ausscheiden. Deswegen befand die Rechtsprechung den Betrieb einer Gaststätte (*LG Hamburg* ZMR 2010, 789), eines Bistros (*BayObLG* NJW-RR 1990, 979; *OLG Köln* NJW-RR 1995, 851; *OLG Hamm* NJW-RR 1996, 335; *AG Bremen* ZMR 2017, 673 f.), eines Cafés (BayObLGZ 1980, 158 ff.), einer Eisdiele (*OLG Schleswig* MDR 2000, 759 f.), eines Frauensportstudios (*OLG Schleswig* ZMR 2003, 709 f.), eines Imbisses (*BayObLG* ZMR 2000, 53), einer Gaststätte (*BGH* ZMR 2018, 529, 530; *BayObLG* NJW-RR 1989, 720; 1991, 659; *LG München I* ZMR 2018, 443 f.), eines Eiscafés (*LG Itzehoe* ZMR 2018, 362), einer Kantine (*KG* NJW-RR 1986, 1073 f.), einer Kindertagesstätte (*KG* NJW-RR 1992, 1102), eines Kiosks (*OLG Düsseldorf* ZMR 1996, 282); eines Nachtlokals (*KG* NJW-RR 1989, 140 f., sofern der Charakter der Wohnanlage dies nicht ausnahmsweise zulässt), eines »Office- und Partyservices« (*OLG Hamburg* ZMR 2003, 771), einer Pizza-Imbisstube (*OLG Karlsruhe* NJW-RR 1994, 146 f.), eines Restaurant- und Barbetriebs (*AG München* ZMR 2017, 269, 270), eines Sexshops (*BayObLG* NJW-RR 1995, 468; *KG* ZMR NJW-RR 2000, 1254 f. = 2000, 404), eines Sonnenstudios mit Öffnungszeiten bis 22 Uhr (*BayObLG* ZMR 1996, 335), eines Spielsalons bzw. einer Spielhalle (*OLG Zweibrücken* NJW-RR 1987, 465; 1988, 141 f.; *BayObLG* NJW-RR 1990, 595; *Hogenschurz* ZMR 2011, 856 f.), eines Vereinsheims (*AG München* ZMR 2017, 106 f.) und einer Stehpizzeria (*OLG Düsseldorf* NJW-RR 1993, 588) in einem Laden für unzulässig. Auch der Betrieb eines Großhandels ist aufgrund des verstärkten Lieferverkehrs und der fehlenden Öffnungszeiten in einem Laden nicht zulässig (*OLG München* ZMR 2007, 719 f.). Eine kulturelle Begegnungsstätte mit Öffnungszeiten auch sonntags und mit dem Ziel der Durchführung von Veranstaltungen, die größere Menschengruppen besuchen, verursacht bei typisierender Betrachtung größere Beeinträchtigungen als ein Laden. Deshalb darf ein solchermaßen bezeichnetes Teileigentum nicht zu diesem Zweck genutzt werden (*LG München* I v. 18.08.2021 – 1 S 2103/20, ZMR 2021, 148 = ZfIR 2021, 554 [LS] = IMR 2021, 465). Hingegen wurde ein Bistro bei Einhaltung der Ladenschlusszeiten und zwei Gaststätten in der Nachbarschaft für zulässig gehalten (*OLG Hamburg* ZMR 2002, 455; **a.A.** *OLG Hamm* ZMR 1996, 42), ebenso ein Szeneladen für Junkies (*KG* NZM 1999, 425). Eine **Postfiliale** entspricht von vornherein den Charakteristika eines Ladens, sodass auch ihr Betrieb in einem Teileigentum mit dieser Zweckbestimmung zulässig ist (*OLG München* ZMR 2009, 629). Die Einhaltung bestimmter **Öffnungszeiten** dürfte aber mit deren zunehmenden Liberalisierung an Bedeutung verlieren. Jedenfalls der Verweis der Gemeinschaftsordnung auf bestimmte Ladenöffnungszeiten wird nämlich dynamisch verstanden, sodass nicht die Regelungen z.Zt. der Begründung von Wohnungseigentum, sondern die aktuelle Rechtslage maßgeblich ist (*OLG Hamm* ZMR 2008, 643 f.). Nichts anderes kann dann aber für den Begriff des Ladens selbst gelten (*OLG München* ZMR 2009, 628 f.; *AG Bremen* ZMR 2013, 749). Der Mieter einer Teileigentumseinheit, die in der Teilungserklärung als »Laden mit Lager« bezeichnet ist, kann dort ein von Montag bis Freitag von 9.00 Uhr bis 18.00 Uhr geöffnetes Eltern-Kind-Zentrum betreiben, da dies bei typisierender Betrachtung nicht stärker stört als die vorgesehene Nutzung (*BGH* v. 13.12.2019 – V ZR 203/18; ZMR 2020, 322 = ZWE 2020,180 = ZfIR 2020, 308).

3. Die Zweckbestimmung »gewerbliche Nutzung«, »berufliche Nutzung« etc.

Hingegen stellt die ebenfalls häufige Erlaubnis der »**gewerblichen Nutzung**« o.Ä. eine denkbar weite Zulassung aller Tätigkeiten außerhalb der Wohnnutzung dar. Bei dieser Zweckbestimmung ist ohne weitere Einschränkungen grundsätzlich **jede gesetzlich zulässige gewerbliche Nutzung** erlaubt (*OLG Düsseldorf* ZMR 2003, 861; *OLG Frankfurt am Main* ZMR 2013, 299 f.; *AG Oberhausen* ZMR 2011, 999 f.; *AG München* ZMR 2016, 321). Gleiches gilt, wenn die Gemeinschaftsordnung überhaupt **keine Nutzungseinschränkung** vorsieht (*LG Frankfurt/M.* ZMR 2017, 1000). Dies umfasst u.a. die Nutzung als Begegnungsstätte eines deutsch-kurdischen Kulturvereins (*OLG Hamm* ZMR 2006, 149 f.), den Betrieb eines Boardinghauses (*LG Frankfurt/M.* ZMR 2017, 1000), die Einrichtung eines Cafés (*OLG Zweibrücken* ZMR 1987, 230), einer chemischen Reinigung (*BayObLG* NJW-RR 1994, 1038), einer Gaststätte (*KG* ZMR 2000, 251; 2002, 967), einer Methadon-Abgabestelle (*OLG Düsseldorf* NJW-RR 2002, 518 f. = ZMR 2002, 447), einer Spielhalle (*AG München* ZMR 2016, 321, 322), oder einer Tagesstätte für Behinderte (*OLG Zweibrücken* NJW-RR 2005, 1540 = ZMR 2006, 76). Die gewerbliche Nutzung gestattet es, Dritten (Kunden, Klienten und Besuchern) den Zugang und die zeitweilige Nutzung von Teil- und Gemeinschaftseigentum zu ermöglichen (*KG* ZMR 2005, 148). Der **Gewinnerzielungsabsicht** bedarf es nicht unbedingt, wohl aber der Entgeltlichkeit (*OLG Hamm* ZMR 2006, 150). Dass die Zulässigkeit der Nutzung »zu beliebigen geschäftlichen und gewerblichen Zwecken« den Betrieb eines **Bordells** nicht mehr umfassen soll (so *KG* NJW-RR 1987, 1160; *LG Hamburg* ZMR 2008, 828; **a.A.** *AG Hamburg* ZMR 2007, 822 für einen erotischen Massagesalon; ähnlich *AG München* ZMR 2016, 321, 322 f.), ist wohl vor dem Hintergrund des ProstG nicht mehr haltbar. Ist die gewerbliche Nutzung allerdings eingeschränkt, etwa bei der Bestimmung als »gewerblich genutzter Laden« sind die zusätzlichen Einschränkungen (hier: die Ladenöffnungszeiten) wieder einzuhalten (*BayObLG* NJW 1986, 1052 = NJW-RR 1986, 318). Die weiten Nutzungsmöglichkeiten gestatten aber nicht auch die **bauliche Umgestaltung** des Teileigentums, sofern es sich nicht um die erstmalige Herstellung eines ordnungsgemäßen Zustands handelt (*OLG München* ZMR 2006, 948). Ähnliches gilt bei der Zweckbestimmung »berufliche Nutzung«, die vergleichbar weit zu verstehen ist (*OLG Schleswig* ZMR 2008, 991). 25

VIII. Weitere Einzelbeispiele aus der Rechtsprechung für unzulässige Nutzungen

Für unzulässig gehalten wurde ferner die Nutzung 26

- von **Büroräumen** als Ballettstudio (*LG Bremen* NJW-RR 1991, 1423) oder als Kinderarztpraxis (*OLG Düsseldorf* NJW-RR 1996, 267 = ZMR 1996, 40)
- eines **Cafés** als Bistro mit Spielgeräten (*OLG Zweibrücken* ZMR 1997, 481 f.)
- einer **Eisdiele** als Pilslokal (*OLG München* NJW-RR 1992, 1493; ähnlich für ein »Eiscafé« *OLG Hamm* NJW-RR 1986, 1336)
- die Inanspruchnahme des Treppenhauses zum Aufstellen einer **Garderobe** (*BayObLG* NJW-RR 1998, 875 f.)
- von **Geschäftsräumen** als Gaststätte mit Öffnungszeiten von 23.00 Uhr bis 5.00 Uhr (*KG* NJW-RR 1989, 140)
- der Betrieb einer Heilpraktiker- bzw. Naturheilpraxis mit ca. 5 Patienten am Tag in einer kleinen Liegenschaft mit 10 Wohnungen (*LG München I* ZMR 2015, 791, 792)
- eines **Kellers** neben der eigentlichen Nutzung als Lager- und Abstellraum (*OLG Schleswig* ZMR 2006, 891) als Büro (*BayObLG* WuM 1993, 491), als Musikzimmer (*BayObLG* ZMR 1998, 173), als Fahrradkeller, wenn er als Hausmeisterwohnung ausgewiesen ist (*OLG Düsseldorf* ZMR 1997, 477) oder zu Wohn- und Schlafzwecken (*OLG Düsseldorf* NJW-RR 1997, 907 = ZMR 1997, 374)
- die Nutzung eines **Kfz-Stellplatzes** zur dauerhaften Lagerung eines abgemeldeten und nicht fahrtüchtigen Kfz (*LG Hamburg* ZMR 2009, 549 f.) oder sonstiger Gegenstände (*LG Hamburg* ZMR 2015, 142), auch eines Fahrrades anhand eines fest montierten Bügels (*LG Hamburg* ZMR 2015, 787)

- die Nutzung eines »**Kinderspielplatzes**« durch die in einer Teileigentumseinheit betriebenen Kindertagesstätte, da es sich bei dieser Zweckbestimmung nicht um eine allgemein zugängliche öffentliche Spielfläche handelt (*LG Hamburg* ZMR 2016, 308, 309)
- eines **Lagerraumes** als Gymnastikstudio (*BayObLG* NJW-RR 1994, 527 f.)
- eines **Massageraums** als Pilsstube (*BayObLG* NJW-RR 1988, 141)
- des Gemeinschaftseigentums zur Anbringung von **Plakaten** mit politischen, religiösen, weltanschaulichen, philosophischen oder sexuellen Botschaften (*AG Hamburg* ZMR 2012, 139)
- einer »**Praxis/Büro**« als Ballettstudio (*LG Bremen* NJW-RR 1991, 1423)
- einer **Sauna** als »Pärchentreff« bzw. »Swinger-Club« (*BayObLG* NJW-RR 1994, 1037; NJW-RR 2000, 1323 f. = ZMR 2000, 690)
- einer vormaligen **Schwimmhalle** als Büroraum für max. 5 gleichzeitig dort arbeitende Mitarbeiter (*LG Hamburg* ZMR 2011, 230)
- eines **Supermarktes** als Moschee (*LG Wiesbaden* ZMR 2008, 333 f.; **a.A.** *OLG Frankfurt am Main* ZMR 2013, 298)
- eines **Waschraums** zum Aufstellen eines Gefrierschranks anstelle eines Wäschetrockners (*OLG Frankfurt am Main* ZMR 2009, 385)
- eines **Weinkellers** als Diskothek (*BayObLG* ZMR 1990, 231)
- eines **Wettbüros** in einem Laden (*AG München* ZMR 2013, 667 f.)

IX. Weitere Einzelbeispiele aus der Rechtsprechung für zulässige Nutzungen

27 Für zulässig gehalten wurde demgegenüber

- das zeitweilige Spielen von Kindern auf einer als **Auffahrt** gekennzeichneten Freifläche (*KG* NJW-RR 1998, 1546 = ZMR 1998, 660; NJW-RR 2001, 949 = ZMR 2001, 659)
- das Anbringen von **Blumenkästen** als eine sozialadäquate Nutzung, wobei der Nutzer beim Gießen Beeinträchtigungen der darunter liegenden Einheiten zu vermeiden hat (*LG München I* ZMR 2015, 962, 965)
- die Nutzung einer **Garage** als Werkstatt (*OLG Hamburg* ZMR 2005, 976)
- eine chemische Reinigung in **Geschäftsräumen** (*BayObLG* NJW-RR 1994, 1038)
- die Nutzung von **Hobbyräumen** zur gewerblichen, halbtäglichen Betreuung von Kleinkindern (*BayObLG* NJW-RR 1991, 140 f.)
- das Bewohnen als **Kammern** bezeichneter Räume im Dachgeschoss, soweit sie in der Teilungserklärung als Bestandteil des Wohnungseigentums aufgeführt werden (*KG* NJW-RR 1991, 1359 f.)
- die Nutzung gewerblicher Räume als **muslimisches Gemeindezentrum** (*OLG Frankfurt am Main* ZMR 2013, 298)
- die Nutzung eines **Kellers** als Hobbyraum (*OLG Düsseldorf* NJW-RR 1997, 908 = ZMR 1997, 374) oder als Sauna, sofern geeignete Maßnahmen gegen Geruchsbelästigungen etc. ergriffen werden (*OLG Frankfurt am Main* NJW-RR 2006, 1446)
- das Aufstellen von Kinderspielgeräten (Trampolin) in einem **Nutzgarten** (*AG München* ZMR 2018, 277)
- das **Parken** vor der eigenen Garage, auch wenn ein anderer Wohnungseigentümer dann um das abgestellte Auto herumfahren muss, um seine Garage zu erreichen (*LG Düsseldorf* ZMR 2014, 472)
- die Nutzung eines **Kfz-Stellplatzes** zum Abstellen eines Anhängers oder eines Motorrades (*LG Hamburg* ZMR 2015, 142)
- die Nutzung einer **Verwalterwohnung** durch andere Personen (*BayObLG* ZMR 2000, 546 = NJW-RR 2000, 1253).

X. Die Genehmigung abweichender Nutzungen durch den Verwalter

28 Auch die Möglichkeit der Zustimmung zu einer bei typisierender Betrachtung nicht stärker störenden Nutzung kann in der Teilungserklärung von der Zustimmung des Verwalters bzw. der Wohnungseigentümer abhängig gemacht werden (*OLG Köln* ZMR 2002, 381). Das **formale Fehlen dieser Genehmigung alleine rechtfertigt die Untersagung der Nutzung allerdings noch nicht** (*Bay-*

ObLG NJW-RR 1986, 1465). Ob die Verweigerung der Genehmigung in analoger Anwendung von § 12 WEG nur aus **wichtigen Gründen** versagt werden kann (so *BayObLG* NJW-RR 1986, 1465 f.; *OLG Köln* ZMR 2002, 381), erscheint zweifelhaft, da es schon an einer Vergleichbarkeit fehlt. Die Veräußerung ist nämlich ähnlich wie die Vermietung eines der kardinalen Rechte des Sondereigentümers, die § 13 Abs. 1 WEG sichert. Dass die gewerbliche Nutzung eines ausdrücklich nur zu Wohnzwecken bestimmten Sondereigentums ebenso schützenswert sein könnte, ist nicht ersichtlich. Vielmehr will eine entsprechende Regelung den Wohnungseigentümern regelmäßig ein Ermessen bei der Entscheidung über die Zustimmung einräumen, das seine Grenze erst bei **willkürlicher oder missbräuchlicher Ausübung** findet (*BayObLG* BayObLGZ 1988, 359 = NJW-RR 1989, 274; vgl. schon BT-Drs. 1/252, S. 27). Die in der Gemeinschaftsordnung vorgesehene Zustimmung des Verwalters stellt nur dann eine Letztentscheidungsbefugnis hierüber dar, wenn ihm ausdrücklich die alleinige Entscheidung übertragen wird (*KG* ZMR 1998, 657, wo nach der Teilungserklärung die Zustimmung der Wohnungs- und Teileigentümer ausdrücklich nicht erforderlich sein sollte). Auch in diesem Fall muss die Entscheidung des Verwalters aber einer **gerichtlichen Überprüfung** zugänglich sein, wobei keine anderen Maßstäbe gelten können als bei einer Öffnungsklausel zugunsten der Eigentümermehrheit (*OLG Köln* DWE 1997, 33; insoweit unrichtig *KG* ZMR 1998, 658). Eine solche Alleinzuständigkeit des Verwalters wird von der Rechtsprechung aber nur sehr selten angenommen. Da hierdurch aus dem Eigentum resultierende Individualrechte der einzelnen Wohnungseigentümer betroffen sind, die grundsätzlich nach eigenem Dafürhalten über eine Zustimmung zu baulichen Veränderungen ihres Gemeinschaftseigentums befinden können, wird ein Zustimmungserfordernis regelmäßig nicht als »Entmachtung« der Miteigentümer, sondern als zusätzlicher Schutz angesehen: Als **Vorschalterfordernis** soll es ein eigenmächtiges Vorgehen einzelner Eigentümer verhindern, die **Letztentscheidung steht dann den Wohnungseigentümern** als höherem Verwaltungsorgan zu (*BGH* ZMR 1996, 276; *OLG Düsseldorf* ZMR 1997, 436; *KG* NJW-RR 1991, 1300 f.; ZMR 2002, 698; *OLG Köln* DWE 1997, 33; ZMR 2004, 146 f.; *OLG Schleswig* ZMR 2005, 817).

C. Pflicht zur Duldung des Betretens und anderer Einwirkungen aus Vereinbarungen und Beschlüssen (§ 14 Abs. 1 Nr. 2 Fall 1 WEG)

I. Zweck der Regelung

Die Vorschrift ersetzt § 14 Nr. 4 WEG a.F. hinsichtlich der Pflicht eines Wohnungseigentümers, 29
die Inanspruchnahme seines Sondereigentums unter bestimmten Umständen zu dulden. Der Anspruch auf Ausgleich hierdurch entstehender Einbußen ist modifiziert in einem eigenen Abs. 3 geregelt. Die Duldungspflicht ist gegenüber § 14 Nr. 4 WEG a.F. insoweit weiter gefasst. als der Wohnungseigentümer nicht nur Betreten und Benutzung (so § 14 Nr. 4 WEG a.F.), sondern auch »andere Einwirkungen« dulden muss. Dies umfasst wie nach § 14 Nr. 4 WEG a.F. Beschädigungen, aber auch sonstige Einwirkungen, die zudem, anders als nach § 14 Nr. 4 WEG a.F. nicht auf Erhaltungsmaßnahmen zurückgehen müssen.

II. Voraussetzungen der Duldungspflicht

1. Vorliegen von Vereinbarungen oder Beschlüssen

Wie § 14 Abs. 1 Nr. 1 WEG macht § 14 Abs. 1 Nr. 2 Fall 1 WEG die Duldungspflicht von ent- 30
sprechenden gesetzlichen Regelungen, Vereinbarungen oder Beschlüssen abhängig. Wie dort ist dies für sich genommen ohne Aussagewert. Ist ein Wohnungseigentümer kraft Vereinbarung oder Beschluss zur Duldung von Einwirkungen auf sein Sondereigentum verpflichtet, folgt diese Verpflichtung schon hieraus, ohne dass sie nochmals gesetzlich normiert werden müsste.

2. Folgen für Erhaltungsmaßnahmen

Diese Formulierung des § 14 Abs. 1 Nr. 2 Fall 1 WEG ist auch insoweit wenig geglückt, als die 31
Pflicht zur Duldung auch bei Erhaltungsmaßnahmen gegenüber dem früheren Recht zusätzlichen

Aufwand erfordert. Nach § 14 Nr. 4 WEG a.F. waren die Wohnungseigentümer kraft Gesetzes verpflichtet, Betreten und Benutzung ihres Sondereigentums immer zu dulden, wenn dies zur Erhaltung des gemeinschaftlichen Eigentums erforderlich war. Dies ist nach § 14 Abs. 1 Nr. 2 WEG nur noch dann der Fall, wenn die Duldungspflicht dem Gesetz, der Gemeinschaftsordnung, einer Vereinbarung oder einem Beschluss zu entnehmen ist (wie hier Jennißen/*Hogenschurz* § 14 Rn. 58). Es bedarf also dann, wenn die Erhaltungsmaßnahme nicht ausnahmsweise gemäß § 14 Abs. Nr. 2 Fall 2 WEG bzw. § 13 Abs. 2 WEG ohne erhebliche Beeinträchtigung für die Miteigentümer durchgeführt werden kann, einer Beschlussfassung. Dies gilt für Erhaltungsmaßnahmen im Sondereigentum ebenso wie für solche im Gemeinschaftseigentum. Dabei lassen es Gesetzeswortlaut und -materialien offen, ob bereits der Beschluss der Erhaltungsmaßnahme ausreichend ist. Das wird wohl nur dann zu bejahen sein, wenn er die Inanspruchnahme des konkreten Sondereigentums bereits erkennen lässt. Dies ist dann anzunehmen, wenn der betroffene Eigentümer anhand der Beschreibung der Erhaltungsmaßnahme ersehen kann, dass seine Einheit von den Maßnahmen betroffen ist. Wird etwa im Laufe der Sanierung entdeckt, dass weitere Einheiten betroffen sein werden, muss ein weiterer Beschluss gefasst werden.

3. Maßnahmen jenseits der Erhaltung des Gemeinschaftseigentums

a) Betretungsrecht und Versorgungssperre

32 § 14 Abs. 1 Nr. 2 Fall 1 WEG ist anders als § 14 Nr. 4 WEG a.F. nicht auf Maßnahmen der Erhaltung des Gemeinschaftseigentums beschränkt. Von der in § 14 Abs. 1 Nr. 2 Fall 1 WEG normierten Duldungspflicht sind alle Fälle erfasst, in denen das Recht zum Betreten des Sondereigentums und zu sonstigen Einwirkungen den Vereinbarungen und Beschlüssen der Gemeinschaft entspricht. Dies erfasst insbesondere baulichen Veränderungen, die jetzt unter weit großzügigeren Voraussetzungen beschlossen werden können als früher, ferner die in der Praxis bedeutsamen Fälle des Absperrens von Versorgungsleitungen bei Hausgeldrückständen, das nach h.M. beschlossen werden kann. War zur Durchsetzung dieses Beschlusses ein Betreten der Wohnung und die Anbringung von Absperrventilen erforderlich, wurde dieses bislang über eine nicht ganz zweifelsfreie Analogie zu § 14 Nr. 4 WEG a.F. gewährt (*OLG München* v. 23.02.2005 – 34 Wx 5/05; ZMR 2005, 311 = NJW-RR 2005, 598 = ZWE 2005, 332).

b) Duldungspflichten etwa aufgrund einer Öffnungsklausel

33 Die Erweiterung des Betretungsrechtes reicht allerdings auch über diese baulichen Maßnahmen hinaus und umfasst bislang kaum bedachte Konstellationen. Wird etwa aufgrund einer Öffnungsklausel der Nutzungszweck einer Einheit geändert (z.B: von Büro zu Gaststätte), liegt den hierdurch zu erwartenden zusätzlichen Immissionen ebenfalls ein Beschluss zugrunde. Auch diese »Einwirkungen« entsprechen der Beschlusslage und sind daher nach § 14 Abs. 1 Nr. 2 WEG zu dulden. Allerdings kann in diesen Fällen ein Ausgleich aus § 14 Abs. 3 WEG in Betracht kommen.

III. Erforderlichkeit

34 Die Duldungspflicht, mit oder ohne Vereinbarung oder Beschluss setzt wie schon das frühere Recht als ungeschriebenes Tatbestandsmerkmal ferner die Erforderlichkeit des Eingriffs voraus. Andere Vorgehensweisen ohne Inanspruchnahme von Sonder- oder Teileigentum müssen also entweder technisch unmöglich oder wirtschaftlich unsinnig sein. Kann der Zweck der Maßnahme auch ohne Betreten des Sondereigentums mit zumutbarem Aufwand erreicht werden, geht diese Möglichkeit vor. Kommt die **Nutzung mehrerer Sonder- bzw. Teileigentumseinheiten** in Betracht, ist die Auswahl vorrangig nach den Kosten für die Gemeinschaft zu treffen. Ergeben sich insoweit keine Unterschiede, ist nach Möglichkeit eine Turnusregelung zu treffen, die die betroffenen Sonder- bzw. Teileigentümer gleichmäßig belastet. Kommt dies etwa infolge des langwierigen Aufbaus der Geräte – bspw. bei einem Lastenaufzug – nicht in Betracht, wird vorbehaltlich einer freiwilligen Lösung durch Los zu entscheiden sein.

IV. Reichweite der Duldungspflicht

1. Der Begriff der Duldung

Die zum früheren Wortlaut des § 14 Nr. 4 WEG a.F.diskutierte Frage, ob der Begriff des »Gestattens« 35 ein stärkeres Mitspracherecht als das Dulden impliziert (*v. Rechenberg* ZWE 2005, 48) ist nach dem neuen Wortlaut des § 14 Abs. 1 Nr. 2 WEG obsolet. Die Pflichten aus § 14 Abs. 1 Nr. 2 WEG beschränken sich auf die Duldung fremder Maßnahmen, also ein passives Verhalten. Der betroffene Wohnungseigentümer ist nicht verpflichtet, die Arbeiten durch tätige Mithilfe etwa beim Verschieben von Möbeln o.Ä. aktiv zu unterstützen (*BayObLG* WuM 1995, 729 f.; *v. Rechenberg* ZWE 2005, 52).

2. Betreten

Der duldungspflichtige Wohnungseigentümer hat zunächst das Betreten seiner Einheit hinzunehmen. 36 Dies kann genügen, wenn nur Wartungsarbeiten etwa an der Heizung erforderlich sind, die im Sondereigentum installiert ist (*OLG* Bremen ZMR 2016, 716, 717; vgl. aber zur sachenrechtlichen Zuordnung *OLG Dresden* IMR, 2017, 375). Die über das Betreten hinausgehende »Benutzung« im Sinne des § 14 Nr. 4 WEG a.F. unterfällt nunmehr den Einwirkungen gemäß § 14 Abs. 1 Nr. 2 WEG.

3. Einzelfälle des Betretungsrechtes

Der säumige Wohnungseigentümer hat im Rahmen einer **Versorgungssperre** nach § 14 Abs. 1 Nr. 2 37 WEG das Betreten seiner Wohnung zur Anbringung von Absperrvorrichtungen zu dulden (*BGH* ZMR 2005, 882; *OLG München* NJW-RR 2005, 599; *OLG Frankfurt am Main* NJW-RR 2006, 1674; **a.A.** *v. Rechenberg* ZWE 2005, 49 f., der aber einen Anspruch aus der Treuepflicht der Wohnungseigentümer bejaht). Nach der neueren Rspr. des *BGH*, die eine Beschlusskompetenz zur Installation von **Rauchwarnmeldern** bejaht, dürfte auch das Betreten zum Zwecke ihrer Installation und Wartung § 14 Abs. 1 Nr. 2 WEG unterfallen (*BGH* ZMR 2013, 644; *AG Kiel* ZMR 2011, 843 f.; ähnlich schon *OLG Frankfurt am Main* ZMR 2009, 864; kritisch *Abramenko* ZWE 2013, 122). Mit der sachenrechtlichen Zuordnung von **Heizkörpern** zum Sondereigentum (*BGH* ZMR 2011, 971), unterfällt deren Kontrolle nicht mehr der Erhaltung (Instandhaltung und Instandsetzung) des Gemeinschaftseigentums; es ist jedoch bei Störungen ein Anspruch aus § 14 Abs. 1 Nr. 2 WEG auf Kontrolle der Heizkörper gegeben.

4. Zeitpunkt des Betretens

Ist ein Betreten nach diesen Maßstäben erforderlich, so hat es abgesehen von Notfällen während der 38 **üblichen Arbeitszeiten** zu erfolgen (vgl. *BayObLG* ZMR 1988, 345 f.; *v. Rechenberg* ZWE 2005, 52). Zudem muss es ausreichende Zeit vorher bekannt gegeben werden (vgl. *BayObLG* ZfIR 1999, 929; *AG Hamburg-Blankenese* ZMR 2013, 571; *v. Rechenberg* ZWE 2005, 52). Der betroffene Wohnungseigentümer muss in der Lage sein, eine Person seines Vertrauens zur Überwachung hinzuzuziehen. Ist dies nicht möglich, so muss ihm der Verdienstausfall für die Beaufsichtigung in eigener Person ersetzt werden (*KG* ZMR 2000, 335 f.).

5. Zutrittsberechtigung

Die **Zutrittsberechtigung** richtet sich nach dem Zweck des Betretens. Zutritt ist nur den Personen 39 zu gestatten, die zur Durchführung der Maßnahme im Sondereigentum des Duldungsverpflichteten erforderlich sind, also Handwerkern, Sachverständigen und jedenfalls zwecks Überprüfung der Arbeiten dem Verwalter, nicht aber beliebigen Wohnungseigentümern oder Dritten (*v. Rechenberg* ZWE 2005, 53). Die Personen müssen dem betroffenen Wohnungseigentümer namentlich bekannt sein bzw. gemacht werden und sich auf Verlangen ausweisen (*AG Hamburg-Blankenese* ZMR 2013, 571). Nach früherer Rechtsprechung war darüber hinaus einem **gerichtlichen Sachverständigen** das Betreten des Sondereigentums stets zu gestatten, auch wenn der betroffene Eigentümer nicht Partei des zugrunde liegenden Rechtsstreits ist (*OLG Hamburg* ZMR 2002, 71 f.). Dies dürfte nach der jüngeren Rechtsprechung des *BGH* nicht aufrechtzuerhalten sein. Denn danach sind die nicht an einem selbstständigen Beweisverfahren beteiligten Wohnungseigentümer noch nicht einmal verpflichtet, eine sachverständige Untersuchung des Gemeinschaftseigentums mit Bauteilöffnung zu dulden (*BGH* ZMR 2013, 818).

6. Einwirkungen

a) Bauliche Maßnahmen

40 Die Pflicht zur Duldung von Einwirkungen umfasst zunächst die »Benutzung« des Sondereigentums nach früherem Recht. Dies schließt zunächst die **über das bloße Betreten hinausgehende Inanspruchnahme** des Sondereigentums ohne Substanzverletzung ein, etwa durch Aufstellen von Geräten, Anschluss von Messgeräten an Versorgungsleitungen oder den Einbau von Hilfseinrichtungen wie Trocknungsgeräten oder Lastenaufzügen. Die Einwirkung schließt wie § 14 Nr. 4 WEG a.F. auch die Beschädigung des Sondereigentums ein (*BayObLG* ZMR 2004, 762; *OLG Schleswig* NJW-RR 2007, 449). Dies kann etwa bei der Verlegung oder Reparatur von Versorgungsleitungen der Fall sein, wenn das Aufstemmen von Wänden oder die Beschädigung des Bodenbelags erforderlich wird. Ähnliches kann bei der Sanierung von Balkonplatten gelten, die regelmäßig die Entfernung des Fliesenbelages voraussetzt, oder bei der Verlängerung oder Instandhaltung von Versorgungsleitungen, die mit Wand- oder Deckendurchbrüchen verbunden sind (*BayObLG* GE 1999, 779 = ZfIR 1999, 929). Gleiches gilt für die Innensanierung des Sondereigentums bei Schimmelbefall unter Abschlagen des Wandputzes (*LG Dortmund* ZMR 2015, 778 f.). Wenn bisweilen auch dauerhafte Beeinträchtigungen wie die Auf-Putz-Verlegung eines Kabels zu den nach § 14 Abs. 1 Nr. 2 WEG zu duldenden Beeinträchtigungen gezählt werden (so *AG Hannover* ZMR 2014, 63), erscheint dies zweifelhaft, weil § 14 Abs. 1 Nr. 2 WEG nur die vorübergehende Nutzung des Sondereigentums erlaubt. Hieran ändert die Geringfügigkeit eines Eingriffs nichts. Zu denken ist allenfalls an eine Duldungspflicht aus der Treuepflicht der Wohnungseigentümer.

b) Sonstiger zulässiger Gebrauch

41 Jeder Wohnungseigentümer hat somit zunächst die aus dem Zusammenleben unvermeidbaren Beeinträchtigungen wie Wohngeräusche hinzunehmen (*BGH* ZMR 2015, 561 f.; *LG Frankfurt/M.* NJW-RR 1993, 282; *LG München I* ZMR 2017, 263, 266), ebenso Küchengerüche (*LG München I* ZMR 2017, 263, 266; *AG Hamburg-Blankenese* ZMR 2015, 492: Kein »Recht auf geruchsfreies Wohnen«). Die Miteigentümer müssen es ferner dulden, dass der Zugang zu Gewerbeflächen während der üblichen Öffnungszeiten unverschlossen bleibt (*OLG Düsseldorf* NZM 2000, 1008 = NJW-RR 2000, 1401). Im Fall eines **Exzesses** stehen dem hierdurch gestörten Miteigentümer aber Unterlassungsansprüche zu, die sich allerdings nicht auf die Unterlassung der zulässigen Nutzung insgesamt, sondern nur der überschießenden Störungen richten (*OLG Schleswig* ZMR 2008, 992). Ähnliches gilt für bauliche Veränderungen, wenn ein Miteigentümer etwa von der Genehmigung in der Teilungserklärung zum Ausbau der in seinem Sondereigentum stehenden Räumlichkeiten Gebrauch macht (*BayObLG* ZMR 1997, 318; *OLG München* ZMR 2007, 993 f.) oder nur auf diesem Wege einen Anschluss an die neuen Medien erhalten kann (*BayObLG* NJW-RR 1991, 463). Kein Wohnungseigentümer muss allerdings einen dauerhaften Eingriff in sein Sondereigentum dulden, nur um einem anderen eine mögliche, jedoch kostenintensivere Alternativmaßnahme zu ersparen, die nur dessen Sondereigentum beeinträchtigt (*BayObLG* NJW-RR 1991, 722; *OLG Düsseldorf* ZMR 2000, 478; *Jennißen/Hogenschurz* § 14 Rn. 21). Wenn nach § 14 Abs. 1 Nr. 2 WEG sogar Einwirkungen auf das Sondereigentum zu dulden sind, gilt dies erst recht für das Gemeinschaftseigentum. Insbesondere hat jeder Miteigentümer den zeitlichen Ausschluss von Gemeinschaftseinrichtungen, die nicht zeitgleich von allen Wohnungseigentümern genutzt werden können, nach der Gebrauchsregelung zu dulden. Erhöhte Duldungspflichten sollen sich dabei gegenüber ausländischen Miteigentümern aus Art. 5 GG ergeben, weshalb u.U. die Aufstellung ansonsten nicht hinzunehmender Parabolantennen hingenommen werden muss (*BGH* ZMR 2004, 441).

7. Einwirkungen auf das gemeinschaftliche Eigentum

§ 14 Abs. 1 Nr. 2 WEG nennt anders als § 14 Nr. 4 WEG a.F. ausdrücklich auch Einwirkungen auf das gemeinschaftliche Eigentum. Das war schon nach altem Recht oftmals selbstverständlich, etwa beim Entfernen von Fliesen zwecks Reparatur einer Versorgungsleitung im gemeinschaftlichen Eigentum. § 14 Abs. 1 Nr. 2 WEG geht aber insoweit darüber hinaus, als danach auch Einwirkungen ohne gleichzeitige Inanspruchnahme des Sondereigentums erfasst. Dies stellt klar, dass der Sondereigentümer etwa das Absperren einer Versorgungsleitung zu Reparaturzwecken in einer anderen Einheit dulden muss, auch wenn ihn das für eine gewisse Zeit von der Versorgung ausschließt. 42

8. Berechtigte

Der Wohnungseigentümer ist, wie oben ausgeführt, nur der Wohnungseigentümergemeinschaft gegenüber zur Duldung des Betretens des Sondereigentums bzw. sonstiger Einwirkungen verpflichtet (BT-Drs. 19/18791, S. 50). Er muss also das Betreten durch den Verwalter und sonstige Hilfspersonen der Wohnungseigentümergemeinschaft dulden. Hingegen dürfte der bisweilen bejahten analogen Anwendung der Vorgängervorschrift auf Erhaltungsmaßnahmen zugunsten anderen Sondereigentums (s. etwa *OLG Frankfurt am Main* v. 27.09.2004 – 20 W 111/04; OLGR 2005, 199) wohl der Boden entzogen sein. Denn nach § 14 Abs. 1 Nr. 2 WEG steht dieses Recht eben nur der Gemeinschaft zu. In Betracht kommt allerdings eine Duldungspflicht aus § 14 Abs. 2 Nr. 2 WEG (s.u. Rdn. 98). 43

V. Durchsetzung der Duldung

1. Nicht eilbedürftige Maßnahmen

Ist die Wohnungseigentümergemeinschaft auf das Betreten des Sondereigentums angewiesen und duldet der betroffene Wohnungseigentümer Betreten und weitere Einwirkungen nicht, so ist der Anspruch vom Verband als Ausübungsberechtigtem geltend zu machen (*LG Frankfurt/M.* ZMR 2016, 560, 561). Er ist als **Duldungstitel nach § 890 ZPO** zu vollstrecken (a.A. für »parallele« Anwendung von §§ 887, 890 ZPO *v. Rechenberg* ZWE 2005, 58). Verschließt sich ein Eigentümer der begründeten Aufforderung, das Betreten seines Sonder- oder Teileigentums zu angemessener Zeit nach Vorankündigung zu dulden, macht er sich zudem **schadensersatzpflichtig** (*BayObLG* ZMR 1988, 346). Darüber hinaus kann das Betreten jedenfalls in dringlichen Fällen auch durch einstweilige Verfügung erzwungen werden. 44

2. Eilbedürftige Maßnahmen

Bei eilbedürftigen Maßnahmen, deren Durchführung an der Verweigerung des Zutritts scheitert, liegen die Voraussetzungen für den Erlass einer einstweiligen Verfügung vor (*LG Berlin* ZMR 2010, 978). Typisches Beispiel ist das Leck einer Gasleitung (*LG Frankfurt/M.* ZMR 2016, 560). Die Vorwegnahme der Hauptsache steht dem nicht entgegen, da unverhältnismäßige Schäden drohen. Ein eigenmächtiges Eindringen in das Sondereigentum gestattet § 14 Abs. 1 Nr. 2 letzter Halbs. WEG dagegen nicht (vgl. im Mietrecht *AG Köln*, 07.05.2020 – 222 C 84/20; MietRB 2020, 268, wo die Duldungspflicht gleichfalls kein eigenmächtiges Eindringen erlaubt). Einwirkungen, die nicht das Betreten des Sondereigentums erfordern, können dagegen ohne weiteres durchgeführt werden. 45

VI. Verteidigung gegen Betreten und Einwirkungen

Kommt es zu Einwirkungen, die das Betreten des Sondereigentums erfordern, fehlt einer Klage des betroffenen Wohnungseigentümers auf Unterlassung wie im Mietrecht das Rechtsschutzbedürfnis. Denn er kann seine Rechte durch einfache Nichtgewährung von Zutritt wahren (vgl. *Beuermann*, GE 2015, 235). Bei sonstigen Einwirkungen, die der betroffene Wohnungseigentümer nicht, wie beim Betreten, durch einfache Weigerung verhindern kann, muss er auf Unterlassung klagen. Allerdings dürfte bei Gemeinschaftsflächen wie im Mietrecht auch kein possessorischer Abwehranspruch bestehen, wenn der Wohnungseigentümer zur Duldung verpflichtet ist. Denn der Anspruch auf 46 ungestörten Besitz erstreckt sich gerade nicht auf die Flächen, die er nur mitbenutzen darf (vgl. *LG Berlin* v. 24.10.2014 – 63 S 203/14, GE 2014, 1589 f.; ähnlich *LG Berlin* v. 16.12.2014 – 63 S 239/14, GE 2015, 325; *Sternel*, NZM 2015, 873, 876).

D. Betreten und Einwirkungen ohne Grundlage in Vereinbarungen oder Beschlüssen § 14 Abs. 1 Nr. 2 Fall 2 WEG)

I. Regelungsgehalt

1. Erfasste Maßnahmen

47 Das aufwendige Vorgehen über eine Befassung der Eigentümerversammlung zum Zwecke einer Beschlussfassung, die eine Duldungspflicht begründet, erscheint nicht immer angemessen, Das ist zum Einen dann der Fall, wenn die Einwirkungen unerheblich sind. Dann verzichtet bei Maßnahmen im Sondereigentum schon § 13 Abs. 2 WEG auf eine Beschlussfassung. Zum Anderen ist die vorherige Beschlussfassung bei Notmaßnahmen in aller Regel nicht möglich. In diesen Fällen kann nach § 14 Abs. 1 Nr. 2 Fall 2 WEG auf eine Beschlussfassung verzichtet werden.

2. Subsidiarität von § 14 Abs. 1 Nr. 2 Fall 2 WEG

48 Eine Pflicht zur Duldung von Einwirkungen kann nach § 14 Abs. 1 Nr. 2 Fall 2 WEG auch ohne eine entsprechende Vereinbarung oder einen entsprechenden Beschluss bestehen. Diese Vorschrift ist aber subsidiär, wie die Formulierung »wenn keine entsprechenden Vereinbarungen oder Beschlüsse bestehen« zeigt (ebenso Staudinger/*Lehmann-Richter* § 14 Rn. 112: »Auffangregelung«). Sind die Voraussetzungen für das Betreten einer Wohnung durch Vereinbarung oder Beschluss geregelt, darf nicht auf § 14 Abs. 1 Nr. 2 Fall 2 WEG zurückgegriffen werden. Dies gilt auch dann, wenn die Gemeinschaftsordnung strengere Voraussetzen für das Betreten einer Wohnung vorsieht. Denn § 14 WEG ist nicht zwingend. Abweichende Bestimmungen in der Gemeinschaftsordnung bzw. in Vereinbarungen gehen somit vor.

II. Einwirkungen ohne erheblichen Nachteil

49 Einwirkungen auf sein Sondereigentum muss der Miteigentümer ohne diesbezügliche Vereinbarung oder Beschlussfassung dulden, wenn ihm hieraus »über das bei einem geordneten Zusammenleben unvermeidliche Maß hinaus kein Nachteil erwächst.« Diese (strengen) Voraussetzungen entsprechen denjenigen in § 14 Abs. 2 Nr. 1 WEG, so dass auf die dortige Kommentierung verwiesen werden kann.

III. Notmaßnahmen

1. Missverständliche Formulierung des Gesetzes

50 Fehlen entsprechende Vereinbarungen oder Beschlüsse, so sollen Betretung und Benutzung von Sondereigentum immer dann zulässig sein, wenn dem betroffenen Wohnungseigentümer hierdurch kein Nachteil erwächst, der »über das bei einem geordneten Zusammenleben unvermeidliche Maß hinaus(geht)« (hierzu im Zusammenhang mit § 14 Abs. 2 Nr. 1 WEG; s. Rdn. 128). Das ist zumindest missverständlich formuliert. Denn das Betreten des Sondereigentums bringt regelmäßig keinen erheblichen Nachteil mit sich, so dass es durchweg zu gestatten wäre. Dies ist natürlich abwegig und mit Art. 13 Abs. 1 GG nicht vereinbar. Wollte man umgekehrt im Hinblick auf den Grundrechtsschutz der Wohnung schon im Betreten einen erheblichen Nachteil sehen, wäre das Betreten umgekehrt nie zulässig.

2. Nach den Gesetzesmaterialien erfasste Fälle

51 Gemeint sind ausweislich der Gesetzesmaterialien Notmaßnahmen, die ein sofortiges Betreten des Sondereigentums erforderlich machen (BT-Drs. 19/18791, S. 50). Allerdings ist das Abstellen auf einen unerheblichen Nachteil unter ausdrücklicher Anknüpfung an § 14 Nr. 1 WEG a.F. auch dann

verfehlt. Denn in Notfällen wie dem Bruch einer Versorgungsleitung werden regelmäßig Maßnahmen erforderlich, die die Grenze eines unerheblichen Nachteils weit überschreiten. Paradoxerweise bestünde nach dem Wortlaut der Vorschrift dann aber gerade keine Duldungspflicht. Die misslungene Formulierung von § 14 Abs. 1 Nr. 2 Fall 2 WEG dürfte daher schlicht zu ignorieren sein. Vielmehr ist eine Duldungspflicht ohne Vereinbarung oder Beschluss mit der Gesetzesbegründung dann anzunehmen, wenn die Durchführung einer Notmaßnahme Betreten und Benutzung des Sondereigentums erforderlich macht.

3. Wertungen des öffentlichen Rechtes

Besonderheiten für die Beurteilung eines Nachteils können sich aus der Ausstrahlungswirkung des öffentlichen Rechts ergeben. So sind nach § 22 Abs. 1a S. 1 BImSchG Geräuscheinwirkungen, die von Kindertagesstätten, Kinderspielplätzen und ähnlichen Einrichtungen ausgehen, im Regelfall keine schädliche Umwelteinwirkung sind (*BGH* v. 13.12.2019 – V ZR 203/18; ZMR 2020, 322 = ZWE 2020,180 = ZfIR 2020, 308). Deshalb müssen nach dieser Vorschrift privilegierte Geräuscheinwirkungen auch bei der Frage, ob eine Nutzung gemäß § 14 Abs. 1 Nr. 2 WEG duldungspflichtig ist, außer Betracht bleiben. 52

IV. Rechtsfolgen

Hinsichtlich der Rechtsfolgen, also insbesondere beim Umfang der Duldungspflicht, der Berechtigung zum Betreten und ihrer Durchsetzung ergeben sich bei der gebotenen korrigierenden Auslegung im Zusammenhang mit den Notmaßnahmen keine Abweichungen zu § 14 Abs. 1 Nr. 2 Fall 1 WEG, so dass auf die dortige Kommentierung verwiesen werden kann. 53

E. Pflichten der Wohnungseigentümer gegeneinander (§ 14 Abs. 2 WEG)

I. Regelungstechnik

1. Perspektivwechsel gegenüber dem früheren Recht

§ 14 Abs. 2 Nr. 1 WEG ist das Pendent des neuen Rechtes zu § 14 Nr. 1 WEG a.F., aber unter Umkehr der Perspektive: § 14 Nr. 1 WEG a.F. enthielt positive Verpflichtungen zur Instandhaltung und zum schonenden Gebrauch von Sonder- und Gemeinschaftseigentum; § 14 Abs. 2 Nr. 1 WEG normiert die Pflicht zur Unterlassung von Beeinträchtigungen. In der Sache wird hiermit sowohl die Pflicht zum schonenden Gebrauch wie auch zur Erhaltung des eigenen Sondereigentums gemäß § 14 Nr. 1 WEG a.F. ins Negative gewendet. Denn nun ist nicht mehr der Verstoß gegen die positiven Pflichten des § 14 Nr. 1 WEG a.F., sondern die daraus folgende Beeinträchtigung Gegenstand der gesetzlichen Untersagung. Häufig wird dies zum selben Ergebnis führen. Werden die positiven Pflichten verletzt, die das alte Recht aufstellte, kommt es regelmäßig auch zu einer Beeinträchtigung gemäß § 14 Abs. 2 Nr. 1 WEG (ähnlich Staudinger/*Lehmann-Richter* § 14 Rn. 35). 54

2. Gewillkürte und gesetzliche Pflichten

§ 14 Abs. 2 Nr. 1 WEG regelt durch den Verweis auf § 14 Abs. 1 Nr. 2 Fall 1 WEG gewillkürte, also auf Vereinbarung oder Beschlüssen beruhende und durch den Verweis auf § 14 Abs. 1 Nr. 2 Fall 2 WEG gesetzliche Pflichten. Beide unterscheiden sich nur in der Rechtsgrundlage. In den Rechtsfolgen sind beide Vorschriften identisch, so dass diese vorab gemeinsam behandelt werden können. 55

II. Erweiterungen des Pflichtenkreises durch § 14 Abs. 2 Nr. 1 WEG

1. Beeinträchtigung, die vom Gemeinschaftsvermögen ausgehen

Mit dem Wortlaut des § 14 Abs. 2 Nr. 1 WEG hat der Gesetzgeber den Pflichtenkreis der Wohnungseigentümer (möglicherweise unbemerkt) insoweit erweitert, als die Unterlassung von Beeinträchtigungen nicht mehr auf den Gebrauch von Sonder- und Gemeinschaftseigentum beschränkt 56 ist. Dies kann im Hinblick auf das Gemeinschaftsvermögen Bedeutung gewinnen, namentlich dann, wenn die Wohnungseigentümergemeinschaft selbst ein Grundstück etwa zur Schaffung von Parkraum erwirbt und den Wohnungseigentümern zur Verfügung stellt. Für dessen Gebrauch war das Gebot der schonenden Nutzung aus § 14 Nr. 1 WEG a.F. jedenfalls nicht direkt einschlägig. Denn das Eigentum der Wohnungseigentümergemeinschaft stellt weder Sonder- noch Gemeinschaftseigentum dar, das der Nutzung nach dieser Vorschrift unterfiel. Diese Lücke schließt § 14 Abs. 2 Nr. 1 WEG. Denn danach hat der Wohnungseigentümer jegliche gemeinschaftsbezogenen Beeinträchtigungen zu unterlassen, gleichgültig, ob sie vom Sondereigentum, vom gemeinschaftlichen Eigentum oder auch vom Gemeinschaftsvermögen ausgehen.

2. Beeinträchtigungen, die weder von Sonder- bzw. Gemeinschaftseigentum noch vom Gemeinschaftsvermögen ausgehen

57 Dem Wortlaut der Vorschrift nach erfasst das Störungsverbot des § 14 Abs. 2 Nr. 1 WEG sogar Beeinträchtigungen, die von einem Nachbargrundstück ausgehen, das einem Wohnungseigentümer gehört. Insoweit dürfte die Vorschrift aber teleologisch zu reduzieren sein. Der Gesetzgeber hat insbesondere im Zusammenhang mit der Streichung der Rechte Dritter aus § 13 Abs. 1 WEG klargestellt, dass das WEG nur die Beziehungen der Wohnungseigentümer zu ihrer Gemeinschaft und den Miteigentümern regeln soll (BT-Drs. 19/18791, S. 49). § 14 Abs. 2 Nr. 1 WEG kann dem Wohnungseigentümer daher nur Pflichten auferlegen, die ihm in dieser Eigenschaft zukommen, aber nicht nachbarliche Rechte von Wohnungseigentümergemeinschaften erweitern.

III. Lücken im Rechtsschutz bei Störungen die nicht das Sondereigentum betreffen

1. Gemeinschaftseigentum

58 Mit dem Perspektivwechsel des Gesetzgebers, der nicht mehr auf den Ausgangspunkt, sondern auf das Ziel der Störung abstellt, schafft er umgekehrt auch Lücken im Rechtsschutz. Indem § 14 Abs. 2 Nr. 1 WEG nur Einwirkungen auf das Sondereigentum erfasst, können störende Einwirkungen auf Gemeinschaftseigentum, auf dieser Grundlage nicht mehr abgewehrt werden. Etwa eine Beeinträchtigung des gemeinschaftlichen Parkplatzes durch Parken in der Zufahrt können weder die Wohnungseigentümergemeinschaft noch einzelne Wohnungseigentümer alleine auf § 14 Abs. 2 Nr. 1 WEG gestützt abwehren.

2. Rückgriff auf § 14 Abs. 1 Nr. 1 WEG

59 Bei Störungen des Gemeinschaftseigentums muss die Gemeinschaft der Wohnungseigentümer auf § 14 Abs. 1 Nr. 1 WEG zurückgreifen (a.A. Staudinger/*Lehmann-Richter* § 14 Rn. 31 für ein immanentes Verbot, Gemeinschaftseigentum zu beeinträchtigen). Wenn die Eigentümerversammlung durch Beschluss gemäß § 19 Abs. 1 WEG die Nutzung des Gemeinschaftseigentums regelt, kann sie gemäß § 14 Abs. 1 Nr. 1 WEG die Einhaltung dieser Vorgaben verlangen. Eine solche Regelung kann jeder einzelne Wohnungseigentümer aus § 18 Abs. 2 Nr. 2 WEG verlangen und in Falle der Zurückweisung eines diesbezüglichen Beschlussantrages nach § 44 Abs. 1 S. 2 WEG dessen Ersetzung gerichtlich erstreiten.

3. Sondernutzungsrechte

60 Dem Wortlaut nach sind Sondernutzungsrechte ebenfalls nicht vom Störungsverbot des § 14 Abs. 2 Nr. 1 WEG erfasst, da sie rechtlich ebenfalls Gemeinschaftseigentum darstellen. Dies erscheint im Hinblick auf ihre rechtliche Nähe zum Sondereigentum unbefriedigend. Immerhin zieht die Rechtsprechung aufgrund dieser Rechtsähnlichkeit dann, wenn die Begründung von Sondereigentum fehlgeschlagen ist, die Umdeutung in Sondernutzungsrechte in Betracht (etwa *KG* v. 16.09.1998 – 24 W 8886/97, ZMR 1999, 204; a.A. *v. Rechenberg* ZWE 2005, 50). Dies dürfte eine analoge Anwendung von § 14 Abs. 2 Nr. 1 WEG auf Sondernutzungsrechte rechtfertigen.

4. Gemeinschaftsvermögen

Die Fokussierung des Gesetzgebers auf Störungen des Sondereigentums schafft auch beim Gemeinschaftsvermögen neue Probleme. Den Schutz des § 14 Abs. 2 Nr. 1 WEG genießt es nur, wenn die Wohnungseigentümergemeinschaft innerhalb ihrer eigenen Liegenschaft Sondereigentum etwa an einer Einheit oder einem Stellplatz erwirbt. Dann ist dieses Gemeinschaftsvermögen durch § 14 Abs. 2 Nr. 1 WEG wie jedes andere Sondereigentum geschützt. Die Wohnungseigentümergemeinschaft kann also in ihrer Eigenschaft als Sondereigentümerin gegen eventuelle Störungen vorgehen. Erwirbt sie dagegen etwa Parkflächen außerhalb der eigenen Liegenschaft, sind diese weder dem Sonder- noch dem Gemeinschaftseigentum zuzuordnen. Dessen Störungen kann die Gemeinschaft der Wohnungseigentümer demnach auch Wohnungseigentümern gegenüber nur über Jedermannsrecht (§ 1004 Abs. 1 BGB) abwehren. 61

IV. Durchsetzung der Pflichten aus § 14 Abs. 2 Nr. 1 WEG

Soweit es sich um Pflichten eines Wohnungseigentümers gegenüber anderen Wohnungseigentümern handelt, kann jeder von ihnen dieses Recht außergerichtlich und gerichtlich geltend machen. Eine Vergemeinschaftung scheidet aus, da es sich um einen Anspruch handelt, der den einzelnen Wohnungseigentümern als Individualrecht zusteht (*BGH* v. 13.10.2017 – V ZR 305/16, ZMR 2018, 242 = MDR 2018, 1254). Dies betrifft allerdings nur Störungen, die irgendeinen Bezug zum Wohnungseigentum und seiner Nutzung aufweisen. Beeinträchtigungen, die **keinen Bezug zum Wohnungseigentum** aufweisen, sondern alleine in der Person eines Wohnungseigentümers beruhen (wie Beleidigungen und tätliche Übergriffe), begründen bürgerlich-rechtliche Unterlassungsansprüche u.a. nach §§ 823, 1004 BGB, die aber nach den allgemeinen Zuständigkeiten geltend zu machen sind (vgl. *KG* NJW-RR 1988, 586 f.). Dies kann insbesondere im Rechtsmittelrecht zu abweichenden Zuständigkeiten führen, da dann nicht das zentrale Landgericht für Wohnungseigentumssachen zuständig ist. Bei entsprechend hohem Streitwert kommt zudem die erstinstanzliche Zuständigkeit des Landgerichts in Betracht. Anderes gilt aber, wenn diese **Belästigungen in konkretem Zusammenhang mit der Nutzung des Sondereigentums** stehen, wenn etwa Zugang oder Nutzungen hierdurch erschwert werden. Dies unterfällt § 14 Nr. 1 WEG (*KG* NJW-RR 1988, 586, *OLG Saarbrücken* ZMR 2007, 886 f.). 62

V. Folgen der Beeinträchtigung entgegen § 14 Abs. 2 Nr. 1 WEG

1. Beeinträchtigung von Sondereigentum

Erleidet ein Wohnungseigentümer durch die schuldhafte Verletzung der Pflichten aus § 14 Abs. 2 Nr. 1 WEG seitens eines Miteigentümers einen Schaden, ist jener aus § 280 BGB wegen der Verletzung der Pflichten aus dem Gemeinschaftsverhältnis, daneben aus § 823 Abs. 1 BGB und u.U. auch aus §§ 836, 838 BGB (*OLG Zweibrücken* ZMR 2002, 783) **schadensersatzpflichtig** (ähnlich Staudinger/*Lehmann-Richter* § 14 Rdn. 56). Besteht aber eine **Versicherung**, die den Schaden abdeckt, so ist der geschädigte Wohnungseigentümer aus der Treuepflicht der Wohnungseigentümer untereinander verpflichtet, zunächst diese in Anspruch zu nehmen (*LG Hamburg* ZMR 2013, 216). Die Miteigentümer können aber nicht die **Verbesserung des ursprünglichen Zustandes** etwa bei Trittschallbelästigung verlangen (*OLG Stuttgart* NJW-RR 1994, 1497; *OLG München* ZMR 2008, 317; *OLG Hamm ZMR* 2010, 304 f.; **a.A.** für eine – kaum fassbare – Interessenabwägung *AG Hamburg* ZMR 2010, 406); insoweit kommt allenfalls ein Anspruch gegen die Eigentümergemeinschaft in Betracht (*OLG Stuttgart* NJW-RR 1994, 1497; *OLG Düsseldorf* ZMR 2002, 298; *OLG Köln* ZMR 2002, 78 u. 2003, 705; *OLG Saarbrücken* ZMR 2006, 802; vgl. *OLG Schleswig* ZMR 2003, 876 ff.). Ob dies auch nach **Veränderungen des ursprünglichen Zustands** gelten soll, ist umstritten. Nach einer Erneuerung von Bad und Toilette sollen die zu dieser Zeit geltenden DIN-Normen maßgeblich sein, auch wenn sie strenger sind als diejenigen bei Errichtung der Anlage (*BayObLG* NJW-RR 2000, 748 = ZMR 2000, 312; *OLG München* ZMR 2008, 317). Dies ist schwerlich mit der Handhabung im entsprechenden Fall der Auswechselung von Bodenbelägen zu vereinbaren. Denn dort haftet der Eigentümer nur für eine Verringerung des Trittschallschutzes, muss also lediglich zusätz- 63 liche Schallbrücken entfernen oder bei Einbringen eines weniger dämmenden Belages für eine anderweitige Zusatzdämmung sorgen (*BGH* v. 26.06.2020 – V ZR 173/19; ZMR 2020, 971 = WuM 2020, 514 = MDR 2020, 978; *OLG Hamm* ZMR 2001, 842 f.; *OLG Saarbrücken* ZMR 2006, 802; *LG München I* ZMR 2012, 479; a.A. wohl *OLG München* ZMR 2006, 644 u. ZMR 2008, 317, wonach selbst die aktuelle DIN-Norm keine Obergrenze darstellen soll). Nach Auffassung des *BGH* kommt es auf den Umfang der Umbauten an (s.u. Rdn. 81). Hält der umbauende Wohnungseigentümer auch nach der Veränderung des im Sondereigentums stehenden Bodenbelages die zur Zeit der Errichtung geltenden DIN-Werte ein, hat der Miteigentümer ohne spezielle Regelungen in der Gemeinschaftsordnung keinen Anspruch auf Beibehaltung der früheren Werte (*LG Hamburg* ZMR 2017, 828, 829). Allerdings hat der Wohnungseigentümer, wenn Beeinträchtigungen sowohl auf **mangelhafte Bauausführung des Gemeinschaftseigentums als auch auf Veränderungen des Sondereigentums** zurückgehen, Letzteres dann zur Beseitigung der Beeinträchtigungen instand zu setzen, wenn die Mangelbehebung beim Gemeinschaftseigentum weit aufwendiger wäre (*OLG Düsseldorf* ZMR 1995, 494 f.). Ein Recht zur eigenmächtigen Ersatzvornahme besteht auch bei einer Verletzung der Erhaltungspflicht nicht; der beeinträchtigte Miteigentümer muss vielmehr einen Titel erstreiten und gegebenenfalls **nach § 887 ZPO vollstrecken** (vgl. *OLG Düsseldorf* ZMR 1995, 86; *OLG Köln* NZM 1998, 958 f.; *BayObLG* ZMR 2004, 841 f.; *Schmid*, ZWE 2009, 202). Anspruch auf bestimmte Maßnahmen hat der beeinträchtigte Wohnungseigentümer i.d.R. nicht; wie der Störer die Beeinträchtigung abstellt, ist seine Sache (*BayObLG* NJW-RR 1992, 975; *OLG Hamm ZMR* 2010, 305).

2. Der nachbarrechtliche Ausgleichsanspruch analog § 906 Abs. 2 S. 2 WEG

a) Schadensstiftende Ursache im Sondereigentum

64 Lange Zeit kaum diskutiert wurde die Frage, ob auch Wohnungseigentümer untereinander bei einer Beschädigung ohne Verschulden aus dem nachbarrechtlichen Ausgleichsanspruch analog § 906 Abs. 2 S. 2 BGB haften. In einer älteren Entscheidung wurde eine Haftung ohne Verschulden bei dem unvorhergesehenen Bruch eines Eckventils verneint (*BayObLG* NJW-RR 1994, 718), ohne dass allerdings auf die Möglichkeit des nachbarrechtlichen Ausgleichsanspruchs eingegangen wurde. Schon früher wurde eine entsprechende Haftung aber überwiegend bejaht (s. *OLG Stuttgart* ZMR 2006, 391 f.; *OLG München* ZMR 2008, 564; *Wenzel* NJW 2005, 244). Dem hat sich der *BGH* nun bei **Mängeln des Sondereigentums, die sich auf anderes Sondereigentum auswirken**, angeschlossen (*BGH* ZMR 2014, 225). Dies ist zwar nicht mit der Entscheidung vereinbar, wonach **kein nachbarrechtlicher Ausgleichsanspruch zwischen Sondernutzungsberechtigten** bestehen soll, weil ihre Interessen prinzipiell gleichgerichtet sind (*BGH*, 10.02.2012 – V ZR 127/11, IMR 2012). Die Interessenlage von Sondernutzungsberechtigten und Sondereigentümern bei der Nutzung ihres Rechtes sind gleichermaßen eigennützig. Immerhin soll eine fehlgeschlagene Begründung von Sondereigentum ja aufgrund der ähnlichen Interessenlage in ein Sondernutzungsrecht umgedeutet werden können (s. Rdn. 60). Die Ersatzpflicht analog § 906 Abs. 2 S. 2 BGB setzt aber voraus, dass der Eigentümer der Einheit, in der sich die Schadensursache befindet, für den Schaden verantwortlich ist. Das folgt nicht schon aus dem Eigentum. Vielmehr muss er den schadenstiftenden Zustand bei wertender Betrachtung zurechenbar herbeigeführt haben, wobei er für Handeln seiner Mieter nur eingeschränkt verantwortlich ist. Insbesondere haftet er nicht, wenn ausschließlich mangelhaftes Heizen für den Schaden verantwortlich ist. Denn der vermietende Eigentümer muss nicht davon ausgehen, dass ein Mieter die Räume auch bei strengem Frost nicht beheizt (*BGH* v. 18.12.2020 – V ZR 193/19, ZfIR 2021, 190 [LS] = ZMR 2021, 372 = ZWE 2022, 41).

b) Schadensstiftende Ursache im Gemeinschaftseigentum

65 Hingegen sollen **Mängel des Gemeinschaftseigentums** einen nachbarrechtlichen Ausgleichsanspruch analog § 906 Abs. 2 S. 2 BGB nicht auslösen. Denn die Schadensursache geht nicht von einem anderen, von seinem Eigentümer autonom bewirtschafteten Grundstück aus, sondern von dem-

selben Grundstück, dass von allen Miteigentümern verwaltet wird (*BGH* ZMR 2010, 783; *LG Itzehoe* ZMR 2010, 792 f.; *LG München I* ZMR 2011, 62 f. u. ZMR 2011, 323).

3. Beeinträchtigung des Gemeinschaftseigentums

Bei der Beeinträchtigung von Gemeinschaftseigentums gilt für Grund und Höhe eines Schadensersatzanspruchs aus § 280 Abs. 1 BGB und aus § 823 Abs. 1 BGB das zum Sondereigentum Gesagte. Den Anspruch übt allerdings nach der Neugestaltung der Verwaltungszuständigkeiten alleine die Gemeinschaft der Wohnungseigentümer aus. Insoweit gilt das zu § 9b (Rdn. 4 ff.) Gesagte. Hingegen dürften Beeinträchtigungen des Gemeinschaftseigentums einen nachbarrechtlichen Ausgleichsanspruch analog § 906 Abs. 2 S. 2 BGB aus ähnlichen wie den oben (Rdn. 64 ff.) genannten Gründen nicht auslösen. Denn hier wirkt sich die Beeinträchtigung nicht auf ein anderes, von seinem Eigentümer autonom bewirtschafteten Grundstück aus, sondern auf dasselbe Grundstück, dass von allen Miteigentümern verwaltet wird. 66

F. Pflichten aus Gesetzen, Gemeinschaftsordnung, Vereinbarungen und Beschlüssen (§ 14 Abs. 2 Nr. 1 i.V.m. § 14 Abs. 1 Nr. 2 Fall 1 WEG)

I. Verweis auf § 14 Abs. 1 Nr. 2 Fall 1 WEG

Die Frage, ab wann eine Beeinträchtigung eines Miteigentümers vorliegt, die jeder Wohnungseigentümer zu unterlassen hat, beantwortet § 14 Abs. 2 Nr. 1 Fall 1 WEG mit einem Verweis auf § 14 Abs. 1 Nr. 2 WEG. Demnach ist jeder Wohnungseigentümer gegenüber seinen Miteigentümern vorrangig verpflichtet, Beeinträchtigungen zu unterlassen, die bestehenden Vereinbarungen und Beschlüssen zuwiderlaufen. Dies schließt insbesondere einen Gebrauch aus, der Zweckbestimmungen oder beschlossenen Gebrauchsregelungen zuwiderläuft. 67

II. Vorrang von Vereinbarungen und Beschlüssen

1. Vereinbarungen und Beschlüssen entsprechende Nutzung mit erheblichen Beeinträchtigungen

Mit dem Verweis auf § 14 Abs. 1 Nr. 2 WEG übernimmt § 14 Abs. 2 Nr. 1 WEG auch den dortigen Vorrang von Vereinbarungen und Beschlüssen vor dem Maßstab der Unerheblichkeit der Einwirkung. Damit ist jedem Wohnungseigentümer eine der Gemeinschaftsordnung bzw. der Beschlusslage entsprechende Nutzung seines Sondereigentums erlaubt, auch wenn sie mit erheblichen Nachteilen für einen Miteigentümer verbunden ist. 68

2. Von Vereinbarungen und Beschlüssen abweichende Nutzung ohne zusätzliche Beeinträchtigung

Weniger einsichtig ist die umgekehrte Konstellation, in der lediglich eine von Vereinbarungen und Beschlüssen abweichende Nutzung vorliegt. Die Verweisung von § 14 Abs. 2 Nr. 1 WEG auf § 14 Abs. 1 Nr. 2 WEG könnte dahingehend verstanden werden, dass auch insoweit Vereinbarungen und Beschlüsse vorrangig sind, die bloße Abweichung hiervon schon gegen die Verpflichtung aus § 14 Abs. 2 Nr. 1 WEG verstößt (so wohl tatsächlich Jennißen/*Hogenschurz* § 14 Rn. 33). Das dürfte aber gegen den Sinn der Vorschrift verstoßen, da bei dieser Handhabung sogar Nutzungen lediglich aufgrund ihrer Abweichung von Vereinbarungen und Beschlüssen pflichtwidrig wären, die mit geringeren Beeinträchtigungen als die zulässige Nutzung verbunden wären. Dies findet im Wortlaut von § 14 Abs. 1 Nr. 2 WEG insoweit eine Stütze, als die abweichende Nutzung »beeinträchtigen« muss. Man wird also auch in diesem Zusammenhang an der zum alten Recht entwickelten Praxis festhalten können, dass ein von Vereinbarungen und Beschlüssen abweichender Gebrauch nur dann pflichtwidrig ist, wenn er bei typisierender Betrachtung stärker stört als der zulässige. Insoweit kann auf die oben (Rdn. 18 ff.) dargestellte Kasuistik verwiesen werden. 69

G. Über das bei einem geordneten Zusammenleben unvermeidliche Maß hinausgehende Beeinträchtigungen (§ 14 Abs. 2 Nr. 1 i.V.m. § 14 Abs. 1 Nr. 2 Fall 2 WEG)

I. Regelungstechnik

1. Zweck der Norm

70 Nutzungen, die die Miteigentümer beeinträchtigen, sind nicht zwangsläufig mit einem Verstoß gegen die Gemeinschaftsordnung, Vereinbarungen oder Beschlüsse verbunden. Auch ein individueller Gebrauch im Rahmen der Zweckbestimmung, der die Nutzung durch Miteigentümer **in anderer Weise beeinträchtigt**, ist i.d.R. unzulässig (*OLG Düsseldorf* ZMR 2008, 395; *LG München I* ZMR 2017, 325, 327 f.). Die hierdurch beeinträchtigten Wohnungseigentümer (zur Ausübungsbefugnis s.u. Rdn. 3) können dann zwar nicht die Unterlassung der nach der Gemeinschaftsordnung zulässigen Nutzung, wohl aber des störenden Verhaltens verlangen (instruktiv *BGH* v. 08.03.2019 – V ZR 330/17; ZMR 2019, 425 = ZWE 2019, 268 = GE 2019, 605 zu Störungen durch Rauchen im Innenhof, Hinterlassen von Zigarettenkippen, Klingeln bei anderen Bewohnern und Verschmutzung der Anlage; vgl. o. Rdn. 20; vgl. u. Rdn. 76), wobei als letztes Mittel auch eine Entziehungsklage in Betracht kommt.

2. Subsidiarität

71 Wie in § 14 Abs. 1 Nr. 2 WEG selbst ist der Maßstab der Beeinträchtigung gemäß § 14 Abs. 2 Nr. 1 WEG, die über das bei einem geordneten Zusammenleben unvermeidliche Maß hinausgeht, subsidiär. Dieser Maßstab kommt mithin nur zur Anwendung, wenn weder Vereinbarungen noch Beschlüsse existieren. Dies kann die Pflicht zur Unterlassung von Beeinträchtigungen sowohl verschärfen als auch abmildern. Enthält die Gemeinschaftsordnung etwa ein Tierhaltungsverbot, kann der Hundehalter dem nicht entgegenhalten, dass es durch seinen Hund nicht zu Beeinträchtigungen kommt. Umgekehrt kann der hiervon gestörte Miteigentümer nicht die Unterlassung eines nach dem Maßstab des § 14 Abs. 1 Nr. 2 Fall 2 WEG beeinträchtigenden Gebrauchs verlangen, wenn er durch Vereinbarung oder wirksamen Beschluss zugelassen ist.

3. Bedeutung der Vorschrift

72 Trotz ihrer Subsidiarität ist die Normierung der Pflichten in § 14 Abs. 2 Nr. 1 i.V.m. § 14 Abs. 1 Nr. 2 Fall 2 WEG von herausragender Bedeutung (ähnlich Staudinger/*Lehmann-Richter* § 14 Rn. 112), denn keine Gemeinschaftsordnung und keine noch so penible Verwaltung durch Mehrheitsbeschlüsse kann sämtliche möglichen Beeinträchtigungen voraussehen. Alle diese ungeregelten Fälle unterfallen den Pflichten aus § 14 Abs. 2 Nr. 1 i.V.m. § 14 Abs. 1 Nr. 2 Fall 2 WEG.

II. Relevante Nachteile

1. Definition der Beeinträchtigung

73 Existieren keine abweichenden Regelungen in Vereinbarungen oder Beschlüssen, sind nur solche Beeinträchtigungen erlaubt, aus denen den Miteigentümern »über das bei einem geordneten Zusammenleben unvermeidliche Maß hinaus kein Nachteil erwächst.« Mit dieser Definition übernimmt der Gesetzgeber den Wortlaut des § 14 Nr. 1 WEG a.F. Mit dieser Anlehnung an das alte Recht macht der Gesetzgeber klar, dass die Beeinträchtigung nach § 14 Abs. 1 Nr. 2 WEG **weit zu verstehen** ist. Sie erfasst jede nicht ganz geringfügige Beeinträchtigung (*BGH* NJW 1992, 979; ZMR 2013, 293; *LG Hamburg* ZMR 2013, 302). Allerdings genügen rein **subjektive Empfindlichkeiten** nicht; eine Beeinträchtigung muss nach objektiven Maßstäben gegeben sein (*BGH* ZMR 2011, 734 f.; ZMR 2013, 293; *KG* NJW-RR 1994, 526; *OLG Zweibrücken* ZMR 2004, 465; *OLG Hamburg* ZMR 2005, 305 f.; *OLG München* ZMR 2006, 801; *LG Hamburg* ZMR 2012, 888; *AG Hamburg* ZMR 2012, 140; weiter gehend *OLG München* ZMR 2007, 392). Etwa die Furcht vor Gasexplosionen steht aufgrund der rein theoretischen Natur dieser Gefahr dem Einbau von Gasetagenheizungen nicht entgegen (*OLG Frankfurt am Main* NJW-RR 1992, 1494; ähnlich

OLG München ZMR 2007, 1000). Hingegen genügen aus objektiver Sicht berechtigte subjektive Befürchtungen wie die Beeinträchtigung des Sicherheitsgefühls (*AG München* ZMR 2013, 668; **a.A.** für die Befürchtung der Überwachung bei bloßen Kameraattrappen *LG Frankfurt* ZMR 2014, 306). Auch die **bloße Möglichkeit einer Beeinträchtigung** etwa in Form des Missbrauchs oder der Manipulation stellt noch keine Beeinträchtigung dar (*BGH* ZMR 2011, 734). Einer Einwirkung auf die Substanz des Gemeinschaftseigentums bedarf es allerdings nicht. Beruht die Beeinträchtigung auf tatsächlich vorhandenen, aber außergewöhnlichen Empfindlichkeiten eines Wohnungseigentümers, hat zunächst er selbst alles im Rahmen des Zumutbaren zu unternehmen, um diese Unzuträglichkeiten zu vermeiden (*OLG Hamburg* ZMR 2007, 476 f.).

2. Heranziehbare Regelwerke

a) Nachbarrechtliche Vorschriften

Ob eine Nutzung etwa aufgrund der mit ihr verbundenen Immissionen darüber hinausgeht, bemisst 74
sich unter Wohnungseigentümern **nicht nach §§ 906 ff. BGB**, da § 14 WEG insoweit eine Sonderregelung darstellt (*OLG Hamm* ZMR 2003, 372; *OLG Düsseldorf* ZMR 2001, 910 f.; *BayObLG* NJW-RR 2005, 386). Etwa für Äste, die infolge mangelhafter Pflege überhängen, ist § 14 WEG eine **§ 910 BGB** verdrängende Spezialregelung (*OLG Düsseldorf* ZMR 2001, 910 f.). Lediglich dann, wenn die wohnungseigentumsrechtlichen Spezialregelungen nicht gelten, weil etwa die Gemeinschaftsordnung die Wohnungseigentumseinheiten so weit wie möglich an den bei einer Realteilung herrschenden Zustand angleichen möchte, gelten die §§ 906 ff. BGB unmittelbar (*OLG München* ZMR 2008, 567; vgl. u. Rdn. 130). Die Rechtsprechung zu § 906 BGB kann aber immer als Anhaltspunkt auch im Wohnungseigentumsrecht herangezogen werden (*BayObLG* NJW-RR 2005, 386; *OLG Frankfurt am Main* NJW-RR 2006, 518; *LG Hamburg* ZMR 2011, 229 f.). Ebenso ist § 922 BGB bei gemeinschaftlichen Einrichtungen zweier Wohnungseigentümer im Rahmen des § 14 WEG entsprechend anzuwenden (*OLG München* ZMR 2006, 300 = NJW-RR 2006, 298), darüber hinaus auch die Vorschriften zum **Nachbarrecht** und ihre Konkretisierung in der Rechtsprechung. Abweichungen vom allgemeinen Nachbarrecht können aber im Hinblick auf das besondere Verhältnis der Wohnungseigentümer gelten. Nicht anwendbar sind beispielsweise die nachbarrechtlichen Ausschlüsse von Beseitigungsansprüchen nach Ablauf einer bestimmten Zeit (*OLG Köln* ZMR 1997, 48).

b) Technische Regelwerke und Vorschriften des öffentlichen Rechts

Technische Vorschriften wie **DIN-Normen** (*BayObLG* ZMR 2000, 311; *OLG Köln* ZMR 2002, 75
77 f.) oder **VDI-Richtlinien** können als Maßstab einer Beeinträchtigung herangezogen werden (*BayObLG* WuM 1985, 234). Allerdings stellen DIN-Normen nur Mindeststandards dar (*OLG Köln* ZMR 2003, 705), wohingegen das Verhältnis der Wohnungseigentümer untereinander eine weitergehende Rücksichtnahme erfordern kann wie auch die **Regelungen des öffentlichen Rechtes** (*BVerfG* NJW-RR 2006, 727; *BayObLG* ZMR 1999, 349; *OLG Hamm* ZMR 2003, 372). Eine pauschale Übernahme oder analoge Anwendung dieser Vorschriften scheidet jedoch aus, da sie die Beziehungen aller Rechtsgenossen untereinander regeln, während unter den Miteigentümern ein erhöhtes, über das übliche Nachbarschaftsverhältnis von Grundstückseigentümern hinausgehendes Maß an Rücksichtnahme geboten ist (*OLG Köln* ZMR 1997, 48; *OLG Stuttgart* ZMR 2001, 731; *OLG Hamm* ZMR 2003, 372). Dabei dürfte die **Einhaltung von Grenzwerten** (etwa nach der 26. BImSchV) gem. § 906 Abs. 1 S. 2 BGB auch im Wohnungseigentumsrecht regelmäßig die Unwesentlichkeit einer Beeinträchtigung indizieren und dem Beeinträchtigten die Erschütterung dieser Indizwirkung abverlangen (vgl. *BGH* ZMR 2004, 416 ff.; *OLG Köln* NJW-RR 2003, 373; *OLG Karlsruhe* NJW-RR 2006, 1600; *OVG Lüneburg* ZMR 2006, 84 zu Mobilfunkanlagen; **a.A.** jetzt *BGH* ZMR 2014, 464).

III. Der § 14 Abs. 2 Nr. 1 i.V.. § 14 Abs. 1 Nr. 2 WEG entsprechende Gebrauch und die Verstöße hiergegen im Einzelnen

1. Immissionen

a) Zuführung wägbarer und unwägbarer Stoffe

76 Dabei stehen wiederum **Geräusch- und Geruchsimmissionen**, allerdings nicht durch den baulichen Zustand bedingte, im Vordergrund. Diese sind nach § 14 Abs. 2 Nr. 1 WEG grundsätzlich nicht hinzunehmen (*LG Köln* ZMR 2012, 40). Hierbei können sich besondere Pflichten zur Rücksichtnahme aus der **Natur der Wohnanlage**, etwa als Seniorenwohnanlage ergeben (*BayObLG* ZMR 2002, 606). Auch ohne solche Besonderheiten darf ein Wohnungseigentümer z.B. nicht den Hausflur zum **Rauchen** aufsuchen, um Geruchsbelästigungen in seiner Wohnung zu vermeiden (*AG Hannover* NZM 2000, 520). Ähnliches gilt für Zigarettengerüche bei starken Rauchern, deren unverminderte Weitergabe an die Miteigentümer etwa durch eingeschränktes Lüften zu vermeiden ist, und für das Versprühen von Duftstoffen (*OLG Düsseldorf* NJW-RR 2003, 1098 f. = ZMR 2004, 52). Entsprechendes gilt bei der Nutzung von Teileigentum, etwa einem Fischgroßhandel (*OLG München* ZMR 2007, 720). Ebenso ist das **Grillen** im Freien nur dann unbedenklich, wenn es dadurch aufgrund seiner Häufigkeit, der Größe des Anwesens und des verwendeten Grillgeräts nicht zu Beeinträchtigungen der anderen Wohnungseigentümer kommt (*OLG Stuttgart* ZMR 1996, 625 f.; *BayObLG* NJW-RR 1999, 958 f.; ZMR 2002, 686). Daneben kann auch übermäßige **Beleuchtung** Abwehransprüche der Miteigentümer auslösen, etwa beim Betrieb eines Bewegungsmelders (*OLG Hamm* WuM 1991, 127; zu Lichterketten auch *KG* ZMR 2005, 978; **a.A.** im Einzelfall *AG Hamburg* ZMR 2002, 871 f.). Das **inadäquate Sozialverhalten** von Miteigentümern bei der Nutzung einer baulichen Einrichtung begründet nur Unterlassungsansprüche, aber keinen Anspruch auf Beseitigung einer grundsätzlich zulässigen Einrichtung (*OLG Karlsruhe* ZMR 1997, 609).

b) Immaterielle Einwirkungen

77 Die missbilligten Verhaltensweisen müssen nicht wie Immissionen physikalisch einwirken; es genügt, wenn die in Sonder- oder Teileigentum ausgeübten Tätigkeiten mit einem **sozialen Unwerturteil** behaftet sind und deshalb zur Wertminderung des Wohnungseigentums führen können (*VerfGH Berlin* NJW-RR 2003, 230 = ZMR 2003, 208 f.; *KG* NJW-RR 1986, 1072 f.; 1987, 1160; *OLG Düsseldorf* ZMR 2004, 448). Dies ist etwa bei **bordellartigen Betrieben** in einer Wohnung auch dann anzunehmen, wenn diese von außen nicht auf Anhieb erkennbar sind, da das »Gewerbe« zumindest im Kundenkreis publik gemacht wird (*BayObLG* NJW-RR 1995, 1228; *OLG Karlsruhe* ZMR 2002, 151; *OLG Frankfurt am Main*, ZMR 2002, 616; kritisch zum Unwerturteil *BayObLG* ZMR 2005, 67 f. – hiergegen zu Recht *OLG Hamburg* ZMR 2005, 645 – anders bei Teileigentum, wo es auf Zweckbestimmung und Umgebung ankommt, *LG Nürnberg-Fürth* NJW-RR 1990, 1355 f.; vgl. o Rdn. 25). Auch der Umstand, dass kein Nachtbetrieb durchgeführt wird, ändert hieran nichts (*KG* NJW-RR 1986, 1072). Prostitution umfasst sowohl hetero- als auch homosexuelle Betätigung und setzt nicht zwangsläufig Geschlechtsverkehr voraus (*LG Hamburg* ZMR 2008, 828). Ebenso wenig müssen die Miteigentümer »ideologische Immissionen« wie **politische Spruchbänder** an der Balkonbrüstung hinnehmen (*KG* NJW-RR 1988, 846 f.). Hingegen ist Adventsschmuck im üblichen Umfang während der Weihnachtszeit trotz des letztlich religiösen Hintergrundes als sozial adäquates Verhalten zulässig (*LG Düsseldorf* MDR 1990, 249). Auch die Störung der Privatsphäre durch gezieltes Hineinschauen in eine Wohnung stellt einen unzulässigen Gebrauch dar (*OLG München* ZMR 2006, 71).

2. Tierhaltung

78 Die **unbeschränkte Haltung von Tieren** entspricht nicht ordnungsmäßiger Verwaltung (*KG* ZMR 1998, 659; *OLG Zweibrücken* ZMR 1999, 854; *LG Lüneburg* ZMR 2012, 728 f.), weswegen **Reglementierungen stets zulässig** sind (*OLG Celle* ZMR 2003, 441). Hierbei ist auf eine typisierende Betrachtungsweise abzustellen, sodass es auf konkrete Beeinträchtigungen durch die im Einzelfall

gehaltenen Tiere nicht ankommt (*OLG Celle* ZMR 2003, 441). Maßgeblich ist daher alleine, ob die jeweilige Haltung typischerweise eine Beeinträchtigung anderer Hausbewohner darstellen kann. So können **gefährliche Tiere** wie Schlangen (*OLG Frankfurt am Main*, NJW-RR 1990, 1430 f.; *LG Bochum* NJW-RR 1990, 1430), Giftschlangen und Pfeilfrösche (*OLG Karlsruhe* NZM 2004, 551 = NJW-RR 2004, 951 f.) oder eine **übermäßige Tierhaltung**, etwa vier Schäferhunde (*OLG Zweibrücken* ZMR 1999, 854), mehr als vier Katzen in einer 42 m² großen Ein-Zimmer-Wohnung (*KG* NJW-RR 1991, 1117) oder 100 Kleintiere in einer Wohnung (*OLG Köln* ZMR 1996, 98) auch dann unzulässig sein, wenn noch keine konkreten Beeinträchtigungen vorliegen. Für Tauben in einem artgerechten Dachverschlag gilt dies allerdings nicht, sodass ein mehrmals wöchentlich stattfindender Freiflug von ca. 30 Minuten keine Beeinträchtigung darstellt (*OLG Frankfurt am Main* NJW-RR 2006, 517 f.). Dabei wird ein Bestandsschutz für Tiere, die bereits vor einer Gebrauchsregelung zur Tierhaltung vorhanden waren, nicht anerkannt (*OLG Celle* ZMR 2003, 441). Jedenfalls bei **konkreten Störungen** können allerdings Beschränkungen wie Leinenzwang auch bei zulässiger Tierhaltung nachträglich durchgesetzt werden (*OLG Hamburg* ZMR 1998, 584; für eine generelle Anleinpflicht *AG München* ZMR 2013, 573 f.), auch bei Katzen (*LG Lüneburg* ZMR 2012, 728 f.). Ohne einen solchen Beschluss gelten derartige Beschränkungen wie ein Leinenzwang nicht (*AG München* ZMR 2015, 164; **a.A.** *AG München* ZMR 2012, 307).

3. Veränderung des gemeinschaftlichen Eigentums

Unzulässig sind grundsätzlich auch Nutzungen, die zu einer verstärkten Nutzung oder gar zur **Veränderung oder Umgestaltung des gemeinschaftlichen Eigentums** führen. So stellt die Nutzung eines Teils der Grünfläche als **Trampelpfad** keinen ordnungsgemäßen Gebrauch mehr dar, da die betroffene Fläche nicht nur gelegentlich betreten, sondern entgegen der Teilungserklärung als Verkehrsfläche genutzt und mangels Befestigung dadurch verunstaltet wird (*OLG Stuttgart* NJW-RR 1995, 527 = ZMR 1995, 82). Noch viel weniger ist die zielgerichtete **Entfernung gärtnerischer Anlagen** etwa von Bäumen, Hecken oder Blumenrabatten von der Möglichkeit des Mitgebrauchs umfasst (*BayObLG* ZMR 1998, 40; NJW-RR 2004, 1379 f. = ZMR 2005, 377; *OLG München* NJW-RR 2006, 88). Ähnliches gilt für eigenmächtige Anpflanzungen oder die Anlage sonstiger gartenbaulicher Elemente wie die Aufstellung von Gartenzwergen (*OLG Hamburg* NJW 1988, 2052 f.) und noch viel mehr für die Aufstellung von Tischen und Stühlen zum Freiausschank mit den daraus resultierenden Belästigungen (*BayObLG* NJW-RR 2002, 950 = ZMR 2002, 688 f.). Bereits die gewerbliche Nutzung mit einer verstärkten Inanspruchnahme des gemeinschaftlichen Eigentums stellt eine Beeinträchtigung nach § 14 Abs. 2 Nr. 1 WEG dar (*LG Köln* ZMR 2012, 40). 79

4. Baulich bedingte Immissionen

a) Wohngeräusche und Beeinträchtigungen

Ein § 14 Abs. 2 Nr. 1 i.V.m. § 14 Abs. 2 Nr. 1 WEG entsprechender Gebrauch verpflichtet nicht zur Vermeidung jeglicher Immissionen. Dies betrifft bei der Nutzung des Sondereigentums vorrangig Geräusch- und Geruchsimmissionen, die mit der baulichen Beschaffenheit der Wohnung zusammenhängen. Jeder Miteigentümer hat die ortsüblichen, bei der bestimmungsgemäßen Nutzung des Sonder- oder Teileigentums entstehenden Geräusche und Gerüche zu dulden. Darunter fallen **normale Wohngeräusche** etwa bei Bad- und Toilettenbenutzung, wobei DIN 4109 ein Anhaltspunkt für die Zulässigkeit von Geräuschimmissionen darstellt (*BayObLG* NJW-RR 2000, 748 = ZMR 2000, 311; *OLG Köln* ZMR 2002, 77 f.; *OLG München* ZMR 2005, 651; ZMR 2007, 810). Ähnliches gilt für das Teileigentum. Bei seinem bestimmungsgemäßen Gebrauch sind sogar Störungen hinzunehmen, die etwa die VDI Richtlinie 2058 überschreiten (*BayObLG* WuM 1985, 234; ähnlich *OLG München* ZMR 2007, 216). Derartige Normenwerke sind allerdings keine zwingenden Vorgaben, sie beschreiben üblicherweise nur den Mindeststandard (*OLG München* ZMR 2008, 657). Es kommt auf die individuelle Lästigkeit der Beeinträchtigungen an (*OLG Düsseldorf* ZMR 2008, 225), allerdings nicht, wenn die maßgeblichen DIN-Werte eingehalten werden (*BGH* ZMR 2015, 561 f.). Die früher h.M., wonach strengere Anforderungen gelten sollten, wenn das »**Gepräge**« 80

der Liegenschaft schon bei Begründung von Wohnungseigentum einem höheren Standard entsprach (*OLG München* ZMR 2008, 317; ZMR 2008, 657), hat der *BGH* unter Aufgabe seiner früheren Rechtsprechung verworfen (*BGH* ZMR 2015, 561 f.). Bei Altbauten können Belästigungen etwa aufgrund mangelnder Schallisolierung oder knarrender Holztreppen in weiterem Umfang hinzunehmen sein als in modernen Gebäuden, wobei vonseiten der Nutzer umgekehrt auch größere Rücksichtnahme geboten sein kann (vgl. *BGH* ZMR 1999, 43). Die Treuepflichten der Wohnungseigentümer untereinander können dann sogar zum **Verzicht auf ansonsten zulässige Umgestaltungen**, etwa den Einbau von Parkettböden führen, wenn ansonsten der Mindestwohnstandard anderer Wohnungseigentümer unterschritten wird (zur Unterschreitung des Trittschallschutzes unter die z.Zt. der Aufteilung geltenden DIN-Normen s. *OLG Düsseldorf* ZMR 2008, 225). Umgekehrt ist der ursprüngliche Standard bei Umbauten zu erhalten (*OLG Hamm* ZMR 2001, 842; *OLG München* ZMR 2007, 810 f.). Führt etwa die Auswechselung des Bodenbelages zu einer Verschlechterung der Trittschalldämmung, kann der beeinträchtigte Miteigentümer Abhilfe bis zur Wiedererreichung der ursprünglichen Dämmung verlangen (*OLG Düsseldorf* ZMR 2008, 224), auch wenn der im Gemeinschaftseigentum stehende Estrich gleichfalls mangelhaft ist (*OLG Düsseldorf* NJW-RR 2001, 1594 = ZMR 2002, 70; ZMR 2008, 224; *OLG München* ZMR 2007, 811). Auch der Einbau einer Etagenheizung, die Wasserdampf nach außen abgibt, ist unzulässig (*OLG Düsseldorf* ZMR 1997, 536). Die Geräusche von **Kindern, die in der Liegenschaft wohnen**, sind grundsätzlich hinzunehmen (*LG Köln* ZMR 2012, 40). Dies umfasst auch den Besuch von gleichaltrigen Spielgefährten (*LG Köln* ZMR 2012, 40). Anderes gilt, wenn die Geräuschbelastung atypischen Umfang annimmt, etwa bei nächtlichen Ruhestörungen oder dem Ausüben von Freiluftsportarten wie Tennis in der Wohnung (*OLG Saarbrücken* ZMR 1996, 567 f.; ähnlich *BayObLG* NJW-RR 1994, 599; *Stollenwerk*, NZM 2004, 291). Ähnliches gilt für die **gewerbliche Kinderbetreuung** in nicht hinreichend schallgedämmten Räumen (*KG* NJW-RR 1992, 1102; *Stollenwerk*, NZM 2004, 291; grundsätzlich ablehnend in Wohnräumen *BGH* ZMR 2012, 970; *LG Köln* ZMR 2012, 39; **a.A.**, aber zweifelhaft, bei der Betreuung von maximal zwei Kindern *AG Bremen-Blumenthal* ZMR 2014, 402 f.). Ebenso sind **Küchengerüche** nicht gänzlich zu vermeiden, müssen aber gegebenenfalls durch eine Dunstabzugshaube mit Kohlefilter auf ein verträgliches Maß verringert werden, insbesondere wenn es sich um ortsuntypische, besonders eindringliche Gerüche handelt (*OLG Köln* NJW-RR 1998, 83 = ZMR 1998, 47; *BayObLG* ZWE 2000, 411 = NJW-RR 2001, 157 f.). Beruht eine den Miteigentümern günstige Beschaffenheit aber auf Maßnahmen, die der Eigentümer aus freier Entscheidung vorgenommen hat (etwa die Verlegung von Teppichboden), kann er derartige Maßnahmen ohne Weiteres rückgängig machen, selbst wenn sich auch andere oder gar alle Miteigentümer gleichfalls zu einer entsprechenden Ausstattung entschlossen haben (*OLG Düsseldorf* ZMR 2008, 224).

b) Der Standard nach Umbauten im Sondereigentum

81 Ein Spezialproblem taucht dann auf, wenn ein Miteigentümer sein Sondereigentum umgestaltet hat. Dann stellt sich die Frage, welche Bestimmungen zum Schutz vor Immissionen nach baulichen Veränderungen gelten sollen, diejenigen bei Begründung der Wohnungseigentümergemeinschaft oder diejenigen **z.Zt. des Umbaus**. Dies wird nicht einheitlich beantwortet. Nach einer Erneuerung von Bad und Toilette sollen die zu dieser Zeit geltenden DIN-Normen maßgeblich sein, auch wenn sie strenger sind als diejenigen bei Errichtung der Anlage (*BayObLG* ZMR 2000, 312; vgl. oben Rdn. 63). Dies ist schwerlich mit der Handhabung im entsprechenden Fall der Auswechselung von Bodenbelägen zu vereinbaren. Denn dort haftet der Eigentümer nur für eine Verringerung des Trittschallschutzes, muss also lediglich zusätzliche Schallbrücken entfernen oder bei Einbringen eines weniger dämmenden Belages für eine anderweitige Zusatzdämmung sorgen (*OLG Hamm* ZMR 2001, 842 f.; ähnlich *OLG München* ZMR 2005, 650 f. mit der oben angeführten Ausnahme ursprünglich besonders hohen Schallschutzes). Grundsätzlich sind daher die **DIN-Normen maßgeblich, die bei Errichtung des Gebäudes galten** (*BGH* ZMR 2015, 561; *LG München I* ZMR 2012, 479 f.). Da die Miteigentümer, wie oben ausgeführt, nicht die Verbesserung des ursprünglichen Zustandes verlangen können (*LG München I* ZMR 2012, 479 f.), erscheint das Abstellen auf den ursprünglichen Zustand auch folgerichtig. Der *BGH* hat sich nunmehr für eine nach dem

Umfang des Eingriffs differenzierende Lösung entschieden. Wenn etwa ein Bodenbelag ohne Eingriff in Estrich und Geschossdecke verändert wird, gelten grundsätzlich nach den zur Zeit der Errichtung des Gebäudes geltenden Anforderungen (*BGH* NZM 2012, 611 = NJW 2012, 2725). Bei einem erheblichen Eingriff in die Gebäudesubstanz, etwa bei einem Dachgeschossausbau sind dagegen die zur Zeit des Umbaus geltenden Grenzwerte maßgeblich (*BGH* ZMR 2018, 689 = MDR 2018, 657 = NJW 2018, 2123). Dagegen muss bei der üblichen Instandsetzung, die auch die Modernisierung des Sondereigentums unter Eingriff in den vorhandenen Estrich umfasst, nur der bestehende Schallschutz erhalten werden (*BGH* ZMR 2018, 689 = MDR 2018, 657 =NJW 2018, 2123; ähnlich schon *LG Hamburg* ZMR 2017, 828, 830).

5. Ausschluss oder Erschwerung der Mitbenutzung durch andere Wohnungseigentümer

a) Räumlicher Ausschluss der Miteigentümer von der Nutzung

Weitere Einschränkungen fordert der nach § 14 WEG gebotene schonende Gebrauch bei der Art 82
der Nutzung. Insbesondere ist auf eine Inanspruchnahme des Gemeinschaftseigentums zu verzichten, die den zulässigen Gebrauch durch andere Miteigentümer erheblich erschwert oder gar ausschließt. Damit sind **Abzäunungen** auf dem gemeinschaftlichen Grundstück von vornherein unzulässig (*LG Hamburg* ZMR 2011, 992). Ebenso dürfen die Hausflure nicht zum regelmäßigen oder gar dauerhaften **Abstellen von Gegenständen** wie Möbeln, Mülltüten (*OLG Düsseldorf* ZMR 1996, 446 f.; *OLG München* ZMR 2006, 713) oder Fahrrädern missbraucht werden. Anderes kann vor dem Hintergrund von Art. 3 Abs. 3 Satz 2 GG für **Rollstühle** gelten (*OLG Düsseldorf* WE 1984, 93) und u.U. auch für Kinderwagen, sofern man noch ohne Weiteres an ihnen vorbeigehen kann und kein Raum zum Abstellen im Sondereigentum vorhanden ist (vgl. *OLG Hamm* ZMR 2001, 1007; *AG Dortmund* ZMR 2018, 539 f.). Selbst wenn die Nutzung von Gemeinschaftseigentum etwa zum Abstellen eines Motorrads zulässig ist, muss dieses Recht so ausgeübt werden, dass die Miteigentümer beim Gebrauch des Gemeinschaftseigentums nicht behindert werden (*OLG München* ZMR 2007, 885). Ein mit einem abschließbaren Gitter versehenes Treppenpodest darf, wenn es im Gemeinschaftseigentum steht, nicht verschlossen werden, da allen Wohnungseigentümern ein Recht zur Mitbenutzung zusteht (*BayObLG* ZMR 2004, 447). Selbst ein Sondernutzungsrecht ist insoweit eingeschränkt, als dessen Inhaber den Zugang zu gemeinschaftlichen Anlagen wie der Heizung dulden müssen (*AG Freising* ZMR 2008, 574; vgl. § 16 Rdn. 107).

b) Sonstiger Ausschluss durch übermäßige Inanspruchnahme

Ebenso ist ein sonstiger Gebrauch unzulässig, der die Miteigentümer vom Mitgebrauch ausschließt. 83
So ist der Anschluss weiterer **Heizkörper** ausgeschlossen, wenn die gemeinsame Heizungsanlage dann zu schwach ist, eine ordnungsgemäße Versorgung aller Heizkörper sicherzustellen (*OLG Schleswig* NJW-RR 1993, 24; ebenso für den Anschluss eines **Kaminofens** bei ungenügendem Durchmesser des Kamins *LG München I* ZMR 2009, 483). In ähnlicher Weise kann die verstärkte Nutzung gemeinschaftlicher Einrichtungen aufgrund entgeltlicher oder gar gewerblicher Nutzung den Rahmen ordnungsgemäßen Gebrauchs übersteigen, wenn etwa die gemeinschaftlichen Waschmaschinen aufgrund **pensionsartiger Gebrauchsüberlassung** oder der Spielplatz aufgrund **entgeltlicher Kinderbetreuung** deutlich verstärkt in Anspruch genommen werden (*BayObLG* ZMR 1998, 182 f.). Entsprechendes gilt bei der Aufstellung eines mehr als 1000 Liter fassenden Müllcontainers für eine einzige Einheit (*OLG Düsseldorf* NJW-RR 2005, 164). Zu einem unzulässigen Ausschluss von der Mitbenutzung kommt es auch dann, wenn ein Eigentümer seinen **Kampfhund unangeleint** in Gemeinschaftsräumen laufen lässt und dadurch einen anderen Miteigentümer vom Betreten dieser Räume abhält (*KG* ZMR 2002, 970 f.; *OLG Düsseldorf* NJW-RR 2006, 1676 = ZMR 2006, 945 f.). Anderes gilt bei einem ungefährlichen, wenn auch verspielten Hund (*AG München* ZMR 2015, 164).

6. **Die Bedeutung der konkreten Gegebenheiten in der Liegenschaft**

84 Ein über den vorgenannten Vorschriften liegendes **bauliches Niveau in der konkreten Liegenschaft** ist bei der Frage des Nachteils nach § 14 Abs. 1 Nr. 2 Fall 2 WEG wie schon nach § 14 Nr. 1 WEG a.F. zu berücksichtigen (*OLG Köln* ZMR 2004, 463; *OLG München* ZMR 2005, 650; *OLG München* OLG MünchenZMR 2008, 317; *LG Hamburg* ZMR 2012, 888 f.), zumal DIN-Normen nur Mindeststandards darstellen (*OLG Köln* ZMR 2003, 705). Erst recht kann die Gemeinschaftsordnung die Wohnungseigentümer zur Einhaltung eines höheren Standards verpflichten (*OLG Köln* NJW-RR 1998, 1312). Die Beurteilung einer Beeinträchtigung kann auch nicht nur aufgrund der Ermittlung entsprechender Werte unter Laborbedingungen erfolgen; diese Wertung hat das Gericht u.U. selbst durch eigene Augenscheinseinnahme vorzunehmen (*OLG Köln* ZMR 2004, 463; *OLG München* ZMR 2005, 651). Umgekehrt führen direkte familiäre Beziehungen aus § 1618a BGB zu weiter gehenden Duldungspflichten als Fremden gegenüber (*BayObLG* NJW-RR 1993, 336 f.; 1993, 1361).

IV. Einzelfälle eines Nachteils nach § 14 Abs. 1 Nr. 2 Fall 2 WEG

85 Da der Begriff des Nachteils in § 14 Abs. 1 Nr. 2 Fall 2 WEG demjenigen in § 14 Nr. 1 WEG a.F. entspricht, kann auf die diesbezügliche Rechtsprechung weiterhin zurückgegriffen werden. Danach liegt ein erheblicher Nachteil vor bei

- dauerhaften, grundlosen **Beschimpfungen** (*KG* NJW-RR 1988, 586, *OLG Saarbrücken* ZMR 2007, 886 ff.
- der Verringerung der Breite einer **Durchfahrt** durch Wärmeisolierung um 12 cm (*OLG München* ZMR 2008, 145)
- der Änderung der **Entlüftung**, durch die Luft aus einem Schwimmbad in das WC eines Wohnungseigentümers eindringt (*AG Hamburg-Blankenese* ZMR 2009, 799; bestätigt durch *LG Hamburg*, ZMR 2009, 800)
- dem Verlust der **Empfangsmöglichkeit** von Rundfunkprogrammen (*BayObLG* NJW-RR 1990, 331; vgl. *OLG Celle* NJW-RR 1986, 1272 f.)
- der Überlassung der Wohnung an den Voreigentümer, der im **Entziehungsverfahren** zur Veräußerung verurteilt wurde (*BGH* ZMR 2017, 171 ff.)
- dem **Fotografieren** eines Raumes, der in besonderem Maße der Privat- und Intimsphäre gewidmet ist wie etwa die Sauna eines Miteigentümers (*LG Köln* ZMR 2009, 551 f.), nicht aber bei der Anfertigung sonstiger Lichtbilder von Sondereigentum oder von Flächen, an denen Sondernutzungsrechte bestehen, die zwecks Diskussion über Maßnahmen der Erhaltung (Instandhaltung und Instandsetzung) der Eigentümerversammlung gezeigt werden (*LG Köln* ZMR 2009, 551 f.; *AG Köln* ZMR 2008, 846 f.
- der Einrichtung einer **Freischankfläche** auf dem gemeinsamen Grundstück wegen Lärms durch Gespräche und Gelächter (*BayObLG* NJW-RR 2002, 950 = ZMR 2002, 688 f.; *OLG München* ZMR 2009, 629; *AG Hamburg-St. Georg* ZMR 2009, 558)
- der **Fütterung von Tauben** aufgrund der damit verbundenen Gesundheitsgefahren (*AG München* ZMR 2016, 1002 f.)
- Eingriffen in das **Gemeinschaftseigentum**, die umfangreiche Sicherungs- und Ausgleichsmaßnahmen erfordern (*BayObLG* NJW-RR 1992, 273; *KG* NJW-RR 1993, 910) oder die Feststellung von Instandhaltungsbedarf und die Durchführung der erforderlichen Arbeiten erschwerten (*BayObLG* NJW-RR 1996, 1165; *OLG Köln* NJW-RR 2000, 15 f.)
- **Geruchsbelästigung** durch Tierhaltung (*KG* NJW-RR 1991, 1117), durch Grillen (*LG Düsseldorf* NJW-RR 1991, 1170, großzügiger *BayObLG* NJW-RR 1999, 958 f.), durch Abluftstutzen (*LG Hamburg* ZMR 2008, 912) oder durch einen gastronomischen Betrieb (*OLG Karlsruhe* NJW-RR 1994, 147)
- lautem **Getrampel** in der Wohnung, auch wenn es von Kindern ausgeht (*BayObLG* ZMR 1994, 167 = NJW-RR 1994, 599)
- ständigem gezieltem **Hineinschauen** in eine Wohnung (*OLG München* ZMR 2006, 71)

- Veränderungen, die eine **intensivere Nutzung** von Sondereigentum ermöglichen (*BGH* NJW-RR 2001, 1017; ZMR 2010, 213; *BayObLG* NJW-RR 1992, 273; *KG* ZMR 2009, 791)
- durch eine Dunstabzugshaube vermeidbaren **Küchengerüchen** (*OLG Köln* NJW-RR 1998, 83 = ZMR 1998, 47; *BayObLG* NZM 2001, 387 = NJW-RR 2001, 157); Ähnliches gilt für die Verlegung eines störenden Dunstabzugs (*BGH* NJW-RR 2005, 386)
- ständigen **Lärmimmissionen** durch exzessiven Gebrauch von Tonwiedergabegeräten (*KG* NJW-RR 1988, 586), durch Klimaanlagen (*OLG Düsseldorf* ZMR 2010, 385 f.), durch Auslegen von Katzenfutter (*AG Bottrop* ZMR 2014, 488 f.) oder durch Getränkeautomaten (*BayObLG* NJW-RR 1990, 1105)
- dem Entzug von **Licht** durch einen firsthoch gewachsenen Baum, woraus ein Anspruch auf Zustimmung zu seiner Entfernung resultiert (*KG* NJW-RR 1987, 1360; *LG Freiburg* NJW-RR 1987, 656; anders, wenn dessen Auslichtung ausreichend ist (*LG Frankfurt/M.* NJW-RR 1990, 24)
- **Mehrkosten** für den Ersatz funktionstüchtiger durch lediglich bessere Anlagen (*OLG Celle* NJW-RR 1986, 1272 f.; *OLG Karlsruhe* NJW-RR 1989, 1041 – dort aber zu Unrecht im Zusammenhang mit baulichen Veränderungen – *BayObLG* NJW-RR 1990, 331)
- der Beeinträchtigung des **optischen Gesamteindrucks** der Liegenschaft insbesondere durch bauliche Veränderungen (*BVerfG* NJW-RR 2005, 455; *BGH* ZMR 2013, 293; *BayObLG* NJW-RR 1987, 203; 1987, 1357 f.; 1992, 16; *OLG Zweibrücken* NJW-RR 1987, 1358; *OLG Düsseldorf* ZMR 2010, 385), auch wenn diese nicht fest mit dem Bauwerk verbunden sind (*BayObLG* NJW-RR 2000, 1325 zu einer Sichtschutzmatte) oder in die Gebäudesubstanz eingreifen (*LG Hamburg* ZMR 2009, 796 u. 2010, 61 f. zu einer Parabolantenne); im Einzelfall kann eine optische Beeinträchtigung aber auch ohne bauliche Veränderung vorliegen, wenn etwa Fenster von innen mit Folien beklebt werden (*OLG München* ZMR 2007, 392)
- der Entfernung eines **Podestes**, das erst das problemlose Erreichen der Wohnungstür ermöglicht (*LG Düsseldorf* ZMR 2008, 485)
- der Ausübung der **Prostitution** in Wohnungs- oder Teileigentum (*KG* NJW-RR 1987, 1160; *BayObLG* NJW-RR 1995, 1228; *LG Hamburg* ZMR 2008, 828; für den Regelfall auch *OLG Köln* ZMR 2008, 387; vgl. Rdn. 25, 77); anderes kann in einer vorbelasteten Liegenschaft gelten, in der sozial randständige Personen, aber keine Familien mit Kindern wohnen (*OLG Köln* ZMR 2008, 387 f.; grundsätzlich **a.A.** unter Hinweis auf die Billigung der Prostitution durch die Rechtsordnung *AG Wiesbaden* ZMR 2011, 843)
- der Errichtung einer **Tiefgarage**, die entgegen dem Begriff oberirdisch bis an die Fensterbänke dem Erdgeschossfenster reicht (*OLG Hamburg* ZMR 2007, 981)
- der Verringerung der **Treppenbreite** durch eine Auffahrrampe für Kinderwagen (*AG München* ZMR 2013, 1002)
- dem mehrheitlich genehmigten **Überbau** vom Nachbargrundstück aus (*OLG Celle* NJW-RR 2004, 16 f.)
- der gezielten **Videoüberwachung** bestimmter Bereiche des Gemeinschaftseigentums, sofern kein Überwachungsinteresse aufgrund vorangegangener Sachbeschädigungen, Diebstähle o.ä. besteht oder die Vorgaben des § 6b BDSG nicht beachtet werden (*BGH* ZMR 2013, 909; restriktiver noch *OLG Düsseldorf* ZMR 2007, 290 f.; *OLG Köln* ZMR 2008, 559 f.; eingehend hierzu *Elzer* NJW 2013, 2537 ff.), es sei denn es wird nur der einem Miteigentümer zugewiesene Sondernutzungsbereich überwacht (*AG Hamburg-Barmbek* ZMR 2017, 266 f.)
- dem Anbringen großflächiger **Werbung** an den Fensterflächen innerhalb des Sondereigentums (*OLG Düsseldorf* NJW-RR 2006, 957; ähnlich für »exzessive« Plakatierung *OLG Düsseldorf* ZMR 2008, 394).

H. Wegfall der Pflicht zur Einwirkung auf Mieter und sonstige Nutzungsberechtigte

I. Ersatzlose Streichung von § 14 Nr. 2 WEG a.F.

Von größerer Bedeutung als die weitgehend überflüssige Vorschrift zur Einhaltung von gesetzlichen 86
Regelungen, Vereinbarungen und (wirksamen) Beschlüssen durch die Wohnungseigentümer in § 14

Abs. 1 Nr. 1 WEG wäre eine entsprechende Stellungnahme des Gesetzgebers zu Mietern und sonstigen Drittnutzern gewesen. Hierzu enthält das Gesetz nur eine auch in den Materialien nicht erläuterte Lücke, die durch ersatzlose Streichung der früheren Regelung der Pflichten eines Wohnungseigentümers bei der Überlassung von Sondereigentum an Dritte (§ 14 Nr. 2 WEG a.F.) gerissen wurde. Diese Lücke wird durch § 14 Abs. 2 Nr. 1 WEG nicht geschlossen. Abgesehen davon, dass dort nur die Pflichten gegenüber den Miteigentümern normiert sind, ist dort von Dritten ebenfalls nicht die Rede. Geregelt sind dort nur die Pflichten der Wohnungseigentümer. Zudem verlangt § 14 Abs. 2 Nr. 1 WEG der Sache nach nur die Unterlassung störenden Tuns. Zu aktivem Tun wie etwa zum Einwirken auf Mieter oder sonstige Nutzungsberechtigte wird der aus § 14 Abs. 1 Nr. 1 WEG Verpflichtete nicht angehalten. Auch eine Analogie kommt wohl nicht in Betracht, da dem Gesetzgeber die besonderen Probleme bei der Überlassung von Sondereigentum an Dritte durchaus bekannt waren. Das zeigt schon die Neufassung von § 15 WEG. Mithin fehlt es an einer unbewusste Regelungslücke. Noch zweifelhafter erscheint der Rückgriff auf § 278 BGB (*AG Hamburg* IMR 2022, 121) oder den allgemeinen Störerbegriff (s. *AG Pinneberg* IMR 2022, 120).

II. Unmittelbares Vorgehen gegen Dritte

87 Die Lücke durch Wegfall von § 14 Nr. 2 WEG a. F: wird allerdings zumindest teilweise dadurch kompensiert, dass der *BGH* den beeinträchtigten Wohnungseigentümern einen unmittelbaren Unterlassungsanspruch gegen störende Dritte zuerkannt, was bis dahin streitig war. Dies bezieht der *BGH* ausdrücklich auch auf Einschränkungen in der Gemeinschaftsordnung, die eigentlich nur die Verhältnisse der Wohnungseigentümer untereinander regelt, und sogar auf Beschlüsse der Wohnungseigentümer (*BGH*, 25.10.2019 – V ZR 271/18, ZMR 2020, 202 = ZWE 2020, 144 = ZfIR 2020, 314). Dies dürfte in das neue Recht übertragbar sein. In der Folge ist die Wohnungseigentümergemeinschaft gar nicht mehr auf das Einwirken auf den vermietenden Miteigentümer zwecks Unterlassung der Störung durch seinen Mieter angewiesen. Sie kann unmittelbar gegen den störenden Drittnutzer vorgehen.

J. Pflicht und Recht zur Erhaltung von Sondereigentum

I. Regelungstechnik

1. Negative Regelung der Erhaltungspflicht

88 Die frühere, umfassende Regelung der Instandhaltung und Instandsetzung von Sondereigentum in § 14 Nr. 1 WEG a.F. wurde, wie oben (Rdn. 54) dargestellt, durch eine Normierung von Unterlassungspflichten ersetzt. Das neue WEG kennt keine § 14 Nr. 1 WEG a.F. entsprechende Regelung mehr, die dem Wohnungseigentümer Instandhaltung und Instandsetzung seines Sondereigentums auf seine Kosten positiv auferlegt. Die Mindestpflichten zur Erhaltung ergeben sich nunmehr aus § 14 Abs. 2 Nr. 1 WEG, wonach jeder Wohnungseigentümer den Miteigentümern gegenüber verpflichtet ist, deren Sondereigentum nicht mehr als bei einem geordneten Zusammenleben unvermeidbar zu beeinträchtigen. In der Sache ersetzt dies die früher in § 14 Nr. 1 WEG a.F. normierte Minimalpflicht, das eigene Sondereigentum in einem solchen Zustand zu halten, dass Sondereigentum von Miteigentümern nicht mehr als unvermeidlich beeinträchtigt wird.

2. Lücken der Negativregelung

a) Beeinträchtigung des Gemeinschaftseigentums

89 Als lückenhaft erweist sich das neue Recht schon im Hinblick auf eine Vernachlässigung des Sondereigentums, die sich auf das Gemeinschaftseigentum auswirkt. Dies kann erhebliche Bedeutung erlangen, wenn sich die Vernachlässigung im Sondereigentum stehender Bauteile (wie etwa Heizkörper) auf das gesamte System auswirkt. Da § 14 Nr. 1 WEG a.F. weit gefasst war, folgte aus dieser Vorschrift die Pflicht, das Sondereigentum so zu erhalten, dass jegliche Beeinträchtigungen der Miteigentümer vermieden wurden. Hingegen erfasst der Wortlaut von § 14 Abs. 2 Nr. 1 WEG nur die mangelnde Erhaltung oder sonstige Veränderungen, die das Sondereigentum beeinträchtigen.

Auch § 14 Abs. 1 Nr. 1 WEG, wonach der Wohnungseigentümer gegenüber der Wohnungseigentümergemeinschaft zur Einhaltung von Gesetz, Vereinbarungen und Beschlüssen verpflichtet ist, schafft keine Abhilfe, wenn nicht die Gemeinschaftsordnung die (nach früherem Recht überflüssige) Verpflichtung zur Erhaltung des Sondereigentums enthält. Unmittelbar aus dem Gesetz ergibt sich somit keine Verpflichtung des Wohnungseigentümers, sein Sondereigentum so instandzuhalten, dass es nicht zu Beeinträchtigungen des Gemeinschaftseigentums kommt.

b) Rückgriff auf § 19 Abs. 1 WEG

Dieses Fehlen einer erforderlichen Regelung kann durch Rückgriff auf § 19 Abs. 1 WEG behoben werden. Danach besteht eine Kompetenz der Eigentümerversammlung, über die Benutzung des Sondereigentums zu beschließen, soweit diese nicht durch Vereinbarung geregelt ist. Da es gerade an einer Regelung fehlt, können die Wohnungseigentümer also beschließen, dass bei einem mangelhaften Zustand des Sondereigentums, der sich beeinträchtigend auf das Gemeinschaftseigentum auswirkt, Erhaltungsmaßnahmen durchzuführen sind. Dass (nur) dies Grundsätzen ordnungsmäßiger Verwaltung entspricht, dürfte ähnlich wie bei weiterfressenden Mängeln im Gemeinschaftseigentum evident sein. Zulässig dürfte in diesem Zusammenhang auch ein Vorratsbeschluss sein, der wie § 14 Nr. 1 WEG a.F. anordnet, dass jeder Wohnungseigentümer sein Sondereigentum so zu erhalten hat, dass dem Gemeinschaftseigentum kein über das unvermeidliche Maß hinausgehender Nachteil entsteht. Jedenfalls bei bereits bestehendem Erhaltungsrückstand kann jeder Wohnungseigentümer die Fassung eines solchen Beschlusses aus § 18 Abs. 2 Nr. 1, 2 WEG sogar verlangen, da nur die Mindestinstandhaltung des Sondereigentums ordnungsmäßiger Verwaltung entspricht. 90

II. Recht zur Erhaltung (Instandhaltung und Instandsetzung) von Sondereigentum

1. Nicht oder unerheblich beeinträchtigende Maßnahmen (§ 13 Abs. 2 WEG)

Präziser als im alten Recht ist die Berechtigung des Wohnungseigentümers zur Durchführung von Erhaltungsmaßnahmen – jedenfalls mittelbar – geregelt. Nach § 13 Abs. 2 WEG bedarf der Wohnungseigentümer selbst bei Maßnahmen, die über die ordnungsmäßige Erhaltung des Sondereigentums hinausgehen, nicht der Gestattung durch Beschluss, wenn sie keinen Miteigentümer über das bei einem geordneten Zusammenleben unvermeidliche Maß hinaus beeinträchtigen (zu diesem Maßstab s.o. § 13 Rdn. 43). Wenn unter dieser Voraussetzung selbst Modernisierungen oder Veränderungen zulässig sind, gilt dies erst recht für Erhaltungsmaßnahmen. Sind sie ohne Nachteil im Sinne des § 13 Abs. 2 WEG auszuführen, kann sie der Wohnungseigentümer ohne weiteres, insbesondere ohne genehmigenden Beschluss in Angriff nehmen. Hierbei handelt es sich allerdings nur eine vom Gesetz zusätzlich eröffnete Möglichkeit. Der sanierungswillige Wohnungseigentümer muss das Risiko eines eigenmächtigen Vorgehens ohne Befragung der Miteigentümer nicht eingehen. Da § 13 Abs. 2 WEG nur davon redet, dass es keiner Gestattung bedarf, kann der sanierungswillige Wohnungseigentümer von ihm geplante Maßnahmen auch durch Beschluss gemäß § 19 Abs. 1 WEG genehmigen lassen. Dies verschafft ihm Rechtsicherheit selbst für den Fall, dass seine Maßnahmen doch eine Beeinträchtigung nach § 13 Abs. 2 WEG darstellen. 91

2. Mehr als nur unerheblich beeinträchtigende Maßnahmen

a) Systemwechsel im neuen Recht

Umgekehrt hat § 13 Abs. 2 WEG zu einem (vom Gesetzgeber wohl gar nicht bemerkten) Systemwechsel bei Erhaltungsmaßnahmen geführt, die einen Miteigentümer mehr als nur unerheblich beeinträchtigen. Nach früherem Recht konnten Maßnahmen der Instandhaltung und Instandsetzung stets ohne Weiteres durchgeführt werden. Selbst die Inanspruchnahme fremden Sondereigentums wurde in analoger Anwendung von § 14 Nr. 4 WEG a.F. als zulässig angesehen, wenn dies zur Instandhaltung oder Instandsetzung erforderlich war (s. etwa *OLG Frankfurt/M.* v. 27.09.2004 – 20 W 111/04, OLGR 2005, 199). Nunmehr hat der Miteigentümer Erhaltungsmaßnahmen kraft Gesetzes nur noch dann zu dulden, wenn es hierdurch nur zu unerheblichen Beeinträchtigungen 92 kommt. Weiter gehende Duldungspflichten erlegt das Gesetz in § 15 Nr. 1 WEG nur Mietern und sonstigen Nutzern auf. Darüber hinaus gehende Beeinträchtigungen muss der beeinträchtigte Miteigentümer kraft Gesetzes selbst dann nicht dulden, wenn sie durch eine erforderliche Erhaltungsmaßnahme hervorgerufen werden.

b) Abgrenzung zwischen unerheblicher und erheblicher Beeinträchtigung

93 Vor diesem Hintergrund kommt der Abgrenzung der erheblichen von unerheblichen Beeinträchtigungen bei Erhaltungsmaßnahmen gemäß § 14 Abs. 1 Nr. 2 WEG eine zentrale Bedeutung zu. Dabei bewegt sich der Wohnungseigentümer, der Erhaltungsmaßnahmen durchführen will, auf äußerst unsicherem Terrain. Denn die Gesetzesmaterialien bieten hier keinen weiteren Anhaltspunkt, da sie das Problem nicht erkennen. Auch aus dem alten Recht lässt sich hierzu praktisch nichts übernehmen, da die Abgrenzung erheblicher von unerheblichen Beeinträchtigungen bei Erhaltungsmaßnahmen keine Rolle spielte. Der mit § 14 Nr. 1 WEG a.F. identische Wortlaut des § 13 Abs. 2 WEG legt freilich nahe, auf die dortigen Maßstäbe zurückzugreifen. Allerdings dürfte bei Erhaltungsmaßnahmen ein großzügiger Maßstab anzulegen sein. Denn selbst bei baulichen Veränderungen waren mit den Bauarbeiten einhergehenden Beeinträchtigungen kein Nachteil i.S.v. § 14 Nr. 1 WEG a.F., sofern sie nicht infolge ihrer Dauer und Intensität (etwa bei über lange Zeit aufgestellten Gerüsten und Baumaschinen). Hierunter fielen nur Veränderungen, die nach durchgeführtem Umbau aus der baulichen Veränderung resultieren (*KG* ZMR 1998, 370 f.; *BayObLG* WE 1991, 254; *OLG München* ZMR 2007, 999 f.; *AG Hannover* Rpfleger 1969, 132; ähnlich *LG Hamburg* ZMR 2011, 229 zu Staubentwicklung).

c) Rechtssicherheit durch Beschlussfassung bzw. Beschlussersetzung

94 Da die Handhabung des erheblichen Nachteils im neuen Recht gleichwohl nicht sicher vorhergesehen werden kann, ist dem sanierungswilligen Wohnungseigentümer in jedem Fall die Einholung eines gestattenden Beschlusses anzuraten. Wenn selbst darüber hinaus gehende Maßnahmen durch Beschluss genehmigt werden können, gilt dies erst recht für Erhaltungsmaßnahmen. Ein solcher Beschluss ist von der Beschlusskompetenz des § 19 Abs. 1 WEG zur Benutzung des Sondereigentums gedeckt und entspricht regelmäßig ordnungsmäßiger Verwaltung. Wird die Erhaltungsmaßnahme nicht gestattet, kann der sanierungswillige Wohnungseigentümer den Beschluss im Verfahren nach § 44 Abs. 1 S. 2 WEG ersetzen lassen. Denn er hat aus § 18 Abs. 2 Nr. 2 WEG einen Anspruch auf eine ordnungsmäßige Benutzung seines Sondereigentums, wozu auch die Durchführung erforderlicher Erhaltungsmaßnahmen gehört. Ist eine Erhaltungsmaßnahme solchermaßen durch Beschluss genehmigt, muss auch der beeinträchtigte Wohnungseigentümer ihre Durchführung nach § 14 Abs. 2 Nr. 2, Abs. 1 Nr. 2 WEG dulden. Allerdings kann ihm dafür ein Ausgleich nach § 14 Abs. 3 WEG zustehen.

K. Duldungspflichten gegenüber den Miteigentümern (§ 14 Abs. 2 Nr. 2 WEG)

I. Duldungspflicht aus § 14 Abs. 2 Nr. 2 WEG

1. Regelungstechnik

95 Die Regelung der Duldungspflichten gegenüber den Miteigentümern in § 14 Abs. 2 Nr. 2 WEG erfolgt durch einen Verweis auf § 14 Abs. 1 Nr. 2 WEG. Dies erscheint systematisch misslungen, da § 14 Abs. 1 Nr. 2 WEG nur Maßnahmen der Gemeinschaft beschreibt, die der einzelne Wohnungseigentümer zu dulden hat. Der Gemeinschaft zukommende Maßnahmen kann der einzelne Wohnungseigentümer aber gar nicht ergreifen. Wörtlich genommen hätte § 14 Abs 2 Nr. 2 WEG also keinen Anwendungsbereich, da die dort herangezogene Vorschrift des § 14 Abs. 1 Nr. 2 WEG einerseits Maßnahmen der Gemeinschaft betrifft, andererseits schon dort eine Duldungspflicht normiert ist. Dann wäre die Vorschrift überflüssig. Dem wird man nur entgehen können, wenn man den Wortlaut des § 14 Abs. 1 Nr. 2 WEG im Zusammenhang mit § 14 Abs. 2 Nr. 2 WEG eigenständig auslegt.

2. Betreten des Sondereigentums

a) Missverständlichkeit des Wortlautes

Die wenig gelungene Gesetzestechnik des Verweises auf § 14 Abs. 1 Nr. 2 WEG zeigt sich erneut 96 schon beim ersten Tatbestandsmerkmal der Duldung nach § 14 Abs. 1 Nr. 2 WEG, dem Betreten des Sondereigentums. Dem Wortlaut nach hätte jeder Wohnungseigentümer ohne entgegenstehende Vereinbarungen oder Beschlüsse das Betreten seines Sondereigentums durch Miteigentümer zu dulden, wenn dies nur mit unerheblichen Beeinträchtigungen einhergeht. Dies ist natürlich abwegig und mit dem Schutz der Wohnung nach Art. 13 GG nicht zu vereinbaren. Kein Wohnungseigentümer kann von einem anderen ohne zwingenden Grund verlangen, dass dieser das Betreten seiner Wohnung duldet, auch wenn dies üblicherweise nur mit geringen Beeinträchtigungen verbunden ist. Selbst Beschlüsse, die Miteigentümern nach § 14 Abs. 1 Nr. 2 Fall 1 WEG das Betreten fremden Sondereigentums erlauben könnten, kommen kaum in Betracht. Sie würden regelmäßig in den Kernbereich des Sondereigentums eingreifen und wären daher nichtig.

b) Sinn der Vorschrift

Das Betreten vom Sondereigentum durch Miteigentümer, das ein Wohnungseigentümer dulden 97 muss, wird im Zusammenhang mit der Erhaltung von Sondereigentum oder sonstigen baulichen Maßnahmen Bedeutung erlangen. Derartige Fälle begegnen schon in der Rechtsprechung zum alten Recht. Eine Pflicht zur Duldung des Betretens wurde etwa angenommen, wenn der zulässige Ausbau des Dachgeschosses nur unter Inanspruchnahme fremden Sondereigentums unter wirtschaftlich vertretbaren Bedingungen möglich ist (*KG* v. 16.09.1998 – 24 W 8886/97, ZMR 1999, 204; **a.A.** *v. Rechenberg* ZWE 2005, 50). Ebenso war einem gerichtlichen Sachverständigen das Betreten des Sondereigentums zu gestatten, auch wenn der betroffene Eigentümer nicht Partei des zugrunde liegenden Rechtsstreits war (*OLG Hamburg* v. 14.09.2001 – 2 Wx 82/01, ZMR 2002, 71 f.). Eine Pflicht zur Duldung des Betretens konnte auch aufgrund der Beschaffenheit bestimmter Räume bestehen, wenn sich etwa in einer Wohnung der Zugang zum Dachboden befindet, der im gemeinschaftlichen Eigentum steht. Dann ist der Spitzboden auch zu Zwecken der Dachreparatur und Wartung zu nutzen, was der betroffene Wohnungseigentümer (gegenüber der Wohnungseigentümergemeinschaft) seinerseits nach § 14 Nr. 4 WEG a.F. und nunmehr nach § 14 Abs. 2 Nr. 2 WEG i.V.m. § 14 Abs. 1 Nr. 2 WEG dulden muss (*BayObLG* NJW-RR 1992, 83). Diese Einzelfälle rechtfertigen indessen kaum eine gesetzliche Regelung, die – scheinbar – eine generelle Pflicht zur Duldung des Betretens von Sondereigentum aufstellt. In den wenigen Fällen, in denen dies in Betracht kommt, hätte man, wie bisher, durch eine Analogie zum Betretungsrecht der Gemeinschaft lösen können.

3. Erfasste Einwirkungen auf das Sondereigentum

a) Bedeutung der Einwirkung auf das Sondereigentum

Zentraler Inhalt des § 14 Abs. 2 Nr. 2 WEG i.V.m. § 14 Abs. 1 Nr. 2 WEG ist die Duldung von 98 »Einwirkungen« auf das Sondereigentum. Damit tritt die Vorschrift letztlich an die Stelle von§ 14 Nr. 3 WEG a.F., wonach der Wohnungseigentümer Einwirkungen auch auf sein Sondereigentum zu dulden hatte, soweit sie auf einem zulässigen Gebrauch beruhen. Der Begriff der »Einwirkungen« entspricht § 14 Nr. 3 WEG a.F. und es deutet nichts darauf hin, dass der Gesetzgeber ihn anders verstanden wissen will als nach altem Recht. Er ist mithin weit zu verstehen und reicht vom unmittelbaren Gebrauch fremden Sondereigentums, etwa beim Schwenken der Wagentür über einen fremden Stellplatz bis hin zu jeglicher Form von Immissionen wie Küchengerüchen, Wohngeräuschen etc. Die »Einwirkung« umfasst darüber hinaus auch die Beschädigung des Sondereigentums, wie nicht zuletzt § 14 Abs. 3 WEG impliziert (*BayObLG* ZMR 2004, 762; *OLG Schleswig* NJW-RR 2007, 449). Dies kann etwa bei der Verlegung oder Reparatur von Versorgungsleitungen der Fall sein, wenn das Aufstemmen von Wänden oder die Beschädigung des Bodenbelags erforderlich wird. Ähnliches kann bei der Sanierung von Balkonplatten gelten, die regelmäßig die Entfernung des

Fliesenbelages voraussetzt, oder bei der Verlängerung oder Instandhaltung von Versorgungsleitungen, die mit Wand- oder Deckendurchbrüchen verbunden sind (*BayObLG* GE 1999, 779 = ZfIR 1999, 929). Gleiches gilt für die Innensanierung des Sondereigentums bei Schimmelbefall unter Abschlagen des Wandputzes (*LG Dortmund* ZMR 2015, 778 f.).

b) Schrankenlose Einwirkung bei entsprechender Legitimation durch Vereinbarungen oder Beschlüsse

99 Im Gegensatz zu § 14 Nr. 3 WEG a.F. differenziert § 14 Abs. 2 Nr. 2 WEG i.V.m. § 14 Abs. 1 Nr. 2 WEG die Zulässigkeit einer Einwirkung danach, ob sie durch Vereinbarung oder Beschluss zugelassen wird. Wie in § 14 Abs. 1 Nr. 2 WEG ist die Unerheblichkeit der Einwirkung ein subsidiäres Tatbestandsmerkmal, das nur beim Fehlen von Vereinbarungen oder Beschlüssen einschlägig ist. Existieren solche Regelungen, bestimmt sich die Duldungspflicht ausschließlich hiernach. Gestattet die Gemeinschaftsordnung eine bestimmte Nutzung, so muss der Miteigentümer auch nach § 14 Abs. 1 Nr. 2 WEG erhebliche Einwirkungen dulden, die hieraus resultieren, etwa zulässige Begrenzungen eines Stellplatzes, auch wenn sie beim Einparken auf dem eigenen Stellplatz behindern (*BayObLG* ZMR 2001, 821) oder Geräuschimmissionen bei Musikdarbietungen in einer Gaststätte (*BayObLG* NJW-RR 1994, 337; *OLG Schleswig* ZMR 2008, 991; instruktiv auch *BGH* v. 08.03.2019 – V ZR 330/17, ZMR 2019, 425 = ZWE 2019, 268 = GE 2019, 605 zu einem Obdachlosenasyl in einem Teileigentum). Im Fall eines **Exzesses** stehen dem hierdurch gestörten Miteigentümer aber wiederum Unterlassungsansprüche zu, die sich aber nicht auf die Unterlassung der zulässigen Nutzung insgesamt, sondern nur der überschießenden Störungen richten (*OLG Schleswig* ZMR 2008, 992). Umgekehrt kann die Gemeinschaftsordnung auch bestimmte Nutzungen und in der Folge die damit einhergehenden Einwirkungen ausschließen, selbst wenn sie kraft Gesetzes zulässig wären (*BGH* v. 13.12.2019 – V ZR 203/18, ZMR 2020, 322 = ZWE 2020,180 = ZfIR 2020, 308). Bei der Regelung dieser Fragen durch Beschluss ist freilich die Rechtsprechung des *BGH* zu den Grenzen der Beschlusskompetenz zu beachten. Danach stellt eine Öffnungsklausel nicht zugleich materiellrechtlich die Zustimmung zu jeder künftigen Änderung der Gemeinschaftsordnung dar. Fundamentale Schranken ergeben sich aus unverzichtbaren Rechten, die durch Mehrheitsbeschluss nicht entzogen werden können, aber auch aus unentziehbaren Rechten, auf die ein Wohnungseigentümer verzichten kann. Eine Zweckbestimmung, deren Änderung oder Einschränkung die Nutzung des Sondereigentums in substanzieller Weise betrifft, kann nicht gegen den Willen des betroffenen Wohnungseigentümers beschlossen werden (*BGH* v. 12.04.2019 – V ZR 112/18, ZMR 2019, 619 = GE 2019, 737 = NJW 2019, 2083).

c) Nach § 14 Abs. 2 Nr. 2 WEG unerhebliche Einwirkung ohne Vereinbarung oder Beschluss

100 Liegen keine Vereinbarungen oder Beschlüsse vor, darf jeder Wohnungseigentümer nur insoweit auf fremdes Sondereigentum einwirken, als er keinen Miteigentümer über das bei einem geordneten Zusammenleben unvermeidliche Maß hinaus beeinträchtigt. Der Maßstab entspricht demjenigen des § 14 Abs. 1 Nr. 2 WEG, auf den § 14 Abs. 2 Nr. 2 WEG verweist (vgl. o. Rdn. 95).

4. Betreten des Gemeinschaftseigentums und Einwirkungen hierauf

a) Betreten des gemeinschaftlichen Eigentums

101 § 14 Abs. 2 Nr. 2 WEG i.V.m. § 14 Abs. 1 Nr. 2 WEG regelt im Gegensatz zu den folgenden Einwirkungen nur die Duldung des Betretens des Sondereigentums, nicht aber auch des Gemeinschaftseigentums. Dies hielt der Gesetzgeber wohl für selbstverständlich bzw. als ausreichend durch § 16 Abs. 1 S. 3 WEG geregelt. Dies betrifft auch den Ausschluss der Mitbenutzung aufgrund eines Sondernutzungsrechtes, da dann eben der Mitgebrauch und Betreten gemäß § 16 Abs. 1 S. 3 WEG i.V.m. § 14 Abs. 1 Nr. 2 WEG aufgrund einer Vereinbarung nicht möglich sind. Im Übrigen gelten zum Betreten die Ausführungen zu § 14 Abs. 1 Nr. 2 WEG entsprechend (vgl. oben Rdn. 35 ff.).

b) Einwirkungen auf das gemeinschaftliche Eigentum

Der Begriff der Einwirkung auf das Gemeinschaftseigentum ist nicht scharf von dem des Gebrauchs nach § 16 Abs. 1 S. 3 WEG zu trennen. Denn beide sind direkt oder über den Verweis in § 16 Abs. 1 S. 3 WEG nur nach Maßgabe des § 14 WEG zulässig. Die für Einwirkungen auf das Sondereigentum genannten Maßstäbe gelten dabei grundsätzlich auch für das gemeinschaftliche Eigentum. Allerdings wird der Regelung der Einwirkung durch Beschluss eine weit größere Bedeutung zukommen, da die Beschlusskompetenz aus § 19 Abs. 1 WEG regelmäßig nicht an den oben skizzierten materiell-rechtlichen Schranken scheitern wird, die für das Sondereigentum gelten. Bestehen keine Beschränkungen durch Vereinbarungen oder Beschlüsse, ist jede Einwirkung auf das Gemeinschaftseigentum zulässig, die keinen Miteigentümer über das bei einem geordneten Maß unvermeidliche Maß hinaus beeinträchtigt. Erhebliche Beeinträchtigungen sind also stets zu verneinen, wenn Wohngeräusche, Emissionen etc. den räumlichen Bereich des Sondereigentums nicht verlassen. 102

c) Sonderregelungen für bauliche Veränderungen

Für bauliche Veränderungen des Gemeinschaftseigentums gilt die Sonderregelung des § 20 Abs. 3 WEG. Selbst wenn sie nach den Maßstäben des § 14 Abs. 1 Nr. 2 WEG unerhebliche Einwirkungen darstellen, bedarf es der Gestattung durch einen Beschluss der Eigentümerversammlung (auch BT-Drs. 19/18791, S. 63). lediglich für bauliche Maßnahmen im Sondereigentum gilt die Erleichterung des § 13 Abs. 2 WEG. 103

II. Durchsetzung

Der Anspruch auf Duldung nach § 14 Abs. 2 Nr. 2 WEG zulässiger Einwirkungen stellt ein Individualrecht jedes Wohnungseigentümers dar. In der Folge kann ihn jeder Wohnungseigentümer alleine gegenüber dem widerstrebenden Miteigentümer im Verfahren nach § 43 Abs. 2 Nr. 1 WEG geltend machen. Dies wird regelmäßig mit einer Leistungsklage auf Duldung der betroffenen Einwirkung möglich sein. Anders als bei der Unterlassung von Einwirkungen auf das Gemeinschaftseigentum, deren Geltendmachung nur der Wohnungseigentümergemeinschaft zusteht, gilt dies auch bei der Duldung von Einwirkungen auf das gemeinschaftliche Eigentum. Denn auch insoweit normiert § 14 Abs. 2 WEG ein Individualrecht. Aus denselben Gründen scheidet auch eine Vergemeinschaftung aus (*BGH* v. 13.10.2017 – V ZR 305/16, ZMR 2018, 242=MDR 2018, 1254). 104

L. Ausgleichsansprüche bei Einwirkungen über das zumutbare Maß hinaus (§ 14 Abs. 3 WEG)

I. Zweck der Norm

Nach früherem Recht (§ 14 Nr. 4 letzter Halbs. WEG a.F.) hatte ein Wohnungseigentümer, der Einwirkungen zu dulden hatte, lediglich Anspruch auf Ersatz des Schadens, der durch Maßnahmen der Instandhaltung oder Instandsetzung seinem Sondereigentum zugefügt wurde. Diesen sehr eingeschränkten Anspruch modifiziert die Novelle erheblich. Insbesondere dehnt sie die Verpflichtung zum Ersatz auf die weiteren »Einwirkungen« aus, die der der Wohnungseigentümer jenseits einer Inanspruchnahme seines Sondereigentums hinnehmen muss. Umgekehrt verringert das neue Recht den Umfang des Ersatzes Er ist nicht mehr, wie nach § 14 Nr. 4 letzter Halbs. WEG a.F. auf volle Naturalrestitution gemäß §§ 249 ff. BGB gerichtet (hierzu *BGH*, 09.12.2016 – V ZR 124/16; ZMR 2017, 412 = ZWE 2017, 216), sondern – in bewusster Angleichung an § 906 Abs. 2 S. 2 (BGB BT-Drs. 19/18791, S. 52) – nur noch auf einen »angemessenen Ausgleich in Geld«. 105

II. Voraussetzungen des Ausgleichsanspruchs

1. Ausgangspunkt und Art der Einwirkungen

a) Einwirkungen bei der Erhaltung des Gemeinschaftseigentums

Der Anspruch nach § 14 Nr. 4 letzter Halbs. WEG a.F. war bislang auf Schäden beschränkt, die infolge der Inanspruchnahme durch Maßnahmen der Instandhaltung und Instandsetzung des 106

Gemeinschaftseigentums entstanden. Diese Einwirkung im Zuge der Erhaltung des Gemeinschaftseigentums wird auch in Zukunft eine der wichtigsten Fallgruppen des Ausgleichs aus § 14 Abs. 3 WEG darstellen. Anders als nach § 14 Nr. 4 WEG a.F. setzt dies keine Beschädigung des Sondereigentums mehr voraus. § 14 Abs. 3 WEG erfasst jegliche Einwirkung, auch ohne Beschädigung des Sondereigentums, etwa durch Immissionen von außen. Sie müssen allerdings die in § 14 Abs. 3 WEG vorgesehene Zumutbarkeitsschwelle überschreiten.

b) Sonstige Maßnahmen

107 Der Gesetzgeber hat mit der Ausweitung der Duldungspflichten in § 14 Abs. 1 Nr. 2, Abs. 2 Nr. 2 WEG, die nunmehr weit mehr als nur Erhaltungsmaßnahmen umfassen (vgl. oben Rdn. 32), auch die zu Ausgleichsansprüchen führenden Tatbestände entsprechend angepasst. Dies umfasst insbesondere die zum Gemeinschaftseigentum parallel konstruierte Duldungspflicht in § 14 Abs. 2 Nr. 2 WEG. Im Gegenzug zur Duldungspflicht kann auch die Einwirkung im Zuge der Erhaltung von Sondereigentum Ausgleichsansprüche aus § 14 Abs. 3 WEG auslösen. Wie beim Gemeinschaftseigentum sind sie auch nicht auf Erhaltungsmaßnahmen beschränkt. Sie können durch jegliche Einwirkungen, etwa anlässlich der Modernisierung oder einer sonstigen Veränderung entstehen, sofern diese auf das Sondereigentum einwirkten.

c) Einwirkungen aufgrund sonstiger Änderungen

108 Aber auch außerhalb baulicher Maßnahmen findet § 14 Abs. 3 WEG auf jegliche Zuführung wägbarer und unwägbarer Stoffe beim Gebrauch von Sonder- oder Gemeinschaftseigentum Anwendung. Der Wortlaut von § 14 Abs. 3 WEG erfasst ferner auch Einwirkungen auf das Sondereigentum aufgrund rechtlicher Neuerungen. In Betracht kommen etwa Änderungen in der Zweckbestimmung von Teileigentum. Wird etwa aufgrund einer Öffnungsklausel die Zweckbestimmung dahingehend geändert, dass eine weitergehende Nutzung erlaubt wird, kann dies andere Eigentümer beeinträchtigen. Denkbar sind ferner sonstige Rechtsverluste aufgrund einer Änderung der Gemeinschaftsordnung aus § 10 Abs. 2 WEG (entspricht § 10 Abs. 2 S. 3 WEG a.F.). Muss ein Wohnungseigentümer hierdurch Einwirkungen dulden, die Nutzbarkeit seiner Einheit herabsetzen (vgl. etwa *BGH* ZMR 2018, 681 zur Verpflichtung, auf ein Sondernutzungsrecht zu verzichten), bedarf es nun nicht mehr des Rückgriffs auf § 242 BGB. Der Ausgleichsanspruch kann nunmehr auf § 14 Abs. 3 WEG gestützt werden.

d) Einwirkungen jenseits des Sonder- oder Gemeinschaftseigentums

109 Der Wortlaut des § 14 Abs. 3 WEG ist wie bei den Duldungspflichten (vgl. oben Rdn. 56) noch nicht einmal auf Einwirkungen beschränkt, die vom Sonder- oder Gemeinschaftseigentum ausgehen. Die Ausgleichspflicht kann somit auch durch Einwirkungen ausgelöst werden, die ihre Ursache jenseits der eigenen Liegenschaft haben. Dies betrifft insbesondere Einwirkungen, die vom Gemeinschaftsvermögen ausgehen. Hat die Gemeinschaft der Wohnungseigentümer etwa das Nachbargrundstück erworben, um dort zusätzlichen Parkraum zu schaffen, ist dies im Hinblick auf Duldungs- und Ausgleichspflichten kein rechtsfreier Raum. Korrespondierend zu den Duldungspflichten besteht bei Vorliegen der sonstigen Voraussetzungen eine Ausgleichspflicht aus § 14 Abs. 3 WEG. Erforderlich ist allerdings nach der Gesetzessystematik eine Gemeinschaftsbezogenheit, wie dies beim Gemeinschaftsvermögen der Fall ist. Dagegen genügt der Umstand, dass ein Nachbargrundstück einem Miteigentümer in der Wohnungseigentümergemeinschaft gehört, nicht. Denn dann fehlt es an der Gemeinschaftsbezogenheit. Der Miteigentümer als Nachbar steht der Gemeinschaft in diesem Falle wie ein Dritter gegenüber.

2. Gegenstand der Beeinträchtigung

a) Sondereigentum

Den Gegenstand der Beeinträchtigung bezeichnet § 14 Abs. 3 WEG nicht ausdrücklich. Mit der offenen Formulierung, dass »der Wohnungseigentümer eine Einwirkung« zu dulden hat, ist grundsätzlich jede Einwirkung erfasst, insbesondere diejenige auf das Sondereigentum. Darin erschöpft sich die Vorschrift aber nicht. 110

b) Sondernutzungsrechte

Der offene Wortlaut des § 14 Abs. 3 WEG ist zunächst auf Sondernutzungsrechte zu beziehen. Wie deren Inhaber aufgrund ihrer Rechtsähnlichkeit zum Sondereigentum aus § 14 Abs. 2 Nr. 2 WEG duldungspflichtig sein kann (s. oben Rdn. 60), ist ihm umgekehrt ein Ausgleichsanspruch aus § 14 Abs. 3 WEG zu gewähren. Auf diesem Wege lässt sich auch ein vom *BGH* nach altem Recht nur über § 242 BGB zu lösender Fall systemkonform zu einem befriedigenden Ergebnis bringen: In gravierenden Ausnahmesituationen (dem Risiko eines Nutzungsverbotes für die ganze Liegenschaft) nahm der *BGH* an, dass ein Wohnungseigentümer aus § 10 Abs. 2 S. 3 WEG a.F. (nunmehr § 10 Abs. 2 WEG) sogar auf ein Sondernutzungsrecht verzichten muss (*BGH* v. 23.03.2018 – V ZR 65/17, ZMR 2018, 681 = WuM 2018, 442). Den Anspruch auf einen angemessenen Ausgleich leitete der *BGH* aus § 242 BGB ab. Dieses Rückgriffs bedarf es nun nicht mehr, da ein Anspruch auf angemessenen Ausgleich nunmehr schon aus § 14 Abs. 3 WEG folgt. 111

c) Gemeinschaftseigentum

Dem offenen Wortlaut von § 14 Abs. 3 WEG nach kann ein Ausgleichanspruch sogar dann bestehen, wenn nur das Gemeinschaftseigentum von einer Einwirkung betroffen ist. Dies erscheint auch durchaus sinnvoll, um Rechtsschutzlücken zu vermeiden. Wird etwa aufgrund einer Öffnungsklausel eine Gemeinschaftseinrichtung verändert oder geschlossen, kann dies einen Wohnungseigentümer empfindlich treffen, etwa in Liegenschaften mit bestimmter Zweckbestimmung wie betreutes Wohnen oder Ferienanlagen. Fällt dort etwa die der Versorgung der Bewohner dienende Küche oder die Sportanlage zeitweise oder gar dauerhaft fort, kann dies erhebliche Verluste im Gebrauchswert bzw. bei einer Vermietung auch Vermögensverluste nach sich ziehen. Ein Ausgleich hierfür kann mindestens ebenso angemessen sein wie bei nur temporären Belästigungen durch Immissionen. 112

d) Sonstiges Grundeigentum eines Wohnungseigentümers

Nach dem Wortlaut der Vorschrift könnte ein Ausgleich aus § 14 Abs. 3 WEG selbst bei Einwirkungen auf sonstiges Grundeigentum eines Wohnungseigentümers in Betracht kommen, wenn etwa ein ihm gehörendes Nachbargrundstück von einer Einwirkung betroffen ist. Dies dürfte aber ähnlich wie beim Störungsverbot nach § 14 Abs. 2 Nr. 1 WEG nach dem Sinn und Ziel der Vorschrift ausgeschlossen sein (vgl. o. Rdn. 57). Der Anspruch aus § 14 Abs. 3 WEG bleibt auf gemeinschaftsbezogene Störungen beschränkt. Steht der Wohnungseigentümer seiner Gemeinschaft wie ein Dritter gegenüber, was bei Einwirkungen auf das Nachbargrundstück der Fall ist, stehen ihm nur die allgemeinen Rechte zu. 113

3. Intensität

a) Kein nach §§ 13 Abs. 2 letzter Halbs., 14 Abs. 1 Nr. 2 letzter Halbs. WEG unerheblicher Nachteil

Nach § 14 Abs. 3 WEG auszugleichen ist nicht jede Beeinträchtigung. Sie muss eine gewisse Intensität erreichen, die das Gesetz etwas blumig damit umschreibt, dass die Einwirkung »über das zumutbare Maß hinausgeht.« Diese Formulierung hat weder im alten noch im neuen Recht eine Parallele. Aus der Systematik des Gesetzes folgt aber, dass jedenfalls Einwirkungen, die keinen bei einem geordneten Zusammenleben über das unvermeidliche Maß hinausgehenden Nachteil nach §§ 13 114

Abs. 2 letzter Halbs.; 14 Abs. 1 Nr. 2 letzter Halbs. WEG bewirken, keinen Ausgleichsanspruch nach sich ziehen. Denn sie können nicht nach § 14 Abs. 3 WEG unzumutbar sein, wenn sie im Zusammenhang des § 14 Abs. 1 Nr. 2, Abs. 2 Nr. 2 WEG als unerheblich angesehen werden. Gleiches gilt naturgemäß für Maßnahmen im Sondereigentum, die gemäß § 13 Abs. 2 WEG keinen bei einem geordneten Zusammenleben über das unvermeidliche Maß hinausgehenden Nachteil mit sich bringen.

b) Substanzschäden

115 Am anderen Ende der Skala stehen Substanzbeschädigungen von Sonder- oder Gemeinschaftseigentum, die selbst nach der in vielerlei Hinsicht restriktiveren Vorschrift des § 14 Nr. 4 letzter Halbs. WEG a.F. zum Ersatz des vollen Schadens verpflichteten. Dass der Gesetzgeber mit der weiteren Fassung des § 14 Abs. 3 WEG hinter diese jahrzehntelange Praxis zurückgehen wollte, lassen weder Wortlaut noch Begründung des Gesetzes erkennen.

c) Einwirkungen zwischen Unerheblichkeit und Substanzbeschädigung

aa) Intensität der Einwirkung

116 Welche Einwirkungen zwischen unerheblicher Beeinträchtigung und Beschädigung zum Ausgleich nach § 14 Abs. 3 WEG verpflichten, ist weder dem unbestimmten Wortlaut der Vorschrift noch den nicht wesentlich aussagekräftigeren Materialien zu entnehmen. Man wird davon ausgehen können, dass Einwirkungen umso eher ausgleichspflichtig sind, je näher sie den schon früher zum Schadensersatz verpflichtenden Beschädigungen kommen. Machen etwa Immissionen eine Wohnung unbewohnbar, besteht kein Unterschied zu einem Vermögensfolgeschaden aufgrund einer Substanzbeschädigung. Umgekehrt genügen Einwirkungen, die selbst ein Mieter hinzunehmen hat oder die nur eine geringe Minderung rechtfertigen, nicht zur Annahme einer unzumutbaren Einwirkung und somit nicht zur Bejahung eines Ausgleichsanspruchs aus § 14 Abs. 3 WEG.

bb) Weitere Umstände

117 Neben der Intensität können auch anderen Umständen eine gewisse Bedeutung bei Beantwortung der Frage zukommen, ob eine Einwirkung zumutbar ist. Zu nennen ist etwa die **Vorhersehbarkeit** einer Einwirkung, insbesondere schon bei Teilung der Liegenschaft. Sieht etwa schon die Gemeinschaftsordnung die Herstellung weiterer Häuser vor, konnte der Erwerber die hieraus resultierenden Einwirkungen, die er hinzunehmen hat, voraussehen. Nimmt er sie in Kauf, dürften sie für ihn im Sinne des § 14 Abs. 3 WEG zumutbar sein. Zu berücksichtigen ist ferner, ob die Einwirkung die Wohnungseigentümer im **gleichen Umfang** trifft. Denn der Gesetzgeber stellt in § 14 Abs. 3 WEG auf ein Sonderopfer ab. Daher kommt ein Ausgleich von Einwirkungen regelmäßig nicht in Betracht, wenn alle Wohnungseigentümer in vergleichbarer Weise von einer Einwirkung betroffen sind.

4. Duldungspflicht

a) Kein Ausgleich ohne Duldungspflicht

118 Schließlich setzt ein Ausgleichsanspruch nach § 14 Abs. 3 WEG voraus, dass »der Wohnungseigentümer eine Einwirkung zu dulden« hat. Muss er eine Einwirkung nicht dulden, steht ihm also auch bei massiven Einwirkungen kein Ausgleich zu. Dies ist zunächst bei Einwirkungen der Fall, die nicht nach § 14 Abs. 2 Nr. 1 WEG duldungspflichtig sind. Duldet der Wohnungseigentümer sie gleichwohl, kann er keinen Ausgleich nach § 14 Abs. 3 WEG verlangen. Dem kann er jedoch durch eine diesbezügliche Vereinbarung mit dem Urheber der Einwirkung vorbeugen. Denn § 14 Abs. 3 WEG ist kein zwingendes Recht.

b) Auf Vereinbarungen oder Beschlüssen beruhende Duldungspflicht

In der Folge schafft § 14 Abs. 3 WEG eine Obliegenheit zur Prüfung, ob eine Duldungspflicht besteht. Wird sie auf eine Vereinbarung oder einen Beschluss gestützt, muss der auf einen Ausgleich nach § 14 Abs. 3 WEG bedachte Wohnungseigentümer somit prüfen, ob diese wirksam sind. Insbesondere muss der betroffene Wohnungseigentümer die – bisweilen nicht auf Anhieb erkennbaren – Gründe in Betracht ziehen, die zur Nichtigkeit eines Beschlusses führen. Bei Vereinbarungen ist zudem § 10 Abs. 3 S. 1 WEG zu berücksichtigen. Denn nicht im Grundbuch gewahrten Vereinbarungen wirken nicht gegen Sonderrechtsnachfolger. Gleiches gilt für Beschlüsse, die kraft vereinbarter Öffnungsklauseln gefasst, aber nicht in das Grundbuch eingetragen wurden. Dies kann eine komplizierte Prüfung erfordern, ob sich die Beschlusskompetenz auf eine gesetzliche oder eine vereinbarte Öffnungsklausel zurückführen lässt (zur Schwierigkeit der Abgrenzung vgl. *Abramenko* ZMR 2020, 453, 454). Der Schadensersatzanspruch setzt kein **Verschulden** auf Seite der Anspruchsgegner noch die Rechtswidrigkeit des Eingriffs voraus (*LG Hamburg* ZMR 2017, 1001; *v. Rechenberg* ZWE 2005, 48 f.). Der Anspruch aus § 14 Abs. 3 WEG kann **neben einem Anspruch auf Schadensersatz aus § 280 Abs. 1 BGB** wegen der Verletzung der Pflicht zur ordnungsmäßigen Erhaltung des Gemeinschaftseigentums geltend gemacht werden (*BGH* ZMR 2012, 975). 119

c) Mittelbarer Zwang zur Anfechtung von Beschlüssen?

Fraglich ist schließlich der Einfluss der bloßen Anfechtbarkeit auf die Ausgleichspflicht nach § 14 Abs. 3 WEG. Auf den ersten Blick scheint sich eine Parallele zur Rechtsprechung des *BGH* zum Schadensersatz wegen unzureichender Beschlussfassungen über die Sanierung von Gemeinschaftseigentum aufzudrängen. Danach darf der betroffene Wohnungseigentümer einen Beschluss, der keine ordnungsgemäße Erhaltung des Gemeinschaftseigentums vorsieht, nicht nach dem Grundsatz »dulde und liquidiere« hinnehmen; er muss ihn vielmehr anfechten. Der *BGH* stellt dabei darauf ab, dass inhaltlich fehlerhafte Beschlüsse durch den Eintritt der Bestandskraft zwar nicht fehlerfrei werden, aber nach der Regelung des § 23 Abs. 4 S. 2 WEG gültig sind (*BGH* v. 13.07.2012 – V ZR 94/11, ZMR 2012, 974 ff.). Wenn sich Verwalter und Wohnungseigentümer daran halten, ist dies folglich nicht pflichtwidrig, so dass Schadensersatzansprüche wegen der Durchführung eines fehlerhaften, aber bestandskräftigen Beschlusses ausscheiden. Diese Schlussfolgerung dürfte indessen nicht auf die vorliegende Konstellation zu übertragen sein. Vielmehr verhält es sich hier genau umgekehrt: Der anfechtbare Beschluss ändert in der vom *BGH* entschiedenen Fallgestaltung unzureichender Beschlussfassungen zur Erhaltung mit der Bestandskraft gewissermaßen seine rechtliche Qualität, indem er endgültig zu einer Rechtsgrundlage für die (Nicht-)Durchführung der betroffenen Maßnahme wird. Deshalb wird betroffenen Wohnungseigentümer, der seinen Schadensersatz auf die Rechtswidrigkeit der Beschlussfassung stützt, die Berufung hierauf genommen. Hingegen stützt der Wohnungseigentümer, der aufgrund der beschlossenen Maßnahme einen Ausgleich nach § 14 Abs. 3 WEG begehrt, diesen Anspruch gerade nicht die Rechtswidrigkeit der Beschlussfassung. Er akzeptiert den entsprechenden Beschluss vielmehr von vorneherein als rechtmäßige Grundlage für die ihm nachteilige Einwirkung. Hierdurch ändert sich mit seiner Bestandskraft nichts. Vielmehr wird der die Einwirkung legitimierende Beschluss endgültig zu einer Rechtsgrundlage für deren Durchführung. 120

III. Passivlegitimation

Wer zum Ausgleich nach § 14 Abs. 3 WEG verpflichtet ist, bestimmt § 14 Abs. 3 WEG nicht. Nach den Gesetzesmaterialien ist dies derjenige, zu dessen Gunsten die Duldungspflicht besteht (BT-Drs. 19/18791, S. 52). Das ist bei der Duldungspflicht nach § 14 Abs. 1 Nr. 2 WEG die Wohnungseigentümergemeinschaft (**a.A.** Staudinger/*Lehmann-Richter* 14 Rn. 12; die Wohnungseigentümer als Gesamtschuldner; wie hier Jennißen/*Hogenschurz* § 14 Rn. 46), bei derjenigen nach § 14 Abs. 2 Nr. 2 WEG der einwirkende Eigentümer. 121

IV. Umfang des Ausgleichs

1. Ausgleich »in Geld«

122 Die durch die wenig bestimmten Anspruchsvoraussetzungen erzeugte Rechtsunsicherheit bei der Anwendung von § 14 Abs. 3 WEG wird dadurch verstärkt, dass auch auf der Rechtsfolgenseite die ähnlich unbestimmte Formulierung des »angemessenen Ausgleichs« gewählt wurde. Darüber hinaus sieht § 14 Abs. 3 WEG ausdrücklich nur einen Ausgleich »in Geld« vor. Der duldungspflichtige Wohnungseigentümer kann somit, anders als nach § 14 Nr. 4 letzter Halbs. WEG a.F. noch nicht einmal theoretisch Naturalrestitution verlangen.

2. Angemessenheit

a) Substanzschäden

123 Mit der Anlehnung des § 14 Abs. 3 WEG an § 906 Abs. 2 S. 2 BGB richtet sich der Ausgleichsanspruch anders als nach altem Recht nicht mehr nach §§ 249 ff. BGB. Der Wohnungseigentümer, der eine Einwirkung hinnehmen muss, erhält nur einen »angemessenen« Ausgleich im Sinne des § 906 Abs. 2 S. 2 BGB. Dieser muss nicht den vollen Ersatz seiner Vermögensschäden erreichen. Voll zu ersetzen sind nach der Rechtsprechung des *BGH* Substanzschäden (*BGH*, 18.12.2015 – V ZR 55/15, NZM 2016, 735 = NJW-RR 2016, 588 = GE 2016, 518). Allerdings muss sich der Anspruchsberechtigte einen Abzug »neu für alt« gefallen lassen.

b) Sonstige Einbußen

124 Für sonstige Schäden, insbesondere bei Vermögensfolgeschäden kommt ein Ausgleich nur in Betracht, wenn er »angemessen« ist. Dies ist auf jeden Falls dann zu verneinen, wen schon nach dem großzügigeren Maßstab der §§ 249 ff. BGB kein Ersatz zu leisten war. Etwa für den Verlust von Gebrauchsvorteilen ist nur dann Ersatz zu leisten, wenn der duldungspflichtige Wohnungseigentümer zur eigenwirtschaftlichen Lebenshaltung auf die betroffenen Bauteile angewiesen ist. Etwa der Betreiber einer zahnärztlichen Praxis kann für die nicht mögliche Nutzung von Terrasse und Garten keinen Ausgleich verlangen (*BayObLG* NJW-RR 1994, 1104 f.; ähnlich *AG Nürnberg* ZMR 2007, 1003). Nicht zu erstatten ist ferner schon nach diesen Grundsätzen der reine Verlust von Freizeit etwa bei Inanspruchnahme unbezahlten Urlaubs zur Überwachung der Arbeiten (*KG* ZMR 2000, 335). Im Übrigen kann auf die Grundsätze des Ausgleichs nach § 906 Abs. 2 S. 2 BGB verwiesen werden (BT-Drs. 19/18791, S. 52).

3. Durchsetzung des Ausgleichsanspruchs

125 Der betroffene Wohnungseigentümer kann im Streitfall nicht mit seinem Ausgleichsanspruch aus § 14 Abs. 3 WEG gegen Wohngeldansprüche aufrechnen (*OLG München* NJW-RR 2007, 735; Jennißen/*Hogenschurz* § 14 Rn. 56). Er kann aber im Vorfeld eine Sicherheitsleistung verlangen und bis zu ihrer Stellung entsprechend § 273 BGB den Zutritt zu seiner Wohnung verweigern (*KG* NJW 1986, 696, 697).

4. Regelungsmöglichkeiten der Wohnungseigentümer

126 Die Schadensersatzverpflichtung kann **dem Grunde nach** durch Vereinbarung **abbedungen werden**, nicht aber durch Beschluss (*LG München I* ZMR 2014, 146; *AG München* ZMR 2013, 756). Berücksichtigt der Verwalter einen vereinbarten Ausschluss nicht, macht er sich wegen der Leistung von Schadensersatz aus dem Gemeinschaftsvermögen schadensersatzpflichtig (*LG München I* ZMR 2014, 145 f.; *AG München* ZMR 2013, 756). Die Entscheidung, ob und in welcher **Höhe** Schadensersatz geleistet wird, steht der Eigentümerversammlung zu. Setzt sich der Verwalter hierüber hinweg oder befragt er die Eigentümerversammlung erst gar nicht, macht er sich schadensersatzpflichtig (*LG München I* ZMR 2014, 146 f.). Fasst die Wohnungseigentümerversammlung einen Beschluss über die **pauschale Abgeltung der Schäden**, die die Benutzung eines Sonder- oder Teileigentums bei der

Instandhaltung gemeinschaftlichen Eigentums erleidet, ist dieser nicht nichtig, wohl aber mit der Begründung anfechtbar, dass ein höherer Schaden entstanden ist (*BGH*, 08.07.2022 – V ZR 207/21, ZMR 2022, 983 m. krit. Anm. *Riecke* sowie Beschlussmuster; *BayObLG* NJW-RR 1994, 1104; a.A., für Nichtigkeit *v. Rechenberg* ZWE 2005, 57).

5. Verjährung

Der Anspruch aus § 14 Abs. 3 WEG unterliegt wie schon derjenige aus § 14 Nr. 4 WEG a.F. der **Regelverjährung** (*BGH* ZMR 2016, 210, 214). Sie wird bereits durch die Klage auf Ersetzung eines Beschlusses über die Zahlung von Schadensersatz gehemmt (*BGH* ZMR 2016, 210, 214). 127

M. Abdingbarkeit

I. Folgerungen aus Wortlaut, Systematik und Geschichte der Norm

Auch die neue Fassung der Vorschrift ist nicht zwingend (a.A. für § 14 Abs. 1 WEG, aber ohne Begründung Staudinger/*Lehmann-Richter* § 14 Rn. 25; ebenso für Abs. 2 Rdn. 98). Hierfür spricht zunächst der Wortlaut des Gesetzes, der gerade keine Unabdingbarkeit anordnet. Dies folgt auch aus der Systematik des Gesetzes, da die Unabdingbarkeit nach § 10 Abs. 1 S. 2 WEG eine ausdrückliche Bestimmung im Gesetz erfordert. Schließlich folgt die Abdingbarkeit aus der Gesetzesgeschichte. Denn die Vorgängernorm, die ein funktionelles Äquivalent im alten Wohnungseigentumsrecht darstellte, wurde gleichfalls als abdingbar angesehen (s. die Nachw. in der Voraufl. Rn. 4). Die Neuregelung der Verwaltungszuständigkeit verlangt ebenso wenig wie die Bedeutung der Pflichtenregelung für die Wohnungseigentümer eine Unabdingbarkeit der Vorschrift (so aber Jennißen/*Hogenschurz* § 14 Rn. 4). Denn die Verwaltungszuständigkeit hat nur Bedeutung für die Frage, wer Rechte geltend macht, nicht welche dies sind. Schließlich kennt die Praxis noch weit einschneidendere Regelungen als eine Modifikation der Rechte der Pflichten aus § 14 WEG, so dass auch insoweit keine Unabdingbarkeit folgt. 128

II. Mögliche Regelungen

In neuen, nach dem 01.12.2020 konzipierten Gemeinschaftsordnungen können anderweitige Regelungen an Stelle der gesetzlichen treten. Denkbar ist auch der schlichte Ausschluss etwa der Schadensersatzverpflichtung nach § 14 Abs. 3 WEG. Für Altvereinbarungen aus der Zeit vor dem 1.12.20 ist freilich § 47 WEG zu beachten. Insbesondere die bloße Wiederholung des zu dieser Zeit geltenden Rechtes, also eine § 14 WEG a.F. entsprechende Regelung steht der Anwendung neuen Rechtes nicht entgegen. 129

III. Anwendbares Recht bei Abbedingung von § 14 WEG

Wird § 14 WEG (wie insbesondere bei Reihen- oder Doppelhäusern nicht unüblich) in der Teilungserklärung ganz oder teilweise abbedungen, richtet sich der Schutz des Nachbarn wieder nach **§§ 906 ff. BGB** (*BayObLG* ZMR 1997, 41 f.; *LG Hamburg* ZMR 2013, 992 f.), dem allgemeinen **Nachbarschaftsrecht und drittschützenden Normen des öffentlichen Rechts** (*BayObLG* ZMR 2001, 363; 473 u. 564 f.; *LG Itzehoe* ZMR 2009, 480; *LG Hamburg* ZMR 2013, 992 f.). Dies kann auch Festsetzungen des Bebauungsplanes umfassen (*LG Itzehoe* ZMR 2009, 480). Sie bleiben allerdings Teil der privatrechtlichen Abwehransprüche und führen nicht zu **öffentlich-rechtlichen Abwehransprüchen**, die vor den Verwaltungsgerichten anhängig zu machen wären (*BVerfG* NJW-RR 2006, 727; *OLG Hamm* ZMR 2006, 708; *BayVGH* ZMR 2011, 1001 f.; *VG Hamburg* ZMR 2011, 1002 f.). Wenn allerdings aufgrund der Baugenehmigung feststeht, dass das Vorhaben nicht gegen öffentlich-rechtliche Vorschriften verstößt, muss der Miteigentümer dies auch im Verfahren nach § 43 Abs. 2 Nr. 1 WEG gegen sich gelten lassen (*BayObLG* ZMR 2000, 236; NJW-RR 2001, 1457 = ZMR 2001, 565). Andere, **nicht drittschützende Vorschriften des öffentlichen Rechtes** sind im Verhältnis der Wohnungseigentümer untereinander unbeachtlich, weil sie alleine die Möglichkeiten des Einschreitens der Baubehörde regeln und nur von dieser auf ihre Einhaltung zu über- 130 wachen sind (vgl. *BayObLG* ZMR 2000, 547; *OLG Hamm* ZMR 2001, 1007; *LG München I* ZMR 2017, 325, 326 f.; *AG Köln* ZMR 2018, 377).

Anhang zu § 14 WEG

Vermietung von Gemeinschafts- und Sondereigentum; Gebrauchsregelungen

Übersicht

A. Vermietung von gemeinschaftlichem Eigentum

I. Gebrauchsregelung durch Mehrheitsbeschluss

Die Vermietung von gemeinschaftlichem Eigentum setzt als besondere Form des Gebrauchs und der Benutzung eine Gebrauchsregelung durch die Wohnungseigentümer voraus. Nach § 18 Abs. 1 WEG liegt das **Verwaltungsmonopol** bei der Gemeinschaft der Wohnungseigentümer, woraus sich die **Verwaltungskompetenz** für das gemeinschaftliche Eigentum ergibt (SEHR/*Skauradszun* § 1 Rdn. 40; vgl. *Agatsy* ZMR 2022, 11 ff.). Die Gemeinschaft der Wohnungseigentümer verfügt über die ausschließliche **Dispositionsbefugnis**, welche auch die Vermietung von gemeinschaftlichem Eigentum umfasst. Diese kann gem. § 19 Abs. 1 Alt. 2 WEG durch **Mehrheitsbeschluss** erfolgen. Aus § 19 Abs. 1 S. 1 Alt. 2 WEG folgt die Beschlusskompetenz über die **ordnungsgemäße Benutzung und den Gebrauch** des gemeinschaftlichen Eigentums. Benutzung ist dabei ein *»Synonym«* für den Gebrauch (PWW/*Elzer/Riecke* WEG § 19 Rn. 6; Bärmann/*Dötsch* WEG § 19 Rn. 44; SEHR/*Agatsy* § 4 Rn. 12; MüHdB WEG-R/Rüscher § 3 Rn. 70; Jennißen/*Sommer* WEG § 19 Rn. 38). Die Regelung der **Beschlusskompetenz** ist mit § 15 Abs. 2 WEG a.F. vergleichbar. Dies ist auch Gegenstand der ordnungsgemäßen Verwaltung i.S.v. § 18 Abs. 1 WEG. Das gemeinschaftliche Eigentum gem. § 1 Abs. 5 WEG umfasst alle umbauten **Räume und Flächen**, die nach der Teilungserklärung oder ergänzenden Vereinbarung dem gemeinschaftlichen Eigentum zugeordnet sind (§ 1 Rdn. 60; PWW/*Elzer/Riecke* WEG § 1 Rn. 11; Bärmann/*Armbrüster* WEG § 1 Rn. 52 ff.; *Hügel/Elzer* WEG § 1 Rn. 30; Jennißen/*Zimmer* WEG § 1 Rn. 26). An den vermietbaren Bestandteilen des gemeinschaftlichen Eigentums besteht **Bruchteilseigentum** aller Wohnungseigentümer gem. §§ 1008 ff. BGB (*Hügel/Elzer* WEG § 1 Rn. 5; Jennißen/*Zimmer* WEG § 1 Rn. 8 ff.). Dies steht einer Vermietung der zum **gemeinschaftlichen Eigentum** gehörenden **Räumen oder Flächen** nicht entgegen (PWW/*Elzer/Riecke* WEG § 9a Rn. 20; Bärmann/*Suilmann* WEG § 13 Rn. 92; *Elzer* ZWE 2009, 12; *Drasdo* NJW-Spezial 2020, 225). Bei der rechtlichen Bewertung der durch die Gemeinschaft der Wohnungseigentümer **vermietbaren Flächen** des gemeinschaftlichen Eigentums ist zu berücksichtigen, dass der Gesetzgeber mit dem Inkrafttreten der Vorschriften der §§ 3 Abs. 1 und 2 WEG die Sondereigentumsfähigkeit auf **Stellplätze, Parkplätze (Garagenstellplätze) und Freiflächen** erweitert hat (§ 3 Rdn. 65 ff.; zur Sondereigentumsfähigkeit der Doppelparker BGH, 07.03.2024 – V ZB 46/23, DNotZ 2024, 426 Rn. 21 ff.; *Agatsy* AnwZert MietR 02/2022 Anm. 1; *Elzer* ZNotP 2021, 97 ff; *Hügel/Elzer* WEG § 3 Rn. 60 ff.; Bärmann/*Armbrüster* WEG § 3 Rn. 60; Jennißen/*Zimmer* WEG § 3 Rn. 4; Erman/*Grziwotz* WEG § 3 Rn. 5; MHdB WEG-R/*Rampp* § 2 Rn. 306; zum Begriff der Maßangaben bei Stellplätzen DNotI-Report 2022, 155). Hiervon abzugrenzen ist die **Einräumung von Sondernutzungsrechten** zugunsten von einzelnen Wohnungseigentümern an Bestandteilen des gemeinschaftlichen Eigentums. (§§ 16 Rdn. 21 ff.; PWW/*Elzer/Riecke* WEG § 16 Rn. 13; zur Vermietung vgl. *Agatsy* MietRB 2022, 252, 255). Es gilt grundsätzlich, dass Flächen oder Räume des gemeinschaftlichen Eigentums nicht entgegen gültiger **Gebrauchsregelungen** vermietet werden dürfen (vgl. *Drasdo* NJW-Spezial 2020, 225; Bärmann/*Dötsch* WEG § 19 Rn. 48; FormB-WEG-R/*Elzer* § 1 Rn. 194 ff.; MHdB WEG-R/*Bartels* § 6 Rn. 4; MHdB/WEG-R/*Agatsy* § 41 Rn. 50). Darüber entscheiden die Wohnungseigentümer per Beschlussfassung und somit im Interesse einer ordnungsgemäßen Verwaltung (*Emmerich* ZWE 2021, 193, 199). Dabei können zum gemeinschaftlichen Eigentum gehörende Wohnungen (z.B. die *Hausmeisterwohnung*) sowie **Kellerräume, Bodenräume, Garagen, Parkflächen, Parkplätze oder Freiflächen** vermietet werden (mit zahlreichen Beispielsfällen § 18 Rdn. 93; PWW/*Elzer/Riecke* WEG § 19 Rn. 13; *Hügel/Elzer* WEG § 19 Rn. 34; Bärmann/*Dötsch* WEG § 19 Rn. 40; MüHdB WEG-R/*Bartels* § 6 Rn. 4 ff.). Steht gem. § 19 Abs. 1 Hs. 1 WEG keine Vereinbarung z.B. Regelungen der Gemeinschaftsordnung entgegenstehen, sind **Mehrheitsbeschlüsse zur Vermietung** der zum gemeinschaftlichen Eigentum gehörenden Flächen und Räume zulässig (NK-BGB/*Riecke/Schmidt* Anh. I zu BGB § 535 bis 580a Rn. 40; Bärmann/*Dötsch* WEG § 19 Rn. 51; *Hügel/Elzer* WEG § 19 Rn. 12; MüKoBGB/*Rüscher* WEG § 18 Rn. 91). Der Beschlussfassung über die Vermietung von Bestandteilen des gemeinschaftlichen Eigentums gem. § 19 Abs. 1 Alt. 2 WEG darf keine vereinbarte Regelung z.B. in der Gemeinschaftsordnung entgegenstehen **und** den Wohnungseigentümern kein **Nachteil** entstehen (*BGH* 29.06.2000 – V ZB 46/99, ZMR 2000, 845 Rn. III Ziff. 2; MüHdB WEG-R/*Bartels* § 6 Rn. 5). 1

Um einzelne Miteigentümer nicht zu benachteiligen, sollte die Vermietung von Teilen des gemeinschaftlichen Eigentums z.B. Stellplätze, nutzbaren Nebenräumen jedoch möglichst über einen **beschränkten Zeitraum** (maximal 2 Jahre vgl. *LG München I* 11.05.2017 – 36 S 11050/16 WEG, ZMR 2017, 925) oder alternativ nach einem **Losverfahren** erfolgen (MüHdB WEG-R/*Bartels* § 6 Rn. 4). Existiert eine Vereinbarung, kann diese nur durch eine Vereinbarung gem. § 19 Abs. 1 WEG abgeändert werden. Vereinbarungswidrige Beschlüsse und einseitig vereinbarungsändernde Beschlussfassungen sind demzufolge unwirksam (Jennißen/*Schultzky* WEG § 23 Rn. 185; MüHdB WEG-R/*Agatsy* § 41 Rn. 13). Damit würde das gemeinschaftliche Eigentum der *Disposition durch die Wohnungseigentümer* entzogen (*BGH* 12.04.2019 – V ZR 112/18 Rn. 7, ZMR 2019, 619; *Hügel/Elzer* WEG § 19 Rn. 27). Dies gilt auch im Fall vereinbarter Beschlusskompetenzen in einer Öffnungsklausel. Auch die vereinbarte Beschlusskompetenz einer **Öffnungsklausel** darf die **Mitgliedsrechte** der Wohnungseigentümer weder einschränken noch entziehen (vgl. MHdB WEG-R/*Agatsy* § 3 Rn. 19; *Hügel/Elzer* WEG § 10 Rn. 174; PWW/*Elzer/Riecke* WEG § 10 Rn. 17). Entsprechendes gilt für Beschlussfassungen, die in den **Kernbereich des Wohnungseigentums** eingreifen. Gebrauchs- und nutzungsspezifische Zweckbestimmungen im Sinne des § 14 Abs. 1 Nr. 2 WEG dürfen nicht entgegenstehen. Solange kein Sondernutzungsrecht eingeräumt ist, greift die gemeinschaftsbezogene Kompetenz. Vereinzelt wurde die Vermietbarkeit des gemeinschaftlichen Eigentums im Schrifttum für unzulässig erachtet *Merle* (PiG 30, 204; später a.A. ZWE 2006, 130) hatte ursprünglich darauf abgestellt, dass die Überlassung zum Alleingebrauch nicht mehr unter § 15 WEG a.F. falle; im Ausschluss des Mitgebrauchsrecht der Wohnungseigentümer liege stets ein rechtlicher Nachteil gem. § 14 WEG a.F. Dieser werde auch lediglich wirtschaftlich nicht rechtlich durch die Mietrendite zugunsten der Gemeinschaft aufgewogen. Dem ist jedoch nicht zu folgen. Das Vorliegen eines »rechtlichen Nachteils« lässt sich nur schwer begründen, zumal es dem berechtigten Interesse aller Wohnungseigentümer entspricht, aus dem gemeinschaftlichen Eigentum wirtschaftliche Nutzungen (Früchte) zu ziehen. Ebenso wenig lassen der Wortlaut oder der Regelungszweck des § 14 Abs. 1 Nr. 2 WEG *per se* eine Einschränkung der Vermietung des gemeinschaftlichen Eigentums zu. Eine Kompetenzbeschränkung für eine Beschlussfassung lassen ebenso wenig der sich auch nicht aus dem Wortlaut und der Regelungszweck der § 18 Abs. 2 Nr. 2 WEG und §§ 19 Abs. 1 Alt. 2 WEG ableiten. Jeder Wohnungseigentümer hat gegen die Gemeinschaft der Wohnungseigentümer einen Anspruch auf eine ordnungsgemäße Verwaltung des gemeinschaftlichen Eigentums gem. § 18 Abs. 2 Nr. 1 WEG sowie gem. § 18 Abs. 2 Nr. 2 WEG einen Anspruch auf **Gebrauchs- und Benutzungsregelungen**. Darüber haben die Wohnungseigentümer gem. § 19 Abs. 1 Alt. 2 WEG im Rahmen einer Beschlussfassung zu entscheiden (§ 19 Rdn. 15; Bärmann/*Dötsch* WEG § 18 Rn. 70; *Hügel/Elzer* WEG § 18 Rn. 71; MüKoBGB/*Rüscher* WEG § 18 Rn. 91; *Agatsy* ZMR 2022, 11 ff.; vgl. *Emmerich* ZWE 2021, 193, 200; MHdB WEG-R/*Bartels* § 6 Rn. 2 ff.; MHdB WEG/R/*Rüscher* § 2 Rn. 374). Damit darf aber der eigentliche Zweck des Sondereigentums nicht abgeändert werden. Zum einen sollen die vermietbaren Bestandteile des gemeinschaftlichen Eigentums wirtschaftlich im Interesse der Gemeinschaft der Wohnungseigentümer und zugunsten aller Wohnungseigentümer genutzt werden. Die regelmäßigen Früchte der Nutzung kommen der Gemeinschaft der Wohnungseigentümer zugute. In der Vermietung liegt eine zweckgebundene Regelung des Gebrauchs/der Nutzung des gemeinschaftlichen Eigentums (*Kreuzer* FS Blank 2006, 651, 653/654; Harz/Schmid/*Elzer/Riecke* Anh. I Rn. 28). Bei der Abfassung des Mehrheitsbeschlusses gilt die Vorschrift des § 25 Abs. 1 WEG. In der Regel reicht ein einfacher Mehrheitsbeschluss. Die beschlussrelevante Mehrheit gem. § 25 Abs. 2 S. 1 WEG ermittelt sich im Regelfall und demzufolge nach Köpfen. Die Vorschrift stellt nicht auf das Wohnungseigentum, sondern auf die Wohnungseigentümer selbst ab (*Hügel/Elzer* WEG § 25 Rn. 21; Bärmann/*Merle* WEG § 25 Rn. 31 f.; MüKoBGB/*Hogenschurz* WEG § 25 Rn. 8). Ist in der Gemeinschaftsordnung vereinbart, dass eine einfache Mehrheit nicht ausreicht, ist die abweichende **Beschlussmehrheit** vorrangig (§ 25 Rdn. 136; *Riecke* MDR 2023, 206 ff.; MüHdB WEG-R/*Agatsy* § 41 Rn. 32). Beschlussfassungen über den Zustimmungsvorbehalt bei der Vermietung von Sondereigentum sind mangels Beschlusskompetenz nichtig. Andernfalls würde der Regelungszweck des § 13 WEG ausgehöhlt. (*AG Essen* v. 30.12.2022 – 196 C 73/21, ZMR 2022, 247; Bärmann/*Suilmann* WEG § 13 Rn. 120 ff.; *Armbrüster* ZWE 2004, 217, 221; zur Vereinbarung über einen Zustimmungsvorbehalt BGH, 25.09.2020 – V ZR 300/18, ZMR

2021, 259; MHdB WEG-R/*Bartels* § 6 Rn. 98). Ebenso wenig kann eine die Zustimmung zur Untervermietung von Teil- oder Sondereigentum von einer Beschlussfassung abhängen. Meines Erachtens kann auch eine beschlussweise Versagung der Vermietung aufgrund einer Öffnungsklausel keinen Bestand haben. Ein vereinbarter Zustimmungsvorbehalt darf nicht ohne Weiteres eingeschränkt oder an unzulässige Bedingungen geknüpft werden. Der *BGH* hat entschieden, dass die Nichtvorlage des Mietvertrages kein wichtiger Grund zur Verweigerung einer in der Gemeinschaftsordnung vereinbarten Vermietungszustimmung sei (vgl. *BGH* 25.09.2020 – V ZR 300/18, ZMR 2021, 259 = ZWE 2021, 120 m. Anm. *Köhler*; *Elzer* FD-ZVR 2021, 435274). Der *BGH* führt in den Urteilsgründen unter Rn. 21 aus:

»Die Frage ist allerdings vor allem bei der Zustimmung zum Verkauf gemäß § 12 I WEG umstritten. Nach überwiegender Meinung darf die Erteilung der Zustimmung zur Veräußerung ebenso wie zur Vermietung einer Eigentumswohnung vorbehaltlich abweichender Vereinbarungen der Wohnungseigentümer OLG Hamburg OLGR 2005, 193 (194); Bärmann/Suilmann WEG § 12 Rn. 31; MüKoBGB/Commichau WEG § 12 WEG Rn. 24) **nicht von der Vorlage des Erwerbs- bzw. Mietvertrags** *abhängig gemacht werden (für Zustimmung zur Veräußerung: Suilmann in Bärmann, WEG, 14. Aufl., Skauradszun in BeckOGK, WEG [1.3.2020], § 12 Rn. 31; Grziwotz in Erman, BGB, 16. Aufl., § 12 WEG Rn. 2 a.E.; Grziwotz in Jennißen, WEG, 6. Aufl., § 12 Rn. 30; Vandenhouten in Niedenführ/Schmidt-Räntsch/Vandenhouten WEG § 12 Rn. 52; Kreuzer in Staudinger, BGB [2018], § 12 WEG Rn. 74; Göhmann RNotZ 2012, 251 (264); wohl auch: Hügel/Elzer, WEG, 3. Aufl., § 12 Rn. 72 aE.«* 2

Dem ist zuzustimmen. Selbst aus möglicherweise rechtlich oder tatsächlich unzutreffende Angaben im Vertrag ergeben sich in aller Regel keine belastbaren objektiven Anhaltspunkte dafür, dass sich der Mieter der Wohnung seinen Verpflichtungen entziehen will (vgl. *BGH* 25.09.2020 – V ZR 300/18, ZMR 2021, 259 Rn. 24). Gegenüber der Gemeinschaft der Wohnungseigentümer bleibt der vermietende Wohnungseigentümer aus § 14 Abs. 1 WEG verpflichtet. Überschreitet er seine Befugnisse aus §§ 13 Abs. 1, 14 Abs. 1 Nr. 2 WEG, steht ohnehin der Gemeinschaft der Wohnungseigentümer das **Recht auf Einschreiten** zu. Seitens der GdWE können jedoch nur diejenigen **Informationen und Unterlagen** verlangt werden, die für die Prüfung erforderlich sind (*BGH* a.a.O.; Bärmann/*Suilmann* WEG § 12 Rn. 38; MüKoBGB/*Scheller* WEG § 13 Rn. 26). 3

Werden Räume oder Flächen des gemeinschaftlichen Eigentums dauerhaft vermietet, ist eine Abgrenzung zum Sondernutzungsrecht vorzunehmen. Diese Abgrenzungsfrage stellt sich vor allem dann, wenn zum gemeinschaftlichen Eigentum gehörende **Gebäudebestandteile, Räume oder Flächen** einem Sondereigentümers zum alleinigen Gebrauch und Nutzung dauerhaft zustehen und demzufolge der Disposition der Wohnungseigentümer entzogen sind. Es würde quasi ein Sondernutzungsrecht begründet. Diese können gem. §§ 5 Abs. 4, 10 Abs. 3 WEG nur durch Vereinbarungen begründet werden (§ 10 Rdn. 87; PWW/*Elzer/Riecke* WEG § 16 Rn. 11; Bärmann/*Schneider* WEG Anh. zu § 16 Rn. 193; *Agatsy* MietRB 2022, 252 ff.; MHdB WEG-R/*Schneider* § 2 Rn. 408). Anders liegt der Fall der Vermietung von Bestandteilen des gemeinschaftlichen Eigentums. Dem entzogenen oder beschränkten Mitgebrauch im Sinne von § 16 Abs. 1 S. 3 WEG steht eine ausreichende **Kompensation** in Form des Nutzungsausgleichs gegenüber. Auch nach der Auffassung des *LG Berlin* steht dauerhafte Vermietung von gemeinschaftlichem Eigentum nicht einem **Sondernutzungsrecht** gleich (*LG Berlin* 29.05.2018 – 85 S 43/16, ZMR 2018, 847, 849). Dies gilt auch für die Einräumung von schuldrechtlichen Sondernutzungsrechten (vgl. *Agatsy* MietRB 2021, 252ff.; PWW/*Elzer/Riecke* WEG § 16 Rn. 23). Eine generelle Einräumung eines Sondernutzungsrechts durch Mehrheitsbeschluss entzieht den übrigen Wohnungseigentümern das **Mitgebrauchsrecht** am gemeinschaftlichen Eigentum und ist demzufolge nichtig (Bärmann/*Schneider* WEG Anh. zu § 16 Rn. 194; *Hügel/Elzer* WEG § 19 Rn. 23; MüKoBGB/*Rüscher* WEG § 10 Rn. 24). Die Einräumung eines Sondernutzungsrechts zugunsten eines Wohnungseigentümers schließt die Vermietung durch die Gemeinschaft aus. Die Beschlussfassung über die Vermietung von mit Sondernutzungsrechten behafteten Flächen ebenfalls unwirksam ist (PWW/*Elzer/Riecke* WEG § 16 Rn. 11 ff.; Harz/Schmid/ 4

Elzer/*Riecke* Anh. I Rn. 37; vgl. *BGH* 20.02.2014 – V ZB 116/13, ZMR 2015, 232 Rn. 16; *LG Berlin* 22.02.2019 – 85 S 15/18, ZMR 2019, 707).

5 Von Praxisrelevanz ist die Einräumung faktischer Sondernutzungsrechte bei der Gestattung baulicher Veränderungen im gemeinschaftlichen Eigentum. Hier wird eine dem Sondernutzungsrecht vergleichbare Rechtsposition durch Mehrheitsbeschluss eingeräumt (§ 20 Rn. 25 ff.; *BGH* 09.02.2024 – V ZR 244/22, MietRB 2024, 125 m. Anm. *Elzer*; zur Durchsetzung von individuellen Gebrauchs- und Nutzungsansprüchen *Agatsy* MietRB 2024, 174, 176). Dies war in der Literatur und Rechtsprechung umstritten, zumal ein echtes Sondernutzungsrecht am gemeinschaftlichen Eigentum i.d.R. nur durch Vereinbarung begründet werden kann. Ergänzend gelten schuldrechtliche Regelungen zwischen dem Begünstigten und der GdWE. Die Einräumung (*rechtliche Wirkung*) eines faktischen Sondernutzungsrechts kann dadurch eintreten, dass einem Miteigentümer per Beschlussfassung gem. §§ 20 Abs. 1, 20 Abs. 3 WEG eine bauliche Veränderung gestattet wird. Der *BGH* hat in dem Urteil das faktische Sondernutzungsrecht bestätigt, so dass durch Beschlussfassung über eine bauliche Veränderung der Zustand *wie ein Sondernutzungsrecht* ausgestaltet wird. Eine über das zumutbare Maß der Beeinträchtigung i.S.d. § 20 Abs. 4 BGB liegt nicht vor (BGH, 09.02.2024 – V ZR 33/23, ZMR 2024, 497 Rn. 22; *Elzer* FD-ZVR 2024, 806283).

6 Gem. § 19 Abs. 1 Var. 2 WEG sollen die Wohnungseigentümer durch Mehrheitsbeschluss im Wege einer Gebrauchsregelung (vgl. *Kreuzer* FS Blank 2006, 653; *Elzer* ZWE 2009, 12) – trotz *BGH* ZMR 2000, 771 = MDR 2000, 1367 m. Anm. *Riecke* sowie *Häublein* ZWE 2000, 569; zuletzt *BGH* (*BGH* 08.04.2016 – V ZR 191/15, ZMR 2016, 888) – über die **Vermietung** – zur Verpachtung vgl. *BayObLG* ZMR 2002, 688 – von **gemeinschaftlichem** Eigentum entscheiden dürfen und können (*BGH* ZMR 2000, 845; *OLG Hamburg* ZMR 2000, 628, 630; a.A. noch *OLG Zweibrücken* NJW-RR 1986, 1338; wie hier *Drasdo* FS Blank 2006, 617, Fallbeispiele bei *Kreuzer* FS Blank 2006, 652). An die Stelle der Möglichkeit des unmittelbaren (*Eigen-*) Gebrauchs tritt die Kompensation durch Nutzungsentgelte (Schmid/Harz/*Elzer*/*Riecke* Anh. I Rn. 29). Die Gemeinschaft der Wohnungseigentümer hat bei Beschlussfassungen ordnungsgemäßes **Ermessen**. Dieses üben die Wohnungseigentümer bei der Beschlussfassung für die Gemeinschaft der Wohnungseigentümer aus (§ 19 Rn. 14 ff.; PWW/*Elzer*/*Riecke* WEG § 18 Rn. 8; *Hügel*/*Elzer* WEG § 19 Rn. 44; Bärmann/*Dötsch* WEG § 19 Rn. 140; BeckOGK BGB/*Skauradszun* WEG § 19 Rn. 39; MüKoBGB/*Rüscher* WEG § 19 Rn. 7; Jennißen/*Sommer* WEG § 19 Rn. 81; *Agatsy* ZMR 2022, 11 ff.). Die Vorschrift des § 19 Abs. 1 Alt. 2 WEG räumt den Wohnungseigentümern für deren Beschlussfassung ein **weiter Ermessensspielraum** über das *»ob«* und *»wie«* der **Gebrauchsregelung** über das gemeinschaftliche Eigentum ein. Für die **Ermessensentscheidung** ist das Interesse der Gesamtheit der Wohnungseigentümer ermessensleitend. Fehlt jegliche Abwägung und liegen der Entscheidungsfindung der Gemeinschaft der Wohnungseigentümer ggf. sachfremde Erwägungen zugrunde, begründet dies einen **Ermessensfehler** (*Hügel*/*Elzer* WEG § 18 Rn. 43; MüKoBGB/*Rüscher* WEG § 18 Rn. 46; MüHdB WEG-R/*Rüscher* § 3 Rn. 284 ff.; *Jacoby* ZWE 2023, 16, 20; SEHR/*Agatsy* § 4 Rn. 17 ff.). Eine inhaltliche Beschränkung ist jedoch vorzunehmen, wenn sich die **Vermietung oder Verpachtung** im Ergebnis wie die Begründung eines schuldrechtlichen Sondernutzungsrechts auswirkt (*OLG Düsseldorf* 09.07.2004 – 3 Wx 85/04, ZMR 2004, 931 = NZM 2005, 623; *LG Hamburg* 28.10.2015 – 318 S 9/15, ZMR 2016, 57; s.a. *Drasdo* FS Blank 2006, 618 m.w.N.; *Riecke* MDR 2017, 121 ff.). Zumindest das Rechtsgefühl bestätigt die divergierenden Ergebnisse, weil den (bzw. bei Vermietung an einen Nichteigentümer sogar allen) vom Mitgebrauch ausgeschlossenen Eigentümern der Anteil an den Mieteinnahmen bleibt (§ 13 Abs. 1 Satz Alt. 2, § 16 Abs. 1 S. 3 WEG i.V.m. §§ 100, 99 Abs. 3 BGB). Im direkten Vergleich der Entscheidungsgründe beider *BGH*-Beschlüsse tun sich aber Widersprüche und einige Ungereimtheiten auf. Auch die Vermietung entzieht den anderen – bei Drittvermietung sogar sämtlichen – Eigentümern den Mitgebrauch. Das Alleingebrauchsrecht des Mieters schließt eine Mitbenutzung durch die Eigentümer gerade aus. Bei einem langfristigen Mietvertrag erfolgt die Entziehung auch auf Dauer. Zwar kann ein Sondernutzungsrecht nur durch **Vereinbarung** (*BGH* ZMR 2001, 119 = MDR 2001, 80; PWW/*Elzer*/*Riecke* WEG § 10 Rn. 12ff; Bärmann/*Schneider* WEG Anh. zu § 16 Rn. 193) und damit nicht gegen den Willen des Berechtigten wieder entzogen werden, während dem Mieter gekündigt werden kann. Wenn sich die Mehrheit

der Eigentümer aber gegen die Kündigung stellt, hilft dies nicht weiter. Wenn der *BGH* (ZMR 2000, 845) ausführt, der Beschluss über die Vermietung regele den Mitgebrauch aber entziehe diesen nicht, indem er die Möglichkeit des unmittelbaren Eigengebrauchs durch die des mittelbaren Fremdgebrauchs ersetze, bricht er in das Besitzrecht ein (§§ 854 ff. BGB), das für Nutzungen (§ 100 BGB) jedoch nicht passt. Während der Mieter unmittelbaren Fremdbesitz hat, und der Vermieter mittelbaren Eigenbesitz, hat (Mit) Gebrauch nur der Mieter. Nur er allein hat die Gebrauchsvorteile an der Mietsache. Mittelbaren Gebrauch gibt es nicht. Dies gilt auch im WEG, dem kein vom allgemeinen Verständnis (§§ 100, 99, 743 BGB) abweichender Gebrauchsbegriff zugrunde liegt. Von einer direkten »wirtschaftlichen« Kompensation von Gebrauchsvorteilen oder einer Fruchtziehung zugunsten einzelner Wohnungseigentümer spricht der *BGH* jedoch nicht. Das Gesetz kennt mittelbare Nutzungen in Form der sog. Früchte, wie z.B. die Miete (§ 99 Abs. 3 BGB) (zur Vermietung des gemeinschaftlichen Eigentums § 16 Rdn. 22; NK-BGB/*Riecke/Schmidt* Anh. I zu BGB § 535 bis 580a BGB Rn. 40; *Hügel/Elzer* WEG § 16 Rn. 4; Bärmann/*Schneider* WEG § 16 Rn. 14; SWK WEG-R/*Martini* Vermietung des gemeinschaftlichen Eigentums Rn. 15). Der Grund für die unterschiedliche Behandlung liegt deshalb darin, dass das Sondernutzungsrecht den übrigen Eigentümern jede Nutzung nimmt, bei Vermietung der Sondernutzungsfläche also auch einen Anteil an den Mieteinnahmen, wohingegen der Mietvertrag ein faktisches Sondernutzungsrecht ohne Fruchtziehungsrecht ist. Die Entgeltlichkeit des Mietgebrauchs ist kein taugliches Unterscheidungsmerkmal, da auch Sondernutzungsrechte oftmals nur für eine Gegenleistung eingeräumt werden (z.B. Sondernutzungsrecht an einer Gartenfläche gegen Gartenpflege). Ergänzend wird verwiesen auf *Häublein* Sondernutzungsrechte, S. 249. Das *OLG Hamm* (ZMR 2005, 400) verneint sogar bei der Aufteilung der Gartenflächen und damit besser realisierbarer Vermietung durch einzelne Wohnungseigentümer die Begründung von Sondernutzungsrechten und bejaht mit wenig überzeugender Begründung eine bloße Gebrauchsregelung. Das *OLG Hamburg* (ZMR 2003, 444) heißt sogar einen Vermietungsbeschluss ausdrücklich gut, um bei Parkraummangel Verteilungsgerechtigkeit zu schaffen. Der *BGH* löst dieses Problem überzeugend (vgl. *BGH* 08.04.2016 – V ZR 191/15 Rz. 13, ZMR 2016, 888 = IMR 2016, 470 [Elzer]) und bewertet die Zulässigkeit der Vermietung als Maßnahme der ordnungsgemäßen Verwaltung. Diese sei außerdem verhältnismäßig da dies den Wohnungseigentümern im Fall einer angemessenen Kompensation nicht den Mitgebrauch entziehe. Es macht wertungsmäßig keinen Unterschied, ob der Ausschluss vom Mitgebrauch – wie im Fall der Vermietung – durch einen entsprechenden Anteil an den Nutzungen oder durch den unmittelbaren ausschließlichen Eigengebrauch an einer Teilfläche des Gemeinschaftseigentums kompensiert wird (*Becker/Kümmel* ZWE 2001, 128, 136; *Wenzel* ZWE 2001, 226, 230 f.). Die Mieteinnahmen kommen der Gemeinschaft der Wohnungseigentümer zugute. Allerdings kann erst auf der Grundlage einer Beschlussfassung eine Festlegung erfolgen, in welchem Umfang ein etwaiger Überschuss nach Abzug der Lasten und Kosten zur Auskehrung gelangt (*LG Berlin* 18.09.2018 – 55 S 48/17, ZMR 2019, 532). Ebenso wenig begründen die Vorschriften der §§ 16 Abs. 1 S. 1 WEG und 16 Abs. 2 S. 1 WEG einen anteiligen Auskehrungsanspruch aufgrund der vereinnahmten Nutzungsentgelte zugunsten der Wohnungseigentümer. Den Wohnungseigentümern gebührt von vornherein nur ein Anteil am Reinertrag nach Abzug der Lasten und Kosten. (PWW/*Elzer/Riecke* WEG § 16 Rn. 5; *Hügel/Elzer* WEG § 16 Rn. 8; Bärmann/*Becker* WEG § 16 Rn. 22). Auch der *BGH* (*BGH* 01.06.2012 – V ZR 171/11, Rn. 16, ZMR 2012, 976; s.a. *BGH*, 11.10.2013 – V ZR 271/12, ZMR 2014, 228 Rn. 7; *Hügel/Elzer* WEG § 16 Rn. 5; zur Gesamtabrechnung MHdB WEG-R/*Breiholdt* § 20 Rn. 187) folgt der Auffassung, dass kein eigenständiger Anspruch auf die zumindest anteilige Auskehrung von Mieterträgen existiert. Bei Mietverträgen auf unbestimmte Zeit sei jedenfalls ein dauerhafter Entzug des Mitgebrauchs nicht zu besorgen. Den Wohnungseigentümern verbleibt das Recht zur außerordentlichen Kündigung des Mietvertrages z.B. wegen der Unzumutbarkeit der Fortführung nach konsequent wiederholten oder einzelnen erheblichen Pflichtverletzungen, § 314 BGB (*LG Berlin* 29.05.2018 – 85 S 43/16, ZMR 2018, 847, 849). Ebenso kann ein Mietvertrag bei **Vorliegen eines fristlosen Kündigungsgrundes** gem. §§ 543 Abs. 1, 543 Abs. 2 Nr. 1 BGB gekündigt werden (PWW/*Feldhahn* BGB § 543 Rn. 4; Schmidt-Futterer/*Streyl* BGB § 543 BGB Rn. 101; Blank/Börstinghaus/Siegmund/*Siegmund* BGB § 543 BGB Rn. 9 ff.). Die neuen Beschlusskompetenzen nach der WEG-Novelle haben auf Gebrauchsregelungen nur – z.B. über Kostenregelungen – geringen Einfluss (zur alten Rechtslage vgl. *Derleder* WuM 2008, 444 und *Drasdo* ZMR 2008, 421). Dies gilt auch nach dem Inkrafttreten der Vorschriften der §§ 16 Abs. 1 S. 1 und 16 Abs. 2 S. 1 WEG im Rahmen der WEG-Novelle am 01.12.2020. Die Beschlusskompetenz zur »Verteilung« der Früchte aus dem gemeinschaftlichen Eigentum folgt aus § 28 Abs. 2 S. 1 WEG (Bärmann/*Becker* WEG § 16 Rn. 23). Der Anspruch auf Auskehrung von »Überschüssen«, kann weder isoliert abgetreten, verpfändet noch in sonstiger Weise verwertet werden.

7 *Kreuzer* (FS Blank 2006, 657) bejaht ein konkludentes Mietvorrecht des Wohnungseigentümers gegenüber außenstehenden Dritten. Eine Entscheidung darüber obliegt den Wohnungseigentümern. Ebenso wie über den Abschluss eines Mietvertrages durch Mehrheitsbeschluss gem. § 19 Abs. 1 Alt. 2 WEG entschieden wird, gilt dies für die Kündigung oder Aufhebung des Mietvertrages über Bestandteile des gemeinschaftlichen Eigentums. Der Beschluss muss ordnungsmäßiger Verwaltung entsprechen (§ 16 Rdn. 23; PWW/*Elzer/Riecke* WEG § 19 Rn. 13; *Hügel/Elzer* WEG § 19 Rn. 34; PWW/*Elzer/Riecke* WEG § 16 Rn. 5; Bärmann/*Dötsch* WEG § 19 Rn. 71; NK-BGB/*Riecke/Schmidt* Anh. I § 535 bis 580a BGB Rn. 40).

II. Gebrauchsregelung durch Vereinbarung

8 Gem. § 10 Abs. 1 S. 2 WEG können die Wohnungseigentümer verbindliche Regelungen über den **Gebrauch und die Benutzung** des gemeinschaftlichen Eigentums in der **Gemeinschaftsordnung** vereinbaren (§ 14 Rdn. 11 ff.; PWW/*Elzer/Riecke* WEG § 10 Rn. 1; Schmid/Harz/MietR/*Elzer/Riecke* Anh. I Rdn. 28 ff.; Bärmann/*Suilmann* WEG § 10 Rn. 54; MHdB WEG-R/*Agatsy* § 41 Rn. 50 ff.). Sind der Gebrauch und die Benutzung des gemeinschaftlichen Eigentums durch Vereinbarung geregelt, sperrt dies im Regelfall eine **Beschlussfassung** der Wohnungseigentümer, es sei denn es wurde eine Öffnungsklausel vereinbart (PWW/Elzer/Riecke WEG § 23 Rn. 1 ff.; *Hügel/Elzer* WEG § 10 Rn. 169; Bärmann/*Suilmann* WEG § 10 Rn. 88; vgl. *BGH* 12.04.2019 – V ZR 112/18 Rz. 5, ZMR 2019, 619; *Hügel* DNotZ 2001, 578, 579; MHdB WEG-R/*Agatsy* § 3 Rn. 37 ff.). Die auf der Grundlage einer Öffnungsklausel gefassten Beschlüsse sind i.d.R. jedoch nur eingeschränkt überprüfbar (MHdB WEG-R/*Agatsy* § 41 Rn. 47). Gegenstand entsprechender (*vereinbarter*) Gebrauchsbestimmungen über die Vermietung des gemeinschaftlichen Eigentums können *allgemeine Räume, Wohnungen* (»Hausmeisterwohnung«), *Kellerräume, Dachbodenräume, Garagen, Parkflächen, Parkplätze* sein (*BGH* 30.11.2012 – V ZR 234/12, ZMR 2013, 288; Harz/Schmid/*Elzer/Riecke* Anh. I Rn. 28ff.). Dasselbe gilt für die *Fassade des gemeinschaftlichen Eigentums oder Freiflächen zur Vermietung als Werbeflächen* (zu Werbeanlagen im Wohnungseigentum *Agatsy* MietRB 2021, 61 ff.). Ebenso gilt dies für Stellplätze, die an Mieter und Externe vermietet werden können. **Einzelne Flächen und Räume** können ausdrücklich von der Vermietung ausgeschlossen werden. Alternativ ist ein Vermietungsvorbehalt zu regeln. Die Inhalte der Vereinbarung dürfen den Regelungen im Sinne des § 14 Abs. 1 Nr. 1 WEG nicht zuwiderlaufen (§ 14 Rdn. 8 PWW/*Elzer/Riecke* WEG § 14 Rn. 2a; *Hügel/Elzer* WEG § 14 Rn. 13; Bärmann/*Suilmann* WEG § 14 Rn. 17 ff.; *Agatsy* ZMR 2022, 11ff.; *Lehmann-Richter/Wobst* ZWE 2020, 127). Für Vereinbarungen über den Gebrauch und die Benutzung des gemeinschaftlichen Eigentums gilt, dass diese den »Dritten« d.h. Mieter nicht binden, sondern nur im Verhältnis der Wohnungseigentümer zur Gemeinschaft der Wohnungseigentümer Gültigkeit entfalten (*Mediger* NZM 2021, 489). Eine Vereinbarung ist als Regelung im »Innenverhältnis« auf Dauer angelegt und kann nur durch Vereinbarung abgeändert werden. Eine derartige Regelung kann gem. § 10 Abs. 2 S. 1 WEG durch jeden einzelnen Wohnungseigentümer verlangt werden. Etwas anderes gilt bei einer Öffnungsklausel. Ist diese vereinbart, können die Wohnungseigentümer durch Beschluss die bestehende Vereinbarung durch Beschluss abändern, obwohl dies nur mit einer weiteren Vereinbarung möglich wäre (MHdb WEG-R/*Agatsy* § 3 Rn. 20 ff.). In der Gemeinschaftsordnung kann auch ein Vermietungsausschluss vereinbart sein. Selbiges gilt für einen Zustimmungsvorbehalt des Verwalters zur Vermietung, für den es keine Beschlusskompetenz gibt (*AG Essen* 30.12.2021 – 196 C 73/21, ZMR 2022, 247). Eine Regelung im **Rahmen einer Öffnungsklausel** kann lauten, dass eine Vermietung des gemeinschaftlichen Eigentums durch Mehrheitsbeschluss zu genehmigen ist (MHdb WEG-R/*Agatsy* § 41 Rn. 50). Ebenso kann der Umfang der Vermietung von Sondernutzungsrechten durch Vereinbarung eingeschränkt werden (*Agatsy* MietRB 2021, 252 ff.;

zum Umgang mit Sondernutzungsrechten ausführlich: *Hügel* FS Riecke 2019 S. 233 ff.). Wird die **Vermietbarkeit von gemeinschaftlichem Eigentum** in einer Vereinbarung vereinbart, ist hinreichend bestimmt zu regeln, welche Räume und Flächen umfasst sind. Die eindeutige Zweckbestimmung muss die **Vermietbarkeit** umfassen (*BGH* 23.03.2019 – V ZR 298/16, ZMR 2019, 518; *Hügel/Elzer* WEG § 10 Rn. 117; Bärmann/*Suilmann* WEG § 10 Rn. 111).

III. Gemeinschaft der Wohnungseigentümergemeinschaft oder Wohnungseigentümer als Vermieter?

1. Gemeinschaft der Wohnungseigentümer als Vermieter gemeinschaftlichen Eigentums

Obwohl Eigentümer des gemeinschaftlichen Eigentums die Gemeinschaft der Wohnungseigentümer ist, soll dies nach Wenzel (NZM 2006, 322) für die Berechtigung zum Abschluss des Mietvertrages nicht entscheidend sein; es soll hier nicht einmal um die **Vermietung** fremden Eigentums gehen. Im Zweifel ist anzunehmen, dass die rechtsfähige Gemeinschaft der Wohnungseigentümer (*BGH* ZMR 2005, 547 ff.; jetzt § 9a Abs. 1 WEG) Vermieterin ist (zu § 10 Abs. 6 a.F. *Elzer* ZWE 2009, 14; *Bork* ZInsO 2005, 1067, 1068 Fn. 14; *Kahlen* ZMR 2005, 766; vgl. auch *Drasdo* FS Blank 2006, 620 ff., der sogar einen entsprechenden Beschlussinhalt fordert). Die Vermietung von gemeinschaftlichem Eigentum wurde stets als eine den Wohnungseigentümern gemeinsam obliegende Aufgabe der Verwaltung angesehen (*Drasdo* NJW-Spezial 2109, 737; *Wenzel* NZM 2006, 322; *Elzer* ZWE 2009, 12, 14). § 10 Abs. 6 S. 1 WEG a.F. verdeutlicht dies noch. Gem. § 9a Abs. 2 WEG obliegt die Ausübungsbefugnis für die Rechte aus dem gemeinschaftlichen Eigentum und somit die **Vereinnahmung der Mietzahlungen** der Gemeinschaft der Wohnungseigentümer (§ 9a Rdn. 34; PWW/*Elzer/Riecke* WEG § 9a Rn. 20; *Hügel/Elzer* WEG § 9a Rn. 97 f.; Bärmann/*Suilmann* WEG § 9a Rn. 9; MüKoBGB/*Burgmair* WEG § 9a Rn. 31). Es ist durchaus denkbar, dass der nach außen hin in Erscheinung tretende Umfang der Geschäftstätigkeit z.B. aufgrund der Vermietung von gemeinschaftlichem Eigentum wie die **Ausübung kaufmännischer Tätigkeiten** zu bewerten ist. Die Kaufmannseigenschaft der Gemeinschaft der Wohnungseigentümer wurde durch das *OLG Celle* mit einer zutreffenden Begründung abgelehnt. Allein die **Rechtsfähigkeit der Gemeinschaft** der Wohnungseigentümer begründe keine Kaufmannseigenschaft iSv §§ 1 und 6 HGB (*OLG Celle* 22.12.2021 – 18 AR 27/21, ZMR 2022, 235; s.a. MüKoBGB/*Hogenschurz* WEG § 43 Rn. 2; MHdB WEG-R/*Breiholdt* § 20 Rn. 30). Dem schließt sich die hier vertretene Auffassung an. Wer als **Kaufmann im Sinne des HGB** gilt, bestimmen die Vorschriften der §§ 1 bis 7 HGB. Nach ihrem Regelungszweck können §§ 1 bis 7 HGB keine Anwendung finden. Das Wesen des **Kaufmannsbegriff** liegt darin, dass ein **kaufmännisch eingerichteter Geschäftsbetrieb** besteht. Daran fehlt es bei der Gemeinschaft der Wohnungseigentümer jedoch. Im Übrigen fehlt es an der Eintragungsfähigkeit der Gemeinschaft der Wohnungseigentümer im **Handelsregister** mit der formalen Kaufmannsbezeichnung als e.K. Ferner ist die Gemeinschaft der Wohnungseigentümer weder bilanzierungspflichtig noch muss sie einen Jahresabschluss im Bundesanzeiger veröffentlichen. 9

Die Gemeinschaft der Wohnungseigentümer ist Trägerin der Verwaltungskompetenz und der Zuständigkeit der Verwaltung des gemeinschaftlichen Eigentums. Dies wird zutreffend als **Verwaltungsmonopol** des Verbandes bezeichnet (BeckOGK BGB/*Skauradszun* WEG § 18 Rn. 16 ff.; SEHR/*Skauradszun* § 1 Rn. 28; Bärmann/*Dötsch* WEG § 18 Rn. 7). Gem. § 18 Abs. 1 WEG und § 9a Abs. 2 WEG gibt es keine von der Ausübungsbefugnis der GdWE abweichenden Verwaltungskompetenzen, je nachdem, ob eine Angelegenheit das Verwaltungsvermögen, § 9a Abs. 3 WEG, oder wie bei der kraft Gesetzes übertragenen Angelegenheit Vermietung von gemeinschaftlichem Eigentum das dingliche Miteigentum des Wohnungseigentümers betrifft (*Elzer* ZWE 2009, 12, 14; *Wenzel* ZWE 2006, 463 r. Sp.; *Drasdo* NJW-Spezial 2019, 737). 10

Durch Eigentümerwechsel ändert sich nichts an der Vermieterstellung der Gemeinschaft der Wohnungseigentümer (NK-BGB/*Riecke/Schmidt* Anh. I zu §§ 535 bis 580a BGB Rdn. 42; *Drasdo* FS Blank 2006, 622). Die einzelnen Wohnungseigentümer haften dem Mieter nur pro rata, aber nicht als Gesamtschuldner (§ 9a Abs. 4 WEG). Der Wortlaut des § 9a Abs. 4 WEG entspricht im Wesentlichen § 10 Abs. 8 WEG a.F., unterscheidet aber differenzierter zwischen der quotalen 11

Haftungsbegrenzung im Außenverhältnis für Verbindlichkeiten der GdWE und einer unbeschränkten Haftung im Innenverhältnis (PWW/*Elzer/Riecke* WEG § 9a Rn. 33; *Hügel/Elzer* WEG § 9a Rn. 149 f.; Bärmann/*Suilmann* WEG § 9a Rn. 149; BeckOK WEG/*Müller* WEG § 9a Rn. 353; MüKoBGB/*Burgmair* WEG § 9a Rn. 45). Die gesetzliche Regelung über die anteilige Außenhaftung darf durch Vereinbarung weder erweitert noch aufgehoben werden. § 9a Abs. 4 WEG regelt dem Grunde nach Rechtsbeziehungen zu Dritten (zu § 10 Abs. 8 WEG a.F. *BGH* 10.11.2017 – V ZR 184/16 Rn. 18, ZMR 2018, 234).

12 Selbst eine Doppelvermietung (*BGH* ZMR 2006, 604; PWW/*Elzer* § 535 Rn. 71; Schmidt-Futterer/*Eisenschmid* BGB § 535 Rn. 12; s.a. *Kluth/Grün* NZM 2002, 473) ist denkbar, da die Vermietung fremden Eigentums grundsätzlich möglich und wirksam ist. Insoweit braucht nicht einmal auf § 311a BGB zurückgegriffen zu werden. Dies gilt entsprechend, wenn die Gemeinschaft eine Fläche vermietet, die mit dem Sondernutzungsrecht zugunsten eines Wohnungseigentümers belastet ist. Im Fall einer Doppelvermietung können Schadensersatzansprüche wegen Unmöglichkeit der Überlassung der Mietsache als **vertragliche Hauptpflicht** gem. §§ 311a Abs. 2 BGB oder alternativ nach Vertragsschluss gem. §§ 280 Abs. 1, 3, 283 BGB aufgrund *rechtlicher Unmöglichkeit* einer Vermietungsbefugnis begründen.

13 Die Mieteinnahmen aus der Vermietung des gemeinschaftlichen Eigentums sind »gesondert« zu behandeln und dem **Gemeinschaftsvermögen** zuzuführen. Die Mieteinnahmen fallen gem. § 9a Abs. 3 WEG als »mittelbare Früchte« des gemeinschaftlichen Eigentums in das Gemeinschaftsvermögen (§ 9a Rdn. 50; PWW/*Elzer/Riecke* WEG § 9a Rn. 31; *Hügel/Elzer* § 9a Rn. 142; Bärmann/*Schneider* WEG Anh. zu § 9a Rn. 131; MüKo BGB/*Scheller* WEG § 16 Rn. 2; *Kahlen* ZMR 2005, 766). Die Gemeinschaft der Wohnungseigentümer hat die ihm vertraglich vom Mieter geschuldete Mieterträge durch den Verwalter als **ausführendes Organ** der GdWE abzurechnen und später an die Wohnungseigentümer (= dinglich Berechtigte am Mietobjekt; vgl. § 9a Abs. 3) über die Beschlussfassung zur Anpassung der Vorschüsse (§ 28 Abs. 2 S. 1 WEG) weiterzugeben.

14 Tritt die Gemeinschaft der Wohnungseigentümer als Vermieter etwa von Wohnraum auf, käme eine Kündigung wegen Eigenbedarfs nach § 573 Abs. 2 Nr. 2 BGB nicht in Betracht (PWW/*Riecke* § 573 Rn. 17). Dafür spricht auch, dass sich diese Variante durchaus mit einer Kündigung zugunsten einer juristischen Person des Privatrechts vergleichen lässt. Dort ist eine Kündigungsmöglichkeit wegen Eigenbedarfs gem. § 573 Abs. 2 Nr. 2 BGB ausgeschlossen (vgl. BeckOK Mietrecht/*Siegmund* BGB § 573 Rn. 51); Betriebsbedarf dürfte nach zutreffender Auffassung nur schwer zu begründen sein. Dessen Begründung wäre allenfalls denkbar, wenn sich die Gemeinschaft der Wohnungseigentümer auf die Generalklausel des § 573 Abs. 1 S. 1 BGB stützen könnte, um ein dringendes Kündigungsinteresse geltend zu machen (*BGH* 09.05.2012 – VIII ZR 238/11 Rz. 13, ZMR 2012, 691; *Riecke* IMR 2012, 270; Schmidt-Futterer/*Börstinghaus* BGB § 573 Rn. 206; s.a. *Häublein* NZG 2018, 41, 46; PWW/*Riecke* BGB § 573 Rn. 7 ff.). Ist die Gemeinschaft der Wohnungseigentümer Vermieter, ist außerdem ggf. gewerbliche Zwischenvermietung anzunehmen, da die Wohnungseigentümer dinglich Berechtigte sind. Deshalb sollten sie genau prüfen, ob insbesondere schwer kündbare Wohnraummietverträge durch die Gemeinschaft der Wohnungseigentümer abgeschlossen werden sollen (*Elzer* WE 2005, 198, 199). Ein derartiger Beschluss entspricht widerspricht regelmäßig dem **Grundsatz ordnungsgemäßer Verwaltung** des gemeinschaftlichen Eigentums gem. § 18 Abs. 1 WEG. Dafür spricht, dass der Gemeinschaft der Wohnungseigentümer keine ausreichende Dispositionsmöglichkeit über den Vertrag zusteht (Blank/Börstinghaus/Siegmund/*Börstinghaus* BGB § 535 Rn. 173; PWW/*Elzer* BGB § 535 Rn. 89). Dieser Beschluss muss unter Berücksichtigung der pflichtgemäßen Ausübung des Ermessensspielraums zustande gekommen sein. Im Wohnungseigentumsrecht eröffnet § 18 Abs. 2 WEG ausdrücklich einen Ermessensspielraum und demzufolge billiges Ermessen bei der Verwaltung des gemeinschaftlichen Eigentums. Die Verwaltung nach Maßgabe des § 18 Abs. 1 WEG liegt in der Hand der GdWE (vgl. *Skauradszun* ZRP 2020, 34, 35; *AG Hannover* ZWE 2021, 360 m. Anm. *Sommer*; Jennißen/*Sommer* WEG § 18 Rn. 17).

15 Ein weiterer Aspekt der Vermietung des gemeinschaftlichen Eigentums sind Regelungen über die Einführung von Nutzungsgebühren als Ausgleich für den Gebrauch oder spezielle Gebühren-

regelungen. Über die **Erhebung von Nutzungsgebühren** (Miete) für die Vermietung des gemeinschaftlichen Eigentums müssen die Wohnungseigentümer einen **Mehrheitsbeschluss** fassen (§ 19 Rdn. 15; SEHR/*Agatsy* § 4 Rn. 20f.; SWK WEG-R/*Martini* Sauna Rn. 7; PWW/*Elzer/Riecke* WEG § 19 Rn. 13). Die Benutzungsentgelte können als Annexkompetenz und als pauschalierte Beträge festgelegt werden (Bärmann/*Dötsch* WEG § 19 Rn. 104G; Dötsch/Schultzky/Zschieschack WEG-Recht 2021 Kap. 7 Rn. 55). Nutzungen des gemeinschaftlichen Eigentums durch die Wohnungseigentümer selbst mit mietähnlichem Charakter waren etwa Gegenstand eines Beschlusses des *OLG Düsseldorf* (ZMR 2004, 528) zu den Saunagebühren. Durch Mehrheitsbeschluss sind derartige Gebühren neu begründbar oder veränderbar, wenn die Teilungserklärung keine Kostenregelung insoweit bereits enthält. Die Modifizierung der Kostenregelung ist keine Gebrauchsregelung gem. § 19 Abs. 1 Alt. 2 WEG. Es bedarf insoweit entweder einer Öffnungsklausel (Anpassungsvereinbarung) oder der Stimmenmehrheit nach § 16 Abs. 4 WEG. Diese Rechtsprechung ist kritisiert worden. So argumentierte etwa *Merle* (ZWE 2006, 129): Die Verpflichtung zur Tragung der Kosten des gemeinschaftlichen Eigentums betrifft einen anderen Regelungsgegenstand als die Verpflichtung zur Zahlung eines Nutzungsentgelts für die Nutzung von Sauna, Waschmaschinen oder Wäschetrocknern. Somit fehlt es nicht generell an einer Beschlusskompetenz der Gemeinschaft für die Einführung von Nutzungsentgelten durch Mehrheitsbeschluss. Auf der sicheren Seite ist die Gemeinschaft, wenn ausdrücklich Mietverträge abgeschlossen werden. Bei der Vermietung, die Grundsätzen ordnungsmäßiger Verwaltung genügen muss, ist die Zweckbestimmung des Mietobjekts zu beachten. Im Regelfall entspricht es den Grundsätzen ordnungsgemäßer, Verwaltung, wenn Kosten denjenigen Nutzern auferlegt werden, die diese maßgeblich verursachen (vgl. § 16 Abs. 3 WEG).

2. Vermietermehrheiten – Vermietende Wohnungseigentümer als Außengesellschaft?

Vermieterin des gemeinschaftlichen Eigentums ist im Zweifel *stets* die Gemeinschaft der Wohnungseigentümer. Miteigentümer sind zum Mitgebrauch der ihnen überlassenen Teile des gemeinschaftlichen Eigentums berechtigt. Dies bezieht sich jedoch nur auf diejenigen Bestandteile des gemeinschaftlichen Eigentums, zu deren Nutzung/Gebrauch einzelne Miteigentümer berechtigt sind. Daraus folgt, dass im Rahmen der Vermietung von Sondereigentum (Wohnungs-/und Teileigentum) auch diejenigen Bestandteile überlassen dürfen, zu deren Mitbenutzung sie berechtigt sind. Vermieten mehrere Wohnungseigentümer, ist durch Auslegung zu ermitteln, ob Vermieter eine in Teilbereichen rechtsfähige Außengesellschaft bürgerlichen Rechts i.S.v. §§ 705 ff. BGB ist (*Elzer* ZMR 2004, 873, 874; PWW/*Notz* BGB § 705 Rn. 35). 16

Beispielsweise können Eheleute oder Mitgesellschafter als Bruchteilseigentümer Vermieter von Wohnungseigentum sein. Gesellschafter einer »Innen-GbR«, die den **Zweck der Immobilienbewirtschaftung** verfolgen, können Vermieter von Wohnungseigentum sein. Es handelt sich dann um eine Innen-GbR. Die Vermieter des Wohnungseigentums sind in dem Fall die im Grundbuch eingetragenen natürlichen Personen (*Gesellschafter*). 17

Aus dem Wohnungsgrundbuch wird sich i.d.R. ergeben, dass die als Vermieter agierenden Wohnungseigentümer mit dem Zusatz »in Gesellschaft bürgerlichen Rechts« eingetragen sind, aber **nicht** etwa **die Gesellschaft bürgerlichen Rechts als Außengesellschaft in teilrechtsfähiger Form** selbst. Zwar hat der *BGH* (ZMR 2001, 338) die Teilrechtsfähigkeit der GbR-Außengesellschaft anerkannt, jedoch wird eine Grundbuchfähigkeit dieser teilrechtsfähigen Gesellschaft (noch) nicht anerkannt. 18

So heißt es etwa im Beschluss des *BayObLG* v. 31.10.2002 (ZMR 2003, 218): 19

»Eine Gesellschaft bürgerlichen Rechts ist nicht grundbuchfähig; sie kann nicht unter ihrem Namen als Eigentümerin eines Grundstücks oder als Berechtigte eines beschränkten dinglichen Rechts in das Grundbuch eingetragen werden.« 20

In der Begründung stellt das *BayObLG* darauf ab, dass eine entsprechende Anwendung der für die oHG geltenden Vorschriften daran scheitert, dass es bei der BGB-Gesellschaft an der Registerpublizität fehlt (vgl. *Demharter* Rechtspfleger 2001, 329 f.). Auch das Grundbuch und die Grundakten können nicht als Ersatz für ein fehlendes Register dienen (*Demharter* Rechtspfleger 2002, 538). Aus 21 denselben Gründen hat der *BGH* auch die Eignung der GbR als WEG-Verwalter verneint (*BGH* ZMR 2006, 375).

22 Dies soll aber nicht bedeuten, dass die GbR – gebildet von einzelnen Wohnungseigentümern – kein Eigentum an Grundstücken erwerben kann, solange nicht der Gesetzgeber die entsprechenden Voraussetzungen hierfür geschaffen hat. Dass dies zu materiell-rechtlichen Schwierigkeiten führt, wenn die BGB-Gesellschaft grundstücksbezogene Rechtsgeschäfte vornimmt (vgl. *K. Schmidt* NJW 2001, 993, 1002), muss nach der geltenden Gesetzeslage wohl hingenommen werden.

23 Die wohl h.M. (instruktiv *Jacoby,* Die GbR als Mietvertragspartei, ZMR 2001, 409 ff.; auch *Weitemeyer* Auswirkungen der Rechtsprechung des *BGH* zur GbR auf deren Vermieterstellung ZMR 2004, 153 ff., 160 r. Sp.) bejaht jedenfalls grds. einen dinglichen Eigentumserwerb durch eine GbR-Außengesellschaft.

24 Probleme entstehen aus der Sicht des Mieters, wenn ein Vermieterwechsel nach § 566 BGB vorliegt. Dann ist es ebenfalls für die Stellung als neuer Vermieter hier unbeachtlich, ob eine BGB-Innengesellschaft existiert, da nur die GbR-Außengesellschaft Vermieter sein könnte. Ob dies der Fall ist, kann jedoch allein aus dem Grundbuch nicht ersehen werden. Der Grundstückskaufvertrag – aus dem evtl. Anhaltspunkte für das Bestehen einer Außengesellschaft sich ergeben können – muss dann vom Mieter eingesehen werden.

25 Nach *Häublein* (Die Gesellschaft bürgerlichen Rechts im Mietrecht, PiG Bd. 70, 2005, S. 43) bedeutet der Erwerb von gesamthänderisch gehaltenem Vermögen keine Änderung des Rechtscharakters, sofern dieser die Folge einer Einlageleistung durch einen Gesellschafter ist. Konsequenterweise sieht er deshalb auch in der Eintragung nach § 47 GBO kein Auftreten der GbR im Rechtsverkehr. Allein das Bestehen der GbR bedingt die Form der Eintragung, weshalb z.B. die Eintragung von Ehegatten oder Familienangehörigen mit dem Zusatz »verbunden in Gesellschaft bürgerlichen Rechts« noch nicht als Indiz für das Bestehen einer Außen-GbR angesehen werden kann. Es besteht auch keine Vermutung für das Vorliegen einer Außen-GbR.

26 Die gem. § 9a Abs. 1 S. 1 WEG rechtsfähige Gemeinschaft der Wohnungseigentümer kann selbst Immobilieneigentum erwerben und somit eines oder mehrere Wohnungseigentumsrechte erwerben. Demzufolge kann sie als (Mit-) Eigentümerin im Grundbuch eingetragen werden (*OLG München* 11.05.2016 – 34 Wx 73/15, ZMR 2016, 792 im Anschluss an *BGH* 18.03.2016 – V ZR 75/15, ZMR 2016, 476); demzufolge rechtsgeschäftlich (*Wenzel* NZM 2006, 342) und nach zutreffender Ansicht auch im Wege der Zwangsversteigerung (Mit-) Eigentum erwerben (*OLG Celle* ZMR 2008, 310; *Schneider* ZMR 2006, 813; *Wenzel* ZWE 2006, 464 r. Sp.; a.A. *LG Nürnberg-Fürth* ZMR 2006, 812 sowie *LG Heilbronn* ZMR 2007, 649 m. abl. Anm. *Hügel*). Ein Immobilienerwerb durch die Gemeinschaft der Wohnungseigentümer entspricht grundsätzlich ordnungsgemäßer Verwaltung, wenn dieser zur Erhaltung, Sicherung, Verbesserung oder zur gewöhnlichen Nutzung des gemeinschaftlichen Eigentums erforderlich ist (z.B. Hauswartwohnung, Abstellraum, Stellplätze oder Fahrradraum). Um gemeinschaftliches Eigentum zu vermieten ist der Erwerb einer zusätzlichen realen **Grundstücksfläche**, nicht aber des aufgeteilten Grundstücks möglich (*BGH* 18.03.2016 – V ZR 75/15, ZMR 2016, 476 m. Anm. *Schneider* = NZM 2016, 387 Rn. 23; *OLG Hamm* 04.05.2010 – 15 W 382/09, ZMR 2010, 785; *LG Bremen* 13.02.2015 – 4 S 343/13, ZMR 2015, 475; *Hügel/Elzer* WEG § 9a Rn. 78; Bärmann/*Suilmann* WEG § 9a Rn. 14 ff.). Die Gemeinschaft der Wohnungseigentümer wird durch den Erwerb von Sondereigentum in Form von Wohnungs- oder Teileigentümerin Mitglied der Gemeinschaft der Wohnungseigentümer (zum Sondereigentumserwerb *Häublein* ZWE 2007, 474 ff.). Ein späterer Hinzuerwerb einer Teilfläche, die mit dem **Bestandsgrundstück** vereinigt oder diesem zugeschrieben werden soll, kann die Gemeinschaft der Wohnungseigentümer als rechtsfähige Erwerberin erwirken (Bärmann/*Suilmann* WEG § 9a Rn. 16; *Wilsch* RNotZ 2005, 536, 540). Infolgedessen ist sie gem. § 16 Abs. 2 S. 1 WEG an den Kosten und Lasten beteiligt (*Hügel/Elzer* WEG § 16 Rn. 82; Bärmann/*Schneider* WEG § 16 Rn. 49; PWW/*Elzer/Riecke* WEG § 16 Rn. 5).

IV. Mietvertragsabschluss und Umlageschlüssel

27 Soll die Gemeinschaft der Wohnungseigentümer Vermieter werden, handelt sie beim Vertragsschluss gem. § 9b Abs. 1 S. 1 WEG durch ihr Organ, den WEG-Verwalter. Die Vertragsparteien sind die Gemeinschaft der Wohnungseigentümer und der Mieter des gemeinschaftlichen Eigentums. Nach der hier vertretenen Auffassung ist zu berücksichtigen, dass nach der Auffassung des *BGH* und einigen Stimmen der Literatur die Gemeinschaft der Wohnungseigentümer als Verbraucherin eingeordnet wurde. Dies ist nach dem *BGH* und der überwiegenden Auffassung in der Literatur der Fall, wenn eines ihrer Mitglieder Verbraucher ist (*BGH* 25.03.2015 – VIII ZR 243/13, ZMR 2015, 563; *Agatsy* ZMR 2020, 626; *Drasdo* BWNotZ 2021, 184; Bärmann/*Suilmann* WEG § 9a Rn. 35; MüKoBGB/*Burgmair* WEG § 9a Rn. 7; a.A. *Hügel/Elzer* WEG § 9a. Rn. 41; differenzierend zur Bauträger-Gemeinschaft *Jacoby* ZWE 2022, 306, 312; Feldhusen/Niebling–*Agatsy/Flintrop* AGB-Kommentar Kap. Mietrecht Rn. 1471). Dies gilt auch beim Abschluss von Verwalterverträgen (*BGH* 05.07.2019 – V ZR 278/17, ZMR 2020, 206 m. Anm. *Greiner*). Eine anderweitige Beurteilung sollte meines Erachtens nur in Betracht kommen, wenn Anhaltspunkte dahingehend vorliegen, dass die Gemeinschaft der Wohnungseigentümer *wie ein Unternehmer* im Geschäftsverkehr auftritt (*BGH* 10.01.2019 – III ZR 37/18, ZMR 2019, 355). Allein durch den (Mehrheits-) Beschluss der Wohnungseigentümer kommt noch kein Mietvertrag über das gemeinschaftliche Eigentum zustande. Die Beschlussfassung gem. § 19 Abs. 1 Alt. 1 WEG bildet die verwaltungsspezifische Grundlage der ordnungsgemäßen Verwaltung und demnach für die weitere Durchführung des Vertragsabschlusses. Vielmehr bedarf es dazu nach außen der Umsetzung in Form eines Vertrages zwischen dem Vermieter und dem Mieter. Zum eigentlichen Vertragsschluss zwischen Gemeinschaft der Wohnungseigentümer und Mieter ist ein Beschluss untauglich (*Elzer* ZWE 2009, 14, AnwZertifikat MietR 7/2008 Anm. 1 *Jacoby*). Über den Vertragsumfang und somit über das ob und das wie der Vermietung wird beschlossen. Die anschließenden Schritte sind die dem Verwalter obliegenden Aufgaben. Gem. § 9b Abs. 1 S. 1 WEG vertritt er die Gemeinschaft der Wohnungseigentümer nach außen (PWW/*Elzer/Riecke* WEG § 9b Rn. 2; *Hügel/Elzer* WEG § 9b Rn. 5; Bärmann/*Becker* WEG § 9b Rn. 46). Anders als nach § 27 Abs. 3 WEG a.F. bedarf es keiner Vereinbarung oder einer Beschlussfassung. Die Vermietung durch die GdWE als solche begründet nicht ohne Weiteres eine Kaufmannstellung der Gemeinschaft der Wohnungseigentümer. Die Gemeinschaft der Wohnungseigentümer ist nach zutreffender Auffassung nicht gem. §§ 1 bis 7 HGB in **kaufmännisch** eingerichteter Weise tätig (Anh. zu § 14 WEG Rdn. 9).

28 Nach h.M. bestehen allein zwischen dem Verwalter als »ausführendes« Organ der Gemeinschaft der Wohnungseigentümer und dieser selbst vertragliche Beziehungen. Im »Innenverhältnis« (Verwalterbestellung) hat der Verwalter gem. § 27 WEG seine gesetzlichen Pflichten wahrzunehmen. Er ist gegenüber der Gemeinschaft verpflichtet, die **obliegenden Verwalterpflichten** im Interesse der Gemeinschaft der Wohnungseigentümer wahrzunehmen (§ 27 Rdn. 13; SEHR/*Fritsch* § 2 Rn. 39 ff.). Der zivilrechtliche Verwaltervertrag wird nach der allgemeingültigen Auffassung als **Geschäftsbesorgungsvertrag mit dienstvertraglichem Charakter** gem. §§ 675 ff., 611 ff. BGB eingeordnet (*BGH* ZMR 2021, 598 Rn. 8; *BGH* ZMR 2020, 206 Rn. 34; PWW/*Elzer/Riecke* WEG § 26 Rn. 44; *Hügel/Elzer* WEG § 26 Rn. 203; Bärmann/*Becker* WEG §26 Rn. 161 ff.; BeckOK BGB/*Hügel* WEG § 26 Rn. 17; *Schultzky* ZWE 2021, 62). Der Verwaltervertrag wurde teilweise als Vertrag zugunsten Dritter, nämlich der Wohnungseigentümer, angesehen (*Abramenko* ZMR 2006, 6). Ferner stellt sich die Frage, ob der Verwaltervertrag als Vertrag mit Schutzwirkung für Dritte auszulegen ist (*Wenzel* ZWE 2006, 464 l. Sp.; *OLG Düsseldorf* ZMR 2007, 56 unter Hinweis auf *Wenzel* NZM 2006, 322 a.E.). Dies war in der Literatur lange ungeklärt. Nach der hier vertretenen Auffassung handelt es sich bei dem Verwaltervertrag nicht um einen Vertrag mit **Schutzwirkung zugunsten Dritter**. Damit schließt sich die hier vertretene Auffassung der zwischenzeitlich überwiegend vertretenen Auffassung in der Literatur und Rechtsprechung an. Dies entsprach lediglich nach alter Rechtslage der *Rechtsauffassung* des *BGH* (*BGH* 07.07.2016 – V ZB 15/14, ZMR 2017, 406= NJW-RR 2017, 464 Rn. 9; *BGH* 08.02.2019 – V ZR 153/18, ZMR 2019, 696 = NZM 2019, 636 Rn. 9). Die Wohnungseigentümer sind aus diesem Vertrag zumindest mittelbar berechtigt. Bedenklich ist die letztgenannte Konstruktion, da der Vertrag mit Schutzwirkung für Dritte zu einer Risikohäufung führt. Der Ver-

walter haftet dann nicht nur in Fällen einer echten Schadensverlagerung wie man sie von **Drittschadensliquidation** kennt. Voraussetzung für die Annahme einer solchen gewollten **Risikoerhöhung** sind Leistungsnähe des Dritten und **Gläubigerinteresse/Verbandsinteresse** am Schutz des Dritten. (*Skauradszun* ZMR 2020, 905, 908). Im Ergebnis vermag jedoch nicht zu überzeugen, es einer rechtlichen Konstruktion des Vertrages mit Schutzwirkung zugunsten Dritter bedarf, um die Wohnungseigentümer mit ihren eigenen Ansprüchen gegen die Gemeinschaft der Wohnungseigentümer zu schützen. Soweit in der Rechtsprechung (u.a. *AG Wiesbaden* 16.08.2022 – 61 C 650/22 [78], MietRB 2022, 362) vertreten wird, es handle sich bei dem Verwaltervertrag nicht um einen Vertrag mit Schutzwirkung zugunsten Dritter, ist dieser Ansicht nunmehr zu folgen (so noch *OLG Düsseldorf* ZMR 2007, 56). Gegen die Annahme eines Vertrages mit **Schutzwirkung zugunsten Dritter** beim Verwaltervertrag spricht, dass der Anspruch der Wohnungseigentümer aus dem Verwaltervertrag gegenüber dem Anspruch der Gemeinschaft der Wohnungseigentümer aus § 31 BGB als subsidiär zu bewerten ist (zutreffend *LG Braunschweig* ZMR 2023, 390; *AG Hannover* 2021, 522; Bärmann/*Dötsch* WEG § 18 Rn. 221; BeckOGK/*Greiner* WEG § 26 Rn. 347; Grüneberg/*Wicke* WEG § 27 Rn. 3; MüKoBGB/*Skauradszun* WEG § 27 Rn. 56). Außerdem steht jedem Wohnungseigentümer nach zutreffender Auffassung ein gleichwertiger Anspruch gegen die GdWE zu. Diese Auffassung hat zwischenzeitlich auch der *BGH* bestätigt und sich der überwiegenden Auffassung in der Literatur und Instanzrechtsprechung angeschlossen (*BGH*, 05.07.2024 – V ZR 34/24, FD-MietR 2024, 816327; *Elzer* IMR 2024, 378).

29 Aufgrund der Regelung der Rechtsfähigkeit der Gemeinschaft der Wohnungseigentümer gem. § 9a Abs. 1 WEG und dem damit neu geregelten Verständnis des Verbandsrechts (Verwaltungsmonopol) können nicht mehr allein die Wohnungseigentümer Vermieter des gemeinschaftlichen Eigentums sein. Dagegen spricht, dass das **Verwaltungsmonopol** im Sinne des § 18 Abs. 1 WEG bei der Gemeinschaft der Wohnungseigentümer liegt und ihr gem. § 9a Abs. 2 WEG die Ausübungsbefugnis gemeinschaftsbezogener Rechte zugewiesen ist. Der Verwalter tritt gem. § 9b Abs. 1 S. 1 WEG als Vertreter nach außen auf und hat im Fall des Vertragsschlusses ggf. die Kriterien der Schriftform zu berücksichtigen (§ 550 Abs. 1 BGB). Ob eine Anweisung an den Verwalter möglich oder ein gesonderter Geschäftsbesorgungsvertrag notwendig ist, ist danach zu beurteilen, welche Beziehung der Verwalter zur Gemeinschaft der Wohnungseigentümer nach der Kehrtwende in der Beurteilung der Rechtsfähigkeit der Wohnungseigentümergemeinschaft (*BGH* ZMR 2005, 547 [Teilrechtsfähigkeit]) besitzt. In Anlehnung an das Gesellschaftsrecht (u.a. GmbH-Recht) hat der Verwalter quasi die Rechtsstellung eines ausführenden Organs und demzufolge gesetzliche Vertretungsmacht im Rechtsverkehr (*Hügel/Elzer* WEG §9b Rn. 17; Bärmann/*Becker* WEG §9b Rn. 45; *Schultzky* ZWE 2021, 62).

30 Auf die Durchsetzung von organschaftlichen Rechten und Ansprüchen wirkt sich die Neuorganisation der Gemeinschaft der Wohnungseigentümer aus. Umstritten war nach bisheriger Rechtslage, ob der Verwalter zugleich auch organähnliche Beziehungen zu den Wohnungseigentümern als Funktionsträger entwickelt oder den Wohnungseigentümern hier wie ein Dritter gegenübertritt. Die Rechtsstellung des Verwalters hat der Gesetzgeber in zweierlei Hinsicht klargestellt. Zunächst ist er gem. § 9b Abs. 1 S. 1 WEG **Außenvertreter der Gemeinschaft der Wohnungseigentümer**. Richtiger Ansicht und nach dem Regelungszweck des § 27 WEG ist der Verwalter als ausführendes Organ der Gemeinschaft der Wohnungseigentümer anzusehen (§ 27 WEG Rdn. 48; *Abramenko* ZWE 2020, 253ff; skeptisch zu § 27 WEG a.F. *Häublein* ZMR 2006, 1, 6). Nur die Gemeinschaft der Wohnungseigentümer ist berechtigt, den Verwalter als das für sie handelnde Organ anzuweisen. Die Einschätzungen des Verwalters unterliegen einem **Beurteilungsspielraum** (*BGH* 29.05.2020 – V ZR 141/19, ZMR 2020, 770; s.a. *BGH* 18.10.2019 – V ZR 188/18, ZMR 2020, 422; PWW/*Elzer/Riecke* WEG § 27 Rn. 12; Bärmann/*Becker* WEG § 27 Rn. 57; MüKo-BGB/*Zschieschack* WEG § 26 Rn. 89). Diese sind im Regelfall jedoch erst dann überschritten, wenn eine Entscheidung des Verwalters offensichtlich unvertretbar und nicht nachvollziehbar ist (*Abramenko* ZWE 2020, 253, 256; bei eigenmächtigen Verwaltungsmaßnahmen MHdB WEG-R/*Agatsy* § 14 Rn. 21). Unabhängig davon ist ein Geschäftsbesorgungsvertrag des Verwalters mit der Gemeinschaft der Wohnungseigentümer anzunehmen. Mit den Neuregelungen der §§ 9b Abs. 1 S. 1 und 27 WEG ist die »Trennungs-

theorie« Gesetz geworden. Die »zivilrechtliche« Grundlage für die Verwaltung der Gemeinschaft der Wohnungseigentümer ist ein **Geschäftsbesorgungsvertrag** (dieser ist dann ggf. gesondert zu vergüten, *Elzer* ZMR 2005, 683, 684; *Wobst* ZWE 2022, 15; *a.A. Abramenko* ZMR 2006, 6, 7).

Eine Problematik von vermietetem Sondereigentum und gemeinschaftlichem Eigentum ist der **Umlage- und Verteilungsschlüssel** für Betriebs- und Heizkosten (Anh. zu § 16 WEG Rdn. 3 ff.). Die für den Mietvertrag zentrale Regelung bildet § 556a Abs. 3 BGB. Der Umlagemaßstab kann auf der Grundlage der **Miteigentumsanteile** vereinbart werden (Feldhusen/Niebling-*Agatsy/Flintrop* AGB-Kommentar Kap. Mietrecht Rn. 1585a). 31

V. Instandsetzungspflichten als Vermieter und Modernisierungsmaßnahmen

1. Erhaltungsmaßnahmen am gemeinschaftlichen Eigentum und Gebrauchserhaltungspflicht

Der Oberbegriff **Erhaltungsmaßnahmen** umfasst die Instandsetzungs- und Instandhaltungsmaßnahmen. -Der Anspruch auf die mietvertragliche Gebrauchserhaltungspflicht folgt aus § 535 Abs. 1 S. 2 BGB. Soweit die Gemeinschaft der Wohnungseigentümer als Vermieter auftritt und die Teile des gemeinschaftlichen Eigentums mitvermietet sind (§ 16 Abs. 1 S. 3 WEG), treten bei **Erhaltungsmaßnahmen** am vermieteten gemeinschaftlichen Eigentum keine Probleme auf. Grundsätzlich ist die ordnungsmäßige Erhaltung des gemeinschaftlichen Eigentums geschuldet (*Hügel/Elzer* WEG § 13 Rn. 71; Bärmann/*Dötsch* WEG § 19 Rn. 128; MüKoBGB/*Rüscher* WEG § 19 Rn. 16; MHdB WEG-R/*Agatsy* § 14 Rn. 13). Besteht dringender **Instandhaltungs- oder Instandsetzungsbedarf** und es sind unter Umständen »dringende« Maßnahmen auszuführen, steht vermietenden Sondereigentümern gem. § 18 Abs. 2 Nr. 1 WEG ein Individualanspruch auf Durchführung der erforderlichen Maßnahmen gegen die Gemeinschaft der Wohnungseigentümer zu (PWW/*Elzer/Riecke* WEG § 18 Rn. 15; *Hügel/Elzer* WEG § 18 Rn. 8; MHdB WEG-R/*Agatsy* § 14 Rn. 14; *Hügel/Elzer* DNotZ 2021, 3, 28). Hinsichtlich der Auswahl und der Gebotenheit der erforderlichen Erhaltungsmaßnahmen obliegt es den Wohnungseigentümern, ihr **pflichtgerechtes Ermessen** auszuüben. Ist jedoch die zweckbestimmungswidrige Nutzung in einigen oder allen Einheiten ausgeschlossen oder wesentlich gefährdet, kommt es zur **Ermessensreduktion auf Null** (Bärmann/*Dötsch* WEG § 19 Rn. 136). Soweit ein Reparaturbedarf und somit das Erfordernis zur Durchführung von Erhaltungsmaßnahmen erkannt wird, kann die Gemeinschaft der Wohnungseigentümer, diese wiederum handelnd durch den Verwalter bei Standardmaßnahmen und somit auf die ihr allein zugeordnete **Erhaltungsrücklage** zurückgreifen (PWW/*Elzer/Riecke* WEG § 19 Rn. 39 f.; SWK-WEG-R/*Elzer* Erhaltungsrücklage Rn. 14). Notmaßnahmen im Sinne des § 27 Abs. 1 Nr. 1 und 2 WEG kann der Verwalter eigenverantwortlich veranlassen. Eine Wertgrenze existiert nicht. Es kommt auf den jeweiligen Einzelfall an (*Hügel/Elzer* WEG § 27 Rn. 21; SEHR/*Skauradszun* § 1 Rn. 71 f.). Bei der Bewertung der Frage, wie weit es sich um Erhaltungsmaßnahmen von »untergeordneter Bedeutung« handelt, kann auch eine Regelung in der **Teilungserklärung** herangezogen werden. Da es sich in den meisten Fällen nicht um »Kleinstmaßnahmen« handelt, muss die Entscheidung über die Durchführung notwendiger Erhaltungsmaßnahmen und die Entnahme aus der Erhaltungsrücklage einer Beschlussfassung vorbehalten werden. Etwas anderes würde gelten, wenn die Wohnungseigentümer zulässiger Weise selbst Vermögen als »zweites Verwaltungsvermögen« ansammeln würden. 32

Probleme treten hingegen auf, wenn sich die **Gemeinschaft der Wohnungseigentümer** entschließt, das gemeinschaftliche Eigentum **selbst** zu **vermieten**. Die Einflussnahme der Wohnungseigentümer ist im Rahmen ihrer aus § 18 Abs. 2 WEG resultierenden »Ansprüche« nur über die Willensbildung in der Eigentümerversammlung möglich. In diesem Fall können die Wohnungseigentümer gem. § 18 Abs. 2 Nr. 1 WEG die Gemeinschaft der Wohnungseigentümer in Anspruch nehmen, um im Rahmen einer Beschlussfassung eine als notwendig erkannte Erhaltungsmaßnahme (Instandhaltung/Instandsetzung) durchzuführen und dazu ggf. die Erhaltungsrücklage zweckgebunden zu verwenden (Bärmann/*Dötsch* WEG § 19 Rn. 231; *Hügel/Elzer* WEG § 19 Rn. 157; MüHdB WEG-R/*Agatsy* § 14 Rn. 26). Weigert sich die durch den Verwalter vertretene Gemeinschaft der Wohnungseigentümer entsprechende Erhaltungsmaßnahmen umzusetzen, ist fraglich, ob die einzelnen Eigentümer den Verband im WEG-Verfahren als Antragsteller gegenübertreten und auf eine ordnungsmäßige 33

Verwaltung i.S.v. § 18 Abs. 2 Nr. 1 WEG in Anspruch nehmen können. Den Wohnungseigentümern steht dieser Anspruch individuell zur Seite. Jeder Wohnungseigentümer ist berechtigt, einen Individualanspruch auf eine **ordnungsgemäße Verwaltung** des gemeinschaftlichen Eigentums durchzusetzen. Sofern die engen Voraussetzungen des § 18 Abs. 3 WEG (*Notgeschäftsführung*) vorliegen (§ 18 Rn. 12; *Agatsy* ZMR 2019, 569 ff.; MHdB WEG-R/*Agatsy* § 14 Rn. 21) darf und kann der vermietende Wohnungseigentümer zur Abwendung unmittelbar drohenden Schadens selbst Mängel am gemeinschaftlichen Eigentum beseitigen. Nach zutreffender Auffassung ist der Verwalter im Fall berechtigter **Notmaßnahmen** zu deren Finanzierung berechtigt, gem. §27 Abs. 1 Nr. 2 WEG die Entnahme aus der **Erhaltungsrücklage** zu veranlassen (*Hügel/Elzer* WEG § 19 Rn. 158; vgl. *Jennißen* ZWE 2014, 199, 200). Eine **Notgeschäftsführung** nach § 18 Abs. 3 WEG liegt nicht vor, wenn die Gefahrenlage nicht so dringlich ist, dass ein verständiger Wohnungseigentümer nicht zuvor den vorhandenen Verwalter bzw. wenn der Umfang der Maßnahme dessen Befugnisse überschreitet, die Gemeinschaft der Wohnungseigentümer einschalten könnte (vgl. *OLG Frankfurt am Main* ZMR 2009, 382; *Agatsy* ZMR 2019, 569, 571).

34 In der Literatur und Rechtsprechung war die Frage streitig, ob ein Verwalter bei der Vornahme eigenmächtiger Erhaltungsmaßnahmen Ausgleichsansprüche u.a. aus Geschäftsführung ohne Auftrag gem. §§ 670, 683 BGB; §§ 684 S. 1, 812ff. BGB oder §§ 812ff (Bärmann/*Dötsch* WEG § 18 Rn. 109; PWW/*Elzer/Riecke* WEG § 18 Rn. 33 ff.). BGB gegen den Verband geltend machen darf (zur Konstellation der Ausgleichsansprüche von Wohnungseigentümern bei eigenmächtigen Sanierungsmaßnahmen: *BGH* 14.06.2019 – V ZR 254/17, ZMR 2019, 890 = NJW 2019, 3780 Rn. 10 = ZWE 2019, 488 ff. m. Anm. *Gsell*). Die Ablehnung derartiger Ausgleichsansprüche wurde im Wesentlichen auch damit begründet, dass den spezielleren Kompetenzregelungen des Wohnungseigentumsgesetzes und zur Wahrung des **Selbstbestimmungsrechts der Gemeinschaft** der Wohnungseigentümer Vorrang einzuräumen sei (so noch: *LG Karlsruhe* 23.06.2020 -11 S 75/18, BeckRS 2020, 45453 Rz. 38ff.; *Sommer* MietRB 2021, 243). Mittlerweile ist in der Rechtsprechung anerkannt, dass dem Verwalter bei der Vornahme berechtigter Erhaltungsmaßnahmen seinerseits ein **Ausgleichsanspruch** zusteht. Der *BGH* hat in einem aktuellen Urteil (*BGH* 10.12.2021 – V ZR 32/21 Rn. 15 ff., ZMR 2022, 480 Rn. 15 ff. = IMR 2022, 2538 m. Anm. *Riecke; Elzer* MietRB 2022, 137) entschieden, dass im Verhältnis zwischen der Gemeinschaft der Wohnungseigentümer und dem Verwalter die Vorschriften der die Vorschriften des § 21 Abs. 4 WEG a.F. (§§ 18 Abs. 2 Nr. 1, 18 Abs. 3 und 19 WEG n.F.) keine »systematische Sperrwirkung« entfalten. Eigenmächtige pflichtwidrige Maßnahmen des Verwalters im Zusammenhang mit der **Instandsetzung und Instandhaltung des gemeinschaftlichen Eigentums** im Einzelfall ändern nichts daran, dass der Verwalter im Grundsatz – anders als der einzelne Wohnungseigentümer – zu einer Einwirkung auf das gemeinschaftliche Eigentum berechtigt ist und deshalb kein Anlass besteht, den Rückgriff auf die allgemeinen zivilrechtlichen Vorschriften zu sperren (*BGH* a.a.O.).

35 Der *BGH* hat in seinem Urteil vom 10.12.2021 – V ZR 32/21 Rn. 16 ff., ZMR 2022, 480 Rn. 16 ff. ausgeführt:

36 *»Vor dem Hintergrund der unterschiedlichen Pflichtenstellung und Kompetenz von Wohnungseigentümer und Verwalter lässt sich die Rechtsprechung des Senats zur Sperrwirkung von § 21 Abs. 4 WEG aF gegenüber bereicherungsrechtlichen Ersatzansprüchen oder solchen aus Geschäftsführung ohne Auftrag nicht auf das Verhältnis zwischen GdWE und Verwalter übertragen. Eigenmächtige pflichtwidrige Maßnahmen des Verwalters im Zusammenhang mit der Instandsetzung und Instandhaltung des Gemeinschaftseigentums im Einzelfall ändern nichts daran, dass der Verwalter im Grundsatz - anders als der einzelne Wohnungseigentümer - zu einer Einwirkung auf das Gemeinschaftseigentum berechtigt ist und deshalb kein Anlass besteht, den Rückgriff auf die allgemeinen zivilrechtlichen Vorschriften zu sperren.«*

37 Gerade Eilmaßnahmen und »dringende« Maßnahmen, die der Verwalter für notwendig erachten darf würden verhindert, wenn deren Durchführung stets von einer vorherigen Willensbildung der Wohnungseigentümer abhängig wäre. Zudem besteht der Anspruch nicht im Verhältnis zu den Wohnungseigentümern, sondern zur Gemeinschaft. Insofern ist dem *BGH* zu folgen, zumal das

teilweise von der Gegenauffassung in der Literatur vertretene Argument der »Sperrwirkung« der §§ 18 ff. WEG (§ 21 Abs. 4 a.F.) nicht überzeugt.

Zur Mängelbeseitigungsverpflichtung des vermietenden Wohnungseigentümers hat der *BGH* mit Urt. v. 20.07.2005 (ZMR 2005, 935 = ZWE 2006, 36 ff. m. Anm. *Blank*) entschieden: 38

Wären die erforderlichen Aufwendungen für die Beseitigung eines Mangels einer Wohnung im Bereich des gemeinschaftlichen Eigentums voraussichtlich unverhältnismäßig hoch und würden sie die »Opfergrenze« für den Vermieter übersteigen, kann der Mieter vom Vermieter nicht die Beseitigung des Mangels verlangen. Grundsätzlich steht dem Verlangen einer Mängelbeseitigung jedoch nicht entgegen, dass der Vermieter des Wohnungseigentums die Zustimmung der Gemeinschaft der Wohnungseigentümer herbeiführen muss. Bei einer vermieteten »Eigentumswohnung« ändert sich die Pflicht zur Durchführung von Instandhaltungs- und Instandsetzungsmaßnahmen auch dann nicht, wenn er bezüglich der zum gemeinschaftlichen Eigentum gehörenden Kellerräume, Funktionsräumlichkeiten, Gartenflächen, Treppenhaus, Stellplätze nur beschränkte Einwirkungsmöglichkeiten hat (Schmidt-Futterer/*Eisenschmid* BGB § 536 Rn. 61). Tritt nunmehr an der Mietsache, die sich im gemeinschaftlichen Eigentum befindet, ein Schaden auf, steht dem Mieter gegen den vermietenden Wohnungseigentümer, obwohl es sich nicht um dessen Alleineigentum handelt, ein Instandsetzungsanspruch zu (*AG Hamburg* 17.09.2021 – 40b C 42/21, ZMR 2022, 50; zur aktuellen Literatur und Rechtsprechung rund um das vermietete Wohnungs- und Teileigentum s.a. *Drasdo* WuM 2022, 259). Wird nach der Begründung des Mietverhältnisses Wohnungseigentum begründet und ein vormals an einen Mieter überlassener Nebenraum z.B. Kellerraum nach dem Aufteilungsplan zu gemeinschaftlichem Eigentum gewidmet, ändert dies nichts an der Vermieterstellung. Die Gemeinschaft der Wohnungseigentümer tritt aufgrund der Aufteilung nicht in das Mietverhältnis über diesen Nebenraum ein (*BGH* 28.04.1999 – VIII ARZ 1–98, ZMR 1999, 546 = NZM 1999, 553; Schmidt-Futterer/*Eisenschmid* BGB § 535 Rn. 177). Der vermietende Wohnungseigentümer muss die Mangelbeseitigung am gemeinschaftlichen Eigentum gem. § 18 Abs. 2 Nr. 1 WEG gegenüber der Gemeinschaft der Wohnungseigentümer geltend machen (§ 18 Rdn. 19; PWW/*Elzer* BGB § 535 Rn. 137; AH-MietPrax/*Agatsy* Fach 4 Rn. 25 ff.; Schmidt-Futterer/*Eisenschmid* § 536 Rn. 61; Blank/Börstinghaus/Siegmund/*Siegmund* BGB § 535 Rn. 326; MHdB WEG-R/*Agatsy* § 14 Rn. 14). Die Frage, ob bei einer **Mangelbeseitigungsmaßnahme** die Opfergrenze überschritten ist, muss im jeweiligen Einzelfall berücksichtigt werden. 39

Der *BGH* bejahte das Vorliegen eines Mangels i.S.d. § 536 BGB und verneinte eine Privilegierung des vermietenden Wohnungseigentümers gegenüber sonstigen Vermietern. Die im Einzelfall zu bestimmende »Opfergrenze« leitet der *BGH* nunmehr auch aus § 275 Abs. 2 BGB her. Jedenfalls darf kein krasses Missverhältnis entstehen zwischen dem Reparaturaufwand einerseits und dem Nutzen der Reparatur für den Mieter sowie dem Wert des Mietobjekts und den aus ihm zu ziehenden Einnahmen andererseits. 40

Im Rahmen der Mängelbeseitigung dürfe der vermietende Wohnungseigentümer nicht zu einer Leistung verurteilt werden, von der nicht ausgeschlossen werden kann, dass ihre Erbringung unmöglich ist (§ 275 Abs. 1 BGB). 41

Im konkreten Fall war nicht auszuschließen, dass die Beseitigung des Wassereintritts – sofern die Aufwendungen die hierfür genannte Größenordnung erreichten – nicht mehr dem Interesse der Wohnungseigentümer entsprach. In diesem Fall hätte der vermietende Wohnungseigentümer tatsächlich keine Möglichkeit, die ihm auferlegte Verpflichtung gegenüber den anderen Wohnungseigentümern durchzusetzen. Diese Grundsätze haben nach zutreffender Auffassung auch weiterhin Bestand. Eine auf »Unmöglichkeit« gerichtete Leistung ist ausgeschlossen. Dies gilt vor allem im Falle eines erforderlichen Wiederaufbaus, insbesondere dann, wenn wesentliche Bestandteile des gemeinschaftlichen Eigentums wie z.B. *Dachstuhl, Fassade, Treppenhaus, Kellerräumlichkeiten* zerstört wurden und eine Wiederherstellung die »Opfergrenze« finanziell überschreitet (Schmid/Harz/Elzer/*Riecke* Anh. I Rn. 43 f.; AH-MietPrax/*Agatsy* Fach 4 Rn. 28; Schmidt-Futterer/*Eisenschmid* BGB § 536 Rn. 246 ff.). Nach der hier vertretenen Auffassung kann sich der Mieter in diesem Fall aber 42 nicht auf den Wegfall seiner Gegenleistungspflicht gem. § 326 Abs. 1 S. 1 BGB berufen. Der Einwand des **Wegfalls der Gegenleistungspflicht** wäre treuwidrig.

43 Vom vermietenden Wohnungseigentümer, der bauliche Maßnahmen im Bereich des gemeinschaftlichen Eigentums nicht ohne Zustimmung der übrigen Wohnungseigentümer durch Beschlussfassung gem. § 13 Abs. 2 WEG i.V.m. §§ 20 Abs. 1 und Abs. 3 WEG durchführen darf (vgl. *Nüßlein* PiG 76, 2006, S. 28; *Hügel/Elzer* WEG § 13 Rn. 74), wird im Fall einer Verurteilung zur Mängelbeseitigung verlangt, den ihm zustehenden **Instandsetzungsanspruch** gegen die Gemeinschaft der Wohnungseigentümer gerichtlich durchzusetzen, auch wenn es noch an einem WEG-Beschluss der **Eigentümerversammlung** insoweit fehlt. Wird dieser abgelehnt und ein Negativbeschluss gefasst, muss der betreffende Wohnungseigentümer Anfechtungsklage erheben und eine **Beschlussersetzungsklage** gem. § 44 Abs. 1 S. 2 WEG gegen die Gemeinschaft der Wohnungseigentümer einreichen.

44 Die Grenze der Zumutbarkeit ist erst dann überschritten, wenn der Umfang der Erhaltungsmaßnahmen nach einer wirtschaftlichen Betrachtung und einer *Kosten-Nutzen-Analyse* als unverhältnismäßig zu bewerten ist. *Blank* (ZWE 2006, 38) spricht von einer wirtschaftlichen Unmöglichkeit, hält § 275 Abs. 2 BGB nicht für einschlägig, sondern will über die Grundsätze der **Störung der Geschäftsgrundlage** (§ 313 BGB) eine Lösung finden. Danach wäre der Vertrag der geänderten Sachlage anzupassen, wenn der Vermieter wegen Überschreitens der **Opfergrenze** nicht zur Mängelbeseitigung verpflichtet ist. Ist dem Mieter die Fortsetzung des Mietverhältnisses nicht zumutbar, soll er gem. § 313 Abs. 3 bzw. § 543 Abs. 2 Nr. 1 BGB kündigen können (PWW/*Feldhahn* BGB § 543 Rn. 9; Schmidt-Futterer/*Streyl* BGB § 543 Rn. 109).

45 Ist die Mängelbeseitigung der Gemeinschaft der Wohnungseigentümer zumutbar, diese jedoch nicht ausreichende liquide, ist der vermietende Wohnungseigentümer im Ernstfall verpflichtet, in Kostenvorlage zu treten. Diese Pflicht des Vermieters besteht unabhängig von der Möglichkeit, sich seinerseits gegenüber der Gemeinschaft der Wohnungseigentümer »schadlos« zu halten (Schmidt-Futterer/*Eisenschmid* BGB § 536 Rn. 63). Der Vermieter darf nicht »sehenden Auges« abwarten, bis die Unvermietbarkeit der Mietsache eingetreten ist. Zugleich kann der vermietende Wohnungseigentümer auf die Durchführung einer außerordentlichen Eigentümerversammlung mit dem Tagesordnungspunkt inkl. Beschlussfassung über die *Schadensbeseitigung am gemeinschaftlichen Eigentum* hinwirken. Entgegen *Nüßlein* (PiG 76, 2006, S. 29) und der Auffassung von *Suilmann* (*Suilmann* ZWE 2019, 114 ff.). ist auch der Mieter nicht berechtigt, eine normale nicht eilbedürftige Instandsetzungsmaßnahme am gemeinschaftlichen Eigentum gem. § 536a Abs. 2 BGB selbst durchzuführen und etwa mit den aufgewendeten Kosten gegen die Miete aufzurechnen. Er ist jedoch zur Mangelanzeige gem. § 536c BGB und Mitwirkung bei der Durchführung von **Mangelbeseitigungsmaßnahmen** verpflichtet. Verweigert er diese oder zeigt den Mangel nicht an, sind Gewährleistungsansprüche ausgeschlossen (PWW/*Feldhahn* § 536c Rn. 3 ff.; *Agatsy* ZMR 2020, 558 ff.). Somit ist der Mieter zur Anzeige an Schäden oder eines Mangelsymptoms am gemeinschaftlichen Eigentum verpflichtet Solche Schäden, die der Vermieter hätte rechtzeitig abwenden oder vermindern können, muss der Mieter ersetzen (*BGH* 17.12.1986 – VIII ZR 279/85, ZMR 1987, 169; Blank/Börstinghaus/Siegmund/*Siegmund* BGB § 536c Rn. 19; Schmidt-Futterer/*Lehmann-Richter* BGB § 536c Rn. 43; AH-MietPrax/*Agatsy* Fach 4 Rn. 108a).

2. Duldungspflichten des Mieters bei Erhaltungsmaßnahmen und baulichen Veränderungen

46 Werden Erhaltungsmaßnahmen am gemeinschaftlichen Eigentum durchgeführt, bestehen nach entsprechender Ankündigung **Duldungspflichten des Mieters** (*Dritten*) gegenüber der Gemeinschaft der Wohnungseigentümer und anderen Wohnungseigentümern gem. §§ 15 Nr. 1 und 2 WEG (§ 15 Rn. 14; PWW/*Elzer/Riecke* WEG § 15 Rn. 2 ff.; *Hügel/Elzer* WEG § 15 Rn. 5; Bärmann/*Suilmann* WEG §15 Rn. 21; *Agatsy* IMR 2021, 49 ff.; *Drasdo* GE 2021, 491 ff; *Becker/Schneider* ZfIR 2020, 296). Nach § 15 Nr. 1 WEG muss es sich um Erhaltungsmaßnahmen am Sondereigentum und/oder gemeinschaftlichen Eigentum handeln. Da es sich nach § 15 Nr. 2 WEG auch um sonstige bauliche Veränderungen handelt, sind nach zutreffender Auffassung **Modernisierungsmaßnahmen** im gemeinschaftlichen Eigentum umfasst. Die mietvertraglichen Duldungspflichten aus §§ 555a

ff. BGB und §§ 555d ff. BGB bleiben davon unberührt. Die Vorschrift des § 15 WEG begründet einen eigenständigen Rechtsanspruch. Im Rahmen der **Duldungspflicht** des § 15 WEG ist zu prüfen, welche Parteien der **Duldungsanspruch** bindet. Zum einen ist zu klären, ob das jeweilige Miet-/Nutzungsverhältnis modifiziert wird und zum anderen, wie die Vorschrift des § 15 WEG im Verhältnis zu anderen gesetzlichen oder mietvertraglichen Vorschriften u.a. §§ 555a ff. BGB einzuordnen ist (§ 15 Rdn. 8). Nach dem Wortlaut der Gesetzesbegründung zu § 15 WEG war nicht vorgesehen, das Mietverhältnis zu modifizieren. Vielmehr sprechen der Gesetzeswortlaut der §§ 15 Nr. 1 und Nr. 2 WEG dafür, dass der Gesetzgeber ausdrücklich bezweckte, dass keine Drittnutzung und somit ein **berechtigtes Nutzungsrecht** (§ 986 BGB) einer berechtigten Erhaltungsmaßnahme (§ 15 Nr. 1 WEG) oder baulichen Maßnahme (§ 15 Nr. 2 WEG) entgegenstehen (*Agatsy* IMR 2021, 49, 51; MHdB WEG-R/*Drasdo* § 1 Rn. 115). Somit kann der Wortlaut des § 15 WEG weder in der Tatbestandsvariante der Erhaltungsmaßnahmen noch als bauliche Veränderung weit ausgelegt werden, so dass ein Rückschluss auf eine »Modifizierung« von **Duldungspflichten** aus dem **Mietvertrag oder Nutzungsverhältnis** resultiert. Für die modifizierende Anwendung auf die Ausgestaltung der Miet- und Nutzungsverhältnisse sieht der Gesetzgeber keinen Anlass (vgl. BT-Drs. 19/18791 S. 54). Zwischen den Vorschriften der §§ 15 Nr. 1 und 2 WEG sowie §§ 555a Abs. 1 und §§ 555c, 555d BGB besteht nach dem Willen des Gesetzgebers und aufgrund der entsprechenden Anwendung der Vorschriften §§ 555a und 555d BGB eine klare systematische Verweisung (PWW/*Elzer/Riecke* WEG § 15 Rn. 2; AH-MietPrax/*Agatsy* Fach 4 Rn. 128a; MHdB WEG-R/*Agatsy* § 14 Rn. 23). Zugleich folgt daraus, dass § 15 WEG in seinem Anwendungsbereich die allgemeinen Vorschriften der §§ 14 Abs. 1 Nr. 2 und Abs. 2 Nr. 2 WEG verdrängt. Nach zutreffender Auffassung besteht allerdings keine **systematische Regelungslücke** und somit keine Notwendigkeit, auf die allgemeinen gesetzlichen Vorschriften der §§ 986 Abs. 1 S. 1 Alt. 2 BGB oder auf § 1004 Abs. 1 BGB zurückzugreifen. Der Regelungszweck des § 15 WEG ist weitreichend und entspricht daher nicht § 14 Nr. 4 Hs. 2 WEG a.F. (*Agatsy* IMR 2021, 49, 52). Der Hinweis auf den **Härteeinwand** muss rechtzeitig erfolgen. Härtegründe im Sinne des § 15 Nr. 2 WEG iVm § 555d Abs. 2 BGB entsprechend sind Eingriffe in schützenswerte erhebliche **Interessen des Drittnutzers.** Je länger die baulichen Maßnahmen und/oder **Modernisierungsmaßnahmen** andauern und je umfangreicher diese sind, desto eher liegt eine Härte vor. Dies ist ein Eingriff in schützenswerte **Interessen** des Dritten (§ 15 Rdn. 28; *Hügel/Elzer* WEG § 15 Rn. 32; *Drasdo* Grundeigentum 2021, 491 ff.). Eine lediglich pauschale Härtebehauptung ohne näher erkennbare Umstände hingegen greift nicht. Ein Hinweis auf eine **Mieterhöhung** ist nicht notwendig, weil diese ausschließlich im Mietverhältnis rechtliche Wirkung entfaltet. Demnach scheidet die analoge Anwendung der Vorschriften über den **Aufwendungsersatzanspruch** aus. Für den Dritten bestehen ausreichende Möglichkeiten, den Aufwendungsersatzanspruch aus §§ 555d Abs. 6, 555a Abs. 3 BGB gegenüber dem vermietenden Wohnungseigentümer geltend zu machen. Nach dem gesetzgeberischen Willen besteht auch keine Regelungslücke (*Agatsy* IMR 2021, 49, 54; *Drasdo* NJW-Spezial 2023, 545). Dem Mieter bleibt ausdrücklich vorbehalten, gegenüber dem Vermieter **Aufwendungsersatz** geltend zu machen.

3. Maßnahmen der modernisierenden Instandsetzung am gemeinschaftlichen Eigentum

Reine Erhaltungsmaßnahmen (*Instandhaltung/Instandsetzung*) sind inhaltlich von dem Begriff der modernisierenden Instandsetzung zu differenzieren (ausführlich auch zur Kostentragung: *Riecke* ZWE 2022, 22 ff.). Letztere sind mit einer teilweisen »Modernisierung« von Bestandteilen des gemeinschaftlichen Eigentums oder deren Wiederherstellung verbunden. Die Differenzierung wirkt sich sowohl auf die Vermietung von gemeinschaftlichem Eigentum zwischen der Gemeinschaft der Wohnungseigentümer und den Wohnungseigentümer als auch auf das weitere Rechtsverhältnis zwischen dem Vermieter von Sondereigentum und dessen Mieter aus. Nach einer Auffassung in der Literatur (so unter anderem: Dötsch/Schultzky/Zschieschack Kap. 6 Rn. 39 mit Verweis auf die Gesetzesbegründung aus BT-Drs. 19/18791, 67) sind Maßnahmen der modernisierenden Instandsetzung als bauliche Veränderungen einzuordnen. Dafür wird unter anderem ein »mögliches« Redaktionsversehen des Gesetzgebers angeführt. Dem ist aus guten Gründen aber nicht zu folgen. Nach zutreffender Auffassung, der sich die hier vertretene Auffassung anschließt, handelt es sich um 47 einfache Erhaltungsmaßnahmen (SEHR/*Abramenko* § 5 Rn. 4; MHdB WEG-R/*Agatsy* § 14 Rn. 7; SWK WEG-R/*Mediger* Modernisierende Instandsetzung Rn. 9 ff.). Für die Einordnung von Maßnahmen der modernisierenden Instandsetzung ist auch die überzeugende Begründung der Literatur (*Riecke* ZWE 2022, 20, 23 ff.; MHdB WEG-R/*Neumann* § 17 Rn. 126) anzuführen. Es existiert kein systematisches Argument, dass für auf das Vorliegen einer baulichen Veränderung spricht. So führt auch das ständige Deutsche Schiedsgericht in seinem Schiedsspruch vom 29.03.2022 aus (Dt. Ständiges Schiedsgericht, 29.03.2022 – SG 21/07/128, ZMR 2022, 590 m. Anm. *Agatsy*) aus, dass »nur aus den Gesetzesmaterialien ersichtlich« wird, dass der Gesetzgeber bei der modernisierenden Instandsetzung offenbar einen Systemwechsel vollziehen wollte. »Nach der Legaldefinition des § 20 Abs. 1 WEG ist sie aber nicht der baulichen Veränderung zuzuordnen, da auch sie nur den ursprünglichen Zustand wiederherstellt. Sie sieht lediglich von seiner Reproduktion ab, indem anstelle des abgängigen Bauteils ein zeitgemäßes eingebaut wird. Damit geht sie nicht im Sinne von § 13 Abs. 2 WEG über Maßnahmen der Erhaltung hinaus. Gleichwohl meint der Gesetzgeber im Zusammenhang mit § 21 Abs. 2 S. 1 Nr. 2 WEG, sie gliedere sich im Hinblick auf die Amortisierung ihrer Kosten »nahtlos in das System des Entwurfs« ein und folgert daraus, dass eine »modernisierende Instandsetzung (…) demnach - wie jede bauliche Veränderung - mit einfacher Mehrheit beschlossen werden (kann)«. Eine nahtlose Einfügung in das System des Gesetzes gelingt dem Gesetzgeber damit zwar im Hinblick auf die Legaldefinition keineswegs. Gleichwohl ist damit zu rechnen, dass die modernisierende Instandsetzung künftig nach den Regeln der baulichen Veränderung zu handhaben sein wird (vgl. SEHR/*Abramenko* § 5 Rn. 4). Bereits nach der Begriffsdefinition ist eine **modernisierende Instandsetzung** ausschließlich darauf gerichtet, Bestandteile auszutauschen und den ordnungsgemäßen Zustand d.h. den Soll-Bestand des gemeinschaftlichen Eigentums wiederherzustellen«. Ferner differenziert der Wortlaut des § 13 Abs. 2 WEG nach Erhaltungsmaßnahmen und solchen Maßnahmen, die darüber hinausgehen. Maßnahmen der modernisierenden Instandsetzung beeinträchtigen weder die Wohnungseigentümer noch die Gemeinschaft der Wohnungseigentümer über das Maß einer üblichen Erhaltungsmaßnahme hinaus. Es wird lediglich er ursprüngliche (*technische*) Zustand wiederhergestellt (§ 20 Rdn. 11; MüKo-BGB/*Rüscher* WEG § 20 Rn. 21 ff.; SEHR/*Abramenko* § 5 Rn. 4). Auch das *AG Hamburg-St. Georg* hat mit überzeugenden Argumenten eine Abgrenzung von einer reinen **Erhaltungsmaßnahme** zur baulichen Veränderung im Sinne des § 20 Abs. 1 WEG vorgenommen und deren Vorliegen verneint (zum Austausch einer Briefkastenanlage: *AG Hamburg-St. Georg* 17.12.2021 – 980a C 24/21, ZMR 2022, 326, 327). »Die Reparatur oder identische Reproduktion des gemeinschaftlichen Eigentums ist dagegen nur Erhaltung«. Nach der Auffassung von *Hügel/Elzer* (*Hügel/Elzer* § 20 Rn. 72) wirkt sich diese Fragestellung ohnehin bloß im Bereich der **Kostenfolge** aus. Dies gilt nicht für Maßnahmen eines Drittnutzers, sofern **nicht** der vermietende Wohnungseigentümer um Gestattung bittet (PWW/*Elzer/Riecke* WEG § 20 Rn. 5; Bärmann/*Dötsch* WEG § 20 Rn. 92; BeckOK WEG/*Elzer* WEG § 20 Rn. 18; a.A. *BGH* 24.01.2014 – V ZR 48/13, NJW 2014, 1233 Rn. 10 = ZMR 2014, 464).

4. Modernisierung von gemeinschaftlichem Eigentum und bauliche Veränderungen

48 Eine Legaldefinition des Modernisierungsbegriffs lässt sich weder § 13 Abs. 2 WEG noch §§ 20 Abs. 1, 2 WEG oder § 16 Abs. 1 WEG entnehmen. Auch im WEG-Recht gilt nichts anderes. Demnach ist auf den Begriff des § 555b BGB zurückzugreifen. Eine Modernisierung des gemeinschaftlichen Eigentums liegt hiernach vor, wenn **Bestandteile des gemeinschaftlichen Eigentums** nicht nur teilweise, sondern vollständig ausgewechselt oder neu errichtet werden. Eine Modernisierung kann somit nach zutreffender Auffassung unter den Begriff der baulichen Veränderung subsumiert werden. Nach der Neufassung des § 20 Abs. 1 WEG können Wohnungseigentümers den Anspruch auf die Gestattung baulicher Veränderungen durch **Mehrheitsbeschluss** geltend machen (§ 20 Rn. 13; PWW/*Elzer/Riecke* WEG § 20 Rn. 7 ff.; *Mediger* NZM 2022, 897 ff.; Bärmann/*Dötsch* WEG § 20 Rn. 151 ff.). Modernisierungsmaßnahmen sind unter § 20 Abs. 1 WEG zu subsumieren. Auch im Wohnungseigentumsrecht setzt der **Modernisierungsbegriff** voraus, dass nicht lediglich Bauteile »ausgetauscht« werden, sondern das gesamte Bauwerk wesentlich umgestaltet wird. Denkbar sind energetische Maßnahmen (*z.B. Isolierglasfenster, Wärmedämmverbundsystem, Dachgeschossausbau,*

Heizungsneubau, Umgestaltung der Gemeinschaftsflächen). Davon zu differenzieren sind **privilegierte bauliche Veränderungen** im Sinne des § 20 Abs. 2 WEG. Die Kostenregelung bei baulichen Veränderungen folgt aus § 21 WEG. Demnach folgt somit auch die Freistellung der übrigen Wohnungseigentümer von der Kostenlast von einer bestimmten baulichen Veränderung (ausführlich: *Riecke* ZWE 2022, 22 ff.; s.a. MHdB WEG-R/*Agatsy* § 14 Rn. 7)

Im **Vertragsverhältnis** zwischen dem vermietenden Wohnungseigentümer und seinem Mieter gelten vorrangig §§ 555b und 555d BGB (PWW/*Elzer* § 555b Rn. 3ff.; zur Auswirkung auf den vertraglichen Zustand vgl. Schmidt-Futterer/*Eisenschmid* BGB § 555b Rn. 11 ff.). Der vermietenden Wohnungseigentümer muss seinerseits für die Wahrnehmung der Duldungspflichten durch seinen Mieter Sorge tragen und ihm im Verweigerungsfall auf Duldung verklagen. Die Duldungspflicht aus § 15 WEG entbindet den vermietenden Wohnungseigentümer ihrem Regelungszweck nach nicht von der Durchsetzung seiner mietrechtlichen Duldungspflicht. Nutzt ein weiterer Dritter (z.B. Untermieter) das vermietete Wohnungseigentum, muss der Wohnungseigentümer dafür Sorge tragen, dass auch der Dritte seiner Duldungspflicht nachkommt. 49

5. Sonderfälle baulicher Veränderungen Barrierefreiheit, Einbruchsschutz und Elektromobilität

Ein Sonderfall sind privilegierte bauliche Veränderungen im Sinne der §§ 20 Abs. 1, 20 Abs. 2 Nr. 1 50
bis 4 WEG (§ 20 Rdn. 47 ff.). Diese Vorschrift korrespondiert nach ihrem Regelungsinhalt mit der Vorschrift des § 554 Abs. 1 BGB. In § 554 BGB hat der Gesetzgeber den neuen Anspruch auf eine zweckgebundene **bauliche Veränderung** geregelt (AH-MietPrax/*Agatsy* Fach 4 Rn. 199a ff.). Diese Vorschrift ist mit dem *Wohnungseigentumsmodernisierungsgesetz* zum 01.12.2020 in Kraft getreten (BT-Drs. 19/18791, S. 84 ff. BR-Drs. 19/22634, S. 84 ff.; SEHR/*Hinz* § 12 Rn. 1 ff.). Die *Barrierefreiheit die Gewährleistung der E-Mobilität und des Einbruchsschutzes* sind dort gesetzlich geregelt. Nach der neuen gesetzlichen Regelung (vgl. *Hinz* ZMR 2020, 381; *Dötsch/Zschieschack* ZWE 2023, 435 ff.) sollen privilegierte bauliche Veränderungen auch für das **Mietverhältnis** einheitlich geregelt werden (Harz/Schmid/*Riecke* BGB § 554 BGB Rn. 3f.). Die Vorschrift des § 554 Abs. 1 S. 1 BGB regelt einen vertraglichen Anspruch des Mieters auf die Vornahme baulicher Veränderungen (BT-Drs. 19/18791, 84 ff.; BR-Drs. 168/20, 98; BT-Drs. 19/22634, 27). § 554a BGB a.F. wurde ersatzlos gestrichen. Eine **Übergangsvorschrift** existiert nicht (SEHR/*Hinz* § 12 Rn. 5). Dieser Anspruch ist darauf gerichtet, dass der Mieter **bauliche Veränderungen** zur *Gewährleistung der Barrierefreiheit, Vorrichtungen für das Aufladen elektrisch betriebener Fahrzeuge und den Einbruchsschutz* vornehmen darf. § 554 Abs. 1 BGB findet als Anspruchsgrundlage auf *Wohnraummietverhältnisse und auf Mietverhältnisse* im Sinne des § 549 Abs. 2 Nr. 2 BGB Anwendung (SEHR/*Hinz* § 12 Rn. 5 ff.; Blank/Börstinghaus/Siegmund/*Börstinghaus* BGB § 554 Rn. 2; PWW/*Riecke* BGB § 554 Rn. 3 ff.). Darüber hinaus findet § 554 BGB über § 578 Abs. 1 BGB auch auf sonstige Mietverhältnisse über Grundstücke und Räume Anwendung (BR-Drs. 168/20, 103; BT-Drs. 19/22634, 27). Mit dem systematischen Verweis in § 578 Abs. 1 BGB wollte der Gesetzgeber auch **Mietverhältnisse über Stellplätze und Garagen** von dem Regelungsumfang umfassen (*Hinz* ZMR 2020, 381; *Dötsch* ZMR 2019, 741, 742 f.; *Elzer* ZMR 2020, 81).

Der Anspruch auf die Vornahme einer baulichen Veränderung im Sinne des § 554 Abs. 1 BGB setzt 51
die zuvor erteilte Genehmigung des Vermieters voraus. Die mietrechtliche Gestattung der baulichen Veränderung i.S.d. § 554 Abs. 1 BGB führt zugleich zu einer einvernehmlichen **Vertragsänderung**. Der Anspruch aus § 554 Abs. 1 BGB regelt nicht nur den Anspruch auf eine temporäre Gestattung, sondern eine bauliche Veränderung. Infolgedessen wird auch die bislang vertraglich vereinbarte Soll-**Beschaffenheit der Mietsache** (§ 535 Abs. 1 S. 1 BGB) geändert und infolge der Anpassung ein neuer Ist-Zustand geschaffen (vgl. NK-BGB/*Hinz* BGB § 554 Rn. 7). Die Vorschrift des § 554 Abs. 1 BGB regelt somit den gesonderten Spezialfall der **Mietermodernisierung**; den Anspruch auf einen barrierefreien Aus-/und Umbau der Wohnung (SEHR/*Hinz* § 12 Rn. 2 ff.; AH-MietPrax/*Hinz* Fach 1 Rn. 620 ff.). Dafür ist ausreichend, dass der Mieter sein berechtigtes Interesse an der Durchführung der baulichen Maßnahme zum barrierefreien Ausbau, Installation einer **Wallstation**

oder eines besonderen Einbruchsschutzes nachvollziehbar darlegt. Die Anforderungen an das Mieterinteresse dürfen nicht *überzogen* werden (SEHR/*Hinz* § 12 Rn. 5 ff.).

52 Die Vorschrift ist in drei Varianten gegliedert. Der erste Regelungstatbestand umfasst die Barrierefreiheit. Beispielsweise kann sich der Mieter eines vermieteten Wohnungseigentums nur noch mittels Elektro-Rollator fortbewegen. Er kann gem. § 554 Abs. 1 BGB seinen Anspruch auf einen behindertengerechten und barrierefreien Wohnungszugang geltend machen. Ebenso kann er die Einrichtung eines diebstahlgesicherten Standplatzes und eine Rampe für den Hauseingang beantragen. Eine bauliche Veränderung im Sinne des § 554 Abs. 1 BGB ist jede Modifikation der Substanz der Mietsache. Der Anspruch korrespondiert inhaltlich mit §§ 20 Abs. 1 und 20 Abs. 2 Nr. 1 bis 4 WEG (BT-Drs. 19/18791, 85; BR-Drs. 168/20, 99; SEHR/*Hinz* § 12 Rn. 12 ff.; zu § 554 BGB und WEG-Anlagen s.a. *Riecke* AnwZert MietR 12/2023 Anm. 1; PWW/*Elzer/Riecke* WEG § 20 Rn. 17). Der Umfang der Mietsache im Mietvertrag wird dadurch erweitert. Der Regelungszweck des § 554 Abs. 1 S. 1 BGB ist aber nicht auf die Erweiterung des Mietgebrauchs gerichtet. Nach zutreffender Auffassung ist zulässig, dass der Vermieter vom Mieter fordert, dass nur ein zertifiziertes Fachunternehmen die baulichen Veränderungen i.S.d. § 554 Abs. 1 BGB vornehmen darf. Diese Fallgruppe ist nicht von § 554 Abs. 1 S. 1 BGB umfasst, da diese Vorschrift nach zutreffender Auffassung darauf keinen Anspruch gewährt. Eine zu weitreichende Auslegung der Vorschrift des § 554 Abs. 1 S. 1 BGB lässt sich den Materialien nicht entnehmen. Es gibt praktische Konstellationen, in denen den Mietern eines Mehrfamilienhauses zwar keine eigene Stellfläche zugewiesen ist, diese jedoch ihr Fahrzeug auf dem Hof abstellen dürfen. Dann liegt nach zutreffender Bewertung eine »gestattete Nutzung« vor (*Hinz* NZM 2019, 649, 654; Harz/Schmid/*Riecke* BGB § 554 Rn. 4).

53 Hinzu kommt, dass sich der Gesetzgeber bewusst für eine **Abwägungsentscheidung** entschieden hat, so dass die Relation der Mieter- und Vermieterinteressen zu wahren ist. Dies hat der Gesetzgeber in § 554 Abs. 1 S. 2 BGB geregelt. Diese Vorschrift der Abwägung bezieht sich auf alle drei Tatbestandsvarianten des § 554 Abs. 1 S. 1 BGB. Handelt es sich bei der Mietsache um vermietetes Sondereigentum (Teil-/oder Wohnungseigentum), so ist bei der Beschlussfassung und der über den Anspruch des anspruchsstellenden Sondereigentümers eine Abwägung der beteiligten Interessen einzubeziehen (§ 20 Rdn. 40). Verhält sich der Vermieter allerdings passiv und begründet dies unter anderem damit, dass er einer in § 554 Abs. 1 S. 1 BGB und den §§ 20 Abs. 1 und 20 Abs. 2 WEG geregelten Maßnahme nicht zustimmen müsse, kann der Mieter auf Zustimmung klagen. Der vermietende Sondereigentümer ist verpflichtet, auf eine **positive Beschlussfassung** der Eigentümerversammlung hinzuwirken (*BGH* 20.07.2005 – VIII ZR 342/03, ZMR 2005, 935; Blank/Börstinghaus/Siegmund/*Siegmund* BGB § 535 Rn. 326; Schmidt-Futterer/*Lehmann-Richter* BGB § 535 Rn. 798). Nach der hier vertretenen Auffassung ist die pauschale Befürchtung von etwaigen Nachteilen ohne konkrete Abwägung im Einzelfall unerheblich. Die zweite Variante betrifft bauliche Veränderungen, die dem Laden elektrisch betriebener Fahrzeuge dienen. Elektrisch betriebene Fahrzeuge sind insbesondere Fahrzeuge gemäß § 2 Nummer 1 des Elektromobilitätsgesetzes (EmoG). Erfasst sind daneben aber etwa auch elektrisch betriebene Zweiräder und spezielle Elektromobile für Gehbehinderte, die nicht in den Anwendungsbereich des EmoG fallen (BT-Drs. 19/18791, 85). Beispiel: Der Mieter der im Erdgeschoss gelegenen Wohnung macht den Anspruch auf die Errichtung einer Ladestation »Wallbox« geltend. Diese Fallgruppe unterfällt der zweiten Variante des § 554 Abs. 1 S. 1 Alt. 2 BGB. Der Anspruch auf die bauliche Veränderung in Form der Ladeinfrastruktur umfasst auch die dazugehörige Versorgung mit den Anschlussleitungen und die technischen Voraussetzungen. Erfasst wird damit vor allem die Installation einer Lademöglichkeit, etwa in Form der Verlegung erforderlicher Stromleitungen und des Einbaus eines Ladepunktes, zum Beispiel einer sogenannten Wallbox (BT-Drs. 19/18791, S. 85). Nach Beendigung des Mietverhältnisses steht dem Mieter an der »Wallbox« gemäß § 539 Abs. 2 BGB ein Wegnahmerecht zu. Dieses kann der Vermieter jedoch durch die Zahlung einer angemessenen Entschädigung abwenden (Harz/Schmid/Riecke BGB § 554 BGB Rn. 8). Schließlich umfasst die Vorschrift des § 554 Abs. 1 S. 1 BGB eine dritte Variante. Dabei handelt es sich um den Anspruch auf die Gewährleistung eines ausreichenden Einbruchsschutzes. Damit sind nach dem Willen des Gesetzgebers und dem Wortlaut der Vorschrift des § 554 Abs. 1 S. 1 Alt. 3 BGB solche Maßnahmen gemeint, die einen widerrechtlichen Zutritt (Einbruch)

erschweren und unmöglich machen (NK-BGB/*Hinz* BGB § 554 Rn. 17). Fordert der Mieter einer Wohnung vom Vermieter die *Genehmigung zum Einbau eines Türspions in die Wohnungseingangstür und die Sicherung mit einem einbruchssicheren Querriegel* ein, besteht dieser Anspruch. Die Einbruchsschutzmechanismen können sich auch auf das Wohnhaus und dessen Zugänge beziehen.

Eine besondere Regelung ist die Vorschrift des § 554 Abs. 1 S. 3 BGB, die auf die entsprechende Anwendung der Vorschrift des § 551 BGB verweist. Aus dem Verweis auf die entsprechende Anwendung folgt, dass der Vermieter berechtigt ist, bei der Vornahme von baulichen Veränderungen im Sinne des § 554 Abs. 1 BGB eine entsprechende Zusatzsicherheit zu vereinnahmen (BT-Drs. 19/18791, 88; Blank/Börstinghaus/Siegmund/*Börstinghaus* BGB § 554 Rn. 29 ff.; NK-BGB/*Werner Hinz* BGB § 554 Rn. 45; PWW/*Riecke* BGB § 554 Rn. 40). Damit soll das zum Auszug des Mieters bei Vertragsende bestehende Risiko der einseitigen Tragung von **Rückbaukosten** gemindert werden. Eine Umgehung der Vorschriften des § 554 Abs. 1 S. 1 bis 3 BGB ist gemäß § 554 Abs. 2 BGB ausgeschlossen. Wird die bauliche Veränderung durch die Gemeinschaft der Wohnungseigentümer beschlossen, ist gegenüber einem Mieter auch eine Vereinbarung im Hinblick auf die Maßnahme gemäß § 555f Nr. 3 BGB zulässig. 54

Die Vorschrift des § 554 Abs. 1 BGB findet nach dem Willen des Gesetzgebers auch im Gewerbemietrecht Anwendung. Der Anwendungsbereich von § 554 wird auf **Mietverhältnisse** über Grundstücke und andere Räume als Wohnräume erstreckt. Denn die durch § 554 geschützten Interessen sind nicht wohnraumspezifischer Natur. Vielmehr haben auch die Mieter von Grundstücksflächen und anderen Räumen gleichermaßen ein **schützenswertes Interesse**, die von § 554 erfassten baulichen Veränderungen ausführen zu dürfen. (BT-Drs. 19/18791, 91; BR-Drs. 168/20, 103; NK-BGB/*Werner Hinz* BGB § 554 Rn. 18). Eine gewollte Einschränkung des Regelungsumfangs ist der Gesetzesbegründung nicht zu entnehmen. Dies ist beispielsweise der Fall, wenn der Mieter eines Ladengeschäfts seinen Anspruch gegen den Vermieter auf den Anbau einer Rollstuhlrampe vor dem Eingangsbereich, die Einrichtung von **Behindertenparkplätzen** und die Errichtung von zwei **Ladesäulen für Elektroautos** geltend macht. Im Verhältnis zur WEG muss einen Teileigentümer den Anspruch auf eine bauliche Veränderung i.S.d. § 20 Abs. 2 WEG geltend machen. Eine weitere Fallgruppe umfasst den Anspruch eines Gewerbemieters auf den Einbau einbruchshemmender Schutzvorrichtungen z.B. einer Alarm- und **Sicherheitsschließanlage und verschließbare Stellplatzflächen** (zu § 20 Abs. 2 WEG mit Beispielen vgl. Lehmann-Richter/Wobst WEG-Reform 2020 Rdn. 1176; SEHR/*Abramenko* § 5 Rn. 21; Bärmann/*Dötsch* WEG § 20 Rn. 275 ff.; PWW/*Elzer*/*Riecke* WEG § 20 Rn. 29). Über die Vorschrift des § 578 Abs. 1 BGB greift der Anspruch gem. § 554 Abs. 1 BGB entsprechend bei **Gewerberaum** und anderen Mietverhältnissen. Die geschützten Interessen sind nach dem Regelungszweck des § 554 Abs. 1 BGB nicht rein wohnraumspezifischer Natur. Gem. § 554 Abs. 2 BGB besteht ein gesetzliches Umgehungsverbot. Unwirksam ist demzufolge jede Regelung, die den Anspruch aus § 554 Abs. 1 BGB ausschließt oder unangemessen einseitig beschränkt (BT-Drs. 19/18791, 88; BR-Drs. 168/20, 102). Das Umgehungsverbot umfasst die einseitige Beschränkung der Interessenabwägung (§ 554 Abs. 1 S. 2 BGB) und eine von § 551 Abs. 3 BGB abweichende Anlage der Kaution (Schmidt-Futterer/*Flatow* BGB § 554 Rn. 20). Eine individualvertragliche **Umgehungskonstellation** ist m.E. ebenfalls unwirksam. Auch der Anspruch auf den Anbau eines behindertengerechten Aufzugs an einem denkmalgeschützten Altbau kommt nach dem *BGH* in Betracht (*BGH*, 09.02.2024 – V ZR 244/22, FD-MietR 2024, 805804 m. Anm. *Pramataroff*; *Elzer* MietRB 2024, 125). 55

VI. Schadensersatzpflicht des vermietenden Eigentümers

Einem vermietenden Sonder- oder Teileigentümer kann durch die Weigerung der anderen Wohnungseigentümer zur Beschlussfassung oder deren Umsetzung durch die Gemeinschaft der Wohnungseigentümer, insbesondere aufgrund der verspäteten oder Nichtdurchführung notwendiger Erhaltungsmaßnahmen am gemeinschaftlichen Eigentum ein Schaden etwa durch Mietausfall, Mietminderung, Anwalts- und Gerichtskosten entstehen. Zu differenzieren sind die Ansprüche des Vermieters gegenüber der Gemeinschaft der Wohnungseigentümer und die Ansprüche des im vertraglichen »Innen- 56 verhältnis«. Von hoher praktischer Relevanz sind die Ansprüche auf Schadensersatz des vermietenden Wohnungseigentümers im Verhältnis zum Mieter. Weitere Schadensersatzansprüche können bestehen, wenn Mängel am gemeinschaftlichen Eigentum nicht beseitigt werden. Eine Freistellung zu Gunsten Dritter und somit von den Ansprüchen des Mieters kommt nicht in Betracht.

57 Ein Anspruch des vermietenden Wohnungseigentümers auf Schadensersatz wegen verzögerter Beschlussfassung über notwendige Erhaltungsmaßnahmen (§§ 280, 286 BGB) scheidet aber aus nach Auffassung des *BGH* (ZMR 2012, 974 = NZM 2012, 685 Rn. 11; **a.A.** insbesondere *Derleder* NJW 2012, 3132 und *Elzer* NZM 2012, 718; *OLG München* ZMR 2009, 225 = NZM 2009, 130): Bestandskräftige Eigentümerbeschlüsse, die eine Instandsetzung ablehnen, schließen einen Schadensersatzanspruch wegen verzögerter oder unterlassener Erhaltungsmaßnahmen nicht grundsätzlich aus, wenn der betroffene Wohnungseigentümer vorher gefasste Beschlüsse über die Zurückstellung der Instandsetzung nicht angefochten hat. Für die umstrittene Ansicht des *BGH* spricht, dass anderenfalls die Versäumung der Anfechtungsfrist über eine Schadensersatzklage umgangen bzw. ausgehebelt werden könnte. Der Eigentümer muss also um seine Verpflichtungen im Außenverhältnis zum Mieter erfüllen zu können und bei Untätigkeit Regress nehmen zu können ggf. gerichtlich seinen Anspruch aus § 18 Abs. Abs. 2 Nr. 1 WEG auf Durchführung notwendiger Erhaltungsmaßnahmen (Instandsetzungs- und Instandhaltungsmaßnahmen) durchsetzen. Hier taucht das nächste Problem auf: Wen muss der Eigentümer verklagen? Nach einer Ansicht ist Verpflichtete die Gemeinschaft der Wohnungseigentümer (*LG Hamburg* ZMR 2009, 714, 715; *Brinkmann* MietRB 2011, 30). Nach der Gegenansicht (vgl. *Elzer* NZM 2012, 718) scheidet ein Rückgriff auf die Gemeinschaft der Wohnungseigentümer und das Verwaltungsvermögen aus, weil der Beeinträchtigte selbst hieran wirtschaftlich beteiligt ist und es unbillig wäre, dass er (*teilweise*) seinen eigenen Schaden zahlt. Wenn der einzelne vermietende Wohnungseigentümer schließlich einen Sanierungsbeschluss erstritten hat, soll nach *BGH* (ZMR 2012, 974) die **Gemeinschaft der Wohnungseigentümer** jedenfalls dann ihm gegenüber verpflichtet sein, die unverzügliche Umsetzung eines Beschlusses zur Sanierung des gemeinschaftlichen Eigentums durch Anweisung des Verwalters zur Beauftragung eines Fachunternehmens durchzusetzen, wenn der Beschluss den Zweck hat, einen Schaden am gemeinschaftlichen Eigentum zu beseitigen, der das **Sondereigentum** des Wohnungseigentümers unbenutzbar macht. Wie das in der Praxis gehen soll, bleibt unklar. Nach der hier vertretenen Auffassung ist jedoch denkbar, dass der Verwalter im Rahmen der Beschlussumsetzung dazu ermächtigt wird, einen Fachmann beizuziehen. Ein entsprechendes pflichtgemäßes Ermessen sollte jedem Verwalter eingeräumt sein, um die Umsetzung der ordnungsmäßigen **Erhaltungsmaßnahmen** zu gewährleisten (PWW/*Elzer*/*Riecke* WEG § 18 Rn. 7; Bärmann/*Dötsch* WEG § 18 Rn. 66; SWK WEG-R/*Elzer* Erhaltungsmaßnahmen Rn. 9 ff.). Jedenfalls der Verwaltungsbeirat hat insoweit keine »Anweisungsbefugnisse« gegenüber dem Verwalter. Der Verwaltungsbeirat ist gem. §29 Abs. 2 S. 1 Alt. 2 WEG das Kontrollorgan des Verwalters. Der Verwaltungsbeirat hat **Unterstützungsfunktion** (*Hügel*/*Elzer* WEG § 29 Rn. 38 ff.; Bärmann/*Becker* WEG §29 Rn. 64; zu den Aufgaben des Verwaltungsbeirats vgl. *Sommer* ZWE 2020, 409 ff.) und **Überwachungsfunktion** (§29 Rdn. 25; MHdB WEG-R/*Wolicki* § 21 Rn. 217 ff.; SWK WEG-R/*Leist* Verwaltungsbeirat Rn. 64; Bärmann/*Becker* § 29 Rn. 69 f.; Christ/Sommer Der Verwaltungsbeirat 4. Aufl. 2024 S. 55 ff.). Bei der Ausübung seiner Organpflichten aus § 29 Abs. 2 WEG hat der Verwaltungsbeirat zumindest ein abgeleitetes **Ermessen** (§ 29 Rdn. 28; MHdB WEG-R/*Nissen* § 3 Rn. 337). Somit sind auch Haftungsansprüche bei Pflichtverletzungen gegenüber der Gemeinschaft der Wohnungseigentümer nicht ausgeschlossen. Ein Anspruch auf Schadensersatz gegen den Verwalter kommt nach dem *BGH* beispielweise dann in Betracht, wenn mangels ordnungsmäßiger Verwaltung notwendige Erhaltungsmaßnahmen nicht durchgeführt werden (*BGH*, 19.07.2019 – V ZR 75/18, Rn. 39, WuM 2019, 730 = ZWE 2020, 44 = ZMR 2020, 134). Bei Verstößen des Verwalters gegen seine den Wohnungseigentümern gegenüber bestehenden **Überwachungs-, Kontroll- und Unterrichtungspflichten** hinsichtlich des gemeinschaftlichen Eigentums besteht eine tatsächliche Vermutung dahingehend, dass sich die Pflichtverletzung auch beim Schaden kausal auswirkt (*BGH*, 19.07.2019 – V ZR 75/18, Rn. 39, WuM 2019, 730 = ZMR 2020, 134; Bärmann/*Becker* WEG § 27 Rn. 192).

Wenn sich nur einzelne Wohnungseigentümer gegen die Sanierung gewandt haben, so schulden diese aufseiten der gesamtschuldnerisch haftenden Wohnungseigentümer nach § 426 BGB ggf. im Innenverhältnis allein Schadensersatz (). Unabhängig davon ist eine **Außenhaftung** des Verwalters denkbar (§ 27 Rn. 20; *Hügel/Elzer* WEG § 26 Rn. 407). Dies ist jedoch streitig. Nach Ansicht des *BGH* haftet ein Geschäftsführer gegenüber Dritten persönlich, wenn ihm eine über die Organstellung hinausgehende **Garantenstellung** zukommt, die ihn zum Schutz »Außenstehender« (Dritter) vor der Gefährdung oder Verletzung der durch § 823 Abs. 1 BGB geschützten Rechte verpflichtet (zum Rechtsgedanken *BGH,* 01.12.2015 – X ZR 170/12, NJW 2016, 2110 Rn. 19). Nach der hier vertretenen Auffassung können diese Grundsätze auch auf die »Rechtsstellung« des Verwalters im Verhältnis zu Dritten übertragen werden. Nach der hier vertretenen Auffassung kann die Haftung dem Grunde nach nicht davon abhängen, ob ein Vertrag mit **Schutzwirkung zugunsten Dritter** besteht. Im Übrigen ist es nicht fernliegend, die Haftung auch auf den bestellten Verwalter der GdWE zu übertragen. 58

Der *BGH* (*BGH,* 01.12.2015 – X ZR 170/12, NJW 2016, 2110 Rn. 19) führt hierzu aus: 59

»Nach gefestigter Rechtsprechung haftet der Geschäftsführer jedoch darüber hinaus **auch gegenüber Dritten persönlich,** *wenn ihm eine über die Organstellung hinausgehende* **Garantenstellung** *zukommt, die ihn zum Schutz Außenstehender vor der* **Gefährdung oder Verletzung** *ihrer durch § 823 I BGB geschützten Rechte verpflichtet (BGH NJW 1990, 976; BGH NJW 1994, 1801; BGH GRUR 2016, 257 - Glasfasern). Eine solche Garantenstellung kann sich beim Geschäftsführer aus einer mit dessen Zuständigkeit für die* **Organisation und Leitung** *und der daraus erwachsenden persönlichen* **Einflussnahme auf die Gefahrenabwehr und -steuerung** *verbundenen persönlichen Verantwortung für fremde absolut geschützte Rechte ergeben. In dieser Beziehung gilt letztlich im Grundsatz nichts anderes als für jeden anderen für ein Unternehmen Tätigen, soweit sich dessen Aufgabenbereich auf* **die Wahrung deliktscher Integritätsinteressen Dritter** *erstreckt (BGH NJW 1990. 976).«* 60

Diese Grundsätze lassen sich auch auf die Rechtsstellung des Verwalters übertragen. Daraus kann hergeleitet werden, dass der Verwalter in Wahrnehmung seiner besonderen Pflichten, insbesondere zur »Gefahrenabwehr und -steuerung« einen besonderen Pflichtenkreis wahrnimmt. Eine Außenhaftung kommt gem. §§ 280 Abs. 1, 311 Abs. 311 BGB nur dann in Betracht, wenn der Verwalter als »Amtsinhaber« persönliches Vertrauen in Anspruch genommen hat (*BGH,* 11.09.2012 – VI ZR 92/11, NZG 2012, 1303 Rn. 32; *Hügel/Elzer* WEG § 25 Rn. 407). Eine andere Sichtweise vertritt das *AG Schwabach* (*AG Schwabach,* 16.12.2020 – 9 C 448/20, ZMR 2022, 427). Das *AG Schwabach* ließ die klageweise Geltendmachung der Schadensersatzansprüche des Sondereigentümers bereits an der »Prozessführungsbefugnis« scheitern. Streitgegenständlich war nicht der unmittelbar am Dach der Ladeneinheit entstandene Schaden, sondern der »überhöhte Betrag«, der dem Kläger im Rahmen seiner Jahresabrechnung 2019 belastet wurde. Eigene Ansprüche des Klägers bestanden nicht. 61

VII. Zwangsvollstreckung des Mieters

Die Zwangsvollstreckung eines auf die Vornahme von Mangelbeseitigungsmaßnahmen gerichteten Titels gegen den Vermieter ist als unvertretbare Handlung nach § 888 ZPO zu betreiben, wenn die Maßnahmen nicht nur Sonder-, sondern auch gemeinschaftliches Eigentum betreffen (*LG Berlin,* NZM 2013, 360 m. Anm. *Flatow* = WuM 2012, 640; *Suilmann* WuM 2013, 86 ff.; Harz/Schmid/*Elzer/Riecke* Anh. I Rn. 166; *Suilmann* ZWE 2019, 114, 117; Bärmann/*Dötsch* WEG § 19 Rn. 169). Der zur Mängelbeseitigung verurteilte und zur Erfüllung seiner titulierten Handlungspflichten auf die Mitwirkung der anderen Wohnungseigentümer angewiesene Vermieter ist verpflichtet, notfalls auf dem Klageweg einen Beschluss herbeizuführen. Ein solcher Antrag nach § 888 ZPO hat allerdings dann keinen Erfolg, wenn der Vermieter zur Durchführung der titulierten Maßnahme nicht in der Lage ist. Das ist zu bejahen, wenn er die Gemeinschaft der Wohnungseigentümer erfolglos auf Zustimmung in Anspruch genommen hat; im Weigerungsfalle hat er zur Vermeidung von Zwangsmitteln nach § 888 ZPO die Gemeinschaft der Wohnungseigentümer zeitnah nach Schaf- 62 fung des Vollstreckungstitels gerichtlich auf Zustimmung in Anspruch zu nehmen. Andernfalls ist die Festsetzung eines Zwangsgeldes geboten.

63 Für den Mieter eines Sondereigentums bedeutet dies, dass er zwar einen durchsetzbaren Anspruch auf Mängelbeseitigung hat, aber bei der zwangsweisen Durchsetzung eines gerichtlichen Titels viel Zeit ins Land gehen kann. Nicht ausgeschlossen ist auch, dass der zur Mängelbeseitigung bereite vermietende Wohnungseigentümer durch mehrere Instanzen gegen die Gemeinschaft der Wohnungseigentümer auf Mitwirkung (*oder Duldung*) an den Mängelbeseitigungsarbeiten oder Durchführung gerichtlich vorgehen muss.

B. Vermietung von Sondereigentum nebst Mitgebrauch und Mitnutzung des gemeinschaftlichen Eigentums

I. Anspruchsdurchsetzung von Unterlassungs- und Beseitigungsansprüchen bei zweckbestimmungswidriger Nutzung durch den Mieter

1. Gültigkeit von Zweckbestimmungen, Gebrauchs- und Benutzungsregelungen für den Mieter

64 Für die Vermietung von **Sonder- und Teileigentum**, von Teilen des gemeinschaftlichen Eigentums und die Überlassung von Sondernutzungsrechten gilt über den Regelungszweck des § 13 Abs. 1 WEG die Vorschrift des § 14 WEG. Für den Gebrauch und die Benutzung des Sonder- und Teileigentums sowie den Mitgebrauch und die Mitbenutzung der an den Mieter überlassenen Teile des gemeinschaftlichen Eigentums gelten gem. § 14 Abs. 1 Nr. 1 WEG die allgemeinen **Zweckbestimmungen**, Vereinbarungen und Beschlüsse (vgl. *Agatsy* ZMR 2022, 11 ff.). Gem. § 16 Abs. 1 S. 3 WEG sind die Wohnungseigentümer zum maßvollen **Mitgebrauch des gemeinschaftlichen Eigentums** berechtigt (zur Vermietung von Gemeinschaftsflächen s.a. *Flatow* AnwZert MietR Anm. 16/2024 Anm. 2). Ein vermietender Wohnungseigentümer ist nicht berechtigt, seinem Mieter wiederum ein über die ihm lediglich selbst zustehende Rechtsposition hinausgehendes **Nutzungs- und Gebrauchsrecht** einzuräumen. Vielmehr soll der vermietende Wohnungseigentümer seinem Mieter nur eine Benutzung gestatten, die ihm selbst erlaubt ist (§ 13 Rdn. 7; *BGH,* 25.10.2019 – V ZR 271/18 Rn. 13, ZMR 2020, 202; *Hügel/Elzer* WEG § 13 Rn. 26; Bärmann/*Suilmann* § 13 Rn. 130; *Agatsy* ZMR 2022, 11 ff.; Niebling/Feldhusen-*Agatsy/Flintrop* AGB-Kommentar Kap. Mietrecht Rn. 1605b; zur Bindungswirkung gemeinschaftlicher Gebrauchsregelungen s.a. MHdB WEG-R/*Bartels* § 5 Rn. 112 f.). Der Mieter hat grds. gegenüber den übrigen Wohnungseigentümern nicht mehr Rechte als der vermietende Wohnungseigentümer selbst (sog. Einheitslösung, vgl. *Jacoby* ZWE 2012, 70, 73; *Bonifacio* ZWE 2013, 196; *AG München* ZMR 2012, 110 = IMR 2012, 18 m. Anm. *Klimesch;* zur **Vermietung von Sondernutzungsrechten** *Agatsy* MietRB 2021, 252 ff.) Sind dem Mieter mietvertraglich weitere Rechte eingeräumt, stehen ihm nur mietvertragliche Schadensersatzansprüche z.B. wegen eines anfänglichen Rechtsmangels oder Unmöglichkeit der Leistungserbringung zu. Dasselbe gilt bei der Vermietung des zu einem Wohnungseigentum gehörigen **Sondernutzungsrecht**. Stehen der rechtlichen Möglichkeit zum Mitgebrauch eine **Vereinbarung oder Gebrauchsregelung** entgegen, muss sich der Mieter gegenüber seinem Vermieter »schadlos« halten. Die Wohnung ist in solchen Fällen von Anfang an mit einem Rechtsmangel behaftet. Insoweit liegt Teilunmöglichkeit vor. Der Vermieter ist rechtlich nicht in der Lage, den vertraglich vereinbarten Zustand des Mietobjektes zu erhalten, wenn er z.B. gegenüber seinen Mitwohnungseigentümern zum Rückbau einer Terrassentür (*AG München* ZMR 2012, 110; zum Rückbau eines Balkons *LG Hamburg* 29.02.2012 – 318 S 16/11, ZMR 2012, 574) verpflichtet ist. Über einen Beschluss der Eigentümerversammlung können die Wohnungseigentümer Beschränkungen der Gebrauchsrechte vornehmen (z.B. Grillen, Tierhaltung vgl. *OLG Köln* ZMR 2009, 310, Musikausübung, Ruhezeiten etc.; zum Regelungsumfang einer Hausordnung im WEG s.a. MHdB WEG-R/*Agatsy* § 13 Rn. 13 ff.) an und im Sonder- oder gemeinschaftlichen Eigentum regeln (nicht »durch Beschluss vereinbaren«, so aber *Nüßlein* PiG 76, 2006, S. 31). Aus der Zweckbestimmung von Räumen als Wohnungseigentum folgt, dass die Räume zum Wohnen bestimmt sind (*BGH* ZMR 2018, 238) und sich seine ordnungsmäßige Nutzung diesen Zweck beachten muss (§ 13 Rn. 8 ff.; *BGH*, ZMR

2010, 378 = NJW 2010, 3093). Eine teilgewerbliche Nutzung der Wohnung wird vom Wohnzweck nicht mehr getragen und ist als »Ausübung eines Gewerbes oder Berufes« im Sinne der Teilungserklärung zu qualifizieren (*BGH* ZMR 2012, 970 = NZM 2012, 687; SEHR/*Agatsy* § 4 Rn. 39ff.). Beschlussfassungen der Wohnungseigentümer entfalten nur in ihrem Rechtsverhältnis zur Gemeinschaft der Wohnungseigentümer, nicht jedoch für den Mieter Bindungswirkung (*LG Nürnberg-Fürth*, 31.07.2009 – 19 S 2183/09, ZMR 2010, 69 m. Anm. *Riecke*; *AG Hannover*, 25.08.2009 – 458 C 7007/09, ZMR 2010, 153 m. Anm. *Riecke*).

Auch nach der Neufassung des § 13 Abs. 1 WEG gilt der Grundsatz, dass eine Wohnungseigen- 65
tumseinheit ausschließlich zur Wohnung nicht wie ein Teileigentum d.h. ausschließlich gewerblich genutzt werden darf. Der *BGH* hat auch im Hinblick auf die Nutzung eines Teileigentums zum Wohnzweck grundlegend entschieden. Die Benutzung eines Wohnungseigentums als Heim oder heimähnliche Einrichtung unterfällt weiterhin nicht dem Begriff der Wohnnutzung (*BGH*, 08.03.2019 – V ZR 330/17 Rz. 14, ZMR 2019, 425). Dem einzelnen Wohnungseigentümer steht ein Anspruch gem. § 18 Abs. 2 Nr. 2 WEG gegen die Gemeinschaft der Wohnungseigentümer zu, ihrerseits die gemeinschaftsspezifischen Ansprüche aus § 14 Abs. 1 Nr. 1 WEG und § 1004 Abs. 1 S. 2 BGB gegenüber dem zweckwidrig gebrauchenden Wohnungseigentümer durchzusetzen (s.a. *Zschieschack* FS Börstinghaus S. 453 ff.). Teileigentum dagegen darf dem Grunde nach nicht zum Wohnen genutzt werden (*OLG Zweibrücken* ZMR 2006, 316 = MDR 2006, 744). Teileigentumseinheiten dürfen so oder in einer Weise genutzt werden, die typischerweise nicht mehr stört oder beeinträchtigt (*BGH*, 23.03.2018 – V ZR 307/16, ZMR 2018, 782; *BGH* ZMR 2011, 967 = ZWE 2011, 396 für Hobbyräume; *OLG Schleswig*, ZMR 2006, 891 für Kellerräume). Kellerräume dürfen daher i.d.R. nur als Lager- oder Abstellraum genutzt werden (*OLG Zweibrücken* ZMR 2006, 316, 317; *OLG Düsseldorf* ZMR 1997, 373, 374), nicht wie Wohnungseigentum. Die Zweckbestimmung Teileigentum sieht vor, dass keine Wohnraumnutzung stattfindet. Die zweckwidrige Nutzung begründet im Einzelfall Ansprüche aus § 14 Abs. 1 Nr. 1 WEG und § 1004 Abs. 1 S. 2 WEG, die als **gemeinschaftsbezogene Ansprüche** ausschließlich durch die Gemeinschaft der Wohnungseigentümer geltend zu machen sind. Die Vorschrift des § 14 Abs. 1 Nr. 1 WEG berechtigt ausschließlich die **Gemeinschaft der Wohnungseigentümer** (vgl. *BGH*, 18.01.2022- V ZR 86/21 Rn. 5, ZMR 2022, 230; § 14 Rn. 13 ff.; *Hügel/Elzer* WEG § 14 Rn. 11; Bärmann/*Suilmann* WEG § 9a Rn. 54; PWW/*Elzer/Riecke* WEG § 14 Rn. 22). Dennoch lässt sich eine generelle »Unverträglichkeit« der Nutzung einer Teileigentumseinheit zum Wohnzweck nur anhand des jeweiligen Einzelfalls begründen. In seiner Entscheidung vom 14.03.2019 führt das *LG Frankfurt/M.*, 2–13 S 108/18, ZMR 2019, 714 Rn. 12) aus: » Nach diesen Grundsätzen führt ein Vergleich, bei typisierender genereller Betrachtungsweise, der zweckgemäßen Nutzung als Gewerbe mit der streitgegenständlichen Wohnnutzung nicht zu einer erhöhten Störung.« Aber es gehört (vorbehaltlich weiterer vereinbarter Nutzungsbeschränkungen) zu dem plangerechten Zustand einer Teileigentumseinheit, dass die öffentlich-rechtlichen Anforderungen an einen Aufenthaltsraum erfüllt sind; dafür erforderliche Maßnahmen am gemeinschaftlichen Eigentum wie die bauordnungsrechtlich vorgeschriebene Herstellung eines zweiten Rettungswegs entsprechen regelmäßig ordnungsmäßiger Verwaltung und können von einzelnen Wohnungseigentümern als Maßnahme ordnungsgemäßer Verwaltung gemäß § 18 Abs. 2 Nr. 1 WEG beansprucht werden (in diesem Sinne auch *BGH* ZMR 2017, 818). Je dringender die Herbeiführung einer Entscheidung notwendig ist, desto mehr ist das Ermessen der Wohnungseigentümer bei einer Beschlussfassung »eingeschränkt«. Eine differenzierte Betrachtung ist unter anderem bei der Frage der **Videoüberwachung** im gemeinschaftlichen Eigentum geboten (Zu den datenschutzrechtlichen Aspekten der Videoüberwachung ausführlich SWK-WEG-R/*Okon* Datenschutz Rn. 199 ff.). Für die Einzelheiten zur fernablesbaren Erfassung von Heizkosten und die Neuerungen aufgrund der **Heizkostenverordnung** wird auf die Ausführungen zur Heizkostenverordnung verwiesen (§ 5 HeizKV Rdn. 4 ff.; zum Regelungsbereich der Heizkostenverordnung Handbuch der Mietnebenkosten/*Elzer* Rn. 6013 ff.).

2. Aktivlegitimation

66 Bei der Geltendmachung der Ansprüche auf Störungsunterlassung und Beseitigung ist die Aktivlegitimation zu differenzieren.

67 Ursprünglich wurde Folgendes vertreten: Nach *Wenzel* (ZMR 2006, 245) konnte jeder einzelne Wohnungseigentümer Rechtsinhaber des Anspruchs auf Beseitigung einer Beeinträchtigung des gemeinschaftlichen Eigentums sein.

68 Der 34. Zivilsenat des *OLG München* vertrat im Beschl. v. 27.07.2005 (ZMR 2005, 733 = NZM 2005, 672) zu § 10 Abs. 6 S. 3 WEG a.F. die Auffassung, die Abwehr von Störungen betreffe nicht den »Rechtsverkehr des teilrechtsfähigen Verbandes« und bleibe deshalb Angelegenheit der Wohnungseigentümer. Dagegen hat der 32. Zivilsenat mit Beschl. v. 17.11.2005 (NZM 2006, 106; vgl. dazu *Demharter* NZM 2006, 81) entschieden, die Abwehr von Störungen sei »nicht nur Angelegenheit der Wohnungseigentümer als Einzelpersonen, sondern gehört daneben auch zur Verwaltung des gemeinschaftlichen Eigentums des insoweit teilrechtsfähigen Verbandes«. Dies gilt insbesondere vor dem Hintergrund der Neuregelung der ausschließlich auf die Gemeinschaft der Wohnungseigentümer übertragenen **Verwaltungskompetenz** fort. Die gesetzlich geregelte geborene **Ausübungsbefugnis** sämtlicher Abwehrrechte hinsichtlich des gemeinschaftlichen Eigentums liegt gem. § 9a Abs. 2 WEG ausschließlich bei der Gemeinschaft der Wohnungseigentümer (PWW/*Elzer/Riecke* WEG § 9a Rn. 20; Bärmann/*Suilmann* WEG § 9a Rn. 54 ff.; *Agatsy* ZMR 2022, 11 ff.). Daran hat auch die Neufassung des § 9a Abs. 2 WEG (*Ausübungsbefugnis*) nichts geändert (*Elzer* ZWE 2021, 188, 190).

69 Im Beschl. v. 12.12.2005 (ZMR 2006, 304 m. Anm. *Demharter*) bereits fand der 34. Zivilsenat des *OLG München* eine ähnliche/vermittelnde Lösung im Wege der Auslegung des Versammlungsbeschlusses dahin gehend, »dass die Gemeinschaft selbst beauftragt und bevollmächtigt werden sollte, die **Individualansprüche** der Eigentümer in **Verfahrensstandschaft** zu verfolgen«. Die Verwalterin wurde als »durch den in Verfahrensstandschaft (heute Prozessstandschaft) auftretenden Verband wirksam ermächtigt angesehen, den vermeintlichen Anspruch der Mehrheit der Wohnungseigentümer gerichtlich geltend zu machen«.

70 Wenn der teilrechtsfähige Verband berechtigt ist, als **Prozessstandschafter** Ansprüche der Wohnungseigentümer zu verfolgen, handelt der Verwalter im gerichtlichen Verfahren als Organ der Gemeinschaft (vgl. § 9b Abs. 1 WEG), als gesetzlicher Vertreter der Wohnungseigentümer. Bei Altsachverhalten aus dem Zeitraum vor dem 01.12.2020 stellt sich die Frage, ob die Aktivlegitimation einzelner Wohnungseigentümer oder eines ermächtigten Verwalters mit dem Inkrafttreten des § 9a Abs. 2 WEG entfallen ist. Der durch den *BGH* (*BGH* 07.05.2021 – V ZR 299/19, ZMR 2021, 680) in Betracht gezogenen Analogie zu § 48 Abs. 5 WEG ist auch nach hier vertretener Auffassung nicht zu folgen. *Abramenko* führt aus (*Abramenko* ZWE 2021, 325, 331), dass bereits die Annahme einer dem Gesetzgeber nicht bewussten Unvollständigkeit des WEMoG bedenklich erscheint. Wie der *BGH* ausführt, hat der Gesetzgeber auch an die Fallgruppe gedacht, dass Beschlüsse über die Vergemeinschaftung von **Beseitigungs- oder Unterlassungsansprüchen** bestehen bleiben. Diese Auffassung teilen auch Literaturstimmen (u.a. PWW/*Elzer/Riecke* WEG § 9a Rn. 20; BeckOK WEG/*Müller* WEG § 9a Rn. 120c; *Agatsy* ZMR 2022, 11, 16). Der *BGH* hat entschieden, dass die **Aktivlegitimation** eines Wohnungseigentümers bei der Beeinträchtigung seines Sondernutzungsrechts in Altfällen nicht entfällt. In seinem Urteil vom 01.10.2021 (*BGH* 01.10.2021 – V ZR 48/21, ZMR 2022, 230 Rn. 11; Bärmann/*Göbel* WEG § 48 Rn. 31 ff.) führt der *BGH* aus, dass das Inkrafttreten der Vorschrift des § 9a Abs. 2 WEG zum 01.12.2020 an den bisherigen Grundsätzen nichts geändert habe (anders bei Brandschutzverstoßen vgl. *BGH* 28.01.2021 – V ZR 106/21, ZMR 2022, 570). Die Rechte aus einem zugewiesenen **Sondernutzungsrecht** nimmt nicht die Gemeinschaft wahr, sondern der begünstigte Wohnungseigentümer (*Agatsy* MietRB 2021, 252, 254). Das bedeutet bei Störungen, dass die **Ausübungsbefugnis** beim vermietenden Sondereigentümer selbst liegt (Bärmann/*Suilmann* WEG § 48 Rn. 31 f.). Der *BGH* führt zur Begründung unter Rn. 9 ff. Folgendes aus:

»Nach der zum 01.12.2020 in Kraft getretenen Neufassung des Wohnungseigentumsgesetzes kann ein Wohnungseigentümer Unterlassungs- und Beseitigungsansprüche gemäß § 1004 BGB, die auf die Abwehr von Störungen seines im Grundbuch eingetragenen Sondernutzungsrechts gerichtet sind, deshalb weiterhin selbst geltend machen.« 71

Nach der hier vertretenen Auffassung kann bei der Geltendmachung von Unterlassungs- und Beseitigungsansprüchen bei der Beeinträchtigung von vermieteten Sondernutzungsrechten nichts anderes gelten. Störungen eines Sondernutzungsrechts erfolgen jedoch im Bereich des Sondereigentums, so dass die Befugnis zur Geltendmachung der Ansprüche auf **Störungsunterlassung** und Beseitigung bei dem von der Störungsquelle beeinträchtigten Wohnungseigentümer liegt (*Agatsy* MietRB 2022, 251, 255). Eine generelle Verlagerung der **Ausübungsbefugnis** auf die Gemeinschaft scheidet aus. 72

Die übrigen Fälle sind zu differenzieren. Besteht eine Störung oder ein »Hindernis« im Bereich des gemeinschaftlichen Eigentums, kann die **Abwehransprüche** gem. § 9a Abs. 2 WEG nur die Gemeinschaft der Wohnungseigentümer geltend machen. Der *BGH* (*BGH* 28.01.2022 – V ZR 106/21 Rn. 11, ZMR 2022, 140; Bärmann/*Dötsch* WEG § 20 Rn. 407) führt zur Begründung aus: 73

»Dass der Zugang zu dem Sondereigentum durch solche Hindernisse erschwert wird, reicht für sich genommen nicht aus, um eine eigene **Prozessführungsbefugnis** *des Sondereigentümers zu begründen. Anders könnte es allerdings liegen, soweit das Sondereigentum nach dem Klagevortrag nicht mehr erreichbar wäre; dann wäre die Nutzbarkeit des Sondereigentums nämlich unmittelbar betroffen (vgl. für ein Sondernutzungsrecht Senat, Urteil vom 1. Oktober 2021 - V ZR 48/21, ZMR 2022, 230 Rn. 12). Davon ist hier nicht auszugehen, weil der Zugang zu den Gebäuden über den mit Treppenstufen versehenen Weg erfolgen kann, solange der Lieferwagen auf der Rampe hält. Die Gehbehinderung der Klägerin führt jedenfalls deshalb zu keiner anderen Bewertung, weil die Anlage insgesamt nicht barrierefrei ausgestaltet ist; auch ihre Wohnung im Dachgeschoss kann die Klägerin nur über Treppen erreichen.«* 74

Einen Sonderfall bildet die Kompetenz zur Störungsabwehr in einer Zweiergemeinschaft. Die *Aktivlegitimation des Einzelnen* hängt nicht von der Größe der Gemeinschaft der Wohnungseigentümer ab. Der *BGH* hat in seinem Versäumnisurteil vom 01.10.2021 (*BGH* 01.10.2021 – V ZR 48/21 Rn. 16, ZMR 2022, 230; s.a. Bärmann/*Suilmann* WEG § 14 Rn. 78 ff.) im Hinblick auf Kleingemeinschaften bestätigt, dass die **Aktivlegitimation** der Gemeinschaft in dieser Konstellation besteht. Betrifft die Beeinträchtigung allerdings die Mitnutzung des Gemeinschaftseigentums – etwa durch das Abstellen störender Gegenstände im Treppenhaus oder die Errichtung eines Schuppens auf der Gemeinschaftsfläche-, so wird der Abwehranspruch der Wohnungseigentümer gegen den Mieter gem. § 9a Abs. 2 WEG von der Gemeinschaft ausgeübt, ebenso wie ein vergleichbarer Abwehranspruch gegen einen störenden Wohnungseigentümer (zur Störungsabwehr *Mediger* NZM 2019, 489, 495). 75

Einen denkbaren Ansatz über die **Zulässigkeit bilateraler Vereinbarungen** (unter Wohnungseigentümern) im Fall unzulässiger Nutzungen verfolgt *Abramenko* (*Abramenko* FS Riecke 2019 S. 1 ff.). Es handelt sich um einen überzeugenden Ansatz, um mögliche Nutzungskonflikte zumindest im Verhältnis zweier beteiligter Wohnungseigentümer zu lösen. Eine **bilaterale Vereinbarung** steht in Idealkonkurrenz neben *Vereinbarung, Beschluss kraft Öffnungsklausel und Verwalterzustimmung*. Der Umfang ihrer Rechtswirkung ist jedoch begrenzt. Nimmt ein Miteigentümer eine von der Gemeinschaftsordnung abweichende Nutzung vor, muss zweifelsfrei feststehen, was in dieser *»Vereinbarung inter partes«* vereinbart wurde. Die Abrede über eine gemeinschaftsrechtswidrige Nutzung kann naturgemäß nur die Beziehungen der Vertragsparteien regeln. Der aufgrund dieser bilateralen Vereinbarung »Duldungspflichtige«, hat die (unzulässige) Nutzungsform in der Folge hinzunehmen (*Abramenko* FS Riecke 2019 S. 1, 5 f.). 76

3. Prozessstandschaft der »Gemeinschaft der Wohnungseigentümer«

77 Grundsätzlich gilt allerdings, dass der Inhaber eines Rechts auch zu dessen Durchsetzung befugt ist. In der Gemeinschaft der Wohnungseigentümer ergeben sich jedoch aus der gemeinschaftlichen Verbundenheit und gemeinsamen Verwaltungszuständigkeit für das gemeinschaftliche Eigentum Besonderheiten. Gemeinschaftsbezogen sind nach *Wenzel* (ZMR 2006, 246) die Angelegenheiten, für die formell eine Verwaltungskompetenz der Wohnungseigentümer besteht und in denen materiell der Anspruch auf eine Leistung gerichtet ist, die allen Wohnungseigentümern zusteht (gemeinsame Empfangszuständigkeit). Die Vorschrift des § 9a Abs. 2 WEG enthält eine Zuweisung der *Ausübungsbefugnis* an die Gemeinschaft der Wohnungseigentümer und somit auf den Verband.

78 Bei Schadensersatzansprüche aus den §§ 823 ff. BGB wegen Beschädigung des gemeinschaftlichen Eigentums ist deren Durchsetzung eine Maßnahme der Geschäftsführung zugunsten der Wohnungseigentümer hinsichtlich des gemeinschaftlichen Eigentums. Es liegt ein Fall des § 18 Abs. 1 WEG (§ 21 Abs. 5 WEG a.F.) vor. Die Zuständigkeit für die Erhaltung des gemeinschaftlichen Eigentums und somit das **Verwaltungsmonopol** obliegt der Gemeinschaft der Wohnungseigentümer (§ 18 Rdn. 9; PWW/*Elzer/Riecke* WEG § 18 Rn. 3 ff.; SEHR/*Skauradszun* § 1 Rn. 24; BeckOGK BGB/*Skauradszun* WEG § 18 Rn. 16). Beschädigt der Mieter im Rahmen eines Umzuges das gemeinschaftliche Eigentum wie etwa die Wände des Treppenhauses, muss er für die Beseitigung des Schadens einstehen. Dahingehende Schadensersatzansprüche muss allerdings die Gemeinschaft der Wohnungseigentümer (§ 9a Abs. 2 WEG) geltend machen. Der einzelne Wohnungseigentümer ist nicht aktivlegitimiert (*AG München* 26.03.2021 – 414 C 22283/20, ZMR 2021, 285; s.a. *Drasdo* WuM 2022, 258, 259). Im Einzelfall ist in Anlehnung an die gesellschaftsrechtlichen Grundsätze auf der Grundlage einer *»actio pro socio«* die Geltendmachung gemeinschaftsbezogener Ansprüche mögliche (FormB-WEG-R/*Agatsy* § 3 Rn. 22). Die **Verwaltungskompetenz** der Gemeinschaft überlagert hier die individuellen Rechte einzelner. Die Verwaltungskompetenz der Gemeinschaft besteht allgemein bei der Abwicklung von Beeinträchtigungen des gemeinschaftlichen Eigentums, egal ob es um die Abwehr einer Störung oder die Regulierung eines bereits eingetretenen Schadens geht. Diese Ausübungsbefugnis des Verbandes regelt jetzt § 9a Abs. 2 WEG (vgl. zu § 10 Abs. 6 S. 3 WEG a.F. *Wenzel* ZWE 2006, 465 r. Sp.). Nach der hier vertretenen Auffassung ist im Einzelfall eine »actio pro socio« einzelner Wohnungseigentümer denkbar (FormB-WEG-R/*Agatsy* § 3 Rn. 22). Für die Anwendbarkeit dieses Rechtsinstituts spricht, dass es für Gesellschaften entwickelt wurde, denen eine WEG rechtlich und im Hinblick auf eine Organstruktur angeglichen wurde (*Hügel/Elzer* WEG § 9b Rn. 34). Soweit die Gegenansicht (ablehnend u.a. Bärmann/*Göbel* WEG Vor. zu §§ 43 ff. Rn. 34 f.) vertritt, vermag diese nicht zu überzeugen. Dagegen wird vertreten, dass der Gesetzgeber diese nicht geregelt habe, obwohl er diese Regelungslücke bei der Neuabfassung der §§ 9a und 9b WEG erkennen musste. Ein wesentliches Argument liegt darin, dass mit der Zulässigkeit der »actio pro socio« das in § 18 Abs. 1 WEG geregelte Verwaltungsmonopol der Gemeinschaft umgangen würde. Die hier vertretene Auffassung schließt sich der erstgenannten Auffassung an. Damit ist davon auszugehen, dass sich der Rückgriff auf dieses Rechtsinstitut sich vor allem dann als sachdienlich herausstellt, wenn ein Umweg eines Wohnungseigentümers über die GdWE unzumutbar ist.

79 Zu § 10 Abs. 6 S. 3 WEG a.F. galt noch Folgendes: Hatten die Wohnungseigentümer einen Beschluss gefasst, um die das gemeinschaftliche Eigentum betreffenden Abwehr- und Schadensersatzansprüche gemeinsam durchzusetzen (Vergemeinschaftung), wurde damit nicht der Individualanspruch an die Gemeinschaft abgetreten (dazu bestünde keine Beschlusskompetenz), sondern nur die Rechtsverfolgungsbefugnis übertragen (vgl. *Briesemeister* FS Blank, 2006, S. 592 oben unter Hinweis auf *BGH* ZMR 2005, 880 = NJW 2005, 2623 = NZM 2005, 626). Das **Erfordernis einer Beschlussfassung** ist entfallen. Die Wahrnehmung der »verbandsspezifischen« eigenen Ansprüche der Wohnungseigentümer wurde kraft § 18 Abs. 1 WEG auf den Verband übertragen. Die Ausübungsbefugnis regelt § 9a Abs. 2 WEG (§ 9a Rn. 5 ff.; PWW/*Elzer/Riecke* WEG § 9a Rn. 16; SEHR/*Skauradszun* § 1 Rn. 28). In der Praxis stellt sich noch vereinzelt die Frage, wie mit alten Altbeschlüssen gem. § 10 Abs. 6 S. 3 Hs. 2 WEG a.F. umzugehen ist. Zwischenzeitlich wurde in der Rechtsprechung für *Alt-*

fälle klargestellt, dass **Vergemeinschaftungsbeschlüsse** (§ 10 Abs. 6 WEG a.F.) über die Geltendmachung von Schadensersatzansprüche einzelner Wohnungseigentümer mit dem Inkrafttreten des WEMoG ihre Wirksamkeit verloren haben. Die in § 10 Abs. 6 S. 3 Hs. 2 WEG a.F. noch geregelte *gekorene* **Ausübungsbefugnis** ist mit der Neufassung des WEG ersatzlos entfallen (vgl. *LG Düsseldorf,* 21.09.2022 – 25 S 1/22, ZMR 2023, 64). Erneute Maßnahmen auf der Grundlage solcher Beschlüsse sind unwirksam, da das WEG neuer Fassung nach zutreffender Auffassung insoweit als **gesetzliches Verbot** zu verstehen ist (*Hügel/Elzer* WEG § 9a Rn. 114).

4. Passivlegitimation

Zwischen dem Mieter als unmittelbarem Handlungsstörer und dem vermietenden Wohnungseigentümer (Sonder- oder Teileigentum) als **Zustandsstörer** besteht kein Rangverhältnis in dem Sinne, dass gegen Letzteren nur subsidiär vorgegangen werden dürfte. Beide sind kumulativ und gesamtverbindlich passivlegitimiert. Sowohl die Wohnungseigentümer als auch die Gemeinschaft der Wohnungseigentümer können gegenüber dem Mieter die **Störungsunterlassung** aus § 1004 Abs. 1 S. 2 BGB einfordern (SEHR/*Agatsy* § 4 Rn. 45; SWK WEG-R/*Agatsy* Störungsunterlassung Rn. 28). Zum Recht der **Gebrauchsstörungen** nach neuem WEG wird auch auf die überzeugenden Ausführungen von *Emmerich* (*Emmerich* ZWE 2021, 193ff.) verwiesen. 80

Aus dem Beschluss des *OLG Stuttgart* (WuM 1992, 639 ff. = ZMR 1992, 553) ergibt sich, dass **mit größeren Erfolgsaussichten unmittelbar gegen den Mieter** vorgegangen werden kann. Das Interesse der Gemeinschaft der Wohnungseigentümer an einer Belangung des Sondereigentümers sei nämlich deshalb geringer zu veranschlagen, weil die **Gemeinschaft der Wohnungseigentümer** im Gegensatz zum einzelnen vermietenden Eigentümer durchaus wirksam gegen den Mieter vorgehen könne, soweit dieser ihre Eigentumsrechte durch eine nach der Ausgestaltung der Wohnungs- und Teileigentumsrechte **nicht erlaubte Nutzung** der gemieteten Räume beeinträchtigt. Die gegenteilige Auffassung von *Bielefeld* (WE 1991, 92, 94) und *Wangemann* (WuM 1987, 46) – wobei Letzterer verkennt, dass der Mietvertrag, soweit er dem Mieter mehr Rechte einräumt als sie dem Sondereigentümer und ggf. zusätzlich Sondernutzungsberechtigten den übrigen Eigentümern gegenüberzustehen, vom Vermieter nicht voll erfüllt werden kann – ist überholt. Es ist unerheblich, ob der Mieter aus dem Mietvertrag einen Anspruch auf **zweckbestimmungswidrige Nutzung** hat. Er besteht allenfalls gegen den Vermieter, jedoch nicht gegen die anderen Eigentümer. Der erfolgreich in Anspruch genommene Mieter kann sich ggf. wegen **Rechtsmangelhaftung** (§§ 536 Abs. 3, 536a BGB) an den Vermieter halten oder den Vertrag kündigen (§ 543 Abs. 2 Nr. 1 BGB). Kritisch äußert sich *Kümmel* (ZWE 2008, 274), der nicht bei jedem Verstoß des Mieters gegen Gebrauchsregelungen der Wohnungseigentümer eine ausreichende Grundlage für deren Anspruch aus § 1004 BGB bejahen will. Den Vereinbarungen soll keine absolute Wirkung zukommen (vgl. auch *Armbrüster/Müller* ZMR 2007, 321). 81

Bereits das *OLG München* hat mit Urt. v. 25.02.1992 (ZMR 1992, 306 ff. = WuM 1992, 326 = NJW-RR 1992, 1492, vgl. *Briesemeister* FS Blank 2006 S. 592) den direkten Unterlassungsanspruch der Gemeinschaft der Wohnungseigentümer gegen den zweckwidrig nutzenden Pächter eines Teileigentümers bejaht. Jede andere nach der typisierenden Betrachtungsweise **mehr störende Nutzungsart** als sie die **Zweckbestimmung der Teilungserklärung** zulasse, sei vom Inhalt des Sondereigentums nicht gedeckt und beeinträchtige die anderen Wohnungseigentümer. Der dingliche Abwehranspruch folge aus § 1004 Abs. 1 S. 2 BGB mit absoluter Wirkung gegen jeden zweckwidrig Nutzenden, es sei denn, die Nutzung störe nachweislich nicht mehr als die nach der Teilungserklärung zulässige Nutzung, da die Gemeinschaft zur Duldung eines solchermaßen störenden Gebrauchs weder dem Eigentümer noch dem Nutzer gegenüber verpflichtet sei. 82

Dieser Rechtsprechung hat sich auch das *OLG Karlsruhe* angeschlossen (MDR 1994, 59 = NJW-RR 1994, 146). Anders entschied das *OLG München* (ZMR 2003, 707 m. abl. Anm. der Redaktion) für den Fall, dass der jetzige Mieter auf Duldung einer vom vermietenden Wohnungseigentümer gegenüber der Gemeinschaft geschuldeten **Wiederanpflanzung von Bäumen** in Anspruch genommen wurde, die der vorige Mieter unerlaubt entfernt hatte (vgl. dazu auch *Hannemann* NZM 2004, 83

531). Ausdrücklich gegen dieses Judikat entschied das *KG* mit Urt. v. 21.03.2006 (ZMR 2006, 528) und stellte zutreffend fest:

84 *»Mieter eines Sondereigentums sind dann Zustandsstörer, wenn sie durch ihre Weigerung, eine vom vermietenden Wohnungseigentümer gegenüber Miteigentümern geschuldete Maßnahme zu dulden, den rechtswidrigen Zustand aufrechterhalten.«*

85 Der *BGH* hat mit Urt. v. 01.12.2006 (ZMR 2007, 188; vgl. dazu auch *Armbrüster/Müller* ZMR 2007, 321) die Duldungspflicht der Mieter bestätigt. Die Mieter wurden als Zustandsstörer angesehen, da sie den rechtswidrigen von ihrem vermietenden Wohnungseigentümer geschaffenen Zustand, den dieser zu beseitigen gehabt hätte, aufrechterhielten. Der *BGH* bejahte eine Pflicht der untätigen Mieter zum Handeln im Sinne eines Duldens der Ersatzvornahme. Aus dem rein schuldrechtlichen Mietvertrag können die Mieter keine Einwendungen herleiten. Die Haftung auf bloße Duldung ergibt sich daraus, dass jeder Störer nur für seinen Beitrag haftet.

86 *Armbrüster/Müller* (ZMR 2007, 321) entnehmen der neuen *BGH*-Rechtsprechung folgenden doppelten Merksatz: Einem schuldrechtlichen (Miet-) Vertrag kann nicht die Kraft zukommen, dingliche Rechte Dritter (der Wohnungseigentümer) einzuschränken. Der Mieter verfügt über keine weitergehenden Rechte als der vermietende Wohnungseigentümer, wenn Dritte in Bezug auf die Mietsache dingliche (!) Rechte geltend machen. Für Gebrauchsbeschränkungen durch Beschlüsse – jedenfalls wenn sie nicht aufgrund einer Öffnungsklausel gefasst und ggf. ins Grundbuch eingetragen wurden (dagegen aber § 10 Abs. 4 S. 2 WEG a.F.) – soll gelten, dass sie keinen Direktanspruch gegen den Mieter begründen, und zwar wegen ihrer schuldrechtlichen Natur. Diese Sichtweise sich bisher nicht durchgesetzt. Auch die Lösung der Einbindung des Mieters über eine dynamische Verweisungsklausel entspricht nicht hiesiger Auffassung (arg: § 308 Nr. 4 BGB).

87 Der einzelne Wohnungseigentümer kann sich aber nicht darauf verlassen, dass der Verwalter auf Kosten der Gemeinschaft der Wohnungseigentümer gegen zweckwidrig Nutzende vorgeht. Selbst ein entsprechender Mehrheitsbeschluss kann jederzeit aufgehoben werden (*BayObLG* WuM 1996, 372), wofür allerdings neben einem sachlichen Grund die Nichtbeeinträchtigung auf dem Erstbeschluss gründender Interessen zu fordern sein dürfte.

88 Der einzelne beeinträchtigte Wohnungseigentümer kann den Anspruch ohne Ermächtigungsbeschluss allein gegen den Störer geltend machen (*BGH* MDR 1992, 484 = ZMR 1992, 197 = WE 1992, 72; *OLG Hamburg* ZMR 2002, 451). Der für die Bruchteilsgemeinschaft geltende § 1011 BGB kann insoweit entsprechend angewendet werden.

89 Wer Wohnungseigentum vermietet, muss darauf achten, dass von der Teilungserklärung abweichende Mehrheitsbeschlüsse (sog. Pseudovereinbarungen) – sofern eine formelle Beschlusskompetenz besteht – nicht bestandskräftig werden; ansonsten sind sie nichtig (*BGH* ZMR 2000, 771). Entgegen *Armbrüster* (ZMR 2007, 321) wird man insoweit nicht auf die Grundbucheintragung abstellen können. Ein Musterfall für ein nachträgliches Auseinanderfallen von mietvertraglichem und wohnungseigentumsrechtlichem Dürfen ergibt sich aus dem *BGH*, Beschl. v. 04.05.1995 (ZMR 1995, 416 = NJW 1995, 2036 = WE 1995, 62) zum (bestandskräftigen) Beschluss über ein generelles Hundehaltungsverbot (vgl. dazu kritisch *Häublein* Sondernutzungsrechte, 2003, S, 247).

90 Nach dem *LG Frankfurt/M.* entfalten Zweckbestimmungen sowie vereinbarte und beschlossene Gebrauchsregelungen für den Mieter zumindest mittelbar Bindungswirkung. Verstößt ein Mieter bei typisierender Auslegung seines Gebrauchszwecks nicht gegen die vereinbarten »Zweckbindungen« in der Teilungserklärung und die **Gebrauchsbestimmungen** in der **Gemeinschaftsordnung** (*Zweckbestimmung im engeren Sinne*), ist er befugt die entsprechende Gebrauchsform und Nutzung weiter zu betreiben. Die Kammer schließt damit sich der herrschenden Meinung in Literatur und Rechtsprechung an. Diese Ansicht überzeugt, da es sich bei den geltend gemachten Unterlassungsansprüchen um dingliche Rechte handelt, die **gegenüber jedermann** gelten. Schuldrechtliche Beziehungen – wie hier zwischen Mieter und Vermieter – binden dagegen nur die Parteien dieser Beziehung, sie wirken nur *relativ* (*LG Frankfurt/M*,. 27.09.2018 – 2–13 S 138–17, ZMR 2019, 65

Rn. 28). Diese Auffassung hat der *BGH* in seiner Grundsatzentscheidung (*BGH* 25.10.2019 – V ZR 271/19, ZMR 2020, 202 »Eisdiele«; § 13 Rn. 16; SWK WEG-R/*Agatsy* Störungsunterlassung Rn. 16) bestätigt.

Der *BGH* führt in dem Urteil vom 25.10.2019 – V ZR 271/18, ZMR 2020, 202 unter Rn. 16 aus: 91

»Das Recht des Sondereigentümers zum Mitgebrauch des gemeinschaftlichen Eigentums besteht gem. § 13 Abs. 2 WEG nur nach Maßgabe der §§ 14, 15 WEG. Er kann folglich dieses Recht dem Mieter nur dergestalt übertragen, dass dieser – wie der Sondereigentümer selbst – zum Mitgebrauch des Gemeinschaftseigentums unter Einhaltung der Gebrauchsregelungen nach § 15 WEG berechtigt ist.« 92

5. Anspruchsgrundlagen und prozessuale Durchsetzung

Den übrigen Eigentümern steht bei unzulässiger Nutzung – trotz und wegen fehlender vertraglicher Beziehung zum Mieter – einerseits der direkte Unterlassungsanspruch gegen den Mieter aus § 1004 Abs. 1 S. 2 BGB zu (§ 13 Rdn. 14; *BGH* 24.01.2020 – V ZR 295/16 Rn. 20, ZMR 2020, 675; *Hügel/Elzer* § 13 Rn. 43; Bärmann/*Suilmann* WEG § 13 Rn. 28 ff.; SEHR/*Agatsy* § 4 Rn. 51; vgl. *LG Wuppertal* ZMR 2002, 231 ff.; *Lehmann-Richter* ZWE 2009, 345 ff.; *J.-H. Schmidt* ZMR 2009, 325; *Briesemeister* FS Blank 2006, 594, *Nüßlein* PiG 76, 2006, S. 128; krit. *Kümmel* ZWE 2008, 273; SWK WEG-R/*Agatsy* Störungsunterlassung Rn. 28; *Agatsy* ZMR 2023, 948 ff.; MHdB WEG-R/*Bartels* § 5 Rdn. 114) und andererseits ein Anspruch (§§ 14 Abs. 1 Nr. 1 WEG, 1004 Abs. 1 S. 2 BGB) gegen den vermietenden Sondereigentümer (vgl. auch *Ruthmann* S. 60 ff.). Hausverbote sind keine Lösung (*Wenzel* ZWE 2009, 165). 93

Armbrüster/Müller (PiG Bd. 77, FS Seuß, S. 3 ff.) differenzieren beim Anspruch aus § 1004 BGB danach, ob einerseits durch Teilungserklärung (Festlegung, ob Wohnungs- oder Teileigentum vorliegt) bzw. im Grundbuch eingetragene Vereinbarung nach § 10 Abs. 1 S. 2 WEG oder ihr gleichstehendem Beschluss aufgrund einer Öffnungsklausel (Anpassungsvereinbarung) die Gebrauchsregelung der Wohnungseigentümer getroffen wurde – diese soll den Mieter binden – oder ob lediglich durch einfachen Mehrheitsbeschluss Gebrauchsgrenzen für den vermietenden Wohnungseigentümer verbindlich festgelegt wurden – diese sollen keine quasi dingliche Wirkung haben (a.A. *Klimesch* IMR 2012, 18 zu *AG München* ZMR 2012, 110; *Bonifacio* ZWE 2013, 196, 198). Der Mieter kann dann nicht von der Gemeinschaft der Wohnungseigentümer oder einzelnen Eigentümern erfolgreich auf Unterlassung in Anspruch genommen werden. Nur gegenüber dem Mitwohnungseigentümer (Sondereigentümer) bestehen entsprechende Ansprüche. 94

Der Unterlassungsanspruch nach § 1004 Abs. 1 S. 2 BGB erfordert nicht, dass aktuell eine Eigentumsbeeinträchtigung bereits stattfindet, es genügt vielmehr die begründete Besorgnis zukünftiger teilungserklärungswidriger Nutzungen. Im Schrifttum ist erwogen worden, § 15 Abs. 3 WEG a.F. analog auf diejenigen Mieter anzuwenden, die nach dem Mietvertrag wirksam verpflichtet worden sind, die wohnungseigentumsrechtlichen Gebrauchsregelungen einzuhalten (*Armbrüster/M. Müller*, ZMR 2007, 321, 325 f., im Ergebnis aber wohl ablehnend; deutlich gegen einen Rekurs auf § 15 Abs. 3 WEG a.F. im Verhältnis zum Mieter *Dötsch*, WuM 2013, 90, 91; *Jacoby*, ZWE 2012, 70, 72). Abgesehen davon, hatte diese Analogie – soweit ersichtlich – bislang keine gerichtliche Unterstützung gefunden (vgl. *Häublein*, DDIV-Gutachten, 2013; abgedruckt NZM 2014, 97–127). Auch nach der Neufassung des § 14 Abs. 1 Nr. 1 WEG besteht kein Anhaltspunkt dafür, dass eine systematische Regelungslücke die analoge Anwendung der Vorschrift des §14 Abs. 1 Nr. 1 WEG erfordert. Der Gemeinschaft steht ein Anspruch aus § 1004 Abs. 1 S. 2 BGB zur Verfügung, um zweckwidrige (*teilungserklärungswidrige*) Nutzungen des Mieters oder sonstigen Nutzers des Sondereigentums abzuwehren (§ 14 Rdn. 62; *Hügel/Elzer* WEG § 14 Rn. 8; SEHR/*Agatsy* § 4 Rn. 51; MHdB WEG-R/*Bartels* § 5 Rn. 114). Der Regelungszweck ist darauf gerichtet, zweckwidrigen Gebrauch und Nutzungen abzustellen. Mit der Vorschrift des §14 Abs. 1 Nr. 1 WEG wird ein anderes **Regelungsziel** verfolgt. Es handelt sich um einen **schuldrechtlichen Direktanspruch** der Gemeinschaft der Wohnungseigentümer gegenüber einem zweckwidrig nutzenden und/*oder* »störenden« Sondereigen- 95 tümers, um von diesem die Unterlassung einer zweckwidrigen (*vereinbarungs-/und beschlusswidrigen*) Benutzung zu fordern. Verstößt der **Fremdnutzer** gegen das für das Gemeinschaftsverhältnis maßgebliche Regelwerk, so ist der Wohnungseigentümer zum Einschreiten verpflichtet, ohne dass die Vorschrift die Art und Weise des Vorgehens vorgibt (Bärmann/*Suilmann* WEG § 14 Rn. 21; ausführlich *Emmerich* ZWE 2021, 193).

96 Den Direktanspruch gegen den Mieter hat das *BayObLG* im Beschl. v. 20.12.1990 (WuM 1991, 208 = NJW-RR 1991, 658) zwar nicht angesprochen – wozu im WEG-Verfahren auch kein Anlass bestand – jedoch auch nicht in Zweifel gezogen (**a.A.** *Nüßlein* PiG 76, 2006, S. 129), wenn es feststellte:

97 Dem Wohnungseigentümer ist es untersagt, sein Teileigentum »Laden« als Imbissstube/Bistro selber zu nutzen oder durch Dritte nutzen zu lassen. Der Unterlassungsanspruch richtet sich auch dann gegen den Wohnungseigentümer, wenn er sein Teileigentum nicht selbst nutzt, sondern durch Mieter nutzen lässt; auch in diesem Fall ist er Störer i.S.d. § 1004 BGB. Die Unterlassungspflicht des Wohnungseigentümers schließt die Pflicht ein, dahin tätig zu werden, dass die unzulässige Nutzung des Teileigentums durch Mieter unterbunden wird (*BayObLG* WuM 1987, 96; vgl. auch *BayObLG* WuM 1989, 197/198; *BGH*, 15.07.2022 – V ZR 127/21 Rn. 8, ZMR 2022, 899 = ZWE 2022, 446 m. Anm. *Sommer*; *Emmerich* ZWE 2021, 193, 193; *Hügel/Elzer* WEG § 14 Rn. 71; Bärmann/*Suilmann* WEG § 14 Rn. 33; MHdB WEG-R/*Bartels* § 5 Rn. 58 ff.).

98 Das *BayObLG* hielt es allerdings für geboten, wie dies in vergleichbaren Fällen geschehen ist (vgl. *BayObLG* WuM 1989, 197/198), den Schuldner/Wohnungseigentümer erst ab einem späteren Zeitpunkt, d.h. nicht sofort, zur Unterlassung zu verpflichten, um dessen Mietern eine angemessene Zeit zur Umstellung des Geschäftsbetriebs einzuräumen.

99 Das Gericht ist allerdings nicht berechtigt, den Wohnungseigentümer zu verpflichten, gegen den Mieter bestimmte Maßnahmen zu ergreifen, insbesondere die Räumung zu betreiben, falls er nicht innerhalb einer Monatsfrist die untersagte Nutzung unterlässt (*Briesemeister* FS Blank 2006, 594). Denn das Wohnungseigentumsgericht kann keinen Titel zur Räumung gegen Mieter des schuldenden Wohnungseigentümers schaffen. Der Anspruch aus § 18 Abs. 2 Nr. 1 WEG ist gegen die Gemeinschaft der Wohnungseigentümer geltend zu machen. Die **Eigentümerversammlung** muss den Beschluss gem. § 19 Abs. 1 WEG darüber fassen, dass der Wohnungseigentümer zur Einwirkung auf die **Störungsquelle** aufgefordert wird. Allerdings ist stets darauf zu achten, dass mit einem Beschluss keine **Leistungspflichten** (*Tun oder Unterlassen*) begründet werden dürfen (*OLG Hamm* 29.05.2007 – 15 W 16/07, ZMR 2007, 880; MHdB WEG-R/*Rüscher* § 3 Rn. 170 f; Bärmann/*Dötsch* WEG § 23 Rn. 292 f.; PWW/*Elzer/Riecke* WEG § 23 Rn. 26; *Riecke/Schmidt* ZMR 2005, 252 ff.; *BGH* ZMR 2014, 996; *BGH* ZMR 2012, 646).

100 Der Mieter kann sich auch nicht erfolgreich darauf berufen, dass seine konkrete Nutzung sich in den Grenzen des § 906 BGB halte (vgl. aber *Schuschke* NZM 1998, 176, wie hier *Briesemeister* FS Blank 2006 S. 592 gegen *Wangemann* WuM 1987, 43, 46). Diese auch von *Schmid* (DWE 1987, 106, 108) angenommene Einschränkung des Anspruchs gegenüber dem Mieter ist nicht berechtigt (vgl. *Armbrüster* ZWE 2004, 217, 219 und JuS 2002, 665; *Müller* ZMR 2001, 506, 510).

101 Nicht nur die Unterlassung zweckbestimmungswidrigen Gebrauchs des Mietobjekts kann die Gemeinschaft der Wohnungseigentümer verlangen, sondern auch die Beseitigung unzulässig vorgenommener baulicher Veränderungen (vgl. *OLG Hamburg* ZMR 2002, 451 ff.). Eine *analoge Anwendung* des § 14 Abs. 1 Nr. 1 WEG als Anspruchsgrundlage scheidet aus. Die Zweckbestimmungen binden in erster Linie die vermietenden Wohnungseigentümer selbst. So kann der Eigentümer einer vermieteten Einheit aufgrund einer Beschlussfassung der Eigentümerversammlung gem. § 19 Abs. 1 Var. 1 WEG verpflichtet werden, die von seinem Mieter vorgenommenen unzulässigen baulichen Veränderungen (dazu *Briesemeister* FS Blank 2006, 595 ff.) zu beseitigen, und nicht nur die Beseitigung zu dulden (*OLG Köln* ZMR 2000, 65 = NZM 2000, 1018). Gestattet der Vermieter seinem Mieter eine unzulässige bauliche Veränderung eigenmächtig, kann er zugleich Zustandsstörer und (mittelbarer) Handlungsstörer sein (vgl. *OLG Düsseldorf* NZM 2001, 136). Er hat auf den Mieter einzuwirken und somit für eine restlose Beseitigung der Störungsquelle in Form der unzulässigen baulichen Veränderung zu sorgen. Die Gemeinschaft der Wohnungseigentümer ist nicht gem. § 14 Abs. 1 Nr. 2 WEG nicht verpflichtet, ein störendes Mieterverhalten im gemeinschaftlichen Eigentum und bei der Nutzung des Sondereigentums zu dulden (zu den Konstellationen und möglichen Haftungsansprüchen *Agatsy* ZMR 2023, 948, 950; Blank/Börstinghaus/Siegmund/*Siegmund* BGB § 535 Rn. 471). Denkbar sind Abmahnungen und eine daraufhin zwingend zu erfolgende fristlose Kündigung des Mietverhältnisses. In einer Entscheidung zu einem »Messie-Mieter« hat das *LG Berlin* (*LG Berlin* 19.01.2018 – 66 S 230/17, ZMR 2018, 416) eine fristlose Kündigung bestätigt. Die Sorgfaltspflichten (*Verhaltenspflichten*) des Mieters beziehen sich dem Grunde nach nicht nur auf das Sondereigentum, sondern auch auf die möglichen Einwirkungen auf das gemeinschaftliche Eigentum. Nach *Lehmann-Richter* (ZMR 2019, 313, 315) soll dem Umfang nach ein *beschränkter Erfüllungsanspruch* des Vermieters auf Rückgängigmachung von Substanzveränderungen. Eine normale Abnutzung liegt ebenso im Rahmen des Gebrauchs wie normaler »Verschleiß«. Aus der Vorschrift des § 538 BGB folgt, dass ein Mieter nicht verpflichtet ist, Schäden zu ersetzen, die aus der »normalen Abnutzung« resultieren. Somit bietet die Vorschrift des § 538 BGB eine dogmatische Stütze für die Ermittlung der Gebrauchsgrenzen und die Abgrenzung von Verschleiß und Schaden. Mithin können Verschließ und reine Gebrauchsspuren keine Schadensersatzverpflichtung begründen (MHdB WEG-R/*Bartels* § 5 Rn. 16 ff.). Bei der Wohnraummiete liegen die normativen Grenzen des Mietgebrauchs in den Vorschriften der §§ 541 Abs. 1, 543 Abs. 2 Nr. 1 und Nr. 2 BGB. Was unter den Begriff des vertragsgemäßen Gebrauchs fällt betrachtet auch der *BGH* als Frage des Einzelfalls. Mithin bedarf es sorgfältigen Abwägung (*BGH,* 16.05.2007 – VIII ZR 207/04, NZM 2007, 597 Rn. 8 = JR 2008, 152 m.Anm. *Hinz* = IMR 2007,246 m. Anm. *Schmid*; *BGH,* 16.11.2005 – VIII ZR 5/05, ZMR 2006, 195; PWW/*Feldhahn* BGB § 543 Rn. 14). Die individuelle Lebensgestaltung eines Mieters im Sondereigentum darf nicht dazu führen, dass das Integritätsinteresse des Vermieters nachhaltig beeinträchtigt wird. Geht von dem Verhalten des Mieters eine konkrete »Gefahr« für die Substanz der Mietsache aus, handelt es sich nicht um vertragsgemäße Mietnutzung (ausführlich PWW/*Riecke* § 538 Rn. 25; zur Abgrenzung von Wohnraumnutzung und Substanzbeschädigung *Agatsy* ZMR 2019, 319, 321; s.a. *Agatsy* ZMR 2023, 948 ff.).

Streitig ist die Duldungspflicht des Nachfolgemieters. Das *KG* (ZMR 2006, 528) sieht ihn als Zustandsstörer an, der Rückbaumaßnahmen zu dulden hat (a.A. *OLG München* ZMR 2003, 707 und ihm noch folgend *Briesemeister* FS Blank 2006 S. 597 Fn. 27). 102

Für den Unterlassungsanspruch nach § 1004 Abs. 1 S. 2 BGB genügt die begründete Besorgnis zukünftiger zweckbestimmungswidriger Nutzungen (*BayObLG* NJW-RR 1996, 464 unter Hinweis auf *BayObLG* WuM 1993, 294; vgl. auch *OLG Zweibrücken* ZMR 1999, 853). Bei einem als Wohnung ausgebauten Keller wurde die Besorgnis der Wohnnutzung bejaht und die Erklärung des betreffenden Wohnungseigentümers, dass dort lediglich eine Nutzung als privates Büro stattfände, nicht als ausreichend angesehen (vgl. auch *OLG Zweibrücken* ZMR 2006, 316). 103

Gegen den Mieter ist die normale Zivilklage bei der Abteilung für Mietsachen, gegen den Vermieter die Klage nach § 43 Abs. 2 Nr. 1 WEG bei der Abteilung für WEG-Sachen (kein gesetzlich bestimmter besonderer Spruchkörper, *OLG München* ZMR 2008, 818 = NZM 2008, 777) statthaft. Dennoch ist kein durchgreifendes gesetzliches Hindernis ersichtlich, eine WEG-Sache mit einer sonstigen streitigen Zivilsache nach § 147 ZPO zu verbinden und so den Wohnungseigentümer und dessen Mieter als Streitgenossen (§§ 59, 60 ZPO) zu verklagen (*OLG München* ZMR 2008, 818 = NZM 2008, 777). Sinnvoll ist dies nicht, da schon wegen der sog. Konzentrationsgericht (vgl. § 72 Abs. 2 GVG) unklar ist, bei welchem Gericht die Berufung einzulegen ist (Vor. Vor §§ 43 ff. Rdn. 26; FormB-WEG-R/*Agatsy* § 3 Rn. 12 ff.; s.a. *Agatsy* IMR 2022, 5 ff.). 104

Sonderfall: Ist der Mieter zugleich Wohnungseigentümer kann der Rechtsstreit vor der WEG-Abteilung verhandelt werden (*KG* ZMR 2005, 977 = NZM 2005, 382). In der Berufungsinstanz ist dann immer das sog. Konzentrationsgericht (vgl. § 72 Abs. 2 GVG) zuständig. 105

106 Der selbständige Anspruch gegen den vermietenden Miteigentümer auf mietrechtliche Einwirkung ist notfalls gem. § 888 ZPO zu vollstrecken. Andere Gerichte wenden § 890 ZPO (setzt Verschulden voraus) an (*BayObLG* NJW-RR 1991, 658, 659), was weniger überzeugt, weil es – bezogen auf den vermietenden Eigentümer als Vollstreckungsschuldner – allein um die (aktive) Einwirkung auf den Mieter geht und um keinerlei (passive) Unterlassung im eigentlichen Sinne.

107 Die Festsetzung von Ordnungsmitteln setzt, abgesehen von der notwendigen Androhung (§ 890 Abs. 2 ZPO), Verschulden voraus. Um den Vorwurf des Verschuldens auszuräumen, wird die Gemeinschaft der Wohnungseigentümer alles in ihrer Macht Stehende unternehmen müssen, um die Mieter zu einer der Zweckbestimmung entsprechenden Nutzung des Teileigentums zu bewegen (vgl. *BayObLG* WuM 1989, 212). Welche Wege sie dabei geht, muss grundsätzlich ihm überlassen bleiben und kann ihm nicht vorgeschrieben werden. Ob eine Berechtigung zur fristlosen Kündigung des Mietvertrags aus wichtigem Grund im Hinblick auf die Unterlassungsverpflichtung besteht muss im WEG-Verfahren nicht geklärt werden.

108 Bein duldungspflichtigen Beeinträchtigungen eines Sondereigentums kommen Ausgleichsansprüche in Betracht. Die Anspruchsgrundlage für die **Ausgleichsansprüche** ist die Vorschrift des § 14 Abs. 3 WEG. Der Ausgleichsanspruch ist darauf gerichtet, eine angemessene Entschädigung zu leisten, wenn infolge einer duldungspflichtigen Maßnahme eine **Beeinträchtigung des Sondereigentums** erfolgte. Der Begriff der duldungspflichtigen Einwirkungen ist *weit* gefasst (*Agatsy* ZMR 2023, 948, 950; Zum Gebrauchs- und Nutzungsumfang i.S.d. § 14 WEG s.a. ZMR 2022, 15 ff.). Die Vorschrift des § 14 Abs. 3 WEG ist an § 14 Nr. 4 Hs. 2 WEG a.F. angelehnt. Der Wortlaut der Vorschrift ist an § 906 Abs. 2 S. 2 BGB angelehnt (§ 14 Rdn. 123; *Hügel/Elzer* WEG § 14 Rn. 74; Bärmann/*Suilmann* WEG § 14 WEG Rn. 85; PWW/*Elzer/Riecke* WEG § 14 Rn. 51 ff.) Zu den Ausgleichsansprüchen *Agatsy* ZMR 2023, 948 ff. Der *BGH* hat den vormaligen Anspruch aus § 14 Nr. 4 Hs. 2 WEG a.F. verschuldensunabhängigen Schadensersatzanspruch bewertet, dem **aufopferungsrechtliche Grundgedanken** zugrunde liegen. Zur Begründung wurde angeführt, dass ein Zustand wie er vor dem **Substanzeingriff** in das Sondereigentum herzustellen sei (*BGH* 08.07.2022 – V ZR 207/21 Rn. 16, ZMR 2022, 983). Dabei handelt es sich nicht um **Schadensersatzansprüche**, denn wie bereits unter dem Geltungsbereich des § 14 Nr. 4 Hs. 2 WEG a.F. erfordert die Anspruchsgrundlage kein Verschulden. Nach zutreffender Auffassung umfasst der Ausgleichsanspruch aus § 14 Abs. 3 WEG jedoch nicht mehr jeden adäquat-kausalen Schaden i.S.d. § 249 Abs. 1 BGB. Vielmehr ist der Anspruch aus § 14 Abs. 3 WEG ausschließlich darauf gerichtet, die infolge der duldungspflichtigen Beeinträchtigungen eingetretenen **Vermögenseinbußen** zu ersetzen (vgl. *Riecke* ZMR 2022, 983, 986). Nach der hier vertretenen Auffassung kommt eine Anwendung bei Ansprüchen aufgrund der Betroffenheit aller Sondereigentümer aufgrund einer eng gebotenen Auslegung des Wortlauts des § 14 Abs. 3 WEG nicht in Betracht. Ansprüche gem. § 18 Abs. 1 Nr. 2 WEG, 14 Abs. 2 Nr. 1 WEG sowie §§ 1004 Abs. 1 S. 1 und 1004 Abs. 1 S. 2 BGB müssen ausgeschlossen sein (gegen eine generell erweiterte Auslegung vgl. SEHR/*Agatsy* Die WEG-Reform 2020/2021 § 4 Rn. 60; a.A. BeckOK WEG/*Müller* WEG § 14 Rn. 127; *Martini* AnwZert MietR 2/2023 Anm. 1).

6. Einzelfälle zweckbestimmungswidriger Nutzung durch den Mieter

109 Nach *OLG Frankfurt am Main*, (NJW-RR 1993, 981) kann das Halten eines beschränkten Kreises von Tieren (z.B. sog. **Kampfhunde**; vgl. auch *KG* ZMR 2002, 970) wirksam durch Mehrheitsbeschluss untersagt werden. Nach entsprechender Beschlussfassung kann die Gemeinschaft der Wohnungseigentümer den Mieter auf Unterlassung in Anspruch nehmen, auch wenn die Hundehaltung ihm mietvertraglich gestattet wurde, es sei denn, der betreffende Hund wurde unbeanstandet über längere Zeit bereits geduldet (vgl. unten zur Verwirkung Anh. zu § 14 WEG Rdn. 150; PWW/*Elzer/Riecke* WEG § 14 Rn. 8).

110 Zum Begriff »Kampfhund« kann auf die ordnungsbehördlichen Vorschriften verwiesen werden (vgl. § 8 HundehVO Brandenburg v. 16.06.2004, GVBl. II/04, [Nr. 17], S. 458; § 2 HundehVO Meckl-Vorpommern v. 04.07.2000, GVOBl. M-V 2000, S. 295; § 1 Saarl. Polizeiverordnung über den

Schutz der Bevölkerung vor gefährlichen Hunden im Saarland v. 26.07.2000 (Amtsblatt 2000, S. 1246) geändert durch VO v. 09.03.2003 (Amtsbl. S. 2996), Art. 37, 37a Bay. Gesetz über das Landesstrafrecht und das Verordnungsrecht auf dem Gebiet der öffentlichen Sicherheit und Ordnung (Landesstraf- und Verordnungsgesetz – LStVG, gültig ab 01.01.2002, zuletzt geändert durch § 5 des Gesetzes vom 18. Mai 2018 (GVBl. S. 301); § 3 Hundegesetz für das Land Nordrhein-Westfalen (Landeshundegesetz – LHundG NRW) v. 18.12.2002 geändert durch Artikel 1 des Gesetzes vom 20. September 2016 (GV. NRW. S. 790), in Kraft getreten am 27. September 2016; § 2 Hamburgisches Gesetz über das Halten und Führen von Hunden (HundeG) vom 26.01.2006, HmbGVBl. 2006, S. 37; § 3 Abs. 2 und 3 Schl-Holst Gesetz zur Vorbeugung und Abwehr der von Hunden ausgehenden Gefahren (GefHG) vom 28.01.2005, GVOBl. Schl.-H. S. 51; § 5sächs. Gesetz zum Schutze der Bevölkerung vor gefährlichen Hunden (GefHundG) v. 24.08.2000; § 4 Landeshundegesetz Rheinland-Pfalz v. 22.12.2004, GVBl. 2004, 576. So heißt es z.B. in § 2 hess. Gefahrenabwehrverordnung über das Halten und Führen von Hunden (HundeVO) v. 22.01.2003, geändert durch VO vom 16.12.2008, GVBL. I S. 1028:

(1) Gefährlich sind Hunde, die durch Zucht, Haltung, Ausbildung oder Abrichtung eine über das natürliche Maß hinausgehende Kampfbereitschaft, Angriffslust, Schärfe oder eine andere in ihren Wirkungen vergleichbare, mensch- oder tiergefährdende Eigenschaft besitzen. Für folgende Rassen und Gruppen von Hunden sowie deren Kreuzungen untereinander oder mit anderen Hunden wird eine Gefährlichkeit vermutet: 111

1. Pitbull-Terrier oder American Pitbull Terrier, 112
2. American Staffordshire-Terrier oder Staffordshire Terrier, 113
3. Staffordshire-Bullterrier, 114
4. Bullterrier, 115
5. American Bulldog, 116
6. Dogo Argentino, 117
7. Fila Brasileiro, 118
8. Kangal (Karabash), 119
9. Kaukasischer Owtscharka, 120
10. Rottweiler 121

(2) Gefährlich sind auch die Hunde, die 122

1. einen Menschen gebissen oder in Gefahr drohender Weise angesprungen haben, sofern dies nicht aus begründetem Anlass geschah, 123
2. ein anderes Tier durch Biss geschädigt haben, ohne selbst angegriffen worden zu sein, oder die einen anderen Hund trotz dessen erkennbarer artüblicher Unterwerfungsgestik gebissen haben, 124
3. durch ihr Verhalten gezeigt haben, dass sie unkontrolliert andere Tiere hetzen oder reißen oder 125
4. aufgrund ihres Verhaltens die Annahme rechtfertigen, dass sie Menschen oder Tiere ohne begründeten Anlass beißen. 126

Ansonsten kann die Gemeinschaft eine Anleinpflicht beschließen (*LG Konstanz* ZWE 2008, 401). 127

Nach dem *BGH* können die Wohnungseigentümer ein allgemeingültiges Verbot nur durch Vereinbarung oder Beschluss begründen (*BGH*, 04.05.1995 – V ZB 5/95, ZMR 1995, 416). 128

Dasselbe gilt für eine grundsätzliche Regelung über die Art und Weise der Tierhaltung, wie sie in der **Gemeinschaftsordnung** vereinbart oder beschlossen werden kann (§ 19 Rdn. 27; *LG Itzehoe* 28.05.2014 – 11 S 58/13, ZMR 2014, 912; MüKo-BGB/*Rüscher* WEG § 18 Rn. 91 mwN.; MHdB WEG-R/*Bartels* § 5 Rn. 81; MHdB WEG-R/*Agatsy* § 13 Rn. 19). Die **Hundehaltung** durch den Mieter ist hier eng an die Vorgaben der **Gemeinschaftsordnung** bzw. entsprechender Beschlussfassungen gebunden (zur Hundehaltung *AG München* 19.09.2011 – 485 C 1864/11 WEG, ZMR 2012, 307). Die Gemeinschaft kann eine *allgemeingültige Regelung* beschließen, wie mit der Hundehaltung umzugehen ist (MHdB WEG-R/*Agatsy* § 13 Rn. 19; s.a. *Sommer* MietRB 2024, 122). Regelungen müssen auf jeden Fall dem **Bestimmtheitsgrundsatz** genügen. Eine Regelung in der **Gemeinschaftsordnung** mit dem Wortlaut: »Haustierhaltung ist - soweit gesetzlich zulässig - aus- 129 geschlossen« aufgrund der **Unbestimmtheit** unwirksam (*AG Konstanz* 10.02.2022 – 4 C 397/21 WEG, ZMR 2022, 834 = ZWE 2022, 270 m. Anm. *Häublein*; *Drasdo* NJW-Spezial 2022, 227; zur Anfechtbarkeit und möglichen Nichtigkeit vgl. MHdB WEG-R/*Agatsy* § 13 Rn. 19). Allerdings dürfte zulässig sein, die **Hundehaltung** im Rahmen der Mitbenutzung der gemeinschaftlich genutzten Flächen angemessen einzuschränken. Soweit die **Mitnutzung** vertraglich geschuldet ist, kann der Vermieter gleichwohl Regeln aufstellen. Das ist Teil seines Dispositionsrechts aus § 315 BGB (vgl. *Flatow* AnwZert MietR 16/2024 Anm. 2).

130 Auch Beschlussfassungen müssen den Anforderungen an den Bestimmtheitsgrundsatz genügen (instruktiv *Riecke* ZMR 2018, 173 ff.). Bei der Beschlussfassung über die Eingrenzung bzw. Erweiterung der **Hundehaltung** müssen die Wohnungseigentümer die Grenzen des pflichtgemäßen Ermessens einhalten (§ 19 Rdn. 53). Ermessen muss nach § 18 Abs. 2 Nr. 1 WEG stets den Interessen der Gesamtheit der Wohnungseigentümer entsprechen. Dabei ist nach der bisherigen Rechtsprechung des *BGH* auf die Beschaffenheit und insbesondere die **Zweckbestimmung** des gemeinschaftlichen Eigentums abzustellen und eine Abwägung unter Berücksichtigung aller Umstände des Einzelfalles vorzunehmen (PWW/*Elzer*/*Riecke* WEG § 19 Rn. 13; MHdB WEG-R/*Nissen* § 3 Rn. 282 ff.). Unter Berücksichtigung der beteiligten Interessen ist auch eine Regelung zulässig, mit der die Höchstzahl von Haustieren beschränkt wird. Das Ermessen der Gemeinschaft der Wohnungseigentümer hat sich jedenfalls nicht im Sinne der Kläger auf Null reduziert. Weder ist ein generelles Verbot aufrechtzuerhalten, noch ein zumindest beschränktes Felltierhaltungsverbot. Ein generelles Tierhaltungsverbot in der Hausordnung durch Beschluss wird teilweise als nichtig, jedenfalls als anfechtbar angesehen (*LG Karlsruhe* 05.12.2023 – 11 S 126/22, MDR 2024, 358 Rn. 30; MHdB WEG-R/*Agatsy* §13 Rn. 19, *Riecke* IMR 2024, 2052).

131 Eine zweckbestimmungswidrige Nutzung bejahte das *BayObLG* (ZMR 2005, 215) für den Betrieb eines griechischen Spezialitätenrestaurants in einem Teileigentum, dessen Räume nach der Gemeinschaftsordnung als »Cafe/Konditorei« beschrieben wurden. Ein in der Teilungserklärung als Ladenlokal beschriebenes Teileigentum darf nicht ohne weiteres für den Betrieb einer Gastronomie z.B. eines Cafés genutzt werden (*Agatsy* ZMR 2022, 11, 15, *Agatsy* MietRB 2024; SEHR/*Agatsy* § 4 Rn. 39 ff.; Bärmann/*Suilmann* WEG § 13 Rn. 22; PWW/*Elzer*/*Riecke* WEG § 10 Rn. 8 ff.; Feldhusen/Niebling-*Agatsy*/*Flintrop* AGB-Kommentar Kap. Mietrecht Rn. 1605b). Dann stehen der Gemeinschaft der Wohnungseigentümer Ansprüche auf die Unterlassung der zweckwidrigen Nutzung gem. § 14 Abs. 1 Nr. 1 WEG und § 1004 Abs. 1 S. 2 BGB zu. Durch die anderweitige Nutzung sei eine Beeinträchtigung der übrigen Wohnungseigentümer durch eine wesentlich **intensivere Geruchsbelästigung**, die typischerweise mit einem mit landesüblichen Gewürzen, Ölen und Kräutern arbeitenden **Spezialitätenrestaurant** verbunden ist, zu bejahen. Von der zweckwidrigen Nutzung einer Einheit als Speiserestaurant gehen typischerweise größere Störungen aus als von einem Laden, der nach Ortsrecht von 20 Uhr bis 6 Uhr geschlossen sein muss. Das Angebot des Restaurantbetreibers (Mieter), einen »Silencer« einzustellen, müssen die sich gestört fühlenden Wohnungseigentümer nicht annehmen. (*LG München I* ZMR 2018, 443). Lautet die Zweckbestimmung dahingehend, dass Gastronomie oder die der Betrieb einer Speisegaststätte möglich sei, kann auch der Betrieb einer Schnellrestaurants im Rahmen der Systemgastronomie zulässig sein (*LG Stuttgart,* 12.03.2019 – 19 S 31/18, IMR 2019, 286 m. Anm. *Hogenschurz*). Die **Zweckbindung** im »weiteren« Sinne darf nicht zu weit ausgelegt werden. Anders liegt der Fall, wenn nach der Gemeinschaftsordnung (Zweckbestimmung im engeren Sinne) ausschließlich der Betrieb zur »Bewirtschaftung Café ohne Vollküche« gestattet ist. Dann ist eine dennoch in Betrieb genommene **Gastronomie** mit Vollküche von der Zweckbestimmung nach typisierender Betrachtung störend und nicht von der Gebrauchsbestimmung gedeckt (*AG Berlin-Mitte,* 19.02.2020 – 26 C 21/19, ZMR 2020, 791; *Agatsy* MietRB 2024, 174, 176). Von der Beschreibung »Lokal« für das Teileigentum in einer Teilungserklärung einer **Wohnungseigentumsanlage** ist allerdings nicht der Betrieb einer Spielothek abdeckt (*AG München,* 06.10.2009 – 483 C 663/09, ZMR 2013, 233). Spielotheken haben eine höhere Affinität zu organisierter Kriminalität als der Betrieb eines Lokals, wonach es sich bei der Auslegung der Zweckbestimmung in der Teilungserklärung auch um ein »*Speiselokal oder einen Imbiss mit Vor-Ort-Bewirtung*« handeln kann (vgl. *LG München I,* 20.06.2011 – 1 S 23256/10, ZMR 2012, 299);

Ebenso das *LG München* I zum »Dönergrill« im Teileigentum Laden (*LG München I*, 20.04.2020 – 1 S 17319/19, ZMR 2020, 1042). Eine zulässige Nutzung liegt auch beim Betrieb eines »Mutter-Kind-Zentrums« in einem Ladengeschäft vor. Eine Nutzung ist deshalb zulässig, weil sie bei **typisierender Betrachtungsweise** nicht mehr stört, als die nach der **Teilungserklärung** vorgesehene Nutzung als Ladengeschäft (*BGH*, 13.12.2019 – V ZR 203/18, ZMR 2020, 322). Wird ein Ladengeschäft durch den Nutzungsberechtigten (Mieter) dennoch als Eisdiele genutzt, besteht ein Anspruch auf die Einstellung der zweckwidrigen Nutzung. Die Nutzung eines Sondereigentums als **Hotel- und Beherbergungsbetrieb** hingegen geht nicht über die zulässige Nutzung hinaus, wenn es sich nach der Zweckbestimmung um ein **Geschäftshaus** handelt (*AG Hannover*, 23.07.2020 – 481 C 7675/19, ZMR 2020, 979).

Das *OLG Hamm* (ZMR 2005, 219) sah eine Nutzung der Teileigentumseinheit »Büro« als Zahnarztpraxis noch als hinnehmbar an, wenn die Arzttätigkeit als Einzel- und Bestellpraxis keine größeren Beeinträchtigungen durch Publikumsverkehr erwarten ließ, als sie auch von einem Bürobetrieb ausgehen können. Trotz Anlegung der **typisierenden Betrachtungsweise** bedeute dies nicht, dass die besonderen Umstände des Einzelfalles für die Beurteilung des Vorliegens einer Mehrbelastung gänzlich außer Betracht zu bleiben hätten. Es könne also nicht die Frage gestellt werden, ob eine Arztpraxis generell mehr stört als ein Büro, sondern es müsse auf die **konkrete Art von Arztpraxis** bei der **typisierenden Betrachtungsweise** abgestellt werden. Erst in diesem Zusammenhang sei für die zu treffende Entscheidung ohne **Belang**, welche tatsächlichen Beeinträchtigungen nach dem Sachvortrag der Beteiligten in welchem Umfang und zu welchem Zeitpunkt in der Vergangenheit zu verzeichnen gewesen sind. Hierzu bedarf es keiner Beweisaufnahme. Im Einzelfall kann allerdings ein Anspruch auf Genehmigung sich aus der Teilungserklärung ergeben (vgl. *LG Hamburg* ZMR 2006, 565). Teileigentümer können von dem Eigentümer einer früher als Arztpraxis genutzten Teileigentumseinheit verlangen, dass er es unterlässt, die Einheit zu Wohnzwecken zu nutzen (*BGH*, ZMR 2018, 782). Auch nicht akzeptables Nutzerverhalten rechtfertigt kein Vermietungsverbot etwa an sogenannte »Medizintouristen«. In der Regel bestehen insoweit nur Unterlassungsansprüche (*LG München I* ZMR 2017, 325). Es entspricht auch zutreffender Auffassung, dass die Nutzung von Wohnungseigentum als Ferienwohnungen nicht der allgemeinen *typisierenden Zweckbestimmung* Wohnraumnutzung widerspricht. Anders zu bewerten ist die Unterbringung von wohnungslosen Personen (*Obdachlosenunterkunft*) Der *BGH* hat entschieden, dass die tageweise Unterbringung von wohnungslosen Personen in einer Gemeinschaftsunterkunft zur Vermeidung von Obdachlosigkeit in der Regel nicht als eine zu Wohnzwecken dienende Nutzung, sondern als heimähnliche Unterbringung anzusehen, die grundsätzlich im Teileigentum erfolgen muss (*BGH*, 08.03.2019 – V ZR 330/17, ZMR 2019, 425 Rn. 15). Der *BGH* führt zur Begründung der Unverträglichkeit dieser Benutzungsform Folgendes aus: 132

> *»Dementsprechend ist die tageweise Unterbringung von wohnungslosen Personen in einer Gemeinschaftsunterkunft zur Vermeidung von Obdachlosigkeit in der Regel nicht als eine zu Wohnzwecken dienende Nutzung, sondern als heimähnliche Unterbringung anzusehen, die grundsätzlich in* **Teileigentumseinheiten** *erfolgen kann. Die Anzahl und die häufige Fluktuation der untergebrachten Personen machen eine* **heimtypische Organisationsstruktur** *erforderlich. In typisierender Betrachtung fehlt es an einer Eigengestaltung der Haushaltsführung und des häuslichen Wirkungskreises. Das gilt auch dann, wenn einzelne Personen für längere Zeit in den Räumlichkeiten untergebracht werden, bis für sie eine andere Unterkunftsmöglichkeit gefunden ist. Die Benutzungsform lässt sich nach dem BGH jedoch nicht ausschließlich aus dem Charakter der Anlage oder aus den prägenden » örtlichen Verhältnissen ableiten.«* 133

Die Entscheidung des *OLG Hamm* (ZMR 2005, 219) darf nicht dahin missverstanden werden, dass gegen Störungen durch den Zahnarztbetrieb nicht vorgegangen werden könnte. Insoweit steht der Gemeinschaft der Wohnungseigentümer ggf. ein Unterlassungs- oder Beseitigungsanspruch aus § 14 Abs. 1 Nr. 1 WEG oder § 1004 Abs. 1 S. 2 BGB bei zweckwidrigen Störungen zu. Im »Innenverhältnis« der Wohnungseigentümer bestehen Unterlassungsansprüche aus § 14 Abs. 2 Nr. 1 WEG und § 1004 Abs. 1 S. 2 BGB. 134

135 Praxisrelevant ist die Fallgruppe, wenn Teileigentum entgegen dem Nutzungszweck i.e.S. als **Wohnraum** oder **wie** Wohnraum genutzt wird (§ 14 Rdn. 19; PWW/*Elzer/Riecke* WEG § 13 Rn. 4; Bärmann/*Suilmann* WEG § 13 Rn. 70; MHdB WEG-R/*Agatsy* § 41 Rn. 50; SEHR/*Agatsy* § 4 Rn. 46). Vereinzelt wurde vertreten, dass das Teileigentum Keller zum **Wohnzweck** genutzt werden darf. Nach Auffassung des *OLG Karlsruhe* (*OLG Karlsruhe* 28.10.2016 – 9 U 14/15, ZMR 2017, 174) soll die Nutzung eines Kellers als Wohnraum zulässig sein, wenn die ursprüngliche Zweckbestimmung in der **Teilungserklärung** den Rückschluss zulässt. Dies wird damit begründet, dass die uneingeschränkte Formulierung in der Teilungserklärung »zu Wohnzwecken« weit auszulegen sei, so dass bezüglich der Wohnraumnutzung keine Einschränkungen bestehen (*OLG Karlsruhe* 28.10.2016 – 9 U 14/15, ZMR 2017, 174 Rn. 27). Das *LG Karlsruhe* hingegen hat eine **Wohnraumnutzung von Kellerräumen** als zweckwidrig verneint. Nach zutreffender Auffassung dienen Kellerräume nicht dem Wohnzweck und können somit auch nicht einer entsprechenden Vermietung dienen (*LG Karlsruhe* 30.12.2020 – 11 S 129/18, ZMR 2021, 344 = MietRB 2021, 306 m. Anm. *Agatsy*). Auch der *BGH* hat die Nutzung von Teileigentum zum Wohnzweck im Einzelfall als zulässig bewertet.

136 Der *BGH* führt zur Begründung (*BGH*, 16.07.2021 – V ZR 184/19, ZMR 2021, 992 Rn. 31) aus:

137 *»Vielmehr kann eine Nutzung zu anderen als Wohnzwecken genauso störend oder störender als eine Wohnnutzung sein. Insbesondere muss die Nutzung einer Teileigentumseinheit bei typisierender Betrachtung nicht zwingend als auf die üblichen Geschäfts- oder Bürozeiten beschränkt anzusehen sein, sondern kann – baurechtliche Zulässigkeit vorausgesetzt – außerhalb dieser Zeiten und auch am Wochenende erfolgen, wie es etwa bei einer Gaststätte, einem Beherbergungsbetrieb, einem Call-Center, einem SB-Waschsalon, einem Sportstudio oder sog. Co-Working Spaces nicht untypisch ist. Zugleich werden der Publikumsverkehr und die Geruchs- und Lärmimmissionen bei einigen der genannten Nutzungen typischerweise nicht geringer sein als bei einer Wohnnutzung.«*

138 Als Teileigentum ist gem. § 1 Abs. 3 das **nicht zum Wohnzweck** bestimmte Sondereigentum mit einem Anteil am Miteigentum definiert (§ 1 Rdn. 41; PWW/*Elzer/Riecke* WEG § 10 Rn. 8; *Hügel/Elzer* WEG § 1 Rn. 15; Bärmann/*Suilmann* WEG § 13 Rn. 11; MHdB WEG-R/*Schneider* § 2 Rn. 15; SWK WEG-R/*Ruge* Teileigentum Rn. 8). Etwas anderes hingegen gilt, wenn die Einheit ggf. als Mischform zum Wohnraum- und sonstigen Nutzungszweck bestimmt ist (*Mischform*). So kann beispielsweise eine »Gewerbewohnung« sowohl zum **Wohnzweck** als auch zum gewerblichen Zweck genutzt werden (*KG*, 03.12.2007 – 24 U 71/07, MietRB 2008, 109 m. Anm. *Hügel*). Jedenfalls kommt es nach dem *BGH* zwingend auf die Heranziehung der vereinbarten »**Zweckbestimmung im engeren Sinne**« an. Somit lässt sich eine Wohnnutzung von Teileigentum nicht generell verneinen. Eine ergänzende Vertragsauslegung der *Teilungserklärung/Gemeinschaftsordnung* dürfte ausscheiden. Eine Wohnnutzung stört bei »typisierender Betrachtung« mehr als die vorgesehene Nutzung (hierzu s.a. *BGH*, 15.07.2022 – V ZR 127/21, ZMR 2022, 899 = ZWE 2022, 446 m. Anm. *Sommer;* MHdB WEG-R/*Bartels* § 4 Rn. 29).

139 Problematisch ist die Zulässigkeit der Prostitution. Dagegen hat das *BayObLG* bereits mit Beschl. v. 21.11.1980 (Rpfleger 1981, 13) auch in Teileigentumsräumen das Betreiben des »ältesten Gewerbes der Welt« untersagt, obwohl der *BGH* (BGHZ 63, 365) Bordellpachtverträge nicht generell als sittenwidrig ansieht (vgl. *Bub/Treier/Schüller* II Rn. 2434).

140 Das *BayObLG* (ZMR 2005, 67; NZM 2004, 949) entschied später jedoch, dass es heute zweifelhaft sei, ob eine in der Rechtsgemeinschaft eindeutig herrschende Auffassung über die nicht nur individualethische, sondern auch sozialethische Verwerflichkeit der Prostitutionsausübung noch festgestellt werden könne.

141 Jedenfalls bei einem ausschließlich gewerblich genutzten Objekt sei es fraglich, ob eine Wertminderung der übrigen Teileigentumseinheiten durch Prostitutionsausübung in einer anderen Einheit anzunehmen sei.

Diese Entscheidung spricht sich gegen eine apodiktische Annahme der Kausalität zwischen Prostitutionsausübung in Sondereigentumseinheiten und Wertminderung der übrigen Wohnungen aus. 142

Das *OLG Frankfurt am Main,* (NZM 2004, 950) sah Wohnungseigentümer nicht als verpflichtet an, es zu dulden, dass in der vermieteten Wohnung der Prostitution nachgegangen wird (§ 14 Rdn. 18; *BayObLG* ZMR 1993, 580; *OLG Düsseldorf* WuM 2003, 399; *OLG Zweibrücken* IMR 2008, 169; *OLG Zweibrücken* IMR 2009, 129; Bärmann/*Suilmann* WEG § 13 Rn. 62; SWK WEG-R/*Tyarks* Prostitution Rn. 5). Das Gericht stellte ausdrücklich fest, dass das Prostitutionsgesetz v. 20.12.2001 (vgl. dazu MüKo/*Armbrüster* § 1 ProstG Rn. 26 m.w.N.; *ders.* NJW 2002, 2763 ff.) an dieser Rechtslage nichts geändert habe aufgrund seiner völlig anderen Zielrichtung, nämlich die juristische Diskriminierung der Prostituierten zu beenden. Das Gericht verweist auf seine ständige Rechtsprechung (*OLG Frankfurt/M.* ZMR 2002, 616). 143

Das *OLG Hamburg* (ZMR 2005, 644) hat es nicht beanstandet, dass die Tatsacheninstanz eine gewerbsmäßige Prostitution als im Einzelfall nicht zumutbare Nutzung einstuft. Außerdem hielt das Gericht den Verwalter für berechtigt, aus wichtigem Grund die trotz in der Teilungserklärung enthaltenen Erlaubnisvorbehalts mögliche Zustimmung zu verweigern. Das Gericht bejahte eine Beeinträchtigung der Wertschätzungen der Wohnungen in der betreffenden Wohnungsanlage und negativen Einfluss auf die Preisbildung am Markt für einzelne Wohnungen. Ob diese Einschätzungen durch das damals bereits geplante Antidiskriminierungsgesetz (ADG) aufgehoben würde, ließ das Gericht im Hinblick auf das damals noch nicht in Kraft getretene jetzt als AGG verkündete Gesetz dahingestellt. 144

Das *LG Hamburg* (Beschl. v. 16.03.1989 – 20 T 95/88) hat eine solche Nutzung des Sondereigentums durch Mieter ebenfalls verboten und darauf abgestellt, dass die Wohnanlage sonst das Etikett »Absteige« erhalte, was die Gefahr einer Wertminderung der einzelnen Wohnungen in sich berge. Das *OLG Karlsruhe* (ZMR 2002, 151 f.) hält einen Bordellbetrieb selbst in einer WEG-Anlage für unzulässig, in der Vergnügungsbetriebe mit starkem Kundenverkehr und Nachtbetrieb gestattet sind. 145

Auch wenn der gewerbsmäßige Betrieb einer Sauna im Teileigentum nach der Teilungserklärung zulässig ist, brauchen die übrigen Wohnungseigentümer nicht zu dulden, dass dort eine sog. *»Pärchensauna«* mit entsprechender Werbung betrieben werde (vgl. *BayObLG* ZMR 1994, 423). Ebenso untersagt ist die Nutzung als SADO/MASO-Studio (vgl. *KG* ZMR 2002, 696). 146

Trotzdem hat das *BayObLG* (NJW-RR 1996, 464 [*BayObLG* 08.08.1995 - 2 ZBR 56/95]) in einem anderen Fall zweckwidriger Nutzung von Kellerräumen den Antrag zurückgewiesen, die Küchen- und Sanitäreinrichtungen wieder von den Anschlüssen zu trennen, da der Anschluss dieser Einrichtung sich noch im Rahmen der durch die Teilungserklärung getroffenen Zweckbestimmung der Kellerräume halte, die ja auch als Partyraum hätten genutzt werden dürfen. 147

Ein beschlossenes Bade- und Duschverbot für die Zeit von 23.00 Uhr bis 5.00 Uhr bedarf keiner einschränkenden Ergänzung für Ausnahmefälle (*BayObLG* NJW 1991, 1620 = MDR 1991, 762) und ist für Wohnungseigentümer und Mieter verbindlich (str., vgl. *Armbrüster/Müller* ZMR 2007, 321; MHdB WEG-R/*Agatsy* § 13 Rn. 14). 148

Zu weiteren vom Mieter zu beachtenden ihn bindenden Regelungen der Wohnungseigentümer vgl. oben § 14 Rdn. 13. 149

7. Verwirkung

Im Einzelfall kann der Unterlassungsanspruch (ebenso der Anspruch auf Beseitigung einer rechtswidrigen baulichen Veränderung, *OLG Hamburg* ZMR 2002, 451; WE 2000, 248 f. m. Anm. *Riecke*; *KG* ZMR 1989, 346) bei teilungserklärungswidriger Nutzung am **Einwand unzulässiger Rechtsausübung** scheitern. So hat etwa das *BayObLG* (ZMR 1998, 176 = WuM 1998, 49 = NJW-RR 1998, 301 im Anschluss an WuM 1996, 437 = WE 1997, 69 = NJW-RR 1996, 1359) dies bejaht, 150 wenn der **Unterlassungsanspruch** lediglich geltend gemacht wird, um einen geschäftlichen Konkurrenten auszuschalten, und zwar selbst dann, wenn ein Dritter im Interesse des Mitkonkurrenten den Anspruch durchzusetzen versucht, weil der Mitkonkurrent zuvor mit seinem eigenen Antrag rechtskräftig unterlegen war.

151 Hier würde nämlich die Unterlassung nicht wegen der durch zweckwidrige Nutzung verursachten Beeinträchtigungen als Wohnungseigentümer i.S.d. § 14 Abs. 1 Nr. 1 WEG verlangt, sondern die Kläger (früher: Antragsteller) seien als Wohnungseigentümer nur vorgeschoben, um den zuvor versagten Unterlassungsanspruch durchzusetzen. Für die Kläger (früher: Antragsteller) als Wohnungseigentümer bestanden keine **Beeinträchtigungen** durch die gewerbliche Nutzung.

152 Dagegen ist die Rechtsprechung mit der Annahme einer **Verwirkung** – eine besondere Variante der unzulässigen Rechtsausübung – sehr zurückhaltend. Das *BayObLG* (WuM 1993, 558 = WE 1994, 180) verneinte eine Verwirkung in der Fallkonstellation, dass seit 1964 ein in der Teilungserklärung als »Laden« bezeichnetes Teileigentum durch den Pächter gastronomisch genutzt und seit 1991 als Vollgaststätte betrieben wurde, obwohl bereits der Betrieb einer Gaststätte mit der Zweckbestimmung »Laden« nicht vereinbar war (MüHdB WEG-R/*Bartels* § 5 Rn. 65).

153 Allein der Ablauf einer längeren Zeitspanne (Zeitmoment) genüge nicht (vgl. *BayObLG* WuM 1993, 558). Hinzutreten müssten darüberhinausgehende Umstände, die darauf schließen ließen, dass die Anspruchsinhaber ihre Ansprüche nicht mehr geltend machen würden, wobei diesen Umständen umso stärkere Bedeutung zukomme, je weniger Zeit seit dem störenden Verhalten verstrichen sei (*OLG Hamburg* ZMR 2002, 451). Beim Einwand der Verwirkung ist neben dem Verhalten des Berechtigten auch das Verhalten des Verpflichteten unter dem Gesichtspunkt von **Treu und Glauben** zu beurteilen (Bärmann/*Suilmann* WEG § 14 Rn. 22).

154 Im Fall des *BayObLG* (WuM 1993, 558) hatte der unterlassungsverpflichtete Pächter durch Geltendmachung massiver **Schadensersatzforderungen** die Voraussetzungen des Umstandsmoments verhindert.

155 Kommt es allerdings zu einer Verwirkung des Unterlassungsanspruchs, so wirkt dieser auch bei Wechsel im Wohnungseigentum durch Rechtsnachfolge fort (*BayObLG* WuM 1994, 222 = WE 1995, 27). Auch bei der **Verwirkung eines Beseitigungsanspruchs** ist für das Zeitmoment der Zeitraum während der Eigentümerstellung des Rechtsvorgängers des die Beseitigung begehrenden Wohnungseigentümers mit zu rechnen, weil der Anspruchsteller keine weiter gehenden Rechte haben kann als seinem Rechtsvorgänger bei Eigentumswechsel zugestanden haben (*OLG Hamburg* ZMR 2002, 451; *KG* ZMR 1989, 346 [*BayObLG* 13.01.1994 - 2 ZBR 130/93]).

156 Im erwähnten Fall des *BayObLG* (WuM 1993, 558 = WE 1994, 180) mussten sich die Wohnungseigentümer auch die Zustimmung des Verwalters zum konkreten Pachtvertrag über die Ladenräume nicht zurechnen lassen. Hierin liegt keine Zustimmung zur rechtswidrigen Nutzung.

157 Die Wohnungseigentümer hätten dort auch kein Verhalten gezeigt, das beim verpachtenden Sondereigentümer oder seinem Pächter auf ein dauerhaftes Dulden der teilungserklärungswidrigen Nutzung schließen ließ.

158 Die Wohnungseigentümer hätten sich allenfalls durch die Androhung der Schadensersatzansprüche seitens des Sondereigentümers veranlasst gesehen, längere Zeit untätig zu bleiben.

159 Im Fall eines Dachausbaus spricht es gegen eine Verwirkung, wenn die Ausbaumaßnahmen, die auf eine Wohnnutzung des Dachgeschosses zielen, immer wieder auf der Eigentümerversammlung kontrovers diskutiert wurden und die Gemeinschaft sich sogar erkundigt hat, ob wenigstens die **öffentlich-rechtliche Baugenehmigung** vorliegt (*Bünnemann* ZWE 2022, 438, 441; MHdB WEG-R/*Agatsy* § 41 Rn. 45).

160 Die **Verwirkung** tritt nicht ohne Weiteres ein. Grundlage der Verwirkung ist der Rechtsgedanke des §242 BGB. Der Tatbestand der Verwirkung gem. § 242 BGB setzt in der Regel die Nichtausübung berechtigter Ansprüche auf **Störungsunterlassung oder Beseitigung** voraus. Zunächst setzt diese ein

Zeitmoment voraus (SWK WEG-R/*Agatsy* Beseitigung Rn. 50). Weitere Voraussetzung ist das Vorliegen eines Umstandsmoments. In objektiver Hinsicht setzt der Tatbestand der Verwirkung neben dem Verstreichen eines längeren Zeitraums (*Zeitmoment*) auch die unterlassene Geltendmachung berechtigter Ansprüche (*Umstandsmoment*) voraus. Die Annahme einer Verwirkung ist fernliegend, wenn wiederholt Ansprüche auf Unterlassung oder Beseitigung bestehen oder der Zustand einer unzulässigen Nutzung dauerhaft fortbesteht (§ 13 WEG Rdn. 40; Bärmann/*Suilmann* WEG § 13 Rn. 32).

Bei der Prüfung des Zeitmoments ist zu differenzieren. Vereinzelt wird vertreten, dass eine kurze 161 Zeitdauer z.B. 6 Jahre unter Umständen ausreicht. Dem ist jedoch nicht zu folgen. An den Tatbestand des Zeitmoments werden auch in der Kommentarliteratur und Rechtsprechung weitgehende Anforderungen. Nach zutreffender Auffassung wird für das Zeitmoment eine zeitliche Grenze zwischen 8 und 10 Jahren angenommen. Handelt es sich um eine dennoch andauernde Störung, begründet jede im Einzelnen auf die **Herbeiführung der Störungsquelle** eine gesonderte **Willensentscheidung** des störenden Wohnungseigentümers und begründet demnach eine *zeitliche Zäsur*. Demzufolge kann das Zeitmoment nicht uneingeschränkt eingewendet werden (*BGH* 08.05.2015 – V ZR 178/14 Rz. 12, ZMR 2015, 731; vgl. SWK WEG-R/*Agatsy* Störungsunterlassung Rn. 31; SEHR/*Agatsy* § 4 Rn. 50). Eine erneute **vereinbarungs- und zweckwidrige Nutzung** steht der Annahme einer Verwirkung entgegen (vgl. Bärmann/*Suilmann* WEG § 13 Rn. 32; MHdB WEG-R/*Bartels* § 5 Rn. 65). An einem erforderlichen Zeitmoment fehlt es jedoch, wenn eine wiederholte Störung neue Ansprüche auslöst (Bärmann/*Suilmann* § 13 Rn. 32; *BGH* 08.05.2015 – V ZR 178/14 Rn. 13, ZMR 2015, 731; zur Verwirkung bei baulichen Veränderungen vgl. *Hügel/Elzer* WEG § 20 Rn. 180 f.; MHdB WEG-R/*Bartels* § 5 Rn. 65).

Ebenso liegt das für den Einwand der Verwirkung erforderliche **Umstandsmoment** vor, wenn der 162 Anspruchsinhaber lediglich untätig bleibt, so dass der reine Zeitablauf unzureichend ist (*BGH* 15.12.2017 – V ZR 275/16 Rn. 15, ZMR 2018, 529). Die Wohnungseigentümer müssen durch Beschlussfassungen oder entsprechende Verwaltungsmaßnahmen zum Ausdruck bringen, dass sie mit der konkreten Nutzung nicht einverstanden sind (vgl. Bärmann/*Suilmann* WEG §13 Rn. 32).

II. Einbeziehung und vertragliche Vereinbarung von Gebrauchs- und Benutzungsregelungen

1. Mietvertragliche Einbeziehungsvereinbarungen für (künftige) Gebrauchsregelungen nach §§ 14 Abs. 1 Nr. 2 WEG

Nicht einmal eine künftige Hausordnung kann im Vorwege als den Mieter bindender Vertrags- 163 bestandteil wirksam vereinbart werden (*Armbrüster* FS Blank 2006 S. 581).

Über einen Änderungsvorbehalt sollen in Einzelfällen die mietvertraglichen Regelungen über den 164 zulässigen Gebrauch in einer üblicherweise zu erwartenden Art konkretisiert werden können (*Armbrüster* FS Blank 2006 S. 584 Fn. 39 m.w.N.). Belastende Verpflichtungen oder Verbote gegenüber dem Mieter können so jedoch nicht nachträglich begründet werden.

Armbrüster differenziert wie folgt: *Wenn der Vermieter den Änderungsvorbehalt auf Regelungen im* 165 *Rahmen ordnungsmäßigen Gebrauchs i.S.v. § 15 Abs. 2 WEG beschränkt und zugleich ausdrücklich klarstellt, dass der mietvertraglich vereinbarte Gebrauch in diesem Rahmen auch durch Mehrheitsbeschlüsse der Wohnungseigentümer eingeschränkt werden kann, dann ist eine Bindung des Mieters hieran jedenfalls im Grundsatz nicht als unzumutbar i.S.d. § 308 Nr. 4 BGB (oder als intransparent gem. § 307 Abs. 1 Satz 2 BGB) anzusehen.*

Voraussetzung ist allerdings, dass der vermietende Wohnungseigentümer bereits im Mietvertrag z.B. 166 die Tierhaltung und Musikausübung seines Mieters unter einen präzisen auf ordnungsmäßige Mehrheitsbeschlüsse nach § 18 Abs. 2 Nr. 2 i.V.m. § 19 Abs. 1 Var. 2 WEG beschränkten Vorbehalt gestellt hat. Diese Auffassung wird auch teilweise in der Rechtsprechung geteilt. Dieser Schritt setzt jedoch voraus, dass es im Mietvertrag nicht nur einen Verweis auf die entsprechenden Gebrauchsregelungen, sondern eine klare **Einbeziehungsvereinbarung** gibt, die als solche auch hinreichend bestimmbar und auf den *Beschlussvorbehalt* ausformuliert ist (zur Einbeziehung von gültigen Beschlussfassungen im Mietvertrag: *LG Karlsruhe* 12.12.2013 – 5 S 43/13, ZMR 2014, 394).

167 Mit der Fragestellung gebrauchsregelnder Beschlüsse bei Bestehen eines Mietvertrages befasst sich *Zschieschack* in der FS für Börstinghaus 2023 (*Zschieschack* FS Börstinghaus 453, 461 f. m.w.N.). Gebrauchsregelnde Beschlüsse können in der Regel mit Mehrheit beschlossen werden und binden den Vermieter selbst dann, wenn er den Beschluss angefochten hat. Beispielsweise handelt es sich um Beschlüsse über die Beschränkungen der **Tierhaltung oder aber die Musikausübung.** Natürlich kann man dem nach zutreffender Begründung entgegenhalten, dass im Falle einer neubegründeten WEG eine Einbeziehung der übrigen Wohnungseigentümer bzw. der Gemeinschaft der Wohnungseigentümer nach § 9a Abs. 1 WEG in den Mietvertrag zu vermeiden ist. Bedenken bestehen vor allem dann, wenn Regelungen aus der Gemeinschaftsordnung, der Hausordnung oder sonstige im Beschlussweg gefasste Regelungen im Wege der »dynamischen Verweisung« in den Mietvertrag einbezogen werden sollen. Hier ist die Annahme eines Verstoßes gegen § 308 Nr. 4 BGB naheliegend (vgl. *Zschieschack* in FS Börstinghaus 2023 S. 453, 462 m.w.N.). Nach dem *BGH* (*BGH,* 25.10.2019 – V ZR 271/18, ZMR 2020, 202 Rn. 11 ff.) können Regelverstöße allenfalls **Direktansprüche anderer Wohnungseigentümer** gegen den Mieter begründen. Konsequent ist die Annahme, dass Beschlussfassungen, die dem Mietvertrag entgegenlaufen, keine allgemeingültige Wirkung entfalten. Die Begründung von Leistungspflichten durch Beschluss zu Lasten eines Wohnungseigentümers ist nach zutreffender Auffassung ausgeschlossen (zur kritischen Bewertung einer Anspruchsbegründung durch Mehrheitsbeschluss vgl. *Riecke/Schmidt* ZMR 2005, 252 ff.).

168 Aufgrund der gemeinschaftlichen Regelungen und gesetzlichen Vorschriften bestehen Duldungspflichten gem.§ 14 Abs. 1 Nr. 2 WEG. Nach der Vorschrift des § 14 Abs. 1 Nr. 2 WEG müssen Sondereigentümer auch im Fall der Vermietung den Zugang im Interesse der GdWE und der Erhaltung der Gebäudesubstanz dulden. Im Hinblick auf die eigene verpflichtende Rechtsposition im Verhältnis zur Gemeinschaft der Wohnungseigentümer darf ein vermietender Wohnungseigentümer entsprechende Duldungspflichten im Verhältnis zu seinem Mieter nicht ausschließen. Der Sondereigentümer muss dafür Sorge tragen, dass mögliche Fehler und Mängel am gemeinschaftlichen Eigentum erfasst und ggf. **schuldhafte Beschädigungen** festgestellt werden können. Die Vorschrift des § 14 Abs. 1 Nr. 2 WEG hat Geltungsvorrang. Vor dem Hintergrund, dass sowohl zu Lasten des Sondereigentümers als auch zu Lasten des Mieters ein Eingriff in Art. 13 Abs. 1 GG erfolgt, ist der **Verhältnismäßigkeitsgrundsatz** zu wahren. Vor allem kann die Gemeinschaft der Wohnungseigentümer nicht verpflichtet sein, den Anspruch auf ein duldungspflichtiges Betreten zunächst vorrangig über den **Duldungsanspruch** aus § 15 WEG gegen den Nutzer des Sondereigentums durchzusetzen. In der Literatur und Rechtsprechung ist anerkannt, dass ein **Betretungsrecht** durch den Verwalter oder Beauftragte der Gemeinschaft der Wohnungseigentümer zu dulden ist. Es handelt sich um ein **anlassbezogenes Betretungsrecht**. Ein allgemeines Betretungsrecht räumt die Vorschrift nicht ein (§ 14 Rdn. 37; *Hügel/Elzer* WEG § 14 Rn. 22; Bärmann/*Suilmann* WEG § 14 Rn. 27; MüKoBGB/*Scheller* WEG § 14 Rn. 16; PWW/*Elzer/Riecke* WEG § 14 Rn. 27). Besteht ein berechtigter Anlass, ist jeder Wohnungseigentümer verpflichtet, das Betreten seines Sondereigentums und andere Einwirkungen auf dieses zu dulden, die den Vereinbarungen oder Beschlüssen entsprechen oder, wenn keine entspr. **Vereinbarungen oder Beschlüsse** bestehen, aus denen ihm über das bei einem geordneten **Zusammenleben** unvermeidliche Maß hinaus kein **Nachteil** erwächst (*AG Hamburg*-St. Georg 11.11.2022 – 980a C 31/21, ZMR 2023, 151). Diese, vom Gesetzgeber mit dem zum 01.12.2020 in Kraft getretenen WEMoG (BGBl. I 2020 S. 2187) neu geschaffene Anspruchsgrundlage (vgl. SEHR/*Agatsy* § 4, Rn. 49; Bärmann/*Suilmann* WEG § 14 Rn. 27; PWW/*Elzer/Riecke* WEG § 14 Rn. 28) ermöglicht es in Anlehnung an § 14 Nr. 4 Hs. 1 WEG a.F. und unter Heranziehung der dazu entwickelten Grundsätze (so *Hügel/Elzer* WEG § 14 Rn. 21), unter Berücksichtigung der wechselseitigen Interessen im Einzelfall ein anlassbezogenes **Betretungsrecht** zugunsten der Gemeinschaft der Wohnungseigentümer anzunehmen (*AG Hamburg-St. Georg,* 09.07.2021 – 980b C 36/20 WEG, ZMR 2021, 848).

2. Änderungen der mietvertraglichen Geschäftsgrundlage

Über § 313 BGB (Störung der Geschäftsgrundlage) oder eine Änderungskündigung (setzt berechtigtes Interesse nach § 573 BGB voraus) lässt sich ein Gleichlauf mietvertraglicher und wohnungseigentumsrechtlicher Gebrauchsregelungen nicht einseitig vom vermietenden Sondereigentümer herstellen (*Armbrüster* FS Blank 2006 S. 587, 588). 169

Für eine bereits bei Vertragsbeginn bestehende Inkongruenz hat der *BGH* (ZMR 1996, 147) entschieden: Es gehört zum Risikobereich des Vermieters, dass die Vermietung von Teileigentum mit der Gemeinschaftsordnung vereinbar ist. Wurde ihm gem. § 14 Abs. 1 Nr. 1 WEG die Vermietung untersagt, kann er sich in der Regel nicht deswegen durch Kündigung aus wichtigem Grund von dem Mietverhältnis lösen. 170

Wenn die Voraussetzungen gegeben sind, die nach den Grundsätzen über den Wegfall der Geschäftsgrundlage zur Lösung vom Vertrage berechtigen, käme als mildere Art der Vertragsanpassung auch ein mietvertragliches Verbot beschlusswidriger Nutzung in Betracht. Liegen diese Gründe aber – wie bei anfänglicher Inkongruenz – im Risikobereich des vermietenden Eigentümers, geben sie diesem grundsätzlich nicht das Recht, sich unter Berufung auf § 313 BGB von einem Mietvertrage zu lösen, weil die Rechtsfolgen einer Änderung der Geschäftsgrundlage nicht zu einer Beseitigung der im Vertrage liegenden Risikoverteilung führen dürfen (vgl. *Sternel* Mietrecht, 3. Aufl., Teil IV Rn. 528). 171

Selbst bei nachträglicher vom vermietenden Wohnungseigentümer nicht erfolgreich zu verhindernder Änderung der Beschlusslage scheidet eine Mietvertragsanpassung aus. Der Vermieter kann sich auch hier seinen Gewährleistungspflichten entziehen (vgl. *Lehmann-Richter* ZWE 2009, 345, 348). 172

So entschied auch der *BGH* (ZMR 1992, 239 = WuM 1992, 313) für öffentlich-rechtliche Hindernisse: Eine Heranziehung der Regeln über den Wegfall der Geschäftsgrundlage ist im Anwendungsbereich der Pachtmängelgewährleistungsvorschriften grundsätzlich ausgeschlossen. Insbesondere kann nicht hierüber die gesetzlich angeordnete Regelung in ihr Gegenteil verkehrt werden. Liegt die Störung außerhalb des Einflussbereichs des Verpächters, dann können auch dem Pächter nicht weiter gehende Rechte zugestanden werden als in den Fällen, in denen das Gesetz dem Verpächter die Verantwortung für den Zustand der verpachteten Sache zuweist. **Öffentlich-rechtliche Hindernisse und Beschränkungen des Gebrauchs** oder der Nutzung einer Pachtsache stellen einen Mangel i.S.d. § 536 ff. BGB dar, wenn sie auf der konkreten Beschaffenheit, dem Zustand oder der Lage der Pachtsache beruhen (vgl. Schmidt-Futterer/*Streyl* BGB § 536 BGB Rn. 43ff.; Blank/Börstinghaus/Siegmund/*Siegmund* BGB § 536 Rn. 116; PWW/*Feldhahn* BGB § 536 Rn. 12; Schmidt-Futterer/*Streyl* BGB § 536 Rn. 232 ff.). 173

Soweit Modernisierungsmaßnahmen gem. den §§ 20 Abs. 1 WEG, 555b Nr. 1–5 BGB von der Gemeinschaft umgesetzt werden sollen, die temporär den Mietgebrauch beeinträchtigen, wird eine Duldungspflicht aus der mietvertraglichen Treuepflicht (§ 241 Abs. 2 BGB, vgl. *Lehmann-Richter* ZWE 2009, 345, 349; AH-MietPrax/*Agatsy* Fach 4 Rn. 45 ff.) hergeleitet, soweit nicht bereits § 555d BGB eingreift. Unabhängig davon steht der Gemeinschaft der Wohnungseigentümer nach Maßgabe der § 15 Nr. 1 WEG oder § 15 Nr. 2 WEG ein direkter **Duldungsanspruch** gegen den Dritten im Fall von Erhaltungsmaßnahmen und baulichen Veränderungen zu. 174

Kommt es nicht zu einer Anpassung der divergierenden Gebrauchs- und Nutzungsregelungen kann der Mieter mindern, bei Verschulden des Vermieters Schadensersatz verlangen oder aus wichtigem Grund kündigen (*vgl. §§ 536, 536a, 543 BGB*). Vereinbarte **Gebrauchs- und Nutzungsregelungen** können in der Regel nur allstimmig geändert werden. 175

III. Haftung des vermietenden Sondereigentümers gegenüber der Gemeinschaft der Wohnungseigentümer und Haftung der Gemeinschaft der Wohnungseigentümer

1. Haftungsbegründende Pflichten der Wohnungseigentümer

176 Der vermietende **Sondereigentümer** haftet gegenüber der Gemeinschaft der Wohnungseigentümer sowohl bei Pflichtverletzung (§§ 280 ff. BGB) als auch bei unerlaubter Handlung (§ 823 Abs. 1 BGB) nur bei Verschulden. Ein **Schadensersatzanspruch** der Anspruchsgrundlagen des § 280 Abs. 1 BGB iVm § 286 BGB oder aus § 823 Abs. 1 BGB setzt die **schuldhafte Verletzung** gemeinschaftlicher Pflichten, insbesondere von **Mitwirkungspflichten** gegenüber der **Gemeinschaft der Wohnungseigentümer** voraus. (*Hügel/Elzer* WEG § 9a Rn. 166; Bärmann/*Suilmann* WEG § 9a Rn. 55 ff.; BeckOGK/*Falkner* WEG § 9a Rn. 109). Die Wohnungseigentümer sind als Gesamtheit **Organ der GdWE**. Die Mitgliedschaft in der Wohnungseigentümergemeinschaft begründet ein **gesetzliches Schuldverhältnis** zwischen den Wohnungseigentümern und der GdWE (§ 9a Rdn. 11; *BGH* 10.02.2017 – V ZR 166/16 Rn. 10, ZMR 2017, 570; *BGH* 10.11.2006 – V ZR 62/06 Rz. 8, ZMR 2007, 464; vgl. *Armbrüster* ZWE 2002, 333; *Armbrüster* FS Merle 2000 S. 1; *Skauradszun* Der Beschluss als Rechtsgeschäft S. 43 ff.; MHdB WEG-R/*Agatsy* § 41 Rn. 7 ff.). Vermietende Sondereigentümer müssen sich **binnenrechtskonform** verhalten. Vermietende Sondereigentümer müssen sich das Fehlverhalten von Nutzern i.S.d. § 13 Abs. 1 WEG gem. § 278 Abs. 1 BGB und § 831 Abs. 1 BGB zurechnen lassen (*Agatsy* ZMR 2023, 948 ff.). Innerhalb der **Gemeinschaft der Wohnungseigentümer** sind die Gemeinschafts- und **Rücksichtnahmepflichten**, insbesondere Regelungen der **Gemeinschaftsordnung** einzuhalten (*Hügel/Elzer* WEG § 10 Rn. 7; Bärmann/*Suilmann* WEG § 10 Rn. 21 ff.; MHdB WEG-R/*Agatsy* § 41 Rn. 10; Lehmann-Richter/Wobst WEG-Reform 2020 Rn. 379). Das pflichtwidrige Einwirken des Nutzers iSd §13 Abs. 1 WEG auf das gemeinschaftliche Eigentum kann **Schadensersatzansprüche** gem. § 280 Abs. 1 BGB und § 831 Abs. 1 BGB begründen. Ist **auch** das gemeinschaftliche Eigentum betroffen von einem Verstoß gegen die **binnenrechtlichen Vorschriften** betroffen, muss der vermietende Sondereigentümer Störungen pflichtgemäß unterbinden. Gem. § 9a Abs. 2 WEG muss die GdWE die Ansprüche auf Beseitigung und Störungsunterlassung durchsetzen. Gem. § 9a Abs. 2 WEG obliegt ihr die **Ausübungsbefugnis** (*BGH* 11.06.2021 – V ZR 41/19 Rn. 8; ZMR 2021, 826; *Rüscher* ZWE 2021, 449). Dasselbe gilt bei **Substanzschäden** am gemeinschaftlichen Eigentum und die der GdWE zur Last fallenden **Anwalts- und Gerichtskosten.** Anderes gilt bei Sondereigentümern untereinander. Verursacht der Nutzer des Sondereigentums zu Lasten eines anderen Sondereigentums Störungen, muss der vermietende Sondereigentümer auf den Nutzer einwirken und die **Störungsquelle** abstellen (*AG Pinneberg* 14.09.2021 – 60 C 30/20, ZMR 2021, 1021; zu Ansprüchen wegen Trittschalls *AG Hamburg-St. Georg* 14.07.2023 – 980a C 17/22, ZMR 2024, 248; a.A. *AG Schöneberg* 13.09.2023 – 770 C 65/22, ZMR 2024, 82; differenzierend bei der Frage der *Darlegungs- und Beweislast LG Berlin*, 18.06.2024 – 56 S 100/23, MietRB 2024, 222 m. Anm. *Riecke*).

177 Ferner bestehen haftungsrelevante Pflichten seitens der Gemeinschaft der Wohnungseigentümer gegenüber den Wohnungseigentümern. Kausale Pflichtverletzungen können Schadensersatzansprüche zugunsten der Wohnungseigentümer begründen. **Treuepflichten** obliegen auch der Gemeinschaft der Wohnungseigentümer gegenüber den Wohnungseigentümern (*BGH* 30.11.2012 – V ZR 234/11 Rn. 19, ZMR 2013, 288). Nicht jede Pflichtverletzung und jeder *Schaden* eine kausale Haftung der Gemeinschaft der Wohnungseigentümer. Es muss pflichtwidrig unterlassen worden sein, einzelne oder dringende Maßnahmen einer ordnungsgemäßen Verwaltung zügig und im gebotenen Umfang umzusetzen. Gemeinschaftsbezogene Pflichten sind gem. § 9a Abs. 2 WEG gemeinschaftlich auszuüben (*Burgmair* ZWE 2022, 341; Form-B WEG-R/*Agatsy* § 3 Rn. 188). Bei der Umsetzung der erforderlichen **Verwaltungsmaßnahmen** gilt ein pflichtgemäßes Ermessen. Zum einen ist zu klären, ob sie eine zulässige Maßnahme zu treffen ist (*Entschließungsermessen*) und zum anderen, welche von mehreren zulässigen Maßnahmen zu ergreifen ist (*Auswahlermessen*) (*Hügel/Elzer* WEG § 18 Rn. 36; Bärmann/*Dötsch* WEG § 18 Rn. 66; MüKoBGB/*Rüscher* WEG § 18 Rn. 129; PWW/*Elzer/Riecke* WEG § 18 Rn. 7 ff.; Lehmann-Richter/Wobst WEG-Reform 2020 Rn. 380; *Jacoby* ZWE 2023, 16). Um einen Schadensersatzanspruch zu begründen, ist ein **Kausalzusammenhang** zwischen einer

fehlerhaften Verwaltungsentscheidung (*Ermessensfehler*), der konkreten Pflichtverletzung und dem Schadenseintritt darzulegen. Allein der Eintritt eines Schadens begründet nach zutreffender Auffassung nicht die **Vermutung** einer haftungsbegründenden Pflichtverletzung. Eine Haftung gegenüber geschädigten Sondereigentümer kommt nur in Betracht, wenn ergriffene Maßnahmen unzureichend waren (*OLG Hamburg,* 04.11.2002 – 2 Wx 32/02, ZMR 2003, 133; *OLG München,* 18.02.2009 – 32 Wx 120/08, ZMR 2009, 469; *OLG Frankfurt/M.*, 04.09.2008 – 20 W 347/05, ZMR 2009, 384). Die Haftung aufgrund der Zurechnung von fehlerhaftem Verwalterhandeln kommt gem. § 31 BGB analog in Betracht. Der Gemeinschaft der Wohnungseigentümer ist die Verursachung eines Schadens zuzurechnen, den ein **Organ oder Organmitglied** verursacht (Bärmann/*Dötsch* WEG § 18 Rn. 183; Jennißen/*Sommer* WEG § 18 Rn. 88; MüKoBGB/*Rüscher* WEG § 18 Rn. 51; Dötsch/Schultzky/Zschieschack WEG-Recht, 2021, Kap. 13 Rn. 8). Anspruchsgegnerin ist die Gemeinschaft der Wohnungseigentümer. Die GdWE ist gem. § 18 Abs. 2 Nr. 1 WEG verpflichtet, die ordnungsgemäße Verwaltung umzusetzen. Dabei ist durchaus denkbar, das Fehlverhalten des Verwalters der GdWE gem. § 31 BGB analog zuzurechnen. Eine **Haftung der Gemeinschaft** der Wohnungseigentümer für sonstige beauftragte *Dritte* kommt in Betracht, wenn Dritte ausgewählt und beauftragt werden, um beispielsweise Maßnahmen zur **Verkehrssicherung** auszuführen. In seiner Entscheidung zur Wahrnehmung der Verkehrssicherungspflichten (*BGH,* 13.12.2019 – V ZR 43/19 Rn. 12, ZMR 2020, 525; PWW/*Elzer/Riecke* WEG § 9a Rn. 23; Bärmann/*Dötsch* WEG § 19 Rn. 105; MüKo-BGB/*Burgmair* WEG § 9a Rn. 10) hat der *BGH* eine **Verkehrssicherungspflicht** zwischen den Wohnungseigentümern und der Gemeinschaft der Wohnungseigentümer abgelehnt, wenn ein Dritter beauftragt wurde. Wohnungseigentümern kann jedoch der **Einwand des Mitverschuldens** i.S.d. § 254 BGB entgegengehalten werden. Dies ist der Fall, wenn sie ihren eigenen **Mitwirkungspflichten** innerhalb der GdWE nicht nachkommen. Der *BGH* führt unter Rn. 12 der Urteilsbegründung aus:

»Ein solcher Anspruch käme in Betracht, wenn die Bekl. aufgrund eines zwischen ihr und der Kl. 178
bereits im Zeitpunkt der Schadensentstehung bestehenden Schuldverhältnisses die Einhaltung der auf den Baumbestand (einschließlich der schadensursächlichen Platane) bezogenen Verkehrssicherungspflichten zu erfüllen gehabt hätte.«

Demnach durchbricht die Beauftragung des Dritten die Haftungskette. Nach dem Regelungszweck 179
der §§ 10 und 18 WEG lässt sich die lediglich **abstrakte Annahme haftungsrelevanter Verwaltungspflichten** nicht begründen. Die Pflicht zur ordnungsmäßigen Verwaltung umfasst die **Vermeidung von Gefahrenquellen** im gemeinschaftlichen Eigentum (§ 18 Rdn. 21; *Hügel/Elzer* WEG § 18 Rn. 32; Bärmann/*Dötsch* WEG § 18 Rn. 168; SEHR/*Skauradszun* § 1 Rn. 42; Lehmann-Richter/Wobst Rn. 391). In diesem Zusammenhang stellt sich die Frage, ob dem vermietenden Sondereigentümer ein **Fehlverhalten der Gemeinschaft** der Wohnungseigentümer, insbesondere unterlassene **Verwaltungsmaßnahmen** zuzurechnen sind. Dazu muss die Gemeinschaft der Wohnungseigentümer im Verhältnis zum vermietenden Sondereigentümer **Erfüllungsgehilfe** iSd § 278 Abs. 1 BGB oder **Verrichtungsgehilfe** i.S.d. § 831 Abs. 1 BGB sein. Auch ein vermietender **Sondereigentümer** kann sich nicht vollständig von der Haftung freizeichnen (Feldhusen/Niebling-*Agatsy/Flintrop* AGB-Kommentar Kap. Mietrecht Rn. 1514; *Agatsy* ZMR 2023, 948 ff.). Unabhängig davon kommen **Direktansprüche** des Mieters gegen die Gemeinschaft der Wohnungseigentümer z.B. bei der Verletzung von **Verkehrssicherungspflichten** aus § 823 Abs. 1 BGB in Betracht (*AG Hamburg,* 17.09.2021 – 40b C 42/21, ZMR 2022, 50 m. Anm. *Mewes*; *Hügel/Elzer* WEG § 18 Rn. 32; Bärmann/*Dötsch* WEG § 18 Rn. 168; Hügel Wohnungseigentum/*Elzer* § 9 Rn. 159; *Agatsy* Grundeigentum 2023, 25 ff.). Im Streitfall besteht eine **Regresskette**, so dass die GdWE gem. § 72 Abs. 1 ZPO demjenigen den Streit verkünden kann, bei dem eine **Schadloshaltung** zu realisieren ist. Ab dem Zeitpunkt der **Zustellung der Streitverkündung** tritt die Nebeninterventionswirkung gem. §§ 68 ff. ZPO sowie gem. § 204 Abs. 1 Nr. 6 BGB **Verjährungshemmung** ein (*Agatsy* IMR 2023, 43; SEHR/*Skauradszun* § 1 Rn. 43).

Neben der Durchführung notwendiger Erhaltungsmaßnahmen umfasst die Verpflichtung aus § 18 180
Abs. 1 WEG die Gewährleistung von **Beschlussfassungen** zur ermessensfehlerfreien Auswahl,

Umsetzung, Durchführung und Finanzierung der erforderlichen Erhaltungsmaßnahmen (§ 18 Rdn. 20, *Hügel/Elzer* WEG § 18 Rn. 39; Bärmann/*Dötsch* WEG §18 Rn. 66 f.; SWK WEG-R/*Nissen* Ermessen Rn. 8). Die Durchführung der Beschlüsse obliegt gem. § 27 Abs. 1 Nr. 1 WEG dem Verwalter. Die Vermieterpflichten umfasst die **Gebrauchserhaltung** gem. § 535 Abs. 1 S. 2 BGB (PWW/*Elzer* § 535 Rn. 89; Blank/Börstinghaus/Siegmund/*Siegmund* BGB § 535 Rn. 326; MHdB WEG-R/*Agatsy* § 14 Rn. 4). Ferner lassen sich auch aus dem **Gemeinschaftsverhältnis** keine Pflichten der Gemeinschaft der Wohnungseigentümer zugunsten von Nutzern als begünstigten Dritten abzuleiten (MHdB WEG-R/*Agatsy* § 41 Rn. 11 ff.). Auch eine ergänzende Vertragsauslegung im Hinblick auf **gemeinschaftsspezifische Pflichten** scheidet aus, zumal es sich auch nicht um vertragliche oder vertragsähnliche **Pflichten im Verhältnis zu Dritten** handelt. Bei dem **Gemeinschaftsverhältnis** handelt es sich nicht um einen **Vertrag zugunsten Dritter** (§ 328 BGB) oder einen Vertrag mit **Schutzwirkung zugunsten Dritter.** Dafür spricht, dass Rechtsverhältnisse zu Dritten nicht Gegenstand gültiger **Vereinbarungen im Innenverhältnis** sein können (*Hügel/Elzer* WEG § 10 Rn. 68; MHdB WEG-R/*Agatsy* § 41 Rn. 9 f.) Schaltet die GdWE einen Dritten zur **Pflichtenerfüllung** ein, ist dieser **Erfüllungsgehilfe** i.S.d. § 278 BGB (zu § 21 WEG a.F. *BGH* 13.12.2019 – V ZR 43/19 Rn. 8, ZMR 2020, 525; Bärmann/*Dötsch* WEG § 19 Rn. 105 ff.; *Becker/Schneider* ZfIR 2020, 281, 298); **Werk- oder Dienstleistungsverträge** können Verträge mit **Schutzwirkung zugunsten Dritter** sein (dies wird für den Verwaltervertrag abgelehnt, so bereits *AG Wiesbaden*, 16.08.2022 – 91 C 650/22 [78], FD-MietR 2022, 452696; konsequent *BGH*, 05.07.2024 – V ZR 34/24, FD-MietR 2024, 816327 Rn. 9; MüKo-BGB/*Skauradszun* WEG § 27 Rn. 56).

181 Verletzt ein Wohnungseigentümer gemeinschaftsbezogene Mitwirkungspflichten, kann dies Haftungsansprüche gem. § 280 Abs. 1 BGB; § 823 Abs. 1 BGB begründen. Dies gilt beispielsweise dann, wenn der Verstoß gegen die **gemeinschaftsbezogene Pflicht** (*Beschlussfassung*) mit dem vermieteten Sondereigentum im engen Zusammenhang steht. Ebenso kommt eine Haftung von Wohnungseigentümern gegenüber der Gemeinschaft der Wohnungseigentümer in Betracht, wenn gemeinschaftsspezifische Mitwirkungspflichten z.B. an einem **Grundlagenbeschluss** unterbleiben (§SEHR/*Skauradszun* § 1 Rn. 59; Dötsch/Schultzky/Zschieschack Kap. 13 Rn. 28, BT-Drs. 19/18791, S. 60).

2. Haftung des vermietenden Sondereigentümers und der Gemeinschaft der Wohnungseigentümer für Erfüllungs- und Verrichtungsgehilfen

182 Bei der Haftung aufgrund des **Fehlverhaltens von Dritten** und der Zurechnung ist zu differenzieren. Für den Mieter des Sondereigentümers gilt dies nicht ohne weiteres. Eine Haftung des Dritten kommt nicht allein deshalb in Betracht, weil der **Wohnungseigentümer** eine Einwirkung auf den **Drittnutzer** unterlässt und infolgedessen eine Beschädigung des gemeinschaftlichen Eigentums eintritt. Der *BGH* fordert eine kausale Zurechnung der fahrlässigen Verursachung der Schäden, so dass diese in wertender Betrachtung dem Eigentümer zuzurechnen sind. Denn nur dann kann ein **primärer Abwehranspruch** gegen den Eigentümer bestanden haben, der nicht durchgesetzt werden konnte und dessen **Kompensation** der nachbarrechtliche **Ausgleichsanspruch** dient (vgl. Senat BGHZ 155, 99 [103] = NJW 2003, 2377; MüKoBGB/*Ernst* BGB § 903 Rn. 101).

183 Auszugehen ist davon, dass für Schäden am **Sondereigentum** eines Wohnungseigentümers, die ihre Ursache im gemeinschaftlichen Eigentum haben, die **Gemeinschaft der Wohnungseigentümer** nur dann haftet, wenn sie am Auftreten der **schadensursächlichen Mängel** am gemeinschaftlichen Eigentum ein Verschulden trifft oder sie es *schuldhaft unterlassen* haben, für die rechtzeitige Behebung dieser Mängel Sorge zu tragen (vgl. *BayObLG* NJW 1986, 3145; *Hügel/Elzer* WEG § 18 Rn. 70; PWW/*Elzer/Riecke* WEG § 18 Rn. 10; MHdB WEG-R/*Agatsy* § 14 Rn. 4 ff.) Dabei ist an die kausale **Verletzung konkreter Verwaltungspflichten** anzuknüpfen (Bärmann/*Dötsch* WEG § 18 Rn. 166; vgl. Lehmann-Richter/Wobst WEG-Reform 2020 Rn. 380). Für eine darüberhinausgehende allg. Verpflichtung der GdWE, unabhängig von einem Verschulden für alle Schäden am Sondereigentum eines Wohnungseigentümers aufzukommen, die ihre Ursache im gemeinschaftlichen Eigentum haben, gibt es keine Rechtfertigung. Die extensive Ausdehnung von haftungsrelevanten Pflichten würde jedoch dazu führen, dass unabhängig von einer kausalen Pflichtverletzung zu eine Gefährdungs-

haftung eintreten würde. Anders hingegen liegt der Fall, wenn es sich um Ausgleichsansprüche handelt, die gem. § 14 Abs. 3 WEG an einen Sondereigentümer auszugleichen sind. Ausgleichsansprüche bestehen verschuldensunabhängig zwischen Wohnungseigentümern, wenn die Einwirkungen auf ein Sondereigentum darauf beruhen, dass eine **duldungspflichtige Beeinträchtigung** besteht (s.a. *Agatsy* ZMR 2023, 948 ff.).

Die Wohnungseigentümer sind über § 9a Abs. 4 S. 1 WEG nach Maßgabe des § 16 Abs. 1 S. 2 WEG gegenüber der GdWE anteilig zum Forderungsausgleich verpflichtet. Jeder Wohnungseigentümer ist über das *Miteigentum* am gemeinschaftlichen Eigentum und die Bindung an die allgemeingültigen Gemeinschaftsregelungen Mitglied der GdWE. Verursacht ein Wohnungseigentümer einen Schaden am gemeinschaftlichen Eigentum, kann gem. § 9a Abs. 2 WEG nur die GdWE daraus resultierende Schadensersatzansprüche geltend machen. Dies gilt auch bei der **Schadensverursachung durch Dritte**. Es bedarf keiner vorrangigen **Inanspruchnahme des Mieters**. Wohnungseigentümer haften quasi sich selbst auf Naturalrestitution bzw. Geldersatz (§ 249 Abs. 1 BGB). Die Geltendmachung der Schadensersatzansprüche bezüglich des gemeinschaftlichen Eigentums bleibt gem. § 9a Abs. 2 WEG ausschließlich der GdWE vorbehalten (§ 9a Rn. 14; *Hügel/Elzer* WEG § 9a Rn. 99; Bärmann/*Suilmann* WEG § 9a Rn. 56; PWW/*Elzer/Riecke* WEG § 9a Rn. 20). 184

Eine Haftung für den sog. Verrichtungsgehilfen trifft den Sondereigentümer gem. § 831 BGB ebenfalls wie einen außenstehenden Dritten. Allerdings scheitert dieser Anspruch oft selbst bei Weisungsabhängigkeit des Gehilfen am **Exkulpationsbeweis** des Sondereigentümers. Nach dem *BGH* kommt eine Haftung aus § 831 Abs. 1 BGB jedoch nicht ohne weiteres in Betracht (so bereits *BGH*, 13.12.2019 – V ZR 43/19 Rn. 11, ZMR 2020, 525). In seiner weiteren Entscheidung (*BGH*, 06.11.2012 – VI ZR 174/11, NJW 2013, 1002) hat der *BGH* in der Urteilsbegründung unter Rn. 15 ausgeführt: 185

»Maßgebend für die Einordnung als Verrichtungsgehilfe sind die faktischen Verhältnisse. Verrichtungsgehilfe i. S.v. § 831 BGB ist nur, wer von den Weisungen seines Geschäftsherrn abhängig ist. Ihm muss von einem anderen, in dessen **Einflussbereich** *er allgemein oder im konkreten Fall steht und zu dem er in einer gewissen Abhängigkeit steht, eine Tätigkeit übertragen worden sein. Das dabei vorausgesetzte Weisungsrecht braucht nicht ins Einzelne zu gehen. Entscheidend ist, dass die Tätigkeit in einer organisatorisch abhängigen Stellung vorgenommen wird. Es genügt, dass der Geschäftsherr die Tätigkeit des Handelnden jederzeit beschränken oder entziehen oder nach Zeit und Umfang bestimmen kann.«* 186

Für die Haftung gem. § 831 BGB muss nach dem *BGH* ein weisungsgebundenes Abhängigkeitsverhältnis bestehen. Aufgrund der durch den *BGH* aufgestellten Grundsätze wird es Sondereigentümern idR gelingen, entlastende Tatsachen zur **Exkulpation** vorzutragen. Verletzt der Verwalter die ihm obliegenden und per Verwaltervertrag übertragenen Pflichten, kommt eine Haftung gem. § 823 Abs. 1 BGB aufgrund **fehlerhaften Organhandelns** i.V.m. §§ 31, 89 BGB analog in Betracht (*LG Berlin*, 02.02.2018 – 85 S 88/16, ZMR 2018, 426; Lehmann-Richter/Wobst Rn. 384). Die Anforderungen an den Haftungsmaßstab und die **Zurechenbarkeit** dürfen nicht übermäßig ausgedehnt werden. Die Verletzung von **Verkehrssicherungspflichten** kann im Einzelfall bei einer kausalen Pflichtverletzung **Haftungsansprüche** begründen (§ 26 Rdn. 114; Bärmann/*Becker* WEG § 27 Rn. 228 ff.; SWK WEG-R/*Kieß* Verkehrssicherungspflichten Rn. 16 ff.; *Agatsy* Grundeigentum 2023, 25 ff.; instruktiv *Fritsch* ZWE 2005, 384). Die Verletzung von **Verkehrssicherungspflichten** begründet jedoch nicht *per se* eine **Verwalterhaftung**. Das *AG München* (*AG München*, 31.03.2014 – 424 C 29442/13, ZMR 2014, 834) und das *AG Hannover* (*AG Hannover*, 05.04.2012 – 480 C 297/12, ZMR 2012, 738 m. Anm. *Brinkmann*) haben eine **Verwalterhaftung** abgelehnt. Eine Haftung hat auch das *LG Saarbrücken* verneint (vgl. *LG Saarbrücken*, 16.09.2016 – 13 S 73/16, ZWE 2017, 51). Eine **Verwalterhaftung** unter dem Gesichtspunkt eines Vertrages mit **Schutzwirkung zugunsten Dritter** scheidet aus (zuletzt *BGH*, 05.07.2024 – V ZR 34/24, IMR 2024, 378 m. Anm. *Elzer*). 187

188 Eine Anfechtungspflicht des vermietenden Sondereigentümers besteht nicht. Dies gilt m.E. auch dann, wenn sich das Ergebnis einer Anfechtungsklage auf das Rechtsverhältnis zu Dritten auswirkt. Dafür spricht, dass der Dritte im Sinne des § 13 Abs. 1 WEG aus dem Gemeinschaftsverhältnis als gesetzlichem Schuldverhältnis keine zu seinen Gunsten wirkenden Rechtsfolgen geltend machen. Ferner besteht keine Nebenpflicht des vermietenden Sondereigentümers, bei Beschlussfassungen im Mieterinteresse abzustimmen.

3. Anspruchsgrundlagen und Haftungstatbestände:

189 Man unterscheidet ansonsten verschiedene Haftungstatbestände. Die Haftung der Sondereigentümers hängt davon ab, ob im Verhältnis zur GdWE oder im Verhältnis zu anderen Wohnungseigentümern eine **Haupt- oder Nebenpflicht** verletzt wurde:

190 1. Aus § 14 Abs. 1 Nr. 1 WEG i.V.m. dem Gemeinschaftsverhältnis sowie aus §§ 280 Abs. 1, 241 Abs. 2 BGB wird eine Haftung des Wohnungseigentümers gegenüber der Gemeinschaft der Wohnungseigentümer hergeleitet, wenn dieser schuldhaft zweckwidrig und unter Verstoß gegen die gemeinschaftlichen Regelungen i.S.v. § 14 Abs. 1 Nr. 2 WEG sein Sondereigentum gebraucht, dieses vernachlässigt und hierdurch **Schäden am gemeinschaftlichen Eigentum** sowie weitere Schäden am **Sondereigentum** anderer Wohnungseigentümer entstehen (vgl. *Belz* Rn. 257; § 14 WEG Rdn. 83 ff.). Die Vermietung von Sondereigentum (*Wohnungs- und Teileigentum*) darf weder gegen die **gemeinschaftsinternen Regelungen** u.a. gültige Vereinbarungen noch gegen weitere Vorschriften verstoßen. Voranzustellen ist jedoch, dass der **Regelungszweck** der Vorschriften der §§ 14 Abs. 1 und 2 WEG nicht auf Schadensersatzansprüche gerichtet ist. § 14 Abs. 1 Nr. 1 WEG regelt die Pflicht zu der zweckkonformen Nutzung und Gebrauch (vgl. *Riecke* ZMR 2021, 785 ff.). Eine Zurechnung von zweckwidrigem Nutzungsverhalten oder Verstößen gegen die **Gebrauchs- und Nutzungsregelungen** kommt gem. § 278 Abs. 1 BGB in Betracht. Unabhängig von der vertraglichen Beziehung zu dem nutzenden Dritten muss der **vermietende Sondereigentümer** dafür sorgen, dass im Verhältnis zur Gemeinschaft **fremddelegierte Pflichten** bezüglich der Nutzungs- und Gebrauchsrechte nur im zulässigen Umfang ausgeübt werden.

191 2. Bei der Zurechnung des Fehlverhaltens Dritter ist auf die Zurechnungsnormen u.a. die Vorschrift des § 278 Abs. 1 BGB zurückzugreifen. Eine dem § 14 Nr. 2 WEG a.F. entsprechende »Zurechnungsnorm« ist in §§ 14 Abs. 1 und 14 Abs. 2 WEG nicht geregelt. Eine analoge oder entsprechende Anwendung der §§ 14 Abs. 1 oder 14 Abs. 2 WEG als Haftungsgrundlage scheidet aus (§ 14 Rdn. 86 f.). Weder lassen der Wortlaut des § 14 WEG noch der eindeutige Regelungszweck der Vorschrift den Rückschluss auf eine planwidrige Regelungslücke zu. Eine entsprechende Anwendbarkeit des § 14 Abs. 1 Nr. 2 WEG kommt ebenso wenig in Betracht. Der Gesetzgeber hat in § 14 WEG eine eindeutige Regelung getroffen, die ausschließlich Wohnungseigentümer im Verhältnis zur GdWE und im Verhältnis untereinander verpflichtet. Dritte sind jedoch zumindest mittelbar umfasst, so dass zur Begründung einer Zurechnung von Fremdverschulden die Vorschriften §§ 280 Abs. 1 BGB und 823 Abs. 1 BGB i.V.m. § 278 BGB vorrangig sind. Entsprechend kann eine Haftung des Wohnungseigentümers für das Verhalten Dritter, denen er die Benutzung seines Sondereigentums überlässt, nicht unmittelbar aus § 14 WEG begründet werden. § 13 Abs. 1 WEG begründet keine eigenständigen Ansprüche für die Haftung Dritter. Die Überlassung von Sondereigentum (*Teil- und Wohnungseigentum*) an Dritte setzt einen schadensfreien und nicht störenden Gebrauch durch den Nutzer im Rahmen der gültigen Vorschriften (Vereinbarungen, Beschlüsse und sonstige gesetzliche Regelungen) voraus.

192 Bislang war streitig, ob § 14 Nr. 2 WEG a.F. eine Haftung für Fremd- oder Eigenverschulden konstituiert. Zu differenzieren ist zwischen einer reinen Einwirkungspflicht oder Zurechnung von Fremdverschulden. In Betracht kommt eine Haftung aus § 280 Abs. 1 BGB und die Zurechnung aus § 278 Abs. 1 S. 2 BGB. Im Übrigen sind Ansprüche gem. § 1004 Abs. 1 BGB statthaft (zu den Direktansprüchen gegenüber Dritten vgl. die Ausführungen unter § 14 Rdn. 87).

Zu Unrecht meinte früher *Pick* (Bärmann/Pick/Merle 9. Aufl. § 14 Rn. 49 f.; richtig jetzt Bärmann/*Suilmann* § 14 Rn. 47), § 14 Nr. 2 WEG a.F. gestalte nur die Haftung aus Vertrag näher und umschreibe den Personenkreis, für den nach »Auffassung des Gesetzes« gem. § 278 BGB einzustehen ist. Dies führt entweder zu einer Begrenzung der Haftung aus § 278 BGB auf diese Person oder lässt, wenn dies nicht gewollt ist, die Vorschrift leerlaufen. Der Gesetzgeber hat jedoch in §§ 13 oder 14 WEG keine Zurechnungsnorm geregelt, so dass ein Rückgriff auf § 278 BGB erfolgen muss. 193

Dagegen vertritt Weitnauer/*Lüke* (§ 14 Rn. 4–6 sowie nach § 13 Rn. 4) zur alten Rechtslage die Auffassung, dass in § 14 Nr. 2 WEG a.F. die den Wohnungseigentümer selbst treffende Pflicht auf Einwirkung gegenüber den dort genannten Personen geregelt ist (offen gelassen von *KG* NZM 2000, 682; a.A. *BayObLG* BayObLGZ 1970, 65). § 278 BGB gelte daneben. 194

§ 14 Nr. 2 WEG a.F. begründete gerade nicht schlechthin eine Haftung des Sondereigentümers für die dort genannten Personen (so noch zu § 14 WEG a.F. Bärmann/*Klein* § 14 Rn. 45). Dies gilt auch nach der Vorschrift des § 13 Abs. 1 WEG. Diese Vorschrift begründet eine Haftung gerade nicht (BeckOK WEG/*Müller* WEG § 13 Rn. 15). 195

§ 14 Nr. 2 WEG a.F. begründete eine eigene Verpflichtung des Sondereigentümers zum Einschreiten gegen den Nutzer, sofern dieser Pflichten aus § 14 Nr. 1 WEG missachtete (vgl. *BayObLG* ZMR 1994, 25; vgl. zu § 14 WEG n.F. MüKo/*Scheller* WEG § 14 Rn. 21). Anders liegt der Fall nach der Neufassung der § 14 Abs. 1 Nr. 1 WEG und § 18 Abs. 2 Nr. 1 WEG. Nutzt der Wohnungseigentümer nicht selbst, entbindet ihn eine vom Willen des Wohnungseigentümers getragene Fremdnutzung nicht aus diesem Pflichtenprogramm, vielmehr bedient sich dieser zur Pflichterfüllung des Fremdnutzers als Hilfsperson (MüKoBGB/*Scheller* WEG § 14 Rn. 21). 196

3. Die Haftung für Dritte als Erfüllungsgehilfen i.S.d. § 278 BGB. Diese Vorschrift ist nach zutreffender Auffassung anwendbar. Zum einen ist der Dritte Erfüllungsgehilfe bei der Bewertung der Pflichten aus § 14 Abs. 1 Nr. 1 WEG und der Rücksichtnahme und Sorgfaltspflichten gegenüber den Wohnungseigentümern direkt und gegenüber der Gemeinschaft der Wohnungseigentümer dem Gemeinschaftsverhältnis. § 278 BGB. 197

Hierzu hat bereits das *BayObLG* mit Beschluss (MDR 1970, 586 = NJW 1970, 1551, 1554) festgestellt: 198

»Ein Wohnungseigentümer haftet den übrigen Miteigentümern für das Verschulden seiner Erfüllungsgehilfen, insbesondere seiner Mieter und Untermieter«. 199

Nach *OLG Saarbrücken* (ZMR 2007, 887) ist ein Wohnungseigentümer den anderen Wohnungseigentümern gegenüber verpflichtet, psychische Beeinträchtigungen durch einen Mieter seines Sondereigentums, die den räumlich-gegenständlichen Bereich des Sondereigentums der Anderen behindern, zu verhindern oder abzustellen. Dies gilt insbesondere für solche Störungen, die über die in § 14 Abs. 1 Nr. 2 WEG geregelten Grenzen hinausgehen. Der Anspruch auf Störungsunterlassung oder Beseitigung einer bestehenden Störungsquelle folgt aus § 14 Abs. 2 Nr. 1 WEG und § 1004 Abs. 1 BGB. Störungen Dritter sind gem. § 278 BGB zurechenbar. 200

Das *BayObLG* (MDR 1970, 586) meinte bereits, dass die in § 14 WEG festgelegten Obhutspflichten bei Vermietung durch die Mieter des Sondereigentümers als dessen Erfüllungsgehilfen zu beachten bzw. erfüllen seien. Bei erlaubter Untermiete jedenfalls wirken auch der Untermieter und zumindest seine im Haushalt lebenden Angehörigen bei der Erfüllung der dem Wohnungseigentümer gegenüber der Gemeinschaft obliegenden Verpflichtungen mit und sind insoweit Erfüllungsgehilfen. Die Eigenschaft als Erfüllungsgehilfe verliert eine solche Person auch nicht dadurch, dass sie erteilte Anweisungen z.B. auf Einhaltung bestimmter Regelungen der Hausordnung missachtet. 201

Die weitgehende Haftung für Erfüllungsgehilfen erstreckt sich zwar insbesondere auf Mieter und Untermieter, aber nicht auf jede Person, die mit Willen des Wohnungseigentümers die Wohnanlage betritt. Dies würde zu einem deutlich »überzogenen« Haftungsmaßstab führen. 202

203 § 14 Nr. 2 WEG a.F. besagte als Eigenverschuldensregelung (s.o.) auch nichts für den selbstständig anwendbaren erfassten Personenkreis gem. § 278 BGB.

204 *M. J. Schmid* (MDR 1987, 894) und ihm folgend *F. Schmidt* (in: Bärmann/Seuß, 4. Aufl., B 133/137) erkannten zutreffend in § 14 Nr. 2 WEG a.F. eine eigene Haftungsnorm, die nicht Drittverschulden zurechnet, sondern bei von Dritten verursachten Schäden zur Haftung führt, wenn den Sondereigentümer **selbst** ein Verschulden trifft. Ein entsprechender Rechtsgedanken lässt sich jedoch der Vorschrift des § 14 WEG nicht entnehmen. Ferner lässt sich die Vorschrift des § 13 Abs. 1 WEG nicht derart weit auslegen, dass in ergänzender Auslegung eine Haftung begründet wäre.

205 Die Regelung des § 14 Nr. 2 WEG musste völlig unabhängig von § 278 BGB gesehen werden, der Fremdverschulden von Erfüllungsgehilfen zurechnet.

206 Weil aber nicht jeder, dem der Gebrauch des Sondereigentums gestattet wird, damit automatisch Erfüllungsgehilfe ist, bestand gerade Veranlassung, den Wohnungseigentümer gesetzlich zu verpflichten, für die Beachtung seiner eigenen Pflichten gegenüber der Gemeinschaft durch bestimmte in § 14 Nr. 2 WEG a.F. genannte Dritte zu sorgen. Eine darüber hinausgehende Haftung für Erfüllungsgehilfen sollte nicht eingegrenzt werden. Dem kann nach der Neufassung des § 14 Abs. 1 WEG nicht mehr gefolgt werden. Der Regelungsumfang des § 14 WEG gebietet einen Rückgriff auf § 278 BGB. Dafür spricht, dass zwischen den Wohnungseigentümern und im Verhältnis zur Gemeinschaft der Wohnungseigentümer ein vertragliches Schuldverhältnis besteht, so dass es eines Rückgriffs auf § 278 BGB bedarf.

207 Die Haftung für Handwerker des Sondereigentümers war Gegenstand des *BGH*-Beschlusses v. 22.04.1999 (ZMR 1999, 647 = NJW 1999, 2108 = MDR 1999, 924 ff. m. Anm. *Riecke* sowie *Armbrüster* WE 1999, Heft 12, S. 4).

208 Der *BGH* stellte hier fest:

209 *»Ein Wohnungseigentümer, der den über seinem Sondereigentum gelegenen Teil des Daches reparieren lässt, haftet für ein Verschulden des von ihm beauftragten Werkunternehmers, wenn hierdurch an dem Sondereigentum eines anderen Wohnungseigentümers ein Schaden entstanden ist.«*

210 Das gilt nach zutreffender Ansicht des *BGH* unabhängig davon, ob der haftende Wohnungseigentümer gemeinschaftsrechtlich berechtigt war, das Dach selbst neu eindecken zu lassen. Denn jedenfalls schuldet der den Auftrag im eigenen Namen und auf eigene Kosten erteilende Eigentümer die **ordnungsmäßige Instandsetzung** als Werk (Erfolg) mithilfe geeigneter Fachkräfte und nicht lediglich in Form der Mitwirkung an einer die Instandsetzung vorbereitenden Beschlussfassung. Es soll im Ergebnis also keine Rolle spielen, dass die Reparatur des Daches (gemeinschaftliches Eigentum) an sich Sache aller Eigentümer bzw. aller Eigentümer eines Blockes gewesen wäre.

211 Haftungsgrundlage war die positive Forderungsverletzung (vgl. heute §§ 280, 282, 241 Abs. 2 BGB) des **unter sämtlichen Eigentümern bestehenden gesetzlichen Schuldverhältnisses** (vgl. § 10 Abs. 1 S. 1 WEG), aus dem sich die vorerwähnte Verpflichtung jedes Einzelnen ergibt.

212 Der geschädigte Wohnungseigentümer musste sich früher ein Verschulden des Werkunternehmers i.d.R. selbst zu einem Bruchteil als Mitverschulden anrechnen lassen. Es kommt dabei nicht darauf an, ob er selbst Mitauftraggeber der Instandsetzungsmaßnahme war oder ob – wie im *BGH*-Fall – nur der schädigende Miteigentümer den Auftrag erteilte. Heute wird beim Auftrag i.d.R. die Gemeinschaft der Wohnungseigentümer und somit der Verband Vertragspartner. Ein Abzug i.H.e. Mitverschuldensanteils scheidet dann aus. Wirtschaftlich ist der geschädigte Eigentümer ja am Verband beteiligt. Deshalb wird er ungekürzt Schadensersatz erhalten müssen.

213 Prozessual von Wichtigkeit ist die Beweislastverteilung in § 280 Abs. 1 S. 2 BGB, die auch innerhalb des gesetzlichen Schuldverhältnisses (Gemeinschaftsverhältnisses) der Wohnungseigentümer gilt. Danach hat der Eigentümer, der seine Pflicht zur ordnungsgemäßen Instandsetzung verletzt und dadurch einem anderen Eigentümer Schaden zugefügt hat, zu seiner Entlastung nachzuweisen,

dass die in seinem Verantwortungsbereich eingetretene Pflichtverletzung weder von ihm noch von seinem Erfüllungsgehilfen zu vertreten ist (vgl. *Armbrüster* ZMR 1997, 395, 398).

Nach *Armbrüster* (ZMR 1997, 395, 398) gelten bei auftretenden Schäden im Sondereigentum dieselben Haftungsregeln wie bei der Beschädigung des Gemeinschaftseigentums durch Handwerker einzelner Wohnungseigentümer oder der Gemeinschaft selbst, und zwar unabhängig davon, ob das Sondereigentum direkt oder mittelbar durch Schädigung des Gemeinschaftseigentums in Mitleidenschaft gezogen wurde. Die o.g. *BGH*-Rechtsprechung (ZMR 1999, 647 = MDR 1999, 924 ff.) hat einen seit Mitte der 80er Jahre bestehenden Meinungsstreit (**a.A.** noch *OLG Frankfurt/M* OLGZ 1984, 144, 146) beendet. 214

Dem Grunde nach ist die Haftungsgrundlage des § 831 BGB anwendbar. Es ist jedoch darzulegen, dass der »Verrichtungsgehilfe« sich in einem Abhängigkeitsverhältnis befindet. Für die Voraussetzungen der **weisungsbezogenen Abhängigkeit** gilt jedoch zurecht ein »enger« Maßstab. 215

§ 14 Abs. 2 Nr. 1 WEG begründet **Unterlassungs- und Beseitigungsansprüche** zwischen den Wohnungseigentümern und einen **Anspruch auf Einschreiten gegen Dritte**, wenn gegen gesetzliche, vertragliche und vereinbarte Regelungen iSv § 14 Abs. 2 Nr. 2 WEG verstoßen wird (§ 14 Rdn. 62 ff.; *Hügel/Elzer* WEG § 14 Rn. 65; Bärmann/*Suilmann* WEG § 14 Rn. 76; PWW/*Elzer/Riecke* WEG § 14 Rn. 46; *Emmerich* ZWE 2021, 193, 197; *Agatsy* ZMR 2022, 15 ff; *AG Hamburg*-St. Georg 14.07.2023 – 980a C 17/22, ZMR 2024, 248; zu Ausgleichs- und Schadensersatzansprüchen vgl. *Agatsy* ZMR 2023, 948 ff.). Gegenüber Dritten findet diese Anspruchsgrundlage keine Anwendung. Es besteht ein Anspruch gegen den vermietenden Sondereigentümer, der wiederum die Pflicht zur Einwirkung auf Dritten i.S.d. § 13 Abs. 1 WEG zur Gewährleistung des zweckkonformen **Gebrauchs und der Nutzung** mit den ihm zumutbaren **Maßnahmen** umzusetzen hat (vgl. *Agatsy* ZMR 2022, 11 ff.; SEHR/*Agatsy* § 4 Rn. 39 ff.). Der vermietenden Sondereigentümer muss sich **Störungen des Mieters** zurechnen lassen. Sofern der vermietende Sondereigentümer es unterlässt, auf eine störungsfreie Nutzung und einen störungsfreien Gebrauch hinzuwirken, folgen Schadensersatzansprüche aus §§ 280 Abs. 1, 2, 286 BGB, §§ 280 Abs. 1, 241 Abs. 2 BGB und § 823 Abs. 1 BGB. Die Vorschrift des § 14 Abs. 2 Nr. 2 WEG verpflichtet Wohnungseigentümer auch im »Innenverhältnis«, zulässige (hinnehmbare) **Beeinträchtigungen** von außen auf das Sondereigentum zu »dulden«. § 14 Abs. 3 WEG gewährt einen verschuldensunabhängigen Ausgleichsanspruch der Sondereigentümer untereinander. 216

4. Ansprüche auf Störungsunterlassung/Beseitigung und nachbarrechtliche Ausgleichsansprüche:

Ausgleichsansprüche können aus § 14 Abs. 3 WEG resultieren. Verschuldensabhängige Ansprüche werden auf dieser Grundlage nicht begründet. Bereits nach der alten Fassung des §14 Nr. 4 Halbs. 2 WEG a.F. war anerkannt, dass es sich nicht um einen Schadensersatzansprüche ieS, sondern um einen Ausgleichsanspruch handelt. Zutreffend ist nach der hier vertretenen Auffassung Folgendes: § 14 Abs. 3 WEG regelt Ausgleichsansprüche, die auf **duldungspflichtigen Beeinträchtigungen** beruhen (§ 14 Rdn. 118 ff.; *Riecke* ZMR 2022, 983, 986; *Agatsy* ZMR 2023, 948, 950). Sofern der Gebrauch und die Nutzung des Sondereigentums (*Wohnungs- und Teileigentum*) zur (übermäßigen) und dennoch duldungspflichtigen Beeinträchtigung im Sinne der §§ 14 Abs. 1 Nr. 2 und Abs. 2 Nr. 2 WEG führen, bestehen bei einer übermäßigen Inanspruchnahme eines anderen Sondereigentums (Wohnungs- oder Teileigentum) **Ausgleichsansprüche** untereinander und im Verhältnis zur Gemeinschaft. Der Anspruch setzt voraus, dass ein Sondereigentum (*Wohnungs- oder Teileigentum*) aufgrund einer im Rahmen der aus §§ 14 Abs. 1 Nr. 2 und 14 Abs. 2 Nr. 2 WEG hinzunehmenden Beeinträchtigung *adäquat kausal beschädigt oder beeinträchtigt* wird (*Hügel/Elzer* WEG § 14 Rn. 75; Bärmann/*Suilmann* WEG § 14 Rn. 53; Lehmann-Richter/Wobst Rn. 1369; BR-Drs. 168/20, S. 57). Anders als bei einem Schadensersatzanspruch gem. § 280 Abs. 1 BGB, führt § 14 Abs. 3 BGB nicht zur Rechtsfolge des § 249 BGB. Dennoch ist die Rechtsfolge des Ausgleichsanspruchs aus § 14 Abs. 3 WEG nach dem Regelungszweck der Norm auf einen angemessenen Ausgleich in Geld gerichtet (SEHR/*Agatsy* § 4 Rn. 61; s.a. SWK WEG-R/*Elzer* Ausgleichsansprüche Rn. 8). Dafür 217 spricht die Begründung des Gesetzgebers. Der Wortlaut des § 14 Abs. 3 WEG ist an die Vorschrift des § 906 Abs. 2 S. 2 BGB angelehnt (BT-Drs. 19/18792 S. 52). Demnach müssen die Beeinträchtigungen im konkreten Einzelfall die Grenzen der Zumutbarkeit deutlich überschritten haben.

218 Die unterlassene Geltendmachung von Unterlassungsansprüchen gem. § 1004 Abs. 1 S. 2 BGB durch die Gemeinschaft der Wohnungseigentümer gegenüber Sondereigentümern muss sich der vermietenden Sondereigentümer nicht zurechnen lassen. Bereits nach der zum alten Recht ergangenen Rechtsprechung des *BGH* (*BGH,* 24.01.2020 – V ZR 295/16, ZMR 2020, 675) war anerkannt, dass Unterlassungs- und Beseitigungsansprüche im Hinblick auf das gemeinschaftliche Eigentum ausschließlich von der Gemeinschaft der Wohnungseigentümer geltend zu machen sind (Vergemeinschaftung). Denn der Wohnungseigentümer, von dem der Drittnutzer seine Nutzungsbefugnis ableitet, kann diesem nicht mehr an Rechten übertragen, als er selbst im Verhältnis zu den anderen Wohnungseigentümern hat (*BGH,* 24.01.2020 – V ZR 295/16, 24.01.2020 – V ZR 295/16, ZMR 2020, 675 = NZM 2020, 664 Rn. 20; s.a. *BGH,* 25.10.2019 – V ZR 271/18, ZMR 2020, 202 = NJW 2020, 921 Rn. 18).

219 Wird in das vermietete Sondereigentum »rechtswidrig« und ohne Duldungspflicht eingegriffen, kann sich der Dritte iSd § 13 Abs. 1 WEG (Mieter) auf Ansprüche aus §§ 861, 862 BGB berufen. Das *OLG München* (*OLG München,* 23.03.2020 – 32 U 265/20, ZMR 2021, 509 = ZWE 2021, 163 m. Anm. *Lehmann-Richter*) hat zur Abwehr von Störungen des Sondereigentums d.h. des Mieters entschieden, dass ein eigenständiger Abwehranspruch besteht. Es ist jedoch danach zu differenzieren, ob die Beeinträchtigungen und Einwirkungen auf das Sondereigentum (*Wohnungs- und Teileigentum*) duldungspflichtig sind.

220 *»Von den körperlichen Einwirkungen auf die Mietsache selbst sind Beeinträchtigungen des Mietgebrauchs durch die Zuführung unwägbarer Stoffe im Sinne des § 906 Abs. 1 BGB zu unterscheiden. Mehr noch als unter Eigentümern benachbarter Grundstücke gilt für Bewohner verschiedener Wohnungen in demselben Gebäude, dass sich Immissionen nicht vollständig vermeiden lassen und deshalb in bestimmtem Umfang aufgrund der gleichrangigen Rechte der anderen Bewohner hinzunehmen sind. Zur Bestimmung der Grenzen dessen, was ein Mieter an Immissionen hinzunehmen hat, die von dem Gebrauch einer anderen Wohnung ausgehen, kann der in § 906 Abs. 1 S. 1 BGB bezeichnete Maßstab entsprechend angewendet werden (BGH NJW 2015, 2023 Rn. 10 = ZWE 2015, 331). Eine Duldungspflicht kann sich auch aus vertraglichen Regelungen ergeben.«*

221 Ob ein Ausgleichs- oder Schadensersatzanspruch besteht, ist im Einzelfall differenziert zu betrachten. Richtigerweise ist also die Beschränkung des Besitzschutzanspruchs des Mieters in § 906 BGB zu suchen (Lehmann-Richter/Wobst WEG-Reform 2020 Rn. 1656). Die Vorschrift des § 906 Abs. 1 S. 1, Abs. 2 S. 1 BGB ist nämlich auch auf Immissionen innerhalb desselben Grundstücks anzuwenden (vgl. *BGH,* 24.01.2020 – V ZR 295/16, ZMR 2020, 675 = ZWE 2020, 344 Rn. 20). Der Mieter muss also unerhebliche (§ 906 Abs. 1 BGB) sowie ortsübliche (§ 906 Abs. 2 S. 1 BGB) Immissionen duldungspflichtig hinnehmen. Der berechtigte Besitz und die Überlassung zur Nutzung im Sinne des § 13 Abs. 1 WEG schließen die eigenen Abwehransprüche des Mieters nicht aus. Sie finden jedoch ihre Begrenzung in § 906 Abs. 1 BGB (Lehmann-Richter/Wobst WEG-Reform 2020 Rn. 1656). Die Vorschrift ist auch auf Immissionen innerhalb desselben Grundstücks anwendbar. Erhebliche und ortsübliche Beeinträchtigungen hat ein Mieter hinzunehmen (vgl. *Lehmann-Richter* ZWE 2021, 167).

222 Ansprüche gegen den Drittnutzer können nach Maßgabe nachbarrechtlicher Grundsätze bestehen. Nach dem *BGH* sind nachbarrechtlich ausgleichspflichtige Störer auch Nutzer derjenigen Räume, in denen der geltend gemachte Schäden entstanden ist. Schließlich folgt aus der zulässigen Überlassung kraft eines Mietvertrages (§ 13 Abs. 1 WEG) und somit der Einräumung der alleinigen Sachherrschaft, dass eine später schadensursächliche Gefahrenquelle – auch wenn ein vorbeugendes Tätigwerden nicht veranlasst gewesen sein mag – durch den Dritten »beherrscht« wurde (vgl. *BGH,* 01.04.2011 – V ZR 193/10, NJW-RR 2011, 739; BeckOK BGB/*Fritzsche* BGB § 906 Rn. 96).

223 Der *BGH* führt unter Rn. 8 der Entscheidungsgründe aus:

224 *»Schuldner des Ausgleichsanspruchs ist derjenige, der die Nutzungsart des beeinträchtigenden Grundstücks bestimmt (s. nur Senat, NJW 2010, 3158 [3159] = NZM 2010, 758 m. w. Nachw.). Das können sowohl die ihre Grundstücke allein nutzenden Eigentümer – oder sonstige dingliche Berechtigte – als auch Besitzer wie Mieter oder Pächter sein; die Eigentumsverhältnisse sind nicht entscheidend (Senat, BGHZ 157, 188 [190] = NJW 2004, 775 = NZM 2004, 193; NJW 2009, 3787 = NZM 2009, 834). Das gilt in dem Bereich der unmittelbaren Anwendung der Vorschrift des § 906 II 2 BGB ebenso wie in dem Bereich ihrer entsprechenden Anwendung (PWW/Lemke BGB § 906 Rn. 44).«*

225 Nach zutreffender Auffassung kann auch der Mieter (Dritte) im Sinne des § 13 Abs. 1 WEG Schuldner des Ausgleichsanspruch nach § 906 Abs. 2 S. 2 BGB analog sein.

C. Erweiterung des Wohnungseigentums- und Mietrechts

I. Neuregelungen im Miet- und Wohnungseigentumsrecht

1. Neuregelungen im Wohnungseigentumsrecht und im Mietrecht

226 Die Vorschriften der § 20 Abs. 2 WEG und § 554 Abs. 1 BGB sollen im Rahmen gesetzlicher Neuerungen erweitert werden. Balkonkraftwerke, diese sind nach der beabsichtigten Neuregelung Steckersolargeräte, sollen im WEG- und Mietrecht geregelt werden. Im Wohnungseigentumsrecht stellt die **Installation von Steckersolargeräten** in der Regel eine bauliche Veränderung dar, für die ein **Mehrheitsbeschluss** der Wohnungseigentümerinnen und -eigentümer erforderlich ist. Nach der bislang gültigen Rechtslage wurden die **Balkonkraftwerke**, oder wie die Gesetzesnovelle in der Begrifflichkeit vorsieht »Steckersolargeräte« keine konsequente Grundlage als zulässige **bauliche Veränderung** i.S.d. § 20 Abs. 2 WEG (*LG Frankfurt/M.*, 06.11.2023 – 2–13 S 54/23, ZMR 2024, 603; BeckOK WEG/*Elzer* WEG § 20 Rn. 22). In der Praxis kann es schwierig sein, die **erforderliche Mehrheit** zu erlangen. Im Mietrecht kann die Erlangung der **Zustimmung der Vermieterin oder des Vermieters** zur Installation eines Steckersolargerätes ebenfalls schwierig sein. Im Wohnungseigentumsrecht und im Mietrecht wird die **Stromerzeugung durch Steckersolargeräte** im Katalog der besonders *privilegierten baulichen Veränderungen* aufgenommen. (BT-Drs. 20/9890 S. 1 ff.; BR-Drs. 508/23, S. 10; zuletzt BT-Drs. 20/12146 S. 12 ff.).

2. Steckersolargeräte als Balkonkraftwerke im WEG

227 Die **praktische Konsequenz** des Gesetzgebers im Rahmen der Erweiterung des § 20 Abs. 2 WEG lautet, dass **steckerbetriebene Balkonkraftwerke** im WEG zukünftig als bauliche Veränderung geregelt werden. Ein dogmatischer *Rückgriff* auf die allgemeinen Vorschriften oder Erwägungen, insbesondere auf die Vorschrift über die Zulässigkeit, die Gestattung und den Anspruch auf bauliche Veränderungen gem. §§ 20 Abs. 1, 20 Abs. 3, 20 Abs. 4 WEG entfällt zukünftig. Auch aus § 20 Abs. 2 S. 1 Nr. 2 WEG kann bisher nicht hergeleitet werden, dass über privilegierte Wall-Boxen hinaus eine **Photovoltaikanlage** außen am Balkon angebracht werden darf. Die Gesetzesbegründungen (zu § 20 WEG vgl. BT-Drs 19/18791, S. 63–64, BR-Drs. 168/20, S.69–70) lassen einen entsprechenden Rückschluss auf dessen Zulässigkeit als bauliche Veränderung nicht zu (vgl. *AG Konstanz*, 09.02.2023 – 4 C 425/22, ZMR 2023, 585). Ebenso wenig ließ sich eine **Regelungslücke** erkennen, so dass die Grundlage für die **Errichtung eines Balkonkraftwerks** auf der Grundlage einer analogen oder entsprechenden Anwendung von § 20 WEG möglich gewesen wäre. Diese Regelungslücke soll mit dem Inkrafttreten der Neuregelung des § 20 Abs. 2 Nr. 5 WEG-E geschlossen werden (zuletzt BT-Drs. 20/12146, S. 12). Zur Begründung der **Privilegierung** von Steckersolargeräten in § 20 Abs. 2 Nr. 5 WEG-E verweist der **Referentenentwurf** darauf, dass der *Ausbau erneuerbarer Energien* in der Praxis verschiedenen Hindernissen begegnet, die neben dem Mietrecht und dem Recht der beschränkt persönlichen Dienstbarkeiten auch das WEG betreffen; sie sollen beseitigt werden (*Häublein* ZWE 2023, 302). Die Einordnung eines im Bereich des Sondereigentums bzw. im *mitbenutzten* gemeinschaftlichen Eigentum oder im **Sondernutzungsrecht** verbauten Steckersolargeräts (*Balkonkraftwerk*) soll nach dem Gesetzesentwurf zu § 20 WEG als bauliche Veränderung iSd § 20 WEG zu bewerten

sein. Auch im Wohnungseigentumsrecht stellt die Installation von **Steckersolargeräten** regelmäßig eine **bauliche Veränderung** dar, für die ein **Mehrheitsbeschluss** der Wohnungseigentümerinnen und -eigentümer erforderlich ist. In der Praxis kann es schwierig sein, die **erforderliche Mehrheit** zu erlangen. Im Mietrecht kann die Erlangung der Zustimmung der Vermieterin oder des Vermieters zur Installation eines Steckersolargerätes ebenfalls schwierig sein, wenn mit der Installation eine **Modifizierung der Substanz der Mietsache** verbunden ist. Über die gesetzlichen Grundlagen hinaus ist auch die Einhaltung **technischer Regelwerke** geschuldet. Die Umsetzbarkeit des Anspruchs wird somit davon abhängen, ob die VDE-Richtlinien und die übrigen Sicherheitsvorschriften z.B. über den **Brandschutz** eingehalten werden. Der VDE beabsichtigt, die technischen Anforderungen an **Steckersolargeräte** zukünftig in einer neu zu schaffenden Produktnorm detailliert zu regeln (*DIN VDE V 0126–95*). Zudem ist beabsichtigt, diverse gesetzliche Regelungen zu Steckersolargeräten in das *»Erneuerbare-Energien-Gesetz«* aufzunehmen, unter anderem eine **Legaldefinition** von Steckersolargeräten (BR-Drs. 508/23, S. 11).

228 Der Anwendungsbereich ist eröffnet, wenn die Voraussetzungen des § 20 Abs. 3 WEG nicht vorliegen und eine **Stromerzeugung** durch Steckersolargeräte eine **bauliche Veränderung** notwendig macht (PWW/*Elzer/Riecke* WEG § 20 Rn. 30a). Im Einzelfall handelt es sich bei dem Steckersolargerät (*Balkonkraftwerk*) um einen Bestandteil des **Sondereigentums**. Die dogmatische Einordnung stellt die Betreiber somit nicht vor wesentliche Problemstellungen. Darüber besteht nach der Anhörung im **Rechtsausschuss** und in der letzten Fassung Einigkeit: *»Der Ausschuss geht davon aus, dass Steckersolargeräte grundsätzlich auch auf Terrassen und Grünflächen installiert werden können. Wie bei allen privilegierten Vorhaben des § 20 Absatz 2 WEG obliegt es auch bei Steckersolargeräten der Gemeinschaft der Wohnungseigentümer, über das »Wie« der Installation zu entscheiden. Zu diesem »Wie« gehört auch der Installationsort.«* (BT-Drs. 20/12146, S. 12).

229 Die Anspruchsgrundlage über die bauliche Veränderung und demzufolge zur Implementierung der Steckersolargeräte (teilweise bezeichnet als *»Balkonkraftwerke«*) ist in § 20 Abs. 2 Nr. 5 WEG-E geregelt (BT-Drs- 20/9890 S. 17; BR-Drs. 508/23, S. 13; zuletzt BT-Drs. 20/12146 S. 12). Die bisherige Norm des § 20 Abs. 2 WEG wird um die Ziffer 5 auf den Anspruch auf die Installation und Errichtung von Steckersolargeräten erweitert (PWW/*Elzer/Riecke* WEG § 20 Rn. 30a):

»§ 20 WEG-E Bauliche Veränderungen

(1) Maßnahmen, die über die ordnungsmäßige Erhaltung des gemeinschaftlichen Eigentums hinausgehen (bauliche Veränderungen), können beschlossen oder einem Wohnungseigentümer durch Beschluss gestattet werden.

(2) [1]Jeder Wohnungseigentümer kann angemessene bauliche Veränderungen **verlangen**, *die*

1. *dem Gebrauch durch Menschen mit Behinderungen,*
2. *dem* **Laden elektrisch betriebener Fahrzeuge,**
3. *dem Einbruchsschutz und*
4. *dem Anschluss an ein Telekommunikationsnetz mit sehr hoher Kapazität und*
5. *der* **Stromerzeugung durch Steckersolargeräte** *dienen.*

[2]Über die Durchführung ist im Rahmen ordnungsmäßiger Verwaltung **zu beschließen**

(3) Unbeschadet des Absatzes 2 kann jeder Wohnungseigentümer verlangen, dass ihm eine bauliche Veränderung gestattet wird, wenn alle Wohnungseigentümer, deren Reche durch die bauliche Veränderung über das bei einem geordneten Zusammenleben unvermeidliche Maß hinaus beeinträchtigt werden, einverstanden sind.

(4) Bauliche Veränderungen, die die Wohnanlage grundlegend umgestalten oder einen Wohnungseigentümer ohne sein Einverständnis gegenüber anderen unbillig benachteiligen, dürfen nicht beschlossen und gestattet werden; sie können auch nicht verlangt werden.«

Eine Erweiterung der bisherigen Vorschrift des § 20 Abs. 2 WEG für Dach-Photovoltaikanlagen wurde vom Gesetzgeber nicht für notwendig erachtet (BT-Drs. 20/12146, S. 13). Für die Einzelheiten wird auf die Kommentierung zu § 20 WEG verwiesen.

Die Vorschrift des § 554 BGB regelt die Zulässigkeit und den Anspruch auf privilegierte bauliche Veränderungen. Die Vorschrift im Mietrecht des § 554 Abs. 1 BGB-E lautet wie folgt: 230

»§ 554 BGB-E Barrierereduzierung, E-Mobilität, Einbruchsschutz **und Steckersolargeräte**

(1) [1]Der Mieter kann verlangen, dass ihm der Vermieter bauliche Veränderungen der Mietsache erlaubt, die dem Gebrauch durch Menschen mit Behinderungen, dem Laden elektrisch betriebener Fahrzeuge, dem Einbruchsschutz **oder der Stromerzeugung durch Steckersolargeräte** *dienen. [2]Der Anspruch besteht nicht, wenn die bauliche Veränderung dem Vermieter auch unter Würdigung der Interessen des Mieters nicht zugemutet werden kann. [3]Der Mieter kann sich im Zusammenhang mit der baulichen Veränderung zur Leistung einer besonderen Sicherheit verpflichten; § 551 Absatz 3 gilt entsprechend.*

(2) Eine zum Nachteil des Mieters abweichende Vereinbarung ist unwirksam.«

II. Praktische Auswirkungen der Neuregelung

Die Neuregelungen unter § 20 Abs. 2 Nr. 5 WEG-E und § 554 Abs. 1 BGB-E haben Auswirkungen auf die Praxis. Der Rechtsausschuss geht davon aus, dass **Steckersolargeräte** grundsätzlich auch auf **Terrassen und Grünflächen** installiert werden können. Wie bei allen privilegierten Vorhaben des § 20 Abs. 2 WEG obliegt es auch bei Steckersolargeräten der **Gemeinschaft der Wohnungseigentümer**, über das *»Wie«* der **Installation** zu entscheiden. Zu diesem *»Wie«* gehört auch der **Installationsort.** Eine grundlegende **Umgestaltung** im Sinne von § 20 Abs. 4 WEG ist damit nicht verbunden (BT-Drs. 20/12146, S. 12). Für die Anwendung von § 14 WEG bedeutet dies, dass die Errichtung und der Betrieb der Steckersolargeräte (*Balkonkraftwerke*) im *rechtlich zulässigen Umfang* erfolgen müssen. Eine Ergänzung der Vorschrift des § 14 WEG für Steckersolargeräte, die keine bauliche Veränderung darstellen, hat der Gesetzgeber nicht vorgenommen (BT-Drs. 20/12146, S. 12). Eine über § 14 Abs. 1 Nr. 2 WEG hinausgehende **Beeinträchtigung** ist jedoch nicht in jedem Fall duldungspflichtig. Auch der Betrieb von Steckersolargeräten darf für die anderen Sondereigentümer keine **übermäßige Beeinträchtigung** darstellen (*zur Solaranlage auf einem Garagendach* vgl. *LG Frankfurt/M.*, 20.12.2021 – 2–13-S 135/20, ZMR 2023, 568; s.a. BeckOK WEG/*Elzer* WEG § 20 Rn. 101). Abhängig von den Umständen des Einzelfalls kann es sich bei der Installation eines Steckersolargerätes auch um einen bloßen Gebrauch des Gemeinschaftseigentums handeln, dessen Zulässigkeit nach § 16 Abs. 1 S. 3 i.V.m. § 14 WEG zu beurteilen ist (BT-Drs. 20/12146, S. 12). 231

Mieter haben einen Anspruch auf die **Installation eines Steckersolargeräts.** Dabei lässt sich auf die bisherigen Grundsätze zu § 554 BGB zurückgreifen (PWW/*Riecke* BGB § 554 Rn. 18 ff.). Eine gesonderte **Rückbaupflicht** in § 554 Abs. 1 BGB-E hat der Gesetzgeber nicht geregelt (BT-Drs. 20/12146 S. 12 ff.). Ein Rückbau ist nach dem **Auszug des Mieters** grundsätzlich verpflichtend. Die Rückbaupflicht gem. § 546 Abs. 1 BGB besteht (PWW/*Riecke* BGB § 554 Rn. 23). Auch bei der Installation von Balkonkraftwerken ist der Vermieter berechtigt, von dem Mieter gem. § 554 Abs. 1 S. 3 BGB eine angemessene Kaution zu fordern (PWW/*Riecke* BGB § 554 Rn. 40). 232

§ 15 Pflichten Dritter

Wer Wohnungseigentum gebraucht, ohne Wohnungseigentümer zu sein, hat gegenüber der Gemeinschaft der Wohnungseigentümer und anderen Wohnungseigentümern zu dulden:

1. **die Erhaltung des gemeinschaftlichen Eigentums und des Sondereigentums, die ihm rechtzeitig angekündigt wurde; § 555a Absatz 2 des Bürgerlichen Gesetzbuchs gilt entsprechend;**
2. **Maßnahmen, die über die Erhaltung hinausgehen, die spätestens drei Monate vor ihrem Beginn in Textform angekündigt wurden; § 555c Absatz 1 Satz 2 Nummer 1 und 2, Absatz 2 bis 4 und § 555d Absatz 2 bis 5 des Bürgerlichen Gesetzbuchs gelten entsprechend.**

Übersicht

A. Regelungszweck der Norm

1 § 15 WEG wurde durch das WEMoG komplett umgestaltet. Der ursprüngliche Norminhalt, die Regelung des Gebrauchs von Sonder- und Gemeinschaftseigentum ist nun Gegenstand von § 18 Abs. 2 WEG und § 19 Abs. 1 WEG. § 15 WEG trägt nun die amtliche Überschrift »Pflichten Dritter«, was in mehrfacher Hinsicht übertreibt. Bereits teminologisch greift sie zu weit, da nur Drittnutzer von Wohnungseigentum Gegenstand der Vorschrift sind, nicht aber andere Dritte mit Bezug zum Wohnungseigentum wie dinglich Berechtigte oder Nachbarn. Zudem sind nur Pflichten im Hinblick auf Erhaltung von Sonder- und Gemeinschaftseigentum sowie sonstige bauliche Maßnahmen Gegenstand der Vorschrift, nicht aber etwa deren Nutzung. Die Beziehungen der Drittnutzer zu den Eigentümern der von ihnen genutzten Einheiten werden mit der Möglichkeit der Vermietung und Verpachtung in § 13 Abs. 1 WEG nur gestreift (hierzu § 13 Rdn. 5 ff), aber weder dort noch in § 15 geregelt. Überhaupt nicht behandelt sind die Rechte und Pflichten der Drittnutzer gegenüber den sonstigen Wohnungseigentümern, die über Erhaltung und bauliche Maßnahmen hinausgehen (s. hierzu § 13 Rdn. 47 u. unten Rdn. 28 ff.).

B. Duldung von Erhaltungsmaßnahmen durch Drittnutzer (§ 15 Nr. 1 WEG)

I. Duldungspflicht für Erhaltungsmaßnahmen

1. Erhaltung des Sondereigentums

2 § 15 WEG erlegt dem Drittnutzer von Sondereigentum unter den dort normierten Voraussetzungen die Duldung der Erhaltung sowohl des Gemeinschafts- als auch des Sondereigentums auf. Diese Voraussetzungen sind im Gegensatz zu den Regelungen für die Wohnungseigentümer untereinander erfreulich weit gefasst. So differenziert § 15 Nr. 1 insbesondere nicht zwischen dem Anlass der Erhaltungsmaßnahme. So muss der Drittnutzer von Sondereigentum, wenn es um die Erhaltung von Sondereigentum geht, auch dabei erforderliche Eingriffe in das Gemeinschaftseigentum hinnehmen. Wird etwa der im Sondereigentum stehende Fußbodenbelag saniert, umfasst die Duldungspflicht auch Eingriffe in den darunterliegenden, zum gemeinschaftlichen Eigentum gehörenden Fußbodenaufbau.

2. Erhaltung des Gemeinschaftseigentums

a) Keine Einschränkung der Duldungspflicht durch § 14 Abs. 1 Nr. 2, Abs. 2 Nr. 2 WEG

3 Für das Gemeinschaftseigentum gelten die Ausführungen zum Sondereigentum entsprechend. Der Drittnutzer muss Eingriffe in das Sondereigentum hinnehmen, auch wenn die Erhaltungsmaßnahme das Gemeinschaftseigentum zum Gegenstand hat. Anders als beim Wohnungseigentümer ist die Duldungspflicht nicht nach § 14 Abs. 1 Nr. 2, Abs. 2 Nr. 2 WEG auf geringfügige Eingriffe oder solche, die durch Vereinbarung oder Beschluss legitimiert werden, beschränkt. Im Gegensatz zum Wohnungseigentümer kommt ihm auch kein Ausgleichsanspruch aus § 14 Abs. 3 WEG zu. Der Drittnutzer hat aber insbesondere dann, wenn die Nutzung auf einem Mietvertrag beruht, Gewährleistungsansprüche gegen den vermietenden Wohnungseigentümer.

b) Kein Abwehranspruch gegen die Inanspruchnahme des Gemeinschaftseigentums

4 Der unbeschränkte Duldungsanspruch hinsichtlich des Gemeinschaftseigentums dürfte ferner, wie im Mietrecht, Abwehransprüche des Drittnutzers hinsichtlich der gemeinschaftlich genutzten Flä-

chen ausschließen. Denn der Anspruch auf ungestörten Besitz erstreckt sich gerade nicht auf die Flächen, die er nur mitbenutzen darf. Folglich ist deren Inanspruchnahme etwa für das Aufstellen von Gerüsten oder die Lagerung von Baustoffen vom Drittnutzer hinzunehmen (*LG Berlin* v. 24.10.2014 – 63 S 203/14, GE 2014, 1589 f.; ähnlich *LG Berlin* v. 16.12.2014 – 63 S 239/14, GE 2015, 325; *Sternel* NZM 2015, 873 (876); *AG Schöneberg* v. 30.11.2015 -106 C 341/15, GE 2016, 68; *Hau* NZM 2014 809 (812).

3. Zur Duldung Verpflichteter

5 Auch hinsichtlich des Pflichtigen ist die Vorschrift weit gefasst. Das Gesetz differenziert nicht nach dem Grund der Berechtigung gegenüber dem Sondereigentümer. Die Duldungspflicht trifft jeden Nichteigentümer, der Wohnungseigentum gebraucht. Die Rechte der Wohnungseigentümer bzw. der Gemeinschaft bestehen auch unabhängig von entgegenstehenden Rechten aus dem Mietvertrag. Eine Sanierung des Gemeinschaftseigentums ist somit selbst dann möglich, wenn sie mietvertraglich ausgeschlossen wurde. Erst recht kommt es nicht auf die Wirksamkeit und Fortbestand des Mietvertrages oder eines dinglichen Rechtes an. Selbst unberechtigten Nutzern gegenüber wie gekündigten Mietern oder Hausbesetzern kann die Gemeinschaft die Duldungspflicht aus § 15 Nr. 1 WEG geltend machen. Die Duldungspflicht besteht unabhängig davon, ob der Mietvertrag gekündigt oder sonst wie beendet ist.

4. Inhaber der Duldungspflichten

a) Keine Differenzierung des Duldungsanspruchs nach Sonder- und Gemeinschaftseigentum

6 § 15 WEG differenziert hinsichtlich der Duldungsberechtigten nicht zwischen Wohnungseigentümergemeinschaft und Wohnungseigentümern. Dies ist insoweit richtig, als die Duldungspflicht schon aus tatsächlichen Gründen nicht nach der Eigentumsform zugeordnet werden kann. Denn bei der Instandsetzung von Gemeinschaftseigentum kann Sondereigentum beschädigt und somit auch seine Instandsetzung erforderlich werden (vgl. o. Rdn. 2). Es wäre kaum handhabbar, in diesem Fall noch die Geltendmachung der Duldungspflicht durch den Wohnungseigentümer zu verlangen (evtl. mit einer weiteren Ankündigung). Entsprechendes gilt umgekehrt, wenn etwa bei der Neuverlegung des Fußbodenbelages Teile des darunter liegenden Fußbodenaufbaus erneuert werden müssen. Grundsätzlich können also Wohnungseigentümergemeinschaft und Wohnungseigentümer die Duldung von Erhaltungsmaßnahmen für beide Eigentumsformen verlangen.

b) Differenzierung nach demjenigen, der die Maßnahme durchführt

7 Allerdings dürfte der Wortlaut in anderer Hinsicht zu weit geraten sein. Man wird wohl die anlässlich einer Erhaltungsmaßnahme zugunsten des Sondereigentums anfallenden Arbeiten am Gemeinschaftseigentum der Duldungspflicht des Drittnutzers zuordnen können, nicht aber eigenmächtige Maßnahmen eines Sondereigentümers am Gemeinschaftseigentum. Ein einzelner Wohnungseigentümer kann regelmäßig nicht alleine über die Durchführung von Erhaltungsmaßnahmen am Gemeinschaftseigentum entscheiden, so dass ihm auch die Geltendmachung eines diesbezüglichen Duldungsanspruchs nicht zustehen kann. ebenso wenig kann die Wohnungseigentümergemeinschaft vom Drittnutzer die Duldung von Erhaltungsmaßnahmen verlangen, die ein Sondereigentümer durchführen will. Die Duldung einer Erhaltungsmaßnahme kann mithin nur derjenige vom Drittnutzer verlangen, der sie durchführt.

II. Ankündigung

1. Verweis auf das Mietrecht

8 Abgesehen von der selbstverständlichen Voraussetzung, dass es sich bei den hinzunehmenden Arbeiten um Erhaltungsmaßnahmen handeln muss, hängt die Duldungspflicht des Mieters nur von einer Ankündigung ab. Da § 15 Nr. 1 WEG in vollem Umfang auf § 555a Abs. 2 BGB verweist, kann wegen der Einzelheiten von Form, Frist, Inhalt und ausnahmsweise gegebener Entbehrlichkeit der

Ankündigung auf die Kommentierungen zu § 555a BGB verwiesen werden. Ein gewichtiger Unterschied liegt allerdings darin, dass der Gesetzgeber die Ankündigung in den Materialien zum WEG anders als im Mietrechtsänderungsgesetz 2015 ausdrücklich und unzweideutig als **Fälligkeitsvoraussetzung der Duldungspflicht** bezeichnet (BT-Drs. 19/18791, S. 52). Fehlt es an einer ordnungsgemäßen Ankündigung, muss der Drittnutzer somit eine Erhaltungsmaßnahme nicht dulden.

2. Person des Ankündigenden

Der Verweis des § 15 Nr. 1 WEG auf § 555a Abs. 2 BGB bedeutet, dass es bei Erhaltungsmaß- 9
nahmen wie im Mietrecht und im Gegensatz zur Modernisierung (§ 555c Abs. 1 S. 1 BGB) auf die Person des Ankündigenden nicht ankommt. Insbesondere muss der Vermieter die Erhaltungsmaßnahme nicht selbst ankündigen (Lützenkirchen/*Dickersbach* § 555a Rn. 41; Schmid/Harz/*Harsch* § 555a Rn. 20). Es genügt, wenn etwa der ausführende Handwerker oder der Mietverwalter die Erhaltungsmaßnahme ankündigt. Auch der Vorlage einer Vollmacht bedarf es nicht. Das hat insbesondere zur Folge, dass der Mieter die Ankündigung nicht nach § 174 BGB mangels Vorlage einer Vollmachtsurkunde zurückweisen kann. Der Mieter muss nur, notfalls im Wege der Nachfrage, Klarheit darüber gewinnen, ob die Ankündigung durch den Vermieter autorisiert ist. Folglich muss der Absender der Ankündigung erkennbar sein, etwa durch Briefkopf oder Unterschrift.

III. Abdingbarkeit

§ 15 WEG gehört nicht zu den zwingenden Vorschriften des Wohnungseigentumsrechtes. Dies gilt 10
auch für die Ankündigung gemäß § 555a Abs. 2 WEG, da § 15 Nr. 1 WEG auf die entsprechende Anordnung in § 555a Abs. 4 BGB gerade nicht verweist. Gleichwohl kann weder der vermietende Wohnungseigentümer noch die Wohnungseigentümergemeinschaft eine zu Lasten des Mieters abweichende Regelung aufstellen. Für den vermietenden Wohnungseigentümer ergibt sich die Bindung an § 15 Nr. 1 WEG i.V.m. § 555a Abs. 2 BGB schon aus dem Verbot einer zum Nachteil des Mieters abweichenden Regelung in § 555a Abs. 4 BGB, an die er als Vermieter gebunden ist. Anderes gilt freilich für Mieter von Gewerberäumen, da § 578 Abs. 2 BGB nicht auf § 555a Abs. 4 BGB verweist. Hier könnten also Abweichungen von § 555a Abs. 2 BGB vereinbart werden. Ebenso können die Beziehungen zwischen Wohnungseigentümer und dinglichen Berechtigten abweichend geregelt werden, da § 555a Abs. 4 BGB hier keine Anwendung findet. Hingegen können die Wohnungseigentümer weder durch Vereinbarung noch durch Beschluss zu Lasten des Mieters Abweichendes festsetzen, da es sich dabei um einen Vertrag bzw. Beschluss zu Lasten Dritter handeln würde.

C. Über die Erhaltung hinausgehende Maßnahmen (§ 15 Nr. 2 WEG)

I. Grundsätzliche Mängel der Regelungstechnik

1. Misslungene Verweisungstechnik

In den Vorschriften zur Duldung baulicher Veränderungen durch Dritte erreicht die den Verfassern 11
des WEMoG offenkundig besonders ans Herz gewachsene Verweisungstechnik einen traurigen Höhepunkt. Indem § 15 Nr. 2 WEG auf §§ 555c Abs. 1 S. 2 Nr. 1 und 2, Abs. 2–4 und 555d Abs. 2–5 BGB Bezug nimmt, wird die Duldung anderer Maßnahmen (nämlich solcher der Modernisierung) in anderen schuldrechtlichen Beziehungen (nämlich zwischen Vermieter und Mieter) unter nicht geltenden Einschränkungen (u.a. gemäß § 555c Abs. 3 BGB bei energetischen Maßnahmen und § 555c Abs. 4 BGB bei unerheblichen Mieterhöhungen, die in § 20 WEG keine Rolle spielen) zum Maßstab für die Duldungspflicht von Drittnutzern gemacht. Diese Verweisungstechnik führt im Ergebnis dazu, dass der Wille des Gesetzgebers teilweise nicht mehr verständlich ist.

2. Übersehene Wertungswidersprüche

Darüber hinaus produziert insbesondere die Möglichkeit von Drittnutzern, sich auf Härtegründe 12
gemäß § 15 Nr. 2 WEG i.V.m. § 555d Abs. 2 BGB zu berufen, unüberbrückbare Wertungswider-

sprüche. Die Möglichkeiten der Wohnungseigentümer, bauliche Veränderungen zu verhindern, hat derGesetzgeber in § 20 Abs. 4 WEG deutlich eingeschränkt. Bei Drittnutzern geht der Gesetzgeber den umgekehrten Weg, indem er ihnen die Möglichkeit gibt, bei Härten nach § 15 Nr. 2 WEG i.V.m. 555d Abs. 2 BGB die Duldung der Maßnahme zu verweigern. Hierunter können bereits die für Wohnungseigentümer schon nach altem Recht unerheblichen Belästigungen aufgrund der Baumaßnahmen selbst fallen, ebenso Veränderungen der Liegenschaft, die noch keine grobe Benachteiligung darstellen. Dem Drittnutzer kommen also u.U. wesentlich weitgehendere Verteidigungsmöglichkeiten gegen eine bauliche Veränderung zu als dem Sondereigentümer selbst.

II. Die Ankündigung von baulichen Veränderungen (§ 15 Nr. 2 WEG i.V.m. § 555c BGB)

1. Gegenstand der Ankündigung (§ 15 Nr. 2 WEG i.V.m. § 555c Abs. 1 S. 2 Nr. 1, 2 BGB)

13 § 15 Nr. 2 WEG bestimmt, dass »Maßnahmen, die über die Erhaltung hinausgehen« angekündigt werden sollen. Bereits hieraus wird ersichtlich, dass die Verweisung auf § 555c BGB misslungen ist. Denn den mietrechtlichen Zielsetzungen entsprechend ist in den Normen, auf die verwiesen wird, durchweg nur von »Modernisierungsmaßnahmen« die Rede, die aber nur einen Teil der möglichen baulichen Veränderungen umfassen. Dies dürfte dahingehend zu korrigieren sein, dass der Begriff der »Modernisierung(-smaßnahmen)« in den mietrechtlichen Normen für den vorliegenden Zusammenhang durch »bauliche Veränderungen« ersetzt werden muss.

2. Textform

14 Die Ankündigung bedarf gemäß § 15 Nr. 2 WEG der Textform, was auf § 126b BGB Bezug nimmt. Der Drittnutzer kann also in Papierform oder auf jede andere zur dauerhaften Wiedergabe von Schriftzeichen geeigneten Weise, z.B. mit E-Mail über die anstehende bauliche Veränderung informiert werden (Prütting/Wegen/Weinreich/*Ahrens* § 126b Rn. 4; MüKo/*Einsele*, § 126b Rn. 4 u. 9). § 15 Nr. 2 WEG fordert aber nicht, dass alle nach § 555c BGB erforderlichen Informationen in einem Dokument enthalten sein müssen (MüKo/*Artz* § 555c Rn. 5, der allerdings Nachträge bei unvorhersehbaren Änderungen zulassen will; a.A. Schmidt-Futterer/*Eisenschmid* § 555c Rn. 15 – anders aber Rn. 9; ähnlich schon zum alten Recht MüKo/*Bieber* 6. Aufl. 2012 § 554 Rn. 36). Denkbar ist daher auch die schrittweise Information, etwa zunächst über das Datum und die anstehenden Arbeiten und später über deren Umfang. Aus diesem Grund ist auch die Ergänzung einer unvollständigen Ankündigung möglich, ohne dass die bereits mitgeteilten Tatsachen sämtlich wiederholt werden müssen. Im Übrigen wäre eine Bezugnahme auf frühere Urkunden selbst nach den strengeren Anforderungen des § 126 BGB zulässig und jedenfalls im Wege der Auslegung als gewünscht anzusehen. Ebenso ist eine Kombination verschiedener Mitteilungsformen, etwa die briefliche Ankündigung der jeweiligen Arbeiten und die spätere Mitteilung des konkreten Termins der Durchführung durch E-Mail denkbar. Die Dreimonatsfrist in § 15 Nr. 2WEG wird aber nur durch eine vollständige Ankündigung gewahrt, so dass es bei Teilankündigungen auf die letzte Mitteilung ankommt.

3. Ankündigender

a) Verweisung auf den »Vermieter«

15 Die Verweisungstechnik des Gesetzgebers stellt nicht eindeutig klar, wer die bauliche Veränderung anzukündigen hat. Der Verweisung in § 15 Nr. 2 WEG etwa auf § 555c Abs. 2 und 3 BGB könnte man entnehmen, dass der vermietende Wohnungseigentümer die Ankündigung vornehmen muss. Dies erfasst aber von vorneherein nur einen Teil der Drittnutzungen. So haben Drittnutzer, die keine Mieter sind (Nießbraucher, Familienangehörige) keinen Vermieter. Andererseits erfasst § 15 Nr. 2 WEG sämtliche Maßnahmen, die über Erhaltungsmaßnahmen hinausgehen, auch im Sondereigentum. Somit muss aufgrund der Verweisung auf § 555c BGB auch über Veränderungen im Sondereigentum eines Miteigentümers informiert werden. Damit könnte der vermietende Sondereigentümer die Durchführung ihm unangenehmer baulicher Veränderungen in einer anderen Einheit

einfach dadurch verhindern, dass er die Ankündigung unterlässt. Jedenfalls kann die in § 555c BGB geforderte Auskunft einem vermietenden Wohnungseigentümer aus tatsächlichen und rechtlichen Gründen schlicht unmöglich sein, wenn er keine Kenntnis über die von seinem Miteigentümer geplanten baulichen Maßnahmen hat. Weder altes noch neues Recht gewähren ihm hierüber einen Auskunftsanspruch.

b) Urheber der baulichen Veränderung

Vor diesem Hintergrund erscheint es unvermeidbar, die misslungene Verweisungstechnik des Gesetzes zu korrigieren. Dabei dürfte der Gedanke hilfreich sein, dass im Mietrecht mit dem Vermieter derjenige ankündigungspflichtig ist, der die Maßnahme durchführt. Sieht man dies als Sinn der Verweisung an, kommt auch im Wohnungseigentumsrecht nur der Urheber einer baulichen Veränderung als Auskunftsverpflichteter in Betracht. Dies ist je nach Maßnahme die Wohnungseigentümergemeinschaft, nach § 9b Abs. 1 S. 1 WEG vertreten durch den Verwalter, oder der umbauwillige Sondereigentümer. Das korrespondiert auch damit, dass nur der Urheber der baulichen Veränderung über die erforderlichen Informationen verfügt und im Gegensatz etwa zu einem vermietenden Sondereigentümer, der gegen die Maßnahme gestimmt hat, auch ein Interesse an einer ordnungsgemäßen Ankündigung hat. Schließlich ist bei einer solchen Handhabung der Verweisung auch die Information von Drittnutzern gewährleistet, die bei einer Ankündigung durch die vermietenden Eigentümer nicht über die bauliche Veränderung informiert würden. 16

4. Adressat der Ankündigung

a) Verweisung auf den »Mieter«

Ähnlich ungenügend wie beim Ankündigenden ist die Verweisungstechnik auch beim Adressaten der Ankündigung. Die Normen, auf die § 15 Nr. 2 WEG verweist (z.B. §§ 555c Abs. 2, 555d Abs. 2 S. 1 BGB), benennen hier den Mieter. Dies entspricht aber nicht dem Zweck des § 15 WEG, der schon ausweislich seines ersten Halbsatzes eine Duldungspflicht all derjenigen Personen begründen will, die Wohnungseigentum gebrauchen. Man wird die Verweisung auf das Mietrecht wiederum korrigierend dahingehend auslegen müssen, dass die bauliche Veränderung allen Drittnutzern angekündigt werden muss, auch wenn ihre Einheiten nicht vermietet sind, sondern kraft eines anderen Verhältnisses Dritten überlassen wurden. 17

b) Sonstige Bewohner

Eine solche korrigierende Handhabung der Vorschriften, auf die § 15 Nr. 2 WEG Bezug nimmt, genügt indessen noch nicht. Denn Dritte, die Wohnungseigentum gebrauchen, sind nicht nur Mieter, Nießbrauchsberechtigte etc., sondern auch ihre Familienangehörigen und alle weiteren Personen, die die Wohnung mit Zustimmung des Berechtigten benutzen. Damit drängt sich die Frage auf, ob auch ihnen die bauliche Veränderung anzukündigen ist. Hierfür spricht auf den ersten Blick, dass sie die bauliche Veränderung ja ebenfalls dulden sollen. Dies würde indessen zu einer kaum mehr zumutbaren Ausdehnung der Ankündigungspflicht führen. Der Umbauwillige müsste sich genau über die Bewohnerschaft aller Wohnungen informieren. Diese Unzuträglichkeiten ergeben sich indessen nur aufgrund der Verweisung auf eine unpassende Norm. In ihrem ursprünglichen, mietrechtlichen Zusammenhang muss die Ankündigung gemäß § 555c Abs. 2 BGB nur dem Mieter zugehen, also demjenigen, der den Mietvertrag abgeschlossen hat. Mit der von § 15 Nr. 2 WEG gewünschten entsprechenden Geltung dieser Vorschrift muss also eine ähnliche Beschränkung verbunden sein. Demzufolge muss die Ankündigung wie im Mietverhältnis nur demjenigen zugehen, mit dem das Rechtsverhältnis besteht, aufgrund dessen der Dritte zur Nutzung berechtigt ist. Anzukündigen ist die bauliche Veränderung also dem Nießbrauchs- oder Wohnberechtigten, Entleiher etc. Bei einer Mehrheit von Berechtigten ist die bauliche Veränderung natürlich allen anzukündigen. 18

III. Frist

1. Mindestfrist von drei Monaten

19 Gemäß § 15 Nr. 2 WEG muss die bauliche Veränderung innerhalb einer vergleichsweise langen Frist von mindestens drei Monaten »vor ihrem Beginn« angekündigt werden. Nach allgemeinen Grundsätzen (§ 130 BGB) kommt es dabei auf den Zugang der Ankündigung beim Drittnutzer an (BT-Drs. 17/10485, S. 20). Da gerade umfangreiche bauliche Veränderungen zahlreiche Vorbereitungsmaßnahmen erfordern, dürfte eine derart weiträumige Ankündigung in der Praxis gewisse Probleme aufwerfen. Zudem ist fraglich, ob bereits vorbereitende Maßnahmen wie Vermessungen, Markierungsarbeiten oder Voruntersuchungen den Beginn der Arbeiten markieren. Nach Sinn und Zweck der Vorschrift dürfte das bei rein planerischen, ohne oder nur mit minimalen Eingriffen in die Bausubstanz verbundenen Vorarbeiten noch nicht der Fall sein. Denn diese führen noch nicht zu Beeinträchtigungen des Drittnutzers, so dass sie vor der Wertung des § 555c Abs. 4 BGB noch nicht als Beginn der Modernisierungsmaßnahme selbst angesehen werden können (ebenso zum Mietrecht die Stellungnahme des DAV, abgedruckt in IMR 3/2012 unter II). Andernfalls wäre zudem die Ankündigung selbst schon der Beginn der Modernisierungsmaßnahme, da auch sie eine zwingende organisatorische Vorarbeit darstellt.

2. Fehlen einer Maximalfrist

20 Zwar sieht § 15 Nr. 2 WEG keine Maximalfrist für die Ankündigung von baulichen Veränderungen vor, so dass der Umbauwillige eine Modernisierungsmaßnahme theoretisch Jahre im Voraus ankündigen könnte. Da die Ankündigung gemäß §15 Nr. 2 WEG i.V.m. § 555c Abs. 1 S. 2 Nr. 2 BGB u.a. den voraussichtlichen Beginn und die voraussichtliche Dauer der Modernisierungsmaßnahme enthalten muss, wird eine zumindest wochengenaue Planung aber in der Regel nicht über Jahre hinaus möglich sein. Eine diese Angaben nicht enthaltende Modernisierungsankündigung entspricht aber nicht den Vorgaben des § 555c Abs. 1 BGB und löst die Rechtsfolgen einer Ankündigung durchweg nicht aus. Eine insoweit unbestimmte Vorratsankündigung verschafft dem Umbauwilligen somit keinen Vorteil, so dass sich die Missbrauchsgefahr in Grenzen hält.

IV. Inhalt

1. Art und Umfang der vorgesehenen Arbeiten

a) Bedeutung der Ankündigung

21 Nach § 15 Nr. 2 WEG i.V.m. § 555c Abs. 1 S. 2 Nr. 1, 2 BGB muss die Ankündigung zunächst Art und Umfang der Arbeiten erkennen lassen. Allerdings muss dies nur »in wesentlichen Zügen« erfolgen, was wie im Mietrecht bedeutet, dass »an den Inhalt der Modernisierungsankündigung insbesondere hinsichtlich Art und Umfang der Maßnahme keine überhöhten Anforderungen gestellt werden dürfen« (BT-Drs. 17/10485, S. 20). Details wie im Rahmen eines Baugenehmigungsverfahrens dürfen also nicht verlangt werden. Dies gilt im Wohnungseigentumsrecht um so mehr, als die Ankündigung hier einen anderen Zweck verfolgt als im Mietrecht. Sie dient anders als dort nicht dazu, dem Mieter eine rechtliche Beurteilung zu ermöglichen, ob überhaupt eine Modernisierungsmaßnahme vorliegt und welchen Einfluss sie auf die Miethöhe hat. Vielmehr hat der Drittnutzer im Wohnungseigentumsrecht jede über eine Erhaltungsmaßnahme hinausgehende Veränderung, sofern keine Härte vorliegt, ohnehin zu dulden. Umgekehrt muss er keine Verschlechterung seiner Rechtsposition in Form einer Mieterhöhung befürchten, die von der rechtlichen Qualifikation der Maßnahme abhängt.

b) Art und Umfang der baulichen Veränderung

22 Nach § 15 Nr. 2 WEG i.V.m. § 555c Abs. 1 S. 2 Nr. 1 BGB hat der Umbauwillige Auskunft über Art und Umfang der baulichen Veränderung zu geben. Ersteres verlangt Angaben dazu, welche bauliche Veränderung überhaupt geplant ist. Der Umbauwillige muss hier also die Bauteile und Ein-

richtungen (Zimmer, Heizung, Fenster) bezeichnen, die von der Modernisierung betroffen sind. Da auch dies anders als im Mietrecht nicht die rechtliche Qualifikation der Maßnahme, insbesondere nicht die Abgrenzung zur Instandsetzungsmaßnahme ermöglichen soll, sind die Anforderungen eher geringer als bei der Modernisierung. Ferner muss der Umbauwillige angeben, welches vorhandene Bauteil in welchem Umfang betroffen ist. Denn etwa der Einbau einer neuen Heizungsanlage mit neuer Leitungsführung kann durchaus unterschiedlich erfolgen. Dabei ist allerdings nicht ausgeschlossen, dass bestimmte Maßnahmen keine näheren Ausführungen hierzu erfordern. Etwa die Ankündigung, dass alle einfach verglasten Fenster durch Kunststofffenster mit Doppelverglasung ausgetauscht werden, ist weitgehend selbsterklärend. Aus der Ankündigung muss der Drittnutzer jedenfalls in groben Zügen ersehen können, welche Beeinträchtigungen (Lärm, Schmutz) für welchen Zeitraum bevorstehen.

c) Bezugnahme auf allgemein anerkannte Pauschalwerte (§ 555c Abs. 3 BGB)

§ 15 Nr. 2 WEG verweist erstaunlicherweise auch auf § 555c Abs. 3 BGB. Im Mietrecht will die Vorschrift die Ankündigung energetischer Sanierungen erleichtern, indem der Vermieter hinsichtlich der energetischen Qualität von Bauteilen auf allgemein anerkannte Pauschalwerte Bezug nehmen kann. So kann mit verringertem Aufwand nachgewiesen werden, dass eine Modernisierung geplant ist. Im Wohnungseigentumsrecht kommt dem keine Bedeutung zu, da der Drittnutzer eben nicht nur eine Modernisierung zu dulden hat. Wenn der Umbauwillige den Einbau wärmeisolierter Fenster oder eines Wärmeverbundsystems ankündigt, sind Art und Umfang der Veränderung hinreichend beschrieben. Der Angabe genauer oder pauschalierter Werte bedarf es nicht. 23

2. Beginn und Dauer der Maßnahme (§ 15 Nr. 2 WEG i.V.m. § 555c Abs. 1 S. 2 Nr. 2 BGB)

Mit der Verpflichtung aus§ 15 Nr. 2 WEG i.V.m. § 555c Abs. 1 S. 2 Nr. 2 BGB, den voraussichtlichen Beginn und die voraussichtliche Dauer der Baumaßnahme anzukündigen, ist der Umbauwillige zwar nicht zu konkreten Terminsangaben verpflichtet. Er darf sich jedoch nicht auf pauschale Angaben wie »im Frühjahr« beschränken. Gleiches gilt für die Dauer der Arbeiten, die nicht mit »einige Wochen« o.ä. umschrieben werden dürfen. Im Ergebnis wird man wohl beim Beginn der Arbeiten eine Festlegung auf eine Kalenderwoche genau verlangen, ebenso bei ihrer Dauer. Sowohl für den Beginn als auch bei der Dauer der Arbeiten sind einige Tage Abweichung unschädlich, nicht aber solche von Wochen. Da die Unterschreitung der angegebenen Bauzeiten nicht sanktioniert wird, empfiehlt sich daher regelmäßig ein großzügiger Maßstab sowohl bei der Ankündigung des Baubeginns als auch bei der Angabe der Dauer der Arbeiten, sofern die angekündigte Dauer nicht auf eine Härte nach § 555d Abs. 2 WEG hinausläuft. Ferner soll der Umbauwillige nach § 15 Nr. 2 WEG i.V.m. § 555c Abs. 2 BGB auf die Form und die Frist des Härteeinwandes nach § 555d Abs. 3 S. 1 BGB hinweisen. Dies soll gemäß § 555c Abs. 2 BGB in der Ankündigung der baulichen Veränderung geschehen. 24

V. Duldungspflicht (§ 15 Halbs. 1 WEG)

1. Regelungstechnik und Umfang der Duldungspflicht

§ 15 Nr. 2 WEG normiert ähnlich wie § 555d Abs. 1 BGB im Mietrecht die Duldungspflicht des Drittnutzers. Aus der wort- und inhaltsgleichen Gesetzesfassung (»hat … zu dulden«) geht hervor, dass sich der Umfang der Duldungspflichten bei Mieter und Drittnutzer nicht unterscheiden soll. Wie im Mietrecht ist der Drittnutzer aus § 15 Halbs. 1 WEG also nur zur Duldung, nicht aber zur Mitwirkung verpflichtet (vgl. *LG Berlin* v. 24.06.2014 – 63 S 373/13, NZM 2014, 824 = IMR 2014, 461; *LG Berlin* v. 17.02.2016 – 65 S 301/15, WuM 2016, 282, 284; Lützenkirchen/*Dickersbach* § 555d Rn. 22; Schmidt-Futterer/*Eisenschmid* § 555d Rn. 17; *Oppermann/Steege* WuM 2017, 361, 366 f.). Erfordert die Durchführung der Arbeiten etwa das Umstellen von Möbeln, den Abbau von mieterseits eingebrachten Einrichtungen o.ä., muss er dabei nicht mithelfen (vgl. *Oppermann/Steege* WuM 2017, 361, 367).Wie im Mietrecht hat der Drittnutzer neben den eigentlichen Arbeiten auch Vorbereitungen wie die Aufstellung von Gerüsten, die Lagerung von Werkstoffen und die 25

Abdeckung von Bauteilen durch Schutzplanen etc., zu dulden auch wenn sie den zulässigen Gebrauch beeinträchtigen (Schmidt-Futterer/*Eisenschmid* § 555d Rn. 24). Dabei sind Maßnahmen jedes Urhebers einer baulichen Veränderung, unabhängig vom Mietverhältnis, ferner solche seiner Erfüllungsgehilfen hinzunehmen. Wie oben ausgeführt, umfasst dies Duldung von baulichen Veränderungen sowohl in exklusiv genutzten wie auch in gemeinschaftlichen Bereichen.

2. Unterschiede zum Mietrecht

26 Unterschiede zum Mietrecht ergeben sich aus der weiteren Fassung der duldungspflichtigen Arbeiten. Da der Mieter nur Modernisierungen dulden muss, sind von § 555d Abs. 1 BGB etwa Umgestaltungen der Mietsache wie die Schaffung zusätzlicher (nicht Wohnzwecken dienender) Räume und Verbesserungen, die über eine Modernisierung hinausgehen, nicht erfasst. Derartige Einschränkungen gelten nach § 15 Halbs. 1 WEG nicht, da der Begriff der baulichen Veränderung über denjenigen der Modernisierung hinausgeht. Der Drittnutzer muss somit jegliche Maßnahmen dulden, die über Instandhaltung und Instandsetzung hinausgehen.

VI. Abdingbarkeit

27 § 15 WEG ist weder selbst unabdingbar ausgestaltet noch verweist er auf §§ 555c Abs. 5, 555d Abs. 7 BGB. Gleichwohl werden die gesetzlichen Vorgaben zu Duldungspflichten von Drittnutzern weder durch Vereinbarung noch durch Beschluss abänderbar sein. Denn es handelt sich hierbei nicht um das Verhältnis der Wohnungseigentümer zueinander und zur Gemeinschaft, das alleine gemäß § 10 Abs. 1 S. 2 WEG durch Vereinbarungen abweichend vom Gesetz ausgestaltet werden kann. Vielmehr würde es sich um Vereinbarungen oder Beschlüsse zulasten Dritter handeln, da sie die gesetzlichen Bestimmungen durch Vereinbarung oder Beschluss zulasten der Drittnutzer abändern wollen.

D. Abwehransprüche der Gemeinschaft gegen Störungen durch Drittnutzer von Wohnungseigentum

I. Zulässige, von den Eigentümern hinzunehmende Nutzungen Dritter

28 Mit der in § 13 Abs. 1 WEG vorgesehenen Möglichkeit der Vermietung und Verpachtung durch den Eigentümer von Wohnungseigentum ist klargestellt, dass die sonstigen Wohnungseigentümer die Drittnutzung vorbehaltlich einer abweichenden Regelung in der Gemeinschaftsordnung hinnehmen müssen (vgl. § 13 Rdn. 5 ff.). Die Befugnisse des Dritten entsprechen somit denen des Eigentümers. Solange er sich in diesem Rahmen hält, müssen die Wohnungseigentümer die Drittnutzung ihres Eigentums dulden (vgl. § 14 Abs. 1 Nr. 2, Abs. 2 Nr. 2 WEG).

II. Eingriffe in die Substanz des Gemeinschaftseigentums

1. Direktanspruch gegen den Störer

29 Geht der Drittnutzer hierüber hinaus und kommt es zu Störungen, stellt sich oftmals die Frage, gegen wen die Wohnungseigentümergemeinschaft vorgehen soll. Hierbei ist zwischen unmittelbaren Eingriffen in das Gemeinschaftseigentum und bloßen Verstößen gegen die Regelungen über seine Benutzung zu unterscheiden. Der Eingriff in die Substanz des Gemeinschaftseigentums führt immer unmittelbar zu Ansprüchen gegen den Störer, gleichgültig ob er Wohnungseigentümer, Mieter bzw. sonst wie berechtigter Nutzer oder Dritter ist. Dies folgt schon daraus, dass hierdurch neben eventuellen schuldrechtlichen Ansprüchen allgemeine Rechte aus dem absoluten Recht des Eigentums betroffen sind. Daher bestehen eigenständige Abwehr- und Unterlassungsansprüche aus §§ 823, 1004 BGB, wenn der Nutzer im Zusammenhang mit dem bestimmungswidrigen Gebrauch in die Substanz des gemeinschaftlichen Eigentums eingreift, etwa durch Immissionen oder bauliche Veränderungen (vgl. *KG* ZMR 1997, 315 = NJW-RR 1997, 713 f.; *OLG Köln* ZMR 2001, 66; *OLG Düsseldorf* NJW-RR 2006, 957; *Kümmel* ZWE 2008, 277).

2. Ansprüche gegen den vermietenden Wohnungseigentümer

Die Störereigenschaft ist nicht auf den Drittnutzer als unmittelbaren Störer beschränkt, wenn der Eigentümer, der ihm den Gebrauch überlassen hat, diese Eingriffe gestattet hat. Dann ist er mittelbarer Störer auch der Wohnungseigentümer und kann ebenfalls auf Unterlassung in Anspruch genommen werden. 30

3. Ausübung von Abwehransprüchen

Im Gegensatz zur allgemeinen Regelung des § 1011 BGB und zum alten Recht kann der einzelne Wohnungseigentümer kraft Gesetzes Abwehransprüche hinsichtlich des Gemeinschaftseigentums nicht mehr alleine geltend machen. Ihre Ausübung steht nunmehr nach der Umgestaltung der Verwaltungsbefugnisse in §§ 9a Abs. 2, 18 Abs. 1 WEG nur noch der Gemeinschaft der Wohnungseigentümer zu. Der einzelne Eigentümer kann allerdings dann gegen die Störung vorgehen, wenn er hierzu durch Beschluss rückermächtigt ist (hierzu s.u. § 16 Rdn. 32) oder auch sein Sondereigentum bzw. Sondernutzungsrecht (s.u. § 16 Rdn. 29) betroffen ist. 31

III. Verstöße gegen Gebrauchsregelungen ohne Substanzeingriff

1. Vorgehen gegen den vermietenden Miteigentümer

a) Vorgehen gegen vermieterseits genehmigte Eingriffe

Genehmigt der vermietende Wohnungseigentümer Verstöße des Mieters, ist er selsbt Störer und kann als solcher in Anspruch genommen werden (s. Rdn. 30) 32

b) Vorgehen gegen vermieterseits nicht genehmigte Eingriffe

aa) Rechtslage nach Wegfall von § 14 Nr. 2 WEG a.F.

Schwieriger ist die Behandlung der Fälle, in denen der vermietende oder sonst wie das Sondereigentum Dritten überlassende Wohnungseigentümer den Eingriff in das Gemeinschaftseigentum nicht gestattet. Denn die Pflichten des Wohnungseigentümers im Zusammenhang mit der Überlassung von Sondereigentum an Dritte weichen vom früheren Konzept deutlich ab. Dies resultiert daraus, dass § 14 Nr. 2 WEG a.F., also die Vorschrift, die den Wohnungseigentümer dazu verpflichtete, für die Einhaltung der Verpflichtungen durch nutzungsberechtigte Dritte zu sorgen, ersatzlos weggefallen ist (vgl. schon o. § 14 Rdn. 86). Durch § 14 Abs. 2 Nr. 1 WEG wird diese Lücke wohl nicht geschlossen. Denn zum einen ist dort von Dritten nicht die Rede. Zudem sind dort der Sache nach nur Pflichten zur Unterlassung, nicht auch zum aktiven Tun geregelt. Zwar wird man in besonderen Fällen auch ein positives Tun, etwa durch Auswechseln schadhafter Bauteile zur Vermeidung von Beeinträchtigung anderer Sondereigentümer, verlangen können. Dies kann aber auch bei Unterlassungsansprüchen etwa aus § 1004 Abs. 1 BGB der Fall sein und ändert nichts an deren Rechtsnatur. Aber selbst wenn der Wohnungseigentümer zu einem aktivem Tun – wie etwa zum Einwirken auf Mieter oder sonstige Nutzungsberechtigte – nicht verpflichtet ist, lässt sich diese Lücke wohl durch die Möglichkeit des unmittelbaren Vorgehens gegen den Dritten auch beim Verstoß lediglich gegen Vereinbarungen schließen. 33

bb) Rückgriff auf § 278 BGB

Einen anderen Weg nehmen einige amtsgerichtliche Judikate, die auf die Verantwortlichkeit des vermietenden Wohnungseigentümers für seinen Mieter aus § 278 BGB abstellen (*AG Hamburg* v. 17.08.2021 – 9 C 42/21, ZMR 2021, 927 = IMR 2022, 121; ähnlich *AG Pinneberg* v. 14.09.2021 – 60 C 30/20, ZMR 2021, 1021 = IMR 2022, 120). Wieder andere sehen den vermietenden Wohnungseigentümer schon deswegen als mittelbaren Störer, weil er nicht gegen die von seinem Mieter ausgehenden Beeinträchtigungen vorgeht. Eine solch weitgehende Einwirkungspflicht aus den angeführten Erwägungen erscheint indessen schon deshalb zweifelhaft, weil es sich dann bei § 14 Nr. 2 WEG a.F. von vorneherein um eine überflüssige Norm gehandelt hätte. 34

IV. Vorgehen gegen den störenden Dritten

1. Direktanspruch gegen den Drittnutzer

a) Rechtscharakter von Regelungen durch Vereinbarung und Beschluss

35 Umstritten ist, ob die Wohnungseigentümer Ansprüche aus der Gemeinschaftsordnung gegen den Mieter geltend machen können, etwa auf Unterlassung einer nicht zulässigen Nutzung von Sonder- oder Teileigentum. Teilweise wird dies deswegen bejaht, weil die Zweckbestimmungen dingliches Recht seien (*OLG München* ZMR 1992, 306 = NJW-RR 1992, 1493 f.; *OLG Frankfurt am Main* NJW-RR 1993, 981; *OLG Karlsruhe* NJW-RR 1994, 146 f.; *BayObLG* NJW-RR 1994, 528; *KG* ZMR 2002, 969; NJW-RR 2006, 1239; *AG München* ZMR 2013, 667 f.; ZMR 2017, 269, 272; *LG Hamburg* ZMR 2016, 308; dazu neigend auch *BGH* ZMR 2015, 950, 951; aus verfassungsrechtlicher Sicht nicht hiergegen *BVerfG* ZMR 2010, 208; ein innovativer, überzeugenderer Ansatz findet sich bei *Jacoby* ZWE 2012, 73 f., der vom unbeschränkten Unterlassungsanspruch aus dem Eigentum ausgeht und in der Gebrauchsregelung nur eine Einschränkung sieht: ähnlich *Bonifacio* ZWE 2013, 197 f.). Diese Konstruktion erscheint indessen gewagt (ablehnend auch *AG Hannover* ZMR 2010, 153; *Kümmel* ZWE 2008, 274), liefe sie doch darauf hinaus, alleine zwischen den Eigentümern getroffene Vereinbarungen als absolutes Recht anzusehen (so ausdrücklich *OLG München* ZMR10992, 306 = NJW-RR 1992, 1493 f.; *OLG Karlsruhe* NJW-RR 1994, 146 f.; *LG München I* ZMR 2018, 443, 445). Dies müsste dann konsequenterweise auch gegen außenstehende Dritte geltend gemacht werden können, etwa bei Beeinträchtigungen der Wohnmöglichkeit oder eines Gewerbebetriebes, was zu einer unzulässigen Ausdehnung absoluter Rechte führen würde. Im Übrigen stünde dann den Miteigentümern aufgrund der Gemeinschaftsordnung eine weiter gehende Rechtsmacht zu als dem vermietenden Eigentümer, der alleine aus einem hiergegen verstoßenden, aber nicht zugleich mietvertraglich untersagten Gebrauch seines Mieters keine Rechte gegen diesen herleiten kann (*BGH* ZMR 1996, 148).

b) Vereinbarung und Beschlüsse als Grenze der Gebrauchsmöglichkeit Dritter

36 Der *BGH* entschied noch zum alten Recht, dass die Wohnungseigentümer einen Dritten wegen der Verletzung von Pflichten aus der Gemeinschaftsordnung in Anspruch nehmen können (*BGH* v. 25.10.2019 – V ZR 271/18, ZMR 2020, 202 = ZWE 2020, 144 = ZfIR 2020, 314). Nach Auffassung des *BGH* setzt die Berechtigung des Mieters, das Gemeinschaftseigentum zu nutzen, voraus, dass er die Grenzen der Gebrauchsmöglichkeiten einhält. Dabei spielt es keine Rolle, ob sie durch Vereinbarung oder Beschluss gezogen sind. Denn die Befugnis zur Inanspruchnahme des Grundstücks kann nicht weiter reichen als diejenige des Eigentümers. Damit erhält die Ausgestaltung des Sondereigentums nicht den Charakter eines dinglichen Rechts, sondern betrifft nur das Verhältnis der Wohnungseigentümer untereinander. Die der Zweckbestimmung zuwiderlaufende Nutzung des Sondereigentums stellt aber eine (mittelbare) Beeinträchtigung aller Wohnungseigentümer dar. Dies dürfte mit der Modifikation in das neue Recht zu übertragen sein, dass die Geltendmachung der Beseitigungs- und Unterlassungsansprüche nunmehr der Wohnungseigentümergemeinschaft zukommt.

2. Sonstige Möglichkeiten zur Störungsabwehr

37 Hausverbote können in der Regel auch dann nicht verhängt werden, wenn sie sich gegen Angehörige von Wohnungseigentümern oder ihnen nahestehende Personen richten (*BVerfG* ZWE 2009, 438; *Abramenko* ZWE 2011, 442 f.). Auf keinen Fall steht den Miteigentümern die Kompetenz zu, durch Beschlüsse unmittelbar in die Rechtssphäre des Mieters einzugreifen (*LG Nürnberg-Fürth* ZMR 2010, 69; *AG Hannover* ZMR 2010, 153; a.A. aber *AG Hannover* ZMR 2010, 239 f.; *Klimesch* ZMR 2015, 165 f.). Dies folgt schon hieraus, dass Beschlüsse nur die Wohnungseigentümer, nicht aber Dritte binden. Über die Möglichkeiten hinaus, die die Gemeinschaftsordnung zum Einschreiten gegen den Mieter bietet, ist ein mittelbares Einwirken über den vermietenden Miteigentümer möglich (s.u. § 14 Rdn. 70). Ferner bestanden schon nach altem Recht Duldungsansprüche gegen den

Mieter (*KG* ZMR 2006, 528 = NJW-RR 2006, 1239 f.), die nunmehr in § 15 WEG kodifiziert sind. Zudem sind die Mieter, die einen nicht der Teilungserklärung entsprechenden Zustand aufrechterhalten selbst Zustandsstörer (*KG* ZMR 2006, 528 = NJW-RR 2006, 1239). Bei der Beschädigung des gemeinschaftlichen Eigentums bestehen zudem Schadensersatzansprüche aus § 823 Abs. 1 BGB. Diese unterliegen nicht der kurzen Verjährung nach § 548 BGB (*BGH* ZMR 2011, 968; a.A. noch *OLG Stuttgart* ZMR 2011, 152; *LG Essen* NJW-RR 1998, 874). Denn zu den Wohnungseigentümern bestehen im Unterschied zum vermietenden Miteigentümer gerade keine vertraglichen Beziehungen.

V. Geltendmachung von Abwehransprüchen wegen Störungen von Gemeinschaftseigentum

1. Anspruchs- und Prozessführungsbefugnis bei Störungen des Gemeinschaftseigentums

a) Bedeutung und Entwicklung nach Anerkennung der (Teil-)Rechtsfähigkeit

Die Frage, wer Abwehransprüche gegen die Beeinträchtigung von Gemeinschaftseigentum geltend macht, stellte sich in vorliegendem Zusammenhang insbesondere bei Störungen durch Mieter oder sonstige Dritte, denen der Wohnungs- oder Teileigentümer die Nutzung seines Sondereigentums überlassen hat. Sie war deswegen so diffizil zu beantworten, weil Ansprüche aus dem Gemeinschaftseigentum materiell-rechtlich den Wohnungseigentümern zustehen, eine gemeinschaftliche Geltendmachung aber insbesondere wegen der Gefahr der mehrfachen Inanspruchnahme des Schuldners geboten schien. Nach Anerkennung der Teilrechtsfähigkeit ging man zunächst von einer Spaltung der Befugnis zur Abwehr von Störungen des Gemeinschaftseigentums aus. Teils stand sie bereits kraft Gesetzes der Wohnungseigentümergemeinschaft zu, teils den einzelnen Wohnungseigentümern. In letztgenanntem Fall konnte sie aber durch Beschluss der Eigentümerversammlung auf die Wohnungseigentümergemeinschaft übertragen werden, was man »Vergemeinschaftung« nannte. 38

b) Konzentration aller Abwehransprüche bei der Wohnungseigentümergemeinschaft

aa) Zivilrechtliche Abwehransprüche

Von diesem System ist das WEMoG vollständig abgerückt. Nach §§ 9a Abs. 2, 18 Abs, 1 WEG ist nunmehr alleine die Wohnungseigentümergemeinschaft zur Abwehr von Störungen des Gemeinschaftseigentums befugt, gleich, ob es sich um Beseitigungs- Schadensersatz- oder sonstige Ansprüche handelt. Materiell-rechtlich sind zwar die Wohnungseigentümer als Beeinträchtigte Inhaber der Ansprüche aus § 1004 BGB; ausübungsbefugt ist aber bei der Beeinträchtigung des Gemeinschaftseigentums alleine die Wohnungseigentümergemeinschaft. Eine hierauf gerichtete Klage eines einzelnen Wohnungseigentümers wäre mithin mangels Prozessführungsbefugnis unzulässig (*BGH* ZMR 2021, 680 = ZWE 2021, 325). 39

bb) Öffentlich-rechtliche Abwehransprüche

Auch die Befugnis einzelner Wohnungseigentümer, öffentlich-rechtliche Abwehransprüche im Hinblick auf das Gemeinschaftseigentum geltend zu machen, ist durch das WEMoG entfallen. Sie steht nunmehr alleine der Wohnungseigentümergemeinschaft zu (*VGH Baden-Württemberg* IMR 2021, 258). Interessanterweise zieht die verwaltungsgerichtliche Rechtsprechung im Gegensatz zum *BGH* (ZMR 2021, 680 = ZWE 2021, 325) die Fortdauer der Klagebefugnis für eine Übergangszeit noch nicht einmal in Erwägung. Nach wie vor klagebefugt ist der einzelne Wohnungseigentümer allerdings dann, wenn er Beeinträchtigungen seines Sondereigentums geltend macht (s.o. § 13 Rdn. 11ff.).. 40

2. Vorgehen bei Untätigkeit der Wohnungseigentümergemeinschaft

a) Befassung der Eigentümerversammlung und Beschlussersetzung

Der einzelne Wohnungseigentümer kann somit die Beeinträchtigung des Gemeinschaftseigentums nur dann alleine abwehren, wenn er als Vermieter mietrechtliche Ansprüche geltend macht. Ansonsten kann er nicht alleine gegen Mieter oder störende Dritte vorgehen. Vielmehr muss er einen ent- 41 sprechenden Beschlussantrag mit dem Ziel in die Eigentümerversammlung einbringen, dass die Wohnungseigentümergemeinschaft diesbezügliche Ansprüche durchsetzt. Kann sich die Eigentümerversammlung nicht auf Maßnahmen zur Durchsetzung solcher Rechte aus dem Gemeinschaftseigentum verständigen kann, bleibt ihm zum einen die Beschlussersetzung.

b) Rückermächtigung

42 Zum anderen kann der einzelne Wohnungseigentümer versuchen, die Wohnungseigentümer davon zu überzeugen, ihm die Beseitigung der Störung auf eigene Kosten zu übertragen. Eine solche »Rückermächtigung« des einzelnen Wohnungseigentümers hat der *BGH* schon nach altem Recht bei ausschließlicher Ausübungsbefugnis des Verbandes für zulässig gehalten (*BGH* ZMR 2015, 952 = ZWE 2015, 358 Rn. 7). Das wurde durchweg auf das neue Recht übertragen (*Dötsch/Schultzky/Zschieschack* WEG-Recht 2021 Kap. 3 Rn. 148; *Zschieschack* IMR 2020, 487; Jennißen/*Hogenschurz* § 20 Rdn. 123; implizit auch *Lübke* ZMR 2021, 101, 102). Allerdings findet sich etwas versteckt in einer neueren Entscheidung des *BGH* das obiter dictum, wonach Unterlassungsansprüche nunmehr »zwingend« von der Wohnungseigentümergemeinschaft geltend zu machen sind (*BGH* ZfIR 2021, 489 = ZMR 2021, 992 = ZWE 2021, 451 Rdn. 20). Ob dies nur auf die neue Rolle der Wohnungseigentümergemeinschaft abstellt oder eine Abkehr von der Möglichkeit der Rückermächtigung bedeutet, bleibt abzuwarten.

§ 16 Nutzungen und Kosten

(1) Jedem Wohnungseigentümer gebührt ein seinem Anteil entsprechender Bruchteil der Früchte des gemeinschaftlichen Eigentums und des Gemeinschaftsvermögens. Der Anteil bestimmt sich nach dem gemäß § 47 der Grundbuchordnung im Grundbuch eingetragenen Verhältnis der Miteigentumsanteile. Jeder Wohnungseigentümer ist zum Mitgebrauch des gemeinschaftlichen Eigentums nach Maßgabe des § 14 berechtigt.

(2) Die Kosten der Gemeinschaft der Wohnungseigentümer, insbesondere der Verwaltung und des gemeinschaftlichen Gebrauchs des gemeinschaftlichen Eigentums, hat jeder Wohnungseigentümer nach dem Verhältnis seines Anteils (Absatz 1 Satz 2) zu tragen. Die Wohnungseigentümer können für einzelne Kosten oder bestimmte Arten von Kosten eine von Satz 1 oder von einer Vereinbarung abweichende Verteilung beschließen.

(3) Für die Kosten und Nutzungen bei baulichen Veränderungen gilt § 21.

Übersicht

A. Inhalt der Vorschrift nach dem WEMoG

In § 16 WEG sind nunmehr die Regelungen zu Nutzung, Gebrauch und Kosten des gemeinschaftlichen Eigentums zusammengefasst. Zu diesem Zweck wurde die Regelung zum Gebrauch des gemeinschaftlichen Eigentums aus § 13 Abs. 2 WEG a.F. ohne inhaltliche Änderungen als § 16 Abs. 1 S. 3 WEG in die Vorschrift integriert. Deshalb kann auf die zu § 13 Abs. 2 WEG a.F. ergangene Rechtsprechung auch weiterhin zurückgegriffen werden. Die Öffnungsklausel zur Veränderung des Kostenverteilungsschlüssels (nunmehr § 16 Abs. 2 S. 2 WEG) wurde erheblich vereinfacht, die Bestimmungen zu Kosten und Nutzungen baulicher Veränderungen in § 16 Abs. 4, 6 WEG a.F. an die systematisch richtige Stelle (§ 21 WEG) verschoben. Die komplizierten Vorgaben zu Kosten von Rechtsstreitigkeiten in § 16 Abs. 7, 8 WEG a.F. sind ersatzlos entfallen. 1

B. Früchte des gemeinschaftlichen Eigentums

I. Definition

1. Früchte des Gemeinschaftseigentums

a) Abgrenzung vom Gebrauch

Der Gesetzgeber hat den Begriff der »Nutzungen« durch den der »Früchte« ersetzt. Damit wurde klargestellt, dass der nach Bruchteilen bemessene Anspruch der Wohnungseigentümer nur die unmittelbaren und mittelbaren **Sach- und Rechtsfrüchte** des **Gemeinschaftseigentums,** also die Erträge erfasst, die einer Aufteilung zugänglich sind. Der Gebrauch des Gemeinschaftseigentums richtet sich nach § 16 Abs. 1 S. 3 WEG. 2

b) Erfasste Vermögensvorteile

§ 16 Abs. 1, Sätze 1, 2 WEG umfasst alle unmittelbaren und mittelbaren Sach- (natürliche Früchte) und Rechtsfrüchte des Gemeinschaftseigentums. Zu den Früchten des Gemeinschaftseigentums gehören insbesondere die **Einnahmen aus seiner Vermietung oder Verpachtung**, z.B. eines Stellplatzes, einer Wohnung, eines Kellers oder von Gartenflächen, ferner **Erzeugnisse der unbebauten Grundstücksflächen**, z.B. Blumen, Gemüse oder Obst sowie das Holz gefällter oder durch Unwetter entwurzelter Bäume. Weiter gehören hierher **Nutzungsentschädigungen** aus rechtsgrundloser Bereicherung, etwa für die Nutzung eines Gebäudes, das ein Sondernutzungsberechtigter in Überschreitung der ihm eingeräumten Rechte errichtet und vermietet hat (s. *OLG Düsseldorf* NJW-RR 1987, 1163) oder für Dachgeschossflächen, die ein Wohnungseigentümer unberechtigt in seine Dachgeschosswohnung einbezogen hat (*KG* FGPrax 2004, 216 = ZMR 2004, 377 = MietRB 2004, 3

236). Zu den Früchten gehören auch die **Entgelte** (Einnahmen) für die Benutzung des Gemeinschaftseigentums zu, z.B. für Schwimmbad und Sauna (*OLG Hamm* OLGZ 1975, 157) oder für den Tennisplatz.

c) Sondernutzungsrechte

4 Der Wortlaut des § 16 Abs. 1 WEG ist allerdings insofern zu weit gefasst, als er auch Sondernutzungsrechte erfasst. Ist dem Inhaber eines **Sondernutzungsrechts** das Recht eingeräumt, eine dem Gemeinschaftseigentum zuzuordnende Fläche allein zu nutzen, stehen ihm auch die Früchte zu, die aus diesen Flächen gewonnen werden. Insoweit dürfte der Wortlaut der Vorschrift teleologisch zu reduzieren sein.

2. Früchte des Gemeinschaftsvermögens

5 § 16 Abs. 1 S. 1 WEG stellt Früchte des Gemeinschaftsvermögens denjenigen des Gemeinschaftseigentums gleich. Auch hier verleiht § 16 Abs. 1 WEG nur einen Anspruch auf einen Anteil an den Erträgen, nicht auf unmittelbaren Gebrauch, was etwa bei Immobiliareigentum des Verbandes auch gar nicht möglich wäre. Zu den Früchten des Gemeinschaftsvermögens gehören sämtliche Einnahmen aus Mobilien und Immobilien, die dem Verband gehören. Zu den Früchten des Gemeinschaftsvermögens gehören etwa die Einnahmen aus der Nutzung von Zubehör, z.B. aus dem Verkauf von Waschmünzen für Waschmaschinen (*BayObLG* WE 1991, 363; *OLG Hamm* OLGZ 1975, 157), aber auch Einnahmen aus dessen Verkauf oder aus Schadensersatzleistungen für dessen Beschädigung. Zu den Früchten des Gemeinschaftsvermögens können ebenso Einnahmen aus Vermietung oder Veräußerung von Immobiliareigentum gehören, etwa aus dem Verkauf einer Wohnung, die die Wohnungseigentümergemeinschaft erworben hat.

II. Gegenstand des Anspruchs

1. Anteilige Auskehr

a) Auskehr durch Einstellung in die Jahresabrechnung

aa) Einnahmen in Geld

6 Der Anspruch auf die Sach- und Rechtsfrüchte ist ein schuldrechtlicher Anspruch jedes Wohnungseigentümers. Er richtet sich kraft Gesetzes auf Auskehr des Anteils am Nettoerlös (*BGH* NJW 1964, 648). Dieser errechnet sich durch Abzug der Lasten und Kosten nach § 16 Abs. 2 WEG. Aus dem in **Bruchteilsgemeinschaft** stehenden Ertrag (Rdn. 12) sind entsprechend § 755 Abs. 1 BGB zunächst die Lasten und Kosten zu bestreiten. Von dem, was übrig bleibt, besitzt jeder Wohnungseigentümer einen Anspruch auf Auszahlung des seinem Miteigentumsanteil entsprechenden Reinerlöses (zur Gemeinschaft s. *BGH* BGHZ 40, 326, 330; *BGH* NJW 1958, 1723; *RG* RGZ 89, 176, 180). Der Anspruch betrifft lediglich die vorhandenen Früchte. Ein Beschluss, der etwa die Verteilung der Rohmiete vorsieht, widerspricht ordnungsmäßiger Verwaltung. Der Überschuss ist in der Regel, namentlich bei Einnahmen in Geld, in der **Jahresabrechnung** durch Anpassung der Vorschüsse bzw. Festsetzung verringerter Nachzahlungen zu verteilen. Eine sofortige Auskehr würde aus den gleichen Gründen wie bei der Erstattung von Überzahlungen (hierzu *BGH*, Urt. v. 10.07.2020 – V ZR 178/19; ZMR 2020, 857 u. § 28 Rdn. 7373) scheitern und würde das Finanzwesen in Form der Gesamtabrechnung in viele kleine Einzelansprüche fragmentieren.

bb) Erzeugnisse des gemeinschaftlichen Grundstücks

7 Anderes kann bei Sachfrüchten wie Erzeugnissen des gemeinschaftlichen Grundstücks gelten. Diese müssen den Wohnungseigentümern schon ihrer Verderblichkeit wegen unmittelbar in natura überlassen werden. Grundsätzlich sind auch sie nach Miteigentumsanteilen aufzuteilen. Häufig wird sich aber schon im Hinblick darauf, dass nicht jeder Wohnungseigentümer an derartigen Sachzuwendungen interessiert sein wird, eine andere Aufteilung empfehlen, etwa die Überlassung der Erzeugnisse an

denjenigen, der den Garten pflegt. Allerdings enthält das Gesetz hierfür, anders als bei den Kosten des gemeinschaftlichen Eigentums, keine Öffnungsklausel, die eine Abweichung vom gesetzlichen Schlüssel erlaubt (s. gleich u. Rdn. 43 ff.). Man wird hier, wenn keine Vereinbarung zustande kommt, mit einer Regelung des Mitgebrauchs, ähnlich wie bei der Vermietung (s.u. Rdn. 21 ff.) arbeiten müssen. Denkbar ist etwa eine Nutzungsüberlassung der Obstbäume gegen die Verpflichtung zur Gartenpflege.

b) Anspruchsdurchsetzung

Die **Fruchtziehung** ist eine Maßnahme **ordnungsmäßiger Verwaltung** i.S.v. § 19 Abs. 1 WEG. Jeder Wohnungseigentümer kann seinen Anspruch auf Beteiligung an den Früchten gerichtlich gem. § 18 Abs. 2 WEG durchsetzen. Dabei richtet sich der Anspruch auf Aufstellung der Gesamt- und Einzelabrechnung, in der die Verteilung der Früchte durch Anpassung der Vorschüsse bzw. Festsetzung (geringerer) Nachzahlungen erfolgt. Er ist nunmehr gegen die Wohnungseigentümergemeinschaft zu richten. 8

c) Abweichende Verteilungen

Abweichende Verteilungsmaßstäbe können vereinbart oder bei Vorliegen einer entsprechenden Öffnungsklausel auch beschlossen werden. Häufig wird dies durch Zuweisung eines Sondernutzungsrechtes ohne ausdrückliche Änderung des Verteilungsschlüssels geschehen (s.o. Rdn. 7). Anderenfalls sind abweichende Verteilungen in der Jahresabrechnung anfechtbar. Ein Beschluss, wonach die Erträge für die Nutzung einer im gemeinschaftlichen Eigentum stehenden Fläche generell **nur bestimmten Wohnungseigentümern** zugewiesen werden, zielt auf eine Änderung des Verteilungsschlüssels ab. Er ist deshalb wegen nicht vorhandener bzw. überschrittener Regelungskompetenz **nichtig** (*OLG Düsseldorf* OLGReport Düsseldorf 2003, 269, 270). 9

2. Anderweitige Verwendung

Der Verband muss die Früchte in der Regel über die Jahresabrechnung an die Wohnungseigentümer **auskehren. Die Wohnungseigentümer können aber** etwas anderes beschließen, z.B. eine Erhöhung der Erhaltungsrücklage. Hier gilt nichts anderes, als bei der Umwidmung der Mittel einer Sonderumlage: Auch dort können die Wohnungseigentümer beschließen, Mittel anders, als zunächst beschlossen, zu verwenden (*KG* ZMR 2005, 309, 310). Allerdings muss die anteilige Aufteilung erhalten bleiben. Die Wohnungseigentümer müssen folglich nach ihrem Anteil an der Zuführung zur Erhaltungsrücklage von den Kosten der Erhaltungsmaßnahmen entlastet werden. Bestehen Untergemeinschaften mit eigenen Unterabrechnungen, kann eine Verteilung auf einige von ihnen beschränkt sein. Die Anteile der Bezugsberechtigten wachsen dann nach dem Verhältnis ihrer Miteigentumsanteile an. 10

III. Anspruchsinhaber und Anspruchsgegner

1. Anspruchsinhaber

Inhaber des Anspruchs aus § 16 Abs. 1 S. 1, 2 WEG sind ausschließlich die Wohnungseigentümer. Sonstige dinglich Berechtigte haben keinen Anspruch auf die Früchte des Gemeinschaftseigentums. Dies gilt selbst dann, wenn sie, wie häufig etwa Nießbraucher, im Innenverhältnis zur Tragung der Lasten und Kosten verpflichtet sind. Drittnutzer und Wohnungseigentümer können aber selbstverständlich im Innenverhältnis abweichende Regelungen treffen. 11

2. Anspruchsgegner

Nur die Früchte des Gemeinschaftsvermögens gehören materiell-rechtlich der Wohnungseigentümergemeinschaft. Der dingliche Rechtserwerb an den natürlichen Früchten des Gemeinschaftseigentums erfolgt gem. §§ 953 ff. BGB. Die Früchte gehören danach nicht dem Verband Wohnungseigentümergemeinschaft als Teil des Verwaltungsvermögens, sondern den Wohnungseigentümern 12 als **Bruchteilseigentümern** (Weitnauer/*Briesemeister* WEG § 1 Rn. 10, 15; Staudinger/*Rapp* WEG Einl. 46; Bärmann/*Becker* WEG § 16 Rn. 12; a.A. Staudinger/*Bub* WEG § 16 Rn. 73: Eigentümer sei der Verband). Gleichwohl werden sie und die Früchte des Gemeinschaftsvermögens in § 16 Abs. 1 WEG gleich behandelt. Dies ist eine konsequente Folge der alleinigen Verwaltungszuständigkeit der Wohnungseigentümergemeinschaft aus §§ 9a Abs. 2, 18 Abs. 1 WEG. Der Anspruch auf Früchte aus beiden Vermögensmassen muss also gleichermaßen gegen die Gemeinschaft der Wohnungseigentümer geltend gemacht werden.

IV. Pfändbarkeit

13 Der Anspruch auf Auskehrung der Früchte bzw. eines etwaigen **Guthabens** aus der hierauf beruhenden Anpassung der Vorschüsse (§ 28 Abs. 2 WEG) ist selbstständig abtretbar, verpfändbar und pfändbar (*BGH* NJW 1969, 839; *OLG Frankfurt am Main*, NJW 1958, 65). Der Gläubiger eines Wohnungseigentümers kann auf dessen »Anteil« an den Früchten **vor dem Beschluss über die Anpassung der Vorschüsse bzw. einem sonstigen Verwendungsbeschluss** zwar nicht zugreifen. Ein auf einem Sondereigentum lastendes Grundpfandrecht, etwa eine Hypothek oder eine Grundschuld, erstreckt sich **nicht** auf den Anspruch des Eigentümers, da dieser weder einen Mietanspruch noch einen Pachtzinsanspruch i.S.d. § 1123 BGB noch ein Recht auf wiederkehrende Leistungen i.S.d. § 1126 BGB ist. Der Anspruch wird auch nicht von einer ggf. angeordneten Zwangsverwaltung gem. §§ 148, 21 ZVG erfasst.

V. Abdingbarkeit und Beschlusskompetenz für eine anderweitige Verteilung

1. Abänderung des Verteilungsschlüssels

14 Wie im alten Recht ist weder ausdrücklich bestimmt noch anderweitig erkennbar, dass der in § 16 Abs. 1 S. 1, 2 WEG geregelte Verteilungsmaßstab unabdingbar sein soll. Es kann also kein Zweifel bestehen, dass die Gemeinschaftsordnung oder eine Vereinbarung eine abweichende Verteilung oder gar eine gänzlich abweichende Verwendung solcher Früchte, etwa in Form einer Zuführung zur Erhaltungsrücklage, vorsehen kann. Problematischer erscheint die Frage, ob die gesetzliche Verteilung der Früchte auch durch Beschluss abgeändert werden kann. Da die Gesetzesbegründung bei der Verteilung der Kosten ausdrücklich auf die diesbezügliche Beschlusskompetenz aus § 16 Abs. 2 S. 2 WEG hinweist (BT-Drs. 19/18791, S. 53), liegt es nahe, aus dem Fehlen einer entsprechenden Regelung für die Verteilung der Früchte auf das Fehlen einer Beschlusskompetenz zu schließen.

2. Abschöpfung der Früchte für weitere Rücklagen

15 Allerdings lässt das Gesetz in § 28 Abs. 1 S. 1 WEG jetzt über die Erhaltungsrücklage hinaus ausdrücklich weitere »durch Beschluss vorgesehene Rücklagen« zu. Es besteht also jedenfalls die Kompetenz, über Rücklagen zu weiteren Zwecken, etwa zur Erhaltung des Gemeinschaftsvermögens, etwa des Aufsitzrasenmähers oder einer von der Wohnungseigentümergemeinschaft erworbenen Einheit zu beschließen. Die fehlende Kompetenz, eine von § 16 Abs. 1 Sätze 1 u. 2 WEG abweichende Verteilung der Früchte zu beschließen, führt also nicht zwangsläufig zur Auskehr von Erträgen. Die Wohnungseigentümer können ihre Verwendung für Rücklagen durchaus beschließen. Lediglich die Auskehr nach einem anderen Schlüssel oder der Einbehalt ohne gemeinschaftsbezogene Verwendung steht der Eigentümerversammlung mangels Beschlusskompetenz nicht zu.

C. Gebrauch von Gemeinschaftseigentum (§ 16 Abs. 1 S. 3 WEG)

I. Systematische Neuorientierung

16 Die Neuverortung der Regelungen zum Gebrauch des Gemeinschaftseigentums hat alleine den Hintergrund, dass der Gesetzgeber die Aufteilung der Regelungen zu Mitgebrauch und sonstigen Nutzungen des gemeinschaftlichen Eigentums in §§ 13 Abs. 2, 16 Abs. 1 WEG a.F. als unübersichtlich empfand (BT-Drs. 19/18791, S. 53). Die systematisch sicher sinnvollere Einordnung in § 16 Abs. 1 S. 3 WEG bezweckt inhaltlich keine Änderungen. Die einzige textliche Änderung

gegenüber der Vorgängerregelung besteht darin, dass sich der Mitgebrauch nur noch nach »Maßgabe des § 14« richtet. Dies ist konsequent, da der in § 13 Abs. 2 WEG a.F. genannte § 15 WEG a.F. inhaltlich in § 14 eingefügt wurde, während § 15 WEG nunmehr die Rechtsbeziehungen zu Drittnutzern regelt. Insbesondere bleibt es dabei, dass kraft Gesetzes jeder Wohnungseigentümer unabhängig von der Größe seines Miteigentumsanteils zur **gleichberechtigten Nutzung** des Gemeinschaftseigentums berechtigt ist. Die Rechtsprechung zu § 13 Abs. 2 WEG a.F. kann somit weiterhin in vollem Umfang herangezogen werden.

II. Unmittelbarer Gebrauch

1. Gleicher Gebrauch der Miteigentümer

Die § 743 Abs. 2 BGB nachgebildete Vorschrift des § 16 Abs. 1 S. 3 WEG regelt die Mitbenutzung des gemeinschaftlichen Eigentums. Dabei steht der unmittelbare Gebrauch den Wohnungseigentümern ohne abweichende Regelung in der Gemeinschaftsordnung grundsätzlich **unabhängig von den Miteigentumsanteilen** in gleichem Umfang zu (*BGH* ZMR 2016, 888, 891; *OLG Hamm* ZMR 2001, 222; *LG München I* ZMR 2017, 925, 928; *Jennißen/Schultzky* § 13 Rn. 56). Dies lässt sich dogmatisch damit begründen, dass nur die Nutzungen gem. § 16 Abs. 1 S. 1 WEG nach Miteigentumsanteilen zu verteilen sind, während zum Gebrauch eine entsprechende Regelung fehlt. 17

2. Durchsetzung des gleichberechtigten Gebrauchs

a) Störung aller Miteigentümer

Bei der Durchsetzung des Anspruchs auf Duldung von Betreten und Nutzung des Gemeinschaftseigentums ist zu differenzieren. Nimmt ein Wohnungseigentümer das Gemeinschaftseigentum so in Anspruch, dass die anderen Eigentümer insgesamt im Mitgebrauch gestört sind, handelt es sich um eine gemeinschaftsbezogene Angelegenheit. Dann ist der Anspruch auf Beseitigung der Störung durch die Wohnungseigentümergemeinschaft geltend zu machen (s.u. Rdn. 28 ff.) 18

b) Gebrauchsregelung

Verstößt der über § 16 Abs. 1 S. 3 WEG hinausgehende Gebrauch durch einen Miteigentümer (noch) nicht gegen Vereinbarungen oder Beschlüsse, kann ein hiervon betroffener Miteigentümer aus § 18 Abs. 2 Nr. 2 WEG den Beschluss einer Gebrauchsregelung verlangen. Wird ein entsprechender Antrag abgelehnt, muss er hiergegen im Wege der Beschlussersetzung durch das Gericht (§ 44 Abs. 1 S. 2 WEG) vorgehen. 19

c) Individualanspruch

Ausnahmsweise kann es sich beim Anspruch auf Mitgebrauch des Gemeinschaftseigentums um einen **Individualanspruch** handeln, den jeder Wohnungseigentümer ohne Ermächtigung durch die Miteigentümer alleine geltend machen kann (*OLG München* ZMR 2008, 561). Dies ist dann der Fall, wenn sich der störende Miteigentümer nur gegen den Gebrauch des Mitberechtigten richtet, wenn etwa einem Miteigentümer der Zugang über das Gemeinschaftseigentum verwehrt wird. Dann kann der Betroffene seinen Anspruch auf Mitgebrauch im Verfahren nach § 43 Abs. 2 Nr. 1 WEG alleine und ohne Ermächtigung durch die Eigentümerversammlung gerichtlich geltend machen. Dabei kommt sowohl eine Klage auf Unterlassung von Behinderungen als auch eine Feststellungsklage in Betracht. 20

III. Mittelbarer Gebrauch (Vermietung, Verpachtung und sonstige Gebrauchsüberlassung)

1. Abgrenzung zum Sondernutzungsrecht

§ 16 Abs. 1 S. 3 WEG gewährt kein Recht zum Eigengebrauch durch die Wohnungseigentümer (*LG Hamburg* ZMR 2016, 578). Der gemeinschaftliche Gebrauch kann daher auch durch Vermietung oder Verpachtung gemeinschaftlicher Flächen an Miteigentümer oder Dritte erfolgen, über 21 die mit Mehrheitsbeschluss befunden werden kann (*BGH* ZMR 2000, 845 f.; *BayObLG* NJW-RR 1992, 599 f.; 2002, 949 f.; *OLG München* ZMR 2008, 562; *OLG Köln* ZMR 2009, 389; vgl. zur Gegenposition noch *OLG Zweibrücken* NJW-RR 1986, 1338). Die Vermietung von Gemeinschaftseigentum läuft auch bei längerfristiger Bindung nicht auf ein Sondernutzungsrecht hinaus und kann durch Beschluss erfolgen (*LG Hamburg* ZMR 2016, 57 f.). Im Gegensatz zum Sondernutzungsrecht tritt **kein dauerhafter Ausschluss** der Wohnungseigentümer von der Nutzung ein. Vielmehr treten an die Stelle des unmittelbaren Eigengebrauchs die Mieteinnahmen (*BGH* ZMR 2000, 845; *BayObLG* NJW-RR 1992, 600; 2000, 154; *OLG Hamburg* ZMR 2003, 444 u. 958; *LG Hamburg* ZMR 2016, 57, 58; *AG Charlottenburg* ZMR 2017, 506, 508; *AG Hamburg-St. Georg* ZMR 2017, 680, 681). Zudem besteht ein Kündigungsrecht (*LG Hamburg* ZMR 2016, 57, 58).

2. Miete und sonstige Vorteile als Äquivalent des unmittelbaren Gebrauchs

22 Auch wenn diese für den einzelnen Miteigentümer gering sind, kann eine Vermietung ordnungsmäßiger Verwaltung entsprechen, wenn **andere Vorteile** wie die Gewinnung oder Beibehaltung eines Mieters, der die zusätzliche Fläche benötigt, zu verzeichnen sind (*OLG Hamburg* ZMR 2004, 616). Ähnliches gilt für die Übernahme der Erhaltungspflicht durch den Mieter (*AG Charlottenburg* ZMR 2017, 506, 508). Der **Anteil** an sonstigen Nutzungen wie Miet- bzw. Pachterträgen oder Zinseinkünften bemisst sich nach § 16 Abs. 1 S. 1, 2 WEG, also nach Miteigentumsanteilen. Dieselben Grundsätze gelten beim sonstigen Ausschluss der unmittelbaren Nutzung durch die Wohnungseigentümer. Wird etwa ein Hausmeisterbüro im Gemeinschaftseigentum eingerichtet, so können diese Räumlichkeiten ebenfalls nicht unmittelbar von den Wohnungseigentümern genutzt werden. Ihnen kommt aber durch **Ersparnis** der Miete eines entsprechenden Raumes wiederum ein mittelbarer Nutzen zu (*OLG Düsseldorf* NJW-RR 2002, 1525 = ZMR 2002, 959 f.).

3. Gebrauchsüberlassung als Maßnahme ordnungsmäßiger Verwaltung

23 Der Beschluss über die Vermietung muss hinreichend bestimmt sein, insbesondere die Eckpunkte des Vertrages (Mieter, Räumlichkeiten, Miete, Mietdauer) enthalten (*LG Hamburg* ZMR 2016, 57, 59). Ferner muss er ordnungsmäßiger Verwaltung entsprechen. Das kann insbesondere dann zu verneinen sein, wenn die ausgehandelte Miete zu gering ist (*LG Hamburg* ZMR 2016, 57, 58; zu einem Fall, da die von den Eigentümern zu entrichtende Miete als zu hoch angesehen wurde, s. *AG Hamburg-St. Georg* ZMR 2017, 680, 681). Darüber hinaus kann die Vermietung auch aus anderen Gründen ordnungsmäßiger Verwaltung widersprechen, etwa dann, wenn sie mit erheblichen Beeinträchtigungen für einzelne Miteigentümer einhergeht (*LG Hamburg* ZMR 2016, 57, 58).

IV. Beschränkungen des Mitgebrauchs

1. Beschränkungen nach § 14 Abs. 1 WEG

24 Beschränkungen des Mitgebrauchs ergeben sich schon kraft Gesetzes aus § 14 Abs. 1 WEG. Danach darf jeder Wohnungseigentümer nur im Rahmen gesetzlicher Regelungen sowie der getroffenen Vereinbarungen und gefassten Beschlüsse, ferner nur in solcher Weise vom gemeinschaftlichen Eigentum Gebrauch machen, dass kein Miteigentümer über das unvermeidliche Maß hinaus beeinträchtigt wird. Eine Nutzung durch einen Wohnungseigentümer, die zwar technisch möglich ist, die **gleichartige Nutzung durch die Miteigentümer aber ausschließt**, ist grundsätzlich unzulässig (zum Anschluss an einen Kamin, der entsprechende Einrichtungen in anderen Wohnungen unmöglich macht, s. *OLG Hamburg* ZMR 2001, 728; *AG München* ZMR 2013, 141 f.; zur selben Problematik bei Heizkörpern *OLG Schleswig* NJW-RR 1993, 24). Ebenso widerspricht die teilweise Einschränkung des Mitgebrauchs, etwa durch **Schließung einer Zufahrt** für eine Kindertagesstätte ordnungsmäßiger Verwaltung (*AG Hamburg-Wandsbek* ZMR 2018, 82 f.). Es kann aber ordnungsmäßiger Verwaltung entsprechen, einem gebrechlichen oder **behinderten Wohnungseigentümer** eine erweiterte Nutzung des Gemeinschaftseigentums zuzubilligen, etwa durch Einbau eines Treppen-

lifts (*BayObLG* ZMR 2004, 210 f.). Darüber hinaus sind Immissionen etwa von Geräuschen und Gerüchen gering zu halten.

2. Gebrauchsregelungen nach § 19 Abs. 1 WEG

Häufig wird ein gleichzeitiger Mitgebrauch etwa von Stellplätzen, Waschküche, Trockenböden oder anderen Gemeinschaftseinrichtungen nicht möglich sein. In diesen Fällen können Gebrauchsregelungen nach § 19 Abs. 1 WEG den Mitgebrauch einschränken. Diese können einen zeitlichen Ausschluss vorsehen, etwa durch Zuweisung von **Benutzungszeiten** für die Waschküche oder durch **Turnusregelungen** für die Nutzung von Parkplätzen. Denkbar ist auch die mengenmäßige Beschränkung, z.B. die Nutzung des gemeinsamen Parkplatzes durch jeweils nur ein Fahrzeug je Wohneinheit. Schließlich kann auch der qualitative Nutzungsumfang geregelt werden, etwa die Benutzung bestimmter Kellerräume nur zum Abstellen von Fahrrädern. 25

3. Weitergehende Beschränkungen durch die Gemeinschaftsordnung

Die Gemeinschaftsordnung kann weiter gehende Beschränkungen vorsehen, etwa die Mitbenutzung an den Miteigentumsanteilen orientieren oder bestimmten Gemeinschaftszwecken vorbehalten. Häufig sind **Zweckbestimmungen**, die etwa Kellerräume zum Abstellen von Fahrrädern oder zur Nutzung als Waschküche vorsehen. Denkbar ist auch der **generelle Ausschluss bestimmter Nutzungen**, etwa das Verbot der Anbringung von Parabolantennen, das aber im Einzelfall gegen Treu und Glauben verstoßen kann (*BGH* ZMR 2004, 441). Eine Beschränkung kann sich aber auch ohne ausdrückliche Regelung in der Gemeinschaftsordnung **aus der Natur bestimmter Räumlichkeiten** ergeben. So kann bei Mehrhausanlagen die Nutzung der Gemeinschaftsflächen den jeweiligen Hausbewohnern vorbehalten sein (*OLG Düsseldorf* ZMR 1995, 89; *OLG Frankfurt am Main* ZMR 1997, 607). Umgekehrt kann die Mitbenutzung eines nur über Sondereigentum zugänglichen **Spitzbodens** durch die Miteigentümer ausgeschlossen sein (*OLG Hamburg* ZMR 2001, 999 f.; *OLG Hamm* ZMR 2001, 222; *BayObLG* NJW-RR 2001, 801). 26

V. Differenzierung zwischen gemeinschaftlichem Eigentum und Gemeinschaftsvermögen

Wie bei den Früchten vollzieht der Gesetzgeber die Trennung zwischen gemeinschaftlichem Eigentum und Gemeinschaftsvermögen nach. Die Gesetzesbegründung weist darauf hin, dass sich der gleichberechtigte Mitgebrauch nur auf ersteres bezieht (BT-Drs. 19/18791, S. 52). Dies versteht sich von selbst: Naturgemäß kann nicht jeder Miteigentümer verlangen, den zum Gemeinschaftsvermögen gehörenden Aufsatzrasenmäher zu nutzen oder gar eine von der Wohnungseigentümergemeinschaft erworbene und vermietete Wohnung mitzubenutzen. 27

D. Geltendmachung von Abwehransprüchen wegen Störungen von Gemeinschaftseigentum

I. Anspruchs- und Prozessführungsbefugnis bei Störungen des Gemeinschaftseigentums

1. Bedeutung und Entwicklung nach Anerkennung der (Teil-)Rechtsfähigkeit

Die Frage, wer Abwehransprüche gegen die Beeinträchtigung von Gemeinschaftseigentum geltend macht, stellt sich in vorliegendem Zusammenhang insbesondere bei Störungen durch Mieter oder sonstige Dritte, denen der Wohnungs- oder Teileigentümer die Nutzung seines Sondereigentums überlassen hat. Sie war deswegen so diffizil zu beantworten, weil Ansprüche aus dem Gemeinschaftseigentum materiell-rechtlich den Wohnungseigentümern zustehen, eine gemeinschaftliche Geltendmachung aber insbesondere wegen der Gefahr der mehrfachen Inanspruchnahme des Schuldners geboten schien. Nach Anerkennung der Teilrechtsfähigkeit ging man zunächst von einer Spaltung der Befugnis zur Abwehr von Störungen des Gemeinschaftseigentums aus. Teils stand sie bereits kraft Gesetzes der Wohnungseigentümergemeinschaft zu, teils den einzelnen Wohnungseigentümern zu. In letztgenanntem Fall konnte sie aber durch Beschluss der Eigentümerversammlung auf die Wohnungseigentümergemeinschaft übertragen werden, was man »Vergemeinschaftung« nannte. 28

2. Konzentration aller Abwehransprüche bei der Wohnungseigentümergemeinschaft

a) Zivilrechtliche Abwehransprüche

29 Von diesem System ist das WEMoG vollständig abgerückt. Nach §§ 9a Abs. 2, 18 Abs, 1 WEG ist nunmehr alleine die Wohnungseigentümergemeinschaft zur Abwehr von Störungen des Gemeinschaftseigentums befugt, gleich, ob es sich um Beseitigungs- Schadensersatz- oder sonstige Ansprüche handelt. Materiell-rechtlich sind zwar die Wohnungseigentümer als Beeinträchtigte Inhaber der Ansprüche aus § 1004 BGB; ausübungsbefugt ist aber bei der Beeinträchtigung des Gemeinschaftseigentums alleine die Wohnungseigentümergemeinschaft. Eine hierauf gerichtete Klage eines einzelnen Wohnungseigentümers wäre mithin mangels Prozessführungsbefugnis unzulässig (*BGH* ZMR 2021, 680 = ZWE 2021, 325). Nach wie vor klagebefugt ist der einzelne Wohnungseigentümer allerdings dann, wenn er Beeinträchtigungen seines Sondereigentums geltend macht (*BGH* v. 01.10.2021 – V ZR 48/21, ZMR 2022, 230 = ZWE 2022, 84; *LG Frankfurt/M.* v. 15.07.2021 – 2–13 S 88/20, ZMR 2021, 839 = WuM 2021, 577). Dies gilt auch dann, wenn damit gleichzeitig die Störung des Gemeinschaftseigentums beseitigt wird.

b) Öffentlich-rechtliche Abwehransprüche

30 Auch die Befugnis einzelner Wohnungseigentümer, öffentlich-rechtliche Abwehransprüche im Hinblick auf das Gemeinschaftseigentum geltend zu machen, ist durch das WEMoG entfallen. Sie steht nunmehr alleine der Wohnungseigentümergemeinschaft zu (*VGH Baden-Württemberg* IMR 2021, 258). Interessanterweise zieht die verwaltungsgerichtliche Rechtsprechung im Gegensatz zum *BGH* (ZMR 2021, 680 = ZWE 2021, 325) die Fortdauer der Klagebefugnis für eine Übergangszeit noch nicht einmal in Erwägung.

II. Vorgehen bei Untätigkeit der Wohnungseigentümergemeinschaft

1. Befassung der Eigentümerversammlung und Beschlussersetzung

31 Der einzelne Wohnungseigentümer kann somit die Beeinträchtigung des Gemeinschaftseigentums nur dann alleine abwehren, wenn er als Vermieter mietrechtliche Ansprüche geltend macht. Ansonsten kann er nicht alleine gegen Mieter oder störende Dritte vorgehen. Vielmehr muss er einen entsprechenden Beschlussantrag mit dem Ziel in die Eigentümerversammlung einbringen, dass die Wohnungseigentümergemeinschaft diesbezügliche Ansprüche durchsetzt. Kann sich die Eigentümerversammlung nicht auf Maßnahmen zur Durchsetzung solcher Rechte aus dem Gemeinschaftseigentum verständigen, bleibt ihm zum Einen die Beschlussersetzung.

2. Rückermächtigung

32 Zum Anderen kann der einzelne Wohnungseigentümer versuchen, die Wohnungseigentümer davon zu überzeugen, ihm die Ausübung des Anspruchs auf Beseitigung der Störung auf eigene Kosten zu übertragen. Eine solche »Rückermächtigung« des einzelnen Wohnungseigentümers hat der *BGH* schon nach altem Recht bei ausschließlicher Ausübungsbefugnis des Verbandes für zulässig gehalten (*BGH* ZMR 2015, 952 = ZWE 2015, 358 Rn. 7). Das wurde durchweg auf das neue Recht übertragen (*AG Friedberg* v. 16.02.2022–2 C 819/21; ZMR 2022, 413 = IMR 2022, 323; *Dötsch/Schultzky/Zschieschack* WEG-Recht 2021 Kap. 3 Rn. 148; *Zschieschack* IMR 2020, 487; Jennißen/*Hogenschurz* § 20 Rn. 123; implizit auch *Lübke* ZMR 2021, 101, 102). Allerdings findet sich etwas versteckt in einer neueren Entscheidung des *BGH* das obiter dictum, wonach Unterlassungsansprüche nunmehr »zwingend« von der Wohnungseigentümergemeinschaft geltend zu machen sind (*BGH* ZfIR 2021, 489 = ZMR 2021, 992 = ZWE 2021, 451 Rn. 20). Ob dies nur auf die neue Rolle der Wohnungseigentümergemeinschaft abstellt oder eine Abkehr von der Möglichkeit der Rückermächtigung bedeutet, bleibt abzuwarten.

III. Abwehransprüche der Gemeinschaft gegen Störungen durch Drittnutzer von Wohnungseigentum

1. Eingriff in die Substanz des Gemeinschaftseigentums

Kommt es nach der Überlassung von Sondereigentum an Dritte zu Störungen, stellt sich oftmals die Frage, gegen wen die Wohnungseigentümergemeinschaft vorgehen soll. Der Eingriff in die Substanz des Gemeinschaftseigentums führt immer unmittelbar zu Ansprüchen gegen den Störer, gleichgültig ob er Wohnungseigentümer, Mieter bzw. sonstwie berechtigter Nutzer oder Dritter ist. Dies folgt schon daraus, dass hierdurch neben eventuellen schuldrechtlichen Ansprüchen allgemeine Rechte aus dem absoluten Recht des Eigentums betroffen sind (vgl. *KG* NJW-RR 1997, 713 f.; *OLG Köln* ZMR 2001, 66; *OLG Düsseldorf* NJW-RR 2006, 957; Kümmel ZWE 277). Hierbei ist als mittelbarer Störer auch der Wohnungseigentümer betroffen, der einen solchen Eingriff gestattet. Bei der Beschädigung des gemeinschaftlichen Eigentums bestehen zudem **Schadensersatzansprüche** aus § 823 Abs. 1 BGB. Diese unterliegen nicht der **kurzen Verjährung** nach § 548 BGB (*BGH* ZMR 2011, 968; a.A. noch *OLG Stuttgart* ZMR 2011, 152; *LG Essen* NJW-RR 1998, 874). Denn zu den Wohnungseigentümern bestehen im Unterschied zum vermietenden Miteigentümer gerade keine vertraglichen Beziehungen. 33

2. Vom Wohnungseigentümer nicht gebilligter Eingriff in das Gemeinschaftseigentum

a) Vorgehen gegen den vermietenden Miteigentümer

aa) Rechtslage nach Wegfall von § 14 Nr. 2 WEG a.F.

Schwieriger ist die Behandlung der Fälle, in denen der vermietende oder sonstwie das Sondereigentum Dritten überlassende Wohnungseigentümer den Eingriff in das Gemeinschaftseigentum nicht gestattet hat. Denn die Pflichten des Wohnungseigentümers im Zusammenhang mit der Überlassung von Sondereigentum an Dritte weichen vom früheren Konzept deutlich ab. Dies resultiert daraus, dass § 14 Nr. 2 WEG a.F., also die Vorschrift, die den Wohnungseigentümer dazu verpflichtete, für die Einhaltung der Verpflichtungen durch nutzungsberechtigte Dritte zu sorgen, ersatzlos weggefallen ist. Durch § 14 Abs. 2 Nr. 1 WEG wird diese Lücke wohl nicht geschlossen. Denn zum einen ist dort von Dritten nicht die Rede. Zudem sind dort der Sache nach nur Pflichten zur Unterlassung, nicht auch zum aktiven Tun geregelt. Zwar wird man in besonderen Fällen auch ein positives Tun, etwa durch Auswechseln schadhafter Bauteile zur Vermeidung von Beeinträchtigung anderer Sondereigentümer, verlangen können. Dies kann aber auch bei Unterlassungsansprüchen etwa aus § 1004 Abs. 1 BGB der Fall sein und ändert nichts an deren Rechtsnatur. Aber selbst wenn der Wohnungseigentümer zu einem aktivem Tun wie etwa zum Einwirken auf Mieter oder sonstige Nutzungsberechtigte nicht verpflichtet ist, sind die betroffenen Miteigentümer nicht schutzlos. Denn die Möglichkeit des unmittelbaren Vorgehens der Wohnungseigentümergemeinschaft gegen den störenden Dritten auch beim Verstoß lediglich gegen Vereinbarungen (s.u. Rdn. 36) erübrigt den Umweg über den vermietenden Miteigentümer. 34

bb) Rückgriff auf § 278 BGB

Einen anderen Weg nehmen einige amtsgerichtliche Judikate, die auf die Verantwortlichkeit des vermietenden Wohnungseigentümers für seinen Mieter aus § 278 BGB abstellen (*AG Hamburg* v. 17.08.2021 – 9 C 42/21; ZMR 2021, 927 = IMR 2022, 121; ähnlich *AG Pinneberg*, v. 14.09.2021 – 60 C 30/20; ZMR 2021, 1021 = IMR 2022, 120). Wieder andere sehen den vermietenden Wohnungseigentümer schon deswegen als mittelbaren Störer, weil er nicht gegen die von seinem Mieter ausgehenden Beeinträchtigungen vorgeht. Eine solch weitgehende Einwirkungspflicht aus den angeführten Erwägungen erscheint indessen schon deshalb zweifelhaft, weil es sich dann bei § 14 Nr. 2 WEG a.F. von vorneherein um eine überflüssige Norm gehandelt hätte. 35

b) Vorgehen gegen den störenden Dritten

36 Umstritten ist, ob die Wohnungseigentümer Ansprüche aus der Gemeinschaftsordnung gegen den Mieter geltend machen können, etwa auf Unterlassung einer nicht zulässigen Nutzung von Sonder- oder Teileigentum. Teilweise wird dies deswegen bejaht, weil die Zweckbestimmungen dingliches Recht seien (*OLG München* NJW-RR 1992, 1493 f.; *OLG Frankfurt* am Main, NJW-RR 1993, 981; *OLG Karlsruhe* NJW-RR 1994, 146 f.; *BayObLG* NJW-RR 1994, 528; *KG* ZMR 2002, 969; NJW-RR 2006, 1239; *AG München* ZMR 2013, 667 f.; ZMR 2017, 269, 272; *LG Hamburg* ZMR 2016, 308; dazu neigend auch *BGH* ZMR 2015, 950, 951; aus verfassungsrechtlicher Sicht nicht hiergegen *BVerfG* ZMR 2010, 208; ein innovativer, überzeugenderer Ansatz findet sich bei Jacoby ZWE 2012, 73 f., der vom unbeschränkten Unterlassungsanspruch aus dem Eigentum ausgeht und in der Gebrauchsregelung nur eine Einschränkung sieht; ähnlich Bonifacio ZWE 2013, 197 f.). Die Konstruktion der vereinbarten Nutzungsbeschränkungen als dingliches Recht erscheint indessen gewagt (ablehnend auch *AG Hannover* ZMR 2010, 153; Kümmel, ZWE 2008, 274), liefe sie doch darauf hinaus, alleine zwischen den Eigentümern getroffene Vereinbarungen als absolutes Recht anzusehen (so ausdrücklich *OLG München* NJW-RR 1992, 1493 f.; *OLG Karlsruhe* NJW-RR 1994, 146 f.; *LG München* I ZMR 2018, 443, 445). Dies müsste dann konsequenterweise auch gegen außenstehende Dritte geltend gemacht werden können, etwa bei Beeinträchtigungen der Wohnmöglichkeit oder eines Gewerbebetriebes, was zu einer unzulässigen Ausdehnung absoluter Rechte führen würde. Im Übrigen stünde dann den Miteigentümern aufgrund der Gemeinschaftsordnung eine weiter gehende Rechtsmacht zu als dem vermietenden Eigentümer, der alleine aus einem hiergegen verstoßenden, aber nicht zugleich mietvertraglich untersagten Gebrauch seines Mieters keine Rechte gegen diesen herleiten kann (*BGH* ZMR 1996, 148). Der *BGH* entschied noch zum alten Recht, dass die Wohnungseigentümer einen Dritten wegen der Verletzung von Pflichten aus der Gemeinschaftsordnung in Anspruch nehmen können (*BGH*, Urt. v. 25.10.2019 – V ZR 271/18; ZMR 2020, 202 = ZWE 2020, 144 = ZfIR 2020, 314). Nach Auffassung des *BGH* setzt die Berechtigung des Mieters, das Gemeinschaftseigentum zu nutzen, voraus, dass er die Grenzen der Gebrauchsmöglichkeiten einhält. Dabei spielt es keine Rolle, ob sie durch Vereinbarung oder Beschluss gezogen sind. Denn seine Befugnis zur Inanspruchnahme des Grundstücks kann nicht weiter reichen als diejenige des Eigentümers. Damit erhält die Ausgestaltung des Sondereigentums nicht den Charakter eines dinglichen Rechts, sondern betrifft nur das Verhältnis der Wohnungseigentümer untereinander. Die der Zweckbestimmung zuwiderlaufende Nutzung des Sondereigentums stellt aber eine (mittelbare) Beeinträchtigung aller Wohnungseigentümer dar. Dies dürfte mit der Modifikation in das neue Recht zu übertragen sein, dass die Geltendmachung der Beseitigungs- und Unterlassungsansprüche nunmehr der Wohnungseigentümergemeinschaft zukommt.

c) Sonstige Möglichkeiten zur Störungsabwehr

37 Die weiteren Möglichkeiten, Störungen Dritter abzuwehren, sind begrenzt. Auf keinen Fall steht den Miteigentümern die Kompetenz zu, durch Beschlüsse unmittelbar in die Rechtssphäre des Drittnutzers einzugreifen (*LG Nürnberg*-Fürth ZMR 2010, 69; *AG Hannover* ZMR 2010, 153; **a.A.** aber *AG Hannover* ZMR 2010, 239 f.; Klimesch ZMR 2015, 165 f.). Dies folgt schon hieraus, dass Beschlüsse nur die Wohnungseigentümer, nicht aber Dritte binden. Hausverbote können in der Regel auch dann nicht verhängt werden, wenn sie sich gegen Angehörige von Wohnungseigentümern oder ihnen nahestehende Personen richten (*BVerfG* ZWE 2009, 438; Abramenko ZWE 2011, 442 f.). Über die Möglichkeiten hinaus, die die Gemeinschaftsordnung zum Einschreiten gegen den Mieter bietet, kommt ein mittelbares Einwirken über den vermietenden Miteigentümer in Betracht. Ferner bestanden schon nach altem Recht Duldungsansprüche gegen den Mieter (*KG* NJW-RR 2006, 1239 f.), die nunmehr in § 15 WEG kodifiziert sind. Zudem sind die Mieter, die einen nicht der Teilungserklärung entsprechenden Zustand aufrechterhalten selbst Zustandsstörer (*KG* NJW-RR 2006, 1239).

E. Kosten der Erhaltung (Instandhaltung und Instandsetzung) des Gemeinschaftseigentums (§ 16 Abs. 2 S. 1 WEG)

I. Norminhalt

Während der Wohnungseigentümer die Kosten seines Sondereigentums alleine zu tragen hat, werden diejenigen der Erhaltung (Instandhaltung und Instandsetzung) des Gemeinschaftseigentums gem. § 16 Abs. 2 WEG **nach Miteigentumsanteilen** auf die Miteigentümer aufgeteilt. Die Vorschrift wurde durch das WEMoG inhaltlich nicht verändert. Insbesondere bleibt die Möglichkeit, in der Gemeinschaftsordnung einen anderen Schlüssel vorzusehen. Besonders häufig ist die Aufteilung der Verwalterkosten **nach Einheiten**. Eine vom gesetzlichen Verteilungsschlüssel abweichende Regelung konnte bislang jenseits der engen Grenzen von § 16 Abs. 3, 4 WEG a.F. als gesetzes- bzw. vereinbarungsändernde Kostenverteilung nicht durch Mehrheitsbeschluss erfolgen und auch nicht durch den Verwaltervertrag verbindlich festgelegt werden. Denn dieser regelt nur das Außenverhältnis der Wohnungseigentümer zum Verwalter; im Innenverhältnis bleiben sie zur Kostentragung nach § 16 Abs. 2 S. 1 WEG bzw. Gemeinschaftsordnung verpflichtet. Hier schafft die gesetzlichen Öffnungsklauseln in § 16 Abs. 2 S. 2 mehr Spielraum. 38

II. Anwendungsbereich

§ 16 Abs. 2 S. 1WEG widmet sich seinem Wortlaut nach (»gemeinschaftliches Eigentum«, »gemeinschaftlichen Gebrauchs«), aber auch nach Sinn und Zweck sowie der Systematik des Wohnungseigentumsgesetzes nur den **Lasten und Kosten des gemeinschaftlichen Eigentums.** Hierzu gehören auch die Kosten seiner erstmaligen ordnungsmäßigen Herstellung (*BGH* ZMR 2017, 317, 318). Die Kosten des Sondereigentums gehören nicht zu seinem gesetzlich gewollten Anwendungsbereich (*BGH* BGHZ 156, 192, 198 [Kaltwasser] = ZMR 2003, 937, 939 = NJW 2003, 3476; *OLG Hamburg* ZMR 2004, 936). 39

III. Sondereigentum

1. Allgemeines

Das Gesetz gibt für die Kosten und Lasten des Sondereigentums (zum Gegenstand Vraufl. Rdn. 275 ff.) durch § 16 Abs. 2 WEG vom Wortlaut her **keinen Kostenverteilungsschlüssel** vor (s. aber Rdn. 42). Für eine solche Anordnung gibt es auch **kein Bedürfnis**, solange die im Sondereigentum anfallenden Kosten **unmittelbar** i.S.v. § 16 Abs. 3 WEG a.F. **gegenüber Dritten** abgerechnet werden. Etwas anderes gilt indes, soweit von einem Dritten nicht nur die Kosten und Lasten des Gemeinschaftseigentums, sondern auch die im Sondereigentum anfallenden Kosten und Lasten, z.B. die Wasserkosten oder die Kosten des individuellen Mülls, **gegenüber dem Verband Wohnungseigentümergemeinschaft** – und damit letztlich gegenüber allen Wohnungseigentümern – **abgerechnet** werden. In diesem Fall ist von den Wohnungseigentümern zu klären, wie die gegenüber dem Dritten vertraglich geregelte Kosten- und Lastentragung im Außenverhältnis angemessen in das **Innenverhältnis umzusetzen** ist. 40

2. Vereinbarter Kostenverteilungsschlüssel

Auf welche Art und Weise sich ein Wohnungseigentümer im Innenverhältnis an den Kosten zu beteiligen hat, die zwar nach außen eine gemeinsame »Größe« bilden, sich nach innen aber aus ggf. ganz unterschiedlichen Kostenbeiträgen zusammensetzen können, ist gesetzlich nicht geregelt. Es dürfte aber außer Streit stehen, dass die Wohnungseigentümer für die Verteilung der gemeinsam abgerechneten, aber individuell verursachten Kosten und Lasten des Sondereigentums einen Kostenverteilungsschlüssel **vereinbaren** können (*OLG Hamm* ZMR 2004, 774, 775). 41

3. Kostenverteilung bei Fehlen einer Regelung durch Gemeinschaftsordnung oder Vereinbarung

42 **Existiert keine diesbezügliche Regelung kraft Gemeinschaftsordnung oder Vereinbarung,** sind die Kosten des Sondereigentums unter den Verursachern entsprechend § 16 Abs. 2 S. 1 WEG – und also nach **Miteigentumsanteilen** – zu verteilen (*BGH* BGHZ 171, 335, 347 = NJW 2007, 3492 = ZMR 2007, 975; *OLG München* ZMR 2007, 811, 812 m. Anm. *Elzer*). Das Verhältnis der Miteigentumsanteile ist im **Zweifel** auch für den Innenausgleich der Wohnungseigentümer wegen der **Kosten und Lasten des Sondereigentums** maßgebend (*BGH* BGHZ 171, 335, 347 = NJW 2007, 3492 = ZMR 2007, 975). Das Beteiligungsverhältnis an dem Grundstück bildet den **natürlichen Maßstab** für den Ausgleich unter den Miteigentümern, der für das Innenverhältnis der Wohnungseigentümer grundsätzlich maßgebend ist. § 16 WEG ergänzt nach seinem Sinn und Zweck insoweit die **Hilfsregel** des § 426 Abs. 1 S. 2 BGB (*BGH* BGHZ 104, 197, 202 = MDR 1988, 765 = NJW 1988, 1910) und **verdrängt** diese teilweise (s. dazu auch *BGH* BGHZ 171, 335, 347 = NJW 2007, 1869 = ZMR 2007, 623). Die im Sondereigentum anfallenden Kosten gehören zwar zu den persönlichen Angelegenheiten der Wohnungseigentümer, erwachsen aber wenigstens mittelbar auch aus dem Gemeinschaftsverhältnis. Zudem zeigt die Verwendung des Begriffes »insbesondere«, dass die Kosten von Verwaltung und Gebrauch des gemeinschaftlichen Eigentums nur Regelbeispiele darstellen. Der im Eingang der Vorschrift verwendete Oberbegriff der »Kosten der Gemeinschaft« geht darüber hinaus und erfasst auch die von der Gemeinschaft verauslagten Kosten des Sondereigentums.

4. Erstmalige Regelung oder Änderung der Kostenverteilung durch Beschluss

a) Analoge Anwendung von § 16 Abs. 2 S. 2 WEG

43 Deutlich schwieriger ist nach Inkrafttreten des WEMoG die Frage zu beantworten, ob die Wohnungseigentümer die Verteilung der Kosten des Sondereigentums auch durch Beschluss regeln können, sei es beim Fehlen einer Regelung in der Gemeinschaftsordnung oder durch Vereinbarung, sei es im Wege ihrer Abänderung. Denn die bisherige Beschlusskompetenz hierfür in § 16 Abs. 3 WEG a. F: ist entfallen. Es spricht indessen viel für eine entsprechende Anwendung von § 16 Abs. 2 S. 2 WEG. Denn der Gesetzgeber hat die von der Gemeinschaft verauslagten Kosten des Sondereigentums offenkundig aus dem Auge verloren. Dies zeigt nicht zuletzt der Umstand, dass er noch nicht einmal den Regelfall ihrer Verteilung geregelt hat. Wird aber hierfür eine Analogie zu § 16 Abs. 2 S. 1 WEG bejaht, kann für eine Regelung durch Beschluss entsprechend § 16 Abs. 2 S. 2 WEG nichts anderes gelten. Denn die Interessenlage aller Beteiligten entspricht vollständig derjenigen bei der Verteilung der Kosten des Gemeinschaftseigentums.

b) Maßstäbe einer ordnungsmäßigen Verteilung durch Beschluss

44 Für die Beurteilung der Ordnungsmäßigkeit einer solchen Ermessensentscheidung kommt es im Grundsatz auf den im Vertrag vereinbarten »Außenschlüssel« an (allgemein *Elzer* ZMR 2007, 812 ff.; für die Kabelkosten *OLG Hamm* ZMR 2004, 774). Wenn und soweit der Verband Wohnungseigentümergemeinschaft einen Vertrag schließt und es also darum geht, die Kosten dieses Vertragsverhältnisses unter die Wohnungseigentümer zu verteilen, ist – jedenfalls im Regelfall – im Innenverhältnis **nur der Kostenverteilungsschlüssel ordnungsmäßig**, der auch im Außenverhältnis anwendbar ist (soweit der Vertrag wenigstens mittelbar einen Kostenverteilungsschlüssel zugrunde legt). Das Außen- und das Innenverhältnis müssen gleichsam miteinander korrelieren (**Prinzip der Wechselbeziehung**). Rechnet etwa ein Kabelanbieter z.B. nicht nach Einheiten, sondern nach Anschlussstellen ab, ist dieser Schlüssel auch im Innenverhältnis zutreffend. Umgekehrt gilt, dass die Wohnungseigentümer grundsätzlich keinen Schlüssel wählen dürfen, der dem Außenverhältnis und dem Vertrag nicht entspricht (*Elzer* ZMR 2007, 812, 813).

5. Kostenverteilungsschlüssel und Erfassung

Bestimmen die Wohnungseigentümer für die Kosten und Lasten des Sondereigentums (aber auch des Gemeinschaftseigentums) im Wege der Vereinbarung oder durch Beschluss einen Kostenverteilungsschlüssel, kommen als Schlüssel u.a. **in Betracht**: 45
- der Verbrauch oder die Verursachung (ermittelt durch Messgeräte, z.B. Zähler oder Waagen);
- der Gebrauch oder die Gebrauchsmöglichkeit;
- die Wohn- oder/und Nutzfläche;
- die Anzahl von Anschlüssen;
- die Anzahl der Wohnungen (Einheiten);
- die Lage des jeweiligen Sondereigentums;
- die Anzahl der Bewohner;
- eine Verteilung nach Häusern;
- die Nutzer- bzw. Personenanzahl.

Welchen Schlüssel die Wohnungseigentümer wählen, steht in ihrem **Ermessen** (s.a. Rdn. 80 ff.). 46
Jeder Schlüssel hat **Vor- und Nachteile** und kann zu einer Verteilung führen, die den tatsächlichen Vorteilen der Nutzung oder der Kostenverursachung innerhalb der Gemeinschaft **nicht entspricht** (*BGH* BGHZ 171, 335 = NJW 2007, 3492 = ZMR 2007, 975). Im Einzelfall kann die Abwägung aller Umstände allerdings dazu führen, dass nur **eine Maßnahme**, etwa eine verbrauchsabhängige Kostenverteilung, ordnungsmäßiger Verwaltung entspricht (*BGH* BGHZ 156, 192, 203 [Kaltwasser] = ZMR 2003, 937, 939 = NJW 2003, 3476). Haben die Wohnungseigentümer zur Verteilung einen Verursachungs- oder Verbrauchsmaßstab bestimmt, setzt das voraus, dass eine entsprechende **Erfassung** überhaupt **möglich** ist. Fehlen entsprechende Einrichtungen oder Geräte zur Erfassung, können und ggf. müssen die Wohnungseigentümer gestützt auf § 19 Abs. 1 WEG im Wege des Beschlusses die **Einführung** entsprechender Instrumente beschließen.

6. Regelungsstreit

Können sich die Wohnungseigentümer für das Sondereigentum auf **keinen Schlüssel einigen** oder fehlt es an einer Bestimmung zur **Erfassung**, kann das Wohnungseigentumsgericht in einem **Regelungsstreit** (zum Begriff s.a. *Bötticher* FS Lent, S. 89 ff.; *ders.* JZ 1956, 582) angerufen werden und subsidiär für die Kosten des Sondereigentums einen Kostenverteilungsschlüssel bestimmen (s. dazu auch *Abramenko* ZWE 2007, 336 ff.). Ferner ist ggf. die **Erzwingung einer Vereinbarung** nach § 10 Abs. 2 WEG möglich (Rdn. 72 ff.). 47

IV. Umlage der Heiz- und Warmwasserkosten

1. Kein gesetzlicher Kostenverteilungsschlüssel

Für die Umlage der Heiz- und Warmwasserkosten des Gemeinschafts- und des Sondereigentums **besteht** dem Grunde nach **kein gesetzlicher Kostenverteilungsschlüssel**. Weder das Wohnungseigentumsgesetz noch die HeizkostenV bestimmen einen **gesetzlichen Verteilungsschlüssel** (die HeizkostenV gibt durch ihren § 6 nur einen »Korridor« an). Eine Besonderheit für die Umlage der Heiz- und Warmwasserkosten besteht außerdem darin, dass die Wohnungseigentümer – anders als für die anderen Kosten – stets einen (ersten) Kostenverteilungsschlüssel **bestimmen müssen**. 48

2. Bestimmung

Die nach § 6 Abs. 1 HeizkostenV geforderte **Bestimmung des Kostenverteilungsschlüssels** kann im **Wege der Vereinbarung**, aber auch **im Wege des Beschlusses** getroffen werden (s. zum früheren Recht unter Hinweis auf § 3 Satz 2 HeizkostenV *BayObLG* NJW-RR 1994, 145, 146 = WuM 1993, 753; *Abramenko* ZWE 2007, 61). Hat die Abrechnung der Heizungs- und Warmwasserkosten nach einer gewillkürten Bestimmung »auf Grundlage der jeweiligen Wohnungsfläche unter Berücksichtigung eventuell vorhandener Verbrauchszähler« zu erfolgen, kann die nächstliegende Bedeutung sein, dass die Kosten unter Heranziehung der HeizkostenV mit 50 % nach der Wohnfläche und mit 49

50 % nach dem erfassten Wärmeverbrauch der Nutzer zu verteilen sind (*BayObLG* ZMR 2003, 277, 278). Innerhalb der durch §§ 7 und 8 HeizkostenV **vorgegebenen Bandbreite** haben die Wohnungseigentümer für die Bestimmung des Schlüssels Ermessen. Eine Kostenverteilung zu 100 % ist nach § 10 HeizkostenV zulässig. Dies bedarf gem. § 10 HeizkostenV einer Vereinbarung – sofern keine Öffnungsklausel besteht. Die Anwendung der HeizkostenV ist nicht davon abhängig, dass ein Wohnungseigentümer ihre Anwendung verlangt (*BGH* ZMR 2012, 372 f.; *Schmid* WE 2007, 7; zum Mietrecht *BGH* ZMR 2006, 766 = WuM 2006, 418 = NJW-RR 2006, 1305; **a.A.** die früher h.M. *BayObLG* NJW-RR 1986, 1076 f.; *OLG Köln* NJW-RR 2002, 1308 f. u. ZMR 2005, 77 f.; *OLG Düsseldorf* ZMR 2003, 109 f.; noch *LG München I* ZMR 2012, 396; Bärmann/Pick/Merle, 9. Aufl. 2003, § 16 Rz. 128; *Abramenko* ZWE 2007, 61). Die HeizkostenV fordert ohne ein Verlangen der Wohnungseigentümer stets Geltung. § 2 HeizkostenV schränkt die rechtsgeschäftliche Gestaltungsfreiheit der Parteien kraft Gesetzes mit der Folge ein, dass entgegenstehende Vereinbarungen jedenfalls für die Zeit der Geltung der HeizkostenV unwirksam sind (*BayObLG* NZM 2005, 106 = WuM 2004, 737). Unklar bleibt, wie die Heizkosten zu verteilen sind, wenn es an den erforderlichen Messeinrichtungen fehlt. Dann bleibt wohl nur die Umlage nach dem vereinbarten oder gesetzlichen Verteilungsschlüssel (*LG Itzehoe* ZMR 2011, 236).

3. Grenzen

50 Unabhängig davon, ob die Wohnungseigentümer den Schlüssel für die Umlage der Heiz- und Warmwasserkosten **vereinbaren** oder **beschließen** oder **ändern**, muss beachtet werden, dass neben den allgemeinen Grenzen nach der Bestimmung des § 2 HeizkostenV auch die **Vorschriften der HeizkostenV** den rechtsgeschäftlichen bzw. beschlossenen Bestimmungen der Wohnungseigentümer **vorgehen** (Bärmann/*Becker* WEG § 16 Rn. 57 f.). Wegen des **Vorrangs der HeizkostenV** (*BGH* ZMR 2012, 372) ist es nicht möglich, eine gegen ihre Vorgaben **verstoßende Regelung zu treffen** (*Schmid* WE 2007, 7). Die HeizkostenV gibt vor allem durch deren § 6 Abs. 4 S. 2 vor, unter welchen weiteren Voraussetzungen eine Bestimmung/Änderung des Kostenverteilungsschlüssels für die Heiz- und Warmwasserkosten möglich ist. Die Wohnungseigentümer dürfen auch keine Bestimmung treffen, die gegen § 10 HeizkostenV verstieße. Die Wohnungseigentümer können eine Bestimmung des Kostenverteilungsschlüssels für die Heiz- und Warmwasserkosten nach § 16 Abs. 2 S. 2 WEG nur im Rahmen der §§ 7 und 8 HeizkostenV treffen (*Becker* ZWE 2008, 217, 223; *Jennißen* in: FS Blank, S. 635, 642). Eine Bestimmung, nach der etwa von den Kosten des Betriebs der zentralen Heizungsanlage 30 vom Hundert nach dem erfassten Wärmeverbrauch der Nutzer zu verteilen sind, wäre z.B. nichtig und nicht anzuwenden (wie hier *Abramenko* ZWE 2007, 61, 66). Eine weitere Grenze folgt für bestimmte Anlagen aus § 7 Abs. 1 S. 2 HeizkostenV (starrer 70 %-Verteilungsmaßstab).

4. Ersatzschlüssel

51 Haben die Wohnungseigentümer ausnahmsweise und rechtswidrig **keine Bestimmung** darüber getroffen, nach welchem Schlüssel die Umlage der Heiz- und Warmwasserkosten zu erfolgen hat, war nach Auffassung des *BGH* – früher – die Abrechnung selbst anfechtbar (*BGH* ZMR 2012, 372 f.; *BGH* v. 22.06.2018 V ZR 193/17). Die Frage, ob subsidiär als **Ersatzschlüssel** § 16 Abs. 2 WEG analog (*OLG Köln* ZMR 2005, 77, 78 = NZM 2005, 20; *OLG Köln* NJW-RR 2002, 1308, 1309 = NZM 2002, 665; *Abramenko* ZWE 2007, 61, 62; **a.A.** *OLG Hamburg* ZMR 2004, 769, 770) oder analog § 9a Abs. 2 HeizkostenV die Wohn-/Nutzfläche bzw. der umbaute als Verteilungsmaßstab heranzuziehen ist (so *OLG Düsseldorf* ZMR 2007, 379, 381; *OLG Hamburg* ZMR 2004, 769, 770; *Jennißen* in: FS Blank, S. 635, 641), stellt sich nicht mehr.

5. Abdingbarkeit

a) Grundsatz

52 Die Wohnungseigentümer können weder durch eine Vereinbarung noch durch einen Beschluss die HeizkostenV **abbedingen**. Die HeizkostenV ist gem. § 3 Satz 1 HeizkostenV **grundsätzlich zwin-**

gend (*BGH* ZMR 2012, 372). Eine entgegenstehende Vereinbarung oder ein entsprechender Beschluss sind **nichtig** (Bärmann/*Becker* WEG § 16 Rn. 61).

Dies gilt auch in einer Wohnungseigentumsanlage mit **zwei Wohnungen**, wenn eine der Wohnungen vermietet ist, die andere hingegen von dem Eigentümer selbst bewohnt wird (*OLG München* ZMR 2007, 1001). Das Gleiche gilt, wenn beide Eigentumswohnungen vermietet sind. Die HeizkostenV soll analog § 2 HeizkostenV hingegen dann nicht anwendbar sein, wenn eine oder beide Sondereigentumseinheiten **Teileigentum** sind. 53

Entsprechendes soll gelten, wenn eine Eigentumswohnanlage nur aus **zwei Wohnungen** besteht und beide Wohnungen von dem jeweiligen Eigentümer bewohnt werden (*AG Hamburg-Blankenese* ZMR 2004, 544, 545). Jedenfalls im Fall einer Veräußerung nebst anschließender Vermietung ist freilich **anders zu entscheiden**. Ferner darf nicht übersehen werden, dass die Anwendung der HeizkostenV **nicht** davon abhängig ist, dass ein Wohnungseigentümer die Anwendung der HeizkostenV und ihrer Bestimmungen verlangt (Rdn. 49). Diese Erwägung könnte dafür sprechen, auch dann, wenn es sich nur oder teilweise um Teileigentum handelt, die HeizkostenV anzuwenden. 54

b) § 11 Abs. 1 Nr. 1 Buchst. b) HeizkostenV

Die Wohnungseigentümer können **ausnahmsweise** von einer verbrauchsabhängigen Abrechnung der Heiz- und Warmwasserkosten nach § 11 Abs. 1 Nr. 1 Buchst. b) HeizkostenV **absehen.** Dies ist der Fall, wenn das Anbringen der Ausstattung zur Verbrauchserfassung, die Erfassung des Wärmeverbrauchs oder die Verteilung der Kosten des Wärmeverbrauchs nicht oder nur mit **unverhältnismäßig hohen Kosten** möglich ist. 55

Ob ein Kostenaufwand **unverhältnismäßig hoch** wäre, ist zu beurteilen aufgrund eines Vergleichs der Kosten für die Installation der Messgeräte sowie des Mess- und Abrechnungsaufwands mit der möglichen Einsparung von Energiekosten (*BGH* ZMR 1991, 170, 172 = NJW-RR 1991, 647; *BayObLG* ZMR 2005, 135, 136; *BayObLG* NJW-RR 1994, 145, 146; *OLG Köln* WuM 1998, 621). Nach der obergerichtlichen Rechtsprechung ist von einem Vergleichszeitraum von **10 Jahren** auszugehen (*BGH* BGHZ 156, 192, 204 [Kaltwasser] = ZMR 2003, 937, 941 = NJW 2003, 3476; *OLG Köln* ZMR 2007, 389; *BayObLG* ZMR 2005, 135, 136; *BayObLG* NJW-RR 1994, 145; *KG* ZMR 1996, 282, 283; *KG* ZMR 1993, 182 = NJW-RR 1993, 468). 56

Nach **anderer Ansicht** findet der in Rechtsprechung und Literatur angenommene 10-Jahres-Vergleich im Gesetz **keine Stütze.** Die 10-Jahres-Frist sei vollkommen willkürlich und berücksichtige nicht die grundsätzliche Pflicht zur Verbrauchserfassung, sodass das Unterlassen nur dann in Betracht zu ziehen ist, wenn die konkreten Gegebenheiten des Gebäudes den Einbau von Erfassungsgeräten besonders erschweren (Jennißen/*Jennißen* WEG § 16 Rn. 82). Bestünden im Gebäude keine Besonderheiten, die den Einbau der Verbrauchserfassungsgeräte behinderten, sei für eine **Wirtschaftlichkeitsanalyse kein Raum** (Jennißen/*Jennißen* WEG § 16 Rn. 82). 57

6. Verbrauchserfassung

Die Wohnungseigentümer können und müssen für die Heiz- und Warmwasserkosten nicht nur den Kostenverteilungsschlüssel bestimmen. Sie müssen nach billigem Ermessen auch die **Art und Weise der Verbrauchserfassung** bestimmen. Nach § 5 HeizkostenV sind zur Erfassung des anteiligen Wärmeverbrauchs Wärmezähler oder Heizkostenverteiler, zur Erfassung des anteiligen Warmwasserverbrauchs Warmwasserzähler oder andere geeignete Ausstattungen zu verwenden. Die HeizkostenV bestimmt damit nicht, welcher Art die Verbrauchserfassungsgeräte sein müssen. Bei der Wahl des Systems können die Wohnungseigentümer daher grundsätzlich nach freiem Ermessen entscheiden – soweit die Geräte den Regeln der Technik entsprechen. Außerdem müssen die Wohnungseigentümer darüber beschließen – oder eine Vereinbarung schließen, – ob die Erfassungsgeräte gekauft, gemietet, geleast oder anders erlangt werden. Hierbei sind die Bindungen eines **vermietenden Wohnungseigentümers** gegenüber seinem Mieter angemessen zu beachten. Etwa Mietkosten sind auf einen Mieter nur dann umlagefähig, wenn die vermietenden Wohnungseigentümer die Anmietung der 58

Geräte zuvor den Mietern unter Angabe der dadurch entstehenden Kosten ankündigen und die Mehrheit nicht innerhalb eines Monats nach Zugang der Mitteilung widerspricht. Die Anschaffungskosten für Verbrauchserfassungsgeräte sind nach § 16 Abs. 2 WEG zu verteilen.

F. Änderung des Kostenverteilungsschlüssels (§ 16 Abs. 2 S. 2 WEG

I. Änderungen durch das WEMoG

59 § 16 Abs. 3 WEG a.F. sah vor, dass die »Betriebskosten« des Gemeinschaftseigentums oder des Sondereigentums nach Verbrauch oder Verursachung erfasst und nach diesem oder einem anderen Maßstab abgerechnet werden konnten. Hinzu kam in § 16 Abs. 4 WEG a.F. eine Regelung für Kosten der Erhaltung bzw. baulicher Veränderungen, die »im Einzelfall« mit doppelt qualifizierter Mehrheit abweichend verteilt werden durften, wenn der gewählte Maßstab dem Gebrauch oder der Möglichkeit des Gebrauchs Rechnung trug. Bereits die Tatbestandsmerkmale der »Betriebskosten« und des »Einzelfalls« waren in der Praxis nicht sicher zu handhaben. Zudem führte die restriktive Handhabung des »Einzelfalls« durch den *BGH* (*BGH* ZMR 2010, 868) dazu, dass § 16 Abs. 4 WEG a.F. praktisch keinen Anwendungsbereich mehr hatte. Diesen Schwierigkeiten versuchte der Gesetzgeber – abgesehen von den neuen Regelungen zu den Kosten baulicher Veränderungen in § 21 WEG – dadurch abzuhelfen, dass er eine in den tatbestandlichen Voraussetzungen wesentlich vereinfachte Öffnungsklausel in § 16 Abs. 2 S. 2 WEG einfügte, die auch keine qualifizierten Mehrheiten mehr vorsieht.

II. Gegenstand der Änderung

1. Rechtliche Qualität der Kostenregelung

60 § 16 Abs. 2 S. 2 WEG nennt als nach dieser Vorschrift änderungsfähige Kostenregelungen nur § 16 Abs. 2 S. 1 WEG und **Vereinbarungen** (was die ihr gleichstehende, im Grundbuch gewahrte **Gemeinschaftsordnung** einschließt). Selbstverständlich umfasst die Beschlusskompetenz aus § 16 Abs. 2 S. 2 WEG aber auch zuvor kraft § 16 Abs. 2 S. 2 WEG oder kraft einer gesetzlicher Öffnungsklausel gefasste **Beschlüsse**. Lediglich zwingende Regelungen können auch durch Beschluss gemäß § 16 Abs. 2 S. 2 WEG nicht geändert werden, was insbesondere die Regelungen der HeizkostenV erfasst.

2. Wiederholte Änderungen

61 Aus oben Gesagtem folgt, dass auch die Änderung eines zuvor nach § 16 Abs 2 Satz 2 WEG gefassten Beschlusses möglich ist. Die Wohnungseigentümer können die Kostenverteilung also wiederholt ändern. Zulässig ist demzufolge auch eine probeweise Änderung mit Evaluationsvorbehalt. § 16 Abs. 2 S. 2 WEG gestattet das **Experimentieren** zur Ermittlung der angemessensten Kostenverteilung.

3. Betroffene Kosten

a) Einzelne Kosten

62 § 16 Abs. 2 S. 2 WEG nennt als möglichen Gegenstand der Änderung zunächst »einzelne Kosten«. Dies wirkt auf den ersten Blick überraschend, weil anschließend gleich ganze Kostenarten genannt sind, die auch einzelne Kosten umfassen. Gleichwohl kann diese Differenzierung hilfreich sein, wenn innerhalb einer Kostenart nur einzelne Kosten abweichend verteilt werden sollen. So kann es sinnvoll sein, innerhalb der Kostenart »Wasser und Kanal« die Niederschlagswassergebühr nicht nach Verbrauch, sondern nach Miteigentumsanteilen zu verteilen, weil diese Kosten unabhängig vom Verbrauch anfallen. Ähnliches gilt etwa bei ungenügender Mülltrennung für die hierdurch verursachten zusätzlichen Kosten, die exklusiv auf die Verursacher umgelegt werden können (so zur Verteilung von Kosten eines unzulässigen Gebrauchs auch Staudinger/*Lehmann-Richter* § 16 Rn. 114).

b) Bestimmte Arten von Kosten

Der Änderung durch Mehrheitsbeschluss unterliegen auch ganze Kostenarten. Die Eigentümerversammlung kann also etwa beschließen, das Verwalterhonorar samt Sondervergütungen insgesamt nach Einheiten statt nach Miteigentumsanteilen gemäß § 16 Abs. 2 S. 1 WEG zu verteilen. Grenze ist die pauschale Änderung des Kostenverteilungsschlüssels jenseits bestimmter Kostenarten. Beschließt die Eigentümerversammlung etwa die Verteilung aller Kosten nach Einheiten, geht dies über die Beschlusskompetenz des § 16 Abs. 2 S. 2 WEG hinaus, was zur Nichtigkeit des Beschlusses führt. 63

III. Weitere Voraussetzungen der Änderung

1. Übereinstimmung mit Grundsätzen ordnungsmäßiger Verwaltung

a) Änderung des Gesetzestextes

Auf den ersten Blick überraschend hat der Gesetzgeber die Bedingung »soweit dies ordnungsmäßiger Verwaltung entspricht« nicht in § 16 Abs. 2 S. 2 WEG übernommen. Damit sollen aber keineswegs Beschlussfassungen legitimiert werden, die ordnungsmäßiger Verwaltung widersprechen. In Wirklichkeit handelt es sich nur um eine textliche Straffung. Denn schon aus §§ 18 Abs. 2; § 19 Abs. 1 WEG geht hervor, dass jegliche Beschlussfassung ordnungsmäßiger Verwaltung entsprechen muss. Dies gilt auch für Änderungen der Kostenverteilung nach § 16 Abs. 2 S. 2 WEG (so auch Staudinger/*Lehmann-Richter* § 16 Rn. 129). 64

b) Anforderungen im Einzelnen

Weniger einfach als die grundsätzliche Feststellung, dass Beschlüsse nach § 16 Abs. 2 S. 2 WEG ordnungsmäßiger Verwaltung entsprechen müssen, fällt die konkrete Bestimmung, was hierunter zu verstehen ist. Sicherlich nicht mehr hiermit vereinbar sind willkürliche Beschlussfassungen, die gar keine angemessene Kostenverteilung bezwecken, sondern andere Ziele, etwa die Bestrafung missliebiger Miteigentümer verfolgen. Hingegen verlangen weder Gesetzeswortlaut noch Materialien einen sachlichen Grund in dem Sinne, dass die geltende Kostenverteilung ungerecht oder gar unbillig sein muss. Die Eigentümerversammlung kann auch eine bestehende Kostenregelung, die keine gravierenden Defizite aufweist durch eine andere ersetzen, die ihr angemessener erscheint (a.A. wohl Staudinger/*Lehmann-Richter* § 16 Rn. 121). 65

2. Belastungsverbot

Zu den ungeschriebenen Schranken jeglicher Beschlussfassung dürfte auch das vom *BGH* entwickelte Belastungsverbot gehören (*BGH* v. 10.10.2014 – V ZR 315/13, MDR 2015, 79 = NotBZ 2015, 231 = MietRB 2015, 46 = ZMR 2015, 239 = ZWE 2015, 131; *BGH* v. 13.05.2016 – V ZR 152/15, WuM 2016, 577 = ZMR 2016, 713). Demnach darf kein Wohnungseigentümer mit Kosten belastet werden, von denen er kraft Gesetzes oder Vereinbarung freigestellt ist. Die Änderung der Kostenverteilung berechtigt nur eine Verschiebung, eben eine Änderung der Kostenlast, aber nicht ihre erstmalige Auferlegung. Zwar arbeitete der *BGH* diese Grundsätze anhand gewillkürter Öffnungsklauseln heraus. Sie müssen aber bei identischer Interessenlage auch für gesetzliche Öffnungsklauseln wie § 16 Abs. 1 S. 2 WEG gelten (a.A. Staudinger/*Lehmann-Richter* § 16 Rn. 115). 66

3. Änderungen nur für die Zukunft

Eine weitere Einschränkung ergibt sich aus Gründen des Vertrauensschutzes. Demnach darf die Kostenverteilung nicht mit Rückwirkung und somit auch nicht für das laufende Wirtschaftsjahr beschlossen werden (*BGH* v. 01.04.2011-V ZR 162/10; ZMR 2011, 652, 653). Insbesondere kann nicht zugleich mit der Jahresabrechnung eine vereinbarungswidrige Kostenverteilung auf § 16 Abs. 2 S. 2 WEG gestützt werden (Staudinger/*Lehmann-Richter* § 16 Rn. 119). Der Kostenverteilungsschlüssel kann nur für die Zukunft durch **gesonderten Beschluss geändert werden** (*OLG München* ZMR 2007, 811, 812 m. Anm. *Elzer*; *Becker* ZWE 2008, 217, 225: Vorschaltbeschluss). 67

4. Keine Übernahme der Beschränkungen aus dem alten Recht

68 Sicherlich unzutreffend sind Judikate, die Beschränkungen der Kostenänderung etwa auf den ominösen »Einzelfall« des § 16 Abs. 4 WEG a.F. in das neue Recht übernehmen wollen (so *AG Hamburg*-St. Georg, v. 13.05.2022 – 980a C 38/21; MietRB 2022, 328). Dies ist schlicht gesetzeswidrig. Der Gesetzgeber hat diese Beschränkungen bewusst nicht in das neue Recht übernommen.

IV. Mehrheiten

69 § 16 Abs. 2 S. 2 WEG macht keine Vorgaben dazu, wie die Mehrheit zu ermitteln ist. Es gilt somit der vereinbarte Schlüssel zur Stimmkraft. Nur wenn es an einer solchen Regelung durch Gemeinschaftsordnung oder Vereinbarung fehlt, gilt das Kopfstimmprinzip nach § 25 Abs. 2 S. 1 WEG.

V. Auswirkungen auf die Eintragung in das Grundbuch

1. Beschlüsse aufgrund der gesetzlichen Öffnungsklausel in § 16 Abs. 2 S. 2 WEG

70 §§ 5 Abs. 4, 7 Abs. 2 und 10 Abs. 3 WEG fordern grundsätzlich die Eintragung vereinbarungsändernder Beschlüsse in das Grundbuch, sollen sie gegen Sonderrechtsnachfolger wirken. Ausgenommen hiervon sind Beschlüsse, die kraft gesetzlicher Öffnungsklausel gefasst wurden. Zutreffend auf § 16 Abs. 2 S. 2 WEG gestützte Beschlussfassungen bedürfen also zur Wirkung gegen Sonderrechtsnachfolger nicht der Eintragung in das Grundbuch.

2. Beschlüsse kraft vereinbarter Öffnungsklausel

71 § 16 Abs. 2 S. 2 WEG hat aber auch eine Fernwirkung auf Änderungen der Kostenverteilung durch Beschlüsse, die kraft vereinbarter Öffnungsklausel gefasst werden. Dabei soll nach ausdrücklichem Bekunden der Gesetzesmaterialien unerheblich sein, »worauf die Wohnungseigentümer den Beschluss subjektiv stützen« (BT-Drs. 19/18791, S. 39). Unabhängig vom Eintragungsantrag und den Eintragungsunterlagen bedarf es der Eintragung in das Grundbuch demnach nicht, wenn der Beschluss auf eine gesetzliche Öffnungsklausel gestützt werden könnte. § 16 Abs. 2 S. 2 WEG kann somit zum Rettungsanker für nicht eingetragene Änderungen der Kostenverteilung werden, die zwar auf vereinbarte Öffnungsklauseln gestützt wurden, aber auch von § 16 Abs. 2 S. 2 WEG gedeckt wären.

VI. Anspruch auf Änderung des geltenden Kostenverteilungsschlüssels

1. Erzwingung einer Vereinbarung oder Beschlussersetzung

72 Die Wohnungseigentümer können den geltenden Kostenverteilungsschlüssel durch eine **Vereinbarung** nach § 10 Abs. 1 S. 2 WEG oder durch einen **Beschluss** nach § 16 Abs. 2 S. 2 WEG ändern. Diese Möglichkeiten bestimmen auch den Weg zur Erzwingung einer Änderung. Der betroffene Wohnungseigentümer kann eine Änderung der Kostenverteilung entweder durch Klage auf Abgabe einer Willenserklärung zur Änderung einer Vereinbarung nach § 10 Abs. 2 WEG oder die Ersetzung eines Beschlusses nach § 16 Abs. 2 S. 2 WEG versuchen (**a.A.** Staudinger/*Lehmann-Richter* § 16 Rn. 136: Vorrang der Beschlussersetzungsklage).

2. Erzwingung einer Neuvereinbarung nach § 10 Abs. 2 WEG

a) Verfahren

73 Die Änderung des gesetzlichen oder des geltenden gewillkürten Kostenverteilungsschlüssels kommt grundsätzlich durch eine erzwungene Vereinbarung in Betracht. Anspruchsgrundlage für eine erzwungene Vereinbarung ist § 10 Abs. 2 WEG. Die Wohnungseigentümer können nach ganz h.M. dort, wo sie etwas im Wege des Beschlusses ordnen dürfen, stets auch einen Vertrag schließen. Die Erzwingung einer **Vereinbarung zur Änderung des Kostenverteilungsschlüssels** wurde nach h.M. schon im alten Recht als **möglich** angesehen (*LG Hamburg* ZMR 2010, 636 f.; Rapp DNotZ 2009, 335, 349; *Rapp* in Beck'sches Notarhandbuch, A III Rn. 124e; *Abramenko* § 3 Rn. 39; Bärmann/

Becker WEG § 16 Rn. 117; s.a. BT-Drs. 16/887, S. 19/20; **a.A.** *AG Norderstedt* ZMR 2012, 830; *Hügel/Elzer* § 3 Rn. 130).

b) Voraussetzungen

Eine solche Klage hat Erfolg, wenn sich das Ermessen der Wohnungseigentümer auf eine Änderung des gesetzlichen – oder eines vereinbarten oder beschlossenen – Kostenverteilungsschlüssels reduziert hat und also nur eine Änderung ordnungsmäßiger Verwaltung entspricht. Das ist auch bei der Beschlussersetzung mit Blick auf § 10 Abs. 2 WEG – dessen Anforderungen aus systematischen Gründen einen Gleichlauf verlangen (so jetzt auch BeckOK Timme/Dötsch WEG § 10 Rn. 227; s.a. *OLG Hamm* ZMR 2008, 156, 158 = MietRB 2008, 47; s.u. Rdn. 78) – erst dann der Fall, wenn ein Festhalten an der geltenden Regelung aus schwerwiegenden Gründen unter Berücksichtigung aller Umstände des Einzelfalles, insbesondere der Rechte und Interessen der anderen Wohnungseigentümer, unbillig erscheint (s.a. *OLG Hamm* ZMR 2008, 156, 158 = MietRB 2008, 47; *Rapp* DNotZ 2009, 335, 349; *Becker* ZWE 2008, 217, 225/226; *Abramenko* ZWE 2007, 336 ff.). Dies kann insbesondere bei überhöhter Kostenmehrbelastung des benachteiligten Wohnungseigentümers der Fall sein. Ein Änderungsanspruch ist ab einer 25 %igen Mehrbelastung zu bejahen (s. dazu *KG* ZMR 2004, 705, 706 = NZM 2004, 549; ferner BT-Drs. 16/887, S. 19). Die Überbelastung mehrerer Wohnungseigentümer wird auch bei einer Klagehäufung nicht zusammengerechnet (Jennißen/*Jennißen* § 16 Rn. 275). 74

3. Erzwingung eines (Änderungs-) Beschlusses nach § 18 Abs. 2 WEG

a) Beschlussklage

Kommt ein Beschluss zur Änderung des geltenden Kostenverteilungsschlüssels nicht zustande, kann dies im Einzelfall einer ordnungsmäßigen Verwaltung entgegenstehen. Hiergegen kann der betroffene Wohnungseigentümer nicht, wie im Falle einer unterbliebenen Abänderungsvereinbarung mit der Klage auf Abgabe einer Willenserklärung vorgehen. Für die **Klage** ist danach zu **unterscheiden**, ob die Wohnungseigentümer einen Antrag negativ beschieden und also abgelehnt haben oder ob die Wohnungseigentümer weder eine ausreichende positive noch eine negative Regelung getroffen haben. 75

b) Negativbeschluss

Haben die Wohnungseigentümer einen Beschlussantrag auf Änderung des geltenden Kostenverteilungsschlüssels **abgelehnt**, kann ein Wohnungseigentümer diesen negativen Beschluss anfechten, muss es aber nicht, da der Negativbeschluss nach Rechtsprechung des *BGH* keine Bindungswirkung entfaltet. Deshalb kann er auch ohne Beschlussanfechtung auf § 18 Abs. 2 WEG gestützt **sogleich beantragen**, dass ein seinen Wünschen entsprechender Kostenverteilungsschlüssel vom Gericht festgesetzt wird (allgemein *BGH* BGHZ 152, 46, 51 = ZMR 2002, 930; *OLG Düsseldorf* OLGReport Düsseldorf 2007, 33 = ZMR 2007, 380; *OLG Hamm* ZMR 2007, 296). 76

c) Positiver Beschluss

Haben die Wohnungseigentümer eine Änderung des geltenden Kostenverteilungsschlüssels beschlossen, ist diese Regelung aus Sicht eines Wohnungseigentümers aber **nicht ausreichend**, muss er diesen **Beschluss anfechten, da dieser ansonsten bestandskräftig wird.** Auf § 18 Abs. 2 WEG gestützt kann er beantragen, dass ein seinen Wünschen entsprechender Kostenverteilungsschlüssel vom Gericht festgesetzt wird. Auch eine solche Klage hat Erfolg, wenn sich das Ermessen der Wohnungseigentümer auf eine Änderung des gesetzlichen – oder eines vereinbarten oder beschlossenen – Kostenverteilungsschlüssels reduziert hat und also **nur eine Änderung ordnungsmäßiger Verwaltung** entspricht. Gleiches gilt, wenn die Wohnungseigentümer ihr Selbstorganisationsrecht trotz ordnungsgemäßer Befassung der Eigentümerversammlung **überhaupt nicht wahrgenommen** und weder positiv einen abweichenden Kostenverteilungsschlüssel beschlossen noch einen entsprechenden Beschlussantrag abgelehnt haben. 77

d) Grundlage der Beschlussklage

78 Eine Klage auf einen Beschluss nach § 16 Abs. 2 S. 2 WEG kann auf § 18 Abs. 2 WEG gestützt werden (vgl. noch zum alten Recht *Rapp* DNotZ 2009, 335, 349; *Abramenko* ZMR 2005, 22, 24). Da in der Sache aber auch auf diesem Weg die Änderung einer Vereinbarung erzwungen werden soll, dürfen sich keine Wertungswidersprüche zum Vorgehen aus § 10 Abs. 2 WEG ergeben. In der Konsequenz kann auch die Beschlussersetzungsklage nur dann Erfolg haben, wenn die Voraussetzungen des § 10 Abs. 2 WEG vorliegen, wenn also ein Festhalten an der geltenden Regelung aus schwerwiegenden Gründen unter Berücksichtigung aller Umstände des Einzelfalles, insbesondere der Rechte und Interessen der anderen Wohnungseigentümer, unbillig erscheint (im Ergebnis ebenso Jennißen/*Jennißen* § 16 Rn. 271 f.).

e) Kriterien für die Wahl zwischen Beschlussersetzung und Klage auf Abänderung nach § 10 Abs. 2 WEG

79 Materiell-rechtlich bietet die Beschlussersetzung somit keinen Vorteil gegenüber der Klage nach § 10 Abs. 2 WEG. Sie hat zudem den Nachteil, dass der Änderungswillige nach allgemeinen Grundsätzen vor der Beschlussklage die Eigentümerversammlung mit seinem Anliegen befassen muss (Jennißen/*Jennißen* § 16 Rn. 179a). Sie kann aber prozessual die Rechtsdurchsetzung erheblich vereinfachen, da sie nur gegen die Gemeinschaft der Wohnungseigentümer zu richten ist. Gerade dann, wenn die Klage aus § 10 Abs. 2 WEG gegen eine Vielzahl von Miteigentümern zu richten wäre, kann dies ein entscheidender Vorteil sein, zumal dann, wenn deren ladungsfähige Anschriften schwer zu ermitteln sind.

VII. Einrede

80 Die Kostenverteilung wird erst mit Rechtskraft der Entscheidung über die Klage nach § 10 Abs. 2 WEG bzw. die Beschlussersetzungsklage geändert. Aus dem bloßen Anspruch auf Abänderung des geltenden Kostenverteilungsschlüssels, gleich auf welchem Wege, ergibt sich keine Einrede. Ein Wohnungseigentümer kann der Wohnungseigentümergemeinschaft diesen Anspruch folglich weder im Anfechtungsverfahren gegen eine beschlossene Jahresabrechnung entgegenhalten noch einredeweise im Beitreibungsverfahren geltend machen (*BGH* ZMR 2018, 782 = WuM 2018, 387; *BGH* ZMR 2018, 681 = WuM 2018, 442).

G. Kosten und Nutzungen baulicher Veränderungen

81 Wegen der Kosten und Nutzungen baulicher Veränderungen verweist § 16 Abs. 3 WEG (überflüssigerweise) auf § 21 WEG. Diese Norm ist folglich lex specialis zu § 16 WEG.

H. Abdingbarkeit

82 Der Gesetzgeber hat für § 16 WEG in der neuen Fassung keine § 16 Abs. 5 WEG a.F. entsprechende Regelung vorgesehen, die die Einschränkung oder den Ausschluss dieser Vorschriften ausschließt. Auch aus systematischen Gründen ergibt sich nicht, dass § 16 WEG zwingend sein soll. Die Regelungen dieser Vorschrift stehen nunmehr also vollständig zur Disposition der Wohnungseigentümer bzw. des teilenden Eigentümers (so auch Staudinger/*Lehmann-Richter* § 16 Rn. 112). Sie können somit sowohl die Verteilung von Früchten und Kosten als auch den Gebrauch des Gemeinschaftseigentums abweichend regeln. Es steht ihnen sogar offen, die Abänderung nach § 16 Abs. 2 S. 2 WEG auszuschließen. Allerdings kann eine solche Änderung nur durch Vereinbarung erfolgen, sofern keine Öffnungsklausel existiert.

I. Das Sondernutzungsrecht

I. Änderungen durch das WEMoG

Nach früherem Recht konnte Sondereigentum, abgesehen von der Sonderregelung des § 3 Abs. 2 S. 2 WEG a.F. zu Stellplätzen, nur an Räumen begründet werden. Eine alleinige Nutzung sonstiger Bauteile oder des Grundstücks konnte nur durch Sondernutzungen erreicht werden. Dies haben die Neuregelungen in § 3 Ab. 1 S. 2, Abs. 2 WEG geändert, wonach Sondereigentume auch am Grundstück begründet werden können. Diese Neuerungen sind aber nicht zwingend. Nach wie vor können an Teilen des Grundstücks Sondernutzungsrechte begründet werden. Die Möglichkeiten in § 3 Ab. 1 S. 2, Abs. 2 WEG treten nur neben die Regelung exklusiver Nutzung durch Sondernutzungsrechte. Erst recht berühren § 3 Abs. 1 S. 2, Abs. 2 WEG nicht den Bestand von Sondernutzungsrechten. Die Neuregelungen haben nicht dazu geführt, dass nunmehr kraft Gesetzes Sondernutzungsrechte an Stellplätzen zu Sondereigentum umgewandelt wurden (*AG Karlsruhe* v. 23.08.2022 – 6 C 1041/22 WEG; MietRB 2022, 327). Der Gesetzgeber hat noch nicht einmal Vereinfachungen für eine solche Umwandlung geschaffen. Es bedarf hierzu also der Mitwirkung aller Eigentümer und der Form eines jeden Grundstücksgeschäftes. 83

II. Rechtsnatur

1. Der »Normalfall« des Sondernutzungsrechtes für einen Wohnungseigentümer an Gemeinschaftseigentum

Mit dem Sondernutzungsrecht wird einem Eigentümer (positiv) die Befugnis zur alleinigen Nutzung einer Fläche oder einem Gebäudeteil eingeräumt, womit umgekehrt (negativ) der Ausschluss der anderen Miteigentümer von jeglicher Nutzungsmöglichkeit einhergeht (*BayObLG* NJW-RR 1986, 93; *OLG Düsseldorf* NJW-RR 2001, 1380; *KG* ZMR 2007, 386; *OLG Frankfurt am Main* ZMR 2008, 399). Durch die negative, ausschließende Komponente unterscheidet es sich von **Gebrauchsregelungen** nach § 19 Abs. 1 WEG, denen es früher oftmals zugerechnet wurde (*BayObLG* NJW-RR 1986, 94), da eine Gebrauchsregelung keinen endgültigen, dauerhaften Ausschluss vom Gebrauch des Gemeinschaftseigentums bewirken kann (*BGH* ZMR 2000, 774; *BGH* ZMR 2001, 120; *OLG Köln* NJW-RR 2001, 1305; *Jennißen/Schultzky* § 15 Rn. 5). Ein Bedarf nach dieser Konstruktion besteht bei Flächen und Gebäudeteilen, deren Nutzung einem Alleinberechtigten zugewiesen werden soll, an denen aber mangels Begrenzung **kein Sondereigentum begründet werden kann.** Häufigster Fall waren früher Stellplätze im Freien oder auf Duplex-Garagen (s. insoweit *OLG Jena* ZWE 2000, 232 f.; *OLG Stuttgart* ZMR 2012, 715 f.). Auch an **beweglichen Teilen** wie Parkpaletten können Sondernutzungsrechte begründet werden (*LG Stuttgart* ZMR 2013, 661 f.; nach Auffassung des *BGH* allerdings nicht, wenn der Duplexparker insgesamt dem Sondereigentum zugewiesen ist, s. *BGH* ZMR 2015, 232 = ZWE 2014, 211 = MietRB 2014, 172 = ZfIR 2014, 441). Sondernutzungsrechte können aber auch an abgeschlossenen Räumen wie Kellern, selbst an Wohnräumen begründet werden (*OLG Hamm* MDR 1993, 866; *OLG Stuttgart* ZMR 2012, 715 f.). Das Sondernutzungsrecht bleibt ohne Eintragung in das Grundbuch eine bloß schuldrechtliche Abrede zwischen den Eigentümern, die keine Wirkung gegen Sondernachfolger entfaltet. Mit der Eintragung in das Grundbuch erlangt das Sondernutzungsrecht aber **dingliche Wirkung**, die der Sondernachfolger gegen sich gelten lassen muss (*BGH* Rpfleger 1979, 57; DNotZ 1984, 696). Damit ist das Sondernutzungsrecht weitgehend, aber nicht vollständig dem Eigentum angeglichen (vgl. *BGH* ZMR 2001, 120; *OLG Stuttgart* ZMR 2003, 56 f.). So kann es zwar rechtsgeschäftlich **gutgläubig erworben** werden (*OLG Stuttgart* OLGZ 1986, 37 f. = NJW-RR 1986, 319; *BayObLG* DNotZ 1990, 382 f.; *LG München I* ZMR 2011, 749), aber nicht durch Zuschlag in der Zwangsversteigerung (*BayObLG* ZMR 1994, 233; *LG Hamburg* ZMR 2011, 585 f.). Der gutgläubige Erwerb setzt zudem die wirksame Begründung des Sondernutzungsrechtes voraus (*LG München I* ZMR 2016, 139, 141). Der Erwerber soll aber ein tatsächlich bestehendes, aber nicht eingetragenes Sondernutzungsrecht auch durch den Zuschlagsbeschluss erwerben (*LG Hamburg* ZMR 2011, 585 f.; wegen § 10 Abs. 3 WEG zweifelhaft). Ferner können Flächen und Räume, an denen Sondernutzungsrechte bestehen – auch an Außenstehende – vermietet werden (*Niedenführ/Vandenhouten* § 13 Rn. 50; kritisch 84

OLG Frankfurt am Main NJW-RR 2007, 891). Hingegen kann es seinen gemeinschaftsbezogenen Wirkungen wegen **nur einem Miteigentümer** eingeräumt werden (*BGH* Rpfleger 1979, 57; *Schneider* Rpfleger 1998, 9) und nicht selbständig mit einer Dienstbarkeit belastet werden (*BGH* v. 20.03.2020 – V ZR 317/18; ZMR 2020, 776 = ZWE 2020, 328 = ZfIR 2020, 533 = GE 2020, 936; *OLG Düsseldorf* NJW-RR 1986, 1076; *OLG Zweibrücken* NJW-RR 1999, 1389; *OLG Hamburg* ZMR 2004, 617; *vgl. u. Rdn. 125*).

2. Sonderfälle des Sondernutzungsrechts

a) Sondernutzungsrechte an Sondereigentum

85 Neben dem Regelfall des Sondernutzungsrechts eines Wohnungseigentümers an Gemeinschaftseigentum werden noch diverse in einer der beiden Komponenten abweichende Konstellationen diskutiert. So ist streitig, ob **Sondernutzungsrechte auch an Sondereigentum** begründet werden können, was wohl zu bejahen ist (vgl. *OLG Jena* ZWE 2000, 232 f.; der Sache nach auch *BayObLG* NJW-RR 1994, 1427 f. = Rpfleger 1995, 67; *Schneider* Rpfleger 1998, 9, 13; **a.A.** *BGH* ZMR 2015, 232 = ZWE 2014, 211 =MietRB 2014, 172 =ZfIR 2014, 441; *OLG München* ZMR 2012, 118). Ein Sondernutzungsrecht kann auch einem **Miteigentumsanteil** an einer Wohnung oder Teileigentumseinheit zugeordnet werden (*BGH* ZMR 2012, 795; *OLG Nürnberg* ZMR 2012, 215).

b) Sondernutzungsrechte an anderen Grundstücken

86 Der Sache nach kann ein Sondernutzungsrecht auch **an einem anderen Grundstück** begründet werden, an dem eine Grunddienstbarkeit zugunsten der jeweiligen Wohnungseigentümer bestellt ist. Denn die Grunddienstbarkeit gilt als Bestandteil des herrschenden Grundstücks, für den das Sondernutzungsrecht wiederum ausschließliche Befugnisse einzelner Wohnungseigentümer anordnen kann (*BayObLG* NJW-RR 1990, 1044 f.; *OLG Köln* NJW-RR 1993, 982 f.). Allein der Umstand, dass die Grunddienstbarkeit nur einigen Miteigentümern zur Ausübung überlassen wird, soll aber kein Sondernutzungsrecht begründen (*OLG Düsseldorf* ZMR 2009, 132). Es können aber Abwehransprüche dagegen geltend gemacht werden, dass die Ausübung der Dienstbarkeit beeinträchtigt wird (*OLG Düsseldorf* ZMR 2009, 133). Ohne Dienstbarkeit können Nachbargrundstücke nicht Gegenstand der Regelung des Gemeinschaftsverhältnisses sein (*OLG Hamm* ZMR 2006, 708).

c) Sondernutzungsrechte zugunsten einer Mehrheit von Eigentümern

87 Schließlich können Räume oder Flächen einer **Mehrheit von Eigentümern**, etwa bei Begründung von Wohnungseigentum den zu dieser Zeit eingetragenen Eigentümern verschiedener Einheiten, zur alleinigen Nutzung vorbehalten werden (*BayObLG* NJW-RR 1997, 207). Sofern diese Befugnis nicht auf Sonderrechtsnachfolger übergeht, verkleinert sich der Kreis mit jeder Veräußerung. Mit dem Ausscheiden des letzten Berechtigten erlischt das Sondernutzungsrecht (vgl. *BayObLG* NJW-RR 1997, 207). Ähnliches gilt dann auch für Sondernutzungsrechte, die nicht einer Einheit, sondern einem einzelnen Sondereigentümer zugeordnet werden (vgl. Niedenführ/*Vandenhouten* § 13 Rn. 33).

III. Die Begründung und Übertragung eines Sondernutzungsrechtes

1. Die Entstehung mit Teilung des Grundstücks

a) Die Zuweisung in der Teilungserklärung

aa) Anforderungen an die Bestimmtheit

88 Sondernutzungsrechte sind regelmäßig bereits in der Teilungserklärung vorgesehen. Dabei muss die Eintragung in das Grundbuch zumindest durch **Bezugnahme auf einen Plan** klar erkennen lassen, auf welche Fläche sich das Sondernutzungsrecht bezieht (*OLG Hamburg* ZMR 2003, 448; *OLG Düsseldorf* ZMR 2010, 976 f.; *OLG München* ZMR 2016, 303, 306; *LG Hamburg* ZMR 2010, 63; ZMR 2011, 991 u. 994). Der körperlichen Verbindung von Eintragungsbewilligung und in Bezug

genommener Anlagen wie Aufteilungsplan bedarf es nicht (*OLG Düsseldorf* ZMR 2010, 976). Der Umfang des Sondernutzungsrechtes ist dann durch Auslegung der Teilungserklärung zu ermitteln (*OLG Karlsruhe* ZMR 2017, 660, 661 f.). Weichen die Größenangaben von den im Lageplan eingezeichneten Grenzen ab, sind letztere maßgeblich (*BayObLG* NJW-RR 2000, 967). Nimmt die Teilungserklärung auf den Aufteilungsplan Bezug, genügt es, wenn dieser hinreichend bestimmt ist (*LG Itzehoe* ZMR 2018, 68). Maßgeblich für die Auslegung ist nicht der subjektive Wille des teilenden Eigentümers, sondern sein objektiver Niederschlag in der Teilungserklärung (*OLG Karlsruhe* ZMR 2017, 660, 663). Sind die Grenzen des Sondernutzungsrechtes den Grundbuchunterlagen auch im Wege der Auslegung nicht zu entnehmen, kann es **mangels Bestimmtheit nicht entstehen** (*OLG Hamm* ZMR 2000, 125; NJW-RR 2001, 85 f. = ZMR 2000, 693; *OLG Saarbrücken* ZMR 2005, 982; *OLG Hamburg* ZMR 2006, 468; *OLG Düsseldorf* ZMR 2010, 976 f.; *LG Hamburg* ZMR 2010, 63; *LG München I* ZMR 2016, 139, 140). Eine dicke, umgerechnet in der Natur einen Meter breite Linie in einem zudem nicht maßstäblichen Plan genügt nicht (*LG Hamburg* ZMR 2012, 990). Der Bestimmtheitsgrundsatz erfordert aber nur die sachenrechtliche Bestimmtheit der betroffenen Fläche, nicht den Zeitpunkt der Entstehung eines Sondernutzungsrechtes, sodass aufschiebende Bedingungen zulässig sind (*OLG Zweibrücken* ZMR 2008, 668; *OLG Hamm* ZMR 2018, 59; vgl. u. Rdn. 93).

bb) Nicht zur völligen Unwirksamkeit führende Fehler

Sofern die genaue Größe der dem Nutzungsrecht unterfallenden Fläche offenbleibt, aber über die **Mindestfläche** Einigkeit erzielt wurde, ist das Sondernutzungsrecht zumindest in diesem Umfang begründet (*BayObLG* ZMR 2002, 849 f.). Auch **pauschale Beschreibungen**, etwa die Bezeichnung als »jeweils unmittelbar vor der Wohnung befindlicher Vorgarten« können ausreichen, wenn im Zusammenhang mit den Grundbuchunterlagen die Abgrenzung möglich ist (*BayObLG* ZMR 2003, 759). Bei einer **von der Planung abweichenden Bauausführung** richtet sich die Größe der Sondernutzungsflächen nach der Teilungserklärung i.V.m. dem Aufteilungsplan, nicht nach der tatsächlichen Bauausführung (*OLG Hamburg* ZMR 2003, 448 f.). Die Bestimmtheit erfordert nur die Abgrenzung der Fläche vom sonstigen Gemeinschaftseigentum bzw. vom Sondereigentum. Bei einer Mehrheit von Sondernutzungsberechtigten stellt es keinen zur Unwirksamkeit der Eintragung führenden Bestimmtheitsmangel dar, wenn die Ausübung des Sondernutzungsrechtes im Innenverhältnis der Berechtigten nicht hinreichend geregelt ist (*OLG Düsseldorf* ZMR 2010, 976 f.). 89

cc) Möglichkeit bei Nichtentstehen des Sondernutzungsrechtes

Fehlt es an der sachenrechtlichen Bestimmtheit des Sondernutzungsrechtes, so kann ein **Anspruch auf Abänderung der Teilungserklärung** bestehen (*OLG Hamburg* ZMR 2006, 469; *LG Hamburg* ZMR 2010, 145). Dieser kann schon dem Anspruch auf Mitgebrauch der betroffenen Fläche entgegengehalten werden (*OLG Hamm* NJW-RR 2001, 86 = ZMR 2000, 694 f.), u.U. auch dem Verlangen auf Rückbau zwischenzeitlich errichteter Anlagen (*LG Hamburg* ZMR 2010, 146 f.). Darüber hinaus soll ein Beseitigungsanspruch solange nicht geltend gemacht werden können, wie die streitenden Wohnungseigentümer keine Einigung über Lage und Größe ihrer Sondernutzungsflächen erzielt haben (*LG Hamburg* ZMR 2011, 992). 90

b) Durch Umdeutung entstandene und faktische Sondernutzungsrechte

Die **formunwirksame Einräumung von Sondereigentum** kann in die Zuweisung eines Sondernutzungsrechtes umzudeuten sein, sofern der Berechtigte Wohnungseigentümer und das Sondernutzungsrecht einer Wohnung zuzuordnen ist (*KG* ZMR 1999, 206). Ferner kann sich das Sondernutzungsrecht bereits aus der **Lage und Natur eines Gebäudeteiles** ergeben, wenn dieser etwa in ein Wohnungseigentum integriert wird oder nur durch dieses erreicht werden kann, wie etwa ein nachträglich angebauter **Balkon** (*BayObLG* NJW-RR 2004, 1240 = ZMR 2004, 132; im Ergebnis ebenso *BayObLG* NJW-RR 1993, 86; ZMR 2004, 361). Anderes gilt für **Dachterrassen** (*OLG München* ZMR 2008, 235) und in den häufiger entschiedenen Fällen von **Spitzböden**, die nur durch 91 ein Sonder- oder Teileigentum erreicht werden können. Hieraus wird sich zwar regelmäßig ein Ausschluss der anderen Eigentümer von einer dauernden Benutzung unter Inanspruchnahme fremden Sondereigentums ergeben (*BayObLG* NJW-RR 2001, 801 = ZMR 2001, 563; *OLG Hamm* ZMR 2001, 222; *OLG Hamburg* ZMR 2001, 1000 u. 2005, 68 f.), aber kein Sondernutzungsrecht für den Eigentümer, in dessen Wohnung bzw. Teileigentum sich der Zugang befindet. Dies würde gegen den Grundsatz gleichen Mitgebrauchs gemeinschaftlichen Eigentums verstoßen. Vielmehr ist der Spitzboden in dieser Konstellation von allen Miteigentümern nur zu Zwecken der Dachreparatur und Wartung zu nutzen (*BayObLG* NJW-RR 1992, 83; ZMR 2001, 563; 2004, 844 f.; *OLG Hamm* ZMR 2001, 222 f.; *OLG Köln* NJW-RR 2001, 1094 = ZMR 2001, 570 f.; *LG Frankfurt/M.*, Urt. v. 07.11.2019 – 2–13 S 103/18; MietRB 2020, 51), was der betroffene Wohnungseigentümer seinerseits nach § 14 Abs. 2 Nr. 2 WEG dulden muss (*BayObLG* NJW-RR 1992, 83). Allerdings ist in diesen Fällen die Möglichkeit einer Vereinbarung über die alleinige Nutzung durch stillschweigendes oder konkludentes Verhalten zu prüfen (*OLG Düsseldorf* ZMR 2004, 137).

c) Die nachträgliche Zuweisung

aa) Das »Parken« bei einer Einheit

92 Es ist nicht erforderlich, dass das Sondernutzungsrecht bereits mit der Teilung des Grundstücks einem bestimmten Wohnungs- oder Teileigentum zugewiesen wird. Dies ist etwa dann von Bedeutung, wenn der teilende Eigentümer noch nicht von vornherein absehen kann, welcher Erwerber Interesse an einem oder mehr Stellplätzen hat. Dabei sind mehrere Vorgehensweisen denkbar. Zum einen kann der teilende Eigentümer eine Vielzahl von Sondernutzungsrechten bei einem vorerst noch von ihm zurückbehaltenen Wohnungs- oder Teileigentum **»parken«**. Diese kann er dann im Bedarfsfall an interessierte Erwerber verkaufen, da das Sondernutzungsrecht ohne Weiteres auf Miteigentümer übertragen werden kann (s.u. Rdn. 103).

bb) Begründung unter aufschiebender Bedingung

93 Zulässig ist es aber auch, die Begründung eines Sondernutzungsrechtes vom Eintritt einer **aufschiebenden Bedingung** gem. § 158 BGB, etwa einer Zuweisung durch Verwalter oder teilenden Eigentümer, abhängig zu machen (*BGH* ZMR 2012, 652; *BayObLG* NJW-RR 1986, 93; NJW-RR 1989, 721; *OLG Düsseldorf* NJW-RR 1987, 1492; 2001, 1380; *OLG Frankfurt am Main*, ZMR 1997, 661; NJW-RR 1998, 1708 f.; *OLG Hamm* ZMR 2000, 124; ZMR 2018, 59 f.; *OLG Stuttgart* ZMR 2003, 56; *KG* ZMR 2007, 386; *OLG Zweibrücken* ZMR 2008, 668; *LG Stuttgart* ZMR 2013, 662 f.). Dieses Recht kann auch über den Zeitpunkt der **Veräußerung aller Einheiten** durch den teilenden Eigentümer fortbestehen (*OLG Stuttgart* ZMR 2012, 715 f.; *OLG Hamm* ZMR 2018, 59, 60; *LG Stuttgart* ZMR 2013, 662 f.). Auch in diesem Fall müssen die betroffenen **Flächen genau bestimmt sein** (*BGH* ZMR 2012, 652; ZMR 2012, 884; *OLG Hamm* ZMR 1998, 454). Dann sind die anderen Miteigentümer bereits durch die Teilungserklärung für die Zukunft vom Mitgebrauch der betroffenen Fläche ausgeschlossen (*BayObLG* NJW-RR 1986, 94; *OLG Hamm* ZMR 2000, 124), sodass sich mit Eintritt der Bedingung nur die von vornherein vorgesehene Beschränkung verwirklicht. Deshalb ist ihre **Mitwirkung bei der Eintragung entbehrlich** (*BGH* ZMR 2012, 652; *OLG Stuttgart* ZMR 2012, 715 f.; *OLG Hamm* ZMR 2018, 59). Auch der Zustimmung der **dinglich Berechtigten** bedarf es deshalb in diesem Fall nicht (*BGH* ZMR 2012, 884; *OLG Düsseldorf* NJW-RR 1987, 1492; *BayObLG* NJW-RR 1986, 94; *OLG Stuttgart* ZMR 2012, 715 f.). Sofern die Flächen oder Räumlichkeiten, an denen ein Sondernutzungsrecht bestehen soll, nicht vorab bezeichnet sind, genügt eine in der Teilungserklärung enthaltene Befugnis des Verwalters zur Gewährung von Sondernutzungsrechten am Gemeinschaftseigentum auf keinen Fall (*BGH* ZMR 2012, 652 f.). Denn ein Erwerber könnte dann weder aus der Eintragung noch aus der Eintragungsbewilligung ersehen, ob der Verwalter von dieser Befugnis Gebrauch gemacht hat (*KG* NJW-RR 1987, 654). Die Befugnis, ein Sondernutzungsrecht zuzuweisen, ist aber **kein eigenes verkehrsfähiges Recht** und mithin nicht pfändbar (*OLG Stuttgart* ZMR 2003, 56 f.). Im Übrigen kommen auch andere Bedingungen in Betracht, etwa die Errichtung der Räumlichkeiten, an denen das Sonder-

nutzungsrecht bestehen soll (*OLG Düsseldorf* ZMR 2001, 839). **Bis zum Eintritt der aufschiebenden Bedingung** können die Wohnungseigentümer die Flächen mitbenutzen. Eventuelle Mieteinkünfte stehen ihnen schon aus § 16 Abs. 1 S. 1 WEG zu (insoweit unrichtig *LG Stuttgart* ZMR 2013, 663, das Bereicherungsrecht anwenden will).

cc) Auflösende Bedingung

Einer obergerichtlich vertretenen Auffassung zufolge soll das Sondernutzungsrecht auch unter einer **auflösenden Bedingung** begründet werden können (*OLG Zweibrücken* ZMR 2008, 668), etwa unter Übernahme der Verpflichtung zur Gartenpflege. Mit Einstellung der Pflege soll das Sondernutzungsrecht dann erlöschen (*OLG Düsseldorf* ZMR 2000, 552). Dies erscheint jedenfalls bei seiner Eintragung in das Grundbuch im Hinblick auf die verdinglichte Wirkung eingetragener Sondernutzungsrechte bedenklich; letztlich dürfte diese Problematik aber durch die Möglichkeit gutgläubigen Erwerbs entschärft sein. 94

d) Die nachträgliche Begründung von Sondernutzungsrechten

aa) Begründung durch Vereinbarung

Sondernutzungsrechte können auch nach Teilung des Grundstücks noch begründet werden. Dies erfordert allerdings eine **Vereinbarung aller Wohnungseigentümer** und als Voraussetzung der Verdinglichung **grundbuchrechtlich die Bewilligung** nach §§ 19, 29 GBO. Nach allgemeinen Grundsätzen konnte es nach altem Recht schon zwischen den Mitgliedern einer werdenden Wohnungseigentümergemeinschaft vereinbart werden (*AG München* ZMR 2018, 86, 87 f.). Diese Möglichkeit ist zwar nach Fortfall der Rechtsfigur einer werdenden Wohnungseigentümergemeinschaft entfallen. Die bereits begründeten Sondernutzungsrechte bestehen aber fort. Nunmehr können auch werdende Wohnungseigentümer (§ 8 Abs. 3 WEG) Sondernutzungsberechtigungen erlangen. Die Vereinbarung eines rein schuldrechtlichen Nutzungsrechtes bedarf **keiner Form** (*OLG Hamburg* ZMR 2008, 154 f.) und muss auch nicht auf einer Eigentümerversammlung behandelt werden. Die Zustimmungen können sukzessive erteilt werden, auch konkludent, etwa durch Änderung des Kostenverteilungsschlüssels für das neue Sondernutzungsrecht. Erforderlich ist aber die Mitwirkung jedes Miteigentümers. 95

bb) Keine Begründung durch Beschluss

Hingegen kommt eine Begründung durch (unangefochtenen) **Mehrheitsbeschluss** nicht in Betracht, da den Wohnungseigentümern für eine solche Änderung der Teilungserklärung die Beschlusskompetenz fehlt (*BGH* ZMR 2000, 772 ff.; ZMR 2012, 652; ZMR 2015, 232, 234; *OLG Stuttgart* NJW-RR 1987, 330 f.; *BayObLG* NJW-RR 1989, 657; 1990, 1105; NJW-RR 2005, 313; *OLG Braunschweig* NJW-RR 1990, 980; *OLG Köln* NJW-RR 1992, 598; 2001, 1305; *KG* NJW-RR 1993, 1105; *OLG Düsseldorf* NJW-RR 2003, 1378 = ZMR 2003, 956 ZMR 2003, 956; *AG München* ZMR 2013, 141 f.). Die Begründung von Sondernutzungsrechten durch Beschluss ist auch dann nicht möglich, wenn jeder Wohnungseigentümer eine gleichwertige Fläche erhält (*BGH* ZMR 2016, 888 ff.). Denn er erhält nur eine wirtschaftliche oder ideelle, aber keine rechtliche Kompensation für den Verlust seines Gebrauchsrechtes an den anderen Flächen (*BGH* ZMR 2016, 888, 890; *AG Würzburg* ZMR 2016, 818). Die Ablehnung eines entsprechenden Beschlussantrages entspricht (alleine) ordnungsmäßiger Verwaltung (*AG München* ZMR 2013, 141 f.). Dabei ist unerheblich, ob ausdrücklich ein Sondernutzungsrecht eingeräumt wird; es kommt alleine darauf an, ob einem Sondereigentümer auf Dauer die Möglichkeit des Gebrauchs von Gemeinschaftseigentum unter Ausschluss der übrigen Eigentümer eingeräumt wird (*OLG München* ZMR 2008, 561). Auch eine »Aufteilung« von Gemeinschaftsflächen kommt daher nicht in Betracht (*LG Dortmund* ZMR 2018, 350, 352). Selbst eine befristete Zuweisung scheidet aus (*LG Aurich* ZMR 2018, 345, 345: Für ein Jahr). Die Vergrößerung etwa einer Terrasse, an der ein Sondernutzungsrecht besteht, ist eine versteckte Begründung eines Sondernutzungsrechtes, die durch Beschluss nicht erfolgen kann (*AG Wedding* ZMR 2017, 604 f.), ebenso die Genehmigung zur Aufstellung einer Mülltonnenbox (*LG Aurich* 96

ZMR 2017, 909 f.). Ob eine Vereinbarung oder ein Beschluss vorliegt, kann nur dann zweifelhaft sein, wenn alle Wohnungseigentümer der Einräumung des Sondernutzungsrechtes zustimmten. Diese Grundsätze gelten nicht nur für Flächen und Räume, sondern auch für **sonstige im Gemeinschaftseigentum stehende Gegenstände** wie Wasserhähne (*OLG München* NJW-RR 2007, 806 = ZMR 2007, 561). Durch Mehrheitsbeschluss kann ein Sondernutzungsrecht auch dann nicht begründet werden, wenn die Gemeinschaftsordnung eine **Öffnungsklausel** enthält, die die Änderung der Gemeinschaftsordnung mit einer qualifizierten Mehrheit zulässt. Denn diese erlaubt keine Neuordnung der sachenrechtlichen Aufteilung des Grundstücks (*OLG Stuttgart* NJW-RR 1986, 815; *OLG Köln* ZMR 1998, 373; **a.A.** *Niedenführ/Kümmel/Vandenhouten* § 13 Rn. 43).

cc) Abgrenzung Vereinbarung und Beschluss

97 Bei Zustimmung aller Wohnungseigentümer zur Begründung eines Sondernutzungsrechtes kann zweifelhaft sein, ob ein Beschluss gefasst oder eine Vereinbarung getroffen werden sollte. Maßgeblich ist dann der **Inhalt der Regelung**, wobei davon auszugehen ist, dass die Form der Entscheidung gewollt ist, in der der beabsichtigte Erfolg herbeigeführt werden kann. Etwa die Genehmigung der Nutzung einer Außenfläche zur Außenbewirtschaftung durch Beschluss läuft auf eine unzulässige Genehmigung eines Sondernutzungsrechtes durch Beschluss hinaus (*LG Lüneburg* ZMR 2016, 647 f.). Da die Begründung eines Sondernutzungsrechtes nicht durch Mehrheitsbeschluss, sondern nur durch Vereinbarung erfolgen kann, ist also bei Zustimmung aller Wohnungseigentümer grundsätzlich der Abschluss der letzteren anzunehmen, auch wenn die Wohnungseigentümer ihre Entscheidung als »Beschluss« bezeichneten (*OLG Hamburg* ZMR 2008, 155).

dd) Kein Entstehen durch langjährige Hinnahme oder durch öffentliches Recht

98 Lang anhaltender Alleingebrauch unter Duldung der Miteigentümer lässt keine rechtlich zum Sondernutzungsrecht erstarkte Position entstehen (*OLG Hamm* ZMR 2000, 125; *OLG Düsseldorf* NJW-RR 2003, 1378 = ZMR 2003, 956; *LG Hamburg* ZMR 2010, 311; *AG Wedding* ZMR 2017, 604, 605). Dies kann auch nicht indirekt, etwa durch **Verwirkung** des Herausgabeanspruchs erfolgen (*KG* ZMR 2007, 388; *OLG Hamm* ZMR 2008, 160 f.; vgl. u. Rdn. 123; **a.A.** *OLG München* ZMR 2008, 235, wonach eine Verwirkung möglich sein soll, aber nur in Betracht kommt, wenn sich die »Herausgabe für den Besitzer als schlechthin unerträglich darstellt«). Denn dann würde der bloßen Duldung größere Bedeutung zugestanden als der ausdrücklichen Vereinbarung, der eben ohne Eintragung in das Grundbuch bei Eigentümerwechsel keine Wirkung gegen den Sonderrechtsnachfolger zukommt. Erst recht kann ein im Grundbuch eingetragenes Sondernutzungsrecht nicht verwirkt werden (abwegig daher *LG Braunschweig* ZMR 2014, 571). Auch aus **öffentlich-rechtlichen Genehmigungen** wie Baugenehmigungen oder Gaststättenkonzessionen folgt kein Anspruch auf alleinige Nutzung der betroffenen Fläche (*OLG Frankfurt am Main*, Rpfleger 1980, 391; *BayObLG* ZWE 2001, 606 f.).

ee) Zustimmung der Grundpfandrechtsgläubiger

99 Über die Vereinbarung der Wohnungseigentümer hinaus bedarf es auch nach neuem Recht (§ 5 Abs. 4 S. 2 WEG) grundsätzlich **analog §§ 877, 876 BGB** der Zustimmung dinglich Berechtigter (*BayObLG* NJW-RR 1986, 93; 1988, 592), insbesondere der Grundpfandrechtsgläubiger, Nießbrauchsberechtigten und Auflassungsvormerkungsberechtigten (*BGH* DNotZ 1984, 696 f.; *BayObLG* ZMR 2002, 773), wobei es alleine auf die **rechtliche, nicht auf eine wirtschaftliche Betrachtung** ankommt (*BGH* DNotZ 1984, 696 f.). **Entbehrlich** ist sie allerdings dann, wenn ein Wohnungseigentum durch das Sondernutzungsrecht lediglich begünstigt wird und dessen Begründung nicht mit dem Ausschluss von anderen Mitbenutzungsmöglichkeiten einhergeht (*BayObLG* Rpfleger 1990, 63 f.). Ebenso wenig ist die Zustimmung dinglich Berechtigter erforderlich, wenn das betroffene Wohnungseigentum ohnehin schon vom Mitgebrauch ausgeschlossen ist (*BayObLG* Rpfleger 1986, 257 f.). Schließlich können auch **landesrechtliche Regelungen** (entsprechende) Anwendung finden und die Zustimmung durch ein Zeugnis ersetzt werden, wonach die Begründung des Sonder-

nutzungsrechts für die dinglich Berechtigten unschädlich ist (*BayObLG* NJW-RR 1988, 593; 2003, 1523).

ff) Das schuldrechtliche Sondernutzungsrecht

Das Sondernutzungsrecht bedarf zu seiner Wirksamkeit nicht der Eintragung in das Grundbuch. 100
Ohne Eintragung in das Grundbuch kommt durch Vereinbarung aber nur ein rein schuldrechtliches Sondernutzungsrecht zustande (*BayObLG* NJW-RR 2003, 10 = ZMR 2002, 849; *OLG Saarbrücken* ZMR 2005, 983; *KG* ZMR 2007, 387; *OLG Hamburg* ZMR 2008, 155; *LG München I* ZMR 2011, 749). Dies kann **formlos, sogar konkludent** geschehen (*LG Hamburg* ZMR 2010, 311 f.), aber nicht durch bloße Untätigkeit (s.o. Rdn. 98). Eine Abrede zwischen teilendem Eigentümer und Erwerber genügt aber nicht (*BGH* MDR 2017, 388 = WuM 2017, 163 = IMR 2017, 104; **a.A.** *LG Itzehoe* ZMR 2016, 396). Das rein schuldrechtliche, nicht in das Grundbuch eingetragene Sondernutzungsrecht räumt dem Berechtigten die Sondernutzung aber nur gegenüber den Eigentümern ein, mit denen die Vereinbarung geschlossen wurde. Einem **Sonderrechtsnachfolger** der von der Nutzung ausgeschlossenen Wohnungseigentümer gegenüber entfaltet es gem. § 10 Abs. 3 WEG keine Wirkung (*KG* NJW-RR 1997, 206; *OLG Köln* ZMR 2002, 75; *BayObLG* NJW-RR 2003, 10 = ZMR 2002, 849). Hingegen kann sich der Sonderrechtsnachfolger des Sondernutzungsberechtigten auf das Sondernutzungsrecht berufen, das seinem Sonderrechtsvorgänger eingeräumt wurde, da schuldrechtliche Vereinbarungen zwar nicht *gegen*, wohl aber *für* den Sonderrechtsnachfolger wirken (*OLG Hamburg* ZMR 2008, 155). Sollen schuldrechtliche Sondernutzungsrechte durch Eintragung in das Grundbuch verdinglicht werden, bedarf dies der **Mitwirkung aller Wohnungseigentümer** (*OLG München* ZMR 2013, 845; ZMR 2015, 469, 470).

gg) Anspruch auf Begründung eines Sondernutzungsrechtes

Grundsätzlich besteht kein Anspruch auf exklusive Zuweisung von Gemeinschaftseigentum. Es kann 101
aber krasse Ausnahmen geben, in denen **Turnusregelungen** o.Ä. zerstrittenen Wohnungseigentümern nicht mehr weiterhelfen, weil sie nur die Mitbenutzung aller Miteigentümer zu bestimmten Zeiten oder in bestimmtem Umfang sicherstellen können. Gerade dies kann sogar ordnungsmäßiger Verwaltung widersprechen, wenn etwa bei Gartenflächen jeder Berechtigte zur Zeit seiner Gebrauchsberechtigung die Gartenpflege des vorherigen Gebrauchsberechtigten zunichte macht (*BGH* ZMR 2016, 888, 891; *LG München I* ZMR 2017, 925, 927 f.). In diesen Fällen kann ausnahmsweise ein Anspruch auf räumliche Aufteilung, also auf Begründung von Sondernutzungsrechten aus § 10 Abs. 2 WEG an Einzelflächen des gemeinschaftlichen Eigentums bestehen (*BGH* ZMR 2016, 888, 891).

e) Die Änderungen durch das WEMoG bei Verbindung aller Einheiten mit Sondernutzungsrechten

Eine Änderung im Zusammenhang mit dem Sondernutzungsrecht nahm das WEMoG im Rahmen 102
der Zustimmung von Hypotheken-, Grundschuld-, Rentenschuld- oder Reallastgläubigern nach § 5 Abs. 4 S. 3 WEG a.F. vor. Bislang war nach dieser Vorschrift ihre Zustimmung zu einer Änderung der Gemeinschaftsordnung entbehrlich, wenn bei der Begründung von Sondernutzungsrechten auch zugunsten »seiner« Einheit ein solches begründet wurde. Dieser Verzicht auf die Zustimmung der Realgläubiger hing nicht davon ab, dass die Sondernutzungsrechte im Wert vergleichbar waren. Im Extremfall musste der Hypotheken-, Grundschuld-, Rentenschuld- oder Reallastgläubiger eine Belastung des Gemeinschaftseigentums mit Sondernutzungsrechten an Stellplätzen hinnehmen, wenn der zu seinen Gunsten belasteten Einheit das Sondernutzungsrecht an einem Briefkasten zugeordnet wurde. Dies erschien dem Gesetzgeber zu Recht zweifelhaft, weshalb er diese Vorschrift ersatzlos strich.

2. Die Übertragung von Sondernutzungsrechten

103 Sondernutzungsrechte können ohne Zustimmung der anderen Wohnungseigentümer übertragen werden, da diese schon durch deren Begründung von dem Gebrauch der betroffenen Fläche ausgeschlossen sind (*BGH* Rpfleger 1979, 57 f.; *OLG Stuttgart* NJW-RR 1986, 319; *OLG Düsseldorf* NJW-RR 1996, 1418; *KG* ZMR 2007, 387), wobei allerdings **nur die Übertragung auf einen Miteigentümer** in Betracht kommt (vgl. o. Rdn. 83 a.E.). Der Ausschluss der anderen Wohnungseigentümer besteht fort, wenn das Sondernutzungsrecht versehentlich nicht übertragen, also bei einer Wohnung abgeschrieben, der anderen aber nicht zugeordnet wird (*OLG München* ZMR 2016, 896, 897 f.). Dabei werden nicht im Grundbuch gewahrte Sondernutzungsrechte ihrem schuldrechtlichen Charakter entsprechend durch **Abtretung** übertragen (*OLG München* ZMR 2013, 846; ZMR 2015, 469, 470). Bei eingetragenen Sondernutzungsrechten bedarf es ihrer dinglichen Natur gemäß der **Einigung und Eintragung nach §§ 873, 877 BGB** (vgl. *BGH* ZMR 2001, 120; *Jennißen/Schultzky* § 13 Rn. 109; **a.A.** offenbar *LG München I* ZMR 2013, 562, wo eine formfreie Übertragung des eingetragenen Sondernutzungsrechtes als möglich, aber dem Sonderrechtsnachfolger des Veräußerers gegenüber als unwirksam angesehen wird). Die **Zustimmung der anderen Wohnungseigentümer** ist nicht erforderlich, da sie bereits von der Nutzung der betroffenen Flächen bzw. Räume ausgeschlossen sind und durch die Übertragung nicht in ihren Rechten beeinträchtigt werden können (*BGH* Rpfleger 1979, 57 f.). Ebenso wenig müssen **dinglich Berechtigte** zustimmen (*BayObLG* NJW-RR 1986, 94) mit Ausnahme natürlich derjenigen, denen Rechte an dem betroffenen Wohnungs- oder Teileigentum zustehen, da diese durch Übertragung des Sondernutzungsrechtes geschmälert werden (so auch *OLG München* ZMR 2009, 871 f.).

IV. Der Inhalt des Sondernutzungsrechtes

1. Alleinige Nutzung

a) Inhalt der Befugnis zur alleinigen Nutzung

104 Das Sondernutzungsrecht hat regelmäßig die ausschließliche Nutzungsmöglichkeit eines oder mehrerer Miteigentümer an der betroffenen Fläche bzw. einem anderen Bauteil zum Gegenstand. Nicht möglich ist die **Beschränkung eines Wohnungseigentümers auf eine bestimmte Nutzungsart**, während den Miteigentümern andere Nutzungsmöglichkeiten verbleiben (*OLG Naumburg* WuM 1998, 302; *OLG Jena* Rpfleger 1999, 70 f.; **a.A.** *Sauren* § 15 Rn. 18). Eine solche Vereinbarung wird aber als Gebrauchsregelung nach § 19 Abs. 1 WEG zulässig sein. Allerdings kann das Recht zur ausschließlichen Nutzung auf bestimmte Nutzungsarten beschränkt sein, aber auch ohne diese Einschränkung eingeräumt werden (*BayObLG* DNotZ 1999, 674).

b) Sondernutzungsrechte zugunsten mehrerer Eigentümer

aa) Gruppensondernutzungsrechte und sonstige mehrheitlich Berechtigte

105 Das Sondernutzungsrecht muss nicht zwingend nur einem einzigen Wohnungseigentümer zugeordnet sein. Es kann auch **mehreren Wohnungseigentümern gemeinschaftlich** zustehen. Diese Konstruktion als »Gruppensondernutzungsrecht« wurde jüngst vom *BGH* anerkannt (*BGH* v. 12.11.2021 – V ZR 204/20, ZMR 2022, 232 = GE 2022, 155 = WuM 2022, 116 Rn. 14). Dies kann auch aus den tatsächlichen Gegebenheiten folgen. So kann in einer Mehrhausanlage ein Wohnungseigentümer nicht die Herausgabe von Schlüsseln zu einem Haus verlangen, in dem ihm kein Sondereigentum gehört (*LG Karlsruhe* v. 20.08.2021–11 S 88/19, ZMR 2021, 10002 = MietRB 2021, 331 = IMR 2021. 466). In der Sache handelt es sich auch hierbei um ein Sondernutzungsrecht, das mehreren Wohnungseigentümern (eben den Eigentümern der Untergemeinschaft) gemeinschaftlich zusteht. Ähnliches gilt für die exklusiven Nutzungsbefugnisse von baulichen Veränderungen gemäß § 21 Abs. 1 S. 2, Abs. 3 Satz 2 WEG. Das Verhältnis untereinander bestimmt sich nach Gemeinschaftsrecht der §§ 741 ff. BGB (*BayObLG* WE 1994, 18).

bb) Streitigkeiten innerhalb der Gemeinschaft der Sondernutzungsberechtigten

Streitigkeiten innerhalb der Gemeinschaft der Sondernutzungsberechtigten waren früher ähnlich wie beim Sondereigentum (hierzu s. *KG* NJW-RR 1986, 1274; *BayObLG* NJW-RR 1995, 589) nicht im Verfahren nach § 43 Nr. 1 WEG a.F., sondern vor dem Prozessgericht auszutragen, da nicht um Rechte aus der Gemeinschaft der Wohnungseigentümer, sondern um Rechte aus der Bruchteilsgemeinschaft gestritten wurde. Anderes sollte bei Duplexparkern gelten (*BGH* ZMR 2015, 232 = ZWE 2014, 211 = MietRB 2014, 172 = ZfIR 2014, 441). Die Zuständigkeit des Prozessgerichtes für Zivilsachen dürfte aber mit der Streichung der Beschränkung auf die »sich aus der Gemeinschaft der Wohnungseigentümer und aus der Verwaltung des gemeinschaftlichen Eigentums ergebenden« Rechte und Pflichten der Wohnungseigentümer untereinander in der Nachfolgevorschrift des § 43 Nr. 4 WEG a.F. (§ 43 Abs. 2 Nr. 4 WEG) obsolet sein. Denn danach unterfallen alle Streitigkeiten der Wohnungseigentümer der Zuständigkeit des Gerichtes für Wohnungseigentumssachen (vgl. § 43 Rdn. 17). Dies betrifft auch Gemeinschaften von Sondernutzungsberechtigten. 106

c) Mitbenutzung durch andere Wohnungseigentümer

Beschränkungen der Alleinnutzung können aber vereinbart sein oder sich aus der Beschaffenheit der betroffenen Fläche ergeben, wie etwa ein Wegerecht zu dem Kellereingang in einer der Sondernutzung unterstehenden Gartenfläche (*KG* NJW-RR 1990, 333 f.; *BayObLG* ZMR 1996, 510; *OLG Stuttgart* ZMR 2001, 731) oder zu gemeinschaftlichen Einrichtungen (*LG München I* ZMR 2011, 749 f.) bzw. zum Gebäude selbst (*AG Hamburg-Blankenese* ZMR 2013, 223). Auch ohne entsprechende Regelung durch Teilungserklärung oder Beschluss können sich Beschränkungen der alleinigen Nutzung ergeben. Nach Treu und Glauben kann der Sondernutzungsberechtigte verpflichtet sein, die ihm zugewiesene Fläche oder Räumlichkeit der Eigentümergemeinschaft zur Verfügung zu stellen, wenn deren Inanspruchnahme für tatsächlich oder rechtlich **zwingend erforderliche Einrichtungen** (z.B. Stellplätze) unvermeidbar wird (*BayObLG* ZMR 2002, 368; *OLG Hamburg* ZMR 2004, 934). Hierfür ist dem Sondernutzungsberechtigten aber ein **Ausgleich** zu leisten, der sich nach dem Verkehrswert des Gebrauches der betroffenen Räumlichkeit oder Teilfläche (nicht des Gesamtgrundstücks) richtet (*KG* ZMR 1999, 357; *KG* ZMR 2001, 848 f.; *OLG Hamburg* ZMR 2004, 934). Eine einmalige Abfindung kann allerdings auch i.S.d. Gemeinschaftsfriedens sinnvoll sein (*KG* ZMR 1999, 358). Eine solche Regelung, etwa zur Nutzung einer im Sondernutzungsrecht stehenden Fläche als **Fluchtweg**, können die Wohnungseigentümer auch durch Beschluss treffen, der aber inhaltlich hinreichend bestimmt sein muss (*OLG Hamm* ZMR 2010, 54). Umgekehrt kann dem Sondernutzungsberechtigten zur Ausübung seines Rechtes u.U. auch eine **gesteigerte Inanspruchnahme des Gemeinschaftseigentums** zustehen. Ist etwa der Ausbau des Spitzbodens zu Wohnzwecken erlaubt, so kann daraus die Verpflichtung der anderen Wohnungseigentümer resultieren, auch die sondernutzungsfreie Gemeinschaftsfläche als Aufstellfläche für Feuerwehrfahrzeuge vorzuhalten (*OLG Hamburg* ZMR 2013, 366 f.). 107

d) Einschränkungen im Gebrauch der Sondernutzungsflächen bzw. -räume

Zulässig ist auch die Beschränkung auf bestimmte Nutzungsarten (*BayObLG* DNotZ 1999, 674). Sofern nur der Konkretisierung des ordnungsgemäßen Gebrauchs dienend, können Beschränkungen etwa zur **äußeren Gestaltung eines Gartens** oder einer Terrasse auch durch Mehrheitsbeschluss erfolgen (*BayObLG* WE 1994, 114; ZMR 2001, 819). Mit Mehrheitsbeschluss können die Eigentümer ferner, sofern die Gemeinschaftsordnung nicht entgegensteht, **Gebrauchsregelungen** nach § 19 Abs. 1 WEG treffen, etwa einen störenden Gebrauch zum nächtlichen Betrieb einer Sondernutzungsfläche als Biergarten ausschließen; öffentlich-rechtliche Erlaubnisse stehen dem nicht entgegen (*BayObLG* ZMR 2001, 824). Ähnliches gilt für das **Versperren der Einfahrt** zu Parkplätzen (*OLG München* ZMR 2007, 484 f.). Bei räumlicher Abgrenzung der Sondernutzungsflächen können im Verhältnis der Sondernutzungsberechtigten untereinander die **landesrechtlichen Vorschriften des Nachbarrechtes** auf die Inhaber benachbarter Sondernutzungsrechte angewendet werden (*BGH* ZMR 2007, 976 f.). 108

2. Veränderungen durch den Sondernutzungsberechtigten

a) Gartenpflege

109 Wie das Sondereigentum ist das Sondernutzungsrecht so zu nutzen, dass Rechte anderer Wohnungseigentümer nicht über das unvermeidliche Maß gem. § 14 Abs. 2 Nr. 1 WEG hinaus beeinträchtigt werden (vgl. zum alten Recht *OLG Köln* NJW-RR 1997, 14 = ZMR 1997, 47; *OLG Hamm* NJW-RR 2003, 231 = ZMR 2003, 372). Dies bereitet nach der Zahl der veröffentlichten Entscheidungen besondere Probleme bei Gartenflächen, an denen ein Sondernutzungsrecht besteht. Die Bezeichnungen »Garten«, »Gartenfläche« o.Ä. erlauben regelmäßig nur eine **gärtnerische Nutzung** oder die Inanspruchnahme zur Freizeitgestaltung (*OLG Köln* NJW-RR 1997, 14; *OLG Hamm* NJW-RR 2000, 1402; *LG Hamburg* ZMR 2011, 227; ZMR 2013, 302; *LG Köln* ZMR 2013, 474 f.; *LG München I* ZMR 2013, 563 f.). Im Ausnahmefall steht die Bezeichnung als »Garten« der Errichtung von Garagen nicht entgegen, wenn diese Fläche schon nach der Teilungserklärung nicht nur gärtnerischen Zwecken, sondern auch der Zufahrt zu vorhandenen Garagen dient (*OLG Düsseldorf* NJW-RR 1996, 1229). Ist dies nicht der Fall, kommen nur gartenbauliche Nutzungen durch gärtnerische Anlagen (*BayObLG* ZMR 1999, 652; 2001, 123; *OLG Schleswig* ZMR 2001, 854 – sehr weitgehend), **Rankgerüste**, **Kinderspielgeräte** (*OLG Düsseldorf* NJW-RR 1989, 1167; *BayObLG* ZMR 1998, 504; NJW-RR 1999, 958) oder kleinere **Kaninchengehege** (*OLG Köln* NJW-RR 2005, 1542) in Betracht. Auch bis zu 75 cm hohe **Gartenzwerge** sollen zur Ausübung des Sondernutzungsrechtes gehören (*AG Recklinghausen* NJW-RR 1996, 657 – zweifelhaft). Dasselbe gilt für die übliche gärtnerische Pflege einschließlich des **Rückschnittes** und der Anpflanzung und Entfernung von Pflanzen, die nicht das Gesamtbild prägen (*KG* NJW-RR 1987, 1360 f.; 1996, 465; *OLG Köln* NJW-RR 1997, 14 = ZMR 1997, 47; *BayObLG* ZMR 1998, 41 f.; NJW-RR 1999, 958; *OLG Hamm* NJW-RR 2003, 231 = ZMR 2003, 372; *OLG Hamburg* ZMR 2003, 523 f.). Die Entfernung eines Kugelahorns soll zulässig sein (*LG Hamburg* ZMR 2017, 840, 841). Für Rückschnitt und Pflege des Gartens durch den Sondernutzungsberechtigten können oftmals die auch für den Grundstücksnachbarn geltenden Schranken herangezogen werden, da der Miteigentümer keine stärkeren Beeinträchtigungen hinnehmen muss, die **nachbarrechtlich zulässigen Einwirkungen** aber i.d.R. ebenfalls zu dulden hat (*BayObLG* NJW-RR 1987, 846 f.; *KG* NJW-RR 1987, 1360 ff.; 1996, 465; *OLG Hamm* NJW-RR 2003, 231 = ZMR 2003, 372). Zwischen den Miteigentümern ist aber aufgrund des Gemeinschaftsverhältnisses stärkere Rücksichtnahme geboten, sodass etwa Beseitigungsansprüche auch dann bestehen können, wenn sie als **negative Immissionen** nicht abwehrbar (*OLG Köln* NJW-RR 1997, 14 = ZMR 1997, 48; *OLG Hamm* NJW-RR 2003, 231 = ZMR 2003, 372) oder durch die **Ausschlussfristen** nach den nachbarrechtlichen Bestimmungen nicht mehr durchsetzbar (*OLG Köln* NJW-RR 1997, 14 f. = ZMR 1997, 48) wären. Radikale Umgestaltungen können weder verlangt noch eigenmächtig durchgeführt werden. So kann der Miteigentümer üblicherweise nicht die **komplette Entfernung** einer Anpflanzung wegen Verschattung verlangen, wenn bereits die Auslichtung Abhilfe schafft (*KG* NJW-RR 1996, 465; *OLG Köln* NJW-RR 1997, 14 = ZMR 1997, 47; *OLG Hamm* NJW-RR 2003, 232 = ZMR 2003, 373). Umgekehrt ist die eigenmächtige **Entfernung von Hecken und Bäumen** unzulässig, wenn diese das Gesamtbild prägen oder für den Sichtschutz erforderlich sind (*BayObLG* ZMR 2000, 849; *OLG Hamburg* ZMR 2003, 524; *OLG München* 2006, 68; *LG Lüneburg* ZMR 2013, 656 f.). Dies gilt erst recht für das Abholzen des gesamten Baum- und Strauchbestandes (*OLG Düsseldorf* NJW-RR 1994, 1168). Gleiches gilt für eigenmächtige Anpflanzungen (*KG* NJW-RR 1987, 1361; 1996, 465; *OLG Köln* NJW-RR 1997, 15 = ZMR 1997, 48; **a.A.** *LG Hamburg* ZMR 2011, 227 f.), die das Gesamtbild beeinträchtigen, etwa für schnell wachsende Bäume. Auch zu sonstigen baulichen Veränderungen, etwa zur **Vergrößerung einer Terrasse** (*BayObLG* NJW-RR 1997, 971 f.), der **Pflasterung von Freiflächen** (*OLG Hamm* NJW-RR 2000, 1402), der Verlegung von Trittsteinen (*BayObLG* NJW-RR 2002, 158), der **Anlage von Beeten** (*LG Hamburg* ZMR 2012, 989) oder der **Errichtung von Mauern** (*OLG Hamm* NJW-RR 2000, 1402; *LG Köln* ZMR 2013, 474 f.) ist der Inhaber eines Sondernutzungsrechts ohne gestattenden Beschluss nach § 20 Abs. 2 WEG nicht berechtigt.

b) Veränderungen der Baulichkeiten

aa) Gesetzeslage ohne spezielle Regelungen

Das Sondernutzungsrecht berechtigt ebenso wenig wie das Sondereigentum zu baulichen Veränderungen, die den Gesamteindruck beeinflussen (zu einem Fall ohne optische Beeinträchtigung s. *BayObLG* ZMR 2003, 514 f.). So ist etwa die Errichtung von **Carports** (*BayObLG* ZMR 2003, 364) bzw. **Garten- oder Gerätehäusern** (*BayObLG* MDR 1986, 940; NJW-RR 1988, 591; 1992, 976; *KG* NJW-RR 1987, 1361; *OLG Köln* ZMR 1995, 606; anders bei fehlender optischer Beeinträchtigung *BayObLG* ZMR 2000, 117), das Anbringen von Markisen (*KG* ZMR 1994, 426 f.), sonstigen Terrassendächern (*AG Schwarzenbek* ZMR 2013, 581 f.) oder **Einzäunungen** (*KG* NJW-RR 1994, 526 f.; ZMR 1997, 316; *OLG Hamburg* ZMR 2002, 621 u. 2003, 524; *OLG Köln* ZMR 2008, 817 f.; *LG München I* ZMR 2013, 564), die **Entfernung gemeinschaftlicher Einrichtungen** (*LG München I* ZMR 2011, 749 f.) oder der Bau eines Schwimmbades (*BayObLG* ZMR 1999, 580) unzulässig. Auch die bauliche Abgrenzung eines Stellplatzes, die das Einparken anderer Miteigentümer behindert (*BayObLG* MDR 1981, 937) ist ebenso unzulässig wie ein Deckendurchbruch, der die intensivere Nutzung der Räumlichkeiten ermöglicht (*BayObLG* NJW-RR 1993, 1295 – Ls –). Auch die **Art der Nutzung** darf ohne Zustimmung der Wohnungseigentümer nicht geändert werden (*LG Hamburg* ZMR 2009, 549 f. für die Nutzung eines Kfz-Stellplatzes zur dauerhaften Abstellung eines nicht mehr fahrtüchtigen Kfz). Das Sondernutzungsrecht berechtigt insbesondere nicht zur Wohnnutzung eines Speichers (*LG München I* ZMR 2014, 53). Selbstverständlich darf zur Errichtung von Baulichkeiten o.ä. kein Gemeinschaftseigentum in Anspruch genommen werden, das nicht dem Sondernutzungsrecht unterliegt (*LG Hamburg* ZMR 2013, 993). 110

bb) Regelungen durch Teilungserklärung und Mehrheitsbeschluss

Wie stets, kann die Teilungserklärung besondere Regelungen treffen, etwa bestimmte bauliche Veränderungen **vorab genehmigen** oder das Verfahren zur Zustimmung vereinfachen. Hier gelten die allgemeinen Regeln. Besonderheiten gelten für Sondernutzungsrechte insoweit, als bereits die Beschreibung eines Sondernutzungsrechtes in der Teilungserklärung die Vorwegnahme der Zustimmung zu einer baulichen Veränderung enthalten kann. So kann die Bezeichnung als Terrasse die **Belegung der Fläche mit einem Holzfußboden** rechtfertigen, der bei bloßer Gartennutzung nicht zulässig wäre (*BGH* ZMR 2012, 883 f.). Abweichungen von den Vorgaben der Teilungserklärung begründen nur dann einen Beseitigungsanspruch, wenn sie **bei typisierender Betrachtung stärker beeinträchtigen** als die vorgesehenen Einrichtungen (*BGH* ZMR 2012, 883 f.). Eine Regelung des Inhalts, dass der Wohnungseigentümer sein Sondernutzungsrecht nach seinen Wünschen um- oder ausbauen und dabei auch in Gemeinschaftseigentum eingreifen kann, berechtigt nur zu Änderungen innerhalb der Gebäudehülle, nicht zum Abbruch oder der Neuerrichtung von Außenmauern, da der Gemeinschaft hierdurch neues Gemeinschaftseigentum aufgedrängt würde (*LG Hamburg* ZMR 2012, 887 f.). Jedenfalls in dem Umfang, in dem selbst der Gebrauch des Sondereigentums durch beschlossene Gebrauchsregelungen begrenzt werden kann, kann dies auch für Räume und Flächen geschehen, an denen Sondernutzungsrechte bestehen (*LG München I* ZMR 2013, 476). 111

c) Reihen- und Doppelhäuser

Weiter gehende Regelungen können insbesondere bei baulich deutlich getrennten »Wohnungen« wie Reihen- oder Doppelhäusern jeweils vereinbart werden (*OLG Stuttgart* ZMR 1999, 285 f.; *OLG Hamburg* ZMR 2003, 446), was aber ausdrücklich geschehen muss. Die Regelung, dass Sondernutzungsrechte wie Sondereigentum behandelt werden, genügt insoweit nicht (*BayObLG* WuM 1990, 92). Auch wenn das Sondernutzungsrecht mit der Befugnis zugewiesen wurde, im Rahmen der alleinigen Nutzung Baulichkeiten auf einer Grundstücksfläche zu errichten, enthält dies nicht schon die vorweggenommene Einigung über die Einräumung von Sondereigentum an den entstandenen Räumen (*BayObLG* ZMR 2000, 780). 112

V. Die Kostentragung für Erhaltung (Instandhaltung und Instandsetzung) der Räume und Flächen eines Sondernutzungsberechtigten

1. Die Grundregel des § 16 Abs. 2 WEG

113 Die Kosten für die Erhaltung (Instandhaltung und Instandsetzung) der Flächen und Gebäudeteile, an denen Sondernutzungsrechte bestehen, trifft grundsätzlich nach **§ 16 Abs. 2 S. 1 WEG** die Eigentümergemeinschaft, da es sich um gemeinschaftliches Eigentum handelt (*OLG Hamburg* ZMR 2004, 614 f.; *Jennißen/Schultzky* § 13 Rn. 97). Sie können aber durch **abweichende Regelung** in der Gemeinschaftsordnung oder durch nachträgliche Vereinbarung ganz oder teilweise dem Sondernutzungsberechtigten auferlegt werden (*BayObLG* ZMR 2002, 953 u. 2004, 357). Dies kann sich auch im Wege der **Auslegung** etwa aus der Bestimmung ergeben, dass Sondernutzungsrechte wie Sondereigentum zu behandeln sind (*BayObLG* ZMR 2004, 357). Unbestimmte Formulierungen genügen insoweit allerdings nicht (*OLG Hamburg* ZMR 2004, 615). Die Verpflichtung zur »Pflege und Instandhaltung« einer Terrasse soll auch die Kosten für Instandsetzungsmaßnahmen umfassen (*LG München I* ZMR 2013, 477 f.). Die Bestimmung, wonach der Berechtigte die Kosten der vom Sondernutzungsrecht umfassten Flächen und Räumlichkeiten so zu tragen hat wie ein Sondereigentümer, verpflichtet aber nicht zur Verbesserung des bei der Teilung bestehenden Zustands (*BayObLG* NJW-RR 1988, 140). Eine Regelung zur alleinigen Kostentragung des Sondernutzungsberechtigten kann auch **konkludent** getroffen werden. Auch wenn eine Pflicht zur Tragung von »Instandhaltungs- und Instandsetzungskosten« besteht, umfasst diese nicht solche Arbeiten, die zur Abwendung einer Gefahr für andere Teile des Gemeinschaftseigentums erforderlich sind wie etwa die Entfernung eines Baumes, dessen Wurzeln die Baulichkeiten beschädigen (*OLG Düsseldorf* ZMR 2004, 609 f.). Die Überwälzung der Kosten **muss eindeutig sein**; ansonsten bleibt es bei der allgemeinen Regel des § 16 Abs. 2 S. 1 WEG (*LG München I* ZMR 2013, 478). Im Streitfall kann die Kostentragungspflicht im Verfahren nach § 43 Abs. 2 Nr. 1, 3 WEG festgestellt werden. Erbringt der Sondernutzungsberechtigte die erforderlichen Maßnahmen der Erhaltung (Instandhaltung und Instandsetzung) dann trotz nochmaliger Aufforderung gleichwohl nicht, so kann der teilrechtsfähige Verband diese im Wege der Geschäftsführung ohne Auftrag vergeben und die Erstattung der Kosten nach §§ 683 Satz 1, 670 BGB von dem betroffenen Wohnungseigentümer verlangen (*AG Hannover* ZMR 2008, 337 f.). Näher liegt aber wohl die Verurteilung zu dieser Leistung und ein Vorgehen nach § 887 ZPO.

2. Abweichende Regelungen

a) Vereinbarungen und Öffnungsklauseln

114 Vom gesetzlichen Kostenverteilungsschlüssel kann, wie stets, durch Vereinbarung abgewichen werden. Durch Beschluss ist dies dann möglich, wenn es eine Öffnungsklausel erlaubt. Zur Bindung von Sonderrechtsnachfolgern bedarf es aber nach § 10 Abs. 3 S. 1 WEG der Eintragung in das Grundbuch, sofern sich die Beschlusskompetenz nicht auch aus § 16 Abs. 2 S. 2 WEG ergibt,

b) § 16 Abs. 2 S. 2 WEG

115 Eine gesetzliche Beschlusskompetenz zur Änderung des Kostenverteilungsschlüssels ergibt sich nunmehr aus § 16 Abs. 2 S. 2 WEG. Gegenüber der Vorgängernorm des § 16 Abs. 4 WEG a.F. sind die Anforderungen an eine solche Beschlussfassung deutlich herabgesetzt. Weder bedarf es einer doppelt qualifizierten Mehrheit noch ist die Änderung der Kostenverteilung auf den Einzelfall beschränkt. Selbst die Orientierung am Gebrauch bzw. der Möglichkeit des Gebrauchs sieht § 16 Abs. 2 S. 2 WEG nicht mehr vor (im Einzelnen s. Rdn. 59 ff.).

VI. Ansprüche bei Störungen oder unzulässiger Nutzung des Sondernutzungsrechtes

1. Streit über den Umfang des Sondernutzungsrechts

Soweit der Umfang des Sondernutzungsrechts streitig ist, kann derjenige, der sich dieses Rechtes berühmt, auf Feststellung seines Umfangs klagen. Denn der Umfang eines **Sondernutzungsrechtes** ist als solches schon ein der Feststellung zugängliches Rechtsverhältnis (*LG Hamburg* ZMR 2013, 994). 116

2. Störungen des Sondernutzungsrechtes

Der Sondernutzungsberechtigte kann aus § 1004 BGB – gegen Miteigentümer auch aus § 280 BGB i.V.m. dem Gemeinschaftsverhältnis – die **Unterlassung von Störungen** seines Sondernutzungsrechtes verlangen (*BGH* ZMR 2007, 976; *BayObLG*, NJW-RR 1987, 1041 f.; *LG Hamburg* ZMR 2011, 990; *AG Hamburg* ZMR 2014, 405) und ebenso die **Beseitigung bereits erfolgter Störungen**, etwa eigenmächtiger Anpflanzungen (*BayObLG* NJW-RR 1990, 1106; *LG München I* ZMR 2013, 563). Ob sie den Wert der betroffenen Fläche erhöhen, ist unerheblich (*LG München I* ZMR 2013, 563). Ferner kann er **Besitzschutzansprüche und Abwehransprüche wegen verbotener Eigenmacht** (*BayObLG* NJW-RR 1990, 1106; *KG* ZMR 1999, 357; *OLG Düsseldorf* ZMR 2001, 220; *AG Hamburg* ZMR 2017, 511, 512) geltend machen, wohl aber nicht Herausgabeansprüche aus § 985 BGB gegen einen Miteigentümer (so *LG München I* ZMR 2010, 794 f. u. ZMR 2011, 749; *AG Hamburg-Wandsbek* ZMR 2014, 153; für analoge Anwendung *LG München I* ZMR 2013, 563), da beide Miteigentümer der Fläche bzw. Räumlichkeiten sind. Darüber hinaus stehen ihm **deliktische Ansprüche** auf Schadensersatz wie auch die Herausgabe von Gebrauchsvorteilen wegen ungerechtfertigter Bereicherung zu (*BayObLG* NJW-RR 1998, 876; *KG* ZMR 1999, 357), nach vereinzelter Literaturmeinung auch ein Selbsthilferecht analog § 910 BGB (*Jennißen/Löffler*, 1. Aufl. 2008 § 13 Rn. 19) oder Ansprüche wegen Überbaus aus § 913 BGB (*AG Lehrte* ZMR 2010, 727 im Einzelfall aber wegen Unerheblichkeit der Beeinträchtigung verneint). 117

3. Unzulässige Nutzung des Sondernutzungsrechtes

Umgekehrt bestehen bei unzulässiger Nutzung des Sondernutzungsrechtes durch den Berechtigten Ansprüche auf **Beseitigung bzw. Unterlassung** aus § 1004 BGB sowie **Schadensersatzansprüche** aus § 823 Abs. 1 BGB (*BayObLG* ZMR 1995, 496 u. 2000, 849; *OLG Hamm* ZMR 1998, 717), die auf die Wiederherstellung des ordnungsgemäßen Zustandes gerichtet sind. Dies kann die Beseitigung von Anpflanzungen umfassen (*LG München I* ZMR 2017, 1006 f.; *AG Hamburg-Wandsbek* ZMR 2014, 154 f.). Allerdings ist zu berücksichtigen, dass es sich bei Sondernutzungsflächen um Gemeinschaftseigentum handelt. Zur Geltendmachung von Schadensersatzansprüchen hierfür ist kraft Gesetzes der teilrechtsfähige Verband ausübungs- und prozessführungsbefugt (*LG München I* ZMR 2017, 1006, 1007 f.). Sofern der Anspruch auf Beseitigung von Baulichkeiten nicht geltend gemacht oder ausnahmsweise nach § 242 BGB ausgeschlossen ist, sollen die anderen Wohnungseigentümer trotz ihres Ausschlusses vom Gebrauch der Sondernutzungsfläche einen **Anteil am Erlös evtl. erzielter Mieten** hierfür verlangen können (*OLG Düsseldorf* NJW-RR 1987, 1164). 118

4. Das Verfahren

Die Ansprüche wegen der Störung des Sondernutzungsrechtes kann der Berechtigte als **Individualansprüche** auch nach Inkrafttreten des WEMoG alleine ohne Ermächtigung durch die Eigentümergemeinschaft geltend machen. Dasselbe gilt, wenn ein Eigentümer ein eigenes Recht auf Mitbenutzung geltend macht, da es sich auch hierbei um einen Individualanspruch handelt (*OLG Hamm* ZMR 1998, 717). Die gegen die unzulässige Nutzung des Sondernutzungsrechtes gerichteten Ansprüche aus dem Gemeinschaftseigentum kann hingegen anders als nach früherem Recht (hierzu s. *OLG Düsseldorf* NJW-RR 1994, 1168; *BayObLG* ZMR 1995, 496; *OLG Hamburg* ZMR 2002, 621) nur die Wohnungseigentümergemeinschaft geltend machen. 119

120 Diese Ansprüche gegen Miteigentümer waren schon nach altem Recht vor dem nach § 43 Nr. 1 WEG a.F. zuständigen Gericht zu verhandeln. Denn es handelt sich nicht um eine sachenrechtliche Frage nach §§ 2 bis 9 WEG, die vor dem Prozessgericht zu verhandeln war, sondern aufgrund des **vorrangig schuldrechtlichen Charakters** eines Sondernutzungsrechtes um einen Streit um Rechte und Pflichten der Wohnungseigentümer gem. § 43 Nr. 1 WEG a.F. (BGHZ 109, 398 f.; *BGH* ZMR 2010, 971 f.; *LG München I* ZMR 2016, 139, 140; *Jennißen/Suilmann* § 43 Rn. 15; a.A. noch *OLG Stuttgart* NJW-RR 1986, 318). Dies gilt erst recht nach der Erweiterung der Zuständigkeiten des Gerichtes für Wohnungseigentumssachen nach § 43 Abs. 2 Nr. 1 WEG (vgl. o. Rdn. 28 u. § 43 Rdn. 22 f.). Auch für Streitigkeiten um **Bestand, Inhalt und Umfang von Sondernutzungsrechten** besteht diese Zuständigkeit (vgl. BGHZ 109, 398 f.; *LG München I* ZMR 2016, 139, 140). § 43 Abs. 2 Nr. 1 WEG ist aber nicht einschlägig, wenn Pflichten im Streit stehen, die nicht aus dem Gemeinschaftsverhältnis, sondern **aus anderen Rechtsbeziehungen** resultieren, etwa aus Kaufverträgen mit dem teilenden Eigentümer (vgl. *OLG Zweibrücken* ZMR 2002, 471; ähnlich *OLG Saarbrücken* ZMR 1998, 594 f.), im Übrigen natürlich auch nicht für Verfahren gegen Außenstehende.

5. Das Vorgehen gegen Gebrauchsregelungen

121 Besteht der Eingriff in einer Beschlussfassung über den Gebrauch des Sondernutzungsrechtes (oder für seine Nutzung bedeutsame Flächen oder Räumlichkeiten), muss der Berechtigte den Eigentümerbeschluss anfechten (*BayObLG* NJW-RR 1989, 721). Andernfalls werden lediglich anfechtbare Beschlüsse bestandskräftig. Insoweit gilt nichts anderes als zu Gebrauchsregelungen, die das Sondereigentum betreffen.

VII. Die Änderung und Aufhebung von Sondernutzungsrechten

1. Die Änderung von Sondernutzungsrechten

122 Das Sondernutzungsrecht kann **nicht durch Mehrheitsbeschluss**, sondern nur durch Vereinbarung abgeändert werden. Dies gilt auch dann, wenn die Zuweisungen in der Teilungserklärung missachtet werden und ein großer Teil der Eigentümer und Mieter mittlerweile fremde Parkplätze nutzt (*AG Wiesbaden* ZMR 2013, 1003). Dem müssen auch die **dinglich Berechtigten** zustimmen (*BayObLG* NJW-RR 2002, 1526). Ein allstimmiger Beschluss kann zwar als Vereinbarung anzusehen sein, genügt aber nicht den Anforderungen des § 29 Abs. 1 S. 1 GBO (*BayObLG* NJW-RR 2001, 1165). Untersagen die Eigentümer gleichwohl im Beschlusswege eine vom Sondernutzungsrecht erfasste Nutzung oder bauliche Veränderung, ist dieser Beschluss nichtig (*OLG Köln* ZMR 2002, 702 f.). Soll der Inhalt des Sondernutzungsrechtes zugunsten des Sondernutzungsberechtigten geändert werden, kann auch dies nur mit Zustimmung aller Wohnungseigentümer erfolgen. Insbesondere kann der Sondernutzungsberechtigte die **Art der Nutzung** nicht eigenmächtig ändern, etwa Speicherräume zu Wohnzwecken nutzen (*OLG Frankfurt am Main*, OLGZ 1991, 185; *BayObLG* ZMR 1993, 477 f.) oder gar ausbauen (*OLG Hamm* ZMR 1998, 719). Eine Ausnahme gilt nur dann, wenn die anderen Wohnungseigentümer in keiner Weise betroffen sind, weil etwa nur die Grenzen zwischen zwei Sondernutzungsrechten verschoben werden (*OLG Hamm* Rpfleger 1997, 376 f.; *BayObLG* DNotZ 1999, 674 f.).

2. Die Aufhebung von Sondernutzungsrechten

a) Einvernehmliche Regelung

123 Entsprechendes gilt für die Aufhebung des Sondernutzungsrechtes. Sie bedarf materiell-rechtlich der **Zustimmung aller Wohnungseigentümer und der dinglich Berechtigten** als actus contrarius zur Begründung. Ein **einseitiger Verzicht** des Sondernutzungsberechtigten genügt nicht, da dies zu einer Änderung der Verhältnisse zwischen den Wohnungseigentümern führen würde (*BGH* ZMR 2001, 119; *OLG Düsseldorf* NJW-RR 1996, 1418 f.; *Jennißen/Schultzky* § 13 Rn. 111). Ist die von der Aufhebung des Sondernutzungsrechtes betroffene Fläche dann nur durch eine im Sondereigen-

tum stehende Einheit erreichbar, steht dies zwar der Eintragung nicht entgegen (*OLG Düsseldorf* ZMR 2013, 732). Es lässt sich dann aber trefflich darüber streiten, ob am **einzigen Zugang zum Gemeinschaftseigentum** überhaupt Sondereigentum bestehen kann (verneinend *OLG Frankfurt am Main* ZMR 2012, 30 f.; bejahend *OLG Hamm*, Rpfleger 2001, 344). Ebenso wenig kann das Sondernutzungsrecht verwirkt werden, da es insoweit dinglichen Rechten gleichsteht: Verwirkt werden kann nämlich nur ein Anspruch aus dem dinglichen Recht, nicht aber dieses selbst (*OLG Hamburg* ZMR 2003, 523; *OLG Celle* NJW-RR 2007, 236, wo entgegen den vorangehenden Ausführungen in Wirklichkeit eine Zustimmung zur Verlegung der Sondernutzungsfläche vorlag; **a.A.** *OLG Köln*, NJWE-MietR 1996, 203; vgl. o. Rdn. 98). Grundbuchrechtlich bedarf es dagegen nur der Bewilligung durch den Sondernutzungsberechtigten, da die Rechte der anderen Wohnungseigentümer nicht beeinträchtigt sein können (*BGH* ZMR 2001, 119 f.). Vor Invollzugsetzung der Wohnungseigentümergemeinschaft kann der teilende Eigentümer (künftige) Sondernutzungsrechte einseitig verändern, auch durch Testament (*BayObLG* NJW-RR 2005, 887).

b) Anspruch auf Aufhebung eines Sondernutzungsrechtes

In krassen Ausnahmefälle kann der Berechtigte aus § 10 Abs. 2 WEG (nicht aus § 242 BGB, da 124
§ 10 Abs. 2 WEG eine Spezialregelung darstellt) verpflichtet sein, seine Sondernutzungsfläche dem Gemeingebrauch zur Verfügung zu stellen (*BGH*, Urt. v. 23.03.2018 – V ZR 65/17, ZMR 2018, 681). Eine solche Änderung setzt schwerwiegende Umstände und die Unbilligkeit des bestehenden Zustandes voraus. Zudem kann die ersatzlose Aufhebung eines Sondernutzungsrechtes nur ultima ratio sein, wenn die Sondernutzungsfläche dringend benötigt wird. Dies ist aber auch bei behördlichen Auflagen, die die Vereinnahmung der Sondernutzungsfläche zu Gemeinschaftszwecken verlangen, nur der Fall, wenn andere Möglichkeiten zur Erfüllung öffentlich-rechtlicher Pflichten nicht bestehen oder fehlgeschlagen sind. Zudem muss eine Klage gegen eine öffentlich-rechtliche Auflage weiterverfolgt werden. Selbst wenn derartige Umstände vorgetragen wären, ist der betroffene Sondernutzungsberechtigte nicht im Vorgriff auf eine Änderung der Gemeinschaftsordnung nach § 10 Abs. 2 WEG verpflichtet, seine Sondernutzungsfläche vorab zur Verfügung zu stellen. Bis dahin kann er vielmehr die Unterlassung einer Beeinträchtigung seines Sondernutzungsrechtes verlangen.

3. Die Belastung von Sondernutzungsrechten

Das Sondernutzungsrecht kann nicht selbständig mit einer Dienstbarkeit belastet werden, da es 125
weder ein dingliches noch ein grundstücksgleiches Recht, sondern ein schuldrechtliches Gebrauchsrecht ist (s. etwa *OLG Düsseldorf* NJW-RR 1986, 1076; *OLG München* ZWE 2013, 321). Umstritten ist dagegen, ob die Belastung des Sondereigentums, mit dem ein Sondernutzungsrecht verbunden ist, auch dessen Nutzung umfasst (hiergegen etwa *OLG Zweibrücken* MittBayNot 1999, 378; *OLG Schleswig*, DNotZ 2012, 359, 263 f.; hierfür etwa Bärmann/*Suilmann* WEG 14. Aufl. § 13 Rn. 56; Staudinger/*Weber* BGB [2017] § 1018 Rn. 60). Der *BGH* folgte der letztgenannten Auffassung (*BGH* v. 20.03.2020 – V ZR 317/18; ZMR 2020, 776 = ZWE 2020, 328 = ZfIR 2020, 533 = GE 2020, 936). Zwar muss ein Wohnungs- oder Teileigentum als Ganzes belastet werden. Ist das Sondernutzungsrecht aber im Grundbuch eingetragen, wird es zur Inhaltsbestimmung des Sondereigentums und kann daher wie jede andere Befugnis aus dem Sondereigentum zum Gegenstand der Ausübung einer Dienstbarkeit gemacht werden. Ausübungsbereich einer Grunddienstbarkeit kann sogar alleine die Sondernutzungsfläche sein, die dem Sondereigentum zugeordnet ist. Sofern das Nutzungsrecht einem Miteigentümer eingeräumt werden soll, besteht neben der Dienstbarkeit auch die Möglichkeit einer Regelung in der Gemeinschaftsordnung (*OLG München*, Beschl. v. 10.04.2019 – 34 Wx 92/18; ZWE 2019, 263 = MietRB 2019, 270).

Anhang zu § 16 WEG

Betriebskostenabrechnung des vermietenden Sondereigentümers

Übersicht Rdn.

I. Grundsätzliches

1 § 556a Abs. 3 BGB – als lex. specialis zu § 556a Abs. 1 BGB (*Lehmann-Richter* in: Schmidt-Futterer § 556a Rn. 49) – soll (nur) bei Wohnraummietverhältnissen einschließlich der »ungeschützten« Mietverhältnisse nach § 549 Abs. 2 und 3 BGB ab 01.12.2020 (mangels Übergangsvorschrift; arg. e Art. 171 EGBGB) eine Harmonisierung von Miet- und WEG-Recht im Bereich der Betriebskostenabrechnung bewirken (vgl. BT-Drs. 19/18791 S. 29). Da es insoweit keine dem § 47 WEG entsprechende Übergangsvorschrift gibt und § 556a Abs. 3 BGB dispositives Recht darstellt, gilt für die zahlreichen Mietverträge – insbesondere, aber nicht nur aus der Zeit vor dem 01.12.2020 – weiterhin und vorrangig der jeweils dort vereinbarte Verteilerschlüssel. Es bleibt insoweit bei den unten in den Rdn. 13 ff. dargestellten Schwierigkeiten. Nur bei Anwendbarkeit des § 556a Abs. 3 BGB (dazu unten V. Rdn. 118) kommt es zu Vereinfachungen bei der mietrechtlichen Abrechnung.

2 Bei der Vermietung von Wohnungseigentum bzw. von gewerblich genutztem Teileigentum gelten grundsätzlich dieselben mietrechtlichen Vorschriften für die Überbürdung und Abrechnung der Nebenkosten (*Nüßlein* PiG 76, 2006, 69) wie bei der Vermietung eines Einzelhauses oder einer Wohnung bzw. gewerblichen Einheit in einem nicht nach WEG aufgeteilten Gebäude. Der Vermieter einer Eigentumswohnung (Wohnungseigentum) bzw. eines gewerblich zu nutzenden Sondereigentums (Teileigentum) hat grundsätzlich dieselben Pflichten und kann sich nicht darauf berufen, bei der Betriebskostenabrechnung nur deshalb anders (besser) behandelt zu werden, weil ihm nicht alle Einheiten des Gebäudes gehören (vgl. ausführlich *Münstermann-Schlichtmann* FS Deckert, 2002, S. 271 ff.; *Lützenkirchen/Jennißen* Betriebskostenpraxis, Miete und Sondereigentum, 2002, Rn. 572 ff.; *Lützenkirchen* ZWE 2003, 99 ff.; *Blank* NZM 2004, 365; *Langenberg* NZM 2004, 361; *Riecke* WuM 2003, 309; *ders.* in FS Deckert, 2002, 351, 377 ff.; *ders.* ZMR 2001, 77).

3 Nebenkosten sind grundsätzlich vollständig in der Miete enthalten, denn das Gesetz (vgl. §§ 535 Abs. 1 S. 2, 556 BGB) geht davon aus, dass – wenn nichts anderes wirksam vereinbart ist – der Vermieter die Nebenkosten zu tragen hat (*BGH* – VIII ZR 160/03, ZMR 2004, 327, 328). Die nach § 2 BetrKV umlagefähigen Kosten muss der Mieter gegenüber dem Vermieter nur tragen, wenn dieser Vertragspartner oder Anschlussnehmer des Dienstleisters oder sonstigen Leistungserbringers ist und die Mietvertragsparteien eine Kostentragungspflicht zulasten des Mieters wirksam vereinbart haben (*LG Berlin* ZMR 2005, 957). Ein solcher Vertrag, der umlagefähige Betriebskosten auf den Mieter überträgt, bedarf grundsätzlich einer ausdrücklichen und inhaltlich bestimmten Vereinbarung (*BGH* – XII ZR 158/01, ZMR 2005, 844, 846). Eine pauschale Formulierung der Umlagevereinbarung genügte früher nicht (*OLG Jena* NZM 2002, 70: »alle mit dem Mietobjekt verbundenen Betriebskosten«; *OLG Düsseldorf* GuT 2003, 87; *Schmid* NZM 2002, 483). Bei einem Wohnraum-

mietvertrag genügt für eine Umlage von Betriebskosten (gemeint: gemäß § 2 Nr. 1–16 BetrKV) nunmehr auch die bloße Vereinbarung, dass der Mieter »die Betriebskosten« zu tragen habe, weil damit sämtliche umlagefähigen Betriebskosten gemeint sind. Es ist unschädlich, wenn im Formularmietvertrag versehentlich sowohl die Variante »Betriebskostenpauschale« als auch die Variante »Betriebskostenvorauszahlung« angekreuzt sind und die Betriebskosten nicht näher bezeichnet sind (*BGH* – XIII ZR 274/15, ZMR 2016, 682; *BGH* – VIII ZR 137/15, ZMR 2016, 287). Vereinbaren die Parteien eines Gewerberaummietvertrages – auch formularmäßig – dass der Mieter »die Nebenkosten« oder »die umlagefähigen Nebenkosten« zu tragen hat, so liegt hierin auch ohne nähere Bestimmung der einzelnen Kostenarten oder eine Bezugnahme auf den Betriebskostenkatalog des § 2 BetrKV/Anlage 3 zu § 27 II. BerechnungsVO eine wirksame Umlage jedenfalls der in dem Betriebskostenkatalog zum Zeitpunkt des Vertragsschlusses konkret aufgeführten Betriebskosten (*OLG Frankfurt*, Beschlüsse vom 14.02.2018 und 19.04.2018, 2 U 142/17, ZMR 2018, 924).

Für eine Überbürdung der Betriebskosten i.S.v. § 2 Nr. 1–16 BetrKV reicht es immer aus, wenn – auch in einem Formularmietvertrag – auf die BetrKV Bezug genommen wird (*BGH* ZMR 2004, 430, 432). Sonstige Betriebskosten i.S.v. § 2 Nr. 17 BetrKV sind hingegen nur dann umlagefähig, wenn die Umlegung der im Einzelnen bestimmten Kosten mit dem Mieter vereinbart worden ist (*BGH* – VIII ZR 167/03, ZMR 2004, 430, 432; *Kinne* GE 2005, 165, 166; für Gewerberaummiete a.A. *OLG Celle* ZMR 1999, 238). Denn dem Mieter muss deutlich gemacht werden, welche Betriebskosten auf ihn überwälzt werden. 4

Nimmt der Mietvertrag dagegen nur allgemein auf die Beschlüsse der Wohnungseigentümer oder die Abrechnung des Verwalters nach § 28 WEG Bezug, liegt wegen fehlender inhaltlicher Bestimmtheit keine wirksame Betriebskostenabwälzung vor (*LG Braunschweig* NJW-RR 1986, 639; *Langenberg* NZM 2004, 361). Zu einer (wirksamen) Formularklausel lautend *»Bei vermieteten Eigentumswohnungen trägt der Mieter denjenigen Anteil an den vereinbarten Betriebskosten gem. § 2 BetrKV, den die Einzelabrechnung des Wohnungseigentumsverwalters vorgibt, sofern der Mieter hierdurch nicht grob unbillig benachteiligt wird. Daneben trägt er die weiteren Betriebskosten, die außerhalb dieser Abrechnung unmittelbar auf die Wohnung entfallen (z.B. Grundsteuer)«*, vgl. *AG Hamburg-Blankenese* ZMR 2018, 677. 5

Bei der Gewerberaummiete hat die BetrKV zwar Leitbildfunktion, bestimmt aber hier nicht die Grenzen der Umlage. Es reicht für die Übertragung der »Verwaltungskosten sowie der Kosten des Allgemeinstroms« eine entsprechende Bezugnahme im Vertrag auf diese Begriffe (*OLG Hamburg* ZMR 2003, 180, 181 = NZM 2002, 388, a.A. *AG Hamburg* ZMR 2023, 646 und GE 2020, 1630: Die Kostenposition »Allgemeinstrom« ist nicht umlagefähig, da es eine derartige Kostenposition in der Betriebskostenverordnung nicht gibt). Der Begriff »Verwaltungskosten« (vgl. Definition in § 1 Abs. 2 Nr. 1 BetrKV) wird gegenüber »Nebenkosten« als enger und bestimmter eingestuft. Die Umlage von »Kosten der kaufmännischen und technischen Hausverwaltung« in allgemeinen Geschäftsbedingungen eines Mietvertrages über Geschäftsräume ist weder überraschend im Sinne von § 305c BGB, noch verstößt sie gegen das Transparenzgebot (*BGH* – XII ZR 109/08, ZMR 2010, 351 = NJW 2010, 671). Unwirksam ist dagegen bei Gewerbemiete eines Teileigentums die Klausel »… und alle hier nicht aufgeführten Kosten in Ansehung des Mietobjekts« (*OLG Düsseldorf* NZM 2002, 700). 6

Die Besonderheit bei der Vermietung von Wohnungseigentum, gewerblich zu nutzendem Teileigentum oder Teilen des gemeinschaftlichen Eigentums besteht darin, dass – wenn auch grundsätzlich keine vom allgemeinen Mietrecht abweichende Behandlung stattfindet – die Beteiligten, insbesondere die mit derartigen Streitigkeiten befassten Gerichte, dem Umstand Rechnung tragen müssen, dass 7

– dem vermietenden Sondereigentümer eben nur »sein Sondereigentum« gehört und am gemeinschaftlichen Eigentum nur eine Mitberechtigung besteht, während bei der Vermietung von Teilen des gemeinschaftlichen Eigentums streitig ist, ob nur der Verband sui generis (Gemeinschaft der Wohnungseigentümer, *BGH* – V ZR 32/05, ZMR 2005, 547; vgl. jetzt § 9a WEG ab 01.12.2020) als Nichteigentümer zur Vermietung berechtigt ist

- die Betriebskosten vom Wohnungseigentumsverwalter als Organ des Verbandes bezahlt werden und sich die Original-Belege bei ihm befinden und eben nicht bei dem einzelnen Wohnungseigentümer/Teileigentümer (als Vermieter),
- die gemeinschaftlichen Einrichtungen wie Heizung, Aufzug/Lift, Treppenhäuser dem Vermieter nur gemeinsam mit anderen Eigentümern gehören mit den sich daraus ergebenden Beschränkungen hinsichtlich Verfügung, Einwirkung etc.

8 Grundlegend für den notwendigen Inhalt einer Nebenkostenabrechnung ist nach wie vor die Entscheidung *BGH* – VIII ZR 298/80 (ZMR 1982, 108 ff. = NJW 1982, 573 f.). Danach unterliegt ein Wohnungseigentümer, der seine Wohnung vermietet, wie jeder andere Vermieter auch, den allgemeinen Anforderungen nach § 259 BGB sowie denen des Mietrechts im Besonderen (zu Abrechnungsgrundsätzen und materiellem Gehalt der Abrechnung vgl. auch *Langenberg* NZM 2004, 361, 363). In der Abrechnung für den Mieter sind i.d.R. (Ausnahme: *BGH* – VIII ZR 49/07, ZMR 2008, 444 f.) die tatsächlich geleisteten Vorauszahlungen (nicht Soll-Vorauszahlungen; so aber nach WEG, vgl. *BGH* – V ZR 171/11, ZMR 2012, 976 = NJW 2012, 2797 zu Abrechnungsspitze und Verjährung) den anteilig geschuldeten Kosten gegenüberzustellen (*BGH* – VIII ZR 108/02, ZMR 2003, 334).

9 Die Bildung von **Abrechnungseinheiten** (Wirtschaftseinheit, Verwaltungseinheit) hat der *BGH* (VIII ZR 371/04, ZMR 2005, 937 = MDR 2006, 196) erleichtert. Ebenfalls ist die Bildung einer Abrechnungseinheit unter Zusammenfassung mehrerer, durch eine gemeinsame Heizungsanlage versorgter Gebäude zulässig (*BGH* – VIII ZR 73/10, ZMR 2011, 198 = NZM 2010, 895 für mehrere vom selben Vermieter verwaltete und der Wohnnutzung dienende zusammenhängende Gebäude vergleichbarer Bauweise, Ausstattung und Größe). Es kommt auch nicht darauf an, ob die gemeinsame Heizungsanlage bereits bei Abschluss des Mietvertrags bestand, denn dem Vermieter ist es nicht verwehrt, eine Abrechnungseinheit im Laufe des Mietverhältnisses zu bilden (*BGH* – VIII ZR 45/11, ZMR 2012, 173 = NZM 2012, 96).

10 Ein Mieter von Wohnungs- oder Teileigentum braucht sich auf keinen Fall mit Abrechnungsunterlagen zu begnügen, die sein Vermieter zuvor vom Verwalter erhalten hat. Die Befugnis des vermietenden Eigentümers zur unüberarbeiteten Weitergabe der Verwalterabrechnung würde die rechtlich klare Trennung zwischen dem Mietverhältnis einerseits und der Stellung der Eigentümer untereinander sowie zum Verband/Verwalter andererseits missachten. Die zufällige Doppelstellung des Vermieters darf dem Mieter nicht zum Nachteil gereichen. Zu den Kontrollrechten des Mieters vgl. *Nüßlein* PiG 76, 2006, S. 114 ff.

11 Auch wenn der Rechtsprechung nicht die Verpflichtung des Vermieters zu einer grundlegenden Neuberechnung entnommen werden kann, – das wäre in vielen Fällen formalistisch, insbesondere wenn Einzelposten ohne Weiteres auf das Rechtsverhältnis zum Mieter übertragbar sind – bietet sich meist eine Neuerstellung an, wobei dann zur Erläuterung auf das Datenmaterial der Abrechnung nach § 28 WEG Bezug genommen werden kann. Solche Bezugnahmen auf die Verwalterabrechnung sind zulässig, solange die Verständlichkeit der Abrechnung darunter nicht leidet. In diese Richtung geht auch die Entscheidung des *LG Wuppertal* (WuM 1999, 342 f.), wonach ein Vermieter zwar eine eigene Nebenkostenabrechnung erstellen müsse, wegen der Betriebskosten aber auf die Verwalterabrechnung verweisen dürfe. Allerdings werden im dortigen Fall – was aus der Veröffentlichung insoweit nicht hervorgeht – Mietvertrag und Jahresabrechnung auf demselben Umlegungsmaßstab beruht haben. § 556a Abs. 3 BGB gab es damals noch nicht. Denn ohne einen kongruenten Umlegungsmaßstab bzw. ohne eine durch den Vermieter vorgenommene Umrechnung auf den mietvertraglichen Maßstab wäre die Beachtung des angesprochenen Verständlichkeitsgebots äußerst zweifelhaft gewesen.

12 Letztlich müssen die höchstrichterlichen Mindestanforderungen an jede Nebenkostenabrechnung – Zusammenstellung der Gesamtkosten, Erläuterung des angegebenen Verteilerschlüssels und Berechnung des Mietereinzelanteils unter Abzug der vom Mieter geleisteten Vorauszahlungen – beachtet werden. Zu den wesentlichen Unterschieden der Abrechnung nach WEG und Mietrecht

(vgl. *Riecke* WuM 2003, 309; WE 2000, 9 f. sowie ZMR 2001, 77) lassen sich folgende Thesen zur Umlegung der Betriebskosten aufstellen:

1. Im WEG und Mietrecht galten mit dem **Zufluss- und Abfluss**prinzip einerseits und dem **Leistungs**prinzip andererseits nicht kompatible Abrechnungsmodalitäten. Allerdings hat der *BGH* (VIII ZR 49/07, ZMR 2008, 444; *Milger* NZM 2008, 759; *Derleder* WuM 2008, 451) zumindest für das Mietrecht auch das Abflussprinzip zugelassen, wenn auch ohne Klärung der Frage, wie denn bei Mieterwechseln zu verfahren ist. Wenn im Abrechnungszeitraum keine Besonderheiten vorlagen, soll jetzt die um nicht umlagefähige Positionen bereinigte Jahresabrechnung nach § 28 WEG ergänzt um die Grundsteuer (vgl. zu deren »Durchreichen« *BGH* – VIII ZR 45/11, ZMR 2012, 173 = WuM 2011, 684) und die Vorauszahlungen des Mieters an diesen als Betriebskostenabrechnung weitergereicht werden können (*Langenberg* WuM 2009, 21) 13

2. Auch wenn eine **Miet**nebenkostenabrechnung niemals 100 %ig alle Kosten nach dem **Verursacher**prinzip zuordnen kann, so rechtfertigt dies doch nicht die teilweise Übernahme der WEG-Jahresabrechnung unter bloßer Kürzung um die Positionen Erhaltungsrücklage, Verwaltervergütung und den sonstigen nach dem konkreten Mietvertrag **nicht** umlagefähigen Kosten. 14

3. Hinsichtlich der nicht erst im Verbrauchsjahr, sondern bereits im Vorjahr gezahlten Betriebskosten hinkt die Mietnebenkostenabrechnung der WEG-Abrechnung mindestens um ein Jahr hinterher. Selbst wenn Abrechnungsungerechtigkeiten nur bei einem Mieterwechsel aufträten, wäre dies – jedenfalls bei größeren Verwaltungseinheiten – faktisch der **Normalfall**. 15

4. Bei Bindung des Mieters an die WEG-Abrechnung bestünden Manipulationsmöglichkeiten der Wohnungseigentümer zulasten der vermietenden Sondereigentümer, für die solche Kosten dann lediglich durchlaufende Posten wären. 16

5. Nach bisheriger Rechtsprechung schuldet der Sondereigentums- und Mietenverwalter beim Ausscheiden zum Ende des Wirtschaftsjahres noch die Erstellung der Jahresabrechnung (*LG Hamburg* HbgGE 1999, 410 sowie *Happ* HbgGE 2000, 220; **a.A.** *AG Magdeburg* ZMR 2005, 992), während bisher im WEG diese Verpflichtung dem neuen WE-Verwalter obliegen soll (vgl. Bärmann/*Becker* 15. Aufl. § 28 Rn. 110, der aber – entgegen *OLG Zweibrücken* ZMR 2007, 887 – nicht mehr auf die Fälligkeit der Abrechnung abstellt; lediglich die Rechnungslegung schuldet der WEG-Verwalter immer für seine Amtszeit). Nunmehr gilt nach *BGH* (V ZR 89/17, ZMR 2018, 523): Die Pflicht zur Erstellung der Jahresabrechnung gemäß § 28 Abs. 3 WEG a.F. (jetzt § 28 Abs. 2 S. 2 WEG) trifft den Verwalter, der im Zeitpunkt der **Entstehung** der Abrechnungspflicht Amtsinhaber ist. Scheidet der Verwalter im Laufe des Wirtschaftsjahres aus seinem Amt aus, schuldet er – vorbehaltlich einer abweichenden Vereinbarung – die Jahresabrechnung für das abgelaufene Wirtschaftsjahr unabhängig davon, ob im Zeitpunkt seines Ausscheidens die Abrechnung bereits fällig war. 17

Blank (NZM 2004, 365 = WuM 2004, 446 f.) vertritt eine Mindermeinung, der zufolge die von der Gemeinschaft der Wohnungseigentümer beschlossenen Kosten i.d.R. wie Rechnungen eines Dritten an den Mieter weitergegeben werden können. Dem kann nicht gefolgt werden. Seine Methode der **wohnungsbezogenen Kostenerfassung**, die auf der Erwägung beruht, dass der Eigentumswohnung ein spezieller Betriebskostenbegriff (vgl. auch § 16 Abs. 3 WEG a.F., der noch auf § 556 BGB verwies; *Nüßlein* PiG 76, 2006, S. 70) zugeordnet ist, hat sich jedenfalls bisher nicht durchgesetzt. Nach *Blank* soll sich diese bloße Kostenweitergabe zwar nicht unmittelbar aus § 556 BGB ergeben, wohl aber aus dem Umstand, dass die Regelungen der BetrKV, auf die § 556 BGB seit 01.01.2007 Bezug nimmt, ihrerseits zwischen den Betriebskosten eines Gebäudes mit Mietwohnungen und den Betriebskosten der Eigentumswohnung unterscheiden. Diese Unterscheidung sei notwendig, weil sich der Wohnungseigentümer in einer anderen rechtlichen und wirtschaftlichen Situation befindet, als der Eigentümer eines Mehrfamilienhauses. Zwar entstehen auch bei der Vermietung einer Eigentumswohnung Betriebskosten. Anders als der Eigentümer des Mehrfamilienhauses hat der Wohnungseigentümer aber nichts zu verteilen, weil er nur einen Mieter hat. Insofern ist er aus wirtschaftlicher und rechtlicher Sicht dem Eigentümer eines Einfamilienhauses vergleichbar. Die Regelungen über die Kostenverteilung können deshalb weder auf den Eigentümer des Ein- 18 familienhauses noch auf den Wohnungseigentümer angewendet werden. Vielmehr gilt für diese Gruppe der Vermieter ein eigener Betriebskostenbegriff. Hieraus ergeben sich Regeln für die Kostenerfassung und -abrechnung, die von den allgemeinen mietrechtlichen Grundsätzen abweichen.

19 Nach Blanks Methode der **wohnungsbezogenen Kostenerfassung** (vgl. auch *LG Mannheim* WuM 1996, 630) ist – wie im WEG (vgl. Kaltwasserkostenentscheidung des *BGH* – V ZB 22/04, ZMR 2004, 834) – im Ansatz zu unterscheiden zwischen den Betriebskosten des Sondereigentums und den Betriebskosten des gemeinschaftlichen Eigentums (vgl. zu neueren Entwicklungen insoweit auch *Häublein* NZM 2014, 94 ff.; *Jacoby* ZMR 2021, 1 ff.: „Durch § 556a Abs. 3 BGB (neu) hat der Gesetzgeber zum Ausdruck gebracht, dass bei einer vermieteten Eigentumswohnung **gebäudebezogen** (nicht wohnungsbezogen) abzurechnen ist. Entsprechend kann der Mieter auch nicht an die Ergebnisse der von den Eigentümern beschlossenen Nachschüsse basierend auf einer Jahresabrechnung gebunden werden"; *Becker* WuM 2013, 73; *Beyer* WuM 2013, 77 und ausführlich ZMR 2013, 933).

20 Zu den Betriebskosten des Sondereigentums gehören bspw. die Grundsteuer, Kaltwasser-, Warmwasser-, Heiz- und sonstige verbrauchsabhängig abzurechnende Kosten (Müll bei separater Erfassung) u.a. Solche Kosten entstehen i.d.R. unmittelbar beim Eigentümer für das vermietete Sondereigentum. Einer Kostenverteilung im strengen Sinne bedarf es nicht (vgl. *BGH – VIII ZR 45/11, ZMR 2012, 173* = WuM 2011, 684: nur bei der Grundsteuer).

21 Dagegen beinhalten die dem Mieter weiter zu belastenden Betriebskosten des gemeinschaftlichen Eigentums die Miteigentumsanteilsquote an den Lasten und Kosten gem. § 16 Abs. 2 WEG, soweit sie unter § 2 BetrKV fallen. Fällig wurden sie gegenüber dem Wohnungseigentümer erst durch den Beschluss über die Gesamt- und Einzelabrechnung (bis 30.11.2020), jetzt durch den Beschluss über Nachschüsse und die Anpassung der – zu hohen – Soll-Vorschüsse (§ 28 Abs. 2 Satz 1 WEG).

22 Aus der Abrechnung des Vermieters muss sich demgemäß zunächst ergeben, welche Betriebskosten für das Sondereigentum entstanden sind. Weiter muss sich aus der Abrechnung ergeben, welche Betriebskosten für das gemeinschaftliche Eigentum entstanden sind.

23 Nach *Langenberg* (NZM 2004, 361, 362) soll die Jahresabrechnung solange sie nur Beschlussvorlage ist und nicht beschlossen wurde nur vorläufigen Charakter haben und zur Bestimmung von Guthaben oder Nachzahlungen des Mieters ungeeignet sein. Dagegen stellt Langenberg zu Recht wenigstens nicht auch noch auf die Bestandskraft des Eigentümerbeschlusses ab (vgl. *Nüßlein* PiG 76, 2006, S. 108–114). Seit 01.12.2020 ist die Jahresabrechnung nicht mehr Beschlussgegenstand.

24 Ob ein Mieter allgemein im Mietvertrag zur Anerkennung der Jahreseinzelabrechnung der Wohnungseigentümer verpflichtet werden kann, ist streitig (bejahend *Sternel* PiG 55, 1998, S. 79; vgl. auch *Blank* NZM 2004, 365; abl. *Nüßlein* PiG 76, 2006, 91 ff.; *LG Hamburg* ZMR 2009, 288). Ein allgemeines einseitiges Bestimmungsrecht des Vermieters gem. den §§ 315, 316 BGB wird von *v. Seldeneck* vertreten (Betriebskosten im Mietrecht Rn. 3249). Zur Maßstabskongruenz im Einzelnen unten Rdn. 52 ff.

25 Weitere Vereinfachung kann ein einheitlicher Abrechnungszeitraum bringen. Dieser darf im Mietrecht nicht länger sein als ein Jahr (vgl. § 20 Abs. 3 S. 2 NMV 1970; § 556 Abs. 3 BGB), ist aber nicht an das Kalenderjahr gebunden. Hingegen muss der Verwalter einer Gemeinschaft der Wohnungseigentümer gem. § 28 Abs. 2 S. 2 WEG nach Ablauf des Kalenderjahres eine Abrechnung aufstellen (zur Umstellung vom Kalenderjahr auf ein abweichendes Wirtschaftsjahr und umgekehrt vgl. *LG Berlin* ZMR 2002, 385). Insofern ist es sinnvoll, sich mietvertraglich ebenfalls auf eine kalenderjährliche Abrechnung zu einigen.

26 Die höchstzulässige Abrechnungsfrist beträgt im (Wohnraum-) Mietrecht ein Jahr nach Ablauf des Abrechnungszeitraums. Wenn auch diese Frist nur für Teilbereiche gesetzlich bestimmt ist (§ 20 Abs. 3 S. 4 NMV 1970; § 556 Abs. 3 S. 1 BGB), ist sie allgemein gültig (vgl. nur *Lehmann-Richter* in: Schmidt-Futterer, 16. Aufl. § 556 Rn. 362 ff. und 417 ff.). Der Vermieter eines Wohnungseigentums hat grds. auch dann innerhalb der Jahresfrist des § 556 Abs. 3 S. 2 BGB über die Betriebs-

kosten abzurechnen, wenn der Beschluss der Wohnungseigentümer über die Nachschüsse basierend auf den Jahreseinzelabrechnungen noch nicht vorliegt. Nach Ablauf der Frist kann er eine Nachforderung nur geltend machen, wenn der Vermieter die Verspätung nach § 556 Abs. 3 S. 2 Halbs. 2 BGB nicht zu vertreten hat, wofür er darlegungs- und beweisbelastet ist. Eine hiervon abweichende Vereinbarung ist gemäß § 556 Abs. 4 BGB unwirksam. Zweck des § 556 Abs. 3 S. 2 BGB ist es, Abrechnungssicherheit für den Mieter und – durch eine zeitnahe Abrechnung der Betriebskosten – rasche Klarheit und Rechtssicherheit über die gegenseitigen Forderungen der Mietvertragsparteien zu schaffen. Zudem würde sonst der Mieter einer Eigentumswohnung in einer aus Sachgründen nicht zu rechtfertigenden Weise gegenüber dem Mieter einer sonstigen Wohnung benachteiligt, da er durch das zusätzliche Erfordernis eines Beschlusses der Wohnungseigentümer nach § 28 Abs. 2 WEG dem erhöhten Risiko ausgesetzt wäre, die Betriebskostenabrechnung nicht innerhalb der gesetzlich vorgesehenen Jahresfrist zu erhalten (*BGH* – VIII ZR 249/15, ZMR 2017, 303; *BGH* – VIII ZR 50/16, ZMR 2017, 630).

Im WEG wird eine Abrechnungsfrist des Verwalters gegenüber seinem Vertragspartner, der rechtsfähigen Gemeinschaft der Wohnungseigentümer (vgl. § 9a WEG; *Abramenko* ZMR 2006, 6), schon binnen 3–6 Monaten angenommen (vgl. Bärmann/*Becker* 15. Aufl. § 28 Rn. 123). 27

Der Vermieter kann die Überschreitung dieser Ausschlussfristen auch nicht damit erfolgreich begründen, dass es noch an beschlossenen Nachschüssen aufgrund einer WEG-Abrechnung fehle. Versäumnisse der WEG-Verwaltung und der Gemeinschaft der Wohnungseigentümer muss er sich vielmehr über § 278 BGB zurechnen lassen (vgl. *BGH* ZMR 2017, 303; *Wall* Betriebskostenkommentar, 5. Aufl. 2020, Rn. 2032 ff.). 28

Im Mietvertrag sollte auch geregelt sein, falls der Mieter – für den Eigentümer – an den WEG-Verwalter zahlen soll (vgl. *Pfeifer* Betriebskosten, 2002, S. 18). Empfehlenswert erscheint dies nur dann, wenn der WEG-Verwalter in Personalunion auch Sondereigentumsverwalter ist, was etwa bei einer Mietpoolverwaltung im Einzelfall nicht ordnungsmäßiger Verwaltung entsprechen kann, und zwar wegen Interessenkollision und/oder fehlender Neutralität. 29

II. Die Abrechnung nach dem WEG als Vorbild für die Abrechnung gegenüber dem Mieter?

Für den Inhalt der gem. § 28 Abs. 2 S. 2 WEG vom Verwalter aufzustellenden Abrechnung ist die Bestimmung über den Wirtschaftsplan und damit § 28 Abs. 1 S. 2 WEG a.F. weiterhin heranzuziehen. In die Jahresgesamtabrechnung gehören zumindest alle Einnahmen und Ausgaben. Das sind die tatsächlich im Abrechnungsjahr vereinnahmten und verausgabten, d.h. vom Bankkonto oder in bar geflossenen Beträge (vgl. *Sauren* WE 1993, 62; *Jennißen* ZMR 2005, 267). 30

In der Rechtsprechung, wird fast einhellig (h.M.; *BayOblG* ZMR 2005, 563; vgl. aber *LG Köln* ZMR 2005, 150 m. Anm. *Stähling*; *G. E. Lang* in der Sonderbeilage zu WE Heft 8/2010) von einer Einnahmen-/Ausgabenrechnung gesprochen mit der sich daran anknüpfenden Feststellung, dass nach dem WEG – abweichende Vereinbarungen sind allerdings zulässig – keine Bilanz oder Vermögensrechnung (Gewinn- und Verlustrechnung) zu erstellen sei, sondern eine geordnete und verständliche, inhaltlich zutreffende Aufstellung der Einnahmen und Ausgaben, d.h. aller tatsächlich im Jahr geleisteten Zahlungen; auch musste (heute gehört dies weitgehend in den Vermögensbericht) die Jahresabrechnung die Entwicklung der gemeinschaftlichen Konten, insbesondere der Erhaltungsrücklage, einschließlich der Zinserträge ausweisen (*BayObLG* ZMR 1997, 256; *BayObLG* WuM 1993, 485 = NJW-RR 1993, 1166, 1167; NJW-RR 1989, 1163; 1987, 595; *OLG Hamm* ZMR 1997, 251; *OLG Düsseldorf* ZMR 2001, 375 = WuM 2001, 260 = ZWE 2001, 114 f.; Bärmann/*Becker*, 15. Aufl., § 28 Rn. 110 ff.; a.A. *Happ* ZMR 2001, 260, 262; *Jennißen* ZWE 2002, 19 und ZMR 2005, 267). Eine solche einfache Abrechnung entspreche am ehesten der gesetzlichen Regelung, wie sie in § 28 WEG, §§ 675, 666, 259 BGB zu finden ist, und sei für die Gemeinschaft der Eigentümer am besten geeignet (*BayObLG* ZMR 2000, 687 = WuM 2000, 431 = ZWE 2000, 407, 409; ZMR 1998, 792, 793). Zu Einzelheiten vgl. die Musterabrechnungen von *Casser/Schultheis* 31

ZMR 2011, 85 ff., ZMR 2017, 609 ff. und – jetzt unter Berücksichtigung des WEMoG – ZMR 2021, 788 ff.

32 Bei konsequenter Handhabung dieser Grundsätze gehören demnach die im Dezember eines Jahres gezahlten, das Folgejahr betreffenden Gebäudeversicherungsprämien ebenso in die Jahresabrechnung für das am 31.12. des Jahres endende Wirtschaftsjahr wie der Aufwand für die Begleichung einer Rechnung, die auf einer Dienstleistung kurz vor Jahresende beruht mit der Folge, dass am 31.12. des Jahres die eingekaufte Leistung noch im Wesentlichen vorhanden ist. Diese Handhabung entspricht auch der steuerrechtlichen Betrachtungsweise, sind die Beträge doch im alten Jahr endgültig ausgegeben und damit aus dem Gemeinschaftsvermögen (§ 9a Abs. 3 WEG) abgeflossen. Sie stellen Aufwendungen im steuerlichen Sinne dar, obwohl die erworbene Leistung als Vermögenswert noch am 31.12. des Jahres vorhanden ist und einem »Verbrauch« erst im nachfolgenden Wirtschaftsjahr zugeführt wird. Dies ist die konsequente Folge, weil Vermietungseinkünfte und Kosten grundsätzlich nicht bilanziert werden und es ohne Rücksicht darauf, ob die Geldmittel in anderer Form, etwa in Form eines nicht in Geld bestehenden Vermögenswerts noch vorhanden sind, allein auf den Abfluss der Geldmittel ankommt.

33 Zur Abrechnung der Heizkosten sind in die Jahresgesamtabrechnung alle im Abrechnungszeitraum geleisteten Zahlungen, die im Zusammenhang mit der Anschaffung von Brennstoff stehen, aufzunehmen. Für die Verteilung in den Einzelabrechnungen sind dagegen die Kosten des im Abrechnungszeitraum tatsächlich verbrauchten Brennstoffs maßgeblich. Der Unterschiedsbetrag ist in der Abrechnung verständlich zu erläutern (*BGH* – V ZR 251/10, ZMR 2012, 372 = NZM 2012, 344). Schon das *BayObLG* hatte im Hinblick auf die in der HeizkostenV geforderte verbrauchsabhängige Abrechnung eine Ausnahme von dem sonst strikt angewandten **Abflussprinzip** zugelassen (*Jacoby* ZMR 2021, 1 ff.; *BayObLG* BayObLGZ 1987, 86 = WuM 1988, 101 = NJW-RR 1988, 81 f.; WE 1992, 175, 176). Damit wurde es dem vermietenden Wohnungseigentümer wenigstens bei dieser Betriebskostenart ermöglicht, die vom WEG-Verwalter erstellte Abrechnung ohne Änderungen zur Abrechnung gegenüber seinem Mieter zu verwenden.

34 Nach Auffassung des *BayObLG* (ZMR 2005, 137) mussten zur Schätzung der mittleren Temperatur des Warmwassers nach § 9 Abs. 2 S. 2 Nr. 2 HeizkostenV (a.F.) die maßgeblichen Schätzgrundlagen ermittelt werden, insbesondere die an der Heizung eingestellte Temperatur und Heizungskapazität. Heute gibt es Wärmemengenzähler etc.

35 Das *BayObLG* wendete sich insbesondere **gegen** den oft in Abrechnungen für Gemeinschafts- und Sondereigentum anzutreffenden **pauschalen Ansatz von 60 Grad Celsius** (vgl. *Lammel* in Schmidt-Futterer Mietrecht, 9. Aufl., § 9 HeizKV Rn. 18 mit Beispielsrechnung; zur heutigen Rechtslage vgl. *ders,* 16. Aufl. 2024, § 9 HeizKV Rn. 19 mit Beispielsrechnung). Für die Vornahme der Schätzung lässt das Gericht den Eigentümern einen Beurteilungsspielraum. Justiziabel sei lediglich, ob das gefundene Schätzergebnis sich nach den durchgeführten Ermittlungen im Rahmen dieses Beurteilungsspielraumes hält, die Vornahme der Schätzung selbst sei nicht Aufgabe des Gerichts, sondern der Wohnungseigentümer.

36 Anders sieht die Finanzverwaltung allerdings den Abfluss der Erhaltungsrücklage. Obwohl der einzelne Wohnungseigentümer seinen Anteil zur Erhaltungsrücklage mit seinem laufenden Wohngeld zahlt, kann von ihm diese Zahlung steuerlich erst bei effektivem Abfluss vom Gemeinschaftskonto des Verwalters geltend gemacht werden (*Kahlen* WE-Recht und Steuern, 2007, Teil 2, Rn. 103; *BFH* ZMR 2013, 366, ZMR 2009, 380 und BStBl. II 1988, S. 577). Tatsächliche und geschuldete Zahlungen der Wohnungseigentümer auf die Rücklage sind in der Jahresgesamt- und -einzelabrechnung weder als Ausgabe noch als sonstige Kosten zu buchen (*BGH,* V ZR 44/09, ZMR 2010, 300 = NZM 2010, 243).

37 Eine zweite Ausnahme vom Abflussprinzip wird im Übrigen auch im WEG bei der Erhaltungsrücklage zugelassen (*BayObLG* NJW-RR 1993, 1166, 1167; 1991, 15, 16; **a.A.** *Demharter* ZWE 2001, 416 zu *OLG Hamm* ZWE 2001, 446 = ZMR 2001, 1001), was mangels Umlegbarkeit hier aber keine Rolle spielt. Das *AG Saarbrücken* (WE 2005, 153) verweist für die Erhaltungsrücklage darauf,

dass die Jahresabrechnung keine prognostischen, sondern nur Ist-Daten enthalten dürfe. Hierbei übersieht das Gericht die zulässige Abrechnung einer Soll-Rücklage (vgl. *Stähling* ZMR 2005, 152).

Die Abrechnungsgrundsätze des *BayObLG* wurden von den anderen Obergerichten weitgehend akzeptiert, mit gewissen Einschränkungen auch von der einschlägigen Fachliteratur (in Bärmann/ *Becker* § 28 Rn. 146 ff.; vgl. i.Ü. die umfassende Übersicht in den Entscheidungsgründen des *BayObLG* WuM 1993, 485 = NJW-RR 1993, 1166 = WE 1994, 182 ff.). Nur das *KG* neigte gelegentlich zu weniger strikten Entscheidungen (vgl. *KG* WuM 1994, 400 = NJW-RR 1994, 1105). Eine **gerichtliche Musterabrechnung** findet sich im Beschluss des *OLG Hamm* vom 03.05.2001 (ZMR 2001, 1001). 38

Allerdings begegnet diese Rechtsprechung des *BayObLG* in der Fachdiskussion einer Mindermeinung, welche die Rechtsprechung als teilweise zu formalistisch streng und kaufmännisch verfehlt bezeichnet. Es ist *Deckert* (WE 1994, 222 ff.) zuzustimmen, wenn er darauf hinweist, dass es in vielen Gemeinschaften – insbesondere in überwiegend vermieteten Wohnanlagen – nicht nur der Wunsch der kaufmännisch geschulten Profiverwaltung, sondern auch der Mehrheit der Eigentümer sei, dass Ausgaben des Geschäftsjahres perioden- und zeitgerecht abgegrenzt werden, um den mietrechtlich geforderten Nebenkostenabrechnungszwängen im Verhältnis Vermieter/Mieter gerecht zu werden. Einen alternativen Ansatz verfolgen insoweit *v. Hauff* WE 2007, 172, 173 und 196, 197 sowie *G.E. Lang* in der Sonderbeilage zu WE Heft 8/2010, zur Notwendigkeit einer doppelten Buchführung. 39

Die Ansicht, die reine Einnahmen-/Ausgabenrechnung sei für die Gemeinschaft am besten geeignet, gilt für vermietende Eigentümer i.d.R. nicht. Wenn *Seuß* in seinem Grundsatzreferat anlässlich der 18. Fischener Gespräche (WE 1993, 69 ff.) ausführte, dass es keine Pflicht gäbe, »die Jahresabrechnung unbedingt so zu gestalten, dass diese als Grundlage für andere Abrechnungen und Berechnungen diene, auch nicht für die Nebenkostenabrechnung der vermieteten Eigentumswohnung«, so muss dem widersprochen werden. Die Aussage von *Seuß* wird auch nicht durch die Einschränkung akzeptabel, es sei »gleichwohl sinnvoll und zweckmäßig, die Jahresabrechnung so zu gestalten, dass aus ihr andere Berechnungen oder Abrechnungen abgeleitet werden können«. 40

Es wird bei der Diskussion vielfach übersehen, dass der Verwalter mit seiner Abrechnung keinen Selbstzweck verfolgt und die Abrechnung nicht nur darin bestehen kann, dem Gesetz Genüge zu tun. Die Abrechnung wird für die Wohnungseigentümer erstellt. Zwischen der Gemeinschaft der Wohnungseigentümer als Verband (§ 9a WEG) und dem Verwalter besteht im Allgemeinen ein entgeltlicher Geschäftsbesorgungsvertrag mit Dienstvertragscharakter (früher sogar als Vertrag zugunsten Dritter/der Wohnungseigentümer). Bei der Erledigung der ihm übertragenen Aufgaben muss der Verwalter im Rahmen der gesetzlichen Bestimmungen den berechtigten Anliegen und Bedürfnissen der Wohnungseigentümer Rechnung tragen. 41

Soweit Wohnungen vermietet sind, gehört dazu eine verständliche und nachvollziehbare Abrechnung jedenfalls der im Allgemeinen nach Mietvertragsrecht auf die Mieter umlagefähigen Betriebskosten gem. § 2 BetrKV v. 25.11.2003. Zumindest muss die WEG-Abrechnung so aufgemacht werden, dass auch ein juristisch nicht vorgebildeter Laie und Vermieter in die Lage versetzt wird, die Nebenkostenabrechnung aus der WEG-Abrechnung ohne Weiteres abzuleiten. Jede andere Form der Abrechnung entspricht nicht mehr ordnungsmäßiger Verwaltung. Dies gilt umso mehr, als das Wohnungseigentumsgesetz einer derartigen Auslegung und Verfahrensweise keineswegs entgegensteht. 42

Die Praxis der Mehrzahl der renommierten Wohnungseigentums-Verwalter bestätigt dieses. Ebenso die Abrechnungsvorschläge vieler praktisch orientierter Autoren wie *Casser/Schultheis* (ZMR 2021, 788 ff.); *Deckert* (WE 1994, 222 ff.), *Sauren* (WE 1994, 94 ff.) und nicht zuletzt schon die Abrechnungsmethoden nach dem sog. Bonner Modell vom Mai 1992 (vgl. *Sauren* WE 1994, 350 ff.). 43

Ergänzend ist noch zu verweisen auf die Ausführungen von *Strobel* Die Verwalterabrechnung in Recht und Praxis (DW 1997, 353 ff. = WE 1997, 249) mit Muster für eine Verwalterabrechnung und von *Bühler* ZMR 1997, 111 ff. sowie *LG Köln* ZMR 2005, 150 ff. m. Anm. *Stähling*. 44

45 Das *OLG Düsseldorf* (ZMR 2000, 452 m. abl. Anm. *Schmid*) wollte gar die Bestandskraft der Beschlussfassung nach § 28 Abs. 5 WEG a.F. noch abwarten (abl. auch *Riecke* WuM 2003, 309; *ders.* ZMR 2001, 77, 79; ausdrücklich gegen *OLG Düsseldorf* ferner *LG Itzehoe* ZMR 2003, 38 f.). Eine derartige Verzögerung der mietrechtlichen Betriebskostenabrechnung ist nicht akzeptabel (vgl. *BGH* – VIII ZR 249/15, ZMR 2017, 303).

46 Misst man einer bestandskräftigen fehlerhaften WEG-Jahresabrechnung keine Bindungswirkung (so auch *Pfeifer* Betriebskosten, 2002, S. 106) gegenüber dem Mieter zu, liegt es auf der Hand ihr entweder generell keine Bedeutung zuzumessen oder in ihr lediglich die Bedeutung einer erleichterten Plausibilitätskontrolle zu sehen (vgl. auch *Drasdo* NZM 2004, 372, 374; *Nüßlein* PiG 76, 2006, S. 112). Nach § 556a Abs. 3 BGB ist die Betriebskostenabrechnung von der Jahresabrechnung unabhängig. Es verändert auch die Bestandskraft einer Jahresabrechnung nach § 28 WEG a.F. nicht den Maßstab, nach dem der vermietende Wohnungseigentümer abzurechnen hat. Dieser hat nämlich die tatsächlichen umlagefähigen Kosten und die einschlägigen wohnungseigentumsrechtlichen Umlagemaßstäbe zu verwenden (*Jacoby* ZMR 2021, 1 ff. unter IV.).

47 Bereits früher ließ *Langenberg* (in Schmidt-Futterer Voraufl. § 556 Rn. 379–381, sowie Rn. 313 ff, jetzt *Lehmann-Richter* in: Schmidt-Futterer 16. Aufl. 2024, § 556 Rn. 393 ff.) eine nicht bestandskräftige WEG-Abrechnung für den Mieter ausreichen. Die Umwandlung in eine Leistungsabrechnung wird nicht ausdrücklich gefordert (a.A. *Riecke* WE 2002, 220). Dadurch vermeidet man auch nicht etwa Irritationen beim Mieter, falls er ohne Belegeinsicht sich auf das Controlling durch Beirat und Wohnungseigentümer verlässt. Gefordert wird – bei Übernahme der WEG-Abrechnung – allerdings eine erhöhte Erläuterungspflicht (a.A. unter Hinweis auf die Risiken für Mieter und Wohnungseigentümer *Riecke* WE 2002, 220/221). S. hierzu auch *Lützenkirchen* ZWE 2003, 99, 112 ff. und *Schmid* ZMR 2008, 260.

III. Ausdrückliche Regelung im Verwaltervertrag

48 Hier besteht Regelungsbedarf, da der WEG-Verwalter ohne gesonderte Vereinbarung (ähnlich zu § 35a EStG: *KG* ZMR 2009, 709 = Grundeigentum 2009, 723; *LG Düsseldorf* ZMR 2008, 484; *AG Bremen* ZMR 2007, 819) nicht verpflichtet ist, für ein vermietetes Sondereigentum eine Einzeljahresabrechnung zu erstellen, die unverändert als wirksame Betriebskostenabrechnung gegenüber dem Mieter verwendet werden kann (*BayObLG* ZMR 2005, 564).

49 Da nicht auszuschließen ist, dass an praktischen Ergebnissen weniger orientierte Richter die vorstehende Auslegung des Gesetzes nicht teilen und auch nicht der Ansicht sind, dass ein WEG-Verwalter im Rahmen ordnungsmäßiger Verwaltung eine für das Mietrecht geeignete Abrechnung zu erstellen hat, sollte bei Wahl eines neuen oder Bestätigung des bisherigen Verwalters im Verwaltervertrag ausdrücklich geregelt werden, dass der Verwalter im Rahmen seiner Verwaltungsaufgaben verpflichtet ist, die Jahresabrechnung nicht nur auf der Grundlage des Wohnungseigentumsgesetzes zu erstellen, sondern so, dass sich aus der Abrechnung bei allen umlagefähigen – nicht nur den verbrauchsabhängigen – Betriebskosten ohne Weiteres eine der Mietrechtslage gemäße Mieterbetriebskostenabrechnung ableiten lässt. Dazu können z.B. gehören die Mitteilung – zumindest die beweiskräftige Feststellung – der Zählerstände von Strom-, Gas- und Wasseruhren zum Beginn und zum Ende eines Abrechnungsjahres sowie die derzeitig berechneten Einzelpreise. Kein Verwaltervertrag dürfte an einer derartigen Forderung der Gemeinschaft der Wohnungseigentümer scheitern.

50 Ein anderer – in der Praxis bislang wenig beschrittener – Weg ist die Abbedingung bzw. Modifizierung von § 28 WEG **in der Teilungserklärung/Gemeinschaftsordnung** durch die Vereinbarung, eine periodengerechte Zuordnung der umlagefähigen Betriebskosten, einen Überblick über die offenen Gemeinschaftsverbindlichkeiten und -forderungen, die Ausweisung von Rechnungsabgrenzungen und die Angabe eines Vermögensstatus zum notwendigen Inhalt der verwalterseitig anzufertigenden Jahresabrechnung zu machen. Zulässig wäre dies in jedem Fall (*BayObLG* ZMR 2000, 687 = ZWE 2000, 407, 409). Auch kann für das einzelne Wirtschaftsjahr ein den § 28 WEG inhaltlich ergänzender Mehrheitsbeschluss gefasst werden, der allerdings bei regelmäßiger Wieder-

holung Gefahr läuft, als gesetzes- oder vereinbarungsändernder Beschluss nichtig zu sein (wegen *BGH*, V ZB 58/99, ZMR 2000, 771). Es könnte deshalb sinnvoll sein, die Zusatzpflichten des Verwalters als Sollvorschrift auszugestalten (vgl. den Formulierungsvorschlag bei *Riecke* ZMR 2001, 77, 78). Ein derartiger Beschluss entspricht nach h.M. jedoch nicht ordnungsmäßiger Verwaltung und wäre auf Antrag für ungültig zu erklären. Das gilt auch, wenn der Verwalter zu den erwähnten Mehrleistungen nicht verpflichtet wird, sondern ihm lediglich eine Befugnis verliehen wird (vgl. *BayObLG* ZMR 2000, 687 = ZWE 2000, 407, 409).

Liefert der WEG-Verwalter eine allen mietrechtlichen Besonderheiten entsprechende Jahres- 51
abrechnung oder zumindest die Grundlagen dafür, kann es Schwierigkeiten bei der Betriebskostenabrechnung vermieteten Wohnungseigentums nur noch in untergeordneten Randbereichen geben.

IV. Einzelfragen

1. Kongruenz beim Umlegungsmaßstab

Von größter Bedeutung ist, dass der Umlegungsmaßstab (vgl. *Nüßlein* PiG 76, 2006, S. 96 ff.), der 52
für die umlagefähigen Betriebskosten nach der Teilungserklärung oder der entsprechenden Beschlussfassung der Gemeinschaft der Wohnungseigentümer gilt, auch im Mietvertrag zwischen dem Wohnungseigentümer und dem Mieter der »Eigentumswohnung« vereinbart wird (vgl. *J. Emmerich* ZWE 2012, 245 ff.; *Riecke* GuT 2011, 5 ff.). Das ist oft nicht der Fall, wenn die Teilungserklärung eine Abrechnung der Kosten nach Miteigentumsanteilen vorsieht, zumal die Miteigentumsanteile oft – was rechtens ist (*BGH* NJW 1976, 1976) – nicht genau aus der Wohn- bzw. Nutzfläche (vgl. *BGH* ZMR 2007, 764) abgeleitet worden sind. Wenn die Teilungserklärung diese Form der Kostenumlage vorsieht und eine Änderung durch Vereinbarung oder gem. Mehrheitsbeschluss nach § 16 Abs. 2 WEG nicht durchzusetzen ist, sollte der Vermieter eines Wohnungseigentums denselben Umlegungsmaßstab im Mietvertrag mit seinem Mieter vereinbaren. Die im WEG dominierende Umlegung nach Miteigentumsanteilen ist im Mietrecht zwar die Ausnahme, gleichwohl aber ohne Weiteres zulässig (vgl. *Lehmann-Richter* in: Schmidt-Futterer § 556 Rn. 374; *AG Frankfurt/M.* DWW 1999, 158). Das gilt auch für den Formularmietvertrag (*AG Düsseldorf* DWW 1991, 373).

Eine Betriebskostenabrechnung, die sich bei einem Wohnungseigentum an der Verteilung nach dem 53
WEG in tausendstel Anteilen – oder umgerechnet in %-Zahlen – orientiert, während im Mietvertrag eine Verteilung nach Nutz- bzw. Wohnfläche vorgesehen ist, stellt bei Abweichung zwischen Wohnfläche und Miteigentumsanteilen keinen angemessenen Umlagemaßstab dar und bei Identität keine nachvollziehbare transparente Abrechnung dar, jeweils mit der Folge, dass ein rechnerischer Nachzahlungsbetrag nicht fällig ist (*LG München I* ZMR 2003, 431 Leitsatz 2). Es muss daher im Mietvertrag etwa die Verteilung nach %-Zahlen vereinbart werden, die den Miteigentumsanteilen (MEA) entsprechen.

Soweit die Abrechnung von Kosten nach Einheiten oder Köpfen vorgesehen ist, gehört auch eine 54
diesbezügliche Bestimmung in den Mietvertrag. Nur bei in jeder Hinsicht identischen Umlegungsmaßstäben lässt sich aus der Abrechnung des WEG-Verwalters eine mietrechtlich durchsetzbare Betriebskostenabrechnung erstellen. Zu der grundsätzlich aber fehlenden Bindung des Mieters an die beschlossene Jahresabrechnung und den hieraus resultierenden Problemen des vermietenden Wohnungseigentümers vgl. *Riecke* WuM 2003, 309; *ders.* WE 2000, 10 unter Hinweis auf den Rechtsentscheid des *OLG Braunschweig* v. 08.07.1999 (ZMR 1999, 694). Die mietvertragliche Regelung, dass die umlegbaren Betriebskosten »entsprechend den Beschlüssen der Gemeinschaft der Wohnungseigentümer umgelegt« werden, verweist nur auf den Kostenverteilerschlüssel innerhalb der Gemeinschaft der Wohnungseigentümer. Einwendungen des Mieters gegen die Werte und das Zahlenwerk der Jahresabrechnung nach § 28 WEG bleiben möglich (*LG Darmstadt*, ZMR 2016, 444; *BGH* – VIII ZR 50/16, ZMR 2017, 630).

Die Ansicht, erst die Beschlussfassung gem. § 28 WEG gäbe dem vermietenden Eigentümer die 55
endgültige Höhe der Betriebskosten an die Hand, sodass eine Zahlungspflicht des Mieters aus einer vom Vermieter vorgelegten Betriebskostenabrechnung vor Beschlussfassung durch die Eigentümer

nicht fällig werden könne (*OLG Düsseldorf* ZMR 2000, 452), ist abzulehnen (vgl. im Einzelnen *Becker* WuM 2013, 73 ff.; *Riecke* WuM 2003, 309; *ders.* ZMR 2001, 77, 79 f.). Allerdings: Seit Entdeckung des »Verbandes GdWE« (*BGH* – V ZB 32/05, ZMR 2005, 547 = NZM 2005, 543) – kodifiziert in § 9a WEG – kommt der Berücksichtigung des Dreiecksverhältnisses Versorger – Verband – Wohnungseigentümer Bedeutung zu. Zumindest erleichtert dies den Verfechtern der wohnungsbezogenen Abrechnung die Argumentation.

56 Es ist auch bei der Heizkostenabrechnung von allergrößter Wichtigkeit, dass im Mietvertrag derselbe Kostenverteilungsschlüssel hinsichtlich des Verbrauchs und der Wohn- bzw. Nutzfläche festgelegt wird, wie er sich aus der Teilungserklärung oder der Beschlusslage der Gemeinschaft der Wohnungseigentümer ergibt. Dies ist alles relativ unproblematisch, wenn der Mietvertrag **nach** Festlegung innerhalb der Gemeinschaft der Wohnungseigentümer abgeschlossen wird. Seit der Jahrhundertentscheidung des *BGH* (V ZB 58/99, ZMR 2000, 771) bis zur WEG-Novelle 2007 konnte die Gemeinschaft der Wohnungseigentümer sich nicht mehr durch bloßen Mehrheitsbeschluss auf einen von der Teilungserklärung abweichenden Verteilungsschlüssel verständigen, wie er z.B. in den bereits abgeschlossenen Mietverträgen wirksam vereinbart worden ist, um ihn dem bereits abgeschlossenen Mietvertrag anzupassen. Abweichendes gilt ab 01.07.2007 aufgrund der Neuregelung des § 16 Abs. 3 WEG (vgl. *Derleder* WuM 2008, 450; *Drasdo* ZMR 2008, 424; nunmehr § 16 Abs. 2 Satz 2 WEG).

57 Wenn die Gemeinschaft der Wohnungseigentümer sich bei bereits bestehendem Mietvertrag für einen anderen Maßstab entscheidet – was durch Vereinbarung nach § 10 WEG oder bei Bestehen einer sog. Öffnungsklausel (vgl. dazu *Riecke/Schmidt/Elzer* Eigentümerversammlung, 4. Aufl., Rn. 188 ff.) bzw. unter den Voraussetzungen des § 16 Abs. 2 S. 2 WEG qua Mehrheitsbeschluss möglich ist –, bleibt dem vermietenden Wohnungseigentümer einerseits die Möglichkeit, den Versuch zu unternehmen, den mietvertraglich vereinbarten Kostenverteilungsschlüssel einvernehmlich (*Riecke* GuT 2011, 6) oder einseitig (*Riecke* GuT 2011, 7) gegenüber dem Mieter anzupassen. Die Änderung des Umlegungsmaßstabs kommt frühestens mit Beginn des nächsten Abrechnungszeitraums in Betracht. In der laufenden Abrechnungsperiode ist eine Änderung ebenso wenig zulässig, wie rückwirkend für eine vergangene. Andererseits kann er einen Beschluss der Gemeinschaft der Wohnungseigentümer gem. § 44 WEG mit der Begründung anfechten, der Beschluss entspreche nicht ordnungsmäßiger Verwaltung und/oder sei nach *BGH* (V ZB 58/99, ZMR 2000, 771, bei fehlender Öffnungsklausel) vor Inkrafttreten von § 16 Abs. 3 WEG 2007 mangels Beschlusskompetenz sogar nichtig.

58 **Verweisungsklauseln in Mietverträgen**

59 In Betracht kommt nach einer Mindermeinung (*Abramenko* ZMR 1999, 679; **a.A.** *LG Hamburg* ZMR 2009, 288 m. Anm. *R. Breiholdt; Derleder* WuM 2008, 452 f.; *Drasdo* ZMR 2008, 428; *Riecke* WE 2000, 10; *ders.* WE 2002, 220; *ders.* WuM 2003, 309 ff.; *Nüßlein* PiG 76, 2006, S. 93) die Aufnahme einer **sog. dynamischen Verweisungsklausel** in den Mietvertrag. Hierdurch wäre die fortwährende Geltung eines einheitlichen Umlegungsmaßstabes gesichert. Eine Änderung des Verteilerschlüssels unter den Wohnungseigentümern schlüge auf das Mietverhältnis gewissermaßen durch.

60 Dynamische Verweisungen in Formularmietverträgen waren aber vor Inkrafttreten des § 556a Abs. 3 BGB am 01.12.2020 als unwirksam anzusehen (vgl. *LG Hamburg* ZMR 2009, 288; *Nüßlein* PiG 76, 2006, S. 93; *Langenberg* NZM 2004, 361, 365; *Wall,* Betriebskostenkommentar 5. Aufl. 2020 Rn. 2022 ff. zum Wechsel des Abrechnungsprinzips unter Hinweis auf *AG Hamburg*-Blankenese ZMR 2010, 613; *Riecke* WE 2000, 10).

61 Die Verwendung vorformulierter Anpassungsklauseln, durch die der Mieter Vereinbarungen, Gemeinschaftsordnungen und Beschlüsse der GdWE mit Mietbezug auch für die Zukunft anerkennt, unterliegt der AGB-Kontrolle, es sei denn es läge eine Individualvereinbarung vor (§ 305 Abs. 1 S. 3 BGB). Hinsichtlich der Einbeziehung in den Mietvertrag gilt allgemein § 305 Abs. 2 BGB. Um dem Mieter in ihm zumutbarer Weise die Kenntnisnahme zu ermöglichen, ist insbesondere die

Überlassung der Protokolle zu den spätere Änderungen betreffenden Eigentümerversammlungen ratsam. Auszüge aus der Beschluss-Sammlung (vgl. § 24 Abs. 7 WEG) genügen auch. Eine Beifügung der letzten Abrechnung wäre ebenfalls denkbar.

Die wirksame Einbeziehung künftiger Änderungen scheiterte schon an § 305c Abs. 1 BGB, weil der Mieter von Wohnungseigentum mit einer unmittelbaren Verbindlichkeit künftiger Mehrheitsbeschlüsse für sich nicht zu rechnen braucht (so *Sternel* I Rn. 329). 62

Der Annahme einer überraschenden Klausel lässt sich nicht erfolgreich entgegenhalten, dass dem Mieter immerhin klar sein wird, ein Wohnungseigentum anzumieten. Schon die Frage, ob die besondere Pflichtenbindung seines Vermieters im Gemeinschaftsgefüge der Gemeinschaft der Wohnungseigentümer sich auch einem rechtsunkundigen Mieter erschließt, ist offen. 63

Die vom Mieter verlangte Pauschaleinwilligung in Gesamtakte der Gemeinschaft der Wohnungseigentümer zu seinen Lasten verstößt auch materiell gegen § 307 BGB. 64

Inhaltlich ist § 308 Nr. 4 BGB der einschlägige Kontrollmaßstab, da dynamische Verweisungsklauseln einen **Änderungsvorbehalt** beinhalten. Die Vorschrift gilt auch für Dauerschuldverhältnisse. Der Vorbehalt des Vermieters, die versprochene Leistung während der Vertragslaufzeit zu ändern, musste demgemäß dem Mieter unter Beachtung auch der Interessen des Vermieters zumutbar sein. 65

Eine Änderung des Kostenverteilungsschlüssels innerhalb einer Gemeinschaft der Wohnungseigentümer bedurfte bis zur WEG-Novelle 2007 grundsätzlich – bei Fehlen einer Öffnungsklausel – der Zustimmung aller Wohnungseigentümer. Es ist weitgehend anerkannt, dass mehrheitlich beschlossene Änderungen nicht rechtswirksam werden, auch wenn der Beschluss nicht angefochten wird (vgl. *BGH* – V ZB 58/99, ZMR 2000, 771 unter Hinweis auf *Wenzel* FS Hagen, S. 231 ff. und *Buck* PiG 54, 185 ff.). Das hat sich mit § 16 Abs. 3 WEG 2007 und § 16 Abs. 2 S. 2 WEG geändert (neue gesetzliche Beschlusskompetenz). 66

Soweit dagegen durch eine Änderungsvereinbarung eine Kongruenz zwischen Mietvertrag und Kostenabrechnung der Gemeinschaft der Wohnungseigentümer geschaffen wird, ist dies für den vermietenden Wohnungseigentümer zu begrüßen. Soll dagegen durch die wohnungseigentumsrechtliche Änderung des Kostenverteilungsschlüssels die Kongruenz mit dem Mietvertrag aufgehoben werden, so brauchte der vermietende Wohnungseigentümer nur seine erforderliche Zustimmung zu einer entsprechenden Vereinbarung zu verweigern, einen Beschluss nach § 16 Abs. 2 S. 2 WEG müsste er heute ggf. anfechten, und zwar mit zweifelhaften Erfolgschancen. 67

2. Problem der Mehrhausanlagen

Ausgangspunkt ist *LG Hamburg* (WuM 2007, 694): Die Nachvollziehbarkeit der für den Wohnraum in der Betriebskostenabrechnung des Vermieters angesetzten anteiligen Kosten bedarf einer Ableitung aus den Gesamtkosten auf die vermietete Wohneinheit auch bei einer Mehrhaus-Wohnungseigentumsanlage. Insbesondere das *LG Itzehoe* (ZMR 2004, 198 und ZMR 2003, 842 ff.) vertrat eine sehr restriktive Auffassung zur Abrechnung von Betriebskosten nach Wirtschaftseinheiten: 68

> »*Wird vertragswidrig für einen* **größeren** *Komplex als die vereinbarte Hausnummer abgerechnet, so muss die Vermieterseite darlegen, dass die Betriebskosten für den größeren Komplex tatsächlich entstanden und die Anforderungen an eine Wirtschaftseinheit im Rechtssinne erfüllt sind und zwingende Gründe es gebieten, von der vertraglich vereinbarten Abrechnungseinheit abzuweichen.*« 69

Im Beschl. v. 17.04.2003 (ZMR 2003, 842) moniert das *LG Itzehoe*, dass im Mietvertrag die benachbarten Grundstücke, die in die Abrechnung einbezogen wurden, nicht erwähnt sind. Für eine Abrechnung der Betriebskosten auf der Grundlage einer Verwaltungseinheit ist danach kein Raum, wenn die Beschreibung der Mietsache sich auf das Gebäude der Wohnanlage beschränkt, in dem die Wohnung der Mieter liegt. In einem solchen Fall beziehen sich die Nebenkosten allein auf die gemietete Wohnung und das in dem Vertrag bezeichnete Haus. 70

71 Dem hatte schon früh *Langenberg* (Betriebskostenrecht, Voraufl. F. Rn. 50) widersprochen. Er will der Angabe der Hausnummer im Mietvertrag nur den Charakter einer unverbindlichen Bewertung zukommen lassen. Der *BGH* hat mit Urt. v. 20.07.2005 (VIII ZR 371/04, ZMR 2005, 937 = NZM 2005, 737) dieser Itzehoer Rechtsprechung teilweise den Boden entzogen (vgl. auch oben Rdn. 9) und festgestellt:

72 *»Werden mehrere Wohngebäude von Beginn des Mietverhältnisses an durch eine Gemeinschaftsheizung versorgt, können diese Gebäude für die Heiz- und Warmwasserkostenabrechnung zu einer Abrechnungseinheit zusammengefasst werden, auch wenn als Mietsache im Mietvertrag nur eines der Gebäude bezeichnet wird.«*

73 Das *LG Bonn* (NZM 2005, 616, 617) verlangte eine objektbezogene Betriebskostenabrechnung, wenn der Mietvertrag keinen Hinweis darauf enthielt, dass die Wohnung Teil einer aus mehreren Häusern bestehenden Wirtschaftseinheit ist und eine objektbezogene Abrechnung technisch möglich ist. Im konkreten Fall wies der Mietvertrag in § 1 lediglich das Haus auf, in dem die Mietwohnung lag und auch die Regelung über die Betriebskostenumlage enthielt keinen Hinweis auf eine Wirtschaftseinheit. Auch die §§ 2 und 27 der II. BV enthalten keine dem individuellen Mietvertrag entgegenstehende Regelungen.

74 Dagegen entschied das *Amtsgericht Köln* (ZMR 2005, 629), dass nach Beendigung der Preisbindung für einen Vermieter die fortbestehende Möglichkeit der Abrechnung nach Wirtschaftseinheiten für Altmieter bestünde.

75 Ob eine WEG-Mehrhausanlage als zumindest abrechnungstechnisch zusammengefasste Gebäude wirklich eine Abrechnungseinheit im Rechtssinne ist, ist nach mietrechtlichen Grundsätzen im Verhältnis des vermietenden Sondereigentümers zum Mieter zu prüfen (vgl. *OLG Koblenz* ZMR 1990, 297 ff.).

76 Bei Neuabschlüssen sollte deshalb ausdrücklich vereinbart werden, dass die präzise zu benennenden Häuser der WE-Anlage eine Verwaltungs- und Abrechnungseinheit bilden.

3. Vorwegabzug bei gewerblich genutzten Einheiten

77 Die Rechtsprechung verlangte früher, dass bei gemischt genutzten Gebäuden die Betriebskosten der gewerblichen Teile vorweg zu ermitteln sind (vgl. *LG Düsseldorf* DWW 1990, 240; *Lützenkirchen* ZWE 2003, 99, 116 f.). Diese Forderung kann berechtigt sein bei gewerblichen Nutzern, die mehr Betriebskosten verbrauchen, als dies bei durchschnittlicher Wohnungsnutzung der Fall ist. Die Forderung galt auch beim vermieteten Wohnungseigentum. Soweit die Teilungserklärung diese Abrechnungsart vorschreibt, gibt es keine Probleme. Häufig ist dies nicht der Fall. Daher sollte vorsorglich bei Abschluss neuer Mietverträge der Mieter ausdrücklich auf die Vorwegermittlung der Betriebskosten der gewerblichen Einheiten individualvertraglich verzichten. Soweit dem Mieter dies nicht in Form einer AGB-Klausel angetragen wird, sondern als Ergebnis einer eingehenden und überzeugenden Erörterung, dürften Zweifel gegen die Wirksamkeit auch nicht bestehen. Inzwischen hat die Rechtsprechung sich weitgehend gegen einen obligatorischen Vorwegabzug ausgesprochen. Der *BGH* entschied zuerst mit Urt. v. 08.03.2006 (VIII ZR 78/05, WuM 2006, 200 = ZMR 2006, 358 m. Anm. *Rau/Dötsch*), dass grundsätzlich – mangels abweichender Vereinbarung – **beim preisfreien** Wohnraum (anders bei preisgebundenem Wohnraum: § 20 Abs. 2 S. 2 NMV) eine Betriebskostenabrechnung mit Vorwegabzug der auf Gewerbeeinheiten entfallenden Kosten nicht geboten ist, sofern diese nicht zu einer ins Gewicht fallenden Mehrbelastung der Wohnraummieter führen. Der Anspruch des Vermieters auf Bezahlung der »mietrechtlichen Abrechnungsspitze« zuzüglich evtl. nicht gezahlter Vorauszahlungen wird i.d.R. mit der Erteilung der ordnungsgemäßen Abrechnung fällig.

78 Der *BGH* argumentiert, dass die Normen der NMV im Preisbindungssystem wurzeln, nur noch für eine Übergangszeit Bedeutung haben und vom Gesetzgeber weder bei der Reform der Wohnraumförderung noch bei der Mietrechtsreform in die neuen Gesetze übernommen wurden.

Die *BGH*-Leitlinien gelten jedoch nicht ohne Ausnahme: Beim Vorwegabzug gelten weiter die §§ 315, 316 BGB. 79

Die vom *BGH* zum Wohnraummietverhältnis entwickelten Grundsätze gelten auch für die Gewerbemiete. 80

Die Betriebskostenabrechnung wird nunmehr auch für vermietetes Sondereigentum erheblich vereinfacht. Ob eine erhebliche Mehrbelastung durch den Gewerbemieter vorliegt, wird neuer Streitpunkt werden. Konkrete Vorgaben hat der *BGH* nämlich nicht gemacht. 81

Dies bedeutet, dass die typische Nutzung des konkreten Geschäftstyps zu vergleichen ist mit einer durchschnittlichen Wohnraumnutzung (typisierende Betrachtungsweise, *OLG Hamm* ZMR 2005, 219 f.). Ein Abstellen auf die individuellen Verhältnisse einzelner Mieter scheidet aus. Fallgruppen müssen gebildet werden. 82

Die Erheblichkeit wird bei einer Mehrbelastung von bis zu 10 % (vgl. *BGH* – VIII ZR 347/04, ZMR 2005, 854 zu Minderung und Minderfläche) z.T. jedoch nur unter 3–5 % verneint werden können. 83

Nach *Schmid* (ZMR 2006, 341) wird nicht absolut klar aus dem Urteil, ob für die Mehrbelastung auf alle umlegbaren Betriebskosten oder auf die jeweilige Betriebskostenart abzustellen ist. Typisch für eine gemischte Nutzung ist es nämlich, dass einzelne Kosten stärker durch eine Wohnungsnutzung, andere stärker durch eine geschäftliche Nutzung anfallen. So fallen etwa in einer Familienwohnung mehr Kosten für Wasser und Abwasser an als in einem Büro. Dasselbe Büro kann aber bei erheblichem Parteiverkehr einen erhöhten Stromverbrauch durch Liftbenutzung und Treppenhauslicht und erhöhte Reinigungskosten verursachen. 84

Mit Urt. v. 25.10.2006 (VIII ZR 251/05, ZMR 2007, 101 = NZM 2007, 83) hat der *BGH* in einem weiteren Judikat diese Rechtsprechung bestätigt und dem Mieter die Darlegungs- und Beweislast für die Behauptung auferlegt, dass die gewerbliche Vermietung zu erheblich höheren konkreten Betriebskosten (hier: Versicherung und Grundsteuer) geführt hat. § 556a BGB fordere selbst bei der Grundsteuer (zur Direktbelastung vgl. *BGH* – VIII ZR 45/11, WuM 2011, 684) nicht generell einen Vorwegabzug. 85

4. Belegprüfungs- und -einsichtsrecht

Mit einer mietrechtlich einwandfreien Betriebskostenabrechnung korrespondiert das Recht des Mieters, die Abrechnung unter Einsicht in die Original-Belege (vgl. zum Problem bei eingescannten Belegen *Schmid* ZMR 2003, 15) zu überprüfen (*LG Frankfurt/M.* WuM 1997, 52; *LG Mannheim* WuM 1996, 630; *OLG Düsseldorf* WuM 1993, 411). Hier ist der vermietende Wohnungseigentümer, dem ein individuelles Einsichtsrecht zusteht (*OLG München* ZMR 2006, 881; *BayObLG* ZMR 2002, 946) gehalten, bei dem WEG-Verwalter – nach Ermächtigung des Mieters – dafür zu sorgen, dass dem Mieter Einsicht in die Original-Belege gewährt wird (*LG Frankfurt/M.* WuM 1997, 52; *Lehmann-Richter* in: Schmidt-Futterer § 556 Rn. 387, 488 ff., 563; *Nüßlein* PiG 76, 2006, S. 115). Befindet sich die WEG-Verwaltung an seinem Wohnort, ist es dem Mieter unter Umständen zuzumuten, statt den vermietenden Wohnungseigentümer den Verwalter in dessen Büro zwecks Belegprüfung aufzusuchen. So kann es durchaus treuwidrig sein, den Vermieter vor größere Mühen bei der Besorgung der Unterlagen zu stellen, wenn es dem Mieter ein Leichtes ist, den Verwalter aufzusuchen und Einsicht zu nehmen (vgl. *AG Frankfurt/M.* DWW 1999, 158, 159 m. Anm. *Abramenko*). 86

Schwierig wird es, wenn der Verwalter sein Büro an einem anderen Ort hat. Nach dem WEG muss der Verwalter auch dann dafür Sorge tragen, dass der Einsicht verlangende Wohnungseigentümer die Belege vor Ort (vgl. *Lehmann-Richter* in: Schmidt-Futterer § 556 Rn. 489, 503) einsehen kann (vgl. *OLG Karlsruhe* NJW 1969, 1968 sowie *Weyhe* Anwaltstaschenbuch Mietrecht S. 60). Der vermietende Wohnungseigentümer seinerseits wird entsprechend dafür Sorge zu tragen haben, dass diese Möglichkeit auch dem Mieter seines Wohnungseigentums eingeräumt wird. Es ist allerdings 87 darauf hinzuweisen, dass die Rechtsprechung zum Einsichtsrecht nicht ganz einheitlich ist. So wird vertreten, der vermietende Eigentümer habe nur die Belege vorzulegen, die ihm vorliegen, i.d.R. also die Jahresabrechnung; weitere Aktivitäten dem Verwalter gegenüber seien ihm nicht abzuverlangen (*LG Mannheim* WuM 1996, 630). Nach *OLG Karlsruhe* (MDR 1976, 758), und *BayObLG* (WE 1979, 61), steht das Einsichtsrecht jedem einzelnen Wohnungseigentümer und damit dem Mieter des Wohnungseigentums auch dann noch zu, wenn die Wohnungseigentümerversammlung über die Nachschüsse auf der Basis der Jahreseinzelabrechnungen bereits beschlossen hat. Das *OLG Celle* (WE 1984, 126) verneint das Einsichtsrecht, wenn die Gemeinschaft der Wohnungseigentümer dem Verwalter hinsichtlich der vorgelegten Jahresabrechnung bereits Entlastung erteilt hat (a.M. *BayObLG* ZMR 2000, 687 = ZWE 2000, 407, 408).

88 Gerade bei großen Entfernungen zum Sitz des Verwalters wird man häufig einen Anspruch auf Anfertigung und Übersendung von **Fotokopien** bejahen müssen (**a.A.** allerdings *BGH* – VIII ZR 78/05, ZMR 2006, 358: Grundsätzlich kein Anspruch des Mieters im Wohnraummietrecht). Diesen sieht das Gesetz allein in § 29 Abs. 2 NMV vor. Da § 259 BGB allgemein nur ein Einsichtsrecht entnommen wird, kommt im preisfreien Wohnungsmietrecht als Anspruchsgrundlage nur noch in Ausnahmefällen § 242 BGB infrage. Zwingende Voraussetzung wird die Kostenerstattung an den Verwalter sein. Bei vermietetem Sondereigentum kann der Mieter ermächtigt werden, weiter gehende Rechte seines Vermieters, die dieser wiederum als Begünstigter früher direkt aus dem Verwaltervertrag des Verbandes haben konnte, gegenüber dem Verwalter geltend zu machen.

89 Nachzahlungen auf Nebenkosten muss der Mieter erst leisten, wenn ihm Einsicht in die Originalbelege angeboten/gewährt wurde, und zwar auch dann, wenn die Jahresabrechnung von den Eigentümern nach dem bis 30.11.2020 geltenden WEG bereits genehmigt wurde (*LG Frankfurt/M.* NJWE-MietR 1997, 147). Dass sich pro vermieteter Einheit die Zahl der zur Einsicht berechtigten Personen und damit auch die Zahl der Termine erhöht, da Mieter und vermietender Eigentümer kaum zusammen bei ihm erscheinen werden, wird ein Verwalter nicht einwenden können. Denn auch bei einer Großanlage, in der zahlreiche Eigentümer von ihrem Einsichtsrecht Gebrauch machen, kann er sich nicht auf tatsächliche Schwierigkeiten berufen (*BayObLG* ZMR 2000, 687 = NZM 2000, 873 f.). Eine etwa behauptete Überforderung wird rechtlich erst an der Grenze zu § 242 und § 226 BGB (vgl. *OLG München* ZMR 2006, 881) relevant. Außerdem steht es ihm frei, sich für nicht selbst genutzte Wohnungen eine höhere Vergütung versprechen zu lassen. Eine Pauschalerhöhung um 3 € je Monat z.B. entspricht ordnungsmäßiger Verwaltung (vgl. *OLG Frankfurt am Main*, NJW 1991, 659).

5. Heizkosten- und Warmwasserabrechnung

90 Hierzu ist noch auf folgende Besonderheiten hinzuweisen: Seit Geltung der HeizkostenV gibt es kraft Gesetzes praktisch keine Unterschiede mehr (außer bei der 2-Wohnungen-Anlage gem. § 2 HeizkostenV, die nicht für Mini-Gemeinschaften nach WEG gilt, so *Jennißen* FS Blank 2006, 636 gegen *Lammel* HeizkostenV § 2 Rn. 44; vgl. auch *AG Hamburg-Blankenese* ZMR 2004, 544) bei der Abrechnung über die Kosten für Heizung und Warmwasser nach den einschlägigen mietrechtlichen Vorschriften und nach WEG. Es gilt einheitlich die HeizkostenV (vgl. *Jacoby* ZMR 2021, 1 ff.), die Vorrang hat vor allen rechtsgeschäftlichen Bestimmungen und nach § 3 HeizkostenV auch für Wohnungseigentum gilt. Sie muss allerdings nach WEG umgesetzt werden und überlagert anderweitige Regelungen (vgl. *Schmid/Harz* Mietrecht, § 2 HeizkostenV Rn. 2 ff.). § 2 HeizkostenV ordnet an, dass die Vorschriften dieser Verordnung rechtsgeschäftlichen Bestimmungen grundsätzlich vorgehen. Darin ist nach ganz h.M. weder ein Verbotsgesetz noch die Anordnung zu sehen, dass die HeizkostenV unabdingbar sein soll. Abweichende Vereinbarungen sind also nicht automatisch unwirksam (vgl. *OLG Köln* ZMR 2005, 77 LS 3). Bei Aufhebung der HeizkostenV kämen sie ohne Weiteres wieder zur Anwendung.

91 Notwendig ist eine Regelung der Wohnungseigentümer (Vereinbarung oder Beschluss), durch die die Kostenverteilung nach den Vorgaben der HeizkostenV für die Gemeinschaft übernommen wird. Anderenfalls gilt der Verteilungsschlüssel der Teilungserklärung trotz Abweichung von der HeizkostenV erstmal weiter. Jeder einzelne Wohnungseigentümer kann aber die Anwendung eines verbrauchsabhängigen Schlüssels verlangen und als Maßnahme ordnungsmäßiger Verwaltung nach § 18 Abs. 2 WEG gerichtlich durchsetzen. Als Vermieter steht er Ansprüchen seines Mieters auf Verteilung der Heiz- und Warmwasserkosten nach den Vorgaben der HeizkostenV gegenüber. Als Druckmittel hat der Mieter nach § 12 Abs. 1 HeizkostenV bei nicht verbrauchsabhängiger Abrechnung das Kürzungsrecht i.H.v. 15 %. Verlangt keiner der Wohnungseigentümer eine verbrauchsabhängige Abrechnung, bleibt es aber bei dem Verteilungsschlüssel der Teilungserklärung. Der Verwalter ist dann nicht berechtigt, Erfassungsgeräte zu installieren oder einen verbrauchsabhängigen Schlüssel anzuwenden.

Soweit Wohnanlagen über eine zentrale Beheizungs- und/oder eine zentrale Warmwasserversorgungs- 92
anlage verfügen, müssen die Wohnungseigentümer die Anwendungsvoraussetzungen für die HeizkostenV schaffen. Dazu gehören

- Einbau von gesetzlich zugelassenen Messeinrichtungen zur Verbrauchserfassung, wobei diese gekauft oder gemietet werden können,
- Festlegung des Kostenverteilungsschlüssels im Rahmen der §§ 7 bis 9 der HeizkostenV. Danach sind mindestens 50 % aber höchstens 70 % der Kosten nach Verbrauch und die verbleibenden Kosten nach Wohn- bzw. Nutzfläche zu verteilen. Seit 01.01.2009 sind nach § 7 Abs. 1 S. 2 HeizKV z.T. zwingend Kosten nach dem Maßstab 70: 30 zu verteilen (vgl. *Wall* WuM 2009, 3 ff.; *Schmid* ZMR 2009, 172; vgl. auch *Jennißen* ZMR 1982, 228 zur Möglichkeit 100 % verbrauchsabhängig abzurechnen.).

Soweit Eigentümer sich weigern, also kein positiver Mehrheitsbeschluss zustande kommt, hat jeder 93
Wohnungseigentümer das Recht, im Verfahren nach § 44 WEG gerichtlich eine Beschlussersetzung zu erwirken. Ein Verzicht auf die Verbrauchserfassung ist unzulässig (*OLG Düsseldorf* WE 1989, 29). Nach einer Entscheidung des *BayObLG* (WE 1985, 60) ist ein Eigentümerbeschluss, der der HeizkostenV nicht entspricht, allerdings nicht nichtig. Er bedarf der Anfechtung. Diese Ansicht ist seit *BGH* ZMR 2000, 771 für eine generelle Nichtanwendung als obsolet zu bezeichnen, sofern es sich nicht bloß um einen gesetzwidrigen Beschluss handelt.

Die erstmalige Festlegung des Verteilungsschlüssels kann, soweit dieses nicht schon in der Teilungs- 94
erklärung erfolgt ist, ausnahmsweise durch Mehrheitsbeschluss (§ 19 Abs. 1 WEG i.V.m. HeizkostenV) erfolgen. Jede spätere Änderung bedarf jedoch einer Vereinbarung und damit der Zustimmung aller Wohnungseigentümer (*BGH* ZMR 2000, 771; *KG* WE 1989, 23). Zu weiteren Einzelheiten vgl. *Schmid/Harz*, Mietrecht zu § 7 HeizKV.

Soweit Heiz- und Warmwasserverbrauchskosten nicht verbrauchsabhängig entsprechend der Heiz- 95
kostenV abgerechnet werden, kann der Mieter die Kosten nach § 12 HeizkostenV um 15 % kürzen. Er muss also nur 85 % der abgerechneten Kosten tragen. Dem Wohnungseigentümer steht dieses Recht nicht zu. Er muss zur Wahrung seiner Interessen die verbrauchsabhängige Abrechnung gegenüber den anderen Wohnungseigentümern notfalls durch Klage gegen die GdWE gerichtlich durchsetzen.

Wenn sich die Gemeinschaft der Wohnungseigentümer hartnäckig weigert, käme bei Vorliegen der 96
gesetzlichen Voraussetzungen die Geltendmachung eines Schadensersatzanspruchs letztlich gegen die sich weigernden Eigentümer wegen der vom Mieter nicht gezahlten 15 % der Heizkosten in Betracht (§§ 280 ff. BGB i.V.m. den Pflichten aus dem Gemeinschaftsverhältnis).

6. Fernheizwerk und Abrechnung, Contracting

Auch wenn eine WEG-Wohnanlage von einem Heizwerk, sei es in der Wohnanlage selbst oder 97
außerhalb derselben, beheizt wird, muss die Abrechnung nach der HeizkostenV erfolgen. Der Heizwerkbetreiber ist dann aber nicht verpflichtet, nach konkretem Aufwand abzurechnen. Er kann seine Abrechnung nach Grund- und Arbeitspreis aufmachen (vgl. *OLG Stuttgart* ZMR 1984, 99) und damit seine Investitionen mit in Rechnung stellen. Dieser Umstand sollte im Mietvertrag ausdrücklich klargestellt werden. Soweit das nicht geschehen ist oder bei Neuabschluss von Mietverträgen

nicht geschieht, könnte der Mieter sich darauf berufen, bei Mietvertragsabschluss davon ausgegangen zu sein, dass die Investitionskosten für die Heizungs- und Warmwassererzeugungsanlage wie üblich vom Vermieter getragen würden und durch die Miete abgegolten sind. Bei entsprechendem Hinweis im Mietvertrag ist dem Mieter dieser Einwand abgeschnitten (vgl. dazu *Hainz/Bohlen* ZMR 2004, 469 ff.; *Schmid* ZMR 2002, 177 und WE 1999, 4; *Kues/ O. Riecke/J. Riecke* in Pöschk Wärmelieferung/Contracting in der Wohnungswirtschaft Ausgabe Sachsen-Anhalt 1997, S. 61 ff.).

98 Die Umstellung der Wärmeversorgung auf Wärmelieferung durch einen vom Vermieter und der Gemeinschaft der Wohnungseigentümer wirtschaftlich unabhängigen Dienstleister kann im Zuge einer **modernisierenden Erhaltung** (vgl. § 22 Abs. 3 WEG a.F.) ordnungsmäßiger Verwaltung entsprechen, d.h. durch Mehrheitsbeschluss der Wohnungseigentümer geregelt werden. Dabei ist zwischen der Umrüstung und eventuell erforderlicher baulicher Veränderungen der Anlage einerseits sowie den Kosten (Umrüstung und Folgekosten) zu unterscheiden. Bei nachvertraglicher Umstellung auf Contracting schützt den Mieter das Postulat der »Kostenneutralität« in § 556c BGB (ab 01.05.2013). Nach Abschaffung des § 22 Abs. 3 WEG a.F. ist umstritten, ob die modernisierende Instandsetzung zu den baulichen Maßnahmen gemäß den §§ 20, 21 WEG zählt (so zu Unrecht der Gesetzgeber in BT-Drs. 19/18791, S. 67; ihm folgend Hogenschurz/*Müller* § 13 Rn. 31, 32) oder – richtig – zu den Erhaltungsmaßnahmen (13 Abs. 2 WEG; *Riecke* ZMR 2023, 178). Nach der Legaldefinition des § 20 Abs. 1 WEG ist sie nicht der baulichen Veränderung zuzuordnen, da auch sie nur den ursprünglichen Zustand wiederherstellt. Sie sieht lediglich von seiner Reproduktion ab, indem anstelle des abgängigen Bauteils ein zeitgemäßes eingebaut wird. Damit geht sie nicht im Sinne von § 13 Abs. 2 WEG über Maßnahmen der Erhaltung hinaus (SEHR/*Abramenko* § 5 Rn. 4).

99 Ein Mehrheitsbeschluss über die Umstellung genügt seit 01.12.2020. (anders zum alten Recht *OLG Frankfurt am Main* WE 1987, 174 [Ls.]). Soweit eine Modernisierung i.S.d. § 22 Abs. 2 WEG a.F. vorlag, bedurfte es eines qualifizierten Mehrheitsbeschlusses. Die frühere Rechtsprechung zur Unzulässigkeit der Stilllegung eines Müllschluckers (*BayObLG* WuM 1996, 488) kann nicht auf die Umstellung der Beheizung analog angewendet werden. Zur Schließung der Müllabwurfschächte vgl. *AG Bonn* (ZMR 2012, 995) und *VG Köln* (ZMR 2013, 158).

100 Im Hinblick auf § 19 Abs. 2 Nr. 2 WEG und der davon mit umfassten modernisierenden Erhaltung/ Instandsetzung war früher streitig, ob ein Mehrheitsbeschluss ausreicht (vgl. *Merle* in Bärmann Voraufl. zum WEG 2007, § 21 Rn. 104 ff.). Die Fernwärmeumstellung allerdings passt nicht in diesen Zusammenhang, weil die Stilllegung der eigenen Anlage schon begrifflich keine Instandsetzung/ Erhaltung ist. Und auch die Umstellung auf Nahwärme im Gefolge der Erneuerung einer hauseigenen Heizungsanlage muss keine Instandsetzung/Erhaltung im genannten Sinne sein. Die Erneuerung einer veralteten Heizung erfordert nämlich nicht zwingend die Umstellung auf Nahwärme.

101 Auf Mietvertragsebene fragt es sich, ob die wirksame Änderung der Wärmeversorgungsart auf Wärmelieferung von der Zustimmung des Mieters abhängig ist (vgl. dazu *BGH* ZMR 2005, 606). Wichtig ist dies vor dem Hintergrund der vermieterseitig umlegungsfähigen Wärmekosten (vgl. *Langefeld/ Wirth* ZMR 1998, 165 ff.). § 554 BGB a.F. gab insoweit nichts her, da die bloße Umstellung auf Nah- oder Fernwärme keine bauliche Veränderung der Wohnung ist (*Schmid* ZMR 1998, 733, 736; *Seitz* ZMR 1993, 1 ff.; a.M. *LG Berlin* WuM 1991, 482; *LG Chemnitz* NJW-RR 2000, 81). Die HeizkostenV sieht zwar sowohl Wärmeeigenerzeugung als auch Fremdlieferung vor, besagt i.Ü. aber zu diesem Punkt nichts.

102 Die Antwort liegt im Bereich der allg. Rechtsgeschäftslehre. Die Einzelheiten sind streitig. *Langefeld/ Wirth* (ZMR 1998, 165 ff.) differenziert und hält eine weitere Einigung mit dem Mieter durch Angebot und Annahme für erforderlich (vgl. § 305 BGB), wenn der Mietvertrag die Eigenerzeugung oder die Abrechenbarkeit nur der reinen Betriebskosten vorsieht; im anderen – regelmäßigen – Fall bestehe kein Zustimmungserfordernis; der Vermieter habe ein Bestimmungsrecht in den Grenzen des § 315 BGB. Eine andere Ansicht nimmt ein generelles Zustimmungsrecht des Mieters an (*AG Hannover* WuM 1998, 40 f.; *Eisenschmid* WuM 1998, 449 ff.). Das *LG Frankfurt an der Oder*

(WuM 1999, 403 f.) bejaht ein »einseitiges Vertragsänderungsrecht« jedenfalls bei Fehlen einer konkreten vertraglichen Versorgungsart.

Anzusprechen ist schließlich ein Änderungsvorbehalt zugunsten des Vermieters. Als Individualabrede ausgestaltet ist er zulässig, ansonsten steht § 308 Nr. 4 BGB entgegen (vgl. *Schmid* ZMR 1998, 733, 734). Die Zumutbarkeit ist anders als beim Umlegungsmaßstab zweifelhaft, da die dort ausschlaggebende rechnerische Vereinfachung als sachlicher Grund hier nicht eingreift. 103

Zu weiteren Gestaltungsvorschlägen wird verwiesen auf *Armbrüster* ZWE 2004, 217, 227. 104

Der *BGH* (VIII ZR 54/04, ZMR 2005, 606 dazu *Schmid* ZMR 2005, 590) hatte nicht über die übliche Mietvertragsgestaltung zu entscheiden, nämlich einer Vereinbarung der Umlegung aller Betriebskosten durch Bezugnahme oder Wiedergabe der BetrKV. Der Entscheidung liegt ein Mietvertrag zugrunde, in dem die umzulegenden Kosten ausdrücklich benannt sind. Zur Wärmelieferung enthält der Mietvertrag nur eine Regelung für den Fall, dass der Mieter selbst die Wärme unmittelbar von einem Dritten beziehen soll. Die Wärmelieferung an den Vermieter und Umlegung der Kosten der Kosten durch den Vermieter (§ 1 Abs. 1 Nr. 2 HeizkostenV) ist nicht erwähnt. 105

Nunmehr sieht der *BGH* das Problem der tatsächlichen Unmöglichkeit. Weil der Wärmelieferant bereit und in der Lage sei, den nicht umlegungsfähigen Preisbestandteil gesondert auszuweisen, habe der Vermieter kein Leistungsbestimmungsrecht nach § 315 BGB zu einer Änderung des Umlegungsmaßstabs und könne nur die mietvertraglich als umlegbar geregelten Kosten weitergeben. Gegen diese Begründung argumentiert *Schmid* (ZMR 2005, 590). 106

- Zunächst handelt es sich überhaupt nicht um ein Problem der Änderung des Umlegungsmaßstabs, sondern um eine Frage des Umfangs der umlegbaren Kosten. Der Abrechnungsmaßstab wird durch den Übergang zum Wärmecontracting nicht verändert. Im Ergebnis zu Recht hat der *BGH* deshalb auch nicht auf § 6 Abs. 4 HeizkostenV abgestellt.
- Zum zweiten stellt sich sofort die Frage, wie zu verfahren ist, wenn der Wärmelieferant nicht umlegungsfähige Preisbestandteile nicht herausrechnen kann oder will. Da die gesonderte Ausweisung als Argument für die Verneinung eines Leistungsbestimmungsrechts dient, ist es nicht fernliegend daraus zu schließen, dass ein Leistungsbestimmungsrecht nach § 315 BGB besteht, wenn der Wärmelieferant die gesonderte Ausweisung nicht vornehmen kann oder auch nur nicht will (!). Keine Andeutung findet sich auch, wie ein solches Leistungsbestimmungsrecht ausgeübt werden sollte. Über den Umlegungsmaßstab kann die Anpassung jedenfalls nicht erfolgen.
- **Vorzuziehen ist die vom BGH abgelehnte ergänzende Vertragsauslegung.** Mit ihr kann dem Umstand Rechnung getragen werden, dass keine Kosten nach § 1 Abs. 1 Nr. 1 HeizkostenV, sondern nur noch solche nach § 1 Abs. 1 Nr. 2 HeizkostenV anfallen. Dies muss nicht zu einer höheren Kostenbelastung des Mieters führen. Gerade bei einer Vertragsgestaltung wie der vorliegenden bietet es sich an, das Wärmelieferungsentgelt nicht in vollem Umfang als umlegbar anzusehen. Der erforderliche Ausgleich kann auch über eine Senkung der Grundmiete erfolgen.
- Davon abgesehen hätte es die besondere Ausgestaltung des Mietvertrages auch ermöglicht, eine unmittelbare Auslegung in der Weise vorzunehmen, dass unabhängig von der Art und Weise der Versorgung durch den Vermieter die Umlegung auf die genannten Kostenpositionen beschränkt ist.

Der *BGH* meint, dass sich bei dem Betrieb einer Heizung des Vermieters die mietvertragliche Verpflichtung hierauf konkretisiert habe. Der Vermieter sei dadurch in seiner Freiheit, wie er die Versorgungsleistung erbringe, beschränkt. Selbst in Formularmietverträgen kann allerdings die Umlegung der Kosten des Betriebs der zentralen Heizungsanlage (§ 2 Nr. 4 Buchst. a) BetrKV) und der Wärmelieferung (§ 2 Nr. 4 Buchst. c) BetrKV) alternativ erwähnt und vereinbart werden. 107

Nach *BGH* haben sich die mietvertraglichen Beziehungen der Parteien auf den Eigenbetrieb der Heizung konkretisiert. Nur vor diesem Hintergrund ist es konsequent, dem Vermieter die Möglichkeit einer für den Mieter nachteiligen Veränderung zu nehmen. 108

109 Offen ließ der *BGH*, ob die »ausdrückliche Vereinbarung« auch in Allgemeinen Geschäftsbedingungen enthalten sein kann. Hiergegen bestehen im Hinblick auf § 308 Nr. 4 BGB erhebliche Bedenken. Geht man von der damaligen Meinung des *BGH* aus, stellte der Übergang zum Wärmecontracting im bestehenden Mietverhältnis eine Leistungsänderung dar. Belange des Vermieters sind tangiert – vor allem für einen **vermietenden Wohnungseigentümer** – wenn die Gemeinschaft der Wohnungseigentümer einen Contractingvertrag schließt. Stets Thema war die Zumutbarkeit für den Mieter, wenn seine Zahlungsverpflichtungen steigen. Z.T. wurde gefordert, dass dem Mieter ein finanzieller Ausgleich, z.B. durch eine **nur anteilige** Verpflichtung zur Zahlung des Wärmelieferungsentgeltes, zugesagt wird. Diese auf § 5 Abs. 3 NMVO gestützte Ansicht hat sich letztlich aber nicht durchgesetzt.

110 Ein einseitiger Übergang zum Wärmecontracting während eines bestehenden Mietverhältnisses bei voller Umlegung des Wärmelieferungsentgelts wird in einigen Fallkonstellationen die Zustimmung des Mieters erfordern. Der *BGH* hatte seine restriktive Rechtsprechung mit Urt. v. 22.03.2006 (VIII ZR 362/04, ZMR 2006, 595) bekräftigt. Damit waren Contracting-Modelle für Vermieter primär bei Neuvermietungen interessant. Inzwischen ist eine **Kehrtwende in der BGH-Rechtsprechung** eingetreten: Nach Ansicht des *BGH* (VIII ZR 243/06, ZMR 2008, 195) besteht mit dem Grundsatz der Wirtschaftlichkeit allerdings immer die vertragliche Nebenpflicht des Vermieters, bei Maßnahmen und Entscheidungen, die Einfluss auf die Höhe der vom Mieter zu tragenden Betriebskosten haben (Abschluss eines Wärmelieferungsvertrags), auf ein angemessenes Kosten-Nutzen-Verhältnis Rücksicht zu nehmen. Eine Verletzung dieser Pflicht unter dem Gesichtspunkt der Eingehung eines unwirtschaftlichen Vertrages kommt aber nicht in Betracht, wenn das Mietverhältnis zu diesem Zeitpunkt noch nicht bestand. Schon davor hatte der *BGH* (VIII ZR 202/06, ZMR 2007, 851) entschieden, dass eine Vereinbarung in einem Wohnraummietvertrag, wonach der Mieter die Betriebskosten der Heizung »erläutert durch Anlage 3 zu § 27 II. BVO« zu tragen hat, dem Vermieter, der während des laufenden Mietverhältnisses den Betrieb einer im Haus vorhandenen Heizungsanlage einstellt und statt dessen Fernwärme bezieht, die Umlegung der Wärmelieferungskosten auf den Mieter erlaubt, wenn die zum Zeitpunkt des Vertragsschlusses geltende Fassung der Zweiten BerechnungsVO bereits eine Umlegung der Kosten der Fernwärmelieferung vorsah. Nach *BGH* (VIII ZR 244/06, ZMR 2007, 768) ist für die Umlage der Kosten der eigenständigen gewerblichen Lieferung von Wärme (Contracting) eine vertragliche Grundlage auch dann erforderlich, wenn die Umstellung der Wohngebäudebeheizung und ggf. Warmwasserversorgung bereits vor Abschluss des Wohnungsmietvertrags erfolgt ist. Nach *BGH* (VIII ZR 78/06, ZMR 2007, 685) kann der Mieter der bereits bei Vertragsbeginn im Wärmecontracting mit Wärme und Warmwasser versorgten Wohnung sich der mietvertraglichen Pflicht zur Zahlung der Wärmelieferungskosten grundsätzlich nicht mit der allgemeinen Begründung, der Vermieter verletze das Wirtschaftlichkeitsgebot durch das gewählte Wärmelieferungskonzept, entziehen. Der *BGH* hat dem vermietenden Wohnungseigentümer die Umlegung der Wärmelieferungskosten auf den Mieter deutlich erleichtert, sodass insoweit keine Bedenken gegen das Wärmecontracting zu erheben sind (vgl. *Schmid* ZMR 2008, 25 ff.).

V. Die neue Rechtslage ab 01.12.2020: § 556a Abs. 3 BGB

1. Anwendungsbereich

111 Der dispositive (Das Verbot der teilweise halbzwingenden Norm in § 556a Abs. 4 BGB verweist nur auf den Abs. 2 dieser Vorschrift) § 556a Abs. 3 BGB gilt (nur) bei Wohnraummietverhältnissen einschließlich der »ungeschützten« Mietverhältnisse nach § 549 Abs. 2 und 3 BGB ab 01.12.2020.

112 Beim vermieteten Wohnungseigentum gilt für Betriebskosten, die der rechtsfähigen Gemeinschaft der Wohnungseigentümer (GdWE) entstehen, jetzt die Kostenverteilung (Verteilerschlüssel/Umlageschlüssel) der betreffenden Gemeinschaft der Wohnungseigentümer auch für die Abrechnung im Mietrecht – zumindest subsidiär (wenn die Mietvertragsparteien nichts anderes vereinbart haben, vgl. oben Rdn. 1). Aufwändige und fehleranfällige Umrechnungen bei der Erstellung der mietrechtlichen Betriebskostenabrechnung sollen vermieden werden (BT-Drs. 19/18791, S. 29 unter Ziffer 7

letzter Absatz). § 556a Abs. 3 S. 1 BGB verdrängt insoweit den Flächenmaßstab des § 556a Abs. 1 S. 1 BGB.

2. Erstmalige Anwendung für das Wirtschaftsjahr 2020

§ 556a Abs. 3 BGB gilt wohl auch für **Abrechnungszeiträume**, die vor dem 01.12.2020 teilweise **abgelaufen** sind. Der neue Verteilungsmaßstab kommt zumindest bei Abrechnungen für das Wirtschaftsjahr 2020 zum Zuge. Der Vermieter darf hier nach dem in der Anlage jeweils geltenden Verteilerschlüssel (meist MEA nach § 16 Abs. 2 WEG iVm § 47 GBO) abrechnen. Das deckt sich mit den Absichten des Gesetzgebers, schnell eine Angleichung der Rechtsverhältnisse zu erreichen. *Börstinghaus* (Schmidt-Futterer Voraufl. § 556a Rn. 51) dagegen stellt auf die **Fälligkeit** des Abrechnungsanspruchs ab, was zur Folge hat, dass bereits für das Wirtschaftsjahr 2019 § 556a Abs. 3 anwendbar ist. 113

Analog Art. 229 § 3 Abs. 9 EGBGB <zu § 556 Abs. 3 S. 2 bis 6 BGB> dürfte § 556a Abs. 3 BGB auf Abrechnungszeiträume, die vor dem 01.12.2020 bereits beendet waren, und zwar unabhängig von der Fälligkeit des Abrechnungsanspruchs, nicht anzuwenden sein. 114

Andererseits könnte man auf die Rechtsprechung zur Änderung von Verteilerschlüssel abstellen. So vertritt etwa das *AG Bonn* (Beschl. v. 14.12.2021 – 27 C 115/19, ZMR 2022, 243) die Ansicht: Die Wohnungseigentümer können für die Betriebskosten – nur für die Zukunft – den Kostenverteilerschlüssel aus der Gemeinschaftsordnung mit einfacher Mehrheit ändern, während das *LG Rostock* (Urt. v. 02.12.2020 – 1 S 54/20, ZMR 2021, 63) feststellt: Der Kostenverteilerschlüssel kann nicht nur für künftige Wirtschaftsjahre durch Beschluss geändert werden. Dies gilt insbesondere, wenn der jetzt neu beschlossene Kostenverteilerschlüssel bereits dem korrespondierenden Wirtschaftsplanbeschluss zugrunde lag, so dass sich kein Vertrauen auf Beibehaltung des alten Schlüssels gebildet hatte. 115

Die Änderung des Umlageschlüssels innerhalb der GdWE ist seit Geltung des § 16 Abs. 2 Satz 2 WEG ohne nennenswerte Hürden möglich. Nach Auffassung des *BGH* (V ZR 282/19, ZMR 2021, 136) gilt: Die Aufgabe eines Verteilungsschlüssels zu Gunsten eines neuen Verteilungsmaßstabes durch Mehrheitsbeschluss nach § 16 Abs. 2 Satz 2 WEG setzt nicht voraus, dass der geltende Kostenverteilungsschlüssel einzelne Wohnungseigentümer benachteiligt oder dass aufgrund sonstiger Umstände eine Neuregelung erforderlich ist. Den Wohnungseigentümern steht aufgrund ihres Selbstorganisationsrechts ein weiter Gestaltungsspielraum zu, der lediglich durch das Willkürverbot beschränkt wird. Das gilt auch, wenn die Wohnungseigentümer die in § 6 Abs. 4 HeizkostenV genannten Abrechnungsmaßstäbe ändern. Insoweit stellt das Kriterium des »sachgerechten Grunds« i.S.d. § 6 Abs. 4 S. 2 Nr. 3 HeizkostenV lediglich eine Ausprägung des allgemeinen Willkürverbots dar. 116

Das bedeutet für die Praxis: Bei vor dem 01.12.2020 bereits abgelaufenen Abrechnungszeiträumen sind die Betriebskosten nach dem mietvertraglich geregelten, ansonsten nach dem Wohnflächenschlüssel des § 556a Abs. 1 S. 1 BGB zu verteilen bzw. abzurechnen. 117

3. Kostenverteilung nach § 556a Abs. 3 BGB

a) Voraussetzungen

Der Verteilungsschlüssel nach § 556a Abs. 3 BGB setzt – neben der fehlenden wirksamen Vereinbarung eines anderen Verteilerschlüssels im Mietvertrag (*Jacoby* ZMR 2021, 1 ff.) – als Gegenstand des Mietvertrags vermietetes Wohnungseigentum oder gleichbehandelte Rechte nach den §§ 30 ff. WEG voraus. 118

Wenn die o.g. Voraussetzungen des § 556a Abs. 3 S. 1 BGB erfüllt sind, werden die Betriebskosten nicht nach dem generellen Verteilungsmaßstab des § 556a Abs. 1 BGB, sondern nach dem für die Wohnungseigentümer geltenden Maßstab verteilt. Dies gilt für sämtliche Betriebskostenarten des § 2 BetrKV – außer der Grundsteuer. 119

120 § 556a Abs. 3 BGB postuliert eine **gebäudebezogene Kostenerfassung.** Betriebskosten sind nicht nur die Kosten, die dem vermietenden Wohnungseigentümer direkt entstehen, sondern auch die Kosten der rechtsfähigen GdWE. Diese Kosten sind vom vermietenden Wohnungseigentümer nach dem Schlüssel auf seinen Mieter umzulegen, der auch für diesen, den vermietenden Wohnungseigentümer, nach dem Recht der GdWE im Verhältnis zu den anderen Wohnungseigentümern gilt. Damit können gesetzliche Verteilungsregelungen ebenso maßgeblich sein wie solche, die auf einer Vereinbarung oder einem Beschluss beruhen (*Jacoby* ZMR 2021, 1 ff.).

121 Allein für die **Heizkosten** gilt zwingend die HeizkostenV, weshalb die in dem Wirtschaftsjahr (idR Kalenderjahr im WEG) ermittelten tatsächlichen Verbräuche zumindest quotal in der Abrechnung zu berücksichtigen sind (vgl. *BGH* – VIII ZR 156/11, ZMR 2012, 341; *BGH* – V ZR 251/10, ZMR 2012, 372). Für die von der HeizkostenV erfassten Kosten für Heizwärme und Warmwasser gilt bereits ein Umlagesystem, das nicht nur im Mietrecht, sondern auch im Wohnungseigentumsrecht unmittelbar anzuwenden ist und nicht der Parteidisposition unterliegt. Die Maßgeblichkeit des wohnungseigentumsrechtlichen Maßstabs für das Mietverhältnis nach § 556a Abs. 3 S. 1 BGB erstreckt sich auch auf die Festlegungen der Wohnungseigentümer, die diese nach Maßgabe von § 7 Abs. 1 sowie § 8 Abs. 1 HeizkostenV für das Verhältnis von Verbrauchswerten zu Fläche in der Spanne 50:50 bis 70:30 treffen. Vergleichbares gilt, wenn weitere Kosten wie Kaltwasser oder Müll in der Wohnungseigentumsanlage nach Verbrauch erfasst und entsprechend verbrauchsabhängig umgelegt werden (*Jacoby* ZMR 2021, 1 ff.).

122 Eine Ausnahme gilt aber, wenn den Eigentümern faktisch die verbrauchsabhängige Abrechnung nach der HeizkostenV unmöglich ist. Dann muss man dem Mieter im Verhältnis zum vermietenden Wohnungseigentümer das Kürzungsrecht nach § 12 Abs. 1 S. 1 HeizkostenV zugestehen, wenn entgegen den Vorschriften der HeizkostenV etwa mangels Erfassung des Verbrauchs nicht verbrauchsabhängig abgerechnet wird. Zwar gilt das Kürzungsrecht nach § 12 Abs. 1 S. 2 HeizkostenV nicht unter den Wohnungseigentümern. Darauf kann sich der vermietende Eigentümer aber auch nach § 556a Abs. 3 S. 1 BGB gegenüber seinem Mieter nicht berufen, sondern muss sich das speziellere Kürzungsrecht der HeizkostenV entgegenhalten lassen (*Jacoby* ZMR 2021, 1 ff. *Lehmann-Richter* in: Schmidt-Futterer § 556a Rn. 54).

123 Mit § 556a Abs. 3 WEG wollte der Gesetzgeber wohl eine dynamische (dafür auch *Zehelein* ZMR 2020, 272, 273 noch zum WEModG) Verweisung kraft Gesetzes auf den jeweils (!) zwischen den Wohnungseigentümern geltenden Verteilerschlüssel schaffen. Schon der Wortlaut des § 556a Abs. 3 BGB wie auch die Gesetzesmaterialien sprechen für dieses Ergebnis.

124 § 556a Abs. 3 WEG sieht ja eine Verteilung der Betriebskosten auf den Mieter »nach dem für die Verteilung zwischen den Wohnungseigentümern **jeweils** geltenden Maßstab« vor. Es soll gerade nicht der (zufällig) bei Mietvertragsabschluss geltende wohnungseigentumsrechtliche Verteilerschlüssel auch für den Mietvertrag gelten (vgl. auch *Jacoby* ZMR 2021, 1 ff.). Spätere Änderungen sind nicht fernliegend, wenn sich ein Verteilerschlüssel für die Wohnungseigentümer als – aus deren Sicht – wenig geeignet erweist und mit einfachem Mehrheitsbeschluss ohne Notwendigkeit eines »sachlichen Grundes« geändert werden kann (s.o.).

125 Die in § 556a Abs. 3 S. 1 BGB verwendete Formulierung des »Umlegens« kann kein durchgreifendes Argument für einen statischen Verteilungsmaßstab liefern (vgl. im Einzelnen SEHR/*Hinz* § 12 Rn. 71 sowie *Zehelein,* ZMR 2020, 272, 273).

126 Die gesetzgeberische Absicht – dokumentiert in der Begründung des Regierungsentwurfs -, wonach »bei vermieteten Eigentumswohnungen künftig die wohnungseigentumsrechtliche Verteilung maßgeblich sein« soll, was »aufwändige und fehleranfällige Umrechnungen bei der Erstellung einer Betriebskostenabrechnung für eine vermietete Eigentumswohnung« vermeidet (BT-Drs. 19/18791, S. 90), spricht für die Annahme eines gewollten dynamischen Verteilerschlüssels (vgl. *Lehmann-Richter* in: Schmidt-Futterer § 556a Rn. 53).

Umrechnungen der jeweiligen Jahreseinzelabrechnung in eine kompatible mietrechtliche Betriebskostenabrechnung werden aber nur dann für das gesamte Mietverhältnis vermieden, wenn der jeweils für den vermietenden Wohnungseigentümer nach §§ 10, 16, 23 ff. bzw. 28 WEG maßgebliche Verteilungsschlüssel auch für seinen den Mieter zur Anwendung kommt. Dazu heißt es in der Begründung des Gesetzgebers weiter, dass sich der im Sinne des § 556a Abs. 3 S. 1 BGB »maßgebliche wohnungseigentumsrechtliche Verteilerschlüssel aus dem in der Gemeinschaft geltenden Regelwerk, also entweder einer Vereinbarung der Wohnungseigentümer, einem wirksamen Beschluss der Wohnungseigentümer oder aus dem Gesetz« ergibt. 127

§ 556a Abs. 3 BGB fordert von dem Vermieter eine (eigene) Umlage. Diese hat der vermietende Eigentümer nicht an der Abrechnung nach § 28 WEG unter den Eigentümern, sondern an dem unter den Eigentümern geltenden Maßstab zu orientieren. Diesen verändert die Jahresabrechnung auch nicht, sondern legt allein die Zahlbeträge unter den Eigentümern fest, was § 28 Abs. 2 WEG jetzt auch deutlich betont (*Jacoby* ZMR 2021, 1 ff.). 128

Eine fehlerhafte Jahresabrechnung im Verhältnis der Wohnungseigentümer untereinander kann bei zutreffender Abrechnung im Mietverhältnis zu einem Überschuss, aber auch zu einer Unterdeckung in der Person des vermietenden Eigentümers führen. Eine solche Über- oder Unterkompensation ist zwar angesichts des Zwecks des Betriebskostenrechts (Totalkompensation) nicht sachgerecht. Hier ist sie aber nicht dem allgemeinen System geschuldet, sondern beruht auf der Fehlanwendung des maßgeblichen Schlüssels in der wohnungseigentumsrechtlichen Jahresabrechnung oder in der mietrechtlichen Betriebskostenabrechnung (*Jacoby* ZMR 2021, 1 ff.). 129

Zu Regressfragen vgl. *Jacoby* ZMR 2021 1 ff unter IV.2.: Das Fehlverhalten von Verwalter oder Eigentümern wird der Gemeinschaft als Organverschulden entsprechend § 31 BGB zugerechnet. Den Schadensersatzanspruch aus § 280 BGB muss der geschädigte vermietende Eigentümer dann gegen die rechtsfähige Gemeinschaft geltend machen. 130

b) Sonderfall: Grundsteuer

Sofern eine Betriebskostenart wie die Grundsteuer (*Jacoby* ZMR 2021, 1 ff.) nicht gebäudebezogen, sondern direkt für die jeweilige Eigentumswohnung anfällt, kann der Vermieter sie wie bisher direkt dem Mieter belasten, d.h. ohne gesonderte »Verteilung« und ohne Ermittlung der Gesamtkosten für das Gebäude weitergeben (*BGH* – VIII ZR 45/11, ZMR 2012, 173; vgl. oben Rdn. 13, 20, 85). 131

c) Ausschluss bei Kostenverteilung entgegen billigem Ermessen

§ 556a Abs. 3 S. 2 BGB enthält eine Ausnahme von der grundsätzlichen Geltung des jeweiligen wohnungseigentumsrechtlichen Verteilerschlüssels. Die Billigkeitsgrenze muss sich am Zweck der Betriebskostenumlage orientieren. Unbilligkeit ist quasi als verschärftes Wirtschaftlichkeitsgebot erst erreicht, wenn der vermietende Eigentümer die Entstehung der Kosten, deren Kompensation er verlangt, selbst hätte verhindern können (*Jacoby* ZMR 2021, 1 ff.). Hierdurch soll der Mieter vor einer übermäßigen Kostenbelastung geschützt werden, wenn der Verteilerschlüssel innerhalb der GdWE den Mieter unbillig belastet. Auch wenn nach dem Gesetzeswortlaut »der Maßstab billigem Ermessen widerspricht« dürfte dies nur reichen, wenn diese Unbilligkeit auch für den konkreten vermietenden Wohnungseigentümer und damit für seinen Mieter zutrifft. Ist dies der Fall, kommt der in § 556a Abs. 1 BGB vorgesehene Verteilerschlüssel zur Anwendung. 132

Nach Ansicht des Gesetzgebers ist im Rahmen einer Interessenabwägung zu ermittelt, ob der Verteilerschlüssel der GdWE unbillig ist. Auf die wohnungseigentumsrechtliche Wirksamkeit des Maßstabs (in Form einer Gemeinschaftsordnung/Vereinbarung oder eines Beschlusses) kommt es nicht an (BT-Drs. 19/18791, S. 90, 91). Vereinbarungen der Sondereigentümer oder nicht angefochtene ordnungswidrige Beschlüsse können und dürfen sich nicht zum Nachteil des Mieters auswirken. § 556a Abs. 3 BGB verzichtet allerdings auf spezifische Hinweispflichten des Vermieters zum Verteilerschlüssel innerhalb der GdWE. Folglich muss die Frage, ob der Mieter angemessen über einen Schlüssel informiert wurde, bei der Bestimmung der Billigkeit außer Betracht bleiben (*Jacoby* ZMR 133

2021, 1 ff.). Mit § 556a Abs. 3 S. 2 BGB schwebten dem Gesetzgeber wohl Fälle vor, in denen die Miteigentumsanteile (MEA), sofern ihr Größenverhältnis die wohnungseigentumsrechtlichen Kostenverteilung bestimmt (vgl. § 47 GBO i.V.m. § 16 Abs. 2 S. 1 WEG), nicht nach der Fläche des Sondereigentums, sondern nach dessen Kaufpreis, Nutzwert o.ä. berechnet wurden. Führt deshalb die Kostenverteilung nach MEA zu einer erheblichen Mehrbelastung des Mieters, widerspricht sie billigem Ermessen. Der höhere Kaufpreis oder Nutzwert der Wohnung ist für die Umlage von Betriebskosten ohne Bedeutung.

134 Erst im Falle einer festgestellten Unbilligkeit des wohnungseigentumsrechtlichen Schlüssels für das Mietverhältnis wird der Wohnflächenschlüssel des § 556a Abs. 1 BGB zum Schutze des Mieters und unter Inkaufnahme einer Unterkompensation des Vermieters herangezogen (*Jacoby* ZMR 2021, 1 ff.).

135 Unbilligkeit ist insbesondere dann anzunehmen, wenn der vermietende Wohnungseigentümer eine Anpassung des wohnungseigentumsrechtlichen Schlüssels verlangen kann. Der einschlägige Maßstab, um über einen solchen Anspruch zu entscheiden, ist § 10 Abs. 2 WEG zu entnehmen. Der *BGH* (V ZR 174/09, ZMR 2010, 778) verlangt dafür eine Kostenmehrbelastung von 25 % durch den Schlüssel nach MEA gegenüber dem Wohnflächenschlüssel. Der Anspruch setzt dann aber weiter voraus, dass diese Mehrbelastung auf nicht kalkulierten Entwicklungen wie einem nachträglichen Ausbau beruht, während er ausscheidet, wenn die besondere Gestaltung der MEA spezifische Unterschiede der Einheiten bewusst berücksichtigt. Darüber hinaus wird man aber auch zu berücksichtigen haben, wenn sich der vermietende Wohnungseigentümer ohne Not auf eine ihm gegenüber den Eigentümern vergleichbarer Wohnungen nachteilige Gestaltung des Schlüssels eingelassen hat. Insoweit kann die Billigkeitsschranke Manipulationen entgegenwirken, dass Eigentümer die Kostenverteilung so ausgestalten, dass die vermietenden Eigentümer besonders belastet werden (*Jacoby* ZMR 2021, 1 ff.).

136 *Hinz* (in: SEHR § 13 Rn. 76) dagegen sieht eine Mehrbelastung des Mieters – durch den wohnungseigentumsrechtlichen Verteilungsmaßstab gegenüber dem Flächenschlüssel – von mehr als 10% bereits als erheblich an (s. Rechenbeispiele bei *Hinz* ZMR 2018, 1, 4 f. zur Wohnflächendivergenz).

d) Grenzen für abweichende Vertragsgestaltungen; Bestandsschutz

137 § 556a BGB konstituiert einen Bestandsschutz für wirksame Altvereinbarungen, die mit § 556a Abs. 3 BGB als Grundlage unberührt bleiben. Hat der vermietende Eigentümer mit seinem Vermieter vormals »Wohnfläche« vereinbart, wird diese Vereinbarung von der Neuregelung (leider) nicht berührt (*Jacoby* ZMR 2021, 1 ff.; *Lehmann-Richter* in: Schmidt-Futterer § 556a Rn. 55). Solche abweichenden Umlagemaßstäbe begegnen freilich Bedenken, weil sie typischerweise zu einer Über- oder Unterkompensation in der Person des Vermieters führen. Dazu kann es kommen, weil § 556a Abs. 3 BGB mit dem Modell der gebäudebezogenen Abrechnung als Betriebskosten die Kosten der GdWE, nicht nur die des vermietenden Eigentümers ansieht. Im Ergebnis keinen Bedenken begegnet daher eine Abrede zwischen den Vertragsparteien zugunsten des Mieters, die zu einer Unterkompensation des Vermieters führt. Ganz anders liegt es indessen, wenn der Vermieter in einem Formularvertrag Umlageschlüssel vereinbart, die den Mieter mehr Kosten tragen lassen, als der vermietende Eigentümer selbst tragen muss. Eine solche Vereinbarung ist als unangemessene Benachteiligung nach § 307 Abs. 1 BGB unwirksam. Es gilt dann stattdessen der gesetzliche Maßstab des § 556a Abs. 3 S. 1 BGB. Diesem Maßstab kommt ein gesteigerter Gerechtigkeitswert zu, weil nur so die Vollkompensation des Vermieters erreicht wird. Nicht nur § 556a Abs. 3 S. 1 BGB steht unter dem Vorbehalt vorrangiger Abreden, sondern auch § 556a Abs. 1 BGB, auf den § 556a Abs. 3 S. 2 BGB verweist. Allerdings läuft dieser zweite Verweis leer. Die Billigkeitsprüfung von § 556a Abs. 3 S. 2 BGB bezieht sich nur auf den gesetzlich angeordneten Schlüssel, nicht auf einen vereinbarten. Folglich kann der Verweis auf § 556a Abs. 1 BGB durch § 556a Abs. 3 S. 2 BGB nur in Sachlagen erfolgen, in der es an einer wirksamen Vereinbarung eines Umlagemaßstabes fehlt. Diese Feststellung, dass die Billigkeitskontrolle des § 556a Abs. 3 S. 2 BGB nur den gesetzlichen Schlüssel, nicht vertraglich geregelte betrifft, stellt den Mieter nicht schutzlos. Zunächst braucht er

sich nicht einverstanden erklären. Sodann schützen ihn im Falle von Formularverträgen die §§ 305 ff. BGB. Schließlich bindet den Vermieter das Wirtschaftlichkeitsgebot des § 556 Abs. 1 S. 1 Halbs. 2 BGB. Letzteres wirkt sich insbesondere aus, wenn der Vermieter Anspruch auf Verbesserung des Schlüssels hat (*Jacoby* ZMR 2021, 1 ff.; *Lehmann-Richter* in: Schmidt-Futterer § 556a Rn. 56, 57).

§ 17 Entziehung des Wohnungseigentums

(1) Hat ein Wohnungseigentümer sich einer so schweren Verletzung der ihm gegenüber anderen Wohnungseigentümern oder der Gemeinschaft der Wohnungseigentümer obliegenden Verpflichtungen schuldig gemacht, dass diesen die Fortsetzung der Gemeinschaft mit ihm nicht mehr zugemutet werden kann, so kann die Gemeinschaft der Wohnungseigentümer von ihm die Veräußerung seines Wohnungseigentums verlangen.

(2) Die Voraussetzungen des Absatzes 1 liegen insbesondere vor, wenn der Wohnungseigentümer trotz Abmahnung wiederholt gröblich gegen die ihm nach § 14 Absatz 1 und 2 obliegenden Pflichten verstößt.

(3) Der in Absatz 1 bestimmte Anspruch kann durch Vereinbarung der Wohnungseigentümer nicht eingeschränkt oder ausgeschlossen werden.

(4) Das Urteil, durch das ein Wohnungseigentümer zur Veräußerung seines Wohnungseigentums verurteilt wird, berechtigt zur Zwangsvollstreckung entsprechend den Vorschriften des Ersten Abschnitts des Gesetzes über die Zwangsversteigerung und die Zwangsverwaltung. Das Gleiche gilt für Schuldtitel im Sinne des § 794 der Zivilprozessordnung, durch die sich der Wohnungseigentümer zur Veräußerung seines Wohnungseigentums verpflichtet.

Übersicht

A. Grundsätzliches

I. Normzweck/Entstehungsgeschichte/Anwendungsbereich

Bereits im Referentenentwurf vom 22.09.1950 (damals § 19) heißt es: 1

»Infolge der Unauflöslichkeit des Gemeinschaftsverhältnisses muss ein durchgreifender Schutz gegen Sondereigentümer geschaffen werden, die ihre aus den Gemeinschaftsverhältnis entspringenden Verpflichtungen gröblich verletzen ... (PiG Bd. 8, S. 180 oben).« 2

3 In der Begründung zum Gesetzentwurf (BT-Drs. 1/1802 und BR-Drs. 75/51, ergänzt um aktuelle Fundstellen) heißt es weiter:

4 *»Da die Gemeinschaft der Wohnungseigentümer grundsätzlich unauflöslich (Fichtner, FAHdB 7. Aufl. Kap.22, S. 1766 ff.; PiG Bd. 8, S. 211, nicht »unlöslich«, so PiG Bd. 8, S. 233; wie hier Jennißen/Heinemann, 8. Aufl. 2024, § 17 Rn. 1) ist, muss ein Rechtsbehelf geschaffen werden, um einen Wohnungseigentümer aus der Gemeinschaft entfernen zu können, insbesondere dann wenn er sich einer schweren Pflichtverletzung schuldig macht. Gerade das Fehlen einer solchen Vorschrift hat viel dazu beigetragen das Stockwerkseigentum zu einer Quelle unerträglicher und fortdauernder Streitigkeiten zu machen …«*

5 (so der Berichterstatter *Dr. Brönner* am 31.01.1951 auf der 115. Sitzung des Deutschen Bundestages, PiG Bd. 8, S. 205 ff., 211).

6 Auch in der Begründung zu den Gesetzentwürfen des Bundesrates (BR-Drs. 8/161 vom 08.03.1977) und der Bundesregierung (BT-Drs. 8/44 vom 27.12.1978) findet man folgende Erwägung:

7 »Der Entziehung des Wohnungseigentums« kommt im Hinblick auf die Rechtsstellung des betroffenen Wohnungseigentümers vergleichbare Bedeutung zu wie einer Veräußerungsbeschränkung nach § 12 WEG. Während der Wohnungseigentümer durch Veräußerungsbeschränkungen gegen seinen Willen daran gehindert werden kann, sein Wohnungseigentum zu veräußern, kann er durch das Rechtsinstitut der Entziehung des Wohnungseigentums gegen seinen Willen zur Veräußerung gezwungen werden. Den §§ 12 und 18 (jetzt § 17 ab 01.12.2020) WEG liegt derselbe Gedanke zugrunde: Der Gemeinschaft der Wohnungseigentümer wird im Interesse eines reibungslosen Funktionierens der grundsätzlich unauflöslichen Gemeinschaft die Möglichkeit eingeräumt, auf die Zusammensetzung der Gemeinschaft dadurch Einfluss zu nehmen, dass sie sowohl das Eindringen unerwünschter Personen verhindern, als sich auch solcher unter bestimmten Voraussetzungen wieder entledigen kann.

8 In der Literatur wird § 18 WEG a.F. überwiegend lediglich als Pendant zu § 11 WEG gesehen (vgl. *W. Meyer* WEZ 1987, 17, 18 unter Ziff. II sowie *Hogenschurz* NZM 2005, 611).

9 Während § 18 WEG a.F. auch für die werdende Eigentümergemeinschaft (Schneider NZM 2014, 498 f. unter III.2.; Staudinger/*Kreuzer* § 18 Rn. 162; *Hügel/Elzer* 2. Aufl. § 18 Rn. 3) galt, ist dies für § 17 WEG n.F. nicht der Fall, da es schon die werdende Gemeinschaft im Gegensatz zum werdenden Wohnungseigentümer (vgl. § 8 Abs. 3 WEG) seit dem WEMoG nicht mehr gibt.

10 Die frühere Sonderregelung des § 18 Abs. 1 S. 2 WEG a.F. für 2-Personen-Gemeinschaften ist ersatzlos entfallen. Auch braucht die Gemeinschaft generell keine Ausübungsbefugnis mehr (vgl. früher § 10 Abs. 6 S. 3 WEG a.F.; *OLG München* ZWE 2008, 150 m. krit. Anm. *Wenzel*; unklar SWK-WEG/*Tank* Nr. 70 Rn. 6 zur Klagebefugnis). Die Entziehung war bis 30.11.2020 auch keine Verwaltungsmaßnahme (vgl. § 18 Abs. 1 S. 1 WEG a.F.); lediglich die Ausübung des Entziehungsrechts wurde damals dem Verband übertragen.

11 Die bis 30.11.2020 in den §§ 18 und 19 WEG a.F. enthaltenen Vorschriften wurden in § 17 WEG durch das WEMoG zusammengefasst und aktualisiert.

12 In BT-Drs. 19/18791, S. 57, 58 oben heißt es:

13 Zu Buchstabe a (Absatz 1): Die Änderung in § 17 Absatz 1 Satz 1 gegenüber dem geltenden § 18 Absatz 1 Satz 1 stellt klar, dass auch eine Verletzung der Pflichten, die gegenüber der Gemeinschaft der Wohnungseigentümer bestehen (zum Beispiel die Pflicht zur Kostentragung), eine Entziehung des Wohnungseigentums rechtfertigen kann. *Zudem wird der Entziehungsanspruch materiell-rechtlich der Gemeinschaft der Wohnungseigentümer zugeordnet.* Dadurch wird die umständliche Konstruktion des geltenden Rechts vereinfacht, nach dem der Anspruch materiell-rechtlich den Wohnungseigentümern zusteht, seine Ausübung aber grundsätzlich der Gemeinschaft der Wohnungseigentümer zugewiesen wird (vergleiche den geltenden § 18 Absatz 1 Satz 2, der aufgehoben wird). Praktische Auswirkungen hat diese Änderung nur für Zwei-Personen-Gemeinschaften, bei denen im Interesse

der Rechtsvereinheitlichung der Entziehungsanspruch nun auch der Gemeinschaft der Wohnungseigentümer zusteht.

Zu Buchstabe b (Absatz 2): Die Neufassung von Absatz 2 dient zum einen der redaktionellen Anpassung des Wortlauts an den geänderten § 14, dessen neuer Absatz 3 eine Anspruchsgrundlage enthält und dieser Absatz deshalb von der Verweisung ausgenommen wird. Zum anderen fällt das im geltenden § 18 Absatz 2 Nummer 2 enthaltene Regelbeispiel weg, wonach ein Entziehungsgrund insbesondere darin liegen kann, dass ein Wohnungseigentümer mit der Erfüllung seiner Pflicht zur Lasten- und Kostentragung in Verzug ist. Denn § 10 Absatz 1 Nummer 2 des Zwangsversteigerungsgesetzes ermöglicht es der Gemeinschaft der Wohnungseigentümer, sich in diesen Fällen vorrangig aus dem Wohnungseigentum zu befriedigen. Angesichts dessen besteht für einen gesetzlich besonders geregelten Entziehungsgrund kein Bedürfnis. 14

Zu Buchstabe c (Absatz 3 – alt –): Der geltende § 18 Absatz 3 wird *aufgehoben.* Diese Vorschrift sieht vor, dass über das Entziehungsverlangen mit der Mehrheit der stimmberechtigten Wohnungseigentümer beschlossen wird. Diese Vorschrift war bis zur WEG-Novelle 2007 notwendig, damit über die Geltendmachung des Entziehungsverlangens überhaupt ein Mehrheitsbeschluss gefasst werden konnte. Denn der Entziehungsanspruch steht nach dem geltenden § 18 Absatz 1 Satz 1 an sich den »anderen Wohnungseigentümer(n)« zu, woraus geschlossen werden könnte, dass er von allen Wohnungseigentümern gemeinsam geltend gemacht werden muss. Seit der WEG-Novelle 2007 ist die *Ausübung* des Anspruchs aber der Gemeinschaft der Wohnungseigentümer zugewiesen (vergleiche den geltenden § 18 Absatz 1 Satz 2). Bereits daraus folgt, dass über die Ausübung des Anspruchs ein Mehrheitsbeschluss zu fassen ist. Seit der WEG-Novelle 2007 hat der geltende § 18 Absatz 3 demnach nur noch die Funktion, ein erhöhtes Quorum für diesen Beschluss anzuordnen. An dieser nur eingeschränkten Funktion ändert sich auch dadurch nichts, dass § 18 Absatz 1 WEG-E den Entziehungsanspruch sogar materiell-rechtlich der Gemeinschaft der Wohnungseigentümer zuweist. Dieses erhöhte Quorum ist aber nicht sachgerecht. Wenn ein Entziehungsgrund vorliegt, besteht ein berechtigtes Interesse, den störenden Wohnungseigentümer aus der Gemeinschaft zu entfernen. Es ist nicht gerechtfertigt, die Durchsetzung dieses Interesses durch ein erhöhtes Quorum zu erschweren. Auch der Schutz des betroffenen Wohnungseigentümers vor einem unberechtigten Entziehungsbeschluss verlangt kein erhöhtes Quorum. Denn der betroffene Wohnungseigentümer ist bereits ausreichend durch das gerichtliche Entziehungsverfahren geschützt. 15

Zu Buchstabe d (Absatz 3 – neu –): § 17 Absatz 3 WEG-E übernimmt die Regelung des geltenden § 18 Absatz 4. 16

Zu Buchstabe e (Absatz 4): § 17 Absatz 4 Satz 1 entspricht dem geltenden § 19 Absatz 1 Satz 1. Dessen Wortlaut wird jedoch daran angepasst, dass der Entziehungsanspruch nach § 17 Absatz 1 WEG-E materiell-rechtlich der Gemeinschaft der Wohnungseigentümer zusteht. Aus dem gleichen Grund wird der geltende § 19 Absatz 1 Satz 2, der der Gemeinschaft lediglich eine Ausübungsbefugnis zuweist, nicht übernommen. § 17 Absatz 4 Satz 2 knüpft an die Vorschrift des geltenden § 19 Absatz 3 an. Einem Urteil gleichgestellt werden jedoch alle Vollstreckungstitel nach § 794 der Zivilprozessordnung (ZPO), insbesondere auch vollstreckbare Urkunden (§ 794 Absatz 1 Nummer 5 ZPO) und für vollstreckbar erklärte Anwaltsvergleiche (§ 794 Absatz 1 Nummer 4b ZPO). Denn eine unterschiedliche Behandlung der verschiedenen Vollstreckungstitel ist nicht sachgerecht. 17

Nicht übernommen wird die Vorschrift des geltenden § 19 Absatz 2, die sich mit dem nach dem Entwurf entfallenden Regelbeispiel des geltenden § 18 Absatz 2 Nummer 2 befasst. Soweit die Rechtsprechung den geltenden § 19 Absatz 2 im Einzelfall analog anwendet und ihm die allgemeine Befugnis entnimmt, die Wirkungen eines Entziehungsurteils abzuwenden (vergleiche etwa BGH, Urteil vom 14. September 2018 – V ZR 138/17 Randnummern 23 ff.), zielt der Entwurf nicht darauf ab, diese Rechtsprechung in Frage zu stellen. Entsprechende Rechtsfolgen können im Einzelfall auf § 242 BGB gestützt werden. 18

Die Entziehung ist jetzt eine Verwaltungsmaßnahme (vgl. § 18 Abs. 1 S. 1 WEG; Jennißen/*Sommer* 8. Aufl. § 18 Rn. 14 ff.), die Kosten des Entziehungsverfahrens unterfallen § 16 Abs. 2 WEG, da § 16 Abs. 7 WEG a.F. entfallen ist. Nicht nur die Ausübung des Entziehungsrechts, sondern das 19

Entziehungsrecht selbst ist nunmehr dem Verband übertragen (§§ 17 Abs. 1 WEG; anders noch § 10 Abs. 6 S. 3 WEG a.F.). Frühere Besonderheiten für die Zwei-Personen-Anlage wurden gestrichen (Staudinger/*Lehmann-Richter* § 17 Rn. 9).

20 Der Normzweck spricht eher gegen eine analoge Anwendung des § 17 WEG auf den umgekehrten Fall, dass nämlich ein Wohnungseigentümer wegen schwerer Pflichtverletzungen anderer gegen Wertersatz aus der Gemeinschaft ausscheiden möchte (a.A. Jennißen/*Heinemann*, 8. Aufl. § 17 Rn. 5; *Heinemann* ZfIR 2008, 23 f.; wie hier Staudinger/*Lehmann-Richter* § 17 Rn. 5 aE)

II. Abdingbarkeit des § 17

21 Sowohl der Referentenentwurf als auch der Gesetzentwurf zum WEG (BT-Drs. 1/1802) sahen ursprünglich die heutige Regelung des § 17 Abs. 3 WEG (= § 18 Abs. 4 a.F.) noch nicht vor. Allerdings wurde bereits auf der Sitzung vom 31.01.1951 der Abänderungsantrag einstimmig angenommen (PiG Bd. 8, S. 216), während es in puncto Abdingbarkeit nicht zu einer Angleichung der §§ 12 und 18 WEG a.F. gekommen ist (vgl. PiG Bd. 8, S. 271, 274).

22 Aus § 17 Abs. 3 WEG ergibt sich jetzt, dass eine Entziehung aus Gründen der Generalklausel des § 17 Abs. 1 WEG unabdingbar ist, d.h. nicht durch Vereinbarung der Wohnungseigentümer hiervon abgewichen werden kann (Staudinger/*Lehmann-Richter* § 17 Rn. 103 f.; MüKo-BGB/*Zschieschack* 9. Aufl. Bd. 8 § 17 Rn. 36; *Brücher/Schultzky* NomosKomm. § 17 Rn. 14; Jennißen/*Heinemann,* 8. Aufl. § 17 Rn. 156: einseitig zwingend). Die Regelbeispiele in § 17 Abs. 2 WEG werden zwar in § 17 Abs. 3 WEG nicht explizit erwähnt, stellen jedoch nur Unterfälle des § 17 Abs. 1 WEG dar (*Schmid* ZfIR 2013, 130). Modifizierende oder erweiternde Vereinbarungen sind wegen der eingeschränkten Unabdingbarkeit durch § 17 Abs. 3 WEG zulässig (Hügel/Elzer § 17 Rn. 38), müssen jedoch dem Bestimmtheitsgrundsatz genügen. Eine in der Teilungserklärung nach WEG vorgesehene Regelung zur Entziehung des Wohnungseigentums, die als Gründe der Entziehung ua nachbarrechtliche Störungen und »schwere persönliche Mißhelligkeiten« nennt, kann wegen mangelnder Bestimmtheit nicht ins Grundbuch eingetragen werden (*OLG Düsseldorf* ZMR 2000, 549/550).

23 § 17 Abs. 4 WEG – der rechtstechnisch nicht dem sonstigen Verbandsrecht entspricht Staudinger/*Lehmann-Richter* § 17 Rn. 7) – ist unabdingbar (MüKo-BGB/*Zschieschack* 9. Aufl. Bd.8 § 17 Rn. 53; arg. Verfahrensrecht ist öffentliches Recht). Heinemann (Jennißen/*Heinemann* 8. Aufl. § 17 Rn. 159, 160) hält das Zulassen einer abweichenden Vereinbarung nach § 10 WEG zur Art der Veräußerung für denkbar, da subsidiär das ZVG gelte. Damit würde aber über die Hintertür z.B. die abgeschaffte Möglichkeit der notariellen Versteigerung wieder möglich. Das ist abzulehnen. Dasselbe gilt für vereinbarte Vorkaufs- oder Ankaufsrechte. Bei ihnen müsste der Titel dann Willenserklärungen ersetzen (§ 894 ZPO), was nicht im Gesetz vorgesehen ist.

24 Die nunmehr auf § 242 BGB gestützte Abwendungsbefugnis kann nicht wegbeschlossen oder qua Vereinbarung ausgeschlossen werden (Jennißen/*Heinemann* 8. Aufl. § 17 Rn. 161; vgl. auch *Gaier* in: FS Drasdo 2023, S. 77 ff.).

25 Die frühere Regelung des § 18 Abs. 3 WEG a.F. sah eine »Mehrheit von mehr als der Hälfte der stimmberechtigten Wohnungseigentümer« vor, diese Norm wurde per 01.12.2020 aber aufgehoben.

26 Dass eine **Erleichterung** beim Entziehungsbeschluss qua Vereinbarung möglich sein soll, ergibt sich letztlich aus § 17 Abs. 3 WEG, der ausdrücklich regelt in welcher Hinsicht die Vorschrift nicht dispositiv ist (vgl. schon *Heinemann* MietRB 2012, 29 f.; jetzt *Abramenko,* Das neue WE-Recht, 2021, § 8 Rn. 86).

27 Nach älterer Meinung war auch eine Erschwerung z.B. durch Voraussetzen einer qualifizierten Mehrheit (*OLG Celle* NJW 1955, 953) sowie Einstimmigkeit oder Abstimmung nach Miteigentumsanteilen durch Vereinbarung möglich. Niemals durfte es aber faktisch zum Ausschluss des Entziehungsrechts kommen. Nach wohl h.M. sind erschwerende Regelungen nichtig (*Hügel/Elzer* § 17 Rn. 38; Jennißen/*Heinemann,* 8. Aufl. § 17 Rn. 158). Bereits die Vereinbarung einer qualifizierten

Mehrheit ist danach als Erhöhung der Anforderungen an einen Entziehungsbeschluss anzusehen, d.h. als unzulässige Einschränkung der Rechte aus § 17 Abs. 1 WEG.

Gerade bei **Mehrhausanlagen** (vgl. *Hügel/Elzer* § 17 Rn. 20) ist umstritten, ob im Wege der Vereinbarung/Gemeinschaftsordnung geregelt werden kann, dass die Beschlussfassung bei Störung nur der unmittelbar betroffenen Hausgemeinschaft dieser die Beschlussfassung überlassen wird. Bejahend Kreuzer (Staudinger/*Kreuzer* Vorauflage § 18 WEG Rn. 60); anderer Ansicht ist *Göken* (Mehrhausanlage, S. 108 bis 111). 28

B. Generalklausel des § 17 Abs. 1 WEG

Vorausgesetzt wird – bei einheitlichem Entziehungsgrund (Staudinger/*Lehmann-Richter* § 17 Rn. 30) – von der Generalklausel (*Gahn*, AnwZert MietR 19/2020 Anm. 1 unter B.I.2.b) das Bestehen zumindest einer Ein-Personen-Gemeinschaft. Innerhalb dieser kann gegen werdende Eigentümer (vgl. § 8 Abs. 3 WEG) eine Entziehungsklage in Betracht kommen (Staudinger/*Lehmann-Richter* § 17 Rn. 12, 13: Titel kann unmittelbar nach Grundbucheintragung vollstreckt werden; MüKo-BGB/*Zschieschack* 9. Aufl. Bd.8 § 17 Rn. 6; Jennißen/*Heinemann* 8. Aufl. § 17 Rn. 25 ff., 27: Objekt der Entziehung ist dann dessen **Anwartschaftsrecht**). 29

§ 17 WEG führt die Systematik des WEG 2007 fort (*Abramenko*, Das neue WE-Recht, 2021, § 8 Rn. 73; *Lehmann-Richter/Wobst* Rn. 1536) und § 17 Abs. 1 WEG ist in zweifacher Hinsicht »subsidiär« im untechnischen Sinne (Staudinger/*Lehmann-Richter* § 17 Rn. 16: nur aus historischer Sicht verständliche Aufteilung; **a.A.** Jennißen/*Heinemann* 8. Aufl. § 17 Rn. 24; unklar *Hogenschurz*, 3. Aufl. § 17 Rn. 5 ff.), nämlich zur Abmahnung oder/und zur Unterlassungsklage sowie gegenüber § 17 Abs. 2 WEG, der (»insbesondere ...«) spezielle Regelbeispiele für Entziehungsgründe nennt. Darüber hinaus ist die gesamte Regelung des § 17 WEG eine **sog. ultima ratio** (Jennißen/*Heinemann* 8. Aufl. § 17 Rn. 2; MüKo-BGB/*Zschieschack* 9. Aufl. Bd.8 § 17 Rn. 1; *D/S/Z* Kap. 12 Rn. 8 und 13; *BGH*, V ZR 141/17, ZMR 2018, 525; **a.A.** Staudinger/*Lehmann-Richter* § 17 Rn. 19: ein ultima-ratio-Grundsatz ist nicht anzuerkennen), d.h. die Entziehung darf nur als **äußerstes Mittel** zum Ausschluss der Störer zur Anwendung kommen (*BVerfG* NJW 1994, 241 und FG Prax 1998, 90; dazu *Gaier*, FS Drasdo, 2023, S. 77, 82: Regeln der praktischen Konkordanz). § 17 Abs. 1 WEG verlangt für die Feststellung des Entziehungsgrundes (»Zumutbarkeit«) eine **Abwägung** im Einzelfall (so *Lehmann-Richter/Wobst* Rn. 1537; Staudinger/*Lehmann-Richter* § 17 Rn. 30, 31 zur Relevanzschwelle; Jennißen/*Heinemann* 8. Aufl. § 17 Rn. 35). Insoweit stellt der Wortlaut des § 17, 2. Halbsatz (»diesen«), nur auf Eigentümer nicht auf die Gemeinschaft ab (MüKo-BGB/*Zschieschack* 9. Aufl. Bd.8 § 17 Rn. 24: Redaktionsversehen?!). Im Rahmen der Abwägung kommt auch dem Verhalten der anderen Wohnungseigentümer Bedeutung zu (s.u. unter II. und III.) sowie die ggf. zu bejahende fehlende Obdachlosigkeit des Eigentümers (*LG Dortmund* ZMR 2022, 396). Eine Bagatellgrenze gibt es nicht. Auch die Nichterfüllung von Kleinstpflichten in renitenter Art und Weise kann ausreichen (Staudinger/*Lehmann-Richter* § 17 Rn. 32 und 67 aE für Zahlungsrückstände). 30

Der Gemeinschaft steht jetzt nicht nur das Ausübungsrecht zu, sondern sie ist originär selbst **Anspruchsinhaber**/Gläubigerin (*Lehmann-Richter/Wobst* Rn. 1533, 1542; MüKo-BGB/*Zschieschack*, 9. Aufl. Bd.8 § 17 Rn. 4 ff.: *Zschieschack* will weiter davon ausgehen, dass es ein Anspruch der Wohnungseigentümer ist, für den der Verband die alleinige gesetzliche Ausübungsbefugnis hat) und hat damit auch die Aktivlegitimation (*Abramenko*, Das neue WE-Recht, 2021, § 8 Rn. 79; *D/S/Z* Kap. 12 Rn. 9; Anspruchsgrundlage zugunsten der Gemeinschaft). 31

Es ist weiterhin bei **einmaligen**, aber besonders extremen und schweren **Pflichtverletzungen** möglich, ohne die zusätzlichen Einschränkungen wie sie § 17 Abs. 2 WEG für die Regelbeispiele fordert (Abmahnung pp.) die Entziehung **direkt** auf § 17 Abs. 1 WEG als Generalklausel zu stützen (*Abramenko*, Das neue WE-Recht, 2021, § 8 Rn. 73; MüKo-BGB/*Zschieschack* 9. Aufl. Bd. 8 § 17 Rn. 8). Andererseits können einzelne leichtere Pflichtverletzungen, die in einem engen zeitlichen Zusammenhang stehen, sich in Summe als schwere Pflichtverletzung darstellen (Jennißen/*Heinemann* 8. Aufl. § 17 Rn. 32 a.E.; *Gahn* AnwZert MietR 19/2020 Anm. 1 unter B.I.2.a). 32

33 Wird wegen Pflichtverletzungen eines Wohnungseigentümers erst eine Unterlassungsklage erhoben, ist eine auf diese Vorwürfe gestützte Entziehungsklage allerdings nicht verwirkt (**a.A.** *AG Wiesbaden* ZMR 2021, 77). Die Entziehung setzt aber voraus, dass zuvor alle milderen Mittel, wozu auch eine Titulierung von Unterlassungsansprüchen gehören kann, ausgeschöpft werden müssen (*LG Frankfurt*/Main, Beschl. v. 03.05.2021 – 2–13 S 116/20, ZMR 2021, 684; *AG Essen*, Urt. v. 02.02.2022 – 196 C 97/21, ZMR 2022, 409 m. Anm. *Riecke*).

34 Bei einem (auch) auf § 17 Abs. 1 WEG gestützten Entziehungsverfahren gibt es keine ausdrückliche gesetzliche **Abwendungsbefugnis** mehr. Die frühere Regelung des § 19 Abs. 2 WEG a.F. kann heute nicht mehr analog herangezogen werden (*Hügel/Elzer* § 17 Rn. 37; so aber früher *BGH* – V ZR 138/17, ZMR 2019, 51 = NZM 2018, 1024; dazu *Gaier* in: FS Drasdo, 2023, S. 79). Aber: Eine Abwendungsbefugnis soll jetzt – trotz Aufhebung des § 19 Abs. 2 WEG a.F. – gestützt auf § 242 BGB denkbar sein (vgl. BT-Drs. 19/18791, S. 58 zu Buchstabe e [Absatz 4], letzter Satz; MüKo-BGB/*Zschieschack* 9. Aufl. Bd. 8 § 17 Rn. 8 und 52; *Gaier* in: FS Drasdo, 2023, S. 78 zur Vollstreckungsabwehrklage nach § 767 ZPO bei Ausgleich der Wohngeldrückstände, sehr str. vgl. Staudinger/*Lehmann-Richter* § 17 Rn. 66). Auch nach **Wegfall** einer schweren Pflichtverletzung kann wegen der Wiederholungsgefahr weiter ein Entziehungsgrund bestehen (Jennißen/*Heinemann* 8. Aufl. § 17 Rn. 34).

35 Eine **Abmahnung** (vgl. *LG Düsseldorf* ZMR 1991, 314: Auf die Form der Abmahnung – mündlich oder schriftlich – kommt es dabei nicht an) ist nach § 17 Abs. 2 WEG (»trotz Abmahnung wiederholt …. verstößt«) **bei den dortigen Regelbeispielen** erforderlich (*Gahn* AnwZert MietR 19/2020 Anm. 1 unter B.I.2.c) Bei mehrfachen gleichartigen Verstößen bedarf es nicht mehrerer Abmahnungen. Die fortlaufend unpünktliche Erfüllung von (erheblichen) Wohngeldansprüchen der Gemeinschaft der Wohnungseigentümer kann die Entziehung des Wohnungseigentums nach § 17 Abs. 1 WEG rechtfertigen (*LG Frankfurt/M.*, Urt. v. 04.10.2021 – 2–13 S 9/21, ZMR 2022, 65; *BGH* – V ZR 26/06, ZMR 2007, 465; *LG Berlin* ZMR 2018, 246).

36 In den Materialien zu § 17 Abs. 2 WEG (BT-Drs. 19/18791 S. 57) heißt es zwar, dass *»§ 10 Abs. 1 Nr. 2 ZVG es der Gemeinschaft der Wohnungseigentümer ermögliche, sich in diesen Fällen (des Zahlungsrückstands) vorrangig aus dem Wohnungseigentum zu befriedigen. Angesichts dessen bestehe für einen gesetzlich besonders geregelten Entziehungsgrund kein Bedürfnis.«* Dies bedeutet jedoch, dass die Generalklausel des § 17 Abs. 1 WEG **bei großen Zahlungsrückständen** schon zum Tragen kommen kann (BT-Drs. 19/18791 S. 57 oben: *»Verletzung der Pflichten, die gegenüber der Gemeinschaft der Wohnungseigentümer bestehen; zum Beispiel die Pflicht zur Kostentragung«*). Hierin liegt kein Widerspruch (so aber *Abramenko* Das neue WE-Recht 2021 § 8 Rn. 78; anders *D/S/Z* Kap. 12 Rn. 9); es wird nur das Stufenverhältnis der beiden Absätze des § 17 WEG verdeutlicht. § 10 Abs. 1 Nr. 2 ZVG hat nach dem Wortlaut des § 17 WEG jedenfalls nicht zwingend einen Vorrang.

37 Der Anwendungsbereich des § 17 Abs. 1 WEG soll durch die Regelbeispiele des § 17 Abs. 2 WEG geschrumpft sein (dagegen etwa Jennißen/*Heinemann* 8. Aufl. § 17 Rn. 40). Er gilt insbesondere für nicht von § 14 Abs. 2 WEG erfasste Beleidigungen von anderen Wohnungseigentümern (*Lehmann-Richter/Wobst* Rn. 1548; *Riecke* MietRB 2022, 152 f.).

I. Schwere Verletzung einer gemeinschaftsbezogenen Pflicht

38 Es genügt, dass eine derartige **Pflichtverletzung** gegenüber einem einzelnen anderen Wohnungseigentümer, dessen Haushalts- oder Familienangehörigen bzw. Mietern und jetzt auch **ausdrücklich** (der Sache nach war dies wegen § 18 Abs. 2 Nr. 2 WEG a.F. beim Hauptanwendungsfall der erheblichen Zahlungsrückstände gegenüber der Gemeinschaft schon früher so; vgl. *Abramenko* Das neue WE-Recht 2021 § 8 Rn. 74; *Lehmann-Richter/Wobst* Rn. 1542, 1550: Kardinalpflicht) **gegenüber der Gemeinschaft** der Wohnungseigentümer begangen wurde (Jennißen/Heinemann 8. Aufl. § 17 Rn. 13, 31; *Schmid* ZfIR 2013, 130; *Hogenschurz* NZM 2005, 613). Diese Pflichtverletzung muss nicht im Gemeinschaftsrecht wurzeln (Jennißen/*Heinemann* 8. Aufl. § 17 Rn. 32; Staudinger/*Lehmann-Richter* § 17 Rn. 28).

Es muss sich bei der Verwirklichung der einzelnen Regelbeispiele um zumindest wesensgleiche bzw. gleichartige Pflichtverletzungen handeln; d.h. die Pflichten müssen in dieselbe Schutzrichtung gehen (vgl. *Abramenko* Das neue WE-Recht 2021 § 8 Rn. 76). 39

Umstritten (vgl. *Abramenko* Das neue WE-Recht 2021 § 8 Rn. 77) ist, ob quasi reziprok der Entziehungsgrund auch durch Haushalts- oder Familienangehörige bzw. Mieter eines Wohnungseigentümers verursacht werden kann. Die **Zurechnung des Verhaltens** derartiger Personen ergibt sich nun aus § 15 WEG; auf diese Norm wird aber in § 17 Abs. 2 WEG nicht verwiesen. Den früheren Verweis auf § 14 Nr. 2 WEG a.F., der in § 15 WEG aufgegangen ist, gibt es nicht mehr. Gestützt auf die Generalklausel des § 17 Abs. 1 WEG ist dann ein Entziehungsverfahren jedoch noch möglich (Jennißen/*Heinemann* 8. Aufl. § 17 Rn. 33: Zurechnung nach den Grundsätzen der §§ 31, 166, 278 BGB analog; Staudinger/*Lehmann-Richter* § 17 Rn. 29 und 58; **a.A.** in der Begründung MüKo/*Zschieschack* 9. Aufl. § 17 Rn. 16). Ein direkter Räumungsanspruch der Gemeinschaft gegenüber dem Dritten besteht nicht; sie muss gegen den aktuellen Eigentümer vorgehen. 40

Bei Fehlverhalten Dritter kann zusätzlich ein **eigenes** Fehlverhalten des Wohnungseigentümers nach § 14 WEG darin liegen, dass er gravierende Störungen des Hausfriedens z.B. durch seinen Mieter trotz Abmahnungen seitens der Gemeinschaft der Wohnungseigentümer durch deren Verwalter (MüKo-BGB/*Zschieschack* 9. Aufl. Bd.8 § 17 Rn. 19) weiter hinnimmt und keine tatsächlichen und rechtlichen Schritte gegen den Störer einleitet (vgl. *AG Augsburg* ZMR 2004, 538 – aufgehoben durch *LG Augsburg* ZMR 2005, 230). Für den letztgenannten Fall eines zusätzlichen eigenen Verschuldens des Wohnungseigentümers führt auch der Auszug des störenden Mieters nicht nachträglich zum Wegfall der »schweren Pflichtverletzungen«. Einer Gemeinschaft der Wohnungseigentümer kann nämlich der Verbleib eines Miteigentümers, der über einen längeren Zeitraum sich über Beschwerden einer Vielzahl von Miteigentümern hinweggesetzt hat, nicht zugemutet werden. 41

Auch im umgekehrten Fall, dass die sich gestört fühlenden Mieter eines Wohnungseigentümers ausziehen, tritt keine Hauptsacheerledigung ein, insbesondere wenn zu besorgen ist, dass der Wohnungseigentümer sein gemeinschaftsschädliches Verhalten auch bei den Nachfolgemietern oder Mitwohnungseigentümern bzw. der Gemeinschaft fortsetzt (*LG Köln* ZMR 2002, 227 ff.; Jennißen/*Heinemann* 8. Aufl. § 17 Rn. 33). 42

Bei einer **Mehrheit von Eigentümern** auf Seiten der Störer war streitig, ob der Veräußerungsanspruch bei Bruchteilsmiteigentümern auf die Veräußerung des Anteils beschränkt werden kann oder muss. Die vorherrschende Meinung (Staudinger/*Lehmann-Richter* § 17 Rn. 11: erst Recht bei Erben- oder Gütergemeinschaft; Jennißen/*Heinemann* 8. Aufl. § 17 Rn. 29; *Schmid* ZfIR 2013, 131; Staudinger/*Kreuzer* Voraufl. § 18 Rn. 19; *BGH*, V ZR 138/17, ZMR 2019, 51 = NZM 2018, 1024; vgl. auch *Gaier* in: FS Drasdo, 2023, S. 83) bejaht eine Betrachtung des Wohnungseigentums als Einheit mit der Folge, dass unabhängig davon ob Gesamthandseigentum oder Bruchteilseigentum besteht, das Veräußerungsverlangen gegenüber allen Wohnungseigentümern der entsprechenden Einheit geltend gemacht werden kann. Entsprechendes gilt etwa bei einer rechtsfähigen Außen-GbR als Eigentümerin, wenn nur einzelnen ihrer Gesellschafter eine grobe Pflichtverletzung zur Last gelegt wird. 43

Bei einer **Mehrheit von Objekten** in der Hand eines Eigentümers ist für jede seiner Einheiten zu prüfen, ob ein Entziehungsgrund vorliegt. In der Regel wird es zu einem Ausschluss für alle Einheiten kommen. Bei Zahlungsverzug nur für eine Einheit oder rechtswidrigen baulichen Maßnahmen im Bereich nur einer Einheit kann (zumindest als mildestes Mittel) wohl nur dessen Veräußerung verlangt werden (vgl. Staudinger/*Lehmann-Richter* § 17 Rn. 10; Jennißen/*Heinemann* 8. Aufl. § 17 Rn. 29). 44

Beispiele für schwere Pflichtverletzungen aus der Rechtsprechung (vgl. auch MüKo-BGB/*Zschieschack* 9. Aufl. Bd.8 § 17 Rn. 9–11; Jennißen/*Heinemann* 8. Aufl. § 17 Rn. 38; *Horst*, ZAP Nr. 23 v. 06.12.2022, S. 1217): 45

– Hartnäckiges Weigern eines Wohnungseigentümers, den bestandskräftig beschlossenen Austausch der Fenster seiner Wohnung zu dulden, und zwar über mehrere Jahre hindurch trotz Erwirkens eines Duldungstitels und Durchführung des Vollstreckungsverfahrens (vgl. *LG Dortmund* ZMR 2022, 396; Staudinger/*Lehmann-Richter* § 17 Rn. 50),

- Ständige andauernde, stechend-beißende Fäkalgerüche aus der Wohnung, jedenfalls dann, wenn eine Änderung dieses Zustands auch auf absehbare Zeit nicht zu erwarten ist (*LG Tübingen* ZMR 1995, 179),
- Jedes Verhalten eines Wohnungseigentümers wie z.B. das Betreiben einer Unzahl von Beschlussanfechtungsverfahren (vgl. Staudinger/*Lehmann-Richter* § 17 Rn. 24 zur rechtswidrigen Ausübung von Mitgliedschaftsrechten als Pflichtverletzung im Sinne des § 14 Abs. 1 Nr. 1 WEG), das dazu führt, dass die Zahl der Rechtsstreite als Sachmangel beim Verkauf des Wohnungseigentums einzustufen ist und vom Veräußerer gegenüber dem Erwerber offenbart werden muss (*KG* – 7 U 6990/90, NJW 1992, 1901),
- Schwere Beleidigungen der Mitwohnungseigentümer (*KG* NJW 1967, 2268; *AG Tübingen* ZMR 2011, 919: lautstark als Mörder oder Vergewaltiger beschimpft; vgl. auch *BGH* – V ZR 141/17, ZMR 2018, 525),
- permanente Lärmbelästigungen durch Erwachsene trotz Abmahnung (*LG Aachen* ZMR 1965, 75),
- Betreiben eines Bordells in der im Wohngebiet liegenden Eigentumswohnung mit Duldung des Eigentümers (*LG Nürnberg-Fürth* NJW 1963, 720),
- Zerwürfnis zwischen den Wohnungseigentümern, welches ein gedeihliches Zusammenleben nicht mehr erwarten lässt. Nach vorher erfolgloser Abmahnung (*LG Aachen* ZMR 1993, 233), wiederholte Beschmutzungen und Sachbeschädigungen trotz vorangegangener Abmahnung (*AG Reinbek* DWE 1993, 127),
- Übergriffe auf Eigentümer und Hausverwaltung (*BGH* – V ZR 141/17, ZMR 2018, 525),
- Herabstoßen eines Wohnungseigentümers auf der Treppe (*LG Dresden* v. 26.04.2017, 2 S 562/16)
- Nachbarliche Streitigkeiten (vgl. *AG Emmendingen* ZMR 1986, 212; dazu Staudinger/*Lehmann-Richter* § 17 Rn. 63 a.E.) i.V.m. konkreten Verletzungshandlungen i.S.d. § 18 WEG a.F.,
- Wenn notwendige Arbeiten am Gemeinschaftseigentum aufgrund des Verhaltens eines Eigentümers über Jahre nicht durchgeführt werden können, der Einbau von Verbrauchszählern trotz Titulierung nicht geduldet wird, Unrat auf dem Stellplatz gelagert wird etc. (*AG Hamburg-Blankenese*, 21.04.2015 – 539 C 23/14, juris; *LG Hamburg* ZMR 2016, 487),
- fortlaufend unpünktliche Wohngeldzahlung (*BGH* – V ZR 26/06, ZMR 2007, 465).

46 Es genügt aber auch die schwere Verletzung sonstiger Pflichten, insbesondere zur Mitwirkung bei notwendigen Beschlussfassungen (Staudinger/*Lehmann-Richter* § 17 Rn. 27).

47 Als negative Abgrenzung kann festgehalten werden, dass Pflichtverletzungen – zur Kasuistik vgl. insoweit auch *Deckert* NZM 2011, 648 – verneint werden (Jennißen/*Heinemann* 8. Aufl. § 17 Rn. 39), insbesondere bei

- Lärmstörungen durch Kleinkinder (*LG Aachen* ZMR 1965, 75),
- Vermietung der Wohnung an Ausländer (*LG Wuppertal* WE 1975, 124),
- wiederholte aber noch nicht querulatorische Beschlussanfechtungen (*OLG Köln* NZM 2004, 260; vgl. zur Abgrenzung Staudinger/*Lehmann-Richter* § 17 Rn. 24).

Nicht ausreichend sind auch:

- politische Tätigkeit des Wohnungseigentümers in einer Organisation, auch wenn durch etwaige Angriffe politischer Gegner andere Wohnungseigentümer gefährdet werden können,
- mangelndes Heizen (Verletzung der Pflicht zu schonendem Gebrauch) und 13-jähriges Unterlassen von Reparaturen an Balkon und Außenfenstern,
- Vermietung an Gastarbeiter,
- Verletzung nicht gemeinschaftsbezogener Pflichten allgemeiner Art, z.B. strafrechtliche Verurteilung als solche.

II. Schuldig machen

Auch wenn grundsätzlich ein schuldhaftes Handeln gefordert wird (*Hügel/Elzer* § 17 Rn. 11 a.E.), so wird dennoch § 17 Abs. 1 WEG überwiegend (vgl. *Brücher/Schultzky* in: NomosKomm § 17 Rn. 5) so verstanden, dass eine subjektive Vorwerfbarkeit des Verhaltens trotz der Formulierung »schuldig gemacht« für die Verwirklichung des Tatbestandes nicht immer zwingend erforderlich ist (vgl. *LG Tübingen* ZMR 1995, 179; vgl. Staudinger/*Lehmann-Richter* § 17 Rn. 55; MüKo-BGB/*Zschieschack* 9. Aufl. Bd.8 § 17 Rn. 14; Jennißen/*Heinemann* 8. Aufl. § 17 Rn. 37). Es gelten hier vielmehr die Grundsätze über den »wichtigen Grund« wie bei der Kündigung von Dauerschuldverhältnissen mit personenrechtlichem Charakter ähnlich wie im Miet- und Arbeitsrecht. *Kreuzer* (Staudinger Voraufl. § 18 Rn. 20) versteht »schuldig gemacht« als bloße Kausalität (»verursacht«). 48

Erfasst wird damit auch der schuldunfähige (vgl. *Schmid* ZfIR 2013, 131) Wohnungseigentümer z.B. bei massiver Störung des Hausfriedens (analog den §§ 569 Abs. 2, 543 Abs. 1 BGB). Das Verschulden ist im Rahmen des § 17 WEG nur ein möglicher Abwägungsgesichtspunkt; fehlt das Verschulden allerdings aufseiten des Wohnungseigentümers so wird man fordern müssen, um Wertungswidersprüche zu vermeiden, dass bei Störungen durch einen Schuldunfähigen ganz besonders hohe Anforderungen an das auslösende Verhalten gestellt werden müssen. Trotzdem kann die Gemeinschaft, der gegenüber der störende Wohnungseigentümer zur Aufrechterhaltung des Hausfriedens verpflichtet ist, diesen – als ultima ratio – auf Veräußerung seines Wohnungseigentums in Anspruch nehmen, wenn die Verstöße insbesondere gegen die Gemeinschaftsordnung eine Intensität und/oder Dauer angenommen haben, die die Toleranzgrenze bei Weitem überschreitet. 49

Steht der schuldunfähige Eigentümer unter rechtlicher Betreuung, so ist auf jeden Fall vor einem erfolgreichen Veräußerungsverlangen der Betreuer nicht nur der Wohnungseigentümer als der Betreute abzumahnen (vgl. §§ 131, 1823, vgl. auch 1896 a.F., 1902 a.F. BGB). 50

Wenn – wie im Fall *BVerfG* NJW 1994, 241 – eine krankhafte Störung der Geistestätigkeit verbunden mit Ruhestörung, Behinderung und sonstigen Belästigungen gegeben sind, müssen die Voraussetzungen für eine Wiederholungsgefahr und fehlende Behandlungseinsicht gegeben sein (vgl. auch *LG Tübingen* ZMR 1995, 179; Staudinger/*Lehmann-Richter* § 17 Rn. 54). Letztlich kommt es bei derartigen Konstellationen darauf an, ob die Entziehung des Wohnungseigentums die letzte Möglichkeit darstellt, ein geordnetes Zusammenleben innerhalb der Gemeinschaft der Wohnungseigentümer wieder herzustellen. 51

Über das Verschuldenskriterium (Regelfall) werden alle Fälle zivilrechtlichen Eigen- oder Fremdverschuldens i.S.d. §§ 276, 278 BGB erfasst. 52

III. Unzumutbarkeit der Fortsetzung der Gemeinschaft mit dem Störer

Das Merkmal der »Unzumutbarkeit« (MüKo-BGB/*Zschieschack* 9. Aufl. Bd.8 § 17 Rn. 17, 25). erfordert bei festgestellter Pflichtverletzung des störenden Wohnungseigentümers eine Abwägung der Interessen aller Wohnungseigentümer unter Berücksichtigung der Besonderheiten des Einzelfalles, um letztlich zu bestimmen, ob das Ausschlussinteresse das Eigentumsrecht des Störers nennenswert überwiegt (Staudinger/*Kreuzer* Voraufl. § 18 Rn. 36; *LG Stuttgart* NJW-RR 1997, 589). In die **Abwägung** einzubeziehen ist insbesondere das Verschulden sowohl des Störers als auch evtl. schuldhafte oder provozierende Verhaltensweisen einzelner Eigentümer. Maßgebend ist, ob der Gemeinschaft die Fortsetzung mit dem »störenden Wohnungseigentümer« weiterhin zugemutet werden kann (*BGH* – V ZR 75/09, ZMR 2010, 621 = ZWE 2010, 179). 53

Erforderlich ist in jedem Fall, dass die Gründe für die Unzumutbarkeit der Fortsetzung der Gemeinschaft eindeutig aus der Sphäre des auszuschließenden Wohnungseigentümers kommen. Voraussetzung ist im Regelfall eine nachhaltige das Gemeinschaftsverhältnis schwer belastende Störung, an die grundsätzlich strenge Anforderungen zu stellen sind. 54

Im Regelfall bedarf es einer (förmlichen) **Abmahnung** (MüKo-BGB/*Zschieschack* 9. Aufl. Bd.8 § 17 Rn. 18, 19; zur hybriden Rechtsnatur vgl. Staudinger/*Lehmann-Richter* § 17 Rn. 34: geschäfts- 55 ähnliche Handlung durch abmahnungskompetente Person) – dieses Kriterium ist abdingbar; (Jennißen/*Heinemann* 8. Aufl. § 17 Rn. 36; *Heinemann* MietRB 2012, 29, 31) – sinnvollerweise (nicht aber zwingend; vgl. *Schmid* ZfIR 2013, 132) mit Androhung der künftigen Entziehung des Wohnungseigentums (*Armbrüster* WE 1999, 46; *AG Dachau* ZMR 2006, 319).

56 Umstritten ist, ob eine Abmahnung durch einen nicht gesondert dazu ermächtigten Wohnungseigentümer genügt (verneinend: *Lehmann-Richter/Wobst* Rn. 1534: Botenschaft aber möglich; *D/S/Z* Kap. 12 Rn. 14; bejahend: Jennißen/*Heinemann* 8. Aufl. § 17 Rn. 54 zumindest für den vom Pflichtverstoß betroffenen Eigentümer und a.a.O. Rn. 57: jeder Eigentümer).

57 Die Abmahnung muss **zugehen** (§ 130 BGB, Jennißen/*Heinemann* 8. Aufl. § 17 Rn. 59); sie ist eine rechtsgeschäftsähnliche Erklärung (*D/S/Z* Kap. 12 Rn. 14; MüKo-BGB/*Zschieschack* 9. Aufl. Bd. 8 § 17 Rn. 18).

58 Ein Abmahnbeschluss entspricht nur dann ordnungsmäßiger Verwaltung, wenn die erhobenen Vorwürfe hinreichend genau bezeichnet (*AG Essen*, ZMR 2022, 409 m. Anm. *Riecke*) und überdies grundsätzlich dazu geeignet sind, als Grundlage für ein Entziehungsverfahren zu dienen (*LG München I* ZMR 2010, 800 = ZWE 2010, 411).

59 Ein solcher Abmahnungsbeschluss, der nicht zwingend erforderlich, aber oft wegen der Wahl des mildesten Mittels geboten (*D/S/Z* Kap. 12 Rn. 14) und zulässig ist, ist nur auf formelle Mängel gerichtlich überprüfbar (*BGH* – V ZR 2/11, ZMR 2011, 978 = NJW 2011, 3026; *AG Hannover* ZMR 2006, 402 = *LG Hannover* ZMR 2006, 723 vgl. *LG Nürnberg-Fürth* ZMR 2009, 483 für Abmahnung des Verwalters; a.A. allerdings *BGH*, VIII ZR 139/07, ZMR 2008, 446 für das Mietrecht: Feststellungsklage, dass Abmahnung aus tatsächlichen Gründen unberechtigt war, ist unzulässig). *Suilmann* (ZWE 2019, 413 f.) will dem Anfechtenden das Rechtschutzinteresse absprechen. Dies lässt sich jedoch nicht damit begründen, dass die bloße Abmahnung z.B. durch den Verwalter nicht anfechtbar ist. Verschiedene Wege ermöglichen eben unterschiedlichen Rechtsschutz.

60 Bei einer Entziehung aus solchem Grund muss der Wohnungseigentümer/Störer vor Beschlussfassung nach Auffassung auch des *BGH* (V ZR 26/06, NZM 2007, 290 = ZMR 2007, 465, 468 nach altem Recht durch einen Wohnungseigentümer oder den Verwalter) abgemahnt werden. Nunmehr muss die Abmahnung in der Regel durch den Verband, d.h. durch den dazu als Organ berufenen Verwalter erfolgen. Von einer Abmahnung kann nur abgesehen werden, wenn sie den anderen Wohnungseigentümern unzumutbar ist oder keinen Erfolg verspricht. Andererseits stellt ein wegen fehlender Abmahnung nicht ausreichender Entziehungsbeschluss sich rechtlich als Abmahnung dar (Jennißen/*Heinemann* 8. Aufl. § 17 Rn. 55). Er erlaubt nach entsprechender Beschlussfassung eine Entziehungsklage, wenn der betroffene Wohnungseigentümer, und sei es auch nur einmal, die abgemahnten Pflichten versäumt. Setzt ein Wohnungseigentümer, gegen den ein gerichtliches Verfahren auf Entziehung des Wohnungseigentums bereits rechtshängig ist, die in der Klage beanstandeten gemeinschaftswidrigen Verhaltensweisen fort, ist – nur – hinsichtlich des fortgesetzten Verhaltens eine Abmahnung grundsätzlich entbehrlich (*BGH* – V ZR 141/17, ZMR 2018, 525; *LG Dortmund*, ZMR 2022, 396; MüKo-BGB/*Zschieschack* 9. Aufl. Bd. 8 § 17 Rn. 21; »anhängiges« Verfahren soll – zu Unrecht, da mangels Zustellung noch keine weitere Warnfunktion bejaht werden kann – genügen).

61 Etwas anderes gilt nur, wenn der Beklagte unter Berücksichtigung aller Umstände, insbesondere der Dauer seines Wohlverhaltens, annehmen darf, die zur Abmahnung führenden Vorgänge hätten sich für die Gemeinschaft erledigt (*BGH* – V ZR 26/06, NZM 2007, 290 = ZMR 2007, 465).

62 Bei gravierenden Pflichtverletzungen aus dem Gemeinschaftsverhältnis wird man Abmahnungen, Fristsetzungen sowie die Androhung der Entziehungsklage für entbehrlich (MüKo-BGB/*Zschieschack* 9. Aufl. Bd. 8 § 17 Rn. 22: unzumutbar) halten können, während für sich gesehen weniger schwere Verstöße, insbesondere Dauertatbestände (z.B. Lärmbelästigung) nach mehreren fruchtlosen Abmahnungen (*Schmid* ZfIR 2013, 131 favorisiert eine Fristsetzung zur Störungsbeseitigung analog

den §§ 314, 543 BGB) und Androhung der Entziehungsklage erst auch das Kriterium der Unzumutbarkeit erfüllen können.

Eine Vielzahl von Abmahnungen und Unterlassungsbegehren seitens der Gemeinschaft der Wohnungseigentümer kann allerdings auch kontraproduktiv sein, wenn dies nämlich auf Seiten des störenden Wohnungseigentümers den Eindruck erweckt, er werde künftig lediglich auf Unterlassung möglicherweise gerichtlich in Anspruch genommen, eine Entziehungsklage drohe ihm jedoch nicht. Die Warnfunktion einer Abmahnung wird nämlich erheblich dadurch abgeschwächt, dass die Gemeinschaft bei ständig neuen Pflichtverletzungen des störenden Wohnungseigentümers stets nur mit gerichtlichen Schritten droht, ohne entsprechende Konsequenzen präzise anzukündigen und auch folgen zu lassen. 63

Die Gemeinschaft muss damit rechnen, dass eine einzige Abmahnung (Beschlussmuster bei *Greiner* WE-Recht 5. Aufl. § 3 Rn. 91, 92) bei einem mittelschweren Pflichtverstoß möglicherweise nicht ausreicht, andererseits können zu viele schablonenhafte Abmahnungen den Schluss zulassen, dass die Entziehungsklage als letztes Mittel (vgl. *Gaier* in: FS Drasdo, 2023, S. 77) nicht notwendig ist, mit der Folge, dass sich die Gemeinschaft auf eine Unterlassungsklage nach dem Grundsatz der Verhältnismäßigkeit verweisen lassen muss. Es empfiehlt sich, die letzte Abmahnung vor Beschlussfassung nach § 17 WEG besonders eindringlich zu gestalten. 64

Die Gemeinschaft der Wohnungseigentümer als nunmehr Berechtigte und Anspruchsinhaberin (SEHR/*Schneider* § 11 Rn. 6: Praktische Auswirkungen sind damit wohl nur in sog. Zweiergemeinschaften verbunden, weil dort das Verfahren nun durch den rechtsfähigen Verband zu führen ist; *Hügel/Elzer* § 17 Rn. 2) kann ein Veräußerungsverlangen auch dann stellen, wenn mildere Mittel wie z.B. eine Unterlassungsklage noch Aussicht auf Erfolg haben (**a.A.** wohl eher *BGH* – V ZR 26/06, ZMR 2007, 465 = NJW 2007, 1353; *Heinemann* MietRB 2012, 29, 30). Die sowieso schon eng formulierten Voraussetzungen des Anspruchs nach § 17 Abs. 1 und 2 WEG liefen nahezu leer, wenn erst noch bei grobem Fehlverhalten Unterlassungsklagen sowie bei rechtswidrigen vom Störer geschaffenen Zuständen Beseitigungsklagen erhoben und vollstreckt werden müssten. 65

C. Spezialfälle des § 17 Abs. 2 WEG

§ 17 Abs. 2 WEG knüpft an das Regelbeispiel aus § 18 Abs. 2 Nr. 1 WEG a.F. an. Der Verweis auf § 14 WEG erhält jedoch jetzt durch die Änderung dieser Vorschrift einen anderen Inhalt (*Lehmann-Richter/Wobst* Rn. 1543 ff.). So ist insbesondere § 14 Nr. 2 WEG a.F. entfallen (SEHR/*Schneider* § 11 Rn. 4). 66

Die relevanteste Änderung wird im Verweis auf § 14 Abs. 1 Nr. 2 WEG gesehen. Denn danach sei jeder Verstoß gegen das Binnenrecht zu würdigen (*Lehmann-Richter/Wobst* Rn. 1547). 67

In § 17 Abs. 2 WEG werden Regelbeispiele für eine dem Störer zuzurechnende »schwere Verletzung der ihm gegenüber anderen Wohnungseigentümern obliegenden Verpflichtungen« kodifiziert. Der Zweck von § 17 Abs. 2 WEG soll darin bestehen, die Entziehung bei Verstößen gegen § 14 Abs. 1 und 2 WEG von einer **Abmahnung** abhängig zu machen (*Lehmann-Richter/Wobst* Rn. 1538). Statt der Abwägung bedarf es bei Verwirklichung eines Regelbeispiels zumindest einer Abmahnung (vgl. Staudinger/*Lehmann-Richter* § 17 Rn. 33 ff.; Jennißen/*Heinemann* 8. Aufl. § 17 Rn. 41). 68

Hieraus kann jedoch nicht abgeleitet werden, dass es sich insoweit um eine »unwiderlegliche Vermutung« (so aber noch Staudinger/*Kreuzer* Voraufl. § 18 Rn. 45) handelt. 69

I. Wiederholter gröblicher Verstoß gegen die Pflichten aus § 14 Abs. 1 und 2 WEG

Dieses Regelbeispiel des § 17 Abs. 2 WEG – das nicht gegen Art. 14 GG verstößt (vgl. *BVerfG* WuM 1998, 45 = FGPrax 1998, 90; D/S/Z Kap. 12 Rn. 8) – setzt (»wiederholt«) **mindestens 2** gravierende **Verstöße** (so auch Jennißen/*Heinemann* 8. Aufl. § 17 Rn. 49) erheblicher Art gegen die Pflichten eines Wohnungseigentümers aus § 14 WEG voraus (*Hügel/Elzer* § 17 Rn. 14: 3 Verstöße). Dies bedeutet nicht, dass ein einzelner besonders gravierender Verstoß (vgl. *Schmid* ZfIR 2013, 131) 70 keine Entziehung des Wohnungseigentums rechtfertigen würde; dieser ist schlicht unter § 17 Abs. 1 WEG zu subsumieren.

71 Die für das Regelbeispiel notwendige Mindestzahl von mindestens 2 gravierenden Pflichtverstößen ergibt sich daraus das ein Verstoß vor und mindestens einer nach der genannten Abmahnung (vgl. *LG Berlin* ZWE 2010, 217) vorliegen müssen (Staudinger/*Kreuzer* Vorauf. § 18 Rn. 37; **a.A.** h.M. vgl. Hügel/Elzer § 17 Rn. 14; MüKo-BGB/*Zschieschack* 9. Aufl. Bd. 8 § 17 Rn. 27: »zwei weitere«; Staudinger/*Lehmann-Richter* § 17 Rn. 48 favorisiert eine Gesamtbetrachtung). Im Gesetzestext steht nur »trotz« Abmahnung nicht »nach« der Abmahnung. »Wiederholte« Verstöße liegen auch bei der kleinsten Mehrzahl vor. Wenn die Abmahnung ausnahmsweise (vgl. *BGH* – V ZR 141/17, ZMR 2018, 525) entbehrlich ist, können 2 Verstöße mit besonders gravierendem Gewicht ausreichen.

72 Ist dem Entziehungsbeschluss die erforderliche Abmahnung vorausgegangen, so wird die inhaltliche Richtigkeit der in der Abmahnung aufgeführten Gründe und die Frage, ob nach der Abmahnung erneut gegen Pflichten verstoßen worden ist, ausschließlich in der eigentlichen Entziehungsklage geprüft (vgl. *BGH* – V ZR 2/11, ZMR 2011, 978 = NJW 2011, 3026).

73 Auch wenn die Störungen/Pflichtverletzungen vom **Mieter** eines Wohnungseigentümers ausgehen, kann ein Pflichtenverstoß des Wohnungseigentümers i.S.d. § 17 Abs. 2 WEG bejaht werden, wenn dieser nicht alles in seiner Macht Stehende tut, um Beeinträchtigungen seiner Mitwohnungseigentümer durch seinen Mieter abzuwenden/zu verhindern (*AG Augsburg* ZMR 2004, 538 – aufgehoben durch *LG Augsburg* ZMR 2005, 230).

74 Stellt ein Wohnungseigentümer den Kindern anderer Miteigentümer nach, sodass diese sich nicht mehr trauen, das Haus alleine zu verlassen und beschimpft seit Jahren andere Miteigentümer und bezeichnet sie lautstark als Mörder oder Vergewaltiger, so überschreitet diese Verhaltensweise die Grenze des Zumutbaren, mit der Folge, dass ein Anspruch auf Entziehung des Wohnungseigentums besteht. Eine möglicherweise bestehende strafrechtliche Schuldunfähigkeit des Wohnungseigentümers durch eine psychische Erkrankung spielt insoweit keine Rolle (*AG Tübingen* ZMR 2011, 919).

75 Auch ein für den Wohnungseigentümer aufgrund seiner individuellen Disposition (Messie-Syndrom) schwer vermeidbares Verhalten kann für eine Entziehung des Wohnungseigentums genügen. Wenn notwendige Arbeiten am gemeinschaftlichen Eigentum aufgrund des Verhaltens eines Eigentümers über Jahre nicht durchgeführt werden können, der Einbau von Verbrauchszählern trotz Titulierung nicht geduldet wird, Unrat auf dem Stellplatz gelagert wird etc., dann ist dieses Verhalten nach mehrfacher Abmahnung für die übrigen Eigentümer nicht mehr hinnehmbar (*LG Hamburg* ZMR 2016, 487).

76 Der Ersteher eines Sondereigentums verletzt die Pflicht nach § 14 Abs. 1 WEG, wenn er die Nutzung durch den früheren Wohnungseigentümer, dem das Wohnungseigentum nach § 17 Abs. 2 WEG entzogen worden ist, nicht beendet, sondern ihm den Besitz an dem Sondereigentum weiter überlässt; die anderen Wohnungseigentümer können verlangen, dass er dem früheren Wohnungseigentümer den Besitz entzieht (*BGH* – V ZR 221/15, ZMR 2017, 171).

77 Aus der Systematik und dem Sinn und Zweck des § 17 WEG folgt grundsätzlich noch kein Anspruch der übrigen Wohnungseigentümer auf Besitzaufgabe durch den von der Eigentumsentziehung betroffenen Eigentümer. Denn Voraussetzung des § 17 WEG ist gerade nicht die Unzumutbarkeit des weiteren Zusammenlebens, sondern die Unzumutbarkeit der Fortsetzung der Gemeinschaft der Wohnungseigentümer mit ihm. Dies ist aber nicht identisch. Denn die Unzumutbarkeit der Fortsetzung der Gemeinschaft der Wohnungseigentümer kann auch allein aus Aspekten folgen, die mit dem Zusammenleben nicht zusammenhängen. Beschränkte sich das unzumutbare Verhalten des ehemaligen Mitwohnungseigentümers auf die Auseinandersetzung innerhalb der Gemeinschaft, so besteht nach Entzug des Eigentums kein Grund für einen Anspruch auch auf Aufgabe des Besitzes, wenn der Erwerber diesen weiter einräumt (*KG* ZMR 2015, 956).

II. Zahlungsverzug des Wohnungseigentümers

Die Streichung von § 18 Abs. 2 Nr. 2 WEG a.F. konnte mangels eines Rechtsschutzinteresses im Hinblick auf das effizientere Verfahren zur Zwangsversteigerung wegen rückständiger Hausgeldansprüche in der privilegierten Rangklasse 2 des § 10 Abs. 1 ZVG (Hausgeldprivileg; Staudinger/*Lehmann-Richter* § 17 Rn. 15) erfolgen. Gleichwohl wird man auch zukünftig noch wiederholte Pflichtverletzungen bei der Zahlung der Vorschüsse/Hausgeldbeiträge z.B. erst nach Vollstreckungsmaßnahmen mit der Entziehung sanktionieren können (SEHR/*Schneider* § 11 Rn. 5; Abramenko § 8 Rn. 78; *Lehmann-Richter/Wobst* Rn. 1550 ff.; MüKo-BGB/*Zschieschack* 9. Aufl. Bd. 8 § 17 Rn. 12, 13) 78

Eine Entziehungsklage nach § 17 WEG kann nach Entfall des Regelbeispiels des Zahlungsverzuges (§ 18 Abs. 2 Nr. 2 WEG a.F.) nicht mehr alleine darauf gestützt werden, dass der Wohnungseigentümer mit einer entsprechenden Forderung im Rückstand ist. Eine die Entziehung rechtfertigende Pflichtverletzung des Eigentümers liegt aber jedenfalls dann vor, wenn der Eigentümer fortlaufend in erheblicher Weise seinen Zahlungspflichten nicht nachkommt (*LG Frankfurt/M.* ZMR 2022, 65 = MDR 2021, 1550). Der Rückstand ist jetzt nicht mehr pauschal und gesetzlich auf einen Mindestbetrag festgelegt. Eine Entziehung wegen Zahlungsrückständen, d.h. bei Missachtung entsprechender Kardinalpflichten, bleibt weiter möglich (*Lehmann-Richter/Wobst* Rn. 1550, 1551; unklar *D/S/Z* Kap. 12 Rn. 16 ff.). Die Gemeinschaft kann nicht immer als milderes Mittel auf den durch das WEMoG modifizierten § 10 Abs. 1 Nr. 2 ZVG verwiesen werden, der lautet: »*Ein Recht auf Befriedigung aus dem Grundstück gewähren .... bei Vollstreckung in ein Wohnungseigentum die daraus fälligen Ansprüche auf Zahlung der Beiträge zu den Lasten und Kosten des gemeinschaftlichen Eigentums oder des Sondereigentums, die nach § 16 Abs. 2, § 28 Absatz 1 und 2 des Wohnungseigentumsgesetzes geschuldet werden, einschließlich der Vorschüsse und Rückstellungen sowie der Rückgriffsansprüche einzelner Wohnungseigentümer...*« Eine betragsmäßige Mindestgrenzen gibt es seit Aufhebung des § 10 Abs. 3 S. 1 ZVG a.F. nicht mehr (*Blankenstein* WEG-Reform 2020 S. 618). Eine Tilgung aller Rückstände führt nicht mehr zwingend zur Unbegründetheit der Klage (*Lehmann-Richter/Wobst* Rn. 1552; vgl. aber *Gaier* in: FS Drasdo S. 77, 78). 79

Nicht minder schwer ist oft die fortlaufend unpünktliche Erfüllung von Wohngeld- und anderen Zahlungsansprüchen (jetzt: Vorschüsse nach § 28 WEG) der Gemeinschaft der Wohnungseigentümer. Sie kann den anderen Wohnungseigentümern die Fortsetzung der Gemeinschaft mit dem säumigen Wohnungseigentümer unzumutbar machen und die Entziehung des Wohnungseigentums nach § 17 Abs. 1 WEG rechtfertigen, wenn sie die ordnungsmäßige Verwaltung nachhaltig beeinträchtigt (*BGH* – V ZR 26/06, NZM 2007, 290 = ZMR 2007, 465). In einem völlig unsolidarischen Verhalten eines Miteigentümers, der fortlaufend seine Vorschüsse (Hausgeldbeiträge) nicht leistet, jedes Jahr nach der Wohnungseigentümerversammlung fast sämtliche Beschlüsse anficht, keinerlei Zahlungspflichten ohne gerichtliche Hilfe nachkommt und bereits mehrfach willkürlich Prozesse gegen die Gemeinschaft der Wohnungseigentümer angestrengt hat, liegt eine schwere Pflichtverletzung, die den übrigen Wohnungseigentümern eine Fortsetzung der Gemeinschaft unzumutbar macht (*AG Bonn* vom 14.01.2011 – 27 C 246/09 – Juris). 80

D. Mehrheitsbeschluss

I. Abmahnung und Entziehung; Zweiergemeinschaft; Mehrhausanlage

1. Abmahnungsbeschluss

Für den bloßen Abmahnungsbeschluss (nicht zwingend vor der Abmahnung erforderlich, da grundsätzlich der Verwalter für die Gemeinschaft berechtigt ist, einen Eigentümer wegen eines bestimmten Verhaltens abzumahnen, ohne dass die Abmahnung selbst an eine bestimmte Form gebunden wäre; vgl. *LG Düsseldorf* ZMR 1991, 314; *Lehmann-Richter/Wobst* Rn. 1535; Jennißen/*Heinemann* 8. Aufl. § 17 Rn. 51) als Minus gegenüber dem Veräußerungsverlangen genügt auch ein einfacher Mehrheitsbeschluss (vgl. schon *OLG Hamburg* ZMR 2003, 596; *D/S/Z* Kap. 12 Rn. 20). Insoweit besteht auch die notwendige Beschlusskompetenz als Folge des neuen gesetzlichen Konzepts (*Lehmann-* 81

Richter/Wobst Rn. 1556; vgl. auch *AG Essen* ZMR 2022, 409 unter Verweis auf *BGH* – V ZR 339/17, ZMR 2019, 699: unverändert Abmahnung durch Mehrheitsbeschluss). Beim Abmahnbeschluss hat die Gemeinschaft einen weiten Beurteilungsspielraum. Unvertretbare oder evident aussichtslose sowie unbestimmte Beschlüsse sind ordnungswidrig (*Lehmann-Richter/Wobst* Rn. 1560; zum Bestimmtheitsgrundsatz vgl. *Riecke* ZMR 2018, 173 ff.). Die Abmahnung muss das beanstandete Verhalten konkret bezeichnen, so dass dem Störenfried deutlich wird, welches Verhalten beanstandet wird und geändert werden soll (*Hogenschurz* WEG § 17 Rn. 25 m.w.N.). Dem wird eine Beschlussfassung nicht gerecht, bei der die gerügten Pflichtverstöße lediglich mit »Missachtung des Hausfriedens« und »Verletzung der Pflicht nach § 14 Abs. 1 WEG« bezeichnet werden. Wenn qua Beschluss die Gemeinschaft den Verwalter mit der Durchsetzung des Anspruchs auf Entziehung des Wohnungseigentums gegen die störende Eigentümerin beauftragt, »soweit diese ihren Pflichten nach § 14 WEG (insbes. § 14 Abs. 1 Nr. 1 WEG) nicht nachhaltig nachkommt«, so ist dies zu unbestimmt (*AG Essen* ZMR 2022, 409).

82 Ein Antrag auf Feststellung der Rechtswidrigkeit der Abmahnung ist unzulässig (*BayObLG* NZM 2004, 383; str.; vgl. MüKo-BGB/*Zschieschack* 9. Aufl. Bd. 8 § 17 Rn. 23: … wenn kein Beschluss gefasst wurde; *Greiner* WE-Recht 5. Aufl. § 3 Rn. 67, 91; *LG Hannover* ZMR 2006, 723). *Köhler* (MietRB 2007, 157) etwa bejaht jetzt ein Feststellungsinteresse hinsichtlich der Berechtigung zur Abmahnung. Der Betroffene müsse sich nicht auf den Rechtsschutz im evtl. späteren Entziehungsverfahren verweisen lassen. Er zieht Parallelen zum Arbeitsrecht. Dort kann der Arbeitnehmer etwa die Entfernung der Abmahnung aus seiner Personalakte analog den §§ 12, 862, 1004 BGB oder gem. §§ 241 Abs. 2, 282 BGB verlangen. Nach h.M. steht dem abgemahnten Eigentümer nur ein Anfechtungsrecht gegen einen Beschluss nach § 44 WEG zu, jedoch wird ein Feststellungsinteresse verneint; er kann allenfalls unter besonderen Voraussetzungen, insbesondere bei wiederholten unberechtigten Abmahnungen auf Unterlassung bestehen und im Fall eines uneinsichtigen Verwalters dessen Abberufung (jetzt über den Verband) betreiben (*LG Düsseldorf* ZMR 1991, 314).

83 Der einzelne Eigentümer kann einen Anspruch auf Abmahnung gegen die Gemeinschaft geltend machen (§ 18 Abs. 2 WEG). Da § 18 Abs. 3 WEG nicht einschlägig ist, wird überwiegend eine Abmahnkompetenz des einzelnen Eigentümers verneint (Staudinger/*Lehmann-Richter* § 17 Rn. 45). Dieser Anspruch besteht allerdings nur, wenn ein Negativbeschluss wegen Ermessensreduzierung auf Null ordnungswidrig wäre (vgl. *Lehmann-Richter/Wobst* Rn. 1563; MüKo-BGB/*Zschieschack* 9. Aufl. Bd.8 § 17 Rn. 34). Auch bei Vorliegen einer **Zweiergemeinschaft** steht nun der Anspruch auf Entziehung der Gemeinschaft der Wohnungseigentümer zu und wird durch diese geltend gemacht. Bei einer Zweiergemeinschaft tritt an die Stelle des Entziehungsbeschlusses ferner ausnahmsweise die Entziehungsklage (SWK-WEG/*Tank* Nr. 70 Rn. 4; *Hügel/Elzer* § 17 Rn. 23; *BGH*, V ZR 96/13, NJW-RR 2014, 452; krit. Staudinger/*Lehmann-Richter* § 17 Rn. 46: vertretungsrechtliche Anwachsungsthese als Irrweg; *D/S/Z* Kap. 12 Rn. 11: Im Prozessrecht sollte der störende Beklagte wegen Interessenkollision als Vertreter der verwalterlosen Zweier-Gemeinschaft ausgeschlossen sein). Ein Entziehungsbeschluss war früher lediglich dann nicht erforderlich, wenn bei einer faktischen Zweiergemeinschaft (vgl. *Graf* ZMR 2018, 151 ff) sich die Wohnungseigentümer unversöhnlich gegenüberstanden (*LG Aachen* ZMR 1993, 233; *LG Köln* ZMR 2002, 227). *Sauren* (WEG § 18 a.F. Rn. 10) allerdings vertrat schon immer die Auffassung, dass zumindest versucht worden sein muss, die formellen Erfordernisse (Beschlussfassung) zu erfüllen. Im Fall des § 17 WEG ist aber heute die Beschlussfassung in der Zweiergemeinschaft oft deshalb eine nutzlose Förmelei, weil der betroffene Wohnungseigentümer gem. § 25 Abs. 4 WEG kein Stimmrecht hat (vgl. *Hügel/Elzer* § 17 Rn. 20: bezogen auf die stimmberechtigten Wohnungseigentümer bedarf es einer »absoluten Mehrheit«, vgl. *Elzer* ZMR 2014, 105; MüKo-BGB/*Zschieschack* 9. Aufl. Bd. 8 § 17 Rn. 5 zu Problemen der verwalterlosen Gemeinschaft; **a.A.** wohl und »für eine Stimmenmehrheit des Störers« *Lehmann-Richter/Wobst* Rn. 1568), weil sich der Beschluss auf die Einleitung eines Rechtsstreits gegen ihn bezieht. Es kommt hier nicht auf die Zahl der Einheiten, sondern nur der Wohnungseigentümer (Kopfprinzip, vgl. unten zu § 25) an. Bei einer Zweiergemeinschaft konnte nur bis 30.11.2020 der betreibende Eigentümer die Klage nach § 19 WEG a.F. erheben und auch selbst aus dem Urteil vollstrecken (*Abramenko* WEG 2007 § 8 Rn. 3). Ein Sonderrecht für 2-Personen-Gemeinschaften

wird jetzt abgelehnt (*Lehmann-Richter/Wobst* Rn. 1533 aE; MüKo-BGB/*Zschieschack* 9. Aufl. Bd. 8 § 17 Rn. 5).

2. Entziehungsbeschluss

In der Regel kommt es – nach der Abmahnung bzw. dem Abmahnungsbeschluss (Staudinger/*Lehmann-Richter* § 17 Rn. 79 mit Musterformulierung) – zu einem Mehrheitsbeschluss (*Schmid* ZfIR 2013, 133; MüKo-BGB/Zschieschack 9. Aufl. Bd. 8 § 17 Rn. 29: bedingungsfeindlich) der Eigentümerversammlung mit dem Verlangen zur Veräußerung des Wohnungseigentums vor und zwecks Einleitung des eigentlichen Entziehungsverfahrens. Dieses wird als sog. »Abmeierungsklage« (Staudinger/*Lehmann-Richter* § 17 Rn. 78; MüKo-BGB/*Zschieschack* 9. Aufl. Bd. 8 § 17 Rn. 31; *D/S/Z* Kap. 12 Rn. 8; der Ausdruck wurde früher verwandt für die Entziehung des Meierhofes/Erbhofes; der Begriff »Abmeierung« stammt noch aus dem früher geltenden Reichserbhofgesetz vom 29.09.1933 und wurde in der nicht amtlichen Begründung für das WEG (BR-Drs. 75/51) benutzt; Muster bei *Fritsch* in: Elzer/Fritsch/Meier 4. Aufl. § 2 Rn. 383; *Greiner* WE-Recht, 5. Aufl. § 3 Rn. 98) bezeichnet. Unter diesem Begriff kann auch die Beschlussfassung in der Tagesordnung angekündigt werden. Dies empfiehlt sich allerdings heute nicht mehr, da der Begriff nur noch Insidern geläufig ist (vgl. *Köhler* MietRB 2007, 157). Der Störer/Betroffene ist nach § 25 Abs. 4 Alt.2 WEG insoweit nicht vom Teilnahmerecht, aber vom Stimmrecht ausgeschlossen (MüKo-BGB/*Zschieschack* 9. Aufl. Bd. 8 § 17 Rn. 32; *D/S/Z* Kap. 12 Rn. 21 noch unter Hinweis auf § 25 Abs. 5 a.F.). Der Entziehungsanspruch steht jetzt der Gemeinschaft zu (*Gaier* in: FS Drasdo 2023 S. 77). 84

Für die Feststellung der Mehrheit galt früher das sog. (gesetzliche) Kopfprinzip (vgl. *OLG Rostock* ZMR 2009, 470) auch wenn in der Teilungserklärung/Gemeinschaftsordnung oder in einer späteren Vereinbarung Abweichendes (str., vgl. zur Rosinentheorie Staudinger/*Kreuzer* Vorauf. § 18 Rn. 60) geregelt ist. Beim heutigen aktuellen einfachen Mehrheitsbeschluss gilt das Stimmrechtsprinzip der konkreten Gemeinschaftsordnung. 85

Palder (WuM 1998, 31) empfiehlt gleichzeitig durch Beschluss zu regeln, dass der WEG-Verwalter zur gerichtlichen Durchsetzung der Eigentumsentziehung ermächtigt wird, damit Zweifeln vorgebeugt wird, ob die Verwaltervollmacht auch zur Einleitung eines solchen Verfahrens berechtigt. Heute vertritt der Verwalter nach außen (nahezu) unbeschränkt den Verband (vgl. § 9b Abs. 1 WEG; dazu *D/S/Z* Kap. 12 Rn. 10). 86

Ist in der Gemeinschaftsordnung für die Verwaltung des gemeinschaftlichen Eigentums das Stimmrecht nach Köpfen abbedungen und durch das Stimmrecht nach Miteigentumsanteilen ersetzt, so galt dies nur bis 30.11.2020 grundsätzlich nicht für die Beschlussfassung über die Entziehung des Wohnungseigentums (*BayObLG* ZMR 1999, 724). 87

Wird der Beschluss über die Entziehung des Wohnungseigentums gem. § 44 WEG angefochten, hat das Gericht im ZPO-Verfahren diesen nur auf die formelle Rechtmäßigkeit zu überprüfen. Das *OLG Rostock* (ZMR 2009, 470 = GE 2009, 333) entschied: »Das Gericht kann einen Beschluss der Eigentümergemeinschaft, mit dem gem. § 18 Abs. 3 WEG a.F. von einem Wohnungseigentümer die Veräußerung seines Wohnungseigentums verlangt wird, nur daraufhin überprüfen, ob formelle Mängel beim Zustandekommen des Beschlusses vorliegen, nicht jedoch, ob das Veräußerungsverlangen materiell gerechtfertigt ist«. Eine Prüfung der sachlichen Voraussetzung des Anspruchs auf Ausschluss eines Störers aus der Eigentümergemeinschaft erfolgt ausschließlich durch das für die Entziehungsklage zuständige Prozessgericht (MüKo-BGB/*Zschieschack* 9. Aufl. Bd. 8 § 17 Rn. 34; *OLG Köln* ZMR 1998, 376; a.A. jetzt Staudinger/*Lehmann-Richter* § 17 Rn. 80). 88

Das Stimmrecht beschränkt sich auch bei einer **Mehrhausanlage** (vgl. Staudinger/*Kreuzer* Vorauf. § 18 Rn. 60 zum Streitstand; *Hügel/Elzer* § 17 Rn. 20) nicht auf die vom negativen Verhalten des Störers betroffenen Wohnungseigentümer, vielmehr sind sämtliche Wohnungseigentümer der Mehrhausanlage zu beteiligen (*Göken* Mehrhausanlage, S. 110). 89

II. Beschlussinhalt des Entziehungsbeschlusses

90 Es muss ausdrücklich die Veräußerung des Wohnungseigentums verlangt werden und dies muss sich unzweifelhaft aus der Beschlussformulierung (Muster bei *Langhein/von Türckheim* in: FormB FA 4. Aufl. 2021 Teil 2, S. 676 und Rn. 110 – 110b; *Blankenstein* WEG-Reform 2020 S. 620; Staudinger/*Lehmann-Richter* § 17 Rn. 79) wie sie vom Verwalter festgestellt wurde, ergeben (*BayObLG* WuM 1990, 95). Ungenügend ist es etwa zu beschließen, dass die Sondereigentümer A. aus der Gemeinschaft ausgeschlossen werden (vgl. *AG Duisburg* ZMR 2007, 314). Im Beschlussanfechtungsverfahren nach § 44 WEG wird nur geprüft, ob der Beschluss formell wirksam und mit dem richtigen Inhalt zustande kam (*OLG Braunschweig* ZMR 2006, 700, MüKo-BGB/*Zschieschack* 9. Aufl. Bd.8 § 17 Rn. 33; a.A. *Schmid* ZfIR 2013, 133: Das Gericht müsse prüfen, ob der Beschluss ordnungsmäßiger Verwaltung entspricht. Das wird zu bejahen sein, wenn die Entziehungsklage gestützt auf den angefochtenen Beschluss hinreichende Erfolgsaussichten hat). Die sachlichen Voraussetzungen für die Entziehung prüft das nunmehr immer als Prozessgericht tätige Wohnungseigentumsgericht (vgl. MüKo-BGB/*Zschieschack* 9. Aufl. Bd.8 § 17 Rn. 34; Schmid ZfIR 2013, 134) gem. § 44 Abs. 1 WEG (vgl. zum Recht vor dem 01.07.2007 noch *LG Braunschweig* ZMR 2006, 560).

91 Es kann gleichzeitig mit beschlossen werden, dass der Verwalter für den Verband als künftigen Kläger einen bestimmten Rechtsanwalt bzw. einen Rechtsanwalt seiner Wahl mit der Prozessführung betrauen soll.

92 Wird in einer Teilungserklärung abweichend zu § 18 Abs. 3 S. 2 WEG a.F. eine erforderliche 2/3-Mehrheit ohne Nennung einer Bezugsgröße vereinbart, bezieht sich diese Vereinbarung nur auf das Quorum. Nicht abbedungen ist, dass es sich dabei um eine Mehrheit »der stimmberechtigten Wohnungseigentümer« handeln muss (*LG Hamburg* ZMR 2012, 468 = ZWE 2013, 23). Die Auslegung ergibt, dass »2/3-Mehrheit« statt »mehr als die Hälfte der stimmberechtigten Wohnungseigentümer« gelten sollte. Heute ist § 47 WEG (vgl. dazu *Riecke* ZWE 2023, 350) zu beachten. Es wird danach zwar vermutet, dass die neue Regelung gilt, wenn aber schon nach altem Recht dessen Voraussetzungen erschwert/erhöht wurden, dürfte die Vermutung widerlegt sein. Dennoch ist vorrangig § 17 Abs. 3 WEG zu beachten, wonach die Rechte aus § 17 Abs. 1 WEG nicht einmal durch Vereinbarung eingeschränkt werden dürfen.

93 Der Stimmrechtsausschluss des störenden Wohnungseigentümers, der sich jetzt aus § 25 Abs. 4 WEG ergibt, beruht darauf, dass niemand Richter in eigener Sache sein soll.

E. Sonstige Rechte gegenüber dem Störer

94 Selbst wenn die Gemeinschaft – berechtigt – zum äußersten Mittel des Entziehungsbeschlusses greift, sind damit anderweitige Maßnahmen gegenüber dem die Gemeinschaftspflichten verletzenden, störenden Wohnungseigentümer nicht ausgeschlossen. § 17 WEG entfaltet **keine Sperrwirkung** (Jennißen/*Heinemann* 8. Aufl. § 17 Rn. 167). So kann die Gemeinschaft insbesondere Zurückbehaltungsrechte an Versorgungsleistungen bei Zahlungsrückstand des störenden Wohnungseigentümers geltend machen (vgl. *BGH* – V ZR 235/04, ZMR 2005, 880 m. Anm. *Elzer* = NZM 2005, 626), wenn die Voraussetzungen des § 17 Abs. 1 WEG gegeben sind.

95 Ebenso kann auch nur bei Zahlungsverzug eine Zahlungsklage erhoben werden, um in der privilegierten Rangklasse des § 10 Abs. 1 Nr. 2 ZVG zu vollstrecken (Jennißen/*Heinemann* 8. Aufl. § 17 Rn. 171).

96 Die wohl h.M. bejaht auch bei vermieteten Wohnungseigentumseinheiten und damit nur mittelbarer Betroffenheit des störenden Wohnungseigentümers die Zulässigkeit eines Versorgungsstopps (vgl. *Riecke/Schmidt/Elzer* ETV 4. Aufl. Beschlussmuster 31, Rn. 1258; *Armbrüster* WE 1999, 14, 15 ff.; *Suilmann* ZWE 2001, 476 ff.).

97 Auch wenn das *Kammergericht* (ZMR 2001, 1007) in dem Absperrbeschluss auch gleichzeitig die Berechtigung zum Betreten der Wohnung des Schuldners sieht zwecks Abtrennung der Versorgungs-

leitungen, wird man hier einen zusätzlichen Duldungstitel fordern müssen. Dies ist insbesondere vor dem Hintergrund gerechtfertigt, dass die Gemeinschaft der Wohnungseigentümer sich durch Beschlüsse nicht selber Ansprüche oder gar Titel verschaffen darf (vgl. *Wenzel* NZM 2004, 542; *Briesemeister* ZWE 2003, 307 und *Riecke/Schmidt*, ETV, 3. Aufl. S. 57 ff. sowie *dies.* ZMR 2005, 252).

Die gegenteilige Auffassung vertrat das *OLG Köln* (ZMR 2000, 639 nebst ablehnender Stellungnahme *Deckert* WE 2001, 44, 68, 92) sowie das *AG Peine* (WE 2000, 128). 98

Das *KG* hat eine bisherige Rechtsprechung zur Versorgungssperre auch in einer späteren Entscheidung nochmals bestätigt (*KG* ZMR 2002, 458 ff. sowie Beschl. v. 08.08.2005 – 24 W 112/04 ZMR 2005, 905 = MDR 2006, 326). 99

Gegen die Annahme einer verbotenen Eigenmacht i.S.d. § 858 BGB bei »Liefersperren« hat sich auch *Ulrici* (ZMR 2003, 895 ff.) ausgesprochen. 100

Die **Versorgungssperre** (Jennißen/*Heinemann* 8. Aufl. § 17 Rn. 172) wird sogar als wirkungsvoller, weil schneller und mit geringerem finanziellen Aufwand durchsetzbar angesehen, um einen störenden Wohnungseigentümer zu disziplinieren (*Palder* WuM 1998, 332; *OLG Celle* NJW-RR 1991, 1118). 101

Eine **Verwirkung** der Entziehungsmöglichkeiten kommt in Betracht. Die Entziehung muss in angemessener Zeit der Verletzungshandlung folgen (Staudinger/*Lehmann-Richter* § 17 Rn. 61, 62). Hier gelten allerdings strenge Maßstäbe (vgl. *Hügel/Elzer* § 17 Rn. 2 aE). Zur Verjährung vgl. *Hogenschurz* ZMR 2015, 607. 102

F. Entziehungsklage

I. Zulässigkeit, § 43 Abs. 2 Nr. 2 WEG

Zuständig ist streitwertunabhängig gemäß § 43 Abs. 2 Nr. 2 WEG das Amtsgericht der belegenen Sache, d.h. am Ort der WE-Anlage (MüKo-BGB/*Zschieschack* 9. Aufl. Bd. 8 § 17 Rn. 37). 103

Mit dem Wegfall von § 18 Abs. 3 WEG a.F. entfällt nach einer neueren Ansicht (SEHR/*Schneider* § 11 Rn. 7; *Abramenko* Das neue WE-Recht 2021 § 8 Rn. 80; Jennißen/*Heinemann* 8. Aufl. § 17 Rn. 93, 94 und 101; **a.A.** etwa MüKo-BGB/*Zschieschack* 9. Aufl. Bd. 8 § 17 Rn. 29; SWK-WEG/*Tank* Nr. 69 Rn. 24 unter Verweis auf BT-Drs. 19/18791, S. 55; *Hügel/Elzer* WEG 3. Aufl. § 17 Rn. 29) die bisher notwendige Beschlussfassung über die Entziehung vor Erhebung der Entziehungsklage. Eine Klage, mit der die Gemeinschaft der Wohnungseigentümer die Veräußerung des Sondereigentums von einem Miteigentümer verlangt (Musterantrag vgl. Staudinger/*Lehmann-Richter* § 17 Rn. 82), sei somit auch ohne entsprechende Beschlussfassung zulässig, da dieser Beschluss nur noch das Innenverhältnis betreffe. Dies wird das Entziehungsverfahren erheblich beschleunigen, da nun im Falle der Anfechtung nicht mehr der Ausgang der Beschlussklage abgewartet werden muss (*Abramenko,* Das neue WE-Recht 2020, § 8 Rn. 80). 104

Wenn es zur – nach umstrittener Ansicht weiterhin als besondere Prozessvoraussetzung (*Hügel/Elzer* § 17 Rn. 29; vgl. MüKo-BGB/*Zschieschack* 9. Aufl. Bd. 8 § 17 Rn. 29, 40; SWK-WEG/Tank Nr. 70 Rn. 3; **a.A.** *Lehmann-Richter/Wobst* Rn. 1565S; Staudinger/*Lehmann-Richter* § 17 Rn. 76) für die Entziehungsklage notwendigen – Beschlussfassung kommt -, genügt ein – jetzt einfacher – Mehrheitsbeschluss (*Hügel/Elzer* § 17 Rn. 19; Beschlussmuster bei *Langhein/von Türckheim* in: FormB FA 4. Aufl. 2021 Teil 2 S. 676 und Rn. 110 – 110b). In den Materialien heißt es zum alten Recht: *»Bereits daraus folgt, dass über die Ausübung des Anspruchs ein Mehrheitsbeschluss zu fassen ist.«* Daran wollte der Gesetzgeber wohl hinsichtlich der Beschlussnotwendigkeit nichts ändern. Nach *Abramenko* (Das neue WE-Recht 2020 § 8 Rn. 81) hat der Gesetzgeber allerdings schlicht »selbst geschaffene Neuerungen« verkannt. 105

Wenn der Verwalter trotz fehlenden Entziehungsbeschlusses gestützt auf § 9b WEG Klage erheben sollte, wäre an Rechtsmissbrauch zu denken (*Lehmann-Richter/Wobst* Rn. 1565, 1952 ff.). 106

107 Beruht das Entziehungsverlangen auf einer fortlaufend, nicht nur geringfügig unpünktlichen Erfüllung von Vorschuss- und anderen Zahlungsansprüchen, käme nach Wegfall der gesetzlichen Abwendungsbefugnis (vgl. § 19 Abs. 2 WEG a.F.) ein erfolgreiches Berufen auf den Grundsatz von Treu und Glauben (§ 242 BGB, s.o.; *Blankenstein* WEG-Reform 2020 S. 619; *Gaier* in: FS Drasdo S. 77 ff.) in Betracht, sofern eine Prognose die hinreichend sichere Annahme erlaubt, dass der Wohnungseigentümer künftig seine Verpflichtungen gegenüber der Gemeinschaft pünktlich und vollumfänglich erfüllen werde. Ein Wohlverhalten des Störers kann zumindest bis zum Schluss der mündlichen Verhandlung berücksichtigt werden (*Lehmann-Richter/Wobst* Rn. 1539; Staudinger/*Lehmann-Richter* § 17 Rn. 64 und 84).

108 Ein nicht störender Miteigentümer konnte zudem gestützt auf § 242 BGB die Wirkungen des Urteils dadurch abwenden, dass er den Miteigentumsanteil des störenden Miteigentümers erwarb, den störenden Miteigentümer dauerhaft und einschränkungslos aus der Wohnanlage entfernte und der Gemeinschaft alle Kosten ersetzte, die dieser durch den Rechtstreit und das Zwangsversteigerungsverfahren entstanden waren (*BGH* – V ZR 138/17, ZMR 2019, 51 = NZM 2018, 1024).

109 Wenn dem – nicht notwendig bereits bestandskräftigen – Entziehungsbeschluss als besondere Zulässigkeitsvoraussetzung vom betroffenen Sondereigentümer nicht zeitnah und freiwillig Folge geleistet wird oder die Voraussetzungen für eine Abwendung bestehen, kann die Entziehungsklage vom Verband handelnd durch den Verwalter erhoben werden. Eine Delegation/Ermächtigung auf den sich gestört fühlenden Sondereigentümer qua Beschluss scheidet aus (MüKo-BGB/Zschieschack 9. Aufl. Bd. 8 § 17 Rn. 38; SWK-WEG/*Tank* Nr. 70 Rn. 7).

II. Begründetheit

110 Begründet ist die Entziehungsklage, wenn die materiell-rechtlichen Voraussetzungen für eine Entziehung nach § 17 Abs. 1 und 2 WEG vorliegen. Die Bestandskraft des Entziehungsbeschlusses enthebt das Gericht nicht von dieser materiell-rechtlichen Prüfung. Die klagende Gemeinschaft muss darlegen und beweisen, dass Entziehungsgründe vorliegen. Außerdem muss der Beklagte am Schluss der mündlichen Verhandlung noch Eigentümer sein (*D/S/Z* Kap. 12 Rn. 23).

111 Bei Anfechtung des Entziehungsbeschlusses kommt analog § 148 ZPO trotz fehlenden Suspensiveffekts der Anfechtungsklage eine Verfahrensaussetzung bis zur Bestandskraft des Entziehungsbeschlusses oder gar eine Verfahrensverbindung nach § 147 ZPO in Betracht (MüKo-BGB/*Zschieschack* 9. Aufl. Bd. 8 § 17 Rn. 40).

112 Hauptsacheerledigung tritt ein, wenn nach Rechtshängigkeit das Wohnungseigentum im Grundbuch auf einen Erwerber dinglich übertragen wurde (MüKo-BGB/*Zschieschack* 9. Aufl. Bd. 8 § 17 Rn. 42).

III. Urteilswirkung, §§ 17 Abs. 4, 44 Abs. 3 WEG

113 Das Urteil ersetzt keine Willenserklärungen (§ 894 ZPO) des störenden Wohnungseigentümers, die zur Einleitung des ZVG-Verfahrens wegen seines Sondereigentums erforderlich sein könnten. Es werden keine Erklärungen des auszuschließenden Wohnungseigentümers mit Rechtskraft des Entziehungsurteils (gerichtet auf Zustimmung zur Veräußerung des Sondereigentums…) fingiert. Weitere Erklärungen, insbesondere solche des Erwerbers, des Vormundschaftsgerichts oder durch Vorkaufsrechte begünstigter Dritter werden nicht ersetzt. Der Eigentumsübergang kommt erst mit dem Zuschlag im ZVG-Verfahren zustande. Das Urteil führt zum Erlöschen (Staudinger/*Kreuzer* Voraufl. § 19 Rn. 94; a.A. Staudinger/*Bub* Vor-Voraufl. § 25 Rn. 520 f.: Ruhen) des Stimmrechts aufseiten des Störers inkl. seiner Vertreter (*Schmid* ZfIR 2013, 134).

G. Streitwert bei Entziehungsbeschluss und Entziehungsklage

114 Der Streitwert bestimmt sich nach den § 48 GKG i.V.m §§ 3 ff. ZPO sowie dem Rechtsgedanken des § 49 GKG (SEHR/*Agatsy* § 10 Rn. 16, S. 328; Jennißen/*Heinemann* 8. Aufl. § 17 Rn. 107; a.A.

SWK-WEG/*Tank* Nr. 70 Rn. 19 mit Verweis auf den per 01.12.2020 aufgehobenen § 49a GKG). Hierbei ist insbesondere nicht die Streitwertbegrenzung des § 41 GKG einschlägig, die lediglich für Miet-, Pacht- und ähnliche Nutzungsverhältnisse gilt.

Als entscheidend wird das Interesse des klagenden Verbandes am Eigentümerwechsel angesehen. 115

Als Obergrenze ist – wenn auch mit verschiedenen Begründungen – der Verkehrswert des Wohnungs- 116 eigentums des Störers anzusehen. Das Interesse der klagenden Wohnungseigentümer sei ein selbstständiges rechtlich erheblich weiter gehendes Interesse gegenüber dem Beschlussanfechtungsverfahren, das quasi als bloßes Vorverfahren für die eigentliche Entziehung anzusehen sei (*LG Köln* ZMR 1998, 522). Der Streitwert soll dem vollen Verkehrswert entsprechen (*OLG Rostock* ZMR 2006, 476 sowie *BGH* – V ZR 28/06, ZMR 2007, 791; krit. *Heinemann* MietRB 2008, 90 ff.).

Nach Auffassung des *OLG Köln* (ZMR 1999, 284) bemisst sich der Streitwert nicht nach dem vol- 117 len Verkehrswert des Wohnungs- bzw. Teileigentums, sondern lediglich nach dem Interesse der Beteiligten am Behalten der Eigentumswohnung bzw. dem Ausschluss aus der Gemeinschaft. Da der Ausschluss aus der Gemeinschaft nicht entschädigungslos erfolgt, es auch nicht darum geht, dem Auszuschließenden/Störer den wirtschaftlichen Wert des Wohnungseigentums zu entziehen, sondern lediglich darum, die Störung zu beseitigen, kann auch nur dieser in der Regel deutlich geringere Wert als der Gesamtwert des Wohnungseigentums maßgeblich sein (so auch *AG Kerpen*, Beschl. v. 27.03.1998 – 22 C 326/97).

Eine differenzierende Auffassung vertritt das *LG Köln* (ZMR 2002, 230) wonach der Streitwert einer 118 Entziehungsklage, die ausschließlich wegen Wohngeldrückständen geführt wird, sich wegen des Interesses der Kläger aus dem Betrag der Rückstände errechnen soll, während bei einer Entziehungsklage, die auch oder nur auf Pflichtverletzungen des Störers gestützt wird, der Streitwert am Verkehrswert des Sondereigentums des Störers auszurichten sei. Überwiegend wird allerdings wohl immer noch der volle Verkehrswert angesetzt (vgl. *BGH* – V ZR 96/13, ZMR 2015, 231 = MDR 2014, 335; *BGH* V ZR 28/06, ZMR 2007, 791; jurisPK-BGB Bd. 3 § 18 Rn. 50; *AG Augsburg* ZMR 2004, 538 – in Hauptsache aufgehoben durch *LG Augsburg* ZMR 2005, 230; *LG Hamburg* WuM 1998, 374).

Der Streitwert für die Anfechtung des Entziehungsbeschlusses wird niedriger bemessen (*BGH* – V 119 ZR 2/11, ZMR 2011, 978: 20 % des Verkehrswertes).

H. Zwangsvollstreckung

Die Aufhebung von § 18 Abs. 2 Nr. 2 WEG a.F. führt dazu, dass der bisherige § 10 Abs. 3 S. 1 120 ZVG a.F. mit dem erschwerenden Einheitswertnachweis ersatzlos entfällt (Art. 5 Nr. 2a WEMoG).

I. Zwangsvollstreckung nach ZVG

Die Zwangsvollstreckung erfolgt nach den Vorschriften des ZVG, wobei der Gesetzgeber die schon 121 bisher zu weit greifende Verweisung auf den gesamten ersten Abschnitt einschließlich der Zwangsverwaltungsvorschriften unverändert übernommen hat (*Becker/Schneider* ZfIR 2020, 281, 297). Gem. § 17 Abs. 4 S. 2 WEG kann nun auch ein freiwillig geschaffener Vollstreckungstitel mit einer entsprechenden Unterwerfung unter die sofortige Zwangsvollstreckung gem. § 794 ZPO Grundlage der Zwangsvollstreckung sein (vgl. SEHR/*Schneider* § 11 Rn. 9 ff.).

Zwar ist zur Vermeidung von Friktionen mit zwangsversteigerungsrechtlichen Grundsätzen emp- 122 fohlen worden, das wohnungseigentumsrechtliche Entziehungsverfahren systematisch in einem besonderen Verfahren des 3. Abschnitts im ZVG zu verorten. Damit hätten zugleich die Folgen der offensichtlichen Fehlinterpretation des § 10 Abs. 1 Nr. 5 ZVG im Gesetzgebungsverfahren beseitigt werden. Eine solche Regelung böte weiterhin Gelegenheit, wünschenswerte Klarstellungen zur (Nicht-)Anwendbarkeit des § 30a ZVG sowie zur (Un-)Zulässigkeit schuldnerischer Eigengebote in einem Versteigerungsverfahren zur Entziehung von Wohnungseigentum vorzunehmen (vgl. *Becker/Schneider* ZfIR 2020, 281, 297 m.w.N.).

II. Zuschlagsbeschluss als Räumungstitel

123 Jetzt ist der Zuschlagsbeschluss selbst Vollstreckungstitel für den Ersteigerer (Staudinger/*Lehmann-Richter* § 17 Rn. 92). Hinsichtlich der Wirkung gegen Dritte, die aufgrund eines schuldrechtlichen Vertrages (Miete oder Pacht) oder dinglichen Rechts (Nießbrauch, Wohnungsrecht) Besitz haben, gilt § 93 Abs. 1 S. 2 und 3 ZVG i.V.m. § 17 WEG auch gegenüber dem Ersteigerer/Ersteher.

124 Ein Mietverhältnis geht gem. § 566 BGB auf den Ersteher über. Ein Sonderkündigungsrecht des Erstehers gegenüber dem Mieter nach den §§ 57a ff. ZVG besteht wohl nunmehr aufgrund der pauschalen Verweisung auf diese Vorschriften des ZVG. Der Ersteher musste bisher dem zuständigen Gerichtsvollzieher eine Urteilsausfertigung mit Vollstreckungsklausel (vgl. allerdings *AG Fürth* DGVZ 2003, 13 nebst Anm. *Seip*, a.a.O. DGVZ 2003,7, S. 7) zur zwangsweisen Durchsetzung des Räumungsanspruchs vorlegen. Zur Zwangsvollstreckung durch Räumung ist jetzt der Zuschlagsbeschluss mit Vollstreckungsklausel der zutreffende Titel. Wechselt der Besitz vom störenden/verurteilten Wohnungseigentümer auf einen Dritten, ist die Nachfolge im Besitz durch öffentliche Urkunde nachzuweisen. Gelingt dies, so kann gem. § 93 ZVG auch mit einer Rechtsnachfolgeklausel nach § 727 ZPO gegen den besitzenden Nachfolger vollstreckt werden.

125 Dass eine derartige Titelumschreibung in der Praxis Probleme macht, ergibt sich schon daraus, dass ein Besitzwechsel durch öffentliche Urkunde schwierig nachweisbar ist. Nach *Fallak* (ZMR 2003, 805) könnte der Gerichtsvollzieher den neuen Gewahrsamsinhaber veranlassen, seinen Überlassungsvertrag vorzulegen. Das Gerichtsvollzieherprotokoll in Verbindung mit dem Vertragswerk dürfte für eine Umschreibung genügen. Auch Nies (MDR 1999, 1113) hat diesen Weg einmal sogar als einzig möglichen hingestellt, während die Erfahrungen in der Praxis eher dafürsprechen, den Drittgewahrsamsinhaber schnellstmöglich selbst auf Räumung zu verklagen, soweit der Besitz nicht unter § 566 BGB fällt, sondern erst zeitlich nach dem Eigentumswechsel begründet wurde (vgl. auch *Ormanschick* WE 2000, 255 zu den praktischen Schwierigkeiten der Titelumschreibung).

126 Aus § 17 WEG folgt kein genereller Anspruch der übrigen Wohnungseigentümer auf Besitzaufgabe durch den von der Eigentumsentziehung betroffenen Eigentümer. Denn Voraussetzung des § 17 WEG muss nicht immer und zwingend gerade die Unzumutbarkeit des weiteren Zusammenlebens sein, sondern z.B. die Unzumutbarkeit der Fortsetzung der Gemeinschaft. So besteht nach Entzug des Eigentums allein wegen Hausgeldrückständen kein Grund für einen Anspruch auch auf Aufgabe des Besitzes, wenn der Erwerber diesen Besitz weiter einräumt und Vorschüsse pünktlich an die GdWE zahlt (vgl. Rdn. 77; *KG* ZMR 2015, 956).

127 Nach (abzulehnender) Auffassung des Gesetzgebers hat die Vollstreckung in der Rangklasse 5 des § 10 Abs. 1 ZVG zu erfolgen (MüKo-BGB/*Zschieschack* 9. Aufl. Bd. 8 § 17 Rn. 47). Damit wären dann aber wieder die dinglich gesicherten Gläubiger (Rangklasse 4) vorrangig, sodass das Verfahren nach § 17 WEG wiederum nur ein Schattendasein führen dürfte, zumal den Wohnungseigentümern mit der Rangklasse 2 des § 10 Abs. 1 ZVG viel bessere Möglichkeiten zur Verfügung stehen (*BGH* – V ZB 142/08, ZMR 2009, 775 = ZWE 2009, 312; *BGH* – V ZB 157/08, ZMR 2009, 701; *BGH* – V ZB 123/07, ZMR 2008, 385, 471 und 724; vgl. auch *Abramenko* Das neue WEG 2007 § 8 Rn. 9). Mangels näherer gesetzlicher Regelungen über den Ablauf dieses Verfahrens herrscht Uneinigkeit, wie ein Entziehungsurteil – gerade auch im Verhältnis zu anderen Ansprüchen – zu vollstrecken ist (ausführlich FAHdB/*Schneider* 2021 Kap. 33 Rn. 455, 457 ff.). § 10 Abs. 1 ZVG regelt die Rangordnung der Rechte auf Befriedigung aus einem Wohnungseigentum zur Verwirklichung eines Geldanspruchs. Der ausgeurteilte Entziehungsanspruch stellt demgegenüber kein solches geldwertes Befriedigungsrecht dar. Ein nach dem Zuschlag verbleibender Erlösüberschuss steht bei einem solchen »ranglosen Recht« (Staudinger/*Lehmann-Richter* § 17 Rn. 97) dem bisherigen Wohnungseigentümer und nicht dem entziehungsberechtigten Verband zu. Der Entziehungsanspruch steht außerhalb der Rangordnung des § 10 Abs. 1 ZVG (Dassler u.a./*Rellermeyer* § 10 Rn. 71). Nach *Schneider* (FAHdB/Schneider Kap. 33 Rn. 460) ist der Entziehungsanspruch nicht rangfähig (a.A. *Schmidberger* ZMR 2012, 168) und kann auch deshalb nicht in einer auf Verwirklichung eines Geldanspruchs ausgerichteten Vollstreckungsversteigerung berücksichtigt werden. Die vom BMJ vor-

genommene rangklassenmäßige Einordnung hat keinen Eingang ins Gesetz gefunden und ist daher nicht als verbindlich anzusehen; es fehlt stattdessen eine gesetzliche Regelung. Ein Zwangsversteigerungsverfahren zur Vollstreckung eines Entziehungsurteils ist daher selbstständig zu führen und kann nicht mit einer Vollstreckungsversteigerung verbunden werden (**a.A.** Regierungsentwurf v. 09.03.2007 – BT-Drs. 16/887, S. 27). In der selbstständigen Zwangsversteigerung sind sämtliche im Grundbuch eingetragenen Rechte in das geringste Gebot aufzunehmen. Dazu gehören auch die rechtzeitig geltend gemachten Ansprüche der Rangklassen 6, 7 und 8 des § 10 Abs. 1 ZVG. Dadurch wird das Entziehungsverfahren in der Praxis zur stumpfen Waffe (FAHdB/*Schneider* 2021 Kap. 33 Rn. 461; Staudinger/*Lehmann-Richter* § 17 Rn. 3).

Nach dem Normzweck des § 17 WEG darf der Schuldner im ZVG-Versteigerungsverfahren selbst keine Gebote abgeben. Die Unzumutbarkeit seines Verbleibens in der Gemeinschaft rechtfertigt es ihn als Bieter auszuschließen (Staudinger/*Lehmann-Richter* § 17 Rn. 99; MüKo-BGB/*Zschieschack* 9. Aufl. Bd. 8 § 17 Rn. 49: gilt auch für verdeckte Stellvertretung). 128

Verstirbt der Schuldner während der Zwangsversteigerung aus dem Entziehungsurteil, lässt sich die Anwendung des § 779 ZPO auf dieses Verfahren damit begründen, dass die in Bezug genommenen ZVG-Bestimmungen des ersten Abschnitts letztlich nichts anderes sind, als ausgelagerte ZPO-Normen (§ 869 ZPO). Der gesetzliche Verweis in § 17 Abs. 4 WEG muss dann das gesamte Verfahren als ZPO-Verfahren erfassen, da sonst immer dann Lücken entstünden, wenn das ZVG keine Spezialnorm bietet (wie z.B. bei Zustellungen, einstweilige Einstellungen durch das Prozessgericht pp.). 129

III. Sicherungsmöglichkeiten

Die Eintragung der Vormerkung (Staudinger/*Lehmann-Richter* § 17 Rn. 91) dürfte – unabhängig von der Frage der grundsätzlichen Zulässigkeit – bereits deshalb nicht wirksam erfolgen können, wenn als Berechtigter allein eine derzeit noch nicht bekannte Person eingetragen werden soll. Insoweit bestehen nämlich keine (für eine Vormerkung notwendige) schuldrechtlichen Beziehungen. Die Eintragung einer Vormerkung gem. § 895 ZPO kann richtigerweise nur für den Titelgläubiger oder (auch) einen von diesem zu benennenden Dritten erfolgen; sie soll den Gläubiger vorläufig bis zum Eintritt der Rechtskraft vor störenden Verfügungen durch den Schuldner/Verurteilten schützen. Die Eintragung einer Vormerkung gem. § 895 ZPO ist mit dem heutigen Recht nicht mehr vereinbar. Bereits nach dem Wortlaut der Norm kann die Fiktionswirkung des § 895 ZPO nur eintreten, wenn der Schuldner zur Abgabe einer Willenserklärung verurteilt worden ist. Schon mit der WEG-Novelle 2007 wurde das bisherige System mit §§ 18, 19 WEG a.F. grundlegend umgestellt. Das bis dahin bestehende Leitbild eines »Zwangsvertrages«, dessen Fort- und Umsetzung dann im Rahmen der sog. freiwilligen Versteigerung durch den Notar zu erfolgen hatte, wurde aufgegeben. Das Entziehungsurteil ist gerichtet auf eine geschuldete Handlung (hier: Veräußerung) und nicht mehr auf Verurteilung zur Abgabe einer Willenserklärung, die dann mit Rechtskraft gem. § 894 ZPO ersetzt wird/eintritt (*AG Hamburg-Blankenese* Urt. v. 21.04.2015 – 539 C 23/14 juris; Jennißen/*Heinemann*, 8. Aufl. § 17 Rn. 112; *Schneider* NZM 2014, 498; **a.A.** *Hogenschurz* WEG 3. Aufl. § 17 Rn. 39 und BeckOK/*Hogenschurz* § 17 Rn. 38 f. gestützt auf *KG* OLGZ 1979, 146). Der Zuschlag ist Hoheitsakt und kein Vertrag. Insoweit ist die von *Hogenschurz* als Beleg zitierte Entscheidung des Kammergerichts überholt. Die Gläubigerin (Gemeinschaft/Verband) ist nach aktuellem Recht auch nicht schutzlos gestellt. Aus dem vorläufig vollstreckbaren Entziehungsurteil kann nämlich ohne weiteres bereits vor Eintritt der Rechtskraft die Zwangsvollstreckung betrieben werden (*LG Rostock* NJW – Spezial 2013, 387). Die für die Gläubigerin notwendige Schutzwirkung kann bereits über die Eintragung des ZV-Vermerks erreicht werden (vgl. § 23 ZVG). 130

Eine Berücksichtigung unzulässiger Grundbucheintragungen scheidet im ZV-Verfahren aus. Sollte das Grundbuchamt eine Vormerkung zugunsten des künftigen Ersteigeres eingetragen haben, ist dies als nichtige Eintragung oder zumindest wegen Gegenstandslosigkeit bei der Aufstellung des geringsten Gebots nicht zu berücksichtigen (*Schneider* ZVG § 45 Rn. 19 f. bzw. 22 f.). Bei der Bekanntgabe des geringsten Gebots ist dies darzustellen und in das Protokoll aufzunehmen. Die Gemeinschaft als Gläubiger im Entziehungsverfahren wird allerdings kaum Einwendungen erheben, 131 wenn zwischen Eintragung der Vormerkung (jetzt ohne Wirkung) und Eintragung des ZV-Vermerks keine anderen störenden Eintragungen erfolgt sind.

132 Mit Eintragung des Zwangsversteigerungsvermerks sind Manipulationen zulasten des Verbandes kaum mehr möglich (§§ 19, 20, 23 ZVG). Zur Beschlagnahmewirkung vgl. FAHdB/*Schneider*, 2021 33. Kap. Rn. 223; MüKo-BGB/*Zschieschack* 9. Aufl. Bd. 8 § 17 Rn. 48: Missbrauchsmöglichkeiten bleiben.

133 Auch eine zur Vereitelung der Zwangsvollstreckung vom verklagten Wohnungseigentümer geplante nachträgliche übermäßige Belastung des Sondereigentums ist auf diese Weise verhindert.

134 Verweigert der im ZVG-Verfahren erfolgreiche Ersteigerer oder ein gefundener Erwerber seine Mitwirkungshandlungen, kann der Verband aus dem Entziehungsurteil nicht mehr auf Erfüllung klagen oder unter den Voraussetzungen der §§ 323, 325 BGB vom Zwangskaufvertrag zurücktreten und Schadensersatz liquidieren, sondern jetzt gilt Folgendes: Erfolgt im ZVG-Verfahren z.B. keine Zahlung, könnte nach den ZVG-Normen eine Wiederversteigerung angeordnet werden.

135 Weigert sich der Störer/Beklagte den Antrag auf notwendige Zustimmung nach § 12 WEG zu stellen, ist es für die klagenden Eigentümer günstig diesen Antrag bereits in die Versteigerungsbedingungen mit aufgenommen zu haben (vgl. Staudinger/*Lehmann-Richter* § 17 Rn. 94; Staudinger/*Kreuzer* Voraufl. § 19 Rn. 263).

136 Nach Rechtskraft des Entziehungsurteils kann der Verurteilte/Schuldner dem Versteigerungsverfahren nach ZVG nicht mehr durch freiwilligen Verkauf entgehen, sobald durch eine Vormerkung oder den Zwangsversteigerungsvermerk gutgläubiger Erwerb Dritter ausgeschlossen ist. Hat die Gemeinschaft in der Teilungserklärung kein Zustimmungserfordernis nach § 12 WEG geregelt, hat sie auf diese Weise auch keinen direkten Einfluss auf die Person des künftigen Wohnungseigentümers/Erwerbers.

137 Auch bei der Vollstreckung eines sogenannten Entziehungsurteils nach § 17 WEG kommt eine einstweilige Einstellung des Zwangsversteigerungsverfahrens in Betracht. Dies kann zum einen auf formlose Bewilligung des Gläubigers (§ 30 ZVG) geschehen, damit der Schuldner die Möglichkeit erhält, das Wohnungseigentum freihändig zu veräußern; der Gläubiger kann dann das Verfahren aber innerhalb von sechs Monaten fortsetzen, § 31 ZVG. Zum anderen kann auch das Vollstreckungsgericht auf einseitigen Antrag des Schuldners die Einstellung des Verfahrens beschließen, §§ 30a ff. ZVG. Voraussetzung für eine einstweilige Einstellung nach § 30a Abs. 1 ZVG ist zunächst die Aussicht, dass durch die Einstellung die Versteigerung vermieden wird, nur dann kann eine dem Eigentumsschutz dienende Verfahrenseinstellung erfolgen. Es muss dementsprechend eine Prognose erfolgen, an die strenge Anforderungen zu stellen sind. Es muss sich ergeben, dass die Befriedigung des Gläubigers, die im Fall eines Entziehungsurteils nach § 17 WEG nicht in Erfüllung bzw. Sanierung besteht, sondern in einer Veräußerung des Eigentums an Dritte, innerhalb eines überschaubaren Zeitraums mit Aussicht auf Erfolg abgeschlossen werden kann (vgl. *LG Dortmund*, 02.07.2014 – 9 T 383/13). Eine konkrete Befriedigungsaussicht besteht nicht schon dann, wenn Verkaufsabsichten bestehen oder Verkaufsgespräche geführt werden oder ein Makler mit dem freihändigen Verkauf des Grundstücks beauftragt ist. Es bedarf vielmehr bereits konkret gewordener Vertragsverhandlungen (*LG Regensburg* ZWE 2017, 406 ff. a.A. Staudinger/*Lehmann-Richter* § 17 Rn. 101).

Auch die bestehende konkrete Suizidgefahr als unmittelbare Folge einer Vollstreckungsräumung aufgrund Zuschlagsbeschlusses nach erfolgreicher »Abmeierungsklage« wiegt bei der vorzunehmenden Gesamtabwägung nach *LG Hamburg* (27.09.2023 – 332 T 50/23, ZMR 2024, 172, str.) schwerer als das berechtigte Interesse des Gläubigers an der Vollstreckung seines Titels. Dies gelte auch wenn laut Gutachten der konkreten Suizidgefahr bereits allein durch Ersatzwohnraum begegnet werden kann.

I. Übergangsregelung

Es gibt für das Entziehungsverfahren keine ausdrückliche Übergangsregelung für das materielle Recht. Eine solche ist auch entbehrlich, soweit schon bisher das Entziehungsrecht in gesetzlicher Prozessstandschaft der Gemeinschaft der Wohnungseigentümer zustand (§ 18 Abs. 1 S. 2 WEG a.F.). Soweit es sich um eine Gemeinschaft handelt, die lediglich aus zwei Wohnungseigentümern besteht, sind für die bereits vor dem 01.12.2020 anhängigen Verfahren die Vorschriften des dritten Teils des WEG in ihrer vormaligen Fassung weiter anzuwenden (§ 48 Abs. 5 WEG; Jennißen/*Heinemann* 8. Aufl. § 17 Rn. 163; MüKo-BGB/*Zschieschack* 9. Aufl. Bd. 8 § 17 Rn. 54 verweist zu Unrecht auf § 48 Abs. 4 WEG). Solche Altverfahren unterfallen also weiterhin den §§ 43 ff. WEG a.F. (SEHR/*Schneider* § 11 Rn. 12). 138

Der Kläger einer Zwei-Personen-Gemeinschaft verlor am 01.12.2020 seine Aktivlegitimation. Ein von ihm erstrittener Titel kann auf Antrag der Gemeinschaft auf diese umgeschrieben werden (Jennißen/*Heinemann* 8. Aufl. § 17 Rn. 163). 139

Altvereinbarungen, die die Entziehung erleichtern, bleiben wirksam trotz § 47 WEG. Dasselbe gilt für Abweichungen vom Kopfstimmrecht, es sei denn eine solche Vereinbarung diente lediglich der Erschwerung der Entziehung (Jennißen/*Heinemann* 8. Aufl. § 17 Rn. 166). 140

§ 18 Verwaltung und Benutzung

(1) Die Verwaltung des gemeinschaftlichen Eigentums obliegt der Gemeinschaft der Wohnungseigentümer.

(2) Jeder Wohnungseigentümer kann von der Gemeinschaft der Wohnungseigentümer
1. **eine Verwaltung des gemeinschaftlichen Eigentums sowie**
2. **eine Benutzung des gemeinschaftlichen Eigentums und des Sondereigentums verlangen, die dem Interesse der Gesamtheit der Wohnungseigentümer nach billigem Ermessen (ordnungsmäßige Verwaltung und Benutzung) und, soweit solche bestehen, den gesetzlichen Regelungen, Vereinbarungen und Beschlüssen entsprechen.**

(3) Jeder Wohnungseigentümer ist berechtigt, ohne Zustimmung der anderen Wohnungseigentümer die Maßnahmen zu treffen, die zur Abwendung eines dem gemeinschaftlichen Eigentum unmittelbar drohenden Schadens notwendig sind.

(4) Jeder Wohnungseigentümer kann von der Gemeinschaft der Wohnungseigentümer Einsicht in die Verwaltungsunterlagen verlangen.

Übersicht

A. Einführung

1 § 18 WEG ist durch das Gesetz zur Förderung der Elektromobilität und zur Modernisierung des Wohnungseigentumsgesetzes und zur Änderung von kosten- und grundbuchrechtlichen Vorschriften vom 16.10.2020 (WEMoG) neu in das WEG eingefügt worden. § 18 ist neben § 19 die Norm zu den Kernsätzen der Verwaltung des gemeinschaftlichen Eigentums. Absatz 1 »löst« § 20 Abs. 1 WEG a.F. ab und führt zu einem **Systemwechsel** (Paradigmenwechsel). Gemäß § 20 Abs. 1 WEG a.F. hatte die Gemeinschaft der Wohnungseigentümer keine Kompetenz, das gemeinschaftliche Eigentum zu verwalten. Dies oblag den Wohnungseigentümern, dem Verwalter sowie im Falle der Bestellung eines Verwaltungsbeirats auch diesem. Nunmehr ist die Verwaltung des gemeinschaftlichen Eigentums ausschließlich der Gemeinschaft der Wohnungseigentümer zugeordnet, die diese Aufgaben durch ihre Organe erfüllt (§§ 19 Abs. 1, 27 Abs. 1, 29 Abs. 2 WEG).

2 Das historische Konzept des WEG aus dem Jahr 1951 beruhte nicht auf der **Rechtsfähigkeit der Gemeinschaft der Wohnungseigentümer**. Der Schwerpunkt der Rechtsbeziehungen lag deshalb notwendigerweise zwischen den Wohnungseigentümern. Die rechtsfähige Gemeinschaft der Wohnungseigentümer wurde erst 2005 durch den *BGH* »entdeckt« (*BGH* – V ZB 32/05, ZMR 2005, 547). Die Rechtsprechung schuf damit einen neuen Rechtsträger, den der Gesetzgeber mit der WEG-Novelle 2007 zwar anerkannt (§ 10 Abs. 6 S. 1 WEG a.F.), seine Funktion aber nicht abschließend geregelt hat. Während die Gemeinschaft der Wohnungseigentümer im Außenverhältnis Träger des Verwaltungsvermögens und Vertragspartner gegenüber Dritten war, gab es im Innenverhältnis ein »**Hybridmodell**«. Einerseits war die Gemeinschaft der Wohnungseigentümer insbesondere über den Hausgeldanspruch mit den Wohnungseigentümern rechtlich verbunden. Andererseits sollte sie nicht im Innenverhältnis in die ordnungsmäßige Verwaltung des gemeinschaftlichen Eigentums eingebunden sein.

Nach der Gesetzesbegründung soll durch den Systemwechsel eine »**konzeptionelle Unklarheit über die Rolle der Gemeinschaft der Wohnungseigentümer**« (BT-Drs. 19/18791, 58) beseitigt werden. Das WEMoG zielt darauf ab, das Kompetenzgeflecht zu entwirren und die Verwaltung des gemeinschaftlichen Eigentums effizienter auszugestalten (Lieder/Pordzik, WEG Reform 2020: Änderungen der Rechte und Pflichten der Wohnungseigentümer ZWE 2021, 105). Es hat die Rechtsbeziehungen vollständig neu geordnet: im Zentrum steht nunmehr die rechtsfähige Gemeinschaft der Wohnungseigentümer. § 18 Abs. 1 WEG weist die Aufgabe, das gemeinschaftliche Eigentum zu verwalten, ausschließlich der Gemeinschaft der Wohnungseigentümer zu. Das Gesetz sieht insoweit eine **Generalzuständigkeit** und damit ein **Verwaltungsmonopol** der Gemeinschaft der Wohnungseigentümer vor. Das gilt nicht nur im Außenverhältnis gegenüber Dritten, sondern nunmehr auch im Innenverhältnis gegenüber den Wohnungseigentümern. Dieses Konzept führt zu einer Ordnung der Rechtsbeziehungen und ermöglicht es, ungeklärte Rechtsfragen nach allgemeinen rechtlichen Prinzipien des Verbandsrechts zu lösen (ausführlich *Dötsch/Schultzky/Zschieschack*, WEG-Recht 2021, Kap. 3 Rn. 9). Beim Blick ins sonstige Verbandsrecht ist dann allein die Besonderheit zu beachten, dass Verwaltung bzw. Geschäftsführung dort nicht dem satzungsmäßig begründeten Rechtsträger (AG, GmbH usw.) zugewiesen werden, sondern direkt den Organen (vgl. Rdn. 24ff.). 3

Überholt ist damit die zum früheren Recht teilweise vertretene Sichtweise, dass es sich bei der Gemeinschaft der Wohnungseigentümer nur um ein »**fremdnütziges Zweckgebilde**« handele, dessen Funktion sich darin erschöpft, im Außenverhältnis als dauerhafter Inhaber des Verwaltungsvermögens aufzutreten (siehe dazu *Lehman-Richter/Wobst*, WEG-Reform 2020, Rn. 77). 4

Nach der Gesetzesbegründung (BT-Drs. 19/18791, 59) soll der Systemwechsel auch zu einer angemessenen Verteilung von Insolvenzrisiken führen. Bisher galt, dass sich ein Wohnungseigentümer, dessen Sondereigentum durch einen Vertragspartner der Gemeinschaft der Wohnungseigentümer geschädigt wurde, in der Regel bei deren Vertragspartner schadlos halten musste *(BGH* – V ZR 125/17, ZMR 2018, 777). Der einzelne Wohnungseigentümer trug damit das Insolvenzrisiko einer Person, die er sich nicht selbst als Vertragspartner ausgesucht hat, sondern die aufgrund eines Mehrheitsbeschlusses einen Vertrag mit der Gemeinschaft der Wohnungseigentümer geschlossen hat. Nunmehr soll das Risiko auf alle Wohnungseigentümer verteilt werden, indem der geschädigte Wohnungseigentümer einen Anspruch gegen die Gemeinschaft der Wohnungseigentümer hat. Das schädigende Verhalten des Vertragspartners ist der Gemeinschaft der Wohnungseigentümer zuzurechnen, § 278 BGB (vgl. Rdn. 37). 5

[unbelegt] 6

Keine andere Vorschrift hat die **Dogmatik des WEG** mehr umgestaltet als § 18 Abs. 1 WEG. Die damit verbundenen Folgen sind sowohl im materiellen Recht als auch im Prozessrecht erheblich, was durch die Anzahl der Normen deutlich wird, die aufgrund des Systemwechsels in § 18 Abs. 1 WEG angepasst werden mussten (insb. §§ 9a, 13–15, 17–19, 43, 44 WEG). 7

Absatz 2 gibt jedem Wohnungseigentümer gegen die Gemeinschaft der Wohnungseigentümer einen Anspruch auf ordnungsmäßige Verwaltung sowie auf eine ordnungsmäßige Benutzung des gemeinschaftlichen Eigentums und des Sondereigentums. **Absatz 3** enthält die Befugnis zur Notgeschäftsführung. **Absatz 4** begründet das Recht jedes Wohnungseigentümers gegen die Gemeinschaft der Wohnungseigentümer auf Einsicht in die Verwaltungsunterlagen. 8

B. Verwaltung des gemeinschaftlichen Eigentums, § 18 Abs. 1 WEG

Der Zweck der Gemeinschaft der Wohnungseigentümer ergibt sich aus § 18 Abs. 1 WEG: Danach obliegt ihr die **Verwaltung des gemeinschaftlichen Eigentums**. Das Gesetz definiert den Begriff »Verwaltung« nicht, sondern setzt ihn in § 18 Abs. 1 WEG voraus. Zudem enthält Absatz 1 keine eigenständige Regelung, sondern dient der Transparenz und der **Zuweisung der Verwaltungszuständigkeit**. Es wird klargestellt, dass sowohl im Innen- als auch im Außenverhältnis die Gemeinschaft der Wohnungseigentümer für die Verwaltung des gemeinschaftlichen Eigentums zuständig und verantwortlich ist. 9

I. Verwaltungsgegenstand

10 Die Verwaltung betrifft originär das gemeinschaftliche Eigentum. Sie betrifft aber auch das Gemeinschaftsvermögen, wie sich aus der Verweisung in § 9a Abs. 3 WEG ergibt. Das Sondereigentum ist hingegen kein Gegenstand der Verwaltung. Es kann aber sowohl bei der Verwaltungszuständigkeit als auch bei der aus dem Eigentum folgenden Zuständigkeit für die Abwehr von Störungen (Rdn. 51) zu **Überschneidungs- bzw. Mischfällen** kommen, da beide Eigentumsarten nebeneinander betroffen sein können. Der Umgang mit diesen Konstellationen führt grundsätzlich auf § 18 Abs. 1 WEG zurück, wonach es sich bei der Verwaltung (nur) des gemeinschaftlichen Eigentums und eine Aufgabe der Gemeinschaft der Wohnungseigentümer handelt, womit im Regelfall und im Zweifel auch die Zuständigkeit bei dieser liegt (BeckOGK/*Skauradszun* 01.03.2022, WEG § 18 Rn. 22).

1. Gemeinschaftliches Eigentum

11 Das Gesetz enthält in § 1 Abs. 5 WEG eine **negative Abgrenzung** des gemeinschaftlichen Eigentums zum Sondereigentum. Danach ist gemeinschaftliches Eigentum alles, was nicht Sondereigentum ist oder im Eigentum eines Dritten steht. Gemeinschaftliches Eigentum sind nach § 1 Abs. 5 WEG das Grundstück, die gemeinschaftlichen Bauteile des Gebäudes (oder der Gebäude in einer Mehrhausanlage) einschließlich der gemeinschaftlichen Anlagen und Einrichtungen. Zum gemeinschaftlichen Eigentum gehören nach § 5 Abs. 2 WEG ferner zwingend die Teile des Gebäudes, die für dessen Bestand oder Sicherheit erforderlich sind, sowie Anlagen und Einrichtungen, die dem gemeinschaftlichen Gebrauch der Wohnungseigentümer dienen. Schließlich gehören zum gemeinschaftlichen Eigentum die Räume, die zwar Sondereigentum sein können, aber nicht durch eine Vereinbarung zum Sondereigentum bestimmt worden sind (*Elzer,* MietRB 2007, 78). Zu unterscheiden ist in dreierlei Hinsicht, nämlich zwischen Räumen, die zwingend gemeinschaftliches Eigentum sind (z.B. Heizungsraum), solchen, die sondereigentumsfähig sind (z.B. Kellerräume) und solchen, die qua Teilungserklärung wirksam zu Sondereigentum gemacht wurden. Der Grundsatz, dass alle konstruktiven Bestandteile eines Gebäudes nicht sondereigentumsfähig sind (insbesondere die das Gebäude tragenden Mauern, das Fundament, die Fassade, die Geschossdecken und das Dach) gilt selbst dann, wenn alle Räume des Gebäudes dem Sondereigentum eines Eigentümers unterliegen (*Dr. Heinemann* ZMR 2017, 716; *LG Karlsruhe,* Beschl. v. 08.03.2024 – 11 S 53/22). Eine Ausnahme von der fehlenden Sondereigentumsfähigkeit ist nur denkbar, wenn auch die mit dem Gegenstand des Sondereigentums verbundene Grundstücksfläche im Sondereigentum steht.

2. Gemeinschaftliches Eigentum in der Verwaltungszuständigkeit Dritter (Sondernutzungsrechte)

12 Soweit an einer Fläche des gemeinschaftlichen Eigentums ein Sondernutzungsrecht begründet worden ist, kann mit dem Sondernutzungsrecht auch die **Verwaltungszuständigkeit** für diese Fläche, z.B. eine Gartenfläche, auf den jeweiligen Wohnungseigentümer übergegangen sein. Regelmäßig ist das aber **nicht** anzunehmen. Über die Frage, auf welche Art und Weise eine einem Sondernutzungsrecht unterliegende Fläche genutzt werden darf und ob bzw. welche Maßnahmen der Erhaltung dort erforderlich sind, haben sämtliche Wohnungseigentümer zu bestimmen. Bauliche Änderungen an einer Sondernutzungsfläche stellen eine nicht ordnungsgemäße Nutzung dar, wenn sie den Rahmen des eingeräumten Sondernutzungsrechts überschreiten (*LG München I* – 1 S 3566/23 WEG, juris).

13 Ein Beschluss ist zwar nichtig, wenn er ein Sondernutzungsrecht **beschränkt** (*BayObLG* ZMR 2005, 383, 384). Das einem Sondernutzungsrecht unterliegende gemeinschaftliche Eigentum steht aber für Benutzungsregelungen dem Sondereigentum gleich und unterliegt wie dieses, sofern eine Vereinbarung nichts anderes ausdrücklich bestimmt, der Regelungskompetenz durch Beschluss (*OLG München* ZMR 2007, 484 = NZM 2008, 44; *KG* NJW-RR 1996, 586 = KGReport 1996, 97; *BayObLG* ZMR 1992, 202). Ob der Sondernutzungsberechtigte verpflichtet ist, die Verkehrs-

sicherung zu betreiben oder Erhaltungsmaßnahmen vorzunehmen oder zu entgelten, ist eine Frage der jeweiligen Vereinbarung.

II. Verwaltung

1. Begriff

Der Begriff »Verwaltung« ist im Wohnungseigentumsrecht als eine Zusammenfassung der im weiteren Verbandsrecht genutzten Begriffe »Geschäftsführung« und »Vertretung« zu verstehen und mit deren Inbegriff jedenfalls in weiten Teilen deckungsgleich. Alles was »Geschäftsführung« ist, ist auch Verwaltung. Regelmäßig ist ferner das, was »Vertretung« ausmacht, Verwaltung. Die Nutzung des Begriffs »Verwaltung« ist aus dem Recht der Bruchteilsgemeinschaft nach §§ 744, 745 BGB entnommen und ist wie dort weit zu verstehen (*BGH* – V ZR 258/19, ZWE 2020, 138). Zur Verwaltung i.S.v. § 18 WEG gehören damit alle Maßnahmen, die **in tatsächlicher oder rechtlicher Hinsicht auf eine Bewahrung oder Änderung des bestehenden Zustandes des gemeinschaftlichen Eigentums** abzielen oder sich als Geschäftsführung zu Gunsten der Wohnungseigentümer in Bezug auf das gemeinschaftliche Eigentum (*BGH* BGHZ 141, 224, 229 = MDR 1999, 924; BGHZ 121, 22, 26 = MDR 1993, 445 = NJW 1993, 727; *OLG* Hamm NJW-RR 1991, 338 = MDR 1991, 350; *OLG Hamburg* ZMR 2005, 393, 393) oder als Vertretung in Bezug auf das gemeinschaftliche Eigentum gegenüber Dritten darstellen. Zur Verwaltung gehören damit insbesondere die in § 19 Abs. 2 WEG ausdrücklich genannten Maßnahmen. Auf diese Maßnahmen kann der Begriff »Verwaltung« aber nicht reduziert werden. § 19 Abs. 2 WEG ist offen formuliert und beispielhaft zu verstehen. 14

Inhaltlich umfasst der Begriff »Verwaltung« zwei verschiedene Bereiche (*Armbrüster/Kräher*, ZWE 2014, 1). Zum einen »**Verwaltungsentscheidungen**«. Dies sind zunächst Vereinbarungen im Sinne von § 10 Abs. 1 S. 2 WEG, die gemeinhin als Ausgestaltung der Gemeinschaftsordnung durch die Eigentümer verstanden werden (Jacoby, ZWE 2013, 61). Von der Verwaltung abzugrenzen sind dabei die Vereinbarungen, die die sachrechtliche Zuordnung betreffen. Zudem sind Beschlüsse allesamt Verwaltungsentscheidungen (Staudinger/*Jacoby* [2018], § 20 WEG Rn. 13). Verwaltungsentscheidungen betreffen das Innenverhältnis. 15

Zum anderen meint der Begriff »Verwaltung« auch die »**Verwaltungsmaßnahmen**«. Diese betreffen sowohl das Innen- als auch das Außenverhältnis im Wege eines Realakts oder eines rechtsgeschäftlichen Handelns. Regelmäßig dienen sie der Umsetzung von Verwaltungsentscheidungen. Die Vertretungsmacht ergibt sich aus § 9b WEG. 16

[unbelegt] 17

Von der Verwaltung abzugrenzen sind **Veränderungen der sachenrechtlichen** 18

Grundlagen der Gemeinschaft – etwa durch **Veräußerung** eines Teils des gemeinschaftlichen Grundstücks. Für die Begründung einer schuldrechtlichen Pflicht zur Mitwirkung der Wohnungseigentümer an einer solchen Änderung besteht keine Beschlusskompetenz (*BGH* – V ZR 103/12, NJW 2013, 1962), und sie kann auch nicht Gegenstand einer – den Sondernachfolger

bindenden – Vereinbarung im Sinne von § 10 Abs. 3 WEG sein. Denn die vertragliche Regelung der sachenrechtlichen Zuordnung ist von der inhaltlichen Ausgestaltung des Gemeinschaftsverhältnisses zu unterscheiden. Gegenstand der Verwaltung ist es auch nicht, das gemeinschaftliche **Eigentum aufzugeben.** Gemeinschaftliches Eigentum kann auch nicht dadurch – wirtschaftlich betrachtet – aufgegeben werden, indem es umgewidmet wird oder die Wohnungseigentümer auf eine Erhaltung verzichten (Hügel/Elzer WEG § 18 Rn. 10). Wohnungseigentümer können sich ihrer Verpflichtung zur Vornahme zwingend erforderlicher Maßnahmen auch nicht durch ein mehrheitlich verhängtes Nutzungsverbot entziehen (*BGH* – V ZR 225/20, NZM 2021, 935).

[unbelegt] 19

20 Der Begriff der Verwaltung umfasst dagegen regelmäßig auch Maßnahmen, die eine Veränderung der sachenrechtlichen Grundlagen der Gemeinschaft **vorbereiten** sollen, damit die Wohnungseigentümer diese anschließend aus eigenem Entschluss umsetzen können; solche Maßnahmen können mehrheitlich beschlossen werden *(BGH* – V ZR 258/18, MDR 2020, 22–23). Eine andere Frage ist, ob die Wohnungseigentümer beschließen können, dass die Gemeinschaft der Wohnungseigentümer ein **Wohnungseigentum erwerben**, z.B. es im Wege der Zwangsversteigerung ersteigern soll. Diese Frage wird mehrheitlich bejaht *(OLG Celle* ZMR 2008, 310; *LG Frankenthal* MittBayNot 2008, 127; *Hügel/Elzer* NZM 2009, 457, 459; *Hügel* ZMR 2007, 652; *Wenzel* ZWE 2006, 462, 464; *Abramenko* ZMR 2006, 338, 340; *Schneider* Rpfleger 2007, 175 ff.; a.A. *LG Heilbronn* ZMR 2007, 649 m. abl. Anm. *Hügel*; *LG Nürnberg-Fürth* ZMR 2006, 812 m. abl. Anm. *Schneider*). Da ein solcher Erwerb eine Verwaltungsmaßnahme darstellt, können die Wohnungseigentümer diesen mit Mehrheit beschließen. Auch der **Erwerb einer zusätzlichen realen Grundstücksfläche** durch die Gemeinschaft der Wohnungseigentümer ist als Maßnahme der Verwaltung möglich. An der erforderlichen Beschlusskompetenz soll es nur dann fehlen, wenn es sich offenkundig nicht um eine Verwaltungsmaßnahme handelt *(BGH* -V ZR 75/15, NJW 2016, 2177: Der Erwerb eines Grundstücks durch die Wohnungseigentümergemeinschaft entspricht jedenfalls dann in aller Regel ordnungsmäßiger Verwaltung, wenn das Grundstück für die Wohnungseigentumsanlage von Beginn an eine dienende und auf Dauer angelegte Funktion hatte und diese mit dem Erwerb aufrechterhalten werden soll). Auch für den Erwerb des mit einem Erbbaurecht belasteten Grundstückes durch die Wohnungs- und Teilerbbaurechtsgemeinschaft dürfte Beschlusskompetenz bestehen (zu der künftig relevant werdenden Thematik *Drasdo*, Der Erwerb des Grundstücks durch die Wohnungs- und Teilerbbaurechtsgemeinschaft, ErbbauZ 2020, 143).

2. Ordnungsmäßige Verwaltung

21 Maßstab und Richtschnur des Verwaltungshandelns im Wege des Beschlusses ist **Ordnungsmäßigkeit** i.S.v. § 18 Abs. 2 WEG. Ist eine Maßnahme nicht ordnungsmäßig, bleibt sie Verwaltung, ist aber angreifbar. Jeder Eigentümer kann nach § 18 Abs. 2 Nr. 1 WEG eine Verwaltung verlangen, die den gesetzlichen Regelungen, Vereinbarungen und Beschlüssen und, soweit solche nicht bestehen, dem **Interesse der Gesamtheit der Wohnungseigentümer nach billigem Ermessen** (Rdn. 53 ff.) entspricht. Eine Verwaltungsmaßnahme ist ordnungsmäßig, wenn sie dem geordneten Zusammenleben der Wohnungseigentümer dient, den Interessen der Gesamtheit der Wohnungseigentümer nach billigem Ermessen entspricht und der Gemeinschaft nützt. Ferner ist eine Verwaltungsmaßnahme dann ordnungsmäßig, wenn sie unter keinen formellen oder materiellen Mängeln leidet und ermessensfehlerfrei ist. Ob dies der Fall ist, lässt sich nur nach sorgfältiger **Abwägung aller relevanten Umstände** des Einzelfalls und unter Berücksichtigung der allseitigen Interessen der betroffenen Wohnungseigentümer feststellen.

III. Träger der Verwaltung

1. Allgemeines

22 Die Verwaltung des gemeinschaftlichen Eigentums obliegt nach § 18 Abs. 1 WEG allein der Gemeinschaft der Wohnungseigentümer. Das Gesetz sieht insoweit ein **Verwaltungsmonopol** zugunsten der Gemeinschaft der Wohnungseigentümer vor. Daraus folgt, dass die Organe und deren Organwalter bei der Verwaltung im Sinne von § 18 Abs. 1 WEG keine originären Rechte und Pflichten wahrnehmen, sondern ausschließlich für die Gemeinschaft der Wohnungseigentümer tätig werden. Soweit das Gesetz einzelne Pflichten im Rahmen der Verwaltung des gemeinschaftlichen Eigentums in anderen Vorschriften aufgeführt und ausgestaltet hat, handelt es sich stets um Pflichten der Gemeinschaft der Wohnungseigentümer. Das gilt auch dann, wenn sich die betreffende Vorschrift ihrem Wortlaut nach an ein konkretes Organ richtet. Insoweit bestimmt das Gesetz jeweils lediglich die **Organzuständigkeit** (BR-Drs. 168/20, 63). Da das WEG durch das WEMoG nicht vollständig neu gefasst worden ist, ist bei vielen Vorschriften auszulegen, welches Organ im Innenverhältnis zuständig ist. Ohne Adressierung ist stets der Verwalter als Organ berufen, zB bei § 18 Abs. 4 WEG

(BR-Drs. 168/20, 65). Der Paradigmenwechsel führt dazu, dass auch (nur) die Gemeinschaft der Wohnungseigentümer der Veräußerung eines Wohnungseigentums i.S.d. § 12 Abs. 1 WEG zustimmen muss, selbst wenn die Gemeinschaftsordnung ausdrücklich die Zustimmung des Verwalters vorsieht (*BGH* – V ZR 90/22, NZM 2023, 719).

Der Grundsatz, dass die Verwaltung des gemeinschaftlichen Eigentums der Gemeinschaft der Wohnungseigentümer obliegt, gilt nur dann nicht, soweit kraft Gesetzes ein anderer handeln darf (zB der Notgeschäftsführer nach § 18 Abs. 3 WEG). 23

2. Organe der Gemeinschaft der Wohnungseigentümer

Die Gemeinschaft der Wohnungseigentümer selbst ist nicht handlungsfähig. Sie erfüllt die ihr zugewiesene Aufgabe, das gemeinschaftliche Eigentum zu verwalten, durch ihre **drei Verbandsorgane**: 24
a) Gesamtheit der Wohnungseigentümer als **Willensbildungsorgan** (§ 19 Abs. 1 WEG), 25
b) Verwalter als **Regel-Geschäftsführungs- und Vertretungsorgan** (§§ 9b, 27 WEG) und 26
c) Verwaltungsbeirat als unterstützendes **(Prüfungs-)Organ** (§ 29 Abs. 2 WEG). 27

Die drei Organe sind organisatorisch selbstständig, aber in den Rechtsträger »Gemeinschaft der Wohnungseigentümer« eingegliedert (BeckOGK/*Skauradszun* 01.03.2022, WEG § 18 Rn. 9). 28

Die Personen eines Kollektivorgans nehmen die Rechte und Pflichten des Organs als Organwalter wahr. Die Wohnungseigentümer sind daher **Organwalter oder »Amtsträger«** (*Hügel/Elzer*, Die Reform des Wohnungseigentumsrechts durch das WEMoG, DNotZ 2021, 3 (18)) der Gesamtheit der Wohnungseigentümer als Willensbildungsorgan, im verbandsrechtlichen Sinne aber nicht selbst Organ. Gleiches gilt für die Mitglieder des Verwaltungsbeirats. 29

Die **Willensbildung** liegt grundsätzlich bei den Wohnungseigentümern. Der einzelne Wohnungseigentümer ist damit zum einen »Mitglied der Gemeinschaft der Wohnungseigentümer« und zum anderen »Teil des Willensbildungsorgans« (Lehmann-Richter/Wobst, WEG-Reform 2020, Rn. 38). Die Wohnungseigentümer sind in ihrer **Gesamtheit als Willensbildungsorgan** der Gemeinschaft der Wohnungseigentümer dazu berufen, nach § 10 Abs. 1 S. 2 WEG oder nach § 19 Abs. 1 WEG die Verwaltungsentscheidungen zu treffen, soweit nicht der Verwalter selbst nach § 27 Abs. 1 WEG von Gesetzes wegen oder nach § 27 Abs. 2 WEG auf der Grundlage eines Beschlusses der Wohnungseigentümer bzw. einer Vereinbarung entscheidungsbefugt ist. 30

Ferner vertreten die Wohnungseigentümer die Gemeinschaft der Wohnungseigentümer, wenn diese keinen Verwalter hat (§ 9b Abs. 1 S. 2 WEG). Hat die Gemeinschaft der Wohnungseigentümer **keinen Verwalter**, liegt auch die Verwaltung im Übrigen grundsätzlich in der Hand der Wohnungseigentümer. Diesen sind allerdings nicht alle Organpflichten zugewiesen, die der Verwalter erfüllen müsste. Was insoweit gilt, ist eine Frage des Einzelfalls. 31

Eine Vielzahl an Themen der Verwaltung werden durch Beschlussfassung erledigt. Der formale Rahmen hierzu ist die **Wohnungseigentümerversammlung** (§ 23 WEG). Die Gesamtheit der Wohnungseigentümer kann die der Gemeinschaft der Wohnungseigentümer originär obliegende Verwaltung allumfassend erfüllen, da die Gesamtheit der Wohnungseigentümer zu einem jeden Thema der Verwaltung im Sinne von § 18 Abs. 1 nach § 19 Abs. 1 WEG beschließen kann. Diese Beschlüsse sind für die Gemeinschaft der Wohnungseigentümer erforderlich, um ihre Verwaltungspflicht aus § 18 Abs. 1 WEG zu erfüllen. 32

Der Verwalter ist hingegen vor allem das **Ausführungs- (§ 27 WEG) und Vertretungsorgan** (§ 9b Abs. 1 S. 1 WEG) der Gemeinschaft der Wohnungseigentümer. Seit dem Jahr 2007 war der Verwalter der »Diener zweier Herren«. Zum einen hatte er Pflichten und Rechte in Bezug auf die Gemeinschaft der Wohnungseigentümer, zum anderen aber auch solche in Bezug auf die Wohnungseigentümer. Nunmehr ist der Verwalter nur noch der Gemeinschaft der Wohnungseigentümer verbunden und als deren wichtigstes und zentrales Organ anzusehen. Seine Stellung ist der eines **Geschäftsführers einer GmbH** nicht unähnlich. Rechte und Pflichten außerhalb der Gemeinschaft der Wohnungseigentümer besitzt der Verwalter grundsätzlich nicht mehr. Beruft er z.B. die Ver- 33 sammlung ein, entwirft er einen Wirtschaftsplan oder bereitet er die Jahresabrechnung vor, erfüllt er diese Pflichten stets als Organ der Gemeinschaft der Wohnungseigentümer (*Hügel/Elzer,* Die Reform des Wohnungseigentumsrechts durch das WEMoG, DNotZ 2021, 3 (31)).

34 Der Verwalter setzt die Entscheidungen der Wohnungseigentümer um. Daneben kann er aber auch selbst Entscheidungen für die Gemeinschaft der Wohnungseigentümer treffen, soweit er nach § 27 Abs. 1 WEG von Gesetzes wegen oder nach §§ 10 Abs. 1 S. 2, 27 Abs. 2 WEG nach Vereinbarung oder Beschluss entscheidungsbefugt ist. Seine Entscheidungen sind denen der Wohnungseigentümer dabei stets untergeordnet. Die Wohnungseigentümer besitzen weiterhin das **Entscheidungsmonopol.** Sie können jederzeit den Verwalter durch Beschluss anweisen und seine Rechte im Innenverhältnis nach § 27 Abs. 2 WEG erweitern, aber auch beschränken. Eine Möglichkeit, auch seine Vertretungsmacht zu beschränken, haben die Wohnungseigentümer allerdings nicht (§ 9b Abs. 1 S. 3 WEG).

35 Beide Organe – Gesamtheit der Wohnungseigentümer und Verwalter – ergänzen sich; in gewissem Umfang kontrollieren sie sich auch wechselseitig. BeckOGK/*Skauradszun* 01.03.2022, WEG § 18 Rn. 11 spricht vom **»System der Checks and Balances«.**

36 Der Beirat als weiteres Organ setzt sich aus einem oder mehreren Wohnungseigentümern zusammen (§ 29 Abs. 1 S. 2 WEG) und hat primär eine den Verwalter **unterstützende und ihn überwachende Aufgabe.** Eine Weisungsbefugnis gegenüber dem Verwalter sieht § 29 Abs. 2 WEG indes nicht vor. Da über die Verwaltung des gemeinschaftlichen Eigentums regelmäßig in einer Wohnungseigentümerversammlung beschlossen wird, muss deren Einberufung gewährleistet sein. Fehlt ein Verwalter oder weigert er sich pflichtwidrig, die Versammlung der Wohnungseigentümer einzuberufen, so kann die Versammlung auch durch den Vorsitzenden des Verwaltungsbeirats oder dessen Vertreter einberufen werden, 24 Abs. 3 WEG.

3. Erfüllungsgehilfen und Organhaftung

37 Bedient sich die Gemeinschaft der Wohnungseigentümer bei der Erfüllung ihrer Verwaltungspflichten eines Dritten, etwa eines Handwerkers, ist dieser ihr **Erfüllungsgehilfe.** Das schädigende Verhalten ihrer Vertragspartner ist der Gemeinschaft der Wohnungseigentümer zuzurechnen, § 278 BGB (*Sommer/Heinemann* in: Jennißen, § 18 Rn. 20, 82). Ein Wohnungseigentümer kann von der Gemeinschaft der Wohnungseigentümer insoweit Schadenersatz verlangen (*Becker/Schneider* ZfIR 2020, 281). Die Entscheidung *BGH* – V ZR 43/19, ZMR 2020, 525, zum alten Recht, wonach ein Dritter, auf den Verkehrssicherungspflichten übertragen werden, im Verhältnis zu den einzelnen Wohnungseigentümern nicht Erfüllungsgehilfe der Gemeinschaft der Wohnungseigentümer ist, da die Erfüllung der auf das gemeinschaftliche Eigentum bezogenen Pflichten nicht in deren Zuständigkeitsbereich fällt, kann infolge des Systemwechsels nicht mehr aufrechterhalten werden.

38 Für Schäden, die einem Wohnungseigentümer durch das **Verhalten des Verwalters** entstehen, gelten die v.g. Grundsätze entsprechend. Zwischen den einzelnen Wohnungseigentümern und dem Verwalter bestehen keine unmittelbaren wohnungseigentumsrechtlichen Rechtsbeziehungen mehr. Im Ergebnis schiebt sich damit die Gemeinschaft der Wohnungseigentümer zwischen die Wohnungseigentümer und den Verwalter. Anders als nach der Gesetzeslage bis zum 01.12.2020 ist der Verwalter nur noch »gegenüber der Gemeinschaft der Wohnungseigentümer« und nicht mehr gegenüber den einzelnen Wohnungseigentümern verpflichtet. Der Verwaltervertrag entfaltet **keine Schutzwirkung zu Gunsten der einzelnen Wohnungseigentümer** (anders zum alten Recht: *BGH* – V ZR 153/18, ZMR 2019, 696). Die Wohnungseigentümer sind nach der Gesetzesreform nicht mehr schutzbedürftig. Denn nunmehr schuldet ihnen die Gemeinschaft der Wohnungseigentümer die ordnungsmäßige Verwaltung (§ 18 Abs. 2 WEG). Weil ihr das Verhalten des Verwalters **analog § 31 BGB** zuzurechnen ist, liegt in einer Pflichtverletzung des Verwalters zugleich eine Pflichtverletzung der Gemeinschaft der Wohnungseigentümer. Gegen sie hat der geschädigte Wohnungseigentümer einen Schadensersatzanspruch nach § 280 Abs. 1 BGB, so dass es keiner zusätzlichen Ansprüche gegen den Verwalter (mehr) bedarf (*Lehmann-Richter/Wobst,* WEG-Reform 2020, Rn. 60). Eine Direktklage des einzelnen Wohnungseigentümers gegen den Verwalter gibt es insoweit nicht mehr,

weil der Verwalter den Wohnungseigentümern gegenüber nicht verpflichtet ist (*LG München I*, Beschl. v. 16.02.2022 – 36 T 1514/22).

IV. Ermessen

Das WEG gibt der Gemeinschaft der Wohnungseigentümer bei der Frage, wie sie das gemeinschaftliche Eigentum und das Gemeinschaftsvermögen verwaltet, ein **Selbstorganisationsrecht** (zum alten Recht *BGH* NZM 2015, 595 [Hundehaltung]; *BGH* NJW 2012, 1724 [Sanierungsplan]; *BGH* BGHZ 139, 289, 293 [Musizierverbot] = ZMR 1999, 41; zum Ermessen im WEG insgesamt *Elzer* ZMR 2006, 85 ff.). Für die Gemeinschaft der Eigentümer besteht »Ermessen«, ob sie eine zulässige Maßnahme überhaupt treffen will (**Entschließungsermessen**). Zudem besteht Ermessen, welche von mehreren zulässigen Maßnahmen sie im Fall des Tätigwerdens ergreifen will (**Auswahlermessen**). 39

Das Ermessen ermöglicht es der Gemeinschaft der Wohnungseigentümer, alle für und gegen eine Maßnahme sprechenden Umstände abzuwägen (*BGH* BGHZ 156, 192, 203 [Kaltwasser] = ZMR 2003, 937 = NJW 2003, 3476; *Armbrüster* ZWE 2002, 145, 149; *Bub* ZWE 2001, 457, 459). Vertretbare Mehrheitsentscheidungen in diesem Rahmen sind stets hinzunehmen (*OLG Düsseldorf* WuM 1999, 352; WE 1991, 251), auch dann, wenn eine andere Entscheidung ebenfalls fehlerfrei wäre. 40

Billigem Ermessen entspricht, was dem geordneten Zusammenleben in der Gemeinschaft und dem Interesse der Gesamtheit der Wohnungseigentümer dient (*OLG Hamm* ZMR 2004, 699 = NJW-RR 2004, 1310 f.; *OLG Köln* WuM 1997, 695 = NZM 1998, 870). Es kommt nicht darauf an, dass eine Regelung, ggf. aus Sicht einer Minderheit, in **jeder Hinsicht** notwendig und zweckmäßig ist (*OLG* Hamburg WE 1993, 87). Stets können mehrere Maßnahmen ermessensfehlerfrei sein. Kommen mehrere Maßnahmen in Betracht, ist es allein Sache der Wohnungs- und Teileigentümer, in der Versammlung der Eigentümer eine Auswahl zu treffen und zu beschließen (*BayObLG* ZMR 2004, 927, 92). Die Gemeinschaft der Wohnungseigentümer kann dabei zwischen mehreren möglichen Alternativen wählen und muss weder zwangsläufig die am wenigsten aufwendige noch die kostengünstigste wählen (*BayObLG* ZMR 2004, 927, 926; *BayObLG* ZMR 2003, 951; *OLG Düsseldorf* WuM 1999, 352). 41

Das Ermessen wird primär durch das Wohnungseigentumsgesetz, Vereinbarungen, Gerichtsbeschlüsse und andere Beschlüsse der Wohnungseigentümer eingeengt. Eine **gesetzliche Begrenzung** folgt etwa daraus, dass eine Maßnahme – wie der Einbau von Verbrauchserfassungsgeräten – gesetzlich vorgeschrieben ist. Zur ordnungsmäßigen Verwaltung gehört nämlich auch die Pflicht der Gemeinschaft der Wohnungseigentümer, öffentlich-rechtliche Vorschriften einzuhalten. 42

Daneben kommen **allgemeine Erwägungen** in Betracht, z.B. eine Kosten-Nutzen-Analyse (*Jennißen* ZMR 2004, 564), grobe Unbilligkeit i.S.v. § 242 BGB, das Diskriminierungsverbot oder Rechtsmissbrauch, die Treuepflicht (keine Sondervorteile, keine Sondernachteile), Verträge mit Dritten (z.B. Verteilung der Kosten für die Nutzung eines Kabelanschlusses nach Einheiten) und der Kernbereich des Wohnungseigentums (zu allem m.w.N. *Elzer* ZMR 2006, 85, 92). Das Ermessen ist **überschritten**, wenn die Gemeinschaft der Wohnungseigentümer gleiche Sachverhalte verschieden behandelt. Auch eine Ungleichbehandlung ist nicht von dem den Wohnungseigentümern bei der Beschlussfassung zustehenden Ermessensspielraum gedeckt (*BGH* NZM 2013, 195 = ZMR 2013, 288 [Gleichbehandlung von Wohnungseigentümern]). 43

Wird Ermessen **falsch ausgeübt**, ist eine Entscheidung **nicht ordnungsmäßig**. Als Ermessensfehler kommen im Wohnungseigentumsrecht eine Ermessensunterschreitung, eine Ermessensüberschreitung und ein Ermessensfehlgebrauch in Betracht. Als eine **Ermessensüberschreitung** ist vor allem ein Verstoß gegen das Gesetz, eine Vereinbarung oder gegen einen Beschluss anzusehen. Ermessen ist nur dort vorstellbar, wo eine Regelung nicht klar vorgegeben ist. Ermessen wird **fehlgebraucht**, wenn sich eine bestimmte Entscheidung nicht an dem Interesse der Gesamtheit der Wohnungseigentümer nach billigem Ermessen ausrichtet. Ein **Verstoß gegen dieses Gebot** sind z.B. sachfremde Erwägungen, eine Ermessensausübung aus persönlichen Gründen oder aus Opportunismus. 44

45 Nur im Ausnahmefall kann das **Ermessen auf Null** reduziert sein. Dies ist dann der Fall, wenn nur eine einzige Entscheidung zu dem Ergebnis einer ordnungsmäßigen Verwaltung führt. Auch hier kann sich die Ermessensreduzierung auf null entweder auf das Entschließungsermessen (das »Ob« der Maßnahme) und/oder auf das Auswahlermessen (das »Wie« der Maßnahme) beziehen. Insoweit bleibt der Gemeinschaft der Wohnungseigentümer häufig auch in den Fällen der Ermessensreduzierung auf Null noch ein Gestaltungsspielraum *(BGH* – V ZR 254/17, NZM 2019, 624).

46 Nimmt die Gemeinschaft der Wohnungseigentümer ihr Selbstorganisationsrecht pflichtwidrig nicht wahr und hat sich das Ermessen auf eine Beschlussfassung auf null reduziert, kann nach § 44 Abs. 1 S. 2 WEG eine **Beschlussersetzungsklage** erhoben werden.

V. Wirtschaftlichkeitsgebot

47 Nach dem auch im Wohnungseigentumsrecht geltenden Grundsatz der Wirtschaftlichkeit *(BGH* -V ZR 278/17, NJW 2020, 988) dürfen von der Gemeinschaft der Wohnungseigentümer nur solche Kosten vertraglich festgelegt werden, die bei gewissenhafter Abwägung aller Umstände und bei ordentlicher Geschäftsführung gerechtfertigt sind. Maßgebend ist der **Standpunkt eines vernünftig und wirtschaftlich denkenden Wohnungseigentümers**, der ein vertretbares Kosten-Nutzen-Verhältnis berücksichtigt. Schließt die Gemeinschaft der Wohnungseigentümer im Rahmen der Verwaltung des gemeinschaftlichen Eigentums einen Vertrag, muss sie sich mit den angebotenen vertraglichen Leistungen in diesem Sinne auseinandersetzen.

48 Verstößt die Gemeinschaft der Wohnungseigentümer gegen das Wirtschaftlichkeitsgebot, ist der entsprechende Beschluss nicht ordnungsmäßig. Der Beschluss ist anfechtbar, aber nicht nichtig.

VI. Abdingbarkeit

49 Der dem § 18 Abs. 1 WEG innewohnende Grundsatz des **Verwaltungsmonopols der Gemeinschaft der Wohnungseigentümer** kann durch Vereinbarung nach § 10 Abs. 1 S. 2 WEG **nicht in Gänze abbedungen**, jedoch teilweise in Art und Umfang und damit punktuell modifiziert werden (*Sommer/Heinemann* in: Jennißen, § 18 Rn. 7; *Hügel/Elzer*, WEG, § 18 Rn. 17 ff.). So kann durch die Gemeinschaftsordnung für eine Mehrhausanlage den Mitgliedern der für einzelne Gebäude oder Gebäudekomplexe gebildeten Untergemeinschaften die Kompetenz eingeräumt werden, unter Ausschluss der anderen Eigentümer die Durchführung von Erhaltungs- und Sanierungsmaßnahmen zu beschließen, die ein zu der jeweiligen Untergemeinschaft gehörendes Gebäude betreffen, wenn zugleich bestimmt wird, dass die durch diese Maßnahmen verursachten Kosten im Innenverhältnis allein von den Mitgliedern der jeweiligen Untergemeinschaft zu tragen sind *(BGH* – V ZR 184/16, ZMR 2018, 234). Auch kann (weiterhin) die Verwaltungskompetenz für die Erhaltung von Teilen des gemeinschaftlichen Eigentums (z.B. Fenster oder Dachterrasse) im Wege der Vereinbarung durch eine klare und eindeutige Regelung *(BGH* – V ZR 254/17, ZMR 2019, 890) einzelnen Sondereigentümern übertragen werden. Die Verwaltungskompetenz wird dabei **konkurrierend oder verdrängend** übertragen, was durch Auslegung zu ermitteln ist. Eine Kompetenz, die Verwaltung durch die Gemeinschaft der Wohnungseigentümer insgesamt zu unterbinden, besteht allerdings nicht. Die Verwaltung des gemeinschaftlichen Eigentums obliegt seit dem WEMoG der Gemeinschaft der Wohnungseigentümer. Würde durch eine Vereinbarung dieser Grundgedanke des WEG dergestalt verändert werden, dass die Verwaltung – wie z.B. nach früherem Recht – durch die Wohnungseigentümer erfolgt, wird man von einer **Unzulässigkeit** einer solchen Vereinbarung ausgehen müssen, weil diese **Grundkonstruktion des WEG** unabänderlich ist (Hügel/Elzer WEG § 10 Rn. 56; BeckOGK/*Skauradszun* 01.03.2022, WEG § 18 Rn. 13; a.A. *Dötsch/Schultzky/Zschieschack* WEG-Recht 2021 Kap. 3 Rn. 25).

VII. Prozessrechtliche Folgen des Strukturwechsels

50 Im **neuen Verbandsrecht** werden bisherige Missstände beseitigt, die daraus resultierten, dass die Beschlussklagen gegen die übrigen Wohnungseigentümer gerichtet werden mussten. Alle **Beschluss-**

klagen, also Anfechtungs-, Nichtigkeits- und Beschlussersetzungsklagen, **richten sich** nun **gegen die Gemeinschaft der Wohnungseigentümer** (§ 44 Abs. 2 S. 1 WEG).

Folge des Strukturwechsels ist, dass die Verwaltungszuständigkeit des Verbandes die individuelle Rechtsverfolgungskompetenz des Einzelnen überlagert (BeckOGK/*Falkner* WEG § 9a Rn. 151–154.1). Soweit aber nur die Verwaltung des gemeinschaftlichen Eigentums der Gemeinschaft der Wohnungseigentümer obliegt, die Verwaltung des Sondereigentums dagegen dem jeweiligen Sondereigentümer, kann es sowohl im Rahmen der Verwaltung als auch bei dem Vorgehen gegen Störungen zu **Überschneidungs- bzw. Mischfällen** kommen. Dies betrifft die Fälle, in denen nicht nur das gemeinschaftliche Eigentum betroffen ist. Hier gilt, dass der Eigentümer gegen Störungen (auch) seines Sondereigentums weiterhin selbst gegen den Störer vorgehen kann *(BGH* – V ZR 48/21, NZM 2022, 107; *BGH* – V ZR 41/19, NJW-RR 2021, 1166). 51

In der Vergangenheit lag der **Schwerpunkt der Rechtsbeziehungen**, die durch das WEG begründet wurden, zwischen den Wohnungseigentümern. Zwischen ihnen bestand insbesondere der Anspruch auf ordnungsmäßige Verwaltung (§ 21 Abs. 4 WEG a.F.) und auf Einhaltung des Binnenrechts, also des Gesetzes, der Vereinbarungen und Beschlüsse (§ 15 Abs. 3 WEG a.F.). Durch den **Systemwechsel** und die **Übertragung der Verwaltung des gemeinschaftlichen Eigentums** (allein) auf die Gemeinschaft der Wohnungseigentümer (§ 18 Abs. 1 WEG) werden die damit zusammenhängenden Rechtsbeziehungen zwischen den Wohnungseigentümern »gekappt«. Die zentralen Ansprüche auf ordnungsmäßige Verwaltung und Einhaltung des Binnenrechts richten sich nunmehr allein gegen die Gemeinschaft der Wohnungseigentümer (§ 18 Abs. 2 WEG). Somit richtet sich auch die **Beschlussersetzungsklage** gegen die Gemeinschaft der Wohnungseigentümer, da zwar die Wohnungseigentümer die Beschlüsse fassen, dies aber als Organ tun, welches für die Gemeinschaft der Wohnungseigentümer handelt (s.o. ausführlich Lehmann-Richter/Wobst WEG-Reform 2020 Rn. 67). Sieht die Gemeinschaftsordnung vor, dass ein Wohnungseigentümer zur Veräußerung seines Wohnungseigentums der Zustimmung des Verwalters bedarf, ist die Klage auf Zustimmung ebenfalls gegen die Gemeinschaft der Wohnungseigentümer zu richten (*BGH* – V ZR 90/22, ZMR 2023, 900). 52

C. Anspruch auf ordnungsmäßige Verwaltung und Benutzung, § 18 Abs. 2 WEG

I. Überblick

Die Vorschrift beinhaltet einen allgemeinen, **unverjährbaren Individualanspruch** eines jeden Wohnungseigentümers auf ordnungsmäßige Verwaltung des gemeinschaftlichen Eigentums, die gegebenenfalls auch den einschlägigen gesetzlichen Regelungen, Vereinbarungen und Beschlüssen entsprechen muss. Mit Verwaltung sind sowohl Beschlussfassungen als auch tatsächliches Verwaltungshandeln gemeint, das durch Beschlussfassungen vorbereitet oder ausgeführt wird. 53

§ 18 Abs. 2 Nr. 1 WEG entspricht inhaltlich dem § 21 Abs. 4 WEG aF, der Anspruch richtet sich aber nicht mehr gegen die übrigen Wohnungseigentümer, sondern **gegen die Gemeinschaft der Wohnungseigentümer**, der ja nach § 18 Abs. 1 WEG umfassend die Verwaltung des gemeinschaftlichen Eigentums obliegt. Durch diese Zuordnung werden Streitigkeiten zwischen einzelnen Wohnungseigentümern – etwa über die Grenzen des zulässigen Gebrauchs – vermieden. Die Norm enthält nunmehr eine **Legaldefinition** für den Begriff der ordnungsmäßigen Verwaltung und Benutzung, die dem Interesse der Gesamtheit der Wohnungseigentümer nach billigem Ermessen entsprechen muss. 54

Mit § 18 Abs. 2 Nr. 2 WEG wurde dem Anspruch auf ordnungsmäßige Verwaltung ein Anspruch auf ordnungsmäßige **Benutzung** des gemeinschaftlichen Eigentums und Sondereigentums zur Seite gestellt. Eine parallele Regelung von Verwaltung und Benutzung wurde vom Gesetzgeber gewählt, da sich beide Bereiche unter Umständen nur schwer voneinander abgrenzen lassen (BR-Drs. 168/20, S. 65). Dieser Anspruch entspricht inhaltlich dem früheren § 15 Abs. 3 WEG; der Begriff der Benutzung ist gleichbedeutend mit dem Begriff des Gebrauchs und wurde lediglich gewählt, um eine sprachliche Verknüpfung mit dem ebenfalls femininen Begriff der Verwaltung zu ermöglichen (BR-Drs. 168/20, S. 64). 55

56 Es handelt sich bei dem Kriterium der **Ordnungsmäßigkeit** um eine **Generalklausel**, mit deren Hilfe jedes Verwaltungshandeln der Willkür entzogen und dahingehend überprüfbar gemacht wird, ob es (noch) dem Interesse der Gesamtheit der Wohnungseigentümer nach billigem **Ermessen** entspricht. Der Anspruch auf ordnungsmäßige Verwaltung und Benutzung durchdringt **alle Bereiche des Wohnungseigentumsrechts** und wird insbesondere relevant, wenn Ermessensentscheidungen möglich und nötig sind. An ihm sind auch die im Wege der Beschlussklage (§ 44 WEG) zu überprüfenden Beschlüsse zu messen, vgl. § 19 Abs. 1 WEG.

57 Da nicht ausdrücklich untersagt, kann § 18 Abs. 2 WEG gem. § 10 Abs. 1 S. 2 WEG grundsätzlich verändert oder insgesamt **abbedungen** werden. Weil der hier festgeschriebene Anspruch für die Funktionsfähigkeit der Eigentümergemeinschaft von außerordentlicher Bedeutung ist und nachhaltig das Vertrauen jedes einzelnen Eigentümers auf die Wahrung seiner rechtlichen Position innerhalb der Gemeinschaft schützt, spricht aber einiges dafür, diese Vorschrift als zum Kernbereich des Wohnungseigentumsrechts gehörend anzusehen und zumindest die vollständige Abdingbarkeit als **fraglich** anzusehen (vgl. Rn. 42; *Staudinger/Lehmann-Richter* [2018] WEG § 21, Rn. 176; a.A. *Bärmann/Merle*, 14. Aufl., § 21 Rn. 51).

II. Anspruchsberechtigte und -verpflichtete

1. Anspruchsberechtigte

58 Anspruchsberechtigt sind die Wohnungseigentümer. In der Regel ist derjenige Wohnungseigentümer, der im Wohnungsgrundbuch als Eigentümer eingetragen ist. Der **Bucheigentümer** muss das Wohnungs- oder Teileigentum aber auch nach materiellem Recht wirksam erworben haben. Fehlt es daran oder hat ein Eigentumserwerb außerhalb des Grundbuchs stattgefunden, ist der wahre Berechtigte als Wohnungseigentümer Träger der mit dem Wohnungseigentum verbundenen Rechte und Pflichten und nicht der zu Unrecht eingetragene Bucheigentümer (*BGH* - V ZR 241/11, ZMR 2012, 972). **Ehemalige Wohnungseigentümer** sind anspruchsberechtigt, soweit es sich um Streitigkeiten aus der Zeit ihrer Mitgliedschaft handelt.

59 Mit dem Begriff des Wohnungseigentümers sind im WEG auch mehrere **Mit- oder Gesamtberechtigte** an einem Wohnungseigentum gemeint, abzustellen ist auf die Wohnungseigentumseinheit. Das ergibt sich unter anderem aus § 25 Abs. 2 WEG, in dem (unverändert) geregelt ist, dass jeder Wohnungseigentümer eine Stimme hat. Steht das Wohnungseigentum mehreren gemeinschaftlich zu, so handelt es sich um eine Bruchteilsgemeinschaft, vgl. §§ 741 ff, 1008 ff. BGB. Ein Beteiligter ist gem. § 1011 BGB berechtigt, Rechte allein wahrzunehmen.

60 Nunmehr in § 8 Abs. 3 WEG geregelt ist, dass der sog. **werdende Wohnungseigentümer** gegenüber der Gemeinschaft der Wohnungseigentümer und den anderen Wohnungseigentümern anstelle des teilenden Eigentümers als Wohnungseigentümer gilt.

2. Anspruchsverpflichtete

61 Der Anspruch auf ordnungsmäßige Verwaltung aus § 18 Abs. 2 WEG richtet sich gegen die **Gemeinschaft der Wohnungseigentümer** (vgl. § 9a WEG) als Verband, nur sie ist Schuldnerin des Anspruchs der einzelnen Wohnungseigentümer auf ordnungsmäßige Verwaltung aus § 18 Abs. 2 WEG. Sie wird gem. § 9b WEG durch den Verwalter, und für den Fall, dass ein solcher nicht bestellt wurde, durch die Wohnungseigentümer gemeinschaftlich vertreten. Das gilt auch im Falle von Pflichtverletzungen durch den Verwalter. Der zwischen der Gemeinschaft der Wohnungseigentümer und dem Verwalter geschlossene Vertrag entfaltet keine drittschützende Wirkung zugunsten des einzelnen Wohnungseigentümers (*BGH* – V ZR 34/24). Ist der Anspruch auf Fassung eines Beschlusses betreffend die Verwaltung und Benutzung des gemeinschaftlichen Eigentums gerichtet, ist dieser in Umsetzung der Verpflichtung der Gemeinschaft durch die Wohnungseigentümer gem. § 19 Abs. 1 WEG zu fassen. Im Rahmen des § 27 WEG, etwa bei Maßnahmen untergeordneter Bedeutung (§ 27 Abs. 1 Nr. 1 WEG), kann auch der Verwalter für die Gemeinschaft handeln.

III. Anspruch auf ordnungsmäßige Verwaltung des gemeinschaftlichen Eigentums

1. Anwendungsbereich

Die Verwaltung ist nach § 18 Abs. 2 Nr. 1 WEG dann ordnungsmäßig, wenn sie dem Interesse der Gesamtheit der Wohnungseigentümer nach billigem Ermessen entspricht. Zudem besteht ein Anspruch auf eine Verwaltung, die ggf. den gesetzlichen Regelungen, Vereinbarungen und Beschlüssen entspricht. Anspruchsziel ist in erster Linie eine Verwaltung durch eine Beschlussfassung der Wohnungseigentümer. Die Entscheidung bzw. Konkretisierung erfolgt durch die Wohnungseigentümer gem. § 19 Abs. 1 WEG im Wege der Beschlussfassung. 62

Gemeinschaftliches Eigentum sind gem. § 1 Abs. 5 WEG das Grundstück und das Gebäude, soweit sie nicht im Sondereigentum oder im Eigentum eines Dritten stehen. Was Sondereigentum ist, ist in § 5 Abs. 1 WEG legaldefiniert. Neu ist die Möglichkeit, dass das Sondereigentum auf außerhalb des Gebäudes liegende Teile des Grundstücks erstreckt werden kann unter der Voraussetzung, dass die Freifläche gegenüber den Räumen nicht die wirtschaftliche Hauptsache ist (vgl. § 3 Abs. 2 WEG, sog. Annex-Sondereigentum). Aufgrund der Vermutungsregelung in § 1 Abs. 5 WEG bedarf es einer klaren und eindeutigen Zuweisung gem. §§ 3, 8 WEG, andernfalls verbleibt es bei gemeinschaftlichem Eigentum. Wegen der Verweisung des § 9a Abs. 3 WEG besteht zudem hinsichtlich des Gemeinschaftsvermögens ein Individualanspruch auf ordnungsmäßige und binnenrechtskonforme Verwaltung entsprechend § 18 Abs. 2 WEG. 63

Allerdings kann auch die **Verwaltungszuständigkeit** für Teile des Gemeinschaftseigentums auf die Wohnungseigentümer übertragen worden sein. Besonders praxisrelevant ist die in Teilungserklärungen verbreitete Regelung, nach der die **Erhaltungslast** für Teile des Gemeinschaftseigentums im Bereich des Sondereigentums oder soweit sie der alleinigen Nutzung eines Wohnungseigentümers unterliegt, auf diesen übertragen wird (*BGH* ZMR 2017, 412 = NZM 2017, 604). Ein Auseinanderfallen von Nutzungsrecht und Erhaltungslast wird allgemein als unbefriedigend empfunden, eine vom Gesetz abweichende Regelung muss jedoch bereits in der Teilungserklärung/Gemeinschaftsordnung selbst oder im Wege einer späteren Vereinbarung der Wohnungseigentümer getroffen werden, sonst bleibt die Erhaltung eine Aufgabe der Gemeinschaft (*BGH* – ZR 315/13, ZMR 2015, 239). Denkbar ist aber auch eine alleinige Übertragung der Kostenlast unter Beibehaltung der gesetzlichen Verwaltungszuständigkeit. Dann besteht ein Anspruch auf Durchführung der Erhaltungsmaßnahme nach § 18 Abs. 2 WEG doch wieder gegen die Gemeinschaft. 64

Das **Sondereigentum** wird dagegen allein vom jeweiligen Eigentümer selbst verwaltet. Nur für Maßnahmen, die über die Erhaltung des Sondereigentums hinausgehen, gelten gem. § 13 Abs. 2 WEG die Regelungen des § 20 WEG mit der Maßgabe, dass es keiner Gestaltung bedarf, soweit keinem der anderen Wohnungseigentümer über das bei einem geordneten Zusammenleben unvermeidliche Maß hinaus ein Nachteil erwächst. 65

Die Übertragung von Entscheidungskompetenzen auf den **Verwalter** ist nunmehr in § 27 Abs. 2 WEG ausdrücklich im Beschlusswege vorgesehen. Ein solcher Beschuss muss wie alle Verwaltungsentscheidungen gem. § 19 Abs. 1 WEG ordnungsmäßiger Verwaltung entsprechen. 66

2. Anspruch auf eine Verwaltung entsprechend bestehender gesetzlicher Regelungen, Vereinbarungen und Beschlüsse (Binnenrechtskonformität)

Soweit gesetzliche Regelungen, Vereinbarungen und Beschlüsse bestehen, kann jeder Wohnungseigentümer beanspruchen, dass eine Verwaltung des gemeinschaftlichen Eigentums so erfolgt, dass diese Vorgaben berücksichtigt werden. Sie muss **binnenrechtskonform** sein. Von einem sich bereits aus dem Wohnungseigentumsgesetz ergebenden Anspruch auf Vornahme einer konkreten Verwaltungshandlung ohne Ermessen ist etwa für die Einberufung einer Versammlung (§ 24 Abs. 1 WEG), für das Aufstellen eines Wirtschaftsplans und der Jahresabrechnung (§ 28 Abs. 1 und 2 WEG), betreffend die Erstellung des Vermögensberichts (§ 28 Abs. 4 WEG) und die Benachrichtigung über Beschlussklagen (§ 44 Abs. 2 S. 2 WEG) auszugehen. Auch in diesen Fällen ist § 18 Abs. 2 67

Nr. 1 WEG die Anspruchsgrundlage für den Wohnungseigentümer, der die Maßnahme begehrt. Auch hier gilt also das Gebot der Vorbefassung der Eigentümerversammlung, die durch Beschluss statuiert, dass die Voraussetzungen für das Bestehen der Pflicht vorliegen, sie also zum Beispiel noch nicht erfüllt wurde. Ohne entsprechenden Beschluss besteht für die Erhebung einer Leistungsklage durch einen Wohnungseigentümer etwa mit dem Antrag, die Gemeinschaft zu verurteilen, eine Jahresabrechnung für ein Kalenderjahr zu erstellen, kein Rechtsschutzbedürfnis.

68 Die Einhaltung **öffentlich-rechtlicher Anforderungen**, die Aufgabe aller Wohnungseigentümer sind wie die bauordnungsrechtlich vorgeschriebene Herstellung eines zweiten Rettungswegs oder die Erfüllung des Stellplatznachweises entspricht regelmäßig ordnungsmäßiger Verwaltung und kann unter Umständen von einzelnen Wohnungseigentümern als erstmalige plangerechte Herstellung des Gemeinschaftseigentums beansprucht werden *(BGH* – V ZR 102/16; *BGH* -V ZR 84/16). Auch die Erfüllung der auf das Gemeinschaftseigentum bezogenen Verkehrssicherungspflichten gehört zu einer ordnungsmäßigen Verwaltung *(BGH* – V ZR 43/19) ebenso wie Maßnahmen, die allgemein Gefahren für andere Wohnungseigentümer, Dritte oder das Gemeinschaftseigentum verhindern und eine Haftung der Wohnungseigentümergemeinschaft abwenden sollen *(BGH* – V ZR 225/20). Bei einer ohne Baugenehmigung errichteten Dachterrasse, die im gemeinschaftlichem Eigentum steht, ist die Gemeinschaft der Wohnungseigentümer verpflichtet, einem Beschluss auf Beantragung einer Baugenehmigung für die Dachterrasse zuzustimmen. Sanierungsmaßnahmen an einem baurechtswidrig errichteten Anbau stellen einen Verstoß gegen das öffentliche Baurecht dar und widersprechen dadurch der ordnungsgemäßen Verwaltung (*AG Hildesheim* – 127 C 10/22, ZMR 2024, 69).

69 Wenn die begehrte Verwaltungshandlung Gegenstand einer von allen Wohnungseigentümern getroffenen **Vereinbarung** gem. § 10 Abs. 1 S. 2 WEG ist, kann ein Anspruch auf Vornahme der Handlung hieraus resultieren oder die Vereinbarung bei einer Beschlussfassung zu berücksichtigen sein. In der Praxis wird daher bei der Beurteilung von Fragen der Verwaltung des gemeinschaftlichen Eigentums immer die Teilungserklärung zu überprüfen sein, da hier von den Vorschriften des WEG abweichende Vereinbarungen enthalten sein können, während spätere Vereinbarungen der Ausnahmefall sind. Die Summe aller Vereinbarungen wird als Gemeinschaftsordnung bezeichnet. Zu möglichen Vereinbarungen vgl. § 19 Rdn. 4 ff.

70 Im Zusammenhang mit der Abbedingung der Vorschriften zu baulichen Veränderungen, also insbesondere der Vereinbarung einer Zustimmungsfreiheit vor dem Hintergrund des § 22 WEG aF, wird in der Gemeinschaftsordnung häufig auf die Grenzen des öffentlichen Rechts verwiesen. Allgemein gilt dann, dass nur noch die allgemeinen nachbarrechtlichen Vorschriften des Privatrechts, insbesondere die §§ 906 ff. BGB, und das jeweils landesrechtliche Nachbarrecht sowie die Vorschriften des **öffentlichen Rechts**, soweit sie **drittschützenden Charakter** haben wie zum Beispiel Abstandsflächenvorschriften, entsprechend anzuwenden sind. Vorschriften des öffentlichen Rechts – etwa des Baurechts – sind im Verhältnis der Wohnungseigentümer nur insoweit maßgeblich, als sie drittschützende Normen enthalten. Denn im Übrigen stellen sie lediglich behördliche Eingriffsermächtigungen dar, die für das privatrechtliche Rechtsverhältnis nicht prägend sind (*LG Itzehoe* – 11 S 26/10). Die Bestimmungen der Teilungserklärung können nicht etwa dahingehend verstanden werden, dass sämtliche öffentlich-rechtliche Vorschriften, unabhängig davon, ob sie dem Schutz der Wohnungseigentümer dienen, zum Gegenstand von Pflichten der Wohnungseigentümer untereinander gemacht werden sollen, mit der Folge, dass auch bei Verletzung nicht nachbarschützenden Normen öffentlichen Rechts Beseitigungs- und Unterlassungsansprüche wegen Störung des Eigentums gemäß § 1004 Abs. 1 BGB bestehen. Auch soweit § 14 Abs. 1 Nr. 1 WEG n.F. unter anderem vorsieht, dass jeder Wohnungseigentümer gegenüber der Gemeinschaft verpflichtet ist, die gesetzlichen Regelungen einzuhalten, ist der weit gefasste Wortlaut dieser Norm in Zusammenschau mit dem Begriff des Wohnungseigentümers dahin zu reduzieren, dass nur solche gesetzlichen Regelungen erfasst werden, die spezifische Pflichten des Wohnungseigentümers erfassen (vgl. Lehmann-Richter/Wobst WEG-Reform 2020 Rn. 1497; *Lafontaine* in: Herberger/Martinek/Rüßmann/Weth/Würdinger jurisPK-BGB 9. Aufl. § 14 WEG Rn. 63). Während Festsetzungen in einem Bebauungsplan zur Art der baulichen Nutzung generell drittschützend sind, werden Regelungen zum Maß der

baulichen Nutzung im Regelfall ausschließlich aus städtebaulichen Gründen im Bebauungsplan festgesetzt (vgl. § 10 BauNVO, anders etwa bei Festsetzung der zulässigen Grundfläche in Wochenendhaus- und Ferienhausgebieten, § 16 BauNVO, vgl. *BGH* – V ZR 119/23).

Soweit diese Grundsätze vereinzelt insbesondere vor dem Hintergrund der Formulierungen des *BVerfG* – 1 BvR 2304/05 – und des *BVerwG – 4 C 3/97* (»… gelten [ergänzend zu § 15 Abs. 3 WEG aF] auch die Normen des öffentlichen Baurechts, und zwar unabhängig davon, ob sie ihrerseits unmittelbar nachbarschützend sind oder nicht«) in Frage gestellt werden wird (vgl. BeckOK WEG/*Hogenschurz* § 14 Rn. 28), ist dies nicht überzeugend, da nicht anzunehmen ist, dass in Entscheidungen zur Unzuständigkeit der angerufenen Verwaltungsgerichtsbarkeit das Binnenrecht der Wohnungseigentümergemeinschaft umgestaltet werden soll und es nicht sinnvoll erscheint, dass dort jeglicher Verstoß gegen öffentliches Recht unabhängig von einem Bezug zu wohnungseigentumsrechtlichen Pflichten oder Drittschutz zu ahnden sein soll. Maßgeblich sind zudem die konkreten Regelungen in der jeweiligen Teilungserklärung. Wird darin etwa angeordnet, dass eine bauliche Veränderung des Gemeinschaftseigentums geduldet wird, sofern diese bauordnungsrechtlich genehmigt wurde, und hält sich die Baumaßnahme an die Vorgaben der erteilten und nach wie vor wirksamen (§ 43 Abs. 1 VwVfG), d.h. nicht nichtigen Baugenehmigung, scheidet ein Beseitigungsanspruch aus (vgl. *BGH* – V ZR 119/23). 71

Jeder Eigentümer hat einen Anspruch auf Ausführung bestehender Beschlüsse. Die Pflicht zur Beschlussdurchführung obliegt dem Verwalter (wenn auch in § 27 WEG nunmehr nicht mehr ausdrücklich genannt), allerdings besteht kein Individualanspruch der Wohnungseigentümer gegen den Verwalter hierauf, sondern es handelt sich um einen Fall des gem. § 18 Abs. 2 WEG gegen die Gemeinschaft geltend zu machenden Anspruchs auf Verwaltung (anders noch zur alten Rechtslage *BGH* – V ZR 125/17, BGHZ 219, 60–77). Sind alle im Zusammenhang mit der Ausführung der Maßnahme erforderlichen Entscheidungen getroffen worden, kann jeder Wohnungseigentümer ohne weitere Vorbefassung der Eigentümerversammlung einen **direkten Leistungsanspruch** geltend machen. 72

Mit **Bestandskraft** eines Mehrheitsbeschlusses gilt dieser als den Grundsätzen ordnungsmäßiger Verwaltung entsprechend. Jeder Eigentümer und jeder Sonderrechtsnachfolger eines Wohnungseigentümers ist dann nach § 10 Abs. 3 S. 2 WEG in die Beschlusswirkung eingebunden, unabhängig davon, ob er zugestimmt oder abgelehnt hat. 73

Allerdings können Wohnungseigentümer grundsätzlich bestehende Beschlüsse bestätigen, aufheben oder ändern, also einen **Zweitbeschluss** zum selben Beschlussgegenstand treffen. Dies folgt aus ihrer autonomen Beschlusszuständigkeit (vgl. § 19 Abs. 1 WEG). Jeder Wohnungseigentümer kann in Rahmen seines Anspruchs auf ordnungsmäßige Verwaltung verlangen, dass der neue Beschluss ggf. schutzwürdige Belange aus Inhalt und Wirkungen des Erstbeschlusses berücksichtigt. Die dabei einzuhaltenden Grenzen richten sich nach den Umständen des Einzelfalles *(BGH* – V ZB 8/90, ZMR 1991, 146). Eine Verletzung schutzwürdiger Belange eines Wohnungseigentümers kommt insbesondere dann in Betracht, wenn ein Wohnungseigentümer durch den abändernden Zweitbeschluss einen rechtlichen Nachteil im Verhältnis zur Regelung des Erstbeschlusses erleidet, weil der Erstbeschluss eine günstige Rechtsposition für ihn begründet hat, die durch den Zweitbeschluss eingeschränkt oder entzogen werden soll *(OLG Düsseldorf* – 3 Wx 318/00 und *BayObLG* – BReg 2 Z 134/87, jeweils in Bezug auf die Gestattung von baulichen Veränderungen). Das bedeutet jedoch nicht, dass durch einen Zweitbeschluss generell etwaige tatsächliche Vorteile erhalten bleiben müssen, die der Erstbeschlusses begründet hat. Der Umfang der bei einem abändernden Zweitbeschluss zu berücksichtigenden schutzwürdigen Belange aus Inhalt und Wirkungen des Erstbeschlusses richtet sich nach den Umständen des Einzelfalles. Nach der Rechtsprechung sind schutzbedürftige Belange betroffen, wenn ein Wohnungseigentümer durch den abändernden Zweitbeschluss einen rechtlichen Nachteil im Verhältnis zur Regelung des Erstbeschlusses erleidet, wohingegen etwaige tatsächliche Vorteile nicht erhalten bleiben müssen *(OLG Frankfurt* – 20 W 34/02; *OLG Düsseldorf* – 3 Wx 414/99). Es hat eine Abwägung der betroffenen Interessen zu erfolgen. Zudem gilt, dass soweit die materielle Rechtskraft eines beschlussersetzenden Gestaltungsurteils reicht, eine auf 74 tatsächliche Umstände gestützte Neuregelung durch Zweitbeschluss der Wohnungseigentümer nur dann ordnungsmäßiger Verwaltung entsprechen kann, wenn sich die tatsächlichen Umstände nach Schluss der letzten mündlichen Verhandlung im Vorprozess verändert haben (*BGH* – V ZR 51/23, ZMR 2024, 500).

3. Anspruch auf ordnungsmäßige Verwaltung

75 Der Anspruch auf ordnungsmäßige Verwaltung ist regelmäßig auf eine **Beschlussfassung** gerichtet. Im Falle der gerichtlichen Geltendmachung des Anspruchs besteht daher das Gebot der **Vorbefassung der Eigentümerversammlung**, die primär für die Beschlussfassung über Maßnahmen der ordnungsmäßigen Verwaltung zuständig ist (§19 Abs. 1, § 23 Abs. 1 WEG).

76 Der Begriff der ordnungsmäßigen Verwaltung ist in § 18 Abs. 2 WEG legaldefiniert als Verwaltung, die dem Interesse der Gesamtheit der Wohnungseigentümer nach billigem Ermessen entspricht. Im allgemeinen **Sprachgebrauch** wird darunter häufig gleichzeitig verstanden, die Maßnahme den gesetzlichen Regelungen, Vereinbarungen und Beschlüssen entspricht, was deswegen gerechtfertigt ist, weil die beiden Kriterien inhaltlich eng mit einander verknüpft sind.

77 Was dem **Interesse der Gesamtheit der Wohnungseigentümer nach billigem Ermessen** entspricht, lässt sich nur nach sorgfältiger Abwägung aller relevanten Umstände des Einzelfalls und unter Berücksichtigung der allseitigen Interessen der betroffenen Wohnungseigentümer feststellen (*BGH* – V ZR 273/17, ZMR 2019, 291; *BGH* -V ZR 244/14, ZMR 2016, 49). Zu den Einzelheiten siehe oben Rdn. 21 und 39 ff. und § 19 Rdn. 14

78 Die vom Gesetz als typisch angesehenen Anwendungsbereiche finden sich in der beispielhaften Aufzählung des § 19 Abs. 2 WEG. Schwerpunkt der Verwaltung ist in der Praxis die ordnungsmäßige **Erhaltung** (früher: Instandhaltung und Instandsetzung) des gemeinschaftlichen Eigentums gem. § 19 Abs. 2 Nr. 2 WEG.

IV. Anspruch auf ordnungsmäßige Benutzung des gemeinschaftlichen Eigentums und des Sondereigentums

1. Anwendungsbereich

79 § 18 Abs. 2 Nr. 2 WEG betrifft die Benutzung des **gemeinschaftlichen Eigentums und des Sondereigentums**. Der Anspruch gliedert sich analog zu der für den Anspruch auf Verwaltung normierten Struktur in einen Anspruch auf ordnungsmäßige Benutzung entsprechend dem Interesse der Gesamtheit der Wohnungseigentümer nach billigem Ermessen und einen Anspruch auf eine Benutzung, die ggf. den gesetzlichen Regelungen, Vereinbarungen (§ 10 Abs. 1 S. 2 WEG) und Beschlüssen (§19 Abs. 1 WEG) entspricht. Auch im letzteren Fall muss das Binnenrecht regelmäßig ordnungsmäßig durch Beschluss konkretisiert werden.

80 Zulässig ist eine Nutzung, die **§ 14 Abs. 2 WEG** gestattet. Die Einzelheiten sind anhand der konkreten Umstände des Einzelfalls unter Berücksichtigung der Beschaffenheit und Zweckbestimmung des gemeinschaftlichen Eigentums bei Beachtung des Gebots der allgemeinen Rücksichtnahme in Abwägung der allseitigen Interessen zu ermitteln, wobei den Wohnungseigentümern ein Ermessensspielraum zusteht (*BGH* – V ZR 163/14).

81 Die Vorschrift gibt den Wohnungseigentümern unter anderem einen Individualanspruch gegen die Gemeinschaft der Wohnungseigentümer darauf, dass diese gegen **Störer** vorgeht, seien es Wohnungseigentümer oder Drittnutzer. Hierzu ist sie gem. § 9a Abs. 2 WEG i.V.m. § 1004 Abs. 1 BGB berechtigt. Existiert bereits eine Benutzungsregelung, besteht ein Individualanspruch auf Einhaltung der dort aufgezeigten Grenzen der Benutzung, etwa durch gerichtliche Geltendmachung eines Unterlassungsanspruchs gegen den Störer.

82 Typische Anwendungsfälle sind Regelungen, die häufig auch im Rahmen der Aufstellung einer **Hausordnung** (§ 19 Abs. 2 Nr. 1 WEG) erfolgen, etwa zu Ruhezeiten, zur Benutzung der Gemein-

schaftsflächen oder zur Tierhaltung. Wegen der Verweisung des § 9a Abs. 3 WEG besteht auch hinsichtlich des **Gemeinschaftsvermögens** eine Individualanspruch auf dessen ordnungsmäßige Benutzung entsprechend § 18 Abs. 2 WEG.

Die **Abgrenzung** zwischen Benutzungsregelung durch Mehrheitsbeschluss und **Begründung eines Sondernutzungsrechts**, die nur durch Vereinbarung möglich und im Falle eines Mehrheitsbeschlusses nichtig ist, kann im Einzelfall schwierig sein. Möglich sind Nutzungsbeschränkungen bis hin zu einem Nutzungsverbot, nicht jedoch die Zuweisung von im Gemeinschaftseigentum stehende Flächen an einem Wohnungseigentümer zum ausschließlichen Gebrauch, die keine Konkretisierung der Benutzung darstellt, sondern in der Sache ein Sondernutzungsrecht begründet. Eine Vereinbarung im Sinne von § 10 Abs. 2 S. 2 WEG ist daher auch dann erforderlich, wenn alle Wohnungseigentümer eine gleichwertige Fläche zur alleinigen Nutzung erhalten sollen. Eine Regelung, die im Interesse eines geordneten Gebrauchs des Gemeinschaftseigentums dessen **turnusmäßige** Nutzung durch einzelne Wohnungseigentümer vorsieht, führt dagegen grundsätzlich nicht zu einem (befristeten) Sondernutzungsrecht; sie kann daher durch (Mehrheits-) Beschluss getroffen werden (*BGH* – V ZR 191/15, ZMR 2016, 888). 83

Ein Anspruch gem. § 18 Abs. 2 WEG gegen die Gemeinschaft auf ordnungsmäßige und binnenrechtskonforme Benutzung kann auch dann bestehen, wenn es um die Nutzung einer dem **Sondernutzungsrecht** eines Wohnungseigentümers unterliegenden Fläche geht und dies nicht ausschließlich zu konkreten Nachteilen im räumlichen Bereich des Sondereigentums einzelner Wohnungseigentümer führt. Denn das Sondernutzungsrecht lässt die sachenrechtliche Zuordnung des Nutzungsgegenstandes zum Gemeinschaftseigentum unverändert (*BGH* – V ZR 315/13, ZMR 2015, 239). 84

2. Anspruch auf Einhaltung einer Benutzung entsprechend bestehender gesetzliche Regelungen, Vereinbarungen und Beschlüsse (Binnenrechtskonformität)

Mit **gesetzlichen Regelungen** sind das Wohnungseigentumsgesetz, aber auch alle anderen Gesetze gemeint, die einschlägig sind für die Benutzung des Gemeinschaftseigentums und des Sondereigentums, etwa das BImSchG. Der Verstoß gegen öffentlich-rechtliche Vorschriften führt nicht bereits unmittelbar zu einer gesetzeswidrigen Benutzung i.S.d. § 18 Abs. 2 Nr. 2 WEG, kann jedoch einen Nachteil i.S.d. § 14 Abs. 2 Nr. 2 WEG begründen, wenn diese **drittschützend** sind. Wenn eine Nutzung des gemeinschaftlichen Eigentums und des Sondereigentums entsprechend dem Interesse der Gesamtheit der Wohnungseigentümer nach billigem Ermessen bereits geregelt ist, kann ein **Leistungsanspruch** auf Einhaltung der Grenzen der zulässigen Benutzung bestehen. Die Pflicht zum Vollzug von Beschlüssen liegt bei dem Verwalter der Gemeinschaft als deren Vollzugsorgan (und wird in § 27 WEG lediglich nicht mehr ausdrücklich genannt). 85

Die im WEG mit der Unterscheidung von Wohnungs- und Teileigentum gesetzlich vorgesehenen Grundtypen der Nutzungsbefugnis schließen sich – vorbehaltlich anderer Vereinbarungen – gegenseitig aus. Während Wohnungseigentum nur an Wohnungen begründet werden kann und zum Wohnen bestimmt ist, dient Teileigentum nicht zu Wohnzwecken (*BGH* – V ZR 193/16, BGHZ 216, 333–347). Man spricht von **Zweckbestimmung im weiteren Sinne**, während eine Zweckbestimmung im engeren Sinne durch Vereinbarung die Nutzung weiter konkretisiert (*Schmidt-Räntsch* in: Niedenführ/Schmidt-Räntsch/Vandenhouten WEG 13. Aufl. §15 Rn. 11). Nach der Rechtsprechung des Bundesgerichtshofs ist bei der Beurteilung von Betreuungseinrichtungen für Kinder im Rahmen der ergänzenden **Auslegung** der Zweckvereinbarung die Privilegierung des § 22 Abs. 1a S. 1 **BImSchG** zu berücksichtigen (*BGH* – V ZR 203/18, ZMR 2020, 322): Nach § 22 Abs. 1a S. 1 BImSchG sind Geräuscheinwirkungen, die von Kindertageseinrichtungen, Kinderspielplätzen und ähnlichen Einrichtungen wie beispielsweise Ballspielplätzen durch Kinder hervorgerufen werden, im Regelfall keine schädliche Umwelteinwirkung. 86

Benutzungsregelungen, insbesondere **Zweckbestimmungen im engeren Sinne** über die Nutzung des Sondereigentums, können in der Gemeinschaftsordnung, in der dinglichen Teilungserklärung 87 oder in dem dort in Bezug genommenen Aufteilungsplan enthalten sein. Ergeben sich **Widersprüche** zwischen Teilungserklärung und Aufteilungsplan, ist unter Heranziehung der für die Auslegung von Grundbucheintragungen geltenden Grundsätze zu ermitteln, welche Regelung Vorrang hat. Bei Beschreibungen im Aufteilungsplan handelt es sich in der Regel nur um unverbindliche Vorstellungen des teilenden Eigentümers oder um Gebrauchsvorschläge des Architekten. Seiner sachenrechtlichen Abgrenzungsfunktion entsprechend regelt der Aufteilungsplan nämlich grundsätzlich nur die räumliche Abgrenzung und nicht die Nutzung der Räumlichkeiten *(BGH* -V ZR 163/14). Weiter ist zu beachten, dass eine nach dem vereinbarten Zweck ausgeschlossene Nutzung sich als zulässig erweisen kann, wenn sie bei **typisierender Betrachtungsweise** nicht mehr stört als die vorgesehene Nutzung *(BGH* – V ZR 193/16).

88 Jeder Wohnungseigentümer ist zwar gem. § 16 Abs. 3 WEG zum Mitgebrauch des gemeinschaftlichen Eigentums nach Maßgabe des § 14 WEG berechtigt. Das gilt aber nicht für die Teile des gemeinschaftlichen Eigentums, an denen einzelnen Wohnungseigentümern **Sondernutzungsrechte** zugewiesen sind. Wesensmerkmal von Sondernutzungsrechten ist, dass sie dem begünstigten Wohnungseigentümer unter Ausschluss der Übrigen (negative Komponente) das Recht zur Nutzung von Teilen des Gemeinschaftseigentums zuweisen (positive Komponente). Sie schränken damit die gesetzliche Befugnis jedes Wohnungseigentümers zum Mitgebrauch des gemeinschaftlichen Eigentums ein *(BGH* – V ZR 65/17; ZMR 2018, 681). Die mit der Einräumung eines Sondernutzungsrechts getroffene Grundlagenentscheidung für den ausschließlichen Gebrauch des gemeinschaftlichen Eigentums durch einzelne Wohnungseigentümer und gegen dessen Mitgebrauch durch alle kann **nur durch Vereinbarung** aller Wohnungseigentümer nach § 10 WEG oder durch die Teilungserklärung bei Begründung des Wohnungseigentums (§ 3 WEG oder § 5 WEG in Verbindung mit § 10 WEG) begründet oder geändert werden *(BGH* – V ZR 65/17, ZMR 2018, 681). Für einen Mehrheitsbeschluss fehlt der Wohnungseigentümerversammlung die absolute Beschlusskompetenz.

89 Soweit eine Benutzungsregelung bereits bestandskräftig beschlossen wurde, hat jeder Eigentümer gem. § 18 Abs. 2 WEG gegen die Gemeinschaft einen Anspruch auf deren Einhaltung. Die kann auch in Form einer Hausordnung geschehen sein. Ggf. besteht ohne weitere Vorbefassung der Eigentümerversammlung ein direkter **Leistungsanspruch**. In der Regel kann aber auch ein Anspruch auf Aufhebung oder Abänderung einer beschlossenen Gebrauchsregelung bestehen, also auf Herbeiführung eines Zweitbeschluss zum selben Beschlussgegenstand.

3. Anspruch auf ordnungsmäßige Nutzung (Konkretisierung)

a) Allgemeines

90 Es handelt sich um einen Anspruch auf Beschlussfassung über die Herbeiführung einer ordnungsmäßigen Benutzung im Sinne einer **Konkretisierung**. Entsprechend zu dem Anspruch auf Verwaltung besteht auch hier das Gebot der **Vorbefassung der Eigentümerversammlung**, die primär für die Beschlussfassung über Maßnahmen der ordnungsmäßigen Benutzung gem. §19 Abs. 1, § 23 Abs. 1 WEG zuständig ist. Ein Wohnungseigentümer kann den Abschluss einer interessengerechten Benutzungsregelung über die Nutzung des Gemeinschaftseigentums verlangen, soweit sich aus Gesetz, Vereinbarungen oder Beschlüssen keine Regelung ergibt. Gebrauchsregelungen können Bestimmungen zur Nutzungsart, Zweck und Umfang enthalten.

91 Es besteht kein inhaltlicher Unterschied zwischen dem Begriff der Benutzung und dem Begriff des Gebrauchs in § 15 WEG a.F. Unter Benutzung ist **jede tatsächliche Inanspruchnahme** des gemeinschaftlichen Eigentums oder des Sondereigentums zu verstehen, wie das Bewohnen, das Vermieten und das Verpachten und das Nutzen in sonstiger Weise, wie § 13 Abs. 1 WEG für die Rechte des Wohnungseigentümers aus dem Sondereigentum formuliert. Im Grundsatz können die Wohnungseigentümer auch ein auf das gemeinschaftliche Eigentum bezogenes **Nutzungsverbot** zum Zwecke der Gefahrenabwehr beschließen, jedoch darf hierdurch die Nutzung des Sondereigentums zu dem vereinbarten Zweck nicht erheblich beeinträchtigt oder ausgeschlossen werden *(BGH* – V ZR 225/20).

Der **Begriff der ordnungsmäßigen Benutzung** ist ebenso wie der der Verwaltung in § 18 Abs. 2 WEG legaldefiniert als eine solche, die dem **Interesse der Gesamtheit der Wohnungseigentümer nach billigem Ermessen** entspricht. Ob eine Benutzung ordnungsmäßig ist, lässt sich nur nach sorgfältiger Abwägung aller relevanten Umstände des Einzelfalls und unter Berücksichtigung der allseitigen Interessen der betroffenen Wohnungseigentümer sowie unter **Berücksichtigung der Beschaffenheit und der Zweckbestimmung** des gemeinschaftlichen Eigentums bei Beachtung des Gebots der allgemeinen **Rücksichtnahme** in Abwägung der allseitigen Interessen feststellen *(BGH* - V ZR 273/17, ZMR 2019, 291). Auch die Interessen mitbetroffener **Dritter** können in die Abwägung einzubeziehen sein, so etwa im Fall des Beschlusses über eine Videoüberwachung des Gemeinschaftseigentums das Interesse an dem Schutz der Privatsphäre *(BGH* – V ZR 220/12, ZMR 2013, 909). Auch hier steht den Wohnungseigentümern bei der Beschlussfassung ein Ausübungs- und Ermessensspielraum zu. Nur im Fall einer Ermessensreduzierung auf null kann eine konkrete Benutzung als Beschlussinhalt verlangt und gegebenenfalls nach § 44 Abs. 1 S. 2 gerichtlich durchgesetzt werden. 92

b) **Beispielsfälle**

▶ **Ordnungsmäßige Fälle:**

Ordnungsmäßig können im Einzelfall sein: 93

- die Nutzung eines asphaltierten Hofs zum **Abstellen** von Pkw (*BayObLG* NJW-RR 1998, 443)
- Regelungen zur **Belüftung** zur Vermeidung von Feuchtigkeitsschäden (*BayObLG* WuM 1992, 707 f.)
- die Einschränkung der **Bepflanzung**, zugunsten einer einheitlichen Gestaltung (*BayObLG* ZWE 2001, 612) oder bei der Gefahr von Schäden für das Gemeinschaftseigentum (*BayObLG* ZMR 2001, 819) bzw. sonstigen Beeinträchtigungen wie dem Verlust des Ausblicks (*BayObLG* WuM 1992, 206 f.)
- die Beschränkung des **Betriebs ruhestörender Geräte** (*BayObLG* ZMR 2001, 818 f.)
- das Verbot des Anbringens von **Blumenkästen** an der Brüstung einer Dachterrasse zur Wahrung einer einheitlichen Gestaltung (*BayObLG* NJW-RR 2002, 13)
- das Verbot des **Duschens** von 23.00 bis 5.00 Uhr (*BayObLG* WuM 1991, 300; wohl nicht verallgemeinerbar)
- die Genehmigung der Nutzung von Gemeinschaftsräumen zusammen mit **Externen** *(AG Pankow/Weißensee* ZMR 2017, 686)
- Regelungen zur **Gartengestaltung** (*BayObLG* NJW-RR 1991, 1362) sowie die Erlaubnis zum Aufstellen eines kleinflächigen Komposters (*BayObLG* ZMR 2005, 132)
- die Übergabe eines **Generalschlüssels** an einen Hausmeister *(OLG Hamm* NJW-RR 2004, 1312)
- die Nutzung einer **Grünfläche** als Liegewiese oder Kinderspielplatz *(OLG Saarbrücken* NJW-RR 1990, 24 f.; *OLG Frankfurt am Main*, NJW-RR 1991, 1360; *Stollenwerk* NZM 2004, 291); jedoch im Einzelfall nicht zum Ballspielen *(OLG* Düsseldorf 3Wx 352/85, MDR 1986,852) und zum Aufstellen eines mit einem Vorhängeschloss gesicherten Trampolin *(LG Hamburg* 318 S 5/15, ZMR 2016, 562)
- die Nutzung von Gemeinschaftseigentum als **Hausmeisterbüro** *(OLG Düsseldorf* NJW-RR 2002, 1525 = ZMR 2002, 959 f.), da dies allen Eigentümern zugutekommt und hierdurch die Kosten für die Anmietung entsprechender Räumlichkeiten gespart werden
- die Beschränkung der **Haustierhaltung**, sofern sie nicht auf ein völliges Verbot hinausläuft *(LG Frankfurt* – 2–13 S 89/21, ZMR 2023, 814; *OLG Hamburg* ZMR 2008, 151; *LG Lüneburg* ZMR 2012, 728 f.). Zulässig ist etwa das Verbot, Tiere frei herumlaufen zu lassen (*BayObLG* NJW-RR 1994, 658; NJW-RR 2004, 1380 = ZMR 2004, 769; *LG Lüneburg* ZMR 2012, 728 f.; *LG Frankfurt/M.* ZMR 2016, 56; ähnlich *LG Konstanz* ZMR 2009, 635), mehr als eine bestimmte Anzahl von Tieren zu halten (*KG* NJW-RR 1991, 1117; NJW-RR 1998, 1386 = ZMR 1998, 659; *OLG Zweibrücken* ZMR 1999, 854; *OLG Schles-*

wig ZMR 2004, 941; *LG Lüneburg* ZMR 2012, 728 f.), Tiere im Aufzug zu befördern *(LG* Karlsruhe ZMR 2014, 394) und das Gebot, Kot zu beseitigen *(LG Konstanz* ZMR 2009, 635). Auch die Beschränkung des Zugangs von Hunden auf eine bestimmte Gartenfläche entspricht ordnungsmäßiger Verwaltung, wobei das Tragen eines Maulkorbs nicht zwingend ist *(LG Konstanz* ZMR 2009, 635). Es besteht kein schützenswertes Vertrauen darauf, dass eine Beschränkung nicht beschlossen wird, wenn sie bei Anschaffung des Tieres noch nicht existierte *(LG Frankfurt/M.* ZMR 2016, 56, 57). Umgekehrt kann der Beschluss, dass Hunde unangeleint auf der gemeinschaftlichen Rasenfläche spielen dürfen, ordnungsmäßiger Verwaltung entsprechen, wenn es nicht zu Störungen kommt *(BGH* – V ZR 163/14, ZMR 2015, 729). Die Mehrheit der Wohnungseigentümer kann dem Interesse der Hundehalter, die Hunde beim Spielen nicht anzuleinen, den Vorrang einräumen gegenüber dem Interesse anderer Wohnungseigentümer, durch frei laufende Hunde nicht beeinträchtigt zu werden. Vorauszusetzen ist hierbei aber, dass etwaige Beeinträchtigungen für die anderen Miteigentümer zumutbar sind. In diesem Rahmen ist einer Wohnungseigentümergemeinschaft auch die Möglichkeit zu eröffnen, eine Regelung zunächst einmal auf ihre Praktikabilität zu erproben und sie je nach gewonnener Erfahrung wieder zu ändern *(LG Berlin* ZMR 2014, 658, 660 f. im Zusammenhang mit Parkregelungen). Der Ausschluss von bestimmten, gefährlichen Tierarten wie Kampfhunden *(OLG Frankfurt am Main,* NJW-RR 1993, 981 f.; *KG* NJW-RR 2004, 89 = ZMR 2004, 704) oder Ratten und Schlangen *(OLG Frankfurt am Main,* NJW-RR 1990, 1431) ist zulässig, ebenso die Untersagung nach drei erfolglosen Abmahnungen, ein störendes oder untersagtes Verhalten zu unterlassen (*BayObLG* NJW-RR 1994, 658). Die unbeschränkte Zulassung der Tierhaltung kann ordnungsmäßiger Verwaltung widersprechen *(OLG Hamburg* ZMR 2008, 151; *LG Konstanz* ZMR 2009, 635).

- eine Nutzung als **Heim** oder heimähnliche Einrichtung dient nicht zu Wohnzwecken, sie kann grundsätzlich in Teileigentumseinheiten erfolgen. Eine solche Nutzung ist dadurch gekennzeichnet, dass die Unterkunft in einer für eine Vielzahl von Menschen bestimmten Einrichtung erfolgt, deren Bestand von den jeweiligen Bewohnern unabhängig ist, und in der eine heimtypische Organisationsstruktur an die Stelle der Eigengestaltung der Haushaltsführung und des häuslichen Wirkungskreises tritt *(BGH* -V ZR 330/17, ZMR 2019, 425; *BGH* -V ZR 193/16, ZMR 2018, 238).
- ein Verbot der Demontage von **Heizkörpern**, um eine gleichmäßige Versorgung sicherzustellen *(LG Bautzen* ZMR 2012, 803)
- die Überprüfung, Neueinstellung und Verplombung von **Heizungsabsperrventilen** (*BayObLG* – 7 S 259/85, NJW-RR 1987, 1493)
- die Nachtabsenkung der **Heizungstemperatur** zur Energieeinsparung (*BayObLG* WE 1985, 56)
- Regelungen zur **Höhe des Bewuchses** auf dem Gemeinschaftseigentum, auch wenn es sich um Sondernutzungsflächen handelt *(AG Hamburg-Barmbek* ZMR 2015, 415 f.)
- die Zuteilung von **Kellerräumen** (*KG* NJW-RR 1990, 155)
- die Erlaubnis des kurzfristigen Abstellens von **Kinderwagen** im **Treppenhaus** *(OLG Hamm* – 15 W 444/00, NJW-RR 2002, 10 f.) Eine Regelung in der Hausordnung, dass Kinderwagen »vorübergehend im Hausflur abgestellt werden dürfen«, ist nicht wegen inhaltlicher Unbestimmtheit nichtig, da eine sinn- und zweckorientierte Auslegung der Regelung möglich ist Ein vorübergehendes Abstellen eines Kinderwagens im Erdgeschoss kann selbstverständlich, sozial üblich und Element der Zweckbestimmung der Wohnanlage sein, wenn es objektiv mangels anderer Abstellmöglichkeit erforderlich ist.
- die Nutzung eines **Ladens** als Eltern-Kind-Zentrum kann eine zulässige Nutzung einer Teileigentumseinheit darstellen *(BGH* – V ZR 203/18, ZMR 2020, 322).
- die Beschränkung des **Musizierens** auf bestimmte Zeiten. Da das häusliche Musizieren einschließlich des dazugehörigen Übens zu den sozialadäquaten und üblichen Formen der Freizeitbeschäftigung gehört, sind daraus herrührende Geräuscheinwirkungen jedenfalls in gewissen Grenzen zumutbar und in diesem Rahmen als unwesentliche Beeinträchtigung

des benachbarten Grundstücks im Sinne von § 906 Abs. 1 BGB anzusehen; insoweit hat ein Berufsmusiker, der sein Instrument im häuslichen Bereich spielt, nicht mehr, aber auch nicht weniger Rechte als ein Hobbymusiker und umgekehrt (*BGH* – V ZR 143/17, ZMR 2019, 237; *BGH* ZMR 1999, 43; *OLG Hamm* NJW-RR 1986, 501; *OLG Hamburg* ZMR 1998, 799; *BayObLG* ZMR 2002, 65 u. 606; *OLG Frankfurt am Main* NJW-RR 2004, 14 f.), wobei Berufsmusiker keine besondere Behandlung verlangen können (*BayObLG* ZMR 1985, 208; *OLG Hamm* NJW-RR 1986, 501; *OLG Frankfurt am Main* NJW-RR 2004, 15). Eine Regelung, die auf ein völliges Verbot des Musizierens hinausläuft, weil etwa jedes Musizieren beim Verwalter angemeldet werden müsste (*OLG Hamm* NJW-RR 1986, 501), bedarf allerdings der Vereinbarung; ein entsprechender Beschluss ist gleichwohl nur anfechtbar, nicht aber nichtig (*BayObLG* ZMR 2002, 64 f. u. 606). Besonders intensive musikalische Betätigung kann auch vom Einbau zusätzlicher Schutzmaßnahmen abhängig gemacht werden (*OLG Hamm* NJW-RR 1986, 502).

- die Beschränkung von **Öffnungszeiten** für Gewerbebetriebe mit starken Lärmimmissionen wie Biergärten (*BayObLG* ZMR 2001, 823 f.)
- ein Verbot, weitere **Parabolantennen** anzubringen, sofern eine ausreichende Versorgung sichergestellt ist (*AG Hamburg-Wandsbek* ZMR 2015, 582 f.).
- die Festlegung allgemeiner **Ruhezeiten** (*BGH* NJW 1998, 3714 f.; *OLG Braunschweig* NJW-RR 1987, 845 f.; *BayObLG* ZMR 2002, 605; ähnlich *AG Reutlingen,* ZMR 2013, 152 f.; *AG Hannover,* ZMR 2018, 268 f.). Jedoch ist auf die Bestimmtheit zu achten: Haben die Beteiligten in einer Hausordnung Ruhezeiten festgelegt, in denen jedes unnötige und störende Geräusch zu vermeiden und die Ruhe beeinträchtigende Tätigkeiten zu unterlassen sind, genügt die Regelung mangels Objektivierbarkeit unnötiger und störender Geräusche nicht dem Bestimmtheitserfordernis und ist deshalb unwirksam (*OLG Düsseldorf* -I-3 Wx 233/08, ZMR 2010, 52).
- das Verbot, Parkplätze, an denen **Sondernutzungsrechte** bestehen, an Dritte zu überlassen (*KG* NJW-RR 1996, 586 f.; *OLG Frankfurt am Main,* NJW-RR 2007, 890)
- das Freihalten der **Stellplätze** von Fahrrädern (*KG* ZMR 2009, 793)
- die Nutzung eines im Gemeinschaftseigentum stehenden Raumes als **Toilette** für Hauspersonal und Handwerker (*LG Hamburg* ZMR 2016, 57, 59)
- die Betreuung von **Tageskindern** im Wohnungseigentum (*AG Bonn*- 27 C 115/18, ZMR 2019, 372)
- die Nutzung von Gemeinschaftsräumen oder -flächen im **Turnus** (*BGH* ZMR 2016, 888, 890)
- die **Vermietung** von Gemeinschaftseigentum (*BGH* ZMR 2000, 845 f.; *BayObLG* NJW-RR 1992, 599 f.; 2002, 949 f.; *OLG München* ZMR 2008, 562; *OLG Köln* ZMR 2009, 389; vgl. zur Gegenposition noch *OLG Zweibrücken* NJW-RR 1986, 1338). Die Vermietung von Gemeinschaftseigentum läuft auch bei längerfristiger Bindung nicht auf ein Sondernutzungsrecht hinaus und kann durch Beschluss erfolgen (*LG Hamburg* ZMR 2016, 57 f.). Im Gegensatz zum Sondernutzungsrecht tritt **kein dauerhafter Ausschluss** der Wohnungseigentümer von der Nutzung ein. Vielmehr treten an die Stelle des unmittelbaren Eigengebrauchs die Mieteinnahmen (*BGH* ZMR 2000, 845; *BayObLG* NJW-RR 1992, 600; 2000, 154; *OLG Hamburg* ZMR 2003, 444 u. 958; *LG Hamburg* ZMR 2016, 57, 58; *AG Charlottenburg* ZMR 2017, 506, 508; *AG Hamburg-St. Georg* ZMR 2017, 680, 681)
- die **Verplombung** von Messeinrichtungen (*KG* NJW-RR 2005, 532)
- Beschränkungen des Zugangs zu **Versorgungseinrichtungen** (BayObLGZ 1972, 96 f.; NJW-RR 1987, 719; *OLG Köln* WuM 1997, 696
- die Nutzung einer **Waschküche** bzw. des Trockenraums für das Aufstellen und für den Betrieb eines elektrischen Ablufttrockners, sofern Kapazitätsprobleme nicht ersichtlich sind (*AG Hamburg-St. Georg* -980a C 33/20 WEG, ZMR 2022, 76)
- die Erlaubnis, **Waschmaschinen** auch sonntags von 9–12 Uhr in Betrieb zu nehmen (*OLG Köln* ZMR 2000, 565 f.)

- die Erlaubnis, **Weihnachtsschmuck** anzubringen *(LG Düsseldorf* NJW-RR 1990, 785 f. = MDR 1990, 249)
- die Gestattung, für einen zulässigen Gewerbebetrieb **Werbung** an der Hausfassade anzubringen *(OLG Frankfurt am Main* Rpfleger 1982, 64).

▶ **Nicht Ordnungsmäßig können im Einzelfall sein:**

- das Verbot jeglichen und somit auch nur kurzfristigen **Abstellens** von Gegenständen außerhalb der Wohnungen und Keller (*BayObLG* ZMR 2005, 133; ähnlich *OLG Köln* ZMR 2009, 389); ebenso das kategorische Verbot, Fahrzeuge auf der Zufahrt zu einer Sondernutzungsfläche, sofern nur ein abgestelltes Fahrzeug den Zugang nicht behindert *(LG Hamburg* ZMR 2017, 840 f.)
- das Verbot der Nutzung von **Abstellplätzen** durch die Kunden einer in einem Teileigentum befindlichen Gewerbeeinheit (*KG* NJW-RR 1996, 587 f.; *BayObLG* ZMR 1999, 777 f.)
- die Vermietung der Gartenfläche als **Biergarten**, wenn es hierdurch zu erheblichen Immissionsbelastungen für die Bewohner kommt *(AG Hamburg-St. Georg* ZMR 2009, 558)
- die Anordnung, **Dritte** mit bestimmten Arbeiten zu betrauen, wenn deren Erledigung durch den Eigentümer oder seine Mieter gleichfalls möglich ist (*BayObLG* ZMR 2005, 133)
- die Vornahme von Rückschnitten im Wege der **Ersatzvornahme** ohne Duldungstitel, ohne dass dem betroffenen Sondernutzungsberechtigten auch nur eine Frist gesetzt wurde *(AG Hamburg-Barmbek* ZMR 2015, 415 f.); vgl. zur Beseitigung von Parabolantennen *(AG Hamburg-Wandsbek* ZMR 2015, 582)
- die Nutzung eines **Gemeinschaftsraums** für Gartengeräte, da damit die Nutzung durch alle Wohnungseigentümer als Freizeitraum ausgeschlossen wird (*BayObLG* NJW-RR 1986, 1077; ähnlich *LG Köln* ZMR 2012, 725 f. zur ausschließlichen Nutzung eines großen Gemeinschaftsraums für die Lagerung alter Verwaltungsunterlagen und für die Durchführung von Sitzungen des Verwaltungsbeirats). Die Regelung in der Hausordnung, wonach die Gestaltung des **Treppenhauses** eine Etage tiefer (einschließlich dem Aufstellen von Möbeln) – unter Ausschluss der übrigen Miteigentümer – den Bewohnern der jeweiligen Etage obliegt, unterfällt nicht der Beschlusskompetenz der Eigentümergemeinschaft für Gebrauchsregelungen und ist daher nichtig *(OLG Düsseldorf* NJW-RR 2004, 376 = ZMR 2005, 142).
- die Verhängung von **Gemeinschaftsstrafen**, wenn ein Wohnungseigentümer bestimmten Pflichten in der Gemeinschaftordnung nicht nachkommt *(OLG Frankfurt am Main* NJW-RR 2005, 1605)
- die unbeschränkte Gestattung des **Grillens** auf den Balkonen *(LG Düsseldorf* NJW-RR 1991, 1170); ebenso das unbeschränkte Verbot oder eine dem gleichkommende Erlaubnis nur für den Fall, dass keine Rauch- oder Geruchsbelästigung eintritt *(AG München* ZMR 2013, 842)
- die Verpflichtung zum nächtlichen Verschließen der **Haustür**, wenn hierdurch das Verlassen in Gefahrsituationen ausgeschlossen ist *(LG Frankfurt/M.* ZMR 2015, 734)
- das gänzliche Verbot jeglicher **Hunde- bzw. Haustierhaltung** (*BayObLG* NJW-RR 1994, 658; ZMR 2002, 288, *OLG Hamburg* ZMR 2008, 151; *LG Konstanz,* ZMR 2009, 635; weitergehend *KG* NJW 1992, 2578, das sogar von der Nichtigkeit eines solchen Verbots ausgeht; ebenso jetzt wieder *OLG Saarbrücken* ZMR 2007, 308; *AG Würzburg* ZMR 2015, 423 f.; a.A. *BGH* ZMR 1995, 417 f.; *OLG Hamm* ZMR 2005, 899)
- das Verbot des Abstellens von Krafträdern auf einer Gemeinschaftsfläche im **Tiefgaragenbereich** *(OLG München* ZMR 2005, 908), das Verbot der Lagerung auch für »im engeren Sinne (kraft-)fahrzeugbezogene Gegenstände« wie Ladekabel, Reifen oder ähnliches Zubehör nach dem Inhalt einer bestandskräftig beschlossenen »Garagenordnung« *(AG Hamburg-St. Georg* – 980a C 10/23, ZMR 2024, 246)

- die Nutzung einer als **Laden** bezeichneten Teileigentumseinheit als Eisdiele. Bei typisierender Betrachtung stört diese Nutzung jedenfalls dann mehr als eine Nutzung als Ladengeschäft, wenn Außenflächen in Anspruch genommen werden, sei es durch eine Außenbestuhlung oder durch den Verkauf nach außen *(BGH* - V ZR 271/18, ZMR 2020, 202)
- die Vermietung einer als Laden bezeichneten Teileigentumseinheit als Ferienwohnung ergänzt um einfache »Serviceleistungen« stellt keine gewerbliche Nutzung, sondern eine Wohnnutzung dar (*AG Tempelhof-Kreuzberg* – 72 C 166/18 WEG, ZMR 2020, 706)
- die Verpflichtung, den Verwalter zur Einziehung von **Mieteinkünften** aus dem Sondereigentum zu ermächtigen, da hierdurch die ausdrückliche Befugnis nach § 13 Abs. 1 WEG eingeschränkt wird *(OLG Düsseldorf* NJW-RR 2001, 877 = ZWE 2001, 335 f.)
- die Erlaubnis, **Möbel** auf einem Treppenpodest aufzustellen, da dies auf ein Sondernutzungsrecht hinausläuft *(OLG Düsseldorf* NJW-RR 2004, 377)
- die Einrichtung eines Platzes für **Müllbehälter** in maximal einem Meter Entfernung zu Wohnungsfenstern *(LG Hamburg* ZMR 2015, 50)
- das ausnahmslose Verbot jeglichen **Musizierens** (*BayObLG* ZMR 2002, 65 f.); ohne Anfechtung wird es aber bestandskräftig und kann nur bei Vorliegen neuer Tatsachen wieder angegriffen werden *(AG Hannover* ZMR 2009, 153). Gleiches gilt für das Verbot jeglicher Musikdarbietungen in einer Gaststätte; zulässig sind nur Beschränkungen auf das Maß lautstärkebegrenzter Anlagen (*BayObLG* NJW-RR 1994, 338)
- der Einbau einer **Schließautomatik**, durch die die (zulässige) Zufahrt für eine Kindertagesstätte deren Nutzern unmöglich gemacht wird *(AG Hamburg-Wandsbek* ZMR 2018, 82 f.).
- das Verbot des Abstellens von **Schuhen** auf der Fußmatte *(OLG Hamm* ZMR 1988, 270;)
- die Pflicht zur persönlichen **tätigen Mithilfe** bei der Reinigung oder sonstigen Instandhaltung der Liegenschaft (*KG* NJW-RR 1994, 207; *OLG Düsseldorf* NJW-RR 2004, 376 = ZMR 2005, 143; *OLG Köln* NJW-RR 2005, 529; *Wenzel* ZWE 2009, 61 f.; für Schneeräum- und Streupflichten *BGH* ZMR 2012, 646 f.; für die Übertragung von Gartenpflege- und Reinigungsarbeiten und die diesbezügliche Kostentragung an den jeweiligen Sondernutzungsberechtigten *BGH* – V ZR 315/13, ZMR 2015, 239. Das sog. Belastungsverbot gehört zu den unentziehbaren, aber verzichtbaren Mitgliedschaftsrechten, das jeden Wohnungseigentümer vor der Aufbürdung neuer (originärer), sich weder aus dem Gesetz noch aus der bisherigen Gemeinschaftsordnung ergebender Leistungspflichten schützt. Der *BGH* hat inzwischen Bedenken gegen die ursprüngliche Annahme einer schwebenden Unwirksamkeit in Fällen, in denen die Erklärung eines Verzichts durch einen Wohnungseigentümer bzw. die Zustimmung, also freiwillige Übernahme einer Gemeinschaftsaufgabe noch möglich ist (*BGH* – V ZR 112/18). Letztlich ist es aus Gründen der Rechtssicherheit geboten, von der Einführung einer im Wohnungseigentumsrecht nicht vorgesehenen Kategorie (vgl. in § 23 Abs. 4 WEG) der schwebenden Unwirksamkeit von Beschlüssen abzusehen.
- Da in § 23 Abs. 4 schwebend unwirksame Beschlüsse nicht vorsieht, gebietet es aus Gründen der Rechtssicherheit, in derartigen Fallkonstellationen schlicht von einer Nichtigkeit des Beschlusses auszugehen.
- (*Schultzky* in: Jennißen Wohnungseigentumsgesetz 5. Schwebende Beschlüsse Rn. 216)
- (*Sommer/Heinemann* in: Jennißen Wohnungseigentumsgesetz III. Kein Verstoß gegen zwingendes Recht Rn. 8)
- ein allgemeines Verbot der **Vermietung** (BayObLGZ 1975, 235 ff.). Wenn die Teilungserklärung nichts anderes bestimmt und die Wohnungseigentümer nichts anderes vereinbart haben, ist die Vermietung einer Eigentumswohnung an täglich oder wöchentlich **wechselnde Feriengäste** Teil der zulässigen Wohnnutzung. Sie ist weder eine unzulässige gewerbliche Nutzung noch eine sonstige Nutzung, die nur in Teileigentumseinheiten zulässig wäre *(BGH* – V ZR 72/09, ZMR 2010, 378). Die Nichtvorlage des Mietvertrags ist kein wichtiger Grund zur Verweigerung der nach einer Vereinbarung der Wohnungs-

eigentümer erforderlichen **Zustimmung** zur Vermietung (und zur Veräußerung) einer Eigentumswohnung *(BGH* – V ZR 300/18, ZMR 2021, 259). Ein auf der Grundlage einer allgemeinen Öffnungsklausel gefasster Beschluss, durch den die kurzzeitige Vermietung des Wohnungseigentums (z.B. an Feriengäste) verboten wird, ist nur dann rechtmäßig, wenn alle Wohnungseigentümer ihre Zustimmung erteilt haben *(BGH* – V ZR 112/18, ZMR 2019, 619). Das Verbot der **Vermietung an mehrere Mietparteien** ist unzulässig (*BayObLG* ZMR 2005, 132).

- die langfristige **Vermietung** von Parkplätzen an Wohnungseigentümer und Dritte trotz Parkplatzmangels *(LG München I* ZMR 2017, 925, 927)
- die **Videoüberwachung** des Eingangsbereichs ohne technische Beschränkungen, die insbesondere den Vorgaben des Datenschutzes Rechnung tragen (*BayObLG* NJW-RR 2005, 385; im Einzelnen *BGH* IMR 2013, 334 = ZMR 2013, 909 und *Elzer* NJW 2013, 2537 ff.)
- das generelle, nicht nur zeitweise beschränkte Verbot des **Wäschetrocknens** im Freien *(OLG Düsseldorf* NJW-RR 2004, 376 = ZMR 2005, 143)
- das Verbot des Waschens und Trocknens von **Wäsche** in der Wohnung *(OLG Frankfurt am Main* NJW-RR 2002, 82).

4. Abgrenzung zum Individualanspruch auf Unterlassung gegenüber einem anderen Wohnungseigentümer

95 Die Regelung des § 15 Abs. 3 WEG aF, der einen Anspruch auf ordnungsmäßigen Gebrauch gegen den störenden Wohnungseigentümer normierte, war nach der neuen Regelungssystematik nicht mehr notwendig und ist entfallen. Nunmehr ist jeder Wohnungseigentümer gem. **§ 14 Abs. 2 Nr. 1 WEG** gegenüber den übrigen Wohnungseigentümern verpflichtet, deren Sondereigentum nicht über das dort genannte Maß hinaus zu beeinträchtigen, die Norm gewährt also auch einen Unterlassungsanspruch. Der allgemeine sachenrechtliche Beseitigungs- und Unterlassungsanspruch aus **§ 1004 Abs. 1 BGB** wird nicht durch die schuldrechtlichen Regelungen des § 14 Abs. 2 Nr. 1 WEG oder § 18 Abs. 2 Nr. 2 WEG verdrängt. Dieser besteht regelmäßig neben den schuldrechtlichen Normen, zwingend ist das jedoch nicht. Der Anspruch aus § 1004 Abs. 1 BGB erfordert eine gegenwärtige Eigentumsbeeinträchtigung *(BGH* – V ZR 221/15, ZMR 2017, 171).

96 **Abwehransprüche** gegen einen anderen Wohnungseigentümer, die der gestörte Wohnungseigentümer selbst durchsetzen kann, können sich sowohl aus § 14 Abs. 2 Nr. 1 WEG als auch aus § 1004 BGB ergeben, wenn Immissionen wie Lärm und Gerüche **Einwirkungen auf das Sondereigentum** erzeugen. Sie kommen nach jüngster Rechtsprechung des *BGH* (V ZR 41/19, ZMR 2021, 826) auch dann in Betracht, wenn eine gravierende Beeinträchtigung der Aussicht aus einer Einheit oder eine starke Verschattung der zu dem Sondereigentum gehörenden Räume durch den Gebrauch einer anderen Einheit oder durch eine von einem anderen Wohnungseigentümer herbeigeführte bauliche Veränderung des gemeinschaftlichen Eigentums herbeigeführt wird. Zwar können im Anwendungsbereich von § 906 BGB negative Immissionen wie die Verschattung oder Beeinträchtigung der Aussicht nach der herkömmlichen höchstrichterlichen Rechtsprechung gerade nicht abgewehrt werden (vgl. für den Entzug von Luft und Licht durch Anpflanzungen *BGH* – V ZR 229/14, NZM 2015, 793 und *BGH* – V ZR 199/02, NJW-RR 2003, 1313, 1314). Für eine in diesem Punkt **weitere Auslegung des § 14 WEG** kann aber die gesteigerte Rücksichtnahmepflicht unter Wohnungseigentümern sprechen *(BGH* – V ZR 41/19, ZMR 2021, 826).

97 Wenn ein Wohnungseigentümer durch die Benutzung fremden Sondereigentums eine konkrete Beeinträchtigung seines eigenen Sondereigentums über das in § 14 Abs. 1 Nr. 2 WEG bestimmte Maß hinaus erleidet, ist eine einheitliche Rechtsverfolgung nach § 9a Abs. 2 Fall 2 WEG nicht erforderlich und es besteht ein **Direktanspruch gegen den Störer** auf Unterlassung gem. § 1004 Abs. 1 BGB statt eines Anspruchs gegen die Gemeinschaft aus § 18 Abs. 2 WEG (vgl. BR-Drs. 168/20, 6). Hier dürfte es in tatsächlicher Hinsicht zu Problemen bei der **Abgrenzung** kommen. Fest steht nunmehr, dass es zu den unentziehbaren Rechten des Sondereigentümers gehört, unmittelbare Beeinträchtigungen, die **im räumlichen Bereich des Sondereigentums** auftreten, abwehren zu kön-

nen, und zwar unabhängig davon, ob und inwieweit sich die Störungsquelle auf andere Bereiche des Hauses auswirkt (*BGH* -V ZR 295/16, ZMR 2020, 675). Wann eine konkrete, unmittelbare Beeinträchtigung (auch) der Sphäre des Sondereigentums vorliegt, muss im Einzelfall ermittelt werden. Eine Möglichkeit besteht darin, die **Grundsätze der Besitzstörung** (§ 858 Abs. 1 Alt. 2 BGB) heranzuziehen also zu fragen, ob die Sachherrschaft des Wohnungseigentümers über sein Sondereigentum in einzelnen Beziehungen verhindert wird (Lehmann-Richter/Wobst WEG-Reform 2020 Rn. 1431 ff.).

Schwierigkeiten ergeben sich bei der Beurteilung von **zweckbestimmungswidrigen Nutzungen** wie beispielsweise die Ausübung eines Gewerbes, wenn eine Wohnnutzung vereinbart wurde und es nicht zum Beispiel um Beeinträchtigungen durch Lärm geht. Hier könnte für eine Beeinträchtigung des Sondereigentums durch den zweckbestimmungswidrigen Gebrauch eines anderen Sondereigentümers sprechen, dass die Beschränkungen durch die Zweckbestimmung den übrigen Sondereigentümern spiegelbildlich als Inhalt auch ihres Sondereigentums (und des Miteigentums am Grundstück) das Recht vermittelt, ihr Sondereigentum unter Ausschluss eines zweckwidrigen Gebrauchs einer anderen Einheit zu nutzen und sich damit als auch als mittelbare Beeinträchtigung des Eigentums aller Wohnungseigentümer darstellt (*BGH* - V ZR 271/18, ZMR 2020, 202 »Eisdielenfall«). Damit kann jedoch nicht gemeint sein, dass der Verstoß gegen eine Gebrauchsregel, selbst wenn von der Möglichkeit der Eintragung im Grundbuch gem. § 5 Abs. 4 WEG Gebrauch gemacht wurde, automatisch eine Beeinträchtigung des Sondereigentums darstellt (Lehmann-Richter/Wobst WEG-Reform 2020 Rn. 1432 ff., 1412; so aber im »Weihrauchfall« wohl auf eine »mittelbare« Beeinträchtigung abstellend *BGH* – V ZR 295/16, ZMR 2020, 675). Denn bei einem solchen Verständnis der Rechtsprechung des *BGH* würden die Voraussetzungen des § 14 Abs. 2 Nr. 1 WEG unterlaufen werden. Eine konkrete Störung des Sondereigentums kann daher nicht allein deswegen angenommen werden, weil ein binnenrechtswidriges Verhalten vorliegt. Die differenzierende Regelung des § 14 WEG würde ansonsten ausgehebelt werden. Durch die Normierung der Verpflichtung der Wohnungseigentümer in § 14 Abs. 2 Nr. 1 WEG, das Sondereigentum nicht über das in Abs. 1 Nr. 2 bestimmte Maß hinaus zu beeinträchtigen, ist ein Unterlassungsanspruch (und nicht etwa ein Anspruch auf Beseitigung im Sinne eines Schadensersatzanspruchs) davon abhängig zu machen, dass eine Einwirkung im Sinne einer **tatsächlichen Beeinträchtigung** den Vereinbarungen oder Beschlüssen widerspricht oder dem Wohnungseigentümer ein Nachteil über das bei einem geordneten Zusammenleben unvermeidliche Maß hinaus erwächst (*Dötsch/Schultzky/Zschieschack* WEG-Recht 2021 Kap. 4 Rn. 140). 98

V. Die Durchsetzung des Anspruchs nach § 18 Abs. 2 WEG

1. Vorbefassungsgebot

Sollten alle im Zusammenhang mit der Umsetzung einer Verwaltungs- oder Benutzungsregelung erforderlichen Entscheidungen bereits durch Beschluss getroffen worden sein, kann jeder Wohnungseigentümer ausnahmsweise ohne weitere Vorbefassung der Eigentümerversammlung einen **direkten Leistungsanspruch bzw. Unterlassungsanspruch** geltend machen. Ansonsten ist der Anspruch auf ordnungsmäßige und binnenrechtskonforme Verwaltung und Benutzung regelmäßig auf eine Beschlussfassung gerichtet, so dass das Gebot der **Vorbefassung der Eigentümerversammlung** zu beachten ist, die primär für die Beschlussfassung über Maßnahmen zuständig ist (§19 Abs. 1, § 23 Abs. 1 WEG). Es ist regelmäßig bei dem Verwalter als Ausführungsorgan der Wohnungseigentümergemeinschaft zu beantragen, als Tagesordnungspunkt eine Beschlussfassung über die Ansprüche auf die Tagesordnung der nächsten Eigentümerversammlung zu setzen, wenn dieser sich vor Anrufung des Gerichts nicht um die Beschlussfassung der Versammlung bemüht (*BGH* – V ZB 131/17; *BGH* -V ZR 114/09; *BGH* – V ZR 177/11). Erst wenn nach Abstimmung und Bekanntgabe eines Beschlussergebnisses feststeht, dass ein Negativbeschluss ergangen ist, liegt das **Rechtsschutzbedürfnis** für die gerichtliche Geltendmachung des Anspruchs auf ordnungsmäßige Verwaltung vor. 99

Ob und wie der Anspruch auf Unterlassung einer regelwidrigen Benutzung geltend gemacht wird, entscheiden die Wohnungseigentümer im Rahmen ihres Selbstorganisationsrechts nach § 19 Abs. 1 100

WEG. Dabei steht diesen ein **eingeschränkter Ermessens- und Beurteilungsspielraum** zu. Anderes gilt für den Fall, dass ein Wohnungseigentümer das Unterlassen einer nicht legitimierten Verwaltungshandlung begehrt, etwa das Unterlassen der Einberufung einer Eigentümerversammlung durch einen Unberechtigten. Hier bedarf es keiner Konkretisierung durch Beschluss, da die Beurteilung des Unterlassungsanspruchs durch Abgleich mit den bestehenden gesetzlichen Regelungen, Vereinbarungen und Beschlüssen möglich ist (Lehmann-Richter/Wobst WEG-Reform 2020 § 5 Rn. 332, 358).

101 Lehnen die Wohnungseigentümer den Antrag auf Durchführung der Maßnahme ab, hat der einzelne Wohnungseigentümer die Möglichkeit, diese Entscheidung nach § 44 Abs. 1 S. 1 WEG im Wege der Anfechtungsklage gerichtlich prüfen zu lassen und gleichzeitig beantragen, dass das Gericht einen notwendigen Beschluss fasst (Beschlussersetzungsklage, § 44 Abs. 1 S. 2 WEG). Ein späterer Antrag scheitert im Falle eines **Negativbeschlusses** jedoch nicht an dessen Bestandskraft, dieser erzeugt **keine Sperrwirkung** (*BayObLG* WE 2004, 17 = WuM 2004, 736). Dennoch besteht auch für eine isolierte Anfechtung des Negativbeschlusses ein Rechtsschutzbedürfnis, da hierdurch der Wohnungseigentümer gegebenenfalls in seinem Recht auf Verwaltung und Benutzung des Gemeinschaftseigentums verletzt wird (*BGH* – V ZR 114/09, BGHZ 184, 88–100). Wird ein Negativbeschluss erfolgreich angefochten, steht zugleich rechtskräftig fest, dass eine **Handlungspflicht** der Wohnungseigentümer besteht. Denn die Ablehnung einer beantragten Maßnahme kann nur dann ordnungsmäßiger Verwaltung widersprechen, wenn eine Pflicht zum Handeln besteht (*BGH* – V ZR 101/16). Jedoch kann im Fall von Zweiergemeinschaften oder anderen Konstellationen, in denen eine positive Beschlussfassung angesichts der Mehrheitsverhältnisse ausgeschlossen ist, die Vorbefassung der Eigentümerversammlung unter Umständen **entbehrlich** sein. Eine förmliche Beschlussfassung zu verlangen, deren Ergebnis bereits zweifelsfrei feststeht, kann im Einzelfall als eine unnötige Förmelei gelten (*BGH* – ZR 191/15). So bedarf in einer verwalterlosen Gemeinschaft die Erhebung einer gegen einen einzelnen Wohnungseigentümer gerichteten Wohngeldklage bzw. Klage auf anteilige Zahlung einer beschlossenen Sonderumlage keiner auf die Klageerhebung bezogenen Beschlussfassung (*BGH* – V ZR 180/21). In anderen Fällen wie zur Herbeiführung einer geordneten Abrechnung und zur Ausübung des Selbstbeseitigungsrechts aus § 903 Satz 1 BGB wegen einer von dem anderen Wohnungseigentümer rechtswidrig herbeigeführte bauliche Veränderung bedarf es dagegen durchaus einer Beschlussersetzung durch Gestaltungsurteil (*BGH* – V ZR 288/19; *BGH* – V ZR 149/18). Ein Eigentümer, der Verbindlichkeiten des Verbandes getilgt hat, kann von dem anderen Eigentümer gerade nicht unmittelbar (anteilige) Erstattung seiner Aufwendungen verlangen. Die Frage, ob es auf den **Zeitpunkt** der Beschlussfassung oder auf denjenigen der letzten mündlichen Verhandlung ankommt, stellt sich bei einem Klageantrag auf Beschlussersetzung nicht (*BGH* – V ZR 203/17). Es kommt nach den allgemeinen prozessualen Regeln allein darauf an, ob der geltend gemachte Anspruch im Zeitpunkt der letzten mündlichen Tatsachenverhandlung besteht

2. Kombination von Beschlussersetzungsklage und Leistungsklage

102 Selbst wenn das Ermessen der Wohnungseigentümer zur Vornahme einer Verwaltungsmaßnahme oder Schaffung einer Benutzungsregelung auf null reduziert sein sollte, besteht meist kein isolierter Anspruch auf Vornahme der begehrten Maßnahme. Auch in diesem Fall bedarf es nach dem Organisationsrecht der Gemeinschaft regelmäßig eines Beschlusses, der die Ordnungsmäßigkeit der Maßnahme festlegt. Es besteht aber die Möglichkeit der **Kombination** von Beschlussersetzungsklage und Leistungsklage, wenn nur ein ganz bestimmtes und sofortiges Vorgehen ordnungsmäßiger Verwaltung entspricht (Lehmann-Richter/Wobst WEG-Reform 2020 Rn. 343). Wenn dagegen nur das Maßnahmenziel feststeht, weil etwa die Art und Weise der Durchführung einer Sanierungsmaßnahme in das Ermessen der Wohnungseigentümer fällt, kann die Beschlussersetzungsklage nicht mit einer Leistungsklage verbunden werden.

103 Geht es darum, einen Störer zur ordnungsmäßigen Benutzung des Gemeinschaftseigentums gegenüber der Gemeinschaft zu verpflichten, bleibt diesem ebenfalls grundsätzlich selbst überlassen, welche **Mittel** er einsetzt, um den gegen ihn gerichteten Anspruch zu erfüllen. So kann der vermietende

Eigentümer nicht verpflichtet werden, seinem Mieter, der gegen die Hausordnung verstößt, zu kündigen, vielmehr ist dieser darauf in Anspruch zu nehmen, dafür Sorge zu tragen und alles in seiner Macht Stehende zu unternehmen, dass ein konkret bezeichnetes Nutzungsverhalten oder eine konkrete Störung unterbleibt (*BGH* – V ZR 131/13). Auch in einer **Zweiergemeinschaft** kann ein Wohnungseigentümer nur im Wege der Beschlussersetzungsklage (vgl. § 44 Abs. 1 S. 2 WEG, früher: § 21 Abs. 8 WEG a.F.) erreichen, dass eine von dem anderen Wohnungseigentümer nicht gewollte Verwaltungsmaßnahme durchgeführt wird. In solchen Gemeinschaften gibt es nicht etwa ein Recht eines Wohnungseigentümers, Störungen durch Dritte, deren Quelle sich auf dem Grundstück befindet, auf eigene Kosten selbst zu beseitigen, vielmehr ist auch hier die Beschlussersetzungsklage die richtige Klageart (*BGH* – V ZR 288/19; *BGH* – V ZR 149/18).

Zudem kann ein Wohnungseigentümer, der durch die Pflichtverletzung einen Schaden erlitten hat, nach § 18 Abs. 2 WEG i.V.m. § 280 Abs. 1 BGB von der Gemeinschaft der Wohnungseigentümer **Schadensersatz** beanspruchen, wenn die Wohnungseigentümergemeinschaft eine Verwaltungsentscheidung nicht oder unzureichend trifft oder eine erforderliche Verwaltungsmaßnahme nicht oder mangelhaft durchführt (*Hügel/Elzer*, 3. Aufl. 2021, WEG § 18 Rn. 78; *Becker/Schneider* ZfIR 2020, 281; *Skauradszun* ZRP 2020, 34). Ein Anspruch auf Schadensersatz wegen verzögerter Beschlussfassung über notwendige Instandsetzungsmaßnahmen nach § 280 Abs. 1 und 2, § 286 BGB scheidet aber aus, wenn der betroffene Eigentümer vorher gefasste Beschlüsse über die Zurückstellung der Instandsetzung nicht angefochten hat (*BGH* ZMR 2012, 974 = NJW 2012, 2955). 104

3. Einwand der unzulässigen Rechtsausübung und Schikaneverbot

Der **Anwendungsbereich** für den Einwand unzulässiger Rechtsausübung (§ 242 BGB) und des Schikaneverbots (§ 226 BGB) ist sehr **begrenzt**. Dabei ist zu berücksichtigen, dass sich der Anspruch nicht gegen den Störer, sondern auf das Tätigwerden der Gemeinschaft richtet mit dem Ziel der Durchsetzung oder Einhaltung einer Benutzungsregelung und damit einer Anspruchsverfolgung nach § 9a Abs. 2 Alt. 2 WEG (*Sommer/Heinemann* in: Jennißen Wohnungseigentumsgesetz 7. Aufl. 2021 § 18 WEG Rn. 118). 105

4. Verjährung und Verwirkung

Der unverjährbare Anspruch (*BGH* – V ZR 177/11, NZM 2012, 508, Rn. 10) ist nur in Ausnahmefällen verwirkt. Eine längere Duldung eines regelwidrigen Zustands reicht nicht aus, um eine Verwirkung des Anspruchs nach § 18 Abs. 2 WEG anzunehmen. Es ist fraglich, mit welchem Verhalten ein Wohnungseigentümer bei der Gemeinschaft den berechtigten Eindruck erwecken könnte, er werde seinen Anspruch aus § 18 Abs. 2 WEG nicht mehr geltend machen. Der Anspruch ist auch dann nicht verwirkt, wenn der Anspruch der Gemeinschaft gegen den Störer bereits verjährt ist. Zum einen handelt es sich um eine Einrede, die der Störer erst geltend machen muss; zum anderen können die Wohnungseigentümer nach § 19 Abs. 1 BGB auch beschließen, einen bereits verjährten Anspruch auf eigene Kosten umzusetzen (*Sommer/Heinemann* in: Jennißen Wohnungseigentumsgesetz 7. Aufl. 2021 § 18 WEG, Rn. 119). 106

D. Notgeschäftsführung, § 18 Abs. 3 WEG

I. Anwendungsbereich

In § 18 Abs. 3 WEG geregelt ist der Notverwaltungsanspruch eines jeden Wohnungseigentümers. Die (im Wortlaut gegenüber § 21 Abs. 2 WEG aF unveränderte) Berechtigung eines Eigentümers, allein und ohne Mitwirkung der anderen Eigentümer Maßnahmen zu treffen, sichert einen **akut notwendig gewordenen Schutz des gemeinschaftlichen Eigentums**. Maßnahmen zur Abwendung von Schäden am Sondereigentum fallen nicht in den unmittelbaren Anwendungsbereich dieser Regelung (*BayObLG* ZWE 2003, 179). Über den Verweis in § 9a Abs. 3 WEG kommen auch Maßnahmen zur Abwendung eines dem **Gemeinschaftsvermögen** unmittelbar drohenden Schadens in Betracht. 107

1. Bestehen einer Notlage und zulässige Maßnahmen

108 Da grundsätzlich die Wohnungseigentümergemeinschaft (§ 19 WEG) bzw. der Verwalter in Vertretung für diese (§ 9b Abs. 1 S. 1 WEG, § 27 Abs. 1 WEG) für die Erhaltung des gemeinschaftlichen Eigentums zu sorgen hat, stellt die Regelung nur eine Ausnahmeregelung für den Notfall bereit, weshalb der Anwendungsbereich nicht großzügig ausgelegt werden kann. Auch um den Pflichtenkreis des Verwalters nicht zu beengen, dürfen von einem Eigentümer bei einer Notgeschäftsführung nur solche Maßnahmen veranlasst werden, die den Eintritt des unmittelbar drohenden Schadens verhindern und die Gefahrenlage beseitigen. **Unzulässig** sind zielgerichtete Maßnahmen, die der **dauerhaften Behebung der Schadensursache** dienen (*BayObLG* ZWE 2001, 418). Jeder einzelne Eigentümer wird handlungsberechtigt, ohne die Zustimmung der anderen Miteigentümer zu haben, jedoch nur zu den Maßnahmen, die nötig sind, um einen **unmittelbar bevorstehenden Schadenseintritt** am gemeinschaftlichen Eigentum oder die Ausweitung der Folgen davon zu verhindern. Es gilt der Gefahr entgegenzuwirken, über diese Ausnahmevorschrift einzelnen Eigentümern eine Handlungsbefugnis zu geben, außerhalb einer Notlage Tatsachen zu schaffen, die nicht oder schwer rückgängig zu machen sind. Eine Notlage besteht und ein Eingreifen gem. § 18 Abs. 3 WEG ist geboten, wenn ein verständiger Eigentümer mit seinem Eingreifen nicht länger warten würde und der Eigentümer **den Verwalter** zur Behebung der Gefahr bzw. Schadens nicht heranziehen kann, etwa dann, wenn ein Verwalter überhaupt nicht vorhanden ist oder er sich zusammen mit der Eigentümergemeinschaft weigert, gegen den drohenden Schaden Maßnahmen zu ergreifen (*OLG Oldenburg* ZMR 1988, 185; *OLG Frankfurt am Main* ZMR 2009, 382 = ZWE 2009, 123; *OLG Hamm* ZMR 2009, 937), nicht jedoch, wenn Mängel **bereits Gegenstand von Erörterungen in der Eigentümergemeinschaft** waren (*BayObLG* ZMR 2003, 51).

2. Notgeschäftsführungsrecht des Verwalters nach § 27 Abs. 1 Nr. 2 WEG

109 Zur Notgeschäftsführung nach § 18 Abs. 3 WEG gehören nur die Fälle, in denen es dem Eigentümer unzumutbar geworden ist, ein Tätigwerden des Verwalters oder der Wohnungseigentümergemeinschaft abzuwarten. Eine Notmaßnahme liegt dagegen nicht vor, wenn ausreichend Zeit für eine außerordentliche Eigentümerversammlung bestand (*LG Hamburg* ZMR 2012, 388 = ZWE 2012, 285). Wird der Verwalter im Rahmen seiner gesetzlichen Befugnis nach § 27 Abs. 1 WEG tätig, ist kein Handeln des Eigentümers nach § 18 Abs. 3 WEG notwendig. Das **korrespondierende Notgeschäftsführungsrecht des Verwalters** nach § 27 Abs. 1 Nr. 2 WEG berechtigt aber schon diesen nur dann zu einem Tätigwerden ohne vorherigen Beschluss der Wohnungseigentümer, wenn sofortiges Handeln geboten ist, und auch dann nur zu Maßnahmen, welche die Gefahrenlage beseitigen, nicht jedoch zur Vornahme oder Beauftragung von Arbeiten, die einer dauerhaften Beseitigung der Schadensursache dienen. Das Notgeschäftsführungsrecht des einzelnen Wohnungseigentümers geht nicht weiter; dieser darf im Gegenteil selbst nur tätig werden, wenn er durch Einschaltung des Verwalters die Behebung der Notlage nicht erreichen kann (*BGH* – V ZR 246/14, ZMR 2016, 210).

3. Beispielsfälle

110 Typische Notmaßnahmen sind Reaktionen auf plötzliche Schäden am Gemeinschaftseigentum, die eine **Gefahr der Schadensvertiefung** beinhalten. So können Handwerker für Notreparaturen beauftragt werden, etwa bei Wassereinbruch (nach einem Sturm die Noteindeckung des Dachs, aber keine komplette Neueindeckung (*LG Frankfurt/M.* – 2/13 S 168/15, ZMR 2018, 791), bei einem Rohrbruch, einer Rohrverstopfung oder bei Gasgeruch.

111 Spätestens nachdem über den Verweis in § 9a Abs. 3 WEG auch Maßnahmen zur Abwendung eines dem Gemeinschaftsvermögen unmittelbar drohenden Schadens in Betracht kommen, wird man auch die Abwendung **rechtlicher Nachteile** zu dem Anwendungsbereich zählen (anders noch in der Vorauflage § 21 Rn. 85). So kommt etwa die Tilgung von Schulden des Verbandes zur Abwendung einer Versorgungssperre (*OLG Hamm* – 15 W 109/04, NJW-RR 2004, 1601) oder des Verlustes von Versicherungsschutz (*OLG Köln* – 16 Wx 55/99, ZMR 1999, 790) in Betracht.

Allerdings kann im Einzelfall, etwa bei der der Geltendmachung von Beitragsforderungen oder Schadensersatzansprüchen auch vor dem Hintergrund einer drohenden Zahlungsunfähigkeit der Gemeinschaft durchaus problematisch sein, ob die Maßnahme wirklich zur Abwendung eines dem gemeinschaftlichen Eigentum unmittelbar drohenden Schadens notwendig ist, insbesondere, wenn das **Prozesskostenrisiko** einer gerichtlichen Geltendmachung zu berücksichtigen ist (*Merle* in: *Bärmann* WEG 14. Aufl. § 21 Rn. 13). So dürfte die verwaltungsgerichtliche Geltendmachung von Abwehrrechten gegen ein Bauvorhaben auf einem Nachbargrundstück nicht zur Abwendung eines unmittelbar drohenden Schadens notwendig sein (*Bayerischer Verwaltungsgerichtshof* – 1 ZB 05.42, BauR 2006, 501). 112

Da ein **selbständiges Beweisverfahren** der vorsorglichen Beweiserhebung vor Beginn eines möglichen Prozesses, nicht aber der Abwendung eines unmittelbar drohenden Schadens dient, kann ein Wohnungseigentümer die Kosten eines gegen einen Dritten geführten Verfahrens **nicht** als Notmaßnahme von den übrigen Wohnungseigentümern erstattet verlangen (*BayObLG* WE 1996, 152; vgl. auch *OLG Frankfurt* – 20 W 347/05, ZMR 2009, 382, 383; *LG Stuttgart* NZM 2000, 669–670; *AG Offenbach* – 320 C 50/15, ZMR 2016, 741). 113

II. Handlungspflicht und Haftung

1. Handlungspflicht

Grundsätzlich schafft die Norm eine Handlungsbefugnis und keine gesetzliche Handlungspflicht, dies auch vor dem Hintergrund, dass auch in Zweifelsfällen die Mitwirkungsbefugnisse der Eigentümer und die Handlungspflichten des Verwalters nach § 27 WEG nicht eingeschränkt werden dürfen. Weil die Eigentümer über das Miteigentum in einem vertraglichen **Rechts- und Treueverhältnis** zueinander stehen (**§ 242 BGB**), wird im Einzelfall auch die Pflicht zum Handeln bestehen, den Eintritt eines Schadens oder dessen Intensivierung zu verhindern (*Bub* ZWE 2009, 245). Verletzt ein Wohnungseigentümer diese Pflicht, schuldet er grundsätzlich nach § 280 Abs. 1 BGB Schadenersatz (*Armbrüster* ZWE 2002, 333). Die Handlungspflicht kann sich – je nach Schadensbild und Dringlichkeit – aber auch in der Information der übrigen Eigentümer oder des Verwalters erschöpfen. 114

2. Schadensersatzpflicht

Erleidet ein Wohnungseigentümer dadurch einen Schaden, dass die Gemeinschaft **untätig** geblieben ist, statt zwingend gebotene und keinen Aufschub duldende Erhaltungsmaßnahmen zu beschließen, kann er Schadensersatz beanspruchen. Der Anspruch richtet sich gegen die Wohnungseigentümergemeinschaft (anders zum alten Recht *BGH* – V ZR 9/14, ZMR 2015, 241). 115

Fügt ein Wohnungseigentümer den anderen Wohnungseigentümern oder der Gemeinschaft der Wohnungseigentümer durch seine Notgeschäftsführung einen Schaden zu, muss er diesen nach §§ 241, 280 BGB oder § 823 BGB ersetzen. Der berechtigte Notgeschäftsführer haftet entsprechend § 680 BGB allerdings **nur beschränkt für Vorsatz und grobe Fahrlässigkeit.** Hintergrund ist die Förderung der Bereitschaft, in einer Notsituation den Schadenseintritt zu verhindern oder einzugrenzen. Die Beweislast für eine Notgeschäftsführung liegt beim Notgeschäftsführer. 116

3. Keine Vertretungsmacht

Der Notgeschäftsführer wird **im eigenen Namen** tätig. Auch aus einer berechtigten Notgeschäftsführung gem. § 19 Abs. 3 WEG folgt **keine Vertretungsmacht** im Außenverhältnis, auch wenn dies gerade in Hinblick auf verwalterlose Gemeinschaften teilweise als wünschenswert angesehen wird (*Dötsch/Schultzky/Zschieschack* WEG-Recht 2021 Kap. 5 Rn. 19). Beauftragt der Notgeschäftsführer einen Unternehmer mit der Ausführung von Arbeiten, hat dies in eigenem Namen zu erfolgen. Tritt der Eigentümer dennoch als Vertreter der Gemeinschaft auf, handelt er als Vertreter ohne Vertretungsmacht und ist von der Genehmigung durch Mehrheitsbeschluss nach § 177 BGB abhängig, wobei im Einzelfall an eine Ermessensreduzierung auf null zu denken ist. 117

III. Aufwendungsersatzanspruch

1. Inhalt

118 Zu erstatten sind **die notwendigen Aufwendungen** aus der Notgeschäftsführung. Bei den dem handelnden Wohnungseigentümer entstandenen Kosten handelt es sich um Verwaltungskosten iSv § 16 Abs. 2 WEG. Sofern ihm durch die Notgeschäftsführung nach §§ 670, 257 S. 1 BGB ein Aufwendungsersatzanspruch zusteht, sind ihm etwaige Ansprüche von der Gemeinschaft der Wohnungseigentümer aus dem Gemeinschaftsvermögen auszugleichen. Dies gilt unabhängig davon, ob eine Befriedigung aus dem Gemeinschaftsvermögen zu erwarten ist oder nicht (*BGH* – V ZR 279/17, ZMR 2019, 419). Die Auszahlung erfolgt in der Praxis durch den Verwalter nach vorheriger Beschlussfassung der Eigentümer. Der Notgeschäftsführer muss sich von seinem Ersatzanspruch keinen Anteil in Höhe seiner Mitbeteiligung am Gemeinschaftseigentum abziehen lassen, vielmehr wird er über die nach Ablauf des Kalenderjahrs zu erstellende Jahresabrechnung an den Kosten beteiligt. Auch kann der Eigentümer mit seinen Aufwendungen aus der Notgeschäftsführung gegen die von ihm nach § 28 Abs. 2 WEG an die Eigentümergemeinschaft zu zahlenden Vorschüsse aufrechnen, § 257 BGB (*BayObLG* ZWE 2003, 179). Die **Aufrechnung** durch die Eigentümer ist im Wohnungseigentumsrecht nur ausnahmsweise zulässig, eine berechtigte Notgeschäftsführung stellt (neben der Verurteilung und dem Anerkenntnis) einen solchen Ausnahmetatbestand dar. Der Aufwendungsersatzanspruch verjährt in drei Jahren (*OLG Hamm* ZMR 2008, 228).

2. Keine Ausgleichsansprüche im Falle einer unberechtigten Geschäftsführung ohne Auftrag

119 Liegen die Voraussetzungen des § 18 Abs. 3 WEG nicht vor, bestehen **keine Ausgleichsansprüche.** Die uneingeschränkte Anwendung des § 684 BGB einerseits und § 687 Abs. 2 BGB andererseits würde zu Ergebnissen führen, die mit den Wertungen des Anspruchs der Wohnungseigentümer auf ordnungsmäßige Verwaltung (§ 18 Abs. 2 WEG) nicht in Einklang stehen, der als speziellere Norm vorgeht. Ein Bereicherungsausgleich kommt deshalb bei Vornahme einer eigenmächtigen Erhaltungsmaßnahme nicht im Betracht (*BGH* – V ZR 32/21, NJW 2022, 2397; *BGH* – V ZR 246/14), und zwar auch dann nicht, wenn die durchgeführte Maßnahme ohnehin hätte vorgenommen werden müssen (insoweit Aufgabe der bisherigen Rspr. durch *BGH* – V ZR 254/17). Zu berücksichtigen ist, dass eine Beschlussfassung über die Erhaltungsmaßnahmen nach § 19 Abs. 1 WEG gemeinsame Aufgabe aller Wohnungseigentümer und die Reduzierung ihres Ermessens auf null bezüglich der Vornahme einer konkreten Maßnahme die Ausnahme ist. Statt einer Selbstvornahme durch einen Wohnungseigentümer und einen anschließenden Bereicherungsausgleich sieht das Gesetz einen Beschlussantrag und – im Falle dessen Ablehnung – eine Beschlussersetzungsklage (§ 44 Abs. 1 S. 2 WEG) vor. In dringenden Fällen kann der Weg des einstweiligen Rechtsschutzes, §§ 935 ff. ZPO, beschritten werden.

120 Auch wenn der Wohnungseigentümer eine Maßnahme zur Instandsetzung oder Instandhaltung des Gemeinschaftseigentums in der **irrigen Annahme** durchführt, er habe diese als Sondereigentümer auf eigene Kosten vorzunehmen (etwa eine Fenstererneuerung), besteht kein Aufwendungsersatzanspruch (*BGH* – V ZR 254/17). Soweit angenommen wird, dass in diesem Fall die Ansprüche aus Geschäftsführung ohne Auftrag oder aus ungerechtfertigter Bereicherung nicht verdrängt seien und die anderen Wohnungseigentümer nicht schutzwürdig seien (*Hügel/Elzer* 3. Aufl. 2021 WEG § 18 Rn. 137, 138; *Gsell* ZWE 2019, 490), überzeugt das nicht vor dem Hintergrund, dass es häufig schwierig sein dürfte, irrtümliches von eigenmächtigem Handeln abzugrenzen (*BGH* – V ZR 254/17) und es nicht sachgerecht erscheint, den Irrtum gegenüber dem eigenmächtigen Vorgehen zu privilegieren.

E. Einsicht in die Verwaltungsunterlagen, § 18 Abs. 4 WEG

I. Allgemeines

121 Ein Sonderfall des Anspruchs auf ordnungsmäßige Verwaltung, das Recht auf Einsicht in die Verwaltungsunterlagen, ist nunmehr ausdrücklich in § 18 Abs. 4 WEG geregelt und richtet sich ent-

sprechend der durch die Reform geschaffenen Struktur der Rechtsbeziehungen ebenfalls gegen die Gemeinschaft der Wohnungseigentümer und nicht mehr gegen den Verwalter. Es handelt sich um den »zentralen Teil« des Informationsrechts der Wohnungseigentümer. Er tritt neben den Informationsanspruch der Wohnungseigentümer nach § 28 Abs. 3 WEG über die wirtschaftliche Lage der Gemeinschaft, der von der Gemeinschaft durch Erteilung eines Vermögensberichts zu erfüllen ist (BR-Drs. 168/20, 65). Der Anspruch ist insofern **nicht abdingbar**, als ein gänzlicher Ausschluss des Individualrechts dem klaren Ziel des Gesetzgebers, das Einsichtsrecht als »Kernrecht« auszugestalten, widersprechen würde (*Häublein* in: Staudinger BGB 2018 § 28 Rn. 317). Es kann allerdings eine Ausgestaltung im Sinne einer Konkretisierung erfolgen (s.u.).

Da eine rechtliche Verpflichtung zur Einsicht besteht, stehen **datenschutzrechtliche Belange** gem. 122
Art 6 Abs. 1 Unterabsatz 1 Buchstabe c) DSGVO grundsätzlich nicht entgegen (*Beckers,* ZWE 2019, 297–305). Art 6 Abs. 1 Unterabsatz 1 c) DSGVO lässt eine Verarbeitung u.a. zu, wenn diese zur Erfüllung einer rechtlichen Verpflichtung erforderlich ist, welcher der Verantwortliche unterliegt. Ggf. muss die Gemeinschaft prüfen, ob personenbezogene Daten, die vom Auskunftsanspruch nicht erfasst sind, geschützt werden müssen (*Dötsch/Schultzky/Zschieschack* WEG-Recht 2021 Kap. 5 Rn. 31: »bisweilen schwieriger Spagat des Verwalters«).

II. Voraussetzungen

1. Anspruchsberechtigte

Anspruchsberechtigt ist jeder Wohnungseigentümer, also in der Regel der eingetragene Wohnungs- 123
eigentümer oder im Ausnahmefall der wahre Berechtigte (*BGH* – V ZR 241/11). Aber auch der **werdende** Wohnungseigentümer ist gem. § 8 Abs. 3 WEG berechtigt; **ehemalige Wohnungseigentümer** sind ebenfalls berechtigt, soweit es sich um Unterlagen aus der Zeit ihrer Mitgliedschaft handelt (*KG* – 24 W 601/99; *Drasdo* NJW-Spezial 2013, 289). Ein an einem Wohnungseigentum Bruchteilsberechtigter ist gem. § 1011 BGB berechtigt, Rechte allein wahrzunehmen.

Das Einsichtsrecht unterliegt **keinen weiteren Voraussetzungen** wie z.B. einem besonderen recht- 124
lichen Interesse des Wohnungseigentümers oder einer Ermächtigung durch die übrigen Wohnungseigentümer und wird nur durch das Verbot des Rechtsmissbrauchs (§ 242 BGB) und das Schikaneverbot (§ 226 BGB) begrenzt (*BGH* – V ZR 66/10, ZMR 2011, 489).

Ein Wohnungseigentümer kann einen **Dritten** zur Einsichtnahme ermächtigen. Zur Wahrung des 125
Geheimhaltungsinteresses der übrigen Miteigentümer in diesem Fall muss ein berechtigtes Interesse an der Einsichtnahme durch den Dritten nachvollziehbar dargelegt werden, dieses ergibt sich aber bereits aus dessen Stellung als Bevollmächtigter, Vertrauter oder als Mieter (*LG Saarbrücken* – 5 S 31/18, ZMR 2019, 798; *LG Hamburg* – 318 S 59/19, ZMR 2020, 329).

2. Anspruchsverpflichtete

Der Anspruch richtet sich gegen die **Gemeinschaft der Wohnungseigentümer** (vgl. § 9a WEG) als 126
Verband. Sie wird gem. § 9b WEG durch den Verwalter vertreten. Es besteht dagegen kein direkter Einsichtnahmeanspruch gegen den Verwalter. Dieser ist vielmehr als Geschäftsführungsorgan für die Erfüllung des Anspruchs auf Einsichtnahme zuständig, solange er das Verwalteramt innehat. Die Aufbewahrungsdauer für steuerrelevanten Unterlagen beträgt nach §§ 44 HGB, 147 Abs. 1 und 3 AO 10 Jahre.

Im Falle einer **verwalterlosen Gemeinschaft** sind sämtliche Wohnungseigentümer gemeinschaftlich 127
verpflichtet, in Vertretung der Gemeinschaft das Einsichtsrecht zu gewähren (§ 9b Abs. 1 S. 2 WEG). Nach allgemeinen Grundsätzen ist es ausreichend, wenn das Verlangen gegenüber einem Wohnungseigentümer erklärt wird (vgl. § 170 Abs. 3 BGB). Gegebenenfalls sind die Wohnungseigentümer gegenseitig zur Gewährung von Einsichtnahme in den von ihnen aufbewahrten Teil der Verwaltungsunterlagen verpflichtet.

3. Verwaltungsunterlagen

a) Umfang des Anspruchs

128 Zu den Verwaltungsunterlagen gehören sämtliche Dokumente, die das gemeinschaftliche Eigentum einer Wohnungseigentumsanlage betreffen, egal, aus welcher Zeit sie stammen und ob sie in **Papierform** oder digital vorgehalten werden. Der Anspruch erstreckt sich daher auf sämtliche Daten der Gemeinschaft, unabhängig von ihrem Speicherort. Es ist zu vermuten, dass auch Wohnungseigentumsverwaltungen künftig zunehmend auf **Digitalisierung** setzen und die Einsichtnahme in möglicherweise ohnehin nur digital vorliegende Dokumente über Portale unter Einsatz von Cloud-Lösungen anbieten werden (vgl. zum Thema Wohnungseigentümerversammlung und Digitalisierung: *Gündel*, ZWE 2019, 199–205).

129 Der Verwalter kann nicht argumentieren, es handele sich nicht um Verwaltungsunterlagen, sondern lediglich um eigene **Hilfsmittel**, die er zur Erleichterung der Verwaltertätigkeit erstellt habe, da jeder Vorteil, den ein Beauftragter aufgrund eines inneren Zusammenhangs mit dem geführten Geschäft erlangt bzw. erhalten hat, im Sinne von § 667 BGB als aus der Geschäftsbesorgung erlangt anzusehen ist *(LG Itzehoe* – 11 S 62/13, Rn. 10, juris). Umfasst sind auch die **Einzelabrechnungen** der anderen Wohnungseigentümer *(LG Karlsruhe* ZWE 2009, 325). Soweit sich das Einsichtnahmeverlangen auf »sämtliche« Unterlagen bezieht, ist dies nicht zu beanstanden, denn auch insoweit ist der Umfang eindeutig, in die entsprechenden Unterlagen zu den Themen aus den Kalenderjahren ist Einsicht zu gewähren. Eine Auflistung der einzelnen Unterlagen ist weder nötig, noch dem Kläger, der die Unterlagen nicht kennt, zumutbar (*LG Frankfurt/M.* – 2–13 S 90/22, ZMR 2023, 732–733; vgl. auch *LG Frankfurt/M.* – 2–13 S 39/22, ZMR 2023, 494).

130 Sollte die Gemeinschaft Tätigkeiten entfalten, die über die Aufgabenbeschreibung des § 18 WEG hinausgehen, z.B. die Verwaltung von Sondereigentum, und dafür Ressourcen des Verbandes in Anspruch nehmen, rechtfertigt auch dies ein Einsichtsrecht gegenüber dem Verband, wie über den Verweis aus § 9a Abs. 3 WEG für das **Gemeinschaftsvermögen** auf § 18 WEG klargestellt wird (*Lafontaine* in: Herberger/Martinek/Rüßmann/Weth/Würdinger jurisPK-BGB 9. Aufl. § 9a WEG Rn. 243).

b) Art und Weise der Einsichtnahme

131 Durch Mehrheitsbeschluss kann eine Konkretisierung im Sinne einer Regelung der Art und Weise der Einsichtnahme erfolgen, soweit der Anspruch hierdurch nicht mittelbar eingeschränkt wird. Dies kann auch im Verwaltervertrag erfolgen, sofern die Grenzen des Rechts der Allgemeinen Geschäftsbedingungen (vgl. § 307 BGB) beachtet werden. Eine Beschlusskompetenz der Wohnungseigentümer dürfte auch im Hinblick auf die Ausgestaltung eines **digitalen Einsichtsrechts** über ein Verwaltungsportal gegeben sein.

132 Grundsätzlich ist das Recht des Wohnungseigentümers auf Einsichtnahme in die Verwaltungsunterlagen in den **Geschäftsräumen** des Verwalters auszuüben *(BGH* -V ZR 66/10, ZMR 2011, 489; vgl. zu einer flexiblen Bestimmung anhand der Interessenlage Lehmann-Richter/Wobst WEG-Reform 2020 Rn. 371). Dort kann er sich auf seine Kosten **Ablichtungen** der Unterlagen anfertigen oder anfertigen lassen, da es ihm in aller Regel nicht zugemutet werden kann, handschriftliche Abschriften zu fertigen *(OLG München* – 34 Wx 27/06; *BayObLG* NJW-RR 2000, 1466; *OLG Hamm* FGPrax 1998, vgl. auch *Schmid* ZWE 2014, 389). Kosten von 0,30 € pro Kopie können als angemessen angesehen werden *(OLG München* – 32 Wx 177/06). Bietet der Verwalter mehrere zumutbare Termine zur Einsichtnahme in die Verwaltungsunterlagen an, fehlt es für eine Klage auf Einsichtnahme am **Rechtsschutzinteresse** *(AG München* – 481 C 14480/17, ZMR 2018, 710).

133 Umstritten ist, ob bei großer Entfernung zwischen dem Sitz des Verwalters und der Wohnungseigentumsanlage Zumutbarkeitsgesichtspunkte auf Seiten des Wohnungseigentümers es erfordern, ihm die Einsichtnahme an dem **Ort der Anlage** zu gewähren *(BGH* – V ZR 66/10, ZMR 2011, 489). Der Verwalter ist jedoch grundsätzlich nicht zur **Übersendung** von Ablichtungen verpflichtet, son-

dern nur, wenn Treu und Glauben dies gebieten. In der Praxis sollten die Voraussetzungen hierfür jedenfalls bei einem zielgerichteten Einsichtsbegehren nicht zu hoch anzusetzen sein. Maßgeblich ist die Sicht des Wohnungseigentümers. Eine Versendungspflicht des Verwalters kann bestehen, wenn anderenfalls der einzelne Wohnungseigentümer die ihm zustehenden Informationen nicht rechtzeitig – z.B. vor einer Eigentümerversammlung – erlangen kann. Auch die räumliche Entfernung des Berechtigten vom Ort der möglichen Einsichtnahme und die Zumutbarkeit einer Anreise sind zu berücksichtigen, ebenso wie die Anzahl der geforderten Belege sowie der mit dem Kopieren verbundene Zeitaufwand (*LG Itzehoe* – 11 S 79/15).

Der Verwalter schuldet grundsätzlich auch keine **Erläuterungen** zu den Belegen, allerdings sind diese in geordneter Form vorzulegen. § 18 Abs. 4 WEG stellt jedoch keine abschließende Regelung dar, die einem **weitergehenden Informationsanspruch** des Wohnungseigentümers entgegenstehen würde. Der Anspruch auf Auskunft zu der Jahresabrechnung soll nach der Rechtsprechung kein Individualanspruch sein, es sei denn, dass sich das Auskunftsverlangen auf Angelegenheiten bezieht, die ausschließlich den anspruchstellenden Wohnungseigentümer betreffen (*BGH* -V ZR 66/10, ZMR 2011, 489). Das ist insofern hinterfragungswürdig, als sich häufig erst durch Erteilung einer Auskunft das erforderliche Gesamtbild ergibt (*Sommer/Heinemann* in: Jennißen Wohnungseigentumsgesetz 7. Aufl. 2021 § 18 WEG Rn. 160). Man wird daher auch unter Berücksichtigung des Interesses der Gemeinschaft an einer reibungslosen Verwaltung nicht davon ausgehen können, dass über das Einsichtsrecht des § 18 Abs. 4 WEG hinaus Informationen grundsätzlich nur in der Wohnungseigentümerversammlung geschuldet werden (so aber Lehmann-Richter/Wobst WEG-Reform 2020 Rn. 375). 134

III. Durchsetzung

Der Anspruch richtet sich gegen die Wohnungseigentümergemeinschaft, ist aber durch den Verwalter als deren Organ zu erfüllen. Es handelt sich um eine unvertretbare Handlung, die gem. § 888 ZPO mithilfe eines Zwangsgelds zu vollstrecken ist, das gem. § 888 Abs. 2 ZPO nicht zuvor anzudrohen ist, ersatzweise mit Zwangshaft. Ein gegen die Gemeinschaft titulierter Anspruch muss zwar faktisch gegen den Verwalter durchgesetzt werden, da die Gewährung der Einsicht in die Verwaltungsunterlagen von ihm erzwungen werden soll. Im zu vollstreckenden Titel kann der Verwalter lediglich ergänzend zur Klarstellung genannt sein (»die Beklagte wird verurteilt, durch ihren Verwalter dem Kläger Einsicht in die Verwaltungsunterlagen zu gewähren«), nicht jedoch als weiterer Vollstreckungsschuldner. Er ist nur das ausführende Organ und der gesetzliche Vertreter der Gemeinschaft als Schuldnerin. Auch der auf Antrag des Gläubigers ergehende Vollstreckungsbeschluss gem. § 888 ZPO richtet sich **gegen die Gemeinschaft.** Die Vollstreckung des Zwangsgeldes erfolgt also gegenüber der Gemeinschaft (vgl. zur Zwangsvollstreckung gegen eine prozessunfähige natürliche Person *BGH* – I ZB 20/21), auch wenn es in der gesellschaftsrechtlichen Literatur Überlegungen gibt, den Geschäftsführer einer GmbH persönlich als Adressat von Ordnungsmitteln anzusehen, wenn es um ein konkret von ihm geschuldetes Verhalten geht (*BGH* – I ZB 43/11; *Altmeppen* in: Altmeppen 10. Aufl. 2021 GmbHG § 35 Rn. 27; vgl. auch *OLG Frankfurt* – 6 W 32/15). Der Verwalter **persönlich** bzw. der Geschäftsführer einer Verwaltungs-GmbH ist aber letztlich Adressat der ersatzweise angeordneten **Zwangshaft**, was bereits daraus folgt, dass diese nur gegenüber natürlichen Personen vollstreckt werden kann. 135

Für den klagenden Wohnungseigentümer bleibt die Hoffnung auf das Bestreben des Verwalters, gegenüber der Gemeinschaft als seinem Vertragspartner keine Pflichten zu verletzen, um seine Abberufung und Regressforderungen zu vermeiden. Da die Wohnungseigentümer selbst im Falle eines sofortigen Anerkenntnisses des Verwalters jedenfalls zunächst an den Verfahrenskosten anteilig beteiligt sind, kann es, wenn zeitlich möglich, durchaus sinnvoll sein, das unerfüllte Anliegen vor Klageerhebung zunächst auf einer **Eigentümerversammlung** zu thematisieren (*Küttner* AnwZert MietR 3/2021 Anm. 2). Auch im Falle der Entrichtung des Zwangsgeldes durch den Verwalter aus dem Gemeinschaftsvermögen werden die Wohnungseigentümer belastet. Richtigerweise ist die Ausgabe über die Jahresabrechnung auf die Wohnungseigentümer umzulegen, wobei der Weg zu einem 136

Regress gegen den Verwalter auch unter Verjährungsgesichtspunkten praktisch nur schwer durchführbar erscheint (*Dötsch/Schultzky/Zschieschack* WEG-Recht 2021 Kap. 14 Rn. 154).

§ 19 Regelung der Verwaltung und Benutzung durch Beschluss

(1) Soweit die Verwaltung des gemeinschaftlichen Eigentums und die Benutzung des gemeinschaftlichen Eigentums und des Sondereigentums nicht durch Vereinbarung der Wohnungseigentümer geregelt sind, beschließen die Wohnungseigentümer eine ordnungsmäßige Verwaltung und Benutzung.

(2) Zur ordnungsmäßigen Verwaltung und Benutzung gehören insbesondere
1. die Aufstellung einer Hausordnung,
2. die ordnungsmäßige Erhaltung des gemeinschaftlichen Eigentums,
3. die angemessene Versicherung des gemeinschaftlichen Eigentums zum Neuwert sowie der Wohnungseigentümer gegen Haus- und Grundbesitzerhaftpflicht,
4. die Ansammlung einer angemessenen Erhaltungsrücklage,
5. die Festsetzung von Vorschüssen nach § 28 Absatz 1 Satz 1 sowie
6. die Bestellung eines zertifizierten Verwalters nach § 26a, es sei denn, es bestehen weniger als neun Sondereigentumsrechte, ein Wohnungseigentümer wurde zum Verwalter bestellt und weniger als ein Drittel der Wohnungseigentümer (§ 25 Absatz 2) verlangt die Bestellung eines zertifizierten Verwalters.

Übersicht Rdn.

A. Regelung der Verwaltung und Benutzung durch Beschluss (Abs. 1)

I. Allgemeines

Die Vorschrift des § 19 Abs. 1 WEG ist an die Stelle des § 21 Abs. 3 WEG aF und betreffend die Benutzung an die Stelle des § 15 Abs. 2 WEG a.F. getreten. Der Begriff der Benutzung ist dabei wie in § 18 Abs. 2 WEG gleichbedeutend mit dem Begriff des Gebrauchs. Auch hier erübrigen sich durch die parallele Regelung von Verwaltung und Benutzung im Einzelfall schwierige Abgrenzungen von Beschlussinhalten. Da gem. § 18 Abs. 1 WEG der Gemeinschaft die ordnungsmäßige Verwaltung obliegt, entscheiden die **Wohnungseigentümer als Willensbildungsorgan** für diese. 1

Soweit dem **Verwalter** Entscheidungsbefugnisse gem. § 27 Abs. 1 WEG betreffend Notmaßnahmen, aber auch bei Maßnahmen ordnungsmäßiger Verwaltung, die untergeordnete Bedeutung haben und nicht zu erheblichen Verpflichtungen führen, zustehen, stellt dies eine **Ausnahme** von diesem Grundsatz dar. 2

Die Beschlusskompetenz nach § 19 Abs. 1 WEG normiert nicht nur ein Recht, sondern im Einzelfall auch eine **Pflicht** der Wohnungseigentümer, im Innenverhältnis zur Gemeinschaft an der Willensbildung mitzuwirken (vgl. Rdn. 23). Jeder Wohnungseigentümer ist gem. § 14 Abs. 1 Nr. 1 WEG gegenüber der Gemeinschaft verpflichtet, die Beschlüsse (wie auch die gesetzlichen Regelungen und Vereinbarungen) einzuhalten. Die Regelung ist im Zusammenhang mit dem Individualanspruch jedes Wohnungseigentümers nach § 18 Abs. 2 WEG auf ordnungsmäßige Verwaltung und Benutzung zu sehen. Konkrete Regelbeispiele einer ordnungsmäßigen Verwaltung finden sich unter § 19 Abs. 2 WEG. 3

II. Beschluss als typisches Instrument ordnungsmäßiger Verwaltung und Benutzung

1. Keine entgegenstehende Vereinbarung

Die Möglichkeit der Regelung der Verwaltung durch Beschluss besteht, soweit die Verwaltung nicht durch Vereinbarung der Wohnungseigentümer geregelt ist. Wenn bereits eine konkrete Verwaltungsregelung in Form einer Vereinbarung besteht, kann ein darauf bezogener Beschluss als vereinbarungsändernder Beschluss nichtig sein. 4

a) Verdinglichte und schuldrechtliche Vereinbarungen

Die Klärung der Frage, ob eine Vereinbarung vorliegt, die eine mehrheitliche Beschlussfassung unterbindet, setzt voraus, dass alle Vereinbarungen der Gemeinschaft bekannt sind. Hier liegt in besonderem Maße die Verantwortung beim Verwalter, der sich bemühen muss, verdinglichte und **schuldrechtliche Vereinbarungen** in Erfahrung zu bringen, auch wenn sie vor der Zeit seiner Verwaltungstätigkeit getroffen worden sind. Werden schuldrechtlich vereinbarte Regelungen vorgefunden, sind sie darauf zu prüfen, ob sie unter den Eigentümern noch Gültigkeit haben. Dies wird immer dann anzunehmen sein, wenn sich der Kreis der Eigentümer seit Abschluss der schuldrechtlichen Vereinbarung nicht verändert hat und sie sich nicht erkennbar von der Regelung distanziert haben. Eine nur durch ständige Übung geschlossene Vereinbarung kann mangels Eintragung im Grundbuch künftige Wohnungseigentümer infolge Sonderrechtsnachfolge nicht binden. Mit Eintritt eines Eigentümerwechsels wird eine solche Vereinbarung hinfällig, da sie nur gegenüber allen Wohnungseigen- 5 tümern einheitlich wirken kann (*Schmidt-Räntsch* in: Niedenführ/Schmidt-Räntsch/Vandenhouten § 10 Rn. 73; *OLG Frankfurt* – 20 W 500/08, Rn. 46, juris).

6 Denkbar ist auch, dass ein eintretender neuer Eigentümer die schuldrechtlichen Vereinbarungen übernimmt. Eine derartige **Schuldübernahme** setzt die positive Kenntnis des Erwerbers vom Bestehen dieser Vereinbarung voraus und den erkennbaren (beweisbaren) rechtsgeschäftlichen Willen, in diese Vereinbarung eintreten zu wollen (*OLG Zweibrücken* – 3 W 198/04, NZM 2005, 343).

b) Beschlusskompetenz aufgrund vereinbarter Öffnungsklauseln

7 Vereinbarungen, wie etwa die Gemeinschaftsordnung, können regelmäßig nur durch eine neue Vereinbarung unter Mitwirkung aller Eigentümer verändert werden. Durch eine vereinbarte **Öffnungsklausel** werden die Eigentümer ermächtigt, vereinbarte Regelungen durch einen Mehrheitsbeschluss zu ändern. Solche Beschlüsse, die aufgrund einer Vereinbarung gefasst wurden, müssen seit Inkrafttreten des WEMoG zum 01.12.2020 gem. § 10 Abs. 3 S. 1 WEG in das Grundbuch eingetragen werden, da sie funktional an die Stelle einer Vereinbarung treten, wobei der Kreis der eintragungsfähigen und bedürftigen Beschlüsse aufgrund der umfangreichen gesetzlichen Beschlusskompetenzen für alle wesentlichen Bereiche überschaubar sein dürfte (Lehmann-Richter/Wobst WEG-Reform 2020 Rn. 1761 ff.).

8 Um das Vertrauen auf die vereinbarten Vorgaben zu schützen und einen zu radikalen Umbruch zu verhindern, fordern Öffnungsklauseln häufig eine bestimmte, **qualifizierte Mehrheit**, die seit dem Inkrafttreten des WEMoG zum 01.12.2020 im Gesetz nicht mehr vorgesehen sind.

9 Zudem sind zum **Schutz der Minderheit** fundamentale inhaltliche Schranken zu beachten, die sich aus den gesetzlichen Bestimmungen der §§ 134, 138, 242 BGB und den zum **Kernbereich** des Wohnungseigentumsrechts zählenden Vorschriften, ergeben, wozu u.a. unentziehbare und unverzichtbare Individualrechte gehören. Denn was selbst durch Vereinbarung nicht geregelt werden könnte, entzieht sich auch einer Regelung im Beschlusswege aufgrund einer Öffnungsklausel; ein gleichwohl gefasster Beschluss ist nichtig. Beschlüsse, die auf der Grundlage einer allgemeinen Öffnungsklausel mit der erforderlichen Mehrheit gefasst werden, sind im Allgemeinen zwar nur insoweit materiell überprüfbar, als das »Ob« und das »Wie« der Änderung nicht willkürlich sein dürfen; einer weiterreichenden Kontrolle unterliegen dagegen Beschlussgegenstände, die unverzichtbare oder unentziehbare, aber verzichtbare (»mehrheitsfeste«) Rechte der Sondereigentümer betreffen. Zu diesen Rechten gehört die Zweckbestimmung seines Wohnungs- oder Teileigentums; sie darf durch einen auf der Grundlage einer allgemeinen Öffnungsklausel gefassten Mehrheitsbeschluss nur mit Zustimmung des Sondereigentümers geändert oder eingeschränkt werden (*BGH* – V ZR 112/18, ZMR 2019, 619; *BGH* – V ZR 315/13, ZMR 2015, 239).

c) Anspruch auf Anpassung einer Vereinbarung

10 Soweit keine Öffnungsklausel besteht, kann unter Umständen nach **§ 10 Abs. 2 WEG** verlangt werden, dass die **Gemeinschaftsordnung angepasst** wird. Ein solcher Anspruch setzt voraus, dass aus schwerwiegenden Gründen ein Festhalten am Vereinbarten auch unter Beachtung der Interessen der übrigen Eigentümer unbillig erscheint. Der Änderungsanspruch bezieht sich nicht auf das Gemeinschaftseigentum und dessen Verwaltung, sondern ausschließlich auf die inhaltliche Ausgestaltung des Gemeinschaftsverhältnisses. Unzulässig sind jedoch auch hier Regelungen, die die personenrechtliche Gemeinschaftsstellung der Wohnungseigentümer aushöhlen oder in den Kernbereich elementarer Mitgliedschaftsrechte eingreifen (*BGH* – V ZR 184/16, ZMR 2018, 242).

d) Möglichkeit der Regelung durch Zweitbeschluss

11 Anders als eine entgegenstehende Vereinbarung hindert ein entgegenstehender Beschluss nicht eine erneute Beschlussfassung nach § 19 Abs. 1 WEG. Ein sog. **Zweitbeschluss** muss jedoch ebenfalls ordnungsmäßiger Verwaltung entsprechen und nach umstrittener Auffassung auch schutzwürdige Belange eines Wohnungseigentümers aus dem Erstbeschlusses berücksichtigen (vgl. § 18 Rdn. 74).

e) Rechtsfolgen

Nach § 23 Abs. 1 WEG werden durch Beschlussfassung solche Angelegenheiten geordnet, über die nach dem Wohnungseigentumsgesetz oder nach einer Vereinbarung die Wohnungseigentümer durch Beschluss entscheiden können. Gem. § 23 Abs. 4 S. 1 WEG ist ein Beschluss, der gegen eine Rechtsvorschrift verstößt, auf deren Einhaltung rechtswirksam nicht verzichtet werden kann, nichtig. Die Regelung ist aber nicht abschließend. Neben den gesetzlichen Nichtigkeitsgründen führen nach der Rechtsprechung das Fehlen der Beschlusskompetenz, die völlige Unbestimmtheit und Verstöße gegen das sog. Belastungsverbot zur Nichtigkeit. Schließlich soll nach h.M. ein Beschluss nichtig sein, wenn er gegen die »Grundsätze des Wohnungseigentumsrechts« verstößt oder in den »Kernbereich des Wohnungseigentums« eingreift (*Schultzky* in: Jennißen WEG § 23 Rn. 176). 12

Es ist nicht ausreichend, zwischen vereinbarungsabändernden oder einem vereinbarungswidrigen Beschluss bzw. einem gesetzesabändernden oder einem gesetzeswidrigen Beschluss zu unterscheiden und nur den abändernden Beschluss als nichtig anzusehen (vgl. *BGH* – V ZB 58/99, MDR 2000, 1367 = NJW 2000, 3500). Ein (nur) vereinbarungswidriger und anfechtbarer Beschluss liegt beispielsweise vor, wenn über eine einmalige oder zeitweise zweckbestimmungswidrige Nutzung des Gemeinschaftseigentums aus konkretem Anlass beschlossen wird. 13

Wenn eine nach dem – abdingbaren – Gesetz bestehende Beschlusszuständigkeit durch Vereinbarung in der Teilungserklärung der Gemeinschaft entzogen wird und etwa die Regelung von Erhaltungsmaßnahmen sowie die Kostenlast bauteilbezogen dem einzelnen Wohnungseigentümer übertragen wird, ist ein Beschluss der Gemeinschaft jedoch auch einzelfallbezogen aufgrund der fehlenden Beschlusskompetenz nach zutreffender Ansicht als nichtig anzusehen (vgl. Rdn. 74). 14

2. Ordnungsmäßigkeit der beschlossenen Verwaltung und Benutzung

a) Anknüpfungspunkt

§ 19 Abs. 1 WEG unterscheidet bei Verwaltung und Benutzung zwischen Sonder- und **Gemeinschaftseigentum.** Für Regelungen der Verwaltung besteht eine Beschlusskompetenz nur hinsichtlich des gemeinschaftlichen Eigentums, für Regelungen der Benutzung hinsichtlich gemeinschaftlichen Eigentums und des Sondereigentums. Wegen des Verweises in § 9a Abs. 3 WEG kann auch über die Verwaltung und Benutzung des Gemeinschaftsvermögens durch Beschluss entschieden werden. Regelbeispiele sind in § 19 Abs. 2 WEG aufgezählt. Der Begriff der ordnungsmäßigen Verwaltung findet sich auch im Recht der Bruchteilsgemeinschaft in § 745 Abs. 1 S 1 BGB. Er ist in § 18 Abs. 2 WEG legaldefiniert als Verwaltung, die dem Interesse der Gesamtheit der Wohnungseigentümer nach billigem Ermessen entspricht. 15

Was dem **Interesse der Gesamtheit der Wohnungseigentümer nach billigem Ermessen** entspricht, lässt sich nur nach sorgfältiger Abwägung aller relevanten Umstände des Einzelfalls und unter Berücksichtigung der allseitigen Interessen der betroffenen Wohnungseigentümer feststellen (*BGH* – V ZR 273/17, Rn. 16; *BGH* – V ZR 244/14, Rn. 18). Die Besonderheiten der konkreten Ausgestaltung der Gemeinschaft sind zu berücksichtigen. Auch wenn die ausdrückliche Bezugnahme auf eine der Beschaffenheit des gemeinschaftlichen Eigentums entsprechende, ordnungsmäßige Verwaltung (so noch § 21 Abs. 3 WEG a.F.) im Gesetzestext entfallen ist, ist diese zu berücksichtigen. Was ordnungsmäßiger Verwaltung entspricht, kann daher in verschiedenen Gemeinschaften unterschiedlich zu beurteilen sein. **Maßstab** für eine der Beschaffenheit des gemeinschaftlichen Eigentums entsprechende ordnungsmäßige Verwaltung ist der **Ausstattungsstandard** der Wohnung im Zeitpunkt der Begründung des Wohnungseigentums (*OLG Celle* – 4 W 4/05). Sie muss im Interesse aller Eigentümer der Erhaltung oder Verbesserung dieser Anlage dienen oder auf einen entsprechenden Gebrauch ausgerichtet sein, der dem vereinbarten Zweck des gemeinschaftlichen Eigentums entspricht. Eine Regelung kann u.a. dann ordnungsmäßiger Verwaltung entsprechen, wenn sie ein geordnetes und störungsfreies Zusammenleben der Eigentümer fördert (vgl. § 14 Abs. 1 Nr. 2 WEG). Sie widerspricht ordnungsmäßiger Verwaltung, wenn für einen verständigen Eigentümer ohne Weiteres ersicht- 16 lich ist, dass das mit der Beschlussfassung anvisierte Ziel aus tatsächlichen oder rechtlichen Gründen von vornherein nicht erreichbar ist (*BGH* ZMR 2013, 288 = NJW-RR 2013, 335).

17 Voraussetzung für eine ordnungsmäßige Ermessensentscheidung ist, dass die Wohnungseigentümer über die wesentlichen **Tatsachengrundlagen** informiert sind und diese in die Abwägung einbeziehen konnten (*BGH* – V ZR 244/14, BGHZ 207, 99–114, Rn. 46; *LG Frankfurt/M.* – 2–13 S 184/16). Bei der Wahl unter mehreren möglichen Regelungen steht den Eigentümern ein nicht zu eng zu bemessender **Ermessensspielraum** zu. Beschlüsse sind deshalb nur auf das Vorliegen von Ermessensfehler hin zu überprüfen. Zum Ermessen s.o. *Küttner* § 18 Rdn. 39 ff.

18 Die Frage, ob eine Maßnahme der ordnungsmäßigen Verwaltung vorliegt, muss im Einzelfall geprüft und beurteilt werden, und ist im Falle der Beschlussanfechtung durch ein gerichtliches Urteil abschließend zu klären. Sie betrifft nicht die Beschlusskompetenz der Eigentümer, sondern macht den Beschuss ggf. lediglich anfechtbar (*BGH* – V ZB 58/99, MDR 2000, 1367 = NJW 2000, 3500). Maßgeblicher Zeitpunkt für die Beurteilung der Ordnungsmäßigkeit ist der **Zeitpunkt der Eigentümerversammlung**, wobei es auf einen verobjektivierten Kenntnisstand ankommt, also einen solchen, den besonnene Wohnungseigentümer unter Ausschöpfung aller zu diesem Zeitpunkt zugänglichen Erkenntnisquellen ermittelt haben (*LG Itzehoe* – 11 S 78/15; *LG Frankfurt/M.* – 2–13 S 84/19; *OLG Köln* – 16 Wx 189/06). Andererseits wird formuliert, dass es im Sinne einer objektiven Rechtmäßigkeitskontrolle im Falle eines Rechtsstreits auf die Erkenntnisse im **Zeitpunkt der letzten mündlichen Verhandlung** ankommt (so z.B. Staudinger/*Lehmann-Richter* BGB [2018] § 21 WEG Rn. 103; offen gelassen in *BGH* – V ZR 203/17, ZMR 2018, 835, Rn. 28). Zutreffend ist das insofern, als im Rahmen der gerichtlichen Überprüfung im Falle einer Beschlussanfechtungsklage die Behauptung, die Wohnungseigentümer seien von unzutreffenden Tatsachen ausgegangen, im Wege einer Beweisaufnahme etwa durch Einholung eines Sachverständigengutachtens überprüft werden kann, wenn bereits zum Beschlusszeitpunkt Zweifel hieran erkennbar waren. Eine Begrenzung der zu berücksichtigenden Einwände besteht durch das Erfordernis der Begründung der Anfechtung innerhalb zweier Monate nach Beschussfassung.

19 Zudem ist der **Gleichbehandlungsgrundsatz** zu beachten. Dieser lässt zwar Differenzierungen zu, dies aber nur, wenn für die Unterscheidung ein ausreichender Sachgrund besteht. Pauschalierende und typisierende Regelungen entsprechen nur dann einer ordnungsmäßigen Verwaltung, wenn die Pauschale maßvoll bemessen ist und nicht zu einer ungerechtfertigten Ungleichbehandlung der Wohnungseigentümer führt (*BGH* – V ZR 220/09, NJW 2010, 3508, 3509; *BGH* – V ZR 234/11, ZMR 2013, 288).

b) Bestimmtheitsgebot

20 Der Grundsatz ordnungsmäßiger Verwaltung erfordert schließlich, dass Beschlüsse dem **Bestimmtheitsgebot** entsprechen müssen. Der Inhalt eines Eigentümerbeschlusses muss, auch weil Sonderrechtsnachfolger daran gebunden sind, inhaltlich bestimmt und klar sein. Es besteht ein Interesse des Rechtsverkehrs, die durch die Beschlussfassung eingetretenen Rechtswirkungen der Beschlussformulierung entnehmen zu können. Beschlüsse sind daher »aus sich heraus« auszulegen, Umstände außerhalb des protokollierten Beschlusses dürfen nur herangezogen werden, wenn sie nach den besonderen Verhältnissen des Einzelfalles für jedermann ohne weiteres erkennbar sind. Dies bedeutet aber nicht, dass sich der Text eines Eigentümerbeschlusses zur Konkretisierung der getroffenen Regelung nicht auf Dokumente außerhalb des Protokolls beziehen dürfte, vielmehr ist allgemein anerkannt, dass der Wortlaut des Beschlusses zur näheren Erläuterung inhaltlich Bezug auf Urkunden oder Schriftstücke nehmen darf (*BGH* – V ZR 104/15, ZMR 2016, 638).

21 Dementsprechend sind Beschlüsse bereits dann auf Anfechtungsantrag hin für **unwirksam** zu erklären, wenn sie unklar und mehrdeutig sind und ihr Inhalt auch nicht im Wege der Auslegung festzustellen ist. Darauf, ob sie derart unbestimmt sind, dass sie eine durchführbare Regelung überhaupt nicht mehr erkennen lassen, kommt es für die Frage der Anfechtbarkeit nicht an. Liegt sogar eine gesteigerte Unbestimmtheit vor – etwa bei einem in sich widersprüchlichen oder hinsichtlich seiner Vollzieh-

barkeit nicht mehr erkennbaren Beschluss -, führt dies allerdings zur **Nichtigkeit** des Beschlusses, die unabhängig von einem Anfechtungsantrag zu beachten ist (*OLG Düsseldorf* – I-3 Wx 272/07). Die **Abgrenzung** kann im Einzelfall schwierig sein. Jedenfalls dann, wenn ein Beschluss eine durchführbare Regelung noch erkennen lässt, die Unbestimmtheit also nicht auf inhaltlicher Widersprüchlichkeit beruht, führen die aufgeführten Mängel nicht zur Nichtigkeit, sondern nur zur Anfechtbarkeit (*BGH* – V ZB 11/98, ZMR 1999, 41). Beispielsweise ist eine Regelung, die das Singen und Musizieren außerhalb von Ruhezeiten nur in »nicht belästigender Weise und Lautstärke« gestattet, mangels hinreichender Bestimmtheit anfechtbar. Dagegen soll ein Beschluss einer Wohnungseigentümergemeinschaft, der die Abstellsituation von Fahrrädern regeln soll und lautet: »Fahrräder, die weniger häufig benutzt werden, sind im hinteren Bereich, häufig genutzte Fahrräder im vorderen Bereich abzustellen« nichtig sein, weil er infolge inhaltlicher Unbestimmtheit keine durchführbare Regelung enthält (*LG Itzehoe* – 11 S 58/13, ZMR 2014, 912–915).

Bei der Frage der Abgrenzung von Ordnungsmäßigkeit, Anfechtbarkeit und Nichtigkeit ist auch 22 das Bedürfnis der Wohnungseigentümer anzuerkennen ist, im Beschlusswege **eine allgemein gehaltene Aussage oder eine Absichtserklärung** zu einem Thema abzugeben und so beispielsweise an den gesunden Menschenverstand der Eigentümer appellieren zu können. Nicht jeder Beschluss muss einen Inhalt haben, der eine Verwaltungshandlung so konkret benennt, dass diese im Wege der Leistungsklage durchsetzbar ist, also letztlich einen vollstreckungsfähigen Inhalt haben. Ebenso wie das Ermessen der Wohnungseigentümer es zulässt, eine Regelung zunächst einmal auf ihre Praktikabilität zu erproben und sie je nach gewonnener Erfahrung wieder zu ändern (*BGH* – V ZR 163/14, ZMR 2015, 729 zu spielenden Hunden im Außenbereich; *LG Berlin* – 55 S 150/12, ZMR 2014, 658, 660 f. zu Parkplätzen) kann es nach hier vertretener Ansicht auch vom Ermessen der Eigentümer gedeckt sein, von einer konkreteren und damit auch für alle komplizierteren Regelung unter Benennung von detaillierten Anknüpfungspunkten einstweilen abzusehen und zu versuchen, einer Situation zunächst durch eine allgemeine Aussage zu einem Thema zu begegnen. Ob dies eine ordnungsmäßige Regelung darstellt, hängt von den Umständen des Einzelfalls ab. Jedenfalls keine Nichtigkeit dürfte gegeben sein, wenn Sinn und Zweck des Beschlusses erkennbar sind (*OLG Hamm* – 15 W 444/00, NJW-RR 2002, 10 f.: Eine sinn- und zweckorientierte Auslegung der Regelung, dass Kinderwagen »vorübergehend im Hausflur abgestellt werden dürfen«, ist möglich und der Beschluss daher nicht nichtig).

3. Pflicht der Wohnungseigentümer zur Mitwirkung

Das zwischen den Wohnungseigentümern bestehende schuldrechtliche Treueverhältnis nach § 280 23 Abs. 1 BGB begründet **keine allgemeine Stimmpflicht** und damit auch keine allgemeine Mitwirkungspflicht an einer Beschlussfassung. Die Wohnungseigentümer sind im Grundsatz weder zur Teilnahme an der Eigentümerversammlung noch zur Mitwirkung an der Willensbildung verpflichtet. Auch können sie – ebenso wie ein Alleineigentümer – selbst zwingend gebotene und unaufschiebbare Maßnahmen in den Grenzen von § 903 BGB unterlassen, solange und soweit sie hierüber einig sind. Anders liegt es aber jedenfalls dann, wenn nur die sofortige Vornahme einer bestimmten Maßnahme ordnungsmäßiger Verwaltung entspricht und dies von einem Wohnungseigentümer gem. § 18 Abs. 2 WEG verlangt wird, der andernfalls Schäden an seinem Sondereigentum erleidet; hier ergibt sich eine **Mitwirkungspflicht** der übrigen Wohnungseigentümer schon **aus der gegenseitigen Treuepflicht** (*BGH* – V ZR 101/16, ZMR 2018, 1015).

Unter den Voraussetzungen von § 280 Abs. 1 und 2 BGB i.V.m. § 286 BGB können diejenigen 24 Wohnungseigentümer gegenüber der Gemeinschaft zum **Schadensersatz** verpflichtet sein, die sich mit ihrem Abstimmungsverhalten nicht auf die Seite des Anspruchsstellers gestellt haben, also schuldhaft entweder untätig geblieben sind oder gegen die erforderliche Maßnahme gestimmt bzw. sich enthalten haben (*BGH* – V ZR 9/14, ZMR 2015, 241). Sie haften ggf. nach allgemeinen Grundsätzen als Gesamtschuldner.

Das **Verschulden** wird zwar grundsätzlich gem. § 280 Abs. 1 S. 2 BGB vermutet, allerdings können 25 sich die Wohnungseigentümer durch den Nachweis entlasten, dass die zur Ordnungsmäßigkeit der

Verwaltungsmaßnahme führenden Umstände für sie bei Berücksichtigung der üblichen Sorgfalt eines durchschnittlichen Wohnungseigentümers nicht erkennbar waren (vgl. § 23 Abs. 2 WEG). Sie haben ein pflichtwidriges Abstimmungsverhalten grundsätzlich nur dann zu vertreten, wenn sie mit der Einberufung der Eigentümerversammlung in hinreichend deutlicher Weise etwa über den Instandsetzungsbedarf des Gemeinschaftseigentums und den von seinem bestehenden Zustand ausgehenden Auswirkungen auf das Sondereigentum betroffener Wohnungseigentümer in Kenntnis gesetzt worden sind. Etwas anderes gilt dann, wenn ihnen die Umstände, die die Stimmpflicht begründen, bereits bekannt waren oder sie während der Teilnahme an der Eigentümerversammlung über diese unterrichtet wurden (*BGH* – V ZR 101/16, ZMR 2018, 1015).

4. Der nicht ordnungsmäßige, aber bestandskräftige Beschluss

26 Maßnahmen, die nicht mehr ordnungsmäßiger Verwaltung und Benutzung entsprechen, können im Wege der Vereinbarung aller Wohnungseigentümer geregelt werden (§ 10 Abs. 1 S. 2 WEG). Weil durch einen Beschluss leichter eine Bindungswirkung herbeigeführt werden kann, da eine Vereinbarung erst nach Verdinglichung einen Sonderrechtsnachfolger bindet, erhält das Instrument des Mehrheitsbeschlusses auch Bedeutung, wenn eine Maßnahme geplant ist, die auch nach Einschätzung der Eigentümergemeinschaft nicht mehr den Grundsätzen ordnungsmäßiger Verwaltung entspricht. Die Eigentümer können das Risiko der Anfechtung des Beschlusses eingehen, wobei unabhängig von dem Abstimmungsverhalten trotz vorausgegangener Zustimmung der Beschluss von jedem Wohnungseigentümer nach § 44 WEG angefochten und gerichtlich überprüft werden kann. Ein solcher »Zitterbeschluss« lag nach altem Recht etwa vor, wenn der Beschluss nicht ordnungsmäßig war, weil er eine bauliche Veränderung betraf, mit der nicht alle beeinträchtigten Eigentümer einverstanden waren (*LG Karlsruhe* – 11 S 36/16, ZMR 2019, 990). Nachdem nunmehr über bauliche Veränderungen oder deren Gestattung gem. § 20 Abs. 1 WEG durch Mehrheitsbeschluss entschieden werden kann, liegt ein entsprechender Fall nur noch vor, wenn eine bauliche Veränderung die Wohnanlage grundlegend umgestaltet oder einen Wohnungseigentümer ohne sein Einverständnis gegenüber anderen unbillig benachteiligt (§ 20 Abs. 4 WEG). Ohne gerichtliche Beschlussanfechtung tritt nach Ablauf der Monatsfrist gem. § 45 S. 1 WEG Bestandskraft ein, der Beschluss ist gültig, wenn er nicht wegen Verstoß gegen eine unverzichtbare Rechtsvorschrift nichtig ist (vgl. § 23 Abs. 4 WEG).

5. Anwendungsfälle ordnungsmäßiger Verwaltung durch Beschluss

27 Der Gesetzgeber hat in § 19 Abs. 2 WEG Regelbeispiele zu den in der Praxis als wichtig erachteten Verwaltungsmaßnahmen aufgeführt. Diese sind jedoch nicht abschließend, sondern enthalten nur Beispiele. Durch die Rechtsprechung haben sich darüber hinaus die folgenden typischen Anwendungsbereiche entwickelt:

a) Erstmalige Herstellung eines ordnungsmäßigen Zustandes

28 Die Gemeinschaft kann über die erstmalige plangerechte Herstellung des Gemeinschaftseigentums beschließen. Maßgeblich hierfür sind zunächst die **Vorgaben der Teilungserklärung** und der Gemeinschaftsordnung. Grundsätzlich muss das gemeinschaftliche Eigentum jedenfalls in einem solchen baulichen Zustand sein, dass das Sondereigentum zu dem in der Gemeinschaftsordnung vorgesehenen Zweck genutzt werden kann. Das gilt auch dann, wenn es sich um anfängliche Mängel des Gemeinschaftseigentums handelt; denn auch die erstmalige Herstellung des Gemeinschaftseigentums kann als Erhaltung im Sinne von § 19 Abs. 2 Nr. 1 WEG verstanden werden (*BGH* – V ZR 254/17, ZMR 2019, 890; *BGH* – V ZR 203/17, ZMR 2018, 835). Diese Einordnung ist jedoch angesichts des Umstandes, dass nunmehr nach § 18 Abs. 2 Nr. 1 WEG ausdrücklich ein Anspruch auf Umsetzung von Vereinbarungen und damit auch des ursprünglichen Soll-Zustandes besteht, nicht mehr notwendig (Lehmann-Richter/Wobst WEG-Reform 2020 § 11 Rn. 979).

29 Die Fallgruppe hat jedoch an Bedeutung verloren, da nunmehr unter **Berücksichtigung der Vereinfachung von baulichen Veränderungen** durch Mehrheitsbeschluss kein Individualanspruch hierauf

gegen den Willen der Mehrheit der Eigentümer besteht. Denn bei wertender Betrachtung besteht kein Unterschied, ob die Wohnungseigentümer die erstmalige Herstellung entsprechend den Vorgaben der Teilungserklärung bzw. des Aufteilungsplans ablehnen oder aber einen Beschluss fassen, das bereits errichtete Gemeinschaftseigentum baulich zu verändern (Lehmann-Richter/Wobst WEG-Reform 2020 § 12 Rn. 1283). Schon bisher galt, dass das Absehen von einem Rückbau einer von einem Eigentümer vorgenommenen unzulässigen baulichen Veränderung des Gemeinschaftseigentums von dem Ermessensspielraum der Wohnungseigentümer erfasst sein kann (*BGH* -V ZR149/18, NZM 2019, 788). Es dürfte nun auch nicht mehr erforderlich sein, dass die Wohnungseigentümer konkrete Alternativen zum Rückbau in eine Abwägungsentscheidung einbeziehen und dahingehende Maßnahmen in die Wege leiten (vgl. zum alten Recht *LG Frankfurt/M.* – 2–13 S 26/20, ZWE 2021, 321).

Anders verhält es sich unter Berücksichtigung des § 20 Abs. 4 WEG, wenn eine unterbleibende erstmalige Herstellung des gemeinschaftlichen Eigentums die grundlegende **Umgestaltung** der Wohnanlage oder eine **unbillige Benachteiligung** eines Wohnungseigentümers ohne sein Einverständnis mit sich bringt. Eine unbillige Benachteiligung eines Wohnungseigentümers setzt voraus, dass die beabsichtigte Maßnahme bei wertender Betrachtung und in Abwägung mit den mit der baulichen Veränderung verfolgten Vorteilen einem verständigen Wohnungseigentümer in zumutbarer Weise nicht abverlangt werden dürfte (*BGH* -V ZR 244/22) 30

b) **Bauliche Veränderungen und deren Beseitigung**

§ 20 Abs. 1 WEG regelt nunmehr, dass über bauliche Veränderungen oder deren Gestattung durch Mehrheitsbeschluss entschieden werden kann. Unter den in § 20 Abs. 2 Nr. 1 bis 4 WEG geregelten Voraussetzungen kann jeder Wohnungseigentümer eine angemessene bauliche Veränderung verlangen. Eine bauliche Veränderung, die einem der in § 20 Abs. 2 S. 1 Nr. 1 bis 4 WEG aufgeführten Zwecke dient, ist regelmäßig angemessen. Die Angemessenheit ist nur ausnahmsweise aufgrund außergewöhnlicher baulicher Gegebenheiten oder eines außergewöhnlichen Begehrens zu verneinen, wenn die bauliche Veränderung bei der Gesamtheit der Wohnungseigentümer zu Nachteilen führt, die bei wertender Betrachtung außer Verhältnis zu ihrem Zweck stehen. Nachteile, die typischerweise aufgrund einer privilegierten baulichen Veränderung eintreten, begründen regelmäßig nicht deren Unangemessenheit (*BGH* – V ZR 244/22). 31

Ein Anspruch auf Gestattung einer baulichen Veränderung besteht nach § 20 Abs. 3 WEG auch dann, wenn alle Wohnungseigentümer, deren Rechte durch die bauliche Veränderung über das bei einem geordneten Zusammenleben unvermeidliche Maß hinaus beeinträchtigt werden, einverstanden sind. Die Wohnungseigentümer können der Vornahme einer baulichen Veränderung auch unter bestimmten **Bedingungen** zuzustimmen. Zu diesen Maßgaben kann – neben der Kostenübernahme – etwa die Übernahme von Verkehrssicherungspflichten gehören. Ebenso können die Wohnungseigentümer die Gestattung daran knüpfen, dass die Maßnahme fachmännisch durchgeführt wird und ein bestimmtes äußeres Erscheinungsbild aufweisen muss (*BGH* – V ZR 64/19, ZMR 2020, 854). 32

Zu dem in der Praxis relevanten Thema des **Trittschallschutzes** gilt, dass dieser in erster Linie durch die im Gemeinschaftseigentum stehenden Bauteile gewährleistet werden muss, insbesondere durch die Art und den Aufbau der Geschossdecke und des Estrichs (*BGH* – V ZR 173/19, ZMR 2020, 971; *BGH* – V ZR 73/14, ZfIR 2015, 391; *BGH* – V ZR 276/16, NJW 2018, 2123). Daraus folgt jedoch nur, dass das mittels der im Gemeinschaftseigentum stehenden Bauteile bislang erreichte Schallschutzniveau bei Eingriffen in das Gemeinschaftseigentum im Prinzip erhalten bleiben muss und jedenfalls nicht signifikant verschlechtert werden darf (*BGH* – V ZR 221/17, ZWE 2019, 139). Für die sich zwischen den Wohnungseigentümern hinsichtlich des Schallschutzes ergebenden Pflichten bei einer Änderung des Bodenbelags lässt sich daraus nichts herleiten. Zwar steht die Auswahl des im Sondereigentum stehenden Oberbodenbelags gemäß § 13 Abs. 1 WEG grundsätzlich im Belieben des Sondereigentümers. Das ändert aber nichts daran, dass der Sondereigentümer nach § 14 Abs. 2 Nr. 1 WEG gehalten ist, insbesondere bei der Änderung des Bodenbelags darauf zu achten, dass die durch die DIN 4109 vorgegebenen schallschutztechnischen Mindestanforderungen 33 eingehalten werden. Anders kann es sein, wenn bei einer mangelhaften Trittschalldämmung des Gemeinschaftseigentums der Wohnungseigentümer keine zumutbare Abhilfemöglichkeit hat. Solange er aber mit zumutbaren Maßnahmen an seinem Sondereigentum die Mindestanforderungen an den Trittschallschutz einhalten kann, wie etwa durch die Verlegung eines schalldämpfenden Teppichbodens oder die Anbringung eines zusätzlichen Bodenbelags, ist er dazu verpflichtet (*BGH* – V ZR 173/19, ZMR 2020, 971).

34 Für **Beseitigungsansprüche**, mit denen die Beseitigung einer baulichen Veränderung gefordert wird, gilt, dass die Wohnungseigentümer diese nicht durch Beschluss begründen können. Es besteht keine Befugnis, den Eigentümern außerhalb der gemeinschaftlichen Kosten und Lasten Leistungspflichten aufzuerlegen. Insoweit können die Eigentümer durch Mehrheitsbeschluss nur festlegen, ob und in welchem Umfang ein ihrer Meinung nach bestehender Anspruch gerichtlich geltend gemacht und ggf. durchgesetzt werden soll (*BGH* ZMR 2010, 777 = NJW 2010, 2801; *BGH* – V ZR 161/11, ZMR 2012, 646 = NJW 2012, 1724; *BGH* ZMR 2015, 947 = NJW 2016, 53). Denn eine **Leistungspflicht** kann gegen den Willen des Schuldners (Miteigentümers) durch einen Mehrheitsbeschluss der Eigentümer nicht konstitutiv begründet werden. Ist eine Angelegenheit weder durch Gesetz noch durch Vereinbarung dem Mehrheitsprinzip unterworfen, fehlt den Eigentümern von vornherein die Beschlusskompetenz hierfür. Ein dennoch gefasster Mehrheitsbeschluss ist **nichtig**. Zu den unentziehbaren, aber verzichtbaren Mitgliedschaftsrechten gehört das sog. Belastungsverbot, das jeden Wohnungseigentümer vor der Aufbürdung neuer (originärer) – sich weder aus dem Gesetz noch aus der bisherigen Gemeinschaftsordnung ergebender – Leistungspflichten schützt (*BGH* – V ZR 315/13, ZMR 2015, 239). Bei der Frage der gerichtlichen Geltendmachung von Beseitigungsansprüchen können insbesondere etwaige Prozessrisiken und das Interesse am Rechtsfrieden innerhalb der Gemeinschaft mit in die Abwägung einbezogen werden (*LG Itzehoe* – 11 S 37/13, juris).

35 Auch nach der **Verjährung** des Anspruchs aus § 1004 BGB bleibt der von dem Störer geschaffene Zustand rechtswidrig; er kann von dem Gestörten bzw. der Gemeinschaft daher auf eigene Kosten beseitigt werden (*BGH* – V ZR 141/10, ZMR 2011, 460). Die Wohnungseigentümer können gem. § 19 Abs. 1 WEG beschließen, eine rechtswidrige bauliche Veränderung des gemeinschaftlichen Eigentums **auf Kosten aller Wohnungseigentümer** zu beseitigen und das gemeinschaftliche Eigentum in einen ordnungsmäßigen Zustand zu versetzen. Einen damit verbundenen Eingriff in seine Sachen muss der Störer dulden, allerdings muss die Gemeinschaft – ebenso wenig wie ein Alleineigentümer – **keine Klage auf Duldung** der Selbstbeseitigung erheben, sondern kann von ihren Recht nach entsprechender Beschlussfassung und unter Umständen nach vorheriger Ankündigung ohne weiteres Gebrauch machen; eine gerichtliche Klärung kann ggf. durch einen **Feststellungsantrag** herbeiführt werden (*BGH* – V ZR 149/18, ZMR 2020, 43).

c) Verkehrssicherungspflichten

36 Zu einer ordnungsmäßigen Verwaltung im Sinne von § 19 Abs. 1 WEG gehört die Erfüllung der auf das gemeinschaftliche Eigentum bezogenen Verkehrssicherungspflichten. Umfasst sind ferner Maßnahmen, die die Einhaltung **öffentlich-rechtlicher Vorschriften** sicherstellen wie die bauordnungsrechtlich vorgeschriebene Herstellung eines zweiten Rettungswegs (*BGH* – V ZR 102/16, ZMR 2017, 818; *BGH* – V ZR 102/16, ZWE 2017, 367) oder die allgemein Gefahren für andere Wohnungseigentümer, Dritte oder das Gemeinschaftseigentum (*BayObLG* ZMR 2004, 928) verhindern und eine Haftung der Wohnungseigentümergemeinschaft abwenden sollen. Sind solche Maßnahmen erforderlich, können sie auch gegenüber den Wohnungseigentümern ergehen, diesen kann ebenso wie Dritten ein Nutzungsverbot auferlegt werden (*BGH* – V ZR 225/20, ZMR 2022, 60).

37 Die Organisation der Verkehrssicherung dient dem Zweck, Nutzer des gemeinschaftlichen Eigentums vor Schaden zu bewahren und den oder die Verantwortlichen von Ersatzansprüchen freizuhalten. Dritte, wie Mieter oder Passanten, können sich beim **Verband** schadlos halten, wenn eine Verschuldenshaftung besteht (*OLG München* ZMR 2006, 226). Beschlossen werden kann die Durchführung von Einzelmaßnahmen, wie die Errichtung einer Straßenlaterne, wenn dies nötig ist (*Bay-*

ObLG ZMR 2000, 470) oder den Einbau eines Dämmerungsschalters (*BayObLG* WE 1994, 251). Die Wahrnehmung der Verkehrssicherung kann nicht mit einer bloßen Kostentragungspflicht gleichgesetzt werden. Die Verkehrssicherungspflicht resultiert aus der Überlegung, dass jeder, der eine Gefahrenquelle schafft, Vorkehrungen treffen muss, damit anderen – Eigentümern oder Dritten – kein Schaden daraus entsteht (*BayObLG* BayObLGZ 2000, 43/46). Zum Pflichtenkreis gehören auch Trampelpfade auf dem Grundstück der Eigentümergemeinschaft, die von Dritten wie ein tatsächlich-öffentlicher Weg genutzt werden (*VGH Bayern* ZMR 2006, 729).

Diese Sicherungspflicht obliegt grundsätzlich dem Verband, solange nicht anderes vereinbart wurde. 38
Hat ein **Eigentümer** nach der Gemeinschaftsordnung für den verkehrssicheren Zustand der unbebauten Teile des Grundstücks einschließlich der gemeinschaftlich genutzten Flächen zu sorgen, trifft ihn die Pflicht zur Beleuchtung, zum Schneeräumen und Streuen bei Glätte, zur Beseitigung von Hindernissen oder Unebenheiten auf dem Grundstück. Das Gebäude sowie die gemeinschaftlichen Einrichtungen und Anlagen werden von einer solchen Regelung nicht mehr erfasst (*BayObLG* ZWE 2001, 423).

Durch **Dienstbarkeiten** kann die Verkehrssicherungspflicht – auch Dritten gegenüber – vom Eigen- 39
tümer **auf den Nutzungsberechtigten verlagert** werden. Dennoch hat die Rechtsprechung den Eigentümer nicht völlig aus der Haftung entlassen, insbesondere, wenn er (wie häufig) trotz der Dienstbarkeit mitbenutzungsberechtigt bleibt oder wenn er zumindest als aufsichtspflichtig angesehen werden muss (*BayObLG* ZMR 2000, 470).

d) Verfolgung von Forderungen

Die Geltendmachung von Rechten der Gemeinschaft erfolgt gem. § 9a Abs. 1 WEG **in ihrem eige-** 40
nen Namen. Gem. § 9a Abs. 2 WEG übt sie auch die sich aus dem gemeinschaftlichen Eigentum ergebenden Rechte sowie solche Rechte der Wohnungseigentümer aus, die eine einheitliche Rechtsverfolgung erfordern. Hierzu gehören Beseitigungs- oder Unterlassungsansprüche wegen Störungen des gemeinschaftlichen Eigentums. Klagen einzelner Wohnungseigentümer sind nunmehr mangels Prozessführungsbefugnis unzulässig, allerdings gilt übergangsweise, dass für die bereits vor dem 1. Dezember 2020 bei Gericht anhängigen Verfahren die Prozessführungsbefugnis eines Wohnungseigentümers, der sich aus dem gemeinschaftlichen Eigentum ergebende Rechte geltend macht, über diesen Zeitpunkt hinaus in Anwendung des Rechtsgedankens des § 48 Abs. 5 WEG fortbesteht, bis dem Gericht eine schriftliche Äußerung des nach § 9b WEG vertretungsberechtigten Organs über einen entgegenstehenden Willen der Gemeinschaft der Wohnungseigentümer zur Kenntnis gebracht wird (*BGH* – V ZR 299/19).

Nach § 14 Abs. 1 Nr. 1 WEG sind die Wohnungseigentümer gegenüber der Gemeinschaft zur Ein- 41
haltung der gesetzlichen Regelungen, Vereinbarungen und Beschlüsse verpflichtet. Spiegelbildlich besteht der Individualanspruch jedes Wohnungseigentümers auf binnenrechtskonforme Verwaltung und Benutzung gem. § 18 Abs. 2 WEG nur noch gegenüber der Gemeinschaft. Ansprüche wegen Beeinträchtigungen des Sondereigentums verfolgt dagegen jeder Wohnungseigentümer selbst gem. § 1004 Abs. 1 BGB (vgl. § 18 Rdn. 96).

Ansprüche des Verbands dürfen im Grundsatz **nicht ohne Weiteres aufgegeben werden.** Die Grund- 42
sätze einer ordnungsmäßigen Verwaltung erfordern es regelmäßig, Ansprüche geltend zu machen, wenn diese schlüssig dargelegt sind und begründet erscheinen; anderes ist es nur, wenn deren Bestehen zweifelhaft ist (*LG Itzehoe* – 11 S 45/13, ZMR 2015, 56). Es entspricht ordnungsmäßiger Verwaltung, den Verwalter zu ermächtigen, gegen den früheren Verwalter einen Schadensersatzanspruch gerichtlich geltend zu machen, soweit der Anspruch nicht offensichtlich unbegründet ist (*BayObLG* ZMR 1994, 428). Es widerspricht dagegen dem wohlverstandenen Interesse des Verbands und ist mit den Grundsätzen ordnungsmäßiger Verwaltung nicht zu vereinbaren, Ansprüche nicht zu verfolgen, wenn diese schlüssig dargelegt sind und begründet erscheinen. Die Absicht der Eigentümer weitere Rechtsstreitigkeiten vermeiden zu wollen, reicht nicht aus, von einem Beschluss zur Rechtsverfolgung abzusehen (*OLG Düsseldorf* NJW-RR 2000, 381).

43 Eine Ausnahme kann zur **Vermeidung von Risiken der Anspruchsdurchsetzung** bestehen. Wenn der Anspruch offenkundig nicht in Betracht kommt oder die von der Mehrheit der Eigentümer vertretene Rechtsposition offensichtlich unhaltbar ist, kann von dem Versuch der Rechtsdurchsetzung abgesehen werden (*OLG Frankfurt* – 20 W 9/08, ZMR 2009, 462). Sind gegen den Störer gerichtete Ansprüche auf Beseitigung einer rechtswidrigen baulichen Veränderung des gemeinschaftlichen Eigentums gem. § 1004 BGB nicht (mehr) durchsetzbar, haben einzelne Wohnungseigentümer nicht ohne weiteres einen Anspruch darauf, dass die Beseitigung durch die Wohnungseigentümergemeinschaft auf eigene Kosten beschlossen wird; es kann je nach den Umständen des Einzelfalls (auch) ordnungsmäßiger Verwaltung entsprechen, hiervon abzusehen (*BGH* – V ZR 149/18, ZMR 2020, 43).

44 Grundsätzlich dürfen die Wohnungseigentümer zur Beurteilung der Frage, ob Schadensersatzansprüche bestehen und ob sonstige gewichtige Gründe gegen eine gerichtliche Geltendmachung sprechen, **anwaltliche Beratung** in Anspruch nehmen. Das eingeholte Gutachten, in dem noch weiterer Aufklärungsbedarf für eine abschließende Beurteilung gesehen wird, darf aber nicht der alleinige Anknüpfungspunkt für die Beschlussfassung der Wohnungseigentümer sein, von der Geltendmachung der nicht völlig substanzlosen Schadensersatzansprüche abzusehen (*LG Koblenz* – 2 S 67/16, ZMR 2018, 795). Liegen nach objektiv vernünftiger Betrachtungsweise unter Berücksichtigung des konkreten Geschehens Rückforderungsansprüche des Verbands gegen einen Eigentümer fern, ist bereits ein Beschluss, die Erfolgsaussichten bei Geltendmachung eines derartigen Anspruchs anwaltlich überprüfen zu lassen, nicht im Interesse der Gesamtheit der Gemeinschaft und kann nicht verlangt werden (*BayObLG* WE 2004, 17 = WuM 2004, 736).

45 Die **Entlastung des Verwalters** entspricht einem negativen Schuldanerkenntnis nach § 397 Abs. 2 BGB. Ansprüche gegen den Verwalter können damit verloren gehen. Ein Eigentümerbeschluss, mit dem einem Verwalter Entlastung erteilt wird, steht nicht grundsätzlich im Widerspruch zu einer ordnungsmäßigen Verwaltung, sondern erst dann, wenn **Ansprüche gegen den Verwalter** erkennbar in Betracht kommen und nicht aus besonderen Gründen Anlass besteht, auf die hiernach möglichen Ansprüche zu verzichten. Dies gilt auch für den Entlastungsbeschluss zugunsten eines ausgeschiedenen Verwalters (*BGH* ZMR 2003, 942 = NJW 2003, 3554). Im Einzelfall ist zu prüfen, ob Ersatzansprüche noch verfolgt werden können oder ob wegen möglicher Ansprüche die Entlastung den Grundsätzen ordnungsmäßiger Verwaltung entspricht. Es entspricht regelmäßig dem Interesse der Gesamtheit der Wohnungseigentümer nach billigem Ermessen, auch in zweifelhaften Fällen durch eine gerichtliche Entscheidung klären zu lassen, ob Ansprüche gegen den ehemaligen oder derzeitigen Verwalter bestehen. Das Absehen von der Geltendmachung solcher Ansprüche widerspricht ordnungsmäßiger Verwaltung, wenn die Voraussetzungen eines solchen Anspruchs schlüssig dargelegt und begründet erscheinen (*LG Koblenz* – 2 S 67/16, ZMR 2018, 795).

e) **Darlehensaufnahme**

46 Die Eigentümer haben die Beschlusskompetenz, die Aufnahme eines Kredites zur Deckung des Finanzbedarfs der Eigentümergemeinschaft mehrheitlich zu regeln. Ob ein Beschluss über eine Kreditaufnahme sich im Übrigen in den Grenzen des den Wohnungseigentümern zustehenden Gestaltungsermessens hält, kann nicht generell, sondern nur anhand der konkreten Umstände des **Einzelfalls** unter Abwägung der allseitigen Interessen bestimmt werden (*BGH* – V ZR 244/14, ZMR 2016, 49 = NJW 2015, 3651). Die Eigentümergemeinschaft haftet für Forderungen aus dem Darlehensvertrag (*BGH* ZMR 2013, 127 = NJW 2012, 3719). Es bleibt eine Frage der ordnungsmäßigen Verwaltung im Einzelfall, ob die Kreditaufnahme durch die Eigentümergemeinschaft der richtige Weg ist. Einzelne Eigentümer können das Recht für sich beanspruchen, ihren Anteil mit befreiender Wirkung einzuzahlen, so dass sich die Höhe des aufzunehmenden Darlehens entsprechend verringert. Wegen der **Nachschusspflicht** der zahlungsfähigen **Eigentümer** für die Zahlungsunfähigen bleibt trotz der gesetzlichen anteiligen Haftung nach § 10 Abs. 8 WEG die **Gefahr der Parallelhaftung.** Zudem müssen Eigentümer für offene und fällige Verbindlichkeiten der Eigentümergemeinschaft gegenüber dem Kreditgeber (Dritten) anteilig nochmals eintreten, obwohl sie ihren Anteil

vorab an die Eigentümergemeinschaft schon voll gezahlt haben. Voraussetzung für einen ordnungsmäßigen Beschluss ist daher, dass das Risiko einer Nachschusspflicht der Wohnungseigentümer vor der Beschlussfassung **erörtert** wurde; dies muss aus dem Protokoll der Eigentümerversammlung hervorgehen (*BGH* ZMR 2016, 49 = NJW 2015, 3651). Es soll nach der Rechtsprechung nicht genügen, die Wohnungseigentümer vorab, etwa durch entsprechende Hinweise in der Einladung zur Eigentümerversammlung zu belehren (*LG Itzehoe* – 11 S 64/18, ZMR 2019, 897, großzügiger *AG Pinneberg* – 60 C 13/18, ZMR 2019, 232, 233).

f) Maßnahmen zur Herstellung von Anschlüssen

Die Vorschriften § 21 Abs. 5 Nr. 6 und Abs. 6 WEG a.F. wurden in der Praxis wenig angewendet 47
und sind ebenso wie § 27 Abs. 1 Nr. 8 WEG nicht in das neue Recht übernommen worden. Sie dienten dazu, einen gewissen Mindeststandard für Kommunikationseinrichtungen (»Fernsprechteilnehmereinrichtungen« und »Rundfunkempfangsanlagen«) und Energieversorgungsanschlüsse (Strom, Gas, Wasser) zu gewährleisten, der aber in der Regel bereits vorhanden ist. Nicht erfasst waren Maßnahmen, die die Medienversorgung betreffen, wie die Versorgung mit Breitbandkabel, Satellitenempfang oder Internet. Sollte im Einzelfall die Notwendigkeit einer Versorgungsmaßnahme bestehen, folgt der Anspruch des Wohnungseigentümers unmittelbar aus § 18 Abs. 2 WEG (vgl. BT-Drs. 19/18791, S. 61). Zu bedenken ist, dass eine Beschlussfassung häufig nicht über § 19 Abs. 1 WEG, sondern als bauliche Maßnahme über **§§ 20, 21 WEG** erfolgt und eine Kostenregelung aufgrund des Wegfalls des § 21 Abs. 6 WEG möglicherweise an dessen Regelung orientiert gleich mitbeschlossen werden sollte (*Dötsch/Schultzky/Zschieschack* WEG-Recht 2021 Kap. 5 Rn. 44 f.).

Besteht mehrheitlich der Wunsch zu einem **Glasfaserkabelanschluss**, ist nach dem neuen Recht die 48
Problematik der Abgrenzung zu einer baulichen Veränderung bzw. Modernisierung entfallen (*AG Pinneberg* – 60 C 32/18, ZMR 2019, 460: bauliche Veränderung; *AG Plön* – 75 C 11/19, ZMR 2020, 601: keine bauliche Veränderung mangels Beeinträchtigung der Wohnungseigentümer). Der Anspruch des Einzelnen auf Anschluss an Telekommunikationsnetz mit sehr hoher Kapazität ist nunmehr in **§ 20 Abs. 2 Nr. 4 WEG** geregelt und meint in Anlehnung an die Definition aus Art. 2 Nr. 2 der Richtlinie (EU) 2018/1972 ebenfalls einen Glasfaseranschluss oder einen hiermit der Leistung nach ähnlichen Anschluss.

g) Beschluss einer abweichenden Kostenverteilung

Bei Änderungen des **Umlageschlüssels** für einzelne Kosten oder bestimmte Arten von Kosten nach 49
§ 16 Abs. 2 S. 2 WEG ist den Wohnungseigentümern ein weiter Gestaltungsspielraum eingeräumt. Die Beschlusskompetenz ist in Abgrenzung von einem generellen Verteilungsmaßstab lediglich auf die Verteilung **einzelner Kosten oder bestimmter Arten von Kosten** beschränkt. Im Einzelfall kann diese Abgrenzung jedoch schwierig sein (Lehmann-Richter/Wobst WEG-Reform 2020 § 9 Rn. 695 ff.). Um eine ordnungsgemäße Ermessensentscheidung handelt es sich, wenn der neue Kostenverteilungsschlüssel durch Sachgründe gerechtfertigt ist. Schon nach altem Recht durften die Wohnungseigentümer jeden Maßstab wählen, der den Interessen der Gemeinschaft und der einzelnen Wohnungseigentümer angemessen ist und insbesondere nicht zu einer ungerechtfertigten Benachteiligung Einzelner führt (*BGH* – V ZR 282/19, ZMR 2021, 136). Ob eine Beschlusskompetenz der Wohnungseigentümer besteht, nach dem § 16 Abs. 2 S. 2 WEG nF auch **Wohnungseigentümer**, die durch Vereinbarung eigentlich abweichend von § 16 Abs. 2 S. 1 WEG von der Kostentragung für bestimmte Kosten oder Kostenarten befreit sind, **erstmalig** mit Kosten zu belasten, ist durch die Rechtsprechung noch nicht geklärt. Zu § 16 Abs. 3 WEG aF wurde von der herrschenden Meinung vertreten, dass ein Wohnungseigentümer, der kraft Vereinbarung abweichend vom Grundsatz des § 16 Abs. 2 S. 1 WEG von bestimmten (Betriebs-) Kosten insgesamt befreit war, nicht durch Beschluss gemäß § 16 Abs. 3 WEG aF erstmals an diesen Kosten beteiligt werden konnte. Diese Vorschrift begründe nur die Kompetenz, im Rahmen einer dem Grunde nach bestehenden Kostentragungsverpflichtung den geltenden Abrechnungsmaßstab zu ändern. Mit der Rechtsprechung des (*BGH* – V ZR 315/13; *BGH* -VII ZB 21/84, BGHZ 95, 137–144, Rn. 20 –

21) wurde angenommen, dass die erstmalige Begründung einer Kostentragungspflicht unter Aufhebung einer vereinbarten Kostenbefreiung keine Veränderung des Kostenverteilungsschlüssels darstelle, sondern eine Erweiterung des Kreises der Kostenschuldner, die von der Regelung nicht erfasst sei. Auch unter der Geltung der neuen Vorschrift des § 16 Abs. 2 S. 2 WEG wird von einigen Stimmen in der Literatur teilweise weiterhin angenommen, es bestehe auf Grund von § 16 Abs. 2 S. 2 WEG weiterhin Beschlusskompetenz allein zur Veränderung des Kostenverteilungsmaßstabs innerhalb des Kreises der bisher Kostentragungspflichtigen, jedoch nicht zur Begründung einer Kostentragungspflicht eines oder mehrerer bislang dem Kreis nicht angehörender Wohnungseigentümer, da es sich sonst nicht um eine Frage der »Verteilung« der Kosten handele (vgl. *Hügel/Elzer* WEG § 16 Rn. 47; Grüneberg/*Wicke* § 16 WEG Rn. 5; *Elzer* in: Skauradszun/Elzer/Hinz/Riecke Die WEG-Reform 2020 § 13 Rn. 15 f.). Dagegen wird von anderen Stimmen in der Literatur unter anderem wegen des gegenüber § 16 Abs. 3 WEG a.F. geänderten Wortlauts von § 16 Abs. 2 S. 2 WEG sowie der gesetzgeberischen Intention einer umfassenden Öffnungsklausel nicht nur für den gesetzlichen Kostenverteilungsschlüssel, sondern auch ausdrücklich für vereinbarte Kostenverteilungsschlüssel zu Recht die Ansicht vertreten, § 16 Abs. 2 S. 2 WEG ermögliche es nunmehr dem Grunde nach auch, durch Beschluss bislang von den Kosten durch Vereinbarung freigestellte Wohnungseigentümer an den Kosten zu beteiligen oder umgekehrt bislang kraft Gesetzes oder auf Grund einer Vereinbarung an den Kosten beteiligte Wohnungseigentümer auch freizustellen (vgl. *Müller/Fichtner* Wohnungseigentum § 24 Rn. 48–50, beck-online). Hierfür spricht, dass nach dem Wortlaut der Norm eine neue Verteilung der Kosten auch vorliegt, wenn aus dem Kreis aller Wohnungseigentümer (als potentiell Kostenpflichtige) die Umverteilung zulasten jener erfolge, die bislang freigestellt waren. Eine Beschränkung der Kompetenz aus § 16 WEG, die dem entgegenstehen würde, ist der Norm nicht zu entnehmen (Lehmann-Richter/Wobst WEG-Reform 2020 Rn. 693). Es besteht daher eine Beschlusskompetenz richtigerweise (nunmehr) auch für die erstmalige Einbeziehung bislang von der Kostentragungspflicht befreiter Wohnungseigentümer.

B. Gesetzliche Regelbeispiele ordnungsmäßiger Verwaltung und Benutzung gem. § 19 Abs. 2 WEG

50 Die Vorschrift enthält die vom Gesetzgeber als in der Praxis wichtig erachteten Verwaltungsmaßnahmen. Die Liste ist nicht abschließend, sondern enthält nur Beispiele. Weigert sich die Eigentümergemeinschaft einen Mehrheitsbeschluss zu den genannten Maßnahmen herbeizuführen, können diese nach § 18 Abs. 2 WEG gegenüber der Gemeinschaft gerichtlich eingefordert werden. Mit der Entscheidung des Gesetzgebers über die Aufzählung der der Maßnahmen in Abs. 2 Nr. 1 bis 6 ist das Ermessen der Wohnungseigentümer über das »Ob« der Maßnahme gesetzgeberisch auf »null« reduziert, ein Entschließungsermessen besteht nur noch über das »Wie«, also den Inhalt. In der Ausgestaltung können große Unterschiede bestehen, über deren Ordnungsmäßigkeit im Falle der Anfechtungsklage durch das Gericht zu entscheiden ist.

51 Es ist auch möglich, inhaltliche Regelungen zu den Regelbeispielen zu **vereinbaren** und nach § 10 Abs. 3 WEG in ihrer Wirkung durch Eintragung im Grundbuch auf den Sonderrechtsnachfolger zu erstrecken. Wenn vereinbarte Vorgaben existieren, sind die Eigentümer daran gebunden. Die Möglichkeit, einen Mehrheitsbeschluss herbeizuführen, kann somit auch ausgeschlossen sein.

I. Die Aufstellung einer Hausordnung (Abs. 2 Nr. 1)

1. Allgemeines

52 Der Sinn einer Hausordnung ist es, die Pflichten der Wohnungseigentümer im Hinblick auf die Erhaltung des Sondereigentums und des gemeinschaftlichen Eigentums sowie deren Nutzung zu **konkretisieren** (*BayObLG* ZMR 2005, 132). Hierdurch kann versucht werden, innerhalb einer Gemeinschaft vorhersehbare Kollisionen zu vermeiden. Die Regelungen müssen insbesondere die Vorgaben der §§ 13 und 14 WEG, aber auch weitere gesetzliche Regelungen wie das öffentliche Recht und die Verkehrssicherungspflichten und evtl. Vereinbarungen beachten.

Mögliche Inhalte einer Hausordnung sind Verhaltensvorschriften, mit denen der Schutz des Gebäudes, die Aufrechterhaltung von Sicherheit und Ordnung und die Erhaltung des Hausfriedens sichergestellt werden soll. Es können allgemeine Sorgfalts-, Sicherheits- und Gefahrvorbeugungspflichten sein, aber auch Benutzungsregelungen für gemeinschaftliche Flächen, Räume und Einrichtungsgegenstände sowie Ruhezeiten geschaffen werden. Solche Benutzungsregelungen beziehen sich beispielsweise auf Aufzüge, das Treppenhaus, Gemeinschaftskellerräume, den Außenbereich wie Garten und Stellplätze. Verbreitet sind auch Regelungen zur Haustierhaltung. Es ist nicht erforderlich, im Einzelnen in die Hausordnung mit aufzunehmen, welche Handlungsweisen zu unterlassen sind, um ein Gebot – beispielsweise das Geschlossenhalten der Brandschutztüren/Rauchschutztüren – zu gewährleisten (*OLG Frankfurt* – 20 W 430/04, NJW-RR 2007, 377). Zu einzelnen ordnungsgemäßen Benutzungsregelungen vgl. oben § 18 Rdn. 93 f. 53

2. Die Erstellung und Änderung der Hausordnung

Hausordnungsregelungen sollten wegen der **Notwendigkeit**, sie zu **ändern oder anzupassen**, als Vereinbarung etwa bei der Erstellung einer Gemeinschaftsordnung nur sparsam aufgestellt werden (*BayObLG* WuM 1992, 157 = NJW-RR 1992, 343). Ggf. sollte den Eigentümern durch eine **Öffnungsklausel** die Möglichkeit gegeben werden, durch einen (qualifizierten) Mehrheitsbeschluss Anpassungen an veränderte Verhältnisse herbeizuführen. Aber auch, wenn keine Öffnungsklausel vereinbart wurde, wird eine Auslegung regelmäßig ergeben, dass es sich nur um eine formelle (unechte) Vereinbarung handelt, die ebenfalls durch Mehrheitsbeschluss änderbar ist (*Vandenhouten* in: Niedenführ/Schmidt-Räntsch/Vandenhouten WEG 13. Aufl. § 21 Rn. 58 m.w.N.). Selbst wenn eine Hausordnung ausnahmsweise Vereinbarungscharakter aufweisen sollte, kann diese wenigstens um weitere Bestimmungen ergänzt werden, es sei denn, die vereinbarte Hausordnung war ein in sich geschlossenes, abschließendes Regelungswerk (*OLG Frankfurt* – 20 W 149/90, ZMR 1991, 113). 54

Grundsätzlich anerkannt ist, dass die Kompetenz zur Aufstellung der Hausordnung durch Vereinbarung auf Dritte, insbesondere den **Verwalter** übertragen werden kann. Die so vom Verwalter aufgestellte Hausordnung hat die gleiche Wirkung wie eine durch Mehrheitsbeschluss getroffene Regelung. Nach dem WEMoG sprechen die besseren Argumente dafür, dass die Kompetenz des Verwalters zur Aufstellung einer Hausordnung auch **durch Beschluss** geschaffen werden kann (*Forschner* ZWE 2022, 193). 55

Verlangt ein Eigentümer eine Änderung der Hausordnung und lehnen dies die Wohnungseigentümer ab, kann der Eigentümer einen Anspruch gem. § 18 Abs. 2 WEG gegen die Gemeinschaft geltend machen. Die vorbefassten Eigentümer haben zu prüfen, ob die begehrte Änderung dem **Interesse der Gesamtheit der Wohnungseigentümer nach billigem Ermessen** entspricht. Die schutzwürdigen Belange aller Wohnungseigentümer müssen berücksichtigt und gegeneinander abgewogen werden. So überschreitet ein Beschluss das Ermessen der Wohnungseigentümer, wenn er für die Nachtstunden vorsieht, dass die Haustür verschlossen zu halten ist, denn dadurch wird in Notsituationen eine Fluchtmöglichkeit erschwert (*LG Frankfurt/M.* – 2–13 S 127/12, ZMR 2015, 734). 56

Eine Hausordnung ist nach Erhebung einer Beschlussklage gem. § 44 WEG für ungültig bzw. nichtig zu erklären, wenn es ihr an der erforderlichen **Bestimmtheit und Klarheit** fehlt (s.o. Rdn. 20 ff.). Eine Regelung, die das Singen und Musizieren außerhalb von Ruhezeiten nur in »nicht belästigender Weise und Lautstärke« gestattet, ist mangels hinreichender Bestimmtheit unwirksam (*BGH* – V ZB 11/98, ZMR 1999, 41). Haben die Beteiligten in einer Hausordnung Ruhezeiten festgelegt, in denen jedes unnötige und störende Geräusch zu vermeiden und die Ruhe beeinträchtigende Tätigkeiten zu unterlassen sind, genügt die Regelung mangels Objektivierbarkeit unnötiger und störender Geräusche nicht dem Bestimmtheitserfordernis und ist deshalb unwirksam (*OLG Düsseldorf* – I-3 Wx 233/08, ZMR 2010, 52). Eine Regelung in der Hausordnung, dass Kinderwagen »vorübergehend im Hausflur abgestellt werden dürfen«, ist dagegen nicht wegen inhaltlicher Unbestimmtheit als nichtig angesehen worden, da eine sinn- und zweckorientierte Auslegung der Regelung möglich sei (*OLG Hamm* – 15 W 444/00, NJW-RR 2002, 10 f.). Ein vorübergehendes Abstellen eines Kinderwagens im Erdgeschoss kann selbstverständlich, sozial üblich und Element 57 der Zweckbestimmung der Wohnanlage sein, wenn es objektiv mangels anderer Abstellmöglichkeit erforderlich ist.

3. Androhung von Strafen bei Verstoß gegen die Hausordnung

58 Androhungen von Strafen finden sich in der Praxis meist in Form von **Sanktionierungen** einer unterbliebenen Einholung einer Verwalterzustimmung zu einer Vermietung. Diese sollen Verstöße gegen eine Unterlassungspflicht sanktionieren. Der Wohnungseigentümer soll es unterlassen, Vermietungen vorzunehmen, wenn die erforderliche Zustimmung des Verwalters nicht vorliegt. Eine solche Regelung ist nur im Wege der **Vereinbarung** möglich. Der Wohnungseigentümerversammlung fehlt es an einer Beschlusskompetenz, da der Sachverhalt weder durch das Wohnungseigentumsgesetz noch durch Vereinbarung einer Beschlussfassung unterworfen ist. Ein dennoch gefasster Beschluss ist nichtig. Nur mit Einverständnis der jeweiligen Wohnungseigentümer kann diesen wie jedem übernahmebereiten Dritten die Übernahme von Leistungen übertragen werden.

59 Anders als Umzugskostenpauschalen lassen sich Vertragsstrafen auch nicht als Kosten definieren. In der Sache kann Verstößen gegen vereinbarte Vermietungsbeschränkungen daher nur durch einen vorbeugenden **Unterlassungsanspruch** begegnet werden, um im Wiederholungsfall die Grundlage für die Verhängung eines Ordnungsgelds zu legen (*BGH* – V ZR 105/18).

4. Die tätige Mithilfe

60 Die **Vereinbarung** einer **Leistungspflicht** der Eigentümer etwa zu Reinigungsarbeiten, Streudiensten oder zu Pflegeleistungen im Haus oder im Garten, ist möglich (*KG* NJW-RR 1994, 207 = ZMR 1994, 70), nicht dagegen deren Begründung durch einen Mehrheitsbeschluss. Ein solcher Beschluss ist **nichtig**, weil es an der erforderlichen Beschlusskompetenz der Wohnungseigentümer fehlt (*BGH* ZMR 2012, 646 = NJW 2012, 1724). So können Eigentümer nicht zu einer turnusmäßigen Übernahme der **Räum- und Streupflicht** durch Mehrheitsbeschluss verpflichtet werden. Solche Regelungen gehen über eine Regelung des Zusammenlebens der Eigentümer hinaus, weil sie auch die Verkehrssicherungspflichten gegenüber Dritten betreffen. Eine Beschlusskompetenz kann auch nicht auf die Überlegung gestützt werden, dass die Wohnungseigentümer ohnehin verkehrssicherungspflichtig seien und die beschlossene Hausordnung gar keine neuen Pflichten begründet, sondern diese nur organisiert. Die Erfüllung der Verkehrssicherungspflichten haben jedenfalls in dem für die Beschlusskompetenz maßgeblichen Innenverhältnis der Wohnungseigentümer nicht die Eigentümer, sondern der **Verband** sicherzustellen (*BGH* ZMR 2012, 646 = NJW 2012, 1724). Soweit der *BGH* bisher bei Eingriffen in unentziehbare, aber verzichtbare (»mehrheitsfeste«) Rechte davon ausgegangen ist, dass die fehlende Zustimmung nachteilig betroffener Sondereigentümer die schwebende Unwirksamkeit eines gleichwohl gefassten Beschlusses zur Folge hat (vgl. *BGH* – V ZB 51/03, *BGH*-V ZR 315/13), ist nach *BGH* – V ZR 112/18 davon auszugehen, dass er hieran nicht festhalten wird, da das Gesetz eine schwebende Unwirksamkeit von Beschlüssen nicht vorsieht und sich ebenso wie bei unter eine Bedingung gestellten Beschlüssen (vgl. *BGH* – V ZR 221/17, WuM 2018, 803 Rn. 16) Bedenken im Hinblick auf das Gebot der Rechtssicherheit ergeben.

61 Ein Beschluss, mit dem die Teilungserklärung dahingehend geändert wird, dass die Erhaltungslast für Gartenflächen den jeweiligen **Sondernutzungsberechtigten** übertragen wird, ist jedoch auch bei Vorliegen einer **Öffnungsklausel** in der Teilungserklärung nichtig, da zu den unentziehbaren Mitgliedschaftsrechten das so genannte **Belastungsverbot** gehört, das jeden Wohnungseigentümer vor der Aufbürdung neuer (originärer) – sich weder aus dem Gesetz noch aus der bisherigen Gemeinschaftsordnung ergebender – Leistungspflichten schützt (*BGH* ZMR 2015, 239 = NJW 2015, 549). Die durch eine Öffnungsklausel legitimierte Mehrheitsmacht wird materiell-rechtlich unter anderem durch unentziehbare, aber verzichtbare Mitgliedschaftsrechte begrenzt. Zwar ist es bei Sondernutzungsrechten üblich, dem Sondernutzungsberechtigten die Pflicht zur Instandhaltung auf eigene Kosten aufzuerlegen, weil ein Auseinanderfallen von Nutzungsrecht und Instandhaltungslast als unbefriedigend empfunden wird. Das ändert aber nichts daran, dass eine hiervon abweichende

Regelung bereits in der Teilungserklärung/Gemeinschaftsordnung selbst oder im Wege einer späteren Vereinbarung der Wohnungseigentümer getroffen werden müsste.

5. Die Geltung der Hausordnung gegenüber Dritten

Eine vereinbarte oder eine beschlossene Hausordnung bindet Ehegatten der Eigentümer, Besucher oder Mieter zwar nicht unmittelbar, die Regelungen gelten jedoch auch für diese. Der Eigentümer ist verpflichtet, für die Einhaltung der in §§ 14, 15 WEG aufgezählten Pflichten durch Personen zu sorgen, die seinem Hausstand oder Geschäftsbetrieb angehören oder denen er sonst die Benutzung des Sondereigentums überlässt. Der Eigentümer muss sicherstellen, dass dieser Personenkreis diese Vorgaben einer Hausordnung einhält. Wie er dies tut, bleibt ihm überlassen. 62

Im idealen Fall versucht der vermietende Sondereigentümer bei Abschluss des **Mietvertrages** seinen Mieter in die Hausordnung der Eigentümergemeinschaft einzubinden; möglicherweise sogar mit dem **Anpassungsvorbehalt**, dass die jeweilige Hausordnung der Gemeinschaft gelten soll, wenn diese nach Abschluss des Mietvertrages verändert und danach dem Mieter in der geänderten Form inhaltlich bekannt gegeben wird. Fehlen mietvertragliche Regelungen, ändert das nichts. Der Wohnungseigentümer, von dem der Mieter seine Nutzungsbefugnis ableitet, kann diesem nicht mehr an Rechten übertragen, als er selbst im Verhältnis zu den anderen Wohnungseigentümern hat. 63

Wird ein **Wohnungseigentümer** wegen eines Verstoßes gegen die Hausordnung in seinem Sondereigentum durch Dritte in Anspruch genommen, bleibt ihm überlassen, wie er seine Pflichten gegenüber der Gemeinschaft und den übrigen Wohnungseigentümer gegenüber erfüllt (vgl. § 14 Abs. 1 und Abs. 2 WEG). Im Rahmen eines Verfahrens auf Festsetzung eines Ordnungsgeldes gem. § 890 ZPO ist dann zu prüfen, ob der Eigentümer alles in seiner Macht Stehende unternommen hat, um den geschuldeten Erfolg zu erreichen (*BGH* – V ZR 131/13, ZMR 2014, 894; *BGH* ZMR 1995, 416 = NJW 1995, 2036). Bleibt er untätig, kann er sich schadensersatzpflichtig machen; in schwerwiegenden Fällen kann dies einen Anspruch auf Entzug des Wohnungseigentums nach § 17 WEG begründen. 64

Die Wohnungseigentümer haben gegen den **Mieter** einer Sondereigentumseinheit, der gegen eine von den Eigentümern vereinbarte oder beschlossene Gebrauchsregelung verstößt, einen Unterlassungsanspruch aus § 1004 Abs. 1 BGB, wenn sie in ihrem Sondereigentum individuell beeinträchtigt sind (*BGH* – V ZR 271/18, ZMR 2020, 202 »Eisdielenfall«; *BGH* – V ZR 295/16, ZMR 2020, 675; vgl. § 18 Rn. 88 f.). Der mit dem Anspruch konfrontierte **Mieter** ist nicht ungeschützt, wenn dadurch seine Rechte aus dem Mietvertrag eingeschränkt werden. Es kann beim Eigentümer **Schadensersatz verlangen oder die Miete mindern.** Das Problem bleibt dann beim vermietenden Eigentümer, dem es nicht gelungen ist, Deckungsgleichheit zwischen der Hausordnung der Eigentümergemeinschaft und dem Inhalt des Mietvertrages herzustellen (*Riecke* in: FS Deckert, 2002, S. 368 ff.). Es gehört zum Risikobereich des Vermieters, dass die Vermietung von Sondereigentum mit der Gemeinschaftsordnung vereinbar ist. 65

II. Die ordnungsmäßige Erhaltung des gemeinschaftlichen Eigentums (Abs. 2 Nr. 2)

1. Begriffe und Abgrenzungen

Im Zentrum der von den Wohnungseigentümern zu treffenden Verwaltungsentscheidungen stehen häufig die Maßnahmen zur ordnungsmäßigen Erhaltung des gemeinschaftlichen Eigentums, über die regelmäßig zu beschließen ist. Die Beschlusskompetenz der Eigentümer für Maßnahmen der Instandhaltung und Instandsetzung bezieht sich nur auf das **gemeinschaftliche Eigentum.** Grundsätzlich ist es Sache des jeweiligen Sondereigentümers, etwaige das Sondereigentum betreffende bauordnungsrechtliche Vorgaben auf eigene Kosten zu erfüllen. Für Maßnahmen am Sondereigentum besteht generell keine Beschlusskompetenz der Wohnungseigentümer, entsprechende Beschlüsse sind nichtig; dies gilt auch dann, wenn öffentlich-rechtliche Vorschriften die Maßnahmen erfordern (*BGH* ZMR 2017, 317 = NZM 2017, 224; *BGH* ZMR 2013, 642 = NJW 2013, 642). 66

67 Der Begriff der Erhaltung wird in § 13 Abs. 2 WEG als ordnungsmäßige **Instandhaltung und Instandsetzung** legaldefiniert. Maßnahmen, die über die ordnungsmäßige Erhaltung des gemeinschaftlichen Eigentums hinausgehen, werden in § 20 Abs. 1 WEG als bauliche Veränderung definiert und können nunmehr mehrheitlich beschlossen werden. Die **Abgrenzung** kann für die Frage, ob ein Individualanspruch gem. § 18 Abs. 2 WEG gegen die Gemeinschaft auf Vornahme der Maßnahme besteht, von Bedeutung sein sowie für die Kostenverteilung.

68 Unter **Instandhaltung** werden pflegende, erhaltende und vorsorgenden Maßnahmen zur Erhaltung des ursprünglichen Zustands und unter Instandsetzung Maßnahmen zur Herstellung des ursprünglichen verstanden. Die ordnungsmäßige Erhaltung beinhaltet neben den Reparaturen des gemeinschaftlichen Eigentums also auch Pflege- und Erhaltungsmaßnahmen, die das Eintreten von Schäden verhindern sollen (*BayObLG* NJW-RR 1996, 1166; 1991, 976; *KG* WuM 1993, 562).

69 Eine **Instandsetzung** umfasst auch die Erneuerung im Sinne einer Ersatzbeschaffung einzelner Teile des gemeinschaftlichen Eigentums (*BayObLG* ZfIR 2004, 23). Die Unterscheidung ist nur dann von praktischer Bedeutung, wenn die Vorgaben in der Gemeinschaftsordnung Aufgaben der Instandhaltung und Instandsetzung unterschiedlich zuweisen (*BGH* ZMR 2017, 412).

70 Die **modernisierende Instandsetzung** fällt nunmehr grundsätzlich unter die bauliche Veränderung gem. § 20 Abs. 1 WEG. Sie setzt voraus, dass ohnehin Reparaturbedarf besteht, die Maßnahme aus Anlass einer notwendigen Instandsetzung jedoch über die bloße Wiederherstellung des bisherigen Zustandes hinausgeht und deshalb zu einer baulichen Veränderung führt, die aber eine technisch bessere und wirtschaftlich sinnvollere Lösung zur Behebung eines Mangels darstellt (*LG Itzehoe* ZWE 2018, 178). Voraussetzung für eine ordnungsmäßige Ermessensentscheidung ist auch hier, dass die Wohnungseigentümer von den richtigen Tatsachengrundlagen ausgehen diese in die Abwägung einbeziehen konnten. Ist eine Maßnahme in Wahrheit gar nicht erforderlich, kann das zu einer Anfechtbarkeit des Beschlusses führen (*AG Hamburg-St. Georg* – 980a C 24/21 WEG, Rn. 31, juris, unter Berufung auf *BayObLG* ZMR 2004, 442, zur Erneuerung einer nicht defekten Briefkastenanlage).

71 Die Verortung der modernisierenden Instandsetzung in § 20 WEG bringt die differenzierende Kostenfolge des § 21 WEG mit sich (Kostentragung durch die Verlangenden, Abs. 1, von denjenigen Wohnungseigentümern, die mit »ja« gestimmt haben, Abs. 3, oder von allen Wohnungseigentümern, Abs. 2 WEG), während für Erhaltungsbeschlüsse § 16 Abs. 2 S. 1 WEG gilt. Dies wird in der Literatur kritisch gesehen (*Hügel/Elzer* 3. Aufl. 2021 WEG § 19 Rn. 72; *Dötsch/Schultzky/Zschieschack* WEG-Recht 2021 Kap. 5 Rn. 39, 44 f., Kap. 6 Rn. 39) und könnte dazu führen, dass der Erhaltungsbegriff im neuem System eine **weite Auslegung** erfährt.

2. Handlungsrechte und Handlungspflichten

a) Zuständigkeit der Gemeinschaft

72 Die Begründung eines Sondernutzungsrechts lässt die sachenrechtliche Zuordnung des Nutzungsgegenstands zum Gemeinschaftseigentum unverändert, so dass hier grundsätzlich keine Besonderheiten gelten. Durch Vereinbarung können die Wohnungseigentümer jedoch abweichend die **Erhaltungslast**, also sowohl die Pflicht zur Instandsetzung und Instandhaltung von Teilen des gemeinschaftlichen Eigentums als auch die Tragung der damit verbundenen Kosten, einzelnen **Eigentümern** auferlegen. Die Vorschrift des § 19 Abs. 2 Nr. 2 WEG ist nämlich abdingbar.

73 Die Vereinbarung muss insoweit eine klare und eindeutige Regelung treffen (*BGH* – V ZR 254/17, ZMR 2019, 890; *BGH* ZMR 2012, 641 = NJW 2012, 1722). Wird einem Sondereigentümer in der Gemeinschaftsordnung eine Instandsetzungs- oder Instandhaltungspflicht übertragen, hat er im Zweifel auch die ihm dadurch entstehenden Kosten zu tragen (*BGH* ZMR 2017, 256 = NZM 2017, 602). Unterscheidet die Gemeinschaftsordnung begrifflich zwischen Instandhaltung und Instandsetzung von Bauteilen, die zum Gemeinschaftseigentum gehören und weist sie nur die Pflicht zu deren Instandhaltung einem Sondereigentümer zu, ist die Instandsetzung im Zweifel Sache der

Gemeinschaft (*BGH* – V ZR 124/16, ZMR 2017, 412). Weist die Gemeinschaftsordnung die Pflicht zur Instandhaltung und Instandsetzung der Fenster nebst Rahmen im räumlichen Bereich des Sondereigentums den einzelnen Eigentümern zu und nimmt dabei den Außenanstrich aus, ist eine vollständige Erneuerung der Fenster im Zweifel Sache der Gemeinschaft (*BGH* ZMR 2012, 641 = NJW 2012, 1722; *BGH* ZWE 2014, 125). Möglich ist auch, dass nach der Gemeinschaftsordnung Untergemeinschaften mit eigenen Beschlussfassungskompetenzen und Kostenverteilungsregelungen gebildet werden. Beschließen die Wohnungseigentümer eine Änderung der Kostenverteilung für eine einzelne Erhaltungsmaßnahme, muss nicht zugleich eine entsprechende Regelung für alle künftigen gleich gelagerten Fälle beschlossen werden (*BGH* – V ZR 87/23 in Abgrenzung zu V ZR 164/09).

Beschlüsse der Wohnungseigentümer, die trotz wirksamer Übertragung der Erhaltungslast auf den jeweiligen Sondereigentümer – etwa in Verkennung oder unzutreffender Bewertung einer Regelung der Teilungserklärung – ergangen sind, sind mangels Beschlusskompetenz nach hier vertretener Ansicht **nichtig**. Denn nach §§ 23 Abs. 1, 19 Abs. 1 WEG werden durch Beschlussfassung nur solche Angelegenheiten geregelt, über die nach dem Wohnungseigentumsgesetz oder nach einer Vereinbarung die Wohnungseigentümer durch Beschluss entscheiden können. Die Besonderheit besteht hier darin, dass eine nach dem – abdingbaren – Gesetz bestehende Beschlusszuständigkeit durch Vereinbarung (häufig bezogen auf ausschließlich genutzte Bauteile wie Balkone) der Gemeinschaft entzogen wurde. Die Rechtsprechung geht davon aus, dass ein solcher Beschluss mangels Beschlusskompetenz nichtig ist, wenn auch höchstrichterliche Entscheidungen zu der Frage nicht vorliegen (vgl. *LG Hamburg* ZWE 2014, 410; *BayObLG* ZWE 2005, 96; *BayObLG* ZMR 2004, 605; *OLG München* ZWE 2007, 490; *LG München I* ZMR 2014, 399; *LG Dortmund* BeckRS 2014, 2127; *LG Itzehoe* ZWE 2016, 464). In der Literatur werden unterschiedliche Ansichten vertreten (vgl. *Häublein*, ZWE 2021, 337–340 m.w.N.). Unter anderem wird für die Maßnahme selbst eine sog. **konkurrierenden Erhaltungszuständigkeit** im Regelfall vertreten (vgl. *Häublein* a.a.O.; *Hügel/Elzer* 3. Aufl. 2021 WEG § 19 Rn. 96). Der erkennbare Zweck einer entsprechenden Regelung bestehe darin, die übrigen Eigentümer von den Kosten und dem sonstigen Aufwand zu befreien, die die Erhaltung des individualnützigen gemeinschaftlichen Eigentums verursache. Ein Entzug der Beschlusskompetenz der Wohnungseigentümer für die Erhaltung sei damit nicht notwendig verbunden. Es bestehe sowohl aus der sachenrechtlichen Mitberechtigung als auch beispielsweise aus Informations- und Koordinierungsgründen ein Interesse am gemeinschaftlichen Eigentum, die Verwaltungszuständigkeit nicht zu verlieren. Dies berücksichtigt jedoch nicht, dass in der Praxis Beschlüsse nicht selten ohne jedes besondere Interesse der Gemeinschaft in Verkennung der Regelungen der Teilungserklärung gefasst werden und die Verwaltungszuständigkeit dann dem betroffenen Eigentümer entzogen wird, während die Kostenlast bei ihm verbleibt. Denn sollten die Wohnungseigentümer sozusagen großzügigerweise auch noch eine **Kostenübernahme** zu Lasten der Gemeinschaft beschließen wollen, besteht hierfür auch unter Berücksichtigung der Interessenlage erst Recht keine Kompetenz (offen gelassen, da bei entsprechender Anfechtungsbegründung jedenfalls zur Anfechtbarkeit führend in *BGH – V ZR 9/12*). Eine auch insoweit durch Vereinbarung entzogene Kompetenz kann sich nicht nach der vorausgegangenen faktischen Beauftragung und (vorläufigen) Bezahlung von Arbeiten richten. § 16 Abs. 2 und Abs. 3 WEG eröffnen mangels Verteilung der Kosten unter den Wohnungseigentümern hier keine Kompetenz, zudem handelt es sich weder um Betriebskosten noch um einen abweichenden Maßstab, der dem Gebrauch oder der Möglichkeit des Gebrauchs Rechnung trägt. 74

Das durch das WEMoG geschaffene neue Recht kennt eine **Vergemeinschaftung** außerhalb des werkvertraglichen Mängelgewährleistungsrechts nicht mehr. In diesem Fall kann die Gemeinschaft der Wohnungseigentümer weiterhin Individualrechte der Erwerber von Wohnungseigentum durch Mehrheitsbeschluss zur alleinigen Durchsetzung an sich ziehen (vgl. *BGH* – V ZR 213/21). Ob ein entsprechender Anspruch auf die kaufvertragliche Nachbesserungspflicht gestützt wird oder sich aus dem Werkvertragsrecht ergibt, spielt hierfür keine Rolle. Die Kompetenz für einen solchen Vergemeinschaftungsbeschluss folgt aus § 18 Abs. 1, § 19 Abs. 2 Nr. 2 WEG. Die Ansprüche unterfallen nicht der Ausübungsbefugnis gemäß § 9a Abs. 2 WEG. 75

b) Kosten und Finanzierung

76 Die **Kosten** sind grundsätzlich von den Eigentümern gem. § 16 Abs. 2 S. 1 WEG nach dem Verhältnis ihrer Miteigentumsanteile zu tragen, es sei denn, es wird von der Möglichkeit Gebrauch gemacht, gemäß § 16 Abs. 2 S. 2 WEG für einzelne Kosten oder bestimmte Arten von Kosten eine abweichende Verteilung zu beschließen (vgl. Rdn. 49). Zur ordnungsmäßigen Entscheidung über eine Maßnahme gehört auch die Klärung ihrer **Finanzierung.** Die Beschlussfassungen hierzu müssen vorbereitet werden. Bei der **Einberufung** einer Eigentümerversammlung müssen die Tagesordnungspunkte und die vorgesehenen Beschlüsse so genau **bezeichnet** werden, dass die Eigentümer verstehen und überblicken, was in tatsächlicher und rechtlicher Hinsicht erörtert und beschlossen werden soll und welche Auswirkungen der vorgesehene Beschluss insoweit auf die Gemeinschaft und sie selbst hat, wobei eine schlagwortartige Bezeichnung regelmäßig ausreicht. Die Eigentümer können auch eine **Sonderumlage** beschließen, wenn die Ansätze des Wirtschaftsplans unrichtig waren, durch neue Tatsachen überholt werden oder wenn der Plan aus anderen Gründen nicht durchgeführt werden kann. Den erforderlichen Umlagebetrag können die Eigentümer großzügig bemessen (*BGH* ZMR 2012, 380 = NJW-RR 2012, 343).

c) Ermessen der Wohnungseigentümer

77 Um zu beurteilen, ob eine sofortige Instandsetzung zwingend erforderlich ist, muss geklärt werden, wie das Gemeinschaftseigentum beschaffen sein muss. Maßgeblich hierfür sind zunächst die **Vorgaben der Teilungserklärung.** Es gilt grundsätzlich, dass das gemeinschaftliche Eigentum jedenfalls in einem solchen baulichen Zustand sein muss, dass das Sondereigentum zu dem in der Gemeinschaftsordnung vorgesehenen Zweck genutzt werden kann. Sind im Bereich des Gemeinschaftseigentums gravierende bauliche Mängel vorhanden, die die zweckentsprechende Nutzung von Wohnungs- oder Teileigentumseinheiten erheblich beeinträchtigen oder sogar ausschließen, ist eine **sofortige** Instandsetzung zwingend erforderlich und einzelne Wohnungseigentümer können die Sanierung verlangen. Wohnungseigentümer können sich dann nicht darauf berufen, dass ihnen die damit einhergehenden Kosten nicht zuzumuten seien (*BGH* – V ZR 203/17, ZMR 2018, 835). Entspricht nur die sofortige Vornahme der zur Instandsetzung des gemeinschaftlichen Eigentums erforderlichen Sanierungsmaßnahme ordnungsmäßiger Verwaltung, ist für die Berücksichtigung finanzieller Schwierigkeiten (oder des Alters) einzelner Wohnungseigentümer kein Raum, die Anerkennung einer individuellen Opfergrenze wäre mit Sinn und Zweck des Anspruchs auf Erhaltung unvereinbar, weil dies der notwendigen Erhaltung von Wohnungseigentumsanlagen zuwiderliefe (*BGH* – V ZR 9/14, ZMR 2015, 241). Andererseits ist durchaus das Gebot der **Wirtschaftlichkeit** zu beachten und im Grundsatz auf die Leistungsfähigkeit der Wohnungseigentümer Rücksicht zu nehmen. Deshalb sind die Wohnungseigentümer im Grundsatz berechtigt, Kosten und Nutzen einer Maßnahme gegeneinander abzuwägen und nicht zwingend erforderliche Maßnahmen ggf. zurückzustellen (*BGH* – V ZR 254/17, ZMR 2019, 890).

78 Den Eigentümern ist ein **Beurteilungsspielraum** zuzubilligen (*BayObLG* NJW-RR 1997, 715 = ZMR 1997, 256). Der Verwalter hat auf eine baulich und fachlich einwandfreie Lösung zu achten und auf die Wirtschaftlichkeit. Es ist nicht in jedem Fall zwingend erforderlich, vorab den Sanierungsumfang, etwa durch Gutachten, i.E. festzulegen (*OLG München* – 34 Wx 059/06). Die Wohnungseigentümer halten sich in dem ihn zustehenden Beurteilungsspielraum, wenn sie ihre Entscheidung auf einer ausreichenden Tatsachengrundlage treffen. Es entspricht daher regelmäßig ordnungsmäßiger Verwaltung, vor der Beschlussfassung über Erhaltungsmaßnahmen deren erforderlichen Umfang und den dafür erforderlichen Aufwand zu ermitteln sowie ggf. die verschiedenen Möglichkeiten der Mängelbehebung. Die Beschlüsse über die Grundentscheidung zur Sanierung und über die Vergabe der notwendigen Arbeiten können getrennt im Rahmen eines zwei- bzw. mehrstufigen Vorgehens erfasst werden. Für den Grundlagenbeschluss müssen in der Regel noch keine Vergleichsangebote hinsichtlich der späteren Auftragsvergabe vorliegen.

d) Vorbereitung des Beschlusses, Einholung von Vergleichsangeboten

Die Pflicht aus § 19 Abs. 1 WEG beschränkt sich zunächst auf eine Beschlussfassung der Wohnungseigentümer über das Ob und Wie der Erhaltungsmaßnahme. Bevor ein Wohnungseigentümer die Gemeinschaft auf eine entsprechende Beschlussfassung gem. § 18 Abs. 2 WEG gerichtlich in Anspruch nimmt, ist im Regelfall die **Vorbefassung** der Wohnungseigentümerversammlung erforderlich. Nur wenn bei einer Ermessensreduzierung auf null allein eine konkrete Vorgehensweise ordnungsmäßiger Verwaltung entspricht, kann der Wohnungseigentümer diese direkt gegen den Verband einfordern und durchsetzen. Gibt es einen **Verwalter**, trifft ihn als Geschäftsführungsorgan der Gemeinschaft die Verpflichtung, Beschlüsse vorzubereiten und die beschlossenen Maßnahmen unverzüglich durchzuführen. 79

In der Regel sind vor Vergabe eines größeren Auftrags zur Durchführung von Erhaltungsarbeiten **mehrere Vergleichsangebote** einzuholen (*LG Itzehoe* – 11 S 1/17, ZMR 2018, 626; *BayObLG* NJW-RR 1989, 1293 = GE 1989, 1161). Durch das Vorliegen mehrerer Konkurrenz- und Alternativangebote bei der Beschlussfassung soll gewährleistet werden, dass technische Lösungen gewählt werden, die eine dauerhafte Beseitigung von Mängeln und Schäden versprechen und gleichzeitig auf die Wirtschaftlichkeit geachtet wird (*LG Hamburg* ZMR 2012, 388). Je kostenintensiver eine Maßnahme ist, desto unverzichtbarer ist das Erfordernis der Einholung von Vergleichsangeboten. Es kann im Einzelfall überzogen sein, bei mehreren sich aus den Angeboten ergebenden Ausführungsarten weitere Vergleichsangeboten zu den einzelnen Ausführungsarten für eine ordnungsgemäße Beschlussfassung zu verlangen. Maßgebend sind die **Umstände des Einzelfalls.** Auch aus anderen Gründen kann ein **Absehen** Vergleichsangeboten ordnungsmäßig sein. In der Praxis berichten die Verwalter immer wieder von erheblichen Schwierigkeiten, Unternehmen zur (kostenfreien) Abgabe von Angeboten zu bewegen. In gewissen Umfang ist auch ein Bedürfnis der Gemeinschaft anzuerkennen, mit einem bereits bekannten Unternehmen, das als kompetent und zuverlässig eingeschätzt wird und mit der Anlage ggf. schon vertraut ist, zusammenzuarbeiten. Gegen ein »apodiktisches Erfordernis« von mindestens drei Vergleichsangeboten spricht bereits, dass die Wohnungseigentümer – auch nach Einholung von Vergleichsangeboten – nicht verpflichtet sind, das billigste oder günstige Angebot wie man es bei einer Ausschreibung kennt, anzunehmen und zu realisieren (*AG Hamburg-Blankenese* – 539 C 16/18). 80

Bei Auftragsvergabe an einen **Architekten oder Bauingenieur** verstößt die Unterlassung der Einholung von Vergleichsangeboten unter Umständen nicht gegen den Grundsatz ordnungsmäßiger Verwaltung, wenn sich das Angebot bei überschlägiger Berechnung im Bereich des Mindesthonorars nach der HOAI bewegt (*LG Frankfurt/M.* – 2–13 S 47/20, ZMR 2021, 513; *OLG München* – 34 Wx 114/05, ZMR 2006, 311; *OLG München* Grundeigentum 2009, 525; für ein Kurzgutachten im Wert unter 2.000 € *AG Schöneberg* – 772 C 73/17, ZMR 2018, 870; a.A. *Sommer/Heinemann* in: Jennißen WEG 7. Aufl. 2021 § 19 WEG Rn. 108). Hierfür spricht, dass es sich nicht um einen Beschluss über Erhaltungsmaßnahmen selbst handelt, sondern zunächst um die Ermittlung der Tatsachengrundlage, u.a. durch die Durchführung von Planungen, Einholung von Angeboten sowie die Erstellung eines Finanzierungskonzepts, und damit Tätigkeiten, die nach HAOI abzurechnen sind. Die Beauftragung dient der Gewinnung von Klarheit über ein dann noch zu beschließendes Sanierungskonzept. 81

Eine **Delegation** von Entscheidungsbefugnissen im Wege der Vereinbarung ist möglich, durch Beschluss dagegen nur in engen Grenzen zulässig, wenn die Ermächtigung zu einem begrenzten und für den einzelnen Wohnungseigentümer **überschaubaren finanziellen Risiko** führt und die grundsätzliche Verantwortlichkeit für den Beschluss solcher Maßnahmen bei der Eigentümerversammlung belässt (*LG Hamburg* – 318 S 71/17, ZWE 2019, 214). Die Verwaltung kann aber durch Beschluss beauftragt werden, Alternativangebote einzuholen und in Absprache mit dem Beirat den Auftrag zu erteilen, wenn Eckdaten vorgegeben sind (*LG Landshut* ZMR 2009, 145). Möglich ist auch die Bestimmung einer finanziellen Obergrenze. Unter Umständen ist die Formulierung, es sei das günstigste Angebot anzunehmen, nicht so bestimmt, dass die Verwaltung und der Verwaltungsbeirat 82 insoweit nur eine Entscheidung der Eigentümerversammlung ohne weitere Ermessensausübung umsetzen müssten (*LG München I* ZMR 2017, 488).

3. Folgen unrechtmäßigen Handelns

83 Die Abgrenzung der Erhaltung zur baulichen Veränderung kann für die Kostenverteilung (vgl. § 21 WEG) oder die Frage, ob die mehrheitliche Ablehnung einer beantragten Maßnahme rechtmäßig ist, eine Rolle spielen. Wird ein Beschluss gefasst, der nicht ordnungsmäßiger Verwaltung entspricht, kann er innerhalb der Anfechtungsfrist des § 45 WEG angefochten werden. Es kann unter Umständen ein Anspruch auf **Beseitigung der entstandenen Folgen** bestehen, soweit diese noch umkehrbar sind (*BayObLG* ZMR 2003, 515). Ein bestandskräftiger Mehrheitsbeschluss steht einem Beseitigungsanspruch entgegen. Er bindet die Eigentümer und deren Rechtsnachfolger gem. § 10 Abs. 4 WEG.

84 Unter den Voraussetzungen von § 280 Abs. 1 und 2 BGB i.V.m. § 286 BGB können unter Umständen diejenigen Wohnungseigentümer gegenüber der Gemeinschaft zum **Schadensersatz** verpflichtet sein, die sich mit ihrem Abstimmungsverhalten nicht auf die Seite des Anspruchsstellers gestellt haben, also schuldhaft entweder untätig geblieben sind oder gegen die erforderliche Maßnahme gestimmt bzw. sich enthalten haben (*BGH* – V ZR 9/14, ZMR 2015, 241). Ein Anspruch auf Schadensersatz wegen verzögerter Beschlussfassung über notwendige Instandsetzungsmaßnahmen nach § 280 Abs. 1 und 2, § 286 BGB scheidet aus, wenn der betroffene Wohnungseigentümer vorher gefasste Beschlüsse über die Zurückstellung der Instandsetzung nicht angefochten hat (*BGH* ZMR 2012, 974 = NJW 2012, 2955), unschädlich ist es jedoch, nach Erhebung einer Anfechtungs- und Beschlussersetzungsklage ergangene Vertagungsbeschlüsse nicht angefochten zu haben (*BGH* – V ZR 101/16, ZMR 2018, 1015).

85 Ein Erhaltungsmaßnahmen ist nicht deswegen nicht ordnungsgemäß, weil hierdurch ein Miteigentümer in dem ungestörten Gebrauch seines Sondereigentums oder im Mitgebrauch des gemeinschaftlichen Eigentums beeinträchtigt ist. Dies regelt nunmehr § 14 Abs. 1 Nr. 2, Abs. 2 Nr. 2 WEG. Dem beeinträchtigten Wohnungseigentümer kann nach § 14 Abs. 3 WEG ein Anspruch auf angemessenen Ausgleich in Geld zustehen.

III. Die angemessene Versicherung des gemeinschaftlichen Eigentums zum Neuwert sowie der Wohnungseigentümer gegen Haus- und Grundbesitzerhaftpflicht (Abs. 2 Nr. 3)

86 Zur ordnungsmäßigen Verwaltung gehört ein angemessener Versicherungsschutz des gemeinschaftlichen Eigentums zum Neuwert sowie der Wohnungseigentümer gegen Haus- und Grundbesitzerhaftpflicht. Nicht erfasst sind Versicherungen für das Sondereigentum, eine entsprechende Versicherungspflicht kann aber vereinbart werden. Vom gemeinschaftlichen Eigentum können erhebliche finanzielle Risiken ausgehen, insbesondere die Folgen aus der Verletzung von Verkehrssicherungspflichten oder die Haftung eines Grundstücksbesitzers nach §§ 836, 837 BGB können zu hohen finanziellen Belastungen führen und die Leistungsfähigkeit der Eigentümergemeinschaft sprengen. Dadurch wird nicht nur der Ersatzanspruch des Geschädigten gefährdet, sondern auch der Bestand und die Leistungsfähigkeit der Gemeinschaft. Beides kann und soll durch eine ausreichend hohe Versicherungssumme geschützt und abgedeckt werden. Nach § 22 WEG kann ein Wiederaufbau eines zu mehr als der Hälfte seines Wertes Gebäudes beschlossen oder verlangt werden, wenn der Schaden durch eine Versicherungsleistung oder in anderer Weise gedeckt ist.

87 Die vom Gesetz genannten Versicherungen sind die **Mindestanforderungen** an den Versicherungsschutz einer Gemeinschaft. Die Ausstattung der Wohnanlage, die Lage und besondere vereinbarte Nutzungen des Sondereigentums oder des gemeinschaftlichen Eigentums können besondere Risiken erzeugen und einen erweiterten Versicherungsschutz nötig machen. Es kann ordnungsmäßiger Verwaltung entsprechen, den Versicherungsschutz im Laufe der Zeit, etwa anlässlich des Klimawandels und des damit verbundenen vermehrten Auftretens extremer Wetterlagen in Hinblick auf eine Elementarschadenversicherung anzupassen. Die Angemessenheit der beschlossenen Versicherungen hängt auch von der Höhe der Beiträge zur Versicherung und des vereinbarten Selbstbehalts ab.

In der Praxis werden häufig Gebäudeversicherungen abgeschlossen, die wesentliche Elementarereignisse wie Brand, Explosion, Blitzschlag, Hagel, Sturm und Leitungswasserschäden einschließlich der dadurch verursachten Schäden am Sondereigentum mit abdecken. Die Versicherung des gemeinschaftlichen Eigentums ist **zum Neuwert** abzuschließen, was auch der sog. »gleitende Neuwert« sein kann, der die Steigerungen der Baukosten im Laufe der Zeit berücksichtigt, wodurch die Möglichkeit der Wiederherstellung absichert wird. Eine Versicherung nur zum Verkehrswert bedürfte dagegen einer Vereinbarung der Wohnungseigentümer. 88

Es gehört deswegen zu den vertraglichen **Pflichten eines Verwalters**, bei Übernahme einer Verwaltung zu prüfen, ob die vom Gesetz verlangten und die für die Wohnungseigentümergemeinschaft erforderlichen Versicherungen bestehen. Stellt er das Fehlen einer gesetzlich oder sachlich notwendigen Versicherung fest oder bemerkt er eine Unterversicherung, gehört es zu seinen Aufgaben, die mögliche **Versicherungslücke** auf der nächsten Eigentümerversammlung nach Einholung von Versicherungsangeboten zu thematisieren. Fehlt der Versicherungsschutz völlig, so hat der Verwalter als Notmaßnahme gem. § 27 Abs. 1 Nr. 2 WEG zumindest für eine **vorläufige Deckung** zu sorgen. Wenn keine andere Vereinbarung zwischen der Wohnungseigentümergemeinschaft und dem Verwalter besteht, ist dieser verpflichtet, **Versicherungsprovisionen** an die Eigentümergemeinschaft herauszugeben, die er wegen des Abschlusses eines Versicherungsvertrages für die Eigentümergemeinschaft erhält (*LG Köln* WuM 1993, 712). 89

Schließt eine Wohnungseigentümergemeinschaft für das gesamte Gebäude eine Gebäudeversicherung ab, handelt es sich bezogen auf das **Sondereigentum** um eine Versicherung auf fremde Rechnung. Erbringt die Gebäudeversicherung zur Regulierung eines Schadens an dem Sondereigentum eine Versicherungsleistung an die Wohnungseigentümergemeinschaft, ist diese verpflichtet, die Versicherungsleistung an diejenige Person auszuzahlen, der sie nach den versicherungsvertraglichen Regeln zusteht (*BGH* – V ZR 29/16, ZMR 2016, 974). Da sämtliche Wohnungseigentümer von einer niedrigeren Prämie infolge eines Selbstbehalts profitieren, ergibt sich aus der zwischen der Gemeinschaft und den Wohnungseigentümern bestehenden Treuepflicht auch die Pflicht der Gemeinschaft, im Schadensfall den **Selbstbehalt** nicht dem einzelnen zufällig Geschädigten aufzubürden, sondern wie die Versicherungsprämie nach dem gesetzlichen bzw. vereinbarten Verteilungsschlüssel (§ 16 Abs. 2 S. 1 WEG) zu verteilen. Dies gilt unabhängig davon, ob der Schaden an dem Gemeinschaftseigentum oder – ausschließlich oder teilweise – an dem Sondereigentum entstanden ist (*BGH* – V ZR 69/21). 90

IV. Die Ansammlung einer angemessenen Erhaltungsrücklage (Abs. 2 Nr. 4)

1. Systematik des § 28 WEG

Die Beschlussfassung der Wohnungseigentümer über die Ansammlung einer angemessenen Erhaltungsrücklage ist im Zusammenhang mit der Vorschrift des § 28 WEG zu sehen. Nach § 28 Abs. 1 WEG beschließen die Wohnungseigentümer einerseits über die Vorschüsse zur Kostentragung (vgl. § 19 Abs. 2 Nr. 5 WEG, nachfolgend unter V.) und andererseits über die Vorschüsse zur Ansammlung einer angemessenen Erhaltungsrücklage (§ 19 Abs. 2 Nr. 5 WEG) oder zu durch Beschluss vorgesehenen Rücklagen. Der Verwalter hat darüber hinaus vorbereitend jeweils für ein Kalenderjahr einen **Wirtschaftsplan** aufzustellen, der die voraussichtlichen Einnahmen und Ausgaben enthält. Wie bisher sind ein Gesamtwirtschaftsplan und Einzelwirtschaftspläne zu erstellen. Der Wirtschaftsplan selbst gem. § 28 Abs. 1 S. 2 WEG als Zahlenwerk mitsamt der angesetzten Werte und Verteilungsschlüssel ist dagegen **nicht Beschlussgegenstand**, sondern nur sein Ergebnis. Die Höhe der Vorschüsse ist ausdrücklich betragsmäßig festzulegen. Nach § 29 Abs. 2 S. 2 WEG sollen vor Beschlussfassung gem. § 28 Abs. 1 S. 1 und Abs. 2 S. 1 WEG der Wirtschaftsplan und die Jahresabrechnung vom **Verwaltungsbeirat** geprüft und mit dessen Stellungnahme versehen werden. 91

Eine Anfechtungsklage kann nach dieser neuen Systematik nur noch auf **betragsrelevante Mängel** gestützt werden. Der Vorschussbetrag zur Erhaltungsrücklage kann im Rahmen einer **Teilanfechtung** 92 getrennt von dem Vorschussbetrag zur Kostentragung angegriffen werden, da diese beiden Beschlussteile sich gegenseitig nicht beeinflussen (§ 139 BGB). Auch eventuelle Vorschussbeträge für beschlossene Rücklagen können isoliert angefochten werden. Innerhalb der Anfechtungsbegründungsfrist des § 45 S. 1 WEG ist es ausreichend, sich lediglich auf den beschlossenen Endbetrag zu beziehen. Auch wenn der Wirtschaftsplan als Zahlenwerk nicht Teil des Beschlusses ist, kann sich der Anfechtungskläger ihn aber zur Substantiierung seiner Behauptung, dass der Endbetrag unzutreffend sei, in Bezug nehmen. Die Kombination mit einer Beschlussersetzungsklage ist denkbar, wenn nicht ausnahmsweise gar kein Wirtschaftsplan vorliegt oder dieser so lücken- oder fehlerhaft ist, dass er nicht als Grundlage für einen Beschlussersatzantrag herangezogen werden kann. In diesem Fall kann zunächst der weiterhin bestehende Anspruch auf Aufstellung eines Wirtschaftsplans nach § 28 Abs. 1 S. 2 WEG geltend gemacht werden.

93 Die Zahlungen sind nicht mehr wie bislang durch den Verwalter abzurufen, vielmehr haben die Wohnungseigentümer gem. § 28 Abs. 3 WEG über die **Fälligkeit** zu **beschließen**. Üblich ist eine monatliche Fälligkeit. Es kann dabei auch eine bestimmte Art der Zahlung beschlossen werden (bisher § 21 Abs. 7 WEG aF). Da zeitliche Vorgaben nach wie vor nicht gesetzlich geregelt sind, wird davon auszugehen sein, dass der Anspruch nach drei, spätestens nach sechs Monaten ab Beginn des Kalenderjahres fällig wird. Da § 28 Abs. 1 S. 1 WEG, der den Beschluss betrifft, anders als § 28 Abs. 1 S. 2 WEG, der das Zahlenwerk betrifft, nicht auf das Kalenderjahr Bezug nimmt, können Vorschüsse auch für mehrere Jahre festgesetzt werden. Ebenso kann beschlossen werden, dass Vorschüsse bis zu einem abändernden Beschluss **fortgelten**, damit erhalten die in der Praxis gelebten Fortgeltungsklauseln eine gesetzliche Grundlage.

94 Nach § 28 Abs. 4 WEG hat der Verwalter außer der Jahresabrechnung (§ 28 Abs. 2 WEG) auch einen **Vermögensbericht** zu erstellen, der den Stand der Rücklagen und eine Aufstellung des wesentlichen Gemeinschaftsvermögens enthält und der jedem Wohnungseigentümer zur Verfügung zu stellen ist. Hierauf besteht ein nach § 18 Abs. 2 WEG gegen die Gemeinschaft gerichteter Individualanspruch. Die Vorschriften über die Erhaltungsrücklage sind ebenso wie die über die Vorschüsse zur Kostentragung grundsätzlich abdingbar, also durch Vereinbarung abänderbar.

2. Begriff der Rücklage

95 Wie aus der Formulierung »oder durch Beschluss vorgesehenen Rücklagen« folgt, ist nunmehr gesetzlich klargestellt, dass auch sogenannte **Sonderrücklagen** gebildet werden können, etwa als angemessene Liquidationsrücklage oder für den Fall, dass über künftige Investitionen beschlossen wurde, als Rücklage hierfür. Der vor Inkrafttreten des WEMoG vom Gesetz verwandte **Begriff** der Instandhaltungsrückstellung ist durch den Begriff Erhaltungsrückenlage ersetzt worden. Nach § 13 Abs. 2 WEG ist die Erhaltung der Oberbegriff für Instandhaltung und Instandsetzung. Gemeint ist eine finanzielle **Reserve**, auf die eine Wohnungseigentümergemeinschaft im Bedarfsfalle zurückgreifen kann, um notwendige Arbeiten der **Instandhaltung** (pflegende, erhaltende und vorsorgenden Maßnahmen zur Erhaltung des ursprünglichen Zustands) und der **Instandsetzung** (Maßnahmen zur Herstellung des ursprünglichen oder einer erstmaligen Herstellung des ordnungsmäßigen Zustandes) zu beauftragen, ohne die Finanzkraft des einzelnen Eigentümers zu überfordern.

96 Mit der Rückstellung in § 21 Abs 5 Nr 4. WEG aF war schon bisher das Vermögen der Gemeinschaft gemeint, das in Reserve gehalten wird, also nicht über die Jahresabrechnung an die Wohnungseigentümer ausgeschüttet wird; verbreitet wurde – auch in der Rechtsprechung des Bundesgerichtshofs, vgl. etwa *BGH* -V ZR 44/09 – synonym von Rücklage gesprochen (Staudinger/*Lehmann-Richter* 2018 WEG § 21 Rn. 140). Auch wenn der Begriff der Instandhaltungsrückstellung aus dem Bilanzrecht stammen dürfte (*Verbindlichkeiten, die ihrer Entstehung nach bekannt, der Höhe nach jedoch noch ungewiss sind*), war er mit dem dort verwendeten Begriff nicht inhaltsgleich, was ein Grund dafür sein mag, dass in der Praxis meist der Begriff der Instandhaltungsrücklage gebraucht wurde. Mit der Verwendung des Wortes Rücklage in § 19 Abs. 2 Nr. 4 und § 28 Abs. 1 S. 1 WEG soll verdeutlicht werden, dass es sich nicht um einen finanziellen Posten, sondern um verfügbares Vermögen handelt (BT-Drs. 19/18791, S. 61).

Es handelt sich bei der Rücklage um einen Teil des **Gemeinschaftsvermögens** nach § 9a Abs. 3 WEG, das vom Vermögen der einzelnen Wohnungseigentümer zu unterscheiden ist. Der einzelne Wohnungseigentümer kann über seinen »Anteil« hieran nicht verfügen, mit ihm kann nicht aufgerechnet werden und er ist auch nicht pfändbar. Die Erhaltungsrücklage ist unabhängig vom Bestand der Wohnungseigentümer, bei einer Veräußerung des Wohnungseigentums können und müssen also hierzu keine Vereinbarungen getroffen werden. Irreführend ist insofern die von mancher Verwaltungs-Software gewählte Bezeichnung des Anteils eines Eigentümers an der in der Abrechnung ausgewiesenen Rückstellung. 97

Sieht die Gemeinschaftsordnung für unterschiedliche Gebäudeteile eigenständige Wirtschaftseinheiten vor (»**Mehrhausanlage**«), entspricht es, soweit die Kosten ausscheidbar sind, ordnungsmäßiger Verwaltung, für diese Wirtschaftseinheiten **getrennte** Instandhaltungsrückstellungen zu schaffen, deren Verwendungszweck jeweils die Instandhaltung der einzelnen Gebäude(-teile) ist (*BGH* ZMR 2015, 726 = NZM 2015, 544). Ohne eine anderslautende Vereinbarung ist zwingend eine **einheitliche** Instandhaltungslage zu bilden (*AG Hamburg-Barmbek*, Urt. v. 23.02.2018 – 880 C 16/17, ZMR 2018, 880, 882.). 98

3. Höhe

Im Wirtschaftsplan enthalten sind die voraussichtlichen Einnahmen und Ausgaben der Verwaltung des gemeinschaftlichen Eigentums, die individuelle anteilsmäßige Verpflichtung der einzelnen Wohnungseigentümer zur Kostentragung und deren Beitrag zur vorgesehenen Erhaltungsrücklage. Der Wirtschaftsplan ist lediglich eine **Prognose**, kleinere Ungenauigkeiten wie das Fehlen der Zinseinnahmen sind wegen der nach Ablauf des Kalenderjahrs folgenden Abrechnung unschädlich (*OLG München* Grundeigentum 2009, 525). In der Gemeinschaftsordnung kann die Ansammlung einer Instandhaltungsrücklage auch ausgeschlossen oder Abweichendes geregelt sein. 99

§ 19 Abs. 2 Nr. 4 WEG verlangt die Ansammlung einer angemessenen Erhaltungsrücklage. Die **Angemessenheit** ist nach den **konkreten Verhältnissen** der jeweiligen Anlage zu beurteilen. Dabei können Zustand und Alter der Anlage sowie die Reparaturanfälligkeit eine Basis der Prognose sein. Die Höhe einer Rücklage überschreitet den der Eigentümergemeinschaft zuzubilligenden weiten Ermessensspielraum regelmäßig nicht, wenn die Sätze des § 28 Abs. 2 II. BerechnungsVO als Anhaltspunkte herangezogen werden (*OLG Düsseldorf* ZWE 2002, 535 = FG Prax 2002, 210). Allerdings erscheint die Heranziehung der II. BerechnungsVO nicht unbedingt sachgerecht, da sie sich auf das gesamte Gebäude bezieht, während für die Rücklage nur das gemeinschaftliche Eigentum relevant ist. Genau genommen ist zu ermitteln, welche Teile des gemeinschaftlichen Eigentums voraussichtlich zu einem bestimmten Zeitpunkt repariert oder gar ersetzt werden müssen, um der unterschiedlichen Lebensdauer von Gebäudebestandteilen, Einrichtungen und Anlagen gerecht zu werden (vgl. *Drasdo* ZWE 2021, 17 und NJW-Spezial 2022, 673). Zum Aufwand, für den eine Rücklage zu bilden ist, sind nur solche Aufwendungen zu zählen, die zum bestimmungsmäßigen Gebrauch erforderlich sind, nicht aber solche, die als modernisierende Aufwendung den Wohnwert verbessern (*OLG Hamm* – 22 U 34/05). 100

Hat der Betrag der Rücklage die nach diesen Kriterien aufgrund sachmäßigen Ermessens der Eigentümer zu bestimmende angemessene Höhe überschritten, können sie, vorbehaltlich einer abweichenden Vereinbarung, beschließen, die Rücklage hinsichtlich eines die angemessene Höhe übersteigenden **Teilbetrags aufzulösen** (*OLG Saarbrücken* NZM 2000, 198 = NJW-RR 2000, 87). Die teilweise Auszahlung einer zu Unrecht getrennt geführten Instandhaltungsrücklage und die Rückumwandlung des Restes in die allgemeine Instandhaltungsrücklage widerspricht nicht ordnungsmäßiger Verwaltung, solange der verbleibende Rest das notwendige Mindestmaß der Rücklage (»eiserne Reserve«) nicht unterschreitet (*LG Frankfurt/M.* – 2–13 S 56/19, ZMR 2020, 784). 101

Über Entnahmen aus der Rücklage beschließen die Wohnungseigentümer. Sie haben ein **Ermessen** bei der Entscheidung, ob größere Reparaturarbeiten aus der Erhaltungsrücklage bezahlt werden sollen oder ob insoweit eine **Sonderumlage** erhoben wird (*BayObLG* ZMR 2003, 694). Es besteht 102 nicht ohne weiteres ein Anspruch des einzelnen Eigentümers, immer zunächst die Rücklage auszuschöpfen (*OLG Köln* NZM 1998, 878). Hat die Rücklage jedoch bereits eine angemessene Höhe erreicht, kann es ordnungsmäßiger Verwaltung widersprechen, die anstehende Maßnahme nicht aus diesen Mitteln, sondern durch eine Umlage zu finanzieren (*OLG Hamm* OLGZ 1971, 96; *BayObLG* WuM 2004, 112). Wird eine vorhandene Rücklage nicht zur Finanzierung der Sanierungsmaßnahme eingesetzt, muss es hierfür triftige Gründe geben. Solche Gründe können etwa darin liegen, dass aufgrund des Alters der Wohnanlage und ihres Erhaltungszustandes mit weiterem Instandhaltungsbedarf zu rechnen ist, für den die Rücklage ganz oder teilweise vorgehalten werden soll. Bei Maßnahmen, die Aufschub dulden, ist die Möglichkeit einer kurzfristigen Ansparung der Rücklage in die Erwägung einzustellen. Erhält die Wohnungseigentümergemeinschaft für eine Maßnahme staatliche Fördermittel, die bei einer späteren Ausführung nicht mehr (sicher) zur Verfügung stünden, so ist andererseits auch dies zu berücksichtigen (*BGH* ZMR 2016, 49 = NJW 2015, 3651).

103 Den mit einer **Darlehensaufnahme** (vgl. Rdn. 46) einhergehenden Belastungen und Risiken sind die Vor- und Nachteile einer Finanzierung der Maßnahme mittels Sonderumlage gegenüberzustellen. Eine Darlehensfinanzierung wird insbesondere in Betracht kommen, wenn die Erhebung einer Sonderumlage die einzelnen Wohnungseigentümer finanziell stark belastet oder gar die Leistungsfähigkeit einkommensschwächerer Wohnungseigentümer überfordert (*BGH* ZMR 2016, 49 = NJW 2015, 3651).

4. Zweckgebundenheit und Verwendungsmöglichkeiten

104 Die Instandhaltungsrücklage ist **zweckgebunden**. Ihr Guthaben darf nicht zum Ausgleich anderer, reparaturfremder Verbindlichkeiten verwendet werden; zumindest nicht ohne Mehrheitsbeschluss der Eigentümer (*OLG Saarbrücken* NJW-RR 2000, 87). Die Rücklage darf deswegen regelmäßig nicht für den Ausgleich von **Wohngeldausfällen** insolventer Eigentümer, auch nicht vorübergehend, herangezogen werden (*BayObLG* WuM 2004, 621 = NZM 2004, 745; NJW-RR 2004, 1456; ebenso *OLG München* ZMR 2008, 410). Wohngeldfehlbeträge eines Eigentümers dürfen auch nicht unter Verrechnung mit seinem Guthabenanteil an der Instandhaltungsrückstellung ausgeglichen werden (*OLG Hamm* NJW-RR 1991, 212 = MDR 1991, 350). Ein **Organisationsbeschluss** darf jedenfalls keinen unlimitierten Rückgriff auf die Instandhaltungsrücklage bei Liquiditätsengpässen der Gemeinschaft vorsehen (*LG Saarbrücken* NZM 1999, 870). Eine vorübergehende Inanspruchnahme der Instandhaltungsrücklage zur Absicherung von Liquiditätsengpässen stellt grundsätzlich eine Verwendung entgegen ihrer Zweckbestimmung dar und kann nicht im Rahmen einer abstrakt-generellen Regelung beschlossen werden (*AG Pinneberg* – 60 C 3/18, ZMR 2019, 83; a.A. *LG Köln* – 29 S 212/19).

105 Die **Anlage** – auch nur eines Teils – der Instandhaltungsrückstellung auf einem für die Eigentümergemeinschaft abgeschlossenen **Bausparvertrag** entspricht in der Regel nicht ordnungsmäßiger Verwaltung (*OLG Düsseldorf* WE 1996, 275). Nicht zulässig ist es, die Rückstellung spekulativ, mit hoher Renditeerwartung aber auch hohem Ausfallrisiko, anzulegen. Bei einer solchen riskanten Anlage kommt auch die Mithaftung des Verwalters in Betracht, wenn er das Verlustrisiko hätte erkennen können und die Eigentümer nicht ausdrücklich darauf hingewiesen hat (*OLG Celle* ZMR 2004, 845).

V. Die Festsetzung von Vorschüssen nach § 28 Abs. 1. S. 1 WEG (Abs. 2 Nr. 5)

106 Auch die Beschlussfassung der Wohnungseigentümer über die Vorschüsse zur Kostentragung ist ein Regelbeispiel für eine Maßnahme der ordnungsmäßigen Verwaltung und ist im Zusammenhang der Vorschrift des § 28 WEG zu sehen. Der Wirtschaftsplan wird in Vorbereitung der Beschlüsse über die Vorschüsse zur Kostentragung einerseits und zu der Erhaltungsrücklage und gegebenenfalls weiteren Rücklagen andererseits aufgestellt, aber selber nicht beschlossen. Nach Erstellung der Jahresabrechnung ist gem. § 28 Abs. 2 S. 1 WEG dann über Nachschüsse oder die Anpassung der beschlossenen Vorschüsse zu beschließen. Auch hier gilt, dass die Jahresabrechnung selbst als Zahlenwerk nicht Gegenstand eines Beschlusses ist. Solange die festgesetzten Vorschüsse betragsmäßig

richtig sind, haben sich eventuelle Fehler in Wirtschaftsplan und Jahresabrechnung nicht ausgewirkt. Aber auch, wenn es durch vergessene Positionen oder falsche Verteilungsschlüssel zu rechnerisch unrichtigen Beträgen kommt, wird man konsequenterweise berücksichtigen können, dass den Eigentümern bei der Bemessung der Höhe der Vorschüsse zur laufenden Bewirtschaftung ein **weiter Ermessensspielraum** zusteht, so dass nur wesentlich überhöhte oder wesentlich zu niedrige Vorschüsse ordnungsmäßiger Verwaltung widersprechen.

Durch die zu beschließenden Vorschusszahlungen zur Kostentragung, in der Praxis auch Wohngeld- oder Hausgeldzahlungen genannt, wird der Verwaltung ermöglicht, die voraussichtlich entstehenden Kosten zu begleichen (*BGH* WuM 2013, 757). Hierdurch wird die **Zahlungsfähigkeit** des Verbands im Wirtschaftsverkehr sichergestellt. Die Vorschüsse gehören zum Vermögen der Gemeinschaft gem. § 9a Abs. 3 WEG. Die Uneinbringlichkeit von Hausgeldern kann im Gesamtwirtschaftsplan ausgabenerhöhend berücksichtigt werden (*BGH* – V ZR 211/12). 107

VI. Die Bestellung eines zertifizierten Verwalters (Abs. 2 Nr. 6)

Jedem Wohnungseigentümer steht nach §§ 18 Abs. 2 Nr. 1, 19 Abs. 2 Nr. 6 WEG ein Anspruch zu, dass ein **zertifizierter Verwalter** durch Beschluss bestellt wird. Das Regelbeispiel wurde auf Initiative des Rechtsausschusses des Bundestags neu in den Katalog aufgenommen und ist nach der Übergangsvorschrift § 48 Abs. 4 WEG ab dem 01.12.2022 anwendbar, wobei eine Person, die zu diesem Zeitpunkt Verwalter ist, gegenüber den Wohnungseigentümern dieser Gemeinschaft bis zum 01.06.2024 als zertifizierter Verwalter gilt. Die Vorschrift gilt sowohl bei der erstmaligen Bestellung eines Verwalters auch bei Entscheidungen über eine Weiterbestellung. Bereits nach dem alten Recht galt, dass ein Verwalter – auch in kleinen Gemeinschaften – zu bestellen ist, sobald ein Wohnungseigentümer dies verlangt. 108

Wer sich als zertifizierter Verwalter bezeichnen darf, ist in **§ 26a WEG** geregelt: Durch eine Prüfung vor einer Industrie- und Handelskammer ist nachzuweisen, dass er über die für die Tätigkeit als Verwalter notwendigen rechtlichen, kaufmännischen und technischen Kenntnisse verfügt. Die Zertifizierung ist zu unterscheiden von der Gewerbeerlaubnis nach § 34c der Gewerbeordnung. 109

Nach § 19 Abs. 2 Nr. 6 WEG besteht eine **Ausnahme** in dem Fall, dass weniger als 9 Eigentumsrechte bestehen, ein Wohnungseigentümer zum Verwalter bestellt wurde und weniger als 1/3 der Wohnungseigentümer die Bestellung eines zertifizierten Verwalters verlangt. Bei der Anzahl der Eigentumsrechte zählen alle Sondereigentumseinheiten, gleich ob Wohnungseigentum oder Teileigentum, das auch in Form von Stellplätzen bestehen kann (vgl. § 3 Abs. 1 S. 2 WEG, a.A. Lehmann-Richter/Wobst WEG-Reform 2020 § 6 Rn. 566). Dabei kommt es nicht, wie häufig in Teilungserklärungen für Abstimmungen vorgesehen, auf die Zahl der Einheiten an (sog. Objektstimmrecht) oder die Größe der Miteigentumsanteile (Wertprinzip) sondern darauf, dass jeder Eigentümer eine Stimme hat, egal wie viele Einheiten mit wie vielen Miteigentumsanteilen ihm gehören (Kopfstimmrecht), wie sich aus dem Verweis auf § 25 Abs. 2 WEG ergibt. 110

Wenn kein Wohnungseigentümer einen zertifizierten Verwalter beansprucht, kann die Gemeinschaft auch weiterhin mit einem nicht zertifizierten Verwalter zusammenarbeiten. Ein Beschluss, mit dem ein solcher Verwalter bestellt wird, obwohl der Aufnahmetatbestand nicht erfüllt ist, ist **lediglich anfechtbar**, jedoch nicht nichtig. Ein Verwalter kann im Übrigen nunmehr gem. § 26 Abs. 3 WEG jederzeit durch Mehrheitsbeschluss abberufen werden. Seine fehlende Zertifizierung begründet dabei für sich genommen keinen Anspruch auf Abberufung nach § 18 Abs. 2 WEG. 111

§ 20 Bauliche Veränderungen

(1) Maßnahmen, die über die ordnungsmäßige Erhaltung des gemeinschaftlichen Eigentums hinausgehen (bauliche Veränderungen), können beschlossen oder einem Wohnungseigentümer durch Beschluss gestattet werden.

(2) Jeder Wohnungseigentümer kann angemessene bauliche Veränderungen verlangen, die
1. dem Gebrauch durch Menschen mit Behinderungen,
2. dem Laden elektrisch betriebener Fahrzeuge,
3. dem Einbruchsschutz und
4. dem Anschluss an ein Telekommunikationsnetz mit sehr hoher Kapazität dienen.

Über die Durchführung ist im Rahmen ordnungsmäßiger Verwaltung zu beschließen.

(3) Unbeschadet des Absatzes 2 kann jeder Wohnungseigentümer verlangen, dass ihm eine bauliche Veränderung gestattet wird, wenn alle Wohnungseigentümer, deren Rechte durch die bauliche Veränderung über das bei einem geordneten Zusammenleben unvermeidliche Maß hinaus beeinträchtigt werden, einverstanden sind.

(4) Bauliche Veränderungen, die die Wohnanlage grundlegend umgestalten oder einen Wohnungseigentümer ohne sein Einverständnis gegenüber anderen unbillig benachteiligen, dürfen nicht beschlossen und gestattet werden; sie können auch nicht verlangt werden.

Übersicht Rdn.

A. Systemwechsel durch das WEMoG

Die bislang in § 22 WEG a.F. geregelte bauliche Veränderung hat nicht nur in § 20 WEG eine neue Einordnung im Gesetz gefunden. Sie wurde auch inhaltlich vollständig umgestaltet. Die neben der Legaldefinition in § 20 Abs. 1 WEG wohl gravierendste Änderung hat der Gesetzgeber bei den Grenzen der baulichen Veränderung in § 20 Abs. 4 WEG vorgenommen. Während bislang das Erhaltungsinteresse vorrangig geschützt war und nahezu jede Veränderung von dem hiervon (vermeintlich) Beeinträchtigten verhindert werden konnte, findet die Mehrheitsmacht ihre Grenzen nunmehr erst bei grundlegenden Umgestaltungen der Liegenschaft und unbilligen Beeinträchtigungen der Wohnungseigentümer (hierzu Lehmann-Richter/Wobst Rn. 957# f.). Darüber hinaus enthält § 20 WEG neben einer zumindest partiell neuen Definition in Abs. 1 Tatbestände, bei deren Vorliegen bauliche Veränderungen sogar verlangt werden können (§ 20 Abs. 2, 3 WEG). Eine gewisse Beschränkung findet die Möglichkeit, bauliche Veränderungen zu verlangen und zu beschließen, nur in den Kostenregelungen de § 21 WEG. 1

B. Die Legaldefinition der baulichen Veränderung (§ 20 Abs. 1 Hs. 1 WEG)

I. Veränderung des rechtmäßigen Zustands jenseits der Erhaltung (§ 20 Abs. 1 WEG)

1. Geänderte Definition

2 Der Gesetzgeber hat die bauliche Veränderung nunmehr in § 20 Abs. 1 WEG erstmals legaldefiniert. Nach der gängigen Definition des früheren Rechtes war eine bauliche Veränderung eine nach Begründung einer (werdenden) Wohnungseigentümergemeinschaft vorgenommene, auf Dauer angelegte, gegenständliche Umgestaltung des gemeinschaftlichen Eigentums außerhalb der Grenzen einer ordnungsmäßigen Instandhaltung und Instandsetzung (so noch für das neue Recht Jennißen/Hogenschurz § 20 Rn. 24). Diese Definition ist in § 20 Abs. 1 WEG zumindest um die gegenständliche Umgestaltung vermindert, die der Gesetzgeber nicht mehr verlangt (zu den Folgen s.u. Rdn. 3).Vielmehr ist jede Maßnahme eine bauliche Veränderung, die über die ordnungsmäßige Erhaltung des gemeinschaftlichen Eigentums hinausgeht (Dötsch/Schultzky/Zschieschack Kap. 6 Rn. 39; Jennißen/*Hogenschurz* WEG 7. Aufl. 2022 § 20 Rn. 120; *Greine*, Wohnungseigentumsrecht 5.Aufl. 2022 § 4 Rn. 54; anders, aber ohne Begründung Lehmann-Richter/Wobst Rn. 971). Des Eingriffs in die Substanz des Gemeinschaftseigentums bedarf es nicht (Hügel/Elzer § 20 Rn. 21; a.A. Jennißen/*Hogenschurz* § 20 Rn. 7). Dies geht schon aus der Gesetzessystematik hervor. Denn nach § 13 Abs. 2 WEG sollen die Regelungen zur baulichen Veränderung bereits bei Maßnahmen im Sondereigentum anwendbar sein, die über die ordnungsmäßige Instandsetzung und Instandhaltung hinausgehen. Wenn die neuen Vorschriften aber sogar bauliche Maßnahmen erfassen sollen, die das gemeinschaftliche Eigentum überhaupt nicht betreffen, kann man bei solchen, die dies tun, nicht einen qualifizierten Eingriff in dessen Substanz fordern. Dies war im Übrigen bereits nach altem Recht nicht erforderlich, wonach eine dauerhafte Aufhängung von Werbetafeln oder die bloße Aufstellung eines Gegenstandes ohne feste Verbindung die Anforderung an eine bauliche Veränderung erfüllte (*OLG Köln* ZMR 2000, 58; 2005, 229; *BayObLG* WE 1992, 204 und 1998, 151; *AG Oberhausen* ZMR 2012, 62 f.; *AG Reutlingen* ZMR 2013, 152 f.). Dass der Gesetzgeber hiervon abgehen wollte, ist nicht ersichtlich.

2. Probleme der vereinfachten Definition

3 Die Kombination des Beschlusserfordernisses (vgl. generell dazu *BGH*, Urt. v. 17.03.2023 – V ZR 140/22) auch für bauliche Veränderungen, die keinen Miteigentümer beeinträchtigen, mit ihrer vereinfachten Definition in § 20 Abs. 1 WEG wird zu Problemen führen, die ein durchschnittlicher Wohnungseigentümer kaum voraussehen wird. Nach dieser Definition stellt etwa das Bohren eines Loches in eine tragende und somit dem Gemeinschaftseigentum zugehörige Wand samt Anbringen eines Dübels eine bauliche Veränderung dar. Denn Loch und Dübel gehen über eine bloße Maßnahme der Erhaltung hinaus, da sie weder der Instandhaltung noch der Instandsetzung der tragenden Wand dienen. Dieses auf den ersten Blick überraschende (um nicht zu sagen widersinnige) Ergebnis kann auch nicht mehr durch die frühere Definition der baulichen Veränderung, die eine gegenständliche Umgestaltung des Gemeinschaftseigentums voraussetzte, bereinigt werden. Denn hierauf hat der Gesetzgeber bei der Vereinfachung der Definition baulicher Veränderungen bewusst verzichtet. Im Ergebnis muss der bohrende Wohnungseigentümer jedenfalls nach dem Wortlaut des Gesetzes einen genehmigenden Beschluss einholen. Denn der Umstand, dass Loch und Dübel keinen Miteigentümer beeinträchtigen, hat keinen Einfluss auf die Notwendigkeit eines Beschlusses (zu einer Entschärfung dieser Problematik s.u. Rdn. 18).

3. Mittelbare Änderung durch Änderungen im Verbandsrecht

4 Mit den Änderungen im Verbandsrecht wurde die Definition der baulichen Veränderung zudem mittelbar geändert. Nach früherem Recht konnte eine bauliche Veränderung erst nach Entstehen der (werdenden) Wohnungseigentümergemeinschaft vorgenommen werden. Veränderungen durch den teilenden Wohnungseigentümer waren demnach auch nach Anlage der Wohnungsgrundbücher noch keine bauliche Veränderung, da zu diesem Zeitpunkt noch keine Wohnungseigentümergemein-

schaft existierte. Dies ändert sich durch die Vorverlagerung ihres Entstehens in § 9a Abs. 1 S. 2 WEG. Da die Wohnungseigentümergemeinschaft nunmehr bereits mit Anlegung der Wohnungsgrundbücher entsteht, kann ab diesem Zeitpunkt auch eine bauliche Veränderung durch den teilenden Eigentümer erfolgen.

II. Bauliche Maßnahmen unterhalb der Schwelle zur baulichen Veränderung

1. Vorübergehende Maßnahmen

Auch die neue Definition in § 20 Abs. 1 WEG erfasst nicht sämtliche baulichen Maßnahmen im Gemeinschaftseigentum. Sie müssen vielmehr auf eine dauerhafte Änderung des rechtmäßigen Zustands abzielen. Bloß vorübergehende Änderungen, etwa im Zuge von Erhaltungsmaßnahmen, gehören deshalb mangels beabsichtigter Dauerhaftigkeit nicht hierzu (*KG* ZMR 1998, 370 f.; *BayObLG* WE 1991, 254; *OLG München* ZMR 2007, 999 f.; *AG Hannover* Rpfleger 1969, 132). 5

2. Maßnahmen zur Erhaltung des ordnungsmäßigen Zustands

Nach wie vor keine baulichen Veränderungen stellen auch die erstmalige Herstellung eines ordnungsmäßigen Zustands und die Instandhaltung und Instandsetzung dar. Hierdurch wird der rechtmäßige Zustand nicht geändert, sondern nur wiederhergestellt. So kann etwa der Austausch von Versorgungsleitungen das ganze Haus in eine Baustelle verwandeln, eine bauliche Veränderung i.S.v. § 20 Abs. 1 WEG liegt gleichwohl nicht vor (*AG Dresden* ZMR 2006, 79). 6

3. Erstmalige Herstellung eines ordnungsmäßigen Zustands

a) Bedeutung

Auch die erstmalige Herstellung des ordnungsmäßigen Zustands unterfällt trotz einer Veränderung des Bestandes schon deshalb nicht dem Begriff der baulichen Veränderung, weil sie rechtlich nur den von vorneherein gebotenen Zustand herstellt. Es handelt sich also gar nicht um eine nachträgliche Änderung des von Anfang an geschuldeten Zustands. Dies ist insbesondere dann der Fall, wenn ein Zustand hergestellt wird, der der Teilungserklärung entspricht (*BayObLG* ZMR 2000, 38 f. und 627; *OLG Düsseldorf* ZMR 2000, 54). Oftmals wird nämlich bei der Bauausführung von den eingereichten Plänen mit Abgeschlossenheitsbescheinigung abgewichen. Noch häufiger wird hinsichtlich sonstiger Vorgaben (etwa Trittschall) von der Teilungserklärung abgewichen (vgl. zu Türöffnungen oder Regenfallrohren *BayObLG* ZMR 1999, 847). Aber auch die Durchführung von Baumaßnahmen zwecks Einhaltung öffentlich-rechtlicher Vorschriften ist keine bauliche Veränderung, sondern die erstmalige Herstellung eines ordnungsgemäßen Zustands (*BGH* ZMR 2019, 47 = ZfIR 2018, 695; *BayObLG* NJW 1981, 690; ZMR 1998, 648; *AG Bonn* ZMR 2012, 995). Ebenso kann jeder Wohnungseigentümer die Entfernung kontaminierter Bauteile verlangen (*BayObLG* WuM 1993, 208). Selbst ohne entsprechende Vorschriften kann eine Maßnahme, die das Gemeinschaftseigentum vor Schäden bewahren soll, eine erstmalige Herstellung eines ordnungsmäßigen Zustands darstellen, etwa die Installation eines Blitzableiters (*OLG Düsseldorf* ZMR 2000, 783) oder die Durchführung von Maßnahmen, die aus Gründen der Verkehrssicherungspflicht erforderlich sind (*OLG Hamm* ZMR 1996, 220 f.). **Ordnungsbehördlich angeordnete Maßnahmen** gehören stets zur (Wieder-)Herstellung eines ordnungsmäßigen Zustandes der Liegenschaft. Denn mit den öffentlich-rechtlichen Vorschriften soll ein Mindeststandard erhalten werden, der den Ausschluss von Gefahren für Leib, Leben und sonstige Rechtsgüter der Bewohner gewährleistet (*OLG Köln* ZMR 2005, 404 f.). 7

b) Anspruchsinhaber

In allen diesen Fällen kann sich der umbauwillige Eigentümer nicht nur den Vorwurf einer eigenmächtigen baulichen Veränderung ersparen (*BayObLG* ZMR 1995, 88). Er kann aus § 19 Abs. 2 Nr. 2 WEG sogar die Durchführung der erforderlichen Maßnahmen auf Kosten der Gemeinschaft verlangen, da die erstmalige Herstellung eines der Teilungserklärung entsprechenden Zustandes 8 deren Aufgabe ist (*LG Konstanz* ZMR 2001, 744; *BayObLG* ZMR 2002, 685; für das neue Recht s. Lehmann-Richter/Wobst Rn. 979). Folglich hat er sich nur mit seinem Kostenanteil nach § 16 Abs. 2 S. 1 WEG bzw. einem in der Gemeinschaftsordnung festgelegten Schlüssel zu beteiligen (*LG Konstanz* ZMR 2001, 745). Auch die Berufung auf die Teilungserklärung kann aber gegen Treu und Glauben verstoßen (*BayObLG* ZMR 2001, 471; 2002, 686; *OLG Düsseldorf* ZMR 2002, 298). Dies wurde früher dann angenommen, wenn die erstmalige Herstellung eines ordnungsgemäßen Zustands erst 35 Jahre nach Errichtung der Anlage begehrt wird (*BayObLG* ZMR 2001, 366; a.A. bei einer 30 Jahre zurückliegenden Begründung von Wohnungseigentum *LG Hamburg* ZMR 2001, 1012).

c) Anspruchsdurchsetzung

9 Der Anspruch auf Herstellung eines ordnungsmäßigen Zustands ist mit der Beschlussersetzungsklage durchzusetzen. Vor der gerichtlichen Geltendmachung muss die Eigentümerversammlung hiermit befasst werden (*BayObLG* ZMR 2001, 471). Denn ansonsten würde einem Antrag nach § 43 Abs. 2 Nr. 4 WEG das Rechtsschutzbedürfnis fehlen, da dem Antragsteller mit der Anrufung der Eigentümerversammlung ein einfacherer Weg zur Durchsetzung seines Begehrens zur Verfügung steht. Anderes gilt nur, wenn eine Mehrheit für diesen Antrag von vorneherein ausgeschlossen oder ein solches Vorgehen unzumutbar ist (*BayObLG* ZMR 2001, 471). Bei Ansprüchen auf Duldung einer erstmaligen Herstellung eines ordnungsmäßigen Zustands sind die widerstrebenden Wohnungseigentümer passivlegitimiert (*AG Bonn* ZMR 2012, 822)

d) Mangelhafte Regelungen in der Teilungserklärung

10 Der Berufung auf den in der Teilungserklärung vorgesehenen Zustand steht das **Fehlen einer Regelung zu den Einzelheiten der Bauausführung** – etwa hinsichtlich der Versorgungsleitungen o.Ä. – nicht entgegen. Denn dann ist eine zur Herstellung des Bauwerks geeignete Ausführung zu wählen, die den bestehenden Vorschriften (etwa der Bauordnung und DIN-Vorschriften) entspricht und i.Ü. sachgerecht ist (*BayObLG* ZMR 1995, 88). Dagegen rechtfertigt die bloße Zweckmäßigkeit die Herstellung eines anderen Zustands grundsätzlich nicht (*LG Wuppertal* ZMR 2001, 484 f.; a.A. für einen Sonderfall *BayObLG* ZMR 1998, 649 mit zu Recht krit. Anm. Müller).

4. Modernisierende Instandsetzung

11 Nach der Legaldefinition des § 20 Abs. 1 WEG wäre die modernisierende Instandsetzung nicht der baulichen Veränderung zuzuordnen, da sie ebenfalls nur den ursprünglichen Zustand wiederherstellt. Sie sieht lediglich von seiner Reproduktion ab, indem anstelle des abgängigen Bauteils ein zeitgemäßes eingebaut wird. Damit geht sie nicht im Sinne von § 20 Abs. 1 WEG über Maßnahmen der Erhaltung hinaus. Nur aus den Gesetzesmaterialien wird ersichtlich, dass der Gesetzgeber hier gleichwohl einen Systemwechsel vollziehen will. Er äußert im Zusammenhang mit § 21 Abs. 2 S. 1 Nr. 2 WEG die Auffassung, sie gliedere sich im Hinblick auf die Amortisierung ihrer Kosten »nahtlos in das System des Entwurfs« (BT-Drs. 19/18791, S. 67) ein und folgert daraus, dass eine »modernisierende Instandsetzung (…) demnach – wie jede bauliche Veränderung – mit einfacher Mehrheit beschlossen werden (kann)« (BT-Drs. 19/18791, S. 67). Eine nahtlose Einfügung in das System des Gesetzes gelingt dem Gesetzgeber damit zwar, wie oben aufgezeigt, im Hinblick auf die Legaldefinition keineswegs. Gleichwohl ist damit zu rechnen, dass die modernisierende Instandsetzung künftig nach den Regeln der baulichen Veränderung zu handhaben sein. Damit ist zwar, wie die Materialien zu Recht feststellen, keine Änderung im Hinblick auf die erforderlichen Mehrheiten verbunden. Will man in dieser Stellungnahme der Gesetzesmaterialien nicht nur eine ihrer zahlreichen Unstimmigkeiten sehen, kann eine modernisierende Instandsetzung aber künftig nur unter den Voraussetzungen von § 20 Abs. 2, 3 WEG verlangt werden (Lehmann-Richter/Wobst Rn. 1292 ff.; Dötsch/Schultzky/Zschieschack Kap. 6 Rn. 9; *Abramenko* 2020 § 4 Rn. 3; a.A. Jennißen/*Hogenschurz* § 20 Rn. 28; Jennißen/*Jennißen* § 21 Rn. 19; *Riecke* ZMR 2023, 178; Bärmann/*Dötsch* WEG § 21 Rn. 24 und § 19 Rn. 161 ff.).

5. Kontrollrecht

Ob bauliche Maßnahmen im Bereich eines Sonder- oder Teileigentums bauliche Veränderungen darstellen, ist für die anderen Eigentümer regelmäßig nicht abzuschätzen, wenn sie keinen Zugang zur Baustelle erhalten. Deswegen nahm man im früheren Recht aus Treu und Glauben einen **Auskunftsanspruch** über den Umfang der Veränderungen an (*OLG Düsseldorf* ZMR 1997, 149 f.; Jennißen/*Hogenschurz* § 20 Rn. 13). Angesichts der fortbestehenden Interessenlage innerhalb der Wohnungseigentümergemeinschaft wird man dies fortführen müssen. Allerdings wird man den Anspruch nach der Konzentration der Zuständigkeiten im Zusammenhang mit der Verwaltung des gemeinschaftlichen Eigentums in §§ 9a Abs. 2, 18 Abs. 1 WEG nur der Wohnungseigentümergemeinschaft zuerkennen können. Die Erfüllung des Auskunftsanspruchs fordert vom umbauenden Miteigentümer aber nur eine bloße Erklärung über die ihm bekannten Tatsachen. Er ist nicht verpflichtet, aufgrund des Auskunftsanspruchs Gutachten o.Ä. einzuholen und der Gemeinschaft vorzulegen. Ferner muss er die Untersuchung der veränderten Bauteile auf Beschädigungen bzw. die fachgerechte Beseitigung der baulichen Veränderung dulden (*OLG Celle* ZMR 2004, 364 f.), was nun aus § 14 Abs. 1 Nr. 2 WEG folgt. Bei eigenmächtigen Veränderungen entspricht es darüber hinaus ordnungsmäßiger Verwaltung, ihm die Kosten der Untersuchung aufzuerlegen (*OLG Celle* ZMR 2004, 365). 12

III. Keine Differenzierung der baulichen Veränderung nach § 22 Abs. 2 WEG a.F.

Nicht in das neue Recht übernommen wurden die Differenzierungen des § 22 Abs. 2 WEG a.F., die einen Teilbereich der baulichen Veränderungen in Anlehnung an die mietrechtliche Modernisierung privilegierte. In der Folge sind nun auch Modernisierungen nach §§ 555b ff. BGB alleine nach den Vorschriften zur baulichen Veränderung zu beurteilen. Dies wird freilich im neuen Recht eher zu einer erleichterten Durchsetzung dieser Maßnahmen führen, da sie künftig keiner doppelt-qualifizierten Mehrheit nach § 22 Abs. 2 S. 1 WEG a.F. mehr bedürfen und umgekehrt nur bei besonders weitreichenden Beeinträchtigungen gemäß § 20 Abs. 4 WEG anfechtbar sind (s. hierzu u. Rdn. 115# ff.). 13

IV. »Bauliche Veränderungen« im Sonder- oder Dritteigentum

1. Entsprechende Anwendung von § 20 WEG

Definitorisch bleibt der Begriff der baulichen Veränderung im eigentlichen Sinne auf das gemeinschaftliche Eigentum beschränkt. In der Sache können natürlich auch Veränderungen des Sondereigentums über die bloße Erhaltung hinausgehen. Diese sind künftig mit der Ausnahme von Maßnahmen, die keinen Miteigentümer beeinträchtigen, gemäß §§ 13 Abs. 2, 20 WEG denselben Regeln unterworfen wie die baulichen Veränderungen im Gemeinschaftseigentum (in diesem Sinne schon *BGH* ZMR 2017, 409 = ZWE 2017, 266). Der Gesetzgeber hat sie gegenüber den echten baulichen Veränderungen im gemeinschaftlichen Eigentum nur insoweit privilegiert, als sie gemäß § 13 Abs. 2 WEG ohne Beschlussfassung durchgeführt werden können, wenn sie keinen Miteigentümer über das bei einem geordneten Zusammenleben unvermeidliche Maß hinaus beeinträchtigen. 14

2. Betroffenheit von Eigentum Dritter

Hingegen ist die Betroffenheit des Gemeinschaftseigentums auch dann zu bejahen, wenn sich die bauliche Maßnahme infolge eines rechtmäßigen **Überbaus** auf dem Nachbargrundstück befindet, da sie nach § 95 Abs. 1 S. 2 BGB Bestandteil des Grundstücks bleibt, von dem aus übergebaut wurde (*OLG Celle* ZMR 2004, 361 f.). Umgekehrt kann auch dem **Anbau** an eine Außenmauer, die auf der Grundstücksgrenze steht und folglich das Grundstück der Eigentümer der Gemeinschaft berührt, die Qualität einer baulichen Veränderung zukommen. 15

C. Das Vorgehen zur Legalisierung einer baulichen Veränderung (§ 20 Abs. 1 WEG)

I. Keine rechtmäßige bauliche Veränderung ohne Beschluss

1. Ausgangssituation

16 Bereits die h.M. zu § 22 Abs. 1 S. 1 WEG a.F. sah die Beschlussfassung als notwendige Voraussetzung für die Legalisierung einer baulichen Veränderung an, selbst wenn kein Wohnungseigentümer durch sie beeinträchtigt wurde oder alle Beeinträchtigten ihre Zustimmung hierzu erteilt hatten. Diese zum früheren Recht bereits h.M. hat der Gesetzgeber nunmehr in § 20 Abs. 1 WEG in Gesetzesrang erhoben. Demnach bedarf, wie auch die Gesetzesmaterialien betonen, jede bauliche Veränderung der Gestattung durch Beschluss (BT-Drs. 19/18791, S. 59 f.), selbst dann, wenn ein Anspruch hierauf besteht (*BGH*, Urt. v. 17.03.2023 – V ZR 140/22). Dies soll auch dem Umbauwilligen zugutekommen, der hierdurch Rechtssicherheit über die Zulässigkeit seines Vorhabens erlangt (BT-Drs. 19/18791, S. 60).

2. Zulässiger Inhalt des Beschlusses

17 Der Beschluss gemäß § 20 Abs. 1 WEG muss eine bauliche Veränderung im Sinne der Definition dieser Vorschrift zum Inhalt haben. Erfasst ist somit jede bauliche Maßnahme jenseits der Erhaltung. Diese Maßnahme muss hinreichend bestimmt sein (vgl. u. Rdn. 32; *Riecke* ZMR 2018, 173 ff.). Von der Beschlusskompetenz des § 20 Abs. 1 WEG nicht erfasst sind Änderungen der Zweckbestimmung dieser Räume in der Gemeinschaftsordnung, also etwa die Gestattung eines gastronomischen Betriebs in einem als Laden bezeichneten Raum (zur gleichwohl bestehenden Gefahr einer »schleichenden« Umwidmung ausführlich Jennißen/*Hogenschurz* § 20 Rn. 9 ff.; Jennißen/*Jennißen* § 21 Rn. 18; a.A. Lehmann-Richter/Wobst Rn. 965 f., die diese Folge für unbedenklich halten. Denn derartigen Zweckbestimmungen in der Gemeinschaftsordnung kommt Vereinbarungscharakter zu, so dass sie nur durch eine Vereinbarung geändert werden könnten. Erst recht darf mit der Gestattung einer baulichen Veränderung nicht in den sachenrechtlichen Kernbereich des Wohnungseigentums eingegriffen werden. Die Eigentümerversammlung kann somit nicht im Zuge einer baulichen Veränderung den Beschluss fassen, etwa unter Beseitigung von Trennmauern zwei Einheiten zusammenzufassen, einen im Gemeinschaftseigentum stehenden Flur dem Sondereigentum zuzuordnen oder die Miteigentumsanteile zu ändern.

3. Möglichkeit zur Neutralisierung der zu weit gefassten Definition

18 Die Legalisierung baulicher Veränderungen durch Beschluss ermöglicht es zunächst, die skizzierten paradoxen Ergebnisse der zu weit gefassten Definition der baulichen Veränderung zu vermeiden. Da die Neuerungen in § 20 Abs. 1 WEG immerhin im Gegensatz etwa zu § 22 Abs. 2 S. 2 WEG a.F. nicht auch noch unabdingbar ausgestaltet wurden, können abweichende Regelungen in der Gemeinschaftsordnung getroffen werden. Aber auch bereits bestehende Wohnungseigentümergemeinschaften können die skizzierten Auswüchse des WEMoG dadurch korrigieren, dass sie bestimmte bauliche Veränderungen durch Beschluss vorab gestatten. Die Beschlusskompetenz hierfür ergibt sich aus § 20 Abs. 1 WEG. Diese lässt auch Vorratsbeschlüsse zu, die bestimmte bauliche Veränderungen generell vorab legalisieren. So können etwa bauliche Veränderungen, die keinen Wohnungseigentümer beeinträchtigen für die Zukunft gestattet werden (ebenso Jennißen/*Hogenschurz* § 20 Rn. 9 u. 120).

4. Adressat der Gestattung

19 Bereits dem Wortlaut von § 20 Abs. 1 WEG ist zu entnehmen, dass bauliche Veränderungen nur »einem Wohnungseigentümer« gestattet werden können (Lehmann-Richter/Wobst Rn. 1145). Dies erfasst naturgemäß auch eine Mehrzahl von Eigentümern, denen etwa die Aufrüstung der Ladeinfrastruktur für ihre E-Mobile gestattet wird. Hierzu gehören auch die nach § 8 Abs. 3 WEG privilegierten Erwerber, da sie im Innenverhältnis den Wohnungseigentümern gleichgestellt sind. Da der Gesetzgeber das Verb »können« verwendet, bezeichnet diese Gesetzesformulierung die Grenzen

der Beschlusskompetenz. BT-Drs. 19/18791; S. 69 u. 72). Ein Beschluss der einem Dritten, etwa einem Mieter oder einem Nießbraucher die Durchführung einer baulichen Veränderung gestattet, ist daher nichtig.

II. Mehrheitserfordernisse

1. »Einfache« Mehrheit

Die für den Beschluss einer baulichen Veränderung erforderliche Mehrheit ist nicht in § 20 WEG geregelt. Vielmehr verweist die Gesetzesbegründung zutreffend auf die allgemeine Regelung in § 25 Abs. 1 WEG, wonach es der Mehrheit der abgegebenen Stimmen bedarf. Die ebenfalls in der Gesetzesbegründung zu findende Formulierung, wonach es der »einfachen« Mehrheit bedarf (BT-Drs. 19/18791, S. 60), ist also zumindest irreführend. Stehen etwa drei Ausführungen einer baulichen Veränderung zur Abstimmung, ist bei 14 von 30 Stimmen zwar eine einfache Mehrheit für einen Vorschlag erreicht, wenn die beiden anderen Vorschläge nur jeweils 8 Stimmen erreichen. Die erforderliche Mehrheit der abgegebenen Stimmen liegt indessen für keinen Vorschlag vor, so dass ein positiver Beschluss nicht verkündet werden darf. Umgekehrt entscheidet bei geringer Beteiligung oder zahlreichen Enthaltungen u.U. eine (kleine) Minderheit, im Extremfall ein einzelner Wohnungseigentümer über die Durchführung einer baulichen Veränderung, was dann bei der Kostenverteilung erhebliche Belastungen nach sich ziehen kann. 20

2. Qualifizierte Mehrheiten und beeinträchtigte Wohnungseigentümer

Hingegen bedarf es auch für bauliche Veränderungen, die zugleich Modernisierungen darstellen, keiner qualifizierten Mehrheit mehr, da § 22 Abs. 2 S. 1 WEG a.F. aufgehoben wurde. Die doppeltqualifizierte Mehrheit in § 21 Abs. 2 S. 1 Nr. 1 WEG besagt nur scheinbar anderes. Denn sie ist nicht Voraussetzung für den Beschluss über eine bauliche Veränderung, sondern nur für die dort geregelte Kostenbelastung aller Miteigentümer. Erst recht hat die schon nach altem Recht unzutreffende, aber verbreitete Praxis, die einen »allstimmigen« Beschluss forderte, nunmehr jede Grundlage verloren. Weder bedarf es der Ja-Stimme der beeinträchtigten Wohnungseigentümer bei der Beschlussfassung noch vorab des Einverständnisses nach § 20 Abs. 3 WEG. Den Beschluss fasst die Mehrheit der anwesenden Wohnungseigentümer, ohne dass den beeinträchtigten Wohnungseigentümern eine Sperrminorität o.ä. zukommt. Der Beschluss ist, anders als nach bisherigem Recht noch nicht einmal anfechtbar, nur weil es an ihrem Einverständnis fehlt. Auch das Einverständnis nach § 20 Abs. 3 WEG ist keine Voraussetzung für eine positive Beschlussfassung über eine bauliche Veränderung. Es hat nur noch dann Bedeutung, wenn alle beeinträchtigten Wohnungseigentümer mit der baulichen Veränderung einverstanden sind, da der umbauwillige Miteigentümer dann eine positive Beschlussfassung verlangen kann. 21

3. Veränderungen durch die Gemeinschaft und durch einzelne Wohnungseigentümer

Jedenfalls der Sache nach differenziert der Gesetzgeber zwischen baulichen Veränderungen der Gemeinschaft und Veränderungen, die einem oder mehreren Wohnungseigentümern (zu letzterem Lehmann-Richter/Wobst Rn. 1146) gestattet werden. Für das Beschlussrecht ist diese Differenzierung allerdings ohne Bedeutung. Insbesondere bestehen keine Unterschiede in den Mehrheitserfordernissen. Bedeutung erlangt dieser Unterschied erst im Zusammenhang mit den Kosten und Folgekosten einer baulichen Veränderung. 22

4. Nachträgliche Gestattungen

Gesetzestext und -materialien sind keine Vorgaben zu dem Zeitpunkt einer Beschlussfassung über bauliche Veränderungen zu entnehmen. Nach früherem Recht konnte die Beschlussfassung sowohl vor als auch nach Durchführung der baulichen Veränderung erfolgen; eine bereits vorgenommene bauliche Veränderung konnte mithin nachträglich genehmigt werden (s. zuletzt *BGH* ZMR 2020, 23

854 = WuM 2020, 518 = ZfIR 2020, 575). Dass der Gesetzgeber hieran etwas ändern wollte, lässt der Gesetzestext nicht erkennen (so auch Lehmann-Richter/Wobst Rn. 972).

III. Folgen eines positiven Beschlusses

1. Ausgangslage

24 Anders als bei der bloßen Verjährung oder Verwirkung von Ansprüchen aus § 1004 BGB führt ein bestandskräftiger Beschluss nicht nur dazu, dass der Urheber der baulichen Veränderung diese nicht mehr zurückbauen muss. Schon nach früherem Recht definierte sich der ordnungsmäßige Zustand der Liegenschaft über diesen Beschluss: Die bauliche Veränderung wurde und wird auch nach neuem Recht vollständig rechtmäßig, woran das WEMoG anknüpft (Lehmann-Richter/Wobst Rn. 975). Dies hat zur Folge, dass die Veränderung etwa im Falle von Erhaltungsmaßnahmen wiederherzustellen ist. Geht das Gebäude oder zumindest der Teil mit der baulichen Veränderung unter, kann sie der betroffene Wohnungseigentümer ohne weiteres wieder errichten. Auch löst ihre Beeinträchtigung Abwehransprüche aus §§ 1004, 823 BGB aus. Grundsätzlich gilt dies auch für das neue Recht, allerdings mit der Modifikation, dass es sich bei dem Beschluss anders als nach früherem Recht nicht nur um einen Ersatz des Einverständnisses nach § 20 Abs. 3 WEG handelt. Vielmehr stellt der Beschluss die eigentliche Legalisierung der baulichen Veränderung dar. Die Gestattung einer baulichen Veränderung begründet indessen keine Verpflichtung des hiervon begünstigten Wohnungseigentümers. Sie räumt ihm nur die Möglichkeit zur Durchführung der Maßnahme ein, verpflichtet ihn aber nicht hierzu (Lehmann-Richter/Wobst Rn. 1153).

2. Differenzierung zwischen Gestattung dem Grunde nach und Ausführung

a) Bestimmtheitsanforderungen nach früher h.M.

25 An die Bestimmtheit des Beschlusses über eine bauliche Veränderung stellte die ganz h.M. zum früheren Recht strenge Anforderungen. Ort, Größe, Konstruktion, Material und Farbe der baulichen Veränderung mussten ihm zweifelsfrei zu entnehmen sein (s. etwa *LG Bremen* ZMR 2017, 83 f.; *AG Bremen* ZMR 2015, 968; *AG Charlottenburg* ZMR 2017, 508, 509; *AG Berlin-Schöneberg* ZMR 2017, 593; *AG Essen* ZMR 2017, 836, 837; *AG Nürnberg* ZMR 2018, 278 f.). Anderenfalls drohte dem Umbauwilligen mangels Bestimmtheit zumindest die Anfechtbarkeit der Genehmigung (*OLG Düsseldorf* ZMR 2005, 144; *BayObLG* ZMR 2005, 300; *AG Hamburg* ZMR 2005, 822). War überhaupt nicht mehr ersichtlich, an welchem Ort welche Veränderung in welchem Umfang erfolgen durfte, wurde der Beschluss sogar als nichtig angesehen (*OLG Hamm* ZMR 2005, 908; vgl. *BayObLG* WuM 1996, 440; *OLG Hamburg* ZMR 2001, 727; *OLG Oldenburg* ZMR 2005, 814 f.). Noch schwerer wog, dass der Urheber der baulichen Veränderung jedenfalls bis zur Verjährungsgrenze Rückbauansprüchen ausgesetzt war, wenn der Beschluss nicht hinreichend bestimmt war (*LG Köln* ZMR 2013 473, 475). Denn ein nicht hinreichend bestimmter Beschluss gab ihm gerade keine Rechtsgrundlage für eine bestimmte bauliche Veränderung. Aus diesem Grunde trat auch die oben beschriebene Legalisierungswirkung nicht ein. Die bauliche Veränderung blieb rechtswidrig.

b) Rechtsprechungsänderung des BGH

26 Von dieser Rechtsprechung ist der *BGH* in jüngster Zeit abgegangen, wobei er bei dem Beschluss über eine bauliche Veränderung zwischen ihrem »Ob« und ihrem »Wie« differenzierte. Danach sollte ein Beschluss über eine bauliche Veränderung bereits dann ordnungsmäßiger Verwaltung entsprechen, wenn er ohne nähere Vorgaben zum »Wie« nur das »Ob« der baulichen Veränderung regelte (*BGH* ZMR 2019, 47 = ZfIR 2018, 695). Vielmehr sollte der konkretisierende Beschluss über die Durchführung der Maßnahme nur dann erfolgreich anfechtbar sein, wenn nur die konkrete Ausführung, nicht die Maßnahme als solche angegriffen wurde. In früheren Entscheidungen hatte der *BGH* darüber hinaus sogar verlangt, dass dem Urheber einer baulichen Veränderung Gelegenheit gegeben

wird, eine Genehmigung durch Beschluss herbeizuführen (*BGH* ZMR 2017, 409 = ZWE 2017, 266; ähnlich *BGH* ZMR 2019, 47 = ZfIR 2018, 695).

c) Gestattung dem Grunde nach

Diese Rechtsprechung legt der Gesetzgeber seiner Neufassung des Beschlussrechtes zur baulichen Veränderung implizit zugrunde. Wie der *BGH* unterscheidet § 20 Abs. 2 WEG in Nr. 1–3 und Nr. 4 S. 2 zwischen dem »Ob« und dem »Wie« einer Maßnahme (so auch Lehmann-Richter/Wobst Rn. 975). Der Inhaber eines Anspruchs auf eine der dort genannten Maßnahmen muss nur einen Beschluss beantragen, der die bauliche Veränderung dem Grunde nach gestattet. Über das »Wie« der Maßnahme entscheiden die Wohnungseigentümer nach dem Beschluss dem Grunde nach gemäß § 20 Abs. 2 Nr. 4 S. 2 WEG unter Ausübung ihres Ermessens (BT-Drs. 19/18791, S. 61). 27

d) Übertragbarkeit auf jede Beschlussfassung über bauliche Veränderungen

Diese Differenzierung nach dem »Ob« und dem »Wie« der Maßnahme in § 20 Abs. 2 Nr. 4 S. 2 WEG ist zwar der Stellung von Satz 2 nach nur auf privilegierte bauliche Veränderungen nach § 20 Abs. 2 Nr. 4 WEG, also Telekommunikationsnetze mit sehr hoher Kapazität bezogen. Dies ist erkennbar einer unausgereiften Gesetzestechnik geschuldet. Denn zum Einen billigte bzw. forderte der *BGH*, an dessen Rechtsprechung sich der Gesetzgeber anlehnt, diese Vorgehensweise schon bisher allgemein, nicht nur bei bestimmten baulichen Veränderungen. Zum Anderen betonen die Gesetzesmaterialien etwa im letzten Absatz »Zu § 20 allgemein« den Gleichlauf der baulichen Veränderungen (BT-Drs. 19/18791 S. 60). Es erscheint daher ausgeschlossen, für diejenigen nach § 20 Abs. 2 Nr. 1 – 3 WEG ein anderes, zweistufiges Verfahren vorzusehen als für diejenigen gemäß § 20 Abs. 2 Nr. 4 S. 1 WEG. Dies um so mehr, als es geeignet ist, vorab über Grundfragen einer baulichen Veränderung Klarheit zu erreichen und somit Streitigkeiten zu vermeiden. § 20 Abs. 2 Nr. 4 S. 2 WEG ist also wie ein eigener Absatz der Vorschrift zu lesen (ebenso implizit Jennißen/*Hogenschurz* § 20 Rn. 54 u. 58). 28

e) Folgen für die Praxis

Beschlussfassungen über bauliche Veränderungen werden auf diesem Wege erheblich erleichtert. Der Beschlussantrag muss nur noch das Ziel, die Durchführung einer bestimmten baulichen Veränderung aufzeigen. An der Bestimmtheit wird es auf der ersten Stufe, der Entscheidung dem Grunde nach, künftig nur noch fehlen, wenn überhaupt nicht mehr erkennbar ist, welche Maßnahme der Antragsteller begehrt. Es genügt, wenn die Maßnahme (z.B. Anbau eines oder mehrerer Balkone) und der Ort der Veränderung erkennbar sind. Über die Einzelheiten, wie Ort, Größe, Konstruktion, Material und Farbe kann in der zweiten Stufe, im Beschluss über die Ausführung der baulichen Veränderung entschieden werden (vgl. jüngst *LG München* I, Urt. v. 08.12.2022 – 36 S 3944/22). 29

f) Beschlusskompetenz für die Durchführung

Unabhängig davon, ob ein Anspruch auf die bauliche Veränderung bestand, müssen die Wohnungseigentümer spätestens nach der Bestandskraft der Entscheidung zur baulichen Veränderung dem Grunde nach über die konkrete Ausführung der Maßnahme befinden. Denn jedenfalls mit der Gestattung, dass eine bauliche Veränderung überhaupt vorgenommen werden darf, besteht ein Anspruch auch auf eine Entscheidung über das »Wie« der Maßnahme. Die Beschlusskompetenz hierfür folgt entgegen bisweilen vertretener Auffassung (Lehmann-Richter/Wobst Rn. 999) nicht aus § 19 Abs. 1 WEG. Vielmehr ist § 20 Abs. 2 Nr. 4 S. 2 WEG hier lex specialis. 30

g) Anforderungen an den Beschluss über die konkrete Ausführung der baulichen Veränderung

Die Entscheidung über die konkrete Bauausführung muss im Rahmen ordnungsmäßiger Verwaltung erfolgen, also insbesondere berücksichtigen, dass die Maßnahme mit der Gestattung dem Grunde nach rechtmäßig ist. Insbesondere kann nicht die bereits erfolgte Gestattung dem Grunde nach 31 gewissermaßen durch die Hintertür etwa durch eine den objektiven Bedürfnissen nicht entsprechende Bauausführung konterkariert werden. Ebenso wenig kann dieser Ausführungsbeschluss nun mit dem Ziel angegriffen werden kann, die bauliche Veränderung insgesamt zu verhindern (*BGH* ZMR 2019, 47 = ZfIR 2018, 695). Die Beschlüsse über das »Ob« und das »Wie« der baulichen Veränderung können freilich durch (auflösende) Bedingungen miteinander verknüpft sein, wenn etwa nur eine bestimmte Bauausführung gewünscht ist (Lehmann-Richter/Wobst Rn. 1002). Ebenso können dem Umbauwilligen im Rahmen ordnungsmäßiger Verwaltung Vorgaben zur Durchführung der Maßnahme gemacht werden (Lehmann-Richter/Wobst Rn. 1150).

3. Fehler des Ausführungsbeschlusses

a) Fehlende Bestimmtheit

32 Auch nach der Trennung der Beschlüsse in »Ob« und »Wie« einer baulichen Veränderung muss jedenfalls der Ausführungsbeschluss den Anforderungen an die Bestimmtheit genügen, die nach früherem Recht galten. Insbesondere müssen Ort, Größe, Konstruktion, Material und Farbe eindeutig geregelt sein. Allerdings ist nicht ganz klar, was der Urheber der baulichen Veränderung nach neuem Recht zu erwarten hat, wenn der Ausführungsbeschluss nicht hinreichend bestimmt ist. Dann ist die konkrete bauliche Veränderung durch den unbestimmten Beschluss nicht gedeckt, mithin rechtswidrig. Hieran ändert sich nichts dadurch, dass eine Gestattung dem Grunde nach besteht. Selbst wenn man hieraus einen Anspruch auf eine erneute Beschlussfassung ableitet, muss diese nicht die konkrete Bauausführung billigen, weil der Eigentümerversammlung ein Ermessen zukommt. Eine hinreichend bestimmte Fassung des Ausführungsbeschlusses ist also nach wie vor von erheblicher Bedeutung, weil sich die bekannten Bestimmtheitsprobleme durch das neue Recht teilweise nur verlagert haben.

b) Kein Vertrauen in ungenügende Beschlüsse über die Durchführung baulicher Veränderungen

33 Nimmt ein Wohnungseigentümer im Vertrauen auf einen unklaren Eigentümerbeschluss bauliche Veränderungen vor, hat er **keinen Anspruch auf Ersatz der Kosten für Errichtung und Rückbau**, wenn er erfolgreich auf Beseitigung in Anspruch genommen wird. Es besteht nämlich kein Vertrauen auf unklare Beschlussfassungen. Im Zweifelsfall müsste der Umbauwillige den Inhalt des Beschlusses – etwa im Verfahren nach § 43 Abs. 2 Nr. 1 WEG – bindend klären lassen. I.Ü. trifft ihn bei Umsetzung eines unklaren Beschlusses auch ein überwiegendes Mitverschulden (*KG* ZMR 2002, 149).

c) Einbeziehung von Sondereigentum

34 Ferner ist darauf zu achten, dass bei Durchführung der Maßnahme kein fremdes Sondereigentum in seiner Substanz beeinträchtigt wird. So dürfen die Wohnungseigentümer keine Planungen beschließen, die Räumlichkeiten etwa durch Versetzen von Trennmauern tatsächlich anderen Wohnungen einverleiben. Ebenso wenig können sie über Bodenbeläge oder sonstige im Sondereigentum stehende Gebäudebestandteile beschließen. Ein solcher Beschluss wäre als **Eingriff in den Kernbereich des Sondereigentums** nichtig (*OLG Köln* ZMR 2001, 569; Dötsch/Schultzky/Zschieschack Kap. 6 Rn. 7). Selbstverständlich ist vom Verbot des Eingriffes in den Kernbereich des Sondereigentums aber, wie schon § 14 Abs. 1 Nr. 2 WEG zeigt, nicht jede Einwirkung auf das Sondereigentum erfasst. Bedarf es etwa zu Reparaturzwecken der Öffnung einer Wand oder der Abnahme eines Bodenbelages, muss der betroffene Wohnungseigentümer dies gegen Ersatz seiner Schäden dulden (*BayObLG* ZMR 2004, 762; *LG Berlin* ZMR 2010, 978; *AG Hamburg* ZMR 2011, 249; *AG Hamburg*-Altona ZMR 2013, 74 f.). Ähnliches muss für die Durchführung einer rechtmäßigen baulichen Veränderung gelten. Der rechtsfähige Verband (Gemeinschaft der Wohnungseigentümer) kann zu diesem Zweck gemäß § 14 Abs. 1 Nr. 2 WEG von jedem Miteigentümer Zutritt zu seiner Wohnung verlangen (*LG Frankfurt* ZMR 2016, 560 = IMR 2016, 381). Auch der Schadensersatzanspruch aus § 14 Abs. 3 WEG ist gegen den rechtsfähigen Verband zu richten (*AG Hamburg* ZMR 2011, 249).

4. Prozessuales Vorgehen

a) Gestattung dem Grunde nach

35 Dem umbauwilligen Wohnungseigentümer bietet das neue Recht den Vorteil, eine bauliche Veränderung gewissermaßen abschnittsweise durchzusetzen. Bleibt sein Begehren streitig, kann er sich nach erfolgloser Vorbefassung der Eigentümerversammlung zunächst damit begnügen, im Verfahren nach § 44 Abs. 1 S. 2 WEG einen Beschluss darüber ersetzen zu lassen, ob die bauliche Veränderung dem Grunde nach zulässig ist. Auf diesem Wege erlangen die Wohnungseigentümer eine rechtskräftige Klärung ihrer Streitfrage, ob die bauliche Veränderung dem Grunde nach verlangt werden kann. Zudem vermeidet der Kläger das nach altem Recht erhebliche Risiko, dass die Ersetzung eines Beschlusses über eine konkrete bauliche Veränderung ohne Klärung ihrer Zulässigkeit dem Grunde nach deswegen erfolglos bleibt, weil das Gericht die konkrete Ausführung nicht gutheißt.

b) Konkrete Maßnahme

36 Liegt ein Beschluss über die bauliche Veränderung dem Grunde nach vor, kann der umbauwillige Wohnungseigentümer nach Vorbefassung der Eigentümerversammlung auch den Ausführungsbeschluss im Verfahren nach § 44 Abs. 1 S. 2 WEG ersetzen lassen. Hierbei bieten ihm die Gesetzesmaterialien auch nach Streichung des § 21 Abs. 8 WEG a.F. die komfortable Möglichkeit, die begehrte bauliche Veränderung nicht näher zu beschreiben als in der Gestattung bereits geschehen. Denn das Gericht übt in seiner Entscheidung über die konkrete Ausführung nur das Ermessen der Wohnungseigentümer aus (BT-Drs. 19/18791, S. 61; s. hierzu jetzt *BGH* v. 16.09.2022 – V ZR 69/21, ZMR 2023, 55 Rn. 9).

c) Kombinierter Antrag

37 Nur im Extremfall, wenn sowohl ein Anspruch dem Grunde nach als auch auf eine bestimmte Ausführung besteht, kann der Kläger beides in einer einheitlichen Beschlussvorlage bzw. in einer einheitlichen Klage zusammenfassen. Ob dann zwei Beschlüsse vorliegen (so Lehmann-Richter/Wobst Rn. 971). oder nur einer mit teilbarem Inhalt, ist wohl nur von rechtstheoretischem Interesse. Wichtiger ist die Zuordnung zu einer der beiden Ebenen des »Ob« und des »Wie«, die durchaus streitig sein kann. So wird die Verlegung von Leitungen unter Putz teils dem »Ob« (Lehmann-Richter/Wobst Rn. 1189) und teils dem »Wie« (Dötsch/Schultzky/Zschieschack Kap. 6 Rn. 69; vorzugswürdig) zugeordnet. Dies kann insbesondere bei Bestandskraft der Entscheidung über das »Ob« von entscheidender Bedeutung sein. Besteht lediglich dem Grunde nach ein Anspruch auf die bauliche Veränderung, darf das Gericht die Klage nur hinsichtlich des »Wie« als vorläufig unzulässig abweisen. Liegt eine Ermessensreduktion auf Null auf der zweiten Stufe nicht vor, ist der Antrag der in diesem Stadium des Verfahrens insoweit unzulässig. Denn auch nach Ersetzung des Beschlusses über das »Ob« der baulichen Veränderung kommt der Eigentümerversammlung zum »Wie« noch ein Ermessen zu. Denn das Gericht tritt nur an die Stelle der Eigentümerversammlung. Auch nach einem erfolgreichen Beschlussantrag über das »Ob« der baulichen Veränderung muss der Inhaber des Anspruchs hierauf zunächst die Eigentümerversammlung mit ihrer konkreten Durchführung befassen, bevor eine Beschlussersetzungsklage nach § 44 Abs. 1 S. 2 WEG zulässig wird.

5. Reichweite des Beschlusses

38 Der bestandskräftige Mehrheitsbeschluss, der eine bauliche Veränderung genehmigt, definiert den künftigen rechtmäßigen Zustand des Gemeinschaftseigentums (vgl. o. Rdn. 24). Der begünstigte Wohnungseigentümer darf aber nur die konkret beschlossene Maßnahme, keine weiteren durchführen, auch wenn sie sich im Nachhinein zur Erreichung des mit dem Umbau verfolgten Zwecks als notwendig erweisen (*BayObLG* ZMR 1998, 362 zu einem Deckendurchbruch bei genehmigtem Wanddurchbruch). **Abweichungen** von der genehmigten Maßnahme sind wie rechtswidrige bauliche Veränderungen zu behandeln; der Umbau ist also auf das erlaubte Maß zu reduzieren oder, wenn ein Teilrückbau nicht möglich ist, insgesamt zu beseitigen (*LG Bremen* ZMR 2001, 150).

IV. Folgen einer baulichen Veränderung ohne Beschluss

1. Veränderung mit erheblichem Nachteil ohne Einverständnis der betroffenen Wohnungseigentümer

a) Rückbauansprüche

39 Wird eine bauliche Veränderung ohne die nunmehr vorgeschriebene Beschlussfassung vorgenommen, ändert sich in materiell-rechtlicher Hinsicht für die hierdurch beeinträchtigten Wohnungseigentümer, die ihr nicht zugestimmt haben, gegenüber dem früheren Recht nichts: Die bauliche Veränderung stellt eine rechtswidrige Umgestaltung des auch ihnen gehörenden Gemeinschaftseigentums dar. Eine erhebliche Änderung ergibt sich aber durch die Verlagerung der Ausübungsbefugnisse auf die Wohnungseigentümergemeinschaft in §§ 9a Abs. 2, 18 Abs. 1 WEG für die Geltendmachung der Beseitigungsansprüche (s. § 16 Rdn. 28 ff.). Diese stehen nach neuem Recht alleine der Wohnungseigentümergemeinschaft zu. Die einzelnen Wohnungseigentümer können künftig nicht mehr selbst aus § 1004 Abs. 1 BGB die Beseitigung einer baulichen Veränderung verlangen. Sie haben nur einen Anspruch gegen die Wohnungseigentümergemeinschaft auf Tätigwerden.

b) Ansprüche der Wohnungseigentümer, die der baulichen Veränderung zugestimmt haben oder von ihr nicht benachteiligt sind

40 Änderungen ergeben sich in materiell-rechtlicher Hinsicht für die Wohnungseigentümer, die der baulichen Veränderung zugestimmt haben oder von ihr nicht benachteiligt sind. In diesen Fällen konnte man nach früherem Recht Ansprüche auf Beseitigung durchaus in Frage stellen. Denn gerade das Fehlen der erforderlichen Zustimmung führte ja zur Rechtswidrigkeit der baulichen Veränderung; der Beschluss ersetzte nur die fehlenden Zustimmungen. Diese Bedeutung kommt dem nunmehr zu Recht auch terminologisch umbenannten »Einverständnis« der beeinträchtigten Wohnungseigentümer nicht mehr zu. Selbst das Einverständnis aller beeinträchtigten Wohnungseigentümer führt alleine nicht zur Rechtmäßigkeit der baulichen Veränderung, sondern erst der Beschluss, auf den der umbauwillige Wohnungseigentümer allerdings einen Anspruch hat. Wenn aber selbst das Einverständnis aller beeinträchtigten Wohnungseigentümer die bauliche Veränderung noch nicht legalisiert, sondern erst der gestattende Beschluss, kann das erteilte Einverständnis eines einzelnen beeinträchtigten Wohnungseigentümers seine Rechte nicht schmälern. Daher kann sich jeder Wohnungseigentümer unabhängig von seiner Beeinträchtigung und einem eventuellen Einverständnis auf das Fehlen des erforderlichen Beschlusses berufen. Allerdings kann er den Rückbau wiederum nicht selbst gegenüber dem Urheber der baulichen Veränderung durchsetzen, sondern nur ein Vorgehen hiergegen von der Wohnungseigentümergemeinschaft verlangen.

2. Veränderung ohne erheblichen Nachteil bzw. bei Einverständnis der betroffenen Wohnungseigentümer

a) Das Problem

41 Die wohl drängendste Frage, die sich schon nach der h.M. zur früheren Rechtslage stellte, hat der Gesetzgeber leider nicht beantwortet: Kann die Beseitigung einer baulichen Veränderung verlangt werden, wenn zwar niemand von ihr beeinträchtigt wird, bzw. alle Beeinträchtigten ihr Einverständnis erteilt haben, ein Beschluss hierüber aber nicht gefasst wurde? Wie verhalten sich in diesen Fällen der materiell-rechtlich Anspruch auf eine Gestattung und die Nichteinhaltung des vorgesehenen Verfahrens zueinander?

b) Formelle Lösung

42 Die Rechtsprechung zum früheren Recht stellt zu einem erheblichen Teil auf das Fehlen des Beschlusses ab, der die bauliche Veränderung erst legalisiert. So lassen einige Berufungsgerichte dahinstehen, ob eine bauliche Veränderung zu Beeinträchtigungen anderer Wohnungseigentümer führt, und stützen die Verurteilung zum Rückbau alleine auf das Fehlen der Zustimmung hierzu

durch Beschluss (*LG Hamburg* ZMR 2013, 373; *LG Bremen* ZWE 2023, 85 = MietRB 2022, 2620 = IMR 2022, 411). Dies dürfte allerdings den Umstand vernachlässigen, dass der Urheber der baulichen Veränderung sogar einen rechtlich durchsetzbaren Anspruch auf eine entsprechende Beschlussfassung hat. Es dürfte jedenfalls nach dem Grundsatz des dolo-agit zu berücksichtigen sein, dass der (noch) gegebene Rückbauanspruch alsbald entfallen kann.

c) Materiell-rechtliche Lösung

Zum alten Recht traf der *BGH* in dieser Streitfrage keine grundsätzliche Entscheidung. In einem Spezialfall erklärte er ein nur auf das Fehlen des Beschlusses gestütztes Beseitigungsverlangen aber für treuwidrig, wenn alle beeinträchtigten Wohnungseigentümer der baulichen Veränderung zugestimmt haben (*BGH* ZMR 2014, 554; ähnlich für das neue Recht Lehmann-Richter/Wobst Rn. 990; Jennißen/*Hogenschurz* § 20 Rn. 120 für Fälle des § 20 Abs. 3 WEG; einschränkend, nur beim Fehlen von Ermessensspielraum, Dötsch/Schultzky/Zschieschack Kap. 6 Rn. 47). Verallgemeinert liefe diese Position auf einen Vorrang der materiellen Rechtslage vor dem Beschlusserfordernis hinaus. Jedenfalls nach neuem Recht würde damit dem nunmehr ausdrücklichen Postulat des Gesetzgebers zuwidergehandelt, der die Rechtmäßigkeit der baulichen Veränderung von einer gestattenden Beschlussfassung abhängig macht. Im Ergebnis könnte man nämlich bei Vorliegen eines Anspruchs auf die Gestattung einer baulichen Veränderung unter Verweis auf die Treuwidrigkeit eines Beseitigungsverlangens oder mit einer ähnlichen Begründung stets darauf verzichten, einen Beschluss einzuholen. Damit wäre die gesetzliche Regelung in diesen Fällen ausgehebelt. In jedem Falle bleibt die Durchführung einer baulichen Veränderung ohne Beschluss eine Pflichtwidrigkeit, die Schadensersatzansprüche etwa wegen deshalb angefallener Rechtsverfolgungskosten auslösen kann (Lehmann-Richter/Wobst Rn. 990). 43

d) Kombinierte Lösung

Einen gangbaren Ausweg könnte eine Entscheidung des *BGH* aus einem anderen Zusammenhang weisen, in dem ebenfalls der Widerspruch zwischen noch bestehender Beschlusslage und materieller Rechtslage aufzulösen war. Dabei handelt es sich um die Vergemeinschaftung von Beseitigungsansprüchen, die angefochten und mit hoher Wahrscheinlichkeit rechtswidrig, aber noch nicht rechtskräftig für ungültig erklärt war. Im Ergebnis hätte die Beseitigungsklage einzelner Wohnungseigentümer im Hinblick auf die noch wirksame Vergemeinschaftung abgewiesen werden müssen, obwohl der entsprechende Beschluss über die Vergemeinschaftung im späteren Anfechtungsverfahren voraussehbar der Ungültigerklärung verfallen wäre. In diesem Zusammenhang fand der *BGH* den Ausweg, den Prozess wegen der Beseitigung der baulichen Veränderung bis zur Entscheidung über die Anfechtung der Vergemeinschaftung auszusetzen (*BGH* ZMR 2019, 358 = WuM 2019, 102 = ZfIR 2019, 203; *BGH* ZMR 2020, 854 = WuM 2020, 518 = ZfIR 2020, 575; zustimmend Jennißen/*Hogenschurz* § 20 Rn. 120). Dieser Ansatz lässt sich auf die vorliegende Konstellation übertragen, indem dem Urheber der baulichen Veränderung Gelegenheit gegeben wird, über die bauliche Veränderung Beschluss fassen zu lassen. Tut er dies nicht binnen angemessener Frist oder bleiben Antrag und Beschlussersetzungsklage erfolglos, so kann der Prozess über den Rückbau fortgesetzt werden, Erst in diesem Fall ist der Klage auf Beseitigung schon mangels Beschlussfassung über die bauliche Veränderung stattzugeben. 44

V. Die Abänderung oder Aufhebung des Beschlusses über eine bauliche Veränderung

Die **Abänderung eines einmal gefassten Mehrheitsbeschlusses** durch einen abändernden Zweitbeschluss ist grundsätzlich möglich. Einmal durch einen bestandskräftigen Mehrheitsbeschluss erworbene schützenswerte Rechtspositionen dürfen einem Miteigentümer aber nicht ohne weiteres wieder entzogen werden (*BayObLG* ZMR 1999, 53; zu den Voraussetzungen einer Änderung des Erstbeschlusses s. *BayObLG* NZM 2000, 672 = NJW-RR 2000, 1400). Widerruft die Wohnungseigentümerversammlung eine einmal erteilte Zustimmung zu einer baulichen Veränderung, ist dieser Beschluss folglich anfechtbar. In jedem Fall ist der Beschluss, eine beschlossene bauliche Ver- 45 änderung zurückzubauen, seinerseits auf eine bauliche Veränderung gerichtet, da er den legalisierten Zustand wiederum ändern will (Lehmann-Richter/Wobst Rn. 972).

D. Anspruch auf privilegierte bauliche Veränderungen (§ 20 Abs. 2 WEG)

I. Systematik

46 Einen Anspruch auf bauliche Veränderungen kannte schon das alte Recht. § 22 Abs. 1 S. 1 WEG a.F. beschränkte diesen aber auf den Fall, dass alle durch die bauliche Veränderung beeinträchtigten Wohnungseigentümer dieser zustimmten. Diesen Anspruch übernimmt § 20 Abs. 3 WEG in das künftige Recht. Darüber hinaus listet § 20 Abs. 2 Nr. 1–4 WEG vier neue Privilegierungstatbestände auf, bei deren Vorliegen eine bauliche Veränderung auch ohne Zustimmung der beeinträchtigten Wohnungseigentümer verlangt werden kann. Schließlich wird im neuen Recht das vom Wohnungseigentümer bei der Durchsetzung des Anspruchs einzuhaltende Vorgehen näher geregelt.

II. Die privilegierten baulichen Veränderungen

1. § 20 Abs. 2 WEG als abschließender Katalog

47 Ein Anspruch auf bauliche Veränderungen besteht nach neuem Recht zunächst für vier Arten baulicher Veränderungen, die § 20 Abs. 2 WEG aufzählt. Die Enumeration in § 20 Abs. 2 Nr. 1–4 WEG ist abschließend. Selbst solche baulichen Veränderungen, denen der Gesetzgeber noch im Mietrechtsänderungsgesetz 2013 besondere Priorität eingeräumt hat (z.B. die Einsparung von Energie) unterfallen nicht dem Katalog des § 20 Abs. 2 Nr. 1–4 WEG und können daher nicht verlangt werden. Eine Analogie zu dieser Vorschrift scheidet folglich aus (*LG Frankfurt*/M. ZMR 2021, 760 = ZWE 2021, 460 = IMR 2021, 325).

2. Gebrauch durch Menschen mit Behinderung (§ 20 Abs. 2 Nr. 1 WEG)

48 Zuerst gewährt § 20 Abs. 2 Nr. 1 WEG einen solchen Anspruch, wenn die Maßnahme dem Gebrauch durch Menschen mit Behinderung dient. Dies ist weit zu verstehen und geht über die früher im Zentrum des Interesses stehende Barrierefreiheit weit hinaus, auch wenn diese weiterhin die bedeutendste Fallgruppe darstellen dürfte, was nicht zuletzt die im letzten Absatz der Gesetzesmaterialien zu § 20 Abs. 2 Nr. 1 WEG wieder auf die Barrierefreiheit konzentrierte Begründung des Gesetzgebers zeigt (BT-Drs. 19/18791, S. 61). Unter § 20 Abs. 2 Nr. 1 WEG fallen jegliche Maßnahmen, die Menschen mit körperlicher oder geistiger Behinderung den Gebrauch des Wohnungseigentums erleichtern. Dies können neben Zugangshilfen wie Aufzügen, Rollstuhlrampen, Treppenliften etc. Orientierungshilfen oder zusätzlichen Beleuchtungsmitteln für Sehbehinderte, Haltegriffe für Menschen mit Gleichgewichtsstörungen und schlechterdings alle anderen Maßnahmen sein, die Menschen mit Behinderung die Nutzung von Gemeinschafts- und Sondereigentum erleichtern.

3. E-Mobilität (§ 20 Abs. 2 Nr. 2 WEG)

a) Erfasste Einrichtungen

49 Der zweite Privilegierungstatbestand (§ 20 Abs. 2 Nr. 2 WEG) betrifft bauliche Veränderungen, die dem Laden elektrisch betriebener Fahrzeuge dienen. Dies umfasst nicht nur die Lademöglichkeit im engeren Sinne, sondern die gesamte Infrastruktur von der Verlegung der Versorgungsleitungen zur Ladebox über die Verstärkung der vorhandenen Stromversorgung bis hin zu sonstigen Einrichtungen zur sinnvollen Nutzung der Ladestellen. Ebenso ist die Anpassung der vorhandenen Elektrizitätsversorgung, etwa der Zählerschränke etc. an die erweiterte Nutzung von § 20 Abs. 2 Nr. 2 WEG erfasst (BT-Drs. 19/18791, S. 62). Selbst nach erstmaliger Herstellung einer Ladeeinrichtung ist auch deren Verbesserung von einem Verlangen nach § 20 Abs. 2 Nr. 2 WEG erfasst (BT-Drs. 19/18791, S. 61). Die Vorschrift geht sogar über bestehende Regelwerke wie das EMoG und die Ladesäulenverordnung hinaus, als sie für die Zukunft sowohl technische Weiterentwicklungen

der Ladetechnik als auch weitere, etwa im EMoG nicht genannte Elektrofahrzeuge von § 20 Abs. 2 Nr. 2 WEG erfassen will (BT-Drs. 19/18791, S. 62).

b) Kapazitätsprobleme

Der Gesetzgeber übersieht nicht das Problem, dass die vorhandene Infrastruktur oftmals nicht zur 50
Versorgung aller oder zumindest der ladewilligen Wohnungseigentümer ausreichen wird. Dem versucht er einerseits gesetzesimmanent zu begegnen, indem er die Erhöhung der vorhandenen Kapazitäten als bauliche Veränderung nach § 20 Abs. 2 Nr. 2 WEG ansieht, die jeder Wohnungseigentümer verlangen kann. Dies wird freilich häufig nicht zu einer Verbesserung führen. Denn ein entsprechender Beschluss zieht die Kostenfolge des § 21 Abs. 1 S. 1 WEG für denjenigen nach sich, der die Maßnahme verlangt. Wenn nicht eine Mehrzahl von Eigentümern unter anteiliger Kostentragung die Kapazitätserhöhung verlangt (hierzu BT-Drs. 19/18791, S. 62) wird es häufig bei der für die E-Mobilität unzureichenden Ladeinfrastruktur bleiben. Andererseits soll die gemeinschaftliche Einrichtung entgegen bisheriger Auffassung bei ungenügenden Kapazitäten nicht insgesamt unbenutzt bleiben (so zum Anschluss an einen Kamin, der entsprechende Einrichtungen in anderen Wohnungen unmöglich macht, *OLG Hamburg* ZMR 2001, 728; *AG München* ZMR 2013, 141 f.; zur selben Problematik bei Heizkörpern *OLG Schleswig* NJW-RR 1993, 24) oder gar ein Antrag nach § 20 Abs. 2 Nr. 2 WEG ausgeschlossen sein (BT-Drs. 19/18791, S. 62). Vielmehr sollen die vorhandenen Kapazitäten gleichmäßig verteilt werden. Welchen Effekt dies bei ungenügenden Kapazitäten haben soll, bleibt freilich unklar. Denn dann können entweder nur kurze Ladezeiten oder aber längere in großen Zeitabständen eingeräumt werden. Für den uneingeschränkten Betrieb von E-Fahrzeugen reicht beides nicht aus.

c) Kapazitätsengpässe im Versorgungsnetz außerhalb der Liegenschaft

Mit den Möglichkeiten des § 20 Abs. 2 Nr. 2 WEG überhaupt nicht zu beheben sind Kapazitäts- 51
engpässe im öffentlichen Versorgungsnetz. Denn diese Vorschrift gestattet mit baulichen Veränderungen nur Maßnahmen im Gemeinschaftseigentum. Selbst die mittelbare Beteiligung an Verbesserungen des öffentlichen Versorgungsnetzes durch finanzielle Beiträge kann auf der Grundlage des § 20 Abs. 2 Nr. 2 WEG nicht beschlossen werden. Erst recht überschreiten bauliche Maßnahmen durch die Wohnungseigentümergemeinschaft außerhalb des Gemeinschaftseigentums die Beschlusskompetenz aus § 20 Abs. 1 WEG.

d) (Zusätzliche) Abstellmöglichkeit bei der Ladeeinrichtung

Erstaunlicherweise stellen die Gesetzesmaterialien das Recht eines Wohnungseigentümers, sein Fahr- 52
zeug während des Ladevorgangs im Gemeinschaftseigentum abzustellen, ausdrücklich in Abrede (BT-Drs. 19/18791, S. 62). Dem ist insoweit beizupflichten, als über § 20 Abs. 2 Nr. 2 WEG auch zum Zwecke der E-Mobilität kein Sondernutzungsrecht begründet werden kann. Denn aus dieser Vorschrift kann nur ein Anspruch auf Fassung eines Beschlusses, nicht aber auf eine Vereinbarung abgeleitet werden, die zur Begründung eines Sondernutzungsrechtes erforderlich wäre. Dies schließt aber nicht aus, dass die Wohnungseigentümer unter Wahrung des Gleichbehandlungsgrundsatzes die zeitweilige Nutzung des Gemeinschaftseigentums beschließen. Denn hierbei handelt es sich um eine Gebrauchsregelung, die ohne weiteres von der Beschlusskompetenz des § 19 Abs. 1 WEG erfasst ist. Wenn eine geordnete Nutzung der Ladestelle ansonsten nicht gewährleistet ist, dürfte wohl sogar jeder Wohnungseigentümer aus § 18 Abs. 2 Nr. 2 WEG Anspruch auf eine solche Beschlussfassung haben. Erfolgt sie nicht, kann er sie im Verfahren nach § 44 Abs. 1 S. 2 WEG ersetzen lassen. Selbst die Herstellung einer noch nicht vorhandenen Abstellmöglichkeit dürfte die Eigentümerversammlung auf Verlangen nach § 20 Abs. 2 Nr. 2 WEG beschließen können. Denn es ist nicht einzusehen, wieso die Schaffung von Stellplätzen, auf denen die Fahrzeuge während des Ladevorgangs abgestellt werden können, nicht zu den nach dieser Vorschrift privilegierten baulichen Veränderungen gehören soll.

4. Einbruchsschutz (§ 20 Abs. 2 Nr. 3 WEG)

53 Die privilegierten baulichen Veränderungen, deren Gestattung der einzelne Wohnungseigentümer verlangen kann, umfassen ferner nach § 20 Abs. 2 Nr. 3 WEG Maßnahmen des Einbruchsschutzes. Hierzu zählen ausweislich der Gesetzesmaterialien sämtliche Vorkehrungen, die geeignet sind, den Zutritt zu den einzelnen Wohnungen oder der Wohnanlage insgesamt »zu verhindern, zu erschweren oder auch nur unwahrscheinlich zu machen« (BT-Drs. 19/18791, S. 62). Dies erfasst sowohl bauliche Veränderungen der Außenanlage (Einzäunung, Torschließautomatik) als auch des Gebäudes (einbruchsichere Fenster, Sicherheitsschlösser). Die Vorkehrungen können auf die unmittelbare Verstärkung der Außenhaut gerichtet sein, aber auch auf einen mittelbaren Schutz abzielen wie etwa Kamera(attrappen), die Einbrecher abschrecken. In jedem Fall muss es sich aber um Maßnahmen handeln, die die Veränderung der Baulichkeiten betreffen. Andere Schutzvorkehrungen wie die Beauftragung eines Security-Services oder die Anschaffung eines Wachhundes sind nicht von der Beschlusskompetenz des § 20 Abs. 2 Nr. 3 WEG erfasst, selbst wenn sie den Einbruchsschutz erhöhen.

5. Anschluss an ein Telekommunikationsnetz mit sehr hoher Kapazität (§ 20 Abs. 2 Nr. 4 WEG)

a) Sehr hohe Kapazität

54 Die letzte Privilegierung in § 20 Abs. 2 Nr. 4 WEG, die den Anschluss an ein Telekommunikationsnetz mit sehr hoher Kapazität ermöglichen will, wurde noch von der Bundesregierung in den Gesetzesentwurf zum WEMoG eingefügt. Für die Ausfüllung des unbestimmten Rechtsbegriffs der »sehr hohen« Kapazität verweist der Gesetzgeber auf Art. 2 Nr. 2 der EU-Richtlinie 2018/1972 des Europäischen Parlamentes und des Rates vom 11.12.2018 (BT-Drs. 19/18791, S. 62). Zu seiner Auslegung sind die hierzu ergangenen und ergehenden Entscheidungen also unmittelbar heranzuziehen. Für die Weiterführung des Anschlusses in das Sondereigentum gilt § 20 WEG über die Verweisung in § 13 Abs. 2 WEG.

b) Einzelne Maßnahmen

55 Nach der Gesetzesbegründung sind neben den Glasfaserkomponenten nicht nur die Anschlusskomponenten, sondern auch u.a. Maßnahmen in Bezug auf Downlink- und Uplink-Bandbreite, Ausfallsicherheit sowie Latenz und Latenzschwankung von der Beschlusskompetenz des § 20 Abs. 2 Nr. 4 WEG erfasst (BT-Drs. 19/18791, S. 62 f.). Obwohl die Gesetzesmaterialien zu § 20 Abs. 2 Nr. 4 WEG dies im Gegensatz zur E-Mobilität nicht thematisieren, dürfte der Anschluss an ein Telekommunikationsnetz mit sehr hoher Kapazität ähnlich wie die Herstellung der Lademöglichkeit nicht als statische Maßnahme zu verstehen sein. Wie dort dürften, selbst wenn der Anschluss bei Errichtung dem Stand der Technik entsprach, Maßnahmen seiner Verbesserung von § 20 Abs. 2 Nr. 4 WEG erfasst sein.

III. Vorgehen bei privilegierten Maßnahmen

1. Anspruchsinhaber

a) Jeder Wohnungseigentümer

56 Der Kreis der Anspruchsberechtigten ist in § 20 Abs. 2 WEG weit gefasst, da jeder Wohnungseigentümer bauliche Veränderungen nach § 20 Abs. 2 Nr. 1–4 WEG verlangen kann. Gesetzeswortlaut und -materialien machen dies nicht davon abhängig, dass er selbst etwa behindert ist, Einbrüche fürchten muss oder ein elektrisches Fahrzeug laden will. Im Zusammenhang mit dem Gebrauch durch Behinderte stellen die Materialien ausdrücklich klar, dass der Anspruch nicht von der Eigentümerstellung abhängt (BT-Drs. 19/18791, S. 61). Der Wohnungseigentümer kann die entsprechenden baulichen Veränderungen demnach auch dann fordern, wenn sie einem Familienmitglied in seiner Einheit zugute kommen. Nicht anspruchsberechtigt sind somit nur Nutzer außerhalb der

Eigentümergemeinschaft wie Nießbrauchsberechtigte, Mieter und sonstige Drittnutzer. Sie können sich aber an den Eigentümer der Einheit wenden, dem der Anspruch zusteht.

b) Teleologische Reduktion

Auch vor der bewusst umfassend gestalteten Anspruchsberechtigung erscheint die unbeschränkte Möglichkeit jedes Miteigentümers, jegliche Maßnahme nach § 20 Abs. 2 Nr. 1–4 WEG zu verlangen, erheblich zu weit gefasst. Dem Wortlaut der Vorschrift nach könnte jeder Wohnungseigentümer unabhängig nicht nur von einem eigenen, sondern von jeglichem Bedarf etwa die Gestattung jeder Maßnahme verlangen, die dem Gebrauch durch Menschen mit Behinderung dient. Im Ergebnis könnten Rollstuhlrampen, Treppenlifte, Orientierungshilfen und jede denkbare Hilfe für jegliche Art von Behinderung verlangt werden, ohne dass ein Bewohner überhaupt an einer entsprechenden Behinderung leidet. Einziges Korrektiv wären die Kosten nach § 21 Abs. 1 S. 1 WEG, die nur dem Anspruchsteller zur Last fallen. Dies würde eine Veränderung des Gemeinschaftseigentums ermöglichen, die jedenfalls zur Zeit des Einbaus keinem Bewohner einen Nutzen bringt, aber alle, insbesondere durch Entzug von Bewegungsmöglichkeiten in den meist ohnehin nicht üppig bemessenen Zugangsflächen benachteiligte. Um solche Auswüchse zu verhindern, wird man wird im Wege einer teleologischen Reduktion der Vorschrift zumindest verlangen müssen, dass der Anspruchsteller einen Nutzen von der geforderten baulichen Veränderung für sich, einen sonstigen Nutzer seiner Einheit oder zumindest einen sonstigen Bewohner der Wohnanlage geltend macht. Dies erfordert Darlegungen dazu, dass die bauliche Veränderung dem Gebrauch eines Wohnungseigentümers dient, dass Einbruchsgefahr besteht etc. Ansonsten fehlt es an der Anspruchsberechtigung, weshalb ein Beschlussantrag zurückgewiesen werden kann und eine Beschlussersetzungsklage nach § 44 Abs. 1 S. 2 WEG unzulässig wäre. Sofern hierin teilweise eine Frage der Angemessenheit gesehen wird (Jennißen/*Hogenschurz* § 20 Rn. 47), dürfte dem entgegenstehen, dass diese nach dem Wortlaut des Gesetzes (»angemessene bauliche Veränderungen«) eben auf die bauliche Veränderung bezogen wird. Maßstab der Angemessenheit ist somit die bauliche Veränderung, nicht der Bedarf der einzelnen Bewohner. Es erscheint daher vorzugswürdig, in diesem Zusammenhang auf die Anspruchsberechtigung abzustellen. 57

2. Eignung zum privilegierten Zweck

Nach § 20 Abs. 2 letzter Hs. WEG muss die begehrte bauliche Veränderung dem privilegierten Zweck lediglich »dienen«. Dies erfordert, wie die Gesetzesmaterialien in Zusammenhang mit baulichen Veränderungen zugunsten behinderter Bewohner betonen (BT-Drs. 19/18791, S. 61), indessen nicht, dass der Bewohner auf die Maßnahme angewiesen ist. Es genügt bereits, wenn sie zu dem privilegierten Zweck sinnvoll ist. Diese Schranke ist niedrig angesetzt und wird lediglich von solchen baulichen Veränderungen nicht überwunden, die zur Erreichung dieses Zieles objektiv ungeeignet sind. Das wird regelmäßig nur in solchen Fällen Bedeutung erlangen, in denen ein Wohnungseigentümer Fehlvorstellungen zum Nutzen der von ihm vorgeschlagenen Maßnahme unterliegt oder sogar mit der baulichen Veränderung andere als die in § 20 Abs. 2 Nr. 1–4 WEG genannten Ziele verfolgt. Denn angesichts der Kostenlast nach § 21 Abs. 1 S. 1 WEG wird ihm üblicherweise selbst daran gelegen sein, der Erreichung des privilegierten Zwecks förderliche Maßnahmen zu ergreifen. 58

3. Angemessenheit

a) Stellungnahme der Gesetzesmaterialien

Die einzige echte Beschränkung der Ansprüche aus § 20 Abs. 2 WEG besteht darin, dass der einzelne Wohnungseigentümer aufgrund dieser Vorschrift nur »angemessene« bauliche Veränderungen verlangen kann. Was darunter zu verstehen sein soll, klären die Gesetzesmaterialien nicht. Sie nehmen hierzu lediglich ein einziges Mal Stellung und auch das nur in zumindest irreführender Weise im Zusammenhang mit dem – zu weit gehenden – Ausschluss der Nutzung von Gemeinschaftseigentum als Stellfläche bei der Ladung von E-Fahrzeugen. Hier äußern die Gesetzesmaterialien die Einschätzung, die Herstellung von Lademöglichkeiten sei unangemessen, wenn dem Anspruchsteller 59 nicht das Recht zum Abstellen seines Fahrzeugs in deren Nähe zustünde (BT-Drs. 19/18791, S. 62). Selbst wenn man die diesbezügliche Sichtweise der Gesetzesmaterialien teilt (vgl. hierzu o. Rdn. 52), ginge es nicht um eine Frage der Angemessenheit. Die Lademöglichkeit würde dann schon nicht dem in § 20 Abs. 2 Nr. 2 WEG vorausgesetzten Zweck dienen. Denn eine Lademöglichkeit, deren Nutzung zumindest rechtlich ausgeschlossen ist, kann von vorneherein nicht dem Laden elektrisch betriebener Fahrzeuge dienen.

b) Sinn der Beschränkung auf »angemessene« Maßnahmen

60 Mangels Aussagekraft des einzigen Beispiels zur (fehlenden) Angemessenheit in den Gesetzesmaterialien bieten sie keinen Aufschluss darüber, was der Gesetzgeber mit diesem unbestimmten Rechtsbegriff gemeint haben könnte. Unglücklich ausgefallen ist allerdings nur die Begründung des Gesetzes, nicht sein Wortlaut. Letztlich will der Gesetzgeber mit dem Gebot der Angemessenheit sicherstellen, dass nicht nur die in § 20 Abs. 2 Nr. 1–4 WEG privilegierten Interessen, sondern auch diejenigen der Miteigentümer gewahrt werden. Dies erfordert einerseits eine Anpassung der baulichen Veränderung an die vorgefundenen Verhältnisse, andererseits die Wahl des zur Zweckerreichung mildesten Mittels. Hinsichtlich der liegenschaftsbezogenen Angemessenheit wird man einerseits den Rechtsgedanken der grundlegenden Umgestaltung nach § 20 Abs. 4 WEG heranziehen können. Auch wenn etwa die Umwehrung der Liegenschaft mit einem drei Meter hohen Stacheldrahtzaun der Einbruchsicherheit dienen würde, kann ein solch massiver Eingriff mangels Angemessenheit nicht verlangt werden. Ferner darf die geforderte bauliche Veränderung nicht außer Verhältnis zur Liegenschaft stehen. So kann eine bauliche Veränderung u.U. in einem Zweifamilienhaus unangemessen sein, die in einer großen Wohnanlage noch vertretbar wäre. Zudem muss sich der Anspruchsinhaber mit der Einrichtung begnügen, die die übrigen Eigentümer am wenigsten beeinträchtigt. Kann die Barrierefreiheit beispielsweise durch eine Rollstuhlfahrerrampe in Form einer Ergänzung der vorhandenen Treppe hergestellt werden, besteht kein Anspruch auf eine eigene Zufahrt. Schließlich ist eine bauliche Veränderung nur dann angemessen, wenn sie mit öffentlich-rechtlichen Vorschriften namentlich des Bauordnungsrechtes vereinbar ist (vgl. *AG München* ZMR 2018, 88 f.).

c) Systematische Stellung in § 20 Abs. 2 WEG

61 Das Tatbestandsmerkmal der Angemessenheit ist in § 20 Abs. 2 WEG eingeordnet, also in den Zusammenhang, was der Wohnungseigentümer verlangen kann, nicht bei der in § 20 Abs. 2 Nr. 4 S. 2 WEG geregelten Durchführung der baulichen Veränderung. Dies erscheint – abgesehen von der unglücklichen Einstellung nur bei dem Telekommunikationsnetz mit sehr hoher Kapazität (vgl. o. Rdn. 28) – zumindest nicht ausreichend (so auch Jennißen/*Hogenschurz* § 20 Rn. 101). Natürlich kann die Angemessenheit schon bei der Frage bedeutsam werden, ob eine bauliche Veränderung dem Grunde nach verlangt werden kann. Wird etwa ein Aufzug in einem Zweifamilienhaus verlangt, obwohl ein Treppenlift nach § 20 Abs. 2 Nr. 1 WEG ausreichend wäre, kann die verlangte bauliche Veränderung schon dem Grunde nach unangemessen sein. Oftmals wird die Angemessenheit aber erst bei der Frage bedeutsam, wie die bauliche Veränderung durchzuführen ist. Der Sache nach gehört dieses Tatbestandsmerkmal zumindest auch in die Prüfung nach § 20 Abs. 2 (Nr. 4) S. 2 WEG und ist im Rahmen der Ermessensausübung durch die Wohnungseigentümer ebenfalls zu prüfen, obwohl die Angemessenheit dort nicht mehr ausdrücklich genannt wird.

d) Fehler bei der Einschätzung der Angemessenheit

62 Fehler in der Einschätzung der Angemessenheit können sowohl zu Lasten des Anspruchstellers als auch zu Lasten einzelner Miteigentümer unterlaufen und zwar gleichermaßen beim »Ob« und beim »Wie« der baulichen Veränderung: Die beschlossene bauliche Veränderung kann ungenügend oder zu umfassend sein. Da der Eigentümerversammlung eine Beschlusskompetenz zukommt, führt ein solcher Fehler, nicht zur Nichtigkeit, sondern nur zur Anfechtbarkeit des Beschlusses. Zu beachten ist allerdings, dass auch dem unzureichenden Beschluss im Gegensatz zum Negativbeschluss nach Rechtsprechung des *BGH* Regelungscharakter zukommt (wie hier Dötsch/Schultzky/Zschieschack

Kap. 6 Rn. 88; zum Negativbeschluss s. zuletzt *BGH* NJW-RR 2019, 976 = ZWE 2020, 51). Der Inhaber des Anspruchs aus § 20 Abs. 2 WEG sollte bei ungenügenden Beschlüssen die Anfechtungs- mit einer Beschlussersetzungsklage nach § 44 Abs. 1 S. 2 WEG verbinden, die nach der Vorbefassung der Eigentümerversammlung bereits zulässig ist. Anderenfalls wäre er nach rechtskräftiger Ungültigerklärung wieder auf die Eigentümerversammlung angewiesen. Will sich umgekehrt ein Miteigentümer nicht mit einer unangemessen umfangreichen baulichen Veränderung abfinden, muss er den fehlerhaften Beschluss ebenfalls anfechten. Anderenfalls werden Beschlüsse hierüber ebenfalls bestandskräftig.

4. Zweistufiges Vorgehen

a) Form, Adressat und Inhalt des Verlangens

Die Gestattung einer baulichen Veränderung nach § 20 Abs. 2 WEG setzt ein Verlangen des Anspruchsinhabers voraus. Das Gesetz sieht hierfür keine Form vor. Es kann demnach auch mündlich vorgebracht werden. Da es die Benutzung von Gemeinschaftseigentum betrifft, ist es an die Wohnungseigentümergemeinschaft zu richten, die für seine Verwaltung nach §§ 9a Abs. 2, 18 Abs. 1 WEG zuständig ist. Diese wird nach § 9b Abs. 1 WEG vom Verwalter vertreten. Ein an sonstige Personen, etwa den Verwaltungsbeirat gerichtetes Verlangen ist wirkungslos, sofern es nicht mit Billigung des Anspruchstellers an den Verwalter weitergeleitet wird. Der Inhalt des Verlangens muss erkennen lassen, dass der Anspruchsinhaber die Gestattung einer baulichen Veränderung verlangt. Zu den sonstigen Folgen, etwa den Kosten der Maßnahme muss sich der Anspruchsteller nicht äußern. Es bleibt ihm aber unbenommen, sein Verlangen unter Bedingungen oder Einschränkungen zu stellen, etwa eine Grenze zu benennen, bis zu der er eine Kostenbelastung übernimmt. 63

b) Beschlussfassung über die Durchführung der Maßnahme dem Grunde nach

§ 20 Abs. 2 WEG ist zu entnehmen, dass der Gesetzgeber eine getrennte Beschlussfassung über das »Ob« und das »Wie« der baulichen Veränderung vorsieht. Damit folgt der Gesetzgeber der jüngeren Rechtsprechung des *BGH* (s.o. Rdn. 26 ff.). Der Inhaber des Anspruchs kann somit die Beschlussfassung über diese bauliche Veränderung dem Grunde nach verlangen. Wird der Beschluss nicht gefasst, kann er ihn im Verfahren nach § 44 Abs. 1 S. 2 WEG ersetzen lassen. Den ablehnenden Beschluss kann er anfechten, muss es aber nicht, da Negativbeschlüsse nach Rechtsprechung des *BGH* keine Bindungswirkung entfalten (s. zuletzt *BGH* NJW-RR 2019, 976 = ZWE 2020, 51). Anderes gilt für eine Beschlussfassung, die eine andere oder eine ungenügende bauliche Veränderung gestattet. Dabei handelt es sich um einen positiven Beschluss, der Bindungswirkung entfaltet und daher angefochten werden muss. Vor diesem Hintergrund kann es sich für die Gegner einer baulichen Veränderung empfehlen, statt eines Negativbeschlusses eine ungenügende bauliche Veränderung zu gestatten. Denn nach Rechtsprechung des *BGH* erwächst dieser Beschluss, wenn er nicht angefochten wird, im Gegensatz zum Negativbeschluss in Bestandskraft. 64

c) Beschlussfassung über die konkrete Ausführung der baulichen Veränderung

§ 20 Abs. 2 Nr. 4 S. 2 WEG sieht ein zweistufiges Vorgehen des Anspruchsinhabers vor. Dies erscheint konsequent, wenn man einen Anspruch auf die Beschlussfassung über die bauliche Veränderung dem Grunde nach bejaht. Dann besteht über das »Ob« ihrer Durchführung kein Ermessen der Eigentümerversammlung. Im Übrigen ist § 20 Abs. 2 Nr. 4 S. 2 WEG inhaltslos. Dass die Beschlussfassung über die Durchführung der baulichen Veränderung ordnungsmäßiger Verwaltung entsprechen muss, ist schlechterdings selbstverständlich. Dafür fehlt hier der Verweis auf die Angemessenheit der baulichen Veränderung, der aus § 20 Abs. 2 Nr. 1–4 WEG auch in den Zusammenhang der konkreten Durchführung übertragen werden muss (vgl. o. Rdn. 28). Entspricht der Beschluss der Eigentümerversammlung nicht ordnungsmäßiger Verwaltung oder ist die gestattete bauliche Veränderung nicht angemessen, muss ihn der Inhaber des Anspruchs aus § 20 Abs. 2 Nr. 1–4 WEG im Verfahren nach § 44 Abs. 1 S. 2 WEG ersetzen lassen, ggf. in Verbindung mit einer Anfechtung des ungenügenden Beschlusses. Insoweit gelten die oben genannten Grundsätze. 65

d) Fehler der Beschlussfassung

66 Abgesehen von formellen Fehlern kann die Beschlussfassung daran leiden, dass es an einem wirksamen Verlangen fehlt, weil der Anspruchsteller sich etwa nur an einen Dritten gewandt oder das Verlangen zurückgezogen hat. Wird die bauliche Maßnahme gleichwohl beschlossen, erfolgt die Beschlussfassung nicht entsprechend seinem Verlangen, so dass ihn nicht die Kosten nach § 21 Abs. 1 S. 1 WEG zur Last fallen (Lehmann-Richter/Wobst Rn. 1193). Allerdings spielt dies regelmäßig eine untergeordnete Rolle, da mit der Gestattung keine Pflicht zur Durchführung der Maßnahme einhergeht (s. Rdn. 24), so dass der Antragsteller Belastungen vermeiden kann, indem einfach von der Gestattung keinen Gebrauch macht (vgl. *AG Tostedt* ZMR 2013, 80). Aus diesem Grunde dürfte einer Anfechtung das Rechtsschutzbedürfnis fehlen. Gleiches gilt, wenn Beschränkungen oder Bedingungen im Antrag unberücksichtigt bleiben.

e) Keine gleichzeitige Entscheidung über das »Ob« und das »Wie«

67 § 20 Abs. 2 WEG sieht kombinierte Anträge über Grund und konkrete Ausführung der baulichen Veränderung nicht vor. Sie kommen aber in Betracht, wenn auch auf der zweiten Stufe der Beschlussfassung das Ermessen der Eigentümerversammlung auf Null reduziert ist. Erstaunlicherweise erwecken die Gesetzesmaterialien den Eindruck, das Gericht übe schon nach der Ersetzung des Grundbeschlusses nach § 20 Abs. 2 Nr. 1–4 WEG sein Ermessen über die konkrete Durchführung der baulichen Veränderung aus (BT-Drs. 19/18791, S. 61). Dies dürfte indessen nur eine missverständliche Formulierung darstellen. Das Gericht tritt im Verfahren nach § 44 Abs. 1 S. 2 WEG nur an die Stelle der Eigentümerversammlung. Ersetzt es deren Beschluss über das »Ob« der baulichen Veränderung, kann es nicht sogleich sein Ermessen über deren konkrete Durchführung ausüben (so auch Lehmann-Richter/Wobst Rn. 1196). Dieses steht der Eigentümerversammlung nicht anders als nach einer eigenen Entscheidung über das »Ob« der baulichen Veränderung zu. Für den Antragsteller bedeutet dies, dass eine kombinierte Antragstellung und eine entsprechende Beschlussfassung nur in Betracht kommen, wenn das Ermessen der Eigentümerversammlung auch auf der zweiten Stufe auf Null reduziert ist. Anderenfalls darf das Gericht nicht sogleich über die zweite Stufe durchentscheiden, sondern muss der Eigentümerversammlung die Entscheidung über ihre konkrete Durchführung überlassen. Erst nach Ablehnung oder ungenügender Beschlussfassung der Eigentümerversammlung über die Durchführung der baulichen Veränderung darf das Gericht in einem zweiten Prozess sein Ermessen an die Stelle desjenigen der Eigentümerversammlung setzen und auch den zweiten Beschluss ersetzen. Eine sogleich hierauf gerichtete Klage wäre daher als unzulässig abzuweisen.

5. Beschlussfassung ohne Verlangen nach § 20 Abs. 2 WEG

68 Der Gesetzgeber zwingt den Wohnungseigentümer auch bei privilegierten Maßnahmen nach § 20 Abs. 2 WEG nicht zu dem dort geregelten Vorgehen. § 20 Abs. 2 WEG eröffnet dem Wohnungseigentümer nur eine zusätzliche Möglichkeit, insbesondere für den Fall, dass Widerstände in der Wohnungseigentümerversammlung eine mehrheitliche Beschlussfassung über die bauliche Veränderung in Frage stellen. Der Umbauwillige muss sich stets vor Augen halten, dass sein Verlangen nach § 20 Abs. 2 Nr. 1–4 WEG die Kostentragung aus § 21 Abs. 1 S. 1 WEG nach sich zieht (ausführlich hierzu u. § 21 Rdn. 10 ff.). Bei baulichen Veränderungen, die allen oder zumindest einer Mehrzahl von Wohnungseigentümern zugute kommen, sollte deshalb stets die Möglichkeit einer Mehrheitsentscheidung nach § 20 Abs. 1 WEG ins Auge gefasst werden. Denn dann werden die Kosten der baulichen Veränderung gemäß § 21 Abs. 2 S. 1 WEG auf alle oder zumindest gemäß § 21 Abs. 3 S. 1 WEG auf alle Wohnungseigentümer verteilt, die die bauliche Veränderung beschlossen haben.

6. Das Problem des Rückbaus

a) Systemwechsel

Nach früherem Verständnis waren Beschlüsse über bauliche Veränderungen, deren Gestattung verlangt werden konnte, personenbezogen. So war etwa ein Treppenlift oder eine sonstige behindertengerechte Einrichtung nach Ende der Nutzung durch den Anspruchsberechtigten zurückzubauen. Zur Sicherung dieses Anspruchs konnte die Gemeinschaft sogar eine Kaution verlangen (s. etwa *AG München* ZMR 2018, 88 f.). Dies ist nicht in das neue Recht übernommen worden. Dies erscheint auch konsequent, da der Gesetzgeber in § 20 Abs. 2 Nr. 1 WEG gerade nicht mehr nur auf den konkreten Bedarf durch einen Bewohner, sondern auch auf das »gesamtgesellschaftliche Bedürfnis nach barrierefreiem oder barrierereduziertem Wohnraum« abstellt (BT-Drs. 19/18791, S. 61). Einmal vorgenommene bauliche Veränderungen müssen demnach nicht mehr zurückgebaut werden, so dass hierfür auch keine Kaution verlangt werden kann. Das folgt auch aus Zusammenhang und Systematik der Vorschrift. Es wäre nicht nur wirtschaftlich sinnlos, Lademöglichkeiten, Einbruchsschutz und Telekommunikationsanschluss mit hoher Kapazität, die unabhängig vom konkreten Nutzerverhalten den Wert der Liegenschaft erhöhen, nach Ausscheiden des Eigentümers, der diese Veränderung verlangte, wieder auszubauen. Dies nicht zuletzt deswegen, als ja ein Anspruch auf ihren (Wieder-)Einbau besteht. Die teilweise vertretene abweichende Auffassung (Jennißen/*Hogenschurz* § 20 Rn. 48) ist noch dem alten Recht verhaftet. Zudem führt der Beschluss, mit dem die bauliche Veränderung gestattet wurde, zu ihrer Rechtmäßigkeit, so dass sich der ordnungsmäßige Zustand der Liegenschaft nunmehr nach diesem Beschluss richtet. Somit wäre die Beseitigung dieser Einrichtung nun ihrerseits eine bauliche Veränderung. Dies gilt freilich auch umgekehrt. Der Urheber der baulichen Veränderung und sein (Sonder-)Rechtsnachfolger können diese nicht mehr rückgängig machen, selbst wenn sie sie nicht mehr nutzen. Daraus folgt, dass sie auch deren Folgekosten weiter tragen müssen. 69

b) Beschluss über den Rückbau

Der Beschluss, eine solche privilegierte Maßnahme zurückzubauen, wäre allerdings nicht nichtig. 70
Denn die in § 20 Abs. 1 Nr. 1–4 WEG enthaltene Beschlusskompetenz umfasst auch diese Entscheidung wie jede andere zu einer baulichen Veränderung. Wird ein solcher Beschluss gegen den Willen des aus § 20 Abs. 2 WEG Anspruchsberechtigten gefasst, dürfte es sich freilich bereits nach allgemeinen Grundsätzen um einen rechtswidrigen Zweitbeschluss handeln, da er in bereits begründete subjektive Rechte eingreift. Zudem liegt die Annahme einer unbilligen Benachteiligung gemäß § 20 Abs. 4 WEG nahe, da der Rückbau in gesetzlich gewährte Privilegierungen des einzelnen Wohnungseigentümers eingreift. Die Anfechtung wegen grundlegender Umgestaltung der Wohnanlage dürfte dagegen nur selten anzunehmen sein, da schon die Durchführung der nach § 20 Abs. 2 Nr. 1–4 WEG privilegierten Maßnahmen nicht einschneidend genug in den vorhandenen Bestand eingreifen (BT-Drs. 19/18791, S. 64). Denkbar ist aber eine unbillige Benachteiligung der Wohnungseigentümer, die auf den Fortbestand der baulichen Veränderungen vertrauen, was insbesondere für Lademöglichkeiten und Internetverbindung häufig der Fall sein wird. Wird der Rückbau trotzdem beschlossen, ist dieser Beschluss aber nach den oben aufgezeigten Grundsätzen nur anfechtbar und erwächst ohne Durchführung des Verfahrens nach § 44 Abs. 1 S. 1 WEG in Bestandskraft.

E. Einverständnis aller beeinträchtigten Wohnungseigentümer oder Fehlen einer Beeinträchtigung (§ 20 Abs. 3 WEG)

I. Bedeutung

1. Die Diskussion vor dem WEMoG

Vor der WEG-Novelle 2007 bestand kaum Streit darüber, dass ein Mehrheitsbeschluss zur 71
Genehmigung einer baulichen Veränderung weder erforderlich noch hinreichend war. Es bedurfte grundsätzlich (nur) der Zustimmung der beeinträchtigten Miteigentümer zu der Maßnahme, die sie beeinträchtigte (BGHZ 73, 199 f. = ZMR 1979, 146; *OLG Hamm* ZMR 1996, 391; *Bay-*

ObLG ZMR 2001, 640; 2002, 63; *OLG Hamm* ZMR 2005, 566). Obwohl der Gesetzgeber hieran nichts ändern wollte (BT-Drs. 16/887 S. 29) griff er (seiner Auffassung nach) nur zur Klarstellung trotzdem in den Wortlaut des § 22 Abs. 1 WEG a.F. ein. Gerade aus dieser Änderung schloss die h.M., dass sich die Bedeutung des Mehrheitsbeschlusses über die Genehmigung einer baulichen Veränderung deutlich geändert habe. Eröffnete er nach früherem Recht lediglich eine zusätzliche Möglichkeit neben der Zustimmung der beeinträchtigten Miteigentümer zur baulichen Veränderung, wurde er danach als zwingende Voraussetzung für ihre Legalisierung angesehen (*LG München* I ZMR 2015, 799; ZMR 2016, 61; *LG Hamburg* ZMR 2018, 433, 434; *AG Hamburg*-Barmbek ZMR 2015, 578, 579; *AG Oldenburg* ZMR 2015, 974, 976; a A. zu Recht Staudinger/Lehmann-Richter § 22 WEG Rn. 27). Dies schloss die h.M. aus dem Wortlaut des § 22 Abs. 1 S. 1 WEG a.F., wonach eine bauliche Veränderung »beschlossen oder verlangt werden (kann), wenn jeder Wohnungseigentümer zustimmt, dessen Rechte durch die Maßnahme über das in § 14 Nr. 1 bestimmte Maß hinaus beeinträchtigt werden.« Demnach führt die Zustimmung aller beeinträchtigten Wohnungseigentümer nur dazu, dass der umbauwillige Miteigentümer die zustimmende Beschlussfassung zu der geplanten Veränderung verlangen kann. Ohne Beschlussfassung hielt man die Zustimmung der beeinträchtigten Wohnungseigentümer zur baulichen Veränderung nach dieser Auffassung bedeutungslos (*LG München* I ZMR 2015, 799; ZMR 2016, 61).

2. Die Positionierung des Gesetzgebers

72 Diese h.M. zum früheren Recht hat der Gesetzgeber nunmehr in § 20 Abs. 1, 3 WEG kodifiziert. Demnach bedarf, wie auch die Gesetzesmaterialien betonen, jede bauliche Veränderung der Gestattung durch Beschluss (BT-Drs. 19/18791, S. 59 f.). Dies betrifft auch Vorhaben, zu denen die beeinträchtigten Miteigentümer ihr Einverständnis erklärt haben, und sogar solche, die keinen Miteigentümer beeinträchtigen. In diesen Fällen besteht nur gemäß § 20 Abs. 3 WEG ein Anspruch auf eine entsprechende Beschlussfassung.

3. Konkurrenzen zu § 20 Abs. 3 WEG

a) Nebeneinander von § 20 Abs. 2 und 3 WEG sowie der Beschlussfassung nach § 20 Abs. 1 WEG

73 Der Anspruch aus § 20 Abs. 3 WEG steht neben demjenigen aus § 20 Abs. 2 WEG, wie die Einleitung von Abs. 3 (»Unbeschadet des Absatzes 2«) zeigt. Demnach kann der Wohnungseigentümer wählen, auf welchen Anspruch er sein Begehren stützt. Er kann sie auch nebeneinander oder hilfsweise geltend machen. Nach allgemeinen Regeln kann er noch bis zur letzten mündlichen Verhandlung, wenn er etwa ein fehlendes Einverständnis erst im Prozess erklärt wird, die anspruchsbegründenden Tatsachen auswechseln, muss dann aber evtl. mit einem sofortigen Anerkenntnis nach § 93 ZPO rechnen. Wenn die Maßnahme mehreren Wohnungseigentümern nutzt, können sie daneben auch nach § 20 Abs. 1 WEG vorgehen und statt des Verlangens nach § 20 Abs. 2, 3 WEG nur einen Beschluss gemäß § 20 Abs. 1 WEG anregen, um eine Kostenteilung nach § 21 As. 2 S. 1 Nr. 1 WEG oder zumindest nach § 21 Abs. 3 S. 1 WEG zu erreichen.

b) Vorteile des Einverständnisses nach § 20 Abs. 3 WEG

74 Für das Vorliegen des Einverständnisses aller beeinträchtigten Wohnungseigentümer ist naturgemäß der umbauwillige Wohnungseigentümer darlegungs- und beweisbelastet (BT-Drs. 19/18791, S. 63). Dessen Einholung kann im Hinblick auf das weitere Vorgehen des Umbauwilligen entscheidende Vorteile bieten. Denn es bezieht sich auf eine konkrete bauliche Veränderung. Folglich kann der umbauwillige Wohnungseigentümer unmittelbar deren Gestattung durch Beschluss verlangen. Für die übrigen Wohnungseigentümer (und folglich für das Gericht im Verfahren nach § 44 Abs. 1 S. 2 WEG) besteht dann kein Ermessensspielraum, die begehrte bauliche Veränderung entgegen dem Einverständnis der beeinträchtigten Miteigentümer nicht zu gestatten (BT-Drs. 19/18791, S. 63). Bedeutung erlangt dies vorrangig dann, wenn die bauliche Veränderung nur einige Wohnungseigentümer beeinträchtigt, etwa bei einer Maßnahme in einem Haus einer Mehrhausanlage. Dann kann

es sehr wohl dazu kommen, dass alle beeinträchtigten Wohnungseigentümer mit der Maßnahme einverstanden sind, eine Beschlussfassung aber gleichwohl – etwa aus persönlichen Animositäten – nicht ohne weiteres gesichert ist.

c) Nachteil der Kostenlast

Das Vorgehen nach § 20 Abs. 2, 3 WEG ist allerdings insoweit nachteilig, als die Kostenlast gemäß § 21 Abs. 1 S. 1 WEG bei dem umbauwilligen Wohnungseigentümer bleibt. Soweit es sich um eine mehrheitsfähige Maßnahme handelt, kann es daher vorteilhaft sein, auf eine Beschlussfassung nach § 20 Abs. 1 WEG hinzuwirken. Denn dies führt zur Verteilung der Kostenlast auf alle Miteigentümer nach 21 Abs. 2 Nr. 1 WEG oder (bei einer geringeren als der doppelt-qualifizierten Mehrheit) immerhin auf alle dem Beschluss Zustimmenden nach § 21 Abs. 3 S. 1 WEG. 75

II. Vorliegen einer Beeinträchtigung

1. Fortführung der Rechtsprechung zum Begriff der Beeinträchtigung gemäß § 14 Nr. 1 WEG a.F.

Die Frage, ob eine Beeinträchtigung gemäß § 20 Abs. 3 WEG vorliegt, richtet sich mangels neuer Vorgaben nach denselben Kriterien wie nach altem Recht (BT-Drs. 19/18791, S. 64). Denn § 20 Abs. 3 WEG knüpft in Wortlaut und Inhalt an den Begriff der Beeinträchtigung in § 14 Nr. 1 WEG a.F. an. Insoweit kann auf die diesbezügliche Rechtsprechung zum alten Recht zurückgegriffen werden. Die Beeinträchtigung nach § 20 Abs. 3 WEG ist nicht zu verwechseln mit der unbilligen Benachteiligung gemäß § 20 Abs. 4 WEG. Letztere verlangt eine weit intensivere Störung als § 20 Abs. 3 WEG. Die unbillige Benachteiligung nach § 20 Abs. 4 WEG markiert die Grenze dessen, was die Wohnungseigentümer beschließen dürfen. Hingegen ist die einfache Beeinträchtigung durch eine bauliche Veränderung nach neuem Recht nur im Zusammenhang des § 20 Abs. 3 WEG von Bedeutung, da bei Einverständnis der von ihr beeinträchtigten Wohnungseigentümer ein Anspruch auf Genehmigung der baulichen Veränderung besteht. Ihr Vorliegen begründet aber im Gegensatz zum alten Recht keinen Rückbauanspruch, wenn die bauliche Veränderung durch Beschluss gestattet wurde. Selbst eine Beschlussfassung ist nicht alleine aufgrund einer Beeinträchtigung anfechtbar, sondern nur bei einer unbilligen Benachteiligung gemäß § 20 Abs. 4 WEG. 76

2. Grundsatz

a) Maßstab des § 14 Nr. 1 WEG a.F.

Der Begriff der »Beeinträchtigung« gemäß § 20 Abs. 3 WEG ist weit zu verstehen und erfasst jeden bei einem geordneten Zusammenleben nicht schlechterdings unvermeidlichen Nachteil (*BVerfG* ZMR 2005, 635; *BGH* NJW 1992, 979; *OLG Düsseldorf* ZMR 2001, 131). Es genügt mithin jegliche nicht ganz unerhebliche Beeinträchtigung (*BayObLG* ZMR 1997, 90; 2003, 515; *OLG Düsseldorf* ZMR 2001, 131; *LG Hamburg* ZMR 2012, 888 f.). Bei einer gestuften Baumaßnahme kommt es nicht auf die einzelnen Maßnahmen, sondern auf die Umgestaltung insgesamt an (*LG München* I ZMR 2012, 299 f.). Der Charakter der Liegenschaft, insbesondere ein überdurchschnittlich hoher Anspruch ist zu berücksichtigen (*LG Hamburg* ZMR 2012, 888 f.; umgekehrt zu Vorbelastungen s. *LG Hamburg* ZMR 2013, 61). Allerdings kann das »Gepräge« der Liegenschaft entgegen früheren Entscheidungen des *BGH* (*BGH* ZWE 2012, 319 = MDR 2012, 898) die Mindestanforderungen nicht erhöhen (*BGH* MietRB 2015, 142 = ZWE 2015, 212 = ZMR 2015, 561). Dies wäre nämlich mit erheblicher Rechtsunsicherheit verbunden, zumal die Erstausstattung späteren Erwerbern häufig unbekannt ist. Überdies ist nicht einzusehen, wieso der Erstausstattung höhere Bedeutung zugemessen werden soll als einer evtl. über Jahre genutzten, aber späteren »Zufallsausstattung«. Völlig belanglose Nachteile mit Bagatellcharakter stellen keine Beeinträchtigung i.S.v. § 20 Abs. 3 WEG dar (*LG München* I ZMR 2012, 300; *AG Hamburg* ZMR 2012, 140). Dies wird nur selten angenommen, etwa bei Herüberragen einer Thermo-Fassadenverkleidung in den Luftraum der Liegenschaft, was einen Grundstücksstreifen von ca. 7,5 cm Breite betraf (*OLG Celle* ZMR 2004, 77

362). Die Schaffung eines von der Teilungserklärung abweichenden Zustands alleine genügt nicht (*BGH* ZMR 2001, 291; 2012, 210). Auch das Fehlen von Konstruktionszeichnungen vor Durchführung der Veränderung begründet noch keinen Nachteil (*LG Hamburg* ZMR 2012, 127 f.). Ob bereits die Erschwerung der Vermietbarkeit und Verkäuflichkeit ausreicht (so *BGH* ZMR 2014, 465), erscheint zweifelhaft, da dann u.U. auch Kinderlärm, die Einrichtung weltanschaulicher oder religiöser Versammlungsräume etc. als Beeinträchtigung anzusehen wäre.

b) Dauerhaftigkeit der Beeinträchtigung

78 Als Beeinträchtigung i.S.v. § 20 Abs. 3 WEG sind nur solche Veränderungen anzusehen, die nach durchgeführtem Umbau aus der baulichen Veränderung resultieren. Die mit den Bauarbeiten einhergehenden Beeinträchtigungen gehören folglich i.d.R. nicht dazu, sofern sie nicht infolge ihrer Dauer und Intensität (etwa bei lange Zeit aufgestellten Gerüsten und Baumaschinen) selbst auf eine bauliche Veränderung hinauslaufen (*KG* ZMR 1998, 370 f.; *BayObLG* WE 1991, 254; *OLG München* ZMR 2007, 999 f.; *AG Hannover* Rpfleger 1969, 132; Staudinger/Bub § 22 WEG Rn. 86; ähnlich *LG Hamburg* ZMR 2011, 229 zu Staubentwicklung). Auch ein Mieter hat sie hinzunehmen (*OLG Hamburg* ZMR 2004, 367). Allerdings kann in diesen Fällen der Beschluss über die Durchführung der baulichen Veränderung anfechtbar sein, wenn es schonendere Möglichkeiten gibt (Lehmann-Richter/Wobst Rn. 1020). Zudem können derartige Immissionen Ausgleichsansprüche aus § 14 Abs. 3 WEG nach sich ziehen (Lehmann-Richter/Wobst Rn. 1149).

c) Objektiver Maßstab

79 Das Vorliegen einer Beeinträchtigung bemisst sich nicht nach dem subjektiven Empfinden des betroffenen Wohnungseigentümers, sondern nach einem objektiven Maßstab, also danach, ob ein neutraler Dritter an seiner Stelle die Veränderung nach der Verkehrsanschauung als Beeinträchtigung empfinden kann (*BGH* ZMR 2012, 210; *BayObLG* ZMR 1997, 90; 2003, 515; *OLG Zweibrücken* ZMR 1999, 430; 2004, 465; *OLG Hamburg* ZMR 2005, 305 f.; *LG Hamburg* ZMR 2012, 888 f.; *AG Hamburg* ZMR 2010, 984). Rein subjektive Empfindlichkeiten genügen nicht (*BGH* ZMR 2012, 210; *BayObLG* WE 1987, 157; *LG Hamburg* ZMR 2012, 140); eine Beeinträchtigung muss nach objektiven Maßstäben gegeben sein (*OLG Hamburg* ZMR 2003, 524 f.; *LG Flensburg* ZMR 2004, 70). Auch das Risiko einer Beeinträchtigung durch Missbrauch einer baulichen Veränderung genügt nicht (*BGH* ZMR 2011, 734 f.)

d) Öffentlich-rechtliche Schutzvorschriften und DIN-Normen

80 Zur Beurteilung einer Beeinträchtigung können zunächst öffentlich-rechtliche Schutzvorschriften wie das BImSchG herangezogen werden. Ihrer Einhaltung durch eine bauliche Maßnahme kommt Indizwirkung dafür zu, dass von der Anlage ausgehende Beeinträchtigungen nur unwesentlich i.S.v. § 906 Abs. 1 S. 2 BGB sind (*BGH* ZMR 2004, 416 ff.; *OVG Lüneburg* ZMR 2006, 83 f.; skeptischer *AG Reutlingen* ZMR 2013, 152; a.A. für Mobilfunkanlagen *BGH* ZMR 2014, 464 f.). Sie kann aber durch wissenschaftliche Zweifel an der Richtigkeit der Grenzwerte oder durch fundierte Darlegungen zu einem auch bei ihrer Einhaltung fortbestehenden Gefahrenpotenzial im Einzelfall erschüttert werden (*BGH* ZMR 2004, 418). Weiter können technische Vorschriften wie DIN-Normen (*BayObLG* ZMR 2000, 311; *OLG Köln* ZMR 2002, 77; *OLG München* ZMR 2005, 650) oder VDI-Richtlinien als Maßstab dienen (*BayObLG* WuM 1985, 234; *LG München* I ZMR 2012, 479 f.), darüber hinaus auch die Vorschriften zum Nachbarrecht und ihre Konkretisierung in der Rechtsprechung wie auch die Regelungen des Baurechts (*BayObLG* ZMR 1999, 349; *OLG Hamm* ZMR 2003, 372), allerdings nicht, wenn trotz Verstoßes gegen eine drittschützende Norm eine bestandskräftige Genehmigung vorliegt (*LG Berlin* ZMR 2013, 733 f.). Eine pauschale Übernahme oder analoge Anwendung dieser Vorschriften scheidet jedoch aus, da sie die Beziehungen aller Rechtsgenossen untereinander regeln, während unter den Miteigentümern ein erhöhtes, über das übliche Nachbarschaftsverhältnis von Grundstückseigentümern hinausgehendes Maß an Rücksichtnahme geboten ist (*OLG Köln* ZMR 1997, 48; *OLG Stuttgart* ZMR 2001, 731; *OLG Hamm* ZMR 2003,

372). Eine Beurteilung der Beeinträchtigung alleine nach öffentlich-rechtlichen Grenzwerten, DIN-Normen oder VDI-Richtlinien kommt insbesondere bei Anlagen mit strengeren Vorgaben in der Gemeinschaftsordnung nicht in Betracht; das bloß tatsächlich überdurchschnittliche bauliche Niveau genügte allerdings nach neuerer Rspr. des *BGH* nicht mehr (*BGH* MietRB 2015, 142 = ZWE 2015, 212 = ZMR 2015, 561; anders noch *BGH* ZWE 2012, 319; *OLG Köln* ZMR 2004, 463; *OLG München* ZMR 2005, 650 f.). Umgekehrt kann bei bautechnisch hinter den DIN-Normen zurückbleibenden Liegenschaften vom einzelnen Wohnungseigentümer keine Nachrüstung auf diesen Standard verlangt werden (*AG München* ZMR 2012, 146 f.). Überhaupt nicht anwendbar sind die nachbarrechtlichen Ausschlüsse von Beseitigungsansprüchen nach Ablauf einer bestimmten Zeit (*OLG Köln* ZMR 1997, 48); es kommt allenfalls eine Verwirkung in Betracht.

e) Maßgeblicher Vergleichszeitpunkt

Welche Bestimmungen zum Schutz vor Immissionen nach baulichen Veränderungen gelten sollen, diejenigen bei Begründung der Wohnungseigentümergemeinschaft oder diejenigen zur Zeit des Umbaus, wird nicht einheitlich beantwortet. Nach einer Erneuerung von Bad und Toilette sollen die zu dieser Zeit geltenden DIN-Normen maßgeblich sein, auch wenn sie strenger sind als diejenigen bei Errichtung der Anlage (*BayObLG* ZMR 2000, 312). Dies ist schwerlich mit der Handhabung im entsprechenden Fall der Auswechselung von Bodenbelägen zu vereinbaren. Denn dort haftet der Eigentümer nur für eine Verringerung des Trittschallschutzes, muss also lediglich zusätzliche Schallbrücken entfernen oder bei Einbringen eines weniger dämmenden Belages für eine anderweitige Zusatzdämmung sorgen (*OLG Hamm* ZMR 2001, 842 f.; ähnlich *OLG München* ZMR 2005, 650 f.; *LG München* I ZMR 2012, 479 f.; *AG München* ZMR 2012, 146 mit der oben angeführten Ausnahme ursprünglich besonders hohen Schallschutzes). Da die Miteigentümer nicht die Verbesserung des ursprünglichen Zustandes verlangen können, erscheint das Abstellen auf den ursprünglichen Zustand folgerichtig. Diese Rechtsprechung zum Trittschallschutz hat der *BGH* ausdrücklich bestätigt. Ob eine Beeinträchtigung durch mangelnden Trittschallschutz vorliegt, ist demzufolge grundsätzlich nach dem zur Zeit der Erbauung geltende Standard zu bemessen, hier also nach der zu dieser Zeit geltenden DIN 4109 (*BGH* MietRB 2015, 142 = ZWE 2015, 212 = ZMR 2015, 561). Ein höherer Standard wäre nur zu fordern, wenn die Gemeinschaftsordnung diesbezüglich (hinreichend bestimmte) Regelungen enthält. Baubeschreibung und Erwerbsverträge genügen insoweit nicht, da sie nicht Teil der Gemeinschaftsordnung sind. 81

f) Maßstab der Beeinträchtigung nach Sanierungsarbeiten

Ähnliche Abgrenzungsprobleme können sich nach der Sanierung einer Wohnung stellen. Hier war lange umstritten, welche Anforderungen an die Veränderungen zustellen sind. Nach Auffassung des *BGH* richtet sich der Schallschutz, wenn ein Bodenbelag ohne Eingriff in Estrich und Geschossdecke verändert wird, grundsätzlich nach den zur Zeit der Errichtung des Gebäudes geltenden Anforderungen (*BGH* NJW 2012, 2725 = MDR 2012, 898). Wird auch in den Estrich oder die Geschossdecke eingegriffen, können die Miteigentümer nur bei einem erheblichen Eingriff in die Gebäudesubstanz, wie etwa bei einem Dachgeschossausbau, berechtigterweise erwarten, dass der Umbau des Gemeinschafts- und Sondereigentums insgesamt die aktuellen technischen Vorgaben einhält (*BGH* ZMR 2018, 689 = MDR 2018, 657). Hingegen muss bei der üblichen Instandsetzung, die auch die Modernisierung des Sondereigentums umfasst, nur der bestehende Schallschutz erhalten werden. Denn der Wohnungseigentümer ist auch nach einem Eingriff in das Gemeinschaftseigentum nicht verpflichtet, den bestehenden Zustand zu verbessern. Nach diesen Maßstäben sind Eingriffe, die sich auf einen Raum der Wohnung beschränken, trotz Entfernung des ursprünglichen Estrichs kein erheblicher Eingriff in die Gebäudesubstanz, sondern nur eine typische Sanierungsmaßnahme. Es muss also nur der Schallschutz zur Zeit der Errichtung des Gebäudes eingehalten werden (*BGH* ZMR 2018, 689 = MDR 2018, 657 = NJW 2018, 2123; *LG Düsseldorf* ZMR 2019, 895 = IMR 2019, 378). 82

g) Erforderliche Feststellungen durch die Tatsacheninstanzen

83 Die Feststellung einer Beeinträchtigung ist grundsätzlich Sache der Tatsacheninstanzen, die in der Revision nur beschränkt überprüft werden kann (vgl. noch zum alten Recht *OLG Köln* ZMR 1995, 607; *BayObLG* ZMR 1997, 153; 2003, 857; 2005, 67; *OLG Hamburg* ZMR 1998, 798; 2003, 525; 2004, 140; 2005, 392). Auch die Revisionsinstanz hat aber zu überprüfen, ob bei der Auslegung des Nachteilsbegriffs gem. § 20 Abs. 3 WEG die Ausstrahlungswirkung des Eigentumsgrundrechtes ausreichend in die Abwägung einbezogen wurde (vgl. noch zum Recht vor der Novelle 2007 *BVerfG* ZMR 2005, 635 f.; *OLG München* ZMR 2005, 650; *OLG Schleswig* ZMR 2005, 817). Die reinen, unter Laborbedingungen ermittelten Messergebnisse können ungenügend sein, wenn die Störung von der Lästigkeit bestimmter Immissionen abhängt. Hierbei kommt es auf das Eigenempfinden des Tatrichters an, dass nur durch Augenscheinseinnahme zu gewinnen ist (*OLG Köln* ZMR 2004, 463; *OLG München* ZMR 2005, 651).

3. Fallgruppen der Beeinträchtigung

a) Beeinträchtigung des optischen Gesamteindrucks

aa) Weites Verständnis der Beeinträchtigung

84 Gemessen an der Zahl der veröffentlichten Entscheidungen ist die Beeinträchtigung des optischen Gesamteindrucks eines Gebäudes die in der Praxis wohl häufigste Beeinträchtigung (vgl. *BGH* ZMR 2004, 439; *BayObLG* ZMR 2001, 125 und 907; 2002, 138 und 950; 2003, 857; 2005, 67; *OLG Zweibrücken* ZMR 1998, 465; 2004, 61; *OLG Düsseldorf* ZMR 2001, 131; *OLG Hamburg* ZMR 2002, 622; 2005, 305 f., 392 und 394; *OLG Celle* ZMR 2004, 361 f. und 363; *OLG Schleswig* ZMR 2005, 816 f.; *OLG München* ZMR 2006, 68 und 69; *LG München* I ZMR 2012, 300). Für die Annahme einer Beeinträchtigung kommt es im Gegensatz zu zweckwidrigen Nutzungen nicht auf eine typisierende Betrachtungsweise, sondern auf die konkreten Umstände des Einzelfalls an (*BayObLG* ZMR 1999, 119; ähnlich *OLG Düsseldorf* ZMR 1999, 582). Dabei ist streitig, ob im Grundsatz jede Veränderung an sich schon eine Beeinträchtigung darstellt (*OLG Zweibrücken* ZMR 1998, 465; ähnlich für eine »erhebliche« optische Veränderung *BGH* ZMR 2013, 293) oder ob es hierzu einer wertenden Betrachtung bedarf (*BayObLG* ZMR 1997, 153; *OLG Hamburg* ZMR 1998, 798; 2005, 391; *OLG Zweibrücken* ZMR 1999, 856; *OLG Celle* ZMR 2004, 362; *OLG Schleswig* ZMR 2005, 816). Der *BGH* hat anhand baulicher Maßnahmen im Sondereigentum mittlerweile entschieden, dass nicht zu prüfen ist, ob das Erscheinungsbild des Gebäudes positiv oder negativ beeinflusst wurde, was letztlich eine Geschmacksfrage ist. Entscheidend ist vielmehr, ob die Maßnahme im Sondereigentum überhaupt zu einer optischen Veränderung geführt hat, was eine wertende Betrachtung erfordert (*BGH* ZMR 2017, 409=ZWE 2017, 266).

bb) Beeinträchtigung aus ästhetischen Gründen

85 In der Praxis wirkte sich dieser Streit ohnehin selten aus, da die Gerichte im Hinblick auf das Vertrauen jedes Miteigentümers, dass sein Eigentum nicht gegen seinen Willen und seine Geschmacksvorstellungen »verschönert« wird, durchweg außerordentlich strenge Maßstäbe anlegten. Die Wertung, dass eine Veränderung den Gesamteindruck optisch nicht beeinträchtigt oder gar verbessert, war daher selten (vgl. *OLG Hamburg* ZMR 2005, 392 zu einem Fensterumbau, der die ursprünglich vorhandene, durch Umbauten aber verlorene Symmetrie teilweise wiederherstellt; ähnlich *LG Hamburg* ZMR 2012, 127 f.; *LG Hamburg* ZMR 2013, 61; *LG Itzehoe* ZMR 2012, 221; *AG Hamburg-Wandsbek* ZMR 2012, 228). Auch der Umstand, dass der ursprüngliche Zustand mangels Verfügbarkeit der ursprünglichen Baustoffe nicht mehr hergestellt werden kann, lässt Raum für eine großzügigere Beurteilung (*AG Emden*, ZMR 2010, 893). Es ist zu beobachten, dass häufig einzelne Aspekte, etwa die Störung der Symmetrie einer Fassade bzw. die Uneinheitlichkeit des Gesamteindrucks (*LG Hamburg* ZMR 2012, 808; *AG München* ZMR 2014, 491) oder die Umgestaltung als solche (*OLG Köln* ZMR 1995, 607 f. mit ausdrücklichen Ausführungen zur ästhetischen Nachvollziehbarkeit der Wertung, ein Anbau sei gut eingefügt worden; anders *LG Flensburg* ZMR 2004,

70) zur Annahme einer optischen Beeinträchtigung ausreichen, ohne dass eine abwägende Gesamtsicht angestellt würde. Daher werden Änderungen am äußeren Erscheinungsbild der Anlage in der Praxis fast immer auch als Beeinträchtigungen des optischen Gesamteindrucks angesehen. Besonders strenge Maßstäbe gelten bei der Gebäudefassade (*OLG Zweibrücken* ZMR 2004, 62). Auch kleinere, für sich genommen möglicherweise noch unerhebliche Änderungen können eine Beeinträchtigung darstellen, wenn die Gefahr der Nachahmung und somit der Beginn einer Umgestaltung der Fassade droht (*OLG Zweibrücken* ZMR 1999, 431; *LG Konstanz* ZMR 2001, 226; *AG Oberhausen* ZMR 2012, 63; *AG Lübeck* ZMR 2014, 679 f.; sehr restriktiv dagegen *OLG Hamburg* ZMR 2003, 525). Im Übrigen genügt die Intensivierung einer bereits bestehenden Uneinheitlichkeit zur Annahme einer Beeinträchtigung (*OLG Düsseldorf* ZMR 2001, 132). Großzügiger sind Teile der Rechtsprechung bei Reihen- oder Doppelhäusern, die nach dem WEG aufgeteilt sind, da hier weniger Einheitlichkeit als bei Hochhäusern zu erwarten ist (*OLG Stuttgart* ZMR 1999, 286; *OLG Hamburg* ZMR 2003, 445 f.; vgl. ZMR 2005, 305 f. für Einfamilienhäuser; a.A. *LG Berlin* ZMR 2001, 575).

cc) Sichtbarkeit

Ausgeschlossen ist eine Beeinträchtigung auch dann, wenn die bauliche Veränderung aus keiner Perspektive, weder von außen, noch vom Grundstück, noch aus einer Wohnung sichtbar ist (*BGH* ZMR 2004, 439; 2012, 210; *BayObLG* NJW-RR 1993, 207; ZMR 1999, 118 und 838 f.; *LG Frankfurt* ZMR 2014, 391; ähnlich ZMR 1997, 152 f.; *OLG Hamburg* ZMR 2003, 525) oder doch nur aus ganz ungewöhnlicher Perspektive, etwa aus der Luft (*BayObLG* ZMR 2002, 138). Ein aus Laubpflanzen bestehender Sichtschutz, der im Herbst und Winter entfällt, genügt allerdings nicht (*LG Berlin* ZMR 2001, 575). Die Sichtbarkeit von einem untergeordneten Grundstücksteil, etwa dem Garagenhof, genügt für die Annahme einer Beeinträchtigung (*AG Oberhausen* ZMR 2012, 63). Auch steht es einem Beseitigungsanspruch nicht entgegen, wenn die bauliche Veränderung aus der Wohnung desjenigen, der sich hiergegen wendet, nicht zu sehen ist. Es genügt, dass die Veränderung generell von außen her sichtbar ist, gleichgültig, ob sie von der Straße, dem Garten oder einer anderen Wohnung aus wahrnehmbar ist (*OLG Zweibrücken* ZMR 2004, 62; *OLG Celle* ZMR 2004, 363 f.; *LG Nürnberg*-Fürth ZMR 2003, 536). Ähnlich wie bei einer optischen Verdeckung ist eine bauliche Veränderung auch dann nicht nachteilig, wenn bereits eine Vielzahl früherer Veränderungen zu einem uneinheitlichen Gesamteindruck geführt hat, der durch die geplante Maßnahme nicht mehr verstärkt wird (*OLG Zweibrücken* ZMR 1999, 431; *BayObLG* ZMR 1999, 839). 86

b) Möglichkeit intensiverer Nutzung

Eine weitere, insbesondere beim Ausbau von Nebenräumen auftretende Beeinträchtigung ist die Möglichkeit der intensiveren Nutzung (*BGH* ZMR 2012, 210; *OLG Karlsruhe* ZMR 1999, 66; *BayObLG* WE 1994, 25; ZMR 2001, 46; 2003, 126; *LG Hamburg* ZMR 2011, 410; *LG München* I ZMR 2012, 300). Diese ist bei der Umgestaltung von Neben- zu Wohnräumen so gut wie immer gegeben, da letztere eben nach Frequentierung und Auslastung stärker beansprucht werden als Keller, Dachböden, Abstellkammern o.Ä. Dies bedeutet auch ohne Erkennbarkeit von außen praktisch immer einen Nachteil für die anderen Miteigentümer, da die verstärkte Nutzung (und somit Abnutzung) des gemeinschaftlichen Eigentums zu ihren Lasten geht (*BayObLG* ZMR 2001, 995). Dabei kommt es nicht auf die konkrete Nutzung durch den jeweiligen Wohnungseigentümer, sondern auf die abstrakte Nutzungsmöglichkeit an (*OLG Karlsruhe* ZMR 1999, 66; *KG* ZMR 2009, 791). Auch wenn der umbauende Wohnungseigentümer selbst noch Zurückhaltung übt, könnte nämlich jedenfalls ein Sonderrechtsnachfolger die dann bereits vorhandenen Möglichkeiten intensiver nutzen. Ist umgekehrt die Wohnnutzung von Nebenräumen nach der Teilungserklärung zulässig, können bauliche Veränderungen nicht mit dem Argument einer verstärkten Nutzungsmöglichkeit angegriffen werden (*BayObLG* ZMR 1997, 90 f.). Ein Umbau, der lediglich die verstärkte Nutzung von Sondereigentum oder eine dem Umbauenden zur alleinigen Nutzung zugewiesenen Fläche oder Räumlichkeit zur Folge hat, ist aber naturgemäß unerheblich, da er diese im Rahmen des § 14 Abs. 2 Nr. 1 WEG ohnehin nach Belieben nutzen kann (*OLG Hamburg* ZMR 2005, 392; *OLG Düsseldorf* ZMR 2005, 644). 87

c) Entzug von Gebrauchsmöglichkeiten

88 Insbesondere bei der Gartengestaltung kommt es oftmals zur Einfriedung bestimmter Flächen, die ein Wohnungseigentümer zu Recht oder zu Unrecht glaubt, alleine nutzen zu können. Diese Einfriedungen aller Art (Zäune, Hecken, Flechtwerk u.Ä.) stellen abgesehen von der häufig damit einhergehenden optischen Beeinträchtigung i.d.R. deswegen eine Beeinträchtigung dar, weil sie die anderen Miteigentümer von der Benutzung der betroffenen Fläche ausschließen (*OLG Düsseldorf* ZMR 1996, 397; *BayObLG* ZMR 2003, 858; 2004, 127 f.) oder zumindest den Zugang erschweren (*BayObLG* ZMR 2000, 314; zur Verlängerung der Wege in der Anlage s. *OLG München* ZMR 2006, 69). Ähnliches gilt, wenn im Gebäude Räumlichkeiten wie Flure, Treppenpodeste o.Ä. abgetrennt und in eine Wohnung einbezogen werden. Ein Entzug von Gebrauchsmöglichkeiten kann ausnahmsweise unbeachtlich sein, wenn nur eine geringe Fläche, etwa ein nur 75 cm breiter Grundstücksstreifen unter einem Balkon im Erdgeschoss (*BayObLG* WuM 1991, 216) betroffen ist. Sind die Miteigentümer kraft Sondernutzungsrechtes ohnehin schon vom Mitgebrauch ausgeschlossen, ist der Ausschluss von der Nutzungsmöglichkeit kein Nachteil (vgl. *OLG Düsseldorf* ZMR 2005, 142 – LS Nr. 4). Die Abtrennung kann aber auch unter dem Gesichtspunkt der optischen Veränderung unzulässig sein.

d) Immissionen

89 Eine gravierende Beeinträchtigung i.S.v. § 20 Abs. 3 WEG ist auch die Entstehung oder Verstärkung von Immissionen infolge der baulichen Veränderung. Dies betrifft allerdings nur solche Immissionen, die zwangsläufig aus der Baumaßnahme resultieren. So begründet inadäquates Sozialverhalten von Miteigentümern im Bereich einer Sitzgruppe nur eigenständige Unterlassungsansprüche, rechtfertigt aber nicht die Beseitigung der Anlage (*OLG Karlsruhe* ZMR 1997, 609; vgl. *BayObLG* ZMR 2002, 611, dort aber unrichtig zu den Immissionen einer Mobilfunksendeanlage, die zwangsläufig mit deren Betrieb verbunden und deshalb von der dort erteilten Zustimmung umfasst waren). Hingegen stellt die Verlegung von Sammelplätzen für Müll oder Altglas unter diesem Gesichtspunkt eine beeinträchtigende bauliche Veränderung dar, wenn ein Miteigentümer hierdurch stärker als zuvor mit Geruchs- oder Lärmimmissionen belastet wird (*OLG Karlsruhe* ZMR 1997, 609; vgl. *BayObLG* ZMR 2002, 535 f.; vgl. *OLG München* ZMR 2006, 69; *LG Flensburg* ZMR 2005, 987; *LG Hamburg* ZMR 2011, 410). Ähnliches gilt für die Rauchbelästigung durch Außenkamine (*OLG Köln* NZM 2000, 764), die Geräusche einer Aufzugsanlage (*AG Hamburg* ZMR 2005, 822) oder die Installation von Bewegungsmeldern oder sonstigen Beleuchtungskörpern, sofern diese einen Miteigentümer über das in § 20 Abs. 3 WEG zugelassene Maß beeinträchtigen (*OLG Karlsruhe* ZMR 1997, 609; *KG* ZMR 2005, 978; anders bei Änderungsmöglichkeiten der Einstellung als milderem Mittel *AG Hamburg* ZMR 2002, 872). Ebenso kann der Einbau einer Klimaanlage zu Geräusch- oder Heißluftimmissionen führen, die nach § 14 Abs. 2 Nr. 1 WEG nicht zu dulden sind (*OLG Zweibrücken* ZMR 1999, 589). Zu beeinträchtigenden Immissionen kann es ferner bei Veränderungen der wasserführenden Leitungen und des Bodenaufbaus kommen. Hier ist allerdings zu unterscheiden: Der betroffene Miteigentümer kann nur dann ohne weiteres die Beseitigung der baulichen Veränderung verlangen, wenn diese in das Gemeinschaftseigentum eingreift, wenn beim Umbau etwa der Estrich entfernt wurde. Hat der umbauende Wohnungseigentümer lediglich einen den Trittschall dämmenden Bodenbelag, der in seinem Sondereigentum steht, entfernt, ist diese Maßnahme aber möglicherweise nach § 14 Abs. 2 Nr. 1 WEG angreifbar. Auch bloße Abnutzungen eines Teppichbodens lösen allenfalls einen Anspruch auf Erhaltung/Instandhaltung nach § 14 Abs. 2 Nr. 1 WEG aus (vgl. zum alten Recht *OLG Köln* ZMR 2004, 463). Das setzt eine Beeinträchtigung durch den neuen bzw. abgelaufenen Bodenbelag voraus, wobei eine Verschlechterung gegenüber dem ursprünglichen Zustand bei Begründung der Wohnungseigentümergemeinschaft nachzuweisen ist. Jedenfalls nach dem Austausch der Bodenbeläge wird der Nachweis einer Verschlechterung häufig (insbesondere bei länger zurückliegenden Teilungen) nicht mehr zu führen sein, da der erstmalige Zustand oftmals nicht zu rekonstruieren ist. In diesem Fall kann der von den Immissionen betroffene Wohnungseigentümer nur die Beseitigung zusätzlicher Mängel durch den neuen Bodenbelag (z.B. durch Schaffung neuer Schallbrücken) verlangen (*OLG Köln* ZMR 2003, 705).

e) Verstärkte Einsehbarkeit

Häufig ergibt sich insbesondere bei der Schaffung neuer Fenster, dem Anbau von Balkonen oder der Beseitigung von Hecken bzw. sonstigem Sichtschutz auch insoweit eine Beeinträchtigung, als bislang sichtgeschützte Bereiche von dort eingesehen werden können (*BayObLG* ZMR 2001, 46; 2005, 378; *OLG Hamburg* ZMR 2003, 524; *LG Hamburg*, ZMR 2010, 984). Hierbei handelt es sich jedenfalls dann um eine Beeinträchtigung nach § 20 Abs. 3 WEG, wenn die betroffenen Bereiche nicht ohnehin der Öffentlichkeit zugänglich sind. Allerdings ist auf Seiten des Umbauwilligen zu prüfen, ob andere Sichtschutzmaßnahmen diesen Nachteil beseitigen können. Entsprechende Investitionen lohnen sich allerdings nur, wenn die Veränderung nicht ohnehin, insbesondere wegen einer Beeinträchtigung des optischen Gesamteindrucks des Einverständnisses nach § 20 Abs. 3 WEG bedarf. 90

f) Negative Immissionen

Umgekehrt kann der Anbau eines Balkons oder eines sonstigen Gebäudeteils anderen Wohnungen etwa Licht nehmen (*BayObLG* ZMR 2001, 640; *OLG Hamm* ZMR 2002, 544; vgl. *OLG Köln* DWE 1997, 33), die Luftzirkulation beeinträchtigen, die Aussicht nehmen (*BayObLG* ZMR 2001, 640; 2003, 516; *KG* ZMR 2005, 76) oder den Fernsehempfang beeinträchtigen. Solche sog. negativen Immissionen sind im Gegensatz zum Nachbarrecht abwehrfähige Beeinträchtigungen gem. § 20 Abs. 3 WEG. Allerdings ist auch hier zu prüfen, ob diese Nachteile für die Miteigentümer trotz Durchführung der Maßnahme durch andere Vorkehrungen beseitigt werden können. 91

g) Schäden an Gemeinschafts- oder Sondereigentum

Eine Beeinträchtigung nach § 20 Abs. 3 WEG ist stets auch dann zu bejahen, wenn es zu Schäden am Gemeinschaftseigentum kommen kann. Das ist etwa bei Mauerdurchbrüchen oder Eingriffen in die Dachhaut der Fall, die in Substanz oder Statik des Gebäudes eingreifen (*OLG Düsseldorf* ZMR 1997, 437; *BayObLG* WE 1991, 254; ZMR 1998, 362). Wenn bereits ein Schaden eingetreten ist, erübrigen sich im Hinblick auf die Annahme einer Beeinträchtigung weitere Prüfungen seiner Vorhersehbarkeit etc., da sich das Risiko dann sogar schon verwirklicht hat (*AG Oberhausen* ZMR 2012, 59). Es genügt eine konkrete Gefährdung, selbst wenn ein Schaden nicht mit Sicherheit vorausgesagt werden kann. Absehbare zukünftige Kausalverläufe wie das Wachstum eines Baumes und die Beschädigung des Gebäudes durch Wurzeln o.Ä. sind zu berücksichtigen (*BayObLG* NJW-RR 1996, 1166 = ZMR 1996, 447). Als Beeinträchtigung ist auch die gesteigerte Wartungs- und Reparaturanfälligkeit gemeinschaftlicher Anlagen (*BGH* ZMR 2014, 555; *OLG Düsseldorf* ZMR 2001, 375; *LG Hamburg* ZMR 2001, 395) oder die Erschwerung von Reparaturen und Wartungen (*BayObLG* ZMR 1996, 571) anzusehen. Entgegen der zu weit gehenden Formulierung des *BGH* (ZMR 2011, 734 f.) genügt jedenfalls insoweit schon das Risiko einer Beeinträchtigung. Hierbei dürfte es allerdings nicht genügen, dass neue Anlagen bloß komplizierter sind als ihre Vorgänger, da dies nicht zwangsläufig mit höherem Wartungsbedarf einhergeht. Zudem würde man ansonsten nach dem WEG aufgeteilte Liegenschaften vom technischen Fortschritt abkoppeln, da modernere Anlagen regelmäßig komplizierter sind als die ursprünglich eingebauten. Eine Beeinträchtigung nach § 20 Abs. 3 WEG ist auch anzunehmen, wenn bei reparaturanfälligen Gebäudeteilen wie Flachdächern Streitigkeiten drohen, ob ein Schaden ohnehin eingetreten wäre oder gerade durch die bauliche Veränderung verursacht wurde (*BayObLG* WE 1991, 254; NJW-RR 1995, 650; ZMR 1996, 571). Es ist aber auch im Hinblick auf (befürchtete) Schäden am Gemeinschaftseigentum seitens des Umbauwilligen stets zu prüfen, ob diese Beeinträchtigungen durch geeignete Maßnahmen ausgeschlossen werden können. 92

h) Gefährdung anderer Wohnungseigentümer

Eine nicht mehr nach § 20 Abs. 3 WEG hinzunehmende Beeinträchtigung liegt selbstverständlich auch dann vor, wenn eine bauliche Veränderung andere Wohnungseigentümer gefährdet. Dies wird häufig mit einem Verstoß gegen Schutzvorschriften einhergehen, was aber nicht zwangsläufig der 93

Fall ist. So stellt auch die Anbringung von Schutzgittern oder sonstigen Baulichkeiten, die den Aufstieg und Einbruch in darüber liegende Geschosse erleichtert, eine Beeinträchtigung in diesem Sinne dar (*OLG Zweibrücken* ZMR 2000, 704; *BayObLG* ZMR 2001, 828). Dies gilt in verstärktem Maße bei der Gefahr körperlicher Schäden etwa durch noch nicht hinreichend erprobte Techniken der Wasseraufbereitung oder der Rohrsanierung (*AG Dresden* ZMR 2006, 79 f.).

III. Einverständnis (§ 20 Abs. 3 WEG)

1. Rechtsnatur

94 Die gesetzliche Terminologie ist dahingehend geändert, dass § 20 Abs. 3 WEG nicht mehr wie § 22 Abs. 1 WEG a.F. von einer Zustimmung zu der baulichen Veränderung, sondern von einem Einverständnis hiermit redet. Dies soll klarstellen, dass es sich hierbei nicht um eine Zustimmung zu einem Rechtsgeschäft und somit nicht, wie nach früherer Auffassung, um eine Willenserklärung handelt. Vielmehr begreift der Gesetzgeber das Einverständnis nunmehr als Einverstandensein mit einem Rechtseingriff und somit als eine rechtsgeschäftsähnliche Handlung (BT-Drs. 19/18791, S. 63). Im Hinblick auf Form und Inhalt des Einverständnisses stellt dies keine Änderung dar, so dass insoweit auf Rechtsprechung und Kommentierung zu § 22 Abs. 1 WEG a.F. zurückgegriffen werden kann.

2. Form

95 Das Einverständnis bedarf wie die frühere Zustimmung keiner Form (*OLG Hamm* ZMR 1996, 391; *BayObLG* ZMR 1998, 360; 2001, 641; 2003, 515). Es kann somit mündlich oder durch Gesten, etwa durch Nicken am Ort der Baustelle und auch konkludent erteilt werden (*BayObLG* ZMR 2000, 39; 2003, 515; *OLG Zweibrücken* ZMR 2000, 257). Bei der Annahme einer (konkludenten) Zustimmung ist die Rechtsprechung häufig recht großzügig. So wurde die Teilnahme an der Einweihungsfeier (*LG Heilbronn* ZMR 1998, 803), die Mitwirkung bei den Bauarbeiten (*BayObLG* ZMR 1998, 360; 2000, 313) oder die Mitbenutzung einer Einrichtung (*BayObLG* ZMR 2001, 641; *LG Heilbronn* ZMR 1998, 803) bereits als ausreichend angesehen.

3. Inhalt

96 Auch an den Inhalt der Einverständniserklärung sind keine hohen Anforderungen zu stellen. Der beeinträchtigte Miteigentümer muss lediglich aus der Sicht eines objektiven Dritten sein Einverständnis mit der tatsächlich geplanten und durchgeführten Maßnahme zum Ausdruck gebracht haben (Lehmann-Richter/Wobst Rn. 1245). Indiz einer Zustimmung aufgrund einer Mitbenutzung ist insbesondere der Besitz eines Schlüssels für Räume, die im Rahmen der baulichen Veränderung entstanden sind oder umgestaltet wurden (*BayObLG* ZMR 2001, 641). Auch die Berücksichtigung der umgebauten Räume als Wohnraum bei der Heizkostenabrechnung kann als konkludente Zustimmung zu werten sein (*OLG Stuttgart* ZMR 1998, 804). Die bloße Hinnahme der Bauarbeiten genügt allerdings ebenso wenig (*OLG Köln* ZMR 1995, 606 ff.; *BayObLG* ZMR 1998, 360) wie die Ankündigung, in Zukunft, evtl. unter bestimmten, noch zu erfüllenden Bedingungen, zum Einverständnis bereit zu sein (*OLG Hamm* ZMR 2005, 221). Auch die Ablehnung in der Eigentümerversammlung, Maßnahmen zur Beseitigung einer baulichen Veränderung zu ergreifen, ist noch kein Einverständnis hiermit (vgl. *BayObLG* WuM 1995, 505; ZWE 2000, 306; *BayObLG* ZMR 2004, 446). Selbst die Unterschrift unter öffentlich-rechtliche Unterlagen muss nicht zwingend als Einverständnis gem. § 20 Abs. 3 WEG gewertet werden, wenn sich der Erklärungsinhalt etwa auf den verwaltungsrechtlichen Bereich beschränkt (*KG* ZMR 1998, 658).

4. Adressat der Einverständniserklärung

97 Adressat der Zustimmung musste nach früherer Auffassung der Umbauwillige sein; die bloße Äußerung einem Dritten gegenüber, es bestünden keine Bedenken gegen die bauliche Veränderung, genügte nicht (*OLG Karlsruhe* NJW-RR 1998, 1469; Staudinger/Bub § 22 WEG Rn. 52). Anlass,

von dieser Handhabung abzuweichen (so ohne Begründung Lehmann-Richter/Wobst Rn. 1246; Jennißen/Hogenschurz § 20 Rn. 76), bietet das neue Recht nicht. Insbesondere ist nicht einzusehen, wieso das Einverständnis nun dem Verwalter gegenüber erklärt werden muss, zumal dann beim Fehlen eines solchen gemäß § 170 Abs. 3 ZPO die Erklärung jedem beliebigen Wohnungseigentümer gegenüber genügen würde.

5. Zeitpunkt der Zustimmung

Streng genommen setzt die Beschlussfassung nach § 20 Abs. 3 WEG voraus, dass die notwendigen Einverständniserklärungen zuvor abgegeben wurden (so Lehmann-Richter/Wobst Rn. 1210). Wird es erst nachträglich erteilt, hat dies jedoch keine Folgen für den Beschluss. Denn die Eigentümerversammlung könnte eine bauliche Veränderung in den Grenzen des § 20 Abs. 4 WEG auch ohne das Einverständnis des § 20 Abs. 3 WEG beschließen (s.u. Rdn. 126). Folglich kann weder die fehlende noch gar die verspätete Erklärung des Einverständnisses die Anfechtung eines Beschlusses nach § 20 Abs. 3 WEG begründen. 98

6. Die Dokumentation der Zustimmung

Ähnlich wie bei der Beschlussfassung über eine bauliche Veränderung empfiehlt sich auch bei einer Zustimmung nach § 20 Abs. 3 WEG die genaue Dokumentation dessen, was i.E. genehmigt wurde. Dies ist im Interesse beider Seiten: Der Umbauwillige entgeht so der Schwierigkeit, im Einzelnen nachweisen zu müssen, worauf sich die abgegebene Einverständniserklärung und somit der darauf fußende Beschluss nach § 20 Abs. 3 WEG überhaupt bezog. Denn eine von dem Einverständnis abweichende Bauweise ist als ungenehmigte bauliche Veränderung zu behandeln (Jennißen/*Hogenschurz* § 20 Rn. 78). Der Umbauwillige muss sie, da sie nicht von dem Einverständnis und somit von dem Beschluss nach § 20 Abs. 3 WEG gedeckt ist, auf Verlangen der Wohnungseigentümergemeinschaft teilweise oder, wenn ein Teilrückbau nicht möglich ist, insgesamt beseitigen (*BayObLG* WE 1998, 150; *OLG Zweibrücken* ZMR 2000, 257). Dies kann spätestens bei Veräußerung des Wohnungseigentums durch einen Miteigentümer von erheblicher Bedeutung sein, da der Sonderrechtsnachfolger weniger tolerant sein kann als der Veräußerer. Umgekehrt läuft der Miteigentümer nicht Gefahr, anhand unvollständiger oder sonst wie unklarer Unterlagen – von ihrem nachträglichen Austausch ganz abgesehen – in die Irre geführt zu werden. Gänzlich vermieden werden sollte eine Blanko-Zustimmung. Am praktikabelsten erscheint die Kopie der Unterlagen mit der Unterschrift beider Seiten. 99

7. Gegenleistungen, Bedingungen, Auflagen und Befristungen

a) Grundsatz

Das Einverständnis kann von Gegenleistungen, Bedingungen, Auflagen oder Befristungen abhängig gemacht werden. Werden diese nicht erfüllt bzw. eingehalten, fehlt es an einer wirksamen Zustimmung. Der Umbauwillige hat folglich keinen Anspruch aus § 20 Abs. 3 WEG auf die Beschlussfassung über die gewünschte bauliche Veränderung. Allerdings ist ein gleichwohl gefasster Beschluss nicht schon wegen Nichterfüllung der Gegenleistung, Bedingung oder Auflage anfechtbar. Die Wohnungseigentümer könnten die bauliche Veränderung ja auch gänzlich ohne Gegenleistung, Bedingung oder Auflage beschließen. Die Anfechtbarkeit kann nur aus Verstößen gegen § 20 Abs. 4 WEG oder sonstigen Beschlussmängeln wie fehlender Bestimmtheit (vgl. Rdn. 32) folgen. 100

b) Gegenleistungen

Als Gegenleistung kommt insbesondere die Zahlung eines bestimmten Geldbetrages zum Ausgleich (gravierender) Beeinträchtigungen in Betracht (vgl. *BGH* ZMR 2014, 556; *BayObLG* NZM 1998, 1014; zur Möglichkeit, die Zustimmung zum Gegenstand eines Vertrages zu machen s.a. *OLG Hamm* ZMR 2005, 221; zum neuen Recht s. Lehmann-Richter/Wobst Rn. 1211 u. 1241). Denkbar ist 101 aber auch eine immaterielle Gegenleistung wie die wechselseitige Zustimmung zu baulichen Veränderungen.

c) **Bedingungen**

102 Auch ohne Gegenleistung für die Zustimmung (oder neben einer solchen) kann die Zustimmung unter Bedingungen erteilt werden (*BayObLG* NZM 1998, 1014). Dies betrifft bei Maßnahmen im Interesse einzelner Wohnungseigentümer zunächst die Kosten. Die von der baulichen Veränderung nicht begünstigten Miteigentümer sollten eine Zustimmung stets nur unter der Bedingung erteilen, dass der Bauwillige sämtliche Kosten und Folgekosten übernimmt (hierzu zuletzt BGB ZMR 2020, 854 = WuM 2020, 518 = ZfIR 2020, 575) oder einen entsprechenden Beschluss gem. § 21 Abs. 5 WEG fassen (i.E. s. §§ 21 Rdn. 51 ff.). Dies betrifft gerade beim Umbau zu Wohnraum auch Verbrauchskosten, was u.U. weiter gehende Änderungen der Gemeinschaftsordnung sinnvoll erscheinen lässt, um Streitigkeiten über die Verteilung von Zahlungen des umbauenden Wohnungseigentümers zu vermeiden. Ähnliches gilt für das Risiko von Schäden aufgrund der Veränderung, wobei ausdrücklich eine verschuldensunabhängige Haftung des Umbauenden festgeschrieben werden sollte. Gegebenenfalls sollte hierfür eine Kaution verlangt werden. Selbstverständlich sollte in diesem Zusammenhang auch die fachgerechte Ausführung einschließlich der Vorlage von Gutachten etwa zur Statik und die Einholung aller öffentlich-rechtlichen Genehmigungen zur Bedingung gemacht werden. Zudem kann die Durchführung der Maßnahme an die Einhaltung bestimmter Qualitätsstandards, etwa die Verwendung bestimmter Materialien und den Abschluss einer Bauschadensversicherung geknüpft werden. Schließlich kann bei immissionsträchtigen Umbauten die Einhaltung bestimmter Grenzen – etwa ein bestimmtes Trittschallmaß – zur Bedingung gemacht werden.

d) **Auflagen**

103 Die Zustimmung zu einer baulichen Veränderung kann darüber hinaus an die Erfüllung weiterer Auflagen geknüpft werden (*BayObLG* NZM 1998, 1014; ZMR 2001, 995). So kann der Umbauwillige verpflichtet werden, gewisse Bauzeiten einzuhalten, was (gerade im Hinblick auf die Unbeachtlichkeit der Beeinträchtigung durch die Bauarbeiten selbst für die Qualifikation als bauliche Veränderung, vgl. o. Rdn. 78) von erheblicher Bedeutung sein kann. Ferner ist es ratsam, dem Umbauenden im Hinblick auf die baubedingten Verschmutzungen zusätzliche Reinigungen aufzugeben. Ferner kann ihm die Zustimmung nur unter der Auflage erteilt werden, bei der Umgestaltung bestimmter Räumlichkeiten vorhandene Mängel auf eigene Kosten zu beseitigen.

e) **Befristung**

104 Schließlich kann die Befristung der Zustimmung sinnvoll sein. Hierdurch kann verhindert werden, dass sich die Bauzeit mit ihren Beeinträchtigungen zu Lasten der Miteigentümer über eine ungebührlich lange Zeit erstreckt. Nach Ablauf der gesetzten Frist erlischt das Einverständnis ohne weiteres. Ein eventuell gefasster Beschluss über die bauliche Veränderung kann durch Zweitbeschluss aufgehoben werden (Lehmann-Richter/Wobst Rn. 1154). Denn nach der Fristüberschreitung besteht kein schutzwürdiges Interesse mehr in die hierdurch erteilte Rechtsposition.

8. **Willensmängel**

a) **Stellungnahme der Gesetzesmaterialien**

105 Der Gesetzgeber lässt offen, ob er mit der Qualifikation des Einverständnisses als rechtsgeschäftsähnliche Handlung im Falle von Willensmängeln eine andere Behandlung anstrebt. Bislang ging man in diesen Fällen von der Möglichkeit einer Anfechtung gemäß §§ 119 ff. BGB aus (*BayObLG* ZMR 2001, 995; ebenso für das neue Recht Lehmann-Richter/Wobst Rn. 1242). Diese Frage wird freilich an Bedeutung verlieren, da das Einverständnis der beeinträchtigten Wohnungseigentümer mit einer baulichen Veränderung nicht mehr unmittelbar zu ihrer Rechtmäßigkeit führt. Rechtmäßig wird sie erst durch den auf dieser Grundlage gefassten Beschluss. Folglich kann eine

Anfechtung wegen Willensmängeln alleine die Rechtmäßigkeit der baulichen Veränderung nicht beseitigen. Dies erfordert zusätzlich die fristgerechte Anfechtung des Beschlusses über ihre Durchführung bzw. Gestattung.

b) Widerruf

Nach neuem Recht wird diskutiert, ob die Einverständniserklärung frei widerruflich ist (so Dötsch/Schultzky/Zschieschack Kap. 6 Rn. 93; Jennißen/*Hogenschurz* § 20 Rn. 76). Diese Annahme erscheint nach der Ähnlichkeit zur Zustimmung nach früherem Recht eher unplausibel. Es besteht wie nach früherem Recht kein Anlass, dem Miteigentümer die willkürliche Lösung von seinem Einverständnis zu gestatten (so auch Lehmann-Richter/Wobst Rn. 1249, der einen Widerruf nach Beschlussfassung gänzlich ausschließt und zuvor nur aus wichtigem Grund zulässt). 106

c) Anfechtung

Wenn man die Einverständniserklärung als willenserklärungsähnliche Handlung analog § 182 BGB angesehen wird, besteht aber die Möglichkeit einer **Anfechtung gem. §§ 119 ff. BGB** (*BayObLG* ZMR 2001, 995; Lehmann-Richter/Wobst Rn. 1250). Für die Praxis relevant ist insbesondere die Anfechtung wegen arglistiger Täuschung – etwa wegen der Vorlage unrichtiger Unterlagen oder der Täuschung über den Zweck des Umbaus (*BayObLG* ZMR 2001, 995) – nach § 123 Abs. 1 1. Alt. BGB. Die Anfechtung wegen Irrtums nach § 119 BGB dürfte regelmäßig keine Rolle spielen, da üblicherweise keine unverzügliche Erklärung gem. § 121 Abs. 1 BGB vorliegt. In der Einleitung eines Verfahrens nach § 43 Abs. 2 Nr. 4 WEG kann die konkludente Anfechtung der eigenen Zustimmungserklärung nach § 123 Abs. 1 BGB liegen kann (*BayObLG* ZMR 2001, 996). Der angeblich Getäuschte ist für die falsche Information über die bauliche Veränderung darlegungs- und beweisbelastet. Zudem kann die Anfechtung des Eigentümerbeschlusses nur Erfolg haben, wenn ohne die Stimme des Getäuschten kein positiver Eigentümerbeschluss zustande gekommen wäre (*BayObLG* ZMR 2001, 995 f.). Da insoweit die Verkündung des Versammlungsleiters maßgeblich ist, muss mit der Anfechtung nach §§ 119 ff. BGB stets ein Antrag nach § 43 Abs. 2 Nr. 4 WEG einhergehen, den Beschluss für ungültig zu erklären (*BayObLG* ZMR 2001, 996). Der Wohnungseigentümer, der die Zustimmung zu einer baulichen Veränderung anficht, hat hierbei die **Fristen** der §§ 121 Abs. 1, 124 Abs. 1 BGB zu beachten (*BayObLG* ZMR 2001, 995). Die Anfechtung muss bei einer individuellen Zustimmung nach § 20 Abs. 3 WEG dem Bauwilligen, bei Erklärung des Einverständnisses im Rahmen einer Beschlussfassung aber den anderen auf der Eigentümerversammlung anwesenden oder vertretenen Wohnungseigentümern erklärt werden (*BayObLG* ZMR 2001, 995). In letzterem Falle genügt der Zugang beim Verwalter nach § 9b Abs. 1 S. 1 WEG, der auch durch die Klageschrift nach § 43 Abs. 2 Nr. 4 WEG gewahrt wird (*BayObLG* ZMR 2001, 995). Der Anfechtungsgegner muss nach allgemeinen Grundsätzen den Fristablauf vor Zugang der Anfechtungserklärung nachweisen (*BGH* NJW 1992, 2347 f.). Bei Versäumung der Fristen des § 45 WEG ist die Täuschung regelmäßig ein Wiedereinsetzungsgrund nach § 45 Satz 2 WEG (*BayObLG* ZMR 2001, 995). 107

9. Die Bindung des Rechtsnachfolgers an die Zustimmung

a) Materiell-rechtliche Bindung

Dass das Einverständnis eines Wohnungseigentümers auch gegen seinen Gesamtrechtsnachfolger wirkt, ergibt sich schon aus dem Prinzip der Universalsukzession. Umstritten war schon nach altem Recht, ob es auch gegen den Sonderrechtsnachfolger desjenigen wirkt, der sie erteilt hat. Dies wurde früher überwiegend bejaht (*BayObLG* ZMR 2000, 39; 2001, 469), wobei diese Rechtsfolge unterschiedlich begründet wurde (mit einer analogen Anwendung von § 10 Abs. 3 WEG a.F. argumentierte etwa *OLG Hamm* ZMR 1996, 391; mit dem Grundsatz, dass dem Rechtsnachfolger nicht mehr Rechte zustehen können als dem Vorgänger *OLG Köln* ZMR 2004, 707). 108

b) Prozessuale Wirkung

109 Allerdings kommt der Wohnungseigentümergemeinschaft in der Beschlussersetzungsklage beim Streit darüber, ob eine mündliche Zustimmung erteilt wurde, eine vergleichsweise komfortable verfahrensrechtliche Stellung zu: Da die entscheidungserheblichen Umstände in aller Regel nicht Gegenstand der Wahrnehmung des Verwalters waren, kann sich die Wohnungseigentümergemeinschaft auf ein einfaches Bestreiten verlegen. Der Urheber der baulichen Veränderung hat dann das Vorliegen eines Einverständnisses wie auch die ihr entsprechende Bauausführung darzulegen und trägt insoweit die Beweislast. Das wird bei bereits einige Zeit zurückliegenden Verhandlungen oftmals schwierig sein. Sofern eine schriftliche Erklärung vorliegt, genügt ein einfaches Bestreiten einer Zustimmung von vorneherein nicht. Denn die Unterschrift unter einer Erklärung ist nunmehr, da die Beweisregel des § 416 ZPO uneingeschränkte Anwendung findet (vgl. zum alten Recht noch *BayObLG* ZMR 2002, 609) voller Beweis für die Abgabe der Erklärung.

c) Ausnahme von der Bindung bei fehlender Offenkundigkeit

110 Auch bei unstreitiger oder nachgewiesener Zustimmung nahm die h.M. ausnahmsweise keine Bindung der Zustimmung an, wenn die bauliche Veränderung erst nach Eigentumserwerb des Sonderrechtsnachfolgers in Angriff genommen wurde und somit für den Erwerber nicht sichtbar war (*BayObLG* ZMR 1998, 360; 2001, 641; 2005, 77). Die Darlegungs- und Beweislast für die Sichtbarkeit trug wiederum der Urheber der baulichen Veränderung. Hier konnte sich der Umbaugegner aber regelmäßig nicht auf ein einfaches Bestreiten verlegen, da eine sichtbare Veränderung Gegenstand seiner Wahrnehmung war. Zudem kann das Gericht allgemein bekannte Erfahrungssätze zur Datierung des Baubeginns heranziehen, etwa den Umstand, dass üblicherweise erst nach Erteilung einer Baugenehmigung mit dem Umbau begonnen wird (*BayObLG* ZMR 2001, 641). Führt man die Handhabung zur Zustimmung beim Einverständnis fort, dürfte auch diese Ausnahme aus Gründen des Erwerberschutzes Fortgeltung beanspruchen können.

IV. Bauliche Veränderung ohne Beeinträchtigung

1. Bedeutung

111 Keine grundsätzlich andere Rechtslage ergibt sich dann, wenn die bauliche Veränderung überhaupt keinen Miteigentümer beeinträchtigt. Dieser Tatbestand hat im neuen Recht erheblich an Bedeutung verloren und ist dort auch für Maßnahmen im Gemeinschaftseigentum nicht mehr ausdrücklich geregelt. Anders als nach der Rechtslage bis zur Novelle 2007 kann der Umbauwillige auch in diesem Fall nicht ohne weiteres mit der Maßnahme im Gemeinschaftseigentum beginnen. Das Fehlen einer Beeinträchtigung führt nicht unmittelbar zur Rechtmäßigkeit der baulichen Veränderung. Es begründet ebenso wie das Einverständnis der beeinträchtigten Wohnungseigentümer nur einen Anspruch auf einen entsprechenden Beschluss. Das Fehlen von Beeinträchtigungen ist nur noch bei Veränderungen im Sondereigentum unmittelbar relevant, da dort Maßnahmen, die keinen Miteigentümer mehr als unerheblich beeinträchtigen, gemäß § 13 Abs. 2 WEG ohne Einverständnis der Miteigentümer durchgeführt werden können.

2. Einzelfälle baulicher Veränderungen ohne Beeinträchtigung

112 Eine gewisse Aussicht, mit Erfolg gegen die Annahme einer Beeinträchtigung zu argumentieren, besteht, wenn

- lediglich die **Ausführung der baulichen Veränderung** selbst Beeinträchtigungen für die anderen Wohnungseigentümer mit sich bringt, da diese nur kurzfristig sind (*BayObLG* WE 1991, 254; *AG Hannover* Rpfleger 1969, 132; Staudinger/*Bub* § 22 WEG Rn. 86; Bärmann/*Merle* § 22 Rn. 195; vgl. o. Rdn. 78);
- der Gegner einer Veränderung nur bloße **Befürchtungen oder subjektive Empfindungen**, aber keine konkreten Nachteile vorbringt (*OLG Karlsruhe* ZMR 1985, 209; *BayObLG* WE 1987, 157); die nahe liegende Gefahr zukünftiger Schäden ist aber zu berücksichtigen;

- die Beeinträchtigung **Familienmitglieder** betrifft, da diese nach dem Rechtsgedanken von § 1618a BGB auch im Wohnungseigentumsrecht stärkeren Duldungspflichten unterliegen sollen (*BayObLG* WE 1994, 26), was freilich im Hinblick auf Sonderrechtsnachfolger problematisch erscheint;
- die bauliche Veränderung nur im Hinblick auf hinzutretende **hypothetische Kausalverläufe** angegriffen wird, da diese grundsätzlich nicht zu berücksichtigen sind (*OLG Celle* ZMR 2001, 836; *OLG Karlsruhe* ZMR 1985, 209);
- nur die **Kostenbelastung** angegriffen wird, sofern sich der Miteigentümer ihr etwa gem. § 21 Abs. 3 S. 1 WEG durch einfache Nichtzustimmung entziehen kann (*BayObLG* ZMR 1997, 90; *OLG Hamburg* ZMR 2004, 140; *AG Hannover* ZMR 2005, 313); die Gefahr, bei Insolvenz des Umbauenden an den Kosten beteiligt zu werden, ist als zusätzlicher hypothetischer Kausalverlauf unerheblich;
- sich die beabsichtigte bauliche Veränderung auf nur ein Gebäude einer **Mehrhausanlage** beschränkt (BayObLGZ 1975, 180; *OLG Stuttgart* WEM 1980, 77; *LG Kiel* NJW-RR 1990, 719; Bärmann/*Merle* § 22 Rd. 175; a.A. *BayObLG* NZM 2002, 871);
- die Gefahr **unsachgemäßer Bauausführung** gerügt wird, da die fehlerhafte Ausführung nicht unterstellt werden kann, sondern im Einzelfall nachzuweisen ist (*OLG Karlsruhe* ZMR 1985, 209; NJWE-MietR 1997, 32);
- zwar eine Veränderung vorliegt, diese aber eine **Verbesserung** gegenüber dem vorigen Zustand darstellt, was aber wohl nur in Extremfällen etwa beim Ausgleich früherer Veränderungen (*OLG Hamburg* ZMR 2005, 392; weitergehend *LG Flensburg* ZMR 2004, 70) oder bei ungepflegten Gebäuden oder Flächen (*LG Wuppertal* ZMR 2001, 485) anzunehmen ist.
- die Verlegung von **Versorgungsleitungen** sogar zu einer Erhöhung des Durchgangs führt (*LG Itzehoe* ZMR 2010, 640).

F. Schranken für Beschlüsse über bauliche Veränderungen

I. Systemwechsel

1. Ausgangslage

Schon nach früherem Recht konnte – entgegen einer insbesondere in der Verwalterschaft oftmals vertretenen Auffassung – eine bauliche Veränderung mit der Mehrheit der abgegebenen Stimmen beschlossen werden. Es bedurfte hierfür nicht der Zustimmung aller beeinträchtigten Wohnungseigentümer oder gar eines »allstimmigen« Beschlusses (s. zuletzt *BGH* ZMR 2020, 854 = WuM 2020, 518 = ZfIR 2020, 575; *BGH* ZMR 2020, 770 = WuM 2020, 522 = ZfIR 2020, 569). Ein mit der Mehrheit der abgegebenen Stimmen gefasster Beschluss war wirksam, unterlag allerdings der Anfechtung, da er sich über die fehlende Zustimmung der beeinträchtigten Wohnungseigentümer hinwegsetzte. Im Ergebnis hatten Anfechtungsklagen der durch die bauliche Veränderung beeinträchtigten Wohnungseigentümer, die dieser nicht zugestimmt hatten, immer Erfolg. Unterblieb eine Anfechtung, erwuchs der Beschluss aber in Bestandskraft. 113

2. Beschränkung der Anfechtbarkeit auf besondere Beeinträchtigungen

Dieses frühere System hat der Gesetzgeber insoweit beibehalten, als Beschlüsse über bauliche Veränderungen nach wie vor mit der Mehrheit der abgegebenen Stimmen gefasst werden können. Ihre Anfechtbarkeit hat der Gesetzgeber aber radikal eingeschränkt. In Zukunft ist die Beschlussfassung über eine bauliche Veränderung nicht mehr alleine deswegen anfechtbar, weil nicht jeder hierdurch beeinträchtigte Wohnungseigentümer sein Einverständnis hierzu erklärt hat. Anfechtbar ist der Beschluss über eine Gestattung baulicher Veränderungen, abgesehen vom sonstigen Beschlussmängelrecht, nur noch dann, wenn eine der in § 20 Abs. 4 WEG aufgeführten qualifizierten Beeinträchtigungen vorliegt. Im Übrigen wird ein überstimmter Wohnungseigentümer nur durch die in § 21 WEG vorgesehenen Befreiungen von ihren Kosten geschützt. In diesem Rahmen kann sich die Mehrheit in der Eigentümerversammlung nunmehr nach dem ausdrücklich bekundeten Willen des Gesetzgebers über die Belange der beeinträchtigten Wohnungseigentümer hinwegsetzen (BT- 114

Drs. 19/18791, S. 64). Die Zustimmung aller beeinträchtigten Wohnungseigentümer ist nunmehr nur noch nach § 20 Abs. 3 WEG von Bedeutung, da der umbauwillige Wohnungseigentümer dann die Genehmigung seiner Maßnahme durch Beschluss verlangen kann.

II. Grenzen der baulichen Veränderung (§ 20 Abs. 4 WEG)

1. Bedeutung der gesetzlichen Verbotstatbestände

115 Dem Mehrheitswillen setzt § 20 Abs. 4 WEG nur noch in zwei Fällen Grenzen: Danach dürfen bauliche Veränderungen die Wohnanlage nicht grundlegend umgestalten und keinen Wohnungseigentümer gegenüber anderen unbillig benachteiligen. Die Tatbestände schließen sich nicht aus. Eine grundlegende Umgestaltung der Wohnanlage kann Wohnungseigentümer zugleich unbillig benachteiligen. Die Formulierung, dass diese Veränderungen nicht beschlossen werden »dürfen«, verdeutlicht, dass es sich nicht um eine Schranke der Beschlusskompetenz handelt. Hierfür hätte der Gesetzgeber »nicht können« verwendet (BT-Drs. 19/18791, S. 64). Vielmehr handelt es sich um eine Schranke der ordnungsmäßigen Verwaltung. Folglich ist auch ein Beschluss über bauliche Veränderungen, die die Wohnanlage grundlegend umgestalten oder einen Wohnungseigentümer gegenüber anderen unbillig benachteiligen, nur anfechtbar. Ansonsten erwächst er in Bestandskraft. Dies kann insbesondere dann von Bedeutung sein, wenn die Mehrheit die Unbilligkeit der Beeinträchtigung zu Unrecht verneint. § 20 Abs. 4 letzter Hs. WEG stellt klar, dass bauliche Veränderungen jenseits der dort gezogenen Grenze auch nicht verlangt werden dürfen. Selbst bei Bestehen eines Anspruchs aus § 20 Abs. 2 WEG, der allerdings rein theoretischer Natur sein dürfte, wäre ein solcher Beschluss mithin anfechtbar (Jennißen/*Hogenschurz* § 20 Rn. 83). Einem Anspruch aus § 20 Abs. 3 WEG stünden die Schranken des § 20 Abs. 4 WEG dagegen nicht entgegen, da ja ein Einverständnis des beeinträchtigten Wohnungseigentümers vorliegt (verkannt von Jennißen/*Hogenschurz* § 20 Rn. 83).

2. Grundlegende Umgestaltung der Wohnanlage

a) Kein Rückgriff auf die »Eigenart der Wohnanlage« in § 22 Abs. 2 S. 1 WEG a.F.

116 Der unbestimmte Rechtsbegriff der grundlegenden Umgestaltung der Wohnanlage ist neu. Er knüpft nicht, wie die Ähnlichkeit der Formulierung und die im zweiten Tatbestandsmerkmal des § 20 Abs. 4 WEG erfolgte Übernahme der »unbilligen Beeinträchtigung« aus § 22 Abs. 2 S. 1 WEG a.F. nahelegen könnten, an das dortige Tatbestandsmerkmal einer Änderung der Eigenart der Wohnanlage an (BT-Drs. 19/18791, S. 64; Lehmann-Richter/Wobst Rn. 1010). Der Gesetzgeber will vielmehr deutlich über die Eingriffsintensität des § 22 Abs. 2 S. 1 WEG a.F. hinausgehen, die nach einigen Gerichtsentscheidungen sehr schnell erreicht war. Deshalb soll nach ausdrücklichem Bekunden der Materialien nicht jede Änderung der Eigenart der Wohnanlage auch eine grundlegende Umgestaltung darstellen (BT-Drs. 19/18791, S. 64; sehr eng Dötsch/Schultzky/Zschieschack Kap. 6 Rn. 50 f.).

b) Maßstäbe des Gesetzgebers

117 Abgesehen vom Vergleich mit § 22 Abs. 2 S. 1 WEG a.F. definieren die Gesetzesmaterialien die grundlegende Umgestaltung der Wohnanlage nicht sonderlich präzise. Sie nennen als negatives Abgrenzungsmerkmal die privilegierten Maßnahmen nach § 20 Abs. 2 Nr. 1–4 WEG, die grundsätzlich keine grundlegende Umgestaltung der Wohnanlage darstellen (BT-Drs. 19/18791, S. 64). Positiv definiert wird die Umgestaltung der Wohnanlage allenfalls dadurch, dass der »Bezugspunkt (…) die Anlage als Ganze« (BT-Drs. 19/18791, S. 64) sein soll. Veränderungen nur in einer Einheit, die sich nicht auf die Gesamtanlage auswirken, genügen demnach nicht. Gleiches dürfte für Veränderungen in nur einem Haus einer Mehrhausanlage gelten, die außerhalb dieses Hauses nicht sichtbar sind. Die Gesamtanlage muss betroffen sein. Eine Einwirkung auf die bestehenden Baulichkeiten setzt § 20 Abs. 4 WEG allerdings nicht voraus. So kann auch die Umwandlung der Außenanlagen, etwa die massive Umgestaltung der parkähnlichen Grünflächen (beispielsweise zu

einem Parkplatz) auf eine grundlegende Umgestaltung hinauslaufen. Ebenso wenig setzen Wortlaut und Materialien bestimmte, etwa sichtbare Auswirkungen voraus. Auch weniger augenfällige Veränderungen etwa in der Umgestaltung der Haustechnik können zu einer grundlegenden Umgestaltung der Wohnanlage führen, man denke nur an den kompletten Umbau der Versorgung mit Wärme und Warmwasser.

3. Unbillige Benachteiligung

a) Anknüpfung an § 22 Abs. 2 S. 1 WEG a.F.

Im Gegensatz zur grundlegenden Umgestaltung der Wohnanlage knüpft der Gesetzgeber bei der unbilligen Benachteiligung einzelner Wohnungseigentümer gegenüber anderen bewusst an § 22 Abs. 2 S. 1 WEG a.F. an. Der Wechsel der Begrifflichkeit (von Beeinträchtigung zu Benachteiligung) habe lediglich sprachliche Gründe. Die weiteren Ansätze einer Definition in den Gesetzesmaterialien sind allerdings, wie im Folgenden zu sehen ist, wenig konkret und für die Praxis teilweise untauglich. 118

b) Durch die bauliche Veränderung nicht ausgeglichene Nachteile

Nach den Gesetzesmaterialien zeichnet sich eine unbillige Benachteiligung zunächst dadurch aus, dass ein Miteigentümer durch die bauliche Veränderung Nachteile erleidet, die durch die mit ihr verfolgten Vorteile nicht ausgeglichen werden (BT-Drs. 19/18791, S. 64). Dieser Abgrenzungsversuch kann von vorneherein nur bei baulichen Veränderungen durch die Wohnungseigentümergemeinschaft einen gewissen Aussagewert beanspruchen. Denn bauliche Veränderungen zugunsten einzelner Wohnungseigentümer bezwecken regelmäßig keinen Vorteil der übrigen Wohnungseigentümer. Nachteile zulasten einzelner Wohnungseigentümer können bestimmungsgemäß nicht durch ihnen zukommende Vorteile aufgewogen werden. Folglich wäre die Nachteilszufügung hier immer zu bejahen, was dem Sinn des Gesetzes evident zuwiderläuft. Nur bei gemeinschaftsnützigen baulichen Veränderungen kann es sinnvoll sein, Vor- und Nachteile für den einzelnen Wohnungseigentümer abzuwägen. 119

c) Subjektiver oder objektiver Maßstab?

Es ist somit bei gemeinschaftsnützigen Veränderungen eine Abwägung vorzunehmen, ob die Vorteile der baulichen Veränderung die damit für den einzelnen Wohnungseigentümer verbundenen Nachteile wenigstens soweit aufwiegen, dass er nicht unbillig benachteiligt wird. Im konkreten Fall ist also zu fragen, ob etwa die Erhöhung des Wohnwertes durch einen Aufzug die damit verbundenen Immissionen aufwiegt. Allerdings lassen die Materialien offen, ob ein objektiver oder ein subjektiver Maßstab anzulegen ist. Beide können zu unbefriedigenden Ergebnissen führen. Stellt man auf die individuellen Besonderheiten einzelner Wohnungseigentümer ab, könnte ein ansonsten nicht zu beanstandender Beschluss aufgrund besonderer persönlicher Gegebenheiten anfechtbar sein. So bringt etwa ein Kinderspielplatz oder ein Schwimmbecken einem kinderlosen Miteigentümer oder einem Nichtschwimmer naturgemäß keinen Nutzen, so dass eventuell hiermit verbundenen Nachteilen keine Vorteile entgegenstehen. Gegen eine solche subjektive Betrachtung spricht auch die Parallelwertung bei der Zulässigkeit von Nutzungen, die von der Gemeinschaftsordnung abweichen. Hier wird ebenfalls auf eine typisierende Betrachtung abgestellt. Umgekehrt können jedenfalls solche Besonderheiten nicht außer Acht gelassen werden, die auf der Beschaffenheit des Sondereigentums beruhen. Es kann bei der Abwägung nicht unberücksichtigt bleiben, dass sich eine Einheit näher an einer Immissionsquelle befindet oder dass die Erdgeschossbewohner keinen den Miteigentümern vergleichbaren Nutzen aus einem Aufzug ziehen kann. Maßgeblich dürfte daher eine typisierende Betrachtung sein, die die Besonderheiten des jeweiligen Sondereigentums berücksichtigt. 120

d) Gleichbehandlung

121 Die Gesetzesmaterialien halten es darüber hinaus für »notwendig, dass die bauliche Veränderung zu einer treuwidrigen Ungleichbehandlung führt, indem die Nachteile einem oder mehreren Wohnungseigentümern in größerem Umfang zugemutet werden als den übrigen Wohnungseigentümern« (BT-Drs. 19/18791, S. 64). Dies mag dem Wortlaut »gegenüber anderen« geschuldet sein, erscheint aber in der Sache bereits im Ansatz zweifelhaft, hier im Hinblick auf Maßnahmen der Wohnungseigentümergemeinschaft. Denn damit wären gerade besonders gravierende Nachteile wie etwa die Beseitigung einer Gemeinschaftseinrichtung durch Umbau (etwa des gemeinschaftlichen Waschmaschinenraums zu einem Fitnessraum) von vorneherein aus dem Bereich der unbilligen Benachteiligung herausgenommen, weil alle Wohnungseigentümer gleichermaßen davon betroffen sind (so bei gleichermaßen für alle Eigentümer gefahrenträchtigen Bauteilen auch Lehmann-Richter/Wobst R. 1037, was nicht recht mit den vorangehenden Ausführungen Rdn. 1017 ff. harmoniert). Entsprechendes gilt, wenn die Mehrheit der kinderlosen Wohnungseigentümer den Abbau des Spielplatzes beschließt. Die Ungleichbehandlung mag insbesondere bei baulichen Veränderungen zugunsten einzelner Wohnungseigentümer ein sinnvolles Kriterium sein. Sie dürfte auch bei der Abwägung der Vor- und Nachteile gemeinschaftsnützriger Veränderungen zu berücksichtigen sein. Die Ungleichbehandlung aber für alle baulichen Veränderungen zum notwendigen eigenständigen Tatbestandsmerkmal zu erheben (so BT-Drs. 19/18791, S. 64), klammert bei baulichen Veränderungen der Gesamtgemeinschaft wesentliche Fälle einer unbilligen Benachteiligung aus dem Anwendungsbereich der Norm aus. Dort deutet die gleichheitswidrige Verteilung von Vor- und Nachteilen zwar auf eine unbillige Benachteiligung hin. Sie ist aber keine zwingende Voraussetzung einer unbilligen Benachteiligung.

e) Besondere Schwere des Nachteils

122 Die in den Gesetzesmaterialien genannten Kriterien erscheinen mithin wenig überzeugend, da sie einerseits bei der Abwägung der Vor- und Nachteile zu viele bauliche Veränderungen, andererseits bei der Ungleichbehandlung wesentliche Konstellationen nicht erfassen. Es erscheint auch gar nicht erforderlich, mit diesen neuen Kriterien ohne Not bereits bereitetes Terrain zu verlassen. Denn der Wortlaut stellt auf die altbekannten Beeinträchtigungen nach §§ 14 Nr. 1, 22 Abs. 1 und 2 WEG a.F. ab. Statt neue, unerprobte und zumindest teilweise untaugliche Kriterien zu entwickeln, hätte der Gesetzgeber auf die Definition der Beeinträchtigung bzw. Benachteiligung zurückgreifen können, die die Rechtsprechung seit Jahren gebraucht. Demnach können die bisherigen Fallgruppen der jahrzehntelangen, entwickelten Kasuistik zur Beeinträchtigung weitergenutzt werden. Sie müssen lediglich unbillig, also von besonderer Schwere sein. So spricht nichts dagegen, die Veränderung des optischen Eindrucks auch weiterhin als Beeinträchtigung bzw. Benachteiligung anzusehen. Sie muss nur, um das Maß der Unbilligkeit zu erreichen, qualifiziert sein. Demnach genügt eine einfache Veränderung im optischen Gesamteindruck nach § 20 Abs. 4 WEG nicht mehr, es muss sich um eine Verschandelung handeln. Entsprechendes gilt bei der Möglichkeit intensiverer Nutzung oder, um ein letztes Beispiel zu nennen, für den Entzug von Gebrauchsmöglichkeiten. Der Entzug von Gebrauchsmöglichkeiten ist unvermeidlich mit vielen der nach Willen des Gesetzgebers zulässigen baulichen Veränderungen verbunden. Etwa der Einbau eines Aufzugs nimmt immer die Möglichkeit zur Nutzung des betroffenen Raumes zu anderen Zwecken. Dies stellt für sich eine Beeinträchtigung, aber keine unbillige Beeinträchtigung dar. Diese Schwelle wird erst unter qualifizierenden Umständen überschritten, wenn etwa zuvor ohne weiteres zugängliche Gemeinschaftsräume oder gar das Sondereigentum eines Miteigentümers nicht mehr oder unter nennenswerten Schwierigkeiten zu erreichen sind.

4. Einverständnis mit einer nach § 20 Abs. 4 WEG unzulässigen baulichen Veränderung

a) Unbillige Benachteiligung

123 Nach § 20 Abs. 4 WEG dürfen bauliche Veränderungen, die mit einer unbilligen Benachteiligung verbunden sind, nur dann nicht beschlossen werden, wenn kein Einverständnis des betroffenen

Miteigentümers vorliegt. Im Umkehrschluss folgt hieraus, dass eine entsprechende Beschlussfassung mit seinem Einverständnis ordnungsmäßiger Verwaltung entspricht. Die Rechtsnatur des Einverständnisses entspricht der Zustimmung in § 22 Abs. 1 WEG a.F. bzw. dem Einverständnis in § 20 Abs. 3 WEG, an dessen Terminologie § 20 Abs. 4 WEG angelehnt ist. Deswegen gilt zu Erklärung, Widerruf und Anfechtung das oben zum Einverständnis nach § 20 Abs. 3 WEG Gesagte (Rdn. 105 ff.). Es handelt sich somit um eine rechtsgeschäftsähnliche Handlung.

b) Grundlegende Umgestaltung der Wohnanlage

Das Einverständnis des betroffenen Wohnungseigentümers vermag dem Beschluss über bauliche Veränderungen nur bei unbilligen Beeinträchtigungen die Rechtswidrigkeit zu nehmen. Der Beschluss einer grundlegenden Umgestaltung bleibt trotz Einverständnisses der beeinträchtigten Wohnungseigentümer rechtswidrig (Jennißen/*Hogenschurz* § 20 Rn. 92). Dies erscheint auch konsequent. Denn die unbillige Beeinträchtigung betrifft individuelle Rechte der einzelnen Wohnungseigentümer, auf die sie verzichten können. Hingegen erfasst die grundlegende Umgestaltung der Wohnanlage die Rechte aller Wohnungseigentümer. Durch individuellen Rechtsverzicht kann ein solcher Verstoß nicht geheilt werden. 124

III. Andere formelle und inhaltliche Mängel

1. Formelle und inhaltliche Mängel

§ 20 Abs. 4 WEG regelt die möglichen Fehler von Beschlüssen über bauliche Veränderungen, wie die Gesetzesmaterialien zutreffend bemerken, nicht abschließend (BT-Drs. 19/18791, S. 64). Sie können insbesondere auch aus formellen Gründen, etwa wegen des Verstoßes gegen den Grundsatz der Nichtöffentlichkeit oder wegen Ladungsmängeln anfechtbar sein. Aber auch inhaltliche Mängel sind nicht ausgeschlossen. Der Beschluss einer baulichen Veränderung auf Kosten der Wohnungseigentümergemeinschaft setzt, wie jede andere mit Kosten verbundene Beschlussfassung, etwa die Bereitstellung der erforderlichen finanziellen Mittel voraus. Ansonsten entspricht er nicht Grundsätzen ordnungsmäßiger Verwaltung. Gleiches gilt, wenn er gegen öffentlich-rechtliche Vorgaben verstößt (Lehmann-Richter/Wobst Rn. 1039; Dötsch/Schultzky/Zschieschack Kap. 6 Rn. 73). 125

2. Nichtvorliegen privilegierter Maßnahmen und sonstiger Voraussetzungen

Nicht zur Anfechtung berechtigt dagegen das Fehlen der Voraussetzungen nach § 20 Abs. 2, 3 WEG. Denn die Wohnungseigentümer könnten auch ohne Vorliegen der dortigen Privilegierungstatbestände bauliche Veränderungen beschließen (Lehmann-Richter/Wobst Rdn. 1197; Jennißen/*Hogenschurz* § 20 Rn. 79). Eine Anfechtung setzt somit entweder Verstöße gegen § 20 Abs. 4 WEG oder sonstige Beschlussmängel voraus. Nehmen die Wohnungseigentümer irrtümlich eine Privilegierung nach § 20 Abs. 2 WEG oder das Vorliegen allseitigen Einverständnisses gemäß § 20 Abs. 3 WEG an, können sie ihre Stimmabgabe nach §§ 119 ff. WEG anfechten, was aber nur in Verbindung mit einer Anfechtungsklage gemäß § 44 Abs. 1 S. 1 WEG zum Wegfall des Beschlusses führen kann (vgl. o. Rdn. 107). Entsprechendes gilt für die Nichterfüllung sonstiger Gegenleistungen, Auflagen oder Bedingungen (vgl. o. Rdn. 100 ff.). Beruht der Irrtum auf einer Täuschung durch den Wohnungseigentümer, der durch den Beschluss begünstigt wurde, kommt auch dessen Aufhebung durch Zweitbeschluss in Betracht (Lehmann-Richter/Wobst Rdn. 1199 u. 1220). Denn dann ist das Vertrauen in die hierdurch erworbenen Rechte nicht schützenswert. 126

IV. Verkündung fehlerhafter Beschlüsse durch den Versammlungsleiter

Für die Frage, wie sich der Verwalter verhalten muss, wenn er einen Beschluss für fehlerhaft hält, kann auf die diesbezügliche Rechtsprechung zum früheren Recht zurückgegriffen werden (*BGH* ZMR 2020, 770 = WuM 2020, 522 = ZfIR 2020, 569). Demnach sind nichtige Beschlüsse, die für und gegen niemanden wirken, in keinem Fall zu verkünden. Hingegen handelt der Verwalter beim Vorliegen von Anfechtungsgründen nicht pflichtwidrig, wenn er einen positiven Beschluss verkündet. 127

Die Verantwortung für den Inhalt des gefassten Beschlusses tragen die Wohnungseigentümer, die das Risiko der Anfechtung bewusst eingehen dürfen. Die Verkündung dient nur der Fixierung des Beschlussergebnisses, nicht der Durchsetzung des Gebotes der ordnungsmäßigen Verwaltung. Dabei muss der Verwalter, der nicht Aufsichtsorgan der Wohnungseigentümer ist, die erfolgte Abstimmung respektieren. Allerdings hat der Verwalter zu prüfen, ob die Beschlussfassung ordnungsmäßiger Verwaltung entspricht. Er hat die Eigentümerversammlung über die tatsächlichen und rechtlichen Zweifelsfragen umfassend aufzuklären. Insbesondere hat er auf ein Anfechtungsrisiko hinzuweisen. Diese rechtlichen Hinweise gehören zum Kerngeschäft des Verwalters und stellen eine nach § 5 Abs. 2 Nr. 2 RDG erlaubte Rechtsdienstleistung dar. Hierbei hat er einen Rechtsirrtum nur dann gemäß § 276 BGB zu vertreten, wenn seine Einschätzung offenkundig falsch ist. Ist er nach sorgfältiger Prüfung zu einem nicht offenkundig falschen Ergebnis gekommen, kann es ihm nicht angelastet werden, wenn der Beschluss keinen Bestand hat. Hat er mangels Zustimmung eines unbillig beeinträchtigten Wohnungseigentümers Bedenken gegen die Wirksamkeit des Beschlusses, ist er folglich nicht berechtigt, ohne weiteres einen Negativbeschluss zu verkünden. Vielmehr hat er eine Weisung der Wohnungseigentümer im Wege eines Geschäftsordnungsbeschlusses einzuholen.

G. Abweichende Regelungen in der Gemeinschaftsordnung

I. Abdingbarkeit der gesetzlichen Regelungen

1. Künftige Gemeinschaftsordnungen

a) Ort der Regelung

128 Die Regelungen des § 20 WEG sind vollständig abdingbar (Jennißen/*Hogenschurz* § 20 Rn. 9). Sie können also in zukünftigen Gemeinschaftsordnungen ohne Einschränkungen modifiziert werden. Abreden der teilenden Eigentümer vor Eintragung der Wohnungseigentumsrechte in das Grundbuch sind gegenüber den Sonderrechtsnachfolgern allerdings unwirksam, wenn sie abstrakt-generelle Regelungen enthalten, die nicht gem. § 10 Abs. 3 S. 1 WEG in das Grundbuch eingetragen wurden (*KG* ZMR 2001, 656 f.). Entsprechendes gilt für Abreden, die lediglich in den **Erwerbsvertrag zwischen teilendem Eigentümer und Erwerber**, aber nicht in die Teilungserklärung aufgenommen wurden, da sie lediglich die Beziehungen zum Veräußerer, nicht aber zu den anderen Wohnungseigentümern regeln (*OLG Köln* ZMR 2000, 862; *BayObLG* ZMR 2005, 76 f.; Jennißen/*Hogenschurz* § 20 Rn. 10).

b) Anforderungen an die abweichenden Regelungen

129 **Die Abweichung vom Gesetz muss klar und eindeutig sein** (Jennißen/Hogenschurz § 20 Rn. 10). **Bei widersprüchlichen Bestimmungen** kann grundsätzlich keine der einander widersprechenden Regelungen Vorrang beanspruchen. Es gilt dann wieder das dispositive Gesetzesrecht (*OLG Oldenburg* ZMR 1998, 196; vgl. *OLG Stuttgart* ZMR 1999, 285). Zugunsten des Umbauwilligen muss die Regelung zudem hinreichend bestimmt sein (*BGH* ZMR 2012, 884), da sie ansonsten keinerlei Wirkung entfaltet. Im Streitfall kann der Inhalt durch Feststellungsklage nach § 43 Abs. 2 Nr. 1 WEG geklärt werden (Jennißen/*Hogenschurz* § 20 Rn. 10).

2. Bestehende Gemeinschaftsordnungen

130 Komplizierter gestaltet sich die Lage bei bestehenden Gemeinschaftsordnungen. Hier ordnet der Gesetzgeber in § 47 S. 1 WEG bekanntlich an, dass eine abweichende Regelung in früheren Vereinbarungen der Anwendbarkeit des neuen Rechtes nicht entgegensteht, soweit sich aus ihnen im Wege der Auslegung nichts anderes ergibt. Für Regelungen, die bereits die früheren, weit restriktiveren Möglichkeiten zur Legalisierung baulicher Veränderungen noch einschränkten, kann der Wille zu einer abweichenden Regelung ohne weiteres angenommen werden. Wer selbst diese Regelungen einschränken wollte, würde dies erst recht bei den heutigen, weit veränderungsfreudigeren Vorschriften für erforderlich halten. Gleiches gilt, wenn die Erleichterungen noch über die jetzigen Regelungen in § 20 WEG hinausgehen. Ebenso dürften gänzlich eigenständige Regelungen wie

Zustimmungsvorbehalte in aller Regel Fortgeltung beanspruchen können, weil die Gemeinschaftsordnung schon seinerzeit andere Wege gehen wollte als das Gesetz. Schließlich ist bei speziell auf die Liegenschaft zugeschnittenen Regelungen etwa zum Ausbau bestimmter Räumlichkeiten regelmäßig davon auszugehen, dass sie als leges speciales sämtlichen pauschalen Gesetzesvorschriften vorgehen sollen (Jennißen/*Hogenschurz* § 20 Rn. 20). Lediglich bei Erleichterungen, die hinter dem WEMoG zurückbleiben (etwa Möglichkeiten der Beschlussfassung mit qualifizierten Mehrheiten) dürfte im Einzelfall zu untersuchen sein, ob sie den neuen Bestimmungen vorgehen sollen.

II. Erleichterungen für umbauwillige Wohnungseigentümer

1. Vorabzustimmungen

a) Gestaltungsmöglichkeiten

Die Erleichterungen für umbauwillige Wohnungseigentümer lassen sich in zwei Kategorien einteilen, nämlich in **Vorabzustimmungen** für bestimmte bauliche Veränderungen und **Verfahrensregelungen**, die ein gegenüber dem Gesetz modifiziertes, eben erleichtertes Zustimmungsverfahren vorsehen. Am günstigsten für den umbauwilligen Wohnungseigentümer sind Vorabzustimmungen. Liegt eine solche vor, kann er die gewünschte Veränderung ohne weiteres vornehmen (*OLG Düsseldorf* ZMR 2000, 190 f.). Derartige Regelungen dürften stets Vorrang vor § 20 WEG beanspruchen, weil sie noch über die dortigen Möglichkeiten hinausgehen, indem sie keinen Beschluss erfordern. Derartige Regelungen können auf **einzelne Veränderungen**, etwa das Anbringen von Werbung (*BayObLG* ZMR 2001, 125) oder die Gartengestaltung (*OLG Schleswig* ZMR 2001, 853 f.) beschränkt und an bestimmte Voraussetzungen geknüpft sein. Häufig ist etwa die Zustimmung zur Anbringung von Markisen, evtl. unter Beschränkung der Farbauswahl (*OLG Celle* ZMR 2001, 835). Ähnliches gilt für den Einbau von Dachflächenfenstern oder Balkonverglasungen (*OLG Düsseldorf* ZMR 2000, 190; *AG Lübeck* ZMR 2014, 679 f.). Es können aber auch ganze **Bündel von Maßnahmen** vorab für zulässig erklärt werden. Besonders häufig (und sinnvoll) sind entsprechende Erleichterungen etwa für Terrassen- und Gartengestaltung etc. in Reihen- oder Doppelhaussiedlungen, da die Eigentümer in derartigen Anlagen eine dem Alleineigentum an einem Grundstück stark angenäherte Stellung erhalten und Beschränkungen durch Mitspracherechte der Miteigentümer anderer Häuser besondere Konfliktpotenziale bieten (vgl. *BayObLG* ZMR 1997, 41; 2000, 236; 2001, 363). Dabei umfasst die Gestattung baulicher Veränderungen »im räumlichen Bereich des dem jeweiligen Wohnungseigentümer zustehenden Hauses« auch die Umgestaltung der Außenfassade (*BayObLG* ZMR 2000, 236). Häufig werden aber noch weiter gehende Befugnisse eingeräumt, etwa zum **Ausbau von Nebenräumen** oder zum Anbau von Terrassen bzw. Balkonen (*OLG Zweibrücken* ZMR 2004, 781). Hier ist darauf zu achten, dass die eingeräumte Befugnis nicht überschritten wird: Darf etwa der Dachspeicher gedämmt und begehbar gemacht werden, beinhaltet dies noch nicht die Nutzung zu Wohnzwecken. 131

b) Schranken

Eine Grenze selbst für solch großzügige Regelungen zieht die allgemeine Treuepflicht den anderen Wohnungseigentümern gegenüber, die verunstaltende bauliche Umgestaltungen verbietet, was aber nicht schon bei einer deutlich abweichenden Fassadenfarbe anzunehmen ist (*OLG Düsseldorf* ZMR 2006, 143 f.). Die Zustimmung kann auch auf das »Ob« einer Maßnahme beschränkt sein, so dass die Miteigentümer der konkreten Ausgestaltung noch zustimmen müssen, was die Regelung aber völlig entwerten kann (*LG Berlin* ZMR 2014, 383). Die Neuerrichtung oder der Abbruch von Baukörpern ist von derartigen Bestimmungen ohne ausdrückliche Regelung nicht gedeckt (*LG Hamburg* ZMR 2012, 887). 132

c) Abweichungen von der zulässigen Maßnahme

Bei **Abweichungen von der Genehmigung** durch die bauliche Veränderung kann die Wohnungseigentümergemeinschaft den Rückbau auf das zulässige Maß bzw., wenn nicht nur eine größere, 133 sondern eine andere Anlage errichtet wurde, die vollständige Beseitigung verlangen (*OLG Köln* ZMR 1995, 607; *OLG Hamburg* ZMR 2003, 869). Eine **weniger beeinträchtigende Anlage** – etwa ein Carport anstelle der vorab gestatteten Garagen – ist aber nicht zu beanstanden (vgl. *LG Hamburg* ZMR 2002, 225 f.).

d) Kosten und Haftung

134 I.d.R. wird eine solche Vorabzustimmung auch die **Kostentragung** des umbauenden Wohnungseigentümers vorsehen. Diese wird i.d.R. dahin gehend auszulegen sein, dass er nicht nur die Kosten für die Vornahme der baulichen Veränderung, sondern auch diejenigen für eventuell bei der Bauausführung entstehende Schäden (*OLG Düsseldorf* ZMR 2001, 647) und **Folgekosten** zu tragen hat (*BayObLG* ZMR 2001, 831). Den umbauenden Wohnungseigentümer trifft gegenüber der Wohnungseigentümergemeinschaft eine **Haftung** aus § 280 Abs. 1 BGB für die ordnungsgemäße Durchführung der Arbeiten, wobei ihm Verschulden von Bauhandwerkern nach § 278 BGB zugerechnet wird (*OLG Düsseldorf* ZMR 2005, 467). Ob seine Ansprüche gegen diese verjährt sind, ist im Innenverhältnis unerheblich (*OLG Düsseldorf* ZMR 2005, 467 f.).

e) Besonderheiten bei der Abbedingung von § 20 WEG

135 Ist die Anwendung wohnungseigentumsrechtlicher Vorschriften zu Nutzung und Veränderungen (etwa bei Reihen- oder Doppelhäusern) in der Teilungserklärung abbedungen, ist der Miteigentümer nicht rechtlos. Er kann nur nicht die Einhaltung der (strengeren) wohnungseigentumsrechtlichen Vorgaben verlangen. Vielmehr richtet sich sein Schutz insoweit wieder nach dem **allgemeinen Nachbarschaftsrecht**, also nach §§ 906 ff. BGB (*BayObLG* ZMR 1997, 41 f.; 2000, 236; 2001, 363 und 473; *OLG Hamburg* ZMR 2003, 870), und den drittschützenden Normen des öffentlichen Rechts (*BayObLG* ZMR 2000, 236; 2001, 363; 473 und 564 f.; 2005, 213; *OLG Hamburg* ZMR 2003, 870), etwa zu Abstandsflächen (*BayObLG* ZMR 2001, 473 und 564). Wenn allerdings aufgrund einer **Baugenehmigung** feststeht, dass das Vorhaben nicht gegen öffentlich-rechtliche Vorschriften verstößt, muss der Miteigentümer dies auch im Beschlussanfechtungsverfahren nach § 43 Abs. 2 Nr. 4 WEG gegen sich gelten lassen (*BayObLG* ZMR 2001, 565; a.A. noch *BayObLG* ZMR 1997, 42), sofern die Bauausführung nicht von der Genehmigung abweicht (*BayObLG* ZMR 2001, 473). Dies gilt allerdings nicht, wenn der betroffene Wohnungseigentümer gar nicht am öffentlich-rechtlichen Genehmigungsverfahren beteiligt wurde, da ihm ansonsten zu keiner Zeit rechtliches Gehör gewährt wurde. Dann kann er die materielle Baurechtswidrigkeit der Baugenehmigung noch im Verfahren nach § 43 Abs. 2 Nr. 4 WEG geltend machen (*BayObLG* ZMR 1997, 42 – insoweit noch aktuell; s. *BayObLG* ZMR 2005, 213). Andere, nicht drittschützende Vorschriften des öffentlichen Rechtes wie Brandschutzanforderungen (*BayObLG* ZMR 2005, 213) oder Vorschriften zum Wärme- und Schallschutz (*BayObLG* ZMR 2005, 213) sind im Verhältnis der Wohnungseigentümer untereinander unbeachtlich, weil sie alleine die Möglichkeiten des Einschreitens der Baubehörde regeln und nur von dieser auf ihre Einhaltung zu überwachen sind (vgl. *BayObLG* ZMR 2000, 547; *OLG Hamm* ZMR 2001, 1007).

f) Versteckte Erleichterungen

136 Zustimmungen zu baulichen Veränderungen können auch in anderen Regelungszusammenhängen »**versteckt**« sein, etwa in der Gestattung bestimmter Nutzungen. Darf ein Teil- oder Sondereigentum etwa zu bestimmten, z.B. gewerblichen Zwecken genutzt werden, umfasst dies regelmäßig auch die Zustimmung zu den hierfür erforderlichen baulichen Veränderungen wie etwa die Anbringung einer Briefkasten- und Klingelanlage oder eines Firmen- bzw. Praxisschildes (vgl. *BayObLG* ZMR 2001, 124 f.). Ebenso ist die Aufstellung eines fest mit der Kellerdecke verbundenen Geldautomaten eine bauliche Veränderung, die aber durch eine Zweckbestimmung in der Gemeinschaftsordnung legalisiert wird, die die Nutzung der Einheit als Bankfiliale gestattet (*OLG Düsseldorf* v. 21.03.2022 – 9 U 25/21, ZMR 2022, 807 = IMR 2022, 503).

2. Verfahrensvereinfachungen

137 Sofern die Gemeinschaftsordnung eine von § 20 WEG abweichende Regelung zum **Verfahren der Zustimmung** enthält, dürfte § 20 WEG häufig vorrangig sein. Denn die dortigen Verfahrensvorschriften sind meist weniger streng. Dies gilt etwa für das früher bedeutsame Abrücken vom Einstimmigkeitsprinzip bei beeinträchtigenden baulichen Veränderungen, indem diese generell durch eine **qualifizierte Mehrheit** (etwa zwei Drittel oder drei Viertel der Eigentümer) genehmigt werden konnten (*OLG Düsseldorf* ZMR 1996, 568 f.; *BayObLG* ZMR 1999, 53). Gleiches gilt für die Beschränkung der Mehrheitsentscheidung auf bestimmte Maßnahmen, etwa die farbliche Gestaltung des Gebäudes (*BayObLG* ZMR 2001, 830). Hier dürfte regelmäßig das Mehrheitsprinzip des § 20 Abs. 1 WEG vorrangig sein.

3. Die Erschwerung baulicher Veränderungen

138 Die Gemeinschaftsordnung konnte bauliche Veränderungen auch über die ohnehin schon restriktive Regelung des § 22 Abs. 1 WEG a.F. hinaus ausschließen, etwa auch die Aufstellung mobiler Anlagen (vgl. *BayObLG* ZMR 2002, 950) oder die Veränderung der im Sondereigentum stehenden Bodenbeläge untersagen (*OLG Köln* ZMR 2003, 704). Derartige Regelungen werden regelmäßig Fortgeltung beanspruchen können. Denn in den Fällen, in denen selbst eine Einschränkung von § 22 WEG a.F. gewünscht war, sollen erst recht nicht die weit großzügigeren Möglichkeiten des § 20 WEG eröffnet sein.

4. Die Zustimmung des Verwalters

a) Reichweite

139 Wenn die Gemeinschaftsordnung die Genehmigung baulicher Veränderungen dem Verwalter überträgt, ist stets zu prüfen, ob er befugt sein soll, abschließend darüber zu entscheiden. Es ist zwar grundsätzlich möglich, die Letztentscheidungsbefugnis auf den Verwalter zu übertragen (*KG* ZMR 1998, 657, wo nach der Gemeinschaftsordnung die Zustimmung der Wohnungs- und Teileigentümer ausdrücklich nicht erforderlich sein sollte). Eine solche Alleinzuständigkeit des Verwalters wird von der Rechtsprechung aber nur sehr selten angenommen. Da hierdurch aus dem Eigentum resultierende Rechte der einzelnen Wohnungseigentümer betroffen sind, die grundsätzlich nach eigenem Dafürhalten über eine Zustimmung zu baulichen Veränderungen ihres Gemeinschaftseigentums befinden können, wird ein Zustimmungserfordernis regelmäßig nicht als »Entmachtung« der Miteigentümer, sondern als zusätzlicher Schutz angesehen: Als **Vorschalterfordernis** soll es ein eigenmächtiges Vorgehen einzelner Eigentümer verhindern, dass die Miteigentümer dann nur noch durch gerichtliche Maßnahmen abwehren könnten (*BGH* ZMR 1996, 276; *OLG Düsseldorf* ZMR 1997, 436; *KG* NJW-RR 1991, 1300 f.; ZMR 2002, 698; *OLG Köln* DWE 1997, 33; ZMR 2004, 146 f.; *OLG Schleswig* ZMR 2005, 817; ähnlich für Veräußerungsbeschränkungen *BGH* ZMR 2011, 813; anders für das neue Recht jetzt Jennißen/*Hogenschurz* § 20 Rn. 17, wo die Funktion der Verwalterentscheidung aber letztlich ungeklärt bleibt).

b) Eigentümerversammlung als übergeordnete Entscheidungsträgerin

140 Nach oben Gesagtem können die Wohnungseigentümer im Regelfall die Entscheidung über die bauliche Veränderung an sich ziehen und entgegen einer Genehmigung des Verwalters die Zustimmung zu einer baulichen Veränderung verweigern oder umgekehrt entgegen seiner Ablehnung die Durchführung der Maßnahme gestatten. Daher ist das Fehlen einer Entscheidung des Verwalters unerheblich, wenn die Eigentümerversammlung sogleich selbst über eine bauliche Veränderung befindet (*OLG Düsseldorf* ZMR 2005, 644). Allerdings kann zumindest der professionelle Verwalter nicht in jedem Falle von einer eigenen Entscheidung über die Zulässigkeit einer baulichen Veränderung unter Berufung auf die Letztentscheidungsbefugnis der Wohnungseigentümerversammlung absehen. Er darf diese Frage nur dann der Eigentümerversammlung zur Erteilung einer Weisung oder zur eigenen Entscheidung vorlegen, wenn ernstliche Zweifel über die richtige Entscheidung bestehen,

wobei er den Beschluss der Eigentümerversammlung auch in diesem Fall durch Aufarbeitung der tatsächlichen und rechtlichen Fragen vorzubereiten und einen Vorschlag vorzulegen hat (*BGH* ZMR 1996, 276; weitergehend, die Übertragung schon zur Wahrung der Neutralität befürwortend *KG* ZMR 2005, 900).

c) Folgen der Verwalterentscheidung

aa) Passivlegitimation des Verwalters?

141 Nach neuem Recht erscheint fraglich, ob der Verwalter bei Verweigerung der Zustimmung noch selbst auf Erteilung in Anspruch genommen werden kann. Im Parallelfall der Zustimmung zur Veräußerung nach § 12 WEG wird teilweise vertreten, dass die Klage auf Ersetzung der Zustimmung auch nach dem WEMoG gegen den Verwalter zu richten ist (*AG Heidelberg* ZMR 2021, 523 = MietRB 2021, 148; Jennißen/*Hogenschurz* § 20 Rn. 19). Hierfür lässt sich anführen, dass § 12 Abs. 1 WEG dem Ersteller der Gemeinschaftsordnung bei der Wahl des Zustimmungsberechtigten freie Wahl lässt. Die Zustimmung nach § 12 WEG ist also keine unabdingbar dem Verwalter als Organ der Wohnungseigentümergemeinschaft zugewiesene Aufgabe, so dass aus diesem Aspekt heraus dessen Passivlegitimation nicht zwingend zu bejahen ist. Andererseits ist allgemein anerkannt, dass der Verwalter bei der Zustimmung nach § 12 Abs. 1 WEG als Treuhänder und mittelbarer Stellvertreter der Wohnungseigentümer handelt, so dass er nach altem Recht bei einer Verurteilung zur Zustimmung in der Regel jedenfalls unter dem Gesichtspunkt der Geschäftsbesorgung sogar einen Ersatzanspruch aus §§ 675 Abs. 1, 670 BGB wegen der Prozesskosten hatte (*BGH* ZMR 2020, 422 = ZWE 2020, 188). Daher erscheint es sowohl bei der Zustimmung nach § 12 WEG als auch bei derjenigen zur baulichen Veränderung eher geboten, die Passivlegitimation der Wohnungseigentümergemeinschaft anzunehmen (so für Zustimmungen nach § 12 WEG auch Jennißen/*Grziwotz* § 12 Rn. 31 und jetzt *BGH* v. 21.07.2023 – V ZR 90/22; ZMR 2023, 900 = ZWE 2023, 399).

bb) Rechtslage nach einer Ersetzung der Verwalterentscheidung

142 Ähnlich wie bei der Zustimmung nach § 12 WEG ist die Zustimmung zur baulichen Veränderung folglich im Verfahren nach § 43 Abs. 2 Nr. 2 WEG gegen die Wohnungseigentümergemeinschaft zu erstreiten. Unabhängig von der Frage der Passivlegitimation ersetzt die gerichtliche Entscheidung aber nur das Vorschalterfordernis, wenn dem Verwalter keine weiter gehenden Befugnisse verliehen sind. Die Eigentümerversammlung kann dann gleichwohl, ähnlich wie nach einer Entscheidung des Verwalters, eine abweichende Entscheidung treffen. Ruft der Umbauwillige dagegen nach einer Verweigerung der Zustimmung durch den Verwalter die Wohnungseigentümerversammlung an, kann letzterer jedenfalls nach einer Beschlussfassung nicht mehr selbst auf Erteilung in Anspruch genommen werden, da die diesbezüglichen Pflichten auf die Wohnungseigentümergemeinschaft übergegangen sind. Dann ist in jedem Falle eine Beschlussklage anzustrengen. Überholt dürfte die Rechtsprechung sein, wonach eine Beseitigung der baulichen Veränderung trotz Fehlens der Zustimmung von Verwalter bzw. Eigentümerversammlung nicht verlangt werden, wenn die Voraussetzungen einer Genehmigung vorliegen (*BGH* ZMR 2004, 441; *OLG Köln* NZM 2001, 54; *OLG Schleswig* ZMR 2005, 817; a.A. *BayObLG* ZMR 2002, 950 f.). Hier dürfte ein Gleichlauf mit der gesetzlichen Regelung geboten sein (vgl. o. Rdn. 42 ff.).

H. Das Vorgehen gegen ungenehmigte bauliche Veränderungen

I. Neuerungen

1. Fehlender Beschluss als materiell-rechtliche Voraussetzung

143 Einzige materiell-rechtliche Voraussetzung für das Vorgehen gegen eine bauliche Veränderung ist das Fehlen eines Beschlusses, der sie legalisiert. Dies ist dann der Fall, wenn ein solcher überhaupt nicht gefasst wurde oder nichtig ist. Liegt ein wirksamer Beschluss vor, muss dieser angefochten werden. Ansonsten kommt es auf die Rechtmäßigkeit der baulichen Veränderung nicht an, da diese

dann legalisiert ist. Ist der Beschluss über die bauliche Veränderung angefochten, so ist der Prozess wegen der Beseitigung der baulichen Veränderung bis zur Entscheidung über die Anfechtung auszusetzen (vgl. o Rdn. 44 und *BGH* ZMR 2019, 358 = WuM 2019, 102 = ZfIR 2019, 203; *BGH* ZMR 2020, 854 = WuM 2020, 518 = ZfIR 2020, 575).

2. Wohnungseigentümergemeinschaft als alleinige Trägerin der Verwaltung (§§ 9a Abs. 2, 18 Abs. 1 WEG)

a) Gesetzliche Prozessführungsbefugnis der Wohnungseigentümergemeinschaft

Nach früherem Recht war die Befugnis zur Abwehr von Störungen des Gemeinschaftseigentums gespalten. Teils stand sie bereits kraft Gesetzes der Wohnungseigentümergemeinschaft zu, teils den einzelnen Wohnungseigentümern. In letztgenanntem Fall konnte sie aber durch Beschluss der Eigentümerversammlung auf die Wohnungseigentümergemeinschaft übertragen werden, was man »Vergemeinschaftung« nannte. Von diesem System ist das WEMoG vollständig abgerückt. Der Gesetzgeber hat die ordnungsmäßige Verwaltung unter ausdrücklicher Ablehnung der höchstrichterlichen Rechtsprechung (BT-Drs. 19/18791, S. 56) vom Verwalter auf die Wohnungseigentümergemeinschaft verlagert. Soweit das Gesetz dem Verwalter noch bestimmte Aufgaben zuweist, handelt es sich um eine interne Zuständigkeitsverteilung (BT-Drs. 19/18791, S. 56), also um Regelungen im Innenverhältnis, deren Durchführung nunmehr Sache der Wohnungseigentümergemeinschaft ist. Nach §§ 9a Abs. 2, 18 Abs, 1 WEG ist daher nun alleine die Wohnungseigentümergemeinschaft zur Abwehr von Störungen des Gemeinschaftseigentums befugt, gleich, ob es sich um Beseitigungs-, Schadensersatz- oder sonstige Ansprüche handelt. Materiell-rechtlich sind zwar die Wohnungseigentümer als Beeinträchtigte Inhaber der Ansprüche aus § 1004 BGB; ausübungsbefugt ist aber bei der Beeinträchtigung des Gemeinschaftseigentums alleine die Wohnungseigentümergemeinschaft. Eine hierauf gerichtete Klage eines einzelnen Wohnungseigentümers wäre mithin mangels Prozessführungsbefugnis unzulässig (*BGH* ZMR 2021, 680 = ZWE 2021, 325). Dies gilt auch für öffentlich-rechtliche Abwehransprüche. Die Befugnis einzelner Wohnungseigentümer, derartige Ansprüche im Hinblick auf das Gemeinschaftseigentum geltend zu machen, ist durch das WEMoG entfallen. Sie steht nunmehr alleine der Wohnungseigentümergemeinschaft zu (*VGH Baden-Württemberg* IMR 2021, 258). 144

b) Abwehr von Störungen des Sondereigentums und des Sondernutzungsrechtes

Schon nach bisherigem Recht konnte die Wohnungseigentümergemeinschaft Ansprüche wegen der Beschädigung von Sondereigentum nicht vergemeinschaften, selbst wenn sie zusammen mit Schadensersatzansprüchen wegen der Beschädigung von Gemeinschaftseigentum geltend gemacht werden sollten (*BGH*, ZMR 2020, 675 = ZWE 2020, 344). Die Fortführung dieser Praxis entspricht dem ausdrücklichen Willen des Gesetzgebers (BT-Drs. 19/18791, 51). Für Klagen auf Unterlassung oder Beseitigung von Störungen des Sondereigentums sowie auf Ersatz von Substanzschäden ist der betroffene Wohnungseigentümer daher auch nach neuem Recht prozessführungsbefugt (*BGH* ZMR 2021, 826 = WuM 2021, 521; *LG Frankfurt*/M. ZMR 2021, 839 = WuM 2021, 577). Damit verbleibt auch für Veränderungen des Gemeinschaftseigentums eine Möglichkeit des eigenen Vorgehens einzelner Wohnungseigentümer ohne Einschaltung der Wohnungseigentümergemeinschaft: Will der Wohnungseigentümer selbst auf Unterlassung oder Beseitigung einer solchen Störung vorgehen, muss er die Beeinträchtigung seines Sondereigentums vortragen. Eine Kompensation für die Beeinträchtigung seines Sondereigentums durch die bauliche Veränderung in Form von Schadensersatz kann er freilich nicht verlangen (*BGH* ZfIR 2021 497 = ZMR 2021, 826 = ZWE 2021, 446). 145

Allerdings ist der *BGH* mit der Annahme einer Störung des Sondereigentums sehr zurückhaltend. Danach berechtigen nur unmittelbare positive als auch negative Immissionen zum Vorgehen wegen der Beeinträchtigung des Sondereigentums, nicht aber mittelbare Störungen, die ihre Quelle im Gemeinschaftseigentum haben (*BGH* v. 28.01.2022 – V ZR 106/21 ZWE 2022, 209 = ZMR 2022, 570 = ZfIR 2022, 276). Selbst Eingriffe in die Statik, die sich auf Bestand und Sicherheit des Sonder- 146 eigentums auswirken können, genügen nach diesen Maßstäben nicht (*BGH* v. 28.01.2022 – V ZR 106/21, ZWE 2022, 209 = ZMR 2022, 570 = ZfIR 2022, 276).

147 Gleiches gilt bei der Störung von **Sondernutzungsrechten.** Diese kann der einzelne Wohnungseigentümer ähnlich wie bei der Störung von Sondereigentum kraft eigener Prozessführungsbefugnis abwehren, auch wenn zugleich Gemeinschaftseigentum betroffen ist. Hieran hat § 9a Abs. 2 WEG nichts geändert. Denn bei der Abwehr von Störungen eines dinglichen Sondernutzungsrechtes handelt es sich nicht um ein aus dem Gemeinschaftseigentum resultierendes Recht (*BGH* v. 01.10.2021 – V ZR 48/21, ZMR 2022, 230).

c) Vorgehen bei Untätigkeit der Wohnungseigentümergemeinschaft

aa) Beschlussersetzung

148 Sofern der Gegner der baulichen Veränderung nicht vortragen können, dass diese auch sein Sondereigentum beeinträchtigt, kann er kraft Gesetzes nicht selbst hiergegen vorgehen. Einem einzelnen Wohnungseigentümer verbleibt in den Fällen, da sich die Eigentümerversammlung nicht auf Maßnahmen zur Durchsetzung solcher Rechte aus dem Gemeinschaftseigentum verständigen kann, nur die Beschlussersetzung. Theoretisch ergeben sich kaum lösbare Probleme bei Veränderungen, die der gesamten Gemeinschaft zugute kommen sollen. Denn dann müsste die Wohnungseigentümergemeinschaft als Ausübungsbefugte gegen sich selbst als Trägerin der Verwaltung des gemeinschaftlichen Eigentums vorgehen. In der Praxis wird sich dieses Paradoxon regelmäßig dadurch auflösen, dass bereits der Beschluss über die bauliche Veränderung für ungültig erklärt wird und daher nicht durchzuführen ist. Nach seiner Bestandskraft kann dagegen die Beseitigung der baulichen Veränderung nicht mehr verlangt werden.

bb) Rückermächtigung

149 Häufig scheuen die Wohnungseigentümer nur die Kosten eines Gerichtsverfahrens, haben aber nichts gegen die Klage auf Beseitigung der Störung auf eigene Kosten eines Miteigentümers. Der *BGH* hat bei ausschließlicher Ausübungsbefugnis des Verbandes schon nach altem Recht eine »Rückermächtigung« des einzelnen Wohnungseigentümers für zulässig gehalten (*BGH* ZMR 2015, 952 = ZWE 2015, 358 Rn. 7), was auf das neue Recht übertragen wurde (*AG Friedberg*, Urt. v. 16.02.2022 – 2 C 819/21, ZMR 2022, 413 = IMR 2022, 323; Dötsch/Schultzky/Zschieschack, Kap. 3 Rn. 148; *Zschieschack* IMR 2020, 487; Jennißen/*Hogenschurz* § 20 Rn. 123; implizit auch Lübke ZMR 2021, 101, 102). Allerdings findet sich etwas versteckt in einer neueren Entscheidung des *BGH* das obiter dictum, wonach Unterlassungsansprüche nach neuem Recht »zwingend« von der Wohnungseigentümergemeinschaft geltend zu machen sind (*BGH* ZfIR 2021, 489 = ZMR 2021, 992 = ZWE 2021, 451 Rdn. 20). Ob dies nur auf die neue Rolle der Wohnungseigentümergemeinschaft abstellt oder eine Abkehr von der Rückermächtigung bedeutet, bleibt abzuwarten.

II. Der zur Beseitigung auffordernde Mehrheitsbeschluss

150 Früher heftig umstritten, aber von Teilen der obergerichtlichen Rechtsprechung bejaht war die Frage, ob ein (bestandskräftiger) Mehrheitsbeschluss, mit dem ein Miteigentümer zur Beseitigung einer baulichen Veränderung aufgefordert wurde, eine selbständige Verpflichtung hierzu begründete (bejahend *BayObLG* ZMR 1996, 623 f.; 2003, 434; *OLG Hamburg* ZMR 2003, 447 f.; *OLG Köln* ZMR 2004, 215; verneinend *KG* ZMR 2010, 133). In der Praxis konnten sich die Wohnungseigentümer eine Art »Grundurteil« selbst schaffen, da die Beseitigungspflicht mit Bestandskraft feststand. Dieser Möglichkeit ist der *BGH* zu Recht entgegengetreten. Die Mehrheit hat keine Kompetenz, eine persönliche Leistungspflicht eines Miteigentümers durch Beschluss zu begründen (*BGH* ZMR 2010, 777; ähnlich schon *BGH* ZMR 2005, 554 unter Verweis auf Wenzel NZM 2004, 542 ff.; *OLG Zweibrücken* ZMR 2007, 646 f.). Mehrheitsbeschlüsse, die einem Miteigentümer die Beseitigung einer baulichen Veränderung aufgeben, sind somit allenfalls als Aufforderung zum Rückbau zu verstehen, begründen aber keine selbstständige Verpflichtung hierzu (*BGH* v. 21.07.2023 – V ZR

215/21, ZMR 2023, 997 = ZWE 2024, 40). Auch als Ermächtigung des Verbandes zur Durchsetzung des Beseitigungsanspruchs (hierzu *KG* ZMR 2010, 133) sind sie heute nach der gesetzlichen Ermächtigung der Wohnungseigentümergemeinschaft obsolet. Eine Beschlussfassung, die den Störer zur Beseitigung auffordert, ist allenfalls zur Inverzugsetzung erforderlich. Für den Beseitigungsanspruch ist sie bedeutungslos und daher entbehrlich.

III. Der Unterlassungsanspruch

Sofern die bauliche Veränderung noch nicht (vollständig) durchgeführt ist, wird die Geltendmachung eines Unterlassungsanspruchs nach § 1004 Abs. 1 S. 2 BGB; § 14 Abs. 1 Nr. 1 WEG oftmals die wirkungsvollste Rechtsschutzmöglichkeit darstellen. Der Antrag und später der Tenor ist einfacher zu formulieren als bei der Beseitigung; es kann schon genügen, z.B. die Verpflichtung zur Unterlassung von Bauarbeiten oder der Anbringung einer Parabolantenne am Balkon der Wohnung Nr. x in der Liegenschaft y zu beantragen. Dabei sollte die Hauptsache unbedingt mit einem Antrag auf Baustopp im Wege der **einstweiligen Verfügung** nach §§ 935 ff. ZPO verbunden werden, da der Unterlassungsanspruch ansonsten u.U. leer läuft (*AG München* ZMR 2010, 999). Denn schon die Entscheidung der ersten Instanz käme in der Hauptsache häufig zu spät. I.d.R. sollte die Wohnungseigentümergemeinschaft die Fertigstellung der Baumaßnahme durch den Miteigentümer nicht zulassen, da sie diese dann oftmals über Jahre, bis zum Abschluss des Verfahrens über ihre Beseitigung »vor der Nase« hat. Denn die Gerichte werden allenfalls in seltenen Ausnahmefällen einen Rückbau im Wege der einstweiligen Verfügung anordnen, da dies auf eine Vorwegnahme der Hauptsache hinausliefe. Zudem bewirkt eine über längere Zeit liegen gebliebene Baustelle oftmals eine erhebliche Verstärkung der Vergleichsbereitschaft. Das nach § 1004 Abs. 1 S. 2 BGB erforderliche **Drohen einer Beeinträchtigung** ergibt sich bereits aus Vorbereitungshandlungen. In jedem Falle ausreichend ist ein Beginn mit den Bauarbeiten; u.U. kann schon die Einholung einer Baugenehmigung genügen (*BayObLG* WE 1994, 116). Frühere Eigenmächtigkeiten können bei der Prüfung der drohenden Beeinträchtigung berücksichtigt werden (*BayObLG* WE 1994, 116). Durch eine strafbewehrte Unterlassungserklärung kann der betroffene Wohnungseigentümer das Drohen einer Beeinträchtigung ausschließen und somit ein gerichtliches Verfahren abwenden (*BGH* NJW 1987, 3252). 151

IV. Die Beseitigung einer baulichen Veränderung

1. Anspruchsgrundlage

Hat der umbauwillige Wohnungseigentümer die anderen vor vollendete Tatsachen gestellt, kann die Wohnungseigentümergemeinschaft aus **§ 1004 Abs. 1 S. 1 BGB, § 14 Abs. 1 Nr. 1 WEG** die Beseitigung der baulichen Veränderung verlangen (*BayObLG* ZMR 1995, 496 f.; *OLG Köln* ZMR 1995, 606; *KG* ZMR 2005, 978). Denn die bauliche Veränderung hält die Vereinbarungen der Wohnungseigentümer zur Nutzung des Gemeinschaftseigentums nicht ein. Darüber hinaus kann die Wohnungseigentümergemeinschaft deren Beseitigung aus **§ 823 Abs. 1 BGB** verlangen, sofern ein schuldhaftes Handeln des Umbauenden vorliegt (*OLG Köln* ZMR 1995, 606), was regelmäßig zu bejahen sein wird. In der Sache führt dieser Anspruch selten weiter als der Anspruch aus § 1004 Abs. 1 BGB, da auch dieser die vollständige Beseitigung der rechtswidrigen Veränderung umfasst, was verbliebene Schäden wie Dübellöcher, Maueröffnungen usw. einschließt (vgl. *BayObLG* ZMR 1995, 496 f.; WE 1998, 150; *OLG Köln* ZMR 1995, 606). Ähnliches gilt für die weiterhin diskutierte Anspruchsgrundlage der früheren positiven Vertragsverletzung, nunmehr **§ 280 BGB.** Hingegen kann aus keiner Anspruchsgrundlage ein »**modifizierter Rückbau**«, also ein Umbau zu einer der Wohnungseigentümergemeinschaft genehmen Veränderung verlangt werden (*OLG Düsseldorf* ZMR 2004, 365 f.; ähnlich *BayObLG* ZMR 2005, 378). 152

2. Passivlegitimation

a) Wohnungseigentümer als unmittelbarer Störer

153 Die Rückbauverpflichtung richtet sich regelmäßig gegen den umbauenden Wohnungseigentümer als Handlungsstörer. Eine Eigentümermehrheit, die für die bauliche Veränderung verantwortlich ist, kann gesamtschuldnerisch in Anspruch genommen werden; jeder einzelne haftet nach dem Rechtsgedanken von § 840 Abs. 1 BGB. Der **Gesamtrechtsnachfolger** übernimmt das mit den Beseitigungsansprüchen belastete Wohnungs- oder Teileigentum, sodass er passivlegitimiert ist. Der **Sonderrechtsnachfolger** kann nicht auf Beseitigung in Anspruch genommen werden, wenn die Veränderung bereits vor seiner Eintragung in das Grundbuch vorgenommen wurde (*OLG Köln* ZMR 2004, 708; *OLG Hamm* ZMR 2005, 307). Er ist nach diesem Konzept sog. Zustandsstörer und muss nur die Beseitigung durch den Voreigentümer oder die Eigentümergemeinschaft dulden (*KG* ZMR 1997, 316; *OLG Hamm* ZMR 2005, 307; *OLG Düsseldorf* ZMR 2010, 386; *LG München* I ZMR 2010, 151). Ferner bestehen Ansprüche auf Wiederherstellung eines ordnungsgemäßen Zustands des Gemeinschaftseigentums gegen die Eigentümergemeinschaft (*OLG Köln* ZMR 2004, 708; *OLG Hamm* ZMR 2005, 307).

b) Vom Eigentümer genehmigte bauliche Veränderung durch Dritte

154 Nehmen berechtigte Nutzer, etwa Mieter oder Pächter, eine bauliche Veränderung vor, so ist hinsichtlich der Unterlassungs- und Beseitigungsansprüche zu differenzieren: Handeln die Nutzer mit **Genehmigung des Wohnungseigentümers**, so ist letzterer selbst (mittelbarer) Handlungsstörer und kann zur Beseitigung der Veränderung verpflichtet werden (*BayObLG* ZMR 1996, 624; *OLG Düsseldorf* ZMR 2001, 375; *LG Hamburg* ZMR 2013, 633; *AG Hamburg*-St. Georg ZMR 2012, 403; *AG Schwarzenbek* ZMR 2013, 581 f.). Daneben kann er wegen eigener Verletzung seiner Pflichten aus dem Gemeinschaftsverhältnis aus § 280 BGB schadensersatzpflichtig sein (*OLG Hamm* ZMR 1996, 42; *BayObLG* ZMR 2002, 286; *LG Dortmund* ZMR 2011, 658 f.; *AG Oberhausen* ZMR 2012, 58). Ob darüber hinaus ein Verschulden des berechtigten Nutzers nach § 278 BGB zuzurechnen ist, wird bei Angehörigen des Hausstandes und des Geschäftsbetriebes allgemein bejaht, ist bei Mietverhältnissen jedoch umstritten, da der Wohnungseigentümer mietrechtlich nur sehr begrenzte Einwirkungsmöglichkeiten auf den Mieter hat. Letztlich ist die Haftung aber wohl mit der Rechtsprechung zu bejahen, da der Wohnungseigentümer die Einhaltung dieser Pflichten zum Vertragsgegenstand machen und zumindest durch Kündigung des Mietverhältnisses auch auf Mieter einwirken kann (*BayObLG* NJW 1970, 1554; *KG* ZMR 2000, 560; 2002, 968; *LG Berlin* ZMR 2003, 60). Das Verschulden von Bauhandwerkern, Architekten etc. ist ihm ohne weiteres nach § 278 BGB zuzurechnen (*AG Oberhausen* ZMR 2012, 59). Hat ihm der Eigentümer im Mietvertrag Rechte eingeräumt, die der Teilungserklärung oder Gebrauchsregelungen zuwiderlaufen, ist diese Verpflichtung dem Mieter gegenüber wirksam (*KG* ZMR 2000, 403; *OLG Celle* ZMR 2004, 690; *AG Hamburg* ZMR 2003, 456). Der vermietende Miteigentümer kann sie aber der Eigentümergemeinschaft nicht entgegenhalten (*OLG Köln* ZMR 2005, 229; *KG* ZMR 2005, 978). Vielmehr muss er dem Mieter zum Verzicht hierauf bis zur Opfergrenze finanzielle Kompensationen anbieten (*OLG Celle* ZMR 2004, 690) oder Schadensersatz leisten (*OLG Köln* ZMR 2005, 229). Auch eine wenig aussichtsreiche Klage ist zumutbar (*OLG Stuttgart* ZMR 1992, 554).

c) Vom Eigentümer nicht genehmigte bauliche Veränderung durch Dritte

aa) Vorgehen gegen den (vermietenden) Eigentümer

155 Handelt der berechtigte Nutzer dagegen **eigenmächtig**, kann der Wohnungseigentümer mangels zurechenbaren eigenen Verhaltens nicht unmittelbar als Handlungsstörer für die Beseitigung in Anspruch genommen werden. Die Miteigentümer können den vermietenden bzw. sonstwie den Gebrauch überlassenden Wohnungseigentümer nach Streichung des § 14 Nr. 2 WEG a.F. auch nicht mehr darauf in Anspruch nehmen, alle zumutbaren Maßnahmen zu ergreifen, um den unzulässigen Gebrauch durch den Nutzungsberechtigten zu beenden (hierzu s. noch *BGH* ZMR

1995, 418; 1996, 148; *OLG Köln* ZMR 2001, 65 f.; *BayObLG* ZMR 2000, 778; 2003, 758; *OLG Schleswig* ZMR 2004, 941 f.). Durch § 14 Abs. 2 Nr. 1 WEG wird diese Lücke wohl nicht geschlossen. Denn zum einen ist dort von Dritten nicht die Rede. Zudem sind dort der Sache nach nur Pflichten zur Unterlassung, nicht auch zum aktiven Tun geregelt. Zwar wird man in besonderen Fällen auch ein positives Tun, etwa durch Auswechseln schadhafter Bauteile zur Vermeidung von Beeinträchtigung anderer Sondereigentümer, verlangen können. Dies kann aber auch bei Unterlassungsansprüchen etwa aus § 1004 Abs. 1 BGB der Fall sein und ändert nichts an deren Rechtsnatur. Einen anderen Weg nehmen einige unterinstanzliche Judikate, die auf die Verantwortlichkeit des vermietenden Wohnungseigentümers für seinen Mieter aus § 278 BGB abstellen. Wieder andere sehen den vermietenden Wohnungseigentümer schon deswegen als mittelbaren Störer, weil er nicht gegen die von seinem Mieter ausgehenden Beeinträchtigungen vorgeht (*AG Hamburg* IMR 2022, 121 im Ergebnis ähnlich *AG Pinneberg* IMR 2022, 120; Dötsch/Schultzky/Zschieschack Kap. 6 Rn. 41). Dies erscheint wenig überzeugend. Denn § 278 BGB ist eine Zurechnungsnorm, verpflichtet aber nicht zum vorbeugenden Eingreifen gegenüber Dritten. Ebenso erscheint eine letztlich alleine auf dem Eigentum beruhende Störereigenschaft überzogen. Zudem müsste man dann davon ausgehen, dass § 14 Nr. 2 WEG a.F. letztlich überflüssig war, was bei Geltung der Norm, soweit ersichtlich, niemand angenommen hat.

bb) Unmittelbares Vorgehen gegen den störenden Dritten

Der gesetzeswidrigen Inanspruchnahme des Eigentümers bedarf es auch nicht. Denn es besteht ein **Anspruch gegen den Dritten** selbst aus §§ 823 Abs. 1, 1004 Abs. 1 Satz 1 BGB auf Beseitigung der baulichen Veränderung, da er ein absolutes Recht, das Gemeinschaftseigentum, beschädigt hat (*KG* ZMR 2002, 969; *OLG Köln* ZMR 2001, 66; *BayObLG* ZMR 2002, 948). Die materiell-rechtlichen Ansprüche gegen den berechtigten Nutzer außerhalb der Eigentümergemeinschaft sind grundsätzlich sogar weitergehend als gegen den Miteigentümer. Hier kann jede Verletzung des Gemeinschaftseigentums genügen, da sich der bloß schuldrechtlich berechtigte Nutzer gegenüber den Wohnungseigentümern nicht zwangsläufig auf Rechte berufen kann, die nur den Wohnungseigentümern zustehen (*BayObLG* ZMR 2002, 949). Diese Ansprüche sind allerdings, da es nicht um das Verhältnis der Wohnungseigentümer untereinander (§ 43 Abs. 2 Nr. 1 WEG) geht, streitwertabhängig vor dem Amts- oder Landgericht anhängig zu machen (*KG* ZMR 1997, 316; *BayObLG* ZMR 2002, 948). 156

3. Antrag und Tenor

a) Beseitigung

Antrag und Tenor müssen hinreichend bestimmt sein. Es genügt also nicht, »den Rückbau der Veränderungen« o.Ä. zu beantragen. Der Antragsteller hat die bekämpfte Veränderung im Einzelnen zu beschreiben, so dass in der Zwangsvollstreckung kein Zweifel mehr darüber aufkommen kann, was zu beseitigen ist. Nützlich kann in diesem Zusammenhang die Vorlage von Plänen, Bauzeichnungen oder Lichtbildern sein, die durch Markierungen o.Ä. den Umfang der gewünschten Beseitigung klar machen. Auf eine solche Anlage kann auch im Entscheidungstenor Bezug genommen werden, was einer nicht selten zu Auslegungsschwierigkeiten Anlass bietenden wörtlichen Beschreibung vorzuziehen sein kann. Hingegen hat der Antragsteller keinen Anspruch darauf, wie die Beeinträchtigung durch eine bauliche Veränderung beseitigt wird. Etwa bei Immissionen ist es Sache des Urhebers einer baulichen Veränderung, ob er die Störungsquelle völlig beseitigt oder durch zusätzliche Einbauten neutralisiert (*OLG Düsseldorf* ZMR 1997, 537). Sofern nur ein Teil der baulichen Veränderung beeinträchtigt, kann der betroffene Wohnungseigentümer nur dessen Entfernung verlangen (*BayObLG* ZMR 2000, 236). Dem in Anspruch Genommenen steht es aber offen, die Einrichtung insgesamt zu beseitigen. Sofern über den Umfang der baulichen Veränderung und somit über den Antrag Zweifel bestehen, folgt aus § 242 BGB ein **Auskunftsanspruch** gegen den Wohnungseigentümer, der die bauliche Veränderung vorgenommen hat (*OLG Düsseldorf* ZMR 1997, 149; vgl. o. Rdn. 12). Dieser kann im Stufenverhältnis zum Beseitigungsantrag gestellt werden. 157

b) **Vorteilsabschöpfung**

158 Sofern aus einem unberechtigten Umbau des Gemeinschaftseigentums finanzielle Vorteile gezogen wurden, kann die Gemeinschaft zudem deren **Herausgabe nach §§ 990, 987 BGB** verlangen (*OLG Düsseldorf* ZMR 2005, 803). Diesem Verlangen können die Kosten des Umbaus nicht entgegengehalten werden. Denn der Umbauende, der auf die Feststellung der Eigentumsverhältnisse anhand der Teilungserklärung verzichtet, ist bösgläubig, so dass er den Ersatz wertsteigender Verwendungen nach §§ 996, 990 BGB nicht verlangen kann (*OLG Düsseldorf* ZMR 2005, 803).

4. Verteidigungsmöglichkeiten gegen den Beseitigungsanspruch

a) **Verjährung**

aa) **Beseitigungsansprüche**

159 Gegen einen bestehenden Anspruch auf Beseitigung einer baulichen Veränderung sind nur wenige Verteidigungsmöglichkeiten gegeben. Am aussichtsreichsten dürfte noch der Versuch sein, die Einrede der **Verjährung** zu erheben. Nach der Schuldrechtsreform ist die dreijährige Verjährungsfrist des § 195 BGB auch auf Ansprüche auf Beseitigung einer baulichen Veränderung anzuwenden (*KG* ZMR 2009, 792; *LG Hamburg* ZMR 2012, 128 f.; *LG Hamburg* ZMR 2013, 558; *Röll* ZWE 2002, 353 ff.; *Hogenschurz* ZWE 2002, 512 ff.). Danach verjähren Beseitigungsansprüche unabhängig von der Kenntnis eines Miteigentümers nach § 199 Abs. 4 BGB in 10 Jahren, ansonsten nach 3 Jahren, wobei diese Frist erst mit Schluss des Jahres zu laufen beginnt, in dem der Anspruch entstanden ist und der Gläubiger von der baulichen Veränderung Kenntnis erlangte oder ohne grobe Fahrlässigkeit hätte erlangen müssen (*LG Hamburg* ZMR 2012, 128 f.). Allerdings ist der *BGH* bei der Annahme einer grob fahrlässigen Unkenntnis baulicher Veränderungen sehr zurückhaltend. So stellte er bei einem Terrassenfundament aus Beton vor einem von drei selbständigen Gebäuden ausschließlich auf die positive Kenntnis ab, wobei er ausdrücklich hinnahm, dass die zehnjährige Verjährungsfrist für Ansprüche auf Beseitigung baulicher Veränderungen zur Regel wird (*BGH* ZMR 2014, 996). Die Zeit zwischen der Genehmigung der baulichen Veränderung durch Beschluss und seiner Ungültigerklärung ist bei der Berechnung der Frist nicht einzuberechnen (*LG Frankfurt/M.* ZMR 2019, 432). Altansprüche sind nach dieser Auffassung mit Ablauf des 31.12.2004 verjährt (Hogenschurz ZWE 2002, 514). Nach der gesetzlichen Übertragung der Ausübungsbefugnis von Beseitigungsansprüchen auf den Verband, ist ihm die grobe Unkenntnis des Verwalters zuzurechnen, wenn dieser bei Vornahme der gebotenen Begehungen eine Veränderung hätte feststellen müssen (vgl. *AG Wiesbaden* ZMR 2012, 406 f.).

bb) **Unterlassungsansprüche**

160 Allerdings wird die Verjährung nicht in allen Fällen durchgreifen. Denn bei Unterlassungsansprüchen gilt, dass jede Einwirkung eine neue Störung darstellt, die die Verjährung von neuem in Gang setzt. Dies wird von der Rechtsprechung auch im Wohnungseigentumsrecht bei Nutzungen, die von der Teilungserklärung abweichen, bejaht (*BGH* ZMR 2011, 967 f.; *KG* ZMR 2002, 544 = WuM 2002, 101; *OLG Karlsruhe*, ZWE 2008, 398; vgl. *OLG Hamm* WE 1992, 136; *LG Hamburg* ZMR 2013, 634). Die Einrede der Verjährung kann danach nur dann begründet sein, wenn der Eingriff mit Durchführung der baulichen Veränderung beendet ist, etwa bei Aufbringen einer neuen Fassadenfarbe oder beim Fällen eines Baumes. Anders dürfte es jedenfalls dann stehen, wenn die bauliche Veränderung mit einer nach der Teilungserklärung unzulässigen Nutzung verbunden ist, wenn also ein Nebenraum zu Wohnzwecken umgestaltet oder der Balkon durch Vollverglasung zu einem weiteren Raum umfunktioniert worden ist. Hier stellt nach oben Gesagtem jede neue Nutzung einen Verstoß dar, der neue Unterlassungsansprüche auslöst, für die eine eigene Verjährung läuft. Der Gegner des Umbaus kann also selbst dann, wenn man der überwiegenden Auffassung zur Verjährung folgt, zumindest ein Verbot der unzulässigen Nutzung eines umgestalteten Raumes o.Ä. verlangen, sofern man die Beeinträchtigung nicht schon in der Möglichkeit einer solchen Nutzung sieht und vom Fortbestehen des Beseitigungsanspruchs ausgeht.

cc) Keine Verjährung sonstiger Ansprüche

Die Verjährung hindert nur die Durchsetzung des Beseitigungsanspruchs aus §§ 823 Abs. 1, 1004 BGB, § 14 Abs. 1 Nr. 1 WEG, nimmt der ungenehmigten baulichen Veränderung nicht den Makel der Rechtswidrigkeit. So muss bei notwendigen Eingriffen der Gemeinschaft in entsprechende Veränderungen (z.B. in einen Bodenbelag bei der Sanierung des Untergrunds) kein angemessener Ausgleich in Geld nach § 14 Abs. 3 WEG geleistet werden (vgl. *AG Kerpen* ZMR 2001, 922). Ferner kann die Gemeinschaft den Rückbau auf eigene Kosten durchführen, wenn dies ordnungsmäßiger Verwaltung entspricht (*BGH* ZMR 2020, 43; *LG Frankfurt*/M., ZMR 2018, 856 = MietRB 2018, 334). 161

b) Verwirkung

aa) Zeitmoment

Folgt man der überwiegenden Auffassung zur Verjährung von Beseitigungsansprüchen, kommt der **Verwirkung** von Beseitigungsansprüchen eine erheblich geringere Bedeutung zu als früher. Denn die Verwirkung des Beseitigungsanspruchs setzt eine langjährige Hinnahme der baulichen Veränderung voraus, was bis zum Ablauf der Verjährungsfrist regelmäßig nicht anzunehmen sein wird. Erschöpft sich der mit einer baulichen Veränderung verbundene Eingriff in ihrer Durchführung (etwa bei neuen Fassadenanstrichen, der Entfernung vorhandener Einrichtungen o.Ä.) werden Beseitigungsansprüche bereits verjährt sein, bevor eine Verwirkung in Betracht kommt. **Eigenständige Bedeutung** hat die Verwirkung auch nach der Verkürzung der Verjährungsfristen noch dort, wo die bauliche Veränderung mit einer unzulässigen Nutzung einhergeht (vgl. Rdn. 160). Hier ist die Nutzung der umgestalteten Räume erst nach Verwirkung der Unterlassungsansprüche unangreifbar, was erst nach langjähriger Duldung in Betracht kommt, nicht aber schon bei vierjähriger (*OLG Hamm* ZMR 2000, 125 f.; *OLG Köln* ZMR 2003, 385), fünfjähriger (*OLG Hamburg* ZMR 2003, 443), sechsjähriger (*OLG Düsseldorf* ZMR 2000, 331; a.A. *KG* ZMR 1997, 316 f. – zweifelhaft, zumal auch das Umstandsmoment in einer reinen Unterlassung von Beseitigungsansprüchen gesehen wird), siebenjähriger (*BayObLG* ZMR 2001, 828) Duldung, wohl aber nach 8 Jahren (*OLG Schleswig* ZMR 2005, 737 f.), 9 Jahren (*OLG Köln* ZMR 1998, 460), 14 Jahren (*LG Wuppertal* ZMR 2001, 400 f.), 15 Jahren (*OLG Hamburg* ZMR 2005, 805), 16 Jahren (*OLG Köln* ZMR 1998, 111), 20 Jahren (*OLG Hamburg* ZMR 2002, 451) oder mehr als 25 Jahren (*OLG Düsseldorf* ZMR 2004, 611). Das Kennenmüssen soll bei der Berechnung dieses Zeitraums ausreichen (*OLG Hamburg* ZMR 2005, 805). Bei der Ermittlung des Zeitmomentes der Verwirkung ist die Zeitspanne einzubeziehen, die ein Rechtsvorgänger des nunmehr die Unterlassung begehrenden Wohnungseigentümers die Nutzung hingenommen hat (*BayObLG* ZMR 2001, 53; 2005, 67; *OLG Hamburg* ZMR 2002, 451; 2005, 805 f.). 162

bb) Umstandsmoment

Die bloße Untätigkeit genügt allerdings nicht, da sie schon vom Zeitmoment erfasst ist (*OLG Frankfurt* ZMR 2010, 704); es müssen weitere Umstände hinzutreten, aus denen geschlossen werden kann, dass der Beseitigungsanspruch nicht mehr geltend gemacht wird (*OLG Frankfurt* ZMR 2010, 703). Derartige Umstände, die auf eine Billigung der Nutzung schließen lassen, sind neben der ausdrücklichen Zustimmung (*OLG Stuttgart* ZMR 2001, 733) insbesondere die Abrechnung einer Einheit entsprechend ihrer tatsächlichen Nutzung mit Billigung der Wohnungseigentümer (*OLG Köln* ZMR 1998, 111). Die eingetretene Verwirkung muss auch der Rechtsnachfolger eines Wohnungseigentümers gegen sich gelten lassen (*OLG Köln* ZMR 1997, 48; *BayObLG* ZMR 2001, 53; *OLG Hamburg* ZMR 2002, 451; 2005, 806). Ein Beseitigungsanspruch wird auch nicht schon dadurch verwirkt, dass ein Miteigentümer ohne Verpflichtung hierzu die Beendigung eines Nutzungsverhältnisses abwartet, vor einer erneuten unzulässigen Nutzung aber seinen Unterlassungsanspruch geltend macht (*BayObLG* ZMR 2004, 687). 163

cc) Folgen der Verwirkung

164 Auch eine eingetretene Verwirkung hindert aber nur die Durchsetzung des Beseitigungsanspruchs aus §§ 823 Abs. 1, 1004 Abs. 1 Satz 1 BGB, § 14 Abs. 1 Nr. 1 WEG. Sie führt nicht zur Rechtmäßigkeit der baulichen Veränderung, so dass andere Ansprüche wie etwa die Entfernung des Umbaus im Rahmen einer notwendigen Sanierung (*OLG Hamburg* ZMR 2002, 452) nach wie vor geltend gemacht werden können. Umgekehrt haben sich die Miteigentümer an den Folgekosten für ungenehmigte Einbauten nicht zu beteiligen (*OLG Saarbrücken* ZMR 1997, 33; *AG Pinneberg* ZMR 2005, 662) und erst recht keinen Schadensersatz bei ihrer Beschädigung zu leisten (vgl. *AG Pinneberg* ZMR 2005, 662).

c) Ungleichbehandlung

165 Einem Beseitigungsverlangen lässt sich u.U. der Einwand **willkürlicher Ungleichbehandlung** entgegenhalten (*KG* ZMR 2009, 792). Dies wird aber nur in extremen Fallgestaltungen der Fall sein, in denen eine Vielzahl von Eigentümern mehr oder weniger identische Veränderungen vorgenommen hat (z.B. Balkonverglasungen o.Ä.) und das Beseitigungsverlangen nur zum Rückbau einer dieser Umgestaltungen führen würde (offenbar noch strenger *BayObLG* ZMR 2001, 125 f.). Ansonsten dürfte dieser Einwand i.d.R. nicht erfolgreich sein. Denn die über den Rückbau beschließenden Miteigentümer sind nicht verpflichtet, gleichzeitig gegen alle baulichen Veränderungen vorzugehen. Zudem steht ihnen ein Beurteilungsspielraum zu, ob eine bestimmte Veränderung noch hinnehmbar ist (*BayObLG* 2000, 778; *OLG Hamburg* ZMR 2002, 616 f.; ZMR 2004, 455). Dabei können auch andere Erwägungen, etwa wirtschaftlicher Natur, zulässig sein, wenn z.B. ohne Genehmigung ein Leerstand oder gar der Ausfall von Vorschüssen nach § 28 Abs. 1 S. 1 WEG droht. Allerdings geht eine unterschiedliche Behandlung unter Berufung auf die fehlende Bindung an den Gleichheitsgrundsatz fehl (so aber *OLG Hamburg* ZMR 2004, 455). Die willkürliche Ungleichbehandlung identischer Veränderungen erscheint allerdings auch in der rein privatrechtlichen Beziehung zwischen Eigentümergemeinschaft und einzelnem Wohnungseigentümer aus Gründen der gegenseitigen Treuepflicht ausgeschlossen (vgl. *BGH* ZMR 1999, 44; *BGH* ZMR 2013, 288 ff.; *BayObLG* ZMR 2001, 818). Es ist aber möglich, einen »Musterprozess« zu führen und von dessen Ausgang das weitere Vorgehen abhängig zu machen (*OLG Frankfurt*/M. ZMR 2002, 616). Gänzlich unbeachtlich ist es, wenn nur der Anspruchsgegner andere Veränderungen für vergleichbar hält (*OLG Hamburg* ZMR 1998, 584; ähnlich *OLG Stuttgart* WEM 1980, 76 f.). Es besteht auch kein Anspruch auf Gleichbehandlung im Unrecht (*LG Hamburg* ZMR 2012, 888 f.; *LG Hamburg* ZMR 2013, 303; Köln ZMR 2013 474 f.).

d) Treu und Glauben; Schikaneverbot

166 In besonders gelagerten Ausnahmefällen können gegen einen Beseitigungsanspruch auch die allgemeinen Beschränkungen der Rechtsausübung einschlägig sein. Dies ist insbesondere dann der Fall, wenn seine Geltendmachung gegen **Treu und Glauben** oder das **Schikaneverbot** verstößt. Beides wird aber nur außerordentlich selten anzunehmen sein. Denkbar ist dies dann, wenn etwa bei Reihenhäusern die Aufhebung der Gemeinschaft bevorsteht, sodass die Beschränkungen des § 20 WEG ohnehin in naher Zukunft fortfallen werden und die Veränderung dann ohne weiteres wieder vorgenommen werden kann (*OLG Düsseldorf* ZMR 1996, 398; vgl. aber *OLG Hamburg* ZMR 2001, 383). Ein Verstoß gegen Treu und Glauben kann ferner bei einem unverhältnismäßigen Aufwand der Beseitigung anzunehmen sein (*BayObLG* ZMR 2000, 51; 2003, 516). In diesem Fall kommt aber eine Entschädigung für die Wertminderung des betroffenen Wohnungs- oder Teileigentums in Betracht (*BayObLG* ZMR 2003, 516). Dies ist aber nicht schon bei hohen Kosten der Fall, insbesondere dann nicht, wenn ein Miteigentümer eigenmächtig bauliche Veränderungen vornahm (vgl. *KG* ZMR 1995, 170; *OLG Zweibrücken* ZMR 1999, 856; *BayObLG* ZMR 2000, 52; 2001, 126; *OLG Köln* NZM 2000, 764 = MDR 2000, 577). Denn dann ist er das Rückbaurisiko bewusst eingegangen. Anderes soll bei Baumaßnahmen zum Wohle der gesamten Eigentümergemeinschaft anzunehmen sein (*BayObLG* ZMR 2000, 52). Der beeinträchtigte Miteigentümer muss die Inan-

spruchnahme seines Sondereigentums durch die Verlegung von Rohren o.Ä. auch nicht schon deswegen aus Treu und Glauben dulden, weil eine (mögliche) andere Verlegung wesentlich teurer wäre (*OLG Düsseldorf* ZMR 2000, 478). Ebenso wenig führt sein Angebot auf Mitbenutzung der Anlage durch die Miteigentümer zur Treuwidrigkeit einer gleichwohl verlangten Beseitigung (*OLG Köln* ZMR 2005, 227). Die Durchführung einer ähnlichen baulichen Veränderung durch einen Wohnungseigentümer lässt dessen Beseitigungsverlangen ebenfalls nicht zwingend gegen Treu und Glauben verstoßen (*OLG Düsseldorf* ZMR 2001, 132; *OLG Karlsruhe* ZMR 2001, 225; anders *AG Hannover* ZMR 2005, 234, wo der Antragsteller das Wohnungseigentum allerdings selbst zum Zwecke des später angegriffenen Ausbaus verkauft hatte). Die vorab erklärte Bereitschaft zu Verhandlungen schließt eine spätere Verweigerung der Zustimmung nicht aus, auch wenn das Einverständnis letztlich aus sachfremden Motiven nicht erteilt wird, da seine Verweigerung keiner besonderen Rechtfertigung bedarf (*OLG Hamm* ZMR 2005, 221). Ein schikanöses Verhalten ist nur dann gegeben, wenn der Rückbau ausschließlich dem Zweck dienen kann, dem betroffenen Wohnungseigentümer Schaden zuzufügen (*OLG Karlsruhe* ZMR 2001, 225). Das ist etwa beim Verlangen, ganz geringfügig das zulässige Maß überschreitende Anlagen zu beseitigen, zu bejahen, etwa bei der Inanspruchnahme eines 1 cm breiten Streifens vom Gemeinschaftseigentum (*BayObLG* ZMR 2000, 236; weit großzügiger *OLG Düsseldorf* ZMR 2003, 955, wo ein 60 cm breiter Streifen betroffen war; vgl. *OLG Köln* DWE 1997, 33, wo das Verlangen, einen 40 cm zu breit und 20 cm zu tief gebauten Balkon zu beseitigen, schikanös sein soll – zweifelhaft). Ähnliches kann gelten, wenn die Durchführung einer von der Gemeinschaft bestandskräftig beschlossenen Sanierung nur geringfügig von den Vorgaben der Eigentümerversammlung abweicht und ein Wohnungseigentümer dies deshalb angreift, weil er mit der bestandskräftig beschlossenen Maßnahme nicht einverstanden ist (*OLG Köln* ZMR 2000, 59). Hingegen genügt es nicht, wenn neben der objektiv zu bejahenden Beendigung einer Beeinträchtigung auch sachfremde Erwägungen wie nachbarliche Auseinandersetzungen eine Rolle spielen. Ebenso wenig genügen Streitigkeiten und Fraktionsbildungen unter den Wohnungseigentümern, die »aus Prinzip« gegen die jeweils andere Seite vorgehen (*OLG Köln* ZMR 1995, 607 f.; ähnlich *BayObLG* NJW-RR 1998, 875 = WuM 1998, 307).

e) Übergangsfristen

Auch wenn die Beseitigung der baulichen Veränderung unvermeidlich ist, kann der Betroffene versuchen, hierfür **Übergangsfristen** zu erwirken. Zwar hat die Beseitigung unzulässiger baulicher Veränderungen grundsätzlich sofort zu erfolgen. Gerade beim Rückbau von Einrichtungen in Räumlichkeiten, die zu anderen als in der Teilungserklärung vorgesehenen Zwecken genutzt wurden, hat die Rechtsprechung zur Einstellung auf die Rechtslage (insbesondere bei vermietetem Sonder- oder Teileigentum) Übergangsfristen gewährt (*BayObLG* ZMR 2000, 54; 2001, 53; 2004, 926). In Ausnahmefällen kann es sogar angemessen sein, diese bis Beendigung des Mietverhältnisses auszudehnen (*KG* ZMR 2000, 333). In diesem Fall wird es aber, wenn bauliche Veränderungen zu beseitigen sind, geboten sein, dem vermietenden Eigentümer die Stellung einer Sicherheitsleistung zur Erfüllung seiner Rückbauverpflichtungen aufzuerlegen (*KG* ZMR 2000, 333). Aus diesen Gründen wird ein Unterlassungsanspruch auch nicht schon dadurch verwirkt, dass ein Miteigentümer die Beendigung eines Nutzungsverhältnisses abwartet, vor einer erneuten unzulässigen Nutzung aber seinen Unterlassungsanspruch geltend macht (*BayObLG* ZMR 2004, 687). 167

5. Das Erkenntnisverfahren

a) Verfahren nach § 43 Abs. 2 Nr. 1/2 WEG

Ob der gegen einen Miteigentümer gerichtete Antrag auf Beseitigung einer baulichen Veränderung ist im Verfahren nach § 43 Abs. 2 Nr. 1 WEG oder nach § 43 Abs. 2 Nr. 2 WEG zu verhandeln ist, hängt davon ab, ob man den Schwerpunkt materiell-rechtlich oder prozessual sieht. Materiellrechtlich handelt es sich um Streitigkeiten der Wohnungseigentümer untereinander, die aber kraft gesetzlicher Ermächtigung nur von der Wohnungseigentümergemeinschaft geltend gemacht werden 168 können. Die Anfechtung eines Mehrheitsbeschlusses und die Beschlussersetzung hat im Verfahren nach § 43 Abs. 2 Nr. 4 WEG zu erfolgen; insoweit gelten keine Besonderheiten.

b) Darlegungs- und Beweislast in der Beschlussanfechtung

169 Da der Anfechtungskläger nach allgemeinen Grundsätzen die von ihm behaupteten Fehler des Beschlusses darlegen und beweisen muss, hat er das Vorliegen einer baulichen Veränderung (etwa in Abgrenzung zur Erhaltung) vorzutragen und unter Beweis zu stellen. Gleiches gilt für eine grundlegende Umgestaltung der Wohnanlage und eine unbillige Benachteiligung einzelner Wohnungseigentümer sowie sonstige Beschlussmängel. Hierfür gelten die Fristen des § 45 S. 1 WEG.

c) Darlegungs- und Beweislast in der Klage auf Beseitigung der baulichen Veränderung

170 Beim Antrag auf Beseitigung einer nicht beschlossenen baulichen Veränderung trägt die Wohnungseigentümergemeinschaft die **Darlegungs- und Beweislast** insbesondere dafür, dass eine bauliche Veränderung vorliegt. Hierfür kann die Vorlage von Lichtbildern genügen, sofern das Gericht hierdurch zu einer hinreichend sicheren Entscheidungsgrundlage gelangen kann (*OLG Saarbrücken* ZMR 1998, 313; *BayObLG* ZMR 1997, 153; 1999, 580; 2000, 52; 2001, 46, 126; WE 1998, 150; *OLG Zweibrücken* ZMR 1998, 465; 2004, 62; *OLG Schleswig* ZMR 2001, 854), was Kosten und Zeitaufwand für einen Ortstermin ersparen kann. Insbesondere dann, wenn es auf einen großräumigen Bereich (etwa bei Änderungen einer Parkanlage) oder wechselnde Lichtverhältnisse (etwa bei der Problematik der Verschattung) ankommt, können Lichtbilder mit ihrer notwendigerweise beschränkten Perspektive und ihrem Augenblickscharakter unzureichend sein (*OLG Düsseldorf* ZMR 2004, 527; wesentlich weitergehend *OLG Schleswig* ZMR 2005, 816). Eine Legalisierung durch Beschluss hat der Beklagte vorzutragen und im Bestreitensfall zu beweisen.

d) Wert der Beschwer

aa) Verurteilung zur Beseitigung baulicher Veränderungen

171 Beim Streit um die Beseitigung baulicher Veränderungen ist der Wert der Beschwer nicht mit dem nach § 49 S. 2 GKG gedeckelten Wert identisch. Die Beschwer richtet sich vielmehr bei der Verurteilung zur Beseitigung einer baulichen Veränderung nach den Kosten des Abrisses. Sie kann noch höher liegen, wenn das Interesse am Erhalt der baulichen Veränderung die Kosten ihrer Beseitigung übersteigt (*BGH* ZMR 2017, 256 = ZWE 2017, 101).

bb) Abweisung einer Klage auf Beseitigung baulicher Veränderungen

172 Das für die Rechtsmittelbeschwer maßgebliche wirtschaftliche Interesse bei Abweisung einer Klage auf Beseitigung einer baulichen Veränderung bemisst sich grundsätzlich nach dem Wertverlust, den das Wohnungseigentum des Klägers durch die Veränderung erleidet. Dieser ist nach § 294 ZPO glaubhaft zu machen (*BGH* ZMR 2017, 755 = ZWE 2017, 335; *BGH* ZfIR 2021, 142 [LS] = WuM 2021, 135).

6. Die Zwangsvollstreckung

173 Die zwangsweise Durchsetzung eines Beseitigungsanspruchs richtet sich nach den Vorschriften der ZPO. Für den Rechtsmittelzug gelten die §§ 567 ff. ZPO. Ist ein Wohnungseigentümer selbst zur Beseitigung verpflichtet, richtet sich das Verfahren nach **§ 887 ZPO** (*BayObLG* NJW-RR 1989, 462; vgl. *OLG Frankfurt*/M. OLGZ 1983, 98 f.; *BayObLG* ZWE 2000, 304 = WuM 2000, 208). Der Gläubiger des Beseitigungsanspruchs kann sich danach ermächtigen lassen, im Wege der Ersatzvornahme auf Kosten des Schuldners die bauliche Veränderung zu beseitigen. Es empfiehlt sich dabei, nach § 887 Abs. 2 ZPO einen Vorschuss für die voraussichtlichen Kosten einzutreiben. Sofern der zur Beseitigung verpflichtete Wohnungseigentümer Widerstand leistet, kann dieser nach § 892 ZPO unter Hinzuziehung des Gerichtsvollziehers gebrochen werden. Die Befugnis zur Ersatzvornahme beinhaltet dabei die Berechtigung zum Betreten der Wohnung, die nicht getrennt aus-

gesprochen werden muss. Zuständig ist nach § 887 Abs. 1 ZPO das Prozessgericht des ersten Rechtszugs, also das Amtsgericht. Sofern **Nichteigentümer nutzungsberechtigt** sind, die nicht Urheber der baulichen Veränderung sind, kann die Beseitigung gegen ihren Willen nicht vorgenommen werden. Der Gläubiger benötigt hierfür einen Duldungstitel (zur materiell-rechtlichen Duldungspflicht Dritter als Zustandsstörer s.o. Rdn. 153). **Sofern ein Nichteigentümer Urheber der baulichen Veränderung** ist, kann zum einen gegen ihn selbst ein Titel auf Beseitigung aus § 1004 Abs. 1 S. 1 BGB bzw. § 823 Abs. 1 BGB erwirkt und nach § 887 ZPO vollstreckt werden (vgl. o. Rdn. 156 f.). Hingegen ist die Unterlassung einer unzulässigen Nutzung (etwa des zu einer Gaststätte umgebauten Wohnungseigentums) durch den Nutzungsberechtigten auch dann nach **§ 890 ZPO** zu vollstrecken, wenn sich die Wohnungseigentümer gegen den vermietenden Miteigentümer wenden können (*BGH* ZMR 1996, 148; *OLG Hamm* WE 1992, 136; *OLG Köln* ZMR 1997, 254). In beiden Fällen entgeht er der Verhängung von Zwangs- bzw. Ordnungsgeldern nur, wenn er darlegt, dass er alles Erforderliche getan hat, um die Zustimmung des Nutzungsberechtigten zur Beseitigung der baulichen Veränderung zu erlangen (*BGH* ZMR 1996, 148; *BayObLG* NJW-RR 1989, 462 f.; DWE 1994, 28). Eine Pflicht zum vorrangigen Vorgehen gegen den berechtigten Nutzer als Handlungsstörer besteht für die Wohnungseigentümer nicht (*OLG Köln* ZMR 2001, 66).

V. Anhang: Zustimmungsbedürftige und zustimmungsfreie bauliche Veränderungen

Ob überhaupt eine bauliche Veränderung vorliegt, ist jetzt nach der gegenüber dem früheren Recht weiteren Definition des § 20 Abs. 1 WEG noch eher zu bejahen als nach den Maßstäben des § 22 Abs. 1 WEG a.F. Deswegen kann die frühere Rechtsprechung zur Beantwortung dieser Frage erst recht herangezogen werden. Für die Frage des Einverständnisses ergeben sich überhaupt keine Änderungen, so dass die Judikatur zum alten Recht auch insoweit Fortgeltung beanspruchen kann. Änderungen ergeben sich hinsichtlich der Rechtmäßigkeit einer baulichen Veränderung, die nunmehr vom Vorliegen eines bestandskräftigen Beschlusses abhängt. 174

Die Installation eines **Abluftrohrs** für die Küchendünste einer Gaststätte stellt eine bauliche Veränderung dar, die die anderen Wohnungseigentümer schon wegen der Immissionen beeinträchtigt (*KG* ZMR 2002, 967 f.). 175

Die Anbringung von **Absperrbügeln** auf Parkplätzen ist eine bauliche Veränderung, die infolge des optischen Eingriffs in das Erscheinungsbild der Parkfläche beeinträchtigt (*LG Hamburg* ZMR 2001, 395). 176

Die Aufstellung eines 2 × 3 m großen historischen **Altarbildes** in einem Gemeinschaftsraum ist eine bauliche Veränderung, die jedenfalls infolge der intensiveren Nutzung durch Besucherverkehr eine Beeinträchtigung darstellt (*AG Starnberg* ZMR 2011, 916 f.). 177

Die langfristige **Anmietung** einer Fläche zur Nutzung als Parkplatz anstelle ihres ursprünglich vorgesehenen Erwerbs stellt keine von § 20 Abs. 1 WEG erfasste bauliche Veränderung dar, wenn die Baulichkeiten wie geplant errichtet werden. Alleine die abweichende sachenrechtliche Zuordnung zur Eigentümergemeinschaft stellt keine bauliche Veränderung dar (*BayObLG* ZMR 1998, 364). 178

Der Einbau einer **Auffahrtsrampe** auf der vorhandenen Treppe ist eine bauliche Veränderung, die die anderen Wohnungseigentümer aufgrund der Verringerung der Treppenbreite und der Sturzgefahr beeinträchtigt (*AG München* ZMR 2013, 1002 f.). Sie kann jetzt aber zu den nach § 20 Abs. 2 Nr. 1–4 WEG privilegierten Maßnahmen gehören. 179

Die **Aufstockung** eines Gebäudes im Rahmen einer Dachsanierung ist eine bauliche Veränderung. Da es durch die neuen Bewohner zu einer verstärkten Nutzung kommt, liegt auch eine Beeinträchtigung i.S.d. § 20 Abs. 3 WEG vor (*BayObLG* ZMR 2001, 560 f.). 180

Der Einbau eines Aufzugs in das Treppenauge, der umfangreiche Umbauarbeiten und die Erschwerung des Transports sperriger Güter voraussetzt, ist eine bauliche Veränderung, die die Miteigentümer beeinträchtigt (*BGH* ZMR 2017, 319 = ZWE 2017, 224). 181

182 Eine Änderung der **Aufzugssteuerung**, die die Benutzung ab einem bestimmten Stockwerk nur mit einem den Eigentümern vorbehaltenen Schlüssel ermöglicht und Besucher von einer eigenständigen Nutzung abhält, ist zwar keine bauliche Veränderung, da nur die Bedienung und der Gebrauch betroffen ist. Eine derartige Gebrauchsregelung kann aber ordnungsmäßiger Verwaltung widersprechen (*OLG Köln* ZMR 2002, 76; vgl. zur gänzlichen Stilllegung einer Anlage auch *BGH*, Urt. v. 15.10.2021 – V ZR 225/20, ZMR 2022, 60; *BayObLG* ZMR 2002, 607; *AG Hamburg* ZMR 2012, 303 f.) oder sogar als verkapptes Sondernutzungsrecht anzusehen sein, das nicht der Beschlusskompetenz der Eigentümerversammlung unterliegt.

183 Die Installation einer **Außenbeleuchtung** kann eine nachteilige bauliche Veränderung sein, wenn die Lichtemissionen andere Wohnungseigentümer über das in § 14 Abs. 2 Nr. 1 WEG zugelassene Maß beeinträchtigen (*OLG Karlsruhe* ZMR 1997, 609; vgl. *KG* ZMR 2005, 978 zu Lichterketten; anders bei Änderungsmöglichkeiten der Einstellung als milderem Mittel *AG Hamburg* ZMR 2002, 872).

184 Das Aufmauern eines **Außenkamins** ist eine bauliche Veränderung, die infolge ihrer optischen Auswirkungen regelmäßig eine Beeinträchtigung darstellt (*OLG Köln* NZM 2000, 764 = MDR 2000, 577).

185 Das Anbringen von **Außenrollläden** stellt auch bei geringer Größe, etwa bei 15 cm Überstand (*OLG Düsseldorf* ZMR 1995, 552) oder bei 8 cm Verkleinerung der Fensterfläche (*OLG Düsseldorf* ZMR 2000, 119) eine bauliche Veränderung dar (vgl. *BayObLG* NJW-RR 1992, 151; *OLG Düsseldorf* ZMR 2001, 131 f.; *OLG Celle* ZMR 2001, 835), die das ästhetische Erscheinungsbild des Gebäudes nachteilig beeinflusst. Ähnliches gilt für Jalousien (*BGH* ZMR 2019, 47 = ZfIR 2018, 695).

186 **Außensteckdosen und -wasseranschlüsse** sind beeinträchtigende bauliche Veränderungen (*BayObLG* WE 1998, 151).

187 Das Fällen von **Bäumen** ist eine beeinträchtigende bauliche Veränderung, wenn diese den Gesamteindruck der Anlage prägen, wie etwa Solitäre (*OLG Köln* ZMR 1999, 661; *OLG Düsseldorf* ZMR 2004, 527; *OLG München* ZMR 2006, 69; *LG Lüneburg* ZMR 2013, 656 f.; *LG Hamburg* ZMR 2013, 742). Gleiches gilt für ein übermäßiges (»verstümmelndes«) Zurückschneiden (*OLG Karlsruhe* DWE 1994, 20; *AG Hamburg* ZMR 2005, 656; ähnlich für Hecken *OLG München* ZMR 2006, 68; *LG Hamburg*, ZMR 2010, 983). Hingegen stellt das Fällen einzelner Bäume aus Gruppenanpflanzungen, etwa 3 von 60 Bäumen in einer Anlage, keine bauliche Veränderung dar, da das Erscheinungsbild der Anlage hierdurch nicht wesentlich umgestaltet wird (*OLG Düsseldorf* DWE 1989, 80; *BayObLG* ZMR 2001, 565 f.; ähnlich *OLG Hamburg* ZMR 2004, 295; *OLG Düsseldorf* ZMR 2004, 527). Die Entfernung kann auch dann als Maßnahme der Instandhaltung der Anlage anzusehen sein, wenn ein Baum durch sein Wachstum das gemeinschaftliche Eigentum (etwa durch Verwurzelung von Versorgungsleitungen) gefährdet (*BayObLG* NJW-RR 1996, 1166) oder krank und umsturzgefährdet ist (*OLG Köln* ZMR 1999, 661; *BayObLG* ZMR 2001, 565 f.). In letzterem Fall kann aber ein Anspruch auf Neuanpflanzung eines gleichartigen Jungbaums bestehen (*LG Düsseldorf* ZMR 2003, 454). Die bloße Beeinträchtigung von Lichteinfall und Belüftung wird i.d.R. durch Rückschnitt bzw. Auslichtung zu beheben sein (*KG* DWE 1996, 30; *OLG Köln* ZMR 1999, 661; *OLG Düsseldorf* ZMR 2004, 528). Beim Schadensersatz für die rechtswidrige Entfernung eines Baumes besteht die Besonderheit, dass regelmäßig nur die Anpflanzung eines Jungbaumes zuzüglich pauschaliertem Schadensersatz für den Minderwert des Grundstücks gegenüber dem vorigen Zustand mit ausgewachsenen Baum nach der von Koch entwickelten Methode zu leisten ist (*OLG Düsseldorf* ZMR 2003, 225; *AG Hamburg* ZMR 2005, 657; ähnlich *LG Dortmund* ZMR 2011, 658 f.; vgl. *BGH* NJW 1975, 2061 f.; *OLG Celle* NJW 1983, 2391 f.; *OLG Düsseldorf* NJW-RR 1997, 856 f.; Breloer AgrarR 2005, 116 ff.). Bei leichter in ursprünglicher Größe zu beschaffenden Heckengewächsen kommt auch die Neuanpflanzung in Betracht (*LG Hamburg*, ZMR 2010, 985).

188 Der Anbau eines **Balkons** ist in aller Regel eine bauliche Veränderung, die den Gesamteindruck des Gebäudes beeinträchtigt (*OLG Düsseldorf* ZMR 1997, 436; *OLG Köln* DWE 1997, 33; *Bay-*

ObLG ZMR 2001, 640 f.; *OLG Hamm* ZMR 2005, 221), u.U. auch wegen der Behinderung des Lichteinfalls in andere Wohnungen (*OLG Hamm* ZMR 2002, 544; 2005, 221). Zudem kann sich eine Beeinträchtigung aus dem Eingriff in die Substanz des Gemeinschaftseigentums ergeben (*OLG Düsseldorf* ZMR 1997, 437).

Das Anbringen einer **Balkonverglasung** ist in aller Regel eine Veränderung, die den Gesamteindruck des Gebäudes nachteilig beeinflusst (*BayObLG* ZMR 2001, 125 f. und 365 f.; *AG Lübeck* ZMR 2014, 679 f.; a.A. im Einzelfall *LG Hamburg* ZMR 2005, 989 f.). 189

Die Absperrung einer gemeinschaftlichen Fläche durch sog. **Baumsperren** ist eine bauliche Veränderung, die durch die Erschwerung des Zugangs die anderen Wohnungseigentümer beeinträchtigt (*BayObLG* ZMR 2004, 127 f.). 190

Das Anbringen von **Bewegungsmeldern** ist eine bauliche Veränderung, deren beeinträchtigende Wirkung zum einen aus ihrer eigenen Auffälligkeit, zum anderen aus der veränderten Beleuchtungssituation resultiert (*AG Tempelhof-Kreuzberg* ZMR 2010, 651). 191

Die nachträgliche Montage eines **Blitzableiters** ist eine Maßnahme ordnungsmäßiger Verwaltung (*OLG Düsseldorf* FGPrax 2000, 187). 192

Der Austausch von **Blumenkästen** durch andere, die wenige Zentimeter breiter sind, ist keine nachteilige Veränderung des Gesamteindrucks (*OLG Hamburg* ZMR 2003, 442). 193

Die Verlegung der **Briefkastenanlage** ist eine nachteilige bauliche Veränderung, wenn sie jedenfalls für einige Wohnungseigentümer zur Verlängerung der Wege innerhalb der Anlage führt (*OLG München* ZMR 2006, 69). 194

Die Errichtung eines **Carports** ist eine bauliche Veränderung, die die Miteigentümer üblicherweise infolge ihrer optischen Auswirkungen beeinträchtigt (*OLG Düsseldorf* ZMR 2003, 955; *OLG Hamburg* ZMR 2005, 305). 195

Der Einbau von **Dachflächenfenstern** erhöht infolge des hiermit verbundenen Eingriffs in die Dachhaut die Wartungs- und Reparaturanfälligkeit des Daches. Schon deswegen liegt eine nachteilige bauliche Veränderung vor (*OLG Düsseldorf* ZMR 2001, 375; a.A. *LG Itzehoe* ZMR 2012, 221). Daneben ermöglichen sie eine intensivere Nutzung etwa als Wohnräume, was gleichfalls als Beeinträchtigung nach § 20 Abs. 3 WEG anzusehen sein kann (*OLG Köln* ZMR 2001, 570). Ferner kann eine Beeinträchtigung des äußeren Erscheinungsbildes vorliegen (*OLG Hamburg* ZMR 2002, 616 f.; a.A. *LG Itzehoe* ZMR 2012, 221). Diese Gesichtspunkte scheiden aber aus, wenn die Teilungserklärung die Wohnnutzung gestattet (*BayObLG* ZMR 1997, 90 f.). 196

Die Umgestaltung einer Dachterrasse zu einem **Dachgarten** ist jedenfalls dann eine bauliche Veränderung, wenn die vorhandene Kiesaufschüttung durch eine Erdschicht ersetzt wird und dadurch Schäden am gemeinschaftlichen Eigentum nicht auszuschließen sind oder zumindest die Ermittlung der Ursache später auftretender Schäden hierdurch erheblich erschwert wird (*BayObLG* ZMR 1996, 571; ähnlich *OLG Köln* ZMR 2000, 60). 197

Die Anlage einer **Dachterrasse** ist i.d.R. eine bauliche Veränderung, die die Miteigentümer beeinträchtigt (*OLG Zweibrücken* ZMR 1999, 587; vgl. *BayObLG* ZMR 2001, 293). 198

Für **Deckendurchbrüche** gelten dieselben Grundsätze wie für Mauerdurchbrüche (*LG Hamburg* ZMR 2001, 918). 199

Einzäunungen behindern bestimmungsgemäß den Zugang zu einer Fläche und sind daher auf Gemeinschaftseigentum regelmäßig eine Beeinträchtigung (*BayObLG* NJW-RR 1991, 1362; ZMR 2003, 858; *OLG Saarbrücken* ZMR 2005, 982; *AG Pinneberg* ZMR 2003, 612). Auch dann, wenn sie den Zugang nicht behindern, sondern – etwa auf einer Dachterrasse – nur als Sichtschutzzaun dienen, können ihre optischen Auswirkungen nachteilig sein (*BayObLG* ZMR 2002, 138 und 950; *OLG Hamburg* ZMR 2002, 622). Anderes kann bei leicht demontierbaren Zaunsegmenten zum Schutze eines Kinderspielplatzes gelten, wenn auch optische Beeinträchtigungen ausscheiden 200

(*OLG Köln* ZMR 1998, 110 unter ausdrücklicher Betonung der Besonderheiten im Einzelfall). Die bloße Ersetzung einer Einzäunung durch eine andersartige kann allerdings eine Erhaltung/Instandsetzung sein (s. *LG Flensburg* ZMR 2005, 988 zur Ersetzung eines Flechtzaunes durch Holzpalisaden).

201 Das Aufstellen eines **Fahrradständers** ist jedenfalls dann eine Maßnahme ordnungsmäßiger Verwaltung, wenn ansonsten kein hinreichender Abstellplatz existiert und es zu Behinderungen durch »wild« abgestellte Räder kommt (*OLG Köln* WuM 1997, 64 f.).

202 Der Einbau eines **Fahrstuhls/Aufzugs** ist eine bauliche Veränderung, die u.a. infolge optischer Beeinträchtigungen und unvermeidbarer Schallimmissionen auch als Nachteil nach § 20 Abs. 3 WEG anzusehen ist (*AG Hamburg* ZMR 2005, 822 f.). Er kann jetzt aber zu den nach § 20 Abs. 2 WEG privilegierten Maßnahmen gehören.

203 Verschwenkungen in **Fallrohren** stellen eine bauliche Veränderung dar, deren Beeinträchtigung abgesehen von der veränderten Optik in der erhöhten Gefahr der Rohrverstopfung liegen kann (*LG Hamburg* ZMR 2014, 307 f.).

204 Ein neuer **Fassadenanstrich** ist Maßnahme ordnungsmäßiger Verwaltung, sofern er das Erscheinungsbild der Anlage nicht verändert (*OLG Hamburg* ZMR 2004, 140 und ZMR 2005, 394).

205 Die Entfernung einer **Fassadenbegrünung**, die die Ansicht eines Gebäudes prägt, ist eine nachteilige bauliche Veränderung (*OLG Düsseldorf* ZMR 2005, 305). Anders dürfte nach dem oben zum Fällen von Bäumen Gesagten (Rdn. 187) bei drohenden Schäden durch den Bewuchs oder bei bloßen Pflegemaßnahmen wie einem Rückschnitt gelten.

206 Die Schaffung eines **Feuerschutzraumes** ist eine bauliche Veränderung, die aber dann, wenn sie optisch nicht hervortritt, nicht beeinträchtigt (*LG Itzehoe* ZMR 2014, 478 f.).

207 Die Aufstellung größerer **Findlinge** zur Gartengestaltung ist eine bauliche Veränderung, die die Miteigentümer schon deshalb beeinträchtigt, weil sie die in Anspruch genommene Fläche nicht mehr anderweitig nutzen können (*AG Oberhausen* ZMR 2014, 158)

208 Änderungen in der Größe oder Aufteilung der **Fenster** beeinträchtigen in aller Regel den optischen Gesamteindruck über das nach § 20 Abs. 3 WEG zulässige Maß hinaus (*OLG Köln* DWE 1997, 33; *OLG Zweibrücken* ZMR 1999, 430; *OLG Düsseldorf* ZMR 2000, 119; *BayObLG* WE 1998, 151; ZMR 2001, 46; 2005, 76; *KG* ZMR 2002, 698; *LG Bremen* ZMR 2001, 150; anders bei fehlender Sichtbarkeit der Änderung von außen *OLG Düsseldorf* ZMR 1999, 196 f.). Dies gilt erst recht für den Umbau eines Fensters zu einer Terrassentür (*LG Hamburg* ZMR 2012, 810). Sie können aber in Sonderfällen, etwa in Reihenhaussiedlungen mit zahlreichen früheren Veränderungen ähnlicher Art ausnahmsweise unerheblich sein (*OLG Düsseldorf* ZMR 1996, 398; *OLG Stuttgart* ZMR 1999, 285 f.).

209 Die Aufstellung einer **Funkantenne** etwa für Amateurfunkanlagen ist eine bauliche Veränderung, die schon infolge ihrer optischen Beeinflussung des Gesamtbildes als nachteilige Veränderung anzusehen ist (*OLG München* ZMR 2005, 734). Ein eventuell abgeschlossener Vertrag, der diese Einrichtung duldet, kann dahin gehend auszulegen sein, dass er nur so lange Bestand haben soll, als die Genehmigung durch Eigentümerbeschluss fortbesteht (*OLG München* ZMR 2005, 734).

210 Die **gärtnerische Pflege** des Grundstücks gehört zur Erhaltung (Instandhaltung und Instandsetzung) der Anlage, auch wenn sie mit der Entfernung von Anpflanzungen verbunden ist (*OLG Hamm* ZMR 1996, 220; *OLG Köln* ZMR 1999, 661; *OLG Hamburg* ZMR 2004, 295). Gleiches gilt für die Ersetzung abgängiger Pflanzen durch eine andere Art (*LG Hamburg* ZMR 2014, 308 f.: Kirschlorbeer statt Thujahecke). Die Grenze ist bei der Entfernung prägender Bäume (*OLG Köln* ZMR 1999, 661) oder der Umgestaltung der Gartenanlage erreicht (*OLG München* ZMR 2006, 69). Bei der Abgrenzung kann eine Genehmigung der Naturschutzbehörde für die Zulässigkeit der Maßnahme sprechen (*OLG Hamburg* ZMR 2004, 295). Sind mehrere Pflegemaßnahmen möglich, hat die Gemeinschaft ein Auswahlermessen (*LG Hamburg* ZMR 2010, 984). Unterlässt ein Wohnungs-

eigentümer vor eigenmächtigen Rückschnitten o.ä. die Befragung der anderen, handelt er schuldhaft (*LG Hamburg* ZMR 2010, 984 f.).

Die Errichtung von **Garagen** auf den Parkflächen einer größeren Wohnanlage soll mangels intensiverer Nutzung keine Beeinträchtigung gem. § 20 Abs. 3 WEG darstellen (*OLG Düsseldorf* ZMR 1996, 569 f. – schon im Hinblick auf die optischen Auswirkungen zweifelhaft, s. *BayObLG* DWE 1984, 125); bei gelungener Einfügung kann es in einer Reihenhaussiedlung an einer nachteiligen Veränderung fehlen (*BayObLG* ZMR 2003, 515). 211

Das Aufstellen einer **Garderobe** im Treppenhaus ist eine nachteilige bauliche Veränderung (*BayObLG* NJW-RR 1998, 875). 212

Die Umgestaltung eines eher naturbelassenen **Gartens** durch einen mit Mauern und Treppen gegliederten ist wegen der Veränderung des optischen Gesamteindrucks eine beeinträchtigende bauliche Veränderung (*LG Köln* ZMR 2013, 474 f.). 213

Die Errichtung eines **Gartenhauses** ist eine bauliche Veränderung. Ob sie auch eine Beeinträchtigung gem. § 20 Abs. 3 WEG darstellt, ist eine Frage des Einzelfalls (bejaht von *OLG Zweibrücken* ZMR 2000, 257; *BayObLG* ZMR 2002, 137 f.; 2003, 858; *OLG Celle* ZMR 2004, 363). Dies kann zu verneinen sein, wenn das Gartenhaus weitgehend unsichtbar ist (*BayObLG* ZMR 1999, 118 f.) oder sich in den optischen Gesamteindruck einpasst (*BayObLG* ZMR 2000, 117; *AG Beckum* ZMR 2011, 515). 214

Das Anbringen einer massiven **Gartentür** ist eine bauliche Veränderung, die eine optische Beeinträchtigung für die Miteigentümer darstellt (BGHZ 73, 201 = ZMR 1979, 146). 215

Die Installation einer **Gegensprechanlage** mit elektrischem Türdrücker ist eine bauliche Veränderung, die einen Wohnungseigentümer aber u.U. nicht in einem nach § 20 Abs. 3 WEG erheblichen Umfang beeinträchtigt (*BayObLG* NZM 2002, 870; *OLG Hamburg* ZMR 2004, 140). 216

Die Aufstellung eines **Gerüstes** zur Durchführung rechtmäßiger Umbaumaßnahmen ist schon mangels Dauerhaftigkeit keine bauliche Veränderung und kann nach Ankündigung aufgrund der Treuepflichten zwischen den Wohnungseigentümern eine hinzunehmende Nutzung sein (*LG Wuppertal* ZMR 2001, 219). 217

Für ein **Gewächshaus** gilt das zu einem Gartenhaus Ausgeführte (vgl. *OLG Hamburg* ZMR 2005, 305; *LG Berlin* ZMR 2001, 575). 218

Der Einbau von **Gittern** zwischen den Stellplätzen soll bei einer großzügig bemessenen Garage keine Beeinträchtigung nach § 20 Abs. 3 WEG darstellen (*LG Hamburg* ZMR 2011, 232). 219

Der Anbau eines **Glaserkers** ist regelmäßig eine nachteilige bauliche Veränderung, da er die Harmonie der Fassadengestaltung stört (*OLG Zweibrücken* ZMR 2004, 62). 220

Die Entfernung von Anlagen wie **Grillplätzen** ist, selbst wenn es sich um Anlagen mit belästigenden Emissionen handelt, für die Miteigentümer grundsätzlich eine nachteilige bauliche Veränderung, wenn sie bereits bei Begründung des Wohnungseigentums vorhanden waren (*BayObLG* ZMR 2004, 924). Es kann aber aus Treu und Glauben ein Anspruch auf Beseitigung oder Verlegung bestehen. 221

Die Abschwächung der Neigung eines **Hanggrundstücks** kann eine nachteilige bauliche Veränderung sein, wenn hiermit die Möglichkeit einer intensiveren Nutzung verbunden ist (*BayObLG* ZMR 2003, 126); anderes kann bei der Gefahr von Abrutschungen gelten (vgl. *BayObLG* ZMR 2001, 468 zu einer Stützmauer). 222

Das Pflanzen einer **Hecke ist** als Maßnahme der gärtnerischen Gestaltung keine bauliche Veränderung (*BayObLG* NJW-RR 1991, 1362). Ihre Entfernung geht über eine Maßnahme gärtnerischer Gestaltung hinaus, wenn der Hecke Sichtschutzfunktion oder sonst wie prägende Funktion für die optische Erscheinung des Grundstücks zukommt (*BayObLG* ZMR 2005, 378 f.; ähnlich *LG Hamburg*, ZMR 2010, 984). Ähnliches gilt für einen radikalen Rückschnitt etwa von 160 cm auf 80 cm 223

Höhe (*OLG München* ZMR 2006, 68 = NJW-RR 2006, 88 f.). Demgegenüber soll die Versetzung einer Hecke keine beeinträchtigende bauliche Veränderung darstellen, wenn die Einsehbarkeit des Grundstücks nicht verändert wird (*LG Hamburg* ZMR 2012, 991).

224 Der Austausch eines **Heizkörpers** mit Messeinrichtung zur Ermittlung des Wärmeverbrauchs durch einen Konvektor ohne derartige Erfassungsmöglichkeit ist eine beeinträchtigende bauliche Veränderung, da diese Maßnahme zu einer Verfälschung der Messergebnisse führt. Auf das Sondereigentum am Heizkörper kommt es dabei nicht an, wenn die durch den Umbau funktionslos gewordene Messeinrichtung im Gemeinschaftseigentum steht (*OLG Hamburg* ZMR 1999, 502 f.).

225 Für die Errichtung einer **Holz-Blockhütte** gilt dasselbe wie für Gartenhäuschen (*BayObLG* WuM 1995, 504 f.; vgl. o. Rdn. 214).

226 Der Austausch eines **Jägerzaunes** durch einen 2 m hohen Maschendrahtzaun mit Überwachungssensorik ist eine bauliche Veränderung (*AG Charlottenburg* ZMR 2012, 48 f.).

227 Der Einbau von **Kaltwasserzählern** ist keine bauliche Veränderung, wenn eine verbrauchsabhängige Abrechnung möglich, also nicht durch anders lautende Regelungen der Teilungserklärung ausgeschlossen ist. Denn dann stellt der Einbau von Kaltwasserzählern keine bauliche Veränderung, sondern als notwendige Folgemaßnahme der verbrauchsabhängigen Abrechnung eine dem Mehrheitsbeschluss zugängliche Maßnahme ordnungsmäßiger Verwaltung dar (*BGH* ZMR 2003, 940). Sie entspricht aber nicht ordnungsmäßiger Verwaltung, wenn die Kosten des Einbaus die Einsparungen übersteigen, die sich voraussichtlich über zehn Jahre hinweg erzielen lassen (*BGH* ZMR 2003, 940).

228 **Katzennetze** an Balkonen stellen eine Beeinträchtigung des optischen Gesamteindrucks dar, da das einheitliche und harmonische Bild der Fassade hierdurch deutlich erkennbar und störend unterbrochen wird (*OLG Zweibrücken* ZMR 1998, 465; *AG Oberhausen* ZMR 2012, 62 f.).

229 Die Anlage eines **Kiesstreifens** um das Gebäude herum ist eine Maßnahme ordnungsmäßiger Verwaltung, soweit er (nach den Feststellungen des Tatrichters) dem Schutz des Gebäudes vor Durchfeuchtungen dient (*OLG Hamburg* ZMR 2004, 140).

230 Der Anbau eines **Kioskgebäudes** ist selbst dann eine beeinträchtigende bauliche Veränderung, wenn er auf einem Grundstücksteil errichtet wird, an dem ein Sondernutzungsrecht besteht (*OLG Köln* ZMR 1995, 606 f.).

231 Der Einbau einer **Klimaanlage** kann unter dem Gesichtspunkt der optischen Beeinträchtigung wie auch infolge der Immissionen von Geräuschen und Heißluft eine beeinträchtigende bauliche Veränderung sein (*OLG Zweibrücken* ZMR 1999, 589).

232 Die Errichtung eines 7,36 Meter hohen, mit einer Lichterkette umrandeten **Kreuzes** auf einem Betonfundament ist auch nach den Maßstäben des § 20 Abs. 4 WEG eine bauliche Veränderung, deren Beseitigung wegen grundlegender Umgestaltung des Gemeinschaftseigentums verlangt werden kann, selbst wenn an der betroffenen Gartenfläche ein Sondernutzungsrecht besteht. Denn es verleiht dem Garten den Charakter einer Gedenkstätte (*LG Düsseldorf*, Urt. v. 22.06.2022 – 25 S 56/21, ZMR 2022, 911 = IMR 2022, 361).

233 Der Einbau einer **Lichtschranke**, die das Einparken eines Wohnungseigentümers erheblich behindert, ist eine nachteilige bauliche Veränderung (*AG Pinneberg* ZMR 2003, 795 f.).

234 Die Installation einer **Mobilfunksendeanlage** ist unabhängig von der optischen Beeinträchtigung eine beeinträchtigende bauliche Veränderung, selbst wenn sie die Grenzwerte einhält. Bereits die ernsthafte Möglichkeit der Minderung des Miet- und Verkaufswertes soll in diesem Fall genügen (*BGH* ZMR 2014, 464 f.).

235 Die Anbringung einer **Markise** ist eine bauliche Veränderung (*BayObLG* ZMR 1995, 421; *OLG Zweibrücken* ZMR 2004, 465). Die Frage, ob es hierdurch zu einer Beeinträchtigung gem. § 20 Abs. 3 WEG kommt, ist vom Einzelfall abhängig. Sie kann zu verneinen sein, wenn die Markise auch im

ausgezogenen Zustand keine optische Beeinträchtigung des Anwesens darstellt (*BayObLG* ZMR 1995, 421; *OLG Zweibrücken* ZMR 2004, 465); anderes gilt regelmäßig bei einer Ladenmarkise, die das optische Erscheinungsbild eines Hauses prägt (*KG* ZMR 1995, 169 f.).

Mauerdurchbrüche innerhalb einer Einheit stellen mangels Eingriffs in das Gemeinschaftseigentum keine bauliche Veränderung dar, wenn eine nicht tragende, im Sondereigentum stehende Wand betroffen ist (*BGH* ZMR 2001, 291; *OLG Schleswig* ZMR 2003, 710). Bei Wänden, die im Gemeinschaftseigentum stehen, liegt eine bauliche Veränderung vor. Zur Annahme einer Beeinträchtigung nach § 20 Abs. 3 WEG genügt die bloße Herstellung eines Zustandes, der der Teilungserklärung widerspricht, noch nicht (*BGH* ZMR 2001, 290 f.; *BayObLG* ZMR 2001, 43 f.; *OLG Hamburg* ZMR 2004, 366; a.A. noch *BayObLG* ZMR 1996, 619; *OLG Zweibrücken* ZMR 2000, 254 f. m. Anm. Abramenko). Es kommt vielmehr darauf an, ob mit dem Mauerdurchbruch sonstige Beeinträchtigungen, etwa Nachteile für die Statik des Gebäudes (*BGH* ZMR 2001, 291; *BayObLG* ZMR 1999, 273; 2002, 538; *OLG Zweibrücken* ZMR 1999, 430), oder seine Brandsicherheit (*BGH* ZMR 2001, 291; *BayObLG* ZMR 2002, 538) verbunden sind oder zumindest eine intensivere Nutzung droht (vgl. *BGH* ZMR 2001, 291). Schon die Notwendigkeit umfangreicher Sicherungsmaßnahmen kann als Nachteil gem. § 20 Abs. 3 WEG anzusehen sein (*BayObLG* ZMR 1999, 273). Bei einer sachgerechten Ausführung kann es jedoch an einer objektiven Beeinträchtigung fehlen (*BayObLG* ZMR 1999, 273). 236

Maueröffnungen zu Entlüftungszwecken können bei geringer Größe an unauffälligem Ort (etwa im Sockelbereich des Erdgeschosses) eine so unerhebliche Beeinträchtigung darstellen, dass sie das nach § 20 Abs. 3 WEG einzuhaltende Maß nicht überschreiten (*BayObLG* ZMR 1997, 152 f.); ansonsten sind sie nachteilige bauliche Veränderungen (*OLG Köln* ZMR 2001, 65; *LG München* I ZMR 2012, 300). 237

Der Einbau von **Messgeräten** stellt keine bauliche Veränderung dar, wenn er lediglich Folgemaßnahme einer Beschlussfassung ist, die eine verbrauchsabhängige Abrechnung einführt (*LG Hamburg* ZMR 2011, 495). 238

Die Errichtung einer 7,5 m hohen **Mobilfunksendeanlage** ist unabhängig von möglicherweise von ihr ausgehenden Emissionen schon im Hinblick auf ihre optische Auffälligkeit eine nachteilige bauliche Veränderung (*OLG Saarbrücken* ZMR 1998, 313 f.; vgl. *OLG München* ZMR 2005, 734). Hingegen sind die von der Anlage ausgehenden elektromagnetischen Felder, solange sie die Grenzwerte der 26. BImSchV einhalten, regelmäßig keine Beeinträchtigung gem. § 20 Abs. 3 WEG, da die Einhaltung öffentlich-rechtlicher Schutzvorschriften die Unwesentlichkeit einer Beeinträchtigung gem. § 906 Abs. 1 S. 2 BGB indiziert (*BGH* ZMR 2004, 416 ff.). Ohne Erschütterung dieser Indizwirkung durch wissenschaftlich begründete Zweifel an den Grenzwerten oder gleichwohl eintretenden Beeinträchtigungen aufgrund der Besonderheiten des Einzelfalls genügt ein nicht näher fundiertes Restrisikos für die Gesundheit der Wohnungseigentümer nicht zur Annahme einer Beeinträchtigung i.S.v. § 20 Abs. 3 WEG (so noch *BayObLG* ZMR 2002, 611 f.; *OLG Hamm* ZMR 2002, 623; vgl. *OLG Köln* ZMR 2003, 706 f.). 239

Die Aufstellung oder Versetzung von **Müll- oder Altglassammeleinrichtungen** stellt in aller Regel eine nachteilige bauliche Veränderung dar, wenn Miteigentümer durch Geruchs- oder Geräuschimmissionen stärker als zuvor belastet werden (*OLG Karlsruhe* ZMR 1997, 609; *OLG München* ZMR 2006, 69; *LG Flensburg* ZMR 2005, 987; vgl. *AG Hannover* ZMR 2005, 313 f. – dort im Einzelfall verneint). Mülltonnenverkleidungen stellen in der Regel eine nachteilige optische Veränderung dar (*LG München* I ZMR 2012, 138). 240

Baumaßnahmen auf dem **Nachbargrundstück**, die das gemeinschaftliche Eigentum unmittelbar berühren (etwa Ausschachtungen oder Anbauten an die Außenmauer) sollen wie bauliche Veränderungen zu behandeln sein (*OLG Köln* ZMR 1995, 553 f.). 241

Ein **Neuanstrich** ist regelmäßig eine Maßnahme der Erhaltung/Instandhaltung, wenn er nur an die Stelle des schadhaft gewordenen vorherigen tritt. Anderes gilt aber bei einer gezielten Veränderung 242 des Erscheinungsbildes durch eine andere Farbe, deren Intensität (z.B. orange) eine nachteilige bauliche Veränderung darstellt (*OLG Hamburg* ZMR 2005, 394 f.; *OLG Düsseldorf* ZMR 2006, 143; *LG Hamburg* ZMR 2013, 739).

243 Die Montage von **Parabolantennen** ist eine bauliche Veränderung, die nachteilige optische Auswirkungen auf das Gebäude mit sich bringen kann (*BGH* ZMR 2004, 439 f.; *OLG Hamm* ZMR 2002, 539; *OLG Köln* ZMR 2005, 227; *OLG Schleswig* ZMR 2005, 816; *LG Hamburg* ZMR 2009, 797; *LG Frankfurt* ZMR 2014, 391). Unter Berücksichtigung des Informationsgrundrechtes aus Art. 5 GG haben die Wohnungseigentümer aber die Anbringung einer solchen Anlage zu dulden, wenn ein ausländischer Miteigentümer seinen Informationsbedarf insbesondere zur Berichterstattung durch Sender seines Heimatlandes aus anderen öffentlich zugänglichen Quellen, insbesondere einem Kabelanschluss, nicht decken kann (*BGH* ZMR 2004, 439; *OLG Hamm* ZMR 2002, 539). Dies soll unabhängig von der Staatsbürgerschaft auch dann gelten, wenn ein Miteigentümer ausländischer Herkunft die deutsche Staatsbürgerschaft angenommen hat (*BGH* ZMR 2010, 299). Die Rechtsprechung, nach der einem deutschen Staatsangehörigen auch unter Berücksichtigung der Informationsfreiheit aus Art. 5 GG kein entsprechender Anspruch zustehen soll (*BayObLG* ZMR 2001, 213; *OLG Hamm* ZMR 2002, 539), ist überholt. Kann der Wohnungseigentümer über Kabelanschluss allerdings bereits 5 Programme seines Heimatlandes empfangen, überwiegt bei einer Abwägung der Grundrechte aus Art. 5, 14 GG das Interesse der Miteigentümer an der Vermeidung einer optischen Beeinträchtigung des Gemeinschaftseigentums (insoweit aus dem Mietrecht übertragbar *BGH* ZMR 2005, 436 f.; s. *LG Hamburg* ZMR 2009, 797; 2009, 873 u. 2010, 62; *LG Frankfurt* ZMR 2014, 391). Auf eine bestimmte Empfangsmöglichkeit besteht kein Anspruch; der Wohnungseigentümer kann auf das Internet verwiesen werden (*AG Hattingen* ZMR 2014, 577). Die hierfür anfallenden Kosten machen die Inanspruchnahme des Kabelanschlusses in aller Regel nicht unzumutbar (*LG Hamburg* ZMR 2009, 798). Auch aus Art. 12 GG kann ein Anspruch auf Duldung einer Parabolantenne resultieren, wenn der Eigentümer einer Ladeneinheit dort etwa zulässigerweise mit SAT-Anlagen handelt und zu Demonstrationszwecken eine solche Antenne benötigt (*AG Hamburg*-Altona ZMR 2010, 645). Den Wohnungseigentümern steht hinsichtlich der Art und Weise ihrer Aufstellung ein gewisses Direktionsrecht und Beurteilungsermessen zu, wonach sie insbesondere die Aufstellung an einem möglichst unauffälligen Ort verlangen können (*BGH* ZMR 2004, 440; *OLG Düsseldorf* ZMR 1995, 555; *OLG Schleswig* ZMR 2004, 150; 2005, 817; *AG Hannover* ZMR 2010, 482). Mehrere Miteigentümer können auch auf die Installation nur einer, weniger auffälligen Gemeinschaftsantenne verwiesen werden (*BGH* ZMR 2004, 440). Auf das Informationsgrundrecht kann aber verzichtet werden. Davon ist auszugehen, wenn ein Wohnungseigentümer trotz entsprechenden Verbots einer Aufstellung von Parabolantennen in der Teilungserklärung vom Erwerb einer Eigentumswohnung nicht Abstand nimmt (*BGH* ZMR 2004, 440; anders noch *OLG Düsseldorf* ZMR 2001, 649). Auch bei einem solchen Verbot kann in Einzelfällen aber aus Treu und Glauben ein Anspruch auf Duldung oder auf Änderung der Gemeinschaftsordnung bestehen (*BGH* ZMR 2004, 441; weiter gehend noch *OLG Schleswig* ZMR 2004, 150). Sofern sich der Wohnungseigentümer als Vermieter über die Teilungserklärung hinwegsetzt und seinem Mieter entgegen einem ausdrücklichen Verbot die Installation einer Antenne gestattet, verpflichtet dieses gemeinschaftswidrige Verhalten die Miteigentümer nach allgemeinen Grundsätzen (vgl. o. Rdn. 154) nicht zum Einverständnis oder gar zu einer Gestattung durch Beschluss (*OLG Köln* ZMR 2005, 229; a.A. *OLG Hamm* ZMR 2002, 539). Ein generelles Verbot von Parabolantennen ist aber wegen Eingriffs in den Kernbereich des Sondereigentums schwebend unwirksam, bis die betroffenen Wohnungseigentümer zustimmen (*BGH* ZMR 2004, 442; anders noch *OLG Zweibrücken* ZMR 2002, 785 f.). Der Beschluss über die Unzulässigkeit einer konkreten Anlage ist aber jedenfalls nur anfechtbar (vgl. *OLG Köln* ZMR 2004, 939 f. und 2005, 229, wo allerdings die Rspr. des *BGH* – ZMR 2005, 554 – zur Nichtigkeit der Begründung individueller Pflichten durch Mehrheitsbeschluss noch nicht berücksichtigt ist; vgl. o. Rdn. 150). Ein Beschluss, durch den ein Wohnungseigentümer zur Beseitigung einer Parabolantenne verpflichtet wird, ist allerdings mangels Beschlusskompetenz nichtig (so allgemein zur konstitutiven Schaffung von Pflichten durch Mehrheitsbeschlüssen *BGH* ZMR 2010, 777; überholt daher *AG Fürth* ZMR 2010, 476).

Die Montage von **Parkbügeln** stellt eine optisch beeinträchtigende bauliche Veränderung dar, auch wenn mit unberechtigter Nutzung zu rechnen ist (*LG Düsseldorf* ZMR 2013, 556) 244

Die Aufstellung einer **Pergola** ist eine bauliche Veränderung (*BayObLG* ZMR 2001, 362; ähnlich *OLG Zweibrücken* ZMR 1999, 587 f. zu Rankgerüsten). 245

Die Aufstellung von **Pflanztrögen** ist bei vorübergehender Aufstellung schon mangels dauerhafter Veränderung keine bauliche Veränderung (*BayObLG* ZMR 1999, 118; vgl. *BayObLG* WE 1992, 204 und 1998, 151). Anderes gilt bei der Entfernung von Pflanztrögen, die im Gemeinschaftseigentum stehen (*BayObLG* WuM 1993, 207). 246

Die **Pflasterung** einer Freifläche ist grundsätzlich eine den optischen Gesamteindruck beeinträchtigende Maßnahme (*LG Flensburg* ZMR 2005, 987); es kann aber in Ausnahmefällen, etwa bei der Beseitigung einer ungepflegten Grünfläche an einem Nachteil i.S.v. § 20 Abs. 3 WEG fehlen (*LG Wuppertal* ZMR 2001, 484 f.). 247

Sowohl die Anlage wie auch die Entfernung eines **Plattenwegs** ist eine bauliche Veränderung, die den Gesamteindruck eines Gartens beeinflusst und somit die Miteigentümer beeinträchtigt (*BayObLG* WE 1992, 204; ZMR 1995, 496; *OLG Hamburg* ZMR 2001, 382 f.). Anderes kann für die Verlegung einzelner Trittplatten zur Vermeidung von Trampelpfaden gelten. Auch hierbei handelt es sich zwar um eine bauliche Veränderung, die aber bei unauffälliger Ausführung nicht optisch beeinträchtigen muss (*BayObLG* ZMR 2002, 63). 248

Der Einbau des von außen sichtbaren Edelstahlrohres eines Rauchabzuges ist zwar eine bauliche Veränderung, stellt aber keine unbillige Beeinträchtigung eines Miteigentümers dar (*AG Hannover* MietRB 2022, 295 = ZMR 2022, 423). 249

Der Einbau von **Rauchgasklappen** ist keine nachteilige Veränderung, da diese zu erheblichen Kosteneinsparungen beim Verbrauch von Brennstoffen führen (*BayObLG* NJW 1981, 691). 250

Die Verlegung von **Rohrleitungen** durch sein Sondereigentum muss ein Miteigentümer auch dann nicht dulden, wenn eine anderweitige Verlegung für den Umbauwilligen wesentlich kostspieliger ist (*OLG Düsseldorf* ZMR 2000, 477 f.). 251

Die Anbringung von **Rollläden** kann eine bauliche Veränderung sein, die die anderen Wohnungseigentümer beeinträchtigt (*LG Hamburg* ZMR 2012, 808) 252

Für den Anbau einer **Rollstuhlrampe** gilt das zum Treppenlift Ausgeführte (Rdn. 270; vgl. *AG Dortmund* WuM 1996, 243; als bauliche Veränderung angesehen in *BayObLG* NJW-RR 2000, 1399); sie unterfällt den nach § 20 Abs. 2 Nr. 1 WEG privilegierten Maßnahmen. 253

Der Einbau eines **Rolltores** in einer großzügig bemessenen Garage soll keine Beeinträchtigung nach § 20 Abs. 3 WEG darstellen (*LG Hamburg* ZMR 2011, 232). 254

Die Aufstellung eines **Saunahauses** auf der Terrasse oder einer Sondernutzungsfläche beeinflusst das Erscheinungsbild einer Wohnanlage nachteilig (*BayObLG* ZMR 2001, 828). 255

Die Ersetzung eines **Schaufensters** durch zwei Glasschiebetüren auf einem 40 cm hohen, gemauerten Sockel soll keine bauliche Veränderung darstellen, wenn sich die Veränderungen im Bereich des Sondereigentums befinden und keine optische Beeinträchtigung eintritt (*BayObLG* ZMR 1996, 46 f. – zweifelhaft). 256

Das dauerhafte Aufstellen von **Schränken** auf dem Balkon kann bei optischer Beeinträchtigung der Fassade eine unzulässige bauliche Veränderung sein, da es auf die feste Verbindung mit Mauerwerk oder Boden nicht ankommt (*OLG Köln* ZMR 2000, 58). 257

Die Errichtung eines **Schuppens** ist ebenso wie die eines Gartenhauses (s. Rdn. 214) eine nachteilige bauliche Veränderung (*BayObLG* ZMR 2001, 641). 258

259 Die Montage von **Schutzgittern** stellt schon aufgrund der Auswirkungen auf den optischen Gesamteindruck eine nachteilige bauliche Veränderung dar (vgl. *OLG Zweibrücken* ZMR 2000, 704; *KG* ZMR 2001, 59), die aber jetzt nach § 20 Abs. 2 Nr. 3 WEG privilegiert sind. Schutzgitter sind aber auch bei erhöhter Einbruchsgefahr nicht hinzunehmen, wenn sie ihrerseits Einbrüche in das darüber liegende Geschoss erleichtern (*OLG Zweibrücken* ZMR 2000, 704).

260 Ein in die Erde eingelassenes **Schwimmbecken** ist eine bauliche Veränderung, die in den Gesamteindruck des Gartens eingreift und ihn somit beeinträchtigt (*BayObLG* ZMR 1999, 580).

261 Die Ersetzung eines Jägerzauns durch einen mannshohen **Sichtschutzzaun** ist eine nicht mehr nach § 20 Abs. 3 WEG hinzunehmende bauliche Veränderung (*KG* ZMR 1997, 316; ähnlich *BayObLG* ZMR 2000, 314). Entsprechendes gilt für eine **Sichtschutzmatte** ähnlicher Höhe und Funktion (*BayObLG* ZMR 2001, 907).

262 Die Aufstellung einer **Sitzgruppe** im Garten stellt eine bauliche Veränderung dar. Ob sie zu Beeinträchtigungen führt, ist eine Frage des Einzelfalls, wobei sozialwidrige Störungen, die von Miteigentümern, nicht von der baulichen Veränderung selbst ausgehen, nicht zu berücksichtigen sein sollen (*OLG Karlsruhe* ZMR 1997, 608 f.; ähnlich *BayObLG* ZMR 2002, 686).

263 Die Aufstellung von **Sonnenkollektoren** auf dem Dach verändert den optischen Gesamteindruck der Baulichkeiten nachteilig und ist daher eine nachteilige bauliche Veränderung (*BayObLG* ZMR 2000, 472; ähnlich *OLG Düsseldorf* ZMR 2002, 216; *OLG München* ZMR 2006, 69 f.), die aber jetzt nach § 20 Abs. 2 Nr. 2 WEG privilegiert sein kann, wenn sie dem Laden von E-Mobilen dient.

264 Der Ausbau eines **Spitzbodens** zu Wohnzwecken ist auch dann unzulässig, wenn an diesen Räumen ein Sondernutzungsrecht besteht, da mit der Wohnnutzung typischerweise eine erhöhte Abnutzung der gesamten Wohnanlage verbunden ist (*BayObLG* WE 1994, 25; *OLG Hamm* ZMR 1998, 719).

265 Der Umbau eines **Stellplatzes** zu einer Terrasse stellt eine bauliche Veränderung dar, die infolge stärkerer Nutzung und höheren Störpotentials die übrigen Miteigentümer beeinträchtigt (*BGH* ZMR 2012, 884 f.; ähnlich *AG Weimar* ZMR 2013, 582).

266 Der Einbau neuer **Teleskoptüren** statt der vorhandenen Falttüren eines Fahrstuhls ist eine Erhaltung/Instandsetzung, wenn letztere in einem durch Reparaturen nicht zu behebenden Umfang zur Störanfälligkeit neigten (*AG Nürnberg* ZMR 2004, 385).

267 So genannte unterkellerte **Terrassen** sind stets nachteilige bauliche Veränderungen (*BVerfG* ZMR 2005, 636; *OLG Düsseldorf* ZMR 1996, 397).

268 Für die Verglasung eines **Terrassenfreisitzes** gilt das zur Balkonverglasung Gesagte (Rdn. 189) entsprechend (*OLG Karlsruhe* ZMR 2001, 225; *LG Nürnberg*-Fürth ZMR 2003, 536).

269 Die Montage einer **Treppe** vom Balkon zum Garten ist eine bauliche Veränderung, die eine intensivere Nutzung des Gartens ermöglicht und daher eine Beeinträchtigung darstellt (*OLG Karlsruhe* ZMR 1999, 66; *KG* ZMR 2009, 791). Anderes kann bei einer Verbindung zwischen Terrasse und Garten gelten, wenn der Zugang dorthin auch ohnedies unschwer möglich ist (*BayObLG* ZMR 2005, 67).

270 Der Einbau eines **Treppenlifts** ist eine bauliche Veränderung. Eine Benachteiligung der anderen Miteigentümer konnte aber schon nach altem Recht unter Berücksichtigung von Art. 3 Abs. 3 Satz 2 GG zu verneinen sein, wenn ein behinderter Miteigentümer ohne derartige Gehhilfe seine Wohnung bzw. sein Teileigentum nicht mehr erreichen konnte (*BayObLG* ZMR 2004, 210 f.). Nunmehr gehört er zu den nach § 20 Abs. 2 Nr. 2 WEG privilegierten Maßnahmen. Die Frage, ob anderes gilt, wenn der Wohnungseigentümer in Kenntnis der Problematik einem gehbehinderten Mieter den Einbau eines Treppenliftes ohne vorherige Befragung der Miteigentümer zusichert, da er die Konfliktsituation dann eigenmächtig herbeiführt (so *AG Hamburg* ZMR 2003, 455 f.), dürfte auch nach neuen Recht zu bejahen sein, da auch privilegierte Maßnahmen erst durch Beschluss rechtmäßig werden.

Die Errichtung eines **Unterstandes** ist aus denselben Gründen wie bei einem Gartenhäuschen eine bauliche Veränderung, die regelmäßig auch eine optische Beeinträchtigung darstellt (*AG Beckum* ZMR 2011, 515); gleiches gilt für sonstige **Überdachungen** gemeinschaftlicher Flächen (*LG München* I ZMR 2012, 138). 271

Die sichtbare Neuverlegung von **Versorgungsleitungen** stellt eine optisch nachteilige bauliche Veränderung dar (*OLG Köln* ZMR 2001, 65), die aber bei unterirdischer Verlegung mangels Sichtbarkeit keine Beeinträchtigung darstellt (*OLG Zweibrücken* ZMR 2002, 470). Keinesfalls kann aber ohne Zustimmung des betroffenen Miteigentümers fremdes Sondereigentum hierfür in Anspruch genommen werden (*BayObLG* NZM 1998, 1014; *OLG Düsseldorf* ZMR 2000, 478). 272

Die Installation einer **Videokamera** (auch einer Attrappe) an der Außenfassade ist schon aufgrund der optischen Auswirkung eine nachteilige bauliche Veränderung (vgl. *OLG Karlsruhe* NZM 2002, 703; *AG Frankfurt*/M. NZM 2003, 68 f.; a.A. *LG Frankfurt* ZMR 2014, 306 f.). Dies dürfte bei einem sog. Videoauge, das für einen nicht Eingeweihten kaum sichtbar ist, nicht mehr anzunehmen sein (*KG* ZWE 2002, 412; a.A. *BGH* ZMR 2011, 734, wo die Beeinträchtigung verneint wird). Sie gehört jedenfalls nunmehr zu den nach § 20 Abs. 2 Nr. 2 WEG privilegierten Maßnahmen. 273

Die Anbringung eines **Vordachs** ist eine bauliche Veränderung, die einen Wohnungseigentümer aber u.U. nicht in einem nach § 20 Abs. 3 WEG erheblichen Umfang beeinträchtigt (*OLG Hamburg* ZMR 2004, 140; *LG Wuppertal* ZMR 2001, 400). 274

Die Anbringung eines **Wärmedämmverbundsystems** anstelle einer einfachen Fassadensanierung kann als Erhaltung/Instandsetzung zulässig sein, wenn sie die technisch bessere und wirtschaftlich sinnvollere Lösung darstellt (*OLG Düsseldorf* ZMR 2002, 854 f.; ähnlich für die Erneuerung einer mit Eternitplatten verkleideten Fassade *BayObLG* ZMR 2002, 210), aber nicht bei bestehen bleibenden Lücken der Wärmedämmung, die den Effekt stark vermindern (*OLG Hamburg* ZMR 2002, 963). 275

Die Installation einer mobilen **Wäschespinne** ist schon deswegen keine bauliche Veränderung, da es an der Dauerhaftigkeit der Umgestaltung fehlt; alleine das in den Boden eingelassene Führungsrohr überschreitet die Grenze einer nach § 20 Abs. 3 WEG unerheblichen Beeinträchtigung nicht (*OLG Zweibrücken* ZMR 2000, 256 f.). Anderes kann bei einer festen Verankerung im Boden gelten (*OLG Zweibrücken* ZMR 2000, 256). 276

Die Anbringung von **Werbung** ist zwar grundsätzlich eine bauliche Veränderung. Wenn ein Wohnungs- oder Teileigentum aber in zulässiger Weise zu gewerblichen oder freiberuflichen Zwecken genutzt wird, müssen die Miteigentümer eine ortsübliche und angemessene Werbung hierfür dulden, da dies von der zulässigen Nutzung umfasst ist (*BayObLG* ZMR 2001, 124 f.). Anderes kann für eine zu groß geratene »wenig geschmackvolle, störende« Werbung gelten (*OLG Köln* ZMR 2002, 381). 277

Die Veränderung, insbesondere die optische Aufwertung von **Wohnungstüren** durch eine modernere Farbgestaltung soll mit Mehrheit beschlossen werden können (*BayObLG* NZM 2002, 871; anders für das Anbringen von Vortüren *OLG Stuttgart* WEM 1980, 76). 278

Der Anbau eines **Wintergartens** stellt regelmäßig eine erhebliche Umgestaltung der Fassade dar und ist daher eine nachteilige Veränderung (*BVerfG* ZMR 2005, 636; *BayObLG* WE 1998, 150; *OLG Zweibrücken* ZMR 1999, 856; vgl. *KG* ZMR 1999, 851, wo er sogar als unbillige Härte angesehen wird, die trotz Öffnungsklausel nicht mit Mehrheitsbeschluss genehmigt werden kann). 279

Ein etwa 20 cm in das Treppenhaus vorstehender **Zählerkasten**, der nach den Nutzungsbedingungen des Elektrizitäts- oder Gasversorgers nicht im Inneren der Wohnung montiert sein darf, soll keine optische Beeinträchtigung darstellen (*BayObLG* ZMR 2002, 212 – zweifelhaft; näher liegt wohl ein Anspruch auf Gestattung aus den Treuepflichten der Wohnungseigentümer). 280

Die Aufstellung eines **Zigarettenautomaten** ist eine bauliche Veränderung, die schon aufgrund der verstärkten Inanspruchnahme von Gemeinschaftseigentum nachteilig ist (*KG* ZMR 2005, 978). 281

§ 21 Nutzen und Kosten bei baulichen Veränderungen

(1) Die Kosten einer baulichen Veränderung, die einem Wohnungseigentümer gestattet oder die auf sein Verlangen nach § 20 Absatz 2 durch die Gemeinschaft der Wohnungseigentümer durchgeführt wurden, hat dieser Wohnungseigentümer zu tragen. Nur ihm gebühren die Nutzungen.

(2) Vorbehaltlich des Absatzes 1 haben alle Wohnungseigentümer die Kosten einer baulichen Veränderung nach dem Verhältnis ihrer Anteile (§16 Absatz 1 Satz 2) zu tragen,

1. **die mit mehr als zwei Dritteln der abgegebenen Stimmen und der Hälfte aller Miteigentumsanteile beschlossen wurde, es sei denn, die bauliche Veränderung ist mit unverhältnismäßigen Kosten verbunden, oder**
2. **deren Kosten sich innerhalb eines angemessenen Zeitraums amortisieren.**

Für die Nutzungen gilt § 16 Absatz 1.

(3) Die Kosten anderer als der in den Absätzen 1 und 2 bezeichneten baulichen Veränderungen haben die Wohnungseigentümer, die sie beschlossen haben, nach dem Verhältnis ihrer Anteile (§ 16 Absatz 1 Satz 2) zu tragen. Ihnen gebühren die Nutzungen entsprechend § 16 Absatz 1.

(4) Ein Wohnungseigentümer, der nicht berechtigt ist, Nutzungen zu ziehen, kann verlangen, dass ihm dies nach billigem Ermessen gegen angemessenen Ausgleich gestattet wird. Für seine Beteiligung an den Nutzungen und Kosten gilt Absatz 3 entsprechend.

(5) Die Wohnungseigentümer können eine abweichende Verteilung der Kosten und Nutzungen beschließen. Durch einen solchen Beschluss dürfen einem Wohnungseigentümer, der nach den vorstehenden Absätzen Kosten nicht zu tragen hat, keine Kosten auferlegt werden.

Übersicht

A. Bedeutung und Systematik der Norm

I. Gesetzgeberische Zielsetzung

§ 21 WEG stellt nach Vorstellung des Gesetzgebers das Korrektiv der nahezu unbegrenzten Mehrheitsmacht in der Frage dar, ob bauliche Veränderungen durchgeführt werden. Während das Bestandsinteresse des einzelnen Wohnungseigentümers fast völlig hinter der Mehrheitsmacht zurücktritt, wird sein Interesse, nicht an den Kosten baulicher Veränderungen beteiligt zu werden, weitgehend geschützt. Wird eine bauliche Veränderung auf Verlangen eines Miteigentümers gestattet oder durchgeführt, werden die übrigen regelmäßig völlig von deren Kosten freigestellt (§ 21 Abs. 1 WEG). Lediglich an den Kosten baulicher Veränderungen, die entweder mit einer doppelt qualifizierten Mehrheit beschlossen werden oder allen Wohnungseigentümern einen finanziellen Vorteil bringen, können sie gegen ihren Willen beteiligt werden (§ 21 Abs. 2 WEG). Im Übrigen fallen die Kosten baulicher Veränderungen nur denjenigen Wohnungseigentümern zur Last, die sie beschlossen haben (§ 21 Abs. 3 WEG). 1

II. Systematik der Norm

1. Kostentragungsregelungen im Nachrangigkeitsverhältnis

§ 21 WEG geht ausweislich § 16 Abs. 3 WEG der allgemeinen Kompetenz in § 16 Abs. 2 S. 2 WEG, über die Kostenverteilung zu beschließen, vor, ist also lex specialis. § 21 Abs. 1 WEG normiert als Grundtatbestand die Kostenpflicht desjenigen, der eine bauliche Veränderung verlangt. Dies ergibt sich aus der Einleitung von § 21 Abs. 2 WEG, wonach diese Vorschrift nur »vorbehalt- 2 lich des Absatzes 1« zur Anwendung kommt. Entsprechendes gilt für § 21 Abs. 3 WEG, der nur für »die Kosten anderer als der in den Absätzen 1 und 2 bezeichneten Veränderungen« Geltung beansprucht. § 21 Abs. 3 WEG kommt also nur dann zur Anwendung, wenn die jeweils vorrangigen Kostentragungsregelungen in § 21 Abs. 1 u. 2 WEG nicht einschlägig sind; § 21 Abs. 2 WEG nur, wenn keine vorrangige Kostentragungsregelung nach § 21 Abs. 1 WEG eingreift.

2. Gleichlauf von Kosten und Nutzungen bei exklusiv nutzbaren Bauteilen

3 Die Möglichkeit der Nutzung einer baulichen Veränderung korrespondiert nach § 21 WEG mit der Kostenverteilung. Bei baulichen Veränderungen, die auf Verlangen eines Wohnungseigentümers durchgeführt oder gestattet werden, trägt dieser die Kosten nach § 21 Abs. 1 S. 1 WEG selbst, ist aber nach § 21 Abs. 1 S. 2 WEG auch alleine zur Nutzung der baulichen Veränderung befugt. Sofern alle Wohnungseigentümer kraft Gesetzes (nämlich in den Fällen des § 21 Abs. 2 WEG) an den Kosten beteiligt werden, sind sie auch alle aus § 16 Abs. 1 WEG zur Nutzung berechtigt, worauf § 21 Abs. 2 S. 2 WEG deklaratorisch verweist. Wenn die Kosten baulicher Veränderungen gemäß § 21 Abs. 3 S. 1 WEG nur von den Wohnungseigentümern nach ihrem Miteigentumsanteil zu tragen sind, die sie beschlossen haben, sind sie auch alleine nach § 21 Abs. 3 S. 2 WEG nutzungsbefugt. Als Gegenstück zur Erleichterung baulicher Veränderungen fungiert nun also die Kostenverteilung zulasten ihrer Befürworter.

B. Bedeutung der Regelungen zu Kosten und Nutzungen

I. Begriff der Kosten

4 Der Begriff der Kosten ist naturgemäß unabhängig davon, wer sie zu tragen hat, also für sämtliche Regelungen in § 21 WEG identisch. Er wird im Gesetzestext selbst nicht definiert. Die Gesetzesmaterialien halten aber zu jedem der drei Kostenverteilungsschlüssel in § 21 Abs. 1–3 WEG fest, dass mit Kosten auch Folgekosten gemeint sind (BT-Drs. 19/18791; S. 66/67). Unter Kosten sind somit stets nicht nur die Aufwendungen für die Durchführung der baulichen Veränderung selbst, sondern auch ihre Folgekosten zu verstehen.

II. Nutzungen

1. Begriff

5 Wie der Begriff der Kosten hat auch derjenige der Nutzungen in allen Regelungstatbeständen des § 21 WEG denselben Inhalt. Der Begriff der Nutzungen wird in den Gesetzesmaterialien im Zusammenhang mit § 16 WEG erläutert (BT-Drs. 19/18791, S. 53). Er umfasst jetzt, wie § 100 BGB, sowohl Sach- und Rechtsfrüchte als auch den Mitgebrauch. Soweit § 21 WEG namentlich in den Abs. 1 und 3 den Wohnungseigentümern Nutzungen entweder im vollen Umfang gewährt oder sie ebenso vollständig hiervon ausschließt, bedarf es keiner Differenzierung. § 21 Abs. 3 WEG schließt die Wohnungseigentümer, die nicht für die bauliche Veränderung gestimmt haben, ebenfalls völlig von den Nutzungen aus. Für die Wohnungseigentümer, die für die bauliche Veränderung gestimmt haben, gilt 16 Abs. 1 WEG; sie sind also am Mitgebrauch im selben Umfang und an den Früchten nach Miteigentumsanteilen zu beteiligen.

2. Nutzungsausschluss

a) Bedeutung

6 Sofern nur bestimmte Wohnungseigentümer eine bauliche Veränderung nutzen dürfen, stehen den anderen weder Früchte noch Mitgebrauch zu. Sie sind vollständig hiervon ausgeschlossen. Der Gleichlauf von Nutzungen und Kosten gilt allerdings nur für bauliche Anlagen, die einer exklusiven Nutzung zugänglich sind. Kein Wohnungseigentümer kann über § 21 Abs. 1 S. 2 WEG von der Nutzung gemeinschaftlichen Eigentums ausgeschlossen werden, auf dessen Gebrauch er angewiesen ist. Die Materialien nennen zu Recht als Gegenbeispiel den Einbau einer einbruchsicheren Tür, die

zwar unter die Privilegierung des § 21 Abs. 2 Nr. 3 WEG fällt, aber nicht exklusiv der Nutzung durch den Urheber der baulichen Veränderung zugewiesen werden kann (BT-Drs. 19/18791; S. 65). Hier läuft die Regelung des § 21 Abs. 1 S. 2 WEG leer.

b) Durchsetzung

7 Tatsächliche Schwierigkeiten kann der Ausschluss nicht nutzungsberechtigter Wohnungseigentümer bei baulichen Veränderungen bereiten, die zwar allen Wohnungseigentümern zugänglich sind, aber nicht benutzt werden müssen wie etwa ein Treppenlift oder ein Aufzug für behinderte Wohnungseigentümer. In diesen Fällen können die Nutzungsberechtigten durch technische Vorrichtungen nicht kostentragungspflichtige Miteigentümer an der Mitbenutzung hindern. Denkbar sind etwa Schlüssel oder sonstige Benutzungshindernisse wie Zugangscodes. Darüber hinaus stehen den exklusiv Nutzungsberechtigten aus § 1004 Abs. 1 BGB i.V.m. § 21 Abs. 1 S. 2 WEG Unterlassungsansprüche zu.

c) Faktisches Sondernutzungsrecht

aa) Mehrheit von Nutzungsberechtigten

8 Im Schrifttum wurde zu Recht angemerkt, dass die Nutzungsbeschränkungen in §§ 21 Abs. 1 S. 2, Abs. 3 S. 2 WEG auf ein (faktisches) Sondernutzungsrecht hinauslaufen. Das ist nicht schon deswegen bedenklich, weil die exklusive Nutzung einer Mehrheit von Wohnungseigentümern zustehen kann. Denn der *BGH* hat eine solche, von ihm als »Gruppensondernutzungsrecht« bezeichnete Berechtigung mehrerer Wohnungseigentümer in anderem Zusammenhang bereits anerkannt (*BGH* ZMR 2022, 232 = WuM 2022, 116 Rn. 14). Zudem lässt ich die alleinige Nutzungsbefugnis über § 21 Abs. 4 WEG durch nachträgliche Beteiligung an den Kosten korrigieren.

bb) Begründung von Sondernutzungsrechten durch Beschluss

9 Schwerwiegender erscheinen die Bedenken dagegen, dass im Ergebnis über §§ 21 Abs. 1 S. 2, Abs. 3 S. 2 WEG durch Beschluss faktisch Sondernutzungsrechte begründet werden können (vgl. *LG Düsseldorf* v. 11.11.2022 – 19 S 19/22). Die Möglichkeit nachträglich gemäß § 21 Abs. 4 in den Kreis der Sondernutzungsberechtigten aufgenommen zu werden, ändert nichts daran, dass eine ursprünglich zulässige Mitnutzung nunmehr nicht und auch in Zukunft nur gegen angemessenen Ausgleich möglich ist (Jennißen/*Jennißen* § 21 Rn. 18 u. 89; wohl anders ders. § 21 Rn. 84; a.A. Lehmann-Richter/Wobst Rn. 963; anders aber wohl Rn. 1057). Diese Konsequenz hat der Gesetzgeber offenbar genauso wenig bedacht wie den Umstand, dass es durch bauliche Veränderungen (etwa die Umgestaltung von Rasenflächen zu Parkplätzen) zur Änderung des Nutzungszwecks kommen kann. In beiden Fällen kommt es somit zur Änderung von Vereinbarungen durch Beschluss. Allerdings erscheint dies im vorliegenden Zusammenhang nicht zwingend systemwidrig. Denn die Auffassung, die die Begründung von Sondernutzungsrechten durch Beschluss ablehnt, verweist auf deren quasi-dinglichen Charakter (vgl. *OLG Stuttgart* NJW-RR 1986, 815; *OLG Köln* ZMR 1998, 373). In den sachenrechtlichen Kernbereich kann ein Beschluss aber auch dann nicht eingreifen, wenn eine Öffnungsklausel existiert. Dieser Argumentation steht indessen entgegen, dass ein Sondernutzungsrecht seiner Rechtsnatur nach auch bei Wahrung im Grundbuch kein dingliches Recht, sondern nur eine schuldrechtliche Regelung der Beziehungen zwischen den Wohnungseigentümern darstellt. Aus diesem Grunde kann, anders als bei dinglichen Rechten (*BGH* ZMR 2013, 730 = MDR 2013, 765 = NotBZ 2013, 346 = MietRB 2013, 208 = ZWE 2013, 330) sogar ein Anspruch auf Abänderung aus § 10 Abs. 2 bestehen (*BGH* ZMR 2018, 681 = WuM 2018, 442). Deshalb hält ein Teil des Schrifttums auch die Begründung von Sondernutzungsrechten durch Beschluss aufgrund einer vereinbarten Öffnungsklausel für möglich (s. etwa Niedenführ/Schmidt-Räntsch/*Vandenhouten* § 13 Rn. 43). Im Ergebnis entscheidet der Gesetzgeber also nur diesen Streit, wenn er die Begründung von Sondernutzungsrechten durch Beschluss aufgrund einer gesetzlichen Öffnungsklausel zulässt.

C. Gestattete oder verlangte bauliche Veränderungen (§ 21 Abs. 1 WEG)

I. Bedeutung

10 § 21 Abs. 1 S. 1 WEG regelt mit Bedacht an erster Stelle die Kosten solcher baulicher Veränderungen, die auf ein Verlangen eines Wohnungseigentümers zurückgehen. Anders als § 20 WEG, der die Rechtmäßigkeit einer baulichen Veränderung zum Gegenstand hat, bestimmt § 21 Abs. 1 WEG alleine den Kostenpflichtigen. Wie auch die Einleitung der Absätze 2 und 3 zeigen, ist § 21 Abs. 1 S. 1 WEG immer vorrangig. Wer eine bauliche Veränderung verlangt, muss somit stets für ihre Kosten aufkommen, unabhängig davon, ob er (etwa aus § 20 Abs. 2, 3 WEG) einen Anspruch auf Gestattung oder Durchführung der baulichen Veränderung hatte. Auch die Rechtmäßigkeit einer Maßnahme ist für die Kostenverteilung und in der Folge für die Möglichkeit der Nutzungen ohne Bedeutung. Diese richten sich alleine danach, ob sie einem Wohnungseigentümer gestattet oder von ihm verlangt wurde. Implizit setzt dies aber die Beschlussfassung nach § 20 Abs. 1 WEG voraus. Kosten und Nutzungen einer ohne Beschluss durchgeführten baulichen Veränderung richten sich nicht nach § 21 WEG (Jennißen/*Jennißen* § 21 Rn. 12). Sie kann aber nachträglich genehmigt werden (vgl. § 20 Rdn. 2323) und unterfällt dann den Regelungen des § 21 WEG.

II. Gestattung und Verlangen

1. Begehren eines Wohnungseigentümers als Voraussetzung der Kostenfolge nach § 21 Abs. 1 WEG

11 Die bauliche Veränderung muss auf Begehren des Wohnungseigentümers beschlossen werden. Aus dem Begriff des Verlangens folgt dies unmittelbar. Aber auch für die Gestattung kann nichts anderes gelten. Es versteht sich von selbst, dass die Eigentümerversammlung nicht ungefragt einem Miteigentümer die Durchführung einer baulichen Veränderung gestatten und ihm damit deren Kosten auferlegen kann. In der Sache korrespondiert das Verlangen, wie der Zusatz »nach § 20 Absatz 2« zeigt mit den dort enumerierten privilegierten baulichen Veränderungen. Die Gestattung nimmt auf den letzten Fall von § 20 Abs. 1 WEG Bezug. Im Ergebnis unterfallen § 21 Abs. 1 WEG also nicht nur die privilegierten Maßnahmen gemäß § 20 Abs. 2 WEG, deren Durchführung der Wohnungseigentümer verlangen kann, sondern jegliche baulichen Veränderungen, die ihm auf sein Begehren gestattet werden. Dies sind neben jenen aus § 20 Abs. 3 WEG, deren Genehmigung der Wohnungseigentümer gleichfalls verlangen kann, unabhängig von einem Anspruch auf Gestattung, jegliche baulichen Veränderungen, die ihm auf sein Begehren hin gestattet werden.

2. Inhalt des Verlangens

12 In der Sache setzt § 21 Abs. 1 WEG stets das Verlangen eines Wohnungseigentümers voraus. Dieses muss zum Ausdruck bringen, dass der Umbauwillige die Durchführung der baulichen Maßnahme nicht nur befürwortet oder anregt. Es muss deutlich werden, dass er sie fordert. Allerdings kann er sein Verlangen einschränken oder unter Bedingungen stellen (Lehmann-Richter/Wobst Rn. 1128), etwa die Maßnahme nur fordern, wenn er sie in Eigenarbeit durchführen kann. Nicht erforderlich ist allerdings, dass er sich der Kostenfolgen bewusst ist. Es genügt, dass er seinen Willen zum Ausdruck bringt, die Durchführung der baulichen Maßnahme zu begehren. Angesichts der Kostenfolgen sollte sich der Versammlungsleiter (regelmäßig also der Verwalter) dessen vergewissern und dies auch ausdrücklich protokollieren (vgl. u. Rdn. 14). Zur Beratung über die rechtlichen Folgen eines Verlangens ist er freilich nicht verpflichtet.

3. Ursächlichkeit des Verlangens

13 Das Verlangen muss schließlich für die Beschlussfassung ursächlich sein. Das ist nicht der Fall, wenn auf das Verlangen eine andere Maßnahme beschlossen wird, etwa statt der Installation eines Treppenliftes der Einbau eines Aufzugs. Das Verlangen ist auch dann nicht zwingend ursächlich, wenn ein Wohnungseigentümer die Maßnahme nur anregt, ein anderer sie verlangt und die Eigentümerversammlung dann ohne Bezugnahme auf eines der beiden Vorbringen den Beschluss über die bauliche

Veränderung fasst. Schließlich kommt die Eigentümerversammlung einem zulässigerweise bedingten Verlangen nicht nach, wenn es die bauliche Veränderung unbedingt beschließt. Auch dann ist das Verlangen nicht ursächlich für den gefassten Beschluss.

4. Beschlussfassung

a) Bauliche Veränderung

Der Versammlungsleiter hat, sofern nicht bereits seitens des Umbauwilligen erledigt, die Gestattung der verlangten baulichen Veränderung in einen Beschlussantrag zu fassen. Hierbei ist insbesondere auf eine hinreichende Bestimmtheit zu achten (s. § 20 Rdn. 25 ff.; *Riecke* ZMR 2018, 173 ff.). Um Schwierigkeiten im Nachhinein bei der streitträchtigen Kostentragung zu vermeiden, sollte der Versammlungsleiter peinlich genau auf die Unterschiede zwischen Anregungen zu Beschlussfassungen und Verlangen achten. Der Unterschied zwischen einem gewöhnlichen Beschlussantrag und dem Verlangen sollte klar herausgearbeitet werden (Jennißen/*Jennißen* § 21 Rn. 25). Bei letzterem empfiehlt sich eine Einleitung des Beschlusses etwa mit folgender Formulierung: »Auf Verlangen des Wohnungseigentümers W. gemäß § 20 Abs. 2 Nr. 1 WEG wird ihm … gestattet.« Auch wenn dieser Vorspann nicht in Bestandskraft erwächst, wird auf diesem Wege das Verlangen als Voraussetzung der Kostenfolge des § 21 Abs. 1 WEG dokumentiert. Diese rechtliche Qualifikation wird auch durch eine große Mehrheit nicht in Frage gestellt, da § 21 Abs. 2 S. 1 Nr. 1 WEG nur vorbehaltlich des Absatzes 1 gilt (Jennißen/*Jennißen* § 21 Rn. 27 u. 33). Im Übrigen haben die Wohnungseigentümer bei einem Verlangen nach § 20 Abs. 2 WEG ja gar keine andere Wahl, als die bauliche Veränderung zu beschließen. 14

b) Kostenfolge und Nutzungen

Die Folge exklusiver Kostentragung und Nutzung ergibt sich zwar bei Vorliegen der Voraussetzungen des § 21 Abs. 1 WEG schon aus dem Gesetz. Dies schließt indessen spätere Uneinigkeit über das Verlangen und seine Folgen nicht aus. Diese erwachsen auch nicht in Bestandskraft. Deshalb empfiehlt das Schrifttum, die Folgen des Verlangens für Kostentragung und Nutzungsbefugnis vorsorglich zu beschließen (Lehmann-Richter/Wobst Rn. 995a). Die Kompetenz hierzu folgt aus § 21 Abs. 5 WEG. So besteht nach einem Monat Rechtsklarheit. 15

III. Durchführung der gestatteten oder verlangten baulichen Veränderung

1. Durchführung durch den Wohnungseigentümer

§ 21 Abs. 1 S. 1 Fall 1 WEG differenziert nicht danach, wer die bauliche Veränderung durchführt, die einem Wohnungseigentümer gestattet wird. Die Gesetzesmaterialien gehen wohl von der Ausführung durch den Wohnungseigentümer als Regelfall aus, wenn sie davon reden, dass »einem Wohnungseigentümer die Vornahme einer baulichen Veränderung gestattet wird« (BT-Drs. 19/18791, S. 60). Für diesen Fall ist die Regelung der Kosten in § 21 Abs. 1 S. 1 WEG fast überflüssig, da sie ohnehin nicht vom Gemeinschaftskonto abgehen und somit nicht verteilt werden müssen. Sie dient dann nur der Klarstellung, dass der Wohnungseigentümer für die Durchführung der ihm gestatteten baulichen Veränderung keine Kostenerstattung verlangen kann (Jennißen/*Jennißen* § 21 Rn. 31). Dies kann insbesondere bei nachträglicher Gestattung einer bereits durchgeführten baulichen Veränderung Bedeutung erlangen, da die Aufwendungen für die bauliche Veränderung dann vor dem Beschluss getätigt wurden. 16

2. Durchführung durch die Wohnungseigentümergemeinschaft

§ 21 Abs. 1 S. 1 Fall 2 WEG setzt die Durchführung der baulichen Veränderung durch die Wohnungseigentümergemeinschaft voraus. Dies ist konsequent, da der Gemeinschaft in diesem Falle Kosten entstehen, die verteilt werden müssen. Allerdings ist der Wortlaut insoweit missverständlich, als es nicht auf die Vornahme der (gesamten) baulichen Maßnahmen selbst ankommt. Stellt die Gemeinschaft dem umbauwilligen Wohnungseigentümer nur sachliche Mittel zur Verfügung, überlässt ihm 17 aber etwa die Installation der Ladeeinrichtung, so erfolgt die tatsächliche Durchführung der Maßnahme durch ihn. § 21 Abs. 1 S. 1 Fall 2 WEG ist mithin so zu verstehen, dass der Wohnungseigentümer die Kosten der baulichen Veränderung insoweit zu tragen hat, als die Maßnahme durch die Wohnungseigentümergemeinschaft finanziert wurde.

IV. Verlangen einer Mehrheit von Wohnungseigentümern

18 In § 21 Abs. 1 WEG findet sich keine Regelung für den Fall, dass eine bauliche Veränderung von einer Mehrzahl von Wohnungseigentümern verlangt wurde. Die Gesetzesmaterialien halten es ohne Begründung für selbstverständlich, dass die Kosten in diesem Fall nach dem Verhältnis der Miteigentumsanteile zu verteilen sind (BT-Drs. 19/18791, S. 66). In der Sache dürfte es sich um eine Analogie zu § 21 Abs. 3 S. 1 WEG handeln. Denn im Hinblick auf ein Verlangen durch eine Mehrheit von Eigentümern liegt in § 21 Abs. 1 S. 1 WEG erkennbar eine Lücke vor. Sie kann durch entsprechende Anwendung von § 21 Abs. 3 S. 1 WEG geschlossen werden kann, da diese Vorschrift einen vergleichbaren Fall betrifft.

D. Bauliche Veränderungen mit Kostenbeteiligung aller Wohnungseigentümer (§ 21 Abs. 2 WEG)

I. Bedeutung

1. Neue Systematik

19 Die Beteiligung aller Wohnungseigentümer an den Kosten baulicher Veränderungen war auch nach früherem Recht nicht die Regel. § 16 Abs. 6 S. 1 WEG a.F. nahm ähnlich wie nun § 21 Abs. 3 S. 1 WEG die Wohnungseigentümer von der Kostenlast aus, die der baulichen Veränderung nicht zugestimmt hatten, wobei § 16 Abs. 6 S. 2 WEG a.F. wiederum eine Rückausnahme für Maßnahmen gemäß § 16 Abs. 4 WEG a.F. vorsah. Dieses komplizierte System vereinfacht § 21 Abs. 2 S. 1 WEG erheblich. Danach haben grundsätzlich alle Wohnungseigentümer nach dem Verhältnis ihrer Miteigentumsanteile die Kosten baulicher Veränderungen zu tragen, die mit doppelt-qualifizierter Mehrheit gefasst werden oder ihre Kosten innerhalb eines angemessenen Zeitraums wieder einspielen. Die gesetzlichen Voraussetzungen der Kostenfolgen erwachsen freilich nicht in Bestandskraft. Wenn sich die Wohnungseigentümer hierüber irren, kann somit noch nach Jahren eine andere Kostenverteilung verlangt werden. Vor diesem Hintergrund empfiehlt sich auch hier eine Beschlussfassung gemäß § 21 Abs. 5 WEG über die Kosten, da dann mit der Bestandskraft Rechtssicherheit eintritt (Lehmann-Richter/Wobst Rn. 1086 u. 1090). Auch ein »bedingter Beschluss« wird empfohlen (vgl. dazu unten Rdn. 23; *Riecke* ZWE 2022, 20, 25 ff. mit m.w.N. und Beschlussmuster).

2. Vorrang der Kostenlast bei Verlangen

20 § 21 Abs. 2 S. 1 WEG gilt nur »vorbehaltlich des Absatzes 1«. Die Kostenverteilung des § 21 Abs. 2 S. 1 WEG scheidet also aus, wenn die bauliche Veränderung auf Verlangen einzelner Wohnungseigentümer vorgenommen wurde. Dabei kommt es nicht darauf an, ob ein Anspruch nach § 20 Abs. 2 S. 1 Nr. 1–4 WEG bestand oder ob sie ohne Anspruch auf Verlangen eines Wohnungseigentümers beschlossen wurde. Die Kosten baulicher Veränderungen sind also nur dann nach § 21 Abs. 2 S. 1 WEG von allen Wohnungseigentümern zu tragen, wenn sie nicht verlangt wurden und auf dem Willen der Mehrheit beruhen. Einzelne Wohnungseigentümer können mithin gegen den Willen der anderen nur die Beschlüsse über ihre Gestattung und Durchführung erzwingen. Dann bleibt es aber bei der Kostenlast nach § 21 Abs. 1 S. 1 WEG. Die Durchführung baulicher Veränderungen auf Kosten der Gesamtgemeinschaft ist gegen den Willen der Miteigentümer nicht durchsetzbar, selbst wenn es sich um privilegierte Maßnahmen gemäß § 20 Abs. 2 WEG handelt.

II. Beschluss mit doppelt qualifizierter Mehrheit (§ 21 Abs. 2 S. 1 Nr. 1 WEG)

1. Sinn und Mehrheitserfordernisse

Nach § 21 Abs. 2 S. 1 Nr. 1 WEG fallen die Kosten einer baulichen Maßnahme allen Wohnungseigentümern nach dem Verhältnis ihrer Miteigentumsanteile zur Last, wenn sie mit mehr als zwei Dritteln der abgegebenen Stimmen und mehr als (vgl. zur umstrittenen Berechnung der doppelt-qualifizierten Mehrheit *Riecke* ZWE 2022, 20, 21 r. Sp.) der Hälfte der Miteigentumsanteile beschlossen wurde. Die qualifizierte Mehrheit von zwei Dritteln der Stimmen bemisst sich mangels Verweises auf § 25 Abs. 2 WEG nach der in der Gemeinschaftsordnung vorgesehenen Stimmkraft (vgl. *Riecke* ZWE 2022, 20, 21 l.Sp.), also nur dann nach Köpfen, wenn dies dort bestimmt oder keine von § 25 Abs. 2 WEG abweichende Regelung getroffen wurde. Maßgeblich ist ferner nur die Mehrheit der abgegebenen, nicht aller Stimmen, so dass Enthaltungen oder nicht abstimmende Miteigentümer unberücksichtigt bleiben. Strenger sind die Anforderungen bei den Miteigentumsanteilen. Hier muss die Hälfte aller Miteigentumsanteile überschritten werden, so dass Enthaltungen und Abwesenheit wie Nein-Stimmen zählen. Das Zustandekommen der doppelt-qualifizierten Mehrheit sollte bei der Beschlussverkündung festgestellt werden. Voraussetzung für die Rechtsfolgen des § 21 Abs. 2 S. 1 Nr. 1 WEG ist dies nicht. Sie treten schon aufgrund der Mehrheitsverhältnisse ein, die auch nachträglich festgestellt werden können (Jennißen/*Jennißen* § 21 Rn. 62). Umgekehrt erwächst die Feststellung der doppelt qualifizierten Mehrheit nicht in Bestandskraft. Der Wohnungseigentümer, der dem Beschluss nicht zugestimmt hat, kann somit noch mit der Abrechnung über die Vorschüsse gemäß § 28 Abs. 2 WEG einwenden, dass die doppelt qualifizierte Mehrheit nicht zustande gekommen ist (Jennißen/*Jennißen* § 21 Rn. 62). 21

2. Risiken

a) Finanzierung ohne »Trittbrettfahrer«

Da die Kostenverteilung des § 21 Abs. 2 S. 1 Nr. 1 WEG vom Erreichen der doppelt qualifizierten Mehrheit abhängt, ist ein Vorgehen nach dieser Vorschrift nicht ungefährlich (zur fehlenden Prognostizierbarkeit zutreffend BT-Drs. 19/22634, S. 44). Denn beim knappen Verfehlen dieser Mehrheiten ist zwar die bauliche Veränderung beschlossen, ihre Kosten sind aber nach § 21 Abs. 3 WEG nur auf die dem Beschluss zustimmenden Wohnungseigentümer umzulegen. Dies birgt das Risiko so genannter Trittbrettfahrer, die die bauliche Veränderung zwar wünschen, ihre Kosten aber durch Enthaltung oder Abwesenheit auf der Eigentümerversammlung vermeiden möchten. 22

b) Möglichkeiten zur Vermeidung unbilliger Kostenregelungen

aa) Beschluss der baulichen Veränderung unter auflösender Bedingung und Zweitbeschluss

Die Gesetzesmaterialien schlagen daher zu Recht vor, »den Beschluss über die bauliche Veränderung unter die Bedingung einer entsprechenden Kostentragung zu stellen« (BT-Drs. 19/22634, S. 45; *Riecke* ZWE 2022, 20 ff.). Dann wird die bauliche Veränderung nur beschlossen, wenn auch mit der doppelt qualifizierten Mehrheit die Kostenbeteiligung aller Wohnungseigentümer feststeht. Wird dies versäumt, kann der Beschluss über die bauliche Veränderung durch Zweitbeschluss aufgehoben werden (Lehmann-Richter/Wobst Rn. 1005d). 23

bb) Verfahrenstechnische Lösung

Verfahrenstechnisch kann der Versammlungsleiter Trittbrettfahrern auch dadurch gegensteuern, dass er im Subtraktionsverfahren abstimmen lässt und in diesem Rahmen zuerst die Nein-Stimmen einholt (Lehmann-Richter/Wobst Rn. 1006 u. 1062). Soweit dies im Hinblick auf Enthaltungen Bedenken begegnete (Jennißen/*Jennißen* § 21 Rn. 84), kann der Versammlungsleiter dem begegnen, indem er nach den Nein-Stimmen auch nach Enthaltungen fragt. Diese Lösung versagt allerdings gegenüber den Wohnungseigentümern, die nicht an der Versammlung teilnehmen. Denn diese 24 können auch durch die besagt Abstimmungsmethode nicht gezwungen werden, Farbe zu bekennen. Sie ist also nur bei entsprechender Anwesenheit tauglich.

3. Neue verfahrensrechtliche Probleme

25 Darüber hinaus wird diese Gestaltung des § 21 Abs. 2 S. 1 Nr. 1 WEG völlig neue verfahrensrechtliche Probleme aufwerfen, wenn sich der Versammlungsleiter bei den Mehrheitsverhältnissen täuscht. Denn der Beschluss über die bauliche Veränderung kann mit der Mehrheit der abgegebenen Stimmen gefasst werden und ist wirksam. Verneint der Versammlungsleiter aber zu Unrecht das Zustandekommen der doppelt-qualifizierten Mehrheit, berührt das den Beschluss über die bauliche Veränderung nicht, sperrt aber die Kostenfolge des § 21 Abs. 2 S. 1 Nr. 1 WEG. Mithin kann eine diesbezüglich falsche Beschlussverkündung weder mit der Anfechtungsklage noch mit der Beschlussersetzungsklage nach § 44 Abs. 1 WEG angegriffen werden, wenn das Zustandekommen des Beschlusses als solches korrekt verkündet wurde (Jennißen/*Jennißen* § 21 Rn. 57). Möglich erscheint nur eine Klage auf Feststellung der richtigen Mehrheitsverhältnisse gegen die widerstrebenden Miteigentümer bzw. den Verwalter (Jennißen/*Jennißen* § 21 Rn. 57). Für diese Klage, die nicht § 44 WEG unterfällt, gelten die neuen Erleichterungen der Beschlussklage mit dem Verband als einzigem Passivlegitimierten allerdings nicht. Sie ist gegen diejenigen Wohnungseigentümer bzw. die Wohnungseigentümergemeinschaft zu richten, die das Zustandekommen der doppelt qualifizierten Mehrheit bestreiten.

4. Ausnahme von der Kostentragung aller Wohnungseigentümer bei unverhältnismäßigen Kosten

a) Abwägungskriterien

26 Selbst bei einem mit doppelt-qualifizierter Mehrheit gefassten Beschluss sieht § 21 Abs. 2 S. 1 Nr. 1 letzter Hs. WEG eine Ausnahme von der Kostentragungspflicht aller Wohnungseigentümer vor, wenn die bauliche Veränderung »mit unverhältnismäßigen Kosten verbunden« ist. Es ist absehbar, dass diese Ausnahme zum häufigen Streitgegenstand werden dürfte, zumal die Definition der Angemessenheit in den Gesetzesmaterialien nicht wesentlich über den wenig bestimmten Gesetzeswortlaut hinausgeht. Diese stellen nur die Beweislast desjenigen, der sich auf die Ausnahme beruft (BT-Drs. 19/22634, S. 44), und den Bezugspunkt der Unverhältnismäßigkeit klar. Demnach kommt es nicht auf die finanziellen Mittel der überstimmten Wohnungseigentümer, sondern auf den Charakter der Anlage und die Alters- und Sozialstruktur der Gesamtheit der Eigentümer an (BT-Drs. 19/22634, S. 44). Bei besonders hohen Kosten soll eine Unverhältnismäßigkeit selbst dann nicht ausgeschlossen sein, wenn alle Wohnungseigentümer in der Lage sind, ihre Kosten zu tragen (BT-Drs. 19/22634, S. 44). Damit ist immerhin klargestellt, dass anders als bei der Modernisierung nach altem Recht eine Unverhältnismäßigkeit nicht erst bei einer wirtschaftlichen Überforderung eines Wohnungseigentümers vorliegt und er wegen der Kosten zum Verkauf seines Wohnungseigentums gezwungen wäre (so BT-Drs. 16/887, 31). Dies erfordert eine wertende Betrachtung, wonach Kosten und Folgekosten nicht außer Verhältnis zu den Vorteilen stehen dürfen, die die bauliche Veränderung mit sich bringt (BT-Drs. 19/22634, S. 44). Deren Ergebnis ist anhand dieser Vorgaben allerdings weder in abstrakte Kriterien zu fassen noch für den Einzelfall vorhersehbar. Auf Seiten der Befürworter der baulichen Veränderung sind insbesondere Wertsteigerungen der Einheiten und die Üblichkeit der nachzurüstenden Anlagen (hierzu, auch zur Bedeutung dieses Aspekts im Rahmen des Gesetzgebungsverfahrens s. Lehmann-Richter/Wobst Rn. 1075; Jennißen/*Jennißen* § 21 Rn. 52) zu berücksichtigen. Gegen die Angemessenheit sprechen auf eine Luxusmodernisierung hinauslaufende Veränderungen und hohe Folgekosten. Auf eine Amortisation dürfte es im Rahmen des § 21 Abs. 2 S. 1 Nr. 1 WEG allerdings nicht ankommen, da bauliche Veränderungen auch dann angemessen sei können, wenn sie nicht zu nennenswerten Ersparnissen, sondern nur zur Erhöhung des Wohnkomforts o.Ä. führen (Jennißen/*Jennißen* § 21 Rn. 53).

b) Verfahren

Bei der Abwägung, ob die bauliche Veränderung noch angemessen ist, wird nach allgemeinen Grundsätzen auf den Zeitpunkt der Beschlussfassung abzustellen sein. Da die Angemessenheit bei Erreichen der doppelt qualifizierten Mehrheit vermutet wird, müssen Erwägungen hierzu nicht schon im Willensbildungsprozess angestellt oder gar dokumentiert werden. Die fehlende Angemessenheit führt nicht zur Anfechtbarkeit der Entscheidung über die bauliche Veränderung, sondern nur zum Wegfall der in § 21 Abs. 2 WEG vorgesehenen Kostenfolge samt Nutzungsmöglichkeit aller Wohnungseigentümer. Dies kann, da anstelle der Kostentragung nach § 21 Abs. 2 S. 1 Nr. 1 WEG diejenige nach § 21 Abs. 3 WEG tritt, naturgemäß nur denjenigen zugutekommen, die der baulichen Veränderung nicht zugestimmt haben, weshalb den mit Ja-Stimmenden Miteigentümern eine Berufung auf die Unangemessenheit mangels Rechtsschutzbedürfnisses versagt sein dürfte (Jennißen/*Jennißen* § 21 Rn. 61). Da es bei einer Unangemessenheit der Kosten einer baulichen Veränderung aus diesen Gründen wieder auf das Abstimmungsverhalten ankommt, kann auch bei Beschlüssen über bauliche Veränderungen gemäß § 21 Abs. 2 WEG eine namentliche Abstimmung empfehlenswert sein (Lehmann-Richter/Wobst Rn. 1005b). Die Kostenfolge des § 21 Abs. 2 WEG tritt zwar kraft Gesetzes ein. Vor dem Hintergrund der skizzierten Unklarheiten empfiehlt sich auch hier eine Beschlussfassung gemäß § 21 Abs. 5 WEG über die Kosten, da dann mit der Bestandskraft Rechtssicherheit eintritt (Lehmann-Richter/Wobst Rn. 1078). 27

c) Unbillige Beeinträchtigung durch die Kosten

Eine noch gegebene Angemessenheit schließt nicht aus, dass die bauliche Veränderung aus wirtschaftlichen Gründen für den einzelnen Wohnungseigentümer eine unbillige Benachteiligung gemäß § 20 Abs. 4 WEG darstellt (Dötsch/Schultzky/Zschieschack Kap. 6 Rn. 122). Denn beide Schranken stehen selbständig nebeneinander. Eine solche unbillige Beeinträchtigung führt zur Anfechtbarkeit des Beschlusses über die bauliche Veränderung (vgl. § 20 Rdn. 115). 28

III. Amortisation innerhalb eines angemessenen Zeitraums (§ 21 Abs. 2 S. 1 Nr. 2 WEG)

1. Art der Maßnahme

a) Kriterium der voraussichtlichen Kostensenkung

Nach § 21 Abs. 2 S. 1 Nr. 2 WEG tragen alle Wohnungseigentümer die Kosten der baulichen Veränderungen, deren »Kosten sich innerhalb eines angemessenen Zeitraums amortisieren.« Dies setzt anders als § 21 Abs. 2 S. 1 Nr. 1 WEG keine qualifizierten Mehrheiten voraus. Der Gesetzgeber begründet diese Kostenfolge damit, dass »alle Wohnungseigentümer zumindest mittelbar finanziell von der baulichen Veränderung profitieren« (BT-Drs. 19/18791, S. 65). Die Maßnahmen werden somit vom Ergebnis der Kostensenkung aus definiert. Maßgeblich ist, ob die bauliche Veränderung zu zusätzlichen Einnahmen (Lehmann-Richter/Wobst Rn. 1080; Jennißen/*Jennißen* § 21 Rn. 72) oder einer Verringerung der Ausgaben führt. Die bloße Wertsteigerung aufgrund der baulichen Veränderung ist allerdings keine Einnahme. Bei der Abschätzung der Einsparung kommt es auf die Prognose bei der Beschlussfassung an (Lehmann-Richter/Wobst Rn. 1085; Dötsch/Schultzky/Zschieschack Kap. 6 Rn. 128). Werden mehrere Maßnahmen durchgeführt, von denen nur einige zu einer Kostensenkung führen, sind folglich nur die Kosten solcher Maßnahmen nach § 21 Abs. 2 S. 1 Nr. 2 WEG auf alle Wohnungseigentümer umzulegen. Eine einheitliche, aber zu kostspielige Maßnahme in eine fiktive bauliche Veränderung und einen überschießenden, nicht umlagefähigen Teil aufzuspalten (so Lehmann-Richter/Wobst Rn. 1084 f.) dürfte hingegen ausgeschlossen sein (so auch Jennißen/*Jennißen* § 21 Rn. 71). Denn dann handelt es sich um eine einzige bauliche Veränderung, die sich eben nicht amortisiert. 29

b) Fehlen weiterer Einschränkungen

Abgesehen von der Amortisation schränkt § 21 Abs. 2 S. 1 Nr. 2 WEG die Art der möglichen baulichen Veränderung in keiner Weise ein. Das erscheint deutlich zu großzügig. Nach diesen Maß- 30 stäben kann auch der Neubau eines Gebäudes auf dem gemeinschaftlichen Grundstück, das zu zusätzlichen Einnahmen führt, eine nach § 21 Abs. 2 S. 1 Nr. 2 WEG von allen Wohnungseigentümern zu finanzierende Maßnahme sein. Mit dieser weiten Fassung von § 21 Abs. 2 S. 1 Nr. 2 WEG konterkariert der Gesetzgeber sein Bestreben, die Durchführung baulicher Veränderungen durch Befreiung der nicht Zustimmenden von der Kostenlast zu erleichtern. Denn die Kostentragung nach § 21 Abs. 2 S. 1 Nr. 2 WEG lässt sich überhaupt nur durch Anfechtung des Beschlusses über das »Ob« der Maßnahme verhindern, im gewählten Beispiel eines Neubaus wegen grundlegender Umgestaltung der Wohnanlage.

2. Kosten als unbillige Benachteiligung

31 Unter der Geltung des alten Rechtes war die Frage, ob eine bauliche Veränderung infolge ihrer Kosten eine Beeinträchtigung darstellen konnte, wegen § 16 Abs. 6 S. 1 WEG a.F. stets zu verneinen. Im neuen Recht stellt sich diese Frage im Hinblick auf die weite Fassung des § 21 Abs. 2 S. 1 Nr. 2 WEG und der zwingenden Beteiligung an den Kosten trotz fehlender Zustimmung erneut. Eine bauliche Veränderung ihrer Kosten wegen als unbillige Benachteiligung gemäß § 20 Abs. 4 WEG einzustufen, scheitert auch nicht schon an der nach § 21 Abs. 2 S. 1 Nr. 2 WEG vorausgesetzten Amortisation. Denn die bauliche Veränderung kann den einzelnen Wohnungseigentümer schlicht überfordern. Letztlich kommt hier eine ähnliche Grenze wie bei der Angemessenheit unter § 21 Abs. 2 S. 1 Nr. 1 WEG in Betracht.

3. Amortisation

32 Die Gesetzesmaterialien erläutern den Begriff der Amortisation nur knapp. Danach genügt eine mittelbare Entlastung der einzelnen Wohnungseigentümer (BT-Drs. 19/18791, S. 65). Eine Amortisation liegt also jedenfalls dann vor, wenn die in der Jahresabrechnung auf den Wohnungseigentümer umzulegenden Kosten sinken. Es genügt auch, wenn die Wohnungseigentümer außerhalb der Kostenverteilung in der Jahresabrechnung von der baulichen Veränderung profitieren, etwa als Betreiber von Gasetagenheizungen, deren Kosten aufgrund einer Wärmedämmung sinken. Nicht ausreichen dürften dagegen Kostensenkungen, die nur einen Teil der Wohnungseigentümer begünstigen, etwa bei separat abzurechnenden Kosten in Mehrhausanlagen. Im Gegensatz zur Angemessenheit gemäß § 21 Abs. 2 S. 1 Nr. 1 WEG bedarf die Amortisation bereits bei der Beschlussfassung hinreichender Rentabilitätsberechnungen (Jennißen/*Jennißen* § 21 Rn. 68). Ob sie zutreffen, ist aus der Sicht zur Zeit der Beschlussfassung zu beurteilen. Ohne eine solche Rentabilitätsberechnung oder bei ihrer erheblichen Fehlerhaftigkeit ist zwar der Beschluss über die bauliche Veränderung nicht anfechtbar, es tritt jedoch nicht die Kostenfolge des § 21 Abs. 2 WEG ein.

4. Angemessener Zeitraum

33 Innerhalb welchen Zeitraums sich die Kosten nach § 21 Abs. 2 S. 1 Nr. 2 WEG amortisieren müssen, ist den Gesetzesmaterialien nicht mit hinreichender Klarheit zu entnehmen. Sie nehmen zwar auf die 10-Jahresgrenze des *BGH* bei modernisierenden Instandsetzungen Bezug, lehnen aber eine statische Übertragung ab. Der angemessene Zeitraum könne »in Abhängigkeit von der konkreten Maßnahme auch überschritten werden, etwa um sinnvolle Maßnahmen der energetischen Sanierung auf Kosten aller Wohnungseigentümer zu ermöglichen« (BT-Drs. 19/18791, S. 67). Die im Einzelfall zulässige Dauer der Amortisation ist anhand dieser Vorgaben nicht zu bestimmen. Vor dem Hintergrund dieser Unsicherheiten empfiehlt sich auch hier eine Beschlussfassung gemäß § 21 Abs. 5 WEG über die Kosten, da dann mit der Bestandskraft Rechtssicherheit eintritt (Lehmann-Richter/Wobst Rn. 1086; Dötsch/Schultzky/Zschieschack Kap. 6 Rn. 134). Denn die gesetzliche Kostenfolge erwächst auch in Fällen des § 21 Abs. S. 1 Nr. 2 WEG nicht in Bestandskraft, so dass eine Kostenbeteiligung aller Wohnungseigentümer noch Jahre später bei der Abrechnung der Vorschüsse gemäß § 28 Abs. 2 WEG angegriffen werden könnte.

E. Andere bauliche Veränderungen (§ 21 Abs. 3 S. 1 WEG)

I. Begriff der »anderen baulichen Veränderungen«

Bauliche Veränderungen, deren Kosten nicht nach § 21 Abs. 1 S. 1 und Abs. 2 S. 1 WEG verteilt werden, tragen alle Wohnungseigentümer, die sie beschlossen haben, nach dem Verhältnis ihrer Anteile. Bauliche Veränderungen, deren Durchführung auf Verlangen beschlossen wurde, scheiden ebenso aus, wie solche, die auf Verlangen einzelner Wohnungseigentümer durch Beschluss genehmigt wurden. Denn sie unterfallen bereits der Kostentragungsregelung in § 21 Abs. 1 S. 1 WEG. Im Ergebnis ist der Anwendungsbereich von § 21 Abs. 3 S. 1 WEG auf bauliche Veränderungen beschränkt, die auf dem Mehrheitswillen beruhen, aber nicht die doppelt-qualifizierte Mehrheit des § 21 Abs. 2 S. 1 Nr. 1 WEG erreichen. Die Anteile der Wohnungseigentümer, die an dem Beschluss nicht mitgewirkt haben, wachsen den anderen nach dem Verhältnis ihrer Miteigentumsanteile an. Im Falle der Sonderrechtsnachfolge geht diese besondere Kostenlast ähnlich wie die allgemeine für die sonstigen Kosten auf den Sonderrechtsnachfolger über. 34

II. Mitwirkung am Beschluss

1. Voraussetzungen der Kostentragung

§ 21 Abs. 3 S. 1 WEG bürdet die Kostentragung nur dann den Miteigentümern auf, die die bauliche Veränderung beschlossen haben, wenn die Maßnahme nicht auf das Verlangen des Umbauwilligen zurückgeht. In diesem Fall ist die Kostenregelung nach § 21 Abs. 1 S. 1 WEG vorrangig. Im Gegensatz zum früheren Recht ist auch das bloße Einverständnis mit der baulichen Veränderung für die Kostenlast unerheblich (Lehmann-Richter/Wobst Rn. 1051). Einem Wohnungseigentümer, der sich nach § 20 Abs. 3 WEG mit einer baulichen Veränderung einverstanden erklärt, erwächst alleine hierdurch kein Kostennachteil. Die Kostenlast trifft nur diejenigen, die außerhalb eines Verlangens einzelner Wohnungseigentümer an dem Beschluss über eine bauliche Veränderung mitwirken. Mitwirkung an dem Beschluss bedeutet eine Ja-Stimme bei der Stimmabgabe, da Enthaltungen wie nicht abgegebene Stimmen zählen. Gegen den Beschluss stimmende Wohnungseigentümer und Abwesende sind von der Kostenlast befreit. Auch ohne ausdrückliche Anordnung des Gesetzes ist davon auszugehen, dass Kostenpflicht und Kostenfreiheit auf Sonderrechtsnachfolger übergehen. Dies folgt zwar nicht aus § 10 Abs. 3 S. 2 WEG, wenn die Eigentümerversammlung nicht gemäß § 21 Abs. 5 WEG separat über Kosten und Nutzungen beschließt (so aber Lehmann-Richter/Wobst Rn. 1054). Denn die Kostenfolge ergibt sich dann unmittelbar aus dem Gesetz. In Betracht kommt aber eine analoge Anwendung der Vorschrift, wenn man nicht wie bei § 16 Abs. 2 S. 1 WEG um eine Kostentragungsregelung ausgehen will, die gegen die aktuellen Wohnungseigentümer wirkt (im Ergebnis ebenso Jennißen/*Jennißen* § 21 Rn. 30, der von einer Wohnungsbezogenheit der Kostentragungsregelungen ausgeht). 35

2. Risiken

Die Gestaltung der Kostenlast in § 21 Abs. 3 S. 1 WEG kann zu überraschenden Be- und Entlastungen führen. Hebt etwa nur ein uninformierter Miteigentümer bei der Frage, wer für den Beschluss stimmt, die Hand, während sich die anderen zu seinem Erstaunen enthalten, trägt er die Kosten der baulichen Veränderung alleine. Denn der Beschluss der baulichen Veränderung kommt dann, da nur die Mehrheit der abgegebenen Stimmen erforderlich ist, mit seiner Stimme zustande. Umgekehrt ist einem Wohnungseigentümer, der nur die bauliche Veränderung, nicht aber deren Kosten akzeptiert, zu raten, sich einfach zu enthalten. Dann ist er nach § 21 Abs. 3 S. 1 WEG von ihren Kosten freigestellt. Dass er die bauliche Veränderung nach § 21 Abs. 3 S. 2 WEG nicht nutzen darf, kann ihm jedenfalls dann gleichgültig sein, wenn er von der Nutzung gemeinschaftlichen Eigentums nicht ausgeschlossen werden kann (vgl. o. Rdn. 6). 36

3. Folgen für die Verwalterpraxis

a) Keine Beschlussfassung ohne Dokumentation des Abstimmungsverhaltens

37 Anders als in den Fällen von § 21 Abs. 1, 2 WEG, in denen sich der Kostenpflichtige schon aufgrund des Verlangens bzw. der gesetzlichen Regelung ergibt, hängt die Kostenpflichtigkeit nach § 21 Abs. 3 WEG vom Abstimmungsverhalten ab. Die Kostenverteilung nach § 21 Abs. 3 S. 1 WEG erfordert folglich die Feststellung derjenigen, die für den Beschluss gestimmt haben. Der Versammlungsleiter, in der Regel also der Verwalter, muss folglich das Abstimmungsverhalten zumindest soweit dokumentieren, als die Stimmen für die bauliche Veränderung betroffen sind. Gerade die Gegner der baulichen Veränderung müssen mit allem Nachdruck hierauf drängen. Dies setzt implizit eine offene Abstimmung voraus (Jennißen/*Jennißen* § 21 Rn. 80). Eine geheime Abstimmung über bauliche Veränderungen, deren Kosten sich nach § 21 Abs. 3 S. 1 WEG richten, dürfte künftig nicht mehr zulässig sein. Wird dennoch geheim abgestimmt, dürfte der Beschluss ordnungsmäßiger Verwaltung widersprechen und daher anfechtbar sein. Hier dürfte Ähnliches gelten wie bei sonstigen Beschlüssen, die kostspielige Maßnahmen vorsehen, ohne dass deren Finanzierung gesichert ist.

b) Fehlende Dokumentation des Abstimmungsverhaltens

38 Keinen Anhaltspunkt bieten Text und Begründung des Gesetzes, wie jenseits des Anfechtungsverfahrens mit Beschlüssen zu verfahren ist, wenn die Stimmen für eine bauliche Veränderung nicht dokumentiert wurden oder aus sonstigen Gründen (etwa aufgrund eines Verlusts von Unterlagen) nicht mehr feststellbar sind. Ist der Beschluss bestandskräftig, dürfte nichts anderes übrig bleiben, als die Kosten nach dem allgemeinen Schlüssel des § 16 Abs. 2 S. 1 WEG auf alle Wohnungseigentümer nach dem Verhältnis ihrer Miteigentumsanteile umzulegen. Dies dürfte allerdings wegen gravierender Pflichtverletzungen des Verwalters Schadensersatzansprüche gegen die Wohnungseigentümergemeinschaft nach sich ziehen, die ihrerseits bei jenem Regress nehmen kann (Jennißen/*Jennißen* § 21 Rn. 63).

III. Nutzungen und Früchte

39 Der exklusive Mitgebrauch steht den Wohnungseigentümern, die den Beschluss gefasst haben, gemäß §§ 21 Abs. 3 S. 2, 16 Abs. 1 S. 2 WEG in gleichem Umfang zu. Kapazitätsprobleme sollten daher schon in einem Beschluss nach § 21 Abs. 5 WEG geregelt werden. Hingegen führt der Verweis in § 21 Abs. 3 S. 2 WEG auf § 16 Abs. 1 S. 1 WEG bei den Früchten zu einer Verteilung nach Miteigentumsanteilen.

F. Nachträgliche Beteiligung an Kosten und Nutzungen (§ 21 Abs. 4 WEG)

I. Sinn der Vorschrift

40 Die Entscheidung eines Wohnungseigentümers gegen eine bauliche Veränderung und ihre Kosten kann auf Erwägungen beruhen, die sich überholen. Er kann etwa infolge eines Unfalls die Nutzung eines mehrheitlich beschlossenen Aufzugs wünschen, dem er ursprünglich nicht zugestimmt hat. Auch äußere Umstände, etwa die Verbesserung der Technik im Rahmen der E-Mobilität, kann dazu führen, dass er die Beteiligung an der Lademöglichkeit, die er ursprünglich für überflüssig gehalten und daher nicht verlangt hat, im Nachhinein für sinnvoll befindet. In diesen Fällen ist er jedoch nach § 21 Abs. 1 S. 2 WEG bzw. § 21 Abs. 3 S. 2 WEG von der Nutzung ausgeschlossen, wenn er die bauliche Veränderung nicht mitverlangt bzw. mitbeschlossen hat. Dem will § 21 Abs. 4 WEG abhelfen und zugleich denjenigen einen Ausgleich gewähren, die die bauliche Veränderung ursprünglich finanziert haben. Dieselbe Möglichkeit will § 21 Abs. 4 WEG ausweislich der Gesetzesbegründung auch dann eröffnen, wenn der Ausschluss von der Nutzungsmöglichkeit auf einem Beschluss nach § 21 Abs. 5 WEG beruht (BT-Drs. 19/18791, S. 67). Das Recht der nachträglichen Beteiligung ist implizit auf bauliche Veränderungen beschränkt, die von allen oder jedenfalls einer

Mehrheit von Wohnungseigentümern genutzt werden kann (Jennißen/*Jennißen* § 21 Rn. 85). Die Mitbenutzung des Vorsatzbalkons eines anderen Wohnungseigentümers scheidet naturgemäß aus.

II. Verlangen

1. Gemeinschaftsbezogener Vorgang

Die Möglichkeit zur nachträglichen Beteiligung an den Nutzungen einer baulichen Veränderung gestaltet § 21 Abs. 4 S. 1 WEG nicht als Anspruch gegenüber den aktuellen Nutzungsberechtigten, sondern als Verlangen gegenüber der Gemeinschaft aus. Eine Absprache zwischen ursprünglichem Nutzer und neuem Nutzungswilligen entfaltet somit gegenüber der Gemeinschaft keine Wirkung. Weder kann der ursprüngliche Nutzungsberechtigte auf der Grundlage einer solchen bilateralen Absprache eine Verringerung seiner Kosten noch die Gemeinschaft vom neuen Nutzer eine Kostenbeteiligung verlangen. Diese im Hinblick auf exklusive Finanzierung und Nutzung auf den ersten Blick überraschende Lösung rechtfertigt sich dadurch, dass eben gemeinschaftliches Eigentum betroffen ist, über dessen Veränderung ursprünglich ebenfalls Beschluss zu fassen war. Daraus folgt im Umkehrschluss, dass der bisher exklusiv zur Nutzung Berechtigte die Erweiterung der Nutzungsbefugnis nicht unter Aufrechterhaltung seiner alleinigen Kostentragung verhindern kann. 41

2. Form, Adressat und Inhalt des Verlangens

Das Verlangen ist Voraussetzung einer Beschlussfassung nach § 21 Abs. 4 WEG. Das Gesetz sieht hierfür keine Form vor. Es kann demnach auch mündlich vorgebracht werden. Da es die Benutzung von Gemeinschaftseigentum betrifft, ist es an die Wohnungseigentümergemeinschaft zu richten, die für seine Verwaltung nach §§ 9a Abs. 2, 18 Abs. 1 WEG zuständig ist. Diese wird nach § 9b Abs. 1 WEG vom Verwalter vertreten. Ein an sonstige Personen, etwa den Verwaltungsbeirat gerichtetes Verlangen ist wirkungslos, sofern es nicht mit Billigung des Anspruchstellers an den Verwalter weitergeleitet wird. Der Inhalt des Verlangens muss erkennen lassen, dass eine Mitbenutzung der baulichen Veränderung verlangt wird. Zu den sonstigen Folgen muss sich der Anspruchsteller nicht äußern. Es bleibt ihm aber unbenommen, sein Verlangen unter Bedingungen oder Einschränkungen zu stellen, etwa eine Grenze zu benennen, bis zu der er eine Kostenbelastung übernimmt. 42

3. Anspruch auf eine Beschlussfassung

Nach § 21 Abs. 4 S. 1 WEG kann der bislang von der Nutzung einer baulichen Veränderung Ausgeschlossene »verlangen«, dass ihm die Nutzung »gestattet« wird. Damit knüpft der Gesetzgeber an den Wortlaut des § 20 Abs. 1 WEG an. Rechtstechnisch erfolgt die Ausdehnung von Nutzungsberechtigung und Kostenbeteiligung somit durch einen Anspruch auf eine entsprechende Beschlussfassung. Der den Anspruch geltend machende Wohnungseigentümer darf mit abstimmen, da die Beschlussfassung kein Rechtsgeschäft mit ihm, sondern die Entscheidung über gemeinschaftsbezogene Rechte betrifft. Der ursprünglich alleine Nutzungsberechtigte kann die Mitbenutzung durch weitere Wohnungseigentümer nicht abwehren (Jennißen/*Jennißen* § 21 Rn. 86). Über einen diesbezüglichen Beschlussantrag sind alle Wohnungseigentümer stimmberechtigt, nicht nur die bisherigen Nutzer der baulichen Veränderung. Kommt ein positiver Beschluss nicht zustande, kann ihn der Nutzungswillige im Verfahren nach § 44 Abs. 1 S. 2 WEG ersetzen lassen. Hierfür gelten die Fristen des § 45 S. 1 WEG nicht, da ein Negativbeschluss nach Rechtsprechung des *BGH* keine Sperrwirkung entfaltet (s. zuletzt *BGH* ZWE 2020, 51 = NJW-RR 2019, 976). Einen bloß ungenügenden Beschluss muss der betroffene Wohnungseigentümer dagegen anfechten, da er eine positive und damit Sperrwirkung entfaltende Regelung enthält (Dötsch/Schultzky/Zschieschack Kap. 6 Rn. 165). Ändern sich die Verhältnisse etwa durch Hinzutreten weiterer Nutzungswilliger, können nachträglich auftretende Unzulänglichkeiten auch durch einen Abänderungsbeschluss behoben werden. 43

III. Inhalt des Beschlusses

1. Nutzung nach billigem Ermessen

44 Nach § 21 Abs. 4 S. 1 WEG gestattet der Beschluss dem Wohnungseigentümer, der dies verlangt, das Recht, die bauliche Veränderung mitzubenutzen. Er regelt, sofern problematisch, auch den Umfang der begehrten Nutzung, die nach § 21 Abs. 4 S. 1 WEG billigem Ermessen entsprechen muss. Dies spielt vorrangig bei Kapazitätsproblemen eine Rolle (BT-Drs. 19/18791, S. 68). Bestehen keine Kapazitätsprobleme, kann auf eine Regelung des Nutzungsumfangs verzichtet werden. Entstehen sie nachträglich, entspricht es ordnungsmäßiger Verwaltung, den ursprünglichen Beschluss um eine solche Regelung des Nutzungsumfangs zu erweitern. In der Regelung der Nutzungsberechtigung räumen die Gesetzesmaterialien den ursprünglich Nutzungsberechtigten keinen Vorrang ein. Ursprüngliche und neu hinzukommende Nutzer sind gleich zu behandeln. Erst recht darf die Mitbenutzung durch den Antragsteller nicht aus Kapazitätsgründen abgelehnt werden. Vielmehr sollen, ähnlich wie bei ursprünglichen Kapazitätsproblemen, Regelungen getroffen werden, die bestimmen, wer die bauliche Veränderung wann benutzen darf (BT-Drs. 19/18791, S. 68). Selbstverständlich sind auch weitere bauliche Veränderungen zulässig, die die Kapazität erhöhen. Die Kosten hierfür dürften nach dem Grundsatz der Gleichbehandlung ursprünglicher und neuer Nutzer auf beide zu verteilen sein (Jennißen/*Jennißen* § 21 Rn. 93). Bei hohen Zusatzkosten kann ein ursprünglich Nutzungsberechtigter noch »aussteigen«.

2. Angemessener Ausgleich

45 Im Gegenzug für die nachträgliche Mitbenutzung muss der neue Nutzer einen »angemessenen Ausgleich« leisten, der ebenfalls in dem Beschluss über die Gestattung der Mitbenutzung festzusetzen ist (BT-Drs. 19/18791, S. 68). Hiermit befassen sich die Gesetzesmaterialien ausgiebig. So verlangen sie, dass die Kosten von Errichtung und Erhalt der baulichen Veränderung mit Ausnahme von Betriebskosten ebenso zu berücksichtigen sind wie ein bis zur Zeit der Beschlussfassung eingetretener Wertverlust (BT-Drs. 19/18791, S. 68). Auch Eigenleistungen des ersten Nutzungsberechtigten können zu berücksichtigen sein (Jennißen/*Jennißen* § 21 Rn. 92). Der Ausgleich ist an die Wohnungseigentümergemeinschaft, nicht an die bis dahin Nutzungsberechtigten als ursprünglich zur Kostentragung Verpflichtete zu zahlen. Allerdings soll die Ausgleichszahlung im Rahmen der Jahresabrechnung nur denjenigen Wohnungseigentümern zugute kommen, die an den bisherigen Kosten beteiligt waren (BT-Drs. 19/18791, S. 68). Das sind auch solche Wohnungseigentümer, die bereits zuvor einen Anspruch nach § 21 Abs. 4 S. 1 WEG geltend gemacht haben.

3. Weitere Folgen des Beschlusses nach § 21 Abs. 4 S. 1 WEG

46 Die Pflicht des neu hinzutretenden Nutzers, sich an den Folgekosten der baulichen Änderung zu beteiligen, muss im Beschluss nach § 21 Abs. 4 S. 1 WEG nicht geregelt werden. Denn diese Folge tritt kraft Gesetzes ein. Für ihn gilt über die Verweisung in § 21 Abs. 4 S. 2 WEG die Kostenregelung in § 21 Abs. 3 WEG entsprechend (BT-Drs. 19/18791, S. 68). Demnach trägt er gemäß § 21 Abs. 3 S. 1 WEG die Folgekosten der baulichen Veränderung zusammen mit den anderen Nutzungsberechtigten nach dem Verhältnis ihres Anteils. Gleiches gilt über die Verweisung des § 21 Abs. 4 S. 2 WEG auf § 21 Abs. 3 WEG grundsätzlich für den Umfang seines Nutzungsrechtes, der auf einen gleichberechtigten Mitgebrauch hinausläuft. Gleichwohl können nähere Regelungen im Hinblick auf Kapazitätsprobleme sinnvoll sein (vgl. o. Rdn. 44). Die Beschlusskompetenz hierfür folgt aus § 21 Abs. 5 WEG.

4. Fehler des Beschlusses

a) Fehlen des Verlangens

47 Abgesehen von formellen Fehlern kann die Beschlussfassung daran leiden, dass es an einem wirksamen Verlangen fehlt, weil sich der Anspruchsteller etwa nur an einen Dritten gewandt oder das Verlangen zurückgezogen hat. Gleiches gilt, wenn Bedingungen oder Einschränkungen im Beschluss-

antrag unberücksichtigt bleiben. Anders als bei der Entscheidung über die Gestattung einer baulichen Veränderung (vgl. § 20 Rdn. 18 zu Vorratsbeschlüssen) ist eine Entscheidung nach § 21 Abs. 4 WEG ohne Antrag nicht möglich. Im Gegensatz zum Parallelfall der Gestattung baulicher Veränderungen ohne Antrag kann der von dem Beschluss betroffene Miteigentümer diesen auch nicht einfach ignorieren, da ihm ein Ausgleich für seine Beteiligung an der baulichen Veränderung auferlegt wird. Da es an der Voraussetzung für eine Beschlussfassung nach § 21 Abs. 4 WEG fehlt, ist der trotzdem ergangene Beschluss zumindest anfechtbar. Da ihm ohne die Voraussetzungen hierfür ein Sonderopfer in Form des angemessenen Ausgleichs auferlegt wird, wofür es an einer Beschlusskompetenz fehlt, dürfte sogar Nichtigkeit vorliegen.

b) Fehler in der Nutzungs- und Ausgleichsregelung

Als inhaltliche Mängel eines Beschlusses nach § 21 Abs. 4 S. 1 WEG kommen insbesondere Mängel der Nutzungs- und der Ausgleichregelung in Betracht. Die Nutzungsberechtigung und der Ausgleich können zu knapp oder zu umfassend ausgestaltet sein oder von falschen Grundsätzen (etwa der besseren Berechtigung der ursprünglichen Nutzer) ausgehen. Derartige Fehler führen regelmäßig nicht zur Nichtigkeit des Beschlusses, da die Ermessensausübung bzw. die Ermittlung eines angemessenen Ausgleichs letztlich Fragen der ordnungsmäßigen Verwaltung darstellen. In der Folge müssen sie im Verfahren nach § 44 Abs. 1 S. 1 WEG angefochten werden. 48

IV. Kein Verzicht auf die Nutzung baulicher Veränderungen

1. Grundsatz

§ 21 Abs. 4 WEG sieht nur die nachträgliche Erweiterung der Nutzungsberechtigung und Kostentragung, nicht aber den umgekehrten Weg eines Verzichts auf die Nutzung baulicher Veränderungen vor. Eine entsprechende Änderung kann jedenfalls nicht durch einseitiges Verlangen erfolgen. Das ist auch konsequent, da dann die zur Tragung der Folgekosten einer baulichen Veränderung Verpflichteten fortfielen. Derjenige, der eine bauliche Veränderung veranlasst oder mitbeschlossen hat, muss also damit rechnen, dass er und seine (Sonder-)Rechtsnachfolger auf unbegrenzte Zeit mit den Folgekosten belastet bleiben, unabhängig davon, ob eine Nutzung der baulichen Veränderung für sie noch sinnvoll ist. Denkbar ist jedoch eine Änderung von Nutzungen und Kosten durch Beschluss nach § 21 Abs. 5 S. 1 WEG (Lehmann-Richter/Wobst Rn. 1139). 49

2. Zeitpunkt der Unumkehrbarkeit

Bislang nicht diskutiert wurde die Frage, ab welchem Zeitpunkt der neue Nutzer von der Mitbenutzungsmöglichkeit nicht mehr einseitig zurücktreten kann. Dies ist jedenfalls mit der Bestandskraft der diesbezüglichen Beschlüsse der Fall, da dann alle Wohnungseigentümer hieran gebunden sind. Fraglich ist, ob auf einen früheren Zeitpunkt, etwa der Zugang des Verlangens, abzustellen ist. Das ist wohl zu verneinen. Das bloße Verlangen nach § 21 Abs. 4 WEG begründet noch kein schutzwürdiges Verlangen, dass der Anspruchsteller tatsächlich Mitnutzer der baulichen Veränderung werden wird. 50

G. Beschlussfassungen über Kosten und Nutzungen (§ 21 Abs. 5 WEG)

I. Kosten

§ 21 Abs. 5 S. 1 WEG verleiht der Eigentümerversammlung die Kompetenz, eine von den gesetzlichen Vorgaben abweichende Kostentragung zu beschließen. Hiervon sind alle Regelungen des § 21 WEG erfasst. Diese Beschlusskompetenz wird insbesondere dann von Bedeutung sein, wenn die Kostenverteilung nach dem Verhältnis der Miteigentumsanteile nicht einleuchtet. So erscheint es nicht unbedingt sachgerecht, die Kosten für die Schaffung von Lademöglichkeiten nach diesem Schlüssel zu verteilen. Wenn die Wohnungseigentümer hier zu einer mehrheitlichen Lösung kommen, liegt eine Aufteilung nach Nutzern oder nach Fahrzeugen, die aufgeladen werden sollen, näher. Die Möglichkeit einer entsprechenden Beschlussfassung räumt ihnen § 21 Abs. 5 S. 1 WEG ein. 51

Im Übrigen ermöglicht § 21 Abs. 5 WEG, Rechtssicherheit zu schaffen, da die Voraussetzungen der Kosten- und Nutzenverteilung in § 21 Abs. 1–3 WEG nicht in Bestandskraft erwachsen (Lehmann-Richter/Wobst Rn. 1090; Dötsch/Schultzky/Zschieschack Kap. 6 Rn. 107; kritisch Jennißen/*Jennißen* § 21 Rn. 102). Ein entsprechender Beschluss muss nicht zeitgleich mit demjenigen über die bauliche Veränderung erfolgen; er kann auch nachträglich gefasst werden (Lehmann-Richter/Wobst Rn. 1099).

II. Nutzungen

52 Eine entsprechende Kompetenz verleiht § 21 Abs. 5 S. 1 WEG auch für Beschlussfassungen über die Nutzung baulicher Veränderungen. Damit kann insbesondere der in § 16 Abs. 1 S. 3 WEG verankerte Grundsatz der gleichen Nutzung baulicher Veränderungen durch alle Nutzungsberechtigten modifiziert werden, was durchaus im Interesse aller Wohnungseigentümer liegen kann. So müssen etwa nicht alle Nutzungsberechtigten Anspruch auf Mitbenutzung jedes Ladeplatzes haben. Werden Lademöglichkeiten für alle Nutzungsberechtigten geschaffen, so ist es durchaus im wohlverstandenen Interesse aller, jedem Nutzungsberechtigten eine Lademöglichkeit zuzuweisen. Dies verstößt nicht gegen den Grundsatz, dass Sondernutzungsrechte nicht durch Beschluss begründet werden können. Denn zum einen verleiht § 21 Abs. 5 S. 1 WEG gerade eine Kompetenz für derartige Beschlussfassungen. Zum anderen kann bereits der Beschluss einer baulichen Veränderung über § 21 Abs. 1 S. 2 WEG zu einem Sondernutzungsrecht an der baulichen Veränderung führen. Die Zuweisung einer exklusiven Nutzungsmöglichkeit über § 21 Abs. 5 S. 1 WEG entspricht also der Systematik des Gesetzes.

III. Fehler des Beschlusses

1. Erstmalige Belastung

53 In § 21 Abs. 5 S. 2 WEG regelt das Gesetz einen möglichen Fehler der Beschlussfassung ausdrücklich, indem es die Belastung der Wohnungseigentümer untersagt, diejenigen zu belasten, die nach § 21 Abs. 1–4 WEG von den Kosten einer baulichen Veränderung freigestellt sind. Dies stellt eine gesetzliche Ausprägung des vom *BGH* entwickelten Belastungsverbotes dar, wonach selbst bei Vorliegen einer Öffnungsklausel keinem Wohnungseigentümer erstmals Lasten auferlegt werden dürfen, von denen er kraft Gesetzes oder Gemeinschaftsordnung freigestellt ist (*BGH* ZMR 2019, 619 = NJW 2019, 2083). Das Belastungsverbot erfasst nach der ausdrücklichen Anordnung in § 21 Abs. 5 S. 2 WEG nur die Kostenbefreiung »nach den vorstehenden Absätzen«, also nach den gesetzlichen Regelungen. Kostenbefreiungen aufgrund einer Regelung durch Gemeinschaftsordnung oder Beschluss sind somit nicht gegen Beschlussfassungen nach § 21 Abs. 5 S. 1 WEG geschützt; von ihnen kann durch Beschluss nach § 21 Abs. 5 S. 1 WEG abgewichen werden. Ein Verstoß gegen das Belastungsverbot in § 21 Abs. 5 S. 2 WEG führt nicht zur Nichtigkeit des Beschlusses, sondern nur zu seiner Anfechtbarkeit. Das folgt aus der Formulierung »dürfen (…) keine Kosten auferlegt werden«, da der Gesetzgeber für eine Beschränkung der Beschlusskompetenz die Formulierung »können (…) keine Kosten auferlegt werden« verwendet hätte (BT-Drs. 19/18791, S. 69). Für die Nutzungen gilt § 21 Abs. 5 S. 2 WEG nicht (a.A. Jennißen/*Jennißen* § 21 Rn. 104). Ein willkürlicher Ausschluss von Nutzungen oder die lastenfreie Mitbenutzung werden aber regelmäßig als Verstoß gegen Grundsätze ordnungsmäßiger Verwaltung anfechtbar sein.

2. Unangemessene Zuweisung von Kosten und Nutzungsrechten

54 Häufigere Fehler in Beschlüssen nach § 21 Abs. 5 S. 1 WEG werden unangemessene Zuweisungen von Kosten und Nutzungen sein. Wenn aber selbst ein Verstoß gegen das ausdrückliche Verbot des § 21 Abs. 5 S. 2 WEG nur zur Anfechtbarkeit des Beschlusses führt, gilt dies erst recht für derartige Fehler. Denn letztlich handelt es sich bei unangemessenen Zuweisungen von Kosten und Nutzungen um Verstöße gegen den Grundsatz ordnungsmäßiger Verwaltung. Diese ziehen aber stets nur die Anfechtbarkeit eines Beschlusses nach sich.

§ 22 Wiederaufbau

Ist das Gebäude zu mehr als der Hälfte seines Wertes zerstört und ist der Schaden nicht durch eine Versicherung oder in anderer Weise gedeckt, so kann der Wiederaufbau nicht beschlossen oder verlangt werden.

Übersicht

A. Die gesetzliche Regelung

I. Fortführung des alten Rechts

1 § 22 WEG entspricht inhaltlich und von zwei Verweisen auf § 21 Abs. 3 und 4 WEG a.F. abgesehen auch wörtlich § 22 Abs. 4 WEG a.F. Diese Verweise auf § 21 Abs. 3 und 4 WEG a.F. waren schon im alten Recht überflüssig, da dort nur die Anforderungen an einen ordnungsmäßigen Beschluss bzw. an die Voraussetzungen normiert sind, unter denen er verlangt werden kann. Im Ergebnis können also Rechtsprechung und Schrifttum zu § 22 Abs. 4 WEG a.F. bei der Handhabung von § 22 WEG weiterhin herangezogen werden.

II. Wiederaufbau als Sonderfall der Instandsetzung

2 Nach § 18 Abs. 2 Nr. 1 und § 19 Abs. 2 Nr. 2 WEG sind die Eigentümer grundsätzlich verpflichtet, Beschädigungen am gemeinschaftlichen Eigentum durch Maßnahmen der Instandsetzung zu beheben. Solche Maßnahmen werden nach § 19 Abs. 1 WEG beschlossen. Die generelle Pflicht zum Erhalt und gegebenenfalls zum Wiederaufbau ergibt sich aus dem Vertrauen aller Eigentümer in den Fortbestand ihrer Investition in das Objekt, vgl. § 11 WEG. Die Wiederaufbaupflicht besteht bei einer »Beschädigung« ebenso wie bei einer »Zerstörung«, weshalb sich aus den Begriffen selbst keine Unterschiede ableiten lassen.

III. Ausnahme

3 § 22 WEG regelt den Sonderfall einer so erheblichen Zerstörung, dass ein Wertverlust um mehr als die Hälfte eintrat und die Mittel zum Wiederaufbau von einem Dritten nicht erlangt werden können. In einem solchen Fall sind die wirtschaftlichen Interessen der Eigentümer zu schützen, die sich den finanziellen Kraftakt eines Wiederaufbaus gegen ihren Willen nicht leisten können. Die Vorschrift schafft keinen Wiederaufbauanspruch in bestimmten Fällen sondern – im Gegenteil – einen Anspruch, unter den dort genannten Voraussetzungen von der grundsätzlich bestehenden Wiederaufbaupflicht nach § 18 Abs. 2 Nr. 1 und § 19 Abs. 2 Nr. 2 WEG abzusehen.

B. Gesetzliche Wiederaufbaupflicht

I. Gesetzliche Regelung

4 Nach § 19 Abs. 2 Nr. 2 WEG besteht eine durchsetzbare Wiederaufbaupflicht, unabhängig vom Umfang der Zerstörung, immer dann, wenn der Schaden durch Versicherungsleistungen oder in sonstiger Weise gedeckt ist, ferner bei einer Zerstörung von weniger als der Hälfte des Wertes auch ohne Deckung des Schadens durch eine Versicherung (*BayObLG* ZMR 1996, 98). Die Regelung ist abdingbar, allerdings nur durch eine Vereinbarung.

II. Keine Änderung durch Beschluss

5 Ein Mehrheitsbeschluss mit der Vorgabe, dass jede Wiederaufbaupflicht von der Deckung der Kosten durch Versicherungs- oder sonstige Entschädigungsleistungen abhängig sei, ist nichtig (gesetzesverändernd), da gegen die Instandsetzungsvorgaben in § 18 Abs. 2 Nr. 1 und § 19 Abs. 2 Nr. 2 WEG verstoßen wird (*BGH* ZMR 2000, 771). Anders als nach der gesetzlichen Regelung bestünde dann eine Wiederaufbaupflicht auch bei einer Zerstörung von weniger als der Hälfte des Werts nicht, wenn keine Deckung vorhanden ist (*BayObLG* ZMR 1996, 98).

III. Maßstab für die Zerstörung

1. Nebengebäude und Mehrhausanlagen

6 Der nach § 22 WEG maßgebliche Zerstörungsgrad bemisst sich nach dem Gebäudewert der gesamten Wohnanlage einschließlich der Nebenräume. Ein Garagengebäude in einem getrennten Bau ist ein **Nebengebäude**, dessen Zerstörungsgrad nicht eigenständig bemessen werden kann (*OLG Schleswig* WuM 1997, 697 = NJW-RR 1998, 15). Für den Zerstörungsgrad ist also ggf. der Gesamtgebäudewert in unzerstörtem Zustand dem Wert einer sanierungsbedürftigen Tiefgarage gegenüberzustellen (*KG* ZMR 1997, 534). Bei einer **Mehrhausanlage** gilt grundsätzlich nichts anderes, wenn die Gemeinschaftsordnung keine besondere Regelung enthält. Die Instandsetzungspflicht der Eigentümergemeinschaft nach § 18 Abs. 2 Nr. 1 und § 19 Abs. 2 Nr. 2 WEG erstreckt sich auf das gemeinschaftliche Eigentum insgesamt, wozu alle Häuser gehören. Wurde diese solidarische Pflicht zur Bestandserhaltung nicht ausdrücklich durch Vereinbarung abbedungen, bleibt sie bei der Eigentümergemeinschaft. Die Zerstörung einzelner Gebäudeteile wird in diesen Fällen die Eigentümergemeinschaft nicht von der Wiederaufbaupflicht befreien. Die Unterscheidung zwischen dem Zerstörungsgrad des Gebäudes und dem Gegenstand der Aufbaupflicht ist nicht von Bedeutung, weil § 22 WEG selbst den Zerstörungsgrad und den Wiederherstellungsanspruch in ein Abhängigkeitsverhältnis stellt. Die Wiederherstellung kann ab einem bestimmten Zerstörungsgrad nicht mehr erzwungen werden.

2. Gemeinschaftsvermögen

7 § 22 WEG gilt nur für Gebäude im Gemeinschaftseigentum, also nicht für bebautes Grundeigentum im Vermögen der Wohnungseigentümergemeinschaft. Wird dieses zerstört, gelten also über den Verweis in § 9a Abs. 3 WEG die allgemeinen Regeln, so dass auch bei einer Zerstörung zu mehr als 50% der Wiederaufbau beschlossen werden kann. Das erscheint auch konsequent, da die Kosten hierfür eben nicht die Wohnungseigentümer, sondern die Gemeinschaft treffen. Im Übrigen wird man schwerlich eine Wiederaufbaupflicht bei der Zerstörung lediglich eines Nebengebäudes im Gemeinschaftseigentum bejahen, bei Gemeinschaftsvermögen aber verneinen können. Eine Überforderung einzelner Wohnungseigentümer bei der Beschlussfassung über die Aufbringung der erforderlichen Geldmittel wird aber bei der Prüfung zu berücksichtigen sein, ob der Wiederaufbaubeschluss ordnungsmäßiger Verwaltung entspricht.

3. Wert des Gemeinschaftseigentums

Weil § 22 WEG nur vom Zerstörungsgrad des »Gebäudes« spricht, ist der Grundstückswert bei der Wertberechnung unbeachtlich. Nach dem WEMoG dürfte sich allerdings die Frage neu stellen, ob bei der Wertberechnung nur die Zerstörung des gemeinschaftlichen Eigentums oder auch die des Sondereigentums zu berücksichtigen ist. Früher konnte bei der Beschränkung auf das Gemeinschaftseigentum darauf verwiesen werden, dass sich § 22 WEG a.F. mit Vorgängen der Verwaltung des gemeinschaftlichen Eigentums beschäftigt, so dass die gesetzliche Systematik dafür sprach, nur hierauf abzustellen. Dieses Argument ist nunmehr weggefallen. Zudem spricht gegen diese Ansicht, dass das Gesetz vom »Gebäude« spricht. Das umfasst auch das Sondereigentum. 8

C. Wiederaufbaupflicht bei Ersatz des Schadens und Umfang der Aufbaupflicht

I. Deckung durch Versicherung und sonstige Leistungen

§ 22 WEG gibt den Eigentümern einen Anspruch, einen Wiederaufbau zu verhindern, wenn die Wiederherstellung von mehr als der Hälfte des Wertes eines zerstörten Gebäudes finanziert werden muss. Tritt für den Schaden eine Versicherung ein, kann der Wiederaufbau nicht unter Verweis auf § 22 WEG verweigert werden. Dabei muss durch die Kostenübernahme der Schaden nicht zu 100 % abgedeckt sein. Es genügt, wenn danach höchstens die Hälfte der Kosten für den Wiederaufbau bleiben. Weil diese Teildeckung auch »in anderer Weise« herbeigeführt werden kann, ist es einem Miteigentümer möglich, durch eine überobligatorische Zahlung die übrigen Miteigentümer in die restliche Zahlungspflicht (resultierend aus der Instandsetzungspflicht nach § 18 Abs. 2 Nr. 1 und § 19 Abs. 2 Nr. 2 WEG) zu zwingen. Allerdings muss das Geld für den Wiederaufbau tatsächlich zur Verfügung stehen, was sich aus dem Zweck der Regelung ableitet. Allein ein Anspruch auf Zahlung – ohne Realisierungschance – genügt nicht. 9

II. Umfang der Wiederaufbaupflicht

Wenn nichts anderes vereinbart wurde, gehört zum Umfang der Wiederaufbaupflicht das gemeinschaftliche Eigentum, wie in der Teilungserklärung/Gemeinschaftsordnung beschrieben, nicht das Sondereigentum. Dieses fällt in die Instandsetzungspflicht eines jeden Sondereigentümers selbst und gehört nicht in den Regelungsbereich der § 18 Abs. 2 Nr. 1 und § 19 Abs. 2 Nr. 2 WEG. 10

III. Aufhebung der Gemeinschaft

Für den Fall, dass wegen des Grades der Zerstörung der Wiederaufbau nach § 22 WEG nicht verlangt werden kann, ist nach § 11 Abs. 1 S. 3 WEG eine Vereinbarung möglich, die Aufhebung der Eigentümergemeinschaft zu verlangen. Hingegen dürfte eine Aufhebung der Eigentümergemeinschaft per Mehrheitsbeschluss ausscheiden, da § 11 Abs. 1 S. 3 WEG eine Vereinbarung verlangt. Zudem wäre dies mit den Regelbeispielen in § 19 Abs. 2 WEG nicht in Einklang zu bringen. Gibt es eine solche Vereinbarung nicht, kann die Mitwirkung daran notfalls gerichtlich erzwungen werden. Allerdings dürfte hierauf nur unter den Voraussetzungen des § 10 Abs. 2 WEG ein Anspruch bestehen. 11

D. Die unvollendete Ersterstellung

I. Erstmalige Herstellung als Maßnahme ordnungsmäßiger Verwaltung

Wird eine Wohnungseigentumsanlage wegen der Zahlungsunfähigkeit des teilenden Eigentümers als Bauträger nicht vollständig fertiggestellt, kann die mangelfreie Fertigstellung als Maßnahme ordnungsgemäßer Verwaltung durch Stimmenmehrheit der Wohnungseigentümer beschlossen werden. § 22 WEG ist aber entsprechend anzuwenden (*OLG Celle* 04.05.2005 – 4 W 77/05). 12

II. Gerichtliche Durchsetzung

13 Der »werdende Eigentümer« hat unter den Voraussetzungen des § 8 Abs. 3 WEG stets aus § 18 Abs. 2 Nr. 1 und § 19 Abs. 2 Nr. 2 WEG Anspruch auf erstmalige Herstellung des Zustandes gemäß Teilungserklärung/Gemeinschaftsordnung und kann diesen Anspruch gegen die Wohnungseigentümergemeinschaft notfalls auch gerichtlich im Wege der Beschlussersetzung nach § 43 Abs. 2 Nr. 4 WEG durchsetzen. Die Klage ist nunmehr gegen die Wohnungseigentümergemeinschaft zu richten, um eine entsprechende Beschlussfassung, die zuvor verweigert wurde, im Verfahren nach § 44 Abs. 1 S. 2 WEG zu ersetzen. Eine Wertgrenze der erstmaligen Errichtungspflicht findet sich im Gesetz nicht. § 22 WEG schützt einen Eigentümer nur davor, ein zweites Mal erheblich in die Errichtung des gemeinschaftlichen Eigentums investieren zu müssen, nachdem eine Zerstörung bis zu einem gesetzlich definierten Grad vorausging.

III. Grenze der Aufbaupflicht

14 Hat ein Teil der Eigentümer den zu weniger als 50 % hergestellten steckengebliebenen Bau fertiggestellt, besteht kein Anspruch auf Fassung eines Wiederaufbaubeschlusses. Auch bei einer wirtschaftlich positiven Entwicklung der Immobilie ist es nicht treuwidrig, wenn sich die Miteigentümer, die sich am Wiederaufbau nicht beteiligt haben, weiterhin der Fassung eines entsprechenden Beschlusses verweigern. Eigentümer, deren Sondereigentum noch nicht hergestellt ist, weil die Trennwände der Wohnungen noch nicht eingezogen sind, haben einen Anspruch auf Herstellung der Wohnungen gegenüber den anderen Wohnungseigentümern (*OLG Dresden* ZMR 2008, 812).

IV. Beschlussrecht

15 Die Eigentümer können mehrheitlich regeln, ob und wie und mit welchen Mitteln die nötige erstmalige Fertigstellung erfolgt. Die Formulierung *»sogar beim sog. stecken gebliebenen Bau können die Wohnungseigentümer in entsprechender Anwendung von § 22 Abs. 4 WEG a.F. mehrheitlich die Fertigstellung beschließen«* (*BayObLG* ZMR 1998, 363) ist missverständlich. Bereits § 18 Abs. 2 Nr. 1 und § 19 Abs. 2 Nr. 2 WEG verschaffen einen Herstellungsanspruch, während die Vorgaben in § 22 WEG regeln, wann kein Anspruch auf einen Mehrheitsbeschluss besteht. Da es sich um eine Maßnahme der ordnungsmäßigen Verwaltung handelt, ist die Beschlusskompetenz der Eigentümergemeinschaft nach § 19 Abs. 1 WEG vorhanden (*BayObLG* ZMR 2003, 365), wobei auch dort wieder grundlos eingeschränkt wird, *»zumindest dann, wenn die Wohnanlage weitgehend, jedenfalls zu deutlich mehr als der Hälfte ihres endgültigen Werts hergestellt ist.«* Ob ein solcher Eigentümerbeschluss im Einzelfall ordnungsmäßiger Verwaltung entspricht, ist eine andere Frage. Allenfalls zu deren Beantwortung können die Rechtsgedanken der § 22 WEG und § 242 BGB herangezogen werden.

V. Kosten des Wiederaufbaus

16 Die anfallenden Kosten sind gem. § 16 Abs. 2 S. 1 WEG oder nach dem vereinbarten Schlüssel unter den Eigentümern zu verteilen (*BayObLG* ZfIR 2000, 552 = ZWE 2000, 214). Eine Beteiligung der Miteigentümer an den Fertigstellungskosten mit noch nicht an den Verkäufer gezahlten Kaufpreisresten kann nicht durch Mehrheitsbeschluss bestimmt werden (*AG Wetter* v. 11.01.2007 – 30 II 3/06 WEG).

Vorbemerkung zu §§ 23–25 WEG

Literatur:
Abramenko, Willensmängel bei der Beschlussfassung, ZWE 2013, 395; *Abramenko*, Die virtuelle Eigentümerversammlung nach dem Entwurf eines Gesetzes zur Zulassung virtueller Eigentümerversammlungen etc., ZMR 2024, 100; *Altmeppen*, Dogmatische Grundfragen des Beschlusstatbestands in GmbH und Personengesellschaft und ihre Bedeutung für Online-Beschlussfassungen, in: Bochmann/Kumpan/Röthel/

Schmidt (Hrsg.): Beschlussfassung im virtuellen Raum, 2023, S. 11 ff.; *Armbrüster*, Willensbildung und Beschlussfassung im Verwaltungsbeirat, ZWE 2001, 463; *Baltzer*, Der Beschluß als rechtstechnisches Mittel organschaftlicher Funktion im Privatrecht, 1965; *Bartholomeyczik*, Die Anfechtung der Stimmabgabe zum Körperschaftsbeschluß, AcP 144 (1938), 287; *Becker*, Ergebnisfeststellung und Beschlusstatbestand, ZWE 2002, 93; *Becker*, Feststellung und Verkündung fehlerhafter Beschlüsse durch den Verwalter, ZWE 2012, 297; *Elzer*, Die fehlerhafte Verkündung eines positiven Beschlusses, ZWE 2007, 165; *Elzer*, Die Bindung der Wohnungseigentümer und Sondernachfolger an erzwungene Vereinbarungen und Beschlüsse, ZWE 2010, 251; *Ernst*, Der Beschluss als Organakt, in: Häublein/Utz (Hrsg.): Rechtsgeschäft, Methodenlehre und darüber hinaus, Liber Amicorum für Leenen zum 70. Geburtstag, 2012; *Ernst*, Mehrheitsabstimmung bei schriftlicher Beschlussfassung, ZIP 2020, 889; *Fleischer/Eschwey*, Beschlussanfechtung im Aktien- und Wohnungseigentumsrecht, DB 2018, 810; *Hoffmann-Becking*, Gibt es ein allgemeines Verfahrensrecht für Gremien?, NZG 2022, 99; *Koppensteiner*, Stimmabgabe und Beschluss, Juristische Blätter 139 (2017), 273; Leitner, Beschlussfeststellung, Beschlussfeststellungsklagen und die Rolle des Versammlungsleiters, 2024; *Möller*, Die Beschlussfassung im Recht der Personen- und Kapitalgesellschaften, 2021; *Müller*, Die Beschlußfassung, ZWE 2000, 237; *Müller*, Feststellung und Verkündung fehlerhafter Beschlüsse durch den Verwalter, ZWE 2015, 303; *Schmidt*, J.-H., Verkündung rechtswidriger Beschlüsse, ZWE 2016, 385; *Skauradszun*, Einberufung der Versammlung und Bezeichnung der Beschlussgegenstände, ZWE 2016, 61; *Skauradszun*, Zur Verkündung rechtswidriger Beschlüsse durch den Versammlungsleiter – Eine Rückbesinnung auf die Rechtsgeschäftslehre, ZMR 2018, 122; *Skauradszun*, Das Verhältnis der rechtsfähigen Gemeinschaft zu den Wohnungseigentümern und die Nadelöhrdoktrin, ZWE 2020, 105; *Skauradszun*, Der Beschluss als Rechtsgeschäft, 2020; *Skauradszun*, Absenkungsbeschlüsse und Mehrheitsbeschlüsse im Umlaufverfahren, ZWE 2022, 106; *Skauradszun/Harnack*, Grundfragen der Absenkungs- und Finanzbeschlüsse, ZMR 2023, 441; *Sommer*, Anm. zu LG Frankfurt a.M., Urt. v. 16.02.2023 – 2-13 S 79/22, ZWE 2023, 277; *Winnefeld*, Stimmrecht, Stimmabgabe und Beschluß, ihre Rechtsnatur und Behandlung, DB 1972, 1053.

Übersicht Rdn.

1 Die nachfolgende Darstellung beruht auch auf *Skauradszun*, Der Beschluss als Rechtsgeschäft, 2020 (nachfolgend Beschluss, 2020, Seite).

A. Überblick über das wohnungseigentumsrechtliche Beschlusswesen

2 Das wohnungseigentumsrechtliche Beschlusswesen hat eine immense Praxisrelevanz. Rund zehn Millionen Wohnungseigentümer müssen ein oder mehrmals im Jahr an einer Willensbildung durch Beschluss teilnehmen. Jedes Jahr werden in Deutschland damit mehrere Hunderttausend Beschlüsse gefasst. Gleichwohl ist das **wohnungseigentumsrechtliche Beschlusswesen weitgehend ungeregelt**. Auch die Rechtsgeschäftslehre des Bürgerlichen Gesetzbuchs enthält keine kodifizierte Beschlusslehre vergleichbar der detailliert geregelten Vertragslehre im Allgemeinen Teil des BGB. Das im deutschen Recht seit jeher bestehende beschlussrechtliche Vakuum ist in **Europa** dabei kein Einzelfall. Auch in den deutschen Nachbarländern Frankreich, Polen, Österreich, der Schweiz und den Niederlanden sind nur einzelne Facetten – gerade auch im Wohnungseigentumsrecht –, nicht aber das Beschlusswesen als solches kodifiziert (Beschluss, 2020, S. 28 ff.). Das beschlussrechtliche Vakuum im WEG als Nebengesetz zum Bürgerlichen Gesetzbuch ist nicht überraschend und lässt sich historisch damit erklären, dass das deutsche BGB als bürgerlich-rechtliches Kerngesetz, als es durch die Vorkommission und die beiden Kommissionen entwickelt wurde, auf keine Vorbilder hätte zurückgreifen können, die eine Beschlusslehre kodifiziert hatten. Weder das **römische Recht** noch der **französische Code Civil** verfügten über eine kodifizierte Beschlusslehre (vgl. *Meincke* Römisches Privatrecht, S. 111 f.; Beschluss, 2020, S. 29 ff.). Als am 01.01.1900 das deutsche BGB in Kraft trat, gab es noch kein Wohnungseigentumsgesetz, sodass auch die spätere Bedeutsamkeit der Beschlüsse allein schon im Wohnungseigentumsrecht noch nicht absehbar war. Erst recht wäre es 1900 noch nicht denkbar gewesen, dass Wohnungseigentümer aufgrund eines **Mehrheitsentscheids** zu einem auch für die Minderheit verbindlichen Willen gelangen. Die Bereitschaft, durch Mehrheitsbeschluss Beschlussgegenstände für den gesamten Verband einheitlich und verbindlich zu regeln, entwickelte sich in Deutschland erst in den letzten Jahrzehnten, insbesondere dadurch, dass Mehrheitsentscheidungen in den Personen- und Kapitalgesellschaften, der Genossenschaft sowie im Verein üblich und akzeptiert wurden und daher in der deutschen Rechtskultur heute eher als Regelfall denn als Ausnahme empfunden werden. Soweit der deutsche Gesetzgeber in den letzten Jahren die Chance hatte, das Beschlusswesen für einzelne Kollektivorgane zu regeln – sei es durch das Wohnungseigentumsmodernisierungsgesetz vom 16.10.2020 (**WEMoG**) oder durch das Gesetz zur Modernisierung des Personengesellschaftsrechts vom 26.08.2021 (**MoPeG**) – wurde der Bedarf nach einem kodifizierten Beschlusswesen zwar diskutiert, teils auch in den vorbereitenden Entwürfen dokumentiert (*Mauracher* Entwurf zum MoPeG, 2020, S. 89 und Bericht der Expertenkommission [»Abschlussbericht Maurach«], S. 11), bislang fehlte aber noch Zeit, Mut und Kraft eine der Vertragslehre vergleichbare Beschlusslehre im Allgemeinen Teil des BGB – oder zumindest in den Spezialgesetzen – zu kodifizieren (*Möller* Beschlussfassung, 2021, S. 19).

3 Im Wohnungseigentumsrecht besteht seit jeher die Bereitschaft, das Beschlusswesen anderer Kollektivorgane in den Blick zu nehmen, etwa dasjenige des Aktien- und GmbH-Rechts, jenes der Personengesellschaften und im Übrigen das Beschlusswesen des Genossenschafts- und Vereinsrechts. Umgekehrt

lässt sich erst in den jüngeren gesellschaftsrechtlichen Schriften eine Bereitschaft nachweisen, auch das – vergleichsweise hoch entwickelte – wohnungseigentumsrechtliche Beschlusswesen zur Kenntnis zu nehmen (*Fleischer/Eschwey* DB 2018, 810, 816). Ferner bestehen im Wohnungseigentumsrecht traditionell keine Bedenken, die auf Verträge gemünzte Rechtsgeschäftslehre des Allgemeinen Teils des BGB auch für wohnungseigentumsrechtliche Beschlüsse fruchtbar zu machen, beispielsweise durch Anwendung der Vorschriften über den Zugang von Willenserklärungen (§ 130 BGB) auf die Stimmabgabe, die Bedingungen (§ 158 BGB) und die Stellvertretung bei der Stimmabgabe (§§ 164 ff. BGB). Dabei erscheint eine **allgemeine Beschlusslehre** wünschenswert, genauso wie es aus gutem Grund eine allgemeine Vertragslehre gibt. Ein solch **harmonisierender Ansatz** trägt dazu bei, eher die Gemeinsamkeiten der jeweiligen Beschlussfassungen der Kollektivorgane denn deren Unterschiede zu betonen und für Einzelfragen auch die Rechtsprechung und das Schrifttum zu den Nachbarrechtsgebieten auswerten zu können. Insbesondere spricht nichts dagegen, neben der Rechtsprechung des V. Zivilsenats des *BGH* auch die Rechtsprechung des II. Zivilsenats heranzuziehen, wenn der Gesellschaftsrechtssenat beschlussrechtlich relevante Entscheidungen getroffen hat. Soweit im WEG und den Nachbargesetzen im Übrigen beschlussrechtliche Aspekte geregelt wurden, betreffen diese häufig die **Beschlussforensik**, also die Beschlussklagen nach § 44 WEG und §§ 246, 249 AktG. Dies darf den Blick aber nicht darauf verstellen, dass alle Beschlüsse in privatrechtlichen Kollektivorganen zunächst einmal der **Rechtsgeschäftslehre** zuzuordnen sind und sich prozessrechtliche Fragestellungen erst im zweiten Schritt ergeben. Nicht die Beschlussforensik, sondern die rechtsgeschäftliche Beschlusslehre bildet den Ausgangspunkt der Betrachtung. Auch die Vertragslehre beginnt nicht im Prozessrecht, sondern im Allgemeinen Teil des BGB (Beschluss, 2020, S. 28 ff., 46 ff.).

B. Wohnungseigentumsrechtliche Beschlusslehre

I. Der Beschluss als Rechtsgeschäft

Zur Rechtsgeschäftslehre des Bürgerlichen Rechts zählen nicht nur einseitige Rechtsgeschäfte wie 4
die Vollmacht nach § 167 BGB und zwei- bzw. mehrseitige Rechtsgeschäfte wie der Vertrag, der aus zumindest zwei übereinstimmenden Willenserklärungen besteht – dem Antrag und der Annahme (§§ 145, 147 BGB) –, sondern eben auch Beschlüsse. Die im Wohnungseigentumsrecht von der Gesamtheit der Wohnungseigentümer – dem Willensbildungsorgan – und dem Verwaltungsbeirat – dem Überwachungsorgan – gefassten Beschlüsse stellen **Rechtsgeschäfte** im Sinne der bürgerlichrechtlichen Rechtsgeschäftslehre dar (vgl. *BGHZ* 139, 288, 297; Staudinger/*Häublein* WEG § 23 Rn. 11, 13 und 36; BeckOK WEG/*Bartholome* § 23 Rn. 25). Dies gilt auch für die von der Gesamtheit der Wohnungseigentümer gefassten **Verfahrensbeschlüsse** (synonym: Geschäftsordnungsbeschlüsse; ausf. *Greiner* ZWE 2016, 297; *Möller* Beschlussfassung, 2021, S. 57 für Gesellschaften). Die Verortung all dieser Beschlüsse im Allgemeinen Teil des Bürgerlichen Rechts ist darauf zurückzuführen, dass die positiven Beschlüsse aus zumindest einer **Willenserklärung** bestehen (*Baltzer* Der Beschluss, S. 58; *Neuner* BGB AT § 29 Rn. 12), häufiger aus mehreren, gar sehr vielen Willenserklärungen, und diese das rechtsgeschäftliche Fundament bilden (Beschluss, 2020, S. 105). Trotz dieser Ähnlichkeit mit dem Vertrag ist doch zu sehen, dass den Willenserklärungen beim Vertragsschluss ein höheres Gewicht zukommt (Beschluss, 2020, S. 108 f.). Kann ein Vertrag nur zustande kommen, wenn die Willenserklärungen übereinstimmen, und verhindert eine abweichende Willenserklärung unmittelbar das Zustandekommen des Rechtsgeschäfts (vgl. nur § 150 Abs. 2 BGB), kann ein Positivbeschluss als Rechtsgeschäft schon dann zustande kommen, wenn er von der Mehrheit der JA-Stimmen getragen wird (siehe für das Wohnungseigentumsrecht § 25 Abs. 1 WEG). Mit Abschluss der Beschlussprozedur rücken die einzelnen Willenserklärungen jedoch in den Hintergrund. Es ist dann im Regelfall weniger bedeutsam, welcher Wohnungseigentümer mit JA oder NEIN gestimmt hat. Vielmehr steht der Beschluss als das Rechtsgeschäft im Vordergrund und somit der Wille des Kollektivorgans.

II. Die Beschlussprozedur im Willensbildungsorgan

1. Zur Bedeutung der Beschlussprozedur und zum Einfluss des Versammlungsleiters

5 Während Verträge im Regelfall durch den übereinstimmenden Willen der Vertragspartner legitimiert werden, ist eine einstimmige Entscheidung bei Beschlüssen zwar möglich und – je nach Beschlussgegenstand – auch nicht ungewöhnlich, je größer die Gemeinschaft der Wohnungseigentümer aber ist, umso wahrscheinlicher ist es aber, dass der Beschluss nur von der Mehrheit der Wohnungseigentümer getragen wird. Daher ist eine einheitliche, absehbare und transparente Beschlussprozedur von besonderer Bedeutung. Diese bildet die **Legitimationsgrundlage** für das Rechtsgeschäft (*K. Schmidt* Gesellschaftsrecht, § 15 I 1 und 3; Beschluss, 2020, S. 64 ff., 109 f.). Daher wundert es nicht, dass die wohnungseigentumsrechtliche Beschlussprozedur nicht durch jede Person, sondern nur durch die in § 24 Abs. 1 und 3 WEG genannten Personen initiiert werden darf. Genauso berechtigt ist die Entscheidung des Gesetzgebers, die Beschlussprozedur durch eine Ankündigung der Beschlussgegenstände vorbereiten zu lassen (§ 23 Abs. 2 WEG). Die eigentliche Beschlussprozedur beginnt mit dem **Beschlussantrag**, der im Regelfall vom **Verwalter**, der als **geborener Versammlungsleiter** den Vorsitz in der Wohnungseigentümerversammlung führt (§ 24 Abs. 5 WEG), formuliert wird. Während beim Vertragsschluss die erste Willenserklärung die essentialia negotii enthalten muss und regelmäßig zudem die accidentalia negotii enthält, können die essentialia et accidentalia negotii beim Beschluss nicht in den Stimmen enthalten sein. Denn diese Willenserklärungen lauten nur auf JA oder NEIN (aA *Bachmann* AcP 222 [2022], 651, 654, der der jeweiligen JA- oder NEIN-Stimme den Inhalt des Rechtsgeschäfts zuordnet); auch die NEIN-Stimme stellt dabei eine Willenserklärung dar (Beschluss, 2020, S. 54; zust. *Möller* Beschlussfassung, 2021, S. 37, 39). Die essentialia et accidentalia negotii sind aber im Beschlussantrag enthalten (Beschluss, 2020, S. 72). Dies macht zugleich deutlich, dass derjenige, der einen Beschlussantrag in der Wohnungseigentümerversammlung oder außerhalb einer Versammlung im sog. Umlaufverfahren (§ 23 Abs. 3 S. 1 WEG) stellen darf, eine nicht zu unterschätzende **Macht** hat, den **Willen des Kollektivorgans zu lenken** (Beschluss, 2020, S. 70). Sind beispielsweise für ein Thema drei Lösungen denkbar und wird vom Verwalter für das Umlaufverfahren ein Beschlussantrag formuliert, fand zuvor durch den Verwalter – nicht durch die Gesamtheit der Wohnungseigentümer – eine Auswahl einer Lösungsmöglichkeit statt. Es ist dann praktisch wenig wahrscheinlich, dass ein Wohnungseigentümer den Beschlussantrag geändert bekommt, um eine andere als die zur Auswahl stehende Lösungsmöglichkeit zur Abstimmung zu bringen. Umgekehrt ist mit dem Formulieren des Beschlussantrags auch eine große Verantwortung verbunden, denn ein Beschluss kann nicht entstehen, wenn der Beschlussantrag die essentialia negotii nicht enthält (Beschluss, 2020, S. 71). Ein solcher Beschlussantrag wäre **unbestimmt**, ein gleichwohl gefasster **Beschluss nichtig.**

2. Beschlusskompetenz als Eingangsvoraussetzung für die Willensbildung durch Beschluss

6 Die Vertragsfreiheit ist ein das Zivilrecht prägender Grundsatz, der verfassungsrechtlichen Schutz genießt (Art. 2 Abs. 1 GG; Jarass/Pieroth/*Jarass* GG Art. 2 Rn. 22a). Im Grundsatz schützen sich die Vertragsparteien primär selbst, denn ohne ihren übereinstimmenden Willen kommt es nicht zum Vertragsschluss. Da § 25 Abs. 1 WEG aber grundsätzlich das Majoritätsprinzip vorsieht, muss auch der **Schutz der Minderheit** bedacht werden (Schutz vor der **Majorisierung**). Hinzu kommt, dass an einer Beschlussprozedur gegebenenfalls eher wenig Organwalter teilnehmen, der Mehrheitswille aber gleichwohl dem Kollektivorgan und sodann dem Verband zugerechnet wird (*Möller* Beschlussfassung, 2021, S. 22). Mit nur wenigen Willenserklärungen, die einen Beschlussgegenstand unterstützt haben, kann das **legitimierende Fundament** des Mehrheitsbeschlusses im Vergleich zum Vertrag sehr schwach sein, zumal durch das WEMoG Hürden für die Beschlussfähigkeit beseitigt wurden. Der notwendige Schutz der Minderheit und der den Beschlussgegenstand nicht aktiv unterstützenden Wohnungseigentümer gelingt durch die sogenannte **Beschlusskompetenz.** Es handelt sich um eine zu prüfende Eingangsvoraussetzung. Ohne Beschlusskompetenz ist die Möglichkeit einer Beschlussfassung zu einem bestimmten Beschlussgegenstand gar nicht erst eröffnet. Fehlt für einen bestimmten Gegenstand die Beschlusskompetenz, verbleibt den Beteiligten in der Rechts-

geschäftslehre noch die Möglichkeit, einen Vertrag zu schließen (BeckOK WEG/*Bartholome* § 23 Rn. 78). Die Wohnungseigentümer müssen daher nur dann befürchten, von der Mehrheit überstimmt und an den Mehrheitswillen gebunden zu werden, wenn überhaupt eine Beschlusskompetenz besteht. Fehlt diese, ist ein gleichwohl gefasster Beschluss grundsätzlich **nichtig** (*BGH* NJW 2000, 3500; BeckOK WEG/*Bartholome* § 23 Rn. 136, 146). Allerdings ist einzuräumen, dass aufgrund der allgemeinen Beschlusskompetenz in § 19 Abs. 1 WEG der Anwendungsbereich für Beschlüsse sehr weit ist, soweit sich diese innerhalb des Verbandszwecks bewegen, wie er in § 18 Abs. 1 WEG definiert ist. Eine allgemeine Beschlusskompetenz ist aber kein Nachteil, sondern macht den Verband handlungsfähig und zeigt, wie sehr das Mehrheitsprinzip in der Allgemeinheit akzeptiert ist.

3. Tatbestandsmerkmale der Beschlussprozedur und Mitwirkungspflicht der Wohnungseigentümer

Der Beschlussantrag wird sodann den Organwaltern des Willensbildungsorgans – der Gesamtheit der Wohnungseigentümer – zur Abstimmung gestellt. Die Wohnungseigentümer als Organwalter des Kollektivorgans – und beim Verwaltungsbeirat die Mitglieder desselbigen – geben JA- oder NEIN-Stimmen ab, oder sie enthalten sich der Stimme. Eine solche **Stimmenthaltung** ist faktisch in allen privatrechtlichen Kollektivorganen möglich und häufig. Die Stimmenthaltung wird weder als JA- noch NEIN-Stimme gewertet, sondern stellt ein rechtliches Nullum dar (*BGH* NJW 1982, 1585; Staudinger/*Schwennicke*, 2023, BGB § 32 Rn. 97; Beschluss, 2020, S. 55; *Möller* Beschlussfassung, 2021, S. 41; BeckOK WEG/*Bartholome* § 23 Rn. 65). Was rechtsgeschäftlich klar ist, ist schuldrechtlich im Wohnungseigentumsrecht sehr diffizil: Die Stimmenthaltung kann schuldrechtlich eine Pflichtverletzung darstellen (*BGH* ZWE 2015, 88), da die Wohnungseigentümer ausweislich § 19 Abs. 1 WEG und der unmissverständlichen Gesetzesbegründung einer **Mitwirkungspflicht** unterliegen (BT-Drs. 19/18791, S. 60; *Lehmann-Richter/Wobst* WEG-Reform 2020, Rn. 47, 413; MüKoBGB/*Rüscher* WEG § 19 Rn. 4, 44; Jennißen/*Sommer* WEG § 19 Rn. 19 ff.; BeckOGK/*Falkner* WEG § 9a Rn. 103.3: »Die organschaftlichen Mitwirkungspflichten sind zwingend«; BeckOGK/*Skauradszun* WEG § 19 Rn. 23 ff.). Der *BGH* hat zur Rechtslage vor dem WEMoG wiederholt entschieden, dass nicht nur die pflichtwidrige Stimmabgabe, sondern auch das Fernbleiben von der Abstimmung bzw. eine Stimmenthaltung Grund genug für eine **Pflichtverletzung** im Sinne von § 280 Abs. 1 BGB sein kann (*BGH* ZWE 2015, 88, Rn. 18; *BGH* NZM 2017, 734, Rn. 20; *BGH* NZM 2018, 719, Rn. 9; ausf. Rn. 65). Die zutreffende und unterstützenswerte Auffassung des Gesetzgebers und des *BGH* (Beschluss, 2020, S. 381 ff.) ist zwar praktisch noch nicht in der Breite angekommen, wird aber voraussichtlich im Laufe der Zeit das Bewusstsein schärfen, dass die Stimmabgabe eine für die Willensbildung im Verband notwendige Mitwirkung ist und Kollektivorgane nur dann nachhaltig funktionieren können, wenn die Organwalter des Kollektivorgans ihrer Mitwirkungspflicht nachkommen. 7

Während der Wohnungseigentümerversammlung und der Beschlussfassung ohne Versammlung werden die Stimmen im Regelfall gleichgerichtet gegenüber dem Versammlungsleiter bzw. dem Initiator abgegeben (BeckOK WEG/*Müller* § 10 Rn. 60). Dies folgt aus dessen **Funktion als Versammlungsleiter** bzw. Initiator (*Leitner* Beschlussfeststellung Rn. 5/20). Denn diese Person hat sodann die Aufgabe, die abgegebenen Willenserklärungen festzustellen, was nahelegt, dass die Willenserklärungen dieser Person gegenüber abgegeben werden (*Möller* Beschlussfassung, 2021, S. 43, wenngleich zur AG). Davon zu unterscheiden ist der Sonderfall der verwalterlosen Gemeinschaft der Wohnungseigentümer, in welcher in der Wohnungseigentümerversammlung kein Versammlungsleiter vorhanden ist, auch kein Wohnungseigentümer durch Verfahrensbeschluss zum Versammlungsleiter bestellt wird, und daher die Willenserklärungen untereinander abgegeben werden. Dies ist in Kleinstgemeinschaften denkbar. So geben dann in einer Gemeinschaft, die aus drei Wohnungseigentümern besteht, alle Wohnungseigentümer jeweils zwei Willenserklärungen ab und nehmen zwei entgegen. Es werden somit insgesamt sechs Willenserklärungen abgegeben. Schon bei 10 Wohnungseigentümern wären jedoch 90 Willenserklärungen abzugeben und 90 Willenserklärungen zu empfangen, was eine solche Abstimmung unübersichtlich und in der Folge fehleranfällig macht. Daher ist der Regelfall einer gleichgerichteten Stimmabgabe gegenüber einem Versammlungsleiter auch in 8 kleinen Gemeinschaften empfehlenswert. Mit dem Beschlussantrag und der Stimmabgabe ist der **Abschluss des Rechtsgeschäfts** gemeint; für das **Zustandekommen des Rechtsgeschäfts** sind zwei weitere Tatbestandsmerkmale erforderlich, namentlich die **Feststellung** des Abstimmungsergebnisses und die **Verkündung** des Beschlusses. Beide Tatbestandsmerkmale sind Gegenstand langjähriger Diskussionen im Wohnungseigentumsrecht und können in streitigen Beschlussprozeduren zahlreiche Rechtsfragen aufwerfen. So ist die Feststellung des Abstimmungsergebnisses nicht nur wichtig, wenn Wohnungseigentümer bei der Abstimmung einem Stimmverbot unterliegen, sondern etwa auch, wenn die Willenserklärungen auszulegen sind (Beschluss, 2020, S. 80 ff.), also der Versammlungsleiter – oft in wenigen Augenblicken – entscheiden muss, ob eine Abstimmung per Handzeichen als JA- oder NEIN-Stimme gemeint war. Gleiches gilt, wenn bei einer Abstimmung auf einem Stimmzettel das konkrete Ankreuzverhalten ausgelegt werden muss. Die Verkündung schließt sodann die Beschlussprozedur ab und stellt damit ein **finalisierendes Tatbestandsmerkmal** dar (*BGH* NJW 2001, 3339; *BGH* BeckRS 2020, 15562; *BGH* BeckRS 2018, 26256; *BGH* ZWE 2024, 129, Rn. 6; Jennißen/*Schultzky* WEG § 23 Rn. 67; Beschluss, 2020, S. 102 ff.). Ab der Verkündung des Beschlusses – nicht schon ab der letzten zugegangenen Willenserklärung (so häufig für die Personenhandelsgesellschaft vertreten, MüKoHGB/*Enzinger* HGB § 119 Rn. 41 vor Inkrafttreten des MoPeG; Hopt/*Roth* HGB § 109 Rn. 7; Oetker/*Lieder* HGB § 109 Rn. 52) – ist das Rechtsgeschäft konstituiert und folglich in der Welt (wie hier *Ernst* Der Beschluss als Organakt, S. 1, 9; BeckOK WEG/*Bartholome* § 23 Rn. 68; *Altmeppen* Dogmatische Grundfragen des Beschlusstatbestands, S. 15, 26; *Leitner* Beschlussfeststellung Rn. 5/11). Das Rechtsgeschäft wird fortan durch § 23 Abs. 4 S. 2 WEG geschützt, bleibt nämlich gültig, solange es nicht durch rechtskräftiges Urteil für ungültig erklärt ist. Hier schließt an die beschlussbezogene Rechtsgeschäftslehre die Beschlussforensik an, also die gerichtliche Aufarbeitung der durchlaufenen Beschlussprozedur und der Entscheidung des Kollektivorgans in der Sache im Rahmen einer Beschlussklage nach § 44 WEG.

4. Sonderfälle bei der Verkündung des Beschlusses

9 Die Kompetenz dazu, die Beschlussprozedur zu leiten, insbesondere das Abstimmungsergebnis festzustellen und den Beschluss zu verkünden, kommt dem **Versammlungsleiter kraft seiner Funktion** zu (*Leitner* Beschlussfeststellung Rn. 5/20). § 24 Abs. 5 WEG legt die Funktion als Versammlungsleiter im Wohnungseigentumsrecht in die Hände des Verwalters. Allerdings kann die Gesamtheit der Wohnungseigentümer diese Funktion durch Verfahrensbeschluss (vgl. § 24 Abs. 5 WEG) einem Wohnungseigentümer übertragen (sog. ad hoc Wahl, *Hoffmann-Becking* NZG 2022, 99, 101; *Altmeppen* Dogmatische Grundfragen des Beschlusstatbestands, S. 15, 18 für Gesellschafterversammlungen). Fehlt im Übrigen ein Versammlungsleiter und kann dieser nicht durch Verfahrensbeschluss mit einfacher Mehrheit (vgl. *Leitner* Beschlussfeststellung Rn. 5/20, zur Gesellschaft) bestimmt werden, können die Wohnungseigentümer den Beschluss **gemeinsam verkünden** (*BGH* NJW 2001, 3339, 3341; BeckOGK/*Hermann* WEG § 23 Rn. 94; *Ernst* Der Beschluss als Organakt, S. 1, 13; *Altmeppen* Dogmatische Grundfragen des Beschlusstatbestands, S. 15, 20 für Gesellschafterversammlungen), was auch für den Verfahrensbeschluss zur Bestimmung des Versammlungsleiters gilt, und für was jeweils eine einfache Mehrheit der abgegebenen Stimmen genügt (§ 25 Abs. 1; vgl. *Altmeppen* Dogmatische Grundfragen des Beschlusstatbestands, S. 15, 26). Die Verkündung des Beschlusses ist überdies **konkludent** möglich (Jennißen/*Schultzky* WEG, § 23 Rn. 67; BeckOK WEG/*Bartholome* § 23 Rn. 68; *Altmeppen* Dogmatische Grundfragen des Beschlusstatbestands, S. 15, 21). Eine solch schlüssige Verkündung ist etwa naheliegend, wenn das Abstimmungsergebnis eindeutig ist (*BGH* NJW 2001, 3339, 3342; Staudinger/*Häublein*, Stand 29.02.2024, WEG § 23 Rn. 41 mit weiteren Voraussetzungen; Beschluss, 2020, S. 110). Fehlt die Verkündung des Beschlusses, ist dieser als Rechtsgeschäft nicht entstanden. Da damit die notwendige Beschlussfassung fehlt, kann das Gericht auf Klage eines Wohnungseigentümers den Beschluss fassen (Gestaltungsklage, keine Beschlussfeststellungsklage, zust. *Bachmann* AcP 222 [2022], 651, 654; so nun auch *Altmeppen* Dogmatische Grundfragen des Beschlusstatbestands, S. 15, 23; zur Beschlussersetzungsklage siehe § 44 Abs. 1 S. 2 WEG; im Ergebnis ebenso *Leitner* Beschlussfeststellung Rn. 5/23 f.). Klarzustellen ist schließlich, dass die Beschlussprozedur vor der Verkündung des

Beschlusses stecken bleiben kann, die Wohnungseigentümer den »Beschluss« aber faktisch als gefasst leben. Es handelt sich gleichwohl um ein rechtliches Nullum, da es weder faktische Verträge noch **faktische Beschlüsse** gibt (Beschluss, 2020, S. 122 ff.).

Aufgrund der hohen Bedeutung der Verkündung des Beschlusses kommt immer wieder die Frage auf, ob der Versammlungsleiter – mithin regelmäßig der Verwalter – von der Verkündung absehen kann oder sogar muss, wenn er Fehler der Beschlussprozedur oder hinsichtlich des Beschlussinhalts erkennt. Die primäre Aufgabe des Versammlungsleiters ist es jedoch, die Beschlussprozedur abzuschließen, damit überhaupt ein Rechtsgeschäft entstehen kann. Ob dieses Rechtsgeschäft formell und materiell rechtmäßig ist, ist vom Versammlungsleiter nicht abschließend zu entscheiden. Dies obliegt den Gerichten. Der **Versammlungsleiter** hat insoweit keinen Auftrag, für die Gerichte entsprechende Rechtmäßigkeitsprüfungen vorzunehmen (**keine originäre Legalitätspflicht**). Der Versammlungsleiter ist aber aufgrund seiner schuldrechtlichen Beziehung zur Gemeinschaft der Wohnungseigentümer, für die er handelt, verpflichtet, auf formelle oder materielle Fehler so früh wie möglich aufmerksam zu machen (*Deckert* ZMR 2008, 585, 591; *J-H. Schmidt* FS Merle, 2010, S. 329, 344; *Becker* ZWE 2012, 297, 300; *J.-H. Schmidt* ZWE 2016, 385, 396; Soergel/*Skauradszun* WEG § 23 Rn. 51; Beschluss, 2020, S. 136 ff.). 10

III. Der Beschluss als Entscheidung für die Gemeinschaft der Wohnungseigentümer

Die Verwaltung des gemeinschaftlichen Eigentums obliegt nach § 18 Abs. 1 WEG der Gemeinschaft der Wohnungseigentümer, die als Verband jedoch nicht selbst handeln und insbesondere keinen eigenen Willen bilden kann. Aus diesem Grund nehmen die Organe der Gemeinschaft der Wohnungseigentümer, namentlich die Gesamtheit der Wohnungseigentümer als Willensbildungsorgan (§ 19 Abs. 1 WEG), der Verwalter als Ausführungs- und Vertretungsorgan (§§ 27, 9b WEG) und der Verwaltungsbeirat als Überwachungsorgan (§ 29 Abs. 2 S. 1 WEG), die Aufgaben der Verwaltung des gemeinschaftlichen Eigentums für die Gemeinschaft der Wohnungseigentümer wahr (zur verbandsrechtlichen Dogmatik *Skauradszun*/Elzer/Hinz/Riecke, Die WEG-Reform 2020, 2021, § 1 Verbandsrecht Rn. 23 ff.; BeckOGK/*Skauradszun* WEG § 18 Rn. 6 ff.; vgl. *Altmeppen* Dogmatische Grundfragen des Beschlusstatbestands, S. 15). Als Willensbildungsorgan beschließt die Gesamtheit der Wohnungseigentümer gemäß § 19 Abs. 1 WEG über die Verwaltung des gemeinschaftlichen Eigentums und die Benutzung des gemeinschaftlichen Eigentums und des Sondereigentums (**allgemeine Beschlusskompetenz**) und bildet somit für die Gemeinschaft der Wohnungseigentümer einen Willen. Der Wille der Wohnungseigentümer im Willensbildungsorgan – der Gesamtheit der Wohnungseigentümer – bzw. der Wille der Wohnungseigentümer im Verwaltungsbeirat als Überwachungsorgan wird **dem Kollektivorgan zugerechnet.** Der Wille des Kollektivorgans wird sodann der Gemeinschaft der Wohnungseigentümer zugerechnet. Diese **zwei Zurechnungsschritte** sind typisch für das Verbandsrecht (*Möller* Beschlussfassung, 2021, S. 22; *Leitner* Beschlussfeststellung Rn. 5/13). Die Organwalter nehmen dabei verschiedene Rechte und Pflichten wahr, etwa die Mitwirkungspflicht an der Beschlussprozedur, das Teilnahmerecht sowie das Rederecht in der Wohnungseigentümerversammlung bzw. im Verwaltungsbeirat. Sie können für die ordnungsmäßige Ausübung dieser Rechte und Pflichten vom Verband direkt in Anspruch genommen werden, sie sind also dem Verband gegenüber verpflichtet. Kommt es betreffend diese Rechte und Pflichten zwischen den Wohnungseigentümern und der Gemeinschaft der Wohnungseigentümer zum Streit, handelt es sich um eine Streitigkeit nach § 43 Abs. 2 Nr. 2 WEG (Streitigkeit zwischen der Gemeinschaft der Wohnungseigentümer und Wohnungseigentümern). Die **Kollektivorgane** hingegen sind **nicht** selbst **rechtsfähig.** Der dort gebildete Wille wird zwar direkt dem Verband zugerechnet, ein Kollektivorgan kann aber nicht als solches im Prozess in Anspruch genommen werden. Es gibt beispielsweise keinen Zivilprozess zwischen der Gemeinschaft der Wohnungseigentümer und der Gesamtheit der Wohnungseigentümer. Handelt ein Wohnungseigentümer im Willensbildungsprozess pflichtwidrig, wird deshalb nicht die Gesamtheit der Wohnungseigentümer als Kollektivorgan, sondern der Wohnungseigentümer als Organwalter durch die Gemeinschaft der Wohnungseigentümer in Anspruch genommen. Dem Wohnungseigentumsrecht ist ein **Interorganstreit** zwischen den Kollektivorganen **fremd** (BeckOGK/*Skauradszun* WEG § 44 Rn. 21; sehr ähnlich BeckOGK/*Falk-* 11 *ner* WEG § 9a Rn. 101, die Klagen gegen das Willensbildungsorgan ausschließt). § 43 Abs. 2 WEG sieht insoweit auch keine Zuständigkeit des Wohnungseigentumsgerichts vor. Die Zurechnungskette ist schließlich mit dem **Verbandsprozess** verzahnt (Rn. 63), denn alle Beschlussklagen sind nach § 44 Abs. 2 S. 1 WEG gegen die Gemeinschaft der Wohnungseigentümer zu richten, bei der die Zurechnungskette endet (*Zschieschack* ZWE 2017, 22; *Jacoby* ZMR 2018, 393; *Skauradszun* FS Riecke 2019, S. 431 ff.).

IV. Bindungswirkung der Wohnungseigentümer nach der Stimmabgabe und Verkündung des Beschlusses

12 In dem Wissen, dass mit Verkündung des Beschlusses die Wohnungseigentümer an den gebildeten Mehrheitswillen gebunden sind (vgl. *Leitner* Beschlussfeststellung Rn. 5/16 zur Gesellschaft), kann im Einzelfall das Bedürfnis entstehen, eine solche Bindungswirkung zu verhindern. Dazu kann zunächst auf Ebene der **Willenserklärung** angesetzt werden. Da die Stimmen empfangsbedürftige Willenserklärungen sind, ist § 130 Abs. 1 BGB zu beachten. Die gegenüber einem Versammlungsleiter in der Versammlung abgegebene Stimme geht diesem sofort zu und ist sodann wirksam geworden. Sie wird jedoch nach § 130 Abs. 1 S. 2 WEG dann nicht wirksam, wenn dem Versammlungsleiter vor oder gleichzeitig mit dem Zugang ein **Widerruf** zugeht. Ein solcher Widerruf ist jedoch mit Zugang der Stimme beim Versammlungsleiter nicht mehr möglich (BeckOK WEG/*Bartholome* § 23 Rn. 60; *Bachmann* AcP 222 [2022], 651, 655). Bei Beschlussfassungen ohne Versammlung gilt dies entsprechend. Wird eine Stimme beispielsweise per Post abgegeben und geht dem Initiator vor dem Zugang der Widerruf per E-Mail zu, ist die Stimme wirksam widerrufen worden.

13 Darüber hinaus kann die Bindungswirkung des verkündeten Beschlusses durch eine **Beschlussanfechtungsklage** nach § 44 Abs. 1 S. 1 Alt. 1 WEG zu verhindern versucht werden. Teils versuchen dies Wohnungseigentümer, obwohl sie zuvor dem Beschlussgegenstand zugestimmt haben. Das Zustimmen zu einem Beschlussantrag und das anschließende Anfechten des gewünschten und erreichten Ergebnisses kann **widersprüchlich** und damit unbeachtlich sein (venire contra factum proprium, § 242 BGB). Von einer widersprüchlichen Anfechtungsklage, die keinen Erfolg haben kann, ist etwa auszugehen, wenn ein Wohnungseigentümer einen Fehler bei der Einberufung, einen Fehler bei der Leitung der Versammlung oder der Initiierung des Umlaufverfahrens nicht geltend macht und stattdessen dem Beschlussantrag zustimmt. Auch bei materiell-rechtlichen Mängeln des Beschlusses, die der Wohnungseigentümer vor der Stimmabgabe schon kannte oder hätte kennen müssen, muss dem gleichwohl anfechtenden Wohnungseigentümer der Erfolg der Beschlussanfechtungsklage verwehrt bleiben (Beschluss, 2020, S. 182 ff.).

V. Auslegung von Beschlüssen

14 Stimmabgaben und Beschlüsse können ausgelegt werden, insbesondere von den Gerichten. Im Grundsatz sind die §§ 133, 157 BGB anwendbar. Die dortige Auslegungsmethode, den wirklichen Willen der Wohnungseigentümer zu erforschen, ist aber nur für solche Beschlüsse heranzuziehen, die zwischen den gegenwärtigen Wohnungseigentümern einen **Einzelfall** regeln (MüKoBGB/*Hogenschurz* WEG § 23 Rn. 14; Beschluss, 2020, S. 59 f.). Im Regelfall aber sollen Beschlüsse Beschlussgegenstände längerfristig regeln, beispielsweise durch die Aufstellung einer Hausordnung (§ 19 Abs. 2 Nr. 1 WEG), und auch diejenigen Wohnungseigentümer binden, die im Zeitpunkt der Beschlussfassung noch nicht Mitglieder der Gemeinschaft der Wohnungseigentümer waren. Solche Beschlüsse mit einer Dauerregelung werden **objektiv ausgelegt** (Jennißen/*Schultzky* WEG § 23 Rn. 74; MüKoBGB/*Hogenschurz* WEG § 23 Rn. 13; Beschluss, 2020, S. 60). Gemeint ist, dass primär der **Wortlaut** des Beschlusses – also der Wortlaut des Beschlussantrags, dem mehrheitlich zugestimmt wurde – auszulegen ist und nicht gefragt wird, was die Wohnungseigentümer, die an der Beschlussfassung beteiligt waren, tatsächlich gewollt hatten.

C. Sonderfälle der wohnungseigentumsrechtlichen Beschlüsse

I. Beschlussfassungen ohne Wohnungseigentümerversammlung

15 Wie im Recht anderer Verbände (vgl. etwa für das Vereinsrecht §§ 28, 32 Abs. 2 BGB, für das GmbH-Recht § 48 Abs. 2 GmbHG und für das Aktienrecht §§ 108 Abs. 4, 118 Abs. 1 S. 2, Abs. 2 AktG), besteht auch im Wohnungseigentumsrecht das Bedürfnis, dass die Gesamtheit der Wohnungseigentümer ihren Willen nicht nur in einer Versammlung bildet, sondern Beschlüsse auch ohne physische Versammlung fassen kann. Diese Möglichkeit wird durch § 23 Abs. 3 S. 1 WEG eröffnet, wonach Beschlüsse auch außerhalb einer Wohnungseigentümerversammlung gefasst werden können. Verschlagwortet werden diese Beschlüsse als sog. **Umlaufbeschlüsse** (exemplarisch *Sommer* ZWE 2023, 277), wenngleich es sich praktisch nicht zwingend um ein Umlaufverfahren handeln muss.

1. Initiativrecht für Umlaufbeschlüsse

16 Die Verwaltung des gemeinschaftlichen Eigentums obliegt nach § 18 Abs. 1 WEG der Gemeinschaft der Wohnungseigentümer, zur Erfüllung dieser Aufgabe werden jedoch den Organen bestimmte Zuständigkeiten zugewiesen. Für den Grundfall der Wohnungseigentümerversammlung sieht § 24 Abs. 1 WEG vor, dass dem Verwalter als Organ der Gemeinschaft der Wohnungseigentümer sowohl das Recht, aber auch die Pflicht zusteht, die Wohnungseigentümerversammlung einzuberufen (BeckOK WEG/*Bartholome* § 24 Rn. 11). Fehlt ein Verwalter oder weigert er sich pflichtwidrig, die Versammlung der Wohnungseigentümer einzuberufen, so kann die Versammlung auch durch den Vorsitzenden des Verwaltungsbeirats, dessen Vertreter oder einen durch Beschluss ermächtigten Wohnungseigentümer einberufen werden (entsprechend § 24 Abs. 3 WEG; *Lehmann-Richter/Wobst* WEG-Reform 2020, Rn. 642; BeckOK WEG/*Bartholome* § 24 Rn. 35). An diesen **Zuständigkeitskanon** muss sich auch der **Initiator** einer Beschlussfassung außerhalb der Versammlung halten.

17 Obliegt es dem **Verwalter** als Organ der Gemeinschaft der Wohnungseigentümer, die Wohnungseigentümerversammlung einzuberufen, kommt ihm gemäß § 24 Abs. 1 WEG analog auch das **primäre Initiativrecht** zu, Beschlüsse außerhalb der Versammlung zu initiieren (argumentum a maiore ad minus; *Skauradszun* ZWE 2022, 106, 112). Dies gilt ebenso für den Vorsitzenden des Verwaltungsbeirats oder dessen Stellvertreter, der für den Fall, dass ein Verwalter fehlt oder sich pflichtwidrig weigert, gemäß § 24 Abs. 3 WEG analog ein subsidiäres Initiativrecht hat (vgl. BT-Drs. 19/18791, S. 72). Erst, wenn auch ein Verwaltungsbeirat fehlt, oder der Vorsitzende des Verwaltungsbeirats und sein Stellvertreter untätig bleiben, kommt auch einem durch Beschluss ermächtigten Wohnungseigentümer gemäß § 24 Abs. 3 WEG analog ein subsidiäres Initiativrecht zu, wobei eine solche Einberufungsermächtigung jederzeit und ohne konkreten Anlass beschlossen werden kann (BT-Drs. 19/18791, S. 72; *Skauradszun* ZWE 2022, 106, 112). Ohne eine vorherige Ermächtigung darf ein Wohnungseigentümer also außerhalb der Versammlung keine Beschlussfassung initiieren. Wird der Beschlussantrag hingegen einstimmig angenommen, kann ein solch formaler **Fehler geheilt** werden (*Skauradszun* ZWE 2022, 106, 112), genauso wie in Vollversammlungen auf das Geltendmachen von Form- und Fristfehlern verzichtet werden kann. Wird er nicht einstimmig angenommen, kann ein so initiierter Beschluss angefochten werden.

2. Grundsatz der Allstimmigkeit und Erfordernis der Textform

18 Im Wohnungseigentumsrecht setzt ein Umlaufbeschluss nach § 23 Abs. 3 S. 1 WEG im Grundsatz eine **Allstimmigkeit** der Wohnungseigentümer voraus, mithin die Zustimmung aller Wohnungseigentümer sowohl zur Durchführung des Umlaufverfahrens als auch zum Beschlussgegenstand des Umlaufbeschlusses (*Lehmann-Richter/Wobst* WEG-Reform 2020, Rn. 647; *Sommer* ZWE 2023, 277; wohl auch Staudinger/*Häublein*, Stand 29.02.2024, WEG § 23 Rn. 307). Um das Fehlen einer vorherigen Aussprache zu kompensieren, ist damit auch eine Stimmabgabe der Wohnungseigentümer erforderlich, die bei einer Beschlussfassung in einer Wohnungseigentümerversammlung einem Stimmverbot unterlegen hätten (Soergel/*Skauradszun* WEG § 23 Rn. 61). Die Wohnungseigen-

tümer müssen ihre Zustimmung gemäß § 23 Abs. 3 S. 1 WEG in **Textform** erklären (§ 126b BGB), wodurch auch Abstimmungen per E-Mail oder App möglich sind (BT-Drs. 19/18791, S. 72).

3. Absenkungs- und anschließende Mehrheitsbeschlüsse im Umlaufverfahren

19 Um die Beschlussfassung im Umlaufverfahren zu erleichtern (BT-Drs. 19/22634, S. 45), schuf der Gesetzgeber in § 23 Abs. 3 S. 2 WEG für die Wohnungseigentümer die Möglichkeit zu »beschließen, dass für einen einzelnen Gegenstand die Mehrheit der abgegebenen Stimmen genügt« und ließ somit auch die Fassung von Mehrheitsbeschlüssen im Umlaufverfahren zu, sofern die Wohnungseigentümer dies zunächst durch einen sog. **Absenkungsbeschluss** (*Lehmann-Richter/Wobst* WEG-Reform 2020, Rn. 648; BeckOK WEG/*Bartholome* § 23 Rn. 102; *Skauradszun* ZWE 2022, 106; wohl auch *Dötsch/Schultzky/Zschieschack* WEG-Recht 2021, Kap. 8 Rn. 32) legitimiert haben. Damit handelt es sich bei § 23 Abs. 3 S. 2 WEG im Vergleich zur allgemeinen Beschlusskompetenz nach § 19 Abs. 1 WEG um eine besondere Beschlusskompetenz betreffend die Verwaltung des gemeinschaftlichen Eigentums und die Benutzung des gemeinschaftlichen Eigentums und des Sondereigentums (*Sommer* ZWE 2023, 277, 278). Zur geplanten **virtuellen** Wohnungseigentümerversammlung siehe *Abramenko* ZMR 2024, 100.

a) Rechtsnatur des Absenkungsbeschlusses

20 Auch ein Absenkungsbeschluss stellt einen **regulären Beschluss** im Sinne der Rechtsgeschäftslehre dar (Skauradszun/Elzer/Hinz/*Riecke*, Die WEG-Reform 2020, 2021, § 6 Rn. 9; *Skauradszun* ZWE 2022, 106, 107 f.; *Sommer* ZWE 2023, 277, 278), jedoch **keinen** Verfahrensbeschluss (so jedoch *Dötsch/Schultzky/Zschieschack* WEG-Recht 2021, Kap. 8 Rn. 32; denen folgend BeckOK WEG/*Bartholome* § 23 Rn. 105; MüKoBGB/*Hogenschurz* WEG § 23 Rn. 61), womit er den allgemeinen Voraussetzungen der Rechtsgeschäftslehre unterliegt und in Bestandskraft erwachsen kann. Gleiches gilt für den Umlaufbeschluss in der Sache, gleich ob allstimmig oder bloß mehrheitlich gefasst. Im Einzelnen:

21 Dass es sich bei dem Absenkungsbeschluss nicht um einen Verfahrensbeschluss handelt, bei dem lediglich verfahrensrechtliche, nicht aber rechtsgeschäftliche Besonderheiten auftreten, folgt zunächst daraus, dass der Absenkungsbeschluss – anders als verfahrensleitende Regelungen – die rechtsgeschäftliche Legitimation für einen Mehrheitsbeschluss im Umlaufverfahren darstellt und damit die **Beschlusskompetenz** für den später bloß mit der Mehrheit der Stimmen zu fassenden Umlaufbeschluss **schafft** (*Skauradszun* ZWE 2022, 106, 107; *Sommer* ZWE 2023, 277, 278). Diese Legitimationsgrundlage könnte durch einen bloßen Verfahrensbeschluss nicht begründet werden. Anders als im Falle lediglich verfahrensleitender Regelungen (*Hügel/Elzer* WEG § 24 Rn. 125), könnte ferner der Versammlungsleiter nicht kraft seiner Funktion den Mehrheitsbeschluss im Umlaufverfahren formell legitimieren, was ebenfalls gegen eine Einordnung als Verfahrensbeschluss spricht. Weiter bezieht sich ein Absenkungsbeschluss auf einen konkreten (einzelnen) Gegenstand betreffend die Verwaltung des gemeinschaftlichen Eigentums und die Benutzung des gemeinschaftlichen Eigentums und des Sondereigentums i.S.v. § 19 Abs. 1 WEG (*Skauradszun* ZWE 2022, 106, 108; BeckOGK/*Hermann* WEG § 23 Rn. 123), was ihn als Sachbeschluss überdies von einem bloßen Verfahrensbeschluss unterscheidet (siehe zu dieser Unterscheidung *Hügel/Elzer* WEG § 24 Rn. 132). Aufgrund dieser Unterschiede wird deutlich, dass es sich bei einem Absenkungsbeschluss um einen regulären Beschluss im Sinne der Rechtsgeschäftslehre handelt, für den keine verfahrensrechtlichen Besonderheiten oder Erleichterungen bestehen.

b) Reichweite der Absenkung

22 Nach § 23 Abs. 3 S. 2 WEG muss sich der Absenkungsbeschluss auf einen »einzelnen Gegenstand« beziehen. Das Tatbestandsmerkmal »einzelne[r] Gegenstand« kann als **Beschränkung** sowohl in **zeitlicher Hinsicht** verstanden werden, wonach der Absenkungsbeschluss nach einem einzigen Umlaufverfahren verbraucht ist (*Lehmann-Richter/Wobst* WEG-Reform 2020, Rn. 648; denen folgend MüKoBGB/*Hogenschurz* WEG § 23 Rn. 61), als auch in **sachlicher Hinsicht**, wonach zu

einem einzelnen Regelungsgegenstand eine Serie an Mehrheitsbeschlüssen im Umlaufverfahren zugelassen würde (*Dötsch/Schultzky/Zschieschack* WEG-Recht 2021, Kap. 8 Rn. 27). Wenngleich das Bedürfnis nach einer praktischen Vereinfachung für eine Beschränkung in sachlicher Hinsicht spricht, sollte daran erinnert werden, dass die Beschlussfassung in Versammlungen in allen privatrechtlichen Verbänden seit Jahrzehnten der Regelfall ist, was auch dem gesetzgeberischen Willen entspricht. Dies wird auch in der Entwurfsbegründung des MoPeG eindrucksvoll verdeutlicht, in der es heißt, dass die »Versammlung im Regelfall durch die Möglichkeit zur Rede und direkten Widerrede im Kreis der Teilnehmer eine optimale Willensbildung und Entscheidungsfindung bei gleichmäßiger Informationsversorgung« ermöglicht (BT-Drs. 19/27635, S. 226). Damit sich die Willensbildung entgegen verbandsrechtlichen Grundsätzen und dem Willen des Gesetzgebers nicht kurzerhand aus der Versammlung in das Umlaufverfahren verlagern kann, ist eine **restriktive Auslegung** des Tatbestandsmerkmals »einzelne[r] Gegenstand« in zeitlicher Hinsicht geboten (*Skauradszun* ZWE 2022, 106, 108 ff.). Nach einem Mehrheitsbeschluss im Umlaufverfahren ist der Absenkungsbeschluss damit verbraucht.

4. Beschlussprozedur für Absenkungs- und Umlaufbeschlüsse

Auch Absenkungs- und Umlaufbeschlüsse, unabhängig davon, ob in der Sache die Mehrheit der abgegebenen Stimmen genügt oder die Allstimmigkeit vorausgesetzt wird, müssen zunächst die unter B. II. dargestellte Beschlussprozedur durchlaufen (*Sommer* ZWE 2023, 277, 278; wegen der Einordnung als Verfahrensbeschluss für den Absenkungsbeschluss anders jedoch *Dötsch/Schultzky/Zschieschack* WEG-Recht 2021, Kap. 8 Rn. 32 ff.). Zunächst ist also durch den Initiator ein **Beschlussantrag** zur Abstimmung zu stellen und eine im Einzelfall angemessene **Frist** zur Stimmabgabe zu setzen (BeckOK WEG/*Bartholome* § 23 Rn. 94; Soergel/*Skauradszun* WEG § 23 Rn. 60), in der die Wohnungseigentümer sodann gleichgerichtet gegenüber dem Initiator ihre Stimmen abgeben (Staudinger/*Häublein*, Stand 29.02.2024, WEG § 23 Rn. 303 zur Stimmabgabe gegenüber dem Initiator). Zu dem angekündigten Beschlussgegenstand kann in der Versammlung entweder ein Sachbeschluss oder ein Absenkungsbeschluss gefasst werden; es kann auch direkt ein Absenkungsbeschluss angekündigt werden, wenngleich dies der seltenere Fall sein wird (*Skauradszun* ZWE 2022, 106, 108). Bis zum Zugang der jeweiligen **Stimme** beim Initiator können die Wohnungseigentümer ihre Willenserklärungen **widerrufen** (§ 130 Abs. 1 S. 2 BGB; Soergel/*Skauradszun* WEG § 23 Rn. 58). Sodann bedarf es auch im Umlaufverfahren der **Feststellung des Abstimmungsergebnisses** durch den Initiator (*Sommer* ZWE 2023, 277, 278), wofür dieser etwa den fristgerechten Zugang der Stimmen, etwaige Widerrufe oder Stimmverbote zu prüfen hat. Besonderheiten der Beschlussprozedur treten jedoch insbesondere hinsichtlich des finalisierenden Tatbestandsmerkmals, der Verkündung des Beschlusses, auf. Ein Umlaufbeschluss gilt erst dann als **verkündet**, wenn die Wohnungseigentümer etwa durch Aushang oder Rundschreiben von dem Beschlussergebnis unterrichtet wurden und unter gewöhnlichen Umständen mit der Kenntnisnahme der Wohnungseigentümer gerechnet werden kann (*BGH* NJW 2001, 3339, 3343; Beschluss, 2020, S. 203; vgl. zur Wahrnehmbarkeit *Leitner* Beschlussfeststellung Rn. 5/13). Haben im Falle eines Umlaufverfahrens ohne vorherigen Absenkungsbeschluss nicht alle Wohnungseigentümer dem Beschlussantrag zugestimmt, bzw. wurde nach Fassung eines Absenkungsbeschlusses im Umlaufverfahren nicht die erforderliche Mehrheit erreicht, ist durch den Initiator ein Negativbeschluss zu verkünden. Wurden im Umlaufverfahren keine Stimmen abgegeben, liegt ein rechtliches Nullum vor (*Skauradszun* ZWE 2022, 106, 113). Mit der Verkündung des Beschlusses durch den Initiator ist der Umlaufbeschluss als Rechtsgeschäft zustande gekommen, ungeachtet fehlerhafter Feststellungen betreffend das Abstimmungsergebnis. 23

5. Niederschrift und Beschluss-Sammlung betreffend Absenkungs- und Umlaufbeschlüsse

Sowohl über Umlaufbeschlüsse, gleich ob allstimmig oder mehrheitlich gefasst, als auch über Absenkungsbeschlüsse ist eine **Niederschrift** anzufertigen. Die Niederschrift dient Dokumentations- (*Hügel/Elzer* WEG § 23 Rn. 136; MüKoBGB/*Hogenschurz* WEG § 24 Rn. 66) und Informationszwecken (BeckOGK/*Hermann* WEG § 24 Rn. 180) der Wohnungseigentümer und ihrer Sonder- 24 nachfolger über die Beschlussfassung und den Beschlussinhalt. Für Absenkungsbeschlüsse, die in einer Versammlung gefasst wurden, gilt dies gemäß § 24 Abs. 6 S. 1 WEG. Auf **Umlaufbeschlüsse** in der Sache als auch auf Absenkungsbeschlüsse, die im Umlaufverfahren gefasst wurden, ist insoweit **§ 24 Abs. 6 S. 1 WEG analog** anwendbar (*Skauradszun* ZWE 2022, 106, 110 f., 113 f.; *Sommer* ZWE 2023, 277, 279). Die Niederschrift ist von dem Initiator, einem Wohnungseigentümer und, falls ein Verwaltungsbeirat bestellt ist, auch von dessen Vorsitzenden oder seinem Stellvertreter zu unterschreiben (§ 24 Abs. 6 S. 2 WEG analog). Unter Vorlage der Niederschrift und nach öffentlicher Beglaubigung der Unterschriften, kann auch der **Umlaufbeschluss** gemäß § 7 Abs. 2 WEG **ins Grundbuch eingetragen** werden (*Skauradszun* ZWE 2022, 106, 114). Der Wortlaut der Beschlüsse ist sodann im Falle eines in einer Versammlung gefassten Absenkungsbeschlusses nach § 24 Abs. 7 S. 2 Nr. 1 WEG mit Angabe von Ort und Datum der Versammlung, bei einem Umlaufbeschluss gemäß § 24 Abs. 7 S. 2 Nr. 2 WEG mit Angabe von Ort und Datum der Verkündung in die **Beschluss-Sammlung** aufzunehmen.

6. Beschlussklagen gegen Absenkungs- und Umlaufbeschlüsse

25 Sowohl ein in der Sache gefasster Umlaufbeschluss als auch ein Absenkungsbeschluss können gemäß § 44 WEG mit einer Beschlussklage überprüft werden (*Skauradszun/Harnack* ZMR 2023, 441, 442; aA *LG Frankfurt/M.* ZMR 2023, 564 mit diesbezüglich zust. Anm. *Sommer*; für die Anfechtung von Umlaufbeschlüssen Staudinger/*Häublein*, Stand 29.02.2024, WEG § 23 Rn. 330). Eine Besonderheit ergibt sich jedoch dann, wenn gegen einen Absenkungsbeschluss eine Beschlussklage erhoben werden soll, nachdem bereits ein Umlaufbeschluss in der Sache gefasst wurde. In diesem Fall sind der Absenkungs- und der Umlaufbeschluss gemeinsam anzufechten, wenn die Bestandskraft des Absenkungsbeschlusses verhindert werden soll (*Skauradszun* ZWE 2022, 106, 114).

26 Die in der allgemeinen Beschlusslehre anerkannten Fehlerkategorien (Beschluss, 2020, S. 351 ff.) gelten auch für Absenkungs- und Umlaufbeschlüsse. Ein fehlendes Initiativrecht würde etwa einen Fehler in der Beschlussprozedur des Umlaufbeschlusses darstellen, Verstöße gegen §§ 134, 138 BGB führen zur Nichtigkeit des in der Sache gefassten Umlaufbeschlusses. Anfechtbar sind Umlaufbeschlüsse etwa dann, wenn sie gegen den Grundsatz der ordnungsmäßigen Verwaltung und Benutzung nach § 18 Abs. 2 WEG verstoßen, etwa wenn die Wohnungseigentümer das der Gemeinschaft der Wohnungseigentümer zustehende Ermessen nicht oder falsch gebrauchen (*LG Frankfurt/M.* NJW 2021, 1105, 1106). Fraglich ist insoweit, ob ein Absenkungsbeschluss, der im Umlaufverfahren eine Serie an Mehrheitsbeschlüssen zulässt, nichtig oder bloß anfechtbar ist. Für dessen Nichtigkeit spricht jedenfalls, dass es sich bei § 23 Abs. 3 S. 2 WEG zum einen um eine zwingende Vorschrift handelt und zum anderen, dass der Gesamtheit der Wohnungseigentümer für diesen Fall die Beschlusskompetenz fehlt, da § 23 Abs. 3 S. 2 WEG die Beschlusskompetenz zur Fassung eines Absenkungsbeschlusses zwar eröffnet, zugleich aber auf einen »einzelnen Gegenstand« begrenzt (Skauradszun ZWE 2022, 106, 111). Jedenfalls gilt auch für Absenkungs- und Umlaufbeschlüsse, dass sie nach § 23 Abs. 4 S. 2 WEG so lange gültig sind, bis sie durch rechtskräftiges Urteil für ungültig erklärt sind. Soll ein Absenkungs- oder Umlaufbeschluss angefochten werden, ist die Anfechtungsfrist von einem Monat (§ 45 S. 1 WEG) zu wahren, da ansonsten der Beschluss in Bestandskraft erwächst.

II. Willensmängel bei der Beschlussfassung

27 Die vertraglich geprägte Rechtsgeschäftslehre des Allgemeinen Teils des BGB regelt eine Vielzahl von Willensmängeln in den §§ 116 ff. BGB. Im Grundsatz sind diese Vorschriften, insbesondere die Anfechtungsgründe der §§ 119 ff. BGB, auf Willensmängel bei der Beschlussfassung anwendbar (*Möller* Beschlussfassung, 2021, S. 51; Beschluss, 2020, S. 209 ff.). Sie werden vor allem nicht durch die Regelungen zur Beschlussklage nach § 44 WEG verdrängt, da dort der Beschluss als Rechtsgeschäft auf dem Prüfstand steht, eine Beschlussklage aber nicht die Beseitigung einer einzelnen Stimmabgabe ermöglicht. Bei Willensmängeln ist beim Beschluss genau zwischen der Willenserklärung und dem Beschluss als Rechtsgeschäft zu trennen. Die einzelne Stimme kann unter einem

geheimen Vorbehalt nach § 116 BGB abgegeben worden sein. Sie ist nicht allein deshalb nichtig. Bei der Beschlussprozedur ist ferner ein **Scheingeschäft** denkbar, bei dem eine Stimme mit dem Einverständnis eines anderen nur zum Schein abgegeben wird. Dann ist diese Stimme nach § 117 Abs. 1 BGB nichtig. Schließlich ist auch § 118 BGB auf die Beschlussprozedur anwendbar (sog. **Scherzerklärung**). So ist eine nicht ernstlich gemeinte Stimmabgabe, die in der Erwartung abgegeben wird, der Mangel der Ernstlichkeit werde nicht verkannt werden, kraft Gesetzes nichtig.

Von diesen Fällen sind solche Willensmängel zu unterscheiden, die eine **Anfechtungserklärung** nach § 143 Abs. 1 BGB bedürfen. Diese Anfechtungserklärung ist gegenüber dem Versammlungsleiter abzugeben, genauso wie die Stimme bei der Abstimmung diesem gegenüber abzugeben ist; nach Ende der Versammlung bzw. der Beschlussfassung ohne Versammlung ist die Anfechtungserklärung gegenüber dem Verwalter abzugeben, der den Verband kraft gesetzlicher Vertretungsmacht vertritt, § 9b Abs. 1 S. 1 WEG (Beschluss, 2020, S. 217 f.; *Möller* Beschlussfassung, 2021, S. 53 für die GmbH und Personengesellschaft). Eine solche Anfechtung führt im Grundsatz dazu, dass das anfechtbare Rechtsgeschäft als von Anfang an nichtig anzusehen ist (§ 142 Abs. 1 BGB). Diese ersichtlich für Verträge entwickelte Vorschrift ist für Beschlüsse anders auszulegen. Daher kann nicht der Beschluss als Rechtsgeschäft, sondern **nur** die einzelne **Stimmabgabe angefochten werden** (*Ernst* Der Beschluss als Organakt, S. 1, 38; *Bork* BGB AT § 13 Rn. 437; Staudinger/*Schwennicke*, 2023, BGB § 32 Rn. 94; Beschluss, 2020, S. 215 ff.; zust. *Bachmann* AcP 222 [2022], 651, 656). Dies ist etwa aufgrund eines **Erklärungsirrtums** oder aufgrund arglistiger Täuschung möglich (§§ 119 Abs. 1 Alt. 2, 123 Abs. 1 Alt. 1 BGB). Eine wirksame Anfechtung führt dazu, dass die Stimme als von Anfang an nichtig anzusehen ist und sich damit im Nachhinein die Frage stellt, ob sich das Abstimmungsergebnis durch die Anfechtung der Stimmabgabe verändert. Ist dies der Fall, hat der Wohnungseigentümer zudem den Beschluss nach § 44 WEG anzufechten. Erst **beide Anfechtungen zusammen** – die nach § 143 BGB und jene nach § 44 WEG – führen dazu, dass ein Wohnungseigentümer bei einem Willensmangel sämtliche rechtsgeschäftliche Wirkungen der Stimmabgabe und des Beschlusses beseitigen kann. Von diesen Fällen ist schließlich die **Stimmenthaltung** abzugrenzen, die nach einer vereinzelt gebliebenen Auffassung (*Abramenko* ZWE 2013, 395, 399) ebenfalls anfechtbar sein soll. Ein Bedürfnis danach, eine Stimmenthaltung anzufechten, besteht jedoch nicht. Die Stimmenthaltung stellt keine Willenserklärung dar. Es fehlt schon am objektiven Tatbestand der Willenserklärung. 28

III. Stellvertreter und Boten der Wohnungseigentümer bei der Beschlussfassung

Angesichts der gesetzgeberischen Entscheidung in § 19 Abs. 1 WEG, wonach die Wohnungseigentümer als Organwalter des Willensbildungsorgans Gesamtheit der Wohnungseigentümer verpflichtet sind, eine ordnungsmäßige Verwaltung und Benutzung zu beschließen (Rn. 64) und aufgrund der ständigen Rechtsprechung des *BGH* zur Haftung der Wohnungseigentümer für ihr Stimmverhalten (Rn. 66), besteht ein hohes Interesse daran, als Organwalter des Willensbildungs- oder Überwachungsorgans Stellvertreter und Boten einsetzen zu können. Unterliegen nämlich Wohnungseigentümer einer **Mitwirkungspflicht** und können sie diese im Verhinderungsfalle nicht persönlich erfüllen, müssen sie dieser Mitwirkungspflicht dadurch nachkommen und folglich ein **Haftungsrisiko** wegen Verletzung der Mitwirkungspflicht **verringern** können, wenn an ihrer Stelle ein Stellvertreter oder Bote auftritt. Das WEG enthält allerdings keine Vorschriften zum Einsatz von Stellvertretern und Boten in der Beschlussprozedur. Es kann jedoch auf die Vorschriften der Rechtsgeschäftslehre des Allgemeinen Teils des BGB zurückgegriffen werden (**§§ 164 ff. BGB**), wenngleich die Anwendung dieser Vorschriften auf Beschlüsse nicht ohne Anpassungen gelingt. 29

Im Grundsatz kann ein Stellvertreter im Rahmen der ihm zustehenden **Vertretungsmacht** eine **eigene Willenserklärung im Namen des Wohnungseigentümers** mit Wirkung für und gegen diesen abgeben (§ 164 Abs. 1 S. 1 BGB; *Ernst* Der Beschluss als Organakt, S. 1, 22). Genauso ist es im Grundsatz möglich, dass ein Wohnungseigentümer eine Willenserklärung durch einen Boten überbringen lässt, mithin eine JA- oder NEIN-Stimme. Stimmabgaben sind nämlich keine höchstpersönlichen Rechtsakte, die schon a priori einer Stellvertretung oder Botenschaft entgegenstehen würden (Beschluss, 30

2020, S. 234). Daher kann der Verwalter bei der Feststellung des Abstimmungsergebnisses zu dem Ergebnis kommen, dass das Stimmrecht vieler, gar aller Wohnungseigentümer bei der Abstimmung repräsentiert war, teils in Person, teils durch Stellvertreter, teils durch Boten.

1. Zurückweisung einer Stimmabgabe analog § 174 S. 1 BGB durch den Verwalter

31 Wohnungseigentümerversammlungen sind regelmäßig **nicht öffentlich** (BeckOK WEG/*Bartholome* § 24 Rn. 174). Der Versammlungsleiter oder die Gesamtheit der Wohnungseigentümer müssen im Wege eines Verfahrensbeschlusses also zu Beginn über die Zulassung solcher Vertreter und Boten entscheiden, die nicht zugleich Wohnungseigentümer dieser Gemeinschaft der Wohnungseigentümer sind und daher über kein originäres Teilnahmerecht verfügen. Eine Stellvertretung führt jedenfalls im Regelfall nicht dazu, dass der Wohnungseigentümer zusammen mit seinem Stellvertreter an der Wohnungseigentümerversammlung teilnehmen kann, sondern nur einer von ihnen (Staudinger/*Häublein*, Stand 01.03.2024, WEG § 25 Rn. 80). Werden als Stellvertreter nicht andere Wohnungseigentümer, sondern Dritte eingesetzt, wird es auch ohne Regelung in der Gemeinschaftsordnung Fälle geben, in denen es ordnungsmäßiger Verwaltung entspricht, einen Dritten als Stellvertreter zuzulassen, etwa wenn der Wohnungseigentümer erkrankt ist (Beschluss, 2020, S. 237).

32 Unabhängig davon, ob ein Stellvertreter Dritter oder Wohnungseigentümer ist, wird der Versammlungsleiter bei der späteren Feststellung des Abstimmungsergebnisses nur solche Stimmen eines Stellvertreters zählen, die dem vertretenen Wohnungseigentümer zugerechnet werden können. Der Wohnungseigentümer kann daher dem Versammlungsleiter gegenüber mitteilen, dass er einen Stellvertreter entsenden wird (§ 167 Abs. 1 Alt. 2 BGB, sog. Außenvollmacht), genauso wie der Wohnungseigentümer die Vollmacht gegenüber dem Stellvertreter erteilen kann (§ 167 Abs. 1 Alt. 1 BGB, sog. Innenvollmacht). Kann ein Stellvertreter seine Vollmacht in der Versammlung gegenüber dem Versammlungsleiter nicht nachweisen, kann der Versammlungsleiter – mithin regelmäßig der Verwalter – die **Stimmabgabe zurückweisen**. Dies folgt zunächst unmittelbar aus der Funktion als Versammlungsleiter (Beschluss, 2020, S. 239), denn diesem obliegt die Aufgabe, das Abstimmungsergebnis festzustellen (Rn. 6 f.). Hierzu muss er wissen, welche Stimmabgabe zuzulassen oder mangels Vollmacht zurückzuweisen ist. Die Stimmabgabe eines Stellvertreters kann entscheidend für einen Positiv- bzw. Negativbeschluss sein, sodass der Versammlungsleiter die Frage der Stellvertretung nicht offenlassen und eine Stimme auf gut Glück mitzählen darf. Rechtsgrundlage für die Zurückweisung einer Stimme ist darüber hinaus § 174 S. 1 BGB. Danach ist ein einseitiges Rechtsgeschäft, das ein Bevollmächtigter einem anderen gegenüber vornimmt, unwirksam, wenn der Bevollmächtigte eine Vollmachtsurkunde nicht vorlegt und der andere das Rechtsgeschäft aus diesem Grunde unverzüglich zurückweist. Zwar stellt die Stimmabgabe eines Stellvertreters kein einseitiges Rechtsgeschäft dar, sondern eine empfangsbedürftige Willenserklärung, die Vorschrift kann aber – aufgrund planwidriger Regelungslücke und vergleichbarer Interessenlage zwischen einseitigem Rechtsgeschäft und empfangsbedürftiger Willenserklärung – analog angewandt werden (*LG Frankfurt/M.* ZWE 2011, 462; *M. Müller* ZWE 2017, 395, 397; *Hartmann* DNotZ 2002, 253; Beschluss, 2020, S. 239 f.; *Bachmann* AcP 222 [2022], 651, 657; wohl sogar für eine direkte Anwendung *Abramenko* ZWE 2016, 399 und schon früh *Bartholomeyczik* ZHR 105 [1938], 293, 332). Mittelbar führt die analoge Anwendung von § 174 S. 1 BGB dazu, dass die – eigentlich formfreie – Stimmabgabe mit einer Formvorschrift verbunden wird, denn die Vorschrift verlangt das Vorlegen einer Urkunde.

2. Kein Einsatz von vollmachtlosen Vertretern bei der Beschlussfassung

33 Da der Einsatz von vollmachtlosen Vertretern sogar in der notariellen Praxis verbreitet ist (*Abicht* RNotZ 2010, 493, 494), könnten Wohnungseigentümer auf die Idee kommen, vollmachtlose Vertreter zu entsenden und nach der Beschlussfassung zu entscheiden, ob sie das Rechtsgeschäft genehmigen oder nicht. Gemeint ist also der Fall, in dem eine Person offenkundig als Vertreter ohne Vertretungsmacht eingesetzt wird und nicht der Fall, in dem ein eigentlich bevollmächtigter Vertreter verdeckt seine Vertretungsmacht überschreitet und damit zum Vertreter ohne Vertretungsmacht wird. Im Ausgangspunkt wird der Verwalter einem Dritten, der an der Versammlung als

vollmachtloser Vertreter teilnehmen will, schon den Zugang zur Wohnungseigentümerversammlung verweigern, da der Dritte über kein Teilnahmerecht verfügt (so für die GmbH MüKoGmbHG/*Drescher* GmbHG § 47 Rn. 117). Handelt es sich bei dem vollmachtlosen Vertreter um einen anderen Wohnungseigentümer, wird das Problem nicht schon über das Teilnahmerecht entschärft. § 180 S. 1 BGB sieht allerdings vor, dass bei einem einseitigen Rechtsgeschäft eine Vertretung ohne Vertretungsmacht unzulässig ist. Diese Regelung gilt analog für die Stimmabgabe, da die Rechtsgeschäftslehre des Allgemeinen Teils des BGB planwidrig – da der historische Gesetzgeber bei der Entwicklung des Stellvertretungsrechts den Beschluss als Rechtsgeschäft noch nicht vor Augen hatte (vgl. *Mugdan*, Band I, Achter Titel: Vertretung und Vollmacht, S. 475 ff.) – solche Detailregelungen für Beschlüsse nicht geregelt hat (Beschluss, 2020, S. 242). Folglich ist **analog § 180 S. 1 BGB** ein **vollmachtloser Vertreter** auch in der Wohnungseigentümerversammlung **unzulässig.** Es wäre im Übrigen keinem anderen Wohnungseigentümer zuzumuten, eine Rechtsunsicherheit hinnehmen zu müssen, nur weil in der Beschlussprozedur vollmachtlose Vertreter eingesetzt würden. Im Extremfall würden alle Wohnungseigentümer vollmachtlose Vertreter einsetzen, sodass nach einer Beschlussfassung niemand mehr sagen könnte, ob der Beschluss nun Wirkung entfaltet oder nicht.

Dem lässt sich entgegen einiger Stimmen (*M. Müller* ZWE 2017, 395, 397; BeckOGK/*Hermann* 34 WEG § 25 Rn. 41; Bärmann/*Merle* WEG § 25 Rn. 79) nicht entgegenhalten, dass auch § 180 S. 2 BGB herangezogen werden müsse. Nach dieser Regelung finden die Vorschriften über Verträge entsprechende Anwendung, wenn derjenige, welchem gegenüber ein solches Rechtsgeschäft vorzunehmen war, die von dem Vertreter behauptete Vertretungsmacht bei der Vornahme des Rechtsgeschäfts nicht beanstandet hat oder er damit einverstanden gewesen ist, dass der Vertreter ohne Vertretungsmacht handele. Der Versammlungsleiter verfügt nämlich nicht über die Kompetenz darüber zu befinden, ob ein vollmachtloser Vertreter zugelassen werden kann, denn insoweit ist er nicht Sprachrohr der übrigen Wohnungseigentümer. Er hat von den übrigen Wohnungseigentümern keine Vollmacht dazu erhalten, über die Frage des § 180 S. 2 BGB zu entscheiden. Die übrigen Wohnungseigentümer werden in der Regel auch nicht einverstanden sein, dass hier eine schwebend unwirksame Stimme abgegeben wird. Sie werden vielmehr ein Interesse daran haben, dass die Beschlussprozedur in der Wohnungseigentümerversammlung zum Abschluss kommt. Ferner wäre die Rechtsfolge der Norm, dass § 177 BGB anzuwenden ist. Das Rechtsgeschäft wäre also schwebend unwirksam. Wie in Rn. 34 dargestellt, gibt es jedoch keine schwebend unwirksamen Beschlüsse. Beschlüsse entstehen mit der Verkündung durch den Versammlungsleiter – oder die Organwalter gemeinschaftlich (Rn. 8) –, sodass für eine Schwebelage aufgrund von § 177 BGB kein Raum ist (Beschluss, 2020, S. 243 ff.).

3. Vertreter der Wohnungseigentümer ohne Vertretungsmacht

In der vertraglich geprägten Rechtsgeschäftslehre versucht § 177 BGB einen Ausgleich zwischen 35 den Interessen des Vertretenen, des Vertragspartners und des Vertreters ohne Vertretungsmacht zu schaffen. Bei Verträgen ist die vom Gesetzgeber gewählte Lösung darin zu sehen, dass das von einem Vertreter ohne Vertretungsmacht abgeschlossene Rechtsgeschäft schwebend unwirksam ist. Dessen Wirksamkeit hängt nun von der Genehmigung des Vertretenen ab. Wird die Genehmigung verweigert, sieht § 179 BGB unterschiedliche Rechtsfolgen vor, die davon abhängen, was dem Vertreter ohne Vertretungsmacht subjektiv vorgeworfen werden kann. Ein solches System ist bei Beschlüssen nicht vorstellbar, denn **schwebend unwirksame Beschlüsse gibt es nicht.** Entgegen manchen Stimmen, die die Kategorie eines schwebend unwirksamen Beschlusses anerkennen wollen (*M. Müller* ZWE 2017, 395, 397; BeckOK BGB/*Hügel* WEG § 23 Rn. 24; Bärmann/*Dötsch* WEG § 23 Rn. 274 f.) hat das *OLG Frankfurt/M.* zu Recht entschieden, dass dem WEG schwebend unwirksame Beschlüsse fremd seien (ZWE 2011, 363), woran sich nach dem WEMoG nichts geändert hat. Daher ist es zu begrüßen, dass der *BGH* die Kategorie eines schwebend unwirksamen Beschlusses in Frage stellte und Bedenken äußerte (*BGH* NJW 2019, 2083, Rn. 25) und sie im Schrifttum nunmehr auch abgelehnt wird (Jennißen/*Schultzky* WEG § 23 Rn. 216; Beschluss, 2020, S. 223 ff.; ebenso Michalski/Heidinger/Leible/J. Schmidt/*Römermann* GmbHG Anh. § 47 Rn. 25 für Beschlüsse im GmbH-Recht). Schwebend unwirksame Verträge sind in der Rechtsgeschäftslehre seltene Ausnahmefälle, die – wie im Minderjährigenrecht nach § 108 Abs. 1 BGB, im Stellvertretungsrecht nach § 177 Abs. 1 BGB und im Fall des § 415 Abs. 1 S. 1 BGB – nur aufgrund einer gesetzlichen Vorschrift zugelassen werden. Jenseits dieser Ausnahmen kennt auch die vertragliche Rechtsgeschäftslehre nicht grundsätzlich schwebend unwirksame Verträge. § 23 Abs. 4 S. 2 WEG sieht genau das Gegenteil vor, nämlich die Wirksamkeit der Beschlüsse, bis diese aufgehoben wurden. Anders als bei Verträgen, die typischerweise zwischen zwei Parteien geschlossen werden, ist eine Schwebelage bei der Beschlussprozedur den beteiligten Organwaltern nicht zumutbar. Es wäre für die übrigen Wohnungseigentümer – oft ein paar Dutzend oder gar mehr – unerträglich, nach einer abgeschlossenen Beschlussprozedur nicht zu wissen, ob der Beschluss nun wirksam ist oder nicht.

36 Setzen Wohnungseigentümer Stellvertreter ein und überschreiten diese verdeckt ihre Vertretungsmacht, zählt der Versammlungsleiter die Willenserklärung des Vertreters ohne Vertretungsmacht mit. Die Wohnungseigentümer werden dann gleichwohl an das Rechtsgeschäft gebunden. Zwar tritt diese Bindungswirkung betreffend den vertretenen Wohnungseigentümer nicht aufgrund der Willenserklärung des Stellvertreters ein, denn dazu hätte der Stellvertreter seine eigene Willenserklärung im Rahmen der Vertretungsmacht abgeben müssen (vgl. § 164 Abs. 1 S. 1 BGB), allerdings wird jeder Wohnungseigentümer an den Beschluss gebunden, da dies das Wesen eines Beschlusses ist (Beschluss, 2020, S. 250). Sobald der Beschluss als Rechtsgeschäft konstituiert ist, mithin mit Abschluss der Beschlussprozedur, entfaltet dieser Bindungswirkung gegenüber allen Wohnungseigentümern (Rn. 12). Hier zeigt sich einmal mehr, dass ab der Verkündung des Beschlusses die einzelnen Willenserklärungen in den Hintergrund rücken und deshalb eine Willenserklärung, die ohne Vertretungsmacht abgegeben wurde, das Entstehen des Rechtsgeschäfts nicht hindert. Die Verkündung als konstitutives Tatbestandsmerkmal (*BGH* ZWE 2024, 129, Rn. 7) lässt das Rechtsgeschäft zustande kommen, was allerdings den Fehler bei der Stellvertretung nicht heilt.

a) **Keine Anfechtung**

37 Der Einsatz von Stellvertretern ist für Wohnungseigentümer bei der Beschlussfassung folglich mit einem **höheren Risiko** verbunden als beim Vertragsschluss, da der für Verträge konzipierte Schutz durch § 177 Abs. 1 BGB beim Beschluss nicht funktioniert. Eine Stimmabgabe durch einen Vertreter ohne Vertretungsmacht lässt sich im Übrigen nicht durch die bürgerlich-rechtliche Anfechtung korrigieren. Der Beschluss als Rechtsgeschäft kann ohnehin **nicht angefochten** werden, da § 142 Abs. 1 BGB nicht auf den Beschluss, sondern nur auf einzelne Stimmen anwendbar ist (Beschluss, 2020, S. 251). Die vom Vertreter ohne Vertretungsmacht abgegebene Stimme leidet überdies nicht an einem Willensmangel, weshalb der Wohnungseigentümer keinen Anfechtungsgrund geltend machen kann. Insbesondere liegt kein Übermittlungsirrtum nach § 120 BGB vor. Diese bürgerlich-rechtlichen Wertungen dürften sich bei der Beschlussklage nach § 44 WEG fortsetzen. Denn der Wohnungseigentümer dürfte kaum zur Anfechtung befugt sein, wenn der Grund für sein Anfechtungsinteresse aus seiner Sphäre stammt, nämlich von seinem eigenen Vertreter ohne Vertretungsmacht (Beschluss, 2020, S. 251).

b) **Schadensersatzansprüche**

38 Da vertretene Wohnungseigentümer beim Beschluss nicht durch § 177 BGB geschützt werden, da die Norm auf Beschlüsse keine Anwendung findet, kann die Frage aufkommen, wie ein vertretener Wohnungseigentümer stattdessen geschützt wird. Findet allerdings § 177 BGB auf Beschlüsse keine Anwendung, ist konsequenterweise auch die **Anspruchsgrundlage des § 179 BGB nicht anwendbar**. Die Rechtsfolge nach § 179 Abs. 1 BGB, nämlich dem anderen Teil zur Erfüllung verpflichtet zu sein, ist bei Beschlüssen ohnehin nicht denkbar. Der Vertreter ohne Vertretungsmacht kann den Beschluss nicht erfüllen. Es gibt bei Beschlüssen – anders als bei Verträgen – typischerweise keinen Leistungsaustausch, den der falsus procurator als quasi-Vertragspartner übernehmen kann. Es handelt sich um eine Willensbildung im Kollektivorgan, die vor allem für den Verwalter zu einer Umsetzungspflicht führt. Der Vertreter ohne Vertretungsmacht kann den Beschluss jedoch nicht an der Stelle des Verwalters durchführen. Für den Vertreter ohne Vertretungsmacht ist allerdings von

Nachteil, dass die **mildere Haftung** nach § 179 Abs. 2 BGB auch dann **nicht anwendbar** ist, wenn der Vertreter den Mangel der Vertretungsmacht nicht gekannt hat. Diese Haftungsmilderung besteht im Anwendungsbereich des § 179 Abs. 2 BGB darin, dass der falsus procurator nur den Vertrauensschaden ersetzen muss, der zudem auf das Erfüllungsinteresse begrenzt ist (Brox/*Walker* BGB AT, § 27 Rn. 12; *Neuner* BGB AT, § 51 Rn. 29).

Stattdessen kann ein Wohnungseigentümer gegen den Vertreter ohne Vertretungsmacht einen Anspruch aus **§ 280 Abs. 1 BGB** prüfen. Durch die Bevollmächtigung zwischen Wohnungseigentümer und Stellvertreter entsteht ein Schuldverhältnis i.S.v. § 241 BGB. Die Bevollmächtigung kann als einseitiges Rechtsgeschäft verstanden werden. § 280 Abs. 1 BGB ist auch auf einseitige Rechtsgeschäfte anwendbar (BeckOK BGB/*Lorenz* BGB § 280 Rn. 2). Ist die Vollmacht in ein anderes Schuldverhältnis integriert, etwa einen Auftrag, findet § 280 Abs. 1 BGB ebenfalls Anwendung. Wird nun die Vertretungsmacht überschritten, liegt eine Pflichtverletzung i.S.v. § 280 Abs. 1 S. 1 BGB vor. Für diese Haftungsnorm genügt allerdings jede Form von Vorsatz oder Fahrlässigkeit (§ 276 Abs. 1 S. 1 BGB), weshalb ein Vertreter ohne Vertretungsmacht bei Beschlussfassungen schärfer haftet als bei Vertragsschlüssen. Anstelle der Haftungsbegrenzung in § 179 Abs. 2 BGB greift die allgemeine Rechtsfolgenvorschrift des § 249 BGB. Bei dieser gilt der Grundsatz der Totalreparation (*Looschelders* Schuldrecht AT, § 43 Rn. 957), weshalb der Vertreter ohne Vertretungsmacht bei der Beschlussfassung unbegrenzt für Schäden des Wohnungseigentümers haftet (Beschluss, 2020, S. 252). 39

c) Verwalter als Vertreter der Wohnungseigentümer

Gerade im Wohnungseigentumsrecht ist zu beobachten, dass Wohnungseigentümer den Verwalter bevollmächtigen, für sie in der Wohnungseigentümerversammlung als Vertreter aufzutreten. Dem Verwalter kommt somit eine **Doppelrolle als Versammlungsleiter und Vertreter** zu. Dies ist rechtsgeschäftlich möglich, wenn der Verwalter tatsächlich eigene Willenserklärungen im Namen eines von ihm vertretenen Wohnungseigentümers abgibt (vgl. § 164 Abs. 1 BGB). Dazu muss der objektive und subjektive Tatbestand der Willenserklärung erfüllt sein. Der Verwalter muss beispielsweise bei der Stimmabgabe nach außen kundtun, dass er für Wohnungseigentümer W eine JA-Stimme abgibt. Der Verwalter darf bei der Feststellung des Abstimmungsergebnisses jedoch nicht bloß innerlich Stimmen mitzählen, die er als JA- oder NEIN-Stimme für einen Wohnungseigentümer abgeben will, da dies nicht den objektiven Tatbestand der Willenserklärung erfüllen würde (Beschluss, 2020, S. 256 f.). Im Grundsatz ist der **Verwalter** damit **tauglicher Stellvertreter** eines Wohnungseigentümers. 40

Allerdings wird der Verwalter teils auch von mehreren Wohnungseigentümern bevollmächtigt und müsste dann für die jeweilige Willenserklärung das ihm als Vertreter zustehende Ermessen ausüben. Die Gefahr steigt dann, dass der Verwalter in einen **Interessenkonflikt** gerät (ausf. dazu, warum kein Fall des Insichgeschäfts nach § 181 BGB vorliegt, Beschluss, 2020, S. 257 f.). Bevollmächtigt ihn etwa Wohnungseigentümer W1 und zudem Wohnungseigentümer W2 und verfolgen diese unterschiedliche Interessen, könnte sich der Interessenkonflikt verwirklichen, wenn der Verwalter einheitlich die Stimmen für W1 und W2 abgibt, ohne das Stimmverhalten nach den Interessen des W1 bzw. W2 auszurichten. In vielen Fällen werden die Wohnungseigentümer, die das Ermessen der Gemeinschaft der Wohnungseigentümer ausüben, da nur dieser das Verwaltungsmonopol zusteht (§ 18 Abs. 1 WEG), das gleiche Interesse haben. Ausgeschlossen ist jedoch nicht, dass der Verwalter als Vertreter mehrerer Wohnungseigentümer einem Interessenkonflikt unterliegt. Insbesondere ist nicht fernliegend, dass ein Verwalter die Stimmrechte der von ihm vertretenen Wohnungseigentümer so ausübt, dass dies seinem eigenen Interesse entspricht. Da allgemein anerkannt ist, dass ein Interessenkonflikt zu einem Stimmverbot führen kann (vgl. nur die hinter § 25 Abs. 4 WEG, § 47 Abs. 4 GmbHG, § 136 Abs. 1 AktG stehenden Rechtsgedanken), ist eine solche **Mehrfachvertretung fehleranfällig**. 41

4. Stimmboten in der Wohnungseigentümerversammlung und im Verwaltungsbeirat

42 Im Unterschied zu Stellvertretern geben Boten keine eigene, sondern eine **fremde Willenserklärung** ab. Wohnungseigentümer können solche Boten einsetzen, also den Auftrag geben, zu einem Beschlussgegenstand mit JA oder NEIN zu stimmen. Stimmboten sind weder im Allgemeinen Teil des BGB noch im WEG gesetzlich geregelt. Auch in den Gesetzen betreffend andere privatrechtliche Kollektivorgane sind Regelungen zu Stimmboten selten. § 108 Abs. 3 S. 1 AktG stellt klar, dass abwesende Aufsichtsratsmitglieder dadurch an der Beschlussfassung des Aufsichtsrats und seiner Ausschüsse teilnehmen können, dass sie schriftliche Stimmabgaben überreichen lassen. Aus dieser Regelung lässt sich das **allgemeine Prinzip ableiten**, dass Organwalter wie Wohnungseigentümer im Kollektivorgan ihre JA- oder NEIN-Stimme durch **Stimmboten** übermitteln können. In allen privatrechtlichen Kollektivorganen schwingt beim Einsatz von Stimmboten die latente Gefahr mit, dass die Organwalter auf das Ergebnis der Aussprache nicht oder nur bedingt reagieren können und dies haftungsrelevant sein kann. Haben die Wohnungseigentümer etwa in der Wohnungseigentümerversammlung die Pflicht, für die Erhaltung des gemeinschaftlichen Eigentums durch eine nicht aufschiebbare Maßnahme zu stimmen, war dies aber im Vorfeld noch nicht bekannt, dann kann kein gleichwohl mit NEIN abstimmender Stimmbote die Haftung des Wohnungseigentümers auslösen.

IV. Beschlüsse der Gesamtheit der Wohnungseigentümer mit Bezug zum Verwalter

1. Eingeschränkte Beschlusskompetenz und aufschiebende Bedingung bei Bestellbeschlüssen

43 Die Beschlüsse der Gesamtheit der Wohnungseigentümer, mit denen der Verwalter bestellt oder abberufen wird (§ 26 Abs. 1 WEG), haben die Besonderheit, dass sie Rechtswirkungen bei einem Dritten auslösen können. Ein Dritter, der als Verwalter nach § 26 Abs. 1 WEG bestellt wird, erhält durch den Bestellbeschluss ein privates Amt. Da das Verwalteramt mit Rechten und Pflichten verbunden ist (vgl. etwa § 27 Abs. 1 WEG), steht der Gesamtheit der Wohnungseigentümer keine Beschlusskompetenz zu, aus eigenem Recht einen Dritten zum Verwalter zu bestellen. Vielmehr verfügt das Willensbildungsorgan **nur insoweit** über eine **Beschlusskompetenz**, als dass es einen Dritten zum Verwalter bestellen kann, sofern dieser das Amt auch annimmt. Der Beschluss enthält also eine Bedingung: die Annahme des Amtes (Beschluss, 2020, S. 272 ff.). Solche Bedingungen nach § 158 BGB sind auch bei Beschlüssen möglich (BeckOGK/*Hermann* WEG § 23 Rn. 19; Jennißen/*Jennißen* WEG § 26 Rn. 96; *Möller* Beschlussfassung, 2021, S. 32, 99). Ohne diese Annahme tritt die Bedingung nicht ein. Für solche Fälle sieht § 158 Abs. 1 BGB vor, dass ein Rechtsgeschäft unter einer aufschiebenden Bedingung vorgenommen werden kann. Die von der Bedingung abhängig gemachte Wirkung tritt dann mit dem Eintritt der Bedingung ein. Vor Eintritt der Bedingung entfaltet das Rechtsgeschäft hingegen noch keine Rechtswirkung, bindet aber schon die Wohnungseigentümer an den Beschluss als Rechtsgeschäft (so für die gesellschaftsrechtlichen Beschlüsse etwa Michalski/Heidinger/Leible/J. Schmidt/*Römermann* GmbHG Anh. § 47 Rn. 28; Rauch/Schnüttgen/*Rauch* Die Gesellschafterversammlung der GmbH, Rn. 447; Beschluss, 2020, S. 231 f.; krit. zu dieser Konstruktion *Bachmann* AcP 222 [2022], 651, 658). Die Beschlussprozedur eines Bestellbeschlusses ist im Übrigen unverändert. § 26 Abs. 1 WEG enthält für diese Art Beschluss also kein weiteres Tatbestandsmerkmal.

44 Solche Amtsannahmen sind in zahlreichen Gemeinschaften und Verbänden bekannt (*Jacoby* Das private Amt, S. 484 f.; Jennißen/Schmidt/*J.-H. Schmidt* Der WEG-Verwalter, A Rn. 66), sodass die Bestellorgane in aller Regel gar nicht auf die Idee kämen, einen Dritten unbedingt für das Amt bestellen zu wollen. Die aufschiebende Bedingung wird daher entweder ausdrücklich oder aber **konkludent** in den Beschlussantrag aufgenommen (Beschluss, 2020, S. 418). Es ist im Übrigen irrelevant, ob die zu bestellende Person das Amt schon vorher annimmt (Einwilligung i.S.v. § 183 S. 1 BGB), oder die Bestellung später genehmigt i.S.v. § 184 Abs. 1 BGB. Sollte allerdings die Gesamtheit der Wohnungseigentümer einen Dritten zum Verwalter bestellen wollen, **ohne** dies zumindest konkludent unter die **aufschiebende Bedingung** der Annahme des Amts zu stellen, würde der Gesamtheit der Wohnungseigentümer für einen solchen Beschluss die **Beschlusskompetenz**

fehlen. Ein solcher Beschluss wäre daher, wie allgemein bei fehlender Beschlusskompetenz anerkannt, **nichtig.**

2. Unbedingte Abberufungsbeschlüsse

Bei einem **Abberufungsbeschluss** ist die Rechtslage deshalb anders, da mit diesem Beschluss einem Dritten keine Rechte und Pflichten übertragen werden, sondern eine Person von diesen Rechten und Pflichten befreit wird. Soweit angenommen wird, dass der Abberufungsbeschluss nach § 27 Abs. 2 S. 1 BGB erst mit Zugang des Beschlusses bei der abzuberufenden Person wirksam wird, ist dies nicht richtig (so aber *BGH* NJW 2002, 3240; *Suilmann* ZWE 2000, 106; *Drasdo* NZM 2001, 923, 929; *Becker* ZWE 2002, 211, 212; BeckOGK/*Greiner* WEG § 26 Rn. 249). **Mit der Verkündung** des Abberufungsbeschlusses entsteht das Rechtsgeschäft und entfaltet unmittelbar seine Wirkungen. Der Wille ist dann im Willensbildungsorgan gefasst. Die Organstellung endet unmittelbar. Davon getrennt zu sehen ist ein bestehender Verwaltervertrag. Soll dieser z.B. außerordentlich gekündigt werden, wäre die Kündigungserklärung empfangsbedürftig und müsste dem Verwalter zugehen. Es gibt aber keinen Grund, diese vertragliche Dogmatik auf den Beschluss zu übertragen, da es keine Norm gibt, die die Beschlussprozedur und die für den Beschluss als Rechtsgeschäft erforderlichen Tatbestandsmerkmale ändert, wenn mit diesem Beschluss ein Verwalter abberufen werden soll. Es kann auch nicht im Interesse der Wohnungseigentümer sein, das Verwalteramt so lange nicht beenden zu können, bis der Beschluss zugegangen ist (Beschluss, 2020, S. 270 f.). 45

3. Trennung zwischen Beschluss im Innenverhältnis und Umsetzung im Außenverhältnis

Die Gemeinschaft der Wohnungseigentümer hat bei den meisten Verwaltern nicht nur den Bestellbeschluss durch ihr Willensbildungsorgan, sondern auch den Abschluss des Verwaltervertrags zu organisieren. Es sind also **zwei verschiedene Rechtsgeschäfte** zu betrachten, eines im Innen- und eines im Außenverhältnis. Da die Gemeinschaft der Wohnungseigentümer in dem Moment, in dem sie als verwalterlose Gemeinschaft eine Person als Verwalter bestellt, bei der rechtsgeschäftlichen Vertretung schwerfällig ist – der Verband wird nämlich nach § 9b Abs. 1 S. 2 WEG durch (alle) Wohnungseigentümer gemeinschaftlich vertreten –, versuchen einzelne Stimmen im Schrifttum den Bestellbeschluss so auszulegen, dass dieser sowohl ein Rechtsgeschäft im Innenverhältnis als auch eine Willenserklärung im Außenverhältnis auf Abschluss des Verwaltervertrags zwischen Verband und Verwalter sei (*Abramenko* ZWE 2013, 395; *Greiner* ZWE 2016, 297, 298; *ders.* ZWE 2020, 260, 262). Der Beschluss sei uno actu die Willenserklärung auf Abschluss des Verwaltervertrags, denn nach dem Beschluss auf Bestellung des Verwalters sei es der Wille der Gesamtheit der Wohnungseigentümer, auch den Verwaltervertrag abzuschließen. Die Vertreter dieser Auffassung haben im Schrifttum zwar kaum Zuspruch erfahren, es sind allerdings Entscheidungen des V. Senats des *BGH* bekannt geworden, die einem Beschluss im Innenverhältnis zugleich eine Außenwirkung zugesprochen haben (*BGH* NJW-RR 2013, 335; *BGH* NJW 2013, 299). 46

Diese **These vom Beschluss als hybrides Rechtsgeschäft** ist **abzulehnen.** Herrschend ist bis heute zu Recht die Trennungstheorie, die präzise zwischen dem Beschluss im Innenverhältnis und dem Vertrag im Außenverhältnis unterscheidet (*Drasdo* NZM 2001, 923, 926; *Zschieschack* ZMR 2018, 159, 162; Bärmann/Pick/*Emmerich* WEG § 26 Rn. 22; Staudinger/*Jacoby* WEG § 26 Rn. 153; *Lehmann-Richter/Wobst* WEG-Reform 2020, Rn. 51; *Dötsch/Schultzky/Zschieschack* WEG-Recht 2021, Kap. 9 Rn. 2; *Hügel/Elzer* WEG § 26 Rn. 3; *Westphal* ZWE 2021, 396). Dem Bürgerlichen Recht ist es fremd, dass ein und derselbe Rechtsakt sowohl im Innenverhältnis ein Rechtsgeschäft als auch im Außenverhältnis eine Willenserklärung darstellt (Beschluss, 2020, S. 284 ff.). Die Rechtsgeschäftslehre des Bürgerlichen Rechts trennt vielmehr genau zwischen Rechtsgeschäft und Willenserklärung, ferner wird zwischen Beschluss und Vertrag unterschieden und schließlich zwischen Innen- und Außenverhältnis differenziert. All diese Grundsätze des Bürgerlichen Rechts würden verwässert werden, wenn der These vom Beschluss als hybrides Rechtsgeschäft gefolgt würde (ausf. Beschluss, 2020, S. 284 ff.). 47

V. Negativbeschlüsse

48 Als Positivbeschluss wird eine Abstimmungssituation bezeichnet, in der ein positiv formulierter Beschlussantrag von der Mehrheit der Wohnungseigentümer angenommen wurde (vgl. BeckOK WEG/*Bartholome* § 23 Rn. 32). Ein Negativbeschluss bezeichnet hingegen solche Fälle, in denen der Versammlungsleiter typischerweise verkündet, dass der Beschlussantrag abgelehnt wurde (ausf. Beschluss, 2020, S. 304 ff.; BeckOK WEG/*Bartholome* § 23 Rn. 33). Der häufigste Fall ist ein positiv formulierter Beschlussantrag, zu dem mehr Wohnungseigentümer eine NEIN-Stimme als eine JA-Stimme abgeben (**Beispiel 1:** 3 NEIN- und 2 JA-Stimmen zu dem Antrag »Der Verwalter wird abberufen«). Die Mehrheit der abgegebenen Stimmen i.S.v. § 25 Abs. 1 WEG entscheidet dann negativ über den Beschlussantrag. Es ist ein Negativbeschluss zu verkünden. Gelegentlich erreicht ein Beschlussantrag genauso viele JA- wie NEIN-Stimmen. Auch dann wird die einfache Mehrheit des § 25 Abs. 1 WEG verpasst, sodass ein Negativbeschluss zu verkünden ist (**Beispiel 2:** 2 JA- und 2 NEIN-Stimmen, sowie 1 Enthaltung zu dem Antrag »Der Verwalter wird abberufen«). In wenigen Fällen sieht das WEG darüber hinaus ein von § 25 Abs. 1 WEG abweichendes Quorum vor, wie etwa in § 21 Abs. 2 S. 1 Nr. 1 WEG eine kombinierte Kopf- und Anteilsmehrheit. Danach haben alle Wohnungseigentümer die Kosten einer baulichen Veränderung nach dem Verhältnis ihrer Anteile zu tragen, die mit mehr als zwei Dritteln der abgegebenen Stimmen und der Hälfte aller Miteigentumsanteile beschlossen wurde, es sei denn, die bauliche Veränderung ist mit unverhältnismäßigen Kosten verbunden (ausf. zu dem Streit, ob »mehr als« nur die erste Anforderung der abgegebenen Stimmen oder auch die Miteigentumsanteile meint, *Riecke* ZWE 2021, 20, 21; der vom Gesetzgeber beschlossene Wortlaut scheint eindeutig und bezieht das »mehr als« nur auf die erste Anforderung). Wird dieses Quorum nicht erreicht, ist ein Negativbeschluss zu verkünden (**Beispiel 3:** 7 von 10 Wohnungseigentümer stimmen für die bauliche Veränderung, die aber nur 45 % der Miteigentumsanteile ausmachen). Eine Besonderheit stellt ferner der Beschluss nach § 23 Abs. 3 S. 1 WEG dar, der ohne Versammlung gefasst werden kann. Erreicht ein Beschlussantrag ohne Versammlung die Mehrheit, aber keine Allstimmigkeit, ist ebenfalls ein Negativbeschluss zu verkünden (**Beispiel 4:** Der Verwalter stellt per E-Mail einen Beschlussantrag zur Abstimmung, dem 29 der 30 Wohnungseigentümer per E-Mail zustimmen). Von einem Negativbeschluss spricht man schließlich, wenn der Beschlussantrag ausnahmsweise negativ formuliert wurde und sodann mehr NEIN- als JA-Stimmen abgegeben werden (**Beispiel 5:** Der Verwalter stellt zur Abstimmung »Die Eiche wird *nicht* gefällt«; es werden 3 NEIN- und 2 JA-Stimmen abgegeben; es ist ein Negativbeschluss zu verkünden, der allerdings keiner Umsetzung bedarf. Es ist nicht beschlossen worden, dass die Eiche gefällt wird). In all diesen Fällen ist § 25 Abs. 1 WEG sowohl die Rechtsgrundlage für Positiv- als auch für Negativbeschlüsse.

49 Positivbeschlüssen kommt eine Regelungswirkung zu. Ein Beschlussgegenstand wird durch den Positivbeschluss geregelt, beispielsweise die Vorschusshöhe für Zahlungspflichten nach § 28 Abs. 1 S. 1 WEG neu festgesetzt. Negativbeschlüsse haben eine **geringere Regelungswirkung**, verbrauchen aber jedenfalls den Beschlussgegenstand in der aktuellen Versammlung, was eine Rechtsfolge ist, und enthalten zumindest die Aussage, dass ein bestimmter Beschlussgegenstand gegenwärtig nicht geändert werden soll und das ausführende Organ folglich nichts umzusetzen hat. Auch der Negativbeschluss ist somit auf eine Rechtsfolge gerichtet, wenngleich eine geringe (Jennißen/*Suilmann* WEG § 44 Rn. 7; Beschluss, 2020, S. 54, 305, 308). Die Rechtsfolge kann ferner darin liegen, dass der Beschlussgegenstand – solange sich die Ausgangslage nicht ändert – vom Verwalter nicht noch einmal auf die Tagesordnung genommen wird. Dem Negativbeschluss kommt im Regelfall Rechtsgeschäftsqualität zu (*BGH* NZM 2001, 961; *BGH* NJW 2015, 3713; *Deckert* ZMR 2008, 585, 586; BeckOGK/*Hermann* WEG § 23 Rn. 100; BeckOK WEG/*Bartholome* § 23 Rn. 33; sehr ähnlich auch Staudinger/*Häublein*, Stand 29.02.2024, WEG § 23 Rn. 69, 106). Die ablehnenden Stimmen sind im Übrigen Willenserklärungen, da ihnen der Wille beigemessen wird, dass ein bestimmter Beschlussantrag keine Mehrheit findet und daher kein Positivbeschluss vom Verwalter durchgeführt werden soll.

Im WEG sind Beschlussfassungen möglich, die zu einem Negativbeschluss führen, obwohl *nicht eine* Negativstimme abgegeben wurde. Dies kann etwa bei dem nach § 23 Abs. 3 S. 1 WEG außerhalb einer Versammlung gefassten Beschluss der Fall sein. Erreicht ein Beschlussantrag ohne Versammlung die Mehrheit, aber nicht die erforderliche Allstimmigkeit, führt schon die **Stimmenthaltung** auch nur eines Wohnungseigentümers zu einem Negativbeschluss. Auch das besondere Quorum des § 21 Abs. 2 S. 1 Nr. 1 WEG kann zu diesem Paradoxon führen: Die abgegebenen Stimmen können den Beschlussantrag zu einer baulichen Veränderung alle unterstützen, erreichen aber nicht die Hälfte aller Miteigentumsanteile. Auch dieser Negativbeschluss fußt auf nicht einer Negativstimme (Beschluss, 2020, S. 309). Das Besondere an diesem Negativbeschluss ist, dass alle Willenserklärungen genau das Gegenteil von dem erhalten, was sie eigentlich gewollt haben. Bei Verträgen wäre es nicht denkbar, dass ausschließlich positive Willenserklärungen dazu führen, dass das Rechtsgeschäft nicht durchgeführt werden kann. 50

Da durch das WEMoG das Beschlussfähigkeitsquorum aufgehoben wurde, um überflüssige und ärgerliche Teilnahmen an Versammlungen zu vermeiden, die sich als nicht beschlussfähig herausstellen (BT-Drs. 19/18791, S. 27), kann es in Einzelfällen vorkommen, dass weder eine Positiv- noch eine Negativstimme abgegeben wird. Beispielsweise sind nur wenige Organwalter zur Versammlung erschienen und die wenigen enthalten sich bei der Abstimmung. Der Versammlungsleiter mag dieses Abstimmungsergebnis als Anlass nehmen wollen, einen Negativbeschluss zu verkünden. Tatsächlich aber handelt es sich um ein **rechtliches Nullum.** Ohne auch nur eine Willenserklärung ist der Beschluss als Rechtsgeschäft nicht denkbar. Es würde einem solchen Beschluss an der rechtsgeschäftlichen Grundlage fehlen. Die Rechtslage ist daher vergleichbar mit einem Angebot, auf das geschwiegen wird. Nach den Grundsätzen vom Schweigen als rechtliches Nullum fehlt es auch in solchen Fällen an der rechtsgeschäftlichen Grundlage. Bei der Beschlussfassung gilt dies ebenso. Daran kann auch die konstitutive Beschlussverkündung nichts ändern. Die Verkündung vermag nicht zu überbrücken, was rechtsgeschäftlich fehlt. Der Beschluss als Rechtsgeschäft muss **zumindest von einer Willenserklärung** getragen werden. Fehlt sogar diese eine Willenserklärung, kann auch die Beschlussverkündung kein Rechtsgeschäft konstituieren (Beschluss, 2020, S. 311). 51

Negativbeschlüsse sind im Regelfall anfechtbar (BeckOK WEG/*Bartholome* § 23 Rn. 35). In der Praxis wird von Wohnungseigentümern teils übersehen, dass ein Negativbeschluss **bestandskräftig** werden kann, wenn dieser gerade nicht innerhalb der einmonatigen Anfechtungsfrist des § 45 S. 1 WEG angefochten wird. Erhebt ein Wohnungseigentümer gegen die Gemeinschaft der Wohnungseigentümer eine Beschlussersetzungsklage nach § 44 Abs. 1 S. 2 WEG, wird aber der Negativbeschluss bestandskräftig, kann das Gericht den beantragten Beschluss nicht fassen. Denn das primär zuständige Willensbildungsorgan hat dann bestandskräftig entschieden, einen bestimmten Beschlussantrag nicht mehrheitlich annehmen zu wollen (Beschluss, 2020, S. 313). 52

VI. Geheime Stimmabgaben

Geheime Willenserklärungen beim Vertrag gibt es nicht und sind geradezu grotesk. Bei Angebot und Annahme nach §§ 145, 147 BGB ist dem jeweils anderen der Vertragspartner bekannt. Sollte sich einer der Vertragspartner durch einen Stellvertreter vertreten lassen, ist die Abgabe der eigenen Willenserklärung in fremdem Namen offenzulegen (§ 164 Abs. 1 S. 1 BGB). Die Stellvertretung muss sich zumindest aus den Umständen heraus ergeben (§ 164 Abs. 1 S. 2 BGB). Es mag sein, dass beim Geschäft für den, den es angeht, einer Vertragsseite gleichgültig ist, ob der Vertrag mit dem Vertreter oder dem Vertretenen zustande kommt, zum einen ist aber zumindest bekannt, von wem die Willenserklärung stammt, zum anderen sind Beschlussfassungen keine Massengeschäfte des täglichen Lebens. Der vertragsbezogenen Rechtsgeschäftslehre sind geheime Willenserklärungen also fremd (Beschluss, 2020, S. 332 f.). Bei der Beschlussfassung sollen sie hingegen möglich sein (*Sauren* WEG § 25 Rn. 3; Staudinger/*Häublein*, Stand 29.02.2024, WEG § 23 Rn. 252; *Dröge* Haftung für Gremienentscheidungen, 2008, S. 148; BeckOK WEG/*Bartholome* § 23 Rn. 59; tendenziell auch *Hügel/Elzer* WEG § 25 Rn. 50, allerdings mit der wichtigen Einschränkung, dass dies nur für solche Abstimmungen gelte, bei denen später kein Bedarf an Schadensersatzansprüchen 53 entstehen kann). Gerichtlich entschieden wurde dies soweit ersichtlich noch nicht, insbesondere noch nicht vom *BGH*.

54 Hinter geheimen Stimmabgaben steht die Überlegung, dass Wohnungseigentümer – jedenfalls bei bestimmten Beschlussgegenständen – **frei von jedem Druck** entscheiden sollen (vgl. Staudinger/*Häublein*, Stand 29.02.2024, WEG § 23 Rn. 252; BeckOGK/*Hermann* WEG § 23 Rn. 81). Die Gegenstimmen argumentieren mit dem Interesse des Verbands oder der Wohnungseigentümer, die aufgrund eines schuldhaft pflichtwidrigen **Stimmverhaltens Schadensersatzansprüche** verfolgen müssen. Der Anspruchsberechtigte habe daher ein Interesse daran, den Anspruchsgegner zu kennen (*Armbrüster* ZWE 2001, 463, 464; kommen für das Stimmverhalten Schadensersatzansprüche in Betracht, verlangt Staudinger/*Häublein*, Stand 29.02.2024, WEG § 23 Rn. 253 eine offene und namentliche Abstimmung; ebenso dann *Hügel/Elzer* WEG § 25 Rn. 50). Der Meinungsstreit fokussiert die Interessenabwägung zwischen druckfreier Abstimmung und späterer Anspruchsverfolgung. Die vorgelagerte Frage, ob nach der Rechtsgeschäftslehre geheime Stimmabgaben überhaupt zulässig sind, scheint sich weniger aufzudrängen.

55 Geheime Stimmabgaben sind weder im Wohnungseigentumsrecht noch in einem anderen privatrechtlichen Kollektivorgan zulässig. Das deutsche Recht sieht für diese privatrechtlichen Kollektivorgane in keinem Fall eine Vorschrift vor, die geheime Stimmabgaben zulassen würde. Dies allein wäre allerdings noch kein stechendes Argument, da das deutsche Recht nicht einmal die Grundsätze der Beschlusslehre kodifiziert hat. Die Idee einer geheimen Stimmabgabe verträgt sich aber grundsätzlich nicht mit den Grundsätzen der bürgerlich-rechtlichen Rechtsgeschäftslehre. Eine **geheime Willenserklärung** wäre ein **Fremdkörper** im Allgemeinen Teil des Bürgerlichen Gesetzbuches. Daher müssen diejenigen, die als Ausnahme von dem Grundsatz offener Willenserklärungen bei der Beschlussfassung auch geheime Willenserklärungen zulassen wollen, den Beweis erbringen, dass die bürgerlich-rechtliche Rechtsgeschäftslehre dies zulässt (Beschluss, 2020, S. 341). Es ist jedoch nicht ersichtlich, wie dieser Beweis erbracht werden soll. Die Vorstellung der Person, von der eine Willenserklärung ausgeht, ist vielmehr so bedeutsam, dass ein error in persona die Anfechtung aufgrund eines Inhaltsirrtums nach § 119 Abs. 1 Alt. 1 BGB ermöglicht (*Neuner* Allgemeiner Teil des Bürgerlichen Rechts, § 41 Rn. 46). Auch aus § 116 S. 2 BGB lässt sich ableiten, dass ein geheimer Vorbehalt zur Nichtigkeit der Willenserklärung führt, wenn der Empfänger den geheimen Vorbehalt kennt, sodass viel dafürspricht, dass eine Erklärung nichtig ist, mit der die Person des Erklärenden geheim gehalten wird und der Empfänger – der Versammlungsleiter – diesen geheimen Vorbehalt kennt. Schließlich macht § 164 Abs. 2 BGB deutlich, dass die Person, die durch die Willenserklärung gebunden werden soll, kundzugeben ist. Wenn diese Person geheim gehalten wurde, sodass die Stellvertretung nicht einmal aus den Umständen erkennbar war, kann der Vertreter das Eigengeschäft nicht mit der Begründung anfechten, dass er selbst nicht gebunden werden sollte (Beschluss, 2020, S. 341 f.). Wenngleich die Girmes-Entscheidung des **BGH** nicht vom V., sondern vom II. Zivilsenat erlassen wurde und das Gesellschafts- und nicht Wohnungseigentumsrecht betrifft, ist doch bemerkenswert und richtig, dass der *BGH* den Organwaltern ein schützenswertes Interesse an der Information zugesprochen hat, wer Urheber der anderen Stimmen in der Beschlussfassung ist (*BGH* NJW 1995, 1739, 1742: »Ihr liegt nämlich der allgemeine Rechtsgedanke zugrunde, daß der Partner einer Rechtsverbindung […] auch darauf vertrauen darf, daß ihm der Vertretene bekannt gegeben und er in die Lage versetzt wird, diesen auf Erfüllung der sich aus dem zustande gekommenen Rechtsverhältnis ergebenden Verpflichtung in Anspruch zu nehmen«).

56 Ein Ausgleich der widerstreitenden Interessen gelingt, wenn dem Versammlungsleiter das Recht zugebilligt wird – ggf. nach vorangegangenem Verfahrensbeschluss –, die Abstimmung durch **verdeckte Stimmabgabe** vorzugeben (BeckOK WEG/*Bartholome* § 23 Rn. 59; *Peus* DStR 1996, 1656, 1657; Beschluss, 2020, S. 345). Der jeweilige Wohnungseigentümer gibt seine Stimme für andere Wohnungseigentümer verdeckt ab, die Willenserklärung ist aber im rechtsgeschäftlichen Sinne offen und für den Versammlungsleiter zuordenbar. Bei der Abstimmung wird der Druck auf die Wohnungseigentümer abgemildert. Müssen im Einzelfall aber Schadensersatzansprüche gegen einen schuldhaft pflichtwidrig abstimmenden Wohnungseigentümer verfolgt werden, kann der Versammlungsleiter

die Willenserklärungen zuordnen und dem Verband die Anspruchsverfolgung ermöglichen. Mit dieser Vorgehensweise wird das Dilemma vermieden, dass die Gemeinschaft der Wohnungseigentümer andernfalls beweisfällig bliebe, wenn ein auf Schadensersatz in Anspruch genommener Wohnungseigentümer die Pflichtverletzung – also die pflichtwidrige Stimmabgabe – trotz der eigentlich bestehenden prozessualen Wahrheitspflicht (§ 138 Abs. 1 ZPO) bestreitet.

Da geheime Stimmabgaben gesetzlich nicht zugelassen sind und das bürgerlich-rechtliche Anspruchs- 57
system unterlaufen können, machen sich Verwalter, die als Versammlungsleiter eine geheime Stimmabgabe zulassen, haftbar (a.A. *Dröge* Haftung für Gremienentscheidungen, 2008, S. 150). Kann die Gemeinschaft der Wohnungseigentümer bei den schuldhaft pflichtwidrig abstimmenden Wohnungseigentümern keinen Anspruch verfolgen, **haftet** der **Verwalter** für diese schuldhafte Pflichtverletzung. Denn die von ihm pflichtwidrig zugelassene geheime Abstimmung ist kausal dafür, dass der materiellrechtliche Anspruch gegen einen oder mehrere geheim abstimmende Wohnungseigentümer faktisch wertlos ist (Beschluss, 2020, S. 347). Der Gemeinschaft der Wohnungseigentümer entsteht ab dem Moment ein Schaden, ab dem sie erfolgreich von einem ihrer Wohnungseigentümer in Anspruch genommen wurde, der durch den ordnungswidrigen Beschluss einen Schaden erlitten hat. Ist der Versammlungsleiter der Verwalter, besteht durch diese Organstellung ein Schuldverhältnis i.S.v. § 280 Abs. 1 S. 1 BGB, sodass die Gemeinschaft der Wohnungseigentümer den Verwalter aus § 280 Abs. 1 S. 1 BGB in Anspruch nehmen kann (*Hügel/Elzer* WEG § 27 Rn. 12; MüKoBGB/*Skauradszun* WEG § 27 Rn. 93; verbandsrechtlich ebenso *Leitner* Beschlussfeststellung Rn. 5/22, wenngleich zum österreichischen Gesellschaftsrecht). Hat ausnahmsweise eine andere Person die Versammlungsleitung übernommen, entsteht mit der Übernahme der Funktion als Versammlungsleiter zum Verband ein Schuldverhältnis i.S.v. § 280 Abs. 1 S. 1 BGB (Beschluss, 2020, S. 348).

Einen Sonderfall stellen **Gemeinschaftsordnungen** dar, in denen durch übereinstimmende Willens- 58
erklärungen aller Wohnungseigentümer geregelt ist, dass der Versammlungsleiter grundsätzlich oder zumindest in besonderen Abstimmungen geheime Stimmabgaben zulassen darf. Ein Versammlungsleiter, der dieser Regelung der Gemeinschaftsordnung folgt, verhält sich nicht pflichtwidrig (Beschluss, 2020, S. 348).

VII. Beschlussfehlerlehre

Da die Rechtsgeschäftslehre des Bürgerlichen Rechts keine allgemeine Beschlusslehre enthält, gibt 59
es konsequenterweise auch keine allgemeine Beschluss*fehler*lehre. Das **Bürgerliche Recht** bildet aber zumindest den **Grundstock für Beschlussfehler**. Fehler beim Beschlussantrag, wie etwa fehlende essentialia negotii, gehören genauso wie Willensmängel nach den §§ 116 ff. BGB zu diesem bürgerlich-rechtlichen Grundstock. Die zum Schein abgegebene Stimme ist also nach § 117 Abs. 1 BGB nichtig und darf vom Versammlungsleiter nicht mitgezählt werden (Beschluss, 2020, S. 358). Ein Erklärungsirrtum nach § 119 Abs. 1 Alt. 2 BGB führt zwar nicht kraft Gesetzes zu einer nichtigen Stimmabgabe, die Willenserklärung ist aber anfechtbar und im Falle einer erfolgreichen Anfechtung von Anfang an nichtig. § 142 Abs. 1 BGB wird bei Beschlüssen also nicht auf das Rechtsgeschäft, sondern die Willenserklärung angewandt.

Ferner gehören zu diesem bürgerlich-rechtlichen Grundstock **Formfehler**, die zur Nichtigkeit des 60
Beschlusses führen. Eine solche Formvorschrift findet sich in § 23 Abs. 3 S. 1 WEG für den Beschluss, der ohne Versammlung gefasst werden soll und der Zustimmung aller Wohnungseigentümer in Textform verlangt. Die Vorgaben für die Textform ergeben sich aus der Formvorschrift des § 126b BGB. Wird diese Formvorschrift nicht eingehalten, beispielsweise weil einer der Wohnungseigentümer seine Zustimmung nur mündlich erteilt, ist der Beschluss kraft Gesetzes nichtig (§ 125 S. 1 BGB). Zum bürgerlich-rechtlichen Grundstock gehören darüber hinaus Fehler, die die Beschlussprozedur betreffen, wie einen Fehler bei der **Auszählung** der abgegebenen Stimmen, eine fehlerhafte **Auslegung** einer Stimmabgabe, eine fehlerhafte Entscheidung des Versammlungsleiters über eine **Stellvertretung** oder Botenschaft bei der Stimmabgabe oder eine fehlerhafte Entscheidung zu einem **Stimmverbot** eines Wohnungseigentümers. All solche Fehler sind schon deshalb nicht fernliegend, da an einer Beschlussprozedur – je nach Größe der Anlage – viele Wohnungseigentümer, teils gar

Dutzende oder sogar Hunderte Wohnungseigentümer, teilnehmen und sich allein schon aufgrund der Menge an Willenserklärungen das Risiko an Fehlern bei der bürgerlich-rechtlichen Beschlussprozedur erhöht. Fehler, die die Beschlussprozedur betreffen, betreffen automatisch die **Legitimationsgrundlage** des Beschlusses (vgl. *K. Schmidt* Gesellschaftsrecht § 15 I 3), denn ein Beschluss und dessen Bindungswirkung gegenüber fehlenden oder dissentierenden Wohnungseigentümern wird auch durch die vorgegebene und ordnungsgemäß durchlaufende Beschlussprozedur legitimiert (Beschluss, 2020, S. 354; ähnlich auch Heidel/Schall/*Psaroudakis* HGB § 119 Rn. 12 vor Inkrafttreten des MoPeG).

61 Schließlich gehört zu den bürgerlich-rechtlichen Beschlussfehlern der Verstoß gegen ein gesetzliches Verbot (§ 134 BGB) sowie der Verstoß gegen die guten Sitten (§ 138 Abs. 1 BGB). In solchen – freilich seltenen – Fällen ist das Rechtsgeschäft kraft Gesetzes nichtig (BeckOK WEG/*Bartholome* § 23 Rn. 139, 142).

62 Praktisch bedeutsamer sind hingegen Beschlussfehler, die aus Verstößen gegen formale oder inhaltliche Vorgaben des WEG zu Beschlüssen resultieren. Wie in allen anderen Kollektivorganen auch ist dabei zwischen **formellen** und **materiell-rechtlichen Beschlussfehlern** zu unterscheiden. Zu den formellen Beschlussfehlern gehören etwa Verstöße gegen die Einberufungsvorschriften der §§ 23, 24 WEG (siehe besonders zu Beschlüssen während der **Corona-Pandemie** *BGH* BeckRS 2024, 3991) und verkannte Mehrheitserfordernisse wie nach § 21 Abs. 2 S. 1 Nr. 1 WEG bei baulichen Veränderungen. Was bei den gesellschaftsrechtlichen Kollektivorganen als Verstoß gegen die gesellschafterliche Treuepflicht bezeichnet wird, ist im Wohnungseigentumsrecht der Verstoß gegen die **Grundsätze der ordnungsmäßigen Verwaltung und Benutzung.** Diese ist die bei weitem wichtigste Kategorie für spätere Beschlussklagen nach § 44 WEG. Wichtige Fallgruppen und Einzelfragen werden in den Erläuterungen zu § 18 und § 19 WEG dargestellt.

63 Formelle und materiell-rechtliche Fehler können im Wege der Anfechtungsklage geltend gemacht werden (§ 44 Abs. 1 S. 1 Alt. 1 WEG). Allerdings führt nicht jeder Fehler zur Aufhebung des Beschlusses, da sich manche **Fehler nicht unbedingt ausgewirkt** haben müssen und somit für das zustande gekommene Rechtsgeschäft also nicht ursächlich gewesen sind (sehr ähnlich BeckOK WEG/*Bartholome* § 23 Rn. 158; *Leitner* Beschlussfeststellung Rn. 5/30). Stimmen beispielsweise 10 der 12 Wohnungseigentümer einem Beschlussantrag zu, für den das allgemeine Mehrheitserfordernis nach § 25 Abs. 1 WEG gilt, und wird eine der zehn JA-Stimmen fehlerhaft als Zustimmung gewertet, dann handelt es sich zwar um einen formalen Fehler in der Beschlussprozedur, er hat sich aber nicht auf das Rechtsgeschäft ausgewirkt. Auch neun Stimmen genügen für den Mehrheitsbeschluss. Überdies ist stets zu sehen, dass bloß anfechtbare **Beschlüsse gültig** sind, **solange** sie nicht durch rechtskräftiges Urteil **für ungültig erklärt** werden (§ 23 Abs. 4 S. 2 WEG). Die Anfechtungsklage ist damit eine Gestaltungsklage. Sie nimmt das durch die Beschlussverkündung konstituierte Rechtsgeschäft wieder aus der Welt. Lediglich Beschlüsse, die gegen Rechtsvorschriften verstoßen, auf deren Einhaltung rechtswirksam nicht verzichtet werden kann, sind nichtig (§ 23 Abs. 4 S. 1 WEG). Diese müssen nicht angefochten werden. Die Nichtigkeit wird vielmehr mit der Nichtigkeitsklage nach § 44 Abs. 1 S. 1 Alt. 2 WEG geltend gemacht und kann dann vom Gericht festgestellt werden.

64 Der für die Beschlussklagen in § 44 Abs. 2 S. 1 WEG vorgesehene **Verbandsprozess** ist im Übrigen die rechtsgeschäftliche Fortsetzung der oben beschriebenen Zurechnungskette: Der Wille der Wohnungseigentümer wird dem Willensbildungsorgan zugerechnet; der Wille des Willensbildungsorgans wird sodann dem Verband zugerechnet (oben Rn. 10). Folglich muss sich der Angriff gegen das Rechtsgeschäft, welches nach Abschluss der Beschlussprozedur ein Rechtsgeschäft des Verbands darstellt, konsequenterweise gegen den Verband richten.

VIII. Haftung der Wohnungseigentümer für ihr Stimmverhalten

1. Vergeistigter Mitwirkungsbeitrag und vergeistigte Pflichtverletzung

Die Frage, ob Organwalter für ihr Stimmverhalten im Kollektivorgan haften, gehört zu den jüngeren Entwicklungen im Beschlusswesen. Denn über Jahrzehnte herrschte in den Kollektivorganen die Vorstellung vor, dass ein jeder Organwalter so abstimmen dürfe, wie er es persönlich für richtig hält, also jeder frei sei, wie er sein Stimmrecht ausübe (*BGH* NJW 2001, 3339, 3342; *BGH* NZG 2016, 781; *KG* NJW-RR 1991, 402). Es bedurfte daher einiges an Zeit, bis dieser sehr liberale Ansatz von einer verantwortungsvolleren Sichtweise abgelöst wurde, wonach auch das persönliche Stimmverhalten ein Anknüpfungspunkt für individuelle Schadensersatzansprüche gegen Organwalter sein kann. Anders als im allgemeinen Schadensersatzrecht besteht die Pflichtverletzung nämlich nicht in einer physischen Verletzung einer anderen Person – etwa in der Verletzung einer Person oder einer Sache durch Gewalt –, sondern darin, dass zu einem Beschlussantrag anstelle mit JA mit NEIN gestimmt wurde – oder umgekehrt –, oder das Stimmrecht gar nicht ausgeübt wurde, da sich eine stimmberechtigte Person nicht an der Abstimmung beteiligt hat. Man kann daher von einer **vergeistigten Pflichtverletzung** sprechen (Beschluss, 2020, S. 362). Der Mitwirkungsbeitrag im Willensbildungsorgan ist stets vergeistigt. Er besteht aus der Abgabe der Stimme, was eine geistige Durchdringung des Beschlussgegenstandes, die innere Positionierung und die Kundgabe des Willens nach außen erfordert, mithin eine geistige Handlung. Nur weil der Mitwirkungsbeitrag vergeistigt ist und schlicht durch ein JA bzw. ein NEIN erfüllt wird, sagt dies allerdings nichts über die Komplexität der Stimmrechtsausübung aus. Die geistige Positionierung zu einem Beschlussantrag mit weitreichenden Folgen kann genauso eine Herkulesaufgabe sein wie die Beschlussausführung durch den Verwalter, die typischerweise physische Handlungen mit sich bringt. Ein vergeistigter Mitwirkungsbeitrag darf im Übrigen mit Blick auf die Haftung nicht bagatellisiert werden. Die Gemeinschaft der Wohnungseigentümer ist auf ihr Willensbildungsorgan und dieses auf die Wohnungseigentümer angewiesen. Aus sich heraus kann keine Gemeinschaft und kein Verband einen Willen bilden. 65

Die rechtskulturelle Entwicklung ist hierzu weder im Allgemeinen noch im Wohnungseigentumsrecht abgeschlossen. Viele Wohnungseigentümer empfinden es nicht als Verletzung ihrer Mitwirkungspflicht, wenn sie an einer Beschlussfassung nicht teilnehmen bzw. bei einer Beschlussfassung sich der Stimme enthalten, obwohl ihre Stimme zu einem Beschlussantrag notwendig gewesen wäre. Tatsächlich aber ist das Stimmrecht nicht nur ein Recht, sondern auch eine Pflicht. Beides sind die Seiten einer einheitlichen Medaille. Dies war schon vor dem WEMoG so (*Lehmann-Richter/Wobst* WEG-Reform 2020, Rn. 413; *Skauradszun* NZM 2015, 273, 276) und wurde durch das WEMoG in § 19 Abs. 1 WEG unmissverständlich verankert. Die Gesamtheit der Wohnungseigentümer gehört also zu den Willensbildungsorganen, bei denen kraft Gesetzes eine **Mitwirkungspflicht an der Beschlussfassung** besteht (BT-Drs. 19/18791, S. 60; *Lehmann-Richter/Wobst* WEG-Reform 2020, Rn. 47, 412; *Hügel/Elzer* WEG § 19 Rn. 10; *Wobst* ZWE 2021, 17, 18; MüKoBGB/*Rüscher* WEG § 18 Rn. 4; BeckOGK/*Skauradszun* WEG § 19 Rn. 23; Beschluss, 2020, S. 363). Dies wird zum einen durch den in § 19 Abs. 1 WEG verwendeten Indikativ deutlich (»beschließen die Wohnungseigentümer eine ordnungsmäßige Verwaltung und Benutzung«) (*Lehmann-Richter/Wobst* WEG-Reform 2020, 2021, Rn. 412; MüKoBGB/*Rüscher* WEG § 19 Rn. 4, 44), zum anderen durch die Gesetzesbegründung der Bundesregierung unmissverständlich dokumentiert, die sich der 19. Deutsche Bundestag zu eigen gemacht hat (BT-Drs. 19/18791, S. 60: »Die sprachliche Anpassung im Übrigen (»beschließen« anstelle »können beschließen«) verdeutlicht, dass mit der Beschlusskompetenz auch eine Pflicht gegenüber der Gemeinschaft der Wohnungseigentümer zur Mitwirkung an einer Beschlussfassung einhergeht«). 66

2. Pflichtwidriges Stimmverhalten als Zuspätleistung

Da der Gesetzgeber das Stimmverhalten im Willensbildungsorgan als Leistungspflicht ausgestaltet hat (§ 19 Abs. 1 WEG) und diese (Haupt-)Leistung im Regelfall in einer Wohnungseigentümerversammlung zu erbringen ist, ist das Fernbleiben, die Stimmenthaltung und die fehlerhafte Stimmabgabe ein Pflichtverstoß, der schuldrechtlich in den Bereich der **Zuspätleistung** fällt und somit zu 67 einem **Verzögerungsschaden** führen kann. Fälle des pflichtwidrigen Stimmverhaltens sind daher mit der Anspruchsgrundlage nach §§ 280 Abs. 1 und 2, 286 BGB zu prüfen. Auf diese Anspruchsgrundlage hat der *BGH* in seiner grundlegenden Entscheidung *BGH* NZM 2015, 53, Rn. 18 abgestellt, in der er erstmals die individuelle Haftung der Wohnungseigentümer für ihr Stimmverhalten anerkannt hat (zust. *Skauradszun* NZM 2015, 273, 276; Beschluss, 2020, S. 373 ff. und zuvor schon richtig *Abramenko* FS Merle, 2010, S. 1, 3). Auch in *BGH* NZM 2017, 734, Rn. 20 bekräftigte der *BGH* seine Grundsatzentscheidung und betonte, dass eine pflichtwidrige negative Stimmabgabe Schadensersatzansprüche begründen kann. In den anschließenden Entscheidungen des *BGH* NJW 2018, 2550, Rn. 36 und *BGH* NZM 2018, 719, Rn. 9 hielt der Senat jeweils an der Aussage fest, dass pflichtwidriges Stimmverhalten Schadensersatzansprüche nach § 280 BGB begründen kann, stützte diese Haftung aber nicht mehr auf den Verzögerungsschadensersatz, sondern auf § 280 Abs. 1 BGB. Sollte der *BGH* in den beiden zuletzt genannten Entscheidungen zum Ausdruck bringen wollen, dass es sich bei einer pflichtwidrigen Stimmabgabe nicht um die Verletzung einer Hauptleistungspflicht handelt, wären derartige Überlegungen seit dem WEMoG und dem nunmehr verpflichtend zu respektierenden Willen des Gesetzgebers überholt (ebenso nun MüKoBGB/*Rüscher* WEG § 18 Rn. 52).

68 Die Frage nach der Haftung eines Wohnungseigentümers für sein Stimmverhalten hängt allerdings auch davon ab, ob die Mitwirkungspflicht im Zeitpunkt der Beschlussfassung **fällig** war. Dazu muss die Gemeinschaft der Wohnungseigentümer zunächst den Sachverhalt geklärt und die Möglichkeiten erarbeitet haben, die nun zur Entscheidung anstehen. Ist dies im Zeitpunkt der Beschlussfassung noch nicht der Fall, da beispielsweise eine Beschlussfassung über eine Erhaltung zunächst eine sachverständige Klärung bedarf, ist die Mitwirkungspflicht im Zeitpunkt dieser Wohnungseigentümerversammlung noch nicht fällig. Bestehen nach der Aufklärung des Sachverhalts mehrere Entscheidungsmöglichkeiten, steht der Gemeinschaft der Wohnungseigentümer ein Ermessen zu. Nur die Gemeinschaft der Wohnungseigentümer ist nach § 18 WEG berechtigt und verpflichtet, das gemeinschaftliche Eigentum zu verwalten, sodass auch nur ihr ein Ermessen zusteht. Dieses üben die Organe für sie aus. Bewegt sich eine Entscheidung durch Beschlussfassung innerhalb dieses Ermessens, üben die Wohnungseigentümer ihr Stimmrecht nicht pflichtwidrig aus. Sie verletzen aber ihre Mitwirkungspflicht, wenn sich das **Ermessen der Gemeinschaft** der Wohnungseigentümer **auf null reduziert** und damit nur eine Entscheidung ordnungsmäßiger Verwaltung entspricht. Wird dann die Maßnahme – etwa eine objektiv zwingende und ohne schuldhaftes Zögern vorzunehmende Erhaltung – nicht beschlossen, verhält sich jeder Wohnungseigentümer, der an der Beschlussfassung nicht teilgenommen, sich der Stimme enthalten oder gegen den Beschlussantrag gestimmt hat, pflichtwidrig (*Hügel/Elzer* WEG § 18 Rn. 87; BeckOGK/*Skauradszun* WEG § 19 Rn. 39 f.).

3. Schuldnerverzug nach Ende der Beschlussfassung

69 Der zweimal vom *BGH* herangezogene Verzögerungsschadensersatz setzt im Grundsatz nach § 280 Abs. 2 BGB als zusätzliche Voraussetzung eine **Mahnung** voraus, die nach dem Eintritt der Fälligkeit erfolgt. Eine solche Mahnung kann der Verwalter für die Gemeinschaft der Wohnungseigentümer aussprechen, wenn ein notwendiger Beschluss nicht zustande gekommen ist und nun zu einer außerordentlichen Wohnungseigentümerversammlung eingeladen oder eine Beschlussfassung ohne Versammlung initiiert wird (§ 23 Abs. 3 WEG). Bei Beschlussfassungen in und ohne Versammlung ist jedoch für die Leistung eine **Zeit nach dem Kalender bestimmt** (§ 286 Abs. 2 Nr. 1 BGB), weshalb eine **Mahnung ex lege entbehrlich** ist. Durch die Ladung zur Wohnungseigentümerversammlung oder die Bestimmung der Frist für die Stimmabgabe außerhalb einer Versammlung ist jedem Wohnungseigentümer klar, wann bzw. innerhalb welcher Zeit er seiner Mitwirkungspflicht nachkommen muss. Der vom Verwalter bzw. Initiator bestimmte Tag der Wohnungseigentümerversammlung bzw. die Frist zur Stimmabgabe nach § 23 Abs. 3 WEG mahnt also den einzelnen Wohnungseigentümer. Es ist für jedermann ersichtlich, dass eine **Stimmabgabe nach** der Wohnungseigentümerversammlung bzw. **nach** Abschluss der Beschlussfassung außerhalb der Versammlung **keine pflichtgemäße Leistung**, also keine ordnungsmäßige Mitwirkung an der Verwaltung des

gemeinschaftlichen Eigentums mehr sein kann (Beschluss, 2020, S. 382; BeckOGK/*Skauradszun* WEG § 19 Rn. 42).

Die Anwendung von § 286 Abs. 2 Nr. 1 BGB steht nicht dadurch in Frage, dass das Recht, die Leistungszeit zu bestimmen, nicht ausdrücklich im WEG oder BGB geregelt ist. Der Verwalter ist kraft Gesetzes berechtigt und verpflichtet, die Wohnungseigentümerversammlung einzuberufen (§ 24 Abs. 1 WEG), was auch außerordentliche Versammlungen miteinschließt (§ 24 Abs. 2 WEG). Dies umfasst denknotwendig die Bestimmung des Orts und der Zeit, mithin der Leistungszeit i.S.v. § 286 Abs. 2 Nr. 1 BGB. Als Minus dazu ist von dem von § 24 Abs. 1, 2 und 5 WEG dem Verwalter eingeräumten Recht auch das Recht umfasst, nach § 23 Abs. 3 WEG eine Beschlussfassung ohne Versammlung zu initiieren (BeckOGK/*Skauradszun* WEG § 19 Rn. 42; *Skauradszun* ZWE 2022, 106, 112). Dies umfasst denknotwendig die Bestimmung einer Frist, innerhalb der die Stimmen abzugeben sind. Ein Wohnungseigentümer, der Wohnungseigentum erwirbt, hat die durch das WEG eingeräumten Kompetenzen der Organe und die Mitwirkungspflichten im Willensbildungsorgan zu akzeptieren und kann nicht die Auffassung vertreten, er könne über den Zeitpunkt seiner Stimmabgabe selbst entscheiden. Dies würde die Willensbildung durch Beschluss in Kollektivorganen ad absurdum führen. 70

Wirtschaftlich wird die Haftung der Wohnungseigentümer für ihr Stimmverhalten meist dann relevant, wenn **zuvor** ein Wohnungseigentümer die Gemeinschaft der Wohnungseigentümer aus § 18 Abs. 2 WEG bzw. – wird das gemeinschaftliche Eigentum pflichtwidrig verwaltet und entsteht diesem Wohnungseigentümer deshalb ein Schaden, da das Willensbildungsorgan der Gemeinschaft der Wohnungseigentümer den erforderlichen Beschluss nicht gefasst hat – aus §§ 280 Abs. 1 und 2, 286 BGB in Anspruch genommen hat (BeckOGK/*Falkner* WEG § 9a Rn. 102, 105: Anspruchsgegnerin ist die Gemeinschaft der Wohnungseigentümer). Muss die Gemeinschaft der Wohnungseigentümer den Schaden ersetzen, wird sie bei denjenigen Wohnungseigentümern nach §§ 280 Abs. 1 und 2, 286 BGB **Regress** suchen, die ihrer Mitwirkungspflicht nicht nachgekommen sind (BeckOGK/*Falkner* WEG § 9a Rn. 106; Jennißen/*Abramenko* WEG § 9a Rn. 74). 71

IX. Beschlüsse des Verwaltungsbeirats

Das WEG enthält nur eine zentrale Vorschrift für den Verwaltungsbeirat – § 29 WEG –, der die Willensbildung im Beirat allerdings nicht regelt. Bestellt die Gesamtheit der Wohnungseigentümer mehrere Wohnungseigentümer zu Mitgliedern des Verwaltungsbeirats (§ 29 Abs. 1 S. 1 und 2 WEG), handelt es sich um ein klassisches Kollektivorgan. Der Wille wird im Verwaltungsbeirat nicht durch Vertrag, sondern durch Beschlussfassung gebildet (BT-Drs. 19/18791, S. 82: »Beschlüsse […] des Verwaltungsbeirats«; Staudinger/*Lehmann-Richter*, 2023, WEG § 29 Rn. 87; *Lehmann-Richter/Wobst* WEG-Reform 2020, Rn. 575; MüKoBGB/*Burgmair* WEG § 29 Rn. 34). Der **Vorsitzende** des Verwaltungsbeirats ist zur Einberufung befugt (§ 29 Abs. 1 S. 3 WEG) und nimmt als **geborener Versammlungsleiter** die Aufgaben des Verwalters wahr, die der Verwalter als Versammlungsleiter in der Wohnungseigentümerversammlung wahrnimmt. 72

Die **Beschlussprozedur** für die Beschlussfassung im Verwaltungsbeirat entspricht der Beschlussfassung der Gesamtheit der Wohnungseigentümer. Der Vorsitzende stellt den Beschlussantrag zur Abstimmung (Beispiel nach § 29 Abs. 2 S. 2 WEG: »Der Verwaltungsbeirat stimmt nach Prüfung dem vom Verwalter aufgestellten Wirtschaftsplan und der Jahresabrechnung zu«). Die übrigen Mitglieder und der Vorsitzende geben Stimmen zum Beschlussantrag ab, mithin auf JA oder NEIN gerichtete Willenserklärungen. Auch im Verwaltungsbeirat ist eine Stimmenthaltung möglich (Staudinger/*Lehmann-Richter*, 2023, WEG § 29 Rn. 92 [anders als dort angenommen, ist eine Enthaltung jedoch nicht als NEIN-Stimme zu zählen]). Mangels Regelung im WEG, die Mehrheitsbeschlüsse im Verwaltungsbeirat zulässt, setzt ein Beschluss die **Zustimmung von allen** Mitgliedern des Verwaltungsbeirats voraus (Einstimmigkeitsprinzip; so jedenfalls für Verfahrensbeschlüsse im Verwaltungsbeirat auch MüKoBGB/*Burgmair* WEG § 29 Rn. 26; aA Jennißen/*Hogenschurz* WEG § 29 Rn. 33, nach dem auch ohne gesetzliche Regelung grundsätzlich Mehrheitsbeschlüsse genügen würden; so auch vor dem WEMoG *Armbrüster* ZWE 2001, 463, 464 und Staudinger/*Lehmann-* 73

Richter, 2023, WEG § 29 Rn. 90, dessen Argument nun aber nicht mehr möglich ist: konnte früher noch aus der gesetzlich vorgegebenen ungeraden Zahl der Mitglieder auf das Mehrheitsprinzip geschlossen werden, ist dies nach der Neufassung von § 29 WEG nicht mehr möglich). Die Wohnungseigentümer können durch übereinstimmende Willenserklärungen **vom Einstimmigkeitsprinzip abweichen** und nach § 10 Abs. 1 S. 2 WEG das Mehrheitsprinzip im Verwaltungsbeirat, etwa entsprechend § 25 Abs. 1 WEG, vereinbaren. Der Vorsitzende als Versammlungsleiter stellt das Abstimmungsergebnis fest und verkündet sodann den Beschluss (*Armbrüster* ZWE 2001, 463, 464; aA Staudinger/*Lehmann-Richter*, 2023, WEG § 29 Rn. 92, der die Beschlussverkündung für erlässlich hält). Aufgrund der regelmäßig überschaubaren Größe des Verwaltungsbeirats und der eher selten professionellen Besetzung ist die Beschlussprozedur in der Praxis häufig wenig förmlich. Insbesondere wird ein einstimmig gefasster Beschluss oft nur konkludent verkündet.

74 Das WEG regelt nicht, ob die Mitglieder des Verwaltungsbeirats **Beschlüsse** auch **ohne Versammlung** fassen können. § 29 Abs. 1 S. 3 WEG sieht jedenfalls für den Regelfall eine Einberufung vor. Anders als in § 23 Abs. 3 WEG wird die Beschlussfassung ohne Versammlung nicht ausdrücklich zugelassen, was methodisch einen Gegenschluss erlauben würde: Der Gesetzgeber schien Beschlüsse ohne Versammlung beim Verwaltungsbeirat nicht zu wollen. Keine Bedenken bestehen, wenn die Wohnungseigentümer durch übereinstimmende Willenserklärungen nach § 10 Abs. 1 S. 2 WEG **vereinbaren**, dass Beschlüsse des Verwaltungsbeirats auch ohne Versammlung gefasst werden können, etwa durch E-Mail oder in einer Telefon- oder Videokonferenz. Gibt sich der Verwaltungsbeirat einstimmig eine Geschäftsordnung, soll auch dies die Beschlussfassung ohne Versammlung ermöglichen (*Dötsch/Schultzky/Zschieschack* WEG-Recht 2021, Kap. 11 Rn. 61; Jennißen/*Hogenschurz* WEG § 29 Rn. 33; wohl sogar ohne Regelung der Geschäftsordnung *Armbrüster* ZWE 2001, 463, 464). Von dieser Frage zu unterscheiden ist das Quorum, welches für Beschlüsse außerhalb der Versammlung zu verlangen ist. Mangels gesetzlicher Regelung und ohne Vereinbarung der Wohnungseigentümer gilt bei der Beschlussfassung ohne Versammlung erst recht das Einstimmigkeitsprinzip (insoweit wieder übereinstimmend mit Staudinger/*Lehmann-Richter*, 2023, WEG § 29 Rn. 91).

75 Fasst der Verwaltungsbeirat einen Beschluss – beispielsweise auf Zustimmung zum vom Verwalter aufgestellten Wirtschaftsplan – kann die Frage aufkommen, ob dieser Beschluss prozessual angegriffen werden kann. Ein Interesse daran kann ein Wohnungseigentümer haben, der im Verwaltungsbeirat keinen Einfluss nehmen konnte, die Entscheidung des Aufsichtsorgans jedoch nicht hinzunehmen bereit ist. Die in § 44 WEG normierte Beschlussanfechtungsklage ist gegen Beschlüsse des Verwaltungsbeirats jedoch nicht statthaft (*Dötsch/Schultzky/Zschieschack* WEG-Recht 2021, Kap. 11 Rn. 60; MüKoBGB/*Burgmair* WEG § 29 Rn. 34; Jennißen/*Hogenschurz* WEG § 29 Rn. 33, 72; BeckOGK/*Skauradszun* WEG § 44 Rn. 21). § 44 WEG sieht ferner **keinen Interorganstreit** vor, bei dem die Gesamtheit der Wohnungseigentümer als Willensbildungsorgan den Beschluss des Aufsichtsorgans angreifen könnte. Die Gesamtheit der Wohnungseigentümer kann als Willensbildungsorgan auch keinen Prozess führen, da sie nicht rechtsfähig und damit nicht parteifähig ist (*Skauradszun* FS Riecke, 2019, 431, 433). § 44 WEG ist im Übrigen nicht analog auf die Beschlüsse des Verwaltungsbeirats anwendbar, da es an einer **planwidrigen Regelungslücke fehlt**. Ausweislich der Gesetzesbegründung der Bundesregierung, die sich der 19. Deutsche Bundestag zu eigen gemacht hat, war der prozessuale Angriff gegen Beschlüsse des Verwaltungsbeirats erwogen worden, der Gesetzgeber hat sich jedoch gegen eine solche Möglichkeit entschieden (BT-Drs. 19/18791, S. 82: »Es ist daher selbstverständlich, dass die Vorschrift [§ 44 WEG] auf andere Beschlüsse, etwa solche des Verwaltungsbeirats, nicht anwendbar ist«). Soweit vertreten wird, Wohnungseigentümer könnten gleichwohl eine allgemeine Klage auf Feststellung der Nichtigkeit erheben (*Dötsch/Schultzky/Zschieschack* WEG-Recht 2021, Kap. 11 Rn. 60; MüKoBGB/*Burgmair* WEG § 29 Rn. 34; Staudinger/*Lehmann-Richter*, 2023, WEG § 29 Rn. 95), könnte dies im Widerspruch zur Gesetzesbegründung stehen, scheint aber auf Grundlage des § 256 ZPO durchaus nachvollziehbar.

§ 23 Wohnungseigentümerversammlung

(1) Angelegenheiten, über die nach diesem Gesetz oder nach einer Vereinbarung der Wohnungseigentümer die Wohnungseigentümer durch Beschluss entscheiden können, werden durch Beschlussfassung in einer Versammlung der Wohnungseigentümer geordnet.

Die Wohnungseigentümer können beschließen, dass Wohnungseigentümer an der Versammlung auch ohne Anwesenheit an deren Ort teilnehmen und sämtliche oder einzelne ihrer Rechte ganz oder teilweise im Wege elektronischer Kommunikation ausüben können.

(1a) Die Wohnungseigentümer können mit mindestens drei Vierteln der abgegebenen Stimmen beschließen, dass die Versammlung innerhalb eines Zeitraums von längstens drei Jahren ab Beschlussfassung ohne physische Präsenz der Wohnungseigentümer und des Verwalters an einem Versammlungsort stattfindet oder stattfinden kann (virtuelle Wohnungseigentümerversammlung). Die virtuelle Wohnungseigentümerversammlung muss hinsichtlich der Teilnahme und Rechteausübung mit einer Präsenzversammlung vergleichbar sein.

(2) Zur Gültigkeit eines Beschlusses ist erforderlich, dass der Gegenstand bei der Einberufung bezeichnet ist.

(3) Auch ohne Versammlung ist ein Beschluss gültig, wenn alle Wohnungseigentümer ihre Zustimmung zu diesem Beschluss in Textform erklären. Die Wohnungseigentümer können beschließen, dass für einen einzelnen Gegenstand die Mehrheit der abgegebenen Stimmen genügt.

(4) Ein Beschluss, der gegen eine Rechtsvorschrift verstößt, auf deren Einhaltung rechtswirksam nicht verzichtet werden kann, ist nichtig. Im Übrigen ist ein Beschluss gültig, solange er nicht durch rechtskräftiges Urteil für ungültig erklärt ist.

Literatur

Abramenko, Die außergerichtliche Berichtigung der Niederschrift über eine Versammlung der Eigentümer, ZMR 2003, 245; *ders*, Einberufung der Versammlung der Eigentümer durch Unbefugte, ZWE 2005, 25; *ders*, Die Haftung der Wohnungseigentümer für ihr Stimmverhalten, FS Merle, 2010, 1 ff.; *ders*, Die inhaltliche Bestimmtheit eines Beschlusses der Wohnungseigentümer, ZfIR 2014, 725; *ders*, Die Prüfung von Stimmrechtsvollmachten, ZWE 2016, 399; *Armbrüster*, Stimmrecht und Beschlussanfechtungsrecht beim Nießbrauch am Wohnungseigentum, DNotZ 1999, 562; *ders*, Die Treuepflicht der Wohnungseigentümer, ZWE 2002, 333; *Armbrüster/Roguhn*, Der Grundsatz der Nichtöffentlichkeit der Versammlung – wen muss, wenn darf man zulassen?, ZWE 2016, 105; *Becker*, Die Teilnahme an der Wohnungseigentümerversammlung, 1996; ders, Ergebnisfeststellung und Beschlusstatbestand, ZWE 2002, 93; ders, Rechtsschutz bei unterbliebener oder fehlerhafter Feststellung und Bekanntgabe des Ergebnisses des Eigentümerbeschlusses, MietRB 2003, 53; *ders*, Die Feststellung des Inhalts fehlerhaft protokollierter Eigentümerbeschlüsse, ZMR 2006, 489; *ders*, Folgen fehlerhafter Beschlussverkündung durch den Versammlungsleiter, ZWE 2006, 157; *ders*, Niederschrift über die Versammlung – Funktion, Inhalt, Form, ZWE 2016, 2; *Becker/Gregor*, Feststellung und Bekanntgabe des Beschlussergebnisses, ZWE 2001, 245; *Bonifacio*, Die Auslegung von Beschlüssen der Wohnungseigentümer unter Berücksichtigung der Bedeutung der Versammlungsniederschrift, ZMR 2006, 583; *ders*, Die Nichtigkeit von Wohnungseigentümerbeschlüssen bei fehlender Einladung zur Versammlung, NZM 2011, 10; *ders*, Zu den Prüfungspflichten des Versammlungsleiters bei der Beschlussverkündung, DWE 2011, 9; *Bornheimer*, Das Stimmrecht im Wohnungseigentumsrecht,1993; Breiholdt, Der Wohnungseigentümerbeschluss im schriftlichen Verfahren auf der Grundlage per Telefax abgegebener Zustimmungserklärungen, ZMR 2010, 168; *Briesemeister*, Nochmals – Stimmrecht nach Unterteilung von Wohnungseigentum, NZM 2000, 992; *ders*, Das Stimmrecht bei unterteiltem Wohnungseigentum – oder: Kann es nach dem Gesetz einen »halben« Wohnungseigentümer geben?, FS Seuß, 2007, S. 9; *ders*, Beschluss-Sammlung – § 24 Abs 7, 8 WEG, ZWE 2012, 397; *ders.*, Der Mehrheitsbeschluss im Überblick, ZWE 2000, 194; *Buck*, Mehrheitsentscheidungen mit Vereinbarungsinhalt im Wohnungseigentumsrecht, 2001; *Deckert*, Die Beschlusssammlung – Ein Danaergeschenk der WEG-Reformer für Wohnungseigentumsverwalter?, NZM 2005, 927; *Ders.*, Die korrekte Verkündung von Entscheidungsergebnissen der Eigentümer einer Wohnungseigentümergemeinschaft durch den Verwalter, ZMR 2008, 585; *Derleder*, Die neuen Mehrheitsbefugnisse der Wohnungseigentümer nach der WEG-Reform, ZWE 2008, 253; *Dötsch/Hogenschurz*, Delegation des Vorsitzes in der Eigentümerversammlung und § 24 Abs. 5 WEG – Viel Lärm um nichts?!,

FS Riecke, 2019, S. 209; *Drabek*, Vorbereitung und Durchführung von Eigentümerversammlungen, ZWE 2000, 395; *Drasdo*, Die Eigentümerversammlung nach dem WEG, 5. Aufl. 2014; *ders.*, Die Beschluss-Sammlung in der Reform des WEG, ZMR 2007, 501; *ders.*, Zur Rechtsfrage der Führung der Beschluss-Sammlung, ZWE 2008, 169; *ders.*, Teilnahme Dritter an der Eigentümerversammlung, NZM 2015, 360; *ders.*, Die Planung der digitalen Teilnahme an der Wohnungseigentümerversammlung, GE 2021, 738; *ders.*, Die Vorbereitung eines sogenannten »Mehrheitsbeschlusses im Umlaufverfahren«, GE 2021, 920; *Elzer*, Die fehlerhafte Verkündung eines positiven Beschlusses, ZWE 2007, 165; *ders.*, Der abändernde Zweitbeschluss: Vom notwendigen Ausgleich zwischen Schutzbedürftigkeit und Flexibilität, ZMR 2007, 237; *ders.*, Verkündung und Verkündungsprobleme, MietRB 2008, 378; *ders.*, Aktuelles zur Eigentümerversammlung, ZMR 2009, 7; *ders.*, Die Vertretung eines Wohnungseigentümers in der WEG-Versammlung, GE 2010, 455; *ders.*, Die Vertretung eines Wohnungseigentümers in der WEG-Versammlung – Checkliste zu Vollmachtserteilung und Vertreterklauseln, MietRB 2010, 29; *ders.*, Neuere Entwicklungen und Fragestellungen zur Eigentümerversammlung, MietRB 2010, 344; *ders.*, Die Geschäftsordnung für Eigentümerversammlungen, MietRB 2011, 64; *ders.*, Widerruf der Stimmabgabe, ZWE 2012, 485; *Gottschalg*, Probleme bei der Einberufung der Versammlung der Eigentümer, NZM 1999, 825; *ders.*, Stimmrechtsfragen in der Wohnungseigentümerversammlung, NZM 2005, 88; *ders.*, Die Durchsetzung des Anspruchs der Wohnungseigentümer auf Einberufung der Eigentümerversammlung, NZM 2005, 406; *ders.*, Stimmrechtsausschluss in der Eigentümerversammlung, NZM 2012, 271; *Greiner*, Geschäftsordnungsbeschlüsse, ZWE 2016, 297; *ders.*, Die gerichtliche Kontrolle von Eigentümerbeschlüssen, oder: wer bestimmt, was ordnungsmäßiger Verwaltung entspricht?, FS Riecke, 2019, S. 133; *ders.*, Einstweilige Verfügung zur Verhinderung einer rechtswidrigen Beschlussfassung? Keine gute Idee!, ZMR 2021, 560; *Häublein*, Aktuelle Rechtsfragen der Einberufung und Durchführung von Wohnungseigentümerversammlungen, ZMR 2004, 723; *ders.*, Beschlussanfechtungsbefugnis bei zwangsverwaltetem Wohnungseigentum, ZfIR 2005, 337; *ders.*, Die Willensbildung in der Wohnungseigentümergemeinschaft nach der WEG-Novelle, ZMR 2007, 409; *ders.*, Die Stärkung der Mehrheitsmacht durch zwingende Beschlusskompetenz, FS Bub, 2007, 113; *ders.*, Mehrhausanlagen und Rechtsfähigkeit der Gemeinschaft, ZWE 2010, 149; *ders.*, Die Vertretung von Wohnungseigentümern durch den Verwalter in der Versammlung, ZWE 2012, 1; *ders.*, Willensbildung in der Eigentümerversammlung nach Inkrafttreten des WEMoG unter besonderer Berücksichtigung der Verwalterpflichten, ZWE 2021, 385; *Hogenschurz*, Zur heilenden Wirkung der Vollversammlung der Wohnungseigentümer, ZMR 2009, 824; *ders.*, Die Unbestimmtheit von Eigentümerbeschlüssen, NZM 2010, 500; *ders.*, Unbestimmtheit von Eigentümerbeschlüssen und Ausschluss von Anfechtungsgründen gemäß § 46 Abs 1 Satz 2 WEG, ZMR 2011, 928; *ders.*, Die Bestimmtheit von Eigentümerbeschlüssen, MietRB 2018, 91; *Hügel*, Die Gestaltung von Öffnungsklauseln, ZWE 2001, 578; *ders.*, Die Mehrheitsvereinbarung im Wohnungseigentumsrecht, DNotZ 2001, 176; *ders.*, Die Mehrhausanlage nach der Reform des WEG, NZM 2010, 8; *Jacoby*, Das Ermessen im Wohnungseigentumsrecht, ZWE 2023, 1; *Jennißen*, Beschlussfähigkeit der Versammlung, ZWE 2016, 8; *Jennißen/Schwermer*, Majorisierung in der Wohnungseigentümerversammlung, WuM 1988, 285; *Jennißen/Intveen*, Anwaltliche Teilnahme an der Wohnungseigentümerversammlung, NJW 2007, 2881; *Kefferpütz*, Stimmrechtsschranken im Wohnungseigentumsrecht, 1994; *Kieß*, Das neue Betreuungsrecht – Auswirkungen auf das Wohnungseigentumsrecht, ZWE 2022, 385; *Kümmel*, Zur Vertretung der Wohnungseigentümer in der Versammlung, ZWE 2000, 292; *ders.*, Beschlüsse aufgrund »schuldrechtlicher« Öffnungsklausel, ZWE 2002, 68; *ders.*, Die Versammlungsniederschrift – Erstellung, Inhalt, Berichtigung, MietRB 2003, 58; *ders.*, Stimmrechtsausschlüsse in der Wohnungseigentümerversammlung, MietRB 2004, 249; *ders.*, Voraussetzungen für die Verkündung positiver Beschlüsse durch den Versammlungsleiter, ZWE 2006, 278; *Lehmann-Richter*, Zur Zurückweisung eines Stellvertreters in der Eigentümerversammlung, ZMR 2007, 741; *ders.*, Objektprinzip bei der Verwalterbestellung, ZWE 2012, 77; *Letzner*, Die Umsetzung der elektronischen Teilnahme an der Wohnungseigentümerversammlung – Chancen, Risiken und Nebenwirkungen, ZWE 2022, 115; *Lieder/Pommerening*, Materielle Beschlusskontrolle im Wohnungseigentumsrecht, NotBZ 2019, 403; *Lotz/Störmer*, Stimmrechtsausübung und Stimmrechtsbeschränkung im Wohnungseigentumsrecht, 1993; *Lüke*, Der Zweitbeschluss, ZWE 2000, 98; *ders.*, Prüfung von Stimmrechtsvollmachten, ZWE 2012, 193; *Mankowski*, Die virtuelle Wohnungseigentümerversammlung, ZMR 2002, 246; *Mediger*, Die Vermehrung von Stimmrechten nach § 25 Abs. 2 WEG, NZM 2011, 137; *Merle*, Folgerechte und Folgepflichten der Versammlung der Eigentümer, Bekanntmachung und Anfechtung der Beschlüsse, ZWE 2000, 237; *ders.*, Zur Vertretung beim gemeinschaftlichen Stimmrecht, ZWE 2007, 125; *ders.*, Neues WEG – Die Beschluss-Sammlung, ZWE 2007, 272; *ders.*, Die Feststellung des Beschlussergebnisses bei Vereinbarungen zur Stimmkraft, ZWE 2009, 15; *Müller*, Die Beschlussfassung, ZWE 2000, 237; *ders.*, Die unerkannten Folgen unterbliebener oder fehlerhafter Beschlussverkündung – Eine Nachbetrachtung zum *BGH*-Beschluss vom 23. 8. 2001, FS Deckert, 2002, S. 255; *ders.*, Feststellung und Verkündung fehlerhafter Beschlüsse durch den Verwalter, ZWE 2015, 303; *Niedenführ*, Feststellung des Abstimmungsergebnisses durch Schlussfolgerung, NZM 2002,

854; *Ott*, Beschlüsse in der Mehrhausanlage, ZWE 2016, 193; *Pauli*, Voraussetzungen und Ablauf der teilvirtuellen Eigentümerversammlung, ZMR 2021, 187; *Pauly*, Zum Stimmrechtsausschluss im Wohnungseigentumsrecht, ZMR 2013, 13; *Prüfer*, Stimmrecht des Nießbrauchers, ZWE 2002, 258; Riecke, Der Bestimmtheitsgrundsatz im Wohnungseigentum, ZMR 2018, 173 ff.; *ders.*, Hinweis-, Informations- und Belehrungspflichten des Verwalters, insbesondere bei unzureichenden Anträgen zur Tagesordnung, WuM 2020, 543; *ders.*, Bauliche Veränderungen: Formulierung der Beschlüsse und Durchführung der Abstimmung, ZWE 2022, 20; *Riecke/Schmidt/Elzer*, Die erfolgreiche Eigentümerversammlung, 4. Aufl. 2006; *Röll*, Beschlüsse einer durch einen Eigentümer eigenmächtig einberufenen Versammlung der Eigentümer, FS Schippel, 1996, S. 267; *Rüscher*, Beschlusskompetenzen bei wirtschaftlichen Untergemeinschaften, ZWE 2011, 308; *ders.*, Beschlusskompetenzen für Prozesshandlungen und -erklärungen, FS Riecke, 2019, S. 359; *Sauren*, Zum Nicht-Öffentlichkeitsgebot in der Eigentümerversammlung, ZWE 2007, 21; *Scheff/Schmidt*, Wohnungseigentümerversammlung – Vertretung der Wohnungseigentümer und Teilnahmerecht Dritter, MDR 2010, 186; *Schmack/Kümmel*, Der einstimmige Beschluss als Regelungsinstrument im Wohnungseigentumsrecht, ZWE 2000, 433; *Schmid*, Der Gleichbehandlungsgrundsatz im Wohnungseigentumsrecht, ZWE 2011, 70; *ders.*, Der »Kernbereich« elementarer Mitwirkungsrechte des Wohnungseigentümers, NJW 2011, 1841; *ders.*, Was tun, wenn ein Wohnungseigentümer oder seine Anschrift nicht bekannt sind?, ZWE 2011, 443; *ders.*, Mehrere Inhaber eines Wohnungseigentums, ZfIR 2012, 721; *ders.*, Die Nichtöffentlichkeit der Wohnungseigentümerversammlung, ZWE 2012, 480; *ders.*, Zur Auslegung von Wohnungseigentümerbeschlüssen, ZWE 2013, 442; *Schmidt*, F. Schriftliches Beschlussverfahren, ZWE 2000, 155; *ders.*, Die konkludente Beschlussfeststellung, ZWE 2006, 164; *Schmidt*, J.-H., Verkündung rechtswidriger Beschlüsse, ZWE 2016, 385; *Schmidt/Riecke*, Anspruchsbegründung und Anspruchsvernichtung durch Mehrheitsbeschluß – kann die Wohnungseigentümergemeinschaft mit Miteigentümern »kurzen Prozeß« machen?, ZMR 2005, 252, Schultzky, Das Ermessen des Versammlungsleiters, ZWE 2023, 61, Skauradszun, Der Beschluss als Rechtsgeschäft, 2020, *ders.*, Schadensersatz für Stimmverhalten in der Eigentümerversammlung, NZM 2015, 273, *ders.*, Einberufung der Versammlung und Bezeichnung der Beschlussgegenstände, ZWE 2016, 61, *ders.*, Absenkungsbeschlüsse und Mehrheitsbeschlüsse im Umlaufverfahren, ZWE 2022, 106; *Skauradszun/Harnack*, Grundfragen der Absenkungs- und Finanzbeschlüsse, ZMR 2023, 441; *Strake*, Probleme der Eigentümerversammlung: Unterschreitung der Ladungsfrist und deren Folgen, ZWE 2020, 487; *Vogel*, Die Versammlung der Wohnungseigentümer, ZWE 2019, 193; *Wedemeyer*, Stimmrecht nach Unterteilung von Wohnungseigentum, NZM 2000, 638; *Wendel*, Rechtsfolgen missbräuchlicher Stimmrechtsausübung, ZWE 2002, 545; *Wenzel*, Die Bestandskraft von Mehrheitsbeschlüssen der Wohnungseigentümer mit Vereinbarungsinhalt, FS Hagen, 1999, S. 231; *ders.*, Der vereinbarungsersetzende, vereinbarungswidrige und vereinbarungsändernde Mehrheitsbeschluß, ZWE 2000, 2; *ders.*, Die Entscheidung des Bundesgerichtshofes zur Beschlusskompetenz der Wohnungseigentümerversammlung und ihre Folgen, ZWE 2001, 226; *ders.*, Beschluss oder Vereinbarung, FS Deckert, 2002, S. 517; *ders.*, Der Negativbeschluss und seine rechtlichen Folgen, ZMR 2005, 413; *ders.*, Die Ehegattenvertretung in der Wohnungseigentümerversammlung, NZM 2005, 402; *ders.*, Werdende Wohnungseigentümergemeinschaft, werdender Wohnungseigentümer und Ersterwerb von Wohnungseigentum, NZM 2008, 625; *Wobst*, Die neue Struktur der Rechtsbeziehungen in der Gemeinschaft, ZWE 2021, 17; *ders.*, Ausübung fremder Rechte im Wohnungseigentumsrecht, ZWE 2023, 149; Ziege, Das Stimmrecht mehrerer Inhaber eines Wohnungseigentums, NJW 1973, 2185; Zschieschack, Die Rechtsfolgen einer erfolgreichen Beschlussanfechtung, ZMR 2020, 387; *ders.*, Neues bei Beschlüssen über bauliche Veränderungen, ZWE 2021, 68.

Übersicht

A. Der Beschluss in der Eigentümerversammlung, § 23 Abs. 1 WEG

I. Inhalt

1 § 23 WEG stellt die Eigentümerversammlung in den Mittelpunkt des Entscheidungsablaufs in einer Gemeinschaft der Wohnungseigentümer. Dort sollen sich die Eigentümer treffen, um informiert zu werden. Nach Erörterung zu den eingeladenen Themen sind Mehrheitsentscheidungen möglich. § 23 Abs. 3 S. 1 WEG verschafft die Möglichkeit, ausnahmsweise einen Mehrheitsbeschluss ohne Versammlung, in Textform herbeizuführen. Durch einen Mehrheitsbeschluss – der als ein Rechtsgeschäft durch Verkündung zustande kommt (*Skauradszun* ZMR 2018, 123 unter II.; zum Beschluss als Instrument der Willensbildung vgl. auch Staudinger/*Häublein*,2023 § 23 Rn. 8 ff.) – kann eine Minderheit nach allgemeinen Grundsätzen und ein Rechtsnachfolger nach § 10 Abs. 3 S. 2 WEG gebunden werden kann.

2 *Skauradszun* (Der Beschluss als Rechtsgeschäft 2020 S. 176 Fn. 8) verweist zutreffend darauf, dass die Begründung des Gesetzgebers für die Streichung des § 10 Abs. 5 WEG a.F. nicht überzeugt. Sie lautet: *»Abs. 5 hat aufgrund der Rechtsfähigkeit der Gemeinschaft der Wohnungseigentümer keinen Anwendungsbereich mehr. Denn im Außenverhältnis wird allein die Gemeinschaft verpflichtet, nicht die einzelnen Wohnungseigentümer.«* Überstimmte oder sich der Stimme enthaltende Wohnungseigentümer werden jedoch auch nach dem Inkrafttreten des WEMoG an den Mehrheitsbeschluss gebunden. Eine inhaltliche Änderung war mit dieser Aufhebung nicht bezweckt. § 10 WEG sollte lediglich neu strukturiert werden.

3 Der Grundsatz der Rechtsstaatlichkeit erfordert die Bereitstellung einer Überprüfungsmöglichkeit der Mehrheitsbeschlüsse. Die zeitliche Befristung einer Anfechtungsklage nach § 45 WEG von einem Monat, gerechnet ab Beschlussfassung, beschränkt sich auf Beschlüsse, für die es eine Beschlusskompetenz (diese ist auch bei Unterschreiten eines vereinbarten – gesetzliche Quoren gibt es für die Beschlusskompetenz jetzt nicht mehr – Quorums noch zu bejahen, *LG München I* ZMR 2014, 480) der Eigentümer gibt. Waren die Eigentümer zur Beschlussfassung überhaupt nicht befugt, ist ein Beschluss nichtig (*LG Hamburg* ZMR 2018, 357). Er erzeugt keine Rechtswirkung und muss auch nicht innerhalb der Monatsfrist angefochten werden. Bei der Nichtigkeitsfeststellung ist nicht wie bei der Ungültigerklärung wegen bloßer Anfechtbarkeit (sog. altruistische Beschlussanfechtung) das Rechtsschutzinteresse gesondert zu prüfen (*LG München I* ZMR 2017, 582).

4 Durch die zunächst vom *BGH* (V ZB 32/05, ZMR 2005, 547) und danach auch vom Gesetz erfolgte Anerkennung der ursprünglich »teilrechtsfähigen« jetzt aber voll rechtsfähigen Gemeinschaft der

Wohnungseigentümer (Verband) wird der formale Vorgang der Willensbildung innerhalb einer Gemeinschaft nicht berührt. Allerdings hatte sich schon nach § 10 Abs. 6 WEG a.F. der Kreis der Angelegenheiten erweitert, über die Eigentümer durch Mehrheitsbeschluss entscheiden können. Soweit der Verband gemeinschaftsbezogene Rechte und Pflichten der Eigentümer nach § 9a Abs. 2 WEG originär und selbst ausübt, bedarf es zwar keiner Ermächtigung seitens der Eigentümer aber eines Beschlusses als interne Legitimation, in dessen Vollzug die Ausübung – regelmäßig durch den Verwalter als Vollzugsorgan des Verbandes – erfolgt. Soweit die Eigentümer originäre Rechtsinhaber sind, übt der Verband solche Rechte der Wohnungseigentümer aus, die eine einheitliche Rechtsverfolgung erfordern, und nimmt die entsprechenden Pflichten der Wohnungseigentümer wahr. Eine gekorene Ausübungsbefugnis des Verbandes sieht das WEMoG nicht mehr vor.

Wenn sich ein durchführbarer Inhalt eines Beschlusses nicht ermitteln lässt, droht Nichtigkeit oder zumindest Anfechtbarkeit desselben wegen Unbestimmtheit (vgl. *Riecke*, Der Bestimmtheitsgrundsatz im Wohnungseigentum, ZMR 2018, 173 ff.). Die Auslegung hat nach Grundbuchgrundsätzen zu erfolgen, d.h. objektiv-normativ. Auf die subjektiven Vorstellungen der Abstimmenden kommt es nicht an. Deren Aussagen sind im Prozess nicht als Beweismittel zu verwerten. Wortlaut, Inhalt der Niederschrift und ausnahmsweise für jeden Eigentümer erkennbare Umstände sind bei der Auslegung zu berücksichtigen. In einem Beschluss der Wohnungseigentümer kann zur Konkretisierung der getroffenen Regelung auf ein außerhalb des Protokolls befindliches Dokument Bezug genommen werden, wenn dieses zweifelsfrei bestimmt ist (*BGH* – V ZR 105/15, ZMR 2016, 638) und selbst dem Bestimmtheitsgrundsatz genügt. 5

Selbst das Wort »analog« im Beschlusstext, welches »entsprechend, ähnlich; gleichartig« bedeutet, soll der hinreichenden Klarheit und Bestimmbarkeit nicht entgegenstehen. Nach dem allgemeinen Sprachgebrauch bedeutet »analog«, welches aus dem Griechischen kommt (ἀνά/λογος), entsprechend/ sinngemäß (so *LG München I*, Urt. v. 09.08.2023 – 1 S 16489/22, ZMR 2023, 1012–1018; a.A. als Vorinstanz *AG München* – 1294 C 10278/22, ZMR 2023, 243). Einem Beschluss fehlt erst Bestimmtheit, wenn er keine sinnvolle, in sich geschlossene und verständliche Regelung enthält. Damit ein Beschluss »bestimmt« ist, muss er so ausführlich wie nötig beschreiben, was gelten soll. Er muss – ggf. durch Verweisung – sein Regelungsproblem (den Anlass seiner Entstehung) vollständig lösen. Außerdem muss er so formuliert werden, dass er in sich nicht widersprüchlich ist (*Hügel/Elzer* 3. Aufl. 2021 WEG § 23 Rn. 141). Wenn der *BGH* (V ZR 315/13, ZMR 2015, 239) die Formulierung »ordnungsgemäße Instandhaltung (jetzt: Erhaltung) in Gestalt von Gartenpflege- und Reinigungsarbeiten einschließlich notwendiger Bewässerung sowie auch die dadurch entstehenden Kosten den jeweiligen Sondernutzungsberechtigten auferlegt« noch als hinreichend bestimmbar ansieht, ist dies zumindest ein Grenzfall, wobei die Verwendung unbestimmter Rechtsbegriffe nicht generell schädlich sein muss. Nur die Umsetzung ist dann schwierig. Unter »ordnungsgemäßer Gartenpflege« lässt sich viel Unterschiedliches verstehen. Das Fehlen von Angaben dazu, wann diese Arbeiten zu erbringen seien, führe nicht dazu, dass die Regelung undurchführbar sei (*LG Hamburg* – 318 S 32/13). Es werde hinreichend deutlich, dass es sich bei den übertragenen Instandhaltungsmaßnahmen um solche handelt, die sich im üblichen Rahmen der Gartenpflege halten, also um Maßnahmen, die der Pflege, Erhaltung oder Bewahrung der Gartenfläche dienen. Hierzu zählen neben der für den Erhalt der Pflanzen notwendigen Bewässerung insbesondere der übliche Baumschnitt, das Auslichten von Bäumen, die Erneuerung abgestorbener Pflanzen sowie das Rasenmähen und Heckenschneiden (*BGH* – V ZR 315/13, ZMR 2015, 239, Juris Rn. 9). 6

Eine beschlossene »Auflage, die Konstruktion auf die urspr. Größe der Terrasse zu reduzieren«, ist bereits deshalb unbestimmt, weil »die urspr. Größe der Terrasse« nicht konkret genug angegeben worden ist. Die Teilungserklärung (TE) ist im Protokoll nicht in Bezug genommen und kann daher zur Auslegung nicht herangezogen werden. Ein Beschluss muss erkennen lassen, ob es sich allein um einen Teil-Rückbaubeschluss handelt oder ob es sich darüber hinaus auch um einen nachträglichen Teil-Gestattungsbeschluss handelt, mit dem die vorgenommenen Veränderungen im Übrigen nachträglich genehmigt worden sind (so *AG Hamburg-Blankenese* – 539 C 28/21, ZMR 2022, 582). 7

8 Generell kommt auch eine ergänzende Beschlussauslegung in Betracht. Ob und inwieweit der ergänzenden Auslegung eines Beschlusses im Hinblick auf den Erwerberschutz Grenzen gesetzt sind, hat der *BGH* offengelassen (*BGH* – V ZR 12/14, ZMR 2015, 726 ff.).

II. Die Wohnungseigentümerversammlung

1. Voll- oder Teilversammlung; Hybridversammlung; virtuelle Eigentümerversammlung

9 Die Beschlussfassung erfolgt in der »Versammlung der Wohnungseigentümer« (zum Begriff vgl. Staudinger/*Häublein* 2023 § 23 Rn. 124 sowie Rn. 128a zu den essentiellen Voraussetzungen). Nach der Idealvorstellung des Gesetzgebers sind in der Versammlung alle Eigentümer anwesend. Eine solche Universal- oder Vollversammlung in der alle Eigentümer persönlich oder durch Vollmacht vertreten anwesend sind, gibt es in kleineren Eigentümergemeinschaften durchaus; sie wird seltener, je mehr Eigentümer zu einer Gemeinschaft gehören. Wenn nichts Abweichendes vereinbart wurde, das obendrein trotz der Vermutung in § 47 WEG weitergilt (vgl. *AG Frankfurt/M.*, Urt. v. 28.10.2022 – 33 C 1230/22, ZMR 2023, 150), ist eine Erstversammlung nun immer beschlussfähig. Anderenfalls hilft nur der Umweg über die Zweit- oder Ersatzversammlung.

10 Bei der Vollversammlung sind alle Eigentümer persönlich anwesend oder vertreten. Der Kreis der Mitwirkungsberechtigten in einer Eigentümerversammlung wird durch § 23 Abs. 1 WEG primär auf die Eigentümer beschränkt. Er kann durch Vereinbarung erweitert werden. Eine generelle Veränderung des Teilnehmerkreises, etwa die Ausweitung auch auf die Mieter, durch Beschluss wäre nichtig, nicht nur anfechtbar. Damit wird die gesetzliche Vorgabe verändert, was nur eine Vereinbarung ermöglichen kann, § 10 Abs. 2 WEG (**a.A.** *AG Bochum* ZMR 2009, 230). Bei einer Teilversammlung (Staudinger/*Häublein* 2023 § 23 Rn. 136 ff.) kommt nur ein abgrenzbarer Teil der Eigentümer (z.B. einer Untergemeinschaft, zum »Stuttgarter Modell« vgl. *OLG Stuttgart* WuM 1996, 791) zusammen, die abschließend entscheiden sollen. Davon zu unterscheiden sind »Teileigentümerversammlungen« in mehreren Terminen und Zusammenzählung der jeweiligen Ergebnisse; eine solche Vorgehensweise, ohne entsprechende Vereinbarung, führt nicht zu einem wirksamen Beschluss (*OLG Köln* Wohnungseigentümer 1994, 43). Eine Telefonkonferenz anstelle einer Eigentümerversammlung sieht das Gesetz nicht vor (*AG Königstein* NZM 2008, 171).

11 § 23 WEG ist abdingbar, weshalb durch Vereinbarung der Eigentümer geregelt werden kann, dass zu bestimmten Themen oder Gebäudebereichen nur bestimmte Eigentümer stimmberechtigt sind (*BayObLG* ZMR 2002, 527); damit ist aber nicht zwingend der Verlust des Teilnahmerechts verbunden. Untergemeinschaften kann eine Befugnis zur eigenständigen Beschlussfassung in der Regel nur durch ausdrückliche, eindeutige Regelung in der Gemeinschaftsordnung eingeräumt werden, und zwar beschränkt auf die Verteilung der ausschließlich die jeweilige Untergemeinschaft betreffenden Maßnahmen und deren Kosten; im Zweifel ist z.B. das Rechnungswesen insgesamt Sache der Gesamtgemeinschaft (vgl. *BGH* – V ZR 163/20, ZMR 2021, 910).

12 Werden auf der Grundlage einer solchen Beschränkung Beschlüsse gefasst und umgesetzt, sind die übrigen Eigentümer auch an diese Beschlüsse trotz Aufhebung des § 10 Abs. 5 WEG a.F. gebunden.

13 Auch die gesetzlichen Vorgaben zur Abstimmung in Textform nach § 23 Abs. 3 WEG können abweichend vereinbart werden (*OLG Schleswig* ZMR 2006, 803). In Einzelfällen kann es genügen, wenn nur die Eigentümer eines Hauses beschließen. Dies gilt immer dann, wenn weitgehende Eigenständigkeit vereinbart wurde. Wenn der Einbau eines Treppenliftes nur eines von zwei Gebäuden betrifft und keine nach außen erkennbare optische Veränderung der Mehrhausanlage nach sich zieht, sollen nur die Eigentümer des Gebäudes stimmberechtigt sein, die von der Angelegenheit betroffen werden (*OLG München* NJW-RR 2008, 1332). Ohne Vereinbarung ist diese Rechtsauffassung bedenklich. Sie schließt teilweise Eigentümer vom Stimmrecht aus, die im Außenverhältnis anteilig gemäß § 9a Abs. 4 WEG haften. Das Teilnahme- und Stimmrecht gehört zum Kernbereich des Wohnungseigentums. Nach § 18 Abs. 1 WEG steht die Verwaltung des gemeinschaftlichen Eigentums zwar jetzt der Gemeinschaft der Wohnungseigentümer (GdWE) zu. Wenn es keine abweichende Vereinbarung gibt, können aber nur alle Stimmberechtigten mit einfacher Mehrheit – nicht einzelne

Eigentümer – nach § 19 Abs. 1 WEG Beschlüsse zur Verwaltung des gemeinschaftlichen Eigentums fassen. Letztlich haben alle Eigentümer der Gemeinschaft der Wohnungseigentümer für die Kosten und Folgekosten aufzukommen, wenn nicht im Innenverhältnis eine andere Vereinbarung in der Gemeinschaftsordnung getroffen wurde.

Die unterbliebene Ladung eines Eigentümers führt nur in ganz besonders schwerwiegenden Ausnahmefällen zur Nichtigkeit der gefassten Beschlüsse, etwa wenn der Eigentümer in böswilliger Weise gezielt von der Teilnahme ausgeschlossen werden soll. Ein solcher Ausnahmefall liegt nicht vor, wenn die Ladung nur irrtümlich unterblieben ist (*BGH* – V ZR 235/11, ZMR 2012, 971 = NJW 2012, 3571). 14

Ob rein virtuelle Versammlungen trotz § 10 Abs. 1 S. 2 WEG wirksam durch eine Vereinbarung eingeführt werden konnten, war umstritten (dafür *Schultzky* in: Jennißen § 23 Rn. 28). Nach einer Gegenansicht sollte dem die Bedeutung der Versammlung für die Wahrnehmung der Eigentümerrechte entgegenstehen sowie der Umstand, dass vor allem ältere Eigentümer oft nicht in der Lage seien, ihre Rechte auf diesem Wege wahrzunehmen. Ein vollständiger Ausschluss von Präsenzversammlungen verstoße gegen die Ratio des § 23 Abs 1 WEG und wurde als ein Eingriff in den unverzichtbaren Kernbereich des Wohnungseigentums angesehen (so Staudinger/*Häublein*,2023 § 23 Rn. 142a auch zum Streitstand). Der Gesetzgeber wurde hier jetzt aktiv durch Einführung des § 23 Abs. 1a WEG (vgl. BT-Drs. 20/12146 vom 03.07.2024). 15

Auf der Basis der Gesetzesmaterialien zur bloßen Online-Teilnahme an Eigentümerversammlungen (§ 23 Abs. 1 S. 2 WEG; Hybridversammlung) lässt sich feststellen: Schon der Entwurf sah vor, dass die Wohnungseigentümer über die Online-Teilnahme an ihren Versammlungen beschließen können (§ 23 Abs. 1 S. 2 WEG). In welchem Umfang von dieser Möglichkeit Gebrauch gemacht wird, kann aber nicht abgeschätzt werden. Aufgrund der Freiheiten bei der Ausgestaltung kann auch nicht abgeschätzt werden, welcher Aufwand im Zusammenhang mit einer Online-Teilnahme anfällt (BR-Drs. 168/20, S. 35). 16

Die (bisher fehlende) Beschlusskompetenz ermöglichte es bis zur Einführung des § 23 Abs. 1a WEG nicht, die Präsenzversammlung insgesamt zugunsten einer reinen Online-Versammlung abzuschaffen. Das Recht jedes Wohnungseigentümers, physisch an der Versammlung teilzunehmen, stand damit nicht zur Disposition der Mehrheit. 17

Die Formulierung lehnt sich an § 118 Abs. 1 S. 2 des Aktiengesetzes (AktG) an. Die konkrete, insbesondere technische Ausgestaltung der Online-Teilnahme regelt der Entwurf im Hinblick auf künftige technische Entwicklungen nicht. Über die Ausgestaltung ist deshalb zu beschließen, wobei sich die Rechtmäßigkeit des Beschlusses – wie stets – nach dem allgemeinen Grundsatz ordnungsmäßiger Verwaltung richtet (ReferentenE S. 76). 18

Das bedeutet: § 23 Abs. 1 S. 2 WEG regelt (nur) die Beschlusskompetenz, eine elektronische Kommunikation und deren Umfang im Rahmen einer Präsenzversammlung zu erlauben (vgl. *Lehmann-Richter/Wobst* § 8 Rn. 604 ff.; *Pauli* AnwZert-MietR 21/2020, 1 ff., Ziffer B.1.b; *Pauli* ZMR 2021, 187; grundlegend *Skauradszun/Kolb* ZMR 2022, 933 ff.). Die Vorschrift ermächtigte die Eigentümermehrheit noch nicht, die zwangsweise Durchführung der Eigentümerversammlung als Online-Veranstaltung zu beschließen (*Abramenko* Das neue WE-Recht § 7 Rn. 24; *Letzner* ZWE 2022, 115). 19

Im Extremfall ist es möglich, dass sämtliche Wohnungseigentümer an der Präsenzversammlung nur elektronisch teilnehmen (vgl. *Pauli* AnwZert MietR 9/2020). Dieser Vorstoß wurde in der Bund-Länder-Arbeitsgruppe unter den Schlagworten »Digitalisierung« und »Online-Teilnahme an Versammlungen« durchaus kontrovers diskutiert. Letztlich hatte sich die Arbeitsgruppe aber für eine solche Regelung ausgesprochen (Abschlussbericht, S. 61 f. = ZWE 2019, 429 [451]). Die Präsenzversammlung durfte bis zur Einführung des § 23 Abs. 1a WEG nicht durch einen bloßen Beschluss zugunsten einer Online-Versammlung abgeschafft werden (vgl. oben Rdn. 15). 20

21 § 23 Abs. 1 S. 2 WEG regelt inhaltlich die Zulassung einer moderneren Eigentümerversammlung (sog. Hybrid-Versammlung). Danach besteht (nur) die Beschlusskompetenz, eine elektronische Kommunikation und deren Umfang im Rahmen einer Präsenzversammlung zu erlauben. Dagegen besteht keine Ermächtigung, die Präsenzversammlung insgesamt zugunsten einer reinen Online-Versammlung abzuschaffen. Das Recht eines jeden Wohnungseigentümers, physisch an der Versammlung (»an deren Ort«) teilzunehmen, stand damit nicht zur Disposition der Mehrheit (BT-Drs. 19/18791, 71). Mit der Online-Teilnahme wird damit nur eine alternative Teilnahme-Variante für die Wohnungseigentümer geschaffen. Es ist indes möglich, dass sämtliche Wohnungseigentümer von der Möglichkeit Gebrauch machen, an der Präsenzversammlung nur elektronisch teilzunehmen (*Neumann*, in Elzer [Hrsg.] Stichwortkommentar zum WEG, Online-Versammlung, Rn. 2). Am Versammlungsort wäre dann nur der Versammlungsleiter.

22 Der vorgelagerte Gestattungs- bzw. Öffnungsbeschluss (Beschlussmuster *Pauli* ZMR 2021, 196 f.; vgl. auch *Letzner* ZWE 2022, 115) ist kein Geschäftsordnungsbeschluss, dessen Wirkung sich in dem Versammlungsverlauf erschöpft und der keine Wirkung für die Zukunft entfaltet. Es handelt sich vielmehr um einen anfechtbaren Beschluss auf der Grundlage einer gesetzlichen Beschlusskompetenz, wobei sich die Rechtmäßigkeit des Beschlusses – wie stets – nach dem allgemeinen Grundsatz ordnungsmäßiger Verwaltung richtet (BT-Drs. 19/18791, 71). Der Umstand, dass Wohnungseigentümer die Möglichkeit elektronischer Kommunikation nicht nutzen können, ist bei der Beurteilung unerheblich. Jeder Wohnungseigentümer hat stets die Möglichkeit, an der weiterhin notwendigen Präsenzversammlung teilzunehmen.

23 Die Gestattung der digitalen Teilnahmemöglichkeit liegt im freien Ermessen der Eigentümer. Ein Anspruch eines Wohnungseigentümers auf eine Online-Teilnahme besteht nicht, eine Beschlussersetzungsklage würde grds. keinen Erfolg haben. Unter dem Gesichtspunkt der Gleichbehandlung kann etwas anderes gelten, wenn der Antrag eines Wohnungseigentümers auf Online-Teilnahme nur für eine Eigentümerversammlung zugelassen worden ist, der Antrag eines anderen Wohnungseigentümers für eine Folgeversammlung hingegen nicht. Die Eröffnung der Online-Teilnahme nur für einzelne Wohnungseigentümer entspricht nicht ordnungsmäßiger Verwaltung. Im Falle der Gestattung ist jeder Wohnungseigentümer zur Online-Teilnahme berechtigt, es bedarf keiner individuellen Zulassung (*Lehmann-Richter/Wobst* § 8 Rn. 613). Der Zugangsweg zu der Hybrid-Versammlung und die Form der Legitimation sind sämtlichen Wohnungseigentümern in der Ladung mitzuteilen.

24 Die Online-Teilnahme kann nur für eine einzelne Versammlung oder bestimmte Zeiträume, aber auch (bis zu einem Aufhebungsbeschluss) für jede zukünftige Eigentümerversammlung gestattet werden. Wenig praktikabel, aber möglich dürfte die Zulassung der Online-Teilnahme unmittelbar nach Verkündung des Gestattungsbeschlusses noch in der laufenden Eigentümerversammlung sein.

25 Die konkrete, insbesondere technische Ausgestaltung der Online-Teilnahme regelt das Gesetz im Hinblick auf künftige technische Entwicklungen nicht (BT-Drs. 19/18791, 71). Über die Ausgestaltung kann beschlossen werden. Es ist grundsätzlich ausreichend, wenn eine Regelung über den Umfang der Gestattung und die davon erfassten Eigentümerrechte getroffen wird; eine ordnungsmäßige Verwaltung erfordert dagegen regelmäßig keine Beschlussfassung über das zu nutzende elektronische Kommunikationssystem oder die Anforderungen an Hard- und Software. Der Wortlaut des § 23 Abs. 1 S. 2 WEG sieht lediglich vor, dass eine Entscheidung über die grundsätzliche Gestattung und die wahrzunehmenden Eigentümerrechte zu treffen ist. Es widerspräche dem Zweck des § 23 Abs. 1 S. 2 WEG, wenn der Gestattungsbeschluss stets zwingend Entscheidungen über die Technik enthalten müsste (*AG Mitte [Berlin]*, Urt. v. 02.05.2024 – 22 C 50/23, ZMR 2024, 797; a.A. *Hügel/Elzer* 3. Aufl. 2021, WEG § 23 Rn. 35; *Letzner* ZWE 2021, 426; *Neumann* in: Elzer SWK-WEG Online-Teilnahme Rn. 5; *Elzer* in: Hügel Wohnungseigentum-HdB § 12 WE-Versammlung Rn. 145). Die Technik betrifft sowohl die Hardware- und Software-Ausstattung als auch die Bereitstellung individueller Zugangswege als Legitimationsnachweis. Die Ausstattung kann seitens der Gemeinschaft der Wohnungseigentümer angemietet bzw. erworben werden, ggf. bietet auch der Verwalter an, die technischen Mittel (kostenpflichtig) zu stellen.

Der Begriff »elektronische Kommunikation« erfasst alle sprach- und/oder bildbasierten elektronischen Kommunikationsmittel sowie elektronische Textkommunikation. Zulässig sind virtuelle Teilnahmen – zumeist per Computer oder Ähnlichem – in Bild und Ton, rein tonbasierte Teilnahmen, auch durch Zuschaltung per Telefon, textbasierte Teilnahmen über Chats, Messenger-Dienste und dergleichen (BeckOK WEG/*Bartholome* § 23 Rn. 18). Insoweit sollte hinreichend bestimmt darüber beschlossen werden, welche Art der elektronischen Kommunikation zugelassen wird. Anzustreben ist eine wechselseitige Kommunikation in Echtzeit (*Pauli* AnwZert MietR 9/2020) bzw. die Schaffung einer face-to-face Situation. Insbesondere bei Abstimmungen nach §§ 20, 21 WEG ist wegen der qualifizierten Mehrheit, die zur allgemeinen Kostenlast führt, darauf zu achten, dass sowohl die Präsenz- als auch die Online-Teilnehmer zeitgleich und für alle Teilnehmer erkennbar abstimmen (können). 26

Auch die Auszählung (unter Berücksichtigung der Stimmkraft) sowie Dokumentation der Online- und Präsenz-Stimmen muss grundsätzlich zeitgleich erfolgen. Bei einer geheimen Abstimmung muss gewährleistet sein, dass auch die »digitale Stimme« nicht zurückverfolgt bzw. einem bestimmten Wohnungseigentümer zugeordnet werden kann (*Sankol* ZMR 2021, 950). Bei einer teilvirtuellen Versammlung, bei der die Abgabe der Stimme selbst nicht in elektronischer Form erfolgen soll bzw. kann, dürfte eine geheime Abstimmung ausscheiden. Es bleibt die Möglichkeit, einen physisch anwesenden Eigentümer mit der Abgabe der »geheimen Stimme« zu bevollmächtigen. 27

Die Beschlusskompetenz (vgl. dazu *Forschner* ZNotP 2021, 202, 206) ermöglicht im Rahmen der Ordnungsmäßigkeit, die Online-Teilnehmer nur als »Teilnehmer 2. Klasse« zuzulassen. So ist jedenfalls der ausdrückliche Gesetzeswortlaut, wonach einschränkend beschlossen werden kann, dass die Online-Teilnehmer nur »einzelne ihrer Rechte« und diese nur »teilweise« im Wege elektronischer Kommunikation ausüben können. Auch die rein passive Verfolgungsmöglichkeit der Versammlung unter Ausschluss sowohl des Rede- als auch des Stimmrechts soll beschlossen werden können (*Hügel/Elzer* § 23 Rn. 37). Dem Online-Teilnehmer bleibt die Möglichkeit, nicht digital übertragene Rechte durch einen Vertreter in der Präsenzversammlung wahrzunehmen. So kann – auch bei technischen Störungen – ein vor Ort anwesender Wohnungseigentümer noch in Textform (per Whats App) zur Ausübung des Stimmrechts bevollmächtigt werden. Findet eine Beschränkung der Teilnahmerechte im Rahmen der Beschlussfassung nicht statt, stehen den Wohnungseigentümern im Zweifel alle ihnen über den gewählten Kommunikationsweg tatsächlich ausübbaren Teilnahmerechte zu (BeckOK WEG/*Bartholome* § 23 Rn. 19). 28

Trotz der weitreichenden Ausgestaltungsmöglichkeiten der Mitgliedschaftsrechte bei einer Online-Teilnahme darf das Stimmrecht in einem Öffnungsbeschluss durch die Gesamtheit der Wohnungseigentümer nicht ausgeschlossen werden. Denn mit dem Stimmrecht wird die in § 19 Abs. 1 WEG normierte und ausdrücklich gewollte Mitwirkungspflicht des einzelnen Wohnungseigentümers erfüllt. Die Mitwirkungspflicht kann nicht durch einen Öffnungsbeschluss nach § 23 Abs. 1 S. 2 WEG abbedungen werden (*Skauradszun/Kolb* ZMR 2022, 933 ff.). 29

Da die Online-Teilnahme rechtlich der Präsenzteilnahme gleichsteht, ist auch dort die Vertretung möglich. Fraglich ist, ob die Vertretung (nur) des Online-Teilnehmers ausgeschlossen werden kann (ablehnend: *Dötsch/Schultzky/Zschieschack* Kap. 8 Rn. 70), was – ohne Ermessensfehler – zulässig sein dürfte, da die Online-Teilnehmer in nahezu sämtlichen Rechten schlechter gestellt werden dürfen als die Vorort-Teilnehmer (SEHR/*Riecke* § 6 Rn. 77) und ihnen eine Teilnahme, auch durch einen Vertreter, in der Präsenzversammlung möglich bleibt. 30

Die Versammlung der Wohnungseigentümer ist grundsätzlich nicht öffentlich. Dieser Grundsatz gilt auch für die Hybrid-Versammlung. Sicherzustellen ist dies in erster Linie durch das Erfordernis einer Zugangskontrolle wie z.B. durch personalisierte Einwahldaten. Soweit Bedenken bestehen, ob bei einer Online-Teilnahme die Nichtöffentlichkeit gewährleistet werden kann (dazu *Sankol*, ZMR 2021, 447; Bärmann/*Dötsch* § 23 Rn. 143 f.), muss der Grundsatz der »abwesenden Nichtöffentlichkeit« neu definiert werden (dazu *Küttner* in: Elzer [Hrsg.] Stichwortkommentar zum WEG 1. Aufl. 2021 Nichtöffentlichkeit, Rn. 11). Der »Ghostwriter« oder »Souffleur« ist hinzunehmen. 31

Er hat grundsätzlich keinen Einfluss auf die Diskussionen und Beschlussfassungen in der Eigentümerversammlung. Ungeachtet dessen wird die Teilnahme des »unsichtbaren Dritten« auch nur schwer nachweisbar sein. Soweit durch die Nichtöffentlichkeit ebenso die Vertraulichkeit der Versammlung geschützt werden soll, muss dieses Ziel der nunmehr gesetzlich legitimierten Online-Teilnahme untergeordnet werden. Anderenfalls würde die Möglichkeit der Online-Teilnahme nahezu leerlaufen. Zudem dürfte die »Geheimhaltung« nur nachrangiger Schutzzweck des Grundsatzes der Nichtöffentlichkeit sein, da die Anwesenheit Dritter (Berater oder Vertreter) auch in der Präsenzversammlung zugelassen werden kann.

32 Bei der Online-Teilnahme sind die Regelungen des Datenschutzes (allgemein zum Datenschutz: *Okon* in: Elzer [Hrsg.] Stichwortkommentar zum WEG 1. Aufl. 2021 Datenschutz) zu beachten, insbesondere was die Verarbeitung von Daten sowie die Sicherheitsmaßgaben der elektronischen Kommunikationsmittel angeht. Die Aufzeichnung (Mitschneiden über Audio oder Video) einer Eigentümerversammlung durch den Verwalter ist nur dann zulässig, wenn die Teilnehmer zur Aufzeichnung eingewilligt haben (vgl. *Hügel/Elzer* § 23 Rn. 44). Der Verwalter sollte die Online-Teilnehmer darüber informieren, dass ein Mitschneiden oder Aufzeichnen der Videokonferenz durch die Teilnehmer selbst nicht zulässig ist und das Verbreiten solcher Aufnahmen strafbar sein kann.

33 Die Verwendung elektronischer Kommunikationsmittel birgt stets die Gefahr technischer Störungen. Führen diese Störungen dazu, dass Wohnungseigentümer ihre Rechte (Anwesenheits-, Rede- und/oder Stimmrecht) nicht ausüben können, ist umstritten (dazu *Küttner* AnwZert MietR 23/2021), ob ein Anfechtungsrecht besteht. So sieht § 243 Abs. 3 Nr. 1 AktG vor, dass eine Anfechtung nicht darauf gestützt werden kann, dass durch eine technische Störung Rechte verletzt werden, die auf elektronischem Weg wahrgenommen worden sind, es sei denn, der Aktiengesellschaft ist insoweit grobe Fahrlässigkeit oder Vorsatz vorzuwerfen. Nach dem Gesetzeszweck sollen technische Störungen das Anfechtungsrecht nicht erweitern. Entsprechende Regelungen finden sich im WEG nicht.

34 Danach könnte die Vorschrift aus dem Aktienrecht »erst-recht« bei technisch anfälligeren Eigentümerversammlungen Anwendung finden, zumal sich Rechtsprechung und Gesetzgebung in Bezug auf das wohnungseigentumsrechtliche Beschlussrecht vermehrt an das »aktienrechtliche Vorbild« anlehnen. Allerdings hat sich der Gesetzgeber ausdrücklich gegen die Übernahme einer entsprechenden Vorschrift entschieden. Der »Anfechtungsausschluss« wäre dann mangels planwidriger Regelungslücke nicht anwendbar.

35 Überzeugend und sachgemäß ist eine wohnungseigentumsrechtliche Ansicht, die auf die allgemeine Risikoverteilung bei der Online-Teilnahme an einer Eigentümerversammlung abstellt (vgl. *Lehmann-Richter/Wobst* § 8 Rn. 615 ff.). Danach muss die Gemeinschaft der Wohnungseigentümer den Versammlungsort technisch so ausstatten (lassen), dass eine Teilnahme mittels elektronischer Kommunikation während der gesamten Versammlung möglich ist. Es muss gewährleistet werden, dass keine Störungsquelle in der Sphäre der Gemeinschaft besteht, anderenfalls muss die Versammlung unter- bzw. abgebrochen werden. Dennoch gefasste Beschlüsse wären anfechtbar. Das Risiko anderer Störungen trägt dagegen jeder Online-Teilnehmer selbst. Das Risiko wird also nach Sphären verteilt (= »Sphärentheorie«; vgl. auch Bärmann/*Dötsch* § 23 Rn. 154 f.).

36 Auch die einseitige Risikoverteilung soll ordnungsmäßiger Verwaltung entsprechen: Ein Beschluss zur Zulassung der Online-Teilnahme an Eigentümerversammlungen entspricht auch dann ordnungsmäßiger Verwaltung, wenn er den Passus enthält *»Jeglicher Übertragungsfehler - gleich auf wessen Verantwortungsbereich dieser beruht - hindert den Fortgang der Eigentümerversammlung nicht. Der Online-Teilnehmer ist für einen solchen Fall darauf verwiesen, sich von einer anwesenden Person vertreten zu lassen«* (*AG München*, v. 27.04.2022 – 1292 C 19128/21, ZMR 2022, 931). Danach sei im neuen Wohnungseigentumsgesetz geregelt, dass jede Eigentümerversammlung beschlussfähig ist. Würde ein Übertragungsfehler bzw. eine technische Unterbrechung zwangsläufig auch die Beendigung der Eigentümerversammlung bedeuten, würde dies dem Willen des Gesetzgebers zuwiderlaufen.

37 Für die Kosten einer Online-Teilnahme sieht das WEG keine besondere Regelung vor. Die Gemeinschaft der Wohnungseigentümer hat die allgemeinen Kosten der Versammlung zu tragen. Ein

abweichender Beschluss i.S.d. § 16 Abs. 2 S. 2 WEG kann für bestimmte Mehrkosten in Betracht kommen. Der einzelne Online-Teilnehmer hat seine eigenen Kosten selbst zu tragen.

In Teilungserklärungen/Gemeinschaftsordnungen kann die Online-Teilnahme bereits gestattet werden mit näheren Vereinbarungen zum »Ob« und »Wie«. 38

Zur praktischen Durchführung nach der Gestattung – egal, ob durch Beschluss oder Gemeinschaftsordnung – vgl. auch Bärmann/*Dötsch* § 23 Rn. 145 ff. *Häublein* (ZWE 2021, 385, 390) erscheint es weder geboten noch stringent, den Versammlungsleiter, der nach pflichtgemäßem Ermessen Festlegungen zur Durchführung der Versammlung treffen kann und muss, »eng an die Leine« zu nehmen, während man vergleichbare Festlegungen für reine Präsenzversammlungen nicht vornimmt. 39

Die Entscheidung darüber, ob den Eigentümern künftig eine »virtuelle« Teilnahme ermöglicht werden soll, liegt im Interesse der Gesamtheit der Wohnungseigentümer, weshalb gemäß § 18 Abs. 2 Nr. 1 WEG ein Anspruch des Einzelnen besteht, einen Gestattungsbeschluss zur Abstimmung zu stellen (so Staudinger/*Häublein* 2023 § 23 Rn. 150, 151). 40

Im Übrigen hat die Gemeinschaft Ermessen über Art und Umfang (dazu oben Rdn. 36; *AG München* ZMR 2022, 931) der virtuell möglichen Teilnahme zu entscheiden (vgl. SEHR/*Riecke* § 6 Rn. 77). Die Auswahl der Software könnte nach § 27 Abs. 2 WEG dem Verwalter überlassen werden (*Greiner* WE-Recht Muster in § 7 Rn. 100; vgl. auch *Letzner* ZWE 2022, 115 ff.). 41

Der Bundestag hat am 04.07.2024 den Gesetzentwurf der Bundesregierung »zur Zulassung virtueller Versammlungen, zur Erleichterung des Einsatzes von Steckersolargeräten und zur Übertragbarkeit beschränkter persönlicher Dienstbarkeiten für Erneuerbare-Energien-Anlagen in das Wohnungseigentumsgesetz« (BT-Drs. 20/9890) in der vom Rechtsausschuss geänderten Fassung (BT-Drs. 20/12146) angenommen. Damit soll neben der Präsenzversammlung und der möglichen Online-Teilnahme an einer solchen (Hybrid-Versammlung) die virtuelle Versammlung eine weitere Versammlungsoption darstellen. Dies (wohl) auch vor dem Hintergrund, dass sich in der Verwaltungspraxis die Hybrid-Versammlung nicht durchgesetzt hat. Die virtuelle Eigentümerversammlung reduziert bei der Verwaltung nicht nur den Personalaufwand, sondern ist auch attraktiv für (junge) Berufseinsteiger/innen. Entgegen diverser Kritik in der Gesetzgebungsphase ist die virtuelle Versammlung zudem zeitgemäß, effizient, kostengünstig, umweltfreundlich, demokratisch und barrierefrei. Soweit eine (weitere) Präsenzversammlung vermieden werden soll bietet sich bereits seit dem 01.12.2020 die Absenkung in das Mehrheitsumlaufverfahren an (§ 23 Abs. 3 S. 2 WEG). Gegenüber der virtuellen Eigentümerversammlung ist die Beschlussfassung im Mehrheitsumlaufverfahren allerdings weniger demokratisch. Eine Diskussion findet nicht mehr statt. Gerade bei kostenintensiven und Themen mit mehreren Handlungsoptionen bietet sich ein weiterer Austausch in virtueller Form an. 42

Der Beschluss nach § 23 Abs. 1a WEG bedarf einer Mehrheit von drei Viertel oder mehr der in einer Versammlung abgegebenen Stimmen. Enthaltungen sind nicht zu zählen und gelten nicht als »abgegebene Stimmen«. Die Mehrheit ist nach dem jeweiligen – gesetzlichen oder vereinbarten – Stimmrechtsprinzip zu ermitteln. Stellt der Versammlungsleiter einen Beschluss fest und verkündet er ihn, obwohl diese Mehrheit nicht erreicht ist, liegt ein Zählfehler vor, der den Beschluss anfechtbar, aber nicht nichtig macht (*Hügel/Elzer* 4. Aufl. 2024 WEG § 25 Rn. 11). Der fehlerhaft verkündete Beschluss ist also vorläufig wirksam, kann aber im Wege der Beschlussklage beseitigt werden (*Abramenko* ZMR 2024,101). 42a

Zu beachten ist die Befristung des Gesetzgebers auf maximal 3 Jahre. Diese Befristung hat einen Gedanken aus § 118a AktG übernommen (BT-Drs. 20/9890, 18) und verfolgt zwei Ziele (BT-Drs. 20/9890, 19): Erwerber von Wohnungseigentum sollen nicht für unbestimmte Zeit an eine vor ihrem Erwerb erfolgte Beschlussfassung gebunden werden. Und die Befristung soll der Tatsache Rechnung tragen, dass sich die Haltung der Wohnungseigentümer zu virtuellen Versammlungen ändern kann (BT-Drs. 20/9890, 19). Eine darüber hinaus gehende Beschlussfassung ist teilnichtig. 42b

Nach Ablauf der gesetzlichen Dreijahresfrist entfällt automatisch die Grundlage für virtuelle Eigentümerversammlungen, falls nicht rechtzeitig ein neuer Beschluss gefasst wird.

42c Nach dem Wortlaut des Gesetzes soll beschlossen werden, dass die Versammlung ohne physische Präsenz der Wohnungseigentümer und des Verwalters an einem Versammlungsort »stattfindet oder stattfinden kann«. Über diese Alternativen muss klar und eindeutig beschlossen werden. Die Verwaltung ist sodann entweder daran gebunden, die nächsten Versammlungen als virtuelle Eigentümerversammlung stattfinden zu lassen oder hat ein entsprechendes Ermessen bzw. muss nachfolgend über einen weiteren Geschäftsordnungsbeschluss das konkrete Format für jede anstehende Versammlungen regeln (BT-Drs. 20/9890, 18).

42e Die Wohnungseigentümer können vereinbaren oder den Verwalter durch einfachen Beschluss anweisen (§ 27 Abs. 2 WEG), auf welche Art und Weise er die virtuelle Versammlung zu organisieren hat. Sie können beispielsweise bestimmen, wann die Versammlung stattfinden soll und welcher Technik sich die Gemeinschaft der Wohnungseigentümer zu bedienen hat. Treffen die Wohnungseigentümer keine solche Regelung, entscheidet der Verwalter nach pflichtgemäßem Ermessen über die Art der Durchführung (*Hügel/Elzer* 4. Aufl. 2024 WEG § 23 Rn. 74h).

42f Bei Zulassung einer virtuellen Eigentümerversammlung ist sicherzustellen, dass diese hinsichtlich Teilnahme und Rechteausübung mit einer Präsenzversammlung vergleichbar ist. Technisch erfordert dies die Durchführung einer Videokonferenz (Zwei-Wege Audio- und Videoverbindung in Echtzeit). Hinsichtlich der Rechteausübung bedeutet dies, dass die Wohnungseigentümerinnen und -eigentümer alle Rechte ausüben können müssen – etwa Rederecht, Fragerecht, Recht zur Antragstellung und Stimmrecht (*Zschieschack/Dötsch* NZM 2023, 622). Die Degradierung von Eigentümern zum »Teilnehmer 2. Klasse« ist anders als bei der Online-Versammlung (Rdn. 28) nicht zulässig. Zudem muss die Lösung DSGVO-konform sein (vgl. Rdn. 32), insbesondere muss die Datenverarbeitung nach Art. 6 DSGVO rechtmäßig sein. Die Verarbeitung der Daten der Wohnungseigentümer wird in der Regel bereits nach Art. 6 Abs. 1 Unterabsatz 1 Buchstabe c) und f) DSGVO erlaubt sein (*Hügel/Elzer* 4. Aufl. 2024 WEG § 23 Rn. 74n).

42g Wohnungseigentümergemeinschaften, die vor dem 01.01.2028 einen Beschluss zur virtuellen Versammlung fassen, müssen bis einschließlich 2028 mindestens einmal im Jahr (auch) eine Präsenzversammlung durchführen, § 48 Abs. 6 WEG. Soweit alle auf der Eigentümerversammlung anwesenden oder wirksam vertretenen Mitglieder zustimmen, kann darauf verzichtet werden. Nach dem Gesetzeswortlaut führt ein Verstoß gegen diese Pflicht nicht zur Nichtigkeit oder Anfechtbarkeit der in einer virtuellen Wohnungseigentümerversammlung gefassten Beschlüsse. Insoweit dürfte das Absehen von einer zusätzlichen Präsenzversammlung tatsächlich folgenlos bleiben. Ein unterjähriger Antrag auf Durchführung einer Präsenzversammlung im einstweiligen Verfügungsverfahren (gegen die Gemeinschaft der Wohnungseigentümer) dürfte regelmäßig wenig erfolgsversprechend sein, da noch bis Ende des Jahres die Einberufung einer (zusätzlichen) Präsenzversammlung möglich wäre, zum Zeitpunkt des Antrages gegebenenfalls auch kein Einberufungsgrund (mehr) besteht. Werden jedenfalls alle möglichen Tagesordnungspunkte in einer virtuellen Eigentümerversammlung diskutiert und beschlossen, ist nicht erkennbar, warum noch zusätzlich eine Präsenzversammlung einzuberufen ist.

42h Für technische Probleme gilt Rdn. 33 ff. entsprechend. Ist die Übertragung gestört, ist die Versammlung zu unterbrechen und gegebenenfalls zu beenden.

42i Die Wohnungseigentümer können einen Beschluss nach § 23 Abs. 1a WEG jederzeit zurücknehmen (*Hügel/Elzer* 4. Aufl. 2024 WEG § 23 Rn. 74k; a.A. *Abramenko* ZMR 2024, 102), insbesondere bei veränderter Sachlage (veränderte Eigentümerstruktur, anhaltende technische Probleme, Verweigerung der Verwaltung). Gemäß § 25 Abs. 1 WEG reicht dafür (erneut) eine einfache Mehrheit.

42j Wie alle Beschlüsse muss auch ein Beschluss nach § 23 Abs. 1a S. 1 WEG ordnungsmäßiger Verwaltung entsprechen. Dabei ist auf einen angemessenen Minderheitenschutz zu achten (BT-Drs. 20/12146, 11 – Vorabfassung). Einzelne Wohnungseigentümer dürfen nicht unbillig benachteiligt werden. Bei der Prüfung ist zu berücksichtigen, ob Wohnungseigentümer nicht in der Lage sind, an virtuellen Wohnungseigentümerversammlungen teilzunehmen und auch eine technische Unterstützung weder durch kommerzielle Angebote noch aus dem privaten Bereich oder aus dem Bereich der Miteigentümer bzw. des Verwalters möglich ist.

2. Die Versammlung mit nur einem Eigentümer

a) Beschlussfassung einer Gemeinschaft ohne werdende Eigentümer

Durch die Abschaffung der werdenden Eigentümergemeinschaft (Außenverhältnis; vgl. § 9a Abs. 1 Satz 2 WEG; *Schmidt-Räntsch* ZWE 2022, 2 l.Sp.) ist in einer durch Anlegung der Wohnungsgrundbücher bereits entstandenen, rechtsfähigen Gemeinschaft der Wohnungseigentümer ein einzelner Eigentümer (Bauträger/Aufteiler) in der Lage, eine beschlussfähige »Eigentümerversammlung« herzustellen. 43

Der alleinige Eigentümer, zugleich als Versammlungsleiter, kann wirksame Mehrheitsbeschlüsse herbeiführen. Wichtig ist in diesem Fall die nachvollziehbare Stimmabgabe in dieser Versammlung. Es reicht nicht aus, wenn der Versammlungsteilnehmer später eine Niederschrift über Eigentümerbeschlüsse hergestellt hat (*BayObLG* ZMR 1996, 151). Wird die Herbeiführung eines Mehrheitsbeschlusses nachvollziehbar noch in der Versammlung protokolliert und insbesondere die Feststellung und Bekanntgabe des Beschlussergebnisses in das Protokoll aufgenommen, kann durch das Protokoll und durch die Beschluss-Sammlung Rechtsklarheit geschaffen und das Zustandekommen eines Beschlusses bewiesen werden. 44

Da es nach der neuen Konzeption des Gesetzes auch eine Ein-Personen-Gemeinschaft gibt, besteht zumindest noch ein Bedürfnis für eine vorverlagerte Anwendung der Vorschriften des WEG im Innenverhältnis zwischen dem teilenden Eigentümer und den Erstwerbern (*BGH* – V ZR 85/07, ZMR 2008, 805 = NJW 2008, 2639). 45

b) Beschlussfassung der Gemeinschaft mit werdendem Wohnungseigentümer

Aus § 8 Abs. 3 WEG ergibt sich, dass es trotz der Aufgabe des Rechtsinstituts der werdenden Gemeinschaft nach wie vor den »werdenden Wohnungseigentümer« gibt, nämlich einen Erwerber, der mangels Eintragung seines Erwerbs in das Grundbuch noch kein Wohnungseigentümer ist, gegenüber der Gemeinschaft und den übrigen Wohnungseigentümer aber als solcher gilt (Schmidt-Räntsch ZWE 2022, 2). 46

Sobald der Besitz (durch den Bauträger; Hausbesetzung genügt nicht, *BGH* – V ZR 80/15, ZMR 2016, 299) auf den Erwerber übertragen wurde, Nutzen und Lasten eines Sondereigentums auf einen Erwerber übergegangen sind und dieser mit einer Auflassungsvormerkung im Grundbuch steht, sind die Regeln des Wohnungseigentumsgesetzes auf diese Anlage im Innenverhältnis anwendbar. Es können dann wirksame Mehrheitsbeschlüsse unter Beteiligung des werdenden Eigentümers herbeigeführt werden, die spätere Wohnungseigentümer binden. 47

Der »Ein-Personen-Beschluss« (vgl. Bärmann/*Dötsch* § 23 Rn. 59 und 15) des Aufteilers nach Anlegung der Wohnungsgrundbücher ist vor Eintragung einer Auflassungsvormerkung und vor Besitzübergang auf einen Erwerber für die späteren Eigentümer bindend. Ein solcher Beschluss des Aufteilers über Vorschüsse basierend auf einem Wirtschaftsplan kann Wohngeldforderungen begründen. Der *BFH* hat dies sogar zum alten Recht bereits bejaht: Zwar unterliege die Renovierung des gemeinschaftlichen Eigentums sowie die Leistung von entsprechenden Vorschüssen der Beschlussfassung der Wohnungseigentümerversammlung; dies schließe aber die Wirksamkeit entsprechender »schriftlicher« Beschlüsse des Alleineigentümers nach § 23 Abs. 3 WEG im Rahmen der Teilung nach § 8 WEG nicht aus (*BFH BFH*/NV 2004, 226). 48

Eine vorverlagerte Anwendung des WEG im Innenverhältnis ist geboten, sobald Erwerber (aus dem Bauvertrag/Erwerbsvertrag) eine rechtlich verfestigte Erwerbsposition besitzen und infolge des vertraglich geregelten Übergangs von Lasten und Nutzungen des Sondereigentums ein berechtigtes 49

Interesse daran haben, die mit dem Wohnungseigentum verbundenen Mitwirkungsrechte vorzeitig auszuüben. Beides ist anzunehmen, wenn (a) ein wirksamer, auf die Übereignung von Wohnungseigentum gerichteter Erwerbsvertrag vorliegt, (b) der Übereignungsanspruch durch eine Auflassungsvormerkung gesichert ist und (c) der Besitz am Sondereigentum freiwillig auf den Erwerber übergegangen ist.

50 Auch unter neuem Recht stellt sich deshalb die Frage, ob diese Fiktion nach § 8 Abs. 3 WEG nur bei einer Aufteilung nach § 8 WEG greift oder auch bei einer wirkungsgleichen Aufteilung nach § 3 WEG. Die Stellung der Vorschrift in § 8 WEG spricht zwar dafür, dass sie für die Aufteilung durch den Alleineigentümer nach dieser Vorschrift gedacht ist. Sie schließt aber keineswegs eine entsprechende Anwendung auf einen strukturell vergleichbaren Fall aus. Denn ebenso wie das aufgegebene Rechtsinstitut der werdenden Gemeinschaft der Wohnungseigentümer hat das verbliebene Rechtsinstitut des werdenden Wohnungseigentümers den Sinn, das Demokratisierungsdefizit zu beheben, zu dessen Behebung der *BGH* die werdende Gemeinschaft entwickelt hatte. Es spricht deshalb viel dafür, § 8 Abs. 3 WEG auch auf Aufteilungen nach § 3 WEG anzuwenden, die ein wirkungsgleiches Demokratisierungsdefizit begründen (*Schmidt-Räntsch* ZWE 2022, 2). Bei einer Aufteilung durch Teilungsvertrag gem. § 3 WEG kann derjenige, der seine Einheit von einem der teilenden Eigentümer erwirbt, als werdender Wohnungseigentümer anzusehen sein; das kommt jedenfalls dann in Betracht, wenn aus objektivierter Erwerbersicht eine strukturelle Vergleichbarkeit mit einer einseitigen Aufteilung gemäß § 8 WEG durch einen Bauträger gegeben ist, weil das Gebäude seitens der teilenden Eigentümer errichtet oder grundlegend saniert und zumindest ein Teil der Einheiten im Zuge der Aufteilung veräußert werden soll (*BGH* – V ZR 33/20, ZMR 2021, 595).

51 Der *BGH* hatte bereits vor dem WEMoG den Erwerber von Wohnungseigentum, der den Erwerbsvertrag vor Entstehen der Gemeinschaft der Wohnungseigentümer abschließt und zu dessen Gunsten eine Auflassungsvormerkung eingetragen wird, auch dann als werdenden Wohnungseigentümer angesehen, wenn er den Besitz an der Wohnung erst nach (!) dem Entstehen (Vollzug) der Gemeinschaft erlangt (*BGH* – V ZR 196/11, ZMR 2012, 711 = NJW 2012, 2650). Dies gilt erst Recht bei der jetzigen Vorverlagerung (§ 9a Abs. 1 Satz 2 WEG) der vollen Rechtsfähigkeit der Gemeinschaft.

52 Die Ausweitung der Grundsätze zum werdenden Eigentümer kommt dem Erstveräußerer zu Gute, der dadurch früher aus der Zahlungspflicht für Vorschüsse basierend auf dem Wirtschaftsplan ausscheidet. Der Ersterwerber kann dafür früher die Gemeinschaft – wie ein Wohnungseigentümer – mitgestalten.

53 Eine nicht einfache Aufgabe ist es für den, der zu einer Eigentümerversammlung einlädt und diese durchführt, darauf zu achten, alle Berechtigten zur Versammlung einzuladen und Ihnen dort das Anwesenheits-, Rede- und Stimmrecht zu verschaffen. Berechtigt sind nicht nur die im Grundbuch bereits eingetragenen Eigentümer, sondern auch die Erwerber, die aufgrund gesicherter Rechtsposition nach § 8 Abs. 3 WEG als »werdende« Eigentümer zu behandeln sind und auch die Erwerber, die für den Einladenden erkennbar bzw. bekannt im Erwerbsvertrag das Recht erhalten haben, ab Übergang von Besitz, Nutzen und Lasten das Stimmrecht für den Veräußerer auszuüben.

3. Die Beschlusskompetenz

54 In der Eigentümerversammlung werden nur über die Angelegenheiten mehrheitliche Entscheidungen herbeigeführt, über die entweder nach dem Gesetz oder nach einer Vereinbarung der Eigentümer durch Beschluss entschieden werden kann. Die Gemeinschaft der Wohnungseigentümer bedarf der ausdrücklichen Kompetenzzuweisung. (*BGH* – V ZB 58/99, ZMR 2000, 771 = ZWE 2000, 518). Bis zum Jahr 2000 waren die obergerichtliche Rechtsprechung und die Literatur weitgehend davon ausgegangen, dass alles mehrheitlich beschlossen werden kann, was nicht gegen Kernbereiche des Wohnungseigentumsrechtes verstößt. Durch die sog. erste »Jahrhundertentscheidung« des *BGH*

vom 20.09.2000 wurden die Möglichkeiten zur Regelung von Sachverhalten durch Mehrheitsbeschluss erheblich eingeschränkt (sog. *Wenzel*'scher Dreiklang; *Riecke/Schmidt* ETV 3. Aufl. S. 39).

Ein Beschluss, dem die Beschlusskompetenz fehlt, ist nichtig. Solche Beschlüsse entfalten keine Rechtswirkung. Dies gilt grundsätzlich auch für Beschlüsse, die in der Vergangenheit in der Annahme gefasst worden sind, dass sie bestandskräftig werden können. Eine Vielzahl in der Vergangenheit herbeigeführter Mehrheitsbeschlüsse dürfen deswegen von den Verwaltern nicht mehr angewendet werden; die Eigentümer haben keine Möglichkeit mehr, sich auf die (vermeintliche) Bestandskraft der »Zitter«-Beschlüsse zu berufen. Ausnahmen sind möglich, wenn dies der Grundsatz von Treu und Glauben gebietet. Dies wird insbesondere dann der Fall sein, wenn die Gemeinschaft oder ein einzelner Eigentümer im Vertrauen auf die Bestandskraft eines Mehrheitsbeschlusses finanzielle Aufwendungen getätigt hat (*BGH* – V ZB 58/99, ZMR 2000, 771 = ZWE 2000, 518). Eine Ausnahme gilt auch, wenn ein Beschluss nach gerichtlicher Prüfung und deren Rechtskraft als bestehend festgestellt oder eine Anfechtungsklage rechtskräftig abgewiesen wurde (vgl. § 48 Abs. 4 WEG a.F.). Hier tritt die Bindung der Rechtsnachfolger und die Bindung der übrigen Eigentümer durch die Rechtskraft der Entscheidung ein. Nichtige frühere Beschlüsse wurden weder durch die WEG-Novelle 2007 ab 01.07.2007 noch durch das WEMoG mit Wirkung ab 01.12.2020 wirksam, auch wenn dort teilweise neue Beschlusskompetenzen geschaffen wurden. Wollen die Eigentümer nichtige Beschlüsse zum Leben erwecken und anwenden, müssen sie auf der Grundlage der neuen gesetzlichen Beschlusskompetenzen erneut gefasst werden (*LG München I* ZMR 2013, 136 = ZWE 2013, 224). 55

Das Gesetz sieht vier Teilbereiche vor, innerhalb derer Mehrheitsbeschlüsse möglich sind: 56

a) Zur Regelung des Rechtsverhältnisses der Eigentümer untereinander ist grundsätzlich kein Beschluss möglich. Es fehlt die Beschlusskompetenz; deswegen ist eine Vereinbarung nötig. Eine Ausnahme gilt dann, wenn vereinbart wurde, dass ein bestimmtes Thema durch einen Mehrheitsbeschluss geregelt werden kann (vereinbarte Öffnungsklausel im Sinne einer Anpassungsvereinbarung). Eine solche vereinbarte Beschlussmöglichkeit kann davon abhängig gemacht werden, dass eine bestimmte, qualifizierte Mehrheit (Quorum) erreicht wird. Die Macht eines einfachen Mehrheitsbeschlusses reicht dann nicht aus. Wird dennoch ein Beschluss nur mit einfacher Mehrheit herbeigeführt und als Beschluss vom Versammlungsleiter festgestellt, ist dieser Beschluss nicht nichtig, sondern lediglich anfechtbar, da Beschlusskompetenz besteht. Die Frage, ob das Nichterreichen des Quorums bei einer vereinbarten »Öffnungsklausel« zur Nichtigkeit oder zur bloßen Anfechtbarkeit eines Mehrheitsbeschlusses führt, hat grundsätzliche Bedeutung. Die Problematik ist bisher zur aktuellen Gesetzeslage noch nicht höchstrichterlich geklärt. *BGH* – V ZR 162/10, ZMR 2011, 652 ist insoweit unklar (vgl. *LG München I* ZMR 2014, 480). 57

b) Neben die vereinbarten Öffnungsklauseln treten mit gleicher Wirkung die gesetzlichen Öffnungsklauseln, die den Eigentümern Beschlusskompetenz geben, wie § 16 Abs. 2 S. 2 WEG für die Änderung des Verteilerschlüssels. 58

c) Benutzungs- und Gebrauchsregelungen können nach § 19 Abs. 1 WEG dann mehrheitlich beschlossen werden, wenn es zu dem Thema noch keine entgegenstehende Vereinbarung gibt. Wird trotzdem ein Beschluss herbeigeführt und vom Versammlungsleiter festgestellt, ist dieser Beschluss nach h.M. nichtig (*BGH* – V ZB 58/99, ZMR 2000, 771 = ZWE 2000, 518; *BGH* – V ZB 51/03, ZMR 2004, 438 Leitsatz 3; *Hügel/Elzer* § 19 Rn. 18). Die Annahme, solche Beschlüsse führten zur Nichtigkeit, resultiert aus einem Umkehrschluss des gesetzlichen Wortlauts. In § 19 Abs. 1 WEG wurde eine Beschlusskompetenz geschaffen, ohne zugleich eine Beschlussfassung bei Vorliegen einer Vereinbarung als »unzulässig« zu bezeichnen, wie es etwa in § 26 Abs. 5 WEG zum Ausdruck kommt. Die Beschlusskompetenz wurde unter den Vorbehalt gestellt, dass die Benutzung nicht bereits durch Vereinbarung geregelt ist. Wurden im Vertrauen auf die Geltung einer Vereinbarung von Eigentümern Dispositionen getroffen, ist das Vertrauen geschützt. Wenn ein Eigentümer z.B. einen Mietvertrag abschließt und die vereinbarten Benutzungs- oder Gebrauchsregeln der Hausordnung zum Bestandteil des Mietvertrages macht, muss er sich darauf verlassen können, dass die Gemeinschaft der Wohnungseigentümer diese Vorgaben 59 nicht willkürlich entzieht. In diesem Fall kann der Eigentümer den Beschluss anfechten; er ist nicht ordnungsmäßig.

60 d) Maßnahmen der Verwaltung nach § 19 Abs. 1 WEG können mehrheitlich beschlossen werden. Eine Vereinbarung hat Vorrang. Wird trotz einer Vereinbarung ein Beschluss herbeigeführt und vom Versammlungsleiter festgestellt, ist zu unterscheiden: (a) Ein Beschluss ist nicht nichtig, sondern lediglich anfechtbar, wenn Beschlusskompetenz besteht, weil der Inhalt des Beschlusses dem Vereinbarten nicht entgegensteht. (b) Beschlüsse, die inhaltlich entgegen einer Vereinbarung oder entgegen den Vorgaben des Gesetzes mit Wirkung für die Zukunft gefasst wurden, sind wegen der fehlenden Beschlusskompetenz nichtig.

Dies gilt nicht für die gesetzlichen Beschlusskompetenzen in §§ 12 Abs. 4, 16 Abs. 2 Satz 2, 20 WEG, die dem Vereinbarungsvorbehalt entzogen wurden. Dazu bestehende Vereinbarungen können durch Mehrheitsbeschluss auch mit Wirkung für die Zukunft verändert werden.

4. Die Rechtsnatur des Eigentümerbeschlusses

61 Bei einem Beschluss in der Eigentümerversammlung handelt es sich um einen rechtsgeschäftlichen Gesamtakt (vgl. Bärmann/*Dötsch* § 23 Rn. 56), durch den mehrere gleichgerichtete Willenserklärungen gebündelt werden (*BGH* – V ZB 30/02, ZMR 2002, 930). Der Beschluss unterscheidet sich von einem Vertrag, weil er nicht die Zustimmung sämtlicher Eigentümer voraussetzt, sondern Bindungswirkung auch gegenüber den überstimmten oder den der Versammlung ferngebliebenen Wohnungseigentümern entfaltet. Dennoch erfüllt er die Merkmale eines Rechtsgeschäfts, da sein wesentlicher Bestandteil eine oder mehrere Willenserklärungen sind und er die kollektive und rechtsverbindliche Entscheidung der Gemeinschaft über einen Antrag zum Ausdruck bringt (*OLG Hamm* OLGR Hamm 2005, 28). Jedenfalls gilt dies dort, wo die Beschlüsse nicht lediglich interne Wirkung haben, sondern auf die Begründung, Änderung oder Aufhebung rechtlicher Befugnisse oder Pflichten gerichtet sind (*BGH* – V ZB 11/98, ZMR 1999, 41 = NJW 1998, 3713). Zu Einzelheiten vgl. oben *Skauradszun* Vor §§ 23 ff. WEG sowie *ders.* Der Beschluss als Rechtsgeschäft 2020.

62 Die Stimmabgaben sind einseitige, empfangsbedürftige Willenserklärungen. Empfänger der Erklärungen i.S.v. § 130 BGB sind die übrigen anwesenden Eigentümer, wenn solche anwesend oder vertreten sind. Mit der Wahrnehmung durch sie wird die Stimmabgabe wirksam (*BayObLG* ZMR 1996, 151 = BayObLGZ 1995, 407). Die Stimmabgabe unterliegt als Willenserklärung den allgemeinen Regeln des BGB für Willenserklärungen, auch den Vorschriften über die Anfechtbarkeit (*BayObLG* ZMR 2000, 467 = BayObLGZ 2000, 66).

63 Der (frühere) Streit darüber, wann die Eigentümer einen Beschluss und wann sie eine Vereinbarung (zur Abgrenzung vgl. Staudinger/*Häublein* 2023 § 23 Rn. 15 ff., 19, der eine Abgrenzung nach dem Regelungsinhalt ablehnt; *Häublein* ZMR 2001, 165, 169) herbeigeführt haben, hat an Bedeutung verloren. Der *BGH* hat in seiner Entscheidung vom 23.08.2001 als konstitutive Voraussetzung für einen Beschluss gefordert, dass ein Mehrheitsbeschluss als solcher festgestellt und bekannt gemacht wird (*BGH*, V ZB 10/01, ZMR 2001, 809 = ZWE 2001, 530). Die Umdeutung oder Auslegung eines derartig verkündeten Beschlusses der Gemeinschaft der Wohnungseigentümer in eine Vereinbarung ist wegen der eindeutig dokumentierten Willensbildung in der Form des Beschlusses regelmäßig nicht mehr möglich. Nur dann soll bei Allstimmigkeit der Eigentümer eine in Beschlussform gekleidete Regelung als schuldrechtliche Vereinbarung auslegbar sein, wenn ihr Gegenstand mangels Beschlusskompetenz einer Mehrheitsentscheidung nicht zugänglich ist (*BayObLG* ZMR 2002, 848). Dies scheidet aus, wenn auch nur ein Eigentümer beim »allstimmigen Beschluss« vertreten wurde und die Vollmacht nur für eine Beschlussfassung – nicht aber für eine Vereinbarung – galt.

5. Die Entstehung eines Mehrheitsbeschlusses

64 Weil der Beschluss in der Sache und hinsichtlich seiner Geltungsdauer weitreichende Folgen entfalten kann, wurde vom Gesetz der Weg zum Beschluss formal vorgezeichnet. Jeder Fehler auf dem Weg zum Beschluss kann dessen Ordnungsmäßigkeit infrage stellen und für ein Gericht nach Anfechtung Anlass sein, den Beschluss für ungültig zu erklären. Neben den gesetzlichen sind auch

vereinbarte Vorgaben auf dem Weg zu einem ordnungsmäßigen Beschluss zu beachten. Macht die Teilungserklärung/Gemeinschaftsordnung die Gültigkeit der Beschlüsse der Gemeinschaft von der Protokollierung und der Unterzeichnung des Protokolls von zwei Erbbauberechtigten bzw. Eigentümern abhängig, muss das Protokoll von zwei verschiedenen natürlichen Personen unterzeichnet werden, die entweder selbst Erbbauberechtigte bzw. Eigentümer sind oder für sich oder andere Erbbauberechtigte bzw. Eigentümer handeln und in der Versammlung anwesend waren (*BGH* – V ZR 178/11, ZMR 2012, 644 = NJW 2012, 2512; vgl. auch Bärmann/*Dötsch* § 23 Rn. 343).

a) Formulierung und Rechtsnatur des Antrags

Die Eigentümer stimmen über einen konkreten, vorformulierten Beschlussantrag ab. Nur dann ist 65 der Versammlungsleiter in der Lage, den Beschluss exakt in die Beschluss-Sammlung zu übertragen. § 24 Abs. 7 WEG verlangt die Aufnahme des Beschlusswortlautes. Dies gilt insbesondere dann, wenn während der Eigentümerversammlung über den Wortlaut längere Zeit intensiv diskutiert wurde und dadurch ein ursprünglicher Antrag oder Entwurf inhaltlich geändert wurde. Eine Unterbrechung der Versammlung zur Formulierung des (neuen) Antrages gehört zur ordnungsgemäßen Versammlungsleitung.

Inhaltlich legt der Antrag den Gegenstand der Beschlussfassung fest. Wesentlich ist, dass der Ver- 66 sammlungsleiter dafür Sorge trägt, dass der Wortlaut für die Eigentümer verständlich und unmissverständlich ist. Nötigenfalls sind Beschlüsse »aus sich heraus« – objektiv und normativ – auszulegen (*BGH* – V ZB 11/98, ZMR 1999, 41 = NJW 1998, 3713). Verneinende Formulierungen sind möglichst zu vermeiden, weil Eigentümer dann häufig nicht erkennen, dass sie für eine Ablehnung der Maßnahme mit Ja stimmen müssen (*»Wer ist dafür, dass die Dachsanierung nicht durchgeführt wird?«*). Bei einer positiven Formulierung der Fragestellung treten diese Irritationen nicht auf (vgl. auch Staudinger/*Häublein* 2023 § 23 Rn. 23 ff.).

Inhaltlich darf sich der Antrag wegen der Vorgabe in § 23 Abs. 2 WEG nicht zu weit von dem 67 Thema entfernen, zu dem unter diesem Tagesordnungspunkt eingeladen wurde. Nicht immer schon die schlagwortartig formulierten Tagesordnungspunkte (*BGH* – V ZR 129/11, ZMR 2012, 380 = NJW-RR 2012, 343), sondern (erst) die gefassten Beschlüsse müssen so genau formuliert werden, dass die Eigentümer überblicken können, was in tatsächlicher und rechtlicher Hinsicht erörtert und beschlossen wurde und welche Auswirkungen der Beschluss insoweit auf die Gemeinschaft und sie selbst hat.

Ist ein Beschluss inhaltlich völlig unbestimmt (*Riecke* ZMR 2018, 173 ff.; *AG Hamburg-St. Georg*, 68 Urt. v. 10.12.2021 – 980b C 9/21, ZMR 2022, 254) und/oder unverständlich, ist er nichtig. Ist der Inhalt noch erkennbar und vollziehbar, kann er nach fristgerechter Anfechtung für ungültig erklärt werden. Die Beschlussfassung zur Ersetzung einer defekten Wohnungseingangstür (früher: modernisierende Instandsetzung; vgl. zur heutigen Qualifizierung als modernisierende Erhaltung, nicht als bauliche Veränderung: *Dt. Ständiges Schiedsgericht* ZMR 2022, 590 m. Anm. *Agatsy*; Bärmann/*Dötsch* § 19 Rn. 163, § 20 Rn. 48, § 21 Rn. 23 ff.; *Riecke* ZMR 2023, 178) wurde als nicht ordnungsgemäß angesehen, weil nicht erkennbar war, welche Mindestdurchgangsbreite toleriert wird (*OLG Düsseldorf* ZMR 2009, 55 = NZM 2008, 612). Bei der Beurteilung der Bestimmbarkeit können Begleitumstände herangezogen werden, die in der Versammlungsniederschrift zum Ausdruck gekommen sind (*LG Hamburg* ZMR 2009, 314). Die Verweisungstechnik im Beschluss der Wohnungseigentümer, wonach auf ein präzise bezeichnetes Schreiben Bezug genommen werden kann (*BGH* – V ZR 104/15, ZMR 2016, 638), entspricht nur ordnungsmäßiger Verwaltung, wenn dieses Schreiben selbst bestimmt genug formuliert ist (*AG Hamburg-Blankenese* ZMR 2017, 765). Ein Beschluss, durch den der Verwaltungsbeirat zum Abschluss des Verwaltervertrages beauftragt und bevollmächtigt wird, ist ohne gerichtliche Anfechtung wirksam. Eine nicht näher beschriebene Vollmacht ermächtigt i.d.R. den Verwaltungsbeirat zum Abschluss eines Verwaltervertrags, der ordnungsmäßiger Verwaltung entspricht. Die Verabredung von Haftungsbeschränkungen bedarf einer ausdrücklichen Ermächtigung, da ein entsprechender Vertrag über die gesetzliche Regelung hinausgeht (*OLG Frankfurt am Main* ZMR 2008, 985). Eigentümerbeschlüsse, die Dauerregelungen enthalten, sind i.d.R. anhand des Beschlusswortlauts unter Berücksichtigung des sonstigen Protokollinhalts auszulegen. Maßgeblich ist der objektive Erklärungswert; auf die subjektiven Vorstellungen der Abstimmenden, die voneinander abweichen können, kommt es nicht an (*OLG Frankfurt am Main* ZMR 2009, 56).

69 Der Antrag selbst ist nicht als Willenserklärung, sondern als geschäftsähnliche Handlung zu qualifizieren, auf die die Regelungen weitgehend anwendbar sind (Staudinger/*Häublein* 2023 § 23 Rn. 26).

b) Antrags- und Überprüfungsberechtigung

70 Antragsberechtigt für die Aufnahme eines Tagesordnungspunktes sind alle Eigentümer. Dies ergibt sich aus dem Teilnahme- und Abstimmungsrecht gem. § 25 Abs. 1 und 2 WEG; ebenso aus dem Anspruch auf ordnungsmäßige Verwaltung nach § 18 Abs. 2 WEG. Antragsberechtigt ist auch der Verwalter, was aus § 27 WEG abgeleitet werden kann. Daraus ergibt sich auch der Pflichtenkreis des Verwalters im Innenverhältnis. Im Wechselspiel der Aufgabenzuweisung hat der Verwalter die Eigentümer aufzuklären, welche Maßnahmen ordnungsmäßiger Verwaltung nötig sind, damit sie mehrheitlich entscheiden können, was, wann, mit welchem finanziellen Aufwand erledigt wird. Anschließend ist der Verwalter in der Lage, als Organ der GdWE gefasste Beschlüsse gem. § 27 WEG durchzuführen (Jennißen/*Zschieschack* § 27 Rn. 12 ff.). Der Verwalter sollte auf sachdienliche, hinreichend bestimmte und rechtmäßige Anträge hinwirken. Bleibt der Antragsteller/Eigentümer bei seinem Text, muss er zur Abstimmung gestellt werden. Gerade bei »individualnützigen Anträgen« etwa nach § 20 Abs. 2 WEG (Staudinger/*Häublein*,2023 § 23 Rn. 25) ist es aber dem Eigentümer zumutbar, sich vorher ggf. anwaltlich beraten zu lassen, um einen sachgerechten Antrag stellen zu können.

71 Jeder Eigentümer ist berechtigt, nach §§ 43 Abs. 2 Nr. 4, 44, 45 WEG gerichtlich prüfen zu lassen, ob ein Beschluss formal und inhaltlich den Grundsätzen ordnungsmäßiger Verwaltung entspricht.

72 Der gewählte Verwalter hat dagegen nicht mehr das Recht, einen Mehrheitsbeschluss gerichtlich anzufechten, auch nicht, wenn dieser sein Rechtsverhältnis zur Gemeinschaft der Wohnungseigentümer oder zu den Eigentümern betrifft, etwa im Fall der Abberufung (anders zum alten Recht: *BGH* – V ZB 39/01, ZMR 2002, 766). Der Verwalter ist nicht mehr als Kläger einer Anfechtungsklage in § 44 Abs. 1 WEG vorgesehen. Auch der Verband, vertreten durch den Verwalter wird als Kläger eines Beschlussanfechtungsverfahrens in § 44 WEG nicht genannt. Führen die Eigentümer trotz entsprechender Hinweise des Verwalters z.B. nicht die nötigen Beschlüsse herbei, um die Zahlungsfähigkeit sicherzustellen oder beschließen sie Maßnahmen, die erkennbar die finanzielle Leistungsfähigkeit des Verbands übersteigen, kann der Verwalter die Verweigerungshaltung der Eigentümer nicht gerichtlich prüfen lassen.

c) Abstimmung

73 Werden mehrere (Vergleichs-)Angebote vorgestellt, muss über jedes Angebot abgestimmt werden, sofern nicht für ein Angebot die absolute Mehrheit stimmt und die Wohnungseigentümer nur eine Ja-Stimme abgeben können. Liegt diese Ausnahme nicht vor, darf die Abstimmung über die weiteren Angebote nicht abgebrochen werden, weil dann nicht festgestellt werden kann, ob die erforderliche Mehrheit erreicht ist. Bei einem Abstimmungsverfahren, in dem den Wohnungseigentümern je Angebot ein Stimmrecht zusteht, das unabhängig von ihrem vorangegangenen Stimmverhalten ausgeübt werden kann, können auch die nachfolgenden Angebote in den einzelnen Abstimmungen mehr Ja- als Nein-Stimmen auf sich vereinigen (vgl. *BGH* – V ZR 324/17, ZMR 2019, 776 zur Wahl eines Verwalters; *AG Sonthofen* ZMR 2022, 161 zur Beiratswahl).

74 Die Eigentümer können in beliebiger Form abstimmen. Wenn die Gemeinschaftsordnung nichts regelt, kann die Stimmabgabe offen oder geheim (nicht im Fall der §§ 20, 21 WEG) erfolgen. Der Versammlungsleiter kann dies vorgeben oder vor der Abstimmung einen Geschäftsordnungsbeschluss herbeiführen, in welcher Form abgestimmt wird. Bei Beschlussfassungen zu baulichen Veränderungen gem. § 20 WEG hat der Versammlungsleiter darauf zu achten, die zustimmenden Eigentümer,

namentlich zu erfassen, weil gem. § 21 WEG die Kostentragungspflicht von der Zustimmung abhängen kann, wenn nicht eine Kostenregelung nach § 21 Abs. 5 WEG (Zitterbeschluss) getroffen oder ein bedingter Doppelbeschluss (vgl. dazu *Riecke* ZWE 2022, 20 ff.) gefasst wurde. Der Versammlungsleiter hat die abgegebenen Stimmen auszuzählen. Er prüft auch die Gültigkeit der Stimmen (*BayObLG* NZM 2005, 262). Um taktisches Abstimmverhalten zu minimieren, könnte qua Geschäftsordnungs-Beschluss (analog § 197 GVG) etwa geregelt werden: *»Bei der nachfolgenden Abstimmung zum Antrag… zu TOP …. betr. die bauliche Veränderung …. sind die Stimmen in folgender Reihenfolge abzugeben: (z.B.) nach Auflistung der WE-Einheiten gemäß TE vom …«* Da der Versammlungsleiter die Art der Stimmabgabe vorgeben darf, also etwa durch Handzeichen oder durch Stimmzettel und auch entscheiden kann und darf, ob zunächst NEIN- oder zunächst JA-Stimmen abgefragt werden, ist auch diese Art der Stimmabgabe m.E. ordnungsmäßig. Denn: Was der Versammlungsleiter kraft seiner Funktion entscheiden darf, kann das Kollektivorgan auch durch Verfahrensbeschluss bzw. Geschäftsordnungsbeschluss entscheiden. Selbst wenn in der Einladung ein bestimmtes Vorgehen (hier: Abfrage erst der Nein-Stimmen und dann der Enthaltungen) angekündigt ist, bindet dies den Verwalter/Versammlungsleiter nicht. Dieses »umgekehrte« Subtraktionsverfahren führt auch nicht zu einer formellen Rechtswidrigkeit des Beschlusses (*LG München I* ZMR 2016, 569). Der Versammlungsleiter sollte deshalb am Anfang der Eigentümerversammlung oder spätestens vor der jeweiligen Beschlussfassung deutlich machen, welcher Methode der Stimmabgabe und -auszählung er sich bedienen wird (vgl. Staudinger/*Häublein* 2023 § 23 Rn. 250 ff.).

Soweit durch Gemeinschaftsordnung oder Geschäftsordnungsbeschluss nichts anderes geregelt ist, kann der Versammlungsleiter das tatsächliche Ergebnis einer Abstimmung durch die »Subtraktionsmethode« (dazu, dass dies rechtsgeschäftlich nicht richtig ist: *Skauradszun* Der Beschluss als Rechtsgeschäft 2020 S. 83 f.) feststellen. Dies dient der Beschleunigung der Auszählung. Dabei werden z.B. nach Auszählung der Ablehnungen und Enthaltungen die Zustimmungen als Ergebnis errechnet. Diese Methode setzt voraus, dass im Zeitpunkt der jeweiligen Abstimmung die Anzahl der anwesenden und vertretenen Wohnungseigentümer und – bei Abweichung vom Kopfprinzip – auch deren Stimmkraft feststeht (*BGH,* V ZB 37/02, ZMR 2002, 936). 75

Gibt es weder vereinbarte noch beschlossene Vorgaben, bedarf es nur dann keiner organisatorischen Maßnahmen zur exakten Feststellung der anwesenden und vertretenen Wohnungseigentümer und deren Stimmkraft sowie der genauen Zahl der abgegebenen Ja- und Nein-Stimmen sowie der Enthaltungen, wenn eindeutige Verhältnisse und klare Mehrheiten vorliegen (*BayObLG* NZM 2005, 262). Die Eigentümer können vorab entscheiden, ob sie abstimmen wollen. Nach einer Einladung zur »Neuwahl des Verwaltungsbeirats« kann zunächst eine Abstimmung darüber herbeigeführt werden, ob überhaupt der Beirat neu zu bestellen ist. Die Neuwahl kann dann vom Ausgang dieser Abstimmung abhängig gemacht werden (*OLG München* ZMR 2007, 996). Es ist nunmehr zusätzlich vor der Wahl des Verwaltungsbeirates zwingend über die entsprechende Anzahl der Beiratsmitglieder zu beschließen (*AG Sonthofen,* Urt. v. 27.10.2021 – 5 C 228/21, ZMR 2022, 161). 76

Die in der Eigentümerversammlung abgegebene Stimme kann nach ihrem Zugang bei dem Versammlungsleiter nicht mehr widerrufen werden (*BGH* – V ZR 254/11, ZMR 2012, 980 = NJW 2012, 3372). Der Versammlungsleiter darf einen Widerruf einzelnen Eigentümern auch nicht gestatten (vgl. Staudinger/*Häublein* 2023 § 23 Rn. 258). 77

Wird ausweislich des Versammlungsprotokolls zu einem Tagesordnungspunkt lediglich »einstimmiges Einverständnis« herbeigeführt, liegt keine Beschlussfassung i.S.d. des Gesetzes vor (*AG Bremen* NZM 2008, 454), wenn nicht von einer konkludenten Beschlussverkündung (*LG Hamburg* ZMR 2012, 572) ausgegangen werden kann. 78

d) Beschlussfeststellung; Beschlussverkündung

Der Leiter einer Eigentümerversammlung hat bereits in der Eigentümerversammlung festzustellen, dass eine gemeinschaftsinterne Willensbildung stattgefunden und zu einem bestimmten Ergebnis 79 geführt hat (*BGH* – V ZB 10/01, ZMR 2001, 809 auch zur konkludenten Beschlussfeststellung bei klarem Abstimmungsergebnis). Der Beschluss selbst darf nicht bedingt verkündet werden; Bedingungen darf der Beschluss jedoch enthalten (vgl. *Riecke* ZWE 2022, 25 unter II.). Zu Herleitung und Meinungsstand der Beschlussverkündung vgl. Staudinger/*Häublein* 2023 § 23 Rn. 30 ff. Soweit *Häublein* aus der Tautologie in dem – in letzter Minute doch nicht durch das WEMoG abgeschafften – § 24 Abs. 7 S. 2 WEG (»verkündete Beschlüsse«) das Verkündungserfordernis ableiten will, überzeugt dies allerdings nicht. Nach *Häublein* (Staudinger 2023 § 23 Rn. 43) soll die Aufnahme des Beschlusses in die Beschluss-Sammlung zu einer Heilung des Verkündungsmangels führen. *Häublein* argumentiert mit der nötigen Rechtssicherheit und meint, dass sonst zeitlich unbefristet (!) Beschlüsse angegriffen werden könnten, wenn diese erst im Protokoll oder der Beschluss-Sammlung erstmals (konkludent) verkündet wurden.

80 Durch eine Vereinbarung kann das Verkündungserfordernis abgeändert oder ganz abbedungen werden (Staudinger/*Häublein* 2023 § 23 Rn. 66).

81 Die Feststellung des Beschlussergebnisses durch den Versammlungsleiter bestimmt konstitutiv, dass und mit welchem Inhalt ein Beschluss zustande kam. Entspricht das festgestellte und verkündete Beschlussergebnis nicht den tatsächlichen und rechtlichen Verhältnissen, so stellt dies einen Anfechtungs-, keinen Nichtigkeitsgrund dar (*OLG München* ZMR 2007, 480). Da nach § 45 WEG die Anfechtung von Eigentümerbeschlüssen nur innerhalb der kurzen Frist von einem Monat seit der Beschlussfassung möglich ist, sind die Anfechtungsberechtigten darauf angewiesen, von einem bestimmten Beschlussergebnis ausgehen zu können. Das dient der notwendigen Rechtssicherheit der Eigentümer, insbesondere derjenigen, die an der Versammlung nicht teilgenommen haben. Wäre eine förmliche Feststellung nicht erforderlich, müssten die Eigentümer auf eigenes Risiko zunächst eine Interpretation des Abstimmungsergebnisses innerhalb laufender Anfechtungsfrist vornehmen. Mit der danach notwendigen Ermittlung des objektivierten Beschlusswillens sind die Eigentümer überfordert. Sowohl die Ermittlung des richtigen Abstimmungsergebnisses als auch seine Beurteilung anhand der rechtlichen Mehrheitserfordernisse setzen Rechtskenntnisse voraus, die von den Eigentümern weder erwartet werden können noch verlangt werden dürfen (*BGH* – V ZB 10/01, ZMR 2001, 809).

82 Die für das Entstehen und das Wirksamwerden (*BGH* – V ZR 141/19, ZMR 2020, 772 Rn. 14; zu dieser eher akademischen Unterscheidung vgl. grundlegend *Skauradszun*, Der Beschluss als Rechtsgeschäft S. 84 ff.; kritisch dazu Staudinger/*Häublein* 2023 § 23 Rn. 35 ff., 37a) eines Eigentümerbeschlusses erforderliche Feststellung und Verkündung des Beschlussergebnisses muss nicht gem. § 24 Abs. 6 WEG in das Versammlungsprotokoll aufgenommen werden und kann auch in konkludenter Weise geschehen (*OLG Celle* NZM 2005, 308). Allerdings ist zu beachten, dass dann, wenn der Beschluss nach § 10 Abs. 3 letzter Satz WEG auch für Sondernachfolger gelten soll, für die Auslegung nur solche Umstände Berücksichtigung finden können, die für jedermann ohne Weiteres erkennbar sind. Sie müssen sich aus dem Protokoll und aus der Beschluss-Sammlung ergeben. Allein aus dem Fehlen einer Beschlussfeststellung im Protokoll lässt sich regelmäßig noch nicht schließen, dass ein Beschluss nicht zustande gekommen ist, im Zweifel wird vielmehr bei einem protokollierten klaren Abstimmungsergebnis von einer konkludenten Beschlussfeststellung auszugehen sein (*BGH* – V ZB 10/01, ZMR 2001, 809; *LG Hamburg* ZMR 2012, 572).

83 Feststellung und Verkündung des Beschlussergebnisses müssen schon in der Eigentümerversammlung erfolgen. Nur bei diesem Verständnis ist die Rechtssicherheit gewährleistet, auf die Eigentümer insbesondere wegen der nur einmonatigen Anfechtungsfrist nach § 45 WEG angewiesen sind. Die Pflicht des Versammlungsleiters, dass Zustandekommen eines Beschlusses festzustellen und dessen Inhalt zu verkünden, erfasst auch ordnungswidrige/rechtswidrige Beschlüsse (Staudinger/*Häublein* 2023 § 23 Rn. 59).

84 Ist eine Feststellung oder Bekanntgabe des Beschlussergebnisses in der Eigentümerversammlung unterblieben, können die Eigentümer eine möglicherweise konkludente Feststellung (*LG Hamburg* ZMR 2012, 572) und Bekanntgabe des Beschlussergebnisses unterstellen und den damit zustande

gekommenen Beschluss rechtzeitig anfechten. Sie brauchen dann weder abzuwarten, bis eine Beschlussfeststellung oder -verkündung nachgeholt wird (wofür sich eine bestimmte Frist nicht herleiten lässt), noch müssen sie befürchten, dass für diesen Fall ein Beschlussergebnis Verbindlichkeit erlangt, das mit ihrer eigenen Auslegung nicht übereinstimmt. Ist auch eine konkludente Feststellung und Bekanntgabe des Beschlussergebnisses nicht erfolgt, so können die Eigentümer, wie im Fall einer vom Versammlungsleiter ausdrücklich verweigerten Beschlussfeststellung und -verkündung, um eine gerichtliche Entscheidung nachsuchen (*OLG München* ZMR 2007, 480), ohne dass ein Nachholen des Versäumten zur Unzulässigkeit des anhängig gemachten Verfahrens führt (*BGH* – V ZB 10/01, ZMR 2001, 809).

Lehnt es der Versammlungsleiter ab (pflichtwidrig oder weil er sich hierzu wegen tatsächlicher oder rechtlicher Schwierigkeiten bei der Bewertung des Abstimmungsergebnisses außer Stande sieht) ein Beschlussergebnis festzustellen, kann eine nicht fristgebundene (Beschluss-)Feststellungsklage nach § 43 Abs. 2, 44 WEG erhoben werden (Staudinger/*Häublein* 2023 § 23 Rn. 58). Die rechtskräftige Feststellung des Beschlussergebnisses durch das Gericht ersetzt die unterbliebene Feststellung des Versammlungsleiters und komplettiert so den Tatbestand für das Entstehen eines Eigentümerbeschlusses (*BGH* – V ZB 10/01, ZMR 2001, 809; *AG Hamburg-Blankenese* – 539 C 27/08, ZMR 2008, 1001). Das Gericht muss einen angegriffenen nicht verkündeten Beschluss erst feststellen (a.A. *Müller* NZM, 2003, 226). Denn vor der konstitutiven Feststellung des Beschlussergebnisses durch das Gericht gibt es keinen Beschluss, den das Gericht auf seine Wirksamkeit hin überprüfen könnte. Ist ein Urteil, das einen Beschluss der Wohnungseigentümer ersetzt, rechtskräftig geworden, steht mit Wirkung für und gegen die Wohnungseigentümer und deren Sondernachfolger fest, dass der (ersetzte) Beschluss gültig ist; daher kann nicht mehr geltend gemacht werden, er sei nichtig, und zwar auch dann nicht, wenn die Beschlussersetzung (§ 44 Abs. 1 Satz 2 WEG) durch Versäumnisurteil erfolgt ist (*BGH* – V ZR 148/17; ZMR 2018, 608). Vielfach wird die Ordnungsmäßigkeit des zu schaffenden Beschlusses auch als Streitgegenstand einer solchen Klage angesehen. Zwar sind bloße Anfechtungsgründe – anders als Nichtigkeitsgründe, die nicht per Feststellungsklage wirksam werden können – nicht von Amts wegen zu berücksichtigen (*Elzer* ZMR 2008, 1004, 1005). Wer trotzdem eine »two-in-one-Prüfung« des Gerichts aus prozessökonomischen Gründen bejaht, muss bei der Tenorierung jedenfalls klarstellen, dass ein »wirksamer« (!) Beschluss gefasst wurde (*AG Hamburg-Blankenese* – 539 C 27/08, ZMR 2008, 1001; *Riecke* WE 2004, 34, 39; *Riecke/Schmidt/Elzer* ETV, 4. Aufl. Rn. 720; *OLG Celle* – 4 W 350/93, NJW-RR 1994, 977, Juris Rn. 30: Das Gericht ist nicht Vormund der GdWE). Die Verkündung erkennbar nichtiger Beschlüsse ist unzulässig (*Kümmel* ZWE 2006, 278, 282). Auch die gerichtliche Nachholung der Verkündung würde nicht zu deren Wirksamkeit führen. Abzulehnen ist die Ansicht von *Wobst* (ZWE 2020, 383, 385) der von einer Verkündungspflicht auch bei Nichtigkeit ausgeht. Wenn die Verkündung bei schwieriger Abgrenzung zwischen Nichtigkeit und bloßer Anfechtbarkeit unterbleibt, handelt der Versammlungsleiter noch nicht pflichtwidrig. Es ist auch nicht widersprüchlich, wenn der Verwalter im umgekehrten Fall trotz Verkündung (durch ihn oder einen als Versammlungsleiter spontan fungierenden Eigentümer) Wirksamkeitsbedenken zu Protokoll gibt und die Beschlussdurchführung später ablehnt. 85

Auch bei dem die Feststellung des Versammlungsleiters ersetzenden Gerichtsbeschluss handelt es sich um eine Voraussetzung für das rechtswirksame Zustandekommen eines Eigentümerbeschlusses (*AG Neukölln* ZMR 2005, 317). Die vorgenannten Grundsätze gelten auch für eine Eigentümerversammlung, an der nur eine Person teilnimmt. Es bedarf zur Wirksamkeit der gefassten Beschlüsse der Kundgabe der Stimmabgabe und der Feststellung und Bekanntgabe des Beschlussergebnisses durch den Versammlungsleiter. Die spätere Abfassung einer Niederschrift reicht insoweit nicht aus (*OLG München* ZMR 2008, 409). 86

e) Beschlusswirkung

Zu unterscheiden ist zwischen Beschlüssen, die sofort Gestaltungswirkung entfalten und solchen 87
die erst durch die GdWE, handelnd durch ihr Organ »Verwalter« umgesetzt/durchgeführt werden

müssen. Zur ersten Kategorie zählen Verbote (Musik in bestimmten Ruhezeiten; Grillen mit Holzkohle auf dem Balkon), neue Kostenverteilerschlüssel (die künftig schlicht angewendet werden sollen) und die zwingend notwendigen Genehmigungsbeschlüsse für die sog. privilegierten baulichen Veränderungen, die der begünstigte Sondereigentümer dann selbst durchführen darf. Zur zweiten Kategorie zählen die Erhaltungsmaßnahmen am gemeinschaftlichen Eigentum. Deren Umsetzung/Durchführung besteht idR in dem Unterzeichnen und Absenden des Werkvertrags an den Unternehmer.

88 Ein Beschluss ist auch für die überstimmte Minderheit und den nicht anfechtungsberechtigten Verwalter bindend. Für Mieter und andere schuldrechtlich Berechtigte hat ein Beschluss z.B. über Hausordnungsregelungen zwar keine direkte Wirkung, aber einzelne Rechte aus dem Mietvertrag kann der vermietende Wohnungseigentümer dann nicht mehr gewähren/erfüllen (vgl. oben Anh. zu § 13 WEG Rdn. 29 ff. zur Inkongruenz von Mietvertrag und Beschlusslage sowie *Jacoby*, Gebrauchsbeschränkungen bei Wohnungseigentum und Miete, ZMR 2012, 669 ff.).

89 Bei noch durchzuführenden Beschlüssen kommt in Betracht ergänzend eine sog. Durchführungsbremse zu beschließen (vgl. *Riecke* ZWE 2022, 26, 27 unter II.2. *»Der Verwalter soll den Beschluss …. nur umsetzen, wenn seine schriftliche Anfrage - mit Freiumschlag inkl. Rückporto - beim zuständigen Amtsgericht …. - gestellt frühestens 6 Wochen nach Beschlussfassung - ergibt, dass dort keine Beschlussanfechtungsklage insoweit vorliegt.«*).

90 Ob ein Mehrheitsbeschluss Ansprüche unmittelbar begründen kann, hängt von der Beschlusskompetenz ab. Nach § 28 WEG ist sie für bestimmte Zahlungsansprüche (Vorschüsse, Nachschüsse) zu bejahen. Im Übrigen können Leistungspflichten einzelner Eigentümer (Hand- und Spanndienste u.ä.) nicht wirksam beschlossen werden. Zu den unentziehbaren, aber verzichtbaren Mitgliedschaftsrechten gehört nämlich das sog. Belastungsverbot, das jeden Wohnungseigentümer vor der Aufbürdung neuer (originärer) – sich weder aus dem Gesetz noch aus der bisherigen Gemeinschaftsordnung ergebender – Leistungspflichten schützt (*BGH* – V ZR 315/13, ZMR 2015, 239). Dasselbe gilt für die Aberkennung von Forderungen (so schon *Schmidt/Riecke* ZMR 2005, 252). Auch der »angemessene Ausgleich in Geld« im Sinne des § 14 Abs. 3 WEG kann nicht qua Beschluss der Höhe nach begrenzt werden. Lediglich eine Offerte an den Geschädigten ist zu beschließen (vgl. Anm. *Riecke* zu *BGH* – V ZR 207/21, ZMR 2022, 983 ff. nebst Beschlussmuster S. 987 unter 6.).

91 Bei der Beschlussauslegung ist zwar zu berücksichtigen, dass die zu einer gesetzmäßigen Verwaltung verpflichteten Wohnungseigentümer im Zweifel keinen rechtswidrigen Beschluss fassen wollen (*BGH* – V ZR 12/14, ZMR 2015, 726 Rn. 28). Dies soll für eine gesetzeskonforme (und damit letztlich geltungserhaltende) Auslegung des Beschlusses sprechen (*LG München I* – 36 S 613/22, ZMR 2024, 415–418; Staudinger/*Häublein* 2023 § 23, Rn. 77). Das ändert aber nichts daran, dass mit Beschlusskompetenz nur eine Aufforderung zum Tätigwerden, eine Fristsetzung und die Androhung gerichtlicher Durchsetzung, nicht aber konstitutiv auch die Handlungspflicht selbst wirksam beschlossen werden kann. Formulierungen wie »der Wohnungseigentümer ist verpflichtet« gemäß Reinigungsplan bestimmte Flächen oder Räume zu bestimmten Zeiten zu reinigen oder einen Rückbau vorzunehmen (vgl. *BGH* – V ZR 82/10, ZMR 2011, 490), waren bisher nicht als bloße Leistungsaufforderung auszulegen. Die Eigentümer dürfen eben per Beschluss nicht »kurzen Prozess machen«. Dagegen ist die bloße Aufforderung zur Folgenbeseitigung (z.B. von umfangreichen Gartengestaltungsarbeiten) und die Androhung eines Rechtsstreits von der Beschlusskompetenz gedeckt (*LG Köln* ZMR 2013, 473 Juris Rn. 89, 90).

6. Der Zweitbeschluss

92 Die Eigentümer sind grundsätzlich berechtigt, über eine schon geregelte Angelegenheit erneut zu beschließen (*OLG Frankfurt* OLGR Frankfurt 2005, 80; *AG Düsseldorf* ZMR 2008, 81; *LG Köln* ZMR 2012, 897 = ZWE 2013, 139). Wird ein Eigentümerbeschluss im Rahmen ordnungsmäßiger Verwaltung durch einen abändernden Zweitbeschluss (vgl. Staudinger/*Häublein* 2023 § 23 Rn. 95) aufgehoben oder abgeändert, sind schutzwürdige Belange eines Eigentümers aus Inhalt und Wir-

kungen des Erstbeschlusses zu beachten. Ordnungsmäßiger Verwaltung entspricht eine solche Beschlussfassung nur dann, wenn sie sich nicht darauf beschränkt, die geänderte Regelung für die Zukunft in Kraft zu setzen, sondern auch eine Übergangsregelungen für die bereits durchgeführte Maßnahmen trifft, die dem Grundsatz der notwendigen Gleichbehandlung der Miteigentümer sowie der Gewährung von Vertrauensschutz gegenüber früher getroffenen gemeinschaftlichen Regelungen Rechnung trägt (*OLG Hamm* ZMR 2007, 296). In diesem Rahmen kann durch einen Eigentümerbeschluss nach den Umständen des Einzelfalls auch ein Widerruf einer in der Vergangenheit erfolgten Genehmigung einer baulichen Veränderung erfolgen (*OLG Hamm* ZMR 2005, 566 = OLGR Hamm 2005, 28).

Nachdem ein Beschluss wegen eines materiellen Beschlussmangels rechtskräftig für ungültig erklärt 93 worden ist, darf ein im Kern inhaltsgleicher Zweitbeschluss nur dann gefasst werden, wenn besondere Umstände die Annahme rechtfertigen, dass dieses Vorgehen ordnungsmäßiger Verwaltung entspricht; das kommt regelmäßig nur in Betracht, wenn der in dem Vorprozess benannte Beschlussmangel behoben worden ist oder wenn sich die darauf bezogenen tatsächlichen oder rechtlichen Umstände geändert haben (Abgrenzung zu *BGH* – V ZB 8/90, ZMR 1991, 146).

Ist ein Beschluss wegen eines materiellen Beschlussmangels rechtskräftig für ungültig erklärt worden, 94 besteht eine tatsächliche Vermutung dafür, dass ein anschließend gefasster und im Kern inhaltsgleicher Zweitbeschluss ordnungsmäßiger Verwaltung widerspricht; nur wenn die Gemeinschaft der Wohnungseigentümer (GdWE) nachweist, dass besondere Umstände die zweite Beschlussfassung erlaubten, ist die Vermutung erschüttert, so dass das Gericht die gerügten Beschlussmängel in der Sache prüfen kann. Wird ein nach diesen Maßstäben unzulässiger Zweitbeschluss gefasst, hat dies nicht die Nichtigkeit des Beschlusses, sondern in der Regel lediglich dessen Anfechtbarkeit zur Folge (*BGH* – V ZR 246/21, ZMR 2023, 725 = ZfIR 2023, 388 m. Anm. *Abramenko*).

Das Rechtsschutzbedürfnis für eine Ungültigerklärung eines Erstbeschlusses entfällt mit Bestands- 95 kraft eines ersetzenden oder bestätigenden Zweitbeschlusses (*BayObLG* ZMR 2005, 891 = BayObLGR 2005, 183). Für die zeitnahe Anfechtung eines inhaltsgleichen Zweitbeschlusses fehlt nach Bestandskraft des Erstbeschlusses das Rechtsschutzbedürfnis (*OLG Frankfurt* OLGR Frankfurt 2005, 80). Haben die Eigentümer einen Beschluss, der möglicherweise an formellen Mängeln leidet, durch einen inhaltsgleichen Beschluss bestätigt und sind beide Beschlüsse angefochten worden, ist in der Regel das Gerichtsverfahren über die Gültigkeit des ersten Beschlusses auszusetzen bis zur Bestandskraft des zweiten Beschlusses (*BayObLG* WuM 2004, 744 = BayObLGR 2004, 388 – LS –).

Ein Anspruch auf einen Zweitbeschluss nach § 18 Abs. 2 WEG ist denkbar. Er besteht aber nicht, 96 wenn wegen der unterbliebenen Anfechtung eines Eigentümerbeschlusses über die Nachschüsse auf der Basis der Jahresabrechnung die darin enthaltene Heizkostenabrechnung hingenommen wurde, obwohl der Verteilungsmaßstab wegen Verstoßes gegen § 9a HeizkVO falsch war. Insbesondere kann ein Anspruch eines Eigentümers auf Neuberechnung im Wege des Zweitbeschlusses nicht auf Umstände gestützt werden, die bei der Beschlussfassung bereits bekannt waren (*OLG Düsseldorf* ZMR 2007, 379).

7. Die Mehrhausanlage; Untergemeinschaften

Eine Beschlussfassung nur der Eigentümer eines Hauses, ohne Beteiligung der übrigen Eigentümer, 97 kann genügen, wenn die Gemeinschaftsordnung, abweichend von § 16 Abs. 2 WEG, eine Kostentrennung nach Gebäuden vorsieht. Die Gemeinschaftsordnung wird im Einzelfall auszulegen sein, ob und inwieweit bestimmte Kosten oder Kostengruppen von den Bewohnern eines Wohngebäudes allein zu tragen sind. Daraus kann sich eine Beschlusszuständigkeit allein der Teileigentümerversammlung ergeben (*BayObLG* NJW-RR 2004, 1092; *BGH* – ZR 163/20, ZMR 2021, 910; *AG Rosenheim* ZMR 2021, 857). Über die Nachschüsse auf der Basis der Jahresabrechnung und über die Entlastung von Verwalter und Verwaltungsbeirat sind jedoch auch in einer Mehrhausanlage grundsätzlich alle Wohnungs- und Teileigentümer stimmberechtigt (*OLG Zweibrücken* ZMR 2005, 908). Eine Mehrhausanlage liegt vor, wenn mehrere Baukörper derart voneinander abgegrenzt und ausgestattet sind, dass Verwaltungsmaßnahmen oder Gebrauchsregelungen in dem einen Baukörper durchgeführt werden können, ohne die Interessen der Eigentümer des/der anderen zu berühren. Für eine **sog. geregelte Mehrhausanlage** ist charakteristisch, dass deren Mitglieder über bestimmte Fragen allein entscheiden sollen. Welche Fragen das sind (Gebrauch, Kostentragung, Gestaltung der Gebäude etc.) muss im Einzelfall ermittelt werden. Bestehen Zweifel, sind alle Eigentümer zuständig. Die Bildung von Untergemeinschaften ist nicht an die Existenz mehrerer Gebäude geknüpft.

98 Eine Beschlussanfechtungsklage richtet sich jetzt gegen die Gemeinschaft.

99 Auch wenn eigenständige Wirtschaftseinheiten vereinbart worden sind, sind alle Eigentümer zu den Eigentümerversammlungen einzuladen. Sie haben dort Anwesenheits- und Rederecht. Es ist denkbar, dass mit der Schaffung von Wirtschaftseinheiten das Stimmrecht nur den Eigentümern einer bestimmten Personengruppe oder eines bestimmten Hauses zugewiesen wurde und deswegen nur die dortigen Eigentümer abstimmen dürfen. Dennoch bildet die Untergemeinschaft keine eigenständige oder gar rechtsfähige Eigentümergemeinschaft. Die Erteilung eines Auftrags an einen Dritten namens und in Vollmacht einer Untergemeinschaft ist eine rechtlich nicht durchführbare Maßnahme, da die Untergemeinschaft nicht rechtsfähig ist (vgl. *OLG Koblenz* ZMR 2011, 225, *OLG Naumburg* ZMR 2009, 389). Eine Auslegung gegen den Wortsinn dahingehend, dass der Auftrag im Namen der rechtsfähigen Gesamtgemeinschaft (nach h.M.: ein Verband; a.A. *Jacoby* in: FS Riecke 2019, 247 ff., 250) erteilt werden soll, scheidet aus – auch wenn die Eigentümer im Zweifel umsetzbar beschließen wollten (*AG Hamburg* ZMR 2018, 876). Auch wenn die nicht rechtsfähige Untergemeinschaft für Erhaltungs- bzw. Instandsetzungsmaßnahmen (allein in ihrem Bereich) eine Sonderumlage beschlossen hat, ist die voll rechtsfähige Gesamtgemeinschaft für die Zahlungsklage aktivlegitimiert. Die Beschlusskompetenz der Untergemeinschaft reicht so weit, wie ihr diese durch Vereinbarung hinreichend bestimmt übertragen wurde. Der Beschlusskompetenz steht nicht entgegen, dass Vertragspartner des Werkunternehmers der Verband/die Gesamtgemeinschaft wird (*LG Hamburg* ZMR 2017, 666).

100 Zur Kostenverteilung bei Untergemeinschaften empfiehlt sich folgendes dreistufige Vorgehen:
1. Zuweisung bestimmter Kosten zu den Untergemeinschaften durch die Gesamtgemeinschaft entsprechend den Vorgaben der Gemeinschaftsordnung,
2. Verteilung der zugewiesenen Kosten durch die jeweiligen Untergemeinschaften,
3. Genehmigung der Nachschüsse und Anpassung der Vorschüsse auf der Basis der Einzeljahresabrechnungen durch die Gesamtgemeinschaft unter Übernahme der durch die Untergemeinschaften vorgegebenen Kostenverteilung für die den Untergemeinschaften zugewiesenen Kosten (vgl. *LG München I* ZMR 2016, 228).

101 Das Recht zur Beschlussanfechtung steht allen Eigentümern zu. Ein Rechtschutzbedürfnis für die Anfechtung von Beschlüssen in Mehrhausanlagen mit Untergemeinschaften besteht schon dann, wenn die theoretische Möglichkeit einer Inanspruchnahme aus § 9a Abs. 4 WEG für den Anfechtungskläger besteht (*LG Frankfurt/M.* ZMR 2018, 791).

102 Durch die Gemeinschaftsordnung für eine Mehrhausanlage kann den Mitgliedern der für einzelne Gebäude oder Gebäudekomplexe gebildeten Untergemeinschaften die Kompetenz eingeräumt werden, unter Ausschluss der anderen Eigentümer die Durchführung von Erhaltungsmaßnahmen zu beschließen, die ein zu der jeweiligen Untergemeinschaft gehörendes Gebäude betreffen, wenn zugleich bestimmt wird, dass die durch diese Maßnahmen verursachten Kosten im Innenverhältnis allein von den Mitgliedern der jeweiligen Untergemeinschaft zu tragen sind (so *BGH* – V ZR 184/16, ZMR 2018, 234).

8. Der »Wenzel'sche Dreiklang«; die einzelnen Beschlussarten

103 Zuerst *Wenzel* (ZWE 2000, 2) differenzierte zwischen vereinbarungsersetzenden, vereinbarungswidrigen und vereinbarungs- bzw. gesetzesändernden Beschlüssen. Dazu wurde der Begriff vom »*Wenzel*'schen Dreiklang« geprägt (vgl. *Riecke/Schmidt* ETV 3. Aufl. S. 39 unter III.). Beschlüsse, die eine über den Einzelfall hinausgehende vom dispositiven Gesetz oder der Teilungserklärung/

Gemeinschaftsordnung abweichende Regelung enthalten, sind – wenn keine Anpassungsvereinbarung/Öffnungsklausel diese Beschlussfassung legitimiert – mangels Beschlusskompetenz nichtig, während bloß vereinbarungswidrige Einzelfall-Beschlüsse lediglich anfechtbar sind. Der vereinbarungsersetzende Beschluss betrifft eine Angelegenheit, die sowohl durch Vereinbarung als auch durch Beschluss geregelt werden kann. Existiert keine Vereinbarung, kann mit Beschlusskompetenz eine Regelung durch einfachen Mehrheitsbeschluss erfolgen.

Weiter gilt zur Abgrenzung zur Vereinbarung der Satz von *H. Müller*: 104

»Was zu vereinbaren ist, kann nicht beschlossen werden, solange nicht vereinbart ist, dass dies auch beschlossen werden darf.« 105

Beschlüsse werden auch nach »Arten« unterschieden (vgl. *Riecke/Schmidt/Elzer* ETV 4. Aufl. Rn. 212; Staudinger/*Häublein* 2023 § 23 Rn. 92 ff.): Geschäftsordnungsbeschlüsse, Zweitbeschlüsse, Beschlüsse mit Vereinbarungsinhalt, Mehrheits-, ein- und allstimmige Beschlüsse, Negativbeschlüsse, deklaratorische Beschlüsse (dazu im Einzelnen Staudinger/*Häublein* 2023 § 23 Rn. 114, 115) und Nichtbeschlüsse. Der Begriff »Einstimmigkeit« in Gemeinschaftsordnungen soll im Sinne von Allstimmigkeit verwendet werden, d.h. sämtliche Eigentümer bzw. deren Vertreter müssen mit JA stimmen (Staudinger/*Häublein* 2023 § 23 Rn. 105). Auch der Negativbeschluss hat nach Verkündung Beschlussqualität (*Wenzel* ZMR 2005, 413) auch wenn er die Rechtslage nicht ändert. 106

B. Die Bezeichnung des Beschlussgegenstands, § 23 Abs. 2 WEG

Wirksame Beschlüsse können in einer Eigentümerversammlung, zu der nicht alle Wohnungseigentümer erschienen sind, nach § 23 Abs. 2 WEG nur dann gefasst werden, wenn der Gegenstand der Beschlussfassung in der Einladung (zur Einberufung vgl. Staudinger/*Häublein* 2023 § 23 Rn. 130 ff.) ausreichend bezeichnet worden ist (Bärmann/*Dötsch* § 23 Rn. 161 ff.; *BayObLG* WuM 2004, 366 = BayObLGR 2004, 327 zu TOP »Sonstiges«). Die Ladung muss zumindest auch in deutscher Sprache verfasst sein (*Skauradszun* ZWE 2016, 61, 67). Die Verletzung der Vorschrift des § 23 Abs. 2 WEG führt nicht zur Nichtigkeit des Eigentümerbeschlusses, sondern nur zu dessen Anfechtbarkeit (*KG* ZMR 2004, 858). 107

I. Informationszweck

Die Vorschrift dient dem Schutz der Eigentümer, die nicht durch eine Beschlussfassung überrascht werden sollen (Staudinger/*Häublein* 2023 § 23 Rn. 275). Tagesordnungspunkte müssen so bezeichnet werden, dass die Eigentümer überblicken können, was in tatsächlicher und rechtlicher Hinsicht erörtert und beschlossen werden soll und welche Auswirkungen der vorgesehene Beschluss insoweit auf die Gemeinschaft und sie selbst hat; eine schlagwortartige Bezeichnung reicht regelmäßig aus (*BGH* – V ZR 129/11, ZMR 2012, 380 = NJW-RR 2012, 343). Jeder Eigentümer muss sich sachgerecht auf eine Beschlussfassung vorbereiten können. Umgekehrt müssen die Eigentümer bei dem jeweiligen Tagesordnungspunkt damit rechnen, dass Beschlüsse gefasst werden. Es ist deshalb nicht notwendig, sie gerade darauf in der Einladung ausdrücklich hinzuweisen (*BayObLG* ZMR 1998, 580). 108

Es genügt, wenn in der Einladung nur der Gegenstand als solcher bezeichnet wird, in der Versammlung aber zugleich auch über damit zusammenhängende Fragen durch Beschluss entschieden wird (*BayObLG* ZMR 2000, 858). Eine stichwortartige Bezeichnung des Beschlussgegenstands reicht aus, die den Gegenstand als solchen und das davon betroffene Wohngebäude so umschreibt, dass die mit den Verhältnissen ihrer Wohnanlage vertrauten Wohnungseigentümer eine zweifelsfreie Zuordnung vornehmen konnten. Es ist nicht erforderlich, dass der jeweilige Eigentümer aus der Ladung von vornherein sämtliche Einzelheiten des Gegenstandes übersehen und die Auswirkung eines etwaigen Beschlusses in jeder Beziehung erkennen kann (*OLG Celle* 07.02.2003, Az. 4 W 208/02 –Juris –). Nur bei schwerwiegenden Beschlüssen erfordert das Informationsbedürfnis (zu den diesbezüglichen Pflichten des Verwalters vgl. *Riecke* WuM 2020, 543 ff.), dass die Eigentümer auch die rechtlichen und tatsächlichen Folgen der Beschlussfassung erkennen können. Dagegen ist 109 es nicht erforderlich, bereits den Inhalt eines beabsichtigten Beschlusses oder einen konkreten Beschlussantrag mitzuteilen (*OLG Celle* ZWE 2002, 474 = OLGR Celle 2002, 75); dies verengt sogar die Beschlussmöglichkeiten. Der Beschlussgegenstand ist umso genauer in der Ladung zu bezeichnen, je größer seine Bedeutung und je geringer der Wissensstand des einzelnen Eigentümers hierzu ist. Bei einer geplanten Großsanierung einer mittelgroßen Wohnanlage reicht in der Einberufung der Eigentümerversammlung die Angabe »Beschluss über ergänzende und weiterführende Beschlüsse zur Großsanierung« nicht aus, wenn über konkrete bauliche Einzelmaßnahmen beschlossen werden soll (*OLG München* ZMR 2006, 954). Die Bezeichnung *»Behandlung eingegangener Anträge«* im Einladungsschreiben zu einer Wohnungseigentümerversammlung genügt grundsätzlich nicht den Anforderungen des § 23 Abs. 2 WEG, da sich die Eigentümer allein mit dieser Ankündigung nicht sachgerecht auf eine Beschlussfassung vorbereiten können. Wird aber im Einladungsschreiben darauf hingewiesen, dass sich der Tagesordnungspunkt noch erweitern kann und wird ein Antrag zeitgerecht an die Eigentümer weitergeleitet, ist der Gegenstand der Beschlussfassung hinreichend konkretisiert und ein Beschluss kann rechtmäßig zustande kommen (*OLG München* NJW-RR 2008, 1332).

110 Die formalen Anforderungen an die Bezeichnung in der Einladung sind geringer, wenn die Angelegenheit bereits Gegenstand von Erörterungen in der Gemeinschaft der Wohnungseigentümer war, die Eigentümer also mit dem Gegenstand grundsätzlich vertraut sind (*BayObLG* ZMR 2005, 460 = NJW-RR 2004, 1092).

111 Beispiele für typische Bezeichnungen (vgl. auch Bärmann/*Dötsch* § 23 Rn. 167 ff.: ABC der Einberufung):

112 Soweit die Bezeichnungen von den Gerichten als nicht ausreichend angesehen wurden, waren Beschlüsse für ungültig zu erklären. Sie sind nicht nichtig.

113 *»Abmeierungsklage«* lässt ausreichend erkennen, dass es um eine Beschlussfassung nach § 17 WEG über die Entziehung des Wohnungseigentums geht (*KG* ZMR 1996, 223).

114 *»Anfragen/Anregungen«* lässt allenfalls Beschlüsse von untergeordneter Bedeutung zu (*BayObLG* ZMR 2002, 527). Ob dies gegeben ist, hängt vom Einzelfall ab und ist generellen Aussagen nicht zugänglich (*OLG Düsseldorf* ZMR 1997, 91).

115 *»Erklärungen zum Verwaltervertrag (Haftung)«* genügt für eine Beschlussfassung zur zeitlichen und betragsmäßigen Einschränkung der Verwalterhaftung (*BayObLG* ZMR 2003, 282).

116 *»Erneuerung der Aufzugsinnentüren in Verbindung mit einer Neuausstattung der Aufzugskabine konform zur Schadenshäufigkeit«* macht für jeden Eigentümer ersichtlich, dass hinsichtlich des Aufzugs eine Maßnahme der Erhaltung (Instandsetzung) geplant ist. Dies bedeutet gleichzeitig, dass auch dafür anfallende Kosten und Art der Finanzierung (Sonderumlage bzw. Erhaltungsrücklage) zur Entscheidung anstehen (*OLG Düsseldorf* ZMR 2001, 723).

117 *»Festsetzung des Haus-/Wohngeldes/gemäß beiliegendem Wirtschaftsplan«* hat einen von der gesetzlichen Regelung der Verzugsfolgen abweichenden Beschluss nicht erfasst (*OLG Köln* NZM 2002, 169). Im Übrigen war ein solcher gesetzesverändernder Beschluss bis 01.07.2007 nichtig (*BGH,* V ZB 58/99, ZMR 2000, 771). Vom 01.07.2007 bis 30.11.2020 konnten die Eigentümer nach § 21 Abs. 7 WEG a.F. mit Beschlusskompetenz nach Einladung zu diesem Thema über die Verzugsfolgen auch abweichend vom Gesetz Beschlüsse fassen. Sie waren nur noch anfechtbar.

118 *»Freiflächengestaltung«* ist hinreichend bestimmt, um dem Informationsbedürfnis der einzelnen Wohnungseigentümer Rechnung zu tragen. Der beschlossene Freiflächengestaltungsplan sah auf einer Sondernutzungsfläche einen gemauerten Pflanztrog und auf anderen Gemeinschaftsflächen die Bepflanzung mit zahlreichen Bäumen und Sträuchern vor (*BayObLG* ZMR 2005, 383 = BayObLGR 2004, 388).

119 *»Haftung eines Eigentümers für Kosten und Schäden einer baulichen Veränderung des gemeinschaftlichen Eigentums und über die Erstattung zu Unrecht in Anspruch genommener Gelder der Eigentümer«* deckt

auch eine Beschlussfassung über die Ermächtigung des Verwalters zur gerichtlichen Geltendmachung dieser Ansprüche (*BayObLG* WE 1997, 239).

»*Hausgeldabrechnung*« lässt eine Veränderung der in der Teilungserklärung festgelegten Kostenverteilung bzgl. des Aufzugs nicht erkennen, dass nur noch ein Haus in der Mehrhausanlage damit belastet wird und nicht – wie zuvor – die Gemeinschaft (*OLG Düsseldorf* ZMR 2005, 895). Eine geplante Änderung der Kostenverteilung – etwa nach § 16 Abs. 2 S. 2 WEG – muss aus der Einladung deutlich erkennbar sein. 120

»*Information über das …-Projekt*« ist nicht ausreichend für eine Beschlussfassung zu dem Projekt (*AG Neubrandenburg* ZMR 2006, 162). 121

»*Sanierung der Balkone … – Auftragsabwicklung, Umfang- und Finanzierung*« ist für die Beschlussfassung wie Verlegung von Fliesen bzw. Klinkerplatten im fest verlegten Mörtelbett ausreichend; auch für die Festlegung, dass im Zuge der Sanierungsarbeiten ein weißer Anstrich der Balkon-Innenwände erfolgen soll (*OLG Celle* 07.02.2003, 4 W 208/02 –Juris –). 122

»*Sonstiges*« lässt allenfalls Beschlüsse über Gegenstände von untergeordneter Bedeutung zu (*OLG Hamm* NJW-RR 1993, 468 = OLGR Hamm 1993, 100). Dazu gehört die Genehmigung zur Errichtung einer Satellitenempfangsanlage auf dem Flachdach des Hauses nicht (*BayObLG* WuM 2004, 366 = BayObLGR 2004, 327). (s. »Verschiedenes«). 123

»*Unterrichtung der Eigentümergemeinschaft über die jüngsten Aktivitäten des Miteigentümers E., seinen aktuellen Schuldenstand gegenüber der Gemeinschaft und Beschlussfassungen hierzu nach vorheriger Erörterung*« reicht nicht, um die so geladenen Eigentümer hinreichend zu informieren, dass über die Entziehung des Wohnungseigentums gegen einen Eigentümer beraten und beschlossen werden soll (*OLG Düsseldorf* ZMR 1998, 244). 124

»*Verschiedenes*« ermöglicht nur Eigentümerbeschlüsse von ganz untergeordneter Bedeutung. Dazu gehört die Aufforderung an den Verwalter, die Garagenbenutzer und Berechtigten der Sondernutzungsrechte »Wagenabstellplätze« auf die Notwendigkeit hinzuweisen, die im gemeinschaftlichen Eigentum stehenden Verkehrsflächen freizuhalten sowie den Zeitraum mitzuteilen, innerhalb dessen nach der Straßenverkehrsordnung Be- und Entladevorgänge vorgenommen werden dürfen. Es wird nur geregelt, was dem Verwalter ohnehin obliegt. Möglich ist dabei auch die Ermächtigung nach § 27 WEG zur gegebenenfalls gerichtlichen Durchsetzung (*OLG Köln* ZMR 1998, 372). Beschlüsse sind auch dann möglich, wenn unter der Bezeichnung »Verschiedenes« in der Einladung weitere Beschlussgegenstände in einer Weise näher bezeichnet sind, die den Anforderungen von § 23 Abs. 2 WEG entsprechen. Wurden zusätzlich zu »*Malerarbeiten*« auch die »*Müllanlage*« angekündigt und im Zusammenhang damit der Kauf oder die Anmietung von zwei Abstellplätzen zwischen Haus 3 und 5 in der Einladung erwähnt, mussten die Eigentümer damit rechnen, dass über den Kauf oder die Anmietung von Abstellplätzen zum Aufstellen der zusätzlich erforderlichen Müllbehälter abgestimmt wird (*BayObLG* ZMR 1998, 649). 125

Wird unter »Verschiedenes« ein Beschluss zur Geschäftsordnung gefasst und so spontan ein weiterer Tagesordnungspunkt in die Eigentümerversammlung aufgenommen (vgl. zur Ergänzung der Tagesordnung Bärmann/*Dötsch* § 23 Rn. 170), ist der Beschluss anfechtbar. Zwar fehlt für die Anfechtung eines Geschäftsordnungsbeschlusses in der Regel das Rechtsschutzbedürfnis, weil sich solche Beschlüsse mit dem Ablauf der Versammlung erledigen (*BayObLG* ZMR 2002, 844 = NJW-RR 2002, 1307 zum Ausschluss eines Anwalts). Dies führt aber nicht dazu, dass eine Abstimmung über einen ergänzend aufgenommenen Punkt trotz des Ladungsmangels ordnungsmäßig wäre. Der (fehlerhafte) Geschäftsordnungsbeschluss macht den dann gefassten Beschluss in der Sache nicht zu einem rechtmäßigen Beschluss. Der Sachbeschluss ist anfechtbar und kann gerichtlich überprüft werden (*OLG München* ZMR 2006, 68). 126

»*Vorgehen wegen der Feuchtigkeitsschäden im Haus*« deckt eine Beschlussfassung darüber und über die Beauftragung eines Sachverständigen zur Ermittlung der Ursachen der Schäden ab, auch wenn dies im Einladungsschreiben nicht ausdrücklich angekündigt wurde (*OLG Köln* NZM 2003, 121). 127

128 *»Wahl eines Verwalters«* oder *»Neuwahl des Verwalters«* macht für jeden Eigentümer erkennbar, dass damit nicht nur die Bestellung eines Verwalters an sich beschlossen werden soll, sondern auch die wesentlichen Bedingungen des Verwaltervertrages beraten und beschlossen werden können. Der Bezeichnung von Einzelheiten bedarf es insoweit nicht. Die Benennung eines konkreten Namens für das Amt des Verwalters in der Einladung ist nicht erforderlich und würde möglicherweise sogar zu einer Gestaltungseinschränkung in der Wohnungseigentümerversammlung führen. So ist es durchaus möglich, dass in einer laufenden Versammlung weitere Vorschläge für den zu bestellenden Verwalter gemacht werden (*OLG Celle* ZWE 2002, 474 = OLGR 2002, 75; ebenso *OLG Schleswig* ZMR 2006, 803).

129 *»Vorschüsse/Wirtschaftsplan«* deckt grundsätzlich auch die Beschlussfassung über eine Erhöhung der jährlichen Zuführung zur Erhaltungsrücklage (*BayObLG* ZMR 2000, 54). Die Bezeichnung »Beschlussfassung über den Wirtschaftsplan« kündigt eine Beschlussfassung über eine Vorfälligkeit der Wohngeldzahlung nicht ausreichend an (*AG Bremen* 17.01.2005, 111a II 239/04 WEG).

130 Es ist grundsätzlich Sache des Verwalters als Organ der Gemeinschaft, die Versammlung einzuberufen und durch Bezeichnung der einzelnen Beschlussgegenstände die Tagesordnung aufzustellen, § 23 Abs. 2 und § 24 Abs. 1 WEG. Bevor die anderen Eigentümer in Anspruch genommen werden können, ist der Anspruch auf Ankündigung eines beantragten Tagesordnungspunkts nunmehr gegen die Gemeinschaft der Wohnungseigentümer geltend zu machen (anders zum alten Recht: *BayObLG* ZMR 2001, 991).

131 Das Einladungsschreiben kann ergänzend bei der Auslegung von Eigentümerbeschlüssen herangezogen werden, wenn dadurch den Beteiligten klar war, um welche Maßnahme es ging. Grundsätzlich ist zwar das Versammlungsprotokoll maßgeblich. Der Informationszweck ist aber erfüllt, wenn die Gemeinschaft der Wohnungseigentümer überschaubar klein ist und sich ein Beschluss ohnehin durch die alsbaldige Durchführung der Maßnahme erledigt (*BayObLG* ZMR 2003, 691).

132 Der Pflicht, den Gegenstand der Beschlussfassung bei der Einberufung zu bezeichnen, wird nicht dadurch genügt, dass ein Eigentümer gelegentlich bei Vorgesprächen zur Einberufung einer Eigentümerversammlung mit dem Gegenstand der Beschlussfassung vertraut gemacht wird. Es genügt nicht, dass ein Eigentümer außerhalb der Einladung davon erfährt, dass über einen bestimmten Gegenstand abgestimmt werden soll (*OLG Hamm* NJW-RR 1993, 468 = OLGR Hamm 1993, 100).

II. Klärung der Beschlusskompetenz

133 Der Verwalter leitet die Eigentümer an. Hat er Zweifel, ob die Eigentümer Beschlusskompetenz für ein Thema haben, sollte er dies den Eigentümern vor einer Beschlussfassung mitteilen. Fehlt für den Beschlussgegenstand die Beschlusskompetenz der Eigentümerversammlung, so ist von einer Beschlussfassung abzusehen, denn ein derartiger Beschluss ist nichtig (*BayObLG* NZM 2005, 21 = NJW-RR 2005, 312). Dies zu prüfen ist Aufgabe des Verwalters, wenn er die Tagesordnungspunkte zusammenstellt. Wenn in der Teilungserklärung die Verpflichtung zur Errichtung von Besucherstellplätzen festgelegt ist, fehlt der Eigentümerversammlung die Kompetenz zu beschließen, ob die Stellplätze errichtet werden (*BayObLG* ZMR 2005, 891 = BayObLGR 2005, 183). Die gesetzlichen Beschlusskompetenzen sind dabei ebenso zu beachten, wie die dortigen Vorgaben des Gesetzes, dass Vereinbarungen diese Beschlusskompetenzen nicht einschränken oder ausschließen dürfen; s. § 12 Abs. 4 WEG. Lässt der Verwalter trotz erkennbar fehlender Beschlusskompetenz einen Mehrheitsbeschluss zu und verkündet er dessen Ergebnis, um einen Beschluss herbeizuführen, können ihm nicht mehr direkt die Kosten eines gerichtlichen Verfahrens auf Feststellung der Nichtigkeit auferlegt werden. Insoweit muss die Gemeinschaft jetzt ggf. Regress nehmen.

III. Folgen nicht ausreichender Bezeichnung

Ein Verstoß gegen § 23 Abs. 2 WEG (vgl. Bärmann/*Dötsch* § 23 Rn. 178 ff.) führt nach gerichtlicher Anfechtung nur dann zur Ungültigerklärung des Beschlusses, wenn die Beschlussfassung auf dem Einberufungsmangel beruht. 134

Bei der Prüfung, ob der Einberufungsmangel für die Beschlussfassung ursächlich war, spricht eine tatsächliche Vermutung für die Ursächlichkeit. Die im Rahmen des § 23 Abs. 2 WEG geltende Kausalitätsvermutung (*LG Frankfurt/M.* ZMR 2015, 780), dass eine fehlerhafte Einladung sich auf das Beschlussergebnis ausgewirkt hat, ist widerleglich und insbesondere auch – selten – einer Beweiserhebung darüber zugänglich, wie die Eigentümer bei ordnungsmäßiger Ankündigung des Beschlussgegenstandes abgestimmt hätten (*LG Hamburg* ZMR 2012, 121 = ZWE 2012, 189). An deren Widerlegung sind hohe Anforderungen zu stellen. Die Würdigung, ob im Einzelfall zweifelsfrei die Beschlüsse auch bei ordnungsgemäßer Ankündigung der Beschlussfassung in der Einberufung der Versammlung genauso ausgefallen wäre, ist tatrichterliche Entscheidung. Für die Widerlegung der Kausalitätsvermutung reicht noch nicht aus, dass Beschlüsse von einer bestimmten Mehrheit der Wohnungseigentümer getragen worden sind (*OLG Hamm* WE 1996, 33). Allerdings können klare Mehrheitsverhältnisse (*AG Hamburg-St. Georg* ZMR 2021, 770) als ein Indiz unter mehreren herangezogen werden. Sind sämtliche Mitglieder der Gemeinschaft der Wohnungseigentümer anwesend (vgl. *AG Hamburg-St. Georg* ZMR 2021, 770 zur Anwesenheit des Anfechtenden) oder vertreten, ist dies ein starkes Indiz dafür, dass das Abstimmungsergebnis auch bei vorheriger Ankündigung nicht anders ausgefallen wäre (*OLG Celle* OLGR Celle 2004, 600 und *KG* ZMR 2006, 794). 135

Es fehlt an einer Kausalität des verspäteten Zugangs der Ladung zur Eigentümerversammlung, wenn der betroffene Eigentümer sich bisher immer von dem Verwalter hat vertreten lassen und nicht vorträgt, dass er nur wegen des verspäteten Zugangs der Einladung nicht persönlich erscheinen konnte (vgl. *AG Idstein* ZMR 2016, 318); außerdem muss vorgetragen werden mit welchen sachlichen Argumenten der Anfechtende ein anderes Beschlussergebnis hätte erreichen wollen (*LG Hamburg* ZMR 2017, 84; *Dt. Ständiges Schiedsgericht* für WE, ZMR 2021, 1026). Dem *BGH* (V ZR 201/20, ZMR 2021, 913 Rn. 33 = MietRB 2021, 300 m. Anm. *Elzer*) ist bei der Darlegungslast nach *Elzer* ein »Flüchtigkeitsfehler« unterlaufen, wenn er feststellt: *»Wenn ein Beschluss mit 19 Ja-Stimmen und 2 Enthaltungen gefasst wurde, muss der Anfechtende darlegen, dass die Ladung durch den »Nicht-mehr-Verwalter« kausal für das Abstimmungsergebnis war«.* 136

Sind nicht alle Eigentümer anwesend, ist denkbar, dass bei einer Erörterung auch unter Anwesenheit weiterer Eigentümer, die an den Versammlungen nicht teilgenommen haben, der Austausch der Argumente dazu geführt hätte, dass es zu einer anderen Meinungsbildung gekommen wäre. Dies gilt auch dann, wenn die tatsächlich anwesenden bzw. vertretenen Eigentümer die Beschlüsse einstimmig gefasst haben (*OLG Düsseldorf* ZMR 1998, 244). Ist es im Einzelfall aufgrund der Sachlage praktisch ausgeschlossen, dass ein anderes Verhalten in der Versammlung und bei der Abstimmung hätte bewirkt werden können, etwa weil die Mehrheit eindeutig entschlossen war, einen Verwalter abzuwählen, ist die Kausalität eines Einberufungsmangels zu verneinen (*BayObLG* WuM 1992, 283 = BayObLGR 1993, 2). 137

Im Einzelfall kann eine Beschlussanfechtung unter Berufung auf einen Einberufungsmangel gegen Treu und Glauben nach § 242 BGB verstoßen. Dann ist der Einberufungsmangel unbeachtlich. Dafür reicht zwar nicht aus, dass der Eigentümer an der Beschlussfassung mitgewirkt hat. Der Arglisteinwand ist jedoch dann begründet, wenn der anfechtende Eigentümer sich in Kenntnis des Einberufungsmangels ausdrücklich mit der Beschlussfassung einverstanden erklärt hat. In diesem Fall schafft er für die Gemeinschaft der Wohnungseigentümer einen Vertrauenstatbestand, der es ihm später verwehrt, sich auf den Einberufungsmangel zu berufen (*OLG Hamm* NJW-RR 1993, 468 = *OLGR* 1993, 100). Anders *LG Bamberg* (ZMR 2015, 395; Vorinstanz *AG Würzburg* ZMR 2015, 420) für den Eigenantrag des Anfechtenden und dessen Zusage nicht anzufechten (s. *AG Würzburg* ZMR 2015, 420 Rn. 14). 138

139 Falls bei einer sog. »Vollversammlung« sämtliche Eigentümer auf die Einhaltung der Formvorschrift des § 23 Abs. 2 WEG verzichten, gilt der Verfahrensmangel der fehlenden Bezeichnung des Gegenstands bei der Einberufung als geheilt (*OLG Celle* NZM 2005, 308 = OLGR Celle 2004, 600).

C. Die Beschlussfassung durch Zustimmung, § 23 Abs. 3 WEG

I. Der andere Weg zu einem Beschluss

140 Nach § 23 Abs. 1 WEG wird ein Mehrheitsbeschluss von den Eigentümern in der Eigentümerversammlung gefasst. Einen anderen Weg zum selben Ergebnis gibt § 23 Abs. 3 WEG vor. Die Wohnungseigentümer haben allerdings keinen Anspruch auf einen solchen Umlaufbeschluss wegen seines atypischen Charakters (*Lehmann-Richter* ZWE 2022, 63 unter II.2. a.E.; *Lehmann-Richter/Wobst* Rn. 414). Es wird ein angedachtes Beschlussergebnis mit konkretem Wortlaut in den Raum gestellt. Dieses Denkmodell ist zunächst rechtlich ein »Nichts«. Die Gültigkeit dieses Denkmodells als Beschluss ergibt sich erst aus der Zustimmung aller Eigentümer und der Bekanntgabe, dass alle (!) Eigentümer zugestimmt haben.

141 Nach § 23 Abs. 3 S. 1 WEG können Umlaufbeschlüsse jetzt in Textform (vgl. *Pauli* AnwZert MietR 21/2020, 1 ff., unter B.I.2.a) gefasst werden. Das eröffnet die Möglichkeit, Umlaufbeschlüsse auch im Wege elektronischer Kommunikation zu fassen, zum Beispiel per E-Mail, über Internetplattformen oder Apps (vgl. auch BR-Drs. 168/20, S. 35, 36).

142 § 23 Abs. 3 S. 2 WEG beruht auf einem Vorschlag des Rechtsausschusses des Bundestages (BT-Drs. 19/22634). Die Wohnungseigentümer können danach beschließen, dass für einen einzelnen Gegenstand auch im Umlaufverfahren die Mehrheit der abgegebenen Stimmen genügt (in diesem Fall bedarf es abweichend von § 23 Abs. 3 S. 1 WEG also nicht der Zustimmung aller Wohnungseigentümer; vgl. *AG Hamburg-Bergedorf* ZMR 2022, 1002; Staudinger/*Häublein* 2023 § 23 Rn. 292a). Dieser Beschluss – es können auch mehrere zu verschiedenen Gegenständen sein – wird grundsätzlich in der Versammlung der Wohnungseigentümer gefasst werden.

143 Sinn und Zweck der Erleichterung besteht im Kern darin, im Einzelfall eine Wiederholungsversammlung zu einem Gegenstand zu vermeiden. Können sich die Wohnungseigentümer in einer Versammlung beispielsweise in Ermangelung ausreichender Angebote, wegen des Wunsches, weitere Informationen einzuholen, oder aus anderen Gründen nicht in der Lage sehen, abschließend einen Beschluss über einen bestimmten Gegenstand zu fassen, können sie nach § 23 Abs. 3 S. 2 WEG beschließen, diesen Beschluss im Umlaufverfahren mit einfacher Mehrheit nachzuholen (BT-Drs. 19/22634, 45; *Pauli* AnwZert MietR 21/2020, 1 ff., Ziffer B. 2.b). Gäbe es diese Möglichkeit nicht, wäre eine mehrheitliche Beschlussfassung erst in der nächsten ordentlichen Versammlung möglich.

144 Es müssen zwei Beschlüsse (zur Rechtsnatur des **Absenkungsbeschlusses** vgl. unten Rdn. 160) gefasst werden: Zunächst muss in einer Wohnungseigentümerversammlung mehrheitlich bzgl. eines bestimmten Beschlussgegenstandes das Verfahren der mehrheitlichen Beschlussfassung im Umlaufverfahren nach § 23 Abs. 3 S. 2 (ausdrücklich) beschlossen werden. (Erst) anschließend kann der Beschluss in der Sache im Umlaufverfahren mehrheitlich gefasst werden (*Küttner* AnwZert MietR 20/2023 Anm. 2 unter A.)

145 *Küttner* (AnwZert MietR 20/2023 Anm. 2 unter B.8.) schlägt folgende Formulierung vor:

Formulierungsbeispiel::

146 »Die Eigentümer beschließen, dass über … (Bezeichnung des ›einzelnen Gegenstandes‹) im Umlaufverfahren nach § 23 Abs. 3 Satz 2 WEG mit der Mehrheit der abgegebenen Stimmen entschieden werden soll. Der Verwalter soll das Verfahren drei Wochen nach Zugang und Weiterleitung der … (Benennung der noch fehlenden Unterlage) durchführen. Die Stimmabgabe erfolgt durch E-Mail zu Händen des Verwalters binnen einer weiteren Frist von drei Wochen ab Zugang der Aufforderung

zur Stimmabgabe. Das Beschlussergebnis ist nach Fristablauf umgehend im Verwalterportal zu verkünden.«

Fraglich ist, ob diese Möglichkeit auch dann besteht, wenn ein Gegenstand nicht auf der Tagesordnung steht, die Wohnungseigentümer in der Versammlung den Eindruck gewinnen, zu ihm einen Beschluss fassen zu müssen, sie sich daran aber wegen des Ladungsmangels (= der Gegenstand war nicht angekündigt worden) gehindert sehen. Nahe liegt, dass § 23 Abs. 3 S. 2 WEG diese Fälle nicht erfassen soll, da der Beschluss nach § 23 Abs. 3 S. 2 WEG dann selbst mittelbar an einem Ladungsmangel leidet (= kein Wohnungseigentümer musste vorab damit rechnen, dass der ihm völlig unbekannte Gegenstand ins Umlaufverfahren verwiesen wird). Allerdings kann der Absenkungs-Beschluss nach § 23 Abs. 3 S. 2 WEG in Bestandskraft erwachsen. Geht also kein Wohnungseigentümer gegen ihn vor, steht im Umlaufverfahren nichts im Wege. 147

Entsprechend § 24 Abs. 4 S. 2 WEG ist im Übrigen davon auszugehen, dass den Wohnungseigentümern auch bei einem auf § 23 Abs. 3 S. 2 WEG beruhenden Beschluss, grundsätzlich drei Wochen zur Verfügung stehen müssen, um Informationen einzuholen. Dies ist bei der Fristsetzung durch den Initiator zu berücksichtigen und kann, wird dagegen verstoßen, den Beschluss ordnungswidrig erscheinen lassen. 148

Weil der Weg zu diesem Beschluss keine Aussprache der Eigentümer und somit keinen Austausch konstruktiver Meinungen für eine förderliche Entwicklung des Meinungsstandes vorsieht, das Denkmodell vielmehr so von allen Eigentümern akzeptiert werden soll, wie es in den Raum gestellt wurde, diente es dem Minderheitenschutz (vgl. Staudinger/*Häublein* 2023 § 23 Rn. 290), den Beschluss nur dann gültig werden zu lassen, wenn alle Eigentümer (Allstimmigkeit) zustimmen. Ab 01.12.2020 besteht Beschlusskompetenz für einen sog. Absenkungsbeschluss. Dieser muss in der Versammlung mit einfacher Mehrheit und außerhalb der Versammlung allstimmig gefasst werden (*Küttner* AnWZert MietR 20/2023 Anm. 2 unter A.; *Hügel/Elzer* WEG 3. Aufl. § 23 Rn. 105). 149

Als Minus zur Abbedingung des § 23 Abs. 3 S. 2 WEG kommt auch eine Vereinbarung in Betracht, nach der für Umlaufmehrheitsbeschlüsse eine qualifizierte Mehrheit erforderlich ist (so Staudinger/*Häublein* 2023 § 23 Rn. 295b). 150

II. Der Initiator des Umlauf-Beschlusses

Der Verwalter hat faktisch nach § 23 Abs. 2 WEG und § 24 Abs. 1 WEG die Aufgabe, zu Eigentümerversammlungen einzuladen; rechtlich lädt die Gemeinschaft ein. Daraus ergibt sich für ihn die Verpflichtung, Beschlüsse entsprechend vorzubereiten. Der Umlauf-Beschluss benötigt nicht zwingend eine Eigentümerversammlung und deswegen andere vorbereitende Handlungen. Aus § 23 Abs. 3 S. 1 WEG ergibt sich nicht, wer ein schriftliches Beschlussverfahren in Gang setzen kann. Ebenso wenig ist dort geregelt, wer die in Textform abzugebenden Erklärungen über die Zustimmung (oder Ablehnung) zu einem Beschlussantrag entgegenzunehmen berechtigt ist und wer das Ergebnis verkündet (*BGH* – V ZB 10/01, ZMR 2001, 809). 151

Nach der weitestgehenden Meinung kann u.a. jeder Eigentümer (*Hügel/Elzer* § 23 Rn. 111; Jennißen/*Schultzky* § 23 Rn. 154; a.A. *Lehmann-Richter/Wobst* Rn. 643) ein solches Verfahren betreiben und die Erklärungen der Eigentümer hinsichtlich der Zustimmung entgegennehmen. Teilweise wird vertreten, dass nur Eigentümer die Initiative ergreifen und solche Beschlüsse vorbereiten könnten. Diese wohl herrschende Meinung (*OLG München* ZMR 2007, 304, 305) vertritt die Auffassung, dass auch der Verwalter, der Vorsitzende des Verwaltungsbeirates bzw. sein Vertreter zur Einleitung eines Umlauf-Beschlussverfahrens berechtigt sind und die Erklärungen der Eigentümer entgegennehmen können. 152

Tatsächlich schränkt das Gesetz weder im Wortlaut noch durch den Zweck ein, dass sogar ein Dritter, etwa der anwaltliche Vertreter eines Eigentümers, den Wortlaut eines Beschlusses in Umlauf bringen und die entsprechenden Zustimmungen der Eigentümer einholen könnte. *Häublein* (Staudinger 2023 § 23 Rn. 300) erscheint eine Beschränkung des Initiatorenkreises durchaus geboten. 153

Die betreffende Person sei für eine Eintragung in der Beschluss-Sammlung zuständig (§ 24 Abs. 7 S. 2 Nr. 2 WEG) und als Initiator müsse die Rechtsmacht bestehen, sog. Verkündungsbeschlüsse zu erzeugen. Hierdurch wird der Beschluss-Sammlung aber zu große Bedeutung beigemessen. Sie war im Rahmen des Gesetzgebungsverfahrens schon fast abgeschafft worden.

154 Das *OLG Celle* spricht vom »Abschlussinitiator« und lässt den möglichen Kreis der Initiatoren offen (*OLG Celle* NJW-RR 2006, 1605). Wenn es keinen Verwalter gibt und die einzelnen Eigentümer aus tatsächlichen oder rechtlichen Gründen nicht in der Lage sind, eine solche Maßnahme durchzuführen, gibt es keinen erkennbaren Grund, eine solche Verfahrensweise abzulehnen. Für die gesetzlichen Absichten war es ohne Bedeutung, welche Person das Verfahren in Gang setzt. Wesentlich war – bis 30.11.2020 – die Zustimmung aller Eigentümer, ohne die ein Beschluss auf diesem Weg nicht entstehen kann. Nimmt einer der Eigentümer Anstoß an der Person, die das Verfahren in Umlauf gebracht hat, wird er nicht zustimmen und dieses Verfahren zur Herbeiführung eines Beschlusses ist gescheitert. Ebenso wie ein Dritter zu einer Eigentümerversammlung einladen kann und ein solcher Einladungsmangel nur zur Anfechtbarkeit jedoch nicht zur Nichtigkeit des Beschlusses führt und wie Versammlungsleiter in der Eigentümerversammlung nicht zwingend ein Eigentümer oder der Verwalter sein muss, kann durch Feststellung und Bekanntgabe des Beschlussergebnisses für die Eigentümer verbindlich durch einen Dritten ein Beschluss mit der Bindungswirkung für die anderen Eigentümer und für einen Rechtsnachfolger gem. § 10 Abs. 3 WEG herbeigeführt werden.

III. Veränderung der gesetzlichen Vorgaben durch Vereinbarung

155 Die Allstimmigkeit ist ein Erschwernis, das auch durch Vereinbarung erleichtert werden kann (Staudinger/*Häublein* 2023 § 23 Rn. 294). Teilweise wurde vertreten, in der Teilungserklärung oder der Gemeinschaftsordnung könne die Zulässigkeit in Textform oder schriftlich zu fassender Mehrheitsbeschlüsse nicht vereinbart werden (*BayObLG* BayObLGZ 1980, 331). § 23 Abs. 3 WEG diene dem Minderheitenschutz und sei deswegen nicht abdingbar (*OLG Köln* 21.08.1979 – 16 Wx 80/79 – Juris –).

156 Die gegenteilige Rechtsmeinung vertritt das *OLG Schleswig* (ZMR 2006, 803, so auch *Hügel/Elzer* § 23 Rn. 175 am Ende). Nach § 10 Abs. 1 S. 2 WEG könnten die Eigentümer von den Vorschriften des WEG abweichende Vereinbarungen treffen, wenn nicht etwas anderes ausdrücklich bestimmt wurde (vgl. auch Staudinger/*Häublein* 2023 § 23 Rn. 65, 293 ff.). Ein gesetzliches Verbot, von den Vorgaben des § 23 Abs. 3 WEG abzuweichen, gibt es nicht. Weil die Eigentümer grundsätzlich die Beschlusskompetenz zu Angelegenheiten der Verwaltung haben und das Recht zur Beschlussfassung im Umlauf-Verfahren in § 23 Abs. 3 WEG ausdrücklich gesetzlich zugewiesen bekamen, sind Beschlüsse, die nicht mit Zustimmung aller Eigentümer zu Stande kamen, nicht nichtig, sondern nur anfechtbar.

157 Dies gilt erst recht seit der 2. Jahrhundert-Entscheidung des *BGH* vom 23.08.2001. Ein Beschluss kommt danach erst (konstitutiv) zu Stande, wenn er festgestellt und verkündet wurde. Dies gilt auch für den Umlauf-Beschluss (*BGH* – V ZB 10/01, ZMR 2001, 809 = ZWE 2001, 530). Somit kann innerhalb einer gerichtlichen Beschlussanfechtung geprüft werden, ob der Beschluss ordnungsgemäß zu Stande kam. Ist dies nicht der Fall, kann das Gericht den Beschluss für ungültig erklären. Wird ein Mehrheitsbeschluss im Umlaufverfahren festgestellt und bekannt gemacht und trotzdem nicht gerichtlich angefochten, erlangt er Bestandskraft. Mit der gerichtlichen Überprüfungsmöglichkeit ist auch dem Minderheitenschutz ausreichend genügt.

158 Es gelten bei derartigen Mehrheitsbeschlüssen die allgemeinen Regeln, wonach nur solche Beschlüsse bestandskräftig werden können, für die Eigentümer die Beschlusskompetenz haben. Andere Beschlüsse sind nichtig.

159 Wenn die Eigentümer in Textform mit Zustimmung aller Eigentümer einen Beschluss herbeiführen können, können sie auch durch eine Vereinbarung die Modalitäten über das Zustandekommen eines Umlauf-Beschlusses regeln wie: Umlaufbeschluss oder Einzelzustimmungen; nicht abgegebene Stimmen seien Nein-Stimmen. Sogar Schweigen innerhalb einer Frist kann als Ja-Stimme vereinbart

werden, was dem ablehnenden Eigentümer eine Handlungspflicht auferlegt aktiv die Ablehnung bekannt zu geben.

IV. Die Entstehung eines Umlauf-Beschlusses

Der Initiator eines Umlauf-Beschlussverfahrens kann jeden einzelnen Eigentümer direkt anschreiben 160
und von diesem die Zustimmung zu einem Beschluss, wie er zu Stande kommen soll, einfordern. Wenn keine Modalität der Beschlussfassung vereinbart wurde, ist es auch möglich, im »Umlaufverfahren« das Schreiben an einen Eigentümer zu übersenden oder zu übergeben, verbunden mit der Bitte, die Zustimmung darauf schriftlich zu erteilen und an den nächsten Eigentümer weiterzugeben. Auch kann von jedem Eigentümer die Zustimmung gesondert gefordert werden.

Wenn alle Zustimmungen bei dem Initiator des Verfahrens eingegangen sind, ist der Beschluss noch 161
nicht zu Stande gekommen. Es existieren dann aber die Voraussetzungen, dass er zu Stande kommen kann. Wie bei einem Beschluss in der Eigentümerversammlung kommt im Umlauf-Verfahren ein Beschluss erst mit der Feststellung und einer an alle Eigentümer gerichteten Mitteilung des Beschlussergebnisses zustande. Auch hier ist die konstitutive Wirkung der Feststellung und Bekanntgabe des Beschlussergebnisses zu beachten (*BGH* – V ZB 10/01, ZMR 2001, 809).

Es bedarf nicht des Zugangs der Mitteilung über das Zustandekommen des Beschlusses bei jedem 162
einzelnen Eigentümer. Es genügt jede Form der Unterrichtung, etwa durch einen Aushang oder ein Rundschreiben, die den internen Geschäftsbereich des Feststellenden verlassen hat, und bei der den gewöhnlichen Umständen nach mit einer Kenntnisnahme durch die Eigentümer gerechnet werden kann. Ab dem Zeitpunkt, in dem diese Voraussetzungen erfüllt sind, ist ein Beschluss im Umlauf-Verfahren existent geworden (*BGH* – V ZB 10/01, ZMR 2001, 809). Das dort genannte Datum der Beschlussentstehung setzt für alle Eigentümer die Monatsfrist für eine Beschlussanfechtung nach §§ 45 WEG in Gang. Eine Verkündung »unter Vorbehalt« ist nicht ausreichend (Staudinger/*Häublein* 2023 § 23 Rn. 325a). Eine Protokollierungspflicht analog § 24 Abs. 6 WEG wird zum Teil beim Umlaufbeschluss befürwortet (*Lehmann-Richter/Wobst* WEG-Reform 2020 Rn. 653; a.A. *Greiner* WE-Recht § 2 Rn. 22).

Jeder Eigentümer kann sich bei Abgabe der Zustimmung in Textform vertreten lassen. Bei der 163
Zustimmung handelt es sich um einen internen Vorgang der Gemeinschaft der Wohnungseigentümer, es wird kein Rechtsgeschäft angestrebt. Die Zustimmung als eine Willenserklärung kann gemäß § 25 Abs. 2 WEG von einer in Textform bevollmächtigten Person erklärt werden. § 174 BGB kommt auch nicht entsprechend zur Anwendung. Entweder kann der Eigentümer den Initiator direkt informieren, dass er einen Vertreter eingesetzt hat und wer für ihn auftreten wird. Alternativ sollte der Vertreter mit Abgabe der Zustimmungserklärung eine Vollmachtsurkunde beifügen, um zu vermeiden, dass seine Zustimmung zurückgewiesen wird (vgl. auch Staudinger/*Häublein* 2023 § 23 Rn. 305).

Die Eigentümer müssen die Zustimmung *»zu diesem Beschlussantrag«* in Textform fristgerecht erklären 164
(vgl. Staudinger/*Häublein* 2023 § 23 Rn. 320 ff.). Erforderlich ist deswegen die Zustimmung jedes einzelnen Eigentümers in zwei Richtungen: Einen Beschluss im Umlauf-Verfahren herzustellen und zum vorgegebenen Inhalt des Wortlautes eines Beschlusses. Es kann angenommen werden, dass ein Eigentümer auch dem Umlauf-Beschlussverfahren zugestimmt hat, wenn er lediglich in der Sache eine zustimmende Erklärung abgibt. Gerade nach einem Absenkungsbeschluss kommt dem Fristablauf Bedeutung für die Frage zu, ob die einfache Mehrheit erreicht wurde. *Häublein* (Staudinger 2023 § 23 Rn. 322) schlägt vor, eine Fristverlängerung durch den Initiator zuzulassen, allerdings mit der Möglichkeit, die fristgerecht abgegebene Erklärung widerrufen zu dürfen.

Sind nach der Gemeinschaftsordnung nicht alle Eigentümer zu einem Thema stimmberechtigt, 165
sondern nur ein bestimmter »Block«, kommt ein Beschluss im Umlaufverfahren zu Stande, wenn die zu diesem »Block« gehörenden Eigentümer ihre Zustimmung erteilt haben und dieses Ergebnis festgestellt und bekannt gegeben worden ist (*OLG Schleswig* ZMR 2006, 803; vgl. auch Staudinger/*Häublein* 2023 § 23 Rn. 318).

166 Nach § 25 Abs. 4 WEG kann ein Eigentümer vom Stimmrecht ausgeschlossen sein. Diese Regelung gilt nur für das Stimmrecht in der Eigentümerversammlung und ist nicht auf die Zustimmung nach § 23 Abs. 3 S. 1 WEG für das Umlauf-Beschlussverfahren als solches anwendbar (**a.A.** Staudinger/*Häublein* 2023 § 23 Rn. 316). Es ist die Zustimmung aller Eigentümer erforderlich, auch der Eigentümer, die bei der Beschlussfassung in der Eigentümersammlung vom Stimmrecht ausgeschlossen sind (*BayObLG* ZMR 2002, 138; *Hügel/Elzer* § 23 Rn. 98). Hier wird der Unterschied zur Beschlussfassung in der Eigentümerversammlung besonders deutlich. In der Eigentümerversammlung genügt für einen ordnungsgemäß herbeigeführten Beschluss, dass die nunmehr in der Regel beschlussfähige Eigentümerversammlung stattfand, abgestimmt und anschließend ein Beschluss verkündet wurde.

167 Erfolgt die Verwalterbestellung im Umlauf-Beschlussverfahren und muss die Bestellung in der Form des § 29 Abs. 1 S. 1 GBO nachgewiesen werden, genügt die notarielle beglaubigte Niederschrift über die Feststellung des schriftlichen Beschlussergebnisses, weil gerade dadurch der Beschluss geschaffen worden ist (*BGH*- V ZB 10/01, ZMR 2001, 809; **a.A.** *OLG Hamm* ZWE 2012, 489). So jetzt ausdrücklich *Schneider* (ZfIR 2022, 349, 351, 353 bei Fn. 36): Unterschriften des Initiators, eines Wohnungseigentümers und ggf. des Beiratsvorsitzenden – jeweils in beglaubigter Form – genügen (vgl. auch Staudinger/*Häublein* 2023 § 23 Rn. 329).

168 Nach h.M. dagegen (dazu tendierend auch *BGH*, Beschl. v. 19.07.2021 – NotSt [Brfg] 1/21, ZMR 2022, 735) hat der Verwalter seine Legitimation durch öffentlich beglaubigte Zustimmungserklärung sämtlicher Eigentümer (vgl. aber seit 01.12.2020 § 23 Abs. 3 S. 2 WEG, wonach ein Mehrheitsbeschluss genügen kann) nachzuweisen (*BayObLG* NJW-RR 1986, 565 f zu der inhaltlich gleichen damals gültigen Fassung der §§ 23 und 26 WEG; *Otto* in: BeckOK GBO 42. Edition § 29 GBO Rn. 127b [Stand: 01.05.2021]; *Demharter* GBO 32. Aufl. § 29 Rn. 10; *Schneider* in: Bauer/Schaub GBO 4. Aufl. Abschnitt E Rn. 288; *Volmer* in: Keller/Munzig KEHE Grundbuchrecht 8. Aufl. § 29 Rn. 64; Schöner/Stöber Grundbuchrecht 16. Aufl. Rn. 2904b; *Hügel/Elzer* 3. Aufl. § 26 WEG Rn. 182; *Emmerich* in: Bärmann/Pick WEG 20. Aufl. § 26 Rn. 121; MüKoBGB/*Engelhardt* 8. Aufl. § 26 WEG Rn. 85; juris PK-BGB/*Geiben* 9. Aufl. § 26 Rn. 82 [Stand: 22.09.2020]; *Niedenführ* in: Niedenführ/Schmidt-Räntsch/Vandenhouten WEG 13. Aufl. § 26 Rn. 172; Erman/*Grziwotz* BGB 16. Aufl. § 26 WEG Rn. 9; Staudinger/*Häublein* BGB Neubearbeitung 2018 § 23 WEG Rn. 229; *Schultzky* in: Ring/Grziwotz/Keukenschrijver BGB 4. Aufl. § 26 WEG Rn. 31; *Sauren* WEG 6. Aufl. § 26 Rn. 64).

169 Die Kombination eines »Teilbeschlusses« in der Eigentümerversammlung und eines »Teilbeschlusses« im Umlauf-Zustimmungsverfahren gibt es nach dem Gesetz nicht (vgl. Staudinger/*Häublein* 2023 § 23 Rn. 313). Eigentümer, die in der Versammlung bereits zugestimmt haben, sollten ihre Zustimmung in Textform erklären. Die Eigentümer, die in der Versammlung dem Beschluss nicht zugestimmt haben, müssen überzeugt werden, ihre Zustimmung nachträglich in Textform zu erklären. Die Eigentümer, die in der Versammlung nicht anwesend waren, müssen ebenfalls dazu bewegt werden, dem Beschluss in Textform zuzustimmen. Im Ergebnis sollte von allen Eigentümern die Zustimmung in Textform vorliegen, bevor der Verwalter oder der Initiator des Verfahrens das Zustandekommen des Beschlusses feststellen und mitteilen kann. Dann wurde der gesetzlichen Form nach § 23 Abs. 3 S. 1 WEG genügt. Wird teilweise in der Eigentümerversammlung (nicht in Textform) abgestimmt und teilweise später von den übrigen Eigentümern in Textform und ein Beschluss verkündet, ist dieser Beschluss mangelhaft, erfolgreich anfechtbar, aber nicht nichtig.

170 Ob eine unter Mitwirkung aller Eigentümer im schriftlichen Verfahren getroffene Regelung als Eigentümerbeschluss auszulegen ist oder als Vereinbarung, beurteilt sich u.a. danach, ob ein Beschluss bekannt gegeben/verkündet wurde. Die Verkündung ist konstitutive Beschlussvoraussetzung. (*BGH* – V ZB 10/01, ZMR 2001; 809 = NJW 2001, 3339). Entscheidend ist aber der Inhalt der Regelung, falls ein Mehrheitsbeschluss (wie bei der Begründung eines Sondernutzungsrechtes) nicht wirksam möglich wäre. Durch Auslegung kann dann eine Vereinbarung angenommen werden (*OLG Hamburg* ZMR 2008, 154).

Der Rechtsausschuss wollte durch die neue Möglichkeit eines **Absenkungsbeschlusses** (vgl. Bärmann/*Dötsch* § 23 Rn. 195, 226 ff.) – der kein bloßer Geschäftsordnungsbeschluss ist (vgl. *Skauradszun/Harnack*, Grundfragen der Absenkungs- und Finanzbeschlüsse, ZMR 2023, 441, *Skauradszun* ZWE 2022, 106; *Riecke* in: SEHR, Skauradszun/Elzer/Hinz/Riecke Die WEG-Reform 2020 § 6, Rn. 9; Staudinger/*Häublein* 2023 § 23 Rn. 295f; *Küttner* AnwZert MietR Anm. 2 unter B.II. 1; *AG München*, Urt. v. 02.10.2023 – 1291 C 650/23; **a.A.** *LG Frankfurt/M.*, ZMR 2023, 564; *Greiner* WE-Recht 5. Aufl. § 2 Rn. 25; *AG Hamburg-St. Georg* ZMR 2022, 1005; *Bartholome* in: BeckOK-WEG, 49. Ed. [01.07.2022] § 23 Rn. 105; *Dötsch/Schultzky/Zschieschack* WEG-Recht 2021 Kap. 8, Rn. 32 ff.; offengelassen bei *AG Bonn* ZMR 2022, 245) – die Beschlussfassung außerhalb der Versammlung erleichtern (BT-Drs. 19/22634, S. 45). Ein Absenkungsbeschluss nach § 23 Abs. 3 S. 2 WEG muss erkennen lassen, für welche Gegenstände die Mehrheit der abgegebenen Stimmen genügen soll (*AG Essen* ZMR 2022, 67 m. Anm. *Elzer; LG München I*, Urt. v. 08.11.2023 – 1 S 11052/22, ZMR 2024, 154). Der Absenkungsbeschluss bedarf nach § 25 Abs. 1 WEG in der Versammlung der Mehrheit der abgegebenen Stimmen; außerhalb der Versammlung müssen wegen § 23 Abs. 1 S. 1 WEG alle Wohnungseigentümer zustimmen. Ein Absenkungsbeschluss muss einen »einzelnen Gegenstand« betreffen; das heißt es kann nicht gestützt auf § 23 Abs. 3 S. 2 WEG allgemein geregelt werden, dass zu sämtlichen Beschlussgegenstände in Zukunft nur noch außerhalb der Versammlung mit der Mehrheit der abgegebenen Stimmen beschlossen wird. Auch der Absenkungsbeschluss muss dem Bestimmtheitsgrundsatz (vgl. auch Bärmann/*Dötsch* § 23 Rn. 300 ff.) genügen, damit der Folgebeschluss nicht an einem formalen Mangel leidet. Obwohl es sich insoweit um einen vollwertigen Beschluss handelt, muss er wohl nicht als eigener TOP angekündigt werden. Für die Verkündung ist der jeweilige Initiator zuständig (*LG Karlsruhe* ZWE 2017, 362; strenger aber jüngst *LG München I*, Urt. v. 21.03.2024 – 36 S 3331/23). 171

Es muss ausdrücklich mitbeschlossen werden, falls der Beschluss auch mit einfacher Mehrheit (§ 23 Abs. 3 Satz 2 WEG) gefasst werden kann und soll; ansonsten bedarf es (weiter) der Allstimmigkeit (§ 23 Abs. 3 Satz 1 WEG), so *AG Hamburg-Bergedorf* ZMR 2022, 1002. 172

Die Wohnungseigentümer müssen sich auf der Versammlung mit dem Beschlussgegenstand des späteren Absenkungsbeschlusses – einem TOP der Ausgangsversammlung – noch nicht zwingend beschäftigt/befasst haben. Dies wird zwar im Beispiel in den Gesetzesmaterialien vorausgesetzt, ergibt sich aber nicht als Tatbestandsvoraussetzung aus § 23 Abs. 3 Satz 2 WEG (*Elzer* in: Hügel Wohnungseigentum 5. Aufl. § 12 Rn. 186; *Greiner* WE-Recht 5. Aufl. § 2 Rn. 25). Für einen prophylaktischen Absenkungsbeschluss besteht allerdings keine Beschlusskompetenz. 173

Ein Absenkungsbeschluss mit dem Inhalt, Maßnahmen einer Gattung in das Umlaufverfahren zu verweisen, etwa die künftige (Nach-)Wahl von Verwaltungsbeiräten oder Verwaltern, die unterjährige Anpassung von Vorschüssen im Bedarfsfall oder die Erhöhung der Verwaltervergütung, ist unzulässig (so Staudinger/*Häublein* 2023 § 23 Rn. 295l). 174

Nach Fassen eines Absenkungsbeschlusses ist das Ermessen des Verwalters, ob er das beschlossene Umlaufverfahren in die Wege leitet, auf null reduziert. Der entsprechende Anspruch der Eigentümer richtet sich gegen die GdWE, deren Anspruch gegen den Verwalter. Abstimmungen auf der Basis eines zuvor gefassten Absenkungsbeschlusses ist im Zweifel allein der Verwalter berechtigt in Gang zu setzen (Staudinger/*Häublein* 2023 § 23 Rn. 297, 298a). 175

V. Der Widerruf der Zustimmung

Nach § 130 Abs. 1 S. 2 BGB wird eine Willenserklärung, die einem Abwesenden gegenüber abzugeben ist, nicht wirksam, wenn dem anderen vorher oder gleichzeitig ein Widerruf zugeht. Fraglich ist, bis zu welchem Zeitpunkt ein Eigentümer seine Meinung ändern und seine Willenserklärung widerrufen kann. Die der gesetzlichen Regelung in § 130 BGB zu Grunde gelegte Zielsetzung, die Herbeiführung eines Rechtsgeschäftes, ist mit der Rechtslage bei der Zustimmung im Umlauf-Beschlussverfahren gem. § 23 Abs. 3 S. 1 WEG nicht vergleichbar, weil es um einen in der Gemeinschaft ablaufenden internen Vorgang der Willensbildung und gerade nicht um die Herbeiführung 176 eines Rechtsgeschäftes geht. Da ein Beschluss im Umlauf-Verfahren erst zu Stande kommt, wenn dafür die Voraussetzungen vorliegen und von dem Berechtigten das Ergebnis festgestellt und bekannt gegeben wird, wird teilweise die Meinung vertreten, dass eine Zustimmung, die noch nicht verwertet wurde, bis zur Konstitution des Beschlusses – durch Feststellung und Mitteilung an die Eigentümer – widerrufen werden kann (*OLG Celle* NJW-RR 2006, 1605). Der *BGH* geht davon aus, dass eine in der Eigentümerversammlung abgegebene Stimme nach ihrem Zugang bei dem Versammlungsleiter nicht mehr widerrufen werden kann (*BGH* – V ZR 254/11, ZMR 2012, 980 = NJW 2012, 3372). Hierfür spreche die Regelung des § 130 Abs. 1 BGB, die auf die Stimmabgabe als unter Anwesenden abgegebene empfangsbedürftige Willenserklärung sinngemäß Anwendung findet. Nach § 130 Abs. 1 S. 1 BGB wird eine Willenserklärung mit ihrem Zugang wirksam und bindet den Erklärenden (vgl. § 145 Abs. 1 BGB), weshalb ein Widerruf der Erklärung nach § 130 Abs. 1 S. 2 BGB ab diesem Zeitpunkt ausscheidet. Es bestehe auch kein praktisches Bedürfnis, hinsichtlich der Stimmabgabe in der Eigentümerversammlung von der Regelung des § 130 Abs. 1 S. 2 BGB abzuweichen (Staudinger/*Häublein* 2023 § 23 Rn. 319). Ließe man einen Widerruf der Stimmabgabe bis zur Verkündung des Beschlussergebnisses zu, könnte die Feststellung eines Ergebnisses – insbesondere bei großen Eigentümergemeinschaften – erschwert oder gar unmöglich gemacht werden (vgl. *Hügel/Elzer* § 23 Rn. 99). Man bedenke nur den Fall, dass der Versammlungsleiter bereits mit der Zählung der Stimmen begonnen hat und, ehe er fertig ist, einige Mitglieder, die er schon gezählt hat, ihre Stimmen widerrufen. Es muss daher einen Zeitpunkt geben, ab dem der Versammlungsleiter damit beginnen kann, das Beschlussergebnis verbindlich festzustellen. Dies ist entsprechend § 130 Abs. 1 S. 1 BGB der Zeitpunkt des Zugangs der jeweiligen Stimme bei dem Versammlungsleiter. Diese Gründe gelten erst Recht für die schriftliche Abstimmung bei Abgabe einer Willenserklärung gegenüber Abwesenden.

D. Beschlussnichtigkeit und Gültigkeitsvermutung, § 23 Abs. 4 WEG

I. Anwendungsbereiche

177 Die Vorschrift des § 23 Abs. 4 WEG wurde bereits 2007 in ihrem Anwendungsbereich reduziert. Die hier bisher verankerte Frist und die Rechtsgrundlage für eine Anfechtungsklage wurden in die Verfahrensvorschriften nach § 45 WEG verlagert. Es ist seit Inkrafttreten des WEMoG am 01.12.2020 von besonderer Bedeutung, ob ein Beschluss nichtig und (sofort) wirkungslos ist oder nur ordnungswidrig und deshalb so lange gültig ist, bis er von einem Gericht durch rechtskräftiges Urteil (ex tunc) für ungültig erklärt wurde. Nach *Jacoby/Lehmann-Richter* (ZMR 2021, 273) handelt es sich insoweit nicht mehr zwingend um einen identischen Streitgegenstand. Der *BGH* geht auch nach Inkrafttreten des WEMoG für Anfechtungs- und Nichtigkeitsklage vom selben Streitgegenstand aus; einzelne Beschlussmängel seien nur Teile des einheitlichen Streitgegenstands (*BGH* – V ZR 43/22, ZMR 2023, 380).

II. Die Beschlussnichtigkeit

1. Allgemeines

178 Wann ein Beschluss nichtig ist, definiert das Gesetz in § 23 Abs. 4 WEG nicht abschließend. Nichtig sind Beschlüsse, die gegen zwingende gesetzliche Vorgaben im WEG oder in anderen Gesetzen verstoßen wie § 134, § 138 BGB oder § 6 Abs. 1 WEG (vgl. Bärmann/*Dötsch* § 23 Rn. 278 ff.). Nichtig ist auch ein Beschluss, der versucht, in Kernbereiche des Wohnungseigentumsrechts einzugreifen (*BGH* – V ZB 51/03, ZMR 2004, 438). Die fehlende Beschlusskompetenz führt zur Beschlussnichtigkeit (Ausgangspunkt: *BGH* – V ZB 58/99, ZMR 2000, 771). Beschlüsse können nur gefasst werden, wenn die Teilungserklärung/Gemeinschaftsordnung oder das Gesetz dies zulassen (Beschlusskompetenz). Nichtig können Beschlüsse sein, wenn sie im Wortlaut unklar sind und ihren Inhalt nicht bestimmt genug vermitteln (*OLG Oldenburg* ZMR 2005, 814; *Riecke* ZMR 2018, 173 ff). So ist ein Beschluss über die (interne) Ermächtigung des Verwalters zur gerichtlichen Geltendmachung von Ansprüchen der Gemeinschaft der Wohnungseigentümer nichtig, wenn sich dem Beschluss

nicht mit hinreichender Deutlichkeit entnehmen lässt, welche Ansprüche geltend gemacht werden sollen (*OLG München* ZMR 2006, 718).

Der *BGH* (V ZR 106/21, ZMR 2022, 570) schuf für die Praxis Klarheit bei Verstößen gegen öffentlich-rechtliche Vorschriften, die dem Schutz der Wohnungseigentümer dienen. Soweit eine solche öffentlich-rechtliche Norm durch einen Beschluss verletzt wird, soll das die Nichtigkeit des Beschlusses nach sich ziehen. Zutreffend stelle der *BGH* gerade nicht darauf ab, ob es sich bei der verletzten Norm (auch) um ein Verbotsgesetz i.S.d. § 134 BGB handelt (so *Pöpel* AnwZert MietR 18/2022, Anm. 1). Dagegen argumentiert *Häublein* (Staudinger 2023 § 23 Rn. 341a): Die Entscheidung weist erhebliche Begründungsdefizite auf, weil sie nicht erkennen lässt, warum die öffentlich-rechtliche Norm die Unwirksamkeit des Rechtsgeschäfts erfordert. Das Bauordnungsrecht ist eine eigenständige Materie, auf die die Wohnungseigentümer grundsätzlich (zur Übernahme von Abstandsflächen s. aber *BGH* ZWE 2010, 33; krit dazu Bärmann/*Dötsch* § 20 WEG Rn. 91) durch ihre Rechtsgeschäfte keinen Einfluss nehmen können, weshalb ein wirksames Rechtsgeschäft den Normzweck nicht zu beeinträchtigen droht. 179

Eine Vereinbarung kann die Änderung der Teilungserklärung durch Beschluss ermöglichen. Auch gesetzliche Vorgaben können durch Beschluss verändert werden, soweit dies nicht ausdrücklich vom Gesetz untersagt ist. Eine solche Öffnungsklausel (vgl. Bärmann/*Dötsch* § 23 Rn. 26 ff.) kann regeln, was beschlossen werden darf und wie eine Änderung ggf. beschlossen werden muss, etwa mit einer besonderen Mehrheit. Der Beschluss selbst ändert dann die Vereinbarung. Es ist keine Anpassung durch eine (notarielle) Änderungsvereinbarung erforderlich. Der Beschluss bindet Rechtsnachfolger (*OLG München* ZMR 2008, 564). 180

Der Inhalt eines Beschlusses muss klar und bestimmt oder zumindest bestimmbar sein (vgl. *Riecke* ZMR 2018, 173 ff.). Bei der Beurteilung der Bestimmbarkeit können auch Begleitumstände herangezogen werden, die in der Versammlungsniederschrift zum Ausdruck gekommen sind. (*LG Hamburg* ZMR 2009, 314). 181

Nur »schwebend nichtige/unwirksame Beschlüsse« (vgl. Bärmann/*Dötsch* § 23 Rn. 274) sollen vorliegen, wenn individuelle Rechte durch Mehrheitsbeschluss entzogen werden sollen, die bereits »mehrheitsfest« wurden. Ebenso wenn es an Entstehungsvoraussetzungen für einen Beschluss fehlt. Ob diese Differenzierung in der Praxis hilft, ist zweifelhaft. Der *BGH* ist anfangs bei Eingriffen in unentziehbare, aber verzichtbare (»mehrheitsfeste«) Rechte davon ausgegangen, dass die fehlende Zustimmung nachteilig betroffener Sondereigentümer die schwebende Unwirksamkeit eines gleichwohl gefassten Beschlusses zur Folge hat (vgl. *BGH* – V ZB 51/03, ZMR 2004, 438 = NJW 2004, 937; *BGH* – V ZR 315/13, ZMR 2015, 239 = NJW 2015, 549 Rn. 15, 20). Ob daran festgehalten werden kann, erschien dem *BGH* angesichts der darauf bezogenen Kritik zweifelhaft (vgl. u.a. BeckOGK WEG/*Falkner* [01.12.2018] § 10 Rn. 173; *Schultzky* MietRB 2015, 60, 62; *Abramenko* MietRB 2011, 96, 99 f.; Staudinger/*Häublein* BGB [2017] § 23 Rn. 274); denn § 23 Abs. 4 WEG sieht schwebend unwirksame Beschlüsse nicht vor, und es ergeben sich – ebenso wie bei unter eine Bedingung gestellten Beschlüssen (vgl. *BGH* – V ZR 221/17, ZMR 2019, 55 = WuM 2018, 803 Rn. 16) – Bedenken im Hinblick auf das Gebot der Rechtssicherheit (*BGH* – V ZR 72/18, ZMR 2019, 619). 182

Soweit dieser Schwebezustand für den Fall befürwortet wird, dass ein unentziehbares und »mehrheitsfestes« (durch Beschluss nicht entziehbares), aber verzichtbares Individualrecht verletzt wird, sollte dem weiterhin gefolgt werden (*Hügel/Elzer* Vor § 23 Rn. 74 ff; *Lieder/Pommerening* NotBZ 2019, 403 (410); a.A. *Bub* in: FS Seuß, 2007, 53 (71)). Es gibt Rechtsbereiche eines Wohnungseigentümers, in die jedenfalls durch Beschluss nicht eingegriffen werden kann. Es handelt sich um solche, bevorzugt grundrechtlich gesicherte Rechte, die man als durch Beschluss »unentziehbar« ansehen muss. Dieser »schwebende« Beschluss wird wirksam, wenn der Zustimmungsberechtigte zustimmt, und unwirksam, wenn die Zustimmung (schlüssig) verweigert wird. Wer eine schwebende Unwirksamkeit generell verneint, kommt wegen fehlender Beschlusskompetenz immer zur Nichtigkeit (*Berkenharn* NZM 2019, 479, 480). 183

184 Schwebend unwirksame Beschlüsse scheiden aus, wenn es an einer Entstehungsvoraussetzung für einen Beschluss fehlt, insbesondere an der konstitutiven Verkündung (*Bub* in: FS Seuß, 2007, 52, 69; *OLG Düsseldorf* ZMR 2005, 218, 219). Fehlt es an einer Entstehungsvoraussetzung, gibt es eben noch keinen Beschluss. Ein Beschluss, dem es an einer Wirksamkeitsvoraussetzung fehlt, »schwebt« nicht (*Bub* in: FS Seuß, 2007, 53, 69); er ist ein (Noch-)Nichtbeschluss (*Elzer* ZWE 2007, 165, 168).

185 Die entscheidende Frage wird/sollte – mit der o.g. Ausnahme – bleiben, ob die Eigentümer die Beschlusskompetenz hatten. Fragen der Ordnungsmäßigkeit eines Beschlusses sind über die Beschlussanfechtung zu klären. Ein nichtiger Beschluss bindet niemanden. Weil daraus keine Rechtsfolgen abgeleitet werden können, bedarf es auch keiner Beschlussanfechtung.

186 Auf denselben Lebenssachverhalt gestützte Anfechtungs- und Nichtigkeitsgründe betrafen zumindest bis 30.11.2020 keine unterschiedlichen Streitgegenstände (unklar *LG Hamburg* ZMR 2018, 357). Da der Streitgegenstand maßgeblich durch den Antrag mitbestimmt wird, führte dies dazu, dass sowohl mit einem auf Feststellung der Nichtigkeit als auch mit einem auf Ungültigkeitserklärung gerichteten Antrag jeweils das umfassende Rechtsschutzziel zum Ausdruck gebracht wird, unter jedem rechtlichen Gesichtspunkt eine verbindliche Klärung der Gültigkeit des zur Überprüfung gestellten Eigentümerbeschlusses herbeizuführen. Es konnte deswegen vom Gericht auch ohne Antragsumstellung die Nichtigkeit eines Beschlusses ausgesprochen werden, obwohl der Antrag seinem Wortlaut nach (nur) darauf gerichtet war, den Beschluss für ungültig zu erklären. Wegen der früher – vom *BGH* (Urt. v. 13.01.2023 – V ZR 43/22, ZMR 2023, 380) auch heute noch – angenommenen Identität des Streitgegenstandes waren auch die Auswirkungen der Rechtskraft dieselben, gleichgültig, ob die Ungültigkeit des Beschlusses festgestellt oder durch Urteil ausgesprochen wird (vgl. auch § 48 Abs. 4 WEG a.F.). Mit dem Eintritt der Rechtskraft stand in beiden Fällen fest, ob der Beschluss Rechtswirkungen entfaltet oder nicht. (*BGH* – V ZR 235/08, ZMR 2010, 126 = NJW 2009, 3655).

187 Erfolgte eine Anfechtungsklage, konnte gerade das gerichtliche Verfahren im Einzelfall einem nichtigen Beschluss zur Geltung verhelfen, wenn im Gerichtsverfahren über Anfechtungs- und Nichtigkeitsgründe umfassend entschieden wurde. Bestätigte ein Gericht den Beschluss der Eigentümer, obwohl ein Nichtigkeitsgrund vorlag, wurde der Beschluss nach § 48 Abs. 4 WEG a.F. rechtskräftig und erzeugt die dort beschriebene Bindungswirkung. Eine Prüfung durch das Gericht kann und muss immer unterstellt werden. Ansonsten könnte es dem Hinweisgebot nach § 46 Abs. 2 WEG a.F. nicht nachkommen (so auch *AG Hamburg-St. Georg*, Urt. v. 10.12.2021 – 980b C 12/21, ZMR 2022, 255 für das WEMoG).

188 Für die aktuelle Rechtslage gehen *Jacoby/Lehmann-Richter* (ZMR 2021, 273) dagegen nach dem fehlerbezogenen Streitgegenstand und im Ergebnis damit von unterschiedlichen Streitgegenständen aus. Denn das WEMoG hat § 46 Abs. 2 und § 48 Abs. 4 WEG a.F. ersatzlos gestrichen. Seit dem 01.12.2020 sei der Streitgegenstand der Anfechtungsklage daher nicht mehr anhand von wohnungseigentumsrechtlichen Besonderheiten, sondern nach allgemeinen Grundsätzen auf Grundlage des zweigliedrigen Streitgegenstandsbegriffs zu bestimmen. Die stattgebende Entscheidung im Anfechtungsprozess sei ein Gestaltungsurteil, das sowohl Gestaltungswirkung als auch materielle Rechtskraftwirkung habe. Der klageabweisenden Entscheidung fehlt hingegen eine Gestaltungswirkung. Das Urteil auf eine Nichtigkeitsklage hat nur materielle Rechtskraft. Dieser fehlerbezogene Streitgegenstand hat wichtige Konsequenzen: Wird eine Anfechtungsklage rechtskräftig abgewiesen, bleibt nach Aufhebung von § 48 Abs. 4 WEG a.F. eine Nichtigkeitsklage möglich, die sich auf einen im Vorprozess nicht berücksichtigten Beschlussmangel stützt. Im Zweifel ist die mehrfachbegründete Klage als kumulative Klagehäufung auszulegen. Dringt der Kläger bei der kumulativen Klagehäufung nicht mit sämtlichen Beschlussrügen durch, ist die Klage teilweise abzuweisen. Dasselbe gilt, wenn bei der eventualen Klagehäufung erst eine nachrangige Beschlussrüge Erfolg hat. Dies ist kostenrechtlich zu berücksichtigen. Der *BGH* (Urt. v. 13.01.2023 – V ZR 43/22, ZMR 2023, 380) ist dem nicht gefolgt.

2. Abgrenzung: Nichtiger Beschluss zum Nichtbeschluss

Gibt es keinen Beschluss, kann auch nichts gerichtlich für ungültig geklärt werden; ebenso wenig gibt es ein Rechtsschutzbedürfnis, eine Nichtigkeit feststellen zu lassen. (*OLG Frankfurt am Main* ZMR 2009, 463). Der Beschluss der Eigentümer, zu bestimmten Punkten der Tagesordnung keinen Beschluss zu fassen, erschöpft sich im Allgemeinen darin, von einer gemeinsamen Willensbildung abzusehen. Für die Anfechtung seines solchen Beschlusses (»Scheinbeschluss«; so *OLG Hamm* ZMR 2008, 1619) fehlt es i.d.R. am Rechtsschutzbedürfnis (*BayObLG* FGPrax 2004, 17 = ZfIR 2004, 430). Schulden die Eigentümer einen Beschluss für eine erforderliche Maßnahme, kann jeder Eigentümer nach § 18 Abs. 2 und § 44 Abs. 1 S. 2 WEG den verweigerten Beschluss, nicht aber direkt die Maßnahme im Wege der nicht fristgebundenen Leistungsklage, gerichtlich geltend machen. 189

Ein Beschluss fehlt, wenn eine Abstimmung in der Eigentümerversammlung nicht erfolgte oder die Zustimmung im Umlauf-Verfahren nicht von allen Eigentümern – beim Absenkungsbeschluss von der Mehrheit der Eigentümer – vorliegt und die für einen Beschluss erforderliche Feststellung und Bekanntgabe des Beschlussergebnisses unterbleibt. Erst durch die Verkündung wird ein Beschluss existent (*BGH* – V ZB 10/01, ZMR 2001, 809). In der Literatur und in der Rechtsprechung wurde der Begriff »Nichtbeschluss« oder auch »Scheinbeschluss« als Abgrenzung zum »Negativbeschluss« verwendet. Als Nichtbeschlüsse werden Beschlussfassungen des aufteilenden Alleineigentümers vor Anlegung der Wohnungsgrundbücher angesehen sowie unvollständige bloße Versuche einer Beschlussfassung z.B. außerhalb einer Versammlung (*OLG Hamm* ZMR 2008, 161). Ob eine Ladung durch einen Nichtberechtigten bereits zum Nichtbeschluss führen kann/muss, ist zweifelhaft (vgl. *Lehmann-Richter* ZWE 2021, 419 f.). Der Mangel des Nichtbeschlusses kann nicht durch seine Verkündung behoben werden (Staudinger/*Häublein* 2023 § 23 Rn. 120). 190

3. Abgrenzung: Nichtiger Beschluss zum Negativbeschluss

Ein Negativbeschluss entsteht durch Ablehnung eines angestrebten Beschlusses. Bis zur Entscheidung des *BGH* vom 23.08.2001 ging die herrschende Meinung davon aus, es sei eine gerichtliche Beschlussanfechtung weder möglich noch nötig, weil ein Negativbeschluss die Rechtslage nicht veränderte. Der *BGH* hat die Anfechtungsmöglichkeit des Negativbeschlusses inzwischen jedoch mehrfach bestätigt (*BGH* – V ZB 10/01, ZMR 2001, 809). Der Negativbeschluss ist ein anfechtbarer Mehrheitsbeschluss. Wird der Antrag für einen Beschluss mehrheitlich abgelehnt, bleibt die Rechtslage zwar unverändert. Allein die fehlende Zustimmung lässt die Schlussfolgerung nicht zu, die Eigentümer hätten das Gegenteil des Beschlussantrages gewollt (vgl. aber *AG Hamburg-St. Georg* ZMR 2022, 257 zum Negativbeschluss beim Selbstbehalt). Über das Gegenteil wurde gerade nicht abgestimmt. Wesentlich ist, dass durch einen Mehrheitsbeschluss der gemeinschaftsinterne Wille verbindlich festgelegt werden soll. Wie ein positiver Beschluss kommt auch ein negatives Abstimmungsergebnis in Verwirklichung der Beschlusskompetenz der Eigentümerversammlung zustande und ist daher das Resultat einer verbindlichen Willensbildung der Gemeinschaft aus mehreren Einzelwillen. Es wird der Gemeinschaftswille festgelegt, dass die beantragte Änderung oder Ergänzung des Gemeinschaftsverhältnisses nicht eintreten soll. Insoweit unterscheidet sich die Ablehnung eines Antrags in nichts von der – unzweifelhaft als Beschluss anzusehenden – Annahme des Antrags, eine bestimmte Handlung nicht vorzunehmen oder zu unterlassen (*BGH* – V ZB 10/01, ZMR 2001, 809). Negative Beschlüsse werden somit ohne Anfechtung bestandskräftig. Sie erzeugen aber keine Sperrwirkung (*LG Hamburg* ZMR 2015, 50 und ZMR 2016, 900, *AG Krefeld* ZMR 2018, 378); es kann über denselben Beschlussgegenstand ohne weiteres erneut abgestimmt werden (*OLG München* ZMR 2007, 304). Die Anfechtung eines Negativbeschlusses ist möglich, aber nicht immer zwingend erforderlich. Bei baulichen Maßnahmen konnte früher unmittelbar ein Vornahmeantrag gestellt werden (*LG Hamburg* ZMR 2008, 825), heute wird eine gerichtliche Beschlussersetzung nötig (§ 44 WEG). 191

Ein Rechtschutzbedürfnis für die Anfechtung eines Negativbeschlusses liegt immer dann vor, wenn ein klagbarer Anspruch auf eine positive Beschlussfassung besteht. Beispiel: Anspruch auf Zustimmung zur Herstellung eines zweiten Rettungsweges in der Dachgeschosswohnung und deswegen zum Ein- 192 bau eines Dachflächenfensters zur Erfüllung der behördlichen Brandschutzvorschriften (*LG Krefeld* 26.11.2007 – 6 T 200/07, juris; *BGH* – V ZR 102/16, ZMR 2017, 818). Das Rechtsschutzbedürfnis wird insbesondere dann offenkundig, wenn die Anfechtungsklage mit einem Beschlusseretzungsantrag verbunden und nach § 44 Abs. 1 S. 2 WEG eingefordert wird, was die Eigentümer zuvor verweigert haben. Die Rechtmäßigkeit eines Negativbeschlusses kann auch dann im Wege der gerichtlichen Anfechtung (§§ 44, 45 WEG) überprüft werden und das dafür notwendige Rechtsschutzbedürfnis liegt vor, wenn ein Eigentümer durch die Ablehnung in seinem Recht auf ordnungsmäßige Verwaltung des gemeinschaftlichen Eigentums verletzt wird (*BGH* – V ZR 115/09, ZMR 2010, 542 = NJW 2010, 2129). *Lehmann-Richter* (Staudinger 2023 § 44 Rn. 220) versagt die Anfechtung eines Negativbeschlusses wegen Rechtsmissbrauchs, wenn offensichtlich ist, dass die Ungültigerklärung des Beschlusses für den Kläger ohne jegliches Interesse ist.

193 Nach *AG Hamburg-St. Georg* (ZMR 2022, 257) soll inhaltlich dagegen gelten: Mit objektiv-normativ auszulegendem Negativbeschluss können die Eigentümer nach § 16 Abs. 2 S. 2 WEG darüber entschieden, dass eine Übernahme des Selbstbehalts durch die Gemeinschaft (nebst anschließender Sozialisierung auf alle Eigentümer) nicht stattfinden soll.

194 Klarstellend kann auch die Feststellung verlangt werden, dass ein Beschluss nicht zustande gekommen ist. Dies gilt dann, wenn es darum geht, den Rechtsschein eines Eigentümerbeschlusses zu beseitigen. Insbesondere wenn ein Beteiligter (Eigentümer oder Verwalter) von wirksam gefassten und gültigen Eigentümerbeschlüssen ausgeht, könnte ohne Klarstellung durch das Gericht die Rechtslage dauerhaft unklar bleiben (*OLG München* OLGR München 2006, 613 = ZWE 2006, 456).

4. Beispiele für die Abgrenzung von Nichtigkeit und Anfechtbarkeit eines Beschlusses

195 Beschlüsse sind nichtig, wenn den Eigentümern die Beschlusskompetenz fehlte.

196 Bauliche Veränderung: Ein Beschluss, der eine Baumaßnahme wenig detailliert beschreibt, ist regelmäßig nur anfechtbar (*OLG Hamburg* ZMR 2001, 725). Als nichtig sind dagegen Beschlüsse anzusehen, die eine durchführbare Regelung nicht mehr erkennen lassen (*OLG Düsseldorf* ZMR 2005, 143). Beschlüsse, die ein Bauvorhaben genehmigen, wodurch eine andere als die vereinbarte Zweckbestimmung für bestimmte Räume herbeigeführt wird, sind ohne Öffnungsklausel in der Teilungserklärung nichtig. Die Wohnungseigentümer können vereinbarte Vorgaben nur durch eine neue Vereinbarung ändern (*KG* ZMR 2007, 299 und *OLG München* ZMR 2007, 391). Der einer baulichen Veränderung nicht zustimmende Wohnungseigentümer muss auf die Kostenfreistellung, die in § 21 Abs. 1 WEG angeordnet ist und dem eindeutigen Gerechtigkeitsgebot entspricht, vertrauen dürfen. Trotzdem ist ein Umlagebeschluss nach § 21 Abs. 5 WEG nicht etwa mangels Beschlusskompetenz nichtig (anders zur alten Rechtslage noch *OLG Schleswig* ZWE 2007, 248). Die faktische Stilllegung eines Aufzugs und Verweigerung einer Reparatur, dessen Funktionsfähigkeit die Teilungserklärung/Gemeinschaftsordnung verspricht, kann nicht mehrheitlich beschlossen werden (*OLG Saarbrücken* WuM 2007, 154). Für die verweigerte Erhaltung eines Parkhauses entschied der *BGH* (*BGH* – V ZR 225/20, ZMR 2022, 60): Die Wohnungseigentümer können sich ihrer Verpflichtung zur Vornahme zwingend erforderlicher Maßnahmen nicht durch ein mehrheitlich verhängtes Nutzungsverbot entziehen.

197 **Blockabstimmung:** Ein Beschluss über die Kostentragung der Erhaltungsmaßnahme für eine Tiefgarage ist nicht deshalb nichtig, weil er nur von den Teileigentümern der Tiefgarage gefasst wurde, obwohl das Tiefgaragengebäude gemeinschaftliches Eigentum aller Wohnungseigentümer ist (*BayObLG* MietRB 2004, 77). Auch wenn eine getrennte Beschlussfassung hätte erfolgen müssen, aber alle Eigentümer abgestimmt haben, führt der Verstoß gegen die Gemeinschaftsordnung nicht zur Nichtigkeit, sondern lediglich zur Anfechtbarkeit des Beschlusses (*LG Dessau-Roßlau* ZMR 2008, 324).

198 **Eigentümerversammlung:** Wenn ein unbeteiligter Dritter zu einer Eigentümerversammlung einlädt, sind die dann gefassten Beschlüsse nichtig (*LG Frankfurt/M.* ZMR 2021, 760). Wird diese durch einen – nicht gesondert nach § 24 Abs. 3 WEG nach dem 01.12.2020 durch Beschluss

ermächtigten – Eigentümer statt vom Verwalter oder Beiratsvorsitzenden einberufen, führt dies nicht zur Nichtigkeit, sondern nur zur Anfechtbarkeit der in der Versammlung gefassten Beschlüsse (*BayObLG* BayObLGR 2004, 443; *LG Frankfurt/*M. ZMR 2021, 760; Bärmann/*Dötsch* § 23 Rn. 327 ff.). Beschlüsse, die in einer durch eine unzuständige Person einberufenen Eigentümerversammlung gefasst werden, sind zwar rechtswidrig und anfechtbar, aber nicht nichtig. Die Anfechtung bleibt erfolglos, wenn der Beschluss ohne den Einberufungsmangel ebenso zustande gekommen wäre (*OLG Köln* WE 1996, 77). Wird einem Eigentümer der Tagungsort der Eigentümerversammlung vorsätzlich nicht mitgeteilt, sind die in der Versammlung gefassten Beschlüsse in der Regel nichtig (*BayObLG* WuM 2005, 145). Die Ungültigerklärung von nur ordnungswidrigen Beschlüssen scheidet aus, wenn feststeht, dass sich ein Beschlussmangel auf das Abstimmungsergebnis nicht ausgewirkt hat. Anderes gilt bei schwerwiegenden Eingriffen in den Kernbereich elementarer Mitgliedschaftsrechte, die dazu führen, dass das Teilnahme- und Mitwirkungsrecht eines Wohnungseigentümers in gravierender Weise ausgehebelt wird. Der Entzug des Stimmrechts und der Ausschluss von der Versammlung der Eigentümer stellt einen schwerwiegenden Eingriff dar, bei dem es nicht darauf ankommt, ob die gefassten Beschlüsse auch bei einer Mitwirkung des (ausgeschlossenen) Mitgliedes die erforderliche Mehrheit gefunden hätten. Beschlüsse sind dann nichtig (*BGH* – V ZR 60/10, ZMR 2011, 397 = NJW 2011, 679).

Einzelfallregelung: Erschöpft sich ein Beschluss in der Regelung eines individualisierten Einzelfalles, also in einer konkreten Maßnahme aus einem bestimmten Anlass und will er darüber hinaus das Gesetz weder vorläufig noch endgültig ändern, so ist ein solcher gesetzesverletzender Mehrheitsbeschluss anfechtbar, aber nicht nichtig (*BayObLG* BayObLGR 2004, 427). 199

Fahrstuhl/Aufzug: Die Neugestaltung der Fahrstuhlkabine kann modernisierende Erhaltung/Instandsetzung sein. Unbestimmte Regelungen machen den Beschluss nichtig. Für die Bestimmbarkeit des Beschlussinhalts können aber Begleitumstände aus der Versammlungsniederschrift herangezogen werden. Die Verwaltung hat einen Spielraum für nicht auszuschließende geringfügige Preisänderungen (*LG Hamburg* ZMR 2009, 314). 200

Fensteraustausch: Der Beschluss, dass alle Eigentümer die Kosten eines anstehenden Fensteraustausches selbst zu tragen haben, widersprach bisher § 16 Abs. 2 WEG und war nichtig. Fenster sind nach § 5 Abs. 2 WEG zwingend gemeinschaftliches Eigentum. Deren Erhaltung (Instandhaltung und Instandsetzung) führt zu gemeinschaftlichen Kosten. Diese können seit 01.12.2020 nach § 16 Abs. 2 S. 2 WEG durch Beschluss auf die Eigentümer verlagert werden (*LG Frankfurt/M.*, Urt. v. 11.07.2024 – 2–13 S 19/24; *BGH*, Urt. v. 22.03.2024 – V ZR 81/23; *AG Hamburg-St. Georg* ZMR 2021, 774; SEHR/*Elzer* § 13, Rn. 23). Die Regelung ist nicht anwendbar, wenn der Gleichheitsgrundsatz in Gefahr gerät (*BGH* – V ZR 164/09, ZMR 2010, 866). Wurden früher Fenster von Eigentümern auf deren Kosten selbst ausgetauscht, entspricht eine solche Beschlussfassung nur dann ordnungsmäßiger Verwaltung, wenn sie sich nicht darauf beschränkt, die geänderte Regelung für die Zukunft in Kraft zu setzen, sondern auch eine Übergangsregelung für die bereits durchgeführten Sanierungen trifft, die dem Grundsatz der notwendigen Gleichbehandlung der Miteigentümer sowie der Gewährung von Vertrauensschutz gegenüber früher getroffenen gemeinschaftlichen Regelungen Rechnung trägt (*OLG Hamm* ZMR 2007, 296). Zur fehlenden Erstattungsfähigkeit von Kosten bei eigenmächtigen bzw. irrtümlichen Erhaltungsmaßnahmen am gemeinschaftlichen Eigentum vgl. *BGH* – V ZR 254/17, ZMR 2019, 890. 201

Hand- und Spanndienste: S. Leistungspflichten und Belastungsverbot. 202

Heizung: Beschließen die Eigentümer die bisherige Gas-Heizkesselanlage durch eine Pellets-Heizungsanlage mit zwei Blockheizkraftwerken zu ersetzen, wird der Beschluss bestandskräftig, wenn er nicht innerhalb der Monatsfrist des § 45 WEG angefochten wird. Dabei ist unerheblich, ob dieser Beschluss eine bauliche Veränderung oder eine modernisierende Erhaltungsmaßnahme beinhaltet (*AG Hannover* ZMR 2008, 338). 203

Jahresabrechnung: Ein Fehler in Einzelabrechnungen als Basis für die zu beschließenden Nachschüsse oder die Anpassung der Vorschüsse führt nicht zu Nichtigkeit, sondern zur Anfechtbarkeit 204 des Beschlusses. Sollte der Verteilerschlüssel fehlerhaft bei der Aufteilung der Kosten angewandt worden sein, führt dies lediglich zur Anfechtbarkeit des Beschlusses und nicht zur Nichtigkeit. (*LG Wiesbaden* ZMR 2008, 331).

205 Wenn die Bestellung des Verwaltungsbeirats, dem die Prüfung der Unterlagen oblag, nichtig ist, ist deswegen ein Beschluss über Vorschüsse oder Nachschüsse auf der Basis von Jahresabrechnung oder Wirtschaftsplan, unabhängig von der inhaltlichen Richtigkeit, nicht für ungültig zu erklären (*BayObLG* NJW-RR 2004, 443). Beschlüsse des Verwaltungsbeirats, die dieser aufgrund der ihm in der Teilungserklärung zugewiesenen Beschlusskompetenz über die (frühere) Genehmigung der Jahresabrechnung und des Wirtschaftsplans trifft, können nicht nach §§ 44, 45 WEG angefochten werden. Ein solcher Beschluss ist nichtig, wenn die Verteilung von Kostenpositionen nicht dem geltenden Kostenverteilungsschlüssel entspricht. Diese Nichtigkeit kann der auf den Verwaltungsbeiratsbeschluss gestützten Beitragsforderung unmittelbar entgegengesetzt werden (*OLG Hamm* ZMR 2008, 63).

206 **Kreditaufnahme** durch die Gemeinschaft: Es liegt in der Kompetenz der Eigentümer, die Aufnahme eines Kredites zur Deckung des Finanzbedarfs der Gemeinschaft der Wohnungseigentümer zu beschließen. Ein Beschluss ist nur anfechtbar. Ob er im Einzelfall ordnungsmäßiger Verwaltung entspricht, wäre vom Gericht zu prüfen (*BGH* – V ZR 251/11, ZMR 2013, 127 = NJW 2012, 3719). Dagegen fehlt es jedenfalls seit der Rechtsfähigkeit der Gemeinschaft der Wohnungseigentümer an der Kompetenz, den Eigentümern eine gesamtschuldnerische Haftung durch Mehrheitsbeschluss aufzubürden (*BGH* – V ZR 251/11, ZMR 2013, 127 = NJW 2012, 3719). Ein Beschluss dazu wäre nichtig.

207 **Kostenverteilung:** Wenden die Eigentümer im Einzelfall für eine Erhaltungsmaßnahme einen fehlerhaften Kostenverteilungsschlüssel an, war bereits bisher ein solcher Eigentümerbeschluss nicht deshalb nichtig, sondern nur anfechtbar (*BayObLG* FGPrax 2005, 14). Erst recht gilt dies, wenn von der gesetzlichen Beschlusskompetenz in § 16 Abs. 2 S. 2 WEG Gebrauch gemacht wird. Beschlüsse über Nachschüsse laut Jahreseinzelabrechnungen und Vorschüsse laut Wirtschaftsplänen, in denen ein Eigentümer mit Kosten für nicht in seinem Sondereigentum stehende Räume belastet wird, weil die Eigentümer irrig davon ausgehen, dass die Räume zum Sondereigentum dieses Eigentümers gehören, sind anfechtbar und nicht nichtig (*BayObLG* ZMR 2005, 299 = ZWE 2005, 88). Die Eigentümerversammlung ist nicht befugt, eine von Wirtschaftsplänen und Jahresabrechnungen unabhängige Kostenverteilung für viele Jahre durch Sonderumlage zu beschließen. Ein solcher Beschluss ist – auch ohne Anfechtung – nichtig (*BGH* – V ZR 245/09, ZMR 2011, 981 = NJW-RR 2011, 1383).

208 **Lastschriftverfahren:** Für die Einführung des Lastschrifteinzugsverfahrens besteht für die Gemeinschaft der Wohnungseigentümer Beschlusskompetenz, weil es sich um eine Verwaltungsregelung im Rahmen der Normenanwendung handelt (*BayObLG* ZMR 2002, 850). Den Wohnungseigentümern fehlte aber die Kompetenz für einen Beschluss, durch den Eigentümern die Verpflichtung auferlegt wurde, dem Verwalter eine zusätzliche Vergütung zu zahlen, wenn sie nicht am Lastschriftverfahren teilnehmen (*OLG München* ZMR 2006, 960).

209 **Leistungspflichten:** Aus der Kompetenz, den Gebrauch und die Verwaltung (§§ 18, 19 WEG) sowie die Erhaltung (Instandhaltung oder Instandsetzung) des gemeinschaftlichen Eigentums (§ 13 Abs. 2 WEG) durch Mehrheitsbeschluss zu regeln, folgt nicht die Befugnis, den Wohnungseigentümern außerhalb der gemeinschaftlichen Kosten und Lasten Leistungspflichten aufzuerlegen. Ohne vereinbarte Öffnungsklausel sind Beschlüsse mangels Beschlusskompetenz nichtig (*BGH* – V ZR 193/09, ZMR 2010, 777 = NJW 2010, 2801).

210 **Mauerdurchbruch:** Mehrheitsbeschlüsse über bauliche Veränderungen (hier: Mauerdurchbruch zwischen zwei Wohnungseigentumseinheiten) sind selbst dann, wenn sie das in § 3 Abs. 1 und § 14 Abs. 1 WEG bestimmte Maß überschreiten, nicht nichtig, sondern nur anfechtbar. Die Nichtigkeit eines Beschlusses über die Zulässigkeit eines Mauerdurchbruchs lässt sich auch nicht daraus herleiten, dass durch die Zusammenlegung von zwei selbstständigen Sondereigentumseinheiten ein der

Teilungserklärung widersprechender Zustand entstanden ist. Dadurch werden die abgeschlossenen Sondereigentumseinheiten der anderen Wohnungseigentümer nicht betroffen. (*BGH* – V ZB 45/00, ZMR 2001, 289). Der Fall, dass zwei Sondereigentumseinheiten miteinander verbunden werden, ist durch § 3 Abs. 3 WEG nicht erfasst (*KG* ZMR 2004, 366).

Musikausübung: Das Musizieren innerhalb der eigenen Wohnung ist Bestandteil eines sozial üblichen Verhaltens und Element der Zweckbestimmung der Wohnanlage. Es darf zwar auf bestimmte Zeiten und einen bestimmten Umfang beschränkt, nicht jedoch insgesamt verboten werden. Ein solcher Beschluss wäre wegen Sittenwidrigkeit nach § 138 BGB nichtig (*OLG Hamm* NJW 1981, 465). Schränkt der Beschluss die Ausübung nur ein und lässt eine durchführbare Regelung noch erkennen, führen Mängel nicht zur Nichtigkeit, sondern nur zur Anfechtbarkeit (*BGH* – V ZB 11/98, ZMR 1999, 41). 211

Rechtsnachfolgerhaftung: Die durch Gemeinschaftsordnung getroffene Bestimmung, wonach der Erwerber einer Eigentumswohnung für Wohngeldrückstände (Vorschüsse und Nachschüsse gemäß § 28 WEG) des Voreigentümers haftet, ist wirksam und begründet eine Zahlungspflicht des Rechtsnachfolgers unmittelbar durch den Erwerb des Sondereigentums, ohne das es einer schuldrechtlichen Übernahme bedarf (*BayObLG* BayObLGR 2002, 369). Unwirksam ist eine solche Regelung, wenn der Erwerber auch im Wege der Zwangsversteigerung für Wohngeldrückstände des Voreigentümers haften soll. Diese Regelung verstößt gegen § 56 Satz 2 ZVG und ist gem. § 134 BGB nichtig (*BGH* – V ZB 3/86, ZMR 1987, 273). Ein bloßer Mehrheitsbeschluss, wonach der Rechtsnachfolger für die Schulden des Vorgängers haftet, ist nichtig (*BGH* – V ZB 17/99, ZMR 1999, 834). 212

Reinigungspflichten: S. Leistungspflichten. 213

Rückbau nach baulicher Veränderung: Ein zum Rückbau Verpflichteter kann sich regelmäßig nicht auf die finanzielle Unzumutbarkeit des mit hohen Kosten verbundenen Umbaus berufen, wenn er sich zuvor zwecks Erteilung einer Genehmigung nicht mit den übrigen Wohnungseigentümern ins Benehmen gesetzt hat. Ein Beschluss, den Rückbau durchzusetzen, ist allenfalls anfechtbar (*OLG München* ZMR 2006, 797). Der Erwerber als Sonderrechtsnachfolger haftet der Gemeinschaft der Wohnungseigentümer weder als Handlungsstörer noch als Zustandsstörer für die Beseitigung eines vom Voreigentümer durch Vornahme einer baulichen Veränderung (Fußboden) erfolgten Eingriffs in das gemeinschaftliche Eigentum. Beseitigungskosten sind solche der Gemeinschaft nach § 16 Abs. 2 WEG. Eine davon abweichende Beschlussfassung ist nichtig (*OLG Hamburg* ZMR 2006, 377). Wenn die Eigentümer nach neuem Recht einen die Kosten zuweisenden Beschluss nach § 16 Abs. 2 S. 2 WEG herbeiführen, handeln sie im Einzelfall möglicherweise nicht nach den Grundsätzen ordnungsmäßiger Verwaltung aber mit Beschlusskompetenz. Deswegen ist ein solcher Beschluss nur anfechtbar. 214

Ruhezeiten: Ein Beschluss ist anfechtbar, wenn er die Ruhezeiten von 20.00 Uhr bis 8.00 Uhr und von 12.00 Uhr bis 14.00 Uhr festlegt. Diese Entscheidung liegt grundsätzlich im Ermessensspielraum der Gemeinschaft der Wohnungseigentümer (*BGH* – V ZB 11/98, ZMR 1999, 41). Die Beschränkung des Musizierens in der Hausordnung auf Zimmerlautstärke, dass Musizieren in anderen Wohnungen nicht zu hören ist, kann dem völligen Ausschluss eines Musizierens gleichkommen. Ein solcher Ausschluss ist jedenfalls dann nicht zulässig, wenn er nicht in einer Vereinbarung enthalten ist; nichtig ist er aber nicht (*BayObLG* ZMR 2002, 64). 215

Sondereigentumsverwaltung: Ein Beschluss, wonach der Verwalter der Wohnungseigentumsanlage für die ihre Wohnung vermietenden Sondereigentümer die Miete einzuziehen hat und diese einen Teil des Mieterträges der Gemeinschaft zur Verfügung stellen müssen, ist wegen unzulässigen Eingriffs in den Kernbereich der Sondereigentumsrechte und somit wegen Fehlens der Beschlusskompetenz nichtig (*OLG Düsseldorf* ZMR 2001, 306). 216

Sondernutzung: Ein Sondernutzungsrecht kann nur durch Vereinbarung, nicht auch durch bestandskräftig gewordenen Mehrheitsbeschluss begründet werden. Der Wohnungseigentümerversammlung fehlt hierzu die Beschlusskompetenz (*BGH* – V ZB 58/99, NJW 2000, 3500 = ZMR 2000, 771). 217

Ein dennoch gefasster Beschluss ist nichtig (*OLG Düsseldorf* ZMR 2003, 955). Der konkrete Gebrauch eines in der Teilungserklärung bestimmten Sondernutzungsrechts unterliegt der Regelungskompetenz durch die Wohnungseigentümer. Deshalb ist ein Eigentümerbeschluss nicht nichtig, der die Ein- und Ausfahrt zu Stellplätzen, die dem Teileigentümer einer als Laden ausgewiesenen Einheit zur ausschließlichen Nutzung zugewiesen sind, ab 21.00 Uhr beschränkt (*OLG München* ZMR 2007, 484). Wird in Ausführung eines Beschlusses auf einer zur Sondernutzung zugewiesenen Fläche mit Zustimmung des Sondernutzungsberechtigten ein Baugerüst aufgebaut und zur Durchführung notwendiger Erhaltungsarbeiten am Gemeinschaftseigentum genutzt und werden hierdurch auf dieser Fläche stehende Pflanzen des Sondernutzungsberechtigten beschädigt oder zerstört, so kann er eine angemessene Entschädigung entsprechend § 14 Abs. 3 WEG (vgl. dazu Anm. *Riecke* zu *BGH* – V ZR 207/21, ZMR 2022, 983 ff.) beanspruchen. Ein nach Durchführung der Maßnahme gefasster Eigentümerbeschluss, der diesen Entschädigungsanspruch vollständig ausschließt, ist mangels Beschlusskompetenz nichtig (*OLG Düsseldorf* ZMR 2006, 459).

218 **Sonderumlage:** Ein bestandskräftiger Beschluss der Wohnungseigentümer zu einer Sonderumlage unter Zugrundelegung eines unrichtigen Kostenverteilungsschlüssels ist nicht nichtig (*BayObLG* ZMR 2005, 462). Ein Beschluss, der die Fälligkeit einer Sonderumlage von der Vorlage einer Bankbestätigung durch alle Eigentümer abhängig macht, ist nichtig, wenn aus dem Beschlusstext und den sonstigen Feststellungen in der Niederschrift nicht erkennbar ist, was die Bank bestätigen soll (*BayObLG* ZMR 2005, 140). Bei Streit über den Kostenverteilerschlüssel genügt es, wenn im Sonderumlagenbeschluss ein bestimmter Verteilerschlüssel genannt ist, und die Einzelbelastung leicht errechenbar ist. Der Beschluss ist dann nur anfechtbar (*OLG Braunschweig* ZMR 2006, 787); **a.A.:** Der Eigentümerbeschluss über eine Sonderumlage muss grundsätzlich die Zahlungspflicht des einzelnen Wohnungseigentümers betragsmäßig ausweisen. Nur ausnahmsweise kann es auch ausreichen, dass der jeweils geschuldete Betrag von den Wohnungseigentümern ohne Weiteres errechnet werden kann. Dies ist jedoch nicht der Fall, wenn die Teilungserklärung für Instandhaltungsmaßnahmen verschiedene Verteilerschlüssel vorsieht, sodass für die Wohnungseigentümer nicht ohne Weiteres erkennbar ist, unter welchen Verteilerschlüssel die mit der Sonderumlage geltend gemachten Kosten fallen. Auch hier gilt: Der Beschluss ist nur anfechtbar (*LG München* ZMR 2006, 648).

219 **Tierhaltung:** Ein Verbot der Tierhaltung schafft keinen Eingriff in den dinglichen Kernbereich des Wohnungseigentums. Das Verbot ist anfechtbar, nicht nichtig (**a.A.** *OLG Saarbrücken* 02.10.2006, 5 W 154/06–51). Von der Tierhaltung (Hunde) können in einer Eigentumswohnung Beeinträchtigungen der übrigen Wohnungseigentümer ausgehen. Ein generelles Verbot ist damit weder willkürlich noch sachlich völlig unbegründet. Ein Verbot (der Hundehaltung) verstößt weder in einer Vereinbarung der Wohnungseigentümer noch in einem bestandskräftigen Mehrheitsbeschluss gegen das Anstandsgefühl aller billig und gerecht Denkenden (*BGH* – V ZB 5/95, ZMR 1995, 416 und *OLG Hamm* ZMR 2005, 897). Ein solches Verbot erstreckt sich aber immer nur auf Tiere, die vom Verbotszweck erfasst sind, weil Störungen von ihnen ausgehen können, nicht etwa auf den Goldfisch im Wasserglas. Die Eigentümer können nach § 19 Abs. 1 WEG mehrheitlich Einschränkungen in der Tierhaltung beschließen und auch den freien Auslauf in den Außenanlagen untersagen (*BayObLG* ZfIR 1998, 481 = NJW-RR 1998, 961). Kann die Gemeinschaft der Wohnungseigentümer nach der Gemeinschaftsordnung bei übermäßiger Störung die Tierhaltung in der Wohnanlage untersagen, ist es Sache der Eigentümerversammlung im Einzelfall zu prüfen, ob ein von einem Nutzer der Wohnanlage gehaltenes Tier die Mitbewohner in einem der Hausordnung widersprechenden Maß belästigt (*OLG Jena/Thüringen* NJ 2003, 660). Unter Beachtung des Art. 3 Abs. 3 Satz 2 GG kann eine Interessenabwägung im Einzelfall ergeben, dass die Durchsetzung eines wirksamen Hundehaltungsverbots gegenüber einem behinderten Wohnungseigentümer auf Dauer oder auf Zeit unzulässig ist (*BayObLG* ZMR 2002, 287).

220 **Verwalterwahl und -abberufung:** Verhindert der Verwalter vorsätzlich die Teilnahme eines Eigentümers an der Versammlung, die über die Wiederwahl des Verwalters beschließen soll, ist der auf dieser Versammlung über die Wiederwahl des Verwalters mehrheitlich gefasste Beschluss der Eigentümer unabhängig davon nichtig, ob die Stimme des ausgeschlossenen Eigentümers angesichts der

Mehrheitsverhältnisse Bedeutung erlangen konnte (*OLG Köln* NZM 2005, 149). Eine Bestellung einer Gesellschaft des bürgerlichen Rechts zum Verwalter einer Eigentümergemeinschaft ist nichtig (*BGH* – V ZB 132/05, ZMR 2006, 375).

Zustimmung zur Veräußerung; Kann die Zustimmung zu der Veräußerung von Wohnungseigentum nach der Teilungserklärung nur aus wichtigem Grund verweigert werden, wird ein die Zustimmung versagender Beschluss der Wohnungseigentümer im Regelfall auch dann bestandskräftig, wenn ein wichtiger Grund zu Unrecht angenommen worden ist. Ein solcher Beschluss ist nur anfechtbar, nicht nichtig (*BGH* – V ZR 241/11, ZMR 2012, 972 = NJW 2012, 3232). 221

Zweitbeschluss: Die Eigentümer können Ermessen ausüben und einen vorhandenen Beschluss ändern (Zweitbeschluss). Der Beschluss ist allenfalls anfechtbar. Keine Rolle spielt dabei, aus welchen Gründen die Eigentümer neu beschließen. Von Bedeutung sei, ob der neue Beschluss »einwandfrei« ist – heute würde man formulieren: Beschlusskompetenz hat (*BGH* – V ZB 8/90, ZMR 1991, 146). Die Grenze der Zulässigkeit für abändernde Zweitbeschlüsse wird erst überschritten, wenn schutzwürdige Belange einzelner Eigentümer aus Inhalt und Wirkung des Erstbeschlusses verletzt werden, je zu messen an den Umständen des Einzelfalls. Schutzwürdige Belange können beeinträchtigt sein, wenn der Erstbeschluss ein subjektives Recht begründet hat, das durch den Zweitbeschluss entzogen wird. Auch dann ist der Beschluss aber nicht nichtig. (*LG Hamburg* ZMR 2009, 314). 222

III. Die Vermutung der Gültigkeit einer Beschlussfassung

Beschlüsse der Eigentümer sind gültig, solange sie nicht von einem Gericht (rechtskräftig) für ungültig erklärt wurden. Ein gerichtlich angefochtener Beschluss ist bis zu seiner rechtskräftigen gerichtlichen Ungültigerklärung für sämtliche Eigentümer, deren Sondernachfolger und den Verwalter gültig (*BayObLG* WuM 2000, 153 = ZWE 2000, 77). 223

Die vom Gesetz gewollte »schwebende Wirksamkeit« (*LG Berlin* ZMR 2006, 559) eines Beschlusses bringt für Eigentümer und Verwalter gleichermaßen Vor- und Nachteile. Bei einer Anfechtungsklage bleibt nahezu immer ein Risiko der Beschlussungültigerklärung mit Rückwirkung aus formalen oder materiellen Rechtsgründen. Folgt der Verwalter seiner unabdingbaren Vollzugspflicht gem. § 27 WEG (im Zweifel muss er einen Beschluss durchführen), werden möglicherweise nicht oder nur teuer umkehrbare Fakten geschaffen. Wartet der Verwalter mit dem Vollzug ab, kann bis zur Rechtskraft der Entscheidung sehr viel Zeit vergehen. Die Zusammensetzung der Gemeinschaft kann sich verändern, Kostenvoranschläge können ungültig werden, für die Gemeinschaft der Wohnungseigentümer ergeben sich finanzielle Nachteile. Die Eigentümer können mehrheitlich den Verwalter anweisen, den Beschluss unverzüglich oder erst nach Bestandskraft bzw. Eintreten einer Ersatztatsache (*Riecke* ZWE 2022, 20 ff.) oder Rechtskraft einer gerichtlichen Entscheidung zu vollziehen. Andernfalls muss der Verwalter im Zweifel entsprechend seiner Pflicht nach § 27 WEG den Beschluss unverzüglich durchführen. Dann kann der Kläger im Beschlussanfechtungsverfahren nur versuchen, den Vollzug des Eigentümerbeschlusses durch eine einstweilige Verfügung nach §§ 935 ff. ZPO zu stoppen. Dafür müssen ein Anordnungsanspruch und ein Anordnungsgrund plausibel dargelegt werden können. 224

Zurückhaltung ist bei der Anwendung von § 23 Abs. 4 WEG geboten, wenn die Eigentümer nachträglich gestaltend eingreifen und durch den Beschluss eine Rechtsgrundlage (erstmalig) schaffen oder korrigieren wollen. Die heilende Wirkung der Rechtsgestaltung gilt bei entsprechender Beschlussformulierung ggf. erst ab Bestands- oder Rechtskraft des Beschlusses. Hat ein Eigentümer eigenmächtig und rechtswidrig eine bauliche Veränderung herbeigeführt, kann er gerichtlich auf Beseitigung verpflichtet werden. Legt der verurteilte Eigentümer dagegen Berufung ein und genehmigen die Eigentümer während des Berufungsverfahrens mehrheitlich die bauliche Veränderung, existiert allerdings oft ein vorläufig gültiger Beschluss im Sinne von § 23 Abs. 4 WEG. Wird der genehmigende Beschluss angefochten, kann erwartet werden, dass dieser Beschluss für ungültig erklärt wird. Wegen der Vorgreiflichkeit des Anfechtungsverfahrens ist in diesen Fällen nach § 148 ZPO das Berufungs- 225 verfahren bis zur Entscheidung über die Beschlussanfechtung auszusetzen. Andernfalls tritt die unvertretbare Rechtsfolge ein, dass der Berufung stattzugeben ist, der Kläger im Verfahren auf Beseitigung der rechtswidrigen baulichen Veränderung mit voller Kostenlast unterliegt und die rechtswidrige bauliche Veränderung (vorläufig) bleibt. Der Kläger muss dann nach Ende eines erfolgreichen Beschlussanfechtungsverfahrens erneut auf Beseitigung der baulichen Veränderung klagen, obwohl er von Anfang an im Recht war (a.A. *LG Stuttgart* ZMR 2013, 564).

226 Die Bestandskraft eines Beschlusses nach § 23 Abs. 4 S. 2 WEG kann auch Folgeansprüche ausschließen. Nach der Rechtsprechung des *BGH* schließt die Bestandskraft eines Beschlusses den Einwand, er habe nicht ordnungsmäßiger Verwaltung entsprochen, auch für einen Schadensersatzanspruch aus. Der inhaltlich fehlerhafte Beschluss wird zwar durch den Eintritt der Bestandskraft nicht fehlerfrei. Er bleibt aber nach § 23 Abs. 4 S. 2 WEG (fiktiv) gültig und bildet deshalb Grundlage für das weitere Handeln der Eigentümer und der Gemeinschaft. Er muss wie alle anderen Beschlüsse von dem Verwalter umgesetzt werden. Dass sich Verwalter oder Eigentümer daranhalten, ist nicht pflichtwidrig (*BGH* – V ZR 94/11, ZMR 2012, 974 = NJW 2012, 2955).

227 Für den Vorschussanspruch auf der Basis eines Wirtschaftsplans bedeutet dies, dass die darin beschlossenen Hausgeldzahlungen (Vorschüsse) während des gerichtlichen Verfahrens, gegebenenfalls über mehrere Instanzen, vom Verwalter eingezogen werden müssen und können, um die wirtschaftliche Leistungsfähigkeit der Gemeinschaft sicherzustellen. Ebenso können die Nachschüsse bzw. Guthaben als Ergebnisse von Jahresabrechnungen eingezogen bzw. ausbezahlt werden und das Inkasso hinsichtlich beschlossener Sonderumlagen ist vom Verwalter in Erfüllung seiner Pflichten zu betreiben.

§ 24 Einberufung, Vorsitz, Niederschrift

(1) Die Versammlung der Wohnungseigentümer wird von dem Verwalter mindestens einmal im Jahre einberufen.

(2) Die Versammlung der Wohnungseigentümer muss von dem Verwalter in den durch Vereinbarung der Wohnungseigentümer bestimmten Fällen, im übrigen dann einberufen werden, wenn dies schriftlich unter Angabe des Zweckes und der Gründe von mehr als einem Viertel der Wohnungseigentümer verlangt wird.

(3) Fehlt ein Verwalter oder weigert er sich pflichtwidrig, die Versammlung der Wohnungseigentümer einzuberufen, so kann die Versammlung auch durch den Vorsitzenden des Verwaltungsbeirats, dessen Vertreter oder einen durch Beschluss ermächtigten Wohnungseigentümer einberufen werden.

(4) Die Einberufung erfolgt in Textform. Die Frist der Einberufung soll, sofern nicht ein Fall besonderer Dringlichkeit vorliegt, mindestens zwei Wochen betragen.

(5) Den Vorsitz in der Wohnungseigentümerversammlung führt, sofern diese nichts anderes beschließt, der Verwalter.

(6) Über die in der Versammlung gefassten Beschlüsse ist eine Niederschrift aufzunehmen. Die Niederschrift ist von dem Vorsitzenden und einem Wohnungseigentümer und, falls ein Verwaltungsbeirat bestellt ist, auch von dessen Vorsitzenden oder seinem Vertreter zu unterschreiben. Jeder Wohnungseigentümer ist berechtigt, die Niederschriften einzusehen.

(7) Es ist eine Beschluss-Sammlung zu führen. Die Beschluss-Sammlung enthält nur den Wortlaut

1. **der in der Versammlung der Wohnungseigentümer verkündeten Beschlüsse mit Angabe von Ort und Datum der Versammlung,**
2. **der schriftlichen Beschlüsse mit Angabe von Ort und Datum der Verkündung und**
3. **der Urteilsformeln der gerichtlichen Entscheidungen in einem Rechtsstreit gemäß § 43 mit Angabe ihres Datums, des Gerichts und der Parteien, soweit diese Beschlüsse und gerichtli-**

chen Entscheidungen nach dem 1.7.2007 ergangen sind. Die Beschlüsse und gerichtlichen Entscheidungen sind fortlaufend einzutragen und zu nummerieren. Sind sie angefochten oder aufgehoben worden, so ist dies anzumerken. Im Falle einer Aufhebung kann von einer Anmerkung abgesehen und die Eintragung gelöscht werden. Eine Eintragung kann auch gelöscht werden, wenn sie aus einem anderen Grund für die Wohnungseigentümer keine Bedeutung mehr hat. Die Eintragungen, Vermerke und Löschungen gemäß den Sätzen 3 bis 6 sind unverzüglich zu erledigen und mit Datum zu versehen. Einem Wohnungseigentümer oder einem Dritten, den ein Wohnungseigentümer ermächtigt hat, ist auf sein Verlangen Einsicht in die Beschluss-Sammlung zu geben.

(8) Die Beschluss-Sammlung ist von dem Verwalter zu führen. Fehlt ein Verwalter, so ist der Vorsitzende der Wohnungseigentümerversammlung verpflichtet, die Beschluss-Sammlung zu führen, sofern die Wohnungseigentümer durch Stimmenmehrheit keinen anderen für diese Aufgabe bestellt haben.

Übersicht Rdn.

A. Grundsätzliches

I. Normzweck

1 § 24 Abs. 1 WEG verpflichtet die Gemeinschaft der Wohnungseigentümer (GdWE) durch den Verwalter als deren Organ zur Einberufung einer ordentlichen Eigentümerversammlung (*Skauradszun* ZWE 2016, 61 f.) mindestens einmal im Kalenderjahr. Die Verletzung dieser Pflicht des Verwalters gegenüber der Gemeinschaft (Staudinger/*Häublein,* Neubearb. 2023, § 24 Rn. 41) rechtfertigt die Abberufung des Verwalters aus wichtigem Grund (*AG Hamburg-Blankenese* ZMR 2008, 1001, 1003), was trotz § 26 Abs. 3 S. 2 WEG noch Bedeutung hat, da der Verwaltervertrag durch fristlose Kündigung sofort beendet werden kann, auch wenn seine Laufzeit nicht an die Bestellung gekoppelt ist. Weitere Eigentümerversammlungen können dann geboten sein, wenn im Laufe des Jahres wichtige Angelegenheiten entschieden werden müssen, die nicht bis zur nächsten ordentlichen Versammlung aufgeschoben werden können (Staudinger/*Häublein* § 24 Rn. 46; *Abramenko* Handbuch WEG, 2. Aufl § 6 Rn. 47). § 24 WEG enthält im Übrigen technische Vorschriften für die Beschlussfassung in der Eigentümerversammlung, die sich an das Vereinsrecht (§§ 32 ff. BGB) anlehnen. Durch § 24 Abs. 6 WEG soll für den Inhalt der auf der Versammlung gefassten Beschlüsse eine Beweissicherung erreicht werden (Staudinger/*Häublein* § 24 Rn. 246 ff). Für das Zustandekommen i.S.e. »Existentwerdens« hat eine Protokollierung der Beschlüsse aber keine Bedeutung (*OLG Düsseldorf* ZMR 2000, 550, 551; vgl. auch *Dt. Ständiges Schiedsgericht* ZWE 2001, 323, 328; andere Konstellation *OLG Köln* ZMR 2006, 711 und *OLG Köln* ZMR 2007, 388; *Brücher/Schultzky* Nomos-Kommentar 5. Aufl. § 24 Rn. 32). Eine Protokollierung, die dem Versammlungsablauf widerspricht, hat auch keine konstitutive Wirkung. Wird ein Beschluss (vgl. *Skauradszun* ZMR 2018, 122 f.; *Skauradszun* Der Beschluss als Rechtsgeschäft 2020) nicht protokolliert, obwohl eine Vereinbarung für die Gültigkeit eines Beschlusses die Unterschrift von zwei Wohnungseigentümern verlangt (Staudinger/*Häublein* § 24 Rn. 243), kann er aber angefochten werden (*BGH* – V ZR 178/11, ZMR 2012, 644 = NJW 2012, 2512; *AG Hamburg* ZMR 2003, 388; s.a. *OLG Hamm* ZMR 2002, 540; *BGH* – V ZB 2/97, ZMR 1997, 531; *OLG Düsseldorf* ZMR 2005, 218).

II. Regelungsgehalt/Regelungsumfang

2 § 24 Abs. 1, 2 und 3 WEG regeln das Recht und die Pflicht zur Einberufung der Versammlung, während § 24 Abs. 4 S. 1 WEG die Form, § 24 Abs. 4 S. 2 WEG die Frist und § 24 Abs. 5 und 6 WEG den Versammlungsablauf bis zur Protokollierung regeln. § 24 Abs. 7 und 8 WEG regeln weiterhin die Pflicht zur Führung und zum Inhalt einer Beschluss-Sammlung (vgl. dazu *Abramenko* HdB WEG 2. Aufl. § 6 Rn. 108; *Hügel/Elzer* 4. Aufl. § 24 Rn. 195 ff.; *Greiner* WE-Recht 5. Aufl. § 7 Rn. 164 ff.). Kommt der Verwalter als Organ der Gemeinschaft einem Einberufungsverlangen (vgl. dazu Staudinger/*Häublein* 2023 § 24 Rn. 49 f.) eines dem § 24 Abs. 2 S. 2 WEG entsprechenden Minderheitenquorums nicht nach, kann er zwar die Beschlussfassung über seine Abberufung verzögern, verliert aber dennoch für diesen Zeitraum seinen Honoraranspruch (*OLG München* ZMR 2006, 719).

III. Anwendungsbereich

3 § 24 Abs. 6 S. 1 WEG gilt nicht für (Umlauf-) Beschlüsse in Textform (Bärmann/*Merle* § 24 Rn. 145; a.A. früher *Niedenführ/Schulze* Rn. 9).

B. Einberufung der Versammlung

I. Zuständigkeit zur Einberufung (§ 24 Abs. 1 und 3 WEG)

1. Verwalter

Gem. § 24 Abs. 1 WEG ist für die Gemeinschaft nur der im Zeitpunkt der Ladung aktuelle (zum faktischen Verwalter vgl. *AG Wangen* ZMR 2008, 580 = ZWE 2008, 146) – der Ex-Verwalter ist wie ein sonstiger unberechtigter Dritter zu behandeln – Verwalter (vor dem 01.01.2024 keine Gesellschaft bürgerlichen Rechts, *BGH* – V ZB 132/05, ZMR 2006, 375) berechtigt und gem. § 24 Abs. 2 WEG auch verpflichtet (vgl. *Gottschalg* NZM 2005, 406) die Eigentümerversammlung einzuberufen. Maßgeblich ist, dass der für die GdWE einberufende Verwalter – der durch einen Bevollmächtigten handeln darf (*OLG Schleswig* MDR 1997, 821 m. Anm. *Riecke*) – in dem Zeitpunkt noch amtierte als die Einberufungserklärung seinen Herrschaftsbereich verließ. Sein Bestellungsbeschluss muss noch wirksam sein; d.h. er darf nicht rechtskräftig vom Gericht für unwirksam erklärt worden sein. Der einladende Verwalter muss aber nicht auch noch im Zeitpunkt der in der Einladung bezeichneten Eigentümerversammlung Verwalter sein (Jennißen/*Schultzky* § 24 Rn. 21). Im Extremfall kann der Verwalter am letzten Tag seiner Bestellungszeit noch zur Schadensabwendung die Eigentümerversammlung (mit dem TOP »Neuwahl eines Verwalters«) für die GdWE einberufen. 4

Erfolgt die Einladung zur Versammlung aber durch einen Dritten, den der Verwalter umfassend mit sämtlichen Verwaltungsaufgaben betraut hat und der faktisch die Verwaltung führt, liegt eine systematische Missachtung der Regeln des WEG vor. Die gefassten Beschlüsse sind dann, ohne dass es auf eine Kausalitätsprüfung ankommt, für ungültig zu erklären (*LG Frankfurt/M.*, 13.12.2021 – 2–13 S 75/20, ZMR 2022, 238 im Anschluss an *BGH*, 20.11.2020 – V ZR 64/20, ZMR 2021, 402). 5

Zur Einberufung für die GdWE ist auch ein durch rechtskräftige Gerichtsentscheidung bestellter (*Elzer* ZMR 2004, 229 ff.) oder ein im Wege **einstweiliger Verfügung** bereits mit sofortiger Wirkung installierter »Notverwalter« berechtigt. Nach engerer Ansicht kann bei einer verwalterlosen GdWE nicht im Wege der einstweiligen Verfügung die Einsetzung eines gerichtlichen Notverwalters erreicht werden, aber bei akutem Handlungsbedarf die gerichtliche Einberufungsermächtigung eines Sondereigentümers zwecks Verwalterwahl. Die GdWE wird im Verfahren durch die übrigen Eigentümer vertreten; einer Bestellung eines Prozesspflegers bedarf es nicht (vgl. *AG Pfaffenhofen*, Beschl. v. 18.01.2022 – 1 C 667/21 = *LG München I* – 1 T 794/22; *LG Landau/Pf.* ZMR 2022, 147; *BGH* – V ZR 202/21, ZMR 2022, 902: **kupierte Gesamtvertretung**). Beschlüsse, die auf einer Versammlung gefasst werden, zu der ein nicht ermächtigter Eigentümer eingeladen hat, sind nicht nichtig (a.A. *Lehmann-Richter* ZWE 2022, 63 unter II.2.: Nichtbeschluss sowie *ders.* ZWE 2021, 419 f.). Nur dann, wenn ein unbeteiligter Dritter zu einer Eigentümerversammlung einlädt, sind die dann gefassten Beschlüsse nichtig (*LG Frankfurt/M.* ZMR 2021, 760). 6

Umgekehrt kann die Einberufung dem bereits abgewählten Verwalter auch durch **einstweilige Verfügung** verboten werden (vgl. *AG Braunschweig* ZMR 2007, 148 zu § 44 Abs. 3 WEG a.F.). Die (werdenden) Wohnungseigentümer (§ 8 Abs. 3 WEG) haben einen im Wege des einstweiligen Rechtsschutzes durchsetzbaren Anspruch auf Unterbindung der Herbeiführung und Durchführung einer Eigentümerversammlung durch einen Unbefugten (hier: einen Dritten, der sich als Verwalter bezeichnet), die nicht im Einklang mit Gesetz und Recht steht. Sie müssen nicht sehenden Auges das Zustandekommen einer Eigentümerversammlung hinnehmen, die den rechtlichen Vorgaben nicht genügt (*LG München I* MietRB 2017, 356).

2. Wegfall der Verwalterstellung

Unschädlich ist es, wenn zwischen dem Absenden der Einladungen zur Eigentümerversammlung und dem Versammlungsdatum eine Gerichtsentscheidung rechtskräftig wird, wonach der Verwalter nicht wirksam bestellt war (vgl. § 47 FamFG; zum alten Recht § 32 FGG; *OLG Zweibrücken* ZMR 2004, 63; Jennißen/*Schultzky* § 24 Rn. 22). Die Versammlung kann ohne formellen Fehler dann 7 ohne den Verwalter durchgeführt werden. Es muss lediglich zwingend gem. § 24 Abs. 5 WEG dann eine andere Person zum Leiter/Vorsitzenden der Versammlung im Wege des Geschäftsordnungsbeschlusses gewählt werden.

8 Die Verwalterstellung kann auch dadurch wegfallen, dass der Abberufungsbeschluss des vorigen Verwalters erfolgreich angefochten wurde. Dies hat zur Konsequenz, dass die Neuwahl des einberufenden Verwalters sich als von Anfang an nichtig darstellt (*OLG Zweibrücken* ZMR 2004, 63). Dies ergibt sich aus dem Grundsatz der Einheitlichkeit der Verwaltung und wird in der Rechtsprechung mit der auf eine unmögliche Leistung gerichteten Neuwahl des (einberufenden) Verwalters begründet. *Häublein* (ZMR 2004, 724) verweist zutreffend darauf, dass seit Einführung des § 311a Abs. 1 BGB auch die anfängliche Unmöglichkeit der Leistung nicht die Unwirksamkeit des Rechtsgeschäfts zur Folge hat. Deshalb ist es präziser, die Nichtigkeit eines letztlich auf die Bestellung eines zweiten Verwalters gerichteten Beschlusses auf § 134 BGB zu stützen.

9 In einer Mehrhausanlage ist die Bestellung mehrerer Verwalter nichtig/unzulässig (*Häublein* NZM 2003, 785, 790).

10 Nach einer erfolgreichen rechtskräftigen gerichtlichen Ungültigerklärung des Bestellungsbeschlusses mit ex-tunc-Wirkung ist für die Zwischenzeit nur scheinbar von einem Schwebezustand auszugehen, denn nach einhelliger Meinung sind die vom Verwalter bis zur Rechtskraft der Entscheidung vorgenommenen Handlungen (Einberufung o.ä.) voll wirksam, auf die Regeln der Anscheins- oder Duldungsvollmacht muss nicht zurückgegriffen werden (*OLG Hamburg* ZMR 2006, 791 ff. Rn. 27: Die in einer von dem Verwalter für die GdWE zwischenzeitlich einberufenen Wohnungseigentümerversammlung gefassten Beschlüsse bleiben ebenfalls wirksam; vgl. ausdrücklich für Jahresabrechnungen *BayObLG* ZMR 2002, 850).

3. Subsidiär zur Einberufung und/oder Gestaltung der Tagesordnung berechtigte Personen, § 24 Abs. 3 WEG

a) Verwaltungsbeirat

11 Beruft der Verwalter die Versammlung für die GdWE nicht ein oder weigert er sich pflichtwidrig einzuberufen oder bestimmte Tagesordnungspunkte aufzunehmen (*OLG Frankfurt* ZMR 2009, 133 = ZWE 2009, 43 m. Anm. *Gottschalg*), kommt ein Einberufungsrecht (subsidiär ein Ergänzungsrecht, a.A. *Rüscher* in: Drasdo/Elzer, HdB des WE-Rechts 8. Aufl. § 18 Rn. 59) des Verwaltungsbeiratsvorsitzenden oder dessen Vertreters in Betracht (§ 24 Abs. 3 WEG). Probleme bereitet bei der Ergänzung der Tagesordnung durch den Beiratsvorsitzenden insbesondere, dass dadurch die Zuständigkeit für die Tagesordnung in den Händen verschiedener Personen mit häufig konträren Interessen liegt, was dem Ablauf der Versammlung unzuträglich sein kann (so Staudinger/*Häublein* Neubearbeitung 2023 § 24 Rn. 98).

Abramenko spricht zutreffend von einer **Reservekompetenz.** Zuständig ist nach § 24 Abs. 3 WEG der Vorsitzende des Verwaltungsbeirats oder sein Stellvertreter, aber es gibt keine hierarchische Stufung. Deswegen erkennt die h.M. beiden die Befugnis zur Einberufung zu, auch wenn dies bei mangelnder Koordination die Gefahr einer Doppeleinberufung in sich birgt (*Abramenko* Handbuch WEG, § 6 Rn. 48). Weder dieser noch der Verwaltungsbeirat vertreten allerdings die Wohnungseigentümer gegenüber dem (untätigen) Verwalter (*OLG Hamm* ZMR 1997, 433, 434). Wurde die Wahl eines Verwaltungsbeiratsvorsitzenden vergessen oder bewusst unterlassen, soll eine Versammlung durch alle Beiratsmitglieder gemeinsam einberufen werden können (§ 29 Abs. 1 S. 2 WEG). In diesem Fall hat dann jedenfalls auch die Person mitgehandelt, die zum Vorsitzenden bestellt worden wäre (*OLG Köln* ZMR 2000, 566 = NZM 2000, 675; *OLG Zweibrücken* WE 1999, 191 = NZM 1999, 858).

12 Dem ist nicht zu folgen. Das Gesetz gibt dem Vorsitzenden kein Alleineinberufungsrecht. Nach § 24 Abs. 3 WEG kann auch sein Vertreter einberufen. Diese Bestimmung hat den Fall vor Augen, dass ein Vorsitzender zwar vorhanden ist, dieser aber nicht einlädt – aus welchen Gründen auch

immer. Allerdings meint § 24 Abs. 3 WEG die äußere Zuständigkeit zur Einberufung. Die Willensbildung innerhalb des Verwaltungsbeirats erfolgt mangels einer abweichenden Vereinbarung nach dem Kopfprinzip. Jedes Mitglied hat eine Stimme. Für einen Beschluss genügt die einfache Mehrheit. Bei der Wahl zum Vorsitzenden ist jeder Eigentümer auch für seine eigene Bestellung stimmberechtigt, da § 25 Abs. 4 Fall 1 WEG für die organinterne Mitgliedschaft nicht gilt. Da demnach mit zwei Stimmen – wenn wie früher nur 3 Beiratsmitglieder bestellt wurden – ein Verwaltungsbeiratsvorsitzender gewählt ist und bei Stimmenthaltungen im Übrigen sogar eine Stimme ausreicht, muss dies entsprechend für die Einberufung nach § 24 Abs. 3 WEG gelten. Es genügt also, wenn zwei von drei (oder 3 von 5) Beiratsmitgliedern einberufen und bei Enthaltung der anderen sogar das Tätigwerden nur eines Mitglieds (vgl. auch *Greiner* WE-Recht 5. Aufl. § 7 Rn. 10).

Eine Einberufungspflicht sieht das Gesetz zwar nicht ausdrücklich vor, dennoch kann sich aus der Funktion heraus eine solche Verpflichtung (**a.A.** *Spielbauer*/Then § 24 Rn. 23) ergeben, insbesondere wenn das Nichtgebrauchmachen von einer solchen gesetzlichen Befugnis der Gemeinschaft unnötige Kosten oder vermeidbare Zeitverluste verursacht (str., vgl. Staudinger/*Häublein* § 24 Rn. 69, der eine Pflicht unter Hinweis auf den Wortlaut des § 24 Abs. 3 WEG »kann« verneint; wie hier Bärmann/*Merle* § 24 Rn. 27; *AG Charlottenburg* ZMR 2010, 76, 77: Ist ein Verwaltungsbeirat vorhanden, der seiner Verpflichtung nach § 24 Abs. 3 WEG zur Einberufung einer Versammlung zum Zwecke der Verwalterbestellung nicht nachkommt, richtete sich bis 30.11.2020 eine Klage und Verurteilung gestützt auf § 21 Abs. 4 WEG a.F. allein gegen die Beiratsmitglieder gemeinsam, nicht gegen die übrigen Wohnungseigentümer). 13

b) Wohnungseigentümer

Einem einzelnen Wohnungseigentümer steht bei Untätigkeit der von Gesetz wegen Einberufungsberechtigten (GdWE) kein Selbsthilferecht zu. Er kann sich jedoch von den übrigen Wohnungseigentümern, nicht vom Verband (*AG Hamburg-Blankenese* 506 II 5/06 n.v., vgl. auch *Greiner* WE-Recht 5. Aufl. § 7 Rn. 13 ff. nebst Muster für eine **einstweiliger Verfügung** § 7 Rn. 16) ermächtigen lassen, selbst eine Wohnungseigentümerversammlung zu bestimmten Tagesordnungspunkten einberufen zu dürfen (früher gestützt auf § 37 Abs. 2 BGB analog; vgl. *OLG Frankfurt* ZMR 2009, 56, 58 = ZWE 2008, 481 m. Anm. *Becker*; *OLG Hamm* ZMR 1997, 49 = NJW-RR 1997, 523; BayObLGZ 1970, 1, 4 = NJW 1970, 1136 = MDR 1970, 507; *AG Idstein* ZMR 2013, 667). 14

Schultzky (Nomos-Kommentar 4. Aufl. § 24 Rn. 5) verwies darauf, dass § 37 Abs. 2 BGB heute nicht analog angewendet werden könne, da keine Regelungslücke bestehe und dann der Rechtspfleger zuständig wäre. Das *OLG Zweibrücken* (ZMR 2011, 155 = ZWE 2010, 464) entschied: Beantragt ein Wohnungseigentümer in Ermangelung eines Verwalters die gerichtliche Ermächtigung zur Einberufung einer Wohnungseigentümerversammlung, so handelt es sich dabei um ein WEG-Verfahren nach § 43 Nr. 1 WEG a.F. und nicht um ein dem FamFG unterfallendes Verfahren analog § 37 Abs. 2 BGB. 15

Häublein (Staudinger, 2023, § 24 Rn. 72; vgl. auch *Brücher/Schultzky* Nomos-Kommentar 5. Aufl. § 24 Rn. 6) stützt (nur) bei Fehlen eines Verwalters die richterliche Ermächtigung auf § 44 Abs. 1 S. 2 WEG. Auch *Merle* (Bärmann 15. Aufl. § 24 Rn. 33: Beschlussersetzungsklage) sieht den Weg einer Klage des Einzelnen als eröffnet an. Mit der Einberufung ist der Titel verbraucht, egal, ob die Versammlung dann auch abgehalten wird (*BayObLG* WE 1991, 226), falls der gerichtlich ersetzte Beschluss nur zur einmaligen (!) Einberufung ermächtigte (großzügiger *Hügel/Elzer* 4. Aufl. § 24 Rn. 81, falls dem Einberufenden ein Ladungsfehler unterlief). Auch nach Ansicht des *LG München I* (ZMR 2013, 748) ist das Prozessgericht ausschließlich zuständig für eine derartige Streitigkeit. Denn die Wohnungseigentümer streiten ja darüber, ob sich aus einer ordnungsmäßigen, dem Interesse der Gesamtheit der Wohnungseigentümer entsprechenden Verwaltung (§ 18 WEG) die Notwendigkeit z.B. der Bestellung eines Verwalters (§ 26 WEG) und deshalb die Notwendigkeit der Einberufung einer Wohnungseigentümerversammlung ergibt. Auch die Gesamtheit der Wohnungseigentümer ist zur Einberufung einer Eigentümerversammlung für die GdWE befugt. *Häublein* (Staudinger, 2023, § 24 Rn. 73) sieht keinen Bedarf für eine »Ermächtigung«, wenn ein Verwalter 16 existiert. Vielmehr sei der Verwalter als Fachmann in die Pflicht zu nehmen. Das ist wenig praxisgerecht. Ein untätiger Verwalter könnte so seine Abwahl/Abberufung leicht verzögern. Dann bliebe nur wieder der Weg über die Maßnahmenersetzung nach § 44 Abs. 1 S. 2 WEG durch das Gericht.

17 Überwiegend wird vertreten, dass der Ermächtigte vom erstrittenen Titel erst mit **Eintritt der Rechtskraft** Gebrauch machen kann und darf, wobei die Selbstvollziehung wohl als Zwangsvollstreckung i.S.d. § 887 ZPO angesehen wird. Da die Ermächtigung zur Einberufung aber ein Gestaltungstitel ist, der weder vollstreckungsfähig noch vollstreckungsbedürftig ist (er vollstreckt sich gleichsam selbst), wäre es – auch angesichts des in der Regel dringenden Versammlungsbedarfs – zwar wünschenswert, eine **sofortige Vollziehbarkeit** anzunehmen. Ein Rechtsmittel würde die Einberufung und Abhaltung der Versammlung auch nur bei entsprechender einstweiliger gerichtlicher Einstellung verhindern können. Nach Ansicht etwa des *LG Frankfurt/M.* (ZMR 2013, 983) dagegen war bis 30.11.2020 eine Verurteilung zur Erteilung der Ermächtigung wie eine Willenserklärung der verklagten Eigentümer nach § 894 ZPO zu vollstrecken. Dann muss auf jeden Fall bis zur Rechtskraft gewartet werden.

18 Nach *Hügel/Elzer* (WEG 2. Aufl. § 24 Rn. 48, 48a) war nicht auf Ermächtigung zu klagen, sondern auf Mitwirkung der übrigen Eigentümer an einer gemeinsamen Ladung – das ist überholt (vgl. *Hügel/Elzer* WEG 3. Aufl. § 24 Rn. 79 ff.); dann musste nach § 894 ZPO die Rechtskraft abgewartet werden. Als Ausweg bleibt nur bei Eilbedürfnis die einstweilige (Regelungs-)Verfügung nach den §§ 935, 940 ZPO (vgl. *Greiner* WE-Recht 5. Aufl. § 7 Rn. 15 a.E.; *Hügel/Elzer* WEG 4. Aufl. § 24 Rn. 80).

19 Wenn der GdWE ein Einberufungsberechtigter fehlt, kann aus § 18 Abs. 3 WEG kein individuelles Einberufungsrecht abgeleitet werden. Dann wären diverse Einberufungen zu verschiedenen Tagen durch einzelne Eigentümer denkbar, was zur Rechtsverwirrung führt (*Lehmann-Richter* ZWE 2022, 66). Es bleibt die **Beschlussersetzungsklage** mit dem Ziel der Selbstermächtigung des klagenden Eigentümers.

20 Die Beschlussersetzungsklage (§ 44 Abs. 1 S. 2 WEG) auf Ermächtigung des Klägers zur Einberufung einer Versammlung mit bestimmten Tagesordnungspunkten ist der sinnvollste Weg. Auch eine solche Beschlussersetzung kann ohne Vorbefassung der Eigentümerversammlung im Wege der **einstweiligen Verfügung** durchgesetzt werden (Jennißen/*Schultzky* 8. Aufl. § 24 Rn. 31a).

21 Nach der Neuregelung in § 24 Abs. 3 (letzte Alternative) WEG können Wohnungseigentümer durch Beschluss einen Wohnungseigentümer ermächtigen, die Versammlung einzuberufen. Dies soll den Wohnungseigentümern es erleichtern, bei Fehlen eines Verwalters oder dessen Weigerung die Versammlung selbst einzuberufen (vgl. *Skauradszun* ZWE 2016, 61 f.). Im Wege der Auslegung bedeutet ein solcher Beschluss auch, dass der Ermächtigte zulasten der Gemeinschaft Räumlichkeiten anmieten darf/kann (*Brücher/Schultzky* Nomos-Kommentar 5. Aufl. § 24 Rn. 6).

22 Durch Vereinbarung und auch durch Vorratsbeschluss dürfen die Wohnungseigentümer ohne konkreten Anlass, eine solche Einberufungsermächtigung kreieren. Die Ermächtigung kann revolvierend jährlich beschlossen, aber auch dauerhaft erteilt und jederzeit widerrufen werden. Die Ermächtigung endet, wenn der Wohnungseigentümer aus der Gemeinschaft der Wohnungseigentümer ausscheidet.

23 Der Ermächtigte muss Mit-Wohnungseigentümer der betreffenden Anlage sein. Obwohl im Gesetzestext von »einem« Wohnungseigentümer geschrieben wird, ist auch eine Ermächtigung mehrerer/aller Wohnungseigentümer erlaubt/möglich. Dann sollte allerdings festgelegt werden, was im Innenverhältnis unter ihnen gilt. Das Gesetz schließt die Ermächtigung eines Dritten aus.

24 Das Einberufungsrecht des Ermächtigten und das des Verwaltungsbeirats – wenn es einen gibt – stehen nebeneinander (vgl. *Hügel/Elzer* 4. Aufl. § 24 Rn. 72; a.A. *Drasdo* ZfIR 2020, 739, 741).

c) Minderheiten-Quorum gem. § 24 Abs. 2 WEG

Beachte: § 24 Abs. 2 WEG gibt dem Quorum kein subsidiäres Recht zur Einberufung (so aber Staudinger/*Lehmann-Richter* § 21 Rn. 64; **a.A.** die h.M. etwa Staudinger/*Häublein* § 24 Rn. 71, der hier das »mehr als« beim Quorum übersieht, richtig a.a.O. Rn. 50); das Quorum kann lediglich die Behandlung von TOPs erzwingen (*Hörndler*, ZWE 2023, 200 r. Sp.; zur Durchsetzung bestimmter TOPs im Wege einstweiliger Verfügung vgl. *Krebs* jurisPR-MietR 11/2023 Anm. 2). Bei der Berechnung des Quorums von »**mehr als** ein Viertel der Wohnungseigentümer« ist maßgeblich auf die reine Kopfzahl – oder eine leichter erreichbare Zahl laut Teilungserklärung (vgl. *AG Offenbach*, ZMR 2013, 1000) – abzustellen, auch wenn das Stimmrecht sich nach der Gemeinschaftsordnung anders bestimmt. Dies dient dem Schutz der Minderheit (vgl. *Häublein* ZMR 2003, 233). Besteht an einem Sondereigentum eine Miteigentümergemeinschaft, so zählt diese nur als ein »Kopf«. Bei nur z.T. personenverschiedenen Mitberechtigtengemeinschaften gelten diese grundsätzlich als verschiedene oder mehrere Köpfe (*OLG Düsseldorf* ZMR 2004, 696 zum Stimmrecht: *Steht ein Wohnungseigentum zwei Wohnungseigentümern je zur Hälfte zu und teilen diese dasselbe in der Weise auf, dass einer von ihnen zugleich Alleineigentümer einer weiteren Wohnung wird, so kommt es bei gesetzlichem Kopfstimmrecht zu dem der Rechtsgemeinschaft zustehenden Stimmrecht ein durch die Alleinberechtigung begründetes weiteres Stimmrecht hinzu.*). Eine Einschränkung wird zu machen sein, wenn ein Wohnungseigentümer an mehreren unterschiedlichen Rechtsgemeinschaften mehrheitlich so stark beteiligt ist, dass er seinen Willen jeweils in sämtlichen Rechtsgemeinschaften durchsetzen kann (vgl. zum Stimmrecht: *LG Hamburg* ZMR 2008, 827). Erst Recht können natürlich alle Wohnungseigentümer eine Versammlung einberufen. Auch eine spontane Universalversammlung unter Verzicht auf die 3-wöchige Ladungsfrist ist denkbar. 25

Das Verlangen kann wegen der Neufassung des § 24 Abs. 2 WEG ab 10.12.2020 **in Textform** und musste nur bis 30.11.2020 schriftlich (vgl. *LG Hamburg* ZMR 2011, 744: Verzicht auf das Schriftformerfordernis im Sinne von § 126 BGB ist in der Gemeinschaftsordnung möglich, nicht durch Beschluss) gestellt werden. Das Quorum muss die **formellen Voraussetzungen** beachten, nämlich insbesondere die Textform i.S.d. § 126b BGB. Der **Zweck** muss angegeben werden, um dem Verwalter als Organ der GdWE die Gestaltung der Tagesordnung zu ermöglichen. Der anzugebende Grund muss verdeutlichen, warum die Thematik nicht erst auf der nächsten ordentlichen Eigentümerversammlung erörtert werden kann/darf. Ein materielles Prüfungsrecht steht dem Verwalter als Organ der GdWE allerdings nicht zu, nur eine Missbrauchskontrolle. Nur wenn die Angelegenheit nicht in die Beschlusskompetenz der Versammlung fällt oder eindeutig rechtsmissbräuchlich (vgl. *OLG München* ZMR 2006, 719 = NZM 2006, 631: *Ein materielles Prüfungsrecht steht ihm, von Missbrauchsfällen abgesehen, nicht zu, BayObLG NZM 2003, 317*) ist, kann der Verwalter das Verlangen zurückweisen bzw. unbeachtet lassen (Ausnahmefall). Zu einer überflüssigen Versammlung muss nicht eingeladen werden (*Spielbauer*/Then § 24 Rn. 12). Nach *OLG Hamm* (NJW 1973, 2300) muss die Versammlung der Wohnungseigentümer vorbehaltlich einer anderen Vereinbarung nach § 24 Abs. 2 WEG nur dann einberufen werden, wenn mehr als ein Viertel der Wohnungseigentümer **nach der Kopfzahl**, nicht aber der Miteigentumsanteile es verlangt. Dies ist dahin zu verstehen, dass die Gemeinschaftsordnung zusätzliche Einberufungspflichten schaffen kann; eine Reduzierung oder Einschränkung des Minderheitenquorums scheidet aus (vgl. unten Rdn. 145). Außerdem muss der Verwalter als Organ der GdWE auch einberufen, wenn ihm schwerwiegende Pflichtverletzungen vorgeworfen werden (*OLG Köln* NJW-RR 2004, 733 = NZM 2004, 305: *Weigert sich der Verwalter auf Bitten des Vorsitzenden des Verwaltungsbeirats und einiger Eigentümer, deren Zahl das nach der Gemeinschaftsordnung erforderliche Quorum zur Erzwingung einer außerordentlichen Eigentümerversammlung nicht erreicht, eine außerordentliche Eigentümerversammlung mit dem Tagesordnungspunkt der vorzeitigen Beendigung des Verwaltervertrags einzuberufen, so widerspricht dies dann ordnungsmäßiger Verwaltung, wenn als Grund für die vorzeitige Verwalterabberufung schwerwiegende Pflichtverletzungen angeführt werden, die nicht für längere Zeit ungeklärt im Raum stehen dürfen. In einem solchen Fall ist der Vorsitzende des Verwaltungsbeirats befugt, seinerseits die Eigentümerversammlung einzuberufen.*). 26

27 Umstritten (vgl. Staudinger/*Häublein* § 24 Rn. 62; vgl. unten Rdn. 145) ist, ob und inwieweit § 24 Abs. 2 WEG durch Vereinbarung abdingbar ist.

4. Einberufung durch Unbefugte (Einberufungsfehler)

28 Wird die Versammlung durch unzuständige Dritte, die zumindest potentiell taugliche Einberufende sind (vgl. *LG Frankfurt/M.* ZMR 2021, 760 und Jennißen/*Schultzky* § 24 Rn. 33 ff.) einberufen, sind dort gefasste Beschlüsse wirksam, aber anfechtbar (*BayObLG* ZMR 2005, 559; *OLG Köln* NZM 1998, 920, 921 = OLGR Köln 1998, 241; OLGR Köln 1996, 209; *BayObLG* ZMR 1982, 223 = MDR 1982, 323). Eine Ungültigerklärung durch das Gericht erfolgt, wenn der Einberufungsmangel nicht geheilt wurde und nicht nachweislich ohne Auswirkung auf das Beschlussergebnis war (*OLG Köln* OLGR Köln 1996, 209; *KG* WE 1993, 221). Die **Ursächlichkeit** des Einberufungsfehlers für den gefassten Mehrheitsbeschluss wird vermutet (*OLG Hamm* ZMR 1997, 50; *BayObLG* WE 1992, 79). Droht eine von einem absolut unzuständigen Dritten einberufene Versammlung stattzufinden, soll von jedem Wohnungseigentümer schon vorher bei Gericht beantragt werden können, die Durchführung der Versammlung per einstweiliger Verfügung nach § 935 ZPO zu verbieten (*AG Tettnang* ZMR 2021, 622 krit. dazu *Greiner* ZMR 2021, 560, *KG* WE 1987, 18; *Greiner* WE-Recht, 5. Aufl. § 7 Rn. 18).

29 Eine Genehmigung einer ungültigen Einberufung durch Mehrheitsbeschluss in der Eigentümerversammlung scheidet aus (*OLG Stuttgart* NJW-RR 1986, 315 = WuM 1986, 292).

30 Die Feststellung, dass ein Ladungsfehler nicht ursächlich ist (so im Fall des *OLG Düsseldorf* ZMR 2006, 56 und des *AG Hamburg-Wandsbek* ZMR 2007, 149), setzt voraus, dass kein vernünftiger Zweifel daran in Betracht kommt, dass auch bei ordnungsmäßiger Einladung der Beschluss ebenso zustande gekommen wäre (*OLG Düsseldorf* ZMR 1997, 91 = WE 1997, 145; *BayObLG* WE 1997, 267 = WuM 1997, 9). Ein eindeutiges Abstimmungsergebnis in der Versammlung allein reicht zur Widerlegung der Kausalitätsvermutung **nicht** aus (*OLG Köln* NZM 1998, 920 = OLGR Köln 1998, 241; im dortigen Fall lagen 5 Ja-Stimmen und 1 Nein-Stimme für die Wiederwahl des abberufenen Verwalters vor). In jedem Fall muss der nicht (ordnungsmäßig) geladene Wohnungseigentümer – falls sich dies nicht aus anderen Umständen ergibt – dartun, dass er der Eigentümerversammlung wegen des Ladungsmangels ferngeblieben ist (*OLG Düsseldorf* ZMR 2006, 870). Eine **Kausalität des Ladungsmangels** wird bejaht, wenn schon die Ankündigung eines Tagesordnungspunkts die spätere Beschlussfassung nicht erkennen lässt (*KG* ZMR 2006, 794).

31 Eine **Heilung** des Einberufungsmangels wird jedenfalls angenommen, wenn sämtliche Wohnungseigentümer in der Versammlung anwesend sind (Universalversammlung; *LG Hamburg* ZMR 2017, 427; vgl. unten Rdn. 84) und mit abgestimmt haben (*BayObLG* WE 1997, 268, 269; *OLG Köln* NZM 1998, 920), wobei ihnen nicht einmal der Ladungsmangel bekannt sein musste (*BGH*, 11.03.2022 – V ZR 77/21, ZMR 2022, 566 Rn. 18). Ob das für die unberechtigte Verkürzung der Ladungsfrist oder inhaltliche Mängel der Ladung ebenfalls gilt, ist aber zweifelhaft. Derartige Mängel können sich nämlich auf die Vorbereitung zur Versammlung auswirken, weil sie den Geladenen u.U. daran hindern, sich durch einen Fachmann beraten zu lassen (so Staudinger/*Häublein* 2023 § 24 Rn. 116).

32 Für die **Absage und Verlegung** (vgl. oben Rdn. 144) der bereits anberaumten Versammlung durch den zur Einberufung Befugten (*Schultzky* in: Nomos-Kommentar § 24 Rn. 12; vgl. auch *Hügel/Elzer* 4. Aufl. § 24 Rn. 29 ff.) gelten dieselben Grundsätze wie für die Ladung. Dies gilt auch für die Ladungsfrist von 3 Wochen (vgl. *BGH* NJW 1987, 2580). Eine willkürliche Auflösung durch den Versammlungsleiter (Verwalter) ist nicht zulässig (*KG* NJW-RR 1989, 16, 17 bestätigt von *KG* KGR 1999, 250, 252; *Hügel/Elzer* 4. Aufl. § 24 Rn. 30 a.E.).

II. Festlegung des Versammlungsortes

1. Ort

Versammlungsort und Versammlungsstätte sind im Gesetz nicht geregelt. Grundsätzlich sind – wenn 33
keine entgegenstehende Vereinbarung existiert – (ob ein **Beschluss** zumindest für den Einzelfall auch ausreicht ist stark umstritten: für Versammlungsort und Versammlungszeit **bejahend:** *Greiner* WE-Recht 5. Aufl. § 7 Rn. 33; *Vandenhouten* in: N/K/V WEG 13. Aufl. 2020 § 24 Rn. 25; *Hügel/Elzer* WEG 4. Aufl. § 24 Rn. 22; Elzer/*Fritsch/Meier* Wohnungseigentumsrecht 4. Aufl. 2023 § 2 Rn. 283 a.E., *Elzer* ZWE 2023, 68 ff., 72 unter V.1. und 2.; ähnlich *Schneider* WE-Recht für Anfänger 2017 Kap. H Rn. 39; *Müller/Fichtner* Praktische Fragen des Wohnungseigentums 7. Aufl. 2023, § 10 Rn. 161; **verneinend:** Staudinger/*Jacoby* 2023 § 27 Rn. 64: Die Einberufung obliegt nach § 24 Abs 1 WEG dem Verwalter, so dass dieser im Rahmen ordnungsmäßiger Verwaltung beispielsweise Ort und Uhrzeit bestimmen sowie den Spielraum des § 24 Abs 4 WEG bei der Ladung ausfüllen kann. Aus § 19 Abs 1 WEG folgt nichts Abweichendes, weil § 24 WEG spezieller diese Thematik regelt; Staudinger/*Häublein* 2023 WEG § 24 Rn. 138, 143; *AG Hannover*, Beschl. v. 29.09.2006 – 70 II 619/06, ZMR 2007, 315 Juris Rn. 23. Zur **Weisung** vgl. auch Staudinger/*Lehmann-Richter* 2023 § 18 Rn. 131 und 88) – Versammlungen am Ort der Wohnanlage (vgl. *Hügel/Elzer* 4. Aufl. § 24 Rn. 21 zum Ortsbezug zumindest bei zahlreichen Selbstnutzern unter den Wohnungseigentümern; *LG Frankfurt/M.*, 15.09.2022 – 2–13 S 38/21, ZMR 2022, 991: *Die Wahl eines Versammlungsorts, der 20 km von der Liegenschaft entfernt liegt und für eine Anreise mit öffentlichen Verkehrsmitteln eine Fahrt von 45 Minuten und einen zusätzlichen Fußweg von 21 Minuten erfordert, ist ermessensfehlerhaft*) abzuhalten. **Ausnahme:** Wenn dem Verwalter bekannt ist, dass ein Eigentümer nach § 1 GewSchG diese Anlage nicht mehr betreten darf. Nur im Einzelfall kommt eine Versammlung am auswärtigen Sitz der Verwaltung in Betracht, sofern die Interessen der Wohnungseigentümer nicht beeinträchtigt sind, etwa weil alle auswärtige Kapitalanleger sind (vgl. *OLG Hamm* ZMR 2007, 63 Juris Rn. 22). Verwalter sollten hiervon nur in klaren Fällen im Rahmen ihres Ermessens Gebrauch machen. Bei grobem Verschätzen droht Regress im Fall der Beschlussanfechtung. Auswahl und Festlegung des Versammlungsortes unterliegen dennoch im Grundsatz dem Gestaltungsspielraum (zum Verwaltungsermessen vgl. *Elzer* ZMR 2006, 85) des Einberufenden, regelmäßig also des Verwalters als Organ der GdWE. Die Kriterien, nach denen er sich zu richten hat, sind durch die Rechtsprechung weitgehend vorgegeben. Der Einberufende hat kein freies, sondern ein gerichtlich nachprüfbares Ermessen (Staudinger/*Häublein* § 24 Rn. 133; Bärmann/*Merle* § 24 Rn. 63 ff.: »Ermessensgrenzen«; zur virtuellen Eigentümerversammlung *Mankowski* ZMR 2002, 246). Die Ermessensgrenzen ergeben sich aus der Funktion der Wohnungseigentümerversammlung als Ort der gemeinsamen Willensbildung. Der Ort muss daher **verkehrsüblich und zumutbar** sein, um allen Wohnungseigentümern die Teilnahme zu ermöglichen und nicht zu erschweren (*AG Dortmund* ZMR 2018, 540; *OLG Hamm* ZMR 2001, 383 = NJW-RR 2001, 516 = FGPrax 2001, 64; *LG Frankfurt/M.*, 15.09.2022 – 2–13 S 38/21, ZMR 2022, 991). Die Wahl des Versammlungsortes im dritten Stock eines Bürogebäudes ohne Aufzug in den Geschäftsräumen des Verwalters kann sogar mit Rücksicht auf gehbehinderte Wohnungseigentümer einen Verstoß gegen § 24 WEG darstellen. Dies gilt insbesondere dann, wenn die Räumlichkeiten keinen örtlichen Bezug zur Wohnanlage aufweisen, sondern zudem in einer anderen Stadt liegen (*OLG Köln* ZMR 2004, 299; Vorinstanz: *LG Bonn* ZMR 2004, 218). Der Einberufende kann einen (kostenpflichtigen) neutralen Ort den Räumlichkeiten eines Teil- oder Wohnungseigentümers (*AG Bremen-Blumenthal* ZMR 2013, 663) vorziehen. Zum Fall einer Versammlung in der Wohnung einer gehbehinderten Eigentümerin vgl. *AG Oberhausen*, ZMR 2012, 60. Verkehrsüblichkeit schließt Verkehrsangebundenheit, insbesondere die Erreichbarkeit mit öffentlichen Nahverkehrsmitteln, mit ein.

Dass bei Ferienanlagen oder Kapitalanlegerobjekten die Mehrheit der Eigentümer nicht anlagenah 34
leben wird, stellt für sich kein zwingend zu berücksichtigendes Auswahlkriterium dar. Möglich ist es, in der Gemeinschaftsordnung solcher Anlagen einen zentralen Ort festzulegen (*OLG Celle* NZM 1998, 822 = NJW-RR 1998, 1706; *AG Hannover* ZMR 2007, 315 Juris Rn. 23).

35 Die Versammlungsstätte muss von der Größe her die Teilnahme aller zu erwartenden Wohnungseigentümer zulassen. Hierbei soll es den Wohnungseigentümern für begrenzte Zeit zur Einsparung von Versammlungskosten auch zumutbar sein, gewisse Unbequemlichkeiten in Kauf zu nehmen (*OLG Düsseldorf* WuM 1993, 305 = WE 1993, 99, *LG Dortmund*, 23.11.2018 – 17 S 83/18, NZM 2019, 100 zur Waschküche als Versammlungsort; vgl. aber *AG Essen*, 17.02.2022 – 196 C 123/21, ZMR 2022, 498; a.A. *AG Dortmund* ZMR 2018, 540; *Gottschalg* NZM 1998, 825).

36 Sind in kleineren Anlagen im Versammlungsvorfeld zwischen einigen Wohnungseigentümern bereits Reibereien aufgetreten und Weiterungen nicht auszuschließen, ist die Wahl eines Wohnwagens als Versammlungsstätte ermessensfehlerhaft und kann einer Beschlussanfechtung zum Erfolg verhelfen (*OLG Hamm* ZMR 2001, 383 = NZM 2001, 297 = OLGR 2001, 207). Es ist grundsätzlich darauf zu achten, dass der Versammlungsort noch einen örtlichen Bezug zur Wohnanlage hat. Das *OLG Köln* (ZMR 2004, 299) entschied, dass die Beibehaltung eines pflichtwidrig durch den Verwalter festgelegten Versammlungsortes einer vorsätzlichen Nichtladung des dies monierenden Wohnungseigentümers gleichkomme.

37 Dass die kurzfristige Verlegung des Versammlungsortes einer vorsätzlichen Nichtladung entsprechen kann, zumindest aber im Hinblick auf die auf 3 Wochen verlängerte Ladungsfrist einen Ladungsmangel darstellt (zu den Folgen verspäteter Ladung vgl. *J.-H. Schmidt* ZWE 2023, 224 ff.), ist bereits anerkannt (*OLG München* ZMR 2005, 801).

38 Die Auswahl eines Versammlungsorts, der während der **Pandemie** nur Platz für 21 Personen bietet, ist bei einer Anlage mit 32 Wohnungseigentumseinheiten nicht ermessensfehlerhaft (*AG Marburg* ZMR 2021, 620; ähnlich *LG München I*, 18.05.2022 – 1 S 8843/21, ZMR 2023, 70). Wird dagegen bei einer Gemeinschaft mit 150 Eigentümern während der Pandemie in einen Raum (Verwalterbüro), der nur zum Aufenthalt von 20 Menschen geeignet ist, geladen und rät der Einberufende explizit in der Einladung vom persönlichen Erscheinen ab, so ist von einem formellen Ladungsfehler auszugehen (*AG Mettmann* ZMR 2021, 687; ähnlich *AG Ludwigshafen* ZMR 2021, 525; *LG Frankfurt/M.*, 30.08.2022 – 2–13 S 4/22, ZMR 2023, 65). Passivlegitimiert für die Abberufung einer formell ordnungswidrig einberufenen Eigentümerversammlung ab 01.12.2020 und damit für eine einstweilige Verfügung ist die GdWE, die durch den Verwalter insoweit handelt (*AG Ludwigshafen* ZMR 2021, 525). Völlig überzogene Anforderungen während der Pandemie stellte das *AG Kassel* (27.08.2020 – 800 C 2563/20, ZMR 2021, 72 aufgehoben durch *LG Frankfurt/M.*, 17.12.2020 – 2–13 S 108/20, ZMR 2021, 266) auf. Gerade in Zeiten einer Pandemie ist eher mit einer niedrigeren Teilnehmerzahl gegenüber früheren Versammlungen zu rechnen. Keineswegs hat der Verwalter Räume vorzuhalten, die allen Eigentümern die Teilnahme ermöglichen (völlig praxisfern). Selbst das würde nicht ausreichen, wenn die Gemeinschaftsordnung keine Vertreterklausel (beschränkt auf Vollmachten an den Verwalter, Eigentümer sowie Ehepartner und Kinder) enthält, da sich nach § 164 BGB jeder Eigentümer durch mehrere (!) Personen vertreten lassen darf. Die Einladung lautend: »Aufgrund der Größe der Sitzungsräume muss die Anzahl der anwesenden Eigentümer bei dieser Versammlung beschränkt werden (10 Personen inkl. Verwalter). Erteilen Sie deshalb möglichst … Vollmacht für die Teilnahme an der Versammlung. […] Der Verwalter behält sich vor, die Versammlung nicht durchzuführen, sofern die Höchstzahl der Anwesenden überschritten wird und keine einvernehmliche Regelung am Versammlungstag dazu getroffen werden kann« ist vielmehr nicht zu beanstanden.

2. Nichtöffentlich

39 Für Eigentümerversammlungen gilt der **Grundsatz der Nichtöffentlichkeit** (kritisch *Greiner* WE-Recht 5. Aufl. § 7 Rn. 72 a.E. unter Hinweis auf die fehlende Kontrolle bei Hybrid-Versammlungen; *Häublein* ZMR 2018, 110 und ZWE 2020, 42 f.; *Deckert* ZMR 2014, 337 ff.; vgl. auch *Armbrüster/Roguhn* ZWE 2016, 105–116; *Schmid*, ZWE 2012, 481: Der Grundsatz gehört nicht zum Kernbereich der Rechte eines Wohnungseigentümers, str.; *BayObLG* ZMR 2002, 844: Die Versammlung der Wohnungseigentümer ist nicht öffentlich). Wenn man das Postulat der Nichtöffentlichkeit nicht aus dem Wortlaut des § 23 Abs. 1 WEG herleitet, dann zumindest aus dem Grundsatz ordnungs-

mäßiger Verwaltung. Die Nichtöffentlichkeit der Versammlung soll verschiedene Belange der Eigentümer schützen. Zum einen geht es darum, die Versammlung selbst von externen Einflüssen freizuhalten. Solche könnten den Ablauf der Versammlung und damit die Willensbildung empfindlich stören und Eigentümer davon abhalten, ihre Rechte in der gewünschten Weise wahrzunehmen (*OLG Hamm*, 27.09.2006 – 15 W 98/06, ZMR 2007, 133 zum Teilnahmerecht eines Nichteigentümers als Beirat; *OLG Hamburg* ZMR 2007, 550 zur rügelosen Duldung der Anwesenheit des Hauswarts; *Sauren* ZWE 2007, 21). Diese Gefahr besteht nicht nur, wenn ein Dritter aktiv, zB durch Redebeiträge, auf die Willensbildung einwirkt, sondern bereits die bloße Anwesenheit Dritter kann Eigentümer dazu veranlassen, ihr Verhalten zu ändern. Hier kommt das Vertraulichkeitsinteresse zum Tragen (so Staudinger/*Häublein* 2023 § 24 Rn. 168).

Die Hinzuziehung eines Rechtsanwalts als Berater in der Eigentümerversammlung lässt sich nicht mit berufsrechtlichen Bestimmungen rechtfertigen (*BGH* – V ZB 24/92, ZMR 1993, 287 = WE 1993, 165 = NJW 1993, 1329; *KG* ZMR 2001, 223 = ZWE 2001, 75, 76 m.w.N.; *Schultzky* in Nomos-Kommentar § 24 Rn. 16) Das *OLG Frankfurt* (OLGR 2005, 736) entschied: *Die Wohnungseigentümerversammlung ist nicht öffentlich. Durch einen Beschluss zur Geschäftsordnung kann nichtteilnahmeberechtigten Personen die Anwesenheit gestattet werden.* (str., s. Rdn. 101). Das *OLG Köln* (OLGR 2003, 2) stellte fest: Die Eigentümer können nicht mit Mehrheit für die Zukunft festlegen, dass die Eigentümerversammlungen zweier unabhängiger, vom selben Verwalter betreuter, eine gemeinsame Wohnsiedlung bildende Wohnungseigentümergemeinschaften generell gemeinsam stattfinden sollen. Nach *AG Bochum* (ZMR 2009, 230) gilt: Ein Mehrheitsbeschluss dahin, dass in Zukunft auch Mieter der Eigentumswohnungen an den Wohnungseigentümerversammlungen teilnehmen dürfen, kann erfolgreich angefochten werden. Ein solcher Beschluss entspricht nicht ordnungsgemäßer Verwaltung. Das *AG Mettmann* (ZMR 2009, 959) äußerte: An einer Wohnungseigentümerversammlung sind Dritte grundsätzlich nicht teilnahmeberechtigt. 40

Die Angelegenheiten der Gemeinschaft sollen nicht aus dem Kreis der Wohnungseigentümer und weiterer zur Teilnahme berechtigter Personen (vgl. unten Rdn. 85 ff.) nach außen getragen werden. Obwohl es über die Versammlungsstätte keine gesetzliche Vorschrift gibt, leitet die Rechtsprechung den **Grundsatz der Nichtöffentlichkeit** daraus her, dass die Wohnungseigentümer ein schutzwürdiges Interesse daran hätten, fremden Einfluss von der Versammlung fernzuhalten, einen ungestörten Ablauf der Versammlung zu sichern und einer Verbreitung ihrer Angelegenheiten in der Öffentlichkeit vorzubeugen (*OLG Frankfurt*, ZMR 1995, 326 = FGPrax 1995, 1479). *Schmid* (ZWE 2012, 480) leitet den Grundsatz aus (früher: § 21 Abs. 3 und 4 WEG a.F.) §§ 19 Abs. 1, 18 Abs. 2 WEG ab. Die Eigentümerversammlung hat daher – soweit nichts anderes vereinbart ist – in einer nicht öffentlichen Versammlungsstätte in der Gemeinde oder Stadt, in der sich auch die Wohnungseigentumsanlage befindet oder in unmittelbarer geografischer Nähe, stattzufinden. Ein frei zugänglicher Gaststättenraum oder der Vorgarten einer Gaststätte stellen keinen angemessenen Ort für eine Eigentümerversammlung dar (*KG* ZMR 1997, 487 = WE 1998, 31 = FGPrax 1997, 175, 176). Fand die Versammlung an einem solchen Ort statt und waren andere Gäste zugegen, können Beschlüsse erfolgreich anfechtbar sein (*OLG Frankfurt*, ZMR 1995, 326). Ein (konkludenter) teilweiser Verzicht auf die Nichtöffentlichkeit ist denkbar (vgl. *OLG Hamburg* ZMR 2007, 550 für die Zulassung des Hauswarts); aber richtigerweise nur, wenn auch die Rechte der abwesenden Eigentümer voll gewahrt sind. Liegt ein Zulassungsbeschluss vor, kommt es auf die Frage der Heilungsmöglichkeit durch rügelose Einlassung einzelner oder aller Eigentümer nicht mehr an. Der Schutz der Minderheit wird dann dadurch gewahrt, dass ein solcher Geschäftsordnungsbeschluss seinerseits ordnungsmäßiger Verwaltung entsprechen muss (vgl. *Greiner* ZWE 2016, 297; *LG München I*, 09.11.2022 – 1 S 3113/21, ZMR 2023, 139). Allein das Einverständnis der anwesenden Miteigentümer mit der Anwesenheit eines Dritten rechtfertigt nicht dessen Anwesenheit. Auch die Abwesenden haben einen Anspruch auf Nichtöffentlichkeit der Versammlung (*LG Dortmund*, 17.03.2023 – 17 S 89/22, ZMR 2024, 50). 41

Dass die Versammlung aus diesem Grunde nur im abgeschlossenen Raum stattfinden darf, erschließt sich nicht. Sind sowohl äußere Lärmbeeinträchtigungen als auch die Wahrnehmbarkeit des 42 gesprochenen Wortes für Nachbarn oder Passanten ausgeschlossen, kann die Versammlung auch im Freien in Betracht kommen, etwa im Garten der Anlage.

43 Der Grundsatz der Nichtöffentlichkeit ist kein absolutes Recht. Nach *Schmid* (ZWE 2012, 481) hat der Wohnungseigentümer nur ein Recht auf sach- und ermessensgemäße Entscheidung über die Zulassung dritter Personen. Folgt man dem, so ist Beschlusskompetenz gegeben für die Zulassung Dritter im konkreten Einzelfall. Dies gilt speziell für die Zulassung der Mitarbeiter des Verwalters. Es handelt sich um ein auf § 18 Abs. 2 Nr. 2 WEG zurückgehendes Recht der Minderheit, das kein absolutes Individualrecht darstellt, vielmehr ein Recht auf sachgemäße Ermessensausübung *Armbrüster/Roguhn* ZWE 2016, 105 ff.). Der einzelne Sondereigentümer ist in seinen Mitgliedschaftsrechten nicht immer erst betroffen/tangiert, wenn der zugelassene Dritte sein vermeintliches Rede- und Antragsrecht in Anspruch nimmt. Auch die bloßer Anwesenheit des Dritten kann Einfluss auf die Diskussionsbeiträge der berechtigterweise Anwesenden haben, etwa wenn es sich um einen Profiboxer oder ein Clan-Mitglied handelt, dessen Blicke bereits ältere Eigentümer einschüchtern könnten. Das Ermessen der Mehrheit kann sich auf Null reduzieren, wenn z.B. der Dritte als Dolmetscher mitgebracht die Versammlung durch eigene Redebeiträge (inkl. Beleidigungen) beeinflussen wollte (vgl. *AG Hamburg-Altona*, 27.06.2005 – 303 II 8/05, ZMR 2005, 823). Dann muss sein »Rauswurf« per Geschäftsordnungsbeschluss erfolgen.

44 Ein Wohnungseigentümer kann auf die Einhaltung des Grundsatzes der Nichtöffentlichkeit stillschweigend verzichtet haben, weil er z.B. zu Beginn der Versammlung bzw. der Abstimmung über den später angegriffenen Beschluss die Anwesenheit dieses Dritten nicht gerügt hatte (*AG Hamburg-St. Georg*, 29.04.2022 – 980b C 41/21, ZMR 2022, 586). Wenn ein Dritter als Vertreter durch die sog. Vertreterklausel in der Gemeinschaftsordnung (nicht etwa nur in einem Beschluss ohne entsprechende Öffnungsklausel/Anpassungsvereinbarung) ausgeschlossen ist, darf er erst Recht nicht als Begleiter im Beisein des Eigentümers anwesend sein (vgl. *LG Karlsruhe*, 21.07.2015 – 11 S 118/14, NZM 2016, 104).

III. Bestimmung der Versammlungszeit und -dauer

1. Grundsatz

45 Die Bestimmung des Versammlungszeitpunktes obliegt – wenn keine entgegenstehende Vereinbarung existiert – ebenfalls dem Einberufenden, nämlich der GdWE handelnd durch ihr Organ »Verwalter«. Hierbei wurde (dem Verwalter) früher ein nicht nachprüfbares Ermessen zugestanden, wobei allerdings der Zeitpunkt verkehrsüblich und zumutbar sein musste (*OLG Frankfurt am Main* NJW 1983, 398 = WE 1983, 61). Richtigerweise gelten jedoch die zur Wahl des Versammlungsorts aufgestellten Grundsätze entsprechend, d.h. der Verwalter hat für die GdWE nach billigem, gerichtlich nachprüfbarem Ermessen zu entscheiden. Der Einberufende darf grundsätzlich z.B. nicht über den Wunsch einzelner Wohnungseigentümer, den Sonntagvormittag bis 11.00 Uhr von Versammlungen freizuhalten, hinweggehen. Auch dann nicht, wenn eine Mehrheit von Eigentümern es verlangt (*BayObLG* MDR 1987, 937 = WuM 1987, 329).

46 Vereinzelt wurde von der Rechtsprechung die Einberufung einer eilbedürftigen Versammlung auf einem Sonntag (11.00 Uhr) akzeptiert (*OLG Stuttgart* NJW-RR 1986, 315 = WuM 1986, 292). Der Einberufende handele in einem solchen Fall nicht pflichtwidrig, wenn infolge des von ihm gewählten Termins einzelne Wohnungseigentümer an der Teilnahme gehindert sind oder ihnen diese unzumutbar erschwert werde. Im Einzelfall komme bei Ferienwohnungen dagegen die Einberufung auf einen Samstag oder Sonntag in Betracht. Selbst die Einberufung einer Eigentümerversammlung an einem gesetzlich geschützten kirchlichen Feiertag wird dann noch als zulässig angesehen, wenn dadurch der Hauptgottesdienst nicht gestört wird (*OLG Schleswig* NJW-RR 1987, 1362 = WE 1989, 143 – betr. Karfreitag – gegen *LG Lübeck* NJW-RR 1986, 813).

47 Die individuelle Urlaubsplanung eines oder einzelner Eigentümer ist grundsätzlich kein Grund, um von einem ins Auge gefassten Versammlungsdatum abzusehen. In großen Anlagen wird sich andernfalls niemals ein passender Termin finden lassen. Jedenfalls in kleineren Wohnanlagen (vier Woh-

nungen) ist nach – sehr strenger – Ansicht des *LG München I* (NZM 2005, 591) der Einberufende im Rahmen pflichtgemäßer Ermessensausübung verpflichtet zu versuchen, jedem Mitglied in zumutbarer Weise eine Versammlungsteilnahme zu ermöglichen.

Jedenfalls die Schulferien im gesamten Bundesgebiet stellen in der Regel keinen solchen Grund dar (so auch Staudinger/*Häublein* § 24 Rn. 141). Man wird hinzunehmen haben, dass es allgemeine Schulferien in Deutschland nicht gibt. Dadurch, dass in vielen Gemeinschaften die vermietenden Wohnungseigentümer in verschiedenen Bundesländern wohnen und die Ferien regelmäßig um ein bis 2 Wochen variieren, verbliebe angesichts der Gesamtferienzeit pro Jahr ebenfalls zu wenig zeitlicher Spielraum für Versammlungen. In kleineren Anlagen soll »zwischen den Jahren«, also vom 27.12. bis zum 31.12. eines Jahres, allerdings keine Versammlung einberufen werden, wenn ein Teil der Eigentümer verreist (*OLG Hamm* ZMR 2001, 383 = NZM 2001, 297 = OLGR 2001, 207). 48

Bei kleineren Anlagen lässt sich über ein Einberufungsverbot bei internationalen Sportgroßereignissen mit nationaler Beteiligung nachdenken. Ggf. muss ein derartiger Gesichtspunkt aber nicht den Versammlungstag schlechthin zu Fall bringen, sondern kann über die Versammlungsuhrzeit geregelt werden. An einem Samstag, der allgemein ebenfalls zu den Werktagen zu zählen ist, kann auch ein Beginn deutlich vor 17.00 Uhr zulässig sein sowie auch erst um 20.00 Uhr (vgl. *OLG Zweibrücken* WE 1994, 146 = DWE 1994, 109). 49

Das *AG Köln* (ZMR 2004, 546) entschied, dass der Zeitpunkt einer Eigentümerversammlung verkehrsüblich und zumutbar sein müsse, womit für die Stadt Köln das Abhalten von Eigentümerversammlungen an Werktagen um 17.00 Uhr (Beginn) unter Berücksichtigung normaler Arbeitszeiten nicht in Betracht kommen sollte. Ortsansässigen Eigentümern müsse es möglich sein, ohne Urlaub zu nehmen trotz Berufstätigkeit bereits zu Beginn der Versammlung persönlich erscheinen zu können. Auch die Interessen ortsfremder Kapitalanleger rechtfertigten keinen Versammlungsbeginn vor 18.00 Uhr. Diese Ansicht ist singulär und auch überholt. Bei flexiblen Arbeitszeiten und einer auf 3 Wochen verlängerten Ladungsfrist muss es nicht zu Abendveranstaltung kommen. Der Beginn der Eigentümerversammlung sollte nach Ansicht des *LG Frankfurt/M.* (15.09.2022 – 2–13 S 38/21, ZMR 2022, 991; ähnlich früher *OLG Düsseldorf* WuM 1993, 305 = WE 1993, 99; *Gottschalg* NZM 1998, 825) regelmäßig werktags nicht vor 17:00 Uhr liegen. Diese Sichtweise engt den Handlungsspielraum des Einberufenden freilich zu weit ein. Bei Großanlagen kann die Versammlung auch deutlich früher angesetzt werden (vgl. *AG Oldenburg/Holstein* ZMR 2022, 843: 10.53 bis 20.20 Uhr). 50

Zutreffend akzeptierte das *OLG Köln* (ZMR 2005, 77) einen Versammlungsbeginn schon werktags um 15.00 Uhr für eine auf 5 Stunden angelegte Versammlung für eine Anlage mit mehr als 500 Wohnungseigentümern. Das *AG Hamburg-Wandsbek* (ZMR 2004, 224) hat die Anberaumung einer Eigentümerversammlung auf Werkstags 14.00 Uhr jedenfalls nur dann als nicht ordnungsmäßiger Verwaltung entsprechend angesehen, wenn einzelne Wohnungseigentümer berufsbedingt nicht persönlich erscheinen konnten und dies auch vorher (!) mitgeteilt und um Verlegung des Termins für die Versammlung gebeten hatten (vgl. auch *LG München I* NZM 2005, 591). *Kühnemund* (WE 2009, 148 ff.) resümiert: Eine Eigentümerversammlung darf an allen Tagen, auch an Sonn- und Feiertagen, abgehalten werden, an Sonn- und Feiertagen aber niemals vor 11.00 Uhr. Eine ordentliche Versammlung ohne besondere Dringlichkeit in der Hauptferienzeit (des betreffenden Bundeslandes) dürfte ordnungsmäßiger Verwaltung widersprechen. Außerordentliche Versammlungen aus dringendem Anlass sind aber möglich. Grundsätzlich soll eine Versammlung so stattfinden, dass ein ortsansässiger berufstätiger Eigentümer daran teilnehmen kann, ohne Urlaub zu nehmen. Das dürfte dazu führen, dass eine Versammlung in der Zeit von Montag bis Freitag i.d.R. erst nach 17.00 Uhr beginnen darf: Ausnahmen vor dem Hintergrund einzelfallbezogener Besonderheiten sind allerdings möglich. Sehr weitgehend entschied das *AG München* (12.04.2023 – 1295 C 13199/22), dass eine Eigentümerversammlung auf den 19. August – trotz Ferienzeit – auf 14 Uhr am Freitag anberaumt werden darf, insbesondere wenn fast alle Sondereigentümer dem Verwalter mit Weisung versehene Vollmachten erteilten. 51

52 Da der WEG-Verwalter als handelndes Organ in der Regel durch seinen Sachbearbeiter die Eigentümerversammlung leiten oder/und mitprotokollieren lässt, muss er auch die Regelungen des Arbeitszeitgesetzes im Auge haben. § 3 ArbZG regelt nämlich: »Die werktägliche Arbeitszeit der Arbeitnehmer darf acht Stunden nicht überschreiten. Sie kann auf bis zu zehn Stunden nur verlängert werden, wenn innerhalb von 6 Kalendermonaten oder innerhalb von 24 Wochen im Durchschnitt 8 Stunden werktäglich nicht überschritten werden.«

53 Auch eine Versammlungsdauer von mehr als 9 Stunden (hier: 10.53 bis 20.20 Uhr) kann bei einer Großanlage mit 1.700 Einheiten im Einzelfall ordnungsmäßiger Verwaltung entsprechen (*AG Oldenburg/Holstein* ZMR 2022, 843).

54 Trotzdem kann der Versammlungsleiter (meist der Verwalter) nicht einfach nach seinem Ermessen die Versammlung beenden oder vertagen. Dies fällt in die Zuständigkeit der Wohnungseigentümer, die durch Beschluss entscheiden (vgl. *Elzer* in: Hügel, Wohnungseigentum 5. Aufl. § 12 Rn. 78, 143).

2. Verstöße

55 Unklar sind die Konsequenzen einer zu früh anberaumten Eigentümerversammlung insbesondere für diejenigen Beschlüsse, die erst zu einer Zeit gefasst wurden, die nicht mehr als unzumutbar einzustufen ist. Jedenfalls ist die Kausalitätsvermutung (vgl. *BGH* – V ZR 60/10, ZMR 2011, 397; *LG München I* ZMR 2011, 237, LS 2) des Einladungsmangels für z.B. eine Stunde nach Versammlungsbeginn gefasste Beschlüsse nicht zwingend, aber wahrscheinlich (vgl. auch *Kühnemund* WE 2009, 190). Wird ein Beschluss mit der Begründung, es sei zur Unzeit geladen worden, angefochten, muss schlüssig dargelegt werden, dass und warum der Ersatztermin zu abweichenden Beschlüssen hätte führen können (*OLG Düsseldorf* ZMR 1997, 91 = WE 1997, 145; *Drabek* ZWE 2000, 395, 396). Der Anfechtungskläger muss neben dem formellen Mangel auch Argumente vortragen, warum er in der Sache gegen den Eigentümerbeschluss ist (substantiierte Anfechtungs- und/oder Nichtigkeitsgründe, vgl. jüngst *AG Dortmund*, 08.12.2022 – 514 C 61/22, ZMR 2023, 149 = ZWE 2023, 223 m. Anm. *Schmidt* unter II. und *LG München I*, 24.11.2022 – 36 S 10793/21, ZMR 2023, 222). Beim formellen Ladungsfehler und substantiiertem Prozessvortrag des Anfechtenden muss von der verklagten Gemeinschaft bewiesen werden, dass die Möglichkeit, dass der durch den Mangel betroffene Wohnungseigentümer das Beschlussergebnis hätte beeinflussen können, bei vernünftiger Betrachtung unter keinen Umständen in Betracht kommt, nicht nur bloß unwahrscheinlich ist. Hierbei genügt es allerdings, wenn feststeht, dass der angefochtene Mehrheitsbeschluss – wenn auch mit geringerer Mehrheit – inhaltsgleich zustande gekommen wäre.

56 Es gibt keine für alle WE-Anlagen in jedem Fall zu beachtende früheste Anfangszeit oder maximale Versammlungsdauer. So darf etwa bei umfangreicher Tagesordnung und zahlreicher zu erwartender Redebeiträge deutlich vor 17.00 Uhr zu Versammlungen geladen werden.

IV. Form und Inhalt der Einberufung

1. Textform

57 Gem. § 24 Abs. 4 S. 1 WEG ist für die Einberufung nur die Textform (s. dazu *Lammel* ZMR 2002, 333; *Mankowski* ZMR 2002, 481; *Brücher/Schultzky* Nomos-Kommentar 5. Aufl. § 24 Rn. 10) erforderlich. Diese Mindest-Form (Staudinger/*Häublein* 2023, § 24 Rn. 75) bedeutet einen Fortschritt in der Anpassung an die Herausforderungen des modernen Rechtsgeschäftsverkehrs. Textform verlangt eine zur dauerhaften Wiedergabe in Schriftzeichen abgegebene/fixierte Erklärung, die Erkennbarkeit der Person des Erklärenden und die Erkennbarkeit des Abschlusses der Erklärung entweder durch eine Nachbildung der Unterschrift oder andere geeignete Kennzeichnung (vgl. § 126b BGB). Selbst wenn eine ältere Gemeinschaftsordnung vor 2001 noch eine »schriftliche« Ladung erwähnt, bedeutet dies in der Regel nicht »gesetzliche« Schriftform (§ 126 BGB), insbesondere wenn bei Abfassung der Gemeinschaftsordnung noch gar keine Textform bekannt war. Ein Einladungsschreiben ist also nicht mehr zwingend. Mit dem Verzicht auf die eigenhändige

Unterschrift erledigt sich das bisherige Problem der Übermittlung von Kopien und anderen Nicht-originalen. Die gesetzliche Form wahren – unabhängig vom Problem des Zugangsnachweises – nunmehr u.a. auch:

Telefax 58

Fotokopie einer im Original unterschriebener Einladung 59

E-mail (a.A. *Lammel* ZMR 2002, 333) 60

Telegramm 61

Faksimile 62

Teletext 63

SMS über Handy oder Festnetz (Textnachricht). 64

Eine Ladung durch Umlaufzettel oder Aushang in der Wohnungseigentumsanlage genügt nicht. 65
Der Abschied von der bislang erforderlichen »papierfixierten« Form erlaubt es dem Wohnungseigentümer im modernen Rechtsverkehr selbst darüber zu entscheiden, ob und in welcher Form er eine erhaltene Nachricht ausdruckt und speichert. Im Zeitalter der Computer- und sonstigen Fernkommunikation war es für den Verwalter ein zeitraubendes Hindernis, schriftformbedürftige Erklärungen zwar am PC verfassen zu können, diese aber stets ausdrucken und handgezeichnet auf den Weg bringen zu müssen.

Die Einberufung kann auch noch schriftlich erfolgen. Eine Unterschrift unter der Einberufung sollte 66
dann jedenfalls einen individuellen Schriftzug darstellen (*BGH* NJW 1978, 1255 = MDR 1978, 472). Zumindest die Tagesordnung muss wegen des Bezugnahmeverbots von der Unterschrift bzw. deren digitalem Ersatz des Einberufenden gedeckt sein. Letzteres gilt nicht für Entwürfe von Jahresabrechnung und Wirtschaftsplan, die auch als Anlage beigefügt werden dürfen. Auch eine »gemischte Einladung« – teils per email, teils per Fax und i.Ü. schriftlich – ist zulässig.

2. Elektronische Form

Eine zweite Formerleichterung ist die elektronische Form. Anders als die Textform setzt sie keine 67
gesetzliche Zulassung durch einzelne Gesetzesbestimmungen voraus, sondern kann die Schriftform ohne Weiteres ersetzen, sofern sich nicht aus dem Gesetz etwas anderes ergibt (§ 126 Abs. 3 BGB). Es wird die eigenhändige Unterschrift durch eine elektronische Signatur des Dokuments substituiert. Diese elektronische Signatur ist eine qualifizierte, weil sie bestimmte Bedingungen, die im Signaturgesetz vorgegeben sind, erfüllen muss (§ 126a Abs. 1 BGB).

3. Formfehler

Wenn die vom Verwalter gewählte Form dem Gesetz nicht genügt, wird im Regelfall ein Beschluss 68
allein wegen dieses formalen Mangels nicht erfolgreich anfechtbar sein (*Riecke* MDR 1997, 824; *OLG Düsseldorf* ZMR 1997, 91 zu Einberufungsmängeln; *BayObLG* ZMR 1997, 93 zur Heilung von Einberufungsmängeln). Lässt sich dagegen eine mögliche Kausalität des Formfehlers für die Beschlussfassung nicht ausschließen, so ist der Beschluss erfolgreich anfechtbar.

Die Einberufung zur Wohnungseigentümerversammlung braucht regelmäßig zwar nicht den Hin- 69
weis auf eine Vertretungsmöglichkeit oder einen Stimmrechtsausschluss zu enthalten. Erfolgt jedoch ein derartiger Hinweis, so muss die Regelung zur Vertretung oder zum Stimmrechtsausschluss zutreffend wiedergegeben werden. Liegt dem Einladungsschreiben ein Vollmachtsformular bei, aus dessen Formulierung – entgegen der Gemeinschaftsordnung – zu entnehmen ist, dass nur Mitglieder des Verwaltungsbeirats mit der Vertretung in der Eigentümerversammlung bevollmächtigt werden dürfen, liegt ein Ladungsmangel vor. Dieser Ladungsmangel kann nach fristgerechter Anfechtung nur dann zur Ungültigerklärung der in der einberufenen Versammlung gefassten Beschlüsse führen, wenn sich der Hinweis auf die jeweiligen Beschlussergebnisse ausgewirkt hat. Dazu muss fristgerecht

innerhalb der Anfechtungsbegründungsfrist schlüssig vorgetragen werden, dass die nicht erschienenen und nicht vertretenen Eigentümer gerade wegen des Ladungsmangels von der Erteilung einer Vollmacht an einen berechtigten anderen Dritten abgesehen haben (*LG München I* ZWE 2022, 170).

70 Wenn in der Einladung eine Vertretungsmöglichkeit zu Unrecht ausgeschlossen wurde, ist dieser Ladungsmangel nicht kausal für gefasste Beschlüsse, wenn der betroffene Wohnungseigentümer sich anderweitig vertreten ließ und der Vertreter sich an Diskussionen und Abstimmungen beteiligte, weil dies als konkludenter Verzicht auf die Rüge des Verfahrensmangels anzusehen ist (*AG Bielefeld*, 25.01.2024 – 5 C 24/23, ZMR 2024, 520).

71 Vollmachtsformulare des Verwalters müssen nur die Stimmrechtsweisung mit Ja, Nein oder Enthaltung vorsehen. Auf einen Beschlussantrag kann nicht anders reagiert werden (*AG Brühl*, 20.10.2022 – 29 C 5/22, ZMR 2023, 73, 74).

4. Inhalt der Einladung

72 Die wichtigste Anforderung an den Inhalt der Einladung ist die Aufführung der anstehenden Tagesordnung (§ 23 Abs. 2 WEG). Daneben sind Versammlungsort und Anfangszeit mitzuteilen. Außerdem muss die Person des Einberufenden kenntlich gemacht werden. Nicht erforderlich ist ein Hinweis auf aus der Teilungserklärung ersichtliche Stimmrechtsbeschränkungen (*AG Merseburg* ZMR 2008, 747 m. krit. Anm. *J.-H. Schmidt*; vgl. auch *Häublein* ZWE 2012, 1); Ausnahmen sind denkbar, wenn eine langjährige abweichende Übung dem einladenden Verwalter als Organ der GdWE bekannt ist und er diese ändern möchte (*OLG Hamm* WE 1997, 352 = NJW-RR 1997, 846: *Hat die GdWE über mehrere Jahre die Vertretung eines Wohnungseigentümers in der Eigentümerversammlung hingenommen, obwohl diese der Regelung der Gemeinschaftsordnung über eine Beschränkung des zur Vertretung befugten Personenkreises nicht entspricht, so darf die GdWE ihre bisherige Handhabung nur in einer Weise ändern, die gewährleistet, dass der betroffene Wohnungseigentümer rechtzeitig für seine ordnungsgemäße Vertretung sorgen kann. Fehlt es daran, muss der von dem Wohnungseigentümer bestellte Vertreter nach Treu und Glauben zur Teilnahme an der Versammlung zugelassen werden*).

73 Während der **Pandemie** wurden vielfach Hinweise auf den Ladungen angebracht, die zum Teil eher als Ausladung zu interpretieren waren. Ein Hinweis lautend u.a. »Sollten Miteigentümer an der Versammlung zwingend teilnehmen wollen, weisen wir auf die Einhaltung der 3-G-Regelungen hin und bitten darum, mit maximal 1 Person anwesend zu sein. Wir möchten uns und unsere Kunden vor möglichen gesundheitlichen Risiken weitgehend schützen«, ist nicht zu beanstanden (*LG Bremen*, 14.07.2022 – 4 S 93/22, ZMR 2022, 813; vgl. auch *AG Kaufbeuren*, 09.09.2021 – 5 C 34/21, ZMR 2022, 331). Auch die Formulierung »Bitte informieren Sie sich im Vorwege darüber, ob ein persönliches Erscheinen im Rahmen der geltenden Coronamaßnahmen gestattet ist. Sollte ein persönliches Erscheinen nicht gestattet sein, so bitten wir um Übersendung der beigefügten Vertretungsvollmacht per Mail, Fax oder Brief an die oben rechts genannten Kontaktdaten. Sollten sie trotz Verbot am Versammlungstag persönlich erscheinen, so müssen wir die Versammlung ggf. absagen«, stellt keine Ausladung dar und auch keinen Eingriff in den Kernbereich des Wohnungseigentums (*LG Bremen*, 04.02.2022 – 4 S 239/21, ZMR 2022, 394). Die Durchführung einer Eigentümerversammlung unter »2-G Plus«-Voraussetzungen (nur vollständig geimpfte oder genesene Personen haben Zutritt, die zusätzlich das negative Ergebnis eines Antigen-Schnelltests oder eines PCR-Tests vorlegen können. Für Personen mit Booster-Impfung entfällt diese zusätzliche Testpflicht) wurde akzeptiert. Wer sich eigenverantwortlich gegen eine Impfung entscheidet, muss auch die sich hieraus ergebende Konsequenz tragen, auf unabsehbare Zeit nicht an Eigentümerversammlungen teilnehmen zu können (so zutreffend *AG München*, 06.12.2021 – 1293 C 19127/21, ZMR 2022, 260). Bereits die Formulierung »Wir laden mit den beiliegenden Unterlagen zu einer Eigentümerversammlung ein, zu der sie aber bitte nicht erscheinen. Sollten Eigentümer/innen erscheinen, wären wir zum sofortigen Abbruch der Veranstaltung gezwungen.« stellt eher eine Ausladung bzw. ein Verbot dar, jedenfalls aber eine Verletzung des Kernbereichs der Rechte eines Wohnungseigentümers (Teilnahmerecht an einer Präsenzversammlung; *AG Hannover*, 07.01.2021 – 480 C 8302/20, ZMR 2012, 686). In Extremfällen wurde in der faktischen Ausladung ein Nichtigkeitsgrund gesehen

(*AG Lemgo*, 24.08.2020 – 16 C 10/20, IMR 2020, 508 m. Anm. *Riecke; AG Bad Schwalbach*, 26.10.2020 – 3 C 268/20, ZMR 2021, 347; *AG München*, 29.10.2020 – 483 C 8456/20, ZMR 2021, 159).

Wenn erst zwei Tage vor der Versammlung eine Änderung der Infektionsschutzmaßnahmenverordnung erfolgte, soll dies auf die Ladungsfrist Einfluss haben (*LG Nürnberg-Fürth*, 09.05.2023 – 14 S 5800/22, ZMR 2023, 573 m. krit. Anm. *Riecke*). 74

Eine Übersendung bzw. eine sonstige Zurverfügungstellung von **Unterlagen** zu einem vorgeschlagenen Beschluss ist erforderlich, wenn für die Beschlussfassung eine intensive inhaltliche Auseinandersetzung mit diesen Unterlagen von wesentlicher Bedeutung ist (*LG München I,* 24.11.2022 – 36 S 10793/21, ZMR 2023, 222). Der Sondereigentümer soll die Möglichkeit haben, sich anhand der Tagesordnung auf die Versammlung vorzubereiten. Dazu ist es zwar ausreichend, wenn die Tagesordnungspunkte und die vorgesehenen Beschlüsse so genau bezeichnet sind, dass die Wohnungseigentümer verstehen und überblicken können, was in tatsächlicher und rechtlicher Hinsicht erörtert und beschlossen werden soll und welche Auswirkungen der vorgesehene Beschluss insoweit auf die Gemeinschaft und sie selbst hat; regelmäßig reicht eine schlagwortartige Bezeichnung aus (*BGH*, 13.01.2012 – V ZR 129/11, ZMR 2012, 380); in komplexeren Fällen allerdings eben nicht. »Sanierungs«-Beschlüsse entsprechen nach der strengsten Ansicht nicht den Grundsätzen ordnungsmäßiger Verwaltung, wenn den Eigentümern mit der Einladung keine ausreichenden Informationen zur Verfügung gestellt und ihnen rechtzeitig vor der Beschlussfassung weder Angebote zu den beschlossenen Erhaltungsmaßnahmen zugeleitet noch zumindest die Eckpunkte der vorliegenden Angebote (Anzahl der erholten Angebote, Namen der anbietenden Unternehmen, Angebotshöhe) bekannt gegeben wurden. Allein der pauschale Hinweis auf der Tagesordnung, dass alle Angebote und Stellungnahmen, nach vorheriger Terminabsprache, in den Büroräumen der Verwalterin eingesehen oder per E-Mail angefragt werden könnten, könne die danach erforderliche Information der Eigentümer nicht ersetzen und war hierfür nicht ausreichend (*LG München I* – 1 S 8843/21, ZMR 2023, 70 ff.). Nach anderer Auffassung wird oft eine tabellarische Zusammenstellung, in Form eines **Preisspiegels**, genügen (*AG Hamburg-Blankenese*, 15.04.2020 – 539 C 16/18, MietRB 2020, 244 = IMR 2020, 250; dazu *B. Müller* jurisPR-MietR 13/2020 Anm. 6; *LG Frankfurt m Main*, 04.07.2022 – 2–13 S 35/22, ZMR 2022, 915 f.). 75

5. Die Tagesordnung

Über den **Inhalt** und die **Reihenfolge der Tagesordnung** – gem. § 23 Abs. 2 WEG ist diese bei der Einberufung mitzuteilen – sowie die Formulierung der Beschlussanträge bestimmt der Verwalter als Organ der GdWE (vgl. *Hörndler* ZWE 2023, 200 auch zur evtl. Umformulierung von Eigentümeranträgen; subsidiär ist analog § 24 Abs. 2 i.V.m. Abs. 3 WEG der Beiratsvorsitzende oder sein Vertreter berechtigt, vgl. *OLG Frankfurt* ZMR 2009, 133 = ZWE 2009, 43) nach billigem Ermessen (*BGH*, 23.02.2018 – V ZR 101/16, ZMR 2018, 1015 Juris Rn. 62, zum Ermessen des Versammlungsleiters vgl. *Schultzky* ZWE 2023, 68 ff.). Die einzelnen Tagesordnungspunkte müssen dabei nicht zwingend mit einem Bestimmtheitsgrad festgelegt werden, wie er bspw. in § 253 Abs. 2 Nr. 2 ZPO auch in WEG-Verfahren vorgesehen ist; es genügt eine **schlagwortartige Beschreibung**. Der korrekten Bezeichnung der einzelnen Tagesordnungspunkte einer Wohnungs-Eigentümerversammlung kommt wegen der Appellfunktion der Tagesordnung eine besondere Bedeutung zu (*LG Saarbrücken* ZWE 2009, 49). Allgemein lässt sich sagen, dass der Beschlussgegenstand umso genauer in der Ladung zu bezeichnen ist, je größer seine Bedeutung und je geringer der Wissensstand des einzelnen Wohnungseigentümers ist (*OLG München* ZMR 2006, 954; vgl. auch *Elzer* ZMR 2009, 8 unter III.). Der **Inhalt von Geschäftsordnungsbeschlüssen** (z.B. Wahl des Versammlungsleiters) muss nicht angekündigt werden (Staudinger/*Häublein* § 24 Rn. 201); vorsichtshalber sollte die potentielle Möglichkeit von Absenkungsbeschlüssen gem. § 23 Abs. 3 S. 2 WEG, egal wie sie rechtlich zu qualifizieren sind (vgl. *LG Frankfurt/M.* , 16.02.2023 – 2–13 S 79/22, ZMR 2023, 564; *AG Hamburg-St. Georg*, Urt. v. 02.09.2022 – 980b C 39/21, ZMR 2022, 1005 einerseits sowie *Skauradszun* ZWE 2022, 106, *Skauradszun/Harnack* ZMR 2023, 441 und *Riecke* in: SEHR Die WEG-Reform 2020 76

§ 6 Rn. 9 andererseits), angekündigt werden (vgl. *LG München I*, 21.03.2024 – 36 S 3331/23: anzukündigender Sachbeschluss).

77 Unter Umständen kann auch ein einzelner Wohnungseigentümer – ohne dass ein Minderheitenquorum von mehr als einem Viertel der Wohnungseigentümer nach Köpfen (§ 24 Abs. 2 WEG) gegeben ist – die **Aufnahme von Verhandlungsgegenständen in die Tagesordnung** (Klagemuster bei *Greiner* WE-Recht 5. Aufl. § 7 Rn. 14) einer Eigentümerversammlung verlangen (*LG Hamburg*, 13.07.2022 – 318 T 16/22, ZMR 2023, 69 und 27.06.2012 – 318 S 196/11, ZMR 2013, 62; *OLG Zweibrücken* ZMR 2004, 533; *OLG Frankfurt*, ZMR 2004, 288) oder eine Ergänzung der Tagesordnung fordern. Dem wird der Verwalter stattgeben müssen, wenn ihre Beratung ordnungsmäßiger Verwaltung entspricht und die Ladungsfrist von 3 Wochen noch einzuhalten ist. Das Gesetz sieht ein derartiges Recht zwar nicht ausdrücklich vor. Dem Einzelnen erwächst in den Grenzen ordnungsmäßiger Verwaltung nach § 18 Abs. 2 WEG aber ein entsprechendes Recht. Im Fall pflichtwidriger Weigerung des Verwalters als Organ der GdWE kann der Anspruch gemäß § 43 WEG gerichtlich nur gegenüber der GdWE geltend gemacht werden. Der Verwaltungsbeiratsvorsitzende kann in analoger Anwendung von § 24 Abs. 3 WEG die Tagesordnung dann gestalten, wenn der Verwalter sich pflichtwidrig weigert, einen Tagesordnungspunkt aufzunehmen. Die Weigerung des Verwalters ist pflichtwidrig, wenn eine ordnungsmäßige Verwaltung die Aufnahme erfordert (*OLG Frankfurt* ZMR 2009, 133).

78 In der Versammlung ist eine Ergänzung der Tagesordnung nur zulässig, wenn es sich um eine Universalversammlung handelt und die Bevollmächtigten auch insoweit (vgl. *Bub* in: FS Schultz 2022 S. 34 ff.) als Vertreter legitimiert sind – ein Fall der nur bei Kleinanlagen vorkommen dürfte. Dem Verwalter bleibt unbenommen, das gewünschte Beratungsthema selbst schlagwortartig neu zu formulieren.

79 Die Weigerung des Verwalters, die formellen Voraussetzungen für die Abstimmung zu einem geforderten Tagesordnungspunkt zu schaffen, ist pflichtwidrig, wenn für dessen Behandlung sachliche Gründe sprechen (*OLG Frankfurt*, Beschl. v. 23.10.2000, 20 W 541/99 n.v.). Bei einer Weigerung besteht nur noch die Möglichkeit, gegen die GdWE, nicht aber gegen den Verwalter direkt gerichtlich vorzugehen. Ggf. sollte zunächst analog § 24 Abs. 3 WEG die Aufnahme des begehrten Tagesordnungspunktes über den Verwaltungsbeiratsvorsitzen versucht werden.

80 Wird eine **Tagesordnung in der Eigentümerversammlung erweitert**, ist dies isoliert nicht anfechtbar, dennoch kann der zum neuen Tagesordnungspunkt gefasste Beschluss wegen dieses formellen Mankos (Einberufungsfehler) angefochten werden (*OLG München* ZMR 2006, 68), es sei denn ausnahmsweise verzichten alle Eigentümer (nicht nur die anwesenden) auf die Rüge dieses Ladungsmangels; einfache für die betreffende Versammlung Bevollmächtigte werden hierzu nicht ohne Weiteres als ermächtigt angesehen werden können (vgl. *Bub* in: FS Schultz 2022 S. 34 ff.; *BayObLG* WE 1988, 67; *OLG Hamm* NJW-RR 1993, 468: *Vertritt ein Eigentümer andere Wohnungseigentümer, so muss die ihm erteilte Vollmacht regelmäßig dahin ausgelegt werden, dass sie sich nur auf die Abstimmung zu den in dem Einladungsschreiben vorgesehenen Tagesordnungspunkten erstreckt*). Der Verwalter kann die Tagesordnung nach pflichtgemäßem Ermessen nur ergänzen, wenn die entsprechende Mitteilung den zu ladenden Personen unter Wahrung der Frist des § 24 Abs. 4 S. 2 WEG zugeht. Andernfalls ist eine Ergänzung nur rechtmäßig, wenn die Voraussetzungen einer abgekürzten Ladungsfrist vorliegen (so Staudinger/*Häublein* 2023 § 24 Rn. 100). Ein Miteigentümer hat ebenfalls keinen Anspruch auf Aufnahme eines weiteren Tagesordnungspunktes in die Einladung für die nächste Eigentümerversammlung, wenn die Ladungsfrist des § 24 Abs. 4 S. 2 WEG nicht mehr gewahrt werden kann und auf diese Frist auch nicht ausnahmsweise verzichtet werden kann (*LG München I*, 16.05.2011 – 1 S 5166/11, ZMR 2011, 839).

81 Gleich behandelt wird der Fall einer unzureichenden Ankündigung einer Beschlussfassung (*OLG Düsseldorf* ZMR 2005, 895).

82 Eine Änderung der **Reihenfolge der Tagesordnungspunkte** in der Versammlung (vgl. *BayObLG* ZMR 1999, 570: *In der Versammlung der Wohnungseigentümer sind die einzelnen Tagesordnungspunkte grund-*

sätzlich in der in der Einladung angegebenen Reihenfolge zu behandeln; der Versammlungsleiter darf einen neuen Punkt erst aufrufen, wenn die vorhergehenden Punkte – i.d.R. durch Abstimmung über einen Beschlussantrag – erledigt sind. Davon kann aufgrund eines Geschäftsordnungsbeschlusses, unter Umständen auch aufgrund unwidersprochen gebliebener Anordnung des Versammlungsleiters abgewichen werden. Ein Verstoß gegen diese Grundsätze kann zur Ungültigerklärung eines Eigentümerbeschlusses führen, wenn ein Wohnungseigentümer die Versammlung in der begründeten Annahme verlassen hat, ein ihn besonders interessierender Tagesordnungspunkt sei ohne Abstimmung erledigt, aber zu diesem Punkt später noch ein Eigentümerbeschluss gefasst wird.) kann zur erfolgreichen Anfechtbarkeit führen, wenn die fehlende Kausalität der Änderung für den Inhalt und das Existentwerden der gefassten Beschlüsse nicht nachweisbar ausgeschlossen werden kann. Bereits bei möglicher Kausalität wäre eine Anfechtung erfolgreich. Wird eine Wohnungseigentümerversammlung 20 Minuten vor dem angekündigten Ende abgebrochen, weil ein umfangreicher Tagesordnungspunkt ansteht und der Fortsetzungstermin bereits feststeht, so liegt insgesamt ein sachlicher Grund für den vorverlegten Abbruch der Versammlung vor, so dass ein Beschlussmangel hierdurch nicht begründet wird (*AG Friedberg* ZMR 2017, 838). Die Absetzung von TOPs auf der Versammlung kann grds. nicht durch unanfechtbaren, spontanen »Geschäftsordnungsbeschluss« erfolgen (*AG Dortmund* ZMR 2018, 372).

V. Notwendigkeit einer Einberufung

Die Versammlung der Wohnungseigentümer ist gem. § 24 Abs. 1 WEG von der GdWE handelnd durch ihren Verwalter mindestens einmal jährlich – sowie in den Fällen des § 25 Abs. 4 WEG kraft Gesetzes einmal zusätzlich – einzuberufen. Auch wenn der Termin für die Versammlung (z.B. 1. Dienstag im April) von vornherein feststeht, etwa wenn er vereinbart wurde, ist eine Ladung/Einberufung nicht entbehrlich. Erst Recht bedarf es einer Einladung, falls die WEG-Verwaltung eine gerichtlich titulierte Verpflichtung umsetzen muss (vgl. *LG Saarbrücken* ZMR 2007, 313). Damit die berechtigten Belange der Wohnungseigentümer, die an der Willensbildung das maßgebliche Interesse haben, gewahrt bleiben, kann die Durchführung der Versammlung nicht in das freie Belieben des Verwalters gestellt werden (Staudinger/*Häublein* 2023 § 24 Rn. 41, Maßstab des § 18 Abs 2 WEG: Interesse der Gesamtheit der Wohnungseigentümer nach billigem Ermessen; dazu *Jacoby* ZWE 2023, 16). 83

Ein Selbstversammlungsrecht gibt es nur, wenn sich alle Eigentümer spontan zu einer sog. Universal- oder auch Vollversammlung treffen. Es ist dann davon auszugehen, dass die Wohnungseigentümer auf die Einhaltung der Formvorschriften verzichtet haben (*BayObLG* ZWE 2001, 494 = ZMR 2001, 366; WE 1997, 268). Außerdem ist der Verwalter jederzeit zur Einberufung berechtigt. Eine Notwendigkeit besteht, falls besondere Umstände – insbesondere anstehende unaufschiebbare Erhaltungsmaßnahmen oder Liquiditätsprobleme des Verbandes – gegeben sind. Beschlüsse, die auf einer unter bewusster Umgehung der einschlägigen Rechtsvorschriften einberufenen und durchgeführten Eigentümerversammlung gefasst wurden, sind ggf. nichtig und nicht lediglich anfechtbar (*AG Kassel* ZMR 2018, 634). 84

VI. Einzuladende Personen; Teilnahmeberechtigte

1. Eigentümer; werdende Eigentümer

Das WEG enthält keine ausdrückliche Regelung dazu, wer zu einer Eigentümerversammlung zu laden ist. Nach dem Gesetz werden dort die Angelegenheiten, über die die Wohnungseigentümer durch Beschluss entscheiden können, geordnet, § 23 Abs. 1 WEG. Das Gesetz spricht daher durchweg von der Versammlung der **Wohnungseigentümer**, §§ 23 Abs. 1, 24, 25 WEG. Zur Versammlung zu laden sind daher (vgl. *Elzer* ZMR 2009, 9) alle 85

- auch werdende Wohnungseigentümer (Staudinger/*Häublein* [2023] § 24 Rn. 11; vgl. jetzt § 8 Abs. 3 WEG; *BGH* – V ZR 196/11, ZMR 2012, 711 zur Ausweitung des Kreises der werdenden Eigentümer) Selbst noch nach Invollzugsetzung (*BGH* – V ZB 85/07, ZMR 2008, 805) der Gemeinschaft behalten sie nämlich diesen Status.

86 – Wohnungseigentümer, die in der Versammlung ein mögliches Teilnahme- oder Stimmrecht haben (*BayObLG* ZMR 1988, 70 = WuM 1988, 32 = NJW-RR 1988, 270). Dies sind zunächst sämtliche – i.d.R. aus dem Grundbuch ersichtliche – Wohnungseigentümer. Hierzu zählt auch die »Gemeinschaft der Wohnungseigentümer (GdWE)« selbst, wenn sie etwa eine Hauswartwohnung ersteigert (vgl. *Hügel* in seiner Anm. zu *LG Heilbronn* ZMR 2007, 651) hatte. Einzuladen sind auch vom Stimmrecht gem. § 25 Abs. 4 WEG ausgeschlossene Wohnungseigentümer, da sie immer noch zur Teilnahme an der Beratung oder Aussprache berechtigt sind (*BayObLG* NJW 1993, 603 = WuM 1993, 209; *Müller* ZWE 2000, 237, 238; *Brücher/Schultzky* Nomos-Kommentar 3. Aufl. § 24 WEG Rn. 8). Ein Stimmrechtsausschluss macht eine Ladung nicht überflüssig (*OLG Zweibrücken* ZMR 2004, 60, 63; *BayObLG* NJW 1993, 603 = WuM 1992, 209; *Müller* ZWE 2000, 237, 238; **a.A.** *OLG Köln* ZMR 2004, 299). Auch der Ersterwerber als faktischer Eigentümer ist einzuladen (vgl. dazu *OLG Hamm* ZMR 2004, 859) sowie der wegen Zahlungsrückstand vom Stimmrecht evtl. ausgeschlossene Eigentümer (vgl. *LG Stralsund* NZM 2005, 709). Soweit *Häublein* (Staudinger 2023 § 24 Rn. 18) sich dagegen ausspricht, aus dem Teilnahmerecht auf eine Ladungsverpflichtung zu schließen, greift dies jedenfalls beim originär zu ladenden Eigentümer nicht. Zur Eigentümerversammlung ist jedenfalls zu laden, wer zwar kein Stimmrecht, in der Eigentümerversammlung aber ein Rede-, Teilnahme- und ein Antragsrecht besitzt (*LG Düsseldorf*, 03.11.2011 – 19 S 45/11, ZMR 2012, 384 Juris Rn. 8)

Es besteht keine Treuepflicht für Wohnungseigentümer an Eigentümerversammlungen teilzunehmen und diesen bis zum Ende beizuwohnen (*LG Nürnberg-Fürth* ZMR 2017, 95). Anderes kann gelten, wenn dringende Erhaltungsmaßnahmen beschlossen werden müssen.

87 Die Einladung ist grundsätzlich an jeden Wohnungseigentümer persönlich zu richten, d.h. den zur Versendungszeit in Abteilung I des Grundbuchs eingetragenen Eigentümer (*KG* ZMR 1997, 318 = NJW-RR 1997, 1033, 1034). Verlässliche Auskunft über den aktuellen Eigentümerstand gibt i.d.R. das Grundbuch. Ist das Grundbuch unrichtig (z.B. im Erbfall oder bei Zuschlag in der Zwangsversteigerung) und ist dies dem Einberufenden bekannt, hat er den wirklichen (neuen) Wohnungseigentümer einzuladen (Staudinger/*Häublein* 2023 § 24 Rn. 10). Umstritten ist, ob der Zugang der Ladung zur Eigentümerversammlung nur an einen Teilhaber/Mitberechtigten genügt, sofern die Einladung an alle Teilhaber gerichtet ist (bejahend gegen die h.M.: *Lehmann-Richter* ZWE 2022, 389 ff. = FS Schultz 2022 S. 83, 94).

88 Benennt ein Wohnungseigentümer gegenüber dem Verwalter einen empfangszuständigen »**Ladungsbevollmächtigten**«, ist (auch) dieser einzuladen. Der Begriff des »Ladungsbevollmächtigten« ist untechnisch zu verstehen, denn bei der Ladung handelt es sich nicht um eine Willenserklärung, weshalb es nicht um eine Frage der (passiven) Stellvertretung geht (Staudinger/*Häublein* 2023 § 24 Rn. 12). Bezieht sich eine Vollmacht auf die Ausübung des Stimmrechts in der Versammlung, ist durch Auslegung zu ermitteln, ob der vollmachtgebende Wohnungseigentümer auch auf sein Recht zur persönlichen Ladung zu dieser Versammlung verzichten wollte. In der Regel wird man das bejahen können. Eine Abbedingung oder Modifizierung des § 130 BGB durch Mehrheitsbeschluss ist nichtig. Eine Bestimmung im vorformulierten Verwaltervertrag, wonach die Versendung an die letzte bekannte Anschrift des Wohnungseigentümers genügt, ist nicht nur gegenüber dem zu ladenden Wohnungseigentümer unwirksam. An eine entsprechende Vereinbarung ist der Verwalter hingegen gebunden, d.h. er muss dementsprechend laden. Besondere Zustellkosten trägt die Gemeinschaft.

89 Aus einem **Eigentümerwechsel** zwischen Einladung und Versammlung kann der Erwerber einen Ladungsmangel nicht herleiten (*KG* ZMR 1997, 318 = WE 1997, 227 = NJW-RR 1997, 1033, 1034 = FGPrax 1997, 92, 94, *Brücher/Schultzky* in: Nomos-Kommentar § 24 Rn. 8). Die Versendung an den im Versendungszeitpunkt eingetragenen Eigentümer kann nicht beanstandet werden. Es sind gesetzlich keine Vorkehrungen getroffen, dass dem Verwalter Eigentümerwechsel von Amts wegen mitgeteilt würden; er ist auf eine Mitteilung der Erwerbsvertragsparteien angewiesen. Auch wenn ein Verwalter nach Mitteilung des Eigentümerwechsels in der Zeit zwischen Einladung und Versammlungstermin den Erwerber von der Versammlung unterrichten wird, ist er zu einer

Nachholung der Ladung des Erwerbers rechtlich nicht verpflichtet, zumal auch die 3-wöchige Einladungsfrist sich häufig gar nicht mehr einhalten lassen wird (*KG* ZMR 1997, 318 = NJW-RR 1997, 1033, 1034).

Bei der **Zugangsproblematik** (vgl. § 130 BGB) ist zu beachten, dass selbst bei einem (klassischen) 90 Einschreiben der zugegangene Benachrichtigungszettel nicht den Zugang des Einschreibebriefes (Ladung) selbst ersetzt. Der Benachrichtigungszettel lässt weder Absender noch Inhalt des Einschreibens erkennen und lässt deshalb beim Empfänger Ungewissheit über diese Fragen bis zur Abholung des Einschreibens selbst (*OLG Köln* VersR 1992, 85; s.a. *BGH* ZIP 1998, 212). Als vorteilhafteste – nicht aber unbedingt sicherste – unter den drei Varianten von Einschreiben ist das Einschreiben-Einwurf anzusehen, weil es anders als die beiden anderen keine persönliche Übergabe gegen Unterschrift voraussetzt und zu einer tatsächlichen Vermutung (sog. Beweis der ersten Anscheins) des Zugangs führt, wenn der Einlieferungsbeleg (bei der Post) zusammen mit der Reproduktion des Auslieferungsbelegs vorgelegt werden (zu Einzelheiten s. *LG Potsdam* NJW 2000, 3722; *AG Paderborn* NJW 2000, 3723 und *Reichert* NJW 2001, 2523). Auch bei (wiederholter) Ladung durch Telefax wird das bloße Sendeprotokoll i.Ü. nicht als Zugangsnachweis anerkannt (*OLG Dresden* NJW-RR 1994, 1485). Die fehlende (oder nicht zugegangene) Einladung eines Wohnungseigentümers zur Eigentümerversammlung macht die gefassten Beschlüsse allenfalls anfechtbar, nicht nichtig (*BGH* – V ZR 235/11, ZMR 2012, 971 und *BGH* – V ZB 17/99, ZMR 1999, 834). Die Regelung in der Teilungserklärung lautend *»Für die Ordnungsmäßigkeit der Einberufung genügt die Absendung an die Anschrift, die dem Verwalter von dem Sondereigentümer zuletzt mitgeteilt worden ist«* regelt nicht den Nichtzugang der Ladung, sondern kommt nur bei einer Adressenänderung zum Tragen (*OLG Hamburg* ZMR 2006, 704). Gibt der Eigentümer eine falsche Adresse an, muss er sich die unterbliebene Ladung als Obliegenheitsverletzung zurechnen lassen (*BGH* – V ZR 241/12, ZMR 2013, 975). Grundsätzlich gilt die Kausalitätsvermutung vom Ladungsmangel zum konkret gefassten Beschluss. Der formelle Mangel des Ladungszugangs ist nur dann beachtlich, wenn die Beschlussfassung auf ihm beruht. Damit scheidet eine Ungültigerklärung dann aus, wenn feststeht, dass der angefochtene Beschluss auch bei ordnungsgemäßer Einberufung im Ergebnis – ggf. mit anderem Stimmenverhältnis – ebenso gefasst worden wäre (*BGH* – V ZB 24/01, ZMR 2002, 440 ff.; *BayObLG* NZM 1999, 130; *KG* ZMR 1999, 426, 428).

Ist ein Wohnungseigentümer nachgewiesen geschäftsunfähig, war bisher nur der **gesetzliche Vertreter** einzuladen. Für die Einladung eines unter Betreuung (§§ 1896 ff. BGB, zum ab 01.01.2023 geltenden neuen Betreuungsrecht der §§ 1821 BGB ff. vgl. *Kieß* ZWE 2022, 385, 387: auch die Anordnung des Aufgabenbereichs »Vermögenssorge« bedeutet nicht, dass der Betreuer handeln darf und auch handeln wird. Ist ein Einwilligungsvorbehalt für den Betreuten angeordnet, kann der Betreute nur mit Beteiligung des Betreuers handeln) stehenden Wohnungseigentümers gelten Besonderheiten, je nach dem, ob der Betreute geschäftsfähig ist oder geschäftsunfähig (*Drabek* ZWE 2000, 395, 396). Im Zweifel werden Betreuter/Wohnungseigentümer und Betreuer zu laden sein (vgl. Staudinger/*Häublein* 2023 § 24 Rn. 161; *Kieß* ZWE 2022, 385). Es widerspräche dem aus den §§ 1814 ff. BGB n.F. ersichtlichen Normzweck behinderten Menschen die Teilnahme am Rechtsverkehr zu ermöglichen, sofern die Interessen dieser Personen oder des Rechtsverkehrs nicht entgegenstehen, wenn man ihnen das passive, andere Eigentümer nicht störende Teilnahmerecht an der Versammlung verwehren dürfte. 91

Bei Personenvereinigungen ist grundsätzlich – soweit vorhanden – der gesetzliche Vertreter zu laden, 92 bei einer GmbH mithin der Geschäftsführer (§ 35 GmbHG), bei einer Aktiengesellschaft oder einem eingetragenen Verein hingegen der Vorstand. Bei einem mehrgliedrigen Vorstand genügt nach dem Grundsatz der Einzelvertretungsmacht bei Passivvertretung der Zugang der Einladung bei einem Vorstandsmitglied (§§ 78 Abs. 2 S. 1 und 2 AktG; 26, 28 Abs. 2, 86 BGB; vgl. auch 124 Abs 6 HGB n.F.). Gehört ein Wohnungseigentum **mehreren Berechtigten**, ist jeder Miteigentümer zu laden. Bei Miteigentümern, die sich einer gemeinsamen Anschrift bedienen, soll eine an alle Empfänger adressierte Ladung genügen (Staudinger/*Häublein* 2023 § 24 Rn. 13). Dies ergibt sich bereits daraus, dass für die Wahrnehmung des Rederechts als einem der elementarsten Mitgliedschaftsrechte jedes Wohnungseigentümers § 25 Abs. 2 S. 2 WEG nicht gilt. Außerdem wird verhindert, dass ein Wohnungseigentümer ohne Wissen des oder der anderen Mitberechtigten abstimmt (*KG* NJW-RR 1996, 844 = WuM 1996, 364 = WE 1996, 385). So sind etwa Ehegatten grundsätzlich gesondert zu laden (*Drabek* ZWE 2000, 395, 396). Dies gilt trotz der Sonderbehandlung von Ehegatten, bei denen die Rechtsprechung Vertretungsbefugnis bei der Stimmabgabe (*BayObLG* ZMR 2002, 61; *Wenzel* NZM 2005, 402 zur Ehegattenvertretung) bis 30.11.2020 annahm, auch wenn gar kein Fall des § 1357 BGB vorliegt.

93 Aber die Ladung nur eines Miteigentümers reicht aus, wenn die Gemeinschaftsordnung dies ausdrücklich so vorsieht, indem z.B. eine Verpflichtung besteht, einen Empfänger für alle Berechtigten zwecks Zugangs der Ladung zu benennen (§ 10 Abs. 1 S. 2 WEG). Durch eine solche Vereinbarung kann die Gleichbehandlung aller Wohnungseigentümer insofern gesichert werden, als stets je Einheit nur eine Ladung vorgenommen werden muss. Das Informationsinteresse der Miteigentümer rechtfertigt nicht die Zuordnung eines individuellen Ladungserfordernisses zum unverzichtbaren Kernbereich (so Staudinger/*Häublein* 2023 § 24 Rn. 24).

94 Die Frage nach dem richtigen Adressaten der Ladung stellt sich nicht nur bei der **Mitberechtigung mehrerer an einem Wohnungseigentum**, sondern auch bei einzelnen Wohnungseigentümern, deren Wohnungseigentum zugunsten Dritter beschränkt oder belastet ist, insbesondere dinglich Berechtigter oder persönlicher Gläubiger. Ist z.B. ein Nießbrauch am Wohnungseigentum im Grundbuch eingetragen, sind sowohl der Wohnungseigentümer als auch der Nießbraucher zu laden, wenn man noch immer zu Unrecht mit einem Teil der älteren Rechtsprechung – wenn auch gegen die Rechtsprechung des *BGH* (V ZB 24/01, ZMR 2002, 440 = JR 2003, 111 m. Anm. *Hinz*) – dem Nießbraucher für bestimmte Regelungsbereiche ein Stimmrecht zuspricht (*KG* MDR 1987, 674 = NJW-RR 1987, 973; *HansOLG Hamburg* MDR 1988, 56 = NJW-RR 1988, 267; **a.A.** zutreffend schon damals *BayObLG* FGPrax 1998, 178 = MDR 1999, 152; *F. Schmidt* WE 1998, 46; *OLG Hamm* ZMR 2001, 1004; *OLG Hamburg* ZMR 2003, 701).

95 Bei einer Zwangsverwaltung (vgl. Staudinger/*Häublein* 2023 § 24 Rn. 19) oder Insolvenz ist der betreffende **Zwangs- oder Insolvenzverwalter** zu laden. Die Frage, ob sich der Kreis der einzuladenden Personen insbesondere auf Nießbrauchberechtigte und Zwangsverwalter erweitert, hängt in der Sache von der Frage eines ihnen zustehenden Stimmrechts (s. unten § 25 Rdn. 8 ff.) und dessen etwaiger Reichweite ab. Bei angeordneter Testamentsvollstreckung sind der stimmberechtigte **Testamentsvollstrecker und der teilnahmeberechtigte Erbe** (so auch *Greiner* WE-Recht 5. Aufl. § 7 Rn. 27; **a.A.** *Elzer* in: Hügel, Wohnungseigentum 5. Aufl. § 12 Rn. 106 und wohl auch Staudinger/*Häublein* 2023 § 24 Rn. 20: weil Erben durch die Testamentsvollstreckung von der Verwaltung der zum Nachlass gehörenden Wohnung ferngehalten werden sollen) zu laden. Bei Anordnung einer Nacherbschaft ist bis zum Eintritt des Nacherbfalles nur der **Vorerbe** zu laden (Staudinger/*Häublein* 2023 § 24 Rn. 9).

2. Weitere Teilnehmer

96 Neben den Wohnungseigentümern kommen **weitere Teilnehmer** in Betracht, z.B. Gäste (Besucher), Berater, Vertreter und sonstige Dritte. Für den amtierenden Verwalter, der aber nicht Wohnungseigentümer ist, ist weitgehend anerkannt, dass dieser grundsätzlich – es sei denn es soll über seine nunmehr auch ohne wichtigen Grund mögliche Abberufung diskutiert werden – ein Teilnahmerecht hat und dementsprechend grundsätzlich zur Eigentümerversammlung zu laden ist (*LG Düsseldorf*, 03.11.2011 – 19 S 45/11, ZMR 2012, 384 Juris Rn. 8). Einer gesonderten Ladung des WEG-Verwalters und der Mitglieder des Verwaltungsbeirats bedarf es in der Regel nicht, weil ersterer die Einberufung idR vornimmt, also hinreichend informiert ist, und letztere bereits als Wohnungseigentümer zu laden sind (Staudinger/*Häublein* 2023, § 24 Rn. 21 auch zu Sonderfällen). Der Ex-Verwalter hat – selbst wenn um Themen aus seiner Verwalterzeit oder Ansprüche gegen ihn geht – schon kein Teilnahmerecht, ist ergo nicht zu laden.

Wenn die Gemeinschaftsordnung den Untergemeinschaften Materien zur eigenständigen Beschlussfassung zuweist und wenn man deshalb die Durchführung von **Teilversammlungen** zulässt, könnte auch der Kreis der zu ladenden Eigentümer reduziert worden sein. *Häublein* (Staudinger 2023 § 24 Rn. 26) differenziert hier wie folgt: Dass es auch (einige wenige) Entscheidungen geben kann, die ohne Auswirkungen auf nicht zur Untergemeinschaft gehörende Eigentümer bleiben, rechtfertigt nicht die Annahme, mit dem Blockstimmrecht solle zugleich die Anwesenheit der übrigen Eigentümer ausgeschlossen sein. Auch bei zulässiger Teilversammlung darf und kann das Anwesenheitsrecht der übrigen Eigentümer nicht ausgeschlossen werden. Dieses Anwesenheitsrecht kann auch nicht auf einzelne, die übrigen Eigentümer inhaltlich betreffende TOPs beschränkt werden. Nach Häublein (Staudinger 2023 § 24 Rn. 28) resultiert aus dem Anwesenheitsrecht nicht notwendig ein Ladungserfordernis. Die Einberufung bzw. die Ladung als deren äußere Umsetzung ergehe, sofern Teilversammlungen vereinbart wurden, allein an diejenigen Eigentümer, die zu der Untergemeinschaft gehören (*BayObLG*, 19.02.1999 – 2Z BR 180/98, ZMR 1999, 418 Juris Rn. 34: »nicht von vornherein ausgeschlossen, dass eine Versammlung, zu der nur die Teileigentümer der Appartements eingeladen werden, als Eigentümerversammlung im Sinn von § 23 Abs. 1 WEG Beschlüsse fasst. Soweit die Interessen der übrigen Teileigentümer in keiner Weise berührt werden, entfällt damit das Erfordernis, sie unter Angabe des Gegenstands der Beschlussfassung zu einer beabsichtigten Eigentümerversammlung einzuladen.«). Das ist problematisch, da die übrigen Sondereigentümer von der Teil-Versammlung erfahren müssen, weil deren Teilnahmerecht und das dem zugrunde liegende Informationsbedürfnis sonst leerliefen. *Häublein* löst den Konflikt so: Es genügt eine formlose Information der übrigen Eigentümer über das Stattfinden der Teilversammlung, deren Vorlauf freilich an § 24 Abs. 4 S. 2 WEG zu orientieren ist (vgl. *Häublein* ZWE 2010, 149, 156). Eine wichtige Konsequenz dieser Differenzierung liegt darin, dass die zu den Ladungsmängeln entwickelten Grundsätze nicht einfach auf die unterlassene Information übertragen werden können. Insbesondere ist nicht zu vermuten, dass der formelle Fehler Auswirkungen auf das Beschlussergebnis gehabt hat. 97

a) Gäste (Besucher), Helfer

Gäste oder Besucher – dies gilt auch für **Mieter**, *AG Bochum* ZMR 2009, 230 und Helfer bei körperlicher Immobilität (*LG Dortmund*, 17.03.2023 – 17 S 89/22, ZMR 2024, 50) – haben kein originäres Teilnahmerecht an der Versammlung. Sie können aber – nach umstrittener Ansicht (vgl. unten Rdn. 101 a.E.) – durch spontane Organisationsentscheidungen zugelassen werden. Eine bloß körperliche Immobilität des Sondereigentümers rechtfertigt allein nicht die Anwesenheit eines Dritten auch während der Eigentümerversammlung (*LG Dortmund* ZMR 2024, 50). Ein Bedürfnis dafür, dass die Begleitperson (Helfer) auch während der Versammlung anwesend bleibt, ist ausnahmsweise zu bejahen, wenn der Eigentümer erhebliche Schwierigkeiten bei der Fortbewegung, beim Sprechen und beim Anfertigen von Notizen, bei der Einstellung seines Hörgerätes hat, d.h. bedingt durch Schlaganfälle nur eingeschränkt schreiben und sich artikulieren kann (*AG Bielefeld*, 25.01.2024 – 5 C 24/23, ZMR 2024, 520). Manche Gemeinschaftsordnungen enthalten außerdem eine Besucherklausel. In einer Vereinbarung kann z.B. bestimmt werden, dass zu der Wohnungseigentümerversammlung »Besucher keinen Zutritt« haben (*KG* ZMR 1986, 91 = MDR 1986, 320). Dieses Verbot verstößt weder gegen ein gesetzliches Verbot noch gegen die guten Sitten. Es besteht ein berechtigtes Interesse der Gemeinschaft der Wohnungseigentümer, dass von einer Versammlung fremde Einwirkungen ferngehalten werden. Das schließt das Interesse ein, Besucher fern zu halten. Das Interesse der einzelnen Wohnungseigentümer, sich auch bei persönlichem Erscheinen jederzeit fremden Rates in der Versammlung zu bedienen, muss demgegenüber zurücktreten. Es ist jedem Wohnungseigentümer zuzumuten, sich anhand der Tagesordnung vor der Versammlung Rat zu holen und seine Meinung in der Versammlung selbst oder durch einen zulässigerweise bestellten Vertreter vortragen zu lassen. 98

Besucherklauseln sollen im Ergebnis gewährleisten, dass die internen Angelegenheiten der Wohnungseigentümer vertraulich behandelt werden. Da Mitarbeiter des Verwalters vertraglich zur Verschwiegenheit verpflichtet sind und manche Versammlung ohne Unterstützung des Versammlungsleiters durch seine Hilfskräfte nicht möglich wäre, sind Mitarbeiter keine Besucher. Besucherklauseln meinen 99 regelmäßig nur von Wohnungseigentümern mitgebrachte Personen (*KG* ZMR 2001, 223 = ZWE 2001, 75, 76 = WuM 2001, 44).

100 Der Ausschluss eines Teilnahmeberechtigten bedeutet ebenso einen Verfahrensfehler wie das Zulassen einer nicht teilnahmeberechtigten Person. Nicht jeder Teilnahmeberechtigte muss auch zu allen TOP ein Stimmrecht haben. Als Begleitpersonen dürfen auch nicht nur öffentlich-vereidigte Gutachter, Dolmetscher oder von Berufswegen zur Verschwiegenheit verpflichtete Personen zugelassen werden (so aber für Anwälte *AG Hannover*, 17.02.2017 – 482 C 11327/16, ZMR 2017, 596 = ZWE 2018, 88; **a.A.** *v. Schledorn* ZWE 2018, 89, 90). Gegen die Zulassung oder Nichtzulassung Dritter zur Versammlung gibt es nur begrenzt Rechtsschutz. Es handelt sich bei Zulassungs- oder Ausschlussbeschlüssen (z.B. von Lebensgefährten oder Ehegatten) um reine – wenn auch ggf. rechtswidrige – **Geschäftsordnungsentscheidungen.**

101 *Hügel/Elzer* (4. Aufl. § 24 Rn. 33 und § 23 Rn. 65) sehen schon keine Beschlusskompetenz; *Kühnemund* (*Hinz* pp, Formularbuch, 3. Aufl. Teil 2 Rn. 492, S. 742–744) ist der Ansicht, dass der Widerspruch nur eines (!) Eigentümers genügt, um den Dritten auszuschließen, da das Recht jedes Einzelnen auf **Nichtöffentlichkeit** nicht zur Disposition der Mehrheit stehe, d.h. keine Beschlusskompetenz besteht (vgl. *LG München I* ZMR 2015, 490). Den Grundsatz der Nichtöffentlichkeit (vgl. oben Rdn. 39 ff. sowie *Häublein* ZMR 2018, 110; *Deckert* ZMR 2014, 337 ff.) als »Minderheitenrecht« (vgl. *Sauren* ZWE 2007, 21, 25) zu bezeichnen ist irreführend (vgl. *Hügel/Elzer* 4. Aufl. § 24 Rn. 32 ff.). Es sollen auch die Eigentümer, die an der konkreten Versammlung nicht teilnehmen, davor geschützt werden, dass nicht berechtigte Dritte Interna erfahren, die ihre Person betreffen. Der Meinungsstreit ist für die Anfechtbarkeit der in Anwesenheit unberechtigter Dritter gefassten Beschlüsse ohne große Bedeutung. Immer muss Kausalität gegeben sein (*LG München I* ZMR 2015, 490, **a.A.** die Vorinstanz *AG München*, ZMR 2014, 406 gestützt auf *BGH* v. 18.10.2004 – II ZR 250/02; arg. **Relevanztheorie**; vgl. dazu Staudinger/*Häublein* 2023 § 24 Rn. 114, 123, 215, der die Relevanztheorie als vorzugswürdig gegenüber der Kausalitätstheorie einstuft). Die Relevanztheorie führt nicht per se beim Verstoß gegen den Grundsatz der Nichtöffentlichkeit zur erfolgreichen Beschlussanfechtung. Der *BGH* (V ZR 60/10, ZMR 2011, 397 Rn. 10) bejaht eine erfolgreiche Anfechtung zumindest/nur bei schwerwiegenden Verstößen, die dazu führen, dass das Teilnahme- und Mitwirkungsrecht eines Mitgliedes in gravierender Weise ausgehebelt wird (zB bei Entzug des Stimmrechts und Ausschluss von der Versammlung der Wohnungseigentümer; vgl. *LG Frankfurt/M.*, 30.08.2022 – 2–13 S 4/22, ZMR 2023, 65). Dies stelle einen schwerwiegenden Eingriff in den Kernbereich elementarer Mitgliedschaftsrechte dar, bei dem es nicht darauf ankomme, ob die gefassten Beschlüsse auch bei einer Mitwirkung des (ausgeschlossenen) Mitgliedes die erforderliche Mehrheit gefunden hätten (vgl. *BGH*, 14.02.2020 – V ZR 159/19, ZMR 2020, 673 Rn. 18: *Wenn ein Wohnungseigentümer, der schon an mehreren Eigentümerversammlungen teilgenommen hat, zum Mitglied des Beirats gewählt worden ist und zur anstehenden Eigentümerversammlung erschienen ist, bei unveränderter Sachlage von der Teilnahme ausgeschlossen wird, so stellt eine solche Maßnahme einen schwerwiegenden Eingriff in den Kernbereich elementarer Mitgliedschaftsrechte dar, bei dem es nicht darauf ankommt, ob die gefassten Beschlüsse auch bei einer Mitwirkung des (ausgeschlossenen) Mitgliedes die erforderliche Mehrheit gefunden hätten*).

102 Der rechtswidrige Geschäftsordnungsbeschluss (vgl. *LG München I*, 09.11.2022 – 1 S 3113/21, ZMR 2023, 139: *Als Ausfluss des aus den §§ 19 Abs. 1, 18 Abs. 2 WEG folgenden Postulats ordnungsgemäßer Verwaltung unterliegt der Grundsatz der Nichtöffentlichkeit allerdings der Disposition durch Mehrheitsbeschluss; die Wohnungseigentümer können daher über die Zulassung der Teilnahme Dritter durch mehrheitlichen Geschäftsordnungsbeschluss entscheiden. Liegt ein Zulassungsbeschluss vor, kommt es auf die Frage der Heilungsmöglichkeit durch rügelose Einlassung einzelner oder aller Eigentümer nicht mehr an. Der Schutz der Minderheit wird dann dadurch gewahrt, dass ein solcher Geschäftsordnungsbeschluss seinerseits ordnungsgemäßer Verwaltung entsprechen muss*) heilt nicht den Verstoß gegen den Grundsatz der Nichtöffentlichkeit. Derartige Beschlüsse sind als spontane Organisationsentscheidungen (vgl. *OLG Frankfurt* OLGR 2005, 736: *Die Wohnungseigentümerversammlung ist nicht öffentlich. Durch einen Beschluss zur Geschäftsordnung kann nichtteilnahmeberechtigten Personen die*

Anwesenheit gestattet werden.) i.d.R. trotzdem nicht isoliert anfechtbar, weil sie sich in der Sache sofort erledigen und auch bei gerichtlicher Ungültigerklärung nicht rückabgewickelt werden können. Eine Kausalität zwischen der Anwesenheit schweigender/stiller Teilnehmer und den gefassten Beschlüssen/Sachentscheidungen in der Wohnungseigentümerversammlung ist allerdings oft zu verneinen (*OLG Hamm* ZMR 1996, 677 = WE 1997, 23), auch wenn die Dritten nicht hätten zuhören dürfen. Ein Feststellungsantrag, der sich gegen künftige Wiederholungen und Abweichungen von den Bestimmungen der Teilungserklärung zur Teilnahmeberechtigung richtete, wurde – da nur auf eine abstrakte Rechtsfrage gerichtet – als verfahrensrechtlich unzulässig angesehen (im Einzelfall kann die Feststellung aber begehrt werden, *BGH* – V ZB 24/92, ZMR 1993, 287 = NJW 1993, 1329). *Brücher/Schultzky* in Nomos-Kommentar § 24 Rn. 19 a.E.) halten zu Unrecht ohne nähere Begründung sogar Tonbandaufnahmen und Videoaufzeichnungen für zulässig, wenn nur alle Anwesenden dem zustimmen. Der Schutz der **Abwesenden** (über die am Besten schlecht geredet werden kann) fällt damit flach.

Ausnahmsweise ist ein Ausschluss eines Teilnahmeberechtigten selbstständig anfechtbar, sofern er für künftige Versammlungen gelten soll. Die Maßnahme erledigt sich dann nicht mit dem Ende der den Ausschluss beschließenden Versammlung (*BayObLG* ZMR 1996, 151 = WuM 1996, 113, 114; *Becker* WE 1996, 50, 52). Stets zulässig ist die Anfechtung der gefassten materiellen Beschlüsse mit der Begründung des rechtswidrigen Versammlungsausschlusses (*BayObLG* ZMR 1996, 151 = WuM 1996, 113, 114). 103

b) Boten, Vertreter und Berater des Wohnungseigentümers

Boten des Eigentümers sind gegenüber Bevollmächtigten erst recht zur Versammlung zuzulassen (zur Abgrenzung vgl. *Lüke* ZWE 2012, 193; Bärmann/*Merle* § 25 Rn. 101; **a.A.** noch Staudinger/*Bub* § 25 Rn. 177). Es besteht kein Grund sie schlechter zu stellen als den Vertreter. Nach dem BGB hat jeder Wohnungseigentümer das Recht, sich auf der Versammlung durch einen rechtsgeschäftlich bestellten Stellvertreter (= Bevollmächtigten, § 166 Abs. 2 S. 1 BGB; zu Erteilung und Wirksamkeit der Vollmacht vgl. *Häublein* ZWE 2012, 2) vertreten zu lassen (*BGH* – V ZB 24/92, ZMR 1993, 287 = MDR 1993, 442; *OLG Düsseldorf* ZMR 1996, 221 = NJW-RR 1995, 1294; *OLG Zweibrücken* ZMR 1986, 369; *Elzer* GE 2010, 455; *Häublein* ZWE 2012, 1; *Müller* ZWE 2000, 237, 239). Ein Eigentümer, der sich durch einen Bevollmächtigten vertreten lässt, darf nicht selbst an der Eigentümerversammlung teilnehmen. Nimmt er gleichwohl teil, wird sein Bevollmächtigter zum grundsätzlich nicht teilnahmeberechtigten Dritten (*LG Karlsruhe* NZM 2016, 104 = ZWE 2016, 94). Es kann eine Einzelvollmacht für eine bestimmte Versammlung oder eine Dauervollmacht erteilt werden. Lediglich eine unwiderrufliche Vollmacht wird als unzulässig angesehen (*Lüke* ZWE 2012, 195). Die Vollmacht unterlag bis 30.11.2020 keinem gesetzlichen Formzwang (§ 167 Abs. 2 BGB; *Lüke* ZWE 2012, 196). Nunmehr regelt § 25 Abs. 3 WEG hierfür die **Textform** (z.B. Fax, E-Mail, SMS). Dies bedeutet, dass es nicht genügt, wenn der Versammlungsleiter telefonisch von der Bevollmächtigung durch den Vollmachtgeber Kenntnis erlangte (*Elzer* in: Hügel Wohnungseigentum 5. Aufl. § 12 Rn. 118 a.E.). Allerdings sehen Gemeinschaftsordnungen die **Schriftform** ausdrücklich vor (vgl. zur evtl. Fortgeltung solcher Alt-Vereinbarungen § 47 WEG). Auch hierbei soll das »Ehegattenprivileg« gelten, wonach es ausreicht, wenn die schriftliche Vollmacht nur von einem Ehegatten im Einverständnis mit dem anderen unterschrieben wurde (*OLG Düsseldorf* ZMR 2006, 56, str., **a.A.** *Häublein* ZWE 2012, 4, der das Formerfordernis auf die gesamte Vollmachtskette bezieht). Sinn und Zweck einer solchen Formvorschrift ist regelmäßig nur die Erleichterung des Versammlungsablaufs; sie soll der einfachen Überprüfung erteilter Vollmachten dienen. Ein Verstoß gegen die Schriftform führt nicht gem. § 125 BGB sofort zur Unwirksamkeit der Vollmacht. Bevollmächtigter kann jeder beliebige Dritte sein. Inhaltliche Vorgaben müssen einem Versammlungsvertreter vom Wohnungseigentümer nicht erteilt werden. Auch ist ein Wohnungseigentümer nicht gehindert, **mehrere Vertreter** (*Elzer* in: Hügel Wohnungseigentum 5. Aufl. § 12 Rn. 115; dagegen *Greiner* WE-Recht 5. Aufl. § 7 Rn. 880 Fn. 96) zu bestellen, insbesondere soweit er über mehrere Stimmrechte verfügt. Ein Wohnungseigentümer ist nicht gehalten Vorsorge dafür zu treffen, dass seine Stimmrechte dann einheitlich von verschiedenen Vertretern ausgeübt werden (*AG Niebüll* 104

ZMR 2011, 912). Der Umfang der Vertretungsmacht betrifft das Außenverhältnis; im Innenverhältnis kann die Vollmacht aber durchaus weiter eingeschränkt sein (*Häublein* ZWE 2012, 1). Dies mag insbesondere bei Erteilung einer Art Dauer- bzw. Generalvollmacht an den Verwalter der Fall sein, wenn für einen einzelnen TOP einer späteren Versammlung eine Weisung nachträglich intern gegenüber dem Bevollmächtigten erfolgte. Zur Prüfung von Stimmrechtsvollmachten vgl. *Lüke* ZWE 2012, 193 ff.

105 Viele Gemeinschaftsordnungen enthalten allerdings eine **Vertreterklausel** (vgl. auch unten § 25 Rdn. 39), die im Wege der Auslegung auch für einen Boten des Eigentümers gilt. Im Ergebnis macht es nämlich kaum einen Unterschied, ob der Teilnehmer als Bote eine Erklärung des Eigentümers übermittelt oder als weisungsgebundener Vertreter agiert. Bei in der Einladung vorformulierten oder evidenten Abstimmungsfragen, die mit Ja oder Nein zu beantworten sind (Bsp: Wiederwahl des Verwalters), kommt eine Botenschaft in Betracht. Im Regelfall ist allerdings von Vertreterhandeln auszugehen. Die Befugnis der Wohnungseigentümer, sich in der Wohnungseigentümerversammlung nur durch bestimmte Personen vertreten zu lassen, kann nämlich durch eine Vereinbarung – nicht aber bei Fehlen einer Öffnungsklausel durch Beschluss (*Wenzel* NZM 2005, 402 zur Ehegattenvertretung) – bestimmt/beschränkt werden (*BGH* – V ZB 24/92, ZMR 1993, 287; *BayObLG* NJW-RR 1997, 463; *OLG Düsseldorf* ZMR 1996, 221). Allerdings darf die Möglichkeit der Vertretung weder ganz ausgeschlossen noch auf den Verwalter beschränkt werden (*OLG Düsseldorf* ZMR 1996, 221 = NJW-RR 1995, 1294; *Müller* ZWE 2000, 237, 239).

106 Im Einzelfall können nach Treu und Glauben Ausnahmen wegen Unzumutbarkeit geboten sein (*BGH* V ZB 1/86, NJW 1987, 650 = MDR 1987, 485 = WuM 1987, 92 = WE 1987, 23; *OLG Hamburg* ZMR 2007, 477; *AG Hamburg-Wandsbek* ZMR 2006, 237; *OLG Braunschweig* WuM 1990, 171 = NJW-RR 1990, 979: *Sind die Miteigentümer einer kleinen Gemeinschaft zerstritten, kann das Festhalten an der Vertretungsregelung in der Teilungserklärung treuwidrig sein; hier: ausschließliche Vertretung durch Verwalter oder Miteigentümer in der Eigentümerversammlung*).

107 Eine **Vertreterklausel** (kritisch hierzu *Greiner* WE-Recht 5. Aufl., § 7 Rn. 88: nichtige bevormundende Klausel; Weitnauer/*Lüke* § 25 Rn. 16 sowie *Gemballa* ZMR 2011, 525, 530 bzgl. einer Beschränkung auf den Verwalter) bedeutet weder rechtlich noch tatsächlich einen Ausschluss von der Ausübung des Stimmrechts. Aus Sicht von Kapitalanlegern, die ihre Eigentumswohnungen vermieten und selbst an einem entfernten Ort wohnen, ist eine unbeschränkte Vertretungsmöglichkeit ggf. zwar wünschenswert. Wenn sie – wofür es verständliche Gründe geben kann – nicht den Verwalter bevollmächtigen wollten oder dieser sich weigert eine Stimmrechtsweisung (vgl. zu diesem Begriff *Häublein* ZWE 2012, 1) umzusetzen, müssen sie die Möglichkeit der Beauftragung anderer Miteigentümer erkunden (*BGH* – V ZB 1/86, NJW 1987, 650 = MDR 1987, 485 = WuM 1987, 92 = WE 1987, 23). Für die Praxis ist auch entschieden (*BGH* – V ZB 24/92, ZMR 1993, 287 = MDR 1993, 442), dass sich ein Vertretungsverbot nicht nur auf die Stimmabgabe, sondern auf jede aktive Beteiligung bezieht. Die Vertreterklausel will in der Regel gemeinschaftsfremde Einflüsse auf die nichtöffentliche Versammlung fernhalten (vgl. *Häublein* ZMR 2012, 851). Auf der Versammlung sollen Interna erörtert werden können, ohne dass diese über Dritte nach außen dringen (vgl. *Elzer* GE 2010, 458). Die Vertreterklausel erstreckt sich daher auch auf die Abgabe sonstiger Erklärungen, die Beratung sowie eine Antragstellung. Die Vertreterklausel wirkt nicht gegenüber einem vom Veräußerer ermächtigten Erwerber vor seiner Eintragung (vgl. *Wenzel* NZM 2005, 402; vgl. auch *Lüke* ZWE 2012, 195). Allerdings darf es insoweit nicht zu einer Stimmrechtsvermehrung wegen des gesetzlichen Kopfprinzips kommen.

108 Im Einzelfall kann das Berufen auf die Vertreterklausel allerdings treuwidrig sein (*OLG Hamburg* ZMR 2007, 477; *AG Hamburg-Wandsbek* ZMR 2006, 237, nach *LG Nürnberg-Fürth* NZM 2002, 619 gilt: *Der Wohnungseigentümergemeinschaft ist es im Einzelfall nach Treu und Glauben verwehrt, sich auf eine in der Gemeinschaftsordnung enthaltene Beschränkung der Vertretung in der Eigentümersammlung zu berufen, wenn dem Wohnungseigentümer weder eine eigene Teilnahme noch eine der Gemeinschaftsordnung entsprechende Vertretung zumutbar ist. Ein solcher Fall liegt vor, wenn der Wohnungseigentümer, der die Eigentumswohnung geerbt hat, seit Jahren in den USA lebt, deshalb zu* *den anderen Wohnungseigentümern kein Vertrauensverhältnis besteht und er seinen in der Wohnung als Mieter lebenden Bruder mit der Vertretung beauftragen will.*).

Das *LG Frankfurt* (10.11.2022 – 2–13 S 54/22, ZMR 2023, 316) entschied: *Ein Wohnungseigentümer kann sich auf einer Eigentümerversammlung nicht von seinem Sondereigentumsverwalter vertreten lassen, wenn dies der Vertretungsregelung in der Teilungserklärung widerspricht. Beschränkungen des Vertreterkreises in Altvereinbarungen sind auch nach Inkrafttreten des WEMoG weiterhin wirksam.* 109

Eine Ausnahme ist dann zugelassen, wenn ein Wohnungseigentümer ein Interesse an einer Beratung in der Versammlung hat, das durch eine **Beratung** im Vorfeld der Versammlung nicht entfällt (vgl. *Schmid* ZWE 2012, 483). Dieses Interesse kann sich sowohl aus persönlichen (hohes Alter des Wohnungseigentümers, Krankheit) als auch aus sachlichen Gründen (schwierige Thematik) ergeben. Bei Verhandlung eines Tagesordnungspunktes über Maßnahmen gegenüber einem Miteigentümer, bei denen auch die Entziehung des Wohnungseigentums in Rede steht, ist ausnahmsweise dem Interesse des Miteigentümers an der Teilnahme seines anwaltlichen Beraters Vorrang einzuräumen gegenüber dem Interesse der übrigen Wohnungseigentümer an der Nichtöffentlichkeit (*OLG Köln* OLGR 2008, 305 = ZWE 2008, 402). Zur allgemeinen rechtlichen Absicherung von Beschlüssen kann ein Berater aber nicht hinzugezogen werden (*OLG Hamm* ZMR 2004, 699). Bei der **Hinzuziehung von Beratern** ist immer auf den Einzelfall abzustellen und auf Art und Bedeutung der jeweils anstehenden Tagesordnungspunkte (*OLG Düsseldorf* ZMR 1996, 221 = NJW-RR 1995, 1294 = WE 1996, 31 = WE 1995, 122 = WuM 1996, 302; vgl. auch *BayObLG* ZMR 1997, 478 = WuM 1997, 568 = WE 1997, 436, 437; vgl. auch *OLG Köln* ZMR 2009, 869, zur Hinzuziehung eines Anwalts durch den Verwalter für die GdWE, *AG Hamburg,* 28.09.2011 – 102d C 41/11, ZMR 2012, 225). Die Ordnungsmäßigkeit der Hinzuziehung lässt sich – abgesehen von dem Fall einer ständig bestehenden persönlichen Erschwernis – nicht immer im Voraus feststellen. Vielmehr ist dann erst in der Versammlung darüber zu befinden, ob der Berater anwesend sein darf (*BGH* – V ZB 24/92, ZMR 1993, 287 = NJW 1993, 1329). Wird die Teilnahme eines Dritten abgelehnt, kann sich der betroffene Wohnungseigentümer dagegen durch Anfechtung der in der Sache gefassten Beschlüsse wehren. Ist der Berater von Berufswegen zur **Verschwiegenheit** verpflichtet (z.B. ein Rechtsanwalt; vgl. *LG München* I, 18.08.2021 – 1 S 2103/20, ZMR 2022, 148), ist dies bei der Abwägung zu berücksichtigen, da in diesem Fall in den Grundsatz der Nichtöffentlichkeit nur in einem geringeren Umfange eingegriffen wird. Hierin liegt ein gewisser Wertungswiderspruch zur Möglichkeit des Verwalters, sich dritter Personen als Helfer (Protokollführer, Saalordner etc.) zu bedienen, die gerade nicht der Verschwiegenheit von Berufs wegen unterliegen (müssen). Darauf, ob der Berater still an der Versammlung teilnehmen oder auch Rederecht haben soll, kann es nicht entscheidend ankommen. Die Anwesenheit mancher Personen führt manchmal schon zu Reaktionen von Imponiergehabe bis zu ängstlichem Schweigen bei sensiblen Wohnungseigentümern. 110

Das Vertretungsverbot gilt nicht für gesetzliche Vertreter juristischer Personen (z.B. dem Geschäftsführer einer GmbH) oder Geschäftsunfähiger (z.B. dem Betreuer, vgl. zum neuen Betreuungsrecht ab 01.01.2023: *Kieß* ZWE 2022, 385 ff.). Eine Aktiengesellschaft muss sich nicht durch den Vorstand vertreten lassen. Sie kann sich von einem Handlungsbevollmächtigten oder sonstigen Firmenangehörigen vertreten lassen, da den Vorstandsmitgliedern ein persönliches Erscheinen nicht zumutbar ist (*BayObLG* MDR 1982, 58 = BayObLGZ 1981, 220). 111

Ob der rechtsgeschäftliche (Haupt-) Vertreter wiederum den Vollmachtgeber (Eigentümer) in **Untervollmacht** durch eine andere Person vertreten lassen darf, ergibt sich nicht von selbst, sondern ist im Wege der Auslegung der Hauptvollmacht (*Lüke* ZWE 2012, 195; *OLG Frankfurt* MietRB 2005, 235 Rn. 49; *BayObLG* NJW-RR 1990, 784 und ZMR 2003, 284) zu ermitteln, wenn es an einer ausdrücklichen Regelung fehlt. Das *OLG Zweibrücken* (NZM 1998, 671) verlangt sogar die ausdrückliche Gestattung in der Hauptvollmacht. Das geht wohl zu weit. Aber im Zweifelsfall ist die **Hauptvollmacht** zumindest eng auszulegen. Wenn etwa das (Haupt-) Vollmachtsformular zwei Möglichkeiten vorsieht, nämlich diejenigen, die Verwaltung oder einen sonstigen Eigentümer zu bevollmächtigten, sich der Eigentümer dann aber nicht für die Verwaltung (und auch nicht für einen anderen Eigentümer), sondern für ein bestimmtes Verwaltungsbeiratsmitglied entscheidet, bestehen 112 tatsächlich Bedenken daran, ob gerade bei der Beschlussfassung über die Verwalterbestellung nicht die Bevollmächtigung der Verwaltung erkennbar von der (Unter-) Bevollmächtigung ausgeschlossen werden sollte (*OLG Frankfurt* MietRB 2005, 235 Rn. 49). Wenn dem Verwalter eine Stimmrechtsvollmacht mit einer **Weisung** – die nicht reine Innenwirkung haben muss, vgl. *Häublein* ZWE 2012, 1 – für die Ausübung des Stimmrechts erteilt ist, bindet die Weisung auch einen Unterbevollmächtigten (*BayObLG* ZMR 2003, 284). Umstritten ist, ob eine Untervollmacht in dem Fall, dass für die Stimmabgabe eine schriftliche Vollmacht erforderlich ist, allenfalls dann möglich ist, wenn sich die Zulässigkeit aus der Vollmachtsurkunde ergibt (so *OLG Zweibrücken* WE 1991, 357 und WE 1998, 504; **a.A.** *Häublein* ZMR 2012, 850). Ist der Hauptbevollmächtigte vom Stimmrecht ausgeschlossen, kann er durch Untervollmacht (ohne Weisung) das Stimmrecht des Vertretenen zur Wirkung bringen. Mangels anderer Bestimmung in der Gemeinschaftsordnung kann der Hauptbevollmächtigte im Rahmen der ihm erteilten Vollmacht unter der Voraussetzung Untervollmacht erteilen, dass diese nicht mit der Umgehung seines Stimmrechts dienenden Weisungen verbunden ist (*OLG Karlsruhe* ZMR 2003, 289). Ist der Vertretene vom Stimmrecht ausgeschlossen, kann er nicht durch Bevollmächtigungen seine Rechtsstellung verbessern (*Lüke* ZWE 2012, 196, 197). Der Bevollmächtigende kann dem Bevollmächtigten nicht mehr Rechte übertragen, als er selbst hat. Auch als Vertreter für Dritte dürfte er allenfalls bei klarer **Weisung des Dritten** mit abstimmen. Eine verdrängende Stimmrechtsvollmacht ist unzulässig. Der Vollmachtgeber kann immer selbst sein Stimmrecht ausüben. Zur Erteilung einer Untervollmacht durch einen selbst nicht teilnahmeberechtigten Bevollmächtigten vgl. *Häublein* ZMR 2012, 849. Hierunter fällt etwa die »Weitergabe der Vollmacht« durch den vom Kapitalanleger mandatierten Sondereigentumsverwalter, der bei einer (engen) Vertreterklausel kein Teilnehmerrecht hat. Die Erteilung der Untervollmacht auf den eng begrenzten Kreis der zugelassenen Vertreter ist im Zweifel bei objektiv-normativer Auslegung der Klausel zulässig, Eine strikte Verschwiegenheit besteht nicht einmal für anwesende Eigentümer. Die fehlende Teilnahmeberechtigung des Hauptbevollmächtigten gibt allenfalls im Rahmen der Auslegung der Hauptvollmacht ein Argument pro Zulassung der Untervollmacht ab, da der Eigentümer sonst gar nicht auf der Versammlung vertreten wäre.

113 Die Hinzuziehung der Presse ist ein formeller Fehler. Eine Vertretungsbeschränkung auf Ehegatten und Verwandte erlaubt es einem Wohnungseigentümer grundsätzlich nicht (für einen Sonderfall **a.A.** *OLG Köln* ZMR 2004, 378), sich durch einen »Lebensabschnittspartner« vertreten zu lassen. Dem Verwalter ist es unzumutbar der/und evtl. auch unmöglich festzustellen, ob eine Lebensgemeinschaft evident und unstreitig auf Dauer angelegt ist. Vertreterklauseln sind i.d.R. wörtlich zu nehmen. Über das ggf. treuwidrige Berufen auf diese Klausel kann in Einzelfällen (*OLG Hamburg* ZMR 2007, 477; *AG Hamburg-Wandsbek* ZMR 2006, 237) geholfen werden. **Dolmetscher** sind grundsätzlich zuzulassen (*AG Hamburg-Altona* ZMR 2005, 823). Wird die Anwesenheit des Dolmetschers zu Unrecht verweigert, sind die gefassten Beschlüsse anfechtbar, da der Wohnungseigentümer ohne Dolmetscher keine Möglichkeit hat, an der Willensbildung teilzunehmen (*AG Wiesbaden* ZMR 2013, 319).

c) Beiratsmitglieder

114 Auch einem Nichtwohnungseigentümer, der aktuelles Beiratsmitglied ist, steht ein – möglicherweise auf bestimmte Beschlussgegenstände beschränktes – Anwesenheitsrecht zu (*OLG Hamm* ZMR 2007, 133). Die Bestellung eines Nichtwohnungseigentümers zum Beiratsmitglied entgegen § 29 Abs. 1 S. 2 WEG ist auch nur anfechtbar, nicht etwa nichtig, da es sich nicht um eine »gesetzesändernde«, sondern lediglich um eine gesetzwidrige Einzelfallentscheidung handelt (*BayObLG* NZM 2002, 529, für Nichtigkeit *Elzer* ZMR 2009, 411).

3. Verstöße

115 Die fehlende Einladung eines Wohnungseigentümers zur Eigentümerversammlung macht die gefassten Beschlüsse h.M. nach allenfalls anfechtbar, nicht nichtig (*BGH* – V ZR 235/11, ZMR 2012, 971 = MDR 2012, 1275; *BGH* – V ZB 17/99, ZMR 1999, 834 = NJW 1999, 3713; *Bay-*

ObLG ZMR 2005, 801 = WuM 2005, 145). Von **Nichtigkeit** ist aber auszugehen, wenn einzelne Wohnungseigentümer vorsätzlich (Staudinger/*Häublein* 2023 § 24 Rn. 120) und in böser Absicht (vgl. *BGH* – V ZR 235/11, ZMR 2012, 971 = MDR 2012, 1275) von der Wohnungseigentümerversammlung ausgeschlossen werden sollen und deshalb die Ladung unterbleibt (*BayObLG* ZMR 2005, 801 = WuM 2005, 145; *OLG Köln* ZMR 2004, 299; *OLG Celle* ZWE 2002, 276 = OLGR Celle 2002, 278 = NZM 2002, 458; *AG Halle/Saale* ZMR 2006, 160 – LS 3 –). Ein solches Vorgehen kommt einem Ausschluss aus der Versammlung gleich. Ein Beschluss entfaltet keine Rechtswirkung, wenn ein Mitglied der Gemeinschaft der Wohnungseigentümer bewusst von der Mitwirkung an der Wohnungseigentümerversammlung ausgeschlossen wurde, indem es hierzu nicht geladen worden ist (*OLG Zweibrücken* ZMR 2004, 60). Nach Auffassung des *OLG Hamburg* (ZMR 2006, 705) hat die Klausel *»Für die Ordnungsmäßigkeit genügt die Absendung an die vom Sondereigentümer zuletzt mitgeteilte Anschrift«* nur Bedeutung, wenn der Sondereigentümer umgezogen ist, ohne die neue Adresse mitzuteilen. Die **Heilung** eines Ladungsmangels tritt auch nicht dadurch ein, dass der nicht geladene Wohnungseigentümer anderweitig von der Versammlung erfährt (*OLG Hamm* NJW-RR 1993, 468). Die Nichtigkeitssanktion als Folge einer (vorsätzlichen) Nichtladung wird von *Häublein* (Staudinger 2023 § 24 Rn. 124) abgelehnt. Es bedeute eine überschießende und unangemessene Folge, zum Schutze der Mitwirkungsrechte Einzelner die pauschale Unwirksamkeit der Entschließung anzuordnen. Die h.M. erhöhe die Rechtsunsicherheit für die Eigentümer noch dadurch, dass sie entscheidend auf ein subjektives Merkmal (Vorsatz) abstellt, das regelmäßig in der Person eines Dritten, des einladenden Verwalters nämlich, vorliegen muss.

Für etwaige Mehrheitsbeschlüsse zur Zulässigkeit baulicher Veränderungen gemäß den §§ 20, 21 WEG besteht immer Beschlusskompetenz; sie sind grundsätzlich nicht nichtig und können nur gem. §§ 43–45 WEG im Anfechtungsverfahren für ungültig erklärt werden. 116

Nach Auffassung des *LG Düsseldorf* (ZMR 2005, 231) bewirkt der faktische unbegründete **Ausschluss eines Wohnungseigentümers** zumindest die Anfechtbarkeit der Beschlüsse, da der Ausschluss nicht nur die Abstimmung selbst betreffe, sondern regelmäßig auch die vorangegangene Willensbildung. Das Gericht lehnt ausdrücklich eine Vernehmung aller übrigen Beteiligten zur Kausalitätsfrage ab, weil der Verlauf der Versammlung bei Teilnahme des Ausgeschlossenen nicht weiter dargestellt werden kann. Das Gericht spricht von einem schwerwiegenden Mangel. Da fristgerecht angefochten wurde, musste nicht entschieden werden, ob von Beschlussnichtigkeit auszugehen ist. 117

Beschlüsse einer Wohnungseigentümerversammlung sind generell für ungültig zu erklären, wenn diese auf einer Verletzung des Grundsatzes der Nichtöffentlichkeit beruhen, weil ein Dritter unberechtigt anwesend war: Ist jedoch der Dritte (z.B. der allen bekannte Hauswart) anwesend und wurde dessen Anwesenheit rügelos geduldet, soll darin ein stillschweigender Verzicht (s. oben Rdn. 39) auf die Einhaltung der Nichtöffentlichkeit liegen (*OLG Hamburg* ZMR 2007, 550), obwohl die Rechte der Abwesenden hierdurch beeinträchtigt sein können (gegen eine erfolgreiche Anfechtung eines Abwesenden: *Greiner* WE-Recht 5. Aufl. Rn. 74 a.E.). Das Recht zur Prüfung der Vollmacht steht dem Verwalter/Versammlungsleiter, dem Beirat und den Wohnungseigentümern zu (*Lüke* ZWE 2012, 199) 118

Vertretungsbeschränkungen sind bedeutungslos, wenn die Stimmabgabe eines Vertreters in der Versammlung nicht beanstandet wird (*KG* ZMR 1994, 525 = NJW-RR 1995, 147 = FGPrax 1995, 28, 29; *OLG Frankfurt* WE 1994, 162) oder das Berufen darauf treuwidrig ist (*OLG Hamburg* ZMR 2007, 477). Im Übrigen gilt, dass eine Einzelfallprüfung erfolgen muss. Sie muss insbesondere den Sinn und Zweck der Vertretungsbeschränkung, nämlich das Fernhalten gemeinschaftsfremder Einwirkungen, berücksichtigen. Außerdem ist die Zumutbarkeit für den einzelnen Wohnungseigentümer, sich durch eine nach der Teilungserklärung zur Vertretung befugte Person vertreten zu lassen, ein Prüfstein. Verlangt eine (Neu-)Vereinbarung die Vorlage einer Vollmacht in gesetzlicher Schriftform, nicht nur »schriftlich« (wegen § 47 WEG wäre eine solche Alt-Vereinbarung wohl nicht mehr gültig) – hierin liegt i.d.R. keine materielle Wirksamkeitsvoraussetzung, sondern nur eine Verstärkung der Beweisfunktion – und wird diese in der Versammlung nicht vorgelegt, kann der Leiter den Stellvertreter zurückweisen und von der Teilnahme ausschließen. Wird er nicht zurückgewiesen, ist er 119 teilnahmeberechtigt und seine Stimme wirksam (vgl. *OLG Hamm* ZMR 2007, 63), sofern er tatsächlich bevollmächtigt war. Eine Unwirksamkeit der Stimme in diesem Fall bejaht dagegen *Lehmann-Richter* (ZMR 2007, 741 ff.: Bestimmt die Gemeinschaftsordnung, dass der Vertreter eine schriftliche Vollmacht vorzulegen hat, so ist die entgegen dieser Klausel abgegebene Stimme unwirksam, ohne dass es der Zurückweisung bedarf.). Das Vorliegen der Stimmrechtsvollmacht (in Textform gem. § 25 Abs. 3 WEG) ist für jeden Beschlussgegenstand nach *OLG Hamm* (ZMR 2007, 63) gesondert zu prüfen.

120 Bei einer Stimmabgabe als einseitiger Willenserklärung ist eine Stellvertretung ohne Vertretungsmacht nach § 180 Satz 1 BGB analog grundsätzlich unzulässig, d.h. das Handeln des vollmachtlosen Stimmrechtsvertreters kann nicht nach der Versammlung vom Wohnungseigentümer genehmigt werden. Eine Besonderheit gilt, wenn der Versammlungsleiter das Fehlen der Vollmacht nicht beanstandet und sich damit einverstanden erklärt, dass der Vertreter ohne Vertretungsmacht handelt. Dann gelten §§ 177 ff. BGB, sodass sich die Genehmigungsmöglichkeit doch eröffnet (§§ 177, 180 Satz 2 BGB). Wird die Genehmigung der Vertreterstimme nach Aufforderung nicht binnen 2 Wochen erklärt, gilt sie als verweigert und die Stimmabgabe war unzulässig. Wegen der Nichtzurückweisung zieht die Unzulässigkeit aber jedenfalls keine Nichtigkeit des Beschlusses nach sich, da es sich um einen qualifizierten Zählfehler (vgl. dazu *Elzer* in: Hügel Wohnungseigentum 5. Aufl. § 12 Rn. 91) – die Einzelstimme hätte nicht berücksichtigt werden dürfen – handelt. Tritt der Verwalter als Bevollmächtigter auf und präsentiert keine Vollmacht in Textform, so macht bereits das Veto eines anwesenden Wohnungseigentümers die Stimmabgabe (zu deren Widerruf vgl. *Elzer* ZWE 2012, 485) unzulässig.

121 § 174 BGB war auf die Stimmabgabe in der Eigentümerversammlung nach *OLG Köln* (ZMR 2002, 972 Rn. 43) direkt, zumindest aber analog anwendbar (vgl. *BGH*, III ZR 443/13, MDR 2014, 452 = IMR 2014, 162; kritisch dazu *Lüke* ZWE 2012, 198). Ohne **Vorlage einer Originalvollmacht** war bis 30.11.2020 offen, ob der Vertreter mit Vertretungsmacht abstimmte. Dies allein reicht für eine Analogie zwar nicht aus, weil § 177 Abs. 1 BGB einen solchen Zustand zulässt. Das hat aber keine Bedeutung mehr, da seit 01.12.2020 die Textform nötig, aber auch ausreichend ist.

122 Sowohl der Versammlungsleiter (*LG Berlin* ZMR 2001, 310/314; *Kümmel*, ZWE 2000, 292/293; *Lehmann-Richter* ZMR 2007, 741 ff.) als auch der einzelne Wohnungseigentümer (*AG Neuss* WE 1996, 38/39) oder beide (*OLG Köln* ZMR 2002, 972) können das Zurückweisungsrecht ausüben. Nach *Greiner* (WE-Recht 5. Aufl. § 7 Rn. 85) ist letztlich die Wohnungseigentümerversammlung für die Zurückweisung zuständig.

123 Nur durch eine Zurückweisung des Vertreters, der sich bis 30.11.2020 nicht durch Vorlage einer Originalvollmacht (arg. § 172 BGB; vgl. auch *Kümmel* ZWE 2000, 293) – eine beglaubigte Kopie genügte nicht, erst recht kein Fax – legitimiert, kann schon in der Versammlung festgestellt werden, ob eine wirksame Stimmabgabe zu bejahen ist (vgl. *Merle* ZWE 2007, 131 für Vertreter bei gemeinschaftlichem Stimmrecht). Ab 01.12.2020 genügt die Vollmacht in Textform (§ 25 Abs. 3 WEG). Da sofort nach der Abstimmung die Wirksamkeit der Stimmabgabe unmittelbar vor der konstitutiven Verkündung des Beschlussergebnisses feststehen muss, kommt eine Verschiebung in zeitlicher Hinsicht nicht in Betracht.

124 Adressaten der Stimmabgabe sind die übrigen Wohnungseigentümer, nicht etwa der Verband oder der Versammlungsleiter als solcher (*BayObLG* ZMR 2001, 994; *Bornheimer* Das Stimmrecht im Wohnungseigentumsrecht, 1993, S. 42). Die Funktion des Versammlungsleiters ist die eines Empfangsvertreters (§ 164 Abs. 3 BGB). Er nimmt die Stimmen für die Eigentümer entgegen. Die Vertretungsmacht des aktuellen Versammlungsleiters (nur im Zweifel der Verwalter) folgt aus § 24 Abs. 5 WEG. Der Versammlungsleiter als solcher kann aber – nach *Lehmann-Richter* (ZMR 2007, 741 ff.) – nicht einseitig gestaltend in die Willensbildung der Eigentümer eingreifen. Das Gesetz lässt auch bei der Stimmabgabe die Vertretung ohne Vertretungsmacht mit der Möglichkeit der Genehmigung zu (§ 180 Satz 2 BGB analog, *LG Berlin* ZMR 2001, 310/314).

Weist ein Eigentümer als individueller Inhaber des Zurückweisungsrechts den Vertreter zurück, so besteht für alle Beteiligten Gewissheit, dass der Vertreter von der Stimmabgabe ausgeschlossen ist, seine Stimme ist unwirksam. Die Ausübung des Zurückweisungsrechts steht nicht kraft Gesetzes gem. § 9a Abs. 2 WEG allein der GdWE zu. 125

Hat sich die Stimme auf das Beschlussergebnis ausgewirkt, ist der Beschluss nach Anfechtungsklage (§§ 43–45 WEG) für ungültig zu erklären. Ein Einsichtsrecht des Verwaltungsbeirats – auch schon vor der Abstimmung – in die der Verwaltung erteilten Abstimmungsvollmachten ist zu bejahen, da ein derartiges Recht bereits jedem Eigentümer unabhängig von einem Beschluss der Eigentümerversammlung zusteht (*OLG München* ZMR 2008, 657). 126

Wird ein vollmachtsloser Vertreter nicht zurückgewiesen, kann der Eigentümer die Stimmabgabe gegenüber den übrigen Eigentümern oder dem Vertreter genehmigen. Beim Empfang der Genehmigung werden die Eigentümer vom Verwalter vertreten. Die Aufforderung zur Abgabe der Genehmigungserklärung analog § 177 Abs. 2 S. 2 BGB kann jeder Eigentümer einzeln abgeben. Bestimmt die Gemeinschaftsordnung – ohne nach § 47 WEG von § 25 Abs. 3 WEG wirksam überlagert zu sein –, dass die Vertretung (nur und auch) durch einen schriftlich Bevollmächtigten zulässig ist und wird auf Verlangen eines Versammlungsteilnehmers das Original der Vollmachtsurkunde nicht vorgelegt, so ist vom Nichtbestand der Vollmacht auszugehen. Eine gegenteilige Handhabung bedingt die Anfechtbarkeit der gefassten Beschlüsse, falls sich die Stimme auf das Beschlussergebnis ausgewirkt hat (*OLG München* ZMR 2008, 237). 127

Nach § 174 Satz 2 BGB war eine Zurückweisung nicht möglich, wenn alle Träger des Zurückweisungsrechts (s.o.) vom bevollmächtigenden Eigentümer in Kenntnis gesetzt wurden. Allein die Information des Verwalters sollte nicht reichen (*Häublein* ZWE 2012, 4). Ab 01.12.2020 muss die Vollmacht nicht nur mündlich, sondern immer (mindestens) in Textform vorliegen. 128

VII. Einberufungsfrist, § 24 Abs. 4 S. 2 WEG

Nach dem durch Vereinbarung abdingbaren § 24 Abs. 4 S. 2 WEG soll (zum Charakter dieser Soll-Vorschrift vgl. *OLG Hamburg* ZMR 2006, 704 und *LG Frankfurt/Oder* ZMR 2013, 368) die Einberufung in der Regel mindestens 3 (früher: 2) Wochen vor der Versammlung erfolgen (*Brücher/Schultzky* Nomos-Kommentar 5. Aufl. § 24 Rn. 11). Die frühere 2-Wochen-Frist erschien dem Gesetzgeber unter Berücksichtigung der heutigen Lebensverhältnisse (Kapitalanleger; nicht nur Selbstnutzer) zu kurz. Sieht die Altvereinbarung aus der Zeit vor dem 01.12.2020 eine längere Ladungsfrist als 3 Wochen vor, so gilt diese Regelung trotz gegenteiliger Vermutung in § 47 WEG fort. Auch wenn es sich hier nur um eine Sollvorschrift handelt, kann sich der Verwalter gegenüber der Gemeinschaft bei pflichtwidriger Unterschreitung dieser Frist schadensersatzpflichtig machen. 129

Die Frist beginnt mit dem **Zugang** des Schreibens beim Wohnungseigentümer. Auf die tatsächliche Kenntnisnahme kommt es nicht an (*Brücher/Schultzky* Nomos-Kommentar 5. Aufl. § 24 Rn. 11). § 130 Abs. 1 S. 1 BGB gilt zumindest analog (vgl. *BGH*, 20.11.2020 – V ZR 196/19, ZMR 2021, 405 Juris Rn. 34: »Da das aus § 130 Abs. 1 Satz 1 BGB analog abgeleitete Zugangserfordernis abdingbar ist...«). Bei Versendung innerhalb der Bundesrepublik sind vom Verwalter Postlaufzeiten (bis zu 3 Tagen) einzukalkulieren (vgl. *Elzer* ZMR 2009, 8 unter II. 8. zur Berechnung der Frist analog § 189 ZPO, str.). Die Frist beginnt mit dem letzten Zugang der Einladung bei einem zu ladenden Eigentümer zu laufen. § 193 BGB soll keine Anwendung finden, da es nicht um den Zugang einer Willenserklärung geht. Eine Fristunterschreitung ist nur in dringenden Fällen und für entsprechende Tagesordnungspunkte vom Gesetz vorgesehen. Die Eigentümer können die Einberufungsfrist – allerdings nicht über den Verwaltervertrag (*OLG Dresden* ZMR 2009, 301) – ändern (*OLG Hamburg* ZMR 2006, 704 zur Zugangsfiktion; *BayObLG* WuM 1989, 459, 460 = MDR 1989, 824). Nach § 47 WEG wird vermutet, dass eine solche Sonderregelung vom WEMoG verdrängt wird. Zur Ladung innerhalb der Schulferien vgl. *LG Karlsruhe* (NZM 2014, 168 = ZWE 2014, 93): »Wird eine ordentliche Wohnungseigentümerversammlung innerhalb der Schulferien und abweichend von dem in der Teilungserklärung vorgesehenen Zeitraum einberufen, widerspricht 130 dies in der Regel ordnungsmäßiger Verwaltung, wenn die Ladung ohne ausreichenden Vorlauf erfolgt. Die Einhaltung der (damals) zweiwöchigen Mindest-Ladungsfrist reicht in einem solchen Fall nicht aus«. Im Falle einer besonderen **Dringlichkeit** darf der Einladende die Ladungsfrist abkürzen. Einen solchen Fall bejahte das *LG Düsseldorf* (ZMR 2013, 821), wenn Grund für die Einberufung der Eigentümerversammlung die statische Begutachtung der Tiefgarage in Bezug auf eine schadhafte Stahlbetonstütze gewesen ist, die umgehende Sanierung der geprüften Stütze erforderlich war und bereits erhebliche Mängel und Schäden an der Konstruktion attestiert wurden, d.h. von einer möglichen Gefährdung der Statik der Tiefgarage ex ante auszugehen war. Wenn die Gemeinschaftsordnung eine von der gesetzlichen Ladungsfrist abweichende Regelung vorsieht, ohne den Vorbehalt besonderer Dringlichkeit ausdrücklich vorzusehen, kann diese vereinbarte Ladungsfrist in Fällen besonderer Dringlichkeit trotzdem abgekürzt werden (Staudinger/*Häublein* 2023 § 24 Rn. 85).

131 Wegen eines Verstoßes gegen die Ladungsfrist, deren Berechnung nach den §§ 186 ff. BGB erfolgt, sind die auf der Versammlung gefassten Beschlüsse auf rechtzeitige Anfechtung hin ggf. (vgl. *AG Pinneberg* ZMR 2017, 345: *Die Fristunterschreitung wird nur relevant, wenn der Anfechtende durch die Fristunterschreitung gehindert war, an der Versammlung teilzunehmen, einen Vertreter zu entsenden oder sich auf die Versammlung hinreichend vorzubereiten*; *AG Hamburg-Altona* ZMR 2013, 487: *Zwar ist die Ladungsfrist um einen Tag nicht eingehalten. … Jedoch ist nicht dargelegt, in welcher Weise sich diese kurze Verspätung auf den Inhalt der Beschlüsse oder die Möglichkeit zur Anwesenheit ausgewirkt hat. Jedenfalls die Anfechtende war auf der Versammlung zugegen und war ausreichend vorbereitet ausweislich des Umfangs ihrer dortigen Wortbeiträge*) für ungültig zu erklären.

132 Trotzdem wird die Missachtung allein der Frist oft noch nicht zur Ungültigerklärung des Beschlusses führen. Vielmehr ist dieser formelle Mangel nur dann beachtlich, wenn die Beschlussfassung auf ihm beruht (*LG Hamburg* ZMR 2017, 84; *LG Frankfurt/Oder* ZMR 2013, 368). Eine Ausnahme von der **Kausalitätsvermutung** gilt dann, wenn feststeht, dass die Beschlüsse auch ohne den Einberufungsmangel ebenso bzw. ergebnisgleich gefasst worden wären (*AG Hamburg-St. Georg*, 22.12.2022 – 980a C 3/22, ZMR 2023, 231; *OLG Hamm* ZMR 2001, 1004 = ZWE 2001, 560, 561; *BayObLG* ZMR 1999, 186 = NZM 1999, 130 = WuM 1999, 642; *KG* NJW-MietR 1997, 134). Dies ist jedenfalls der Fall, wenn der Anfechtende den Inhalt der gefassten Beschlüsse sachlich nicht angreift und die Anfechtungsgegner an einer entgegenstehenden Rechtsansicht festhalten. Es fehlt entgegen der h.M. – nach einer neueren im Vordringen befindlichen Meinung, insbesondere gem. dem **Stufenmodell** des *LG München I* (24.11.2022 – 36 S 10793/21, ZMR 2023, 222 Juris Rn. 57 ff. unter Hinweis auf MüKoBGB/*Hogenschurz* § 23 Rn. 71; *LG Frankfurt/M.*, 28.04.2022 – 2–13 S 117/21, ZMR 2022, 652; vgl. *Greiner* WE-Recht 5. Aufl. § 7, Rn. 57, 58) – an einer Kausalität eines (evtl.) Fehlers bei der Ladung zur Eigentümerversammlung, wenn der betroffene Eigentümer nicht vorträgt, mit welchen sachlichen Argumenten er, der Anfechtende, ein anderes Beschlussergebnis hätte erreichen wollen (vgl. *Dt. Ständiges Schiedsgericht für WE*, 23.07.2021 – 20/12/126, ZMR 2021, 1026).

133 Bei fehlendem – oder zumindest nicht beweisbarem – **Zugang** der Ladung ist vorerst nur von einer Unwirksamkeit der Ladung auszugehen. Abgesehen von den Fällen einer bewussten Nichtladung trotz Kenntnis der Ladungsverpflichtung folgt aus einer solchen unwirksamen Ladung weder die Nichtigkeit noch stets die erfolgreiche Anfechtbarkeit der trotzdem gefassten Beschlüsse. Einen anderen Ansatz verfolgt *Häublein* (Staudinger 2023 § 24 Rn. 32; **a.A.** die h.M., zum Streitstand *Lehmann-Richter* ZWE 2024, 13 bei Fn. 35), der § 130 BGB auch nicht analog anwenden will. Die Wirkung der Einberufung, die als Formalakt die rechtssichere Konstituierung des Willensbildungsorgans gewährleisten soll, hänge nicht vom Zugang der Ladung beim einzelnen Eigentümer ab. Das bedeute nicht, dass fehlender Zugang rechtlich irrelevant sei; er kann sich sehr wohl auf die Wirksamkeit der gefassten Beschlüsse auswirken. Ihre Informationsfunktion könne die Ladung nämlich nur erfüllen, wenn die Eigentümer die Möglichkeit hätten, den Inhalt zur Kenntnis zu nehmen. Die Sanktionen seien allein auf der Ebene der Rechtsgeschäfte (Beschlüsse) anzusiedeln und nicht auf der vorgelagerten Stufe einer Vorbereitungshandlung.

Bei fehlendem Zugang wegen unterlassener Informationen zum Eigentümerwechsel oder einer Adressänderung gilt jedenfalls Folgendes: Eine Einladung des Erwerbers durch den WEG-Verwalter zur Versammlung hat erst dann zu erfolgen, wenn der Verwalter über den Eigentumsübergang »in geeigneter Form«, insbesondere durch Übersendung eines Grundbuchauszugs, unterrichtet wurde (*LG München I*, 20.02.2013 – 36 T 1970/13, ZWE 2013, 463 = NJW-Spezial 2013, 355). Teilt ein Wohnungseigentümer seine neue ladungsfähige Anschrift nicht oder falsch mit und misslingt seine Ladung zur Versammlung aus diesem Grund ohne Verschulden des Verwalters, muss er sich die unterbliebene Ladung als Folge seiner Obliegenheitsverletzung – *Häublein* bejaht eine Pflichtverletzung im Sinne der §§ 280 ff. BGB (Staudinger 2023 § 24 Rn. 35 a.E.) – zurechnen lassen; in der Versammlung gefasste Beschlüsse können dann nicht wegen der unterbliebenen Ladung angefochten werden, und zwar auch nicht durch andere Wohnungseigentümer (*BGH*, 05.07.2013 – V ZR 241/12, ZMR 2013, 975 m.w.N.). 134

Auch wenn eine bestimmte vom Gesetz abweichende Ladungsfrist wirksam (vgl. § 47 WEG) vereinbart worden ist, kommt eine Anfechtung in Betracht. Sie kann erfolgreich sein, wenn die Gemeinschaft nicht nachweisen kann, dass der angefochtene Beschluss auch bei ordnungsmäßiger Ladung genauso zustande gekommen wäre (*BayObLG* ZMR 2004, 766). § 24 Abs. 2 S. 2 WEG würde seinen Sinn verlieren, wenn die Nichtbeachtung folgenlos bliebe. Auch ein Verstoß gegen die Soll-Vorschrift des § 24 Abs. 4 WEG rechtfertigt die Kausalitätsvermutung des Ladungsmangels (*OLG Hamburg* ZMR 2006, 704). 135

Lediglich früher konnte das Rücksichtnahmegebot es erfordern, eine **Verlängerung der Einberufungsfrist** anzunehmen. Dies dürfte bei der neuen 3- Wochen- Frist nicht mehr erforderlich sein (SEHR/*Riecke* § 6 Rn. 54). Das *OLG Karlsruhe* (ZMR 2006, 796) entschied zur früheren 1- wöchigen Ladungsfrist vor dem 01.07.2007 noch: Den die effektive Ausübung ihres Stimmrechts betreffenden Belangen von nicht dauerhaft in der EU (hier: in den USA) lebenden Wohnungseigentümern ist nur dann Genüge getan, wenn eine der gesetzlichen Mindestfrist von einer Woche entsprechende Frist für die Einberufung einer Wohnungseigentümerversammlung auf zwei Wochen verlängert wird. 136

In der **Übergangszeit** unmittelbar vor dem 01.12.2020 war für die Ladungsfrist auf das bei Absendung der Ladung geltende Recht abzustellen (SEHR/*Riecke* § 6 Rn. 53; a.A. Staudinger/*Häublein* 2023 § 24 Rn. 78a). 137

Ladungen sollten auch nicht zu früh, sondern höchstens 6 Wochen vor der Versammlung versandt werden. Soll der Termin früher bekannt gegeben werden, was sinnvoll ist (*Greiner* ZWE 2016, 297, 305), damit sich die Eigentümer darauf einrichten können, sollte mit einer Vorankündigung gearbeitet werden. Ein solches »Save the date« unterliegt nicht den Formanforderungen des § 24 Abs 4 WEG und kann daher über die Homepage des Verwalters erfolgen (so Staudinger/*Häublein* 2023 § 24 Rn. 80). 138

VIII. Eventualeinberufung; Absage und Neueinberufung

Nach § 25 Abs. 3 WEG a.F. war eine Wohnungseigentümerversammlung nur beschlussfähig, wenn die erschienenen stimmberechtigten Wohnungseigentümer mehr als die Hälfte der Miteigentumsanteile, berechnet nach der im Grundbuch eingetragenen Größe ihrer Anteile, auf sich vereinen. War diese Vorgabe nicht erfüllt, konnte der Verwalter nach § 25 Abs. 4 WEG eine neue Versammlung einberufen, die ohne Rücksicht auf die Höhe der vertretenen Miteigentumsanteile beschlussfähig ist. Diese Einberufung konnte jedoch erst erfolgen, wenn die Beschlussunfähigkeit der Erstversammlung feststeht, was zum Zeitpunkt der Ersteinladung nicht der Fall sein kann. Ab 01.12.2020 ist grundsätzlich jede Eigentümerversammlung beschlussfähig, wenn nicht eine wirksame Vereinbarung z.B. in der Gemeinschaftsordnung trotz der gegenteiligen gesetzlichen Vermutung des § 47 WEG fortgilt. 139

Eine Eventualeinberufung (vgl. auch unten § 25 Rdn. 121) für den Fall der Beschlussunfähigkeit der Erstversammlung (§ 25 Abs. 4 WEG a.F.) kann nicht schon mit der ersten Einladung verbunden 140 werden (*OLG Köln* GE 1990, 151 = NJW-RR 1990, 26 = WE 1990, 53; *v. Rechenberg* WE 2001, 94; *Bielefeld* DWE 2000, 140). Die Verbindung beider Einberufungen widerspräche der Systematik des § 25 WEG a.F., der ein schrittweises Vorgehen erfordert. Ein nicht angefochtener Mehrheitsbeschluss (Altbeschluss), durch den eine Regelung zur zukünftigen Zulässigkeit der Eventualeinberufung herbeigeführt wurde, stellte sich deshalb als gesetzesändernder Mehrheitsbeschluss dar und ist **nichtig** (*Wenzel* ZWE 2001, 226, 236). Durch ersatzlose Aufhebung der Abs. 3 und 4 des § 25 WEG a.F. hat sich das Problem weitgehend erledigt.

141 Eine Regelung, dass sogleich mit der Ersteinladung zur Eigentümerversammlung für den Fall, dass die Erstversammlung beschlussunfähig sein sollte, zu einer zweiten Eigentümerversammlung am selben Tag eine halbe Stunde nach dem Termin der Erstversammlung einzuladen sei, konnte schon vor dem 01.12.2020 **vereinbart** werden (*OLG Köln* ZMR 1999, 282 = MDR 1999, 799; *LG Offenburg* WuM 1993, 710, *OLG Frankfurt am Main* ZWE 2007, 84 = NZM 2007, 806: *Die Zulässigkeit einer sog. »Eventualeinberufung« zu einer Wohnungseigentümerversammlung bedarf einer ausdrücklichen Vereinbarung*). Streitig war, ob die Zweitversammlung in diesem Fall schon 30 Minuten nach der Erstversammlung angesetzt werden durfte. In jedem Fall ist eine klare Zäsur zwischen beiden Versammlungen erforderlich. Sinnvoller war schon früher eine Vereinbarung, dass die Eigentümerversammlung immer beschlussfähig ist.

142 Eine anberaumte Wohnungseigentümerversammlung kann vom jeweilig Einladenden wieder abgesetzt werden. Dies ist im WEG nicht ausdrücklich geregelt. Für die Kapitalgesellschaften des Handelsrechts und für den bürgerlich-rechtlichen rechtsfähigen Verein ist jedoch anerkannt, dass derjenige, der die Versammlung der Gesellschafter einberufen hat, auch zur **Absage** befugt ist (*Merle* ZMR 1980, 225; *OLG Hamm* MDR 1980, 1022, 1023 Juris, Rn. 72). Der hierin zum Ausdruck kommende allgemeine verbandsrechtliche Grundsatz gilt auch im Recht des Wohnungseigentums (*BGH*, 10.06.2011 – V ZR 222/10, ZMR 2011, 892). Streitigkeiten über die Durchführung oder Unterlassung einer Eigentümerversammlung können nicht mehr zwischen den Eigentümern, dem Verwalter oder dem Verwaltungsbeirat geführt werden. Allerdings kann die GdWE – vertreten durch den nach § 9b WEG bestimmten Vertreter – insoweit bestehende Ansprüche wegen eines unrechtmäßigen Verwaltungshandelns gegen Eigentümer, Verwalter oder ggf. den Beiratsvorsitzenden durchsetzen (*LG Frankfurt/M.*, 24.02.2022 – 2–13 T 85/21, ZMR 2022, 494).

143 Wenn während der **Pandemie** trotz Verbots am Versammlungstag zu viele Eigentümer persönlich erschienen, keine Einigung erzielt werden konnte, wer zu welchem TOP unter Beachtung der Abstandsregeln teilnehmen sollte, so musste die Versammlung vor ihrem Beginn abgesagt werden (*LG Bremen*, 04.02.2022 – 4 S 239/21, ZMR 2022, 394). Wenn erst zwei Tage vor der Versammlung eine Änderung der Infektionsschutzmaßnahmenverordnung erfolgte und dies auf die Ladungsfrist Einfluss haben sollte (so *LG Nürnberg-Fürth*, 09.05.2023 – 14 S 5800/22, ZMR 2023, 573 m. krit. Anm. *Riecke*), wäre ebenfalls die Versammlung abzuladen. Es entsprach ordnungsmäßiger Verwaltung am 11.03.2020 – als noch kein rechtliches Hindernis für eine Ladung existierte – für den 04.04.2020 in Thüringen eine Eigentümerversammlung einzuberufen und diese (erst) am 19.03.2020 wieder abzusagen (*LG Meiningen*, 04.08.2020 – 4 T 119/20, ZMR 2020, 975). Bei Weigerung des Verwalters müssen die an der Absage Interessierten ihren Anspruch aus § 18 Abs 2 WEG gegen die GdWE geltend machen.

144 Zu einer Umladung ist der Verwalter sonst allenfalls bei einer Kleinanlage verpflichtet, wenn dies unverzüglich nach Erhalt der Ladung erbeten wird (vgl. *AG Landsberg*, 27.01.2015 – 1 C 373/14, ZMR 2015, 587 Juris Rn. 50).Eine Zäsur ist der Beginn der Versammlung. Ab diesem Zeitpunkt kann der Verwalter als Einberufender und/oder Versammlungsleiter nicht mehr allein die Versammlung beenden oder verlegen. Bei Tumulten in der Versammlung kann der Versammlungsleiter den Abbruch wirksam herbeiführen (*AG Dortmund*, 15.06.2023 – 514 C 25/21, ZMR 2024, 54; Staudinger/*Häublein* 2023 § 24 Rn. 130). Ein Vertagungsbeschluss ist ausnahmsweise an den Grundsätzen ordnungsmäßiger Verwaltung zu messen. Dies etwa dann, wenn durch die Vertagung des Antragsrechts eines einzelnen Miteigentümers umgangen werden soll und ihm zusätzlich die gesetzlich gewährten Rechtsschutzmöglichkeiten entzogen würden (vgl. *LG München I*, 07.08.2019 –

1 S 4408/19, ZMR 2019, 999 ff. Juris Rn. 28 unter Verweis auf LG *Dortmund* ZWE 2015, 371: *Der Eigentümer hat ein Recht darauf, dass seine Anträge, sofern sie rechtzeitig vor der Versammlung gestellt werden, auf der Versammlung erörtert werden und darüber – wenn nicht aus sachlich gerechtfertigten Gründen eine Abstimmung nicht erfolgen kann oder soll – auch abgestimmt wird*).

C. Unabdingbarkeit von § 24 Abs. 2 Halbs. 2 WEG, nicht § 24 Abs. 3 WEG

Da selbst ein Grundrechtsverzicht (z.B. in Parabolantennenverbotsfällen) möglich ist, hält *Spielbauer* abweichende Regelungen unter Eingriff in den Kernbereich des Wohnungseigentums bis an die Grenze der Sittenwidrigkeit für zulässig/wirksam (*Spielbauer*/Then § 24 Rn. 1). Nicht selten wird durch eine Vereinbarung von einzelnen Vorgaben des § 24 WEG abgewichen. Nach ganz h.M. muss dabei jedenfalls das Minderheitenrecht gem. § 24 Abs. 2 Halbs. 2 WEG zwingend gewahrt bleiben (*Brücher/Schultzky* in: Nomos-Kommentar § 24 Rn. 2; Weitnauer/*Lüke* Rn. 3; Staudinger/*Häublein* § 24 Rn. 62). Wegen Verstoßes gegen den Kernbereich des Wohnungseigentums als **nichtig** sind daher alle Bestimmungen anzusehen, die dem die Einberufung fordernden Quorum von mehr als einem Viertel der Wohnungseigentümer (nach Köpfen) ein Einberufungsrecht nehmen wollen. Dies sind zum einen solche Regelungen, die das Quorum anheben, z.B. auf ein Drittel (Bärmann/*Merle* § 24 Rn. 12, 13). Zum anderen sind solche Vereinbarungen nichtig, die statt eines Viertels der Wohnungseigentümer ein Viertel der Stimmen (Gleiches gilt für Miteigentumsanteile sinngemäß) fordern, weil hierdurch – jedenfalls bei gleichzeitiger Modifizierung des Kopfprinzips des § 25 Abs. 2 S. 1 WEG – unter bestimmten Voraussetzungen das Minderheitenrecht beschnitten wird. Besonders deutlich wird dies in der Gründungsphase, in der ein Einberufungsverlangen der Minderheit gänzlich unmöglich wäre, solange der aufteilende Eigentümer selbst noch mindestens drei Viertel der Stimmen (oder Miteigentumsanteile) auf sich vereint. Da eine Regelung aber **nicht temporär nichtig** sein kann, ist jede Modifizierung des § 24 Abs. 2 WEG, die auch nur abstrakt die Möglichkeit herbeiführt, dass das Verlangen eines solchen Quorums der Eigentümer nicht ausreicht, um eine Einberufung zu fordern, per se nichtig; an ihre Stelle tritt die gesetzliche Regelung. Eine Herabsetzung ist demgegenüber unschädlich. Insofern gibt das WEG nur einen Mindestschutzstandard vor (*Häublein* ZWE 2001, 2, 7; vgl. auch *Gottschalg* NZM 2005, 407). 145

Teilweise wird § 24 Abs. 3 WEG als dispositiv bezeichnet (*Brücher/Schultzky* in: Nomos-Kommentar § 24 Rn. 2). Das ist nicht überzeugend. Ausgangspunkt der Überlegung muss die Erkenntnis bilden, dass die Minderheitenrechte gewahrt werden müssen und entgegenstehende Klauseln daher unwirksam sind. Zur Verdeutlichung des Problems soll eine in der Praxis gelegentlich anzutreffende Klausel dienen, nach der es »nur auf vom Verwalter einberufenen Eigentümerversammlungen« möglich sein soll, wirksame Beschlüsse zu fassen. Eine derartige Regelung steht in einem Spannungsverhältnis zu § 24 Abs. 3 WEG. Weigert sich der Verwalter (heute als Organ der GdWE), bedeutet es eine Schwächung der Eigentümerrechte, wenn das die Einberufung gem. § 24 Abs. 2 WEG fordernde Quorum von mehr als einem Viertel der Wohnungseigentümer nicht die Möglichkeit hat, über ihr Anliegen wirksam beschließen zu lassen, nur weil sich der Verwalter weigert, die Versammlung einzuberufen. Das Recht, eine Versammlung notfalls auch ohne die Mitwirkung des pflichtwidrig handelnden Verwalters einberufen zu können, darf den Eigentümern nicht genommen werden. Außerdem würde die vorgenannte Klausel das Recht der Eigentümer beschneiden, sich jederzeit zu einer sog. »Universal- oder Vollversammlung« zusammenzufinden, um auf dieser Beschlüsse zu fassen. Es bestehen daher erhebliche Zweifel, ob die Klausel einer Prüfung am Maßstab des § 134 BGB i.V.m. § 24 Abs. 3 WEG standhält. 146

D. Außerordentliche Eigentümerversammlung

Wenn zwischen den Wohnungseigentümern nichts Abweichendes vereinbart ist, findet nur einmal jährlich die ordentliche Versammlung statt (§ 24 Abs. 1 WEG). Bei eilbedürftigen Entscheidungsprozessen, die noch keine Notmaßnahmen erfordern, ist aber Bedarf für eine außerordentliche Versammlung zu bejahen. Es kann sich empfehlen, schon in der Gemeinschaftsordnung solche Gründe festzulegen, die eine außerordentliche Versammlung rechtfertigen. Hierdurch verursachte Mehr- 147 kosten (z.B. die Saalmiete oder das Sonderhonorar des Verwalters [s. *Briesemeister* ZMR 2003, 312]) dürfen nicht im Missverhältnis zu den Beschlussgegenständen auf einer solchen Versammlung stehen.

E. Vorsitz, § 24 Abs. 5 WEG

148 Den Vorsitz i.S.v. Versammlungsleitung (Jennißen/*Schultzky* 8. Aufl. § 24 Rn. 103 ff.) in der Wohnungseigentümerversammlung führt, sofern diese nichts anderes beschließt (vgl. *Will* ZWE 2022, 471 f. zum Beschlusserfordernis) oder die Wohnungseigentümer nichts anderes vereinbaren (Ersatzkompetenz, kein eigenes Recht des Verwalters), nach § 24 Abs. 5 WEG der Verwalter. Ist der Verwalter eine natürliche Person, kann er sich Dritter für den Vorsitz bedienen (*KG* ZMR 2001, 223 = ZWE 2001, 75 = WuM 2001, 44; *BayObLG* ZMR 2001, 826 = ZWE 2001, 490). In Betracht kommen vor allem Sachbearbeiter/Objektbetreuer des Verwalters (*LG Flensburg* NJW-RR 1999, 596), ggf. aber auch sein Ehegatte. Wird beschlossen, dass der abgewählte Verwalter noch die Versammlung weiterleiten soll, ist auch gleich das Problem des möglichen Verstoßes gegen den Grundsatz der Nichtöffentlichkeit (vgl. dazu Deckert ZMR 2014, 337 ff.) vermieden, da der **gewählte Versammlungsleiter immer teilnahmeberechtigt** sein wird. Ohne Versammlungsleitung hat allerdings der noch nicht oder nicht mehr im Amt befindliche Verwalter kein Teilnahmerecht (vgl. *Greiner* WE-Recht 5. Aufl. § 7 Rn. 71).

149 Ist der Verwalter eine GmbH, kann diese nach h.M. durch eine allgemein vertretungsberechtigte Person, jedenfalls aber durch einen Prokuristen oder durch einen rechtsgeschäftlich bestellten Vertreter, als Vorsitzenden der Eigentümerversammlung handeln (*BayObLG* ZMR 2004, 131 [durch einen Angestellten vertreten]; *OLG Schleswig* MDR 1997, 821 m. Anm. *Riecke* = WE 1997, 388; *Buß* WE 1998, 42, 44). Wenig diskutiert ist allerdings, ob und unter welchen Voraussetzungen für den Verwalter jemand anderes sogar die Versammlungsleitung als solche wahrnehmen darf, also Tätigkeiten am »Hochreck« der Verwaltertätigkeit, die über diejenigen einer untergeordneten »Hilfsperson« weit hinausreichen (vgl. *Dötsch/Hogenschurz* in: FS Riecke S. 209, 211). Lässt man keine ungeschriebene »Delegationsbefugnis« des Verwalters zu, könnte man allenfalls an eine – auch stillschweigende – abweichende Beschlussfassung gemäß § 24 Abs. 5 WEG denken, die im Grundsatz auch mit einfacher Mehrheit (auch konkludent) zulässig sein soll (*LG Dresden* ZMR 2007, 492; *LG Mainz* ZMR 2012, 41, 43). Die h.M. hält eine Übertragung der Versammlungsleitung jedenfalls auf in den Betrieb »eingegliederte« Mitarbeiter für zulässig, auch wenn diese keine rechtsgeschäftliche Vertretungsmacht für den Verwalter haben, sondern »nur« bloße »Erfüllungsgehilfen« (§ 278 BGB) sind. Letztlich ist der Eigentümerbeschluss (Geschäftsordnungsbeschluss) gem. § 24 Abs. 5 WEG der rechtlich überzeugendste Weg für die Bestellung eines Mitarbeiters des Verwalters zum Versammlungsleiter. Eventuelle Formfehler insoweit haben nur marginale Folgen: Die Beschlüsse einer von einem Nichtberechtigten/einfachem Objektbetreuer geleiteten Eigentümerversammlung sind grundsätzlich nicht allein deshalb anfechtbar, sondern nur bei Vorliegen eines für die Beschlussfassung relevanten Durchführungsmangels. Die h.M. verlangt (zu Unrecht) eine (freilich vermutete) Kausalität des Mangels für die Beschlussfassung; auch eine solche wird hier aber regelmäßig fehlen (vgl. *Dötsch/Hogenschurz* in: FS Riecke S. 209, 232).

150 Umstritten ist, ob die Versammlungsleitung auch dann – ohne Geschäftsordnungsbeschluss – beim Verwalter liegt, wenn nicht er, sondern der Beiratsvorsitzende einberufen hat. Zumindest wenn der Verwalter sich geweigert hat, selbst einzuberufen, wird man bis zum Geschäftsordnungsbeschluss über die Wahl des Vorsitzenden den Einberufenden als berechtigt ansehen können (*Brücher/Schultzky* in: Nomos-Kommentar § 24 Rn. 18; Bärmann/*Merle* § 24 Rn. 75; Weitnauer/*Lüke* § 24 Rn. 14; vgl. auch Staudinger/*Häublein* § 24 Rn. 126 ff.).

151 Dem (jeweiligen) Versammlungsleiter obliegt die Leitung und äußere Organisation der Versammlung von der Eröffnung (vgl. *Riecke/Schmidt/Elzer* ETV, 4. Aufl., Rn. 551 ff.) bis zum Schließen derselben nach Abarbeitung aller Tagesordnungspunkte (vgl. *Schultzky,* Ermessen des Versammlungsleiters, ZWE 2023, 61). Er prüft zu Beginn der Versammlung durch Führung z.B. einer Anwesenheitsliste – die nur bis 30.11.2020 (arg. § 25 Abs. 3 WEG) auch noch zur Feststellung der Beschluss-

fähigkeit diente -, welche Personen im Versammlungsraum Einlass gefunden haben. Der Vorsitzende erteilt nach Eröffnung das Wort, sorgt für die Einhaltung der Tagesordnung, lässt Spontanbeschlüsse zur Geschäftsordnung fassen, achtet auf die Einhaltung einer evtl. bereits existierenden Geschäftsordnung (Muster bei *Riecke/Schmidt* ETV 3. Aufl. S. 211–214) der Gemeinschaft und übt das Hausrecht aus (*Brücher/Schultzky* in: Nomos-Kommentar 5. Aufl. § 24 Rn. 19). Vor der in der Ladung genannten Uhrzeit darf die Versammlung nur eröffnet werden, wenn alle Sondereigentümer anwesend oder vertreten sind (Staudinger/*Häublein* 2023 § 24 Rn. 145). Keinesfalls darf die Versammlung vor der angesetzten Uhrzeit bereits beendet werden; unbeachtlich ist, wenn später niemand erschien, um doch noch persönlich teilzunehmen (**a.A.** zu Unrecht *AG München*, 12.04.2023 – 1295 C 13199/22, ZMR 2023, 749). Kommt es etwa zu Tumulten in der Versammlung mag auch das bloße endgültige Verlassen des Raumes durch den Versammlungsleiter (vgl. Fall *AG Dortmund*, 15.06.2023 – 514 C 25/21, ZMR 2024, 54) als konkludente Beendigung der Versammlung anzusehen sein; anschließend gefasste »Beschlüsse« sind ggf. zumindest klarstellend vom Gericht als ungültig festzustellen. Die Wahl eines neuen Versammlungsleiters ist eine weitere Option, wenn es noch nicht zur Beendigung der Versammlung gekommen war. *Häublein* (Staudinger 2023 § 24 Rn. 146) meint: Man wird das Recht, den Antrag zur Abstimmung zu stellen, primär dem Vorsitzenden des Beirats, dessen Vertreter oder dem ermächtigten Eigentümer zugestehen müssen. Sind diese Personen nicht anwesend oder gar nicht gewählt, kann ausnahmsweise wohl jeder Eigentümer den Antrag nach § 24 Abs 5 WEG zur Abstimmung stellen.

Die **Unterbrechung** einer Wohnungseigentümerversammlung für ein Mandantengespräch zwischen 152
den von einem Beschlussanfechtungsverfahren betroffenen Wohnungseigentümer und ihrem Prozessbevollmächtigten entspricht nur bei Vorliegen besonderer Umstände ordnungsmäßiger Durchführung der Versammlung (*BGH*, 08.07.2016 – V ZR 261/15, ZMR 2016, 976). Der Funktion der Eigentümerversammlung als Diskussionsforum unter Einschluss aller Mitglieder steht es entgegen, dass die Versammlung auf Betreiben der Mehrheit unterbrochen wird, damit sie unter Ausschluss der Minderheit über den Beschlussgegenstand weiterdiskutieren kann, bevor nach Beendigung der »Unterbrechung« über den Antrag abgestimmt wird. Die darin liegende Verletzung des Teilnahmerechts der vorübergehend von der Eigentümerversammlung ausgeschlossenen Mitglieder begründet jedoch nur im Ausnahmefall die Nichtigkeit der nachfolgend gefassten Beschlüsse. Da jedes Mitglied auf sein Teilnahmerecht verzichten kann, muss die Verletzung von Teilnahmerechten grundsätzlich innerhalb der Anfechtungsfrist gerügt werden. Nur wenn auf Grund der Umstände des Einzelfalls ein vorübergehend ausgeschlossenes Mitglied besonders schutzwürdig erscheint, kann die Verletzung der Teilnahmerechte zur Nichtigkeit führen (*LG Karlsruhe*, 17.11.2015 – 11 S 46/15, NZM 2016, 174).

F. Inhalt des Protokolls, § 24 Abs. 6 WEG

I. Ergebnisprotokoll

Über die in der Versammlung gefassten Beschlüsse (zur Komplettierung durch das Gericht vgl. 153
OLG München ZMR 2007, 221) ist ein Protokoll (Niederschrift) aufzunehmen. Wenn in einer Vereinbarung nichts Abweichendes geregelt ist, bedarf es lediglich eines Ergebnisprotokolls. Geschäftsordnungsbeschlüsse sind zu dokumentieren (vgl. Staudinger/*Häublein* 2023 § 24 Rn. 208). Ein Verlaufsprotokoll ist nicht erforderlich. Dies bedeutet, dass z.B. Wortbeiträge einzelner Wohnungseigentümer sowie der Verlauf der Versammlung grundsätzlich nicht in das Protokoll aufgenommen werden müssen. Hat die Gemeinschaft nicht beschlossen, wie das Protokoll abzufassen ist, liegt es im Ermessen des Protokollführers, welche Tatsachen er in der Niederschrift beurkundet.

Sieht eine Vereinbarung vor, dass eine Niederschrift über die Versammlung und dort gefasste 154
Beschlüsse zu fertigen ist, geht dies über die gesetzliche Regelung des § 24 Abs. 6 S. 1 WEG hinaus. Die Niederschrift muss dann zumindest alle gestellten Anträge wiedergeben, auch wenn über sie nicht abgestimmt wurde. Zwar hat der einzelne Wohnungseigentümer keinen Anspruch darauf, dass bestimmte Diskussionsbeiträge in das Protokoll aufgenommen werden, da auch bei einer derartigen Regelung ein Ermessen des Versammlungsleiters besteht. Eine in der Teilungserklärung getroffene

schuldrechtliche Regelung die vom Gesetzeswortlaut abweicht, spricht aber dafür, dass die Regelung auch einen abweichenden (weiter gehenden) Inhalt haben sollte (*BayObLG* ZMR 2004, 443).

II. Mindestinhalt

155 Als Mindestinhalt einer Niederschrift wird man (vgl. § 130 Abs. 2 AktG analog) verlangen müssen:

156 Angabe des Namens der Eigentümergemeinschaft

157 Tag der Versammlung

158 Wortlaut der gefassten Beschlüsse

159 Angaben zum Abstimmungsergebnis
konstitutive Beschlussfeststellung durch den Versammlungsleiter (*Kümmel* MietRB 2003, 58).

160 Es kann sich empfehlen, zuerst die Beschlussfähigkeit festzustellen, sofern eine Gemeinschaftsordnung entgegen der Vermutung des § 47 WEG fortgilt und dies in das Protokoll aufzunehmen. Bei dieser Handhabung ist aber zu beachten, dass die Beschlussfähigkeit je nach Beschlussgegenstand wechseln sowie durch das Verlassen der Versammlung durch einzelne Wohnungseigentümer auch ganz wegfallen kann. Auch inhaltlich zu unbestimmte Beschlüsse (vgl. dazu *Riecke* ZMR 2018, 173–180), die auf Anfechtung für ungültig zu erklären sind (vgl. *OLG Hamm* ZMR 2007, 131), gehören ins Protokoll.

III. Ermessen

161 Dem Versammlungsleiter – nicht seinem hinzugezogenen Protokollführer, der allerdings teilnahmeberechtigt ist (*KG* ZMR 2001, 223: *Der Verwalter ist grundsätzlich berechtigt, die Leitung von Wohnungseigentümerversammlungen mithilfe von Mitarbeitern durchzuführen, sofern diese nur als seine Hilfspersonen tätig werden. Die in einer Teilungserklärung enthaltene Regelung, dass »Besucher« keinen Zutritt zu den Eigentümerversammlungen haben, bezieht sich nicht auf Mitarbeiter des Verwalters, die an den Eigentümerversammlungen nur zum Zwecke der Unterstützung des Verwalters teilnehmen und hierbei lediglich untergeordnete Tätigkeiten wie das Führen des Protokolls wahrnehmen.*) – ist auch bei Abfassung der Niederschrift ein Ermessensspielraum eingeräumt. Die Protokollierung muss allerdings den Grundsätzen ordnungsmäßiger Verwaltung i.S.v. § 18 Abs. 2 Nr. 1 WEG entsprechen. Ein Ermessensverstoß ist daher anzunehmen, wenn der Beschlussinhalt in der Niederschrift falsch, unvollständig oder überhaupt nicht wiedergegeben wird (*BayObLG* WE 1992, 86).

G. Form des Protokolls; Vorlagezeitpunkt

I. Gesetzliche Formerfordernisse

162 Gem. § 24 Abs. 6 S. 2 WEG ist die Niederschrift vom Vorsitzenden und einem Wohnungseigentümer und, falls ein Verwaltungsbeirat bestellt ist, auch von dessen Vorsitzendem oder seinem Vertreter zu unterschreiben (vgl. *Elzer* ZMR 2009, 14 unter IX.). Ist eine dieser Personen in Doppelfunktion oder Personalunion tätig, muss sie nur einmal unterschreiben. Sie sind aber nur dann zur Unterschriftsleistung verpflichtet, wenn sie auch selbst an der Eigentümerversammlung teilgenommen haben (*Häublein* ZWE 2022, 104 für eine sog. Vertreterversammlung während der Pandemie; zur bloßen Anfechtbarkeit derartiger Beschlüsse zu Corona-Zeiten vgl. *BGH*, 08.03.2024 – V ZR 80/23, ZMR 2024, 590). Dies ergibt sich daraus, dass sie durch ihre Unterschrift die inhaltliche Richtigkeit des Versammlungsprotokolls dokumentieren sollen (Bärmann/*Merle* § 24 Rn. 147 ff.). Das Protokoll ist eine Privaturkunde (vgl. § 416 ZPO; *Brücher/Schultzky* in: Nomos-Kommentar 5. Aufl. § 24 Rn. 23). Fehlende Unterschriften mindern nur ihren Beweiswert.

II. Vereinbarte Formerfordernisse

1. Beschlussbuch

Der Verwalter sollte vor dem 01.07.2007 in Einzelfällen sämtliche Versammlungsprotokolle in ein Beschlussbuch aufnehmen (s. *LG Saarbrücken* NZM 2010, 909). Die Wohnungseigentümer konnten schon vor Inkrafttreten des § 24 Abs. 7 WEG eine entsprechende Sammlung vereinbaren (*OLG Düsseldorf* ZMR 2005, 218). Nimmt der Verwalter in diesem Fall den Beschluss nicht auf, stellt die Nichteintragung aber nur einen Anfechtungsgrund dar (*OLG Düsseldorf* ZMR 2005, 218, 219). Für eine Beschluss-Sammlung empfahl es sich schon früher, die Beschlüsse fortlaufend ab einem bestimmten Stichtag zu nummerieren (vgl. seit 01.07.2007 § 24 Abs. 7 S. 3 WEG) und nicht jährlich mit Beschluss Nr. 1 neu anzufangen. Auf diese Art und Weise ist es dem Erwerber auch bei freiwilligen Beschluss-Sammlungen aus der Zeit vor dem 01.07.2007 sehr leicht möglich, anhand des Beschlussbuches festzustellen, ob ihm sämtliche – auch die auf außerordentlichen Versammlungen gefassten – Wohnungseigentümerbeschlüsse vorgelegt wurden. 163

2. Ordnungsmäßige Protokollierung

Es ist möglich, durch Vereinbarung eine dem WEG entsprechende Protokollierung zu einer Gültigkeitsvoraussetzung für einen Beschluss zu erheben (*F. Schmidt* ZMR 2013, 501, 502; *BGH* – V ZB 2/97, ZMR 1997, 531; *OLG Schleswig* ZMR 2006, 721; *OLG Köln* ZMR 2006, 711). Wird so eine Vereinbarung geschlossen, sollte sie auch bestimmen, welche Folgen eine unvollständige oder fehlerhafte Protokollierung hat. In dem vom *BGH* entschiedenen Fall regelte die Protokollierungsvorschrift ausdrücklich eine Ergänzung des § 23 WEG. Nur für diesen Sonderfall ist zweifelsfrei, dass die vereinbarte Protokollierungsart keine zusätzliche konstitutive Wirkung entfaltet, sondern lediglich die Anfechtbarkeit eines Beschlusses innerhalb der Monatsfrist des § 45 WEG begründet (s.a. Staudinger/*Häublein* § 24 Rn. 243). Fehlen die in einer qualifizierten Protokollierungsklausel vorgesehenen Unterschriften, weil die zunächst zur Mitunterzeichnung herangezogenen Verwaltungsbeiräte ihre Unterschriften wegen Streitigkeiten über die inhaltliche Richtigkeit des Protokolls verweigert haben, so sind die in der Eigentümerversammlung gefassten Beschlüsse auch dann anfechtbar, wenn nachträglich andere, grundsätzlich geeignete Wohnungseigentümer, die in der Versammlung anwesend waren, unterzeichnen (*LG Dortmund* ZMR 2014, 139). 164

3. Unterschrift, § 24 Abs. 6 S. 2 WEG

Das Protokoll ist nach § 24 Abs. 6 S. 2 WEG mit den notwendigen Unterschriften zu versehen, da es der Beweissicherung und ggf. auch dem Grundbuchverkehr (*KG* ZWE 2018, 267) dient, auch wenn es sich nur um eine Privaturkunde (vgl. § 416 ZPO) handelt (*Brücher/Schultzky* in: Nomos-Kommentar § 24 Rn. 23). 165

Bei der seit 01.12.2020 möglichen Ein-Personen-Versammlung sollte die Unterschrift nur dieser Person (i.d.R. Bauträger) genügen. Dies ergibt sich nach Ansicht *Elzers* (Hügel 5. Aufl. § 12 Rn. 8) aus einer historischen sowie systematischen Auslegung. 166

Ist der Verwalter durch schriftlichen Beschluss im Umlaufverfahren bestellt worden (§ 23 Abs. 3 WEG a.F./§ 23 Abs. 3 S. 1 WEG n.F.), ist seine Legitimation nach nahezu einhelliger Meinung in Rechtsprechung und Literatur durch öffentlich beglaubigte Zustimmungserklärung sämtlicher Eigentümer (vgl. aber § 23 Abs. 3 S. 2 WEG n.F., wonach ein Mehrheitsbeschluss genügen kann) nachzuweisen (*BGH* – NotSt [Brfg] 1/21, ZMR 2022, 735, Rn. 14). Nach *Schneider* (ZfIR 2022, 349, 351, 353 Fn. 36 sowie Riecke/Schmid WEG 5. Aufl. § 23 Rn. 58) genügt die Unterschrift des Initiators, eines Wohnungseigentümers und ggf. des Beiratsvorsitzenden. Gibt es keine Niederschrift, ist die Verwaltereigenschaft durch Vorlage öffentlich beurkundeter oder öffentlich beglaubigter Erklärungen (§ 29 Abs. 1 S. 1 GBO) sämtlicher Wohnungseigentümer nachzuweisen (*OLG Hamm* ZWE 2012, 489, 490; *KG* ZWE 2012, 426). 167

168 Im weiteren Sonderfall, dass sich alle an der Beschlussfassung teilnehmenden Wohnungseigentümer durch den Verwalter vertreten lassen, kann der Nachweis der Verwalterbestellung durch Vorlage einer Niederschrift der Eigentümerversammlung geführt werden, die allein von dem Verwalter unterzeichnet ist (*OLG Hamm* ZMR 2013, 648). Auch eine Bestimmung, dass das Protokoll von zwei von der Eigentümerversammlung bestimmten Wohnungseigentümern zu unterzeichnen ist, ist wirksam (*BGH* – V ZB 2/97, ZMR 1997, 531). Die zunächst unterbliebene Unterzeichnung der Versammlungsniederschrift kann allerdings bis zu einer gerichtlichen Entscheidung noch nachgeholt werden. Fehlt die nach der Gemeinschaftsordnung erforderliche zweite Unterschrift eines Wohnungseigentümers unter dem Protokoll der Eigentümerversammlung, ist ein in dieser Versammlung gefasster Beschluss auf Antrag für ungültig zu erklären, sofern nicht die Unterschrift im gerichtlichen Verfahren nachgeholt wird (*OLG München* ZMR 2007, 883 = ZWE 2008, 31). Macht die Teilungserklärung die **Gültigkeit** der Beschlüsse der Gemeinschaft von der Protokollierung und der Unterzeichnung des Protokolls von zwei Wohnungseigentümern abhängig, muss das Protokoll von zwei verschiedenen natürlichen Personen unterzeichnet werden, die entweder selbst Wohnungseigentümer sind oder für sich oder andere Wohnungseigentümer handeln (*BGH* – V ZR 178/11, ZMR 2012, 644 = MDR 2012, 755). Eine in der Teilungserklärung/Gemeinschaftsordnung enthaltene qualifizierte Protokollierungsklausel ist dahin auszulegen, dass im Fall der zulässigen Vertretung aller Wohnungseigentümer durch Dritte diese befugt sind, das Versammlungsprotokoll zu unterschreiben, und bei lediglich einem anwesenden Vertreter der Wohnungseigentümer neben dem Versammlungsleiter die Unterschrift dieser Person ausreicht (*OLG Hamm* ZMR 2009, 217). Wenn die Teilungserklärung bestimmt, dass zur Gültigkeit eines Beschlusses der Wohnungseigentümerversammlung die Protokollierung des Beschlusses erforderlich ist und das Protokoll durch den Verwalter und zwei von der Eigentümerversammlung bestimmte Wohnungseigentümer zu unterschreiben ist, muss die Bestimmung der beiden Wohnungseigentümer zu Beginn der Versammlung durch Mehrheitsbeschluss erfolgen. Zu seiner Gültigkeit bedarf auch ein solcher »Bestimmungsbeschluss« der Protokollierung in der vorgeschriebenen Form. Fehlt es daran, ist der »Bestimmungsbeschluss« ungültig. Dann fehlt es auch an den zur wirksamen Protokollierung erforderlichen ordnungsgemäßen Unterschriften. Dies führt zur Ungültigkeit der in der Versammlung gefassten und angefochtenen Beschlüsse (*OLG Schleswig* ZMR 2006, 721).

4. Vorlagezeitpunkt, Einsichtsrecht, § 24 Abs. 6 S. 3 WEG

169 Eine vorsorgliche Beschlussanfechtung sämtlicher Beschlüsse einer Eigentümerversammlung bei nicht rechtzeitiger Übersendung des Protokolls führt seit 01.07.2007 regelmäßig nicht mehr zu einer kostenmäßigen Privilegierung des Klägers, weil dieser durch Einsichtnahme in die Beschluss-Sammlung Kenntnis von den gefassten Beschlüssen erlangen kann (*LG München I* NZM 2008, 410 = NJW 2008, 1823; dazu *Briesemeister* ZWE 2012, 399: Generalanfechtung). Dennoch ist der Verwalter verpflichtet binnen etwa 3 Wochen das Protokoll fertig zu stellen.

170 Nach § 24 Abs. 6 S. 3 WEG hat jeder Eigentümer ein individuelles Einsichtsrecht in die Protokolle (nicht auch in die Aufzeichnungen des Verwalters zur Vorbereitung derselben, *KG* NJW 1989, 532), das nicht durch die Beschluss-Sammlung ersetzt oder eingeschränkt wird. Es gilt insoweit vielmehr hier das zum Einsichtsrecht in die Beschluss-Sammlung Gesagte (unten § 24 Rdn. 245; *Brücher/Schultzky* in: Nomos-Kommentar § 24 Rn. 26) entsprechend.

5. Sonstiges

171 Durch Vereinbarung kann geregelt werden, dass eine notarielle Beurkundung des Versammlungsprotokolls oder etwa die Beglaubigung der Unterschriften erforderlich ist (Bärmann/*Merle* § 24 Rn. 161). Auch die Zahl der zur Protokollunterschrift verpflichteten Personen kann reduziert werden (*BayObLG* WuM 1989, 534 = MDR 1989, 1106 = NJW-RR 1989, 1168). Reziprok ist ferner eine Erweiterung – z.B. bei Großanlagen – auf mehrere Wohnungseigentümer oder auf alle Mitglieder des Verwaltungsbeirats und/oder den Protokollführer denkbar. Auch bei einer Wohnungseigentümerversammlung, an der nur eine Person teilnimmt, bedarf es zur Wirksamkeit der gefassten

Beschlüsse der Kundgabe der Stimmabgabe und der Feststellung und Bekanntgabe des Beschlussergebnisses durch den Versammlungsleiter. Die spätere Abfassung einer Niederschrift reicht insoweit nicht aus (*OLG München* ZMR 2008, 409; *BayObLG* ZMR 1996, 151). Zur Einmann-Versammlung vgl. auch *F. Schmidt* ZMR 2009, 725 sowie *Elzer* ZMR 2009, 9 unter V.

6. Rechtsfolge

Fehlt eine vereinbarte Gültigkeitsvoraussetzung, ist der »Beschlusstorso« zunächst **schwebend unwirksam.** Ein aus einem wichtigem Grunde abberufener Verwalter kann allerdings nicht dadurch, dass er seine nach einer Vereinbarung erforderliche Unterschrift unter dem Protokoll verweigert, seinen Abberufungsbeschluss anfechtbar machen (*OLG Hamm* ZMR 2002, 540). § 24 Abs. 6 WEG sieht für die Herstellung der Versammlungsniederschrift und ihre Unterzeichnung keine Frist vor. Der Unterschriftenmangel kann daher jedenfalls im Gerichtsverfahren nachgeholt werden. 172

H. Anspruch auf Protokollberichtigung, Beweislast

Grundsätzlich kann jeder Wohnungseigentümer eine Protokollberichtigung verlangen, insbesondere wenn einem entsprechenden außergerichtlichen Verlangen nicht entsprochen wurde (*Kümmel* MietRB 2003, 58; *Brücher/Schultzky* Nomos-Kommentar 5. Aufl. § 24 Rn. 24). Grundlegendes zu Fragen der Protokollberichtigung und der Beweislastverteilung findet sich bei *Becker* ZMR 2006, 489. Der Wohnungseigentümer, der die Unrichtigkeit eines vom Verwalter erstellten Versammlungsprotokolls behauptet, muss die Unrichtigkeit im Verfahren auf Protokollberichtigung beweisen (*AG Landshut* ZMR 2008, 498). Zur Abgrenzung zwischen dem Anspruch auf eine bestimmte Beschlussfassung und Protokollberichtigung vgl. Anm. *Häublein* zu *OLG München* ZWE 2009, 34 r. Sp. sowie zur Abgrenzung unrichtige Beschlussverkündung und Protokollierungsfehler Staudinger/*Häublein* § 24 Rn. 248, 253. Abzugrenzen hiervon ist die (kombinierte) Beschlussergebnisberichtigungsklage (vgl. Bärmann/*Roth* Voraufl. § 46 Rn. 19) bei der beantragt wird, das wirksame (!) Zustandekommen eines (anders oder nicht verkündeten) Beschlusses gerichtlich festzustellen (*LG München I* ZMR 2015, 152). 173

I. Rechtsschutzinteresse

Die gerichtliche Geltendmachung eines Protokollberichtigungsanspruches setzt auf Klägerseite ein **Rechtsschutzinteresse** voraus (vgl. *Otto* jurisPR-MietR 5/2024 Anm. 5 zu *AG Hamburg-St. Georg* ZMR 2024, 64). Dieses liegt grundsätzlich vor, wenn sich die Rechtsposition durch die begehrte Änderung des Protokolls verbessern oder zumindest rechtlich erheblich ändern würde (*LG Frankfurt/M.* ZMR 2018, 354; *LG Stuttgart* ZMR 2015, 885; *LG Dresden* ZWE 2014, 54). Ein Rechtsschutzbedürfnis wird daher bejaht, wenn eine rechtsgeschäftlich erhebliche Willenserklärung, insbesondere ein Beschluss falsch protokolliert wurde. Bei falscher Wiedergabe der abgegebenen Ja- und Nein-Stimmen besteht dagegen kein Rechtschutzinteresse, wenn dies sich nicht auf das Abstimmungsergebnis ausgewirkt hat (*Kümmel* MietRB 2003, 58, 59). Dies kann allerdings nicht gelten, wenn es um bauliche Veränderungen ging (wegen der sich aus § 21 WEG ergebenden Kostentragungspflicht). 174

Das Rechtsschutzinteresse wird verneint, wenn wegen Bagatellen inhaltlicher oder formeller Art eine Berichtigung begehrt wird (*KG* WuM 1989, 347) oder das Protokoll den Ablauf der Versammlung oder Diskussion zwar nicht einwandfrei wiedergibt, dies aber ohne Auswirkung für die Auslegung von Beschlüssen bleibt (Staudinger/*Häublein* § 24 Rn. 252 ff.). Für eine Berichtigung der Niederschrift in Bezug auf die Abstimmung besteht kein Rechtsschutzinteresse, wenn unstreitig protokollierte Beschlüsse mit bestimmtem Inhalt verkündet und diese nicht mit der Anfechtungsklage angegriffen wurden, sondern bestandskräftig sind (*LG Frankfurt/M.* ZMR 2017, 261). 175

II. Geltung der Anfechtungsfrist des § 45 WEG für die Berichtigungsklage

176 Eine ältere Ansicht bejahte aus Gründen der Rechtssicherheit eine analoge Anwendung des § 46 Abs. 1 S. 2 WEG a.F. (jetzt § 45 WEG) für die auf Berichtigung von Eigentümerbeschlüssen gerichtete Klage auf Berichtigung des Versammlungsprotokolls (*KG* WuM 1990, 363 = MDR 1990, 925 = WE 1991, 72; *OLG Hamm* OLGZ 1985, 147 = MDR 1985, 502). Berichtigungsanträge, die sich auf andere Protokollinhalte beziehen, sollen hingegen nicht der Monatsfrist unterliegen. Diese Auffassung zur analogen Heranziehung der Anfechtungsfrist (dafür etwa *AG Bensheim* ZMR 2017, 930; *Spielbauer*/Then § 24 Rn. 48) ist abzulehnen (*Brücher*/*Schultzky* in: Nomos-Kommentar 5. Aufl. § 24 Rn. 24; *Abramenko* ZMR 2003, 326; Staudinger/*Häublein* Rn. 255; Bärmann/*Merle* Rn. 169 aE; *v. Rechenberg*/*Riecke* MDR 1997, 519).

III. Passivlegitimation für den Berichtigungsanspruch

1. Grundsatz

177 Der Berichtigungsanspruch (vgl. zum Ermessen des Protokollverfassers *LG Dessau-Roßlau* NZM 2012, 467) richtet sich nach einer – überholten – Ansicht (vgl. BeckOK-WEG/*Bartholome* § 24 Rn. 160) wie früher aufgrund des Regelungszusammenhangs mit § 24 Abs. 5 WEG gegen den für den jeweiligen Tagesordnungspunkt als Versammlungsvorsitzender Tätigen (**a.A.** *Spielbauer*/Then § 24 Rn. 47: alle Unterzeichner des Protokolls). Bei einem Wechsel im Vorsitz während der Versammlung sind beide Vorsitzende gemeinsam oder jeder für seinen Teil zur Protokollerstellung und ggf. Protokollberichtigung verpflichtet. Die Hinzuziehung eines Protokollführers oder Notars ändert hieran nichts. Ein Verwalter, der an der Versammlung nicht teilgenommen, sondern einen Dritten mit der Versammlungsleitung und der Protokollierung beauftragt hat, ist hinsichtlich des Protokollberichtigungsanspruchs nicht passivlegitimiert (*LG Stuttgart* ZMR 2015, 885). Gegenüber einem externen Protokollführer (z.B. Angestellte des Verwalters oder Ehepartner eines Wohnungseigentümers) ist auch der Rechtsweg nach § 43 WEG eröffnet (*LG Stuttgart* ZMR 2015, 885 mit Anm. *Greiner*). Für das ursprüngliche Protokoll und für die Berichtigung der Niederschrift ist eine Unterschrift des hinzugezogenen Protokollführers nicht erforderlich. Ein Beschluss der Wohnungseigentümer, durch den eine korrigierte Version der Protokolle früherer Eigentümerversammlungen beschlossen wird, entspricht nicht ordnungsmäßiger Verwaltung (*BayObLG* ZMR 2002, 951). Nach *Abramenko* (Handbuch WEG, § 6 Rn. 105; vgl. auch ZMR 2003, 245 ff.) können die Unterzeichner das Protokoll nach Anhörung aller Wohnungseigentümer ähnlich wie bei der Urteilsberichtigung nach § 319 ZPO mit einem Berichtigungsvermerk versehen. Wie dort bedarf es allerdings des Zusammenwirkens **aller** Unterzeichner; eine Berichtigung gegen den Willen eines Unterzeichners scheidet aus. Wie im Fall der unzutreffenden Protokollierung kann sich ein Wohnungseigentümer auch gegen eine falsche »Berichtigung« im Verfahren nach § 43 Abs. 2 WEG wehren. Insoweit sind die Regeln für die Berichtigung im umgekehrten Sinne anzuwenden: Gerichtlich erzwingen kann der einzelne Wohnungseigentümer nur die inhaltliche Änderung einer Berichtigung, die rechtserheblich ist oder ihn in seinem Persönlichkeitsrecht beeinträchtigt, nicht aber die Korrektur einfacher Unrichtigkeiten der neuen Fassung. Einvernehmlich kann die Berichtigung dagegen nach den oben dargelegten Regeln einer zweiten Korrektur zugeführt werden.

178 Nach einer im Vordringen befindlichen Ansicht richtet sich der Berichtigungsanspruch gegen die Gemeinschaft (vgl. *Brücher*/*Schultzky* Nomos-Kommentar 5. Aufl. Rn. 24). Der Verwalter gilt (vgl. § 18 Abs. 1 WEG) als Vollzugs- und Vertretungsorgan der allein zuständigen Gemeinschaft; er ist nicht mehr passivlegitimiert für die Protokollberichtigung (so etwa *AG Hannover* ZMR 2021, 157; *AG Ratingen*, ZMR 2021, 692; *Greiner* WE-Recht 5. Aufl. § 7 Rn. 163; *Elzer* in: Hügel, Wohnungseigentum 5. Aufl. § 12 Rn. 163).

2. Verwalter

179 Der Berichtigungsanspruch war damit – nach der älteren Ansicht – grundsätzlich gegen den Verwalter als Versammlungsleiter und Verfasser der Niederschrift zu richten; auch dann, wenn sämtliche

Unterzeichner des angegriffenen Protokolls die Niederschrift in Form eines berichtigten Nachtrags ändern. Die Eigentümer sind für eine die Berichtigung nicht zuständig (*AG Kassel* ZMR 2004, 711, 712). Denn für den Inhalt der Niederschrift ist allein derjenige verantwortlich, der sie selbst oder durch einen Protokollführer erstellt hat. Der Versammlungsleiter/Vorsitzende hat die Niederschrift allein richtig zu fertigen und ist für ihren Inhalt verantwortlich. Dies gilt auch, wenn den Vorsitz ein Angestellter/Bevollmächtigter des Verwalters führt; immer bleibt die Gemeinschaft vertreten durch den Verwalter zur Erstellung der Niederschrift verpflichtet und muss eventuelle Unrichtigkeiten korrigieren (*BayObLG* WuM 1990, 173 ff. = WE 1990, 113) und hierbei die erforderliche Form einhalten.

Der Antrag auf Entfernung von Textpassagen aus der Niederschrift der Eigentümerversammlung soll nach Ansicht des *AG München* (ZMR 2018, 94) wegen Bestehen einer notwendigen Streitgenossenschaft aller Mitunterzeichner unzulässig sein, weil der Verwalter diesen Anspruch allein nicht erfüllen kann, wenn zusätzlich noch drei Verwaltungsbeiräte das Dokument unterschrieben haben (str.). Es fehle das Rechtsschutzbedürfnis, wenn der Anspruch auf Berichtigung in Bezug auf die weiteren Mitunterzeichner bereits verjährt ist. 180

IV. Anspruchsgrundlagen für den Berichtigungsanspruch

Bei Verletzung des allgemeinen Persönlichkeitsrechts durch Formulierungen im Protokoll kommt gegen den Protokollverfasser als Anspruchsgrundlage für den Berichtigungsanspruch ein Anspruch gem. §§ 1004, 823 Abs. 1 BGB in Betracht (*BayObLG* WuM 1990, 173 ff.). trotzdem ist die GdWE zu verklagen, § 9a Abs. 2 a.E. WEG. 181

Das *BayObLG* (WE 2005, 106 ff.) entschied, dass der Wohnungseigentümer verlangen könne, Fehler oder Unrichtigkeiten in Niederschriften über Eigentümerversammlungen zu berichtigen, sofern hierfür ein Rechtsschutzbedürfnis bestehe. Soweit über die Versammlung nicht nur ein Ergebnis-, sondern ein Ablaufprotokoll erstellt werde (§ 24 Abs. 6 S. 1 WEG) gebiete es der Persönlichkeitsschutz der Wohnungseigentümer, dass die Niederschrift keine sachlich nicht gebotenen Wertungen, Schärfen, Bloßstellungen und Diskriminierungen enthält. Sind die Äußerungen z.B. betreffend den »Betrugsverdacht« anlassbezogen und zur Begründung der beabsichtigten Aufklärungsmaßnahmen erfolgt, scheidet eine Protokollberichtigung aus (*LG Hamburg* ZMR 2011, 664). 182

Nach einem Beschluss des *AG Freising* (Zweigstelle Moosburg a.d. Isar WE 2005, 152) kann der Verwalter eine Beschlussniederschrift hinsichtlich der falschen Wortwahl berichtigen. Damit entfällt ein Rechtsschutzbedürfnis für eine gerichtliche Berichtigungsklage. 183

Bei fehlerhafter Beschlussprotokollierung ergibt sich der Berichtigungsanspruch unter dem Gesichtspunkt der ordnungsmäßigen Verwaltung i.S.d. § 18 Abs. 2 WEG (*OLG Hamm* OLGZ 1989, 314, 315 = MDR 1989, 914). 184

V. Stellung der übrigen Wohnungseigentümer

Bei einer Berichtigungsklage gegen den Verwalter im Verfahren nach § 43 Nr. 2 WEG a.F. war dieser Beklagter, die übrigen Wohnungseigentümer waren bis 30.11.2020 gem. § 48 WEG hingegen Beizuladende. Die Wohnungseigentümer wurden damit zwar nicht zu Zeugen (*BayObLG* NJW-RR 1993, 85 = WuM 1992, 641 = MDR 1993, 235). Ihren Angaben kommt jedoch höherer Beweiswert im Rahmen der Beweiswürdigung (§ 286 ZPO) zu, wenn sie als Beigeladene in einer eher neutralen Rolle zwischen Kläger und Verwalter stehen. Ab 01.12.2020 sind die Verfasser der Niederschrift als Organe oder Hilfsorgane der passivlegitimierten Gemeinschaft anzusehen. 185

VI. Form und Streitwert der Berichtigung

Wer als Versammlungsleiter durch seine Unterschrift die angebliche Richtigkeit der Niederschrift bestätigt hat, muss das Original mit einem Berichtigungsvermerk versehen und diesen wiederum unterzeichnen (*Kümmel* MietRB 2003, 58, 59, vgl. auch *Becker* ZMR 2006, 489). Diese Berichtigung 186 kann durch rechtskräftige Gerichtsentscheidung (vgl. § 894 ZPO) ersetzt werden. Der Streitwert eines Antrages auf Protokollberichtigung ist, so der Kläger mit dieser keine weitergehenden rechtlichen Ziele verwirklichen kann, ausschließlich mit dem für den Berichtigungsvorgang selbst anfallenden Betrag anzusetzen (*OLG Frankfurt* ZMR 2018, 531).

I. Beschluss-Sammlung

I. Normzweck; Verwalterwechsel

187 Die verbindliche – vom 01.07.2007 bis 30.11.2020 sogar mit Sanktionen (vgl. Vorauflage § 24 Rn. 140 ff.) gegen den Verwalter versehene – Verpflichtung zur Führung einer Beschluss-Sammlung obliegt jetzt der Gemeinschaft (handelnd durch den Verwalter) und trägt der Tatsache Rechnung, dass bei jetzt geschaffenen neuen Beschlusskompetenzen für die Gemeinschaftsordnung ändernde Beschlüsse (vgl. *BGH,* V ZB 58/99, ZMR 2000, 771 zur alten Rechtslage), welche (vgl. § 10 Abs. 3 letzter Satz WEG) gegenüber einem Rechtsnachfolger Bindungswirkung auch ohne Eintragung – mangels Eintragungsfähigkeit auch für die Wohnungseigentümer ohne Alternative, wenn kein Ausnahmefall gemäß den §§ 7 Abs. 2, 5 Abs. 4 Satz 1 WEG (in Verbindung mit der Übergangsvorschrift § 48 Abs. 1 Satz 2 WEG) vorliegt – in das Grundbuch entfalten, die Erwerber von Sondereigentum nicht mehr sicher aus Teilungserklärung und Gemeinschaftsordnung sowie eventuellen Grundbucheintragungen (z.B. von Sondernutzungsrechten) einen verlässlichen Überblick über den derzeitigen Regelungsstand/Beschlusslage der Gemeinschaft der Wohnungseigentümer erhalten können (vgl. *Briesemeister* ZWE 2012, 398). Außerdem soll es das von betroffenen Kreisen einhellig geforderte Zentralgrundbuch (vgl. *v. Oefele/Schneider* ZMR 2007, 753; *von Oefele/Schneider* DNotZ 2004, 740 ff.) zumindest ansatzweise ersetzen. Weil es für den Gesetzgeber kostenneutral und einfach war, wurde der Verwalter mit der Führung der komplizierten Beschluss-Sammlung betraut (vgl. *Briesemeister* NZM 2013, 345), was sogleich auf Kritik stieß (*Deckert/Kappus* NZM 2007, 745). Da in einem Beschluss der Wohnungseigentümer zur Konkretisierung der getroffenen Regelung auf ein außerhalb des Protokolls befindliches Dokument Bezug genommen werden kann/darf, wenn dieses zweifelsfrei bestimmt ist (*BGH* – V ZR 104/15, ZMR 2016, 638), muss dem auch der Eintrag in der Beschluss-Sammlung Rechnung tragen.

188 Auch in einer Zweiergemeinschaft (vgl. *Graf* ZMR 2018, 151) ist die Durchführung der Eigentümerversammlung keine bloße Förmelei; vielmehr ist das Bestehen auf einer förmlichen Beschlussfassung und ihrer Eintragung in die Beschluss-Sammlung schutzwürdig (*LG Frankfurt/M* ZMR 2010, 396).

189 Eine beschlossene Neuregelung (z.B. des Kostenverteilungsschlüssels) muss so gestaltet werden, dass sie einem verständigen und unbefangenen Leser bei der Durchsicht der Beschluss-Sammlung ohne Weiteres auffallen muss (*BGH* – V ZR 202/09, ZMR 2010, 775).

190 *Drasdo* (ZMR 2007, 501) schreibt: *»Soweit die Beschluss-Sammlung besteht, ist diese neben dem Grundbuch als selbständige Informationsquelle gegeben (vgl. Demharter NZM 2006, 489; Schneider ZMR 2005, 15). Sie wird bereits als* **Sekundärgrundbuch** *bezeichnet (vgl. Kreuzer FS für Seuß III, 2007, S. 155). An dem guten Glauben des bei dem Amtsgericht geführten Grundbuchs nimmt die Beschluss-Sammlung nicht teil (vgl. Armbrüster AnwBl 2005, 16). Ihre Beweiskraft ist zweifelhaft.«*

191 *Abramenko* (Handbuch WEG, § 6 Rn. 109) moniert: *Ob die Beschluss-Sammlung die an sie gestellten Erwartungen erfüllen, insbesondere die Niederschrift übertreffen wird, muss indessen bezweifelt werden. Bedenklich erscheint insoweit schon, dass es nicht der Unterschrift eines Mitglieds des Verwaltungsbeirats und eines weiteren Miteigentümers bedarf, die auf diesem Wege für die Richtigkeit der Niederschrift einstehen. Noch nicht einmal die Unterzeichnung durch denjenigen, der die Beschluss-Sammlung führt, ist erforderlich. Damit ist eine nachträgliche Änderung ungleich leichter möglich als bei der Niederschrift nach § 24 Abs. 6 WEG, da niemand beteiligt werden muss, der mit seiner Unterschrift für die Richtigkeit des Eintrags einsteht. Daraus, dass auch die nachträglichen Vermerke und Löschungen nicht unterzeichnet werden müssen, ergeben sich weitere Risiken für die Richtigkeit der Dokumentation. Dies gilt insbesondere bei einer elektronischen Beschluss-Sammlung, aus der Beschlüsse nach ausdrücklichem*

Bekunden des Gesetzgebers (bis auf die verbleibende Nummer) ersatzlos gelöscht werden können. Im Ergebnis wird die Beschluss-Sammlung also nur einen ersten Anhaltspunkt für die Beschlusslage in der Gemeinschaft vermitteln.

Die Beschluss-Sammlung dient letztlich aber nicht nur dem Schutz des Rechtsverkehrs, sondern auch dem der Wohnungseigentümer (vgl. *Häublein* ZMR 2007, 409 ff.; Staudinger/*Häublein* § 24 Rn. 260 ff.) selbst sowie dem aktuellen Verwalter für die tägliche Arbeit, insbesondere Vorbereitung der Eigentümerversammlung. 192

Bei einem **Verwalterwechsel** in der Versammlung trifft den neuen Verwalter als Organ der Gemeinschaft insgesamt die Pflicht, eben gefasste Beschlüsse dieser Versammlung in die Beschluss-Sammlung einzutragen. Die Fälligkeit der Verpflichtung – unverzüglich nach der Versammlung – fällt bereits in seine Amtszeit (*Merle* ZWE 2007, 273). Jeder Verwalter muss als Organ der Gemeinschaft während seiner Amtszeit die Beschluss-Sammlung ordnungsgemäß führen und eventuell notwendige Korrekturen durchführen. Der entsprechende Anspruch eines jeden Wohnungseigentümers besteht nicht mehr gegen den als Versammlungsleiter amtierenden Verwalter unabhängig von einem späteren Verwalterwechsel (*LG Berlin* GE 2017, 307, str.), sondern gegenüber der Gemeinschaft. 193

II. Inhalte, § 24 Abs. 7 S. 2 WEG

– **Nr. 1:** Wortlaut der in der ETV **verkündeten Beschlüsse** unter Angabe von Ort und Datum 194

Dies gilt nach einhelliger Meinung zumindest für alle Beschlüsse (Positiv- und Negativbeschlüsse, unabhängig davon, ob sie überhaupt oder gar unter welchem TOP sie in der Tagesordnung angekündigt wurden), die nicht unter die Kategorie der Spontan- oder Geschäftsordnungsbeschlüsse (*Greiner* WE-Recht 5. Aufl. § 7 Rn. 69 spricht von ad hoc gefassten Verfahrensbeschlüssen) fallen. Gem. § 24 Abs. 7 S. 2 Nr. 1 WEG sind nur die »verkündeten Beschlüsse« – kein Beschlusstorso – aufzunehmen (so auch Bärmann/*Merle* § 24 Rn. 193). Dies beruht auf *BGH* – V ZB 10/01, ZMR 2001, 809, wonach die Verkündung des Beschlussergebnisses durch den Versammlungsleiter (Verwalter) konstitutive Wirkung hat (*BGH* – V ZB 10/01, ZMR 2001, 809). Insoweit ist die Formulierung »verkündeter Beschluss« eine Tautologie, denn es gibt keine nicht verkündeten Beschlüsse (mehr). Als Minimum wird eine konkludente Verkündung verlangt. Nach *F. Schmidt* (NZM 2008, 432 unter III.) ist durch § 24 Abs. 7 S. 2 Nr. 1 WEG erst die Rechtsprechung zur Beschlussverkündung gesetzlich abgesichert und es soll eine konkludente Verkündung ausscheiden. Dem kann in dieser Stringenz nicht gefolgt werden (so auch *Hügel/Elzer* 4. Aufl. Vor §§ 23 ff Rn. 22 ff.). Solange noch ein gerichtliches Beschlussfeststellungsverfahren (*AG Hamburg-Blankenese* ZMR 2008, 1001 m. Anm. *Elzer*: Gestaltungsklage) läuft, existiert kein eintragungsfähiger Beschluss (zur Wirkung der gerichtlichen Beschlussersetzung vgl. *BGH* – V ZR 148/17, ZMR 2018, 608; zur [kombinierten] Beschlussergebnisberichtigungsklage vgl. *LG München* I ZMR 2015, 152). Einzutragen ist der Wortlaut des Beschlusses, nicht bloß die Annahme eines Antrags zu TOP xy. Nur so wird eine für den die Beschluss-Sammlung Einsehenden sinnvolle Information geliefert. Das bedeutet aber nicht, dass etwa die kompletten Jahresgesamt- und Einzelabrechnungen als Anlage zum früheren Beschluss »Die Jahresgesamt- und Einzelabrechnungen für das Wirtschaftsjahr 2018 wurden angenommen« in die Sammlung gehörten. Dann verlöre die Beschluss-Sammlung den Charakter als Sekundärgrundbuch (**a.A.** praxisfern Bärmann/*Merle* § 24 Rn. 195). Allein die Tatsache, dass durch Anlagenbände die Sammlung übersichtlich gehalten werden könnte, rechtfertigt nicht die Aufnahme aller Einzelabrechnungen. Seit 01.12.2020 sind die Jahreseinzelabrechnungen nicht mehr Beschlussgegenstand, sondern die Nachschüsse sowie die Anpassung der Vorschüsse. Werden dennoch nur Gesamt- und Einzelabrechnungen beschlossen, so sollte dieser Beschluss mit dem Zusatz »teilnichtig« eingetragen werden (vgl. *Lehmann-Richter/Wobst* Rn. 871; *LG Frankfurt/M.* ZMR 2022, 653 einerseits sowie *AG Mettmann* ZMR 2021, 687, *AG Hamburg-St. Georg* ZMR 2022, 421 und *AG Hamburg-St. Georg*, Urt. v. 01.07.2022 – 980a C 41/21 andererseits). Nach Ansicht des *BGH* (25.10.2023 – V ZB 9/23, ZMR 2024, 221) kommt allerdings folgende sehr wohlwollende Ansicht für die ersten Jahre nach Inkrafttreten des WEMoG in Betracht: *»Ein nach dem 30.11.2020 gefasster Beschluss, durch den »der Wirtschaftsplan genehmigt wird«*, ist nächstliegend dahingehend auszulegen, 195 dass die Wohnungseigentümer damit lediglich die Höhe der in den Einzelwirtschaftsplänen ausgewiesenen Beträge (Vorschüsse) festlegen wollen.« Die Fälligstellung der Nachzahlungen ist auszulegen als ausreichender Beschluss über geschuldete Nachschüsse.

196 Da das Gesetz keine Ausnahmen vorsieht, ist grundsätzlich jeder (auch der ordnungswidrige und ein solcher mit Bagatellcharakter) verkündete Beschluss in die Sammlung aufzunehmen. Es ist zwar nicht festzuhalten unter welchen Umständen der Beschluss zustande gekommen ist, nicht festgelegt ist aber, ob vorausgehende Spontanbeschlüsse zur Geschäftsordnung in die Sammlung müssen.

197 Die Aufnahme derartiger Beschlüsse erscheint in der Regel entbehrlich, da sie sofort wieder gelöscht (§ 27 Abs. 7 S. 6 WEG, Löschung wegen Bedeutungslosigkeit) werden dürften (wie hier Hügel/*Elzer* 4. Aufl. § 24 Rn. 174: Anderes gilt nur, wenn im Geschäftsordnungsbeschluss ein Verwaltungsbeschluss nach § 19 Abs. 1 WEG versteckt ist; **a.A.** *Merle* ZWE 2007, 276; vgl. auch Bärmann/*Merle* § 24 Rn. 199). Unter Geschäftsordnungsbeschlüsse fallen z.B. »Umstellung der Tagesordnung«, »Wechsel der Versammlungsleitung«, »schriftliche Abstimmung«, »Redezeitbeschränkung«, »Ende der Debatte«, »**Unterbrechung** der Versammlung«, »Gestattung der Teilnahme eines Dritten an der Versammlung« usw. (*Deckert* WE 2007, 100 ff.),

198 Anderes gilt, wenn sie für eine Beschlussanfechtung noch von Bedeutung sind, etwa beim Nichtzulassen eines Rechtsanwalts als Berater in der Versammlung oder beim Ausschluss eines Eigentümers oder verweigerter **Unterbrechung** einer Wohnungseigentümerversammlung für ein Mandantengespräch zwischen den von einem Beschlussanfechtungsverfahren betroffenen Wohnungseigentümer und ihrem Prozessbevollmächtigten (*BGH* – V ZR 261/15, ZMR 2016, 976).

199 Eindeutig nichtige Beschlüsse (vgl. *Hügel*/*Elzer* 4. Aufl. § 24 Rn. 174) dürfen nicht eingetragen werden. Ist die Nichtigkeit aber zweifelhaft kommt auch eine Eintragung mit einem Zusatzvermerk in Betracht. Die Formulierung des Gesetzes, die auf die Verkündung abhebt, legt es nahe zu Unrecht verkündete nichtige Beschlüsse einzutragen – stellt der Verwalter später die Nichtigkeit fest muss er unverzüglich den Bedeutungslosigkeitsvermerk anbringen, da ein Fall anfänglicher Bedeutungslosigkeit vorliegt.

200 Verkündete **Negativ-Beschlüsse**, denen ebenfalls Beschlussqualität (*BGH*, V ZB 30/02, ZMR 2002, 930 und *BGH* – V ZB 10/01, ZMR 2001, 809; *OLG Frankfurt* ZMR 2006, 873) zugesprochen wird, müssen in die Sammlung, und zwar unabhängig davon, ob man ihnen eine Sperrwirkung beimisst (vgl. *Wenzel* ZMR 2005, 413 ff.). Beim Negativ-Beschluss kann insbesondere nicht danach differenziert werden, ob er angefochten werden muss, um den Weg für eine Beschlussersetzungsklage frei zu machen (wie hier *Hügel*/*Elzer* 4. Aufl. § 24 Rn. 173: Ob der Beschluss von Bedeutung ist oder nicht, rechtfertigt keine differenzierte Behandlung; **a.A.** *Merle* ZWE 2007, 275 = GE 2007, 636 für bedeutungslose Negativbeschlüsse; vgl. auch Bärmann/*Merle* § 24 Rn. 215). Lediglich wenn der Negativbeschluss bedeutungslos ist und sofort gelöscht werden dürfte, kann seine Eintragung ausnahmsweise unterbleiben. Dies zu beurteilen dürfte für den Verwalter nicht leicht sein, sodass generell von Löschungen und Nichteintragungen abzuraten ist; Vermerke genügen vollkommen.

201 Abzugrenzen vom einzutragenden Negativbeschluss sind die (Noch-) Nicht-Beschlüsse oder Scheinbeschlüsse (Bsp.: Torso wegen fehlender Verkündung oder Abstimmungen bei lockerem Treffen einiger Wohnungseigentümer, vgl. Bärmann/*Merle* § 23 Rn. 156, 157), die schon wegen fehlender Beschlusseigenschaft nicht einzutragen sind.

202 Gerade wenn relativ **unbestimmt formulierte Beschlüsse** (vgl. dazu *Riecke* ZMR 2018, 173–180) gefasst wurden, die auch noch auf Urkunden Bezug nehmen, die bei Beschlussfassung bekannt waren, muss wegen der Gefahr der Beschlussnichtigkeit (*LG Hamburg* ZMR 2001, 480; *OLG Hamburg* ZMR 2001, 725) ggf. der Eintragung eine konkrete Bezugnahme oder notfalls (nicht generell) die Anlage (vgl. *Hügel*/*Elzer* 4. Aufl. § 24 Rn. 175) selbst hinzugefügt werden. Dies kann es erforderlich machen, zu der Beschluss-Sammlung (elektronisch) Anlagenordner hinzuzufügen (dies erscheint *Greiner* WE-Recht 5. Aufl. § 2 Rn. 17 a.E. eher übertrieben). Wenn früher der Beschluss über den Wirtschaftsplan – ausweislich des Textes der Beschluss-Sammlung – bewusst und gewollt außerhalb

des Protokolls gefasst werden sollte, um eine Anfechtung zu verhindern, sollte also das Anfechtungsrecht der Miteigentümer nach § 44 WEG möglichst beschränkt und ausgehöhlt werden, so ist die Beschlussfassung wegen Sittenwidrigkeit nichtig (*LG München I* ZMR 2010, 876). Die Eintragung hätte – bei Zweifeln des Verwalters – allenfalls mit dem Vermerk »vermutlich nichtig« oä erfolgen dürfen.

Zuzustimmen ist *Deckert* (WE 2007, 100 ff.), dass *erkennbar nichtige Beschlüsse … (vgl. § 23 Abs. 4* 203
S. 1 WEG) erst gar nicht zur Abstimmung gebracht werden sollten und dann auch konsequenterweise nicht in eine Sammlung aufgenommen werden dürfen. Gehen Versammlungsleitung und abstimmende Eigentümer zunächst von einem möglichen (gültigen) Beschluss aus, ist der Beschluss erst einmal in die Sammlung aufzunehmen.

»Nichtbeschlüsse« i.S.e. rechtlichen »Nihil« oder »Nullum«, die keinerlei Beschlussqualität besitzen, 204
sind nicht in eine solche Beschluss-Sammlung aufzunehmen; z.B. einzelne Eigentümer-Gruppenentscheidungen, einseitige Erklärungen z.B. eines Bauträger-Verkäufers. (Anmerkung: Ab Anlegung der Wohnungsgrundbücher sind nunmehr wegen § 9a Abs. 1 Satz 2 WEG auch »Ein-Mann-Alleinentscheidungen« als Beschlüsse denkbar und dann einzutragen), »Probeabstimmungen«.

Einzutragen sind auch Beschlussfassungen zu einem Tagesordnungspunkt »Verschiedenes« oder »Sonstiges«; auch wenn solche Beschlüsse unter Verstoß gegen die abdingbare Bestimmung des § 23 Abs. 2 WEG … zustande gekommen und auch im Kausalitätsfalle erfolgreich wegen eines solchen Einberufungsmangels anfechtbar gewesen sein sollten.

Beschlüsse, deren Wirkungen sich mit der Beendigung der Eigentümerversammlung erschöpfen 205
(sog. Spontan- oder ORGA-Beschlüsse) sind gerade wegen des Wortlauts des § 24 Abs. 7 S. 6 WEG (Löschungsnorm bei Bedeutungslosigkeit) nicht (zwingend) einzutragen (vgl. *OLG München* ZMR 2007, 304 zum Eintritt ins schriftliche Beschlussverfahren). Schon der Normzweck spricht dagegen, die Sammlung mit Belanglosem zu überfrachten (vgl. *Hügel/Elzer* 4. Aufl. § 24 Rn. 171, 174).

– **Nr. 2:** Wortlaut der **»schriftlichen« Beschlüsse** unter Angabe von Ort und Datum ihrer Verkündung

Auch hier kommt es auf die Verkündung (*BGH* – V ZB 10/01, ZMR 2001, 809; *OLG Celle* NZM 206
2006, 784) an. Bei den seltenen Umlaufbeschlüssen (vgl. Bärmann/*Merle* § 24 Rn. 201) muss der Verwalter oder Initiator einen nach außen erkennbaren Verkündungsakt (Aushang, Rundschreiben) setzen. Der zu vermerkende Ort der Verkündung ist nicht der Ort des Zugangs der Verkündung, wenn sie gegenüber allen Eigentümern per Brief erfolgte, sondern i.d.R. der Absende- oder Aushangsort. Kommt keine Allstimmigkeit zustande, muss ein Negativbeschluss verkündet und eingetragen werden. Erfasst werden auch die Umlaufbeschlüsse in bloßer Textform (vgl. § 23 Abs. 3 WEG). Insoweit ist von einem Redaktionsversehen im WEMoG auszugehen, da die Beschluss-Sammlung erst im letzten Moment wieder ins Gesetz gekommen ist, nachdem die Aufhebung längst in trockenen Tüchern schien (in der BR-Drs. 168/20 hieß es noch: 22.e) Die Absätze 7 und 8 < des § 24 WEG > werden aufgehoben und unter 23.e) war formuliert: Folgender Absatz 5 wird angefügt: »Niederschriften über Beschlüsse und Urteile in Verfahren nach § 44 Absatz 1 sind in Textform aufzubewahren. Beschlüsse nach § 16 Absatz 2 Satz 2 und § 21 Absatz 5 Satz 1 sowie diesbezügliche Urteile sind hervorzuheben«).

– **Nr. 3:** etwaige **Urteilsformeln gerichtlicher Entscheidungen** in WEG-Sachen

Nach § 24 Abs. 7 S. 2 Nr. 3 WEG sind insbesondere, aber nicht nur die Urteilsformeln der auf- 207
grund von Anfechtungsklagen nach § 43 WEG ergangenen gerichtlichen Entscheidungen aufzunehmen, sondern alle weiterem Urteilsformeln von Entscheidungen, die aus einem Verfahren nach § 43 Abs. 2 Nr. 1 bis 4 WEG (nicht auch Mahnbescheide vor Existenz eines Vollstreckungsbescheids, der einem Versäumnisurteil gleichsteht; *Merle* ZWE 2007, 276, Bärmann/*Merle* § 24 Rn. 203 ff.; *Abramenko*, Handbuch WEG, 2009, § 6 Rn. 116) resultieren. Dies gilt insbesondere für Beschlüsse nach § 43 WEG a.F. in noch laufenden WEG-Verfahren. Entsprechendes gilt für Vollstreckungsbescheide und wohl auch für Kostenfestsetzungsbeschlüsse (str.). Es sollen nur »Instanzbeendende« Urteile aufgenommen werden. Für diese Einschränkung gibt das Gesetz nichts her. Grund-, Teil-

und Zwischenurteile müssen auch in die Beschluss-Sammlung. *Brücher/Schultzky* (Nomos-Komm. § 24 Rn. 28) verlangt auch die Eintragung des Aktenzeichens (so auch *Hügel/Elzer* 4. Aufl. § 24 Rn. 178). Das ist sicher sinnvoll, steht aber auch nicht im Gesetz.

208 Streitig ist, ob in die Beschluss-Sammlung auch die Entscheidungen i.S.d. § 17 WEG (verneinend früher Hügel/*Scheel* Teil 12 Rn. 242) aufzunehmen sind. Die Ablehnung wurde damit begründet, dass in der Beschluss-Sammlung nur das Verhältnis der Wohnungseigentümer in Bezug auf die Verwaltung dokumentiert werden soll. Das Urteil gem. § 17 WEG betrifft jedoch nicht dieses, sondern den Status als Mitglied der Gemeinschaft (vgl. *Drasdo* ZMR 2007, 501); inzwischen wird diese Differenzierung auch von *Drasdo* (ZWE 2008, 172 unter V.1.a. unter ausdrücklicher Aufgabe seiner früher abweichenden Ansicht) nicht mehr vorgenommen und auch eine Eintragungspflicht der Entscheidungen zu § 17 WEG bejaht, da § 24 Abs. 7 WEG nicht zwischen den verschiedenen Verfahren differenziert.

209 Nach *Abramenko* (Handbuch WEG, 2009, § 6 Rn. 122) ist das Gesetz für bestimmte Streitigkeiten der Wohnungseigentümer untereinander nach § 43 Abs. 2 Nr. 1 WEG bzw. gegen den Verwalter nach § 43 Nr. 3 WEG zu weit gefasst. Es ist seit jeher anerkannt, dass bei bestimmten Streitigkeiten, die nur einzelne Wohnungseigentümer betreffen, die Miteigentümer noch nicht einmal am Verfahren beteiligt werden müssen (*BGH* – V ZB 9/91, ZMR 1992, 30 = NJW 1992, 180; *OLG Hamm* ZMR 1996, 41; *OLG Hamburg* ZMR 2001, 134, 135). Diese Praxis fand bis 30.11.2020 in § 48 Abs. 1 S. 1 WEG a.F. die ausdrückliche Anerkennung des Gesetzgebers. Wenn aber eine solche Streitigkeit für die Miteigentümer und Verwalter so unbedeutend ist, dass sie noch nicht einmal zur Gewährung rechtlichen Gehörs am Verfahren zu beteiligen sind, muss das Ergebnis des Verfahrens nicht an der Publizitätswirkung der Beschluss-Sammlung teilnehmen. Eine Aufnahme hierin ist daher nicht geboten. Dies umso weniger, als mangels Beteiligung noch nicht einmal gewährleistet ist, dass Miteigentümer und Verwalter vom Rechtsstreit bzw. seinem Ausgang erfahren (vgl. auch *Hügel/Elzer* § 24 Rn. 178).

210 Der **Begriff der »Urteilsformel«** dürfte auslegungsbedürftig sein, da er sich nach dem Gesetz auf gerichtliche Entscheidungen und nicht etwa (nur) Urteile bezieht. Gerichtliche Beschlüsse (z.B. nach § 319 Abs. 2 und § 91a ZPO) können einen Urteils- bzw. Entscheidungstenor enthalten. »Urteilsformel« meint aber grundsätzlich, dass nur der »Tenor« eines Urteils (vgl. § 313 Abs. 1 Nr. 4 ZPO) einzutragen ist. Die zusätzliche Aufnahme auch der o.g. Beschlüsse ist ratsam. Es sind auch nur vorläufig vollstreckbare Entscheidungen einzutragen (vgl. *Hügel/Elzer* 4. Aufl. § 24 Rn. 179 stellt auf die Rechtskraft ab; a.A. *Deckert/Kappus* NZM 2007, 745 [74]; Jennißen/*Schultzky* § 24 Rn. 184), da auch sie bereits Wirkung unter den Betroffenen erzeugen, soweit nicht nur eine Willenserklärung ersetzt wird (vgl. § 894 ZPO) und ein Informationsbedürfnis auch insoweit für die Einsichtsberechtigten besteht.

211 Der Tenor eines Urteils ist nicht beschränkt auf die Hauptsacheentscheidung, sondern inklusive aller Nebenentscheidungen (§§ 91 ff. und 708 ff. ZPO; vgl. Staudinger/*Häublein* § 24 Rn. 278; *Abramenko* Handbuch WEG, 2009, § 6 Rn. 118) einzutragen. Die Klage abweisende Entscheidungen sollten (fakultativ; vgl. Staudinger/*Häublein* § 24 Rn. 277) – um den Informationswert der Beschluss-Sammlung zu erhöhen – unter Hinzufügung des erfolglosen Klagantrags aufgenommen werden. Der Tenor: »Die Klage wird abgewiesen« allein hat keine Aussagekraft für den Leser. Dies verdeutlichte z.B. § 48 Abs. 4 WEG a.F., wonach eine Abweisung der Anfechtungsklage als unbegründet (nicht nur unzulässig) auch den Nichtigkeitseinwand zumindest bis 30.11.2020 abschneidet (*BGH* – V ZR 74/08, ZMR 2009, 296, 297). Nach der eher formalistischen Gegenansicht soll es genügen, den Tenor einzutragen. Der Einsichtnehmende erfahre so, dass ein klagabweisendes Urteil ergangen sei. Dieses könne er dann einsehen, um die weiteren Informationen über den Streitgegenstand zu erlangen.

212 Entscheidungen aus Verfahren gegen außenstehende Dritte (§ 43 Nr. 5 WEG a.F.) müssen – wenn nicht eine teleologische Reduktion der Norm befürwortet – eingetragen werden, obwohl diese nicht das Rechtsverhältnis der Wohnungseigentümer untereinander direkt betreffen. Sie dokumentieren

jedoch die Verpflichtungen (vgl. § 9a Abs. 4 WEG) der Gemeinschaft der Wohnungseigentümer gegenüber Dritten für die der einzelne Eigentümer teilschuldnerisch einzustehen hat. Der Erwerber kann daher aus der Aufnahme des Urteilstenors erkennen, ob er gegebenenfalls damit rechnen muss, dass er noch gegenüber Gläubigern der Gemeinschaft zu haften hat oder deren Forderungen zumindest über die Nachschusspflicht oder den Wirtschaftsplan finanzieren muss (so *Drasdo* ZMR 2007, 501).

Umstritten ist die Eintragung eines **Prozess-Vergleichs**, der auch in einem gerichtlichen Beschluss nach § 278 Abs. 6 ZPO enthalten sein kann. Auch insoweit fehlt es jedoch an einer gerichtlichen Entscheidung und an einer Gleichstellung mit einem Urteil wie sie § 17 Abs. 4 S. 2 WEG vorsieht (vgl. *Hügel/Elzer* 4. Aufl. § 24 Rn. 180; Staudinger/*Häublein* § 24 Rn. 267; *Drasdo* ZWE 2008, 169). Außerdem hat ein Vergleich als solcher auch in WEG-Sachen keine z.B. den Erwerber oder Dritte bindende Wirkung; er gilt nur unter den Beteiligten; sog. inter-partes-Wirkung (*BayObLG* NJW-RR 1990, 594). Anderes gilt, wenn der Vergleich einen WEG-Beschluss umsetzt (z.B. *AG Pinneberg/LG Itzehoe* ZMR 2006, 969; *OLG Jena* ZMR 2007, 65: Vergleich mit einem Bauträger *OLG Zweibrücken* ZMR 2001, 734), dann ist jedenfalls dieser Beschluss einzutragen. Der gerichtliche Vergleich gehört dennoch nicht in die Beschluss-Sammlung, jedenfalls wenn er den Erwerber eher irritiert und eine vermeintliche Verbindlichkeit vorgibt, die er nicht hat (**a.A.** *Merle* ZWE 2007, 277; Bärmann/*Merle* § 24 Rn. 208). 213

Nach *Deckert* (WE 2007, 100 ff.) können auch protokollierte Gerichtsvergleiche weiter gehende Rechts- und Bindungswirkungen für die gesamte Gemeinschaft erlangen, wenn sie nach Protokollierung unter den Vorbehalt einer Beschlussgenehmigung gestellt wurden; der entsprechende Beschluss – nicht der Vergleich – ist mit dem vollständigen, mehrheitlich genehmigten Vergleichswortlaut dann einzutragen. Zu den Gefahren solcher Vergleiche und der Notwendigkeit einer Sicherheitsklausel vgl. *AG Düsseldorf* ZMR 2008, 80 m. Anm. *Elzer*. 214

Vom Wortlaut des § 24 Abs. 7 Nr. 3 WEG ausgehend, der nur Urteilsformeln erwähnt, scheidet die Eintragung von Vergleichen aus. Dies führt – so *Drasdo* (ZWE 2008, 172 und ZMR 2007, 501) – zu dem merkwürdigen Ergebnis, dass ein Vergleich (vgl. *Becker* ZWE 2002, 429) wegen der ausschließlichen Maßgeblichkeit des Parteiwillens, der im Ergebnis weit über eine Urteilsformel inhaltlich hinausgehen kann, nicht eingetragen werden muss, obwohl er das Verhältnis der Parteien auf Dauer nachhaltig ändert. Dennoch ist dies konsequent. 215

Es fehlt deshalb an einer Bindung des Rechtsnachfolgers, weil § 10 Abs. 3 letzter Satz WEG nur Beschlüsse und gerichtliche Entscheidungen erwähnt, nicht aber Prozess-Vergleiche. Auch wenn etwa das *AG Mayen* (ZMR 2001, 228) und das *LG Koblenz* (ZMR 2001, 230) eine solche Bindungswirkung angenommen haben (vgl. *OLG Zweibrücken* ZMR 2001, 734 m. abl. zutreffender Anm. *Häublein* ZMR 2001, 737), ist dem nicht zu folgen. Der gerichtliche Vergleich stellt gerade keinen Beschluss der Wohnungseigentümerversammlung dar (*Becker* ZWE 2002, 429). Der Prozess-Vergleich beinhaltet – wenn alle Wohnungseigentümer beteiligt sind – allenfalls eine Vereinbarung i.S.d. § 10 WEG. Diese gehört dann ggf. ins Grundbuch, nicht aber in die Beschluss-Sammlung. Eine Wirkung gegenüber Erwerbern tritt nur ein, wenn eine Eintragung in die Wohnungsgrundbücher erfolgte. Dieselbe Wirkung hätte inhaltsgleicher (bestandskräftiger) Beschluss. 216

Drasdo (ZWE 2008, 172 und ZMR 2007, 501) zeigt verschiedene Handlungsalternativen auf: 1. Beschluss über den Vergleichsinhalt nebst Protokollierung vor Gericht, 2. Unter Berufung auf § 127a BGB soll die gerichtliche Protokollierung die notarielle Beurkundung ersetzen. Soweit dies gewollt ist, muss dies für die Eintragung in die Wohnungsgrundbücher bereits bei dem gerichtlichen Vergleichsabschluss beantragt und bewilligt werden (vgl. *Becker* ZWE 2002, 429). 217

Abramenko (Handbuch WEG, 2009, § 6 Rn. 117) dagegen argumentiert wie folgt unter weitester Auslegung des Gesetzes: *Keine Berücksichtigung findet im Gesetzestext der gerichtliche Vergleich. Es kann aber bei gerichtlichen Vergleichen kein Zweifel bestehen, dass auch er analog § 24 Abs. 7 S. 2 Nr. 3 WEG als Beendigung eines Gerichtsverfahrens einzutragen ist (Frohne ZMR 2006, 591; Merle ZWE 2007, 277). Denn ansonsten bliebe jedenfalls in Beschlussanfechtungsverfahren der Ausgang eines Rechts-* 218 *streits auf Dauer uneingetragen, was zur Unrichtigkeit der Beschluss-Sammlung führen würde. Dann erschiene der zugrunde liegende Rechtsstreit dort weiterhin als anhängig. Schon dem Wortlaut des § 24 Abs. 7 S. 2 Nr. 3 WEG nach muss ein Beschluss nach § 278 Abs. 6 S. 2 ZPO eingetragen werden, der das Zustandekommen eines Vergleiches feststellt.*

219 Richtig ist daran, dass entweder sowohl der deklaratorische Gerichtsbeschluss nach § 278 Abs. 6 ZPO als auch der vor Gericht protokollierte Vergleich einzutragen sind oder – wie hier vertreten – eben beide nicht. Dass der Ausgang eines Anfechtungsprozesses nicht aus der Sammlung ersichtlich ist, kann auch bei einer Klagrücknahme als Ergebnis eines außergerichtlichen Vergleichs passieren. Vermerke wie »beendet durch …« sind sowohl bei der Rücknahme als auch beim Vergleich zulässig und geboten.

220 Die Angabe von Ort, Datum, Gericht und Parteien gehört zum Inhalt aller nach § 24 Abs. 7 S. 2 Nr. 1. bis 3. WEG aufzunehmenden Regelungen.

III. Form und Zeitpunkt

221 Wegen des Gebots der Übersichtlichkeit ist es i.d.R. unzulässig, die (gesamte) Niederschrift in die Sammlung aufzunehmen. Zur technischen Umsetzung macht das Gesetz keine Vorschriften, d.h. die Sammlung kann in Schriftform oder elektronischer Form angelegt werden (*Brücher/Schultzky* Nomos-Kommentar 5. Aufl. § 24 Rn. 29). Nach Auffassung des Gesetzgebers besteht kein Anlass für Formvorgaben (Muster etwa bei Elzer/*Fritsch*/Meier, 3. Aufl. § 2 Rn. 403, *dies.* 4. Aufl. § 1 Rn. 416, *Schramm* DWE 2007, 76–82), da es sich hierbei um auf den Einzelfall bezogene Details handelt, die i.S.d. Regelungszwecks jeweils im Einzelfall zu entscheiden sind. Eine Führung der Beschluss-Sammlung wird i.d.R. elektronisch und gegebenenfalls (Ausnahme) nach nicht unbedingt historischen Ordnungskriterien erfolgen (vgl. BT-Drs. 16/887, S. 83). Die Gemeinschaft sollte allerdings bei einem Verwalterwechsel darauf achten, dass die einmal gewählte Form nicht grundlos gewechselt wird. »Fälschungssicher« sollte die gewählte Form sein (vgl. Jennißen/*Schultzky* 8. Aufl. § 24 Rn. 186).

222 § 24 Abs. 7 S. 3 WEG verlangt vom Verwalter die Beschlüsse und Entscheidungen fortlaufend zu nummerieren (Bärmann/*Merle* § 24 Rn. 185). Dies soll Manipulationen verhindern und es erleichtern, die Vollständigkeit der Beschluss-Sammlung zu überprüfen. Keinesfalls darf die Nummerierung je Wirtschafts- oder Kalenderjahr neu beginnen etwa mit 1/21 bzw. 1/22. Die zeitliche Reihenfolge ist strikt einzuhalten, orientiert an dem Verkündungszeitpunkt der Beschlüsse oder gerichtlichen Entscheidungen.

223 Vor dem Hintergrund des Einsichtsrechts (s.u. zu § 24 Abs. 7 S. 8 WEG) muss die elektronische Beschluss-Sammlung ganz oder teilweise jederzeit in eine Printversion umgewandelt werden können (Brücher/*Schultzky* Nomos-Kommentar 5. Aufl. § 24 Rn. 29).

224 Die Wohnungseigentümer können durch Vereinbarungen Einzelheiten zu Bestandteilen der Beschluss-Sammlung zusätzlich festlegen und/oder auch eine bestimmte Form der Sammlung regeln.

225 Auch **datenschutzrechtliche Anforderungen** sind zu beachten. Durch die Vergabe von Zugangs- und Zugriffsberechtigungen ist dafür Sorge zu tragen, dass vorhandene Daten der Beschluss-Sammlung nur zu erlaubten Zwecken verwendet und auch nur den Berechtigten zugänglich gemacht werden. Außerdem müssen die vorhandenen Daten vor Verlust, unberechtigter Veränderung oder Vernichtung geschützt werden.

226 Nach § 24 Abs. 7 S. 7 WEG sind die Eintragungen jeweils **unverzüglich** zu erledigen und mit Datum zu versehen. »Unverzüglich« bedeutet (vgl. § 121 Abs. 1 S. 1 BGB: »ohne schuldhaftes Zögern«), dass der Gesetzgeber hier der Aktualität der Beschluss-Sammlung große Bedeutung beimisst (vgl. (Brücher/*Schultzky* Nomos-Kommentar 5. Aufl., § 24 Rn. 29; Staudinger/*Häublein* § 24 Rn. 272; Bärmann/*Merle* § 24 Rn. 186, 188; *Merle* ZWE 2007, 274).

Die erforderlichen Eintragungen und Vermerke müssen – jedenfalls bei bedeutenden Beschlussgegenständen – bei der ersten sich bietenden Gelegenheit erfolgen. Im Einzelfall werden Fristen von 1–5 Werktagen noch als ordnungsmäßig anzusehen sein (Jennißen/*Schultzky* § 24 Rn. 194: max. 1 Woche). *Merle* verlangt sogar generell die Eintragung am nächsten Geschäftstag nach der Versammlung (Bärmann/*Merle* § 24 Rn. 186 unter Hinweis auf BT-Drs. 16/887, S. 34). Im Fall der Zustellung einer gerichtlichen Entscheidung oder einer Klageschrift bzw. bei der Verkündung eines Umlaufbeschlusses soll auch schon am nächsten Arbeitstag die Eintragung zu erfolgen haben. Dies gilt auch für den Versammlungsbeschluss. Nach Vorstellung des Gesetzgebers (BT-Drs. 16/887, S. 34) ist eine Eintragung mehrere Tage nach der Beschlussfassung i.d.R. nicht mehr unverzüglich. 227

Nach *Drasdo* (ZMR 2007, 501) muss der Verwalter seinen Geschäftsbetrieb darauf einrichten, dass die in die Beschluss-Sammlung aufzunehmenden Fakten kurzfristig nach deren Bekanntgabe in dieser auch vermerkt werden. Unter »unverzüglich« in diesem Sinne wird daher regelmäßig die Vornahme der Eintragung am auf die Versammlung folgenden Werktage zu verstehen sein. Denn bereits zu diesem Zeitpunkt muss wegen der geänderten Rechtslage – der Beschluss ist bis zu seiner rechtskräftigen Ungültigerklärung wirksam – die Beschluss-Sammlung diese Informationen liefern können. Ein Abwarten bis zur Unterzeichnung des Versammlungsprotokolls kommt jedenfalls nicht in Betracht. Die Eintragung eines Beschlusses in die Beschluss-Sammlung erst binnen einer Woche wurde allerdings vom *LG Berlin* (ZWE 2010, 224) noch als unverzüglich angesehen. 228

Der Beschluss kommt selbst dann, wenn für seine Wirksamkeit/Gültigkeit (nicht Existenz) eine Protokollierung vorgesehen ist (*OLG Celle* OLGR 2004, 600 = NZM 2005, 308; *OLG Düsseldorf* ZMR 2005, 218 = NZM 2005, 24), mit seiner Verkündung bereits zustande. Die Verweigerung der Unterzeichnung der Niederschrift enthebt den Verwalter nicht von der Eintragung in die Beschluss-Sammlung. 229

Ebenso wenig ist die – noch binnen Monatsfrist des § 45 WEG mögliche – Anfechtung eines Beschlusses ein Grund für ein Zurückstellen der Eintragung in die Beschluss-Sammlung. Anderenfalls liefe das Kriterium der »Unverzüglichkeit« leer. Außerdem scheitert sowohl ein Wiedereinsetzungsantrag bei Versäumen der Anfechtungsfrist als auch die Kostentragung der Beklagten bei Totalanfechtung aller Beschlüsse am letzten Tag der Frist wegen fehlenden Protokolls nebst anschließender (Teil-) Rücknahme der Klage an der Einsichtsmöglichkeit in die Beschluss-Sammlung (vgl. *LG München I* NZM 2008, 410). Eine Eintragung nach Eintritt der Bestandskraft kommt erst recht nicht in Betracht. Das Gesetz sieht die zeitliche Reihenfolge Beschlusseintragung nebst späterem Vermerk einer Anfechtungsklage nun mal so vor. 230

Soweit die Durchführung des Beschlusses dem Verwalter durch eine gerichtliche einstweilige Verfügung vorübergehend verboten wird, steht dies der Eintragung nicht im Wege, nur ein entsprechender Vermerk muss dies dokumentieren. 231

Wesentlich weniger streng äußerte sich allein *Deckert* (WE 2007, 100 ff.), der auch noch eine Eintragung 2 bis 3 Wochen nach der Versammlung tolerieren wollte. Eine Eintragungspflicht spätestens am Tage nach der Versammlung erschien ihm jedenfalls aus Verwaltersicht »unmenschlich« (!), auch wenn in Zukunft zunächst einmal die üblichen Versammlungsprotokolle vielleicht etwas schneller als bisher erstellt werden sollten. Diese Meinung ist singulär geblieben. Protokolle sind nach dem Gesetz nun einmal nicht unverzüglich zu erstellen, geschweige denn zu versenden; der Vergleich mit den kraft Gesetzes unverzüglich vorzunehmenden Eintragungen in die Beschluss-Sammlung hinkt. Der Gemeinschaft steht aber die Möglichkeit offen durch Vereinbarung moderatere Fristen einzuräumen. Eine Regelung durch Beschluss wäre mangels Beschlusskompetenz nichtig (Bärmann/*Merle* § 24 Rn. 179); der Verwaltervertrag wäre das falsche Regelungsinstrument. 232

IV. Stichtagsregelung, § 24 Abs. 7 S. 2 WEG

Alle Beschlüsse und gerichtlichen Entscheidungen ab 01.07.2007, sind in die Sammlung aufzunehmen. Eine Rückwirkung sieht das Gesetz nicht vor. Damit sind die gesetzlichen Aufgaben des 233

Verwalters erst einmal auf der Zeitschiene derart eingegrenzt, dass in der ferneren Vergangenheit liegende Beschlüsse und Entscheidungen nicht aufzunehmen sind.

234 Allerdings heißt es in der Begründung zum 2007 novellierten WEG (vgl. BT-Drs. 16/887, S. 84): *»… mag die Gesetzesänderung Anlass geben, die noch relevanten Beschlüsse und Entscheidungen zu sichten und zu ordnen … … dürfte sie auch ohne eine ausdrückliche gesetzliche Regelung ordnungsmäßiger Verwaltung entsprechen.«* Dies bedeutet, dass es den Wohnungseigentümern nahe gelegt wird durch Mehrheitsbeschluss festzulegen, dass auch die in der ferneren Vergangenheit liegenden Beschlüsse und gerichtlichen Entscheidungen in die Beschluss-Sammlung aufgenommen werden sollen. Ein solcher Beschluss ist vom Verwalter umzusetzen, soweit er sich nicht auf Unmöglichkeit (§ 275 BGB) erfolgreich berufen kann.

235 Die Gemeinschaft der Wohnungseigentümer verhält sich allerdings treuwidrig, wenn sie dem Verwalter keinen Anspruch auf eine angemessene Sondervergütung (variable Vergütung) im selben Beschluss zubilligt (ggf. angemessener Stundensatz mit Limit für den Gesamtaufwand). Es kann insoweit nichts anderes gelten als in dem Fall, dass frühere Beschlüsse über fehlerhafte Jahresabrechnungen (nach § 28 WEG a.F.) des Vorverwalters gerichtlich für ungültig erklärt werden und der neue Verwalter auf Wunsch der Eigentümer diese Abrechnungen komplett neu erstellen soll.

V. Aktualisierung, § 24 Abs. 7 S. 4 bis 6 WEG

236 Im Fall der Anfechtung oder **Aufhebung** eines Beschlusses ist dies in der Sammlung zu vermerken. Bei der Aufhebung ist auch die Löschung zulässig. Nach § 24 Abs. 7 S. 4 WEG müssen die eingetragenen Versammlungsbeschlüsse oder Gerichtsentscheidungen mit Vermerken versehen werden.

237 Dies bedeutet, dass im Fall eines angefochtenen Versammlungs- oder Umlaufbeschlusses die Tatsache der Anfechtung als Vermerk zur jeweiligen Eintragung hinzuzufügen ist. Wie dies zu geschehen hat ist gesetzlich nicht festgelegt. Um den optimalen Informationswert der Beschluss-Sammlung zu erreichen wird man Kläger, Gericht, gerichtliches Aktenzeichen (sinnvoll, aber nicht vorgeschrieben) etc. hineinschreiben müssen.

238 Wird ein Versammlungsbeschlusses – z.B. durch Zweitbeschluss (vgl. *Elzer* ZMR 2007, 237), gerichtliche Entscheidung – aufgehoben, ist dies im Wege des Vermerks zur jeweiligen Eintragung hinzuzusetzen. Zum Begriff der »Aufhebung« vertritt *Abramenko* (Handbuch WEG, 2009, § 6 Rn. 125) folgende Ansicht: *Was unter »Aufhebung« zu verstehen ist, erschließt sich nicht auf Anhieb, da der Begriff dem Gesetz ansonsten fremd ist. Auf den Abschluss eines gerichtlichen Verfahrens nach § 43 Nr. 4 WEG (a.F.) kann er sich nicht beziehen, da die erfolgreiche Anfechtung eines Beschlusses seit Inkrafttreten des WEG als Ungültigerklärung bezeichnet wird (s. § 23 Abs. 4 S. 1 WEG a.F.). Diese Terminologie führt die Novelle etwa in §§ 23 Abs. 4 S. 2, 46 Abs. 1 Satz 1 WEG (2007) ausdrücklich fort. Der nicht näher erläuterte Begriff der Aufhebung kann sich folglich nur auf die Beseitigung eines Beschlusses auf anderem Wege beziehen.*

239 Zu beachten ist, dass oft Prozesse über den angegriffenen Erstbeschluss bis zur Entscheidung über den (heilenden) Zweitbeschluss ausgesetzt werden (vgl. *Drabek* ZMR 2014, 20; *LG Hamburg* ZMR 2012, 723; falsch *LG Stuttgart* ZMR 2013, 564). Wird dann der Zweitbeschluss rechtskräftig für ungültig erklärt gilt in der Regel erst einmal der Erstbeschluss weiter bis zu dessen evtl. Aufhebung/Ungültigerklärung. Es sollte zwar die Aufhebung/Ungültigerklärung vermerkt werden, aber mit einem Hinweis wie »Aufhebung noch nicht bestandskräftig«. Dieser Vermerk ist je nach Verfahrensausgang später erneut zu aktualisieren. Anders ist die Rechtslage, wenn der Zweitbeschluss in seinem 1. Teil den Erstbeschluss endgültig (wegen grober Fehler) beseitigen soll und im 2. Teil einen neuen Lösungsansatz enthält. Hier besteht für die Anfechtung des 1. Teils des Zweitbeschlusses kein Rechtsschutzbedürfnis des Betroffenen. Es bedarf auch keiner Verfahrensaussetzung. Der Erstbeschluss ist endgültig/bestandskräftig aufgehoben, was durch entsprechenden Vermerk in der Sammlung kenntlich zu machen ist.

Analog ist bei noch nicht rechtskräftigem Urteil über die Ungültigerklärung eines Beschlusses zu verfahren bei der Anbringung eines Aufhebungsvermerks (»Aufhebung noch nicht rechtskräftig«). Auch dieser Vermerk ist je nach Verfahrensausgang später erneut zu aktualisieren. Bei Berufungseinlegung sollte das Aktenzeichen des zuständigen Landgerichts angegeben werden. 240

Im Fall der Aufhebung sieht § 24 Abs. 7 S. 5 und Satz 6 WEG alternative Handlungsformen für den Verwalter vor, nämlich die Anmerkung oder gar die Löschung der Eintragung. Von Löschungen (insbesondere bei elektronischer Führung der Beschluss-Sammlung) ist abzuraten (Haftungsgefahr). 241

Nach § 24 Abs. 7 S. 6 WEG kommt auch eine Löschung einer Eintragung in Betracht, sofern aus anderen Gründen als einer Aufhebung die Eintragung für die Wohnungseigentümer ohne weitere Bedeutung ist. Dies gilt für Spontan- und ORGA-Beschlüsse, die über die betreffende Versammlung hinaus keine Wirkung mehr entfalten können – wenn man sie für eintragungsbedürftig ansieht. Die Eigentümerversammlung hat keine Beschlusskompetenz selbst über die Löschung zu befinden. Der einzelne Wohnungseigentümer kann Mängel der Beschluss-Sammlung durch einen auf § 18 Abs. 2 WEG gestützten Klagantrag gegenüber der Gemeinschaft (nicht mehr gegenüber dem Verwalter) ggf. gerichtlich im Verfahren nach § 43 Abs. 2 Nr. 3 WEG durchsetzen (Staudinger/*Häublein* § 24 Rn. 292). 242

Sehr am Wortlaut orientiert und zu eng ist die Auffassung *Abramenkos* (Handbuch WEG, 2009, § 6 Rn. 126), dass der Gesetzgeber in § 24 Abs. 7 S. 5 u. 6 WEG nur die Löschung von »Eintragungen« vorsehe. »Vermerke« sollen danach nicht isoliert gelöscht werden können. Das sei ohne Weiteres verständlich, wenn der Vermerk auf eine erfolgreiche Anfechtung oder eine nicht angegriffene Aufhebung hinweist. Denn in diesem Fall würde die Löschung des Vermerks zur Unrichtigkeit der Beschluss-Sammlung führen, da sie einen bestandskräftigen Beschluss ausweisen würde. Hingegen erscheine die gesetzliche Regelung dann, wenn das Anfechtungsverfahren erfolglos bliebe oder der aufhebende Zweitbeschluss für ungültig erklärt wurde, nicht auf Anhieb einleuchtend. Denn dann weise der Vermerk auf einen überholten (!) Rechtszustand hin. Da anhand des Vermerks aber das Anfechtungsverfahren und sein Ausgang ermittelt werden kann, ergeben sich insoweit keine Nachteile für die Publizitätswirkung der Beschluss-Sammlung, die zum Abgehen vom Gesetzeswortlaut nötigen könnten. Ähnliches gilt für den Vermerk über den aufhebenden Zweitbeschluss, da auch dessen Ungültigerklärung anhand des Vermerks aufgefunden werden kann. 243

Auch wenn bei anderen Sachverhalten aktuell von einem Wegfall der Regelungswirkung ausgegangen wird (z.B. Uraltbeschlüsse) und eine Löschung formell möglich erscheint, sollte nur auf einen Vermerk zurückgegriffen werden. Lücken in der laufenden Nummerierung wecken nur Nachfragen und Informationsbedürfnis bei Erwerbern. Für die rechtskräftige gerichtliche Ungültigerklärung gibt es keine eigenständige Regelung. Nach § 24 Abs. 7 S. 6 WEG genügt es für die Löschung aber nicht, dass der Beschluss für ungültig erklärt wurde. Gelöscht werden darf nur, wenn die Eintragung für die Gemeinschaft und jeden Eigentümer nicht noch irgendwie bedeutsam sein kann. Insoweit wird auf § 47 FamFG verwiesen, wonach Rechtsgeschäfte des Verwalters, dessen Wahlbeschluss später für ungültig erklärt wurde, weiterhin wirksam sind. 244

VI. Recht auf Einsicht in die Sammlung, § 24 Abs. 7 S. 8 WEG

Ein Einsichtsrecht haben nicht nur alle Wohnungseigentümer, sondern auch von ihnen ermächtigte (*Abramenko* HdB WEG, § 6 Rn. 176; Bärmann/*Merle* § 24 Rn. 222: fremdes Einsichtsrecht wird im eigenen Namen geltend gemacht) oder bevollmächtigte (im fremden Namen) Dritte. Ein berechtigtes Interesse muss nicht dargelegt werden (*LG Hamburg* ZMR 2012, 292). Bei Verweigerung der Einsicht, ist nicht mehr der aktuelle Verwalter für ein entsprechendes Verlangen aus § 24 Abs. 7 S. 8 WEG passivlegitimiert, sondern die GdWE. Ungeklärt ist noch, ob auch einem Dritten, der zwar nicht ermächtigt ist, aber ein rechtliches Interesse an der Einsichtnahme besitzt, z.B. ein möglicher Ersteigerer, Einsicht vom Verwalter gewährt werden darf. Der **Bietinteressent** in der Zwangsversteigerung hat kein eigenes Einsichtsrecht (Staudinger/*Häublein* § 24 Rn. 298) und sollte sich von einem Wohnungseigentümer, der ein Interesse an einer baldigen Zuschlagserteilung hat, eine 245

Ermächtigung geben lassen. Obwohl dieser Fall vom Gesetzgeber übersehen wurde, wird keine teleologische Reduktion des § 24 Abs. 7 S. 8 WEG vorzunehmen sein, da der Gesetzestext seit 2007 den potentiellen Ersteigerer nicht erwähnt und auch das WEMoG keine Änderung insoweit vorsieht (Jennißen/Schultzky § 24 Rn. 197); ein Einsichtsrecht ohne Ermächtigung scheidet aus. *Abramenko* (Handbuch WEG 2009 § 6 Rn. 177) schlägt folgenden praktikablen Weg vor: *Der Verwalter kann aber eine Ermächtigung durch einen anderen Wohnungseigentümer als den Schuldner anregen. Da die Ermächtigung nämlich nicht an eigene Veräußerungsabsichten geknüpft ist, genügt die entsprechende Erklärung irgendeines Miteigentümers. Dies wird in aller Regel auch in dessen Interesse liegen, da die Gemeinschaft mit dem Zuschlag wieder zahlungskräftige Schuldner der Vorschüsse nach § 28 Abs. 2 WEG etc. gewinnt.* Der Verwalter ist gut beraten mit der Gewährung der Einsicht gegenüber Dritten ansonsten Zurückhaltung zu üben. Ggf. kann er die Entscheidung auf die Eigentümerversammlung rückdelegieren und sich qua Beschluss anweisen lassen. Der Wohnungseigentümer muss allenfalls bei wiederholtem Einsichtsbegehren außerhalb der Versammlung ein berechtigtes Interesse darlegen (vgl. *Merle* ZWE 2007, 279; anders *LG Hamburg* ZMR 2012, 292).

246 Der aktuelle Verwalter oder bei dessen Fehlen der zur Führung der Beschluss-Sammlung Verpflichtete hat gem. § 24 Abs. 7 S. 8 WEG jedem Wohnungseigentümer oder einem entsprechend Bevollmächtigten Einsicht in die Beschluss-Sammlung zu gewähren. Das Recht auf Einsichtnahme umfasst auch den Anspruch auf Fertigung und Übersendung von Kopien gegen Kostenerstattung (vgl. *OLG München* ZMR 2006, 881; anders im Mietrecht: *Schmid* ZMR 2006, 341 zu *BGH* – VIII ZR 78/05, ZMR 2006, 358; Jennißen/*Schultzky* § 24 Rn. 198). Wird gegenüber dem Verwalter im Verlaufe dieses Streits im Rahmen der Einsichtnahme vor Ort vom Einsichtnehmenden geäußert »Was willst Du überhaupt, Du kleiner Wichser?« und hält dieser auch noch seine Faust wenige Zentimeter vor das Gesicht des Verwalters, so ist dies noch keine ernsthafte Drohung, sondern eine bloß situationsbedingte Verwünschung und Beschimpfung (*OLG Bremen* MDR 2010, 746).

247 Allen Berechtigten muss leicht realisierbar bzw. unschwer Einsichtnahme in die Sammlung gewährt werden und zwar grundsätzlich im Büro des Verwalters (vgl. *OLG Köln* NZM 2006, 702). In der Regel besteht kein Anspruch auf Herausgabe, allenfalls ein Anspruch auf Kopien gegen Kostenerstattung. Außerdem kann die Gemeinschaft für den besonderen Verwaltungsaufwand nach Aufhebung des § 21 Abs. 7 WEG a.F. keinen Kostenbeitrag/keine Pauschale beschließen. Die bloße Einsicht muss kostenfrei bleiben (*Abramenko* HdB WEG § 6 Rn. 180). Entstehen jedoch Kosten für die Gemeinschaft, kann nach § 16 Abs. 2 S. 2 WEG nunmehr beschlossen werden, dass sie vom Verursacher getragen werden.

VII. Sanktionen

248 Führte der Verwalter die Beschluss-Sammlung bis 30.11.2020 nicht ordnungsgemäß, konnte dies – insoweit bestand keine gesetzliche widerlegliche Vermutung, sondern es lag lediglich ein Regelbeispiel vor (vgl. *Briesemeister* NZM 2013, 345) – ein wichtiger **Grund zur Abberufung** sein, § 26 Abs. 1 S. 4 WEG a.F. Trotz Streichung dieser Regelung, aber wegen der möglichen Abberufung auch ohne wichtigen Grund (vgl. jetzt § 26 Abs. 3 Satz 2 WEG) sollten Verwalter der unverzüglichen und ordnungsmäßigen Führung der Beschluss-Sammlung Priorität einräumen. Nimmt ein Wohnungseigentumsverwalter gegen ihn ergangene Entscheidungen entgegen seiner Pflicht aus § 24 Abs. 7 und 8 WEG nicht in die von ihm zu führende Beschluss-Sammlung auf, so rechtfertigt nach der überstrengen Ansicht des *LG Karlsruhe* (WuM 2013, 634) bereits eine einmalige Pflichtverletzung seine Kündigung/Abberufung aus wichtigem Grund, was heute zum Wegfall der 6-Monatsvergütung nach § 26 Abs. 3 S. 2 WEG führt. Eine vorherige Abmahnung sei nicht erforderlich. Wenn sonstige Umstände wie eine Missachtung einer einstweiligen Verfügung hinzukommen, stellt dies nach *AG München* (ZMR 2009, 644) einen schwerwiegenden Grund dar zur Abberufung des Verwalters.

249 Eine Haftung gegenüber dem künftigen Erwerber sieht das Gesetz nicht vor. Der Normzweck des § 24 Abs. 7 und 8 WEG legt eine Schutzwirkung auch zugunsten Dritter (Ersteher, Rechtsnachfolger) allerdings nahe (vgl. *Merle* ZWE 2007, 274). Für eine **Berichtigung der Beschluss-Sammlung** gelten die Ausführungen zur Protokollberichtigung entsprechend (vgl. oben Rdn. 173 ff.). Selbst

beim Verwalterwechsel bleibt es bei der Passivlegitimation der Gemeinschaft, deren aktuelles Organ (neuer Verwalter) die Beschluss-Sammlung dann führt. Strittig ist allerdings, ob dem Verwalter qua Beschluss insoweit Weisungen erteilt werden können.

Indirekt war bis 30.11.2020 durch diesen gesetzlichen Regelfall zu befürchten, dass »wichtige Gründe« schneller angenommen werden im Zusammenhang mit anderen Sachverhalten (z.B. falsche Kontoführung, vgl. *Jungjohann* WE 2007, 116 ff.). Wenn schon nach § 26 Abs. 1 S. 4 WEG a.F. ein wichtiger Grund zur Abberufung des Verwalters regelmäßig vorliegt, wenn der Verwalter die Beschluss-Sammlung nicht ordnungsgemäß führt, ist erst recht ein wichtiger Grund gegeben, wenn ein WEG-Verwalter z.B. deutlich über 12 Monate keine Eigentümerversammlung einberuft und die Gemeinschaft erst durch ein gerichtliches Verfahren hierzu gezwungen werden musste. § 24 Abs. 1 WEG regelt nämlich, dass vom Verwalter – gemeint von der Gemeinschaft durch ihr Organ »Verwalter« – mindestens einmal im Jahr einzuberufen ist. Diese Pflicht gehört zu den Kardinalpflichten eines WEG-Verwalters. Die Verletzung dieser Einberufungspflicht des WEG-Verwalters hat erheblich größeres Gewicht als die dilatorische Führung der Beschluss-Sammlung, die ihrerseits einen gesetzlichen Regeltatbestand für einen wichtigen Grund zur Verwalterabberufung darstellte (*AG Hamburg-Blankenese* ZMR 2008, 1001; *BGH* – V ZR 105/11, ZMR 2012, 565: Den Wohnungseigentümern steht insoweit ein Beurteilungsspielraum zu, der erst dann überschritten ist, wenn die Ablehnung der Abberufung aus objektiver Sicht nicht vertretbar erscheint – eine Eintragung erst nach 6 Wochen, verspätete Beschlussumsetzung etc. reichten dem *BGH* nicht –, detailliert dazu *Briesemeister* NZM 2013, 344, 346. der von »Gnadenakten« und »Bewährungsaufschub« schreibt, während das *LG Hamburg* ZMR 2012, 290 von »**Verzeihungsermessen**« spricht; vgl. dazu auch *J.-H. Schmidt* AnwZert online MietR 17/2008 Anm. 2). Kritisch zu den unterschiedlichen Anforderungen beim Einzelantrag auf Abberufung und einem Mehrheitsbeschluss bereits *Briesemeister* (ZWE 2012, 399). 250

Die nicht ordnungsgemäße Pflichterfüllung kann im Einzelfall zu einer Schadensersatzhaftung des Verwalters führen (vgl. *Hügel/Elzer* 4. Aufl. § 24 Rn. 198; *Armbrüster* AnwBl. 2005, 16). Die schuldhafte Nichteintragung eines Beschlusses oder einer Urteilsformel hat (vgl. § 10 Abs. 3 letzter Satz WEG) Wirkung auch gegenüber Rechtsnachfolgern (so auch *Demharter* NZM 2006, 489/493, der allerdings Schadensersatzansprüche eines Kaufinteressenten gegen den Verwalter wohl entgegen *Armbrüster* verneinen möchte; vgl. auch *Deckert* WE 2007, 100 ff.) 251

Neben der fehlenden schuldrechtlichen Beziehung zwischen Erwerber und Verwalter sprechen auch die Materialien (BT-Drs. 16/887, S. 34) und seine jetzige Stellung als Vertreter der Gemeinschaft (vgl. § 9b WEG) eher gegen eine Haftung des Verwalters insoweit gegenüber einem Erwerber (vgl. *Abramenko* HdB WEG, § 6 Rn. 174). 252

Der Verwalter muss sich ein Organisationsverschulden, das eine solche zeitgerechte Eintragung vereitelt, zurechnen lassen. Zu einer ordnungsgemäßen Betriebsorganisation zählt – nach *Drasdo* (ZMR 2007, 501 ff.) –, dass sichergestellt ist, dass 253

Vorgänge, insbesondere Beschlussfassungen und Anfechtungsverfahren, kurzfristig in der Beschluss-Sammlung vermerkt werden; 254

bei Verhinderungen der für die Eintragung verantwortlichen Personen bei Urlaubs- und Krankheitsfällen sichergestellt ist, dass eine Vertretung sich um die notwendigen Erfordernisse ausreichend kümmert und

eine rechtzeitige Unterlassung einer Aufnahme der eintragungsbedürftigen Tatsachen in die Beschluss-Sammlung bemerkt werden kann.

Der typische Schaden bei schlechter/unzureichender insbesondere lückenhafter Führung entsteht aufseiten der Gemeinschaft im Zeitpunkt des Verwalterwechsels. *Schultzky* (schon in Nomos-Kommentar § 24 Rn. 28) weist darauf hin, dass Schadensersatzansprüche nur der Gemeinschaft zustehen, nicht aber den einzelnen Wohnungseigentümern (anders BT-Drs. 16/887, S. 34 zur Novelle 2007). Es bestehe auch kein Vertrag mit Schutzwirkung etwa zugunsten der Erwerber. 255

256 Berechtigt zu den erforderlichen Ergänzungen und Korrekturen ist jetzt der aktuelle Verwalter für die Gemeinschaft. Dieser ist aber nicht verpflichtet ohne Absprache über eine Sondervergütung bzw. Aufwendungsersatzanspruch die Arbeit seines Vorgängers nachzuholen (vgl. *Frohne* ZMR 2005, 514; *Drabek* ZWE 2005, 146).

257 Bei Weigerung des Verwalters Einsicht zu gewähren gegenüber einem Wohnungseigentümer drohen erhebliche Forderungen wegen Differenzkaufpreises, wenn ein vorsichtiger Kaufinteressent wegen Nichtvorlage der Beschluss-Sammlung sein unter Vorbehalt abgegebenes Angebot zurückzieht.

VIII. Wirkung, insbesondere gegenüber Erwerbern

258 Die Beschluss-Sammlung hat weder positive noch negative Publizität mit Gutglaubenswirkung (*Armbrüster* AnwBlatt 2005, 15; *Drasdo* ZMR 2007, 502). Trotzdem bestehen für identische Regelungsgegenstände unterschiedliche Publizitätsträger, nämlich Grundbuch einerseits und Beschluss-Sammlung andererseits. Wegen der Erweiterung der Beschlusskompetenz ist ein Auseinanderdriften von Beschlusslage und Grundbuch möglich und wahrscheinlich (vgl. *Häublein* ZMR 2007, 412).

259 Auswirkungen auf die durch den Mehrheitsbeschluss überholte Grundbuchlage sind nur vereinzelt normiert (vgl. jetzt § 7 Abs. 2 WEG). Statt einer Eintragung von gesetzes- und vereinbarungsändernden Beschlüssen ins Grundbuch oder in ein von den Verbänden seinerzeit favorisiertes Zentralgrundbuch wurde 2007 die zwingende Aufnahme derartiger Beschlüsse in die Beschluss-Sammlung für ausreichend gehalten. § 7 Abs. 2 i.V.m. § 5 Abs. 4 Satz 1 WEG regelt dies seit 01.12.2020 für solche (allein) aufgrund einer Öffnungsklausel gefasste Änderungsbeschlüsse anders und besser.

260 Erwerber von Wohnungseigentum dürfen und können auf den Grundbuchinhalt, insbesondere Kostenverteilungsregelungen, nicht mehr vertrauen, auch wenn keine Öffnungsklausel (Anpassungsvereinbarung) existiert.

261 § 10 Abs. 3 letzter Satz WEG spricht gegen einen Schutz des auf das Grundbuch vertrauenden Erwerbers, weil die nicht unter § 7 Abs. 2 i.V.m. § 5 Abs. 4 Satz 1 WEG fallenden Beschlüsse der Eigentümer weder eintragungsbedürftig noch eintragungsfähig sind. Die Beschluss-Sammlung wird insoweit für geeignet gehalten, das Informationsbedürfnis der Erwerber zu befriedigen. Besteht die gesetzliche Kompetenz zur teilungserklärungsändernden Beschlussfassung gilt: Der zutreffende Inhalt der Beschluss-Sammlung geht dem Grundbuch vor.

262 Der Erwerber ist an vom Grundbuchinhalt abweichende Beschlüsse folglich auch gebunden, wenn sie in der Beschluss-Sammlung nicht, unvollständig oder falsch wiedergegeben sind. Die Sammlung ist eben kein Sekundärgrundbuch.

IX. Pflicht zur Führung der Beschluss-Sammlung, § 24 Abs. 8 WEG

263 § 24 Abs. 8 WEG regelt die Organ-Verantwortlichkeit des Verwalters für die Führung der Beschluss-Sammlung. Auch durch Beschluss kann die Pflicht nicht vom Verwalter auf Dritte oder einen Wohnungseigentümer (Beirat) delegiert werden (vgl. § 24 Abs. 8 S. 2 WEG: anderes ist nur bei Fehlen eines Verwalters vorgesehen).

264 Fehlt ein Verwalter, so ist der Vorsitzende der Wohnungseigentümerversammlung zur Führung der Beschluss-Sammlung verpflichtet. Offen bleibt, wie lange und in welchem Umfang der Versammlungsleiter hier in die Pflicht genommen werden soll. Der Vorsitzende einer Eigentümerversammlung ist zeitlich bis zur Wahl eines anderen Vorsitzenden einer späteren Eigentümerversammlung oder der Wahl eines Verwalters zur Führung der Beschluss-Sammlung verpflichtet. Diese Pflicht obliegt nämlich kraft Gesetzes dem Verwalter als Organ der Gemeinschaft. Sie entsteht sofort mit seiner Bestellung/Wahl. Der neben einem gewählten Verwalter als Versammlungsleiter Fungierende ist niemals zur Führung der Beschluss-Sammlung verpflichtet.

§ 24 Abs. 8 S. 2 WEG begründet – insbesondere bei Fehlen eines Verwalters – Beschlusskompetenz zur Übertragung der Aufgabe auf eine andere Person. Eine Beschränkung auf Wohnungseigentümer derselben Anlage ist nicht angeordnet. Wird dagegen die Führung der Beschluss-Sammlung dem Verwalter für die Zukunft entzogen, ist diese abstrakt-generelle Regelung als gesetzesändernder Beschluss nichtig. Für die Dauer der Tätigkeit des für die Beschluss-Sammlung Verantwortlichen macht das Gesetz keine Vorgaben. Es sind daher sowohl kurzfristige Bestellungen nur für eine Versammlung als auch längere Amtszeiten möglich. Da aber nach § 24 Abs. 8 S. 1 WEG der Verwalter originär für die Beschluss-Sammlung zuständig ist, endet mit seiner Bestellung die Amtszeit eines sonstigen nach § 24 Abs. 8 S. 2 WEG-Verantwortlichen, sofern die Teilungserklärung keine anderslautende Regelung vorsieht (*Abramenko* Handbuch WEG. § 6 Rn. 138 und 145). 265

Die Beschluss-Sammlung ist ein aliud gegenüber dem Konvolut von Versammlungsprotokollen. Die §§ 24 Abs. 7 und 8 WEG und 24 Abs. 6 WEG haben jeweils einen eigenständigen Regelungsgegenstand. 266

X. Honorarfragen

Beschließt die Gemeinschaft die rückwirkende Führung des Beschluss-Sammlung über den gesetzlichen Auftrag hinaus, was ordnungsmäßiger Verwaltung entspricht, so hat der Verwalter einen Anspruch auf angemessene Honorierung (vgl. *LG Düsseldorf* ZMR 2008, 484; *AG Neuss* ZMR 2007, 898; *AG Bremen*, ZMR 2007, 819; *Kammergericht* ZMR 2009, 709 jeweils zur vergleichbaren Problematik bei § 35a EStG) zumindest gem. den §§ 675, 612 Abs. 2 BGB, wenn er keine Vergütung frei aushandelt (Bärmann/*Becker* § 26 Rn. 153 ff.). Diese Tätigkeit ist nicht vom Verwaltervertrag abgedeckt, noch eine Nebenpflicht desselben. 267

XI. Abdingbarkeit

Für ein vollständiges oder teilweises Abbedingen (vgl. *Ruge* AnwZert MietR 19/2015, 2) der Regelungen in § 24 Abs. 7 WEG über die Beschluss-Sammlung besteht keine Beschlusskompetenz. Nach *Merle* (Bärmann/*Merle* § 24 Rn. 178, ZWE 2007, 272, **a.A.** *Hügel/Elzer* 4. Aufl. § 24 Rn. 206, 207) soll durch Vereinbarung die Führung einer Beschluss-Sammlung komplett ausgeschlossen werden können (str., da die Beschluss-Sammlung als vermeintliches »Sekundärgrundbuch« das ursprünglich angedachte Zentralgrundbuch – vgl. dazu *v. Oefele/Schneider* ZMR 2007, 753 – ersetzt; dagegen *Hügel/Elzer* NZM 2009, 457, 467: weder durch Beschluss noch Vereinbarung insgesamt abdingbar; Beschränkungen aber möglich durch Vereinbarung). 268

Formulierungsvorschlag (*H. Müller*, Münsteraner Verwalterkonferenz 1/09) für eine Vereinbarung zur bloßen Reduzierung und Modifizierung der gesetzlichen Pflicht: 269

> *»Die zu führende Beschluss-Sammlung enthält nur den Wortlaut der gem. § 23 Abs. 1 WEG auf Grund einer Vereinbarung gefassten Beschlüsse, die vom Gesetz abweichen oder eine Vereinbarung ändern, sowie der gemäß §§ 12 Abs. 4 und 16 Abs. 2 WEG gefassten Beschlüsse, ferner die Urteilsformel rechtskräftiger gerichtlicher Entscheidungen und den Text bei Gericht geschlossener Vergleiche in einem Rechtsstreit, in dem auf Erklärung oder Feststellung der Ungültigkeit solcher Beschlüsse geklagt wurde. Insoweit wird § 24 Abs. 7 WEG abbedungen.«* 270

§ 24 Abs. 8 WEG ist durch Vereinbarung abdingbar; *Abramenko* (Handbuch WEG, § 6 Rn. 183) resümiert: *Die Befürworter der Abdingbarkeit verweisen darauf, dass § 24 Abs. 7, 8 WEG im Gegensatz zu anderen Neuerungen nicht ausdrücklich als zwingend bezeichnet wird. Dem dürfte zu folgen sein. Denn anders als etwa die Regelungen zum Verwalter (die bis 30.11.2020 zudem nach ausdrücklicher Anordnung in § 27 Abs. 4 WEG a.F. zwingend waren) regelt die Beschluss-Sammlung nur das Innenverhältnis der Gemeinschaft. Für Außenstehende ist die Beschluss-Sammlung nur bei Erwerbsabsichten von Interesse. In diesem Fall werden diese aber gerade Miteigentümer, sodass es sich nicht mehr um Außenstehende handelt. Im Übrigen ist der Rechtsverkehr nicht betroffen, sodass die Möglichkeit einer abweichenden Regelung nach § 10 Abs. 1 S. 2 WEG wohl zu bejahen ist.* 271

§ 25 Beschlussfassung

(1) Bei der Beschlussfassung entscheidet die Mehrheit der abgegebenen Stimmen.

(2) Jeder Wohnungseigentümer hat eine Stimme. Steht ein Wohnungseigentum mehreren gemeinschaftlich zu, so können sie das Stimmrecht nur einheitlich ausüben.

(3) Vollmachten bedürfen zu ihrer Gültigkeit der Textform.

(4) Ein Wohnungseigentümer ist nicht stimmberechtigt, wenn die Beschlussfassung die Vornahme eines auf die Verwaltung des gemeinschaftlichen Eigentums bezüglichen Rechtsgeschäfts mit ihm oder die Einleitung oder Erledigung eines Rechtsstreits gegen ihn betrifft oder wenn er nach § 17 rechtskräftig verurteilt ist.

Übersicht

A. Grundsätzliches

I. Entstehungsgeschichte, Normzweck, Anwendungsbereich

Mehrheitsbeschlüsse der Wohnungseigentümer (s. etwa § 19 Abs. 1, § 16 Abs. 2 S. 2, § 20 Abs. 1, § 26 Abs. 1, § 28 Abs. 1 und Abs. 2 Satz 1 WEG) sind von besonderer Bedeutung. Jeder Wohnungseigentümer hat ohne Rücksicht auf die Größe seines Anteils grundsätzlich eine Stimme. Die Beschlussfähigkeit der Versammlung ist jetzt immer zu bejahen, wenn nicht eine Alt-Vereinbarung trotz der gesetzlichen Vermutung in § 47 WEG auch noch nach dem 01.12.2020 fortgilt und etwa nicht nach der Anzahl der vertretenen Wohnungseigentümer, sondern nach der Größe der in der Versammlung vertretenen Miteigentumsanteile ein Quorum für die Beschlussfähigkeit festlegt. Mehrheitsbeschlüsse sind für alle aktuellen und künftigen Wohnungseigentümer verbindlich. Die formelle Legitimation von Beschlüssen durch (gesetzliche oder vereinbarte) Beschlusskompetenz setzt § 25 WEG ungeschrieben voraus (vgl. *Schmid* ZMR 2003, 92). 1

Da jede Versammlung beschlussfähig ist – was früher nur vereinbart, aber nicht beschlossen werden konnte –, sofern wenigstens ein Eigentümer anwesend ist, könnte es dazu kommen, dass die Minderheit die Geschicke der Gemeinschaft der Wohnungseigentümer (GdWE) lenkt. Derartigen »Zufallsentscheidungen« will § 25 WEG nicht mehr entgegenwirken. 2

II. Regelungsumfang

§ 25 Abs. 1 WEG regelt einige – nicht alle (vgl. Staudinger/*Häublein* 2023, § 25 Rn. 2) – formellen Voraussetzungen für einen Mehrheitsbeschluss. Sein Anwendungsbereich kann durch Öffnungsklauseln/Anpassungsvereinbarungen erweitert werden. Eines Mehrheitsbeschlusses (ggf. Negativbeschluss) bedarf es ausnahmsweise trotz des Grundsatzes der Vorbefassung in der Eigentümerversammlung dann nicht, wenn es zu einem sicher prognostizierbarem Abstimmungspatt kommen würde (vgl. *OLG Karlsruhe* ZMR 2007, 138). Nach § 25 Abs. 1 WEG kommt es jetzt ausdrücklich auf die »abgegebenen Stimmen« an. Ein Mehrheitsbeschluss setzt nur mehr abgegebene Ja- als Nein-Stimmen voraus; Enthaltungen zählen nicht (BT-Drs. 19/18791, S. 73). 3

Besonderheiten gelten für Wahlbeschlüsse (Staudinger/*Häublein* 2023 § 25 Rn. 6a, 6b). Nach Ansicht des *BGH* (V ZR 324/17, ZMR 2019, 776) reicht die (absolute) Mehrheit nicht aus, wenn mehrere Kandidaten für das Amt z.B. des Verwalters zur Wahl stehen, sofern nicht klar geregelt sei, dass jeder Stimmberechtigte nur für einen Kandidaten mit »Ja« stimmen dürfe/könne. Wenn mehr als 2 Kandidaten zur Wahl stehen, genügt selbst dann nur die absolute Mehrheit. Bei relativer Mehrheit sollte zwischen den beiden Kandidaten mit den meisten Stimmen eine Stichwahl erfolgen. 4

§ 25 Abs. 2 WEG regelt – dispositiv – das sog. Kopfstimmrecht. Grundsätzlich hat jeder (Allein-) Eigentümer nach dem Gesetz eine Stimme (»one person one vote«), auch wenn ihm mehrere Wohnungseigentumseinheiten gehören. Wenn mehrere Wohnungen nur teilweise identischen Miteigentümern gehören oder wenn der Miteigentümer einer Wohnung zugleich Alleineigentümer einer anderen Wohnung ist, haben die Eigentümer jeder Wohnung bei Geltung des Kopfstimmenprinzips je eine Stimme. Das Kopfstimmrecht eines Wohnungseigentümers entfällt nicht, wenn er Miteigentümer einer anderen Wohnung wird oder bleibt. Das gilt auch, wenn er Mehrheitseigentümer anderer Wohnungen ist oder wird (*BGH* – V ZR 64/20, ZMR 2021, 402). 5

25 Abs. 3 WEG regelt neu, dass Vollmachten der Textform bedürfen (vgl. *Jahns* ZWE 2023, 295). Durch abweichende Regelungen in den meisten Gemeinschaftsordnungen, nämlich dem Stimmrecht nach Einheiten oder Miteigentumsanteilen, wird ein Gleichlauf mit der Kostentragungsregelung in § 16 Abs. 2 WEG erreicht. Die Auslegung des § 21 Abs. 2 S. 1 Nr. 1 WEG ergibt: Im Einzelfall ist abweichend das vereinbarte Stimmrechtsprinzip anzuwenden. Ein Wohnungseigentümer, der Eigentümer mehrerer Wohnungseigentumsrechte ist, ist beim Stimmrecht nach Einheiten dann mehrfach stimmberechtigt. Die Anzahl der Stimmen für eine bauliche Veränderung ist gem. § 25 Abs. 2 S. 1 WEG nach dem gesetzlichen Kopfprinzip zu berechnen, sofern die Wohnungs- 6

eigentümer nichts Abweichendes/Anderes vereinbart haben (vgl. BeckOK WEG/*Elzer* § 21 Rn. 23; BeckOGK/*Kempfle* § 21 Rn. 36).

7 Dem Mehrheitseigentümer wird durch die Abschaffung eines Quorums für die Beschlussfähigkeit eine Blockademöglichkeit durch bloßes Fernbleiben von Eigentümerversammlungen genommen. § 25 Abs. 4 WEG hat schließlich Stimmverbote, primär wegen bestimmter Interessenkollisionen, zum Inhalt. Stimmverbote sind allerdings ohne Relevanz für das Teilnahmerecht des wegen privater Sonderinteressen oder eines Interessenwiderstreits vom Stimmrecht ausgeschlossenen Wohnungseigentümers. § 25 Abs. 4 letzte Alternative WEG regelt den Verlust des Stimmrechts für einen rechtskräftig nach § 17 WEG verurteilten Wohnungseigentümer.

B. Mehrheitsbeschlüsse und Stimmrecht

I. Mehrheitsbeschlüsse, § 25 Abs. 1 WEG

8 Wo es um die Ausgestaltung des ordnungsmäßigen **Gebrauches** und um die ordnungsmäßige **Verwaltung** des gemeinschaftlichen Eigentums geht, wird die Mehrheitsherrschaft vom Gesetz als Ausnahme vom Vertragsprinzip zugelassen. Überschreitet ein Mehrheitsbeschluss die Grenzen des ordnungsmäßigen Gebrauches, kann er dennoch in Bestandskraft erwachsen und ist nicht unwirksam. Seit der Grundsatzentscheidung des *BGH* zu den Zitterbeschlüssen (*BGH* – V ZB 58/99, ZMR 2000, 771 = NJW 2000, 3500 [Zitterbeschluss]; **a.A.** *Häublein* ZMR 2000, 423, 429, früher für die Beschlusskompetenz bei nicht ordnungsmäßigen Gebrauchsregelungen) steht fest, dass die einem Beschluss zugänglichen Materien durch das WEG und Vereinbarungen abschließend festgelegt sind. § 25 Abs. 1 WEG unterscheidet sich insoweit von § 745 BGB, dass er keine allgemeine Zulässigkeit von Mehrheitsbeschlüssen begründet. Er regelt nur das Prinzip der einfachen Mehrheit; Beschlusskompetenz ist jeweils gesondert zu prüfen, da deren Fehlen zur Nichtigkeit des Mehrheitsbeschlusses führt.

II. Stimmrecht und Stimmkraft, § 25 Abs. 2 WEG

9 Das Stimmrecht des tatsächlichen Mitglieds oder eines werdenden Eigentümers (§ 8 Abs. 3 WEG) einer Gemeinschaft der Wohnungseigentümer entsteht erst mit der Anlegung der Wohnungsgrundbücher (vgl. § 9a Abs. 1 S. 2 WEG für das Entstehen der Gemeinschaft) und gehört ebenso wie das notwendig vorausgesetzte Teilnahmerecht zu den aus der Mitgliedschaft in der Gemeinschaft erwachsenden Teilhaberechten (vgl. *Armbrüster/Witsch* NZG 2018, 361: Wie im Verbandsrecht generell, ist auch im Wohnungseigentumsrecht das Stimmrecht des einzelnen Mitglieds sein herausragendes Mitverwaltungsrecht).

10 Das Stimmrecht setzt nicht voraus, dass der Abstimmende vom Beschlussgegenstand auch finanziell betroffen wird. Im Extremfall dürfen alle abstimmen und den Sondernutzungsberechtigten trifft die alleinige Zahlungspflicht (*AG Syke* ZMR 2013, 670). Das Stimmrecht ist nicht analog § 38 Satz 2 BGB höchstpersönlich auszuüben (selbst bei sog. Vertreterklauseln wird nur der Kreis der zu Bevollmächtigenden beschränkt) und nicht notwendig mit dem (Voll-) Eigentumsrecht verknüpft (**a.A.** Weitnauer/*Lüke* Rn. 7). Das Stimmrecht hat vielmehr einen **personenrechtlichen Bezug**. Dies wird auch dadurch verdeutlicht, dass dem werdenden Eigentümer (noch nicht Voll-Wohnungseigentümer) sowie Nicht-Wohnungseigentümern (Zwangsverwalter, Insolvenzverwalter) das Stimmrecht zustehen kann. Erst durch das Stimmrecht wird dem Wohnungseigentümer die Möglichkeit gegeben, Einfluss auf die Rechtsmaterien zu nehmen, für die eine Beschlusskompetenz der Eigentümerversammlung besteht.

11 Durch Vereinbarung werden Mehrhausanlagen oft sog. **Blockstimmrechte** geregelt. Hierbei wird der partielle Stimmrechtsentzug für die anderen Gebäude (und deren Teilversammlungen) kompensiert durch die erhöhte Stimmkraft in den Angelegenheiten, die allein das Gebäude betreffen, in dem das Sondereigentum des betroffenen Eigentümers belegen ist (vgl. *BGH* – V ZR 184/16, ZMR 2018, 234 f., Juris Rn. 26 ff.).

Aus dem **Abspaltungsverbot** (Staudinger/*Häublein* 2023 § 25 Rn. 9; Bärmann/*Merle* 15. Aufl. § 25 Rn. 16) folgt, dass eine untrennbare Verbindung zwischen dem Wohnungseigentum und der mitgliedschaftlichen Stellung innerhalb der Gemeinschaft der Wohnungseigentümer besteht. Die Begründung von Einwirkungsmacht ohne mitgliedschaftliche Bindung soll verhindert werden (vgl. *Armbrüster* DNotZ 1999, 369). Die Gemeinschaft soll auch vor dem Einfluss Dritter geschützt werden (vgl. zur Ausübung fremder Rechte *Wobst* ZWE 2023, 149). Eine Stimmrechtsübertragung (*OLG Celle* ZWE 2002, 475 f), wonach bei Geltung des Kopfprinzips ein eigenes, vom Recht des Veräußerers unabhängiges Stimmrecht des Erwerbers entstehen könnte, ist mit dem Abspaltungsverbot nicht vereinbar. 12

Die Errichtung des Sondereigentums ist ebenfalls nicht Voraussetzung für das volle Stimmrecht (*OLG Hamm* ZMR 2006, 60 sowie *OLG Frankfurt*, ZWE 2007, 84). Umstritten ist allenfalls, wann das Anwartschaftsrecht und mit ihm das Stimmrecht erlischt; keineswegs allerdings bereits mit Insolvenz des Bauträgers. Der Erwerber kann das Sondereigentum ja noch selbst erstellen. Umstritten ist, ob der Verband soweit er selbst Sondereigentum (z.B. an der Hauswartwohnung im Wege der Versteigerung) erworben hat, Stimmrecht hat. Eventuell kommt eine Analogie zu den §§ 71a ff. AktG in Betracht (vgl. *Häublein* FS Seuß S. 139). 13

Dem **Zweiterwerber** steht ein Stimmrecht erst mit Eintragung im Grundbuch zu. Mit entsprechender Ermächtigung des Noch-Eigentümers kann er jedoch abstimmen und in Prozessstandschaft – offen zu legen innerhalb der Anfechtungsfrist des § 45 WEG – einen Anfechtungsprozess nach den § 44 WEG führen. Wenn der Eigentümer mehrerer Sondereigentumseinheiten mindestens eine Einheit behält, darf die Bevollmächtigung nicht zu einer Vermehrung der Stimmrechte führen; andernfalls wäre die Erteilung der Vollmacht ein Rechtsgeschäft zu Lasten Dritter, nämlich der anderen Eigentümer, deren Stimme an Gewicht verlöre. Bei Geltung des in der Praxis seltenen gesetzlichen Kopfprinzips kann nur entweder der ermächtigte Zweiterwerber oder der Veräußerer das (eine) Stimmrecht ausüben (vgl. Staudinger/*Häublein* 2023 § 25 Rn. 13). Bei Geltung des Wertprinzips gibt es keine Probleme mit der Aufteilung der Stimmkraft/Stimmrechte auf 2 Personen (vgl. unten Rdn. 42 zur Ermächtigung des Erwerbers). 14

Es ist bei **Unrichtigkeiten des Grundbuchs** nicht der **Buch- oder Scheineigentümer**, sondern der nach materiellem Recht wirkliche Eigentümer Träger des Stimmrechts. Dies gilt insbesondere in Fällen des Erwerbs durch Erbfall und Zwangsversteigerung, die beide außerhalb des Grundbuchs erfolgen. Nur bei Gutgläubigkeit der anderen Wohnungseigentümer soll sich der wahre Eigentümer (z.B. Ersteigerer) die Stimmabgabe des Scheineigentümers (z.B. Schuldner in der Zwangsversteigerung) über §§ 891, 893 BGB zurechnen lassen müssen. Strittig ist, ob bereits die Bösgläubigkeit eines Wohnungseigentümers genügt, um die Zurechnung auszuschließen (vgl. Bärmann/*Merle* 15. Aufl. § 25 Rn. 8 ff. zum Streitstand). Besteht Streit zwischen mehreren möglichen Eigentümern, liegt es regelmäßig im pflichtgemäßen Ermessen (vgl. dazu *Schultzky* ZWE 2023, 61 ff.) des Versammlungsleiters, keinen von ihnen zur Abstimmung zuzulassen, wenn der öffentliche Glaube in die Richtigkeit des Grundbuchs (vgl. § 891 BGB) durch Eintragung eines Widerspruchs erschüttert ist und der Versammlungsleiter die Eigentumsverhältnisse nicht in zumutbarer Weise klären kann (so Staudinger/*Häublein* 2023 § 25 Rn. 11). 15

Wenn für die **Stimmkraft** nach einer Vereinbarung das Objekt- oder Wertprinzip anzuwenden ist, verliert der teilende Eigentümer (Bauträger) nur pro rata sein Objekt- bzw. Anteilsstimmrecht sobald der Ersterwerber die Voraussetzungen (vgl. zum alten Recht *BGH* – V ZR 196/11, ZMR 2012, 711) für die Mitgliedsstellung als werdender Eigentümer erfüllt. Bei dem Kopfprinzip behält der vormalige Alleineigentümer seine eigene Stimme bis zum Verlust des letzten dinglichen Rechts nominell ungeschmälert. Seine Mehrheit verliert er allerdings bereits gem. § 8 Abs. 3 WEG – einer Regelung des Innenverhältnisses – nach dem Hinzutreten eines werdenden Eigentümers. Bei Geltung des Kopfstimmrechts entsteht ein neues Stimmrecht, wenn ein Wohnungseigentümer das Alleineigentum an einer von mehreren Einheiten auf eine von ihm beherrschte juristische Person überträgt; die juristische Person ist von der Ausübung ihres Stimmrechts nicht allgemein ausgeschlossen (*BGH* – V ZR 290/16, ZMR 2017, 906). 16

17 Die übrigen Wohnungseigentümer haben die dadurch eintretende »Verwässerung« ihrer Stimmrechte hinzunehmen, sofern eine Vermehrung der Stimmrechte angesichts der Teilungserklärung vorherzusehen war. Werden in der Teilungserklärung mehrere Anteile demselben Wohnungseigentümer zugewiesen, so ist dies der Fall; die Übertragung eines oder mehrerer Anteile an einen Dritten, dem dann ein weiteres Kopfstimmrecht zugeordnet ist, war dann von Anfang an angelegt und erkennbar, quasi mitvereinbart. Eine Vermehrung der Stimmrechte tritt hingegen nicht ein, wenn ein Wohnungseigentümer einen von ihm gehaltenen Anteil – was zustimmungsfrei möglich ist – in mehrere Wohnungseigentumsanteile unterteilt und einen (oder mehrere) dieser neuen Anteile an einen Dritten veräußert. (*Armbrüster/Witsch* NZG 2018, 361 ff.).

18 Wählt der vormalige Alleineigentümer das Objekt- oder Wertprinzip, büßt er sukzessive seine Stimmkraft in Abhängigkeit zu den noch verbliebenen Miteigentumsanteilen ein. Seine Mehrheit in der Wohnungseigentümerversammlung verliert er jedoch erst bei Abverkauf von mindestens 50 % der Miteigentumsanteile an Ersterwerber. Die Gemeinschaft der Wohnungseigentümer ist gem. § 9a Abs. 1 S. 2 WEG mit der Anlage der Wohnungsgrundbücher wirksam in der Person des teilenden Alleineigentümers entstanden. Derjenige, der von ihm Wohnungseigentum erwirbt, der sog. Ersterwerber, hat vor seiner Eintragung im Grundbuch, sofern die Voraussetzungen des § 8 Abs. 3 WEG erfüllt sind, ein eigenes Stimmrecht.

1. Sonstige Inhaber des Stimmrechts

a) werdender Wohnungseigentümer

19 Das antizipierte Stimmrecht des Ersterwerbers (vgl. *BGH* – V ZR 196/11, ZMR 2012, 711 und *BGH* – V ZB 85/07, ZMR 2008, 805 m. Anm. *Elzer*) bedeutet, dass dieser eine vom Kopfstimmrecht des Veräußerers **unabhängige** Mitwirkungsbefugnis erhält, wobei Veräußerer und Ersterwerber bei der Geltung des Kopfprinzips jeweils eine selbstständige Stimme haben, d.h. es findet weder eine Verdrängung noch eine Aufteilung zwischen beiden statt. Auch eine gemeinschaftliche Ausübung des Stimmrechts ist nicht erforderlich (*Heismann* Wohnungseigentümergemeinschaft, S. 215; a.A. *OLG Hamm* ZMR 2007, 712 m. Anm. *Elzer*). Der Veräußerer hat nämlich ein eigenes und selbstständiges Stimmrecht, solange die Eigentumsumschreibung im Grundbuch nicht erfolgt ist. Der »Alteigentümer« ist zur Wahrnehmung dieses Rechts berechtigt als auch zur Eigentümerversammlung zu laden. Das Stimmrecht des werdenden Wohnungseigentümers ist eben nicht abgeleitet.

20 Auch der **Scheineigentümer** kann Stimmrecht haben. So entschied etwa das *LG Stralsund* (ZMR 2007, 146) – wenn auch zur Kostentragungspflicht –: Ist der bei einem finanzierten Erwerb einer Eigentumswohnung im Rahmen eines sog. Treuhändermodells abgeschlossene Geschäftsbesorgungsvertrag und die dem Treuhänder darin erteilten Vollmachten wegen Verstoßes gegen Art. 1 § 1 Abs. 1 S. 1 RBerG (jetzt: RDG) nach § 134 BGB nichtig, ist der im Grundbuch eingetragene Eigentumserwerb schwebend unwirksam. Betreibt der Erwerber jedoch nicht die Rückabwicklung des Bauträgervertrags, ist davon auszugehen, dass der Erwerber den schwebend unwirksamen Vertrag in jedem Fall genehmigen wird, entweder um der Bank im Rahmen der Rückabwicklung des Darlehensvertrags das Wohnungseigentum übertragen zu können oder um die Wohnung selbst zu nutzen oder über sie verfügen zu können. Der Erwerber ist deshalb in analoger Anwendung des § 16 Abs. 2 WEG so zu behandeln, als hätte er den Grundstückserwerb bereits nachträglich genehmigt und wäre Wohnungs- und Teileigentümer mit allen Rechten und Pflichten.

b) Nachlassverwalter und Testamentsvollstrecker

21 Nachlassverwalter und Testamentsvollstrecker üben als Partei kraft Amtes das Stimmrecht für das zur Nachlassmasse gehörende Wohnungseigentum in eigenem Namen und aus eigenem Recht aus. Dies ergibt sich für die Nachlassverwaltung aus § 1984 Abs. 1 BGB sowie für die Testamentsvollstreckung aus § 2205 BGB. Im Übrigen gilt über § 1984 Abs. 1 S. 2 BGB für den Nachlassverwalter dasselbe wie für den Insolvenzverwalter. Wenn aber die (wirtschaftlichen) Folgen über den Nachlass

hinausgehen, steht die Verwaltungsbefugnis dem Erben als Vermögensträger zu (Staudinger/*Häublein* 2023 § 25 Rn. 24 unter Hinweis auf *Skauradszun* ZWE 2016, 61, 64)

c) Insolvenzverwalter

Der Insolvenzverwalter ist gem. § 80 Abs. 1 InsO nach Eröffnung des Insolvenzverfahrens allein befugt – zumindest bis zu einer Freigabe (*BGH* – V ZB 24/02, ZMR 2002, 941 = NZM 2002, 1003) – das zum Vermögen des Schuldners gehörende Wohnungseigentum zu verwalten und über es zu verfügen. Der Streit des Wohnungseigentümers mit dem Insolvenzverwalter um die Wirksamkeit einer möglichen Freigabe seiner Wohnung aus der Insolvenzmasse und die daraus für das Stimmrecht zu ziehenden Folgen betrifft zwar in erster Linie das Verhältnis zwischen Insolvenzverwalter und Schuldner/Wohnungseigentümer. Diese Fragen haben aber auch für den Verwalter Bedeutung, insbesondere bei der Stimmrechtsausübung. Der Verwalter kann hier nicht wie im Wohngeldverfahren auf einen »rechtlichen Hinweis des Gerichts zur Passivlegitimation« verwiesen werden (so aber *KG* NZM 2004, 383, 384). Die Gemeinschaft sollte in der Praxis die Freigabeerklärung des Insolvenzverwalters beachten und in diesem Fall dem Wohnungseigentümer sein Stimmrecht belassen. Der Verwalter sollte ihn zur Versammlung laden. Ist Eigenverwaltung gemäß §§ 270 ff. InsO angeordnet, behält der Eigentümer das Stimmrecht ohnehin (Staudinger/*Häublein* 2023 § 25 Rn. 23 a.E. unter Hinweis auf *Skauradszun* ZWE 2016, 61, 65). 22

d) Zwangsverwalter

Die h.M. (vgl. *LG Berlin* ZMR 2009, 474; *Gottschalg* NZM 2005, 91 unter 4.; **a.A.** *Häublein* ZfIR 2005, 341, Staudinger/*Häublein* 2023 § 25 Rn. 18) geht davon aus, dass der Zwangsverwalter ein **umfassendes Stimmrecht** für alle Beschlussgegenstände hat (Weitnauer/*Lüke* § 25 Rn. 12; Jennißen/*Schultzky* § 25 Rn. 45). Sie folgert dies aus dem Zweck der Verwaltung, nämlich aus den Erträgen des zwangsverwalteten Wohnungseigentums die Gläubiger zu befriedigen. Nach einer differenzierenden Auffassung ist dagegen der Zwangsverwalter nicht schlechthin stimmberechtigt anstelle des Wohnungseigentümers. Sein Stimmrecht soll durch die in § 148 Abs. 2 sowie § 152 Abs. 1 ZVG festgelegten Befugnisse eingegrenzt sein (*KG* NJW-RR 1987, 77). 23

Gegen eine solche Aufspaltung des Stimmrechts zwischen Wohnungseigentümer und Zwangsverwalter spricht die Rechtsprechung des *BGH* zum komplett fehlenden Stimmrecht des Nießbrauchers (*BGH* – V ZB 24/01, ZMR 2002, 440 = JR 2003, 111 m. Anm. *Hinz*). Für ein zeitlich und gegenständlich gespaltenes Stimmrecht spricht hingegen, dass die Zwangsverwaltung i.d.R. nur auf Zeit angeordnet wird, während die vom Zwangsverwalter mit beschlossenen Gebrauchs- oder Nutzungsregelungen den Wohnungseigentümer auch nach Beendigung der Zwangsverwaltung weiterhin binden. Ihre Grenzen findet die Zwangsverwaltung daher bei Substanzeingriffen, sofern diese die Sache umgestalten oder wesentlich verändern. Hierzu ist der Zwangsverwalter nicht berechtigt und deshalb auch nicht stimmberechtigt (Staudinger/*Häublein* 2023 § 25 Rn. 18). 24

Um in der Praxis Abgrenzungsschwierigkeiten möglichst zu vermeiden oder gering zu halten, empfiehlt es sich, im Zweifel vom Stimmrecht des Zwangsverwalters auszugehen und lediglich dann, wenn ein Beschlussgegenstand erkennbar außerhalb des gesetzlichen Aufgabenbereichs des Zwangsverwalters und des Zwecks der Zwangsverwaltung liegt, von einem Stimmrecht des Wohnungseigentümers auszugehen (*Riecke/Schmidt/Elzer* Eigentümerversammlung, Rn. 591). In der Praxis werden die unterschiedlichen Rechtsansichten im Übrigen nur selten zu abweichenden Ergebnissen führen, da jede Entscheidung, die mit Kosten verbunden ist, nahezu automatisch die gesetzlichen Interessen des Zwangsverwalters berührt und damit zu seinem Stimmrecht führt. Dies betrifft nicht nur Erhaltungsmaßnahmen, sondern auch bauliche Veränderungen. Selbst Änderungen der Hausordnung können die Vermögensinteressen des Zwangsverwalters berühren. Das ist der Fall, wenn das Mietobjekt bereits vermietet ist und es durch den Beschluss über die Hausordnung zu einer Divergenz mit den Regelungen des konkreten Mietvertrages kommt, der der bisherigen Beschlusslage angepasst war (vgl. Anh. § 13). 25

26 Für den Sonderfall, dass einem Wohnungseigentümer **mehrere** Wohnungseigentumsrechte gehören, die nur z.T. (nicht alle) zwangsverwaltet sind, gibt es beim Objektstimmrecht keine Probleme, da dem Zwangsverwalter das Stimmrecht nur i.H.d. belasteten Objekte zusteht. Gilt allerdings das Kopfprinzip, sollen der Wohnungseigentümer und der Zwangsverwalter analog § 25 Abs. 2 S. 2 WEG nur gemeinsam stimmberechtigt sein. Diese Lösung wird zu Recht kritisiert (Jennißen/*Schultzky* § 25 Rn. 47), da der Schuldner, wenn ihm auch nur ein einziges Wohnungseigentum verbleibt, die gesamte Stimmrechtsausübung blockieren könnte. Deshalb wird eine Aufteilung des Stimmrechts nach Bruchteilen empfohlen (*Bornheimer* Stimmrecht, S. 182). Nach *Häublein* (Staudinger 2023 § 25 Rn. 21) steht dem Eigentümer und dem Zwangsverwalter jeweils eine eigene (volle) Stimme zu. Bei Geltung des Kopfstimmrechts hat der Zwangsverwalter, der für mehrere natürliche oder juristische Personen eingesetzt ist, i.Ü. je Person ein Stimmrecht (*KG* ZMR 2005, 148).

27 Das Stimmrecht des Zwangsverwalters als Organ der Rechtspflege wird nicht dadurch ausgeschlossen oder eingeschränkt, dass der Wohnungseigentümer nach § 17 WEG bereits rechtskräftig zur Entziehung seines Wohnungseigentums verurteilt ist (*BayObLG* FGPrax 1999, 19 = ZMR 1999, 121).

e) Nießbraucher

28 Die Belastung des Wohnungseigentums mit einem Nießbrauch führt **nicht** zu einer Beeinträchtigung des Stimmrechts des Wohnungseigentümers (*OLG Hamburg* ZMR 2003, 701; *BGH* – V ZB 24/01, ZMR 2002, 440 = JR 2003, 111 ff. m. Anm. *Hinz*; *BayObLG* MDR 1999, 152 m. Anm. *Riecke*; a.A. zu Unrecht früher *OLG Hamburg* MDR 1988, 55 und *KG* MDR 1987, 674 unter analoger Anwendung von § 1066 BGB). Der Wohnungseigentümer kann jedoch aus dem **internen** Begleit-Schuldverhältnis zum Nießbraucher verpflichtet sein, bei der Stimmabgabe die Interessen des Nießbrauchers zu berücksichtigen und im Ernstfall nach dessen Weisungen zu handeln. Ein Stimmrechtsübergang auf den Nießbraucher hätte zur Konsequenz, dass dieser teuren Verwaltungsmaßnahmen zustimmen könnte, die Kosten jedoch gem. § 16 Abs. 2 WEG allein von dem an der Beschlussfassung nicht beteiligten Wohnungseigentümer zu tragen wären (*Hinz* JR 2003, 116).

f) Wohnungsberechtigter

29 Weder dem Wohnungsberechtigten i.S.d. § 1093 BGB noch dem Dauerwohnberechtigten i.S.d. § 31 WEG kommt ein Stimmrecht zu. Insoweit kann auf die Ausführungen zum fehlenden Stimmrecht des Nießbrauchers verwiesen werden (so auch Staudinger/*Häublein* 2023 § 25 Rn. 26; *Gottschalg* NZM 2005, 91 unter 3.).

g) Grundschuld- und Hypothekengläubiger

30 Grundschuld- und Hypothekengläubigern kommt kein eigenes Stimmrecht zu. Ihre dingliche Rechtsbeziehung beschränkt sich im Wesentlichen auf die Vollstreckungsmöglichkeiten nach § 1147 BGB.

h) Mieter und Pächter

31 Auch Mietern und Pächtern steht kein Stimmrecht zu, da es an einer dinglichen Berechtigung am Wohnungseigentum fehlt. Sie können allenfalls aufgrund ihrer schuldrechtlichen Rechte im Innenverhältnis zum Wohnungseigentümer auf dessen Abstimmung in der Eigentümerversammlung Einfluss nehmen.

2. Einheitliche Stimmrechtsausübung mehrerer Berechtigter, § 25 Abs. 2 S. 2 WEG

32 Zum gemeinschaftlichen Wohnungseigentum vgl. unten Rdn. 125. Auch wenn nach einer Vereinbarung jeder Miteigentümer eine Stimme hat, gilt dies nicht für mehrere Bruchteilseigentümer an einer Wohnungseigentumseinheit. In solchen Fällen wird die entsprechende Vereinbarung dahin gehend auszulegen sein, dass die Bruchteilseigentümer an einer Einheit i.S.d. § 1008 BGB zur Vermeidung einer völlig disproportionalen Stimmengewichtung nur insgesamt eine Stimme haben, die gemeinsam auszuüben ist (*LG Bremen* ZMR 2004, 535; Staudinger/*Häublein* 2023 § 25 Rn. 29a).

Auch wenn § 25 Abs. 2 S. 2 WEG sich explizit nur mit dem Stimmrecht befasst, wird mit guten Gründen vertreten, dass die Norm Ausdruck eines allgemeinen auch in den §§ 18 Abs. 1 GmbHG und 69 Abs. 1 AktG kodifizierten Prinzips sei (*Lehmann-Richter* in: FS Schultz 2022, S. 83, 93).

§ 25 Abs. 2 Satz 2 WEG setzt eine Stimmabgabe durch sämtliche Teilhaber – selbst oder durch wirksam – zumindest in Textform – Bevollmächtigte – voraus (*Häublein* ZWE 2023, 148). Die aus einer eventuellen Intransparenz ihres Außenrechts resultierenden Unsicherheiten haben die Teilhaber/Mitberechtigten am Wohnungseigentum selbst zu tragen. 33

Für den Sonderfall, dass bei einer Mehrhausanlage nach einer Vereinbarung Altbau und Neubau jeweils eine Stimme haben, gilt § 25 Abs. 2 S. 2 WEG analog. Auch in diesem Fall haben die Wohnungseigentümer im Innenverhältnis untereinander sicherzustellen, dass es zu einer einheitlichen Ausübung des Stimmrechts kommt (*BayObLG* ZMR 2004, 598, 599). Erhöht sich die Zahl der Wohnungseigentumseinheiten durch Ausbaumaßnahmen im Dachgeschoss, hat dies auch bei Geltung des Objektstimmrechts nicht die Folge, dass die Zahl der Stimmrechte entsprechend der Zahl der Eigentumseinheiten nach dem Ausbau steigt. Hält ein Wohnungseigentümer an zwei BGB-Gesellschaften, die ebenfalls Wohnungseigentum in derselben Anlage haben, einen 90 %igen Gesellschaftsanteil, so bleibt es bei Geltung des Kopfstimmrechts bei selbstständigen Stimmrechten auch der BGB-Gesellschaften. Auch unter dem Gesichtspunkt, dass ein Wohnungseigentümer auf diese Weise faktisch die Majorität durch Mehrfachberechtigung erhält, rechtfertigt sich unter dem Gesichtspunkt des Rechtsmissbrauchs grundsätzlich keine Ausnahme (vgl. *OLG Dresden* ZMR 2005, 894). Wegen der Reform (Gesetz zur Modernisierung des Personengesellschaftsrechts, MoPeG) des Rechts der GbR und der Einführung eines Gesellschaftsregisters könnte auch eine solche eGbR ab 01.01.2024 Wohnungseigentümer mit eigenem Stimmrecht werden. Die rechtsfähige eGbR ist ein anderer Rechtsträger als deren Gesellschafter/Wohnungseigentümer einer anderen WE-Einheit. Die Gleichbehandlung gerade der eGbR mit einer juristischen Person erscheint naheliegend (vgl. Staudinger/*Häublein* 2023 § 25 Rn. 32, 33). Aus dem Gesellschaftsregister ergibt sich dann auch, ob mehrere eGbR tatsächlich verschiedene Rechtsträger sind. 34

Im umgekehrten Fall **mehrerer Stimmrechte eines Wohnungseigentümers** darf dieser getrennt beim Wert- oder Objektstimmrecht seine Stimme abgeben (Staudinger/*Häublein* 2023 § 25 Rn. 78). Dies ist insbesondere bei baulichen Maßnahmen gemäß den §§ 20, 21 WEG praxisrelevant (vgl. *Riecke* ZWE 2022, 20 ff.). Da die Positivstimme meist zur Kostentragung führen wird, kann es angezeigt sein für die vermietete Einheit anders zu stimmen als für die selbstgenutzte Einheit. 35

3. Stimmrechtsvollmachten, § 25 Abs. 3

a) Bei notwendig einheitlicher Stimmrechtsausübung

§ 25 Abs. 3 WEG stellt eine Verschärfung gegenüber der bis 30.11.2020 bestehenden Rechtslage dar; eine mündliche Vollmacht reicht nicht mehr aus. Ein Verstoß gegen § 25 Abs 3 WEG bewirkt allerdings keine Unwirksamkeit der Stimmabgabe, wenn diese nicht zurückgewiesen wurde und Vertretungsmacht bestand. 36

Bei notwendig einheitlicher Stimmrechtsausübung war der Versammlungsleiter bisher nicht gehalten, bei der Abgabe der Stimme durch einen zweifelsfrei Mitberechtigten dessen Ermächtigung durch den weiteren Mitberechtigten zu prüfen. Jetzt besteht eine Prüfungspflicht (Jennißen/*Schultzky* § 25 Rn. 98). Der Versammlungsleiter muss auf Vorlage einer Vollmacht in Textform (vgl. § 25 Abs. 3 WEG, der § 174 BGB verdrängt) bestehen (*OLG Düsseldorf* ZMR 2004, 53; *Häublein* ZWE 2023, 147 f.), und zwar schon zu Beginn der Versammlung und nicht erst bei Abgabe der Stimme (vgl. *OLG München* ZMR 2008, 236: Keine Heilung durch Nachreichen der Vollmacht, wenn fehlende Vollmacht in der Versammlung gerügt wurde; *Elzer* ZMR 2009, 10; *Merle* ZWE 2007, 125 ff.). Bei Eheleuten sollte es der Vollmachtsvorlage ebenso wenig bedürfen wie bei eingetragenen Lebenspartnerschaften (**a.A.** früher *OLG Frankfurt* DWE 1997, 80; *OLG Rostock*, 12.09.2005 – 7 W 43/03.). Diese Rechtslage ist überholt. Ehegatten sind als Bruchteilseigentümer eines Wohnungseigentums nicht ohne Vollmacht einzeln berechtigt, das gemeinschaftliche Stimmrecht ihrer Einheit 37 wahrzunehmen, auch wenn keine Zurückweisung des Bevollmächtigten durch den Versammlungsleiter erfolgt (a.A. *LG München I* ZMR 2011, 835 zur früheren Rechtslage; wie hier *Häublein* ZWE 2023, 148 unter III.). Nur in seltenen Fällen wird das Verlangen der Vorlage einer formgerechten Vollmacht als rechtsmissbräuchlich anzusehen sein. In Betracht kommt auch, den nicht durch eine Vollmacht in Textform ausgewiesenen Dritten an der Versammlung teilnehmen zu lassen, wenn auch ohne Stimmrecht (vgl. *Greiner* WE-Recht 5. Aufl. § 7 Rn. 81 a.E.).

38 Ein Wohnungseigentümer kann sich bei der Ausübung seines Stimmrechts auch durch mehrere (vgl. *Bub* in: FS Schultz 2022 S. 35 oben; kritisch *Greiner* WE-Recht 5. Aufl. § 7 Rn. 80) Bevollmächtigte vertreten lassen. Diese können nur einheitlich abstimmen, wenn sie gleichzeitig in der Versammlung anwesend sind (*BGH* V ZR 178/11, ZMR 2012, 644). Sofern der Vollmachtgeber über mehrere Stimmrechte verfügt, kann er jeweils eigene Bevollmächtigte abstimmen lassen (*AG Niebüll* ZMR 2011, 912). Es können nicht generell bei einem nur einen Mitberechtigten treffenden Stimmrechtsausschluss unter Hinweis auf die Einheitlichkeit des Stimmrechts sämtliche Eigentümer auszuschließen sein, weil für den damit verbundenen Eingriff eine sachliche Rechtfertigung fehlt (vgl. Staudinger/*Häublein* 2023 § 25 Rn. 76)

b) Bei Vertretungsausschlussklauseln

39 Im Prinzip kann sich jeder Wohnungseigentümer durch eine oder mehrere (vgl. Rdn. 38) beliebige dritte Person in der Eigentümerversammlung vertreten lassen. Um den Kreis der Vertreter klein zu halten und nur Interessierten ein Teilnahmerecht zu gewähren, wird deshalb oft vereinbart, dass sich ein Wohnungseigentümer nur durch seinen Ehegatten (vgl. *Wenzel* NZM 2005, 402), einen Mitwohnungseigentümer oder den Verwalter vertreten lassen darf (*OLG Karlsruhe* ZMR 2006, 795, *BGH,* V ZB 24/92, ZMR 1993, 287 = NJW 1993, 1329; *LG Frankfurt/M.*, 10.11.2022 – 2–13 S 54/22, ZMR 2023, 316 für Sondereigentumsverwalter). In diesem Zusammenhang vertritt das *OLG Köln* (ZMR 2004, 378 = WE 2004, 150) – allerdings für eine Teilungserklärung aus dem Jahr 1962 – die Auffassung, dass auch die Vertretung durch einen Lebensgefährten zuzulassen sei, wenn die Vertretungsausschlussklausel in der Teilungserklärung aus der Zeit »deutlich vor 1985« stamme, die nichteheliche Lebensgemeinschaft unstreitig und evident ist, auf Dauer angelegt und durch gemeinsame Kinder zu einem ehegleichen Verhältnis nach außen dokumentiert werde. Der Verwalter ist nicht verpflichtet, beim Versenden von Stimmrechtsvollmachten einen **Hinweis auf** die nach einer Vereinbarung bestehenden **Vertretungsbeschränkungen** für die Bevollmächtigung sonstiger Dritter für Eigentümerversammlungen gesondert zu geben (*KG* ZMR 2005, 567 = NZM 2004, 792 – nur LS –: *Eigentümerbeschlüsse unterliegen nicht deshalb der Aufhebung wegen formeller Mängel der Beschlussfassung, weil der Verwalter mit der Einladung Stimmrechtsvollmachten verschickt hat, ohne darauf hinzuweisen, dass nach der Teilungserklärung nur ein bestimmter Personenkreis bevollmächtigt werden darf, und ein Wohnungseigentümer in Unkenntnis der Teilungserklärung einen Dritten bevollmächtigt, der dann vom Verwalter von der Stimmabgabe ausgeschlossen wird.*). Ist in der Teilungserklärung bestimmt, dass die Vertretungsbefugnis für Wohnungseigentümer auf den Versammlungen beschränkt ist auf Verwandte, Verwalter oder andere Wohnungseigentümer, und wird dem Verwalter zudem die Berechtigung erteilt, im Einzelfall auch andere Personen als Vertreter zuzulassen, so muss der Verwalter seine Entscheidung, den Rechtsanwalt eines Wohnungseigentümers zur Versammlung nicht zuzulassen, gegenüber dem betroffenen Wohnungseigentümer begründen (*LG Hamburg,* 20.10.2010 – 318 S 59/10, ZMR 2014, 313 = DW 2012 Nr. 4, S. 62).

40 Der Verwalter darf **als Stellvertreter** einzelner Wohnungseigentümer an seiner Beschlussfassung über eine erneute Bestellung ohne Verstoß gegen § 25 Abs. 4 WEG oder § 181 BGB mitwirken (*OLG Hamm* ZMR 2007, 63; *OLG Hamburg* ZMR 2001, 997; *Hügel/Elzer* 4. Aufl. § 25 Rn. 115).

41 Die Regelung in § 25 Abs. 4 WEG weicht insoweit deutlich etwa von § 43 Abs. 6 GenG ab, der lautet: *»Niemand kann für sich oder für einen anderen das Stimmrecht ausüben, wenn darüber Beschluss gefasst wird, ob er oder das vertretene Mitglied zu entlasten oder von einer Verbindlichkeit zu befreien ist oder ob die Genossenschaft gegen ihn oder das vertretene Mitglied einen Anspruch geltend machen soll.«* Daraus folgt: Wenn der Verwalter selbst gem. § 25 Abs. 4 WEG von der Beschlussfassung aus-

geschlossen ist, kann dieser dennoch als Vertreter anderer Eigentümer auftreten (str., *KG* ZMR 2009, 709 Rn. 9: § 25 Abs. 4 WEG gilt nur für den Vertretenen, nicht für den Vertreter, a.A. *Hügel/Elzer* 4. Aufl. § 25 Rn. 116). Für den Verwalter besteht dann bei der Abstimmung über seine Bestellung oder Abberufung kein Stimmrechtsausschluss (*AG Bad Segeberg* vom 08.12.2011 – 17 C 186/10-Juris; *OLG Köln* NJW-RR 2007, 670 f.; *OLG Schleswig*, NZM 2006, 822). Etwas anderes gilt für den Fall einer Beschlussfassung über die Abberufung aus wichtigem Grund (*BGH* – V ZB 30/02, ZMR 2002, 930 = NJW 2002, 3704) – auch wenn dieser nach § 26 Abs. 3 WEG nicht mehr zwingend erforderlich ist.

c) Ermächtigung zugunsten des Erwerbers

Von einer stillschweigenden Ermächtigung des Zweiterwerbers wird z.T. ausgegangen für die Zeit 42
nach dem wirtschaftlichen Übergang der Rechte und Pflichten aus dem notariellen Erwerbsvertrag. Dies wird aus der Interessenlage gefolgert (*AG Kerpen* ZMR 1999, 131; *KG* ZMR 1994, 524; kritisch *Hügel/Elzer* 4. Aufl. § 25 Rn. 38: Vertretungsmacht kann nicht vermutet werden; *Abramenko* ZWE 2016, 402). Vereinbaren Mitwohnungseigentümer anlässlich ihrer Ehescheidung die Übertragung des hälftigen Mitwohnungseigentums unter der Bedingung, dass der ausscheidende Wohnungseigentümer auch im Außenverhältnis von gemeinsamen Verbindlichkeiten für die Eigentumswohnung freigestellt wird, so muss der ausscheidende Wohnungseigentümer dem anderen bereits vor der bedingten Eigentumsübertragung eine Stimmrechtsvollmacht erteilen, wenn diesem schon die volle Kostentragung trifft und die alleinige Nutzungsmöglichkeit der Eigentumswohnung im Innenverhältnis zusteht (*AG Brühl* ZMR 2011, 245).

d) Einschränkungen der Vertretungsmacht

Alle nicht ausdrücklich auf das Innenverhältnis beschränkten Bindungen/Weisungen können Aus- 43
wirkungen auf den Umfang der Vertretungsmacht haben (*Häublein* ZWE 2012, 6). Nach Ansicht des *Kammergerichts* (ZMR 1997, 254) dagegen stellt die Bevollmächtigung nach ihrem gesetzlichen Leitbild eine Übertragung des rechtsgeschäftlichen Willens auf den Vertreter dar, der im Außenverhältnis regelmäßig nicht eingeschränkt ist. Die Eigentümerversammlung solle auch dazu dienen, in Diskussionen die richtige Entscheidung zu finden. Demgemäß könne der Vollmachtgeber/Eigentümer im Außenverhältnis regelmäßig ohnehin nicht ausschließen, dass der Abstimmungsvertreter nach besserer Einsicht handele. Dies mag für eine Generalvollmacht stimmen; bei Spezialvollmachten für eine bestimmte Versammlung mit konkreten **Weisungen** an den Vertreter jedoch nicht. *Häublein* (ZWE 2012, 6) verweist darauf, dass diese Ansicht des Kammergerichts die Rechtssicherheit gefährde und in der Praxis dazu zwänge, präzise zwischen Boten (hier besteht bei »Weisung« immer Außenwirkung) und Vertreter (der nur im Innenverhältnis beschränkt ist) zu unterscheiden. Gerade bei einer – z.B. auf der Vollmachtsurkunde vermerkten, die Vertretungsmacht evtl. einschränkenden – Weisung tauchen Probleme auf, wenn nach Diskussion auf der Versammlung die Wohnungseigentümer bei entsprechend weit gefasstem TOP (sonst läge ein Ankündigungsmangel vor) einen neuen möglicherweise von der Weisung nicht erfassten Kompromiss beschließen. Soll es hier auf den Umfang der Abweichung ankommen? Vorzugswürdig ist die Erteilung einer Vollmachtsurkunde ohne Einschränkungen sowie eine Einschränkung auf gesondertem Dokument für den Vertreter. Dann hat dieser die Möglichkeit per (Mobil-) Telefon den Eigentümer zu kontaktieren und in Absprache mit ihm über den neuen Beschlussantrag abzustimmen. Wegen der Neuregelung des § 25 Abs. 3 WEG könnte der Vertretene ggf. auch eine neue Vollmacht in Textform adhoc erteilen.

e) Form der Vollmacht, § 25 Abs. 3 WEG

Eine Stimmrechtsvollmacht bedarf gem. § 25 Abs. 3 WEG der Textform des § 126b BGB. Schon 44
nach den Intentionen des Gesetzgebers soll die neue Norm des § 25 Abs. 3 WEG dem § 174 Satz 1 BGB als Sondervorschrift vorgehen (vgl. BR-Drs. 168/20, 81). Folge ist, dass eine in Textform erteilte und in der Versammlung präsentierte Vollmacht nicht wirksam gestützt auf § 174 Satz 1 BGB zurückgewiesen werden kann.

45 Unter Textform i.S.d. §§ 126b BGB, 25 Abs. 3 WEG fallen das Telefax, E-Mails und Textnachrichten per SMS o.ä. Erst Recht genügt eine Urkunde, die strengere Vorschriften zB zur die Schriftform wahrt oder gar eine notarielle Beurkundung. Eine bloß mündliche Erteilung ist dagegen nicht formgerecht und zumindest auf Rüge nicht zu beachten.

46 Eine formfehlerhafte (mündliche) Stimmrechtsvollmacht ist nach h.M. gem. § 125 Satz 1 BGB unwirksam (vgl. *Becker/Schneider* ZfIR 2020, 301). Die Stimmabgabe der ergo auch nicht in ihrer Funktion als Vertreter teilnahmeberechtigten Person bleibt unberücksichtigt. Gem. § 242 BGB soll Abweichendes gelten, falls etwa ein Wohnungseigentümer in der Versammlung formlos eine Vollmacht erteilt und anschließend niemand der Stimmabgabe widerspricht oder wenn sämtlichen Wohnungseigentümern das Bestehen der Vollmacht bekannt ist und niemand der Stimmabgabe widerspricht (*Hügel/Elzer* 4. Aufl. § 25 Rn. 74 unter Hinweis auf *BGH* NJW 1968, 743 unter II. 2. zu § 47 Abs. 3 GmbHG). Diese Lösung ist nicht überzeugend. § 242 BGB kann nur in seltenen Ausnahmefällen eingreifen. § 25 Abs. 3 WEG begründet nur ein Zurückweisungsrecht, das ausgeschlossen ist, wenn der Zurückweisende zuvor vom Vollmachtgeber – nicht vom Vertreter – über die Bevollmächtigung in Kenntnis gesetzt wurde (so *Häublein* in: FS Hannemann, 2023, 151, 160 m.w.N. in Fn. 44 u.a. auf SEHR/*Riecke* § 6 Rn. 192).

47 Die Wohnungseigentümer können für eine Vertretungsvollmacht eine strengere Form vereinbaren (*OLG München* ZMR 2008, 236; *OLG Düsseldorf* ZMR 2006, 57). Gesetzliche Vertreter (*Abramenko* ZWE 2016, 402) und Parteien kraft Amtes (insbesondere Insolvenz- oder Zwangsverwalter) bedürfen keiner solchen Vollmacht. Eine Zurückweisung nach § 174 BGB scheidet aus (*Jacoby*, Das private Amt, S. 235, 236).

48 Wenn eine Vertretung bei Widerlegung der Vermutung des § 47 WEG aufgrund einer Altvereinbarung nur mit schriftlicher Vollmacht zulässig sein soll, ist deren Vorlage im Original erforderlich (vgl. zu einem Sonderfall *OLG München* ZMR 2006, 232; *Lehmann-Richter* ZMR 2007, 746).

49 Jeder Wohnungseigentümer hat in der Versammlung ein Prüfungsrecht. Wird dieses Recht vom Versammlungsleiter negiert, kann darin ein Beschlussmangel liegen (*LG Lüneburg* ZMR 2019, 220; *LG Frankfurt/M.* NJW 2015, 1767). Wenn eine von der Sonderregelung in der Teilungserklärung abweichende Handhabung einen längeren Zeitraum hingenommen (»gelebt«) wurde, kann hiervon abgewichen und zum gültigen Recht zurückgekehrt werden; allerdings muss der Einladende/Verwalter die Wohnungseigentümer in der Regel bereits in der Ladung darauf hinweisen. Dem Wohnungseigentümer muss es zeitlich noch möglich sein, seine ordnungsmäßige Vertretung zu organisieren (*LG Mainz* ZWE 2011, 462 zur Zurückweisung eines Vertreters mangels Vorlage einer schriftlichen Vollmacht).

50 Wenn ein Vertreter seine Vertretungsmacht (auf Rüge hin) nicht formgerecht nachweist, kann ihn insbesondere der Versammlungsleiter (vgl. *OLG Schleswig* ZWE 2018, 185 Rn. 18; a.A. *LG Bremen* ZMR 2018, 614), und bei vereinbarter Schriftform jeder Wohnungseigentümer (*LG Mainz* ZWE 2011, 462; *Scheff/Schmidt* MDR 2010, 187 (190)) zurückweisen (*Elzer* ZMR 2009, 11). Die Zurückweisung hat neben dem Verlust des Teilnahmerechts die Folge, dass die vom Vertreter ggf. bereits abgegebenen Stimmen nicht berücksichtigt werden.

51 Lässt der Versammlungsleiter einen zurückgewiesenen Vertreter ohne Vorlage der Vollmacht dennoch abstimmen, sind die vom Vertreter mit gefassten Beschlüsse anfechtbar (*OLG München* NZM 2008, 92). Wird ein Vertreter nicht zurückgewiesen, ist die von ihm abgegebene Stimme wirksam, wenn er Vertretungsmacht besaß (*LG Mainz* ZWE 2011, 462).

52 Kündigt der Verwalter einem Wohnungseigentümer an, seinen Vertreter nicht (mehr) zur Versammlung zuzulassen, kann ein Wohnungseigentümer gegen die Gemeinschaft der Wohnungseigentümer auf Feststellung des Teilnahmerechtes seines Vertreters klagen (s.a. *LG Bremen* ZMR 2018, 614). Anders ist es, wenn die anderen Wohnungseigentümer das Teilnahmerecht in Abrede stellen. Dann ist die Klage gegen die das Teilnahmerecht bestreitenden Wohnungseigentümer zu erheben (vgl. *Hügel/Elzer* 4. Aufl. § 25 Rn. 81).

4. Stimmrechtsausschluss § 25 Abs. 4, 1. und 2. Alt. WEG

§ 25 Abs. 4 WEG schränkt das Stimmrecht **gesetzlich** ein (vgl. *Greiner* WEG 5. Aufl. § 7 Rn. 115 ff,). Durch die enumerative Aufzählung in § 25 Abs. 4 WEG mit seinen 2 punktuellen, gegenstandsbezogenen Stimmverboten und einem generellen Ruhen des Stimmrechts hat der Gesetzgeber klar zum Ausdruck gebracht, dass das Stimmrecht im Übrigen unabhängig von der jeweiligen Interessenlage bestehen bleibt. Etwaige erhebliche Eigeninteressen der Abstimmenden sind insoweit irrelevant. Aus § 25 Abs. 4 WEG folgt gerade kein allgemeines Stimmverbot bei Interessenkollision (Jennißen/*Schultzky* § 25 Rn. 116: Ausnahmevorschrift). § 25 Abs 4 WEG ist trotzdem keine abschließende Regelung. Analogien sind zulässig (so Staudinger/*Häublein* 2023 § 25 Rn. 223). Der einem Anspruch aus § 14 Abs. 1 WEG ausgesetzte Wohnungseigentümer soll bei der Beschlussfassung über die Geltendmachung dieses Anspruchs ihm gegenüber stimmberechtigt sein. Nichts anderes gelte für den Fall, in dem es um Kostenerstattung nicht nur an einzelne, sondern an eine Vielzahl von Eigentümern geht (*AG Saarbrücken* ZMR 2012, 308). § 25 Abs. 4 WEG ist Ausdruck allgemeiner Rechtsgedanken, nämlich des Verbots des Richtens in eigener Sache sowie der Vornahme eines Rechtsgeschäfts mit dem Verband (GdWE) in eigener Sache. 53

Stimmverbote werden für den Fall bestimmt, dass Beschlussgegenstand die Vornahme eines auf die Verwaltung des gemeinschaftlichen Eigentums gerichteten **Rechtsgeschäfts** mit dem betreffenden Wohnungseigentümer ist oder die Einleitung oder Erledigung eines **Rechtsstreits** gegen ihn betrifft. Allerdings kann der Vorbehalt rechtliche Schritte einzuleiten auch bei weiter Auslegung von § 25 Abs. 4 WEG der Einleitung eines Verfahrens nicht gleichgestellt werden (*BayObLG* ZMR 1998, 504: *Die Antragstellerin war bei der Abstimmung stimmberechtigt; ihr Stimmrecht war nicht nach § 25 Abs. 5 WEG a.F. = § 25 Abs. 4 WEG n.F. ausgeschlossen. Die Antragsgegner haben sich aber nur rechtliche Schritte gegen die Antragstellerin »vorbehalten«; sie haben damit noch nicht beschlossen, gegen sie ein gerichtliches Verfahren einzuleiten.*). Der Gesetzgeber hat für die **beiden** Alternativfälle des § 25 Abs. 4 WEG Stimmverbote angeordnet, weil er wegen einer Interessenkollision die Teilnahme des betreffenden Wohnungseigentümers an der internen Willensbildung als nicht mehr vertretbar ansah. Die Stimmverbote gelten unabhängig davon, ob tatsächlich die Interessenlage beim betroffenen Wohnungseigentümer so gestaltet ist, dass der Schutz der Gemeinschaft der Wohnungseigentümer zwingend ein Stimmverbot erfordert. Beide Stimmverbote sind das Pendant zu einer Interessenkollision und Selbstschutz – oder Selbstbevorzugungstendenz des betroffenen Wohnungseigentümers. Ähnliche Stimmverbote finden sich in §§ 34 BGB, 47 Abs. 4 GmbHG, 136 Abs. 1 AktG und 43 Abs. 6 GenG. 54

Erfasst werden alle Beschlüsse, die verfahrensbezogene Maßnahmen betreffen, wie die Einleitung eines Rechtsstreits, die Art und Weise der Prozessführung und die verfahrensrechtliche Beendigung des Rechtsstreits (*BGH* ZMR 2014, 559 = NZM 2014, 275). Auch eine Rückermächtigung eines Eigentümers diente der Vorbereitung eines Rechtsstreits mit einem Wohnungseigentümer, bei welchem auch die Ansprüche der GdWE durchgesetzt werden sollen. Insoweit ist die Sachlage vergleichbar mit dem bisherigen Vergemeinschaftungsbeschluss, bei dem ebenfalls ein Stimmrechtsausschluss des vermeintlichen Störers anerkannt war (vgl. Bärmann/*Pick/Emmerich* 20. Aufl. 2020 WEG § 25 Rn. 56). § 25 Abs. 4 WEG ist einschlägig, wenn ein Eigentümer einen Anspruch durchsetzen soll, welcher der GdWE zusteht (§ 14 Abs. 1 Nr. 1 WEG) oder von ihr durchzusetzen ist (§ 9a Abs. 2 WEG). Sollte diese Konstellation vom Wortlaut nicht mehr erfasst sein, liegen die Voraussetzungen der analogen Anwendung des § 25 Abs. 4 Alt. 2 WEG vor, da bei einer zu eng am Wortlaut ausgerichteten Auslegung § 25 Abs. 4 WEG die ihm zugedachte Wirkung ganz oder teilweise verlöre (*BGH* ZMR 2014, 559 = NZM 2014, 275 Rn. 10 ff.). Soweit § 25 Abs. 4 WEG die Klage eines rückermächtigten Eigentümers im Wege der gewillkürten Prozessstandschaft nicht erfasste, läge eine planwidrige Regelungslücke vor, die durch eine entsprechende Anwendung der Norm zu schließen ist. Unabhängig davon, ob die GdWE selbst klagt oder die GdWE einen Wohnungseigentümer rückermächtigt, besteht die Gefahr, dass der mit dem Anspruch konfrontierte Störer Einfluss auf die Abstimmung nimmt und so die sachgerechte gerichtliche Prüfung des Anspruchs unterbleibt. Insofern ist abstrakt auch nicht ausgeschlossen, dass die GdWE einen Schaden dadurch erleidet, 55 dass der Anspruch nicht durchgesetzt wird. Dies rechtfertigt es, selbst für den Fall, dass die Rückermächtigung nicht in den Anwendungsbereich des Wortlauts des § 25 Abs. 4 S. 2 WEG fallen sollte, die Norm entsprechend anzuwenden (*LG Frankfurt/M.*, v. 30.03.2023 – 2–13 S 14/22, ZMR 2023, 811).

56 Bei Bestehen eines Stimmrechtsausschlusses auf Seiten des Bevollmächtigten soll etwa der Verwalter auch nicht die ihm von anderen Wohnungseigentümern **übertragenen Stimmrechtsvollmachten** ausüben dürfen (str., vgl. *LG Saarbrücken* ZWE 2009, 49 = 137, Rn. 55; vgl. auch *Hügel/Elzer* 4. Aufl. § 25 Rn. 106, 114; *Häublein* MietRB 2020, 222). Dies ist allenfalls bei fehlender Stimmrechtsweisung überzeugend (vgl. *AG Neuss* ZMR 2008, 498 zum Fall der unzulässigen Verwalterentlastung über Vollmachtsstimmen). Beim Verwalter wird die fehlende Berechtigung zur Stimmrechtsausübung in fremdem Namen bei einem »wichtigen Grund« gestützt auf die sich aus den §§ 712 Abs. 1, 737 BGB bzw. den §§ 117, 127, 140 HGB ergebenden Grundsätze hergeleitet.

57 Der Stimmrechtsausschluss schlägt nicht auf den Insolvenzverwalter durch (vgl. zu »Fernwirkungen« *Hügel/Elzer* 4. Aufl. § 25 Rn. 122; *Kefferpütz* Stimmrechtsschranken im Wohnungseigentumsrecht S. 118 ff.), der nicht Vertreter des Gemeinschuldners, sondern Partei kraft Amtes ist.

58 Der Stimmrechtsausschluss erfasst alle Stimmen des auch nur wegen **einer** seiner Sondereigentume Betroffenen. Der komplette Stimmrechtsausschluss greift auch bei Geltung des Wert- oder Objektprinzips.

a) Vornahme eines Rechtsgeschäfts mit dem betroffenen Wohnungseigentümer, § 25 Abs. 4, 1. Alt. WEG

59 Ein Wohnungseigentümer ist nicht stimmberechtigt, wenn die Beschlussfassung die Vornahme eines »auf die Verwaltung des gemeinschaftlichen Eigentums bezüglichen Rechtsgeschäfts« mit ihm betrifft. Hierzu zählen alle schuldrechtlichen Verträge zwischen der Gemeinschaft und dem Wohnungseigentümer, sofern nicht rein mitgliedschaftliche Rechte/Interessen betroffen sind (vgl. unten Rdn. 71).

60 Dieses Verbot kann der betroffene Eigentümer auch nicht durch Einschaltung eines (neutralen) Vertreters umgehen/vermeiden.

61 Nach § 25 Abs. 4 Fall 1 WEG wird auch ein Beschluss über die Ermächtigung des Verwalters zur Vornahme eines Rechtsgeschäftes mit einem Wohnungseigentümer erfasst, da der Beschluss damit zugleich die Vornahme des Rechtsgeschäfts selbst betrifft. Der betroffene Wohnungseigentümer ist bei einem Beschluss über eine solche Ermächtigung (hier: zum Abschluss eines Mietvertrags der Gemeinschaft der Wohnungseigentümer mit ihm) nicht stimmberechtigt (*AG Paderborn* ZMR 2024, 261).

62 Dieses Stimmverbot gilt auch wenn seine Voraussetzungen nicht auf den Eigentümer selbst zutreffen, sondern als abstimmende Person ein Vertreter auftritt, der weisungsfrei im Außenverhältnis abstimmen soll, auf den aber selbst die Voraussetzungen des § 25 Abs 4 1. Alt. WEG zutreffen. Auch ein Unterbevollmächtigter dürfte in dieser Konstellation nicht abstimmen (Staudinger/*Häublein* 2023 § 25 Rn. 228; *Häublein* AnwZert MietR 16/2023 Anm. 2).

63 Hierdurch soll verhindert werden, dass der Wohnungseigentümer sich bei der Stimmabgabe von seinen verbandsfremden Sonderinteressen leiten lässt. Der Begriff des Rechtsgeschäfts ist einerseits eng zu verstehen. Nach h.M. ist dazu eine einschränkende Auslegung vorzunehmen (Jennißen/*Schultzky* § 25 Rn. 118). Im Hinblick auf den Normzweck des § 25 Abs. 4 WEG und der elementaren Bedeutung des Stimmrechts für den betroffenen Wohnungseigentümer ist dieser nur dann vom Stimmrechtsverbot betroffen, wenn er ein **privates Sonderinteresse** verfolgt. Maßgeblich für die Bestimmung, ob es sich um ein § 25 Abs. 4, 1. Alt. WEG unterfallendes Rechtsgeschäft handelt, ist der Schwerpunkt der Angelegenheit. Demgemäß handelt es sich bei synallagmatischen Verträgen dem Verband (Gemeinschaft der Wohnungseigentümer) mit dem Wohnungseigentümer regelmäßig um Rechtsgeschäfte im Sinne des Stimmverbots (*Armbrüster/Witsch* NZG 2018, 361 ff.). Andererseits unterfallen dem Stimmverbot zusätzlich rechtsgeschäftsähnliche Handlungen (insbesondere

Mahnungen, § 286 BGB sowie Fristsetzungen, §§ 281 Abs. 1, 323 Abs. 1 BGB) und einseitige Rechtsgeschäfte (insbesondere Kündigungen). Es müsse ausgeschlossen werden, dass der persönlich betroffene Eigentümer Rechtshandlungen verhindere (Staudinger/*Häublein* 2023 § 25 Rn. 229).

Dieser Ausschlussgrund greift auch ein, wenn das Rechtsgeschäft nicht mit dem Stimmberechtigten selbst, sondern mit einem Dritten vorgenommen werden soll, der wirtschaftlich so eng mit ihm verbunden ist, dass sein persönliches Interesse mit dem des Dritten gleichzusetzen ist (*BGH* – V ZR 138/16, ZMR 2017, 415: *Ein Wohnungseigentümer ist entsprechend § 25 Abs. 4 Alt. 1 WEG bei der Beschlussfassung über ein Rechtsgeschäft mit einer rechtsfähigen (Personen-)Gesellschaft (KG) jedenfalls dann nicht stimmberechtigt, wenn er an der Komplementär-Gesellschaft (GmbH) mehrheitlich beteiligt und der Geschäftsführer oder geschäftsführender Gesellschafter der KG ist; OLG Oldenburg* ZMR 1998, 196: *Das Abstimmungsverbot des WEG § 25 Abs. 4 gilt auch für Rechtsgeschäfte mit einer von dem Wohnungseigentümer als Gesellschaftergeschäftsführer mit 49/50 Anteilen gehaltenen GmbH und seine miteigentumsberechtigte mit geschäftsführende Ehefrau; OLG Düsseldorf* ZMR 1999, 60 = FGPrax 1999, 10: *Der Verwalter, der zugleich Wohnungseigentümer ist oder mit dem Wohnungseigentümer wirtschaftlich so stark verbunden ist, dass man sie interessengemäß als Einheit betrachten kann, ist von der Abstimmung über die Kündigung des Verwaltervertrages ausgeschlossen, da es sich insoweit um ein Rechtsgeschäft i.S.d. § 25 Abs. 4 WEG handelt; OLG Frankfurt am Main* OLGR 2005, 378: *Einzelne Wohnungseigentümer, die dem zur Wahl stehenden Verwalter persönlich oder wirtschaftlich verbunden sind, dürfen bei seiner Wahl grundsätzlich mitstimmen.*). 64

Zwischen drei Fällen sollte differenziert werden (vgl. auch Staudinger/*Häublein* 2023 § 25 Rn. 234): Der Wohnungseigentümer ist mehrheitlich an der Gesellschaft beteiligt und führt sie; er ist mehrheitlich an der Gesellschaft beteiligt, ohne sie zu führen; er führt sie ohne eigene Mehrheitsbeteiligung. Prüfungsmaßstab kann hier – in Anlehnung an § 47 Abs. 4 S. 2 GmbHG – die Frage nach der wirtschaftlichen Verflechtung des Wohnungseigentümers mit der Gesellschaft sein. Eine entsprechende Anwendung wird jedenfalls dann verbreitet befürwortet, wenn die wirtschaftliche Verbindung so eng ist, dass das Interesse des Wohnungseigentümers mit dem der Gegenseite »völlig gleichgesetzt« werden kann oder wenn er mit ihr eine »wirtschaftliche Einheit« bildet. Dies soll jedenfalls anzunehmen sein, wenn der Wohnungseigentümer alleiniger oder persönlich haftender Gesellschafter ist. Nicht ankommen soll es auf die Leitungsmacht innerhalb der Gesellschaft (*Armbrüster/Witsch* NZG 2018, 361 ff). Allein eine wirtschaftliche Verbundenheit zwischen dem Mehrheitseigentümer und dem Vertragspartner der Gemeinschaft führt nicht zum Stimmrechtsausschluss (vgl. *LG Hamburg* ZMR 2022, 400). 65

Sofern der Wohnungseigentümer nur mehrheitlich an einer Gesellschaft beteiligt ist und sie nicht zugleich führt, spricht gegen ein Stimmverbot, dass dem Wohnungseigentümer mangels Geschäftsführerstellung in der Gesellschaft insoweit keine Pflicht auferlegt wird, deren Interessen zu fördern. Er unterliegt damit nicht von vornherein einer unüberwindbaren Interessenkollision. Andererseits begründet allein der Umstand, dass die Willensbildung der Gesellschaft maßgeblich beeinflusst werden kann, auch noch keine Interessenidentität. Vielmehr bedarf es in solchen Fällen einer Mehrheitsbeteiligung an der Gesellschaft, damit eine Interessenkollision angenommen werden kann. 66

Bei einer Mehrheit von Berechtigten genügt es, wenn dies für einen von ihnen zutrifft. Nimmt er dagegen lediglich **mitgliedschaftliche Rechte und Interessen** wahr, greift der Stimmrechtsausschluss nicht. 67

Sind alle Wohnungseigentümer gleichermaßen betroffen, so findet der Stimmrechtsausschluss des § 25 Abs. 4 1. Alt. WEG keine Anwendung; die Vorschrift muss insoweit nach ihrem Sinn und Zweck reduziert werden. Dies gilt insbesondere bei der nunmehr denkbaren Ein-Personen-Gemeinschaft (vgl. *Elzer* in: Hügel Wohnungseigentum 5. Aufl., § 12 Rn. 125). Ein Beispiel hierfür bietet auch der Fall, in welchem alle Wohnungseigentümer auf der Gegenseite der Gemeinschaft der Wohnungseigentümer stehen, etwa weil sie gemeinschaftlich (z.B. als Gesellschaft) mit ihr kontrahieren möchten (*Armbrüster/Witsch* NZG 2018, 361 ff.). 68

aa) Private Sonderinteressen

69 Der Wohnungseigentümer ist jedenfalls vom Stimmrecht ausgeschlossen, wenn er unmittelbar/direkt private Sonderinteressen verfolgt. Das ist dann der Fall, wenn z.B. darüber beschlossen werden soll, ob mit ihm ein Kaufvertrag oder Werkvertrag abgeschlossen werden soll, ihm gemeinschaftliches Eigentum vermietet werden soll oder es um die Einräumung von Sonderrechten geht. § 25 Abs. 4 WEG schließt nur denjenigen vom Stimmrecht aus, mit dem die Gemeinschaft das Rechtsgeschäft schließt, nicht weitere mittelbar Interessierte (vgl. zum Sonderfall eines Sammelbeschlusses *OLG Düsseldorf* ZWE 2008, 338, 341). Die Verfolgung privater Sonderinteressen eines Eigentümers bei der Wahl des Verwalters schließt diesen grundsätzlich nicht nach § 25 Abs. 4 WEG von der Abstimmung aus (*LG Hamburg* ZMR 2022, 400 ff. für Abberufung eines zum selben Mutterkonzern wie der Mehrheitseigentümer gehörenden Verwalters); anderes gilt, wenn etwa zur Majorisierung weitere Umstände hinzutreten, die eine unangemessene Bevorteilung darstellen (*LG Frankfurt an der Oder* ZMR 2013, 368). Ein Nichtwohnungseigentümer kann einen Wohnungseigentümer dann nicht bei der Stimmabgabe wirksam vertreten, wenn der Vertreter (z.B. der Verwalter) – wäre er selbst Wohnungseigentümer – einem Stimmverbot unterläge (*OLG Düsseldorf* ZMR 2002, 143). Ausnahme: Die vom Abberufungsantrag betroffene Verwalterin darf das Stimmrecht der Mehrheitseigentümerin zumindest aufgrund weisungsgebundener (!) Vollmacht auch dann ausüben, wenn ein wichtiger Grund für die Abberufung vorlag (*LG Hamburg* ZMR 2022, 400; vgl. dazu *LG München I* v. 15.11.2022 – 36 S 5288/22, ZMR 2023, 144). Wenn ein Verwalter nicht selbst Wohnungseigentümer ist, sondern als Vertreter anderer Wohnungseigentümer auftritt und dabei über seine eigene Abberufung abstimmt, so geht es um die Ausübung des Stimmrechts der Miteigentümer und damit um deren Recht zur Mitgestaltung der Gemeinschaftsangelegenheiten. Der Verwalter ist deshalb weder durch § 25 Abs. 4 WEG noch durch den allgemeinen Rechtsgedanken, wonach das Mitglied einer Personenvereinigung nicht an der Entscheidung über Maßnahmen beteiligt sein soll, die die Gemeinschaft ihm gegenüber aus wichtigem Grund vornehmen will, gehindert, an einer solchen Beschlussfassung mitzuwirken (so *OLG München* ZMR 2011, 148; **a.A.** *OLG Zweibrücken* NZM 2002, 109; *Elzer* in: Hügel Wohnungseigentum 5. Aufl. § 12 Rn. 136).

70 Ist der Gegenstand der Beschlussfassung einer Wohnungseigentümerversammlung die Frage, ob Anschlussrechtsmittel in einem von einigen Wohnungseigentümern betriebenen Anfechtungsverfahren einzulegen sind, so ist gem. § 25 Abs. 4 WEG ein Stimmrechtsverbot der Kläger gerechtfertigt und ihre Nein-Stimmen sind nicht zu berücksichtigen. Als Partei eines Rechtsstreits und als Mitglied der Gemeinschaft der Wohnungseigentümer befindet sich der Wohnungseigentümer in einer Doppelrolle, was die naheliegende Gefahr, dass der Wohnungseigentümer sich von seinen privaten Sonderinteressen leiten lässt und nicht die mitgliedschaftlichen Interessen berücksichtigt, beinhaltet. Um dies zu verhindern, wird der Wohnungseigentümer wie auch bei der Vornahme eines Rechtsgeschäftes mit ihm von seinem Stimmrecht ausgeschlossen (*LG Stuttgart* ZWE 2010, 468).

bb) Mitgliedschaftliche Rechte und Interessen

71 Den individuellen Sonderinteressen werden die sozialrechtlichen oder mitgliedschaftsorientierten Rechtsgeschäfte gegenübergestellt. Etwa bei der Bestellung zum Verwalter ist nach h.M. auch der Eigentümer stimmberechtigt, der zum Verwalter gewählt werden soll. Gleiches gilt für die Bestellung des Beirats, sowie den konträren Rechtsakten, nämlich der Abberufung des Verwalters oder der Abwahl des Beirats. In diesen Fällen verfolgt der Wohnungseigentümer jeweils mitgliedschaftliche Interessen. Auch dann, wenn die Wohnungseigentümer über eine »privilegierte« bauliche Veränderung (gem. § 20 Abs. 2 Satz 1 Nr. 1 WEG) beschließen, die einem Wohnungseigentümer überwiegend oder gar ausschließlich zu Gute kommt, ist dieser grundsätzlich nicht von seinem Stimmrecht ausgeschlossen (*BayObLG* ZMR 2004, 209 zum Treppenlift; **a.A.** noch *BayObLG* MDR 1974, 936). Selbst der Ausbauberechtigte unterliegt keinem Stimmrechtsausschluss; er nimmt mitgliedschaftliche Rechte wahr (*AG Schöneberg* ZMR 2018, 959 Juris Rn. 32: mitgliedschaftliche Rechte die Umgestaltung des Gemeinschaftseigentums betreffend). Selbst bei der Beschlussfassung darüber, zu welchen gewerblichen Zwecken eine Teileigentumseinheit genutzt werden darf, ist der jeweilige Teil-

eigentümer nicht von der Abstimmung ausgeschlossen (*BayObLG* ZMR 2005, 561 Juris Rn. 16= MIetRB 2005, 291). § 25 Abs. 4 WEG schließt nur Denjenigen vom Stimmrecht aus, mit dem die Gemeinschaft das Rechtsgeschäft schließt, nicht weitere mittelbar Interessierte (vgl. *OLG Düsseldorf* ZMR 2008, 732, Juris Rn. 48).

Anders liegt es hingegen bei Abschluss oder Kündigung des Verwaltervertrages. Hier ist der zum 72
Verwalter bestellte Wohnungseigentümer vom Stimmrecht ausgeschlossen, weil sein privates Sonderinteresse an einem hohen Verwalterhonorar andere Interessen überwiegt (vgl. *BayObLG* WE 1987, 45; *OLG Düsseldorf* ZMR 1999, 60 = WuM 1999, 59: *Der Verwalter, der zugleich Wohnungseigentümer ist oder mit dem Wohnungseigentümer wirtschaftlich so stark verbunden ist, dass man sie interessengemäß als Einheit betrachten kann, ist von der Abstimmung über die Kündigung des Verwaltervertrages ausgeschlossen, da es sich insoweit um ein Rechtsgeschäft i.S.d. § 25 Abs. 4 WEG handelt.*) Anderes gilt bei einer Kombination eines Rechtsgeschäfts um den Verwaltervertrag mit dem Amt desselben, d.h. der Bestellung oder Abberufung des Verwalters (vgl. *BGH* – V ZB 30/02, ZMR 2002, 930 = NJW 2002, 3704: *Für einen zum Verwalter bestellten Wohnungseigentümer besteht bei der Beschlussfassung über seine Abberufung auch bei* **gleichzeitiger Entscheidung** *über die Beendigung des Verwaltervertrages nur bei Vorliegen eines wichtigen Grundes ein Stimmverbot; Kefferpütz* Stimmrechtschranken, S. 72; Staudinger/*Häublein* 2023 § 25 Rn. 232: teleologische Reduktion des Stimmverbots).

cc) Beirat

Bei der Bestellung eines Verwaltungsbeirats tauchen vergleichbare Probleme kaum auf. Der Beirat 73
ist regelmäßig ehrenamtlich tätig und hat allenfalls ein »Sonderinteresse« an einer von der Gemeinschaft zu bezahlenden Haftpflichtversicherung. Beim unentgeltlich tätigen Beirat regelt § 29 Abs. 3 WEG bereits eine Haftungsbeschränkung auf grobe Fahrlässigkeit und Vorsatz.

b) Entlastung eines Wohnungseigentümers als Verwalter oder Beirat

Bei der Entlastung eines Wohnungseigentümers als Verwalter oder Beirat ergibt sich das Stimm- 74
verbot des jeweiligen Eigentümers aus § 25 Abs. 4, 1. Alt. WEG (*OLG Zweibrücken* ZMR 2002, 786). Stellt man auf die Rechtsfolge des Entlastungsbeschlusses, nämlich die Wirkung wie ein negatives Schuldanerkenntnis (*BGH* – V ZB 11/03, ZMR 2003, 750 und *BGH* – V ZB 40/03, ZMR 2003, 942; *Riecke* WuM 2003, 256; **a.A.** Staudinger/*Jacoby* 2023 § 26 Rn. 227: Der Verzicht kommt durch Vertrag, nicht durch Beschluss zustande. Die rechtsfähige Gemeinschaft müsste nach Maßgabe von § 9b Abs 2 WEG vertreten werden, der Verwalter müsste den Verzicht annehmen. Gegen eine solche Auslegung spricht aber vor allem, dass die Eigentümer üblicherweise gerade deswegen Entlastung erteilen, weil sie mit der Amtsführung zufrieden sind und keine Ersatzansprüche erkennen, auf die sie verzichten könnten), ab, so liegt hierin ein Rechtsgeschäft zwischen der Gemeinschaft der Wohnungseigentümer und dem Eigentümer-Verwalter. Wenn man die Bedeutung der Entlastung nicht auf die Wirkung des negativen Schuldanerkenntnisses reduziert, wäre § 25 Abs. 4, 1. Alt. WEG zumindest aber analog anzuwenden. Die Rechtsprechung spricht im Zusammenhang mit dem Entlastungsbeschluss davon, dass es sich bei der mit ihm verbundenen Verzichtswirkung um eine »nicht erkannte gesetzliche Nebenfolge der Entlastung« handele (*BGH* – V ZB 11/03, ZMR 2003, 750, 753).

Bei der Ermächtigung eines Wohnungseigentümers zur Verfahrensführung ist ein Stimmrechtsaus- 75
schluss zu verneinen, wenn hierdurch allein mitgliedschaftliche Interessen wahrgenommen werden. Kommt es jedoch zu einem Dienstvertrag mit dem Wohnungseigentümer als gleichzeitigem Anwalt, greift das Stimmverbot ein.

c) Sonderfall: Abberufung eines Funktionsträgers

aa) Allgemeines

§ 25 Abs. 4 WEG will als Ausnahmevorschrift nur bestimmte Fälle der Interessenkollision erfassen, 76
den Wohnungseigentümer aber nicht schlechthin daran hindern, an Entscheidungen über die Ver-

waltung des gemeinschaftlichen Eigentums mitzuwirken. Mit der Bedeutung des Stimmrechts ist es z.B. nicht zu vereinbaren, wenn bei der Bestellung oder Abberufung eines Verwalters das Stimmrecht des Wohnungseigentümers, der in Personalunion Verwalter ist, immer ausgeschlossen wäre. Dass die Abstimmung über das Amt des Verwalters auch die Einzelinteressen des betroffenen Wohnungseigentümers berührt, kann für sich allein genommen noch kein Stimmverbot begründen. Jeder Wohnungseigentümer verfolgt bei einer Beschlussfassung im gewissen Umfang immer auch berechtigte private Interessen. Wenn ein Verwalter nicht selbst Wohnungseigentümer ist, sondern als Vertreter anderer Wohnungseigentümer auftritt und dabei über seine eigene Abberufung abstimmt, so geht es um die Ausübung des Stimmrechts der Miteigentümer und damit um deren Recht zur Mitgestaltung der Gemeinschaftsangelegenheiten. Der Verwalter ist deshalb weder durch § 25 Abs. 4 WEG noch durch den allgemeinen Rechtsgedanken, wonach das Mitglied einer Personenvereinigung nicht an der Entscheidung über Maßnahmen beteiligt sein soll, die die Gemeinschaft ihm gegenüber aus wichtigem Grund vornehmen will, gehindert, an einer solchen Beschlussfassung mitzuwirken (*OLG München* ZMR 2011, 148).

bb) Abberufung aus wichtigem Grund

77 Soll das private Interesse des Wohnungseigentümers ein Stimmrechtsverbot bewirken, muss es von einigem Gewicht und nicht mehr vom legitimen Mitwirkungsinteresse an der Willensbildung innerhalb der Eigentümergemeinschaft gedeckt sein. Etwa für einen zum Verwalter bestellten Wohnungseigentümer besteht bei der Beschlussfassung über seine Abberufung und gleichzeitiger Entscheidung über die Beendigung seines Verwaltervertrages nur bei Vorliegen eines **wichtigen Grundes** ein Stimmverbot (*BGH* – V ZB 30/02, ZMR 2002, 930). Dieses Stimmverbot folgt nicht aus § 25 Abs. 4 WEG, sondern aus einem allgemeinen Rechtsgedanken wie er in den §§ 712 I, 737 BGB, 117, 127, 140 HGB zum Ausdruck komme (*BGH* – V ZB 30/02, ZMR 2002, 930, 935; *Kefferpütz* Stimmrechtsschranken, S. 69). Kein Fall des § 25 Abs. 4 WEG liegt vor, wenn ein (externer) Verwalter als Vertreter eines ihn bevollmächtigenden Wohnungseigentümers über seinen Verwaltervertrag mit abstimmt (*OLG Hamm* ZMR 2006, 63).

d) Einleitung oder Erledigung eines Rechtsstreits, § 25 Abs. 4, 2. Alt. WEG

78 Unter einem Rechtsstreit i.S.v. § 25 Abs. 4, 2. Alt. WEG sind sämtliche streitigen Zivilverfahren inklusive WEG-Verfahren gem. § 43 Abs. 2, 44 WEG zu verstehen. Umfasst werden sowohl das Mahnverfahren (§§ 688 ff. ZPO), der einstweilige Rechtsschutz (§§ 920 ff. ZPO) sowie ein ggf. vereinbartes Schiedsgerichtsverfahren. Der betroffene Wohnungseigentümer muss im Rechtsstreit Partei (egal, ob Kläger oder Beklagter) sein.

79 Der Wortlaut des § 25 Abs. 4, 2. Alt. WEG deutet auf den ersten Blick zwar darauf hin, dass sich der von dem Stimmverbot betroffene Wohnungseigentümer in der Rolle des Beklagten oder des Antragsgegners befinden muss. Mit der redaktionellen Fassung der Vorschrift ist aber keine entsprechende Beschränkung des Anwendungsbereichs des Stimmverbots beabsichtigt gewesen (*BGH*, V ZR 85/13, ZMR 2014, 559; vgl. auch Jennißen/*Schultzky* § 25 Rn. 130; MüKo-BGB/*Arnold*, § 34 Rn. 13, 14 zu vergleichbaren Formulierungen in § 136 Abs. 1 S. 1 AktG, § 47 Abs. 4 S. 2 GmbHG, § 43 Abs. 6 GenG).

80 Es kommt nicht darauf an, ob er als Wohnungseigentümer oder in einer anderen Funktion, etwa als Beirat oder Verwalter, in Anspruch genommen wird. Werden sowohl der Wohnungseigentümer als auch ein Dritter aufgrund eines einheitlichen Beschlusses als Gesamtschuldner in Anspruch genommen, ist der betreffende Wohnungseigentümer insgesamt vom Stimmrecht ausgeschlossen (*BayObLG* NJW-RR 1998, 231 = WE 1998, 353). Soll ein Rechtsstreit gleichzeitig gegen **mehrere** Wohnungseigentümer eingeleitet werden, sind sämtliche Streitgenossen vom Stimmverbot bei der Beschlussfassung betroffen. Auf die Frage, ob die zu Verklagenden als Gesamtschuldner gegenüber der Gemeinschaft haften, kommt es nicht an. Die Vorschrift des § 25 Abs. 4 WEG soll verhindern, dass ein Eigentümer, der als Streitgenosse neben anderen Eigentümern verklagt werden soll, letztlich mittelbar auch über das Vorgehen gegen sich selbst entscheidet (*LG München I* ZMR 2011, 324).

Von dem Stimmrechtsverbot gem. § 25 Abs. 4, 2. Alt. WEG werden nur Abstimmungen über Beschlussgegenstände erfasst, die verfahrensrechtliche Maßnahmen betreffen, worunter insbesondere Beschlüsse über die Einleitung des Rechtsstreits, die Art und Weise der Prozessführung und die Frage der verfahrensrechtlichen Beendigung fallen; dass eine Beschlussfassung Auswirkungen auf den Rechtsstreit in materiell-rechtlicher Hinsicht hat oder haben kann, genügt nicht (*BGH* – V ZR 56/11, ZMR 2012, 209 Juris Rn. 11). Ausreichend für ein Stimmverbot sind folgende Beschlussgegenstände: Finanzierung des Rechtsstreits gegen einen Eigentümer, vorbereitender Grund-Beschluss dazu, ob Gutachten eingeholt oder sofort Klage erhoben werden soll sowie Ermächtigung des Verwalters Duldungsansprüche gegen den betroffenen Eigentümer durchzusetzen (vgl. Staudinger/*Häublein* 2023 § 25 Rn. 236). § 25 Abs. 4 WEG bezieht sich schon dem Wortlaut nach nicht auf eine Situation, in der sich eine Mehrheit eine andere Gebrauchsregelung vorstellt als die Minderheit. Auch wenn die Mehrheit ihre Vorstellungen gerichtlich durchsetzen möchte, kann sie nicht über dieses Vehikel das Stimmrecht der Minderheit ausschalten. Namentlich die Vermieter des (angeblich) störenden, verklagten Mieters sind/waren nicht gemäß § 25 Abs. 4 WEG von der Abstimmung ausgeschlossen. Gegenstand der Beschlussfassung war nicht die Einleitung eines Rechtsstreits gegen die Vermieter/Eigentümer, sondern gegen deren Mieter (*OLG Düsseldorf* ZMR 2022, 807 Juris Rn. 34). 81

§ 25 Abs. 4 WEG enthält keine ausfüllungsbedürftige Lücke mehr. Der Fall eines Rechtsstreits zwischen der Gemeinschaft der Wohnungseigentümer (Verband) und einem Wohnungseigentümer wird zwar nicht genannt, aber die Streichung der Worte »der anderen Wohnungseigentümer« mit Wirkung ab 01.12.2020, bewirkt, dass auch Klagen des Verbandes erfasst werden. Die Vorschrift war 2007 nach der Anerkennung der Rechtsfähigkeit der Gemeinschaft der Wohnungseigentümer in Teilbereichen (*BGH* – V ZB 32/05, ZMR 2005, 547) und ihrer Normierung durch § 10 Abs. 6 WEG a.F. noch nicht an die neue Rechtslage angepasst worden. Es lässt sich jedoch keine bewusste gesetzgeberische Entscheidung feststellen, dass § 25 Abs. 4 WEG bei einem Rechtsstreit zwischen dem Verband und einzelnen Wohnungseigentümern etwa nicht zur Anwendung kommen soll. 82

Ein Wohnungseigentümer unterliegt deshalb in Anwendung von § 25 Abs. 4, 2. Alt. WEG auch einem Stimmverbot, wenn er einen Rechtsstreit gegen die Gemeinschaft der Wohnungseigentümer führt und verfahrensbezogene Maßnahmen Gegenstand der Beschlussfassung sind (*BGH* – V ZR 85/13, ZMR 2014, 559; zur Rechtsmitteleinlegung in einem solchen Prozess vgl. *LG Stuttgart* ZWE 2010, 468). 83

Nur so wird der Zweck des in § 25 Abs. 4 WEG geregelten Stimmverbots erreicht, nämlich zu verhindern, dass der Prozessgegner auf das Ob und Wie einer gegen ihn gerichteten Prozessführung Einfluss nehmen kann. 84

e) Majorisierung

Ausgangspunkt: Das Stimmrecht der Wohnungseigentümer gehört zu dem **Kernbereich** elementarer Mitgliedschaftsrechte. Da es ein wesentliches Mittel zur Mitgestaltung der Gemeinschaftsangelegenheiten bildet, darf es nur ausnahmsweise und lediglich unter eng begrenzten Voraussetzungen eingeschränkt werden. Ein allgemeiner Stimmrechtsausschluss kommt auch dann nicht in Betracht, wenn die konkrete Gefahr der Majorisierung durch einzelne Eigentümer besteht (*BGH* – V ZR 290/16, ZMR 2017, 906; *Elzer* in: Hügel Wohnungseigentum 5. Aufl. § 12 Rn. 138 ff.). Vor diesem Hintergrund ist ein Stimmrechtsausschluss etwa anzunehmen, wenn z.B. der Mehrheitseigentümer der gesamten Wohnungseigentumsanlage gegenüber den Mitgliedern von seinem Stimmrecht in gemeinschaftswidriger Weise (vgl. Jennißen/*Schultzky* § 25 Rn. 67) im Einzelfall zugunsten seines Unternehmens Gebrauch macht (*AG Hannover* ZMR 2003, 962; *Greiner* WEG 5. Aufl. § 7 Rn. 119). Aus den Grundsätzen von Treu und Glauben (§ 242 BGB) ergibt sich dieser Sonderfall einer gesetzlichen, im WEG nicht geregelten Stimmrechtsbeschränkung. Aber: Ein Stimmrechtsausschluss wegen rechtsmissbräuchlichen Verhaltens kommt nur **ausnahmsweise** und unter engen Voraussetzungen in Betracht; es reicht nicht aus, dass der mit den Stimmen eines Mehrheitseigentümers gefasste Beschluss ordnungsmäßiger Verwaltung widerspricht, oder dass ein Wohnungseigen- 85 tümer aufgrund seines Stimmgewichts Beschlussfassungen blockiert, obwohl es ein Gebot ordnungsmäßiger Verwaltung wäre, einen positiven Beschluss zu fassen (*BGH*, V ZR 290/16, ZMR 2017, 906 unter Präzisierung von *BGH*- V ZB 30/02, ZMR 2002, 930 = BGHZ 152, 46, 61 ff.). Im Fall der (bloßen) Blockade von Beschlussanträgen, die ordnungsmäßiger Verwaltung entsprachen, wird der Einzelne grds. auf die Möglichkeit der Beschlussersetzungsklage nach § 44 Abs. 1 Satz 2 WEG verwiesen (Niedenführ/Schmidt-Räntsch/*Vandenhouten* § 25 Rn. 31 aE; Jennißen/*Schultzky* § 25 Rn. 68, 70). Würden die missbräuchlichen Nein-Stimmen des majorisierenden Eigentümers nicht gezählt und lägen im Übrigen mehr JA- als NEIN-Stimmen vor, könnte der Versammlungsleiter dagegen ausnahmsweise einen Positivbeschluss verkünden.

86 Eine zum Stimmrechtsverlust führende Majorisierung (vgl. *Armbrüster/Witsch* NZG 2018, 361 ff; *Gottschalg* NZM 2005, 91 unter V.) wird erst angenommen wenn folgende Voraussetzungen kumulativ vorliegen: Aufgrund der konkreten Stimmrechtsverhältnisse hat ein Wohnungseigentümer von vornherein die Stimmenmehrheit (heute bei der Ein-Personen-WEG bestehend aus dem Bauträger, § 9a Abs. 1 S. 2 WEG, denkbar) und zusätzlich muss er diese Mehrheit dazu einsetzen, ohne Rücksicht auf die Anderen seine Meinung oder wirtschaftliche Interessen durchzuboxen (*BGH* – V ZB 30/02, ZMR 2002, 930; *BayObLG* ZMR 2002, 525; *OLG Düsseldorf* ZMR 2002, 614). Ob ein Stimmrecht derart missbräuchlich ausgeübt wird, ist stets im Einzelfall unter umfassender Interessenabwägung zu prüfen. Es ist deshalb nicht möglich, eine Stimmrechtsbeschränkung gerichtlich vorab feststellen zu lassen. Ein solcher Stimmrechtsmissbrauch ist von der Rechtsfolge her anders zu beurteilen als ein genereller Stimmrechtsverbot nach § 25 Abs. 4 WEG. Nur beim Stimmverbot ist schon ex ante der betreffende Eigentümer von vorneherein vom Stimmrecht ausgeschlossen; bei der Majorisierung erfolgt die Nichtberücksichtigung der abgegebenen Stimmen erst im Nachhinein (ex post), wenn die konkrete Stimmabgabe als derart rechtsmissbräuchlich anzusehen ist. Wenn dies bei einer missbräuchlichen Blockade des Positivbeschlusses nicht gelten soll (h.M.; Jennißen/*Schultzky* § 25 Rn. 70), dann kommt es doch wieder auf die Formulierung des Beschlussantrags an. Denn bei negativ formuliertem Antrag würde rechtsmissbräuchlich mit JA abzustimmen sein, während bei positiv formuliertem Antrag der »Blockierer« mit NEIN abstimmen würde. Beispiel: Mit Negativbeschluss sollen die Eigentümer nach § 16 Abs. 2 S. 2 WEG darüber entschieden können, dass eine Übernahme des Selbstbehalts durch die Gemeinschaft (nebst anschließender Sozialisierung auf alle Eigentümer) nicht stattfinden soll (*AG Hamburg-St. Georg*, Urt. v. 26.11.2021 – 980b C 23/21). Konsequenter erscheint es, die derart rechtsmissbräuchlich abgegebenen Stimmen entweder in beiden Fällen zu zählen oder nicht zu zählen.

87 Dass die Minderheit überstimmt wird, reicht für die Annahme einer Majorisierung nicht aus (vgl. *BayObLG* ZMR 2006. 139: nachvollziehbare und verständliche Gründe lagen vor). Der bei Majorisierung durch einen Wohnungseigentümer erforderliche Minderheitenschutz wird in erster Linie durch das Prinzip ordnungsmäßiger, dem Interesse der Gesamtheit der Wohnungseigentümer entsprechender Verwaltung gewährleistet (§ 19 Abs. 2 WEG). Dessen gerichtliche Kontrolle erfolgt insbesondere im Wege der Beschlussmängelklage (§ 44 WEG). Majorisierende Beschlüsse können – auch wenn es zur Annahme eines Stimmrechtsausschlusses nicht reichen sollte – insbesondere unter dem Blickwinkel der Willkür, des Rechtsmissbrauchs oder einer unbilligen Benachteiligung Einzelner zumindest ordnungsmäßiger Verwaltung widersprechen (vgl. *BGH* – V ZR 198/14, ZMR 2015, 876 = NZM 2015, 785 Rn. 13 a.E.). Die Minderheit kann so gerichtlich klären lassen, ob die gefassten Beschlüsse etwa unter dem Gesichtspunkt der Majorisierung ordnungsmäßiger Verwaltung widersprechen. Dieses letztere Konzept bevorzugt der *BGH* (a.a.O.), in dem er einen Stimmrechtsausschluss wegen rechtsmissbräuchlichen Verhaltens stark einschränkt; damit nimmt er dem Versammlungsleiter, also in der Regel dem Verwalter, zugleich eine im Einzelfall schwierig auszuübende Verantwortung ab. Ein Stimmrechtsausschluss werde allenfalls bei positiven Stimmabgaben in Betracht kommen, aber nur, wenn die Stimmrechtsausübung offenkundig und ohne jeden Zweifel zu einer treuwidrigen Benachteiligung der übrigen Wohnungseigentümer führe, dass der Ausgang eines gerichtlichen Verfahrens nicht abgewartet werden könne, wie etwa bei Bestellung eines wegen Vermögensdelikten vorbestraften Verwalters (so *Hogenschurz* jurisPR-MietR 19/2017 Anm. 3).

Entscheidend ist der Grad des Missbrauchs des Stimmenübergewichts. Die mit dem Objektprinzip verbundene Gefahr einer Majorisierung der Mehrzahl der Wohnungseigentümer durch einen Wohnungseigentümer oder durch eine kleine Gruppe von Wohnungseigentümern genügt für sich allein betrachtet noch nicht für die Annahme eines solchen Stimmrechtsmissbrauchs (*LG Saarbrücken* ZWE 2013, 90; Jennißen/*Schultzky* § 25 Rn. 68). Andernfalls käme man zu einem Vetorecht der Minderheit. Praktisch wird die Frage einer Majorisierung immer dann, wenn der Mehrheitseigentümer vom Stimmrecht nicht bereits durch die Stimmrechtsausschlüsse in § 25 Abs. 4 1. und 2. Alt. WEG ausgeschlossen ist. Das Fehlen eines solchen Stimmrechtsausschlusses ist nicht selten, da das bloße Vorliegen privater Sonderinteressen das Stimmverbot nach § 25 Abs. 4 WEG nicht auslöst. Selbst wenn ein Wohnungseigentümer an verschiedenen BGB-Gesellschaften, die ihrerseits Sondereigentümer sind, einen 90 %igen Anteil hält, kann bei Kopfstimmrecht nicht allein deshalb von einer missbräuchlichen Stimmrechtsausübung gesprochen werden (*OLG Dresden* ZMR 2005, 894). 88

Den Streit über die ordnungsmäßige Verwaltung bei Blockade und Majorisierung müssen in der Regel die Gerichte entscheiden. Der Versammlungsleiter ist nicht zum Schiedsrichter berufen. Schließlich ist es auch nicht die Aufgabe des Versammlungsleiters, durch einen Stimmrechtsausschluss darüber zu entscheiden, wer gegen die Beschlussfassung Anfechtungsklage erheben muss, also die Anfechtungslast zu verteilen. Diese Konzeption des Minderheitenschutzes, die einen Stimmrechtsausschluss nur dann zulässt, wenn eine gerichtliche Entscheidung zu spät käme, mag allerdings für die Minderheit im Einzelfall mit großem Aufwand und vielleicht uneinbringlichen Kosten verbunden sein, etwa wenn man selbst die Bestellung eines Verwalters im Wege der Beschlussersetzung vor Gericht erstritten werden muss (so *Hogenschurz* jurisPR-MietR 19/2017 Anm. 3). 89

Kommt man dennoch ausnahmsweise im Rahmen der Einzelfallprüfung zum Ergebnis, dass die Ausnutzung der Stimmenmehrheit treuwidrig war, also ein unzulässiger Rechtsmissbrauch zulasten der restlichen Eigentümer vorlag, wird die Stimmkraft des Mehrheitseigentümers nicht reduziert (a.A. noch *OLG Düsseldorf* WE 1984, 120: Reduzierung auf 25 % der Gesamtstimmenzahl), sondern die Stimme wird nicht gezählt (Jennißen/*Schultzky* § 25 Rn. 70). Abgegebene Stimmen können wegen einer missbräuchlichen Ausübung des Stimmrechts unwirksam und deshalb bei der Feststellung des Beschlussergebnisses nicht zu berücksichtigen sein. Eine Majorisierung ist erst dann rechtsmissbräuchlich, wenn weitere Umstände hinzutreten, die sich als Verstoß gegen die Pflicht zur Rücksichtnahme auf die Interessen der Gemeinschaft und damit gegen die Grundsätze ordnungsmäßiger Verwaltung darstellen (*BGH* – V ZB 30/02, ZMR 2002, 930 ff.; vgl. auch *AG München* ZWE 2024, 125 m. Anm. *Traut*). 90

Erkennt der Versammlungsleiter bei seiner konstitutiven Beschlussfeststellung die unzulässige Majorisierung nicht, muss die überstimmte Minderheit den Beschluss anfechten und das Gericht ein anderes Beschlussergebnis feststellen (*AG Hannover* ZMR 2003, 962). In einem Ausnahmefall sittenwidrigen Ausnutzens der Stimmenverhältnisse hat das *OLG Schleswig* (ZMR 2006, 315) sogar Beschlussnichtigkeit angenommen. 91

f) Stimmpflicht

Unter Umständen reicht die Treuepflicht im Verband so weit, dass sie es dem einzelnen Wohnungseigentümer bei bestimmten Beschlussfassungen gebietet, von seinem Stimmrecht Gebrauch zu machen. Dabei kann auch die Art und Weise, wie von dem Stimmrecht Gebrauch zu machen ist, vorgegeben sein. Die Treuepflicht konkretisiert sich dann zu einer Stimmpflicht in einem bestimmten Sinne. Aufgrund der gebotenen Zurückhaltung hinsichtlich einer Förderpflicht kann eine Stimmpflicht des Wohnungseigentümers allerdings nur in Ausnahmefällen angenommen werden. Dieser »Stimmpflicht« kommt eine Art Ausgleichsfunktion im Sinne einer Minderheitenschutzbestimmung zu. Eine objektiv-rechtliche Stimmpflicht kann sich zudem aus dem Anspruch jedes Wohnungseigentümers auf eine ordnungsmäßige Verwaltung gem. § 18 Abs. 2 WEG ergeben. Dieser Anspruch kann einen Rückgriff auf die Treupflicht überflüssig machen. Da § 18 Abs. 2 WEG allerdings durch Vereinbarung modifiziert werden kann, könnte eine etwaige aus der Treuepflicht hergeleitete Stimm- 92 pflicht gleichwohl bedeutsam sein. In Betracht kommt eine Stimmpflicht etwa in folgendem Fall: Ein Wohnungseigentümer (Störer) hat eine schwerwiegende Pflichtverletzung iSd § 17 WEG iVm § 14 WEG begangen, weshalb über den Antrag auf Entziehung seines Wohnungseigentums abgestimmt werden soll. In der Gemeinschaftsordnung ist wirksam vereinbart, dass das Kopfstimmrecht abbedungen wird. Bei der Abstimmung blockiert ein Mehrheitseigentümer den Antrag auf Entziehung des Wohnungseigentums des Störers. Der Mehrheitseigentümer hat aufgrund der Treuebindung diejenigen zu unterstützen, die ein unabweisbares Interesse an der Entziehung des Wohnungseigentums des Störers haben, etwa weil sie als Eigennutzer unmittelbar von der Störung betroffen sind (*Armbrüster/Witsch* NZG 2018, 361 ff.).

g) Reichweite, Abdingbarkeit

93 Ein Stimmrechtsausschluss nach § 25 Abs. 4 WEG bedeutet h.M. nach zugleich ein **umfassendes Verbot der Stimmrechtsvollmacht** (s. *BayObLG* ZfIR 2002, 296, 298; *OLG Düsseldorf* ZMR 2002, 143; **a.A.** *Kahlen* Praxiskommentar, § 25 Rn. 121 ff.). Der vom Stimmrecht ausgeschlossene Wohnungseigentümer kann deshalb nach wenig überzeugender h.M. (zuletzt *LG München I,* 15.11.2022 – 36 S 5288/22, ZMR 2023, 144) nicht als Vertreter eines anderen Wohnungseigentümers, der nicht vom Stimmrecht ausgeschlossen ist, – auch bei weisungsgebundener Vollmacht – auftreten (vgl. § 47 Abs. 4 GmbHG analog; Hügel/*Scheel/Elzer* 4. Aufl. § 12 Rn. 181). Begründet wird dies damit, dass der bevollmächtigte (vom Stimmrecht ausgeschlossene) Wohnungseigentümer eine eigene Willenserklärung – wenn auch im fremden Namen – abgibt und damit auf die Beschlussfassung aktiv und seinem Willen gemäß einwirken möchte. Der WEG-Verwalter ist im Rahmen der Beschlussfassung über seine Entlastung auch als Vertreter nach § 25 Abs. 4 WEG vom Stimmrecht ausgeschlossen (*AG Weimar* ZMR 2013, 582). Denn die Interessenkollision, die durch § 25 Abs. 4 WEG vermieden werden soll, besteht auch dann, wenn der Verwalter nicht selbst Wohnungseigentümer ist, sondern als Vertreter eines Wohnungseigentümers handelt (vgl. auch *OLG Zweibrücken* ZMR 1992, 206, *OLG Hamm* ZMR 2007, 63).

94 Nach der Gegenauffassung (Bärmann/*Seuß*, 4. Aufl., B Rn. 189; anders *Rüscher* in Bärmann/Seuß, 6. Aufl., C. Rn. 753) soll sich aus dem Wortlaut des § 25 Abs. 4 WEG ein allgemeines Verbot, einem vom Stimmrecht ausgeschlossenen Vollmacht zu erteilen, nicht ableiten lassen. Auch *F. Schmidt* (WE 1989, 1) sieht keinen Rechtsgrund dafür, einen vom Stimmrecht Ausgeschlossenen die Stimmrechtsvollmacht zu versagen. Schließlich habe es der Vollmachtgeber in Kenntnis der Interessenkollision aufseiten des Vollmachtnehmers in der Hand, Anweisungen für die Abstimmung oder bewusst weisungsfrei die Vollmacht zu erteilen. Der befangene Bevollmächtigte soll aber einen nicht an Weisungen gebundenen **Unterbevollmächtigten einschalten** können (*OLG Zweibrücken* WE 1998, 504; **a.A.** *LG Frankfurt/M.* NJW-RR 1988, 596: *Sowohl bei der Beschlussfassung über die Jahresabrechnung als auch bei derjenigen über die Entlastung des Verwalters hat dieser als Wohnungseigentümer kein Stimmrecht. Das gilt auch, soweit er gesetzlicher oder rechtsgeschäftlich bevollmächtigter Vertreter eines Wohnungseigentümers ist. Der Stimmrechtsausschluss eines Vertreters besteht auch dann, wenn ihm der Vertretene eine konkrete Weisung erteilt hat. Ein Angestellter des Verwalters ist grundsätzlich selbst dann nicht als Wohnungseigentümer vom Stimmrecht ausgeschlossen, wenn er intern die Jahresabrechnung erstellt hat.*), sofern die Auslegung der Hauptvollmacht dies erlaubt.

95 Bei der Ermächtigung oder Genehmigung des Verwalters zur Vornahme eines Rechtsgeschäfts mit einem Wohnungseigentümer ist Letzterer gem. § 25 Abs. 4, 1. Alt. WEG vom Stimmrecht ausgeschlossen. Das Stimmverbot nach § 25 Abs. 4, 1. Alt. WEG ist abdingbar.

96 Die Regelungen in § 25 WEG sind **abdingbar** nur durch eine Regelung in der Gemeinschaftsordnung oder durch eine Vereinbarung i.S.d. § 10 Abs. 1 S. 2 WEG, sofern nicht in den Kernbereich des Wohnungseigentums eingegriffen wird, niemals durch Mehrheitsbeschluss. Eine allgemeine Anpassungsvereinbarung (Öffnungsklausel) in der Gemeinschaftsordnung kann eine Änderung der Stimmkraft nur mit Zustimmung des nachteilig Betroffenen durch Beschluss ermöglichen (Staudinger/*Häublein* 2023 § 25 Rn. 43).

Im Extremfall kann eine solche Vereinbarung Einstimmigkeit vorsehen (Staudinger/*Häublein* 2023 § 25 Rn. 4a; *OLG Hamm* ZMR 2009, 219). Die isolierte Vereinbarung oder eine Regelung in der Gemeinschaftsordnung ist in den Grenzen der §§ 134, 138, 242, 315 BGB möglich (Staudinger/*Häublein* 2023 § 25 Rn. 40). Die Regelungen über die Inhaltskontrolle allgemeiner Geschäftsbedingungen (§§ 307 ff. BGB) sind auf die Gemeinschaftsordnung der GdWE grundsätzlich nicht entsprechend anwendbar. Von dem teilenden Eigentümer vorgegebene Bestimmungen in der Gemeinschaftsordnung, die in einem spezifischen Zusammenhang mit der einseitigen Aufteilung stehen, unterliegen einer Inhaltskontrolle im Hinblick auf einen Missbrauch der einseitigen Gestaltungsmacht; diese Inhaltskontrolle richtet sich unter Berücksichtigung der Besonderheiten des Einzelfalls am Maßstab von Treu und Glauben gemäß § 242 BGB aus (*BGH* – V ZR 196/19, ZMR 2021, 405). Da insbesondere die Größe der MEA nicht annähernd nach Fläche, Wert o.ä. der Einheiten bemessen werden müssen, kann es bei sehr geringen MEA der Penthouse-Wohnung (für den Aufteiler selbst) zu unverhältnismäßig niedrigen Kosten kommen. Dem kann jetzt auch ohne das Verdikt der Nichtigkeit korrigierend durch einen Beschluss nach § 16 Abs. 2 S. 2 WEG entgegengewirkt werden. Es ist grundsätzlich – wenn nicht zwingendes Recht wie in § 17 Abs. 3 WEG entgegensteht – möglich, dass die Wohnungseigentümer in Abweichung von dem Mehrheitsprinzip ein Einstimmigkeitsprinzip vereinbaren (*OLG Hamm* ZMR 2009, 219 ff.). Insoweit hat der Gesetzgeber einen weiteren Gestaltungsspielraum zugelassen (*OLG Oldenburg* Rpfleger 1997, 158). Zu einem Extremfall entschied bereits das *BayObLG* (ZMR 1997, 369): »Die von dem teilenden Alleineigentümer getroffene Regelung in der Gemeinschaftsordnung einer aus drei Wohnungen bestehenden Wohnanlage, dass für das Stimmrecht die unterschiedliche Größe der Miteigentumsanteile maßgebend ist, gegen seine Stimme aber ein Eigentümerbeschluss nicht gefasst werden kann, solange ihm auch nur eine Wohnung gehört, kann in das Grundbuch als Inhalt des Sondereigentums eingetragen werden. Gegenüber dem Fall, dass ein Wohnungseigentümer von vorneherein die Stimmenmehrheit hat, werden die Rechte anderer Wohnungseigentümer weniger eingeschränkt, wenn ein Wohnungseigentümer wie hier nicht die Stimmenmehrheit, sondern lediglich ein Vetorecht hat.« Wenn der Aufteiler hier Beschlüsse mit seinem Veto blockieren sollte, müssten die anderen Eigentümer ggf. eine Beschlussersetzungsklage (§ 44 Abs. 1 S. 2 WEG) erheben. Einen weiteren Sonderfall bilden die »Geisterwohnungen« Hierzu entschied der *BGH* (V ZR 72/18, ZMR 2019, 616): »Hat ein Eigentümer nach der Stimmrechtsregelung der Teilungserklärung einen Stimmanteil von 48 %, obwohl seine Miteigentumsanteile aufgrund einer Bauunterbrechung nicht mit dem Sondereigentum an tatsächlich vorhandenen Wohnungen verbunden sind, kann den übrigen Wohnungseigentümern gemäß § 10 Abs. 2 WEG ein Anspruch auf Abänderung der Stimmrechtsregelung zustehen. Die Stimmkraft des Eigentümers von »Geisterwohnungen« darf nur maßvoll und nur vorübergehend bis zur Fertigstellung der verbleibenden Sondereigentumseinheiten beschränkt werden.« 97

Ein Stimmrechtsausschluss in der Eigentümerversammlung nach § 25 Abs. 4 WEG hat keinen grundsätzlichen Verlust des Anfechtungsrechts zur Folge. Der ausgeschlossene Miteigentümer kann einen formellen Mangel, z.B. den Verstoß gegen den Grundsatz der Nichtöffentlichkeit, trotz Stimmrechtsausschluss rügen (*LG Frankfurt/M.* NZM 2012, 120). 98

5. Ruhen des Stimmrechts, § 25 Abs. 4, 3. Alt. WEG

Nach § 25 Abs. 4, 3. Alt. WEG ist ein Wohnungseigentümer vom Stimmrecht nach einem rechtskräftigem Ausschlussurteil gem. § 17 WEG ausgeschlossen. Die Besonderheit ist, dass der betroffene Wohnungseigentümer bei **allen** Beschlussfassungen nicht mitstimmen darf, egal welchen Inhalts und welchen Gegenstands. Dogmatisch besteht hier ein Streit darum, ob von einem Ruhen des Stimmrechts oder ebenfalls von einem Stimmverbot auszugehen ist. Von einem Ruhen des Stimmrechts kann nur dann gesprochen werden, wenn das Stimmrecht unter gewissen Umständen wieder aufleben kann (*Kefferpütz* Stimmrechtsschranken, S. 35). Dies ist in der 3. Alt. des § 25 Abs. 4 WEG zu verneinen. Das Wiederaufleben des Stimmrechts war im Fall einer Verurteilung aufgrund des § 18 Abs. 2 Nr. 2 WEG a.F. (Zahlungsrückstand) in § 19 Abs. 2 WEG a.F. ausdrücklich geregelt und zwar dahin, dass vor dem Zuschlag eine Abwendung durch Zahlung erfolgen kann, die ihrer- 99 seits das Stimmrecht wieder aufleben lässt. Das Entziehungsurteil führt zum Erlöschen des Stimmrechts aufseiten des Störers inkl. seiner Vertreter (*Schmid* ZfIR 2013, 134). Bei Mitberechtigung mehrerer Personen an einem Wohnungseigentum ruht nur das Stimmrecht derjenigen, die verurteilt sind (Staudinger/*Häublein* 2023 § 25 Rn. 241).

100 Allerdings lebt das Stimmrecht im Fall der Veräußerung – wenn auch erst in der Person des Erwerbers – wieder auf und entsteht nicht etwa neu. Das Stimmrechtsverbot des Veräußerers ist jedoch hiervon nicht betroffen. Die 3. Alt. des § 25 Abs. 4 WEG findet keine Anwendung auf den Erwerber des nach § 17 Abs. 4 WEG versteigerten Wohnungseigentums. Bei dem Erwerber handelt es sich schließlich nicht um einen Wohnungseigentümer, der »nach § 17 rechtskräftig verurteilt ist«. Normzweck ist nicht die Verhinderung einer besonders schwerwiegenden Interessenkollision, sondern einer Einflussnahme auf die kollektive Willensbildung durch denjenigen, der nur noch für die Dauer der vollstreckungsrechtlichen Umsetzung der Entziehung seines Wohnungseigentums Teil der Gemeinschaft ist. Es handelt sich um einen wohnungseigentumsrechtlichen Sonderfall des Ausschlusses des Stimmrechts (*Armbrüster/Witsch* NZG 2018, 361 ff.).

101 Ein Wohnungseigentümer, der mit der Zahlung von Beiträgen in Verzug ist, kann deswegen nicht einmal durch eine Vereinbarung, erst recht nicht durch einen Beschluss – so *BGH* – V ZR 60/10, ZMR 2011, 397 – von der Wohnungseigentümerversammlung ausgeschlossen werden; ihm kann auch nicht das Stimmrecht bei Belassen des Teilnahmerechts entzogen werden. Die **Gestaltungsfreiheit für Gemeinschaftsordnungen** ende dort, wo die personenrechtliche Gemeinschaftsstellung der Wohnungseigentümer ausgehöhlt wird. Das mitgliedschaftsrechtliche Element des Wohnungseigentums verbiete einen allgemeinen Ausschluss des Wohnungseigentümers vom Stimmrecht. Erst recht ist ein allgemeiner Ausschluss von Versammlungen der Wohnungseigentümer unzulässig, weil dem Mitglied dadurch nicht nur faktisch sein Stimmrecht genommen, sondern ihm darüber hinaus die ebenfalls in den Kernbereich elementarer Mitgliedschaftsrechte fallende Befugnis abgeschnitten wird, auf die Willensbildung der Gemeinschaft durch Rede und Gegenrede Einfluss zu nehmen.

102 Die Eigentümer können nach hier vertretener Ansicht (zum Meinungsstand vgl. Staudinger/*Häublein* 2023 § 25 Rn. 8) durchaus weitere Fälle vereinbaren (nicht aber beschließen), nach denen das Teilnahmerecht weiter ausgeübt, das Stimmrecht bestehen bleiben kann, aber das **Stimmrecht** temporär **ruhen** soll, z.B. für den Fall eines – auch unverschuldeten – Rückstands mit Wohngeldzahlungen (*AG Hannover* ZMR 2009, 409: Ratenzahlungsvereinbarung hebt das Ruhen des Stimmrechts nicht auf, *BayObLG* ZMR 2003, 519). Folgt man dem und besteht eine solche Vereinbarung, ist der Verwalter im Regelfall gehalten auch diesen Eigentümer zu laden (ggf. unter Aufforderung Zahlungen zu leisten und nachzuweisen) und bei einer nennenswerten Zahl von säumigen Wohnungseigentümern zu Beginn der Versammlung die jeweiligen Zahlungsrückstände bekannt zu geben. Das Ruhen des Stimmrechts bezieht sich immer nur auf den Wohnungseigentümer selbst und auf von ihn mit seiner Vertretung beauftragte Dritte.

103 Fallen Wohnungseigentümerstellung und Stimmrechtsinhaberschaft ausnahmsweise auseinander, ist hiervon das Stimmrecht des Insolvenz-, Zwangs- und Nachlassverwalters jedoch nicht betroffen (vgl. *BayObLG* Rpfl. 1999, 189; Staudinger/*Häublein* 2023 § 25 Rn. 241).

6. Rechtsfolgen bei Verstößen

104 Eine Teilnahme eines mit seinem Stimmrecht ausgeschlossenen Miteigentümers führt nicht zur Nichtigkeit, sondern allenfalls (bei Ausschluss auch des Teilnahmerechts) zur Anfechtbarkeit des Beschlusses, weil § 25 Abs. 4 WEG abdingbar ist (*BayObLG* ZMR 1986, 24; *OLG Düsseldorf* NZM 1998, 523). Hat dieser Zählfehler Bedeutung für das Beschlussergebnis, ist die Klage schon deshalb erfolgreich.

105 Im umgekehrten Fall eines zu Unrecht vom Versammlungsleiter angenommenen Stimmverbots gilt: Hier wird ein schwerwiegender Eingriff in den Kernbereich elementarer Mitgliedschaftsrechte bejaht, der dazu führt, dass das Mitwirkungsrecht eines Wohnungseigentümers in gravierender Weise ausgehebelt wurde (vgl. *BGH* – V ZR 60/10, ZMR 2011, 397)

C. Beschlussfähigkeit

I. Erstversammlung

Die Erstversammlung ist grundsätzlich seit 01.12.2020 unabhängig von der Anzahl der erschienenen Wohnungseigentümer beschlussfähig. § 25 WEG regelt jetzt nämlich – durch Aufheben des § 25 Abs. 3 WEG a.F. – den Wegfall des Beschlussfähigkeitsquorums (vgl. *Abramenko* Das neue WEG-Recht § 7 Rn. 10), was auf einhellige Zustimmung der Praxis stößt. Auch die Bund-Länder-Arbeitsgruppe hatte sich in diesem Sinne geäußert. Das neue Recht kennt keine § 25 Abs. 3, Abs. 4 WEG a.F. vergleichbare Bestimmungen mehr. Folglich ist jede Versammlung der Wohnungseigentümer beschlussfähig (was schlaue Notare schon zuvor in modernen Gemeinschaftsordnungen festgeschrieben hatten). Erforderlich ist nur, dass mindestens ein Wohnungseigentümer zur Versammlung der Wohnungseigentümer erschienen ist oder dort vertreten wird. 106

Dafür sprechen schon gute Gründe wegen der Synchronisierung mit dem übrigen Verbandsrecht sowie dem Interesse der Gemeinschaft, durch die Passivität einzelner Wohnungseigentümer nicht an der Durchführung von Versammlungen gehindert zu werden. Dabei ist zu berücksichtigen, dass diese teilweise mit einem nicht ganz unerheblichen Kostenaufwand (Saalmiete, Einladungsschreiben) organisiert werden und auch für die teilnehmenden Wohnungseigentümer mitunter erhebliche Anreisekosten anfallen (vgl. *Hinz* ZMR 2020, 378). 107

Die Wohnungseigentümer können allerdings zur Beschlussfähigkeit der Versammlung etwas anderes vereinbaren (vgl. *BGH* – V ZR 203/14, ZMR 2016, 245 Rn. 22: Gem. § 14 Abs. 4 TE soll eine Eigentümerversammlung beschlussfähig sein, wenn mehr als die Hälfte der Miteigentumsanteile in der Versammlung vertreten sind. Vereint ein Eigentümer allein die Mehrheit der Miteigentumsanteile auf sich, ist eine Eigentümerversammlung deshalb auch bei der Anwesenheit nur eines einzigen Eigentümers beschlussfähig; *OLG Frankfurt am Main* ZWE 2007, 84: § 25 Abs. 3 WEG [a.F.] ist dahingehend abdingbar, dass die Beschlussfähigkeit der Wohnungseigentümerversammlung alleine davon abhängig ist, dass mehr als die Hälfte der Miteigentumsanteile vertreten ist; *OLG München* ZMR 2006, 231: § 25 Abs. 3 WEG [a.F.] kann dahin abgedungen werden, dass eine ordnungsgemäß einberufene Eigentümerversammlung ohne Rücksicht auf die Zahl der erschienenen und vertretenen Wohnungseigentümer beschlussfähig ist) und ein Quorum einführen. **Altvereinbarungen,** die das anordnen, sind nach § 47 Satz 2 WEG in der Regel insoweit allerdings nicht anzuwenden, wenn sich aus ihnen nicht ein anderer Wille ergibt (§ 47 Satz 1 WEG). Bei Alt-Vereinbarungen ist die Vermutung des § 47 WEG zu beachten. 108

Grundsätzlich ist das trotz § 47 WEG wirksam vereinbarte – vom WEMoG abweichende – Quorum für die Beschlussfähigkeit anhand der Gesamtzahl der Miteigentumsanteile zu berechnen, so wie sie im Grundbuch eingetragen sind. Regelmäßig sind **Stimmverbote** bei der Feststellung der Beschlussfähigkeit zu beachten. Die anwesenden, aber nicht stimmberechtigten Wohnungseigentümer sind bei der Berechnung des Quorums für die Beschlussfähigkeit nicht mitzuzählen. Dies gilt unabhängig davon, ob das Stimmverbot dauerhaft oder vorübergehend besteht. 109

Wenn die Stimmberechtigung auch für die nach § 47 GBO maßgebende Ausgangsgröße der im Grundbuch eingetragenen Miteigentumsanteile ohne Bedeutung ist, so spielt sie bei wirksamen Altvereinbarungen doch für jeden einzelnen Tagesordnungspunkt im Rahmen der Feststellung der Beschlussfähigkeit eine Rolle. Es muss nämlich die Zahl der erschienenen und auch stimmberechtigten Wohnungseigentümer/Vertreter das Quorum erreichen. Auch bei gleich bleibender Zusammensetzung der Wohnungseigentümerversammlung kann die Beschlussfähigkeit Schwankungen unterliegen (Weitnauer/*Lüke* Rn. 2). Die gegenteilige Auffassung, wonach bei der Beschlussfähigkeit auch Personen mitzuzählen sind, die kein Stimmrecht haben (*KG* OLGZ 1989, 38), ist abzulehnen, wenn die Altvereinbarung dies nicht so regelte. 110

Ist dem Versammlungsleiter ausnahmsweise die Unrichtigkeit der im Grundbuch eingetragenen Miteigentumsanteile positiv bekannt, so ist nicht der Grundbuchstand maßgeblich, sondern die 111 wirkliche materielle Rechtslage (Bärmann/*Merle* 14. Aufl. § 25 Rn. 112; zu Altvereinbarungen vgl. 15. Aufl. § 25 Rn. 120, 121).

112 Beschlussfähigkeit der Versammlung muss bei einer fortgeltenden Altvereinbarung für **jeden einzelnen** TOP vorliegen (*AG Weimar* ZMR 2013, 582). Die Anteile von Wohnungseigentümern, die zwar erschienen, aber nicht stimmberechtigt sind, werden nach h.M. (*OLG Zweibrücken* ZMR 2002, 786) nicht mitgezählt. Ist der Beschluss über einen TOP für den kein Stimmrecht besteht verbunden mit weiteren Abstimmungsgegenständen, so erstreckt sich der Stimmrechtsausschluss auch darauf.

113 Sind gem. § 25 Abs. 4 WEG (dauerhaft) **mindestens die Hälfte** der Miteigentumsanteile **vom Stimmrecht ausgeschlossen**, ist eine Altvereinbarung auf die Erstversammlung nicht anzuwenden (vgl. zu § 25 Abs. 3 WEG a.F.: *OLG Düsseldorf* ZMR 1999, 274 = NZM 1999, 269). Die Einberufung einer neuen (Zweit) Versammlung ist nicht notwendig, da in dieser Fallkonstellation eine Erstversammlung nie beschlussfähig sein könnte.

114 Diese Ausnahme soll nach noch **h.M.** jedoch nur dann gelten, wenn objektiv vorhersehbar und unabänderlich (dauerhaft) mindestens 50 % der Miteigentumsanteile vom Stimmrecht ausgeschlossen sind. Liegt dagegen ein Mangel der Stimmberechtigung vor, der in der Zweitversammlung noch behoben werden könnte, verbleibe es bei den Anforderungen der fortgeltenden Altvereinbarung (zu § 25 Abs. 3 WEG a.F.: *KG* ZMR 2004, 144: behebbarer Mangel; *OLG Düsseldorf* ZMR 1999, 191; ZMR 1999, 274; str.).

115 Rechtsfolge bei irrtümlicher Annahme der Beschlussfähigkeit nach einer (übersehenen) wirksamen Altvereinbarung durch den Verwalter: Hat er als Versammlungsleiter einen Beschluss verkündet, obwohl die Versammlung nicht beschlussfähig war, ist der Beschluss anfechtbar, aber nicht nichtig.

II. Zweitversammlung

116 Haben die stimmberechtigten Wohnungseigentümer nicht das nach der Sonderregelung in der Teilungserklärung vorausgesetzte – nahezu frei bestimmbare – Quorum in der Erstversammlung erreicht, bedarf es einer Zweitversammlung. Die Erstversammlung ist dann beschlussunfähig. Der Verwalter ist – bei entsprechender Auslegung der Sonderregelung in der Teilungserklärung – verpflichtet, bei der Einladung die Adressaten darauf **hinzuweisen**, dass die Zweitversammlung ohne Rücksicht auf die Anzahl der vertretenen Anteile beschlussfähig sein wird. Als **Rechtsfolge** bei Unterlassen des Hinweises durch den Verwalter bzw. Versammlungsleiter ist der Beschluss anfechtbar, aber nicht nichtig.

117 Sind bei der Zweitversammlung freilich so viele Stimmberechtigte anwesend, dass sogar das nach der Sonderregelung in der Teilungserklärung für die Erstversammlung erforderliche Quorum erreicht wird, ist ein Verstoß gegen die Belehrungspflicht unschädlich.

118 Noch nicht obergerichtlich entschieden ist die Frage, ob die Beschlussunfähigkeit vom Versammlungsleiter lediglich festgestellt worden sein muss (ggf. irrtümlich) oder ob diese tatsächlich gegeben gewesen sein muss. In Anlehnung an den Beschluss des *BGH* v. 23.08.2001 (V ZB 10/01, ZMR 2001, 809) wird man hier die »konstitutive Feststellung« des Versammlungsleiters ausreichen lassen müssen.

119 Von der **Fernwirkung eines Ladungsmangels** spricht man, wenn die Erstversammlung an einem Ladungsmangel litt, deshalb die Beschlussfähigkeit fehlte und es zur Zweitversammlung kam (vgl. *OLG Hamm* ZMR 2007, 984). *Elzer* (ZMR 2009, 7) findet es naheliegend, dass ein kausaler Ladungsmangel bei der Erstversammlung auch Beschlüsse in der Zweitversammlung anfechtbar macht. Der Anfechtungskläger muss den (Ladungs-) Mangel darlegen und die übrigen Wohnungseigentümer müssen dessen fehlende Kausalität beweisen.

120 Die Zweitversammlung ist vom Verwalter zu denselben Tagesordnungspunkten wie die Erstversammlung einzuberufen. Außerdem ist im Protokoll festzuhalten, dass die Beschlüsse im Rahmen einer Zweitversammlung gefasst worden sind (vgl. *OLG Frankfurt am Main* ZWE 2007, 84). Han-

delt es sich nur bzgl. einzelner Tagesordnungspunkte um eine Zweitversammlung, ist auch dies zu protokollieren. Wenn der Verwalter in die neue Tagesordnung zusätzliche Tagesordnungspunkte aufnimmt, handelt es sich um eine kombinierte Erst- und Zweitversammlung, mit der Folge, dass nur für die neuen Tagesordnungspunkte das Quorum der Sonderregelung zum Quorum in der Teilungserklärung erfüllt sein muss. Wird die Zweitversammlung verlegt, so bedarf es des erneuten Hinweises auf die Beschlussfähigkeit ohne Erreichen des Quorums nicht mehr (*KG* ZMR 2004, 144).

Eine Eventualeinberufung für den Fall der Beschlussunfähigkeit der Erstversammlung kann nicht schon mit der ersten Einladung verbunden werden, sofern das nicht vereinbart ist (*OLG Frankfurt am Main* NZM 2007, 806 = ZWE 2007, 84). Ein Beschluss, der die Möglichkeit einer Eventualeinberufung der Wohnungseigentümerversammlung abweichend von der Teilungserklärung regelt, ist nichtig (*LG Mönchengladbach* NZM 2003, 245). Die Verbindung beider Einberufungen widerspricht dann der Sonderregelung zum Quorum, wenn deren Sinn und Zweck ein schrittweises Vorgehen erfordert. Ein bestandskräftiger Mehrheitsbeschluss, durch den eine Regelung zur zukünftigen Zulässigkeit der Eventualeinberufung herbeigeführt wurde, stellt sich deshalb als vereinbarungsändernder Mehrheitsbeschluss dar und ist nichtig (*Wenzel* ZWE 2001, 226, 236). 121

D. Feststellung und Berechnung der Stimmenmehrheit

I. Geltung des Kopfprinzips, § 25 Abs. 2 S. 1 WEG

Bei Geltung des Kopfprinzips, § 25 Abs. 2 S. 1 WEG, steht abweichend von § 745 BGB jeder natürlichen oder juristischen Person als Wohnungseigentümer eine Stimme zu. Unabhängig davon, wie groß die Zahl der von ihr gehaltenen Miteigentumsanteile oder Wohnungseinheiten ist. Bei Bruchteilseigentum haben die Mitberechtigten insgesamt nur eine Stimme (*LG Bremen* ZMR 2004, 535). Ist die Geltung des sog. Kopfprinzips gem. § 25 Abs. 2 S. 1 WEG in der Teilungserklärung nicht abbedungen, hat ein Ehepaar, dem (gemeinsam) zwei Wohnungseigentumseinheiten gehören in der Eigentümerversammlung nur eine Stimme (*AG Hamburg-St. Georg* ZMR 2006, 81; **a.A.** *Happ* WE 2005, 174). Durch Veräußerung des Wohnungseigentums – auch an nahe Angehörige (Staudinger/*Häublein* 2023 § 25 Rn. 30) – kommt es (nur) beim Kopfprinzip (zum Objektprinzip vgl. unten Rdn. 123) zur **Stimmrechtsvermehrung** (*BGH* – V ZR 64/20, ZMR 2021, 402; *OLG München* ZMR 2006, 950). Sind zwei Wohnungseigentümer nicht nur jeweils Alleineigentümer einer Wohnung, sondern außerdem jeweils zur Hälfte Miteigentümer einer dritten Wohnung, so steht ihnen im Rahmen des gesetzlichen Kopfstimmrechts (§ 25 Abs. 2 WEG) nicht nur jeweils eine (allein abzugebende) Stimme, sondern hinsichtlich des Miteigentums zusätzlich eine (gemeinschaftlich abzugebende) Stimme zu (*AG Offenbach* ZMR 2013, 238). Wohnungseigentümer i.S.v. § 25 Abs. 2 S. 1 WEG ist die Gesamtheit der Eigentümer einer Sondereigentumseinheit, auch wenn sie nicht rechtsfähig ist Der Sachgrund für die Beschränkung auf eine Stimme wird darin gesehen, dass kein Eigentümer die Stimmkraft der übrigen beschneiden können soll, indem er das Eigentum auf mehrere Personen überträgt und so mehrere Köpfe einbringt (*LG München I* ZMR 2010, 229, 230). Als weiterer Grund wird der effiziente, rechtssichere Ablauf von Abstimmungen angeführt (Staudinger/*Häublein* 2023 § 25 Rn. 29, 29a). 122

II. Geltung des Wert- oder Objektprinzips

Die Regelung in § 25 Abs. 2 WEG ist dispositiv. Durch eine Vereinbarung kann deshalb wirksam das Wert- oder Objektprinzip vereinbart werden. Hierbei ist eine Anknüpfung an die Zahl der Wohnungen (Objektprinzip) oder die Miteigentumsanteile (Wertprinzip) möglich. Das Wertprinzip ist insbesondere für den Bauträger/Aufteiler von Vorteil. Er verliert erst bei der Veräußerung der Hälfte der Miteigentumsanteile an werdende Eigentümer (§ 8 Abs. 3 WEG) seine Stimmenmehrheit. Insbesondere bei geheimen Abstimmungen und unterschiedlichen MEA lässt sich beim Wertprinzip leicht feststellen, wer, wie abgestimmt hat. Auch bei offener Abstimmung ist das Wertprinzip bei der Stimmauszählung anspruchsvoller für den Versammlungsleiter. Bei etwa gleich großen Einheiten ist das Objektprinzip einfacher zu handhaben. Bei selbständigen Teileigentumseinheiten 123

(Stellplätze) würde dann allerdings ein volles weiteres Stimmrecht anzusetzen sein. Wenn das nicht gewollt ist, dann müssten Stellplätze z.B. in der Gemeinschaftsordnung nur 1/10-Stimme erhalten (vgl. zu modifizierten Stimmrechtsprinzipien Staudinger/*Häublein* 2023 § 25 Rn. 39).

124 Die Vereinigung von Wohnungseigentumseinheiten führt beim Objektprinzip zur Reduzierung der Gesamtstimmenzahl (so bereits Hügel/*Scheel* Voraufl. Teil 12 Rn. 144 ff.). Ist in einer Gemeinschaftsordnung das Objektprinzip vereinbart, besitzt auch der Teileigentümer eine Stimme in der Eigentümerversammlung (*AG Wiesbaden* ZMR 2012, 490).

III. Gemeinschaftliches Wohnungseigentum; einheitliche Stimmrechtsausübung

125 Sind Bruchteils-, Erben- oder Gütergemeinschaften als Wohnungseigentümer im Grundbuch eingetragen, verlangt § 25 Abs. 2 S. 2 WEG von ihnen eine einheitliche Stimmrechtsausübung (*LG Köln* ZMR 2013, 134; für die als teilrechtsfähig angesehene BGB-Gesellschaft und Personenhandelsgesellschaften bedarf es dieser Sonderregelung nicht). Der Versammlungsleiter hat bei Erscheinen nur eines Mitberechtigten dessen Vollmacht zu prüfen; im Streitfall kann er bei unklarer Vertretungsbefugnis die Stimmabgabe zurückweisen, denn es spricht keine Anscheinsvollmacht zugunsten des Erschienenen. Bei Erscheinen nur des Mitbeteiligten, der die deutliche Mehrheit der Anteile nachweislich hält, kann ggf. in dessen Stimmabgabe zugleich ein Mehrheitsbeschluss der Teilhaber liegen (vgl. Bärmann/*Merle* § 25 Rn. 69 ff.); die Stimme wäre dann gültig. Für Ehegatten gilt auch das Vollmachtserfordernis (vgl. oben Rdn. 32 ff. und Staudinger/*Häublein* 2023, § 25 Rn. 72 a.E.); eine entsprechende Vermutung ist Fiktion. Auch § 1357 BGB greift nicht ein.

126 Eine uneinheitliche Stimmabgabe der Mitberechtigten ist nicht als Stimmenthaltung, sondern als ungültige Stimme zu werten (*OLG Düsseldorf* ZMR 2004, 53, 54; *Schultzky* in Nomos-Kommentar § 25 Rn. 6; Staudinger/*Häublein* 2023 § 25 Rn. 65: Aus § 25 Abs. 2 S. 2 WEG folgt kein Verbot i.S.v. § 134 BGB). Beim Kopfstimmrecht und nur z.T. personenverschiedenen Mitberechtigtengemeinschaften gelten diese grundsätzlich als verschiedene oder mehrere Köpfe (vgl. *OLG Frankfurt am Main* ZMR 1997, 156: *Zu dem gesetzlichen Kopfstimmrecht gem. § 25 Abs. 2 S. 1 WEG, das durch eine Alleinberechtigung an Wohnungseigentum begründet wird, kommt das Stimmrecht hinzu, das einer Rechtsgemeinschaft [hier: Bruchteilsgemeinschaft], welcher auch der Alleineigentümer angehört, an weiterem Wohnungseigentum zusteht*). Ausnahmsweise gilt dies jedoch nicht, und zwar wenn ein Mitberechtigter mehrere solcher Gemeinschaften dominiert (**sehr str.**; vgl. auch *Happ* WE 2005, 174 sowie *AG Hamburg-St. Georg* ZMR 2006, 81 = WE 2005, 246; ablehnend Staudinger/*Häublein* 2023 § 25 Rn. 34, demzufolge die streng formalistische Sichtweise vorzugswürdig ist). Der Grundsatz, dass bei unterschiedlichen Beteiligungen der Wohnungseigentümer beim Kopfstimmrecht jeweils eine gesonderte Stimme besteht für die einzelne Rechts- oder Miteigentümergemeinschaft, erfährt dann eine Einschränkung, wenn ein Wohnungseigentümer an mehreren unterschiedlichen Rechtsgemeinschaften mehrheitlich beteiligt ist, da er seinen Willen jeweils in sämtlichen Rechtsgemeinschaften durchsetzen kann. Andernfalls würden ihm somit – entgegen dem Kopfprinzip – mehrere Stimmen zukommen (*LG Hamburg* ZMR 2008, 827).

IV. Unterteilung von Wohnungseigentum

127 Die Unterteilung einer Wohnungseigentumseinheit (s. § 8 WEG) kann sich auf das **Stimmrecht** des unterteilenden Eigentümers und der von ihm erwerbenden künftigen Eigentümer in der Versammlung der Eigentümer auswirken. Zu unterscheiden ist insoweit nach Kopf-, Wert- und Objektstimmrecht sowie danach, ob eine Ermächtigung des Aufteilers existiert (vgl. *OLG Köln* NZM 2005, 148; *Schultzky* in: Nomos-Kommentar § 24 Rn. 4).

1. Wertstimmrecht

128 Keine Schwierigkeiten entstehen, wenn die Wohnungseigentümer in zulässiger Weise (*BayObLG* ZMR 2002, 527, 528) eine von § 25 Abs. 2 S. 1 WEG abweichende Vereinbarung getroffen haben, wonach sich das Stimmrecht nicht nach der Anzahl der Wohnungseigentümer, sondern nach der Höhe der

Miteigentumsanteile (Wertstimmrecht) richten soll. Die übrigen Wohnungseigentümer werden hier durch eine Unterteilung nicht beeinträchtigt (*Wedemeyer* NZM 2000, 638, 639); ihre Stimme hat in der Versammlung auch nach der Unterteilung denselben Erfolgswert. Gesamtstimmenzahl und Gewicht bleiben unverändert (*OLG Frankfurt am Main* ZWE 2012, 272).

2. Objekt- und Kopfstimmrecht

Etwas anderes gilt, wenn ein Objektstimmrecht vereinbart ist oder die Eigentümer bei dem gesetzlichen Kopfstimmrecht nach § 25 Abs. 1 S. 1 WEG geblieben sind. In beiden Fällen könnte durch eine Unterteilung die Mehrheit in der Versammlung bzw. der Erfolgswert einer Stimme und damit in unzulässiger Weise der Status der anderen Eigentümer verändert werden. Nur solange nicht durch Unterteilung bestehender WE-Einheiten zusätzliche Einheiten entstehen, muss jeder Mitwohnungseigentümer einkalkulieren, dass für jede Einheit ein eigenes Stimmrecht bestehen kann. 129

Bei Vereinbarung des Objektstimmrechts darf aber eine Unterteilung selbst im Fall einer Veräußerung nicht zu einer Stimmrechtsvermehrung (*BGH* – V ZB 22/04, MDR 2004, 1403 m. Anm. *Riecke/Schmidt* = ZMR 2004, 834) führen. Es kommt vielmehr zu einer Spaltung des Stimmrechts (*KG* ZfIR 2004, 677 m. Anm. *Riecke* = ZMR 2004, 705; *Briesemeister* NZM 2000, 992, 994; **a.A.** *Wedemeyer* NZM 2000, 638). § 25 Abs. 2 S. 2 WEG gilt für die beiden jetzt rechtlich selbstständigen Einheiten nicht (Staudinger/*Häublein* 2023 § 25 Rn. 54; vgl. *Gottschalg* NZM 2005, 88). Dies ermöglicht zwar nicht eine quantitative Änderung der Stimmrechte, wohl aber eine qualitative; d.h. es werden durch halbe Stimmen neue Abstimmungsergebnisse (wie 2,5 zu 1,5 in Kleinanlagen) möglich. Der Bruchteilsgemeinschaft der Mitberechtigten steht ein eigenständiges Kopfstimmrecht zu, auch wenn die einzelnen Mitberechtigten in derselben Gemeinschaft der Wohnungseigentümer noch Mitberechtigungen in anderen Rechtsgemeinschaften oder gar Alleinberechtigungen innehaben. 130

Mangels Rechtsgemeinschaft zwischen Veräußerer und Erwerber muss das Stimmrecht nicht einheitlich ausgeübt werden, wie es im Falle von Miteigentum an ein und derselben Einheit in § 25 Abs. 2 S. 2 WEG vorgesehen ist. Vielmehr handelt es sich um zwei eigenständige Rechtspositionen der beiden Wohnungseigentümer. Der Erwerber kann im Übrigen vor dem Erwerbsvorgang die Teilungserklärung einsehen und sich so über sein künftiges Stimmrecht orientieren, weshalb er keines besonderen Schutzes bedarf (*Armbrüster/Witsch* NZG 2018, 361 ff.). 131

▶ **Sonderfall:**

Ist ein zum **Ausbau** berechtigter Wohnungseigentümer nach der Teilungserklärung aber berechtigt, die Einheiten im Dachgeschoss zu Wohnzwecken auszubauen und ist er gleichzeitig zur »Begründung von neuem Wohnungseigentum« bzw. dazu ermächtigt, »beliebig viele Wohnungseigentumsrechte zu begründen«, so ist die entsprechende Regelung dahingehend auszulegen, dass den neu geschaffenen, zusätzlichen Einheiten im Falle der Vereinbarung eines Objektstimmrechtes jeweils ein volles Stimmrecht zukommen soll (*LG Berlin*, Urt. v. 07.02.2023 – 55 S 56/22, ZMR 2023, 487; vgl. auch Staudinger/*Häublein* 2023 § 25 Rn. 52 ff.). 132

Bei Geltung des gesetzlichen Kopfstimmrechts darf es ebenfalls bei einer Unterteilung einer grundbuchlichen Einheit nicht zu einer **Vermehrung** von Stimmrechten (vgl. dazu *BGH* – V ZR 64/20, ZMR 2021, 402) kommen (*Hügel/Elzer* § 8 Rn. 51; *BGH* – V ZR 211/11, ZMR 2012, 639; *LG München I* ZMR 2010, 229 ff.; *BayObLG* ZMR 2002, 527; *KG* ZMR 2000, 191; vgl. *OLG Stuttgart* ZMR 2005, 478), wenn ein durch Teilung neu geschaffenes Wohnungseigentum an den Erwerber veräußert wird. Diese Befugnisse des teilenden Wohnungseigentümers setzen immer voraus, dass der Status der übrigen Wohnungseigentümer gewahrt wird. Dies wird nur dann als gewährleistet angesehen, wenn die ursprüngliche Stimmenzahl keine Änderung erfährt. Das bestehende Stimmrecht ist wegen der Selbstständigkeit der neu geschaffenen Einheiten von deren Erwerbern nach Bruchteilen und nicht analog § 25 Abs. 2 S. 2 WEG zur gesamten Hand auszuüben; diese für das Objektstimmrecht bereits entschiedene Rechtsfolge gilt in gleicher Weise für das Kopfstimmrecht, wenn die neu geschaffenen Einheiten an unterschiedliche Erwerber veräußert werden. Die 133

Zustimmung der Gemeinschaft vertreten durch ihren Verwalter zu einer solchen Teilveräußerung aufgrund eines in der Teilungserklärung enthaltenen Zustimmungserfordernisses führt nicht zu einer Vermehrung der Stimmrechte (*BGH* – V ZR 211/11, ZMR 2012, 639; Staudinger/*Häublein* 2023 § 25 Rn. 60: Für die Annahme einer Regelungslücke im WEG spricht auch der Normzweck, der im vorbeugenden Majorisierungsschutz besteht).

134 Abzugrenzen hiervon ist der Fall, dass ein Wohnungseigentümer mehrere Einheiten hält und diese sukzessive veräußert. Bei Geltung des Kopfstimmrechts entsteht ein neues Stimmrecht, wenn ein Wohnungseigentümer das Alleineigentum an einer von mehreren Einheiten auf eine von ihm beherrschte juristische Person überträgt (*BGH* – V ZR 290/16, ZMR 2017, 906; *OLG München* ZMR 2006, 950, *KG* WE 1994, 370). So entschied auch das *OLG Düsseldorf* (ZMR 2004, 696), dass wenn ein Wohnungseigentum zwei Eigentümern je zur Hälfte gehört und diese dasselbe in der Weise aufteilen, dass einer von ihnen zugleich Alleineigentümer einer weiteren Wohnung wird, beim Kopfstimmrecht zu dem der Rechtsgemeinschaft zustehenden Stimmrecht ein durch die Alleinberechtigung begründetes weiteres Stimmrecht hinzukommt (s.a. *OLG Frankfurt* ZMR 1997, 156). Diese Vermehrung des Stimmrechts gilt auch dann, wenn rechtlich und/oder wirtschaftlich hinter formal unterschiedlichen Rechtsträgern dieselben natürlichen Personen stehen.

V. Stimmenthaltung

135 Stimmenthaltungen sind bei der Bestimmung der Mehrheit i.S.v. § 25 Abs. 1 WEG nicht mitzuzählen. Stimmenthaltungen werden nicht wie Nein-Stimmen gezählt, sondern als Null-Stimmen gewertet (*BGH* – V ZB 3/88, ZMR 1989, 266 = BGHZ 106, 179, 183). Entscheidend ist allein, ob die abgegebenen Ja-Stimmen die Nein-Stimmen überwiegen. Wer sich der Stimme enthält, will – aus welchen Motiven auch immer – weder ein zustimmendes noch ein ablehnendes Votum, sondern seine Unentschiedenheit bekunden. Er will auf die Beschlussfassung nicht anders einwirken, als wenn er der Versammlung ferngeblieben wäre oder sich vor der Abstimmung entfernt hätte.

VI. Änderung der Stimmgewichtung; Delegiertenversammlung

136 Auch wenn eine Öffnungsklausel besteht, kann eine Änderung der Stimmgewichtung nur allstimmig erfolgen (*OLG Celle* ZMR 2003, 221, 223; a.A. die h.M. *Hügel/Elzer* § 8 Rn. 50 ff.). Eigentümer, die z.B. ein durch Unterteilung entstandenes Raumeigentum erworben haben, können ggf. aus §§ 242, 313 BGB i.V.m. mit dem Gemeinschaftsverhältnis einen **Änderungsanspruch** auf Veränderung und Anpassung der Stimmrechte haben. Außerdem ist vorstellbar, einen Änderungsanspruch im Wege der ergänzenden Auslegung der Vereinbarung, die das Stimmrecht abgeändert hat, zu ermitteln (*BGH* – V ZB 22/04, ZMR 2004, 834, 838). I.d.R. wird diese Auslegung aber ergebnislos sein. Schließlich ist schon die Größe der Miteigentumsanteile frei bestimmbar; ebenso wenig besteht eine Ermessensreduzierung. Nicht zulässig ist der vollständige dauerhafte Entzug des Stimmrechts, weil dies einen Eingriff in den Kernbereich des Wohnungseigentums beinhaltet. Dagegen kann qua Vereinbarung einem Wohnungseigentümer ein Vetorecht (*BayObLG* NJW-RR 1997, 1305) eingeräumt werden.

137 Die Regelung der Gemeinschaftsordnung, wonach die Rechte der Versammlung der Wohnungseigentümer auf eine »Delegiertenversammlung« übertragen wird, zu der jedes Haus einer Mehrhauswohnanlage einen bis drei Delegierte entsendet, stellt einen unzulässigen Ausschluss der unabdingbaren Mitgliedschaftsrechte dar (*LG München I* ZMR 2011, 415; *Hügel/Elzer* 4. Aufl. § 25 Rn. 54).

VII. Stimmrecht in der Mehrhausanlage

138 Nicht nur an verschiedenen Gebäuden können – nicht rechtsfähige (*BGH* – V ZR 231/11, ZMR 2012, 979; *BGH* – V ZR 204/20; *BGH*, V ZR 163/20, ZMR 2021, 910) – Untergemeinschaften gebildet werden, die jeweils nur die auf ihr Gebäude oder einen Teil eines Gebäudes entfallenden Kosten im Innenverhältnis tragen sollen (*Schmolke* ZMR 2018, 150; *BayObLG* ZMR 2001, 209 für Teileigentümer einer Tiefgarage; *BayObLG* ZMR 2000, 319 für eine Mehrhausanlage). Dies

führt auch zu einem gegenständlich beschränkten Stimmrecht (*AG Köln* ZMR 2009, 234, *AG München* ZMR 2009, 238; *Hügel/Elzer* 4. Aufl. § 25 Rn. 19 auch zur Kernbereichslehre). Bezeichnend für eine im Gesetz nicht geregelte Mehrhausanlage sind mehrere Baukörper, die derart voneinander abgegrenzt und ausgestattet sein müssen, dass Verwaltungsmaßnahmen oder Gebrauchsregelungen in dem einen durchgeführt werden können, ohne die Interessen der Eigentümer des/der anderen zu berühren.

Schon früh hatte das *BayObLG* eine Beschränkung des Stimmrechts bei geregelten Mehrhausanlagen erkannt (*BayObLG* NJW 1962, 492 = Rpfl 1962, 61 – zu Unrecht sogar ohne eindeutige Vereinbarung). Sie wird auch als Block- oder Gruppenstimmrecht bezeichnet (Zu Einzelheiten vgl. *Göken* Die Mehrhausanlage im Wohnungseigentumsrecht, S. 20 ff.; *Hügel/Elzer* 4. Aufl. Vor §§ 23 ff. Rn. 86). Ohne entsprechende Vereinbarung (zB in der Gemeinschaftsordnung) kann keine Einschränkung des Kreises der stimmberechtigten Eigentümer vorgenommen werden. Es kann Untergemeinschaften durch Vereinbarung etwa die Kompetenz eingeräumt werden, unter Ausschluss der anderen Eigentümer die Durchführung von Erhaltungs-, Instandhaltungs-, Instandsetzungs- und Sanierungsmaßnahmen zu beschließen, die ein zu der jeweiligen Untergemeinschaft gehörendes Gebäude betreffen, wenn zugleich bestimmt wird, dass die durch diese Maßnahmen verursachten Kosten im Innenverhältnis allein von den Mitgliedern der jeweiligen Untergemeinschaft zu tragen sind (*BGH* – V ZR 184/16, ZMR 2018, 234). 139

Selbst wenn eine Beschränkung des Stimmrechts erfolgte, ist damit noch nicht gesagt, dass Teilversammlungen zulässig sind. Teilnahmeberechtigt wären sämtliche Sondereigentümer, da nur der »Verband« letztlich den Auftrag im Außenverhältnis (vgl. *Häublein* ZWE 2010, 149) erteilen kann. Zur Informationspflicht des Verwalters gegenüber den nicht Stimmberechtigten vgl. Staudinger/*Häublein* 2023 § 24 Rn. 28. Einen Teilversammlungsbeschluss nur der Untergemeinschaft über Dämmmaßnahmen ist nach *LG Dortmund* (ZMR 2017, 995) nicht nur rechtswidrig, sondern nichtig. Die Wärmedämmung des Hauses betrifft nämlich alle Eigentümer. Die Versammlung eines Teils der Wohnungseigentümer kann nicht über eine Angelegenheit beschließen, die allen Wohnungseigentümern zusteht, ein dennoch ergehender Beschluss geht zu Lasten der an diesem Verfahren nicht beteiligten Dritten. Beschlüsse einer Untergemeinschaft sind nichtig, soweit die Untergemeinschaft darin die ihr nach der Gemeinschaftsordnung zugewiesene Beschlusskompetenz überschreitet (*LG München I* ZMR 2016, 228). 140

VIII. Stimmauszählung

In geeigneten Fällen – insbesondere bei eindeutigen Abstimmungen – darf das Ergebnis der Abstimmung im Wege der sog. **Subtraktionsmethode** ermittelt werden; d.h. soweit durch Gemeinschaftsordnung oder Eigentümerbeschluss nichts anderes geregelt ist, kann der Leiter einer Wohnungseigentümerversammlung das tatsächliche Ergebnis einer Abstimmung grundsätzlich auch dadurch feststellen, dass er bereits nach der Abstimmung über zwei von drei – auf Zustimmung, Ablehnung oder Enthaltung gerichteten – Abstimmungsfragen die Zahl der noch nicht abgegebenen Stimmen als Ergebnis der dritten Abstimmungsfrage wertet. Durch die Subtraktionsmethode kann das tatsächliche Abstimmungsergebnis allerdings nur dann hinreichend verlässlich ermittelt werden, wenn für den Zeitpunkt der jeweiligen Abstimmung die Anzahl der anwesenden und vertretenen Wohnungseigentümer und – bei Abweichung vom Kopfprinzip – auch deren Stimmkraft feststeht (*BGH* – V ZB 37/02, ZMR 2002, 936; *OLG Düsseldorf* ZMR 2006, 140; krit. zum Subtraktionsverfahren *Skauradszun* Der Beschluss als Rechtsgeschäft 2020 S. 83 f.). Wer an der Versammlung teilnimmt und nicht abstimmt, wird der dritten, nicht abgefragten, Alternative zugerechnet (*AG Dortmund* NZM 2010, 750 = NJW-RR 2010, 1457: Es sind allerdings begleitende organisatorische Maßnahmen zur korrekten Feststellung der Anwesenheiten erforderlich. Sind im Einzelfall die notwendigen organisatorischen Maßnahmen zur exakten Feststellung der Gesamtanzahl der anwesenden Stimmen nicht sichergestellt, so ist von der Subtraktionsmethode Abstand zu nehmen), sofern er nicht vom Stimmrecht z.B. nach § 25 Abs. 4 WEG ausgeschlossen ist. Das Subtraktionsverfahren verlangt von dem Versammlungsleiter, gehörig für Aufmerksamkeit zu sorgen. Im Übrigen ist es 141 eine Frage der Geschäftsordnung, ob die Abstimmung durch Handzeichen, Stimmkarten, Zählmaschinen oder Hammelsprung erfolgt.

142 In den Materialien zum WEMoG (vgl. BT-Drs. 19/22634, S. 44, 45) heißt es: *»Insbesondere in kleineren Gemeinschaften kann es sinnvoll sein, die Abstimmung im Subtraktionsverfahren vorzunehmen. Dabei wird nicht nach den »Ja«-Stimmen, sondern nach den »Nein«-Stimmen gefragt. So kann jeder Wohnungseigentümer, wenn er sieht, dass die Zahl der »Nein«-Stimmen ein Drittel übersteigt, das Quorum (des § 21 Abs. 2 Satz 1 Nr. 1 WEG) also nicht erreicht werden kann, seine Hand auch noch heben.«*

143 Um taktisches Abstimmverhalten zu minimieren könnte qua Geschäftsordnungs-Beschluss (analog § 197 GVG) etwa geregelt werden: *»Bei der nachfolgenden Abstimmung zum Antrag… zu TOP …. betr. die bauliche Veränderung …. sind die Stimmen in folgender Reihenfolge abzugeben: (zB) nach Auflistung der WE-Einheiten gemäß TE vom …«* Da der Versammlungsleiter die Art der Stimmabgabe vorgeben darf, also etwa durch Handzeichen oder durch Stimmzettel und auch entscheiden kann und darf, ob zunächst NEIN- oder zunächst JA-Stimmen abgefragt werden, ist auch diese Art der Stimmabgabe ordnungsmäßig. Was der Versammlungsleiter kraft seiner Funktion entscheiden darf, kann das Kollektivorgan auch durch Verfahrensbeschluss/Geschäftsordnungsbeschluss entscheiden.

144 Es liegt ohne Geschäftsordnungsbeschluss in der Organisationsgewalt des Verwalters als Versammlungsleiter, wie er die Abstimmung durchführt. Selbst wenn in der Einladung ein bestimmtes Vorgehen (hier: Abfrage erst der Nein-Stimmen und dann der Enthaltungen) angekündigt ist, bindet dies den Verwalter/Versammlungsleiter nicht. Dieses »umgekehrte« Subtraktionsverfahren führt auch nicht zu einer formellen Rechtswidrigkeit des Beschlusses (*LG München I* ZMR 2016, 569). Der Versammlungsleiter sollte deshalb am Anfang der Eigentümerversammlung/vor der jeweiligen Beschlussfassung deutlich machen, welcher Methode der Stimmauszählung er sich bedient.

145 Bei der Wahl von Verwaltungsbeiräten sowie einem neuen Verwalter ist zu beachten: Werden mehrere Bewerber um das Amt des Verwalters zur Wahl gestellt, muss über jeden Kandidaten abgestimmt werden, sofern nicht ein Bewerber die absolute Mehrheit erreicht und die Wohnungseigentümer nur eine Ja-Stimme abgeben können. Bei einem Wahlverfahren, in dem den Wohnungseigentümern je Wahlgang ein Stimmrecht zusteht, das unabhängig von ihrem vorangegangenen Stimmverhalten ausgeübt werden kann, können auch die nachfolgenden Kandidaten in den einzelnen Wahlgängen mehr Ja- als Nein-Stimmen auf sich vereinigen (*BGH* – V ZR 324/17, ZMR 2019, 776).

IX. Besonderheiten bei Geschäftsordnungsbeschlüssen

146 Nach einer Mindermeinung (vgl. *Becker*, Teilnahme an der Versammlung S. 75; früher: Hügel/*Scheel* 3. Aufl. Teil 12 Rn. 115, 119) soll bei Geschäftsordnungsbeschlüssen – unabhängig von der ggf. abweichenden Regelung in der Teilungserklärung/Gemeinschaftsordnung – immer das Kopfprinzip gelten. Dies wird damit begründet, dass jeder Wohnungseigentümer einen gleichermaßen schutzwürdigen Anspruch auf eine korrekte Versammlungsleitung hat (vgl. unbeirrt Bärmann/*Merle* § 24 Rn. 129). Richtigerweise gilt die konkrete Stimmgewichtung nach der Gemeinschaftsordnung auch für Geschäftsordnungsbeschlüsse (Staudinger/*Häublein* 2023 § 24 Rn. 203; *LG Berlin* WuM 1989, 203; *Elzer* MietRB 2011, 64, 67; *Greiner* ZWE 2016, 297, 299), da eine künstliche Aufspaltung der Stimmrechtsregelung mit dem Charakter des Geschäftsordnungsbeschlusses als Spontanbeschluss vor der eigentlichen Sachentscheidung schon nicht vereinbar ist. Im Extremfall könnten bei Geltung des Wertprinzips sonst durch eine Mehrheit nach Köpfen ein Tagesordnungspunkt gestrichen werden, zu dem der Mehrheitseigentümer eine Sachentscheidung hätte treffen können. Darüber hinaus hat auch jeder Eigentümer einen Anspruch auf ordnungsmäßige Verwaltung, was aber niemand bisher gegen das Wertprinzip erfolgreich geltend gemacht hat.

X. Verbindlichkeit der Stimmabgabe

147 Die Frage, bis zu welchem Zeitpunkt eine Stimmabgabe widerrufen werden kann, wurde unterschiedlich beantwortet. Nach Auffassung des *BGH* (V ZR 254/11, ZMR 2012, 980) kommt ein Widerruf der Stimme gem. § 130 Abs. 1 S. 2 BGB nur bis zu ihrem Zugang bei dem Versammlungs-

leiter in Betracht (vgl. bereits *Müller*, ZWE 2000, 237, 245; *Armbrüster* ZWE 2000, 455, 456; *Hügel/Elzer* 4. Aufl. § 25 Rn. 51; Staudinger/*Häublein*, 2023, § 23 Rn. 258; *Schultzky* in: Jennißen § 25 Rn. 64). Es bestehe auch kein praktisches Bedürfnis, hinsichtlich der Stimmabgabe in der Eigentümerversammlung von der Regelung des § 130 Abs. 1 S. 2 BGB abzuweichen. Ließe man einen Widerruf der Stimmabgabe bis zur Verkündung des Beschlussergebnisses zu, könnte die Feststellung eines Ergebnisses – insbesondere bei großen Eigentümergemeinschaften – erschwert oder gar unmöglich gemacht werden. Man bedenke nur den Fall, dass der Versammlungsleiter bereits mit der Zählung der Stimmen begonnen hat und, ehe er fertig ist, einige Mitglieder, die er schon gezählt hat, ihre Stimmen widerrufen. Es muss daher einen Zeitpunkt geben, ab dem der Versammlungsleiter damit beginnen kann, das Beschlussergebnis verbindlich festzustellen. Dies ist entsprechend § 130 Abs. 1 S. 1 BGB der Zeitpunkt des Zugangs der jeweiligen Stimme bei dem Versammlungsleiter.

Nach anderer Auffassung ist ein Widerruf der Einzelerklärung jedenfalls bis zur Abgabe der letzten 148
Stimme möglich, da bis dahin der Abstimmungsvorgang noch nicht beendet sei (Erman/*Grziwotz*, BGB, 13. Aufl., § 23 BGB Rn. 2). Nach einer weiteren Meinung kann die Stimmabgabe bis zur Feststellung und Verkündung des Beschlusses widerrufen werden. Denn ein Beschluss komme erst mit seiner Feststellung und einer an alle Wohnungseigentümer gerichteten Mitteilung des Beschlussergebnisses zustande. Es gebe keinen Anlass, einen Wohnungseigentümer vor dieser Mitteilung an seine Stimmabgabe endgültig zu binden. Diese könne keine selbstständige Regelungswirkung entfalten, solange es keinen Beschluss gebe (*Elzer* in: Jennißen WEG 3. Aufl. Vor §§ 23 bis 25 Rn. 47).

§ 26 Bestellung und Abberufung des Verwalters

(1) Über die Bestellung und Abberufung des Verwalters beschließen die Wohnungseigentümer.

(2) Die wiederholte Bestellung ist zulässig; sie bedarf eines erneuten Beschlusses der Wohnungseigentümer, der frühestens ein Jahr vor Ablauf der Bestellungszeit gefasst werden kann.

(3) Der Verwalter kann jederzeit abberufen werden. Ein Vertrag mit dem Verwalter endet spätestens sechs Monate nach dessen Abberufung.

(4) Soweit die Verwaltereigenschaft durch eine öffentlich beglaubigte Urkunde nachgewiesen werden muss, genügt die Vorlage einer Niederschrift über den Bestellungsbeschluss, bei der die Unterschriften der in § 24 Absatz 6 bezeichneten Personen öffentlich beglaubigt sind.

(5) Abweichungen von den Absätzen 1 bis 3 sind nicht zulässig.

Neuere Literatur:

Abramenko, Parteien und Zustandekommen des Verwaltervertrages nach der neuen Rechtsprechung zur Teilrechtsfähigkeit der Wohnungseigentümergemeinschaft, ZMR 2006, 6–10; *ders.*, Die gerichtliche Verwalterbestellung ohne Anrufung der Eigentümerversammlung, ZMR 2009, 429–431; *ders.*, Die Abmahnung des Verwalters vor der Abberufung aus wichtigem Grund, ZWE 2012, 250–254; *ders.*, Die Zustimmung des Verwalters zu baulichen Veränderungen, ZMR 2013, 241–246; *ders.*, Der Nachweis der Vollmacht für einseitige Willenserklärungen des Verwalters, ZMR 2015, 98–100; *Armbrüster*, Aufgaben des Verwalters beim Abschluss von Versicherungsverträgen für die Gemeinschaft und bei der Abwicklung von Verträgen, ZWE 2012, 201–205; *ders.*, Anforderung an die Verwalterbestellung, ZWE 2012, 423–425; *Bergerhoff*, Gerichtliche Anordnung der Vorlage einer Eigentümerliste durch den Verwalter, ZMR 2013, 331–334; *Brandau/Rütten*, Verlagerung von Verwaltungskompetenzen von den Wohnungseigentümern auf Dritte, ZfIR 2017, 770–778; *Briesemeister*, Verwalterabberufung wegen Versäumnissen bei der Beschluss-Sammlung: Regelfall oder doch nur (ermessensgebundene) Ausnahme? NZM 2013, 344–346; *Derleder*, Die Einführung des Lastschriftverfahrens für die Wohnungseigentümer nach dem neuen WEG, ZMR 2008, 10–14; *Dötsch*, Darlegungs- und Beweislast bei der Anfechtungsklage des Verwalters gegen seine Abberufung aus wichtigem Grund, ZWE 2011, 305–308; *ders.*, Verwaltung einer WEG durch Unternehmergesellschaft, WuM 2017, 79–81; *Drasdo*, Die Erstbestellung des Verwalters, ZfIR 2013, 279–282; *ders.*, Die Bestellung des Wohnungseigentumsverwalters im Rahmen der Zwangsverwaltung, NZI 2015, 1–3; *Elzer*, Abnahme des gemeinschaftlichen Eigentums durch den Verwalter, ZWE 2017, 113–117; *ders.*, Die zu erreichenden Mehrheiten bei der Bestellung des Verwalters und der Bestellung eines Verwaltungsbeiratsmitglieds, ZMR 2015, 104–106; *Greiner*, Zum Abschluss des Verwaltervertrags, ZWE 2008, 454–458; *Hadding*, Die Rechtsstellung des Verwalters zwischen Verband und Wohnungseigentümern, ZWE 2012, 61–65; *Häublein*, »Drittwirkung« der Verwalterpflichten; ZWE 2008, 1–8 u. 80–85; *ders.*, Die Vertretung von Wohnungseigentümern durch den Verwalter in der Versammlung, ZWE 2012, 1–17; *ders.*, Stimmverbot des bevollmächtigten Wohnungseigentumsverwalters bei seiner Abwahl aus wichtigem Grund, ZWE 2012, 312–314; *Heinemann*, Das Recht des Miteigentümers auf Verwalterbestellung, MietRB 2013, 224–228; *ders.*, Vor- und Nachteile der Verwaltervollmacht, MietRB 2014, 188–192; *Hoeck-Eisenbach*, Fehler bei der Verwalterbestellung und ihre Folgen, MietRB 2015, 317–320; *Hügel*, Der Verwalter als Organ des Verbands Wohnungseigentümergemeinschaft und als Vertreter der Wohnungseigentümer ZMR 2008, 1–9; *Jacoby*, Zum Abschluss des Verwaltervertrages, ZWE 2008, 327 f.; *ders.*, Verbraucherschutz – Widerrufsrecht bei Verwalterverträgen, ZWE 2016, 68–72; *Kuhla*, Die Überprüfung der Ordnungsmäßigkeit von Beschlüssen durch den Verwalter, ZWE 2012, 158–162; *Merle*, Zur Feststellung des Beschlussergebnisses bei Vereinbarungen zur Stimmkraft, ZWE 2009, 15; *Ott*, Ausgewählte Probleme der Verwalterbestellung und des Abschluss eines Verwaltervertrages, ZWE 2016, 159–162; *Reichert*, Rechtsfragen der Beschluss-Sammlung, ZWE 2007, 388–393; *Schmidt*, Der Verwalternachweis nach § 26 Abs. 3 WEG, ZMR 2013, 501–510; *ders.*, Die Beratung von Wohnungseigentümern bei der Abwahl ihres Verwalters aus wichtigem Grund – ein »Leid«faden für den Anwalt, MietrRB 2015, 249–256; *Schultz*, Zur Rechtsstellung des Verwalters. Anmerkungen zu einzelnen Beiträgen des 34. Fachgesprächs des ESWiD in Fischen/Allgäu, ZWE 2009, 161–164; *Skauradszun*, Die Verwalterhaftung – Pflichten und Haftungsbeschränkungen, ZWE 2008, 419–423; *Sommer*, Probleme des Wechsels in der Unternehmensform, insbesondere Übernahmen von Verwaltungsunternehmen, ZWE 2017, 203–208; *Suilmann*, Vertretungsbefugnis des Verwalters in WEG-Verfahren, MietRB 2014, 156–160; *Vandenhouten*, Die Haftung des Verwalters für unterlassene Erhaltungsmaßnahmen, ZWE 2012, 237–245; *Weber*, Der (gezielte) Ausschluss des Verwalters von einer »Abberufungsvrsammlung«, NZM 2016, 697–702; *Wenzel*, Die Wahrnehmung der Verkehrssicherungspflicht durch den Wohnungseigentumsverwalter, ZWE 2009, 57–63.

Übersicht

A. Normzweck

1 Der Verwalter ist nach der Wohnungseigentümerversammlung das **zweitwichtigste Organ** der Eigentümergemeinschaft. Seine Bestellung ist nicht zwingend erforderlich, kann aber nicht ausgeschlossen werden. Die diesbezügliche Regelung des § 20 Abs. 2 WEG a.F. ist im neuen Recht zwar entfallen. Dies wird aber ohne Folgen bleiben. Denn der Ausschluss von Beschränkungen bei der Verwalterbestellung in § 26 Abs. 5 WEG macht ausreichend klar, dass die Bestellung des Verwalters nicht ausgeschlossen werden kann (s. BT-Drs. 19/18791, S. 72). Die Wohnungseigentümer können aber einen Miteigentümer bestellen, um eine kostspielige Fremdverwaltung zu vermeiden. U.U. können sie die unliebsame Bestellung eines Verwalters auch ganz dadurch umgehen, dass sie keinen Kandidaten mit Mehrheit wählen. Allerdings riskieren sie damit die zwangsweise Bestellung des Verwalters durch das Gericht nach § 18 Abs. 2 Nr. 1 WEG (vgl. Rdn. 26 ff.), was allerdings voraussetzt, dass nur die Bestellung eines Verwalters ordnungsmäßiger Verwaltung entspricht. Er verwaltet das **Gemeinschaftseigentum**, nicht das Sondereigentum. Auch die Verwaltung des Gemeinschaftseigentums **mehrerer Liegenschaften** im Wege der gemeinsamen Verwaltung kann weder beschlossen noch vereinbart werden, da hiermit die eine Gemeinschaft entgegen §§ 10 Abs. 2, 21 Abs. 1 WEG jeweils durch Dritte, nämlich die andere Gemeinschaft mitverwaltet würde (*OLG Hamm* ZMR 2005, 721 ff.; vgl. *BayObLG* NJW-RR 2001, 1235). Denkbar ist nur die Bestellung desselben Verwalters bei fortdauernder Trennung der Verwaltung. § 26 WEG will die Interessen der Wohnungseigentümer, einen Verwalter nach ihrem Bedarf wählen zu können, und des Verwalters nach Planungssicherheit in einen vernünftigen Ausgleich bringen. 1973 erhielt die Vorschrift durch Einfügung zu **Höchstdauer und Nachweis der Verwalterbestellung** ihre bis 2007 gültige Fassung. Damit sollten Auswüchse insbesondere von Bauträgern beschnitten werden, die sich in der Teilungserklärung häufig für Jahrzehnte zum Verwalter der Wohnanlage bestellen ließen. Erst durch die Novelle wurde § 26 WEG wiederum hinsichtlich der Höchstdauer der Erstbestellung und der ordnungsmäßigen Führung der Beschluss-Sammlung abgeändert. Das WEMoG erleichtert die Abberufung des Verwalters und die Beendigung des Verwaltervertrages auch ohne Vorliegen eines wichtigen Grundes.

B. Bestellung und Abberufung des Verwalters (§ 26 Abs. 1 S. 1 WEG)

I. Subjektive Voraussetzungen für die Verwaltertätigkeit

1. Natürliche Personen

2 Die im Gesetz nicht geregelten subjektiven Anforderungen an einen Verwalter ergeben sich aus dem Sinn und Zweck seiner Tätigkeit, insbesondere daraus, dass er die **Handlungsfähigkeit der Wohnungseigentümergemeinschaft** im Rechtsverkehr sicherstellen soll. In Betracht kommen daher zunächst **natürliche, geschäftsfähige Personen**. Kaufleute können unter ihrer Firma die Verwaltertätigkeit ausüben, die aber beim Verkauf der Firma nicht auf den Erwerber übergeht (*BayObLG* ZMR 2001, 367; vgl. u. Rdn. 104104 ff.). Die bestellte Person muss aus dem Beschluss klar erkennbar sein (*OLG Frankfurt am Main* ZMR 2009, 58). **Rechtlich unverbundene Personenmehrheiten**, wie etwa Eheleute können nicht zu Verwaltern bestellt werden, da diese eine rasche, einheitliche Betätigung im Rechtsverkehr nicht gewährleisten und das Gesetz nur die Bestellung eines Verwalters vorsieht (*BGH* ZMR 2012, 972 f.). Ein entsprechender Beschluss ist nichtig (BGHZ 107, 271 f.; *BGH* ZMR 2012, 972 f.; *BayObLG* NJW-RR 1989, 526 f. = BayObLGZ 1989, 6 f.; *OLG Schleswig* ZMR 2007, 728; *AG Hamburg-Blankenese* ZMR 2013, 316). Dies gilt auch für die Bestellung eines **zweiten Verwalters** neben dem amtierenden (*LG Hamburg* ZMR 2013, 215 f.). Wird neben dem Verwalter ein Vertreter bestellt, ist die Bestellung des Hauptverwalters allerdings wirksam (*KG* ZMR 2016, 482 f.). Aus ähnlichen Gründen ist auch die Bestellung einer **GbR** zum Verwalter trotz ihrer partiellen Rechtsfähigkeit nichtig (*BGH* ZMR 2006, 376 f.; *BGH* ZMR 2009, 780; *OLG München* NJW-RR 2007, 303 = ZMR 2006, 951; *KG* ZMR 2016, 482; *AG Hamburg* ZMR 2001, 487 f.; *Hügel* ZWE 2003, 323; a.A. *OLG Frankfurt am Main* NJW-RR 2004, 17; ZMR 2006, 146 ff.; *Deckert* Die ETW, Gr. 4 Rn. 1079). Denn die lose, in keinem Register erfasste Organisation der GbR bietet angesichts mangelnder Publizität ihres Gesellschafterbestandes weder den Wohnungs-

eigentümern noch dem Rechtsverkehr hinreichende Klarheit, wer als Verwalter handeln könnte. Die dem Rechtsverkehr unbekannte Beendigung der Geschäftsführerstellung würde dann dazu führen, dass Zustellungen unwirksam sind, Zahlungen nicht gegen die Wohnungseigentümergemeinschaft wirken etc. Sofern nicht die Verwalterstellung betroffen ist, kann die **Auslegung** einer Ermächtigung entgegen früherem Recht auch nicht mehr ergeben, dass die GbR trotz fehlender Verwalterstellung als Dritter Rechte der Wohnungseigentümer bzw. des rechtsfähigen Verbandes wahrnehmen soll (so noch *BGH* ZMR 2009, 779). Denn die Wohnungseigentümergemeinschaft ohne Verwalter kann nach § 9b Abs. 1 S. 2 WEG nur durch alle Wohnungseigentümer vertreten werden, wovon nach § 9b Abs. 1 S. 3 WEG nicht abgewichen werden kann. Eine **Umdeutung** in die Bestellung des geschäftsführenden Gesellschafters (so *AG Bonn* ZMR 2013, 383) dürfte nur ausnahmsweise möglich sein. Hingegen ist eine gleichzeitige Bestellung verschiedener Personen **für aufeinander folgende Amtsperioden** bis zur Höchstdauer nach § 26 Abs. 2 S. 1 WEG zulässig. Dabei können grundsätzlich auch Miteigentümer bestellt werden, sofern sie **nicht gleichzeitig dem Verwaltungsbeirat angehören.** Denn dessen Pflicht zur Prüfung des Verwalters ist mit der gleichzeitigen Ausübung dieser Tätigkeit unvereinbar (*OLG Zweibrücken* OLGZ 1983, 438 ff.).

2. Juristische Personen

Daneben kann jede juristische Person, insbesondere eine **AG** (BGHZ 107, 272), eine **GmbH** (*BGH* ZMR 2006, 376; *BayObLG* WuM 1993, 488, 489 f.; *LG Karlsruhe* ZMR 2012, 391 f.) und ein **eingetragener Verein** sowie rechtsfähige Personengesellschaften, etwa eine **OHG** (*BGH* ZMR 2006, 376; BayObLGZ 1989, 6; *OLG Düsseldorf* NJW-RR 1990, 1300), eine **KG** (*BGH* ZMR 2006, 376; *OLG Düsseldorf* NJW-RR 1990, 1300; *BayObLG* NJW-RR 1988, 1170) und eine **Partnerschaft** zum Verwalter bestellt werden. Diese muss aber zur Zeit der Bestellung bereits existieren. Wird etwa eine GmbH bestellt, die noch überhaupt **nicht existiert**, so ist der Beschluss nichtig, da eine nichtexistente Person nicht zum Verwalter bestellt werden kann und folglich eine unmögliche Rechtsfolge beschlossen wurde (*OLG Frankfurt am Main* ZMR 2009, 58). Die Bestellung einer **haftungsbeschränkten Unternehmergesellschaft** zum Verwalter widerspricht nicht zwingend ordnungsmäßiger Verwaltung (*BGH* ZMR 2012, 886 f.; zust. *Armbrüster* ZWE 2012, 423 ff.; a.A. *LG Karlsruhe* ZMR 2012, 391 f.). Es ist aber unter diesem Gesichtspunkt genau zu prüfen, ob ein korrekter Umgang mit den Geldern der Gemeinschaft zu erwarten ist und ob die Haftungsgrundlage des Verwalters im konkreten Fall, etwa aufgrund einer Versicherung, ausreicht, um eventuelle Schäden bei der Verwaltertätigkeit zu ersetzen (*BGH* ZMR 2012, 886 f.). Wird eine haftungsbeschränkte Unternehmergesellschaft ohne derartige Prüfung zur Verwalterin bestellt, widerspricht dieser Beschluss ordnungsmäßiger Verwaltung (*BGH* ZMR 2012, 886 f.; *LG Frankfurt/M.* IMR 2014, 294 = ZMR 2014, 305). Hingegen scheiden **nicht rechtsfähige Gebilde** wie unselbstständige Niederlassungen einer Gesellschaft wiederum aus. 3

II. Fachliche Qualifikationen

Des Nachweises besonderer Qualifikationen bedurfte es bis zum Inkrafttreten des WEMoG nicht. 4
Sofern vereinzelt eine Ausbildung im Bereich der Immobilienverwaltung oder berufliche Vorerfahrung als Verwalter gefordert wurde (*LG Hamburg* ZMR 2012, 387; ähnlich *LG Düsseldorf* ZMR 2014, 235; a.A. zutreffend *LG Stuttgart* ZMR 2015, 884 f.), fehlte hierfür eine gesetzliche Grundlage. Nach zutreffender Auffassung des *BGH* sprach der Umstand, dass ein Verwalter bislang nur Erfahrung mit der Verwaltung eigener Immobilien hatte, nicht gegen seine Bestellung (*BGH* ZMR 2012, 568 f.). Nunmehr entspricht gemäß § 19 Abs. 2 Nr. 6 WEG in Anlagen mit mehr als acht Sondereigentumsrechten nur noch die Bestellung eines zertifizierten Verwalters ordnungsmäßiger Verwaltung. Dies setzt die erfolgreiche Absolvierung der in § 26a WEG geregelten Prüfung voraus. Der gewerbliche Verwalter hat ferner gem. **§ 14 Abs. 1 GewO** den Beginn seiner Tätigkeit dem örtlichen Gewerbeamt anzuzeigen.

III. Weitere Voraussetzungen (Bonität, Zuverlässigkeit etc.)

5 Der Verwalter muss, da ihm erhebliche Fremdmittel anvertraut werden, über eine ausreichende **Bonität** verfügen, nicht zuletzt deswegen, damit bei Fehlern ein Rückgriff nicht mangels Vollstreckungsmöglichkeit scheitert. Wie er diese Bonität sicherstellt, ist ihm weitgehend freigestellt. Er muss nicht unbedingt über hohe Eigenmittel verfügen; die persönliche Bürgschaft des Geschäftsführers oder ein hinreichender Versicherungsschutz können ausreichen (*BGH* ZMR 2012, 885, 886 f. zur UG). Die Existenz einer Haftpflichtversicherung ist aber keine Voraussetzung der Bestellung (*LG München I* ZMR 2018, 72, 73). Bestehen Anhaltspunkte, an der Bonität des Verwalterkandidaten zu zweifeln (etwa Verletzung von Vermögensfürsorgepflichten, Prozesskostenhilfeanträge o.ä.) müssen die Wohnungseigentümer vor einer Bestellung diesbezügliche Ermittlungen anstellen (*LG Dortmund* ZMR 2017, 573, 574; *AG München* ZMR 2017, 199, 200). Ähnliches gilt für die **Zuverlässigkeit.** Zwar kann eine Untersagung der Verwaltertätigkeit allenfalls nach den Normen des Gewerberechtes, etwa wegen Unzuverlässigkeit gem. § 35 Abs. 1 GewO erfolgen. Dabei schließt wie allgemein im Gewerberecht Unzuverlässigkeit des Geschäftsführers auch die Verwaltertätigkeit einer GmbH aus. Im Einzelfall kann sich aber jenseits der gewerberechtlichen Schranken die fehlende Eignung aus den Umständen, etwa aus gravierenden **Fehlern in der früheren Verwaltertätigkeit** ergeben (*OLG Düsseldorf* ZMR 1995, 605). Bisweilen werden persönliche Voraussetzungen auch bei Vorliegen eines Grundes zur Anfechtung der Bestellung oder zur Abberufung fehlen, wenn der Kandidat etwa als früherer Verwalter seiner **Neutralitätspflicht** nicht nachgekommen ist (*OLG Rostock* ZMR 2010, 224; *LG Itzehoe* ZMR 2018, 436; *AG Tostedt* ZMR 2011, 917), etwa einzelne Wohnungseigentümer unter Versprechen der Kostenübernahme zur Beschlussanfechtung auffordert (*AG Hamburg-Blankenese* ZMR 2008, 842; vgl. u. Rdn. 37 ff.) oder Rechtsstreitigkeiten innerhalb der Gemeinschaft provoziert (*OLG Rostock* ZMR 2010, 224).

C. Die Bestellung des Verwalters

I. Die sog. »Trennungstheorie«

6 Da das WEG die Begründung und die Beendigung der Verwalterstellung nur unvollständig regelt, werden insoweit die allgemeinen Grundsätze körperschaftlicher Personenvereinigungen herangezogen. Demnach ist rechtlich zwischen der **organschaftlichen Verleihung bzw. Aberkennung** der Verwaltereigenschaft (Bestellung und Abberufung) und Abschluss bzw. Beendigung des schuldrechtlichen **Verwaltervertrags** zu unterscheiden (sog. **Trennungstheorie** s. *BGH* NJW 1997, 2107; *BayObLG* NJW-RR 1987, 1040; 1988, 270; *OLG Zweibrücken* ZMR 2004, 66; *OLG München* NJW-RR 2006, 1160 = ZMR 2006, 719). Eine **unrichtige Ausdrucksweise**, etwa nur die »Verlängerung des Verwaltervertrags« oder nur die »Wiederbestellung zu den bisherigen Konditionen« ist allerdings nach allgemeinen Grundsätzen unschädlich, sofern sich durch Auslegung ermitteln lässt, dass auch die andere Komponente einbezogen sein soll (*BayObLG* NJW-RR 1987, 1040; WE 1991, 223; *OLG Schleswig* NJW-RR 2006, 1526 = ZMR 2006, 804; *AG Nürnberg* ZMR 2015, 635 f.). Erst recht kann beides miteinander verbunden werden (*OLG Brandenburg* ZMR 2008, 387; *LG Hamburg* ZMR 2015, 735).

II. Beginn und Ende der organschaftlichen Stellung des Verwalters

1. Bestellung und Abberufung

7 In der Folge kann der Verwalter schon vor Einigung über die schuldrechtlichen Konditionen seiner Tätigkeit bestellt sein und umgekehrt – jedenfalls nach h.M. – auch nach Abberufung Ansprüche aus dem Verwaltervertrag haben. Daher erlangt der Bewerber die Verwalterstellung entgegen bisweilen vertretener Ansicht (BayObLGZ 1974, 309; *OLG Köln* Rpfleger 1986, 299) auch schon **mit Annahme der Bestellung**, nicht erst mit Abschluss des schuldrechtlichen Vertrages (*OLG Köln* ZMR 2008, 70; *Schmidt* WE 1998, 210; *Wenzel* ZWE 2001, 512; Bogen, ZWE 2002, 290; Bärmann/*Merle* § 26 Rn. 25; Niedenführ/*Vandenhouten* § 26 Rn. 6; a.A. ohne jede Auseinandersetzung mit der h.M. *LG Landau/Pfalz* ZMR 2012, 295). Umgekehrt **verleiht der Abschluss des Verwalterver-**

trages durch einen Bevollmächtigten nicht die organschaftliche Stellung als Verwalter mit den Befugnissen aus § 27 WEG (*OLG Dresden* ZMR 2011, 312 f.) und der Vollmacht gemäß § 9b Abs. 1 WEG. Nur diese Trennung von organschaftlicher Stellung und Verwaltervertrag entspricht der Systematik des Gesetzes, das zum Nachweis der Verwalterstellung in § 26 Abs. 4 WEG nur den Bestellungsbeschluss verlangt, nicht aber den Verwaltervertrag. Ohne Übernahme dieser Trennungstheorie, die in den Parallelkonstellationen des Gesellschaftsrechts die ganz h.M. darstellt, wäre auch kaum erklärbar, weshalb es bei der Beendigung der Verwalterstellung unbestritten nur auf den Abberufungsbeschluss ankommen soll. Aus diesen Grundsätzen folgt schließlich, dass der Verwalter – etwa nach übersehenem Ablauf seiner Amtszeit – **nicht rückwirkend bestellt werden kann** (*OLG Hamm* WE 1995, 126; *OLG Köln* ZMR 2007, 717). Denn die organschaftliche Stellung kann nur für die Zukunft begründet werden. Eine solche Beschlussfassung kann aber als rückwirkende Genehmigung vorgenommener Rechtsgeschäfte und als Zuerkennung eines schuldrechtlichen Anspruchs anzusehen sein (*OLG Hamm* WE 1995, 126). Die Unmöglichkeit der Rückwirkung gilt ebenso für die **Abberufung** (s. Rdn. 34).

2. Maximalbestellungsdauer

Die organschaftliche Stellung des Verwalters endet gem. § 26 Abs. 2 S. 1 WEG **spätestens 5 Jahre** 8
nach seiner Bestellung. Auch die **Bestellung auf unbestimmte Zeit** endet somit nach 5 Jahren, hatte aber für den Verwalter mangels vereinbarter Mindestdauer seiner Tätigkeit den Nachteil, dass er jederzeit abberufen werden konnte (vgl. heute § 26 Abs. 3 WEG). **Verlängerungsklauseln** sind zwar zulässig (*OLG Frankfurt am Main* OLGZ 1984, 257), ermöglichen aber ebenfalls ohne Beschluss über die Wiederbestellung nur eine Amtszeit von max. 5 Jahren (*OLG Köln* WE 1990, 171). 2007 neu in das Gesetz eingefügt wurde die neue **Höchstdauer für die Bestellung des ersten Verwalters** in § 26 Abs. 1 S. 2 WEG, die statt 5 Jahren nur noch 3 Jahre betragen darf (s. hierzu u. § 26 Rdn. 163 ff.).

III. Die Bestellung in der Teilungserklärung

1. Die Gründe für eine Bestellung des ersten Verwalters in der Gemeinschaftsordnung und ihr Fortfall nach dem WEMoG

Nach h.M. zum früheren Recht konnte der teilende Eigentümer die Bestellung des ersten Verwalters 9
bereits in der Teilungserklärung vornehmen (BayObLGZ 1974, 279; *KG* OLGZ 1976, 268; ZMR 2012, 117 f.; *AG Pinneberg* ZMR 2018, 636, 638; *Jennißen/Jennißen* § 26 Rn. 22; zweifelnd *AG Hamburg-Blankenese* ZMR 2008, 838). Dies erschien entgegen der hiergegen vorgebrachten **Kritik** nach früherer Rechtslage sinnvoll. Denn ansonsten stand die (werdende) Wohnungseigentümergemeinschaft ausgerechnet in der schwierigen Anfangsphase vor dem Problem, ohne jede Verwaltungsstruktur dazustehen. Selbst die **Einberufung einer Eigentümerversammlung** bedurfte, kam keine Vollversammlung zustande, der Anrufung des Gerichtes. Denn die nach § 24 Abs. 2, 3 WEG zur Einberufung Befugten waren zu diesem Zeitpunkt ebenfalls noch nicht bestellt. Diese Schwierigkeiten sind indessen durch das neue Recht behoben. Denn im Gegensatz zum früheren Recht finden die Vorschriften des WEG nach § 9a Abs. 1 S. 2 WEG nunmehr im Innenverhältnis bereits mit der Anlegung der Wohnungsgrundbücher Anwendung, selbst wenn der teilende Eigentümer noch einziger Wohnungseigentümer ist. Damit kann der teilende Eigentümer ohne weiteres – sogar spontan ohne Einhaltung der Ladungsfrist – eine Vollversammlung durchführen, solange er Eigentümer aller Einheiten ist. Mithin kann er auch einen Verwalter bestellen (Dötsch/Schultzky/Zschieschack § 9 Rn. 28; SEHR/*Fritsch* § 2 Rn. 9). Die Erwägungen der Praktikabilität für eine Bestellung des ersten Verwalters in der Gemeinschaftsordnung sind somit entfallen (so zu Recht etwa Lehmann-Richter/Wobst, WEG-Reform 2020 Rn. 459 f., SEHR/*Fritsch* § 2 Rn. 10; ähnlich *Wicke* ZWE 2021, 21, 23). Es besteht folglich kein Bedürfnis mehr, den ersten Verwalter entgegen § 26 Abs. 1 WEG nicht durch Beschluss zu bestellen. Der erste, in der Teilungserklärung/Gemeinschaftsordnung bestellte Verwalter sollte sich daher nach Anlegung der Wohnungsgrundbücher vom teilenden Eigentümer durch Beschluss bestellen lassen. Denn die Bestellung in der Gemeinschaftsordnung lässt sich nicht

als »Vorab-Beschluss des teilenden Eigentümers interpretieren« (so Lehmann-Richter/Wobst § 6 Rn. 461), da vor Entstehen der Eigentümergemeinschaft keine Beschlüsse gefasst werden können.

2. Folgeprobleme der Bestellung in der Gemeinschaftsordnung

a) Fehlende zeitliche Beschränkung

10 Wollte man dies anders sehen, ergäben sich hieraus erhebliche Folgeprobleme. Denn eine in der Gemeinschaftsordnung vorgesehene **Befugnis zur Verwalterbestellung** endete nach allgemeiner, vom *BGH* bestätigter Auffassung zum früheren Recht mit Entstehen der »werdenden Wohnungseigentümergemeinschaft«, also mit Eintragung der Auflassungsvormerkung des ersten Erwerbers und dessen Inbesitznahme des Wohnungseigentums (*BGH* v. 11.03.2022 – V ZR 77/21; ZfIR 2022, 336; *BayObLG* NJW-RR 1994, 784; Jennißen/*Jennißen* § 26 Rn. 24). Dies begründete der *BGH* zutreffend mit den Einschränkungen des § 26 Abs. 1 S. 5 WEG a.F., wonach Beschränkungen bei der Bestellung des Verwalters durch die Wohnungseigentümer unzulässig waren, was einer einseitigen Bestimmung des Verwalters durch den teilenden Eigentümer natürlich entgegenstand. Gerade diese Vorschrift ist indessen durch das WEMoG gestrichen worden. Folglich würde es die neue Gesetzeslage ermöglichen, dem teilenden Wohnungseigentümer die Bestellung des Verwalters auch nach Entstehen der Wohnungseigentümergemeinschaft vorzubehalten. Allenfalls könnte man auf § 26 Abs. 5 WEG zurückgreifen. Aber nach dieser Vorschrift sind sämtliche Abweichungen von § 26 Abs. 1 bis 3 WEG nicht zulässig, mithin auch nicht die anderweitige Bestellung als durch Beschluss der Wohnungseigentümer nach § 26 Abs. 1 WEG.

b) Änderung der Bestellung

11 Ferner erkaufte man die Möglichkeit der Bestellung des ersten Verwalters in der Gemeinschaftsordnung mit dogmatischen Unstimmigkeiten. Denn die Änderung einer Regelung in der Gemeinschaftsordnung bedürfte eigentlich einer Vereinbarung. Damit hätte der durch die Gemeinschaftsordnung bestellte erste Verwalter nur mit Zustimmung aller Wohnungseigentümer abberufen werden können. Dieser misslichen Folgeproblematik half man dadurch ab, dass man die Bestellung des Verwalters zum bloß **formellen Bestandteil** der Gemeinschaftsordnung herabqualifizierte, der durch Mehrheitsentscheidung abgeändert werden kann (BGHZ 18, 207; BayObLGZ 1974, 279; vgl. Bärmann/*Merle* § 26 Rn. 75; Staudinger/*Jacoby* § 26 Rn. 65; zweifelnd jetzt Niedenführ/*Vandenhouten* § 26 Rn. 27; a.A. *KG* ZMR 2012, 118). Zu diesen Unstimmigkeiten kommt es nicht mehr, wenn man auf die nach neuem Recht überflüssige Möglichkeit der Bestellung des ersten Verwalters in der Gemeinschaftsordnung künftig verzichtet.

IV. Die Verleihung der organschaftlichen Rechtsstellung im Regelfall

1. Mehrheiten

12 Ansonsten erfolgen Bestellung und Abberufung, sieht man vom Sonderfall gerichtlichen Tätigwerdens ab, durch Mehrheitsbeschlüsse, wobei auch unter einer Vielzahl von Bewerbern die **absolute, nicht nur die relative Mehrheit** erforderlich ist (*BayObLG* ZMR 2004, 126, wo diese Mehrheit als »einfache« Mehrheit bezeichnet wird; *AG Riesa* ZMR 2014, 578 f.). Soweit aus § 26 Abs. 1 S. 5 WEG a.F. i.V.m. § 25 Abs. 2 WEG gefolgert wurde, dass es für die Bestellung des Verwalters ausreicht, wenn ein Kandidat entweder die Mehrheit nach Köpfen oder die in der Gemeinschaftsordnung vorgesehene etwa nach Einheiten oder Miteigentumsanteilen erhält (*Merle* ZWE 2009, 22 f.), wurde dies von der h.M. schon bisher zu Recht abgelehnt (*BGH* ZMR 2012, 282; *LG Dresden* ZMR 2011, 318; *AG Dresden* ZMR 2010, 805; eingehend s. Voraufl. § 26 Rn. 10). Hieran hat sich durch die Streichung von § 26 Abs. 1 S. 5 WEG a.F. nichts geändert. Die allgemeinen Bestimmungen der Gemeinschaftsordnung zur Stimmkraft haben nach wie vor den Vorrang, was aus dem jetzigen Wortlaut noch deutlicher hervorgeht als aus § 26 Abs. 1 S. 1 WEG a.F. Durch entsprechende Regelung in der Gemeinschaftsordnung ist das Kopfstimmprinzip daher abdingbar; es genügt dann die Mehrheit der Einheiten oder der Miteigentumsanteile (vgl. hierzu *BGH* ZMR

2002, 933; *BayObLG* ZMR 2004, 126). Erreicht bereits der erste Vorschlag die Mehrheit, bedarf es keiner weiteren Abstimmung mehr (*OLG Köln* NJW-RR 2000, 1616 = NZM 2000, 676). Regelungen, die qualifizierte Mehrheiten (*OLG Karlsruhe* Justiz 1983, 413; *BayObLG* WuM 1996, 497; *OLG München* ZMR 2011, 740) oder gar Einstimmigkeit (*OLG Hamm* ZMR 2009, 222) für die Verwalterbestellung vorsehen, dürften nach wie vor, nunmehr aber wegen Verstoßes gegen § 26 Abs. 5 WEG nichtig sein. Nach allgemeinem Beschlussrecht ist für das Zustandekommen der Bestellung die entsprechende **Beschlussfeststellung** durch den Versammlungsleiter maßgeblich (*BayObLG* ZMR 2004, 126). Berechnet er die Mehrheit falsch, muss folglich der Beschluss angefochten werden.

2. Stimmberechtigung

Stimmberechtigt sind alle Wohnungseigentümer, auch **Amtsbewerber** (*BGH* ZMR 2002, 934 f.; 13 *OLG Köln* NJW-RR 2007, 671; *AG Neuss* ZMR 2010, 570; zum Verwaltervertrag s.u. Rdn. 69 ff.). Der Verwalter darf auch dann, wenn er nicht Wohnungseigentümer ist, als Vertreter mitstimmen (*OLG Hamburg* ZMR 2001, 998; *OLG Hamm* NJW-RR 2007, 161 f. = ZMR 2007, 63; *OLG Köln* NJW-RR 2007, 671). Erst recht kann er **Untervollmacht** erteilen (vgl. zur Abberufung Rdn. 46). Der Beschluss bindet, wie stets, auch die überstimmten und abwesenden Miteigentümer sowie Sonderrechtsnachfolger. **Abstimmungsbefugt** sind auch in Mehrhausanlagen stets alle Wohnungseigentümer; für **Untergemeinschaften**, denen die Gemeinschaftsordnung eine gewisse Verselbstständigung einräumt, können keine eigenen Verwalter bestellt werden (*LG Nürnberg-Fürth* ZMR 2010, 315; *LG Hamburg* ZMR 2012, 890; ZMR 2013, 215 f.; *AG Heilbronn* ZMR 2010, 484). Eine solche Bestellung ist nichtig (*LG Hamburg* ZMR 2012, 890).

3. Auswahl

Auf die **persönliche Vorstellung** aller Kandidaten besteht kein Anspruch (*OLG München* ZMR 14 2007, 1000). Auch wenn die Beschlussfassung über die Bestellung des Verwalters nach § 26 Abs. 1 WEG der Wohnungseigentümerversammlung zukommt, kann deren Vorbereitung von einem engeren Gremium übernommen werden. So darf der Verwaltungsbeirat eine **Vorauswahl** treffen und der Eigentümerversammlung nur die seiner Auffassung zufolge besonders qualifizierten Bewerber präsentieren (*OLG Düsseldorf* NJW-RR 2002, 661 = ZMR 2002, 214; ähnlich *OLG Hamm* ZMR 2009, 59). Die Tätigkeit einer solchen »Findungskommission« bedarf keiner Genehmigung durch einen Mehrheitsbeschluss (*OLG Hamm* ZMR 2009, 59). Die Möglichkeit der Miteigentümer, sich zu den Kandidaten zu äußern oder eigene Bewerber vorzuschlagen darf aber nicht beschränkt werden (*OLG München* ZMR 2007, 1000). Selbstverständlich müssen sie auch über die eingeholten Angebote unterrichtet werden (*OLG Hamm* ZMR 2009, 59).

4. Inhalt des Bestellungsbeschlusses

Die Bestellung muss den **Willen zur Verleihung der organschaftlichen Stellung** erkennen lassen; 15 eine bloße Vertrauenskundgabe o.Ä. ist nicht als Bestellung anzusehen (*OLG Hamburg* ZMR 2004, 368). Auch das **bloße Gewährenlassen** ersetzt nicht den Bestellungsbeschluss (BayObLGZ 1987, 59; *OLG Düsseldorf* NJW-RR 1990, 1300; ZMR 2004, 135 f.; *OLG Schleswig* WE 1997, 389; a.A. *OLG Frankfurt am Main*, OLGZ 1975, 101 f.). Die Bestellung konnte nach früher wohl h.M. nicht unter einer **Bedingung** erfolgen (*KG* OLGZ 1976, 268; Staudinger/*Bub* § 26 Rn. 121; vgl. *BayObLG* NJW-RR 1992, 802). Dies erscheint zu streng, da gerade beim Streit um die Wirksamkeit einer Abberufung die auflösend bedingte Bestellung des neuen Verwalters die dogmatisch sauberste Lösung darstellen dürfte (vgl. jetzt *BGH* ZMR 2015, 393, 395; *OLG Zweibrücken* ZMR 2004, 64; *AG München* ZMR 2017, 769, 770 f.).

5. Auslegung des Bestellungsbeschlusses

Die Bestellung folgt den allgemeinen Regeln des Beschlussrechtes. So ist der Beschluss wie jeder 16 andere **objektiv-normativ** auszulegen. Damit können i.d.R. nur der Wortlaut des Beschlusses und der weitere Inhalt der Niederschrift sowie Umstände, die für jedermann ohne Weiteres erkennbar sind, herangezogen werden (*OLG Frankfurt am Main* ZMR 2009, 57). Hingegen bleibt bei einer **Falschbezeichnung** des Gewählten unerheblich, wen die Eigentümerversammlung in Wahrheit bestellen wollte, wenn dies nicht aus allgemein ersichtlichen oder im Protokoll festgehaltenen Umständen hervorgeht (*OLG Frankfurt am Main* ZMR 2009, 57 f.). Die Stimmzettel können hierbei nicht berücksichtigt werden, da sie nicht allgemein zugänglich sind (*OLG Frankfurt am Main* ZMR 2009, 57 f.). Bestellt ist der **wahre Inhaber eines Verwaltungsunternehmens**, nicht ein fälschlich dafür gehaltener Vertreter, da es sich um ein unternehmensbezogenes Geschäft handelt (*BayObLG* ZMR 2001, 132).

6. Annahme der Bestellung

17 Der Bestellungsbeschluss ist zunächst ein interner körperschaftlicher Akt, der seine Wirkung erst mit der zumindest konkludenten **Erklärung gegenüber dem Betroffenen** entfaltet (*BGH* ZMR 2002, 768; *OLG Hamburg* ZMR 2001, 998; Dötsch/Schultzky/Zschieschack § 9 Rn. 5). Dies ist bei dessen Anwesenheit auf der Eigentümerversammlung ohne Weiteres der Fall. Ansonsten erfolgt die Erklärung zweckmäßigerweise durch einen Bevollmächtigten. Die Bestellung bedarf überdies der **Annahme durch den Bestellten**, da niemand ohne seinen Willen zum Verwalter berufen werden kann (BayObLGZ 1975, 331; *OLG Hamburg* ZMR 2001, 998). Diese kann allerdings konkludent, etwa durch Fortführung der Verwaltertätigkeit erklärt werden (*BayObLG* WE 1992, 227; *OLG Brandenburg* ZMR 2008, 387; *AG Pinneberg* ZMR 2018, 636, 637 f.).

V. Die weitere Ausgestaltung der organschaftlichen Stellung

18 Die aus § 26 Abs. 1 WEG folgende Kompetenz, den Verwalter mit Mehrheitsbeschluss zu bestellen, umfasst auch die weitere Ausgestaltung seiner Stellung. So kann die Mehrheit etwa die **Dauer seiner Tätigkeit** festlegen (*OLG Brandenburg* ZMR 2008, 387), seine **Haftung** beschränken, **zusätzliche Befugnisse einräumen** oder die **Modalitäten einer Abberufung** ausgestalten. Zusätzliche Befugnisse des Verwalters sind i.d.R. keine Letztentscheidungskompetenzen, sondern können von der Eigentümerversammlung korrigiert werden (vgl. § 14 Rdn. 14). Nichtig ist lediglich ein das Gesetz, insbesondere § 9b Abs. 1 WEG, missachtender oder von der Teilungserklärung abweichender Beschluss, der Entsprechendes abstrakt-generell für die zukünftigen Verwalter regeln will (vgl. *OLG München* ZMR 2008, 74).

VI. Die Anfechtbarkeit der Bestellung

1. Umstände in der Person des Bestellten

a) Vorliegen eines wichtigen Grundes

19 Wie jeder Beschluss ist auch die Verwalterbestellung anfechtbar, wenn sie nicht ordnungsmäßiger Verwaltung entspricht. Dabei bleibt die Erhebung einer Klage nach § 43 Abs. 2 Nr. 4 WEG noch ohne Einfluss auf die Stellung des Verwalters. Bestellt die Gemeinschaft gleichwohl einen anderen Verwalter, ist sie **Vergütungsansprüchen zweier Vertragspartner** ausgesetzt (*LG München I* ZMR 2015, 796, 798), was Grundsätzen ordnungsmäßiger Verwaltung grob widerspricht (*KG* NJW-RR 1991, 274). Denkbar ist aber eine einstweilige Verfügung nach §§ 935 ff. ZPO, mit der dem Verwalter, dessen Bestellung angefochten ist, einstweilen die Amtsausübung untersagt wird (vgl. zum alten Recht *KG* NJW-RR 1991, 274 f.). Ein Verstoß gegen Grundsätze ordnungsmäßiger Verwaltung liegt vor, wenn die Zusammenarbeit mit dem bestellten Verwalter nach Treu und Glauben **zumindest einem Eigentümer oder einer Eigentümergruppe unzumutbar** und das (Fort)bestehen des erforderlichen Vertrauensverhältnisses von vornherein nicht zu erwarten ist (*BGH* ZMR 2012, 568 f.; *BayObLG* ZMR 2001, 722 u. 817; *OLG Hamburg* ZMR 2001, 999; *OLG Köln* ZMR 2008, 734; *LG Hamburg* ZMR 2011, 823 f.; *AG Tostedt* ZMR 2011, 917 f.). Rein subjektive Vorstellungen einzelner Wohnungseigentümer genügen freilich nicht (*LG Köln* ZMR 2011, 670 f.). Für die Anfechtung der (Wieder)Bestellung sollen allerdings **strengere Maßstäbe** gelten als bei der Abbe-

rufung, da sich die Mehrheit eben für den Verwalter ausgesprochen habe und diese Entscheidung nur bei zwingenden Gründen durch die Gerichte korrigiert werden könne (*OLG Hamburg* ZMR 2001, 999; 2003, 128; 2005, 71 f.; *OLG Köln* NZM 1999, 128 u. ZMR 2008, 734; *OLG Düsseldorf* ZMR 2006, 872; *KG* ZMR 2007, 802; *LG Hamburg* ZMR 2011, 661 f.; ZMR 2011, 823 f.; ZMR 2012, 385; *LG Köln* ZMR 2011, 669 f.; *LG München I* ZMR 2018, 72, 73; *AG Bonn* ZMR 2012, 485; *AG Koblenz* ZMR 2013, 229 f.; a.A. zu Recht *AG Hamburg-Blankenese* ZMR 2015, 815). Zudem soll den Wohnungseigentümern ähnlich wie bei der Abberufung (s. Rdn. 51) ein Beurteilungsspielraum zu kommen; die Wiederbestellung soll demnach nur anfechtbar sein, wenn sie aus objektiver Sicht unvertretbar erscheint (*BGH* ZMR 2012, 885). Dies erscheint zweifelhaft, da beim Vorliegen eines wichtigen Grundes das Festhalten an einem solchermaßen belasteten Verwalter regelmäßig nicht ordnungsmäßiger Verwaltung entsprechen dürfte (so richtig *OLG Hamm* NJW-RR 2004, 807 = ZMR 2004, 854; ähnlich *Ott* ZMR 2007, 586 f.; *OLG München* ZMR 2007, 809; *AG Hamburg* ZMR 2008, 576; *AG Hamburg-Blankenese* ZMR 2008, 919; ZMR 2013, 317). In keinem anderen Zusammenhang wird aber der Mehrheit die Befugnis zuerkannt, ordnungsmäßiger Verwaltung zuwiderlaufende Entscheidungen zu treffen (*OLG München* ZMR 2007, 809; *LG München I* NJW-RR 1997, 336). Dies ist gerade auch bei der Ungültigerklärung der Bestellung des Verwalters nicht geboten, da ein wichtiger Grund hierfür anerkanntermaßen eben schon dann vorliegen kann, wenn nur einer oder einzelne Eigentümer betroffen sind. Der wichtige Grund muss nicht vom Verwalter (alleine) verschuldet sein (*AG Tostedt* ZMR 2011, 917 f.). Zu derartigen gegen die Bestellung sprechenden Umständen darf sich grundsätzlich jeder Wohnungseigentümer vor und in der Beratung über die Verwalterwahl äußern (*BayObLG* ZMR 2001, 721; implizit auch *OLG Hamm* ZMR 2007, 135 f.). Die Grenze zur (unzulässigen) **Schmähkritik** wird dabei weit gezogen (*LG München I* ZMR 2010, 556 u. ZMR 2011, 833 zu Vorwürfen wie »Manipulation«, »Lüge«, »Täuschung«, »Betrug«; ähnlich *OLG Braunschweig* ZMR 2011, 400; *LG Hamburg* ZMR 2011, 664 f.). Der geltend gemachte Grund gegen die Bestellung muss z.Zt. der Beschlussfassung bereits vorgelegen haben (*BayObLG* NJW-RR 2001, 446 = ZMR 2001, 129; ZMR 2001, 719 u. 817; *KG* ZMR 2007, 802; *OLG Düsseldorf* ZMR 2008, 473; *LG Konstanz* ZMR 2008, 329; *LG Düsseldorf* ZMR 2014, 235). Die frühere Praxis, wonach bereits bei der Bestellung vorliegende **Gründe im Prozess »nachgeschoben«** werden konnten, auch wenn die Anfechtung bislang noch nicht darauf gestützt wurde, dürfte nunmehr durch die Begründungsfrist des § 45 Satz 1 WEG überholt sein vgl. § 45 Rdn. 15(a.A. ohne Auseinandersetzung mit dieser Problematik *LG Hamburg* ZMR 2014, 311). Die **voraussichtliche weitere Verwaltungsführung** kann berücksichtigt werden (*BayObLG* ZMR 2005, 561; *OLG München* ZMR 2007, 809; *OLG Köln* ZMR 2008, 734; *LG Konstanz* ZMR 2008, 328; *LG Hamburg* ZMR 2011, 823 f.; *AG Koblenz* ZMR 2013, 229 f. abw. beim Vorwurf der Majorisierung *KG* NJW-RR 1989, 843; vgl. u. Rdn. 18 u. 40). Dies gilt insbesondere bei der Frage, ob ein Fehler bei der Verwaltung erkannt und abgestellt wurde (*LG Köln* ZMR 2011, 671). Uneinsichtigkeit und die Bagatellisierung bzw. Verheimlichung von Fehlern spricht aber jedenfalls bei strafrechtlichen Verurteilungen gegen eine positive Zukunftsprognose (*OLG Köln* ZMR 2008, 734 f.). Durch die Rechtsprechung des *BGH*, wonach das Verbleiben des Verwalters im Amt objektiv unvertretbar sein muss, haben sich die Anforderungen an die Anfechtbarkeit der Bestellung noch verschärft. So sollen die fehlerhafte Verkündung eines Abstimmungsergebnisses (*LG München I* ZMR 2015, 796, 797) und die eigenmächtige Entfernung dreier großer Bäume (*LG München I* ZMR 2015, 796, 798) nicht mehr genügen, wohl aber ausländerfeindliche Äußerungen (*LG Itzehoe* ZMR 2018, 436 f.).

b) Einzelfälle

Die Bestellung einer Person, die das Amt einer anderen Person zu übertragen gedenkt, ist angesichts der Pflicht zur **persönlichen Amtsausübung** jedenfalls anfechtbar (*LG Karlsruhe* ZMR 2013, 377 f.). Ein wichtiger, gegen die Bestellung eines Verwalters sprechender Grund ist auch dann anzunehmen, wenn ein Kandidat nicht über eine hinreichende **fachliche Qualifikation** verfügt (*LG Hamburg* ZMR 2012, 387 – im Einzelfall aber zweifelhaft) oder einschlägig **vorbestraft** ist, auch wenn sich die Tat gegen Dritte richtete (*BayObLG* NJW-RR 1998, 1022; *OLG Köln* ZMR 2008, 734). Dies 20 gilt auch für Vorstrafen die nicht in das polizeiliche Führungszeugnis aufgenommen sind. Diese muss ein Bewerber lediglich nicht von sich aus offenbaren; gelangen sie anderweitig zur Kenntnis der Wohnungseigentümer, dürfen sie aber berücksichtigt werden (*OLG Schleswig* NJW-RR 2003, 877). Bei einer Verwaltungs-GmbH ist insoweit die **Person des Geschäftsführers** maßgeblich (Jennißen/*Jennißen* § 26 Rn. 63a). Hingegen muss eine **getilgte Vorstrafe** nach § 51 Abs. 1 BZRG unberücksichtigt bleiben (*KG* NJW-RR 1989, 843). Bereits der Verdacht einer Straftat kann genügen, nicht aber ein solcher aufgrund einer anonymen Denunziation kurz vor der Eigentümerversammlung (*AG Bremen-Blumenthal* ZMR 2012, 667 f.). Ein wichtiger Grund gegen die Bestellung liegt auch darin, dass ein Kandidat in **Vermögensverfall** geraten ist. Eine Wiederbestellung kann ordnungsmäßiger Verwaltung auch dann widersprechen, wenn der Verwalter seine Pflichten grob verletzt, etwa trotz Interessenkonfliktes bei der Entscheidung über die Zustimmung zur Veräußerung nach § 12 WEG **Maklerprovisionen** für den Erwerb von Wohnungseigentum angenommen hat (*BayObLG* NJW-RR 1998, 303). Dasselbe gilt, wenn er bereits vor der Bestellung erklärt, seine Maklertätigkeit auch in der von ihm verwalteten Anlage fortsetzen zu wollen (*LG München I* NJW-RR 1997, 335). Auch die Verwendung von Vertragsformularen mit einer **Vielzahl unwirksamer Klauseln** kann die Annahme der Unzuverlässigkeit eines Verwalters begründen, was ebenfalls die Ungültigerklärung seiner Bestellung rechtfertigt (*LG Mönchengladbach* ZMR 2007, 896). Jedenfalls wird aber die Bestellung nach § 139 BGB von einem gleichzeitig über den Vertrag gefassten anfechtbaren Beschluss infiziert, so dass auch sie für ungültig zu erklären ist (*LG Frankfurt/M.* ZMR 2018, 62, 64). Die Ungültigerklärung der Bestellung ist ferner bei eigennütziger Inanspruchnahme des Gemeinschaftsvermögens, etwa durch **unberechtigte Entnahmen** geboten. Geringfügig zu hoch berechnete Sondervergütungen sollen allerdings unschädlich sein (*KG* ZMR 2007, 803). Ebenso können **Fehler in der Verwaltung** gegen eine Bestellung sprechen, wenn der Verwalter etwa in der Vergangenheit nach einem unvertretbaren Schlüssel abgerechnet (*OLG Köln* NJW-RR 1998, 1622 = NZM 1999, 128 f.; *BayObLG* ZMR 2001, 818) oder gar über mehrere Jahre überhaupt **keine Wirtschaftspläne und Jahresabrechnungen** erstellt hat (*OLG München* ZMR 2007, 808) oder verspätet vorlegt (*LG München I* ZMR 2015, 801 f.). Gleiches gilt, wenn er die **rechtzeitige Wiederbestellung unterlassen** und somit einen verwalterlosen Zustand herbeigeführt (*OLG Köln* ZMR 2007, 717) oder **Eigentümerversammlungen an und unzumutbarem Ort zu unangebrachter Zeit** abgehalten (*OLG Hamm* NJW-RR 2001, 517 = ZMR 2001, 385) oder in wesentlichen Punkten **falsche Niederschriften** erstellt hat (*BayObLG* NJW-RR 2004, 445; *LG Konstanz* ZMR 2008, 330). Ähnliches gilt für die **Herbeiführung fehlerhafter Beschlüsse**, insbesondere im eigenen Interesse, z.B. zur Entlastung (*OLG Köln* ZMR 2007, 717) oder wenn der Verwalter einzelne Wohnungseigentümer unter Versprechen der Kostenübernahme zur Beschlussanfechtung auffordert (*LG Hamburg* ZMR 2011, 823 f.; *AG Hamburg-Blankenese* ZMR 2008, 842). Erst recht können **eigenmächtige Auftragsvergaben** ohne Beschluss gegen die Wiederbestellung eines Verwalters sprechen (*AG Dresden* ZMR 2012, 737; a.A., wenn keine »bewusste Schädigung« vorliegt, *AG Hannover* ZMR 2018, 270, 271). Ebenso kann die ungenügende bzw. **verspätete Information** über den Ausgang von Rechtsstreitigkeiten (*LG München I* ZMR 2015, 801, 802), oder gar die bewusste **Fehlinformation** über die Kosten eines gegen ihn gerichteten Verfahrens für die Unzumutbarkeit eines Verwalters sprechen (*AG Dortmund* ZMR 2009, 231; ähnlich *AG Dresden* ZMR 2012, 737). Ähnlich ist die Weigerung, Beschlussanträge auf die Tagesordnung zu setzen oder Beschlüsse durchzuführen zu beurteilen (*LG München I* ZMR 2015, 801, 802). Die zu befürchtende **Bevorzugung oder Benachteiligung einzelner Wohnungseigentümer** stellt einen Grund zur Anfechtung der Bestellung dar (*LG Hamburg* ZMR 2012, 387 f.; *AG Koblenz* ZMR 2013, 229 f.), die auch bei der Bestellung eines Zwangsverwalters besteht, da dieser vorrangig die Interessen der Gläubiger des Schuldners verfolgt. Auch die Missachtung der Anliegen einer Minderheit kann einen Grund zur Anfechtung darstellen (*AG Dresden* ZMR 2012, 737). Ebenso steht die unterlassene Beteiligung eines Teils der Wohnungseigentümer etwa in einer Mehrhausanlage an der gemeinschaftlichen Willensbildung der Wiederbestellung entgegen (*AG Köln* ZMR 2010, 997). Gleiches gilt, wenn sich ein professioneller Verwalter nur für eine **Untergemeinschaft** bestellen lässt (*LG Hamburg* ZMR 2012, 890). Auch **Verfehlungen einzelnen Miteigentümern gegenüber**, etwa durch beleidigendes Verhalten (*LG Lüneburg* ZMR 2012, 133 bei Bezeichnung eines »schwierigen« Wohnungseigentümers als »Querulanten«), können genügen, erst recht die Beschimpfung der gesamten Gemeinschaft als »Sauhaufen« (*LG Lüneburg* ZMR 2015, 486, 487). En gereizter Stil auf Anfeindungen genügt aber nicht, wenn er nicht mit der Behauptung unrichtiger Tatsachen oder der Herabwürdigung von Wohnungseigentümern verbunden ist (*LG Hamburg* ZMR 2016, 223, 224). Ebenso kann die Wahrnehmung von Individualinteressen einzelner Miteigentümer zur Anfechtbarkeit der Bestellung führen (*BayObLG* ZMR 2001, 722; *LG Köln* ZMR 2011, 69 f.; *AG Tostedt* ZMR 2011, 917). Hierzu gehört bei starker Polarisierung auch die begründete Befürchtung, der bestellte Verwalter werde eine Eigentümergruppe bevorzugen (*LG Hamburg* ZMR 2011, 823 f.). Es steht auch nicht im Ermessen der Mehrheit, einen fachlich ungeeigneten Verwalter zu bestellen (*OLG Stuttgart* NJW-RR 1986, 317). **Nachträglich bekannt gewordene Tatsachen** können die Abberufung des Verwalters aus wichtigem Grund rechtfertigen (*KG* NJW-RR 1989, 843; *AG Biedenkopf* ZMR 2011, 417 f.). **Einfache Fehler** insbesondere in der Anfangszeit rechtfertigen die Ungültigerklärung der Bestellung noch nicht (*OLG Köln* NZM 1999, 129; *KG* ZMR 2007, 802; *BGH* ZMR 2011, 736 f.). Zudem hat die Eigentümerversammlung ein nicht unerhebliches **Ermessen**, welche Qualitäten eines Verwalters sie für besonders wichtig ansieht. So widerspricht es nicht ordnungsmäßiger Verwaltung, einem Kandidaten aufgrund seiner Qualifikationen oder seiner bewährten Arbeit den Vorzug vor einem (deutlich) **billigeren Anbieter** zu geben (*BGH* ZMR 2011, 735 f.; ZMR 2012, 886; *OLG Hamburg* ZMR 2005, 72; *LG Dortmund* ZMR 2014, 386 f.). Besondere Qualifikationen und Erfahrungen sind zu berücksichtigen (*BGH* ZMR 2012, 886). Der amtierende Verwalter muss vor einer Wiederbestellung **keine Angebote von Konkurrenten** einholen und der Eigentümerversammlung vorlegen (*BGH* ZMR 2011, 735 f., *OLG Hamburg* ZMR 2001, 998; *OLG Schleswig* NJW-RR 2006, 1526 = ZMR 2006, 804; *LG Köln* ZMR 2012, 576; *LG Hamburg* ZMR 2016, 223, 224; *LG Frankfurt/O.* ZMR 2017, 825, 827; *AG Hamburg* ZMR 2008, 576; *AG Biedenkopf* ZMR 2011, 417 f.; *AG Bonn* ZMR 2013, 383; *AG Nürnberg* ZMR 2015, 635 f.), ebenso wenig bei Zweitbeschlüssen über die Verwalterbestellung (*AG Hamburg-Blankenese* ZMR 2017, 98 f.). Anderes gilt bei einer **Erstbestellung** eines neuen Verwalters (*BGH* ZMR 2011, 735 f.; *OLG Hamm* ZMR 2009, 59; *LG Hamburg* ZMR 2011, 822 f.; ZMR 2017, 427, 428; *LG Köln* ZMR 2012, 576; ZMR 2013, 379; *LG Landau/Pfalz* ZMR 2013, 745; *LG Frankfurt/M.* ZMR 2015, 481; *AG Bonn* ZMR 2013, 383). Allerdings soll die Zahl der Alternativangebote im Rahmen des Beurteilungsspielraumes der Wohnungseigentümer liegen; eines kann genügen (*BGH* ZMR 2012, 885; ähnlich *LG Frankfurt an der Oder* ZMR 2013, 980 – zweifelhaft). Die bloße Aufforderung an die Wohnungseigentümer, selbst Angebote einzuholen und vorzulegen, genügt nicht (*LG Frankfurt/M.* ZMR 2015, 481). Dass bereits die **massive Unterstützung durch den Vorsitzenden des Verwaltungsbeirats** die Ordnungsmäßigkeit der Bestellung infrage stellen oder gar zur Nichtigkeit führen soll (so *AG Offenbach* ZMR 2013, 146), ist kaum anzunehmen, auch wenn der von ihm favorisierte Kandidat die Wohnungseigentümer angeschrieben hat. Immerhin ist der Vorsitzende des Verwaltungsbeirats auch Wohnungseigentümer und darf seine Interessen verfolgen. Auch **briefliche Vorabwerbung** eines Kandidaten ist ein zulässiger Versuch, auf die Willensbildung Einfluss zu nehmen. Wurde ein Verwalter aus wichtigem Grunde vom Gericht abberufen, widerspricht eine erneute Bestellung 13 Monate nach dieser Entscheidung ohne weiteres ordnungsmäßiger Verwaltung (*AG Wiesbaden* ZMR 2014, 73).

c) Die Bestellung durch den Mehrheitseigentümer

Häufig diskutiert ist die Frage, ob die Nähe zu einem Mehrheitseigentümer, etwa dem Bauträger, der Bestellung eines Kandidaten zum Verwalter entgegensteht. Ob alleine die Nähe vom Verwalter zum Mehrheitseigentümer die Ungültigerklärung rechtfertigt, ist umstritten. Nach einer Auffassung soll die Bestellung durch den Mehrheitseigentümer gegen den Willen der restlichen Eigentümergemeinschaft – u.U. eines einzigen Miteigentümers – grundsätzlich ordnungsmäßiger Verwaltung widersprechen (*BayObLG* ZMR 2000, 848 u. 2001, 719 f.; ähnlich jetzt wieder *LG Hamburg* ZMR 2011, 661 f.; anders zu Recht *KG* NJW-RR 1987, 268; 1989, 843; *OLG Saarbrücken* ZMR 1998, 54; *OLG Düsseldorf* ZMR 1999, 581; *OLG Hamm* NJW-RR 2004, 1383; *BayObLG* ZMR 2006, 139; *OLG Karlsruhe* ZMR 2008, 408; *LG Mönchengladbach* ZMR 2007, 896; *LG Dresden* ZMR 2011, 318; *LG Hamburg* ZMR 2011, 823 f.). Dies würde aber dazu führen, dass umgekehrt die 21

Minderheit jedenfalls darüber entscheiden könnte, wer nicht Verwalter wird. Auch eine **Beschränkung des Stimmrechts** auf eine Höchstgrenze – etwa 25 % der Stimmen – findet im Gesetz keine Stütze (*KG* NJW-RR 1986, 644; 1987, 268). Daher wird die Bestellung eines Verwalters durch den Mehrheitseigentümer nur dann ordnungsmäßiger Verwaltung zuwiderlaufen, wenn **weitere Umstände** gegen die Bestellung des Verwalters sprechen (*KG* NJW-RR 1989, 843; *OLG Karlsruhe* ZMR 2008, 408; *AG Neuss* ZMR 2010, 570; *AG Pinneberg* ZMR 2017, 438, 439). Dies ist der Fall, wenn der Verwalter einen dem Bauträger nahestehenden Gutachter mit der Untersuchung von Feuchtigkeitsschäden betraut (*OLG Hamm* NJW-RR 2004, 1383) oder gar nicht auf eine zügige Mängelbeseitigung hinarbeitet (*OLG Karlsruhe* ZMR 2008, 409). Entsprechende Umstände sind ferner dann gegeben, wenn der Bewerber **nicht über die persönliche oder fachliche Eignung verfügt** (*KG* NJW-RR 1989, 843; *LG Mönchengladbach* ZMR 2007, 896; *LG Hamburg* ZMR 2011, 823 f.; ZMR 2016, 226, 227; *AG Hamburg-Altona* ZMR 2011, 71; *AG Hamburg-Blankenese* ZMR 2015, 815 f.) oder bei seiner Verwaltungstätigkeit einzelne Miteigentümer, insbesondere eben den Mehrheitseigentümer bevorzugt (*BGH* ZMR 2002, 936; *OLG Saarbrücken* ZMR 1998, 54 f.; *AG Hamburg* ZMR 2008, 575 f.; *AG Hamburg-Altona* ZMR 2011, 71; *AG Pinneberg* ZMR 2017, 438, 439) oder gar als deren Bevollmächtigter gegen den oder die anderen Wohnungseigentümer in einem gerichtlichen Verfahren aufgetreten ist (*BayObLG* NJW-RR 2001, 1669) bzw. einzelne Wohnungseigentümer unter Versprechen der Kostenübernahme zur Beschlussanfechtung auffordert (*AG Hamburg* ZMR 2008, 576). Ähnliches gilt, wenn der Mehrheitseigentümer über berechtigte Interessen der Miteigentümer hinweggeht, indem er etwa die Bestellung erzwingt, ohne diesen die Möglichkeit zu lassen, einen eigenen Eindruck von dem Kandidaten zu gewinnen (*KG* NJW-RR 1986, 644; ähnlich NJW-RR 1989, 843). Die Durchsetzung eigener Interessen als Wohnungseigentümer vor der Bestellung zum Verwalter soll allerdings nicht genügen (*LG Mönchengladbach* ZMR 2007, 897). Bloße Empfindlichkeiten genügen von vornherein nicht; Anhaltspunkte für eine nicht den Interessen der gesamten Gemeinschaft dienenden Amtsführung müssen objektiv gegeben sein (*LG Mönchengladbach* ZMR 2007, 896). Zudem müssen sie dem Mehrheitseigentümer bekannt gewesen sein, da nur dann der Vorwurf gerechtfertigt ist, er gehe über berechtigte Einwände der Minderheit hinweg (*KG* NJW-RR 1989, 843). Umgekehrt kann auch die **Verhinderung einer Verwalterbestellung** rechtsmissbräuchlich sein (*AG Viersen* ZMR 2014, 394).

2. Sonstige, insbesondere formelle Mängel der Beschlussfassung

22 Daneben kann die Bestellung unabhängig von der Person des Verwalters auch wegen der Modalitäten der Beschlussfassung anfechtbar sein. Dies kann etwa bei **Einberufungsmängeln** der Fall sein. Allerdings genügt die Bezeichnung »Neuwahl eines Verwalters« auch zur Ankündigung einer Beschlussfassung über den Verwaltervertrag (*OLG Schleswig* NJW-RR 2006, 1526 = ZMR 2006, 804) und zur Wiederbestellung des alten Verwalters (*OLG München* ZMR 2009, 65; a.A., aber abwegig *AG Bonn* ZMR 2012, 48). Ebenso ist eine Ankündigung der Wiederbestellung für 3 Jahre ausreichend für eine 2-jährige Wiederbestellung (*LG Frankfurt an der Oder* ZMR 2013, 371 f.). Die fehlerhafte oder unterlassene Ankündigung der Beschlussfassung über die Bestellung des Verwalters führt aber nach allgemeinen Grundsätzen nur zu deren Anfechtbarkeit (*OLG München* ZMR 2007, 990). Die **persönliche Vorstellung** aller anwesenden Amtsbewerber ist keine zwingende Voraussetzung einer ordnungsgemäßen Abstimmung; verzichtet die Mehrheit vor der Beschlussfassung auf deren Anhörung, führt das nicht zur Anfechtbarkeit der Bestellung ihres Kandidaten (*OLG München* ZMR 2007, 1000). Auch der **Vorabübersendung des Verwaltervertrags** bedarf es nicht (*OLG München* ZMR 2009, 65). Nach neuerer Rechtsprechung des *BGH* soll es aber erforderlich sein, bereits in der Bestellung bereits die **Eckpunkte des noch abzuschließenden Verwaltervertrages** (Dauer und Vergütung der Verwaltertätigkeit) festzulegen, was nicht recht mit der Trennungstheorie vereinbar ist (*BGH* ZMR 2015, 393 f.; *AG Walsrode* ZMR 2016, 743; ähnlich früher schon *OLG Hamm* ZMR 2003, 53; *OLG Düsseldorf* ZMR 2006, 872; *LG Düsseldorf* ZMR 2012, 465; *AG Neuss* ZMR 2010, 570; anders noch *BGH* ZMR 2012, 886). Allerdings ist nicht recht verständlich, weshalb der Verwalter ohne nachfolgenden Abschluss eines Verwaltervertrags seine Tätigkeit »zu den üblichen Bedingungen« verrichten soll (so *BGH* ZMR 2012, 886). Zu einer solchen Fiktion eines Vertrages

besteht kein Anlass; es liegt ein vertragsloser Zustand vor (vgl. u. Rdn. 139). Trotz Anfechtung bleibt der **Bestellungsbeschluss bis zur rechtskräftigen Ungültigerklärung wirksam** (s.u. Rdn. 24).

3. Die Wiederbestellung und der Ablauf der Bestellungsdauer im Laufe des Verfahrens

Sofern der Verwalter im Laufe des Prozesses wiederbestellt wird, **muss auch dieser Beschluss angefochten werden.** Ansonsten fehlt dem Anfechtungsantrag das Rechtsschutzbedürfnis, da selbst ein Erfolg in diesem Prozess die Bestandskraft der erneuten Bestellung nicht beseitigen könnte. Dem Antragsteller bleibt in diesem Fall nur die **Erledigungserklärung.** Ähnliches gilt, wenn die Bestellungsdauer vor Beendigung des Prozesses ohnehin abläuft (*OLG Hamm* ZMR 1995, 498; *OLG München* ZMR 2006, 475; einschränkend bei der – früher möglichen – Anfechtung durch den Verwalter *OLG Hamm* ZMR 2003, 52; *BayObLG* NJW-RR 1997, 717; a.A. *BayObLG* NJW-RR 1988, 270; *LG München I* ZMR 2012, 819; differenzierend *LG Hamburg* ZMR 2011, 745, wonach dem abberufenen Verwalter ein Rechtsschutzbedürfnis zukommt, nicht aber einem Wohnungseigentümer). Hingegen hat die bloße Bestätigung der Bestellung, wenn auch sie angefochten wurde, trotz der Wirksamkeit dieses Beschlusses nach § 23 Abs. 4 WEG keinen Einfluss auf die Anfechtung des ersten Bestellungsbeschlusses, da die Entscheidung über die Gültigkeit des Zweitbeschlusses dann noch in der Schwebe ist (*BayObLG* ZMR 2001, 367; *OLG München* ZMR 2007, 809). 23

4. Die Folgen der Anfechtung

a) Keine aufschiebende Wirkung der Anfechtungsklage

Nach allgemeinen Grundsätzen ändert die bloße Anfechtung der Bestellung nichts an der organschaftlichen Stellung des Verwalters, da Beschlüsse bis zu ihrer rechtskräftigen Ungültigerklärung wirksam sind (*BGH* ZMR 2007, 799; *OLG München* ZMR 2018, 534, 535; zu den Folgen der rechtskräftigen Ungültigerklärung s.u. Rdn. 25). Der Verwalter ist also berechtigt und verpflichtet, die kraft Gesetzes, etwa nach § 27 WEG oder kraft Teilungserklärung übertragene Befugnisse auszuüben, Beschlüsse auszuführen etc. (*BGH* ZMR 2007, 799; *LG Dortmund* ZMR 2017, 573, 575). Dem Verwalter für diese Tätigkeit eine Vergütung zuzuerkennen, entspricht ordnungsmäßiger Verwaltung; allerdings muss der diesbezügliche Beschluss hinreichend bestimmt sein (*LG Dortmund* ZMR 2017, 573, 575). In Betracht kommt aber eine **einstweilige Verfügung** nach §§ 935 ff. ZPO, mit der dem Verwalter einstweilen die Amtsausübung untersagt wird (s. zum alten Recht *KG* NJW-RR 1991, 274 f.). So kann die Wirksamkeit seiner Bestellung durch einstweilige Verfügung gem. §§ 935 ff. ZPO ausgesetzt werden (vgl. zum alten Recht *KG* WuM 1990, 468; NJW-RR 1991, 274; nach den Anforderungen der neueren Rechtsprechung ist dies allerdings kaum mehr möglich, s. Vor §§ 43 ff. Rdn. 69 ff.). Ein entsprechender Antrag ist jetzt **gegen die Wohnungseigentümergemeinschaft** zu richten (*Jennißen/Suilmann* § 46 Rn. 183). Denn der einstweilige Rechtsschutz zielt letztlich auf die Willensbildung der Wohnungseigentümer. 24

b) Die Folgen der rechtskräftigen Ungültigerklärung

Die erfolgreiche Anfechtung führt grundsätzlich nach den allgemeinen Regeln zur **rückwirkenden Unwirksamkeit** der Bestellung (*BayObLG* NJW-RR 1991, 532; WuM 1992, 156; *OLG München* ZMR 2006, 719). Das ansonsten geltende Rückwirkungsprinzip wird hierbei aber durchbrochen, da es zu unerträglicher Rechtsunsicherheit führen würde, wenn jede Einberufung oder sonstige Rechtshandlung des unwirksam bestellten Verwalters aufgrund der Ungültigerklärung des Bestellungsbeschlusses zumindest anfechtbar wäre. Vielmehr ist hier von der Wirksamkeit seiner Rechtshandlungen bis zur Rechtskraft der Ungültigerklärung der Bestellung auszugehen, was bislang auf den Rechtsgedanken von **§ 32 FGG a.F. (jetzt § 47 FamFG)** gestützt wurde (*BGH* NJW 1997, 2107; ZMR 2007, 799; *BayObLG* NJW-RR 1991, 532; *KG* NJW-RR 1990, 153 f.; 1991, 274; ZMR 2009, 785; a.A. *BayObLG* NJW-RR 1988, 270 u. *OLG Brandenburg* ZMR 2008, 387; für Duldungs- oder Anscheinsvollmacht; offen gelassen von *OLG München* ZMR 2006, 720; *OLG Hamburg* ZMR 2006, 793). Diese Argumentation kann weiterhin Gültigkeit beanspruchen (so ausdrücklich *OLG München* ZMR 2008, 237; *LG Köln* ZMR 2012, 898; *LG Karlsruhe* ZMR 2013, 377). Ebenso 25 behält er seine **Vergütungsansprüche** (*BGH* NJW 1997, 2107; *KG* NJW-RR 1991, 274; *OLG München* NJW-RR 2006, 1159 f. = ZMR 2006, 720). Eine Ausnahme gilt dann, wenn ihm die **Amtsführung durch einstweilige Verfügung gem. §§ 935 ff. ZPO untersagt** wurde (zum alten Rechtszustand bei Erwirkung einer einstweiligen Anordnung nach § 44 Abs. 3 WEG a.F. vgl. *KG* NJW-RR 1991, 274). Die Forderung der Vergütung kann ferner treuwidrig sein, wenn der Verwalter die Einberufung einer Eigentümerversammlung hintertreibt, die über seine Abberufung befinden soll (*OLG München* NJW-RR 2006, 1160 = ZMR 2006, 720). Die Ungültigerklärung durch das Gericht **konnte bis 30.11.2020 vom Verwalter ebenso angefochten werden** wie die Abberufung durch die Wohnungseigentümer (*BGH* ZMR 2007, 798 f.). Nach Rechtskraft der Ungültigerklärung sollen die vertraglichen Ansprüche dagegen erlöschen, da der Verwaltervertrag stillschweigend unter der **auflösenden Bedingung** abgeschlossen wird, dass der Bestellungsbeschluss erfolgreich angefochten wird (*BGH* NJW 1997, 2107; ähnlich *KG* NJW-RR 1990, 153 f.; 1991, 274; *OLG Hamburg* ZMR 2006, 793). Seine Vertretungsmacht für den Verband bei Geschäften mit Dritten ergibt sich schon aus den Grundsätzen der Anscheins- und Duldungsvollmacht (*BayObLG* NJW-RR 1988, 270; NJW-RR 1991, 532; *KG* NJW-RR 1990, 153; anders wohl WE 1990, 184; a.A. Jennißen/*Heinemann* § 27 Rn. 63). Allerdings sollen **Zustimmungen gem. § 12 WEG** mit rechtskräftiger Ungültigerklärung ihre Wirkung verlieren (*BayObLG* ZMR 1981, 251; *KG* ZMR 2009, 784). Zum Nachweis der rechtskräftigen Ungültigerklärung genügt die Vorlage der entsprechenden Entscheidung (*KG* ZMR 2009, 785).

VII. Die Bestellung durch das Gericht gem. §§ 18 Abs. 2, 43 Abs. 2, 44 WEG

1. Die Bestellung im Hauptsacheverfahren

a) Voraussetzungen

aa) Fehlen eines Verwalters

26 Die Bestellung eines Notverwalters durch das Gericht ist nach dem ausdrücklichen Willen des Gesetzgebers mit der Streichung von § 26 Abs. 3 WEG a.F. entfallen. Es bleibt aber die Bestellung eines Verwalters durch Beschlussersetzung nach §§ 18 Abs. 2 Nr. 2 WEG als Maßnahme ordnungsmäßiger Verwaltung (*BayObLG* WuM 1989, 206; NJW-RR 1999, 1172; *KG* NJW-RR 1989, 461; WE 1990, 211; *OLG Frankfurt* am Main OLGZ 93, 319; Staudinger/*Jacoby* § 26 Rn. 50). Die Voraussetzungen hierfür liegen regelmäßig dann vor, wenn schon nach altem Recht auf Antrag eines Wohnungseigentümers ein Notverwalter nach § 26 Abs. 3 WEG a.F. hätte bestellt werden können (*BGH* ZMR 2011, 894; *OLG Düsseldorf* ZMR 2007, 879 f.; *LG Hamburg* ZMR 2009, 70). Dies setzt das Fehlen eines Verwalters voraus; die bloße Anfechtung genügt nicht, auch wenn sie in erster Instanz erfolgreich war, aber noch nicht rechtskräftig ist (*LG Hamburg* ZMR 2009, 70). Im Hauptsacheverfahren genügt das Fehlen eines Verwalters, da sich schon hieraus gem. § 26 Abs. 5 WEG ein Anspruch auf Bestellung ergibt (*LG Hamburg* ZMR 2012, 889 f.). Der Anspruch auf Bestellung eines Verwalters ist nicht verjährbar, da er in einem verwalterlosen Zustand immer neu entsteht (*LG Hamburg* ZMR 2012, 890 f.). Er kann auch nicht verwirkt werden, da ein Vertrauenstatbestand wegen § 26 Abs. 5 WEG ausscheidet (*LG Hamburg* ZMR 2012, 889 f.).

bb) Vorbefassung der Eigentümerversammlung

27 Nach allgemeinen Grundsätzen hat der Wohnungseigentümer mit Anträgen zur Verwaltung des Anwesens zunächst die Wohnungseigentümerversammlung anzurufen (*BGH* ZMR 2003, 941; *OLG Hamburg* ZMR 1993, 537; *OLG Düsseldorf* ZMR 1994, 523; *LG Stuttgart* ZMR 2009, 148; *LG Hamburg* ZMR 2016, 724, 725; *AG Hamburg-Altona* ZMR 2017, 194; *Abramenko* ZMR 2009, 430). Sofern auch außerhalb solcher dringlichen Situationen eine Bestellung nach §§ 18 Abs. 2 Nr. 1 WEG ohne vorherige Anrufung der Wohnungseigentümerversammlung befürwortet wird, erscheint dies systemwidrig. Erst nach Befassung der Eigentümerversammlung besteht ein Rechtsschutzbedürfnis für die Anrufung der Gerichte (*AG Wangen* ZMR 2008, 580 f.; *AG Bonn* ZMR

2013, 383 f.). Dies gilt auch für die Bestellung des Verwalters. Etwas anderes gilt, wie stets, wenn die Anrufung der Eigentümerversammlung offenkundig aussichtslos wäre (*LG Hamburg* ZMR 2012, 891). Zudem kann bei Dringlichkeit die Anrufung der Eigentümerversammlung entbehrlich sein, insbesondere in Verfahren des einstweiligen Rechtsschutzes (*AG Landsberg am Lech* ZMR 2009, 486 f.; zur dogmatischen Konstruktion vgl. *Abramenko* ZMR 2009, 430 f.; ähnlich Jennißen/*Jennißen* § 26 Rn. 76 u. 80).

b) Prozessuales Vorgehen

aa) Person des Verwalters

Der Antrag auf Bestellung eines bestimmten Verwalters (so *KG* NJW-RR 1989, 461) dürfte allenfalls in Ausnahmefällen begründet sein. (Jennißen/*Jennißen* § 26 Rn. 77). Denn die Bestellung gerade einer bestimmten Person dürfte kaum jemals die einzig denkbare Maßnahme ordnungsmäßiger Verwaltung darstellen (vgl. hierzu *BayObLG* NZM 1999, 506; *OLG Düsseldorf* FGPrax 1999, 94 f.), wie im Übrigen im Zusammenhang mit der gerichtlichen Bestellung von Verwaltungsbeiräten auch anerkannt zu sein scheint. Auch nach Streichung von § 21 Abs. 8 WEG a.F. soll der Sache nach eine Entscheidung nach billigem Ermessen des Gerichts möglich sein, was der *BGH* damit begründet, dass das Ermessen der Eigentümerversammlung im Falle der Beschlussersetzung vom Gericht ausgeübt werde (*BGH*, Urt. v. 16.09.2022 – V ZR 69/21, ZMR 2023, 55 Rn. 9). Wer die Bestellung eines Verwalters begehrt, muss regelmäßig mehrere, mindestens drei Vorschläge unterbreiten, wobei teilweise vollständige Verwalterverträge und die Erklärungen, zur Übernahme der Verwaltung in der Liegenschaft bereit zu sein, gefordert werden (*LG Dortmund* ZMR 2016, 387 f.; ZMR 2017, 259, 260 f.; bereits für das neue Recht *LG Frankfurt/M.* v. 10.05.2022 2–13 T 26/22, IMR 2022, 285). Denn das Gericht tritt nur an die Stelle der Eigentümerversammlung, die ebenfalls nur dann im Rahmen ordnungsmäßiger Verwaltung entscheidet, wenn ihr mindestens drei Angebote vorliegen. 28

bb) Der Verwaltervertrag

Die gerichtliche Entscheidung ersetzt die Bestellung nach § 26 Abs. 1 WEG durch die Wohnungseigentümer (*KG* NJW-RR 1989, 461). Das Gericht kann und sollte aber auch das schuldrechtliche Verhältnis regeln, etwa eine Vergütung festsetzen (Niedenführ/Vandenhouten § 26 Rn. 145). Zutreffend wird dabei von der neueren Rechtsprechung darauf hingewiesen, dass es im Zivilprozess hinreichender tatsächlicher Angaben bedarf, damit das Gericht überhaupt eine Ermessensentscheidung treffen kann (*LG Dortmund*, ZMR 2016, 387). Ob dies allerdings schon die Vorlage dreier vollständiger, auf die Liegenschaft zugeschnittener Verwalterverträge erfordert (so *LG Dortmund*, ZMR 2016, 387; mindestens einen übernahmebereiten Kandidaten fordert *LG Hamburg* ZMR 2016, 724, 725), erscheint zweifelhaft. Sofern das Gericht nicht, was möglich ist, eine Bestellungsdauer bestimmt (*KG* NJW-RR 1989, 461), endet sie spätestens nach 5 Jahren gem. § 26 Abs. 2 S. 1 WEG (*KG* NJW-RR 1989, 461) bzw. gem. § 26 Abs. 1 S. 1 Halbs. 2 WEG nach 3 Jahren, wenn erstmals ein Verwalter bestellt wird. Die Gegenauffassung, wonach ein gerichtlich bestellter Verwalter nur bis zur nächstmöglich einzuberufenden Eigentümerversammlung amtiert (so *AG Bonn* ZMR 2013, 383 f.), ist weder begründet noch überzeugend. Tritt das Gericht an die Stelle der Eigentümerversammlung, kann es wie diese auch eine Laufzeit regeln. Anderenfalls würde sich auch kaum jemals ein Verwalter zur Übernahme bereitfinden. Über die gesetzlichen Befugnisse hinausgehende Kompetenzen etwa zur Verfügung über Gemeinschaftsmittel bis zu einem bestimmten Betrag darf das Gericht aber nicht verleihen (*OLG München* ZMR 2008, 74). 29

c) Wirkung der Bestellung durch das Gericht

Die Entscheidung im Hauptsacheverfahren wird, da sie einen Beschluss der Eigentümerversammlung ersetzt, erst mit Eintritt der Rechtskraft wirksam (*BGH* ZMR 2011, 894; *AG Kassel* ZMR 2018, 376 f.). Genügt dies aufgrund der Dringlichkeit einer Verwalterbestellung nicht, bedarf es daher einer Bestellung im Wege der einstweiligen Verfügung. 30

2. Die Bestellung im Verfahren des einstweiligen Rechtsschutzes

31 Da die gerichtliche Bestellung des Verwalters erst mit Rechtskraft des Urteils wirksam wird (*BGH* ZMR 2011, 894), wird in dringlichen Fällen das Vorgehen im Wege der einstweiligen Verfügung erforderlich sein (vgl. *BGH* ZMR 2011, 894; Abramenko § 5 Rn. 41; Hügel/Elzer § 10 Rn. 6). Alleine das Fehlen eines Verwalters begründet aber noch keine Dringlichkeit (*LG Hamburg* ZMR 2017, 833, 834); der Verfügungsgrund hängt davon ab, wie dringlich die Bestellung ist (*LG Stuttgart* ZMR 2009, 148; *LG Berlin* ZMR 2012, 569 f.; *LG Hamburg* ZMR 2017, 833 f.).

D. Die Abberufung des Verwalters

I. Die Abberufung nach neuem Recht

1. Keine Beschränkung der Abberufung auf wichtige Gründe

32 Im Zusammenhang mit der Abberufung des Verwalters hat der Gesetzgeber des WEMoG mit Aufhebung des § 26 Abs. 1 S. 3 WEG a.F. die Möglichkeit beseitigt, die Abberufung auf das Vorliegen eines wichtigen Grundes zu beschränken. Seiner Auffassung zufolge muss die Wohnungseigentümergemeinschaft immer die Möglichkeit haben, sich von einem Verwalter zu trennen, in den sie kein Vertrauen mehr hat. Die Abberufung ist daher nach neuem Recht stets möglich, was § 26 Abs. 3 S. 1 WEG ausdrücklich normiert. Das Vorliegen eines wichtigen Grundes ist nicht mehr erforderlich, kann aber im Rahmen der schuldrechtlichen Beziehungen noch von Bedeutung sein. Das neue Recht sieht keine Übergangsregelung vor, so dass es auch für Altverträge gilt, die eine Beschränkung der Abberufung auf das Vorliegen eines wichtigen Grundes vorsehen (Dötsch/Schultzky/Zschieschack § 9 Rn. 70 f.). Dies erfasst auch im Verwaltertrag vorgesehene finanzielle Kompensationen für eine Abberufung aus wichtigem Grund, da diese als Abweichung von § 26 Abs. 3 S. 2 WEG gemäß § 26 Abs. 5 WEG unzulässig sind (a.A. offenbar Dötsch/Schultzky/Zschieschack § 9 Rn. 71, richtig aber Rn. 77).

2. Akt der Abberufung

33 Für die Abberufung sieht § 26 Abs. 1 S. 1 WEG wie bei der Bestellung eine Mehrheitsentscheidung vor. Sie muss sich natürlich gegen den bestellten Verwalter richten; die Abberufung eines amtierenden, aber nicht bestellten Verwalters ist nicht möglich (*AG Münster* ZMR 2016, 816, 187 zu einem scheinbaren Verwalterwechsel aufgrund Übernahme von Gesellschaftsanteilen). Hier wäre aber eine Unterlassungsklage möglich. Dabei ist der als Verwalter betroffene Wohnungseigentümer auch bei gleichzeitiger Abstimmung über den Verwaltervertrag **stimmberechtigt**, da der Schwerpunkt auf dem organschaftlichen Akt und somit der Teilnahme an der gemeinschaftlichen Verwaltung liegt (*BGH* ZMR 2002, 934 f.; *LG Frankfurt/O.* ZMR 2013, 370). Die Abberufung kann auch konkludent erfolgen, insbesondere durch **Bestellung eines neuen Verwalters**, da eine Gemeinschaft nicht zwei Verwalter haben kann (*BayObLG* NJW-RR 1992, 788; ZMR 2000, 323; NJW-RR 2003, 517 = ZMR 2003, 438; *OLG Hamm* ZMR 2008, 66; *OLG München* ZMR 2008, 237; *LG Düsseldorf* ZMR 2011, 899; *LG Köln* ZMR 2013, 379; *LG Frankfurt/M.* ZMR 2016, 979, 980; vgl. Rdn. 2). Auch die Kündigung der Verwaltervollmacht kann genügen, soweit daraus hervorgeht, dass die Wohnungseigentümer eine weitere Tätigkeit des Verwalters für die Gemeinschaft ablehnen (*LG Frankfurt/M.* ZMR 2016, 979, 980). Soweit eine **Kündigung des Verwaltervertrages ohne Abberufung** nur als rechtsmissbräuchlich angesehen wird (so *LG Köln* ZMR 2013, 379 f.), dürfte dies kaum befriedigen, da dies gleichwohl zur Koexistenz zweier Verwalter führt. Deshalb genügt in der Einladung auch die Ankündigung nur der »Bestellung des Verwalters« (*KG* WE 1989, 138). Denn die gleichzeitige Tätigkeit zweier Verwalter ist rechtlich ausgeschlossen, sodass ein solcher Beschluss zwingend die Abberufung des Vorverwalters beinhaltet. Die Abberufung muss dem Verwalter ähnlich wie die Bestellung erklärt werden. Dies kann nunmehr gemäß § 9b Abs. 2 WEG durch den Vorsitzenden des Verwaltungsbeirats oder einen hierzu ermächtigten Wohnungseigentümer geschehen (Dötsch/Schultzky/Zschieschack § 9 Rn. 42).

3. Folgen der Abberufung

Die Abberufung wird mit ihrem Zugang wirksam (*BGH* ZMR 2002, 768; *BayObLG* ZMR 1999, 280; NJW-RR 2003, 517 = ZMR 2003, 438; *OLG Düsseldorf* ZMR 2004, 691; *OLG Hamm* ZMR 2007, 136). Eine **rückwirkende Abberufung** ist ähnlich wie eine rückwirkende Bestellung nicht möglich (*AG Bonn* ZMR 2010, 321 f.; vgl. o. Rdn. 7). Die Abberufung beendet als einseitiger Akt nur die organschaftliche Stellung des Verwalters, so wie die Bestellung sie begründet (*BayObLG* NJW-RR 1987, 78). Allerdings ist hierbei anerkannt, dass bereits der Zugang der Abberufung, nicht erst die Beendigung der schuldrechtlichen Beziehungen Rechte und Pflichten aus der Verwalterstellung erlöschen lässt (BGHZ 106, 122; *KG* ZMR 1987, 392). Der Verwalter verliert seine Rechtsstellung **unabhängig vom Fortbestehen des Verwaltervertrages**, da diese alleine durch die organschaftliche Verleihung und Entziehung des Amtes begründet und beendet wird (BayObLGZ 1958, 238). Die Abberufung **kann zugleich auch den Verwaltervertrag beenden**, wenn dessen Laufzeit vertraglich auf die Dauer der organschaftlichen Stellung beschränkt wird, was zulässig ist (*OLG Zweibrücken* ZMR 2004, 66). Eine entsprechende Regelung in Altverträgen wirkt auch für das neue Recht (zutreffend Dötsch/Schultzky/Zschieschack § 9 Rn. 66 f.). 34

4. Vertragsverhältnis

a) Verknüpfung von Abberufung und Beendigung des Verwaltervertrages

Darüber hinaus hat der Rechtsausschuss mit § 26 Abs. 3 S. 2 WEG eine Regelung eingefügt, wonach über die organschaftliche Stellung hinaus auch der Vertrag mit dem Verwalter spätestens sechs Monate nach dessen Abberufung endet. Schon der Wortlaut ist misslungen, wonach »ein Vertrag« mit dem Verwalter endet. Denn dies würde jeden Vertrag mit dem Verwalter erfassen, etwa auch zur Verwaltung von Sondereigentum, das der Wohnungseigentümergemeinschaft gehört (zu Recht kritisch daher Lehmann-Richter/Wobst § 6 Rn. 546). Beendet wird natürlich nur der Verwaltervertrag nach §§ 26 f. WEG. Hierzu soll es ausweislich der Gesetzesmaterialien noch nicht einmal der Kündigung bedürfen (BT-Drs. 19/22634, S. 46). Die Möglichkeit, das organschaftliche Verhältnis ohne Grund fristlos zu beenden, lässt vertragliche Ansprüche des Verwalters namentlich auf Zahlung seiner Vergütung (abzüglich ersparter Aufwendungen) also nur für diese Zeit unberührt. In diesem Rahmen ist die früher schon bei der Abberufung zu prüfende Frage nach dem Vorliegen eines wichtigen Grundes nun auf der vertragsrechtlichen Ebene zu prüfen (Lehmann-Richter/Wobst § 6 Rn. 555). Wenn sie zu bejahen ist, kommt eine Fortzahlung der Vergütung auch für die sechsmonatige Frist des § 26 Abs. 3 S. 2 WEG nicht in Betracht. Insoweit kann auf die frühere Rechtsprechung zur Berechtigung der Abberufung aus wichtigem Grund zurückgegriffen werden. Liegt ein wichtiger Grund nicht vor, kann der Verwalter jedenfalls seine **Grundvergütung gemäß § 615 BGB** abzüglich ersparter Aufwendungen weiterverlangen. Diese werden zwischen 20 % und 45 % des Honorars geschätzt (*KG* ZMR 994, 579 f.; *OLG Hamburg* ZMR 2005, 974 f.). Auch anderweitiger Verdienst ist anzurechnen, worüber die Wohnungseigentümergemeinschaft Auskunft verlangen kann (Dötsch/Schultzky/Zschieschack § 9 Rn. 63 f.). Nicht geschuldet sind ferner Vergütungen, die an eine tatsächliche Leistung anknüpfen wie etwa das Honorar für die Zustimmung zu einer Veräußerung (vgl. Dötsch/Schultzky/Zschieschack § 9 Rn. 61). 35

b) Fristbeginn

Der Gesetzgeber definiert weder im Gesetz noch in den Materialien hierzu ausdrücklich, wann die sechsmonatige Frist des § 26 Abs. 3 S. 2 WEG zu laufen beginnt. Der Wortlaut »nach dessen Abberufung« lässt es zu, entweder auf den Beschluss (so Lehmann-Richter/Wobst § 6 Rn. 547) oder auf den Zeitpunkt abzustellen, da die organschaftliche Stellung endet. Beide Zeitpunkte können auseinanderfallen, wenn keine sofortige Beendigung aus wichtigem Grund vorliegt. Näherliegend erscheint es, auf den Zeitpunkt der Beschlussfassung abzustellen. Denn ansonsten würde der Verwalter stets nach dem Verlust der organschaftlichen Stellung noch eine Vergütung für sechsmonatige Untätigkeit erhalten. Dies liefe der Absicht des Gesetzgebers zuwider, den Wohnungseigentümern die Trennung von einem Verwalter zu erleichtern, mit dem sie nicht mehr zusammenarbeiten wol- 36 len (so im Ergebnis auch Lehmann-Richter/Wobst § 6 Rn. 547; a.A. Dötsch/Schultzky/Zschieschack § 9 Rn. 75, die hierin eine Kompensation für die Beendigung des Vertragsverhältnisses sehen).

II. Die Abberufung aus wichtigem Grund

1. Verbliebene Bedeutung

37 Nach der Änderung des § 26 WEG hat die Abberufung aus wichtigem Grund einen erheblichen Teil ihrer früheren Bedeutung verloren. Sie spielt dann noch eine Rolle, wenn entweder um die Fortzahlung der Vergütung für den sechsmonatigen Zeitraum nach § 26 Abs. 3 S. 2 WEG gestritten wird (s.u. Rdn. 148 ff.) oder bei einem Verlangen einzelner Wohnungseigentümer gegen die Mehrheitsmeinung (s.u. Rdn. 51 ff.).

2. Voraussetzungen einer Abberufung aus wichtigem Grund

a) Grundsatz

38 Ein wichtiger Grund liegt nach ständiger Rspr. vor, wenn den Wohnungseigentümern unter Berücksichtigung aller Umstände die Zusammenarbeit mit dem bestellten Verwalter nach Treu und Glauben unzumutbar ist (*LG Düsseldorf* ZMR 2010, 713), insbesondere wenn das Vertrauensverhältnis zerstört ist (*BGH* ZMR 2002, 769; *OLG Hamm* NJW-RR 1999, 523 = NZM 1999, 230; ZMR 2004, 854; *OLG Köln* ZMR 2004, 297; *BayObLG* ZMR 2004, 602 u. 840; *OLG Düsseldorf* ZMR 2006, 145; *OLG München* NJW-RR 2007, 595 = ZMR 2007, 223; *OLG Köln* ZMR 2009, 311; *OLG Rostock* ZMR 2009, 471; *OLG Hamburg* ZMR 2010, 628; *LG Frankfurt an der Oder* ZMR 2013, 979; *LG Hamburg* ZMR 2014, 310). Dabei genügt es, wenn der Verwalter nur einem Wohnungseigentümer nicht mehr zumutbar ist (*OLG Rostock* ZMR 2010, 224). Es genügt auch eine **Mehrzahl kleinerer Verfehlungen**, die alleine die Abberufung nicht rechtfertigen würden (*LG Hamburg* ZMR 2012, 466). Eines **Verschuldens** des Verwalters bedarf es dabei nicht unbedingt, es ist aber bei der Abwägung im Einzelfall zu berücksichtigen. Im Prozess können Abberufungsgründe innerhalb der Frist des § 45 Satz 1 WEG **nachgeschoben** werden, soweit sie bei der Beschlussfassung schon vorlagen (*AG Hamburg-Blankenese* ZMR 2013, 316 f.). Der wichtige Grund muss nach der Bestellung eingetreten (*BayObLG* ZMR 2004, 841) bzw. bekannt geworden sein (*KG* NJW-RR 1994, 402 – Ls – zur Täuschung über nicht getilgte Vorstrafen), aber bei der Abberufung noch vorliegen; **später eingetretene oder bekannt gewordene Umstände** können die Abberufung nicht rückwirkend rechtfertigen (*BayObLG* ZWE 2001, 106; *AG Biedenkopf* ZMR 2011, 417 f.; a.A. *LG Hamburg* ZMR 2014, 311), aber eine neue Abberufung begründen. Ob ein wichtiger Grund vorliegt, ist eine noch in letzter Instanz nachprüfbare Rechtsfrage (*OLG Frankfurt am Main* NJW-RR 1988, 1170; *BayObLG* ZWE 2001, 106). Allerdings wird – zumal nach neuem Recht – auch die **unbegründete außerordentliche Abberufung mit ihrem Zugang wirksam**, selbst wenn es an einem wichtigen Grund fehlt und die ordentliche Abberufung ausgeschlossen ist (*Wenzel* ZWE 2001, 513 f.; a.A. *Suilmann* ZWE 2000, 111).

b) Die mangelhafte Führung der Beschluss-Sammlung (§ 26 Abs. 1 S. 4 WEG a.F.)

39 Was als wichtiger Grund anzusehen ist, war im Gesetz bis 30.06.2007 nicht definiert. Die Einführung der Beschluss-Sammlung hat der Gesetzgeber zum Anlass genommen, in § 26 Abs. 1 S. 4 WEG a.F. **erstmals ein Regelbeispiel** für einen wichtigen Grund zu normieren, der die Abberufung des Verwalters rechtfertigt. Dessen Bedeutung wurde schon durch die Rechtsprechung des *BGH* deutlich reduziert, wonach der Verzicht auf die Abberufung eines Verwalters bei Vorliegen eines wichtigen Grundes nur bei objektiver Unvertretbarkeit z.B. ein solcher Negativbeschluss für ungültig zu erklären ist (vgl. *BGH* v. 10.02.2012 – V ZR 105/11, ZMR 2012, 565), so dass Fehler bei der Führung der Beschluss-Sammlung regelmäßig folgenlos blieben (*LG München I* ZMR 2018, 72, 73). Der Gesetzgeber hat das Regelbeispiel ganz aus dem Gesetz entnommen, so dass eine Abberufung aus wichtigem Grund wohl nicht mehr auf einfache Fehler bei der Führung der Beschluss-Sammlung gestützt werden kann (vgl. *AG Hamburg-Blankenese*, ZZMR 2008, 1003).

c) Einzelfälle für einen wichtigem Grund

Die Abberufung aus wichtigem Grund rechtfertigende Umstände sind zunächst bei schwerwiegenden Pflichtverletzungen zu bejahen, wenn der Verwalter etwa **Gemeinschaftsgelder** nicht getrennt von Eigenmitteln anlegt (*BayObLG* WuM 1996, 118; a.A. *LG Berlin* v. 15.02.2022 – 55 S 25/21 WEG; IMR 2022, 283 = MietRB 2022, 172: Abberufung bei Führung von Treuhandkonto erst nach Abmahnung), ohne Rechtsgrund Zahlungen aus Gemeinschaftsgeldern an Dritte leistet (*KG* ZMR 1988, 347), zweckwidrig bzw. gar für sich selbst verwendet (*OLG Düsseldorf* ZMR 1997, 487; *OLG Köln* ZMR 2008, 904; *LG Braunschweig* ZMR 2015, 473, 474; zur Strafbarkeit aus §§ 246, 266 StGB in diesen Fällen s. *AG Bochum* ZMR 2016, 82; *AG Öhringen* ZMR 2016, 251) oder seine Vergütung auf Jahre im Voraus entnimmt (*OLG Zweibrücken* ZMR 2004, 65; ähnlich zu einer sonstigen unberechtigten Entnahme *AG Essen* ZMR 2016, 148 f.). Auch andere, gravierende Fehler bei der Verwaltung der Liegenschaft können die außerordentliche Abberufung rechtfertigen. Dies kommt bei gravierenden Verletzungen seiner **Aufklärungs- und Informationspflichten** in Betracht (*OLG Oldenburg* ZMR 2007, 307) bzw. ungenügender Sorge für das **Gemeinschaftseigentum** (*LG Düsseldorf* ZMR 2010, 713), ferner dann, wenn der Verwalter vorgesehene oder nach § 24 Abs. 2 WEG ordnungsgemäß verlangte **Eigentümerversammlungen** nicht einberuft (*BGH* ZMR 2002, 769; *OLG Frankfurt am Main* NJW-RR 1988, 1170; *BayObLG* NJW-RR 1999, 1391 = ZMR 1999, 576 f.; *OLG Düsseldorf* NJW-RR 1999, 164 = ZMR 1998, 307 u. 450; 2004, 692 f.; *OLG Köln* ZMR 2009, 312), an weit entferntem oder unzumutbarem Ort abhält (*BayObLG* WuM 1993, 763; vgl. *OLG Hamm* NJW-RR 2001, 517 = ZMR 2001, 385) oder in wesentlichen Punkten falsch protokolliert (*BayObLG* WEM 1980, 128). Ähnliches gilt für den Fall, dass er ordnungsgemäße Anträge zur Tagesordnung nicht berücksichtigt (*OLG Frankfurt am Main* NJW-RR 1988, 1170; *OLG Düsseldorf* ZMR 1998, 306), fehlerhafte Beschlussvorlagen erstellt (*OLG Oldenburg* ZMR 2007, 307) oder die in der Versammlung gefassten Beschlüsse nicht verkündet (*AG Hamburg-Blankenese* ZMR 2008, 1004). Ein wichtiger Grund liegt ferner vor, wenn der Verwalter die **Durchführung wirksamer Beschlüsse** (*OLG Düsseldorf* ZMR 1998, 307) oder die Zusammenarbeit mit dem **Verwaltungsbeirat** verweigert (*OLG Frankfurt am Main* NJW-RR 1988, 1170; ähnlich *BayObLG* NJW-RR 1999, 810 f. = ZMR 1999, 270; *LG Hamburg* ZMR 2012, 466) bzw. unzumutbar macht (*BayObLG* ZMR 2004, 923; *OLG Hamm* ZMR 2007, 135 f.; ähnlich *OLG Frankfurt am Main* NJW-RR 1988, 1170; *OLG Köln* ZMR 2007, 717 f.). Ein vom Verwaltungsbeirat verursachter Konflikt genügt aber nicht (*OLG Hamm* ZMR 2007, 135 f.), wohl aber die Aufforderung an das Mitglied eines Verwaltungsbeirats, von seinem Amt zurückzutreten (*LG Frankfurt an der Oder* ZMR 2013, 980). Ein Abberufungsgrund kann auch dann vorliegen, wenn der Verwalter umfangreiche **Sanierungsmaßnahmen ohne Beschluss** der Wohnungseigentümer in Auftrag gibt (*BayObLG* ZMR 2004, 602; *AG München* ZMR 2009, 646) oder sonstwie gegen den erkennbaren Willen der Eigentümer handelt (*OLG Düsseldorf* ZMR 1998, 307). Entsprechendes gilt, wenn der Verwalter gerichtliche Entscheidungen oder Vergleiche nicht umsetzt (*OLG Köln* ZMR 2009, 311 f.; *AG München* ZMR 2009, 646). Auch die **Übertragung wesentlicher Verwaltungstätigkeiten** etwa der Buchführung auf Dritte kann die Abberufung aus wichtigem Grund rechtfertigen, wenn dies ohne Wissen oder gar gegen den Willen der Wohnungseigentümer geschieht (*OLG Hamm* WuM 1991, 220; *BayObLG* NJW-RR 1997, 1444 = ZMR 1998, 175 f.). Von besonderer praktischer Bedeutung dürfte sein, dass auch gravierende Fehler der **Jahresabrechnung** zur Abberufung aus wichtigem Grund berechtigen. Dies nahm die Rechtsprechung bei Verwendung unzutreffender, weder durch Teilungserklärung noch Vereinbarung gedeckter Schlüssel (*OLG Köln* NJW-RR 1998, 1622; *OLG Düsseldorf* ZMR 2006, 294 f.; *OLG Hamm* ZMR 2008, 66), bei fehlerhaften Buchungen zugunsten ihm nahestehender Eigentümer (*BayObLG* ZMR 2004, 840; *OLG Düsseldorf* ZMR 2006, 145) bzw. bei blinder Ausführung der Anweisungen des Mehrheitseigentümers entgegen den Grundsätzen ordnungsmäßiger Verwaltung (*OLG Köln* NJW-RR 1999, 307), der ungetrennten Führung von Erhaltungsrücklage und sonstigen Geldern auf einem Konto (*LG Berlin* ZMR 2014, 384) oder der hartnäckigen Missachtung der in der Rechtsprechung aufgestellten Grundsätze zur **Jahresabrechnung** (*BayObLG* NJW-RR 1992, 912; *OLG Düsseldorf* ZMR 2006, 145; *OLG Oldenburg* ZMR 2007, 307) an. Dies gilt allerdings nicht bei einmaliger Fehlberechnung eines Rückerstattungsbetrages (*OLG Schleswig* ZMR 40

2007, 485), sonstigen, weniger gravierenden inhaltlichen Fehlern, auch wenn sie – früher – zur Ungültigerklärung der Genehmigung führten (*LG München I* ZMR 2012, 397 f.; ähnlich, schon gegen eine Pflichtverletzung, *LG Köln* ZMR 2015, 335 f.), angeblich auch nicht bei der Genehmigung der Jahresabrechnung durch die Eigentümerversammlung (*LG Düsseldorf* ZMR 2010, 713 f. – zweifelhaft, da dann jede Genehmigung eine Abberufung ausschlösse). Fehler aufgrund der Übernahme ungeordneter Unterlagen einer chaotischen Vorverwaltung stellen keinen Abberufungsgrund dar (*AG Pinneberg* ZMR 2017, 771, 772). Hingegen stellt die wiederholt schuldhaft verspätete Erstellung von Wirtschaftsplan und Jahresabrechnung oder gar die gänzliche Nichterfüllung dieser Pflicht einen wichtigen Grund dar (*BGH* ZMR 2002, 769; *BayObLG* NJW-RR 2000, 462 f. = ZMR 2000, 109; *OLG Hamm* NJW-RR 2004, 807 = ZMR 2004, 854; *OLG Schleswig* ZMR 2007, 728; *OLG Hamm* ZMR 2008, 66; *OLG Köln* ZMR 2009, 312). Ähnliches gilt, wenn der Verwalter über Monate nicht für den gebotenen **Gebäudeversicherungsschutz** sorgt (*OLG Düsseldorf* NJW-RR 2005, 1607 = ZMR 2006, 57). Grobe **Pflichtverletzungen gegen einzelne Miteigentümer** wie haltlose Strafanzeigen (*OLG Düsseldorf* ZMR 1998, 450; ähnlich *OLG Hamm* ZMR 2002, 542), die Veröffentlichung interner Vorgänge zulasten einzelner Miteigentümer (*AG Kassel* ZMR 2006, 323), die Verweigerung mitgliedschaftlicher Rechte wie des Rederechtes oder der Einsicht in Verwaltungsunterlagen (*BayObLG* WuM 1990, 465) stellen einen wichtigen Grund dar, auch das kollusive Zusammenwirken mit den übrigen Wohnungseigentümern gegen einen Erwerber (*AG Wedding* ZMR 2009, 884). Sogar **gegen Dritte gerichtete Verfehlungen** wie Vermögensdelikte können die Abberufung aus wichtigem Grund rechtfertigen (*BayObLG* ZMR 1998, 446; *OLG Hamm* NJW-RR 1999, 523 = NZM 1999, 230; *OLG Köln* ZMR 2002, 153; *OLG Schleswig* ZMR 2003, 295; *LG Mönchengladbach* ZMR 2007, 566). Dies gilt unabhängig von der Eintragung in das polizeiliche Führungszeugnis. Nicht eingetragene Vorstrafen muss der Verwalter lediglich nicht von sich aus offenbaren; gelangen sie anderweitig zur Kenntnis der Wohnungseigentümer, dürfen sie aber berücksichtigt werden (*LG Mönchengladbach* ZMR 2007, 566). Ferner können Verstöße gegen **Loyalitätspflichten**, etwa die Geltendmachung fremder – nicht aber eigener (hierzu *OLG Düsseldorf* ZMR 2004, 54; *LG Landau/Pfalz* ZMR 2012, 295 f.; vgl. *BGH* ZMR 2004, 833) – Ansprüche gegen Verband oder einzelne Wohnungseigentümer zur Abberufung berechtigen, da der Verwalter die Interessen von Verband und Wohnungseigentümern wahrzunehmen hat (*BayObLG* WuM 1993, 763; *OLG Hamm* ZMR 2002, 541 f.). Ähnliches gilt dann, wenn der Verwalter, der nach § 12 WEG einer Veräußerung zustimmen muss, als **Makler** bei Wohnungsverkäufen auftritt, da sein Interesse an der Provision mit der Überwachungsfunktion kollidiert (*BGH* NJW 1991, 168; *BayObLG* WuM 1997, 398). Auch **verschwiegene Provisionen** etwa für den Abschluss von Versicherungsverträgen können die außerordentliche Abberufung rechtfertigen (*OLG Düsseldorf* NJW-RR 1998, 1023 = ZMR 1998, 306; ZMR 2004, 54). Schließlich können sogar unverschuldete Umstände wie der **Vermögensverfall** die Zusammenarbeit mit einem Verwalter unzumutbar machen (*OLG Oldenburg* ZMR 2007, 306; *LG Hamburg* ZMR 2014, 311). Dies gilt auch nach Löschung der Vermögensauskunft oder früher der eidesstattlichen Offenbarungsversicherung, wenn der Verwalter nach wie vor nicht über pfändbares Vermögen verfügt (*AG Wedding* ZMR 2009, 883 f.). **Beweisbelastet** für das Vorliegen eines wichtigen Grundes, der die Abberufung rechtfertigt, sind nach allgemeinen Grundsätzen die Wohnungseigentümer, die die Abberufung verteidigen (a.A. *Dötsch* ZWE 2011, 306).

d) Weitere Umstände

41 Neben der Schwere der Verfehlung können bei der Frage, ob ein wichtiger Grund vorliegt, noch andere Umstände eine Rolle spielen. Insbesondere kann hier die früher übliche Bestellung durch den teilenden Eigentümer von Bedeutung sein, wenn der Fehler Anlass zu der Befürchtung gibt, dass sich der Verwalter nicht als uneigennütziger Sachwalter aller Eigentümer versteht (*KG* WE 1986, 140). Entsprechendes gilt für einen Mehrheitseigentümer (*OLG Düsseldorf* WuM 1995, 611).

e) **Nicht zur außerordentlichen Abberufung genügende Umstände;**

Von vornherein nicht ausreichend sind **Maßnahmen im Interesse der Gemeinschaft**, auch wenn sie zulasten einzelner Wohnungseigentümer gehen. So ist die Aufforderung an die Mieter, die Nebenkosten direkt an den Verwalter zu zahlen, kein wichtiger Grund, wenn der vermietende Eigentümer seine Beiträge nicht zahlt und das Versorgungsunternehmen deshalb eine **Versorgungssperre** angedroht hat (*BayObLG* NJW-RR 2000, 678 = ZMR 2000, 323). Auch einfache **Spannungen** zwischen dem Verwalter und einzelnen Wohnungseigentümern genügen nicht (*OLG München* NJW-RR 2007, 595 = ZMR 2007, 223). Ebenso wenig genügen bloße Befürchtungen etwa bei möglichen Interessenkonflikten des zum Verwalter bestellten Bauträgers ohne konkretes Fehlverhalten (*OLG Köln* WuM 1997, 697; a.A. wohl *OLG Hamm* ZMR 2004, 703). Übernimmt der Verwalter Aufgaben, die durch Beschluss dem Verwaltungsbeirat zugewiesen wurden, rechtfertigt diese Pflichtverletzung noch nicht die Abberufung aus wichtigem Grund, wenn dies keinen weiteren Nachteil der Wohnungseigentümer nach sich zog (*OLG Hamburg* ZMR 2005, 974 f.). Auch **kleinere Fehler** insbesondere in der Anfangszeit zerstören das Vertrauensverhältnis noch nicht (*BGH* ZMR 2002, 769 f.; *OLG Köln* WuM 1997, 696 f.; *AG Biedenkopf* ZMR 2011, 417 f. – im entschiedenen Fall aber zweifelhaft). Eine Überschreitung des Beurteilungsspielraums bei der Durchführung von **Verkehrssicherungsmaßnahmen** alleine genügt noch nicht (*LG Frankfurt an der Oder* ZMR 2013, 979). Ein großzügiger Maßstab ist auch dann geboten, wenn der Verwalter auf ungenügende Unterlagen des Vorverwalters zurückgreifen und dessen Versäumnisse korrigieren muss (*OLG Rostock* ZMR 2009, 471; weiter gehend für jeden Verwalterwechsel *AG Bonn* ZMR 2012, 485 f.). Besondere Erschwernisse wie die Zerstrittenheit der Eigentümergemeinschaft sind zu berücksichtigen (*OLG Rostock* ZMR 2009, 471). Insbesondere geben einzelne Fehler in der Einzelabrechnung oder einmalig falsche Auskünfte etwa zur Absicherung von Guthaben bei Insolvenz des Kreditinstituts (*OLG München* ZMR 2006, 638) hierzu noch keinen Anlass. Obwohl der Verwalter grundsätzlich die rechtlichen Grundlagen seiner Tätigkeit kennen muss, liegt kein Abberufungsgrund vor, wenn das angerufene Gericht erster Instanz eine **Rechtsfrage** ebenso unzutreffend beantwortet wie er (*OLG Rostock* ZMR 2009, 472). Ebenso wenig rechtfertigt die einmalige **Verspätung bei der Anfertigung des Protokolls** eine außerordentliche Abberufung (*BayObLG* ZWE 2001, 436 f.). Der Umstand, dass der dem Verwalter nahestehende Versammlungsleiter dessen Abberufung in der Eigentümerversammlung nicht verkündet hat, rechtfertigt keine erneute Abberufung, da sich die Wohnungseigentümer hiergegen durch Wahl eines anderen Versammlungsleiters hätten wehren können (*AG Hamburg-Blankenese* ZMR 2008, 919). Nicht ausreichend sind auch **Fehler bei der Verwaltung einer anderen Liegenschaft** wie die Weigerung, eine Eigentümerversammlung bei Vorliegen der Voraussetzungen von § 24 Abs. 2 WEG einzuberufen; sie berechtigen nur die betroffenen Wohnungseigentümer, nicht aber andere Eigentümergemeinschaften zur Abberufung (*OLG Düsseldorf* ZMR 2004, 54). Ebenso wenig können sich die Wohnungseigentümer auf eine von ihnen selbst **in vorwerfbarer Weise herbeigeführte Störung des Vertrauensverhältnisses** berufen (*BayObLG* ZMR 1999, 270). 42

3. **Erfordernis einer Abmahnung**

Eine Abmahnung ist zwar bei schwerwiegenden Pflichtverstößen oder einer Vielzahl weniger schwerwiegender Pflichtverletzungen nicht zwingend (*LG Hamburg* ZMR 2012, 467 f.; ZMR 2014, 312 f.; *AG Essen* ZMR 2016, 148 f.). Bei kleineren Pflichtverletzungen kann aber eine Abmahnung vor der Abberufung erforderlich sein (*BGH* ZMR 2002, 769 f.; *OLG Düsseldorf* ZMR 2004, 54; 2006, 465; *LG Nürnberg-Fürth* ZMR 2009, 485; *LG Düsseldorf* ZMR 2010, 713; *AG Bonn* ZMR 2011, 904; a.A. *Niedenführ/Vandenhouten* § 26 Rn. 120). Sowohl Pflichtverletzungen gegen einzelne Wohnungseigentümer wie auch gegen den rechtsfähigen Verband können eine Abmahnung rechtfertigen (*Abramenko* ZWE 2012, 251 f.). Diese kann durch **Beschluss**, aber nach der Bündelung der Verwaltungszuständigkeiten bei der Wohnungseigentümergemeinschaft nicht mehr **durch einzelne Wohnungseigentümer** erfolgen. Sie muss in **zeitlicher Nähe zu dem beanstandeten Verhalten** erfolgen (*LG Nürnberg-Fürth* ZMR 2009, 485; *AG München* ZMR 2016, 659). Einer Abmahnung bedarf es nicht, wenn das Vertrauensverhältnis durch die Pflichtverletzung bereits zerstört ist (*LG Frankfurt/O.* ZMR 2013, 980). 43

4. Der Abberufung aus wichtigem Grund entgegenstehende Umstände

a) Die Entlastung des Verwalters und der Verzicht auf die Geltendmachung von Abberufungsgründen

44 Eine außerordentliche Abberufung scheidet auch beim Vorliegen eines wichtigen Grundes aus, wenn dem Verwalter Entlastung erteilt wurde, die unangefochten blieb und das Fehlverhalten erfasst, auf das die Abberufung gestützt wird (*BayObLG* ZMR 1985, 391 = NJW-RR 1986, 446; *OLG Köln* NZM 1998, 960; NJW-RR 2001, 160; *OLG Hamm* ZMR 2008, 66; wohl auch *LG Düsseldorf* ZMR 2010, 714). Dabei ist aber zu berücksichtigen, dass sich die Entlastung regelmäßig nur auf die Tätigkeit bezieht, die in der Jahresabrechnung ihren Niederschlag gefunden hat (*OLG Köln* ZMR 2001, 914; *BayObLG* NJW-RR 1997, 1444 = ZMR 1998, 176; 2003, 217; *OLG Hamburg* ZMR 2003, 772; vgl. § 28 Rdn. 194 f.). Wird die außerordentliche Abberufung auf **pflichtwidrige Unterlassungen** gestützt, steht ihr die Entlastung daher üblicherweise nicht entgegen, da diese gerade keinen Niederschlag in der Jahresabrechnung gefunden hat. Daneben können die Wohnungseigentümer auch auf die Geltendmachung eines Abberufungsgrundes verzichten. Dies kann auch konkludent geschehen, was aber zumindest voraussetzt, dass alle Miteigentümer den Grund kennen (*LG Mönchengladbach* ZMR 2007, 566).

b) Die bestandskräftige Neubestellung des Verwalters

45 Ferner kann die bestandskräftige Neubestellung in Kenntnis des Fehlverhaltens die Abberufung aus wichtigem Grund ausschließen (*OLG Düsseldorf* ZMR 1997, 97; *OLG Köln* ZMR 2003, 703 f.; 2004, 297; *BayObLG* NJW-RR 2004, 89; *LG Nürnberg-Fürth* ZMR 2009, 485; *LG Berlin* ZMR 2014, 384). Es muss dann zumindest ein **neuer Grund** vorliegen, der z.Zt. der Neubestellung noch nicht vorlag (*OLG Düsseldorf* ZMR 2002, 856; *LG Nürnberg-Fürth* ZMR 2010, 719). Indem der ursprünglich die Abberufung des Verwalters betreibende Wohnungseigentümer dessen Neubestellung nicht mehr angreift, lässt er nämlich erkennen, dass er die Entscheidung der Miteigentümer in Kauf nimmt und somit, wie bei der Entlastung, eventuelle Einwände gegen seine Tätigkeit nicht mehr geltend machen will.

5. Form und Frist der außerordentlichen Abberufung

a) Die Beschlussfassung

46 Die Abberufung erfolgt durch Mehrheitsentscheidung und folgt den **allgemeinen Regeln des Beschlussrechtes.** Daraus folgt zunächst, dass derjenige, der die Abberufung betreibt, zunächst die Eigentümerversammlung anrufen muss, da seinem gerichtlichen Vorgehen anderenfalls das Rechtsschutzbedürfnis fehlt (*BayObLG* NJW-RR 2004, 89; *OLG Hamm* NJW-RR 2004, 806; *OLG Oldenburg* ZMR 2007, 306; *AG Saarbrücken* ZMR 2009, 961). Der Beschluss erfordert wie die Bestellung die **Mehrheit** der abgegebenen Stimmen und die entsprechende Beschlussfeststellung durch den Versammlungsleiter. Der Verwalter muss, sofern er nicht Eigentümer ist, nicht auf die Versammlung, die über die Abberufung entscheidet, geladen werden. Noch viel weniger hat er ein Anwesenheitsrecht. Die vereinzelt vertretene Gegenauffassung, die sich auf § 24 Abs. 5 WEG stützen will (*AG Schwäbisch-Hall* ZMR 2016, 323, 324), verkennt, dass dort gerade die Möglichkeit geregelt ist, einen anderen Versammlungsleiter zu bestellen. Der Verwalter selbst kann weder als Vertreter anderer Wohnungseigentümer noch als Miteigentümer **an der Abstimmung teilnehmen**, da nach dem Rechtsgedanken der §§ 712 Abs. 1, 737 BGB, 117, 127, 140 HGB niemand in eigener Sache über die Entziehung einer Rechtsposition aus wichtigem Grunde befinden kann (*BGH* ZMR 2002, 935; *OLG Düsseldorf* NJW-RR 2001, 1668 = ZMR 2002, 144; *OLG München* ZMR 2011, 148 f.; *LG Frankfurt an der Oder* ZMR 2013, 370; *LG Köln* ZMR 2016, 907 f.; im Ergebnis ebenso, aber auf § 25 Abs. 5 WEG gestützt *BayObLG* NJW-RR 1987, 79). Er darf auch andere Wohnungseigentümer bei der Beschlussfassung nicht vertreten (*OLG Düsseldorf* ZMR 1999, 60; 2002, 144; *Häublein* ZWE 2012, 14 f.; a.A. *OLG München* ZMR 2011, 148 f.; hiergegen zu Recht *Häublein* ZWE 2012, 312 ff.). Ein **Angestellter** als Vertreter des Verwalters kann ebenfalls nicht in Ausübung von

Eigentümervollmachten abstimmen. Denn die Tatsache, dass er als Nichteigentümer selbst nicht stimmberechtigt ist und folglich auch keinem Stimmverbot unterliegt, kann die Rechtsposition des Vertretenen nicht verbessern und das für ihn geltende Stimmverbot nicht aushebeln (*OLG Düsseldorf* ZMR 2002, 144). Der Verwalter kann aber stimmberechtigten Wohnungseigentümern **Untervollmacht** erteilen, da der Unterbevollmächtigte für den vertretenen Wohnungseigentümer, nicht für den Verwalter abstimmt (*BayObLG* WuM 1999, 59; *Häublein* ZWE 2012, 16 f. u. ZWE 2012, 314). Wie die Bestellung ist die Abberufung zunächst ein interner körperschaftlicher Akt, der seine Wirkung erst mit der zumindest konkludenten **Erklärung gegenüber dem Betroffenen** entfaltet (*BGH* ZMR 2002, 768; *OLG Hamm* ZMR 1999, 280; 2003, 438; *OLG Düsseldorf* ZMR 2004, 691). Die Grundsätze des Missbrauchs einer Stimmenmehrheit entsprechen denen bei der Bestellung. Demnach führt die Ausnutzung der Stimmenmehrheit alleine noch nicht zur Anfechtbarkeit der Abberufung; es müssen vielmehr weitere Umstände hinzukommen, die die Abberufung als Verstoß gegen Grundsätze ordnungsmäßiger Verwaltung erscheinen lassen (*OLG Düsseldorf* NJW-RR 2002, 1384). Der Verwalter hat keinen Anspruch auf **Gewährung rechtlichen Gehörs** vor der Entscheidung (*OLG Hamm* ZMR 1999, 280; *OLG Zweibrücken* ZMR 2004, 65; einschränkend *LG Düsseldorf* ZMR 2012, 384 f.).

b) Die Einhaltung einer angemessenen Frist

Häufig vernachlässigt wird, dass außerordentliche Abberufungsgründe nicht ohne zeitliche Beschränkung geltend gemacht werden können. Auch wenn die zweiwöchige Frist des § 626 Abs. 2 BGB keine unmittelbare Anwendung finden kann, ist doch binnen angemessener Frist nach Kenntnis des wichtigen Grundes über die Abberufung zu befinden (*OLG Frankfurt am Main*, NJW-RR 1988, 1170; *BayObLG* NJW-RR 1999, 1391 = ZMR 1999, 577; ZMR 2000, 323; *OLG Hamm* ZMR 2002, 542; 2007, 136; *OLG Hamburg* ZMR 2005, 975; *LG Düsseldorf* ZMR 2010, 714; *LG Hamburg* ZMR 2012, 467; *AG Hamburg-Blankenese* ZMR 2013, 317; Dötsch/Schultzky/Zschieschack § 9 Rn. 80 f., a.A. und gegen eine auch nur analoge Anwendung von § 626 Abs. 2 BGB *AG Bonn* ZMR 2010, 321) Teilweise wird jetzt § 314 Abs. 3 BGB herangezogen (*LG Hamburg* ZMR 2014, 312 f.; Niedenführ/*Vandenhouten* § 26 Rn. 103), was zu denselben Ergebnissen führt, da die Vorschrift ebenfalls eine angemessene Frist fordert. Sofern der wichtige Grund zunächst nur auf einem Verdacht beruht, **beginnt die angemessene Frist erst mit seiner Überprüfung** (*AG Bremen-Blumenthal* ZMR 2012, 667 f.). Die Angemessenheit bemisst sich dabei danach, **innerhalb welcher Frist eine Beschlussfassung durch eine Eigentümerversammlung möglich** ist (*OLG Frankfurt am Main* NJW-RR 1988, 1170; *BayObLG* NZM 1999, 845; *LG Düsseldorf* ZMR 2010, 714; *AG Bonn* ZMR 2010, 321 f.). 4 Wochen sind der Gemeinschaft ohne Weiteres zuzubilligen (*OLG Köln* ZMR 2007, 718; *LG Hamburg* ZMR 2012, 467). Kann der die Abberufung betreibende Mehrheitseigentümer nach § 24 Abs. 2 WEG die Einberufung einer Eigentümerversammlung verlangen, ist ein erst mehr als 2 Monate nach Kenntnis des wichtigen Grundes erklärtes Einberufungsverlangen nicht mehr fristgerecht (*BayObLG* NJW-RR 2000, 678 = ZMR 2000, 323). 47

6. Die Anfechtung der Abberufung

a) Die Anfechtungsberechtigung

Mit dieser neuen Ausgestaltung der Abberufung ließ der Gesetzgeber auch die Anfechtungsbefugnis des Verwalters entfallen, da Streitigkeiten hierüber den ganz überwiegenden Anteil der Anfechtungsklagen von Verwaltern darstellten. Dies ändert jedoch nichts daran, dass die Wohnungseigentümer die Abberufung wie jeden anderen Beschluss im Verfahren nach § 43 Abs. 2 Nr. 4 WEG anfechten können. In diesem Fall kann der Verwalter dem Anfechtungskläger als einfacher Nebenintervenient beitreten (Dötsch/Schultzky/Zschieschack § 9 Rn. 459). Sie bleibt aber wie jeder angefochtene Beschluss bis zur rechtskräftigen Ungültigerklärung wirksam (*KG* NJW-RR 1989, 839 = WE 1989, 132; *BayObLG* NJW-RR 2003, 875; *OLG Zweibrücken* ZMR 2007, 727). 48

b) **Anfechtungsgründe**

49 Die Gründe für die Anfechtung der Abberufung dürften nicht auf formelle Mängel des Beschlusses beschränkt sein, die natürlich jederzeit geltend gemacht werden können. Eine grundlose Abberufung kann nach wie vor ordnungsmäßiger Verwaltung widersprechen, da sie hohe Kosten in Form der zweiten Verwaltervergütung provoziert. Dies widerspricht wie jede andere überflüssige Ausgabe ordnungsmäßiger Verwaltung. Allerdings dürfte sich die inhaltliche Prüfung der Anfechtung nach den Vorgaben des Gesetzgebers etwas verschieben. Es kommt nun wohl nicht mehr darauf an, ob ein wichtiger Grund für die Abberufung vorlag. Dies war die Sichtweise des Verwalters. Wenn dies der Fall ist, wird der Beschluss in jedem Fall ordnungsmäßiger Verwaltung entsprechen, da dann auch die Kündigung des Verwaltervertrages begründet war. Der Gesetzgeber stellt nun aber auf die Perspektive der Wohnungseigentümergemeinschaft ab. Deshalb wird zu prüfen sein, ob seitens der Wohnungseigentümergemeinschaft selbst in Ansehung der Doppelbelastung mit zwei Verwaltervergütungen nachvollziehbare Gründe für die Trennung vom Verwalter vorlagen. Dann kann die Abberufung gleichwohl ordnungsmäßiger Verwaltung entsprechen (ähnlich wohl Lehmann-Richter/Wobst § 6 Rn. 455, wonach »Gründe unterhalb der Schwelle des wichtigen Grundes zu berücksichtigen« sein können; wohl auch Dötsch/Schultzky/Zschieschack § 9 Rn. 49 f.). Im Anfechtungsprozess können Gründe für die Abberufung »nachgeschoben« werden, sofern sie bei der Abberufung bereits vorlagen (*OLG Düsseldorf* NJW-RR 2005, 1607 = ZMR 2006, 58 f.), allerdings nur innerhalb der Frist des § 45 Satz 1 WEG (vgl. o. Rdn. 19).

c) **Die Entscheidung über die Anfechtung**

50 Eine erfolgreiche Anfechtung führt zur **rückwirkenden Unwirksamkeit der Abberufung** und zur **Nichtigkeit der Bestellung eines anderen Verwalters.** Denn ein zweiter Verwalter kann nicht bestellt werden, da nur eine natürliche oder juristische Person als Verwalter amtieren kann (*BayObLG* NJW-RR 2000, 678 = ZMR 2000, 323; *OLG Zweibrücken* ZMR 2004, 64; *OLG München* ZMR 2008, 237). Dessen Amtshandlungen behalten aber wie diejenigen des Verwalters, dessen Bestellung für ungültig erklärt wurde, ihre Wirksamkeit (*OLG Zweibrücken* ZMR 2004, 64; vgl. o. Rdn. 25). Mit **Ablauf der vorgesehenen Amtszeit** tritt verfahrensrechtlich Erledigung ein, da das Rechtsschutzziel einer Fortführung des Verwalteramtes durch den Abberufenen dann nicht mehr erreicht werden könnte (*KG* ZMR 1997, 611; *OLG Hamm* ZMR 1999, 281; 2003, 52 f.; *BayObLG* NJW-RR 1997, 717; *LG Frankfurt/M.* ZMR 2018, 355, 356; a.A. *BayObLG* ZMR 2002, 140; für ein fortbestehendes – früheres – Anfechtungsrecht des Verwalters *OLG Hamm* ZMR 2003, 52); allenfalls kommt bei berechtigtem Interesse ein Antrag auf Feststellung, dass die Abberufung unwirksam war, in Betracht (*Wenzel* ZWE 2001, 515; a.A. *LG Frankfurt/M.* ZMR 2018, 355, 356).

7. **Die Abberufung durch das Gericht**

a) **Bedeutung**

51 Die Abberufung aus wichtigem Grund hat ferner Bedeutung für die Fälle behalten, in denen nur ein einzelner Wohnungseigentümer gegen den Mehrheitswillen die Ablösung des Verwalters verlangt. Dann kann er sie im Wege der Beschlussersetzung durchsetzen. Sofern ein wichtiger Grund vorliegt, besteht nach richtiger Auffassung nämlich nur ein geringer Ermessensspielraum der Wohnungseigentümer, gleichwohl von einer Abberufung abzusehen. I.d.R. entspricht nur die Abberufung ordnungsmäßiger Verwaltung (*OLG Hamm* ZMR 2004, 854; a.A. *OLG Schleswig* ZMR 2007, 485). Der einzelne Wohnungseigentümer soll gleichwohl die **Abberufung als Maßnahme ordnungsmäßiger Verwaltung nur verlangen können**, wenn die Beibehaltung des Verwalters nicht mehr vertretbar erscheint (*BGH* ZMR 2012, 565; ZMR 2012, 885; ZMR 2015, 393; möglicherweise abgeschwächt durch *BGH* v. 25.02.2022 – V ZR 65/21; *OLG Rostock* ZMR 2010, 223 f.; *LG München I* ZMR 2012, 397; ZMR 2012, 397; *LG Bamberg* ZMR 2017, 81; *LG Hamburg* ZMR 2017, 84, 86; *AG Bonn* ZMR 2012, 485; *AG Hamburg-Altona* ZMR 2015, 73). In der Abwägung sollen die Folgen einer Pflichtverletzung und sogar die Fehler Dritter (etwa der vom Verwalter beschafften Software) zu berücksichtigen sein (*BGH* ZMR 2012, 566; ähnlich *OLG Hamburg* ZMR

2010, 628 f.; anders gerade zur Software noch *BGH* ZMR 2011, 653). Dies erscheint problematisch, da ein wichtiger Grund bereits voraussetzt, dass der Verwalter mindestens einem Wohnungseigentümer unzumutbar ist. Das zusätzliche Erfordernis einer Prüfung, ob der Verzicht auf die Abberufung aus objektiver Sicht nicht vertretbar erscheint, muss also entweder immer bejaht werden oder tritt die berechtigten Interessen des unzumutbar betroffenen Wohnungseigentümers mit Füßen. Noch weiter geht die Auffassung, die ein »**Verzeihungsermessen**« annimmt, Fehler des Verwalters nicht als pflichtwidrig anzusehen, sondern zu billigen (*LG Hamburg* ZMR 2012, 291 f.; *AG Hamburg-Altona* ZMR 2015, 73; *AG Hannover* ZMR 2018, 455). Jedenfalls bei einer Häufung von Fehlern ist jedoch die Beibehaltung des Verwalters nicht mehr vertretbar (*AG Clausthal-Zellerfeld* ZMR 2015, 64, 68). Der einzelne Eigentümer ist zu einem eigenen Vorgehen gegen den Verwalter nicht berechtigt, da es sich hierbei um einen Gegenstand der gemeinschaftlichen Verwaltung handelt (*OLG Hamm* ZMR 2004, 854). Ein auf die Abberufung dringender Wohnungseigentümer muss somit einen Beschluss der Eigentümerversammlung herbeiführen. Bei Ablehnung seines Antrags muss er einen Antrag auf Abberufung des Verwalters durch das Gericht stellen, was mit der Anfechtung des Negativbeschlusses verbunden weren kann (s.u. Rdn. 52). Ist die Mehrheit hingegen für die Abberufung aus wichtigem Grund, kann sie den Verwalter immer abberufen, da das Vorliegen eines wichtigen Grundes diese Reaktion stets rechtfertigt (*OLG Rostock* ZMR 2010, 224).

b) Negativbeschluss und gerichtliches Vorgehen

Sofern sich der amtierende Verwalter als untauglich erwiesen hat, kann ein **Anspruch aus § 18 Abs. 2 Nr. 1 WEG** auf seine Abberufung bestehen (*BGH* ZMR 2011, 894). Die Anrufung des Gerichtes setzt regelmäßig die **Vorbefassung der Eigentümerversammlung** mit dem Abberufungsantrag voraus (*BayObLG* NJW-RR 2004, 89; *OLG Hamm* NJW-RR 2004, 806; *OLG Oldenburg* ZMR 2007, 306; *AG Saarbrücken* ZMR 2009, 961). Ein (Negativ) Beschluss über die fristlose Kündigung des Verwaltervertrages enthält aber regelmäßig auch die Entscheidung über die Abberufung, sodass die erforderliche Befassung der Eigentümerversammlung in diesem Fall vorliegt (*LG Düsseldorf* ZMR 2011, 899; *AG München* ZMR 2009, 645). Nur ausnahmsweise kann ein Wohnungseigentümer auch ohne vorherige Einschaltung der Eigentümerversammlung die Abberufung des Verwalters gerichtlich betreiben, wenn deren Befassung mit seinem Begehren gescheitert oder unzumutbar ist (*BayObLG* NJW-RR 1997, 1444 = ZMR 1998, 175; *OLG Düsseldorf* ZMR 1998, 449 f.; ZMR 2006, 544 f.; *OLG Hamm* NJW-RR 2004, 806; *OLG Oldenburg* ZMR 2007, 306; *OLG Köln* ZMR 2009, 311; *AG Saarbrücken* ZMR 2009, 961). Nach einem erfolglosen Antrag auf Abberufung muss der Wohnungseigentümer die Ablehnung der Abberufung anfechten. Hierfür gelten die **Regeln zur Anfechtung von Negativbeschlüssen**. Demnach kann der ablehnende Beschluss binnen Monatsfrist angefochten werden, muss es aber nicht, da er nach Rechtsprechung des BGH keine Sperrwirkung entfaltet. Gleichzeitig ist der **positive Antrag auf Abberufung** des Verwalters zu stellen (*OLG Hamm* ZMR 2004, 854 f.). Wird nur ein Antragsziel ausdrücklich formuliert, wurde das andere i.d.R. durch Auslegung gleichfalls als gestellt angesehen. Dies unterliegt nach der Überführung der Wohnungseigentumssachen in den Zivilprozess erheblichen Bedenken, da es nunmehr nicht alleine auf das Rechtsschutzbegehren, sondern auf die gestellten Anträge ankommt, über die der Zivilrichter nicht hinausgehen darf. Auch wenn er diesbezüglich einen Hinweis nach § 139 ZPO zu erteilen hat, kann es bei restriktiver Handhabung zur Abweisung der Anfechtungsklage wegen Nichteinhaltung der Frist nach § 45 WEG kommen, was zwangsläufig auch zum Scheitern des anderen Antrags führt. Hingegen ist der Antrag auf Abberufung nicht fristgebunden, kann also noch später gestellt werden. Auch die Begründungsfrist gilt für ihn nicht (*AG München* ZMR 2009, 645). 52

c) Voraussetzungen für die Abberufung des Verwalters durch das Gericht

Ein solches Vorgehen kann zudem nur dann Erfolg haben, wenn ausschließlich die Abberufung ordnungsmäßiger Verwaltung entspricht, also ein wichtiger Grund vorliegt (*BayObLG* ZMR 1985, 390 f. = NJW-RR 1985, 446; *KG* ZMR 1988, 347 f.; *OLG Düsseldorf* WE 1991, 252; enger *OLG Celle* ZWE 2002, 476). Nach höchstrichterlicher Rechtsprechung soll der einzelne Wohnungseigentümer die Abberufung als Maßnahme ordnungsmäßiger Verwaltung zudem nur verlangen 53 können, wenn die Beibehaltung des Verwalters **nicht mehr vertretbar** erscheint (*BGH* ZMR 2012, 565; ZMR 2012, 885; möglichweise für geringere Anforderungen *BGH* v. 25.02.2022 – V ZR 65/21; *OLG Rostock* ZMR 2010, 223 f.; *LG München I* ZMR 2012, 397; ZMR 2012, 397; *AG Bonn* ZMR 2012, 485). Für die Anfechtung der abgelehnten Abberufung gilt hinsichtlich des wichtigen Grundes nicht deswegen ein strengerer Maßstab als bei der Anfechtung der Abberufung durch den Verwalter, weil sich dort eine Mehrheit gegen ihn ausgesprochen hat, während sie ihm hier ihr Vertrauen entgegenbringt. »Grundsätzlich kann es bei der gerichtlichen Überprüfung eines Eigentümerbeschlusses auch keine Rolle spielen, dass sich die Mehrheit für die beanstandete Maßnahme ausgesprochen hat« (*BayObLG* NJW-RR 1998, 303). Liegt ein wichtiger Grund zur Abberufung des Verwalters vor, entspricht es regelmäßig nicht ordnungsmäßiger Verwaltung, gleichwohl von der Abberufung abzusehen (so richtig *OLG Hamm* ZMR 2004, 854; *AG München* ZMR 2009, 645; enger *OLG Celle* ZWE 2002, 476). Die Mehrheitsentscheidung für eine nicht ordnungsmäßige Verwaltung ist hier nicht schützenswerter als in anderen Fällen.

d) Die Entscheidung des Gerichts

54 Ist das Abberufungsverlangen begründet, kann das Gericht die **Abberufung selbst anordnen** und muss nicht die Wohnungseigentümer zur Mitwirkung verpflichten (*BayObLG* ZMR 1985, 390; *KG* ZMR 1988, 347). In dringenden Fällen kann das Gericht den Verwalter auf Antrag im Wege der einstweiligen Verfügung gem. §§ 935 ff. ZPO suspendieren. Die Abberufung durch das Gericht im Hauptsacheverfahren wird erst mit Rechtskraft der Entscheidung wirksam (*LG München I* ZMR 2015, 796). Sofern der Verwalter vor Beendigung des Verfahrens bestandskräftig wieder bestellt wird oder ohnehin ausscheidet, liegt Erledigung in der Hauptsache vor (*OLG Düsseldorf* ZMR 2006, 545; *OLG Köln* ZMR 2006, 471; vgl. o. Rdn. 23). Eine Ausnahme wird dann zugelassen, wenn die Entscheidung noch Auswirkungen auf andere Ansprüche, etwa auf Vergütungsansprüche haben kann (*OLG Köln* ZMR 2006, 472; *OLG München* ZMR 2006, 473 f.).

8. Die Ungültigerklärung der Abberufung und ihre Folgen

55 Im Fall einer erfolgreichen Anfechtung würde die Abberufung nach allgemeinen Regeln rückwirkend unwirksam. Hiervon dürften allerdings weitgehende Ausnahmen zu machen sein. Da Beschlüsse bis zu ihrer rechtskräftigen Ungültigerklärung gem. § 23 Abs. 4 S. 2 WEG wirksam sind, hat der neue Verwalter das Recht und die Pflicht, das Amt des Verwalters auszuüben. Seine zwischenzeitlich vorgenommenen Handlungen den Wohnungseigentümern gegenüber (etwa die Einberufung von Eigentümerversammlungen) können daher in analoger Anwendung von § 32 FGG a.F. (jetzt § 47 FamFG) ebenso wenig angefochten werden, wie seine Rechtshandlungen nach außen vollmachtlos sind (*KG* NJW-RR 1989, 840 = WE 1989, 133; *OLG Hamm* ZMR 2007, 134; Dötsch/Schultzky/Zschieschack § 9 Rn. 46; vgl. *BGH* ZMR 1997, 310). Bis zur rechtskräftigen Ungültigerklärung der Abberufung kommen die organschaftlichen Befugnisse alleine dem neuen Verwalter zu. Sein **Amt endet erst mit der Rechtskraft der Ungültigerklärung**, dann aber ohne Weiteres (*OLG Hamm* ZMR 2003, 53). Umgekehrt erlangen bis dahin vorgenommene Handlungen des alten Verwalters, den der nunmehr gerichtlich abberufene Verwalter ersetzt hat, nicht rückwirkend Wirkung für und gegen die Wohnungseigentümer. Anderes wäre mit den schutzwürdigen Belangen des Rechtsverkehrs nicht zu vereinbaren.

III. Die Amtsniederlegung

1. Wirkung

56 Nicht nur die Wohnungseigentümer, auch der Verwalter selbst kann seine organschaftliche Stellung, wie allgemein anerkannt ist, durch Amtsniederlegung beenden (*BayObLG* ZMR 2000, 47). Diese enthält in aller Regel **zugleich die Kündigung des Verwaltervertrages** (*BayObLG* NJW-RR 2000, 158 = ZMR 2000, 47). Selbst wenn eine Amtsniederlegung nach den Vereinbarungen von Verwalter und Verband nur bei Vorliegen eines wichtigen Grundes zulässig ist, wird die Niederlegung – ähnlich wie die Abberufung – auch ohne Vorliegen eines solchen wirksam (*AG Hamburg-Blankenese*

ZMR 2016, 314, 315). Ansprüche aus § 280 Abs. 1 BGB wegen einer **Amtsniederlegung zur Unzeit** bleiben unberührt. Dies hat vor dem Hintergrund, dass die Möglichkeit der Vertretung einer verwalterlosen Wohnungseigentümergemeinschaft durch § 9b WEG drastisch eingeschränkt wurden, erheblich an Bedeutung gewonnen, etwa bei der Versäumnis materiell-rechtlicher oder verfahrensrechtlicher Pflichten (Dötsch/Schultzky/Zschieschack § 9 Rn. 85). Umgekehrt kommen auch Ansprüche des Verwalters aus § 628 Abs. 2 BGB in Betracht, wenn die Amtsniederlegung von den Wohnungseigentümern zu verantworten ist (*BayObLG* NJW-RR 2000, 158 = ZMR 2000, 47 f.). Diese sind aber nunmehr ausschließlich gegen die Wohnungseigentümergemeinschaft zu richten, da zu den Wohnungseigentümern keine schuldrechtliche Beziehung besteht. Dieser kann das Fehlverhalten eines Wohnungseigentümers bzw. Mitgliedes des Verwaltungsbeirats zuzurechnen sein, Ansprüche gegen den jeweils Verantwortlichen kommen allenfalls aus Deliktsrecht in Betracht (anders zum alten Recht *BayObLG* ZMR 2000, 49). Dabei findet die Begrenzung der Vergütung nach § 26 Abs. 3 S. 2 WEG keine Anwendung, da keine Abberufung durch die Wohnungseigentümer vorliegt. Allerdings dürfte bei Vorliegen eines wichtigen Grundes auch hier eine fristgerechte Erklärung des Verwalters zu fordern sein, die allerdings nicht binnen 2 Wochen nach § 626 Abs. 2 BGB, sondern innerhalb angemessener Frist erfolgen muss (*BayObLG* NJW-RR 2000, 159 = ZMR 2000, 48 f.).

2. Erklärung

Die früheren, dogmatisch interessanten Probleme, **wem gegenüber die Amtsniederlegung zu erklären ist** und wann sie wirksam wird (vgl. *OLG München* NJW-RR 2005, 1470 = ZMR 2005, 981), dürften nach neuem Recht einfacher zu lösen sein als früher. Da der Verband nach §§ 9b Abs. 2, 18 Abs. 1 WEG für gemeinschaftsbezogene Rechte und Pflichten zuständig ist, zu denen auch diejenigen aus dem mit ihm geschlossenen Verwaltervertrag gehören, muss die Amtsniederlegung ihm gegenüber, nicht den Wohnungseigentümern erklärt werden (so auch *AG Hamburg-Blankenese* ZMR 2016, 314, 315; Niedenführ/*Vandenhouten* § 26 Rn. 121). Da die Amtsniederlegung zweifellos zu den Geschäften gehört, die der Verwalter nicht sich selbst gegenüber vornehmen kann, muss er sie entweder nach § 9b Abs. 2 S. 2 WEG dem Vorsitzenden des Verwaltungsbeirats oder **dem nach § 9 Abs. 2 WEG durch Beschluss zum Vertreter ermächtigten** Wohnungseigentümer erklären. Die Gesamtvertretungsberechtigung des § 9b Abs. 1 S. 2 WEG gilt hier nicht, da § 9b Abs. 2 WEG für die Vertretung gegenüber dem Verwalter lex specialis ist. Die Erklärung einem sonstigen Wohnungseigentümer gegenüber genügt somit nicht. Im Übrigen dürften Unzulänglichkeiten im Zugang dieser Erklärung kaum jemals praktische Bedeutung zukommen. Denn die Wohnungseigentümer werden einen amtsunwilligen Verwalter schwerlich auf Fortführung seines Amtes in Anspruch nehmen (vgl. anschaulich – zum umgekehrten Fall der Abberufung – *Deckert* Die ETW, Gr. 4 Rn. 1615). Dies umso weniger, als die Verwalterpflichten grundsätzlich persönlich zu erbringen sind (vgl. u. Rdn. 101), womit die Vollstreckung eines entsprechenden Titels nach § 888 Abs. 3 ZPO nicht durchsetzbar wäre. Lange Vakanzen sind daher nicht zu erwarten, da die Wohnungseigentümer nach allgemeiner Lebenserfahrung alsbald einen neuen Verwalter bestellen, womit der vormalige selbst bei fehlerhafter Amtsniederlegung abberufen ist, da nicht zwei Verwalter nebeneinander amtieren können (s.o. Rdn. 2). Für Eigentümer und Rechtsverkehr ergeben sich somit keinerlei Unklarheiten. 57

IV. Sonstige Beendigungsgründe

Daneben kann die Verwalterstellung durch **Tod** des Verwalters (BayObLGZ 1987, 57; *BayObLG* NJW-RR 2002, 734 = ZMR 2002, 534; *OLG München* ZMR 2008, 482) bzw. bei Gesellschaften durch deren **Liquidierung** enden (BayObLGZ 1990, 173, 176; *OLG Düsseldorf* NJW-RR 1990, 1300). Eine Gesamtrechtsnachfolge tritt nicht ein, da es sich bei der Ausübung der Verwaltertätigkeit um eine höchstpersönliche Verpflichtung handelt (*OLG Köln* ZMR 2006, 385 f.; vgl. u. Rdn. 101). Der Erbe hat nur noch die Verwalterunterlagen herauszugeben (*LG Düsseldorf* ZMR 2013, 213). 58

E. Der Verwaltervertrag

I. Die Rechtsnatur des Verwaltervertrags

59 Die schuldrechtlichen Beziehungen zwischen Verband, Wohnungseigentümern und Verwalter – der Verwaltervertrag – sind im Gesetz nicht geregelt oder auch nur angesprochen. Nach den Grundsätzen körperschaftlicher Personenvereinigungen ist die schuldrechtliche Beziehung zwischen Verband und Wohnungseigentümern einerseits und Verwalter andererseits allerdings von seiner organschaftlichen Bestellung zu unterscheiden. Danach sind Verband und Verwalter bei entgeltlicher Verwaltertätigkeit schuldrechtlich regelmäßig durch einen **gemischten Vertrag mit Elementen aus Dienst- und Werkvertrag** (etwa der Erstellung von Jahresabrechnung und Wirtschaftsplan) sowie der **Geschäftsbesorgung** verbunden (vgl. *BGH* ZMR 1997, 310; *BayObLG* NJW-RR 1987, 78; ZMR 2000, 852; 2002, 690; *OLG Hamm* NJW-RR 1993, 846; *OLG München* ZMR 2007, 814; *OLG Frankfurt am Main* ZMR 2009, 621). Nur ausnahmsweise, bei unentgeltlicher Tätigkeit des Verwalters in kleineren Wohnanlagen, wird von einem Auftragsverhältnis gem. §§ 662 ff. BGB auszugehen sein. In jedem Fall hat der Verwalter **Weisungen** der Wohnungseigentümer zu befolgen (*AG Hamburg-St. Georg* ZMR 2017, 680, 681; zum neuen Recht s. Lehmann-Richter/Wobst § 6 Rn. 518) und darf hiervon nur bei ihrem mutmaßlichen Einverständnis abweichen (§ 665 BGB). Anders als bei der Bestellung wird die Möglichkeit einer **auflösenden Bedingung** etwa für den Fall, dass die Abberufung des Vorverwalters angefochten ist, beim Verwaltervertrag allgemein anerkannt (*BGH* ZMR 1997, 310; *KG* NJW-RR 1990, 154; *OLG Zweibrücken* ZMR 2004, 66). Besteht Streit über die Wirksamkeit des Verwaltervertrags kann nach neuem Recht der einzelne Wohnungseigentümer ohne Ermächtigung durch die Eigentümerversammlung wohl keinen gerichtlichen Antrag auf **Feststellung seiner Unwirksamkeit** stellen (anders das frühere Recht; vgl. *OLG Hamm* NJW-RR 2001, 228 = ZMR 2001, 140; *LG Landau/Pfalz* ZMR 2012, 295). Denn den Verwalter treffen hieraus keine Pflichten mehr gegenüber den Wohnungseigentümern (s. jetzt *BGH* v. 05.07.2024 – V ZR 34/24).

II. Die Parteien des Verwaltervertrags

1. Grundsatz: Rechtsfähiger Verband als Vertragspartner des Verwalters

60 Als zweite Partei des Verwaltervertrags wurden vor der Änderung der Rechtsprechung zur (Teil-) Rechtsfähigkeit der Wohnungseigentümergemeinschaft die Wohnungseigentümer angesehen. Auf Seiten der Wohnungseigentümergemeinschaft sind daher jetzt, da neben die Wohnungseigentümer der nunmehr rechtsfähige Verband als eigenständiges Rechtssubjekt getreten ist (*BGH* ZMR 2005, 547 ff.), Modifikationen geboten. Denn der Verwaltervertrag gehört zu den Teilbereichen des Rechtslebens, »bei denen die Wohnungseigentümer im Rahmen der Verwaltung des gemeinschaftlichen Eigentums als Gemeinschaft am Rechtsverkehr teilnehmen« (*BGH* ZMR 2005, 555). In diesen Teilbereichen ist aber nunmehr grundsätzlich der Verband selbst Vertragspartner und insbesondere Schuldner der Gegenleistung (insoweit richtig *OLG Düsseldorf* ZMR 2007, 58; ebenso *OLG Hamburg* ZMR 2008, 901; *KG* ZMR 2010, 467 f.; *AG Saarbrücken* ZMR 2009, 561). Hingegen bestehen nach der neuen gesetzlichen Konzeption der Verwaltung des gemeinschaftlichen Eigentums keine rechtlichen Beziehungen zwischen Verwalter und Wohnungseigentümern mehr (*BGH* v. 05.07.2024 – V ZR 34/24; Lehmann-Richter/Wobst § 6 Rn. 443). Es besteht auch kein Bedarf für die Annahme eines Vertrages mit Schutzwirkung oder gar zugunsten Dritter (*AG Wiesbaden*, v. 16.08.2022 – 91 C 650/22; MietRB 2022, 362; Lehmann-Richter/Wobst § 6 Rn. 442; 444 u. 542; kritisch Dötsch/Schultzky/Zschieschack § 13 Rn. 95). Begeht der Verwalter im Rahmen der Verwaltung des gemeinschaftlichen Eigentums Pflichtverletzungen, die einen Schaden bei einem Wohnungseigentümer verursachen, so kommen diesem Schadensersatzansprüche gegen die Wohnungseigentümergemeinschaft zu. Ebenso scheiden nach neuem Recht Ansprüche einzelner Wohnungseigentümer aus §§ 823, 1004 BGB etwa auf Unterlassung nicht erweislich wahrer Tatsachenbehauptungen aus. Diese sind gegen die Wohnungseigentümergemeinschaft zu richten.

2. Der Eigentümerwechsel

Nach der Rechtsprechung zur (Teil-)Rechtsfähigkeit der Wohnungseigentümergemeinschaft und ihrer Anerkennung durch den Gesetzgeber bereitet der Eigentümerwechsel keine Probleme mehr. Nach früherer Rechtspraxis, die die Wohnungseigentümer als Vertragspartner ansah, bedurfte es des Eintritts des Sonderrechtsnachfolgers in den Verwaltervertrag, was entweder durch (analoge) Anwendung von § 10 Abs. 4 WEG a.F. (BayObLGZ 1986, 369 f.; *KG* WE 1994, 55; *OLG Köln* NZM 1998, 875; *OLG Hamm* ZWE 2000, 480) oder durch einen (fingierten) rechtsgeschäftlichen Vorgang (Staudinger/*Rapp* 12. Aufl. Einl. WEG Rn. 54; *Ott* ZMR 2002, 172) bewerkstelligt wurde. Nunmehr ist der rechtsfähige Verband Vertragspartner, so dass die Vertragsbeziehungen von Eigentümerwechseln unberührt bleiben. 61

3. Regelungen zulasten einzelner Wohnungseigentümer

a) Leistungen gegenüber einzelnen Wohnungseigentümern auf Kosten des Verbandes

Nicht selten enthalten Verwalterverträge Regelungen, die Leistungen gegenüber einzelnen Wohnungseigentümern betreffen. Häufig sind etwa Kosten für Kopien, für die nochmalige Übersendung von Unterlagen oder für die Bereitstellung von Unterlagen zur Einsicht u.ä. vorgesehen. Sofern diese Regelungen keine Pflichten der einzelnen Wohnungseigentümer enthalten, können Entgelte etc. nur vom rechtsfähigen Verband beansprucht werden. Dann dürften entsprechende Verpflichtungen allerdings regelmäßig ordnungsmäßiger Verwaltung widersprechen. Denn es ist nicht einzusehen, wieso der rechtsfähige Verband Leistungen zugunsten einzelner Wohnungseigentümer vergüten sollte. Allerdings stellt dies nur einen Verstoß gegen Grundsätze ordnungsmäßiger Verwaltung dar, der lediglich zur Anfechtbarkeit des Beschlusses über den Verwaltervertrag führt. 62

b) Vertrag zulasten Dritter

Sofern der Verwalter derartige Ansprüche gegen einzelne Wohnungseigentümer geltend macht, ist der Verwaltervertrag keine taugliche Anspruchsgrundlage. Denn er kann nur die Vertragspartner, also Verwalter und Wohnungseigentümergemeinschaft belasten. Vereinbaren beide Leistungspflichten der Wohnungseigentümer, handelt es sich um einen Vertrag zulasten Dritter. 63

III. Zustandekommen des Verwaltervertrags

1. Regelungen zum Verwaltervertrag in der Teilungserklärung

Regelungen zum Verwaltervertrag können bereits **in der Gemeinschaftsordnung** enthalten sein. Wie jene sind auch diese Bestimmungen nur **formeller Bestandteil** der Gemeinschaftsordnung und können mit Mehrheitsbeschluss abgeändert werden. Sie können bei grober Unbilligkeit unwirksam sein (*OLG Hamm* ZMR 2008, 555 – im Einzelfall zweifelhaft). Die rechtliche Bindung der Erwerber an diesen Verwaltervertrag ließ sich früher ohne dogmatische Schwierigkeiten nur durch Eintritt in den Vertrag etwa kraft entsprechender Bestimmung in den Kaufverträgen bewerkstelligen (BayObLGZ 1974, 310; *OLG Köln* OLGZ 1986, 412; für eine entsprechende Anwendung von § 10 Abs. 4 WEG a.F. BayObLGZ 1986, 370). Diese Hilfskonstruktionen wurden mit der Rechtsfähigkeit der Wohnungseigentümergemeinschaft entbehrlich, da danach diese selbst Vertragspartnerin ist (vgl. o. Rdn. 61). 64

2. Der Abschluss des Verwaltervertrags

a) Der Abschluss durch alle Wohnungseigentümer

Der Verwaltervertrag kommt wie jeder Vertrag nach den allgemeinen Regeln zustande, bedarf also insbesondere des Angebotes und der Annahme. Dies kann zum einen dadurch geschehen, dass neben dem Verwalter **alle Wohnungseigentümer** den Vertrag abschließen. Diese Praxis kann nach neuem Recht jedenfalls dann Fortgeltung beanspruchen, wenn weder ein Verwaltungsbeirat noch ein Vertreter der Wohnungseigentümergemeinschaft gemäß § 9b Abs. 2 WEG bestellt wurde. Denn dann 65 handeln alle Wohnungseigentümer gemäß § 9b Abs. 1 S. 2 WEG gemeinschaftlich für den Verband, wenn ein Verwalter fehlt oder, wie beim Abschluss des Verwaltervertrags, nicht durch den Verwalter vertreten werden kann. Diese Möglichkeit spielt insbesondere in der Gründungsphase der Wohnungseigentümergemeinschaft eine Rolle, da dann der teilende Eigentümer gemäß §§ 9a Abs. S. 2, 9b Abs. 1 S. 2 WEG für die Gemeinschaft handelt (zu den hiermit verbundenen Problemen bei Bestellung des Verwalters in der Gemeinschaftsordnung s. Rdn. 9 ff.). Die Möglichkeit des Vertragsschlusses durch alle Wohnungseigentümer dürfte aber auf Kleinanlagen beschränkt sein, da in größeren Liegenschaften kaum Hunderte von Miteigentümern den Vertrag unterzeichnen werden, ganz abgesehen davon, dass die Wahl des Verwalters selten bei allen Miteigentümern auf Zustimmung stoßen wird. Daneben kann der Vertrag wohl nach wie vor **schlüssig zustande kommen**, wenn der Verwalter z.B. nach der Bestellung unter Entgegennahme des vorvertraglich begehrten Honorars die Arbeit aufnimmt (*BGH* ZMR 1997, 310; *BayObLG* WE 1997, 398). Hieran sind aber beim Verband, also einem Gebilde, das seinen Willen grundsätzlich nur durch Beschluss zum Ausdruck bringen kann, höhere Anforderungen zu stellen als bei einer natürlichen Person (vgl. *KG* NJW-RR 2003, 1235). Hingegen ist die Auffassung, wonach auch die **Mehrheit der Eigentümer** als Unterzeichner des Vertrags genügen soll (*BayObLGZ* 1974, 310) nun in keinem Fall mehr aufrechtzuerhalten. Denn der rechtsfähige Verband kann von seinen Mitgliedern nur auf dem gesetzlich vorgesehenen Weg gebunden werden. Dies ist aber abgesehen vom übereinstimmenden Handeln aller Mitglieder nach § 9b Abs. 1 S. 2 WEG nur durch Beschluss möglich, der alleine durch die mehrheitliche Unterzeichnung eines Vertrages nicht zustande kommt. Hiervon ermöglicht auch das Prinzip der Gesamtvertretung keine Abweichung. Denn die Vertretung des Verbandes durch einzelne Wohnungseigentümer ist nur beim Empfang von Willenserklärungen möglich, nicht aber bei der Abgabe von Erklärungen (*Abramenko* § 5 Rn. 47).

b) Der Abschluss des Verwaltervertrags durch Bevollmächtigte

aa) Grundsatz

66 Zulässig und häufiger Handhabung entsprechend ist es auch, einen oder mehrere Miteigentümer, meist den Verwaltungsbeirat, seltener Außenstehende (etwa einen Anwalt) zur Entgegennahme von Vertragsangeboten und zum Aushandeln der Vertragsbedingungen im Einzelnen zu bevollmächtigen (*OLG Düsseldorf* ZMR 1998, 105; ZMR 2006, 871; *OLG Hamm* NJW-RR 2001, 228 f. = ZMR 2001, 140; *OLG Köln* NJW-RR 2002, 84 = ZMR 2002, 155 f.; *OLG München* ZMR 2009, 65; *LG Düsseldorf* ZMR 2016, 796, 798; *AG Saarbrücken* ZMR 2009, 561; einschränkend *LG Köln* ZMR 2013, 379: Nur bei Festlegung der Eckpunkte des Verwaltervertrages). Diese Praxis wird nunmehr durch § 9b WEG eingeschränkt. Sofern noch ein Verwalter amtiert, ist er auch beim Abschluss des Verwaltervertrages nach § 9b Abs. 1 WEG ausschließlicher Vertreter der Wohnungseigentümergemeinschaft, da seine Vollmacht im Außenverhältnis unbeschränkbar ist. Fehlt ein Verwalter haben die Wohnungseigentümer die Wahl, ob ihre Gemeinschaft durch den Vorsitzenden des Verwaltungsbeirates oder einen dazu ermächtigten Wohnungseigentümer vertreten wird (Lehmann-Richter/Wobst § 6 Rn. 458 u. 536). Diese Möglichkeiten sind nach dem Wortlaut von § 9b Abs. 2 WEG abschließend. Ein Außenstehender kann demnach nicht zum Abschluss des Verwaltervertrages bevollmächtigt werden. In Betracht kommt aber die Erteilung einer Untervollmacht durch die in § 9b Abs. 2 WEG benannten Vertreter.

bb) Voraussetzungen der Vollmacht

67 Man wird aber an die Praxis des alten Rechts anknüpfen dürfen, dass die Bevollmächtigung eines Wohnungseigentümers diesem nicht völlig freie Hand geben darf. Sie muss zumindest die Eckdaten für den Vertrag (insbesondere Dauer und Honorar) vorgeben (*OLG Köln* NJW-RR 2002, 84 = 156; NJW-RR 2003, 8 = ZMR 2003, 605 = NZM 2002, 1002; *OLG Hamburg* ZMR 2003, 776 u. 864; *OLG Frankfurt/M.* ZMR 2008, 985; *LG Düsseldorf* ZWE 2017, 143, 144 f.; ZMR 2016, 796, 798; *AG Saarbrücken* ZMR 2009, 561; *AG Biedenkopf* ZMR 2011, 417 f.; *AG Bonn* ZMR 2016, 909, 910; a.A., für eine weiter gehende Entscheidung der Eigentümerversammlung *AG Hamburg* ZMR

2015, 575 f.). Ansonsten wird der Beschluss über die Bevollmächtigung eines Wohnungseigentümers nach § 9b Abs. 2 WEG aber mit seiner Bestandskraft unanfechtbar, da die Erteilung der Vollmacht keine Abänderung der Rechtslage für die Zukunft anstrebt, sondern einen konkreten Einzelfall regelt und sich darin erschöpft (*OLG Köln* NJW-RR 2003, 8 = ZMR 2003, 604 f. = NZM 2002, 1002; *KG* ZMR 2008, 476; a.A. für Nichtigkeit *LG Dortmund* ZMR 2017, 993 f.). In der Folge wird zwischen dem Bevollmächtigten und dem Verwalter dann mit Wirkung für den Verband der Verwaltervertrag geschlossen. Ist die Vollmacht auf den Abschluss eines bestimmten Verwaltervertrages gerichtet, so kann der diesbezügliche Beschluss nach Rechtsprechung des *BGH* nur eingeschränkt im Verfahren nach § 43 Abs. 2 Nr. 4 WEG überprüft werden (*BGH* v. 05.07.2019 – V ZR 278/17; ZWE 2020, 83 = ZMR 2020, 206; a.A noch *LG Düsseldorf* ZMR 2015, 480). Denn Verstöße gegen §§ 305 ff. BGB sind zeitlich unbegrenzt zu berücksichtigen. Eine AGB-rechtliche Kontrolle im Verfahren nach § 43 Abs. 2 Nr. 4 WEG würde somit zu einer unterschiedlichen Kontrolldichte führen, je nachdem, ob die Wohnungseigentümer ihren Bevollmächtigten ohne nähere Weisungen oder unter Bezugnahme auf einen bestimmten Vertragsentwurf zum Vertragsabschluss ermächtigen. In ersterem Fall wäre die AGB-Kontrolle nur bei der Anwendung des Verwaltervertrages, in letzterem zusätzlich in der Anfechtungsklage zu prüfen. Überdies würde das Erfordernis einer AGB-rechtlichen Überprüfung des Vertragsentwurfs die Wohnungseigentümer, die regelmäßig nicht über eine juristische Ausbildung verfügen, überfordern. Sie müssten entweder, wenn sie die Annahme eines Vertragsentwurfs beschließen, in ihrer Gesamtheit dessen Übereinstimmung mit Grundsätzen ordnungsmäßiger Verwaltung überprüfen oder diese Prüfung auf ihre Bevollmächtigten delegieren. Die Ermächtigung zum Abschluss des Vertragsentwurfs widerspricht auch nicht wegen dort evtl. vorgesehener Sondervergütungen ordnungsmäßiger Verwaltung. Grundsätzlich sind die Wohnungseigentümer nicht gehalten, den billigsten Anbieter zu wählen. Erst eine deutliche Überschreitung der üblichen Verwaltervergütung, die nicht durch Sachgründe gerechtfertigt ist, widerspricht ordnungsmäßiger Verwaltung. Die Vollmacht des Verwaltungsbeiratsvorsitzenden folgt dagegen aus dem Gesetz, ohne dass es einer Beschlussfassung bedarf. Beschränkungen seiner Entscheidungsbefugnisse wirken somit nur im Innenverhältnis.

cc) Reichweite der Vollmacht

Wird die Vollmacht des Wohnungseigentümers gemäß § 9b Abs. 2WEG beschränkt, muss der 68
Bevollmächtigte den Rahmen seiner Vollmacht einhalten, da der Vertrag ansonsten zumindest teilweise unwirksam ist (*OLG Hamm* NJW-RR 2001, 229 = ZMR 2001, 141). Das liegt beim Abweichen von ausdrücklichen Vorgaben insbesondere zu Honorar und Laufzeit auf der Hand. Schwieriger sind Vollmachtsüberschreitungen dann zu beurteilen, wenn der Beschluss über die Vollmacht keine konkreten Vorgaben macht. Die Vollmacht reicht nach h.M. dann nur so weit, als der Vertrag ordnungsmäßiger Verwaltung entspricht (*OLG Hamm* NJW-RR 2001, 229 = ZMR 2001, 141; *OLG Düsseldorf* ZMR 2006, 871; *OLG Frankfurt/M.* ZMR 2008, 987; Dötsch/Schultzky/Zschieschack § 9 Rn. 13; strenger *LG Köln* ZMR 2013, 379 f.). Geht der abgeschlossene Vertrag darüber hinaus, handelt der Bevollmächtigte als Vertreter ohne Vertretungsmacht. Dies ist jedenfalls bei Klauseln, die von Gemeinschaftsordnung oder Gesetz abweichen oder die Eigentümer bzw. den rechtsfähigen Verband in unüblichem Maße belasten, der Fall. So bedarf es zur Verabredung von Haftungsbeschränkungen einer ausdrücklichen Ermächtigung im bevollmächtigenden Beschluss, da ein entsprechender Vertrag über die gesetzliche Regelung in § 280 Abs. 1 BGB bzw. § 823 BGB hinausgeht (*OLG Hamm* NJW-RR 2001, 230 = ZMR 2001, 142; ähnlich *OLG Frankfurt/M.* ZMR 2008, 987). Die Aufnahme von Sondervergütungen für Zusatzleistungen überschreitet die Vollmacht noch nicht, da derartige Vereinbarungen ordnungsmäßiger Verwaltung entsprechen können (*OLG Hamm* NJW-RR 2001, 229 = ZMR 2001, 141). Anderes gilt natürlich dann, wenn die Vereinbarung im Widerspruch zum Beschluss über die Bestellung steht (*BayObLG* ZMR 2005, 63). Die Eigentümerversammlung kann Streit über die Vertretungsmacht desjenigen, der den Vertrag auf ihrer Seite unterzeichnet, dadurch vermeiden, dass sie ihn zum Abschluss eines ganz bestimmten, den Wohnungseigentümern bekannten Vertrages bevollmächtigt (*OLG Frankfurt/M.* ZMR 2008, 987). Dann erwächst der Beschluss über die Vollmacht in jedem Falle in Bestandskraft. Auch in

diesem Fall verbleibt aber die Möglichkeit der Inhaltskontrolle nach §§ 305 ff. BGB. Dann fehlt es zwar nicht mehr an der Vollmacht, §§ 305 ff. BGB zuwiderlaufende Bestimmungen sind aber aus inhaltlichen Gründen unwirksam.

c) Der Beschluss über den Verwaltervertrag

aa) Möglichkeit der Beschlussfassung über den Verwaltervertrag

69 Der Verwaltervertrag kann auch durch Beschlussfassung der Eigentümerversammlung zustande kommen. Denkbar ist eine Annahme des ausgehandelten Vertrags bzw. die Unterbreitung eines entsprechenden Angebots durch Beschluss der Eigentümerversammlung (hierzu etwa *BayObLG* NJW-RR 1987, 1040; *OLG Hamm* NJW-RR 1993, 846; *OLG Brandenburg* ZMR 2008, 387; *KG* ZMR 2008, 477; *OLG München* ZMR 2011, 148; *LG Hamburg* ZMR 2015, 735 f.; *LG München I* ZMR 2018, 72, 73). Diese jahrzehntealte Praxis wurde neuerdings vereinzelt in Frage gestellt, wobei die Möglichkeit der Außenwirkung von Beschlüssen verneint wurde (so *Hügel* ZMR 2008, 3; *Jacoby* ZWE 2008, 328; Staudinger/*Jacoby* § 26 Rn. 151 ff.; hiergegen überzeugend *Greiner* ZWE 2008, 454 ff.). Dabei handelt es sich allerdings nicht um ein Problem des neuen Rechts. Die Möglichkeit der Eigentümerversammlung, unmittelbar durch Beschlussfassung Außenwirkung zu erzielen, ist seit langem bekannt und anerkannt, etwa durch die Entlastung, die nichts anderes darstellt als das Angebot zum Abschluss eines Vertrages nach § 397 Abs. 2 BGB (eingehend *Greiner* ZWE 2008, 455 ff.; allgemein zu Beschlüssen mit Außenwirkung *OLG Köln* ZMR 2008, 70; *AG Nördlingen* MietRB 2017, 110). Deshalb war der als Heilmittel zum alten Recht unterbreitete Gegenvorschlag, einige Wohnungseigentümer durch Beschluss zum Abschluss des Verwaltervertrages zu ermächtigen (*Hügel* ZMR 2008, 3 f.), inkonsequent. Denn auch dies wäre ein – angeblich nicht möglicher – Beschluss mit Außenwirkung, nicht nur eine Maßnahme zur inneren Willensbildung. Auch der *BGH* hält die unmittelbare Wirkung von Eigentümerbeschlüssen nach außen für möglich, etwa bei der Genehmigung eines vollmachtlosen Rechtsgeschäfts (*BGH* ZMR 2013, 289) oder die Zustimmung zur Veräußerung gem. § 12 WEG durch Beschluss (*BGH* ZMR 2013, 125 = ZWE 2013, 21).

bb) Vorteile der Beschlusslösung

70 Die Annahme eines Vertragsangebots durch Beschluss erscheint im Hinblick auf die Rechtssicherheit sowie die Haftung des Bevollmächtigten sogar sicherer als die Bevollmächtigung zum Abschluss des Verwaltervertrags. Denn dieser Beschluss erwächst ohne Anfechtung in Bestandskraft und bindet gem. § 10 Abs. 3 S. 2 WEG die Wohnungseigentümer und ihre Sondernachfolger, auch diejenigen, die bei der Beschlussfassung nicht zugegen waren oder überstimmt wurden (BayObLGZ 1974, 309 f.; Dötsch/Schultzky/Zschieschack § 9 Rn. 14; *OLG Köln* NJW 1991, 1303 zum inhaltsgleichen § 10 Abs. 4 WEG a.F.). Das Problem einer fehlenden Vollmacht stellt sich dann nicht mehr. Unwirksam könnten nur noch nichtige Vertragsbestandteile sein. Dies kann insbesondere dann der Fall sein, wenn der Vertrag Bestimmungen enthält, die auf eine dauerhafte Abänderung von Gesetz oder Gemeinschaftsordnung hinauslaufen.

d) Stimmrecht

aa) Verwaltervertrag als Rechtsgeschäft nach § 25 Abs. 4 WEG

71 Anders als bei der Bestellung darf ein Wohnungseigentümer, der sich um das Verwalteramt beworben hat, bei der Beschlussfassung über Abschluss oder Änderung des Verwaltervertrages nicht mitstimmen, weil es hier ein Rechtsgeschäft nach § 25 Abs. 4 WEG geht (*BayObLG* NJW-RR 2003, 663 = ZMR 2003, 282; *BayObLG* WE 1987, 45; *KG* NJW-RR 1986, 642 f.; Niedenführ/*Vandenhouten* § 26 Rn. 42). Dieses Verbot gilt auch für Wohnungseigentümer, deren persönliches Interesse am Vertragsabschluss aufgrund enger wirtschaftlicher Verbindung demjenigen des Verwalters gleichsteht (*KG* NJW-RR 1986, 642 f.). Wenn ihn andere Wohnungseigentümer für die Abstimmung bevollmächtigten, darf er aber Untervollmachten erteilen, sofern er keine Weisungen zum Stimmverhalten

gibt. Denn die Unterbevollmächtigten treten nicht für ihn, sondern für die Vollmachtgeber auf (*BayObLG* WuM 1999, 59).

bb) Verwalter als Geschäftsführer einer Verwaltergesellschaft

Häufig ist der Verwalter eine Gesellschaft. In diesem Fall stellt sich oftmals die Frage, ob ihr in der Eigentümerversammlung erscheinende Vertreter, der ja nicht Geschäftspartner gemäß § 25 Abs. 4 WEG ist, als Wohnungseigentümer oder Vertreter anderer Wohnungseigentümer mitstimmen darf. Der *BGH* hat jetzt die Grenzen hierfür aufgezeigt. Danach ist § 25 Abs. 5 Fall 1 WEG a.F. (jetzt § 25 Abs. 4 Fall 1 WEG) über den Wortlaut hinaus jedenfalls dann entsprechend auf Personengesellschaften und juristische Personen anzuwenden, wenn ein Wohnungseigentümer an ihnen mehrheitlich beteiligt und als ihr Geschäftsführer oder geschäftsführender Gesellschafter tätig ist (*BGH* ZMR 2017, 415 = ZWE 2017, 220). Zwar ist bei der entsprechenden Anwendung einer Sondervorschrift wie § 25 Abs. 4 WEG Zurückhaltung geboten, zumal das Stimmrecht zu den elementaren Mitgliedschaftsrechten der Wohnungseigentümer gehört und § 25 Abs. 4 WEG als Spezialvorschrift zu § 181 BGB gerade keinen allgemeinen Stimmrechtsausschluss im Fall von Interessenkonflikten vorsieht. Dies schließt aber eine entsprechende Anwendung auf solche Interessenkonflikte nicht aus, die ihrem Ausmaß nach mit den gesetzlich festgelegten Tatbeständen identisch sind. Dabei kommt es nicht auf den Nutzen aus dem Geschäft an. Es ist erforderlich, aber auch ausreichend, dass ein Wohnungseigentümer nicht nur finanziell, sondern auch an der unternehmerischen Führung der Gesellschaft beteiligt ist. Die Entscheidung stellt also lediglich fest, dass die Grenze zum Stimmrechtsausschluss nach § 25 Abs. 4 WEG eindeutig überschritten wird, wenn ein Wohnungseigentümer an der Gesellschaft, die Vertragspartner werden soll, mehrheitlich beteiligt und als ihr Geschäftsführer oder geschäftsführender Gesellschafter tätig ist. Der *BGH* trifft aber ausdrücklich keine Entscheidung darüber, ob der Stimmrechtsausschluss nicht schon vorher eingreifen kann. 72

cc) Zusammenfassung der Beschlussfassung über Bestellung und Verwaltervertrag

Eine wichtige Ausnahme vom Stimmrechtsausschluss gilt dann, wenn über Bestellung und Verwaltervertrag zusammen abgestimmt wird. Denn die Beschlussfassung über die Bestellung stellt kein Rechtsgeschäft mit dem Bewerber über die Verwaltung dar, unterliegt also nicht dem Stimmrechtsausschluss nach § 25 Abs. 4 WEG. Der *BGH* sieht aber in der Abstimmung über die Bestellung des Verwalters eine Kernfrage der mitgliedschaftlichen Mitwirkung an der Willensbildung der Gemeinschaft. Daher ist ein Bewerber bei einer Zusammenfassung beider Beschlussgegenstände in einem Beschlussantrag stimmberechtigt, da die Entscheidung über die Verwalterbestellung als mitgliedschaftliches Mitwirkungsrecht vorrangig ist (*BGH* ZMR 2002, 935; *OLG Hamm* ZMR 2008, 61). Soll das vermieden werden, muss also eine getrennte Abstimmung durchgeführt werden. 73

dd) Stimmbindung

Grundsätzlich sind Stimmbindungsabreden auch im Rahmen der Bestellung eines Verwalters zu beachten. Allerdings muss es sich um eine gemeinschaftsinterne Stimmbindung handeln. Alleine die Abrede im Kaufvertrag, für einen bestimmten Verwalter zu stimmen, ist für die Stimmenzählung in der Eigentümerversammlung unerheblich. Denn es handelt sich um die Vereinbarung mit einem Dritten. Verstöße hiergegen begründen keinen Fehler, der innerhalb der Gemeinschaft beachtlich wäre bzw. sogar zur Anfechtbarkeit im Verfahren nach § 43 Abs. 2 Nr. 4 WEG führen könnte (*AG Dresden* ZMR 2015, 70). 74

3. Gerichtliche Kontrolle des Verwaltervertrages

a) Kontrolle im Verfahren nach § 43 Abs. 2 Nr. 4 WEG

aa) Anfechtung des Beschlusses über den Verwaltervertrag insgesamt

Wie jeder Beschluss kann auch derjenige über den Abschluss eines Verwaltervertrages angefochten werden. Die Anfechtung muss nicht zugleich die Bestellung des Verwalters umfassen. Eine Anfechtung 75 nur des Verwaltervertrages ist insbesondere dann sinnvoll, wenn nicht die organschaftliche Stellung des Verwalters beseitigt, sondern die Konditionen seiner Tätigkeit geändert werden sollen. Der Beschluss über den Verwaltervertrag kann aber auch insgesamt ordnungsmäßiger Verwaltung widersprechen. Dies kann abgesehen von formellen Fehlern (z.B. Ladungsmängeln, Verstoß gegen den Grundsatz der Nichtöffentlichkeit) etwa dann der Fall sein, wenn die Vorbereitung einer Neubestellung ungenügend war. So ist i.d.R. für eine Erst- oder Neubestellung wie bei jedem anderen Vertrag die **Einholung mehrerer Angebote** erforderlich (*BGH* ZMR 2011, 735 f.; *OLG Hamm* ZMR 2009, 59; *LG Hamburg* ZMR 2011, 822 f.; LG *Köln* ZMR 2012, 576; ZMR 2013, 379; *LG Landau/Pfalz* ZMR 2013, 745; AG *Bonn* ZMR 2013, 383; ZMR 2016, 909; *AG Hamburg-Altona* ZMR 2014, 828). Allerdings soll die Zahl der Alternativangebote im Rahmen des Beurteilungsspielraumes der Wohnungseigentümer liegen; eines kann genügen (*BGH* ZMR 2012, 885; ähnlich *LG Frankfurt/O.* ZMR 2013, 980; *AG Hamburg-Altona* ZMR 2014, 828 – zweifelhaft; zu Recht anders, für mindestens drei Vergleichsangebote *LG Dortmund* ZWE 2017, 96, 97). Unschädlich ist es allerdings, wenn einer der drei Kandidaten sein Angebot zurückzieht, da gleichwohl eine Marktübersicht gewährleistet wird (*AG Bonn* ZMR 2016, 909). Der amtierende Verwalter muss hingegen vor einer **Wiederbestellung** keine Angebote von Konkurrenten einholen und der Eigentümerversammlung vorlegen (*BGH* ZMR 2011, 735 f.; *OLG Hamburg* ZMR 2001, 998; *OLG Schleswig* NJW-RR 2006, 1526 = ZMR 2006, 804; *LG Köln* ZMR 2012, 576; *LG Hamburg* ZMR 2017, 84, 85; *AG Hamburg* ZMR 2008, 576; *AG Biedenkopf* ZMR 2011, 417 f.; *AG Bonn* ZMR 2013, 383; *AG Nürnberg* ZMR 2015, 635, 636). Anderes kann gelten, wenn die vom amtierenden Verwalter angebotenen Leistungen von Konkurrenten deutlich günstiger angeboten werden (*LG Dortmund* ZWE 2017, 96, 97). Darüber hinaus leiden derartige Beschlüsse nicht selten unter Bestimmtheitsmängeln (*LG Köln* ZMR 2017, 504, 505 f.; *AG Hamburg-Blankenese* ZMR 2010, 563 f. u. ZMR 2015, 76, 78; ZMR 2018, 266, 267 zum Vertragsschluss »in Abstimmung mit dem Verwaltungsbeirat«; *AG Offenbach* ZMR 2016, 1003; großzügiger offenbar *LG Frankfurt/M.* ZMR 2016, 981).

bb) Einheitlicher Beschluss über Bestellung und Verwaltervertrag

76 Wurde über Bestellung und Annahme des Verwaltervertrages in einem Beschluss entschieden, sollte die Teilanfechtung und Ungültigerklärung nur des Letzteren auch die Unwirksamkeit der Bestellung nach sich ziehen (*OLG Köln* ZMR 2008, 70; *LG Hamburg* ZMR 2015, 735, 736). Diese schon nach altem Recht kaum mit der Dispositionsmaxime in Wohnungseigentumssachen vereinbare Entscheidung ist nach neuem Recht wohl nicht mehr vertretbar. Denn der Richter darf nach § 308 Abs. 1 ZPO nicht über die Anträge hinausgehen. Eine Klage, die einen nicht abtrennbaren Teil der Beschlussfassung über Bestellung und Verwaltervertrag angreift, wird jedenfalls nach erfolglosem Hinweis wohl als unzulässig zu behandeln sein (vgl. *LG Stuttgart* ZMR 2018, 75, 76 f.). Allerdings kann die Anfechtung eines einheitlichen Beschlusses über Bestellung und Verwaltervertrag dahingehend auszulegen sein, dass beides angefochten sein soll (*LG Hamburg* ZMR 2015, 735). Der Wegfall des Vertrages und somit der Vergütungsansprüche berechtigt den Verwalter zur Niederlegung auch seiner organschaftlichen Stellung aus wichtigem Grund.

b) Teilanfechtung

77 In Betracht kommt aber auch die Teilanfechtung. Diese kann insbesondere dann sinnvoll sein, wenn der Verwaltervertrag einzelne ordnungsmäßiger Verwaltung widersprechende Bestimmungen enthält. Das ist insbesondere bei überhöhten (Sonder-)Vergütungen der Fall. Denkbar ist auch, dass einzelne Klauseln ordnungsmäßiger Verwaltung (*LG Hamburg* ZMR 2015, 735, 736) oder der Gemeinschaftsordnung widersprechen (*LG Hamburg* ZMR 2015, 735, 736). Im Fall einer Anfechtung ist der Beschluss über den Vertrag auf entsprechenden Antrag in dem Umfang für ungültig zu erklären, in dem er nicht ordnungsmäßiger Verwaltung entspricht (*OLG Düsseldorf* ZWE 2001, 221; *LG Hamburg* ZMR 2015, 735, 736). Allerdings dürften nach Rechtsprechung des *BGH* Verstöße gegen die §§ 305 ff. BGB nicht im Verfahren nach § 43 Abs. 2 Nr. 4 WEG zu überprüfen sein, sondern ohne weiteres wegen Unwirksamkeit unzulässiger Klauseln zu berücksichtigen sein (*BGH* v. 05.07.2019 – V ZR 278/17; ZWE 2020, 83 = ZMR 2020, 206). Richtet sich der Angriff

nur gegen Teile des Verwaltervertrages wird oftmals nicht der Beschluss über den ganzen Vertrag für ungültig zu erklären sein. Teilnichtigkeit kommt nur in Betracht, wenn anzunehmen ist, dass der Vertrag auch ohne den nichtigen Teil geschlossen worden wäre. Aus diesem Grunde kann eine Teilanfechtung, die sich auf die beanstandeten Klauseln beschränkt, schon aus Kostengründen sinnvoll sein (*LG München I* ZMR 2018, 72 f.). Anderes kann bei zahlreichen anfechtbaren Vertragspunkten gelten (*LG Hamburg* ZMR 2015, 735; *LG Dortmund* ZWE 2017, 96, 98; *LG Frankfurt/M.* ZMR 2018, 62; *LG Stuttgart* ZMR 2018, 75 f.). Alleine die Kenntnis des Vertrages bei der Beschlussfassung über die Bestellung schließt die Anfechtbarkeit nicht aus (so kaum verständlich *KG* ZMR 2007, 802), da sie beim Vertragsschluss die Regel sein wird.

c) **Inhaltskontrolle nach §§ 305 ff. BGB**

Zudem müssen sich jedenfalls die von einem gewerblichen Verwalter verwendeten Verträge zumindest nach § 310 Abs. 3 Nr. 1 BGB an der Inhaltskontrolle nach §§ 305 ff. BGB messen lassen (vgl. *OLG München* ZMR 2009, 65; *Furmans* WE 2002, 77 ff.; *Gottschalg* WE 2003, 41 ff.), da der Verband als Vertragspartner in aller Regel Verbraucher ist (*BGH* ZMR 2015, 563 = MietRB 2015, 173; *OLG München* ZMR 2009, 138 f.; *LG Nürnberg-Fürth* ZMR 2008, 832 f.; a.A. noch *LG Rostock* ZMR 2007, 732). Dies ist allerdings ausgerechnet in dem Fall der Vertretung der Wohnungseigentümergemeinschaft durch den teilenden Eigentümer in der Gründungsphase gemäß §§ 9a Abs. 1 S. 2, 9b Abs. 1 S. 2 WEG nicht der Fall, da dann alle Einheiten einem Unternehmer gehören (SEHR/*Fritsch* § 2 Rn. 13). Gerade in diesem Zusammenhang, da der Wohnungseigentümergemeinschaft unvorteilhafte Verträge drohen, genießt sie also nicht den Schutz den §§ 305 ff. BGB. Schlagen dagegen die Eigentümer ein bestimmtes Formular vor, findet eine Inhaltskontrolle zulasten des Verwalters nicht statt (*Skauradszun* ZWE 2008, 422). Da mit §§ 305 ff. BGB unvereinbare Klauseln auch außerhalb der wohnungseigentumsrechtlichen Prüfung im Verfahren nach § 43 Abs. 2 Nr. 4 WEG unwirksam sind (*LG Mönchengladbach* ZMR 2007, 896; *LG München* ZMR 2018, 72, 73), können sie nicht im Rahmen einer Anfechtungsklage überprüft werden (*BGH* v. 05.07.2019 – V ZR 278/17; ZWE 2020, 83 = ZMR 2020, 206). Die Unwirksamkeit tritt kraft Gesetzes ein und kann inzident, etwa in der Klage des Verwalters auf die vereinbarte Leistung gegen den Verband geprüft werden. Verstöße gegen die §§ 305 ff. BGB werden daher durch die Bestandskraft der Beschlüsse über die Vollmacht zum Vertragsabschluss bzw. über die Annahme eines Verwaltervertrages durch Beschluss nicht geheilt. Im Übrigen bleibt der Vertrag nach der Grundregel des § 306 Abs. 1 BGB wirksam (*OLG München* ZMR 2009, 64, 67; *LG Mönchengladbach* ZMR 2007, 896). Anderes kann gelten, wenn nicht nur Nebenpunkte, sondern zentrale Aufgaben und Pflichten des Verwalters betroffen sind (*LG Hamburg* ZMR 2015, 735, 736 f.). Von einer regelmäßigen Unwirksamkeit des gesamten Vertrages auszugehen (so *LG Hamburg* ZMR 2015, 735, 736 f.), dürfte allerdings zu weit gehen. 78

d) **Beispiele unwirksamer Klauseln**

Unwirksam sind etwa Klauseln, die den Zugang von **Einladungen fingieren**, da sie gegen § 308 Nr. 6 BGB verstoßen (*KG* ZMR 2008, 477; *OLG München* ZMR 2009, 65). Die Verpflichtung der Wohnungseigentümer zur **Mitteilung eines Adresswechsels** soll allerdings auch in allgemeinen Geschäftsbedingungen unbedenklich sein (*AG Saarbrücken* ZMR 2009, 563). Jedenfalls kann der Wohnungseigentümer, der seine ladungsfähige Anschrift nicht oder nicht richtig mitteilt, eine Anfechtung nicht auf diesen Ladungsmangel stützen (*BGH* ZMR 2013, 975). Als unwirksam wurde auch die **Delegation von Entscheidungsbefugnissen** etwa über Maßnahmen der Erhaltung (Instandhaltung und Instandsetzung) und über den Abschluss oder die Kündigung von Verträgen von Verträgen angesehen, da diese Kompetenzverlagerung vom gesetzlichen Leitbild abweiche (*OLG München* ZMR 2009, 66; *LG Frankfurt/M.* ZMR 2018, 62, 63; ähnlich zum alten Recht noch *BGH*, Urt. v. 11.06.2021 – V ZR 215/20; ZMR 2021, 830 = ZWE 2021, 406). Dies ist nicht unbeschränkt in das neue Recht übertragbar, da § 27 Abs. 2 WEG die unbegrenzte Übertragung von Befugnissen auf den Verwalter erlaubt. Allerdings setzt dies einen entsprechenden Beschluss der Eigentümerversammlung voraus. Daher muss entweder über die Delegation selbst oder über die Annahme des 79

Angebots zum Verwaltervertrag Beschluss gefasst werden. Ein lediglich kraft Vollmacht des Verwaltungsbeiratsvorsitzenden oder eines ermächtigten Wohnungseigentümers mit dem Verwalter geschlossener Verwaltervertrag genügt nicht (ähnlich Lehmann-Richter/Wobst § 6 Rn. 503 f.). Darüber hinaus leiden derartige Beschlüsse nicht selten unter **Bestimmtheitsmängeln** (*AG Hamburg-Blankenese* ZMR 2010, 563 f., ZMR 2018, 266, 267 zur Auftragsvergabe »in Abstimmung mit dem Verwaltungsbeirat«). Mit ähnlicher Begründung wird die **Befreiung vom Selbstkontrahierungsverbot** als unangemessene Benachteiligung angesehen (*OLG München* ZMR 2009, 66). Auch die Befugnis zur Einstellung von Personal soll nicht durch AGB von der Eigentümerversammlung auf den Verwalter verlagert werden können (*OLG München* ZMR 2009, 64, 66). Noch viel weniger kann der Verwalter generell zum Verzicht auf Forderungen des Verbandes nach seinem Ermessen ermächtigt werden (vgl. *AG Siegburg* ZMR 2009, 84). Als unangemessene Benachteiligung wird die unbeschränkte Möglichkeit der Erteilung von Untervollmachten angesehen, da der Verwalter seine Leistung in Person zu erbringen hat (*OLG München* ZMR 2009, 66). Zudem stellen sie einen Vertrag zulasten Dritter dar, da sie nicht die Rechte der Vertragsparteien, also des rechtsfähigen Verbands und des Verwalters, sondern der Wohnungseigentümer beschneiden. Salvatorische Klauseln sind grundsätzlich wegen des Verstoßes gegen das Transparenzgebot unwirksam (*KG* ZMR 2008, 478). Zudem müssen sich jedenfalls die von einem gewerblichen Verwalter verwendeten Verträge zumindest nach § 310 Abs. 3 Nr. 1 BGB an der Inhaltskontrolle nach §§ 305 ff. BGB messen lassen (vgl. *OLG München* ZMR 2009, 65; *Furmans* WE 2002, 77 ff.; *Gottschalg* WE 2003, 41 ff.); da der **Verband als Vertragspartner Verbraucher** ist (*OLG München* ZMR 2009, 138 f.; *LG Nürnberg-Fürth* ZMR 2008, 832 f.; a.A. noch *LG Rostock* ZMR 2007, 732). Verstöße gegen die §§ 305 ff. BGB werden durch die Bestandskraft der Beschlüsse über die Vollmacht zum Vertragsabschluss bzw. über die Annahme eines Verwaltervertrages durch Beschluss nicht geheilt.

4. Der Widerruf des Verwaltervertrags

a) Verbraucherrechte zugunsten des Verbandes

80 Der rechtsfähige Verband ist jedenfalls dann, wenn nicht alle Wohnungseigentümer Unternehmer sind, als Verbraucher anzusehen (*BGH* ZMR 2015, 563 = MietRB 2015, 173; *OLG München* ZMR 2009, 138; *LG Nürnberg-Fürth* ZMR 2008, 832; a.A. noch *LG Rostock* ZMR 2007, 732). Folglich kommen ihm in aller Regel die allgemeinen Verbraucherschutzregelungen zugute. Dies umfasst auch die Widerrufsrechte gemäß § 312b Abs. 1 BGB (*Jacoby* ZWE 2016, 68, 70; a.A. Bämann/*Becker* § 26 Rn. 125a). Ernsthaft in Betracht kommen nur die Modalitäten der § 312b Abs. 1 Nr. 1, 2 BGB. Ein Verwaltervertrag wird kaum jemals ein Fernabsatzvertrag gemäß § 312b Abs. 1 Nr. 3 BGB sein, da sich der Verwalter bzw. ein Vertreter der Verwaltungsgesellschaft in aller Regel persönlich vorstellt, weil die Wohnungseigentümer einen persönlichen Eindruck gewinnen wollen (*Jacoby* ZWE 2016, 68, 71). Ein Vertragsschluss auf rein fernmündlicher Basis oder gar alleine auf schriftlicher Grundlage, wie ihn § 312b Abs. 1 Nr. 3 BGB voraussetzt, kommt in der Praxis so gut wie nie vor.

b) Voraussetzungen des § 312b Abs. 1 Nr. 1, 2 BGB

81 In Betracht kommt aber der so genannte »Außergeschäftsraumvertrag« gemäß § 312b Abs. 1 Nr. 1, 2 BGB. Die Voraussetzung der »körperlichen Anwesenheit des Verbrauchers« dürfte kein Hindernis sein. Lässt man zu, dass eine nicht natürliche Person als Verbraucher angesehen wird, dann wird man auf den Ort abstellen müsse, an dem sie ihren Willen bildet. Nimmt sie also in einer Eigentümerversammlung das Vertragsangebot des Verwalters an, sind die Voraussetzungen des Vertragsschlusses außerhalb der Geschäftsräume des Unternehmers gemäß § 312b Abs. 1 Nr. 1 BGB erfüllt. Dem wird man auch nicht dadurch entgehen können, dass die Eigentümerversammlung ihrerseits das Vertragsangebot abgibt. Denn § 312b Abs. 1 Nr. 2 BGB stellt die Abgabe des Angebots außerhalb der Geschäftsräume des Unternehmers dem Vertragsschluss nach § 312b Abs. 1 Nr. 1 BGB gleich (*Jacoby* ZWE 2016, 70).

c) Folgen des Widerrufs

Besteht das Widerrufsrecht, kann der Verbraucher den Vertrag gemäß § 355 Abs. 1 S. 5 BGB ohne Begründung widerrufen. Hierfür sieht § 355 Abs. 2 BGB grundsätzlich eine Frist von 14 Tagen ab Vertragsschluss vor. Dies wäre für den Verwalter noch vergleichsweise harmlos, hat er sein Amt innerhalb dieser Frist doch regelmäßig noch nicht angetreten, jedenfalls aber nur begrenzt Arbeit investiert. Zudem setzt der Widerruf ebenfalls eine Beschlussfassung der Eigentümerversammlung voraus, die nur in Ausnahmefällen binnen 14 Tagen nach dem Vertragsschluss zu erlangen sein wird. Dramatische Folgen für den Verwalter kann es aber nach sich ziehen, dass die Widerrufsfrist gemäß § 356 Abs. 3 S. 1 BGB erst mit einer korrekten Belehrung über das Widerrufsrecht beginnt. Hat der Verwalter eine solche Widerrufsbelehrung nicht erteilt, verlängert sich die Widerrufsfrist gemäß § 356 Abs. 3 S. 2 BGB um ein Jahr. Damit muss der Verwalter gemäß § 357 Abs. 1 BGB seine Vergütung zurückerstatten. Umgekehrt kann er nach § 357 Abs. 8 S. 1 BGB nur dann Wertersatz für seine Leistung verlangen, wenn der Verbraucher, also der rechtsfähige Verband, ausdrücklich verlangt hat, dass er seine Leistung vor Ablauf der Widerrufsfrist beginnt. Ob vor diesem Hintergrund damit argumentiert werden kann, dass auch ohne Vertrag ein Schuldverhältnis durch die Bestellung begründet wurde, das dem Verwalter einen Anspruch auf Zahlung der ortsüblichen Vergütung verschafft (so *Jacoby* ZWE 2016, 68, 72), erscheint zweifelhaft. Denn erst der Verwaltervertrag begründet ja den Vergütungsanspruch. Eher wäre auf die Ansprüche bei fehlerhaftem Vertragsverhältnis abzustellen (s.u. Rdn. 158). Aber auch dies erscheint angesichts des beabsichtigten Verbraucherschutzes zweifelhaft, da das Widerrufsrecht dann weitgehend leerliefe. 82

d) Konsequenzen für den Verwalter

Diesen misslichen Folgen kann der Verwalter nur dadurch entgehen, dass er korrekt über das Widerrufsrecht belehrt. Dies sollte durch den Abdruck der Widerrufsbelehrung samt Widerrufsformular gemäß Anlagen 1, 2 zu Art. 246a EGBGB in hervorgehobener Form erfolgen. Ob eine von den Wohnungseigentümern in einem Formularvertrag erhobene Aufforderung, noch vor Ablauf der Widerrufsfrist mit der Leistung zu beginnen, wirksam ist, bleibt abzuwarten. Der angehende Verwalter kann aber auf eine entsprechende Beschlussfassung der Eigentümerversammlung hinwirken, die nicht nach §§ 305 ff. BGB überprüfbar ist. 83

5. Beschlüsse über die Abänderung des Verwaltervertrags

Hingegen kann der Verwaltervertrag nicht einseitig durch Mehrheitsbeschluss mit Wirkung gegen den Verwalter abgeändert werden, da dies auf ein **Rechtsgeschäft zulasten Dritter** hinausliefe. Wie jeder Vertrag kann der Verwaltervertrag nur im Einvernehmen beider Seiten geändert werden, wobei dies aufseiten der Wohnungseigentümergemeinschaft wiederum durch Mitwirkung aller Miteigentümer, durch die nach § 9b Abs. 2 WEG Bevollmächtigten oder durch Beschluss erfolgen kann. Auch der Beschluss über eine Abänderung muss ordnungsmäßiger Verwaltung entsprechen, was bei (hohen) rückwirkenden Erhöhungen der Vergütung regelmäßig nicht der Fall ist (*OLG Düsseldorf* ZMR 1998, 653 f.). Andererseits kann u.U. ein **Anspruch der Miteigentümer aus § 18 Abs. 2 Nr. 1 WEG auf Anpassung** des Vertrags bestehen, wenn etwa sonst ein fähiger Verwalter seine Tätigkeit zum nächstmöglichen Termin kündigen will (vgl. *KG* ZMR 1986, 96). 84

IV. Der Inhalt des Verwaltervertrags

1. Vertragstypus

Die schuldrechtlichen Beziehungen zwischen Verband und Verwalter – der Verwaltervertrag – sind im Gesetz nicht geregelt oder auch nur angesprochen. Nach den Grundsätzen körperschaftlicher Personenvereinigungen ist die schuldrechtliche Beziehung zwischen Verband und Wohnungseigentümern einerseits und Verwalter andererseits allerdings von seiner organschaftlichen Bestellung zu unterscheiden. Danach sind Verband und Verwalter bei entgeltlicher Verwaltertätigkeit schuldrecht- 85 lich regelmäßig durch einen **gemischten Vertrag** mit Elementen aus Dienst- und Werkvertrag (etwa der Erstellung von Jahresabrechnung und Wirtschaftsplan) sowie der Geschäftsbesorgung verbunden.

2. Pflichten kraft Gesetzes

a) Im WEG vorausgesetzte Pflichten

86 Im Verwaltervertrag oftmals gar nicht ausdrücklich geregelt, da selbstverständlich, sind die im Gesetz verbindlich vorgesehenen Verwaltungstätigkeiten (*BayObLG* NJW-RR 1996, 1298 = WuM 1996, 445 = WE 1997, 39). So ist dem Vertrag jedenfalls im Wege ergänzender Auslegung zu entnehmen, dass sich der Verwalter in Übereinstimmung mit § 24 Abs. 1 WEG zur Einberufung der jährlichen Eigentümerversammlung und gemäß § 28 Abs. 1 und 2 WEG zur Erstellung von Wirtschaftsplan und Jahresabrechnung verpflichtet (*BayObLG* NJWE-MietR 1997, 162; *OLG Köln* ZMR 1999, 789; *Hügel* ZMR 2008, 5; *Skauradszun* ZWE 2008, 419). Diese gesetzlichen Pflichten können durch die Gemeinschaftsordnung(vgl. *Skauradszun* ZWE 2008, 420), nunmehr aber gemäß § 27 Abs. 2 WEG auch durch Beschluss modifiziert oder erweitert werden.

b) Weitere Pflichten aus dem Geschäftsbesorgungsverhältnis

87 Ferner hat der Verwalter die Wohnungseigentümer nach § 666 BGB über wesentliche Vorgänge, insbesondere über Rechtsstreitigkeiten zu informieren. Des Weiteren hat er gem. §§ 675, 667 BGB alles, was er im Rahmen seiner Verwaltungstätigkeit erlangt, herauszugeben, auch unrechtmäßig in Anspruch genommene Vorteile wie Versicherungsprovisionen (*OLG Düsseldorf* ZMR 1998, 307; *Armbrüster* ZWE 2012, 203). Der Verwalter hat den Wohnungseigentümern ferner eine aktuelle Eigentümerliste zur Verfügung zu stellen, nicht aber auch eine Zusammenstellung ihrer E-Mail-Adressen (*AG Düsseldorf* ZMR 2018, 453 f.).

c) Ergänzungen der gesetzlichen Regelungen im Verwaltervertrag

aa) Vollmacht für Aktivverfahren

88 Die gesetzlichen Bestimmungen sind indessen nicht abschließend und häufig auch nicht zwingend. Die Vertragsparteien können folglich abweichende Regelungen vereinbaren, sofern nicht unabdingbares Recht (wie §§ 9b Abs. 1 S. 3, 26 Abs. 5, Abs. 2 WEG) betroffen ist (vgl. Jennißen/*Heinemann* § 27 Rn. 60). Häufig wird es sich empfehlen, die gesetzlichen Regelungen im Verwaltervertrag zu ergänzen. Besonders sinnvoll ist in diesem Zusammenhang eine ergänzende Regelung zur Ermächtigungsvorschrift des § 27 Abs. 1 Nr. 1 WEG. Denn eine Konkretisierung der wenig bestimmten Ermächtigung des Verwalters, Maßnahmen »untergeordneter Bedeutung« zu treffen, die »nicht zu erheblichen Verpflichtungen führen«, kann spätere Streitigkeiten vermeiden. Auch die Delegation der Entscheidung über Erhaltungsmaßnahmen, die die Befassung oder gar wiederholte Einberufung der Eigentümerversammlung ersparen kann, ist sinnvoll und nach § 27 Abs. 2 WEG in weit größerem Umfang möglich als früher erfolgen (vgl. § 27 Rdn. 113 ff.). Allerdings bedarf es hierzu eines Beschlusses. Die Erweiterung (oder Einschränkung) der Verwalterbefugnisse muss also entweder separat beschlossen oder der Verwaltervertrag muss durch Beschluss angenommen werden (Dötsch/Schultzky/Zschieschack § 9 Rn. 150; vgl. Rdn. 69).

bb) Weitere sinnvolle Regelungen

89 Darüber hinaus kann dem Verwalter die Arbeit dadurch wesentlich erleichtert werden, dass der Verwaltervertrag die Teilnahme am **Lastschriftverfahren** und anderenfalls eine Sondervergütung vorsieht (allgemein hierzu *Derleder* ZMR 2008, 10 ff.). Unbedenklich soll selbst in allgemeinen Geschäftsbedingungen eine Klausel sein, die die Wohnungseigentümer zur unverzüglichen schriftlichen **Mitteilung über Schäden am Gemeinschaftseigentum** verpflichtet, da sich dies schon aus der Treuepflicht der Wohnungseigentümer untereinander ergebe (*AG Saarbrücken* ZMR 2009, 562 f.; zweifelhaft, da auf eine Verpflichtung Dritter hinauslaufend; s. Rdn. 63). Umgekehrt sollte auch die Information der Wohnungseigentümer wesentlich vereinfacht werden und eine Pflicht zur

Versendung der Niederschrift, die das Gesetz nicht vorsieht (*BayObLG* NJW-RR 1989, 656) in den Verwaltervertrag aufgenommen werden. Ebenso empfiehlt sich eine **Regelung zur Kontenführung**,um die für Wohnungseigentümergemeinschaften riskante, aber bisweilen immer noch praktizierte Anlage gemeinschaftlicher Gelder zu vermeiden. Darüber hinaus kann dem Verwalter die Verantwortung für die Verkehrssicherheit der Anlage teilweise oder zur Gänze auferlegt werden (*BayObLG* NJW-RR 2005, 100 = ZMR 2005, 137; *OLG München* ZMR 2006, 226; vgl. u.).

d) Leistungen im Rahmen der Gebäudeversicherung

aa) Vertragspartner des Versicherers und Versicherter

Eine Sonderstellung im Bereich der Pflichten aus dem Verwaltervertrag nimmt die Durchsetzung von Versicherungsleistungen ein. Denn die Gebäudeversicherung betrifft sowohl Rechte und Pflichten des rechtsfähigen Verbandes als auch solche der einzelnen Eigentümer. Soweit das Gemeinschaftseigentum Gegenstand einer Versicherung ist, wurde schon nach Anerkennung ihrer (Teil-) Rechtsfähigkeit die Gemeinschaft gemäß § 10 Abs. 6 S. 1 WEG a.F. Vertragspartner des Versicherers (*BGH* ZMR 2016, 974, 975; Prölss/Martin/*Klimke* VVG, 28. Aufl. 2010 § 43 VVG Rn. 12; Greiner Rn. 1667; *Armbrüster* ZWE 2009, 109; ders. ZWE 2012, 201; *Greiner* NZM 2013, 481, 485). Denn der Abschluss des Versicherungsvertrages ist Gegenstand der »Verwaltung des gemeinschaftlichen Eigentums« im Sinne dieser Vorschrift. Versicherter ist der rechtsfähige Verband allerdings nur insoweit, als auch sein Eigentum Gegenstand des Versicherungsvertrages ist. Das ist beim Verwaltungsvermögen/Gemeinschaftsvermögen, etwa bei Gartengeräten, Aufsitzrasenmähern etc., der Fall, sofern sie mitversichert sind, ferner dann, wenn er selbst Eigentümer einer Einheit in der eigenen Liegenschaft ist. Ansonsten ist das Gemeinschaftseigentum bekanntlich nicht dem rechtsfähigen Verband, sondern den Wohnungseigentümern zugeordnet. Dieses Auseinanderfallen von Vertragspartner und Eigentum der versicherten Gebäudeteile wird versicherungsrechtlich dadurch gemeistert, dass eine **Versicherung für fremde Rechnung** gemäß §§ 43 ff. VVG angenommen wird (*BGH* ZMR 2016, 974, 975; Prölss/Martin/*Klimke* VVG § 43 VVG Rn. 12; Greiner Rn. 1667; *Armbrüster* ZWE 2009, 109; *ders.* ZWE 2012, 201; *Dötsch* ZMR 2014, 169). Demnach schließt der rechtsfähige Verband den Versicherungsvertrag in eigenem Namen, aber für einen anderen, eben die Wohnungseigentümer. Genau auf diesem Wege wird auch die **Versicherung des Sondereigentums** gelöst, womit der Unterschied zum Gemeinschaftseigentum versicherungsrechtlich kaum erkennbar ist. Auch hier fallen Vertragspartner und Versicherte eben auseinander. Die Probleme zeigen sich erst bei der wohnungseigentumsrechtlichen Abwicklung eines Schadensfalles. 90

bb) Vorgehen bei Schäden am Gemeinschaftseigentum

Vergleichsweise unkompliziert ist die Abwicklung eines Schadens am Gemeinschaftseigentum. Denn der Ersatz von Schäden am Gemeinschaftseigentum ist ein gemeinschaftsbezogenes Recht, das die Wohnungseigentümergemeinschaft, vertreten durch den Verwalter, geltend macht. 91

cc) Vorgehen bei Schäden am Sondereigentum

Hingegen kommt der Wohnungseigentümergemeinschaft (und somit dem Verwalter) weder aus versicherungs- noch aus wohnungseigentumsrechtlichen Gründen die Aufgabe zu, Schäden im Sondereigentum abzuwickeln (*OLG Hamm* ZMR 2008, 401, 402; *Dötsch* ZMR 2014, 169, 171; zum versicherungsrechtlichen Aspekt s. etwa *Armbrüster* ZWE 2009, 109, 110; *ders.* ZWE 2012, 201, 204; *Greiner* NZM 2013, 481, 491). In der Folge gilt § 44 Abs. 1 VVG, wonach der Versicherte die **Rechte aus dem Versicherungsvertrag selbst geltend machen muss.** Der Verband ist als Versicherungsnehmer aus § 30 Abs. 1 S. 1 VVG nur verpflichtet, den Schadensfall dem Versicherer anzuzeigen, wobei ihm noch nicht einmal diese Pflicht ausschließlich zugewiesen wird. Auch der betroffene Wohnungseigentümer ist hierzu aus § 30 Abs. 1 S. 2 VVG verpflichtet. Ähnliches gilt für die Erteilung von Auskünften gemäß § 31 VVG, die der Versicherer zur Feststellung des Versicherungsfalles oder des Umfangs seiner Leistungspflicht verlangt. Diese muss sowohl der Versicherungsnehmer, also der rechtsfähige Verband, nach § 31 Abs. 1 VVG durch den Verwalter, als 92 auch gemäß § 31 Abs. 2 VVG der Versicherte, also der betroffene Wohnungseigentümer, erteilen. Diese beschränkte versicherungsrechtliche Zuweisung von Aufgaben und Befugnissen an den rechtsfähigen Verband wird anders als beim Gemeinschaftseigentum wohnungseigentumsrechtlich nicht korrigiert. Insbesondere ist die Sorge um den Zustand des Sondereigentums keine (weder eine geborene noch eine gekorene) gemeinschaftsbezogene Aufgabe, sondern ausschließlich dem Sondereigentümer zugewiesen (*KG* NJW-RR 1992, 150; *BayObLG* NJW-RR 1999, 305, 306). Ein **Beschluss**, der gleichwohl die Abwicklung des Schadensfalles auf den rechtsfähigen Verband übertragen würde, wäre wegen eines Eingriffs in den Kernbereich des Sondereigentumes nichtig. Abgesehen von der Schadensanzeige ist also weder der rechtsfähige Verband noch der Verwalter in seiner Eigenschaft als sein Organ verpflichtet, den geschädigten Sondereigentümer bei der Schadensabwicklung zu unterstützen (*KG* NJW-RR 1992, 150; Greiner, NZM 2013, 481, 491; *Dötsch* ZMR 2014, 169, 171 f.). Folglich können daraus, dass er die Abwicklung des Schadensfalls ablehnt, auch keine Schadensersatzansprüche gegen den Verwalter resultieren (*KG* NJW-RR 1992, 150). Die Unterstützung bei der **Durchsetzung seiner Ansprüche gegen die Gebäudeversicherung** (hierzu *KG* NJW-RR 1992, 150; *BayObLG* NJW-RR 1999, 305, 306; im Ergebnis auch *OLG Hamm* ZMR 2008, 401, 402; *Armbrüster* ZWE 2012, 201, 204; *Dötsch* ZMR 2014, 169, 171) erfordert zunächst – unaufgefordert – die **Information des Wohnungseigentümers** über die Existenz und den Gegenstand der Versicherung (*Armbrüster* ZWE 2009, 109, 110; *ders.* ZWE 2012, 201, 204). Sodann hat der Verwalter dem geschädigten Wohnungseigentümer die erforderlichen Vertragsdaten, insbesondere die Versicherungsnummer bekannt zu geben (*KG* NJW-RR 1992, 150; *BayObLG* NJW-RR 1999, 305, 306; *Armbrüster* ZWE 2012, 203 f.). Schließlich hat er, soweit keine entgegenstehenden Umstände vorliegen, die **Zustimmung gemäß § 44 Abs. 2 VVG** durch Beschluss der Eigentümerversammlung vorzubereiten und den Wohnungseigentümer dort zu unterstützen (*Armbrüster* ZWE 2009, 109, 110; vgl. *Armbrüster* ZWE 2012, 201, 204).

dd) Keine Vorableistungen aus dem Vermögen des rechtsfähigen Verbandes

93 Aus dieser Kompetenzverteilung ergibt sich, dass der Verwalter als Organ der Wohnungseigentümergemeinschaft weder berechtigt noch gar verpflichtet ist, Maßnahmen zur Beseitigung des Schadens in die Wege zu leiten. Insbesondere muss er sich anders als beim Gemeinschaftseigentum nicht um die tatsächliche Durchführung der Sanierung im Sondereigentum kümmern. Lediglich zu dringlichen Maßnahmen ist er aus § 27 Abs. 1 Nr. 2 WEG berechtigt, was aber eine Gefahr für das Gemeinschaftseigentum voraussetzt. Noch viel weniger ist er berechtigt, Maßnahmen im Sondereigentum aus dem Vermögen des rechtsfähigen Verbandes (vor)zufinanzieren (*Greiner* NZM 2013, 481, 489; *Dötsch* ZMR 2014, 169, 173). Dies würde vielmehr Schadensersatzansprüche des rechtsfähigen Verbandes nach sich ziehen (*Armbrüster* ZWE 2009, 109, 111).

ee) Schadensabwicklung in einem Zuge

94 Nach oben Ausgeführtem ist die Befugnis zur Abwicklung eines Versicherungsfalles selbst dann gespalten, wenn ein »einheitlicher« Schaden an Gemeinschafts- und Sondereigentum entstanden ist, der am einfachsten in einem Zuge behoben würde (*Armbrüster* ZWE 2009, 109, 110 f.). Dies ist nicht gerade ökonomisch und kann beim Versicherer sogar den Gedanken an einen Verstoß gegen die Obliegenheit zur Schadensminderung aus § 82 VVG aufkommen lassen (*Greiner* NZM 2013, 481, 482; *Dötsch* ZMR 2014, 169, 172). Es bleibt daher zu prüfen, ob dieser praktisch und versicherungsrechtlich misslichen Situation wohnungseigentumsrechtlich beizukommen ist. An der Wurzel lässt sich dieser Missstand nur anpacken, wenn man dem Verband, ähnlich wie beim Gemeinschaftseigentum die Abwicklung auch der Schäden im Sondereigentum überträgt. Unproblematisch lässt sich dies nur durch eine Vereinbarung lösen. Denn auf diesem Wege kann die Zuständigkeit der Wohnungseigentümergemeinschaft ohne weiteres erweitert werden. Dies setzt allerdings entweder einen weit vorausschauenden Verfasser der Teilungserklärung voraus oder aber die Zustimmung aller Wohnungseigentümer unter Einhaltung der Formerfordernisse zwecks Eintragung in das Grundbuch. Beides dürfte die Ausnahme sein.

Ein anderer, im Schrifttum diskutierter Weg führt über die **Ermächtigung des Verwalters gemäß § 27 Abs. 2 WEG** (vgl. hierzu noch nach altem Recht *Dötsch* ZMR 2014, 169, 172). Die neue Möglichkeit, die Rechte und Pflichten des Verwalters zu erweitern, eröffnet es, den Verwalter durch Beschluss – und das sogar auf Dauer – unwiderruflich zu ermächtigen, bei Schadensfällen die Abwicklung des Versicherungsfalles insgesamt, auch für das Sondereigentum zu übernehmen. Allerdings sollte dies auf Wohnungseigentümer beschränkt werden, die dieser Abwicklung zustimmen. Denn ansonsten könnte ein Eingriff in den **Kernbereich des Sondereigentums** vorliegen, den auch § 27 Abs. 2 WEG nicht erlaubt. 95

ff) Individuelle Abreden zwischen den an der Abwicklung Beteiligten

Selbstverständlich kann sich der einzelne Wohnungseigentümer zum Zwecke der einheitlichen Schadensabwicklung auch an den Handwerker wenden, den die Gemeinschaft zur Beseitigung der Schäden im Gemeinschaftseigentum beauftragt hat. Die Pflicht des Verwalters zur Unterstützung des einzelnen Wohnungseigentümers gebietet es zumindest, dem betroffenen Wohnungseigentümer auf Anfrage dessen Kontaktdaten zur Verfügung zu stellen. Noch sinnvoller ist es natürlich, wenn sich der betroffene Wohnungseigentümer schon vor Beginn der Arbeiten, möglichst noch in der Planungsphase, zu diesem Zwecke an den Verwalter wendet. Erfahrungsgemäß ermöglicht eine Kooperation von Anfang an erhebliche Einspareffekte und somit insgesamt geringere Kosten. Hierbei handelt es sich aber nicht um originäre Aufgaben des Verwalters gemäß § 27 WEG zur Bewirtschaftung des Gemeinschaftseigentums (*Armbrüster* ZWE 2009, 109, 110 f.). Daraus folgt zum einen, dass der Verwalter den betroffenen Wohnungseigentümer gegenüber Handwerkern etc. nicht kraft Gesetzes vertreten kann. Vielmehr muss er sich dazu eine **eigenständige Vollmacht** gemäß §§ 164 ff. BGB erteilen lassen (*Greiner* NZM 2013, 481, 491; *Dötsch* ZMR 2014, 169, 172). Zum anderen ist der Verwalter zu einer solchen Tätigkeit nicht aufgrund des Verwaltervertrages verpflichtet. Er kann sie also ablehnen oder sich aber eine eigene **Sondervergütung** hierfür ausbedingen (*Greiner* NZM 2013, 481, 491 f.). 96

gg) Vergütungsfragen

Die Geltendmachung von Versicherungszahlungen ist, wie gesagt, eine Bewirkung und Entgegennahme von Zahlungen Dritter, die in den Aufgabenbereich des Verwalters gemäß § 27 Abs. 1 Nr. 1 WEG fällt. Nach Rechtsprechung des *BGH* kann hierfür gleichwohl eine Zusatzvergütung vereinbart werden (vgl. Rdn. 135 ff.). Dies gilt etwa für die gerichtliche Geltendmachung der Versicherungsleistungen und erst recht in umfangreichen Schadensfällen, wenn der Verwalter die Bauleitung der durchzuführenden Maßnahmen übernimmt. 97

Hingegen ist die **Abwicklung von Schäden am Sondereigentum** keine Aufgabe, die dem Verwalter kraft Gesetzes zugewiesen ist (*Armbrüster* ZWE 2009, 109, 111; *Dötsch* ZMR 2014, 169, 172). Natürlich kann er aber eine entsprechende Verpflichtung gegen Zahlung einer angemessenen Vergütung übernehmen. Hierbei ist aber zu berücksichtigen, dass eine solche Tätigkeit und die Vergütung hierfür, die das Sondereigentum oder Individualansprüche betreffen, entgegen einer häufigen Praxis **nicht durch Beschluss begründet** werden kann (*OLG Hamm* NJW-RR 2001, 226, 230). Denn die Beschlusskompetenz der Wohnungseigentümer erstreckt sich nach § 19 Abs. 1 WEG nur auf die Verwaltung des gemeinschaftlichen Eigentums. Letztere umfasst gerade nicht das Sondereigentum oder individuelle Rechtspositionen einzelner Miteigentümer. Ebenso wenig genügt eine entsprechende Regelung im Verwaltervertrag. Denn dieser wird zwischen rechtsfähigem Verband und Verwalter geschlossen. Die Vereinbarung einer Vergütung, die die betroffenen Wohnungseigentümer selbst zu zahlen haben, wäre somit ein Vertrag zulasten Dritter (*BGH* ZMR 2012, 461, 462; ähnlich schon *OLG Düsseldorf* NJW-RR 2003, 302, 303; für das neue Recht s. Dötsch/Schultzky/Zschieschack § 9 Rn. 24). Vielmehr muss der Verwalter die Vergütung für die Abwicklung von Schäden im Sondereigentum individuell mit den betroffenen Miteigentümern aushandeln. 98

3. Verwaltervertrag und Gemeinschaftsordnung

a) Abweichende Regelungen

99 Obwohl die Pflichten des Verwalters wie auch die zu ihrer Erfüllung erforderlichen Befugnisse im Verwaltervertrag geregelt werden können, ist eine **mittelbare Abänderung der Gemeinschaftsordnung** schlechthin ausgeschlossen (s. für einen Spezialfall *LG Frankfurt* ZMR 2014, 238). Trifft die Gemeinschaftsordnung etwa eine unzweckmäßige Regelung zur Verteilung der Verwalterkosten, kann sie nicht dadurch ausgehebelt werden, dass im Verwaltervertrag eine andere Kostenverteilung verabredet wird. Denn der Verwaltervertrag regelt nur die Beziehungen vom Verband zum Verwalter, lässt aber das Innenverhältnis der Wohnungseigentümer unberührt (*KG* ZMR 2010, 136; *AG Hamburg-Blankenese* ZMR 2017, 98, 99). Die betroffenen Wohnungseigentümer hätten also den anderen Miteigentümern gegenüber nach wie vor einen Anspruch auf Abrechnung nach dem Verteilungsschlüssel der Gemeinschaftsordnung. Verweist allerdings die Gemeinschaftsordnung auf den Verwaltervertrag, so sind dessen Regelungen auch im Verhältnis der Wohnungseigentümer untereinander wirksam (*AG Aachen* ZMR 2015, 396, 397). Änderungen können nunmehr nach Einführung neuer Beschlusskompetenzen im Gesetz (etwa §§ 16 Abs. 2 S. 2, 21 Abs. 5 WEG) durch Mehrheitsentscheidung erfolgen. Dies sollte aber nach wie vor nicht im Zusammenhang mit dem Verwaltervertrag geschehen. Schon der Rechtsklarheit wegen ist eine **getrennte und ausdrückliche Beschlussfassung** über beide Gegenstände zu empfehlen. Sind die Voraussetzungen für die Änderung der Teilungserklärung kraft gesetzlicher oder vereinbarter Öffnungsklausel nicht erfüllt, bleibt der Weg einer mittelbaren Abänderung über den Verwaltervertrag ohnehin ausgeschlossen (*KG* ZMR 2010, 136). Im Übrigen dürfte einem Bevollmächtigten der Wohnungseigentümer die Vollmacht zur Verabredung solcher Vertragsbedingungen entgegen der Gemeinschaftsordnung fehlen, so dass die entsprechende Regelung keine Wirkung entfaltet. Selbst der Eigentümerversammlung dürfte die Kompetenz abgehen, den Abschluss eines Verwaltervertrags zu beschließen, der abstrakt-generell von der Gemeinschaftsordnung abweichende Regelungen vorsieht (s. schon *BayObLG* NJW-RR 1989, 1170 = BayObLGZ 1989, 347; vgl. *OLG Hamm* NZM 2000, 505; ZMR 2001, 142; a.A. Niedenführ/*Vandenhouten* § 26 Rn. 68). Hingegen sind lediglich vereinbarungswidrige Regelungen im Verwaltervertrag, etwa zur Haftung des Verwalters, die die Gemeinschaftsordnung nicht abändern wollen, sondern nur im Einzelfall missachten, nur anfechtbar.

b) Ergänzende Regelungen

100 Allerdings ist entgegen der Rspr. des *OLG Köln* (ZMR 2004, 146 f. u. 216) zur Verwaltervollmacht nicht jede über die Gemeinschaftsordnung hinausgehende Bestimmung als Vereinbarungsänderung anzusehen. Es kommt insoweit darauf an, ob die Gemeinschaftsordnung von vornherein nur partielle Regelungen treffen oder insoweit abschließend sein will. Will die Gemeinschaftsordnung nur einzelne Aspekte regeln oder die Befugnisse des Verwalters sogar ausdrücklich erweitern, so trifft sie gerade keine Regelung zu anderen Zusammenhängen. Diese offen gebliebenen Regelungszusammenhänge stünden somit der Ergänzung durch einen vereinbarungsersetzenden Beschluss offen und können folglich auch im Verwaltervertrag geregelt werden.

4. Pflicht zur persönlichen Leistung

a) Grenzen der Delegation

aa) Keine vollständige Übertragung der vertraglichen Pflichten

101 Der Verwalter hat seine Dienste nach § 664 Abs. 1 BGB grundsätzlich persönlich zu erbringen und darf sie nicht ohne Zustimmung der Wohnungseigentümer auf Dritte übertragen (*OLG Hamm* NJW-RR 1997, 143 = ZMR 1996, 679; NJW-RR 2004, 1383; *BayObLG* NJW-RR 1997, 1444 = ZMR 1998, 175; 2002, 534; *OLG Rostock* ZMR 2010, 225). Dass er sich die Übertragung der Verwalterstellung auf Dritte nicht vertraglich vorbehalten kann, folgt schon aus § 26 Abs. 5 WEG, da hierdurch die Beschlussfassung der Eigentümer über die Bestellung des Verwalters ausgeschlossen würde (*LG Karlsruhe* ZMR 2013, 377; vgl. *BayObLG* NJW-RR 1997, 1443; *KG* ZMR 2002, 695;

LG Karlsruhe ZMR 2013, 377; *LG Frankfurt*/O. ZMR 2013, 982). Selbst eine entsprechende Regelung in der Gemeinschaftsordnung wäre nichtig (BayObLGZ 1975, 330), erst recht ein Mehrheitsbeschluss (*LG Karlsruhe* ZMR 2013, 377). Ebenso wenig kann die widerspruchslose Hinnahme der Tätigkeit Dritter die Bestellung ersetzen, da sie allenfalls als ein (konkludentes) Angebot zum Abschluss eines Verwaltervertrags, aber nicht als ein die erforderlichen Formalien einhaltender Beschluss angesehen werden kann (BayObLGZ 1987, 59; *OLG Schleswig* WE 1997, 389; a.A. *OLG Hamm* NJW-RR 1997, 143 f. = ZMR 1996, 680; *OLG Düsseldorf* ZMR 2004, 135 f.).

bb) Hilfskräfte

Es herrscht kein Streit darüber, dass der Verwalter Hilfskräfte beschäftigen oder einzelne Aufgaben auf Dritte übertragen kann (*OLG Hamm* NJW-RR 1997, 143 = ZMR 1996, 679; NJW-RR 2004, 1383; *BayObLG* NJW-RR 1997, 1444; *KG* ZMR 2002, 695; *OLG München* ZMR 2008, 238; *LG Flensburg* NJW-RR 1999, 597). Auch diese Möglichkeit ermöglicht es dem Verwalter aber nicht, die Kernaufgaben im Rahmen seiner Verwaltertätigkeit auf Dritte zu übertragen (*LG Karlsruhe* ZMR 2013, 377; Jennißen/*Jennißen* § 26 Rn. 10). Zudem dürfen hierdurch keine oder allenfalls im Vertrag bereits bezifferte Zusatzkosten auf den Verband zukommen (*OLG Düsseldorf* NJW-RR 2001, 662 = ZMR 2001, 305; ZMR 2006, 872). 102

b) Kein Übergang der Verwalterstellung auf den Erben

Nach dem Tode des Verwalters tritt der Erbe nicht als Gesamtrechtsnachfolger in die Verwalterstellung ein (*LG Düsseldorf* ZMR 2013, 213; *LG Frankfurt*/O. ZMR 2013, 982). 103

c) Wechsel der Rechtsform

aa) Rechtslage bei fehlender Identität ursprünglicher und neuer Gesellschaft

Auch beim Wechsel der Rechtsform wird die neue Gesellschaft nicht ohne Zutun der Wohnungseigentümer neue Verwalterin, etwa bei der Umwandlung von einer *KG* in eine GmbH (*OLG Düsseldorf* NJW-RR 1990, 1300). Auch dann, wenn der Verwalter als eingetragener Kaufmann eine OHG gründet, wird diese nicht ohne Zutun der Wohnungseigentümergemeinschaft Verwalterin (*BayObLG* ZMR 2001, 367; NJW-RR 2002, 734 = ZMR 2002, 533; *LG Frankfurt* an der Oder ZMR 2013, 982). Vielmehr bleibt die natürliche Person Verwalter (*AG Darmstadt* ZMR 2012, 998 f.), ebenso wenig dann, wenn Gesellschaftsanteile veräußert werden (*AG Münster* ZMR 2016, 816, 187). Der Wechsel des persönlich haftenden Gesellschafters führt aber nicht zum Verlust der Verwaltereigenschaft, da die Gesellschaft unverändert fortbesteht (*BayObLG* NJW-RR 1988, 1170; Jennißen/*Jennißen* § 26 Rn. 16). Wird in einem Prozess demjenigen, dem die Verwaltung ohne Zustimmung der Wohnungseigentümer übertragen wurde, zugestellt, ist die Zustellung fehlerhaft (*KG* ZMR 2002, 695). Hingegen sind **identitätswahrende Rechtsformveränderungen** wie die Umwandlung der UG zur GmbH durch Erhöhung des Stammkapitals ohne Einfluss auf die Verwalterstellung (*LG Dortmund* ZMR 2017, 573, 574). 104

bb) Verschmelzung

Anderes soll nach Rechtsprechung des *BGH* für die Verschmelzung gelten (*BGH* WuM 2014, 295; a.A. noch *LG Landau*/Pfalz ZMR 2013, 747; AG Frankenthal ZMR 2012, 826; zuletzt *OLG München* v. 31.01.2014 – 34 Wx 469/13). Denn ihr Vermögen und ihre Verbindlichkeiten gehen gemäß § 20 Abs. 1 Nr. 1 UmwG im Wege der Gesamtrechtsnachfolge auf die neue Gesellschaft über, wovon nur höchstpersönliche Rechte ausgenommen sind. Auch § 673 S. 1 BGB ist auf Verwaltervertrag und -stellung nicht entsprechend anwendbar, da es bereits an einer Regelungslücke fehlt. Das UmwG verfolgt nämlich abweichend von § 673 S. 1 BGB das Ziel einer Kontinuität der Rechtsverhältnisse. Der Verwaltervertrag ist jedenfalls bei juristischen Personen auch nicht als höchstpersönliches Rechtsverhältnis anzusehen, da hier nicht die Verwaltertätigkeit durch eine bestimmte Person im Vordergrund steht. Vielmehr könnten die Wohnungseigentümer weder die Auswechselung der Gesellschafter 105 noch der Geschäftsführer verhindern. Die Wohnungseigentümergemeinschaft kann die Verwalterstellung auch nicht aus wichtigem Grund kündigen, da die Verschmelzung keinen wichtigen Grund gemäß § 314 Abs. 1 BGB darstellt, der die Fortführung der Verwaltung unzumutbar macht. Vielmehr wird den Interessen der Wohnungseigentümer schon durch die Gläubigerschutzvorschriften des Umwandlungsrechtes Rechnung getragen.

cc) Abspaltung zur Neugründung einer GmbH

106 Ebenso wenig führt nach Auffassung des *BGH* die Ausgliederung eines von einem Einzelkaufmann geführten Unternehmens zur Neugründung einer GmbH zu einem Verwalterwechsel (*BGH* v. 02.07.2021 – V ZR 201/20; ZMR 2014, 654 = WuM 2014, 295). Entgegen verbreiteter Ansicht (etwa *OLG München* ZMR 2014, 569 f.; *LG Frankfurt*/O. ZMR 2013, 981; *BayObLG*, ZfIR 2002, 390; Jennißen WEG, 6. Aufl. § 26 Rn. 18b; a.A. etwa Bärmann/*Becker* WEG, 14. Aufl. § 26 Rn. 39; *Hügel/Elzer* WEG, 3. Aufl. § 26 Rn. 33) gehen vielmehr Verwalterstellung und Verwaltervertrag in diesem Fall auf die GmbH über, wie vom *BGH* bereits für die Verschmelzung einer juristischen Person auf eine andere entschieden (*BGH*, Urt. v. 21.02.2014 – V ZR 164/13, ZMR 2014, 654 = WuM 2014, 295). Denn durch die Bestellung einer natürlichen Person zum Verwalter entstehen regelmäßig keine vom Übergang ausgenommenen höchstpersönlichen Rechte und Pflichten. Auch in diesem Fall ist das Vertrauen der Wohnungseigentümer nicht auf eine höchstpersönliche Leistungserbringung gerichtet, sondern auf Expertise und Leistungsfähigkeit des Geschäftsbetriebs. Diese werden alleine durch die Ausgliederung des Unternehmens in eine Kapitalgesellschaft nicht berührt. Die Möglichkeit des Wechsels in der Geschäftsführung wird durch das Recht zur Abberufung kompensiert, die zudem jetzt nach § 26 Abs. 3 S. 1 WEG jederzeit möglich ist und binnen sechs Monaten auch den Verwaltervertrag beendet. Die Haftungsbeschränkung der GmbH rechtfertigt kein anderes Ergebnis, da der Einzelkaufmann nach §§ 156, 157 UmwG fünf Jahre für Verbindlichkeiten haftet, die auf die juristische Person übergehen. Auch eine (ergänzende) Auslegung des Verwaltervertrages steht dem nicht entgegen, da es dort schon an einer planwidrigen Lücke fehlt. Denn der Übergang ist in §§ 152 ff. UmwG geregelt. Überdies widerspräche eine abweichende Handhabung dem Willen der Vertragsparteien. Denn dann müsste der Verwalter für jede von ihm verwaltete Liegenschaft eine Eigentümerversammlung zwecks Neubestellung einberufen, während die Wohnungseigentümer entweder einen verwalterlosen Zustand aufgrund des Erlöschens der Verwalterbestellung oder aber deren Verbleiben bei der natürlichen Person hinnehmen müssten.

5. Haftung und Haftungserleichterungen

a) Das gesetzliche Haftungssystem

aa) Die Neuerungen des WEMoG

107 Mit dem WEMoG erfährt die Stellung des Verwalters auch im Hinblick auf seine Haftung einen durchgreifenden Systemwandel. Indem die Wohnungseigentümergemeinschaft durch §§ 9a Abs. 2, 18 Abs. 1 WEG zur alleinigen Trägerin der Verwaltung des gemeinschaftlichen Eigentums erhoben wird, sind sämtliche Ansprüche sowohl auf bestimmte Maßnahmen ordnungsmäßiger Verwaltung als auch Sekundäransprüche wegen fehlerhafter Verwaltung in erster Linie gegen sie zu richten. Dieses neue System der Durchsetzung von Ansprüchen auf ordnungsmäßige Verwaltung wirkt sich auch auf die Durchsetzung von Schadensersatzansprüchen wegen Pflichtverletzungen aus. Denn der Anspruch des einzelnen Wohnungseigentümers auf ordnungsmäßige Verwaltung richtet sich nur gegen die Wohnungseigentümergemeinschaft (*BGH* v. 05.07.2024 – V ZR 34/24). Der Verwalter ist nur im Innenverhältnis ihr gegenüber verpflichtet, so dass eine unmittelbar gegen ihn gerichtete Klage wegen der Verletzung dieser Pflichten mangels Passivlegitimation unbegründet wäre, gleichgültig, ob sie auf Unterlassung oder auf Schadensersatz gerichtet ist (BT-Drs. 19/18791, S. 56; *BGH* v. 28.01.2022 – V ZR 86/21). Zum Schadensersatz wegen Pflichtverletzungen des Verwalters ist dem einzelnen Wohnungseigentümer nur die Wohnungseigentümergemeinschaft verpflichtet (BT-Drs. 19/18791, S. 56). Sie kann ihrerseits bei jenem Regress nehmen (BT-Drs. 19/18791, S. 56). Sofern die Ausführungen des Rechtsausschusses den Verwaltervertrag weiterhin als Vertrag mit

Schutzwirkung zugunsten der Eigentümer ansehen und dem geschädigten Wohnungseigentümer einen vertraglichen Schadensersatz gegenüber dem Verwalter zubilligen (BT-Drs. 19/22634 S. 47), ist dies eine mit der neuen Systematik des Gesetzes nicht mehr vereinbare, unreflektierte Übernahme aus dem alten Recht (ähnlich Lehmann-Richter/Wobst § 6 Rn. 530).

bb) Haftungsmaßstab wegen der Verletzung der Pflichten aus dem Verwaltervertrag

In diesem neuen Haftungssystem unverändert ist der Haftungsmaßstab des Verwalters. Ohne wirksame Haftungsbeschränkung haftet er aus § 280 Abs. 1 BGB für jede Fahrlässigkeit bei der Verletzung vertraglicher Pflichten (*OLG Celle* ZMR 2004, 846 ff. noch zur Rechtslage vor der Schuldrechtsmodernisierung; speziell zur Erhaltung [Instandhaltung und Instandhaltung] *s. Vandenhouten* ZWE 2012, 237 ff.). Dies ist insbesondere dann der Fall, wenn er seine durch Gesetz, Gemeinschaftsordnung oder Beschluss verliehenen Kompetenzen oder sein hierbei eingeräumtes Ermessen überschreitet (Lehmann-Richter/Wobst § 6 Rn. 520). Der **Verschuldensmaßstab** richtet sich dabei nach dem, was von einem ordentlichen und gewissenhaften Durchschnittsverwalter verlangt werden kann (*BGH* ZMR 1996, 276; *OLG Oldenburg* ZMR 2008, 238; *LG Hamburg* ZMR 2011, 499 f.). Ist der Verwalter Kaufmann, so hat er seine Pflichten mit der Sorgfalt eines ordentlichen Kaufmanns zu erfüllen (*BayObLG* ZMR 1997, 431; ZMR 2002, 690 = NZM 2002, 565). Auch wenn selbst von einem professionellen Verwalter nicht die juristischen Kenntnisse eines Volljuristen zu erwarten sind, hat er doch die **rechtlichen Grundzüge** seines Berufes zu kennen (*LG Hamburg* ZMR 2012, 891 f.; ZMR 2016, 725, 727; *LG Dresden* ZMR 2013, 55; *Kuhla* ZWE 2012, 162). Sehr weit geht die Rechtsprechung des *BGH,* wonach die spätere Rechtsprechung maßgeblich ist, wenn die Haftung des Verwalters von einer zur Zeit der Pflichtverletzung streitigen Rechtsfrage abhängt (*BGH* ZMR 2018, 340, 342). In technischer Hinsicht kann von einem Verwalter aber nicht mehr erwartet werden als von jedem anderen Laien (*AG Hamburg*-St. Georg ZMR 2009, 323). **Sonderwissen** erhöht allerdings die Anforderungen (*BGH* ZMR 1996, 276; *BayObLG* WE 1991, 23). Dies ist insbesondere dann zu bejahen, wenn im Hinblick hierauf Sondervergütungen, etwa für die Überwachung von Baumaßnahmen, vereinbart wurden. Bei Inanspruchnahme besonderen Vertrauens kann es auch zum Haftungsdurchgriff auf den Geschäftsführer einer Verwaltungsgesellschaft kommen (*LG Krefeld* ZMR 2007, 72). Sofern der Verwalter mit der Erfüllung seiner Pflichten in Verzug ist, kann auch ein Anspruch aus §§ 286, 280 Abs. 2 BGB in Betracht kommen (*BayObLG* ZMR 1998, 358; 2000, 315 f.). Daneben kommen bei unberechtigter Geschäftsführung ohne Auftrag Ansprüche aus § 678 BGB in Betracht (*Skauradszun* ZWE 2008, 420). Die Ansprüche der Wohnungseigentümergemeinschaft gegen den Verwalter verjähren gem. §§ 195, 199 BGB in 3 Jahren ab Kenntnis des Schadens (Niedenführ/*Vandenhouten* § 27 Rn. 120), wobei ihr die Kenntnis des Verwaltungsbeirats zuzurechnen ist. 108

cc) Haftung aus sonstigen Gründen

Daneben können insbesondere Dritten gegenüber auch Schadensersatzansprüche aus Delikt (§ 823 BGB) und aus §§ 836, 838 BGB wegen Ablösung von Gebäudeteilen in Betracht kommen (*OLG Zweibrücken* ZMR 2002, 783; *BayObLG* NJW-RR 1995, 588). Im Innenverhältnis muss der geschädigte Wohnungseigentümer auch diese Ansprüche gegen die Wohnungseigentümergemeinschaft gelten machen (Lehmann-Richter/Wobst § 6 Rn. 530). Insbesondere für die Verletzung von Verkehrssicherungspflichten (s. gleich u. Rdn. 113 ff.) kann der Verwalter auch Dritten gegenüber haften, ebenso bei Überschreitung seiner Vollmachten aus § 179 BGB. Ihnen gegenüber ist eine Haftungsbeschränkung durch Vertrag oder Gemeinschaftsordnung nicht möglich, da dies auf einen Vertrag zulasten Dritter hinausliefe. Ihnen gegenüber kann sich der Verwalter auch nicht auf die vorrangige Haftung der Wohnungseigentümergemeinschaft berufen. 109

dd) Verhältnis zu sonstigen Rechtsschutzmöglichkeiten, insbesondere zur Anfechtung

Bereits nach altem Recht weitgehend ungeklärt war das Verhältnis anderer Rechtsschutzmöglichkeiten zur Geltendmachung von Schadensersatzansprüchen gegen den Verwalter. Dies wird ins- 110 besondere bei Fehlern in Beschlussvorlagen bedeutsam, die der Verwalter zu vertreten hat. Denn hier hätte sich ein möglicher Fehler auch durch Anfechtung des gefassten Beschlusses korrigieren lassen. Bisweilen wurde vertreten, die Unterlassung einer Anfechtungsklage stehe auch Schadensersatzansprüchen gegen den Verwalter entgegen (AG Halle/Saale ZMR 2013, 222), was sinngemäß nun auch für die Wohnungseigentümergemeinschaft gelten müsste. Ein strikter Ausschluss von Schadensersatzansprüchen dürfte indessen zu weit gehen, da es sich um Rechtsschutzmöglichkeiten mit verschiedenen Rechtsschutzzielen handelt. Schadensersatzansprüche wegen Pflichtverletzungen des Verwalters dürften also nur nach den Grundsätzen des Mitverschuldens gemindert sein, wenn die Durchführung des Anfechtungsverfahrens zur Abwendung des Schadens nahe gelegen hätte.

b) Die Haftung für das Handeln Dritter

aa) Erfüllungsgehilfen

111 Mit Ausnahme der Passivlegitimation bleibt auch die Haftung des Verwalters für Dritte unverändert. Die veröffentlichten Entscheidungen lassen sich dahin gehend zusammenfassen, dass der Verwalter gem. § 278 BGB dann für diese haftet, wenn sie Verrichtungen übernehmen, die er ansonsten in eigener Person hätte erledigen müssen, etwa bei der Buchführung, im Mahnwesen (*OLG Düsseldorf* ZMR 2004, 136), im Rahmen der Kontoführung (*OLG München* ZMR 2006, 884) oder bei der Erfüllung zusätzlicher Pflichten, die der Verwalter im Verwaltervertrag übernommen hat (*OLG Karlsruhe* ZMR 2009, 624). Anderes gilt, wenn er von den Wohnungseigentümern nur als Vertreter eingeschaltet wurde (*BayObLG* NJW-RR 2005, 100 f. = ZMR 2005, 137). Auch für Dritte, die die Wohnungseigentümer zur Erfüllung von Verwalterpflichten, etwa zur Leitung einer Eigentümerversammlung (*OLG Düsseldorf* ZMR 2006, 141), zur Ablesung von Verbrauchsständen (AG Halle/Saale ZMR 2013, 221 f.) oder zur Erfüllung von Verkehrssicherungspflichten (*OLG Karlsruhe* ZMR 2009, 624; *AG Hannover* ZMR 2012, 738) einschalten, muss der Verwalter nicht einstehen. Ebenso darf sich der Verwalter auf die vor Begründung von Wohnungseigentum tätigen Dritten, insbesondere den beurkundenden Notar verlassen; die Zuweisungen zu Gemeinschafts- und Sondereigentum, soweit rechtlich möglich, muss er nicht überprüfen (*AG Dippoldiswalde* ZMR 2013, 838). Dies kann auch bei Verrichtungen gelten, die ansonsten der Verwalter selbst übernehmen müsste, etwa die Besichtigung von Schäden am Gemeinschaftseigentum (so offenbar auch *AG München* ZMR 2012, 232 f.). Der im Aufgabenbereich des Verwalters eingesetzte Dritte seinerseits haftet abgesehen von deliktsrechtlichen Ansprüchen grundsätzlich nur diesem, nicht aber dem Verband oder den Wohnungseigentümern. Selbst wenn der Dritte in Kenntnis der Wohnungseigentümer wesentliche Verwaltungstätigkeiten übernimmt, bleibt der bestellte Verwalter Vertragspartner. Denn die bloße Hinnahme von Verwalterleistungen seitens Dritter ersetzt den Abschluss eines Vertrages nicht (*OLG Schleswig* WE 1997, 389; *OLG Düsseldorf* ZMR 2004, 135 f.).

bb) Tätigkeiten außerhalb seines Aufgabenbereiches

112 Schaltet der Verwalter Dritte dagegen außerhalb seines Aufgabenbereiches ein, etwa bei bautechnischen oder gärtnerischen Fragen, haftet er für deren Fehler nicht (*OLG Düsseldorf* ZMR 1998, 655; 2004, 365; *BayObLG* ZMR 2002, 692 = NZM 2002, 567; *OLG Frankfurt* am Main ZMR 2009, 622 u. 863 f.; *LG Köln* ZMR 2011, 503; *LG Lüneburg* ZMR 2012, 392 f.; *AG Hamburg*-St. Georg ZMR 2009, 323; ZMR 2009, 409). Denn hier bestand seine Aufgabe von vornherein nicht in einer eigenständigen Untersuchung und Beurteilung dieses Problems, sondern nur darin, einen geeigneten Fachmann mit der Untersuchung der zugrunde liegenden bautechnischen oder gärtnerischen Frage zu betrauen (*LG Hamburg* ZMR 2011, 500 f.). Auf die Auskunft dieses Fachmanns darf sich der Verwalter dann verlassen (*BayObLG* NJW-RR 1992, 1103; WE 1992, 23 f.; ZMR 2002, 692); ihn trifft allenfalls bei einem **Auswahlverschulden** eine Haftung (*BayObLG* NJW-RR 1992, 1103). Dies ist aber nicht schon dann der Fall, wenn er in kurzer Frist zur Geltendmachung von Ansprüchen »nur« ein renommiertes Holz- und Bautenschutzunternehmen beauftragt, aber keine endoskopische Untersuchung durchführen lässt (*AG Hamburg*-St. Georg ZMR 2009, 408 f.). Eine Ausnahme soll bei Rechtsfragen gelten, wenn der **Rechtsirrtum** eines Rechtsanwalts eindeutig

erkennbar war (BGHZ 115, 260; *OLG Hamburg* WE 1994, 151; *OLG Düsseldorf* NJW-RR 2005, 1255 = ZMR 2005, 972).

c) Verkehrssicherungspflichten

aa) Übernahme im Verwaltervertrag

Es besteht kein Streit darüber, dass der Verwalter im Verwaltervertrag auch Verkehrssicherungspflichten übernehmen kann (*AG Rosenheim* ZMR 2011, 79; allgemein hierzu s. *Wenzel* ZWE 2009, 59 f.; *Vandenhouten* ZWE 2012, 243 f.). Die Rechtsprechung ist bei der Annahme einer vertraglichen Übertragung von Verkehrssicherungspflichten sogar sehr großzügig. Eine solche Übernahme soll schon dann vereinbart sein, wenn der Verwalter im Verwaltervertrag die Verpflichtung übernimmt, alles zu tun, was zu einer ordnungsmäßigen Verwaltung notwendig ist (*BayObLG* NJW-RR 2005, 100; *OLG Karlsruhe* ZMR 2009, 624; ähnlich *OLG Frankfurt* am Main NZM 2004, 144; strenger *Wenzel* ZWE 2009, 60 f., der aber möglicherweise § 305c Abs. 2 BGB nicht berücksichtigt; a.A. *LG Hamburg* ZMR 2016, 655 u. *AG Hamburg* ZMR 2016, 654 f.). Auch auf die zivilrechtliche Wirksamkeit der Übertragung kommt es für die Haftung des Verwalters nicht an (*Wenzel* ZWE 2009, 59 f.). Streitig ist alleine, ob ohne eine solche vertragliche Regelung der rechtsfähige Verband (hierfür *LG Hamburg* ZMR 2010, 989 f.; *LG München* I ZMR 2010, 991 f.; offen gelassen von *Vandenhouten* ZWE 2012, 243) oder die Wohnungseigentümer selbst (*LG Hamburg* ZMR 2011, 388 f.; *AG Syke* ZMR 2013, 670 zu verkehrsunsicheren Duplexparkern) verkehrssicherungspflichtig sind. 113

bb) Pflichten bei der Übernahme von Verkehrssicherungspflichten

Übernimmt der Verwalter die Verkehrssicherung, so verletzt er seine vertraglichen Pflichten, wenn er nicht rechtzeitig auf die Beseitigung von Gefahren hinwirkt (vgl. *BGH* NJW-RR 1989, 394 f.). Dies ist etwa bei Schnee- und Eisglätte der Fall, wenn der Verwalter nicht für ein gefahrloses Betreten sowohl der öffentlichen Verkehrsflächen wie auch der Zugänge zu Gemeinschaftseinrichtungen auf den zum Gemeinschaftseigentum gehörenden Wegen sorgt (*OLG Karlsruhe* ZMR 2009, 623 f. zum Personenzugang in die Tiefgarage). Ein Verstoß gegen seine Pflichten aus der Verkehrssicherung liegt auch dann vor, wenn der Verwalter diesbezügliche Beschlüsse nicht unverzüglich ausführt (*BayObLG* WuM 1996, 498). Es besteht allerdings ohne Anlass keine Pflicht zur ständigen Kontrolle jahrelang zuverlässig arbeitender Hauswartfirmen o.Ä. (*BayObLG* NJW-RR 2005, 100 = ZMR 2005, 137; *OLG München* ZMR 2006, 227). Zwar ist der Verwaltervertrag im Hinblick auf Mieter oder sonstige Nutzer der Liegenschaft kein Vertrag zugunsten Dritter (insoweit richtig *LG Hamburg* ZMR 2016, 655; *AG Hamburg* ZMR 2016, 654 f.). Für **Schäden Dritter** wegen Verletzung der Verkehrssicherungspflichten haftet der Verwalter aber aus § 823 Abs. 1 BGB (Wenzel ZWE 2009, 62). Eine Haftung des Verwalters den Wohnungseigentümern selbst gegenüber besteht nach der Systemänderung durch das WEMoG nicht mehr. Bei einer Übertragung der erforderlichen Einzelmaßnahmen haftet auch der hiermit betraute Dritte (*Wenzel* ZWE 2009, 61 f.). Wohnungseigentümer und Verwalter hingegen treffen dann nur noch Überwachungspflichten (*AG Rosenheim* ZMR 2011, 79; *Wenzel* ZWE 2009, 61). 114

cc) Haftung ohne vertragliche Übernahme von Verkehrssicherungspflichten

Der Verwalter ist nach dem Rechtsgedanken des § 27 Abs. 1 Nr. 1 WEG jedenfalls zur Ermittlung von Handlungsbedarf und zur Information der Wohnungseigentümer sowie zur Überwachung der Durchführung evtl. gefasster Beschlüsse verpflichtet (*AG Rosenheim* ZMR 2011, 79; Wenzel ZWE 2009, 59 f.). Diese Pflichten können im Gegensatz zur tatsächlichen Durchführung erforderlicher Maßnahmen (etwa der Schneeräumung oder dem Anbringen von Absperrungen) nicht auf Dritte delegiert werden (*OLG Rostock* ZMR 2010, 225; Wenzel ZWE 2009, 60). 115

d) **Einzelfälle haftungsbegründender Pflichtverletzungen**

116 Die bisherigen zur Haftung führenden Pflichtverletzungen haben durch das neue Recht keine Änderung erfahren (vgl. auch Dötsch/Schultzky/Zschieschak § 13 Rn. 42 ff. insbesondere im Zusammenhang mit Vorbereitung und Durchführung von Beschlüssen). Hinzu kommen jedoch nunmehr Fehler im Zusammenhang mit den neuen Regelungen in § 27 WEG (s. dort Rdn. 35). Im Einzelnen kommt eine Haftung des Verwalters etwa in Betracht, wenn er

- auf eine zinsbringende **Anlage von Geldern** der Gemeinschaft verzichtet, die kurzfristig nicht benötigt werden (*BayObLG* NJW-RR 1995, 530)
- bei Erkenntnissen über **asbesthaltige Bauteile** nicht unverzüglich die erforderlichen Informationen an die Eigentümergemeinschaft weitergibt (*OLG Köln* NJW-RR 2006, 89)
- **Aufträge** ohne Beschluss der Wohnungseigentümer eigenmächtig vergibt (*OLG Celle* ZMR 2001, 643 f.). Allerdings ist die hierdurch erfolgte Bereicherung der Wohnungseigentümergemeinschaft etwa durch Entfall künftiger Erhaltungskosten zu berücksichtigen (*BGH* ZWE 2022, 315)
- **bauliche Veränderungen** ohne Rechtsgrundlage genehmigt (BGHZ 115, 258 f.)
- es unterlässt, auf **Baumängel** im Gemeinschaftseigentum vor Ablauf der Gewährleistung hinzuweisen, wenn den darüber nicht informierten Wohnungseigentümern hieraus ein Schaden erwächst (*OLG Hamm* ZMR 1996, 680; *BayObLG* ZMR 2001, 559 u. 2003, 216 f.; NJW-RR 2003, 79; *OLG Düsseldorf* 2002, 858), wobei der Schaden auch Sachverständigenkosten zur Vorbereitung der Nachbesserung umfasst (*BayObLG* ZMR 2002, 957). Eine Pflichtverletzung scheidet nur aus, wenn sämtliche Wohnungseigentümer auch ohne Hinweis des Verwalters bereits den gleichen Kenntnisstand wie dieser hatten (*BayObLG* ZMR 2001, 559)
- **Baunebenkosten** ohne vertragliche Grundlage aus Gemeinschaftsmitteln begleicht (*OLG Hamburg* ZMR 1995, 223)
- ein **Beschlussergebnis** nicht oder unrichtig feststellt (Abramenko ZWE 2004, 140 ff.)
- die Buchhaltung mangelhaft führt oder gar Gelder zweckentfremdet (BayObLGZ 1985, 65 ff.), wobei hier auch Ansprüche aus § 823 Abs. 2 BGB i.V.m. § 266 StGB in Betracht kommen
- schuldhaft etwa durch fehlerhafte Einschätzung der **Beschlussfähigkeit** oder die Vorlage fehlerhafter Beschlussvorlagen die Anfechtbarkeit von Beschlüssen verursacht (*BGH* ZMR 1998, 172 f.; BayOLG ZMR 2000, 325; ZMR 2003, 521 u. 762)
- es unterlässt, auf eine **Beschlussfassung** wegen ihm bekannten Reparaturbedarfs hinzuwirken (*OLG Hamm* ZMR 1996, 680)
- die Verwaltung ohne Zustimmung der Wohnungseigentümer **Dritten** überlässt (*BayObLG* ZMR 1998, 176)
- die **Finanzverhältnisse** der Gemeinschaft in Unordnung geraten, namentlich Schulden auflaufen lässt, statt durch die Erstellung von Wirtschaftsplänen für ausreichende Liquidität zu sorgen (*OLG Köln* ZMR 1999, 789)
- es versäumt, auf die Möglichkeit der Beantragung von **Fördermitteln** hinzuweisen (*LG Mönchengladbach* ZMR 2007, 402; a.A. *AG Oberhausen* ZMR 2013, 669 f.)
- nicht bestehende oder einredebehaftete **Forderungen** etwa auf mangelhafte Werkleistungen begleicht (*OLG Düsseldorf* ZMR 1997, 380 f.; *OLG Oldenburg* ZMR 2008, 239)
- Kosten aus **Gemeinschaftsmitteln** begleicht, die nur ein oder einige Eigentümer zu zahlen verpflichtet sind (*BayObLG* ZMR 1999, 58 f.)
- trotz eines in der Gemeinschaftsordnung vorgesehenen Ausschlusses Schadensersatz nach § 14 Nr. 4 WEG a.F. (entspricht in etwa § 14 Abs. 3 WEG) aus dem **Gemeinschaftsvermögen** leistet (*AG München* ZMR 2013, 756)
- es unterlässt, auf den drohenden Ablauf von **Gewährleistungsfristen** hinzuweisen (*OLG Frankfurt* am Main ZMR 2008, 985)
- nicht über vorliegende **Gutachten** von Fachleuten informiert, die für die weitere Beschlussfassung über Sanierungsmaßnahmen bedeutsam sind (*LG Hamburg* ZMR 2011, 499 f.)
- **Guthaben** der Gemeinschaft nach Beendigung der Verwaltertätigkeit nicht auszahlt, sondern nur die Forderung gegen das Kreditinstitut abtritt und dadurch Mehrkosten verursacht (*BayObLG* ZMR 1999, 845)

- die **Information** der Eigentümer über notwendige Erhaltungs-/Instandhaltungsmaßnahmen unterlässt (*OLG Hamm* NJW-RR 1997, 144 = ZMR 1996, 680; *BayObLG* NJW-RR 1997, 717; *AG Hamburg*-St. Georg ZMR 2009, 408) oder gar unrichtige Tatsachenbehauptungen aufstellt, aufgrund derer ein zumindest für einen Miteigentümer nachteilige Beschlüsse gefasst werden (*OLG München* ZMR 2011, 406)
- einen Eigentümerbeschluss, die **Erhaltungs-/Instandhaltungsrücklage** in Spekulationswerten anzulegen, ohne Weiteres ausführt, ohne auf die hieraus resultierenden Risiken hinzuweisen, wobei hier ein Mitverschulden von 75 % angenommen wurde (*OLG Celle* ZMR 2004, 845 ff.)
- notwendige **Erhaltungs-/Instandsetzungsarbeiten** unterlässt (*BayObLG* ZMR 2000, 315; *OLG München* ZMR 2006, 227)
- Bauhandwerkern keine ausreichenden **Instruktionen** zur Durchführung von Sanierungsarbeiten erteilt (*OLG Hamburg* ZMR 2001, 382)
- die **Jahresabrechnung** so mangelhaft erstellt, dass die Wohnungseigentümer Dritte mit ihrer Neuerstellung beauftragen müssen (*BayObLG* NJW-RR 1995, 530; *OLG Düsseldorf* ZMR 2003, 231 f.); die verspätete Erstellung soll dagegen nur nach Mahnung Schadensersatzansprüche aus §§ 280 Abs. 2, 286 Abs. 1 BGB auslösen (*OLG Düsseldorf* ZMR 2007, 288)
- vor der Entscheidung über Erhaltungs-/Instandhaltungsarbeiten keine **Konkurrenzangebote** einholt (*BayObLG* NZM 2002, 566)
- die erforderlichen **Kontrollen** des Gemeinschaftseigentums nicht durchführt (*BayObLG* ZMR 1999, 655)
- zu hohe **Löhne** und Lohnsteuern zahlt (*BayObLG* NJW-RR 1998, 520); leistet er umgekehrt zu geringe Beiträge etwa an die Bundesknappschaft, so fehlt es bei korrekter Meldung aller Beschäftigten an einer Pflichtverletzung, wenn diese zu geringe Beiträge einzieht und später Säumniszuschläge erhebt (*AG Hannover* ZMR 2008, 746)
- durch verspätete **Rechnungslegung** den Ausgleich des Gemeinschaftskontos verhindert und so Verzugszinsen verursacht (*OLG Düsseldorf* NZM 2004, 832 f.)
- **Rechtsangelegenheiten** fehlerhaft unter schuldhafter Nichteinholung von Rechtsrat erledigt (*BayObLG* ZMR 2003, 279), wobei umgekehrt eine gewissenhafte Prüfung der Rechtslage zur Entschuldbarkeit eines Rechtsirrtums führen kann (*BGH* ZMR 1996, 276 f.)
- nicht überprüft, ob von ihm in Auftrag gegebene **Sanierungsarbeiten** vollständig durchgeführt wurden (*LG Hamburg* ZMR 2013, 990 f.)
- aus Mitteln der Gemeinschaft **Schadensersatz** nach § 14 Nr. 4 WEG a.F. (entspricht in etwa § 14 Abs. 3 WEG) leistet, obwohl die Gemeinschaftsordnung derartige Ansprüche ausschließt (*LG München* I ZMR 2014, 146 f.). Auch die Erfüllung von Schadensersatzansprüchen ohne Befragung der Eigentümerversammlung kann zum Schadensersatz verpflichten (*LG München* I ZMR 2014, 146)
- entgegen § 17 Nr. 3 VOB/B **Sicherheiten** nicht austauscht, sondern behält, sodass es zu einem Zinsschaden der Gemeinschaft kommt (*LG Hamburg* ZMR 2007, 70 f.)
- es unterlässt, einen Tagesordnungspunkt in die **Tagesordnung** aufzunehmen, dessen Behandlung sachlich geboten war; der Schadensersatz besteht dann in der Einberufung einer außerordentlichen Eigentümerversammlung (*LG München* I ZMR 2011, 839)
- **Versicherungen** ohne Ermächtigung hierzu kündigt (*LG Frankfurt/M.* ZMR 2016, 979, 980)
- ohne ausreichende Beschlussfassung **Verträge** etwa über Sanierungsarbeiten abschließt (*OLG Celle* NZM 2002, 169 f.)
- es bei **Wasserschäden** versäumt, unverzüglich Maßnahmen zur Feststellung der Schadensursache zu ergreifen (*BayObLG* ZMR 1998, 357)
- es versäumt rechtzeitig gegen säumige Wohngeldschuldner vorzugehen und hierdurch **Wohngeldausfälle** (*BayObLG* NJW-RR 1998, 520) bzw. Rechtsanwaltskosten (*OLG Köln* NZM 1998, 875) verursacht, wobei allerdings der Abschluss einer Ratenzahlungsvereinbarung unter Absehen von kostenträchtigen gerichtlichen Schritten bei finanziell nicht leistungsfähigen Eigentümern ordnungsmäßiger Verwaltung entsprechen kann (*BayObLG* ZMR 2005, 134 f.)
- die **Zustimmung** zur Veräußerung verspätet oder nicht formgerecht erteilt (*OLG Düsseldorf* ZMR 2003, 957; NJW-RR 2005, 1255 = ZMR 2005, 972 f.; *AG Hamburg*-St. Georg ZMR 2010,

481 f.); Ähnliches gilt für Zustimmungen zu baulichen Veränderungen (*Abramenko* ZMR 2013, 245)
– es versäumt, die **Zwangsverwaltung** vermieteter Wohnungen zu beantragen (*OLG Hamburg* WuM 1993, 301).

e) Möglichkeit der Haftungserleichterungen insbesondere in AGB

aa) Vorab vereinbarte Haftungserleichterung

117 Grundsätzlich können Haftungserleichterungen zugunsten des Verwalters verabredet werden. Hier ziehen allerdings die **§§ 305 ff. BGB** enge Grenzen. Nach § 309 Nr. 7 BGB scheidet eine Enthaftung bei vorsätzlichem und grob fahrlässigem Verhalten aus. Der Verwalter muss dies ausdrücklich klarstellen, da ansonsten bei kundenfeindlicher Auslegung ein Verstoß gegen § 309 Nr. 7 BGB vorliegt (*LG Nürnberg*-Fürth ZMR 2008, 833). Ebenso wenig kann in Formularverträgen wegen § 309 Nr. 7a, b BGB die Haftung bei Verletzung von Leben, Körper und Gesundheit ausgeschlossen werden (*OLG München* ZMR 2007, 815). Ein Verstoß gegen § 309 Nr. 7a, b BGB hat die Unwirksamkeit der gesamten Klausel zur Haftungserleichterung zur Folge, da eine geltungserhaltende Reduktion auf sonstige Schadensfälle nicht zulässig ist (*OLG München* ZMR 2007, 815). Denkbar ist eine Beschränkung der Haftung auf Vorsatz und grobe Fahrlässigkeit. Dies kann aber als **einseitiger Rechtsverzicht** ordnungsmäßiger Verwaltung widersprechen, weshalb es im Hinblick auf geringere Kosten bei Versicherungen, Nachlässen beim Honorar oder sonstigen Gegenleistungen zu einer Kompensation kommen sollte (*BayObLG* NJW-RR 2003, 663 = ZMR 2003, 283; ähnlich *OLG Hamm* NJW-RR 2001, 230 = ZMR 2001, 142). Auch die **Verkürzung der Verjährungsfrist** ist in AGB nicht möglich (*OLG Düsseldorf* ZMR 2006, 872; *OLG München* ZMR 2007, 221; *OLG Frankfurt* am Main ZMR 2008, 987 f.). Ebenso wenig kann die Haftung für eine Verletzung sog. Kardinalpflichten ausgeschlossen werden (vgl. BGHZ 89, 367; *OLG Frankfurt* am Main ZMR 2008, 987 f.; *LG Mönchengladbach* ZMR 2007, 896; *Gottschalg* DWE 2003, 43; Niedenführ/*Vandenhouten* § 26 Rn. 65).

bb) Verzicht auf Regressansprüche

118 Jenseits der Entlastung wird den Wohnungseigentümern in der Frage, ob sie durch Mehrheitsbeschluss darauf verzichten können, bereits entstandene Schadensersatzansprüche gegen den Verwalter geltend zu machen, ein nur sehr begrenzter Ermessensspielraum eingeräumt (*OLG Düsseldorf* ZMR 2000, 243 f.; weiter gehend offenbar *AG Hamburg* ZMR 2015, 811, 812). Ein solcher Verzicht kann allenfalls in besonderen Konstellationen ordnungsmäßiger Verwaltung entsprechen, wenn etwa die Vollstreckung eines erstrittenen Titels ohnehin kaum Aussicht auf Erfolg verspricht oder schon das Erkenntnisverfahren mit hohen Risiken behaftet wäre (*OLG Hamm* NJW-RR 2004, 809 = ZMR 2004, 855).

6. Der Regressprozess gegen den Verwalter

a) Das Verfahren

aa) Zuständigkeit und Antrag

119 Die Durchsetzung von Schadensersatzansprüchen der Gemeinschaft erfolgt vor dem nach § 43 Abs. 2 Nr. 3 WEG zuständigen Gericht (*OLG Oldenburg* ZMR 2008, 239). Dies dürfte auch für Schäden gelten, für die neben dem Verwalter ein Handwerker verantwortlich ist (vgl. *OLG Hamm*, Beschl. v. 20.10.2016 – 32 SA 63/16; IMR 2017, 82). Für den Antrag gelten die allgemeinen Regeln. Es kann also auch Feststellungsklage erhoben werden, wenn der Schaden noch nicht bezifferbar ist (*LG Frankfurt/M.* ZMR 2016, 981 f).

bb) Aktivlegitimation und Prozessführungsbefugnis

Sofern die Wohnungseigentümergemeinschaft selbst geschädigt wurde, etwa durch Verringerung des Gemeinschafts-/Verwaltungsvermögens, ist sie nach § 9a Abs. 1 S. 1 WEG Inhaber der Schadensersatzansprüche und im Prozess aktivlegitimiert. Bei der Beschädigung des Gemeinschaftsvermögens sind zwar die Wohnungseigentümer Inhaber des Schadensersatzanspruchs; dieser ist aber als gemeinschaftsbezogener Anspruch nach § 9a Abs. 2 WEG vom Verband geltend zu machen (*LG Hamburg* ZMR 2010, 551 f.; ZMR 2015, 334 f.; *AG Mettmann* ZMR 2008, 848; *AG Hamburg*-St. Georg ZMR 2009, 322; *AG Dortmund* ZMR 2009, 486). Macht ein Wohnungseigentümer ohne eine Ermächtigung Schadensersatzansprüche geltend, fehlt ihm die Prozessführungsbefugnis; seine Klage ist daher unzulässig (*LG Hamburg* ZMR 2010, 551 f.; *AG Offenbach* ZMR 2016, 741). Dies gilt auch in Zweiergemeinschaften (*LG Hamburg* ZMR 2010, 553) und gegenüber dem »faktischen Verwalter« (*LG Hamburg* ZMR 2010, 551 f.). Die Durchsetzung dieser Ansprüche kommt naturgemäß nicht dem Verwalter zu; vielmehr wird die Wohnungseigentümergemeinschaft in diesem Fällen gemäß § 9b Abs. 2 WEG durch den Vorsitzenden des Verwaltungsbeirats oder einen hierzu ermächtigten Wohnungseigentümer vertreten. Ohne einen solchen ermächtigenden Mehrheitsbeschluss können einzelne Wohnungseigentümer den Schaden nicht geltend machen (*BGH*, Urt. v. 28.01.2022 – V ZR 86/21). Lehnt die Mehrheit der Wohnungseigentümer in der Eigentümerversammlung ein Vorgehen gegen den Verwalter ab, bleibt dem einzelnen Wohnungseigentümer nur, den ablehnenden Beschluss der Wohnungseigentümer anzufechten und eine positive Beschlussfassung zur Geltendmachung des Schadens durch das Gericht ersetzen zu lassen (*AG Hannover* ZMR 2009, 82; *AG Dortmund* ZMR 2009, 486). Die Geltendmachung von Schadensersatzansprüchen entspricht in aller Regel ordnungsmäßiger Verwaltung (*OLG Oldenburg* ZMR 2006, 72). Bei der Beauftragung des Verwalters, selbst Rechtsrat wegen Schadensersatzansprüchen aus seiner Tätigkeit einzuholen, ist dies allerdings infolge evidenter Interessenkollision nicht der Fall (*KG* ZMR 2004, 459; ähnlich *OLG Oldenburg* ZMR 2006, 72 f.). 120

b) Schäden einzelner Wohnungseigentümer

Nur den Ersatz von Schäden, die alleine einem Wohnungseigentümer, insbesondere im **Sondereigentum**, entstanden sind, kann er als alleiniger Rechtsinhaber nach wie vor selbständig geltend machen (implizit schon *BGH* v. 01.10.2021 – V ZR 48/21, ZMR 2022, 230 = ZWE 2022, 84; *LG Frankfurt*/M., Urt. v. 15.07.2021 – 2–13 S 88/20; ZMR 2021, 839 = WuM 2021, 577). Eine solche Störung des Sondereigentums liegt nur vor, wenn sie sich auf den räumlichen Bereich des Sondereigentums bezieht (*BGH* v. 28.01.2022 – V ZR 86/21, ZMR 2022, 487). Dies ist dann der Fall, wenn Immissionen wie Geräusche oder Gerüche auf das Sondereigentum einwirken oder es zu negativen Immissionen wie einer Verschattung oder Beeinträchtigungen der Aussicht kommt. Störungen des Gemeinschaftseigentums können nur von der Gemeinschaft abgewehrt werden (*BGH* v. 28.01.2022-V ZR 106/21). Vom Gemeinschaftseigentum ausgehende mittelbare Störungen wir die Beeinträchtigung der Statik genügen nicht (*BGH* v. 28.01.2022 – V ZR 86/21, ZMR 2022, 487). Gleiches gilt für Ansprüche aus § 1004 Abs. 1 BGB wegen der Beeinträchtigung eines **Sondernutzungsrechtes.** Auch diese kann der einzelne Wohnungseigentümer ähnlich wie bei der Störung von Sondereigentum kraft eigener Prozessführungsbefugnis abwehren, auch wenn zugleich Gemeinschaftseigentum betroffen ist. Hieran hat § 9a Abs. 2 WEG nichts geändert. Denn bei der Abwehr von Störungen eines dinglichen Sondernutzungsrechtes handelt es sich nicht um ein aus dem Gemeinschaftseigentum resultierendes Recht (*BGH* v. 01.10.2021 – V ZR 48/21, ZMR 2022, 230 = ZWE 2022, 84). Ähnliches gilt auch bei der Beschädigung solchen Gemeinschaftseigentums, für dessen Erhaltung (Instandhaltung und Instandsetzung) ein Wohnungseigentümer alleine zu sorgen hat (*OLG München* ZMR 2006, 70). Erst recht haftet der Verwalter deliktisch für die Beschädigung sonstiger Rechtsgüter eines Wohnungseigentümers (Dötsch/Schultzky/Zschieschack § 13 Rn. 88), 121

c) Schaden und Kausalität

122 Die Wohnungseigentümergemeinschaft hat grundsätzlich nach allgemeinen Regeln die Pflichtverletzung, den Schaden und die Ursächlichkeit zwischen beidem zu beweisen (*OLG Düsseldorf* ZMR 1997, 433; *OLG Oldenburg* ZMR 2008, 239; *OLG Frankfurt* am Main ZMR 2009, 861 f.; *AG Hamburg* ZMR 2013, 839). Bei Verzögerungsschäden erfordert dies den Nachweis, wann der Verwalter hätte tätig werden müssen (*AG Hamburg* ZMR 2013, 839 f.; ähnlich *LG Hamburg* ZMR 2013, 922). Bei Wasserschäden soll eine Zeitspanne von 3,5 Monaten von der Mitteilung bis zur Herbeiführung eines Beschlusses zu gewähren sein (*AG Hamburg* ZMR 2013, 839 f.). Steht die Pflichtverletzung und ein zeitlich nachfolgender Schaden fest, so kann dies bei der Frage der Kausalität zu einer **Beweislastumkehr** zulasten des Verwalters führen (*BayObLG* NJW-RR 1999, 306 = ZMR 1998, 358; NJW-RR 2000, 1034 = ZMR 2000, 316). Dies ist insbesondere dann der Fall, wenn die Beweisnot aus Pflichtverletzungen des Verwalters resultiert, etwa beim Zuwiderhandeln gegen seine Aufklärungs- und Dokumentationspflichten (*OLG Oldenburg* ZMR 2008, 239). An der Ursächlichkeit einer Pflichtverletzung kann es fehlen, wenn die Wohnungseigentümer in jedem Fall unzureichende Maßnahmen ergriffen hätten (*OLG Düsseldorf* NJW-RR 2002, 1593). Auch eine Schätzung des Schadens nach § 287 ZPO oder die Annahme eines Mindestschadens kommen in Betracht (*OLG Düsseldorf* ZMR 2007, 58). Ersatzfähig sind dabei sowohl Kosten für die Beseitigung von **Substanzschäden** wie etwa Malerarbeiten (*BayObLG* NJW-RR 2000, 1034 = ZMR 2000, 316) als auch **Folgeschäden** wie Rechtsverfolgungskosten (*BayObLG* ZMR 2000, 316). Versäumt der Verwalter die Geltendmachung von Gewährleistungsmängeln, können auch Sachverständigenkosten erstattungsfähig sein, die ansonsten der Bauträger hätte übernehmen müssen (*BayObLG* NJW-RR 2002, 1668; *AG Lüneburg* ZMR 2017, 340). Auch die fehlende Verfügbarkeit der Wohnung bzw. wesentlicher Teile davon kann einen Schaden darstellen, soweit der Wohnungseigentümer für die eigenwirtschaftliche Lebensführung hierauf angewiesen ist (*OLG Köln* NJW-RR 2006, 89); allerdings nicht bei einer Ferienwohnung (*LG Itzehoe* ZMR 2013, 831). Bei einer Terrasse ist dies ebenfalls regelmäßig zu verneinen (*OLG Köln* NJW-RR 2006, 89). Sofern aufgrund der schädigenden Handlung Ansprüche gegen Dritte bestehen, stehen sie einer Inanspruchnahme des Verwalters nicht entgegen; er kann aber im Gegenzug deren Abtretung verlangen (*BayObLG* NJW-RR 1998, 520).

d) Mitverschulden

123 Ein Mitverschulden der Wohnungseigentümer war schon nach altem Recht nicht mehr ohne Weiteres anspruchsmindernd zu berücksichtigen, wenn der Verband geschädigt wurde (*OLG Frankfurt* am Main ZMR 2008, 988; *Abramenko* ZMR 2006, 413; zur alten Rechtslage s. noch *OLG Celle* ZMR 2004, 847). Es kann aber im Wege der **Drittwiderklage** in Form eines Anspruchs auf teilweise Freistellung von den Schadenersatzforderungen geltend gemacht werden und im Einzelfall, wenn die Eigentümer etwa auf der Ausführung eines anfechtbaren Beschlusses bestehen, sogar zu einem vollständigen Freistellungsanspruch führen. Bei einer Verletzung seiner Kernaufgaben wird sie aber regelmäßig keinen Erfolg haben, da sich die Wohnungseigentümer auf die ordnungsgemäße Erfüllung dieser Aufgaben verlassen dürfen (*OLG München* ZMR 2006, 717 f. u. 884). Zu berücksichtigen ist ein Mitverschulden noch bei Schäden, die Wohnungseigentümer erleiden, etwa im Zusammenhang mit der Jahresabrechnung. Hier muss sich jedenfalls ein Beiratsmitglied die ungenügende Prüfung der Jahresabrechnung als Mitverschulden entgegenhalten lassen (*LG Köln* ZMR 2015, 335 f.).

e) Die Haftung von Wohnungseigentümern und Verband für den Verwalter

124 **Im Verhältnis der Wohnungseigentümer untereinander** wurde eine Haftung für den Verwalter schon nach altem Recht verneint, da er weder Erfüllungsgehilfe gem. § 278 BGB noch Verrichtungsgehilfe nach § 831 BGB ist. Dies wurde damit begründet, dass er nicht in den Angelegenheiten einzelner Miteigentümer, sondern allenfalls für alle gemeinsam tätig wird (vgl. zum alten Recht *KG* NJW-RR 1986, 1078 f.; *OLG Düsseldorf* NJW-RR 1995, 588 = ZMR 1995, 177; 1999, 425; *OLG Hamburg* ZMR 2003, 133; *LG München I* ZMR 2011, 62; *LG Berlin* ZMR 2013, 653; ZMR

2018, 426, 427; *AG Pinneberg* ZMR 2008, 88; *AG Cham* ZMR 2016, 806, 807; im Ergebnis ebenso *AG München* ZMR 2011, 677 f.; ZMR 2012, 233). Dies gilt erst recht nach der Umstellung der Verantwortlichkeit für die Verwaltung des gemeinschaftlichen Eigentums. Eine vertragliche Haftung der Wohnungseigentümer für den Verwalter **gegenüber Dritten** scheidet aus, da nur der Verband Vertragspartner ist, nicht aber die Wohnungseigentümer. In Betracht kommt nur eine Inanspruchnahme aus § 9a Abs. 4 WEG für die Verbindlichkeiten der Wohnungseigentümergemeinschaft. Eine **deliktische Haftung** der Wohnungseigentümergemeinschaft etwa aus der Verletzung von Überwachungspflichten kommt dagegen in Betracht, wenn dem Verwalter z.B. die Verkehrssicherung übertragen wurde.

Hingegen kann der **Verband gem. § 278 BGB** jedenfalls gegenüber Dritten auch für den Verwalter haften, wenn dieser in Erfüllung seiner Verbindlichkeiten tätig wird, etwa bei Zahlungen in Verzug gerät (a.A. für Schadensersatzansprüche des einzelnen Wohnungseigentümers bei fehlerhafter Inanspruchnahme auf Wohngeldzahlungen *AG Wiesbaden* ZMR 2014, 72 f.). Allerdings muss der Schadensersatzanspruch vom Schutzzweck der Norm erfasst sein. So mag § 10 Abs. 1 Nr. 2 ZVG den Verwalter dazu verpflichten, Rückstände vorrangig geltend zu machen. Ein Verstoß hiergegen führt aber nicht zu einem Schadensersatzanspruch des säumigen Schuldners auf Freistellung von diesen Verbindlichkeiten (*LG Köln* ZMR 2014, 85 f.). Schon nach früheren Recht kam auch eine **Haftungszuweisung nach § 31 BGB** in Betracht, da der Verwalter aufgrund seiner umfassenden Vollmacht, für den Verband zu handeln, wohl schon nach der Novelle 2007 als Organ i.S.d. Vorschrift anzusehen war (*LG Berlin* ZMR 2018, 426, 427; *AG München* ZMR 2017, 275; *Hügel/Elzer* § 11 Rn. 7; jetzt auch *Niedenführ/Vandenhouten* § 27 Rn. 128; *OLG Oldenburg* v. 13.02.2014 – 1 U 77/13; offen gelassen von *BGH* ZMR 2012, 975 f.; a.A. *LG Berlin* ZMR 2013, 653). Dies dürfte jetzt angesichts der umfassenden Vollmacht des Verwalters aus § 9b Abs. 1 WEG außer Zweifel stehen (Lehmann-Richter/Wobst § 6 Rn. 443; Dötsch/Schultzky/Zschieschack § 13 Rn. 83). In jedem Fall kann er **Verrichtungsgehilfe des Verbandes** sein. Daher kann dieser auch aus § 831 BGB haften, wobei er aber häufig eine Exkulpation nach § 831 Abs. 1 S. 2 BGB gelingen wird. 125

7. Die Vergütung des Verwalters

a) Die vertragliche Regelung

Auf Seiten der Wohnungseigentümergemeinschaft ist die vorrangige Verpflichtung die Zahlung der Vergütung. Die Tätigkeit des Verwalters kann erst ab Bestehen einer Wohnungseigentümergemeinschaft vergütet werden (*KG* NJW-RR 1989, 18), was jetzt allerdings gemäß § 9a Abs. 1 S. 2 WEG schon mit Anlegung der Wohnungsgrundbücher der Fall ist. Vorher wird ein Verwalter nur für den oder die Eigentümer der Liegenschaft tätig. Einen Anspruch auf Vergütung erhält er nur durch den Verwaltervertrag; ohne einen solchen kann er nur Aufwendungsersatz verlangen (*OLG Köln* ZMR 2008, 70). Die Höhe der Vergütung ist im Rahmen ordnungsmäßiger Verwaltung frei vereinbar, wobei auch Staffelvereinbarungen zwecks Anpassung an die Inflation zulässig sind (anders für eine pauschale Erhöhung der Verwaltervergütung um jährlich 4 %: *LG Frankfurt/M.* v. 24.06.2021 – 2–13 S 35/20; ZMR 2021, 838 = IMR 2021, 368 = WuM 2021, 527), nicht aber Wertsicherungsklauseln gem. § 2 PKAngG (Gottschalg ZWE 2002, 202; vgl. *OLG Köln* NJW-RR 1995, 146 f.; a.A. Deckert Die ETW, Gr. 4 Rn. 1130; zum Verstoß gegen § 307 Abs. 1 BGB s. jetzt *OLG Düsseldorf* ZMR 2005, 468 f.). Eine monatliche Vergütung von 14 DM pro Hobbyraum entsprach 1999 nicht mehr ordnungsmäßiger Verwaltung (*OLG Düsseldorf* NJW-RR 2001, 662 = ZMR 2001, 305), ebenso wenig eine solche von 100 DM pro Wohnung (*BayObLG* ZMR 2000, 848). Hingegen soll eine Vergütung von 100 DM pro Stunde bei Vorliegen besonderer Voraussetzungen angemessen gewesen sein (*BayObLG* ZMR 2000, 859). Rückwirkende Erhöhungen der Vergütung entsprechen grundsätzlich nicht ordnungsmäßiger Verwaltung (*OLG Düsseldorf* ZMR 1998, 653 f.). Eine gegenüber unvermieteten Wohnungen höhere Vergütung für vermietete Wohnungen soll durch Mehrheitsbeschluss erfolgen können (*OLG Frankfurt* am Main, NJW-RR 1991, 659 = ZMR 1991, 72; nach altem Recht wohl als »besonderer Verwaltungsaufwand« gemäß § 21 Abs. 7 WEG a.F. anzusehen, s. *LG Itzehoe* ZMR 2018, 259, 260). Streng genommen muss der Verwalter in Zweifelsfällen 126 mögliche Rückforderungsansprüche der Wohnungseigentümergemeinschaft in den **Vermögensbericht** gemäß § 28 Abs. 4 WEG aufnehmen (Dötsch/Schultzky/Zschieschack § 9 Rn. 16).

b) Gerichtliche Kontrolle der Vergütung

127 Die Höhe der ausgehandelten Vergütung ist im Verfahren nach § 43 Abs. 2 Nr. 4 WEG durch Anfechtung der Beschlussfassung gerichtlich überprüfbar. Inhaltlich ist die Kontrolle aber sehr eingeschränkt. Insbesondere besteht kein Anspruch auf Bestellung des billigsten Bewerbers (*BGH* ZMR 2015, 393, 394; *OLG Hamburg* ZMR 2005, 72). Erfolgreich kann eine Anfechtung insbesondere in zwei Fallkonstellationen sein, einerseits bei der sachwidrigen Bestellung eines teureren Kandidaten andererseits beim Verstoß gegen allgemeine Gesetze. Ersteres ist der Fall, wenn ein Kandidat bestellt, dessen Vergütung deutlich (ca. 40 % oder mehr) über der der Mitbewerber liegt. Dann entspricht seine Bestellung nur ordnungsmäßiger Verwaltung, wenn es sachliche Gründe für diese Auswahl gibt (*OLG München* ZMR 2007, 1000 f.; ähnlich *LG Mainz* ZMR 2012, 43; *LG Köln* ZMR 2012, 576 bei einer Vergütung von 59 € pro Einheit; *LG Dortmund* ZMR 2014, 386 bei einem um 82 % teureren Anbieter; ähnlich *BGH* ZMR 2012, 886). Daneben gelten die allgemeinen Gesetze, insbesondere § 138 BGB. Ein Missverhältnis zwischen Leistung und Vergütung des Verwalters ist erst ab einem mehr als 100 % über dem Marktpreis liegenden Entgelt zu sehen, was bei Vorliegen der weiteren Voraussetzungen (insbesondere Ausnutzung der Unerfahrenheit eines Vertragspartners) zur Sittenwidrigkeit der Vergütungsvereinbarung und somit zu Rückzahlungsansprüchen führen kann (*OLG Oldenburg* ZMR 2002, 782 f.).

c) Fehlen einer Vergütungsvereinbarung bzw. Unwirksamkeit des Verwaltervertrages

128 Ohne Vergütungsvereinbarung gilt gem. §§ 675, 612 Abs. 1, 2 BGB die branchenübliche Vergütung als vereinbart (*BGH* ZMR 2015, 393, 394; *KG* ZMR 2004, 460; Jacoby, ZWE 2016, 68, 69). Dabei sind Sonderleistungen, die nicht zu den gesetzlichen Aufgaben gehören, getrennt zu vergüten (*OLG Hamm* ZMR 2001, 143). Üblich sind derzeit 20 bis 30 € je Wohneinheit und 3 bis 5 € je Garage monatlich. Ist der Verwaltervertrag unwirksam, so bejaht die h.M. Ansprüche aus §§ 683 Satz 1, 670 BGB (*BGH* NJW-RR 1989, 970 f. = ZMR 1989, 266). Dies erscheint aber im Hinblick auf den regelmäßig fehlenden Fremdgeschäftsführungswillen nicht unproblematisch, sodass sich eher die Anlehnung an die im Gesellschaftsrecht Anwendung findenden Grundsätzen über fehlerhafte Anstellungsverträge empfiehlt, wonach das Organ so behandelt wird, als wäre der schuldrechtliche Vertrag für die Vergangenheit wirksam (BGHZ 41, 288 f.; zustimmend Staudinger/*Jacoby* § 26 Rn. 122).

8. Fälligkeit und Modalitäten von Zahlung und Haftung

a) Fälligkeit

129 Zur Fälligkeit trifft der Verwaltervertrag regelmäßig eine Bestimmung. Üblicherweise ist die Vergütung monatlich fällig. Ohne eine solche Bestimmung muss der Verwalter mit der Anwendung von § 614 Satz 1 BGB rechnen, wonach die Vergütung erst nach geleisteter Tätigkeit fällig wird. Dies ist frühestens nach Vorlage der Jahresabrechnung der Fall (*OLG Hamm* NJW-RR 1993, 846). Die Existenz eines genehmigten Wirtschaftsplans ist dagegen keine Fälligkeitsvoraussetzung (*KG* NJW-RR 1990, 154).

b) Zahlungsmodalitäten

130 Zwar handelt es sich bei der Verwaltervergütung um eine Forderung gegen den Verband. Da der Verwalter aber selbst nach § 27 Abs. 1 Nr. 1 WEG Zahlungen auf bestehende Ansprüche zu bewirken hat, kann er fällige Vergütungsansprüche der Gemeinschaftskasse entnehmen (vgl. *KG* NJW-RR 1990, 154). In der Jahresabrechnung müssen diese Abflüsse vom Gemeinschaftskonto jedenfalls dann genauer aufgeschlüsselt werden, wenn es sich nicht um die Grundvergütung handelt; die bloße Bezeichnung als Verwaltervergütung genügt bei Sondervergütungen nicht (*LG Karlsruhe* ZMR 2013,

471 f.), ebenso wenig bei Aufwendungs- oder Schadensersatz. Ebenso kann der Verwalter mit ihnen gegen Ansprüche des Verbandes, aber – mangels Gegenseitigkeit – nicht der Wohnungseigentümer aufrechnen (*OLG Hamm* ZMR 2006, 633 f.; vgl. zum früheren Recht BayObLGZ 1976, 166; *OLG Stuttgart* ZMR 1983, 422). Der amtierende Verwalter ist allerdings nicht befugt, auf die Erhaltungsrücklage Zugriff zu nehmen (*OLG Hamm* ZMR 2008, 65; *LG Berlin* ZMR 2014, 385), wohl aber soll der abberufene mangels wohnungseigentumsrechtlicher Bindungen gegen Ansprüche auf Herausgabe der Erhaltungsrücklage mit seinen Vergütungsansprüchen aufrechnen können (*OLG Hamm* ZMR 2008, 65 – zweifelhaft). Im Streitfall ist der Vergütungsanspruch auch nach Ausscheiden des Verwalters aus dem Amt vor dem nach § 43 Abs. 2 Nr. 3 WEG zuständigen Gericht geltend zu machen (*BGH* NJW 1980, 2467 f.).

c) Rückgriff auf die Wohnungseigentümer

Grundsätzlich schuldet alleine die Wohnungseigentümergemeinschaft als Vertragspartner die Vergütung des Verwalters. Die Wohnungseigentümer haften deswegen für die Vergütung nicht mehr als Gesamtschuldner nach § 427 BGB (zur früheren Rspr. s. *BGH* ZMR 2004, 833; *KG* ZMR 2004, 778). Eine gesamtschuldnerische Haftung kommt nunmehr aber bei Schadensersatzansprüchen etwa wegen der Nichterfüllung der Beitragspflichten (*BGH* ZMR 2005, 555) oder unter den Gesichtspunkt des Durchgriffs (*BGH* ZMR 2005, 555; weiter gehend Abramenko ZMR 2005, 586 f.) in Betracht, da § 10 Abs. 8 S. 4 WEG a.F. ersatzlos gestrichen wurde (s. Abramenko Das neue Wohnungseigentumsrecht § 5 Rdn. 15). Der Verwalter kann jedenfalls ohne vorherige Inanspruchnahme des rechtsfähigen Verbandes aus § 9a Abs. 4 S. 1 WEG die Wohnungseigentümer in der Höhe ihres Miteigentumsanteils in Anspruch nehmen. Dies gilt auch, wenn er selbst Wohnungseigentümer ist, da er dem rechtsfähigen Verband als Verwalter wie ein Dritter gegenübertritt. 131

d) Verteilung der Vergütung in der Jahresabrechnung

Zu beachten ist, dass die Berechnung der Vergütung pro Einheit grundsätzlich nur das Verhältnis zwischen Wohnungseigentümergemeinschaft und Verwalter betrifft. Im Innenverhältnis ist ohne entsprechende Bestimmung in der Gemeinschaftsordnung nach dem dort vorgesehenen Schlüssel abzurechnen (*BayObLG* ZMR 2001, 827; 2004, 358; *OLG Köln* NZM 2002, 615; *LG Lüneburg* ZMR 2009, 555; Niedenführ/*Vandenhouten* § 26 Rn. 82). Dies gilt selbst dann, wenn der Verwaltervertrag eine Vergütung pro Einheit vorsieht (*LG Lüneburg* ZMR 2009, 555). Nach der gesetzlichen Regelung muss daher die Gesamthöhe der Vergütung ermittelt und in der Jahresabrechnung gemäß § 16 Abs. 2 S. 1 WEG nach Miteigentumsanteilen (bzw. dem vereinbarten Schlüssel) auf die Wohnungseigentümer umgelegt werden. Allerdings eröffnet § 16 Abs. 2 S. 2 WEG nunmehr die Möglichkeit, eine Verteilung der Verwaltervergütung nach Einheiten mit Mehrheit zu beschließen. Soweit eine Vergütung pro Einheit vorgesehen ist, kann sich diese schon mit der baulichen Zusammenlegung von Wohnungen (ohne grundbuchrechtliche Vereinigung) verringern (*LG Lüneburg* ZMR 2012, 393 f.; *AG Aachen* ZMR 2009, 717). 132

e) Verjährung und Verwirkung der Vergütungsansprüche

Die Vergütungsansprüche verjähren gem. § 195 BGB nach 3 Jahren (Niedenführ/Vandenhouten § 26 Rn. 85). Bestimmt der Verwaltervertrag allerdings für Ansprüche »aus diesem Vertrag« eine kürzere Verjährung, gilt dies auch für gesetzliche Ansprüche des Verwalters (*BayObLG* ZMR 2003, 437). Eine Verwirkung wird nur in seltenen Ausnahmefällen in Betracht kommen (vgl. *OLG Zweibrücken* ZMR 2007, 489). 133

V. Sondervergütungen

1. Rechtslage ohne Vereinbarung von Sondervergütungen

Die vereinbarte Vergütung umfasst grundsätzlich die gesamte Tätigkeit des Verwalters; ohne Vereinbarung kann er daher keine Sondervergütung verlangen (*LG München* I ZMR 2012, 578 f.; 134

AG Braunschweig ZMR 2013, 386; *LG Dresden*, IMR 2016, 419; *LG Dortmund* ZMR 2016, 643; a.A. *AG Saarbrücken* ZMR 2009, 562, wonach für alle Aufgaben, die über gesetzliche Pflichten und typisches Berufsbild hinausgehen ohne Weiteres ein Anspruch auf Sondervergütung besteht). Alleine die jahrelange Zahlung von Sondervergütungen ersetzt einen diesbezüglichen Vertragsschluss nicht (*LG Dresden* ZMR 2016, 388). Allerdings muss der Verwalter Aufgaben, die über den gesetzlichen bzw. vereinbarten Rahmen hinausgehen, auch nicht erbringen. Stellt sich seine Tätigkeit im Nachhinein als wesentlich einfacher oder, was von größerer Relevanz ist, als wesentlich aufwendiger heraus als zuvor angenommen, kommt abgesehen von den allgemeinen, aber wohl selten einschlägigen Korrekturmöglichkeiten etwa nach den Grundsätzen des Wegfalls der Geschäftsgrundlage nur eine einvernehmliche Abänderung in Betracht. Einseitige Erhöhungsbegehren sind für den laufenden Vertrag ebenso unbeachtlich wie Kürzungen durch Beschlussfassung der Eigentümer (hierzu s.o. Rdn. 84). Dass die Ablehnung einer Erhöhung ordnungsmäßiger Verwaltung widerspricht, weshalb unter Anfechtung eines entsprechenden Beschlusses eine diesbezügliche Verpflichtung begehrt werden kann (*KG* ZMR 1986, 96), dürfte in der Regel ein theoretischer Fall bleiben. Rückwirkende Erhöhungen entsprechen grundsätzlich nicht ordnungsgemäßer Verwaltung (*OLG Düsseldorf* ZMR 1998, 653 f.).

2. Möglichkeit der Vereinbarung von Sondervergütungen

135 Diese Schwierigkeiten lassen sich durch die Vereinbarung von Zusatzhonoraren für bestimmte Tätigkeiten häufig entschärfen. Denn sie ermöglicht dem Verwalter eine genauere Kalkulation seines Honorars, da er weiß, welche Tätigkeiten mit der Grundvergütung abgegolten sind. Früher nahm man an, dass Sondervergütungen nur dann ordnungsmäßiger Verwaltung entsprechen, wenn sie nicht die ohnehin schon zu den **typischen Pflichten** des Verwalters gehörenden Tätigkeiten umfassen (*BGH* NJW 1993, 1925; *OLG Hamm* ZMR 2001, 141; *OLG Düsseldorf* ZMR 2003, 285; *KG* ZMR 2009, 711; *OLG Rostock* ZMR 2010, 224 f.; *LG Dortmund*, ZWE 2017, 96, 97 f.; *LG Dortmund* ZMR 2016, 643; *LG Frankfurt/M.* ZMR 2018, 62, 63) Demnach ist es möglich, neben einer Grundvergütung für die ständig anfallenden Aufgaben des Verwalters Sondervergütungen für einzelne, klar abgegrenzte Aufgaben des Verwalters auszuweisen, auch wenn sie ihm kraft Gesetzes zugewiesen sind. Diese Regelungen stehen dem nicht entgegen, da sie nur festlegen, welche Aufgaben dem Verwalter als Organ obliegen, aber nicht, wie sie zu vergüten sind (*BGH* v. 05.07.2019 – V ZR 278/17, ZWE 2020, 83 = ZMR 2020, 206).

3. Beispiele für wirksame Vereinbarungen über Zusatzvergütungen

a) Bauüberwachung

136 Der Verwalter ist ohne entsprechende Vereinbarung nicht zur bauleitenden Überwachung verpflichtet (*KG* WuM 1993, 307; *OLG Düsseldorf* ZMR 1997, 490 f.; *BayObLG* ZMR 2001, 817; *OLG Frankfurt* am Main ZMR 2009, 621; *AG Köln* ZMR 2017, 1016, 1017). Die Bauüberwachung gehört daher zu den zusätzlichen Aufgaben, für die in jedem Fall Sondervergütungen verabredet werden können (*OLG Hamm* NJW-RR 2001, 229 = ZMR 2001, 141; *OLG Köln* NZM 2001, 470; *AG Hamburg*-Harburg ZMR 2008, 1007; *AG Düsseldorf* ZMR 2017, 96 f.). Gleiches gilt für die Geltendmachung von Baumängeln (vgl. *OLG Celle* WE 1984, 127). Auch wenn der Verwalter diesbezügliche Beschlüsse gem. § 27 Abs. 1 Nr. 1 WEG durchzuführen hat, kann er die damit verbundenen, besondere Qualifikationen erfordernden Überwachungstätigkeiten nicht immer in eigener Person erbringen. Erklärt er sich etwa aufgrund besonderer Qualifikationen hierzu gleichwohl bereit, entspricht die Verabredung eines Sonderhonorars ordnungsmäßiger Verwaltung. Ein bestimmter Prozentsatz der Bausumme kann aber ordnungsmäßiger Verwaltung widersprechen, da dies nicht an dem zu erwartenden Zeitaufwand orientiert ist, wenn es sich nur um vergleichsweise einfache oder schnell durchzuführende Arbeiten handelt (*OLG Düsseldorf* ZMR 1999, 194).

b) Gerichtliche Vertretung von Verband und Wohnungseigentümern

Ähnliches gilt für die Durchführung gerichtlicher Verfahren. Da die Durchführung des gerichtlichen Mahnverfahrens nicht mehr zu den Pflichten aus § 27 Abs. 1 Nr. 1 WEG gehört, kann hierfür eine Sondervergütung vereinbart werden (*BayObLG* NJW-RR 1988, 848; *AG Düsseldorf* ZMR 2008, 81). Die bloße **Unterrichtung der Wohnungseigentümer über Rechtsstreitigkeiten** gehört zwar zu den allgemeinen Informationspflichten des Verwalters (*LG Dortmund*, ZWE 2017, 96, 98), kann aber nach der zitierten Rechtsprechung des *BGH* gleichwohl sondervergütungsfähig sein. **Pauschale Vergütungen** für Mahnverfahren ohne Rücksicht auf Zeit- und Arbeitsaufwand entsprechen allerdings nicht ordnungsmäßiger Verwaltung (*BayObLG* NJW-RR 1988, 848; ebenso *OLG Hamm* ZMR 2008, 555 f. für die Verdoppelung des Verwalterhonorars bei Säumnis mit Beiträgen und für die Verdreifachung bei gerichtlicher Geltendmachung). Noch weiter geht die Rechtsprechung, wenn der Verwalter im Erkenntnisverfahren die Aufgaben der gerichtlichen Vertretung übernimmt (BGHZ 122, 332; *OLG Hamm* ZMR 2001, 141). Hierfür kann eine Vergütung in der Höhe, wie sie einem Rechtsanwalt zustünde, vereinbart werden (BGHZ 122, 332 f.; *OLG Hamm* ZMR 2001, 141; *OLG Düsseldorf* NJW-RR 2003, 302 f. = ZMR 2003, 285; *OLG München* ZMR 2006, 158; kritisch *KG* NJW-RR 1989, 330; ähnlich *LG Nürnberg*-Fürth ZMR 2010, 722 f.), nach Auffassung des *BGH* sogar dann, wenn zusätzlich ein Anwalt beauftragt wird (ebenso *AG Nürnberg* ZMR 2008, 750; *AG Bonn* ZMR 2018, 452). Auch eine Pauschale von 200 € je Verfahren wurde gebilligt (*AG Bonn* ZMR 2018, 452, 453). Bei Befreiung von § 181 BGB soll sich der Verwalter auch selbst bevollmächtigen und eine Sondervergütung versprechen können (*OLG München* ZMR 2006, 158). Ein Stundensatz von 130 € ist allerdings übersetzt (*BayObLG* ZMR 2005, 380 f.). Der Vertrag kann ohne Regelung in der Teilungserklärung oder Beschluss nach § 16 Abs. 2 S. 2 WEG nur die Zahlung der Vergütung durch den Verband, nicht die Zahlungspflicht einzelner Eigentümer wirksam regeln (zu weiteren Leistungen etwa für die Verwaltung des Sondereigentums s. gleich u. Rdn. 140 u. 145). Sondervergütungen sind allenfalls **als materiell-rechtlicher Schadensersatz erstattungsfähig** (*LG Stuttgart* NJW-RR 2003, 1169; *LG Nürnberg*-Fürth ZMR 2010, 722; a.A. *OLG Hamm* ZMR 2009, 63 für außergerichtliche Kosten und *LG Stuttgart* ZMR 2009, 229 f. selbst für Kosten der gerichtlichen Vertretung). Sie können aber nach Rechtsprechung des *BGH* (*BGH* ZWE 2014, 333 = Rpfleger 2014, 553) nicht im **Kostenfestsetzungsverfahren** geltend gemacht werden (a.A. noch *KG* NJW-RR 1989, 330; *OLG Frankfurt* am Main WuM 1990, 458; wie der *BGH* schon *LG Köln* ZMR 2012, 476 f.). Schon nach früher h.M. kam dies dann nicht in Betracht, wenn der Verwalter als Prozessstandschafter eine Forderung des rechtsfähigen Verbandes in eigenem Namen einklagt, da diese Kosten dem Verband und gerade nicht dem Verwalter entstehen und deshalb auch nicht nach § 91 ZPO zur Führung des Rechtsstreits notwendig sind (*BGH* ZMR 2012, 461 f.). Dies dürfte aber nunmehr, da die Prozessstandschaft des Verwalters regelmäßig mangels Eigeninteresses nicht mehr möglich sein wird, kaum mehr von Bedeutung sein. Ohne Vereinbarung kann der Verwalter selbstverständlich keine Sondervergütung verlangen (*LG Lüneburg* ZMR 2008, 488). 137

c) Zustimmung zu Veräußerungen

Auch für die Zustimmung zu Veräußerungen nach § 12 WEG kann eine Sondervergütung vereinbart werden (*KG* NJW-RR 1989, 975; Niedenführ/*Vandenhouten* § 26 Rn. 79). Zulässig ist aber nur eine **Pauschale**, kein Prozentsatz vom Kaufpreis, da dies gegen § 138 BGB verstößt (*KG* NJW-RR 1997, 1232 = WuM 1997, 522 f.). Sie richtet sich gegen den Verband und kann auch in der Jahresabrechnung nicht auf den Erwerber umgelegt werden, da dieser nicht für Vergütungen haftet, die noch vor seiner Eintragung in das Grundbuch fällig wurden (*KG* NJW-RR 1997, 1232 = WuM 1997, 523). Allerdings kann eine **Kostentragung des Veräußerers** wohl nach § 16 Abs. 2 S. 2 WEG beschlossen werden. Hingegen kann die Sondervergütung in keinem Fall dem Erwerber auferlegt werden. Denn Beschlüsse können nur die Wohnungseigentümer, nicht aber Außenstehende binden, zu denen der Erwerber vor der Grundbuchumschreibung noch gehört. Die Vergütung fällt sogar dann an, wenn sie objektiv nicht erforderlich gewesen wäre, da auch dann die zusätzliche Tätigkeit des Verwalters veranlasst wird, für die die Sondervergütung vereinbart ist (*KG* NJW-RR 1989, 975). 138

d) **Vor der Bestellung angefallene, aber nicht erledigte Arbeiten**

139 Des Weiteren kann der Verwalter für das Nachholen von Arbeiten, die sein Vorgänger nicht erledigt hat, gesondert honoriert werden. Dies kommt insbesondere bei der Erstellung von Abrechnungen in Betracht (*KG* NJW-RR 1993, 529 = WE 1993, 83), ebenso bei der nachträglichen Anfertigung der vom Vorverwalter nicht oder nicht vollständig geführten Beschluss-Sammlung (*Deckert/Kappus* NZM 2007, 751).

e) **Ausweis haushaltsnaher Dienstleistungen**

140 Schließlich ist der Verwalter berechtigt, sich für den Ausweis und die differenzierte Darstellung haushaltsnaher Dienstleistungen eine Sondervergütung versprechen zu lassen (*AG Bremen* ZMR 2007, 820). Denn dies gehört schon nicht zu seinen gesetzlich festgelegten Pflichten (*KG* ZMR 2009, 711; *AG Aachen* ZMR 2008, 835). Insbesondere muss die Jahresabrechnung, die der Verwalter nach § 28 Abs. 2 WEG zu erstellen hat, diesbezügliche Angaben nicht enthalten. Ohne eine Zusatzvergütung muss er daher eine entsprechende Bescheinigung nicht erstellen (*AG Bremen* ZMR 2007, 820; *AG Neuss* ZMR 2007, 898). Eine Vergütung von 25 € (*LG Düsseldorf* ZMR 2008, 484) bzw. 17 € (*KG* ZMR 2009, 711) je Bescheinigung widerspricht Grundsätzen ordnungsmäßiger Verwaltung nicht, ebenso wenig ein Pauschalbetrag von 120 € für die gesamte Liegenschaft (*AG Düsseldorf* ZMR 2008, 668 f.). Obwohl die Bescheinigung nicht nur die Erhaltung/Instandhaltung des gemeinschaftlichen Eigentums betrifft, besteht eine **Beschlusskompetenz**, die Kosten hierfür auf alle Wohnungseigentümer umzulegen (*KG* ZMR 2009, 710 f.). Die Eigentümerversammlung kann aber ohne Verstoß gegen Grundsätze ordnungsmäßiger Verwaltung auch beschließen, dass der Verwalter derartige Bescheinigungen nicht erstellen muss (*AG Aachen* ZMR 2008, 835).

4. **Kontrolle von Vereinbarungen über Sondervergütungen**

a) **Beschlussanfechtung nach § 43 Abs. 2 Nr. 4 WEG**

141 Die Kontrolle von Vereinbarungen über Sondervergütungen erfolgt auf drei verschiedenen, einander nicht ausschließenden Wegen. Der Beschluss über den Verwaltervertrag kann im Wege der Beschlussanfechtung nach § 43 Abs. 2 Nr. 4 WEG, nach §§ 305 ff. BGB und wegen fehlender Vollmacht angegriffen werden. Im Verfahren nach § 43 Abs. 2 Nr. 4 WEG kann nur der Verstoß der vereinbarten Sondervergütung gegen Grundsätze ordnungsmäßiger Verwaltung gerügt werden, nicht aber Verstöße gegen §§ 305 ff. BGB (vgl. o. Rdn. 78). Insbesondere muss sich die Sondervergütung in einem angemessenen Rahmen halten, der Zeit- und Arbeitsaufwand berücksichtigt, wobei eine Pauschale vereinbart werden kann (*BGH* NJW 1993, 1925; *OLG Hamm* ZMR 2001, 141; *OLG Düsseldorf* ZMR 2003, 285; *BayObLG* ZMR 2005, 380 f.). So entspricht eine Sondervergütung von 0,20 € pro Fotokopie ordnungsmäßiger Verwaltung, nicht aber eine solche von 0,72 € (*OLG München* ZMR 2007, 816). Allerdings widersprechen Beschlüsse, mit denen unzulässigerweise Sondervergütungen genehmigt werden nur ordnungsmäßiger Verwaltung und sind daher nur anfechtbar (*AG Hamburg*-Blankenese ZMR 2010, 896).

b) **Inhaltskontrolle nach §§ 305 ff. BGB**

142 Die Wohnungseigentümergemeinschaft ist jedenfalls dann, wenn nicht alle Wohnungseigentümer Unternehmer sind, als Verbraucher anzusehen (*BGH* ZMR 2015, 563 =MietRB 2015, 173; *OLG München* ZMR 2009, 138; *LG Nürnberg*-Fürth ZMR 2008, 832; a.A. noch *LG Rostock* ZMR 2007, 732). Folglich unterliegen die Verträge gewerblicher Verwalter über § 310 Abs. 3 Nr. 1 BGB in der Regel der Inhaltskontrolle nach §§ 305 ff. BGB. Anderes gilt nur in dem – allerdings praktisch relevanten – Fall des Vertragsschlusses durch den teilenden Eigentümer (vgl. Rdn. 9). Daher muss die Abrede von Sondervergütungen in einem Formularvertrag den Anforderungen der §§ 305 ff. BGB genügen. Insbesondere muss gem. § 305c Abs. 1 BGB eindeutig sein, wofür und wann eine Vergütung anfällt (*OLG Düsseldorf* ZMR 2003, 285 f.). Hält die Vereinbarung einer Sondervergütung der Inhaltskontrolle nach §§ 305 f. BGB nicht stand, kann dies allerdings nach Recht-

sprechung des *BGH* nicht im Verfahren nach § 43 Abs. 2 Nr. 4 WEG gerügt werden (s.o. Rdn. 78). Vielmehr kann sich die Wohnungseigentümergemeinschaft wie jeder andere Vertragspartner gegenüber dem Verwender ohne zeitliche Beschränkung auf die Unwirksamkeit von Klauseln eines Formularvertrages berufen (*LG Mönchengladbach* ZMR 2007, 896; *LG München* ZMR 2018, 72, 73).

c) Beispiele von Sondervergütungen, die nach §§ 305 ff. BGB unzulässig sind

Jedenfalls dann, wenn noch nicht einmal die **Wiederholungsversammlung**, deren Durchführung 143
der Verwalter selbst zu vertreten hat, von der Sondervergütung ausgenommen ist, liegt eine unangemessene Benachteiligung nach § 307 Abs. 1 BGB vor (*OLG München* ZMR 2009, 67; ähnlich *AG Saarbrücken* ZMR 2009, 562). Für **Mahnschreiben** kann sich der Verwalter in AGB keine Sondervergütung ausbedingen (*OLG München*, ZMR 2009, 64, 67). Handlungen des Verwalters dürfen nicht zahlenmäßig unbeschränkt vergütungspflichtig sein, da es dann bei kundenfeindlicher Auslegung in seinem Belieben steht, zusätzliche, aber sinnlose Kosten zu erzeugen (*LG Frankfurt/M.* ZMR 2018, 62, 63 zu Mahnkosten).

d) Fehlende Vollmacht zur Vereinbarung einer Sondervergütung

Weiter gehende Möglichkeiten ergeben sich für die Wohnungseigentümergemeinschaft dann, wenn 144
der Verwaltervertrag nicht durch Beschluss angenommen, sondern nur kraft Vollmacht von einem ermächtigten Wohnungseigentümer, abgeschlossen wurde. Dann reicht die Vollmacht ohne weitere Regelung nur so weit, wie der Vertrag ordnungsmäßiger Verwaltung entspricht (s.o. Rdn. 68). Eine ordnungsmäßiger Verwaltung widersprechende Sondervergütung ist dann mangels Vertretungsmacht nicht wirksam vereinbart und dauerhaft nicht Vertragsbestandteil.

e) Sondervergütung und Individualansprüche bzw. -verpflichtungen

Schon nach allgemeinen Grundsätzen (s.o.) unwirksam sind Vereinbarungen über Sonderver- 145
gütungen, die nicht den rechtsfähigen Verband als Vertragspartner treffen. Sondervergütungen können nur für gemeinschaftliche Aufgaben – und zwar auch nur mit einer Zahlungsverpflichtung der Gemeinschaft – verabredet werden können. Entgegen einer häufigen Praxis kann keine von den betroffenen Miteigentümern **direkt zu zahlende Sondervergütung** für Leistungen ausbedungen werden, die das Sondereigentum oder Individualansprüche betreffen (*OLG Hamm* NJW-RR 2001, 230 = ZMR 2001, 142; ähnlich Niedenführ/ *Vandenhouten* § 26 Rn. 77; vgl. schon *BayObLG* ZMR 1999, 272). Denn die Beschlusskompetenz der Wohnungseigentümer erstreckt sich nach § 19 Abs. 1 WEG nur auf die Verwaltung des gemeinschaftlichen Eigentums. Hieran ändert auch § 16 Abs. 2 S. 2 WEG nichts, da sich die dort normierte Beschlusskompetenz ebenfalls auf Kosten für die Verwaltung des gemeinschaftlichen Eigentums beschränkt. Dies umfasst gerade nicht das Sondereigentum oder individuelle Rechtspositionen einzelner Miteigentümer. Vergütungen hierfür muss der Verwalter einzeln mit den Miteigentümern aushandeln; vgl. zur Abwicklung von Versicherungsfällen Rdn. 91 ff. Will die Gemeinschaft den betroffenen Wohnungseigentümern durch Mehrheitsbeschluss Zahlungspflichten gegenüber dem Verwalter auferlegen, ist dies nicht nur ein Rechtsgeschäft zulasten Dritter, sondern auch mangels Beschlusskompetenz nichtig (*BGH* ZMR 2012, 460 f. zu Zahlungspflichten für Prozessführung; *BGH* ZMR 2005, 554; im Ergebnis ebenso *OLG Düsseldorf* NJW-RR 2003, 303 = ZMR 2003, 285 f.; zum neuen Recht s. SEHR/*Fritsch* § 2 Rn. 41).

5. Der Aufwendungsersatz

Neben der Vergütung kann dem Verwalter aus § 670 BGB ein Anspruch auf Ersatz von Auf- 146
wendungen zustehen (*BayObLG* NJW-RR 1998, 157; ZMR 2004, 932 f.). Ein solcher Anspruch wird allerdings nur selten infrage kommen, da die Vergütung grundsätzlich auch die Kosten erforderlicher Materialien etc. abdeckt. Anderes kann gelten, wenn der Verwalter etwa die Aufwendungen für **dringende Maßnahmen** aus eigener Tasche vorstreckt (weiter gehend *AG Niebüll* ZMR 2013, 758 f.). Wird er indessen eigenmächtig, ohne einen Beschluss der Wohnungseigentümer tätig, kann

er Ersatz der entstehenden Aufwendungen nur nach **Bereicherungsrecht** gem. §§ 684, 812 Abs. 1 BGB verlangen (*BGH* v. 10.12.2021 – V ZR 32/21, ZMR 2022, 480; *BayObLG* ZMR 2003, 759 f.). Werden aber in kleinen Anlagen die Kosten z.B. für Heizmaterial, Wasser oder Reparaturen von dem verwaltenden Wohnungseigentümer vorgeschossen, besteht der Anspruch auf Aufwendungsersatz unabhängig von einem – möglicherweise gar nicht beschlossenen – Wirtschaftsplan oder einer Jahresabrechnung. Dabei muss sich der Verwalter, der selbst Eigentümer ist, seinen Kostenanteil anrechnen lassen (*BayObLG* ZMR 1997, 659 = NZM 1998, 40; 1998, 103). Bei noch nicht erfüllten Verbindlichkeiten tritt anstelle des Aufwendungsersatzes ein **Freistellungsanspruch** (*KG* ZMR 1997, 540; *BayObLG* ZMR 2003, 855), ebenso bei den Kosten gerichtlicher Verfahren, die der Verwalter im Interesse von Verband oder Wohnungseigentümern führt (*BayObLG* NJW-RR 2001, 158 = ZMR 2000, 324), allerdings nicht, wenn er materiell-rechtlich zu ihrem Ersatz verpflichtet ist (*BayObLG* NJW-RR 2001, 158 f. = ZMR 2000, 324 f.). Auf Verwirkung können sich die Wohnungseigentümer grundsätzlich nicht berufen, da sie billigerweise nicht davon ausgehen können, ihre Kosten nicht selbst tragen zu müssen (*BayObLG* ZMR 1997, 659 = NZM 1998, 41; Jennißen/*Heinemann* § 27 Rn. 113). Ferner kommen nach Beendigung der Verwaltertätigkeit Aufwendungsersatzansprüche aus §§ 675, 675j Abs. 1 BGB in Betracht, wenn der Verwalter nach Auflösung des Gemeinschaftskontos noch für **Rücklastschriften** durch einzelne Wohnungseigentümer in Anspruch genommen wird (*AG Halle/Saale* ZMR 2011, 248; ähnlich *AG Hamburg* ZMR 2015, 72). Auch dem **Scheinverwalter**, der sich eigenmächtig als Verwalter geriert, ohne bestellt zu sein, stehen nur Ansprüche aus § 684 Satz 1 BGB, keine Vergütungsansprüche zu (*LG Hamburg* ZMR 2013, 986 f.).

6. Schlechterfüllung

147 Erfüllt der Verwalter seine vertraglichen Pflichten nach Auffassung der Wohnungseigentümer schlecht, berechtigt dies den Verband nicht ohne Weiteres zur Einstellung der Vergütungszahlungen (*OLG München* NJW-RR 2006, 1160 = ZMR 2006, 720). Nur dann, wenn **überhaupt keine Leistung** erbracht wird und diese auch nicht nachgeholt werden kann, entfällt die Pflicht zur Vergütung gem. §§ 326, 275 BGB, weil die Leistung unmöglich geworden ist (*BayObLG* NJWE-MietR 1997, 162; Niedenführ/*Vandenhouten* § 26 Rn. 87). Dies ist etwa dann der Fall, wenn Wirtschaftspläne bis zum Ablauf des Wirtschaftsjahres nicht erstellt (vgl. insoweit § 28 Rdn. 86) oder die jährlichen Eigentümerversammlungen nicht durchgeführt wurden. Ansonsten bestehen nur **Schadensersatzansprüche** (*KG* NJW-RR 1990, 154), insbesondere aus § 280 Abs. 1 BGB, mit denen der Verband allerdings **aufrechnen** kann (*BayObLG* NJWE-MietR 1997, 162; *OLG Köln* ZMR 2005, 573). Sofern der Schaden nur einzelne Wohnungseigentümer betrifft, fehlt es an der Gegenseitigkeit; der Verband muss sich die Ansprüche daher zuvor abtreten lassen. Typische Schäden aufgrund der Untätigkeit sind Säumniskosten (*OLG München* ZMR 2007, 815). Die Ermächtigung des neuen Verwalters, Schadensersatzansprüche gegen seinen Vorgänger geltend zu machen, entsprach bisher regelmäßig den Grundsätzen ordnungsmäßiger Verwaltung (*OLG Zweibrücken* ZMR 2007, 888).

VI. Die Beendigung des Verwaltervertrags

1. Die Abberufung und die schuldrechtlichen Beziehungen

a) Die Kündigung

148 Die Abberufung aus der organschaftlichen Stellung und die Beendigung des Verwaltervertrages sind nach der Trennungstheorie nicht zwingend miteinander verbunden (*OLG Düsseldorf* ZMR 2008, 393). Nach § 26 Abs. 3 WEG endet der Verwaltervertrag nunmehr aber spätestens sechs Monate nach der Abberufung (vgl. o. Rdn. 35 f.). Ansonsten bedarf es der Beendigung des Verwaltervertrages durch Kündigung (*BGH* ZMR 2002, 767; *BayObLG* ZMR 1999, 576). Diese hat ohne abweichende Regelung nach den Fristen von § 621 BGB zu erfolgen (Lehmann-Richter/Wobst § 6 Rn. 554).

b) Die Kündigung aus wichtigem Grund

Nach wie vor besteht die Möglichkeit der Kündigung aus wichtigem Grund, die wie im Fall der Abberufung binnen angemessener Frist erfolgen muss (*OLG Schleswig* ZMR 2007, 729). Anders als bei der Abberufung gilt hier nicht die Begründungsfrist des § 45 S. 1 WEG, so dass weitere Gründe nachgeschoben werden können (Dötsch/Schultzky/Zschieschack § 9 Rn. 82). Sofern eine Kündigung aus wichtigem Grund nicht begründet ist, kann jedenfalls die **Beendigung des Verwaltervertrages zum nächstmöglichen Zeitpunkt im Wege der ordentlichen Kündigung gewollt** sein (*KG* NJW-RR 1989, 840 = WE 1989, 133; *OLG Hamm* NJW-RR 1997, 524 = ZMR 1997, 50). Jedenfalls wird er nach der sechsmonatigen Frist des § 26 Abs. 3 WEG beendet. Die Kündigung aus wichtigem Grund muss in Anlehnung an § 314 BGB innerhalb angemessener Zeit nach Kenntnis des Kündigungsgrundes ausgesprochen werden (*LG Frankfurt/M.* ZMR 2018, 250, 252). Ein Kündigungsgrund muss gemäß § 626 Abs. 2 S. 3 BGB nicht angegeben werden (*LG Frankfurt/M.* ZMR 2018, 250, 252). Die Kündigung ist vom Verband auszusprechen, für den gemäß § 9b Abs. 2 WEG der Vorsitzende des Verwaltungsbeirats oder ein hierzu ermächtigter Wohnungseigentümer handeln. Wird nur die organschaftliche Stellung durch Abberufung beendet, führt dies gemäß § 26 Abs. 3 WEG erst nach sechs Monaten zum Erlöschen der vertraglichen Ansprüche insbesondere auf Zahlung der vereinbarten Vergütung (*OLG Hamm* NJW-RR 1997, 524 = ZMR 1997, 50). Ein **Gleichlauf von organschaftlicher und schuldrechtlicher Ebene** kann freilich schon im Verwaltervertrag vereinbart werden, etwa der Gestalt, dass mit der Abberufung auch die schuldrechtliche Beziehung endet (*OLG Zweibrücken* ZMR 2004, 66; kritisch jetzt Lehmann-Richter/Wobst § 6 Rn. 541). Daneben können **Abberufung und Kündigung miteinander verknüpft** werden, was bei der Berufung auf einen wichtigen Grund regelmäßig anzunehmen ist (*BayObLG* NJW-RR 1999, 1390 = ZMR 1999, 576; 2004, 602; *OLG Düsseldorf* ZMR 2004, 691; *OLG Schleswig* ZMR 2007, 729; *OLG Hamm* ZMR 2008, 66; *LG Düsseldorf* ZMR 2011, 899). Wird der Beschluss, mit dem der Vertreter zur Kündigung der Verwaltervertrages bevollmächtigt wurde, für ungültig erklärt, berührt dies in entsprechender Anwendung von § 47 FamFG die Wirksamkeit der Kündigung nicht (*LG Frankfurt/M.* ZMR 2018, 250, 251). 149

c) Die Bedeutung des wichtigen Grundes für die organschaftliche Stellung und die schuldrechtlichen Beziehungen zwischen Verwalter und Verband bzw. Wohnungseigentümern

Das Vorliegen eines wichtigen Grundes, der die Abberufung rechtfertigt, berechtigt grundsätzlich auch zur Kündigung des Verwaltervertrages (*BayObLG* ZMR 1999, 269; 2004, 602). Dies kann zu schwierigen Rechtsproblemen führen, wenn der Verwalter einen wichtigen Grund nicht anerkennt, sich aber nur gegen den Verlust seiner Ansprüche aus dem schuldrechtlichen Vertrag, nicht aber gegen die Abberufung wehren will. Umstritten ist dann, ob sich der Verwalter gleichwohl gegen den Verlust seiner organschaftlichen Stellung wenden muss, um sich mögliche schuldrechtliche Ansprüche zu erhalten. Dies wird teilweise bejaht, da der **wichtige Grund für organschaftliche Stellung und schuldrechtlichen Vertrag nicht unterschiedlich gehandhabt werden kann.** Das bestandskräftige Feststehen eines wichtigen Grundes entfalte daher auch für die Beendigung des Verwaltervertrages Bindungswirkung (*BGH* ZMR 2002, 768; *OLG Düsseldorf* ZMR 2004, 691 Niedenführ/*Vandenhouten* § 26 Rn. 111; a.A. *BayObLG* NJW-RR 1999, 811 = ZMR 1999, 270; *OLG Köln* NJW-RR 2001, 160; *OLG Hamm* ZMR 2007, 134; 2008, 66; Jennißen/*Jennißen* § 26 Rn. 197). Dem ist freilich entgegenzuhalten, dass damit der wohl wichtigste Fall, in dem der Trennungstheorie einmal praktische Bedeutung zukäme, zugunsten einer einheitlichen Behandlung entfiele. Allerdings wird diese Problematik durch die Frist des § 26 Abs. 3 WEG erheblich entschärft. 150

d) Die Verteidigungsmöglichkeiten des Verwalters gegen eine Kündigung

Will sich der Verwalter (nur) gegen die Beendigung der schuldrechtlichen Beziehungen verteidigen, muss er im Verfahren nach § 43 Abs. 2 Nr. 3 WEG i.V.m. § 256 ZPO die **Feststellung begehren, dass der Verwaltervertrag durch die Kündigung nicht beendet worden ist** (*BGH* ZMR 2002, 767 151

u. 932; *BayObLG* ZMR 2004, 687; *OLG Düsseldorf* ZMR 2004, 691; *OLG München* ZMR 2006, 638; ZMR 201, 148 f.; *OLG Hamm* ZMR 2007, 134; *LG Frankfurt an der Oder* ZMR 2013, 978 f.; *LG Frankfurt/M* ZMR 2018, 355, 356).Eine Anfechtung des Beschlusses über die Kündigung kommt nach neuem Recht mangels Anfechtungsbefugnis des Verwalters von vorneherein nicht mehr in Betracht. Bereits bezifferbare Ansprüche aus dem fortbestehenden Schuldverhältnis kann er auch mit einem **Leistungsantrag** geltend machen. Wehrt sich der Verwalter aber erfolgreich gegen eine Kündigung aus wichtigem Grunde, da es an einem solchen fehlt, kommt eine Umdeutung in eine ordentliche Kündigung in Betracht (*KG* NJW-RR 1989, 840 = WE 1989, 133; *OLG Hamm* ZMR 1997, 50). Im Übrigen gilt § 26 Abs. 3 WEG.

2. Andere Beendigungsgründe

152 Daneben endet der Verwaltervertrag auch durch die **Amtsniederlegung**, die regelmäßig auch die schuldrechtlichen Beziehungen beenden soll. Die Parteien des Verwaltervertrages können naturgemäß auch einen Aufhebungsvertrag schließen (Lehmann-Richter/Wobst § 6 Rn. 558). Ferner beendet der **Tod** der bestellten natürlichen Person das Vertragsverhältnis, da die Verwalterstellung nicht im Wege der Gesamtrechtsnachfolge erworben werden kann (*OLG München* ZMR 2008, 482). Ebenso führt auch die **Löschung oder Rechtsformänderung** mit Ausnahme der Verschmelzung und der Ausgliederung zur Neugründung einer GmbH (s.o. Rdn. 104. ff.) zur Beendigung des Verwaltervertrages mit einer Gesellschaft (BayObLGZ 1987, 57).

3. Pflichten nach Beendigung des Verwaltervertrags

a) Beendigung der Tätigkeit für Verband und Wohnungseigentümer

153 Nach Abberufung bzw. gerichtlicher Ungültigerklärung der Bestellung und Beendigung des Vertragsverhältnisses kann der Verwalter nicht mehr für Verband und Wohnungseigentümer tätig werden und hat, sofern er es doch tut, hieraus keine vertraglichen Ansprüche mehr, sondern allenfalls den gesetzlichen Anspruch auf **Aufwendungsersatz** nach §§ 683, 670 BGB bzw. auf **Herausgabe der Bereicherung** nach §§ 684, 812 BGB (*BayObLG* WuM 1996, 497). **Abbuchungen** zu seinen Gunsten darf er nicht mehr vornehmen (*AG Neustadt a. Rbge.* ZMR 2013, 78 f.). Gleicht er allerdings bereits aufgelaufene Fehlbeträge auf dem Gemeinschaftskonto aus, soll ihm ein Anspruch aus §§ 675, 670 BGB zustehen (*KG* ZMR 1997, 540). In **Prozessstandschaft** betriebene Verfahren kann er noch weiterführen (*BayObLG* ZMR 1997, 199; *OLG Düsseldorf* ZMR 2000, 397), was allerdings nach neuem Recht bedeutungslos ist.

b) Die Herausgabepflicht des Verwalters

aa) Die Verpflichtung zur Herausgabe der Unterlagen

154 Im Übrigen bestehen nur noch Abwicklungsverpflichtungen. Insbesondere besteht aus §§ 675, 667 BGB die Pflicht des Verwalters, nach der Abberufung alles, was er zur Ausführung seiner Tätigkeit erlangt hat, herauszugeben (*OLG Hamm* NJW-RR 1988, 269; ZMR 2007, 983; *BayObLG* NJW-RR 2003, 517 = ZMR 2003, 438; ZMR 2004, 762; *LG Itzehoe* ZMR 2015, 54). Diese Verpflichtung hat er unentgeltlich zu erfüllen (*LG Itzehoe* ZMR 2015, 54, 55). Unerheblich ist, ob der Verwalter die Unterlagen nicht nur in dieser, sondern auch in anderer Funktion besaß, etwa als Rechtsanwalt, da der Besitz eine tatsächliche Sachherrschaft darstellt und nur einheitlich ausgeübt werden kann (*OLG Hamm* ZMR 2007, 983). Die Herausgabeansprüche umfassen u.a. Schlüssel, Vollmachtsurkunden sowie sämtliche Akten und Unterlagen im Original, selbst wenn ein Rechtsstreit gegen ihn bevorsteht, aber auch zu Unrecht eingenommene Gelder wie **Provisionen** (*OLG Düsseldorf* ZMR 1998, 307). Der zum Verwalter bestellte frühere Bauträger hat auch **Bauunterlagen** herauszugeben, sofern diese für die Durchsetzung von Gewährleistungsansprüchen erforderlich sind (*OLG Hamm* NJW-RR 1988, 268 f.; *BayObLG* NJW-RR 2001, 1668 = ZMR 2001, 820). Auf das **Eigentum an den Unterlagen** kommt es nicht an (*OLG Hamm* NJW-RR 1988, 269; ZMR 2007, 983); die Herausgabepflicht umfasst auch selbst angefertigte Unterlagen (*LG Itzehoe* ZMR 2015, 54, 55).

Selbstverständlich sind auch die in elektronischer Form vorliegenden Verwaltungsunterlagen, die für die Fortführung der Verwaltung sogar besonders wichtig sein können, herauszugeben (*AG Oldenburg* ZMR 2014, 159); Ausdrucke genügen nicht (*LG Itzehoe* ZMR 2015, 54). **Zurückbehaltungsrechte** gegen den Herausgabeanspruch stehen ihm nicht zu (*OLG Frankfurt am Main* ZMR 1994, 376; *OLG München* NJW-RR 2005, 1327; *OLG Hamm* ZMR 2007, 983 f.), auch nicht bei drohenden Schadensersatzansprüchen. Sein diesbezüglicher Vortrag wird nämlich nicht dadurch erschwert, dass ihm hierfür nur Kopien zur Verfügung stehen (*BayObLG* WE 1993, 288; *LG Saarbrücken* ZMR 2010, 318 f.; umgekehrt *OLG Hamm* NJW-RR 1988, 269 f., wonach u.U. die Herausgabe von Kopien genügen soll). Diese hat er auf eigene Kosten anzufertigen (*AG Neustadt a. Rbge.* ZMR 2013, 78 f.). Das pauschale Bestreiten fortbestehenden Besitzes genügt nicht, wenn feststeht, dass der frühere Verwalter die Unterlagen in Besitz hatte (*OLG Hamm* ZMR 2007, 983). Sofern sich die **Unterlagen bei Dritten** befinden, hat sie der Verwalter zu beschaffen, nicht nur den Herausgabeanspruch abzutreten (*OLG Hamm* NJW-RR 1988, 269; *OLG Frankfurt am Main* WuM 1999, 62). Allerdings ist er nur zur Herausgabe, nicht zur Ablieferung der Unterlagen beim neuen Verwalter verpflichtet.

bb) Die gerichtliche Durchsetzung des Herausgabeanspruchs

Der **neue Verwalter** kann die Herausgabe an sich aus eigenem Recht verlangen (BayObLGZ 1975, 155
328). Fehlt ein Verwalter, kann die Wohnungseigentümergemeinschaft, vertreten durch den neuen Verwalter, ohne einen solchen durch den Vorsitzenden des Verwaltungsbeirats oder einen dazu ermächtigten Wohnungseigentümer (§ 9a Abs. 2 WEG) die Herausgabe verlangen (*LG Hamburg* ZMR 2008, 326; Jennißen/*Jennißen* § 26 Rn. 172. Ein **einzelner Wohnungseigentümer** kann die Herausgabe nicht verlangen (*AG Rastatt* ZMR 2008, 923); er kann nur hierzu, wenn ein Verwalter fehlt, durch Beschluss nach § 9a Abs. 2 WEG ermächtigt werden. Notfalls muss ein ablehnender Beschluss angefochten und die Herausgabe als alleine ordnungsmäßiger Verwaltung entsprechende Maßnahme durchgesetzt werden (*BGH* ZMR 1997, 309; ähnlich schon *OLG Hamburg* NJW-RR 1994, 783; *OLG Hamburg* ZMR 2008, 150 f.). Der Anspruch ist im **Verfahren nach § 43 Abs. 2 Nr. 3 WEG** geltend zu machen (*OLG Hamm* NJW-RR 1988, 268). Im Wege der **einstweiligen Verfügung** können die Wohnungseigentümer jedenfalls die Herausgabe und befristete Einsichtnahme in solche Verwalterunterlagen verlangen, auf die sie so dringend angewiesen sind, dass ein ordentliches Verfahren nicht abgewartet werden kann (*AG Kelheim* ZMR, 83; für elektronische Dateien *LG Itzehoe* ZMR 2015, 54, 55; *AG Oldenburg* ZMR 2014, 159). Die Herausgabe aller Unterlagen etc. kann im Verfahren des einstweiligen Rechtsschutzes i.d.R. nicht durchgesetzt werden, da dies auf eine Vorwegnahme der Hauptsache hinausliefe (*LG Hamburg* ZMR 2008, 326). In Verfahren auf Herausgabe von Unterlagen etc. kann eine **summarische Bezeichnung der nicht näher bekannten Unterlagen** genügen, da die Wohnungseigentümer sie gerade nicht im Einzelnen aufführen können. Deswegen nahm die h.M. an, dass ein Herausgabetitel auch nach § 888 ZPO, nicht nach § 883 ZPO zu vollstrecken ist (*OLG Hamburg* OLGZ 1987, 189; ZMR 2008, 150; *OLG Frankfurt am Main* WuM 1999, 62; *Halle/Saale* ZMR 2012, 411 f.; Niedenführ/*Vandenhouten* § 26 Rn. 130; a.A. *OLG Hamm* ZMR 2007, 984), da es hierbei nicht um die Herausgabe von Sachen geht, die der Gerichtsvollzieher ohne Weiteres wegnehmen kann. Vielmehr stehe die Herausgabe im Zusammenhang mit der Rechenschaftspflicht am Ende der Verwaltertätigkeit. Diese könne aber ebenso wie die Zusammenstellung der den Wohnungseigentümern gar nicht bekannten Unterlagen nur der Verwalter erfüllen, sodass eine unvertretbare Handlung vorliegt. Diese Rechtsprechung erscheint allerdings vor dem Hintergrund der Rechtsprechung, die höchstpersönliche bzw. unvertretbare Pflichten aus dem Verwaltervertrag in Abrede stellt (*BGH* 02.07.2021 – V ZR 201/20, ZMR 2014, 654 = WuM 2014, 295), nicht mehr zwingend. Die Pflichten nach Beendigung des Verwaltervertrages sollen nur den Verwalter selbst, nach seinem Tode nicht auch den **Gesamtrechtsnachfolger** treffen (*LG Düsseldorf* ZMR 2013, 213 f.). Dass bestimmte Gegenstände bereits herausgegeben sind, kann der Verwalter nur mit der **Vollstreckungsgegenklage** nach § 767 ZPO geltend machen, sofern dieser Einwand nicht unstreitig oder anhand des Akteninhalts beurteilt werden kann (*BayObLG* ZMR 2002, 842 f.). Lediglich die Behauptung, die **Herausgabepflicht sei vollständig erfüllt**, ist bereits

im Erkenntnisverfahren zu prüfen, da es sich beim Erlöschen des Anspruchs nach § 362 Abs. 1 BGB um eine rechtsvernichtende Einwendung handelt (*BayObLG* ZMR 2004, 762). Sofern die Herausgabe aus Gründen, die der Verwalter zu vertreten hat, **unmöglich** ist, kann er zwar nach § 275 Abs. 1 BGB nicht mehr zur Leistung verurteilt werden (so vor der Schuldrechtsmodernisierung, s. *OLG Hamm* NJW-RR 1988, 269). Dies setzt aber die substanziierte Darstellung des Verlustes voraus (*OLG Hamm* ZMR 2007, 983). Zudem bestehen dann nach § 280 Abs. 1 BGB **Schadensersatzansprüche**, die evtl. im Wege der Naturalrestitution die Wiederanfertigung wichtiger Unterlagen wie Leitungspläne, Bauzeichnungen etc. umfassen können. Der **Streitwert** für Streitigkeiten um die Herausgabe der Verwaltungsunterlagen beläuft sich auf 2.000 €; im Verfahren des einstweiligen Rechtsschutzes ist er auf ca. die Hälfte des Wertes der Hauptsache festzusetzen (*AG Hamburg* ZMR 2009, 233).

cc) Die Herausgabe der Gemeinschaftsgelder

156 Vor allem aber hat der Verwalter gem. § 667 BGB die Gemeinschaftsgelder herauszugeben, nicht nur den Anspruch gegen das Kreditinstitut abzutreten (*BGH* ZMR 1997, 310 f.; *BayObLG* NJW-RR 2000, 155 = ZMR 1999, 845). Dabei hat der Verwalter die Höhe des herauszugebenden Betrages durch Rechnungslegung gem. § 259 BGB nachvollziehbar darzustellen. Im Streitfall trifft den Verband die **Beweislast** für den anfänglichen Bestand der gemeinschaftlichen Konten und Kassen sowie für eventuelle Zugänge (*BayObLG* ZMR 2000, 42; *AG Bonn* ZMR 2011, 67). Hingegen muss die Wohnungseigentümergemeinschaft weder den Endbestand des Vermögens noch gar die fehlende Nachprüfbarkeit oder Unrichtigkeit einer Ausgabe darlegen und beweisen (insoweit unrichtig *AG Bonn* ZMR 2011, 67). Dies ist Sache des Verwalters, der auch die bestimmungsgemäße Verwendung der Gemeinschaftsgelder zu beweisen hat (*BGH* ZMR 1997, 311; *BayObLG* ZMR 2000, 42; NJW-RR 2000, 156 = ZMR 2000, 845; NJW-RR 2001, 1019 = ZMR 2001, 208). Der neue Verwalter hat naturgemäß vor der Einleitung außergerichtlicher oder gar gerichtlicher Schritte gegen den Vorverwalter zu prüfen, ob er bereits über die erforderlichen Unterlagen verfügt und auf die Gemeinschaftsgelder zugreifen kann (*AG Hamburg* ZMR 2018, 189, 190 f.). Befindet er sich hierüber erkennbar im Irrtum, muss ihn der Vorverwalter darauf hinweisen (*AG Hamburg* ZMR 2018, 189, 190 f.). Das Fehlen von Belegen kann dahin gehend zu werten sein, dass eine Ausgabe unberechtigt war (*OLG Oldenburg* ZMR 2008, 239 f.). Mit **rückständigen Vergütungen** darf der scheidende Verwalter aufrechnen (BayObLGZ 1976, 166; *OLG Stuttgart* ZMR 1983, 422), wohl auch mit Ansprüchen auf Aufwendungsersatz etwa für den erforderlichen Ausgleich eines im Soll stehenden Treuhandkontos (vgl. *BayObLG* WuM 1997, 346). Für den Streitwert bei der Herausgabe der gemeinschaftlichen Gelder ist maßgeblich, ob und in welcher Höhe die Gefahr ihrer unbefugten Inanspruchnahme besteht, oder ob es nur um eine Verzögerung geht (*AG Hamburg* ZMR 2009, 233).

c) Fortdauer von Leistungspflichten

157 Auch nach Beendigung des Verwaltervertrags können Pflichten des Verwalters aus seiner Amtszeit fortwirken. Insbesondere muss der Verwalter auch nach seiner Abberufung die **Jahresabrechnung** erstellen, wenn die Pflicht zur Abrechnung bereits in seiner Amtszeit entstanden ist (*BGH* ZMR 2018, 523, 524; *OLG Hamm* NJW-RR 1993, 847; *KG* WE 1993, 83; *BayObLG* WuM 1994, 44; *OLG Celle* ZMR 2005, 718 f.). Hierzu kann er die Überlassung der erforderlichen Unterlagen vom Amtsnachfolger verlangen (*AG München* ZMR 2015, 591, 592 f.). Die früher angenommene Verpflichtung zur **Rechnungslegung** (*BayObLG* ZMR 2000, 326) dürfte nach ersatzloser Streichung von § 28 Abs. 4 WEG a.F. entfallen sein.

VII. Unwirksamkeit von Bestellung oder Verwaltervertrag

158 Ist lediglich die **Bestellung unwirksam**, hat dies auf die Pflichten aus dem schuldrechtlichen Vertrag keine Auswirkungen. Insbesondere kann der Vergütungsanspruch gleichwohl bestehen (*OLG Düsseldorf* NJW-RR 2006, 882 = ZMR 2006, 465; *OLG München* NJW-RR 2006, 1159 f.). Ist umgekehrt

der **Verwaltervertrag unwirksam**, soll der Anspruch des Verwalters auf einen **Aufwendungsersatz** aus § 683 Satz 1 BGB folgen (*BGH* NJW-RR 1989, 970; ZMR 1997, 311 f.; *KG* ZMR 1997, 612). Dies erscheint dogmatisch nicht unproblematisch, da der als Verwalter Tätige regelmäßig von der Wirksamkeit des Vertrages ausgehen und somit ohne Fremdgeschäftsführungswillen handeln wird. Vorzugswürdig erscheint daher eine Abwicklung nach den Grundsätzen über unwirksame Anstellungsverträge. Dies entspricht auch der Handhabung im Gesellschaftsrecht. Beide Seiten sind also so zu behandeln, als wäre der Vertrag für die Vergangenheit wirksam.

F. Unentgeltliche Verwaltung und Ausübung einzelner Verwaltertätigkeiten

I. Die unentgeltliche Verwaltung

1. Tatsächliche Bedeutung und rechtliche Ausgestaltung

Die unentgeltliche Verwaltung ist in der Praxis meist auf kleine Gemeinschaften beschränkt, in 159
denen ein Miteigentümer die Verwaltung übernimmt. Sie ist bislang kaum systematisch untersucht. Bei der Bestellung eines Eigentümers zum Verwalter solcher Kleinanlagen ist den Umständen nach eine **Vergütung grundsätzlich nicht zu erwarten**, sodass Gegenteiliges ausdrücklich vereinbart sein muss (*BayObLG* ZMR 2000, 848 u. 852; vgl. schon BT-Drs. 1/252, S. 29). Die Unentgeltlichkeit ist auf die Vergütung der Verwaltertätigkeit beschränkt. Auch dort hat der Verwalter aus § 670 BGB einen **Anspruch auf Ersatz seiner Aufwendungen**, etwa für Post- und Telekommunikation, Kontogebühren und sonstige Auslagen. Allerdings kann der unentgeltliche Verwalter ebenso wenig wie der professionelle den Ersatz der Aufwendungen für eigenmächtige, nicht im Interesse der Gemeinschaft liegende Entscheidungen nach § 670 BGB verlangen. Auch er ist insoweit auf Bereicherungsrecht angewiesen. Nicht anders als der professionelle Verwalter verpflichtet sich der unentgeltlich tätige Miteigentümer zumindest konkludent zur **Einberufung der jährlichen Eigentümerversammlung** gem. § 24 Abs. 1 WEG und zur Erstellung von **Wirtschaftsplan und Jahresabrechnung** gem. § 28 Abs. 1 und 2 WEG. Mit seiner Abberufung wird das schuldrechtliche Verhältnis – der Auftrag – widerrufen, was nach § 671 Abs. 1, 2 BGB jederzeit möglich ist (BayObLGZ 1958, 238). Umgekehrt kann auch der unentgeltliche Verwalter nach § 671 Abs. 1 BGB ohne Weiteres, nur eben nicht zur Unzeit kündigen. Nach Beendigung seines Amtes ist er nach § 667 BGB zur Herausgabe all dessen verpflichtet, was er erhalten hat (*BayObLG* NJW-RR 2000, 155 = ZMR 2000, 845). Insoweit besteht kein Unterschied zum professionellen Verwalter (vgl. o. Rdn. 133 ff.).

2. Die Haftung des unentgeltlichen Verwalters

Das eigentliche Problem der unentgeltlichen Verwaltung dürfte die Haftungsfrage sein. Derjenige, 160
der die Verwaltung unentgeltlich und ohne berufliche Erfahrung übernimmt, dürfte i.d.R. nicht damit rechnen, dass ihm bei vergleichsweise leichten Nachlässigkeiten etwa in der Bearbeitung der Anzeigen zu baulichen Schäden ganz erhebliche Regressforderungen drohen. Eine unentgeltliche Erfüllung vertraglicher Pflichten bedeutet aber nicht schon eine konkludente Haftungserleichterung. Auch bei der Annahme einer **konkludenten Haftungsbeschränkung** (hierzu vgl. *Skauradszun* ZWE 2008, 422 f.) ist Vorsicht angebracht; die Unentgeltlichkeit alleine genügt ohne weitere Anhaltspunkte nicht. Anders als beim gleichfalls unentgeltlich tätigen Verwaltungsbeirat hat das WEMoG auch keine Haftungsprivilegierung des unentgeltlich tätigen Verwalters eingeführt. Daher haftet er ohne abweichende Regelung in der Gemeinschaftsordnung jedenfalls bei Kardinalpflichten wie der Sorge für die Erhaltung (Instandhaltung und Instandsetzung) des gemeinschaftlichen Eigentums für **jede Fahrlässigkeit** (*OLG München* ZMR 2006, 717; *Skauradszun* ZWE 2008, 421; *Schultz* ZWE 2009, 163). Auch ein ehrenamtlich tätiger Verwalter tut somit gut, wenn er eine **Versicherung** für seine Tätigkeit abschließt. Allerdings kann die Eigentümerversammlung ähnlich wie beim Verwaltungsbeirat (vgl. § 29 Rdn. 43) für eine konkrete Bestellung – also nicht abstrakt generell – einen **milderen Haftungsmaßstab beschließen** (*Skauradszun* ZWE 2008, 421).

II. Die Ausübung einzelner Verwaltertätigkeiten

1. Die Übernahme einzelner Verwaltungstätigkeiten durch Wohnungseigentümer

161 Von der unentgeltlichen Verwaltung abzugrenzen sind die Fälle, in denen der Verwalter durch Tod, Abberufung oder andere außergewöhnliche Umstände ausscheidet und ein Miteigentümer einzelne Verwaltungsaufgaben durchführt. Mangels Bestellung wird er zwar nicht zum (unentgeltlichen) Verwalter. Denn die bloße Zustimmung zu seiner Tätigkeit ersetzt nicht den Bestellungsbeschluss (BayObLGZ 1987, 59; *OLG Schleswig* WE 1997, 389; *OLG Düsseldorf* NJW-RR 1990, 1300; ZMR 2004, 135 f. a.A. *OLG Frankfurt am Main*, OLGZ 1975, 101 f.). Gleichwohl hat er Anspruch auf **Ersatz seiner Aufwendungen** aus §§ 683, 670 BGB (*BayObLG* WuM 1996, 497). Es kann aber ordnungsmäßiger Verwaltung entsprechen, ihm – auch nachträglich – einen **pauschalen Aufwendungsersatz** zuzusprechen (*BayObLG* ZMR 2003, 694 f.). Denn zwischen ihm und dem Verband besteht ein Auftragsverhältnis (*OLG Hamm* ZMR 2008, 162). Dies führt umgekehrt zu einer **Haftung** bei Pflichtverletzungen ohne Haftungsbegrenzung, da das Auftragsrecht eine solche Beschränkung der Haftung nicht kennt (*OLG Hamm* ZMR 2008, 162). Derartige Ansprüche hat der rechtsfähige Verband geltend zu machen (*OLG Hamm* ZMR 2008, 162).

2. Die Verwaltungstätigkeit des teilenden Eigentümers

162 Zu einzelnen Verwaltungstätigkeiten kann es auch schon vor der erstmaligen Bestellung eines Verwalters kommen, wenn der teilende Eigentümer diese noch nach Eigentumserwerb des ersten Wohnungseigentümers fortführt (*KG* ZMR 2001, 63). Diese Tätigkeit unterfällt nicht den Regelungen des WEG zum Verwalter (*KG* ZMR 2001, 64 zum verwaltenden Bauträger).

G. Die Dauer der Bestellung (§ 26 Abs. 2 S. 1 WEG, § 309 Nr. 9a BGB)

I. Die Maximaldauer der Erstbestellung nach Begründung von Wohnungseigentum

1. Normzweck

163 Die Dauer der Bestellung stand ursprünglich im Belieben des teilenden Eigentümers bzw. der Eigentümermehrheit. Mit der Gesetzesänderung wurde sie 1973 insbesondere deswegen auf 5 Jahre beschränkt, weil Eigentümergemeinschaften häufig durch den teilenden Eigentümer für Jahrzehnte an einen Verwalter gebunden wurden. Auch dies erschien für die erste Bestellung nach der Begründung von Wohnungseigentum zu lange, da der i.d.R. noch vom Bauträger eingesetzte erste Verwalter aufgrund seiner Beziehungen zu diesem bei der Geltendmachung von Gewährleistungsansprüchen oftmals sehr zurückhaltend war. In der Folge bestand für die Gemeinschaft die Gefahr des Rechtsverlusts (BT-Drs. 16/3843, S. 51). Denn die Verjährungsfrist hierfür läuft nach § 634a Abs. 1 Nr. 2 BGB ebenso wie die max. Bestellungsdauer nach § 26 Abs. 1 S. 2 WEG a.F. nach 5 Jahren ab. Nach neuem Recht (§ 26 Abs. 2 S. 1 Halbs. 2 WEG) darf die Dauer der **ersten Verwalterbestellung** nach Begründung von Wohnungseigentum deshalb 3 Jahre nicht übersteigen. Denn dann verbleiben auch nach Ablauf der Amtsdauer des ersten Verwalters noch 2 Jahre zur Geltendmachung von Gewährleistungsansprüchen. Die Beschränkung gilt nach dem eindeutigen Wortlaut der Norm auch dann, wenn es im konkreten Fall des mit der Gesetzesänderung verfolgten Schutzes etwa deswegen nicht bedarf, weil die Begründung von Wohnungseigentum bei der ersten Bestellung bereits mehr als 5 Jahre zurückliegt. Denn § 26 Abs. 2 S. 1 WEG sieht keine Ausnahme vor (so auch *Hügel/Elzer* § 12 Rn. 7; Jennißen/*Jennißen* § 26 Rn. 51).

2. Folgen von Verstößen

164 Wird der erste Verwalter entgegen § 26 Abs. 2 S. 1 WEG für eine längere Zeit als 3 Jahre bestellt, kann hinsichtlich des Beschlussmängelrechts auf die Rechtsprechung zu § 26 Abs. 1 S. 2 WEG a.F. zurückgegriffen werden. Auch ohne ausdrückliche Anordnung im Gesetz handelt es sich nach Sinn und Zweck der Norm um **zwingendes Recht**, da ihre Abdingbarkeit zum Leerlaufen der Vorschrift führen würde. Daher ist auch eine Bestimmung in der Teilungserklärung, die eine über 3 Jahre

hinausgehende Dauer der Erstbestellung vorsieht, stets nichtig. Dies gilt erst recht nach der Umformulierung, wonach ein Verwalter höchstens für fünf Jahre bestellt werden »kann« (s. gleich u. Rdn. 165). Allerdings wird i.d.R. von einer **Teilnichtigkeit** auszugehen sein, da diejenigen, die den ersten Verwalter für mehr als 3 Jahre bestellen wollen, jedenfalls die zulässige kürzere Dauer wünschen (Niedenführ/*Vandenhouten* § 26 Rn. 31; s.u. § 26 Rdn. 165). Die Teilnichtigkeit erfasst auch einen über 3 Jahre hinaus geschlossenen **Verwaltervertrag** (*LG Hamburg* ZMR 2017, 1005; Staudinger/*Jacoby* § 26 Rn. 165).

II. Die Maximaldauer aller weiteren Bestellungen nach § 26 Abs. 2 S. 2 WEG

Ansonsten darf die Bestellung des Verwalters die Dauer von 5 Jahren nicht übersteigen. In § 26 Abs. 2 WEG hat der Gesetzgeber klargestellt, dass die Bestellung auf höchstens fünf Jahre vorgenommen werden *kann*. Dies stellt nach dem allgemeinen Sprachgebrauch im Gesetz klar, dass darüber hinaus keine Beschlusskompetenz besteht (s. etwa BT-Drs. 19/18791, S. 64). Eine gleichwohl für längere Zeit beschlossene Bestellung ist nichtig, soweit sie fünf Jahre übersteigt (BT-Drs. 19/22634, S. 45; Lehmann-Richter/Wobst § 6 Rn. 452; Dötsch/Schultzky/Zschieschack § 9 Rn. 3). **Fristbeginn** ist nach h.M. der Tag, an dem der Verwalter zur Aufnahme seiner Tätigkeit verpflichtet ist (*KG* WE 1987, 122; Niedenführ/*Vandenhouten* § 26 Rn. 31). Die Beschränkung auf 5 Jahre ist **zwingendes Recht**, also auch durch die Gemeinschaftsordnung nicht abdingbar. Sie erfasst auch den schuldrechtlichen Verwaltervertrag, der gleichfalls keine längere Laufzeit als 5 Jahre haben kann (vgl. *KG* WE 1987, 121). Im Fall des Verstoßes ist der Beschluss nicht nur anfechtbar, sondern nichtig (*AG Biedenkopf* ZMR 2011, 417 f.). Allerdings ist grundsätzlich nur von einer **Teilnichtigkeit** gem. § 139 BGB auszugehen, soweit die Bestellungsdauer 5 Jahre überschreitet. Denn die Eigentümer, die einen Verwalter für mehr als 5 Jahre bestellen, werden seine Dienste jedenfalls für die zulässige Zeit in Anspruch nehmen wollen (*OLG München* ZMR 2007, 990; *AG Biedenkopf* ZMR 2011, 417 f.; vgl. *KG* WuM 1990, 468; *LG Frankfurt/M.* Rpfleger 1984, 14 f.; a.A. Jennißen/*Jennißen* § 26 Rn. 52). Ähnliches gilt bei einer **Bestellung auf unbestimmte Zeit**. Auch diese ist auf 5 Jahre begrenzt. Allerdings ist hier mangels Mindestdauer von der Möglichkeit einer jederzeitigen (ordentlichen) Abberufung auszugehen. Grundsätzlich zulässig sind auch Bestellungen (und schuldrechtliche Verträge) mit Mindestdauer und Verlängerungsklauseln um einen bestimmten Zeitraum (*AG München* ZMR 2017, 769, 770 f.). Auch hier darf aber die gesamte Zeitdauer der Bestellung 5 Jahre nicht übersteigen. Andernfalls endet die Bestellung wie in den vorgenannten Fällen automatisch nach 5 Jahren (*BGH* NJW-RR 1995, 781). Dabei beginnt die Frist nicht mit dem Bestellungsbeschluss, sondern jeweils mit dem Zeitpunkt zu laufen, da der Verwalter seine Tätigkeit aufnehmen soll (*KG* WE 1987, 122; Niedenführ/*Vandenhouten* § 26 Rn. 31). Dies entspricht nicht nur der h.M. im Gesellschaftsrecht, sondern insbesondere dem Sinn der Norm. Denn die Bindung an den Verwalter, die max. 5 Jahre dauern soll, beginnt erst mit seiner Tätigkeit, nicht schon unter der Amtsdauer seines Vorgängers oder gar vor Existenz auch nur einer – bis 30.11.2020 noch möglichen – »werdenden Eigentümergemeinschaft«. Auch die Regelung, wonach das Verwalteramt in einem festgelegten **Turnus zwischen den Eigentümern wechselt**, ist längstens für 5 Jahre wirksam, da sie die freie Wahl des Verwalters durch die Wohnungseigentümer beschränkt. 165

In diesem Rahmen können die Wohnungseigentümer die Dauer der Bestellung und die Laufzeit des Verwaltervertrags **frei bestimmen bzw. mit dem Verwalter aushandeln**. Dabei ist i.d.R. jedenfalls im Wege der ergänzenden Vertragsauslegung von einer Befristung auf die Bestellungsdauer auszugehen (*OLG Hamm* ZMR 1997, 95 f.). Auch Formularverträge sind insoweit keinen stärkeren Beschränkungen ausgesetzt. Insbesondere verstößt eine Vereinbarung über eine Laufzeit von mehr als 2 Jahren **nicht gegen § 309 Nr. 9a BGB**. Denn § 26 Abs. 2 S. 2 WEG ist eine Spezialregelung, die § 309 Nr. 9a BGB vorgeht (*BGH* ZMR 2002, 771 f.; a.A. *KG* NJW-RR 1989, 840 = WE 1989, 133) Die Neuregelung in § 26 Abs. 3 WEG rechtfertigt keine andere Einschätzung (so aber Lehmann-Richter/Wobst § 6 Rn. 537 ff.; tendenziell auch Dötsch/Schultzky/Zschieschack § 9 Rn. 25). Abgesehen davon, dass Wortlaut und Gesetzesmaterialien keinerlei Hinweis auf einen Änderungswillen erkennen lassen, rechtfertigt die Möglichkeit der jederzeitigen Abberufung nicht auch noch eine neue Lesart von § 26 Abs. 2 WEG). Denn abgesehen vom klaren Wortlaut spricht auch der 166

Sinn der Vorschrift gegen einen Vorrang von § 309 Nr. 9 BGB vor § 26 Abs. 2 S. 1 WEG: Gerade die neue Möglichkeit der jederzeitigen Abberufung lässt keinen Bedarf erkennen, auch noch die Höchstdauer der Bestellung herabzusetzen.

III. Beschränkungen von Bestellung oder Abberufung (§ 26 Abs. 5 WEG)

167 § 26 Abs. 5 WEG ersetzt §§ 20 Abs. 2, 26 Abs. 1 S. 5 WEG a.F. (Lehmann-Richter/Wobst § 6 Rn. 453). Die Vorschrift soll die Freiheit der Wohnungseigentümer schützen, einen Verwalter ihrer Wahl zu bestimmen (und somit einen noch amtierenden abzuberufen). Dieser Zielsetzung entspricht die Unabdingbarkeit gemäß § 26 Abs. 5 WEG. Folglich sind abweichende Regelungen nicht nur in Beschlüssen, Vereinbarungen und Gemeinschaftsordnung, sondern auch in Verträgen mit dem Verwalter oder mit Dritten wie dem Bauträger nichtig. Dies gilt auch für solche Regelungen, die den Wohnungseigentümern scheinbar günstig sind. So ist nicht nur die direkte oder indirekte Festlegung auf die Bestellung eines bestimmten Verwalters, etwa durch Vereinbarung von Vertragsstrafen oder Abfindungen oder das Vorliegen der Zustimmung Dritter zu seiner Abberufung (*OLG Köln* OLGZ 1969, 391) unwirksam. Gleiches gilt für bestimmte **Höchsthonorare** (*KG* NJW-RR 1994, 402 f.) oder **Höchstbestellungszeiten** (*OLG Düsseldorf* ZMR 2008, 473) oder die **Beschränkung des Kandidatenkreises**, etwa auf die Eigentümergemeinschaft (*BayObLG* NJW-RR 1995, 271 = WuM 1995, 230; *OLG Bremen* Rpfleger 1980, 68; ähnlich *OLG Düsseldorf* ZMR 2008, 473), da die Möglichkeit, einen Verwalter zu bestellen, auch hierdurch eingeschränkt wird. Ähnliches gilt für Regelungen, die **qualifizierte Mehrheiten** (*BGH* ZMR 2012, 282 f.; *OLG Karlsruhe* Justiz 1983, 413; *BayObLG* WuM 1996, 497; *OLG München* ZMR 2011, 740) oder gar Einstimmigkeit (*BGH* ZMR 2012, 282 f.; *OLG Hamm* ZMR 2009, 222) für die Verwalterbestellung vorsehen. Sofern die Gemeinschaftsordnung ohne Einschränkung qualifizierte Mehrheiten zur Fassung von Beschlüssen verlangt, gilt dies gem. § 26 Abs. 5 WEG nicht für die Bestellung des Verwalters (*OLG Köln* NJW-RR 2003, 1313 = NZM 2003, 685). Für sonstige Beschlussfassungen bleibt die Regelung unberührt, da davon auszugehen ist, dass sie auch ohne die nichtige Erstreckung auf die Bestellung des Verwalters getroffen worden wäre (*OLG Hamm* ZMR 2009, 222). Das **Kopfprinzip nach § 25 Abs. 2 WEG gehört allerdings nicht zum Schutzbereich des § 26 Abs. 5 WEG** (vgl. o. Rdn. 12). Die Wirksamkeit der Entscheidung über Bestellung oder Abberufung eines Verwalters kann auch nicht **von der Bestandskraft dieses Beschlusses abhängig** gemacht werden (*KG* OLGZ 1978, 181). Auch die **Übertragung der Entscheidung** über die Bestellung des Verwalters auf einen Dritten, etwa den Bauträger, oder ein Gremium, insbesondere den Verwaltungsbeirat, ist unwirksam (*BayObLG* ZMR 1994, 484), ebenso die Ermächtigung des Verwalters selbst zur Übertragung seiner Stellung (*OLG Hamm* ZMR 1996, 679; *BayObLG* ZMR 1998, 175; 2002, 534). Denn auch hierdurch wird die Möglichkeit der Wohnungseigentümer, einen Verwalter zu bestellen, eingeschränkt. Selbst der **Ausschluss eines Kandidaten** für die Zukunft ist nicht zulässig, da dies die Wahlfreiheit der Eigentümer einschränken würde (so im Ergebnis auch *AG Siegburg* ZMR 2009, 83). Die Wohnungseigentümer können dem Verwaltungsbeirat aber eine Vorauswahl überlassen (*OLG Düsseldorf* ZMR 2002, 214; ähnlich *OLG Hamm* ZMR 2009, 59). Die Erleichterung der Bestellung ist nicht ausgeschlossen, aber eine weitgehend theoretische Möglichkeit. Die in der Literatur erörterten Möglichkeiten, z.B. die Bestellung jeweils für nur 3 Jahre (Niedenführ/*Vandenhouten* § 26 Rn. 34), erleichtern nicht nur die Bestellung eines neuen Verwalters, sondern schließen auch die Bestellung des alten für mehr als 3 Jahre aus, sodass sie doch wieder gegen § 26 Abs. 5 WEG verstoßen. Allerdings soll selbst der Beschluss, wonach der grundsätzliche Bestellungszeitraum eines Verwalters 3 Jahre beträgt, keine strikte Bindung begründen und daher weder gegen das Gesetz noch gegen Grundsätze ordnungsmäßiger Verwaltung verstoßen (*OLG Düsseldorf* ZMR 2008, 473 f. – zweifelhaft).

H. Die wiederholte Bestellung (§ 26 Abs. 2 S. 2 WEG)

168 § 26 Abs. 2 S. 2 WEG stellt klar, dass sich die Wohnungseigentümer auch nach 5-jähriger Amtszeit nicht von einem Verwalter trennen müssen, mit dem sie zufrieden waren. Andererseits sucht diese Vorschrift die Wohnungseigentümer durch den zweiten Halbsatz vor einer Umgehung der Höchstbestellungsdauer zu schützen. Demnach darf der Beschluss über die Wiederbestellung **erst im letz-**

ten Jahr der Bestellungszeit gefasst werden, da ansonsten frühzeitig eine Bestellungskette mehrerer aufeinander folgenden Bestellungen möglich wäre, die weit über die gesetzliche Frist von 5 Jahren hinausreicht. Ein hiergegen verstoßender Beschluss ist **nichtig** (*OLG Zweibrücken* ZMR 2005, 909). Allerdings ist nach dem Sinn der Norm eine Ausnahme dann zulässig, wenn die **Neubestellung mit sofortiger Wirkung oder jedenfalls noch vor Ablauf der alten Amtszeit** erfolgen soll. Denn auch dann tritt die nach § 26 Abs. 2 S. 1 WEG missbilligte Bindung der Wohnungseigentümer für mehr als 5 Jahre nicht ein (*BGH* NJW-RR 1995, 780 f.; *OLG Hamm* OLGZ 1990, 192 f.; *OLG Zweibrücken* ZMR 2005, 909; *AG Siegburg* ZMR 2009, 84). Ähnliches gilt auch dann, wenn die Neubestellung erst innerhalb des auf diesen Beschluss folgenden Jahres wirksam werden soll und eine Amtszeit von 5 Jahren nicht überschritten wird. Auch **Verlängerungsklauseln** sind nur wirksam, wenn sich mit der Verlängerung keine 5 Jahre überschreitende Amtszeit ergibt (*BayObLG* WE 1996, 315). Ansonsten endet die Bestellung wie bei der unbefristeten Bestellung nach 5 Jahren (*OLG Köln* WE 1990, 171). Aus § 26 Abs. 2 S. 2 WEG geht umgekehrt auch hervor, dass grundsätzlich nicht nach § 18 Abs. 2 Nr. 1 WEG verlangt werden kann, Beschlussanträge über die Neubestellung früher als im letzten Amtsjahr eines Verwalters auf die Tagesordnung von Eigentümerversammlungen zu setzen (*BayObLG* WuM 1992, 87). Allerdings ist i.d.R. zu prüfen, ob ein solcher Antrag der Sache nach auf die Abberufung des Verwalters zielt.

I. Die direkte Anwendung von § 26 Abs. 4 WEG

1. Sinn und Reichweite der Vorschrift

§ 26 Abs. 4 WEG soll den Nachweis der Verwaltereigenschaft erleichtern, sofern hierfür wie etwa 169
nach § 29 GBO die Vorlage öffentlich beglaubigter Urkunden vorgesehen ist. Demnach muss anders als nach § 130 Abs. 1 AktG nicht der Bestellungsbeschluss durch einen **auf der Versammlung anwesenden Notar** beurkundet werden, was allerdings möglich wäre (*Schmidt* ZMR 2013, 509). Vielmehr genügt die Vorlage einer Niederschrift über den Bestellungsbeschluss, bei der die Unterschriften der in § 24 Abs. 6 S. 2 WEG genannten Personen öffentlich beglaubigt sind. § 26 Abs. 4 WEG ist auf schriftliche Beschlüsse schon dem Wortlaut der Vorschrift nach nicht anwendbar (*KG* ZMR 2013, 130). Im Fall einer **schriftlichen Beschlussfassung** gem. § 23 Abs. 3 WEG bedarf es der Beglaubigung der Unterschriften aller Eigentümer (*BayObLG* Rpfleger 1986, 299; a.A. *Schmidt* ZMR 2013, 510). Die **gerichtliche Bestellung** des Verwalters kann ohne Weiteres durch Vorlage der entsprechenden Entscheidung nachgewiesen werden, da die Ausfertigung eine öffentliche Urkunde darstellt.

2. Frist und Form

Die Beglaubigung muss nicht innerhalb einer bestimmten Frist nach der Eigentümerversammlung 170
vorgenommen werden. Sie kann auch noch lange nach der Beschlussfassung erfolgen, was sich aber im Hinblick auf Amtsverlust, Ausscheiden aus der Gemeinschaft oder Tod der Unterzeichner nicht empfiehlt (*Schmidt* ZMR 2013, 508). Auch die Bezugnahme auf Urkunden, die dem Grundbuchamt bereits in der Form des § 29 GBO vorliegen, genügt (BayObLGZ 1975, 267; *OLG Köln* OLGZ 1986, 410), was namentlich bei der **Bestellung des ersten Verwalters in der Teilungserklärung** in Betracht kam (*BayObLG* NJW-RR 1991, 979). Die in §§ 26 Abs. 4, 24 Abs. 6 WEG vorausgesetzten Eigenschaften als Vorsitzender der Eigentümerversammlung bzw. als Mitglied des Verwaltungsbeirats müssen nicht in der Form des § 29 GBO nachgewiesen werden (*OLG Düsseldorf* ZMR 2010, 549; *OLG München* ZMR 2016, 717, 718), ebenso wenig ihre Anwesenheit in der Eigentümerversammlung (*OLG München* ZMR 2016, 717, 718). Sie müssen jedoch aus der Urkunde hervorgehen; etwa die bloße Bezeichnung eines Unterzeichnenden als »Verwaltungsbeirat« genügt nicht, da hieraus nicht die Vorsitzenden- oder Vertretereigenschaft hervorgeht (*OLG München* ZMR 2016, 717, 718). Es genügt aber eine formlose Ergänzung, da sich die Beglaubigung nur auf die Unterschrift bezieht. Die Eigentümerstellung wird zwar regelmäßig dem Grundbuch zu entnehmen sein, muss aber anderenfalls etwa bei Gesamtrechtsnachfolge ebenfalls nicht förmlich nachgewiesen werden. Stimmt der Verwalter als **Vertreter aller Wohnungseigentümer** ab, genügt seine Unterschrift

(*OLG Hamm* ZMR 2013, 648). Der Verwaltervertrag muss in keinem Fall vorgelegt werden. Bis zum Ablauf der beschlossenen Amtszeit bzw. der max. Bestellungszeit von zunächst 3 und später 5 Jahren kann das Grundbuchamt dann vom **Fortbestand der Verwalterstellung** ausgehen (*BayObLG* NJW-RR 1991, 979; *OLG Oldenburg* Rpfleger 1979, 266; *OLG München* ZMR 2018, 534, 535). Für den Nachweis der Wiederbestellung bzw. der Abberufung gelten dieselben Grundsätze wie für den Nachweis der Bestellung (*BayObLG* NJW-RR 1991, 978 f.). Der Nachweis in der Form des § 26 Abs. 4 WEG setzt nicht die Beglaubigung aller Unterschriften in einer Urkunde voraus. Es genügt eine **Mehrheit gleichlautender Protokolle**, in denen jeweils eine Unterschrift der nach § 24 Abs. 6 WEG bezeichneten Personen beglaubigt ist (*KG* IMR 2018, 260).

II. Die analoge Anwendung von § 26 Abs. 4 WEG

171 Nach h.M. war § 26 Abs. 4 WEG schon bislang auch **in anderen Fällen anwendbar, in denen ein Beschluss in öffentlich beglaubigter Form nachzuweisen ist**, etwa bei der Zustimmung der Eigentümerversammlung zu einer Veräußerung (BayObLGZ 1961, 396; *OLG München* ZMR 2017, 178, 179 f.; *LG Bielefeld* Rpfleger 1981, 355 f.; *Schneider* ZfIR 2002, 115; *Weitnauer/Lüke* § 26 Rn. 46). Diese Möglichkeit hat der Gesetzgeber zwischenzeitlich für einen weiteren Anwendungsfall, die Löschung einer Veräußerungsbeschränkung nach § 12 Abs. 4 S. 5 WEG a.F. anerkannt. Darüber hinaus lassen die Materialien erkennen, dass er sich der h.M. anschließt. In den Materialien wird die Regelung des § 12 Abs. 4 S. 5 WEG a.F. nämlich nicht als Neuerung, sondern ausdrücklich nur als »Klarstellung« bezeichnet. Daraus geht hervor, dass auch der Gesetzgeber die Formerleichterung des § 26 Abs. 4 WEG schon bislang für analogiefähig hielt und die Regelung in § 12 Abs. 4 S. 5 WEG a.F. nur der Klarstellung halber in das Gesetz einfügte. Im Ergebnis ist die h.M. also auch in anderen Zusammenhängen bestätigt (*Schmidt* ZMR 2013, 509). Dies kann etwa dann von Bedeutung sein, wenn dem Verwalter durch Mehrheitsbeschluss **Vollmacht zum Abschluss eines Grundstückskaufvertrages oder Bietvollmacht** erteilt wird, da die Vorlage der Niederschrift in der Form des § 26 Abs. 4 WEG dann den Anforderungen des § 71 Abs. 2 ZVG genügt (so auch *OLG Hamm* ZMR 2010, 217 m. zust. Anm. Schneider). Für schriftliche Beschlüsse nach § 23 Abs. 3 WEG genügt die Vorlage von Erklärungen des Verwalters oder einzelner Wohnungseigentümer in der Form des § 26 Abs. 4 WEG allerdings nicht. Hier müssten alle Zustimmungserklärungen in beglaubigter Form nach § 29 GBO vorgelegt werden (*BayObLG* NJW-RR 1986, 565 f.).

§ 26a Zertifizierter Verwalter

(1) Als zertifizierter Verwalter darf sich bezeichnen, wer vor einer Industrie- und Handelskammer durch eine Prüfung nachgewiesen hat, dass er über die für die Tätigkeit als Verwalter notwendigen rechtlichen, kaufmännischen und technischen Kenntnisse verfügt.

(2) [1]Das Bundesministerium der Justiz und für Verbraucherschutz wird ermächtigt, durch Rechtsverordnung nähere Bestimmungen über die Prüfung zum zertifizierten Verwalter zu erlassen. [2]In der Rechtsverordnung nach Satz 1 können insbesondere festgelegt werden:

1. **nähere Bestimmungen zu Inhalt und Verfahren der Prüfung;**
2. **Bestimmungen über das zu erteilende Zertifikat;**
3. **Voraussetzungen, unter denen sich juristische Personen und Personengesellschaften als zertifizierte Verwalter bezeichnen dürfen;**
4. **Bestimmungen, wonach Personen aufgrund anderweitiger Qualifikationen von der Prüfung befreit sind, insbesondere weil sie die Befähigung zum Richteramt, einen Hochschulabschluss mit immobilienwirtschaftlichem Schwerpunkt, eine abgeschlossene Berufsausbildung zum Immobilienkaufmann oder zur Immobilienkauffrau oder einen vergleichbaren Berufsabschluss besitzen.**

Übersicht

A. Bedeutung der Vorschrift

I. Ziel der Vorschrift

Mit § 26a WEG kam der Gesetzgeber dem Drängen nicht zuletzt der Verwalterverbände nach, die Tätigkeit eines Verwalters von einer bestimmten Mindestqualifikation abhängig zu machen. Dabei machte der Gesetzgeber die Ausübung des Verwalterberufes anders als etwa bei der Rechtsanwaltschaft nicht zwingend vom Vorliegen bestimmter Qualifikationen abhängig. Die Tätigkeit nicht zertifizierter Verwalter wird weder verboten noch sanktioniert. Vielmehr entschied sich der Gesetzgeber für einen mittelbaren Zwang zur Zertifizierung, indem er die Bestellung eines zertifizierten Verwalters zur Maßnahme ordnungsmäßiger Verwaltung erklärte. Wird also außerhalb von Kleinanlagen mit bis zu acht Einheiten ein nicht zertifizierter Verwalter bestellt, kann jeder Wohnungseigentümer diesen Beschluss anfechten. Ohne Beschlussklage wird die Bestellung bestandskräftig und auch ein nicht zertifizierter Verwalter kann amtieren. Besteht also Einvernehmen über die Tätigkeit eines nicht zertifizierten Verwalters oder jedenfalls keine Bereitschaft zu einem Gerichtsverfahren, kann auch ein nicht zertifizierter Verwalter bestellt werden (BT-Drs. 19/22634, S. 44). 1

II. Gesetzestechnik

Die noch vom Rechtsausschuss in das Gesetz eingefügte Vorschrift des § 26a WEG regelt alleine, wer sich als zertifizierter Verwalter bezeichnen kann und wer jenem gleichgestellt ist. Die Bedeutung dieser Definition folgt vor allem aus § 19 Abs. 2 Nr. 6 WEG. Denn danach entspricht in Wohnungseigentümergemeinschaften mit mehr als acht Einheiten regelmäßig nur noch die Bestellung eines zertifizierten Verwalters ordnungsmäßiger Verwaltung. Die Einzelheiten regelt eine Verordnung, die »Zertifizierter-Verwalter-Prüfungsverordnung (ZertVerwV)«, zu deren Erlass das Bundesministeriums für Justiz in § 26a Abs. 2 WEG ermächtigt wurde. 2

B. Die Erforderlichkeit der Zertifizierung

I. Notwendigkeit

1. Führungspersonal

Die Zertifizierung muss ein Verwalter aufweisen, der das Verwaltungsunternehmen leitet. Dies ist in jedem Fall der als Verwalter tätige Einzelkaufmann ohne Personal. Bei juristischen Personen und Personengesellschaften, die sich ebenfalls als zertifizierte Verwalter bezeichnen dürfen, müssen die Beschäftigten, »die unmittelbar mit Aufgaben der Wohnungseigentumsverwaltung betraut sind«, zertifiziert sein. Das werden häufig die Geschäftsführer oder Vorstände sein; zwingend ist das aber nicht. Wenn die Gesellschaft etwa in unterschiedlichen Geschäftsbereichen tätig ist und die Geschäftsführer hierauf abgestimmte Befugnisse haben, trifft die Zertifizierungspflicht nur diejenigen, die unmittelbar mit Aufgaben der Wohnungseigentumsverwaltung betraut sind. Entsprechendes gilt für sonstige Gesellschaften und ihre Vorstände. 3

2. Sonstige Mitarbeiter

4 Bei sonstigen Mitarbeitern sowohl von Einzelkaufleuten als auch von Gesellschaften bedarf es nur dann der Zertifizierung, wenn sie unmittelbar an der Verwaltung beteiligt sind. Für juristische Personen und Personengesellschaften regelt dies § 8 ZertVerwV ausdrücklich; für Mitarbeiter von Einzelkaufleuten kann nichts anderes gelten. Untergeordnete Tätigkeiten können nach wie vor von nicht zertifizierten Personen wahrgenommen werden (BT-Drs. 19/22634, S. 46). Gleiches dürfte für Mitarbeiter in höheren Positionen gelten, denen aber andere Tätigkeitsfelder, etwa im technischen Bereich zugewiesen sind. Die Abgrenzung kann bisweilen schwierig sein. Als Faustregel dürfte gelten, dass derjenige zertifiziert sein muss, der Aufgaben im Kernbereich der Verwaltung des gemeinschaftlichen Eigentums wahrnimmt. Hierzu dürfte insbesondere die Durchführung von Eigentümerversammlungen oder die Vertretung von Wohnungseigentümergemeinschaften im Rechtsverkehr oder gar vor Gericht gehören.

II. Befreiung vom Zertifizierungszwang

1. Ausgenommene Personen

5 § 26a Abs. 2 Nr. 4 WEG bestimmt Ausnahmen, die »aufgrund anderweitiger Qualifikationen von der Prüfung befreit« sind. Das Gesetz nennt die Befähigung zum Richteramt, einen Hochschulabschluss mit immobilienwirtschaftlichem Schwerpunkt, eine abgeschlossene Ausbildung zum Immobilienkaufmann/zur Immobilienkauffrau oder einen vergleichbaren Berufsabschluss. Obwohl die ausdrückliche Nennung vergleichbarer Berufsabschlüsse und die Einleitung mit »insbesondere« zeigt, dass es sich bei den genannten Ausnahmen nur um Beispiele handeln sollte, geht die ZerVerwV kaum darüber hinaus. Sie führt über die gesetzlich genannten Ausnahmen hinaus nur den Abschluss »Geprüfter Immobilienfachwirt/Geprüfte Immobilienfachwirtin« auf. Damit werden insbesondere Qualifikationen auf dem Gebiet der »technischen Grundlagen«, die doch zum Prüfungsstoff gehören, gegenüber juristischen und kaufmännischen Qualifikationen erkennbar benachteiligt.

2. Folgen der Ausnahmen

6 Das Gesetz äußert sich nicht zu den Folgen, die das Vorliegen der sonstigen Qualifikationen nach sich zieht. Der Gesetzeswortlaut legte nahe, dass die Befreiung von der Zertifizierung nur dazu führen sollte, dass die Bestellung eines Inhabers anderweitiger Qualifikationen nicht ordnungsmäßiger Verwaltung widerspricht. Die ZertVerwV geht in § 7 Abs. 2 darüber hinaus. Demnach dürfen sich die Inhaber anderweitiger Qualifikationen ohne Weiteres als »zertifizierte Verwalter« bezeichnen.

C. Die Prüfung

I. Prüfungskommission

1. Sachliche und örtliche Zuständigkeit

7 Bereits das Gesetz bestimmt, dass die Zertifizierung durch eine Prüfung vor der IHK erlangt werden kann. Anderweitige Nachweise etwa durch Verwalterakademien lässt § 26a WEG nicht zu. Es besteht keine örtliche Zuständigkeit; die Prüfung muss also nicht an einer bestimmten IHK (etwa am Ort des Verwaltungsunternehmens) absolviert werden. Sie kann vor jeder Industrie- und Handelskammer abgelegt werden, die sie anbietet (§ 2 Abs. 1 ZertVerwV). Verschiedene Industrie- und Handelskammern können auch gemeinsame Prüfungsausschüsse einrichten (§ 2 Abs. 2 S. 2 ZertVerwV).

2. Zusammensetzung der Prüfungskommission

8 Zur Zahl der Prüfer sagt die ZertVerwV nichts. Es liegt aber nahe, für jeden Themenbereich des Prüfungsstoffes einen Prüfer einzusetzen. Prüfer mit Mehrfachqualifikation (z.B. Anwälte mit abgeschlossener Ausbildung zu Immobilienkaufmann/zur Immobilienkauffrau) werden aber mehrere Themenbereiche abdecken können. Zur fachlichen Kompetenz führt die ZertVerwV nur aus, dass sie sachkundig und »für die Mitwirkung im Prüfungsverfahren geeignet sein« müssen. Einen Anhalts-

punkt geben die Qualifikationen der Personen, die von der Prüfung befreit sind. Demnach muss der juristische Prüfer die Befähigung zum Richteramt, derjenige für die Grundlagen der Immobilienwirtschaft einen Hochschulabschluss mit Immobilienwirtschaftlichem Schwerpunkt oder eine abgeschlossene Ausbildung zu Immobilienkaufmann/zur Immobilienkauffrau etc. aufweisen.

II. Prüfungsstoff

Die Prüfung soll die »notwendigen rechtlichen, kaufmännischen und technischen Kenntnisse« nachweisen. Diese sind in einem umfangreichen Katalog als Anlage 1 der ZertVerwV aufgeführt. Diese umfasst Grundlagen der Immobilienwirtschaft, rechtliche Grundlagen, allgemeine kaufmännische Grundlagen und technische Grundlagen. Der umfangreichste Teil sind die rechtlichen Grundlagen mit 25 Unterpunkten, wozu noch die unter »spezielle kaufmännische Grundlagen des WEG-Verwalters« gelisteten Unterpunkte Wirtschaftsplan und Jahresabrechnung, Sonderumlagen/Erhaltungsrücklage, Hausgeld und Mahnwesen kommen. Die Überbetonung der juristischen Kenntnisse äußert sich auch darin, dass für Wohnungseigentumsverwalter eher am Rande liegende Rechtsgebiete wie Makler- und Werkvertragsrecht zu den »rechtlichen Grundlagen« gezählt werden. Nur in dem Themenbereich »Grundlagen der Immobilienwirtschaft« sind lediglich Grundkenntnisse erforderlich; im Übrigen werden vertiefte Kenntnisse verlangt (§ 1 Satz 2 ZertVerwV). 9

III. Wissensvermittlung

Zur Frage, wie der Verwalter die prüfungsrelevanten Kenntnisse erlangt, äußern sich weder das WEG noch die ZertVerwV. Insbesondere ist keine staatlich oder sonst wie reglementierte Ausbildung vorgesehen. Ob sich der angehende Verwalter die Kenntnisse durch Seminare etwa der Verwalterverbände, durch Selbststudium oder auf sonstige Weise aneignet, ist also seine Sache. 10

IV. Durchführung der Prüfung

Die näheren Modalitäten der Prüfung und des Zertifikates werden durch die ZertVerwV festgelegt. Demnach muss der Prüfling eine mündliche und eine schriftliche Prüfung absolvieren, wobei der schriftliche Teil mindestens 90 Minuten, der mündliche mindestens 15 Minuten pro Prüfling dauern muss (§ 3 Abs. 3 S. 2 ZertVerwV). Die Prüfung ist nicht öffentlich (§ 4 Abs. 1 ZertVerwV). Der Kandidat muss in der schriftlichen Prüfung in allen Themenbereichen mindestens 50%, bei der mündlichen mindestens 50% der erreichbaren Punkte erzielen (§ 5 Abs. 2 S. 3 ZertVerwV). Erstaunlicherweise ist nach § 3 Abs. 3 S. 3 ZertVerwV nur der Themenbereich WEG Pflichtstoff der mündlichen Prüfung. Nach § 6 Abs. 1 ZertVerwV darf die Prüfung beliebig oft wiederholt werden. Näheres dürfen die Industrie- und Handelskammern gemäß § 6 Abs. 3 ZertVerwV selbst durch Satzung regeln. 11

D. Verstöße gegen § 26a WEG

Aus der Formulierung, »als zertifizierter Verwalter darf sich bezeichnen« geht hervor, dass nur solchermaßen geprüfte Verwalter diese Berufsbezeichnung führen dürfen. Nicht geregelt sind die Folgen einer unberechtigten Führung dieser Bezeichnung. Im Verhältnis zu der verwalteten Gemeinschaft dürfte kein Zweifel darüber bestehen, dass der unberechtigt diese Bezeichnung führende Verwalter aus wichtigem Grund abberufen werden kann, weil er über eine wesentliche Grundlage seiner Bestellung getäuscht hat. Im Übrigen wird vertreten, dass die Zertifizierung rein rechtlicher Natur ist, so dass öffentlich-rechtliche Sanktionen wie die Entziehung der Gewerbeerlaubnis bei unberechtigter Führung der Bezeichnung »zertifizierter Verwalter« nicht in Betracht kommt (Jennißen/Jennißen § 26a Rn. 8). 12

§ 27 Aufgaben und Befugnisse des Verwalters

(1) Der Verwalter ist gegenüber der Gemeinschaft der Wohnungseigentümer berechtigt und verpflichtet, die Maßnahmen ordnungsmäßiger Verwaltung zu treffen, die
1. untergeordnete Bedeutung haben und nicht zu erheblichen Verpflichtungen führen oder
2. zur Wahrung einer Frist oder zur Abwendung eines Nachteils erforderlich sind.

(2) Die Wohnungseigentümer können die Rechte und Pflichten nach Absatz 1 durch Beschluss einschränken oder erweitern.

Neuere Literatur:
Abramenko, Die Streitwertvereinbarung nach § 27 Abs. 2 Nr. 4, Abs. 3 Satz 1 Nr. 6 WEG: Möglichkeiten, Grenzen und Alternativen, ZWE 2009, 154–160; *ders.*, Schadensersatz für unzureichende Beschlussfassungen, ZMR 2013, 174–177; *Armbrüster,* Aufgaben des Verwalters beim Abschluss von Versicherungsverträgen für die Gemeinschaft und bei der Abwicklung von Verträgen, ZWE 2012, 201–205; *Becker,* Feststellung und Verkündung fehlerhafter Beschlüsse durch den Verwalter, ZWE 2012, 297–302; *Bergerhoff,* Die wohnungseigentumsrechtliche Anfechtungsklage im ZPO-Verfahren, NZM 2007, 425–432; *Böhringer,* Notarielle Unterschriftsbeglaubigung bei WEG-Beschlüssen, DNotZ 2016, 831–847; *Briesemeister,* Korrigenda zur WEG-Reform 2007, NZM 2007, 345–347; *Bruns,* Das Hausgeldinkasso – 1. Teil: Rechtliche Grundlagen und außergerichtliches Vorgehen, ZWE 2017, 347–357; *Bruns/Hintzen* Das Hausgeldinkasso – 2. Teil: Situation vor Gericht – Einleitung von Vollstreckungsmaßnahmen, ZWE 2018, 73–79; *Bub,* Die Instandhaltung und Instandsetzung des gemeinschaftlichen Eigentums – dringende Maßnahmen, ZWE 2009, 245–253; *Bünnecke,* Willensbildung der Wohnungseigentümer bei geplanten größeren Sanierungsmaßnahmen, ZfIR 2018, 1–10; *Casser,* Nachwirkende Pflichten des ausgeschiedenen Verwalters, ZWE 2014, 157–159; *Dötsch,* Informationspflichten des Verwalters über Förderungsmöglichkeiten? ZWE 2015, 79–83; *ders.*, Gebäudeversicherung im Spannungsverhältnis zwischen Sonder- und Gemeinschaftseigentum, ZWE 2015, 341–351; *Drabek,* Die Ermächtigung eines Wohnungseigentümers zum Vertreter der Gemeinschaft – § 27 Abs. 3 Satz 3 WEG, ZWE 2008, 75–80; *Drado,* Die Anlage der Instandhaltungsrücklage, ZWE 2011, 388–390; *Elzer,* Welche Auswirkungen hat die Reform des § 79 ZPO auf Wohnungseigentumsverwalter? ZMR 2008, 772–775; *ders.*, Pflichten des Verwalters bei Beschädigung des gemeinschaftlichen Eigentums, ZWE 2012, 163–167; *ders.*, Die Wahrnehmung von Instandhaltungs- und Instandsetzungspflichten durch die Gemeinschaft der Wohnungseigentümer, ZWE 2014, 195–198; *ders.*, Verwalter und Wissenszurechnung – erste Überlegungen, MietRB 2014, 312–315; *ders.*, Sondervergütung des Verwalters für eine Prozessführung: Was ist erstattungsfähig? NZM 2014, 695–697; *ders.*, Verwaltungsgegenstand und Verwaltungszuständigkeit im Wohnungseigentumsrecht, MietRB 2017, 88–92; *ders.*, Abnahme des gemeinschaftlichen Eigentums durch den Verwalter, ZWE 2017, 113–117; *ders.*, Die Aufgaben des Verwalters bei einer Anfechtungsklage im Erkenntnisverfahren, MietRB 2017, 239–24; *Gemballa,* Zur Vertretungsmacht des WEG-Verwalters im Anfechtungsprozess, ZMR 2011, 525–531; *Gottschalg,* Pflicht und Befugnis des Verwalters zur Mandatierung eines Rechtsanwalts, ZWE 2009, 114–118; *Greiner,* Durchsetzung von Hausgeldansprüchen – Zwangsvollstreckung, ZWE 2015, 157–163; *Häublein,* Laufende Maßnahmen der Instandhaltung und Instandsetzung des gemeinschaftlichen Eigentums. Aufgaben und Befugnisse des Verwalters gemäß § 27 Abs. 3 Satz 1 Nr. 3 WEG, ZWE 2009, 189–195; *Heinemann,* Berufszulassungsregelungen für gewerbliche Wohnungseigentumsverwalter, MietRB 2016, 117–124; *Hügel,* Der Verwalter als Organ des Verbands Wohnungseigentümergemeinschaft und als Vertreter der Wohnungseigentümer ZMR 2008, 1–9; *Jacoby,* Aufgaben/Befugnisse des Verwalters – § 27 Abs. 1 bis 3 WEG, ZWE 2012, 418–423; *ders.*, Verantwortlichkeit der Gemeinschaft für Verwalter und Wohnungseigentümer sowie Regress? ZWE 2014, 8–14; *Jahreis,* Aktivlegitimation zur Durchsetzung von Beschlüssen einer Wohnungseigentümergemeinschaft, WuM 2017, 514–515; *Kuhla,* Prozesskostenvorschüsse aus der Gemeinschaftskasse, ZWE 2009, 196–200; *Lehmann-Richter,* Der Verwalter als Prozessbevollmächtigter, ZWE 2009, 298–301; *ders.*, Die Übertragung von Entscheidungskompetenzen im Verwaltervertrag am Beispiel der Vermögensverwaltung, ZWE 2015, 193–198; *Merle,* Zur Vertretung der beklagten Wohnungseigentümer im Beschlussanfechtungsverfahren, ZWE 2008, 109–112; *Müller,* Die Prozessvertretung der Beklagten durch den Verwalter im Anfechtungsrechtsstreit – Eine Replik auf *Merle,* ZWE 2008, 109, ZWE 2008, 226–229; *Pauli/Dimsic,* Die Begründung und Kündigung von Arbeitsverhältnissen der teilrechtsfähigen Wohnungseigentümergemeinschaft durch den Verwalter, ZMR 2016, 89–95; *Schmid,* Die Vertretung der Beklagten im Beschlussanfechtungsverfahren, ZWE 2012, 168–170; *ders.*, Berufungseinlegung durch den Verwalter im Beschlussanfechtungsverfahren? ZWE 2012, 352; *ders.*, Müssen Wohnungseigentümerbeschlüsse wirklich sofort durchgeführt werden? ZMR 2013, 93–96; *ders.*, Die Vertretung der Wohnungseigentümergemeinschaft durch den Verwalter bei der Geltendmachung

von Ansprüchen, IMR 2014, 183; *Schmidt*, Fördermittelberatung durch den WEG-Verwalter? ZWE 2014, 440–445; *Schultz*, Zur Rechtsstellung des Verwalters. Anmerkungen zu einzelnen Beiträgen des 34. Fachgesprächs des ESWiD in Fischen/Allgäu, ZWE 2009, 161–164; *Suilmann*, Die Ermächtigung des Verwalters nach § 27 Abs. 3 Satz 1 Nr. 7 WEG, ZWE 2008, 113–120; *ders.*, Hausordnung – Welche Rechte und Befugnisse hat die Verwaltung? MietRB 2014, 60–64; *ders.*, Vertretungsbefugnis des Verwalters im WEG-Verfahren, MietRB 2014, 156–160; *ders.*, Anlage von Verwaltungsvermögen – was ist spekulativ, was ist zulässig, ZWE 2015, 246–250; *ders.*, Mangelhafte Erstherstellung – Was kommt auf den Verwalter zu? ZWE 2017, 61–68; *Vandenhouten*, Die Informationspflichten des Verwalters bei Rechtsstreitigkeiten gemäß § 27 Abs. 1 Nr. 7 WEG ZWE 2009, 145–154; *dies.*, Die Haftung des Verwalters für unterlassene Erhaltungsmaßnahmen, ZWE 2012, 237–245; *Vogel*, Haftungsbegrenzungsklauseln im Verwaltervertrag, ZWE 2015, 15–22; *Wenderoth*, Die Beschlussfassung der WEG über Instandsetzungsmaßnahmen, ZMR 2011, 851–854.

Übersicht Rdn.

A. Grundsätzliches

I. Dreifacher Systemwandel

1. Wohnungseigentümergemeinschaft als Trägerin der Verwaltung

1 Die Vorschrift regelte ursprünglich das Verhältnis des Verwalters gegenüber Wohnungseigentümern und Wohnungseigentümergemeinschaft nach innen und außen, also seine Befugnisse im Innenverhältnis und seine Vollmacht Dritten gegenüber. Das WEMoG hat die Stellung des Verwalters in dreifacher Hinsicht einem durchgreifenden Systemwandel unterzogen. Erstens wird die Wohnungseigentümergemeinschaft durch § 18 Abs. 1 WEG zur alleinigen Trägerin der Verwaltung des gemeinschaftlichen Eigentums. Zweitens ist der Verwalter nur noch deren Organ und hat gegenüber den Wohnungseigentümern nunmehr weder Befugnisse noch Pflichten. Soweit das Gesetz dem Verwalter noch bestimmte Aufgaben zuweist, handelt es sich um eine interne Zuständigkeitsverteilung (BT-Drs. 19/18791, S. 56), also um Regelungen im Innenverhältnis zur Wohnungseigentümergemein-

schaft. Daraus folgt drittens insbesondere, dass sämtliche Ansprüche sowohl auf bestimmte Maßnahmen ordnungsmäßiger Verwaltung als auch auf Sekundäransprüche wegen fehlerhafter Verwaltung alleine gegen die Wohnungseigentümergemeinschaft zu richten sind (s. § 9b Rdn. 6 ff. u. § 26 Rdn. 118 ff.). Der Verwalter kommt nur nach einer Inanspruchnahme der Wohnungseigentümergemeinschaft im Wege des Regresses als Anspruchsgegner in Betracht.

2. Keine Vollmacht des Verwalters für die Wohnungseigentümer

2 Zweitens wird der Verwalter folgerichtig nur noch für die Gemeinschaft, nicht mehr für die Wohnungseigentümer tätig. Seine Vollmacht ist nun nicht mehr in § 27 WEG; sondern in § 9b WEG geregelt. Danach hat er für den Verband nach außen unbeschränkbare Vollmacht, sieht man von Darlehensaufnahmen und Grundstücksgeschäften ab. Hingegen kommt ihm im Außenverhältnis keine Vollmacht mehr zu, für die Wohnungseigentümer zu handeln. Folglich enthält § 27 WEG keinerlei Regelung zur Vollmacht des Verwalters mehr.

3. Gesetzliche und beschlossene Befugnisse des Verwalters

3 Drittens – und das ist der verbliebene Regelungsgehalt dieser Vorschrift – gibt der Gesetzgeber das System unabdingbarer Einzelbefugnisse nach innen auch gegenüber der Wohnungseigentümergemeinschaft vollständig auf. Dem Verwalter kommen nunmehr nur noch gegenüber der Wohnungseigentümergemeinschaft aus § 27 Abs. 1 WEG gesetzliche Befugnisse zu, die aber nicht mehr unabdingbar ausgestaltet sind. Vielmehr können die Wohnungseigentümer diese im Innenverhältnis nach § 27 Abs. 2 WEG durch Beschluss unbeschränkt erweitern oder eingrenzen. Lediglich die Vollmacht des Verwalters im Außenverhältnis ist mit Ausnahme von Darlehen und Grundstücksgeschäften gemäß § 9b Abs. 1 S. 3 WEG unbeschränkbar.

II. Weiterer Zweck der Neuregelungen

4 Mit § 27 Abs. 1 WEG passt der Gesetzgeber Aufgaben und Befugnisse des Verwalters nicht nur der Neuordnung der Verwaltungszuständigkeiten an. Darüber hinaus erweitert er die Zuständigkeit des Verwalters erheblich. Im Grundsatz hatte die Eigentümerversammlung nach altem Recht über jede Maßnahme zu beschließen. Selbst die gewollte und mit Beschluss ausdrücklich ausgesprochene Delegation von Entscheidungsbefugnissen auf den Verwalter wurde in der Rechtsprechung mit außerordentlicher Zurückhaltung behandelt. Sie wurde entweder als gänzlich unwirksam angesehen, da diese Kompetenzverlagerung vom gesetzlichen Leitbild abweiche (*OLG München* ZMR 2009, 66; *LG Frankfurt*/M. ZMR 2018, 62, 63) oder doch auf Klein(st)beträge beschränkt. So wurde bei 222 Wohneinheiten eine Alleinentscheidungsbefugnis des Verwalters bis 2500 €, bei zusätzlich erforderlicher Zustimmung des Verwaltungsbeirates bis 5000 € zulässig befunden (*LG München* I ZMR 2018, 72, 73; letztmalig ausführlich *BGH* v. 11.06.2021 - V ZR 215/20, ZMR 2021, 830 = ZWE 2021, 406), teilweise wurde auch auf die Einzelbelastung der Wohnungseigentümer abgestellt und hier 55 € noch als zulässig angesehen (*AG Pinneberg* ZMR 2018, 463, 464). Dies führte in der Praxis zu einer Vielzahl außerordentlicher Eigentümerversammlungen, deren Kosten häufig als überflüssig und außer Verhältnis zum Beschlussgegenstand angesehen wurden (vgl. Lehmann-Richter/Wobst, WEG-Reform 2020 § 6 Rn. 439 f.). Diese engherzige Praxis korrigiert der Gesetzgeber nunmehr in doppelter Hinsicht. Zum Einen erklärt er in § 27 Abs. 1 Nr. 1 WEG Beschlüsse für bestimmte Maßnahmen grundsätzlich für entbehrlich, zum Anderen erweitert er den Spielraum der Mehrheit in § 27 Abs. 2 WEG noch darüber hinaus.

III. Berechtigung und Verpflichtung zum Tätigwerden

5 Nach altem Recht war umstritten, ob der Verwalter nur berechtigt oder auch verpflichtet war, die ihm übertragenen Aufgaben wahrzunehmen. Der Wortlaut von § 27 Abs. 2, 3 WEG a.F. redete nämlich nur von der *Berechtigung*, nicht aber auch von der *Verpflichtung* zum Tätigwerden für die Wohnungseigentümer. Die h.M. ging aber schon nach altem Recht zutreffend davon aus, dass dem Verwalter diese Berechtigung zur Wahrung des Gemeinschaftsinteresses nicht zur Ausübung nach

Belieben verliehen war, woraus auch eine Verpflichtung zur Ausübung der Aufgaben und Befugnisse nach § 27 Abs. 2, 3 WEG a.F. resultierte. Diese Unklarheit hat der Gesetzgeber nunmehr beseitigt, indem er auch die Verpflichtung des Verwalters zur Durchführung der Maßnahmen gemäß § 27 WEG ausdrücklich normiert hat.

IV. Schranken für die Tätigkeit des Verwalters außerhalb des Wohnungseigentumsrechtes

1. Rechtsberatung

Schon nach altem Recht hatte der Verwalter neben den wohnungseigentumsrechtlichen Regelungen weitere gesetzliche Schranken seiner Tätigkeit zu beachten. Lange Zeit war etwa streitig, ob er rechtsberatend tätig werden darf. Nach nunmehr h.M. sind die gesetzlich vorgesehenen Tätigkeiten im Rahmen der Verwaltung, auch sofern sie rechtsberatender Natur sind, nach **§ 5 Abs. 2 Nr. 2 RDG** ohne Weiteres zulässig (*BGH* ZMR 2012, 462; zur identischen früheren Rechtslage nach Art. 1 § 5 Nr. 2 RBerG bzw. Art. 1 § 3 Nr. 6 RBerG s. *BGH* NJW 1993, 1924; *BayObLG* NJW-RR 1992, 82; *OLG Düsseldorf* ZMR 2001, 299; *OLG Hamm* NJW-RR 2004, 1311). Das gilt auch dann, wenn der Verwalter über seinen engeren Pflichtenkreis hinausgeht, etwa Mietern von Wohnungseigentümern die **Betriebskostenabrechnung erläutert** oder aufgrund seiner Abrechnung zur Klage gegen Mieter rät. Denn die Erlaubnisse nach § 5 Abs. 2 Nr. 2 RDG sind vor dem Hintergrund der Berufsfreiheit (Art. 12 GG) grundrechtsfreundlich und somit extensiv auszulegen, sodass eng mit der zulässigen Rechtsbesorgung des Verwalters zusammenhängende Tätigkeiten von der Erlaubnis in § 5 Abs. 2 Nr. 2 RDG umfasst sein müssen (so schon zu Art. 1 § 5 Nr. 3 RBerG *OLG Nürnberg* ZMR 2004, 301 f.). Dies umfasst auch die Beratung der Wohnungseigentümer über Fördermittel (*LG Mönchengladbach* ZMR 2007, 402 f.; **a.A.** *AG Oberhausen* ZMR 2013, 669 f.). Auch die **gerichtliche Geltendmachung von Ansprüchen** ohne Einschaltung eines Rechtsanwalts ist durch § 5 Abs. 2 Nr. 2 RDG gedeckt (so schon zu Art. 1 § 3 Nr. 6 RBerG *BGH* NJW 1993, 1924; zu Sondervergütungen s. § 26 Rdn. 137). Hingegen berechtigt der Umstand, dass der Verwalter etwa zum Zwecke der Ladung zur Eigentümerversammlung genaue Kenntnis über den Eigentümerbestand benötigt, nicht zur Teilnahme am automatischen **Grundbuchverfahren** (*OLG Hamm* ZMR 2008, 403 ff.). 6

2. Interessenkollisionen bei der Ausübung der Verwaltertätigkeit

a) Fälle der Interessenkollision

Einschränkungen ergeben sich, soweit die Tätigkeit des Verwalters, die auf das Wohl der Gemeinschaft gerichtet ist, mit seinen eigenen Interessen kollidiert. Deren rechtliche Behandlung ist unproblematisch, sofern die Interessenkollision nur auf den Umfang seiner weiteren gewerblichen Aktivitäten zurückzuführen ist, wenn der Verwalter, der nach § 12 WEG einer Veräußerung zustimmen muss, etwa als **Makler bei Wohnungsverkäufen** auftritt und folglich sein Interesse an der Provision mit der Überwachungsfunktion kollidiert. Derartige Tätigkeiten hat der Verwalter in der von ihm verwalteten Liegenschaft grundsätzlich zu unterlassen, will er keine gravierende Pflichtverletzung begehen (*BGH* NJW 1991, 168; *BayObLG* NJW-RR 1998, 303 = WuM 1997, 398; *OLG Köln* NJW-RR 2003, 516; zur Abberufung aus wichtigem Grund bei Zuwiderhandlungen s. § 26 Rdn. 40). Hingegen besteht bei der **Maklertätigkeit für vermietende Wohnungseigentümer** kein Interessengegensatz, da diese nur das Sondereigentum betrifft, auf das sich die Tätigkeit des Verwalters gerade nicht bezieht (*LG Heidelberg* NJW-RR 1997, 775; *LG Hamburg* NJW-RR 2001, 876 f.; *LG Düsseldorf* NJW-RR 2006, 235; **a.A.** *LG München I* NJW-RR 2001, 875). Weniger einfach fällt die Behandlung eines Interessenkonfliktes, der nicht durch die Unterlassung einer bestimmten Tätigkeit vermieden werden kann. Dies ist etwa dann der Fall, wenn der **Verwalter zugleich Wohnungseigentümer** ist und von der Gemeinschaft in Anspruch genommen werden soll. Ähnlich verhält es sich, wenn er die Anlage als **Bauträger** selbst errichtet hat und nunmehr als Verwalter Gewährleistungsrechte gegen sich selbst durchsetzen müsste. In diesen Fällen eindeutiger Interessenkollision darf der Verwalter wohl selbst dann nicht mehr für die Wohnungseigentümer tätig werden, wenn er von den Beschränkungen des § 181 BGB befreit ist (*OLG Düsseldorf* ZMR 1994, 521). 7

b) Die Vertretung der Wohnungseigentümergemeinschaft im Falle von Interessenkollisionen

8 In Fällen der Interessenkollision ist es nicht mehr zulässig, für die diesbezüglichen Tätigkeiten des Verwalters funktionell beschränkten Ersatz zu bestellen. Insbesondere können die Wohnungseigentümer nicht mehr, wie **§ 27 Abs. 3 S. 2 u. 3 WEG a.F. vorsah, einen Vertreter bestellen** (Jennißen/*Heinemann* § 27 Rn. 68). Vielmehr können sie nach § 9b Abs. 1 S. 2 WEG nur gemeinschaftlich handeln. Lediglich dem Verwalter gegenüber kann gemäß § 9b Abs. 2 WEG der Vorsitzende des Verwaltungsbeirat die Wohnungseigentümergemeinschaft vertreten. Dieser kann folglich die Wohnungseigentümergemeinschaft vertreten und somit zumindest einen Rechtsanwalt mandatieren. Die Vertretungsmacht hängt nicht von einem Beschluss der Wohnungseigentümer ab, sondern besteht kraft Gesetzes. Allerdings ist sie anders als diejenige des Verwalters nicht unbeschränkbar. Sie kann in der Gemeinschaftsordnung abbedungen werden. Alternativ können die Wohnungseigentümer durch Beschluss auch einen Wohnungseigentümer zur Vertretung gegenüber dem Verwalter ermächtigen.

V. Aufgaben und Befugnisse des Verwalters in der Gemeinschaftsordnung

1. Abdingbarkeit von § 27 WEG

9 Die Regelungen zu diesen Aufgaben und Befugnissen können zudem durch Gemeinschaftsordnung oder Vereinbarung modifiziert werden. Denn § 27 WEG ist abdingbar. Insbesondere können dem Verwalter dort, wenn dies gemäß § 27 Abs. 2 WEG sogar durch Beschluss möglich ist, **weitere Befugnisse** übertragen werden. Hierbei ist aber genau zu prüfen, ob gesetzliche Kompetenzen endgültig geändert werden sollen. Etwa die häufig in der Gemeinschaftsordnung vorgesehene **Zustimmung des Verwalters** zu baulichen Veränderungen oder von der Teilungserklärung abweichenden Nutzungen, nimmt der Eigentümerversammlung regelmäßig nicht die Möglichkeit, hierüber abschließend auch entgegen der Entscheidung des Verwalters zu befinden (*BGH* NJW 1996, 1217; *OLG Zweibrücken* WE 1991, 333; *BayObLG* ZMR 2004, 133; vgl. *OLG Celle* ZMR 2004, 690 u. *LG München I* ZMR 2009, 876; zur Gestaltung einer Gemeinschaftsordnung, nach der die Zustimmung des Verwalters diejenige der Wohnungseigentümer ersetzt, s. *KG* ZMR 1998, 657). Auch dann, wenn Individualrechte wie die Zustimmung zu baulichen Veränderungen betroffen sind, ersetzt die Zustimmung des Verwalters nicht zwangsläufig die der Wohnungseigentümer. Es handelt sich vielmehr häufig nur um ein **Vorschalterfordernis**, das ein eigenmächtiges Vorgehen einzelner Eigentümer verhindern soll (*KG* NJW-RR 1991, 1300 f.; *OLG Köln* ZMR 2004, 147 f.; *LG München I* ZMR 2013, 748 f.). Vor der Geltendmachung von Schadensersatzansprüchen soll daher die Anrufung der Eigentümerversammlung geboten sein (*AG Hamburg-St.* Georg ZMR 2010, 481 – sehr weitgehend; es dürfte sich vielmehr um eine eigenständige Möglichkeit handeln). Wird die Zustimmung vom Verwalter verweigert, kann der betroffene Wohnungseigentümer allerdings den Anspruch auf Erteilung der Genehmigung **direkt gegen ihn gerichtlich geltend machen** (*BayObLG* WE 1989, 67).

2. Prüfung von Altvereinbarungen

10 Trotz grundsätzlicher Abdingbarkeit hat der Gesetzgeber in § 47 WEG eine Vermutung für den Vorrang des neuen Rechtes gegenüber früheren Vereinbarungen aufgestellt. Bei Altvereinbarungen ist daher stets zu prüfen, ob sie nach den Vorgaben des § 47 WEG weitergelten sollen. Dies ist grundsätzlich nicht anzunehmen, wenn Befugnisse des Verwalters gegenüber den Wohnungseigentümern geregelt sind, da dies erkennbar auf dem alten Gesetzesstand fußt. Ähnliches gilt, wenn die Befugnisse der Wohnungseigentümergemeinschaft gegenüber nur wiederholt werden. Hingegen sprechen schon von früherem Recht abweichende Regelungen für einen Willen, vom jeweils geltenden Recht abweichende Regelungen zu treffen, die folglich fortgelten.

B. Beschlussfreie Maßnahmen (§ 27 Abs. 1 WEG)

I. Gemeinsamer Anwendungsbereich von § 27 Abs. 1 Nr. 1 und 2 WEG

1. Tätigkeit »gegenüber der Gemeinschaft der Wohnungseigentümer«

Der Verwalter wird entsprechend der oben (Rdn. 1 ff.) skizzierten Neuordnung seiner Aufgaben und Befugnisse (s. §§ 9a Abs. 2, 18 Abs. 1 WEG) nur noch für die Wohnungseigentümergemeinschaft tätig. Ihn treffen gegenüber den Wohnungseigentümern weder Rechte und Pflichten noch kommen ihm im Innenverhältnis Aufgaben und Befugnisse bzw. im Außenverhältnis Vertretungsmacht für jene zu. Er kann also aus § 27 Abs. 1 Nr. 1 WEG keine Maßnahme untergeordneter Bedeutung für das Sondereigentum ergreifen, auch wenn sie nur zu unerheblichen Verpflichtungen führt. Ebenso wenig ist er berechtigt oder verpflichtet, zu seinen Gunsten Notmaßnahmen ergreifen. 11

2. Maßnahmen

a) Weite Bedeutung

Im früheren Recht wurde der Begriff der »Maßnahme« nicht einheitlich gebraucht. Hiermit wurden entweder die tatsächlichen Arbeiten oder nur ihre Vorbereitung zur Beschlussfassung bezeichnet. Während etwa 27 Abs. 1 Nr. 2 WEG a.F. hierunter nur die Ermittlung von Erhaltungsbedarf, die Vorbereitung des entsprechenden Beschlusses und seine Durchführung verstand, nicht aber deren Durchführung ohne Beschlussfassung, wurde der Verwalter in § 27 Abs. 1 Nr. 3 WEG a.F. zur Durchführung der Maßnahme selbst ermächtigt. In § 27 Abs. 1 WEG soll dem Begriff der Maßnahme erkennbar letztere, weite Bedeutung zukommen. Dem Verwalter soll ja gerade das Handeln ohne Beschluss ermöglicht werden. Folglich kann mit der »Maßnahme« dort gerade nicht nur ihre Vorbereitung und Durchführung gemeint sein. Vielmehr kann der Verwalter im Rahmen des § 27 Abs. 1 Nr. 1 WEG von sich aus die tatsächlichen und rechtlichen Schritte ergreifen, die früher einer Beschlussfassung bedurft hätten. 12

b) Der Beschlussfassung zugängliche Maßnahmen

§ 27 Abs. 1 WEG ermächtigt den Verwalter nur zu solchem tatsächlichen oder rechtlichen Handeln, das auch der Eigentümerversammlung möglich wäre. Dies folgt jedenfalls aus der Gesetzessystematik. Denn die Vorschrift will nur den Bereich abstecken, in dem der Verwalter ohne Beschluss in eigener Kompetenz tätig werden kann. Sie will ihm aber keine höheren Befugnisse verleihen als der Eigentümerversammlung. Abweichungen vom Gesetz oder von der Gemeinschaftsordnung fallen nicht hierunter. So kann der Verwalter nicht etwa den Abrechnungszeitraum des § 28 Abs. 2 WEG ändern, weil ihm dies im Hinblick auf die Heizkosten sinnvoll erscheint. Selbst wenn die Abweichung vom Kalenderjahr des § 28 WEG untergeordnete Bedeutung hat und finanziell keine Mehrverpflichtungen einzelner Wohnungseigentümer nach sich zieht, wird sie von § 27 Abs. 1 Nr. 1 WEG nicht legitimiert, weil sie auf eine Änderung des Gesetzes hinausläuft. 13

c) Jegliche dem Beschluss zugängliche Maßnahme

Innerhalb dieses Rahmens unterscheidet sich § 27 Abs. 1 Nr. 1 WEG von den Befugnissen des Verwalters aus § 27 Abs. 3 S. 1 Nr. 3 WEG a.F. darin, dass jene nicht auf die Erhaltung des Gemeinschaftseigentums beschränkt sind. Auch wenn dort das Hauptanwendungsgebiet der Vorschrift liegen dürfte, umfasst § 27 Abs. 1 Nr. 1 WEG die gesamte Verwaltung, etwa auch des Gemeinschaftsvermögens (vgl. § 9a Abs. 3 WEG). 14

d) Benutzungsregelungen

§ 27 Abs. 1 Nr. 1 WEG beschränkt den Verwalter auch nicht auf Maßnahmen der Verwaltung des Gemeinschaftsordnung. Sie berechtigt auch, dessen Benutzung zu regeln. Das zeigen schon die Ausführungen der Materialien, wonach unter § 27 Abs. 1 Nr. 1 WEG auch die Durchführung der Hausordnung fällt (BT-Drs. 19/22634, 47), die zumindest vorrangig eine Benutzungsregelung dar- 15 stellt. Ferner hat der Verwalter nach den Gesetzesmaterialien im Rahmen des § 27 Abs. 1 Nr. 1 WEG Beschlüsse durchzuführen (vgl. u. Rdn. 47 ff.), ohne dass § 27 Abs. 1 WEG dies auf Beschlüsse zur Verwaltung beschränkt. In der Konsequenz ist der Begriff der »Maßnahmen ordnungsmäßiger Verwaltung« hier also nicht wie in § 18 Abs. 2 WEG als Abgrenzung zur Benutzung, sondern als Oberbegriff zu verstehen. Daher ermächtigt 27 Abs. 1 Nr. 1 WEG den Verwalter auch, etwa in Durchführung der Hausordnung Regelungen zur Nutzung des gemeinschaftlichen Eigentums aufzustellen oder Nutzungsgebühren festzusetzen oder ändern (wie hier MüKo/*Skauradszun* 8. Aufl. 2023 § 27 Rn. 14, der der Aufstellung der Hausordnung allerdings stets mehr als untergeordnete Bedeutung beimisst).

3. Rahmen ordnungsmäßiger Verwaltung

16 Wie § 27 Abs. 1 WEG etwas abundant bestimmt, müssen sich auch Maßnahmen des Verwalters nach § 27 Abs. Nr. 1 WEG im Rahmen ordnungsmäßiger Verwaltung bewegen. Grundsätzen ordnungsmäßiger Verwaltung widersprechenden Maßnahme darf der Verwalter also auch dann nicht ergreifen, wenn sie gemäß § 27 Abs. 1 Nr. 1 WEG untergeordnete Bedeutung haben und nur zu unerheblichen Mehrverpflichtungen einzelner Wohnungseigentümer führen. Die Definition der ordnungsmäßigen Verwaltung lehnt sich textlich und inhaltlich eng an die Vorgängernormen an; § 19 Abs. 1, 2 WEG fasst lediglich Verwaltung des Gemeinschaftseigentums und Benutzung von Sonder- und Gemeinschaftseigentum zusammen. Auch im Rahmen des § 27 Abs. 1 Nr. 1 WEG kann somit zur Bestimmung der ordnungsmäßigen Verwaltung auf die frühere Judikatur zurückgegriffen werden.

4. Gemeinschaftsvermögen

17 Über die Verweisung in § 9a Abs. 3 WEG berechtigt § 27 Abs. 1 Nr. 1 WEG auch zu Maßnahmen hinsichtlich des Gemeinschaftsvermögens. Er ist daher nun wie beim Gemeinschaftseigentum berechtigt und verpflichtet, kleinere Erhaltungsmaßnahmen etwa am Aufsitzrasenmäher in eigener Verantwortung zu vergeben. Auch die Vermietung eines im Sondereigentum der Wohnungseigentümergemeinschaft stehenden Stellplatzes kann von § 27 Abs. 1 Nr. 1 WEG umfasst sein. Der Verwalter muss ferner kraft Gesetzes insbesondere auch bei Immobiliareigentum der Wohnungseigentümergemeinschaft tätig werden, wenn etwa infolge Zahlungsverzugs in einer vermieteten Wohnung die Kündigung auszusprechen ist.

5. Beschränkung auf den Verwalter

18 Die Befugnisse des § 27 Abs. 1 WEG sind auf den Verwalter beschränkt. Selbst in den Fällen, in denen Dritte an die Stelle des Verwalters treten, kommen ihnen nicht die Befugnisse des § 27 Abs. 1 WEG zu. Der Vorsitzende des Verwaltungsbeirates kann also nicht bei der Vertretung der Wohnungseigentümergemeinschaft gemäß § 9b Abs. 2 WEG dem Verwalter (vemeintlich) unerhebliche Verbesserungen gegenüber dem beschlossenen Verwaltervertrag zusagen.

II. Maßnahmen untergeordneter Bedeutung

1. Unbestimmtheit der Regelung

19 Die Voraussetzungen für die Entbehrlichkeit einer Beschlussfassung gemäß § 27 Abs. 1 Nr. 1 WEG sind nicht sehr präzise geregelt. Zwar erschien dem Rechtsausschuss die ursprüngliche Formulierung der Bundesregierung zu unbestimmt, wonach Maßnahmen beschlussfrei sein sollten, »über die eine Beschlussfassung durch die Wohnungseigentümer nicht geboten ist« (BT-Drs. 19/22634 S. 46). Er ersetzte sie durch die Umschreibung, dass beschlussfreie Maßnahmen nur »untergeordnete Bedeutung haben und nicht zu erheblichen Verpflichtungen führen« dürfen. Erheblich präziser ist auch dies nicht, was die Gesetzesmaterialien implizit selbst einräumen, wenn sie ausführen, »dass eine generalisierende Einordnung in die Kategorien »untergeordnete Bedeutung« mit »nicht erheblichen Verpflichtungen« kaum möglich ist« (BT-Drs. 19/22634 S. 47).

2. Finanzielle und sonstige Auswirkungen

Kein Zweifel besteht bei der Auslegung von § 27 Abs. 1 Nr. 1 WEG insoweit, als mit »erheblichen Verpflichtungen« und die »untergeordnete Bedeutung« unterschiedliche Folgen für die Gemeinschaft betreffen. Für erstere sind die finanziellen, für letztere die sonstigen Auswirkungen auf die Gemeinschaft maßgeblich. Schließt der Verwalter also einen Vertrag, der einem Dritten die Mitbenutzung des Grundstücks erlaubt, resultiert hieraus zwar eine Verpflichtung. Ihre Zulässigkeit ist aber an der Vorgabe der untergeordneten Bedeutung zu messen, da sie nicht finanzieller Natur ist. 20

3. Unerhebliche Verpflichtungen

a) Gesetzesmaterialien

Bei der Definition beschlussfreier Maßnahmen sind die Gesetzesmaterialien eindeutig auf den finanziellen Aspekt fokussiert. wobei sie auch hierzu im Wesentlichen nur allgemeine Bemerkungen enthalten. Das Schriftum entnimmt der Bemerkung, die unerhebliche Verpflichtung bemesse sich an dem Anteil, für den der einzelne nach § 9a Abs. 4 WEG hafte (BT-Drs. 19/22634 S. 47; aus systematischen Gründen kritisch Jennißen/*Zschieschack* WEG, 7. Aufl. 2022 § 27 Rn. 30) eine Grenze bei 2 % (Lehmann-Richter/Wobst WEG-Reform 2020 § 6 Rn. 439 f. 477) oder 5 % des durchschnittlichen Wirtschaftsplanvolumens (Dötsch/Schultzky/Zschieschack § 9 Rn. 101; hiermit sympathisiert auch Jennißen/*Zschieschack* WEG 7. Aufl. 2022 § 27 Rn. 28; ähnlich MüKo/*Skauradszun* 8. Aufl. 2023 § 27 Rn. 20/21). Dies wird immerhin dem Willen des Gesetzgebers, die Grenze nicht einheitlich oder gar durch absolute Zahlen festzuschreiben gerecht, dürfte aber noch zu starr gefasst sein. 21

b) Größe der Liegenschaft

Die Gesetzesmaterialien führen weiter aus, dass der Kreis der Maßnahmen, der nach § 27 Abs. 1 Nr. 1 WEG keiner Beschlussfassung bedarf, mit der Größe der Anlage wachse (BT-Drs. 19/22634 S. 47). Dem ist immerhin zu entnehmen, dass die Unerheblichkeit der Verpflichtung nicht als starres Kriterium aufzufassen ist. Allerdings bleibt schon unklar, worauf hier im Einzelnen abzustellen sein soll da sich unter der Größe verschiedene Maßstäbe, etwa die Zahl der Einheiten, die Größe des Grundstücks, die Wohn- bzw. Nutzfläche u.a. fassen lassen. 22

c) Weitere Kriterien unter Berücksichtigung von § 9a Abs. 4 WEG

Zudem dürfte es nach dem an der einzelnen Liegenschaft orientierten Ansatz des Gesetzgebers selbst bei Liegenschaften vergleichbarer Größe verfehlt sein, pauschale Obergrenzen anzusetzen. Nicht zuletzt der in den Gesetzesmaterialien angeführte Maßstab der drohenden Inanspruchnahme der Wohnungseigentümer aus § 9a Abs. 4 WEG lässt hier größere Flexibilität angemessen erscheinen, da es danach auf die Wahrscheinlichkeit des Rückgriffs auf die einzelnen Wohnungseigentümer ankommt. In der Konsequenz müssen mindestens noch der **bauliche Zustand** und die **finanzielle Ausstattung** der Liegenschaft berücksichtigt werden. In einer bestens instandgehaltenen Liegenschaft dürfte selbst eine größere Reparatur eher der Entscheidungsbefugnis des Verwalters zuzuordnen sein als in einer vernachlässigten Anlage, in der schon die Reihenfolge der Erhaltungsmaßnahmen diskussionsbedürftig ist. Entsprechendes gilt für die Finanzausstattung. Ist die Instandhaltungsrücklage nicht ausreichend, bedarf es schon aus Gründen der Finanzierung einer Entscheidung der Eigentümerversammlung, während der Verwalter bei gut gefüllter Kasse einen weiteren Entscheidungsspielraum haben dürfte. Hinzu kommen weitere Kriterien, insbesondere die **Dringlichkeit einer Maßnahme.** Entspricht nur deren Durchführung ordnungsmäßiger Verwaltung, kann die Eigentümerversammlung ihr ohnehin nur zustimmen. Bei einer Ermessensreduktion auf Null kann man einer entsprechenden Entscheidung des Verwalters kaum die Rechtmäßigkeit absprechen ist. 23

d) Aufwand für die Durchführung von Eigentümerversammlungen

24 Bei der Frage nach den finanziellen Auswirkungen einer Maßnahme dürfte ferner die implizit geäußerte Absicht des Gesetzgebers zu berücksichtigen sein, eine Vielzahl von Wohnungseigentümerversammlungen für geringfügige Maßnahmen zu vermeiden. Die Kosten der Maßnahme müssen also dem Aufwand für eine Eigentümerversammlung gegenübergestellt werden. Je höher die Kosten hierfür und je niedriger diejenigen für die geplante Maßnahme sind, desto eher ist die Unerheblichkeit der Verpflichtung durch diese Maßnahme zu bejahen. Dies betrifft etwa die Kosten der Saalmiete. Existiert in der Liegenschaft ein eigener Versammlungsraum, kann eine Eigentümerversammlung eher durchgeführt werden als in fremden Räumlichkeiten, zumal dann, wenn entsprechende Lokalitäten nicht vor Ort, sondern nur in einem anderen Stadtteil zur Verfügung stehen. Selbst die Diskussionsfreude wird im Schrifttum als Kriterium gegen ein Vorgehen des Verwalters nach § 27 Abs. 1 Nr. 1 WEG genannt (Jennißen/*Zschieschack* WEG 7. Aufl. 2022 § 27 Rn. 34). Schließlich dürften auch die Kosten der Wohnungseigentümer für die Teilnahme an der Eigentümerversammlung einzubeziehen sein. Denn die Frage, inwieweit eine Eigentümerversammlung für eine geringfügige Maßnahme noch verhältnismäßig ist, hängt nicht zuletzt vom Aufwand ab, den ihre Durchführung erfordert. Wohnen die Eigentümer überwiegend am Ort der Anlage oder sogar in einer dortigen Wohnung, ist eine Eigentümerversammlung eher zumutbar als bei einer weit verstreuten, evtl. sogar im Ausland ansässigen Eigentümerschaft.

e) Unerhebliche Verpflichtung als dynamisches Kriterium

25 Man wird sogar Veränderungen innerhalb einer Liegenschaft berücksichtigen müssen. Verbessert sich etwa ihre Finanzlage spürbar, wird man nach oben Gesagtem eher auf eine Eigentümerversammlung verzichten können als bei einer zuvor ungenügenden Finanzausstattung. Entsprechendes gilt für eine Veränderung der Bewohnerstruktur. Wird eine Liegenschaft nicht mehr vorwiegend von den Eigentümern selbst genutzt, kann der Verzicht auf eine Eigentümerversammlung gemäß § 27 Abs. 1 Nr. 1 WEG in Betracht kommen, auch wenn dies zuvor nicht der Fall war.

4. Vielzahl von Maßnahmen nach § 27 Abs. 1 Nr. 1 WEG

a) Das Problem der Häufung von Maßnahmen nach § 27 Abs. 1 Nr. 1 WEG

26 Schon bei der Delegation von Befugnissen auf den Verwalter nach altem Recht stellte sich die Frage nach einer Begrenzung der Einzelfälle. Dies gilt auch für Maßnahmen gemäß § 27 Abs. 1 Nr. 1 WEG. Zwar offenbaren Gesetz und Materialien in dieser Hinsicht keinerlei Problembewusstsein und auch das Schrifttum ist insoweit unergiebig. Es erscheint indessen selbstverständlich, dass der Verwalter eine größere Maßnahme nicht in viele Teilmaßnahmen zerlegen darf/kann, um so formal im Rahmen des § 27 Abs. 1 Nr. 1 WEG zu bleiben. Aber auch unabhängig von einer solchen rechtsmissbräuchlichen Handhabung von § 27 Abs. 1 Nr. 1 WEG darf die Zahl der Vorgänge nach § 27 Abs. 1 Nr. 1 WEG nicht unbegrenzt sein, da ansonsten in der Gesamtschau die Geringfügigkeit, die die Vorschrift voraussetzt, eben nicht mehr gewahrt werden kann.

b) Beschränkung auf das Vielfache einer zulässigen Einzelmaßnahme

27 In diesem Zusammenhang erscheint es naheliegend, auf die Rechtsprechung zur Delegation von Entscheidungsbefugnissen zurückzugreifen. Diese sah neben der Geringfügigkeit der Einzelmaßnahme noch eine Obergrenze für alle derartigen Geschäfte vor. Entsprechendes erscheint auch für Maßnahmen nach § 27 Abs. 1 Nr. 1 WEG geboten. Allerdings ist entsprechend der Zielsetzung des Gesetzes, das explizit eine größere Entscheidungsbefugnis des Verwalters bezweckt, ein großzügigerer Maßstab anzulegen ist als bei der Delegation von Befugnissen auf den Verwalter nach altem Recht. Unerheblich ist die Zahl der einzelnen Maßnahmen nach § 27 Abs. 1 Nr. 1 WEG, da diese auch zusammengenommen geringfügig sein können. Auch mit der Beschränkung auf einen Bruchteil des Wirtschaftsplans wird man den konkreten Gegebenheiten der Liegenschaft nicht gerecht. Am Ehes-

ten wird man auf ein Mehrfaches des Volumens für eine Einzelmaßnahme (z.B. das Zehnfache) abstellen können. Insoweit kann auf obige Ausführungen verwiesen werden.

5. Definition der untergeordneten Bedeutung

a) Relevanz

Der Verwalter darf nach § 27 Abs. 1 Nr. 1 WEG Maßnahmen ohne vorherige Beschlussfassung nur dann durchführen, wenn sie von untergeordneter Bedeutung sind. Was hierunter zu verstehen ist, wird in den Gesetzesmaterialien und auch im Schrifttum weit knapper behandelt als die finanzielle Beschränkung des beschlussfreien Verwalterhandelns. Das mag damit zusammenhängen, dass dieses Kriterium häufig auch keine Rolle spielen wird. Insbesondere dann, wenn es etwa um Erhaltungsmaßnahmen geht, ist ja gerade nur die Instandhaltung oder Instandsetzung des gemeinschaftlichen Eigentums beabsichtigt. Folglich fehlt es in diesem wichtigsten Fall des § 27 Abs. 1 Nr. 1 WEG gerade an sonstigen Auswirkungen, die von einer über § 27 Abs. 1 Nr. 1 WEG hinausgehenden Bedeutung sein könnten. 28

b) Veränderungen des gemeinschaftlichen Eigentums

Im Schrifttum werden insbesondere als Beispiele für Maßnahmen nicht mehr untergeordneter Bedeutung solche Veränderungen genannt, in denen das Gemeinschaftseigentum umgestaltet wird, etwa durch Fällung eines prägenden Baumes (s. etwa Lehmann-Richter/Wobst WEG-Reform 2020 § 6 Rn. 480). Die Grenze zwischen untergeordneter und darüber hinaus gehender Bedeutung dürfte zwischen der fehlenden Beeinträchtigung gemäß § 20 Abs. 3 WEG und der grundlegenden Umgestaltung bzw. der unbilligen Beeinträchtigung gemäß § 20 Abs. 4 WEG angesiedelt sein: Sicher von untergeordneter Bedeutung sind Maßnahmen, die andere Miteigentümer nicht beeinträchtigen. Der Bereich der untergeordneten Bedeutung wird aber auch nicht erst dann überschritten, wenn ein Wohnungseigentümer unbillig beeinträchtigt oder die Liegenschaft grundlegend umgestaltet wird. Man wird sich in der Regel am Maßstab der einfachen Beeinträchtigung nach § 14 Nr. 1 WEG a.F. orientieren können. 29

c) Sonstige Maßnahmen

Eine über § 27 Abs. 1 Nr. 1 WEG hinausgehende Bedeutung ist aber nicht auf Eingriffe in die Substanz des Gemeinschaftseigentum beschränkt. Auch sonstige Maßnahmen können diese Grenze überschreiten, etwa eine neue Regelung der Zufahrt zum gemeinschaftlichen Parkplatz, die einigen Miteigentümern das Einparken erschwert. Ähnliches kann auch für das Verhältnis zu Dritten gelten, etwa für Vereinbarungen mit Nachbarn, wonach diese Teile des gemeinschaftlichen Grundstücks mitbenutzen dürfen. Dann kann bei Entgeltlichkeit sogar das Gegenteil einer erheblichen Verpflichtung, nämlich eine Entlastung vorliegen. Gleichwohl kann eine Beeinträchtigung durch die Fremdnutzung vorliegen, die die nicht mehr von untergeordneter Bedeutung ist. 30

d) Betroffenheit einzelner Wohnungseigentümer

Eine (untergeordnete) Bedeutung gemäß § 27 Abs. 1 Nr. 1 WEG setzt, wie bereits die Beispiele zur Umgestaltung der Liegenschaft zeigen, nicht voraus, dass die Wohnungseigentümergemeinschaft insgesamt betroffen ist. Eine mehr als untergeordnete Bedeutung kann schon dann vorliegen, wenn nur ein Wohnungseigentümer über das in § 27 Abs. 1 Nr. 1 WEG bestimmte Maß hinaus betroffen ist. Ein Verwalterhandeln nach § 27 Abs. 1 Nr. 1 WEG ohne Beschluss ist schon dann unzulässig. Das folgt auch daraus, dass jedenfalls in diesen Fällen effektiver Rechtsschutz im Wege der Beschlussanfechtung gewährleistet sein muss, was bei Maßnahmen nach § 27 Abs. 1 Nr. 1 WEG als schwierig erweist (vgl. u. Rdn. 40 ff.). 31

6. Unerhebliche Verpflichtung und untergeordnete Bedeutung als kumulative Voraussetzungen

32 Nach dem eindeutigen Wortlaut der Vorschrift muss die Maßnahme nach § 27 Abs. 1 Nr. 1 WEG sowohl mit nur unerheblichen Verpflichtungen verbunden als auch von untergeordneter Bedeutung sein. Beide Voraussetzungen müssen kumulativ vorliegen (Dötsch/Schultzky/Zschieschack § 9 Rn. 97; MüKo/*Skauradszun* 8. Aufl. 2023 § 27 Rn. 14). So kann das Fällen eines die Anlage prägenden Baumes finanziell unbedeutend, die Folgen für die Liegenschaft aber keineswegs von untergeordneter Bedeutung sein (Beispiel von Lehmann-Richter/Wobst WEG-Reform 2020 § 6 Rn. 480). Folglich kann der Verwalter hierüber nicht alleine nach § 27 Abs. 1 Nr. 1 WEG entscheiden.

III. Beurteilungsspielraum und Ermessen

1. Entscheidung über das »Ob« der Maßnahme

a) Beurteilungsspielraum

33 Schon die Frage, ob der Verwalter eine Maßnahme nach § 27 Abs. 1 WEG ohne Beschlussfassung durchführen kann, ist oftmals nicht einfach zu entscheiden. Der wenig bestimmte Wortlaut des Gesetzes wird hier nicht selten unterschiedliche Antworten zulassen. Der Verwalter tritt in diesen Fällen aber nur an die Stelle der Eigentümerversammlung, der in ähnlichen Fragen ein Beurteilungsspielraum zukommt. Daher dürfte auch dem Verwalter bei der Frage, ob eine beschlussfreie Maßnahme nach § 27 Abs. 1 WEG vorliegt, ein Beurteilungsspielraum zukommen. Ist eine Maßnahme objektiv geboten, nur ihre Einordnung nach § 27 Abs. 1 Nr. 1 WEG fraglich, wird es ihm aber nicht erlaubt sein, nichts zu unternehmen. Schon nach altem Recht war er in diesen Fällen verpflichtet, der Wohnungseigentümerversammlung zumindest geeignete Maßnahmen vorzuschlagen. Hieran hat sich nur insoweit etwas geändert, als er die Maßnahme ohne Beschlussfassung durchführen kann. Zweifelt er an der Beschlussfreiheit, muss er eben eine Eigentümerversammlung einberufen.

b) Bindung des Verwalters bei Vorliegen der Voraussetzungen von § 27 Abs. 1 WEG?

34 Wenn die Voraussetzungen des § 27 Abs. 1 Nr. 1 WEG vorliegen, stellt sich die Frage, ob dem Verwalter ein Ermessensspielraum bei ihrer Durchführung zusteht. Hiergegen scheint der Wortlaut des Gesetzes zu sprechen. Denn der Gesetzgeber hat den ihm im Zusammenhang mit § 27 Abs. 2, 3 WEG a.F. unterlaufenen Fehler, wonach der Verwalter nur berechtigt war, bei Bedarf Maßnahmen ordnungsmäßiger Verwaltung zu ergreifen, in § 27 Abs. 1 WEG korrigiert. Gemäß § 27 Abs. 1 Nr. 1 WEG ist der Verwalter nicht nur berechtigt, sondern auch verpflichtet, die Maßnahmen ordnungsmäßiger Verwaltung zu ergreifen, über die eine Beschlussfassung nicht geboten ist. Das scheint auf den ersten Blick dagegen zu sprechen, dem Verwalter einen Ermessensspielraum zuzuerkennen, wenn die Voraussetzungen des § 27 Abs. 1 Nr. 1 WEG vorliegen. (so tatsächlich Jennißen/*Zschieschack* WEG 7. Aufl. 2022 § 27 Rn. 28). Diese Position übersieht jedoch, dass häufig mehrere, einander ausschließende Maßnahmen ordnungsmäßiger Verwaltung entsprechen. So kann es ordnungsmäßiger Verwaltung entsprechen, bei knappem Parkraum eine Verlosung für bestimmte Zeiten vorzunehmen und danach unter Ausschluss der bisherigen Nutzer erneut zu verlosen. Denkbar ist auch eine Vermietung oder ein Turnusplan. Es kann sogar gleichermaßen ordnungsmäßiger Verwaltung entsprechen, eine Maßnahme durchzuführen oder dies zu unterlassen. Etwa die Erhebung eines Kostenbeitrags für die Nutzung gemeinschaftlicher Einrichtungen kann ordnungsmäßiger Verwaltung entsprechen, ist aber nicht zwingend, sieht man von Spezialfällen wie Gemeinschaften mit besonderem Finanzbedarf ab. Obwohl also eine Maßnahme ordnungsmäßiger Verwaltung von untergeordneter Bedeutung vorliegt, die keine erheblichen Verpflichtungen begründet, hätte nach altem Recht keine Verpflichtung der Eigentümerversammlung bestanden, sie durchzuführen. Eine entsprechende Beschlussersetzungsklage hätte keinen Erfolg gehabt. Für den Verwalter, der ja nur an die Stelle der Eigentümerversammlung tritt, kann nichts anderes gelten. Dass er nicht alle von § 27 Abs. 1 Nr. 1 WEG erfassten Maßnahmen ergreifen muss, ergibt sich schon daraus, sie einander oftmals ausschließen. Aber auch in den sonstigen Fällen kommt ihm wie früher der Eigentümer-

versammlung ein Ermessensspielraum zu, ob und welche Maßnahme er ergreift (ähnlich MüKo/*Skauradszun* 8. Aufl. 2023 § 27 Rn. 30). Zur Durchführung einer bestimmten Maßnahme ist er auch dann, wenn sie § 27 Abs. 1 Nr. 1 WEG unterfällt, nur verpflichtet, wenn alleine deren Durchführung ordnungsmäßiger Verwaltung entspricht.

c) Neue Haftungsrisiken des Verwalters

Die neuen Möglichkeiten des § 27 Abs. 1 Nr. 1 WEG bergen gegenüber dem alten Recht erhebliche neue Risiken. Als Ausführungsorgan musste der Verwalter nach früherem Recht allenfalls auf Bedenken gegen eine Beschlussfassung hinweisen, die ordnungsmäßiger Verwaltung widersprach. Im Übrigen lag es in der Verantwortung der Wohnungseigentümer, einen ordnungsmäßiger Verwaltung widersprechenden Beschluss mit der Beschlussklage anzugreifen. Bis zur rechtskräftigen Ungültigerklärung war er wirksam und vom Verwalter durchzuführen. Wurde er nicht angegriffen, erwuchs er sogar in Bestandskraft und stand einem rechtmäßigen Beschluss gleich. Wenn der Verwalter dagegen nach § 27 Abs. 1 Nr. 1 WEG vorgeht, ist er eben nicht mehr durch einen Beschluss gerechtfertigt. Erst recht wird eine Maßnahme nach § 27 Abs. 1 WEG nicht nach Ablauf eines Monats bestandskräftig und somit unanfechtbar. Der Verwalter kann vielmehr bis zur Grenze der Verjährung wegen Fehlern seiner Entscheidung zur Rechenschaft gezogen werden. Die Haftungsrisiken bei einem Vorgehen nach § 27 Abs. 1 Nr. 1 WEG sind also erheblich größer als bei der Durchführung einer beschlossenen Maßnahme nach altem Recht. Dies wiegt umso schwerer, als die wenig präzise Erweiterung der dem Verwalter zukommenden Alleinentscheidungskompetenzen schnell Zweifelsfragen darüber aufkommen lassen wird, ob er eine Maßnahme wirklich alleine durchführen darf. 35

d) Vorsorgliche Beschlussfassung

Damit stellt sich die Frage, wie der Verwalter vorgehen muss, wenn seine Berechtigung aus § 27 Abs. 1 Nr. 1 WEG nicht eindeutig zu bejahen ist. Vorrangig empfiehlt es sich, in diesen Fällen die Eigentümerversammlung anzurufen. Eine Entscheidung der Eigentümerversammlung ist auch in Fällen des § 27 Abs. 1 WEG zulässig. Denn ihr kommt aus § 27 Abs. 2 WEG die Kompetenz zu, die Rechte des Verwalters aus § 27 Abs. 1 WEG einzuschränken. Folglich kann sie die Entscheidung über derartige Maßnahmen an sich ziehen. Umgekehrt erhält der Verwalter auf diesem Wege Rechtssicherheit, da ein Beschluss entweder angefochten wird oder in Bestandskraft erwächst. Allerdings sollte die Anrufung der Eigentümerversammlung auf Zweifelsfälle beschränkt bleiben. Denn der Verwalter ist eben nicht nur berechtigt, sondern verpflichtet, über die Maßnahmen alleine zu entscheiden, die nunmehr ohne Beschluss von ihm zu treffen sind. In diesem Rahmen hat er auch selbst eine Ermessensentscheidung auszuüben, wenn mehrere Maßnahmen ordnungsmäßiger Verwaltung entsprechen (vgl. u. Rdn. 38). Ruft er gleichwohl die Eigentümerversammlung an, kann diese die Entscheidung unter Hinweis auf die Pflicht zur eigenen Entscheidung des Verwalters ablehnen, ohne dass es zu irgendwelchen Schadensersatzansprüchen wegen unterlassener Beschlussfassungen kommt. 36

e) Risiken

Zudem birgt die Anrufung der Eigentümerversammlung ihrerseits Haftungsrisiken, wenn eine Maßnahme durchzuführen und die Alleinentscheidungskompetenz des Verwalters hierüber bei gebotener rechtlicher Prüfung klar ersichtlich war. Führt die Anrufung der Eigentümerversammlung dann zu einer Verzögerung, drohen dem Verwalter Schadensersatzansprüche. Lässt er etwa die Innenbeleuchtung des Treppenhauses an stolpergefährdeter Stelle nicht umgehend reparieren, sondern legt er der Eigentümerversammlung eine Beschlussvorlage hierzu vor, haftet er für Verletzungen wegen hierdurch verursachte Sturzereignisse. Denn dann ist er mit der Erfüllung seiner Verpflichtung aus § 27 Abs. 1 Nr. 1 WEG schuldhaft in Verzug (Lehmann-Richter/Wobst WEG-Reform 2020 § 6 Rn. 509a). 37

2. Entscheidung über das »Wie« der Maßnahme

a) Grundsatz

38 Sofern nicht ausnahmsweise eine Ermessensreduktion auf Null vorliegt, werden in aller Regel sowohl bei den Maßnahmen untergeordneter Bedeutung wie auch bei denjenigen, die nur unerhebliche Verpflichtungen nach sich ziehen, verschiedene Möglichkeiten zur Wahl stehen. Dies beginnt schon bei der Auswahl des Vertragspartners. Hier kann für den Verwalter nichts anderes als für die Eigentümerversammlung gelten, an deren Stelle er tritt. Dem Verwalter kommt hier ein Ermessen zu, wann und wie er welche Maßnahme durchführt (Jennißen/*Zschieschack* WEG 7. Aufl. 2022 § 27 Rn. 289.

b) Entscheidungsgrundlage

39 In diesem Zusammenhang stellt sich ähnlich wie bei der Eigentümerversammlung die Frage, wie breit die Entscheidungsgrundlage sein muss, damit eine Ermessensentscheidung ordnungsmäßiger Verwaltung entspricht. Eigentümerbeschlüsse wurden von der Rechtsprechung schon deswegen für ungültig erklärt, weil die Entscheidungsgrundlage, also die notwendige Information der Eigentümer für die anstehenden Entscheidungen als unzureichend angesehen wurde oder nicht richtig dokumentiert war (etwa *BGH*, Urt. v. 24.01.2020 - V ZR 110/19, IMR 2020, 243 = ZMR 2020, 671 = ZWE 2020, 284=ZfIR 2020, 547; *LG Frankfurt*/M., Urt. v. 01.11.2018 – 2–13 S 112/17, IMR 2019, 28 = WuM 2019, 50; *LG Frankfurt*/M., Beschl. v. 14.06.2021 – 2–13 S 13/21, IMR 2021, 370; *AG Ludwigsburg*, Urt. v. 22.04.2021 – 21 C 2168/20, IMR 2021, 373). Im Grundsatz dürften diese Anforderungen auch für die Ermessensentscheidung des Verwalters gemäß § 27 Abs. 1 WEG gelten. Schließt er etwa Verträge mit Dienstleistern ab, kann er ebenso wenig wie die Eigentümerversammlung das erstbeste Angebot annehmen. Nach dem Sinn des Gesetzes wird man allerdings bei abnehmender Bedeutung der Maßnahme geringere Anforderungen stellen müssen. Denn § 27 Abs. 1 WEG soll die Verwaltung ja vereinfachen. Etwa beim Einkauf von Leuchtmitteln wird der Verwalter nicht die Angebote dreier Anbieter einholen und auch noch dokumentieren müssen. Bei solchen Bagatellgeschäften genügt es, wenn der Preis nach der Lebenserfahrung im üblichen Rahmen liegt. Je bedeutender die Maßnahme ist, desto stärker muss sich der Verwalter an den für die Eigentümerversammlung geltenden Grundsätze für die Ermittlung der Entscheidungsgrundlage orientieren. Das gilt insbesondere dann, wenn man unerhebliche Verpflichtungen nach § 27 Abs. 1 Nr. 1 WEG bis zu einer prozentualen Grenze vom 5% des jährlichen Wirtschaftsvolumen annimmt. In Zweifelsfällen kann jedenfalls dann, wenn kein Verzögerungsschaden droht, auch bei der Frage nach der konkreten Durchführung einer Maßnahme die Anrufung der Eigentümerversammlung ebenso zu empfehlen wie bei der Frage nach dem »Ob« der Maßnahme.

IV. Rechtsschutz gegen rechtswidrige Maßnahmen oder Untätigkeit des Verwalters

1. Wegfall des Verfahrens nach § 44 Abs. 1 WEG

40 An den Rechtsschutzmöglichkeiten des einzelnen Wohnungseigentümers gegen Maßnahmen nach § 27 Abs. 1 Nr. 2 WEG ändert sich durch die Neufassung des Gesetzes wenig. Wie nach altem Recht kann er das Verwalterhandeln nicht vor seinem Abschluss überprüfen lassen, da er wie früher nach § 27 Abs. 1 Nr. 3, Abs. 3 S. 1 Nr. 2 WEG a.F. vor vollendete Tatsachen gestellt wird. Ähnlich steht es jetzt bei den Maßnahmen gemäß § 27 Abs. 1 Nr. 1 WEG. Denn die Alleinentscheidungsbefugnis des Verwalters verkürzt die Rechtsschutzmöglichkeiten des einzelnen Wohnungseigentümers erheblich. Insbesondere kann er die Entscheidung des Verwalters nicht mehr im Verfahren nach § 44 Abs. 1 WEG überprüfen lassen, da eben kein Beschluss mehr vorliegt. In der Regel wird er noch nicht einmal wissen, dass der Verwalter eine solche Entscheidung getroffen hat, weil er eben nicht mehr durch eine Beschlussvorlage hierüber informiert wird.

2. Kein Vorgehen gegen den Verwalter

Darüber hinaus verkürzt die Neuordnung der Verwaltungszuständigkeiten die Rechtsschutzmöglichkeiten des einzelnen Wohnungseigentümers noch weiter. Nach der neuen Gesetzessystematik, derzufolge der Wohnungseigentümergemeinschaft die alleinige Befugnis zur Verwaltung des Gemeinschaftseigentum zukommt und der Verwalter alleine ihr gegenüber verpflichtet ist, kommt das Vorgehen eines einzelnen Wohnungseigentümers gegen den Verwalter nicht mehr in Betracht. Aus diesem Grunde kann der einzelne Wohnungseigentümer vom Verwalter weder die Durchführung einer Maßnahme noch deren Unterlassung verlangen. Er muss sich vielmehr gegen die Wohnungseigentümergemeinschaft richten, 41

3. Beschluss und Beschlussersetzung

Erhält der Wohnungseigentümer Kenntnis davon, dass der Verwalter eine Maßnahme nach § 27 Abs. 1 Nr. 1 WEG durchführen will, kann er ihn demnach mittelbar über ein Einschreiten der Wohnungseigentümergemeinschaft davon abhalten. Diese kann den Verwalter anweisen, bestimmte Maßnahmen zu unterlassen. Ein solcher Beschluss ist immer möglich, da die Eigentümerversammlung nach § 27 Abs. 2 WEG auf diesem Wege die Rechte und Pflichten des Verwalters aus § 27 Abs. 1 WEG im Innenverhältnis ohne weiteres einschrä nken kann. Die Weisung, eine bestimmte Maßnahme nicht durchzuführen, kann die Eigentümerversammlung daher immer aussprechen, selbst wenn diese von § 27 Abs. 1 Nr. 1 WEG gedeckt wäre. Fasst die Eigentümerversammlung einen solchen Beschluss nicht, könnte ihn der Wohnungseigentümer im Verfahren nach § 44 Abs. 1 S. 2 WEG ersetzen lassen. Die Durchsetzung des Anspruchs auf ordnungsmäßige Verwaltung ist für den einzelnen Wohnungseigentümer durch Einführung der beschlussfreien Maßnahmen nach § 27 Abs. 1 WEG also erheblich aufwendiger geworden, sofern der betroffene Miteigentümer überhaupt rechtzeitig hiervon erfährt. 42

4. Klage auf Unterlassung

Einfacher dürfte ein direktes Vorgehen gegen die vom Verwalter beabsichtigte Maßnahme sein. 43
Überschreitet eine Verwalterentscheidung die Grenzen ordnungsmäßiger Verwaltung, kann und muss hiergegen keine Beschlussklage gemäß § 44 WEG erhoben werden. Denn die Entscheidung des Verwalters tritt zwar nach neuem Recht an die Stelle einer Beschlussfassung, ist aber keine solche. Denkbar ist aber eine vorbeugende Klage bzw. ein Antrag im Verfahren des einstweiligen Rechtsschutzes auf Unterlassung der Maßnahme. Da die Wohnungseigentümerversammlung gerade nicht der zuständige Entscheidungsträger ist, muss sie anders als bei der Beschlussersetzung auch nicht vorbefasst werden. Eine Klage auf Unterlassung ist somit ohne vorherige Anrufung der Eigentümerversammlung zulässig. Das Vorgehen eines einzelnen Wohnungseigentümers gegen den Verwalter ist allerdings ausgeschlossen. Wenn er nach der neuen Gesetzeskonzeption vom Verwalter nicht positiv die Durchführung einer Maßnahme verlangen kann, kann für deren Unterlassung nichts anderes gelten. er muss also gegen die Wohnungseigentümergemeinschaft auf Unterlassung klagen.

5. Folgenbeseitigungsanspruch

Jeder Wohnungseigentümer kann aber auch nach Durchführung der Maßnahme ohne vorherige 44
gerichtliche Entscheidung über die Rechtmäßigkeit der Verwalterentscheidung Folgenbeseitigungsansprüche geltend machen, wenn sie ordnungsmäßiger Verwaltung widerspricht. Denn die Entscheidung des Verwalters ist, wie oben ausgeführt, weder vorläufig wirksam noch erwächst sie in Bestandskraft. Sie ist ähnlich wie ein nichtiger Beschluss von Anfang an rechtswidrig und bleibt es. Eine gerichtliche Entscheidung würde dies allenfalls deklaratorisch feststellen. Daher kann jeder Wohnungseigentümer unmittelbar Folgenbeseitigungsansprüche geltend machen.

6. Klage auf Durchführung einer Maßnahme

45 Neuerungen ergeben sich auch bei der Erzwingung von Maßnahmen gemäß § 27 Abs. 1 Nr. 1 WEG. Da sie der Verwalter ohne Beschlussfassung ergreifen darf, sie mithin keine Beschlussfassung voraussetzen, bedarf es auch weder der Vorbefassung der Eigentümerversammlung noch einer Beschlussersetzung durch das Gericht. Jeder Wohnungseigentümer kann sogleich ohne Anrufung der Eigentümerversammlung oder Erhebung einer Beschlussersetzungsklage unmittelbar auf Durchführung der begehrten Maßnahme klagen. Diese kann allerdings nicht mehr vom Verwalter verlangt werden. Eine entsprechende Klage wäre mangels Passivlegitimation unbegründet. Vielmehr muss die Wohnungseigentümergemeinschaft auf Durchführung der Maßnahme in Anspruch genommen werden (BT-Drs. 19/18791, S. 56). Nach einer entsprechenden Verurteilung muss sie ihrerseits die Durchführung der Maßnahme von dem ihr gegenüber hierzu verpflichteten Verwalter verlangen.

7. Beschlussersetzungsklage

46 Da die Eigentümerversammlung dem Verwalter selbst in Angelegenheiten nach § 27 Abs. 1 WEG Weisungen erteilen kann, kommt auch eine Klage auf Ersetzung eines diesbezüglichen Beschlusses in Betracht. Eine solche brächte aber gegenüber der unmittelbar auf Leistung gerichteten Klage keine Vorteile. Vielmehr müsste bei diesem auf Ersetzung eines Beschlusses gerichteten Vorgehen wiederum die Eigentümerversammlung vorbefasst werden.

C. Fortführung von Einzelbefugnissen des alten Rechtes

I. Die Durchführung von Beschlüssen und Vereinbarungen

1. Fortführung alten Rechts

47 Nach Auffassung des Gesetzgebers sollen durch die Neuregelung in § 27 Abs. 1 Nr. 1 WEG wesentliche Verwalterbefugnisse nach früherem Recht fortgeführt werden. So sehen die Gesetzesmaterialien die Durchführung von Beschlüssen – und demzufolge erst recht von Vereinbarungen (Lehmann-Richter/Wobst WEG-Reform 2020 § 6 Rn. 469) – nunmehr als Befugnis aus § 27 Abs. 1 Nr. 1 WEG an. Dies erscheint dogmatisch unbedenklich. Ihre Durchführung ist eine notwendige Folge der Beschlussfassung und daher von untergeordneter Bedeutung, zumal auf die Durchführung eines Beschlusses Anspruch besteht. Gleiches gilt für hieraus folgende Verbindlichkeiten. Sie ist daher in beider Hinsicht neutral. Im Wesentlichen kann insoweit die frühere Rechtsprechung herangezogen werden.

2. Der Verwalter als Vollzugsorgan

48 Nach wie vor sind die Wohnungseigentümer, nicht der Verwalter, die Herren der Verwaltung (*OLG Hamm* WuM 1991, 220; *OLG Köln* ZMR 2007, 718). Es ist **primäre Aufgabe des Verwalters, ihre Beschlüsse rechtzeitig und umfassend vorzubereiten** (vgl. auch u. Rdn. 51ff.) und als Vollzugsorgan auszuführen (BGHZ 106, 226; *BGH* NJW 1996, 1217; *OLG Zweibrücken* WE 1991, 333 f.; *OLG Karlsruhe* NJW-RR 1996, 1103; *LG Hamburg* ZMR 2013, 132; *Jacoby* ZWE 2012, 420). Demgemäß kann die Eigentümerversammlung als übergeordneter Träger der Willensbildung grundsätzlich auch Entscheidungen an sich ziehen, die die Gemeinschaftsordnung dem Verwalter zuweist (vgl. o. Rdn. 9). Kann der Verwalter nach der Gemeinschaftsordnung etwa einen Wirtschaftsplan festsetzen, die gewerbliche Nutzung von Wohneinheiten genehmigen oder die Zustimmung zur Veräußerung von Wohnungseigentum erteilen, kommt **der Eigentümerversammlung gleichwohl regelmäßig die Letztentscheidungsbefugnis** zu. Weichen die Entscheidungen von Verwalter und Wohnungseigentümerversammlung voneinander ab, ist folglich ein Beschluss der Letzteren maßgeblich. Auf die Durchführung von Beschlüssen hat jeder Wohnungseigentümer einen **Individualanspruch** (*BGH*, Urt. v. 08.06.2018 – V ZR 125/17; *AG Norderstedt* ZMR 2013, 575; **a.A.** *LG Hamburg* ZMR 2016, 393 f.; *LG Frankfurt/M.* ZMR 2017, 500; *AG Hamburg-Blankenese* ZMR 2015, 581 f.; ZMR 2016, 151 f.; *AG Bremen-Blumenthal* ZMR 2017, 189), der aber nunmehr gegen die Wohnungseigentümergemeinschaft zu richten ist. § 27 Abs. 1 Nr. 1 WEG ist auch auf die **Durch-**

führung von Vereinbarungen anzuwenden: Ist der Verwalter schon zur Durchführung von Mehrheitsbeschlüssen verpflichtet, gilt dies erst recht für Vereinbarungen (Jennißen/*Heinemann* § 27 Rn. 6).

3. Folgen bei fehlerhafter und ordnungsgemäßer Beschlussdurchführung

Kommt der Verwalter seiner Pflicht zur Durchführung von Beschlüssen nicht nach, kommen auch **Schadensersatzansprüche** aus Verzug in Betracht (*BGH,* v. 08.06.2018 – V ZR 125/17); die gegenteilige Auffassung (*LG Hamburg* ZMR 2018, 623) ist nach der Rechtsprechung des *BGH* zum Individualanspruch auf Durchführung von Beschlüssen überholt. Da der Verwalter nur Vollzugsorgan ist, besteht vor einer Beschlussfassung grundsätzlich **kein Anspruch auf Durchführung von Maßnahmen** (*AG Hannover* ZMR 2015, 630). Der betroffene Wohnungseigentümer muss stattdessen eine Beschlussfassung der Eigentümerversammlung beantragen. Umgekehrt ist es schon aus Rechtsgründen ohne Erfolgsaussicht, den zur Durchführung verpflichteten Verwalter aufzufordern, einen Beschluss nicht durchzuführen (*LG Frankfurt/M.* ZMR 2010, 789; *AG Cham* ZMR 2016, 806, 807). Er müsste stattdessen die **Suspendierung des Beschlusses** im Wege des einstweiligen Rechtsschutzes versuchen (*AG Cham* ZMR 2016, 806, 807). 49

4. Befugnis gegenüber dem Verband

Nach § 27 Abs. 1 Nr. 1 WEG hat der Verwalter im Innenverhältnis nunmehr nicht gegenüber den Wohnungseigentümern, sondern nur noch **gegenüber dem Verband** die Befugnis, für die Durchführung von Beschlüssen zu sorgen. Hierfür kommt dem Verwalter im Rechtsverkehr aus § 9b Abs. 1 S. 1 WEG **gesetzliche Vollmacht** zu (Jennißen/*Heinemann* § 27 Rn. 8). Der Geschäftspartner muss sich also nicht mehr nach einem bevollmächtigenden Beschluss erkundigen. 50

5. Die Beschlussdurchführung im Einzelnen

Die Durchführung von Beschlüssen kann einerseits in tatsächlichen Maßnahmen wie der Vornahme einer Begehung oder dem Ergreifen von Verkehrssicherungsmaßnahmen, andererseits in rechtsgeschäftlichen Maßnahmen wie dem Abschluss von Verträgen bestehen (Jennißen/*Heinemann* § 27 Rn. 7). Auf die Durchführung von Beschlüssen besteht sogar ein **Individualanspruch** jedes einzelnen Wohnungseigentümers (*BGH* v. 08.06.2018 - V ZR 125/17; *AG Norderstedt* ZMR 2013, 575; a.A.*AG Hamburg-Blankenese* ZMR 2015, 581 f.). Unterlässt der Verwalter die Durchführung eines Beschlusses, macht er sich **schadensersatzpflichtig** (*BGH,* Urt. v. 08.06.2018 - V ZR 125/17; *LG Hamburg* ZMR 2013, 132, was allerdings nicht den vollen Ersatz für die Mangelbeseitigung zuspricht). Die Mitwirkung sonstiger Organe (etwa eines Bauausschusses) muss der Verwalter nicht abwarten (*LG München* I ZMR 2014, 57 f.). Wie bei der Vorbereitung hat der Verwalter auch bei der Durchführung von Beschlüssen diejenige **Sorgfalt** anzuwenden, die ein vernünftiger Eigentümer in eigenen Angelegenheiten anwenden würde (*KG* WuM 1993, 307; *OLG Düsseldorf* ZMR 1997, 491). Ist der Verwalter **Kaufmann**, hat er seine Pflichten mit der Sorgfalt eines ordentlichen Kaufmanns nach §§ 347, 343 bis 345 HGB zu erfüllen (*BGH* NJW 1996, 1217 f.; *BayObLG* WE 1998, 39; NZM 2002, 565). Dies betrifft insbesondere die Einholung mehrerer Angebote bei größeren Arbeiten am Gemeinschaftseigentum, beim Abschluss von Versicherungen oder sonstigen Verträgen (*BayObLG* NZM 2002, 566; *LG Hamburg* ZMR 2012, 474; *AG Hamburg-Blankenese* ZMR 2013, 572; vgl. schon *BayObLG* NJW-RR 1989, 1294; eingehend hierzu *Armbrüster* ZWE 2012, 201 ff.). Diese **Angebote** müssen schon in der Versammlung vorliegen (*AG Hannover* ZMR 2010, 238; *AG Brühl* ZMR 2012, 823; ähnlich *LG Hamburg* ZMR 2012, 474 f.), allerdings nicht vorab mit der Einladung versandt werden (*AG Hannover* ZMR 2010, 238; tendenziell strenger *AG Brühl* ZMR 2012, 823). Bittet ein Wohnungseigentümer allerdings um Übersendung des Angebotes in **Kopie**, darf der Verwalter diese Anfrage nicht unbeantwortet lassen, auch wenn kein Anspruch auf die Übersendung besteht (*LG Hamburg* ZMR 2012, 475). Derartige Verträge kann der Verwalter zwar auch im eigenen Namen abschließen. In diesem Fall wird er Vertragspartner, kann aber den **Ersatz seiner Aufwendungen** nach §§ 675, 670 BGB verlangen (*BGH* NJW-RR 1993, 1228; *BayObLG* WE 51

1996, 315; 1997, 76; *OLG Hamm* WE 1997, 316; *OLG Schleswig* ZMR 2002, 468). I.d.R. wird der Verwalter die Risiken eines Vertragsschlusses in eigenem Namen aber vermeiden und im Namen des Verbandes handeln. Die **Frist zur Durchführung** von Beschlüssen wird sich häufig unmittelbar aus dem Beschluss oder aus der Natur der Sache ergeben; ansonsten wird dem Verwalter ein Ermessensspielraum zustehen (z.B. beim Heizölkauf einen günstigen Zeitpunkt abzuwarten). Die Regelungen zur Beschluss-Sammlung mit der zeitlichen Vorgabe in § 24 Abs. 7 S. 7 WEG zeigen im Umkehrschluss, dass unverzügliches Handeln die besonders normierte Ausnahme ist. Eine Pflicht zur unverzüglichen Umsetzung von Beschlüssen trifft den Verwalter daher nur bei besonders eilbedürftigen Angelegenheiten (*Schmid* ZMR 2013, 93 f.; strenger Jennißen/*Heinemann* § 27 Rn. 9; *BayObLG* ZMR 2005, 640). Andererseits ist der Verwalter auch zur Durchführung lange zurückliegender Beschlüsse verpflichtet.

6. Die Durchführung fehlerhafter Beschlüsse

a) Nichtige Beschlüsse

52 Besondere Schwierigkeiten für den Verwalter ergeben sich aus der Verpflichtung und Berechtigung zur Durchführung von Beschlüssen, wenn deren Rechtmäßigkeit zweifelhaft ist. Noch vergleichsweise einfach ist diese Problematik zu handhaben, wenn ein Beschluss, etwa wegen Überschreitung der Beschlusskompetenz, nichtig ist: Da ein nichtiger Beschluss **keinerlei Bindungswirkung** erzeugt, ist der Verwalter weder berechtigt noch verpflichtet, diesen auszuführen. Die bisweilen vertretene Gegenauffassung (*LG Dortmund* ZMR 2017, 910, 911) erscheint äußerst zweifelhaft. Vielmehr kann dessen Durchführung Unterlassungs- und Schadensersatzansprüche nach sich ziehen (zu eng, auf »evident« nichtige Beschlüsse beschränkt Jennißen/*Heinemann* § 27 Rn. 10; **a.A.**, gegen eine »Verkündungssperre« bei nichtigen Beschlüssen *Becker* ZWE 2012, 300). In Zweifelsfällen hat der Verwalter Rechtsrat einzuholen. Eine gerichtliche Klärung ist ihm allerdings nach neuem Recht bei nur anfechtbaren Beschlüssen verwehrt, da er in Verfahren nach § 43 Abs. 2 Nr. 4 WEG nicht mehr klagebefugt ist. Denkbar ist aber im Verfahren nach § 43 Nr. 3 WEG die **Verpflichtung zur Durchführung des Beschlusses** feststellen zu lassen. Hierbei findet eine inzidente Prüfung seiner Nichtigkeit statt, während die bloße Fehlerhaftigkeit die Verpflichtung zur Durchführung unberührt lässt. In diesen Fällen wird er auch eine **einstweilige Verfügung nach §§ 935 ff. ZPO** zur Aussetzung der Beschlussdurchführung stellen können (Jennißen/*Heinemann* § 27 Rn. 10). Dies vermeidet Haftungsrisiken des Verwalters. Untersagt das Gericht die Ausführung des Beschlusses, weil es ihn für nichtig hält, trifft den Verwalter auch dann kein Verschulden, wenn er sich im Nachhinein doch nicht als nichtig herausstellt. Ähnliches gilt für die Zurückweisung eines entsprechenden Antrags, wenn sich der Beschluss umgekehrt im Nachhinein doch als nichtig erweist.

b) Anfechtbare Beschlüsse

aa) Die Aussetzung der Beschlussdurchführung ohne gerichtliche Ermächtigung

53 Anderes gilt, wenn lediglich die Anfechtbarkeit eines Beschlusses im Raume steht. Hier wird die Durchführung des Beschlusses erst mit seiner Bestandskraft risikolos. Denn die Durchführung fehlerhafter, aber nicht angegriffener Beschlüsse ist nach ganz h.M. gerechtfertigt (*AG Bonn* ZMR 2012, 820 f.; Jennißen/*Heinemann* § 27 Rn. 11 m.w.N.). Nach überwiegender Auffassung ist der Verwalter sogar **zur Ausführung anfechtbarer Beschlüsse verpflichtet** (*BGH* NJW 1996, 1217; *BayObLG* Z 1972, 247; *BayObLG* WE 1991, 199; *LG Frankfurt/M.* ZMR 2010, 789; *LG Dortmund* ZMR 2017, 910, 911; *AG Bonn* ZMR 2012, 820 f.). Teilweise wird sogar vertreten, dass er Beschlüsse, die nur anfechtbar sind, verkünden *muss* (*AG Oberhausen* ZMR 2011, 78; *Becker* ZWE 2012, 300 f.). Er ist auch nicht mehr berechtigt, geschweige denn verpflichtet, fehlerhafte Beschlüsse anzufechten. In einer schwierigen Position befindet sich der Verwalter, wenn die Beschlussfassung fristgerecht angefochten wird. Denn die Berechtigung, einen anfechtbaren Beschluss nicht auszuführen, wird dem Verwalter nur von einer Mindermeinung eingeräumt, die dies insbesondere mit seiner Verpflichtung begründet, Schäden von der Wohnungseigentümergemeinschaft abzuwenden und nicht sehenden Auges durch die Ausführung anfechtbarer Beschlüsse zu verursachen (*Bub* WE 1988, 184;

Ganten WE 1992, 126 f.; *Niedenführ* WE 1993, 101 f.; *Deckert* Die ETW Gr. 4 Rn. 1370). Deshalb soll der Verwalter nach dieser Auffassung jedenfalls bei offenkundiger Fehlerhaftigkeit des Beschlusses (*Deckert* Die ETW Gr. 4 Rn. 1424b; *Gottschalg* ZWE 2003, 229) oder dann, wenn durch die Beschlussdurchführung wesentlich größerer Schaden droht als durch eine einstweilige Aussetzung, berechtigt sein, **anfechtbare Beschlüsse nicht auszuführen** (*Gottschalg* ZWE 2003, 229). Die überwiegende Meinung hält solche wenig kalkulierbaren Abwägungen aus Gründen der Rechtssicherheit für bedenklich (*BayObLG* WE 1991, 199; *Wenzel* WE 1998, 456; Bärmann/*Merle* § 27 Rn. 22; ähnlich *Müller* WE 1994, 7). Zudem sei der Wille des maßgeblichen Entscheidungsorgans, der Eigentümerversammlung, zu respektieren (Staudinger/*Jacoby* § 26 Rn. 26; *Wenzel* WE 1998, 456; ähnlich Jennißen/*Jennißen* § 26 Rn. 123). Eine eigenmächtige Entscheidung des Verwalters, seiner Auffassung zufolge anfechtbare Beschlüsse nicht durchzuführen, kommt demnach nicht infrage. Deshalb war er schon nach altem Recht für Anträge auf Aussetzung der Beschlussdurchführung auch nicht passiv legitimiert (*LG Frankfurt/M.* ZMR 2010, 789; *AG Bonn* ZMR 2012, 735; **a.A.** *AG Calw* ZMR 2012, 824 f.), was erst recht mit der Übertragung der Verwaltungsbefugnisse auf die Wohnungseigentümergemeinschaft gilt.

bb) Die Ermächtigung zu Sofortvollzug oder Aussetzung durch die Wohnungseigentümer

Der Verwalter kann nach anderer Auffassung aber versuchen, sich durch die Eigentümerversammlung ausdrücklich ermächtigen zu lassen, den Beschluss sofort durchzuführen oder von seiner Ausführung bis zur Unanfechtbarkeit abzusehen. Im Fall einer unanfechtbaren Entscheidung der Wohnungseigentümer hierüber könne er dann für seine Vorgehensweise in keinem Fall in Regress genommen werden, da er nur der ausdrücklichen Weisung der Wohnungseigentümer folge (*Röll* WE 1993, 100; *Hörmann* WE 1993, 156; *Deckert* Die ETW Gr. 4 Rn. 1424b; *Gottschalg* ZWE 2003, 229 f.; Bärmann/*Merle* § 27 Rn. 22). Dieser Vorschlag dürfte dem Verwalter allerdings regelmäßig wenig helfen. Denn die sofortige Beschlussdurchführung und somit die Ablehnung einer Aussetzung wird üblicherweise gerade von denjenigen befürwortet, die schon für den entsprechenden Antrag gestimmt haben. Ist der Beschluss rechtswidrig, so entspricht auch der Sofortvollzug nicht ordnungsmäßiger Verwaltung. Der Verwalter könnte sich dann auch insoweit nicht auf einen unanfechtbaren Beschluss stützen. 54

c) Haftungsausschluss zugunsten des Verwalters

Angesichts dieser Lage spricht viel dafür, den Verwalter, der zur Ausführung auch anfechtbarer Beschlüsse verpflichtet ist (*BGH* NJW 1996, 1217; BayObLGZ 1972, 247; *BayObLG* WE 1991, 199; *LG Frankfurt/M.* ZMR 2010, 789; *LG München I* ZMR 2014, 397), **von einer Haftung freizustellen**, selbst wenn ein Eigentümerbeschluss für ungültig erklärt wird (*BayObLG* WE 1991, 199; *LG Dortmund* ZMR 2017, 910, 911; **a.A.** *OLG München* ZMR 2005, 908, wonach der Verwalter u.U. sogar in verbotener Eigenmacht handelt – bedenklich). Auch eine Haftung wegen vollmachtloser Vertretung trat schon nach altem Recht nicht ein, was man auf den Rechtsgedanken von § 32 FGG a.F. (jetzt § 47 FamFG) stützte (*KG* NJW-RR 1990, 153; Jennißen/*Heinemann* § 27 Rn. 15) stütze. Nunmehr hat der Verwalter aus § 9b Abs. 1 S. 1, 3 WEG ohnehin unbegrenzbare Vollmacht. Die Mehrheit der Wohnungseigentümer, die die sofortige Durchführung eines Beschlusses trotz erkannter Gefahr seiner Anfechtbarkeit verlangt, trifft aber jedenfalls ein weit überwiegendes Mitverschulden an den Folgen ihres Abstimmungsverhaltens. Der Verwalter hat demnach mit einem **Hinweis auf die Gefahren einer sofortigen Beschlussdurchführung**, der tunlichst protokolliert oder sonstwie aktenkundig gemacht werden sollte, alles ihm Zumutbare zur Vermeidung der Folgen einer Ungültigerklärung getan. 55

d) Haftung des Verwalters für die Durchführung fehlerhafter Beschlüsse

In der Konsequenz kann der Verwalter nach einer Ungültigerklärung von Beschlüssen für deren Ausführung weder von Wohnungseigentümern noch von Dritten in Anspruch genommen werden, 56 auch nicht als Vertreter ohne Vertretungsmacht (im Ergebnis ebenso (Jennißen/*Jennißen* § 26 Rn. 124). Sie haben allenfalls Ansprüche gegen die Wohnungseigentümergemeinschaft.

e) Haftung wegen ungenügender Beschlussfassung

57 Die früher befürworteten **Ansprüche analog § 122 BGB gegen die Wohnungseigentümer** (Bärmann/*Merle* § 27 Rn. 26) oder **die Mehrheit**, die für einen fehlerhaften Beschluss stimmt (vgl. im Zusammenhang mit der unterlassenen Beschlussfassung über Instandsetzungsmaßnahmen *BGH* ZWE 2015, 88 = ZMR 2015, 241; *OLG München* ZMR 2008, 656; ZMR 2009, 226; ZMR 2009, 469; *Suilmann* ZWE 2013, 307; **a.A.** *OLG Frankfurt am Main* ZMR 2009, 384; Bärmann/*Merle* § 27 Rn. 27; *Abramenko* FS Merle 2010, 4 f.; *ders.*, ZMR 2013, 175), sind nach neuem Recht ebenfalls obsolet. Für fehlerhaftes Verwaltungshandeln muss primär nun die Wohnungseigentümergemeinschaft einstehen. Der Verwalter sollte aber in diesem Fall trotzdem eine namentliche Abstimmung durchführen und das Ergebnis in die Niederschrift aufnehmen. Denn wie beim Verwalter kommt ein Regress gegen die Wohnungseigentümer in Betracht, die nicht für eine ordnungsmäßige Verwaltung eintraten. **Sind diese nicht mehr feststellbar**, könnte er für diesen Mangel seiner Versammlungsleitung und Protokollierung regresspflichtig sein.

II. Die Durchführung der Hausordnung

1. Aufstellung der Hausordnung

58 Ebenso wird auch die Durchführung der Hausordnung als eine aus dem alten Recht (§ 27 Abs. 1 Nr. 1 Fall 2 WEG a.F.) übernommene Befugnis des Verwalters angesehen (Lehmann-Richter/Wobst WEG-Reform 2020 § 6 Rn. 483; Dötsch/Schultzky/Zschieschack § 9 Rn. 132 ff.). Mit der Befugnis des Verwalters, die Hausordnung lediglich durchzuführen, steht zugleich fest, dass deren **Aufstellung Sache der Wohnungseigentümer** ist. Sie können folglich über eine entsprechende Vorlage mit Mehrheit beschließen, den Verwalter aber auch zur Aufstellung einer Hausordnung ermächtigen (*BayObLG* NJW-RR 1992, 344; ZWE 2001, 595). Auch wenn der Verwalter zu ihrer Aufstellung kraft Gemeinschaftsordnung ermächtigt ist, kann die Eigentümerversammlung diese Kompetenz an sich ziehen (BayObLGZ 1975, 204 f.; *BayObLG* NJW-RR 1992, 344; ZWE 2001, 596; *OLG Zweibrücken* WE 1991, 333; *KG* ZMR 1992, 69; vgl. o. Rdn. 9).

2. Durchführung der Hausordnung als Maßnahme nach § 27 Abs. 1 Nr. 1 WEG

59 Die Einordnung der Durchführung der Hausordnung in die Maßnahmen nach § 27 Abs. 1 Nr. 1 WEG erscheint unbedenklich. Denn die Durchführung der Hausordnung dient nur der Wahrung des rechtlich geschuldeten Zustands, ist also von untergeordneter Bedeutung, weil sie sich nur zugunsten der Gemeinschaft auswirkt. Die finanzielle Seite dürfte regelmäßig ebenso unerheblich sein, zumal der gerichtlich unterliegende Störer anfallende Kosten zu erstatten hat.

3. Durchführung durch tatsächliche Maßnahmen

60 Die Durchführung kann einerseits durch **Maßnahmen rein tatsächlicher Natur** (BayObLGZ 1972, 94) wie Ermahnungen, Kehr- und Nutzungspläne, Aushänge etc. erfolgen, und zwar auch dann, wenn das Wohnungs- oder Teileigentum vermietet ist. In diesem Fall hat er den Eigentümer anzuhalten, auf die Einhaltung der Hausordnung durch seinen Mieter hinzuwirken, da er Letzterem gegenüber keine Befugnisse hat (vgl. § 13 Rdn. 7).

4. Durchführung durch rechtliche Maßnahmen

61 Auch **rechtsgeschäftliche Maßnahmen**, wie die Mahnung zur Erfüllung der aus der Hausordnung resultierenden Verpflichtungen und äußerstenfalls die Abmahnung nach § 17 Abs. 2 WEG, kann der Verwalter nunmehr schon kraft seiner gesetzlichen Vollmacht aus§ 9b Abs. 1 S. 1 WEG treffen. In Zweifelsfällen ist er befugt, eine Weisung der Eigentümer einzuholen (vgl. *BGH* ZMR 1996, 276). Zur **gerichtlichen Durchsetzung** der Hausordnung ist der Verwalter allerdings im Innenver-

hältnis auch nach neuem Recht nicht ohne Weiteres befugt (*Hügel/Elzer* § 11 Rn. 30). Lediglich die bloße Feststellung eigener Rechte bei der Durchführung der Hausordnung kann er nach § 43 Abs. 2 Nr. 3 WEG ohne Ermächtigung beantragen (BayObLGZ 1972, 93), was aber mangels Vollstreckungsmöglichkeit regelmäßig wenig bedeutsam ist. Daher ist es sinnvoll, dem Verwalter in der Gemeinschaftsordnung entsprechende Befugnisse einzuräumen.

III. Erhaltungsmaßnahmen

1. Von § 27 Abs. 1 Nr. 1 WEG erfasste Teilbereiche

Nach Auffassung des Gesetzgebers ist ferner die Befugnis aus § 27 Abs. 1 Nr. 2 WEG a.F., die »für die ordnungsmäßige Instandsetzung und Instandhaltung des gemeinschaftlichen Eigentums erforderlichen Maßnahmen« zu sorgen, nunmehr von § 27 Abs. 1 Nr. 1 WEG umfasst (BT-Drs. 19/18791, S. 73). Allerdings beschränkt der Gesetzgeber dies auf die Erledigung von Reparaturen, also den Bereich der Instandhaltung und Instandsetzung und damit wieder auf Maßnahmen, die nur abhängig von der Größe der Liegenschaft und der Art der Maßnahmen ohne vorherigen Beschluss durchgeführt werden können (BT-Drs. 19/18791, S. 73). 62

2. Die Aufgabenverteilung zwischen Verwalter und Wohnungseigentümern

a) Von § 27 Abs. 1 Nr. 1 WEG erfasste Maßnahmen

Im Ergebnis sorgt dies für eine Verschiebung der Verwalterbefugnisse. Im Grundsatz ist es zwar nach wie vor außerhalb der Notgeschäftsführung nicht Aufgabe des Verwalters, sondern der Wohnungseigentümer, über die erforderlichen Maßnahmen in eigener Verantwortung zu befinden (*BayObLG* ZMR 2002, 844 u. 2004, 602; *LG Hamburg* ZMR 2011, 499 f.). Da die Versammlungen der Wohnungseigentümer üblicherweise nur in größeren Abständen stattfinden, können sie nur begrenzt für die Instandhaltung des Gemeinschaftseigentums, also die Bewahrung seines ordnungsgemäßen Zustandes (*KG* ZMR 1993, 478), und seine Instandsetzung etwa durch Reparatur bereits eingetretener Schäden (*BayObLG* WE 1998, 155) sorgen. Deshalb kann der Verwalter untergeordnete Maßnahmen, die keine erheblichen Pflichten nach sich ziehen, nun ohne vorherige Beschlussfassung in Auftrag geben. 63

b) Der Eigentümerversammlung vorbehaltene Maßnahmen

Über Maßnahmen der Instandhaltung und Instandsetzung jenseits der Grenze des § 27 Abs. 1 Nr. 1 WEG entscheiden die Wohnungseigentümer **durch Mehrheitsbeschluss** (*OLG Hamm* NJW-RR 1997, 144 = ZMR 1996, 680; *OLG Hamburg* ZMR 2006, 546 f.). An diese Entscheidung **ist der Verwalter gebunden**, auch wenn er sie für unzweckmäßig hält (*BayObLG* ZMR 2001, 823). Ohne besondere Dringlichkeit kann der Verwalter daher **keine eigenmächtigen Entscheidungen** treffen (*LG Hamburg* ZMR 2016, 724, 725; **a.A.** aber abwegig *OVG Münster* ZMR 2011, 425; *VG Düsseldorf* ZMR 2011, 338; zu Recht ablehnend etwa *Tank/Bringewat* ZWE 2012, 306 ff.; *Jacoby* ZWE 2012, 423). Umgekehrt treffen ihn keine Schadensersatzpflichten bei der **Ausführung von Eigentümerbeschlüssen**, auch wenn diese objektiv unzureichend für die Instandhaltung der Liegenschaft sind (*OLG Hamm* NJW-RR 1997, 909; *AG München* ZMR 2012, 232; insoweit richtig auch *KG* NJW-RR 1991, 274). Allerdings können die Wohnungseigentümer die Rechte und Pflichten des Verwalters auch auf diesem Gebiet durch Beschluss nach § 27 Abs. 2 WEG erweitern. 64

c) Modalitäten der Erhaltungsmaßnahmen

Die Entscheidungsbefugnis der Eigentümer umfasst auch die **Art der Instandhaltung bzw. Instandsetzung**. So können die Wohnungseigentümer etwa die Möglichkeit der Eigenleistung vorsehen (*BayObLG* NJW-RR 1992, 344; *KG* NJW-RR 1996, 527 f.). Soweit sie keine diesbezügliche Entscheidung treffen, kann auch der Verwalter einfache Arbeiten gegen Vergütung in Eigenleistung durchführen lassen, wenn dies wirtschaftlich vorteilhaft ist (*KG* NJW-RR 1991, 1236). Die Verpflichtung eines Miteigentümers, gegen seinen Willen Eigenleistungen zu erbringen, widerspricht 65 allerdings nicht nur ordnungsmäßiger Verwaltung (so zum alten Recht *OLG Hamm* NJW 1982, 1108; *KG* NJW-RR 1994, 207), sondern ist mangels Beschlusskompetenz nichtig. Schon nach altem Recht folgte aus der Entscheidungsbefugnis der Eigentümerversammlung, dass ein einzelner Wohnungseigentümer den Verwalter nicht auf Durchführung von Instandhaltungs- oder Instandsetzungsarbeiten des Gemeinschaftseigentums o.Ä. in Anspruch nehmen kann, sondern nur die Eigentümergemeinschaft (*KG* NJW-RR 1991, 273; ZMR 2000, 558). Dies gilt erst recht nach der Neuordnung der Verwaltungszuständigkeiten.

3. Das Vorgehen des Verwalters außerhalb beschlussfreier Maßnahmen

a) Die Pflichten des Verwalters

aa) Ermittlung von Instandhaltungs- bzw. Instandsetzungsbedarf

66 Sofern der Verwalter nicht ohne Beschluss gemäß § 27 Abs. 1 Nr. 1 WEG tätig werden darf, haben sich seine Rechte und Pflichten nicht verändert. Wie nach altem Recht hat der Verwalter vornehmlich die Entscheidung der Wohnungseigentümer über die Instandhaltung und Instandsetzung des Gemeinschaftseigentums **vorzubereiten** (*OLG Celle* ZMR 2001, 643; *BayObLG* ZMR 2002, 844 u. 2004, 602; *LG Düsseldorf* ZMR 2010, 714). Dies setzt zunächst die **Feststellung von Instandhaltungs- bzw. Instandsetzungsbedarf** voraus (*BayObLG* NJW-RR 1992, 1103; NJW-RR 1996, 658; 1999, 308; 2001, 731 = ZMR 2001, 558; 2001, 1021; *OLG Hamm* NJW-RR 1997, 909; *OLG Celle* ZMR 2001, 644; *OLG Frankfurt am Main* ZMR 2009, 862; *AG München* ZMR 2011, 761). Zu diesem Zweck hat der Verwalter die **Liegenschaft regelmäßig zu begehen** (*OLG Zweibrücken* NJW-RR 1991, 1301; *OLG München* ZMR 2009, 629; *LG Köln* ZMR 2011, 502 f.; *AG Wiesbaden* ZMR 2012, 407) und vor allem **Hinweisen auf Mängel** seitens der Eigentümer oder Mieter nachzugehen (*BayObLG* NJW-RR 1988, 599 = WE 1988, 108; ZMR 1998, 357 f.; *OLG Hamm* NJW-RR 1997, 144 = ZMR 1996, 680; *OLG München* ZMR 2009, 629; *AG Wennigsen* ZMR 2009, 415; *AG München* ZMR 2011, 761; *AG Hamburg-Wandsbek* ZMR 2015, 583, 584). Wenn Mängel gemeldet wurden, darf sich der Verwalter auf eine »Entwarnung« durch den Mieter ohne eigene oder fachkundige Untersuchung nicht verlassen (*AG Hamburg-Wandsbek* ZMR 2015, 583, 584). Bestehen **Mängel an einem mehrfach vorhandenen Bauteil**, etwa an einer Balkonplatte, so hat der Verwalter Anlass auch die anderen zu überprüfen (*OLG München* ZMR 2009, 629 f.). Entsprechendes gilt bei neu errichteten Wohnanlagen für **Gewährleistungsmängel** (*BayObLG* WE 1988, 31; 1991, 23; NJW-RR 2001, 731 = ZMR 2001, 559; NJW-RR 2002, 1668; 2003, 79) und sonstige anfängliche Mängel am Gemeinschaftseigentum (*BayObLG* NJW-RR 1992, 1433; *OLG München* ZMR 2009, 629). Dies gilt auch dann, wenn der Bauträger die erste Verwaltung übernimmt (*OLG München* ZMR 2009, 630). Eine Überprüfung in eigener Person ist allerdings nicht erforderlich (*BayObLG* ZMR 1999, 655). Bedient er sich bei der Feststellung eines **Erfüllungsgehilfen**, muss er aber für dessen Fehler nach § 278 BGB einstehen (*OLG Frankfurt am Main* ZMR 2009, 863 f.; im konkreten Einzelfall aber verneint; *AG München* ZMR 2011, 72). Sofern sinnvoll, hat der Verwalter die Wohnungseigentümer auch auf die Möglichkeit eines **Wartungsvertrags** hinzuweisen, um die dauerhafte Kontrolle insbesondere sicherheitsrelevanter Technik etwa in Fahrstühlen zu gewährleisten (*BayObLG* NZM 1999, 840).

bb) Information der Wohnungseigentümer über das weitere Vorgehen

67 Hat der Verwalter aus seinen eigenen Kontrollen oder Hinweisen Dritter Handlungsbedarf ermittelt, muss er die Wohnungseigentümer rechtzeitig in geeigneter Weise hierüber **informieren** (*BayObLG* WE 1991, 23; NJW-RR 1992, 1103; 1996, 658; NJW-RR 1996, 1298 = WuM 1996, 445 = WE 1997, 39; NJW-RR 2001, 731 = ZMR 2001, 558; NJW-RR 2001, 1021; *OLG Zweibrücken* NJW-RR 1991, 1302; *OLG Hamm* NJW-RR 1997, 909; *OLG Düsseldorf* ZMR 1997, 433; 1998, 655; *OLG Frankfurt am Main* ZMR 2009, 862; *OLG Brandenburg* ZMR 2010, 214; *LG Hamburg* ZMR 2013, 922; ZMR 2016, 726 *AG München* ZMR 2011, 761). Sofern sinnvoll, hat er auf die Möglichkeit von **Wartungsverträgen** hinzuweisen (*OLG Brandenburg* ZMR 2010, 214; *LG Köln* ZMR 2011, 502). Bei der Dokumentation des Zustands des Gemeinschaftseigentums ist er befugt,

Lichtbilder auch von Sondereigentum oder von Flächen, an denen Sondernutzungsrechte bestehen, anzufertigen, die dann der Eigentümerversammlung gezeigt werden (*LG Köln* ZMR 2009, 551 f.; *AG Köln* ZMR 2008, 846 f.). Die Ablichtung eines Raumes, der in besonderem Maße der Privat- und Intimsphäre gewidmet ist (wie etwa die Sauna eines Miteigentümers) ist allerdings unzulässig; gleichwohl angefertigte Lichtbilder können im Wege des Folgenbeseitigungsanspruchs von der Wohnungseigentümergemeinschaft herausverlangt werden (*LG Köln* ZMR 2009, 551 f.). Die Pflichten des Verwalters erfordern es ferner, dass er sich durch **Einholung mehrerer Kostenvoranschläge** über Umfang und Kosten der Instandhaltungs- bzw. Instandsetzungsarbeiten kundig macht, was die Einholung mehrerer Angebote erfordert (*OLG Celle* ZMR 2001, 643; *BayObLG* NJW-RR 1999, 308; NZM 2002, 566 = ZMR 2002, 691 f.; *OLG Köln* ZMR 2004, 148; *LG Hamburg* ZMR 2012, 388; *AG Hannover* ZMR 2009, 152; *AG Velbert* ZMR 2009, 566; *AG Stade* ZMR 2014, 494 f.; ähnlich *OLG Düsseldorf* ZMR 2007, 57 f.; *AG München* ZMR 2011, 761; gegen die starre Festlegung auf drei Angebote *OLG Köln* ZMR 1998, 109; ähnlich *AG Bonn* ZMR 2008, 80). **Mündliche Angebote** sind mangels Fixierung nicht ausreichend (*LG Hamburg* ZMR 2012, 388). Lediglich in Ausnahmefällen kann nach Einholung eines Angebotes von der Einholung weiterer abgesehen werden. Dies wurde etwa dann angenommen, wenn die Kosten beim Vorliegen einer **Gebührenordnung** im Bereich des Mindesthonorars legen, da ein günstigeres Angebot dann ohnehin nicht zu erwarten ist (*OLG München* ZMR 2009, 631). Der Einholung weiterer Angebote bedarf es auch dann nicht, wenn die Gemeinschaft durch die Gemeinschaftsordnung ohnehin an einen Anbieter gebunden ist (*LG Berlin* ZMR 2013, 739). Auch für Folgeaufträge im Rahmen einer größeren Sanierungsmaßnahme soll die Einholung von Konkurrenzangeboten entbehrlich sein (*LG München I* ZMR 2009, 401 – zweifelhaft). Jedenfalls auf Verlangen hat der Verwalter den Wohnungseigentümern **Vorschläge zum weiteren Vorgehen** zu machen (vgl. *BGH* ZMR 1996, 276), insbesondere auch zur Finanzierung der Maßnahme (*LG Hamburg* ZMR 2012, 474; *Wenderoth* ZMR 2011, 852). Dies umfasst auch die Beratung der Wohnungseigentümer über **Fördermittel** (*LG Mönchengladbach* ZMR 2007, 402 f.; **a.A.** *AG Oberhausen* ZMR 2013, 669 f.). Ergreifen die Wohnungseigentümer trotz korrekter Information keine Maßnahmen, ist der Verwalter weder berechtigt noch verpflichtet, dies seinerseits zu tun. Deshalb kann er **mangels Passivlegitimation weder auf Vornahme von Instandsetzungsmaßnahmen in Anspruch genommen werden** (*AG Düsseldorf* ZMR 2012, 585; *AG Bonn* ZMR 2012, 821) noch ist seine Untätigkeit in dieser Situation eine **Pflichtverletzung**, die zum Schadensersatz verpflichtet (*LG Saarbrücken* ZMR 2009, 641; *AG Hamburg-Blankenese* ZMR 2011, 331 f.).

cc) Durchführung der beschlossenen Maßnahmen

Schließlich hat der Verwalter unverzüglich die Durchführung der beschlossenen Arbeiten einzuleiten 68
(*BayObLG* NJW-RR 2000, 1034 = ZMR 2000, 315) und zu überwachen. Dabei hat er insbesondere **erkennbare Fehler zu rügen** und darf auf derartige mangelhafte Leistungen keine Zahlungen erbringen (*OLG Düsseldorf* ZMR 1997, 491 f.; *OLG Frankfurt am Main* ZMR 2009, 621; vgl. § 26 Rdn. 40, 116). Er hat insbesondere zu überprüfen, ob die beauftragten Leistungen vollständig erbracht wurden (*LG Hamburg* ZMR 2013, 987; *AG Köln* ZMR 2017, 1016, 1017). Ohne entsprechende Vereinbarung im Verwaltervertrag ist er zur **Bauleitung** aber regelmäßig nicht verpflichtet (*KG* WuM 1993, 307; *OLG Düsseldorf* ZMR 1997, 490 f.; *BayObLG* ZMR 2001, 817; *OLG Frankfurt am Main* ZMR 2009, 621; *LG Hamburg* ZMR 2013, 990; *AG Köln* ZMR 2017, 1016, 1017). Sofern der Beschluss die Ausführung der Maßnahmen nicht im Einzelnen regelt, hat der Verwalter hierbei einen gewissen **Ermessensspielraum**, wobei er in jedem Fall einen sicheren Weg wählen darf (*OLG Düsseldorf* ZMR 2004, 365). **Dringende Maßnahmen** etwa zur Verkehrssicherung hat er unverzüglich durchzuführen; ist dies nicht möglich, so sind erforderlichenfalls provisorische Vorkehrungen zu treffen (*BayObLG* NJW-RR 1996, 658 = WE 1996, 316; *Vandenhouten* ZWE 2012, 40 vgl. § 26 Rdn. 113ff.).

dd) Instandhaltung und Instandsetzung des Sondereigentums

69 Bezüglich der Instandhaltung und Instandsetzung des Sondereigentums treffen den Verwalter grundsätzlich keine Verpflichtungen; hierfür haben die Wohnungseigentümer nach § 14 Abs. 2 Nr. 1 WEG in eigener Verantwortung zu sorgen (*KG* NJW-RR 1992, 150; *BayObLG* NJW-RR 1994, 528; NJW-RR 1996, 1298 = WuM 1996, 445 = WE 1997, 39; *OLG Frankfurt am Main* ZMR 2009, 863 f.; *Jennißen/Heinemann* § 27 Rn. 18). Früher wurde aus dem Verwaltervertrag als **Nebenpflicht** abgeleitet, dass der Verwalter dem betroffenen Wohnungseigentümer bekannte Schäden in seinem Sondereigentum mitzuteilen hat (*BayObLG* ZWE 2000, 466 f.; Jennißen/*Heinemann* § 27 Rn. 18). Dies dürfte nach der Kappung schuldrechtlicher Beziehungen zwischen Verwalter und Wohnungseigentümern nicht mehr aufrechtzuerhalten sein. Sollte man dies anders sehen, genügt der Verwalter seiner Nebenpflicht durch **Benachrichtigung eines Mieters**, da dieser regelmäßig aus dem Mietvertrag zur Weitergabe der Information verpflichtet ist (*BayObLG* NJW-RR 1996, 1298 = WuM 1996, 446 = WE 1997, 39; ZWE 2000, 467). Auch bei Brandschäden, die sich auf das Sondereigentum erstrecken, treffen den Verwalter weiter gehende Pflichten. Er hat den betroffenen Wohnungseigentümer dann bei der **Durchsetzung seiner Ansprüche gegen die Brandversicherung** zu unterstützen, was zumindest die Bekanntgabe der Versicherungsnummer erfordert (*KG* NJW-RR 1992, 150; *Armbrüster* ZWE 2012, 203 f.; vgl. o § 26 Rdn. 90 ff.). Ähnliches gilt bei Wasserschäden (*BayObLG* NJW-RR 1988, 599 = WE 1988, 108; NJW-RR 1999, 306 = ZMR 1998, 358).

b) Die Haftung des Verwalters

aa) Haftung bei ungenügender Sorge für das Gemeinschaftseigentum

70 Die dem Verwalter abzuverlangende **Sorgfalt** entspricht grundsätzlich derjenigen, die ein Eigentümer als Bauherr bei der Instandhaltung seiner eigenen Liegenschaft anwenden würde (*KG* WuM 1993, 307; *BayObLG* WE 1988, 31; *OLG Düsseldorf* ZMR 1997, 491; *OLG Frankfurt am Main* ZMR 2009, 621; *LG Köln* ZMR 2011, 502; *LG Hamburg* ZMR 2013, 990; *AG Hamburg-Wandsbek* ZMR 2015, 583, 584; vgl. allgemein § 26 Rdn. 108 ff.). **Sonderkenntnisse**, die bei Auswahl und Vergütung des Verwalters erhebliche Bedeutung erlangen können, sind haftungsverschärfend zu berücksichtigen (*BayObLG* WE 1988, 31; 1991, 23; *LG Köln* ZMR 2011, 502 f.). Schuldet der Verwalter die **Bauleitung**, weil diese Sonderleistung gegen Zusatzvergütung verabredet ist (s. § 26 Rdn. 136), so wird er regelmäßig für jede Fahrlässigkeit haften. Umgekehrt kann an einen **Laienverwalter**, der die Verwaltertätigkeit unentgeltlich ausübt, ein großzügigerer Maßstab angelegt werden (*LG Köln* ZMR 2011, 502). Unterlässt der Verwalter die erforderlichen Untersuchungen, die Unterrichtung der Wohnungseigentümer oder die Ausführung der hierauf gefassten Beschlüsse zur Instandhaltung und Instandsetzung, macht er sich aus § 280 BGB, aus §§ 286 Abs. 1, 281 Abs. 1 BGB (*BayObLG* NJW-RR 1988, 599 = WE 1988, 108; *LG München I* ZMR 2009, 401; *LG Köln* ZMR 2011, 502; eingehend *Vandenhouten* ZWE 2012, 237 ff.) und u.U. auch §§ 836, 838 BGB (*BGH* WuM 1993, 306) schadensersatzpflichtig, allerdings nur seinem Vertragspartner, der Wohnungseigentümergemeinschaft gegenüber. Diese kann aber auch wegen Schäden im Sondereigentum in Anspruch genommen werden (vgl. *AG Hamburg-Wandsbek* ZMR 2015, 583, 584), wofür sie beim Verwalter regressieren kann. Die Verpflichtung zum Schadensersatz kann auch dann bestehen, wenn sich später herausstellt, dass die **Schadensursache im Sondereigentum** lag (*BayObLG* NJW-RR 1999, 306 = NZM 1998, 583; *OLG München* ZMR 2006, 717; *LG München I* ZMR 2013, 657; ähnlich *AG Hamburg*-Blankenese ZMR 2014, 326). Gleiches gilt, wenn der Verwalter nicht auf den drohenden **Ablauf der Gewährleistungsfrist** hinweist (*BayObLG* NJW-RR 2001, 731 = ZMR 2001, 559). Allerdings muss der Verwalter nicht **ohne Anlass** an jeglichem Bauteil Untersuchungen vornehmen, um auch unvorhersehbare Schäden auszuschließen (s. *KG* ZMR 1999, 208 zu Regenfallrohren und Abwasserleitungen u. *OLG Zweibrücken* NJW-RR 1991, 1301 zu Dachbegehungen; *OLG Köln* NJW-RR 2006, 89 zur Beseitigung asbesthaltiger Bauteile). Wenn eine **weniger kostenintensive Maßnahme** (etwa Reparatur statt Austausch eines Bauteils) Erfolg verspricht, handelt der Verwalter nicht pflichtwidrig, wenn er erst diese ergreift (*AG Neustadt a. Rbge.* ZMR 2011, 517 f.).

bb) Ausschluss der Haftung bei ausreichender Kenntnis der Wohnungseigentümer

Auf die nach der Feststellung von Schäden gebotene Unterrichtung der Wohnungseigentümer kann der Verwalter allenfalls dann verzichten, wenn jeder Einzelne von ihnen die Notwendigkeit und den Umfang der erforderlichen Arbeiten kannte oder hätte kennen müssen (*BayObLG* WE 1991, 23; NJW-RR 2001, 731 = ZMR 2001, 559; *OLG Hamm* NJW-RR 1997, 909). Ferner kann es aber an der Ursächlichkeit der fehlenden Information für den Schaden fehlen, wenn die Wohnungseigentümer auch dann nicht die gebotenen Maßnahmen ergriffen hätten (*OLG Düsseldorf* NJW-RR 2002, 1593). Da der Verwalter nicht für die Instandhaltung und Instandsetzung des **Sondereigentums** zu sorgen hat, haftet er auch nicht bei Unterlassung hierfür erforderlicher Maßnahmen (*KG* NJW-RR 1992, 150; *BayObLG* WuM 1996, 445 f.; 2001, 209). 71

cc) Haftung für Dritte

Für **Dritte**, die seine Aufgaben bei der Erfüllung der Pflichten aus § 27 Abs. 1 Nr. 2 WEG eingeschaltet, haftet der Verwalter nach § 278 BGB; **Fehler von Sonderfachleuten** muss er sich nicht zurechnen lassen, da er ihre Leistungen nicht in eigener Person hätte erledigen müssen, sondern sie gerade mangels eigenen Fachwissens zur Erledigung von ihm nicht geschuldeter Aufgaben eingeschaltet hat (s. § 26 Rdn. 112 ff.). In Betracht kommt allenfalls ein Auswahlverschulden. Im Übrigen darf er sich auf die von ihm eingeschalteten Fachleute verlassen (*OLG Düsseldorf* ZMR 1998, 655; 2004, 365; *BayObLG* WE 1992, 24; ZMR 2002, 692). Eine weite gehende Haftung etwa für die Bauleitung, sofern geschuldet, richtet sich nach dem Verwaltervertrag. 72

dd) Sonstige Haftungsrisiken

Für **verfrühte Zahlungen** an Bauhandwerker kann er jedenfalls bei endgültigem Verlust dieser Geldmittel in Regress genommen werden (vgl. *OLG Düsseldorf* ZMR 1997, 380 f.; *OLG Frankfurt am Main* ZMR 2009, 621). Daher empfiehlt sich die Auszahlung von Werklohn nach dem Fortschritt der Arbeiten. Ansonsten hat der Verwalter die **Leistungsfähigkeit der beauftragten Unternehmen** nur bei begründetem Verdacht zu überprüfen (*OLG Düsseldorf* ZMR 1997, 491; vgl. *BayObLG* ZMR 2005, 137). 73

4. Die gesetzliche Vollmacht für den Verband

Aufgrund der Vollmacht des § 9b Abs. 1 WEG wirkt das Handeln des Verwalters bei laufenden Maßnahmen der Instandsetzung und Instandhaltung nun kraft gesetzlicher Vollmacht ohne Weiteres **gegen den Verband**. Die Rechtsprechung zum Handeln als vollmachtloser Vertreter bzw. zum Vertragsschluss in eigenem Namen (vgl. zuletzt *BerlVerfGH* NJW-RR 2007, 159 ff. = ZMR 2007, 548 ff.; *OLG Saarbrücken* NJW-RR 2007, 522 f. = ZMR 2007, 310) ist daher insoweit obsolet. Anders als nach der früheren Rechtslage muss sich der Vertragspartner im Rahmen der Geschäfte nun also nicht mehr nach dem Beschluss erkundigen, kraft dessen der Verwalter zum Abschluss des Geschäftes bevollmächtigt wurde. Eine Vollmacht besteht allerdings nur gegenüber dem Verband, nicht auch gegenüber den Wohnungseigentümern. Diese können aus Verträgen, die der Verwalter abschließt, also nur im Rahmen der allgemeinen **Haftung nach § 9a Abs. 4 WEG** in Anspruch genommen werden. Im Innenverhältnis muss sich der Verwalter nach wie vor an **Weisungen** der Wohnungseigentümer halten (*OLG Düsseldorf* NJW-RR 1998, 14 = ZMR 1997, 605). Ist ihm danach etwa nur ein Vertragsabschluss bis zu einem bestimmten Volumen gestattet, wird der Verband zwar durch einen weisungswidrigen Vertragsabschluss gebunden. Im Innenverhältnis können ihm aber wegen der Verletzung des Verwaltervertrags aus § 280 Abs. 1 BGB Schadensersatzansprüche zustehen (*Hügel/Elzer* § 11 Rn. 22 u. 35; vgl. noch zum alten Recht *OLG Celle* ZMR 2001, 643 f.; *BayObLG* ZMR 2004, 602). 74

5. Folgen eigenmächtiger Vertragsschlüsse im Innenverhältnis

75 Eigenmächtige Vertragsschlüsse im Namen der Wohnungseigentümergemeinschaft stellen grundsätzlich eine Pflichtwidrigkeit des Verwalters dar, die **Schadensersatzansprüche** begründen kann (vgl. *OLG Celle* NJW-RR 2002, 303 f.; *BayObLG* ZMR 2006, 138; *KG* ZMR 2010, 974; *LG Düsseldorf* ZMR 2010, 714; *AG München* ZMR 2011, 761 f. *Schultz* ZWE 2009, 162). Der Schaden besteht im Abfluss von Mitteln der Gemeinschaft (*AG Dortmund* ZMR 2015, 627, 628; **a.A.** *AG Köln* ZMR 2017, 1016, das einen Schaden der Wohnungseigentümer annimmt). Dabei können dem Schaden des rechtsfähigen Verbandes nicht ohne Weiteres **Ersparnisse der Wohnungseigentümer** entgegengehalten werden (*OLG Hamm* ZMR 2006, 633 f.; **a.A.** *LG Nürnberg-Fürth* ZMR 2011, 327 f.). Über die Geltendmachung von Schadensersatzansprüchen hat grundsätzlich die Gemeinschaft zu entscheiden; ein einzelner Wohnungseigentümer ist hierzu ohne Ermächtigung nicht befugt (*OLG Frankfurt am Main* ZMR 2009, 863; vgl. o.§ 26 Rdn. 120). Eigenmächtiges Vorgehen des Verwalters kann auch seine **Abberufung aus wichtigem Grund** rechtfertigen (*KG* ZMR 2010, 974; *LG Düsseldorf* ZMR 2010, 714; vgl. o. § 26 Rdn. 40). Dies ist auch bei rein **tatsächlichen Veränderungen** wie dem Abklemmen von Leitungen der Fall (*KG* 2000, 1326 = ZMR 2000, 558). Auch längerfristige **Wartungsverträge**, worunter jedenfalls eine Laufzeit von einem Jahr und länger fällt, darf der Verwalter nicht ohne Beschlussfassung der Eigentümer abschließen (*OLG Brandenburg* ZMR 2010, 214).

IV. Die Finanzverwaltung

1. Fortbestehende Rechte und Pflichten des Verwalters

76 Auch die früheren Maßnahmen nach § 27 Abs. 1 Nr. 4–5 WEG a.F., also die komplette Verwaltung der gemeinschaftlichen Gelder einschließlich der gerichtlichen Durchsetzung von Hausgeldforderungen gehört »in der Regel« zu den nach § 27 Abs. 1 Nr. 1 WEG beschlussfreien Befugnissen des Verwalters (BT-Drs. 19/18791, S. 73; BT-Drs. 19/22634 S. 47). Dies dürfte zwar insoweit Zustimmung verdienen, als durch die Finanzverwaltung keine neuen Verpflichtungen begründet werden. Dieser kann aber kaum nur untergeordnete Bedeutung zugeordnet werden. Letztlich entspricht die Zuweisung dieser Befugnis an den Verwalter aber jahrzehntelanger Übung, was nicht in Frage gestellt werden sollte.

2. Berechtigung gegenüber der Wohnungseigentümergemeinschaft

77 Nach der Neuordnung der Verwaltungszuständigkeiten ist der Verwalter nur **der Wohnungseigentümergemeinschaft gegenüber** zur Finanzverwaltung berechtigt und verpflichtet (BT-Drs. 16/887, S. 70). Im Außenverhältnis hat er hierzu Vertretungsmacht aus § 9b Abs. 1 Sätze 1 u. 3 WEG.

3. Die Anforderung und Abführung von Zahlungen

a) Aufgaben und Befugnisse des Verwalters im Innenverhältnis

78 Der Verwalter kann sämtliche Lasten- und Kostenbeiträge von den Miteigentümern anfordern und abführen, sofern es sich um gemeinschaftliche Angelegenheiten handelt. In der Praxis umfasst dies vorrangig **Zahlungsaufforderungen und Mahnungen** wegen der Vorschüsse aus dem Wirtschaftsplan und eventueller Sonderumlagen (BGHZ 111, 151; *OLG Köln* ZMR 1999, 789). Der Verwalter hat insbesondere die Zahlungseingänge zu überwachen und für eine **zeitnahe Einleitung der Beitreibung** gegen säumige Schuldner zu sorgen (*OLG München* NJW-RR 2007, 1098). Wurde dies versäumt, hat der Verwalter zumindest rechtzeitig auf die drohende **Verjährung** hinzuweisen (*AG Hamburg-St. Georg* ZMR 2013, 388). Die gemäß § 10 Abs. 1 Nr. 2 ZVG bevorrechtigten Hausgeldansprüche musste der Verwalter schon nach altem Recht ohne weitere Beschlussfassung im **Zwangsversteigerungsverfahren** anmelden (*BGH* ZMR 2018, 340 f.). Bei finanzschwachen Gemeinschaften hat der Verwalter auf die Erhebung einer Sonderumlage zwecks Beitreibung von Rückständen hinzuweisen (*AG Hamburg-St. Georg* ZMR 2013, 388). Die Befugnis zur Finanzverwaltung bezieht sich wohl nach wie vor nur auf bereits bestehende Verbindlichkeiten, berechtigt

also nicht zur **Begründung von Verbindlichkeiten** (*Hügel/Elzer* § 11 Rn. 89; Niedenführ/*Vandenhouten* § 27 Rn. 45; Jennißen/*Heinemann* § 27 Rn. 100; vgl. *BGH* NJW-RR 1993, 1228; *OLG Hamm* ZMR 1997, 379; *OLG Schleswig* ZMR 2002, 468 f.). Ebenso wenig ergibt sich aus § 27 Abs. 1 Nr. 1 WEG eine Berechtigung, Ansprüche einzelner Miteigentümer gegen den Verband **anzuerkennen** oder auf solche des Verbandes zu **verzichten** (*BayObLG* WuM 1997, 399; NJW-RR 1999, 236; ZMR 2004, 840; *AG Hamburg-St. Georg* ZMR 2013, 388 f.). Denn dies sind keine Geschäfte von untergeordneter Bedeutung, die nur unerhebliche Verpflichtungen nach sich ziehen (vgl. *BayObLG* NJW-RR 1999, 236). Belastungen, die nur das **Sondereigentum** betreffen (etwa Grundsteuern, Erbbauzins und Grundpfandrechte auf einzelnen Einheiten) fallen naturgemäß nicht unter die Befugnisse des Verwalters, dessen Tätigkeit auf das gemeinschaftliche Eigentum beschränkt ist (Jennißen/*Heinemann* § 27 Rn. 38).

b) Wirkung der Empfangszuständigkeit für Schuldner

Die Vollmacht des Verwalters aus § 9b Abs. 1 S. 1 WEG hat zur Folge, dass die **Leistung eines Wohnungseigentümers an den Verwalter in jedem Fall schuldbefreiend** wirkt, auch wenn sie nicht auf einem für die Gemeinschaft eingerichtetem Konto, sondern auf seinem allgemeinen Geschäftskonto eingeht (*OLG Saarbrücken* OLGZ 1988, 47 f.; *OLG Köln* WuM 1998, 249; ZMR 2008, 71; Jennißen/*Heinemann* § 27 Rn. 40 u. 102; ähnlich *OLG München* ZMR 2007, 816; **a.A.** *OLG Düsseldorf* NJW-RR 2006, 661 = ZMR 2006, 296; *AG Pinneberg* ZMR 2008, 87 f.). Der Verwalter hat diese Beträge aber umgehend auf das Gemeinschaftskonto umzubuchen. Umgekehrt kann der Wohnungseigentümer seine Beiträge auf das angegebene Konto zu überweisen, auch wenn es ein offenes Treuhandkonto ist, da ihn diese Leistung in jedem Fall befreit (vgl. *OLG Hamburg* ZMR 2007, 60, vgl. zur Möglichkeit der Zahlungsverweigerung Rdn. 89). **Überzahlungen** können nur vom Verband als Inhaber des Gemeinschaftsvermögens zurückgefordert werden, nicht vom Verwalter (*OLG Köln* ZMR 2008, 71; zum Ausschluss bereicherungsrechtlicher Ansprüche außerhalb der Jahresabrechnung s. aber *BGH*, v. 10.07.2020 – V ZR 178/19, ZMR 2020, 857; § 28 Rdn. 73). 79

c) Beitreibung von Rückständen

§ 27 Abs. 1 Nr. 1 WEG berechtigt den Verwalter nunmehr zum Vorgehen im Namen des Verbandes gegen säumige Schuldner. Dies umfasst jetzt nach Wegfall von § 27 Abs. 1 Nr. 4 WEG a.F. auch die **Einschaltung eines Rechtsanwaltes** zur außergerichtlichen Beitreibung. Auch die **gerichtliche Geltendmachung** bedarf nach § 27 Abs. 1 Nr. 1 WEG keines gesonderten Ermächtigungsbeschlusses. Ein Recht zur gerichtlichen Geltendmachung gegen den Willen der Eigentümer besteht allerdings nicht. 80

4. Die Bewirkung und Entgegennahme von Zahlungen

a) Umfang der Aufgaben und Befugnisse

§ 27 Abs. 1 Nr. 1 WEG umfasst auch die früher in § 27 Abs. 1 Nr. 5 WEG a.F. enthaltene Befugnis, den Zahlungsverkehr mit Außenstehenden abzuwickeln. Denn der Verwalter kann nicht auf den Zahlungsverkehr innerhalb der Gemeinschaft beschränkt sein, was zu unhaltbaren Aufspaltungen seiner Befugnisse führen würde. Demnach ist der Verwalter befugt, ohne weitere Mitwirkung der Wohnungseigentümer **gemeinschaftliche Schulden** – also nicht solche aus dem Sondereigentum – Dritten gegenüber zu begleichen. Dies umfasst die Pflicht zur **Prüfung ihrer Berechtigung** (*OLG Düsseldorf* ZMR 1997, 381) und die Geltendmachung von **Zurückbehaltungsrechten** (*KG* WuM 1993, 308). Sind die Forderungen Dritter berechtigt, ist der Verwalter aus § 27 Abs. 1 Nr. 1 WEG verpflichtet, sie zu begleichen, um Säumniskosten zu vermeiden (*OLG München* ZMR 2007, 815). In Zweifelsfällen hat er die Wohnungseigentümer rechtzeitig zu informieren und zu beraten (*OLG München* ZMR 2007, 815). Ebenso ist er berechtigt und verpflichtet, **Außenstände Dritter**, etwa aus der Anmietung gemeinschaftlichen Eigentums, beizutreiben. Dies umfasst auch die Entgegennahme von **Versicherungsleistungen** für die Eigentümergemeinschaft (*LG Köln* RuS 1984, 200). Die Befugnis des Verwalters nach § 27 Abs. 1 Nr. 1 WEG umfasst auch die Entgegen- 81 nahme der aus einem **Kostenfestsetzungsbeschluss** geschuldeten Zahlung (*BayObLG* NJW-RR 1995, 852). Aus der Berechtigung zur Entgegennahme von Leistungen folgt die Befugnis, ihren **Empfang zu quittieren** (*BayObLG* NJW-RR 1995, 852). Die Berechtigung zur Bewirkung von Zahlungen und Leistungen bezieht sich nur auf bereits bestehende Verpflichtungen. Der Verwalter ist auch im Außenverhältnis aus § 27 Abs. 1 Nr. 1 WEG nicht berechtigt, Rechtsverhältnisse zu beenden oder neu zu begründen (BGHZ 67, 241; *OLG Hamm* ZMR 1997, 379; vgl. o. Rdn. 78). Für **Darlehen** gilt dies aufgrund der Sonderregelung in § 9b Abs. 1 S. 1 WEG sogar mit Wirkung im Außenverhältnis (Jennißen/*Heinemann* § 27 Rn. 51).

b) Behandlung von Einzugsermächtigungen

82 Grundsätzlich ist der Verwalter verpflichtet, von einer Einzugsermächtigung Gebrauch zu machen (*AG Köln* ZMR 2016, 496). Sofern es aber seitens des Schuldners bereits mehrfach zu Rücklastschriften gekommen ist, muss der Verwalter keinen weiteren Versuch machen, von einer **Einzugsermächtigung** Gebrauch zu machen (*AG Burgdorf* ZMR 2010, 994 f.). Dies gilt erst recht, wenn der betroffene Wohnungseigentümer dem Verwalter strafbares Verhalten vorwirft (*BGH* ZMR 2016, 472, 473; *LG Lüneburg* ZMR 2015, 626 f.). Ob er umgekehrt nach einer Veräußerungsanzeige ohne Weiteres vom Konto des Veräußerers abbuchen darf (so *AG Bonn* ZMR 2014, 316), erscheint zweifelhaft.

5. Die Verwaltung gemeinschaftlicher Gelder

a) Die gemeinschaftlichen Gelder

83 Die Verwaltung der gemeinschaftlichen Gelder betrifft sämtliche finanziellen Mittel des Verbandes. Dies umfasst neben Wohngeldzahlungen und Sonderumlagen sämtliche Zuflüsse etwa aus Zinsen, Vermietung und Verpachtung oder Entgelten für die Nutzung gemeinschaftlicher Einrichtungen, nicht aber Einkünfte aus der Vermietung von Sondereigentum, auch wenn der Verwalter diese Gelder als Mietverwalter gleichfalls einzieht.

b) Gesetzliche Vollmacht zur Finanzverwaltung

84 Aufgrund der Vollmacht des § 9b Abs. 1 S. 1 WEG muss sich der Geschäftspartner jetzt in keinem Fall mehr nach der Bevollmächtigung des Verwalters erkundigen. Diese besteht kraft Gesetzes. Die alte Rechtsprechung zum Handeln des Verwalters ohne Vertretungsmacht (s. zuletzt *OLG Celle* ZMR 2006, 541 f.) ist insoweit obsolet.

c) Trennungsgebot

85 Das WEMoG hat zwar (überflüssigerweise) das **Trennungsgebot nach § 27 Abs. 5 S. 1 WEG a.F.** gestrichen. Gleichwohl entspricht auch nach neuem Recht nur die Anlage der gemeinschaftlichen Gelder auf einem Fremdkonto ordnungsmäßiger Verwaltung, dessen Inhaber die Wohnungseigentümergemeinschaft ist (*OLG Hamburg* ZMR 2007, 60; *LG Berlin* ZMR 2010, 471; *LG Bonn* ZMR 2015, 649, 650 f.; *AG Strausberg* ZMR 2009, 565; *AG Essen* ZMR 2016, 148; *AG Hamburg* ZMR 2017, 189, 190; Jennißen/*Heinemann* § 27 Rn. 102; *Hügel* ZMR 2008, 6). Denn nur so ist der Zugriff von Gläubigern des Verwalters definitiv ausgeschlossen. Ein **offenes Treuhandkonto** bietet entgegen der Praxis vor Anerkennung der Rechtsfähigkeit (*BGH* NJW 1996, 65; *KG* NJW-RR 1987, 1161), keinen ausreichenden Schutz gegen den Zugriff von Gläubigern des Verwalters (plastisch etwa *OLG Jena* ZMR 2007, 486 f.; ebenso *OLG Rostock* ZMR 2010, 223 f.; *LG Köln* NJW-RR 1987, 1365 f.; *LG Berlin* ZMR 2010, 471; zur misslichen Stellung gegenüber dem Kreditinstitut vgl. den Sachverhalt in *OLG Hamm* NJW-RR 1997, 523; die a.A. des *AG Kassel* ZMR 2012, 230 f. beruht offenbar auf Unverständnis, da dort u.a. die oben angeführte Rspr. als Beleg für die Gegenmeinung angeführt, die Vorlage von Eigentümerlisten bei Kreditinstituten thematisiert und Nichtigkeit nicht von Anfechtbarkeit unterschieden wird). Denn der Verwalter ist beim offenen Treuhandkonto rechtlich Kontoinhaber, sodass dem Verband nach allgemeinen Grundsätzen nur die

Drittwiderspruchsklage nach § 771 ZPO (*LG Bonn* ZMR 2015, 649, 650 f.) oder in der Insolvenz des Verwalters nur ein **Aussonderungsrecht nach § 47 InsO** bleibt (*OLG Hamm* ZIP 1999, 765 f.). Dies setzt jedoch Kenntnis der Pfändungsmaßnahme voraus, die mangels Informationspflicht des Kreditinstitutes keineswegs sicher gewährleistet ist. Nach Anerkennung der Teilrechtsfähigkeit ist zudem nur ein einziger, der Verband, Kontoinhaber, sodass die früher aus Kreisen der Finanzwirtschaft geäußerten Bedenken gegen eigene Konten der Wohnungseigentümergemeinschaft obsolet sein dürften. Erst recht entspricht die Einzahlung der Gemeinschaftsgelder auf ein eigenes Konto des Verwalters ohne treuhänderische Bindung nicht ordnungsmäßiger Verwaltung, sondern ist eine schwere Pflichtverletzung (*LG Hamburg* ZMR 2016, 223, 224; *LG Frankfurt/M.* ZMR 2018, 250, 251). Umgekehrt genügt ein Konto, auf das der Verwalter nicht zugreifen kann, nicht den Anforderungen an die Finanzverwaltung durch den Verwalter (*AG Wedding* ZMR 2009, 883).

d) Trennung von Geldern anderer Gemeinschaften

Die Pflicht des Verwalters zur Vermögenstrennung erfasst auch die **Gelder anderer Eigentümergemeinschaften**, von denen er gleichfalls zum Verwalter bestellt wurde (zur Unzulässigkeit der Vermischung von Verwaltungen verschiedener Liegenschaften allgemein s. *OLG Hamm* ZMR 2005, 771 ff.). Ansonsten ergäbe sich ebenfalls die vom Gesetzgeber gerade missbilligte Situation, dass die Gelder der Wohnungseigentümergemeinschaft insbesondere im Wege der Zwangsvollstreckung von Dritten in Anspruch genommen werden könnten. Nur wären dies dann nicht die Gläubiger des Verwalters, sondern einer anderen Wohnungseigentümergemeinschaft. 86

e) Abweichende Regelungen

Gemeinschaftsordnung oder Vereinbarungen können die Einrichtung eines offenen Treuhandkontos allerdings gestatten, da § 27 WEG nicht unabdingbar ist (vgl. schon *LG Köln* NJW-RR 1987, 1366; Bärmann/*Merle* § 27 Rn. 93).Über § 27 Abs. 2 WEG bestünde für eine solche Regelung sogar eine Beschlusskompetenz. Allerdings wäre eine Gestattung von Treuhandkonten schwerlich mit Grundsätzen ordnungsmäßiger Verwaltung vereinbar. 87

f) Folgen ungenügender Kontenführung

aa) Konsequenzen für den Verwalter

Ein Verstoß gegen das Trennungsgebot stellt einen **wichtigen Grund für eine außerordentliche Abberufung** und Kündigung des Verwaltervertrags dar (*BayObLG* WuM 1996, 118) und kann sogar strafrechtlich zu ahnden sein (*BGH* NJW 1996, 65 f.). Daneben hat der Verwalter selbstverständlich die erforderlichen organisatorischen Maßnahmen zu treffen, um den Zugriff unbefugter Mitarbeiter auf Gemeinschaftskonten zu verhindern (vgl. *OLG München* ZMR 2006, 884). Die Veruntreuung gemeinschaftlicher Gelder dreier Eigentümergemeinschaften i.H.v. 90.000 € kann bei Fehlen einschlägiger Vorstrafen mit einer 1-jährigen Bewährungsstrafe geahndet werden (*AG Hamburg-St. Georg* ZMR 2008, 335; ähnlich *AG Neumarkt i.d. Opf.* ZMR 2009, 487 f.). Der durch die unbefugte Transferierung von Gemeinschaftsgeldern Begünstigte haftet für deren **Rückerstattung ohne die Möglichkeit der Berufung auf den Wegfall der Bereicherung** (*BGH* NJW 2014, 1294; *AG Hamburg* ZMR 2008, 492). 88

bb) Reaktionsmöglichkeiten der Eigentümer

Der einzelne Wohnungseigentümer kann die **Zahlung von Vorschüssen nach § 28 Abs. 1 WEG auf ein offenes Treuhandkonto verweigern**, da der Verwalter hiermit seiner Verpflichtung zur Vermögenstrennung nicht nachkommt (*LG Saarbrücken* IMR 2018, 296). Teilweise wird sogar vertreten, dass dieser Fehler zur **Ungültigerklärung einer ansonsten richtigen Jahresabrechnung** führen soll (*AG Mettmann* ZMR 2016, 913 f.). Das Kreditinstitut muss aber nicht von sich aus auf die Unzulässigkeit einer solchen Kontoführung für die Gemeinschaft hinweisen (Jennißen/*Heinemann* § 27 Rn. 105). Auch ist der einzelne Wohnungseigentümer nicht befugt, ohne vorherige Anrufung 89 der Eigentümerversammlung den Anspruch auf Einrichtung eines offenen Fremdkontos gerichtlich durchzusetzen (*LG Berlin* ZMR 2010, 471 f.). Zudem sind diesbezügliche Forderungen nunmehr gegen die Wohnungseigentümergemeinschaft als Trägerin der Verwaltung zu richten.

g) Anlage gemeinschaftlicher Gelder

90 Die Vertretungsmacht des Verwalters umfasst die Möglichkeit, Konten auf den Namen des Verbandes zu eröffnen und zu schließen (BT-Drs. 16/887, S. 71; vgl. *Merle* ZWE 2006, 365 f.). Die Führung mindestens zweier **verschiedener Konten für laufende Gelder und Instandhaltungsrücklage** soll grundsätzlich nicht zwingend aus den gesetzlichen Regelungen zur Geldverwaltung folgen (*KG* NJW-RR 1987, 1160 f.). I.d.R. dürfte dies aber unabdingbar sein. Denn eine ordnungsgemäße Geldverwaltung erfasst neben der Pflicht zur korrekten Buchhaltung auch die (bei vertretbarem Risiko) **möglichst ertragreiche Anlage** der kurzfristig nicht benötigten Gelder (*BayObLG* NJW-RR 1995, 530 f.; *OLG Düsseldorf* WuM 1996, 112; NJW-RR 2001, 662 = ZMR 2001, 305; *LG Berlin* ZMR 2014, 384; *Drasdo* ZWE 2011, 389), die auf einem Girokonto nicht gewährleistet ist. Die Letztentscheidungsbefugnis hierüber liegt wiederum bei den Wohnungseigentümern, die bestimmte Anlagearten beschließen können. I.d.R. werden (mindestens) zwei Konten, ein Girokonto für laufende Ausgaben und ein Festgeldkonto zur möglichst gewinnbringenden Anlage erst mittel- oder langfristig benötigter Gelder zu eröffnen sein. **Spekulative Anlageformen** oder Zweckbindungen, die mit dem Wesen der Erhaltungsrücklage unvereinbar sind, widersprechen in aller Regel Grundsätzen ordnungsmäßiger Verwaltung (*OLG Düsseldorf* WuM 1996, 112 zu einem Bausparvertrag). Die Zahlungen auf die Erhaltungsrücklage sind ihrer Zweckbestimmung gemäß nicht zur Deckung allgemeiner Finanzlücken auf dem Girokonto zu belassen, sondern zumindest zum Quartalsende auf das hierfür bestimmte Konto abzuführen (*BayObLG* NJW-RR 1995, 531; *LG Berlin* ZMR 2014, 384 f.). Allerdings wird durch Beschluss eine kurzfristige Heranziehung zur Deckung von Finanzlücken möglich sein (s. § 28 Rdn. 41). Daneben kann eine Bargeldkasse für kleinere Ausgaben empfehlenswert sein.

h) Die Zustimmung Dritter zu Verfügungen des Verwalters

91 Eine effektive Sicherungsmaßnahme hielt § 27 Abs. 5 S. 2 WEG a.F. bereit. Danach konnten die Verfügungen des Verwalters von der Zustimmung eines Wohnungseigentümers oder Dritter abhängig gemacht werden (*OLG Düsseldorf* ZMR 1998, 105 f.; Bärmann/*Merle* § 27 Rn. 92). Diese Möglichkeit besteht fort, nunmehr allerdings aus § 27 Abs. 2 WEG. Ein solches Zustimmungserfordernis kann bereits die Gemeinschaftsordnung vorsehen. Ist eine solche Zustimmung im Kontoeröffnungsantrag enthalten, muss das Kreditinstitut ohne Zustimmung durch den Verwalter vorgenommene Verfügungen zurückgewähren (*OLG München* NJW-RR 2000, 1683). Ein solcher Zustimmungsvorbehalt empfiehlt sich allerdings erst ab Ausgaben einer bestimmten Höhe, da die Verwaltung der gemeinschaftlichen Gelder ansonsten erheblich erschwert wird (ähnlich Jennißen/*Heinemann* § 27 Rn. 114). Sie ist auch bei Konten auf Namen des Verwalters möglich (**a.A.** Jennißen/*Heinemann* § 27 Rn. 114); notfalls muss mit dem Kreditinstitut vereinbart werden, dass Verwalter und Dritter nur gemeinsam verfügungsberechtigt sind.

V. Informationspflichten

1. Inhaber des Anspruchs auf Informationen

92 Das WEMoG hat die in § 27 Abs. 1 Nr. 7 WEG a.F. geregelte Verpflichtung des Verwalters, die Wohnungseigentümer über Rechtsstreitigkeiten zu unterrichten ersatzlos gestrichen. Gleichwohl besteht die **allgemeine Informationspflicht des Verwalters aus §§ 675, 666 BGB** fort. Diese besteht zwar grundsätzlich nur dem Vertragspartner des Verwalters, der Wohnungseigentümergemeinschaft, gegenüber. Da diese ihren Willen durch die Eigentümerversammlung bildet, muss jedenfalls dieses Organ ordnungsgemäß mit Informationen versorgt werden. Mittelbar besteht somit eine Verpflichtung, die Wohnungseigentümer über die Angelegenheiten der Gemeinschaft zu unterrichten. Dies gilt auch für werdende Wohnungseigentümer gemäß § 8 Abs. 3 WEG. Im Gegensatz zum

früheren Recht dürften aber ausgeschiedene **Eigentümer** nicht mehr zu den Informationsberechtigten gehören, auch wenn ein Zeitraum betroffen ist, zu dem sie noch Eigentümer waren (so Jennißen/*Heinemann* § 27 Rn. 53). Denn sie wirken bei der Willensbildung der Wohnungseigentümergemeinschaft nicht mehr mit, so dass die mittelbare Berechtigung über den Verband hier nicht besteht. Gleiches gilt für künftige Wohnungseigentümer, die nicht vom teilenden Eigentümer erwerben.

2. Der Gegenstand der Unterrichtung

Der Verwalter hat über alle Angelegenheiten zu berichten, die für die Gemeinschaft von Bedeutung sind. Hierunter fallen insbesondere sämtliche Tatsachen, die für eine Beschlussfassung von Bedeutung sind. Das sind insbesondere alle für Erhaltungsmaßnahmen relevanten Umstände (vgl. o. Rdn. 67). Ähnliches gilt für Rechtsstreitigkeiten. 93

3. Ausnahmen von der Informationspflicht

Die Verpflichtung zur Unterrichtung entfällt, wenn der Verwalter etwa infolge einer **Interessenkollision** nicht zur Vertretung der Wohnungseigentümer berechtigt ist. Dann gehen die diesbezüglichen Pflichten auf den Vertreter der Wohnungseigentümergemeinschaft gem. § 9b Abs. 2 WEG über, soweit es um Streitigkeiten mit dem Verwalter geht, ansonsten auf den Empfänger der Zustellung (vgl. § 9b Rdn. 47 ff.). 94

4. Zeitpunkt und Form der Unterrichtung

Anders als die gestrichene spezielle Informationspflicht aus § 27 Abs. 1 Nr. 7 WEG a.F., die eine »unverzügliche« Mitteilung verlangte, hat der Verwalter zur Erfüllung der allgemeinen Informationspflichten wesentlich mehr Zeit. Die Informationen müssen lediglich so rechtzeitig weitergegeben werden, dass eine sachgerechte Willensbildung noch erfolgen kann. Zur Form der Information gibt es keine gesetzlichen Vorgaben. Sie kann deshalb auch durch Beschluss geregelt werden, selbstverständlich auch in der Gemeinschaftsordnung. Ohne eine solche abweichende Regelung wird die Information auf der nächsten Eigentümerversammlung häufig ausreichen. Ansonsten wird ein **Aushang am Anschlagbrett** des Hauses regelmäßig genügen, sofern dessen Existenz und Bedeutung den Wohnungseigentümern bekannt ist (ebenso Jennißen/*Heinemann* § 27 Rn. 89; zu Ableseterminen vgl. *AG Langenfeld* ZMR 2011, 907 f.; **a.A.** aus datenschutzrechtlichen Gründen *Vandenhouten* ZWE 2009, 152). Andernfalls ist ein **Rundschreiben** oder eine Information über elektronische Medien erforderlich. Die Kosten hierfür sind **allgemeine Verwaltungskosten**, die für den Fall von Informationen über einen Rechtsstreit deshalb nicht nach § 91 Abs. 1 ZPO erstattungsfähig sind (*Vandenhouten* ZWE 2009, 153; implizit auch *BGH* ZMR 2009, 779). 95

5. Verletzung von Informationspflichten

Die Verletzung der Informationspflicht kann Schadensersatzansprüche auslösen, wenn die Wohnungseigentümergemeinschaft deswegen nicht mehr adäquat reagieren kann. In gravierenden Fällen kann eine Verletzung der Informationspflicht zudem die Abberufung aus wichtigem Grund begründen (vgl. *Vandenhouten* ZWE 2009, 154). Bereits eine **verspätete Information stellt eine Pflichtverletzung** dar, die zur Abberufung des Verwalters aus wichtigem Grund berechtigen kann (*AG Bonn* ZMR 2010, 320). 96

VI. Über den Katalog des § 27 Abs. 1 WEG a.F. hinausgehende Befugnisse

Der Verweis auf die früher in § 27 Abs. 1 WEG a.F. geregelten Befugnisse stellt nicht die Grenze der nunmehr beschlussfreien Verwalterkompetenzen dar. Bereits die Gesetzesmaterialien führen nicht im Katalog des § 27 Abs. 1 WEG a.F. enthaltene Befugnisse, die früher eines Beschlusses nach § 27 Abs. 3 S. 1 Nr. 7 WEG a.F. bedurft hätten, als beschlussfreie Maßnahmen an. So soll dem Verwalter auch die Führung von Aktivprozessen oder der Abschluss von Versorgungs- oder Dienstleistungsverträgen im Einzelfall ohne Beschlussfassung möglich sein. (BT-Drs. 19/18791, S. 73). 97

Diese Beispiele sind ebenfalls nicht abschließend. Insbesondere bei der Anschaffung von Verbrauchsgegenständen, Brennstoffen etc. bedarf es künftig nicht mehr in jedem Fall eines Beschlusses. Als weitere Beispiele für beschlussfreie Maßnahmen nennen die Gesetzesmaterialien kleinere Reparaturen, den Austausch von Leuchtmitteln und zerbrochenen Fenstern und die Beseitigung von Graffitis im Gegensatz zu kostenträchtigen Sanierungsmaßnahmen (BT-Drs. 19/22634 S. 47).

D. Unaufschiebbare Maßnahmen (§ 27 Abs. 1 Nr. 2 WEG)

I. Fortführung von § 27 Abs. 3 S. 1 Nr. 2 WEG a.F.

98 Die Befugnis zur Wahrung von Fristen und zur Abwendung eines Nachteils bleibt im neuen Recht nahezu unverändert. § 27 Abs. 1 Nr. 2 WEG übernimmt die Formulierung der Vorgängernorm (§ 27 Abs. 3 S. 1 Nr. 2 WEG a.F.) fast wörtlich. Es erscheint auch nahezu selbstverständlich, dass der Verwalter nach der Erweiterung seiner Alleinentscheidungsbefugnisse unter normalen Umständen erst recht zur Wahrung von Fristen zwecks Vermeidung von Nachteilen in Eilfällen berechtigt und verpflichtet bleibt. Daher kann insoweit auf Rechtsprechung und Schrifttum zum alten Recht verwiesen werden kann.

II. Die Fristwahrung

1. Anwendungsbereich

99 Der erste Fall des § 27 Abs. 1 Nr. 2 WEG regelt die Wahrung von Fristen. Dies betrifft, auch wenn die ausdrückliche Nennung von Rechtsstreitigkeiten gegen den Verband entfallen ist, vorrangig Gerichtsverfahren. Der Wortlaut von § 27 Abs. 1 Nr. 2 WEG ist aber weiter gefasst; die Befugnis des Verwalters deckt auch sonstige Fristen ab etwa **Anfechtungsfristen nach §§ 121, 124 BGB** oder **Gewährleistungsfristen.** Die Befugnis zur Einlegung von Rechtsmitteln im Namen der Wohnungseigentümer besteht allerdings nur bei Entscheidungen zu ihren Ungunsten, nicht bei Entscheidungen alleine zulasten Dritter oder gar des Verwalters (*OLG Hamm* ZMR 2004, 857 f.). Von der Befugnis nach § 27 Abs. 1 Nr. 2 WEG ist auch die **Einleitung eines selbstständigen Beweisverfahrens** umfasst, wenn Verjährung wegen der betroffenen Baumängel droht (vgl. BGHZ 78, 172; *BayObLG* MDR 1976, 1023), ebenso die fristwahrende Inanspruchnahme eines Gewährleistungsbürgen (*OLG Düsseldorf* NJW-RR 1993, 470). Ähnliches gilt im **Verwaltungsverfahren** etwa gegen bauaufsichtliche Maßnahmen (*OVG Lüneburg* BauR 1986, 684 f.). Bedeutsam bleibt die Fristwahrung gemäß § 27 Abs. 1 Nr. 2 WEG vor allem in Anfechtungsklagen, in denen der Verwalter die Wohnungseigentümergemeinschaft gemäß § 9b Abs. 1 S. 1 WEG **kraft Gesetzes vertreten** kann (vgl. schon zum alten Recht *OLG Köln* ZMR 2008, 734; *LG Karlsruhe* ZMR 2011, 589; *LG Düsseldorf* ZMR 2011, 898; ZMR 2013, 460; *LG Landau/Pfalz* ZMR 2013, 996). Hingegen enthält § 27 Abs. 1 Nr. 2 WEG wie das alte Recht **keine Ermächtigung zur Führung von Aktivprozessen** (*LG Hamburg* ZMR 2017, 666; Jennißen/*Heinemann* § 27 Rn. 92). Diese kann aber aus § 27 Abs. 1 Nr. 1 WEG folgen (vgl. Rdn. 97). Nach dem Wortlaut des Gesetzes ist von einer **umfassenden Vertretungsmacht** des Verwalters auszugehen (vgl. schon zum alten Recht *KG* ZMR 2007, 801; s. jetzt *Bergerhoff* NZM 2007, 428; *Gottschalg* ZWE 2009, 115; ähnlich *BGH* ZMR 2013, 977; *LG Landau/Pfalz* ZMR 2013, 996; *LG Düsseldorf* ZMR 2016, 796, 770; zweifelnd insoweit *Hügel/Elzer* § 11 Rn. 67; gegen die Möglichkeit des Verwalters, Rechtsmittel einzulegen, *Schmid* ZWE 2012, 352). Sie gilt auch für das Berufungsverfahren (*LG Hamburg* ZMR 2017, 915, 916; *LG München I* ZMR 2017, 925). Die **Dringlichkeit** muss nicht für jedes Verfahren i.E. dargelegt werden (*BGH* ZMR 2013, 975; *LG Karlsruhe* ZMR 2011, 588 u. 589; *AG Heidelberg* ZMR 2011, 72 f.; *Gottschalg* ZWE 2009, 115; **a.A.** *Merle* ZWE 2008, 110 f. u. 112), läge aber i.Ü. auch vor, da stets die Versäumung der Frist zur Verteidigungsbereitschaft droht (*Müller* ZWE 2008, 227). Der Verwalter kann, was nach der Neuordnung der Verwaltungszuständigkeiten selbstverständlich ist, nur die Gemeinschaft der Wohnungseigentümer vertreten. In Verfahren gegen einzelne Wohnungseigentümer ist der Verwalter nicht vertretungsbefugt.

2. Zulässige Verfahrenshandlungen

a) Eigene Prozessführung

Die Befugnis des Verwalters ermöglicht dem Verwalter die eigene Führung des Prozesses, was allerdings bei nicht juristisch ausgebildeten Verwaltern im Hinblick auf das Haftungsrisiko oftmals nicht ratsam erscheint. In diesem Fall umfasst § 27 Abs. 1 Nr. 2 WEG die Abgabe sämtlicher Erklärungen im Prozess, da der Verwalter nunmehr kraft Gesetzes Prozessbevollmächtigter ist. Im Gegensatz zum früheren Recht kann er daher auch **Vergleiche** abschließen, die eine nur einstimmig zu treffende Regelung etwa zur Änderung der Teilungserklärung enthalten (*Hügel/Elzer* § 11 Rn. 67; vgl. zum alten Recht *KG* ZMR 2002, 73; kritisch *Schmid* ZWE 2012, 168). Sofern vertreten wurde, der Verwalter sei nicht befugt, Vergleiche abzuschließen (*AG Düsseldorf* ZMR 2016, 147), war dies schon mit dem Wortlaut der Vorgängervorschrift kaum vereinbar. Nach Einführung der Vollmacht in § 9b Abs. 1 WEG erscheint diese Einschränkung unhaltbar. Im Innenverhältnis liegt die Letztentscheidungsbefugnis aber auch hier bei der Wohnungseigentümerversammlung, die den Verwalter sogar zur Korrektur früherer, zur Fristwahrung ergriffener Maßnahmen anweisen kann. Im Außenverhältnis sind allerdings die Erklärungen des Verwalters maßgeblich. Ob der Verwalter allerdings hierbei oder bei sonstigen Prozesshandlungen wie Rechtsmitteln offen gegen den (dem Gericht bekannten) Willen der Eigentümer agieren kann (so *LG Berlin* ZMR 2013, 735), erscheint zweifelhaft (zur Möglichkeit verbindlicher Weisungen im Innenverhältnis s. *BGH* ZMR 2013, 977). Bei **Abweichung von Weisungen** kann der Abschluss eines Vergleiches oder eine sonstige Prozesshandlung jedenfalls im Innenverhältnis Schadensersatzansprüche nach sich ziehen (ähnlich *Bergerhoff* NZM 2007, 428; *Schmid* ZWE 2012, 168). 100

b) Mandatierung eines Anwalts

Gerade angesichts der Haftungsrisiken für den juristisch nicht hinreichend kundigen Verwalter wird man ihm auch die Befugnis zuerkennen müssen, einen **Rechtsanwalt zu mandatieren** (*BGH* ZMR 2013, 977; *KG* ZMR 2007, 801; *LG Karlsruhe* ZMR 2013, 376 f.; *LG Dortmund* ZMR 2014, 386; *LG Düsseldorf* ZMR 2016, 796, 770; *LG Hamburg* ZMR 2017, 915, 916; ZMR 2018, 64, 65; *Suilmann* ZWE 2008, 119). Dabei soll ihm auch die Entscheidung über die Wahl der Anwaltskanzlei zukommen (*AG München* ZMR 2017, 268), was wohl nicht der Fall ist, wenn die Eigentümer ihm diesbezüglich Weisungen erteilen. Wenn nicht alle Wohnungseigentümer am Ort der Liegenschaft ansässig sind, kann der Verwalter einen Anwalt am Sitz der Verwaltung mandatieren, dessen Mehrkosten erstattungsfähig sind (*AG Tostedt* ZMR 2012, 116). Die dem Verfahrensbevollmächtigten erteilte Vollmacht wird nicht schon durch Abberufung des Verwalters unwirksam; hierzu bedarf es eines Widerrufs der Vollmacht gegenüber dem Gericht (*KG* ZMR 2007, 802). 101

3. Möglichkeit eigener Verfahrensbevollmächtigter einzelner Eigentümer

Nach altem Recht war es anerkannt, dass die Befugnis des Verwalters zur Führung von Prozessen bzw. zur Mandatierung eines Anwalts den einzelnen Wohnungseigentümern nicht die Möglichkeit nahm, selbst vor Gericht aufzutreten oder einen **eigenen Prozessbevollmächtigten** zu bestellen (vgl. zum alten Recht *BGH* ZMR 2013, 977; *LG Düsseldorf* ZMR 2009, 712; *LG Hamburg* ZMR 2018, 64, 65; *AG Heidelberg* ZMR 2011, 72 f.; *Gottschalg* ZWE 2009, 117; einschränkend *Bergerhoff* NZM 2007, 429 f.). Diese Möglichkeit spielte aber hauptsächlich deshalb eine Rolle, weil die Anfechtungsklage vor Inkrafttreten des WEMoG gegen die Wohnungseigentümer zu richten war, die somit kraft gesetzlicher Anordnung Partei waren. Nunmehr ist die eigene Prozessführung der einzelnen Wohnungseigentümer nur noch im Zusammenhang mit der Nebenintervention von Bedeutung, die § 44 Abs. 4 WEG ausdrücklich zulässt (s. § 44 Rdn. 74 ff.). Denn der Verwalter kann nur den Verband vertreten, der anders als nach früherem Recht auch in Beschlussklagen alleiniger Passivlegitimierter ist. Der einzelne Wohnungseigentümer ist also ohne Nebenintervention am Rechtsstreit gar nicht beteiligt. Zudem kann die Nebenintervention mit erheblichen finanziellen Belastungen einhergehen, die selbst im Fall des Obsiegens nur nach Maßgabe des § 44 Abs. 4 WEG 102 erstattet werden (vgl. schon zum alten Recht *BGH* ZMR 2013, 977; *AG Heidelberg* ZMR 2011, 72 f.; vgl. *Drasdo* ZMR 2008, 267; *Müller* ZWE 2008, 227; *Häublein* ZWE 2008, 84).

4. Vollstreckungsverfahren

103 Von erheblicher Praxisrelevanz ist § 27 Abs. 1 Nr. 2 WEG auch im Vollstreckungsverfahren. Aufgrund seiner Vollmacht aus § 9b Abs. 1 WEG ist der Verwalter auch dort Vertreter der Wohnungseigentümergemeinschaft. Er hat auch hier die Befugnis, einen Rechtsanwalt zu mandatieren (*LG München II* ZMR 2017, 834 f.). Dort ist er auch das Organ, das die **eidesstattliche Versicherung** für die Wohnungseigentümergemeinschaft abzugeben hat (BT-Drs. 16/3843, S. 53; *LG Berlin* ZMR 2012, 151; zögerlicher *LG Aurich* ZMR 2012, 150 f.).

5. Verhältnis zu § 79 ZPO

104 Noch nicht abschließend geklärt ist das Verhältnis der neuen Vertretungsregelungen in § 79 ZPO zu § 27 Abs. 2 Nr. 2 WEG. Wollte man § 79 ZPO auch auf den Verwalter anwenden, wäre die Vertretung der Wohnungseigentümergemeinschaft durch ihn regelmäßig ausgeschlossen. Denn § 79 ZPO setzt entweder ein **persönliches Näheverhältnis (Verwandtschaft, Ehe) oder die Befähigung zum Richteramt** voraus, was beim Verwalter regelmäßig nicht gegeben sein wird. Dann wäre § 27 Abs. 1 Nr. 2 WEG aber praktisch ohne Bedeutung, weshalb die ganz überwiegende Auffassung von einer Unanwendbarkeit von § 79 ZPO auf die Vertretung in vorliegendem Zusammenhang ausgeht (*Suilmann* ZWE 2008, 119; *Elzer* ZMR 2008, 774 f.; *Lehmann-Richter* ZWE 2009, 300). Dies lässt sich auch dogmatisch gut begründen. Denn der Verwalter ist kein rechtsgeschäftlich bevollmächtigter Prozessvertreter, sondern **Organ des Verbandes** (*Elzer* ZMR 2008, 774; *Lehmann-Richter* ZWE 2009, 299). Zudem ergibt sich seine Ermächtigung schon aus dem Gesetz. Am ehesten wird man **§ 27 Abs. 1 Nr. 2 WEG als Spezialregelung** ansehen können, die § 79 ZPO vorgeht (vgl. schon *Elzer* ZMR 2008, 774 f.; *Lehmann-Richter* ZWE 2009, 300).

6. Nachweis der Vertretungsmacht

105 Umstritten sind die Anforderungen daran, wie der Verwalter seine Vollmacht im Verfahren nachzuweisen hat. Eine Vollmacht aller Wohnungseigentümer muss er nicht vorlegen (*Bergerhoff* NZM 2007, 429), da seine Vollmacht aus dem Gesetz folgt. Man wird aber den **urkundlichen Nachweis der Verwalterstellung** fordern müssen (*Lehmann-Richter* ZWE 2009, 300; a.A. wohl Jennißen/*Heinemann* § 27 Rn. 160 für Prozessvollmacht nach § 81 ZPO).

III. Notgeschäftsführungsbefugnis

1. Voraussetzungen

106 Der Verwalter darf ähnlich wie der einzelne Wohnungseigentümer nach § 18 Abs. 3 WEG nur in dringlichen Fällen nach § 27 Abs. 1 Nr. 2 WEG **ohne vorherige Befassung der Eigentümerversammlung** alleine tätig werden (*OLG Hamm* WE 1997, 315; *OLG Düsseldorf* ZMR 1997, 605; *LG Hamburg* ZMR 2012, 389). Die Vorschrift ist Spezialvorschrift zu den §§ 670, 257 BGB (*Elzer* ZWE 2012, 164). Ein solcher **dringender Fall** ist dann anzunehmen, wenn die Erhaltung des Gemeinschaftseigentums gefährdet wäre, würden die erforderlichen Maßnahmen bis zur Entscheidung in einer Eigentümerversammlung aufgeschoben (*BayObLG* ZMR 1997, 326; 2004, 605; *OLG Düsseldorf* ZMR 1997, 605; *OLG Hamm* ZMR 2012, 32 f.; *LG Frankfurt/M.* ZMR 2016, 560, 561; *LG Itzehoe* ZMR 2016, 568; *AG München* ZMR 2011, 761; implizit auch *BGH* ZMR 2011, 574; *Hügel* ZMR 2008, 6; *Bub* ZWE 2009, 249; ähnlich *OLG Frankfurt am Main* ZMR 2009, 383; wohl weiter gehend *LG Köln* ZMR 2011, 503, wo die Begutachtung von Feuchtigkeitsschäden als eigenmächtig vom Verwalter zu vergebender Auftrag angesehen wird – zweifelhaft). § 27 Abs. 1 Nr. 2 WEG ist daher nicht einschlägig, wenn noch Zeit für die Einberufung einer Eigentümerversammlung bleibt. (MüKo/*Skauradszun* 8. Aufl. 2023 § 27 Rn. 27). Allerdings genügt nach § 27 Abs. 1 Nr. 2 WEG ein dringender Fall; eines unmittelbar drohenden Schadens bedarf es im

Gegensatz zu § 18 Abs. 3 WEG nicht (Jennißen/*Heinemann* § 27 Rn. 31; *Bub* ZWE 2009, 249). Bei **kleineren Wohnungseigentümergemeinschaften** ist die erleichterte Einberufungsmöglichkeit zu berücksichtigen (*LG Hamburg* ZMR 2012, 389). Klassisches Beispiel für Dringlichkeit ist der **Bruch oder die Verstopfung einer Versorgungs- oder Abwasserleitung** (*OLG Hamm* NJW-RR 1989, 331; *LG Frankfurt/M.* ZMR 2016, 560). Die **Notbefugnisse von Eigentümern** und Verwalter stehen nebeneinander, das Eingreifen des einen schließt ergänzende Maßnahmen des anderen nicht aus (Jennißen/*Heinemann* § 27 Rn. 31; *Bub* ZWE 2009, 249).

2. Reichweite der Befugnisse aus § 27 Abs. 1 Nr. 2 WEG

Die gesetzliche Befugnis aus § 27 Abs. 1 Nr. 2 WEG erfasst wie das alte Recht nur die zur Abwehr eines Nachteils »erforderlichen« Maßnahmen. Dies sind **nur Maßnahmen zur Verhinderung weiterer Schäden.** Weitergehende Maßnahmen, etwa die komplette Sanierung des betroffenen Bauteils darf/kann der Verwalter nach § 27 Abs. 1 Nr. 2 WEG nicht in Auftrag geben (*BGH* ZMR 2016, 210, 211; *AG München* ZMR 2011, 761; Bärmann/*Merle* § 27 Rn. 69; *Elzer* ZWE 2012, 164; *Vandenhouten* ZWE 2012, 242). Die Befugnis des Verwalters kann aber im Einzelfall sogar über Maßnahmen ordnungsmäßiger Instandhaltung und Instandsetzung hinausgehen, etwa bei der Entfernung einsturzgefährdeter Bauteile (Jennißen/*Heinemann* § 27 Rn. 32). Auf das **Sondereigentum** erstreckt sich die Notgeschäftsführung wiederum nicht (*Vandenhouten* ZWE 2012, 242). 107

3. Neue Ergänzung durch § 27 Abs. 1 Nr. 1 WEG

Die in § 27 Abs. 1 Nr. 2 WEG geregelte Notgeschäftsführung wird allerdings nunmehr von § 27 Abs. 1 Nr. 1 WEG gegenüber dem alten Recht erweitert (BT-Drs. 19/22634 S. 47). Denn die neuen Befugnisse nach dieser Vorschrift gehen über die »erforderlichen« Maßnahmen hinaus. Nach altem Recht erschien es häufig nicht nachvollziehbar, dass der Verwalter nur die unmittelbar »erforderlichen« Maßnahmen, nicht sogleich zumindest naheliegende Vorbereitungen zur Wiederherstellung des Gemeinschaftseigentums veranlassen durfte. Denn dies verteuerte die Schadensbeseitigung nicht selten erheblich. Diese Beschränkung hebt die neue Befugnis aus § 27 Abs. 1 Nr. 1 WEG auf. Denn die Gesamtwiederherstellung des Gemeinschaftseigentums ist üblicherweise eine ebenso dringliche wie unvermeidliche Maßnahme. Die Wohnungseigentümer könnten nicht anders, als für die Herstellung des Gemeinschaftsordnung zu votieren, so dass durch ein entsprechendes Verwalterhandeln keine zusätzlichen Verpflichtungen entstehen. Die Wiederherstellung des Gemeinschaftseigentums ist auch keine Maßnahme, der im Übrigen übergeordnete Bedeutung zukommt. Nach den oben (Rdn. 19 ff.) skizzierten Maßstäben des Gesetzgebers kann der Verwalter hierüber daher ohne Beschlussfassung entscheiden (im Ergebnis ebenso Jennißen/*Zschieschack* WEG 7. Aufl. 2022 § 27 Rn. 44). 108

4. Gesetzliche Vollmacht für den Verband

Die früher für Maßnahmen nach § 27 Abs. 1 Nr. 3 WEG a.F. umstrittene Frage, ob dem Verwalter **gesetzliche Vertretungsmacht** für Wohnungseigentümer bzw. Wohnungseigentümergemeinschaft zukommt, oder ob er nur Ausgleichsansprüche erwirbt, ist durch § 9b Abs. 1 WEG obsolet geworden. Er handelt kraft gesetzlicher Vollmacht für und gegen den Verband. Die Wohnungseigentümer werden dagegen aus der Notgeschäftsführung des Verwalters nicht mehr unmittelbar verpflichtet und berechtigt. Sie haften dem Vertragspartner des rechtsfähigen Verbandes aber gem. § 9a Abs. 4 WEG nach dem Verhältnis ihrer Miteigentumsanteile. 109

5. Fehler des Verwalters und ihre Folgen

a) Untätigkeit trotz Dringlichkeit

Im Unterschied zu § 18 Abs. 2 WEG normiert § 27 Abs. 1 Nr. 2 WEG sogar eine **Pflicht** zum Tätigwerden (*OLG Hamm* 3JW-RR 1989, 331; Jennißen/*Heinemann* § 27 Rn. 31). Die Untätigkeit des Verwalters sowohl bei der Fristwahrung als auch bei sonstigen Maßnahmen zur Abwehr von 110

Nachteilen kann somit **Schadensersatzansprüche nach § 280 BGB** auslösen (*LG Köln* ZMR 2011, 502; *Bub* ZWE 2009, 253).

b) Eigenmächtige Tätigkeit ohne Dringlichkeit

111 Umgekehrt verletzt der Verwalter seine Pflichten auch dann, wenn er »Notmaßnahmen« ergreift, obwohl die Voraussetzungen der Notgeschäftsführung nicht vorliegen. Selbst wenn die Voraussetzungen des § 27 Abs. 1 Nr. 2 WEG vorliegen, darf der Verwalter gegen den ausdrücklichen Willen der Eigentümer nicht tätig werden (*LG Frankfurt/O.* ZMR 2013, 979). Wird er es doch, setzt er sich durch **eigenmächtige Maßnahmen** Schadensersatzansprüchen aus (*LG Nürnberg-Fürth* ZMR 2011, 327 f.). Diese umfassen im Ausgangspunkt den gesamten Werklohn, den der Verwalter aus der Gemeinschaftskasse gezahlt hat (*OLG Hamm* ZMR 2012, 32 f.). Hiergegen können dem Verwalter aber Gegenansprüche zustehen. Nach zutreffender Auffassung (vgl. etwa *BayObLG* ZMR 2003, 759, 760; *OLG Düsseldorf* NJW-RR 1996, 913, 914; *OLG Hamburg* ZMR 2006, 546, 548) finden auf die weisungswidrigen Aufwendungen des Verwalters die allgemeinen Regeln der Geschäftsführung ohne Auftrag und des Bereicherungsrechts Anwendung. Anders als beim Wohnungseigentümer, dem nur Notgeschäftsführungsbefugnisse aus § 18 Abs. 3 WEG zukommen, stehen dem keine Sonderregelungen entgegen, die dem Verwalter die Kompetenz zur Durchführung von Maßnahmen im Gemeinschaftseigentum absprechen. Vielmehr wiesen ihm § 27 Abs. 1 Nr. 2 WEG derartige Befugnisse jedenfalls im beschränkten Umfang ausdrücklich zu. Der Anspruch auf Ersatz seiner Aufwendungen gemäß § 684 BGB läuft den Interessen der Wohnungseigentümer selbst dann nicht zuwider, wenn sich der Verwalter über ihren erklärten Willen hinwegsetzt. Denn dann kommt ihm nur ein Aufwendungsersatzanspruch nach den Vorschriften zur ungerechtfertigten Bereicherung zu. Das stellt sicher, dass die Wohnungseigentümer keinen Ersatz für Maßnahmen leisten müssen, die für sie ohne Wert sind. Diese Grundsätze gelten auch bei eigenmächtigen Abweichungen des Verwalters von der Entscheidung der Eigentümerversammlung, ein bestimmtes Unternehmen zu beauftragen. Wird dadurch etwa die Durchsetzung von Gewährleistungsansprüchen gefährdet, kann dies durch einen Abschlag vom Erstattungsanspruch in einer Höhe bis zu 20% zu berücksichtigen sein (BGH, Urt. v. 10.12.2021 – V ZR 32/21; ZWE 2022, 314 = ZMR 2022, 480 = NJW 2022, 2397).

E. Wegfall der Vollmachtsurkunde (§ 27 Abs. 6 WEG a.F.)

112 Das WEMoG hat die Regelungen zur Vollmachtsurkunde in § 27 Abs. 6 WEG a.F. zu Recht ersatzlos eliminiert. Denn sie stellten schon im alten Recht einen Anachronismus dar. So war schon unklar, weshalb der Verwalter die Erstellung einer Vollmachtsurkunde von den Wohnungseigentümern verlangen konnte, da doch der Verband der Vollmachtgeber war. Da sich die Vollmacht des Verwalters aus dem Gesetz ergibt, fällt auch die frühere Möglichkeit der Zurückweisung bei einseitigen Rechtsgeschäften nach § 174 BGB weg. Denn diese besteht bei einer kraft Gesetzes bestehenden Vollmacht nicht (BT-Drs. 19/18791, S. 47). Allenfalls muss sich der Geschäftspartner im Zweifelsfall noch um einen Nachweis der Bestellung zum Verwalter bemühen; dessen Vollmacht folgt aus dem Gesetz.

F. Einschränkungen und Erweiterungen der Verwalterbefugnisse (§ 27 Abs. 2 WEG)

I. Anwendungsbereich

1. Einschränkungen oder Erweiterungen durch Beschluss

113 § 27 Abs. 2 WEG ermöglicht es den Wohnungseigentümern, die Rechte und Pflichten des Verwalters »nach Absatz 1« einzuschränken oder zu erweitern. Die Vorschrift regelt nur Einschränkungen oder Erweiterungen der Verwalterrechte und -pflichten durch Beschluss. Sie stellt somit eine neue gesetzliche Beschlusskompetenz dar. Die Ausgestaltung der Verwalterrechte und -pflichten durch die Gemeinschaftsordnung bzw. durch Vereinbarungen wird hierdurch nicht berührt. Da es nach der Streichung von § 27 Abs. 4 WEG a.F. keine unentziehbaren Verwalterrechte mehr gibt, besteht

insoweit im Innenverhältnis weitgehende Gestaltungsfreiheit. Nur im Außenverhältnis ist die Unbeschränkbarkeit der Verwaltervollmacht nach § 9b Abs. 1 S. 3 WEG zu beachten.

2. Rechte und Pflichten des Verwalters

Die Vorschrift ist auf Rechte und Pflichten des Verwalters beschränkt. Die Befugnisse anderer Gremien oder einzelner Wohnungseigentümer können nicht, auch nicht in analoger Anwendung von § 27 Abs. 2 WEG eingeschränkt oder erweitert werden, selbst wenn sie mit solchen des Verwalters identisch sind. So kann etwa die Befugnis des Verwaltungsbeirats zur Einberufung von Eigentümerversammlungen gemäß § 24 Abs. 3 WEG nicht durch Beschluss erweitert werden. 114

3. Einschränkungen

Klar ist die Formulierung »nach Absatz 1« nur hinsichtlich der Einschränkungen der Verwalterrechte und -pflichten. Diesbezüglich geht aus dem Verweis auf § 27 Abs. 1 WEG hervor, dass sonstige Einschränkungen durch Beschluss unzulässig sind. Etwa Rechte und Pflichten des Verwalters in der Gemeinschaftsordnung können durch Beschluss nicht beschränkt werden. Erfasst sind aber alle Rechte und Pflichten, die nach dem Willen des Gesetzgebers § 27 Abs. 1 Nr. 1 WEG unterfallen, auch wenn sie dort nicht ausdrücklich genannt sind, etwa die Finanzverwaltung. 115

4. Erweiterungen

Weniger klar ist der Bezug auf § 27 Abs. 1 WEG im Hinblick auf Erweiterungen der Verwalterrechte und -pflichten. Teilweise wird vertreten, dass nur die Rechte und Pflichten aus § 27 Abs. 1 WEG erweitert werden können (Jennißen/*Zschieschack* § 27 Rn. 61). Dies dürfte aber nicht dem Willen des Gesetzgebers entsprechen, der explizit die Gestaltungsfreiheit der Wohnungseigentümer in Fragen der Rechte und Pflichten des Verwalters stärken wollte (s. etwa BT-Drs. 18791, 20). Dem wäre mit einer Beschränkung auf Rechte und Pflichten des Verwalters aus § 27 Abs. 1 WEG nicht gedient. Denn hierbei handelt es sich von vorneherein nur um Maßnahmen von untergeordneter Bedeutung, die unerhebliche Verpflichtungen nach sich ziehen, bzw. um unvermeidliche Notmaßnahmen. Eine solche Einschränkung erscheint auch nach dem Wortlaut der Vorschrift nicht zwingend. Verleiht die Eigentümerversammlung dem Verwalter weitere Rechte und Pflichten, geht sie damit stets auch über diejenigen in § 27 Abs. 1 WEG hinaus. 116

5. Überschreitungen des Anwendungsbereichs

Da § 27 Abs. 2 WEG eine gesetzliche Beschlusskompetenz darstellt, fehlt es der Eigentümerversammlung an der Beschlussmacht, über den Anwendungsbereich des § 27 Abs. 2 WEG hinauszugehen. Beschränkt sie etwa Rechte und Pflichten des Verwalters aus der Gemeinschaftsordnung, fehlt ihr hierfür die Beschlusskompetenz. Gleiches gilt, wenn sie Rechte und Pflichten sonstiger Gremien, etwa solche des Verwaltungsbeirates erweitern will. Ein solcher Beschluss ist daher nichtig. 117

II. Beschlussfassung

1. Unmittelbare Erweiterung der Rechte und Pflichten durch Beschluss

Für die Praxis dürfte sich hierbei ein ähnliches Problem stellen wie bei Ermächtigungen nach § 27 Abs. 3 S. 1 Nr. 7 WEG a.F., da auch § 27 Abs. 2 WEG ausdrücklich einen Beschluss der Wohnungseigentümer verlangt. Demzufolge ist eine entsprechende Regelung im **Verwaltervertrag** nicht unbedingt ausreichend, da dessen konkrete Ausgestaltung nicht zwangsläufig auf einem Beschluss der Wohnungseigentümer beruhen muss. Wird etwa der Verwaltungsbeirat zum Abschluss des Verwaltervertrages bevollmächtigt, geht die Erweiterung der Verwalterrechte und -pflichten eben nicht auf eine Willensbildung der Gemeinschaft gemäß § 27 Abs. 2 WEG zurück. Die maßgebliche Willenserklärung stammt dann alleine vom Verwaltungsbeirat als Bevollmächtigtem. Regelungen im Verwaltervertrag genügen also den Anforderungen des § 27 Abs. 2 WEG nur, wenn sie unmittelbar auf eine Willensbildung der Wohnungseigentümer durch Beschluss zurückgehen. Dies ist nur 118 dann der Fall, wenn die Wohnungseigentümer eine Vollmacht genau für den Abschluss eines bestimmten Vertrages erteilen (*LG Frankfurt/M.* WuM 2017, 354) oder das Vertragsangebot mit der Erweiterung der Verwalterrechte und -pflichten nach § 27 Abs. 2 WEG unmittelbar annehmen (Hierzu s. jetzt *BGH* ZWE 2020, 83 Rn. 22). Nur in diesen Fällen beruht sie unmittelbar auf einer Beschlussfassung der Wohnungseigentümer.

2. Mehrheiten

119 § 27 Abs. 2 WEG enthält keine Regelung zur Ermittlung der Mehrheit. Es gilt somit die in der Gemeinschaftsordnung festgelegte Stimmkraft. Hier ist jede Regelung (Einheits-, Wert- oder Kopfprinzip) möglich. Enthält die Gemeinschaftsordnung keine Regelung, gilt das Kopfprinzip nach § 25 Abs. 2 S. 1 WEG.

3. Inhalt des Beschlusses

a) Gestaltungsspielraum

120 Auch zum Inhalt eines Beschlusses nach § 27 Abs. 2 WEG macht das Gesetz keine Vorgaben. Die Wohnungseigentümer können daher sowohl im Einzelfall bestimmte Weisungen erteilen als auch generelle Restriktionen oder Erweiterungen der Verwalterrechte und -pflichten beschließen. So können sie das eigenständige Handeln des Verwalters etwa auf bestimmte Maßnahmen nach § 27 Abs. 1 WEG beschränken, andere gänzlich untersagen oder Wertgrenzen aufstellen. Ebenso können sie das Tätigwerden des Verwalters von der Zustimmung des Verwaltungsbeirats oder sonstiger Wohnungseigentümer abhängig machen. Auch bei der Erweiterung der Verwalterbefugnisse kommt der Eigentümerversammlung ein weiter Spielraum zu. Die Wohnungseigentümer können den Verwalter nunmehr zur Durchführung von Maßnahmen ohne Beschluss ermächtigen, die über die Grenzen des § 27 Abs. 1 Nr. 1 WEG hinausgehen. Im Gegensatz zum alten Recht (§ 27 Abs. 4 WEG a.F.) sieht das neue Recht auch für Beschränkungen der Verwalterbefugnisse keine Grenze in Form unentziehbarer Befugnisse vor. Dies ist auch konsequent. Denn den durch § 27 Abs. 4 WEG a.F. bezweckten Schutz des Rechtsverkehrs im Umgang mit Wohnungseigentümergemeinschaften gewährleistet jetzt die Unbeschränkbarkeit der Verwaltervollmacht im Außenverhältnis gemäß § 9b Abs. 1 S. 3 WEG. Im Innenverhältnis herrscht nun weitgehende Gestaltungsfreiheit.

b) Einzelweisung und abstrakt-generelle Regelung

121 Die Beschlussfassung ist auch nicht auf Einzelfälle beschränkt. Zwar können die Wohnungseigentümer auf der Grundlage von § 27 Abs. 2 WEG nur Einzelweisungen erteilen. Sie können aber die Rechte und Pflichten des Verwalters auch abstrakt- generell erweitern oder einschränken.

c) Vorsorgliche Beschlussfassung

122 Angesichts der skizzierten Schwierigkeiten bei der Bestimmung der Maßnahmen, die der Verwalter ohne Beschluss durchführen darf, kann sich derzeit ein vorsorglicher Beschluss nach § 27 Abs. 2 WEG empfehlen. Denn dann ist die von ihm ohne Beschluss durchgeführte Maßnahme in jedem Fall rechtmäßig, entweder kraft Gesetzes nach § 27 Abs. 1 Nr. 1 WEG oder durch Beschluss gemäß § 27 Abs. 2 WEG.

d) Zusätzliche Regelungsmöglichkeiten

123 Wie eingangs (Rdn. 120) ausgeführt, kommt § 27 Abs. 2 WEG ähnlich wie nach altem Recht § 27 Abs. 3 S. 1 Nr. 7 WEG a.F. die Funktion einer Beschlusskompetenz zu. Daraus folgt, dass die Wohnungseigentümer über die Ermächtigung des Verwalters Maßnahmen beschließen können, für die ansonsten eine Beschlusskompetenz fehlt. So kann der Verwalter über § 27 Abs. 2 WEG angewiesen werden, bei der Jahresabrechnung vom Kalenderjahr abzuweichen, um eine Vereinfachung der Heizkostenabrechnung zu ermöglichen. Diese Gestaltungsmöglichkeit besteht übrigens

auch dann, wenn man die Erweiterungsmöglichkeit des § 27 Abs. 2 WEG auf Maßnahmen nach § 26 Abs. 1 WEG beschränkt. Denn die Finanzverwaltung gehört hierzu.

e) Wirksamkeit nach außen

Der Ermächtigung nach § 27 Abs. 2 WEG können die Wohnungseigentümer durch Beschluss sogar Außenwirkung verleihen. Denn § 9b Abs. 1 S. 3 WEG erklärt nur die Beschränkung der Verwaltervollmacht im Außenverhältnis für unwirksam. Hieraus folgt im Umkehrschluss, dass Erweiterungen sehr wohl möglich sind. Wie nach § 27 Abs. 3 S. 1 Nr. 7 WEG a.F. kann dem Verwalter somit für Rechtsgeschäfte der Wohnungseigentümergemeinschaft Außenvollmacht erteilt werden. 124

G. Verwaltung des Verbandsvermögens

I. Grundsatz

Erstmals enthält das Gesetz in § 9a Abs. 3 WEG eine Regelung zur Verwaltung des Verbandsvermögens. Danach gelten die Vorschriften zur Verwaltung des Gemeinschaftseigentums in §§ 18, 19 Abs. 1 und 27 WEG entsprechend. Die Wohnungseigentümer entscheiden somit gemäß § 19 Abs. 1 WEG durch Mehrheitsbeschluss im Rahmen ordnungsmäßiger Verwaltung auch über Verwaltung und Benutzung des Gemeinschaftsvermögens. Der einzelne Wohnungseigentümer hat aus § 18 Abs. 2 WEG hierauf sogar einen Anspruch. Die Verwaltungsbefugnis der Wohnungseigentümer umfasst insbesondere die Verwendung vorhandener Mittel, den Erwerb, die Erhaltung und Veräußerung von Gegenständen im Verwaltungsvermögen sowie ihren Gebrauch. 125

II. Überschneidung mit Pflichten als Sondereigentümer

1. Grundeigentum als Gemeinschaftsvermögen

Das Gemeinschaftsvermögen kann, wie heute allgemein anerkannt ist, Immobiliareigentum umfassen, auch in der eigenen Liegenschaft. Dabei gelten für seine Verwaltung die allgemeinen Grundsätze; insbesondere bildet die Wohnungseigentümergemeinschaft ihren Willen über Erwerb und Verkauf ebenfalls durch Mehrheitsbeschluss (*BGH* v. 18.03.2016 – V ZR 75/15, MDR 2016, 577 = MietRB 2016, 163/164 = ZMR 2016, 476). Anders als beim Gemeinschaftseigentum ist nicht die Mitwirkung aller Wohnungseigentümer erforderlich. Für Immobiliareigentum außerhalb der eigenen Liegenschaft gilt die Verweisung in § 9a Abs. 3 WEG unbeschränkt. Insbesondere kann jeder Wohnungseigentümer nach § 18 Abs. 3 WEG Notmaßnahmen vornehmen und nach § 18 Abs. 4 WEG Einsicht in die Verwaltungsunterlegen nehmen. 126

2. Sondereigentum im Gemeinschaftsvermögen

Für die Verwaltung einer Einheit der Wohnungseigentümergemeinschaft in der eigenen Liegenschaft kann die Verweisung in § 9a Abs. 3 WEG dagegen nicht uneingeschränkt gelten. Besonders augenfällig wird dies anhand der Notgeschäftsführung. Wörtlich genommen würde die Inbezugnahme des § 18 Abs. 3 WEG in § 9a Abs. 3 WEG darauf hinauslaufen, dass jeder Wohnungseigentümer auch in das Sondereigentum der Wohnungseigentümergemeinschaft eingreifen könnte, um weiteren Schaden zu vermeiden. Dies kollidiert indessen mit den allgemeinen Regeln, wonach jeder Wohnungseigentümer für die Erhaltung seines Sondereigentums selbst zuständig ist. Ähnliches gilt für das Einsichtsrecht aus § 18 Abs. 4 WEG. Kein Wohnungseigentümer hat das Recht, beliebig Einsicht in die von Mietinteressenten seiner Miteigentümer eingereichten Gehaltsunterlagen, Schufa-Auskünfte o.ä. zu nehmen, also auch nicht in die entsprechenden Unterlagen der Wohnungseigentümergemeinschaft. Für vermietetes Sondereigentum kann schon aus Gründen des Datenschutzes nichts anderes gelten. Aber auch ansonsten können die Regelungen zu Sonder- und Gemeinschaftseigentum kollidieren. In diesen Fällen sind für die Bewirtschaftung des Sondereigentums im Vermögen der Wohnungseigentümergemeinschaft die Regelungen zur Verwaltung und Nutzung des Sondereigentums vorrangig. Die Eigentümermehrheit kann eine zulässig beschlossene Regelung zur eingeschränkten Nutzung von Sondereigentum nicht unter Berufung auf §§ 9a Abs. 3, 18 Abs. 2 Nr. 2 127

WEG für eine »eigene« Wohnung abändern, weil für Gemeinschaftsvermögen großzügigere Regelungen gelten. Ebenso unterfallen über die Erhaltung hinausgehende Veränderungen des gemeinschaftseigenen Sondereigentums den Spezialregelungen in §§ 13 Abs. 2, 20 WEG und nicht der allgemeinen Verwaltungsbefugnis aus §§ 9a Abs. 3, 18 WEG. Denn die Gemeinschaft der Wohnungseigentümer ist vollwertige Miteigentümerin mit den entsprechenden Rechten und Pflichten.

III. Folgen des Verweises in § 9a Abs. 3 WEG für den Verwalter

128 Die Verwaltung des Gemeinschaftsvermögens war bislang im Gesetz nicht und zumal nicht als Mindestaufgabe des Verwalters geregelt. In der Folge konnte der Verwalter jedenfalls in bestimmten Fällen wie der Verwaltung von Sondereigentum eine diesbezügliche Tätigkeit ablehnen bzw. von der Gewährung einer Sondervergütung abhängig machen. Dies dürfte nach neuem Recht nicht mehr ohne weiteres möglich sein. Erklärt § 9a Abs. 3 WEG nunmehr die Regelungen zur Verwaltung des Gemeinschaftseigentums auf die Verwaltung des Gemeinschaftsvermögens für anwendbar, gehören beide zu den gesetzlichen Aufgaben des Verwalters. Handelt er nur eine Pauschalvergütung aus, deckt diese auch die Verwaltung des Gemeinschaftsvermögens und somit die Sondereigentumsverwaltung einer im Eigentum der Wohnungseigentümergemeinschaft stehenden Einheit ab. Nach Rechtsprechung des *BGH* ist es aber möglich, neben einer Grundvergütung für die ständig anfallenden Aufgaben des Verwalters Sondervergütungen für einzelne, klar abgegrenzte Aufgaben des Verwalters auszuweisen (*BGH*, Versäumnisurteil v. 05.07.2019 - V ZR 278/17, ZWE 2020, 83 = ZMR 2020, 206). Der Verwaltervertrag konnte somit schon nach altem Recht sogar für Mindestaufgaben gemäß § 27 Abs. 4 WEG a.F. und erst recht für die Verwaltung von Sondereigentum der Wohnungseigentümergemeinschaft zusätzliche Vergütungen vorsehen. Es muss nur klar sein, welche (ständig anfallenden) Aufgaben von der Grundvergütung erfasst sind.

§ 28 Wirtschaftsplan, Jahresabrechnung, Vermögensbericht

(1) Die Wohnungseigentümer beschließen über die Vorschüsse zur Kostentragung und zu den nach § 19 Absatz 2 Nummer 4 oder durch Beschluss vorgesehenen Rücklagen. Zu diesem Zweck hat der Verwalter jeweils für ein Kalenderjahr einen Wirtschaftsplan aufzustellen, der darüber hinaus die voraussichtlichen Einnahmen und Ausgaben enthält.

(2) Nach Ablauf des Kalenderjahres beschließen die Wohnungseigentümer über die Einforderung von Nachschüssen oder die Anpassung der beschlossenen Vorschüsse. Zu diesem Zweck hat der Verwalter eine Abrechnung über den Wirtschaftsplan (Jahresabrechnung) aufzustellen, die darüber hinaus die Einnahmen und Ausgaben enthält.

(3) Die Wohnungseigentümer können beschließen, wann Forderungen fällig werden und wie sie zu erfüllen sind.

(4) Der Verwalter hat nach Ablauf eines Kalenderjahres einen Vermögensbericht zu erstellen, der den Stand der in Absatz 1 Satz 1 bezeichneten Rücklagen und eine Aufstellung des wesentlichen Gemeinschaftsvermögens enthält. Der Vermögensbericht ist jedem Wohnungseigentümer zur Verfügung zu stellen.

Übersicht

A. Bedeutung und Abdingbarkeit der Norm

I. Die Bedeutung von § 28 WEG für das Finanzwesen der Wohnungseigentümergemeinschaft

1. Zweck der Regelung

1 Mit § 28 WEG hat der Gesetzgeber eigene Regelungen für das Finanzwesen der Wohnungseigentümergemeinschaft zur Verfügung gestellt. Diese Regelungen sind nach neuem Recht bereits **ab Anlegung der Wohnungsgrundbücher anwendbar**, da ab diesem Zeitpunkt eine Wohnungseigentümergemeinschaft besteht (§ 9a Abs. 1 S. 2 WEG). Die Rechtsfigur der »werdenden Wohnungseigentümergemeinschaft« (s. etwa *OLG Köln* NJW-RR 2006, 445; *AG München* ZMR 2015, 631 f.) ist in vorliegendem Zusammenhang obsolet. Der **teilende Eigentümer** kann nunmehr als Eigentümer aller Einheiten gemäß § 9b Abs. 1 S. 2 WEG Beschlüsse über Wirtschaftspläne oder Jahresabrechnungen auch alleine fassen. Vor Entstehen einer Wohnungseigentümergemeinschaft gemäß § 9a Abs. 1 S. 2 WEG ist dies allerdings nicht möglich; gleichwohl vom Alleineigentümer der ungeteilten Liegenschaft gefasste »Beschlüsse« entfalten nicht die in § 28 WEG normierten Folgen (vgl. noch zum alten Recht *KG* NJW-RR 1986, 1274; 1989, 18). Das Finanzierungssystem des § 28 WEG soll der Wohnungseigentümergemeinschaft unabhängig vom aktuellen Finanzbedarf ein auf ihren absehbaren Bedarf zugeschnittenes Wirtschaften ermöglichen (*BayObLG* NJW-RR 2006, 23). Anders als die BGB-Gemeinschaft, soll die Wohnungseigentümergemeinschaft nicht nach § 748 BGB darauf angewiesen sein, den u.U. hohen Finanzbedarf für Instandhaltung und Instandsetzung jeweils erst bei Durchführung der Maßnahme aufzubringen. Vielmehr soll durch den Beschluss über Vorschüsse zu den Kosten und in die Rücklagen (§ 28 Abs. 1 S. 1 WEG) eine auf den voraussichtlichen Bedarf ausgerichtete **Vorausfinanzierung** erreicht werden. Die dort beschlossenen Ansätze begründen die Zahlungspflichten der einzelnen Wohnungseigentümer (§ 28 Abs. 1 S. 1 WEG) unabhängig von den Zahlungsverpflichtungen im Außenverhältnis (s.u. Rdn. 100 zu mangelhaften Leistungen Dritter an die Gemeinschaft). Erst wenn die dortigen Ansätze nicht genügen, ist der Finanzbedarf durch Nachträge zum Wirtschaftsplan, die im Gesetz nicht geregelten Sonderumlagen, zu decken. Wirtschaftsplan und Sonderumlagen stellen nur vorläufige Ansätze dar. Der tatsächliche Bedarf und insbesondere die vom einzelnen Eigentümer genau zu erbringenden Zahlungen werden in der Jahresabrechnung (§ 28 Abs. 2 WEG) abgerechnet.

2. Ergänzende Vorschriften

2 Die Vorschrift stellt allerdings keine abschließende Regelung dar. Den einzelnen Wohnungseigentümern stehen noch weitere Kontrollmöglichkeiten wie Ansprüche auf Auskunft und Einsicht in die Abrechnungsunterlagen zur Verfügung, wobei letztere erstmals in § 18 Abs. 4 WEG geregelt sind (s.u. Rdn. 207 ff. ff.). Auch die Beschlusskompetenz über die Bildung sonstiger Rücklagen ist in § 28 Abs. 1 S. 1 WEG nur vorausgesetzt, folgt aber aus § 19 Abs. 1 WEG.

II. Der Einfluss der Novellen zum WEG 2007 und 2020 auf die Handhabung von § 28 WEG

1. Gläubiger

3 Der Wortlaut der Norm wurde durch die Novelle des Jahres 2007 zum WEG nicht verändert. Gleichwohl hatte diese erheblichen Einfluss auf deren Handhabung. So ist nach Anerkennung sei-

ner Teilrechtsfähigkeit endgültig der **Verband an die Stelle der Wohnungseigentümer als Gläubiger von Vorschüssen, Nachzahlungen und Sonderumlagen getreten** (*BGH* ZMR 2012, 977; ZMR 2017, 570). Sofern aber zu Unrecht die Wohnungseigentümer einen Titel erstritten hatten, konnte der teilrechtsfähige Verband hieraus nicht vollstrecken (*BGH* ZMR 2010, 376). Das **Haftungssystem** wurde durch § 10 Abs. 8 WEG a.F. (jetzt § 9a Abs. 4 WEG) erheblich modifiziert. Durch das WEMoG ist die Beschlussfassung über das Finanz- und Rechnungswesen grundlegend umgestaltet worden.

2. Beschlussgegenstände

Während nach früherem Recht Wirtschaftsplan und Jahresabrechnung beschlossen wurden und die Zahlungspflichten implizit aus deren Genehmigung folgten, hat der Gesetzgeber dieses Verhältnis nun umgekehrt. Dies kommt in § 28 Abs. 1 S. 1 WEG dadurch zum Ausdruck, dass die Wohnungseigentümer künftig nur noch »über die Vorschüsse zur Kostentragung« beschließen. Die Aufstellung des Wirtschaftsplanes und die Genehmigung der Jahresabrechnung sind nicht mehr Gegenstand der Beschlussfassung, sondern gemäß § 28 Abs. 1 S. 2, Ab. 2 S. 2 WEG eine diesem Zweck dienende Pflicht des Verwalters. Der Wirtschaftsplan soll nur noch seiner Vorbereitung dienen, also den Wohnungseigentümern erläutern, wie die Verpflichtung zur Zahlung von Vorschüssen an die Wohnungseigentümergemeinschaft zustande kommt. Den gleichen Zweck erfüllt die Jahresabrechnung für die Feststellung der Nachschüsse und die Anpassung der Vorschüsse. 4

3. Folgen

In der Konsequenz kann die Jahresabrechnung nicht mehr genehmigt werden, da hierfür mittlerweile die Beschlusskompetenz fehlt. Die Genehmigung von Wirtschaftsplan oder Jahresabrechnung wurde daher von der ganz h.M. als nichtig angesehen (*AG Mettmann* v. 19.04.2021 – 26 C 1/21; a.A. *AG Schöneberg* v. 09.03.2022 – 770 C 56/21; IMR 2022, 462; *AG Hamburg-St. Georg* v. 25.02.2022 – 980a C 29/21 WEG; IMR 2022, 194). Die Eigentümerversammlung hat nur noch über Nachschüsse und die Anpassung von Vorschüssen zu befinden. Demgegenüber vertritt der *BGH* die Auffassung, ein Beschluss, der den Wirtschaftsplan genehmigt, sei nächstliegend dahingehend auszulegen, dass nur die Höhe der darin ausgewiesenen Beiträge (Vorschüsse) beschlossen werden soll (*BGH* v. 25.10.2023 – V ZB 9/23). Entsprechend soll die Genehmigung der Jahresabrechnung dahingehend auszulegen sein, dass nur die Höhe der in den Einzelabrechnungen ausgewiesenen Nachschüsse oder die Anpassung der Vorschüsse beschlossen werden soll (*BGH* v. 19.07.2024 – V ZR 102/23). Dies erscheint unabhängig von der dogmatischen Richtigkeit in der Praxis regelmäßig problematisch. Denn der Beschluss, wonach die Jahresabrechnung genehmigt wird, enthält die maßgeblichen Zahlen (Nachschüsse und die Anpassung von Vorschüssen) nicht (*LG Frankfurt/M.* v. 16.02.2023 – 2–13 S 79/22; IMR 2023, 198). Selbst dann, wenn die Genehmigung auf das gesamte Zahlenwerk von Jahresabrechnung und Einzelabrechnungen Bezug nimmt, fehlt dort zumindest die Anpassung der Vorschüsse. Im Übrigen müssten dann jedem Wohnungseigentümer alle Einzelabrechnungen übermittelt werden, da sämtliche Nachschüsse und Nachzahlungen Gegenstand der Beschlussfassung sind, aber in der Einzelabrechnung des einzelnen Wohnungseigentümers nicht enthalten sind. Zudem darf das Gericht in Verfahren nach § 43 Abs. 2 Nr. 4 WEG Beschlüsse nur für ungültig erklären bzw. ihre Nichtigkeit feststellen, nicht aber neue Beschlüsse an ihre Stelle setzen. Genau das ist hier aber der Fall, wenn das Gericht aus dem Beschlusstext »Der Wirtschaftsplan für 2022 wird genehmigt.« einen neuen Beschluss mit dem Inhalt kreieren würde: »Folgende Vorschüsse werden beschlossen.: …« In jedem Fall müsste ein Beschluss der gesamten Jahresabrechnung zumindest als teilnichtig behandelt werden. 5

III. Abdingbarkeit

1. Spezialregelungen in der Gemeinschaftsordnung

§ 28 WEG ist – auch wenn dies regelmäßig nicht sinnvoll sein dürfte – im Rahmen der allgemeinen Beschränkungen wie §§ 134, 138 BGB **in vollem Umfang** abdingbar (*BayObLG* NJW-RR 2006, 6

22; *OLG Hamm* ZMR 2008, 229 f.). Es ist sogar ein völliger Verzicht auf Wirtschaftspläne und Jahresabrechnungen möglich. Die Kosten sind dann nach **§ 748 BGB** umzulegen (Jennißen VI Rn. 12; Staudinger/*Bub* § 28 Rn. 27). Naturgemäß kann neben der vollständigen Abbedingung auch eine abweichende Regelung einzelner Fragen erfolgen, etwa zur Dauer einer **Abrechnungsperiode.** Durch Vereinbarung kann auch eine von den allgemeinen Vorgaben abweichende Struktur der Jahresabrechnung, etwa die Erstellung in Form einer **Bilanz**, angeordnet werden (*BayObLG* NJW-RR 1993, 1168; 2000, 1467 f.; Staudinger/*Bub* § 28 Rn. 56). Hingegen hat die nach früherem Recht mögliche Ersetzung der **Genehmigung von Wirtschaftsplänen und Jahresabrechnungen** durch eine Fiktion für den Fall, dass ihr nicht binnen einer bestimmten Frist widersprochen wird (s. etwa *LG Braunschweig* ZMR 2015, 472) ihre Bedeutung verloren. Denn Wirtschaftsplan und Jahresabrechnung werden nicht mehr durch Beschluss genehmigt. Ob der *BGH* auch hier eine Auslegung des Inhalts vornimmt, dass nur der Beschluss über die Höhe der in den Einzelabrechnungen ausgewiesenen Nachschüsse undr die Anpassung der Vorschüsse ersetzt werden soll, bleibt abzuwarten.

2. Möglichkeiten der Abbedingung durch Mehrheitsbeschluss

7 Mit Mehrheitsbeschluss konnten derartige Modifikationen allerdings schon bislang allenfalls im Einzelfall erfolgen, etwa durch Genehmigung eines Wirtschaftsplanes für 2 Jahre. Derartige etwa auf einen konkreten Wirtschaftsplan beschränkte Beschlüsse sind nach wie vor **lediglich anfechtbar.** Hingegen können generelle, für die Zukunft geltende Abweichungen vom Gesetz nur durch Gemeinschaftsordnung oder Vereinbarung erfolgen. Mit Mehrheitsbeschluss können die gesetzlichen Bestimmungen durchweg nicht außer Kraft gesetzt werden, da der Eigentümerversammlung insoweit **keine Beschlusskompetenz** zukam. Auch durch langjährige abweichende Übung wird § 28 WEG nicht abbedungen (*BayObLG* NJW-RR 2006, 22 f.; *AG Aachen* ZMR 2015, 396, 397; a.A. für einen Vertrauenstatbestand jedenfalls für die laufende Abrechnungsperiode *LG Lüneburg* ZMR 2012, 901). Diese Trennung zwischen einfacher Anfechtbarkeit auf einen Einzelfall gerichteter Beschlüsse und der Nichtigkeitsfolge bei abstrakt-generellen Abweichungen vom Gesetz gilt nach dem WEMoG grundsätzlich fort. Dieses hat aber **mit § 28 Abs. 3 WEG** als Nachfolgeregelung für § 21 Abs. 7 WEG a.F. die Beschlusskompetenz beibehalten, soweit die Art und Weise von Zahlungen und ihre Fälligkeit betroffen sind. Insoweit können die Wohnungseigentümer künftig sowohl auf den Einzelfall bezogene wie auch abstrakt-generelle Regelungen mit Mehrheit beschließen.

B. Wirtschaftsplan und Sonderumlage

I. Der Beschluss über Vorauszahlungen gemäß § 28 Abs. 1 WEG (»Wirtschaftsplan«)

1. Zahlungsplan

a) Grundsatz: Trennung von Zahlungs- und Wirtschaftsplan

8 Die Beschlussfassung über die Vorschüsse zu den Kosten und über die Beiträge zu den Rücklagen wird durch das WEMoG grundlegend umgestaltet. Während nach früherem Recht Wirtschaftsplan und Jahresabrechnung beschlossen wurden und die Zahlungspflichten implizit aus deren Genehmigung folgten (s. etwa *BGH* v. 07.06.2013 – V ZR 211/12; ZMR 2014, 4 9 Rn. 51), will der Gesetzgeber dieses Verhältnis nun umkehren. Dies kommt in § 28 Abs. 1 S. 1 WEG dadurch zum Ausdruck, dass die Wohnungseigentümer künftig nur noch »über die Vorschüsse zur Kostentragung« beschließen. Die Aufstellung des Wirtschaftsplanes ist nicht mehr Gegenstand der Beschlussfassung, sondern gemäß § 28 Abs. 1 S. 2 WEG eine bloße Vorbereitung für den Beschluss über die Vorschüsse (BT-Drs. 19/18791, S. 74).

b) Vorschüsse

9 § 28 Abs. 1 S. 1 WEG nennt als Gegenstand des Beschlusses die Vorschüsse zur Kostentragung und zu den Rücklagen. Dies betrifft die Vorauszahlungen für die laufende Bewirtschaftung und für künftige Aufwendungen (Rücklagen gemäß §§ 19 Abs. 2 Nr. 4 WEG, 28 Abs. 1 S. 1 WEG). Das nach

wie vor »Wirtschaftsplan« genannte Rechenwerk dient nur noch der Ermittlung der Vorschüsse, ist also eine bloße Vorbereitungsmaßnahme.

c) **Rücklagen**

§ 28 Abs. 1 S. 1 WEG nennt im Gegensatz zum alten Recht, das in § 28 Abs. 1 Nr. 3 WEG a.F. nur die Instandhaltungsrückstellung kannte, »Rücklagen« im Plural. Damit wird die schon bislang h.M. kodifiziert, dass jenseits der Erhaltungsrücklage für weitere Zwecke Rücklagen gebildet werden können, etwa für Modernisierungen, bauliche Veränderungen, den Erwerb von Grundeigentum o.ä. Diese Sonderrücklagen müssen nicht schon in der Gemeinschaftsordnung vorgesehen sein. Die Wohnungseigentümer können im Rahmen ordnungsmäßiger Verwaltung über ihre Einrichtung, aber auch über ihre Auflösung mit Mehrheit befinden. Eine Beschlusskompetenz hierfür enthält § 19 Abs. 1 WEG (Lehmann-Richter/Wobst § 10 Rn. 768 u. 769a), worauf § 28 Abs. 1 S. 1 WEG Bezug nimmt, wenn dort von »durch Beschluss vorgesehenen Rücklagen« die Rede ist. 10

d) **Rücklage für Rechtsstreitigkeiten**

Besondere Aufmerksamkeit genoss im alten Recht die Rücklage für Rechtsstreitigkeiten, namentlich für Anfechtungsverfahren. Hierfür wurde eine Rückstellung schon nach altem Recht für zulässig befunden, wobei das aber Problem der Beteiligung der Anfechtungskläger erhebliche Schwierigkeiten bereitete, da diese ja nicht an den Kosten ihrer Prozessgegner beteiligt werden durften. Diese Schwierigkeiten hat das neue Recht mit der Passivlegitimation der Wohnungseigentümergemeinschaften in Beschlussanfechtungssachen beseitigt. Kosten der Verfahren nach § 43 Abs. 2 Nr. 4 WEG sind nunmehr Kosten der Verwaltung, die von allen Wohnungseigentümern einschließlich des Anfechtungsklägers zu tragen sind (Dötsch/Schultzky/Zschieschack Kap. 10 Rn. 22). 11

2. Inhalt der Beschlussvorlage

a) **Bezifferung der Einzelvorschüsse (Zahlungsplan)**

Wie der Beschluss über die Vorschüsse im Einzelnen auszusehen hat, regelt § 28 WEG nicht ausdrücklich. Daraus, dass die Vorschüsse »beschlossen« werden, geht aber hervor, dass deren Höhe für jeden einzelnen Eigentümer angegeben werden muss. Es genügt demnach eine Auflistung aller Wohnungseigentümer mit der Bezifferung ihrer Vorschüsse für die laufende Bewirtschaftung und die Rücklagen. Der Angabe des Gesamtvolumens oder der Gesamtpositionen der einzelnen Kostenarten bedarf es hierbei nicht, ebenso wenig der Schlüssel, nach denen die Vorschüsse berechnet wurden. Dies sind sämtlich Angaben, die die Zahlungspflicht nur erläutern und daher nur im Wirtschaftsplan aufzuführen sind. 12

b) **Kostentragung und Rücklagen**

§ 28 Abs. 1 S. 1 WEG differenziert allerdings zwischen Kostentragung und Rücklagen. Dies kann auch im Beschluss nach § 28 Abs. 1 S. 1 WEG geschehen. Der Zahlungsplan kann also wie folgt aussehen: 13

Folgende Vorschüsse werden beschlossen: 14

15

	Monatliche Vorschüsse für Bewirtschaftung	Erhaltungsrücklage	Rücklage für Rechtsstreitigkeiten
Wohnung Nr. 1	300 €	100 €	30 €
Wohnung Nr. 2	330 €	110 €	33 €
Wohnung Nr. 3	270 €	90 €	27 €

c) **Begründung von Zahlungspflichten**

16 Nach dem Gesetzeswortlaut müssen die Vorschüsse »beschlossen« werden. Diese nicht sehr präzise Formulierung ist nur im Zusammenhang mit den Gesetzesmaterialien zu verstehen, die von »Zahlungspflichten« reden (BT-Drs. 19/18791, S. 74). Demnach müssen die Wohnungseigentümer ihren Willen kundtun, in welcher Höhe jeder von ihnen Vorschüsse zu leisten hat. Es ist also sinngemäß zu formulieren, dass die Wohnungseigentümer Vorschüsse nach dem vorgelegten Zahlungsplan zu leisten haben.

d) **Keine Genehmigung des Wirtschaftsplanes**

17 Aus dieser neuen Systematik des Gesetzes folgt, dass die nach altem Recht vorzunehmende Genehmigung des Wirtschaftsplanes nun nicht mehr in Betracht kommt. Hierfür fehlt den Wohnungseigentümern in Ermangelung einer § 28 Abs. 5 WEG a.F. entsprechenden Vorschrift schlicht die Beschlusskompetenz. Ein entsprechender Beschluss wäre daher, will man nicht der Auslegungslösung des *BGH* (s. Rdn. 5) folgen, nichtig.

3. **Die Aufstellung des Zahlungsplans als Pflicht des Verwalters gegenüber der Wohnungseigentümergemeinschaft**

a) **Der Verwalter als Verpflichteter**

18 Der Verwalter ist nach wie vor aus § 28 Abs. 1 S. 2 WEG zur Erstellung des Zahlungsplans verpflichtet. Der eindeutigen Formulierung des Gesetzes ist zu entnehmen, dass es – anders als etwa bei der Rechnungslegung nach früherem Recht – keines Beschlusses der Eigentümerversammlung bedarf, um die Verpflichtung zu begründen. Der Verwalter ist hierzu kraft Gesetzes verpflichtet und muss von sich aus tätig werden. Da der Zahlungsplan für die Liquidität der Gemeinschaft von existenzieller Bedeutung ist, kommt seiner Erstellung zentrale Bedeutung zu. Verweigert der Verwalter die (ordnungsgemäße) Erfüllung dieser Pflicht oder ist er hierzu nicht in der Lage, wird daher i.d.R. ein Grund zur Abberufung aus wichtigem Grund vorliegen (vgl. § 26 Rdn. 40).

b) **Verpflichtung gegenüber der Wohnungseigentümergemeinschaft**

19 Allerdings hat der Gesetzgeber die gesamte Verwaltung des gemeinschaftlichen Eigentums unter ausdrücklicher Ablehnung der höchstrichterlichen Rechtsprechung (BT-Drs. 19/18791, S. 56) vom Verwalter auf die Wohnungseigentümergemeinschaft verlagert. Soweit das Gesetz dem Verwalter noch bestimmte Aufgaben zuweist, handelt es sich um eine interne Zuständigkeitsverteilung (BT-Drs. 19/18791, S. 56), also um Regelungen im Innenverhältnis, deren Durchführung nunmehr Sache der Wohnungseigentümergemeinschaft ist. Dies ist auch bei der Verpflichtung zur Erstellung des Zahlungsplans der Fall. Daher besteht diese Verpflichtung nicht mehr den Wohnungseigentümern, sondern nur der Wohnungseigentümergemeinschaft gegenüber (Lehmann-Richter/Wobst § 10 Rn. 753).

c) **Durchsetzung von Primäransprüchen im Zusammenhang mit dem Wirtschaftsplan**

20 Besteht eine Pflicht im Rahmen der Verwaltung des gemeinschaftlichen Eigentums, kann sie folglich der einzelne Wohnungseigentümer nicht mehr vom Verwalter verlangen. Eine entsprechende Klage gegen den Verwalter etwa auf Erstellung des Zahlungsplans wäre mangels Passivlegitimation unbegründet. Vielmehr muss die Durchführung der Maßnahme von der hierfür gemäß §§ 9a Abs. 2, 18 Abs. 1 WEG zuständigen Wohnungseigentümergemeinschaft verlangt und ggf. gegen sie gerichtlich erstritten werden (BT-Drs. 19/18791, S. 56). Diese muss ihrerseits die Durchführung der Maßnahme von dem ihr gegenüber hierzu verpflichteten Verwalter verlangen. Dies gilt auch für die Aufstellung des Zahlungsplans. Da die Verpflichtung nur gegenüber der Wohnungseigentümergemeinschaft besteht, gerät er durch die Mahnung eines einzelnen Wohnungseigentümers mit dieser Pflicht auch nicht mehr in Verzug (so zum alten Recht noch *BayObLG* NJW-RR 1990, 660;

Staudinger/*Häublein* § 28 Rn. 136; die a.A. für einen Verzug erst nach entsprechendem Beschluss *AG Hildesheim* ZMR 2013, 753 dürfte der heutigen Rechtslage entsprechen).

d) Sekundäransprüche wegen Verletzung des Anspruchs auf ordnungsmäßige Verwaltung

Dieses neue System der Durchsetzung von Ansprüchen auf ordnungsmäßige Verwaltung schlägt 21
sich auch bei der Durchsetzung von Schadensersatzansprüchen wegen Pflichtverletzungen nieder. Da der Anspruch des einzelnen Wohnungseigentümers auf ordnungsmäßige Verwaltung nur gegenüber der Wohnungseigentümergemeinschaft besteht, der der Verwalter im Innenverhältnis verpflichtet ist, wäre eine unmittelbar gegen ihn gerichtete Klage wegen der Verletzung dieser Pflichten wiederum mangels Passivlegitimation unbegründet (BT-Drs. 19/18791, S. 56). Zum Schadensersatz dem einzelnen Wohnungseigentümer gegenüber ist die Wohnungseigentümergemeinschaft verpflichtet (BT-Drs. 19/18791, S. 56). Diese kann aber wegen der Verletzung von Pflichten des Verwalters ihr gegenüber bei jenem Regress nehmen (BT-Drs. 19/18791, S. 56). Dies gilt auch dann, wenn mangels Aufstellung eines Wirtschaftsplans etwa notwendige Maßnahmen nicht durchgeführt werden und ein Wohnungseigentümer etwa infolge einer Mietminderung einen Vermögensschaden erleidet.

e) Sonstige zur Erstellung Befugte

Die Erstellung des Zahlungsplans gehörte wie schon die Aufstellung des Wirtschaftsplans nach altem 22
Recht weder zu den unentziehbaren Mindestaufgaben des Verwalters nach § 27 Abs. 4 WEG a.F. noch als Teil der Finanzverwaltung nach § 27 Abs. 1 Nr. 4 WEG a, F. zu den Aufgaben und Befugnissen, die dem Verwalter vorbehalten sind. Dies gilt erst recht nach ersatzloser Streichung von § 27 Abs. 4 WEG a.F. und der Möglichkeit, die Befugnisse des Verwalters nach § 27 Abs. 2 WEG zu erweitern oder zu beschränken. Es ist daher möglich, einen Dritten, etwa einen Miteigentümer, im Einzelfall mit der Erstellung einer Beschlussvorlage zu betrauen (*OLG Düsseldorf*, ZWE 2007, 309 f.; vgl. zum neuen Recht Lehmann-Richter/Wobst § 10 Rn. 762). Dies kommt insbesondere dann in Betracht, wenn der Verwalter sich weigert, eine Beschlussvorlage zu erstellen. Ein solcher Beschluss muss ordnungsmäßiger Verwaltung entsprechen, was etwa bei Verhinderung des Verwalters und laufendem Finanzbedarf der Fall sein kann. Auch ansonsten ist er allenfalls anfechtbar.

4. Die Modalitäten der Aufstellung

a) Der Zeitpunkt der Aufstellung

Den Zeitpunkt der Aufstellung hat das WEMoG unverändert gelassen. Da § 28 Abs. 2 S. 1 WEG 23
(wie zuvor § 28 Abs. 1 S. 1 WEG a.F.) das Kalenderjahr als Abrechnungsperiode festschreibt, ist der Zahlungsplan grundsätzlich **in den ersten Monaten des Jahres** zu erstellen und zu beschließen. Allerdings kann auch eine längere Geltungsdauer beschlossen werden (s.u. Rdn. 25). Eine Erstellung bereits zu Beginn des Kalenderjahres oder gar zu Ende des vorangehenden (so *Riecke* WuM 1989, 319 ff.) stößt allerdings jedenfalls in größeren Gemeinschaften auf praktische Schwierigkeiten. Denn die **Schätzung des Finanzbedarfs setzt die Jahresabrechnung des Vorjahres voraus**, die i.d.R. nicht schon im Januar vorliegt. Eine eigene Versammlung zur Beschlussfassung über den Zahlungsplan wäre aber unwirtschaftlich und i.d.R. nicht mit Grundsätzen ordnungsgemäßer Verwaltung zu vereinbaren. Deswegen behalf sich die Praxis mit der **Fortgeltung des alten Wirtschaftsplans** bis zur Beschlussfassung über einen neuen und genehmigt diesen in der jährlichen Eigentümerversammlung. Dies wird auch in Zukunft gemäß § 28 Abs. 1 S. 1 WEG möglich sein (hierzu s.u. Rdn. 26). Er ist aber in jedem Fall in den ersten sechs Monaten des Jahres mit der Jahresabrechnung vorzulegen. Der Zahlungsplan kann auch **mit Rückwirkung für die bereits vergangenen Monate** des Wirtschaftsjahres aufgestellt werden (*KG* NJW-RR 1991, 464), allerdings nicht mit Wirkung für ehemalige Wohnungseigentümer, die z.Zt. der Beschlussfassung bereits aus der Eigentümergemeinschaft ausgeschieden sind (s.u. Rdn. 58). Selbst eine Beschlussfassung im Dezember ist noch möglich (*LG Hamburg* ZMR 2015, 784). Erst **nach Ablauf der Abrechnungsperiode** kann ein Zahlungsplan nicht mehr beschlossen werden, da dann bereits die Jahresabrechnung zu erstellen ist (*OLG Hamm* ZMR 2009, 60; ZMR 2009, 467; *LG Nürnberg-Fürth* ZMR 2011, 242 f.). Das Rechtsschutzinteresse

für eine gerichtliche Ersetzung fällt nach Ablauf des Kalenderjahres fort (*KG* NJW-RR 1986, 645; 1991, 464). Der Zahlungsplan hätte dann auch nur noch die Bedeutung einer Sonderumlage, die bei dringendem Finanzbedarf ohnehin beschlossen werden kann (*LG Saarbrücken* ZMR 2014, 150). Ein entsprechender Beschluss, gleichwohl einen Zahlungsplan mit Rückwirkung aufzustellen, ist jedenfalls anfechtbar, aber wohl nicht nichtig (*LG Saarbrücken* ZMR 2014, 150; a.A. *OLG Schleswig* ZWE 2002, 142). Anderes kann allenfalls bei der Fassung eines Zweitbeschlusses gelten, wenn die Wirksamkeit des Erstbeschlusses zweifelhaft ist (*BGH* ZMR 2014, 808, 810).

b) Vorlage des Zahlungsplans

24 Der Verwalter muss den Wirtschaftsplan in Textform vorlegen. Allerdings genügt die bloße Vorlage des Zahlungsplanes über die Vorschüsse nicht, da ihre Festsetzung nur aus dem erläuternden Wirtschaftsplan verständlich werden. Diesen muss der Verwalter folglich ebenfalls in Textform vorlegen. Einer höheren Form bedarf es nicht, da das WEG nirgendwo mehr als Textform vorsieht. Umgekehrt genügt eine geringere Form etwa eine mündliche Mitteilung der Zahlungspflichten nicht, da dies dessen Sinn, die Nachvollziehbarkeit der festgesetzten Vorschüsse, zuwiderliefe. Eine Einschränkung gilt nur dann, wenn die Fortgeltung eines früheren Zahlungsplans beschlossen wird. Hier genügt es, dass dieser in Textform vorliegt und der Beschluss hierauf Bezug nimmt. Zahlungs- und Wirtschaftsplan müssen den Wohnungseigentümern vor der Eigentümerversammlung vorliegen, da dort eine Prüfung regelmäßig nicht mehr möglich sein wird (*LG München* I ZMR 2010, 555; *LG Frankfurt*/M. ZMR 2018, 537, 538).

5. Nähere Regelungen zu Dauer, Fälligkeit etc. der Zahlungspflichten

a) Dauer des konkreten Zahlungsplanes

25 Der Gesetzgeber macht im Gegensatz zu § 28 Abs. 1 S. 1 WEG a.F. keine Vorgaben mehr zur Dauer, für die die Wohnungseigentümer Zahlungspflichten beschließen. Die Wohnungseigentümer können also künftig ohne den früheren Umweg über die Fortgeltung eines Wirtschaftsplanes Zahlungspläne für mehrere Jahre beschließen (BT-Drs. 18/18791, S. 74; Lehmann-Richter/Wobst § 10 Rn. 791). Natürlich bleibt ihnen diese Möglichkeit, die Fortdauer des jeweiligen Zahlungsplans bis zum Beschluss eines neuen, auch nach neuem Recht erhalten (*OLG Hamm* NJW-RR 1989, 1161 f.; *KG* NJW-RR 1990, 1299; 2002, 1379; *LG Hamburg* ZMR 2018, 357; *LG Frankfurt/O.* ZMR 2018, 432, 433; *AG Hamburg* ZMR 2010, 561 f.; *AG Hamburg-Blankenese* ZMR 2017, 98, 100). Ein entsprechender Beschluss ist noch **nicht einmal erfolgreich anfechtbar**, da er die ansonsten kaum vermeidbaren Liquiditätslücken bis zur jährlichen Eigentümerversammlung überwindet und somit ordnungsmäßiger Verwaltung entspricht (*BayObLG* NJW-RR 2002, 1666). Dann bleibt er auch für den Fall in Kraft, dass der Antrag auf Genehmigung eines neuen Wirtschaftsplans ausdrücklich abgelehnt wird (*LG* Stuttgart ZMR 2010, 319).

b) Abstrakt-generelle Regelungen

26 Hingegen war der allgemeine Beschluss, **jeder Wirtschaftsplan solle bis zur Genehmigung eines neuen** fortgelten, bislang mangels Beschlusskompetenz nichtig (*OLG Düsseldorf* NJW-RR 2003, 1596; *LG Itzehoe* ZMR 2014, 144; *LG Hamburg* ZMR 2018, 357). Daran dürfte sich für den Zahlungsplan nichts geändert haben, da § 28 Abs. 1 S. 1 WEG nur Regelungen für den konkreten Zahlungsplan trifft. In der Gemeinschaftsordnung kann eine solche Fortgeltung aber selbstverständlich angeordnet werden (*AG München* ZMR 2015, 163).

c) Fälligkeit und Modalitäten der Zahlungen

27 § 28 Abs. 3 WEG verleiht den Wohnungseigentümern die Kompetenz, über Fälligkeit und Art und Weise der Zahlungen Beschluss zu fassen. So können sie etwa durch Beschluss das Lastschriftverfahren für alle Wohnungseigentümer anordnen. Die wenig verständliche Regelung des § 28 Abs. 2 WEG a.F., wonach die Wohnungseigentümer erst mit Abruf der Vorschüsse durch den Verwalter

zur Zahlung verpflichtet waren, ist ersatzlos entfallen. Die Wohnungseigentümer können etwa die Fälligkeit zum dritten Werktag eines Monats beschließen, ebenso für säumige Miteigentümer so genannte Vorfälligkeitsklauseln, wonach etwa die gesamten Vorschüsse eines Jahres auf einmal fällig werden, wenn der Wohnungseigentümer mit zwei oder mehr monatlichen Raten im Rückstand ist. Allerdings ist hierbei darauf zu achten, dass nicht ein Erwerber von Vorschusszahlungen befreit wird. Hierzu kann es nämlich kommen, wenn die Vorfälligkeit noch beim säumigen Voreigentümer eintritt, kurze Zeit darauf aber das Eigentum übergeht. Dem kann man bei der Beschlussfassung dadurch vorbeugen, dass man den Eintritt der Vorfälligkeit auflösend bedingt etwa durch Anordnung der Zwangsversteigerung ausgestaltet (vgl. *LG Köln* ZWE 2014, 414) oder aber die Vorfälligstellung in das pflichtgemäße Ermessen des Verwalters stellt. Dieser hat hiervon abzusehen, wenn sich ein Eigentümerwechsel andeutet.

d) Vertragsstrafen

Nach altem Recht (§ 21 Abs. 7 WEG a.F.) konnten die Wohnungseigentümer auch die Folgen des Verzugs regeln, also etwa erhöhte Verzugszinsen oder pauschale Mahnkosten beschließen. Diese Möglichkeit ist mit der Streichung von § 21 Abs. 7 WEG a.F. entfallen, da der Gesetzgeber keine entsprechende Bestimmung in § 28 Abs. 3 WEG aufnahm. Im Ergebnis können die Wohnungseigentümer durch Beschluss keine autonomen Regelungen zu den Folgen des Verzugs mehr treffen, nur noch durch Vereinbarung. Allerdings können sie nach wie vor den Ausgleich entstandener Verzugsschäden verlangen. Sieht der Verwaltervertrag etwa Mahnkosten bei der Eintreibung von Vorschüssen vor, entsteht der Wohnungseigentümergemeinschaft durch säumige Zahler ein Schaden. Diesen kann sie nach allgemeinen Grundsätzen als Verzugsschaden bei dem unpünktlichen Zahler liquidieren (Dötsch/Schultzky/Zschieschack Kap. 10 Rn. 58). 28

6. Die gerichtliche Durchsetzung der Erstellung

a) Die zwangsweise Durchsetzung des Anspruchs auf Erstellung des Zahlungsplans

Die Erstellung des Zahlungsplans bedarf keiner Fähigkeiten oder Kenntnisse, über die nur der Verwalter verfügt. Sie ist grundsätzlich auch Außenstehenden möglich und daher eine **vertretbare Handlung.** Kommt der Verwalter seiner Verpflichtung hierzu nicht nach, kann somit ein Titel auf Erstellung eines Wirtschaftsplans erstritten und nach **§ 887 ZPO** vollstreckt werden (*AG Halle/Saale* ZMR 2012, 411 f.). Hierbei handelt es sich wohl wie nach altem Recht (**§ 21 Abs. 4 WEG a.F.**) um einen **Individualanspruch**, den dem einzelnen Wohnungseigentümer aber nicht mehr gegenüber dem Verwalter (vgl. zum früheren Recht *KG* NJW-RR 1986, 645; *OLG Hamm* NJW-RR 1989, 1162; *BayObLG* NJW-RR 1990, 660), sondern gegenüber der Wohnungseigentümergemeinschaft zukommt. Diese muss ihn dann gegen den Verwalter durchsetzen. Einer Vorbefassung der Eigentümerversammlung bedarf es allerdings nicht, da noch nicht die Beschlussfassung ersetzt, sondern nur die Vorlage einer Beschlussvorlage erzwungen werden soll. 29

b) Die Festsetzung eines Wirtschaftsplans durch das Gericht

Die Titulierung und Vollstreckung eines Anspruchs auf Erstellung des Zahlungsplans wird allerdings schon aufgrund der Verfahrensdauer nur selten sinnvoll sein. Der laufende Finanzbedarf der Gemeinschaft ist auf diesem Wege nur in Ausnahmefällen zu decken. Hilfreicher erscheint die zum alten Recht entwickelte Möglichkeit, die Festsetzung eines Wirtschaftsplans (jetzt: Zahlungsplan) durch das Gericht zu beantragen, die im Übrigen auch dann besteht, wenn zwar eine Beschlussvorlage des Verwalters existiert, die Wohnungseigentümer aber eine diesbezügliche Beschlussfassung ablehnen (*KG* NJW-RR 1991, 463 f.). Dies erfolgt nunmehr im Wege der Beschlussersetzungsklage gemäß § 44 Abs. 1 S. 2 WEG. Da hier im Gegensatz zur Erstellung einer bloßen Beschlussvorlage bereits der Beschluss über den Zahlungsplan ersetzt werden soll, ist dann die Vorbefassung der Eigentümerversammlung erforderlich. Bei besonderer Eilbedürftigkeit kann auch der Erlass einer einstweiligen Verfügung nach §§ 935 ff. ZPO beantragt werden. In jedem Fall muss der Antragsteller nunmehr den Rahmen des begehrten Wirtschafts- bzw. Zahlungsplans klar abstecken. Denn das Gericht prüft 30 die Finanzsituation nicht von Amts wegen, sodass es zur Festsetzung eines Wirtschaftsplans hinreichender Angaben bedarf (Staudinger/Häublein § 28 Rn. 247). Problematisch erscheint in diesem Fall die ersatzlose Streichung von § 21 Abs. 8 WEG a.F., wenn das Gericht einem konkreten Antrag auf Festsetzung eines Zahlungs- bzw. Wirtschaftsplans nicht folgen will. Denn die eigene Entscheidung nach billigem Ermessen gemäß § 21 Abs. 8 WEG a.F. ist nicht mehr gesetzlich verankert. Diese Lücke im Gesetz umgeht ein Teil des Schrifttums und ihm folgend der *BGH* dadurch, dass immer dann ein Ermessen des Gerichtes angenommen wird, wenn es der Eigentümerversammlung zugekommen wäre (Lehmann-Richter/Wobst § 10 Rn. 783; *BGH* v. 16.09.2022 – V ZR 69/21, ZMR 2023, 55 Rn. 9). Auch ein gerichtlicher Wirtschaftsplan kann noch im letzten Monat des Wirtschaftsjahres, aber nicht mehr nach seinem Ablauf festgesetzt werden (*KG* NJW-RR 1991, 464; a.A. Jennißen VI Rn. 33). Das Gericht muss seinerseits keine nach Kostenpositionen differenzierende Beschlussvorlage wie der Verwalter erarbeiten. Eine grobe Schätzung der anfallenden Einnahmen und Ausgaben auf Grundlage des Parteivorbringens und die Festsetzung der danach auf die einzelnen Wohnungseigentümer entfallenden Vorschüsse genügt (*KG* NJW-RR 1991, 465; *AG Hildesheim* ZMR 2013, 752 f.).

II. Der Wirtschaftsplan

1. Die Struktur des Wirtschaftsplans

a) Haushaltsplan der Gemeinschaft

31 Das WEMoG hat den Wirtschaftsplan zwar in seiner rechtlichen Bedeutung deutlich verändert. Er ist nunmehr nicht mehr Gegenstand der Beschlussfassung, sondern nur noch das vorbereitende Zahlenwerk, das die Höhe der Vorschüsse begründen soll. Im Ergebnis ist der Beschluss über den Zahlungsplan sogar dann vorläufig wirksam und nur anfechtbar, wenn ein Wirtschaftsplan völlig fehlt (BT-Drs. 19/18791, S. 75). In seiner Struktur ist der Wirtschaftsplan freilich unverändert. Er ist gewissermaßen der Haushaltsplan der Gemeinschaft (*OLG Brandenburg* ZMR 2008, 389; Jennißen I Rn. 4). Er soll den Wohnungseigentümern einen Überblick über die insgesamt in ihrer Liegenschaft anfallenden Einnahmen und Ausgaben und daraus abgeleitet über ihre jeweilige Kostentragungspflicht geben. Folglich hat er neben den **geschätzten Gesamteinnahmen und -ausgaben** im Gesamtwirtschaftsplan die auf die einzelnen Eigentümer entfallenden Kosten in den **Einzelwirtschaftsplänen** auszuweisen (*KG* NJW-RR 1990, 1299; *LG Lüneburg* ZMR 2015, 486, 489). Bei voraussichtlich geringen Änderungen kann die Weitergeltung des bisherigen Wirtschaftsplans beschlossen werden, ebenso die Erhebung von Vorschüssen in derselben Höhe wie bisher.

b) Äußere Gestaltung

32 Die Vorlage des Wirtschaftsplans hat, wie schon der Begriff des »Aufstellens« in § 28 WEG zeigt, in **Textform** zu erfolgen. Seinem skizzierten Zweck als reine Einnahmen- und Ausgabenschätzung nach ist er nicht in Form einer handelsrechtlichen Bilanz, sondern als reine Ausgaben- und Einnahmenrechnung aufzubauen. **Vorgaben zu seiner Gestaltung** i.E. macht das Gesetz nicht. Der Wirtschaftsplan muss jedoch sowohl seiner äußeren Gestaltung wie auch seinem Inhalt nach für den durchschnittlichen Wohnungseigentümer ohne juristische oder buchhalterische Kenntnisse nachvollziehbar sein. Insbesondere dürfen die Kosten nicht zu **unüberschaubaren Globalpositionen** (»weitere Kosten« o.Ä.) zusammengefasst werden. Die gewählte Bezeichnung muss die dort zusammengefassten Kosten aussagekräftig beschreiben. Der Wirtschaftsplan muss keine Vermögensübersicht enthalten (*LG Lüneburg* ZMR 2015, 486, 48). Die Positionen müssen in **Gesamt- und Einzelwirtschaftsplan** korrespondieren. Darüber hinaus soll die jeweils gewählte Form in der Jahresabrechnung beibehalten werden, damit die angesetzten Positionen ohne Schwierigkeiten mit den tatsächlichen Einnahmen und Ausgaben verglichen werden können. **Geringere Anforderungen** gelten nur dann, wenn aufgrund besonderer Umstände, etwa der Zurückbehaltung der Unterlagen mit den Beschlüssen über die Kostenverteilung etwa nach § 16 Abs. 2 S. 2 WEG durch den Vorverwalter ein korrekter Wirtschaftsplan nicht erstellt werden kann. Dann ist zur Sicherung der notwendigen Liquidität ein

»Notwirtschaftsplan« zulässig, der etwa bei den Schlüsseln pauschaliert (*OLG Hamm* ZMR 2009, 60). Ähnliches gilt für den vom Gericht erstellten Wirtschaftsplan (s.o. Rdn. 30).

2. Der Inhalt des Gesamtwirtschaftsplans

a) Die Einnahmen

aa) Zu erwartende tatsächliche Zuflüsse

Der Gesamtwirtschaftsplan soll die voraussichtlichen Einnahmen und Ausgaben des Jahres ausweisen 33 (*BGH* ZMR 2014, 50; *KG* ZMR 2008, 69). In den Wirtschaftsplan sind nur die tatsächlich zu erwartenden Einnahmen aufzunehmen, **keine bloßen Forderungen** o.Ä. (*BGH* ZMR 2014, 51; *BayObLG* NJW-RR 2000, 18). Zu den Einnahmen gehören auch Gelder, die die Wohnungseigentümergemeinschaft nur als Wahrnehmungsberechtigte einzieht. So steht etwa Schadensersatz wegen der Beschädigung des gemeinschaftlichen Eigentums materiell-rechtlich den Wohnungseigentümern zu. Aufgrund ihrer alleinigen Befugnis, diese Gelder einzufordern, müssen sie aber als Einnahmen aus der Verwaltung des Gemeinschaftseigentums verbucht werden. Maßgeblich ist alleine der voraussichtliche Zufluss, nicht aber der möglicherweise bereits geraume Zeit zurückliegende Grund der Zahlung. So sind etwa absehbare **Versicherungsleistungen** in dem Jahr einzustellen, in dem sie voraussichtlich erfolgen, unabhängig vom u.U. bereits lange zurückliegenden Schadenseintritt.

bb) Beiträge der Wohnungseigentümer

Auf der Einnahmenseite sind insbesondere die **Vorschüsse** der Wohnungseigentümer für das laufende Kalenderjahr und die **Nachzahlungen** für das vergangene einzustellen. Ob tatsächlich darauf verzichtet werden kann, die Vorschüsse ausdrücklich als Einnahmen aufzuführen (so *BGH* ZMR 2014, 50), erscheint zweifelhaft. Neben den voraussichtlichen Zahlungen auf die Kosten für die Bewirtschaftung des Gemeinschaftseigentums sind auch die Beiträge zur Erhaltungsrücklage einzustellen (*BGH* ZMR 2014, 50; *AG Clausthal-Zellerfeld* ZMR 2015, 64, 68). 34

cc) Behandlung voraussichtlicher Zahlungsausfälle

Bei dieser – wichtigsten – Einnahmeposition bereitet es immer wieder Schwierigkeiten, wenn die 35 mangelnde Liquidität einzelner Miteigentümer bekannt ist. Diese darf nicht dazu führen, dass entsprechende Zahlungen von vornherein im Wirtschaftsplan nicht berücksichtigt werden. Denn dies hätte zur Folge, dass Zahlungspflichten der betroffenen Wohnungseigentümer gar nicht entstehen, da diese erst durch den Beschluss des auf Gesamt- und Einzelwirtschaftsplänen fußenden Zahlungsplans begründet werden (*BGH* ZMR 2014, 51; *KG* NJW-RR 2003, 445). Vielmehr sind diese voraussichtlichen Ausfälle zur Liquiditätserhaltung durch **höhere Ansätze auf der Ausgabenseite** zu berücksichtigen (*BGH* ZMR 2014, 51; *Jennißen* VI Rn. 4).

dd) Sonstige Einnahmen

Daneben sind **weitere Einnahmen etwa aus der Vermietung** gemeinschaftlicher Räumlichkeiten, 36 Parkplätzen oder Einrichtungen sowie Zinsen auf gemeinschaftliche Gelder anzusetzen. Dies umfasst auch voraussichtliche **Zinseinnahmen** etwa aus der Erhaltungsrücklage (*OLG Köln* ZMR 2008, 818; a.A., wonach ihr Fehlen im Hinblick auf den Schätzungscharakter des Wirtschaftsplanes entbehrlich sein soll *OLG München* ZMR 2009, 631). Die hierauf abzuführende **Zinsabschlagssteuer** etc. ist aufgrund des Saldierungsverbots nicht von den Zinsen abzuziehen, sondern als Ausgabe zu verbuchen (*LG München I* ZMR 2009, 948; a.A. Staudinger/*Häublein* § 28 Rn. 63; *Niedenführ/Vandenhouten* § 28 Rn. 70; *Elzer*, ZWE 2011, 114).

ee) Darlehen

Ob sich die Wohnungseigentümergemeinschaft als Verband Liquidität durch die Aufnahme von 37 **Darlehen** verschaffen darf, war umstritten. Nach weitgehend unumstrittener Auffassung besteht hierfür eine Beschlusskompetenz (*BGH* ZMR 2013, 127; *LG Bielefeld* ZMR 2011, 317 u. ZMR 2011, 895; *LG Karlsruhe*, ZMR 2012, 661; *Abramenko* ZMR 2011, 174 f.). Allerdings erstreckt sich diese nicht auch darauf, die Wohnungseigentümer persönlich zu verpflichten (*BGH* ZMR 2013, 128 f.). Früher ging die h.M. davon aus, dass die Wohnungseigentümer ihren Finanzbedarf in der Regel durch Wirtschaftsplan und Sonderumlagen decken müssen (*LG München I* ZMR 2011, 240 f.). Eine Kreditaufnahme durfte die Summe der Vorschüsse für 3 Monate nicht überschreiten (*OLG Hamm* NJW-RR 1992, 403 – LS –; *BayObLG* NJW-RR 2004, 1603; 2006, 23; *LG Bielefeld* ZMR 2011, 895). Raum für die Aufnahme von Darlehen wurde daher nur gesehen, wenn die herkömmlichen Finanzmittel die Bewirtschaftung des Gemeinschaftseigentums nicht (mehr) ermöglichen. Dann sollte mit **Mehrheitsbeschluss** auch ein Darlehen über eine höhere Summe und eine längere Laufzeit aufgenommen werden können (*LG Karlsruhe*, ZMR 2012, 660 f.; *LG Düsseldorf* ZMR 2013, 823; ähnlich *Abramenko* ZMR 2011, 176 f.; restriktiver für konkrete Notsituationen *KG* NJW-RR 1994, 1107; *OLG Hamm* ZMR 2012, 800, offen gelassen von *BGH* ZMR 2013, 128 f.). Von dieser restriktiven Linie ist der *BGH* vollständig abgegangen (*BGH* ZMR 2016, 49 = ZWE 2015, 453). Demnach ist die Darlehensaufnahme durch den rechtsfähigen Verband nicht nur unter engen Voraussetzungen, etwa nur zur Überbrückung eines kurzfristigen Liquiditätsengpasses und nur in Höhe der Hausgeldzahlungen für drei Monate zulässig. Vielmehr kann auch die Aufnahme eines höheren und langfristigen Darlehens ordnungsmäßiger Verwaltung entsprechen. Denn dem Gesetz lasse sich kein Anhaltspunkt dafür entnehmen, dass den Wohnungseigentümern die Aufnahme eines Darlehens nur in besonders gelagerten Ausnahmefällen möglich sein soll. Die Aufnahme eines Darlehens kann vielmehr ein sinnvolles oder gar zwingendes Element der Finanzierung von Wohnungseigentümergemeinschaften sein. Sie ist ein **eigenständiges Finanzierungselement** der Wohnungseigentümergemeinschaft. Den finanzkräftigen Miteigentümern muss auch nicht die Option eröffnet werden, die Finanzierung ihres Beitrags selbst zu übernehmen. Zwar können die Wohnungseigentümer Eigenleistungen vorsehen und ein entsprechend reduziertes Darlehen aufnehmen. Auch dann bleibt es aber bei der **Haftung aus § 9a Abs. 4 WEG** und bei der unbegrenzten Nachschusspflicht gegenüber dem Verband. Deshalb bedarf es zuallererst einer Aufklärung über die besonderen Haftungsrisiken einer Darlehensaufnahme. Im Gegensatz zu der nach § 9 Abs. 4 WEG beschränkten Außenhaftung droht dem Wohnungseigentümer nämlich im Innenverhältnis eine unbegrenzte Nachschusspflicht, da die Wohnungseigentümer dem Verband ausreichende finanzielle Mittel zur Verfügung stellen müssen. Anders als bei der Vorabfinanzierung etwa durch Sonderumlage, wo Ausfälle zumeist überschaubar sind, lässt sich das Ausfallrisiko bei einem langfristigen Darlehen nur schwer absehen. Aus diesem Grunde sind die Wohnungseigentümer vor der Beschlussfassung über die Nachschusspflicht zu belehren, was im Protokoll der Eigentümerversammlung dokumentiert werden muss. Ist dies der Fall, so muss die Frage, ob die Aufnahme eines Darlehens durch den rechtsfähigen Verband ordnungsmäßiger Verwaltung entspricht, für jeden Einzelfall geprüft werden. Hierbei spielt der **Zweck des Darlehens** eine besondere Rolle. Mit zunehmender Dringlichkeit der durch Darlehen zu finanzierenden Maßnahme treten die Nachteile dieser Finanzierungsart zurück. In die Abwägung einzubeziehen ist ferner, ob die erforderlichen Mittel durch einen Rückgriff auf die Erhaltungsrücklage oder durch eine Sonderumlage aufgebracht werden können. Gegen eine erst durch Ansparen zu ermöglichende Finanzierung aus Eigenmitteln kann aber sprechen, dass bei einer Verschiebung der Maßnahme staatliche **Fördermittel** verloren gehen. Bedeutung kann ferner dem Umstand zukommen, dass die Finanzierung der Maßnahme durch eine Sonderumlage einzelne Wohnungseigentümer überfordert. Schließlich kommt es selbstverständlich auf die **Konditionen** des Darlehens (Höhe der Zinsen, Zusatzkosten, Laufzeit), aber auch darauf an, ob der rechtsfähige Verband voraussichtlich in der Lage sein wird, den Kredit zu bedienen. Dabei wird eine **Laufzeit** von mehr als zehn Jahren nur selten ordnungsmäßiger Verwaltung entsprechen, wobei die Rückzahlung so angelegt sein muss, dass das Darlehen am Ende der Laufzeit zurückgezahlt ist. Gelder aus Darlehen sind als Einnahmen in den Wirtschaftsplan einzustellen.

b) Erhaltungsrücklage und Auflösung von Rücklagen

aa) Höhe der Erhaltungsrücklage

Der Wirtschaftsplan muss auch die Zahlungen in die Erhaltungsrücklage enthalten. Deren Höhe bestimmt sich **nach den jeweiligen Gegebenheiten der Liegenschaft**, abstrakte Formeln lassen sich nicht angeben. So kommt es insbesondere auf Alter und Beschaffenheit der Baulichkeiten und Umfang der Instandhaltungs- und Instandsetzungsmaßnahmen in der Vergangenheit an. Eine (z.B. an die Höchstsätze nach § 28 II. BV angelehnte) Obergrenze ist nicht anzuerkennen (*AG Mettmann* ZMR 2009, 720). Denn auch eine solche Grenze könnte den tatsächlichen Geldbedarf nicht begrenzen (so auch *AG Mettmann* ZMR 2009, 720, wo bei Unterdeckung die Erhebung einer Sonderumlage als »Ausweg« vorgeschlagen wird). Eine – allerdings flexible – Grenze ergibt sich nur **aus § 19 Abs. 2 Nr. 4 WEG**, wonach nur die »Ansammlung einer *angemessenen* Erhaltungsrücklage« ordnungsmäßiger Verwaltung entspricht. Die Angemessenheit richtet sich aber nach den Voraussetzungen im **Einzelfall**. Hierbei kommt den Wohnungseigentümern ein gewisses Ermessen zu (*BGH* ZMR 2011, 737; *LG Hamburg* ZMR 2012, 290 f.; ZMR 2012, 472; *LG München I* ZMR 2016, 986, 987; *AG Saarbrücken* ZMR 2012, 490; *AG Charlottenburg* ZMR 2017, 510 f.; *Drasdo* ZWE 2012, 18). Die Erhaltungsrücklage darf nicht so gering bemessen sein, dass mit Sicherheit Sonderumlagen abzusehen sind. Es muss in jedem Fall eine eiserne Reserve verbleiben (*LG Düsseldorf* ZMR 2016, 126, 127; *LG München I* ZMR 2016, 986, 987). Andererseits dient die Erhaltungsrücklage auch nicht der Vermögensbildung des rechtsfähigen Verbandes. Daher widersprechen auch Beiträge zur Erhaltungsrücklage ordnungsmäßiger Verwaltung, wenn sie weit über dem konkreten Bedarf liegen und voraussichtlich auf Jahre nicht abgerufen werden (*LG Hamburg* ZMR 2012, 290 f.). 38

bb) Einstellung der Erhaltungsrücklage in den Wirtschaftsplan

Die Erhaltungsrücklage spielt künftig im Rahmen des Wirtschaftsplanes nur insoweit eine Rolle, als er die Zahlungen hierauf enthalten muss. Im Übrigen ist die Ausweisung der Erhaltungsrücklage nach neuem Recht ausschließlich Gegenstand des Vermögensberichts (Lehmann-Richter/Wobst § 10 Rn. 840). Korrekterweise sind die Beiträge zur Erhaltungsrücklage nur zu den Einnahmen zu zählen. Sie führen aber in Rechtsprechung und Schrifttum ein Eigenleben. In der Literatur wurde empfohlen, sie sowohl in den Einnahmen als auch als Ausgabe auszuweisen (Bärmann/*Merle*, 9. Aufl. 2003 § 28 Rn. 29; Staudinger/*Bub* § 28 Rn. 117). Dies ist inkonsequent und mit der aktuellen Rechtsprechung des *BGH* zur Jahresabrechnung (*BGH* ZMR 2010, 300) unvereinbar, da **mit der Zuführung zur Erhaltungsrücklage kein tatsächlicher Abfluss** aus dem Gemeinschaftsvermögen stattfindet (*LG Hamburg* ZMR 2011, 997; *AG München* ZMR 2015, 633, 634). Fehlt die Rücklage völlig, besteht insoweit ein Ergänzungsanspruch. 39

cc) Auflösung von Rücklagen

Ähnliches gilt für die Auflösung von Rücklagen. Entgegen bisweilen geäußerter Ansicht sind sie, da kein tatsächlicher Zufluss, nicht als Einnahmen einzustellen. Die Herkunft dieser Gelder ergibt sich zum einen aus der Bezeichnung der Herkunft dieser Mittel. Da die Ausgaben ähnlich wie bei der Heranziehung der Erhaltungsrücklage nicht auf die Wohnungseigentümer umgelegt werden, muss hier statt der Verteilung nach dem Kostenschlüssel ein **Vermerk »aus aufgelöster Rücklage«** o.Ä. erfolgen (ähnlich Jennißen VII Rn. 50, der aber nur eine Pauschalangabe ohne Bezug auf eine Kostenart vorschlägt, was der Transparenz der Abrechnung nicht zuträglich ist). Die Erhaltungsrücklage gehört zum **Verwaltungsvermögen**, nicht (anteilig) zum Vermögen der einzelnen Wohnungseigentümer. Die Zahlungen in die Erhaltungsrücklage scheiden somit endgültig aus dem Vermögen der Wohnungseigentümer aus. Diese können somit weder die Ausweisung »ihres« Anteils (*AG Halle* ZMR 2017, 336, 338 f.) noch beim Ausscheiden aus der Wohnungseigentümergemeinschaft die Auszahlung »ihres« Anteils verlangen. Die Rechtsprechung der **Finanzgerichte** vollzieht diese Auswirkung der Rechtsfähigkeit allerdings nicht mit. Demzufolge sollen Beiträge zur Erhaltungsrücklage erst dann als Werbungskosten abziehbar sein, wenn die Gelder für die Erhaltung des gemein- 40 schaftlichen Eigentums ausgegeben werden (*BFH* ZMR 2009, 380; ZMR 2013, 366; kritisch zu Recht *Drasdo* ZWE 2013, 299 ff.).

41 Ob jenseits der Rücklage ohne konkreten Bedarf weitere Vorsorgepositionen, etwa eine **Position »Liquiditätssicherung«**, eingestellt werden können (so *AG Traunstein* ZMR 2012, 63 f.; *Niedenführ* ZWE 2011, 68; wohl auch *Casser/Schultheis* ZMR 2011, 90), erscheint zweifelhaft. Die Überlegung, der Verwalter hätte auch bei jeder Position einen Sicherheitszuschlag einstellen können, rechtfertigt dies nicht. Denn eine allgemeine Position »Liquiditätssicherung« bezieht sich gerade auf keine Kostenart und wäre daher freie Verfügungsmasse ohne jede Zweckbindung. Die Frage, ob die Erhaltungsrücklage durch Mehrheitsbeschluss auch für **weitere Zwecke** als nur der Finanzierung von Erhaltungsmaßnahmen (Instandhaltungs- und Instandsetzungsarbeiten), etwa für die kurzfristige Liquiditätssicherung, in Anspruch genommen werden kann (*LG Düsseldorf* ZMR 2016, 126, 128; *LG Dortmund* ZMR 2016, 721, 722; *LG Düsseldorf* ZMR 2017, 181, 183; *Häublein* ZWE 2011, 5; a.A. *Niedenführ* ZWE 2011, 68), hat erheblich an Bedeutung verloren. Denn nach § 28 Abs. 1 S. 1 WEG kann bei absehbarem Bedarf die **Bildung weiterer Rücklagen** z.B. in Form einer Liquiditätsrücklage beschlossen werden (vgl. schon zum alten Recht *BGH* ZMR 2015, 244, 245 zu Kosten von Gerichtsverfahren; *LG München I* ZMR 2016, 986, 987; *LG Düsseldorf* ZMR 2017, 181, 183).

c) Die Ausgaben

42 Während die Einnahmen zumeist ziemlich genau geschätzt werden können, sind die Ausgaben des Kalenderjahres weit weniger vorhersehbar. Hier muss sich der Verwalter zwangsläufig mit mehr oder weniger groben Schätzungen begnügen. Dabei hat er den Willen der Wohnungseigentümer, bestimmte Maßnahmen vorzunehmen oder noch aufzuschieben, zu berücksichtigen. Nur die voraussichtlich im Abrechnungsjahr durchzuführenden Maßnahmen dürfen auch im Wirtschaftsplan erscheinen. Jedenfalls bei kleineren Ausgaben ist die Aufnahme in den Wirtschaftsplan auch als Ermächtigung des Verwalters zur Vornahme der Maßnahme anzusehen. Dagegen ist der bloße Beschluss, eine Maßnahme durchzuführen, schon mangels jeglicher Detailregelung etwa zur Finanzierung durch Sonderumlage oder Entnahme aus der Erhaltungsrücklage keine Entscheidung über die Finanzierung. Es bedarf daher der Berücksichtigung der Kosten im Wirtschaftsplan oder des Beschlusses über eine alternative Kostendeckung etwa durch Entnahme aus der Erhaltungsrücklage (*Briesemeister* NZM 2007, 227). Jedenfalls muss die Liquidität bereits bei Abschluss des Vertrages über eine Maßnahme, nicht erst zur voraussichtlichen Zeit der Rechnungsstellung gegeben sein (*AG Hamburg-Blankenese* ZMR 2016, 312, 314). In den Wirtschaftsplan einzustellen sind insbesondere die **Ausgaben für Erhaltung (Instandhaltung und Instandsetzung), Verwaltung, Versicherung und öffentliche Abgaben** für das Gemeinschaftseigentum. Ist die Wärme- und Warmwasserproduktion Sache der Gemeinschaft, sind auch diese Kosten zu berücksichtigen. Entsprechendes gilt noch für Kabelgebühren.

d) Kosten von Gerichtsverfahren

aa) Vorschüsse

43 Auch die **Vorschüsse für Verfahren nach § 43 Abs. 2 WEG** sind bei den Ausgaben aufzuführen, selbst wenn die endgültige Deckung nach der gerichtlichen Kostenentscheidung erfolgt (*BGH* ZMR 2015, 244; Jennißen V Rn. 35; a.A. für Berücksichtigung der jeweiligen Stellung im Verfahren *KG* ZMR 2006, 224 f.). Voraussichtliche Kosten für Gerichtsverfahren sind in den Wirtschaftsplan aufzunehmen, wenn sie zu den allgemeinen Verwaltungskosten gehören. Dann sind sie nach dem allgemeinen Schlüssel, nicht nach Köpfen zu verteilen (vgl. *BGH* ZMR 2007, 624 ff.; *KG* ZMR 2006, 153 f.; *Deckert* ZWE 2009, 64).

bb) Beschlussklagen

Problematisch erschien die Kostenverteilung für **Verfahren nach § 43 Nr. 4 WEG a.F., als noch die übrigen Wohnungseigentümer zu verklagen waren.** Zunächst wurde es weithin für unproblematisch befunden, jedenfalls Vorschüsse in Beschlussanfechtungsverfahren der Gemeinschaftskasse zu entnehmen (so noch *AG Schwerin* ZMR 2014, 411; *Wolicki* NZM 2008, 717 ff.; *Deckert* ZWE 2009, 66 f.; offen gelassen von *Mundt* NZM 2007, 867), mittelbar also alle Wohnungseigentümer, auch den anfechtenden, hiermit zu belasten. Diese Praxis wurde zunehmend infrage gestellt (s. *AG Pinneberg* ZMR 2009, 560; *Kuhla* ZWE 2009, 198 ff.; *Hügel* ZWE 2008, 269 f.; kritisch *Häublein* ZWE 2008, 81). Zwischenzeitlich hat der *BGH* entschieden, dass diese vorläufig dem Gemeinschaftsvermögen entnommen werden dürfen, aber bereits in dem Jahr der Entnahme in der Jahresabrechnung nur auf die verklagten übrigen Wohnungseigentümer umgelegt werden dürfen (*BGH* ZMR 2015, 244 ff.). Sie mussten bereits in dem Jahr der Entnahme in der Jahresabrechnung nur auf die verklagten übrigen Wohnungseigentümer umgelegt werden (*BGH* ZMR 2015, 244 ff.); auf die Kostenentscheidung darf also nicht gewartet werden (*LG Dortmund* ZMR 2016, 640, 641). Dieses Problem hat sich durch die in § 44 Abs. 2 S. 1 WEG eingeführte Passivlegitimation der Wohnungseigentümergemeinschaft erübrigt. Nunmehr handelt es sich auch bei Kosten von Beschlussklagen um Kosten der Verwaltung, die auf alle Wohnungseigentümer einschließlich des obsiegenden Klägers umzulegen sind. Auch an einer Sicherheitsleistung für die Zwangsvollstreckung gegen einen Wohnungseigentümer ist dieser entgegen früherem Recht (*LG Köln* ZMR 2009, 717) zu beteiligen. Zulässig ist es demnach auch, **Sonderumlagen zu beschließen, die auch den Beschlusskläger treffen** (s. *LG Düsseldorf* ZMR 2009, 712 f.; ähnlich *Kuhla* ZWE 2009, 199 f.). Nach Auffassung des *BGH* kann auch eine Rücklage für alle Anfechtungsverfahren gebildet werden (*BGH* ZMR 2015, 244, 245; ähnlich schon *Hügel* ZWE 2008, 271; kritisch *Deckert*, ZWE 2009, 67). 44

cc) Abrechnung der Kosten

Sehr streitig ist die endgültige Behandlung der Verfahrenskosten nach einer Kostenentscheidung des Gerichts. Teilweise wurde schon zum alten Recht vertreten, dass es sich bei den Kosten, die dem rechtsfähigen Verband durch die Kostenentscheidung des Gerichts auferlegt werden, gleichwohl um **Verwaltungskosten** handelt, die auch der (teilweise) obsiegende Miteigentümer mittragen muss. Dies war für das Entziehungsverfahren anerkannt. Dies betrifft nun alle Verfahren der Wohnungseigentümergemeinschaft (so schon zum alten Recht *BGH* ZMR 2014, 808 = WuM 2014, 361 = ZWE 2014, 261). Denn die rechtliche Differenzierung zwischen Eigentümern und Wohnungseigentümergemeinschaft ist gerade das wesentliche Ergebnis der Rechtsfähigkeit. Hier kann nichts anderes gelten, wenn ein Miteigentümer der Wohnungseigentümergemeinschaft wie ein Dritter gegenübersteht. Die **Kosten des Verbandes sind also auch auf den Gegner des Verbandes umzulegen.** 45

e) Die Ordnungsmäßigkeit der Schätzung

Bei der Schätzung insbesondere der Ausgaben kommt der Gemeinschaft ein erhebliches, gerichtlich **nicht überprüfbares Ermessen** zu (*KG* NJW-RR 1991, 726; *BayObLG* NJW-RR 1997, 717; 2000, 18; 2002, 1095). Ein Einzelansatz oder gar der gesamte Wirtschaftsplan widerspricht nur dann Grundsätzen ordnungsmäßiger Verwaltung, wenn er voraussichtlich zu **hohen Nachforderungen** oder umgekehrt zu **erheblichen Überschüssen** führt (*KG* NJW-RR 1991, 726; *BayObLG* NJW-RR 2000, 18; 2002, 1095; *LG Hamburg* ZMR 2011, 996; *AG Langenfeld* ZMR 2011, 907 f.). Allerdings ist gerade auf der Ausgabenseite eine **großzügige Schätzung** in aller Regel nicht zu beanstanden (*AG Langenfeld* ZMR 2011, 907 f.; Jennißen V Rn. 5). Lediglich bei festen Positionen ist ein höherer Ansatz nicht zulässig. Das gesetzlich vorgesehene System der Vorausfinanzierung durch Vorschüsse lässt auch eine Deckung des Finanzbedarfs durch Darlehen nach Auffassung des *BGH* zu (vgl. o. Rdn. 57). Sofern sich die Einnahmen und Ausgaben voraussichtlich nicht wesentlich verändern, kann auch die Fortgeltung eines früheren Wirtschaftsplans beschlossen werden. 46

3. Die Einzelwirtschaftspläne

a) Verteilung der Kosten nach dem geltenden Schlüssel

47 Aus dem Gesamtwirtschaftsplan muss die Belastung der einzelnen Wohnungseigentümer hervorgehen, die der sog. Einzelwirtschaftsplan ausweist. In der Praxis werden die anfallenden Einzelpositionen nach dem jeweils anzuwendenden Schlüssel auf die einzelnen Einheiten umgelegt und hieraus die Gesamtsumme der Belastung ermittelt (zu den – geringen – Anforderungen s. *OLG Köln* ZMR 2008, 818). Eine Zusammenfassung mehrerer Einheiten, die einem Eigentümer gehören, ist unzulässig (*LG Berlin* ZMR 2013, 736; *LG Hamburg* ZMR 2015, 47, 48 f.). Maßgeblich ist, sofern keine Änderungen erfolgten (s. Rdn. 48) der **in der Gemeinschaftsordnung bestimmte Verteilungsschlüssel**. Allerdings ist eine **Kostenfreistellung des teilenden Eigentümers** nach § 134 BGB nichtig (*AG München* ZMR 2012, 306). Enthält die Gemeinschaftsordnung keinen Kostenverteilungsschlüssel, gilt **§ 16 Abs. 2 S. 1 WEG.** Andere Umstände außerhalb des vereinbarten oder aus § 16 Abs. 2 S. 1 WEG folgenden Schlüssels sind unbeachtlich. Insbesondere kommt es nicht darauf an, ob der Wohnungseigentümer eine Einrichtung, etwa einen Aufzug (*OLG Düsseldorf* NJW-RR 1986, 95) oder Räumlichkeiten, an denen Sondernutzungsrechte bestehen, nutzt oder nutzen kann (vgl. u. Rdn. 102). Fehler bei der Kostenverteilung führen zur teilweisen oder gänzlichen Ungültigerklärung des Beschlusses über den Zahlungsplan (s.u. Rdn. 68) und können nicht dadurch relativiert werden, dass es sich nur um eine vorläufige Kostenverteilung handelt (*OLG Hamm* ZMR 2009, 59). Sofern die Gemeinschaft von der Beschlusskompetenz des § 3 HeizKVO Gebrauch gemacht hat, sind die **Heizkosten** nach dem beschlossenen Schlüssel umzulegen. Ansonsten gilt nicht der allgemeine Verteilungsschlüssel (so noch *BayObLG* NJW-RR 1986, 1077; 1999, 1686; *LG München I* ZMR 2012, 395 f.; s. zuletzt *Abramenko* ZWE 2007, 61 ff.). Vielmehr ist die HeizKVO auch für Wohnungseigentümer **zwingendes und unmittelbar geltendes Recht**, sodass ein früherer Beschluss vor dem 01.12.2020 über die Jahresabrechnung insoweit anfechtbar (*BGH* ZMR 2012, 372 f.; *LG Hamburg* ZMR 2015, 484, 485), aber nicht nichtig (*BGH* ZMR 2018, 1022 = WuM 2018, 661; *OLG München* ZMR 2013, 130 f.) ist. Nach allgemeinen Grundsätzen können aber dann, wenn nur ein geringer Teil des Verbrauchs durch Zähler erfasst wird Ausnahmen gelten (*OLG München* ZMR 2013, 131). Sofern **einzelne Positionen aus der Erhaltungsrücklage gedeckt** werden sollen, genügt ein entsprechender Vermerk, der die Umlage nach dem Verteilungsschlüssel ersetzt.

b) Abweichungen vom vereinbarten Schlüssel

aa) Möglichkeiten zur Veränderung der Kostenverteilung nach neuem Recht

48 In Zukunft ist zu berücksichtigen, dass das neue Recht etwa **in §§ 16 Abs. 2 S. 2 und 21 Abs. 5 WEG neue Beschlusskompetenzen** enthält, bestimmte Kosten im Einzelfall oder sogar generell nach einem anderen Schlüssel zu verteilen. Dies ermöglicht etwa die Verteilung der Verwaltergebühren nach Einheiten, die schon bislang als gerechter angesehen wurde (s. *AG Hannover* ZMR 2008, 921) als die ohne ausdrückliche Regelung obligatorische Verteilung nach Miteigentumsanteilen gem. § 16 Abs. 2 S. 1 WEG. Der Beschluss muss allerdings hinreichend bestimmt sein. Etwa die Verteilung »nach Personenzahl und Zeit« ist zu unbestimmt, da nicht klar ist, in welchem Verhältnis sich die Personenzahl z.Zt. verhalten soll (*AG Dortmund* ZMR 2016, 234, 235). Eine **rückwirkende Veränderung** der Kostenverteilung ist auch nach neuem Recht nicht möglich (*BGH* ZMR 2010, 775 f.; ZMR 2011, 652 f.; *OLG Hamm* ZMR 2007, 293, 295; ZMR 2010, 132; *AG Hannover* ZMR 2008, 845). Sind einige Wohnungseigentümer etwa nach § 21 Abs. 1 S. 1 WEG von bestimmten Kosten ausgenommen, muss dies auch im Wirtschaftsplan berücksichtigt werden. Für die übrigen Miteigentümer bleibt es bei dem üblichen Schlüssel, erhöht um den Anteil der freigestellten Miteigentümer.

bb) Anspruch auf Abänderung des Kostenverteilungsschlüssels

49 Sofern nur ein **bloßer Anspruch auf Abänderung** des Kostenverteilungsschlüssels nach § 10 Abs. 2 WEG oder nach § 16 Abs. 2 S. 2 WEG besteht, wirkt dieser erst ab Veränderung der Teilungserklärung/Gemeinschaftsordnung, im Streitfall also erst ab rechtskräftiger Entscheidung hierüber

(*BGH* ZMR 2018, 782 = WuM 2018, 387 = ZfIR 2018, 451; *BayObLG* NJW-RR 1987, 716; *KG* NJW-RR 1992, 1433 f.; *OLG Schleswig* ZMR 2008, 665; *OLG Frankfurt am Main* ZMR 2009, 464; *LG Frankfurt* ZMR 2015, 958; *AG Mannheim* ZMR 2009, 238).

cc) **Umdeutung nichtiger Regelungen im sachenrechtlichen Bereich**

Eine Abweichung vom vereinbarten Schlüssel kommt auch dann in Betracht, wenn die Teilungserklärung unwirksame sachenrechtliche Regelungen enthält. Wird etwa ein nicht sonderrechtsfähiges Bauteil unzulässigerweise dem Sondereigentum zugeordnet, ist diese sachenrechtliche Regelung nichtig. Sie kann aber **nach § 140 BGB in eine wirksame Kostentragungsregelung für dieses Bauteil umgedeutet** werden (*OLG Düsseldorf* NJW-RR 1998, 515 f.; *OLG Karlsruhe* ZMR 2010, 873 f.). Dies setzt aber Anhaltspunkte dafür voraus, dass die Teilungserklärung mit der unwirksamen sachenrechtlichen Regelung in jedem Fall eine Regelung über die Verteilung der Kosten bezweckt (*OLG Düsseldorf* NJW-RR 1998, 515 f.). 50

c) **Das Fehlen der Einzelwirtschaftspläne**

Mit dem WEMoG hat sich das Problem erledigt, was mit der »Genehmigung des Wirtschaftsplanes« gemeint sein soll, insbesondere die Frage, ob die Einzelwirtschaftspläne mitbeschlossen sein sollen (*LG Hamburg* ZMR 2015, 47 f.). Denn nach neuem Recht ist der Zahlungsplan der Beschlussgegenstand. Er darf gar nicht fehlen. Ohne ihn liegt kein wirksamer Beschluss vor. Zudem ist die Genehmigung des Wirtschaftsplans mangels Beschlusskompetenz nichtig. 51

4. **Der Beschluss des Zahlungsplans und seine Folgen**

a) **Das Verfahren bis zur Beschlussfassung**

Den Entwurf des Beschlusses über die Vorschüsse zur Kostentragung samt Wirtschaftsplan hat der Verwalter zunächst **dem Verwaltungsbeirat zuzuleiten**, der ihn nach § 29 Abs. 2 S. 2 WEG zu prüfen hat. Dieser hat eine Stellungnahme zu seinem Prüfergebnis abzugeben, was schriftlich, etwa durch einen Prüfvermerk, oder mündlich in der Eigentümerversammlung geschehen kann. Ebenso wie bei der Jahresabrechnung führt alleine das **Fehlen einer Prüfung** durch den Verwaltungsbeirat aber noch nicht zur Fehlerhaftigkeit einer gleichwohl erfolgenden Beschlussfassung durch die Eigentümer (vgl. u. Rdn. 163). Über die ggf. auf Einwände des Verwaltungsbeirats noch geänderte Beschlussvorlage des Verwalters hat dann die Eigentümerversammlung mit einfacher Mehrheit zu befinden. Geht sie den Einwänden des Verwaltungsbeirats nicht nach, führte dies schon nach altem Recht nicht zwangsläufig dazu, dass die Genehmigung der Jahresabrechnung ordnungsmäßiger Verwaltung widersprach (*OLG München* ZMR 2011, 739). Dies gilt erst recht nach Inkrafttreten des WEMoG; da diese Behandlung der Prüfung durch den Verwaltungsbeirat keine Auswirkung auf die Feststellung der Nachschüsse und die Anpassung der Vorschüsse hat. Ist wie beim Wirtschaftsplan oder der Jahresabrechnung eine eingehende Auseinandersetzung mit einem Beschlussantrag erforderlich, muss dieser den Eigentümern vor der Eigentümerversammlung übersandt werden. Anderenfalls ist die Beschlussfassung schon deswegen anfechtbar (*LG Frankfurt/M.* IMR 2018, 200). Selbstverständlich kann die Eigentümerversammlung aber **einzelne Ansätze noch abändern**, da die Vorlage des Verwalters nur ein Vorschlag ist (*KG* NJW-RR 1990, 396; *OLG Hamm* ZMR 2009, 60; *LG München I* ZMR 2010, 554; *LG Frankfurt/M.* ZMR 2018, 430, 431). Allerdings kann dies die Notwendigkeit einer weiteren Beschlussfassung nach sich ziehen, wenn die Vorschüsse des einzelnen Wohnungseigentümers aufgrund der Änderungen nicht mehr ohne Weiteres zu ermitteln sind (*KG* NJW-RR 1990, 397; *LG Frankfurt/M.* ZMR 2018, 430, 431, auch zu einem Beispiel noch hinreichender Bestimmtheit). Verweigert die Eigentümerversammlung die Beschlussfassung über die Vorschüsse ohne triftigen Grund, kann der einzelne Wohnungseigentümer deren **Festsetzung durch das Gericht** verlangen (vgl. o. Rdn. 30). Hingegen scheidet eine nur auf Ersetzung der Zustimmung gerichtete Klage gegen die widerstrebenden Wohnungseigentümer schon deswegen aus, weil der Abstimmungsvorgang zum Zeitpunkt einer gerichtlichen Entscheidung bereits längst beendet wäre (Bärmann/*Merle* § 28 Rn. 54). 52

b) Die Wirkung der Beschlussfassung und die Fälligkeit der Vorschüsse

53 Die Verpflichtung zur Zahlung von Vorschüssen entsteht nicht kraft Gesetzes, sondern wird erst mit der Beschlussfassung begründet (*BGH* ZMR 2014, 51; *BayObLG* NJW-RR 1988, 1171; NJW-RR 2006, 22; *OLG Düsseldorf* NJW-RR 1997, 906; *OLG Köln* NJW-RR 1997, 1102; *OLG München* ZMR 2007, 806; *OLG Brandenburg* ZMR 2008, 388; *OLG Köln* ZMR 2008, 479). Der Beschluss der Eigentümerversammlung ist der **Rechtsgrund für deren Leistung** (*BayObLG* NJW-RR 1987, 1040; *LG Hamburg* ZMR 2015, 784). Da die Eigentümerversammlung, die über die Vorschüsse beschließt, regelmäßig nicht schon im Januar eines Jahres abgehalten werden kann, behilft sich die Praxis mit einem Beschluss, wonach der jeweilige Zahlungsplan bis zum Beschluss eines neuen fortgelten soll (*OLG Hamm* NJW-RR 1989, 1161 f.; *KG* NJW-RR 1990, 1299; 2002, 1379; vgl. o. Rdn. 25). Den Wohnungseigentümern ist es aber jedenfalls kraft der neuen Beschlusskompetenz **aus § 28 Abs. 3 WEG möglich, die Fälligkeit anders zu regeln**, etwa bereits mit der Beschlussfassung über die Vorschüsse einen Termin zu bestimmen, bis zu dem jeder Miteigentümer seine Zahlungen zu leisten hat. Durch die neue Beschlusskompetenz in § 28 Abs. 3 WEG wird auch die Diskussion obsolet, ob und in welchem Rahmen (nur im Einzelfall oder abstrakt-generell) die Wohnungseigentümer diesbezügliche Regelungen in der Teilungserklärung abändern können. Sie können nunmehr mit einfacher Mehrheit sowohl die Fälligkeit der Vorschüsse für ein konkretes Wirtschaftsjahr als auch generell für die Zukunft regeln, auch entgegen einer Bestimmung der Gemeinschaftsordnung (*BGH* ZMR 2018, 527 =WuM 2018, 240; *LG Dortmund* ZMR 2018, 428). So ist es nunmehr ohne Weiteres möglich, bei Verzug mit zwei oder mehr monatlichen Raten die Fälligkeit der Vorschüsse für das gesamte Jahr zu beschließen (sog. **Vorfälligkeit**). Der Beschluss des Zahlungsplans bleibt auch nach der Beschlussfassung über Nachschüsse und Anpassung der Vorschüsse eigenständige Anspruchsgrundlage (vgl. u. Rdn. 171).

c) Gläubiger und Schuldner der Vorschüsse

aa) Der Verband als Gläubiger

54 Hinsichtlich der Gläubiger- und Schuldnerstellung hat sich nichts geändert: Gläubiger der Vorschüsse ist nach § 9a Abs. 3 WEG die Wohnungseigentümergemeinschaft (*OLG München* ZMR 2007, 990; 2008, 413; *OLG Hamburg* ZMR 2008, 153; *AG Bonn* ZMR 2013, 219 f.). Es bestehen deshalb keine Individualansprüche einzelner Wohnungseigentümer auf Durchsetzung von Wohngeldvorauszahlungen (vgl. *AG Bonn* ZMR 2013, 219 f. zu Nachzahlungen). Der einzelne Wohnungseigentümer kann bei Nichtzahlung dieser Beiträge den Schuldner nicht nach den Grundsätzen der actio pro socio auf Zahlung verklagen (*BGH* ZMR 2017, 570, 571). Dies lässt sich auch nicht durch die Haftungsregelung des § 9a Abs. 4 WEG umgehen (*BGH* v. 26.10.2018 – V ZR 279/17, ZMR 2019, 419 = ZWE 2019, 265=GE 2019, 803; *BGH* v. 25.09.2020 – V ZR 288/19, ZMR 2021, 255 = ZWE 2021, 128=GE 2021, 128; *BGH* v. 07.05.2021 – V ZR 254/19, ZMR 2021, 992 = NJW-RR 2021, 945 = GE 2021, 951). Denkbar ist allerdings in einer Gemeinschaft ohne Verwalter die Klage des oder der übrigen Wohnungseigentümer als Vertreter der Wohnungseigentümergemeinschaft (s. § 9b Rdn. 53 ff.). Ein einzelner Wohnungseigentümer kann von einem anderen wegen der Nichtzahlung von Vorschüssen auch keinen **Schadensersatz** verlangen, weil etwa deswegen die Durchführung von Erhaltungsmaßnahmen unterblieb und deswegen Miete gemindert wurde (*BGH* ZMR 2017, 570 =NJW-RR 2017, 844). Die Unterscheidungen danach, ob Eigentümerwechsel stattgefunden haben (*KG* NJW-RR 1992, 85; 1995, 720; 1999, 92 f.; modifiziert in NJW-RR 2002, 1380 f.), waren schon früher zweifelhaft und entbehren nun nach Anerkennung des rechtsfähigen Verbandes jeder Grundlage.

bb) Die Eigentümer als Schuldner

55 Die Schuldner der Vorschüsse sind die **Eigentümer**(*BayObLG* NJW-RR 1991, 723; zu werdenden Eigentümer s. Rdn. 1). Nach der Rechtsprechung des *BGH* zur Jahresabrechnung ist selbst dann der aktuelle Eigentümer Schuldner der Abrechnungsspitze, wenn fälschlich der **Voreigentümer** als Zahlungspflichtiger genannt ist (*BGH* ZMR 2012, 284 f.). Für die Vorschüsse aus dem Wirtschafts-

plan kann nichts anderes gelten. Ein **Minderjähriger** kann sich allerdings auf die Haftungsbeschränkung aus § 1629a BGB berufen. Das gilt aber nicht, wenn die Verbindlichkeiten erst nach Eintritt der Volljährigkeit fällig werden (*LG Nürnberg-Fürth* ZMR 2010, 74). Der Eigentümer kann sich der Verpflichtung zur Zahlung von Vorschüssen durch **Dereliktion** nach § 928 BGB nicht entziehen (zur Unmöglichkeit des Verzichts auf Wohnungseigentum s. *BGH*, NJW 2007, 2547 f. = ZMR 2007, 795; *KG* NJW 1989, 42; *OLG Düsseldorf* NJW-RR 2001, 233; a.A. *OLG Düsseldorf* ZMR 2007, 383 f.). Auch bei einer Belastung etwa mit einem **Nießbrauch** oder einem Wohnrecht nach § 1093 BGB ist der Gemeinschaft gegenüber der Eigentümer zur Zahlung der Vorschüsse verpflichtet (*BGH* DB 1979, 545); er kann nur im Innenverhältnis vom Inhaber dieses Rechtes Freistellung oder Ausgleich verlangen. Bei einer **Gesellschaft bürgerlichen Rechts** sind alle im Grundbuch eingetragenen Gesellschafter Gesamtschuldner der Beiträge, sofern nicht durch Gesellschafterwechsel ein Eigentumsübergang außerhalb des Grundbuchs vollzogen wurde und dieser dem Verwalter in der Form des § 29 GBO nachgewiesen wird (*OLG Hamm* NJW-RR 1989, 655 f.). Auch der Inhaber eines isolierten Miteigentumsanteils ist an den Kosten zu beteiligen (*OLG Hamm* ZMR 2007, 215; Staudinger/*Häublein* § 28 Rn. 198). Sein Anspruch auf Bereinigung dieser sachenrechtlichen Lage begründet keine Einrede.

cc) Die Verpflichtung zur Zahlung der Vorschüsse kraft Erbgangs

Grundsätzlich schuldet der Erbe mit dem Erbfall die Beiträge nach § 28 Abs. 1 S. 1 WEG selbst 56
dann, wenn er kraft Vermächtnisses zur Übertragung verpflichtet ist (*AG Wilhelmshaven* ZMR 2016, 409 f.). Sofern das Wohnungseigentum kraft **Erbgangs** erworben wurde, war früher aber außerordentlich umstritten, ob der neue Eigentümer schon aufgrund seiner Eigentümerstellung haftet oder die Haftung – in welchem Umfang und wie lange auch immer – auf den Nachlass beschränken konnte. Nach der dogmatisch nicht ganz sauberen, aber für die Praxis gut zu handhabenden Rechtsprechung des *BGH* (*BGH* InfoM 2013, 338 = ZWE 2013, 372) schuldet der Erbe die Beiträge nach § 28 Abs. 1 S. 1 WEG schon dann, wenn er die **Erbschaft angenommen hat oder die Ausschlagungsfrist abgelaufen ist** (*BGH* InfoM 2013, 338 = ZWE 2013, 372 = ZMR 2014, 221). Denn ab diesem Zeitpunkt liegt es nämlich alleine in seiner als Verwaltungsmaßnahme anzusehenden Entscheidung, wie er mit der Wohnung verfährt, ob er sie selbst nutzt, vermietet, veräußert o.ä. Zu Ausnahmen kann es in den Fällen kommen, in denen rein passives Verhalten nach diesen Maßstäben kein Verwaltungshandeln darstellt. Dies ist etwa bei einer Belastung mit einem Wohnrecht der Fall, aufgrund dessen der Erbe keinen Nutzen aus der Wohnung zieht und auch nicht ziehen kann. Selbst dann liegt aber ein Verwaltungshandeln des Erben vor, wenn er **an Beschlüssen der Eigentümerversammlung mitwirkt** (*BGH* InfoM 2013, 338 = *ZWE* 2013, 372 = ZMR 2014, 221; a.A. noch *AG Düsseldorf* ZMR 2012, 583). Wird eine Eigentumswohnung erst vom Testamentsvollstrecker mit Nachlassmitteln erworben, sind die Hausgelder in jedem Fall Nachlasserbenschulden, für die sowohl der Nachlass als auch der Erbe haften (*BGH* ZMR 2012, 211 f.). Denn sie sind Folge der Verwaltung des Nachlasses.

dd) Grundbuch und wahre Eigentümerstellung

Abgesehen von der Sonderregelung des § 8 Abs. 3 WEG für die Gründungsphase ist grundsätzlich 57
die Eintragung in das Grundbuch für die Eigentümerstellung maßgeblich. Das Abstellen auf die sachenrechtliche Lage ermöglicht es, in den meisten Fällen durch Einsicht in das Grundbuch den Schuldner der Vorschüsse zweifelsfrei zu ermitteln. Das gilt auch bei der internen Aufteilung einer Einheit und der Veräußerung des abgetrennten Teils; die Grundsätze der werdenden Wohnungseigentümergemeinschaft fanden hier keine Anwendung (*AG München* ZMR 2017, 843, 844). Ausnahmen vom Eintragungserfordernis gelten naturgemäß beim **Eigentümerwechsel außerhalb des Grundbuchs**, etwa durch Zuschlag in der Zwangsversteigerung nach § 90 ZVG oder durch Erbgang gem. § 1922 BGB (*OLG Hamburg* NJW-RR 1986, 177). Denkbar ist ferner, dass die im Grundbuch verlautbarte Eigentumslage aus sonstigen Gründen, etwa kraft wirksamer **Anfechtung der Auflassung**, unrichtig ist. In diesem Fall ist der wahre Eigentümer, nicht der im Grundbuch eingetragene, Schuldner der Vorschüsse (*BGH* ZMR 2012, 972 f.; *AG Kassel* ZMR 2011, 516). Hie-

rauf gestützte Rückforderungsansprüche können aber verwirkt sein, wenn sich der Scheineigentümer über lange Zeit als Eigentümer geriert und insbesondere wie jener die wirtschaftlichen Vorteile etwa in Form der Mieten aus seiner Buchposition gezogen hat (*OLG Stuttgart* ZMR 2005, 984 f.; ähnlich bei Eintragung aufgrund nichtiger Vollmacht *LG Stralsund* ZMR 2007, 147 f.). Zudem hat derjenige, der sich auf die Unrichtigkeit des Grundbuches beruft, die **Vermutung des § 891 Abs. 1 BGB zu widerlegen**, also vollen Beweis für das Fehlen seiner Eigentümerstellung zu führen.

ee) Die Haftung nach Veräußerung des Wohnungseigentums

58 Die Frage, wer die Vorschüsse nach einem Eigentümerwechsel schuldet, richtet sich nach der sog. **Fälligkeitstheorie.** Maßgeblich ist danach die Eigentümerstellung zu der Zeit, da die Vorschüsse fällig werden (*BGH* ZMR 2018, 527; *BayObLG* NJW-RR 1991, 723; *OLG Hamm* NJW-RR 1996, 912; *LG München I* ZMR 2012, 297; *AG Groß Gerau* ZMR 2012, 302; *AG Brake* ZMR 2015, 408; kritisch Jennißen VIII Rn. 24 ff.). Dies gilt auch beim Eigentumsübergang durch Zuschlag in der Zwangsversteigerung; der Alteigentümer bleibt Schuldner der bis zum Zuschlag aufgelaufenen Rückstände (*LG Köln* ZMR 2014, 84 f.) Beschließt die Eigentümerversammlung zulässigerweise (vgl. Rdn. 23) einen Zahlungsplan mit Rückwirkung, so schuldet nur derjenige, der zu dieser Zeit Eigentümer ist, die Vorschüsse; eine Belastung des ausgeschiedenen Eigentümers wäre als Gesamtakt zulasten Dritter unwirksam (*BGH* ZMR 2012, 284 f.; *OLG München* ZMR 2007, 806). Dies gilt selbst dann, wenn im Beschluss **zu Unrecht der Voreigentümer als Schuldner genannt** wird (*BGH* ZMR 2012, 284 f.; ähnlich *LG München I* ZMR 2012, 298). Sofern die Vorschüsse nicht sofort fällig gestellt wurden, kommt es demnach nicht auf den Zeitpunkt der Beschlussfassung an, sondern auf ihre Fälligstellung. Sind, wie üblich, monatliche Zahlungen vereinbart oder nach § 28 Abs. 3 WEG beschlossen, schuldet auch nach Abschluss des notariellen Kaufvertrags und Eintragung einer Auflassungsvormerkung weiterhin der Veräußerer dem Verband gegenüber die Vorschüsse. Maßgeblicher **Zeitpunkt für den Übergang der Verpflichtung** ist die Eintragung im Grundbuch (*AG Rosenheim* ZMR 2015, 646 f.). Der eingetragene Eigentümer bleibt auch dann zur Zahlung der Vorschüsse nach § 28 Abs. 1 S. 1 WEG verpflichtet, wenn die Umschreibung des Wohnungseigentums aufgrund einer unrichtigen Beanstandung des Grundbuchamtes etwa im Zusammenhang mit der Verwalterzustimmung nach § 12 WEG unterbleibt (*OLG Celle* ZMR 2009, 52 f.). Allerdings kommen in diesem Fall Amtshaftungsansprüche in Betracht. Umgekehrt besteht aufseiten des Erwerbers jenseits des § 8 Abs. 3 WEG im Verhältnis zur Wohnungseigentümergemeinschaft vor der Eigentumsumschreibung grundsätzlich keine Verpflichtung zur Zahlung von Vorschüssen, auch wenn er das Wohnungs- bzw. Teileigentum bereits nutzt (*BGH* ZMR 2008, 806; *BayObLG* NJW-RR 1990, 81; *OLG Köln* NJW-RR 1999, 959). Eine **Regelung im Kaufvertrag**, wonach der Erwerber seit Besitzerlangung die Lasten des Wohnungseigentums zu zahlen hat, wirkt i.d.R. nur zwischen den Vertragsparteien (*BayObLG* NJW-RR 1990, 82; *KG* NJW-RR 1997, 1232 = WuM 1997, 523; *AG Rosenheim* ZMR 2015, 646; *AG München* ZMR 2017, 843, 845). Nur ausnahmsweise wird man derartige vertragliche Bestimmungen als Vertrag zugunsten Dritter ansehen können, kraft dessen dem Verband ein eigenes Forderungsrecht zusteht (*BayObLG* NJW-RR 1990, 82).

ff) Erwerberhaftung

59 Eine gesamtschuldnerische Haftung von Veräußerer und Erwerber besteht kraft Gesetzes nicht (*AG München* ZMR 2015, 631 f.). Sie kann auch schon deswegen nicht beschlossen werden, weil die Belastung des Erwerbers, also eines Außenstehenden, ein Rechtsgeschäft zu Lasten Dritter wäre. Zudem fehlt hierfür auch nach neuem Recht die Beschlusskompetenz (vgl. *LG München I* ZMR 2012, 298). Denkbar ist allerdings eine **Regelung in der Gemeinschaftsordnung** oder kraft Vereinbarung, die eine Haftung des Erwerbers für Schulden seines Sonderrechtsvorgängers vorsieht. In diesem Fall kann der Verband sowohl auf den früheren wie auf den neuen Eigentümer zurückgreifen (*OLG Düsseldorf* NJW-RR 1997, 906; *KG* NJW-RR 2003, 444). Dies betrifft auch Rückstände des teilenden Eigentümers (*OLG Düsseldorf* NJW-RR 1997, 906). Allerdings kann auch eine entsprechende Bestimmung in der Teilungserklärung wegen **§ 56 Satz 2 ZVG** keine Geltung gegenüber dem Ersteher in der Zwangsversteigerung beanspruchen; eine ausdrückliche Regelung dieses Inhalts

ist nichtig (*BGH* NJW 1987, 1638 f.; *OLG Hamm* NJW-RR 1996, 911; *KG* NJW-RR 2002, 1524; 2003, 444).

Im Schrifttum wurden verschiedene Kunstgriffe erörtert, diese Beschränkungen der Erwerberhaftung zu umgehen. Einer der Vorschläge zielte darauf, die **Erhaltungsrücklage aufzulösen, und sogleich danach durch zweite Beschlussfassung wieder in gleicher Höhe zu bilden.** Hierdurch würden die Wohnungseigentümer, die ihre Beiträge geleistet hatten, nicht beeinträchtigt, da ihre Einzahlung dem Guthaben entspräche. Bei einem säumigen Schuldner sollte der Auszahlungsbetrag mit den Verbindlichkeiten verrechnet werden. War mittlerweile ein Eigentümerwechsel eingetreten, hätte der neue Miteigentümer somit den auf seine Einheit entfallenden Anteil in voller Höhe in die Erhaltungsrücklage zahlen müssen, während der Auszahlungsbetrag die aufgelaufenen Schulden decken sollte. Diese Konstruktion wurde indessen von der Rechtsprechung nicht gebilligt, die die beiden Elemente der Beschlussfassungen zur Auflösung und sofortigen Neubildung der Rücklage als perplex und somit als nichtig ansah (*OLG Hamm* NJW-RR 1991, 212 f.). Zudem sei darin ein Zugriff auf das Guthaben lediglich eines Wohnungseigentümers zu sehen, wofür die Beschlusskompetenz fehle (*OLG Hamm* NJW-RR 1991, 213; *OLG Saarbrücken* NJW-RR 2000, 87). 60

gg) Andere zur Vorschussleistung Verpflichtete

Auf die Eigentümerstellung kommt es nicht an, wenn die Zwangsverwaltung eines Wohnungs- oder Teileigentums angeordnet ist. In diesem Fall hat der **Zwangsverwalter** gem. § 155 Abs. 1 ZVG die laufenden Vorschüsse aus den Einnahmen der Nutzung zu erbringen (*BGH* ZMR 2012, 460 f.; *BayObLG* NJW-RR 1991, 723; *OLG München* ZMR 2007, 217; *AG Langenfeld* ZMR 2009, 879; *AG Reutlingen* ZMR 2010, 156). Reichen die Einnahmen nicht aus, ist der **Vollstreckungsgläubiger gem. § 161 Abs. 3 ZVG zur Zahlung eines Vorschusses** aufzufordern; die Privilegierung der Eigentümergemeinschaft aus § 10 Abs. 1 Nr. 2 WEG sollte hieran nichts ändern (*BGH* ZMR 2010, 297; *LG Düsseldorf* ZMR 2009, 713 f.; a.A. noch *AG Duisburg* ZMR 2009, 149 f.; *AG Schöneberg* ZMR 2009, 158; *Schneider* ZfIR 2008, 169 u. ZMR 2009, 296). Vor Anordnung der Zwangsverwaltung aufgelaufene Rückstände muss er dagegen nicht ausgleichen (*BGH* ZMR 2012, 460 f.; *OLG München* ZMR 2007, 217; a.A. noch *BayObLG* NJW-RR 1991, 723). Der Zwangsverwalter tritt allerdings nur neben den Wohnungseigentümer, nicht an seine Stelle, sodass dieser nur i.H.d. tatsächlich erfolgten Leistungen von seiner Zahlungspflicht frei wird (*OLG Zweibrücken* NJW-RR 2005, 1683; *KG* NJW-RR 2006, 661 f.; *OLG München* ZMR 2007, 217; *OLG Köln* ZMR 2008, 989; *LG Berlin* ZMR 2008, 244). Allerdings muss er Zahlungen des Zwangsverwalters gem. § 212 Abs. 1 Nr. 1 BGB gegen sich gelten lassen (*BGH* ZMR 2012, 460 f.). Ähnliches gilt für den **Insolvenzverwalter**, dessen Beitragspflicht aber der Höhe nach auf die Masse beschränkt ist. Vorschüsse, die vor der Eröffnung des Insolvenzverfahrens fällig wurden, sind einfache **Insolvenzforderungen** (*AG Heilbronn* ZMR 2010, 325; *AG Koblenz* ZMR 2010, 568; *Schneider* ZMR 2012, 749; *Becker* ZWE 2013, 8), solche die nach Eröffnung des Insolvenzverfahrens fällig werden, sind **Masseverbindlichkeiten** nach § 55 Abs. 1 Nr. 1 InsO (*OLG Köln* ZMR 2008, 988 f.; *AG Halle/Saale* ZMR 2011, 999; *Schneider* ZMR 2012, 749 f.; *Becker* ZWE 2013, 8). Gibt der Insolvenzverwalter das Sondereigentum aber aus der Insolvenzmasse frei (*LG Berlin* ZMR 2008, 244; *AG Halle/Saale* ZMR 2011, 999), schuldet alleine der Eigentümer die Vorschüsse. 61

hh) Werdende Wohnungseigentümergemeinschaft (Übergangsrecht)

Eine weitere Ausnahme erkennt das Gesetz in der Gründungsphase der Wohnungseigentümergemeinschaft an. Allerdings wurde die Rechtsfigur der »**werdenden Eigentümergemeinschaft**« vom WEMoG beseitigt. Da es sich hierbei nicht um Verfahrensvorschriften des dritten Teils gemäß § 48 Abs. 5 WEG handelt, wurde diese Änderung mit Inkrafttreten des neuen Rechts wirksam. Es existiert somit nur ab Anlegung der Wohnungsgrundbücher gemäß § 9a Abs. 1 S. 2 WEG und somit regelmäßig vor Begründung der früheren werdenden Wohnungseigentümergemeinschaft die »echte« Wohnungseigentümergemeinschaft. 62

ii) **Werdende Wohnungseigentümer nach § 8 Abs. 3 WEG**

63 Damit stellte sich gleichwohl das Problem, dass Erwerber vom teilenden Eigentümer bereits ihre Wohnung bzw. ihr Teileigentum nutzen, bevor sie im Grundbuch eingetragen sind. Damit müssten sie sich nach der Grundregel der Fälligkeitstheorie nicht an den Kosten des Gemeinschaftseigentums beteiligen. Dies versucht der Gesetzgeber dadurch zu entschärfen, dass er ihnen unter enger Anlehnung an die Grundsätze der früheren werdenden Wohnungseigentümergemeinschaft eine vorgezogene Eigentümerstellung zuerkennt. Danach gilt der einzelne Erwerber nach § 8 Abs. 3 WEG als Wohnungseigentümer, wenn sein Anspruch auf Übertragung des Wohnungseigentums durch Auflassungsvormerkung im Grundbuch gesichert ist und er Besitz am Wohn- bzw. Teileigentum erlangt hat (vgl. *BGH* ZMR 2008, 806; ZMR 2012, 711; *OLG Köln* NJW-RR 1999, 959; NJW-RR 2006, 445; *KG* NJW-RR 2003, 589; 2004, 879; *LG Ellwangen* NJW-RR 1996, 973; *LG Dresden* ZMR 2006, 77; *LG Nürnberg-Fürth* ZMR 2011, 243 f.; *AG München* ZMR 2015, 631 f.). Dies beinhaltet die Zahlung der Vorschüsse gemäß § 28 Abs. 1 S. 1 WEG. Die Pfändung der Auflassungsvormerkung steht der Zahlungspflicht nicht entgegen (*AG Leipzig* ZMR 2009, 155), ebenso wenig der Rücktritt vom Kaufvertrag, da er nur ex nunc wirkt. Ist die Wirksamkeit des Rücktritts streitig, muss sich das eingetragene Mitglied der Wohnungseigentümergemeinschaft die Vermutung des § 892 BGB entgegenhalten lassen (so im Ergebnis auch *LG Koblenz* ZMR 2018, 437, 439 f.). Hingegen steht die **Unwirksamkeit des Kaufvertrages** der Zahlungspflicht entgegen (*KG* NJW-RR 2003, 589; *OLG Dresden* ZMR 2010, 462; anders natürlich nach Eintragung in das Grundbuch, s. *LG Frankfurt* ZMR 2014, 238 f.). Denn die Auflassungsvormerkung ist rein akzessorischer Natur, sodass das Grundbuch bei einem nichtigen Kaufvertrag insoweit falsch ist und die Voraussetzungen der Zugehörigkeit zur (früher: werdenden) Eigentümergemeinschaft in Wirklichkeit nicht vorliegen. Für die Nichtigkeit ist allerdings der mit der Vormerkung im Grundbuch eingetragene **darlegungs- und beweisbelastet**, da die Wohnungseigentümergemeinschaft in die Interna der Kaufvertragsparteien üblicherweise keinen Einblick hat (*LG Nürnberg-Fürth* ZMR 2011, 243 f.). Jedenfalls kann sich derjenige, der die Wohnung bzw. das Teileigentum nutzt und hieraus Mieteinkünfte erzielt, schon nach Grundsätzen von Treu und Glauben nicht nach Jahren auf die Unwirksamkeit des Kaufvertrages berufen, um seine Beiträge zu sparen oder gar zurückzufordern (*OLG Dresden* ZMR 2010, 462, im Einzelfall allerdings verneint).

jj) **Modalitäten der Erfüllung**

64 Zu erfüllen ist die Schuld aufgrund der Ortsbezogenheit des Anspruchs am **Ort der Liegenschaft** (*OLG Stuttgart* NJW-RR 2005, 814 f.). Die Einziehung ist nach § 27 Abs. 1 Nr. 1 WEG Aufgabe des Verwalters, was aber nach § 27 Abs. 2 WEG anders geregelt werden kann (vgl. o. § 27 Rdn. 76 ff., 125). Erfüllt der Schuldner seine Schuld nicht vollständig, so sind seine Zahlungen nach § 366 Abs. 2 BGB zu **verrechnen**, sofern er keine Tilgungsbestimmung angibt (*Merle* ZWE 2011, 237). Gibt er an, worauf er zahlen will, ist dies vorrangig (*LG München I* ZMR 2010, 716 f.). Die **Tilgungsbestimmung** kann auch konkludent erfolgen, etwa dann, wenn der Schuldner genau den Betrag für den laufenden Monat überweist. Anderenfalls kann eine Zahlung auch auf Altschulden verrechnet werden (*AG Lichtenberg* ZMR 2017, 597 f.). Der Eigentümerversammlung kommt aus § 28 Abs. 3 WEG die Kompetenz zu, vom Gesetz abweichende Tilgungsbestimmungen zu beschließen, allerdings nicht mit Rückwirkung (*Merle* ZWE 2011, 239 ff.). Die Erfüllung ist naturgemäß vom zahlungspflichtigen Wohnungseigentümer darzulegen und zu beweisen (*AG Lichtenberg* ZMR 2017, 597).

d) **Keine Teilzahlungen auf einzelne Kostenarten**

65 Schon nach bisherigem Recht konnte der Wohnungseigentümer nicht bestimmen, nur auf einzelne Kostenarten zu leisten. Denn bei den Zahlungen auf die Vorschüsse handelt es sich um eine einheitliche Schuld, weshalb die Unterpositionen keine eigenständigen Verbindlichkeiten darstellen (*KG*, NJW-RR 2006, 446 = ZMR 2005, 906 f.; *OLG Dresden*, ZMR 2008, 141). Deshalb kann ein Schuldner der Vorschüsse auch nicht durch die Zahlungen nur auf Wasser, Abwasser und Wärme-

versorgung eine Versorgungssperre abwenden. Dies gilt natürlich noch verstärkt nach dem WEMoG, da nur die Vorschüsse Gegenstand der Beschlussfassung sind, nicht aber der Wirtschaftsplan und erst recht nicht einzelne Kostenarten. Leistet ein Wohnungseigentümer nur solche Teilzahlungen auf einzelne Kostenarten, sind sie nicht nur hierauf, sondern anteilig auf die Vorschüsse insgesamt anzurechnen (*LG Köln*, ZMR 2012, 663)

e) Schadensersatzansprüche bei Nichterfüllung von Beitragsverpflichtungen

Schadensersatz wegen Nichtzahlung von Beiträgen kommt nur seitens des Verbandes aufgrund eigener Schäden zum Tragen (*BGH* ZMR 2017, 570, 571). Der einzelne Wohnungseigentümer kann bei Nichtzahlung dieser Beiträge allerdings den Schuldner **nicht nach den Grundsätzen der actio pro socio** auf Zahlung von Schadensersatz des Verbandes verklagen. Denn hierfür besteht eine geborene Ausübungsbefugnis des Verbandes. Noch viel weniger steht ihm wegen eigener Schäden ein Anspruch auf **Schadensersatz** zu, wenn durch die mangelnde Liquidität wichtige Erhaltungsmaßnahmen unterbleiben und daher beispielsweise Mieten gemindert werden (*BGH* ZMR 2017, 570, 571). Denn der säumige Schuldner verletzt »nur« seine Pflichten dem Verband gegenüber. Allerdings dürften dem Wohnungseigentümer dann, wenn die Beiträge pflichtwidrig nicht beigetrieben werden, tatsächlich Schadensersatzansprüche gegen den rechtsfähigen Verband zustehen (so bereits *BGH* ZMR 2017, 570, 572). Denn ähnlich wie bei der Durchführung von Beschlüssen ist zur Beitreibung von Beiträgen gesetzlich nunmehr alleine die Wohnungseigentümergemeinschaft verpflichtet (§§ 9a Abs. 2, 18 Abs. 1 WEG). Bei der Verletzung dieser Pflicht trifft daher nach neuem Recht, ähnlich wie bei der Nichtdurchführung von Beschlüssen, sie die Verpflichtung zum Schadensersatz. Sie kann aber, da der Verwalter durch die unterlassene Beitreibung seine Pflichten gegenüber der Wohnungseigentümergemeinschaft verletzt hat, bei jenem Regress nehmen. 66

5. Die gerichtliche Korrektur des Wirtschaftsplans

a) Die möglichen Klageziele

Wie jeder Beschluss kann auch derjenige über die Vorschüsse zur Kostentragung formell oder materiell fehlerhaft sein. Der Ablauf des Wirtschaftsjahres lässt das **Rechtsschutzbedürfnis** hierfür nicht entfallen, da der Rechtsgrund für nicht erbrachte Zahlungen ohne Ungültigerklärung fortbesteht (*OLG Hamburg* ZMR 2008, 150). Entsprechendes gilt für die **bestandskräftige Beschlussfassung über die Einforderung von Nachschüssen und die Anpassung der Vorschüsse** nach der Jahresabrechnung (vgl. noch zur Genehmigung der Jahresabrechnung *LG Hamburg* ZMR 2011, 996). Denn der Rechtsgrund für die Vorauszahlungen ist und bleibt auch nach der Jahresabrechnung alleine der Beschluss hierüber basierend auf dem Wirtschaftsplan. Zu den formellen Fehlern wie Ladungsmängeln gelten die allgemeinen Grundsätze. Dabei umfasste nach altem Recht der in der Einladung genannte Beschlussgegenstand »Wirtschaftsplan« auch die Beschlussfassung über die Erhöhung der früheren Instandhaltungsrücklage (*BayObLG* NJW-RR 2001, 375). Dies dürfte bei einer Ankündigung »Beschlussfassung über die Vorschüsse« erst recht gelten, da diese Zahlungen jetzt unmittelbar Beschlussgegenstand sind. Bei inhaltlichen Mängeln, die nicht als **offensichtliche Fehler** analog § 319 ZPO zu beseitigen sind (Staudinger/*Bub* § 28 Rn. 523), können mit der Anfechtung des Beschlusses über die Vorschüsse im Grundsatz nur vier Rechtsschutzziele verfolgt werden, die allerdings auch in Kombination vorliegen können. Zum einen kann der Anfechtende eine **zu hohe Belastung** von sich abwenden wollen, ohne sich gegen die Ansätze des Gesamtwirtschaftsplans zu wenden. Zum zweiten kann er **einzelne Positionen** des Gesamtwirtschaftsplans angreifen, ohne sich gegen die Verteilung der Kosten als solche zu richten. Drittens kann er etwa durch mangelnde Berücksichtigung vorhersehbarer Ausgaben oder zu geringe Einnahmen **Liquiditätsprobleme** abwenden wollen. Schließlich kann er die **Aufnahme weiterer Positionen** begehren. Diese vier Hauptfälle des gerichtlichen Vorgehens gegen einen Wirtschaftsplan verlangen jeweils ein anderes prozessuales Vorgehen des Anfechtenden bzw. differenzierte Verteidigungsstrategien der anderen Wohnungseigentümer. 67

b) **Die Beseitigung einer zu hohen Belastung für einzelne Wohnungseigentümer**

68 Zu ungerechtfertigten Belastungen einzelner Wohnungseigentümer kann es insbesondere durch die Verwendung **falscher Verteilungsschlüssel** kommen (*BayObLG* NJW-RR 2002, 1666; *OLG Brandenburg* ZMR 2008, 388). Da sich diese in jedem Fall auf seine Zahlungspflicht auswirken, wird eine Anfechtung des Beschlusses über die Vorschüsse insgesamt jedenfalls i.d.R. Erfolg versprechend sein (vgl. *OLG Hamm* ZMR 2008, 64 für fehlerhafte Schlüssel in 15 von 16 Kostenarten, ähnlich ZMR 2009, 60). Ein solchermaßen fehlerhafter Beschluss über den Zahlungsplan ist aber **nicht nichtig** und erwächst ohne Anfechtung in Bestandskraft (*OLG Brandenburg* ZMR 2008, 388; *LG Hamburg* ZMR 2011, 996). Eine Ungültigerklärung des gesamten Beschlusses hat indessen zur Folge, dass die Grundlage für die Vorschusszahlungen entfällt. In der Konsequenz müssen die Wohnungseigentümer ohne vorherige Ansammlung der notwendigen Mittel den jeweils anfallenden Bedarf nach dem geltenden Kostenverteilungsschlüssel decken, was einzelne Wohnungseigentümer durchaus überfordern kann. Zur Vermeidung dieser Unzuträglichkeiten kann der Anfechtende seinen Antrag mit einem weiteren auf **Festsetzung des Zahlungs- bzw. Wirtschaftsplanes durch das Gericht** verbinden. Tut er dies nicht, kann die Liquidität des Verbandes durch eine Widerklage allerdings nicht mehr gesichert werden (vgl. Rdn. 72).

c) **Die Anfechtung einzelner Positionen**

69 Eine andere Interessenlage ergibt sich, wenn ein Wohnungseigentümer bestimmte Positionen für überflüssig, überhöht oder zumindest derzeit nicht finanzierbar hält. In diesem Fall ist die **ersatzlose Kassation** durch Ungültigerklärung gewünscht. Dies betrifft nach neuem Recht ebenfalls den gesamten Beschluss über die Festsetzung der Vorschüsse, da sich selbst eine einzelne fehlerhafte Position auf alle Vorschüsse auswirkt. Die früher gebotene **Teilanfechtung** (*AG Dortmund* ZMR 2016, 234, 235) ist heute deshalb nicht mehr möglich. Sie würde im Gegenteil, ähnlich wie früher die isolierte Anfechtung der eigenen Einzelabrechnung, zur Unzulässigkeit der Klage führen. Denn eine einzelne Position kann nicht isoliert korrigiert werden kann, ohne dass das Zahlenwerk in sich unschlüssig würde. Ähnlich wie bei der Anfechtung wegen falscher Verteilungsschlüssel sollten die Wohnungseigentümer auch dann, wenn sich die Anfechtungsklage gegen überhöhte Ansätze richtet, **Klageabweisung beantragen, soweit der Zahlungs- bzw. Wirtschaftsplan eine angemessene Höhe** nicht überschreitet. Dadurch kann der völlige Wegfall dieser Ansätze mit entsprechenden Liquiditätsproblemen der Gemeinschaft verhindert werden.

d) **Die Vermeidung von Liquiditätslücken**

70 Auch ein Zahlungsplan basierend auf einem Wirtschaftsplan, der zu niedrige Einnahmen oder Ausgaben vorsieht und somit die Liquidität der Gemeinschaft gefährdet, kann angefochten werden. Hier muss der anfechtende Wohnungseigentümer allerdings darauf achten, dass sein Antrag **nicht auf die ersatzlose Beseitigung des gesamten Beschlusses über die Vorschüsse** zielt. Denn hierdurch würde er seinem behaupteten Rechtsschutzziel, die Zahlungsfähigkeit der Gemeinschaft zu sichern, auf das Gründlichste entgegenarbeiten: Mit der Ungültigerklärung des Beschlusses über die Festsetzung der Vorschüsse würden der Gemeinschaft auch die unzureichenden Finanzmittel noch genommen. Deshalb wurde die Ungültigerklärung eines Wirtschaftsplanes mit zu geringen Ansätzen mit dem Ziel seiner ersatzlosen Beseitigung **schon nach altem Recht als unzulässig** angesehen, wenn nicht zugleich ein Wirtschaftsplan mit höheren Ansätzen begehrt wird (*KG* NJW-RR 1991, 726; *AG Hamburg-Blankenese* ZMR 2015, 76, 77). Dies kann auch für das Recht nach der Novelle Geltung beanspruchen. Derjenige, der eine Erhöhung der Ansätze verlangt, muss demnach entweder einen eigenen **Zahlungs- bzw. Wirtschaftsplan mit höheren Ansätzen** vorlegen oder eine diesbezügliche Entscheidung des Gerichts nach billigem Ermessen (vgl. o. Rdn. 30) beantragen. Entsprechendes gilt, wenn ein Wohnungseigentümer nur einzelne Positionen für zu knapp bemessen hält. Anders kann es stehen, wenn eine **Fortgeltungsklausel** für den früheren Zahlungsplan existiert. Enthält dieser noch ausreichende Ansätze, kann die aktuelle Festsetzung der Vorschüsse ohne Beeinträchtigung

der Liquiditätssituation für ungültig erklärt werden, da dann der frühere fortgilt (*LG Hamburg* ZMR 2011, 997 f.).

e) Die Ergänzung des Zahlungs- bzw. Wirtschaftsplans

Ein weiterer Fehler in der Praxis bestand oftmals darin, dass einzelne Positionen im Wirtschaftsplan gar nicht erschienen. In diesem Fall war seine Genehmigung nach altem Recht nicht für ungültig zu erklären, sondern nur ein **Ergänzungsanspruch** gegeben. Anlass, diese Handhabung zu ändern, bieten die Novellen zum WEG nicht. Nur kann der Kläger im Zivilprozess nicht mehr mit der wohlwollenden Auslegung eines Anfechtungsantrages rechnen. Eine auf Anfechtung des Zahlungs- bzw. Wirtschaftsplans gerichtete Klage muss nach § 308 ZPO der Abweisung verfallen. Der klagende Wohnungseigentümer muss jetzt zumindest die Maßnahme, die in den Zahlungs- bzw. Wirtschaftsplan eingestellt werden soll, konkret benennen und tatsächliche Anhaltspunkte für ihr Finanzvolumen darlegen. Nur dann kann der Richter im Zivilprozess die Höhe der Ergänzungsposition nach billigem Ermessen schätzen und als zusätzliche Position des Zahlungs- bzw. Wirtschaftsplans festsetzen. 71

f) Folgen einer Ungültigerklärung des Wirtschaftsplans

aa) Wegfall der Zahlungspflicht für die Zukunft

Wird die Festsetzung der Vorschüsse im Verfahren nach § 43 Abs. 2 Nr. 4 WEG insgesamt für ungültig erklärt, entfallen sämtliche **Zahlungspflichten** (*OLG Hamburg* ZMR 2008, 149), sofern nicht ein früherer Zahlungsplan fort gilt. Die früher diskutierte Möglichkeit einer Hilfswiderklage auf Festsetzung eines anderen vom Gericht festgesetzten Wirtschaftsplan ist nunmehr entfallen, da nur der Verband selbst zu dessen Aufstellung verpflichtet ist. (s.o. Rdn. 68). 72

bb) Keine bereicherungsrechtliche Rückforderung geleisteter Zahlungen

Lange war umstritten, ob nach Ungültigerklärung eines Beschlusses über die Vorschüsse ein Anspruch aus Bereicherungsrecht auf deren Rückzahlung besteht. Dies wurde teilweise bejaht (*OLG Stuttgart* NJW-RR 1986, 379 – der dort bejahte direkte Rückgriff auf die Miteigentümer ist allerdings in jedem Fall überholt; *AG Hamburg-Blankenese* ZMR 2015, 76, 77; Staudinger/*Häublein* 2018 § 28 WEG Rn. 228; Bärmann/*Becker* WEG, 14. Aufl. § 28 Rn. 92b), überwiegend aber im Hinblick auf den Vorrang des Innenausgleichs verneint (*OLG Hamm* NJW-RR 2005, 238, 240; *OLG Köln* ZMR 2007, 642; *OLG Hamm* NJW-RR 1988, 850; 1999, 93 f.; *OLG Köln* NJW-RR 2005, 1096 f.; 642; *LG Düsseldorf* ZMR 2014, 237; *LG Düsseldorf* ZWE 2014, 89, 90). Letztgenannter Auffassung hat sich der *BGH* für die Jahresabrechnung angeschlossen (*BGH*, Urt. v. 10.07.2020 - V ZR 178/19; ZMR 2020, 857). Die dortige Argumentation -lässt sich auf die Festsetzung der Vorschüsse übertragen. Ein Bereicherungsausgleich im Verhältnis zu allen Eigentümern hätte eine Fülle von Einzelkondiktionen zur Folge. Die fehlerhafte interne Kostenverteilung lässt sich nur durch eine insoweit geänderte Kostenverteilung in der Jahresabrechnung korrigieren. Dabei hat jeder Wohnungseigentümer einen Anspruch auf Erstellung einer Vorlage, deren Beschluss er notfalls im Wege der Beschlussklage gemäß § 44 Abs. 1 S. 2 WEG gegenüber dem Verband verfolgen kann (*BGH* v. 16.06.2023 – V ZR 251/21, ZMR 2023, 1005). Die Abrechnungspflicht in § 28 Abs. 2 S. 2 WEG geht somit individuellen Bereicherungsansprüchen vor (*Abramenko* ZWE 2019, 358 f.). Dies gilt auch bei einem Eigentümerwechsel. Mögliche Konsequenzen laufender Beschlussanfechtungsverfahren sind dann im Erwerbsvertrag zu regeln. 73

cc) Prozessuale Folgen

Nach einer Ungültigerklärung muss die auf Zahlung von Vorschüssen klagende Wohnungseigentümergemeinschaft den Rechtsstreit für erledigt erklären. Es entspricht wohl h.M., dass der Beklagte im Beitreibungsverfahren auch nach Ungültigerklärung des Zahlungs- bzw. Wirtschaftsplanes und beidseitiger Erledigungserklärung nach § 91a ZPO die Kosten des Rechtsstreits zu tragen hat. Denn 74 die Klage war ursprünglich begründet (*LG Düsseldorf* ZMR 2017, 760). Teilweise werden dem Verband auch noch Verzugszinsen zuerkannt (*LG Düsseldorf* ZMR 2017, 760).

III. Sonderumlagen

1. Die Abänderung des Zahlungs- bzw. Wirtschaftsplans

a) Abänderung durch Zweitbeschluss des Zahlungs- bzw. Wirtschaftsplans

75 Der Zahlungs- bzw. Wirtschaftsplan kann grundsätzlich ohne Weiteres durch Mehrheitsbeschluss abgeändert werden. Erweisen sich die Ansätze durchweg als zu niedrig, kann dies in Form eines **neuen Zahlungs- bzw. Wirtschaftsplans** geschehen. Die Grundsätze zum Zweitbeschluss stehen dem nicht entgegen. Insbesondere können in diesem Zusammenhang schützenswerte Interessen einzelner Wohnungseigentümer, namentlich das Vertrauen in den Fortbestand des mit dem ersten Beschluss genehmigten Zahlungs- bzw. Wirtschaftsplans grundsätzlich nicht verletzt sein. Denn der Wirtschaftsplan ist stets nur vorläufiger Natur. Jeder Wohnungseigentümer muss spätestens bei der Beschlussfassung über die Nachschüsse pp. basierend auf der Jahresabrechnung mit seiner Korrektur rechnen (*LG Hamburg* ZMR 2015, 47, 48).

b) Nachtragszahlungs- bzw. Wirtschaftsplan und pauschalierte Sonderumlage

76 Es ist sowohl der Beschluss eines neuen Zahlungs- bzw. Wirtschaftsplans als auch einer **nicht nach Kostenarten** aufgegliederten, nur auf eine Maßnahme bezogenen Sonderumlage regelmäßig unbedenklich (zur Funktion der Sonderumlage als Nachtrag zum Wirtschaftsplan s. *LG Hamburg* ZMR 2011, 663; ZMR 2012, 35; ZMR 2015, 47; ZMR 2017, 666, 667). Die aufzubringenden Gelder müssen Aufgaben des Verbandes zugedacht sein. Rechtsverfolgungskosten für Rechtsstreitigkeiten der Wohnungseigentümergemeinschaft gehören nunmehr regelmäßig hierzu, da es sich um Kosten der Verwaltung handelt. Sofern solche Kosten vorhersehbar waren, mussten sie in den Wirtschaftsplan eingestellt werden (*BGH* ZMR 2015, 244, 247). Andere Kosten als diejenigen der Bewirtschaftung des gemeinschaftlichen Eigentums dürfen nicht auf die Wohnungseigentümer umgelegt werden; insoweit ergibt sich aus § 28 Abs. 5 WEG keine Beschlusskompetenz (*BGH* ZMR 2011, 983). Statt eines neuen Zahlungs- bzw. Wirtschaftsplans kann die Eigentümerversammlung auch pauschal, **ohne Untergliederung nach Kostenarten** eine Liquiditäts-Sonderumlage beschließen (*BGH* ZMR 2012, 380 f.; *KG* NJW-RR 1995, 397; 2003, 444; 2003, 1020; *OLG Düsseldorf* NJW-RR 2002, 302; *BayObLG* NJW-RR 2004, 1091).

2. Die Korrektur des Zahlungs- bzw. Wirtschaftsplans wegen einzelner Ausgaben

a) Zulässigkeit von Sonderumlagen für Einzelmaßnahmen

77 Häufiger als ein zu niedriger Ansatz mehrerer oder gar aller Positionen ist indessen **zusätzlicher Finanzbedarf wegen einzelner Maßnahmen.** Auch insoweit ist eine auf diese Position beschränkte Ergänzung des Wirtschaftsplans notwendig, die in Form einer Sonderumlage erfolgen kann. Darin wird nur die Finanzierung der betroffenen Einzelmaßnahme geregelt. Diese Möglichkeit wurde mit der Argumentation bestritten, die Sonderumlage sei ein Nachtragswirtschaftsplan; zeichne sich der Finanzbedarf bereits vor der Genehmigung des Zahlungs- bzw. Wirtschaftsplanes ab, sei dieser aufzustocken (*Einsiedler* ZMR 2009, 573; vgl. zur genau entgegengesetzten Argumentation *AG Mettmann* ZMR 2009, 720). Dies mutet begriffsjuristisch an. Die Sonderumlage dient eben auch der Deckung eines vorhersehbaren außergewöhnlichen Finanzbedarfs (*LG München I* ZMR 2011, 239 f.; *AG Hamburg* ZMR 2010, 235). Wie für Wirtschaftsplan und Jahresabrechnung ist unerheblich, ob die Ausgabe rechtmäßig hätte beschlossen werden können, sofern sie nunmehr getätigt werden muss (*LG München I* ZMR 2011, 239 f.). In der Praxis erstreckt sich das Institut der Sonderumlage auch auf den Fall, dass der zusätzliche Finanzbedarf schon beim Beschluss des Zahlungs- bzw. Wirtschaftsplans absehbar ist. Auch bei größeren Ausgaben, die nicht aus der Erhaltungsrücklage oder im Finanzrahmen der bisherigen Zahlungs- bzw. Wirtschaftspläne gedeckt werden können, wird häufig eine »Sonderumlage« beschlossen. Rechtlich handelt es sich dann nicht um eine nachträgliche

Änderung des Zahlungs- bzw. Wirtschaftsplans, sondern um die – falsch bezeichnete – Aufnahme einer zusätzlichen Position (vgl. Jennißen V Rn. 87).

b) Grenzen der Finanzierung durch Sonderumlage

aa) Keine Sonderumlage statt Zahlungs- bzw. Wirtschaftsplan

Allerdings darf die Sonderumlage **nicht gänzlich an die Stelle des gesetzlich vorgesehenen Zahlungs- bzw. Wirtschaftsplanes treten** (*LG München* I ZMR 2010, 876 f.). Der Verwalter ist verpflichtet, zeitnah die Beschlussfassung über eine Sonderumlage herbeizuführen, wenn sich finanzielle Engpässe abzeichnen (*OLG Köln* ZMR 2008, 989; *Briesemeister* NZM 2007, 227 f.). 78

bb) Absehbarer Finanzierungszweck

Eine Sonderumlage zur Finanzierung etwa von Erhaltungsmaßnahmen darf nur beschlossen werden, wenn diese auch **in naher Zukunft durchgeführt werden sollen** (*LG Mönchengladbach* ZMR 2007, 897; ähnlich *OLG Hamm* ZMR 2009, 219; *Mundt* NZM 2007, 865). Ebenso kann eine Sonderumlage ordnungsmäßiger Verwaltung widersprechen, wenn der **Anlass zu ihrer Erhebung weggefallen** ist (*AG Bonn* ZMR 2008, 79). Auch wenn die Sonderumlage nicht strikt zweckgebunden ist, wird ihre Verwendung zu anderen als den ursprünglich vorgesehenen Zwecken regelmäßig ordnungsmäßiger Verwaltung widersprechen (*Einsiedler* ZMR 2009, 574; für die Möglichkeit, den Zweck durch Beschluss zu ändern *Mundt* NZM 2007, 869). 79

3. Der Beschluss einer Sonderumlage

a) Formelle Anforderungen

Unterlagen dazu, weshalb die Sonderumlage in dem geplanten Umfang erforderlich ist, müssen dem Einladungsschreiben noch nicht beigefügt sein (*BGH* ZMR 2012, 380). Es bedarf aber der hinreichenden **Bezeichnung in der Einberufung**, dass zusätzlich zu den bisherigen Ansätzen im Wirtschaftsplan weitere Beitragszahlungen beschlossen werden sollen (*KG* ZMR 2006, 794 f.; *Mundt* NZM 2007, 868). Ohne eine ausreichende **Information über den Geldbedarf** für eine bestimmte Maßnahme etwa durch Vorlage von Angeboten bzw. Kostenvoranschlägen kann der Beschluss über die Sonderumlage ordnungsmäßiger Verwaltung widersprechen (*LG Hamburg* ZMR 2012, 474 f.; *AG Heidelberg* ZMR 2011, 75 f.). 80

b) Inhalt

Da die Sonderumlage nach h.M. nur eine Ergänzung des Zahlungs- bzw. Wirtschaftsplans darstellt, gelten für sie dieselben Anforderungen wie für diesen. Insbesondere sind auch hier nur die zusätzlichen Vorschüsse Gegenstand der Beschlussfassung. Angaben zum Zweck der Gelder und ihrer Verteilung auf die Wohnungseigentümer sind zwar erforderlich, aber nur Begründungselement. Ein Beschluss über die zusätzlichen Vorschüsse ohne dieses erläuternde Zahlenwerk ist anfechtbar, aber nicht nichtig. Die Höhe der Finanzierung durch Sonderumlage muss in der Begründung der Sonderumlage angegeben sein. Die **bloße Entscheidung, eine Maßnahme durchzuführen, stellt noch keine Entscheidung über ihre Finanzierung mittels Sonderumlage dar.** Insoweit bedarf es einer ausdrücklichen Beschlussfassung (*LG Hamburg* ZMR 2012, 474 f.; *Einsiedler* ZMR 2009, 573; *Mundt* NZM 2007, 866). Es genügt aber, wenn die Wohnungseigentümer aus der Diskussion auf der Eigentümerversammlung wissen, in welchem Rahmen die Sonderumlage für notwendig gehalten wird (*LG Lübeck* ZMR 2008, 164). Eine verkappte Sonderumlage stellt die Rückstellung bestimmter Einnahmen dar, etwa aus der Nutzung gemeinschaftlichen Eigentums für dessen Erhaltung, was zulässig ist (*AG Hamburg-Wandsbek* ZMR 2008, 336). 81

4. Der Verteilungsschlüssel der Sonderumlage

a) Geltung der allgemeinen Schlüssel

82 Als Nachtrag oder zusätzliche Position zum Zahlungs- bzw. Wirtschaftsplan unterliegt die Sonderumlage grundsätzlich denselben Anforderungen. Der allgemeine Kostenverteilungsschlüssel darf in einer Sonderumlage nicht geändert werden (*LG Berlin* ZMR 2008, 483; *LG München I* ZMR 2011, 240 f.). Die Verwendung eines **falschen Verteilungsschlüssels** führt aber nur zur Anfechtbarkeit, nicht zur Nichtigkeit des Beschlusses (*BayObLG* NJW-RR 2001, 1021; 2004, 229 u. 1091; *OLG Düsseldorf* NJW-RR 2002, 302 f.; *OLG Hamm* ZMR 2009, 62; *OLG Rostock* ZMR 2012, 464; *LG Hamburg* ZMR 2011, 662 f.; *Mundt* NZM 2007, 868; zu weitgehend *LG München* I ZMR 2014, 400 f., wonach den Wohnungseigentümern sogar ein Ermessensspielraum zukommen soll; a.A. jetzt *LG Hamburg* ZMR 2015, 45, 47). **In der Jahresabrechnung ist ein falscher Schlüssel zu korrigieren**; der Beschluss über die Sonderumlage entfaltet insoweit keine Bindungswirkung (*LG München I* ZMR 2011, 504 f.; anders offenbar für die Kostenverteilung einer konkreten Maßnahme *LG Hamburg* ZMR 2016, 394, 395). Sofern mehrere Verteilungsschlüssel in Betracht kommen, ist angesichts der Dringlichkeit des Finanzbedarfs die Wahl eines vertretbaren Schlüssels hinzunehmen (*LG München I* ZMR 2011, 240 f.).

b) Bestimmbarkeit des Schlüssels

83 Trotz grundsätzlich gleicher Anforderungen wurde die Sonderumlage in der Praxis insoweit großzügiger behandelt als der Wirtschaftsplan, als die **Angabe des Verteilungsschlüssels für entbehrlich** erachtet wurde, wenn sich die Kostenbelastung für die einzelnen Eigentümer ohne Weiteres ermitteln ließ (*KG* NJW-RR 1991, 912; *BayObLG* NJW-RR 1998, 1386; *OLG Düsseldorf* NJW-RR 2002, 302; *KG* NJW-RR 2002, 1591; *OLG Braunschweig* ZMR 2006, 787; *OLG München* ZMR 2008, 233; *LG München I* ZMR 2010, 799; *LG Hamburg* ZMR 2015, 45, 47; *AG Velbert* ZMR 2009, 565; *AG Hamburg* ZMR 2010, 235 f.; besonders großzügig *BGH* ZMR 2018, 608, 609). Dies war bislang jedenfalls dann vertretbar, wenn sich die Sonderumlage auf die Finanzierung einer Maßnahme beschränkte und der Verteilungsschlüssel hierfür aus Teilungserklärung oder Gesetz ersichtlich war. Für die Zukunft ist hier wohl größere Zurückhaltung angeraten. Denn neben dem zunehmenden Gebrauch von **Öffnungsklauseln** seit dem Ende des »Zitterbeschlusses« in neuen Teilungserklärungen kommen entsprechende gesetzliche Regelungen der Novelle zur Kostenverteilung, etwa in § 16 Abs. 2 S. 2 und § 21 Abs. 1 S. 1 WEG, hinzu. Jedenfalls dann, wenn eine Beschlussfassung hierzu vorliegt oder auch nur streitig ist, ob eine abweichende Kostenverteilung beschlossen wurde, kann nach den bisherigen Maßstäben **nicht mehr von einer unschweren Ermittelbarkeit der Kosten** für den einzelnen Wohnungseigentümer ausgegangen werden (vgl. schon zum alten Recht *KG* NJW-RR 2002, 1591; *OLG Braunschweig* ZMR 2006, 788; insoweit widersprüchlich *OLG Hamm* ZMR 2009, 62, wo zwar die Erstellung eines Notwirtschaftsplanes wegen fehlender Unterlagen gebilligt wird, die leichte Errechenbarkeit aber bejaht wird), was den Beschluss anfechtbar macht (*BayObLG* NJW-RR 2004, 1378). Die Bezugnahme auf den allgemeinen Verteilungsschlüssel genügt allerdings (*OLG München* ZMR 2007, 217). Fehlt auch diese, ist der Beschluss einer Sonderumlage zumindest anfechtbar (*LG München I* ZMR 2010, 799; *LG Hamburg* ZMR 2016, 307).

c) Sonderumlage zur Deckung von Altschulden

84 Besonderheiten sollen anzunehmen sein, wenn die Sonderumlage der Begleichung von Schulden dient, die über einen längeren Zeitraum in der Vergangenheit aufgelaufen sind. Hier soll es ordnungsmäßiger Verwaltung widersprechen, wenn alle Wohnungseigentümer nach dem allgemeinen Schlüssel ohne **Berücksichtigung der Dauer ihrer Zugehörigkeit zur Gemeinschaft** beteiligt werden (*OLG Hamm* ZMR 2009, 467). Im Ergebnis würden die »Neueigentümer« unbillig benachteiligt, weil sie ohne sachlichen Grund stärker belastet würden, während andere Einheiten im Ergebnis nicht herangezogen würden.

5. Höhe der Sonderumlage

a) Höhe

Die **Gesamthöhe** der Sonderumlage muss in jedem Fall feststehen (*LG München I* ZMR 2008, 490). Im Übrigen gilt weitgehend das zum Zahlungs- bzw. Wirtschaftsplan Gesagte, da die Sonderumlage nur eine Ergänzung des Zahlungs- bzw. Wirtschaftsplans darstellt (*BGH* ZMR 2018, 527, 528). Bei der Gesamthöhe der Umlage besteht ein weites **Ermessen** der Wohnungseigentümer (*BGH* ZMR 2012, 380 f.; *KG* NJW-RR 1995, 397; *BayObLG* NJW-RR 1998, 1096; *OLG Düsseldorf* NJW-RR 2002, 302; *OLG Hamm* ZMR 2009, 218 f.; *LG München I* ZMR 2011, 239 f.; *LG Hamburg* ZMR 2012, 472; *AG Bonn* ZMR 2008, 80; *Einsiedler* ZMR 2009, 574; *Mundt* NZM 2007, 868). Anderes gilt nur, wenn die Eigentümergemeinschaft regelmäßig, auch zur Deckung absehbarer Ausgaben auf die Möglichkeit der Sonderumlage zurückgreift, da die »Sonderumlage« dann an die Stelle des Zahlungs- bzw. Wirtschaftsplanes tritt (*LG Berlin* ZMR 2008, 483; *Einsiedler* ZMR 2009, 574). Ordnungsmäßiger Verwaltung widerspricht die Höhe der Sonderumlage nur dann, wenn sie erkennbar zu **erheblichen Rückzahlungen oder Nachforderungen** führen wird (*KG* NJW-RR 1995, 397; *OLG Hamm* ZMR 2009, 218 f.; *LG Hamburg* ZMR 2012, 36; *Mundt* NZM 2007, 865). Die Möglichkeit der Rückzahlung ändert hieran nichts (*AG Hamburg* ZMR 2011, 760). Ist die Sonderumlage überhöht, musste der diesbezügliche Beschluss schon nach altem Recht **insgesamt angefochten** werden, da die Herabsetzung einen Eingriff in das Verwaltungsermessen der Gemeinschaft darstellt (*BGH* ZMR 2013, 212 f.; *LG Hamburg* ZMR 2012, 35). Dies gilt jetzt erst recht, da sich eine überhöhte Sonderumlage selbstverständlich auf alle Vorschüsse auswirkt. Voraussichtliche **Zahlungsausfälle** zahlungsunfähiger Wohnungseigentümer sind wie beim Zahlungs- bzw. Wirtschaftsplan auch bei der Höhe der Sonderumlage durch Erhöhung der Ausgabenseite zu berücksichtigen (*BGH* ZMR 2012, 380 f.; *Briesemeister* NZM 2007, 227 f.; *Einsiedler* ZMR 2009, 574 f.; *Mundt* NZM 2007, 867). Die Höhe der Sonderumlage muss anhand des Beschlusses zumindest bestimmbar sein (*BGH* ZMR 2018, 608, 609). 85

b) Verhältnis zur Erhaltungsrücklage

Auch **bei ausreichenden Rücklagen** kommt den Eigentümern ein weites Ermessen zu, ob sie diese angreifen oder eine Sonderumlage erheben möchten (*Niedenführ/Vandenhouten* § 28 Rn. 35; *Mundt* NZM 2007, 865). Die Wohnungseigentümer müssen nicht zuerst die **Erhaltungsrücklage** ausschöpfen (*OLG München* ZMR 2008, 233; *LG Hamburg* ZMR 2010, 792; *AG Heidelberg* ZMR 2011, 76; *Mundt* NZM 2007, 865; ähnlich *LG Düsseldorf* ZMR 2013, 825). Allerdings müssen sie darüber beschließen, in welcher Höhe die Erhaltungsrücklage in Anspruch genommen und inwieweit die Maßnahme durch eine Sonderumlage finanziert werden soll; diese Entscheidung darf nicht dem Verwalter überlassen werden (*LG Hamburg* ZMR 2012, 475 f.). 86

c) Fälligkeit

Die **Fälligkeit** der Sonderumlage können die Wohnungseigentümer durch Mehrheitsbeschluss regeln. Eine entsprechende Beschlusskompetenz folgt aus § 28 Abs. 3 (vgl. zu § 21 Abs. 7 WEG a.F. *BGH* ZMR 2018, 527, 528). Wenn kein Beschluss über die Fälligkeit erfolgt, wird sie sofort mit dem Beschluss über die Sonderumlage fällig (so schon zum alten Recht *OLG Stuttgart* NJW-RR 1989, 654; *Mundt* NZM 2007, 865). Die Gegenauffassung, dass sie erst mit Abruf durch den Verwalter fällig wird (*BGH* ZMR 2018, 527 f.), hat sich mit Streichung des entsprechenden Passus in § 28 Abs. 2 WEG a.F. erledigt. Auch wenn die mit der Sonderumlage erhobenen Mittel für eine **dringende Reparatur** benötigt werden, ist demnach von sofortiger Fälligkeit anzunehmen (*KG* NJW-RR 1991, 912; a.A. *BGH* ZMR 2018, 527, 528). Eine **Aussetzung des Beitreibungsverfahrens** wegen der Anfechtung des zugrunde liegenden Beschlusses über eine Sonderumlage kommt nicht in Betracht, da dieser bis zur rechtskräftigen Ungültigerklärung wirksam ist (*BGH* ZMR 2015, 235 f.). 87

6. Gläubiger und Schuldner der Sonderumlage

88 Gläubiger der Beiträge zur Sonderumlage ist wie bei den Vorschüssen der rechtsfähige Verband. Auch auf Seiten der Schuldner gilt das zu den Vorschüssen kraft Zahlungs- bzw. Wirtschaftsplanes Gesagte: Nach der Fälligkeitstheorie ist grundsätzlich derjenige zur Zahlung verpflichtet, der bei Fälligkeit einer Zahlung auf die Sonderumlage Eigentümer oder Mitglied der Eigentümergemeinschaft ist (*BGH* ZMR 2018, 527 f.; *OLG Stuttgart* NJW-RR 1989, 654; *KG* NJW-RR 1991, 912; 1994, 84 f.; *OLG Hamm* NJW-RR 1996, 912). Wird die Sonderumlage erst nach ihrem Beschluss fällig, ist sie vom Eigentümer zum Zeitpunkt der beschlossenen Fälligkeit zu entrichten (*OLG Düsseldorf* NJW-RR 2002, 302). Ein **missbräuchliches Hinausschieben** soll zur Anfechtbarkeit des Beschlusses führen (vgl. *OLG Hamm* NJW-RR 1996, 912, s.u. Rdn. 178). Der **Erwerber** und der Ersteher in der Zwangsversteigerung sind zur Zahlung der Raten verpflichtet, die nach dem Eigentumsübergang fällig werden (*LG* Saarbrücken ZMR 2009, 877). Für die anderen zur Vorschussleistung Verpflichteten gilt aber das oben (Rdn. 55 ff.) Gesagte. Sonderumlagen, die nach Eröffnung des Insolvenzverfahrens fällig werden, sind **Masseverbindlichkeiten** nach § 55 Abs. 1 Nr. 1 InsO (*OLG Köln* ZMR 2008, 989). Nach der Beschlagnahme fällig gewordene Sonderumlagen hat der **Zwangsverwalter** zu zahlen (*OLG Düsseldorf* NJW-RR 1991, 724; *AG Langenfeld* ZMR 2009, 879).

7. Gerichtliche Ersetzung des Beschlusses über eine Sonderumlage

89 Ähnlich wie beim Zahlungs- bzw. Wirtschaftsplan (vgl. o. Rdn. 30) kann das **Gericht selbst eine Sonderumlage im Wege grober Pauschalierung des Finanzbedarfs festsetzen** (*KG* NJW-RR 2003, 1021). Im Fall der Anfechtung einer Sonderumlage ist wie wie beim Zahlungs- bzw. Wirtschaftsplan eine entsprechende Widerklage nicht mehr möglich (vgl. o. Rdn. 72).

8. Abrechnung der Sonderumlage

90 In der **Jahresabrechnung** muss die Sonderumlage, soweit sie tatsächlich gezahlt wurde, als Einnahme eingestellt und abgerechnet werden (*KG* ZMR 2008, 69; *LG München I* ZMR 2011, 240 f.; *Einsiedler* ZMR 2009, 573; *Mundt* NZM 2007, 865, zu besonderen Problemen bei jahresübergreifenden Sonderumlagen s.u. Rdn. 120). Soweit die Sonderumlage die angefallenen Kosten nicht deckt, muss ähnlich wie bei den Vorschüssen für die Abrechnungsspitze derjenige aufkommen, der bei Beschlussfassung über Nachschüsse und Anpassung der Vorschüsse Eigentümer ist (*OLG Stuttgart* NJW-RR 1989, 654; *LG München I* ZMR 2012, 298; *AG Brake* ZMR 2015, 408; *Mundt* NZM 2007, 865; vgl. o. Rdn. 58). Tritt zwischen der Fälligkeit der Sonderumlage und der Beschlussfassung über Nachschüsse und Anpassung der Vorschüsse ein **Eigentümerwechsel** ein, so sind eventuelle, bei der Finanzierung der Maßnahme aufgetretene Fehlbeträge, die über die Sonderumlage hinausgehen, daher vom Erwerber zu tragen (*OLG Stuttgart* NJW-RR 1989, 654).

IV. Nicht vom System der Vorschüsse nach §§ 16, 28 WEG erfasste Ansprüche

1. Aufwendungsersatzansprüche gegen die übrigen Wohnungseigentümer

91 Das System der Vorschüsse gemäß §§ 16, 28 WEG erfasst nicht sämtliche Zahlungen innerhalb der Gemeinschaft. Darüber hinaus kommen insbesondere noch **Aufwendungsersatzansprüche** nach den §§ 683, 670 BGB in Betracht. Nach früherer Auffassung konnte ein Wohnungseigentümer, der etwa in Kleinanlagen die Betriebskosten veranlagt hatte, unmittelbar von den Miteigentümern Aufwendungsersatz nach §§ 683, 670 BGB verlangen (*OLG Hamm* ZMR 2008, 230; ähnlich *OLG Karlsruhe* ZMR 2007, 138, wo allerdings im Einzelfall eine unbenannte familienrechtliche Zuwendung angenommen wurde; beschränkt auf Zweiergemeinschaften *LG München I* ZMR 2009, 637; gänzlich a.A. *AG Berlin-Charlottenburg* ZMR 2009, 954 f., das offenbar aber die Durchsetzung abgetretener Ansprüche eines Lieferanten durch den in Anspruch genommenen Wohnungseigentümer zulassen will). Auch der Ausgleich der Aufwendungen einer **Notgeschäftsführung** sollte sich nach §§ 670, 683 BGB gegen die Miteigentümer richten (*AG Offenbach* ZMR 2013, 393 f. – im Einzelfall aber verneint). Ähnliches sollte dann gelten, wenn der einzelne Eigentümer Maßnahmen

durchführt, auf die er nach § 18 Abs. 2 Nr. 2 WEG einen Anspruch hatte (*AG Hamburg* ZMR 2011, 168 f. – sehr zweifelhaft, da die Beschlussersetzung vorrangig wäre). Nach anderer Auffassung schon zu alten Recht richteten sich diese Ansprüche gegen den rechtsfähigen Verband und waren daher unabhängig von der Zusammensetzung der Eigentümergemeinschaft (*OLG Hamm* ZMR 2008, 230; *OLG München* ZMR 2008, 321; zur Notgeschäftsführung s. *LG München I* ZMR 2010, 68). Letzteres ist nach neuem Recht, da die Wohnungseigentümergemeinschaft nach §§ 9a Abs. 2, 18 Abs. 1 WEG alleinige Trägerin der Verwaltung ist, sicher richtig. Dabei muss er sich seinen Anteil nach dem jeweilig vereinbarten Schlüssel bzw. nach § 16 Abs. 2 WEG anrechnen lassen (*OLG Hamm* ZMR 2008, 230). Er kann dann aber nicht gem. § 9a Abs. 4 WEG von den Miteigentümern die Erstattung in der Höhe ihres Miteigentumsanteils verlangen (*OLG München* ZMR 2008, 322; *LG Frankfurt* IMR 2015, 290). Denn trotz des weiteren Wortlauts steht der Anspruch aus § 9a Abs. 4 WEG gegen die Wohnungseigentümer nur Dritten zu. Kein Anspruch aus Geschäftsführung ohne Auftrag soll allerdings dann bestehen, wenn die Zahlungen auf einer Abrede mit dem Gläubiger beruhen, da dann kein Geschäft für die Gemeinschaft, sondern ein eigenes zur Erfüllung vertraglicher Verbindlichkeiten getätigt wird (*OLG Hamm* ZMR 2008, 230 – zweifelhaft). Auch mit einem Anspruch auf Aufwendungsersatz kann aber nicht gegen Vorschüsse nach § 28 Abs. 1 S. 1 WEG aufgerechnet werden (*LG München I* ZMR 2009, 638 – zweifelhaft bei Ansprüchen gegen den Miteigentümer einer Zweiergemeinschaft). Diese Ansprüche unterliegen der Regelverjährung nach §§ 195, 199 Abs. 1 Nr. 2 BGB (*LG Berlin* ZMR 2018, 426 f.).

2. Aufwendungsersatzansprüche bei rechtskräftiger Feststellung der Kostentragungspflicht eines Wohnungseigentümers

Auch umgekehrt kommen Aufwendungsersatzansprüche des rechtsfähigen Verbandes gegen einzelne Wohnungseigentümer in Betracht, die keiner vorgängigen Beschlussfassung über Zahlungs- bzw. Wirtschaftsplan oder Sonderumlagen erfordern. Dies soll namentlich dann der Fall sein, wenn rechtskräftig festgestellt ist, dass ein Wohnungseigentümer bestimmte Leistungen etwa der Gartenpflege auf seine Kosten zu erbringen hat. Erbringt er diese Leistung trotz nochmaliger Aufforderung gleichwohl nicht, so kann der rechtsfähige Verband diese im Wege der Geschäftsführung ohne Auftrag vergeben und die Erstattung der Kosten nach §§ 683 Satz 1, 670 BGB von dem betroffenen Wohnungseigentümer verlangen (*AG Hannover* ZMR 2008, 337 f.). Näher liegt aber wohl die Verurteilung zu dieser Leistung und ein Vorgehen nach § 887 ZPO (*AG Halle/Saale* ZMR 2012, 411 f.). 92

C. Die Durchsetzung der Vorschussleistungen

I. Außergerichtliche Geltendmachung und gerichtliches Verfahren

1. Die Geltendmachung durch Verwalter und ermächtigte Personen

a) Geltendmachung durch den Verwalter

Die **außergerichtliche Geltendmachung** der Vorschusszahlungen für den rechtsfähigen Verband als Gläubiger ist nach § 27 Abs. 1 Nr. 1 WEG Aufgabe und Befugnis des Verwalters. Die Eigentümerversammlung kann aber nach § 27 Abs. 2 WEG durch einfachen Beschluss eine andere Regelung treffen (vgl. o. Rdn. 22). Die Berechtigung zur gerichtlichen Geltendmachung folgt aus der neuen Generalklausel des § 27 Abs. 1 Nr. 1 WEG. Selbstverständlich ist es dem Verwalter auch weiterhin möglich, einen Rechtsanwalt mit der Durchführung des Beitreibungsverfahrens zu betrauen. 93

b) Geltendmachung durch sonstige ermächtigte Personen

Die Geltendmachung von Vorschüssen durch sonstige Personen als den Verwalter scheidet nach dem WEMoG aus. Denn der Gesetzgeber hat mit der ersatzlosen Streichung von § 27 Abs. 3 S. 3 WEG eine Vertretung durch einzelne Wohnungseigentümer bewusst ausgeschlossen. Denkbar ist beim Fehlen eines Verwalters nur die Geltendmachung durch alle übrigen Wohnungseigentümer als Gesamtvertreter der Wohnungseigentümergemeinschaft gemäß § 9b Abs. 1 S. 2 WEG. Dies setzt 94 aber das Handeln aller übrigen Wohnungseigentümer voraus (vgl. § 9b Rdn. 43 ff.; anders zum alten Recht *OLG Köln* ZMR 1999, 584 = NJW-RR 1999, 1028 f.).

c) **Grundsätze der Geltendmachung**

95 Die Geltendmachung durch den Verwalter ist grundsätzlich auf die volle Durchsetzung der Ansprüche gerichtet. Auch nach neuem Recht ergibt sich aus § 27 Abs. 1 Nr. 1 WEG keine Berechtigung, auf Ansprüche des Verbandes zu **verzichten** (*BayObLG* WuM 1997, 399; NJW-RR 1999, 236; ZMR 2004, 840). Eine Ausnahme kann nur dann gelten, wenn ein **Teilverzicht ausnahmsweise für den Verband vorteilhaft** ist. Dieser Fall kann etwa dann eintreten, wenn ein zahlungsunfähiger Schuldner Teilzahlungen anbietet und selbst diese nach §§ 850 ff. ZPO im Vollstreckungsverfahren nicht durchsetzbar wären (*OLG Hamburg* ZMR 2008, 153; 2008, 226). Hierüber muss aber jedenfalls jenseits unerheblicher Ausfälle im Innenverhältnis die Eigentümerversammlung selbst entscheiden; sie darf den Abschluss eines solchen Vergleichs samt Prüfung, ob die genannten Voraussetzungen hierfür vorliegen, nicht dem Verwaltungsbeirat oder einem Dritten überlassen (*OLG Hamburg* ZMR 2008, 153). Allerdings ist auch ein solcher Vergleich von der Vertretungsmacht des Verwalters aus § 9b Abs. 1 S. 1 WEG umfasst.

2. **Der Beklagte**

96 Zu verklagen ist grundsätzlich der Eigentümer der Wohnung bzw. Teileigentumseinheit, auf die die geschuldeten Vorschüsse entfallen. Maßgeblich ist dabei die Eigentümerstellung zu dem Zeitpunkt, da die betroffenen Vorschüsse fällig wurden (vgl. o. Rdn. 58 ff.). Eine Ausnahme gilt nur dann, wenn die Teilungserklärung die **Haftung des Erwerbers** vorsieht. Dann kann auch dieser für rückständige Beiträge zu den Kosten und Lasten, die noch vor seinem Eigentumserwerb entstanden, herangezogen werden (vgl. o. Rdn. 59). Eine solche Erwerberhaftung kann aber **mangels Beschlusskompetenz nicht auch durch Mehrheitsbeschluss** begründet werden. Hieran ändert § 28 Abs. 3 WEG nichts, da die Ausdehnung der Haftung nicht die Art und Weise der Zahlungen oder, ihre Fälligkeit betrifft. Unabhängig vom Wortlaut der Teilungserklärung kann die **Erwerberhaftung nicht auf den Ersteher in der Zwangsversteigerung ausgedehnt werden**. Denn das verstieße gegen ein gesetzliches Verbot, da der Erwerber nach § 56 Satz 2 ZVG die Lasten des Grundstücks erst ab dem Zuschlag zu tragen hat. Eine Regelung der Teilungserklärung, die sich hierüber hinwegsetzt, ist daher nichtig (vgl. o. Rdn. 59).

3. **Anspruchsgrundlage und erforderlicher Vortrag**

97 Anspruchsgrundlage ist stets der jeweilige Beschluss über die Festsetzung der Vorschüsse. Da der Zivilrichter nunmehr keine Amtsermittlung mehr betreiben darf, genügt also der Vortrag über den Beschluss, die danach eingetretene Fälligkeit und die daraus resultierende Höhe der auf den Schuldner entfallenden Vorschüsse nach § 28 Abs. 1 S. 1 WEG. Der Vorlage von Wirtschaftsplan, Genehmigungsbeschluss oder gar weiteren Unterlagen wie etwa der Teilungserklärung bedarf es nicht mehr. Sie können vom Zivilgericht auch nicht verlangt werden. Bleibt der Vortrag zur Festsetzung der Vorschüsse unstreitig, hat das Zivilgericht zu verurteilen. Nach früherer Auffassung genügte die Angabe eines Endbetrages (Vorschüsse abzüglich Zahlungen) nicht. Die früher h.M. forderte näheren Vortrags dazu, welcher Teilbetrag welcher Rate zuzuordnen war (*OLG Hamm* ZMR 2009, 865). Es mussten also, wenn monatliche Vorschüsse gefordert wurden, die betroffenen Zeiträume und die auf sie entfallenden Rückstände genannt sein. Dies dürfte nach der Entscheidung des VIII. Zivilsenats zur **Zulässigkeit der Saldoklage** im Mietrecht (*BGH* ZMR 2013, 271) jedenfalls keine Voraussetzung mehr für die Schlüssigkeit einer Wohngeldklage sein. Allerdings dürfte dem verklagten Wohnungseigentümer dann ein pauschales Bestreiten zu gestatten sein. Hierauf muss der Gläubiger, auch wenn man eine Saldoklage als zulässig ansieht, das Bestehen der der Klage zugrunde liegenden Verbindlichkeiten, nicht der Schuldner ihr Nichtbestehen darlegen. Es bleibt also die Wohnungseigentümergemeinschaft, die auf Bestreiten des Wohnungseigentümers vortragen

muss, welche Forderungen im Einzelnen noch bestehen (im Einzelnen s. *Abramenko* ZMR 2013, 864 f.).

4. Verteidigungsmöglichkeiten des Schuldners

a) Fehler des Beschlusses über Zahlungs- bzw. Wirtschaftsplan oder Sonderumlage

98 Dem in Anspruch Genommenen bleiben abgesehen von Rechenfehlern in der Ermittlung der Klagesumme im Wesentlichen nur drei erhebliche Einwendungen. Erstens kann er das **Fehlen einer Beschlussfassung** über die Vorschüsse rügen (*KG* NJW-RR 1986, 1274 f.). Deren bloße **Fehlerhaftigkeit** ist dagegen im Beitreibungsverfahren grundsätzlich unerheblich, da sie nur durch Anfechtung im Verfahren nach § 43 Abs. 2 Nr. 4 WEG geltend gemacht werden kann. Eine Inzidentkontrolle findet bei Klagen auf Zahlung der Vorschüsse nach § 28 Abs. 1 S. 1 WEG nicht statt, sofern nicht ausnahmsweise **Nichtigkeitsgründe** vorliegen (*OLG Hamm* ZMR 2009, 219). Selbst die Anfechtung des Beschlusses über Vorschüsse basierend auf dem Wirtschaftsplan als solche steht der Klage auf Zahlung der dort bestimmten Vorschüsse nicht entgegen, da Beschlüsse nach § 23 Abs. 4 S. 2 WEG bis zu ihrer rechtskräftigen Ungültigerklärung wirksam sind (*OLG Stuttgart* NJW-RR 1990, 659; *BayObLG* NJW-RR 2002, 1666; *OLG Düsseldorf* ZMR 2007, 711; *OLG Hamburg* ZMR 2008, 149). Wird der Zahlungs- bzw. Wirtschaftsplan nach rechtskräftiger Verurteilung des Wohnungseigentümers zur Zahlung der hiernach zu entrichtenden Vorschüsse **für ungültig erklärt**, kann er dies im Wege der Vollstreckungsgegenklage nach § 767 BGB geltend machen. Nach wohl h.M. muss der Beklagte aber im Beitreibungsverfahren selbst nach Ungültigerklärung des Zahlungs- bzw. Wirtschaftsplanes und beidseitiger Erledigungserklärung nach § 91a ZPO die Kosten des Rechtsstreits tragen, da die Klage ursprünglich begründet war (*LG Düsseldorf* ZMR 2017, 760). Teilweise werden dem Verband auch noch Verzugszinsen zuerkannt (*LG Düsseldorf* ZMR 2017, 760). Sofern die Teilungserklärung **andere oder zusätzliche Voraussetzungen für die Wirksamkeit eines Zahlungs- bzw. Wirtschaftsplans** aufstellt, kann auch ihr Fehlen noch im Beitreibungsverfahren gerügt werden.

b) Leistung und Leistungssurrogate, insbesondere Aufrechnung

aa) Aufrechnungsausschluss

99 Des Weiteren kann der verklagte Wohnungseigentümer die Zahlung der verlangten Vorschüsse einwenden. Diese muss aber tatsächlich erfolgt sein; die **Aufrechnung** mit eigenen Forderungen ist nur zulässig, wenn diese unstreitig oder rechtskräftig festgestellt sind bzw. einer Notgeschäftsführung entstammen (*BGH* ZMR 2016, 472, 473 f., der selbst die Aufrechnung wegen Notgeschäftsführung in Zweifel zieht; *OLG Stuttgart* NJW-RR 1989, 842; *KG* NJW-RR 1996, 465; *OLG Frankfurt am Main* NJW-RR 2006, 1604; *OLG München* NJW-RR 2007, 735; ZMR 2007, 991; *OLG Düsseldorf* ZMR 2008, 56; *OLG Brandenburg* ZMR 2008, 390; *OLG Hamm* ZMR 2009, 937 f.; *LG München I* ZMR 2009, 638; *AG Burgdorf* ZMR 2010, 994 f.). Eine Notgeschäftsführung müsste zudem von dem Aufrechnenden vorgenommen worden sein, ein abgetretener Anspruch genügt nicht (*KG* NJW-RR 1995, 719 f.). Die Notgeschäftsführung und die anerkannten Forderungen gleichgestellte Inanspruchnahme durch Versorgungsträger aus gemeinschuldnerischer Haftung (*KG* NJW-RR 1996, 465) hat allerdings an Bedeutung verloren, da nunmehr allenfalls die anteilmäßige Inanspruchnahme aus § 9a Abs. 4 WEG in Betracht kommt. Im Übrigen ist die Aufrechnung ausgeschlossen, auch mit **Schadensersatzansprüchen aus § 14 Abs. 3 WEG** (zur Vorgängernorm, § 14 Nr. 4 WEG a.F. s. *OLG München* NJW-RR 2007, 735 = ZMR 2007, 397 f.) und mit Ansprüchen auf **Aufwendungsersatz** (*LG München I* ZMR 2009, 638; vgl. Rdn. 91). Denn die Gemeinschaft ist zur Erhaltung ihrer Liquidität zwingend auf die Vorschüsse aus § 28 Abs. 1 S. 1 WEG angewiesen (*OLG Düsseldorf* ZMR 2008, 56). Das Aufrechnungsverbot gilt auch für ausgeschiedene Wohnungseigentümer (*BayObLG* NJW-RR 1996, 1039; *LG Köln* NJW-RR 1993, 148). Erst recht ist die Aufrechnung mit **abgetretenen Forderungen Dritter** oder mit Forderungen, die der Inhaber nicht als Wohnungseigentümer erworben hat, unzulässig (*OLG Düsseldorf* ZMR 2008, 56 für die Beschädigung des im Alleineigentum des Miteigentümers stehenden Nachbargrundstücks). Die Teilungserklärung

kann noch darüber hinausgehen und ein **Aufrechnungsverbot auch für rechtskräftig titulierte oder anerkannte Forderungen** vorsehen (*OLG Brandenburg* ZMR 2008, 390 f.; Bärmann/*Merle* § 28 Rn. 94), ebenso für Ansprüche aus Notgeschäftsführung (*AG Hamburg* ZMR 2010, 561 f.). Hierfür genügt bereits die Bestimmung, dass eine Aufrechnung gegen Beiträge nach § 28 WEG ausgeschlossen ist, da dies jede Aufrechnung ausschließt (*AG Hamburg* ZMR 2010, 561 f.).

bb) Sonstige auf Gegenforderungen beruhende Verteidigungsmöglichkeiten

100 In diesem Umfang ist auch die Geltendmachung eines **Zurückbehaltungsrechts** ausgeschlossen (*BGH* ZMR 2012, 977; *OLG München* ZMR 2006, 882; 2007, 991; *LG München I* ZMR 2009, 638). Insbesondere kann die Mangelhaftigkeit von Werkleistungen Dritter nicht die Zurückbehaltung von Beiträgen an die Wohnungseigentümergemeinschaft rechtfertigen. Auch eine **Vollstreckungsgegenklage** ist schon wegen § 767 Abs. 2 ZPO ausgeschlossen (*KG* NJW-RR 1995, 719 f.). Sofern aus diesen Gründen bisweilen die Erhebung einer **Widerklage** auf Zahlung des vom Verband geschuldeten Betrages empfohlen wird (Jennißen XIII Rn. 15), ist dieser Weg nur gangbar, wenn es nicht zuvor einer Beschlussfassung der Eigentümerversammlung bedarf. Dies ist etwa bei Überzahlungen im Rahmen der Vorschussleistungen regelmäßig der Fall (vgl. o. Rdn. 73). Umgekehrt muss sich der Wohnungseigentümer nicht jede **Verrechnung** seiner Zahlungen auf (vermeintliche) Altschulden entgegenhalten lassen. Versieht er seine Zahlung mit einer Tilgungsbestimmung, ist diese für die Wohnungseigentümergemeinschaft bindend. Dies kann auch konkludent erfolgen, etwa durch Zahlung genau des für den Zahlungszeitraums geschuldeten Betrags. Nur beim Fehlen von Tilgungsbestimmungen kann die Wohnungseigentümergemeinschaft die Zahlungen nach § 366 BGB auf die offenen Forderungen verrechnen (*LG München I* ZMR 2010, 716 f.).

c) Verjährung

101 Schließlich kann der Schuldner bei nachlässiger Beitreibung die Einrede der Verjährung erheben. Vorschüsse **verjähren gem. §§ 195, 199 BGB** am Ende des dritten Kalenderjahres nach ihrer Entstehung (*BGH* ZMR 2012, 976 f.; *OLG Hamburg* ZMR 2006, 792; *OLG München* ZMR 2007, 478 ff.; *OLG Hamm* ZMR 2009, 867; Jennißen XIII Rn. 18). Im Übrigen folgt aus der unterlassenen Geltendmachung von Beiträgen regelmäßig keine konkludente Freistellung (*OLG Hamburg* ZMR 2006, 59). Dabei muss sich der rechtsfähige Verband die Kenntnis vom Bestehen der Ansprüche zurechnen lassen (*OLG Hamm* ZMR 2009, 867, das aber auf die Wohnungseigentümer abstellt), sofern Schuldner und Verwalter nicht kollusiv zusammenwirken (*OLG Hamm* ZMR 2009, 867). Die Verjährung hat der Verwalter zu beachten und rechtzeitig auf den drohenden Rechtsverlust hinzuweisen (*AG Hamburg-St. Georg* ZMR 2013, 388).

d) Unterlassene Nutzung des Wohnungs- oder Teileigentums

102 Keine taugliche Verteidigung ist dagegen das Vorbringen, dass die Wohnung bzw. Teileigentumseinheit, für die die Vorschüsse gefordert werden, leer steht (*LG Dortmund* ZMR 2016, 640, 641). Denn das Verwendungsrisiko trägt der einzelne Wohnungseigentümer, nicht die Gemeinschaft. Insbesondere ist auch bei **Absperrung der Heizkörper** ein Verbrauchsanteil, die sog. Kaltverdunstung, zu ermitteln und abzurechnen (*BayObLG* NJW-RR 1988, 1166 f.; 1997, 717; *Jennißen* V Rn. 81). Ähnliches gilt, wenn der Wohnungseigentümer bestimmte Einrichtungen wie etwa einen Aufzug/Fahrstuhl nicht nutzt. Denn die Beitragsverpflichtung besteht unabhängig von einer Nutzung des Gemeinschaftseigentums (*KG* NJW-RR 1993, 403; *OLG München* NJW-RR 2007, 376).

e) Der Anspruch auf Abänderung der Teilungserklärung

103 Auch der bloße Anspruch auf Abänderung der Teilungserklärung, der nunmehr in § 10 Abs. 2 WEG geregelt ist, führt nicht ohne Weiteres zur Verringerung der Kostenbeteiligung. Diese erfolgt erst mit Durchsetzung des Anspruchs durch gerichtliche Entscheidung (*BGH* WuM 2018, 387 = ZfIR 2018, 451).

II. Sanktionen für säumige Zahler

1. Die Änderung der Rechtslage durch die Novelle zum WEG

Mit der in der Beschlussfassung bestimmten kalendermäßigen Fälligkeit der Vorschüsse kommt der Wohnungseigentümer in Verzug. Die Säumnis von Wohnungseigentümern bereitet, selbst wenn die Gelder noch beitreibbar sind, erheblichen Mehraufwand und gefährdet die Liquidität der Gemeinschaft. Deshalb erscheinen Sanktionen wie **Verzugszinsen** oder die **Vorfälligkeit** der Vorschüsse für das gesamte Jahr ab einer bestimmten Höhe der offenen Beiträge sinnvoll. Vor der WEG-Novelle des Jahres 2007 konnten derartige Maßnahmen indessen regelmäßig nur dann ergriffen werden, wenn sie in der Teilungserklärung oder durch Vereinbarung zugelassen waren. Ihre Einführung durch Mehrheitsbeschluss war nur möglich, wenn die Teilungserklärung dies durch Öffnungsklausel zuließ. Lediglich im Verwaltervertrag vereinbarte **Zusatzvergütungen des Verwalters** für die gerichtliche Geltendmachung der Forderung konnten als Schadensersatz geltend gemacht werden. Dies kann allerdings nach aktueller Rechtsprechung des *BGH* nicht im Kostenfestsetzungsverfahren geschehen, sondern bedarf eines weiteren Erkenntnisverfahrens (*BGH* ZMR 2015, 236). Das Erfordernis einer Vereinbarung verhinderte in aller Regel wirksame Sanktionen gegen säumige Wohnungseigentümer. Diesem Missstand hatte der Gesetzgeber zwischenzeitlich mit **§ 21 Abs. 7 WEG a.F.** abgeholfen. Denn danach erteilte der Gesetzgeber der Eigentümerversammlung die **neue Beschlusskompetenz**, nunmehr mit Mehrheit neue Regelungen zur Art und Weise von Zahlungen, zu ihrer Fälligkeit und zu den Folgen des Verzugs zu beschließen (*Abramenko* § 2 Rn. 9). Diese Beschlusskompetenz wurde durch das WEMoG wieder gestrichen. Die Wohnungseigentümergemeinschaft kann demzufolge wieder nur Verzugsschäden geltend machen. Voraussetzung hierfür ist neben dem Rückstand ein Verschulden des Wohnungseigentümers. Hieran kann es insbesondere bei Erteilung einer Einzugsermächtigung fehlen, da es Sache des Verbandes ist, hiervon Gebrauch zu machen (*AG Köln* ZMR 2016, 496). 104

2. Die Art und Weise von Zahlungen

Hingegen wurde die in § 21 Abs. 7 WEG a.F. enthaltene Kompetenz, über die »Art und Weise von Zahlungen« Beschlüsse zu fassen, umformuliert (»wie sie zu erfüllen sind«) in § 28 Abs. 3 WEG übernommen. Dies erfasst zunächst **»neutrale« Regelungen ohne Sanktionscharakter**, die nur der Erleichterung des Zahlungsverkehrs zwischen den Wohnungseigentümern und dem Verband dienen. So kann die Eigentümerversammlung etwa die **Barzahlung oder Sammelüberweisungen für mehrere Wohnungen ausschließen**, das **Lastschriftverfahren** beschließen (vgl. schon zum früheren Recht *OLG Hamburg* NJW-RR 1998, 1163; *OLG Düsseldorf* NJW-RR 2002, 83; *BayObLG* NJW-RR 2002, 1666) oder die Erteilung von **Einzugsermächtigungen** durch die einzelnen Miteigentümer verlangen. Ferner kann die Eigentümerversammlung auch Sanktionen für die Nichteinhaltung der beschlossenen Zahlungsweise festsetzen, also etwa eine **Pauschale für den Mehraufwand** festlegen, wenn einzelne Miteigentümer nicht am Lastschriftverfahren teilnehmen (BT-Drs. 16/887, S. 27). Eine Grenze hierfür ergibt sich allerdings daraus, dass diese Sanktion wie jeder Mehrheitsbeschluss ordnungsmäßiger Verwaltung entsprechen muss. Dem entspricht etwa eine Pauschale von 1.000 € für die Nichtteilnahme am Lastschriftverfahren gewiss nicht. Der Verwalter ist freilich nicht verpflichtet, von der Möglichkeit der Lastschrift Gebrauch zu machen, wenn schon einmal Rückbelastungen erfolgten und die betroffenen Wohnungseigentümer dem Verwalter strafbaren Verhalten vorwarfen (*BGH* ZMR 2016, 472, 473; *LG Lüneburg* ZMR 2015, 626 f.; *AG Burgdorf* ZMR 2010, 994 f.). 105

3. Die Fälligkeit von Zahlungen an die Gemeinschaft

Nach § 28 Abs. 3 WEG kommt der Wohnungseigentümerversammlung nunmehr auch die Kompetenz zu, über die **Fälligkeit der von den Wohnungseigentümern geschuldeten Beiträge abweichend von Gesetz oder Teilungserklärung** mit Mehrheit zu befinden. Dies wird in der Praxis vorrangig die Vorschüsse nach § 28 Abs. 1 S. 1 WEG betreffen. Denn die Fälligkeit einmaliger Leistungen, etwa der Nachzahlung aus der Jahresabrechnung oder einer Sonderumlage, konnte schon bislang 106 ohne Weiteres in dem jeweiligen Beschluss mitgeregelt werden. Wie nach § 21 Abs. 7 WEG a.F. beschränken sich die Regelungsmöglichkeit etwa zur Aufteilung der Vorschüsse auf zwölf jährliche Raten und die Fälligkeit der gesamten Beitragsschuld bei bestimmten Verzugshöhen nicht mehr auf den konkreten Beschluss des jeweiligen Zahlungs- bzw. Wirtschaftsplans. Vielmehr können unabhängig hiervon generelle Regelungen für die Zukunft getroffen werden. Damit kann die Eigentümerversammlung, auch wenn die Gemeinschaftsordnung keine entsprechende Beschlusskompetenz enthält oder sogar andere Modalitäten vorsieht, über **Fälligkeitstermine, Raten, die Stundung in Form monatlicher Zahlung und über Verfallsregelungen**, etwa die Gesamtfälligkeit der gesamten Vorschüsse eines Jahres beim Verzug mit zwei oder mehr Raten mit einfacher Mehrheit Beschluss fassen. Allerdings müssen auch in diesem Zusammenhang die Grundsätze ordnungsmäßiger Verwaltung eingehalten werden.

4. Die Versorgungssperre

a) Voraussetzungen der Versorgungssperre gegen Miteigentümer

aa) Leistungen des Verbandes

107 Bereits nach altem Recht wurde es für zulässig angesehen, unter Berufung auf ein Zurückbehaltungsrecht nach § 273 BGB die weitere Belieferung eines säumigen Wohnungseigentümers mit Wasser, Wärme oder ähnlichen von der Gemeinschaft vorfinanzierten Leistungen abzusperren. Dies gilt allerdings **nur für Leistungen des rechtsfähigen Verbandes**, nicht einzelner Wohnungseigentümer, auch wenn sie für jenen in Vorlage getreten sind und Aufwendungsersatzansprüche geltend machen können (*LG Frankfurt/M.* ZMR 2010, 396). Die Unterbindung der Versorgung mit Leistungen, die der Schuldner unmittelbar mit Dritten abrechnete, kommt naturgemäß nicht in Betracht, da insoweit keine Leistung der Gemeinschaft vorliegt (*OLG Celle* NJW-RR 1991, 1119). Die Bereitstellung baulicher Anlagen, etwa von **Versorgungsleitungen**, kann nicht im Wege der Versorgungssperre unterbunden werden (*Suilmann* ZWE 2012, 113; anders *LG München I* ZMR 2011, 326 f.; *AG München* ZMR 2010, 998; *Bonifacio* ZMR 2012, 332). Es fehlt hier schon am Gegenseitigkeitsverhältnis, da das Gemeinschaftseigentum den Wohnungseigentümern, nicht dem rechtsfähigen Verband gehört, und dessen Nutzung nicht entgegen § 16 Abs. 1 S. 3 WEG durch Mehrheitsbeschluss unterbunden werden kann. Die Möglichkeit der Versorgungssperre ist gegenüber dem **Entziehungsverfahren** nicht subsidiär, da § 17 f. WEG keine abschließende Regelung enthält (*OLG Celle* NJW-RR 1991, 1118 f.; *BayObLG* NJW-RR 1992, 787 – Ls –; *OLG Dresden* ZMR 2008, 141).

bb) Umfang der Rückstände

108 Die Versorgungssperre setzt nach der Rechtsprechung **erhebliche Rückstände** voraus (*BGH* ZMR 2005, 881 f.; *OLG Celle* NJW-RR 1991, 1119; *BayObLG* NJW-RR 1992, 787 – Ls –: *OLG Hamm* NJW-RR 1994, 145 – Ls –; *KG* NJW-RR 2001, 1308; ZMR 2005, 906; NJW-RR 2006, 447 = ZMR 2005, 906, *OLG Dresden* ZMR 2008, 141; *LG München I* ZMR 2011, 326, wo ein Rückstand von mehr als 6 monatlichen Beitragsleistungen verlangt wird; ähnlich *OLG München* NJW-RR 2005, 599 u. *OLG Frankfurt am Main* NJW-RR 2006, 1673, das die Verhältnismäßigkeit der Maßnahme verlangt; zu Recht kritisch gegen diesen Anspruch des Miteigentümers auf kostenlose Versorgung über 6 Monate *Bonifacio* ZMR 2012, 331).

cc) Androhung und Beschlussfassung

109 Ferner bedarf es der **vorherigen Androhung** und einer **Beschlussfassung der Eigentümerversammlung** (*BGH* ZMR 2005, 881; *OLG Celle* NJW-RR 1991, 1119; *Jennißen* XIII Rn. 40). Der betroffene Eigentümer ist bei der Entscheidung hierüber nach § 25 Abs. 4 WEG **nicht stimmberechtigt**. Die Abmahnung muss nicht vor der Beschlussfassung, sondern nur vor dem Vollzug der Sperre erfolgen (*LG München I* ZMR 2011, 326). Die Androhung kann allerdings bei endgültiger und ernsthafter Zahlungsverweigerung unterbleiben (*AG München* ZMR 2010, 998). Ausnahmsweise kann die Ver-

sorgungssperre Treu und Glauben widersprechen, wenn sie trotz Vorliegens der Voraussetzungen **unverhältnismäßig** ist; was ist aber nicht schon deshalb anzunehmen ist, weil die Wohnung von einer neunköpfigen Familie bewohnt ist (*OLG Dresden* ZMR 2008, 141 f.). Denn auch das Interesse der Gemeinschaft daran, zahlungsunwillige oder -unfähige Miteigentümer nicht auf Dauer kostenlos mit Wasser, Wärme etc. versorgen zu müssen, ist in die Abwägung einzustellen. Der Titulierung bedürfen die Rückstände nicht (a.A. Jennißen XIII Rn. 40). Sie müssen aber zweifelsfrei bestehen (*OLG Dresden* ZMR 2008, 141). Die **Beschlussfassung** kann auch **generell für die Zukunft** erfolgen (*KG* NJW-RR 2006, 446 = ZMR 2005, 906). Sie ist aber nur Voraussetzung der Versorgungssperre; sie ersetzt auch nach ihrer Bestandskraft nicht die eigenen Feststellungen des Tatrichters, der das Vorliegen der Voraussetzungen prüfen muss (*OLG München* NJW-RR 2005, 599).

b) Keine Abwendung durch Teilleistungen

Zahlungen auf einzelne Positionen wie Wasser oder Wärmelieferung zur Vermeidung ihrer 110
Absperrung scheiden aus, da es sich bei verbrauchsabhängigen und verbrauchsunabhängigen Kosten um eine einheitliche Schuld handelt und die Unterpositionen keine eigenständigen Verbindlichkeiten darstellen (*KG* NJW-RR 2006, 446 = ZMR 2005, 906 f.; *OLG Dresden* ZMR 2008, 141; *Häublein* ZWE 2011, 1; vgl. o. Rdn. 65). Auch die **Wiederaufnahme der laufenden Zahlungen** genügt nicht, wenn die Rückstände nicht beglichen werden (*OLG Dresden* ZMR 2008, 141). § 149 ZVG steht der Versorgungssperre grundsätzlich nicht entgegen, da er nur die Beziehungen zum vollstreckenden Gläubiger regelt (*OLG Dresden* ZMR 2008, 142).

c) Betreten der Wohnung

Die Versorgungssperre bedarf auch, wenn etwa der Einbau von Absperrventilen erforderlich wird, 111
nicht als **bauliche Veränderung** der Zustimmung des säumigen Eigentümers, da er sie nach § 14 Abs. 1 Nr. 2 WEG dulden muss (*KG* NJW-RR 2001, 1308; *BayObLG* NJW-RR 2004, 1382). Der säumige Wohnungseigentümer hat nach dieser Vorschrift auch das **Betreten seiner Wohnung** zur Anbringung von Absperrvorrichtungen zu dulden (*BGH* ZMR 2005, 882; *OLG München* NJW-RR 2005, 599; *OLG Frankfurt am Main* NJW-RR 2006, 1674). Befinden sich die Absperrmöglichkeiten in der Wohnung, bedarf es eines Titels, der dem Verband Zutritt hierzu gestattet. Dieses Verfahren soll durch die **Insolvenz** über das Vermögen des Schuldners nicht nach § 240 ZPO unterbrochen sein (*OLG Dresden* ZMR 2008, 140 f. – zweifelhaft; s. Vor § § 43 Rdn. 14). Das Verbot der Einzelzwangsvollstreckung nach § 294 Abs. 1 InsO steht der Versorgungssperre nicht entgegen, da diese keine Vollstreckungsmaßnahme darstellt (*OLG Dresden* ZMR 2008, 142).

d) Die Versorgungssperre bei vermietetem Wohnungs- oder Teileigentum

Der *BGH* hat mittlerweile entschieden, dass die Versorgungssperre auch bei vermietetem Wohnungs- 112
eigentum **keine Besitzschutzansprüche** aus § 858 Abs. 1, 862 Abs. 1 BGB auslöst (*BGH* NZM 2009, 484). Dem ist zu folgen. Denn es ist wie schon nach altem Recht mit der h.M. nicht einzusehen, weshalb dem Mieter, dem nur ein vom Eigentümer abgeleitetes Nutzungsrecht zukommt, weiter gehende Rechte zugesprochen werden können als diesem. Daher ist die Versorgungssperre auch bei vermietetem Wohnungs- oder Teileigentum zulässig (*KG* NJW-RR 2001, 1308; Jennißen XIII Rn. 40; Niedenführ/*Vandenhouten* § 28 Rn. 233; Staudinger/*Bub* § 28 Rn. 149; *Suilmann* ZWE 2012, 112 f.; *Bonifacio* ZMR 2012, 331; a.A. *OLG Köln* NJW-RR 2001, 302 f.). Hierfür soll er allerdings nicht zur Duldung des Betretens seiner Wohnung verpflichtet sein (*KG* NJW-RR 2006, 658 f. = ZMR 2006, 380; Niedenführ/*Vandenhouten* § 28 Rn. 233; Staudinger/*Bub* § 28 Rn. 149; *Suilmann* ZWE 2012, 114; *Bonifacio* ZMR 2012, 333; s. ferner Anhang zu § 13 Rdn. 84 ff.).

e) Keine Räumung des Wohnungs- oder Teileigentum nach § 149 Abs. 2 ZVG

Hingegen soll bei selbst genutztem Wohnungseigentum keine Möglichkeit der Räumung nach § 149 113
Abs. 2 ZVG bestehen. Der *BGH* sieht in der Nichtzahlung der Vorschüsse und Beiträge keine Gefährdung des Grundstücks. Dies wird mit der Verpflichtung des Zwangsverwalters, die Zahlun-

gen zu erbringen, und mit anderen Möglichkeiten der Entfernung des säumigen Wohnungseigentümers aus der Gemeinschaft begründet (*BGH* ZMR 2008, 471 – zweifelhaft im Hinblick auf die Verringerung der Mittel für notwendige Maßnahmen der Erhaltung, d.h. der Instandhaltung und Instandsetzung).

III. Sicherungsmittel

114 Sanktionen zur Gewährleistung eines ordnungsgemäßen Zahlungsverhaltens sind naturgemäß wirkungslos, wenn der Schuldner zahlungsunfähig ist. Für diesen Fall können nur Sicherungsmittel einen Ausfall verhindern. Hierzu wurden in Rspr. und Schrifttum die unterschiedlichsten Anregungen unterbreitet, die von einer **notariellen Unterwerfung unter die Zwangsvollstreckung** in das gesamte Vermögen (*KG* NJW-RR 1997, 1304) über die **Kautionsleistung** und die **Eintragung einer vorrangigen Grundschuld** bis zum Abschluss einer **Ausfallversicherung** durch die einzelnen Wohnungseigentümer reichen (s. Staudinger/*Bub* § 28 Rn. 68a m.w.N.). All diesen Vorschlägen ist gemein, dass sie Ausfälle nur verhindern können, wenn sie vorab von allen Wohnungseigentümern vereinbart wurden. Eine nachträgliche Sicherung wird (abgesehen von anfechtungsrechtlichen Gesichtspunkten) in aller Regel nicht in Betracht kommen, da es insoweit der Mitwirkung aller Miteigentümer, auch des Zahlungsunfähigen bedarf. Mit Mehrheitsbeschluss kann er nicht zur Stellung von Sicherungsmitteln gezwungen werden. Hieran hat auch die Beschlusskompetenz nach § 21 Abs. 7 WEG a.F. bzw. nunmehr § 28 Abs. 3 WEG nichts geändert. Denn hierbei handelt es sich nicht um die Art und Weise von Zahlungen, ihre Fälligkeit oder um die Folgen des Verzugs. Allerdings können dann, wenn die Verschiebung von Vermögen droht, die allgemeinen zivilprozessualen Sicherungsmittel wie der dingliche und persönliche Arrest (§§ 916 ff. ZPO) in Anspruch genommen werden. Sofern ein Wohnungseigentümer säumig war, kann auch eine **Klage auf künftige Leistung** gemäß § 259 ZPO zulässig sein (*AG München* ZMR 2017, 843, 845).

IV. Der Vorrang von Beitragsforderungen in der Zwangsversteigerung

1. Die frühere Rechtslage

115 Eine weitere, wenn auch der Höhe nach begrenzte, Möglichkeit zur Beitreibung rückständiger Vorschüsse bieten die Änderungen von § 10 ZVG im Rahmen der Novelle zum WEG 2007. Auch titulierte Rückstände konnten nach früherem Recht bei selbst genutztem Eigentum (vgl. *LG Zwickau* ZMR 2007, 656 m. Anm. *Walke*) oftmals nicht vollstreckt werden. Denn Erträge waren nicht zu erwarten. War das selbst genutzte Wohnungs- oder Teileigentum bis zur Wertgrenze beliehen, konnte selbst ein Eigentümerwechsel im Wege der Zwangsversteigerung ausscheiden. Denn **Grundpfandrechte fielen in das geringste Gebot, mussten mithin vom Ersteher übernommen werden.** Dass Außenstehende hierzu regelmäßig nicht bereit sind, versteht sich von selbst, da sie ein solchermaßen belastetes Eigentum alsbald wieder verlieren (*OLG Celle* NJW-RR 1991, 1119). In der Folge hing die Durchführung des Zwangsversteigerungsverfahrens von den besserrangigen Gläubigern ab. War aus ihrer Sicht ein weiteres Abwarten zur Ermittlung von Kaufinteressenten für eine lukrativere freihändige Veräußerung erforderlich, konnten sich die Miteigentümer noch nicht einmal im Wege der Zwangsversteigerung des säumigen Miteigentümers entledigen. Dies führte in der Praxis dazu, dass die Miteigentümer teilweise über Jahre die Lasten und Kosten eines insolventen Wohnungseigentümers mittragen mussten.

2. Der Lösungsansatz der Gesetzesänderung

a) Vorrang der Beitragsforderungen

116 Diesem Missstand, dass gerade die überhöhte Belastung mit Grundpfandrechten zu einem von den Miteigentümern finanzierten Verbleiben des Schuldners in seiner Wohnung verhilft, will § 10 Abs. 1 Nr. 2 ZVG mit einem **begrenzten Vorrang** u.a. der Vorschüsse nach § 28 Abs. 1 S. 1 WEG begegnen. Danach wird rückständigen Beiträgen zu den Kosten und Lasten ein der Höhe nach begrenzter Vorrang auch gegenüber dinglichen Rechten eingeräumt. Dies gilt allerdings erst für Verfahren, die

nach dem 01.07.2007 anhängig wurden, auch wenn ein Gläubiger erst nach diesem Termin beitritt (*BGH* ZMR 2008, 385 f.). In der Folge werden die Forderungen des Verbandes, die nach altem Recht regelmäßig in vollem Umfang ausfielen, nunmehr im Wege der Zwangsversteigerung wenigstens teilweise befriedigt. Noch weit wichtiger ist es aber, dass so auch ohne Zutun der dinglichen Gläubiger überhaupt ein Eigentümerwechsel herbeigeführt werden kann. Auf diesem Wege können sich die Wohnungseigentümer wenigstens für die Zukunft des zahlungsunfähigen Miteigentümers entledigen, der nach früherem Recht auf ihre Kosten in der Liegenschaft verblieb.

b) Keine Verdinglichung

Die Privilegierung der von § 10 Abs. 1 Nr. 2 ZVG erfassten Beiträge **führt nicht zu ihrer Verdinglichung**. Der rechtsfähige Verband kann daher wegen solcher bevorrechtigter Ansprüche nicht die Duldung der Zwangsversteigerung vom Sonderrechtsnachfolger verlangen (*BGH* ZMR 2014, 80; *LG Ellwangen* ZMR 2010, 634 f.; der Sache nach ebenso *LG Landau* ZMR 2012, 813; kritisch auch *LG Stuttgart* ZMR 2012, 732; a.A. *LG Berlin* ZMR 2011, 156; *LG Bonn* ZMR 2011, 987; *LG Heilbronn* ZMR 2013, 304; *Häublein* ZMR 2011, 848; *Schneider* ZMR 2012, 754 f.; *Becker* ZWE 2013, 10 f.). Ebenso wenig kann wegen dieser Ansprüche **analog § 147 ZVG** gegen den noch nicht im Grundbuch eingetragenen Erwerber die Zwangsversteigerung betrieben werden (*BGH* ZMR 2010, 125 f.; *AG Heilbronn* ZMR 2010, 242 f.; a.A. *AG Koblenz* ZMR 2010, 568 f. wohl auch *LG Stuttgart* ZMR 2010, 558; offen gelassen von *LG Stuttgart* ZMR 2010, 643 f.). Aufgrund des Verweises von § 49 InsO auf § 10 Abs. 1 Nr. 2 ZVG besteht aber ein Absonderungsrecht (*BGH* ZMR 2012, 788; *LG Berlin* ZMR 2010, 142; *LG Ellwangen* ZMR 2010, 634; *LG Landau* ZMR 2012, 813; *AG Koblenz* ZMR 2010, 568). 117

c) Zwangssicherungshypothek

Die Möglichkeit der bevorrechtigten Vollstreckung schließt die Eintragung einer **Zwangssicherungshypothek** in der Rangklasse 4 nicht aus (*OLG Frankfurt am Main* ZMR 2011, 401). Denn diese gibt für den Fall des Eigentümerwechsels zusätzliche Sicherheit, da der Erwerber ansonsten für rückständige Beiträge nach § 28 Abs. 1 S. 1 WEG nicht haftet und die Rückstände in diesem Fall überhaupt nicht abgesichert wären (*LG Düsseldorf* ZMR 2008, 819 f.; nur in der Begründung anders *Schneider* ZMR 2008, 820 ff.). Allerdings kann sie nicht unter dem Vorbehalt eingetragen werden, dass die Forderung nicht dem Vorrecht nach § 10 Abs. 1 Nr. 2 ZVG unterfällt, da der Eintragungsantrag dann von Umständen abhängig gemacht wird, die nicht zu den gesetzlichen Voraussetzungen der Eintragung gehören (*OLG Stuttgart* ZMR 2011, 154). Umgekehrt ist dieser Vorbehalt nicht erforderlich, da aufgrund der Prüfung durch das Vollstreckungsgericht Doppelzuteilungen nicht zu befürchten sind (*OLG Frankfurt am Main* ZMR 2011, 401). Aus der Möglichkeit der vorrangigen Befriedigung resultiert keine Pflicht. Insbesondere verliert die Wohnungseigentümergemeinschaft nicht das Recht zur nachrangigen Geltendmachung von Beiträgsforderungen, wenn sie von der Möglichkeit des § 10 Abs. 1 Nr. 2 WEG keinen Gebrauch macht (*LG Köln* ZMR 2014, 84 f.). 118

3. Die Voraussetzung für die vorrangige Geltendmachung von Vorschüssen nach § 28 Abs. 2 WEG

a) Schuldner- und Einheitsbezogenheit

Der Vorrang nach § 10 Abs. 1 Nr. 2 Satz 1 ZVG setzt zunächst voraus, dass es sich um Vorschüsse des Wohnungseigentümers für die in der Versteigerung befindliche Wohnung handelt. Dies ergibt sich daraus, dass nach § 10 Abs. 1 Nr. 2 Satz 1 ZVG »bei Vollstreckung in ein Wohnungseigentum die **daraus** fälligen Ansprüche« vorrangig sein sollen. Die Möglichkeit der vorrangigen Geltendmachung von Lasten und Kosten ist also nicht nur schuldner- sondern auch einheitsbezogen. Der Verband kann infolgedessen dann, wenn der Schuldner Mehrfacheigentümer ist, nicht wegen der Rückstände einer Einheit die vorrangige Befriedigung bei einer Zwangsvollstreckung in eine seiner anderen Wohnungen beanspruchen. Nach § 10 Abs. 1 Nr. 2 ZVG können nur die Rückstände, die für die jeweilige Einheit aufgelaufen sind, berücksichtigt werden. Die **Verfahrenskosten** eines Bei- 119 treibungsverfahrens sollen § 10 Abs. 1 Nr. 2 ZVG nicht unterfallen (*LG Berlin* ZMR 2010, 629; *AG Bonn* ZMR 2011, 421; a.A. mit guten Gründen *LG Bonn* ZMR 2011, 986 f.). Die gemäß § 10 Abs. 1 Nr. 2 ZVG bevorrechtigten Hausgeldansprüche muss der Verwalter ohne weitere Beschlussfassung im Zwangsversteigerungsverfahren anmelden (*BGH* ZMR 2018, 340 f.).

b) Die zeitliche Grenze

120 Auch in zeitlicher Hinsicht setzt § 10 Abs. 1 Nr. 2 Satz 2 ZVG der vorrangigen Geltendmachung von Beitragsforderungen eine Grenze. Es können nur solche Rückstände vorrangig berücksichtigt werden, die im **Jahr der Beschlagnahme und in den beiden Jahren zuvor** fällig wurden. Dabei kommt es nach der Entwurfsbegründung anders als bei der Haftung von Veräußerer und Erwerber auf die **Entstehung**, nicht auf die Fälligkeit der Beiträge an. Wird also etwa über die Nachforderung von Vorschüssen nicht, wie eigentlich geboten (vgl. u. Rdn. 126) in den ersten Monaten nach Ablauf des betroffenen Wirtschaftsjahres, sondern mehr als 1 Jahr später beschlossen, berührt dies die zeitliche Ausschlussfrist des § 10 Abs. 1 S. 2 ZVG nicht, da die Forderungen bereits zuvor begründet wurden (BT-Drs. 16/887, S. 45). Diese zeitliche Einschränkung für die bevorrechtigte Geltendmachung gemeinschaftlicher Ansprüche kann durch Wiederholung und Neubegründung des alten Saldos in den späteren Jahresabrechnungen nicht umgangen werden (vgl. u. Rdn. 179). Für den Zeitpunkt der Beschlagnahme kommt es gem. § 22 Abs. 1 ZVG alleine auf die Eintragung des Zwangsversteigerungsvermerks im Grundbuch an. Dem Antrag auf Anordnung der Zwangsversteigerung kommt keine Rückwirkungsfiktion nach § 167 ZPO zu (*BGH* ZMR 2011, 51 f.).

c) Höchst- und Mindestbetrag

aa) Obergrenze von 5 % des Verkehrswertes

121 Die bevorrechtigte Geltendmachung von Beiträgen ist ferner auch der Höhe nach beschränkt. Nach § 10 Abs. 1 Nr. 2 Satz 3 ZVG darf die bevorrechtigte Summe 5 % des Verkehrswertes nach § 74a Abs. 5 ZVG nicht übersteigen, was auch Nebenforderungen wie Zinsen umfasst. Dies ist in der praktischen Umsetzung insoweit problematisch, als die Wohnungseigentümer den Verkehrswert nach § 74a Abs. 5 ZVG frühestens nach Einholung des Verkehrswertgutachtens, mit Sicherheit sogar erst nach Festsetzung des Verkehrswertes, nicht aber schon bei Einleitung des Verfahrens kennen. Wird die vorrangige Berücksichtigung einer darüber hinausgehenden Forderung beantragt, zieht dies allerdings keinen Rechtsnachteil nach sich. Mit der über 5 % des Verkehrswertes übersteigenden Forderung fällt der rechtsfähige Verband eben aus, wenn der Erlös nicht auch die Forderungen in der Rangklasse 5 deckt. In demselben Zwangsversteigerungsverfahren kann eine Wohnungseigentümergemeinschaft das Vorrecht des § 10 Abs. 1 Nr. 2 ZVG **nur einmal geltend machen**, etwa nach Ablösung der Forderung durch andere Gläubiger (*BGH* ZMR 2010, 383; *LG Landau* ZMR 2012, 814). Hingegen führt die **Zahlung durch den Wohngeldschuldner selbst** zum Erlöschen der Forderung. Der Anspruch besteht somit nicht mehr und geht auch nicht auf andere Gläubiger über. Deshalb kann es nicht dazu kommen, dass der Realgläubiger ein Vorrecht von mehr als 5 % des Verkehrswertes hinnehmen muss. Es rücken daher nur bei Ablösung nachrangige Schuldner in den Vorrang des § 10 Abs. 1 Nr. 2 WEG nach (*BGH* ZMR 2012, 799 f.; a.A. *LG Berlin* ZMR 2012, 720 f. m. abl. Anm. Schneider).

bb) 3 % des Einheitswertes als Untergrenze

122 Darüber hinaus setzte die bevorrechtigte Beitreibung von Kosten- und Lastenbeiträgen nach § 10 Abs. 3 S. 1 ZVG a.F. – inzwischen aufgehoben – ferner einen Mindestbetrag von 3/100 des Einheitswertes voraus. Dies beruhte auf der Überlegung des Gesetzgebers, dass es einen Wertungswiderspruch darstellen würde, könnte ein Entziehungsverfahren erst ab dieser Grenze, ein Zwangsversteigerungsverfahren jedoch schon bei geringeren Rückständen betrieben werden (BT-Drs. 16/887, S. 45; zur Problematik vgl. *Schneider* ZfIR 2008, 162 f.). Damit stand die Wohnungseigentümergemeinschaft allerdings vor dem Problem, den vom Finanzamt festgesetzten **Einheitswert in Erfahrung zu bringen**. Dass sie eine von dort mitgeteilte Auskunft verwerten darf (*BGH* ZMR

2009, 775 u. 936 f.), erscheint selbstverständlich, dürfte aber vor der Änderung von § 18 Abs. 2 Nr. 2 WEG a.F. im Hinblick auf das Steuergeheimnis der Ausnahmefall geblieben sein. Die vom V. Zivilsenat zunächst vertretene Auffassung, dass das Überschreiten dieser Grenze nur durch eine Vorlage des Einheitswertbescheides nachgewiesen werden könne, die aber auf Ersuchen nach § 54 Abs. 1 S. 4 GKG problemlos zu bewerkstelligen sei (so *BGH* ZMR 2008, 724 ff.), beruhte auf Unkenntnis des Zwangsversteigerungsverfahrens (*LG Dortmund* ZMR 2009, 631 f.; *LG Stuttgart* ZMR 2009, 642 f.; *AG Potsdam* ZMR 2008, 750 f.; jetzt auch *BGH* ZMR 2009, 775) und wurde zu Recht schnell aufgegeben. Nach neuerer Rechtsprechung genügte es, wenn die Wertgrenze von **3 % des Verkehrswertes überschritten** ist (*BGH* ZMR 2009, 701 ff.; 775 ff. u. 937 f.; ZMR 2012, 792 f.). Vor dessen Festsetzung darf ein Antrag auf Beitritt zum Verfahren nicht zurückgewiesen werden (*BGH* ZMR 2009, 775). Danach sah § 10 Abs. 3 S. 1 ZVG a.F. vor, dass § 30 AO der Mitteilung des Einheitswertes an die in § 10 Abs. 1 Nr. 2 ZVG genannten Gläubiger »nicht entgegen (steht)«. Es blieb abzuwarten, ob die bloße Möglichkeit der Mitteilung von den Finanzbehörden dahin gehend verstanden wurde, dass der Einheitswert i.d.R. mitzuteilen war. Immerhin sollte das Vollstreckungsgericht nicht verpflichtet sein, die Finanzbehörde um Mitteilung des Einheitswertes zu ersuchen (*BGH* ZMR 2009, 936 f.). Anderenfalls behielte die geänderte Rechtsprechung zur Heranziehung des Verkehrswerts ihre Bedeutung. Die Wohnungseigentümer waren durch diese Grenze nur an der Einleitung eines Zwangsversteigerungsverfahrens gehindert. Sie konnten Beitragsforderungen aber in einem **Verfahren, das von einem anderen Gläubiger betrieben wird**, unabhängig von dieser Grenze bevorrechtigt geltend machen (BT-Drs. 16/887, S. 45 f.). Durch die Aufhebung insbesondere des § 10 Abs. 3 S. 1 ZVG a.F. hat der Gesetzgeber des WEMoG ab 01.12.2020 das Problem beseitigt.

d) Fälligkeit

Schließlich begrenzt § 10 Abs. 1 Nr. 2 ZVG die privilegierte Behandlung auf »die (…) fälligen 123
Ansprüche«. In vorliegendem Zusammenhang, bei Vorschüssen nach § 28 Abs. 1 S. 1 WEG für bereits zurückliegende Zeiträume ist die Fälligkeit üblicherweise nach Beschlussfassung über die Vorschüsse bzw. einen mitbeschlossenen Fälligkeitstermin schon längst eingetreten. Problematisch kann allenfalls der Fall sein, dass diese Beschlussfassung erfolgreich im Verfahren nach § 43 Abs. 2 Nr. 4 WEG angefochten wird. Dann fehlt es an der Voraussetzung fälliger Ansprüche. Auch aus diesem Grunde empfiehlt es sich, bei der Beschlussfassung über den Zahlungsplan dessen Fortgeltung bis zur Wirksamkeit eines neuen mitzubeschließen. Denn dann können immerhin die nach dem fortgeltenden früheren Zahlungsplan zu erbringenden Vorschüsse vorrangig berücksichtigt werden. Nach einer **Ablösung** der privilegierten Forderungen kann die Wohnungseigentümergemeinschaft die Privilegierung des § 10 Abs. 1 Nr. 2 ZVG in demselben Verfahren nicht nochmals für andere Forderungen in Anspruch nehmen (*BGH* ZMR 2010, 383; ZMR 2012, 799). Vielmehr rückt der ablösende Schuldner gem. §§ 268 Abs. 3 S. 1, 401, 412 BGB in die bevorrechtigte Stellung des abgelösten Schuldners ein (*BGH* ZMR 2012, 799).

e) Die besonderen Anforderungen an den Titel

Der Verband muss als Gläubiger bereits bei Antragstellung gem. § 16 Abs. 2 ZVG einen vollstreck- 124
baren Titel beifügen. Tituliert muss aber nur die Forderung sein. Die Verurteilung in **mehreren Titeln** über Hausgeldrückstände können zusammengerechnet werden, sofern sie dieselbe Einheit betreffen (*LG Itzehoe* ZMR 2008, 913). Eines **Duldungstitels** wegen der Vollstreckung in das Wohnungseigentum bedarf es, wie die Formulierung in § 10 Abs. 3 S. 2 ZVG klarstellen soll (s. BT-Drs. 16/887, S. 46; vgl. *Mayer* RpflStud 2006, 71), gerade nicht. Dafür sind an den Titel hinsichtlich der Rückstände, da sie eben nur unter den Voraussetzungen des § 10 Abs. 1 Nr. 2 ZVG bevorrechtigt sind, besondere Anforderungen zu stellen. Diese sind in § 10 Abs. 3 ZVG normiert. Danach muss der Titel neben der Zahlungsverpflichtung die **Art des Anspruchs** (also seine Natur als Beitrag nach §§ 16 Abs. 2, 28 Abs. 1 Satz 1 WEG), den **Zeitraum seiner Begründung** im Jahr der Beschlagnahme oder in den beiden Jahren zuvor und die **Fälligkeit** erkennen lassen (*BGH* ZMR 2012, 790). Konsequenterweise müssten diese Angaben dem Titel zu entnehmen sein, wie der Vergleich mit Forderungen aus unerlaubter Handlung gem. § 850f Abs. 2 ZPO zeigt, was dort notfalls

einen eigenen Feststellungsantrag erfordert (*BGH* Rpfleger 2003, 93). Denn ansonsten muss der Rechtspfleger im streng formalisierten Vollstreckungsverfahren die materiell-rechtliche Begründung des Anspruchs überprüfen. Diese Systemwidrigkeit nimmt der Gesetzgeber im vorliegenden Verfahren aber in Kauf, wie die Ausführungen der Materialien zum Nachweis gem. § 10 Abs. 3 S. 3 ZVG bei Versäumnis- und Anerkenntnisurteilen, zeigen (BT-Drs. 16/887, S. 46). Denn danach genügt bei Titeln ohne Tatbestand und Entscheidungsgründe eine **Glaubhaftmachung in sonst geeigneter Weise** (*BGH* ZMR 2012, 790 f.), etwa durch ein Doppel der Klageschrift, die die erforderlichen Angaben enthält (*AG Heilbronn* ZMR 2012, 239). Nur dadurch bleibt aber auch das Mahnbescheidsverfahren, in dem ein über die Zahlungsverpflichtung hinausgehender Titel überhaupt nicht ergehen kann, für rückständige Beiträge nach §§ 16 Abs. 2, 28 Abs. 1 S. 1, Abs. 2 S. 1 WEG sinnvoll. Umgekehrt würde im vorliegenden Zusammenhang also das Feststellungsinteresse für Feststellungsanträge zur Art der Schuld, wie sie im Hinblick auf § 850f Abs. 2 ZPO geboten sind, fehlen. Denn die Voraussetzungen nach § 10 Abs. 3 ZVG können für Vorschüsse nach § 28 Abs. 1 S. 1 WEG und andere Beitragsrückstände auch auf anderem, einfacherem Wege nachgewiesen werden.

D. Die Jahresabrechnung

I. Die Aufstellung der Jahresabrechnung als Pflicht des Verwalters

1. Der Verwalter als vorrangig Verpflichteter und sonstige Ersteller

125 Auch die Aufstellung der Jahresabrechnung ist nach § 28 Abs. 2 S. 2 WEG Pflicht des Verwalters (*KG* ZMR 2008, 477). Wie im Fall des Zahlungs- bzw. Wirtschaftsplans ist er zur Erstellung einer Beschlussvorlage für die Einforderung von Nachschüssen bzw. zur Anpassung der Vorschüsse samt des begründenden Zahlenwerks der Jahresabrechnung verpflichtet. Diese Unterlagen müssen so rechtzeitig vorliegen, dass sie von den Wohnungseigentümern noch vor der Beschlussfassung geprüft werden können (*LG Itzehoe* ZMR 2014, 144). Die auch nur teilweise Abbedingung dieser Pflicht im Verwaltervertrag ist jedenfalls in allgemeinen Geschäftsbedingungen unwirksam (*KG* ZMR 2008, 477). Auch eine vom gesetzlichen Leitbild abweichende Form der Jahresabrechnung kann im Verwaltervertrag nicht geregelt werden (*AG Hersbruck* ZMR 2012, 144). Wie beim Wirtschaftsplan bedarf es, wie die parallelen Formulierungen des Gesetzes zu Wirtschaftsplan und Jahresabrechnung in § 28 Abs. 1 S. 2, Abs. 2 S. 2 WEG zeigen, keines Beschlusses der Eigentümerversammlung o.Ä., um die Verpflichtung zu begründen. Der Verwalter ist hierzu **kraft Gesetzes verpflichtet** und muss von sich aus tätig werden. Hierbei handelt es sich um einen **Individualanspruch**: Jeder Wohnungseigentümer kann die Erstellung der Abrechnung verlangen, auch wenn der hierzu verpflichtete Verwalter bereits ausgeschieden ist (*LG Saarbrücken* ZMR 2010, 318; *LG Hamburg* ZMR 2016, 393, 394). Eine (unangefochtene) abweichende Entscheidung der Eigentümerversammlung ist aber vorrangig (*LG Hamburg* ZMR 2016, 393, 394). Der Anspruch geht mit Veräußerung des Wohnungseigentums auf den Erwerber über (*LG Dortmund* ZMR 2015, 478). Der Anspruch auf Erstellung einer Beschlussvorlage für die Einforderung von Nachschüssen bzw. zur Anpassung der Vorschüsse samt des begründenden Zahlenwerks der Jahresabrechnung ist nunmehr aber gegen die Wohnungseigentümergemeinschaft zu richten (vgl. jetzt *BGH* v. 16.06.2023 – V ZR 251/21, ZMR 2023, 1005 Rn. 21). Die Verpflichtung des Verwalters besteht nach neuem Recht nur noch gegenüber der Wohnungseigentümergemeinschaft. Ihr gegenüber handelt es sich aber um eine der wichtigsten Pflichten des Verwalters. Verweigert er die (ordnungsgemäße) Erfüllung dieser Pflicht oder ist er hierzu nicht in der Lage, wird daher wie beim Wirtschaftsplan i.d.R. ein Grund zur **Abberufung aus wichtigem Grund** vorliegen (vgl. o. § 26 Rdn. 40). Die Erstellung der Beschlussvorlage nach § 28 Abs. 2 S. 1 WEG einschließlich der sie vorbereitenden Jahresabrechnung gehörte schon nach altem Recht **nicht zu den unentziehbaren Mindestaufgaben** des Verwalters nach § 27 Abs. 4 WEG a.F. Nunmehr kann die Eigentümerversammlung gemäß § 27 Abs. 2 WEG über Erweiterungen oder Einschränkungen dieser Pflicht durch Mehrheitsbeschluss entscheiden. Will die Eigentümergemeinschaft etwa nach der (Teil)Ungültigerklärung eine unabhängige neue Beschlussvorlage, kann sie Dritte, insbesondere Miteigentümer mit der Erstellung einer Beschlussvorlage betrauen

(*OLG Düsseldorf* ZWE 2007, 309 f. = ZMR 2008, 220 f.). Parallel zum Wirtschaftsplan kann die Erstellung einer Beschlussvorlage für die Einforderung von Nachschüssen bzw. zur Anpassung der Vorschüsse samt des begründenden Zahlenwerks der Jahresabrechnung durch Mehrheitsbeschluss auch auf Dauer anderen Personen als dem Verwalter, etwa dem Verwaltungsbeirat oder einem Finanzausschuss o.Ä. übertragen werden. Wenn der Verwalter zur Erstellung einer eigenen Vorlage verpflichtet ist, muss er erst recht auf Verlangen einen **Beschlussentwurf herausgeben**, den der Vorverwalter angefertigt hat (*AG Itzehoe* ZMR 2018, 633 f.)

2. Der Zeitpunkt der Aufstellung

Nach § 28 Abs. 1 S. 2, Abs. 2 WEG ist die Abrechnungsperiode grundsätzlich das Kalenderjahr 126
(*BayObLG* NJW-RR 1991, 533). Deshalb ist die Jahresabrechnung in den **ersten Monaten des Jahres** zu erstellen und der Eigentümerversammlung zur Beschlussfassung vorzulegen (*OLG Zweibrücken* ZMR 2007, 728; *AG München* ZMR 2015, 591, 592). Die Verpflichtung zur Aufstellung der Jahresabrechnung wird regelmäßig in den ersten 3 Monaten des neuen Wirtschaftsjahres, spätestens aber 6 Monate nach seinem Beginn fällig (*OLG Zweibrücken* ZMR 2007, 887). Ein einheitlicher Termin für alle Abrechnungen und Eigentümergemeinschaften lässt sich allerdings nicht bestimmen, da insoweit die Umstände des Einzelfalls maßgeblich sind. Insbesondere kommt es auf die Größe der Eigentümergemeinschaft, die Zahl der Geschäftsvorfälle und – vor allem nach einem Verwalterwechsel – die Qualität der Verwaltungsunterlagen an. In kleinen Eigentümergemeinschaften mit geordneter Buchführung wird die Erstellung der Jahresabrechnung spätestens Ende März eines Jahres fällig sein (*BayObLG* NJW-RR 1990, 660; *OLG Hamm* NJW-RR 1993, 846; a.A., bis Juni Jennißen VII Rn. 53). Dies gilt erst recht, wenn eine Verteilung wichtiger Kostenpositionen auf die einzelnen Eigentümer gar nicht erforderlich ist, etwa bei getrennten Etagenheizungen für alle Einheiten. Umgekehrt kann der mangelhafte Zustand der Unterlagen nach einem Verwalterwechsel für längere Fristen sprechen. Ähnliches gilt, wenn zum Ende des Wirtschaftsjahres nur die Gesamtkosten einer Kostenart (etwa der Heizölverbrauch für alle Einheiten) feststehen, die **Ermittlung des Einzelverbrauchs** durch das hiermit betraute Ableseunternehmen dagegen auf sich warten lässt oder gar fehlerhaft ist (*AG Bonn* ZMR 2013, 219 f.). Keinen Aufschub rechtfertigt dagegen der ausstehende Eingang von Rechnungen, wenn die Kosten für die Gemeinschaft hierdurch erst beziffert werden. Denn dann wird der Zahlbetrag, auch wenn die Dienst- oder Werkleistung bereits im Vorjahr erbracht wurde, erst im Folgejahr fällig und ist daher auch erst in die Abrechnung für dieses Jahr einzustellen. Nach eingetretener Fälligkeit der Abrechnungspflicht kommt der Verwalter durch die Mahnung eines einzelnen Wohnungseigentümers in **Verzug** (*vgl.* (*BayObLG* NJW-RR 1990, 660; *Staudinger/Häublein* § 28 Rn. 136), ohne Mahnung indessen nicht (*AG München* ZMR 2015, 591, 592).

3. Die Erstellung der Jahresabrechnung nach einem Verwalterwechsel

a) Entstehung der Verpflichtung zur Erstellung der Jahresabrechnung

Lange war streitig, wer die Jahresabrechnung nach einem Verwalterwechsel aufzustellen hat. Die 127
überwiegende Meinung ging davon aus, dass sie der Verwalter aufzustellen hat, in dessen Amtszeit diese Verpflichtung fällig wurde, wobei die Verpflichtung nicht auf einen neuen Verwalter übergehen sollte (*KG* NJW-RR 1993, 529 = WE 1993, 83; *OLG Hamm* NJW-RR 1993, 847; *BayObLG* WuM 1994, 44; NJW-RR 2003, 517 = ZMR 2003, 438; *OLG Celle* ZMR 2005, 718 f.; *OLG Zweibrücken* ZMR 2007, 887). Dem ist der *BGH* nicht gefolgt. Seiner Auffassung zufolge hat sie der Verwalter zu erstellen hat, **in dessen Amtszeit diese Verpflichtung entstand** (*BGH* ZMR 2018, 523). Dies beseitigt das Gerechtigkeitsdefizit, dass der neue Verwalter die Abrechnung für ein Jahr zu erstellen hat, in dem er keinen Tag amtierte. Leider ließ der *BGH* offen, ob die Verpflichtung zur Erstellung der Jahresabrechnung am 31.12. des Abrechnungsjahres oder erst am 1.1. des Folgejahres entsteht. So bleibt die Frage, wer die Jahresabrechnung zu erstellen hat, ausgerechnet für den wichtigen Fall offen, dass der Verwalter zum Jahresende ausscheidet. Näher liegt es, von einer Fälligkeit am 01.01. auszugehen. Denn streng genommen ist erst mit dem Anbruch dieses Tages das Abrechnungsjahr

beendet und eine vollständige Abrechnung möglich. Immerhin kann beim elektronischen Bankverkehr noch in der letzten Sekunde des alten Jahres ein Zu- oder Abgang auf dem Konto erfolgen. Für den Fall eines späteren Ausscheidens steht dagegen jetzt fest, dass stets der Verwalter die Jahresabrechnung zu erstellen hat, der im vorangegangenen Jahr amtierte. Denn die Pflicht entsteht spätestens in der ersten Sekunde des neuen Jahres.

b) Fortdauer der Verpflichtung zur Erstellung der Jahresabrechnung

128 Der frühere Verwalter wird mit seiner Abberufung bzw. mit der Bestellung eines Konkurrenten nicht von der Verpflichtung zur Erstellung der Jahresabrechnung befreit, wenn diese noch in seiner Amtszeit entstand (*BGH* ZMR 2018, 523, 524; *LG Saarbrücken* ZMR 2010, 318 f.). Dies gilt auch dann, wenn die Genehmigung der Abrechnung für ungültig erklärt wurde und das Abrechnungsjahr mittlerweile lange zurückliegt (*BGH* v. 16.06.2023 – V ZR 251/21 Rn. 21; *OLG Saarbrücken* ZMR 2010, 709). Er kann zum Zwecke der Erfüllung dieser Pflicht dann von seinem Nachfolger die Einsicht in die erforderlichen Unterlagen bzw. die Überlassung von Kopien verlangen (*BGH* ZMR 2018, 523, 525; *LG Saarbrücken* ZMR 2010, 318 f.). Die Herausgabe hat ihm der *BGH* dagegen nicht zugestanden (*BGH* ZMR 2018, 523, 525). **Anderweitige Klauseln** zur Pflicht, die Jahresabrechnung nicht mehr erstellen zu müssen, sind in allgemeinen Geschäftsbedingungen unwirksam (vgl. *KG* ZMR 2008, 477).

4. Die Abrechnungsperiode

129 Da die Jahresabrechnung Vorschüsse, Einnahmen und Ausgaben laut Wirtschaftsplan abrechnet, liegt ihr naturgemäß auch dieselbe Wirtschaftsperiode, nämlich das Kalenderjahr zugrunde (*BayObLG* NJW-RR 1993, 1167; *KG* NJW-RR 2002, 880 mit Ausnahmen für die Zeit unmittelbar nach dem Ende des Zitterbeschlusses). Anderes kann unmittelbar nach Begründung einer Wohnungseigentümergemeinschaft gelten; hier kommt die Abrechnung eines **Rumpfwirtschaftsjahres** in Betracht (*LG München I* ZMR 2009, 947 f.). Ansonsten bedarf es einer Vereinbarung, die allerdings auch in einer allstimmigen Beschlussfassung über den Zahlungs- bzw. Wirtschaftsplan mit abweichender Abrechnungsperiode liegen kann (*LG* Karlsruhe ZMR 2010, 640 f.). Abrechnungen für einzelne **Quartale** sind unzulässig, auch wenn sich die einzelnen Wohnungseigentümer hieraus eine Abrechnung erstellen könnten (*OLG Düsseldorf* NJW-RR 2007, 594 = ZMR 2007, 129). Auch die Abrechnung für ein Wirtschaftsjahr, das nicht dem Kalenderjahr entspricht ist ohne eine entsprechende Regelung in der Gemeinschaftsordnung eine Abweichung vom Gesetz, die die Beschlussfassung über die Einforderung von Nachschüssen bzw. die Anpassung der Vorschüsse anfechtbar macht (*LG Konstanz* ZMR 2008, 328; *LG Itzehoe* ZMR 2013, 925; *AG Erfurt* ZMR 2015, 811; a.A. in Einzelfällen unter bedenklicher Ausdehnung von § 242 BGB *OLG München* ZMR 2009, 631 u. *LG München I* ZMR 2009, 400). Die gesetzlich festgelegte Abrechnungsperiode wird bisweilen auch von Gerichten für abdingbar gehalten, wenn etwa **mehrjährige Sanierungen** abgerechnet werden. Hier wird es bisweilen für zulässig befunden, die maßnahmebezogenen Einnahmen und Ausgaben über mehrere Jahre hinweg abzurechnen (*KG* NJW-RR 2004, 589; ZMR 2008, 69; *LG Itzehoe* ZMR 2009, 144; hiergegen zu Recht mit praktischen Gegenvorschlägen *Einsiedler* ZMR 2009, 575 f.; *Müller* ZWE 2011, 200 f.; für einen Ausschluss der Rückforderung auch *Schultzky* ZMR 2008, 760 f.; vgl. zum jahresübergreifenden Verwalterhonorar *AG Braunschweig* ZMR 2013, 386). Dies führt mindestens zu Nebenkassen, im schlimmsten Fall zur rechnerischen Unschlüssigkeit der Jahresabrechnungen in diesen Zeiträumen, wenn die eingegangenen und ausgegebenen Gelder nur teilweise in den Abrechnungen der betroffenen Jahre erscheinen (ähnlich für Heizkosten auch *BayObLG* NJW-RR 1992, 1432). Im Übrigen sind die »Ungerechtigkeiten«, die schon der Jahresabrechnung bei Eigentümerwechseln innewohnen, hier potenziert. Denn dann hat der Sonderrechtsnachfolger die Fehlbeträge für mehrere Jahre nachzuzahlen, wobei es sich zudem üblicherweise um kostenintensive Maßnahmen handelt. Daher ist die jährliche Abrechnung nach Baufortschritt auch in diesem Zusammenhang vorzugswürdig (Staudinger/*Häublein* § 28 Rn. 86 f.). In jedem Fall sollte aber bei einer jahresübergreifenden »Jahres«abrechnung die Entlastung des Verwalters unterbleiben, da ein Teil der Gelder eben noch nicht abgerechnet ist (*Einsiedler* ZMR 2009, 576).

5. Die gerichtliche Durchsetzung der Erstellung

a) Die zwangsweise Durchsetzung des Anspruchs auf Erstellung der Jahresabrechnung

aa) Jahresabrechnung als vertretbare Handlung

Wie beim Wirtschaftsplan bedarf auch die Erstellung der Jahresabrechnung keiner Fähigkeiten oder Kenntnisse, über die nur der Verwalter verfügt. Ihre Aufstellung ist grundsätzlich auch Außenstehenden möglich und stellt daher eine **vertretbare Handlung** dar, die durch Dritte erbracht werden kann (*BGH* ZMR 2018, 523, 525). Kommt der Verwalter einer fälligen Verpflichtung hierzu nicht nach, kann somit ein Titel auf Erstellung einer Jahresabrechnung erstritten und **nach § 887 ZPO vollstreckt** werden (*LG Hamburg* ZMR 2015, 482 f.; *AG Halle/Saale* ZMR 2012, 411 f.; Jennißen X Rn. 1 a.A. zum Mietrecht *BGH* ZMR 2006, 608 = MDR 2007, 81). Soweit der fachfremde I. Zivilsenat in Anlehnung an die Betriebskostenabrechnung von einer unvertretbaren Handlung ausgeht, da der Verwalter auch für die Gewähr für die Vollständigkeit und Richtigkeit der Jahresabrechnung übernimmt (*BGH* ZMR 2016, 972), verkennt er deren Bedeutung. Die materielle Richtigkeit ist gerade nicht Gegenstand der Abrechnung, da etwa auch unberechtigte Ausgaben einzustellen sind. Ihre Aussagekraft beschränkt sich auf die vollständige Einstellung aller Einnahmen und Ausgaben und ihre Verteilung, die mit den erforderlichen Unterlagen auch Dritte leisten können. In der Praxis dürfte es allerdings sinnvoller sein, die Erstellung der Beschlussvorlage für die Einforderung von Nachschüssen bzw. zur Anpassung der Vorschüsse samt des begründenden Zahlenwerks der Jahresabrechnung **nach Fristsetzung dem neuen Verwalter gegen Gewährung einer angemessenen Sondervergütung zu übertragen** (*AG München* ZMR 2015, 591, 592). Denn dies dürfte wesentlich schneller zu brauchbaren Ergebnissen für die Gemeinschaft führen, ohne sie mit Kosten zu belasten. Ist der Vorverwalter zahlungsfähig, können die Kosten der von ihm geschuldeten Jahresabrechnung nach Fristsetzung nämlich dann als Schadensersatz nach §§ 280 Abs. 2, 281 BGB eingefordert und vollstreckt werden (ähnlich auch *LG Hamburg* ZMR 2013, 654 f.), was wesentlich unkomplizierter sein dürfte als der Streit um die Aufstellung der Jahresabrechnung. 130

bb) Individualanspruch auf Abrechnung

Hierbei handelt es sich grundsätzlich um einen **Individualanspruch** aus § 18 Abs. 2 Nr. 1 WEG, 131
den jeder Wohnungseigentümer ohne Ermächtigung durch die anderen durchsetzen kann (*KG* NJW-RR 1987, 1161; *BayObLG* NJW-RR 1990, 660; *OLG Hamm* NJW-RR 1993, 847: *AG Rastatt* ZMR 2008, 923). Allerdings ist er nunmehr gegen die Wohnungseigentümergemeinschaft zu richten (S.o. Rdn. 125). Dies kann jedenfalls dogmatisch zu unlösbaren Problemen führen, da diese grundbuchfähig und somit auch Wohnungseigentümerin sein kann. Den jedem Wohnungseigentümer zustehenden Anspruch auf Erstellung der Jahresabrechnung müsste sie somit gegen sich selbst geltend machen. Zudem ging man bislang davon aus, dass schon die Vergabe von Aufträgen ohne ausreichende Finanzierung Schadensersatzansprüche des Verbandes auslöst (vgl. *BGH* ZMR 2005, 547, 555), was dann erst recht für ein Wirtschaften ohne Jahresabrechnung gelten muss. Diese Ansprüche resultieren allerdings nicht aus der Stellung als Sondereigentümer, so dass die Wohnungseigentümergemeinschaft sie ohne weiteres gegen den Verwalter geltend machen kann.

cc) Erfüllung des Anspruchs auf Abrechnung

Der Anspruch soll **mit Vorlage einer beschlussfähigen Vorlage erfüllt** sein, auch wenn sie nicht in 132
vollem Umfang richtig ist (*KG* NJW-RR 1987, 1161 – zweifelhaft; zu Recht strenger *BayObLG* NJW-RR 2000, 463 = ZMR 2000, 110, wonach der Verwalter »ordnungsgemäße, korrekte und mangelfreie Abrechnungen« zu erstellen hat). Fehlt eine Gegenüberstellung von Einnahmen und Ausgaben, tritt jedenfalls keine Erfüllung ein (*OLG Hamm* NJW-RR 1993, 847 f.). Dies gilt nunmehr auch dann, wenn die Vorlage keine Angaben zur Einforderung von Nachschüssen und zur Anpassung der Vorschüsse enthält. Ein Individualanspruch auf Zustimmung anderer Wohnungseigentümer zu einer Beschlussvorlage kommt dagegen nicht in Betracht, da der Abstimmungsvorgang zum Zeitpunkt einer gerichtlichen Entscheidung längst beendet ist (*KG* NJW-RR 1991, 1424; vgl. Bärmann/

Merle § 28 Rn. 54). Hier muss auf Ersetzung der Beschlussfassung über Nachschüsse und Anpassung der Vorschüsse im Verfahren nach § 43 Abs. 2 Nr. 4 WEG geklagt werden.

b) Erstellung der Jahresabrechnung durch das Gericht?

133 Bisweilen wurde in den Fällen, da der Verwalter seine diesbezügliche Verpflichtung nicht erfüllte, auch ein Individualanspruch auf Erstellung von Jahresabrechnungen durch das Gericht bejaht (*KG* NJW-RR 1991, 1424). Allerdings scheiterte ein Anspruch hierauf in den publizierten Fällen daran, dass der Antragsteller nicht im gehörigen Maße versucht hatte, eine entsprechende Beschlussfassung der Gemeinschaft herbeizuführen (*KG* NJW-RR 1991, 1424 f.). Diese Rechtsprechung erschien schon nach altem Recht höchst zweifelhaft (implizit wohl auch Jennißen X Rn. 1 ff., der diese Möglichkeit gar nicht in Betracht zieht). Bei der Erstellung einer Beschlussvorlage für die Einforderung von Nachschüssen bzw. zur Anpassung der Vorschüsse samt des begründenden Zahlenwerks der Jahresabrechnung handelt es sich, wie gesagt, um eine vertretbare Handlung, die durch beliebige Dritte erfüllt werden kann. Den Wohnungseigentümern stehen also auch in der Vollstreckung oder in Form der Ersatzvornahme hinreichende Möglichkeiten zur Durchsetzung dieses Anspruchs zu. Es bestand also schon vor der Novelle kein Anlass, das Gericht als Dienstleister für derartige vertretbare Handlungen anzusehen, was im Übrigen auch ohne Parallele im deutschen Vollstreckungsrecht sein dürfte. Der Vergleich zum Wirtschaftsplan führt hier nicht zu anderen Ergebnissen. Denn in diesem Fall bedarf es des sofortigen gerichtlichen Eingreifens, um die Liquidität der Gemeinschaft sicherzustellen. Zudem wurde das Gericht nicht als verpflichtet angesehen, einen detaillierten Wirtschaftsplan mit Einzelwirtschaftsplänen auszuarbeiten (was bei der Jahresabrechnung kaum vermeidbar wäre). Es genügte zur Abwendung der Illiquidität die Festsetzung globaler Positionen. Nach neuem Recht dürfte die Möglichkeit einer Aufstellung der Jahresabrechnung durch das Gericht in jedem Falle ausscheiden. Die Wohnungseigentümer können den Anspruch gegen den Verwalter titulieren lassen oder Schadensersatz fordern. Die Möglichkeit, das Gericht zur Erfüllung von Pflichten Dritter zu verurteilen, kennt der deutsche Zivilprozess nicht. Im Übrigen fehlt einem Antrag auf Erstellung der Jahresabrechnung durch das Gericht infolge der sonstigen Rechtsschutzmöglichkeiten auch das Rechtsschutzbedürfnis.

II. Die Struktur der Jahresabrechnung

1. Gesetzliche Regelungen und richterrechtliche Grundsätze

134 Die inhaltlichen Anforderungen an die Jahresabrechnung haben sich durch das neue Recht nicht geändert; lediglich ihr Zweck ist nunmehr ein anderer. Inhaltliche Vorgaben sind gesetzlich nur in groben Grundzügen durch die **§§ 259 ff. BGB** fixiert (*KG* NJW-RR 1994, 84; *OLG Saarbrücken* NJW-RR 2006, 732; Jennißen VII Rn. 1). Die hierzu in der Rechtsprechung entwickelten Einzelheiten orientieren sich überwiegend am Zweck der Jahresabrechnung, den Wohnungseigentümern eine **geordnete und übersichtliche, in sich verständliche und inhaltlich korrekte Übersicht** über die in ihrer Liegenschaft insgesamt angefallenen Einnahmen und Ausgaben und die von jedem Einzelnen zu tragenden Kosten zu geben, ohne dass sie eines Buchprüfers oder eines sonstigen Sachverständigen bedürfen (*BGH* ZMR 2010, 300 f.; ZMR 2014, 228; *KG* NJW-RR 1987, 80; *BayObLG* NJW-RR 1988, 81; 1989, 841; 1989, 1164). Über diese Grundsätze besteht in der Judikatur kaum mehr Streit, weshalb sie mittlerweile auch ohne gesetzliche Kodifikation als **Gewohnheitsrecht** verbindliche Geltung beanspruchen können. Diese Grundsätze gelten auch für einzelne Häuser in **Mehrhausanlagen**, wenn getrennte Abrechnung vereinbart ist (*OLG Schleswig* ZMR 2008, 667). Gleichwohl müssen auch die Gesamtkosten der Anlage ausgewiesen werden (*LG Saarbrücken* ZMR 2009, 320). Die Jahresabrechnung muss stets für die gesamte Liegenschaft aufgestellt werden. Auch bei Mehrhausanlagen kommt eine Abrechnung alleine nach einzelnen Häusern nicht in Betracht (*BayObLG* NJW-RR 1994, 1236 f.). Wie der Wirtschaftsplan muss auch die Jahresabrechnung schriftlich vorliegen, wobei eine lose, nicht vom Verwalter unterzeichnete **Beschlussvorlage** genügt. Die bloße **Einsehbarkeit** genügt nicht; die Beschlussvorlage muss den Eigentümern wohl noch vor der Versammlung zugehen (*LG München I* ZMR 2010, 555; *LG Frankfurt/M.* ZMR 2018, 537,

538; *AG Berlin-Mitte* ZMR 2017, 591, 592). Die Vorlage einer korrigierten Fassung erst in der Eigentümerversammlung ist aber ausreichend (*LG Itzehoe* ZMR 2011, 236; weiter gehend *LG Hamburg* ZMR 2012, 121 f., wonach die Ankündigung einer Änderung genügt). Der Beifügung von **Belegen** bedarf es aber nicht (a.A. *OLG Hamm* NJW-RR 1993, 846).

2. Die Gesamtabrechnung als geordnete Aufstellung der tatsächlichen Einnahmen und Ausgaben

a) Die Berücksichtigung der tatsächlichen Zu- und Abflüsse

aa) Notwendige Ausweisungen in der Jahresabrechnung

In der Jahresabrechnung werden, was schon der Begriff zum Ausdruck bringt, die im Wirtschafts- 135
plan nur geschätzten Einnahmen und Ausgaben exakt abgerechnet (*BayObLG* NJW-RR 1989, 841). Die **Gesamtabrechnung ist unabdingbarer Bestandteil** der Jahresabrechnung; genehmigen die Wohnungseigentümer nur eine Beschlussvorlage für die Einforderung von Nachschüssen bzw. zur Anpassung der Vorschüsse ohne das begründende Zahlenwerk der Jahresabrechnung, ist dieser Beschluss zwar nicht mehr anfechtbar (so zum alten Recht *LG Konstanz* ZMR 2008, 328; *AG Hildesheim* ZMR 2013, 752 zu einer nur aus Einzelabrechnungen bestehenden »Jahresabrechnung«), es bestehen aber Ergänzungsansprüche. Der Nachvollziehbarkeit wegen sollte die Jahresabrechnung in der äußeren Form und der Bildung von Kostenpositionen dem Wirtschaftsplan entsprechen (Jennißen VII Rn. 2). Inhaltlich soll die Jahresabrechnung nach den Grundsätzen der Rechtsprechung eine geordnete Zusammenstellung der im Kalenderjahr angefallenen tatsächlichen Einnahmen und Ausgaben darstellen (*BGH* ZMR 2014, 228 f.; *KG* NJW-RR 1987, 1161; 1994, 1106; ZMR 2006, 63; *BayObLG* NJW-RR 1989, 841; 1989, 1163 f.; 1991, 16; 1992, 912; 1993, 1167; 2000, 604 f.; 2002, 881; 2004, 1603; *OLG Hamm* NJW-RR 1993, 846; *OLG Saarbrücken* NJW-RR 2006, 732; *OLG Oldenburg* ZMR 2008, 238; *OLG Schleswig* ZMR 2008, 667; zu den Argumenten gegen diese Praxis s. Jennißen VII Rn. 22 ff.; *v. Hauff* WE 2007, 172 u. 196), die der durchschnittliche Wohnungseigentümer ohne spezifische juristische oder buchhalterische Kenntnisse nachvollziehen kann, ohne die Hilfe eines Fachmanns zu Hilfe zu nehmen (*OLG Hamm* ZMR 2008, 61). Sie hat lediglich die im abgerechneten Kalenderjahr erfolgten **Zuflüsse von außen und die Abflüsse nach außen** auszuweisen. Erfüllt eine Jahresabrechnung diese Anforderungen nicht, ist die Beschlussvorlage für die Einforderung von Nachschüssen bzw. zur Anpassung der Vorschüsse aber nicht mehr zwingend für ungültig zu erklären (so noch *LG München I* ZMR 2011, 65). Fehler in der Jahresabrechnung führen nur dann zur Anfechtbarkeit der Beschlussfassung über die Einforderung von Nachschüssen bzw. über die Anpassung der Vorschüsse, wenn sie sich auf letztere auswirken. Allerdings dürfte dann ein Anspruch der Wohnungseigentümergemeinschaft auf Ergänzung bzw. Korrektur der unvollständigen bzw. unrichtigen Jahresabrechnung bestehen. Die Zusammenfassung der Kosten aus ähnlichen Verursachungszusammenhängen zu **Kostenarten** ist zulässig (*LG München* ZMR 2010, 799; *AG Würzburg* ZMR 2016, 818, 820). Keinesfalls erforderlich ist die Aufführung jeder einzelnen Ausgabe mit Beleg und Buchungsdatum (*LG München* ZMR 2010, 799). Die Kostenarten müssen aber aufgegliedert werden; **Globalpositionen** sind unzulässig (*AG Saarbrücken* ZMR 2008, 926; vgl. o. Rdn. 32). Eine schriftliche Erläuterung außerhalb der Abrechnungsvorlage genügt nicht (*LG Dortmund* ZMR 2016, 640, 641; *LG Frankfurt/M.* ZMR 2018, 537). Auch bei der **Verwaltervergütung** genügt eine Bezeichnung »Verwalterhonorar« nicht, wenn Sondervergütungen vom Gemeinschaftskonto entnommen wurden; diese müssen aufgeschlüsselt werden (*LG Karlsruhe* ZMR 2013, 471 f.). Ob Ein- und Ausgaben bei identischem Zahlungsempfänger zusammengefasst werden dürfen (so *LG München I* ZMR 2016, 143 für Abschläge und Rückerstattungen eines Versorgers; anders wohl *LG Dortmund* ZMR 2016, 640, 641), erscheint dagegen zweifelhaft. Leistet ein Wohnungseigentümer nur **Teilzahlungen** auf seine Vorschüsse, sind sie nicht nur auf eine bestimmte Kostenart, etwa die Erhaltungsrücklage, sondern anteilig auf alle Ausgaben anzurechnen (*LG Köln* ZMR 2012, 663). Auf abweichende Tilgungsbestimmungen für einzelne Kostenarten kommt es nicht an (so *LG Köln* ZMR 2012, 663). Denn bei den Zahlungen auf die Vorschüsse handelt es sich um eine einheitliche Schuld, weshalb die Unterpositionen keine eigenständigen Verbindlichkeiten darstellen

(*KG* NJW-RR 2006, 446 = ZMR 2005, 906 f.; *OLG Dresden* ZMR 2008, 141). Bedarf die reine Einnahmen- und Ausgabenrechnung nach Auffassung des Verwalters der Erläuterung, so ist diese in die Vorlage aufzunehmen (*LG Frankfurt/M.* ZMR 2018, 537). Im Anfechtungsverfahren scheidet eine über die beschlossene Vorlage hinausgehende Erläuterung aus (*LG Frankfurt/M.* ZMR 2018, 537).

bb) Nicht in die Jahresabrechnung aufzunehmende Angaben

136 Bloß interne Verschiebungen zwischen zwei Konten sind kein Zu- oder Abfluss, weshalb sie in der Jahresabrechnung nicht auszuweisen sind (*AG München* ZMR 2018, 542, 544; insoweit unrichtig *AG Aachen* ZMR 2008, 834; *LG München* I ZMR 2009, 948). Handelsrechtliche Grundsätze zur Buchführung finden keine Anwendung. Die Jahresabrechnung ist keine Bilanz und keine Gewinn- und Verlustrechnung (*BayObLG* NJW-RR 1987, 596; 1988, 82; 1989, 841 u. 1163 f.; 1991, 16; 1992, 912; 1993, 1168; 2000, 604 f.; 2002, 881; 2004, 1603; *KG* NJW-RR 1994, 1106; *OLG Saarbrücken* NJW-RR 2006, 732; *LG Berlin* ZMR 2012, 805; *LG Rostock* ZMR 2015, 883 f.). Deshalb sind Rechnungsabgrenzungen oder bilanzielle Elemente in der Jahresabrechnung grundsätzlich unzulässig (*BayObLG* NJW-RR 1991, 16; 1992, 912; 2000, 605; 2002, 1094; *OLG Saarbrücken* NJW-RR 2006, 732; *OLG Schleswig* ZMR 2008, 667; *LG Düsseldorf* ZMR 2011, 987 f.; *LG Dortmund* ZMR 2018, 350; AG Halle ZMR 2017, 336, 338; *AG Berlin-Mitte* ZMR 2017, 589; ohne Begründung a.A. *LG München* I ZMR 2009, 400). Das gilt auch für das neue Recht (*LG Frankfurt*/M., Urt. v. 09.03.2023–2 -13 S 68/22; MietRB 2023, 202). Unerheblich ist dabei, ob auch der rechtliche Grund der Zu- und Abflüsse aus dem abgerechneten Kalenderjahr datiert. Praktisch jedes Jahr zu beobachtendes Beispiel sind Nach- oder Rückzahlungen aus der Jahresabrechnung: Muss ein Wohnungseigentümer, weil seine Vorschüsse nach § 28 Abs. 1 S. 1 WEG die verursachten Kosten nicht deckten, eine Nachzahlung erbringen oder steht ihm umgekehrt wegen Überzahlungen ein Guthaben zu, wurden diese Ansprüche bereits im Vorjahr begründet. Da die tatsächlichen Zahlungen aber erst im Folgejahr erfolgen, sind sie auch erst in der Abrechnung für dieses Jahr aufzuführen (*BGH* ZMR 2014, 229; vgl. *BayObLG* NJW-RR 1993, 1167: 2000, 605; *OLG Saarbrücken* NJW-RR 2006, 732). Ähnliches gilt etwa für Versicherungsleistungen für Schäden, die erst im Folgejahr liquidiert werden (*BayObLG* NJW-RR 1993, 1167) oder Handwerkerrechnungen, die erst im Folgejahr beglichen werden (*BayObLG* NJW-RR 1993, 1167). Eine Ausweisung von Forderungen oder Verbindlichkeiten, die im Abrechnungsjahr begründet wurden, ist ohne tatsächlichen Zahlungsfluss unzulässig (*BGH* ZMR 2010, 301; ZMR 2013, 978; *AG Bremen* ZMR 2013, 486 f.). Deswegen sind Debitorenkonten o.ä. nicht Inhalt der Jahresabrechnung (*LG Lüneburg* ZMR 2012, 296; *LG Dortmund* ZMR 2016, 640, 641 f.; AG Halle ZMR 2017, 336, 339; zu ihrer Erforderlichkeit im Rahmen der Buchhaltung s. Rdn. 228). Denn die Jahresabrechnung weist im Gegensatz zur Bilanz nur tatsächliche Einnahmen und Ausgaben, aber keine Forderungen oder Verbindlichkeiten aus. Allerdings ist die Vergütung von Leistungen oder Ausgaben eines Wohnungseigentümers für die Gemeinschaft auch dann als Ausgabe einzustellen, wenn sie nicht ausgezahlt, sondern auf die Beitragsschuld angerechnet wird (*KG* NJW-RR 1993, 1105). Denn dann steht die Mindereinnahme einer Ausgabe gleich. Nicht in die Jahresabrechnung aufgenommen werden dürfen ferner Ausgaben aus der Zeit vor Entstehen der Eigentümergemeinschaft (*KG* NJW-RR 1986, 1274). Denn die Vorgaben und Rechtsfolgen des § 28 WEG beschränken sich auf Wohnungseigentümergemeinschaften (s.o. § 28 Rdn. 1, Rdn. 142). Der Ausweis haushaltsnaher Dienstleistungen ist kein Bestandteil der Jahresabrechnung (*AG München* ZMR 2018, 542, 544). Schließlich sind auch nicht gezahlte Vorschüsse grundsätzlich nicht in die Jahresabrechnung aufzunehmen. Denn ihnen liegen ja gerade keine Zahlungsflüsse zugrunde, sondern offene Forderungen (*BGH* ZMR 2013, 978; *LG Lüneburg* ZMR 2012, 296; *AG Hamburg*-St. Georg ZMR 2013, 390; Einsiedler ZMR 2009, 577; dazu, dass sie aber buchhalterisch erfasst sein müssen, s. Rdn. 228). Zudem läuft die Berücksichtigung in der Jahresabrechnung auf eine verdeckte Liquiditätssonderumlage hinaus (insoweit richtig *KG* NJW-RR 1993, 1106; zum Erfordernis eines getrennten Beschlusses *BayObLG* NJW-RR 2002, 1094; a.A. Jennißen VII Rn. 4a), die aber ordnungsmäßiger Verwaltung widerspricht, wenn die Rückstände etwa ohne Weiteres eintreibbar sind oder trotz ihrer Uneinbringlichkeit keine Liquidi-

tätslücke besteht (zu sonstigen Möglichkeiten selbst bei einem Liquiditätsengpass s. *OLG Saarbrücken* NJW-RR 2000, 87). Wird die Beschlussfassung über die Einforderung von Nachschüssen und die Anpassung der Vorschüsse allerdings bestandskräftig, können die oben aufgeführten Mängel nicht mehr gerügt werden. Insbesondere sind dann auch zu Unrecht aufgenommene Ausgaben auf die einzelnen Wohnungseigentümer zu verteilen (*KG* NJW-RR 1986, 1274; *BayObLG* NJW-RR 2005, 664) und nicht erfasste Beitragsleistungen nicht mehr zu berücksichtigen (*BGH* ZMR 2012, 285 unter 2; *BayObLG* ZMR 2005, 66; *LG Köln* ZMR 2008, 830; *LG Wuppertal* ZMR 2009, 557; *LG München* I ZMR 2010, 716 f.; *LG Köln* ZMR 2011, 828; Jennißen XIII Rn. 14; a.A. *LG Hamburg* ZMR 2006, 78; *LG Frankfurt/M.* ZMR 2016, 559; Niedenführ/*Vandenhouten* § 28 Rn. 102).

cc) Zeitpunkt der Einnahmen und Ausgaben

Die Einnahmen und Ausgaben müssen in dem Abrechnungsjahr erfolgt sein; reine Forderungen 137
und Verbindlichkeiten sind kein tatsächlicher Zu- oder Abfluss und daher nicht auszuweisen. In der Regel wird die Bestimmung keine Schwierigkeiten bereiten. Es ist der Eingang auf dem Konto oder die Übergabe des Bargeldes maßgeblich. Schwierigkeiten können sich bei automatisierten Geldannahmevorrichtungen, etwa für Waschmaschinen oder Trockner ergeben. Hier ist der Zeitpunkt der Leerung des entsprechenden Münzbehälters maßgeblich (*AG München* ZMR 2018, 542, 544). Werden dagegen Waschmünzen gekauft, kommt es auf die Übergabe des Bargeldes an (*AG München* ZMR 2018, 542, 544).

b) Konkordanz mit dem Mietrecht

aa) Verzug des Verwalters als nicht zu vertretende Umstand nach § 556 Abs. 3 S. 3 BGB

Oftmals diskutierte Probleme ergeben sich bei vermieteten Eigentumswohnungen. Der vermietende 138
Eigentümer konnte nach früher h.M. die Jahresabrechnung seiner Gemeinschaft nicht ohne Weiteres zur Grundlage der Betriebskostenabrechnung seinem Mieter gegenüber machen, da diesem ein Anspruch auf eine **periodengerechte Einstellung** der Ausgaben zugebilligt wurde. In der Folge wurde dem Verzug des Verwalters bei der Erstellung keine Bedeutung zugemessen: Der vermietende Eigentümer könne ohnehin keine Erstellung der Jahresabrechnung in Form einer Betriebskostenabrechnung verlangen; vielmehr würde die konsequente Einhaltung ihrer Vorgaben zur (damaligen) Anfechtbarkeit der Jahresabrechnung führen (*LG Dessau-Roßlau* ZMR 2010, 471). Der vermietende Eigentümer müsse sich daher ggf. beim Verwalter informieren, ob umlagefähige Kosten, deren Grund noch aus vorangegangenen Jahren herrührt, etwa infolge verspäteter Zahlung erst in der aktuellen Jahresabrechnung Berücksichtigung gefunden haben (*LG Dessau-Roßlau* ZMR 2010, 471 f.; *Riecke* WuM 2003, 309, 311). Dies sieht der VIII. Zivilsenat wohl anders (*BGH* WuM 2017, 138). Zwar ist das Vorliegen eines Beschlusses über die Einforderung von Nachschüssen bzw. die Anpassung der Vorschüsse samt des begründenden Zahlenwerks der Jahresabrechnung keine ungeschriebene Voraussetzung für die Abrechnung der Betriebskosten gegenüber dem Mieter. Das Gesetz stellt weder in der Definition der Betriebskosten noch bei der Abrechnungsfrist des § 556 Abs. 3 S. 1 BGB darauf ab, dass die dem Vermieter entstandenen und umzulegende Kosten fällig sind. Nur die Fälligkeit der Abrechnungsspitze gegenüber dem rechtsfähigen Verband erfordert eine solche Beschlussfassung. Dies betrifft aber nur die Verpflichtung des (vermietenden) Eigentümers im Innenverhältnis zum Verband. Die Beschlussfassung über die Einforderung von Nachschüssen bzw. die Anpassung der Vorschüsse samt des begründenden Zahlenwerks der Jahresabrechnung durch die Wohnungseigentümer entfaltet jedoch keine Wirkung gegenüber einem Dritten wie dem Mieter. Zudem spricht der Gesetzeszweck für eine solche Handhabung. Denn der Gesetzgeber wollte ausweislich der Materialien (BT-Drs. 14/4553, S. 37) rasche Klarheit in dem »äußerst streitträchtigen« Gebiet der Betriebskostenabrechnung schaffen. Der Mieter einer Eigentumswohnung würde bei Nichtanwendung der mietvertraglichen Bestimmungen in nicht zu rechtfertigender Weise gegenüber Mietern sonstiger Wohnungen benachteiligt. Der Vermieter hat die Versäumung der Frist auch gemäß § 556 Abs. 3 S. 3 Halbs. 2 BGB zu vertreten. Zwar ist der Wohnungseigentumsverwalter im Verhältnis zum Mieter kein Erfüllungsgehilfe des Vermieters gemäß § 278 BGB. Der vermietende Eigentümer hat aber

konkret darzulegen, welche Bemühungen er gegenüber dem Verwalter unternommen hat, um eine rechtzeitige Abrechnung sicherzustellen. Er ist nach § 556 Abs. 3 S. 3 Halbs. 2 BGB nur entschuldigt, wenn der Wohnungseigentumsverwalter trotz nachhaltigen Drängens keine Jahresabrechnung vorlegt. Hieraus geht implizit hervor, dass der Vermieter letztere als Grundlage heranziehen kann. In jedem Fall kann die Verpflichtung, solche **Zusatzinformationen** unaufgefordert an die Wohnungseigentümer weiterzugeben, zum Inhalt des Verwaltervertrags gemacht werden, wofür allerdings eine Zusatzvergütung vereinbart werden kann.

bb) Jahresabrechnung als Grundlage der Betriebskostenabrechnung

139 Ob die Ansätze der Jahresabrechnung kraft mietvertraglicher Vereinbarung verbindlich zur Grundlage der Betriebskostenabrechnung gemacht werden können, ist streitig (dafür *Abramenko* ZMR 1999, 676 ff.; dagegen *Staudinger/Bub* 2005 § 28 Rn. 320; erkennbar zu weitgehend *Nüßlein* 94 f., die von Sittenwidrigkeit ausgeht). Immerhin entspricht es ordnungsmäßiger Verwaltung, die Jahresabrechnung mit Rücksicht auf vermietende Eigentümer auf das Kalenderjahr umzustellen (*LG München I* ZMR 2009, 948). Allerdings kann der vermietende Wohnungseigentümer nicht verlangen, schriftlich über **bevorstehende Termine zur Ablesung** von Verbrauchserfassungsgeräten informiert zu werden; ein Aushang im Hause genügt (*AG Langenfeld* ZMR 2011, 907 f. m. abl. Anm. *Schmid*).

c) Unberechtigte oder nur einzelne Miteigentümer treffende Ausgaben

aa) Ausgaben, die nicht der Verwaltung des gemeinschaftlichen Eigentums dienen

140 Der Grundsatz, dass alle tatsächlichen Einnahmen und Ausgaben in der Jahresabrechnung erscheinen müssen, gilt auch dann, wenn eine Ausgabe materiell-rechtlich nicht zulasten des Verbandes hätte getätigt werden dürfen (*BGH* ZMR 2011, 573 f.; ZMR 2013, 978; *BayObLG* NJW-RR 2004, 1090; *KG* NJW-RR 2006, 383 = ZMR 2006, 63; *OLG Düsseldorf* ZMR 2006, 218; *OLG Hamm* ZMR 2010, 133; *LG Lüneburg* ZMR 2012, 296; *AG Oberhausen* ZMR 2012, 61; *AG Saarbrücken* ZMR 2012, 308; ZMR 2012, 489; *AG Bremen-Blumenthal* ZMR 2013, 664 f.). Dies betrifft auch die Kosten für eine Maßnahme, wenn deren Genehmigung durch Mehrheitsbeschluss rechtskräftig für ungültig erklärt wurde (*OLG München* ZMR 2007, 816). Besonders relevant sind dabei die Fälle, in denen Kosten beglichen wurden, **die einzelne Wohnungseigentümer hätten tragen müssen.** Häufige Beispiele sind die Begleichung von Rechnungen für Reparaturen im Sondereigentum (*BayObLG* NJW-RR 1992, 1432) bzw. für Sondernutzungsflächen mit Kostentragung des Berechtigten (*LG Hamburg* ZMR 2018, 66, 67) oder Beträge, die anderen Zwecken als der Verwaltung des gemeinschaftlichen Eigentums, etwa dem betreuten Wohnen dienen (*OLG München* ZMR 2006, 949). Auch diese Kosten müssen aber, wenn sie aus Gemeinschaftsmitteln beglichen wurden, in der Jahresabrechnung ausgewiesen werden, da es sich um tatsächliche Ausgaben handelt (*KG* NJW-RR 1992, 845; *BayObLG* NJW-RR 1992, 1432; 1997, 716; *OLG Hamburg* ZMR 2007, 553; *OLG Hamm* ZMR 2008, 62; *AG Pinneberg* ZMR 2008, 579; *LG München I* ZMR 2011, 423 f.; a.A. noch *BayObLG* NJW-RR 1988, 82; 1991, 1361). Ansonsten ließe sich auch keine rechnerisch schlüssige Jahresabrechnung erstellen, da das Geld von den gemeinschaftlichen Konten abgeflossen ist und eine Übereinstimmung der Kontenentwicklung mit der Einnahmen- und Ausgabenrechnung die Ausweisung in Letzterer zwingend voraussetzt (*BGH* ZMR 2011, 573 f.; *BayObLG* NJW-RR 1992, 1432; 2001, 1231; 2002, 1094; *KG* NJW-RR, 2006, 383; *LG München I* ZMR 2015, 147, 149; *AG Würzburg* ZMR 2016, 818). Entsprechendes gilt für Veruntreuungen des Verwalters (*AG München* NJW-RR 2006, 1241; *AG Hannover* ZMR 2009, 410). Es bestehen nur **Schadensersatzansprüche** (*BayObLG* NJW-RR 1997, 717). Die Abrechnung ist aber rechnerisch richtig und eine hierauf fußende Beschlussfassung über die Einforderung von Nachschüssen und die Anpassung der Vorschüsse entspricht Grundsätzen ordnungsmäßiger Verwaltung (*BayObLG* NJW-RR 2002, 881). Die Eigentümerversammlung hat freilich die **Entlastung** des Verwalters zu verweigern, um wegen des Schadens Regress nehmen zu können (*AG Saarbrücken* ZMR 2012, 489; vgl. u. Rdn. 201).

bb) Keine Korrektur durch Belastung des kostenpflichtigen Sondereigentümers

Sofern die Kosten von einem oder einzelnen Wohnungseigentümern alleine zu tragen sind, ließ man früher die Korrektur eines entsprechenden Fehlers dadurch zu, dass in den Einzelabrechnungen nur die Eigentümer belastet werden, die die Ausgabe materiell-rechtlich alleine hätten tragen müssen (*KG* NJW-RR 1992, 846; *BayObLG* NJW-RR 1992, 1432; *OLG Frankfurt am Main* NJW-RR 2006, 520; *OLG Hamburg* ZMR 2009, 782; *LG Hamburg* ZMR 2006, 811). Der Eigentümerversammlung sollte aber hierbei ein Ermessen zustehen, ob sie von dieser Möglichkeit Gebrauch macht; als zwingend wurde die **Einstellung in die Einzelabrechnung** nur bei Ausgaben angesehen, die offensichtlich nur einzelne Miteigentümer betreffen (*OLG Hamm* ZMR 2008, 62; *LG München I* ZMR 2011, 324). Dieser Rechtsprechung ist der *BGH* nicht gefolgt. Danach dürfen Ausgaben des Verbandes, die nur einzelne Wohnungseigentümer betreffen, nur dann in deren Einzelabrechnung eingestellt werden, wenn sie von ihnen anerkannt werden oder tituliert sind (*BGH* ZMR 2011, 574; *LG Hamburg* ZMR 2018, 66, 67; *AG München* ZMR 2011, 55 f.). Gleiches gilt für mögliche Ersatzansprüche gegen einzelne Wohnungseigentümer (*LG Frankfurt* ZMR 2015, 958, 959). Dies ist auf die Beschlussfassung über die Einforderung von Nachschüssen bzw. die Anpassung der Vorschüsse zu übertragen. Ist ein ursprünglich Zahlungspflichtiger **aus der Gemeinschaft ausgeschieden**, kommt diese Möglichkeit in keinem Fall mehr in Betracht, da Beschlüsse zulasten Dritter nichtig sind (*OLG Frankfurt am Main* NJW-RR 2006, 520). Da auch die Rechtsnachfolger, die nach der Kostenentscheidung keine Schuldner sind, nicht belastet werden können, müssen diese Ausgaben von allen aktuellen Wohnungseigentümern entsprechend dem Kostenverteilungsschlüssel getragen werden (*OLG Frankfurt am Main* NJW-RR 2006, 520). 141

cc) Ausgaben vor Entstehung der Eigentümergemeinschaft

Eine Ausnahme von dem Grundsatz der Einstellung aller tatsächlichen Ausgaben wird teilweise dann angenommen, wenn eine Jahresabrechnung vor Entstehung der Wohnungseigentümergemeinschaft angefallene Kosten ausweist. Denn diese Kosten sind **noch nicht aus dem Vermögen des Verbandes beglichen** worden. Sie sind also ähnlich wie Ausgaben aus einem anderen als dem Abrechnungsjahr gar nicht angefallen und dürfen deshalb nicht in die Abrechnung aufgenommen werden (*KG* NJW-RR 1986, 1274). Noch weiter gehende Rechtsfolgen treten ein, wenn ausschließlich Kosten aus der Zeit vor Existenz einer Wohnungseigentümergemeinschaft verteilt werden. Die Genehmigung einer solchen Abrechnung war schon nach altem Recht nichtig, da der Eigentümerversammlung die **Beschlusskompetenz zur Verteilung derartiger Kosten** auf die Wohnungseigentümer fehlt (*KG* NJW-RR 1992, 1168 f.; *Niedenführ/Vandenhouten* § 28 Rn. 98). 142

d) Abweichende Regelungen und Zusatzinformationen zur Abrechnung

Da § 28 WEG in vollem Umfang abbedungen werden kann, ist eine **andere Form der Jahresabrechnung**, etwa als Bilanz, möglich. Dies bedarf aber entweder einer entsprechenden Regelung in der Teilungserklärung oder einer nachträglichen **Vereinbarung** aller Wohnungseigentümer (*BayObLG* NJW-RR 1993, 1168; 2000, 1467 f.). Ein bloßer Mehrheitsbeschluss, der die Einführung einer anderen, von der Einnahmen- und Ausgabenrechnung abweichenden Jahresabrechnung vorsieht, ist nichtig (*BayObLG* NJW-RR 2000, 1467 f.), sofern keine Öffnungsklausel dies legitimiert. Denn insoweit fehlt der Eigentümerversammlung die Beschlusskompetenz. Daher hat der Verwalter einer entsprechenden Beschlussfassung auch nicht Folge zu leisten, da nichtige Beschlüsse keine Wirkung entfalten, auch nicht gegenüber dem Verwalter. Erstellt der Verwalter gleichwohl unter Berufung auf den nichtigen Eigentümerbeschluss die Abrechnung etwa als Bilanz, kommt eine Schadensersatzpflicht wegen der Kosten einer Beschlussklage in Betracht. 143

Keinen Bedenken begegnet es dagegen, wenn der Verwalter als **Zusatzinformation** eine **Übersicht über Forderungen und Verbindlichkeiten** o.Ä. beifügt (*BGH* ZMR 2014, 229; *BayObLG* NJW-RR 2000, 605; Jennißen VII Rn. 4a; *Niedenführ* ZWE 2011, 65–70; darüber hinausgehend *Jennißen/Kümmel/Schmidt* ZMR 2012, 759). Bestimmungen des **Datenschutzes** stehen dem nicht entgegen, da die Miteigentümer keine anonymen Dritten sind (*OLG München* ZMR 2007, 720; *Niedenführ* 144

ZWE 2011, 67; *Drasdo* ZMR 2013, 82). Auch Gründe des **Ehrschutzes oder des Persönlichkeitsrechts** sprechen nicht gegen eine solche interne Bekanntgabe der Schuldner, da das Informationsinteresse der Wohnungseigentümer bei Gefährdung der Wohngeldzahlungen das Geheimhaltungsinteresse des Schuldners überwiegt (*OLG München* ZMR 2011, 817 f.). Ebenso kann dort über Forderungen oder Pfändungen vonseiten Dritter informiert werden (*Drasdo* ZWE 2011, 252). Eine solche Zusatzinformation ist jederzeit möglich und kann auch durch Mehrheitsbeschluss gefordert werden. Allerdings ist der Verwalter hierzu ohne entsprechende vertragliche Regelung nicht verpflichtet und daher berechtigt, eine **Sondervergütung** zu verlangen. Bei der Beschlussfassung über die Einforderung von Nachschüssen bzw. die Anpassung der Vorschüsse ist in diesem Fall aber darauf zu achten, dass nur diese zum Beschlussgegenstand gemacht wird, da ansonsten eine Anfechtung und Ungültigerklärung droht (*BayObLG* NJW-RR 1993, 1168; 2002, 881; *AG Passau* ZMR 2014, 493 f.; dafür, dass sich die Genehmigung grundsätzlich nicht auf Zusatzinformationen wie einen Vermögensstatus beziehen soll vgl. *Stadt* ZMR 2012, 247). Wenn diese Zusatzangaben nicht Gegenstand der Beschlussfassung sind (*BayObLG* NJW-RR 2000, 18), kann ein Antrag auf Ungültigerklärung auch nicht auf ihre Unrichtigkeit gestützt werden (*BGH* ZMR 2014, 229; ZMR 2018, 343, 344; *LG Rostock* ZMR 2017, 835, 836; strenger *BayObLG* NJW-RR 1988, 82).

3. Ausnahmen vom Grundsatz der reinen Einnahmen- und Ausgabenrechnung

a) Die Heizkostenabrechnung

aa) Grundsatz der verbrauchsabhängigen Abrechnung

145 Von diesen Grundsätzen der reinen Einnahmen- und Ausgabenrechnung werden zumindest in Teilen der Rechtsprechung einzelne Ausnahmen zugelassen. Die erste betrifft die Heizkostenabrechnung (*BayObLG* NJW-RR 2000, 604 f.; Jennißen VII Rn. 9). Diese muss sich nach den Regelungen der HeizKV richten (*BGH* ZMR 2012, 372; *LG Hamburg* ZMR 2015, 484, 485). Deswegen führt auch eine nur teilweise verbrauchsunabhängige Abrechnung etwa durch Vorwegzuweisung eines bestimmten Anteils zu einem anfechtbarem Beschluss (*LG Hamburg* ZMR 2015, 484, 485). Wird etwa bei einer Ölheizung Brennstoff über mehrere Jahre bevorratet, so wird dieser in den Jahren nach dem Kauf verbraucht, ohne dass es nach den oben dargelegten Prinzipien der Einnahmen- und Ausgabenrechnung zu Kosten kommen müsste: Der **tatsächliche Abfluss** an Geldmitteln findet ja nur im Jahr des Einkaufs statt, wo er auch eingestellt und nach dem allgemeinen Schlüssel umgelegt werden muss (*BGH* ZMR 2012, 374 f.; *LG Berlin* ZMR 2012, 804; *AG Hamburg-Blankenese* ZMR 2012, 910). Hingegen werden die Konten der Gemeinschaft in den Folgejahren durch den Verbrauch nicht mehr belastet. Hinzu kommt, dass die **Einzelabrechnungen nach § 3 Satz 1 HeizKVO verbrauchsabhängig** erfolgen muss (*BGH* ZMR 2012, 373; *AG Hamburg-Blankenese* ZMR 2012, 910). Die Einzelabrechnung lässt sich somit in dieser Kostenposition nicht mehr aus der Gesamtabrechnung entwickeln, die auch bei den Brennstoffen alleine die tatsächlichen Zu- und Abflüsse ausweist (*BGH* ZMR 2012, 374; *LG Berlin* ZMR 2012, 804; *AG Berlin-Mitte* ZMR 2017, 589; *Schmid* ZWE 2012, 215; *Spielbauer* ZWE 2013, 238). Deshalb lässt die Rechtsprechung in diesem Zusammenhang die Bildung von **Rechnungsabgrenzungspositionen** für den Brennstoffverbrauch zu (*BGH* ZMR 2012, 374; *BayObLG* NJW-RR 1988, 81 f.; 1993, 1167; 2000, 1467; *KG* NJW-RR 1994, 1106; *LG München I* ZMR 2009, 949; ZMR 2010, 798; *LG Düsseldorf* ZMR 2011, 988). Die Rechnungsabgrenzungspositionen sind aber so darzustellen, dass sie für die Wohnungseigentümer ohne Hinzuziehung eines Sachverständigen nachvollziehbar sind, was nicht nur in einem internen Kontoauszug des Verwalters erfolgen darf (*LG Nürnberg-Fürth* ZMR 2009, 74). Sie sind zumindest **zu erläutern** (*AG Hamburg-Blankenese* ZMR 2012, 910; minimalistisch hier *Schmid* ZWE 2012, 215). Dies muss in die Vorlage aufgenommen werden (*LG Frankfurt/M.* ZMR 2018, 537). Im Anfechtungsverfahren scheiden über die beschlossene Vorlage hinausgehende Erläuterungen aus (*LG Frankfurt/M.* ZMR 2018, 537). Es muss klargestellt werden, dass der Ausgabenansatz in der Gesamtabrechnung nicht dem Verbrauchsansatz in den Einzelabrechnungen entspricht (*LG Berlin* ZMR 2012, 804).

bb) Ausweisung des Verbrauchs als Vermögensabfluss

Tatsächlich handelt es sich bei richtiger Handhabung nur um eine begrenzte Ausnahme vom Grundsatz der Einnahmen- und Ausgabenrechnung. Auch der Brennstoffvorrat gehört wie die Guthaben auf den Gemeinschaftskonten zu den Mitteln, die die Gemeinschaft bei der Bewirtschaftung ihrer Liegenschaft bestimmungsgemäß verbraucht werden (ähnlich Jennißen ZWE 2011, 155). Es bedarf also lediglich einer Berücksichtigung des Verbrauchs, die den **Verlust an sachlichen Mitteln in den Jahren nach dem Brennstoffkauf in die geldbezogene Abrechnung** transformiert (*LG Köln* ZMR 2017, 87, 88; Niedenführ/*Vandenhouten* § 28 Rn. 54 ff.). Dies dürfte am ehesten dadurch gelingen, dass man den Gegenwert des Öls z.Zt. des Kaufs als eigene Position wie ein Guthaben in die Abrechnung einführt. Hiervon ist dann der Gegenwert des Verbrauchs wiederum umgerechnet in Geld abzuziehen und nach den Vorgaben der HeizkVO auf die einzelnen Wohnungseigentümer umzulegen (*BayObLG* NJW-RR 1988, 81; *LG Düsseldorf* ZMR 2011, 989; wohl auch *KG* NJW-RR 1994, 1106). Durch die solchermaßen in den Ausgaben berücksichtigten Heizkosten leisten die Wohnungseigentümer dann jährliche Zahlungen, mit denen der nächste Heizölkauf vorfinanziert wird (*BayObLG* NJW-RR 1988, 81; *AG Bremen* ZMR 2014, 316 f.; *Jennißen/Kümmel/Schmidt* ZMR 2012, 762). Ein kaum überwindbares Problem, das sich aber bei jeder Abrechnung des Brennstoffverbrauchs über mehrere Jahre stellt, sind die **Preisschwankungen** bei den Brennstoffkosten. Hier empfiehlt es sich gleichwohl den Kaufpreis bei der Anschaffung anzusetzen (*AG Hamburg-Blankenese* ZMR 2012, 910; *Jennißen/Kümmel/Schmidt* ZMR 2012, 760). Wollte man nämlich die Preisschwankungen berücksichtigen, würden diese den Charakter der Einnahmen- und Ausgabenrechnung sprengen. Sie würden aufgrund der Differenz zwischen Anschaffungspreis und berechneten Kosten wie Zu- oder Abflüsse wirken, ohne dass dem tatsächliche Einnahmen oder Ausgaben entgegenstünden. Auf diese Weise lässt sich wohl das Problem lösen, dass die Wohnungseigentümer nicht im Jahr des Kaufs die Wohnungseigentümer überfordert werden, wenn die verbrauchsabhängigen Kosten bis zum nächsten Jahr wieder eingezahlt sind und somit den nächsten Kauf finanzieren. Nicht zufriedenstellend ist damit aber der **erste Kauf von Brennstoffen** zu handhaben. Denn der *BGH* fordert ausdrücklich die Umlage dieser Kosten nach dem allgemeinen Schlüssel (*BGH* ZMR 2012, 374 f.), sodass es in dem ersten Jahr zu einer Doppelbelastung kommt (*AG Bremen* ZMR 2014, 316 f.; so wohl auch *Jennißen* ZWE 2011, 155; *Jennißen/Kümmel/Schmidt* ZMR 2012, 761). 146

cc) Auswirkungen auf die erste Abrechnungsperiode nach Entstehen der Eigentümergemeinschaft

Wenig zufriedenstellend sind auch die Folgen im Fall eines **Eigentümerwechsels:** Der Voreigentümer hat dann noch für mehrere Jahre den Kauf für die Folgejahre mitfinanziert (so konsequent *AG Bremen* ZMR 2014, 316 f.). Ob darüber hinaus bei weiteren Kosten, die erst im Folgejahr mit den Versorgungsunternehmen abgerechnet werden, Abgrenzungspositionen in der Gesamtabrechnung zulässig sind, um den Anforderungen der HeizkVO zu genügen (so *BayObLG* NJW-RR 2003, 1666), dürfte nach der neuen Rechtsprechung des *BGH* zweifelhaft sein. Denn für die Gesamtabrechnung wird am strikten Grundsatz der reinen Einnahmen- und Ausgabenrechnung festgehalten. Der Verwalter ist bei den Einzelablesungen zu einer gewissen **Plausibilitätskontrolle** der Abrechnungsdaten, nicht aber zur Überprüfung jeder einzelnen Verbrauchszahl verpflichtet (*AG Halle/Saale* ZMR 2013, 221). 147

b) Die Erhaltungsrücklage

aa) Keine Darstellung interner Umbuchungen

Die Jahresabrechnung muss ferner die Erhaltungsrücklage ausweisen. Auch dieses Element der Jahresabrechnung ist dispositiv, auf die Ausweisung der Erhaltungsrücklage kann aber ohne legitimierende Öffnungsklausel nicht durch Beschluss verzichtet werden (*LG Braunschweig* ZMR 2015, 473, 474). Auch in diesem Zusammenhang erkannten Teile der obergerichtlichen Rechtsprechung eine Ausnahme von der reinen Einnahmen- und Ausgabenrechnung an. Nach früher h.M. konnten die Zahlungen in die Erhaltungsrücklage als Einnahme und Ausgabe in die Jahresabrechnung ein- 148 gestellt werden (*BayObLG* NJW-RR 1991, 15 f.; so noch *LG München I* ZMR 2010, 555; anders bereits ZMR 2010, 797 f.). Dem steht entgegen, dass die **Zuführung zur Erhaltungsrücklage kein tatsächlicher Abfluss** von Geldmitteln an Dritte, sondern nur eine interne Umbuchung ist. Tatsächlich ist auch die Begründung dieser Ausnahme durch den Gang der Rechtsprechung überholt. Denn sie beruhte auf der Annahme, die Genehmigung der Jahresabrechnung entfalte gegenüber dem Wirtschaftsplan novierende Wirkung, sodass die ursprüngliche Anspruchsgrundlage für nicht geleistete Beiträge zur damaligen Instandhaltungsrücklage entfalle. Deshalb bedurfte es der nochmaligen Ausweisung in der Jahresabrechnung (*BayObLG* NJW-RR 1991, 16). Schon nach altem Recht war aber anerkannt, dass die Jahresabrechnung dem Wirtschaftsplan gegenüber keine Novation darstellt, sondern diesen als Anspruchsgrundlage für die Beitragszahlungen nur rechtlich bekräftigt (*BGH* ZMR 2010, 301; vgl. u. Rdn. 171). Die Ausweisung der **Zuführungen zur (damaligen) Instandhaltungsrücklage als Ausgaben** war daher schon nach altem Recht nicht nur systemwidrig, sondern auch in praktischer Hinsicht überflüssig (*LG München I* ZMR 2010, 797 f.; *AG Hannover* ZMR 2010, 811; ZMR 2012, 229 f.; *AG München* ZMR 2018, 85, 86; Niedenführ/*Vandenhouten* § 28 Rn. 61; *Häublein* ZWE 2011, 2 f.; *Stadt* ZMR 2012, 248). Dies gilt erst recht nach dem WEMoG, da die Jahresabrechnung nur die Beschlussfassung über die Einforderung von Nachschüssen bzw. die Anpassung der Vorschüsse wegen der tatsächlich angefallenen Kosten vorbereiten soll. Daran ändert eine andere Bezeichnung wie »Mittelverwendung« nichts, wenn die Zuführung zur Erhaltungsrücklage gleichwohl in die Ausgaben einfließt (*AG München* ZMR 2014, 66). Ebenso wenig dürfen statt der geleisteten Zahlungen die **Soll-Zahlungen** in die Jahresabrechnung eingestellt werden (*BGH* ZMR 2010, 301; *LG Hamburg* ZMR 2016, 223; *AG Hannover* ZMR 2010, 811). Die Fortführung der früheren Praxis, die bloße Soll-Zahlungen in aktuellen Abrechnungen ausweist, führte zumindest zur Teilanfechtbarkeit der Jahresabrechnung hinsichtlich dieser Position (*BGH* ZMR 2010, 301). Nach neuem Recht ist die Beschlussfassung über die Einforderung von Nachschüssen bzw. die Anpassung der Vorschüsse sogar insgesamt erfolgreich anfechtbar, wenn sich diese Buchungen auf die Feststellung der Nachschüsse bzw. die Anpassung der Vorschüsse auswirkt.

bb) Darstellung der tatsächlichen Zu- und Abflüsse

149 Daneben muss die Jahresabrechnung nach h.M. auch den **tatsächlichen Umfang der Erhaltungsrücklage** ausweisen (*BGH* ZMR 2010, 301; *KG* ZMR 2008, 69; *KG* NJW-RR 1987, 80; 1987, 1161; 1996, 526; ZMR 2008, 68; *BayObLG* NJW-RR 1989, 1164; 2004, 1603; *LG Rostock* ZMR 2015, 883 f.; *LG Hamburg* ZMR 2016, 223; *LG Dortmund* ZMR 2016, 640, 641; *LG Düsseldorf* ZMR 2017, 181, 182; *AG Charlottenburg* ZMR 2008, 248; *AG Hildesheim* ZMR 2013, 752; *AG München* ZMR 2017, 768; zu den Einzelheiten s.a. Jennißen VII Rn. 52; a.A. mit der Begründung, es handele sich nur um eine »Verwaltungsauskunft« *OLG Hamm* ZMR 2010, 132 f.). Sie darf nicht nur als Soll-Erhaltungsrücklage geführt werden, sondern muss den tatsächlichen Bestand ausweisen (*BGH* ZMR 2010, 301; *AG Saarbrücken* ZMR 2008, 926). Dass die **Zu- und Abflüsse in der Jahresabrechnung** ausgewiesen werden müssen, ist selbstverständlich und weitgehend unumstritten (*BGH* ZMR 2010, 301; *BayObLG* NJW-RR 1991, 16; 2000, 604 f. u. 1467; 2004, 1603; vgl. *OLG Saarbrücken* NJW-RR 2006, 732; *OLG Schleswig* ZMR 2008, 667; *LG Düsseldorf* ZMR 2017, 181, 182; a.A. offenbar *Happ* ZMR 2011, 618). Aus der Erhaltungsrücklage finanzierte Maßnahmen sind darüber hinaus **in die Gesamtabrechnung einzustellen** (*LG München I* ZMR 2011, 64 f.; *LG Düsseldorf* ZMR 2016, 126, 127; *LG Dortmund* ZMR 2016, 640, 641; *LG Köln* ZMR 2017, 1005 f.). Statt der Verteilung auf die Wohnungseigentümer muss dann ein **Hinweis »entnommen aus der Erhaltungsrücklage«** o.ä. erscheinen (*LG München I* ZMR 2011, 64 f.; *LG Köln* ZMR 2017, 1005 f.; wohl auch *Häublein*, ZWE 2011, 3). Dabei muss aber die Gesamtabrechnung, in die dieser Abfluss einzustellen ist, von den Einzelabrechnungen abgekoppelt werden, da anderenfalls wieder eine Umlage nach dem jeweiligen Kostenverteilungsschlüssel erfolgen würde. Dies stellt einerseits den Nachweis dieses tatsächlichen Abflusses in der Gesamtabrechnung sicher, verhindert aber andererseits die nochmalige Umlage auf die Wohnungseigentümer und verhindert schließlich verwirrende und systemwidrige Luftbuchungen. Nicht empfehlenswert ist die Buchung als Ausgabe, der wieder ein Zufluss aus der Erhaltungsrücklage entgegengerechnet wird. Denn die **internen Verschiebungen**

innerhalb des Gemeinschaftsvermögens sind gerade **keine tatsächlichen Zu- und Abflüsse** und haben deshalb nichts in der Jahresabrechnung zu suchen (*BGH* ZMR 2010, 301 f.; *AG Neustadt/Weinstraße* ZMR 2011, 763; *Häublein* ZWE 2011, 2 f.). Nicht richtig dürfte dagegen nur die Einstellung in die Rücklagenentwicklung sein (so aber *AG Düsseldorf* ZMR 2013, 313 f.), da es sich um eine tatsächliche Ausgabe handelt, die in der Gesamtabrechnung erscheinen muss.

cc) Forderungsübersicht und Zusatzinformationen

150 Es bedarf allerdings in einer gesonderten Übersicht zusätzlich der **Darstellung der noch geschuldeten Zahlungen**, da die Wohnungseigentümer ein berechtigtes Interesse daran haben, zu erfahren, wie hoch die diesbezüglichen Rückstände sind (*BGH* ZMR 2010, 301; *LG Rostock* ZMR 2015, 883 f.; *LG Dortmund* ZMR 2016, 640, 641; *LG Düsseldorf* ZMR 2017, 181, 182; *AG Neustadt/Weinstraße* ZMR 2011, 911; *AG Saarbrücken* ZMR 2012, 308; *AG Hamburg-Altona* ZMR 2013, 71; *Häublein* ZWE 2011, 3 u. 6; *Stadt* ZMR 2012, 248). Das Erfordernis, das Vermögen der Gemeinschaft insgesamt in Form eines Vermögensstatus in die Jahresabrechnung einzustellen, folgt hieraus nicht (*BGH* ZMR 2018, 343, 344; *Niedenführ* ZWE 2011, 66 f.). Sofern nur die Ist-Beträge ausgewiesen werden, nicht aber eine Übersicht über die ausstehenden Zahlungen beigefügt wird, ist die Beschlussfassung über die Einforderung von Nachschüssen bzw. die Anpassung der Vorschüsse nicht anfechtbar (*OLG Saarbrücken* NJW-RR 2006, 732 f.). Es besteht hinsichtlich der Übersicht über die Rückstände aber ein **Ergänzungsanspruch.** Vor dem Hintergrund der finanzgerichtlichen Rechtsprechung, wonach Zahlungen in die Erhaltungsrücklage noch keine **Werbungskosten** darstellen, sondern erst der Abfluss hieraus, kann auch die Angabe des fiktiven Anteils an der Erhaltungsrücklage allerdings als reine Zusatzinformation sinnvoll sein (*Häublein* ZWE 2011, 5). Gleiches gilt für die Zinsen (*Elzer* ZWE 2011, 114; zur Anlage der Erhaltungsrücklage s.o. § 27 Rdn. 90). Bei getrennter Abrechnung der Instandhaltungskosten für verschiedene Häuser einer **Mehrhausanlage** ist die Ausweisung einer einheitlichen Rücklage so lange hinnehmbar, als noch keine Gelder entnommen wurden (*OLG München* ZMR 2006, 552). Ansonsten bedarf es getrennter Erhaltungsrücklagen (s. Rdn. 238). Die **ungenügende Information** über die Erhaltungsrücklage kann bei beratenden Verkäufern zur Schadensersatzpflicht führen (*BGH* ZMR 2009, 856).

dd) Rechtsnatur als Zweckbestimmung

151 Insgesamt ist dieser Bestandteil der Jahresabrechnung jedoch von geringerer Bedeutung. Denn die Erhaltungsrücklage ist Teil der gemeinschaftlichen Konten, deren Stand und Entwicklung die Jahresabrechnung ohnehin wiederzugeben hat (ähnlich *Briesemeister* NZM 2007, 228). In diesem Rahmen bezeichnet die Erhaltungsrücklage nur die interne Zweckbindung bestimmter Geldmittel. Im Ergebnis erhält der Wohnungseigentümer durch die Ausweisung der Erhaltungsrücklage also nur Auskunft über die Beschlusslage, in welcher Höhe bestimmte Guthaben intern zweckgebunden sind. Im Außenverhältnis entfaltet diese Bindung keinerlei Wirkung. Ein **Gläubiger**, der gegen den Verband vollstreckt, kann ohne Weiteres auch auf die als Erhaltungsrücklage bezeichneten Mittel zugreifen (s. *OLG Hamm* ZMR 2008, 65 selbst für den ehemaligen Verwalter; *Häublein*, ZWE 2011, 5). Auch wenn die Angaben zur Erhaltungsrücklage nach Auffassung des *BGH* als wesentlicher Bestandteil der Jahresabrechnung anzusehen sind, kann ihre Unrichtigkeit jedenfalls nicht die Ungültigerklärung einer i.Ü. korrekten Beschlussfassung über die Einforderung von Nachschüssen bzw. die Anpassung der Vorschüsse zur Folge haben. Entsprechendes hat beim Fehlen diesbezüglicher Angaben zu gelten. Dies kann allenfalls einen Anspruch auf **Ergänzung der Jahresabrechnung** um die Ausweisung der Erhaltungsrücklage zur Folge haben (wie hier *AG München* ZMR 2014, 66 f.; ähnlich *Bub* ZWE 2011, 197; a.A. *AG Hamburg-St. Georg* ZMR 2013, 389 f.: Anfechtbarkeit der Genehmigung). Bejaht wurde dies etwa beim Fehlen der Angaben zur Höhe der Erhaltungsrücklage für Untergemeinschaften in Mehrhausanlagen mit eigener Instandhaltungspflicht bestimmter Teile des Gemeinschaftseigentums (*KG* ZMR 2008, 69).

c) **Sonstige, die Klarheit der Abrechnung nicht gefährdende Ausweisungen von Verbindlichkeiten und Forderungen**

152 Noch weiter gehend ist die dritte in der Rechtsprechung zugelassene Ausnahme vom Grundsatz der reinen Einnahmen- und Ausgabenrechnung. Nach einer insbesondere vom *KG* vertretenen Auffassung soll die Aufnahme von Verbindlichkeiten und Forderungen in die Jahresabrechnung zulässig sein, wenn diese klar und übersichtlich bleibt und die Zusammensetzung der Eigentümergemeinschaft bei Eingehung der Verbindlichkeit und z.Zt. der Beschlussfassung über die Jahresabrechnung identisch ist (*KG* NJW-RR 1993, 1104 f. u. 1106). Letztere Voraussetzung beruht auf der schon vor Anerkennung des teilrechtsfähigen Verbandes verfehlten Rechtsprechung des *KG* zur Behandlung des Verwaltungsvermögens bei Eigentümerwechseln und ist durch die Rechtsprechung des *BGH* bzw. die gesetzlichen Vorgaben zur Rechtsfähigkeit der Wohnungseigentümergemeinschaft endgültig überholt. Aber auch die Aufnahme von Forderungen und Verbindlichkeiten in die Jahresabrechnung begegnet keinem praktischen Bedürfnis. Sofern die Wohnungseigentümer näheren Aufschluss über Forderungen und Verbindlichkeiten begehren, können sie diesbezüglich regelmäßig schon aus dem Vermögensbericht gemäß § 28 Abs. 5 WEG, jedenfalls aber durch Einsichtnahme in die Unterlagen oder Geltendmachung des Auskunftsanspruchs hierüber Klarheit erlangen. Bei einem konkreten Bedürfnis kann die Eigentümergemeinschaft auch eine Übersicht über Forderungen und Verbindlichkeiten als Zusatzinformation verlangen (vgl. *BayObLG* NJW-RR 1993, 1167 f.; vgl. o. Rdn. 143 f.). Überdies kann eine solche Abrechnung die Anforderungen an Klarheit und Übersichtlichkeit grundsätzlich nicht erfüllen, sofern man Forderungen und Verbindlichkeiten nicht nur informationshalber mitteilt, sondern in die Jahresabrechnung einstellt. Denn hierdurch entsteht eine Mischform zwischen Einnahmen- und Ausgabenrechnung und Bilanz, die zwingend zu Abweichungen von beiden Abrechnungsformen in den Ergebnissen von Gesamt- und Einzelabrechnung führt. Für einen solchen Zwitter bestehen keinerlei anerkannte Regeln, sodass die Übersichtlichkeit und Klarheit der Jahresabrechnung im Grundsatz gefährdet wäre (*Staudinger/Häublein* § 28 Rn. 44 f.). Eine entsprechende Beschlussfassung ist allerdings nach neuem Recht nur dann für ungültig zu erklären, wenn sich die fehlerhafte Darstellung auf die Beschlussfassung über die Einforderung von Nachschüssen bzw. die Anpassung der Vorschüsse auswirkt.

4. **Die Verteilung der Kosten auf die einzelnen Wohnungseigentümer**

a) **Struktur der Einzelabrechnung**

aa) **Verteilungsschlüssel**

153 Die Jahresabrechnung muss neben den Gesamtausgaben auch die **Verteilung der Kosten** auf die einzelnen Eigentümer in den sog. Einzelabrechnungen vornehmen (*KG* NJW-RR 1987, 80; NJW-RR 1987, 1161; *BayObLG* NJW-RR 1989, 1163 f.; 1991, 16; 1993, 1167; 2000, 604; 2006, 21; *OLG Hamm* NJW-RR 1993, 846). Die Jahresabrechnung muss aber innerhalb einzelner Einheiten auch dann keine Aufteilung auf die **Bruchteilseigentümer** vornehmen, wenn diese Gemeinschaften in der Teilungserklärung vorgesehen sind, etwa als Tiefgaragengemeinschaft oder als Eigentümer einer Einheit mit Duplexparker (*AG München* ZMR 2018, 542, 544). Dies gilt erst recht, wenn eine Einheit sonstigen Bruchteilseigentümern gehört. Die Aufteilung erfolgt nach dem vereinbarten Schlüssel, ansonsten gemäß § 16 Abs. 2 S. 1 WEG nach Miteigentumsanteilen. Der vereinbarte Schlüssel kann auch bei verbrauchsabhängigen Kostenarten der jeweilige Anteil des Wohnungseigentümers sein. So gilt bei einem Defekt der Verbrauchserfassungsgeräte wieder § 16 Abs. 2 S. 1 WEG (*AG Aachen* ZMR 2015, 396, 397). Dies erfolgt in der Praxis regelmäßig in einer einheitlichen Aufstellung, indem die einzelnen Kostenarten nach dem jeweils anzuwendenden Schlüssel auf die Wohnungseigentümer umgelegt werden (hierzu *Jennißen* VII Rn. 1). Durch Addition der Einzelpositionen ergibt sich die Gesamtbelastung jedes Eigentümers. Die **Kostenarten** in Gesamt- und Einzelabrechnung müssen sich entsprechen; es geht nicht an, sie in einem Rechenwerk unter einer Position etwa unter »Stadtwerke« zusammenzufassen und im anderen etwa in »Müllabfuhr, Straßenreinigung« etc. zu untergliedern (*OLG Düsseldorf* NJW-RR 2007, 594 = ZMR 2007, 129).

bb) Inhalt der Einzelabrechnungen

Diese Einzelabrechnungen sind **einheitsbezogen**; die **Zusammenfassung mehrerer Einheiten** eines Eigentümers in einer »Einzelabrechnung« entspricht nicht ordnungsmäßiger Verwaltung (*LG Berlin* ZMR 2013, 736; *LG Hamburg* ZMR 2015, 47, 48 f.; *LG München I* ZMR 2016, 228, 232; *AG München* ZMR 2015, 633, 634). Sofern ohne derartige Einzelabrechnungen früher die Nachzahlungsverpflichtungen der Wohnungseigentümer nicht fällig wurden (*OLG Brandenburg* ZMR 2008, 390), gilt dies nach dem WEMoG nicht mehr. Allerdings ist eine Beschlussfassung über die Einforderung von Nachschüssen bzw. die Anpassung der Vorschüsse ohne Einzelabrechnung nicht nachvollziehbar und deshalb anfechtbar. Die Mitteilung von Rückständen ist unschädlich (*LG Berlin* ZMR 2009, 475 f.; zu Rückständen aus früheren Jahren s.u. Rdn. 179), ebenso die informatorische Zusammenrechnung der Salden mehrerer Wohnungen eines Eigentümers (weiter gehend für einen Spezialfall *LG Berlin* ZMR 2009, 476). An diesem Muster kann auch festgehalten werden, wenn einzelne Positionen aus vorhandenen Gemeinschaftsmitteln, etwa aus der Erhaltungsrücklage gedeckt werden. In diesem Fall ist statt der Umlage nach dem jeweiligen Schlüssel ein entsprechender **Vermerk über die Entnahme aus der Rücklage** anzubringen (*LG München I* ZMR 2011, 64 f.; *LG Düsseldorf* ZMR 2017, 181, 183). Fehlt es hieran, bleibt die Ausgabe ungedeckt und wird im Ergebnis nochmals umgelegt (*AG München* ZMR 2018, 85, 86). Dies führt zur Gesamtungültigerklärung der Beschlussfassung über die Einforderung von Nachschüssen bzw. die Anpassung der Vorschüsse (s. schon zur Jahresabrechnung *AG München* ZMR 2018, 85, 86). Anders als dem Gesamtwirtschaftsplan kommt der Gesamtabrechnung aber gegenüber den Einzelabrechnungen ein höherer Stellenwert zu. Im Gegensatz zum Gesamtwirtschaftsplan, der lediglich eine vorläufige Schätzung darstellt, gibt sie verbindlich Auskunft über die Einnahmen und Ausgaben des Verbandes (*BayObLG* NJW-RR 1991, 1361; weiter gehend *OLG Zweibrücken* NJW-RR 1990, 913 u. *BayObLG* NJW-RR 1990, 1108, wo die unschwere Ermittelbarkeit der Einzelabrechnung sogar einen Beschluss hierüber überflüssig machen soll). Fehlt die Gesamtabrechnung, so dürfte dies mangels Nachvollziehbarkeit der über die Einforderung von Nachschüssen bzw. die Anpassung der Vorschüsse zur Anfechtbarkeit der Beschlussfassung hierüber führen. Die Wohnungseigentümer haben aber in jedem Fall einen Ergänzungsanspruch gegen den Verband. 154

b) Abänderung des Verteilungsschlüssels durch Beschluss

aa) Beschlusskompetenz als Voraussetzung

Bei der Verteilung der Gesamtkosten auf die Wohnungseigentümer ist grundsätzlich der **allgemeine Kostenschlüssel** anzuwenden, auch wenn die Kosten im Außenverhältnis zum Gläubiger nach einem anderen Schlüssel ermittelt wurden (s. *LG Lüneburg* ZMR 2009, 555 zur Verwaltervergütung nach Miteigentumsanteilen trotz des Schlüssels pro Einheit im Verwaltervertrag; vgl. § 26 Rdn. 132). Selbstverständlich müssen die verteilten Anteile zusammen die gesamten Kosten ergeben (vgl. *LG Konstanz* ZMR 2008, 328 zur Verteilung von nur 980/1000 der Kosten). Bei der Kostenverteilung ist zu berücksichtigen, dass nunmehr verschiedene **neue Beschlusskompetenzen etwa in §§ 16 Abs. 2 S. 2, 21 Abs. 1 Satz 1 WEG** erlauben, bestimmte Kosten im Einzelfall oder generell durch Mehrheitsbeschluss nach einem abweichenden Schlüssel zu verteilen. Dies kann allerdings nicht in der Jahresabrechnung selbst erfolgen. Die Änderung des Verteilungsschlüssels kann nur durch einen separaten Beschluss und nur für die Zukunft erfolgen (*OLG München* ZMR 2007, 812; vgl. o. Rdn. 48). Ohne Beschlussfassung darf auch bei Kleinpositionen kein vermeintlich gerechterer Schlüssel angewandt werden (*LG Lübeck* ZMR 2011, 747 zu Einnahmen und Kosten von Waschmaschinen). 155

bb) Das Sonderproblem der HeizkVO

Darüber hinaus ergibt sich aus § 3 HeizkVO eine Beschlusskompetenz, für die **Heizkosten** einen der HeizkVO entsprechenden Verteilungsschlüssel einzuführen (*BGH* ZMR 2010, 970 f.; ZMR 2012, 373 f.; *LG Lüneburg* ZMR 2011, 829; *AG Brühl* ZMR 2010, 883 f. *AG Halle/Saale* ZMR 2011, 246 f.; *Abramenko* ZWE 2007, 61 ff.). Ebenso können die Wohnungseigentümer, wenn ein sachlicher Grund vorliegt, einen bereits der HeizkVO entsprechenden Verteilungsschlüssel abändern, 156 etwa den Verbrauch stärker berücksichtigen (*Jennißen* ZWE 2011, 158). Der Verwalter kann diese Entscheidungen nicht treffen (*Spielbauer* ZWE 2013, 237). Bei Änderungen der HeizkVO ist die Vereinbarkeit mit der HeizkVO an der Fassung zu messen, die bei erstmaliger Geltung des neuen Verteilungsschlüssels in Kraft ist (*BGH* ZMR 2010, 970 f.). Die Auffassung, dass es ohne eine derartige Änderung des Verteilungsschlüssels durch Vereinbarung oder Beschluss bei der Kostenverteilung nach § 16 Abs. 2 WEG verbleibt (so noch *BGH* ZMR 2007, 976; *OLG München* ZMR 2007, 812), ist nunmehr überholt. Die HeizkVO ist auch für Wohnungseigentümer **zwingend und unmittelbar anwendbares Recht**, ohne dass es eines diesbezüglichen Beschlusses bedarf (*BGH* ZMR 2012, 373 f.; *LG Lübeck* ZMR 2011, 748). Auf eine Beschlussfassung, der eine Kostenverteilung im Rahmen von § 7 Abs. 1 HeizkVO bestimmt, hat jeder Wohnungseigentümer einen Anspruch nach § 18 Abs. 2 Nr. 1 WEG. Die Verwendung falscher Verteilungsschlüssel macht die Beschlussfassung über die Einforderung von Nachschüssen bzw. die Anpassung der Vorschüsse **anfechtbar, aber nicht nichtig**, sodass nach Bestandskraft die beschlossene Kostenverteilung maßgeblich ist (*BGH* WuM 2018, 661; *BGH* NJW 1994, 1868; ZMR 2012, 373; *OLG München* ZMR 2006, 553 f.; *OLG Düsseldorf* ZMR 2007, 380; *LG Lübeck* ZMR 2011, 748; *LG Hamburg* ZMR 2012, 121 f.; *LG Hamburg* ZMR 2012, 121 f.; *Schultzky* ZMR 2008, 762). Nach allgemeinen Grundsätzen können aber dann, wenn nur ein geringer Teil des Verbrauchs durch Zähler erfasst wird, Ausnahmen etwa nach § 9a HeizkVO gelten (*OLG München* ZMR 2013, 131; *LG Itzehoe* ZMR 2013, 925; *AG Bonn* ZMR 2013, 140; ZMR 2013, 384; *AG Neuss* ZMR 2013, 235 f. *AG Düsseldorf* ZMR 2013, 311).

c) Besonderheiten bei Gerichtskosten

157 Die Verteilung nach dem allgemeinen Verteilungsschlüssel umfasst nunmehr sämtliche Gerichtskosten. Dies erfasst auch die Kostentragung für Klagen des Verbandes gegen einzelne Wohnungseigentümer (*BGH* ZWE 2014, 261). Denn die Sonderregelungen insbesondere in § 16 Abs. 7, 8 WEG a.F. sind entfallen. Für Beschlussklagen bedeutet dies, dass auch der siegreiche Kläger an den Kosten der verklagten Wohnungseigentümergemeinschaft zu beteiligen ist.

5. Die Aufstellung der Einnahmen

a) Beitragsleistungen der Wohnungseigentümer

158 Neben der Aufstellung der Gesamtkosten und ihrer Verteilung auf die einzelnen Wohnungseigentümer hat die Jahresabrechnung eine Aufstellung der dem Verband tatsächlich zugeflossenen Einnahmen zu enthalten (*LG Berlin* ZMR 2010, 711). Diese bestehen insbesondere aus den **Vorschüssen** nach § 28 Abs. 1 S. 1 WEG (*BayObLG* NJW-RR 1990, 1108), aus den **Nachzahlungen** aufgrund vorangegangener Jahresabrechnungen und den **Sonderumlagen** (hierzu *KG* ZMR 2008, 69). Bei der Ermittlung von Nachzahlungsbeträgen bzw. Guthaben der einzelnen Wohnungseigentümer sind die bereits geleisteten Beiträge (nicht die Soll-Leistungen) von der in der Einzelabrechnung ermittelten Belastung des einzelnen Wohnungseigentümers abzuziehen. Der sich ergebende Saldo aus der gesamten Einzelbelastung abzüglich der geleisteten Vorschüsse ist der Nachzahlungsbetrag bzw. das Guthaben des Wohnungseigentümers (zur Abrechnung beim Eigentümerwechsel vgl. u. Rdn. 178). Sind Zahlungen nicht aufgeführt, wirkt sich dies auf den Beschluss über die Einforderung von Nachschüssen bzw. die Anpassung der Vorschüsse aller Eigentümer aus, der daher auf Anfechtung insgesamt für ungültig zu erklären ist (*AG Recklinghausen* ZMR 2017, 934, 935). Die alte Frage, ob die **Zusammenstellung der Vorauszahlungen bestandskräftig** wird, auch wenn einzelne Zahlungen nicht berücksichtigt wurden (so *BGH* ZMR 2012, 285 unter 2; *LG Köln* ZMR 2008, 830; *LG Wuppertal* ZMR 2009, 557; *LG München I* ZMR 2010, 716 f.; *LG Köln* ZMR 2011, 828; a.A. *OLG München* ZMR 2013, 130 f.; *LG Frankfurt/M.* ZMR 2016, 559; *AG Kerpen* ZMR 2008, 84; *Jacoby*, ZMR 2011, 61 ff.), stellt sich jetzt nicht mehr. Denn die Jahresabrechnung wird nicht mehr genehmigt, ist also nicht Gegenstand einer Beschlussfassung. Folglich kann sie auch nicht mehr in Bestandskraft erwachsen.

b) Sonstige Einnahmen

Zu den Beitragsleistungen der Wohnungseigentümer kommen Einnahmen aus der **Vermietung oder sonstigen Nutzung gemeinschaftlicher Einrichtungen** etwa für die Nutzung gemeinschaftlicher Waschmaschinen (*LG Lübeck* ZMR 2011, 747; *AG Hamburg-Wandsbek* ZMR 2008, 336; *AG Regensburg* ZMR 2009, 413), **Versicherungsleistungen**, Einkünfte aus dem **Verkauf** von Gegenständen aus dem Verwaltungsvermögen (*LG München I* ZMR 2011, 65 f.) und alle sonstigen Einkünfte. Besondere Schwierigkeiten bereiten oftmals **Zinsen** auf gemeinschaftliche Gelder, die ebenfalls auszuweisen sind (*KG* NJW-RR 1987, 80; 1987, 1161; 1996, 526; *BayObLG* NJW-RR 1989, 1164; 2004, 1603; *LG Konstanz* ZMR 2008, 328; *LG Dortmund* ZMR 2016, 640, 641; a.A. für die Niedrigzinsphase *LG Köln* ZMR 2017, 1005 f.). Dies gilt auch für Zinsen, die ein Wohnungseigentümer aufgrund einer gerichtlichen Verurteilung schuldet (*BGH* ZMR 2014, 229 f.). Sie sind als Bruttozinsen einzustellen, als Ausgaben hingegen Zinsaufwendungen (vgl. o. Rdn. 36#; *LG München I* ZMR 2009, 94; a.A. noch *LG München I* ZMR 2009, 399). Zu den Einnahmen, die einzustellen sind, gehören auch in dem Wirtschaftsjahr aufgenommene **Darlehen**, da es sich um Zuflüsse von außen handelt. Es sind nur die tatsächlichen Einnahmen aufzuführen, keine bloßen Forderungen o.Ä., unabhängig vom möglicherweise bereits geraume Zeit zurückliegenden Grund der Zahlung. So sind etwa **Nachzahlungen** auf die Jahresabrechnung grundsätzlich in die Abrechnung des Kalenderjahres, in dem sie erfolgen, einzustellen, also in das Jahr nach der abgerechneten Periode (*LG Düsseldorf* ZMR 2011, 989). Die Behandlung dieser Einnahmen richtet sich nach den Vorgaben der Teilungserklärung bzw. der Beschlusslage. Es ist zulässig, etwa Mieteinkünfte oder Zinsen aus der Beitreibung von Rückständen im Rahmen der Vermietung gemeinschaftlichen Eigentums nach dem jeweils vereinbarten Verteilungsschlüssel an die Wohnungseigentümer **auszukehren** (*BGH* ZMR 2014, 229 f.). Allerdings setzt dies eine Beschlussfassung voraus (*LG Frankfurt/M.* ZMR 2018, 617, 618). Anderenfalls sind Nachzahlungen wie sonstige Einnahmen einzustellen und nur insoweit auszukehren, wenn sich insgesamt ein positiver Gesamtsaldo ergibt (*LG Frankfurt/M.* ZMR 2018, 617, 618). In der Praxis häufiger und zur Vermeidung von Liquiditätsengpässen auch sinnvoller ist es, diese Zuflüsse **zur Deckung der Ausgaben zu verwenden** (*BGH* ZMR 2014, 229 f.; *LG Lübeck* ZMR 2011, 747). In diesem Fall wird der einzelne Wohnungseigentümer automatisch in dem Umfang von den Ausgaben entlastet, in dem er sie nach dem allgemeinen Schlüssel mittragen müsste. Zulässig ist es auch, diese Einnahmen der Erhaltungsrücklage zuzuführen. 159

6. Die Übersicht über die gemeinschaftlichen Konten und die rechnerische Schlüssigkeit der Jahresabrechnung

a) Bedeutung im Rahmen der Schlüssigkeitsprüfung

Neben der Übersicht über die tatsächlichen Einnahmen und Ausgaben samt ihrer Verteilung auf die einzelnen Wohnungseigentümer muss die Jahresabrechnung die Entwicklung der gemeinschaftlichen Konten ausweisen (*KG* NJW-RR 1987, 80; 1987, 1161; 1996, 526; *KG* ZMR 2008, 67; *BayObLG* NJW-RR 1989, 1164; 2000, 604; 2004, 1603; 2006, 21; *OLG Hamm* NJW-RR 1993, 846; *OLG Saarbrücken* NJW-RR 2006, 732; *OLG Hamburg* ZMR 2007, 552; *OLG Schleswig* ZMR 2008, 667; *LG Konstanz* ZMR 2008, 328; *LG München I* ZMR 2009, 399; *LG Berlin* ZMR 2010, 711 f.; *LG Berlin* ZMR 2012, 804 f.). Nicht erforderlich sind dagegen Darlegungen zur **Kontenentwicklung** während des Jahres (*LG Lüneburg* ZMR 2012, 296 f.). Die Übersicht über die Konten erfordert die Angabe des **Bestandes jedes Kontos und jeder Bargeldkasse zum 1.1. und zum 31.12.** des Abrechnungsjahres (*AG Hannover* ZMR 2010, 811; *AG Neustadt/Weinstraße* ZMR 2011, 763; ZMR 2011, 911; *AG Hildesheim* ZMR 2013, 752). Die Zusammenfassung der Konten ist jedenfalls dann unzulässig, wenn hierdurch die Transparenz der Jahresabrechnung gefährdet wird (*LG Lüneburg* ZMR 2015, 486, 488). Hierbei handelt es sich nicht nur um eine zusätzliche Information wie etwa die Bilanz, die der Verwalter zu Informationszwecken beifügt, sondern um einen **zwingenden Abrechnungsbestandteil.** Denn nur durch den Vergleich der Kontenentwicklung mit der Entwicklung der Einnahmen und Ausgaben lässt sich die **rechnerische Schlüssigkeit** der Abrechnung ermitteln (*LG Düsseldorf* ZMR 2017, 181 f.; *AG Neustadt/Weinstraße* ZMR 2011, 911; *AG Charlotten-* 160 *burg* ZMR 2012, 402 f.; *AG München* ZMR 2017, 768; *Jennißen* VII Rn. 9 u. 26 ff.). Deshalb kann der Wohnungseigentümer wegen dieser Angaben auch nicht auf sein Einsichtsrecht verwiesen werden (*AG Charlottenburg* ZMR 2012, 402 f.; strenger *LG Itzehoe* ZMR 2014, 144). Naturgemäß muss nämlich der Saldo aus den Kontenständen (Stand 1.1. minus Stand 31.12.) der Entwicklung der ausgewiesenen Einnahmen minus Ausgaben entsprechen. Übersteigen die Ausgaben die Einnahmen um einen bestimmten Betrag, müssen sich die Kontenstände der Gemeinschaft insgesamt um diesen Betrag verringert haben. Fehlt es an dieser Übereinstimmung zwischen der Entwicklung der Konten und dem Saldo von Einnahmen und Ausgaben, ist die Beschlussvorlage zur Jahresabrechnung rechnerisch unschlüssig. Allerdings dürfte auch dies entgegen früherer Praxis (*OLG Düsseldorf* WuM 1999, 357 f.; *OLG Hamm* ZWE 2001, 448 f. = ZMR 2001, 1001; *LG Hamburg* ZMR 2011, 163 f.; *LG München I* ZMR 2012, 480; *LG Hamburg* ZMR 2016, 223; *AG Saarbrücken* ZMR 2008, 926; *AG Neustadt/Weinstraße* ZMR 2011, 911; *AG Charlottenburg* ZMR 2012, 402 f.; *AG München* ZMR 2014, 156; ZMR 2016, 201 f.) nicht zur Anfechtbarkeit des Beschlusses über die Einforderung von Nachschüssen bzw. die Anpassung der Vorschüsse führen, wenn das Zahlenwerk insoweit nicht fehlerhaft ist. Es besteht aber ein Anspruch auf Korrektur bzw. Ergänzung der Jahresabrechnung.

b) Fehlen der Angaben zu den Konten

161 Nach früherem Recht war streitig, wie das **vollständige Fehlen der Übersicht über die gemeinschaftlichen Konten** zu behandeln war. Teilweise wurde nur einen Ergänzungsanspruch angenommen teilweise die Anfechtbarkeit des Genehmigungsbeschlusses (*KG* ZMR 2008, 68; *LG Konstanz* ZMR 2008, 328; *LG Dessau-Roßlau* ZMR 2010, 471; *LG Berlin* ZMR 2010, 711; ZMR 2013, 919; *LG Rostock* ZMR 2015, 883 f.; ZMR 2017, 835, 836; *LG München I* ZMR 2016, 62, 63; *AG Hannover* ZMR 2009, 958; *AG Erfurt* ZMR 2015, 811; *AG München* ZMR 2017, 201 f.). Diese Frage stellt sich auch nach neuem Recht im Hinblick auf die Anfechtbarkeit des Beschlusses über die Einforderung von Nachschüssen bzw. die Anpassung der Vorschüsse. Stellt man alleine auf die Auswirkungen des Fehlers auf Nachschüsse und Vorschüsse ab, bleibt das Fehlen der Angaben zu den Kontenständen folgenlos. Allerdings kann ohne die fehlenden Angaben die rechnerische Schlüssigkeit der Jahresabrechnung und somit die Richtigkeit der Vor- und Nachschüsse gar nicht überprüft werden. Die nur einfach unrichtige Darlegung der Kontenstände würde also bei Auswirkungen auf Vor- und Nachschüsse strenger behandelt als ihr völliges Fehlen. Da dies allerdings der vom Gesetzgeber geäußerten Zielsetzung entspricht, sollten die Wohnungseigentümer beim Fehlen der Angaben zu den Kontenständen keinen Beschluss über die Einforderung von Nachschüssen bzw. die Anpassung der Vorschüsse fassen, um dessen Unanfechtbarkeit auf falscher Tatsachengrundlage zu vermeiden.

7. Die Erstellung der Jahresabrechnung bei ungeordneter Vorverwaltung

162 Mit dem geschilderten System kaum lösbar erscheinen die Fälle, in denen der neue Verwalter eine ungeordnete Kontenführung übernimmt, der nicht zu entnehmen ist wie hoch Kontenstände, Rückstände etc. zu Beginn des Jahres waren. Der Vorschlag, er müsse »schlüssige Annäherungswerte bilden« (*AG Pinneberg* ZMR 2017, 771, 772), ist sicherlich gut gemeint. Was damit gemeint sein soll, bleibt freilich offen.

III. Die Beschlussfassung über die Erhebung von Nachschüssen und die Anpassung der Vorschüsse

1. Das Verfahren bis zur Beschlussfassung

a) Die Vorprüfung durch den Verwaltungsbeirat

aa) Verfahren und Bedeutung der Prüfung durch den Verwaltungsbeirat

163 Das Verfahren bis zur Beschlussfassung über die Jahresabrechnung gleicht demjenigen beim Wirtschaftsplan. Wie dort hat der Verwalter seine Beschlussvorlage zunächst dem Verwaltungsbeirat zu übermitteln. Sie muss **schriftlich** vorliegen, aber nicht der Schriftform des § 126 BGB genügen.

Lose Blätter ohne Unterschrift des Verwalters sind somit ausreichend (*KG* NJW-RR 1996, 526). Der Verwaltungsbeirat hat sie nach § 29 Abs. 2 S. 2 WEG zu prüfen. Dies erfordert eine **Prüfung der rechnerischen Schlüssigkeit und der Belege** (*OLG Düsseldorf* ZMR 1998, 107; Jennißen IX Rn. 3 f.). Anschließend hat der Verwaltungsbeirat eine **Stellungnahme** abzugeben, was schriftlich, etwa durch einen Prüfvermerk, oder mündlich in der Eigentümerversammlung erfolgen kann. Das **Fehlen dieser Prüfung** durch den Verwaltungsbeirat alleine hatte indessen schon nach altem Recht nicht die Fehlerhaftigkeit einer gleichwohl erfolgenden Genehmigung durch die Eigentümer zur Folge (*KG* NJW-RR 2003, 1597 f. = ZMR 2004, 145; *BayObLG* NJW-RR 2003, 1666 f.; ZMR 2004, 358; NJW-RR 2004, 444; *LG Berlin* ZMR 2013, 736) und erst recht nicht die Anfechtbarkeit des Beschlusses über die Einforderung von Nachschüssen bzw. die Anpassung der Vorschüsse. Auch die **ablehnende Stellungnahme** als solche führt nicht zur Anfechtbarkeit einer gleichwohl beschlossenen Genehmigung der Jahresabrechnung, wenn diese ansonsten ordnungsmäßiger Verwaltung entspricht (*LG Berlin* ZMR 2013, 736).

bb) Behandlung von Vorlage und Stellungnahme des Verwaltungsbeirats in der Eigentümerversammlung

Die Beschlussvorlage des Verwalters über die Einforderung von Nachschüssen bzw. die Anpassung 164 der Vorschüsse ist – evtl. mit Änderungsvorschlägen des Verwaltungsbeirats – dann Gegenstand der Beschlussfassung durch die Eigentümerversammlung. Geht sie den Einwänden des Verwaltungsbeirats nicht nach, führte dies aber schon nach altem Recht nicht zwangsläufig dazu, dass die Genehmigung der Jahresabrechnung ordnungsmäßiger Verwaltung widerspricht (*OLG München* ZMR 2011, 739). Bei der **Bezeichnung des Beschlusses über die Jahresabrechnung** müssen die formalen Anforderungen (etwa die ordnungsgemäße Bezeichnung in der Einladung) wie bei jeder Beschlussfassung erfüllt sein. Die **Übersendung aller Einzelabrechnungen** gehört entgegen einer vereinzelt vertretenen Auffassung (*OLG Köln* NJW-RR 1995, 1295 f.; abw. *OLG Köln* NJW-RR 2006, 19 f., wo die Möglichkeit der Einsicht als Mindestvoraussetzung genannt wird; ähnlich *OLG Köln* ZMR 2007, 987) nicht zu diesen Voraussetzungen (*BGH* ZMR 2018, 343, 345; *KG* ZMR 2008, 69; *LG Itzehoe* ZMR 2009, 143 u. ZMR 2011, 236; *AG Clausthal-Zellerfeld* ZMR 2015, 64, 68; *Staudinger/Bub* § 28 Rn. 528; *Jennißen* IX Rn. 11). Dem steht nicht entgegen, dass der Eigentümer über die anderen Einzelabrechnungen mitbeschließt. Denn zum einen kann er schon anhand seiner Einzelabrechnung die Richtigkeit der wesentlichen Bestandteile auch der anderen Abrechnungen (insbesondere Gesamtkosten und verwendete Schlüssel) überprüfen (vgl. *OLG Köln* NJW-RR 2006, 19), zum anderen kann er eine weitere Prüfung durch **Einsicht** in die anderen Einzelabrechnungen und die Belege vornehmen. Gleiches gilt bei Mehrhausanlagen mit getrennter Abrechnung für die Abrechnungen der anderen Häuser (*KG* ZMR 2008, 69). Ebenso wenig müssen die der Abrechnung zugrunde liegenden Belege vorab, ohne entsprechende Anfrage in Kopie übermittelt werden. Der Verwalter muss aber schon deswegen die **Unterlagen in der Eigentümerversammlung** parat haben, damit etwaige Unstimmigkeiten sofort geklärt werden können (*OLG Köln* NJW-RR 2006, 19 f.). Die Gegenmeinung, die die Möglichkeit der Einsicht vor der Versammlung für ausreichend hält (*AG Saarbrücken* ZMR 2008, 926 f.), verkennt, dass so auf der Versammlung einfache Bedenken und Zweifel ohne erneute Eigentümerversammlung oder gar Klage nach § 44 WEG unkompliziert behoben werden können.

b) Beschlussfassung und Änderung durch die Mehrheit der Eigentümerversammlung

aa) Recht zur Änderung

Die Eigentümerversammlung kann mehrheitlich auch noch **Änderungen der Vorlage** beschließen, 165 da die Vorlage nur ein Vorschlag ist (*KG* NJW-RR 1987, 1161; a.A. *OLG Düsseldorf* ZMR 2006, 545, wonach die Jahresabrechnung vollständig in schriftlicher Form vorliegen muss). Diese müssen in den Beschluss aufgenommen werden (*AG Hamburg-Altona* ZMR 2013, 569). Die hieraus folgenden Probleme haben in Rechtsprechung und Schrifttum bislang kaum Beachtung gefunden, was angesichts ihrer praktischen Relevanz erstaunt. Unproblematisch bleiben Änderungen gegenüber der Beschlussvorlage nur dann, wenn etwa nur eine Position übersehen wurde und noch in der Versammlung eine »Reparatur« der ursprünglichen Vorlage möglich ist, die neben dem geänderten Betrag in der Gesamtabrechnung auch die Auswirkungen auf die über die Einforderung von Nachschüssen bzw. die Anpassung der Vorschüsse erfasst. Dies wird aber eine seltene Ausnahme bleiben.

bb) Vorgehen bei nicht sofort reparablen Fehlern

166 Üblicherweise lassen sich berechtigte Änderungswünsche nicht mehr ohne Weiteres in die ursprüngliche Vorlage einfügen. In diesem Fall bezieht sich eine Beschlussfassung über die Einforderung von Nachschüssen bzw. die Anpassung der Vorschüsse auf eine Jahresabrechnung, der wesentliche Bestandteile wie einzelne Positionen der Gesamtabrechnung und die endgültigen Ergebnisse der Einzelabrechnungen noch fehlen. Gleichwohl wird man derartige Beschlüsse **nicht mangels Bestimmtheit für nichtig** halten dürfen, da der Eigentümerversammlung ansonsten die Möglichkeit, die Vorlage zur Jahresabrechnung zu ändern, faktisch verwehrt würde. Allerdings wird eine Beschlussfassung über die Einforderung von Nachschüssen bzw. die Anpassung der Vorschüsse auf einer noch nicht feststehenden Grundlage, nämlich einem noch zu erstellenden Jahresabrechnung, ordnungsmäßiger Verwaltung widersprechen.

cc) Ergänzungsanspruch und Bestimmtheit der Änderung

167 Stützt sich die Anfechtung des Beschlusses über die Einforderung von Nachschüssen bzw. die Anpassung der Vorschüsse auf das Fehlen notwendiger Bestandteile der Jahresabrechnung, ist sie kostenpflichtig abzuweisen. Es besteht aber hinsichtlich der noch fehlenden Bestandteile ein **Ergänzungsanspruch**. Bisweilen wird aus Gründen der Bestimmtheit ferner verlangt, dass die Abrechnungen fest mit der Niederschrift verbunden werden, damit der Gegenstand der Beschlussfassung eindeutig ist (*LG Gera* ZMR 2015, 481, 481; *AG Wismar* ZMR 2018, 939). In jedem Fall genügt die Bezugnahme auf eine den Wohnungseigentümern zugängliche, genau bestimmte Beschlussvorlage (*LG Frankfurt/M.* ZMR 2018, 430, 431; *LG Stuttgart* ZMR 2018, 451, 452). *AG München* ZMR 2017, 343, 344). Sofern **verschiedene Vorlagen** existieren, muss aber klargestellt werden, auf welche sich die Beschlussfassung bezieht (*AG München* ZMR 2017, 599, 600; großzügiger wohl *AG Ratzeburg* ZMR 2017, 602 f.). Es genügt aber, wenn klar ist, dass nur die aktualisierte letzte Fassung Beschlussgegenstand sein soll (*LG Stuttgart* ZMR 2018, 451, 452). Eine versehentliche Fehldatierung ist aber unschädlich, sofern keine weiteren Entwürfe existieren (*LG Frankfurt/M.* ZMR 2018, 430, 431).

c) Zweitbeschluss

168 Auch die **nachträgliche Abänderung eines Beschlusses über die Einforderung von Nachschüssen bzw. die Anpassung der Vorschüsse durch Zweitbeschluss ist zulässig**, wenn die erste etwa aufgrund fehlerhafter Verbrauchsmessung Mängel aufweist (*OLG Düsseldorf* NJW-RR 2000, 1541; ZMR 2007, 381; *KG* ZMR 2006, 223 f.; Jennißen VII Rn. 59). Die unzutreffend geringe Beteiligung an den Kosten stellt keinen Vorteil dar, auf dessen Fortbestand ein Wohnungseigentümer vertrauen kann (vgl. u. Rdn. 177). Ein Anspruch hierauf kommt aber nur in Betracht, wenn die zur Fehlerhaftigkeit führenden Umstände bei der Beschlussfassung noch nicht berücksichtigt werden konnten (*OLG Düsseldorf* ZMR 2007, 381).

d) Das Stimmrecht und Mehrheiten

169 Den Beschluss über die Einforderung von Nachschüssen bzw. die Anpassung der Vorschüsse hat die Versammlung **aller Wohnungseigentümer** zu fassen, auch in Mehrhausanlagen (*OLG Zweibrücken* ZMR 2005, 909). An der Beschlussfassung über Nachschüsse und Anpassung der Vorschüsse können sowohl der **Verwaltungsbeirat** als auch der **Verwalter**, der hierzu bevollmächtigt wurde oder selbst Eigentümer ist, teilnehmen. Denn diese regelt vorrangig die mitgliedschaftlichen Verhältnisse der Eigentümer untereinander. Sofern in der Gemeinschaftsordnung nur eine einheitliche Beschlussfassung über Jahresabrechnung und **Entlastung** (hierzu s. Rdn. 194) vorgesehen ist, gilt dies nun

auch für über die Beschlussfassung über die Einforderung von Nachschüssen bzw. die Anpassung der Vorschüsse. Verwalter und Verwaltungsbeirat können aber eine **getrennte Abstimmung** verlangen. Denn der Umstand, dass sie von der Entscheidung über Letztere ausgeschlossen sind, darf nicht durch Kombination beider Beschlussfassungen zu einem ungerechtfertigten Ausschluss vom Stimmrecht über die Einforderung von Nachschüssen bzw. die Anpassung der Vorschüsse führen. Für die Beschlussfassung über die Vorlage genügt vorbehaltlich abweichender Regelungen in der Gemeinschaftsordnung die **einfache Mehrheit.**

e) Die zu Unrecht verweigerte Beschlussfassung

Ebenfalls nur geringe Aufmerksamkeit erlangte die grundlose Weigerung, eine korrekte Beschlussvorlage zu genehmigen, was von praktischer Relevanz sein kann, wenn etwa der Mehrheitseigentümer mit hohen Nachzahlungen belastet wird. Aus den oben angeführten Gründen scheidet eine Aufstellung der Jahresabrechnung und der daraus folgenden Beschlussvorlage über die Einforderung von Nachschüssen bzw. die Anpassung der Vorschüsse durch das Gericht jedenfalls im Zivilprozess aus (s.o. Rdn. 133). Dem Antragsteller kommt aber ein **Anspruch aus § 18 Abs. 2 Nr. 1 WEG** auf Genehmigung einer korrekten Beschlussvorlage zu, da nur die Genehmigung einer korrekten Beschlussfassung über die Einforderung von Nachschüssen bzw. die Anpassung der Vorschüsse ordnungsmäßiger Verwaltung entspricht. Dieses Begehren kann nach erfolgloser Vorbefassung der Eigentümerversammlung **jeder Wohnungseigentümer** alleine und ohne deren Ermächtigung im Verfahren nach § 44 Abs. 1 S. 2 WEG geltend machen. Gegnerin ist nunmehr die Wohnungseigentümergemeinschaft. 170

2. Die Wirkung der Beschlussfassung

a) Das Verhältnis zwischen dem Beschluss über die Einforderung von Nachschüssen bzw. die Anpassung der Vorschüsse und dem Wirtschaftsplan

aa) Die Wirkung des Beschlusses über die Einforderung von Nachschüssen bzw. die Anpassung der Vorschüsse Jahresabrechnung auf die Vorschüsse aus dem Wirtschaftsplan

Das lange umstrittene Verhältnis zwischen Wirtschaftsplan und Jahresabrechnung hat der *BGH* noch unter der Geltung des alten Rechts geklärt. Entgegen früher h.M. führte die Genehmigung der Jahresabrechnung danach nicht dazu, dass sich die ursprüngliche Beitragsschuld aus dem Wirtschaftsplan in ihrem rechtlichen Bestand ändert, etwa durch eine neue aus der Jahresabrechnung ersetzt wird (*BGH* NJW 1994, 1866, 1867; 1996, 725, 726; *OLG Köln* NJW-RR 1997, 1102; *OLG Düsseldorf* NJW-RR 1997, 1235; NJW-RR 2000, 1181 = ZMR 2000, 397; *BayObLG* NJW-RR 2004, 1091; so aber noch *BayObLG* NJW-RR 1987, 1162; 1988, 273 u. 1171; *KG* NJW-RR 1988, 844; *OLG Brandenburg* ZMR 2008, 389). Eine solche Novation wäre nicht interessengerecht, da mit dem Wegfall der ursprünglichen Schuld **Sicherungsrechte, Ansprüche auf Verzugszinsen** etc. entfielen (*BGH* ZMR 2012, 978; *KG* NJW-RR 1994, 85; *OLG München* ZMR 2007, 722; *OLG Köln* ZMR 2008, 480). Vielmehr entfaltete die Genehmigung der Jahresabrechnung im Hinblick auf die Vorschüsse aus § 28 Abs. 2 WEG **rechtsbekräftigende bzw. -verstärkende Wirkung** (*BGH* NJW 1994, 1867; 1996, 726; *OLG Köln* NJW-RR 1997, 1102; *OLG Düsseldorf* NJW-RR 2000, 1181 = ZMR 2000, 397; ZMR 2007, 712; *BayObLG* NJW-RR 2002, 1666; *OLG Hamm* NJW-RR 2004, 14; ZMR 2009, 468 u. 866; *OLG Dresden* ZMR 2006, 543; *OLG Brandenburg* ZMR 2008, 389). Der Verband behielt insoweit also grundsätzlich alle Rechte, die er aus dem Wirtschaftsplan ableiten konnte (*BGH* NJW 1996, 726; ZMR 2012, 978; *BayObLG* NJW-RR 2001, 660; *OLG Hamburg* ZMR 2006, 792). Deshalb blieb die rechtskräftige Ungültigerklärung der Jahresabrechnung ohne Einfluss auf die Beitreibung aus dem Wirtschaftsplan (*OLG Düsseldorf* NJW-RR 1997, 1235). Hieran hat sich nach neuem Recht grundsätzlich nichts geändert. Der Beschluss über die Einforderung von Nachschüssen bzw. die Anpassung der Vorschüsse stellt nur für die über die Vorschüsse hinausgehenden Kosten eine eigene Anspruchsgrundlage dar. Im Übrigen verbleibt es bei den Ansprüchen aus dem Beschluss über die im Zahlungsplan ermittelten Vorschüsse. Daher hindert die **Verjährung** der Ansprüche aus dem Zahlungsplan auch die Beitreibung der Beiträge aus 171 der beschlossenen Jahresabrechnung (*BGH* ZMR 2012, 976 f.; *Schultzky* ZMR 2008, 761; a.A. *OLG Dresden* ZMR 2006, 543 f.; *OLG Hamm* ZMR 2009, 467). Für die Zukunft entfaltet die Beschlussfassung über die Einforderung von Nachschüssen bzw. die Anpassung der Vorschüsse **rechtsbegrenzende Wirkung**, wenn der Anspruch hieraus hinter demjenigen aus dem Wirtschaftsplan zurückbleibt: Schuldet der Wohnungseigentümer aus der genauen Ermittlung der tatsächlichen Kosten **geringere Zahlungen** als nach der bloßen Schätzung des Wirtschaftsplans, können die überschießenden Ansprüche aus dem hierauf fußenden Zahlungsplan nicht mehr durchgesetzt werden (*OLG Brandenburg* ZMR 2008, 389; *OLG Hamm* ZMR 2009, 63 u. 866; *LG Frankfurt an der Oder* ZMR 2012, 571; *LG Dortmund* ZMR 2015, 477; a.A. *Schultzky* ZMR 2008, 760 für die Möglichkeit der Aufrechnung). Der Verband hat den Rechtsstreit nur insoweit für erledigt zu erklären, nicht aber hinsichtlich der Beträge, die aus dem Zahlungsplan begründet sind (*BayObLG* NJW-RR 1998, 1624; 2001, 660; *OLG Brandenburg* ZMR 2008, 389; a.A. noch *BayObLG* NJW-RR 1997, 717). Bis zur Beschlussfassung entstandene Ansprüche etwa auf Verzugszinsen bleiben unberührt. Hingegen kann sich ein **ausgeschiedener Wohnungseigentümer** nicht auf die rechtsbegrenzende Wirkung der Beschlussfassung über die Einforderung von Nachschüssen bzw. die Anpassung der Vorschüsse berufen, da Beschlüsse der Eigentümerversammlung nur für und gegen die Eigentümer wirken (*LG Frankfurt/=.* ZMR 2012, 571 f.). Umgekehrt wird ihm durch die Nichtberücksichtigung von Zahlungen in der Jahresabrechnung auch der Erfüllungseinwand nicht abgeschnitten (vgl. hierzu Rdn. 158, 176).

bb) Abrechnungsspitze

172 Rechtsbegründende Wirkung entfaltete der Beschluss der Jahresabrechnung nach altem Recht nur hinsichtlich des Betrages, den der Wohnungseigentümer über die Soll-Vorschüsse nach § 28 Abs. 2 WEG a.F. hinaus schuldete (die sog. Abrechnungsspitze) bzw. umgekehrt hinsichtlich eines Guthabens (*BGH* NJW 1990, 1867; *BGH* ZMR 2012, 642; ZMR 2012, 978; *BayObLG* NJW-RR 1987, 1356 f.; 2004, 1091; *OLG Hamm* NJW-RR 2004, 14; ZMR 2009, 468 u. 866; *OLG München* ZMR 2006, 647 u. 882; *OLG Düsseldorf* ZMR 2007, 712; *OLG Brandenburg* ZMR 2008, 389; *OLG Köln* ZMR 2008, 480; *LG Bonn* ZMR 2009, 476; *LG Saarbrücken* ZMR 2009, 953; *LG Köln* ZMR 2011, 165 f.; *LG München I* ZMR 2012, 298; *LG Frankfurt/M.* ZMR 2017, 663, 665; *AG Groß Gerau* ZMR 2012, 302; a.A. *AG Lüneburg* ZMR 2016, 578 f.: Der Abrechnungssaldo). Dies ist auf das neue Recht zu übertragen. Zwar ergeht ein einheitlicher Beschluss über die Einforderung von Nachschüssen. Dieser stellt aber nur für die Kosten, die über den Zahlungsplan hinausgehen, eine Anspruchsgrundlage dar. Sofern früher in diesem Zusammenhang die Ausweisung der **Soll-Vorauszahlungen** gefordert (*LG Dortmund* ZMR 2017, 423; *LG München I* ZMR 2017, 582, 584 f.) und ihr Fehlen sogar als Anfechtungsgrund angesehen wurde (*LG Frankfurt/M.* ZMR 2017, 663, 665; *AG Hamburg-Blankenese* ZMR 2017, 100, 101; noch weitergehend *LG Dortmund* ZMR 2017, 423, 424 *AG Recklinghausen* ZMR 2017, 934, 935 sogar für Nichtigkeit; a.A. *AG Kerpen* ZMR 2018, 271 f.), war dies schon nach früherem Recht bestritten (gegen eine zwingende Ausweisung der Abrechnungsspitze in der Jahresabrechnung etwa *LG München I* ZMR 2017, 582, 584 f.; *AG München* ZMR 2018, 542, 544; *Spielbauer* ZWE 2011, 150 f.) Umgekehrt stellt ihre Ausweisung im Beschluss über die Einforderung von Nachschüssen bzw. die Anpassung der Vorschüsse aber gewiss keinen Anfechtungsgrund dar (so aber *AG München* ZMR 2016, 407). Das neue Recht fordert nur die Angabe der Nachschüsse bzw. die angepassten Vorschüsse. Dies erscheint auch ausreichend. Denn die Abrechnungsspitze lässt sich unschwer dadurch ermitteln, dass ein eventueller Rückstand bei den Vorauszahlungen von der Nachzahlung abgezogen wird. Ihre ausdrückliche Ausweisung ist kein zwingender Bestandteil der Jahresabrechnung. Der Beschluss über die Einforderung von Nachschüssen bzw. die Anpassung der Vorschüsse kann daher aus diesem Grund nicht angefochten werden. Er entfaltet aber auch keine Wirkung gegen den Wohnungseigentümer dahin gehend, dass er etwa entgegen der tatsächlichen Lage die Höhe eventueller Rückstände aus dem Wirtschaftsplan und somit die neue Schuld aus der Abrechnungsspitze verbindlich festlegt (*Spielbauer* ZWE 2011, 152 f.; a.A. *Häublein* ZWE 2010, 239; *Bub* ZWE 2011, 198 f.; *Casser/Schultheis* ZMR 2011, 88). Wenn ein Wirtschaftsplan nicht beschlossen oder aber für ungültig

erklärt wurde, umfasst die Abrechnungsspitze allerdings die gesamten Kosten des Wirtschaftsjahres (*OLG Köln* ZMR 2008, 480; *OLG Hamm* ZMR 2009, 467). Bei der Abrechnungsspitze handelt es sich um **laufende Kosten nach § 156 Abs. 1 S. 2 ZVG**, die der Zwangsverwalter begleichen muss (*AG Lampertheim* ZMR 2008, 746 f.). Wird die Abrechnungsspitze nach Eröffnung des Insolvenzverfahrens fällig, so stellt sie eine **Masseverbindlichkeit** nach § 55 Abs. 1 Nr. 1 InsO dar (*OLG Köln* ZMR 2008, 989).

cc) Die Fälligkeit von Nachzahlungen und Vorschüssen

Die Rückerstattung überzahlter Vorschüsse **vor der Beschlussfassung** über die Einforderung von Nachschüssen bzw. die Anpassung der Vorschüsse widerspricht Grundsätzen ordnungsmäßiger Verwaltung (*OLG Köln* NJW-RR 2005, 1096 f.). Über die Modalitäten, wann eine Nachzahlung zu erfolgen hat bzw. wie Guthaben zu erstatten sind (durch Rückzahlung, Verrechnung mit späteren Vorschüssen o.Ä.) können die Wohnungseigentümer aufgrund der Beschlusskompetenz des **§ 28 Abs. 3 WEG** im Rahmen ordnungsmäßiger Verwaltung frei entscheiden (*Kuhla* ZWE 2011, 8; *Schultzky* ZWE 2011, 15; zum früheren Recht s. *KG* NJW-RR 1995, 975; 1996, 466; 2004, 1089). Dabei sind Regelungen sowohl für den Einzelfall wie auch generell für die Zukunft möglich und zwar unabhängig von diesbezüglichen Bestimmungen in der Gemeinschaftsordnung. Selbstverständlich kann auch die Gemeinschaftsordnung diesbezügliche Sonderregelungen enthalten, etwa die Verrechnung von Guthaben mit den laufenden Vorschüssen anordnen (*OLG Hamm* ZMR 2008, 229 f.). Ohne derartige Regelung wird im Zweifel von der **sofortigen Fälligkeit** der Ansprüche auf Nachzahlung bzw. Erstattung von Guthaben auszugehen sein. Wurde bereits ein Beschluss über die Auszahlung gefasst, kann ein Zweitbeschluss, der die Rückzahlung hinausschiebt, in schutzwürdige Interessen der betroffenen Wohnungseigentümer eingreifen und daher anfechtbar sein (*OLG Hamm* ZMR 2010, 133). Sowohl der Anspruch des rechtsfähigen Verbandes auf Nachzahlungen als auch derjenige des einzelnen Wohnungseigentümers auf Rückzahlungen unterliegt der **Regelverjährung** der §§ 195, 199 BGB. Der Beschluss, verjährte Ansprüche einzelner Wohnungseigentümer zu befriedigen, dürfte ordnungsmäßiger Verwaltung widersprechen (nicht thematisiert von *AG Saarbrücken* ZMR 2012, 310, wo nur auf die Beschlusskompetenz abgestellt wird). 173

dd) Keine »Dauerwirkung«

Hingegen kommt einer – auch wiederholten – Genehmigung bestimmter Abrechnungsmodi grundsätzlich keine Dauerwirkung in dem Sinne zu, dass künftig stets in dieser Form abgerechnet werden soll (*OLG Düsseldorf* NJW-RR 1986, 96; *BayObLG* NJW 1986, 385; *OLG Köln* NJW-RR 2006, 20; *OLG Hamburg* ZMR 2006, 299; *LG Lüneburg* ZMR 2012, 901; *AG Aachen* ZMR 2015, 396, 397; a.A. *AG Velbert* ZMR 2009, 565). Die Beschlussfassung über die Einforderung von Nachschüssen bzw. die Anpassung der Vorschüsse beschränkt sich schon ihrem Gegenstand nach auf die **konkrete Beschlussvorlage.** Die Annahme einer konkludenten Vereinbarung scheitert in aller Regel auch daran, dass den Wohnungseigentümern die konkrete Abweichung etwa vom richtigen Verteilungsschlüssel bekannt sein und von ihnen auch für die Zukunft gebilligt werden muss (*AG Aachen* ZMR 2015, 396, 397; übersehen von *AG Velbert* ZMR 2009, 565). Dies kann auch nach **langjähriger fehlerhafter Praxis** nicht angenommen werden, da diese eben keine Vereinbarung ersetzt (*LG Berlin* ZMR 2010, 712; *LG Nürnberg-Fürth* ZMR 2010, 720; *LG Köln* ZMR 2013, 218 f.; *AG Hamburg-Altona* ZMR 2013, 489; grundsätzlich auch *LG Lüneburg* ZMR 2012, 902; anders *AG Fürth*/Bayern ZMR 2009, 955 wo der Verwalterin sogar ein Beschluss im Wege des einstweiligen Rechtsschutzes nach Maßgabe dieser fehlerhaften Praxis gewährt wurde – abwegig). Anderes kann gelten, wenn zur Beschlussfassung weitere Umstände treten, die auf die **Billigung der Abänderung** schließen lassen, etwa der Einbau von Messgeräten zur Abrechnung nach Verbrauch statt Miteigentumsanteilen (vgl. *OLG Hamburg* ZMR 2007, 211). Im Einzelfall kann dann auch Verwirkung vorliegen (*LG Düsseldorf* ZMR 2013, 460). Selbst wenn man ausnahmsweise vom Zustandekommen einer solchen Vereinbarung ausgeht, wirkt sie mangels Eintragung nach § 10 Abs. 3 WEG jedenfalls **nicht gegen Sonderrechtsnachfolger.** Allerdings kann deren Bestätigung der Vereinbarung gleichfalls konkludent erfolgen (*OLG Hamburg* ZMR 2007, 211). 174

ee) Keine Entscheidung über die Rechtmäßigkeit der ausgewiesenen Ausgaben

175 Die Wirkung des Beschlusses über die Einforderung von Nachschüssen bzw. die Anpassung der Vorschüsse beschränkt sich zudem auf die rechnerische Richtigkeit und die Zuordnung der Positionen zum abgerechneten Wirtschaftszeitraum und ihre Verteilung. Sie trifft **keine Aussage über die materiell-rechtliche Richtigkeit** der ausgewiesenen Ausgaben (*OLG Zweibrücken* ZMR 2005, 909; *LG Hamburg* ZMR 2010, 65 f.). Vielmehr müssen auch unberechtigte Ausgaben in die Jahresabrechnung eingestellt werden, da sie tatsächliche Abflüsse darstellen (vgl. o. Rdn. 140 ff.). Ohne weitere Anhaltspunkte enthält ihre Genehmigung daher keine Billigung des diesbezüglichen Verwalterhandelns. Dies ist Gegenstand der Entlastung.

ff) Heilung von Fehlern durch die Bestandskraft

176 Mit Bestandskraft des Beschlusses über die Einforderung von Nachschüssen bzw. die Anpassung der Vorschüsse werden Fehler, die nicht zur Nichtigkeit dieses Beschlusses des führen, geheilt. So kann die Verwendung **falscher Schlüssel** nur durch die Anfechtung abgewendet werden; anderenfalls wird mit Bestandskraft die beschlossene Kostenverteilung maßgeblich (*BGH* ZMR 1994, 256 = NJW 1994, 1868; *OLG München* ZMR 2006, 553 f.; *OLG Düsseldorf* ZMR 2007, 380; *Schultzky* ZMR 2008, 762). Ob die **Zusammenstellung der Vorauszahlungen** in Bestandskraft erwächst, selbst wenn einzelne Zahlungen nicht berücksichtigt wurden (*LG Köln* ZMR 2008, 830; *LG Wuppertal* ZMR 2009, 557; a.A. *AG Kerpen* ZMR 2008, 84), dürfte nach neuem Recht zu verneinen sein (vgl. o. Rdn. 171). 76

gg) Schadensersatzansprüche gegen den Verwalter

177 Ob der Wohnungseigentümer wegen derartiger Fehler einen **Schadensersatzanspruch gegen den Verwalter** geltend machen kann (so *LG Wuppertal* ZMR 2009, 557), erscheint zweifelhaft. Die Berichtigung des Fehlers durch Zweitbeschluss dürfte vorrangig sein. Schutzwürdige Interessen der zu Unrecht entlasteten Miteigentümer werden in diesem Fall verneint, da niemand ein berechtigtes Vertrauen darauf entwickeln kann, dass andere seine Kosten tragen (*OLG Düsseldorf* NJW-RR 2000, 1541; ZMR 2007, 380 f.). Mit Sicherheit sind Schadensersatzansprüche gegen den Verwalter ausgeschlossen, wenn diesem **Entlastung** erteilt wurde (vgl. u. Rdn. 194 f.). Ansonsten trifft den zu hoch belasteten Wohnungseigentümer dann, wenn er die Beschlussfassung über Nachschüsse und Anpassung der Vorschüsse nicht angefochten hat, ein erhebliches **Mitverschulden** (vgl. § 26 Rdn. 123).

b) Die Behandlung von Nachzahlungen und Guthaben

aa) Schuldner und Gläubiger von Nachzahlungen und Guthaben

178 Gläubiger von Nachzahlungen und Schuldner von Guthaben ist nach § 10 Abs. 3 WEG der **rechtsfähige Verband** (*OLG München* ZMR 2006, 553). Es bestehen deshalb keine Individualansprüche einzelner Wohnungseigentümer gegen den Verwalter auf Durchsetzung von Nachzahlungen (*AG Bonn* ZMR 2013, 219 f.). Eine Klage gegen den Verwalter ist daher schon mangels Aktivlegitimation abzuweisen (*AG Hamburg-Blankenese* ZMR 2016, 151, 152). Für die Frage, wer für Nachzahlungen aus einer Jahresabrechnung haftet bzw. wem ein Guthaben zusteht, ist grundsätzlich wiederum auf die Eigentümerstellung z.Zt. der Fälligkeit abzustellen (*OLG Karlsruhe* NJW-RR 1987, 1354; *OLG München* ZMR 2007, 722; *OLG Hamm* ZMR 2009, 468; *LG Bonn* ZMR 2009, 476; *AG Niebüll* ZMR 2012, 826 f.). Dabei kommt es wie bei den Vorschüssen auf die **wahre Eigentümerstellung** an, die aber aufgrund der Eintragung in das Grundbuch widerleglich vermutet wird (*KG* NJW-RR 1994, 85; *LG Köln* ZMR 2011, 828; vgl. o. Rdn. 63). Nach Auffassung des *BGH* soll es unerheblich sein, wer in der genehmigten Jahresabrechnung als Wohnungseigentümer und somit als Schuldner genannt wird. Danach ist selbst dann der aktuelle Eigentümer Schuldner der Nachschüsse, wenn fälschlich der **Voreigentümer** als Zahlungspflichtiger genannt ist (*BGH* ZMR 2012, 284 f.; *LG Bonn* ZMR 2009, 477; ähnlich *LG Köln* ZMR 2011, 828). Dies kann auf die Beschlussfassung über

Nachschüsse und Anpassung der Vorschüsse übertragen werden. In keinem Fall sind die Voreigentümer, die nicht mehr durch Beschlüsse der Eigentümerversammlung gebunden werden, Schuldner der Abrechnungsspitze; der Beschluss gegen den ausgeschiedenen Wohnungseigentümer geht ins Leere (*OLG Köln* ZMR 2008, 480; *Kuhla*, ZWE 2011, 9). Regelungen im Kaufvertrag wirken in aller Regel nur zwischen dessen Parteien (*OLG Köln* ZMR 2008, 480; vgl. o. Rdn. 58). Umgekehrt ist alleine der **neue Eigentümer Gläubiger einer Rückzahlung** (*LG Frankfurt an der Oder* ZMR 2012, 571 f.; a.A. *AG Kerpen* ZMR 2013, 225 ff.). Die konsequente Handhabung dieser dogmatischen Konstruktion wird bisweilen aus Billigkeitserwägungen infrage gestellt, etwa dann, wenn der Erwerber mehrerer Wohnungen für einige von ihnen eine Rückzahlung beanspruchen kann, während für andere Vorschüsse, die er nicht mehr zu begleichen hat, rückständig sind. Hier verweigert ihm ein Teil von Rechtsprechung und Schrifttum die Erstattung der Abrechnungsspitze (*AG Hannover* ZMR 2008, 921 f.). Dies ist abzulehnen. Nicht die konsequente Abrechnung nach den oben dargelegten Prinzipien stellt eine »Rosinentheorie« dar (so *AG Hannover* ZMR 2008, 922), sondern das mehr oder minder willkürliche Abweichen hiervon aus Billigkeitsgesichtspunkten. Der Ausgleich hat im **Innenverhältnis von Veräußerer und Erwerber** stattzufinden (so richtig auch *Schultzky* ZMR 2008, 763; *Kuhla* ZWE 2011, 9). Es gelten sinngemäß dieselben Ausnahmen wie bei den Vorschüssen aus dem Wirtschaftsplan (s. Rdn. 55 ff.). So haftet der Wohnungseigentümer weiterhin neben dem Zwangsverwalter (*KG* NJW-RR 2006, 662 = ZMR 2006, 221). Ferner muss der **Zwangs- bzw. Insolvenzverwalter** den gesamten Nachzahlungsbetrag entrichten (*BGH* NJW 1994, 1867; *KG* NJW-RR 1994, 85 f.; *BayObLG* NJW-RR 1999, 1458 f.; *LG Berlin* ZMR 2009, 476; *AG Düsseldorf* NJW-RR 2003, 371; *AG Koblenz* ZMR 2010, 568), allerdings nicht die offenen Vorschüsse (*OLG München* ZMR 2007, 722). Soweit die Gemeinschaft die Beschlussfassung **zum Nachteil des Erwerbers verzögert**, soll der Genehmigungsbeschluss wegen Rechtsmissbrauchs anfechtbar, aber nicht nichtig sein (*BayObLG* NJW-RR 1992, 15; *KG* NJW-RR 1994, 86; *OLG Düsseldorf* NJW-RR 1995, 465; *OLG Köln* ZMR 2008, 481). Die bewusste Verzögerung zwecks Inanspruchnahme eines solventen Schuldners soll allerdings noch nicht sittenwidrig sein (*OLG Köln* ZMR 2008, 480). Allerdings haftet der neue Wohnungseigentümer nach einem Eigentümerwechsel u.U. nicht auf den gesamten Nachzahlungsbetrag. Wie oben bereits ausgeführt, schuldet der jeweilige Eigentümer nur die Vorschüsse aus dem Wirtschaftsplan, die während seiner Eigentümerstellung fällig werden. Ein Nachzahlungsbetrag kann aber auch nicht gezahlte Vorschüsse umfassen, die noch vor dem Eigentümerwechsel fällig wurden (*OLG Hamm* NJW-RR 2004, 14). Diese können dem Erwerber vorbehaltlich einer abweichenden Regelung durch Teilungserklärung oder Vereinbarung nicht angelastet werden. Er kann also nur für seine Vorschüsse und den Betrag, der die Soll-Vorschüsse übersteigt, die sog. **Abrechnungsspitze**, in Anspruch genommen werden (*OLG Düsseldorf* NJW-RR 1997, 715; *OLG Köln* NJW-RR 1997, 1102; *KG* NJW-RR 1999, 665; *OLG Hamm* ZMR 2008, 229). Eine **abweichende Regelung in der Teilungserklärung** ist nur für den rechtsgeschäftlichen Erwerber nicht aber für den Ersteher in der Zwangsversteigerung möglich, da dem § 56 Satz 2 ZVG entgegensteht (Staudinger/*Bub* § 28 Rn. 67 f.). Mehrheitsbeschlüsse sind mangels Beschlusskompetenz in jedem Fall nichtig. Hinsichtlich der Vorschüsse vor seinem Eigentumserwerb ist der Erwerber so zu stellen, als wären sie vollständig beglichen worden. Sind Ausfälle etwa mittels **Sonderumlage** zu decken, müssen diese von der gesamten Gemeinschaft solidarisch getragen werden, woran allerdings der neue Eigentümer nach dem allgemeinen Schlüssel teilnimmt (*KG* NJW-RR 2003, 444 ff.; *LG München I* ZMR 2012, 298 f.). Für den Fehlbetrag, der die Soll-Vorschüsse übersteigt, haftet er dagegen in vollem Umfang, unabhängig davon, wann die Kosten entstanden sind (*OLG München* ZMR 2007, 722). Auch wenn bspw. die über die Vorschüsse aus dem Wirtschaftsplan hinausgehenden Kosten zweifelsfrei auf das Verbrauchsverhalten des Voreigentümers zurückzuführen sind, muss der neue Eigentümer auch für diesen Teil der Abrechnungsspitze einstehen. Die Beteiligung des Voreigentümers an einer Abrechnungsspitze scheidet aus. Da er nicht mehr Eigentümer ist, geht ein entsprechender Beschluss ins Leere, da Dritte nicht durch Entscheidungen der Wohnungseigentümer belastet werden können (*OLG Köln* ZMR 2008, 480; *Staudinger/Bub* § 28 Rn. 408). Dies gilt auch dann, wenn er **noch Eigentümer einer anderen Einheit** ist, da er der Gemeinschaft im Hinblick auf das veräußerte Wohnungs- oder Teileigentum wie ein Dritter gegenübersteht. Umgekehrt steht dem Eigentümer z.Zt. der Beschlussfassung über die Jahresabrechnung auch ein **Guthaben** zu, das noch durch die Zahlungen des Sonderrechtsvorgängers entstanden ist. Eine Aufteilung dieser Beträge nach der Zeit ihrer Verursachung findet nicht statt (*OLG Hamm* ZMR 2008, 229; implizit auch *BGH* ZMR 2012, 284 f., wo eine auch nur zeitanteilige Beteiligung des ausgeschiedenen Eigentümers ausdrücklich abgelehnt wird; a.A. Jennißen VIII Rn. 32; *AG Kerpen* ZMR 2013, 225 ff.). Der ausgeschiedene Wohnungseigentümer kann auch **keine Ansprüche aus Bereicherungsrecht** geltend machen, da die Leistungen ihren Rechtsgrund in der Genehmigung von Zahlungsplan und gegebenenfalls von Sonderumlagen hatten (*OLG Hamm* ZMR 2008, 229).

bb) Einstellung alter Fehlbeträge in die neue Jahresabrechnung?

179 Schon nach altem Recht war die Behandlung von Fehlbeträgen aus Vorjahren, die in die neue Einzelabrechnung eingestellt werden, umstritten. Von Bedeutung war dies insbesondere beim Eigentumswechsel. Konnte durch die nochmalige Ausweisung eine neue Forderung begründet werden, führte dies zu einer Möglichkeit, die Erwerberhaftung auf Umwegen wieder einzuführen. Einigkeit herrschte insoweit, dass Fehlbeträge aus früheren Jahren, da sie keinen tatsächlichen Zufluss oder Abfluss des Abrechnungsjahrs darstellen, nicht erneut in der Abrechnung auszuweisen sind (*KG* NJW-RR 1994, 84; *BayObLG* ZMR 2006, 140; *OLG Hamburg* ZMR 2009, 781; *LG München I* ZMR 2016, 62, 63; *Schultzky* ZMR 2008, 761). Geschieht dies gleichwohl, ist die Beschlussfassung zur Jahresabrechnung i.d.R. dahin gehend **auszulegen**, dass die Wohnungseigentümer einen Erwerber nicht abweichend von der Rechtsordnung zu nicht geschuldeten Zahlungen verpflichten wollen (*KG* NJW-RR 1994, 84; ähnlich *OLG Hamm* ZMR 2009, 866; *LG Nürnberg-Fürth* ZMR 2010, 315; *AG Hamburg*-Blankenese ZMR 2014, 245; *Schultzky* ZWE 2011, 13 f.). Steht dieser Auslegung der im Beschluss ausdrücklich geäußerte Wille der Eigentümer entgegen, war die die Einzelabrechnung schon nach bisher ganz h.M. jedenfalls anfechtbar (*KG* NJW-RR 1994, 84 u. 86; *OLG Hamburg* ZMR 2009, 782; *LG Lüneburg* ZMR 2009, 555). Mittlerweile geklärt ist die Behandlung nicht angefochtener Einzelabrechnungen mit entsprechenden Ausweisungen. Die früher h.M. ging von der Bestandskraft der Abrechnung und damit von der Neubegründung einer Forderung in dieser Höhe aus (*OLG Düsseldorf* ZMR 2006, 217 f.; *OLG Köln* NJW-RR 1997, 1102; 2001, 87; *OLG Hamburg* ZMR 2009, 782; Staudinger/*Bub* § 28 Rn. 396). Sie sah in § 28 Abs. 5 WEG a.F. eine generelle Beschlusskompetenz zur Belastung mit den Ergebnissen der Einzelabrechnung und betrachtete die Übernahme alter Rückstände nur als Frage ordnungsmäßiger Verwaltung (*OLG Hamburg* ZMR 2009, 782). Aus der neuen Rechtsprechung des *BGH* ergibt sich aber die Unzulässigkeit von Sonderbelastungen einzelner Wohnungseigentümer: In der Entscheidung zur Teilrechtsfähigkeit verneinte der *BGH* ohne entsprechende Beschlusskompetenz die Möglichkeit, einzelnen Wohnungseigentümern durch Mehrheitsbeschluss Sonderverpflichtungen aufzuerlegen (*BGH* ZMR 2005, 554). Dies überträgt der *BGH* nunmehr ausdrücklich auf die Einstellung von **Vorjahressalden in die Jahresabrechnung** (*BGH* ZMR 2012, 642 f.; *AG Lüneburg* ZMR 2016, 578 f.; ebenso schon *LG Nürnberg-Fürth* ZMR 2010, 315; *AG Pankow*/Weißensee ZMR 2010, 155; *Schultzky* ZWE 2011, 15 f.). Damit sind derartige Belastungen aktueller Einzelabrechnungen mit Altverbindlichkeiten als **nichtig** anzusehen (*BGH* ZMR 2012, 642 f.). Dies gilt auch nach neuem Recht für die Beschlussfassung über die Einforderung von Nachschüssen bzw. die Anpassung der Vorschüsse.

c) Die Durchsetzung von Nachzahlungen und Guthabenauszahlungen

aa) Nachzahlungen

180 Für die Durchsetzung von Nachzahlungen an den Verband gilt das oben zu Vorschüssen nach § 28 Abs. 1 WEG Gesagte sinngemäß. Die außergerichtliche Geltendmachung ist nach § 27 Abs. 1 Nr. 1 WEG Aufgabe des Verwalters. Auch zur gerichtlichen Geltendmachung bedarf es wohl keiner Ermächtigung mehr, da sie nur unerhebliche finanzielle Verpflichtungen nach sich zieht, die zudem nur vorschussweise anfallen. Allerdings ist diese Befugnis nicht mehr ausschließlich dem Verwalter zugewiesen. Die Übertragung auf andere Personen ist möglich, da die Befugnisse des Verwalters nach § 27 Abs. 2 WEG eingeschränkt werden können. Im Beitreibungsverfahren sind **Fehler des Beschlusses über die Einforderung von Nachschüssen bzw. die Anpassung der Vorschüsse** unerheb-

lich, sofern sie nicht zur rechtskräftigen (Teil)ungültigerklärung der Beschlussfassung hierüber geführt haben (*BayObLG* NJW-RR 1993, 788; *OLG Hamburg* ZMR 2006, 793). Die bloße Erhebung der Anfechtungsklage genügt nicht (*BayObLG* NJW-RR 1993, 788; *KG* NJW-RR 2006, 384 = ZMR 2006, 64 f.; *OLG Hamburg* ZMR 2006, 793); der in Anspruch Genommene kann allenfalls die Aussetzung der Zahlungsverpflichtung im Wege einstweiligen Rechtsschutzes beantragen. Der verklagte Wohnungseigentümer kann sich aber darauf berufen, dass die Einforderung von Nachschüssen bzw. die Anpassung der Vorschüsse, die der Nachforderung zugrunde liegt, **gar nicht beschlossen** wurde (*OLG Hamburg* ZMR 2006, 793). Denn dann fehlt der Klageforderung der Rechtsgrund. Trifft dies zu, weil etwa der Verwalter ohne Genehmigung der Eigentümerversammlung eigenmächtige Korrekturen vorgenommen hat, kann aber der Wirtschaftsplan weiterhin zur Begründung von Vorschussforderungen herangezogen werden. Des Weiteren kann der in Anspruch genommene Wohnungseigentümer geltend machen, die **Klageforderung bereits beglichen** zu haben. Eine in der Jahresabrechnung nicht berücksichtigte Zahlung genügt nunmehr wohl ebenfalls, da die Beschlussfassung über die Einforderung von Nachschüssen bzw. die Anpassung der Vorschüsse diese Einwendung nicht ausschließt (s.o. Rdn. 176). **Zurückbehaltungsrechte oder Aufrechnung** können nur unter den bei den Vorschüssen dargelegten engen Voraussetzungen geltend gemacht werden (*OLG München* ZMR 2006, 647; vgl. o. Rdn. 99. f.). Auch Nachzahlungen sind unter den Voraussetzungen des **§ 10 Abs. 1 Nr. 2 ZVG** in der Zwangsversteigerung bevorrechtigt.

bb) Die Anpassung der Vorschüsse

Anders als bei den Vorschüssen aus dem Wirtschaftsplan kommen aufgrund der Jahresabrechnung 181
auch Ansprüche der Wohnungseigentümer gegen den Verband in Betracht, da ihnen aus Überzahlungen ein Guthaben zustehen kann. Dies geschieht nunmehr durch Anpassung der Vorschüsse. Mit deren Herabsetzung kommt dem Wohnungseigentümer ein Anspruch aus Bereicherungsrecht zu, da der Rechtsgrund für die Vorschüsse durch deren Anpassung entfallen ist. Der Anspruch auf Auszahlung dieses Guthabens wurde früher bisweilen vom Vorhandensein liquider Mittel der Gemeinschaft abhängig gemacht (*KG* NJW-RR 1995, 976). Eine solche Einschränkung dürfte nach neuem Recht nicht mehr zu machen sein. Denn der Gemeinschaft kommt nunmehr aus § 28 Abs. 3 WEG die Kompetenz zu, zu beschließen, wie die Forderungen der Gemeinschaft der Wohnungseigentümer zu erfüllen sind. Dies betrifft auch die Möglichkeit, über die **Verrechnung von Guthaben mit künftigen Vorschüssen** o.Ä. zu entscheiden (*OLG Hamm* ZMR 2011, 656 f.; Abramenko § 2 Rn. 7). Macht die Gemeinschaft von dieser Möglichkeit keinen Gebrauch, kann sich der Verband gegenüber Erstattungsansprüchen nicht auf sonstige entgegenstehende Umstände berufen, die er vorhersehen und bei der Regelung der Modalitäten einer Rückzahlung nach § 28 Abs. 3 WEG hätte berücksichtigen können (zur Notwendigkeit einer ausdrücklichen Regelung nach früherem Recht gerade bei größeren Beträgen *KG* NJW-RR 1995, 975). Erst recht kann die Wohnungseigentümergemeinschaft nicht mit Gegenforderungen aufrechnen, wenn sie die Auszahlung der Guthaben beschlossen hat (*LG Berlin* ZMR 2018, 536, f.). Ohne eine solche Regelung kann der einzelne Wohnungseigentümer **ohne Weiteres die Erstattung der fälligen Guthaben** verlangen, allerdings nur vom Verband, nicht von den Miteigentümern (*OLG Hamm* ZMR 2011, 656 f.; vgl. schon *KG* NJW-RR 1993, 338). Dabei darf der Verwalter den Erstattungsbetrag auf ein früher mitgeteiltes Konto überweisen (*OLG München* ZMR 2006, 155).

3. Modifikationen der gesetzlichen Regelungen

a) Abdingbarkeit und Minderheitenschutz

§ 28 WEG ist zwar **insgesamt abdingbar**, sodass auch die Regelungen zur Beschlussfassung nach 182
§ 28 Abs. 2 WEG durch Teilungserklärung oder Vereinbarung modifiziert werden können. So kann etwa die Beschlussfassung dem Verwaltungsbeirat übertragen werden. Der Minderheitenschutz kann jedoch nicht gänzlich beseitigt werden. So ist auch eine in der Teilungserklärung getroffene Regelung unwirksam, wonach Widerspruch gegen die Jahresabrechnung nur bei Erreichung eines bestimmten Quorums oder gar mehr als der Hälfte beachtlich ist (BayObLGZ 1988, 291). Unstreitig

war ferner schon nach altem Recht, dass ein trotz vereinbarter Genehmigungsfiktion gefasster **Beschluss über die Jahresabrechnung grundsätzlich vorrangig** ist, da die Eigentümerversammlung befugt ist, über eine bereits geregelte Angelegenheit nochmals zu befinden (*KG* NJW-RR 1991, 1042; NJW-RR 1994, 84; *OLG München* ZMR 2009, 64; *LG Berlin* ZMR 2012, 805).

b) Genehmigungsfiktionen

183 Besondere Probleme bereiteten der Praxis Teilungserklärungen mit Klauseln, wonach die **Jahresabrechnung als genehmigt gilt**, wenn ihr nicht binnen einer gewissen Zeit widersprochen wird. Die Zulässigkeit derartiger Klauseln **in der Gemeinschaftsordnung** war nach früherem Recht weithin anerkannt (vgl. Jennißen VII Rn. 54 m.w.N.; offen gelassen für eine Regelung, wonach die Frist bereits nach Vorlage an den Verwaltungsbeirat läuft, von *OLG München* ZMR 2009, 64; a.A. *AG Schwerin* ZMR 2016, 916, 917). **In Verwalterverträgen** verstößt eine derartige Regelung allerdings gegen § 307 Abs. 1 BGB (*OLG München* ZMR 2009, 138 f.). Indessen bestand über die Bedeutung derartiger Klauseln in Rechtsprechung und Schrifttum Streit. Dieser dürfte mit Inkrafttreten des WEMoG seine Bedeutung weitgehend verloren haben, da er erkennbar auf dem alten Recht fußte. Denn die Jahresabrechnung wird nun nicht mehr genehmigt, so dass diese Genehmigung auch nicht mehr fingiert werden kann. Eine Auffassung will hierin eine Modifikation der Voraussetzungen an die Beschlussfassung in § 23 Abs. 3 WEG sehen, wonach auf das Erfordernis einer Versammlung verzichtet wird (*BGH* ZMR 1991, 146 = BGHZ 113, 199). Dies hat im Ergebnis den Vorteil, dass der Minderheitenschutz nicht beseitigt wird, da einem **fingierten Beschluss** keine weiter gehende Bestandskraft zukommen kann als einem tatsächlich gefassten, weshalb die Anfechtung im Verfahren nach § 43 Abs. 2 Nr. 4 WEG möglich bleibt. Allerdings wirkt die Annahme einer Abbedingung von § 23 Abs. 3 WEG, die von der schriftlichen Beschlussfassung nichts lässt als eine bloße Fiktion, etwas gewaltsam. Zudem lässt sich die Frage, wie die Anfechtungsfrist nach § 45 WEG zu berechnen ist, insbesondere ab wann sie läuft, kaum befriedigend beantworten.

4. Fehler und gerichtliche Korrektur der Beschlussfassung über die Einforderung von Nachschüssen und die Anpassung der Vorschüsse

a) Allgemeines Beschlussrecht

aa) Formelle und inhaltliche Fehler

184 Wie jeder Beschluss kann auch derjenige über die Einforderung von Nachschüssen und die Anpassung der Vorschüsse an formellen und materiellen Fehlern leiden. Einer **Benachteiligung** des anfechtenden Wohnungseigentümers bedarf es grundsätzlich nicht; er hat einen Anspruch auf eine ordnungsgemäße Abrechnung unabhängig davon, ob er zu hoch belastet wird (*LG Köln* ZMR 2018, 440 f.). Hinsichtlich der formellen Fehler (z.B. Einberufungsmängeln, Verstoß gegen den Grundsatz der Nichtöffentlichkeit, früher auch Beschlussunfähigkeit) gelten für die Beschlussfassung zur Jahresabrechnung keine Besonderheiten. Zu beachten ist lediglich, dass die korrekte Bezeichnung in der Einberufung die **Übermittlung eines Beschlussentwurfs** voraussetzt (vgl. schon zum alten Recht *LG München I* ZMR 2010, 555; *LG Frankfurt/M.* ZMR 2018, 537, 538). Die schlagwortartige Bezeichnung »Verwaltungsabrechnung 2008-Erläuterung der Abrechnung« genügt, die Beschlussfassung über Nachschüsse und Anpassung der Vorschüsse muss nicht eigens angekündigt werden (*BGH* ZMR 2013, 978). Fehler in der Einberufung führen in der Regel dazu, dass Beschlussfassung über Nachschüsse und Anpassung der Vorschüsse auf rechtzeitige Anfechtung im Verfahren nach § 43 Abs. 2 Nr. 4 WEG für ungültig erklärt wird. Nur ausnahmsweise begründen sie die Nichtigkeit der Beschlussfassung über Nachschüsse und Anpassung der Vorschüsse, insbesondere bei vorsätzlicher Beschränkung der Mitwirkungsrechte einzelner Miteigentümer (vgl. *OLG Celle* v. 19.06.2001, ZWE 2002, 132, 133; *OLG Celle* v. 15.01.2002, ZWE 2002, 276, 277; *OLG Zweibrücken* v. 21.11.2002, ZMR 2004, 60, 62; *BayObLG* v. 08.12.2004, ZMR 2005, 801 f.; *OLG Köln* v. 17.12.2004, ZMR 2005, 809, 810).

bb) Mängel der Bestimmtheit

185 Die faktische Unmöglichkeit der Korrektur eines Fehlers in der Eigentümerversammlung führt zu spezifischen Fehlern der Beschlussfassung. Verständlicherweise wollen die Wohnungseigentümer gerade bei kleineren Buchungsfehlern o.ä. nicht Kosten und Aufwand einer neuen Eigentümerversammlung auf sich nehmen, die außer Verhältnis zum Fehler stehen. Deswegen wurde früher bisweilen die **Genehmigung vorbehaltlich einer Nachprüfung** beschlossen. Die Probleme bleiben im neuen Recht erhalten, wenn entsprechend der Beschluss über die Einforderung von Nachschüssen und die Anpassung der Vorschüsse vorbehaltlich einer Korrektur gefasst wird. Ein solcher Beschluss ist **dann nichtig, wenn die Eigentümerversammlung vorab ohne Grenzen eine noch nicht bekannte neue Jahresabrechnung billigt**, die sich nach Prüfung durch die dafür vorgesehene Person ergibt. Denn dann ist vollständig unklar, wie die Jahresabrechnung bzw. nunmehr der Beschluss über die Einforderung von Nachschüssen und die Anpassung der Vorschüsse aussieht, die die Wohnungseigentümer vorab genehmigen (so oder ähnlich *LG München I* ZMR 2017, 89, 90; *AG Tostedt* ZMR 2010, 326; *AG Lüneburg* ZMR 2016, 578, 579; *AG Hamburg-Blankenese* ZMR 2016, 910, 912). Denkbar ist jetzt aber ein Vorgehen nach § 23 Abs. 3 S. 2 WEG.

b) Spezifische Fehler der Jahresabrechnung und die Differenzierung der Fehlerfolgen in der Rechtsprechung

aa) Das Anliegen der früheren Rechtsprechung

186 Besonderheiten galten im früheren Recht für inhaltliche Mängel. Ausgangspunkt einer einschränkenden Rechtsprechung war die – unumstrittene – Möglichkeit der **Teilanfechtung** von Beschlüssen, die im Erfolgsfall auch nur deren Teilungültigerklärung nach sich zog (*BGH* ZMR 2007, 975; *BGH* ZMR 2010, 300; *BayObLG* NJW-RR 1991, 15; 1992, 1169; 1998, 1624; *KG* NJW-RR 1991, 1236; *OLG Saarbrücken* NJW-RR 2006, 732; *OLG München* ZMR 2006, 950; ZMR 2008, 661; *LG Lüneburg* ZMR 2009, 555; *LG München I* ZMR 2010, 798 f.; *LG Frankfurt/M.* ZMR 2015, 958; *LG Frankfurt/O.* ZMR 2017, 825, 826. Dieses Vorgehen übertrug die Rechtsprechung auch auf Anträge, die auf die Ungültigerklärung der Beschlussfassung über die Jahresabrechnung insgesamt gerichtet waren. Es mussten aber alle Abrechnungsbestandteile erfasst sein, die von dem Fehler betroffen sind (s. etwa *BayObLG* ZMR 2005, 969 f.; *OLG München* ZMR 2008, 661). Im Ergebnis wurden die **Bestandteile, die fehlerfrei bzw. nicht angegriffen waren, bestandskräftig.** Durch diese Beschränkung der Ungültigerklärung sollte vermieden werden, dass bei der nächsten Beschlussfassung wieder eine vollständige Überprüfung möglich wurde, obwohl gerichtlich nur ein Mangel gerügt wurde. Hierdurch sollten »unendliche« Verfahren ausgeschlossen werden, in denen bei jeder Anfechtung ein anderer zur Ungültigerklärung führender Mangel geltend gemacht wird (*BayObLG* NJW-RR 1989, 1164; *OLG Düsseldorf* ZWE 2007, 310 = ZMR 2008, 221). Insbesondere sollte ein Wohnungseigentümer gehindert werden, sich Anfechtungsgründe »aufzusparen«, um den Beschluss immer wieder angreifen zu können.

bb) Weitgehende Beseitigung der Teilanfechtung durch das WEMoG

187 Die Gesetzesmaterialien bekundeten die Absicht, die Anfechtbarkeit der Jahresabrechnung einzuschränken. Man meinte dies dadurch zu erreichen, dass ein Fehler in der Jahresabrechnung nicht zur Anfechtbarkeit der Beschlüsse über Vor- und Nachschüsse bzw. Rückzahlungen führen sollte, »solange sich dieser Fehler nicht auf die Zahlungspflicht der Wohnungseigentümer auswirkt« (BT-Drs. 19/18791, S. 74). Dabei übersah der Gesetzgeber aber offensichtlich, dass dies nur selten der Fall sein wird, etwa bei Fehlbezeichnungen oder Fehlbuchungen. Ist die Jahresabrechnung auch nur in einer Kostenart (hier: Heizkosten) fehlerhaft, so wirkt sich dies auf den Beschluss über die Nachforderungen bzw. die Anpassung der Vorschüsse insgesamt aus. Eine Teilanfechtung scheidet dann aus (*LG München* I, Urt. v. 18.05.2022 – 1 S 2338/22; IMR 2022, 452). Sie dürfte sogar, wie früher die Anfechtung nur der eigenen Einzelabrechnung zur Unzulässigkeit der Klage führen. Denn eine solche Teilanfechtung würde im Übrigen eine rechnerisch unschlüssige Jahresabrechnung nach

sich ziehen und im Beschluss über die Einforderung von Nachschüssen und die Anpassung der Vorschüsse zur Verteilung von mehr oder weniger vom 100 % der Kosten.

cc) Wiederholte Anfechtungen

188 Noch schlimmer als der Wegfall der Teilanfechtbarkeit dürfte der Umstand sein, dass nicht alle Fehler bei der (ersten) Anfechtung geltend gemacht werden müssen. Da eben der gesamte Beschluss über die Einforderung von Nachschüssen und die Anpassung der Vorschüsse für ungültig erklärt wird, wird kein Bestandteil der Jahresabrechnung bestandskräftig. In der Konsequenz kann sich der Anfechtende Fehler im ersten Durchgang aufsparen und in einem zweiten Prozess geltend machen.

E. Die Entlastung des Verwalters

I. Die Bedeutung der Entlastung

189 Oftmals wurde neben der Genehmigung der Jahresabrechnung, bisweilen auch völlig unabhängig von ihr, ein weiterer Beschluss über die Entlastung des Verwalters gefasst. Diese aus dem Gesellschaftsrecht übernommene Willenskundgebung der Gemeinschaft wird vermutlich beim Beschluss über die Einforderung von Nachschüssen und die Anpassung der Vorschüsse beibehalten werden. Damit soll man – soweit herrscht in Rechtsprechung und Literatur Einigkeit – über einen rechtlich unverbindlichen Ausdruck des Vertrauens hinausgehen. Vielmehr soll die Entlastung rechtlich verbindlich die Geltendmachung bestimmter Ansprüche gegen den Verwalter für die Zukunft ausschließen. Trotz dieser Bedeutung herrscht erhebliche Uneinigkeit über die rechtliche Einordnung der Entlastung, die sich allerdings mehr auf ihre Rechtsnatur als auf ihre Wirkung bezieht.

II. Die Rechtsnatur der Entlastung

1. Organschaftliche Vertrauenskundgabe und schuldrechtlicher Verzichtsvertrag

190 Die Rechtsnatur der Entlastung ist stark umstritten. Eine Position will in Anlehnung an das Gesellschaftsrecht zwischen einer organschaftlichen Vertrauenskundgabe und einem schuldrechtlichen Erlassvertrag unterscheiden (Staudinger/*Bub* 2005 § 28 Rn. 432 ff.; vgl. jetzt Staudinger/*Jacoby* § 26 Rn. 218). Dabei bleibt aber im Gegensatz zur Trennung zwischen organschaftlicher Stellung des Verwalters und Verwaltervertrag weitgehend offen, welche praktische Bedeutung, geschweige denn, welchen Nutzen diese Konstruktion haben soll. Dies erscheint umso gravierender, als organschaftliche Vertrauenskundgabe und schuldrechtlicher Erlassvertrag bisweilen durchaus unterschiedlichen Regeln folgen sollen. So soll die organschaftliche Erklärung nicht nach §§ 119, 123 ff. BGB anfechtbar sein (Staudinger/*Bub 2005* § 28 Rn. 432), der schuldrechtliche Vertrag sehr wohl (Staudinger/*Bub* 2005 § 28 Rn. 434). Im Ergebnis bleibt unklar, welche Folgen sich dann in der Praxis für Ansprüche gegen den Verwalter ergeben. Sollen sie nicht mehr durchsetzbar sein, erschließt sich der Sinn der Differenzierung zwischen organschaftlicher Vertrauenskundgabe und schuldrechtlichem Erlassvertrag nicht. Dies umso weniger, als etwa die aktienrechtlichen Vorschriften zur Entlastung, die doch Vorbild der Entlastung des Wohnungseigentumsverwalters sein sollen, nicht anwendbar sind (Staudinger/*Bub* 2005 § 28 Rn. 433). Im Ergebnis trägt die Unterteilung zwischen organschaftlicher und vertraglicher Ebene mangels Unterscheidbarkeit beider wohl zumindest nicht zur Lösung praktischer Probleme bei, sofern sie nicht sogar künstliche Abgrenzungsfragen provoziert. Zudem ist ihre Bedeutung auch deswegen gering, als sie in der Praxis regelmäßig zu denselben Ergebnissen führt wie die Behandlung der Entlastung als negatives Schuldanerkenntnis, ohne auf die angeblich notwendige Differenzierung zwischen organschaftlicher Vertrauenskundgabe und schuldrechtlichem Erlassvertrag einzugehen.

2. Tatsächliche Vertrauenskundgabe mit Wirkung nach § 242 BGB

191 Eine zweite Position sieht in der Entlastung – theoretisch – nur eine tatsächliche Vertrauenskundgabe. Ihre Behandlung als negatives Schuldanerkenntnis scheide aus, da es am Willen der Wohnungseigentümer fehle, durch die Zustimmung zur Entlastung auf Ansprüche gegen den Verwalter rechts-

geschäftlich zu verzichten. Sie führe aber beim Verwalter zur berechtigten Erwartung, dass er wegen der Tätigkeit, die von der Entlastung erfasst sei, nicht mehr in Anspruch genommen werde. Deshalb sei es ein mit Treu und Glauben nicht vereinbares widersprüchliches Verhalten, nach der Entlastung gleichwohl Schadensersatzansprüche geltend zu machen (Niedenführ/*Vandenhouten* § 28 Rn. 244). Dieser Umweg über § 242 BGB erscheint ebenfalls nicht geboten. Hat eine Erklärung regelmäßig eine bestimmte Folge und ist dies dem Erklärenden bekannt, leuchtet es nicht ein, wieso ihm dann der diesbezügliche Erklärungswille fehlen soll. Dies umso weniger, als ihm der Umweg über § 242 BGB keinerlei Vorteile bringt: Ihm ist die Geltendmachung von Schadensersatzansprüchen auch dann verwehrt. Vielmehr versperrt ihm die Annahme einer bloß tatsächlichen Vertrauenskundgabe sogar die Möglichkeit der Anfechtung nach §§ 119, 123 BGB, da diese eine Willenserklärung voraussetzt.

3. Negatives Schuldanerkenntnis gem. § 397 Abs. 2 BGB

Demgegenüber sieht die h.M. die Entlastung (nur) als negatives Schuldanerkenntnis an, das auf einen Verzicht etwa bestehender Ersatzansprüche gegen den Verwalter gerichtet ist (*BayObLG* NJW-RR 1989, 841 u. 1164; 2000, 14 = NZM 1999, 864; NJW-RR 2001, 1019 = ZMR 2001, 208; *OLG Düsseldorf* NJW-RR 2001, 950; *KG* ZMR 2008, 70; *LG Hamburg* ZMR 2013, 987; *LG Frankfurt/M.* ZMR 2018, 617, 618; *AG Karlsruhe-Durlach* ZMR 2010, 567; *AG Hamburg-Altona* ZMR 2013, 72; *AG Oldenburg* ZMR 2015, 892 f.; Jennißen VII Rn. 62). Dabei stellt der Beschluss die Abgabe der diesbezüglichen Willenserklärung dar. Der Verwalter **nimmt dieses Angebot i.d.R. konkludent, etwa durch den an die Versammlung gerichteten Dank, an** (a.A. *BayObLG* NJW-RR 1988, 82, wonach es einer Annahme entgegen sonstigen schuldrechtlichen Grundsätzen nicht bedarf). Dies entspricht der Handhabung in Zusammenhang mit anderen Vertragsschlüssen des Verbandes, etwa beim Verwaltervertrag. Auch dort wird durch die Abstimmung über ein bestimmtes Vertragsangebot und seine Annahme durch Mehrheitsbeschluss eine Willenserklärung abgegeben, die ggf. noch von einem Vertreter übermittelt wird. Wie stets sind auch die überstimmten Wohnungseigentümer gem. § 10 Abs. 4 S. 2 WEG an den Beschluss gebunden. Diese Konstruktion erklärt zwanglos und ungekünstelt, wie es zu der gewünschten Rechtswirkung der Entlastung kommt. Die Wirkung der Entlastung tritt unabhängig von der Wirksamkeit der Bestellung ein und kommt auch einem **faktischen Verwalter** zugute (vgl. zum Verwaltungsbeirat *LG Köln* ZMR 2013, 378). 192

III. Die Wirkung der Entlastung

1. Der Verzicht auf Schadensersatzansprüche und weitere Rechtswirkungen

Das negative Schuldanerkenntnis der Entlastung bezieht sich zunächst auf Schadensersatzansprüche gegen den Verwalter (*BayObLG* NJW-RR 1988, 82; *OLG München* ZMR 2007, 1095). Dies betraf nach früherem Recht nicht nur **Ansprüche des rechtsfähigen Verbandes, sondern auch solche der Wohnungseigentümer.** Mochte man sie früher als Dritte in den Schutzbereich des Verwaltervertrages einbeziehen, erscheint dies nunmehr zweifelhaft, da zwischen Verwalter und Verband keine schuldrechtlichen Beziehungen mehr bestehen. Im Umfang der Entlastung kann der Verwalter wegen pflichtwidriger Handlungen oder Unterlassungen nicht mehr in Anspruch genommen werden, **unabhängig von der Anspruchsgrundlage.** Ansprüche aus § 280 Abs. 1 BGB scheiden daher ebenso aus wie solche aus unerlaubter Handlung (zur Ausnahme bei strafbaren Handlungen s.u. Rdn. 197). Darüber hinaus kann ein Fehlverhalten, auf das sich die Entlastung erstreckt, auch **nicht mehr als wichtiger Grund für eine Abberufung** geltend gemacht werden. Soweit man früher einen Ausschluss von Ansprüchen der Wohnungseigentümer auf **Auskünfte** über Geschäfte annahm, auf die sich die Entlastung bezieht (*KG* NJW-RR 1989, 144; 1998, 1021; *OLG Düsseldorf* NJW-RR 2001, 950; anders noch *KG* NJW-RR 1987, 462), dürfte dies überholt sein, da sich diese Ansprüche nunmehr gegen die Wohnungseigentümergemeinschaft richten. Unberührt bleibt in jedem Fall das Recht auf Einsicht in die Verwaltungsunterlagen aus § 18 Abs. 4 WEG. 193

2. Die Reichweite der Entlastung

a) Die Entlastung im Zusammenhang mit der Jahresabrechnung

aa) Entlastung im Zusammenhang mit der Jahresabrechnung

194 Die Reichweite der Entlastung wird selten in dem entsprechenden Beschluss ausdrücklich definiert. Sie ist daher üblicherweise durch Auslegung zu ermitteln, wobei nach allgemeinen Regeln nur der Beschlussinhalt und allgemein erkennbare Umstände herangezogen werden können. Der Regelfall war die Entlastung im **Zusammenhang mit der Genehmigung der Jahresabrechnung.** Dann beschränkt sich die Wirkung der Entlastung allerdings auf das Verwalterhandeln, das in der Jahresabrechnung seinen Niederschlag gefunden hat (*BayObLG* NJW-RR 1997, 1444 = ZMR 1998, 176; NJW-RR 2001, 732 = ZMR 2001, 558; *OLG Köln* ZMR 2001, 914; *OLG Hamburg* ZMR 2003, 772; *LG Hamburg* ZMR 2013, 987). Durch die Entlastung nimmt sich die Gemeinschaft also die Möglichkeit, die fehlende Berechtigung zu bestimmten Ausgaben, die Verwendung falscher Schlüssel, die Zugehörigkeit ausgewiesener Positionen zu einer anderen Abrechnungsperiode oder sonstige, auf die Abrechnung bezogene Mängel zum Gegenstand von Schadensersatzansprüchen oder zum Grund einer Abberufung zu machen. Dies dürfte nach neuem Recht auf den Beschluss über die Einforderung von Nachschüssen und die Anpassung der Vorschüsse zu übertragen sein.

bb) Beschränkte Wirkung der Entlastung im Zusammenhang mit der Jahresabrechnung

195 **Andere Fehler**, etwa die Unterlassung, Schäden am gemeinschaftlichen Eigentum zu ermitteln, oder der Eigentümerversammlung darüber zu berichten, sind folglich nicht von der Entlastung erfasst, da die Untätigkeit mangels Reparaturaufwendungen etc. gerade keinen Niederschlag in der Jahresabrechnung bzw. im Beschluss über die Einforderung von Nachschüssen und die Anpassung der Vorschüsse gefunden hat. Die Entlastung ist bei unbeanstandeter Jahresabrechnung so üblich, dass ein Teil der Rechtsprechung **in deren Genehmigung eine konkludente Entlastung** sah (*KG* NJW-RR 1986, 1337; 1987, 79; *OLG Düsseldorf* NJW-RR 2001, 949; differenzierter *BayObLG* NJW-RR 1988, 82; *OLG München* NJW-RR 2007, 1095; *AG Hannover* ZMR 2009, 410; *AG Halle/Saale* ZMR 2012, 908 f.; zurückhaltender *AG Oldenburg* ZMR 2015, 891 f.). Dies erschien schon nach altem Recht zweifelhaft. Denn eine Jahresabrechnung kann rechnerisch korrekt sein, aber zu Unrecht getätigte Ausgaben enthalten. In diesem Fall wäre eine Anfechtung der Jahresabrechnung aussichtslos, da sie zutreffend die tatsächlichen Einnahmen und Ausgaben ausweist (*BayObLG* NJW-RR 1991, 15; *OLG München* ZMR 2007, 989; *LG München I* ZMR 2015, 146; *AG Hannover* ZMR 2009, 410). Die materiell-rechtliche Fehlerhaftigkeit bestimmter Ausgaben begründet lediglich einen Regressanspruch gegen den Verwalter, der mit der Entlastung aber gerade abgeschnitten würde (*BayObLG* NJW-RR 1988, 82 f.). Vor dem Hintergrund der Verknüpfung der Entlastung mit der Genehmigung der Jahresabrechnung in der Rechtsprechung empfiehlt sich daher eine **ausdrückliche Beschlussfassung**, die diese ablehnt (*OLG München* NJW-RR 2007, 1095). Denn dann kann in keinem Fall mehr von einer konkludenten Entlastung ausgegangen werden (*BayObLG* NJW-RR 1988, 19). Nunmehr wird die Jahresabrechnung gar nicht mehr beschlossen, sie ist vielmehr nur noch die rechnerische Begründung des Beschlusses über die Einforderung von Nachschüssen und die Anpassung der Vorschüsse. Folglich scheidet schon ihre Genehmigung und erst recht die heraus abgeleitete Entlastungsfiktion aus. Auch die Entlastung des Verwaltungsbeirats stellt keine Genehmigung der Jahresabrechnung oder eine Beschlussfassung über Nachschüsse und Anpassung der Vorschüsse dar (*OLG München* ZMR 2007, 989; weiter gehend *LG München I* ZMR 2015, 146, 147).

b) Die Entlastung für die Verwaltertätigkeit insgesamt

196 Die Eigentümerversammlung kann auch weiter gehend Entlastung erteilen, etwa für die **gesamte Tätigkeit des Verwalters für einen bestimmten Zeitraum.** Der Wille hierzu muss aber klar aus der Beschlussfassung hervorgehen (*AG Hamburg* ZMR 2015, 811, 812). Dies kann etwa durch die Formulierung, dem Verwalter werde für seine gesamte Tätigkeit Entlastung erteilt o.Ä. geschehen

(*LG Krefeld* ZMR 2018, 364, 365). Bei weniger deutlichem Wortlaut des Beschlusses kann von Bedeutung sein, ob er im Zusammenhang mit der Jahresabrechnung oder unabhängig von ihr gefasst wurde. Gegenstand der Entlastung kann aber auch dann nur die Verwaltertätigkeit im Rahmen der Verwaltung des gemeinschaftlichen Eigentums sein. Sonstige Aktivitäten des Verwalters etwa im Rahmen einer **Mietverwaltung** können nicht Gegenstand einer Beschlussfassung der Eigentümerversammlung sein. Ein diesbezüglicher Beschluss wäre mangels Beschlusskompetenz nichtig. Die Entlastung kann aber auf bestimmte Gegenstände beschränkt werden. So kann die Entlastung auf **bestimmte Tätigkeiten** beschränkt oder unter einem **Vorbehalt** erklärt werden (*LG Berlin* ZMR 2009, 393).

c) Unbekannte Ansprüche

Die Wirkung der Entlastung erstreckt sich auf sämtliche Ansprüche, die den Wohnungseigentümern 197
bekannt waren (*BayObLG* NJW-RR 1988, 82; 1989, 841 u. 1164; 2000, 14; NJW-RR 2001, 1019 f. = ZMR 2001, 208; *OLG Düsseldorf* NJW-RR 2001, 950; *KG* ZMR 2008, 70). Daran wird auch nach neuem Recht festzuhalten sein, da diese ja den Beschluss über die Entlastung fassen. Zudem hätte der Verband immer Kenntnis, da ihm diejenige des Verwalters ja zuzurechnen ist. Den Wohnungseigentümern wird die **Kenntnis des Verwaltungsbeirats nach § 166 Abs. 1 BGB zugerechnet** (*OLG Düsseldorf* NJW-RR 2001, 950; *AG Hamburg-Altona* ZMR 2013, 72; sogar Kennenmüssen von *LG Krefeld* ZMR 2018, 364, 365; a.A. *Jennißen* VII Rn. 64), nicht aber die Kenntnis einzelner Wohnungseigentümer (*BayObLG* NZM 2001, 389). Maßgeblich ist die Kenntnis aller Wohnungseigentümer (*BayObLG* NJW-RR 2003, 79). Darüber hinaus können sie nach einer Entlastung auch solche Ansprüche nicht mehr geltend machen, die sie **bei sorgfältiger Prüfung hätten erkennen können** (*BayObLG* NJW-RR 1988, 82; 1989, 841 u. 1164; 2000, 14 = NZM 1999, 864; NJW-RR 2001, 1019 f. = ZMR 2001, 208; *OLG Düsseldorf* NJW-RR 2001, 949 f.; *KG* ZMR 2008, 70). Die Nichterkennbarkeit hat der Verband als Geschädigter darzulegen und zu beweisen (früher die Wohnungseigentümer, s. *OLG Karlsruhe* ZMR 2000, 196; so noch *LG Frankfurt/M.* ZMR 2018, 617, 618). Der Maßstab hierfür wird aber teilweise sehr großzügig gehandhabt. So muss ein Wohnungseigentümer die Rechtsprechung zu den Grundsätzen einer ordnungsgemäßen Jahresabrechnung nicht kennen, weshalb die hieraus resultierende Unkenntnis eines pflichtwidrigen Verwalterhandelns Regressansprüche nicht ausschließt (*BayObLG* ZMR 2003, 762; ähnlich *KG* NJW-RR 1993, 404). Umgekehrt wird teilweise vertreten, die Wohnungseigentümergemeinschaft müsse sich Fehler des Verwaltungsbeirates bei der Belegprüfung zurechnen lassen (*LG Krefeld* ZMR 2018, 364, 365). Von der Entlastungswirkung auf keinen Fall erfasst sind **Pflichtverletzungen mit strafrechtlichem Hintergrund**, etwa die Fälschung von Belegen (*OLG Celle* NJW-RR 1991, 979 f.; *LG Krefeld* ZMR 2018, 364, 365). Dabei bedarf es nicht zwingend einer strafgerichtlichen Verurteilung; entsprechende Vorwürfe sind durch eine Beweisaufnahme zu klären (*OLG Celle* NJW-RR 1991, 980). Etwa eine im Zustand der Schuldunfähigkeit begangene Tat oder die mittlerweile eingetretene Verjährung schließen zwar eine strafrechtliche Verurteilung, nicht aber die Geltendmachung von Schadensersatzansprüchen aus.

d) Individualansprüche einzelner Wohnungseigentümer

Die Entlastung wurde seit jeher auch auf Individualansprüche erstreckt, sofern sie aus Fehlern bei 198
der Verwaltung des gemeinschaftlichen Eigentums resultieren (a.A. *AG Hamburg* ZMR 2015, 811, 812 f.). Etwa die Verwendung eines **falschen Verteilungsschlüssels** benachteiligt nur einzelne Wohnungseigentümer, konnte aber gleichwohl nach einer Entlastung nicht mehr zu Schadensersatzansprüchen gegen den Verwalter führen. Hieran änderte sich auch nach der Rechtsprechung des *BGH* nichts, wonach der Eigentümerversammlung die Beschlusskompetenz fehlt, einzelnen Wohnungseigentümern Sonderpflichten durch Mehrheitsentscheidung aufzuerlegen (*BGH* ZMR 2005, 554). Zwar fehlt der Eigentümerversammlung grundsätzlich die Kompetenz, mit Mehrheit über Individualansprüche einzelner Miteigentümer zu entscheiden. Diese Rechtsprechung wird wohl nicht fortzuführen sein. Denn abgesehen vom Fehlen schuldrechtlicher Beziehungen zwischen Verwalter und Wohnungseigentümern richten sich deren Primär- uns Sekundäransprüche nun gegen

die Wohnungseigentümergemeinschaft. Diese werden durch die Entlastung des Verwalters nicht berührt. Allenfalls kann der Verband nun nicht mehr beim Verwalter regressieren. **Sonstige Schäden, etwa am Sondereigentum**, das nicht der Tätigkeit des Verwalters unterfällt, sind von der Entlastung nicht erfasst (*OLG Hamm* NJW-RR 1997, 908; noch weiter gehend *BayObLG* NJW-RR 1997, 1444 = ZMR 1998, 176, wonach auch die Übertragung der Verwaltung auf Dritte keine Verwaltungstätigkeit und deshalb nicht von der Entlastung erfasst sein soll). Noch viel weniger ist dies bei Schäden der Fall, die nur **gelegentlich der Verwaltung** verursacht wurden (etwa durch einen Verkehrsunfall auf dem gemeinschaftlichen Grundstück) oder völlig hiervon unabhängig sind.

3. Der durch die Entlastung Begünstigte

199 Die Entlastungswirkung kommt i.d.R. dem amtierenden Verwalter oder seinem Amtsvorgänger zugute. Die fehlerfreie Bestellung ist hierfür keine Voraussetzung. Auch dem **faktischen Verwalter** kann Entlastung erteilt werden. Selbst derjenige, der bewusst nur **einzelne Verwaltungstätigkeiten** ausführt, kann entlastet werden, wie etwa nach früherem Recht zur Überarbeitung einer z.T. erfolgreich angefochtenen Jahresabrechnung entschieden wurde (*OLG Düsseldorf* ZWE 2007, 312 = ZMR 2008, 221).

IV. Das Beschlussrecht

1. Die Entlastung als Maßnahme ordnungsmäßiger Verwaltung

a) Entlastung im Regelfall eine Maßnahme ordnungsmäßiger Verwaltung

200 Mit der Entlastung verzichten die Wohnungseigentümer zwar auf mögliche Ansprüche der Wohnungseigentümergemeinschaft gegen den Verwalter. Dies widerspricht aber nach Rechtsprechung des *BGH* nicht **ordnungsmäßiger Verwaltung**, wenn keine Schadensersatzansprüche absehbar sind (*BGH* NJW 2003, 3126 f. = ZMR 2003, 750; *BGH* ZMR 2010, 302; *BayObLG* NJW-RR 2004, 1090; ZMR 2006, 138; *AG Heidelberg* ZMR 2011, 72 f.; *AG Hannover* ZMR 2012, 229 f.; a.A. *AG Kerpen* ZMR 2010, 724; zweifelnd jetzt auch *OLG München* ZMR 2011, 740). Hierfür bedarf es der **plausiblen Darlegung, dass noch Ansprüche gegen den Verwalter bestehen** (*LG Düsseldorf* ZMR 2013, 461; *AG Hamburg-Altona* ZMR 2013, 72). Anderenfalls werden nach Auffassung des *BGH* die Risiken der Entlastung, also der Verlust möglicher Ansprüche, durch die mit der Vertrauenskundgebung verbundene Fortsetzung der vertrauensvollen Zusammenarbeit aufgewogen. Dies soll selbst dann gelten, wenn der Verwalter nach der Vertrauenskundgebung ausscheidet (*BGH* ZMR 2003, 942 = MDR 2004, 85; a.A. zu Recht *AG Heidelberg* ZMR 2011, 74).

b) Keine Entlastung bei erkennbaren Pflichtverletzungen

201 Ordnungsmäßiger Verwaltung widerspricht die Entlastung demnach nur dann nicht, wenn **Anhaltspunkte für Pflichtverletzungen** des Verwalters und daraus resultierend Schadensersatzansprüche gegen ihn bereits bei der Beschlussfassung absehbar sind (*KG* ZMR 2008, 475; *LG Itzehoe* ZMR 2009, 143 f.; *AG Hannover* ZMR 2008, 843). Dies ist insbesondere dann der Fall, wenn die vorgelegte **Jahresabrechnung** Mängel aufweist, die – früher – ihre (teilweise) Anfechtbarkeit (*BGH* ZMR 2010, 302; *KG* NJW-RR 1987, 80; ZMR 2008, 70; *BayObLG* NJW-RR 1988, 83; 1989, 841; 1993, 1168; 1997, 716; 2000, 1467; 2002, 1095; 2004, 1090; *OLG Zweibrücken* ZMR 2005, 909 f.; *LG Berlin* ZMR 2010, 712; ZMR 2012, 805; *LG Hamburg* ZMR 2013, 922; *LG Frankfurt/M.* ZMR 2016, 559; *AG Karlsruhe-Durlach* ZMR 2010, 566; *AG Saarbrücken* ZMR 2012, 490; *AG München* ZMR 2017, 343, 345) oder Ergänzungsansprüche (*BayObLG* NJW-RR 1989, 1164; 2006, 22; *OLG München* ZMR 2006, 69; ZMR 2009, 64) begründeten, oder wenn sie gar nicht vorgelegt oder – früher – ihre Genehmigung für ungültig erklärt wurde (*AG Hannover* ZMR 2008, 844). Gleiches gilt, wenn die Jahresabrechnung zwar rechnerisch korrekt ist, aber **Ausgaben zu Unrecht getätigt** wurden (*KG* NJW-RR 1992, 845; *BayObLG* NJW-RR 1992, 1432; 2001, 1232). Fehler in Abrechnungen, über die im Zusammenhang mit der Entlastung noch nicht befunden wurde, sollen allerdings nicht genügen (*AG Hannover* ZMR 2008, 844 – zweifelhaft). Ob für »Hobby-

Verwalter« geringere Anforderungen gelten als für professionelle Amtsinhaber (so *AG Saarbrücken* ZMR 2008, 927), erscheint zweifelhaft. Jedenfalls entspricht eine Entlastung bei Fehlern der Jahresabrechnung oder ansonsten absehbaren Schadensersatzansprüchen nicht ordnungsmäßiger Verwaltung. Die Erteilung der Entlastung ist aber **auch bei erkennbaren Fehlern nur anfechtbar** und wird ohne Einleitung eines Anfechtungsverfahrens nach § 43 Abs. 2 Nr. 4 WEG bestandskräftig. Wird der Entlastungsbeschluss für ungültig erklärt, kann hiergegen entgegen früherem Recht (*BGH* ZMR 2003, 750 = NJW 2003, 3125 a.A. mangels Beschwer *KG* NJW-RR 1998, 1021); nur die Wohnungseigentümergemeinschaft **Berufung** einlegen; der Verwalter allenfalls nach einer streitgenössischen Nebenintervention. Der Beschluss über die Entlastung **kann nur insgesamt angefochten bzw. für ungültig erklärt werden**, nicht aber begrenzt auf einzelne Gegenstände der Verwaltung (*LG Hamburg* ZMR 2012, 34; *AG Hamburg-Blankenese* ZMR 2015, 76, 77; a.A. *AG Schwerin* ZMR 2014, 411).

2. Anspruch auf Entlastung?

202 Verweigert die Eigentümerversammlung die Erteilung der Entlastung, stellt sich wie bei jeder Beschlussfassung die Frage, ob der ablehnende Beschluss erfolgreich angefochten und nach § 18 Abs. 2 WEG durch Gerichtsentscheidung ersetzt werden kann. Dies ist bei der Entlastung grundsätzlich zu verneinen. Denn ohne eine entsprechende **Regelung in der Gemeinschaftsordnung oder im Verwaltervertrag** besteht kein Anspruch auf Entlastung (*OLG Düsseldorf* NJW-RR 1997, 525; *LG Düsseldorf* ZMR 2013, 461; *LG München I* ZMR 2015, 146, 147). Es besteht daher auch kein wichtiger, zur Niederlegung des Amtes berechtigender Grund. Verweigert die Eigentümerversammlung die Entlastung, kann der Verwalter allenfalls Feststellungsklage erheben, dass keine Ansprüche gegen ihn bestehen. Dies setzt allerdings voraus, dass sich zumindest einzelne Wohnungseigentümer konkreter Ansprüche gegen ihn berühmen (*OLG Düsseldorf* NJW-RR 1997, 525). Ansonsten fehlt das Feststellungsinteresse.

3. Das Stimmrecht

203 Über die Entlastung des Verwalters kann, auch wenn es um Angelegenheiten einer **Untergemeinschaft** geht, nur die Gesamtgemeinschaft Beschluss fassen (*LG Hamburg* ZMR 2017, 666, 668). Der Verwalter selbst darf an der Abstimmung über die Entlastung nach **§ 25 Abs. 4 WEG** in keinem Fall teilnehmen, weder als Eigentümer (*BayObLG* NJW-RR 1987, 596; *KG* NJW-RR 1989, 144; *LG Frankfurt/M.* NJW-RR 1988, 596) noch als Bevollmächtigter anderer Wohnungseigentümer (*KG* NJW-RR 1989, 144; *OLG Köln* NJW-RR 2007, 671; *LG Frankfurt/M.* NJW-RR 1988, 596; *OLG Köln* ZMR 2007, 716 f.; *LG Konstanz* ZMR 2008, 329; *LG Itzehoe* ZMR 2009, 143; *LG Berlin* ZMR 2013, 737 f.; *AG Weimar* ZMR 2013, 582 f.). Denn das negative Schuldanerkenntnis ist ein Vertrag, also die Vornahme eines Rechtsgeschäfts mit dem Verwalter. Hierüber kann der Verwalter nach § 25 Abs. 4 WEG nicht mitstimmen. Schon aus diesem Grunde kann dem Verwalter die Nichtteilnahme an der Abstimmung über die Entlastung nicht vorgeworfen werden noch ist sie gar ein Grund zur Anfechtbarkeit des Beschlusses (*LG Dessau-Roßlau* ZMR 2009, 794). Auch Dritte sind in derselben Weise vom Stimmrecht ausgeschlossen, wenn zwischen ihnen und dem Verwalter eine so starke **wirtschaftliche Verflechtung** besteht, dass sie als Einheit anzusehen sind (*LG Frankfurt/M.* NJW-RR 1988, 596 f.; *LG Konstanz* ZMR 2008, 329). Dies ist aber nicht schon dann der Fall, wenn eine Eigentümerin Angestellte oder Hilfskraft des Verwalters ist (*LG Frankfurt/M.* NJW-RR 1988, 597). Auch im Fall seines Ausschlusses vom Stimmrecht kann der Verwalter die **Trennung der Beschlüsse über die Entlastung von demjenigen über die Einforderung von Nachschüssen und die Anpassung der Vorschüsse** verlangen. Über letzteren Gegenstand kann er mitstimmen, da insoweit das mitgliedschaftliche Interesse überwiegt (Jennißen VII Rn. 63). Ebenso kann er einem anderen Wohnungseigentümer **Untervollmacht** erteilen, sofern er keine konkreten Weisungen zum Stimmverhalten erteilt. Denn dann entscheidet der Bevollmächtigte in eigener Verantwortung über sein Stimmverhalten zur Entlastung (*OLG Zweibrücken* NZM 1998, 671; implizit auch *LG Dessau-Roßlau* ZMR 2009, 794).

4. Der Widerruf der Entlastung

204 Die einmal erteilte Entlastung kann nicht durch Zweitbeschluss rückgängig gemacht werden. Denn dies wäre nach Bestandskraft der Entlastung ein kollektives **Rechtsgeschäft zulasten Dritter**, nämlich des Verwalters. Ein solches Rechtsgeschäft ist aber auch ohne Anfechtung nichtig. Jeder Wohnungseigentümer kann seine Stimmabgabe aber nach allgemeinen Regeln bei Irrtum oder Täuschung **nach §§ 119, 123 BGB anfechten**. Da der Beschluss ohne Anfechtung bestandskräftig wird, muss dies innerhalb der Monatsfrist des § 45 Abs. 1 WEG erfolgen und mit der Anfechtungsklage nach § 43 Abs. 2 Nr. 4 WEG verbunden werden. Auch dies ist nur Erfolg versprechend, wenn es bei den Mehrheitsverhältnissen auf die Stimme des Anfechtenden ankommt oder weitere Miteigentümer ihre Stimmabgabe anfechten. Anderenfalls wird die Erteilung der Entlastung bestandskräftig.

F. Kontrollmöglichkeiten

I. Informationspflichten des Verwalters und Kontrollrechte der Eigentümer

205 Den Verwalter treffen auch ohne Nachfrage oder gar Beschlussfassung diverse Informationspflichten, die allerdings nur z.T. gesetzlich geregelt sind. Positiv normiert ist in § 18 Abs. 4 WEG lediglich das Recht der Wohnungseigentümer auf Einsicht in die **Verwaltungsunterlagen**. Dieser richtet sich allerdings, wie die Vorschrift etwas abundant ausdrücklich bestimmt, gegen die Wohnungseigentümergemeinschaft. Ferner wurde in § 44 Abs. 2 S. 2 WEG die schon zuvor anerkannte Pflicht (vgl. § 27 Abs. 1 Nr. 7 WEG a.F.) kodifiziert, die Wohnungseigentümer unverzüglich über **Beschlussklagen** zu unterrichten. Schon bislang wurde als eine der Hauptpflichten bei der Ergreifung der erforderlichen Maßnahmen im Rahmen der ordnungsmäßigen **Instandhaltung und Instandsetzung** (§ 27 Abs. 1 Nr. 2 WEG a.F.) die Information der Wohnungseigentümer über Schäden, Reparaturbedarf, Kosten usw. gesehen (vgl. § 27 Rdn. 67). Weitere i.E. nicht kodifizierte Informationspflichten folgen **aus §§ 675, 666 BGB**, etwa über behördliche Anordnungen, Erklärungen von Geschäftspartnern o.Ä., ohne dass es einer Aufforderung durch die Wohnungseigentümer bedürfte. Neben und unabhängig von den Pflichten des Verwalters zur selbsttätigen Information der Wohnungseigentümer kommen diesen verschiedene Kontrollrechte zu. Ihre Ausübung setzt ein Tätigwerden der Gemeinschaft oder einzelner Wohnungseigentümer voraus. Auch diese Rechte sind nur teilweise, wie das Einsichtsrecht (§ 18 Abs. 4 WEG) im WEG kodifiziert. Im Übrigen folgen sie aus den allgemeinen Regeln, insbesondere den §§ 259 ff. und 662 ff. BGB (Jennißen I Rn. 3).

II. Der Anspruch auf Rechnungslegung

1. Rechtsgrundlage

206 Der Anspruch auf Rechnungslegung (§ 28 Abs. 4 WEG a.F.) ist durch das WEMoG ersatzlos gestrichen worden

III. Der Auskunftsanspruch der Gemeinschaft

1. Rechtsgrundlage

207 Auskunftsansprüche sind im Gesetz nur fragmentarisch geregelt. Lediglich das Prüfungsrecht des Verwaltungsbeirats in **§ 29 Abs. 2 S. 2 WEG**, das einen Auskunftsanspruch impliziert, ist im Wohnungseigentumsrecht kodifiziert. Gleichwohl wird sowohl ein **Gemeinschafts- als auch ein Individualanspruch** auf Auskunft zu Recht allgemein anerkannt, wobei der Anspruch der Gemeinschaft aus §§ 675, 666 BGB abgeleitet wird (*KG* NJW-RR 1987, 462). Es handelt sich also um einen **vertraglichen Anspruch**, der dem Verband als Vertragspartner des Verwalters zusteht. Hingegen besteht der früher gleichfalls anerkannte Individualanspruch einzelner Wohnungseigentümer mangels vertraglicher Beziehungen zum Verwalter nicht mehr. Derartige Ansprüche bestehen nur gegenüber dem Verband.

2. Schuldner und Gläubiger des gemeinschaftsbezogenen Auskunftsanspruchs

a) Schuldner des Anspruchs

Schuldner des Auskunftsanspruchs ist der Verwalter. Auch hier kommen Ansprüche nicht nur gegen den amtierenden, sondern auch gegen einen **früheren Verwalter** in Betracht. Denn auch nach Ausscheiden eines Verwalters können etwa über die Prozessführung für die Gemeinschaft oder den Stand der Ausführung von Eigentümerbeschlüssen Unklarheiten bestehen, die der Verwalter auf Nachfrage aufzuklären hat. Eine **Zusatzvergütung steht ihm nicht zu,** da es sich bei der Erteilung von Auskünften über die Verwaltung um unselbstständige Nebenpflichten zu den gesetzlich geregelten Mindestaufgaben des Verwalters, jedenfalls aber aus dem Verwaltervertrag gehört. Im Gegensatz zur Rechnungslegung sind auch andere nicht oder **nicht wirksam zum Verwalter bestellte Personen,** wenn sie Verwaltungstätigkeiten ausüben, zur Auskunft verpflichtet. Denn eine auf Verwalter beschränkte Sonderregelung wie § 28 Abs. 4 WEG a.F. fehlt im vorliegenden Zusammenhang. Da aber **auch bei fehlgeschlagener organschaftlicher Bestellung schuldrechtliche Beziehungen** zu derartigen faktischen Verwaltern bestehen, sind die §§ 675, 666 BGB auch hinsichtlich der Auskunftsansprüche anwendbar. 208

b) Gläubiger des Anspruchs

Bei dem Auskunftsanspruch handelt es sich wiederum um einen **gemeinschaftlichen Anspruch** (*KG* NJW-RR 1987, 462 f.; *OLG Hamm* NJW-RR 1988, 597 f.). Er kann nicht von der Zahlung einer Sondervergütung abhängig gemacht werden (*Drasdo* ZMR 2013, 84). Sofern eigene vertragliche Ansprüche des Verbandes etwa wegen des Finanzwesens betroffen sind, ergibt sich der Anspruch auf Auskunft schon aus §§ 675, 666 BGB. Sofern z.B. bei Abwehransprüchen bezüglich des gemeinschaftlichen Eigentums nicht der Verband, sondern die Gemeinschaft der Wohnungseigentümer betroffen ist, ergab sich die **Ausübungsbefugnis** zur Geltendmachung dieses gemeinschaftsbezogenen Anspruchs schon aus § 10 Abs. 6 S. 3 WEG a.F. In der Folge muss ein entsprechendes Verlangen wie bei der Rechnungslegung nach altem Recht **mit Mehrheit beschlossen** werden. Die Rechtsprechung zur Rechnungslegung, die die Wohnungseigentümer auch ohne vorangehenden Mehrheitsbeschluss geltend machen konnten, wenn sie sich hierüber einig sind (*OLG Hamburg* OLGZ 1987, 191; *BayObLG* NZM 2004, 621), kann aber auf gemeinschaftsbezogene Auskunftsansprüche übertragen werden. Ein einzelner Wohnungseigentümer kann gemeinschaftsbezogene Auskunftsansprüche aber nach **Ermächtigung** geltend machen (*OLG Frankfurt am Main* ZMR 2013, 647). Wie bei der Rechnungslegung bereitet die Geltendmachung von Auskunftsansprüchen durch den rechtsfähigen Verband naturgemäß Schwierigkeiten, wenn der aktuelle Verwalter Anspruchsgegner ist. Hier wird die Wohnungseigentümergemeinschaft heute nach § 9b Abs. 2 WEG durch den Vorsitzenden des Verwaltungsbeirats oder einen hierzu ermächtigten Wohnungseigentümer vertreten. Noch nicht befriedigend geklärt erscheint die Rechtslage dann, wenn sich die Mehrheit etwa infolge enger Verbundenheit des Mehrheitseigentümers mit dem Verwalter entgegen den Grundsätzen ordnungsmäßiger Verwaltung weigert, einen Beschluss über das Verlangen auf Rechnungslegung zu fassen. Teilweise wird in dieser Konstellation wiederum ein Individualanspruch aus dem Anspruch auf ordnungsmäßige Verwaltung angenommen (Staudinger/*Bub* 2005 § 28 Rn. 586). Wie bei der Rechnungslegung bleibt aber unklar, wie der gemeinschaftliche Auskunftsanspruch alleine durch eine unberechtigte Weigerung der Mehrheit zum Individualanspruch mutieren kann. Vielmehr hat der Wohnungseigentümer, der die Erteilung einer Auskunft wünscht, nach erfolgloser Antragstellung in der Eigentümerversammlung den ablehnenden Beschluss anzufechten und als Maßnahme ordnungsmäßiger Verwaltung im Verfahren nach § 43 Abs. 2 Nr. 4 WEG **durch das Gericht ersetzen zu lassen.** 209

3. Gegenstand des gemeinschaftsbezogenen Auskunftsanspruchs

Gegenstand des vom Verband geltend zu machenden Auskunftsanspruchs können **alle Verwaltungshandlungen** sein, die den Verband und gemeinschaftliche Ansprüche der Wohnungseigentümer betreffen. In Betracht kommt also eine Auskunft über das Finanzwesen, abgeschlossene Verträge, 210 die Ausführung von Beschlüssen oder die Erforderlichkeit von Instandsetzungsarbeiten am gemeinschaftlichen Eigentum.

4. Voraussetzungen des Auskunftsanspruchs

211 Der Anspruch ist **nicht an besondere Voraussetzungen geknüpft**. Anders als nach § 666 BGB bedarf es nicht der Durchführung des Geschäftes; die Gemeinschaft kann bereits im Zuge seiner Erledigung Auskunft über den Stand der Durchführung verlangen. Das Verlangen unterliegt nur den allgemeinen Grenzen etwa des Rechtsmissbrauchs oder der Treuwidrigkeit. Dies kann etwa dann anzunehmen sein, wenn sich die gewünschte Auskunft bereits unschwer aus schon übermittelten Unterlagen ergibt. Bereitet die zusätzliche Auskunft keine besonderen Schwierigkeiten, sollte sie aber gleichwohl erteilt werden, weil bei einer unberechtigten Verweigerung stets das Risiko einer Abberufung aus wichtigem Grund wegen erheblicher Pflichtverletzungen droht. Entgegen weithin vertretener Auffassung stand die **Entlastung** der Geltendmachung von Auskunftsansprüchen schon nach altem Recht nicht immer im Wege (so *KG* NJW-RR 1989, 144; 1998, 1021; *OLG Düsseldorf* NJW-RR 2001, 950; differenzierend *KG* NJW-RR 1987, 462). Denn Auskunftsansprüche dienen nicht nur der Geltendmachung von Ansprüchen gegen den Verwalter. Auch wenn diese durch die Entlastung bereits ausgeschlossen sind, können die Informationen zur **Durchsetzung von Ansprüchen gegen Dritte** oder einfach zur Information über den Stand gemeinschaftlicher Angelegenheiten erforderlich sein. Diese Absichten werden durch die Entlastung nicht berührt; insbesondere verzichten die Wohnungseigentümer hiermit nicht auf zumutbare Hilfen des Verwalters in diesem Zusammenhang. Lediglich Auskünfte über die Zuordnung der Kosten auf die Kostenarten, die buchhalterische Richtigkeit der angesetzten Positionen, ihre Verteilung auf die Eigentümer und über andere Fragen, die nur die **Erstellung der Jahresabrechnung** durch den Verwalter betreffen, sind durch die Entlastung weiteren Auskunftsansprüchen entzogen.

5. Die Erfüllung des Anspruchs

212 Der Auskunftsanspruch wird durch Erteilung der begehrten Auskunft erfüllt. Ist der Verwalter nicht im Besitz der zur Auskunftserteilung erforderlichen Unterlagen, muss er sie sich besorgen (*OLG Frankfurt am Main* ZMR 2013, 648). Bei der Frage, inwieweit unrichtige Auskünfte zum Erlöschen des Anspruchs führen, ist wohl zu differenzieren. Die **Mitteilung irgendwelcher Tatsachen** ohne oder mit allenfalls lockerem Bezug zur aufgeworfenen Frage stellt keine Erfüllung des Auskunftsanspruchs dar. Anders sieht es aus bei einfach **unrichtigen Auskünften**. Hierdurch tritt zwar Erfüllung ein, der Verwalter macht sich aber aufgrund ihrer schuldhaften Unrichtigkeit nach § 280 Abs. 1 BGB wegen hieraus resultierender Schäden regresspflichtig. Bei Zweifeln über die Richtigkeit der Auskunft kann die Gemeinschaft nach den allgemeinen Regeln die eidesstattliche Versicherung ihrer Richtigkeit verlangen.

6. Die zwangsweise Durchsetzung des Auskunftsanspruchs

213 Auskunftsansprüche sind grundsätzlich **unvertretbare Handlungen**, da nur der in Anspruch Genommene die gewünschte Auskunft erteilen kann (*LG Saarbrücken* ZMR 2010, 402 f.). Deshalb richtet sich die Vollstreckung eines diesbezüglichen Titels nach § 888 ZPO.

G. Vermögensbericht (§ 28 Abs. 4 WEG)

I. Zielsetzung und Vorgaben zu Form und Inhalt

1. Zielsetzung

214 Über das bisherige Recht geht § 28 Abs. 4 WEG hinaus, wonach der Verwalter einen Vermögensbericht zu erstellen hat. Dieser soll die Wohnungseigentümer in die Lage versetzen, sich »ein möglichst genaues Bild über die wirtschaftliche Lage der Gemeinschaft« (BT-Drs. 19/18791, S. 75) zu machen. Dies gewährleistete die bisherige Jahresabrechnung, die nur tatsächliche Einnahmen und Ausgaben auswies, nicht, da sie etwa über Rückstände und Forderungen keine Auskunft gab. Zudem

war sie auch dann inhaltlich richtig, wenn sie tatsächliche Ausgaben unabhängig von ihrer Berechtigung auswies. Inder Folge fehlten ihr somit wichtige Informationen über den Stand des Gemeinschaftsvermögens. Diesem Defizit will der Vermögensbericht abhelfen.

2. Form des Vermögensberichtes

Weder Text noch Begründung des Gesetzes enthalten nähere Vorgaben zur Form des Vermögens- 215
berichtes. Eine bestimmte Form, etwa die einer Bilanz, ist nicht vorgeschrieben. Die Gesetzesmaterialien äußern sich nur insoweit, als sie eine Übersendung auf dem Postwege für ebenso zulässig halten wie eine E-Mail oder die Einstellung auf einer Internetseite (BT-Drs. 19/18791, S. 76). Auch eine Beschlussfassung über die Art der Zurverfügungstellung halten sie für zulässig, wofür eine Beschlusskompetenz in § 19 Abs. 1 WEG angesiedelt wird (BT-Drs. 19/18791, S. 76). Näher liegt wohl der Rückgriff auf § 27 Abs. 2 WEG. Jedenfalls folgt im Umkehrschluss aus der Möglichkeit einer Regelung durch Beschluss, dass es ohne einen solchen im Ermessen des Verwalters steht, in welcher Form er den Vermögensbericht erstellt und den Wohnungseigentümern zur Verfügung stellt. Wünschen die Wohnungseigentümer eine bestimmte Form, können sie ihm durch Beschluss nähere Vorgaben machen.

3. Inhalt

Inhaltliche Vorgaben macht das Gesetz nur hinsichtlich des Mindestinhalts des Vermögensberichts. 216
Demzufolge muss der Vermögensbericht die in Gesetz und Materialien genannten Angaben zu den am letzten Tag des Kalenderjahres vorhandenen Rücklagen, Vermögen, Verbindlichkeiten und Sachwerten enthalten. Ansonsten gilt nur der Grundsatz, dass er möglichst übersichtlich über das Gemeinschaftsvermögen Auskunft geben soll. Wie bei der Form des Vermögensberichtes dürfte aber auch über seinen Inhalt eine Beschlussfassung der Wohnungseigentümer zulässig sein. gleichgültig, ob man die Beschlusskompetenz hierfür in § 19 Abs. 1 WEG oder in § 27 Abs. 2 WEG sieht. Eine vollständige Auflistung aller Vermögenswerte ist nicht erforderlich, was schon aus der diesbezüglichen Einschränkung des Gesetzeswortlautes (»Aufstellung des wesentlichen Gemeinschaftsvermögens«) hervorgeht. Er muss also insbesondere bei den Sachwerten nicht die Vollständigkeit eines Inventars erreichen. Für die Wesentlichkeit eines Vermögensgegenstandes ist seine Bedeutung in Relation zum Gemeinschaftsvermögen maßgeblich (BT-Drs. 19/18791, S. 75). Demzufolge sind uneinbringliche Forderungen immer unwesentlich, da sie das Gemeinschaftsvermögen nicht vergrößern.

II. Rücklagen

1. Ausweis des Ist-Standes

Herausgehoben durch die ausdrückliche Nennung im Gesetz sind die Rücklagen, deren Stand der 217
Vermögensbericht in jedem Fall ausweisen muss. Dies umfasst neben der Erhaltungsrücklage alle weiteren Rücklagen etwa für Rechtsstreitigkeiten etc. Die Einschränkung in den Materialien, ihr Stand sei »ungeachtet seiner Höhe anzugeben«(BT-Drs. 19/18791, S. 75), ist selbstverständlich, da auch geringe Rücklagen eben Rücklagen darstellen. Zudem kann gerade die niedrige Höhe eine entscheidende Information darstellen, die die Wohnungseigentümer zur Aufstockung veranlassen kann. Erforderlich, aber auch hinreichend ist nach der Gesetzesbegründung die Ausweisung des Ist-Standes; offene Forderungen »sind (…) nicht anzugeben.« Aus dieser Formulierung folgt, dass es sich um eine verbindliche Vorgabe handelt, weshalb die Angabe der offenen Forderungen demnach fehlerhaft wäre. Damit vollzieht der Gesetzgeber eine ausdrückliche Abkehr von der allgemein mit Zustimmung aufgenommenen Rechtsprechung des *BGH*, die die Angabe offener Forderungen für erforderlich hielt, da die Wohnungseigentümer ein berechtigtes Interesse daran hätten, zu erfahren, wie hoch die diesbezüglichen Rückstände sind (*BGH* v. 04.12.2009 – V ZR 44/09, ZMR 2010, 300 = ZWE 2010, 170). Die Abkehr hiervon erscheint zwar nicht gravierend, da offene Forderungen ohnehin in der Darstellung des Gemeinschaftsvermögens aufzuführen sind, was bislang kein Inhalt der Jahresabrechnung war. Wieso der Ausweis der Rückstände aber in den Angaben zur Rück-

lage ausgeschlossen sein soll, erschließt sich nicht. Immerhin könnte der interessierte Wohnungseigentümer dieser Zusatzinformation auf den ersten Blick entnehmen, wie hoch die Erhaltungsrücklage bei korrektem Zahlungsverhalten wäre. Dies würde ihren vom Gesetzgeber bezweckten Informationswert deutlich erhöhen.

2. Zur Liquiditätssicherung umgewidmete Mittel

218 Ebenso unverständlich und auch nicht näher erläutert ist die weitere Einschränkung der Gesetzesmaterialien, wonach auch zur Liquiditätssicherung umgewidmete Mittel nicht anzugeben sind (BT-Drs. 19/18791, S. 75). Da andere Rücklagen neben der Erhaltungsrücklage nunmehr ausdrücklich für zulässig erklärt werden, kann auch eine (allgemeine) Liquiditätsrücklage beschlossen werden. Diese muss naturgemäß neben den anderen Rücklagen im Vermögensbericht erscheinen. Wieso dies bei Mitteln nicht der Fall sein soll, die durch Umwidmung aus anderen Beständen dieser Rücklage zugeführt werden, erschließt sich nicht.

III. Vermögen

1. Forderungen

a) Forderungen gegen Miteigentümer und Dritte

219 Zum Vermögen gehören zunächst die Forderungen der Wohnungseigentümergemeinschaft gegen Wohnungseigentümer und Dritte. Zu den erstgenannten gehören insbesondere regelmäßig entstehende Forderungen wie rückständige Vorschüsse, Sonderumlagen und Nachschüsse, aber auch außerordentliche Forderungen wie Schadensersatzansprüche aus Verzug oder prozessuale Kostenerstattungsansprüche. Hier sollen dann auch die Forderungen zu den Rücklagen erscheinen, deren Ausweisung in deren Darstellung unrichtig sein soll (vgl. Rdn. 217). Anzugeben sind ferner Ansprüche wegen der Beschädigung des Gemeinschaftseigentums, da auch diese von der Wohnungseigentümergemeinschaft geltend zu machen sind und dem Gemeinschaftsvermögen zufließen. Der Vermögensbericht hat aber auch Forderungen gegen Dritte auszuweisen, etwa vertraglich begründete aus Gewährleistungsansprüchen oder deliktische aus der Beschädigung von Gemeinschaftseigentum.

b) Fälligkeit

220 Gesetzestext und -materialien äußern sich nicht dazu, ob nur fällige oder auch künftige Forderungen in den Vermögensbericht aufzunehmen sind. Dabei dürften sich in diesem Bereich erhebliche Abgrenzungsprobleme ergeben. Denn einerseits kann der Verwalter nicht unbegrenzt noch nicht fällige Ansprüche (etwa Vorschüsse auf Jahre hinaus) in den Vermögensbericht aufnehmen. Andererseits können noch nicht fällige, aber schon bestehende Ansprüche (etwa aus der Stundungsabrede in einem Vergleich) nicht unberücksichtigt bleiben, da sie das Vermögen der Wohnungseigentümergemeinschaft bereits zu dieser Zeit mehren. Es dürfte daher grundsätzlich danach zu unterscheiden sein, ob die Forderungen bereits begründet sind, etwa die Vorschüsse durch Beschluss des Zahlungsplanes oder ein in Raten zu zahlender Betrag aus einem Vergleich. Diese Forderungen sind bereits begründet und daher unabhängig von ihrer Fälligkeit in den Vermögensbericht aufzunehmen. Maßgeblich für das Bestehen einer Forderung ist der Stichtag, also der letzte Tag des Kalenderjahres (BT-Drs. 19/18791, S. 76).

c) Durchsetzbarkeit

221 Von erheblicher Bedeutung für die Aussagekraft des Vermögensberichtes ist die Durchsetzbarkeit der dort aufgeführten Forderungen. Werden dort nicht mehr durchsetzbare Ansprüche evtl. sogar wiederholt aus vergangenen Jahren aufgelistet, verzerrt dies die Darstellung der tatsächlichen Lage. Einer Berücksichtigung dieses Umstandes scheint auf den ersten Blick entgegenzustehen, dass die Vermögensgegenstände nach den Gesetzesmaterialien nur aufgelistet, aber nicht bewertet werden müssen. Dies verhindert zwar eine prozentuale Herabsetzung des Forderungsansatzes nach der Wahrscheinlichkeit seiner Durchsetzung, aber nicht die gänzliche Außerachtlassung der wahrscheinlichen

Uneinbringlichkeit einer Forderung. Denn nach den Gesetzesmaterialien können zumindest solche Forderungen im Vermögensbericht unberücksichtigt bleiben, »die für die wirtschaftliche Lage der Gemeinschaft unerheblich sind.« Dafür existiert keine betragsmäßige Grenze. Im Ergebnis kann der Verwalter somit auch hohe Forderungen der Wohnungseigentümergemeinschaft ausbuchen, wenn sie erkennbar nicht mehr durchgesetzt werden können. Denn solche Forderungen sind unabhängig von ihrer Höhe für die wirtschaftliche Lage der Gemeinschaft unerheblich.

2. Verbindlichkeiten

a) Verbindlichkeiten gegenüber Miteigentümern und Dritten

Selbstverständlich muss der Vermögensbericht auch die Verbindlichkeiten der Wohnungseigentümergemeinschaft ausweisen. Hierzu gehören so wie bei den Forderungen Verbindlichkeiten sowohl gegenüber den Wohnungseigentümern, etwa wegen der Anpassung von Vorauszahlungen, als auch gegenüber Dritten, etwa aus vertraglichen Ansprüchen. 222

b) Fälligkeit und Durchsetzbarkeit

Für die Fälligkeit ergeben sich ähnliche Grundsätze wie bei den Forderungen. Es sind unabhängig von ihrer Fälligkeit sämtliche bereits begründeten Verbindlichkeiten, etwa längerfristige Darlehen (hierzu ausdrücklich BT-Drs. 19/18791, S. 76) aufzulisten, da sie bereits zu diesem Zeitpunkt das Vermögen der Gemeinschaft mindern. Größere Abgrenzungsschwierigkeiten können sich bei der Durchsetzbarkeit ergeben, wenn etwa Verwalter und Wohnungseigentümergemeinschaft eine Forderung nicht für begründet erachten. Wie nicht zuletzt divergierende Gerichtsentscheidungen zeigen, kann eine solche Einschätzung durchaus zweifelhaft sein. In diesen Fällen kann nicht schon die Tatsache, dass sich ein Wohnungseigentümer oder ein Dritter einer Forderung gegen die Gemeinschaft berühmt, zu ihrer Berücksichtigung im Vermögensbericht führen. Der Verwalter dürfte bei solchen bestrittenen Forderungen berechtigt sein, eine gerichtliche Entscheidung abzuwarten. In diesen Fällen ist das Bestehen der Forderung erst mit ihrer gerichtlichen Zuerkennung geklärt. Durchgreifende Unklarheiten über den Zustand des Gemeinschaftsvermögens sind bei einer solchen Handhabung nicht zu erwarten. Denn abgesehen von der vergleichsweise geringen Häufigkeit dieser Fälle sind die Wohnungseigentümer auch über den Rechtsstreit zu unterrichten. Sie kennen also dieses Risiko für ihr Vermögen. 223

3. Sachwerte

Nach dem ausdrücklichen Bekunden der Gesetzesmaterialien müssen auch Sachwerte im Vermögensbericht ausgewiesen werden, wobei sie die Brennstoffvorräte als einziges Beispiel nennen. Gerade ihre Ausweisung ist nicht völlig neu, da schon bislang der Gegenwert der verbrauchten Brennstoffe zwecks verbrauchsabhängiger Kostenabrechnung in der Jahresabrechnung erscheinen musste. Nunmehr verlangt § 28 Abs. 4 WEG die Auflistung sämtlicher vorhandenen Sachwerte, soweit sie nicht unwesentlich sind. Genannt werden müssen insbesondere der Wohnungseigentümergemeinschaft gehörende Immobilien innerhalb und außerhalb der eigenen Liegenschaft und bedeutende mobile Sachwerte, z.B. Aufsitzrasenmäher, Werkzeuge, Gartengeräte etc. 224

4. Bewertung

Nach den Gesetzesmaterialien sind Forderungen und Sachwerte nur zu benennen. Sie »müssen nicht bewertet werden« (BT-Drs. 19/18791, S. 76). Der Formulierung zufolge besteht lediglich kein Zwang zu einer Bewertung. Nimmt der Vermögensbericht eine solche gleichwohl vor, wird er hierdurch nicht fehlerhaft. Empfehlenswert dürfte ein solches Vorgehen freilich nicht sein; im Extremfall kann es sogar dem Zweck einer möglichst übersichtlichen Information über die Vermögenswerte entgegenstehen. Denn die Einstellung einer Forderung unter dem Nennwert und zumal der konkret gewählte Prozentsatz erklärt sich nicht von selbst. Zudem stellt die Bewertung von Forderungen immer eine mehr oder minder subjektive Einschätzung dar, die die Wohnungseigentümer nicht 225 teilen müssen. Nicht zuletzt kommt der Verwalter, wenn eine Forderung entgegen seiner Einschätzung doch nicht beitreibbar ist, bei höheren Ansätzen in Erklärungsnöte. Es dürfte daher für die Praxis weit sinnvoller sein, unter Hinweis auf die Gesetzesmaterialien von einer Bewertung der Forderungen Abstand zu nehmen. Lediglich uneinbringliche Forderungen sollten, da für das Gemeinschaftsvermögen unwesentlich, nicht mehr aufgeführt werden, zumal dies dem Informationszweck des Vermögensberichtes zuwiderliefe. Erst recht bedarf es keiner Abschreibung o.ä. bei Sachwerten. Denn die Einschätzung des Wertes durch den Verwalter bringt gerade dann, wenn keine Verkaufsabsichten bestehen, keine wesentliche Zusatzinformation zum Stand des Gemeinschaftsvermögens. Dann genügt die Mitteilung über die Existenz der Sachwerte.

IV. Fehler

1. Fehlen des Vermögensberichtes

226 Auf die Erstellung des Vermögensberichtes hat nach ausdrücklichem Bekunden der Gesetzesmaterialien jeder Wohnungseigentümer einen Anspruch (BT-Drs. 19/18791, S. 75). Wird er nicht vorgelegt, kann also jeder einzelne Wohnungseigentümer seine Erstellung verlangen. Eine Anfechtungsklage muss nicht erhoben werden, da der Vermögensbericht ebenso wenig wie Wirtschaftsplan und Jahresabrechnung Gegenstand der Beschlussfassung sind. Folglich gilt für den Anspruch auf Erstellung des Vermögensberichtes auch nicht die Klagefrist des § 45 S. 1 WEG. Der Anspruch auf Erstellung des Vermögensberichtes ist nach der grundsätzlichen Umorientierung des WEMoG nicht gegen den Verwalter, sondern gegen die Wohnungseigentümergemeinschaft zu richten (BT-Drs. 19/18791, S. 76; *LG Dortmund* v. 01.03.2022 – 1 S 172/21; ZMR 2023, 212). Hingegen rechtfertigt das Fehlen des Vermögensberichtes nicht die Anfechtung des Beschlusses über Nachschüsse und Anpassung der Vorauszahlungen. Denn das Fehlen des Vermögensberichtes kann sich nicht auf die Zahlungspflichten auswirken. Gleiches gilt, wenn einzelne Elemente des Vermögensberichtes fehlen, etwa die Darstellung der Rücklagen. Dann hat der einzelne Wohnungseigentümer einen Anspruch auf Erstellung dieses Teils.

2. Unrichtigkeiten des Vermögensberichtes

227 Unrichtig ist der Vermögensbericht dann, wenn Vermögenswerte oder Verbindlichkeiten fehlen oder unrichtig eingestellt sind. Hierzu zählen auch Inkonsequenzen bei der Erstellung, also etwa die unterschiedliche Behandlung der Unwesentlichkeit von Vermögenswerten. In diesen Fällen gilt das oben Gesagte entsprechend: Jeder einzelne Wohnungseigentümer hat dann einen Individualanspruch auf Vorlage eines berichtigten Vermögensberichtes. Hingegen scheidet eine Anfechtung des Beschlusses über Nachschüsse und Anpassung der Vorauszahlungen mangels Auswirkung des Fehlers hierauf aus.

H. Die Buchführung

I. Form der Buchführung

228 Nicht im Gesetz erwähnt, aber zur Bewältigung der Pflichten aus § 28 WEG unerlässlich ist eine geordnete Buchführung. Zur Art und Weise der Buchführung sind dem Gesetz keinerlei Vorgaben zu entnehmen. Grundsätzlich ist **jede bewährte Form** der Buchführung zulässig (Staudinger/*Bub* § 28 Rn. 288 ff.). Voraussetzung ist allerdings ihre Nachvollziehbarkeit für Außenstehende (*LG Wuppertal* ZMR 2009, 557). Dies ergibt sich bereits aus § 29 Abs. 2 S. 2 WEG, da Abrechnungen und Rechnungslegungen vom Verwaltungsbeirat zu prüfen sind. Dies ist nur anhand einer nachvollziehbaren Buchführung möglich. Zur Arbeitserleichterung greifen Verwalter heute fast immer auf EDV-gestützte Buchführungssysteme zurück. Dabei ist allerdings zu beachten, dass die dortigen, u.U. nicht den speziellen Erfordernissen des Wohnungseigentumsrechts angepassten Programme nicht die Aufstellung ordnungsgemäßer Jahresabrechnungen vereiteln dürfen. Die in der Praxis oft gehörte Entschuldigung, was das eigene Programm (nicht) leiste, entbindet insbesondere nicht von der Pflicht zur Erstellung einer Einnahmen- und Ausgabenrechnung. Notfalls sind die in der Buch-

haltung gespeicherten Daten manuell in die gebotene Form der Jahresabrechnung zu überführen (*BGH* ZMR 2011, 653 f.; *AG Hamburg-St. Georg* ZMR 2013, 389). Die Buchführung muss freilich **Auskünfte ermöglichen, die über die Jahresabrechnung hinausgehen.** Während etwa nicht gezahlte Vorschüsse dort nicht erscheinen, muss der Buchhaltung selbstverständlich ohne Weiteres zu entnehmen sein, welche Verbindlichkeiten gegenüber dem Verband noch offen stehen (*LG Lüneburg* ZMR 2012, 296). Gleiches gilt für Forderungen gegen ihn. Aus diesem Grunde bedarf es entgegen bisweilen aus buchhalterischer Sicht geäußerter Auffassung (*Lang* ZMR 2013, 862) keiner Jahresabrechnung in Form einer doppelten Buchführung. U.U. ist das Fehlen einer Buchung ein starkes Indiz dafür, dass eine Zahlung nicht geleistet wurde (*OLG Hamburg* ZMR 2008, 900). Dafür, dass seine Buchführung ordnungsgemäß war, ist im Streitfall der Verwalter darlegungs- und beweisbelastet (*LG Wuppertal* ZMR 2009, 557).

II. Konten

Selbstverständliche Pflicht ist es, für die Gemeinschaft zum Zwecke des bargeldlosen Verkehrs **Bankkonten** zu eröffnen. Hier wird i.d.R., auch wenn dies wiederum nicht gesetzlich vorgegeben ist (*KG* NJW-RR 1987, 1160 f.; vgl. § 27 Rdn. 90), mindestens ein Girokonto für die laufende Verwaltung und ein Konto mit höherer Verzinsung für kurzfristig nicht benötigte Gelder zu eröffnen sein (*BayObLG* NJW-RR 1991, 15; 1995, 531 f.; Jennißen IV Rn. 16). Darüber hinaus hat der Verwalter für die einzelnen Wohnungseigentümer buchhalterisch **Einzelkonten** zu führen, um ihre Beitragszahlungen kontrollieren und notfalls **rechtzeitig Beitreibungsmaßnahmen** einleiten zu können. Lässt die vom Verwalter geführte Buchhaltung dies nicht zu, so haftet er dem Verband für Ausfälle, die bei ordnungsgemäßer Überwachung der Einzelkonten und rechtzeitiger Beitreibung nicht eingetreten wären. Gleiches gilt für die Kosten für die Überarbeitung der Buchführung (*LG Wuppertal* ZMR 2009, 557). Jedenfalls ein professioneller Verwalter hat sich vor der Mandatierung eines Rechtsanwaltes aus allgemein zugänglichen Quellen wie einer speziellen Internetseite des Insolvenzgerichtes darüber **zu informieren**, ob der Wohngeldschuldner insolvent ist (*AG Bonn* ZMR 2011, 484 f.). 229

III. Inhalt der Buchführung

Inhaltlich muss die Buchführung zum einen **jeden Geschäftsvorfall** enthalten, der sich auf das Vermögen der Gemeinschaft auswirkt, also Zuflüsse und Abflüsse. Dies ergibt sich schon daraus, dass nur aus korrekten Buchungen dieser Art zum Ablauf des Abrechnungszeitraums eine Jahresabrechnung erstellt werden kann. Diese Buchungen müssen **chronologisch und zeitnah** durchgeführt werden, was bereits daraus folgt, dass der Verwalter jederzeit zur Rechnungslegung nach § 28 Abs. 4 WEG in der Lage sein muss. Die für die Buchungen verwandten Begriffe müssen klar sein und eine Zuordnung ermöglichen (*BayObLG* NJW-RR 1988, 19; *LG Wuppertal* ZMR 2009, 557). Sofern Vermögensbestandteile nicht aus Geldmitteln bestehen, wie insbesondere der Brennstoffvorrat, ist an der einmal gewählten Umrechnung für die Zukunft festzuhalten. Daneben hat der Verwalter auch interne Vorgänge innerhalb der gemeinschaftlichen Konten, etwa die Zuführung zur Erhaltungsrücklage oder die Rücküberweisung auf das Girokonto zum Zwecke der Zahlung von Handwerkerrechnungen o.Ä., zu verbuchen. Nur so kann er seiner Pflicht nachkommen, ihren Bestand in der Jahresabrechnung auszuweisen. Bestandteil der Jahresabrechnung ist dieses Rechnungswerk aber nicht. 230

IV. Die Belege

1. Die Form der Dokumentation

Die Buchungen müssen mit der Dokumentation der Belege korrespondieren (zum Begriff, insbesondere zur Abgrenzung von der Einzelabrechnung s. *OLG Köln* ZMR 2007, 987). Dies ergibt sich schon daraus, dass der Verwaltungsbeirat die Jahresabrechnung und Rechnungslegung nach § 29 Abs. 3 WEG zu prüfen hat. Hierzu ist er nur in der Lage, wenn jede Buchung einem entsprechenden Geschäftsvorgang, der im Beleg urkundlich nachgewiesen ist, zugeordnet werden kann 231

(*OLG Oldenburg* ZMR 2008, 238). I.d.R. wird dies die Möglichkeit der Zuordnung durch Nummerierung und eine Abheftung korrespondierend zur Verbuchung erfordern, wobei eine chronologische Ordnung erforderlich ist (*OLG Schleswig* ZMR 2008, 666). Im Streitfall kann das Fehlen von Belegen die Wertung erlauben, dass eine Zahlung unberechtigt war (*OLG Oldenburg* ZMR 2008, 239 f.).

2. Der Inhalt der Belege

232 Die Belege selbst müssen naturgemäß den verbuchten Geschäftsvorfall erkennen lassen. Dies erfordert neben der Höhe des geflossenen Betrags eine stichwortartige Bezeichnung der Maßnahme und die Identifizierbarkeit des Geschäftspartners, was bei Rechnungen über Brennstofflieferungen, sonstige Anschaffungen etwa von Gartengeräten, Dienstleitungen etwa von Rechtsanwälten oder Steuerberatern sowie Handwerkerleistungen, in aller Regel selbstverständlich ist (*OLG Oldenburg* ZMR 2008, 238). Allenfalls ist der Bezug zur Wohnanlage etwa bei Käufen wie Reinigungsmitteln o.Ä., die überall Anwendung finden, nicht durch den Kassenbeleg nachzuweisen. Hier wird die Ergänzung des Belegs durch einen handschriftlichen Vermerk etwa des Verwalters oder des Hausmeisters über den Verwendungszweck üblicherweise ausreichen. Schwieriger sind Geschäftsvorfälle zu dokumentieren, die üblicherweise nicht durch Fremdbelege quittiert werden, wie insbesondere Trinkgelder. In diesen eng begrenzten Ausnahmefällen ist auch ein **Eigenbeleg** des Verwalters bzw. des sonst für den Geschäftsvorfall Verantwortlichen zulässig.

V. Aufbewahrungspflichten

233 Für die Aufbewahrung der Unterlagen sind die allgemeinen Regelungen des Handels-, hilfsweise des Steuerrechts auch im Innenverhältnis zwischen Gemeinschaft und Verwalter heranzuziehen. Demnach sind die Bücher selbst analog § 257 Abs. 4 HGB **10 Jahre** aufzubewahren, ebenso die Belege (Jennißen IX Rn. 30). Sofern die Gemeinschaft eigene Arbeitnehmer, etwa einen Hausmeister, beschäftigt, sind die Lohnkonten nach **§ 41 Abs. 1 S. 6 EStG** bis zum Ablauf des 6. Kalenderjahres, das auf die zuletzt gebuchte Lohnzahlung folgt, aufzubewahren. Die genehmigten Beschlussvorlagen über Nachschüsse und Anpassung der Vorschüsse sind als Anlage zum Protokoll ohne zeitliche Beschränkung aufzubewahren. Ein **Eigentümerbeschluss, der dem Verwalter die vorzeitige Vernichtung von Unterlagen gestattet**, ist wegen Verstoßes gegen diese zwingenden Vorschriften nichtig (*OLG München* ZMR 2009, 67; a.A. Niedenführ/*Vandenhouten* § 28 Rn. 168). Der Beschluss, dem Verwalter für die Aufbewahrung eine **Sondervergütung** zu gewähren ist anfechtbar, da diese zu seinen gesetzlich vorgesehenen Mindestaufgaben gehört (vgl. *AG Königstein* NZM 2000, 876). Anderes kann nur für die Zeit nach Ablauf der Aufbewahrungsfristen gelten. Hier ist aber die Aufbewahrung in Gemeinschaftsräumen vorzugswürdig, deren Genehmigung daher grundsätzlich ordnungsmäßiger Verwaltung entspricht.

I. Mehrhausanlagen

I. Mehrhausanlagen mit Binnendifferenzierung (Untergemeinschaften)

1. Keine Untergemeinschaften aufgrund bloßer Abtrennbarkeit

234 Vorstehende Ausführungen gelten auch dann, wenn die Liegenschaft aus mehr als nur einem Haus besteht. Die bloße Existenz abtrennbarer Eigentümergruppen z.B. in Mehrhausanlagen genügt nicht, um getrennte Beschlussfassungen vorzunehmen (*AG Regensburg* ZMR 2010, 649; *AG Bonn* ZMR 2012, 995, 997; *Schultzky* ZMR 2011, 521). Dasselbe gilt für eine entsprechend differenzierte Abrechnung öffentlicher Abgaben und Steuern; diese sind ohne abweichende Regelung in der Gemeinschaftsordnung Ausgaben der Gesamtgemeinschaft und nach dem allgemeinen Schlüssel umzulegen (*LG München I* ZMR 2016, 228, 229).

2. Möglichkeit der Differenzierung

Die Gemeinschaftsordnung kann in diesen Fällen aber eine Differenzierung nach Untergemeinschaften vorsehen, so dass für die **Untergemeinschaften** eigene Wirtschaftspläne aufzustellen sind (*BGH* ZMR 2012, 979 f.; ZMR 2015, 726, 728; ZMR 2018, 234, 235; *LG München I* ZMR 2011, 414 f.; *LG Itzehoe* ZMR 2013, 925; *AG Karlsruhe-Durlach* ZMR 2010, 565 f.; *AG Hamburg-St. Georg* ZMR 2013, 665 f.; *Armbrüster*, ZWE 2011, 111). Dies folgt allerdings noch nicht aus der Regelung, dass für jedes Haus eine eigene Erhaltungsrücklage zu bilden ist (*LG München I* ZMR 2016, 228, 231). Ein auf die Bildung selbständiger Einheiten gerichteter **Beschluss** wäre ohne Öffnungsklausel nichtig (*LG Itzehoe* ZMR 2013, 925 f.). Zulässig ist es dann umgekehrt, auch nur diese Eigentümer mit den Kosten hierfür zu belasten (*AG Köln* ZMR 2009, 234 f.). 235

3. Rechtsnatur der Bildung von Untergemeinschaften

Die **Rechtsnatur derartiger Regelungen** ist umstritten. Sofern nur bei den Kosten differenziert wird, handelt es sich wohl um eine reine Modifikation zu § 16 Abs. 2 WEG. Sieht die Gemeinschaftsordnung eigene Beschlüsse der Untergemeinschaften vor, liegt es nahe, derartige Regelungen als Stimmverbote der nicht betroffenen Wohnungseigentümer anzusehen (*AG Bremen* ZMR 2012, 905, 907; *Abramenko* ZWE 2011, 162). Denn rechtlich handelt es sich bei den Beschlüssen von Untergemeinschaften um Beschlüsse der gesamten Gemeinschaft. Dies geht nicht zuletzt daraus hervor, dass sich eine **Anfechtung solcher Beschlüsse gegen die Gemeinschaft**, nicht nur gegen die Eigentümer der betroffenen Untergemeinschaft richten muss (*BGH* ZMR 2012, 285; ZMR 2018, 234, 235; *AG Karlsruhe-Durlach* ZMR 2010, 565 f. *AG Bremen* ZMR 2012, 907; *AG Saarbrücken* ZMR 2013, 79; überholt daher *LG München I* ZMR 2011, 413 u. ZMR 2012, 123). Die Bildung von Untergemeinschaften stellt in jedem Fall auch bei weitestgehender Verselbständigung nur eine Binnendifferenzierung dar. Erhaltungsrücklagen der Untergemeinschaften bleiben Vermögen des Gesamtverbandes (*BGH* ZMR 2015, 726, 728; *LG Hamburg* ZMR 2016, 391, 392; *AG Verden* ZMR 2015, 419 f.). Sie sind nur buchhalterische Unterkonten (*LG Hamburg* ZMR 2016, 391, 393). Untergemeinschaften sind nach einhelliger Auffassung auch **nicht (teil)rechtsfähig** (*OLG Naumburg* ZMR 2009, 389; *OLG Koblenz* ZMR 2011, 225; *LG München I* ZMR 2017, 328, 330; *AG Bremen* ZMR 2012, 905, 906). Deshalb müssen auch rückständige Forderungen auf Wirtschaftspläne oder Sonderumlagen von Untergemeinschaften durch die Gesamtgemeinschaft geltend gemacht werden (*LG Hamburg* ZMR 2017, 666). Vertragspartner Dritter bei Maßnahmen in der Untergemeinschaft bleibt der Gesamtverband (*LG Hamburg* ZMR 2017, 666, 668). Auch die **Haftung aus § 9a Abs. 4 WEG** trifft alle Wohnungseigentümer, nicht nur diejenigen der Untergemeinschaft (*BGH* ZMR 2018, 234, 236; *LG München I* ZMR 2017, 328, 330). Ebenso kann kein eigener Verwalter der Untergemeinschaft bestellt werden (*LG Nürnberg-Fürth* ZMR 2010, 315). Die Regelung in der Gemeinschaftsordnung, wonach ein Verwaltungsbeirat für die Untergemeinschaft zu bestellen ist, wurde allerdings als wirksam angesehen (*AG Pinneberg* ZMR 2018, 463, 465). 236

II. Folgen der Bildung von Untergemeinschaften

Die Begrifflichkeit »Untergemeinschaft« täuscht eine Einheitlichkeit vor, die in der Praxis nicht existiert. Welche Folgen sich für die Gemeinschaft ergeben, folgt aus den konkreten Regelungen der Gemeinschaftsordnung. Sie kann es dabei belassen, nur bestimmte Kosten einer Gruppe von Eigentümern aufzuerlegen, kann aber auch eine weitgehende Verselbständigung bis hin zum exklusiven Stimmrecht bestimmter Eigentümergruppen (*LG Hamburg* ZMR 2017, 666, 667) oder sogar eigenen Eigentümerversammlungen der Untergemeinschaften anordnen (*AG Pinneberg* ZMR 2018, 463). Grundsätzlich ist die Differenzierung zurückhaltend, nicht über den Wortlaut der Gemeinschaftsordnung hinaus zu handhaben. So ist die Zuweisung bestimmter Kosten ohne entsprechende Anordnung in der Gemeinschaftsordnung nicht damit verbunden, dass der Untergemeinschaft auch bestimmte **Einnahmen** zur eigenen Verwaltung zustehen (*LG München I* ZMR 2016, 228, 229) oder dass diese eigene Wirtschaftspläne aufstellen darf/kann (*LG Dortmund* ZMR 2017, 995, 996). Es gibt keine »Kompetenz kraft Sachzusammenhangs«, wonach aus einer Zuständigkeit auch die 237

Befugnis folgt, über weitere Gegenstände zu entscheiden (*AG Solingen* ZMR 2018, 383 f.). Die Möglichkeit, alleine über eigene Angelegenheiten zu entscheiden, impliziert nur die Verpflichtung zur Ansammlung einer Erhaltungsrücklage (*BGH* ZMR 2018, 234, 236). Dies bedeutet aber nicht, dass die Untergemeinschaft alleine über Höhe und Verwendung zu entscheiden hat (*AG Solingen* ZMR 2018, 383, 384). Sieht die Gemeinschaftsordnung aber eigene Beschlüsse von Untergemeinschaften vor, ist ein Beschluss der gesamten Eigentümerversammlung über eine Angelegenheit der Untergemeinschaft ebenso anfechtbar (*AG Aachen* ZMR 2011, 752) wie ein Beschluss, der eine Kostenlastregelung zuungunsten der Untergemeinschaft nicht beachtet (*AG Köln* ZMR 2009, 234 f.; *AG Hamburg-St. Georg* ZMR 2013, 665 f.). Umgekehrt kann die Untergemeinschaft nicht über Angelegenheiten beschließen, die die Gesamtgemeinschaft betreffen (*LG München I* ZMR 2017, 328 f.; *LG Dortmund* ZMR 2017, 995; *AG Pinneberg* ZMR 2018, 463), insbesondere nicht über **Kosten der Gesamtgemeinschaft** (*LG Hamburg* ZMR 2016, 391 f.). Die quotale Haftung nach § 9a Abs. 4 WEG ist aber kein solche Angelegenheit der Gesamtgemeinschaft, da sie immer besteht und wirtschaftlich selbständige Untergemeinschaften dann nicht möglich wären (*BGH* ZMR 2018, 234, 236). In Mehrhausanlagen mit selbstständig wirtschaftenden Untergemeinschaften sind in der Jahresabrechnung entsprechende **Differenzierungen auch hinsichtlich der Erhaltungsrücklage** vorzunehmen (*BGH* ZMR 2015, 726, 728; *KG* ZMR 2008, 69; *AG Aachen* ZMR 2011, 752 f.; *AG Aachen* ZMR 2011, 752 f.; *AG Saarbrücken* ZMR 2013, 153 f.; *Armbrüster*, ZWE 2011, 111). Sieht die Gemeinschaftsordnung eigene Wirtschaftspläne der Untergemeinschaften vor, können diese auch Sonderumlagen erheben (*LG Hamburg* ZMR 2017, 666, 667).

III. Auswirkungen auf das Finanzwesen

238 Ob Jahresabrechnungen für Untergemeinschaften erforderlich sind, wird unterschiedlich beantwortet (bejahend *LG Hamburg* ZMR 2016, 391, 392; *AG Saarbrücken* ZMR 2013, 153; ZMR 2013, 153; verneinend *AG Bremen* ZMR 2012, 905, 907). Sofern man diese Frage verneint, bleibt die Abrechnung nach Untergemeinschaften eine bloße **Frage der Einzelabrechnungen**; auch die auf die Untergemeinschaften entfallenden Ausgaben sind dann in die Gesamtabrechnung einzustellen (*Armbrüster*, ZWE 2011, 111). In jedem Falle muss eine Jahresabrechnung für die Gesamtgemeinschaft erstellt werden (*LG Hamburg* ZMR 2016, 223, 225; zum Verhältnis der Abrechnungen in Unter- und Gesamtgemeinschaft s. *LG München I* ZMR 2016, 228 ff.; ähnlich *LG Hamburg* ZMR 2016, 391, 392). Die Abrechnungsspitzen aus den Jahresabrechnungen von Unter- und Gesamtgemeinschaft stellen aber in jedem Fall eine einheitliche Wohngeldschuld dar (*AG Saarbrücken* ZMR 2013, 153). Soweit die Teilungserklärung für Mehrhausanlagen die getrennte Abrechnung bestimmter Kosten nach Gebäuden vorsieht, sind neben der Erhaltungsrücklage für das gesamte Gemeinschaftseigentum auch **Einzelrücklagen für die verschiedenen Häuser** zu bilden (*BayObLG* NJW-RR 1988, 274; *KG* ZMR 2008, 69;.

§ 29 Verwaltungsbeirat

(1) Wohnungseigentümer können durch Beschluss zum Mitglied des Verwaltungsbeirats bestellt werden. Hat der Verwaltungsbeirat mehrere Mitglieder, ist ein Vorsitzender und ein Stellvertreter zu bestimmen. Der Verwaltungsbeirat wird von dem Vorsitzenden nach Bedarf einberufen.

(2) Der Verwaltungsbeirat unterstützt und überwacht den Verwalter bei der Durchführung seiner Aufgaben. Der Wirtschaftsplan und die Jahresabrechnung sollen, bevor die Beschlüsse nach § 28 Absatz 1 Satz 1 und Absatz 2 Satz 1 gefasst werden, vom Verwaltungsbeirat geprüft und mit dessen Stellungnahme versehen werden.

(3) Sind Mitglieder des Verwaltungsbeirats unentgeltlich tätig, haben sie nur Vorsatz und grobe Fahrlässigkeit zu vertreten.

Neuere Literatur:
Abramenko, Die schuldrechtlichen Beziehungen zwischen Verwaltungsbeirat und Wohnungseigentümergemeinschaft nach Anerkennung ihrer Teilrechtsfähigkeit, ZWE 2006, 273–277; ders., Anm. zu *LG Baden-Baden*, ZMR 2009, 473, 474; *Elzer*, Haftungsprivilegierung des Verwaltungsbeirats bei leichter Fahrlässigkeit, ZMR 2012, 171 f.; Hogenschurz, Grundsätze ordnungsgemäßer Verwaltung bei der Wahl des Verwaltungsbeirats, WuM 2010, 413–414; *Schmid*, Die Nichtöffentlichkeit der Wohnungseigentümerversammlung, ZWE 2012, 480–485.

Übersicht Rdn.

A. Die Stellung des Verwaltungsbeirats neben Verwalter und Eigentümerversammlung

I. Die Abdingbarkeit der gesetzlichen Regelungen

1. Die Einrichtung eines Verwaltungsbeirats

a) Veränderte gesetzliche Rahmenbedingungen

1 Neben Wohnungseigentümerversammlung und Verwalter ist der Verwaltungsbeirat das dritte im Gesetz vorgesehene ständige Organ der Selbstverwaltung durch die Eigentümer. Im Gegensatz zum Verwalter ist seine Einrichtung allerdings **fakultativ** und § 29 WEG im vollen Umfang dispositiv (*KG* NJW-RR 1989, 460 f.; *OLG Düsseldorf* ZMR 1991, 32; *BayObLG* NJW-RR 1994, 338 = ZMR

1994, 69 = WuM 1994, 45). Daher kann die Bestellung eines Verwaltungsbeirats durch die Gemeinschaftsordnung oder eine Vereinbarung ausgeschlossen (*BayObLG* NJW-RR 1994, 338 f. = ZMR 1994, 69 f. = WuM 1994, 45) oder von der Zustimmung aller Wohnungseigentümer abhängig gemacht werden (*AG München* ZMR 2010, 812). Die früher zutreffende Auffassung, dass § 29 WEG ohne Öffnungsklausel nicht durch **Mehrheitsbeschluss geändert werden kann**, da dieser auf eine Abänderung der gesetzlichen Regelung zielte (*BGH* ZMR 2010, 546; *BayObLG* NJW-RR 1994, 339 = ZMR 1994, 70 = WuM 1994, 45; *AG Hannover*, ZMR 2015, 160 f.; vgl. *BGH* ZMR 2000, 774), hat ihre Bedeutung weitgehend verloren. Denn nach der neuen Fassung der Vorschrift steht mit der Formulierung des Gesetzes, wonach die Wohnungseigentümer einen Verwaltungsbeirat bestellen können, sowohl die Entscheidung über dessen Einrichtung als solche wie auch seine konkrete Besetzung in deren Belieben (Jennißen/*Hogenschurz* § 29 Rn. 6). Demnach können sie die Bestellung eines Verwaltungsbeirates nicht nur ohne weiteres unterlassen, sondern sogar durch Beschluss auf Dauer ablehnen. Ebenso ist die Zahl jetzt nicht mehr gesetzlich festgelegt. Daraus zu folgern, dass zunächst zwingend die Zahl der Beiratsmitglieder beschlossen werden muss (*AG Sonthofen* ZMR 2022,160), findet im Gesetzeswortlaut keine Stütze. Nach wie vor gesetzlich geregelt und nur durch Vereinbarung oder vereinbarungsersetzenden Beschluss kraft Öffnungsklausel zu ändern sind die Bestellung der Verwaltungsbeiratsmitglieder aus dem Kreise der Wohnungseigentümer, ihre Befugnisse gemäß § 29 Abs. 2 WEG und die neue Haftungsprivilegierung gemäß 29 Abs. 3 WEG.

b) Regelungen in der Gemeinschaftsordnung

aa) Fortgelten oder Außerkrafttreten von Altregelungen

Regelungen in Gemeinschaftsordnungen, die vor dem 01.12.2020 in Kraft traten, gelten nur nach 2
Maßgabe des § 47 WEG fort. Wiederholt die Gemeinschaftsordnung also nur wörtlich oder sinngemäß den alten Gesetzestext, steht sie der Anwendung neuen Rechtes nicht entgegen, tritt also außer Kraft. Dies wird häufig die Zahl der drei Verwaltungsbeiratsmitglieder erfassen, wenn sie schlicht aus dem Gesetz übernommen wurde. Hingegen behalten Regelungen, die auf die Liegenschaft zugeschnitten wurden, etwa in Mehrhausanlagen die Vertretung jedes Hauses im Verwaltungsbeirat ihre Wirkung.

bb) Änderungen der Gemeinschaftsordnung

Fortwirkende Regelungen der Gemeinschaftsordnung können durch Mehrheitsbeschluss nur geändert 3
werden, wenn eine Öffnungsklausel hierfür Beschlusskompetenz verleiht. Wird etwa die Einrichtung des Verwaltungsbeirates **in der Gemeinschaftsordnung ausgeschlossen**, kann sie nicht mit Mehrheit beschlossen werden, da dies auf eine Änderung der Teilungserklärung hinausliefe. Ein solcher Ausschluss muss aber ausdrücklich bestimmt sein (*BayObLG* WuM 1994, 45 f.); die bloße Streichung der Vorschriften zum Verwaltungsbeirat im Formular einer Teilungserklärung genügt nicht (*OLG Köln* Rpfleger 1972, 261). Fordert die Gemeinschaftsordnung für die Bestellung des Verwaltungsbeirats **Einstimmigkeit** (zur Wirksamkeit dieser Bestimmung s. *BayObLG* ZMR 2005, 380), so ist seine Wahl durch Mehrheitsbeschluss nur anfechtbar (*AG München* ZMR 2010, 812), nicht aber nichtig, da die einmalige Bestellung lediglich einen Verstoß gegen die Teilungserklärung darstellt, nicht aber ihre Änderung für die Zukunft (*BayObLG* NZM 2002, 530). Die **Abänderung derartiger Regelungen** in der Gemeinschaftsordnung bedarf ihrerseits wieder einer Vereinbarung, selbst wenn der nach Gesetzesrecht geltende Zustand hergestellt werden soll (*AG München* ZMR 2010, 812). Im Übrigen steht es den Wohnungseigentümern beim Ausschluss eines Verwaltungsbeirates offen, die Überprüfung von Jahresabrechnung und Wirtschaftsplan oder andere **Aufgaben des Verwaltungsbeirats einzelnen Wohnungseigentümern zu übertragen** (*BayObLG* NJW-RR 1994, 339). Im Gegensatz zum Verwalter kann ein Verwaltungsbeirat auch für Untergemeinschaften installiert werden (*AG Pinneberg* ZMR 2018, 463, 465; a.A. Dötsch/Schultzky/Zschieschack WEG-Recht 2021 § 11 Rn. 9; Jennißen/*Hogenschurz* § 29 Rn. 7). Denn hierdurch kann anders als beim Verwalter keine Unklarheit für den Rechtsverkehr aufkommen, da der Verwaltungsbeirat ohnehin nicht für die

Wohnungseigentümergemeinschaft auftreten kann. Allerdings sind die Befugnisse des Verwaltungsbeirates einer Untergemeinschaft auf diese beschränkt. So kann er analog § 24 Abs. 3 WEG zu Teileigentümerversammlungen der Untergemeinschaft einberufen, wenn solche in der Gemeinschaftsordnung vorgesehen sind, nicht aber zu Eigentümerversammlungen der Gesamtgemeinschaft.

2. Die Erweiterung und Einschränkung des Aufgabenbereichs

a) Modifikationen der gesetzlichen Regelungen durch Gemeinschaftsordnung und Vereinbarung

4 Aus der fakultativen Natur des Verwaltungsbeirats folgt ferner, dass ihm durch Gemeinschaftsordnung oder Vereinbarung sämtliche gesetzlich zugewiesenen Aufgaben genommen oder **anderen Gremien** wie Bau- oder Haushaltsausschüssen übertragen werden können (zur Zulässigkeit solcher Ausschüsse s. *LG Hamburg* ZMR 2012, 475). Die Stellung der Mitglieder solcher Gremien unterscheidet sich von derjenigen des Verwaltungsbeirats dadurch, dass der in den Verwaltungsbeirat Gewählte an dessen Sitzungen teilnehmen und seine Stimme dort abgeben kann, das Mitglied sonstiger Ausschüsse nicht (*OLG Düsseldorf* WE 1995, 279). Die Bestellung des Verwaltungsbeirates kann auch gänzlich ausgeschlossen werden (Dötsch/Schultzky/Zschieschack WEG-Recht 2021 § 11 Rn. 2). Der Verwaltungsbeirat kann aber auch entsprechend gesellschaftsrechtlichen Vorbildern als **Organ mit weitreichenden Befugnissen** ausgestaltet werden (*OLG Hamm* NJW-RR 1997, 1233 = ZMR 1997, 434; ähnlich *OLG Zweibrücken* NJW-RR 1987, 1366). So konnte ihm infolge der Abdingbarkeit von § 28 WEG durch Gemeinschaftsordnung oder Vereinbarung selbst die **Genehmigung von Wirtschaftsplan und Jahresabrechnung** überantwortet werden (*OLG Hamm* ZMR 2008, 63), was nun wohl auf die Festsetzung der Nachzahlungen und die Anpassung der Vorschüsse zu übertragen ist. Ihm können auch Kontrollbefugnisse, etwa Zustimmungsvorbehalte bei Ausgaben, zugewiesen werden. Erhält er derartige zusätzliche Kompetenzen, so kann seine Entscheidung ähnlich wie beim Verwalter **von der Eigentümerversammlung korrigiert** werden, wenn ihm nicht ausdrücklich Letztentscheidungsbefugnis eingeräumt wurde. Die nachträgliche Erweiterung des Aufgabenbereichs bedarf allerdings der Zustimmung der amtierenden Mitglieder des Verwaltungsbeirats (*Jennißen/Hogenschurz* § 29 Rn. 58). Nach Streichung von § 27 Abs. 4 WEG a.F. können ihm auch Aufgaben des Verwalters zugewiesen werden, die diesem früher nicht entzogen werden konnten (hierzu s. *OLG Zweibrücken* NJW-RR 1987, 1366; *OLG Hamburg* ZMR 2008, 154). Eine Grenze zieht nur § 9b Abs. 1 S. 3 WEG, wonach die Vollmacht des Verwalters nicht, auch nicht zugunsten des Verwaltungsbeirats, beschränkt werden kann (restriktiver, aber unter Heranziehung der Rechtsprechung vor dem WEMoG Jennißen/*Hogenschurz* § 29 Rn. 56ff.). Lediglich unabdingbar den Eigentümern zugewiesene Befugnisse, etwa zur Bestellung und Abberufung des Verwalters oder zur Aufhebung oder Abänderung von Beschlüssen der Eigentümerversammlung (*BayObLG* Rpfleger 1980, 23; *OLG Hamburg* ZMR 2008, 154) können dem Verwaltungsbeirat nicht zugewiesen werden.

b) Modifikationen der gesetzlichen Regelungen durch Mehrheitsbeschluss

5 Hingegen können die Befugnisse des Verwaltungsbeirats ohne Öffnungsklausel durch Beschluss der Eigentümerversammlung grundsätzlich nicht **abstrakt-generell für die Zukunft** erweitert oder eingeschränkt werden, da dies auf eine Änderung der gesetzlich geregelten Aufgaben hinausliefe, wofür der Wohnungseigentümerversammlung die Beschlusskompetenz fehlt (*BGH* ZMR 2000, 771 ff.). Auch aus Praktikabilitätsgründen, etwa zur Vereinfachung der Verwaltung, ist auf diesem Wege keine Übertragung von Aufgaben der Eigentümerversammlung auf den Verwaltungsbeirat möglich. Insbesondere kann ihm auch bei einer Beschränkung auf bestimmte Auftragssummen nicht die generelle Befugnis verliehen werden, über die vom Verwalter vorgeschlagenen Maßnahmen der Erhaltung (Instandhaltung oder Instandsetzung) zu entscheiden (*OLG Düsseldorf* ZMR 2001, 304). Die Problematik einer zu schwerfälligen Verwaltung ist jetzt aber durch § 27 Abs. 2 WEG entschärft worden, wonach dem Verwalter auch durch Beschluss weitergehende Befugnisse eingeräumt werden können. Im **Einzelfall** kann das rechtsgeschäftliche Handeln des Verwaltungsbeirats zudem durch

Beschluss genehmigt werden, wenn es ordnungsmäßiger Verwaltung entspricht (*OLG Hamburg* ZMR 2008, 226). Nach wie vor kann ihm die Entscheidung über die Entlastung des Verwalters nicht durch Mehrheitsbeschluss übertragen werden (*BayObLG* NJW-RR 1988, 1168 f.). Denn eine § 27 Abs. 2 WEG entsprechende Regelung fehlt für den Verwaltungsbeirat. Die Eigentümer können aber durch Mehrheitsbeschluss **zusätzliche Ausschüsse** einrichten, die nicht die gesetzlichen Kompetenzen des Verwaltungsbeirats beschränken (*BGH* ZMR 2010, 546).

II. Die Ergänzungsfunktion des Verwaltungsbeirats

Seiner gesetzlichen Konzeption nach nimmt der Verwaltungsbeirat neben Wohnungseigentümer- 6
versammlung und Verwalter nur ergänzende Funktionen wahr (*OLG Düsseldorf* NJW-RR 1998, 14 = ZMR 1997, 606). Hierdurch hat sich durch die neue Aufgabe der »Überwachung« des Verwalters nichts geändert. Daher kann er den Verwalter nicht aus eigenem Recht etwa zum Abschluss von Verträgen ermächtigen (vgl. *OLG Celle* ZMR 2001, 643 f.; *AG Hamburg* ZMR 2015, 811, 813), entlasten (*BayObLG* WE 1988, 208), abberufen (BayObLGZ 1965, 41), sonstige Verträge im Namen der Wohnungseigentümer schließen (*OLG Düsseldorf* WE 1998, 37 f.) oder gar Beschlüsse der Eigentümerversammlung aufheben (*BayObLG* Rpfleger 1980, 23; *LG München I* ZMR 2012, 815). Mangels eigener Verwaltungsbefugnis benötigt er auch keine Kontovollmacht (*LG Frankfurt/M.* ZMR 2018, 617, 619). Er soll den Verwalter unterstützen und überwachen (§ 29 Abs. 2 S. 1 WEG),insbesondere dessen Beschlussvorlage zu Jahresabrechnung und Wirtschaftsplan prüfen (§ 29 Abs. 2 S. 2 WEG). Die Zerstörung des Vertrauensverhältnisses zwischen Verwaltungsbeirat und Verwalter wurde daher als wichtiger Grund angesehen, Letzteren abzuberufen (*BayObLG* ZMR 1999, 269 f.; *OLG Köln* ZMR 2007, 718; vgl. § 26 Rdn. 40, jetzt wegen § 26 Abs. 3 WEG weitgehend bedeutungslos). Der Verwaltungsbeirat war aber nach früherem Recht nicht verpflichtet, die laufende **Verwaltungstätigkeit des Verwalters zu überwachen** (BayObLGZ 1972, 165) oder gar Verwaltungsmaßnahmen des Verwalters zu beanstanden (*LG Hamburg* ZMR 2017, 915, 916). Dies dürfte durch die neue Aufgabe, den Verwalter zu »überwachen«, wohl überholt sein. Er ist nicht verpflichtet, auf die Ergänzung der Tagesordnung hinzuwirken, auch wenn die Aufnahme bestimmter Tagesordnungspunkte objektiv geboten erscheint (*BGH* WuM 2018, 446 = MDR 2018, 859). Ebenso wenig ist er Vertreter der Wohnungseigentümer gegenüber dem Verwalter (*OLG Hamm* NJW-RR 1997, 1233 = ZMR 1997, 434; *OLG Koblenz* ZMR 1999, 584); die Regelung des § 9b Abs. 2 WEG ist auf die Wohnungseigentümergemeinschaft beschränkt. Allerdings hat der *BGH* in einer beiläufigen Bemerkung dem Verwaltungsbeirat angesonnen, bei mangelhafter **Beschlussdurchführung** durch den Verwalter auf eine korrekte Durchführung hinzuwirken (*BGH*, Urt. v. 08.06.2018 – V ZR 125/17, ZMR 2018, 777 Rn. 23), was schon nach altem Recht nicht ganz systemkonform erscheint. Nach neuem Recht steht dieser Anspruch von vorneherein nur der Wohnungseigentümergemeinschaft zu, für die der Verwaltungsbeirat nicht ohne weiteres handeln kann. Nicht selten kommt dem Verwaltungsbeirat infolge seiner Vertrauensposition aber **Streit schlichtende Funktion** bei Auseinandersetzungen mit dem Verwalter (oder innerhalb der Gemeinschaft) zu. Darüber hinaus kann der Verwaltungsbeirat auch **von sich aus tätig werden** und etwa für eine anstehende Verwalterbestellung Angebote einholen und unter diesen eine Vorauswahl treffen, sofern dies die Möglichkeit der Eigentümer, eigene Kandidaten zu präsentieren, nicht beeinträchtigt (*OLG Düsseldorf* ZMR 2002, 214). Er ist dem Interesse aller Wohnungseigentümer verpflichtet und muss deren **Weisungen** gem. §§ 662, 665 BGB Folge leisten.

B. Bestellung und Abberufung des Verwaltungsbeirats (§ 29 Abs. 1 S. 1 WEG)

I. Die Bestellung des Verwaltungsbeirats

1. Die Beschlussfassung

a) Die Verleihung der organschaftlichen Stellung

aa) Bestellung in der Teilungserklärung?

7 Wie beim Verwalter ist auch beim Verwaltungsbeirat zwischen der organschaftlichen Verleihung des Amtes und den schuldrechtlichen Beziehungen zwischen Beiratsmitgliedern und Wohnungseigentümergemeinschaft zu unterscheiden. Sofern die Möglichkeit der Bestellung des ersten Verwaltungsbeirates in der Teilungserklärung erwogen wird, (diskutiert von Jennißen/*Hogenschurz* § 29 Rn. 12) dürfte dies nicht nur eine rein theoretische Überlegung darstellen. Allerdings dürfte eine solche Bestellung in der Teilungserklärung nunmehr unzulässig sein. Denn sie erfolgt entgegen § 29 Abs. 1 WEG nicht durch Beschluss der Wohnungseigentümer, sondern vor Entstehung der Wohnungseigentümergemeinschaft durch einen Dritten.Die im Zusammenhang mit dem Verwalter vorgebrachten Praktikabilitätserwägungen hierfür (s. zuletzt *BGH* v. 11.03.2022 – V ZR 77/21, ZMR 2022, 566 = ZfIR 2022, 336) sind schon nach altem Recht für den Verwaltungsbeirat ohne Bedeutung, da mit dem Verwalter der Einstieg in die Verwaltung der Gemeinschaft ohne weiteres möglich ist. Im Übrigen begegnet diese Praxis nach neuem Recht selbst beim Verwalter erheblichen Bedenken (s. § 26 Rdn. 9 ff.).

bb) Bestellung durch Beschluss

8 Die Bestellung des Verwaltungsbeirats erfolgt wie diejenige des Verwalters durch Mehrheitsbeschluss, nur im schriftlichen Verfahren gem. § 23 Abs. 3 WEG durch allstimmigen Beschluss. Bei der **Ankündigung der Beschlussfassung** in der Einberufung ist besondere Sorgfalt geboten. Anders als beim Verwalter genügt die Angabe »Neuwahl des Verwaltungsbeirats« jedenfalls dann nicht, wenn aufgrund unterschiedlicher Laufzeiten nicht auf Anhieb ersichtlich ist, welche Mitglieder neu zu bestellen sind. In diesen Fällen bedarf es der genauen Angabe, auf welches bisherige Mitglied sich die Wahl bezieht. Nach einer spontanen Amtsniederlegung ist die Neubestellung auf derselben Eigentümerversammlung ohne Nennung in der Ladung zulässig (*AG Hamburg-Wandsbek* ZMR 2007, 151 – zweifelhaft). Die Ankündigung der »**Neuwahl des Verwaltungsbeirats**« deckt bei unbefristet bestelltem Verwaltungsbeirat jedenfalls auch die Beschlussfassung darüber ab, ob überhaupt ein neuer Verwaltungsbeirat bestellt werden soll (*OLG München* ZMR 2007, 997 f.), Wie bei der Wahl des Verwalters kann ein Wohnungseigentümer, der sich zur Wahl stellt, **an der Abstimmung teilnehmen** (*BayObLG* WE 1991, 227). Die Mitglieder können einzeln gewählt werden (*Lehmann-Richter/Wobst* WEG-Reform 2020 § 7 Rn. 573). Eine »**Blockwahl**« ist aber jedenfalls dann zulässig, wenn hiergegen in der Eigentümerversammlung keine Bedenken erhoben werden (*KG* ZMR 2004, 776; *OLG Hamburg* ZMR 2005, 396; Staudinger/*Lehmann-Richter* § 29 Rn. 10). Allerdings muss auch dann, wenn nur ein Kandidat zur Wahl steht, die Möglichkeit bestehen, mit »Nein« zu stimmen (*AG Sonthofen* ZMR 2022,161). Wie bei der Wahl des Verwalters bedarf seine Wahl der absoluten nicht nur der relativen **Mehrheit** der abgegebenen Stimmen. Bei Stimmengleichheit ist kein Bewerber gewählt; ein Losentscheid ersetzt nicht den Mehrheitswillen und ist vorbehaltlich einer abweichenden Regelung in der Gemeinschaftsordnung nicht zulässig (Jennißen/*Hogenschurz* § 29 Rn. 9). Wird die Mehrheit etwa bei der Nachwahl eines Kandidaten erreicht, ist dieser bestellt, ohne dass es der Abstimmung über Mitbewerber bedarf (*OLG Düsseldorf* NJW-RR 1991, 595). Die Gemeinschaftsordnung kann aber anders als beim Verwalter **abweichende Mehrheiten** bis hin zur Einstimmigkeit vorsehen (Jennißen/*Hogenschurz* § 29 Rn. 14, auch zur Änderung dieses Modus durch langjährige Übung). Nach allgemeinen Regeln ist für das Ergebnis der Abstimmung die **Verkündung** des Versammlungsleiters auch im Fall ihrer Unrichtigkeit maßgeblich und muss in diesem Fall angefochten werden (*BGH* ZMR 2001, 811 ff.). Die Bestellung ist wie beim Verwalter zunächst ein interner Akt. Erst mit der **Annahme** erlangt der Gewählte die organschaftliche Stellung als Mitglied des Verwaltungsbeirats.

b) Weitere Regelungen zur organschaftlichen Stellung des Verwaltungsbeirats

Daneben kann die Eigentümerversammlung weitere Regelungen zur organschaftlichen Stellung des Verwaltungsbeirats treffen, was angesichts der fehlenden gesetzlichen Regelungen ratsam sein kann. Insbesondere sieht das Gesetz anders als beim Verwalter etwa keine Höchstdauer der Bestellung vor (*OLG Köln* ZMR 2000, 638; Jennißen/*Hogenschurz* § 29 Rn. 21). Ohne nähere Bestimmung ist der Verwaltungsbeirat daher auf unbestimmte Zeit bestellt (*OLG Hamm* ZMR 1999, 281; *OLG Köln* ZMR 2000, 638). Eine **Befristung** kann somit, sofern die Gemeinschaftsordnung keine abweichende Bestimmung enthält, auch beim Bestellungsakt vorgenommen werden. Die organschaftliche Stellung endet in diesem Fall mit dem Ablauf der Bestellungszeit. Ein **Gleichlauf mit der Amtszeit des Verwalters** empfiehlt sich allerdings nicht, da die Kontinuität wenigstens eines Organs die Effektivität der Unterstützung und die Kontrolle des Verwalters erleichtert. Zudem wäre dann kein Organ mehr vorhanden, das die zur Neubestellung von Verwalter und Verwaltungsbeirat erforderliche Wohnungseigentümerversammlung einberufen könnte (*Drasdo* in: Deckert: Die ETW, Gr. 4 Rn. 5049). Möglich ist auch die **bedingte Bestellung** etwa für den Fall des Ausscheidens eines amtierenden Mitgliedes des Verwaltungsbeirats (Jennißen/*Hogenschurz* § 29 Rn. 21; a.A. *Drasdo* in: Deckert, Die ETW, Gr. 4 Rn. 5014). 9

2. Fehler des Bestellungsbeschlusses

a) Formelle und materielle Fehler

Die **Nichtigkeit** der Wahl zum Verwaltungsbeirat kommt nur in Ausnahmefällen, etwa bei sittenwidriger Ausnutzung der Stimmenverhältnisse durch einen Wohnungseigentümer in Betracht (*OLG Schleswig* NJW-RR 2006, 595 = ZMR 2006, 315 f.). Ansonsten ist die Bestellung nach allgemeinen Grundsätzen des Beschlussrechts anfechtbar, zum einen also bei formellen Mängeln. Dies kommt z.B. in Betracht, wenn nicht **ordnungsgemäß einberufen** wurde (vgl. o. Rdn. 8). Materiellrechtlich ist die Bestellung eines Verwaltungsbeirats fehlerhaft, wenn sie ordnungsmäßiger Verwaltung widerspricht. Ob bereits die **massive Unterstützung durch interessierte Dritte**, etwa den Bürgermeister, die Ordnungsmäßigkeit der Bestellung infrage stellt (so *AG Offenbach* ZMR 2013, 146), erscheint zweifelhaft. Da der Verwaltungsbeirat den Verwalter jedenfalls im Rahmen der §§ 23 Abs. 3, 29 Abs. 2 WEG kontrollieren soll, entspricht die Bestellung eines von ihm abhängigen oder wirtschaftlich mit ihm verflochtenen Kandidaten nicht ordnungsmäßiger Verwaltung (*AG Offenbach* ZMR 2018, 380 f.). Ein Verstoß gegen Grundsätze ordnungsmäßiger Verwaltung ist wie beim Verwalter dann anzunehmen, wenn ein wichtiger Grund gegen die Bestellung des Gewählten spricht, der eine **Zusammenarbeit mit ihm unzumutbar** macht (*BayObLG* ZMR 2003, 439). In Betracht kommt auch hier wieder schädigendes Verhalten zulasten der Gemeinschaft oder einzelner Wohnungseigentümer. Hat sich ein Wohnungseigentümer einer **unter § 17 WEG fallenden Verfehlung** schuldig gemacht, die sogar sein Verbleiben in der Eigentümergemeinschaft unzumutbar macht, so widerspricht auch seine Bestellung zum Mitglied des Verwaltungsbeirats ordnungsmäßiger Verwaltung (Jennißen/*Hogenschurz* § 29 Rn. 19; a.A., aber abwegig *LG Baden-Baden* ZMR 2009, 473). Die Bestellung eines Wohnungseigentümers, der für seine Tätigkeit vom Verwalter entlohnt wird, ist mit der Kontrollfunktion des Verwaltungsbeirates unvereinbar und widerspricht ordnungsmäßiger Verwaltung (*LG Frankfurt/M.* ZMR 2021, 922). Auch gravierende Verfehlungen, etwa Vermögensdelikte, genügen (*OLG Frankfurt am Main* NJW-RR 2001, 1669), ebenso **Schädigungen Dritter**. Hierauf darf wie beim Verwalter jeder Wohnungseigentümer in der Eigentümerversammlung hinweisen. Nach einer Amtsniederlegung fehlt der Anfechtung allerdings das Rechtsschutzbedürfnis (*AG Pinneberg* ZMR 2018, 636, 637). 10

b) Höhere Eingriffsschwelle der Gerichte

Allerdings sind an das Vorliegen solcher Umstände **strengere Anforderungen zu stellen als beim Verwalter**, da dem Verwaltungsbeirat i.d.R. keine eigenen Entscheidungsbefugnisse zukommen (*KG* ZMR 2004, 458; *OLG Köln* NJW-RR 2000, 88 = ZMR 2000, 564; ähnlich *BayObLG* ZMR 2003, 439; *LG Frankfurt/M.* ZMR 2021, 922). So können an die Eignung für die Mitgliedschaft 11 im Verwaltungsbeirat nicht dieselben Anforderungen gestellt werden wie beim Verwalter (*OLG Köln* NJW-RR 2000, 88 = ZMR 2000, 564). Anders als bei jenem bestehen **keine Neutralitätspflichten**, sodass die Vertretung einzelner Wohnungseigentümer in Verfahren gegen die Gemeinschaft oder einzelne Wohnungseigentümer nicht gegen die Ordnungsmäßigkeit der Bestellung sprechen (*OLG Frankfurt am Main* NJW-RR 2001, 1669), ebensowenig die Verfolgung eigener Ziele (*AG München* ZMR 2022, 158, 160). Auch Streit mit einigen Miteigentümern oder auch mit der überstimmten Minderheit genügen insoweit nicht (*OLG Köln* ZMR 2000, 564; *KG* ZMR 2004, 459 u. 776), ebenso wenig das voraussichtliche Ausscheiden aus der Eigentümergemeinschaft (*BayObLG* ZMR 2001, 996). Die Verfolgung eigener Interessen steht der Bestellung gleichfalls nicht grundsätzlich entgegen (*KG* ZMR 2004, 459). Erst recht können keine besonderen Qualifikationen oder gar die Absolvierung von Fortbildungsveranstaltungen verlangt werden (krit. SEHR/*Sankol* § 8 Rn. 17; Jennißen/*Hogenschurz* § 29 Rn. 3). Im Übrigen kommt der Gemeinschaft insoweit ein **erhebliches Ermessen** zu (*OLG Frankfurt am Main* NJW-RR 2001, 1669). Auch Fehler in der Verkündung des Abstimmungsergebnisses können nach allgemeinen Regeln nur im Wege der Beschlussanfechtung korrigiert werden.

c) Zulässigkeit der Diskussion unter den Eigentümern

12 Wie beim Verwalter darf sich grundsätzlich jeder Wohnungseigentümer vor und in der Beratung über die Bestellung des Verwaltungsbeirats zu derartigen gegen die Bestellung sprechenden Umständen eines Kandidaten äußern. Wie dort ist die Grenze zur (unzulässigen) **Schmähkritik** dabei weit zu ziehen. Soweit dem Verwaltungsbeirat missliebige Werturteile mit Tatsachenkern vorgehalten werden, handelt es sich grundsätzlich um eine zulässige Meinungsäußerung (*AG Düsseldorf* ZMR 2018, 263 f.).

3. Die Folgen einer erfolgreichen Anfechtung

13 Hat die Anfechtung Erfolg, ist die Bestellung ungültig. Selbst wenn ein weiterer **Kandidat mit geringerer Stimmenzahl** die erforderliche Mehrheit erreichte, wird er nicht nachträglich oder mit Rückwirkung Mitglied des Verwaltungsbeirates, da es an einer Verkündung dieses Beschlusses fehlt, wohl aber ein **aufschiebend bedingt bestellter Ersatzmann** (vgl. hierzu u. Rdn. 17). Andernfalls muss die Eigentümerversammlung eine neue Wahl durchführen. Sofern mit der Wahl des Verwaltungsbeirates über andere Regelungsgegenstände mitbeschlossen wurde, lässt deren Anfechtbarkeit die ansonsten mangelfreie Wahl unberührt (*BayObLG* ZMR 2004, 359). Die Ungültigerklärung führt nicht zur rückwirkenden Unwirksamkeit aller von diesem Beirat vorgenommenen Rechtshandlungen, weil dies etwa bei der Einberufung nach § 24 Abs. 3 WEG oder bei weiteren in der Gemeinschaftsordnung vorgesehenen Befugnissen zu einer erheblichen Rechtsunsicherheit führen würde. Wie beim Verwalter ist vielmehr davon auszugehen, dass die bis zur Ungültigerklärung der Bestellung ergriffenen Maßnahmen nach dem Rechtsgedanken von **§ 32 FGG a.F. (jetzt § 47 FamFG)** wirksam bleiben (vgl. o. § 26 Rdn. 25).

II. Die Abberufung des Verwaltungsbeirats

1. Die ordentliche Abberufung

14 Auch über die Abberufung entscheidet die Eigentümerversammlung mit Stimmenmehrheit. Wie bei der Abberufung des Verwalters ist der Betroffene bei der ordentlichen Abberufung stimmberechtigt (Jennißen/*Hogenschurz* § 29 Rn. 23). Diese sog. ordentliche Abberufung ohne besondere Gründe ist nach dem Rechtsgedanken von § 671 BGB jederzeit möglich (*KG* ZMR 1997, 545; *OLG Hamm* ZMR 1999, 281; *AG Düsseldorf* ZMR 2015, 413, 414), wenn keine bestimmte Amtsdauer vorgesehen oder die Möglichkeit der Abberufung nicht auf Fälle eingeschränkt wurde, in denen ein wichtiger Grund vorliegt (*OLG Hamm* ZMR 1999, 281). Ohne bestimmte Bestellungsdauer oder sonstige Beschränkung der Abberufung kann ein Mitglied des Verwaltungsbeirats **jederzeit abberufen werden**. In der Bestellung eines neuen Verwaltungsbeirats ist regelmäßig die Abberufung des alten zu sehen (*OLG München* ZMR 2007, 998). Mit der Beschlussfassung verliert er sein Amt

(*OLG Hamm* NJW-RR 1997, 1233 = ZMR 1997, 435). Die Abberufung kann wie jeder Beschluss im Verfahren nach § 43 Abs. 2 Nr. 4 WEG angefochten werden, wobei nur die Rüge formeller Fehler (z.B. wegen Ladungsmängeln) Erfolg verspricht. Das Fehlen von Gründen für die Abberufung rechtfertigt die Ungültigerklärung des Beschlusses dagegen nicht, da die Abberufung eben keines Grundes bedarf. Hingegen kann der Verwaltungsbeirat, wenn für seine Tätigkeit eine **Mindestdauer** vorgesehen ist, vor Ablauf dieser Amtsdauer nur aus wichtigem Grund abberufen werden (Bärmann/*Merle* § 29 Rn. 29).

2. Die Abberufung aus wichtigem Grund

Wie der Verwalter kann der Verwaltungsbeirat auch dann aus wichtigem Grund abberufen werden, 15
wenn eine bestimmte Mindestdauer als Amtszeit vorgesehen ist. Ob ein solcher vorliegt, kann in Anlehnung an die dort entwickelten Grundsätze (vgl. o. § 26 Rdn. 38. ff.) entschieden werden, wobei wie bei der Anfechtung der Bestellung an den Verwaltungsbeirat geringere Anforderungen zu stellen sind als an den Verwalter (*OLG München* ZMR 2006, 962; vgl. o. Rdn. 11). **Ausreichend** sind jedoch in jedem Fall das Hinwirken auf ein in wesentlichen Belangen unrichtiges Protokoll, Täuschungen hinsichtlich der Jahresabrechnung, vermögensschädigende Handlungen oder gerichtliche Falschaussagen zulasten der Wohnungseigentümer (*OLG München* ZMR 2006, 962). Ebenso stellt die unberechtigte Weigerung, das Protokoll mit der Bestellung des Verwalters zu unterzeichnen, einen wichtigen Grund zur Abberufung dar (*AG Düsseldorf* ZMR 2015, 413, 414). Bei der Entscheidung über die außerordentliche Beendigung seiner organschaftlichen Stellung aus wichtigem Grund ist der betroffene Wohnungseigentümer aus dem Rechtsgedanken der §§ 712 Abs. 1, 737 BGB, 117, 127, 140 HGB nicht stimmberechtigt. Wie beim Verwalter soll ein »**Verzeihungsermessen**« der Wohnungseigentümer bestehen, Fehler des Verwaltungsbeirats nicht als pflichtwidrig anzusehen, sondern zu billigen (*LG Hamburg* ZMR 2012, 291 f.). Die sofortige Befassung des Gerichts mit dem Abberufungsverlangen ist ohne **vorherige Antragstellung in der Eigentümerversammlung** i.d.R. unzulässig, sofern nicht von vornherein feststeht, dass ein entsprechender Antrag abgelehnt würde (*OLG München* ZMR 2006, 962). Die Abberufung aus wichtigem Grund kann nicht nur wegen **formeller Fehler** (z.B. Ladungsmängeln), sondern auch wegen des **Fehlens eines wichtigen Grundes** angegriffen werden. Darüber hinaus kann – in der Praxis häufig relevant – die **Nichteinhaltung einer angemessenen Frist** gerügt werden (vgl. insoweit o. § 26 Rdn. 47). Die Anfechtung der Abberufung alleine hat aber nach allgemeinen Grundsätzen keine aufschiebende Wirkung (*OLG Hamm* ZMR 1997, 435). Im Fall ihres Erfolgs stellt sie die organschaftliche Stellung des betroffenen Beirats rückwirkend wieder her. Entgegen bisweilen vertretener Auffassung (Jennißen/*Hogenschurz* 5. Aufl. 2017 § 29 Rn. 14; anders jetzt 7. Aufl. 2022 § 29 Rn. 25; *Drasdo* in: Deckert, Die Eigentumswohnung, Gr. 4 Rn. 5196) führte dies aber schon nach altem Recht **nicht zur Nichtigkeit des zwischenzeitlich anstelle des abberufenen Beirats bestellten** neuen Mitgliedes des Verwaltungsbeirats. Denn anders als beim Verwalter existierte keine zwingende Beschränkung auf eine bestimmte Zahl von Amtsträgern. Bestellten die Wohnungseigentümer von vornherein einen Wohnungseigentümer mehr zum Beirat, war dieser Beschluss nur anfechtbar, aber nicht nichtig (vgl. Rdn. 49). Dies gilt erst recht nach Inkrafttreten des WEMoG, da die zahlenmäßige Fixierung auf drei Mitglieder des Verwaltungsbeirates entfallen ist. Folglich kann nichts anderes gelten, wenn die Wahl gar nicht angefochten, die Abberufung eines Mitgliedes des Verwaltungsbeirats aber für ungültig erklärt wird. Natürlich haben es die Wohnungseigentümer aber in der Hand, die Situation durch Neuwahlen zu bereinigen.

III. Das Ausscheiden aus sonstigen Gründen und seine Folgen

1. Die Amtsniederlegung

Ansonsten endet die organschaftliche Stellung üblicherweise mit Ablauf der vorgesehenen Bestellungs- 16
dauer. Wie der Verwalter kann ein Mitglied des Verwaltungsbeirats aber auch durch Amtsniederlegung aus dem Amt scheiden. Dies ist nach § 9b Abs. 1S. 1 WEG dem Verwalter bzw., wenn ein solcher nicht bestellt oder zum Empfang der Erklärung nicht berechtigt ist, nach § 9b Abs. 1 S. 2

WEG den Wohnungseigentümern oder ihrem Vertreter mit Wirkung gegen den Verband zu erklären (zu den schuldrechtlichen Beziehungen zwischen Verband und Verwaltungsbeirat s.u. Rdn. 19 ff. ff.). Dabei herrscht entsprechend § 170 Abs. 3 ZPO Gesamtvertretung. Die Mitteilung an einen Wohnungseigentümer ist somit ausreichend. Eine Amtsniederlegung ist jederzeit möglich (*KG* ZMR 1997, 545; *AG Pinneberg* ZMR 2018, 636, 637; Jennißen/*Hogenschurz* § 29 Rn. 24); zur **Unzeit** kann sie allerdings Schadensersatzansprüche nach § 671 Abs. 2 S. 2 BGB begründen (Jennißen/*Hogenschurz* § 29 Rn. 24).

2. Das Ausscheiden aus der Eigentümergemeinschaft

17 Auch das Ausscheiden aus der Eigentümergemeinschaft führt zur Beendigung der Mitgliedschaft im Verwaltungsbeirat, da nach § 29 Abs. 1 S. 1 WEG nur Wohnungseigentümer Beiratsmitglieder sein können (*BayObLG* ZMR 1993, 129). Der Neuerwerb von Wohnungs- oder Teileigentum führt **nicht zum Wiederaufleben** der Bestellung (BayObLGZ 1992, 340). Daneben führen der **Verlust der Geschäftsfähigkeit** und der **Tod** eines Beirats zur Beendigung seiner organschaftlichen Stellung. Auf die Funktionsfähigkeit des Beirats hat das Ausscheiden keinen Einfluss, sofern nicht ohnehin ein Ersatzmitglied bestimmt ist (BayObLGZ 1988, 214; *OLG Düsseldorf* NJW-RR 1991, 595; *Dippel/Wolicki* NZM 1999, 603 f.; Jennißen/*Hogenschurz* § 29 Rn. 21; a.A. *Drasdo* in: Deckert: Die Eigentumswohnung, Gr. 4 Rn. 5053). Die Wohnungseigentümer können aber ein neues Mitglied bestellen; worauf u.U. sogar ein Anspruch aus § 18 Abs. 2 Nr. 1 WEG bestehen kann (*OLG Düsseldorf* NJW-RR 1991, 595; *KG* ZMR 1997, 545).

IV. Die gerichtliche Bestellung

18 Ob die Bestellung auch durch gerichtliche Entscheidung erfolgen kann, erscheint zweifelhaft. Teilweise wurde vertreten, dass anders als beim Verwalter von vornherein **kein Individualanspruch auf Bestellung eines Verwaltungsbeirats** besteht (*OLG Düsseldorf* NJW-RR 1991, 595; Jennißen/*Hogenschurz* § 29 Rn. 1). Dies dürfte zu weit gehen, da selbst der Ausschluss eines Verwaltungsbeirates in der Gemeinschaftsordnung nach **§ 10 Abs. 2 WEG** rückgängig gemacht werden könnte. Ähnliches muss dann gelten, wenn eine solche Regelung nicht existiert, der Verzicht auf die Bestellung eines Verwaltungsbeirates aber **nicht mehr ordnungsmäßiger Verwaltung entspricht** (Dötsch/Schultzky/Zschieschack WEG-Recht 2021 § 11 Rn. 17; a.A. Niedenführ/*Vandenhouten* § 29 Rn. 1). Zudem wird in der Rechtsprechung betont, dass sogar ein Anspruch (früher aus § 21 Abs. 4 WEG a.F., nunmehr aus § 18 Abs. 2 Nr. 1 WEG) auf Ersatz eines ausgeschiedenen Mitglieds des Verwaltungsbeirats bestehen kann (*OLG Düsseldorf* NJW-RR 1991, 595; *KG* ZMR 1997, 545). Dies muss erst recht gelten, wenn überhaupt kein Verwaltungsbeirat bestellt wurde. Dass nur die Bestellung einer bestimmten Person ordnungsmäßiger Verwaltung entspricht, dürfte aber ein auf kleine Liegenschaften beschränkter Ausnahmefall bleiben (*Drasdo* in: Deckert Die Eigentumswohnung, Gr. 4 Rn. 5014). Wie nach Streichung von § 21 Abs. 8 WEG a.F. verfahren werden soll, wenn mehrere Kandidaten in Betracht kommen, ist derzeit noch unklar. Es liegt nahe, dass der *BGH* die Lücke, die die Streichung von § 21 Abs. 8 WEG a.F. gerissen hat, auch hier unter Hinweis auf den Gestaltungsspielraum des Gerichtes schließen wird. Demnach ist jetzt nicht einmal mehr der Antrag auf eine Entscheidung nach billigem Ermessen des Gerichtes erforderlich. Es genügt, wenn das Rechtsschutzziel erkennbar wird (*BGH* v. 16.09.2022 – V ZR 69/21, ZMR 2023, 55). In jedem Falle empfiehlt sich eine Stufung in Haupt- und Hilfsanträge nach den jeweiligen Präferenzen. Das Rechtsschutzbedürfnis für ein gerichtliches Verfahren besteht nur dann, wenn zuvor der erfolglose Versuch unternommen wurde, eine **Entscheidung der Eigentümerversammlung** herbeizuführen. Sofern nur die Bestellung eines Verwaltungsbeirats ordnungsmäßiger Verwaltung entspricht, ist die Bestellung im Verfahren nach § 43 Abs. 2 Nr. 4 WEG zu ersetzen.

C. Die schuldrechtlichen Beziehungen zwischen Beirat und Wohnungseigentümergemeinschaft

I. Zustandekommen und Beendigung schuldrechtlicher Beziehungen zwischen Verwaltungsbeirat und Wohnungseigentümergemeinschaft

Wie beim Verwalter sind die schuldrechtlichen Beziehungen zum Verwaltungsbeirat im Gesetz nicht 19
geregelt. In der Regel liegt ein **Auftragsverhältnis** (§§ 662 ff. BGB) vor, sofern der Verwaltungsbeirat unentgeltlich tätig wird (*OLG Düsseldorf* ZMR 1998, 105; *BayObLG* NJW-RR 2000, 15 = NZM 1999, 885). **Vertragspartner** der Mitglieder des Verwaltungsbeirats ist wie beim Verwalter die Wohnungseigentümergemeinschaft (Lehmann-Richter/Wobst WEG-Reform 2020 § 7 Rn. 387; Dötsch/Schultzky/Zschieschack WEG-Recht 2021 § 11 Rn. 19). Dies folgt nicht nur daraus, dass in seiner Unterstützung der Schwerpunkt der Verwaltungsbeiratstätigkeit besteht, sondern aus der Neuordnung der Pflichten und Befugnisse durch das WEMoG. Denn danach ist die Verwaltung des Gemeinschaftseigentums ausschließlich Sache der Wohnungseigentümergemeinschaft (§§ 9a Abs. 2, 18 Abs. 1 WEG), so dass der in diesem Rahmen tätige Verwaltungsbeirat nur deren Vertragspartner sein kann. Pflichten gegenüber den Wohnungseigentümern treffen den Verwaltungsbeirat nach neuem Recht ebenso wenig wie den Verwalter. Dies hat insbesondere zur Konsequenz, dass Ansprüche auf Tätigwerden des Verwaltungsbeirats oder Sekundäransprüche, vor allem Schadensersatzansprüche gegen die Wohnungseigentümergemeinschaft zu richten sind. Angebot und Annahme zum Abschluss eines Vertrages über die Tätigkeit als Verwaltungsbeirat werden regelmäßig in der Bekanntgabe des Bestellungsbeschlusses, gegebenenfalls durch den hierzu Bevollmächtigten, und in seiner Annahme durch die Gewählten zu sehen sein. Anders als beim Verwalter wird man jedenfalls bei unentgeltlich tätigen Mitgliedern des Verwaltungsbeirats im Wege der Auslegung von einer **konkludenten Verknüpfung von Abberufung und Beendigung der schuldrechtlichen Beziehungen** ausgehen müssen. Denn der ehrenamtliche Verwaltungsbeirat ist ausschließlich fremdnützig tätig. Es ist daher nicht anzunehmen, dass er sich nach Beendigung seiner organschaftlichen Befugnisse weiterhin – ohne eigenen Vorteil – etwa Auskunftsansprüchen oder gar der Haftung z.B. für unterlassene Prüfungen von Wirtschaftsplan und Jahresabrechnung aussetzen will. Der Verband seinerseits kann den Auftrag ohnehin jederzeit nach § 671 Abs. 1 BGB widerrufen, was regelmäßig zugleich mit der Abberufung bezweckt sein wird.

II. Rechte und Pflichten aus dem Auftragsverhältnis

1. Ansprüche des Verwaltungsbeirats gegen den Verband

a) Aufwendungsersatz

In der Regel wird der Verwaltungsbeirat unentgeltlich tätig. Dies schließt den **Ersatz von Aufwendungen** aber nicht aus. Vielmehr hat auch der unentgeltlich tätige Verwaltungsbeirat bereits aus dem Auftragsverhältnis (§ 670 BGB), ohne zusätzlichen Eigentümerbeschluss einen Anspruch auf Ersatz der ihm tatsächlich entstandenen Kosten etwa für Telefon, Kopien und Briefmarken, sofern er diese den Umständen nach für erforderlich halten durfte (*BayObLG* WE 1983, 123 f.; NJW-RR 2000, 15 = NZM 1999, 865; *AG München* ZMR 2022, 512). Aus diesem Grunde sind Beschlüsse über eine bestimmte »Aufwandsentschädigung« o.Ä. häufig nicht als Obergrenze des Aufwendungsersatzes zu verstehen. Lediglich eine der Vereinfachung dienende angemessene, den tatsächlichen Aufwand abdeckende **Pauschale** ist zulässig, wie der Vergleich mit RVG zeigt (*BayObLG* NZM 1999, 865; *OLG Schleswig* ZMR 2005, 736; *AG Hattingen* ZMR 2014, 577). Ansonsten würde die beschlossene »Aufwandsentschädigung« gesetzliche Regelungen (§ 670 BGB) abändern und wäre zugleich ein Rechtsgeschäft zulasten Dritter, da gesetzliche Ansprüche des Verwaltungsbeirats beschränkt würden. Diese zur Nichtigkeit führende Auslegung lässt sich regelmäßig nur dadurch vermeiden, dass man Beschlüsse über »Aufwandsentschädigungen« o.Ä. dahin gehend versteht, dass dem Verwaltungsbeirat nur der Zeitaufwand vergütet werden soll, mithin ein Geschäftsbesorgungsverhältnis oder Dienstvertrag zustande kommen soll. Nur ausnahmsweise dürften Mitgliedern des Verwaltungsbeirates Kosten für **Fachliteratur oder Fortbildungsveranstaltungen** zu ersetzen sein, wenn dies etwa zur Lösung eines konkreten Problems im Rahmen seiner Tätigkeit erforderlich wird (vgl. *BayObLG* WE 1983, 123; auf die Größe der Gemeinschaft und den gegenüber dem Gesetz erweiterten Aufgabenbereich abstellend *AG München* ZMR 2022, 512). Wenn hierfür eine vorherige Beschlussfassung der Eigentümerversammlung gefordert wird (*AG München* ZMR 2022, 512), findet dies im Gesetz keine Stütze. Ansonsten gehören derartige Aufwendungen, die die persönlichen Voraussetzungen für die Amtstätigkeit erst schaffen sollen, ebenso wenig wie beim Verwalter zu den Aufwendungen im Rahmen der Tätigkeit für Verband und Wohnungseigentümer, die diese gesondert ersetzen müssen. Auch kann der Verwaltungsbeirat keinen Ersatz für die Kosten verlangen, die ihm für Tätigkeiten im Rahmen der einfachen Eigentümerstellung entstehen (etwa für die Teilnahme an Eigentümerversammlungen).

b) Vergütung

21 Sofern ausnahmsweise ein Entgelt vereinbart wird, richtet sich das schuldrechtliche Verhältnis nach den Bestimmungen von **Dienstvertrag und Geschäftsbesorgung** (§§ 675 ff., 611 ff. BGB). Von einer generellen Unzulässigkeit einer Vergütung war wohl schon nach altem Recht nicht auszugehen (*OLG Köln* ZMR 1999, 790; *LG Hannover* ZMR 2006, 399; Niedenführ/*Vandenhouten* § 29 Rn. 26; Jennißen/*Hogenschurz* § 29 Rn. 61; a.A. wohl *KG* ZMR 2004, 776 zu einer Vergütung von 500 € pro Jahr; ähnlich *AG München* ZMR 2017, 847 für einen pauschalen Aufwendungsersatz in derselben Höhe). Dies folgt jetzt aus § 29 Abs. 3 WEG, wonach die unentgeltliche Tätigkeit nicht zwingend vorgesehen ist (s. gleich u. Rdn. 22).

2. Entgeltliche Tätigkeit

22 Der Gesetzgeber hat mit der Einführung der Haftungsprivilegierung in § 29 Abs. 3 WEG die früher umstrittene Frage entschieden, ob dem Verwaltungsbeirat eine Vergütung zuerkannt werden kann (nach altem Recht hierfür *OLG Köln* ZMR 1999, 790; *LG Hannover* ZMR 2006, 399; Jennißen/*Hogenschurz* 6. Aufl. 2019 § 29 Rn. 27; a.A. wohl *KG* ZMR 2004, 776). Denn er hält dies ausweislich seiner Einschränkung (»Sind Mitglieder des Verwaltungsbeirates unentgeltlich tätig«) offenkundig für zulässig, da sie anderenfalls überflüssig wäre. Ob eine Vergütung oder nur ein Aufwendungsersatz vorliegt, gewinnt nicht zuletzt für die Haftungsprivilegierung erheblich an Bedeutung. Hierbei ist zu berücksichtigen, dass auch ein unentgeltlich tätiger Verwaltungsbeirat aus § 670 BGB Anspruch auf Ersatz seiner Aufwendungen hat etwa für Telefon, Kopien und Briefmarken (Lehmann-Richter/Wobst WEG-Reform 2020 § 7 Rn. 586). Ebenso ist eine der Vereinfachung dienende angemessene, den tatsächlichen Aufwand abdeckende Pauschale zulässig (Lehmann-Richter/Wobst WEG-Reform 2020 § 7 Rn. 596; Jennißen/*Hogenschurz* § 29 Rn. 64; krit. SEHR/*Sankol* § 8 Rn. 24). Die Abgrenzung zur entgeltlichen Tätigkeit ist nicht anhand der Bezeichnung dieser Leistung, sondern anhand ihrer tatsächlichen Rechtsnatur zu ziehen. Soll sie nur den eigenen Aufwand des Verwaltungsbeirats abgelten, liegt eine unentgeltliche Tätigkeit vor, soll hingegen die Tätigkeit als solche vergütet werden, ist Entgeltlichkeit anzunehmen.

3. Ansprüche von Verband und Eigentümern gegen den Verwaltungsbeirat

23 Seine Aufgaben hat der Verwaltungsbeirat nach § 664 Abs. 1 BGB grundsätzlich **persönlich zu erbringen.** Zu den wichtigsten Pflichten aus dem Auftragsverhältnis gehört der Anspruch auf **Auskunft und Rechenschaft** über die Tätigkeit des Verwaltungsbeirats sowie auf Einsicht in dessen Unterlagen, die nunmehr in § 18 Abs. 4 WEG normiert ist. Hierbei handelt es sich aber um einen **gemeinschaftsbezogenen Anspruch** (*BayObLG* WE 1995, 192; offen gelassen von *BGH* ZMR 2011, 489 f.; *LG Köln* ZMR 2011, 668 f.; vgl. insoweit die Ansprüche gegen den Verwalter § 28 Rdn. 208 f.), der sich gegen die Wohnungseigentümergemeinschaft richtet. Die frühere Einschränkung, dass der einzelne Wohnungseigentümer Akteneinsicht nur dann verlangen kann, wenn er hierzu durch Mehrheitsbeschluss ermächtigt wurde (*BayObLG* WE 1995, 192; *KG* ZMR 1997, 544 f.), ist durch diese Neuregelung überholt. Anderes dürfte für Auskunftsverlangen oder eine sonstige Tätigkeit des Verwaltungsbeirats gelten. Lehnt die Eigentümerversammlung dieses Ersuchen ab, obwohl alleine seine Durchsetzung gegenüber dem Verwaltungsbeirat ordnungsmäßiger Verwaltung entsprochen hätte,

kann allerdings nach allgemeinen Grundsätzen auch der einzelne Wohnungseigentümer diese Ansprüche mit dem Antrag auf Ersetzung des Eigentümerbeschlusses durch das Gericht ggf. unter Anfechtung des ablehnenden Beschlusses geltend machen. Daneben kann ein **Individualanspruch** des einzelnen Eigentümers auf Tätigwerden des Verwaltungsbeirates aus § 242 BGB etwa im Rahmen von Zustimmungserfordernissen o.ä. bestehen, wenn ein berechtigtes und akutes Interesse hieran besteht. Dieses ist jetzt allerdings gegenüber der Wohnungseigentümergemeinschaft geltend zu machen, die ihrerseits den Verwaltungsbeirat zum Tätigwerden veranlassen muss. Schließlich hat jedes Mitglied des Verwaltungsbeirats nach Beendigung seiner Tätigkeit gem. § 667 BGB seine Unterlagen und alles Übrige, was er im Rahmen seiner Tätigkeit erlangt hat, **herauszugeben** (*OLG Hamm* NJW-RR 1997, 1233 = ZMR 1997, 434 f.). Auf die Eigentumslage kommt es hierbei nicht an.

III. Rechte und Pflichten des Verwaltungsbeirats aus spezifisch wohnungseigentumsrechtlichen Regelungen

1. Rechte und Pflichten aus § 29 Abs. 2 WEG

a) Unterstützung des Verwalters

Neben den allgemeinen bürgerlich-rechtlichen Rechten und Pflichten regelt insbesondere § 29 WEG 24 weitere Aufgaben und Befugnisse des Verwaltungsbeirats. Dies betrifft zunächst die im Gesetz nicht näher bestimmte Unterstützung und Überwachung des Verwalters. Dem Wortlaut nach (»unterstützen«) ist der Verwaltungsbeirat **nicht verpflichtet, von sich aus Verwaltungstätigkeiten zu übernehmen.** Insoweit muss der Verwalter ein Bedürfnis hierfür erkennen lassen. Ob eine Pflicht des Verwaltungsbeirates, von sich aus die laufende Verwaltung zu beaufsichtigen, verneint werden kann (so zum alten Recht BayObLGZ 1972, 165; WE 1996, 236; a.A. *OLG Zweibrücken* OLGZ 1983, 439), erscheint nach Einfügung des Zusatzes »und überwacht« zweifelhaft (so zutreffend SEHR/*Sankol* § 8 Rn. 16).Der Verwaltungsbeirat hat in jedem Fall aus § 18 Abs. 4 WEG ein Recht auf **Einsicht in die Unterlagen des Verwalters** (*OLG München* ZMR 2008, 658). Entdeckte Missstände hat der Verwaltungsbeirat unaufgefordert der Wohnungseigentümerversammlung mitzuteilen. Eine Unterstützung des Verwalters kommt insbesondere bei der Begehung der Liegenschaft und bei der Feststellung von Baumängeln, der Einholung von Handwerkerangeboten, der Vorbereitung der Eigentümerversammlung, der Durchsetzung der Hausordnung und der Information der Wohnungseigentümer in Betracht. Hierzu dürften auch »Gefälligkeiten« gegenüber dem Verwalter gehören wie das Aufschließen von Räumen zur Durchführung von Erhaltungsarbeiten oder Verkehrssicherungsmaßnahmen (a.A. Jennißen/*Hogenschurz* § 29 Rn. 38). Anders als jenem kommt dem Verwaltungsbeirat dabei aber **keine gesetzliche Vertretungsmacht** nach außen zu. Sie kann ihm aber, wie insbesondere im Zusammenhang mit Abschluss oder Kündigung des Verwaltervertrags häufig praktiziert, rechtsgeschäftlich verliehen werden (vgl. *OLG Düsseldorf* ZMR 1998, 105).

b) Überwachung des Verwalters

aa) Wirkungslosigkeit bei böswilligen Verwaltern

Noch vom Rechtsausschuss in § 29 Abs. 2 S. 1 WEG eingefügt ist der Passus, wonach der Ver- 25 waltungsbeirat den Verwalter »unterstützt und überwacht.« Dies dürfte ebenso wie die Einschränkung der gesetzlichen Verwaltervollmacht bei Grundstückskauf- und Darlehensverträgen auf die Kritik an der unbeschränkbaren Verwaltervollmacht erfolgt sein. Wie diese Einschränkung der Vollmacht dürfte sich auch die »Überwachung« durch den Verwaltungsbeirat jedenfalls bei böswilligen Verwaltern als wenig wirksam erweisen. Denn abgesehen vom überlegenen Kenntnisstand des Verwalters räumt das Gesetz dem Verwaltungsbeirat im Außenverhältnis schlicht keinerlei zusätzliche Möglichkeiten ein, illoyales Verwalterhandeln zu verhindern. Seine Möglichkeit, den Verwalter durch Einsicht in die Verwaltungsunterlagen zu überwachen, folgt schon aus § 18 Abs. 4 WEG und steht jedem Wohnungseigentümer zu. Erweiterte Rechte etwa auf Auskunft ergeben sich aus § 29 Abs. 2 S. 1 WEG nicht (ähnlich Lehmann-Richter/Wobst WEG-Reform 2020 § 7 Rn. 582; SEHR/*Sankol*

§ 8 Rn. 16). Erst recht darf er keine Aufträge an Dritte wie Wirtschaftsprüfer zur Überprüfung des Verwalters erteilen (Dötsch/Schultzky/Zschieschack WEG-Recht 2021 § 11 Rn. 16; Jennißen/*Hogenschurz* § 29 Rn. 47). Vielmehr kann der Verwalter kraft unbeschränkbarer gesetzlicher Vollmacht sogar gegen den ausdrücklichen Willen des Verwaltungsbeirats Geschäfte tätigen, die der Wohnungseigentümergemeinschaft ungünstig sind (ähnlich Jennißen/*Hogenschurz* § 29 Rn. 44).

bb) Auswirkungen bei kooperativen Verwaltern

26 Selbst bei kooperativen Verwaltern wird die Neuerung in § 29 Abs. 2 S. 1 WEG kaum Wirkung zeigen. Abgesehen davon, dass der Begriff der »Überwachung« im Verhältnis zwischen Verwalter und Verwaltungsbeirat kaum Sympathien hervorrufen wird, verleiht er dem Verwaltungsbeirat keine zusätzlichen Befugnisse. Allenfalls ergibt sich hieraus neben der Unterstützung des Verwalters eine zusätzliche Pflicht, wenn er gegebene Möglichkeiten zur Überwachung, etwa eine vom Verwalter freiwillig eingeräumte Überprüfung, nicht in Anspruch nimmt. Dann wird sich der Verwaltungsbeirat, anders als früher, nicht auf die mangelnde Anforderung von Unterstützung berufen können. Vielmehr trifft ihn, ähnlich wie bei der Prüfung von Wirtschaftsplan und Jahresabrechnung, auch in anderen Zusammenhängen die Pflicht, aus eigener Initiative tätig werden. Dies ist insbesondere dann der Fall, wenn er Ungereimtheiten entdeckt. Dann dürfte aus § 29 Abs. 2 S. 1 WEG wohl sogar eine echte Rechtspflicht zu weiteren Überprüfungen resultieren. Teilweise wird sogar aus der Einfügung des »Überwachens« geschlossen, dass der Verwaltungsbeirat nunmehr auch ohne Anlass verpflichtet ist, von seinen Sonderkompetenzen Gebrauch zu machen (Lehmann-Richter/Wobst WEG-Reform 2020 § 7 Rn. 583/585; ähnlich Dötsch/Schultzky/Zschieschack WEG-Recht 2021 § 11 Rn. 43). Insbesondere hat er die Eigentümerversammlung über Fehlentwicklungen zu informieren (Dötsch/Schultzky/Zschieschack WEG-Recht 2021 § 11 Rn. 45; ähnlich Jennißen/*Hogenschurz* § 29 Rn. 43).

2. Rechte und Pflichten aus § 29 Abs. 2 S. 2 WEG

a) Modalitäten der Prüfung

27 Vor allem hat der Verwaltungsbeirat aber gem. § 29 Abs. 2 S. 2 WEG Wirtschaftsplan, Rechnungslegung und Jahresabrechnung vor einem Beschluss der Wohnungseigentümer zu überprüfen. Die Prüfungsaufgabe gem. § 29 Abs. 2 S. 2 WEG ermächtigt den Verwaltungsbeirat kraft Gesetzes, vom Verwalter ohne Einschaltung der Eigentümerversammlung **Auskunft** zu seiner Beschlussvorlage zu verlangen. Die Prüfung erfolgt regelmäßig **in den Räumen des Verwalters**, da der Verwaltungsbeirat keinen Anspruch auf Überlassung der Originalunterlagen hat (vgl. *OLG Celle* WE 1985, 24; ähnlich *BayObLG* WE 1989, 146). Die aus dieser Prüfung resultierende Stellungnahme gem. § 29 Abs. 2 S. 2 WEG ist an keine Form gebunden, muss aber Art und Umfang der Prüfung erkennen lassen. Sie kann folglich vorab schriftlich, aber auch noch mündlich in der Versammlung erfolgen.

b) Prüfungsumfang

28 § 29 Abs. 2 S. 2 WEG behält trotz der Änderungen in § 28 WEG die Formulierung bei, dass der Verwaltungsbeirat den »Wirtschaftsplan und die Jahresabrechnung« zu prüfen hat. Der geschuldete **Prüfungsumfang** bezieht sich also trotz Änderung des Beschlussinhaltes in § 28 Abs. 1, 2 WEG (vgl. § 28 Rdn. 4 f., 8 ff., 125##) nach wie vor auf das gesamte Zahlenwerk. Dies betrifft beim Wirtschaftsplan vorrangig die Plausibilität der Ansätze, insbesondere ihre Übereinstimmung mit früheren Wirtschaftsjahren. Das Rechenwerk zur Jahresabrechnung hat der Verwaltungsbeirat jedenfalls auf rechnerische Schlüssigkeit, Vollständigkeit der Einnahmen und Ausgaben, korrekte Zuordnung der Ausgaben zu den Kostenpositionen, Richtigkeit der Verteilungsschlüssel sowie die Ausweisung der Erhaltungsrücklage zu überprüfen (*OLG Düsseldorf* ZMR 1998, 107; *OLG München* NJW-RR 2007, 1095; großzügiger offenbar *AG Hamburg-St. Georg* ZMR 2013, 390 f., wonach es nur um die Prüfung der rechnerischen Richtigkeit gehen soll). Für die **Prüfung der sachlichen Richtigkeit** der einzelnen Abrechnungspositionen dürfte die stichprobenartige Kontrolle der Belege ausreichen (*OLG Düsseldorf* ZMR 1998, 107; *OLG München* NJW-RR 2007, 1095). Die Einhaltung

der höchstrichterlichen Rechtsprechung zur Erstellung der Jahresabrechnung soll dem Prüfungsumfang nicht unterfallen (*AG Hamburg-St. Georg* ZMR 2013, 390 f.). Entdeckt der Verwaltungsbeirat allerdings Fehler, ist er zu weiteren, intensiven Nachforschungen verpflichtet (Staudinger/*Bub* 2005 § 29 Rn. 57 vgl. zum Beirat in einer Publikums– *KG* BGH WM 1979, 1427). Darüber hinaus hat der Verwaltungsbeirat zu prüfen, ob die **Ausgaben berechtigt** waren (*Drasdo* in Deckert, Die ETW, Gr. 4 Rn. 5103). Auch wenn dies nicht zur Unrichtigkeit der Abrechnung führt, die alle, auch unberechtigte Ausgaben ausweisen muss, berührt dies doch mögliche Ersatzansprüche gegen den Verwalter, die für die Gemeinschaft von erheblicher Bedeutung und daher von der Prüfung nach § 29 Abs. 2 S. 2 WEG umfasst sind. Daraus folgt, dass der Verwaltungsbeirat inhaltlich auch den Vermögensbericht prüfen muss, auch wenn dieser nicht ausdrücklich in § 29 Abs. 2 S. 2 WEG genannt ist (a.A. Jennißen/*Hogenschurz* § 29 Rn. 46). Denn nur dieser weist jenseits der tatsächlichen Einnahmen und Ausgaben auch deren Berechtigung und eventuelle Ersatzansprüche aus. Eine geringfügige Änderung gegenüber dem früheren Recht ergibt sich durch das WEMoG ferner insoweit, als der Verwaltungsbeirat anders als nach § 29 Abs. 3 WEG a.F. »Rechnungslegungen und Kostenanschläge« nicht mehr prüfen muss. Ob das damit verbundene Ziel erreicht wird, den Verwaltungsbeirat vor Überlastung schützen, erscheint zweifelhaft. Denn die Materialien führen zutreffend aus, dass beides schon bislang in der Praxis ohnehin keine erhebliche Bedeutung hatte. Zu einer nennenswerten Einsparung von Zeit und Aufwand dürfte es daher kaum kommen.

c) Fehlerfolgen

29 Die **Nichterfüllung** dieser Pflicht kann Schadensersatzansprüche gegen den Verwaltungsbeirat nach sich ziehen (*KG* ZMR 2004, 458), weshalb seine Entlastung dann nicht ordnungsmäßiger Verwaltung entspräche (*KG* ZMR 2008, 70). Sie stellt ferner einen wichtigen Grund für die Abberufung dar. Die Prüfung nach § 29 Abs. 2 S. 2 WEG kann aber nicht mit Zwangsmitteln durchgesetzt werden (*KG* ZMR 1997, 545). Deshalb führt die fehlende Prüfung von Wirtschaftsplan und Jahresabrechnung auch nicht zu deren Anfechtbarkeit, zumal es formalistisch wäre, ansonsten nicht zu beanstandende und deshalb sofort wieder zu genehmigende Wirtschaftspläne bzw. Jahresabrechnungen nur deswegen für ungültig zu erklären, weil es an der Prüfung durch den Verwaltungsbeirat fehlt (*KG* NJW-RR 2003, 1597 f. = ZMR 2004, 145; *BayObLG* NJW-RR 2003, 1667; ZMR 2004, 358; *LG Berlin* ZMR 2013, 736). Auch die Beschlussfassung über Vorschüsse bzw. ihre Anpassung und über Nachforderungen gegen das Votum des Verwaltungsbeirates ist nicht anfechtbar, wenn die Zahlenwerke ordnungsmäßiger Verwaltung entsprechen (*LG Berlin* ZMR 2013, 736). Erst recht hat die **Wirksamkeit seiner Bestellung** keinen Einfluss auf die Rechtmäßigkeit der von ihm vorgenommenen Prüfung. Die Wohnungseigentümer müssen sich bei Fehlern der Jahresabrechnung die **Kenntnis und das Kennenmüssen seitens des Verwaltungsbeirats zurechnen lassen** (*OLG Köln* ZMR 2001, 914; *OLG Düsseldorf* ZMR 2002, 294; Dötsch/Schultzky/Zschieschack WEG-Recht 2021 § 11 Rn. 63).

3. Rechte und Pflichten aus § 24 Abs. 3 WEG

a) Einberufung bei »Fehlen« des Verwalters

30 Ferner kommt dem Verwaltungsbeirat eine Reservebefugnis zur Einberufung der Wohnungseigentümerversammlung nach § 24 Abs. 3 WEG zu, wenn ein Verwalter fehlt oder die Einberufung pflichtwidrig verweigert (i.E. s. die Kommentierung zu § 24). Ein Verwalter »**fehlt**«, wenn er nicht bestellt, abberufen oder seine Bestellungszeit abgelaufen ist, ferner wenn er geschäftsunfähig oder sonstwie auf Dauer an der Ausübung seines Amtes gehindert ist. Eine vorübergehende Abwesenheit genügt dagegen nicht. Die pflichtwidrige Weigerung liegt zunächst vor, wenn der Verwalter die Einberufung offen ablehnt. Sie kann aber auch bei mehrfacher Verlegung oder sonstigem Verhalten, das auf eine Verhinderung der Eigentümerversammlung hinausläuft, anzunehmen sein. Nimmt der Verwaltungsbeirat das Vorliegen der Einberufungsbefugnis nach § 24 Abs. 3 WEG zu Unrecht an, führt dies nur zur **Anfechtbarkeit**, aber nicht zur Nichtigkeit der auf dieser Versammlung gefassten

Beschlüsse (*OLG Hamm* ZMR 1997, 50; *BayObLG* ZWE 2002, 361; *LG München I* ZMR 2012, 819).

b) Befugnis zur Einberufung

31 Das Einberufungsrecht kommt dem **Vorsitzenden oder seinem Stellvertreter** zu. Insoweit sind beide nach dem Gesetzeswortlaut **gleichberechtigt**; der Vertreter kann also auch tätig werden, ohne dass der Vorsitzende verhindert ist oder die Einberufung verweigert. Ist ein Vertreter nicht benannt, kann jeder Beisitzer nach § 24 Abs. 3 WEG einberufen, da diese Befugnis ansonsten bei einer Verhinderung oder pflichtwidrigen Weigerung des Vorsitzenden leer liefe. Eine **Einberufung durch den gesamten Verwaltungsbeirat** genügt in jedem Fall, auch wenn kein Vorsitzender benannt ist (*OLG Köln* NJW-RR 2000, 1616 = NZM 2000, 676). Ähnliches gilt, wenn nach Ausscheiden der übrigen Mitglieder nur noch eines verblieben ist, da das Bestehen auf einer Selbstbestellung zum Vorsitzenden eine überflüssige Förmelei wäre (*OLG München* NJW-RR 2005, 1471 = ZMR 2005, 981). Die Befugnis zur Einberufung schließt a maiore ad minus die Möglichkeit ein, **weitere Beschlussgegenstände** auf die vom Verwalter aufgestellte Tagesordnung zu setzen, wenn dieser deren Aufnahme verweigert (*OLG Frankfurt am Main* ZMR 2009, 133).

4. Rechte und Pflichten aus § 24 Abs. 6 S. 2 WEG

32 Daneben kommt dem Vorsitzenden des Verwaltungsbeirates bzw. seinem Stellvertreter mit der in § 24 Abs. 6 S. 2 WEG vorgesehenen Unterschrift unter die Niederschrift von Eigentümerversammlungen eine **Prüfungspflicht** zu. Denn der Unterzeichnende erklärt mit seiner Unterschrift, dass er für deren Richtigkeit einsteht. Dies umfasst die Befugnis, erkannte Unrichtigkeiten im Zusammenwirken mit den anderen Unterzeichnern nach Anhörung der Wohnungseigentümer zu korrigieren. Waren Vorsitzender und Vertreter **auf der Versammlung nicht zugegen**, scheidet die Unterzeichnung oder Berichtigung nach § 24 Abs. 6 S. 2 WEG demgemäß aus, da sie für die Richtigkeit von Ursprungstext und Berichtigung nicht einstehen können (vgl. zu einer qualifizierten Protokollierungsklausel *OLG Hamm* ZMR 2009, 218). Sofern ein Mitglied des Verwaltungsbeirats auch als Wohnungseigentümer unterzeichnet, kann dahinstehen, ob er eine oder zwei Unterschriften leisten muss (*OLG Düsseldorf* ZMR 2010, 548 f.). In jeden Fall haben nur zwei Personen unterzeichnet, sodass der Wert der Niederschrift geringer ist als bei einer Kontrolle durch eine dritte Person.

5. Vertretung der Wohnungseigentümergemeinschaft gegenüber dem Verwalter (§ 9b Abs. 2 WEG)

33 Neu in das Gesetz eingefügt ist die Vertretungsmacht gemäß § 9b Abs. 2 WEG. Sie soll die Handlungsfähigkeit der Wohnungseigentümergemeinschaft bei Streitigkeiten mit dem Verwalter sicherstellen. Die Vertretungsmacht ist allerdings auf den Vorsitzenden des Verwaltungsbeirates beschränkt, kann also nicht durch seine weiteren Mitglieder oder durch den gesamten Verwaltungsbeirat ohne Bestellung eines Vorsitzenden ausgeübt werden (a.A. Lehmann-Richter/Wobst WEG-Reform 2020 § 7 Rn. 588). Im Übrigen wird auf die Ausführungen zu § 9b Rdn. 62 ff. Bezug genommen.

6. Weitere Rechte und Pflichten

a) Rechte und Pflichten aus Gemeinschaftsordnung, Vereinbarungen oder Beschlüssen

aa) Übertragung durch Gemeinschaftsordnung oder Vereinbarung

34 Die **generelle Übertragung** weiterer, über § 29 Abs. 2 WEG hinausgehender Aufgaben bedarf als Änderung der gesetzlichen Vorgaben einer Vereinbarung (*KG* ZMR 2004, 623; *AG Regensburg* ZMR 2009, 413; für sonstige Gremien *OLG Düsseldorf* ZMR 2003, 127). Dann ist sogar die Ausgestaltung des Verwaltungsbeirates zum Aufsichtsgremium mit der Pflicht zur umfassenden Kontrolle des Verwalters einschließlich der laufenden Verwaltung denkbar (*BayObLGZ* 1972, 164 f.). Auf den Verwaltungsbeirat kann durch Vereinbarung auch die Entscheidung über die Zustimmung zu baulichen

Veränderungen, Änderungen der Nutzung oder die Abnahme von Bauleistungen (*OLG Frankfurt am Main* NJW 1975, 2297) delegiert werden. Die Gemeinschaftsordnung kann sogar die **Verpflichtung zur Einschaltung des Verwaltungsbeirats** vor Durchführung eines Verfahrens nach § 43 Abs. 2 WEG vorsehen (vgl. *BayObLG* NJW-RR 1991, 850; *OLG Frankfurt am Main* OLGZ 1988, 63 f.; *KG* NJW-RR 1996, 910). Dann kommt ihm die ähnliche Funktion wie dem Schlichter zu, dessen Anrufung in einigen Bundesländern Zulässigkeitsvoraussetzung eines Zivilprozesses ist.

bb) Übertragung durch Beschluss

Dem Verwaltungsbeirat können ferner, sofern hierdurch keine gesetzliche oder in der Gemeinschaftsordnung enthaltene Regelung verletzt wird, im Einzelfall auch **durch Beschluss weitere Befugnisse** eingeräumt werden. Dies betrifft etwa die Verhandlung bestimmter, von der Eigentümerversammlung vorberatener Verträge wie den Verwaltervertrag (vgl. *OLG Düsseldorf* ZMR 1998, 105; *OLG Hamm* ZMR 2001, 140; *OLG Köln* ZMR 2002, 155 f.) oder die Überwachung vorab von der Eigentümerversammlung näher bestimmte Bauvorhaben (vgl. *KG* ZMR 2004, 623, *BayObLG* ZMR 2005, 640). Allerdings können der Verwaltungsbeirat oder einzelne seiner Mitglieder nach Streichung des § 27 Abs. 3 S. 3 WEG nicht mehr zur rechtsgeschäftlichen Vertretung der Wohnungseigentümergemeinschaft bevollmächtigt werden. Hier gilt nunmehr außerhalb der Fälle des § 9b Abs. 2 WEG das strikte Gesamtvertretungsprinzip (§ 9b Abs. 1 S. 3 WEG). Im Übrigen muss die Delegation von Befugnissen durch Beschluss **hinreichend bestimmt** sein (*OLG München* ZMR 2009, 66). Auch der Beschluss, dem Verwaltungsbeirat einen **nicht zweckgebundenen Betrag** zur Verfügung zu stellen, widerspricht ordnungsmäßiger Verwaltung (*AG Hamburg-Wandsbek* ZMR 2008, 336). Ansonsten gelten für die Delegation von Aufgaben durch Beschluss ähnliche Beschränkungen wie früher beim Verwalter (*AG Regensburg* ZMR 2009, 413 f.; s. zuletzt *BGH*, Urt. v. 11.06.2021 – V ZR 215/20, ZMR 2021, 830 = ZWE 2021, 406; *OLG Karlsruhe*, Urt. v. 07.12.2020 – 9 U 34/19, MietRB 2021, 112). 35

b) Ausübung der Befugnisse durch den gesamten, aktuellen Verwaltungsbeirat

Sofern die Gemeinschaftsordnung auf die Zustimmung des Verwaltungsbeirats abstellt oder ihm bestimmte Befugnisse einräumt, **genügt die Tätigkeit des Vorsitzenden nicht**. Es muss eine Mehrheitsentscheidung des gesamten Gremiums vorliegen (*BayObLG* NJW-RR 2002, 1093 = NZM 2002, 530; *LG Hamburg* ZMR 2011, 498). Allerdings bedarf es keines Gesamtaktes; die einzeln – etwa im Umlaufverfahren – abgegebenen Erklärungen genügen (*BayObLGZ* 1988, 214). Die Teilungserklärung kann aber **größere Mehrheiten** oder gar Einstimmigkeit für Beschlüsse des Verwaltungsbeirats vorsehen (*OLG Zweibrücken* NJW-RR 1987, 1367). Zudem sind regelmäßig nur die amtierenden Mitglieder des Verwaltungsbeirates entsprechend ermächtigt (*BGH* NJW-RR 2004, 950), sodass nach dem Ausscheiden eines ursprünglich legitimierten Verwaltungsbeiratsmitgliedes der Amtsnachfolger an dessen Stelle tritt (*BGH* ZMR 2004, 682 f.). 36

IV. Die Haftung des Verwaltungsbeirats und für den Verwaltungsbeirat

1. Vertragliche und deliktische Haftung des Verwaltungsbeirats

a) Allgemeine Haftungsrisiken aus der Tätigkeit des Verwaltungsbeirats

Die Mitglieder des Verwaltungsbeirats haften dem Verband bei schuldhaften Pflichtverletzungen aus **§ 280 BGB**, nicht aber in Analogie zu gesellschaftsrechtlichen Vorschriften wie §§ 93, 116 f. AktG (Staudinger/*Lehmann-Richter* § 29 Rn. 92 ff.) auf Schadensersatz. Für Aufgaben, die dem Verwaltungsbeirat über die gesetzlichen Regelungen hinaus durch Vereinbarung oder Beschluss **zusätzlich übertragen** werden, gelten keine Besonderheiten. Zudem dürfte bei **besonders qualifizierten Beiratsmitgliedern** die in ihrem Beruf erforderliche Sorgfalt zu erwarten sein, insbesondere dann, wenn sie eine über den Aufwendungsersatz hinausgehende Vergütung erhalten. Auch das Abweichen von erteilten Aufträgen etwa bei Sicherungsvorkehrungen gegen die unbefugte Verwendung von Geldern durch den Verwalter stellt eine grob fahrlässige Pflichtverletzung dar 37

(*OLG Düsseldorf* ZMR 1998, 106). Die Mitglieder des Verwaltungsbeirats haften für die gemeinschaftliche Verletzung sämtlicher Pflichten, also auch solcher aus zusätzlich übertragenen Aufgaben, **gem. § 421 Satz 1 BGB als Gesamtschuldner** (*OLG Düsseldorf* ZMR 1998, 105), nicht aber als Organ Verwaltungsbeirat (Jennißen/*Hogenschurz* § 29 Rn. 63). Anderes kann nur gelten, soweit die Aufgabenbereiche auf die Mitglieder des Beirats aufgeteilt wurden, was grundsätzlich zulässig ist (vgl. *BayObLG* NJW-RR 1994, 339). Auch dann treffen die anderen Beiratsmitglieder aber Überwachungspflichten (Staudinger/*Lehmann-Richter* § 29 Rn. 93). Schadensersatzansprüchen des Verbandes kann der Verwaltungsbeirat kein **Mitverschulden** der Wohnungseigentümer entgegenhalten, da es insoweit an der Gegenseitigkeit fehlt (*Abramenko* ZWE 2006, 277). Die entgegenstehende Auffassung von *Niedenführ* (*Niedenführ/Vandenhouten* § 29 Rn. 28) beruht auf der sich kurzfristig als h.M. gerierenden Einheitstheorie (vgl. etwa *Wenzel* IMR 2007, 25; hiergegen zu Recht *Hügel/Elzer* § 11 Fn. 14), der der Gesetzgeber ausdrücklich nicht gefolgt ist (BT-Drs. 16/887, S. 60; vgl. *Abramenko* § 6 Rn. 10 ff.; *Hügel/Elzer* § 3 Rn. 10 ff.). Die Ansprüche verjähren nunmehr nach der Neuregelung der Verjährungsfristen gem. § 195 BGB nach 3 Jahren.

b) Haftungsrisiken bei Entscheidungen in eigener Kompetenz

38 Besonders regressträchtig sind ferner, ähnlich wie für den Verwalter, die Fälle, in denen dem Verwaltungsbeirat bestimmte Entscheidungen in eigener Kompetenz (z.B. über bauliche Veränderungen oder über Maßnahmen des Verwalters) übertragen sind, da hier Schadensersatzansprüche von verschiedenen Seiten drohen. Sofern zeitlich möglich, empfiehlt sich auch hier in zweifelhaften Fällen die **Vorlage an die Eigentümerversammlung** (vgl. *BGH* ZMR 1996, 276). Ist dies nicht möglich, verbleibt ein Antrag auf **gerichtliche Feststellung der Rechtmäßigkeit** bzw. Unrechtmäßigkeit der betroffenen Maßnahme nach § 43 Abs. 2 Nr. 1 oder Nr. 2 WEG in Verbindung mit einem Antrag auf Erlass einer einstweiligen Verfügung nach §§ 935 ff. ZPO. Wird dann etwa die Aussetzung der Vollziehung angeordnet, trifft den Verwaltungsbeirat für den Aufschub kein Verschulden, da er den Anordnungen des Gerichtes nicht zuwiderhandeln kann. Folglich scheidet auch ein Regress aus.

c) Die Haftung gegenüber Dritten

39 In besonderen Fällen kam nach früherem Recht auch eine Haftung Dritten gegenüber etwa aus § 179 BGB möglich, wenn der Verwaltungsbeirat die erteilte Vollmacht überschritt. Dies wird heute nach Wegfall der Möglichkeit einer Bevollmächtigung nach § 27 Abs. 3 S. 2 WEG a.F. keine Rolle mehr spielen.

2. Haftungsbegrenzungen und Versicherungen

a) Gesetzliche Haftungsbeschränkung bei unentgeltlicher Tätigkeit (§ 29 Abs. 3 WEG)

40 Nach ganz h.M. zum alten Recht kam dem Verwaltungsbeirat aufgrund der Unentgeltlichkeit seiner Tätigkeit im Verwaltungsbeirat keine Haftungsprivilegierung zugute. Damit konnte die Tätigkeit im Verwaltungsbeirat zu einem existenzbedrohenden Risiko werden, wenn er etwa Verfügungen des Verwalters nach § 27 Abs. 5 S. 2 WEG a.F. genehmigen musste, die übrigens nach den Gesetzesmaterialien (BT-Drs. 19/18791, S. 73) nach wie vor über § 27 Abs. 2 WEG beschlossen werden dürfen. Unvorsichtige oder einfach nur vertrauensselige Zustimmungen zu Vermögensverschiebungen des Verwalters zogen entsprechende Schadensersatzansprüche gegen die Mitglieder des Verwaltungsbeirates nach sich. Dadurch konnten potentielle Amtsbewerber abgeschreckt werden. Der Gesetzgeber sieht daher in § 29 Abs. 3 WEG nun eine generelle Haftungsbeschränkung vor, wonach unentgeltlich tätige Mitglieder des Verwaltungsbeirats nur noch grobe Fahrlässigkeit und Vorsatz zu vertreten haben. Pflichtverletzungen, die auf einem geringeren Verschulden beruhen, begründen demnach keine Schadensersatzansprüche gegen Mitglieder des Verwaltungsbeirates. Diese Privilegierung gilt erst für Pflichtverletzungen, die nach dem 30.11.2020 begangen wurden (Lehmann-Richter/Wobst WEG-Reform 2020 § 7 Rn. 600). Nicht von der Haftungsprivilegierung sind Schäden erfasst, die ein Mitglied des Verwaltungsbeirates außerhalb dieser Funktion, etwa durch **Verletzung von Pflichten eines jeden Wohnungseigentümers** verursacht (Lehmann-Richter/Wobst WEG-

Reform 2020 § 7 Rn. 595). Ebenso wenig können sich die Mitglieder des Verwaltungsbeirates oder die für sie haftende Wohnungseigentümergemeinschaft Dritten gegenüber auf die Haftungsbegrenzung des § 29 Abs. 3 WEG berufen, da diese nur im Innenverhältnis eingreift (Dötsch/Schultzky/Zschieschack WEG-Recht 2021 § 13 Rn. 113; Jennißen/*Hogenschurz* § 29 Rn. 65).

b) Individueller Maßstab

Der Gesetzgeber stellt mit dieser Neuregelung nicht auf mögliche Fehler des Gesamtorgans ab, für die dessen Mitglieder gesamtschuldnerisch oder nach Anteilen haften. Er wählt mit der Bezugnahme auf die Mitglieder einen individuellen Maßstab. Grobe Fahrlässigkeit bzw. Vorsatz müssen also dem einzelnen Mitglied des Verwaltungsbeirates vorwerfbar sein (Lehmann-Richter/Wobst WEG-Reform 2020 § 7 Rn. 589; Dötsch/Schultzky/Zschieschack WEG-Recht 2021 § 13 Rn. 102). Daran kann es fehlen, wenn innerhalb des Verwaltungsbeirates Aufgabenteilung besteht (vgl. SEHR/*Sankol* § 8 Rn. 27). Dann kann der für einen Bereich Verantwortliche u.U. grob fahrlässig handeln, ohne dass dies einem anderen Verwaltungsbeiratsmitglied zuzurechnen wäre. Ebenso können besondere Qualifikationen etwa auf bautechnischem oder juristischem Gebiet zulasten eines Verwaltungsbeiratsmitglieds haftungsverschärfend zu berücksichtigen sein, ohne dass dies auch gegen andere Verwaltungsbeiratsmitglieder wirkt, die nicht über eine entsprechende Zusatzqualifikation verfügen (Jennißen/*Hogenschurz* § 29 Rn. 64). Selbstverständlich scheidet eine Haftungserleichterung auch für ein Mitglied des Verwaltungsbeirates aus, das nicht unentgeltlich tätig wird, ohne dass dies die unentgeltlich amtierenden Verwaltungsbeiratsmitglieder berührt. 41

c) Fortwirken früherer Möglichkeiten der Haftungsbegrenzung

Frühere Möglichkeiten der Haftungserleichterung in der Gemeinschaftsordnung werden nach den Grundsätzen von § 47 WEG regelmäßig fortbestehen. Denn mit einer solchen Privilegierung wichen die Ersteller der Gemeinschaftsordnung bewusst vom früheren Rechtszustand ab, so dass davon auszugehen ist, dass sie eine autonome Regelung treffen wollten, die auch bei späteren Rechtsänderungen fortwirken sollte. Eine Haftungsbegrenzung kann jedenfalls für einen konkreten Verwaltungsbeirat nach wie vor noch beschlossen werden (Hierzu s. etwa *OLG Frankfurt/M.* OLGZ 1988, 189 f.; *AG Friedberg* [Hessen] ZMR 2017, 838, 839; zum neuen Recht s. Jennißen/*Hogenschurz* § 29 Rn. 64; a.A. *Elzer* ZMR 2012, 171 f.), was allerdings vor dem Hintergrund der gesetzlichen Neuregelung an Bedeutung verliert. Ausgeschlossen werden sie durch die Haftungsbegrenzung im Gesetz nicht. Sie dürften in der Regel auch noch ordnungsmäßiger Verwaltung entsprechen. 42

d) Haftungsbeschränkungen durch Vereinbarung und Beschluss

Die Gemeinschaftsordnung kann eine Haftungsbeschränkung vorsehen. Nachträglich kann eine **generelle Herabsetzung des Haftungsmaßstabes** für künftige Verwaltungsbeiräte nur im Wege einer Vereinbarung erfolgen, da sie von der gesetzlichen Regelung abweicht. Lediglich die **Haftungserleichterung für einen konkreten Verwaltungsbeirat** kann mehrheitlich beschlossen werden, da damit nicht generell von der gesetzlichen Regelung abgewichen werden soll (*OLG Frankfurt am Main* OLGZ 1988, 189 f.; *AG Friedberg[Hessen]* ZMR 2017, 838, 839; a.A. *Elzer* ZMR 2012, 171 f., der aber auch ohne Beschlussfassung einen Freistellungsanspruch gegen die Wohnungseigentümergemeinschaft annimmt). Das kann allerdings – insbesondere bei vergüteter Tätigkeit – ordnungsmäßiger Verwaltung widersprechen. Auch der Verzicht auf Ansprüche, die nur mit einem hohen Prozessrisiko durchzusetzen sind, kann ordnungsmäßiger Verwaltung entsprechen (*AG Bonn* ZMR 2016, 650 f.). 43

e) Die Versicherung für die Haftungsrisiken des Verwaltungsbeirats

Auch der Abschluss einer Haftpflichtversicherung für den Verwaltungsbeirat und die Übernahme der Kosten durch die Wohnungseigentümergemeinschaft dürfte nach wie vor im Hinblick auf die Abwendung von Schäden für die Gemeinschaft durch Inanspruchnahme eines liquiden Anspruchsgegners zu rechtfertigen sein. Dies dürfte nach wie vor ordnungsmäßiger Verwaltung entsprechen 44

(SEHR/*Sankol* § 8 Rn. 2 u. 28). Zwar schreckt das Haftungsrisiko interessierte Kandidaten nach der Neufassung von § 29 Abs. 3 WEG nicht mehr von der Übernahme dieses Amtes ab. Gerade im Hinblick auf die Haftungsprivilegierung der Mitglieder des Verwaltungsbeirates können durch eine Versicherung Schäden für die Gemeinschaft vermieden werden (*KG* ZMR 2004, 780; Jennißen/*Hogenschurz* § 29 Rn. 68; a.A. *AG Hamburg-Wandsbek* ZMR 2008, 337). Soweit alte Haftpflichtversicherungen bestehen, dürften sie in zweifacher Hinsicht zu überprüfen sein. Sofern die Versicherung nur an die Stelle des Verwaltungsbeiratsmitgliedes tritt, reduziert sich durch die gesetzliche Neuregelung der Haftungsumfang beträchtlich. Dies sollte Anlass sein, entweder eine Herabsetzung der Prämien oder eine Ausweitung des Versicherungsschutzes zu erwägen.

3. Die Haftung der Wohnungseigentümer und der Wohnungseigentümergemeinschaft für den Verwaltungsbeirat

45 Schon nach früherem Recht wurde im Verhältnis der Wohnungseigentümer untereinander eine Haftung für den Verwaltungsbeirat verneint, da dieser **weder als Erfüllungsgehilfe gem. § 278 BGB noch als Verrichtungsgehilfe nach § 831 BGB** angesehen wurde. Vielmehr betrachtete man ihn nur als Unterstützer des gleichfalls nicht als Verrichtungs- oder Erfüllungsgehilfen anzusehenden Verwalters (vgl. o. § 26 Rdn. 124 ## f.) (*OLG Düsseldorf* ZMR 1999, 425; *OLG Hamburg* ZMR 2003, 133). Für Schäden, die der Verwaltungsbeirat bei der Erfüllung seiner gesetzlichen Pflichten verursachte, hafteten die Wohnungseigentümer ebenfalls nicht nach § 278 BGB, da § 29 Abs. 2, 3 WEG a.F. dessen Rechte und Pflichten eigenständig regelte (*BayObLG* NJW-RR 2000, 160 = ZMR 2000, 49). Dies gilt nach neuem Recht erst recht, da sämtliche Rechte und Pflichten im Zusammenhang mit der Verwaltung des gemeinschaftlichen Eigentums die Wohnungseigentümergemeinschaft treffen. Deshalb kommen bei der Verursachung von Schäden durch den Verwaltungsbeirat nur noch Ansprüche gegen die Wohnungseigentümergemeinschaft in Betracht, die ihrerseits im Rahmen der Haftungsbeschränkung aus § 29 Abs. 3 WEG bzw. darüber hinausgehender Vereinbarungen beim Verwaltungsbeirat Regress nehmen könne. Die für das frühere Recht angenommenen weiteren Einschränkungen dürften durch die neue Konstruktion der gemeinschaftsbezogenen Pflichten obsolet sein. Die Wohnungseigentümergemeinschaft haftet sowohl den Wohnungseigentümern als auch Dritten in vollem Umfang für Fehler des Verwaltungsbeirates. Dies gilt in jedem Fall, wenn der Verwaltungsbeirat über seine gesetzlichen Aufgaben hinaus in vertragliche oder vorvertragliche Beziehungen der Wohnungseigentümer eingeschaltet wurde. Ob daneben eine **deliktische Haftung aus §§ 823, 831 BGB** eintritt, ist umstritten, aber wohl zu bejahen. Denn die Wohnungseigentümer können die Tätigkeit ihres Beirats jederzeit beschränken, notfalls durch Abberufung. Zudem ist der Verwaltungsbeirat ihren Weisungen nach § 665 BGB unterworfen, sodass die Gehilfenhaftung angemessen erscheint. Hingegen scheidet eine Haftungszurechnung nach **§ 31 BGB** aus, da der Verwaltungsbeirat ein reines Innenorgan, kein Organ im Sinne dieser Vorschrift ist (*BayObLGZ* 1972, 163; *Niedenführ/Vandenhouten* § 29 Rn. 33 u. 37). Das Wissen des Verwaltungsbeirats kann den Eigentümern nach § 166 Abs. 1 BGB zugerechnet werden, wofür die Kenntnis eines Verwaltungsbeiratsmitgliedes genügen soll (vgl. Jennißen/*Hogenschurz* § 29 Rn. 66).

4. Die Entlastung des Verwaltungsbeirats

a) Rechtsnatur und Maßnahme ordnungsmäßiger Verwaltung

46 Ähnlich wie beim Verwalter stellt die Entlastung ein negatives Schuldanerkenntnis nach § 397 Abs. 2 BGB dar (*KG* ZMR 2008, 70; *LG Düsseldorf* ZMR 2014, 389). Wie der Verwalter hat auch der Verwaltungsbeirat kraft Gesetzes keinen Anspruch auf Entlastung (*LG Düsseldorf* ZMR 2013, 461). Wie beim Verwalter widerspricht die Entlastung des Verwaltungsbeirats grundsätzlich nicht **ordnungsmäßiger Verwaltung** (*BayObLG* ZMR 2004, 51; NJW-RR 2004, 1603). Anderes gilt nur, wenn ein Schadensersatzanspruch möglich erscheint (*BayObLG* NJW-RR 1991, 1361; NJW-RR 2001, 1232 f.; ZMR 2004, 51; *OLG München* ZMR 2008, 905; *LG Köln* ZMR 2013, 378; *LG Düsseldorf* ZMR 2013, 461; *LG Hamburg* ZMR 2017, 915, 916; *AG Hamburg-Altona* ZMR 2013, 73 f.; *AG Kerpen* ZMR 2010, 724; *AG Charlottenburg* ZMR 2017, 333, 334). Dies ist insbesondere dann

anzunehmen, wenn die Beschlussfassung über die Anpassung der Vorschüsse und die Einforderung von Nachschüssen aufgrund der vom Verwaltungsbeirat geprüften Jahresabrechnung nicht ordnungsmäßiger Verwaltung entspricht (*BayObLG* ZMR 2001, 909; *OLG Hamburg* ZMR 2003, 773; *KG* ZMR 2008, 70; *LG Düsseldorf* ZMR 2014, 389 f. *LG Hamburg* ZMR 2017, 915, 916; *AG Saarbrücken* ZMR 2012, 490). Allerdings besteht nicht zwangsläufig ein **Gleichlauf der Entlastungen von Verwalter und Verwaltungsbeirat.** Die Entlastung des Letzteren kann ordnungsmäßiger Verwaltung entsprechen, selbst wenn der Verwalter nicht zu entlasten ist. Dies ist etwa dann der Fall, wenn der Verwaltungsbeirat seiner Prüfpflicht nachgekommen ist und dabei unberechtigte Ausgaben in der Jahresabrechnung aufgedeckt hat, die der Verwalter zu verantworten hat (*OLG München* ZMR 2007, 989; weiter gehend, für eine generelle Entlastungsmöglichkeit bei »geringfügigen« Fehlern der Jahresabrechnung *AG Traunstein* ZMR 2012, 63 f.; ähnlich *AG Hamburg-St. Georg* ZMR 2013, 390 f.; *AG Schwerin* ZMR 2014, 411; strenger wohl *AG Hamburg-Altona* ZMR 2013, 570). Wenn der Verwaltungsbeirat oeigenmächtig Verträge schließt, dürfte seine Entlastung nach wie vor ordnungsmäßiger Verwaltung widersprechen (*AG Charlottenburg* ZMR 2017, 333, 334), auch wenn die Vertretungsverhältnisse nunmehr aus dem Gesetz hervorgehen und somit Verpflichtungen der Wohnungseigentümergemeinschaft aus Duldungs- oder Anscheinsbevollmächtigung nicht mehr in Betracht kommen. Ein **Anspruch auf Entlastung** besteht ohne eine entsprechende Regelung durch Gemeinschaftsordnung oder Vereinbarung nicht (vgl. zum GmbH-Recht *BGH* NJW 1986, 129 f.).

b) Stimmrecht

Bei der Beschlussfassung über die eigene Entlastung ist der Verwaltungsbeirat nicht stimmberechtigt 47
(*OLG Zweibrücken* NJW-RR 2002, 735 = ZMR 2002, 786 f.). Wird in einem Beschluss über die Vorschüsse und Nachforderungen aus der Jahresabrechnung und die Entlastung des Verwaltungsbeirats abgestimmt, sind dessen Mitglieder insgesamt **nicht stimmberechtigt** (*OLG Zweibrücken* NJW-RR 2002, 735 = ZMR 2002, 787). Allerdings können sie wie der Verwalter **getrennte Beschlussfassungen** verlangen (s.o. § 28 Rdn. 203).

c) Reichweite der Entlastung

Wenig diskutiert ist bislang die **Reichweite der Entlastung**, was insbesondere in den Fällen bedeut- 48
sam wird, in denen dem Verwaltungsbeirat **zusätzliche Befugnisse** übertragen wurden. Da diese Tätigkeit enger gefasst und leichter zu überblicken ist als diejenige des Verwalters, ist beim Verwaltungsbeirat wohl nicht nur diejenige Tätigkeit von der Entlastung umfasst, die in irgendeiner Weise ihren Niederschlag in der (vom Verwaltungsbeirat geprüften) Jahresabrechnung gefunden hat (vgl. § 28 Rdn. 194 f.; in der Tendenz ebenso großzügiger als beim Verwalter *LG Düsseldorf* ZMR 2014, 390; *AG Kerpen* ZMR 2010, 727). Denn dann würden etwa die ihm übertragenen Zustimmungen z.B. zu baulichen Veränderungen oder der gewerblichen Nutzung von Wohnungseigentum grundsätzlich von der Entlastung ausgeschlossen, da für die Jahresabrechnung unerheblich. Es ist daher von einer Entlastung für die gesamte Tätigkeit auszugehen (ebenso Jennißen/*Hogenschurz* § 29 Rn. 69). Die Entlastung des Verwaltungsbeirats ist jedenfalls dann nicht zugleich als (früher mögliche) Genehmigung der Jahresabrechnung auszulegen, wenn die Entlastung des Verwalters ausdrücklich verweigert wird (*OLG München* ZMR 2007, 989). Die Wirkung der Entlastung tritt unabhängig von der Wirksamkeit der Bestellung ein und kommt auch einem **faktischen Verwaltungsbeirat** zugute (*LG Köln* ZMR 2013, 378). Die Beschwer bei der (erfolglosen) Anfechtung der Entlastung lag im möglichen Schaden des klagenden Wohnungseigentümers, der durch den Verlust von Schadensersatzansprüchen eintritt (*LG Düsseldorf* ZMR 2014, 389).

D. Zusammensetzung und innere Organisation des Verwaltungsbeirats

I. Die Zusammensetzung des Verwaltungsbeirats

1. Die Anzahl der Beiratsmitglieder

a) Ausgangssituation

49 Die wichtigsten Änderungen des neuen Rechtes zum Verwaltungsbeirat beziehen sich auf dessen personelle Stärke und Rekrutierungsbasis. Nach § 29 Abs. 1 S. 2 WEG a.F. setzte sich der Verwaltungsbeirat unabhängig von der Größe der Liegenschaft aus dem Vorsitzenden und zwei weiteren, also aus drei Wohnungseigentümern zusammen. Die personelle Stärke konnte zwar geändert werden, aber nur durch die Gemeinschaftsordnung oder eine nachträgliche Vereinbarung (*BGH* ZMR 2010, 546; *OLG Düsseldorf* NJW-RR 1991, 595). Dies konnte dann, wenn sich keine ausreichende Zahl von Kandidaten fand, dazu führen, dass überhaupt kein Verwaltungsbeirat gebildet werden konnte. Denn nach der wenig überzeugenden Rechtsprechung des *BGH* war bei einer Bestellung einer geringeren Zahl von Beiratsmitgliedern auch deren Wahl anfechtbar (*BGH* v. 05.02.2010 – V ZR 126/09, ZMR 2010, 545 = ZWE 2010, 215). Im Ergebnis konnten die Aufgaben des Verwaltungsbeirates überhaupt nicht mehr wahrgenommen werden.

b) Entfall der Vorgabe zur personellen Stärke

50 Die starre Vorgabe zur personellen Besetzung beseitigt § 29 Abs. 1 S. 1 WEG, indem die Vorschrift nunmehr ohne Festlegung einer Anzahl bestimmt, dass Wohnungseigentümer zu Mitgliedern des Verwaltungsbeirats bestellt werden können (Lehmann-Richter/Wobst WEG-Reform 2020 § 7 Rn. 575). Mit der Verwendung des Verbs »können« stellt der Gesetzgeber klar, dass es sich bei der Bestellung eines Verwaltungsbeirates um eine Beschlusskompetenz der Eigentümerversammlung handelt. Folglich kann in kleineren Gemeinschaften oder bei fehlender Bereitschaft zur Übernahme dieser Funktion eine kleinere Zahl von Beiratsmitgliedern, im Extremfall nur ein einzelner Wohnungseigentümer bestellt werden (so selbst für Altfälle *AG Schwerin* ZMR 2002, 160). § 29 Abs. 1 S. 2 WEG, wonach ein Vorsitzender und ein Stellvertreter zu bestimmen sind, steht dem nicht entgegen, da die Regelung einen entsprechend großes Gremium unterstellt, aber nicht vorschreibt (vgl. SEHR/*Sankol* § 8 Rn. 12). Umgekehrt ist in größeren Gemeinschaften auch eine größere Zahl wählbar. Etwa in Mehrhausanlagen mit mehr als drei Untergemeinschaften können nunmehr alle Häuser am Verwaltungsbeirat beteiligt werden. Letztlich macht die Neufassung von § 29 Abs. 1 S. 1 WEG sogar innerhalb einer Wohnungseigentümergemeinschaft eine Anpassung des Verwaltungsbeirates an den jeweiligen Bedarf möglich. Stehen etwa umfangreiche Erhaltungsmaßnahmen an, kann zur Unterstützung des Verwalters eine größere Anzahl von Wohnungseigentümern zu Mitgliedern des Verwaltungsbeirates bestellt werden als in normalen Zeiten. Das Gesetz verlangt nicht, dass die Eigentümerversammlung vorab die Zahl der zu wählenden Mitglieder des Verwaltungsbeirats festlegt (so aber *AG Sonthofen* ZMR 2022,161). Erreichen nur zwei Kandidaten die Mehrheit, sind nur sie gewählt. Gleiches gilt für eine höhere Anzahl erfolgreicher Bewerber. Die Zahl der Mitglieder im Verwaltungsbeirat muss aber ordnungsmäßiger Verwaltung entsprechen, was bei unverhältnismäßig großen oder kleinen Gremien nicht der Fall ist (SEHR/*Sankol* § 8 Rn. 10).

c) Abweichende Regelungen in der Gemeinschaftsordnung

51 § 29 Abs. 1 S. 1 WEG kann abbedungen werden, allerdings nur durch Gemeinschaftsordnung oder Vereinbarung hingegen nicht durch Beschluss, da dieser auf eine dauerhafte Änderung des Gesetzes zielt (*BayObLG* NJW-RR 1992, 211). So können Verwandte (evtl. bis zu einem gewissen Grad) oder Inhaber bestimmter Berufe als Mitglieder des Verwaltungsbeirats zugelassen werden. Ebenso kann die Gemeinschaftsordnung **weitere Vorgaben** zur Zusammensetzung machen, etwa zur Vertretung jedes Hauses in einer Mehrhausanlage oder zur obligatorischen Mitgliedschaft von Interessenvertretern (s. *OLG Köln* ZMR 2000, 638 zur Mitgliedschaft eines Vertreters des Studentenwerks). Schreibt eine Vereinbarung eine bestimmte Stärke des Verwaltungsbeirats vor, ist die Bestellung einer abweichenden Zahl von Mitgliedern anfechtbar (Jennißen/*Hogenschurz* § 29 Rn. 29). **Altverein-**

barungen behalten nach der Maßgabe von § 47 WEG ihre Gültigkeit. Gerade die schon seinerzeit vom Gesetz abweichenden Vorgaben deuten auf einen autonomen Regelungswillen hin, der auch nach neuem Recht zu beachten ist. Hingegen stehen bloße Übernahmen des alten Rechts etwa zur Zahl der Verwaltungsbeiratsmitglieder der Anwendbarkeit des § 29 WEG in seiner neuen Fassung nicht entgegen.

2. Bestellung aus dem Kreise der Wohnungseigentümer

a) Auf Wohnungseigentümer beschränkte Beschlusskompetenz

Die Neufassung von § 29 Abs. 1 S. 1 WEG, mit der der Gesetzgeber der Eigentümerversammlung 52 die Beschlusskompetenz zur Regelung der Stärke des Verwaltungsbeirats übertrug, hat allerdings eine wohl unbemerkt gebliebene Kehrseite. Denn die Bestimmung, dass *Wohnungseigentümer* zu Mitgliedern des Verwaltungsbeirats bestellt werden *können*, beseitigt die bisherige Trennung zwischen der Kompetenz zur Bestellung des Verwaltungsbeirates in Satz 1 von der Regelung seiner Zusammensetzung in Satz 2. Danach war die Bestellung eines Verwaltungsbeirates außerhalb des Kreises der Wohnungseigentümer zwar gesetzeswidrig, aber von der Kompetenz der Eigentümerversammlung umfasst und daher nur anfechtbar (*BayObLG* NJW-RR 1992, 210; anders wohl noch NJW-RR 1988, 270; *OLG Düsseldorf* WE 1995, 279; wohl auch NJW-RR 1991, 595; *LG Karlsruhe* ZMR 2009, 550; *LG Dortmund* ZMR 2014, 388; *AG Köln* ZMR 2017, 436, 437; *Schmid* ZWE 2013, 482; weiter gehend, für Nichtigkeit, *KG* NJW-RR 1989, 460 f.; *AG Karlsruhe-Durlach* ZMR 2009, 410 f.). Nach jetziger Gesetzesfassung können (nur) Wohnungseigentümer zu Mitgliedern des Verwaltungsbeirates bestellt werden, was im Hinblick auf die Kompetenz möglicher außenstehender Kandidaten (Eheleute, Nießbraucher) durchaus kritisch gesehen werden kann (s. etwa Jennißen/*Hogenschurz* § 29 Rn. 17). Da die Vokabel »können« nach wiederholtem Bekunden des Gesetzgebers im Gegensatz zu »dürfen« die Kompetenz zur Beschlussfassung beschreibt (etwa BT-Drs. 19/18791, S. 69 u. 72), existiert nunmehr jedenfalls dem Wortlaut des Gesetzes nach für die Wahl eines Nichteigentümers schon keine Beschlusskompetenz mehr. Der Beschluss ist folglich nichtig. Ob man diesen klaren Wortlaut des Gesetzes mit dem Hinweis darauf, dass sich der Gesetzgeber der Folgen seines Tuns nicht bewusst war, wieder einmal ignorieren kann, erscheint zweifelhaft (für Nichtigkeit etwa *AG Hamburg-St. Georg* v. 20.08.2021 – 980a C 29/20; IMR 2022, 365; *Sommer* ZWE 2020, 409, 410; a.A. Jennißen/*Hogenschurz* § 29 Rn. 18; SEHR/*Sankol* § 8 Rn. 4; ohne Problembewusstsein, nur unter Verweis auf die Rechtsprechung zum alten Recht Dötsch/Schultzky/Zschieschack WEG-Recht 2021 § 11 Rn. 12).

b) Natürliche Personen als Mitglieder des Verwaltungsbeirats

Nach § 29 Abs. 1 S. 2 WEG können **nur Wohnungseigentümer** in den Verwaltungsbeirat gewählt 53 werden (*OLG Hamm* ZMR 2011, 984). Entsprechendes gilt gem. § 1 Abs. 6 WEG auch für Teileigentümer. Wenn die **Erbenstellung** und somit die daraus folgende Eigentümerstellung bestritten ist, muss der Erbschein vorgelegt werden (*AG Hamburg* ZMR 2015, 811, 813). Da die formale Eigentümerstellung ausreicht, können auch **Treuhänder** dem Verwaltungsbeirat angehören, nicht jedoch Testamentsvollstrecker, Zwangs- oder Insolvenzverwalter, da ihnen nur die Verwaltung der aus dem Eigentum resultierenden Rechte, nicht aber die Eigentümerstellung selbst zukommt. Entsprechendes gilt für Nießbrauchs- und Dauerwohnberechtigte.

c) Vertreter von Personengesellschaften, juristischen Personen etc.

Zu Mitgliedern des Verwaltungsbeirates können nach h.M. nur natürliche Personen bestellt werden 54 (Jennißen/*Hogenschurz* § 29 Rn. 16). Sofern **Personengesellschaften** Wohnungseigentümer sind, können (nur) ihre persönlich haftenden Gesellschafter dem Verwaltungsbeirat angehören (*OLG Frankfurt am Main* WE 1986, 141; Jennißen/*Hogenschurz* § 29 Rn. 16). Bei **juristischen Personen** kann ihr gesetzlicher Vertreter bestellt werden, aus Bruchteilsgemeinschaften jeder Bruchteilsinhaber (*AG Pinneberg* ZMR 2018, 463, 465). Denn ansonsten wären diese Wohnungseigentümer gegenüber natürlichen Personen ohne rechtlichen Grund benachteiligt, da ihnen die Mitwirkung im Verwaltungsbeirat verwehrt bliebe (Bärmann/*Merle* § 29 Rn. 12; a.A. *Niedenführ/Vandenhouten* § 29 Rn. 11; *Schmidt* ZWE 2004, 26). Nichtig ist dagegen die Bestellung des Verwalters oder des Geschäftsführers bzw. persönlich haftenden Gesellschafters der **Verwaltungsgesellschaft**, da sich der zu Kontrollierende nicht selbst kontrollieren kann (*OLG Zweibrücken* OLGZ 1983, 438 ff.). Hingegen ist die Bestellung eines Wohnungseigentümers, der hierfür vom Verwalter vergütet wird, wegen der daraus resultierenden Interessenkollision nur anfechtbar (*LG Frankfurt/M.* ZMR 2021, 922). Die Wahl eines mit dem Verwalter wirtschaftlich verbundenen Verwaltungsbeiratsmitglieds ist ebenfalls nur wegen Interessenkollision anfechtbar (*LG Frankfurt/M.* ZMR 2016, 128). Eine **Gesellschaft bürgerlichen Rechts** kann nicht zum Mitglied des Verwaltungsbeirats bestellt werden (Jennißen/*Hogenschurz* § 29 Rn. 16), da sich ansonsten dieselben Probleme ergäben wie beim Verwalter (s. § 26 Rdn. 2): Es bliebe mangels Registers unklar, wer für die Wohnungseigentümer bzw. den Verwalter Ansprechpartner ist, da Geschäftsführung und Mitgliederbestand jederzeit wechseln könnten.

d) Folgen der Bestellung eines Nichteigentümers

55 Es liegt auf der Hand, dass eine am Gesetzeswortlaut orientierte Handhabung der Vorschrift im Falle der Bestellung eines Nichteigentümers gravierende Folgen nach sich ziehen kann, etwa bei der Reservekompetenz des Verwaltungsbeirates gemäß § 24 Abs. 3 WEG, eine Eigentümerversammlung einzuberufen, wenn ein Verwalter fehlt oder sich pflichtwidrig weigert. Wird die Eigentümerversammlung von einem scheinbar zum Mitglied des Verwaltungsbeirates bestellten Nichteigentümer einberufen, fehlt ihm die Befugnis hierzu. Die dort gefassten Beschlüsse sind schon deswegen mindestens anfechtbar. Entsprechendes gilt für sonstige Befugnisse aus der Gemeinschaftsordnung, etwa zur Gestattung von baulichen Veränderungen oder zur Zustimmung nach § 12 WEG. Werden diese durch einen Nichteigentümer als Verwaltungsbeirat erteilt, sind sie schlicht unwirksam. Selbst wenn man nur von der Anfechtbarkeit der Bestellung von Nichteigentümern zu Verwaltungsbeiratsmitgliedern ausgeht, wirft sie erhebliche **Folgeprobleme** auf, da Eigentümerversammlungen **nichtöffentlich** sind und ein Nichteigentümer alleine aus seiner Tätigkeit im Verwaltungsbeirat wohl kein Anwesenheitsrecht ableiten kann (zur formellen Ordnungsmäßigkeit eines Beschlusses, der ohne Einladung eines solchen Verwaltungsbeirates gefasst wurde s. *BayObLG* NJW-RR 1988, 270; zum Gesellschaftsrecht für den fakultativen Aufsichtsrat, s. *Lutter/Hommelhoff* GmbHG § 48 Rn. 6; *Scholz/K. Schmidt* GmbHG § 48 Rn. 17). Aus der Pflicht zur Stellungnahme gem. § 29 Abs. 2 S. 2 WEG ergibt sich nichts anderes, da die beschränkte Zulassung zum diesbezüglichen Vortrag insoweit ausreicht (vgl. *OLG Hamm* ZMR 2007, 135; *AG Idstein* ZMR 2016, 318, 319; *Schmid* ZWE 2012, 482; weiter gehend Jennißen/*Hogenschurz* § 29 Rn. 18). Jedenfalls führt es nicht zur Anfechtbarkeit der Eigentümerbeschlüsse, wenn ein nicht aus dem Kreise der Miteigentümer stammendes Mitglied des Verwaltungsbeirats nicht zur Eigentümerversammlung geladen wird. Die **Unterschrift nach § 24 Abs. 6 S. 2 WEG** wiederum hat nur das anwesende Mitglied des Verwaltungsbeirats zu leisten (vgl. zu sonstigen Unterschriftsberechtigten *LG Dortmund* ZMR 2014, 139 f.).

II. Die innere Organisation des Verwaltungsbeirats

1. Vorsitz und Stellvertretung

a) Die Neuerungen

56 Die innere Hierarchie des Verwaltungsbeirates war bislang nur indirekt geregelt, zum einen durch § 29 Abs. 1 S. 2 WEG a.F., wonach der Verwaltungsbeirat aus einem Vorsitzenden und zwei Beisitzern besteht, und aus § 24 Abs. 3 WEG a.F., der klarstellte, dass einer der Beisitzer Vertreter des Vorsitzenden sein sollte. Hierüber geht § 29 Abs. 1 S. 2 WEG nun hinaus, indem die Vorschrift vorsieht, dass für einen aus mehreren Personen bestehenden Verwaltungsbeirat ein Vorsitzender und ein Stellvertreter zu bestimmen ist. Die Formulierung »ist … zu bestimmen« stellt klar, dass es sich um eine Rechtspflicht handelt (Dötsch/Schultzky/Zschieschack WEG-Recht 2021 § 11 Rn. 13). Ein aus mehreren Personen bestehender Verwaltungsbeirat ohne Vorsitzenden und Stellvertreter ist somit gesetzeswidrig. Dies ist auch von praktischer Bedeutung, als dem Vorsitzenden des Verwaltungsbeirats besondere Befugnisse zukommen, indem er etwa gemäß § 9b Abs. 2 WEG exklusiv zur Ver-

tretung gegenüber dem Verwalter berufen ist und den Verwaltungsbeirat einberuft. Wird nur ein Wohnungseigentümer bestellt, ist er automatisch Vorsitzender (BT-Drs. 19/17891 S. 76; krit. Jennißen/*Hogenschurz* § 29 Rn. 31).

b) Wahl durch Eigentümerversammlung oder interne Entscheidung

§ 29 Abs. 1 S. 2 WEG lässt indessen offen, wer die Funktionen des Vorsitzenden und seines Stellvertreters im Verwaltungsbeirat vergibt. Da die Eigentümerversammlung sogar über die Bestimmung seiner Mitglieder befinden kann, steht es ihr erst recht zu, auch hierüber zu entscheiden. Dies ist jedoch nicht zwingend. Eine unterlassene Bestimmung des Vorsitzenden führt noch nicht einmal zu Anfechtbarkeit der Beiratsbestellung (Lehmann-Richter/Wobst WEG-Reform 2020 § 7 Rn. 576). Der Gesetzeswortlaut lässt es, wie bisher, zu, dass die Mitglieder des Verwaltungsbeirates hierüber selbst befinden. 57

2. Die weitere Geschäftsordnung

a) Die Einberufung des Verwaltungsbeirats

Zur inneren Organisation des Verwaltungsbeirats führt das Gesetz lediglich aus, dass seine **Einberufung** nach Bedarf durch den Vorsitzenden erfolgt (§ 29 Abs. 1 S. 3 WEG). Dies ist zumindest vor der Eigentümerversammlung, die über Vorschüsse, Nachschüsse und Anpassung der Vorschüsse (früher: Wirtschaftsplan und Jahresabrechnung) beschließt, der Fall, da diese gem. § 29 Abs. 2 S. 2 WEG vom Verwaltungsbeirat zu prüfen sind. Die Einberufung unterliegt **keinen Formvorschriften**, kann also auch telefonisch oder durch einfaches »Vorbeikommen« erfolgen. Hingegen räumt das Gesetz weder dem Verwalter noch den Wohnungseigentümern die Befugnis ein, Beiratssitzungen einzuberufen oder an ihnen teilzunehmen, sodass ein entsprechendes Recht nicht anzuerkennen ist (Staudinger/*Lehmann-Richter* § 29 Rn. 34). Es würde auch die Möglichkeit des Beirats zur Kontrolle des Verwalters erheblich beeinträchtigen, dürfte dieser an den Sitzungen ohne Weiteres teilnehmen. Die Einberufung durch ein Quorum der Wohnungseigentümer oder gar einzelne Eigentümer wäre gänzlich unpraktikabel, da man dann wohl alle Eigentümer zulassen müsste und eine sinnvolle Beiratstätigkeit wie Belegprüfungen in diesen Pseudo-Eigentümerversammlungen kaum mehr möglich wäre. 58

b) Die analoge Anwendung der Vorschriften zur Eigentümerversammlung

Angesichts der lückenhaften gesetzlichen Regelung ist es verständlich, dass im Schrifttum (s. etwa *Niedenführ/Vandenhouten* 29 Rn. 38; a.A. Jennißen/*Hogenschurz* § 29 Rn. 33) die analoge Anwendung der Vorschriften in § 24 WEG zur Einberufung der Eigentümerversammlung erwogen wird. Eine pauschale Analogie dieser Regelungen erscheint aber nicht geboten, da ihnen teilweise ein **nicht vergleichbarer Regelungszusammenhang** zugrunde liegt. So sollen etwa die Formvorschriften zur Person des Einberufenden und zur Form der Einberufung samt Ankündigung von Beschlussvorlagen einerseits die Mitwirkungsbefugnisse der Wohnungseigentümer sicherstellen, andererseits die formellen Anforderungen und somit Anfechtungsgründe verbindlich festlegen. Beides ist bei Sitzungen des Verwaltungsbeirats nicht oder nur in weit geringerem Umfang erforderlich. Denn das kleine Gremium des Verwaltungsbeirats wird sich im Gegensatz zur Eigentümerversammlung regelmäßig durch persönliche Absprache oder zumindest fernmündlich über Ort, Termin und gegebenenfalls Tagesordnung einer erforderlichen Versammlung einigen können. Gerade dann, wenn dem Verwaltungsbeirat Sonderbefugnisse etwa zur Überwachung von Baumaßnahmen oder zur Kontrolle der laufenden Verwaltung eingeräumt sind, ist eine solche gegenüber der Eigentümerversammlung flexiblere Möglichkeit zum Zusammentreten auch unerlässlich. Zur Fehlerhaftigkeit führende Formvorschriften wie diejenigen des § 24 WEG würden also einer effektiven Tätigkeit des Verwaltungsbeirats entgegenstehen, ohne dass sie zur Sicherung von Mitwirkungsrechten erforderlich wären. Eine analoge Anwendung von § 24 WEG insgesamt entbehrt somit der Grundlage, da es bereits an einer systemwidrigen Regelungslücke im Gesetz fehlt. Es ist also für jede einzelne Konstellation zu prüfen, ob eine den Regelungen zur Eigentümerversammlung vergleichbare Situation vorliegt, die 59 eine analoge Anwendung einzelner Vorschriften rechtfertigt. Dies dürfte bei einer **pflichtwidrigen Weigerung zur Einberufung** durch den Vorsitzenden zu bejahen sein, sodass das Recht hierzu analog § 24 Abs. 3 WEG auch den anderen Beisitzern zusteht (a.A. *Drasdo* in: Deckert, Die Eigentumswohnung, Gr. 4 Rn. 5174). Im Übrigen stellt dies einen Grund für seine Abberufung dar. Eine **Vertretung** auf den Sitzungen des Verwaltungsbeirats ist zulässig (Jennißen/*Hogenschurz* § 29 Rn. 33), allerdings wohl nur durch andere Mitglieder des Verwaltungsbeirats.

c) Regelungen durch Mehrheitsbeschluss und Geschäftsordnung des Verwaltungsbeirats

60 Weitgehend ungeregelt bleibt die interne Organisation des Verwaltungsbeirats. § 29 Abs. 1 S. 3 WEG beschränkt sich wie die Vorgängernorm (§ 29 Abs. 4 WEG a.F.) auf die Anordnung, dass der Verwaltungsbeirat von dem Vorsitzenden nach Bedarf einberufen wird. Lediglich zur Akteneinsicht enthält § 18 Abs. 4 WEG eine neue Regelung, die auch den Verwaltungsbeirat betreffen kann. Denn danach kann jeder Wohnungseigentümer von der Wohnungseigentümergemeinschaft Einsicht in die Verwaltungsunterlagen verlangen, zu denen auch diejenigen des Verwaltungsbeirates gehören. Anspruchsgegner ist aber ähnlich wie beim Verwalter die Wohnungseigentümergemeinschaft, wobei in der Praxis, wie bei Unterlagen des Verwalters, der Verwaltungsbeirat um eine Terminabsprache anzugehen sein wird. Über alle weiteren Fragen der inneren Organisation (Vorbereitung, Ort und Dauer der Zusammenkunft, Dokumentation, Aufbewahrung von Akten etc.) kann mangels entgegenstehender Vorgaben im Gesetz die Eigentümerversammlung beschließen; wenn sie dies nicht tut, der Verwaltungsbeirat selbst. Die Regelungsmöglichkeiten sind nur durch entgegenstehende Bestimmungen der Gemeinschaftsordnung begrenzt. Ohne derartige Vorgaben durch Gemeinschaftsordnung oder Beschlüsse der Eigentümerversammlung kann sich der Verwaltungsbeirat auch selbst eine Geschäftsordnung geben (*AG Pinneberg* ZMR 2018, 463, 465; vgl. zur Wahl des Vorsitzenden *OLG Köln* NZM 2000, 676; Jennißen/*Hogenschurz* § 29 Rn. 33). Auch beim Fehlen einer Geschäftsordnung empfiehlt sich zu Beweiszwecken zumindest die Anfertigung von Niederschriften über Beschlüsse des Verwaltungsbeirates, die von den anwesenden Mitgliedern unterzeichnet werden.

E. Entscheidungen des Verwaltungsbeirats

61 Nach der gesetzlichen Regelung stehen dem Verwaltungsbeirat eigenständige Entscheidungsbefugnisse nicht zu. Konsequenterweise ist daher auch **keine Anfechtung** vorgesehen, da diese Entscheidungen nur Innenwirkung haben (*OLG Hamm* ZMR 2008, 63 f.; Jennißen/*Hogenschurz* § 29 Rn. 33). Sie sind auch nicht in die Beschluss-Sammlung einzutragen (Dötsch/Schultzky/Zschieschack WEG-Recht 2021 § 11 Rn. 60). Der Wohnungseigentümer kann die hierauf gestützten Beschlüsse der Wohnungseigentümerversammlung unmittelbar anfechten. Selbst dann, wenn dem Verwaltungsbeirat in der Teilungserklärung **eigenständige Entscheidungsbefugnisse** eingeräumt sind, gilt nichts anderes. Denn diese erwachsen in Ermangelung einer § 23 Abs. 4 WEG entsprechenden Regelung nicht in Bestandskraft. Ist ihre Richtigkeit umstritten, können sie folglich von Wohnungseigentümern und Verwalter im Verfahren nach § 43 Abs. 2 Nr. 1, 2 WEG **ohne zeitliche Einschränkung implizit überprüft werden** (*OLG Hamm* ZMR 2008, 64). Der Verwaltungsbeirat entscheidet mit der Mehrheit seiner anwesenden Mitglieder. Im Falle der Stimmengleichheit ist ein Antrag abgelehnt. Es kann sich deshalb zur Vermeidung von Patt-Situationen empfehlen, eine Stichentscheidung des Vorsitzenden vorzusehen (Jennißen/*Hogenschurz* § 29 Rn. 28).

F. Das gerichtliche Verfahren

62 Für Streitigkeiten über Rechte und Pflichten des Verwaltungsbeirats hat das nach **§ 43 Abs. 2 Nr. 1 WEG** bzw. bei Auseinandersetzungen mit dem Verband das nach **§ 43 Abs. 2 Nr. 2 WEG** zuständige Gericht zu entscheiden. Gehören dem Verwaltungsbeirat Nichteigentümer an, ist eine **analoge Anwendung dieser Vorschriften** gerechtfertigt (vgl. *BayObLGZ* 1972, 163). Denn es geht um denselben Regelungszusammenhang, wobei dem nach § 43 Abs. 2 Nr. 1, 2 WEG zuständigen Gericht zudem besondere Kompetenz zukommt. Überdies wären ansonsten bei dem Vorgehen des Ver-

waltungsbeirats bzw. gegen den Verwaltungsbeirat, dem ein Außenstehender angehört, zwei Verfahren u.U. vor verschiedenen Gerichten zu führen. Streitigkeiten über die Gültigkeit von Bestellung und Abberufung sind dagegen im Wege der Anfechtungsklage nach § 43 Abs. 2 Nr. 4 WEG zu entscheiden. Bei der Geltendmachung von Ansprüchen gegen den Verwaltungsbeirat ist ferner zu prüfen, ob es sich, wie regelmäßig, um **gemeinschaftsbezogene Rechte** handelt. Dann ist alleine die Wohnungseigentümergemeinschaft passivlegitimiert.

Abschnitt 5 Wohnungserbbaurecht

§ 30 Wohnungserbbaurecht

(1) Steht ein Erbbaurecht mehreren gemeinschaftlich nach Bruchteilen zu, so können die Anteile in der Weise beschränkt werden, dass jedem der Mitberechtigten das Sondereigentum an einer bestimmten Wohnung oder an nicht zu Wohnzwecken dienenden bestimmten Räumen in einem auf Grund des Erbbaurechts errichteten oder zu errichtenden Gebäude eingeräumt wird (Wohnungserbbaurecht, Teilerbbaurecht).

(2) Ein Erbbauberechtigter kann das Erbbaurecht in entsprechender Anwendung des § 8 teilen.

(3) Für jeden Anteil wird von Amts wegen ein besonderes Erbbaugrundbuchblatt angelegt (Wohnungserbbaugrundbuch, Teilerbbaugrundbuch). Im Übrigen gelten für das Wohnungserbbaurecht (Teilerbbaurecht) die Vorschriften über das Wohnungseigentum (Teileigentum) entsprechend.

Literatur:
Fröhler, Risiken bei Zwangsversteigerungen wegen Hausgeldrückständen in Wohnungs- und Teilerbbaurechten, notar 2011, 221; *Rapp*, Zur Möglichkeit der Umwandlung eines Wohnungserbbaurechts in Wohnungseigentum, MittBayNot 1999, 376; *Rethmeier*, Rechtsfragen des Wohnungserbbaurechts, MittRhNotK 1993, 14, *L. Wolffskeel von Reichenberg*, Eigentümer- und Verwalterzustimmung bei Veräußerung von Wohnungserbbaurechten, ErbbauZ 2020, 130; *W. Schneider*, Das vernachlässigte Wohnungserbbaurecht - Auswirkungen der geplanten WEG-Novelle an der Schnittstelle von Wohnungseigentums-, Zwangsversteigerungs- und Erbbaurecht, ZMR 2006, 660; *W. Schneider*, Aktuelle Fragen zur Gemeinschaft der Wohnungserbbauberechtigten, ZfIR 2018, 589; *W. Schneider*, Das neue WEG – Handlungsbedarf für Erbbaurechtsherausgeber, ZfIR 2007, 168; *Theus*, Das Wohnungs- und Teilerbbaurecht in der notariellen Praxis, RNotZ 2019, 573; *Weber*, Zeitablauf und Verlängerung des Wohnungserbbaurechts, ZWE 2019, 251.

Übersicht

A. Grundsätzliches; Begriff

1 Ein Wohnungserbbaurecht ist das Sondereigentum an bestimmten Räumen in einem aufgrund des Erbbaurechts (vgl. dazu Bärmann/*Schneider* § 30 WEG Rn. 61 ff.) errichteten oder noch zu errichtenden Gebäude in Verbindung mit dem Bruchteil an dem gemeinschaftlichen Erbbaurecht, zu dem es gehört (*Schneider* ZfIR 2018, 590; Bärmann/*Schneider* § 30 Rn. 4 ff.).

B. Begründung

2 Begründet wird das Wohnungserbbaurecht (wie das Wohnungseigentum) nach § 30 Abs. 1 WEG oder § 30 Abs. 2 WEG i.V.m. § 8 WEG (NK/*Heinemann* § 30 Rn. 3). Das Entstehen eines Wohnungs- oder Teilerbbaurechts setzt die Eintragung im Grundbuch voraus (*BayObLG* NZM 2004,

789). Wohnungserbbaurechte können auch an einem Gesamterbbaurecht begründet werden (BayObLGZ 1989, 354) Zu BGB-Erbbaurechten und altrechtlichen Erbbaurechten vgl. Staudinger/*Wobst* 2023 § 30 Rn. 10.

3 Der **Allein**-Erbbauberechtigte kann durch Teilungserklärung analog § 8 WEG, die im Gegensatz zum Teilungsvertrag keine Veräußerung und keine Belastung des Erbbaurechts beinhaltet, die Aufteilung seines Erbbaurechts – neben der Aufteilung durch einen Alleineigentümer – materiell-rechtlich formlos vornehmen. § 29 Abs. 1 S. 1 GBO fordert aber für die Grundbucheintragung zusätzlich die öffentliche Beglaubigung, nicht zwingend auch die Beurkundung.

4 Bei der vertraglichen Teilung analog § 3 WEG durch **mehrere** Erbbauberechtigte ist streitig, ob nach § 4 Abs. 2 S. 1 WEG die Form der Auflassung gem. § 925 Abs. 1 BGB eingehalten werden muss (vgl. dazu Staudinger/*Wobst* 2023, § 30 Rn. 16).

C. Erlöschen

5 Das Wohnungserbbaurecht erlischt mit dem Erbbaurecht (BayObLGZ 1999, 63; NK/*Heinemann* § 30 WEG Rn. 10). Der einzelne Wohnungserbbauberechtigte kann sein Wohnungserbbaurecht auch mit Zustimmung des Grundstückseigentümers nicht aufgeben, denn dadurch entstünde ein unzulässiges Quoten-Erbbaurecht (Staudinger/*Wobst* 2023 § 30 Rn. 27). Das Erlöschen des Erbbaurechts als Folge seiner Aufhebung oder wegen Zeitablaufs hat notwendigerweise das Erlöschen der Wohnungserbbaurechte zur Folge (*Weitnauer* § 30 Rn. 12). Die Mitberechtigung an dem Erbbaurecht, verbunden mit dem Sondereigentum an einer Wohnung, wandelt sich durch die Aufhebung des Erbbaurechts nicht in entsprechendes Wohnungseigentum an dem dem Erbbaurecht als Bestandteil zugeschriebenen Grundstück um. Dies kann nur durch Begründung des Wohnungseigentums gemäß §§ 3, 4 Abs. 1, 2 WEG geschehen (*BayObLG* ZMR 1999, 569).

6 Der Untergang des Gebäudes führt nicht zum Erlöschen des Wohnungserbbaurechts (Bärmann/*Schneider* § 30 Rn. 170; § 13 ErbbauRG).

D. Einzelne Rechtskreise

7 Für das Rechtsverhältnis zwischen dem Grundstückseigentümer und den Wohnungserbbauberechtigten gilt das ErbbauRG (zu den unterschiedlichen Rechtskreisen vgl. Bärmann/*Schneider* § 30 WEG Rn. 47 *ff*). Die Rechtsverhältnisse der Wohnungserbbauberechtigten untereinander bestimmen sich nach dem WEG (§ 30 Abs. 3 S. 2 WEG, der sich nicht nur auf grundbuchrechtliche Aspekte bezieht; vgl. Staudinger/*Wobst* 2023 § 30 Rn. 4). Im Verhältnis zu Dritten haben die Wohnungserbbauberechtigten dieselben Rechte und Pflichten wie Wohnungs- und Teileigentümer (NK/*Heinemann* § 30 WEG Rn. 9). Ein einziger Wohnungseigentümer kann z.B. die Verlängerung des Erbbaurechtsvertrags verhindern (vgl. *Weber* ZWE 2019, 251). Ein bloßer Mehrheitsbeschluss reicht hier nicht aus (vgl. Staudinger/*Wobst* 2023 § 30 Rn. 30)

E. Besondere Inhalte

I. Veräußerungsbeschränkung

8 Ist als Inhalt des Erbbaurechts eine Veräußerungs- oder Belastungsbeschränkung vereinbart, so wird diese mit der Begründung von Wohnungserbbaurechten Inhalt eines jeden dieser Rechte. Durch Einigung (Vertrag) zwischen dem Inhaber des Wohnungserbbaurechts und dem Grundstückseigentümer sowie Eintragung in das Grundbuch kann das erbbaurechtliche Zustimmungserfordernis für ein einzelnes Recht aufgehoben werden; die Mitwirkung der übrigen Wohnungserbbauberechtigten und der an den Wohnungserbbaurechten oder am Grundstück dinglich Berechtigten ist dazu nicht erforderlich (Staudinger/*Wobst* 2023 § 30 Rn. 33; BayObLGZ 1989, 354 ff. = MDR 1990, 53, a.A. BeckOK-WEG/*Munzig* § 30 Rn. 44). Nur das wohnungseigentumsrechtliche Zustimmungserfordernis kann gem. § 12 Abs. 4 WEG durch Beschluss mit einfacher Mehrheit aufgehoben werden.

II. Haftung für den geschuldeten Erbbauzins

Bis 30.11.2020 haftete jeder Wohnungserbbauberechtigte als Gesamtschuldner für den gesamten Erbbauzins (vgl. § 1108 Abs. 2 BGB). Mit § 9a Abs. 2, 2. Alt, Abs. 4 WEG verträgt sich dies nur schwer. Die Wohnungserbbauberechtigten haften ab 01.12.2020 wohl nur als Teilschuldner entsprechend ihren Anteilen (§ 9a Abs. 4 WEG; Staudinger/*Wobst* 2023 § 30 Rn. 21). 9

F. Gemeinschaft der Wohnungserbbauberechtigten

Die rechtsfähige Gemeinschaft der Wohnungserbbauberechtigten entsteht schon mit der Anlegung der Wohnungsgrundbücher (vgl. § 9a Abs. 1 S. 2 WEG analog). Die »werdende« Gemeinschaft der Wohnungserbbauberechtigten gibt es seit 01.12.2020 nicht mehr, den werdenden Wohnungserbbauberechtigten dagegen noch (§ 8 Abs. 3 WEG analog). Der nunmehr voll rechtsfähige Verband »Gemeinschaft der Wohnungserbbauberechtigten« kann – nicht mehr nur im Rahmen der gesamten Verwaltung des gemeinschaftlichen Erbbaurechts -gegenüber Dritten und Wohnungserbbauberechtigten selbst Rechte erwerben und Pflichten eingehen (§ 30 Abs. 3 S. 2 i.V.m. § 9a Abs. 1 S. 1 WEG; *Schneider* ZfIR 2018, 589 f.). 10

Aufgrund der vergleichbaren Situation ist § 9a Abs. 1 WEG auch bei Wohnungserbbaurechten über § 30 Abs. 3 S. 2 WEG entsprechend anwendbar. Sonst könnte etwa das Gemeinschaftsvermögen nicht dem Verband »Gemeinschaft der Wohnungserbbauberechtigten« zugeordnet werden mit den negativen Konsequenzen und Problemen bei der Übertragung auf den Ersteigerer im Falle eines Zuschlags in der Zwangsversteigerung. 11

Der Verband »Gemeinschaft der Wohnungserbbauberechtigten« handelnd durch den Verwalter (§ 30 Abs. 3 S. 2 i.V.m. § 9b Abs. 1 WEG) kann nur nach entsprechender Beschlussfassung oder Vereinbarung Immobiliareigentum selbst erwerben, da § 9b Abs. 1 Satz 1, letzter Halbsatz WEG hinsichtlich der Grundstücksgeschäfte die Rechte des Verwalters auch im Außenverhältnis begrenzt hat. 12

Der Verband »Gemeinschaft der Wohnungseigentümer« kann das in Wohnungseigentum aufgeteilte Grundstück nicht erwerben, weil dieses sachenrechtlich zwingend den Wohnungseigentümern in Bruchteilsgemeinschaft zugeordnet ist (§ 1 Abs. 5 WEG). Aufgrund des gestuften Verhältnisses beim Wohnungserbbaurecht müsste der Verband »Gemeinschaft der Wohnungserbbauberechtigten« das Grundstück erwerben können, auf dem die Wohnungserbbaurechte lasten (vgl. *Schneider* ZfIR 2018, 589 f.). 13

Verweigert nach dem Selbsterwerb des Verbandes ein Miterbbauberechtigter seine Mitwirkung bei der rechtsgeschäftlichen Verlängerung seines Wohnungserbbaurechts, bestünde für den Verband »Gemeinschaft der Wohnungserbbauberechtigten« die Möglichkeit, das Wohnungserbbaurecht rechtsgeschäftlich selbst zu erwerben (**Selbsterwerb**). 14

Das eröffnet folgende Möglichkeit: Die Entscheidung zur Abgabe des Verlängerungsangebots (vgl. Bärmann/*Schneider* § 30 Rn. 121) durch die rechtsfähige »Gemeinschaft der Wohnungserbbauberechtigten« als Grundstückseigentümer stellt eine Verwaltungsmaßnahme des rechtsfähigen Verbandes dar; sie kann deshalb mit Stimmenmehrheit der Wohnungserbbauberechtigten getroffen werden. Die Annahme des Verlängerungsangebots kann wiederum nur einheitlich erfolgen. Lehnt ein Wohnungserbbauberechtigter die Verlängerung ab, so erlischt der Anspruch auf Entschädigung (§ 27 Abs. 3 S. 1 Hs. 2 ErbbauRG); die Wohnungserbbaurechte erlöschen dann mit deren Zeitablauf (so *Schneider* ZfIR 2018, 589 f.). Die Aufhebung oder Verlängerung eines Wohnungserbbaurechts durch den Berechtigten eines einzelnen Wohnungserbbaurechts ist wegen § 1 Abs. 3 ErbbauRG unzulässig. 15

Teil 2 Dauerwohnrecht

§ 31 Begriffsbestimmungen

(1) Ein Grundstück kann in der Weise belastet werden, daß derjenige, zu dessen Gunsten die Belastung erfolgt, berechtigt ist, unter Ausschluss des Eigentümers eine bestimmte Wohnung in einem auf dem Grundstück errichteten oder zu errichtenden Gebäude zu bewohnen oder in anderer Weise zu nutzen (Dauerwohnrecht). Das Dauerwohnrecht kann auf einen außerhalb des Gebäudes liegenden Teil des Grundstücks erstreckt werden, sofern die Wohnung wirtschaftlich die Hauptsache bleibt.

(2) Ein Grundstück kann in der Weise belastet werden, daß derjenige, zu dessen Gunsten die Belastung erfolgt, berechtigt ist, unter Ausschluss des Eigentümers nicht zu Wohnzwecken dienende bestimmte Räume in einem auf dem Grundstück errichteten oder zu errichtenden Gebäude zu nutzen (Dauernutzungsrecht).

(3) Für das Dauernutzungsrecht gelten die Vorschriften über das Dauerwohnrecht entsprechend.

Literatur:
Arens, Dingliche Nutzungsrechte, 2007; *Drasdo*, Die Besonderheiten von in Form des Wohnungseigentums organisierten Time-sharing-Objekten, FS Merle, 2000, 129; Gralka, Time-Sharing und Dauernutzungsrecht, NJW 1987, 1997; *Flik*, Überleitung des Gebäudeeigentums in Dauerwohnrechte und Dauernutzungsrechte, BWNotZ 1996, 97; *Hilmes/Krüger*, Das Schattendasein des Dauernutzungsrechts, ZfIR 2009, 184; *Lehmann*, Dauerwohn- und Dauernutzungsrechte nach dem WEG, RNotZ 2011, 1; *Lotter*, Aktuelle Fragen des Dauerwohnrechts, MittBayNot 1999, 354; *Mankowski*, Internationale Zuständigkeit in Timesharing-Fällen, NZM 2007, 671; *J. Mayer*, Zur Störfallvorsorge beim Dauerwohnrecht: Heimfallanspruch bei Tod des Berechtigten oder Veräußerung des Rechts, DNotZ 2003, 908; Mayer, Dauerwohnrecht statt Wohnungsrecht –unentdeckte Gestaltungsmöglichkeiten beim Übergabevertrag, ZNotP 2000, 354 *Spiegelberger*, Der Anwendungsbereich des Dauernutzungsrechtes, FS Merle, 2000, 301

A. Grundsätzliches

1 Dauerwohnrecht- und Dauernutzungsrecht – zur Entstehungsgeschichte vgl. Bärmann/*Schneider* Vor §§ 31 ff. Rn. 1 ff. – sind eine besondere Form der Dienstbarkeit. Das Dauerwohnrecht wird gleich einer Dienstbarkeit im Grundbuch eingetragen (Abt. II). Dem Berechtigten steht keines der Eigentumsrechte zu, insbesondere kein Recht auf Veränderung am Gebäude, grundsätzlich auch nicht in seinen Räumen (Bärmann/*Schneider* Vor §§ 31 ff. Rn. 31 sowie § 31 Rn. 17). Entgegen seinem Namen ermöglicht das Dauerwohnrecht nicht nur eine Nutzung als Wohnung, sondern auch eine andere Nutzung, insbesondere eine Vermietung (§ 31 Abs. 1 S. 1 WEG). Das Dauernutzungsrecht (§ 31 Abs. 2 und 3 WEG) unterscheidet sich vom Dauerwohnrecht nur dadurch, dass es sich auf Räume bezieht, die keine Wohnräume sind (NK/*Heinemann* § 31 Rn. 11).

2 Das Dauernutzungsrecht wird als Alternative zu langfristigen Mietverträgen empfohlen (*Hilmes/Krüger* ZfIR 2009, 184 ff.).

3 Das dem Dauerwohnrecht zugrunde liegende schuldrechtliche Rechtsgeschäft wird meist ein Rechtskauf sein (*Hilmes/Krüger* ZfIR 2009, 184, 187).

B. Belastungsobjekt

Ein Dauerwohnrecht bzw. Dauernutzungsrecht kann an einem Grundstück (Belastungsgegenstand ist grds. das gesamte Grundstück; *OLG München* ZWE 2013, 323), selten an einem Grundstücksteil (etwa an Stellplätzen) begründet werden. Soll nur/allein ein realer Grundstücksteil mit eigenem Gebäude belastet werden, so muss durch Teilung und vorhergehende Vermessung ein eigenes Grundstück gebildet werden (§ 7 Abs. 1 GBO; die Ausnahme des § 7 Abs. 2 GBO gilt hier nicht; Bärmann/*Schneider* § 31 Rn. 19). 4

Außerdem kommen als Belastungsgegenstand in Betracht: das Erbbaurecht (§ 42 WEG, vgl. *OLG München* ZWE 2016, 337) und Wohnungs- bzw. Teileigentum (Wohnungs- und Teilerbbaurecht), nicht aber ein Sondernutzungsrecht (*OLG Hamburg* ZMR 2004, 616; NK/*Heinemann* § 31 Rn. 5). Das Sondernutzungsrecht kann vom Berechtigten nur schuldrechtlich einem Dritten überlassen werden. Das Dauerwohnrecht kann jedoch nach § 31 Abs. 1 S. 2 WEG auf einen außerhalb des Gebäudes liegenden Grundstücksteil erstreckt werden, sofern die Wohnung wirtschaftlich die Hauptsache (vgl. jetzt auch § 3 Abs. 2 WEG) bleibt, z.B. Kfz-Stellplatz. Die Erstreckung ist nur bei demselben Grundstück möglich. Für ein anderes Grundstück, etwa ein Nachbargrundstück, müsste eine selbstständige Dienstbarkeit oder ein Nießbrauch eingetragen werden (eine Grunddienstbarkeit reicht nicht aus; Bärmann/Schneider § 31 Rn. 30). Mehrere Grundstücke/Erbbaurechte können mit einem einheitlichen Dauerwohnrecht belastet werden (*LG Hildesheim* NJW 1960, 49). 5

Gebäude sind alle Bauwerke, die Räume enthalten, auch unterirdische Gebäude wie U-Bahnhöfe (*Hilmes/Krüger* ZfIR 2009, 184, 188). 6

C. Berechtigte

Berechtigter (NK/*Heinemann* § 31 Rn. 6) kann jede natürliche oder juristische Person sein, auch der Grundstückseigentümer selbst (BayObLGZ 1997, 163). Mehrere Berechtigte können Bruchteilsberechtigte (*BGH* – V ZR 184/94, ZMR 1995, 543), Gesamtgläubiger nach § 428 BGB) oder Gesamthandsberechtigte sein. 7

Mehrere Dauerwohnungsberechtigte an verschiedenen Räumen eines Gebäudes bilden keine Gemeinschaft der Wohnungseigentümer. 8

D. Bestellung und Erlöschen

Die Bestellung erfolgt gem. § 873 BGB – grundsätzlich ohne Zustimmung der Gläubiger von Grundpfandrechten – durch Einigung und Eintragung ins Grundbuch (vgl. hierzu § 32 WEG; NK/*Heinemann* § 31 WEG Rn. 7). Die Formvorschrift des § 925 BGB muss nicht beachtet werden. Eine dem § 4 WEG entsprechende Vorschrift besteht nicht. Der Berechtigte hat jedoch grundsätzlich einen klagbaren Anspruch auf Abgabe der dinglichen Einigungserklärung und Eintragsbewilligung, die gem. § 29 GBO formbedürftig ist (Bärmann/*Schneider* § 31 Rn. 41 ff.). 9

Das Kausalgeschäft regelt u.a. die Gegenleistung des Dauerwohnberechtigten. Möglich ist bei entgeltlicher Bestellung ein (Rechts-)Kaufvertrag (§§ 433, 453 Abs. 1 S. 1 BGB (*BGH* – V ZR 190/67, BGHZ 52, 243 = WM 1969, 1211 unter II.), wobei der Kaufpreis nicht nur als Einmalbetrag oder in Form der Ratenzahlung vereinbart werden kann, sondern auch als befristete oder unbefristete Rente quasi als »Dauerwohnzins« (so Staudinger/*Wobst*,2023 Vorbem zu §§ 31–42 Rn. 28). 10

Das Dauerwohnrecht erlischt materiell-rechtlich bei Befristung durch Zeitablauf (Staudinger/*Wobst* 2023 Vorbem zu §§ 31–42 Rn. 42; Bärmann/*Schneider* § 31 Rn. 79), durch Aufgabe des Rechts entsprechend § 875 BGB (Staudinger/*Wobs*, 2023 Vorbem zu §§ 31–42 Rn. 40; Bärmann/*Schneider* § 31 WEG Rn. 88; NK/*Heinemann* § 31 WEG Rn. 10), bei Verjährung gem. § 901 BGB (Bärmann/*Schneider* § 31 WEG Rn. 89). Heimfall und Zerstörung des Gebäudes sind keine Erlöschensgründe (Staudinger/*Wobst* 2023 Vorbem zu §§ 31–42 Rn. 45). Selbst wenn keine Vereinbarung über Wiederaufbau getroffen ist (iRd § 33 Abs. 4 Nr. 4 WEG als dinglicher Inhalt), ist die Verpflichtung zur unverzüglichen Wiederherstellung der Räume, die die Ausübung des Dauerwohn- 11 rechts ermöglichen, für den Grundstückseigentümer als originärer dinglicher Inhalt des Rechts anzusehen (str; vgl. Bärmann/*Schneider* § 31 Rn. 84)

E. Prozessuales

12 Die für das Wohnungseigentum geltenden besonderen prozessualen Vorschriften sind für das Dauerwohnrecht nicht für entsprechend anwendbar erklärt. Das Verfahren richtet sich nach den allgemeinen Vorschriften (Bärmann/*Schneider* § 31 Rn. 114, 115); die §§ 43 ff WEG gelten nicht (Staudinger/*Wobst* 2023 Vorbem zu §§ 31–42 Rn. 47).

§ 32 Voraussetzungen der Eintragung

(1) Das Dauerwohnrecht soll nur bestellt werden, wenn die Wohnung in sich abgeschlossen ist.

(2) Zur näheren Bezeichnung des Gegenstandes und des Inhalts des Dauerwohnrechts kann auf die Eintragungsbewilligung Bezug genommen werden. Der Eintragungsbewilligung sind als Anlagen beizufügen:

1. eine von der Baubehörde mit Unterschrift und Siegel oder Stempel versehene Bauzeichnung, aus der die Aufteilung des Gebäudes sowie die Lage und Größe der dem Dauerwohnrecht unterliegenden Gebäude- und Grundstücksteile ersichtlich ist (Aufteilungsplan); alle zu demselben Dauerwohnrecht gehörenden Einzelräume sind mit der jeweils gleichen Nummer zu kennzeichnen;

2. eine Bescheinigung der Baubehörde, dass die Voraussetzungen des Absatzes 1 vorliegen.

Wenn in der Eintragungsbewilligung für die einzelnen Dauerwohnrechte Nummern angegeben werden, sollen sie mit denen des Aufteilungsplanes übereinstimmen.

(3) Das Grundbuchamt soll die Eintragung des Dauerwohnrechts ablehnen, wenn über die in § 33 Abs. 4 Nrn. 1 bis 4 bezeichneten Angelegenheiten, über die Voraussetzungen des Heimfallanspruchs (§ 36 Abs. 1) und über die Entschädigung beim Heimfall (§ 36 Abs. 4) keine Vereinbarung getroffen sind.

Literatur:

Diester, Kann ein Dauerwohnrecht auf die Lebensdauer des Berechtigten befristet werden? NJW 1963, 183; *Drasdo*, Die Besonderheiten von in Form des Wohnungseigentums organisierten Time-sharing-Objekten, FS Merle 2000, S. 129; *Hilmes/Krüger*, Das Schattendasein des Dauernutzungsrechts ZfIR 2009, 184; *Lehmann*, Dauerwohn- und Dauernutzungsrechte nach dem WEG RNotZ 2011, 1; *Lotter*, Aktuelle Fragen des Dauerwohnrechts MittBayNot 1999, 354.

Übersicht

A. Allgemeines

1 § 32 WEG benennt die Formalien, die für die Bestellung eines Dauerwohnrechts Voraussetzung sind und enthält in den Abs. 1 und 2 Bestimmungen, die fast wörtlich mit den Regelungen zum Wohnungseigentum in §§ 3 Abs. 2 und 7 Abs. 3 u. 4 WEG übereinstimmen. Dadurch wird die **eigentumsähnliche Struktur** des Dauerwohn- und Dauernutzungsrechts unterstrichen. Eine Besonderheit besteht darin, dass ein Dauerwohnrecht auch nur an einer einzigen Wohnung des

Gebäudes bestellt werden kann, das heißt die übrigen Wohnungen stehen dem Eigentümer dann unbeschränkt zur Verfügung (vgl. unten Rdn. 9). In § 32 Abs. 2 WEG wurden die Sätze 4–7 durch das WEMoG per 01.12.2020 aufgehoben.

Gleichwohl handelt es sich systematisch um ein als Belastung des Eigentums einzutragendes dingliches **Nutzungsrecht.** Materiell-rechtlich entsteht das Dauerwohnrecht daher wie jedes andere dingliche Recht an einem Grundstück durch Einigung und Eintragung (§ 873 Abs. 1 BGB). 2

B. Eintragungsverfahren

Verfahrensrechtlich sind wie bei der Eintragung sonstiger dinglicher Rechte die allgemeinen Eintragungsvoraussetzungen zu beachten. 3

I. Allgemeine Eintragungsvoraussetzungen

Die Eintragung eines Dauerwohn- oder Dauernutzungsrechts erfolgt auf **Antrag** des Grundstückseigentümers oder des Berechtigten (§ 13 GBO). 4

Verfahrensrechtlich bedarf es der Vorlage einer **Eintragungsbewilligung** gem. § 19 GBO in der Form des § 29 GBO (NK/*Heinemann* § 32 Rn. 4). Sie ist nur vom betroffenen Grundstückseigentümer abzugeben (Meikel/*Brambring* § 29 GBO Rn. 82; MüKo/*Krafka* § 32 Rn. 5; Weitnauer/*Mansel* Rn. 7). Die materiell-rechtliche Einigung ist dem Grundbuchgericht nicht nachzuweisen (dazu Rdn. 19; **a.A.** im Hinblick auf den Nachweis zu § 32 Abs. 3: Bewilligung beider Vertragsteile sei nötig Bauer/*v. Oefele* AT V Rn. 424 und 435). 5

Der betroffene Grundstückseigentümer muss gem. § 39 GBO **voreingetragen** sein. 6

Eine **Genehmigung** nach § 22 BauGB kann hier ebenso in Betracht kommen wie eine solche nach § 172 Abs. 1 S. 4 bis 6 BauGB (vgl. § 7 Rdn. 88 f.; zu letztgenannter **a.A.** Bauer/*v. Oefele* AT V Rn. 435). 7

II. Besondere Eintragungsvoraussetzungen

Bei der Bestellung eines Dauerwohn- oder Dauernutzungsrechtes ist der Eintragungsbewilligung als Anlage ein **Aufteilungsplan** mit **Abgeschlossenheitsbescheinigung** beizufügen (Staudinger/*Wobst* 2023 § 32 Rn. 3 und 6). Dieses Erfordernis trägt dem sachen- und grundbuchrechtlichen Bestimmtheitsgrundsatz Rechnung, der verlangt, dass Inhalt und Umfang dinglicher Rechte zweifelsfrei und eindeutig bestimmt sind. Insoweit kann zunächst grundsätzlich auf die Ausführungen zu § 7 verwiesen werden. **Besonderheiten** ergeben sich jedoch aus der Rechtsnatur eines Dauerwohn- oder Dauernutzungsrechts. 8

So reicht es zur Entstehung aus, wenn ein solches Recht lediglich **an einer** abgeschlossenen **Einheit** bestellt wird. Möglich ist auch die Bestellung **an einem** ganzen **Gebäude** (BGHZ 27, 158 = NJW 1958, 1289). Erfolgt die Bestellung an einem ganzen Gebäude mit zugehörigem Grundstück, so ist die Abgeschlossenheit offenkundig. Es bedarf dann keines weiteren Nachweises der Abgeschlossenheit (vgl. § 7 Rdn. 125), weil kein rechtliches Bedürfnis für eine Abgrenzung gegenüber anderen Nutzungsberechtigten besteht (*LG Münster* DNotZ 1953, 148; Staudinger/*Spiegelberger* Rn. 10). Die Bestellung setzt voraus, dass das Gebäude wesentlicher Bestandteil des Grundstücks ist (*Schöner/Stöber* Rn. 3003). 9

Befinden sich auf dem belasteten Grundstück **mehrere Gebäude**, so ist ein Aufteilungsplan nur für diejenigen Gebäude- und Grundstücksteile erforderlich, die dem Dauerwohnrecht unterliegen sollen. Erstreckt sich das Dauerwohnrecht exklusiv auch auf **außerhalb** des Gebäudes **liegende Grundstücksteile** (z.B. einen Garten), müssen sich auch deren Lage und Größe aus dem Plan ergeben (*BayObLG* DNotZ 1998, 374). 10

Neben der Vorlage eines **Grundstücksplanes** ist zur Bezeichnung der Lage und der Abgrenzung gegenüber anderen Räumen in einem von mehreren Stockwerken auch ein **Stockwerksplan** erforder- 11 lich. Schließlich ist noch ein **Wohnungsplan** über die einzelnen zur Wohnung gehörigen Räume vorzulegen (*BayObLG* DNotZ 1998, 374).

12 Weitere Aufteilungspläne oder Bauzeichnungen hinsichtlich der zum **gemeinschaftlichen Gebrauch** bestimmten Anlagen und Einrichtungen des Gebäudes und des Grundstücks sind nicht beizubringen (*BayObLG* – 2Z BR 60/97, NJW-RR 1997, 1233 = DNotZ 1998, 374). Dies gilt auch dann, wenn die im Wesentlichen landwirtschaftlich genutzte Fläche des belasteten Grundstücks von erheblicher Größe ist (*OLG München* – 34 Wx 120/13, MDR 2013, 901 = ZWE 2013, 323).

III. Prüfungsrecht des Grundbuchgerichts

1. Prüfungsrecht hinsichtlich der Abgeschlossenheitsbescheinigung und der Pläne

13 Das Dauerwohnrecht soll gem. Abs. 1 Satz 1 nur bestellt werden, wenn die Wohnung in sich abgeschlossen ist. Wegen der näheren Voraussetzungen kann auf die Erläuterungen zu § 3 Rdn. 111 ff. verwiesen werden. Allerdings sind die Voraussetzungen der **Abgeschlossenheit** auch hier vom Grundbuchgericht in eigener Zuständigkeit zu prüfen; die Abgeschlossenheitsbescheinigung ist insoweit nicht bindend (Bauer/*v. Oefele* AT V Rn. 435: *Schöner/Stöber* Rn. 3005 Fn. 23; Staudinger/*Spiegelberger* Rn. 19; s. ausführlich § 7 Rdn. 189 f. m.w.N.; **a.A.** – unter Hinweis auf die überholte Entscheidung des *LG Frankfurt/M.* NJW 1971, 759 – Weitnauer/*Mansel* Rn. 2).

14 Bei einem Dauerwohnrecht soll das Erfordernis der Abgeschlossenheit i.S.d. § 32 WEG bereits dann erfüllt sein, wenn die Wohnung einen **Zugang** nur durch eine andere Wohnung hat, sofern diese nicht selbst einem Dauerwohnrecht unterliegt oder in Wohnungseigentum aufgeteilt ist (*Lotter* MittBayNot 1999, 354). Die Begründung vermag nicht zu überzeugen. Ließe man, wie von Lotter dargestellt, ein Dauerwohnrecht an einer nur über die darunter liegende Einheit zugänglichen Dachbodenwohnung zu, wäre der Zugang letztlich ungesichert. Die jederzeit mögliche Bestellung eines weiteren Dauerwohn- oder Dauernutzungsrechts an der den Zugang gewährenden »unteren« Wohnung oder ihre nachträgliche Aufteilung in Wohnungseigentum könnten nicht verhindert werden und würden zu genau den Verhältnissen führen, die wegen der mit dem früheren Stockwerkseigentum gemachten Erfahrungen verhindert werden sollen. Es hat daher auch für Dauerwohnrechte bei dem allgemeinen Erfordernis der Abgeschlossenheit zu verbleiben.

15 Ein **Verstoß** gegen § 32 Abs. 1 WEG macht das Grundbuch jedoch nicht unrichtig; es handelt sich um eine Sollvorschrift.

16 Ist Inhalt eines Dauerwohnrechts die Befugnis zur Mitbenutzung des Gartens, bedarf es nicht der Vorlage eines gesonderten Plans, der Lage und Größe der Gartenfläche ausweist, selbst wenn die im Wesentlichen landwirtschaftlich genutzte Fläche des belasteten Grundstücks von erheblicher Größe ist (*OLG München* MDR 2013, 901 = ZWE 2013, 323) Die Anforderungen an die Bauzeichnung bei Begründung eines Dauerwohnrechts an nur einer Wohnung unterscheiden sich aber von der für die Begründung von Wohnungseigentum erforderlichen Bauzeichnung. Letztere dient zusammen mit der Abgeschlossenheitsbescheinigung der Abgrenzung des gemeinschaftlichen Eigentums von Sondereigentum und des einzelnen Sondereigentums von anderem Sondereigentum (vgl. z.B. *BayObLGZ* 1980, 226/229). Diese Unterscheidung spielt bei der Begründung eines Dauerwohnrechts aber keine Rolle. Die Fassung des für die Bauzeichnung beim Wohnungseigentum maßgebenden § 7 Abs. 4 Nr. 1 WEG unterscheidet sich deshalb auch entsprechend von der des § 32 Abs. 2 S. 2 Nr. 1 WEG. Die Bauzeichnung darf sich nicht auf die Räume des Dauerwohnrechts beschränken. Erstreckt sich das Dauerwohnrecht auch auf außerhalb des Gebäudes liegende Grundstücksteile, z.B. einen Garten (in Alleinnutzung), müssen sich auch deren Lage und Größe aus dem Plan ergeben. Das bloße Mitbenutzungsrecht betrifft nicht den Umfang des Dauerwohnrechts, sondern dessen Inhalt, weshalb insoweit keine Angaben im Aufteilungsplan enthalten sein müssen.

17 Es genügt dagegen, wenn bei mehreren Gebäuden auf dem belasteten Grundstück in einem Grundstücksplan das Gebäude gekennzeichnet ist, in dem sich die von dem Dauerwohnrecht umfassten Räume befinden. Außerdem ist, wenn sich die von dem Dauerwohnrecht umfassen Räume in einem

von mehreren Stockwerken eines Gebäudes befinden, ein Stockwerksplan erforderlich. Aus ihm muss sich die Lage der Räume und ihre Abgrenzung zu anderen Räumen auf dem Stockwerk ergeben; dabei genügt es, wenn die von dem Dauerwohnrecht umfassen Räume in ihrer äußeren Umgrenzung kenntlich gemacht sind (vgl. *BayObLG* NJW-RR 1997, 1233 = BayObLGZ 1997, 163).

Weiterhin sind die in Rdn. 11 genannten **Pläne** vom Grundbuchgericht auf Vollständigkeit und Widerspruchsfreiheit zu prüfen. 18

2. Prüfungsrecht hinsichtlich der in Abs. 3 genannten Vereinbarungen

Das Grundbuchgericht soll die Eintragung des Dauerwohnrechts ablehnen, wenn über die in § 33 Abs. 4 Nr. 1 bis 4 WEG bezeichneten Angelegenheiten, über die Voraussetzungen des Heimfallanspruchs (§ 36 Abs. 1 WEG) und über die Entschädigung beim Heimfall (§ 36 Abs. 4 WEG) keine Vereinbarungen getroffen sind. Daraus wird bisweilen eine materielle Prüfungspflicht des Grundbuchgerichts hinsichtlich des rechtsgültigen Zustandekommens der genannten Regelungen abgeleitet (*OLG Düsseldorf* Rpfleger 1977, 446;). Dem kann nicht gefolgt werden (wie hier NK/*Heinemann* § 32 Rn. 7). § 20 GBO ist nicht für anwendbar erklärt. Die Bestellung des Dauerwohnrechts vollzieht sich aufgrund einer verfahrensrechtlichen Eintragungsbewilligung (§ 32 Abs. 2 WEG), die allein vom betroffenen Eigentümer abzugeben ist. Damit lässt sich jedoch keine Verpflichtung zur inhaltlichen Prüfung der materiell getroffenen Vereinbarungen verknüpfen. Dies würde zum einen dem formellen Konsensprinzip widersprechen (*Demharter* Anh. zu § 44 Rn. 124; Meikel/*Brambring* § 29 GBO Rn. 82; Staudinger/*Wobst*, 2023, § 32 Rn. 16 ff.; Weitnauer/*Mansel* § 32 Rn. 7), zum anderen würde wohl das Ansinnen überdehnt, einen gewissen Zwang auf die Vertragsteile auszuüben, um Überlegungen zum Inhalt des Rechts anzustellen. Schon gar nicht kann dem Grundbuchgericht im Hinblick auf die allgemein anerkannte Beweismittelbeschränkung eine Prüfungspflicht dahin gehend obliegen, ob die genannten Vereinbarungen auch wirksam zustande gekommen sind (so aber ausdrücklich die Vorauflage des Bärmann/*Pick* Rn. 17; abl. zu Recht *Demharter* § 19 GBO Rn. 38; KEHE/*Herrmann* Einl. O Rn. 12; MüKo/*Krafka* Rn. § 32 Rn. 5 ff.). Verfahrensrechtlich muss es genügen, wenn nach dem Inhalt der Eintragungsbewilligung – einseitig – das Zustandekommen einer entsprechenden Vereinbarung in Verbindung mit den zur Eintragung bewilligten Passagen schlüssig vorgetragen wird (i.d.S. auch MüKo/*Krafka* § 32 Rn. 5–12). Insoweit kommt dem Grundbuchgericht allerdings eine Prüfungspflicht zu (**a.A.** Bamberger/Roth/*Hügel* § 32 Rn. 5, der offenbar von einer Ermessensentscheidung des Grundbuchgerichts im Rahmen des § 32 Abs. 3 WEG ausgeht; tatsächlich handelt es sich aber bei den dort genannten Bestimmungen um »Soll-Vorschriften«). Nach diesem Verständnis bedarf es dann keiner Prüfung, ob auch tatsächlich eine Einigung zwischen den Parteien im Hinblick auf den Mindestinhalt des einzutragenden Rechtes zustande gekommen ist (Meikel/*Brambring* § 29 GBO Rn. 82; Staudinger/*Wobst*, 2023, § 32 Rn. 16 ff.). 19

Ist über den Heimfall nichts bestimmt, so kann das Grundbuchgericht davon ausgehen, dass ein solcher nicht vorgesehen ist (*BayObLG* NJW 1954, 959; Weitnauer/*Mansel* § 32 WEG Rn. 7). Da der Heimfall selbst nicht zum wesentlichen Inhalt des Dauerwohnrechts gehört, muss die Vereinbarung einen Heimfallanspruch auch nicht begründen (Staudinger/*Spiegelberger*, 2018, § 32 WEG Rn. 24). 20

Aus dem zuvor Gesagten ergibt sich, dass ein über die Vorlage der Eintragungsbewilligung hinausgehender **Nachweis** über das Zustandekommen der genannten Vereinbarungen nicht erforderlich ist. Insbesondere muss er nach dem hier zugrunde gelegten Verständnis erst recht nicht in der Form des § 29 GBO geführt werden (Weitnauer/*Mansel* § 32 Rn. 7; **a.A.** – von dem materiell-rechtlichen Prüfungsansatz her konsequent Bauer/*v. Oefele* AT V Rn. 423; *Schöner/Stöber* Rn. 3005). Ein schlüssiger Sachvortrag in Verbindung mit der konkreten Eintragungsbewilligung in der Form des § 29 GBO genügt jedoch insoweit. 21

22 Bei **Nichtbeachtung des Abs. 3** durch das Grundbuchgericht entsteht gleichwohl das Dauerwohnrecht; es handelt sich um eine verfahrensrechtliche Sollvorschrift (Staudinger/*Wobst*, 2023, § 32 Rn. 15).

IV. Eintragung

23 Die Eintragung erfolgt **als Belastung** des Grundstücks in Abteilung II des Grundbuchs (§ 10 GBV). Die Art des Rechtes ist dabei ausdrücklich anzugeben (vgl. Staudinger/*Wobst* 2023 § 32 Rn. 8 sowie zum Mindestinhalt § 32 Rn. 13). Sofern Dauerwohn- und Dauernutzungsrecht als Einheit bestellt werden, hat die Kennzeichnung des Rechtes im Eintragungsvermerk entsprechend zu erfolgen (*BayObLG* Rpfleger 1961, 400; *Schöner/Stöber* Rn. 3003). Zur näheren Bezeichnung des Gegenstandes und des Inhalts des Dauerwohnrechts kann auf die Eintragungsbewilligung Bezug genommen werden (§ 32 Abs. 2 S. 1 WEG). Durch die Bezugnahme wird auch der Aufteilungsplan zum Inhalt der Grundbucheintragung und nimmt am öffentlichen Glauben des Grundbuchs teil.

24 **Belastungsgegenstand** kann nicht nur ein Grundstück sein. Auch Wohnungseigentumsrechte (vgl. *BGH* Rpfleger 1979, 58 – Ls = ZMR 1981, 253 Ls; Meikel/*Morvilius* Einl. C Rn. 377), Erbbaurechte und Wohnungserbbaurechte (§ 42) können mit einem Dauerwohn- oder Dauernutzungsrecht belastet werden. Auch ein noch zu errichtendes Gebäude kann Belastungsgegenstand sein (KEHE/*Herrmann* Einl. O Rn. 5). Soweit mit einem Wohnungseigentumsrecht ein Sondernutzungsrecht z.B. an einem Pkw-Stellplatz verbunden sein sollte, kann sich bei entsprechender Bestellung das Dauerwohnrecht ähnlich einem Wohnungsrecht gem. § 1093 BGB auf die Nutzung dieser im gemeinschaftlichen Eigentum verbliebenen Fläche erstrecken (vgl. *BayObLG* Rpfleger 1998, 68; *Ertl* FS Bärmann und Weitnauer 1990, 251, 265 für ein Wohnungsrecht). Nicht möglich ist dagegen die Belastung eines bloßen Miteigentumsanteils (*BayObLG* NJW 1957, 1840). Das Recht kann sich auch auf mehrere Belastungsobjekte erstrecken, sofern die dort befindlichen Räume nur eine Einheit bilden (*Schöner/Stöber* Rn. 3003); wegen des dienstbarkeitsähnlichen Charakters handelt es sich in diesem Fall jedoch nicht um ein Gesamtrecht (Bauer/v. Oefele/*Wegmann* § 48 Rn. 12; Lemke/*Schneider* § 7 Rn. 95 a.E.; **a.A.** Meikel/*Böttcher* § 7 Rn. 83; *Schöner/Stöber* Rn. 3003).

25 Mehrere **Berechtigte** können sowohl als Bruchteilsberechtigte (BGHZ 130, 150 = DNotZ 1996, 88 = ZMR 1995, 543) aber auch als Gesamtberechtigte gem. § 428 BGB (vgl. BGHZ 46, 253 = WM 1967, 95; *Demharter* Anh. zu § 44 GBO Rn. 123; Meikel/*Morvilius* Einl. C Rn. 378) oder in Gesamthandsgemeinschaft eingetragen werden. Nicht zulässig ist die Bestellung eines Dauerwohnrechts zugunsten des jeweiligen Eigentümers eines anderen Grundstücks (Meikel/*Morvilius* Einl. C Rn. 378). Die Bestellung eines Dauerwohnrechts für den Eigentümer selbst ist ohne weiteren Nachweis zulässig (*BayObLG* DNotZ 1998, 374; *Demharter* Anh. zu § 44 GBO Rn. 123; *Schöner/Stöber* Rn. 3003).

26 Wegen § 33 Abs. 1 S. 2 kann die Eintragung eines Dauerwohnrechts **nicht** unter einer **Bedingung** erfolgen. Möglich ist aber eine **Befristung** des Dauerwohnrechts (vgl. § 41 Abs. 1 WEG). Diese wird entgegen Weitnauer/*Mansel* (Vor § 31 Rn. 11) insbesondere dann in Betracht kommen, wenn wechselnde Befristungen im Rahmen von Time-sharing-Modellen zum Inhalt des Rechts gemacht werden sollen (*LG Hamburg* NJW-RR 1991, 823; Meikel/*Morvilius* Einl. C Rn. 375; *Drasdo* in: FS Merle 2000, S. 129, 131; **a.A.** *OLG Stuttgart* Rpfleger 1987, 107 m. abl. Anm. *Gralka* NJW 1987, 1997; vgl. auch *BGH* NJW 1995, 2637, 2639). Auch die **Bestellung auf Lebenszeit** des Berechtigten stellt eine Befristung dar und ist deshalb eintragungsfähig (*OLG Celle* MDR 2014, 520 = ZWE 2014, 207; *OLG Hamm* NZM 2012, 318 = ZWE 2012, 39; *Diester* NJW 1963, 183; Weitnauer/*Mansel* § 33 Rn. 3; **a.A.** *Demharter* § 23 GBO Rn. 5; KEHE/*Herrmann* Einl. O Rn. 6). Erfolgt eine Befristung, ist diese allerdings von der Bezugnahme ausgeschlossen; die Tatsache selbst ist **ausdrücklich** bei der Eintragung des Rechts im Grundbuch zu vermerken (*OLG Hamm* ZWE 2012, 39; *Demharter* Anh. zu § 44 GBO Rn. 124; Staudinger/*Spiegelberger* 2018 § 32 Rn. 14).

27 Zur Eintragung einer **Veräußerungsbeschränkung** s. § 35 Rdn. 3 m.w.N.

Sind **Regelungen über das Bestehenbleiben** des Rechts im Fall einer Zwangsversteigerung gem. § 39 WEG getroffen worden, hat entsprechend § 18 GBV bei allen beteiligten Rechten hierüber ein ausdrücklicher Vermerk in der Eintragung zu erfolgen; eine bloße Bezugnahme auf die Eintragungsbewilligung ist nicht ausreichend (*LG Hildesheim* Rpfleger 1966, 116 m. Anm. *Riedel*; KEHE/*Herrmann* Einl. O Rn. 10; Staudinger/*Spiegelberger*, 2018, § 32 Rn. 14; Weitnauer/*Mansel* § 39 WEG Rn. 13; **a.A.** Meikel/*Morvilius* Einl. C Rn. 386). 28

Die Bezugnahmeverbote des § 7 Abs. 3 S. 2 WEG sind in § 32 Abs. 2 WEG nicht aufgenommen. Dies wird als redaktionelles Versehen im Rahmen des WEMoG eingeordnet (Staudinger/*Wobst* 2023 § 32 Rn. 11). 29

C. Gerichtsgebühren

Auch gebührenrechtlich spiegelt sich die Rechtsnatur als dingliches Recht wider. Für die **Eintragung** eines Dauerwohn- oder Dauernutzungsrechts in das Grundbuch ist grundsätzlich eine ganze Gebühr gem. Vorbem. Nr. 1.4. KV-GNotKG i.V.m. KV-Nr. 14121 zu berechnen (Leipziger Kommentar/*Schulz* S. 862 ff.). Der **Geschäftswert** bestimmt sich nach § 52 GNotKG (NK/*Heinemann* § 32 Rn. 8; Leipziger Kommentar/*Zapf* § 52 Rn. 20). 30

Für die **Löschung** eines Dauerwohn- oder Dauernutzungsrechts im Grundbuch fällt eine Festgebühr gem. Vorbem. Nr. 1.4. KV-GNotKG i.V.m. KV-Nr. 14143 (Löschung im Übrigen) i.H.v. 25,-Euro an. 31

§ 33 Inhalt des Dauerwohnrechts

(1) Das Dauerwohnrecht ist veräußerlich und vererblich. Es kann nicht unter einer Bedingung bestellt werden.

(2) Auf das Dauerwohnrecht sind, soweit nicht etwas anderes vereinbart ist, die Vorschriften des § 14 entsprechend anzuwenden.

(3) Der Berechtigte kann die zum gemeinschaftlichen Gebrauch bestimmten Teile, Anlagen und Einrichtungen des Gebäudes und Grundstücks mitbenutzen, soweit nichts anderes vereinbart ist.

(4) Als Inhalt des Dauerwohnrechts können Vereinbarungen getroffen werden über:

1. Art und Umfang der Nutzungen;

2. Instandhaltung und Instandsetzung der dem Dauerwohnrecht unterliegenden Gebäudeteile;

3. die Pflicht des Berechtigten zur Tragung öffentlicher oder privatrechtlicher Lasten des Grundstücks;

4. die Versicherung des Gebäudes und seinen Wiederaufbau im Falle der Zerstörung;

5. das Recht des Eigentümers, bei Vorliegen bestimmter Voraussetzungen Sicherheitsleistung zu verlangen.

Übersicht

A. Veräußerlichkeit und Vererblichkeit

1 Durch die Veräußerlichkeit und Vererblichkeit unterscheidet sich das Dauerwohnrecht wesentlich von dem Wohnrecht des § 1093 BGB (NK/*Heinemann* § 33 Rn. 1; Staudinger/*Wobs*, 2023 § 33 Rn. 5 und 6). Zur Veräußerungsbeschränkung s. § 35 WEG. Die Veräußerung – gemäß den §§ 873 ff. BGB sind materiell-rechtlich Einigung und Eintragung notwendig – ist auch unter einer aufschiebenden oder auflösenden Bedingung möglich (*Hilmes/Krüger* ZfIR 2009, 184, 191).

2 Die Vererblichkeit kann faktisch dadurch ausgeschlossen werden, dass Dauerwohnrecht auf den Tod des Berechtigten befristet wird. Bedarf die Übertragung eines Dauernutzungsrechts der Zustimmung eines Dritten, so ist auch die Bestellung eines Nießbrauchs am Dauernutzungsrecht regelmäßig nur mit Zustimmung des Dritten möglich (*OLG München* MDR 2016, 1135 = ZWE 2016, 337).

3 Als Belastungen kommen neben der Sicherungsübereignung (NK/*Heinemann* § 33 Rn. 2) nur Nießbrauch und Pfandrecht – nicht: beschränkte persönliche Dienstbarkeit, Grunddienstbarkeit, Grundpfandrecht, da das Dauerwohnrecht eben kein grundstücksgleiches Recht ist – in Betracht (*OLG München* MDR 2016, 1135 = ZWE 2016, 337). Für die Verpfändung gilt § 1274 iVm §§ 873 ff. BGB; erforderlich sind wiederum Einigung und Eintragung. Dabei brauchen die vom Dauerwohnrecht umfassten Räume nicht übergeben zu werden, da dies zur Vollendung der Übertragung des Rechtes nicht erforderlich ist (§ 1274 Abs. 1 S. 2 BGB). Für die Pfändung gilt § 857 ZPO (Bärmann/*Schneider* § 33 Rn. 29).

B. Bedingungsfeindlichkeit

4 Das Dauerwohnrecht kann nicht unter einer Bedingung bestellt werden (§ 33 Abs. 1 S. 2 WEG). Zulässig sind Befristungen (vgl. § 41 WEG) und die Vereinbarung eines Heimfallanspruchs (§ 36 WEG) sowie Rechtsbedingungen (Genehmigungsvorbehalte, vormundschafts- bzw. familien- und betreuungsgerichtliche). Dagegen ist eine Befristung mit Anfangs- wie Endtermin zulässig (Bärmann/*Schneider* § 33 WEG Rn. 60; NK/*Heinemann* § 33 Rn. 4; Staudinger/*Wobst* 2023 § 33 Rn. 7 ff.; s. auch § 41 Abs. 1 WEG).

C. Rechtsinhalt

I. Gesetzlicher Inhalt

5 § 33 Abs. 2 und 3 WEG sind anzuwenden, sofern nichts anderes vereinbart ist (unten Rdn. 10 ff.).

6 Für die **Pflichten** des Dauerwohnberechtigten gilt § 14 WEG (vgl. hierzu; dieser Verweis ist rechtstechnisch wenig geglückt) entsprechend. Entsprechend bedeutet, dass die § 14 WEG genannten Pflichten gegenüber dem Eigentümer bestehen, wohl auch gegenüber anderen Dauerwohnungsberechtigten (str., vgl. § 31 Rdn. 7 sowie Bärmann/*Schneider* § 33 Rn. 73 ff. einerseits Staudinger/*Wobst* 2023 § 33 Rn. 11 ff. andererseits). An die Stelle von Sondereigentum treten die dem Dauerwohnrecht unterfallenden Gegenstände, an die Stelle des gemeinschaftlichen Eigentums die nicht dem Dauerwohnrecht unterliegenden Flächen und Gebäudeteile (Bärmann/*Schneider* § 33 WEG Rn. 83 f.). Bei der Beurteilung des Nachteils sind auch die Interessen der anderen Bewohner des Gebäudes einzubeziehen (*Weitnauer/Mansel* § 33 Rn. 5), auch wenn diesen insoweit kein eigenes Recht zusteht.

7 Dass der Dauerwohnberechtigte die dem Recht unterfallenden Räume und Flächen benutzen darf, ergibt sich bereits aus § 31 WEG. § 33 Abs. 3 WEG erweitert diese Befugnis auf die Mitbenutzung von Teilen, Anlagen und Einrichtungen des Gebäudes und des Grundstücks, die zum gemeinschaftlichen Gebrauch bestimmt sind. Hierunter fallen insbesondere Treppenhäuser, Hofraum, Wasch- und Trockeneinrichtungen, Heizung, Wasserleitungen, Aufzüge; bei einem Dauernutzungsrecht an Geschäftsräumen auch die Benutzung der Außenfassade für Reklamezwecke (*OLG Frankfurt*, BB 1970, 731). Das Nutzungsrecht ist nicht auf gemeinsame Einrichtungen des Grundstücks beschränkt, wie etwa eine Zuwegung oder eine Umzäunung, sondern erstreckt sich auch auf gemeinsam genutzte

Gebäudeteile; nicht unter Abs. 3 fallen Dach und Balkone (*BGH* NZM 2012, 311 = GuT 2011, 322).

II. Vereinbarungen

1. Allgemeines

Den Beteiligten bleibt es unbenommen, im Rahmen der allgemeinen Vertragsfreiheit (vgl. Bärmann/ 8
Schneider § 33 Rn. 89 ff. NK/*Heinemann* § 33 Rn. 7; Staudinger/*Wobst* 2023 § 33 Rn. 19 ff.) schuldrechtliche Vereinbarungen über das Dauerwohnrecht zu treffen. Daran sind aber nur die Vertragspartner gebunden. § 33 Abs. 4 WEG eröffnet die Möglichkeit, als Inhalt des Dauerwohnrechts Vereinbarungen mit dinglicher Wirkung zu treffen, die bei Eintragung ins Grundbuch auch gegenüber dem Sonderrechtsnachfolger wirken. Die in § 33 Abs. 4 Nr. 1 bis 4 WEG genannten Regelungen sind zu treffen, da ansonsten das Grundbuchamt die Eintragung ablehnen soll (§ 32 Abs. 3 WEG).

Andere als die in § 33 Abs. 2 bis 4, §§ 35, 36, 39, 40, 41 WEG und § 882 BGB genannten Rege- 9
lungen können nicht mit dinglicher Wirkung getroffen werden (*Hilmes/Krüger* ZfIR 2009, 184, 190).

2. Einzelne Regelungsgegenstände

a) Art und Umfang der Nutzungen, Abs. 4 Nr. 1

Hierunter fallen insbesondere Regelungen über eine Wohnungsnutzung oder eine gewerbliche Nut- 10
zung (*Schmid/Kahlen* § 33 Rn. 9), Zustimmungserfordernis für eine Vermietung (*BayObLG* NJW 1960, 2100). Ist nur ein Mitbenutzungsrecht des Gartens vereinbart, so ergibt sich dieses bereits aus § 33 Abs. 3 WEG (vgl. aber *OLG Zweibrücken* – 3 W 43/98, ZfIR 1998, 210 = NZM 1998, 343 Juris Rn. 12: An dem rechtlich selbständigen Gartengrundstück kann gemeinsam mit dem Wohnhausgrundstück kein Gesamtwohnungsrecht begründet werden). Einer Beifügung von Plänen der Flächen, auf die sich das Mitbenutzungsrecht erstreckt, bedarf es deshalb nicht (*OLG München*, MietRB 2013, 231). Mitgebrauchsrechts können durch Vereinbarung auch eingeschränkt oder ausgeschlossen werden (*Grziwotz*, MietRB 2013, 232). Das Gebrauchsrecht des Dauernutzungsberechtigten erstreckt sich auf die der Berechtigung nicht unterliegenden Teile des Gebäudes, soweit dies zur Anbahnung oder Aufrechterhaltung von Außenkontakten erforderlich ist (hier: Anbringen einer Außenreklame an der Haus-Straßenfront; so *LG Dortmund* – 17 S 164/90, WuM 1990, 514 = NJW-RR 1991, 16).

b) Instandhaltung und Instandsetzung; Erhaltung; Abs. 4 Nr. 2

Unter Instandhaltung und Instandsetzung ist nichts anderes als die Erhaltung zu verstehen wie sie 11
die Legaldefinition in § 13 Abs 2 WEG enthält. Die Anpassung des Wortlauts im Rahmen des WEMoG wurde aufgrund eines Redaktionsversehens versäumt (so Staudinger/*Wobst* 2023 § 33 Rn. 23). Die Erhaltung der dem Dauerwohnrecht unterliegenden Gebäudeteile kann voll auf den Berechtigten übertragen werden. Eine Erhaltungspflicht für das ganze Gebäude ist nur zulässig, wenn sich das Dauerwohnrecht auch auf das ganze Gebäude erstreckt (*Schmid/Kahlen* § 33 WEG Rn. 10). Die Vereinbarung kann jedoch auch gemeinschaftliche Einrichtungen (oben Rdn. 7) betreffen. Wird keine Regelung getroffen gilt § 14 Abs. 2 Nr. 1 WEG i.V.m. § 33 Abs. 2 WEG.

c) Öffentliche und private Lasten, Abs. 4 Nr. 3

Ohne Vereinbarung trägt der Eigentümer die Lasten (NK/*Heinemann* § 33 Rn. 10). Die Verein- 12
barung gem. § 33 Abs. 4 Nr. 3 WEG wirkt nur zwischen dem Eigentümer und dem Dauerwohnungsberechtigten, nicht im Außenverhältnis zu Dritten. Als öffentliche Lasten sind insbesondere zu nennen: Grundsteuer und Erschließungskosten; als privatrechtliche Lasten: Zinsen aus grundpfand-

rechtlich gesicherten Forderungen. Betriebskosten (z.B. für Wasser, Heizung, Strom) fallen nicht hierunter (Staudinger/*Wobst* 2023 § 33 Rn. 25, 26)

d) Versicherung und Wiederaufbau; Abs. 4 Nr. 4

13 Ohne Vereinbarung besteht keine Verpflichtung zum Abschluss von Versicherungen (NK/*Heinemann* § 33 Rn. 11). Wer in einem solchen Fall Versicherungen abschließt, hat diese auch zu bezahlen. Die Versicherungspflicht des Gebäudes ist an § 1045 BGB für Nießbraucher angeknüpft; dort ist sie abdingbare Legalobligation, hier aber im Belieben der Parteien (Bärmann/*Schneider* § 33 Rn. 137).

14 Eine Pflicht zum Wiederaufbau besteht ohne Vereinbarung nicht. Aus einer Versicherungspflicht kann sich jedoch eine Wiederaufbaupflicht ergeben (NK/*Heinemann* § 33 WEG Rn.11). Eine Errichtungspflicht kann nur mit schuldrechtlicher Wirkung begründet werden (Staudinger/*Wobst* 2023 § 33 Rn. 29, a.A. Grüneberg/*Wicke* § 33 Rn. 5).

e) Sicherheitsleistung; Abs. 4 Nr. 5

15 Eine Verpflichtung zur Sicherheitsleistung besteht nur bei entsprechender Vereinbarung. § 1051 BGB ist in Bezug auf seinen verpflichtenden Charakter nicht analog anwendbar (Weitnauer/*Mansel* § 33 Rn. 16).

§ 34 Ansprüche des Eigentümers und der Dauerwohnberechtigten

(1) Auf die Ersatzansprüche des Eigentümers wegen Veränderungen oder Verschlechterungen sowie auf die Ansprüche der Dauerwohnberechtigten auf Ersatz von Verwendungen oder auf Gestattung der Wegnahme einer Einrichtung sind die §§ 1049, 1057 des Bürgerlichen Gesetzbuches entsprechend anzuwenden.

(2) Wird das Dauerwohnrecht beeinträchtigt, so sind auf die Ansprüche des Berechtigten die für die Ansprüche aus dem Eigentum geltenden Vorschriften entsprechend anzuwenden.

Übersicht

A. Ersatzansprüche des Eigentümers

1 Die durch die ordnungsmäßige Ausübung des Dauerwohnrechts herbeigeführten Veränderungen und Verschlechterungen sind nicht ersatzpflichtig, Ansprüche aus den § 280 ff. BGB hinsichtlich getroffener Vereinbarungen oder Ansprüche aus Delikt (§ 823 BGB) sind denkbar (Staudinger/*Wobst* 2023 § 34 Rn. 3).

B. Die Ansprüche des Dauerwohnberechtigten

2 Gegen den Eigentümer auf Ersatz von Verwendungen (§ 1049 Abs. 1 BGB analog) oder Gestattung der Wegnahme (§ 1049 Abs. 2 BGB analog i.V.m. § 258 BGB) werden durch Verweisung auf einige Normen zum Nießbrauch geregelt.

I. Verwendung nebst Verwendungsersatz

Es gelten die Vorschriften zur Geschäftsführung ohne Auftrag über § 1049 Abs. 1 BGB. Grundsatz: Die getätigten Verwendungen müssen dem Interesse oder dem Willen des Eigentümers entsprochen haben (§§ 670, 683 Satz 1 BGB), sie mussten im öffentlichen Interesse gelegen haben (§§ 679, 670, 683 Satz 2 BGB) oder der Eigentümer musste sie genehmigt haben (§§ 670, 683 Satz 1, 684 Satz 2 BGB). Sonst besteht nur ein Anspruch nach Bereicherungsrecht (§ 684 Satz 1 BGB; Staudinger/*Wobst* 2023 § 34 Rn. 5). 3

Der Dauerwohnberechtigte darf allerdings nicht gemäß den §§ 1041, 1045, 1047, 1048 BGB analog oder kraft separater Vereinbarung gem. § 33 Abs. 4 Nr. 2 WEG die Verwendungen zu tragen haben. 4

II. Einschränkungen durch Erhaltungspflichten

Die aus § 1041 Satz 1 und 2 BGB analog folgenden Erhaltungspflichten des Dauerwohnberechtigten werden durch die Vorschrift des § 1050 BGB nicht eingeschränkt (*BGH* – V ZR 197/07, NZM 2009, 448). Er haftet dennoch nicht für Verschlechterungen der Sache, die trotz Durchführung der gesetzlich geschuldeten Erhaltungsmaßnahmen eintreten. Der Dauerwohnberechtigte hat die belastete Sache zwar in ihrem wirtschaftlichen Bestand, nicht aber in ihrem Kapitalwert zu erhalten (§ 1041 Satz 1 BGB). 5

Ausbesserungen und Erneuerungen obliegen ihm nur insoweit, als sie zu der gewöhnlichen Unterhaltung der Sache gehören (§ 1041 Satz 2 BGB). Hierzu zählen Erhaltungsmaßnahmen, die bei ordnungsgemäßer Bewirtschaftung regelmäßig, und zwar wiederkehrend innerhalb kürzerer Zeitabstände zu erwarten sind (*BGH* – V ZR 392/02, NJW-RR 2003, 1290 f.). Darunter fallen insbesondere die normalen Verschleißreparaturen, während etwa die vollständige Erneuerung der Dacheindeckung eines Hauses als außergewöhnliche Maßnahme den Dauerwohnberechtigten nicht belasten kann. 6

Etwas anderes gilt indessen, wenn es dem Dauerwohnberechtigten in Abweichung von § 1041 Satz 2 BGB obliegt, auch außergewöhnliche Unterhaltungsmaßnahmen durchzuführen. In diesem Fall kann er seine Aufwendungen nicht nach § 1049 Abs. 1 BGB ersetzt verlangen. 7

Auch die Anzeigepflicht dem Eigentümer gegenüber nach § 1042 BGB obliegt dem Dauerwohnberechtigten, ebenso die Duldungspflicht nach § 1044 BGB, soweit sie sich nicht schon aus § 33 Abs. 2 (iVm § 14) ergibt (vgl. Bärmann/*Schneider* § 34 WEG Rn. 4 a.E.). 8

III. Im Einzelnen zum Verwendungsersatzanspruch

Gemäß § 683 BGB (NK/*Heinemann* § 34 Rn. 5) – der auch den Ersatz nutzloser Aufwendungen, die den Eigentümer nicht bereichert haben, umfasst, was ihn von Ansprüchen aus ungerechtfertigter Bereicherung nach § 812 BGB unterscheidet – besteht ein Ersatzanspruch nur, wenn die Verwendungen dem Interesse und dem wirklichen oder mutmaßlichen Willen des Eigentümers entsprachen, oder wenn der entgegenstehende Wille des Eigentümers unbeachtlich ist, weil ohne die Aufwendungen eine Pflicht des Eigentümers, deren Erfüllung im öffentlichen Interesse liegt, nicht rechtzeitig erfüllt worden wäre (§ 679 BGB). Der Eigentümer schuldet auch Ersatz, wenn er die Verwendung genehmigt hat (vgl. § 684 S. 1 BGB). 9

Ein Anspruch aus § 812 BGB ist denkbar, wenn die Voraussetzungen der Geschäftsführung ohne Auftrag nicht gegeben sind (vgl. §§ 684 S. 1, 687 Abs. 2 S. 2 BGB). Hier droht regelmäßig, dass der Eigentümer sich darauf beruft, es läge eine aufgedrängte Bereicherung vor (vgl. § 1001 Satz 2 BGB analog). Soweit dem Eigentümer aus den §§ 823, 1004 BGB ein Beseitigungsanspruch zusteht, kann er ihn der Verwendungskondiktion einredeweise entgegensetzen. 10

IV. Wegnahmerecht

11 Gemäß § 258 BGB darf der Dauerwohnberechtigte der Einrichtung, für die er keinen Verwendungsersatz erlangt hat, nur wegnehmen, wenn er dann auch den ursprünglichen Zustand wiederherstellt. Das Wegnahmerecht (NK/*Heinemann* § 34 Rn. 5) besteht auch noch, wenn die Anlage oder Einrichtung wesentlicher Bestandteil des Gebäudes oder Grundstücks geworden ist. Insoweit geht § 34 Abs. 1 WEG dem § 951 BGB vor (vgl. Bärmann/*Schneider* § 34 Rn. 17 mwN).

V. Die Verjährung der in § 34 Abs. 1 WEG genannten Ansprüche

12 Ansprüche richtet sich nach § 1057 BGB, der seinerseits auf die kurzen Fristen des § 548 BGB (6 Monate) verweist. Der Verjährungsbeginn ist gemäß § 548 BGB analog unterschiedlich geregelt: Beim Eigentümer ab Rückgabe, beim Dauerwohnberechtigten ab Beendigung (nicht Löschung; so aber Staudinger/*Wobst* 2023 § 34 Rn. 7) seines Rechts (vgl. NK/*Heinemann* § 34 Rn. 5 a.E.; PWW/*Riecke* § 548 BGB Rn. 12, 16).

C. Ansprüche des Dauerwohnberechtigten gegenüber Dritten

13 Auch hier hat der Dauerwohnberechtigte Ansprüche wie ein Eigentümer (§ 34 Abs. 2 WEG; NK/*Heinemann* § 34 Rn. 8). Es handelt sich dabei insbesondere um Ansprüche aus §§ 985 und 1004–1006 BGB analog sowie Besitzschutzansprüche aus §§ 861, 862, 1007 BGB analog.

D. Herausgabeanspruch des Eigentümers

14 Der Eigentümer selbst hat gegenüber dem Dauerwohnberechtigten nach Beendigung dieses Rechts und Wegfall der Voraussetzungen des § 986 BGB den Herausgabeanspruch aus § 985 BGB.

15 Der Dauerwohnberechtigte kann wegen seines Verwendungsersatzanspruchs ein Zurückbehaltungsrecht aus § 273 Abs. 2 BGB ausüben, da die §§ 987 ff. BGB in diesem Verhältnis keine Anwendung finden.

§ 35 Veräußerungsbeschränkung

Als Inhalt des Dauerwohnrechts kann vereinbart werden, dass der Berechtigte zur Veräußerung des Dauerwohnrechts der Zustimmung des Eigentümers oder eines Dritten bedarf. Die Vorschriften des § 12 gelten in diesem Falle entsprechend.

1 Auch für das Dauerwohnrecht kann eine **Veräußerungsbeschränkung** abweichend von § 137 BGB vereinbart werden. Damit soll der Eigentümer vor den Folgen der freien Veräußerbarkeit geschützt werden (Bärmann/*Schneider* § 35 Rn. 1; Weitnauer/*Mansel* § 35 Rn. 1). Nach § 35 WEG kann jedoch nur eine Veräußerungsbeschränkung, nicht aber eine Belastungsbeschränkung (a.A. *OLG München* NZM 2016, 864 = MDR 2016, 1135 für die Belastung mit einem Nießbrauch; nach *Hügel/Elzer*, § 35 Rn. 2a, enthält § 33 Abs. 4 Nr. 1 WEG die entsprechende Rechtsgrundlage) vereinbart werden. Der Eigentümer soll durch § 35 WEG zumindest mittelbar Einfluss auf die Person des Bewohners haben.

2 Bei dem Dauerwohnrecht kann der Zustimmungsvorbehalt nach den § 35 Satz 1 WEG nur für die Übertragung des Rechts selbst, nicht dagegen für die Belastung mit beschränkten dinglichen Rechten vereinbart werden. Ein Zustimmungsvorbehalt für die Bestellung dinglicher Rechte, die – wie der Nießbrauch – zum Gebrauch und zur Nutzung des zu belastenden Rechts berechtigen, kann aber gemäß § 33 Abs. 4 Nr. 1 WEG als Inhalt des Rechts vereinbart werden. Beim Dauerwohnrecht scheidet die Vereinbarung eines Zustimmungsvorbehalts für die Belastung des Rechts mit Pfandrechten aus (*BGH* – V ZB 94/16, ZMR 2019, 773).

3 Wegen der näheren **Ausgestaltung** wird auf § 12 WEG verwiesen. Die dortigen Erläuterungen gelten entsprechend. Auch beim Dauerwohnrecht ist ein **gänzlicher Ausschluss** der Veräußerung über § 35 WEG nicht möglich (Bärmann/*Schneider* § 35 Rn. 6; Weitnauer/*Mansel* § 35 Rn. 1). Als

Zustimmungsberechtigte kann die Vereinbarung den Grundstückseigentümer, einen Grundpfandrechtsgläubiger (§ 1136 BGB gilt hier nicht; Staudinger/*Spiegelberger*, 2018, § 35 Rn. 2), den Versorgungsträger gem. dem früheren § 75 BVersG (BayObLGZ 1956, 278) oder einen Dritten vorsehen.

Während § 3 Abs. 2 WGV die **ausdrückliche Eintragung** einer vereinbarten Veräußerungs- 4
beschränkung für das Wohnungs- und Teileigentum vorschrieb, fehlte eine entsprechende Regelung für das Dauerwohnrecht. Wenngleich damit die Bezugnahme auf die Eintragungsbewilligung zur Eintragung einer vereinbarten Veräußerungsbeschränkung ausreichend wäre, wird allgemein doch zu Recht ein ausdrücklicher Vermerk bei der Grundbucheintragung befürwortet (Bärmann/*Schneider* § 35 WEG Rn. 4; NK/*Heinemann* § 35 Rn.2; Bauer/*v. Oefele* AT V Rn. 428; Meikel/*Morvilius* Einl. C Rn. 385; *Schöner/Stöber* Rn. 3001 Fn. 3; Weitnauer/*Mansel* § 35 Rn. 2; **a.A.** entsprechende Anwendung umfasst auch § 3 Abs. 2 WGV *Demharter* Anh. zu § 44 GBO Rn. 124; Staudinger/*Spiegelberger*, 2018, § 35 Rn. 3 ausdrücklich gegen die h.M.). Seit 01.12.2020 gilt § 7 Abs. 3 S. 2 WEG. Trotzdem wird auf diese Neuregelung hier nicht verwiesen. *Schneider* verneint deshalb insoweit eine planwidrige Regelungslücke. Schon bisher sei kein Gleichlauf von § 12 WEG und § 35 WEG für nötig gehalten worden. Es verbleibt für § 35 WEG bei der Feststellung: Die Veräußerungsbeschränkung des § 35 WEG kann, sie muss aber nicht ausdrücklich in das Grundbuch eingetragen werden (Bärmann/*Schneider* § 35 Rn. 4 a.E.). Vor dem Hintergrund der Gesetzesbegründung (BT-Drs. 19/19369 S. 2) liegt es näher, hier eine ungewollte Regelungslücke oder gar ein Redaktionsversehen anzunehmen. Es sollte für § 35 WEG nichts anders gelten als bei § 12 WEG. Beide Veräußerungsbeschränkungen sollten nicht unterschiedlich hinsichtlich der Grundbucheintragung behandelt werden.

Die Verweisung auf § 12 WEG schließt auch die Bezugnahme auf die **Verfahrensvorschriften** der 5
§§ 43 ff. WEG für die Ersetzung der Zustimmung ein (Bärmann/*Schneider* § 35 Rn. 10; Bauer/*v. Oefele* AT V Rn. 428; Weitnauer/*Mansel* § 35 Rn. 3.

§ 36 Heimfallanspruch

(1) Als Inhalt des Dauerwohnrechts kann vereinbart werden, daß der Berechtigte verpflichtet ist, das Dauerwohnrecht beim Eintritt bestimmter Voraussetzungen auf den Grundstückseigentümer oder einen von diesem zu bezeichnenden Dritten zu übertragen (Heimfallanspruch). Der Heimfallanspruch kann nicht von dem Eigentum an dem Grundstück getrennt werden.

(2) Bezieht sich das Dauerwohnrecht auf Räume, die dem Mieterschutz unterliegen, so kann der Eigentümer von dem Heimfallanspruch nur Gebrauch machen, wenn ein Grund vorliegt, aus dem ein Vermieter die Aufhebung des Mietverhältnisses verlangen oder kündigen kann.

(3) Der Heimfallanspruch verjährt in sechs Monaten von dem Zeitpunkt an, in dem der Eigentümer von dem Eintritt der Voraussetzungen Kenntnis erlangt, ohne Rücksicht auf diese Kenntnis in zwei Jahren von dem Eintritt der Voraussetzungen an.

(4) Als Inhalt des Dauerwohnrechts kann vereinbart werden, daß der Eigentümer dem Berechtigten eine Entschädigung zu gewähren hat, wenn er von dem Heimfallanspruch Gebrauch macht. Als Inhalt des Dauerwohnrechts können Vereinbarungen über die Berechnung oder Höhe der Entschädigung oder die Art ihrer Zahlung getroffen werden.

Literatur

Mayer, Zur Störfallvorsorge beim Dauerwohnrecht: Heimfallanspruch bei Tod des Berechtigten oder Veräußerung des Rechts, DNotZ 2003, 908.

A. Heimfallanspruch

1 Der Heimfallanspruch kann als Inhalt des Dauerwohnrechts mit dinglicher Wirkung vereinbart werden. Erforderlich hierzu ist auch die Eintragung im Grundbuch. Ansonsten wirkt die Vereinbarung nur schuldrechtlich. Die Voraussetzungen für den Heimfallanspruch müssen in der Eintragungsbewilligung genannt sein (*Schmid/Kahlen* § 36 Rn. 1). Der Heimfallanspruch kann nicht durch ein einfaches Kündigungsrecht ersetzt werden (*Hilmes/Krüger* ZfIR 2009, 184, 187). Die Zustimmung von Rechtsinhabern am Grundstück iSd § 876 S. 2 BGB ist erforderlich. Der Dauerwohnberechtigte kann mit dinglicher Wirkung verpflichtet werden, sein Recht beim Eintritt in einer Vereinbarung zu bestimmender Voraussetzungen an den Eigentümer zu übertragen. Die Vereinbarung eines Heimfallanspruchs ist das funktionale Äquivalent zur (unzulässigen) auflösenden Bedingung. Der Heimfallanspruch lässt das Dauerwohnrecht in seinem Bestand unberührt, verpflichtet den Dauerwohnberechtigten aber zur Übertragung (vgl. Staudinger/*Wobst* 2023 § 36 Rn. 4).

2 Der nicht kraft Gesetzes, sondern nur durch Vereinbarung zu begründende Heimfallanspruch steht dem jeweiligen Eigentümer gegen den jeweiligen Dauerwohnberechtigten zu.

3 Die Beteiligten können die Voraussetzungen für den Heimfall im Rahmen der allgemeinen Vertragsfreiheit frei vereinbaren (NK/*Heinemann* § 36 Rn. 3). I.d.R. werden dabei vor allem Pflichtverletzungen des Dauerwohnberechtigten herangezogen. Gesetzliche Beschränkungen wie in § 6 Abs. 2 ErbbauRG (kein Heimfall bei Zuwiderhandlungen gegen Veräußerungsbeschränkung) und § 9 Abs. 4 ErbbauRG (Heimfall wegen Zahlungsverzugs beim Erbbauzins nur, wenn der Berechtigte mindestens in Höhe zweier Jahresbeträge im Rückstand ist) kennt § 36 WEG nicht.

4 Umstritten ist, ob auch die Veräußerung des Dauerwohnrechts als Heimfallgrund vereinbart werden kann. Teilweise wird hierin eine Umgehung des § 35 WEG gesehen (*Weitnauer/Mansel* § 36 WEG Rn. 8; a.A. *Mayer* DNotZ 2003, 308 ff.). Zulässig ist es, den Heimfall für den Fall der Insolvenz des Dauerwohnberechtigten zu vereinbaren (*Hilmes/Krüger* ZfIR 2009, 184, 191).

5 Allein durch die Ausübung des Heimfallrechts entsteht noch keine Veränderung der dinglichen Rechtslage. Der Heimfallanspruch ist gerichtet auf die Übertragung des Dauerwohnrechts (NK/*Heinemann* § 36 Rn. 1) – durch Einigung und Eintragung in das Grundbuch – auf den Eigentümer oder einen von ihm zu benennenden Dritten. Der Heimfallanspruch hat die Qualität eines subjektiv-dinglichen Anspruchs des Grundstückeigentümers (vgl. Bärmann/*Schneider* § 36 WEG Rn. 9). Geklagt werden muss vom Eigentümer auf Verurteilung zur Abgabe der Willenserklärung (§§ 894, 895 ZPO), die für die Übertragung nötig ist.

B. Beschränkung

6 Die Fassung von § 36 Abs. 2 WEG ist veraltet (Staudinger/*Wobst* 2023 § 36 Rn. 14). Den »Mieterschutz« i.S.d. damaligen Regelungen gibt es nicht mehr. Als statische Verweisung würde § 36 Abs. 2 WEG leerlaufen. Die überwiegende Auffassung (NK/*Heinemann* § 36 WEG Rn. 4; Weitnauer/*Mansel* § 36 Rn. 6) wendet jedoch – wie bei einer dynamischen Verweisung – die §§ 566, 566a, 573, 573a, 573d, 574, 575, 575a, 577, 577a BGB entsprechend an. Demgegenüber vertritt *Mayer* (DNotZ 2003, 926 ff.) die Auffassung, dass für die eigentumsähnliche Ausgestaltung des Dauerwohnrechts im Wege der teleologischen Reduktion § 36 Abs. 2 WEG nicht mehr anwendbar ist. Dem kann nicht zugestimmt werden, nachdem die Vorschrift im Rahmen der WEG-Reformen 2007 und 2020 unverändert geblieben ist. Wenn der Grund, der den Heimfallanspruch auslöst, auch die Beendigung eines fiktiven Mietverhältnisses – wann auch immer – erlauben würde, steht § 36 Abs 2 WEG der Geltendmachung des Heimfallsanspruchs nicht im Weg (so zur mietrechtlichen Parallelprüfung Staudinger/*Wobst* 2023 § 36 Rn. 19).

Die Geltendmachung des Heimfallanspruchs ist kein Gestaltungsrecht. Gemäß § 36 Abs. 1 S. 2 WEG ist dieser Anspruch dinglicher Inhalt des Eigentums. Er kann nicht abgetreten, nicht gepfändet und nicht verpfändet werden (NK/*Heinemann* § 36 WEG Rn. 1), weil er ein dinglicher Nebenanspruch des Eigentums und eine dingliche Verpflichtung des Dauerwohnberechtigten. 7

C. Verjährung; Verwirkung

§ 36 Abs. 3 WEG entspricht § 4 ErbbauRG und enthält – in Abweichung von § 902 BGB – eine selbstständige Verjährungsregelung (NK/*Heinemann* § 36 Rn. 5). Die für den Beginn der kurzen Verjährungsfrist maßgebliche Kenntnis des Eigentümers muss sich nur auf die tatsächlichen Voraussetzungen beziehen, die den Heimfallanspruch auslösen. Selbst ein unverschuldeter Rechtsirrtum hemmt den Fristbeginn nicht. Erforderlich ist allein die positive Tatsachenkenntnis; grob fahrlässige Unkenntnis genügt nicht (Staudinger/*Wobst* 2023 § 36 Rn. 23). 8

Der Eigentümer kann auf die Realisierung des Anspruchs nach Eintritt der Voraussetzungen verzichten und ihn verwirken. § 199 BGB über den Beginn der Verjährung ist nicht anwendbar, da § 36 Abs. 3 WEG eine eigenständige Regelung für die kurze Verjährung enthält (vgl. § 200 BGB); für Hemmung und Unterbrechung der Verjährung gelten die §§ 204 ff. BGB. Eine vertragliche Abkürzung der Verjährung ist nach § 202 BGB denkbar. 9

D. Entschädigung

Die Vereinbarung einer Entschädigung ist – § 36 Abs. 4 WEG ist eine Kann-Regelung – grundsätzlich nicht zwingend. Eine Ausnahme macht § 41 Abs. 3 WEG für langfristige Dauerwohnrechte. Der Ausschluss einer Entschädigung soll wegen § 32 Abs. 3 WEG ausdrücklich vereinbart werden. 10

»Angemessen« als Entschädigung – wenn nichts Abweichendes vereinbart wurde (NK/*Heinemann* § 36 Rn. 6) – ist der Betrag, den ein vernünftig und wirtschaftlich denkender Mensch für das Recht in dem Zeitpunkt aufwenden würde, in dem über die Entschädigung in der letzten Tatsacheninstanz verhandelt wird. Hierüber wird nach Anhören von Sachverständigen das Gericht unter dem Gesichtspunkt entscheiden, welche Aufwendungen an verlorenem Baukostenzuschuss, der hier den Charakter des Abstands annimmt, ein solcher Erwerber des Rechts zahlen würde unter Berücksichtigung der als Inhalt des Rechts vereinbarten Gegenleistung und der noch gegebenen Laufzeit des Dauerwohnrechts (vgl. Bärmann/*Schneider* § 36 Rn. 86). 11

Der Entschädigungsanspruch entsteht sobald der Heimfallanspruch erfüllt ist/wird, d.h. der Eigentümer selbst dinglicher Inhaber des Dauerwohnrechts ist/wird. 12

§ 37 Vermietung

(1) Hat der Dauerwohnberechtigte die dem Dauerwohnrecht unterliegenden Gebäude- oder Grundstücksteile vermietet oder verpachtet, so erlischt das Miet- oder Pachtverhältnis, wenn das Dauerwohnrecht erlischt.

(2) Macht der Eigentümer von seinem Heimfallanspruch Gebrauch, so tritt er oder derjenige, auf den das Dauerwohnrecht zu übertragen ist, in das Miet- oder Pachtverhältnis ein; die Vorschriften der §§ 566 bis 566e des Bürgerlichen Gesetzbuches gelten entsprechend.

(3) Absatz 2 gilt entsprechend, wenn das Dauerwohnrecht veräußert wird. Wird das Dauerwohnrecht im Wege der Zwangsvollstreckung veräußert, so steht dem Erwerber ein Kündigungsrecht in entsprechender Anwendung des § 57a des Gesetzes über die Zwangsversteigerung und Zwangsverwaltung zu.

Literatur:
Constantin, Schutz des Eigentümers gegen unberechtigte Vermietung durch den Dauerwohn- oder Dauernutzungsberechtigten nach dem WEG, NJW 1969, 1417; *Marc C. Lehmann*, Dauerwohn- und Dauernutzungsrechte nach dem WEG, RNotZ 2011, 1 ff.

Übersicht

A. Alt-Vermietung einer Wohnung

1 Für die Bestellung des Dauerwohnrechts an einer bereits vom Eigentümer vermieteten Wohnung gilt nicht § 37 WEG, sondern §§ 566, 567 BGB ggf. i.V.m. § 581 Abs. 2 BGB. Der Dauerwohnberechtigte tritt in das Mietverhältnis anstelle des Grundstückseigentümers ein (NK/*Heinemann* § 37 Rn. 1). Ist der Bestand des Mietverhältnisses auch in diesem Fall über § 37 Abs. 1 WEG an das Dauerwohnrecht gekoppelt, gibt es folgende Missbrauchsmöglichkeit: Der Eigentümer könnte sich über die Begründung und alsbaldige (Wieder-)Aufhebung eines Dauerwohnrechts eines ungeliebten Mietverhältnisses entledigen. In solchen Missbrauchsfällen greift § 826 BGB; dem Mieter ist ein Anspruch auf Neuabschluss des Mietvertrags zu gewähren (Staudinger/*Wobst* 2023 § 37 Rn. 8).

B. Erlöschen des Dauerwohnrechts

2 § 37 Abs. 1 WEG regelt den Fall, dass erst der Dauerwohnberechtigte selbst die Vermietung oder Verpachtung vorgenommen hat und dass später das Dauerwohnrecht erlischt. In diesen Fällen erlischt auch das Miet- oder Pachtverhältnis. Der Eigentümer tritt nicht in den Vertrag ein. Er kann den Herausgabeanspruch nach § 985 BGB geltend machen; § 546 BGB dagegen gilt nicht. Für den Mieter/Pächter besteht nahezu kein Schutz. Das Erlöschen des Mietvertrags schützt den Dauerwohnberechtigten vor Schadensersatzansprüchen des Mieters wegen Unmöglichkeit (vgl. Staudinger/*Wobst* 2023 § 37 Rn. 3 a.E., 4). Das Dauerwohnrecht kann erlöschen durch Zeitablauf, rechtsgeschäftliche Aufhebung und Löschung, Aufgabe des Rechts sowie Untergehen nach Zuschlag in der Zwangsversteigerung (Staudinger/*Wobst* 2023, § 37 Rn. 7)

3 Eine dem Mieter gegenüber treuwidrige Aufgabe des Dauerwohnrechts kann zu (Schadensersatz-)Ansprüchen des Mieters aus § 536 BGB gegenüber dem Dauerwohnberechtigten führen (Bärmann/*Schneider* § 37 Rn. 9; NK/*Heinemann* § 37 Rn. 2). Bei kollusivem Zusammenwirken von Eigentümer und Dauerwohnberechtigtem können Ansprüche aus § 826 BGB auch gegen den Eigentümer bestehen, die einem Herausgabeanspruch entgegengehalten werden können (Staudinger/*Wobst* 2023 § 37 Rn. 5, 8,10; *Lehmann* RNotZ 2011, 1, 8).

C. Heimfallanspruch

4 Anders ist die Regelung, wenn der Eigentümer von seinem Heimfallanspruch Gebrauch macht (§ 37 Abs. 2 WEG). In diesen Fällen treten der Eigentümer oder derjenige, auf den das Dauerwohnrecht zu übertragen ist, in das Miet- oder Pachtverhältnis ein, wobei die Regelungen der §§ 566 ff. BGB entsprechend gelten (Veräußerung bricht nicht Miete/Pacht). § 37 Abs. 2 WEG ist ein Unterfall der Veräußerung nach § 37 Abs. 3 WEG, was die identische Regelung beider Fälle legitimiert.

5 Das Miet- oder Pachtverhältnis muss schon vor der Geltendmachung des Heimfalles existieren und auch die Besitzeinräumung muss schon vorher erfolgt sein. Miet- oder Pachtverhältnisse, die erst nach der Geltendmachung des Heimfallanspruches abgeschlossen werden, und dann zwar zur Besitzüberlassung führen, sind dem Eigentümer gegenüber unwirksam (Bärmann/*Schneider* § 37 Rn. 17).

Unerheblich ist, ob der Dauerwohnberechtigte den Vertrag mit, ohne oder gegen den Willen des Eigentümers abgeschlossen hat oder ob sogar ein Ausschluss der Vermietung nach § 33 Abs. 4 Nr. 1 WEG vereinbart war (Staudinger/*Spiegelberger* 2018 § 37 WEG Rn. 5). 6

Umstritten ist, ob der Eigentümer nach Vollzug des Heimfalls durch Aufhebung des Dauerwohnrechts nach § 37 Abs. 1 WEG ein Erlöschen des Mietvertrages herbeiführen kann (bejahend z.B. Staudinger/*Spiegelberger* 2018 § 37 WEG Rn. 5 am Ende; Weitnauer/*Mansel* § 37 Rn. 5; verneinend z.B. *Schmid/Kahlen* § 37 Rn. 5; *Constantin* NJW 1969, 1417). M.E. erlischt der Mietvertrag in einem solchen Fall nicht, da der Eigentümer Vermieter geworden ist und Vertragsgegenstand die Mietsache ist, unabhängig davon, aufgrund welchen Rechts dem Vermieter die Besitzüberlassung möglich ist. 7

D. Veräußerung, § 37 Abs. 3 WEG

Diese Norm betrifft die Fälle in denen das Dauerwohnrecht veräußert wird. § 37 Abs. 2 WEG gilt entsprechend, wobei bei einer Zwangsversteigerung das Sonderkündigungsrecht nach § 57a ZVG besteht (Staudinger/*Wobst* 2023 § 37 WEG Rn. 14). 8

E. Keine Abdingbarkeit

Da § 37 WEG das Verhältnis zum Mieter betrifft und dieser an den Vereinbarungen über das Dauerwohnrecht nicht beteiligt ist, können die Vorschriften auch nicht mit Wirkung ihm gegenüber abbedungen werden (Staudinger/*Wobst* 2023 § 37 Rn. 17). 9

§ 38 Eintritt in das Rechtsverhältnis

(1) Wird das Dauerwohnrecht veräußert, so tritt der Erwerber an Stelle des Veräußerers in die sich während der Dauer seiner Berechtigung aus dem Rechtsverhältnis zu dem Eigentümer ergebenden Verpflichtungen ein.

(2) Wird das Grundstück veräußert, so tritt der Erwerber an Stelle des Veräußerers in die sich während der Dauer seines Eigentums aus dem Rechtsverhältnis zu dem Dauerwohnberechtigten ergebenden Rechte ein. Das gleiche gilt für den Erwerb auf Grund Zuschlages in der Zwangsversteigerung, wenn das Dauerwohnrecht durch den Zuschlag nicht erlischt.

Übersicht

A. Veräußerung des Dauerwohnrechts

Dass bei der Veräußerung des Dauerwohnrechts der Erwerber an die Stelle des Veräußerers tritt, ergibt sich für den dinglichen Inhalt des Rechts von selbst. Nach § 38 Abs. 1 WEG erfolgt aber auch ein Eintritt in die formfreien schuldrechtlichen Vereinbarungen (*BGH* – V ZR 236/10, ZWE 2012, 27 = GuT 2011, 322 zu »Kosten für die Instandhaltung und Instandsetzung (jetzt: Erhaltung) der gemeinschaftlichen Anlagen und Einrichtungen des Grundstücks«), wobei die Wirkungen auf die Dauer der Berechtigungen beschränkt sind. 1

Der Erwerber tritt insbesondere in eine etwa noch laufende Verpflichtung zur Zahlung eines (wiederkehrenden) Entgelts ein, und zwar wegen § 38 WEG »kraft Gesetzes«, aber nur in die während der Dauer seiner Dauerwohnberechtigung fällig werdenden Verpflichtungen (Fälligkeitstheorie; vgl. Bärmann/*Schneider* § 38 Rn. 38). 2

Problematisch ist, ob § 38 WEG auch für Vereinbarungen gilt, die nach §§ 33 ff. WEG zwar verdinglicht werden können, von den Parteien aber nicht verdinglicht wurden. Dies ist zu verneinen (NK/*Heinemann* § 38 WEG Rn. 1 a.E.: Keine Eintrittswirkung; a.A. Staudinger/*Spiegelberger* 2018 3

§ 38 Rn. 6). Umstritten ist, wie weit dieser Eintritt reicht (zum Streitstand Staudinger/*Wobst* 2023 § 38 Rn. 5).

4 Nur hinsichtlich des dinglichen Inhalts des Rechtes ist gutgläubiger Erwerb möglich. War der Besteller des Dauerwohnrechts nicht der Eigentümer des Grundstücks, so können der Dauerwohnberechtigte und auch der Erwerber eines bestehenden Dauerwohnrechts sich auf den guten Glauben berufen, analog zu § 1058 BGB (für den Nießbrauch; vgl. Bärmann/*Schneider* § 38 Rn. 26).

B. Veräußerung des Grundstücks

5 Entsprechendes gilt nach § 38 Abs. 2 S. 1 WEG, wenn das Grundstück veräußert oder versteigert wird.

6 Der Grundstückserwerber tritt nur in die sich aus dem Rechtsverhältnis zu dem Dauerwohnberechtigten ergebenden Rechte ein. Die gilt primär für den Anspruch auf ein etwa vereinbartes Entgelt, der auf den Grundstückserwerber für die Dauer seines Eigentums übergeht. Für die dinglich vereinbarten oder einer solchen dinglichen Vereinbarung zugänglichen Verpflichtungen gilt die Eintrittswirkung nicht (vgl. Bärmann/*Schneider* § 38 Rn. 13, 35, 45).

7 Für die Veräußerung des Grundstücks im Wege der Zwangsversteigerung (§ 38 Abs. 2 S. 2 WEG) gilt das Vorstehende analog, sofern das Dauerwohnrecht wegen seines Ranges oder wegen einer Bestehenbleibensvereinbarung nach § 39 Abs. 1 WEG oder einer Abmachung nach §§ 44, 59, 91 ZVG überhaupt bestehen bleibt und nicht erlischt (Bärmann/*Schneider* § 38 Rn. 46). Ein Kündigungsrecht entsprechend § 57a ZVG besteht nicht (NK/*Heinemann* § 38 Rn. 3 a.E.; Weitnauer/*Mansel* § 38 Rn. 10).

§ 39 Zwangsversteigerung

(1) Als Inhalt des Dauerwohnrechts kann vereinbart werden, daß das Dauerwohnrecht im Falle der Zwangsversteigerung des Grundstücks abweichend von § 44 des Gesetzes über die Zwangsversteigerung und Zwangsverwaltung auch dann bestehen bleiben soll, wenn der Gläubiger einer dem Dauerwohnrecht im Range vorgehenden oder gleichstehenden Hypothek, Grundschuld, Rentenschuld oder Reallast die Zwangsversteigerung in das Grundstück betreibt.

(2) Eine Vereinbarung gemäß Absatz 1 bedarf zu ihrer Wirksamkeit der Zustimmung derjenigen, denen eine dem Dauerwohnrecht im Range vorgehende oder gleichstehende Hypothek, Grundschuld, Rentenschuld oder Reallast zusteht.

(3) Eine Vereinbarung gemäß Absatz 1 ist nur wirksam für den Fall, daß der Dauerwohnberechtigte im Zeitpunkt der Feststellung der Versteigerungsbedingungen seine fälligen Zahlungsverpflichtungen gegenüber dem Eigentümer erfüllt hat; in Ergänzung einer Vereinbarung nach Absatz 1 kann vereinbart werden, daß das Fortbestehen des Dauerwohnrechts vom Vorliegen weiterer Voraussetzungen abhängig ist.

Übersicht

A. Normzeck

1 Die Vorschrift dient dem Bestandsschutz des Dauerwohnrechts bei einer Zwangsversteigerung, damit der Dauerwohnungsberechtigte nicht schlechter steht als der Mieter (*Hilmes/Krüger* ZfIR 2009, 184, 191). Sonst käme es darauf an, ob das Dauerwohnrecht in das geringste Gebot fällt (vgl. dazu

§§ 91 Abs. 1, 52, 44 Abs. 1 ZVG). § 39 WEG ermöglicht es zum dinglichen Inhalt des Dauerwohnrechts zu machen, was sonst durch Erklärungen im konkreten Zwangsversteigerungsverfahren bewirkt werden könnte (vgl. § 59 ZVG; so Staudinger/*Wobst* 2023 § 39 Rn. 2 a.E.).

B. Die Fortbestehensvereinbarung, § 39 Abs. 1 und 2 WEG

Sie bedarf als Inhalt des Dauerwohnrechts der Eintragung im Grundbuch. Diese muss nicht zwingend ausdrücklich erfolgen, sondern kann unter Bezugnahme auf die Eintragungsbewilligung vorgenommen werden (§ 32 Abs. 2 S. 1 WEG, § 874 BGB; Bärmann/*Schneider* § 39 Rn. 39; zum Streitstand vgl. Staudinger/*Wobst*,2023 § 39 Rn. 5 a.E.). Die Gläubiger mit Vorrang oder Gleichrang müssen zustimmen. Wie bei § 9 Abs. 3 S. 2 ErbbauRG ist für die Wirksamkeit der Vereinbarung nur die Zustimmung der Inhaber der dinglichen Rechte erforderlich, die vorgehen oder gleichstehen. Aus der Spezialnorm gegenüber §§ 876, 877 BGB ergibt sich, dass keine Zustimmung nachrangig Berechtigter nötig ist (*v. Oefele* DNotZ 1995, 643, 646; *v. Oefele/Winkler/Schlögel* Handbuch des Erbbaurechts 6. Aufl. Rn. 6.287; MüKo-BGB/*Heinemann*, 7. Aufl. § 9 ErbbauRG Rn. 24). Das entspricht auch der Wertung des § 59 Abs. 3 ZVG (vgl. *Mohrbutter* ZIP 1995, 806, 810). Der gegenteiligen Ansicht (*Eichel* MittRhNotK 1995, 193, 199) ist schon deshalb nicht zu folgen, weil ein – hier nicht vereinbarter – Rangvorbehalt nach § 9 Abs. 3 S. 1 Nr. 2 ErbbauRG nur gegen den Inhaber der Erbbauzinsreallast wirkt (§ 880 Abs. 5 BGB) und nachrangige Grundpfandrechte im Fall der Zwangsversteigerung »z.B. aus einer vorrangigen Grundschuld« nicht im Rang aufrücken, sondern gemäß § 52 Abs. 1 S. 2 ZVG erlöschen (vgl. *KG* v. 01.03.2018, 1 W 98/17, Juris, zum ErbauRG). 2

Die Zustimmungspflicht von Pfandgläubigern oder Nießbrauchern an den durch das Bestehenbleiben betroffenen Rechten (deren Gläubiger ihre Zustimmung gegeben haben) ist in § 39 WEG zwar nicht vorgesehen, ergibt sich aber aus der entsprechenden Anwendung der §§ 1071, 1276 i.V.m. § 876 BGB (Bärmann/*Schneider* § 39 Rn. 47). 3

C. Schutz vor bestimmten privaten Gläubigern

Über § 39 WEG kann nur ein Schutz des Dauerwohnberechtigten erreicht werden, wenn die Inhaber der dort genannten Rechte die Zwangsversteigerung betreiben. Gegenüber den in § 10 Nr. 1 bis 3 ZVG bezeichneten Gläubigern wirkt die Vereinbarung nicht (Bärmann/*Schneider* § 39 Rn. 42; Staudinger/*Wobst* 2023 § 39 Rn. 4 a.E.); es besteht nur die Möglichkeit der Ablösung nach § 268 BGB; die abgelöste Forderung geht dann auf ihn über (§ 268 Abs. 3 iVm § 401 Abs. 2 BGB. Das gilt auch, wenn ein solcher (privilegierter) Gläubiger einem bereits angeordneten Verfahren beitritt. 4

Die Vereinbarung wird zum dinglichen Inhalt des Rechtes. Sie entfaltet Wirkung auch im Falle der §§ 118, 128 ZVG (Übertragung der Forderung gegen den Ersteher auf die Berechtigten und Eintragung einer Sicherungshypothek). Das Dauerwohnrecht bleibt abweichend von § 44 ZVG bestehen (Bärmann/*Schneider* § 39 Rn. 41). 5

D. Weitere Voraussetzung: Rechtstreue, § 39 Abs. 3 WEG

Der Dauerwohnberechtigte muss im Zeitpunkt der Feststellung der Versteigerungsbedingungen (§ 66 ZVG, späterer Eintritt unbeachtlich) seine fällige Zahlungsverpflichtung (aus wiederkehrendem Entgelt wie auch aus einmaligen oder aus Ratenverpflichtungen oder Schadensersatzverpflichtungen) gegenüber dem Eigentümer erfüllt haben. Dies ist jedoch nicht nur Bedingung der Geltendmachung, sondern der Wirksamkeit überhaupt (Bärmann/*Schneider* § 39 Rn. 54). Die Regelung des § 39 Abs. 3 Halbs. 1 WEG ist als Ausübungssperre **unabdingbar** (*Schmid/Kahlen* § 39 Rn. 4; Bärmann/*Schneider* § 39 Rn. 55). 6

Berechtigt zur Geltendmachung der Unwirksamkeit der Fortbestehensvereinbarung sind diejenigen Inhaber von Grundstücksrechten, die ausfallen würden, wenn das Dauerwohnrecht bestehen bliebe, dagegen jedoch befriedigt werden würden, wenn es nur mit seinem Ersatzanspruch an seiner Rang- 7 stelle berücksichtigt würde. Dies gilt insoweit auch für den Vollstreckungsschuldner selbst. Dagegen soll der Ersteher nicht zur Geltendmachung berechtigt sein (Bärmann/*Schneider* § 39 Rn. 59).

E. Weitere Bedingungen

8 Eigentümer und Dauerwohnberechtigter können zusätzlich noch weitere Bedingungen für die genannte Wirksamkeit der Fortbestehensvereinbarung regeln (NK/*Heinemann* § 39 WEG Rn. 6). So kann auch die Wirksamkeit der Zustimmung abhängig gemacht werden von der Erfüllung öffentlicher Lasten.

F. Folgen nur teilweiser Zustimmung

9 Haben von mehreren vorgehenden oder gleichstehenden Gläubigern nicht alle zugestimmt, so ist eine Aufnahme des Dauerwohnrechts ins geringste Gebot nicht zulässig. Ein Bestehenbleiben des Dauerwohnrechts kommt nur dann in Betracht, wenn die Zwangsversteigerung von einem im Rang hinter dem Gläubiger, der nicht zugestimmt hat, stehenden Gläubiger betrieben wird, also immer dann, wenn das Recht des nicht zustimmenden Gläubigers selbst gem. § 44 ZVG bestehen bleibt (Bärmann/*Schneider* § 39 Rn. 68).

§ 40 Haftung des Entgelts

(1) Hypotheken, Grundschulden, Rentenschulden und Reallasten, die dem Dauerwohnrecht im Range vorgehen oder gleichstehen, sowie öffentliche Lasten, die in wiederkehrenden Leistungen bestehen, erstrecken sich auf den Anspruch auf das Entgelt für das Dauerwohnrecht in gleicher Weise wie auf eine Mietforderung, soweit nicht in Absatz 2 etwas Abweichendes bestimmt ist. Im Übrigen sind die für Mietforderungen geltenden Vorschriften nicht entsprechend anzuwenden.

(2) Als Inhalt des Dauerwohnrechts kann vereinbart werden, daß Verfügungen über den Anspruch auf das Entgelt, wenn es in wiederkehrenden Leistungen ausbedungen ist, gegenüber dem Gläubiger einer dem Dauerwohnrecht im Range vorgehenden oder gleichstehenden Hypothek, Grundschuld, Rentenschuld oder Reallast wirksam sind. Für eine solche Vereinbarung gilt § 39 Abs. 2 entsprechend.

1 Die Grundregel enthält § 40 Abs. 1 S. 2 WEG. Die für Mietforderungen geltenden Vorschriften (u.a. §§ 566b, 566c, 566d BGB; 57, 57c ZVG und § 110 InsO) sind grundsätzlich nicht entsprechend anzuwenden. Vorausverfügungen wirken unbeschränkt gegenüber rechtsgeschäftlichen Erwerbern, dem Ersteigerer/Ersteher und Erwerbern in der Insolvenz des Eigentümers (vgl BT-Drs. 75/51, S. 29 f.; Staudinger/*Wobst* 2023 § 40 Rn. 7).

2 Hiervon macht § 40 Abs. 1 S. 1 WEG eine Ausnahme und gleicht die Haftung für das vom Dauerwohnberechtigten geschuldete Entgelt an die Vorschriften über die Miete an; außerdem werden Gläubiger wiederkehrender (vgl. Grüneberg/*Wicke* § 40 Rn. 2) öffentlicher Lasten (z.B. Grundsteuer) ebenfalls privilegiert (Staudinger/*Wobst* 2023 § 40 Rn. 5). Der Umfang der Haftung bestimmt sich nach den §§ 1123 ff. BGB. Unerheblich ist, ob es sich um einmalige oder wiederkehrende Leistungen oder Vorauszahlungen des Dauerwohnberechtigten handelt (*Schmid/Kahlen* § 40 Rn. 2; NK/*Heinemann* § 40 Rn. 2).

3 Als »Entgelt« werden auch übernommene oder private Lasten iSd § 33 Abs. 4 Nr. 3 WEG sowie Beiträge zur Erhaltung (= Instandhaltung und Instandsetzung) nach §§ 33 Abs. 4 Nr. 2 WEG angesehen. Auch Naturalleistungen, nicht nur Geldleistungen, können Entgelt in diesem Sinne sein (Bärmann/*Schneider* § 40 Rn. 6).

4 Wird eine öffentliche oder privatrechtliche Last vom Dauerwohnberechtigten – auch ggf. nur schuldrechtlich – übernommen, dann kann ein Gläubiger des Grundstückseigentümers dennoch den Anspruch gegen den Dauerwohnberechtigten hierauf pfänden. Die Übernahme hat nämlich nur

interne Wirkung (Erfüllungsübernahme), der Gläubiger dieser öffentlichen oder privatrechtlichen Last erlangt keinen unmittelbaren Leistungsanspruch (kein Vertrag zugunsten Dritter, § 328 BGB).

Der Verweis auf die Behandlung »wie Mietforderungen« nimmt auf die §§ 1123, 1124 BGB Bezug. Diese dingliche Wirkung (samt Beschränkung der Vorausverfügungen) wird erstreckt – mit einigen Besonderheiten – auf den Anspruch auf das wiederkehrende oder einmalige Entgelt für das Dauerwohnrecht und zwar zugunsten von im Rang vorgehenden oder gleichstehenden Hypotheken, Grundschulden, Rentenschulden und Reallasten (es gilt der dem Mietrecht fremde Prioritätsgrundsatz), auf öffentliche Lasten, die in wiederkehrenden Leistungen bestehen, ohne Rücksicht auf einen Rang, üblicherweise solchen, die nach § 10 Abs. 1 Nr. 3 ZVG Vorrang haben. Die Zwangsverwaltung aus solchen Rechten erfasst das Entgelt für das Dauerwohnrecht gemäß § 865 ZPO, §§ 21, 148 ZVG (Bärmann/*Schneider* § 40 Rn. 10 ff.). 5

Von den Regelungen des § 40 Abs. 1 S. 1 WEG kann durch eine Vereinbarung nach § 40 Abs. 2 WEG für wiederkehrende Leistungen abgewichen werden. Es wirkt dann jede Zahlung des Dauerwohnberechtigten an den Eigentümer befreiend. Um dingliche Wirkung zu erlangen muss die Vereinbarung im Grundbuch eingetragen werden. Sie bedarf der Zustimmung der vor- oder gleichrangigen Realgläubiger (§§ 40 Abs. 2 S. 2, 39 Abs. 2 WEG). Eine solche Vereinbarung verkürzt die Rechte vor- oder gleichrangiger Gläubiger und bedarf deshalb deren Zustimmung (§§ 40 Abs. 2 S. 2, 39 Abs 2 WEG). Ob die Zustimmung der Eintragung im Grundbuch bedarf, ist umstritten. § 40 Abs. 2 S. 2 WEG verweist nicht auf § 39 Abs. 3 WEG; weshalb es nicht darauf ankommt, ob der Dauerwohnberechtigte rechtstreu ist (Staudinger/*Wobst* 2023 § 40 Rn. 9). 6

Eine bloße schuldrechtliche Vereinbarung wirkt nur zu Lasten des Gläubigers, der zugestimmt hat, nicht gegen den Sonderrechtsnachfolger desselben auf Grund einer Abtretung. Die Eintrittswirkung nach § 38 WEG kann sich nicht auf das Verhältnis zu Grundpfandgläubigern beziehen. Auch zwischen Eigentümer und Dauerwohnberechtigten gibt es keine Eintrittswirkung aus einer Vereinbarung nach § 40 Abs. 2 WEG. Diese muss durch Eintragung verdinglicht werden (als Inhalt des Rechtes; so Bärmann/*Schneider* § 40 Rn. 26). 7

§ 41 Besondere Vorschriften für langfristige Dauerwohnrechte

(1) Für Dauerwohnrechte, die zeitlich unbegrenzt oder für einen Zeitraum von mehr als zehn Jahren eingeräumt sind, gelten die besonderen Vorschriften der Absätze 2 und 3.

(2) Der Eigentümer ist, sofern nicht etwas anderes vereinbart ist, dem Dauerwohnberechtigten gegenüber verpflichtet, eine dem Dauerwohnrecht im Range vorgehende oder gleichstehende Hypothek löschen zu lassen für den Fall, daß sie sich mit dem Eigentum in einer Person vereinigt, und die Eintragung einer entsprechenden Löschungsvormerkung in das Grundbuch zu bewilligen.

(3) Der Eigentümer ist verpflichtet, dem Dauerwohnberechtigten eine angemessene Entschädigung zu gewähren, wenn er von dem Heimfallanspruch Gebrauch macht.

Übersicht

A. Langfristiges Dauerwohnrecht, § 41 Abs. 1

Die Sonderregelung gilt für Dauerwohnrechte, die zeitlich unbegrenzt oder für einen Zeitraum von mehr als 10 Jahren eingeräumt sind. Wenn das Dauerwohnrecht einen den Bucheigentümer faktisch entmachtenden Inhalt haben soll, dann wird es wohl auf unbegrenzte Dauer bestellt werden; bei größeren Leistungen wie Baukostenzuschüssen wird ein dafür bestelltes Dauerwohnrecht zur Abgeltung (= Abwohnen) schon auf lange Frist bestellt. § 41 WEG hat für diese besondere Art von 1

Dauerwohnrechten eine Sonderregelung parat über einen abdingbaren Löschungsanspruch zugunsten des Dauerwohnberechtigten (Staudinger/*Wobst* 2023 § 41 Rn. 6 ff.; Bärmann/*Schneider* § 41 Rn. 7).

2 Wird ein Dauerwohnrecht verlängert, läuft die 10-Jahresfrist vom Zeitpunkt der Verlängerung an (Bärmann/*Schneider* § 41 Rn. 4). Verlängerungsoptionen können schuldrechtlich vereinbart und dinglich durch Vormerkungen abgesichert werden (*Hilmes/Krüger* ZfIR 2009, 184, 190).

B. Löschungsanspruch, § 41 Abs. 2

3 Der Gefahr des Untergangs des Dauerwohnrechts im Falle einer Versteigerung (vgl. §§ 91 Abs. 1, 52, 44 Abs. 1 ZVG) soll bei langfristigen Dauerwohnrechten durch den Löschungsanspruch begegnet werden. Das Dauerwohnrecht hat nicht kraft Gesetzes die Wirkung einer Löschungsvormerkung. Nur bei eingetragener Vormerkung ist der Dauerwohnberechtigte geschützt gegen wirksame Forderungsauswechslung.

4 Der Löschungsanspruch entfaltet Wirkung gegen vorgehende und gleichstehende Grundpfandrechte (nicht nur die in § 41 WEG erwähnte Hypothek, sondern insbesondere die heute fast ausschließlich gebräuchliche Sicherungs-Grundschuld, § 1192 Abs. 2 BGB; Staudinger/*Wobst* 2023 § 41 Rn. 7; *Riecke* Gesetzgeberische Absicht und Praxiswandel bei der Sicherungsgrundschuld, 1983 Rn. 500 ff. zum Rückgewähranspruch bei nicht valutierten Grundschulden), bei deren Löschung das Dauerwohnrecht im Rang aufrückt. *Wobst* (Staudinger 2023 § 41 Rn. 7) schlägt zu Recht vor, dem Dauerwohnberechtigten einen Anspruch gegen den Eigentümer auf Geltendmachung von Rückgewähransprüchen bei der Sicherungsgrundschuld zuzugestehen. Anderenfalls liege § 41 Abs. 2 WEG in der Praxis leer.

5 § 41 Abs. 2 WEG ist abdingbar (Staudinger/*Wobst* 2023 § 41 Rn. 12). Die Abbedingung wirkt gegenüber Dritten aber nur bei Eintragung ins Grundbuch.

C. Entschädigungsanspruch, § 41 Abs. 3

6 Die gesetzliche Entschädigungspflicht – sie muss nicht vereinbart werden – ist unabdingbar (Staudinger/*Wobst* 2023 § 41 Rn. 12, BGHZ 27, 158). Über die Berechnung und Höhe der Entschädigung und die Art der Zahlung können entsprechend § 36 Abs. 4 WEG Vereinbarungen getroffen werden. Diese müssen sich im Rahmen der Angemessenheit halten (Staudinger/*Spiegelberger* 2018 § 41 Rn. 10; a.A. Staudinger/*Wobst* 2023 § 41 Rn. 12). Die Angemessenheit beurteilt sich insbesondere nach dem geleisteten Entgelt, den Aufwendungen des Berechtigten, der Nutzungsdauer und Verbesserungen oder Verschlechterungen (*Schmid/Kahlen* § 41 WEG Rn. 3; NK/*Heinemann* § 41 Rn. 3). Maßgeblich sind ergo die Gesamtaufwendungen des Dauerwohnberechtigten auf die Wohnung (laufendes Entgelt, ggf. Einmalzahlung, Erhaltungsaufwendungen) abzüglich der hypothetischen Miete. Hat der Dauerwohnberechtigte mehr geleistet, als er als Mieter leisten hätte müssen, erhält er die Differenz als Entschädigung. In besonderen Fällen, insbesondere bei Abwicklung entsprechend einem Mietverhältnis kann die Entschädigung auch gleich Null sein (Staudinger/*Wobst* 2023 § 41 Rn. 11).

7 Aus § 41 Abs. 1 WEG ergibt sich auch, dass trotz der Vererblichkeit des Dauerwohnrechts eine Befristung auf die Lebenszeit des Berechtigten möglich ist (*OLG Hamm* ZWE 2012, 39). Fraglich ist nur, ob dies als »langfristiges« Dauerwohnrecht ex ante angesehen werden kann (vgl. Staudinger/*Wobst* 2023 § 41 Rn. 4 BeckOKWEG/*Munzig* § 41 Rn. 2: Möglichkeit des Überschreitens der Zehn-Jahres-Grenze ausreichend; a.A. Grüneberg/*Wicke* § 41 Rn. 1: § 41 gilt nach Ablauf von zehn Jahren).

§ 42 Belastung eines Erbbaurechts

(1) Die Vorschriften der §§ 31 bis 41 gelten für die Belastung eines Erbbaurechts mit einem Dauerwohnrecht entsprechend.

(2) Beim Heimfall des Erbbaurechts bleibt das Dauerwohnrecht bestehen.

§ 42 Abs. 1 WEG ist deklaratorisch (§ 11 Abs. 1 S. 1 ErbbauRG). Das Erbbaurecht ist ein grundstücksgleiches Recht und damit belastbar. Für das Dauerwohnrecht am Erbbaurecht gelten analog die Vorschriften wie für das Dauerwohnrecht am Eigentum, nämlich die §§ 31 bis 41 WEG. 1

Ein Heimfall des Erbbaurechts bringt dieses Dauerwohnrecht nicht zum Erlöschen (vgl. § 2 Nr. 4 ErbbauRG). Es entsteht ein Eigentümererbbaurecht. An diesem bleibt nach § 42 Abs. 2 WEG in Abweichung von § 33 Abs. 1 S. 3 ErbbauRG das Dauerwohnrecht bestehen. Die Regelung ist abdingbar. Es kann vereinbart werden – auch mit dinglicher Wirkung nach § 36 WEG –, dass das Dauerwohnrecht beim Heimfall des Erbbaurechts erlischt (Staudinger/*Spiegelberger*, 2018, § 42 Rn. 6). Nach *Wobst* (Staudinger 2023 § 42 Rn. 7) kann jedoch allenfalls ein Heimfall des Dauerwohnrechts parallel zum Erbbaurecht vereinbart werden. Denn sonst würde das Dauerwohnrecht entgegen § 33 Abs. 1 S. 2 WEG auflösend bedingt und der Dauerwohnberechtigte bei langfristigem Recht seines zwingenden Entschädigungsanspruchs nach § 41 Abs 3 WEG beraubt (zutreffend BeckOKWEG/*Munzig* § 42 Rn. 10). 2

Erlischt das Erbbaurecht durch wirksam vereinbarten Zeitablauf erlischt auch das Dauerwohnrecht (Staudinger/*Spiegelberger*, 2018, § 42 Rn. 7). Das Dauerwohnrecht erlischt auch, wenn das Erbbaurecht aufgehoben wird. Der Dauerwohnberechtigte ist jedoch durch § 876 BGB geschützt (*Schmid/Kahlen* § 42 WEG Rn. 2; Staudinger/*Wobst* 2023 § 42 Rn. 5). 3

Teil 3 Verfahrensvorschriften

Vorbemerkung zu §§ 43 ff.

Neuere Literatur:
Bergerhoff Die wohnungseigentumsrechtliche Anfechtungsklage im ZPO-Verfahren, NZM 2007, 425–432; *Briesemeister* Der Instanzenzug für Zwangsvollstreckungsverfahren bei Titeln aus alten und neuen Erkenntnisverfahren nach § 43 WEG, ZMR 2009, 91–94; *Dötsch* Anfechtungsbegründungsfrist i.S.d. § 46 Abs. 1 Satz 2 WEG – Gebot einschränkender Auslegung?, ZMR 2008, 433–439.

Übersicht

A. Entstehung und Zweck der Gesetzesänderungen

1 In der Diskussion um die WEG-Novelle 2007 wurde kaum eine andere Änderung unterschiedlicher gewertet, als der unscheinbare Wegfall des in § 43 Abs. 1 WEG a.F. enthaltenen Halbsatzes »im Verfahren der freiwilligen Gerichtsbarkeit«. Diese Änderung des Gesetzestextes markiert eine der weitreichendsten Änderungen der Novelle, den Übergang zum ZPO-Verfahren (zustimmend *Krumm* ZRP 2004, 259; *Abramenko* ZMR 2005, 26; *Hügel/Elzer* § 13 Rn. 1 ff.; zurückhaltender *Hinz* ZMR 2005, 277f.; ablehnend *Lüke* ZWE 2005, 153ff.; *Demharter* NZM 2006, 494; *Kreuzer* ZWE 2003, 153). Das WEMoG hat die Angleichung der Wohnungseigentumssachen an den Zwei-Parteien-Prozess und die Streichung diverser Sonderregelungen noch forciert. Damit bezweckt der Gesetzgeber zweierlei: Zum einen sollen gerichtliche und somit staatliche Ressourcen durch den Wegfall der Amtsermittlung geschont werden, was letztlich eine Entlastung der öffentlichen Haushalte bezweckt (BT-Drs. 16/887, 12 u. 14). Zum anderen soll die verfahrensrechtliche Umorientierung den Wohnungseigentümern vor allem dann, wenn sich eine Seite gar nicht verteidigt, eine schnellere Durchführung der Verfahren ermöglichen. Denn nach dem Übergang in den Zivilprozess werden nunmehr auch in Wohnungseigentumssachen Versäumnis- und Anerkenntnisurteile möglich (BT-Drs. 16/887, 12f.), letztere allerdings u.U. nur bei entsprechender Erklärung aller Beklagten bzw. ihrer Vertreter (*Hügel/Elzer* § 13 Rn. 159 s. gleich u. Rdn. 2), ferner grundsätzlich auch Urkundsprozesse (*für die Geltendmachung von Wohngeld s. LG Frankfurt/M.*, Beschl. v. 11.12.2019 – 2–13 T 106/19; MietRB 2020. 50).

B. Die Verfahrensmaximen

I. Die Dispositionsmaxime

2 Die Anwendbarkeit der ZPO führte zu einem drastischen Wechsel der Verfahrensmaximen. Insbesondere wurde die Rechtsverfolgung und -verteidigung gänzlich den Parteien überantwortet, die weit umfassender als im früheren Recht über den Streitgegenstand verfügen können. So kann der Kläger seinen Antrag in der Anfechtungsklage wie bisher auf einen Teil des Eigentümerbeschlusses

beschränken (*BayObLG* NJW-RR 1991, 15; 1992, 1169; 1993, 1039; 2001, 10; *KG* NJW-RR 1991, 1236; *OLG Saarbrücken* NJW-RR 2006, 732; *OLG München* ZMR 2006, 950; ZMR 2008, 661; *LG Lüneburg* ZMR 2009, 555; vgl. § 44 Rdn. 25). Neben der Rücknahme des Antrags und der beiderseitigen Erledigterklärung können die Parteien das Verfahren nun aber auch durch Anerkenntnis beenden, das nicht mehr nur auf die Tatsachenermittlung Einfluss hat, sondern als Verfahrenshandlung nach § 307 ZPO zu behandeln ist. Dies gilt auch in Beschlussanfechtungsverfahren (*AG Neuss* ZMR 2008, 499). Entsprechendes gilt für einen Vergleich (Jennißen/*Suilmann* § 46 Rn. 154). Sofern das Anerkenntnis rechtzeitig erfolgt, zieht es gemäß § 93 ZPO die Kostenlast der Klägerseite nach sich. Dies scheidet aber aus, wenn der Beklagte bereits Verteidigungsbereitschaft angezeigt hat (*AG Berlin-Tempelhof-Kreuzberg* ZMR 2008, 998f.).

II. Der Wegfall des Amtsermittlungsgrundsatzes

Die zweite, nicht weniger einschneidende Änderung ist der Übergang zum zivilprozessualen Beibringungsgrundsatz. Das nach § 43 WEG zuständige Gericht muss den Sachverhalt nicht mehr von Amts wegen ermitteln. Zwar muss es wie in jedem Zivilprozess Hinweise nach § 139 ZPO erteilen, auf eine klare Antragstellung hinwirken, Fragen nach § 278 Abs. 2 S. 2 ZPO stellen und die sonstigen verfahrensrechtlich gebotenen Maßnahmen zur Aufklärung des Sachverhalts ergreifen. Der Zivilrichter ist dabei aber weitgehend auf die Mitwirkung der Parteien angewiesen. Er kann und darf, wenn deren Sachvortrag trotz Hinweisen etc. ungenügend bleibt, den Sachverhalt nicht mehr von Amts wegen aufklären. Grundlage seiner Entscheidung ist nunmehr der Tatsachenstoff, den die Parteien beibringen. Deshalb genügt der Vortrag, es seien Beschlüsse über Vorschüsse bzw. über die Nachschüsse und Anpassung der Vorschüsse gefasst, aufgrund derer der Beklagte Vorschüsse/Nachschüsse in bestimmter Höhe schulde, um deren Beitreibung zu begründen. Die Vorlage weiterer Unterlagen muss bzw. darf das Gericht nicht mehr verlangen. Die Klärung umstrittener Tatsachen setzt einen Beweisantritt nach den zivilprozessualen Vorschriften voraus. Die Sachverhaltsaufklärung im Wege des Freibeweises scheidet künftig aus; es gilt das Strengbeweisverfahren der ZPO. An ein Geständnis ist das Gericht nunmehr nach § 288 ZPO gebunden. Fehlender Vortrag kann nun zu einer Entscheidung zu Lasten eines Beteiligten führen, auch wenn noch Aufklärungsmöglichkeiten bestehen. 3

C. Die Parteien

I. Die Neuerungen des Zivilprozesses

Die Umwandlung der Wohnungseigentumssachen in Zivilprozesse veränderte auch die Stellung derjenigen, die dort Rechte durchsetzen oder verteidigen wollen. Terminologisch zeigt sich dies daran, dass von Parteien, namentlich von Kläger und Beklagtem, die Rede ist, nicht mehr von Beteiligten (Antragsteller und Antragsgegner). In der Sache zeigt sich dies darin, dass sie nun Herren des Verfahrens sind. Abweichender Sachvortrag anderer Wohnungseigentümer, der dem Vortrag der Partei zuwiderläuft, ist nicht mehr Grundlage der Entscheidung, noch kann er gar gegen ihren Willen Ermittlungen des Gerichts auslösen. 4

II. Verband und Wohnungseigentümer

Auch Jahre nach Änderung der Rechtsprechung zur Teilrechtsfähigkeit der Wohnungseigentümergemeinschaft bereitet die Differenzierung zwischen Wohnungseigentümern und Verband in der Praxis offenbar erhebliche Probleme. Es werden immer noch in Beschlussanfechtungsverfahren die (übrigen) Wohnungseigentümer verklagt (hierzu u. § 44 Rdn. 21), umgekehrt werden aber auch die Wohnungseigentümer für Verbindlichkeiten des Verbandes in Anspruch genommen. Auch in diesen Fällen ist zu untersuchen, ob es sich nur um eine unschädliche Falschbezeichnung handelt. Davon ist insbesondere dann auszugehen, wenn der Kläger lediglich eine Eigentümerliste beifügt, aber ansonsten von »der Beklagten« redet. Keiner Auslegung ist dagegen eine Klage mehr fähig, die sich gegen die (übrigen) Wohnungseigentümer richtet, diese näher bezeichnet und stets von den Beklagten im Plural redet. 5

D. Klageschrift und Anträge

I. Die Klageschrift

1. Die Anwendbarkeit der ZPO

6 Der Übergang in das ZPO-Verfahren erhöht für die Prozessparteien die Anforderungen gegenüber dem Verfahren nach dem FGG erheblich. Für die Klageschrift gelten nunmehr die weit strengeren Regelungen insbesondere des § 253 Abs. 2 ZPO. Im Gegensatz zum FGG-Verfahren genügt es außerhalb von Beschlussersetzungsklagen mit Ermessensausübung (hierzu s. § 44 Rdn. 31) nicht, wenn ein Rechtsschutzziel irgendwie erkennbar wird. Es bedarf nach § 253 Abs. 2 Nr. 2 ZPO eines bestimmten Antrags (*Bonifacio* ZMR 2005, 328; *Dötsch* ZMR 2008, 437). Der Klageantrag muss hinreichend bestimmt sein (zum Rückbau einer baulichen Veränderung s. jetzt *LG Frankfurt/M.*, Beschl. v. 04.11.2020 – 2–13 T 73/20; IMR 2021, 42). Erforderlich ist ferner nach § 253 Abs. 2 Nr. 1 ZPO die Bezeichnung von Parteien und Gericht. Das Gericht kann die tatsächlich Beteiligten nicht von Amts wegen feststellen und am Verfahren beteiligen. Schließlich muss die Klageschrift im Gegensatz zur Antragsschrift im Verfahren der freiwilligen Gerichtsbarkeit nach §§ 253 Abs. 4, 130 Nr. 6 ZPO zwingend unterschrieben sein.

2. Die Begründung der Klage

7 Im Gegensatz zum Rechtszustand vor der Novelle 2007 bedarf es in Wohnungseigentumssachen einer Begründung des gestellten Antrags. Wie in anderen Zivilprozessen ist eine nicht begründete Klage mangels Schlüssigkeit abzuweisen. Besonderheiten gelten wiederum für die Anfechtungsklage. Hier beschränkt § 45 Satz 1 WEG die Frist zur Einreichung der Klagebegründung auf 2 Monaten nach der Beschlussfassung (s. § 45 Rdn. 33 ff.).

II. Die Antragsarten

8 Die Klagearten im Wohnungseigentumsverfahren entsprechen nunmehr unmittelbar dem Zivilprozess. Wohl am häufigsten ist die **Leistungsklage**, mit der die Verpflichtung zu einer Handlung (etwa auf Zahlung von Wohngeld) oder einer Unterlassung (etwa einer bestimmten Nutzung der Wohnung) begehrt wird. Eine größere Rolle als in sonstigen Zivilrechtsstreitigkeiten spielen die **Gestaltungsklagen**, bei denen die Rechtsfolge unmittelbar mit dem Ausspruch des Gerichtes herbeigeführt werden soll. Denn ein solcher Antrag liegt allen Verfahren nach § 43 Abs. 2 Nr. 4 WEG zu Grunde, mit denen eine konstitutive Entscheidung über die Gültigkeit von Beschlüssen erstrebt wird. Ähnliches gilt, wenn der Antragsteller eine bestimmte Regelung, etwa die Festlegung eines Wirtschaftsplanes oder einer Gebrauchsregelung durch das Gericht begehrt. Schließlich kann eine **Feststellung** des Gerichtes erstrebt werden, wenn etwa Unklarheiten über Pflichten der Wohnungseigentümer bzw. des Verwalters bestehen, ohne dass bereits ein Leistungsantrag möglich wäre. Es besteht etwa ein Feststellungsinteresse für die Feststellung, dass eine bestimmte bauliche Maßnahme ohne Zustimmung anderer Wohnungseigentümer durchgeführt werden kann (*OLG München* ZMR 2007, 998f.). Gleiches gilt für die Frage, wer bestimmte Kosten zu tragen hat, sofern nicht nur ein konkreter Einzelfall betroffen ist; dann könnte der Streit bereits durch eine Klage auf Leistung der betroffenen Kosten entschieden werden (*OLG Düsseldorf* ZMR 2009, 54). Zulässiger Gegenstand einer Feststellungsklage ist auch nach der Anerkennung eines teilrechtsfähigen Verbandes die Auslegung des Kostenverteilungsschlüssels (*BGH* ZMR 2002, 767). Dass die Rechtskraft dieser Entscheidung gegen die Wohnungseigentümer dem Verband nicht entgegengehalten werden kann, ist unerheblich (a.A. *LG Hamburg* ZMR 2007, 892). Denn die Wohnungseigentümer, nicht der Verband müssen über die Einforderung von Nachschüssen und die Anpassung von Vorschüssen befinden. Auch der Gesichtspunkt, dass eine Anfechtungsklage nicht unbedingt vermieden werden kann, steht dem Rechtsschutzinteresse an einer Feststellung nicht unbedingt entgegen (a.A. *LG Hamburg* ZMR 2007, 892). Wie im Zivilprozess ergibt sich auch aus der Unmöglichkeit, einen Schaden vollständig zu beziffern, ein Feststellungsinteresse (*OLG Brandenburg* ZMR 2009, 704). Ansonsten würde der Klage auf Feststellung von Rechten und Pflichten stets das Rechtsschutzbedürfnis fehlen, da stets

die Möglichkeit besteht, dass sich der unterlegene Beklagte nicht an die gerichtliche Entscheidung hält. Die Feststellungsklage setzt ein Feststellungsinteresse voraus (*BGH* ZMR 2002, 769; *KG* ZWE 2000, 363), das insbesondere dann fehlt, wenn bereits die Verurteilung zu einer bestimmten Leistung beantragt werden kann (*BayObLG* WE 1988, 98). Es fehlt auch dann, wenn die festzustellende Tatsache wie etwa die Richtigkeit der Niederschrift über eine Eigentümerversammlung ohnehin in einem anderen Verfahren Gegenstand der Beweiswürdigung ist (*BayObLG* ZMR 2002, 850). Die Entlastung des Verwalters kann mangels Anspruchs hierauf nur dann Gegenstand eines Feststellungsantrages sein, wenn sich die Eigentümer konkreter Ansprüche gegen den Verwalter berühmen, die Gegenstand eines solchen Antrags sein können (*OLG Düsseldorf* ZMR 1996, 623). Keines Feststellungsinteresses bedarf es für Zwischenfeststellungsklagen gemäß § 256 Abs. 2 ZPO, die lediglich die Vorgreiflichkeit des festzustellenden Rechtsverhältnisses im anhängigen Verfahren voraussetzen (*BayObLG* WE 1996, 193). Im Gegensatz zum früheren Recht (vgl. *BayObLG* WE 1990, 215) kann die Widerklage auf Leistung zur Unzulässigkeit einer leugnenden Feststellungsklage führen, da der Widerkläger seinen Antrag nach § 269 Abs. 1 ZPO nach der mündlichen Verhandlung nur mit Zustimmung des Klägers zurücknehmen kann.

III. Mehrheit von Klagen

Verschiedene Klagen können gemäß § 254 ZPO im Stufenverhältnis gestellt werden, wenn etwa 9
ein abberufener Verwalter zunächst auf Auskunft über ein bestimmtes Guthaben und dann auf Auszahlung in Anspruch genommen wird. Ebenso ist eine Häufung verschiedener Klagen zulässig, die auch im Eventualverhältnis gestellt werden können. Sofern die Behandlung aller Klagen in einem Verfahren unzweckmäßig ist, können einzelne Anträge nach § 145 Abs. 1 ZPO abgetrennt werden (vgl. *KG* ZMR 1997, 542f.).

IV. Die Klageänderung

Wie stets im Zivilprozess kann eine Klage unter den Voraussetzungen der §§ 263, 264 ZPO auch 10
im Wohnungseigentumsverfahren geändert werden (*BayObLG* ZMR 2003, 438; 2004, 127). Diese Möglichkeit umfasst u.a. die Stellung anderer Anträge, die Erweiterung der ursprünglichen Antragsforderung (etwa um weitere rückständige Wohngeldzahlungen), oder die Erweiterung auf weitere Gegner. Eine Antragsänderung setzt die Zustimmung der Gegenseite oder die Bejahung der Sachdienlichkeit durch das Gericht voraus (*BayObLG* ZMR 2000, 111; 2003, 438; ZMR 2004, 127; *OLG Düsseldorf* ZMR 1999, 422). Bei Einführung eines völlig neuen Sachverhalts wird die Sachdienlichkeit i.d.R. zu verneinen sein (*BayObLG* ZMR 2003, 438). In der Berufungsinstanz muss die Änderung darüber hinaus gemäß § 533 ZPO auf Tatsachen gestützt sein, die das Berufungsgericht seiner Entscheidung ohnehin zu Grunde zu legen hat (*OLG München* ZMR 2007, 999).

V. Widerklage

Wie im Zivilprozess kann der Beklagte nach § 33 ZPO Widerklage erheben. Hierfür bedarf es ent- 11
gegen einer zum früheren Recht vertretener Auffassung (Staudinger/*Wenzel* Vor §§ 43 ff Rn. 55) eines rechtlichen Zusammenhangs mit der im Antrag geltend gemachten Forderung, also der Konnexität (*BayObLGZ* 1979, 121; *OLG Hamm* NJWE-MietR 1997, 278). Da nach neuem Recht nicht mehr der gesamte Akteninhalt, sondern das Ergebnis der mündlichen Verhandlung Grundlage der Entscheidung ist, muss die Widerklage bis zur letzten mündlichen Verhandlung erhoben werden. Aufgrund der Rechtsfähigkeit der Wohnungseigentümergemeinschaft muss der Beklagte fernerzwischen ihr und den Wohnungseigentümern differenzieren, was nicht selten zu überraschenden Ergebnissen führt. So kann etwa der Beklagte in einer Zweiergemeinschaft gegen eine Klage auf Einberufung einer Eigentümerversammlung mit bestimmten Tagesordnungspunkten nicht Widerklage auf Ergänzung weiterer Tagesordnungspunkte erheben. Denn die Klage richtet sich gegen die Wohnungseigentümergemeinschaft, vertreten durch den Miteigentümer. Diese kann aber nicht von einem Miteigentümer die Ergänzung der Tagesordnung verlangen. Ebenso wenig kann der Beklagte in einem Beitreibungsvefahren nicht gegen die Klägerin Widerklage auf Abänderung des Kosten-

verteilungsschlüssels gemäß § 10 Abs. 2 WEG erheben, da hierfür nur die Wohnungseigentümer passivlegitimiert sind (vgl. *OLG München* ZMR 2007, 991).

E. Das Verfahren bis zur Entscheidung

I. Allgemeines

1. Wohnungseigentumssachen als Zivilprozesse

a) Zwischenentscheidungen

12 Entscheidungen des Gerichtes während des Verfahrens, die durch Beschluss ergehen, richten sich ausschließlich und unmittelbar, nicht nur in analoger Anwendung, nach den zivilprozessualen Vorschriften. Die Wiedereinsetzung in den vorigen Stand richtet sich nach §§ 233 ff. ZPO. Da die Voraussetzungen hierfür aber im Wesentlichen gleich geblieben sind, kann diesbezüglich weitgehend auf die frühere Rechtsprechung zurückgegriffen werden. §§ 233 ff. ZPO gelten nach § 45 Satz 1 WEG auch für die unverschuldete Nichteinhaltung der Anfechtungsfrist. Akteneinsicht ist nach § 299 Abs. 2 ZPO zu gewähren, was mit einem verschärften Prüfungsmaßstab für entsprechende Gesuche einhergeht. Denn künftig genügt ein »berechtigtes Interesse« nicht mehr; es muss ein rechtliches Interesse vorliegen. Wirtschaftliche oder wissenschaftliche Interessen berechtigen demnach nicht mehr zur Akteneinsicht.

b) Prozesskostenhilfe

13 Über die Gewährung von Prozesskostenhilfe ist nach Maßgabe der §§ 114 bis 127 ZPO zu entscheiden. Dabei gilt für Rechtsmittel die Monatsfrist nach § 127 Abs. 3 S. 3 ZPO. Auch der rechtsfähige Verband ist prozesskostenhilfefähig (*LG Berlin* ZMR 2007, 145). Bei Vorliegen der Bedürftigkeit scheitert die Gewährung von Prozesskostenhilfe nicht am fehlenden öffentlichen Interesse (*BGH* v. 17.06.2010 – V ZB 26/10, ZWE 2010, 332). Allerdings liegen die Voraussetzungen des § 116 S. 1 Nr. 2 ZPO nur dann vor, wenn eine Wohnungseigentümergemeinschaft darlegt, dass ihr kein Darlehen gewährt würde und dass keiner der Wohnungseigentümer die Kosten des Rechtsstreits tragen könnte. Denn eine juristische Person oder parteifähige Vereinigung erhält nur dann Prozesskostenhilfe, wenn die Kosten des Rechtsstreits weder von ihr noch von den am Gegenstand des Rechtsstreits wirtschaftlich Beteiligten aufgebracht werden können. Deshalb kommt es sowohl auf das Vermögen des Verbandes als auch auf dasjenige der Wohnungseigentümer an. Dies folgt aus der Nachschusspflicht der Wohnungseigentümer. Deshalb reicht es nicht, wenn nur einzelne Wohnungseigentümer zur Aufbringung der Kosten nicht in der Lage wären. Auf die Zumutbarkeit der Aufbringung dieser Mittel kommt es nicht an. Denn § 116 S. 1 Nr. 2 ZPO stellt anders als der nicht einschlägige § 116 S. 1 Nr. 1 ZPO nur auf die Möglichkeit, nicht aber auf die Zumutbarkeit ab, die Kosten des Rechtsstreits aufzubringen (*BGH*, Beschl- v. 21.03.2019 – V ZB 111/18; ZMR 2019, 514 = ZWE 2019, 285 = WuM 2019, 400).

2. Aussetzung und Unterbrechung

14 Aussetzung und Unterbrechung richteten sich schon früher nach den zivilprozessualen Vorschriften. Die Entscheidung des Beschwerdegerichtes über eine Aussetzung nach § 148 ZPO ist nur dann angreifbar, wenn es die Rechtsbeschwerde zugelassen hat (*OLG Düsseldorf* ZMR 2008, 315). Speziell wohnungseigentumsrechtliche Fragen stellen sich bei der Anfechtung inhaltsgleicher Zweitbeschlüsse. Hier ist eine Aussetzung nach § 148 ZPO nicht geboten; es kann gesondert über die Gültigkeit von Erst- und Zweitbeschluss entschieden werden (*OLG München* ZMR 2007, 809). Grundsätzlich ist das Verfahren nicht auszusetzen, um fehlende Voraussetzungen (etwa die Ermächtigung zur Geltendmachung gemeinschaftsbezogener Ansprüche durch einzelne Wohnungseigentümer) nachzuholen (*AG Hannover* ZMR 2009, 82). Ähnliche Regeln gelten für die Unterbrechung (§§ 239 ff. ZPO) und das Ruhen des Verfahrens (§§ 251 ff. ZPO). Die Verbindung verschiedener Verfahren richtet sich künftig unmittelbar nach § 147 ZPO. Für Anfechtungsklagen enthält § 44 Abs. 2 S. 3 WEG eine Spezialregelung, die über § 147 ZPO hinausgeht (vgl. u. § 44 Rdn. 32). Das Beschluss-

anfechtungsverfahren wird durch die Insolvenz des Anfechtenden unterbrochen. Denn dabei handelt es sich eben nicht nur um einen Beteiligten, dessen prozessuale Bedeutung gegenüber dem Interesse der anderen Wohnungseigentümer an der Entscheidung über die Gültigkeit ihrer Beschlüsse zurücktreten muss, sondern um den Kläger. Dass dessen Insolvenz in Verfahren nach § 43 Abs. 2 Nr. 4 WEG nicht zur Unterbrechung führt, lässt sich mit zivilprozessualen Grundsätzen kaum vereinbaren.

II. Ausschluss von der Ausübung des Richteramtes und Befangenheit

1. Der gesetzliche Ausschluss vom Richteramt

Die Entscheidung über den Ausschluss vom Richteramt richtet sich nicht nach § 41 ZPO, die Befangenheitsrüge nach §§ 42 ff. ZPO. Bei Vorliegen der Gründe nach § 41 ZPO tritt der Ausschluss von Gesetzes wegen ein. Einer Entscheidung hierüber bedarf es nicht. Die Handlungen eines gleichwohl tätigen Richters sind nicht unwirksam, aber anfechtbar (Zöller/*Vollkommer* § 41 Rn. 16). 15

2. Die Selbstablehnung durch den Richter

Nach § 48 ZPO kann ein Richter auch selbst von einem Verhältnis Anzeige machen, das seine Ablehnung rechtfertigen könnte. Er bleibt aber zuständig, bis der nach § 48 ZPO zuständige Spruchkörper, dem er die Sache vorzulegen hat, hierüber befindet (*BayObLG* WuM 1999, 361). Die Beteiligten sind hierzu wie stets im Zivilprozess anzuhören (*BGH* NJW 1995, 403). Gegen die Entscheidung, die die Selbstablehnung für nicht gerechtfertigt erklärt, ist die sofortige Beschwerde zulässig (*OLG Karlsruhe* Rpfleger 1999, 381f.; Zöller/*Vollkommer* § 48 Rn. 10). 16

3. Befangenheitsrüge

a) Das Verfahren bis zur Entscheidung über das Ablehnungsgesuch

Darüber hinaus kann jeder Beteiligte nach §§ 42 ff. ZPO die Besorgnis der Befangenheit rügen (*BayObLG* ZMR 1999, 420f.; 2000, 118). Die bloße Ankündigung einer solchen Rüge genügt nicht (*BayObLG* WE 1998, 116). Die zum Zivilprozess entwickelten Grundsätze, wann diese Rüge berechtigt ist, gelten auch in Wohnungseigentumssachen (vgl. *OLG Karlsruhe* ZMR 2004, 58). Dies gilt auch für das Erfordernis einer substantiierten Darlegung konkreter Tatsachen als Ablehnungsgründe (*BayObLG* WE 1999, 399; *AG Landshut* ZMR 2007, 1002) und ihre Glaubhaftmachung nach § 44 Abs. 2 ZPO. Bei (Weiter)verhandeln in Kenntnis des Ablehnungsgrundes tritt der Verlust des Rügerechtes gemäß § 43 ZPO ein (*BayObLG* WE 1998, 74; NJW-RR 2001, 642). Demnach ist die Besorgnis der Befangenheit begründet, wenn ein Grund vorliegt, der geeignet ist, Misstrauen gegen die Unparteilichkeit des Richters zu rechtfertigen (*BayObLG* ZMR 2000, 118). Die Mitteilung einer Rechtsansicht vermag dies grundsätzlich nicht (*BayObLG* ZMR 2000, 118), ebenso wenig der Hinweis auf die Notwendigkeit ergänzenden Vortrags (*BayObLG* WuM 1993, 767), die Verjährung eines Anspruchs (*BayObLG* WE 1998, 75; ZMR 1999, 420f.) oder die Weigerung, einen Termin zu verlegen (*BayObLG* WE 1988, 97). Eine dienstliche Stellungnahme gemäß § 44 Abs. 3 ZPO kann unterbleiben, wenn die Besorgnis der Befangenheit selbst nach eigenem Vorbringen des Beteiligten, der die Rüge erhebt, nicht gerechtfertigt ist (*BayObLG* WuM 1994, 350). Über das Ablehnungsgesuch entscheidet gemäß § 45 Abs. 2 ZPO ein anderer Richter des Amtsgerichts (i.d.R. der Vertreter laut Geschäftsverteilung) bzw. in den höheren Instanzen analog § 45 Abs. 1 ZPO der Spruchkörper, dem der abgelehnte Richter angehört, ohne dessen Beteiligung. Ein offensichtlich rechtsmissbräuchliches Ablehnungsgesuch soll der abgelehnte Richter selbst verwerfen können (noch weitergehend, für Unbeachtlichkeit *KG* ZMR 1997, 485), was zweifelhaft erscheint, zumal gegen diese Entscheidung ebenfalls die sofortige Beschwerde zulässig ist (*BayObLG* WuM 1993, 212), so dass kein Zeitgewinn zu erwarten ist. Ansonsten kann der abgelehnte Richter bis zur Entscheidung über das Ablehnungsgesuch nur unaufschiebbare Handlungen nach § 47 ZPO vornehmen. Das Rechtsschutzbedürfnis für das Ablehnungsgesuch entfällt, sobald der abgelehnte Richter dauerhaft nicht mehr an dem nach § 43 WEG zuständigen Gericht tätig ist (*OLG Karlsruhe* ZMR 2004, 58). 17

b) Rechtsmittel gegen die Entscheidung über das Ablehnungsgesuch

18 Die dem Ablehnungsgesuch stattgebende Entscheidung ist entsprechend § 46 Abs. 2 ZPO unanfechtbar. Gegen die zurückweisende Entscheidung ist analog § 46 Abs. 2 ZPO die sofortige Beschwerde zulässig. Über sie wird im Verfahren nach §§ 567 ff. ZPO entschieden, weshalb nunmehr eine Abhilfemöglichkeit gegeben ist. Die Rechtsbeschwerde findet gemäß § 574 Abs. 1 ZPO nur nach Zulassung statt (vgl. *OLG Karlsruhe* ZMR 2004, 58). Über die zugelassene Rechtsbeschwerde hat nach § 133 GVG der *BGH* zu entscheiden.

III. Mündliche Verhandlung und Beweiserhebung

1. Die mündliche Verhandlung

19 Zwar bestand schon nach altem Recht nach § 44 Abs. 1 WEG a.F. regelmäßig die Pflicht, mündlich mit den Beteiligten zu verhandeln. Diese diente allerdings teilweise anderen Zwecken als im Zivilprozess. Auf diesem Wege sollte vornehmlich eine gütliche Einigung herbeigeführt, der Sachverhalt aufgeklärt und rechtliches Gehör gewährt werden (s. etwa *BGH* ZMR 1999, 42; *OLG Karlsruhe* ZMR 2003, 375; *BayObLG* ZMR 2004, 765). Nach aktuellem Recht unterscheidet sich die mündliche Verhandlung in Wohnungseigentumsverfahren nicht mehr von sonstigen Zivilprozessen. Sie ist mithin alleinige Grundlage der Entscheidung, wobei allerdings auf schriftliches Vorbringen Bezug genommen werden kann. Daher können nunmehr im Gegensatz zum früheren Recht (hierzu s. etwa *OLG Zweibrücken* ZMR 2002, 786; *BayObLG* ZMR 2001, 473; 2003, 370; 2004, 764) nach § 309 ZPO keine Richter an der Entscheidung mitwirken, die an der mündlichen Verhandlung nicht teilgenommen haben. Da der Sachverhalt nicht mehr von Amts wegen zu ermitteln ist, kann allerdings jetzt ohne Weiteres nach § 128 Abs. 2 ZPO auf die mündliche Verhandlung verzichtet werden. Rechtliches Gehör muss freilich ebenso wie in Verfahren der freiwilligen Gerichtsbarkeit gewährt werden. Dies erfordert die schriftliche Ergänzung oder mündliche Anhörung eines Sachverständigen, wenn ein Antrag auf Erläuterung seines Gutachtens gestellt wird (*OLG München* ZMR 2008, 656). Für das Protokoll über die mündliche Verhandlung gelten §§ 159 ff. ZPO nun nicht mehr, wie nach § 44 Abs. 2 WEG a.F. nur für Vergleiche, sondern insgesamt. Erklärungen der Parteien nach § 160 Abs. 3 Nr. 3 ZPO müssen daher künftig verlesen werden. Ferner gelten jetzt die Präklusionsregeln der §§ 296, 296a ZPO. Erst nach den dort genannten Zeitpunkten zur Akte gereichter Vortrag darf mithin ohne Wiedereintritt in die mündliche Verhandlung nicht mehr berücksichtigt werden. Ferner gilt die Frist des § 310 Abs. 1 S. 2 ZPO für das Absetzen der Entscheidung.

2. Beweiserhebung und -würdigung

20 Auch Beweiserhebung und -würdigung richten sich nach zivilprozessualen Grundsätzen (§§ 355 ff. ZPO). Die Tatsachenfeststellung im Wege des Freibeweises etwa durch formlose Ermittlungen scheidet daher künftig aus. Das Gericht kann sich nur noch im Wege des Strengbeweises, also durch Augenscheinseinnahme, Parteivernehmung, Zeugen-, Sachverständigen- oder Urkundenbeweis Gewissheit über die Richtigkeit einer bestrittenen Behauptung verschaffen. Anders als nach früherem, vom Amtsermittlungsgrundsatz beherrschtem Recht ist eine Beweiserhebung deshalb von der fristgerechten Zahlung eines Auslagenvorschusses abhängig. Andernfalls ist die beweisbelastete Partei nach Maßgabe des § 379 ZPO mit dem Beweismittel ausgeschlossen. Die Vernehmung nicht benannter Zeugen ist ausgeschlossen. Nach Anerkennung ihrer Rechtsfähigkeit sind in Streitigkeiten der Wohnungseigentümergemeinschaft die Wohnungseigentümer taugliche Zeugen. Der Verwalter selbst ist Organ des teilrechtsfähigen Verbandes, kann also ähnlich wie der Geschäftsführer einer GmbH in Rechtsstreitigkeiten des Verbandes nicht als Zeuge vernommen werden (vgl. § 27 Rdn. 104), wohl aber in Streitigkeiten der Wohnungseigentümer untereinander oder mit Dritten (vgl. § 27 Rdn. 1). Kommt das Gericht aufgrund der antragsgemäß durchgeführten Beweiserhebung noch nicht zu einer Überzeugung über die Richtigkeit einer Beweisbehauptung, muss es nicht von sich aus weiteren Ermittlungsansätzen nachgehen (so noch zum alten Recht *OLG Hamburg* ZMR 2008, 58f.). Ohne Einschränkung möglich ist auch die Durchführung eines selbständigen Beweisverfahrens nach §§ 485 ff. ZPO (vgl. *OLG Köln* NJW-RR 1991, 851). Dessen Einleitung setzt ent-

gegen bisweilen vertretener Auffassung (etwa *LG Stuttgart#*, Justiz 2000, 88 f.; *LG München I#*, ZMR 2017, 1010) nicht die vorherige Befassung der Eigentümerversammlung voraus (*BGH*, Beschl. v. 14.03.2018 – V ZB 131/17; ZMR 2018, 520 = WuM 2018, 310). Die Möglichkeit der Parteidisposition über Beweismittel, etwa bei der Wahl des Sachverständigen nach § 404 Abs. 4 ZPO ist nunmehr unbeschränkt. Die Vernehmung einer Partei setzt künftig eine gewisse Wahrscheinlichkeit für die Richtigkeit behaupteter Tatsachen voraus und darf nicht ohne eine solche als Maßnahme der Amtsermittlung durchgeführt werden. Keine Unterschiede zum früheren Recht ergeben sich bei der Würdigung der erhobenen Beweise, da diese schon früher allgemeinen zivilprozessualen Regeln folgte. Das Gericht ist also, sofern das Gesetz dies nicht ausdrücklich vorsieht, grundsätzlich nicht an Beweisregeln o.Ä. gebunden, sondern hat die Beweise frei zu würdigen. Maßgeblich ist dabei seine Überzeugung, ob eine streitige Tatsache feststeht. Sofern gesetzliche Beweisregeln existieren (etwa zur Beweiskraft einer Urkunde nach §§ 416, 439 Abs. 3 ZPO), ist ihre Geltung aber nicht mehr durch den Amtsermittlungsgrundsatz eingeschränkt (vgl. insoweit noch *BayObLG* NJW-RR 2002, 1453f. = ZMR 2002, 609). Wie bisher kann eine Beweisaufnahme insbesondere durch Augenscheinseinnahme des Gerichtes entbehrlich sein, wenn es sich aus anderen aussagekräftigen Unterlagen, insbesondere Lichtbildern, eine Überzeugung bilden kann (s. *OLG München* ZMR 2007, 885f.).

F. Die Beendigung des Verfahrens

I. Die Beendigung ohne Entscheidung in der Hauptsache

1. Rücknahme und Vergleich

21 Die Dispositionsmaxime gestattete es schon nach früherem Recht, das Verfahren durch Rücknahme des Antrags zu beenden. Diese Möglichkeit der Klagerücknahme besteht nach wie vor. Allerdings bedarf es hierzu im Gegensatz zum früheren Recht (vgl. *KG* ZMR 1998, 656; *BayObLG* WE 1990, 215) jetzt nach Beginn der mündlichen Verhandlung der Einwilligung des Gegners gemäß § 269 Abs. 1 ZPO. Selbstverständlich können sich die Parteien weiterhin vergleichen. Durch die verfahrensrechtliche Umgestaltung der Verfahren nach § 43 Abs. 2 WEG dürften sich die Möglichkeiten zum Vergleichsschluss sogar oftmals erweitern, da diese in weitem Umfang dem Zwei-Parteien-System angeglichen wurden. Allerdings wirkt dieser im Gegensatz zu einer Entscheidung nicht nach § 44 Abs. 3 WEG gegen die Beigeladenen. Denkbar ist auch ein Vergleich nur über den Grund der Klageforderung (*LG Hannover* ZMR 2009, 398). Erleichterungen ergeben sich aus der Anerkennung und Ausdehnung der Rechtsfähigkeit. Früher standen gemeinschaftsbezogene Ansprüche allen Wohnungseigentümern zu, so dass sie diese auch gemeinsam einzufordern hatten und somit Partei waren. Dies hat jedenfalls bei größeren Gemeinschaften einen Vergleich häufig praktisch unmöglich gemacht hat. Nunmehr werden diese Ansprüche alleine vom Verband geltend gemacht, der sich folglich auch vergleichen kann. In jedem Fall ist auch ein Vergleichsschluss nach § 278 Abs. 6 ZPO jetzt ohne weiteres möglich. Auch in Zukunft können sich einzelne Wohnungseigentümer aber nicht über einen Streitgegenstand vergleichen, der wie etwa die Gültigkeit eines Beschlusses nicht zu ihrer Disposition steht (*BayObLG* NJW-RR 1999, 1614).

2. Übereinstimmende Erledigungserklärung

22 Die Hauptsache kann ferner wie bisher durch beiderseitige Erledigungserklärung beendet werden. Dies ist dann geboten, wenn der Verfahrensgegenstand aufgrund einer Änderung der Rechts- und Sachlage fortfällt, so dass die Fortführung des Verfahrens keinen Sinn mehr hätte, weil das ursprüngliche Verfahrensziel nicht mehr erreicht werden kann (*KG* ZMR 2008, 475; *OLG Frankfurt* ZMR 2009, 57f.). Dies ist in Beschlussanfechtungsverfahren nicht schon mit Wegfall des Anlasses zur Beschlussfassung der Fall, da diese noch für Folgefragen wie Folgebeseitigungsansprüchen oder Kosten von Bedeutung sein kann (vgl. *OLG Hamm* ZMR 2009, 61; ähnlich *LG Düsseldorf* ZMR 2008, 485 für einen zwischenzeitlich geschlossenen Vergleich). Auch dabei gelten jetzt aber die zivilprozessualen Grundsätze uneingeschränkt, so dass eine Erledigungserklärung zwischen Anhängigkeit und Rechtshängigkeit nicht mehr in Betracht kommt (zum alten Recht s. noch *OLG Zweibrücken*

NJW-RR 1993, 149; *BayObLG* NJWE-MietR 1997, 15). Hingegen hat die im Wohnungseigentumsverfahren seit jeher anerkannte Praxis, das Schweigen auf eine Erledigungserklärung als Zustimmung zu werten, durch § 91a Abs. 1 S. 2 ZPO auch im Zivilprozess Anerkennung gefunden. In Anfechtungsverfahren ermöglicht die Erledigung der Hauptsache nach wie vor nur eine Entscheidung nach § 91a ZPO, aber keine Klageänderung etwa auf den Antrag, dass der Beschluss ursprünglich rechtswidrig war (*OLG München* ZMR 2007, 995). Denn einen Fortsetzungsfeststellungsantrag kennt das Zivilprozessrecht nicht.

II. Gerichtliche Entscheidungen in der Hauptsache

1. Die Form der Entscheidung in der Hauptsache

23 Wird das Verfahren nicht durch eine der vorstehenden Möglichkeiten beendet, hat das Gericht eine Entscheidung in der Hauptsache zu treffen. Dies geschieht durch Urteil, gemäß §§ 300 ff. ZPO, wobei auch Versäumnis- und Anerkenntnisurteile (vgl. Rdn. 1, auch zum sofortigen Anerkenntnis) nach den allgemeinen Grundsätzen möglich sind. Grundsätzlich kann das Gericht bei Entscheidungsreife nur über einen Teil des Prozessstoffs befinden, auch in Anfechtungsverfahren (vgl. § 44 Rdn. 25). Allerdings setzt dies einen abtrennbaren Gegenstand voraus. Das Gericht darf aber nicht über einzelne Anfechtungs- oder Nichtigkeitsgründe durch Teilurteil befinden (Jennißen/*Suilmann* § 46 Rn. 164). Die Entscheidung ist mit **Rechtsmittelbelehrung** zu versehen. Versäumt der Berufungskläger die Berufungsfrist aufgrund einer unzutreffenden Rechtsmittelbelehrung, so ist Wiedereinsetzung zu gewähren. Dies gilt auch für anwaltlich vertretene Parteien. Auch eine anwaltlich vertretene Partei darf sich auf die Richtigkeit einer Belehrung durch das Gericht verlassen, wenn die Rechtsmittelbelehrung nicht offenkundig fehlerhaft ist (*BGH*, Beschl. v. 28.09.2017 – V ZB 109/16; ZMR 2018, 233 = WuM 2018, 62).

2. Grundlagen der Entscheidung

24 Nach wie vor ist das Gericht an Gesetz, Vereinbarungen und Beschlüsse der Wohnungseigentümer gebunden. Eine Entscheidung nach billigem Ermessen kommt nur dann in Betracht, wenn die Wohnungseigentümer ihr Ermessen nicht oder fehlerhaft ausüben. Der Richter hat mithin seiner Entscheidung Teilungserklärung, Vereinbarungen und Beschlüsse zu Grunde zu legen, auch wenn er die dortigen Regelungen für unbillig oder unzweckmäßig hält (BGHZ 122, 333; *OLG Karlsruhe* NJW-RR 1987, 975; *KG* ZMR 2002, 545). Diese Bindung endet erst dort, wo die allgemeinen Grenzen der Privatautonomie insbesondere der §§ 134, 138 BGB überschritten waren oder ein Bestehen auf den dortigen Regelungen gegen Treu und Glauben verstößt (vgl. *KG* ZMR 2002, 545; *OLG Frankfurt* ZMR 2004, 290). Hingegen findet eine Kontrolle nach den §§ 305 ff. BGB nicht statt (*BGH*, Urt. v. 20.11.2020 – V ZR 196/19; ZMR 2021, 405 = ZWE 2021, 273). Verstößt ein Beschluss nur zum Teil gegen Vereinbarungen, Gesetz oder Grundsätze ordnungsmäßiger Verwaltung, darf er auch nur insoweit für ungültig erklärt werden, wenn der Rest einen für sich sinnvollen Regelungsgehalt behält (*OLG Hamm* NJW-RR 1986, 501).

G. Rechtsmittel

I. Die Entscheidung in der Hauptsache

1. Berufung

a) Abgrenzung von Berichtigung, Ergänzung, Rubrumsberichtigung etc.

25 Inhaltliche Fehler der Entscheidung kann das erstinstanzliche Gericht wie bisher grundsätzlich nicht selbst korrigieren. Dies ist nur bei offenkundigen Fehlern der Fall, wenn das Verkündete vom Gewollten abweicht. In diesen Fällen kann die Entscheidung nach § 319 ZPO berichtigt werden. Unrichtigkeiten des Tatbestands können nach § 320 ZPO korrigiert werden, wobei die zweiwöchige Frist des § 320 Abs. 1 ZPO zu beachten ist. Ferner können versehentliche Auslassungen im Wege der Ergänzung nach § 321 ZPO korrigiert werden. Dies betrifft auch den Fall, dass das Gericht

einen Antrag versehentlich nicht beschieden hat (*OLG Brandenburg* ZMR 2008, 389). Die Berufung wäre dann unzulässig, da der übergangene Antrag in der Berufungsinstanz nicht anfällt. Auch das Rubrum kann berichtigt werden. Allerdings scheidet sie aus, wenn Anspruchsgegner sowohl der rechtsfähige Verband als auch die Wohnungseigentümer sein können und der falsche Beklagte gewählt wurde (*OLG München* ZMR 2008, 562f.; *OLG Düsseldorf* ZMR 2009, 546f. *LG Stuttgart* ZMR 2009, 230; vgl. § 46 Rdn. 4). Zu berichtigen hat der nach der allgemeinen Geschäftsverteilung zuständige Spruchkörper, also nicht der Richter im Falle des Kostenfestsetzungsbeschlusses (*LG Stuttgart* ZMR 2009, 230).

b) Besonderheiten der Rechtsmittel in Wohnungseigentumssachen

aa) Berufung

Die Entscheidung in der Hauptsache ist nunmehr wie jedes Urteil mit der Berufung anzugreifen, 26 auf die in vollem Umfang die §§ 511 ff. ZPO anzuwenden sind. Die Mindestbeschwer muss nach § 511 Abs. 2 Nr. 1 ZPO nur noch über 600 € betragen (vgl. gleich u. Rdn. 30). Diese richtet sich nicht nach dem Streitwert, sondern nach der persönlichen Beeinträchtigung des Rechtsmittelführers (*BayObLG* NJW-RR 1990, 1239; s. gleich u. Rdn. 30, 31). Im Übrigen gelten die allgemeinen Regeln der ZPO einschließlich des Anwaltszwangs nach § 78 ZPO vor Landgerichten. Die Berufungsschrift muss unterzeichnet sein. Die Zuständigkeit für Berufungen ist für Verfahren nach § 43 Abs. 2 Nr. 1 bis 4 WEG abweichend vom üblichen Instanzenzug geregelt. Nach § 72 Abs. 2 S. 1 GVG ist für alle Berufungen stets das Landgericht am Sitz des Oberlandesgerichts für dessen gesamten Bezirk zuständig. Dies gilt nach der ausdrücklichen Anordnung in § 72 Abs. 2 S. 2 GVG auch für Vollstreckungsabwehrklagen (*BGH* ZMR 2009, 544) und für Sachen mit Auslandsberührung (BT-Drs. 16/3843, 60). Diese Konzentration soll durch die häufigere Befassung der Berufungsgerichte mit der Materie die Qualität der Berufungsentscheidungen sichern (BT-Drs. 16/887, 60). Sie gilt nicht für Altverfahren (*BGH* ZMR 2009, 545; *OLG München* ZMR 2009, 411f.; *OLG Dresden* ZMR 2009, 302). Die Landesregierungen können von der Zuständigkeitsregelung des § 72 Abs. 2 S. 1 GVG zwar nach § 72 Abs. 2 S. 3 GVG abweichen; aufgrund entsprechender Ermächtigung nach § 72 Abs. 2 S. 4 GVG auch die Landesjustizverwaltungen. Dabei kann aber nach § 72 Abs. 2 S. 3 GVG nur »ein anderes Landgericht« im Bezirk des Oberlandesgerichts bestimmt werden. Es ist also nach Wortlaut und Sinn der Norm nicht möglich, etwa den Zustand vor der Reform beizubehalten. Das Berufungsgericht verhandelt und entscheidet grundsätzlich als Kammer, kann die Sache aber unter den Voraussetzungen des § 526 ZPO auf den Einzelrichter übertragen. Die Berufung muss binnen Monatsfrist eingelegt werden (§ 517 ZPO). Der Berufungsgegner kann auch nach Ablauf dieser Frist Anschlussberufung einlegen. Gerade in Wohnungseigentumssachen ist allerdings zu berücksichtigen, dass sich das Anschlussrechtsmittel nur gegen den Berufungskläger richten kann (vgl. *OLG Hamburg* ZMR 2008, 902).

bb) Einlegung beim falschen Gericht

Die Einlegung beim falschen Gericht wahrt die Frist nicht (*LG Lüneburg* ZMR 2009, 554). Es ist 27 aber zur Weiterleitung der Berufungsschrift verpflichtet, muss dabei allerdings keine besonderen Maßnahmen zur Beschleunigung ergreifen. Selbst dann, wenn die Fristversäumung auf einem Fehler des Gerichts beruht, ist die Berufung verfristet, wenn der Berufungskläger nicht Wiedereinsetzung beantragt (*LG Lüneburg* ZMR 2009, 554). Häufig beruht die Anrufung des falschen Berufungsgerichtes auf einer unrichtigen Rechtsmittelbelehrung. Dann darf der Berufungskläger auf keinen Fall Verweisung beantragen. Zwar unterliegt auch ein Rechtsanwalt bei einer unzutreffenden Rechtsmittelbelehrung in aller Regel einem unverschuldeten Rechtsirrtum, wenn er sich hiernach richtet. Dies führt aber nur zur Möglichkeit der Wiedereinsetzung, nicht aber dazu, dass die beim unzulässigen Berufungsgericht eingelegte Berufung die Rechtsmittelfrist wahrt und der Rechtsstreit in entsprechender Anwendung von § 281 ZPO verwiesen werden kann (*BGH*, Beschl. v. 24.02.2022 – V ZB 59/21; ZWE 2022, 336 = NJW-RR 2022, 805 = GE 2022, 529). Vielmehr ist dem unverschuldeten Rechtsirrtum dadurch Rechnung zu tragen, dass der Rechtsmittelführer die Fristversäumung durch erneute Einlegung des Rechtsmittels verbunden mit einem Antrag nach § 233 ZPO beheben kann. Die Frist hierfür beginnt regelmäßig erst mit dem Hinweis des angegangenen Berufungsgerichtes auf seine Unzuständigkeit zu laufen (Beschl. v. 22.10.2020 – V ZB 45/20; ZWE 2021, 140 = GE 2021, 315; *BGH*, Beschl. v. 24.02.2022 – V ZB 59/21; ZWE 2022, 336 = NJW-RR 2022, 805 = GE 2022, 529).

cc) Behandlung doppelter Berufungen

28 Legt eine Partei mehrfach Rechtsmittel ein, sowohl vor dem Konzentrationsgericht nach § 72 GVG als auch beim im Instanzenzug übergeordneten allgemeinen Berufungsgericht, haben die Berufungsgerichte einheitlich hierüber zu entscheiden. Mehrere Berufungsgerichte haben die Rechtsmittelverfahren zu koordinieren. Hält sich eines für unzuständig, muss es die Sache an das andere abgeben. Halten sich beide für unzuständig, ist die Zuständigkeitsbestimmung nach § 36 Abs. 1 Nr. 5 oder 6 ZPO herbeizuführen. Nur so lassen sich widersprechende Entscheidungen oder die Verwerfung als unzulässig durch beide Gerichte vermeiden. Die durch die Anrufung des unzuständigen Gerichtes entstandenen Kosten sind dabei Kosten des einheitlichen Verfahrens. Hält sich ein Berufungsgericht hieran nicht, weil es ohne Abstimmung mit dem anderen die Berufung verwirft, ist hiergegen die Rechtsbeschwerde gemäß §§ 522 Abs. 1 S. 4, 574 Abs. 1 S. 1 Nr. 1 ZPO zulässig und ein Zulassungsgrund gemäß § 574 Abs. 2 ZPO gegeben (*BGH*, Beschl. v. 26.11.2020 – V ZB 151/19; ZMR 2021, 253 = ZWE 2021, 161):

2. Revision

29 Gegen die Berufungsentscheidung ist auf Zulassung nach § 543 Abs. 1 Nr. 1 ZPO die Revision eröffnet. Diese ist bei Abweichungen von der Rechtsprechung anderer Obergerichte und bei grundsätzlicher Bedeutung möglich. Gegen die Entscheidung über die Nichtzulassung ist die Nichtzulassungsbeschwerde gegeben.

3. Wert des Beschwerdegegenstandes

a) Allgemeines

30 Nach § 511 Abs. 1 Nr. 1 ZPO muss ein »Wert des Beschwerdegegenstandes« von 600 € überschritten werden. Dieser bezeichnet alleine die persönliche Beschwer des Rechtsmittelführers, die sich aus seinem vermögenswerten Interesse an der Abänderung der angegriffenen Entscheidung ergibt (*OLG Oldenburg* ZMR 1999, 358; *OLG Hamm* ZMR 2001, 140; *OLG Düsseldorf* ZMR 2000, 784; ZMR 2008, 550; *BayObLG* ZMR 2001, 127; 2002, 212; 2003, 215 u. 947; *OLG Celle* ZMR 2008, 811). Deshalb ist er ist nicht identisch mit dem Geschäftswert, der wesentlich höher sein kann (*BayObLG* ZMR 2001, 50 u. 814; 2003, 947; *OLG Celle* ZMR 2008, 811). Etwa bei Jahresabrechnungen größerer Wohnanlagen kann der Geschäftswert durchaus mehrere 10.000 € betragen, die persönliche Beschwer des Rechtsmittelführers hingegen, der nur einzelne Positionen angreift, die ihn nur mit dem Bruchteil nach § 16 Abs. 2 WEG belasten, weit unter 600 € liegen. Die Beschwer kann aber naturgemäß den Geschäftswert nicht überschreiten (*BayObLG* ZMR 2001, 50 u. 907). Die Beschwer mehrerer Beschwerdeführer ist zusammenzurechnen (*BayObLG* WuM 1993, 766; *OLG Düsseldorf* ZMR 1998, 451; *OLG München* ZMR 2008, 905), ebenso die Beschwer bei einer Mehrzahl von Beschwerdegegenständen (*BGH* ZMR 2003, 752; *OLG Düsseldorf* ZMR 2008, 550, vgl. *OLG Hamm* ZMR 2001, 140), auch wenn es sich nur um einen Hilfsantrag handelt (*KG* OLGZ 1979, 349). Bei der Ermittlung der Beschwer sind Kosten und Auslagen grundsätzlich nicht zu berücksichtigen (*BayObLG* WuM 1991, 226; ZMR 2001, 829; ZMR 2003, 947). Auch das Interesse an der Klärung einer Rechtsfrage für alle Wohnungseigentümer bleibt außer Betracht (*BayObLG* ZMR 2000, 860; 2001, 815; a.A. offenbar *OLG Köln* ZMR 2008, 818). Umstände, die die Beschwer bei unverändertem Beschwerdegegenstand nachträglich verändern, sind nicht zu berücksichtigen (*OLG Celle* ZMR 2004, 51f.). Sofern die Entscheidung nur wegen eines unter der erforderlichen Beschwer liegenden Teils der Hauptsacheentscheidung angefochten oder die sofortige Beschwerde bis auf einen unterhalb der Mindestbeschwer liegenden Teil zurückgenommen wird, ist

das Rechtsmittel unzulässig (*BayObLG* MDR 1994, 1148; ZMR 2003, 49). Es kann aber durch Erweiterung wieder zulässig werden (*BayObLG* ZMR 2003, 49), sofern in der Beschränkung kein Teilrechtsmittelverzicht zu sehen ist (hierzu vgl. *BayObLG* WE 1988, 206). In Zweifelsfällen, in denen die Bestimmung der Beschwer mangels konkreter Anhaltspunkte Ermessenssache ist, entspricht es rechtsstaatlichen Grundsätzen, von der Zulässigkeit des Rechtsmittels auszugehen und in der Sache zu entscheiden (*BayObLG* ZMR 2000, 625; *OLG München* ZMR 2007, 994; ZMR 2008, 481). Der Rechtsmittelführer kann aber die Mindestbeschwer nach wie vor nicht durch Erweiterung des in erster Instanz gestellten Antrags im Rechtsmittelverfahren erreichen, da er mangels Entscheidung hierüber im früheren Rechtszug gar nicht beschwert ist (*BayObLG* ZMR 2001, 127).

b) Einzelfälle des Beschwerdewertes aus der neueren Rechtsprechung

Die nicht immer einheitliche Rspr. hat die Beschwer i.E. wie folgt festgesetzt: Sie richtet sich bei 31

- Anfechtung einer **Abmahnung** als Vorstufe eines Entziehungsverfahrens nach § 17 WEG nach dem Interesse am Erhalt des Wohnungs- bzw. Teileigentums und übersteigt in jedem Falle die Mindestbeschwer (*OLG Düsseldorf* ZMR 2000, 329) 32
  bei einer erfolgreichen Klage auf Änderung der Teilungserklärung nach dem wirtschaftlichen Interesse am Nichteintritt der Folgen, die mit der Änderung verbunden sind. Diese bemessen sich nach der Minderung des Verkehrswertes einer Wohnung, die durch die Änderung betroffen ist (*BGH*, Beschl. v. 25.03.2021 – V ZR 166/20; WuM 2021, 334)
- einem (erfolgreichen) Antrag auf **Auskunftserteilung** nach dem Zeitaufwand für ihre Erteilung (*BayObLG* WE 1998, 75) 33
- Anfechtung der Genehmigung **baulicher Veränderungen** nach dem Wert der Beeinträchtigung der anfechtenden Wohnungseigentümer, die im Zweifel großzügig zu schätzen ist (*KG* ZMR 1995, 178; *BayObLG* ZMR 2000, 625f.; ZMR 2003, 215f.), sofern es sich nicht nur um minimale optische Beeinträchtigungen (etwa im geringfügig veränderten Farbton von Terrassenbelägen) handelt (*KG* ZMR 1995, 178) 34
- bei einer erfolglosen Klage auf Rückbau einer baulichen Veränderung (bzw. auf Ersetzung eines diesbezüglichen Beschlusses) nicht nach den Kosten des Rückbaus, sondern nach dem Interesse des Klägers am Rückbau (*BGH*, Beschl. v. 26.11.2020 – V ZR 21/20, WuM 2021, 135) 35
- dem Streit um die **Beseitigung von Anpflanzungen** wegen Lichtentzugs nicht nach einer nur einjährigen Mietminderung nach § 41 GKG, da der Begrenzung auf den Jahreswert soziale Erwägungen zu Grunde liegen, sondern nach § 8 ZPO nach der Mietminderung für 25 Jahre (*OLG Düsseldorf* ZMR 2000, 784) 36
- Anfechtung eines Beschlusses über die Aufnahme eines **Darlehens** wegen der gesamtschuldnerischen Haftung nach der gesamten Summe, nicht nur nach dem auf den Antragsteller entfallenden Anteil (*KG* ZMR 1994, 72; krit. *BayObLG* ZMR 1998, 797), was nicht recht mit der Anfechtung der Jahresabrechnung harmoniert, wo der Anfechtende gleichfalls nur mit seinem Anteil zu berücksichtigen ist 37
- einem Feststellungsantrag nach **einseitiger Erledigungserklärung** nach den bis zum Zeitpunkt des erledigenden Ereignisses angefallenen Kosten (*BayObLG* ZMR 2002, 949) 38
- Anfechtung des Beschlusses über die Einforderung von Nachschüssen und die Anpassung der Vorschüsse im Rahmen der **Jahresabrechnung** nach der Mehrbelastung, die der Antragsteller mit seinem Verfahren abwenden will (*BayObLG* ZMR 2000, 860; 2002, 212; 2003, 947; *OLG Celle* ZMR 2008, 811). Ficht er die Jahresrechnung insgesamt an, beläuft sich die Beschwer daher auf die gesamten auf ihn entfallenden Ausgaben (*OLG München* ZMR 2007, 811) 39
- dem Streit um den Anschluss an das **Kabelfernsehen** nach den Kosten, die auf den hiergegen vorgehenden Miteigentümer entfallen (*BayObLG* ZMR 2001, 50) 40
- Unterlassung der Nutzung eines **KFZ-Stellplatzes** zum dauerhaften Abstellen eines fahruntüchtigen Fahrzeugs nach dem Interesse an dieser Nutzung das die Mindestbeschwer für die Berufung erreicht (*LG Hamburg* ZMR 2009, 549) 41

42 – Anfechtung eines Beschlusses über die Teilnahme am **Lastschriftverfahren** nach dem Interesse an einer eigenständigen Entscheidung über die Zahlungsweise und der Gefahr eines Missbrauchs (*BayObLG* WuM 1997, 459, auch zum höheren Geschäftswert)

43 – dem Streit um einen **Laub- und Schneefegeplan** für unbestimmte Dauer nach dem dreifachen Jahreswert der wirtschaftlichen Belastung, der die Mindestbeschwer für eine Berufung überschreiten kann (*OLG Düsseldorf* ZMR 2008, 549 ff.)

44 – der Untersagung, Wohnungen als Ferienwohnungen zu nutzen die Differenz zu den Einkünften aus einer zulässigen Vermietung (*BGH*, Beschl. v. 19.12.2019 – V ZR 81/19). Wird der Teileigentümer dazu verurteilt, die Nutzung seiner Einheiten als Ferienwohnungen zu unterlassen, entspricht seine Beschwer nicht den kompletten Mieteinnahmen. Maßgeblich ist vielmehr die Differenz zu den Einkünften aus einer zulässigen Vermietung (*BGH*, Beschl. v. 19.12.2019 – V ZR 81/19)

45 – dem Vorgehen gegen ein **Ordnungsgeld** im Vollstreckungsabwehrverfahren nach dessen Höhe (*BayObLG* NZM 2000, 308)

46 – der Beseitigung eines **Rankgerüstes** nach der Beeinträchtigung eine Beschwer von 750 € (und wohl auch eine von 600 €) nicht übersteigt (*OLG München* ZMR 2008, 481)

47 – der Anfechtung eines Beschlusses über **Sanierungsarbeiten** nach dem eigenen Anteil des Anfechtenden, sofern die Mittel bereits vorhanden sind, da der einzelne Wohnungseigentümer dann nicht Gefahr läuft, als Gesamtschuldner in Anspruch genommen zu werden (*KG* ZMR 1994, 72)

48 – dem Streit um die Herausgabe und Wiederherstellung eines Grundstücksteils, an dem ein **Sondernutzungsrecht** besteht, nach dem Interesse an der weiteren Nutzung und den bereits getätigten Investitionen sowie den Kosten der Wiederherstellung des ursprünglichen Zustands (*OLG Hamm* ZMR 1997, 35); Wird einer Klage auf Einräumung von Mitgebrauch stattgegeben, richtet sich die Beschwer des unterlegenen Wohnungseigentümers, der ein Sondernutzungsrecht behauptet, nach der Wertsteigerung, die sein Wohnungseigentum durch ein solches Recht erfahren würde (*BGH*, Beschl. v. 20.02.2020 – V ZR 198/19)

49 – bei einer erfolglosen Klage auf Einräumung eines **Sondernutzungsrechtes** nach der Wertminderung, die seine Einheit durch den Entfall des Sondernutzungsrechtes erleidet (*BGH*, Beschl. v. 06.12.2018 – V ZR 338/17; ZMR 2019, 361 = WuM 2019, 157 = MietRB 2019, 80)

50 – beim Streit um die **Tagesordnung** die möglichen Vermögensnachteile durch (Nicht)erörterung des Gegenstandes (*KG* ZMR 2005, 472)

51 – Anfechtung des Beschlusses über die **Vermietung** von Gemeinschaftseigentum nach dem Anteil des anfechtenden Miteigentümers am Mietwert (*OLG Oldenburg* ZMR 1999, 358)

52 – dem Streit um den Abschluss oder die Kündigung von **Versicherungen** nach dem auf den Beschwerdeführer entfallenden Anteil (*BayObLG* WE 1991, 84)

53 – erfolgloser Anfechtung der **Verwalterbestellung** nach dem vom Antragsteller zu entrichtenden Anteil an der Gesamtvergütung (*BayObLG* WuM 1996, 505)

54 – bei einer erfolglosen Klage auf vorzeitige Abberufung des **Verwalters** nach dem Anteil des Anfechtenden am restlichen Verwalterhonorar (*BGH*, Beschl. v. 25.03.2021 – V ZR 136/20, WuM 2021, 399 = GE 2021, 771)

55 – erfolgloser Anfechtung der **Verwalterentlastung** nach dem Anteil des Schadens, der alleine dem Antragsteller nach seinem Vortrag droht (*BayObLG* ZMR 2001, 720; *OLG Köln* ZMR 2003, 959). Sofern sich die Angriffe auf die Verwalterentlastung ausschließlich auf die im selben Verfahren gerügten Fehler der Jahresabrechnung beziehen, besteht allerdings keine zusätzliche Beschwer (*BayObLG* ZMR 2002, 212; 2003, 948). Bei erfolgreicher Anfechtung auf Seiten der anderen Miteigentümer ist auf das Interesse an einer ordnungsmäßigen Verwaltung und der Fortsetzung der vertrauensvollen Zusammenarbeit mit dem Verwalter, nicht darauf abzustellen, dass sich ihre Vermögenslage ohne das negative Schuldanerkenntnis der Entlastung eher günstiger gestaltet, so dass im Ergebnis der Beschwerdewert regelmäßig erreicht sein wird (*BGH* ZMR 2003, 752)

- bei erfolgloser Anfechtung der Entlastung des **Verwaltungsbeirats** nach dem Interesse an einer künftigen vertrauensvollen Zusammenarbeit, die mit 500 € anzusetzen ist (*BGH*, Beschl. v. 17.01.2019 – V ZB 121/18; GE 2019, 604 = NJW-RR 2019, 589) 56
- der **Vollstreckungsgegenklage** nach dem Wert des titulierten Anspruchs, auch wenn darin Nebenforderungen enthalten sind (*LG Mannheim* ZMR 2008, 994ff.) 57
- Anfechtung eines Beschlusses über den Einbau von Warmwasserzählern nach den Kosten des Einbaus, die auf den anfechtenden Miteigentümer entfallen (*BayObLG* ZMR 2001, 814f.) 58
- erfolgreicher Anfechtung des Wirtschaftsplans nach dem Aufwand des anfechtenden Verwalters für die Neuerstellung, der unter der Mindestbeschwer anzusetzen ist (*BayObLG* ZMR 1999, 348) 59
- Ansprüchen auf Zahlung eines bestimmten Betrages an die Gemeinschaft nach dem Anteil des Rechtsmittelführers hieran (*BayObLG* WE 1997, 434) 60
- bei einem Misserfolg der Klage auf Ersetzung der **Zustimmung zur Veräußerung** gemäß § 12 WEG nach dem Interesse an der Abänderung der angefochtenen Entscheidung, das nicht dem gesamten Verkehrswert, sondern ist nur mit einem Bruchteil von 20% hiervon anzusetzen ist (*BGH*, Beschl. v. 15.11.2018 – V ZR 25/18; GE 2019, 194 = MDR 2019, 185) 61
- einem Streit um ein Zutrittsrecht des Verwalters nach dem Interesse des betroffenen Eigentümers, das jedenfalls über 750 € anzusetzen ist, auch wenn das Betretungsrecht nur zweimal im Jahr ausgeübt werden soll (*OLG Zweibrücken* ZMR 2001, 308; a.A. *BayObLG* ZMR 1997, 668). 62

4. Gehörsrüge

Ist die Mindestbeschwer nicht erreicht, kann nur die Gehörsrüge nach § 321a ZPO erhoben werden. Auch sie ist fristgebunden, binnen 2 Wochen, zu erheben (§ 321a Abs. 2 S. 1 ZPO). Die Erledigung nach der Entscheidung ist im Verfahren nach § 321a ZPO nur zu berücksichtigen, wenn die Gehörsrüge aufgrund eines Verfahrensfehlers erfolgreich ist und der Prozess deshalb fortgesetzt wird (vgl. *OLG München* ZMR 2008, 482). Sie hindert den Eintritt der Rechtskraft nicht (vgl. *OLG München* ZMR 2008, 482). Darüber hinaus bleibt – etwa bei der Verletzung von Verfahrensgrundrechten – nur die Verfassungsbeschwerde. 63

II. Andere Entscheidungen

Auch die Rechtsmittel gegen andere Entscheidungen wie etwa Kostenentscheidungen nach übereinstimmender Erledigungserklärung nach § 91a ZPO, die Zurückweisung des Antrags auf Durchführung eines Beweissicherungsverfahrens, Entscheidungen im Rahmen der Kostenfestsetzung oder der Vollstreckung, richten sich nach den Vorschriften der ZPO. Zwischenentscheidungen wie Beweisbeschlüsse (vgl. § 355 Abs. 2 ZPO) sind grundsätzlich nicht isoliert anfechtbar, aber inzident mit der Anfechtung in der Hauptsache überprüfbar. Nebenentscheidungen sind, sofern keine abweichenden Spezialregelungen existieren, mit der sofortigen Beschwerde gemäß §§ 567 ff. ZPO angreifbar. Auch für diese Rechtsmittel ist nach § 72 Abs. 2 S. 1 GVG das Landgericht am Sitz des Oberlandesgerichts zuständig. Gegen seine Entscheidung ist die Rechtsbeschwerde nach § 574 Abs. 1 ZPO nur statthaft, wenn sie im Gesetz ausdrücklich eröffnet oder durch das Beschwerdegericht zugelassen ist. Eine Nichtzulassungsbeschwerde findet im Gegensatz zu Urteilen grundsätzlich nicht statt. 64

III. Die Rechtskraft in Wohnungseigentumssachen

1. Grundsatz

Für formelle und materielle Rechtskraft der Entscheidungen ergeben sich keine inhaltlichen Unterschiede zum alten Recht. Die zivilprozessualen Regeln sind nun direkt anwendbar (§§ 322 ff., 705 ZPO). Für den sachlichen Umfang der materiellen Rechtskraft gilt der zweigliedrige Streitgegenstandsbegriff (so schon zum alten Recht *OLG Köln* ZMR 1998, 374f.). Eine Abweichung vom Zivilprozess gilt nur hinsichtlich des persönlichen Umfangs der Rechtskraft. Denn nach der Spezialregelung des § 44 Abs. 3 WEG erfasst die Rechtskraft in Beschlussklagen auch die Wohnungseigen- 65 tümer, die nicht Partei des Rechtsstreits waren. Die Rechtskraft kann im Wege der Wiederaufnahme durchbrochen werden. Dies setzt aber voraus, dass die neuen Tatsachen, etwa die wieder aufgefundene Urkunde für den Wiederaufnahmekläger zu einem günstigeren Ergebnis führen kann, woran es fehlt, wenn sie schon im früheren Verfahren nicht entscheidungserheblich war (*OLG München* ZMR 2008, 73).

2. Besonderheiten bei Beschlussklagen (inhaltsgleiche Zweitbeschlüsse)

66 Die Rechtskraft der Ungültigerklärung eines Beschlusses erstreckt sich nur auf den konkreten Beschluss, der Gegenstand der Anfechtungsklage war. Sie hat keine Auswirkung auf einen nochmals gefassten Beschluss gleichen Inhalts. Entscheidend ist alleine, dass der Zweitbeschluss für sich einwandfrei ist, wobei allerdings schutzwürdige Belange zu berücksichtigen sind, die sich aus Inhalt und Wirkung des Erstbeschlusses ergeben. Wie vor diesem Hintergrund inhaltsgleiche Zweitbeschlüsse zu behandeln sind, die aufgrund materieller Mängel für ungültig erklärt wurden, war umstritten. Nach Auffassung des *BGH* (*BGH*, Urt. v. 10.02.2023 – V ZR 246/21) darf nach Ungültigerklärung des Erstbeschlusses nur dann ein inhaltsgleicher Zweitbeschluss gefasst werden, wenn besondere Umstände die Annahme rechtfertigen, dass dies ordnungsmäßiger Verwaltung entspricht. Denn ansonsten würde der mit der (erfolgreichen) Anfechtungsklage bezweckte Minderheitenschutz unterlaufen. Derartige besonderen Umstände liegen vor, wenn der materielle Fehler vor dem Zweitbeschluss nicht mehr vorliegt. Dies kann etwa durch Einholung zuvor fehlender Angebote oder auch aufgrund einer Änderung der höchstrichterlichen Rechtsprechung der Fall sein. Im Ergebnis führt diese Behandlung inhaltsgleicher Zweitbeschlüsse zu einer Umkehr der Darlegungs- und Beweislast. Nach Ungültigerklärung des Erstbeschlusses aus inhaltlichen Gründen hat nunmehr die Gemeinschaft der Wohnungseigentümer Umstände vorzutragen, die eine inhaltsgleiche Zweitbeschlussfassung erlaubten. Tut sie dies nicht, ist der Beschluss für ungültig zu erklären. Von Nichtigkeit ist nur bei evidenter Rechtsmissbräuchlichkeit auszugehen.

H. Die Zwangsvollstreckung

I. Die vorläufige Vollstreckbarkeit

67 Noch nicht rechtskräftige Titel sind nach §§ 708 ff. ZPO vorläufig vollstreckbar. Das nach § 72 Abs. 2 GVG für Wohnungseigentumssachen zuständige LG soll auch für Zwangsvollstreckungssachen als Berufungs- und Beschwerdegericht zuständig sein (*OLG Oldenburg* ZMR 2009, 139f.; a.A. *Briesemeister* ZMR 2009, 92ff.). Die Vollstreckungsabwehrklage ist aber ein neues, eigenständiges Verfahren (*BGH* ZMR 2009, 545). Rechtskräftige Alttitel der Wohnungseigentümer, die noch vor der Rechtsprechung zur Teilrechtsfähigkeit ergingen, können und müssen nicht auf den Verband umgeschrieben werden (*BGH* NJW-RR 2007, 956; ZMR 2007, 287). Sofern die Vollstreckung gegen einen Wohnungseigentümer von einer Sicherheitsleistung abhängt, darf dieser hieran nicht beteiligt werden (*LG Köln* ZMR 2009, 717).

II. Die Vorrangigkeit von Beitragsforderungen in der Zwangsversteigerung

68 Wesentlich erleichtert wurde die Durchsetzung von Beitragsforderungen im Zwangsversteigerungsverfahren durch die Neuerungen insbesondere in § 10 Abs. 1 Nr. 2 ZVG. Dies ermöglicht den Wohnungseigentümern erstmals auch bei vorrangigen Grundpfandrechten die Aussicht auf eine erfolgreiche Durchführung des Zwangsversteigerungsverfahrens gegen säumige Miteigentümer (wegen der Einzelheiten vgl. § 28 Rdn. 52 ff.).

I. Der einstweilige Rechtsschutz

I. Eigenständiges Verfahren

69 Mit der Überführung der Wohnungseigentumssachen in die Zivilprozessordnung wird einstweiliger Rechtsschutz dort wie in anderen bürgerlichen Rechtsstreitigkeiten nach den Vorschriften zu Arrest (§§ 916 ff. ZPO) und einstweiliger Verfügung (§§ 935 ff. ZPO) gewährt. Dies bedeutet insoweit

eine Erleichterung für den Rechtssuchenden, als das Ersuchen um einstweiligen Rechtsschutz nicht mehr die Anhängigkeit der Hauptsache voraussetzt. Wie in sonstigen bürgerlichen Rechtsstreitigkeiten stellt der Antrag auf Erlass einer einstweiligen Verfügung ein eigenes Verfahren dar. Ferner kann die erstinstanzliche Entscheidung anders als nach früherem Recht selbstständig angefochten werden. Allerdings kann einstweiliger Rechtsschutz nur noch auf Antrag gewährt werden kann, nicht mehr von Amts wegen.

II. Voraussetzungen des einstweiligen Rechtsschutzes

1. Anordnungsgrund und Anordnungsanspruch

Zu den Voraussetzungen einstweiligen Rechtsschutzes kann die frühere Rechtsprechung weiterhin 70 herangezogen werden. Denn schon nach altem Recht war hierfür ein Anordnungsanspruch, also das voraussichtliche Bestehen eines Anspruchs in der Hauptsache, und ein Anordnungsgrund, also ein dringendes Bedürfnis für das sofortige Tätigwerden des Gerichtes (*AG Niebüll* ZMR 2009, 82), erforderlich. Wie im Zivilprozess kann die Dringlichkeit durch längeres Zuwarten entfallen (sog. Selbstwiderlegung, s. *LG München I* ZMR 2009, 146f. = ZWE 2009, 84ff.; *AG Hamburg-Blankenese* ZMR 2008, 919). In Beschlussanfechtungsverfahren ist zudem die Anfechtungsfrist des § 45 Satz 1 WEG zu beachten. Nach ihrem Ablauf fehlt es sowohl am Anordnungsgrund als auch am Anordnungsanspruch, so dass eine Ungültigerklärung dann ausscheidet. Allerdings kann einstweiliger Rechtsschutz noch vor Erhebung der Anfechtungsklage in Anspruch genommen werden. Die Wohnungseigentümer können sich gegen eine einstweilige Regelung dann aber mit einem Antrag nach §§ 936, 926 Abs. 1 ZPO wehren (Jennißen/*Suilmann* § 46 Rn. 178). Die Anforderungen an Anordnungsgrund und Anordnungsanspruch entsprechen den jetzt zu fordernden Voraussetzungen nach §§ 916 ff. ZPO. So ist die Konkurrenz mit anderen Gläubigern regelmäßig kein Arrestgrund (*AG Kerpen* ZMR 2009, 324). Anderes kann nach dem Willen des Gesetzgebers, der sich in § 10 Abs. 1 Nr. 2 ZVG manifestiert hat, für Wohngeldforderungen gelten (*AG Kerpen* ZMR 2009, 324). Anordnungsanspruch und Anordnungsgrund sind nach § 936, 920 Abs. 2 ZPO glaubhaft zu machen (*AG Wangen* ZMR 2008, 580; wohl auch *LG München I* ZMR 2009, 147f.). Die Wiederholungsgefahr alleine indiziert nur einen Verfügungsanspruch, aber noch keinen Verfügungsgrund (*LG München I* ZMR 2009, 148). Die vorangegangene rechtswidrige Beeinträchtigung begründet i.d.R. die Vermutung einer Wiederholungsgefahr (*LG Hamburg* ZMR 2009, 550). Durch das bloße Versprechen, die Störung künftig zu unterlassen, ist die Wiederholungsgefahr nicht ausgeräumt (*LG Hamburg* ZMR 2009, 550). Auch bei der gerichtlichen Bestellung eines Verwalters liegt der Schwerpunkt der Prüfung auf dem Anordnungsgrund: Da der Anspruch nicht ausgeschlossen werden kann, liegt im Fehlen eines Verwalters i.d.R. ein Verfügungsanspruch, der Verfügungsgrund hängt indessen davon ab, wie dringlich die Bestellung ist (*LG Stuttgart* ZMR 2009, 148).

2. Keine Vorwegnahme der Hauptsache

Die Erfüllung der Hauptsache darf in der Regel nicht vorweggenommen werden (*LG Hamburg* 71 ZMR 2008, 326; *AG Wangen* ZMR 2008, 580). Es können aber Maßnahmen minderer Eingriffsintensität angeordnet werden, also etwa statt einer Nutzungsuntersagung einer Einheit, die zum Zwecke einer unzulässigen Nutzung umgebaut wird, ein Baustopp (*LG Wiesbaden* ZMR 2008, 334f.) oder die Suspendierung des Verwalters von bestimmten Aufgaben (Jennißen/*Suilmann* § 46 Rn. 176). Wenn allerdings ohne Vorwegnahme der Hauptsache wirkungsvoller Rechtsschutz gar nicht gewährleistet werden kann, ist eine entsprechende einstweilige Verfügung zulässig. Das wurde etwa bei der drohenden Durchführung einer Eigentümerversammlung durch Unbefugte bejaht, die deshalb auch im einstweiligen Rechtsschutz untersagt werden kann (*AG Wangen* ZMR 2008, 580; *AG Niebüll* ZMR 2009, 82). Das Verbot der Vorwegnahme der Hauptsache ist dagegen i.d.R. zu beachten, wenn der Antragsteller eine einfachere Möglichkeit zur Durchsetzung seiner Interessen ungenutzt ließ (s. *AG Hamburg-Blankenese* ZMR 2008, 919 zur versäumten Bestellung eines neuen Versammlungsleiters).

III. Allgemeine Interessenabwägung?

72 Teilweise wird im Verfahren nach §§ 935 ff. ZPO ausgehend vom Erfordernis des § 940 Abs. 1 ZPO, wonach eine Regelungsverfügung »nötig« sein muss, eine allgemeine Abwägung der Interessen beider Seiten gefordert, wobei zudem in Beschlussanfechtungsverfahren eine allgemeine gesetzliche Grundsatzentscheidung postuliert wird, wonach auch rechtswidrige Eigentümerbeschlüsse gültig und daher zu vollziehen sind (*LG München I* ZMR 2009, 73). Dies dürfte § 940 Abs. 1 ZPO deutlich überspannen und die bisherige Praxis auf den Kopf stellen. Der einstweilige Rechtsschutz diente ja gerade dazu, die Durchführung rechtswidriger Beschlüsse trotz ihrer vorläufigen Wirksamkeit zu verhindern (zu nichtigen Beschlüssen vgl. *LG Frankfurt/M.*, Beschl. v. 01.10.2020 – 2–13 T 64/20; IMR 2021, 30). Es kann im Übrigen schwerlich ein rechtlich schützenswertes Interesse der Beklagten vorliegen, einen rechtswidrigen Beschluss durchzuführen und sich dadurch Folgenbeseitigungsansprüchen auszusetzen. Auch in anderem Zusammenhang, etwa bei der Einberufung von Eigentümerversammlungen durch Unbefugte, wird die Gefahr anfechtbarer Beschlüsse mit weitreichenden Konsequenzen als ausreichende Rechtfertigung einer einstweiligen Verfügung angesehen (*AG Wangen* ZMR 2008, 580; *AG Niebüll* ZMR 2009, 82; vgl. o. Rdn. 71). Im Übrigen verkennt die Auffassung des *LG München I,* dass der Gesetzgeber eben nicht nur die vorläufige Wirksamkeit, sondern auch die *rückwirkende* Ungültigerklärung eines rechtswidrigen Beschlusses angeordnet hat. Noch zweifelhafter ist diese Rechtsprechung im Zusammenhang mit dem Antrag auf einen einstweiligen Baustopp (*LG München I* ZMR 2009, 146 f. = ZWE 2009, 84ff.), da hierdurch die Schaffung vollendeter Tatsachen geduldet wird. Man wird es daher dabei belassen dürfen, dass der Anordnungsanspruch nach §§ 935 ff. ZPO regelmäßig in der Anfechtbarkeit des Beschlusses liegt, und der Anordnungsgrund zumeist schon darin liegt, dass der rechtswidrige Beschluss ansonsten durchgeführt wird.

IV. Streitwert

73 Der Streitwert in Verfahren des einstweiligen Rechtsschutzes ist auf ca. ein Drittel des Wertes der Hauptsache festzusetzen (*AG Hamburg* ZMR 2009, 233). Bei Streitigkeiten um die Herausgabe der Verwaltungsunterlagen beläuft er sich auf 1000 € (*AG Hamburg* ZMR 2009, 233).

V. Schadensersatz nach § 945 ZPO

74 Früher war umstritten, ob die spätere Aufhebung einer Entscheidung im einstweiligen Rechtsschutz Schadensersatzansprüche nach § 945 ZPO nach sich ziehen konnte (dafür etwa BGHZ 120, 263 ff.; dagegen etwa *KG* NJW-RR 1992, 211). Nunmehr kann die zivilprozessuale Rechtsprechung zum Ersatzanspruch nach § 945 ZPO, da die ZPO direkt anwendbar ist, natürlich ohne Weiteres übernommen werden (*BGH*, Urt. v. 21.04.2023 – V ZR 86/22).

§ 43 Zuständigkeit

(1) Die Gemeinschaft der Wohnungseigentümer hat ihren allgemeinen Gerichtsstand bei dem Gericht, in dessen Bezirk das Grundstück liegt. Bei diesem Gericht kann auch die Klage gegen Wohnungseigentümer im Fall des § 9a Absatz 4 Satz 1 erhoben werden.

(2) Das Gericht, in dessen Bezirk das Grundstück liegt, ist ausschließlich zuständig für
1. **Streitigkeiten über die Rechte und Pflichten der Wohnungseigentümer untereinander,**
2. **Streitigkeiten über die Rechte und Pflichten zwischen der Gemeinschaft der Wohnungseigentümer und Wohnungseigentümern,**
3. **Streitigkeiten über die Rechte und Pflichten des Verwalters einschließlich solcher über Ansprüche eines Wohnungseigentümers gegen den Verwalter sowie**
4. **Beschlussklagen gemäß § 44.**

Neuere Literatur:
Briesemeister, Korrigenda zur WEG-Reform 2007, NZM 2007, 345–347; *Dötsch*, Wohnungseigentümer und Verwalter im Prozess, NZM 2015, 473–478; *Fleicher/Eschwey*, Beschlussanfechtung im Aktien- und Wohnungseigentumsrecht, DB 2018, 810–818; *Köhler*, Fallstricke im Beschlussanfechtungsverfahren – Teil 1, MietRB 2016, 55–60; *Kuhla*, Prozesskostenvorschüsse aus der Gemeinschaftskasse, ZWE 2009, 196–200; *Roth*, Die Zuständigkeit in »sonstigen Familiensachen« mit wohnungseigentumsrechtlicher Fragestellung, NJW 2017, 689–693; *Treese*, Das Wohnungseigentumsrecht und das Schiedsamt – Teil 1, SchAZtg 2017, 25–20.

Übersicht

A. Regelungsinhalt der Norm

I. Gerichtsstand der Wohnungseigentümergemeinschaft (§ 43 Abs. 1 S. 1 WEG)

1. Gerichtsstand der belegenen Sache

1 Der Gesetzgeber hat die frühere, auf eine Zuständigkeit des Gerichts für Wohnungseigentumssachen beschränkte Regelung des § 43 WEG a.F. im neuen § 43 Abs. 1 WEG um eine Gerichtsstandsregelung der Wohnungseigentümergemeinschaft ergänzt. Nach seiner Auffassung war unklar, ob sich diese nach dem Ort der Verwaltung oder nach dem Ort richtet, an dem sich die Liegenschaft befindet (BT-Drs. 19/18791 S. 78). § 43 Abs. 1 WEG bestimmt nun das letztere, was wechselnde Gerichtsstände und die daraus resultierenden Unklarheiten vermeidet. Klagen gegen die Wohnungseigentümergemeinschaft können daher jetzt immer vor dem Gericht der belegenen Sache anhängig gemacht werden. § 43 Abs. 1 WEG erlaubt es ferner, auf die frühere Regelung des Gerichtsstandes für Mahnverfahren in § 43 Nr. 6 WEG a.F. zu verzichten. Denn die Zuständigkeit des Mahngerichtes richtet sich ohnehin gemäß § 689 Abs. 2 ZPO nach dem Gerichtsstand des Antragstellers, so dass sich in der Praxis keine Änderungen ergeben.

2. Kein ausschließlicher Gerichtsstand

2 Der Gerichtsstand des § 43 Abs. 1 S. 1 WEG für Klagen gegen die Wohnungseigentümergemeinschaft ist im Gegensatz zu § 43 Nr. 5 WEG a.F. nicht mehr ausschließlich. Damit kann der Kläger bei einer Mehrheit von Gerichtsständen wählen. Bedeutsam wird dies auch für Klagen der Wohnungseigentümergemeinschaft, da nunmehr Widerklagen an einem anderen Gericht möglich werden.

II. Gerichtsstand für Klagen wegen Verbindlichkeiten der Wohnungseigentümergemeinschaft (§ 43 Abs. 1 S. 2 WEG)

1. Motivation der gesetzgeberischen Bestimmung

3 § 43 Abs. 1 S. 2 WEG erstreckt den Gerichtsstand der belegenen Sache auch auf Klagen aus § 9a Abs. 4 S. 1 WEG, also auf die Inanspruchnahme der Wohnungseigentümer für Verbindlichkeiten ihres Verbandes. Nach dem Bekunden der Gesetzesmaterialien soll dies eine einheitliche Klage gegen sämtliche Wohnungseigentümer und die Wohnungseigentümergemeinschaft ermöglichen (BT-Drs. 19/18791 S. 79). Dies stellt aber nur um eine Motivation des Gesetzgebers dar, keine Voraussetzung für die Inanspruchnahme des Gerichtstandes nach § 43 Abs. 1 S. 2 WEG. Der Gläubiger der Wohnungseigentümergemeinschaft kann seine Klage auch dann vor dem Gericht der belegenen Sache erheben, wenn er neben der Wohnungseigentümergemeinschaft nur einzelne Wohnungseigentümer verklagt oder sich von vorneherein auf ein Vorgehen gegen einzelne Wohnungseigentümer beschränkt. Voraussetzung ist nur die Geltendmachung der Haftung aus § 9a Abs. 4 WEG.

2. Fakultativer Gerichtsstand

4 Auch der Gerichtstand des § 43 Abs. 1 S. 2 WEG ist im Gegensatz zu § 43 Nr. 5 WEG a.F. nicht zwingend (BT-Drs. 19/18791 S. 79). Der Kläger kann einen Wohnungseigentümer wegen Verbindlichkeiten seiner Gemeinschaft auch an dessen Wohnort oder vor einem anderen Gericht verklagen, das nach einer sonstigen Gerichtsstandsbestimmung zuständig ist.

3. Sachliche Zuständigkeit

Die Parallelisierung des örtlichen Gerichtsstandes für Klagen gegen Wohnungseigentümergemeinschaft und Wohnungseigentümer ist sicherlich gut gemeint, wird aber häufig zusätzliche Probleme bereiten, da es einer entsprechenden Regelung zur sachlichen Zuständigkeit fehlt. Übersteigt der Streitwert der Klage gegen die Wohnungseigentümergemeinschaft 5.000 €, ist nämlich mangels abweichender Regelung das Landgericht erstinstanzlich zuständig. Es wird also, da § 43 Abs. 1 WEG nur die örtliche Zuständigkeit regelt, zu unterschiedlichen sachlichen Zuständigkeiten mit unterschiedlichem Instanzenzug kommen. Da Wohnungseigentümer und Wohnungseigentümergemeinschaft wie Gesamtschuldner für deren Verbindlichkeiten haften und es sich somit nicht um verschiedene Streitgegenstände handelt, werden die Ansprüche nicht zusammengerechnet (Zöller/*Herget* § 3 Rn. 16 s.v. »Gesamtschuldner« u. Zöller/*Herget* § 5 Rn. 3). Vielmehr ist bei subjektiver Klagehäufung die Klage gegen Verband und einzelne Wohnungseigentümer nur äußerlich verbunden; die Zulässigkeitsvoraussetzungen müssen für jede Klage gesondert vorliegen (Zöller/*Althammer* §§ 59, 60 Rn. 9). Wird die Wohnungseigentümergemeinschaft wegen eines 5.000 € übersteigenden Streitgegenstandes in Anspruch genommen, ist für diese Klage das Landgericht zuständig. Unterschreitet die Haftung der einzelnen Wohnungseigentümer nach ihrem Miteigentumsanteil den für die Zuständigkeit des Landgerichts maßgeblichen Betrag, was häufig der Fall sein wird, ist die Klage gegen ihn gemäß § 23 Nr. 1 GVG vor dem Amtsgericht zu verhandeln. Denkbar erscheint allenfalls eine Bestimmung der Zuständigkeit nach § 36 ZPO. Es erscheint aber fraglich, ob diese Vorschrift der Regelfall für Klagen aus § 9a Abs. 4 S. 1 WEG werden soll. 5

4. Keine Anwendung auf die Inanspruchnahme von Wohnungseigentümern aus anderem Rechtsgrund

Die Zuständigkeit nach § 43 Abs. 1 S. 2 WEG stellt eine Spezialregelung dar, die einer Analogie nicht zugänglich ist. Der Gläubiger kann einen Wohnungseigentümer also anders als nach § 43 Nr. 5 WEG a.F. nicht wegen sonstiger Verbindlichkeiten im Gerichtsstand der belegenen Sache in Anspruch nehmen, selbst wenn sich der Anspruch auf Gemeinschafts- oder Sondereigentum bezieht. Selbst eine Haftung für Verbindlichkeiten der Wohnungseigentümergemeinschaft aus sonstigem Rechtsgrund (Bürgschaft, Schuldübernahme) eröffnet den Gerichtsstand des § 43 Abs. 1 S. 2 WEG nicht, da diese nur für die quotale Haftung nach § 9a Abs. 4 S. 1 WEG besteht. Eine einheitliche Klage wäre somit, wenn nicht zufällig ein gemeinsamer Gerichtstand für beide Ansprüche besteht, teilweise unzulässig. 6

III. § 43 Abs. 2 WEG als reine Regelung der örtlichen Zuständigkeit

Mit dem Wegfall der Worte »im Verfahren der freiwilligen Gerichtsbarkeit« regelte § 43 WEG schon in der Novelle 2007 nur noch das örtlich zuständige Gericht, das über die Streitigkeiten nach § 43 Nr. 1 bis 6 WEG zu entscheiden hat. Wie bisher ist dies das Gericht, in dessen Bezirk das Grundstück liegt. Dies gilt auch für einen **im Ausland lebenden Wohnungseigentümer** (*OLG Stuttgart* NJW-RR 2005, 814). Eine Ergänzung gegenüber dem früheren Gesetzestext war die Regelung der **Ausschließlichkeit dieser Zuständigkeit, die das WEMoG übernommen hat.** Nach wie vor können die Wohnungseigentümer also nicht die Zuständigkeit des näher gelegenen Amtsgericht eines Nachbarbezirks oder ansonsten die Zuständigkeit eines anderen Gerichtes vereinbaren. Eine abweichende Zuständigkeit können sie entgegen § 39 ZPO auch nicht durch rügeloses Verhandeln herbeiführen. Ob eine § 43 WEG unterfallende Streitigkeit vorliegt, hat das Gericht anhand des vom Kläger vorgetragenen Sachverhalts von Amts wegen zu ermitteln. 7

IV. Die Regelung der sachlichen Zuständigkeit

Im Gegensatz zur Vorgängernorm bestimmte schon § 43 WEG in der Fassung der Reform des Jahres 2007 nicht mehr die erstinstanzliche Zuständigkeit des Amtsgerichts. Die **sachliche Zuständigkeit** ist nunmehr in § 23 Nr. 2c GVG geregelt. Demnach ist sachlich für die Verfahren nach § 43 Abs. 2 WEG unabhängig vom Streitwert stets das Amtsgericht **Eingangsinstanz.** Darüber hinaus 8 kodifiziert § 23 Nr. 2c GVG die bereits für das alte Recht geltende **Ausschließlichkeit dieser Zuständigkeit**. Auch hier bleibt es wie nach altem Recht dabei, dass die Wohnungseigentümer die Zuständigkeit des Landgerichts bei höheren Streitwerten weder vereinbaren noch durch rügelose Verhandlung begründen können. Ebenso wenig kann die Zuständigkeit nach § 43 WEG etwa von Bruchteilseigentümern rechtsgeschäftlich vereinbart werden (*OLG Celle* ZMR 2003, 222 f.; *LG Aachen* ZMR 2011, 819 f.; einschränkend für die Bruchteilsgemeinschaft vor Entstehen der werdenden Eigentümergemeinschaft *BayObLG* ZMR 2002, 610; vgl. *OLG Köln* ZMR 2000, 561 ff., wo rügelos verhandelt wurde). Die Zuständigkeit des Gerichtes für Wohnungseigentumssachen ist aber nicht mehr eine Frage des Rechtswegs, sondern nur noch der sachlichen Zuständigkeit (*OLG München* ZMR 2008, 735). Das Gericht für Wohnungseigentumssachen ist anders als das Familiengericht auch kein eigener Spruchkörper, weshalb seine Bestimmung auch nicht im Zuständigkeitsstreit nach § 36 Abs. 1 ZPO erfolgen kann (*OLG München* ZMR 2008, 819). Deshalb können Wohnungseigentümer und Mieter in einem Verfahren verklagt bzw. die **Verfahren nach § 147 ZPO verbunden** werden (*OLG München* ZMR 2008, 819). Dass in der Konsequenz unterschiedliche Landgerichte als Berufungsgerichte zuständig sein können, steht dem nicht entgegen (*OLG München* ZMR 2008, 819). Die Frage, ob eine Streitigkeit nach § 43 WEG oder eine allgemeine Zivilsache vorliegt, ist nach der Rechtsnatur des in der Klageschrift behaupteten Anspruchs zu entscheiden (*OLG Köln* ZMR 2011, 226).

V. Schiedsverfahren

1. Obligatorische Streitschlichtung

9 Sofern der Landesgesetzgeber von der Ermächtigung des § 15a EGZPO Gebrauch gemacht hat, kommt die obligatorische Streitschlichtung nunmehr auch in Verfahren nach § 43 WEG als **Zulässigkeitsvoraussetzung einer Klage** in Betracht, da es sich um Zivilprozesse handelt (Jennißen/*Suilmann* § 43 Rn. 10). Man kann dem allerdings bei Zahlungsansprüchen stets durch ein Mahnverfahren nach § 15a Abs. 2 Nr. 5 EGZPO entgehen. Legt man die Rechtsprechung zu § 1004 BGB, §§ 15 Abs. 3, 14 Nr. 1 WEG a.F. zugrunde, wonach §§ 906 ff. BGB zwischen den Wohnungseigentümern keine Anwendung findet (vgl. § 14 Rdn. 9), so unterfallen Streitigkeiten zwischen den Wohnungseigentümern um nachbarschaftliche Rechte nicht § 15a Abs. 1 Nr. 2 EGZPO (*LG Frankfurt/M.* ZMR 2018, 617, 618; a.A. *LG Dortmund* ZMR 2018, 247 f.; *LG Saarbrücken*, Urt. v. 15.05.2020 – 5 S 24/19; IMR 2020, 435). Es handelt sich eben nicht um verschiedene Grundstücke (*LG Frankfurt/M.* ZMR 2018, 619). Soweit die Ähnlichkeit der Interessen von Nachbarn und Wohnungseigentümern betont wird, verkennen die Vertreter einer Anwendbarkeit der Vorschriften zum obligatorischen Schiedsverfahren, dass dieses als Zwei-Parteien-Modell die Komplexität der Beziehungen unter den Wohnungseigentümern – man betrachte nur die Möglichkeit der Nebenintervention (§ 44 Abs. 4 WEG) – gerade nicht erfassen kann (*LG Frankfurt/M.* ZMR 2018, 619, 621). Eine analoge Anwendung der landesrechtlichen Regelungen zum obligatorischen Schiedsverfahren ist auch im Hinblick auf den Ausnahmecharakter dieser Vorschriften und den Justizgewährungsanspruch der Bürger bedenklich (*LG Frankfurt/M.* ZMR 2018, 619, 620). Zudem existiert mit der Eigentümerversammlung ein spezialgesetzlich vorgesehenes Schlichtungsorgan.

2. Vorschaltverfahren und verdrängende Schlichtung

10 Auch nach der Überführung der Wohnungseigentumssachen in den Zivilprozess kann insoweit von den zwingenden Zuständigkeitsregelungen in § 43 WEG, § 23 Nr. 2c GVG abgewichen werden, als durch Teilungserklärung oder Vereinbarung ein Vor- oder Schiedsverfahren vorgesehen sein kann (*LG München I* ZMR 2011, 166). Dabei sind zwei unterschiedlich weitreichende Konstellationen möglich. Zum einen kann vereinbart sein, dass das Gericht für Wohnungseigentumssachen erst nach Befassung des Verwaltungsbeirats (vgl. *KG* NJW-RR 1994, 401; 1996, 910), der Wohnungseigentümerversammlung (*BayObLG* NJW-RR 1991, 850) oder nach einem Schiedsverfahren als **Vorschaltverfahren** (*BayObLG* NJW-RR 1990, 1106) angerufen werden kann. Das in der Gemeinschaftsordnung vorgesehene Schlichtungsverfahren ist allerdings wegen § 45 Satz 1 WEG in

Beschlussanfechtungsverfahren nicht durchzuführen, da ansonsten die ohnehin schon knappe Anfechtungsfrist nochmals verkürzt würde (*AG Merseburg* ZMR 2008, 748; a.A. nur für die Sicherung einer Konzentration aller Anfechtungsverfahren auf ein Gericht *LG München I* ZMR 2011, 166 f.). Wird trotz Vereinbarung eines Vorschaltverfahrens sofort ein staatliches Gericht angerufen, ist der Antrag **unzulässig** (*BayObLG* NJW-RR 1991, 850; *KG* NJW-RR 1996, 910). Er kann aber durch Nachholung des Schiedsverfahrens noch vor der Entscheidung der letzten Tatsacheninstanz zulässig werden. Zum anderen kann das Schiedsverfahren auch gänzlich **an die Stelle des Verfahrens vor den staatlichen Gerichten** treten. Dann muss aber in Beschlussanfechtungsverfahren für eine einheitliche Entscheidung über eine Mehrzahl von Beschlussanfechtungen gesorgt sein (*AG München* ZMR 2010, 649). Soll das Schiedsverfahren an die Stelle des Gerichtsverfahrens treten, ist ein gleichwohl bei einem staatlichen Gericht gestellter Antrag **unheilbar unzulässig**.

3. Sachnähe anderer Fachgerichte

Besondere Abgrenzungsschwierigkeiten ergeben sich, wenn die Wohnungseigentümer familiär ver- 11
bunden sind. Für die Abgrenzung von Wohnungseigentumssachen nach § 43 Abs. 2 WEG und Familiensachen nach § 266 Abs. 1 Nr. 3 FamFG ist die Sachnähe des Familiengerichtes zum Verfahrensgegenstand maßgeblich, wobei dieser Zusammenhang großzügig zu beurteilen ist. Für eine Zuständigkeit nach § 43 Abs. 2 WEG nicht ausreichend ist es, dass sich die Eheleute auch als Wohnungseigentümer gegenüberstehen. Hinzutreten muss der Umstand, dass das Verfahren spezielle Kenntnisse des Wohnungseigentumsrechts verlangt. Dies ist bei einem typischen familienrechtlichen Anspruch wie dem Ausgleich unbenannter ehebezogener Zuwendungen nicht der Fall (*BGH* ZMR 2016, 82 = MDR 2015, 1382). Dasselbe gilt für Herausgabeansprüche aus § 985 BGB wegen ehebedingt zur Nutzung überlassener Räumlichkeiten (*OLG Köln* ZMR 2016, 249 f.) und auch für Gewaltschutzsachen zwischen Wohnungseigentümern (*AG Idstein* ZMR 2016, 813). Für ihrem Kern nach wohnungseigentumsrechtliche Streitigkeiten – etwa über Vorschüsse gemäß § 28 Abs. 2 WEG oder die Entziehung von Wohnungseigentum – bleibt das Gericht für Wohnungseigentumssachen dagegen auch dann nach § 43 Abs. 2 Nr. 2 WEG zuständig, wenn beide Wohnungseigentümer Eheleute sind.

4. Nicht gemeinschaftsbezogene Rechte und Pflichten

Nicht den Zuständigkeitsregeln des § 43 Abs. 2 WEG unterworfen sind Streitigkeiten, in denen 12
sich Verband und einzelne Wohnungseigentümer **wie Dritte gegenüberstehen**, etwa bei der Vermietung gemeinschaftlichen Eigentums. Dann beruht der geltend gemachte Anspruch nicht auf dem Gemeinschaftsverhältnis, sondern auf einer schuldrechtlichen Vereinbarung, unterfällt also nicht § 43 Abs. 2 WEG. Gleiches gilt für Streitigkeiten von Wohnungseigentümern untereinander aus nicht gemeinschaftlichem Rechtsgrund, selbst wenn sie eine Veränderung im gemeinschaftlichen Bereich bezwecken (so zu einer Klage auf Abänderung der Gemeinschaftsordnung aus Regelungen im Erwerbsvertrag *BGH*, Beschl. v. 24.09.2020 – V ZB 90/19; ZMR 2021, 131 = ZWE 2021, 53).

5. Gemischte Verfahren

Werden mehrere Streitgegenstände, von denen einer möglicherweise keine Wohnungseigentums- 13
sache nach § 43 WEG darstellt, erstinstanzlich in einem Prozess verhandelt und entschieden, so richtet sich die Zuständigkeit des Berufungsgerichts einheitlich nach § 72 Abs. 2 GVG. Dies gilt sowohl bei subjektiver als auch bei objektiver Klagehäufung. Ansonsten käme es zu einer unerwünschten Aufspaltung des Prozesses in der Berufungsinstanz (*BGH*, Urt. v. 21.02.2020 – V ZR 17/19, NJW 2020, 1525).

B. Die Zuständigkeiten nach § 43 Abs. 2 WEG im Einzelnen

I. Die Bedeutung der Streitigkeiten nach § 43 Abs. 2 Nr. 1 WEG nach neuem Recht

1. Die Ausgliederung der Streitigkeiten um Rechte des Verbandes

14 § 43 Abs. 2 Nr. 1 WEG erfasst wie schon die Vorgängernormen Streitigkeiten der Wohnungseigentümer untereinander. Trotz ähnlichen Wortlauts kommt der Vorschrift aber eine gänzlich andere Bedeutung zu als vor der Anerkennung der Teilrechtsfähigkeit der Wohnungseigentümergemeinschaft. Denn zahlreiche Verfahren wie Beitreibungsverfahren, die früher als Streitigkeiten der Wohnungseigentümer untereinander nach § 43 Abs. 1 Nr. 1 WEG a.F. angesehen wurden, betreffen nunmehr den Verband. Sie werden jetzt von der neuen Regelung des § 43 Abs. 2 Nr. 2 WEG erfasst. Nach dem WEMoG ist darüber hinaus zu beachten, dass Rechte die das Gemeinschaftseigentum betreffen, nunmehr gemäß §§ 9a Abs. 2, 18 Abs. 1 WEG ausschließlich in die Ausübungsbefugnis des Verbandes fallen. Früher im Verfahren nach § 43 Nr. 1 WEG a.F. geltend zu machende Unterlassungs- und Beseitigungsansprüche sind daher jetzt ebenfalls Gegenstand der Verfahren nach § 43 Abs. 2 Nr. 2 WEG.

2. Individualansprüche der Wohnungseigentümer

15 In jedem Fall erfasst § 43 Abs. 2 Nr. 1 WEG Streitigkeiten zwischen einzelnen Wohnungseigentümern um Individualrechte, wobei diese wegen der ausschließlichen Ausübungsbefugnis der Wohnungseigentümergemeinschaft gemäß §§ 9a Abs. 2, 18 Abs. 1 WEG nun nicht mehr aus dem Gemeinschaftseigentum resultieren können. Ansonsten bleibt es bei der weiten Auslegung von persönlichem und sachlichem Anwendungsbereich der Norm (BT-Drs. 16/3843, S. 55), da insoweit auch nach dem WEMoG keine Änderungsabsichten des Gesetzgebers erkennbar sind. Insoweit bleibt die Judikatur zum früheren Recht maßgeblich. Insbesondere bedarf es zur Geltendmachung von Individualansprüchen nach wie vor nicht der Ermächtigung durch die Eigentümerversammlung (*OLG Frankfurt am Main* ZMR 2009, 861).

3. Persönliche Voraussetzungen der Zuständigkeit nach § 43 Abs. 2 Nr. 1 WEG

16 Der Zuständigkeit nach § 43 Abs. 2 Nr. 1 WEG unterfallen folglich nur noch Streitigkeiten der Wohnungseigentümer über ihre Rechte und Pflichten aus dem Gebrauch von Sondereigentum und Sondernutzungsrechten. Insoweit ist die Zuständigkeit des Gerichtes für Wohnungseigentumssachen auch nach dem WEMoG weit **auszulegen** (*BGH* ZMR 2009, 544; ZMR 2017, 254). Auch Streitigkeiten mit **ausgeschiedenen Wohnungseigentümern** sind grundsätzlich vor dem nach § 43 Abs. 2 Nr. 1 WEG zuständigen Gericht auszutragen (*BGH* ZMR 2002, 941 ff.; *KG* NJW-RR 1988, 842 ff.; *BayObLG* NJW-RR 1994, 856). Veräußert etwa ein Wohnungseigentümer seine durch eine Leckage beschädigte Wohnung, bleibt seine Klage auf Schadensersatz gegen den Eigentümer der schadensstiftenden Wohnung eine Wohnungseigentumssache nach § 43 Abs. 2 Nr. 1 WEG. Denn das angenommene Recht, der Schadensersatzanspruch, steht in einem inneren Verhältnis zu einer Angelegenheit, die aus dem Gemeinschaftsverhältnis der Wohnungseigentümer erwachsen ist (*BGH*, Versäumnisurteil v. 13.12.2019 – V ZR 313/16, WuM 2020, 180 = GE 2020, 410). Gleiches gilt schon wegen § 8 Abs. 3 WEG für Erwerber vom teilenden Eigentümer, die Besitz und eine durch Auflassungsvormerkung gesicherte Rechtsstellung erlangt haben, nicht aber für **Zweiterwerber** nach Begründung von Wohnungseigentum (*KG* NJW-RR 1986, 444 f.; 1987, 841 f.). Demzufolge bedarf es auch nach dem Ausscheiden mehrerer Wohnungseigentümer aus der Eigentümergemeinschaft nicht der Bestimmung des Gerichtsstandes nach § 36 Abs. 1 Nr. 3 ZPO, wenn sie gemeinsam in einem Verfahren Anspruchsgegner sind (*OLG Stuttgart* ZMR 2000, 336). Die **Abtretung** von Ansprüchen etwa an einen Mieter, ändert an der Zuständigkeit nichts (*KG* MDR 1984, 584). Entsprechendes gilt für den **Testamentsvollstrecker** über den Nachlass eines verstorbenen Wohnungseigentümers (*OLG Hamburg* ZMR 2003, 134) oder nach der Insolvenz eines Wohnungseigentümers für den **Insolvenzverwalter** (*BGH* ZMR 2002, 941 f.; *KG* NJW-RR 1987, 77 f. auch zu den Grenzen der Prozessführungsbefugnis). Ähnliches gilt für den Zwangsverwalter (*KG* ZMR 2006, 221).

Ansprüche gegen sonstige dinglich Berechtigte wie Nießbraucher unterfallen dagegen nicht der Zuständigkeit nach § 43 Abs. 2 Nr. 1 WEG (*BGH* ZMR 2015, 950 f.). Durch die Vorverlagerung des Entstehens von Wohnungseigentümergemeinschaft und der Zugehörigkeit zu ihr in §§ 9a Abs. 1 S. 2, 8 Abs. 3 WEG erübrigen sich allerdings die früheren Besonderheiten für Streitigkeiten innerhalb der **werdenden Wohnungseigentümergemeinschaft.**

4. Sachliche Voraussetzungen der Zuständigkeit nach § 43 Abs. 2 Nr. 1 WEG

a) Eingliederung von Streitigkeiten um sachenrechtliche Vorfragen

17 Mit dem Wegfall des Passus in § 43 Nr. 1 WEG a.F., wonach es sich um Rechte »aus der Gemeinschaft der Wohnungseigentümer und aus der Verwaltung des gemeinschaftlichen Eigentums« handeln musste, wollte der Gesetzgeber die Zuständigkeit der Gerichte für Wohnungseigentumssachen erweitern. Denn nach herkömmlicher Auffassung betraf der Streit um sachenrechtliche Vorfragen, etwa über Umfang und Gegenstand von Sonder- und Miteigentum nicht Rechte aus der Verwaltung des gemeinschaftlichen Eigentums, sondern sachenrechtliche Vorfragen (BGHZ 130, 164 f.; *BGH* ZMR 2015, 231, 232; ZMR 2015, 867; *OLG Düsseldorf* ZMR 2009, 54; *KG* ZMR 2010, 705; *OLG Köln* ZMR 2011, 226; *OLG Frankfurt/M.* ZMR 2012, 30), weshalb man diese Streitigkeiten nicht § 43 Nr. 1 WEG a.F. zuordnete. Mit Wegfall der Einschränkung auf Streitigkeiten aus der Gemeinschaft der Wohnungseigentümer und aus der Verwaltung des gemeinschaftlichen Eigentums sollen nunmehr auch diese Streitigkeiten der Zuständigkeit nach § 43 Abs. 2 Nr. 1 WEG unterfallen (BT-Drs. 19/18791 S. 79). Diese Umorientierung ist im Hinblick auf die auch hier maßgeblichen wohnungseigentumsrechtlichen Fragen sicher zu begrüßen, zumal bisweilen sogar streitig war, wann eine Auseinandersetzung um das sachenrechtliche Grundverhältnis überhaupt vorlag (vgl. *LG Frankfurt/M.* v. 15.11.2019 – 2–13 S 72/19; WuM 2020, 53 zum Streit über die Abgrenzung von Sondernutzungsrechten). Bereits bisher unterfielen – infolge seines vorrangig schuldrechtlichen Charakters – Streitigkeiten wegen eines Sondernutzungsrechtes § 43 Nr. 1 WEG a.F. (BGHZ 109, 398 f.; *BGH* ZMR 2010, 971 f.; Jennißen/*Suilmann* § 43 Rn. 15; a.A. noch *OLG Stuttgart* NJW-RR 1986, 318; *LG Frankfurt/M.*, Beschl. v. 15.11.2019 – 2–13 S 72/19; WuM 2020, 53; zur möglichen Passivlegitimation des teilrechtsfähigen Verbandes s. *LG Nürnberg-Fürth* ZMR 2009, 951 f.). Dabei bleibt es natürlich auch nach der Erweiterung der Zuständigkeiten nach § 43 Abs. 2 Nr. 1 WEG.

b) Rechte und Pflichten der Wohnungseigentümer

18 Die Streichung des Passus »aus der Gemeinschaft der Wohnungseigentümer und aus der Verwaltung des gemeinschaftlichen Eigentums« ist freilich noch aus einem anderen, vom Gesetzgeber nicht erwähnten Grund folgerichtig. Denn die Ausübungsbefugnis wegen Streitigkeiten um das Gemeinschaftseigentum sind nunmehr nach §§ 9a Abs. 2, 18 Abs. 1 WEG der Wohnungseigentümergemeinschaft zugewiesen. Der einzelne Wohnungseigentümer kann diesbezügliche Rechte kraft Gesetzes nicht mehr wahrnehmen. In der Sache muss es sich folglich um einen Streit über Rechte und Pflichten aus dem Bereich von Sondereigentum oder Sondernutzungsrechten handeln, die der einzelne Wohnungseigentümer nach wie vor alleine ausfechten kann. In diesem Rahmen handelt es sich bei § 43 Abs. 2 Nr. 1 WEG allerdings nach wie vor um eine weit auszulegende Zuweisung. Sie soll sämtliche Streitigkeiten erfassen, die das Gemeinschaftsverhältnis betreffen, **unabhängig von der Anspruchsgrundlage.** Ob der geltend gemachte Anspruch demnach auf spezifisch wohnungseigentumsrechtliche Anspruchsgrundlagen wie etwa §§ 14 Abs. 2, 15 WEG oder auf Vertrag oder Delikt gestützt wird, ist demzufolge unerheblich (*BGH* NJW-RR 1991, 907 f.; BGHZ 130, 165; *BGH* ZMR 2015, 232; ZMR 2017, 254 f.; *OLG Köln* NJW-RR 1995, 910 f. = ZMR 1995, 269; *BayObLG* ZMR 2002, 213; *OLG München* ZMR 2005, 979). Entscheidend ist alleine, ob die streitgegenständlichen Rechte und Pflichten in einem **inneren Zusammenhang zum besonderen Rechtsverhältnis** der Wohnungseigentümer stehen (*OLG Hamburg* ZMR 1996, 615; *BayObLG* ZMR 2003, 589). Auszugehen ist insoweit vom Vortrag des Klägers, aus dem sich die behauptete Zuständigkeit schlüssig ergeben muss (*BayObLG* NJW-RR 1991, 1357; ZMR 2003, 589 u. 854; *Hügel/Elzer*

§ 13 Rn. 37). Dies ist nur bei gemeinschaftsbezogenen Streitigkeiten einschließlich des Entziehungsverfahrens (hierzu *BGH* ZMR 2015, 231 f.; ZMR 2017, 171, 172) stets der Fall, hingegen nicht bei sonstigen **schuldrechtlichen Vereinbarungen** zwischen einzelnen Wohnungseigentümern (*BGH* NJW-RR 1986, 1335; *BayObLG* NJW-RR 1999, 11 = ZMR 1998, 503 für die Tätigkeit eines Miteigentümers als Verfahrensbevollmächtigter). Bei einer objektiven Klagehäufung soll es genügen, wenn einer der geltend gemachten Ansprüche § 43 Abs. 2 Nr. 1 WEG unterfällt (*LG Kleve* ZMR 2018, 630 f.). Nicht der Zuständigkeit nach § 43 Abs. 2 Nr. 1 WEG unterfallen auch nach der sachenrechtlichen Erweiterung der Zuständigkeit nach dieser Norm **Ansprüche auf Einräumung bzw. Aufhebung dinglicher Rechte** aus schuldrechtlichen Vereinbarungen (*OLG Zweibrücken* ZMR 2002, 471). Hierüber haben, sofern es sich nicht um ein Grundbuchverfahren handelt, die ordentlichen Gerichte zu entscheiden (BGHZ 73, 304; 130, 164 f.; *OLG Karlsruhe* OLGZ 1976, 13 f.). Dies gilt wiederum nicht, wenn die sachenrechtliche Zuordnung **nur Vorfrage** eines Streites unter Wohnungseigentümern ist (*OLG Stuttgart* NJW-RR 1986, 318; *OLG Düsseldorf* NJW-RR 1995, 207; *OLG Karlsruhe* OLGZ 1976, 14).

c) Streitigkeiten um das Gemeinschaftsvermögen

19 Die gegenüber der Vorgängernorm verkürzte Fassung des § 43 Abs. 2 Nr. 1 WEG erweist sich auch insoweit als glücklich, als die bisherige Beschränkung auf das gemeinschaftliche Eigentum schon nach altem Recht zu eng war. Denn ähnliche Streitigkeiten konnten auch über die Nutzung des Gemeinschaftsvermögens entbrennen, etwa wegen eines von der Wohnungseigentümergemeinschaft erworbenen Grundstücks zwecks Erweiterung des knappen Parkraums. Mit der Anwendbarkeit der Regelungen zum Gemeinschaftseigentums auf die Verwaltung des Gemeinschaftsvermögens, ist es nur folgerichtig, auch Streitigkeiten aus beiden Bereichen demselben Regime zu unterwerfen. Dies gewährleistet die Neufassung von § 43 Abs. 2 Nr. 1 WEG.

5. Einzelfälle von Streitigkeiten nach § 43 Abs. 2 Nr. 1 WEG

20 Der Zuständigkeit nach § 43 Abs. 2 Nr. 1 WEG unterfallen demzufolge nach der Rechtsprechung der Streit um

- einen Anspruch auf **Änderung der dinglichen Rechtslage**, etwa des Umfangs eines Sondernutzungsrechtes aus dem Gemeinschaftsverhältnis (*BayObLG* ZMR 1998, 583; *OLG München* ZMR 2006, 157; *KG* ZMR 2007, 554)
- die Zulässigkeit **baulicher Veränderungen** (BayObLGZ 1975, 179 f.), allerdings nur dann, wenn Sondereigentum oder Sondernutzungsrechte betroffen sind
- Schadensersatz vom **Bauträger**, der Miteigentümer ist, aufgrund der Mehrkosten, die aus der Nichterrichtung weiterer Gebäude der Liegenschaft resultieren (*BayObLG* NJW-RR 2002, 882)
- Rechte der Eigentümer einer Einheit, auf der ein **Duplexparker** errichtet ist (*BGH* ZMR 2015, 232)
- Bei Fragen des **Ehrschutzes**, also bei Klagen auf Unterlassung oder Schadensersatz wegen ehrverletzender Äußerungen soll nach Auffassung des *BGH* (Urt. v. 22.09.2023-V ZR 254/22, ZMR 2024, 45=ZWE 2024, 94) der Ort entscheidend sein, an dem sie fiel. Grundsätzlich soll es sich um eine allgemeine Zivilsache handeln, selbst wenn sich der Streit an einer Frage entzündet, die die Gemeinschaft betrifft. Denn dies ist nur Anlass für die Äußerung, weshalb für den Rechtsschutz hiergegen das allgemeine Zivilgericht, nicht das Gericht für Wohnungseigentumssachen zuständig ist. Eine Ausnahme hiervon ist nur dann gegeben, wenn die beanstandete Äußerung in einer Wohnungseigentümerversammlung oder Beiratssitzung gefallen ist. Denn dann gewinnt der Streit eine wohnungseigentumsrechtliche Komponente, da es sich bei diesen Gremien um Organe der Wohnungseigentümergemeinschaft handelt. In der Folge können Äußerungen dort zur Willensbildung beitragen. Von der deswegen eröffneten Zuständigkeit der Gerichte für Wohnungseigentumssachen ist auch dann keine Rückausnahme zuzulassen, wenn die angegriffene Äußerung keinen wohnungseigentumsrechtlichen Bezug hat. Dies verbietet der Grundsatz der Klarheit der Rechtsschutzmöglichkeiten gerade im Hinblick auf die Rechtsmittelinstanz. Dies führt zu paradoxen Ergebnissen. Denn danach sind etwa abfällige Äußerungen über die beruf-

liche Tätigkeit eines Miteigentümers als Steuerberater, Architekt, Handwerker etc. Wohnungseigentumssachen, wenn sie in einer Wohnungseigentümerversammlung oder in einer Beiratssitzung gefallen sind. Umgekehrt handelt es sich um eine allgemeine Zivilsache, wenn etwa ein Wohnungseigentümer in einem Rundbrief an alle Miteigentümer einen von ihnen als Wohngeldschmarotzer und Verunstalter von Gemeinschaftseigentum beschimpft. Obwohl es sich dabei um eine evident gemeinschaftsbezogene, nur innerhalb der Miteigentümergemeinschaft verbreitete Äußerung handelt, soll sie nur deswegen nicht vor dem weit sachnäheren Gericht für Wohnungseigentumssachen zu verhandeln sein, weil sie nicht in einer Wohnungseigentümerversammlung oder in einer Beiratssitzung gefallen ist. Es erscheint sachgerechter, Ansprüche wegen **ehrverletzender Äußerungen** gegen Miteigentümer mit der früheren Rechtsprechung dann als Wohnungseigentumssachen anzusehen, wenn ein Zusammenhang mit dem Gemeinschaftsverhältnisbesteht (*BGH* ZMR 2017, 254 f.; *OLG Frankfurt* NJW-RR 2007, 162 ff.))
- Inhalt und Wirksamkeit von **Gebrauchsregelungen** (BayObLGZ 1970, 266 f.), wiederum nur dann, wenn Sondereigentum oder Sondernutzungsrechte betroffen sind
- Schadensersatzansprüche gegen den **Insolvenzverwalter** aus § 61 InsO (*OLG Düsseldorf* ZMR 2007, 206)
- die Einhaltung von **Konkurrenzschutzvereinbarungen**, die als Inhalt des Sondereigentums in das Grundbuch eingetragen sind (*BayObLG* WE 1997, 477), nicht aber bei schuldrechtlichen Vereinbarungen zwischen zwei Miteigentümern (*BGH* NJW-RR 1986, 1335)
- **Schadensersatz** wegen unerlaubter Handlung zwischen zwei Miteigentümern im Zusammenhang mit dem Gemeinschaftsverhältnis unabhängig von der Anspruchsgrundlage (*BGH* NJW-RR 1991, 907 f.)
- die Zugehörigkeit bestimmter Räume zum **Sondereigentum** eines Miteigentümers (entgegen früherem Recht, s. etwa BGHZ 130, 164 f.; *BayObLG* NJW-RR 1991, 1357; 1996, 913; ZMR 1998, 583; *OLG Düsseldorf* ZMR 2009, 54)
- Rechte und Pflichten, die aus einem **Sondernutzungsrecht** herrühren (BGHZ 109, 398 f.; *BGH* ZMR 2017, 903; *OLG Hamm* NJW-RR 1993, 1296)
- die Frage, wem ein **Sondernutzungsrecht** zusteht (a.A. noch *OLG Saarbrücken* NJW-RR 1998, 1165 = ZMR 1998, 594; *OLG Zweibrücken* ZMR 2002, 471)
- die Änderung der Raumgrenzen nach der **Teilungserklärung** (*OLG Düsseldorf* MDR 1988, 410) oder den Anspruch auf Umwandlung von Gemeinschafts- in Sondereigentum (*OLG Schleswig* ZMR 2006, 74)
- einen Anspruch aus **verdinglichten Vereinbarungen**, etwa um den Umfang eines Sondernutzungsrechtes aus dem Gemeinschaftsverhältnis (*BayObLG* ZMR 1998, 583; *OLG München* ZMR 2006, 157; *KG* ZMR 2007, 554)
- Rechte und Pflichten des **Verwaltungsbeirats** (BayObLGZ 1972, 163; zur Zuständigkeit nach § 43 Abs. 2 Nr. 1 WEG bei Verwaltungsbeiratsmitgliedern, die nicht Wohnungseigentümer sind, vgl. o. § 29 Rdn. 62)
- die Zustimmung zur **Veräußerung** nach § 12 WEG (BayObLGZ 1972, 350 f.; 1977, 40 ff.).

6. Einzelfälle von Streitigkeiten, die nicht § 43 Abs. 2 Nr. 1 WEG unterfallen

Nicht der Zuständigkeit nach § 43 Nr. 1 WEG unterliegen hingegen nach der Rechtsprechung der 21
Streit um
- Ansprüche nach **Aufhebung** der Gemeinschaft (*BayObLG* WE 1999, 197)
- Rechte und Pflichten von Teilhabern einer **Bruchteilsgemeinschaft** an einem Teil- oder Wohnungseigentum (*KG* NJW-RR 1986, 1274; *BayObLG* NJW-RR 1995, 589); entsprechendes gilt für Streitigkeiten innerhalb einer **Gemeinschaft von Sondernutzungsberechtigten**, da auch hier nicht um Rechte aus der Gemeinschaft der Wohnungseigentümer, sondern um Rechte aus der Bruchteilsgemeinschaft gestritten wird. Anderes soll allerdings nach Auffassung des *BGH* für die Eigentümer einer Einheit gelten, auf der ein Mehrfachparker errichtet ist (*BGH* ZMR 2015, 232)

– Ansprüche der Wohnungseigentümer gegen **Dritte** oder umgekehrt Dritter gegen die Wohnungseigentümergemeinschaft (*BayObLG* WuM 1991, 450), auch wenn sie der Gemeinschaft abgetreten wurden (*OLG München* ZMR 2005, 979) Rechte und Pflichten aus der Zeit vor **Entstehen der Wohnungseigentümergemeinschaft** (*BayObLG* NJW-RR 1991, 1358)
– die **Herausgabe** von Sondereigentum (BGHZ 130, 164 ff.)
– Pflichten aus **schuldrechtlichen Vereinbarungen** zwischen den Wohnungseigentümern (*BGH* NJW-RR 1986, 1335; *BayObLG* NJW-RR 1999, 12 = ZMR 1998, 503)
– Ansprüche wegen *der* **Veräußerung** von Wohnungseigentum (BGHZ 62, 389 f.; *BayObLG* NJW-RR 1994, 1429)
– *Ansprüche* aus schuldrechtlichen Beziehungen wie *der* **Vermietung** gemeinschaftlichen Eigentums oder der Rechtsberatung, auch wenn die Verträge zwischen Miteigentümern geschlossen wurden, da sich diese hierbei wie Dritte gegenüberstehen (*BayObLG* WuM 1996, 359; NZM 1998, 516) mit einer anderen **Wohnungseigentümergemeinschaft** um die Nutzung eines gemeinsamen Treppenhauses (*OLG Hamm* ZMR 2006, 879; ähnlich *LG Karlsruhe*, Beschl. v. 18.05.2022 – 11 S 179/20, IMR 2022, 337).

7. Die Prozessführungsbefugnis

22 Die Geltendmachung eines Anspruchs im Verfahren nach § 43 Abs. 2 Nr. 1 WEG setzt voraus, dass der Wohnungseigentümer im konkreten Fall prozessführungsbefugt ist. So kann ein einzelner Wohnungseigentümer Ansprüche gegen einen Miteigentümer ohne Ermächtigung durch die Eigentümergemeinschaft nur dann geltend machen, wenn sie ihm als Individualansprüche alleine zustehen. Dies ist etwa bei der **Beeinträchtigung des Sondereigentums** (vgl. § 13 Rdn. 11 ff.) oder eines **Sondernutzungsrechtes** (vgl. § 16 Rdn. 117) der Fall. Für Unterlassungsansprüche wegen der **Beeinträchtigung des Gemeinschaftseigentums** hat das WEMoG die gesetzliche Ausübungsbefugnis des einzelnen Wohnungseigentümers ersatzlos gestrichen. Derartige Ansprüche kann künftig nur noch die Eigentümergemeinschaft geltend machen. Dasselbe gilt für den Anspruch auf **Unterlassung unzulässiger Nutzungen** (vgl. § 14 Rdn. 3). Ebenso fällt etwa die Geltendmachung von **Schadensersatzansprüchen** in die Verwaltungsbefugnis der Eigentümergemeinschaft, weshalb sie ein einzelner Miteigentümer nur nach entsprechender Ermächtigung im Verfahren nach § 43 Abs. 2 Nr. 1 WEG durchsetzen kann (vgl. § 16 Rdn. 32). Dasselbe gilt für die Beitreibung von Ansprüchen der Gemeinschaft gegen einzelne Miteigentümer wegen der **Beteiligung an den Lasten** und Kosten des Gemeinschaftseigentums (*BGH* NJW 1990, 2386; *OLG Köln* NJW-RR 2001, 159). Fehlt die Klagebefugnis, so ist die Klage als unzulässig zu verwerfen (*KG* ZMR 1997, 544).

II. Streitigkeiten nach § 43 Abs. 2 Nr. 2 WEG

1. Eigene Rechte und Ausübungsbefugnis des Verbandes

23 § 43 Nr. 2 WEG trägt der vom Gesetzgeber anerkannten Rechtsfähigkeit des Verbandes Rechnung. Danach ist auch für Streitigkeiten mit dem Verband das Amtsgericht der belegenen Sache zuständig. Der weitere Instanzenzug entspricht den sonstigen Wohnungseigentumssachen. Die Zuständigkeit erfasst sowohl die Streitigkeiten, in denen der **Verband Träger eigener Rechte** ist, als auch diejenigen in denen er kraft Gesetzes ausübungsbefugt ist. Die Zuständigkeit nach § 43 Abs. 2 Nr. 2 WEG besteht sowohl für Aktivverfahren des Verbandes (etwa Beitreibungssachen) als auch für Passivprozesse (etwa für die Klage auf Auszahlung von Guthaben aus der Jahresabrechnung). –Zu den Streitigkeiten gemäß § 43 Abs. 2 Nr. 2 WEG gehört auch die **Entziehung** von Wohnungseigentum nach § 17 WEG (*BGH* ZMR 2015, 231 f.; *Hügel/Elzer* § 13 Rn. 41) einschließlich des Streits um eine Abmahnung vor der Einleitung eines Verfahrens zur Entziehung des Wohnungseigentums nach § 17 WEG, da der Verband jetzt Inhaber der diesbezüglichen Rechte ist. Soweit der Beschluss über die Entziehung angefochten wird, kann allerdings nur dessen formale Ordnungsmäßigkeit überprüft werden, da die sachliche Berechtigung des Veräußerungsverlangens in einem eigenen Verfahren zu klären ist (*BayObLG* WuM 1990, 95; NZM 1999, 579). Entsprechendes gilt für eine Abmahnung (*BayObLG* WuM 1995, 501).

Da § 43 Abs. 2 Nr. 2 WEG nur Streitigkeiten zwischen Verband und Wohnungseigentümern benennt, ergibt sich für **Klagen des Verwalters** (oder solche gegen ihn) nicht die Zuständigkeit aus § 43 Abs. 2 Nr. 2 WEG. Diese fallen unter § 43 Abs. 2 Nr. 3 WEG. Der persönliche und sachliche Anwendungsbereich ist wie bei § 43 Abs. 2 Nr. 1 WEG **weit zu fassen** (*BGH* ZMR 2016, 382). So sind auch Beitreibungsverfahren gegen mittlerweile ausgeschiedene Wohnungseigentümer Prozesse nach § 43 Abs. 2 Nr. 2 WEG (*BGH* ZMR 2016, 382). Streitigkeiten über die Haftung des Gesellschafters einer OHG oder einer GbR für deren Verbindlichkeiten der Wohnungseigentümergemeinschaft gegenüber aus **§ 128 HGB**, unterfallen § 43 Abs. 2 Nr. 2 WEG (*BGH* ZMR 2016, 382). Ebenso sind auch die betroffenen Rechte und Pflichten weit zu verstehen: Im Verfahren nach § 43 Abs. 2 Nr. 2 WEG sind unabhängig von der Anspruchsgrundlage alle Streitigkeiten auszutragen, die einen inneren Zusammenhang zum Gemeinschaftsverhältnis der Wohnungseigentümer aufweisen (*AG Lichtenberg* ZMR 2008, 576). Allerdings können außerhalb des Gemeinschaftsverhältnisses begründete Ansprüche nicht deswegen vor dem nach § 43 Abs. 2 Nr. 2 WEG zuständigen Gericht verfolgt werden, weil sie an den Verband **abgetreten** wurden (*OLG München* ZMR 2005, 979; a.A. Jennißen/*Suilmann* § 43 Rn. 30). Ebenso wenig sind Ansprüche gegen Dritte aufgrund einer Bürgschaft, Garantie o.Ä. für Wohnungseigentümer erfasst (Jennißen/*Suilmann* § 43 Rn. 29).

2. Streit um Rechte und Pflichten im Hinblick auf das Gemeinschaftsvermögen

Ähnlich wie bei § 43 Abs. 2 Nr. 1 WEG erweist sich der unverändert weite Wortlaut der Vorschrift im Hinblick auf das Gemeinschaftsvermögen als segensreich. Da auch § 43 Abs. 2 Nr. 2 WEG nicht auf Streitigkeiten aus dem Gemeinschaftseigentum beschränkt ist, können dem Verfahren nach dieser Vorschrift ein großer Teil der Streitigkeiten um das Gemeinschaftsvermögen zugeordnet werden. Dies betrifft schon einfache Hausgeldklagen, da die gemeinschaftlichen Gelder ja dem Gemeinschaftsvermögen zugeordnet sind. Nichts anderes gilt aber für sonstiges Gemeinschaftsvermögen. Will die Wohnungseigentümergemeinschaft etwa gegen einen Wohnungseigentümer vorgehen, der ein zugekauftes Grundstück über Gebühr in Anspruch nimmt, lässt sich auch diese Streitigkeit zwanglos dem Verfahren nach § 43 Abs. 2 Nr. 2 WEG zuordnen. Allerdings gilt dies nicht bei Gemeinschaftsvermögen, das zugleich Sondereigentum ist, etwa eine von der Wohnungseigentümergemeinschaft erworbene Wohnung. Wirkt ein Wohnungseigentümer auf diese ein, steht ihm die Wohnungseigentümergemeinschaft gegenüber wie jeder andere Sondereigentümer. Ihre diesbezüglichen Rechte muss sie daher im Verfahren nach § 43 Abs. 2 Nr. 1 WEG durchsetzen. 24

III. Streitigkeiten mit dem Verwalter (§ 43 Abs. 2 Nr. 3 WEG)

1. Die Bedeutung der Zuständigkeitszuweisung nach der Novelle

Auch für die Zuständigkeit für Streitigkeiten mit dem Verwalter nach § 43 Abs. 2 Nr. 3 WEG bringt die neue Zuständigkeit der Wohnungseigentümergemeinschaft für alle Angelegenheiten der Verwaltung des gemeinschaftlichen Eigentums erhebliche Umschichtungen. So können die einzelnen Wohnungseigentümer alle diesbezüglichen Rechte nicht mehr gegen den Verwalter, sondern nur noch gegen die Wohnungseigentümergemeinschaft geltend machen. Diese Ansprüche der Wohnungseigentümer fallen also aus dem Anwendungsbereich des § 43 Abs. 2 Nr. 3 WEG heraus. Dafür ist die Durchsetzung solcher Ansprüche durch die Wohnungseigentümergemeinschaft ein neues Anwendungsgebiet des § 43 Abs. 2 Nr. 2 WEG. Im Übrigen gelten die zum früheren Recht (§ 43 Nr. 3 WEG) entwickelten Grundsätze fort. So erfasst § 43 Abs. 2 Nr. 3 WEG neben Streitigkeiten der Wohnungseigentümer auch diejenigen des **Verbandes mit dem Verwalter** und zwar sowohl Aktivprozesse des Verwalters, etwa wegen seiner Vergütung, als auch Passivprozesse, etwa wegen Schadensersatzforderungen gegen ihn. Erstinstanzlich ist somit das Amtsgericht unabhängig vom Streitwert zuständig; der weitere Instanzenzug entspricht demjenigen der sonstigen Wohnungseigentumssachen. Auch hier gilt der Grundsatz **weiter Auslegung**, da ein Änderungswille des Gesetzgebers gegenüber dem früheren Rechtszustand nicht erkennbar ist (vgl. BT-Drs. 16/3843, S. 55). So gilt die Zuständigkeit nach § 43 Abs. 2 Nr. 3 WEG insbesondere auch für Streitigkeiten mit dem ausgeschiedenen Verwalter. Wie bei Streitigkeiten gem. § 43 Abs. 2 Nr. 1, 2 WEG kommt es auf die 25

Rechtsgrundlage des geltend gemachten Anspruchs nicht an. Es genügt, dass der Anspruch in einem inneren Zusammenhang zur Tätigkeit des Verwalters steht.

2. Persönliche Voraussetzungen der Zuständigkeit nach § 43 Abs. 2 Nr. 3 WEG

26 Da der Gesetzgeber den weiten Anwendungsbereich von § 43 Abs. 2 Nr. 3 WEG gegenüber dem früheren Recht nicht einschränken wollte, ist mit den oben dargestellten Modifikationen die frühere Judikatur noch heranzuziehen. Dementsprechend unterfallen auch Streitigkeiten mit einem **ausgeschiedenen Verwalter** § 43 Abs. 2 Nr. 3 WEG (BGHZ 59, 63 f.; 106, 38; *BGH* ZMR 2011, 570 f.; *BayObLG* NJW-RR 1988, 19; 1991, 1363; 1994, 856; *OLG Hamm* NJW-RR 1988, 268; *OLG Oldenburg* ZMR 2008, 238; *AG München* ZMR 2013, 756). Anderes gilt nur, wenn sowohl der Verwalter als auch der den Anspruch geltend machende Wohnungseigentümer vor Rechtshängigkeit ausgeschieden sind, da durch dieses Verfahren kein Zusammenhang mit dem Funktionieren der Gemeinschaftsverwaltung mehr gegeben ist (*OLG Köln* WE 1996, 76). Die Zuständigkeit nach § 43 Abs. 2 Nr. 3 WEG besteht auch für **Streitigkeiten zwischen amtierendem und ehemaligem Verwalter** über ehrenrührige Behauptungen (*OLG München* NJW-RR 2006, 155 = ZMR 2006, 156). Umgekehrt sind **Ansprüche eines ausgeschiedenen Eigentümers** gegen den Verwalter ebenfalls nach dieser Zuständigkeitsnorm vor dem Gericht für Wohnungseigentumssachen zu verhandeln (*BayObLG* WuM 1994, 572 f.; *KG* ZMR 2000, 401). Auf die **förmliche Bestellung** des Verwalters kommt es dabei nicht an. Es genügt, wenn er mit Wissen der Wohnungseigentümer die Verwaltung geführt hat (*KG* OLGZ 1981, 304). Demzufolge steht der Zuständigkeit nach § 43 Abs. 2 Nr. 3 WEG noch viel weniger entgegen, dass die Bestellung zwar erfolgte, aber unwirksam war (*KG* OLGZ 1976, 266 f.; NJW-RR 1991, 1363; *OLG Köln* NJW-RR 2005, 1096). Selbst für die Inanspruchnahme des Gesellschafters einer OHG, der nie Verwalter war, sondern nur nach **§ 128 HGB** für deren Verbindlichkeiten haftet, soll die Zuständigkeit des § 43 Abs. 2 Nr. 3 WEG gelten (*BayObLG* NJW-RR 1987, 1368). Dasselbe soll auch bei der Durchgriffshaftung gegen den Geschäftsführer einer Verwalter-GmbH gelten (*KG* ZMR 2006, 152 f.; *AG Hannover* ZMR 2007, 75; a.A. *LG Krefeld* ZMR 2007, 74). Dass der Verwalter zusätzliche, über § 27 WEG hinausgehende Pflichten übernommen hat, steht der Zuständigkeit nach § 43 Abs. 2 Nr. 3 WEG nicht entgegen (*LG Duisburg* ZMR 2010, 981 f. zur Bauleitung). Auch bei Auseinandersetzungen um einzelne Verwaltungstätigkeiten, die ein **bewusst nicht als Verwalter auftretender Miteigentümer** übernommen hat (vgl.o. § 26 Rdn. 161), ist die Zuständigkeit nach § 43 Abs. 2 Nr. 3 WEG gegeben (*KG* GE 1990, 149). Anderes gilt nur dann, wenn eine Übergabe der Verwaltung vom Bauträger auf einen von den Wohnungseigentümern bestellten Verwalter noch gar nicht stattgefunden hat (*BGH* NJW 1976, 240). Auch ein **Rechtsstreit mit dem Haftpflichtversicherer** des Verwalters unterfällt nicht § 43 Abs. 2 Nr. 3 WEG (*BayObLG* NJW-RR 1987, 1099 f).

3. Sachliche Voraussetzungen der Zuständigkeit nach § 43 Abs. 2 Nr. 3 WEG

a) Sämtliche Tätigkeiten bei der Verwaltung des Gemeinschaftseigentums

27 Der Grundsatz weiter Auslegung gilt auch hinsichtlich des Streitstoffs nach § 43 Abs. 2 Nr. 3 WEG. Auch hier ist die Zuständigkeit des Gerichtes für Wohnungseigentumssachen somit noch nach dem Ausscheiden des Verwalters gegeben (BGHZ 59, 58; 106, 38; *BayObLG* NJW-RR 1994, 856; WuM 2003, 349). Wie bei § 43 Abs. 2 Nr. 1 WEG kommt es auch bei Streitigkeiten mit dem Verwalter nicht auf die **Rechtsgrundlage des geltend gemachten Anspruchs**, sondern alleine darauf an, ob er in einem inneren Zusammenhang zu seiner Tätigkeit steht (BGHZ 59, 63 f.; *BayObLG* NJW-RR 1994, 856; *OLG Köln* NJW-RR 2005, 1096). Maßgeblich ist insoweit der Vortrag des Klägers (*OLG Stuttgart* NJW-RR 1986, 1277). Ausgeschlossen sind folglich nur solche Tätigkeiten, die nicht mit den Aufgaben des Verwalters nach § 27 WEG zusammenhängen, also etwa als vormaliger Baubetreuer (BGHZ 65, 266), als Bauträger, als Verwalter von Sondereigentum (*BayObLG* NJW-RR 1989, 1168 u. 1996, 1037) oder als Makler.

b) Streitigkeiten bei der Verwaltung des gemeinschaftlichen Vermögens

28 Mit der Streichung des Halbsatzes »bei der Verwaltung des gemeinschaftlichen Eigentums« gelang dem Gesetzgeber wohl unvermerkt eine wichtige Anpassung der Vorschrift an die Rechtsfähigkeit der Wohnungseigentümergemeinschaft. Denn der Wortlaut der Vorgängervorschrift erfasste Streitigkeiten um die Verwaltung des gemeinschaftlichen Vermögens nicht. Dem in § 9a Abs. 3 WEG angeordneten Gleichlauf der Verwaltung von gemeinschaftlichem Eigentum und Gemeinschaftsvermögen entspricht es, Streitigkeiten ebenfalls in demselben Verfahren zu entscheiden. Dies gewährleistet die neue Fassung des § 43 Abs. 2 Nr. 3 WEG.

4. Die Prozessführungsbefugnis

29 Die Zulässigkeit der Geltendmachung eines Anspruchs im Verfahren nach § 43 Abs. 2 Nr. 3 WEG hängt darüber hinaus davon ab, ob ein Wohnungseigentümer oder Verwalter im konkreten Fall prozessführungsbefugt ist. So kann ein einzelner Wohnungseigentümer Ansprüche gegen den Verwalter ohne **Ermächtigung** durch die Eigentümergemeinschaft nur dann geltend machen, wenn sie ihm als Individualansprüche alleine zustehen, etwa bei Schäden, die alleine in seinem Sondereigentum entstanden sind (vgl. § 26 Rdn. 121). Andere Schadensersatzansprüche gegen den Verwalter unterfallen dagegen der **Verwaltungsbefugnis der Eigentümergemeinschaft**, sodass sie ein einzelner Miteigentümer nur nach entsprechender Ermächtigung alleine geltend machen kann (vgl. § 26 Rdn. 120). Fehlt die Prozessführungsbefugnis, so ist der Antrag als unzulässig zu verwerfen (*KG* ZMR 1997, 544).

5. Einzelfälle der Zuständigkeit nach § 43 Abs. 2 Nr. 3 WEG

30 Der Zuständigkeit nach § 43 Abs. 2 Nr. 3 WEG unterliegen demzufolge nach der Rechtsprechung der Streit um

- Ansprüche auf Ersatz von **Aufwendungen** (*BayObLG* WE 1997, 76), sofern diese nicht nach Ablauf der Bestellungszeit auf Bitten des neuen Verwalters getätigt wurden (*OLG Köln* NZM 2002, 749)
- **Auskunftsansprüche** (BayObLGZ 1972, 166), die jetzt aber nur noch der Verband geltend machen kann
- die Verpflichtung des Verwalters zur **Einberufung einer Eigentümerversammlung** (BayObLGZ 1970, 4; WuM 1992, 450), die jetzt ebenfalls nur noch der Verband geltend machen kann
- die **Durchführung** von Eigentümerbeschlüssen (*OLG Frankfurt am Main* OLGZ 1980, 76 f.), die jetzt ebenfalls nur noch der Verband geltend machen kann
- Ansprüche des Verwalters wegen **ehrverletzender Äußerungen** von Wohnungseigentümern (*BayObLG* ZWE 2001, 319; a.A. BayObLGZ 1989, 68 f.; *OLG Düsseldorf* ZWE 2001, 165 f.; *OLG München* ZMR 2008, 735) und ebenso eines Wohnungseigentümers wegen entsprechender Äußerungen des Verwalters, sofern die beanstandeten Äußerungen in einer Eigentümerversammlung oder in einer Sitzung des Ortsbeirates gefallen sind
- die **Einsicht** in Unterlagen des Verwalters (*OLG Frankfurt am Main* OLGZ 1979, 138; *OLG Hamm* NJW-RR 1999, 162), die jetzt wiederum nur noch der Verband geltend machen kann
- wohl nicht mehr die Genehmigung der **Haustierhaltung** (so noch *OLG Saarbrücken* NZM 1999, 622), da der Verwalter insoweit nur noch für die Wohnungseigentümergemeinschaft tätig wird
- die **Herausgabe** von Unterlagen (BayObLGZ 1969, 211; *OLG Hamm* WEZ 1988, 256 f.), die jetzt wiederum nur noch der Verband geltend machen kann
- die Berechtigung der **Kündigung** des Verwalters (*BGH* NZM 2002, 789), wobei derartige Streitigkeiten durch § 26 Abs. 3 WEG weitgehend gegenstandslos geworden sind
- die Berichtigung des **Protokolls** (BayObLGZ 1982, 447 f.; *AG Paderborn* ZMR 2018, 635 f.), die jetzt wiederum nur noch der Verband geltend machen kann
- **Schadensersatz** wegen Verletzung des Verwaltervertrages (*BGH* NJW 1972, 1319 f.; WE 1989, 94)
- **Unterlassung** weiterer Tätigkeit des abberufenen Verwalters (*BayObLG* ZMR 1982, 224)

- die Zustimmung zur **Veräußerung** nach § 12 WEG denn der Verwalter handelt nach Auffassung des BGH auch bei Zustimmungen nach § 12 WEG für die Wohnungseigentümergemeinschaft. Dem steht nicht entgegen, dass § 12 WEG allgemein von Dritten redet, die die Zustimmung erteilen. Sieht nämlich die Gemeinschaftsordnung die Zustimmung des Verwalters für Veräußerungen vor, ist dieser nicht als beliebiger Dritter gemäß § 12 WEG, sondern als Sachwalter der GdWE anzusehen. Davon ist auch dann auszugehen, wenn ihm die Zustimmung als eigenes Recht zugewiesen ist, das nur er wahrnehmen kann (*BGH,* 21.07.2023 – V ZR 90/22, ZfIR 2024, 73 = ZMR 2023,900 = ZWE 2023, 399)
- die **Vergütung** des Verwalters (*BGH* NJW 1980, 2468), die schon nach früherem Recht gegenüber dem Verband geltend zu machen war
- Umfang und Inhalt der **Verwalteraufgaben** (*OLG Köln* OLGZ 1979, 284)
- die Wirksamkeit der **Verwalterbestellung** (*KG* OLGZ 1976, 267), sofern es sich nicht um eine Beschlussanfechtung nach § 43 Abs. 2 Nr. 4 WEG handelt
- das Bestehen eines **Verwaltervertrags** (*BGH* NJW 1980, 2468; NZM 2002, 789) und Ansprüche hieraus (BGHZ 59, 60 ff.).

IV. Beschlussklagen gemäß § 44 WEG (§ 43 Abs. 2 Nr. 4 WEG)

1. Die Bedeutung der Zuständigkeitszuweisung nach der Novelle

31 Die schon in der Novelle 2007 festzustellende Tendenz, in § 43 WEG nur noch die örtliche Zuständigkeit zu regeln, setzt sich bei Streitigkeiten über die Gültigkeit von Beschlüssen fort. 43 Abs. 2 Nr. 4 WEG trifft wie § 43 Nr. 4 WEG a.F. keine Aussagen mehr über die Anfechtungsberechtigung, dies übernimmt § 44 Abs. 1 S. 1 WEG. Auch ansonsten sind einzelne Aspekte der Anfechtungsklage nunmehr in der Spezialvorschrift des § 44 WEG geregelt. Bezüglich der erstinstanzlichen Zuständigkeit stimmt § 43 Abs. 2 Nr. 4 WEG weitgehend mit dem alten Recht überein. Allerdings wurde hier vom Grundsatz der weiten Auslegung abgewichen (s. gleich u. Rdn. 32). Die Ungültigerklärung eines Beschlusses im Verfahren nach § 43 Abs. 2 Nr. 4 WEG ist **für alle Behörden und Gerichte vorgreiflich** und bindend; eine inzidente Prüfung und Bejahung der Anfechtbarkeit ist rechtswidrig (*BGH* ZMR 2011, 983; ZMR 2013, 127; *OLG Celle* ZMR 2008, 311 u. 312; *Hogenschurz* ZMR 2011, 928).

2. Gegenstand der Anfechtungsklage

a) Einschränkungen gegenüber § 43 Nr. 4 WEG a.F.

32 Die Zuständigkeit nach § 43 Abs. 2 Nr. 4 WEG umfasst anders als nach früherem Recht ausdrücklich nur noch Beschlussklagen nach § 44 WEG. Hierunter fallen nur Beschlussanfechtung, Nichtigkeitsfeststellung und Beschlussersetzung. Andere Rechtsschutzziele, etwa der Antrag, ihre **Wirksamkeit** (*OLG Hamm* NJW 1981, 465) oder ihren **Inhalt** (*OLG Köln* OLGZ 1979, 284; *BayObLG* ZMR 2004, 126) festzustellen, müssen je nach Gegner in den Verfahren nach § 43 Abs. 2 Nr. 1 oder 3 WEG verfolgt werden. Als Spezialfall der Anfechtungsklage dürfte aber die richtige **Feststellung des Beschlussergebnisses**, das für Zustandekommen und Inhalt eines Beschlusses konstitutiv ist (*BGH* ZMR 2001, 809 ff. vgl. gleich u. Rdn. 33) im Verfahren nach § 43 Abs. 2 Nr. 4 WEG zu erstreiten sein. Die **Berichtigung** des im Protokoll unrichtig wiedergegebenen Beschlussinhalts war schon nach altem Recht nicht im Verfahren nach § 43 Nr. 4 WEG a.F. geltend zu machen. Dies stellt nunmehr eine Streitigkeit nach § 43 Abs. 2 WEG mit der Wohnungseigentümergemeinschaft dar.

b) Die Feststellung des Beschlussergebnisses

33 Im Verfahren nach § 43 Abs. 2 Nr. 4 WEG kann nach wie vor auch die Feststellung des vom Verwalter nicht oder unzutreffend verkündeten Beschlussergebnisses begehrt werden (*BGH* ZMR 2002, 931; *BayObLG* ZMR 2004, 126; *LG Hamburg* ZMR 2012, 217 f.; vgl. auch *Riecke* WE 2004, 34, 39). Denn der Beschluss kommt so zustande, wie er vom Versammlungsleiter verkündet wird. Eine **unzutreffende Verkündung** muss somit angefochten werden (*BGH* ZMR 2002, 931 f.; *Bay-*

ObLG ZMR 2004, 126), was naturgemäß mit der Feststellung des richtigen Beschlussergebnisses verbunden werden kann. Beides muss innerhalb der Monatsfrist des § 45 Satz 1 WEG beantragt werden (*OLG Frankfurt am Main* ZMR 2009, 57; *LG Hamburg* ZMR 2012, 217 f.). Wird der Antrag auf Ersetzung des tatsächlich gefassten Beschlusses nicht gestellt, so kann nur der verkündete Beschluss für ungültig, aber nicht der tatsächlich gefasste durch das Gericht festgestellt werden, da dies entgegen § 308 Abs. 1 ZPO über die gestellten Anträge hinausginge (*LG Landau/Pfalz* ZMR 2013, 995). Gleiches gilt, wenn eine Beschlussfeststellung durch den Versammlungsleiter gänzlich unterblieben ist (*BGH* ZMR 2001, 812 f.). Sofern die Feststellung des vom Versammlungsleiter nicht verkündeten Beschlussergebnisses begehrt wird, sind wie im Gesellschaftsrecht (vgl. *OLG Celle* OLGR 1998, 326) **inhaltliche Mängel bereits in diesem Verfahren, nicht etwa erst in einem auf die Feststellung folgenden Anfechtungsverfahren zu prüfen** (BGH, 10.11.2023 – V ZR 51/23, ZfIR 2024, 162 = ZWE 2024, 129 = WuM 2024, 159). Selbst der Versammlungsleiter hat vor der Beschlussfeststellung die Rechtmäßigkeit des festzustellenden Beschlusses zu prüfen und von der Verkündung eines anfechtbaren Beschlusses regelmäßig abzusehen, zumindest aber auf Bedenken hinzuweisen (*Gottschalg* WE 2002, 46; *Deckert* ZMR 2003, 156; weiter gehend *Kümmel* GE 2002, 382 f.; a.A. für eine Verpflichtung zur Verkündung rechtswidriger Beschlüsse *AG Oberhausen* ZMR 2011, 76 f.). Erst recht hat dann das Gericht, das an seine Stelle tritt, vor der Beschlussfeststellung eine solche inhaltliche Prüfung vorzunehmen, was im Übrigen natürlich auch aus Gründen der **Prozessökonomie** geboten ist (*OLG München* NJW-RR 2007, 594 f. = ZMR 2007, 223; *LG Hamburg* ZMR 2011, 823; ZMR 2012, 217 f.; *LG München I* ZMR 2015, 152, 154; *LG Itzehoe* ZMR 2016, 565, 566; *AG Hamburg* ZMR 2015, 575, 577; *Niedenführ/Vandenhouten* § 43 Rn. 89; Jennißen/*Suilmann* § 46 Rn. 141; *Abramenko* ZMR 2004, 790 ff.; *Becker* ZWE 2006, 161; a.A. *AG Hamburg-Blankenese* ZMR 2008, 1002; *AG Offenbach* ZMR 2013, 238 f.; *Riecke/v. Rechenberg* MDR 2002, 310; *Deckert* ZMR 2003, 157 f.; *Müller* NZM 2003, 224 f.; *Schmidt* ZWE 2006, 171). Zu einer Bevormundung der Wohnungseigentümer kommt es hierdurch nicht, da Mängel, die keine Partei rügt, hier wie im Anfechtungsverfahren nicht zu berücksichtigen sind (Jennißen/*Suilmann* § 46 Rn. 141).

c) Ersetzung von Beschlüssen

Schließlich kann im Verfahren nach § 43 Abs. 2 Nr. 4 WEG auch die Ersetzung einer Beschluss- 34
fassung verlangt werden. **Voraussetzung** hierfür ist, dass nur die Fassung eines bestimmten Beschlusses ordnungsmäßiger Verwaltung entspricht (*OLG München* ZMR 2006, 155; *LG Hamburg* ZMR 2012, 894 f.). Ansonsten hat die Gemeinschaft die Wahl zwischen verschiedenen Möglichkeiten (*BayObLG* v. 10.04.2002, NJW-RR 2002, 1093, 1095) und es besteht also kein Anspruch auf eine bestimmte von ihnen (*OLG Saarbrücken* NJW-RR 2000, 87; *OLG Düsseldorf* NJW-RR 2004, 376 = ZMR 2005, 143; *BayObLG* NJW-RR 2004, 1091 = ZMR 2005, 135; ZMR 2005, 378; *OLG München* ZMR 2007, 397; *LG Hamburg* ZMR 2012, 219). Besondere Schwierigkeiten ergeben sich, wenn zwar ein Anspruch auf eine Beschlussfassung besteht, deren Inhalt aber im **Ermessen der Eigentümerversammlung** steht, etwa bei einer Gebrauchsregelung von Parkplätzen. Könnte hier nur nach einem genauen Antrag des Klägers entschieden werden, liefe dieser Gefahr, eine (teilweise) Klageabweisung zu erleiden, obwohl sein Begehren grundsätzlich begründet ist. Dem half **§ 21 Abs. 8 WEG a.F.** ab, wonach die Details einer solchen Entscheidung in das Ermessen des Gerichts gestellt werden konnten. Daran hält der *BGH* auch nach der ersatzlosen Streichung von § 21 Abs. 8 WEG a.F. fest. Demnach soll es genügen, die Abänderung in das Ermessen des Gerichts zu stellen, da das Gericht bei seiner Entscheidung nur ein Ermessen anstelle der Wohnungseigentümer ausübt, so dass die Angabe des Rechtsschutzziels genügt (*BGH*, Urt. v. 16.09.2022 – V ZR 69/21, ZMR 2023, 55, 56 Rn. 9). Allerdings müssen dem Gericht hinreichende Tatsachen mitgeteilt werden, aufgrund derer es eine Ermessensentscheidung treffen kann. Wird etwa die Festsetzung eines Wirtschaftsplans begehrt, muss der Kläger substanziierte Ausführungen zum Finanzbedarf machen, u.U. unter Vorlage früherer Wirtschaftspläne und Jahresabrechnungen.

d) Vorbefassung der Eigentümerversammlung

aa) Vorbefassung als Voraussetzung für das Rechtsschutzbedürfnis zum gerichtlichen Vorgehen

35 Die Klage auf Ersetzung eines Beschlusses setzt die vorige Befassung der Eigentümerversammlung voraus. Denn der Eigentümerversammlung steht es in erster Linie zu, über die Notwendigkeit der begehrten Maßnahme zu befinden. Wenn eine solche einvernehmliche Lösung gar nicht erst versucht wurde, fehlt einem Antrag auf gerichtliche Entscheidung grundsätzlich das Rechtsschutzbedürfnis (*KG* NJW-RR 1991, 1424 f.; *OLG Hamburg* NJW-RR 1994, 783; *BayObLG* NJW-RR 1997, 1445; *OLG Köln* NJW-RR 1999, 307; *OLG München* ZMR 2006, 155; ZMR 2006, 308; *OLG Frankfurt am Main* ZMR 2006, 874; *OLG Hamm* ZMR 2007, 297; ZMR 2007, 881; 2008, 159). Behandelt die Eigentümerversammlung den Antrag nicht oder schiebt sie die Befassung hiermit auf, steht dies einer Ablehnung gleich, weshalb die Anrufung des Gerichtes wieder zulässig ist (*OLG Hamburg* ZMR 2010, 130 f.). Erst dann, wenn die Eigentümerversammlung den Beschlussantrag abgelehnt oder gar nicht behandelt (etwa grundlos von der Tagesordnung genommen) hat (hierzu *BayObLG* NJW-RR 1997, 1445) ist das Rechtsschutzbedürfnis für eine Klage im Verfahren nach § 43 Abs. 2 Nr. 4 WEG gegeben. Etwas anderes gilt nur, wenn die Vorbefassung der Eigentümerversammlung mit Sicherheit aussichtslos wäre (*LG Hamburg* ZMR 2009, 942). Wurde der Beschlussantrag abgelehnt, muss der Kläger diesen Negativbeschluss nicht anfechten, da er nach der Rechtsprechung des *BGH* keine Bindungswirkung entfaltet (s. etwa *BGH,* 17.05.2019 – V ZR 34/18, NJW-RR 2019, 976).

bb) Vorgehen bei unkooperativem Verwalter

36 Die Notwendigkeit einer Vorbefassung der Eigentümerversammlung kann eine mühevolle Prozedur erfordern. Weigert sich der Verwalter, die begehrte Beschlussfassung auf der nächsten Eigentümerversammlung behandeln zu lassen, rechtfertigt das ebenfalls noch nicht die Klage auf Ersetzung eines Beschlusses. Der Wohnungseigentümer, der die Beschlussfassung wünscht, muss zunächst die Aufnahme eines bestimmten Tagesordnungspunktes auf der nächsten Eigentümerversammlung durchsetzen (*AG Saarbrücken* ZMR 2009, 962). Dies kann nach Einholung einer ausreichenden Anzahl von Unterschriften nach § 24 Abs. 2 WEG, oder durch Einschaltung des Verwaltungsbeirats nach § 24 Abs. 3 WEG, ansonsten als Maßnahme ordnungsmäßiger Verwaltung gem. §§ 18, 19 WEG. Ob sich auch, wie die früher h.M annahm (*OLG Hamm* NJW-RR 1997, 523 f.), ein einzelner Wohnungseigentümer **analog § 37 Abs. 2 BGB** zur Einberufung ermächtigen lassen kann, war schon nach altem Recht umstritten. Der *BGH* hielt eine solche Möglichkeit wenn auch an etwas versteckter Stelle nach wie vor für gegeben (*BGH* ZMR 2011, 893 unter 3b; ebenso *AG Offenbach* ZMR 2013, 1002; ZMR 2014, 70 f.; der Sache nach auch *LG Hamburg* v. 19.06.2017, 318 T 28/17). Dies dürfte nach der Ergänzung von § 24 Abs. 3 WEG, wonach auch ein hierzu kraft Beschlusses ermächtigter Wohnungseigentümer die Eigentümerversammlung einberufen darf, zu modifizieren sein. Nunmehr dürfte dieser Beschluss durch das Gericht zu ersetzen sein. Allerdings dürfte, sofern keine einstweilige Verfügung erstritten wird, die Rechtskraft einer Entscheidung im Hauptsacheverfahren abzuwarten sein (*AG Offenbach* ZMR 2014, 70 f.). Die als Ersatz noch zum alten Recht erwogene Vorgehensweise, der auf eine Eigentümerversammlung drängende Wohnungseigentümer solle die Zustimmung der Miteigentümer zur Einberufung im Verfahren nach § 43 Nr. 1 WEG a.F. erstreiten (so *OLG Zweibrücken* ZMR 2011, 155; *LG München I* ZMR 2013, 659; ZMR 2013, 748; *LG Frankfurt/M.* ZMR 2013, 983 f.; gänzlich gegen diese Möglichkeit *AG Charlottenburg* ZMR 2010, 76; im Ergebnis ebenso *LG Stuttgart* ZMR 2009, 148), dürfte hiermit obsolet sein. Sie brachte schon nach altem Recht für keinen Beteiligten einen Vorteil.

e) Die Disposition des Anfechtenden über den Umfang der Anfechtung

37 Schon nach altem Recht herrschte hinsichtlich der Geltendmachung von Anfechtungsgründen die Dispositionsmaxime. Den Umfang der Anfechtung bestimmt der Kläger. So hat er die Möglichkeit, einen Beschluss nicht insgesamt, sondern **nur teilweise anzugreifen**. Dies war insbesondere bei der Genehmigung von Jahresabrechnung und Wirtschaftsplan von Bedeutung, wenn sich der anfechtende

Wohnungseigentümer nur gegen einzelne Positionen wendete. Eine Ungültigerklärung konnte nur insoweit erfolgen, als die Genehmigung von Jahresabrechnung bzw. Wirtschaftsplan konkret angegriffen und insoweit tatsächlich fehlerhaft ist (*BayObLG* NJW-RR 1990, 1108; 1992, 1170; *KG* NJW-RR 1991, 1236; WE 1995, 92). Dieser wichtige Anwendungsfall der Teilanfechtung ist zwar durch die Neuregelung von § 28 WEG weitgehend entfallen (vgl. § 28 Rdn. 187). Sie bleibt aber in anderen Zusammenhängen nach wie vor möglich. Ebenso folgt aus dem Dispositionsgrundsatz, dass das Gericht einen Beschluss nicht wegen Mängeln für unwirksam erklären darf, auf die sich der Kläger nicht beruft (BayObLGZ 1986, 268). In Zweifelsfällen ist durch Nachfrage zu klären, ob sich der Kläger auf einen erkennbaren, aber nicht hinreichend gerügten Mangel berufen will, sofern die Begründungsfrist des § 45 Satz 1 WEG noch nicht abgelaufen ist.

V. Die Anrufung eines unzuständigen Gerichts

1. Die Verweisung nach § 281 ZPO

Die Folgen der Anrufung eines unzuständigen Gerichtes richten sich nach den allgemeinen Regeln 38
der ZPO. Es ist also bei örtlicher Unzuständigkeit nach § 281 ZPO zu verweisen. Das Gericht, an das verwiesen wurde, ist auch an eine fehlerhafte Entscheidung gebunden, sofern sie nicht willkürlich ist oder ohne Gewährung rechtlichen Gehörs erging (*Baumbach/Lauterbach/Hartmann* § 281 Rn. 48; Zöller/*Greger* Vor § 284 Rn. 16 ff.) Mit der Zuweisung der Wohnungseigentumssachen an die Zivilgerichtsbarkeit kann das Prozessgericht auch nicht mehr zu Unrecht angerufen werden. Eine Verweisung vom Prozessgericht zur Abteilung für Wohnungseigentumssachen ist nicht möglich, da es sich um eine gerichtsinterne Frage der Geschäftsverteilung handelt (*OLG Karlsruhe* ZMR 2014, 232 f.).

2. Der negative Kompetenzkonflikt

Die Bindungswirkung nach § 281 Abs. 2 S. 2 ZPO schließt es nicht aus, dass sich auch das Gericht, 39
an das der Rechtsstreit verwiesen wurde, für unzuständig hält und die Bindungswirkung der Verweisung (etwa wegen angenommener Willkür) verneint (*Baumbach/Lauterbach/Hartmann* § 281 Rn. 38 ff.; *Zöller/Greger* § 281 Rn. 19) In diesem Fall kann es zu einer zweiten rechtskräftigen Verweisung kommen. Den dann vorliegenden sog. negativen Kompetenzkonflikt hat wie bislang, nunmehr aber in direkter Anwendung von § 36 Nr. 6 ZPO das im Rechtszug nächst höhere Gericht zu entscheiden.

§ 44 Beschlussklagen

(1) Das Gericht kann auf Klage eines Wohnungseigentümers einen Beschluss für ungültig erklären (Anfechtungsklage) oder seine Nichtigkeit feststellen (Nichtigkeitsklage). Unterbleibt eine notwendige Beschlussfassung, kann das Gericht auf Klage eines Wohnungseigentümers den Beschluss fassen (Beschlussersetzungsklage).

(2) Die Klagen sind gegen die Gemeinschaft der Wohnungseigentümer zu richten. Der Verwalter hat den Wohnungseigentümern die Erhebung einer Klage unverzüglich bekannt zu machen. Mehrere Prozesse sind zur gleichzeitigen Verhandlung und Entscheidung zu verbinden.

(3) Das Urteil wirkt für und gegen alle Wohnungseigentümer, auch wenn sie nicht Partei sind.

(4) Die durch eine Nebenintervention verursachten Kosten gelten nur dann als notwendig zur zweckentsprechenden Rechtsverteidigung im Sinne des § 91 der Zivilprozessordnung, wenn die Nebenintervention geboten war.

Übersicht

A. Regelungsgehalt der Norm

I. Normzweck

§ 44 WEG ersetzt die früheren Sonderregelungen der §§ 44, 45, 46 Abs. 1 Satz 1, Abs. 2 und 47–50 WEG a.F. für Beschlussanfechtungen mit erheblichen Änderungen. Die schwerwiegendste ist die Änderung der Passivlegitimation in § 44 Abs. 2 S. 1 WEG, da nun nicht mehr die Wohnungseigentümer Gegner des Beschlussklägers sind, sondern die Wohnungseigentümergemeinschaft. Ferner ist der Verwalter künftig nicht mehr klagebefugt. 1

II. Legaldefinition

2 Darüber hinaus definiert der Gesetzgeber über den Verweis in § 43 Abs. 2 Nr. 4 WEG (»Beschlussklagen gemäß § 44«) die Beschlussklage nunmehr gesetzlich. Auch dies führt zu erheblichen Veränderungen, da gemäß § 44 Abs. 1 WEG unter diesen Begriff nur noch Anfechtungs-, Nichtigkeits- und Beschlussersetzungsklagen fallen, aber nicht mehr die sonstigen früher § 43 Nr. 4 WEG a.F. zugeordneten Streitigkeiten der inneren Willensbildung wie Klagen auf Feststellung des Beschlussinhalts.

B. Der Streitgegenstand

I. Sonderregelungen für Beschlussklagen

3 Die Sonderregelungen des § 44 WEG gelten nur für Beschlussklagen. Dies setzt, wie der Name schon sagt, den Streit um einen Beschluss voraus. Sonstige Meinungsäußerungen, etwa Hinweise, Empfehlungen oder Ankündigungen des Verwalters oder einzelner Wohnungseigentümer, auch rechtlich erhebliche Erklärungen wie das Einverständnis mit baulichen Veränderungen sind daher nicht mit der Beschlussklage anfechtbar. Denn ihnen kommt kein Regelungsgehalt für die Gemeinschaft zu (*BayObLG* NJW-RR 1987, 1365). Deshalb fehlt ihnen schon der Beschlussqualität. Gleiches gilt für Probeabstimmungen, die nur der Schaffung eines Stimmungsbildes dienen.

II. Numerus clausus der Beschlussklagen

1. Beschränkung auf Anfechtungs-, Nichtigkeits- und Beschlussersetzungsklagen

4 Nach der gesetzlichen Definition in § 44 Abs. 1 WEG unterfallen der Vorschrift nur Anfechtungs-, Nichtigkeits- und Beschlussersetzungsklagen. Sonstige Streitigkeiten um die Beschlusslage, etwa die Klage auf Feststellung des Beschlussinhalts, müssen nicht gegen die Wohnungseigentümergemeinschaft erhoben werden, führen nicht zur Rechtskrafterstreckung nach § 44 Abs. 3 WEG und unterfallen nicht den sonstigen Regelungen des § 44 WEG. Sie sind auch nicht im Verfahren nach § 43 Abs. 2 Nr. 4 WEG zu verhandeln und unterliegen nicht den Fristen des § 45 WEG.

2. Ersetzung der Beschlussverkündung

5 Zu den ausdrücklich im Gesetz genannten Klagen dürfte als Unterfall noch die Klage auf Ersetzung der Beschlussverkündung treten. Wortlaut und Begründung des Gesetzes berücksichtigen zwar nicht den Fall, dass die Eigentümerversammlung über einen Beschlussantrag abgestimmt, der Versammlungsleiter aber keinen Beschluss verkündet hat. Nach Rechtsprechung des *BGH* existiert dann noch kein Beschluss, da dieser erst und mit dem Inhalt zustande kommt, den der Versammlungsleiter verkündet (*BGH* v. 23.08.2001 – V ZB 10/01, ZMR 2001, 809, 811 ff.; *BayObLG* v. 13.10.2004, NJW-RR 2005, 456). Dieses fehlende, aber konstitutive Element konnte nach altem Recht durch eine gerichtliche Ersetzung der Beschlussverkündung nachgeholt werden (*BGH* v. 23.08.2001 – V ZB 10/01, ZMR 2001, 809, 812 f.). Dass das WEMoG hieran etwas ändern wollte, ist nicht ersichtlich. Da die Ersetzung der Beschlussverkündung nur ein Minus zur Ersetzung des gesamten Beschlusses darstellt, wird man davon ausgehen dürfen, dass diese Möglichkeit fortbesteht. Wenn das Gericht sogar den gesamten Beschluss im Verfahren nach § 44 Abs. 1 S. 2 WEG ersetzen kann, dann erst recht das einzelne fehlende Element der Beschlussverkündung.

III. Einheitlicher Gegenstand von Anfechtungs- und Nichtigkeitsklage

6 Im Rahmen des § 44 WEG stellen die Klage auf konstitutive Ungültigerklärung und diejenige auf deklaratorische Feststellung der Nichtigkeit nach wie vor denselben Streitgegenstand dar. Denn die Gesetzesmaterialien, die sich intensiv mit der Rechtsprechung des *BGH* auseinandersetzen und gewünschte Änderungen klar bezeichnen, lassen hier keinen Änderungswillen erkennen. Der Gesetzgeber betont im Gegenteil, dass inhaltliche Änderungen gegenüber der früheren Rechtslage mit der Legaldefinition von Anfechtungs- und Nichtigkeitsklage nicht verbunden sein sollen (BT-

Drs. 19/18791 S. 80). Die Anfechtung mit dem Ziel der Ungültigerklärung umfasst somit auch das Rechtsschutzziel einer Nichtigkeitsfeststellung (so schon zum neuen Recht *BGH*, Urt. v. 13.01.2023 – V ZR 43/22). Geht das Gericht etwa entgegen dem Antrag auf (konstitutive) Ungültigerklärung von der (deklaratorisch festzustellenden) Nichtigkeit eines Beschlusses aus, kann es aufgrund des identischen Streitgegenstandes nach wie vor ohne Weiteres entsprechend tenorieren. Eines Hinweises bedarf es nicht. Umgekehrt bedarf es auf Seiten des Klägers weder eines Hilfsantrags noch gar einer Klageänderung. Gleiches gilt, wenn der Kläger die deklaratorische Feststellung der Nichtigkeit beantragt, das Gericht aber nur von der Anfechtbarkeit des angegriffenen Beschlusses ausgeht. Dann kann es ihn ohne Weiteres konstitutiv für ungültig erklären.

IV. Begrenzt anfechtbare Beschlüsse

1. Negativbeschlüsse

Die Ablehnung einer Beschlussvorlage (ein sog. Negativbeschluss) kann grundsätzlich nur in Verbindung mit dem Antrag auf Verpflichtung der Eigentümer zur Durchführung einer bestimmten Maßnahme angegriffen werden (*BGH* ZMR 2001, 814; 2002, 931f.; *OLG Hamburg* ZMR 2008, 150; *KG* ZMR 2009, 135; *OLG Düsseldorf* ZMR 2009, 707). Denn es besteht kein Rechtsschutzbedürfnis dafür, lediglich die Ablehnung einer bestimmten Beschlussfassung zu beseitigen, da der Antragsteller hierdurch nichts gewinnt. Ob ein Anspruch hierauf besteht, ist freilich keine Frage der Zulässigkeit (so unrichtig *AG Rheinbach* ZMR 2007, 824), sondern der Begründetheit. Nach Überleitung der Wohnungseigentumssachen in das ZPO-Verfahren erscheint es fraglich, ob eine isolierte Anfechtungsklage im Wege der Auslegung dahingehend auszulegen ist, dass damit auch die Verpflichtung zur Durchführung der abgelehnten Maßnahme verbunden sein soll (zum alten Recht s. *BGH* ZMR 2002, 931f.; für die Fortführung dieser Praxis auch im Zivilprozess *Dötsch* ZMR 2008, 436). Denn der Zivilrichter hat anders als das Gericht der freiwilligen Gerichtsbarkeit nicht über das Rechtsschutzbegehren, sondern über die konkreten Anträge des Klägers zu befinden, über die er nicht hinausgehen darf (vgl. schon zum alten Recht *Niedenführ/Schulze* 7. Aufl. § 43 Rn. 69, wonach die Anfechtung alleine nicht, wohl aber der positive Antrag auf Vornahme einer Maßnahme genügen soll). Allerdings ist eine restriktivere Handhabung im vorliegenden Zusammenhang nicht mit einem Rechtsverlust verbunden, da der Verpflichtungsantrag nicht fristgebunden ist. Er kann also nach dem gemäß § 139 ZPO gebotenen Hinweis noch gestellt werden. Auch für die Anfechtung des Negativbeschlusses mit dem Feststellungsantrag, es sei überhaupt kein Beschluss gefasst worden, kann ein Rechtsschutzbedürfnis gegeben sein (*OLG München* ZMR 2007, 481). Ähnliches soll gelten, wenn der Negativbeschluss nach Bestandskraft einem späteren Verpflichtungsantrag entgegenstünde (*OLG München* ZMR 2006, 474). 7

2. Geschäftsordnungsbeschlüsse

Der Anfechtung von Beschlüssen zur Geschäftsordnung fehlt grundsätzlich das Rechtsschutzbedürfnis, da diese mit Beendigung der Versammlung gegenstandslos werden (*BayObLG* NJW-RR 1987, 1363; WuM 1996, 117; *OLG München* ZMR 2006, 70; *AG Hamburg-Harburg* ZMR 2008, 920). Sie können aber implizit auf ihre Rechtmäßigkeit überprüft werden, nämlich im Rahmen der Anfechtung des Beschlusses in der Hauptsache. War der Geschäftsordnungsbeschluss rechtswidrig und wirkte sich dies auf den Beschluss in der Hauptsache aus, ist dieser anfechtbar. Anderes kommt nur in Betracht, wenn der Geschäftsordnungsbeschluss auch für zukünftige Versammlungen gelten soll (*OLG Düsseldorf* NJW-RR 1995, 1294; *AG Hamburg-Harburg* ZMR 2008, 920) oder in Wirklichkeit trotz der Einkleidung als Geschäftsordnungsbeschluss anderen Inhalt, etwa die Ablehnung einer Beschlussvorlage hat (*OLG Hamburg* ZMR 2008, 149f.). 8

3. Rechtsmissbräuchliche Beschlussanfechtungen

Auch derjenige, der einer Beschlussvorlage zugestimmt hat, darf den Beschluss im Verfahren nach § 43 Abs. 2 Nr. 4 WEG angreifen (*BayObLG* NJW-RR 2001, 1234). Dies ist nur dann rechtsmissbräuchlich, wenn ein Wohnungseigentümer der Beschlussfassung in Kenntnis des nunmehr geltend 9 gemachten Verfahrensmangels zugestimmt hat (*BayObLG* NJW-RR 1988, 1168; NJW-RR 1992, 910). Auf andere Mängel kann er seine Anfechtungsklage freilich auch dann stützen (Jennißen/*Suilmann* § 46 Rn. 24). Ähnliches gilt, wenn der Kläger auf andere Weise den Anschein erweckt hat, er billige die Beschlussfassung (*OLG Saarbrücken* NJW-RR 2002, 1237 – im konkret entschiedenen Fall aber zweifelhaft). Die früher als Rechtsmissbrauch behandelten Fälle, in denen der Anfechtende das Verfahren über längere Zeit nicht betrieb (*KG* NJW-RR 1998, 371 = ZMR 1997, 485; NJW-RR 2005, 531; *OLG Düsseldorf* NJW-RR 1998, 588 = WE 1998, 309f.; NJW-RR 1999, 14) dürften an Bedeutung verloren haben. Zahlt der Kläger den Kostenvorschuss nicht, ist sein Antrag verfristet (vgl. § 45 Rdn. 10). Im Übrigen droht ihm jetzt auch als Kläger ein Versäumnisurteil nach §§ 330, 333 ZPO, wenn er nicht erscheint oder nicht verhandelt.

V. Sonstige Streitigkeiten über Fragen der Willensbildung

1. Das Problem

10 Jenseits der Fälle, in denen ein Beschluss aus der Welt geschafft oder durch das Gericht ersetzt werden soll, können noch weitere Streitigkeiten entstehen, in denen ein Beschluss gerade nicht beseitigt oder durch einen anderen ersetzt werden soll. In Betracht kommen insbesondere Meinungsverschiedenheiten über den Inhalt eines Beschlusses. Die Gesetzesmaterialien nennen als weiteres Beispiel den Fall, dass der Verwalter jenseits seiner eigenen Rechtsstellung Bedarf nach einer Klärung der Rechtslage haben kann. Sie nennen aber nur das Beispiel von Beschlüssen, deren Ausführung auf eine Ordnungswidrigkeit oder gar Straftat hinausliefe und gestehen dem Verwalter hier schon aus materiellem Recht zu, den Beschluss nicht auszuführen (BT-Drs. 19/18791 S. 80). Dies erscheint in doppelter Hinsicht zu kurz gegriffen. Denn zum einen kann die Einschätzung, ob die Ausführung eines Beschlusses auf eine Ordnungswidrigkeit oder gar Straftat hinausläuft, durchaus zweifelhaft sein. Zum anderen können sich auch jenseits dieser dramatischen Beispiele einer Kollision mit höherem Recht Streitigkeiten über die Auslegung von Beschlüssen ergeben.

2. Behandlung dieser Streitigkeiten nach neuem Recht

11 Diese sonstigen Streitigkeiten über Fragen der inneren Willensbildung rechnet der Gesetzgeber nach der klaren Definition der Beschlussklage nicht mehr dem § 44 WEG zu. Sie sind nunmehr als Streitigkeit zwischen Wohnungseigentümern bzw. zwischen Wohnungseigentümern und Wohnungseigentümergemeinschaft gemäß § 43 Abs. 2 Nr. 1, 2 WEG auszutragen, ggf. auch wie in obigem Beispiel als Streitigkeit mit dem Verwalter gemäß § 43 Abs. 2 Nr. 3 WEG. Dort gelten die Spezialregelungen für Beschlussklagen nicht. Insbesondere sind dort nicht die Fristen zur Klageerhebung und zur Klagebegründung gemäß § 45 S. 1 WEG einzuhalten, was nach früherem Recht streitig war. Ferner wirkt das Urteil in diesen Verfahren jenseits der Beschlussklagen, selbst wenn die Klage gegen die Wohnungseigentümergemeinschaft gerichtet war, nicht gemäß § 44 Abs. 3 WEG für und gegen alle Wohnungseigentümer. Wünscht eine Partei, dass ihre Auffassung vom Inhalt eines Beschlusses auch gegen die übrigen Wohnungseigentümer bzw., wenn diese nicht Partei des Rechtsstreites war, gegen die Wohnungseigentümergemeinschaft wirkt, muss sie sich mit der Streitverkündung behelfen.

C. Die Parteien der Beschlussklage

I. Kläger

1. Keine Aktivlegitimation des Verwalters für Beschlussklagen

12 Das WEMoG übernimmt aus § 46 Abs. 1 S. 1 WEG a.F. nicht den Passus zur Klage des Verwalters. Dies ist keine Regelungslücke, sondern eine bewusste Änderung gegenüber dem alten Recht. Der Gesetzgeber hielt die Aktivlegitimation des Verwalters in Beschlussklagen für überholt. Sie habe nur in Fragen der Abberufung eine Rolle gespielt, die nunmehr ohnehin unbegrenzt möglich sei (BT-Drs. 19/18791 S. 80). Implizit folgt der Gesetzgeber damit der h.M. zum alten Recht, die eine Anfechtungsbefugnis des Verwalters in Angelegenheiten, die nicht seine eigene Rechtsstellung

betrafen, grundsätzlich verneinte (s. etwa Jennißen/*Suilmann* WEG 6. Aufl. 2019 § 46 Rn. 45 ff.; NK-Miete/WEG/Nachbarschaft-*Heinemann* 2. Aufl. 2019 § 46 Rn. 14 m.w.Nachw.).

2. Die Wohnungseigentümer

a) Eigentümerstellung

Als mögliche Kläger nennt § 44 Abs. 1 WEG nur noch die Wohnungseigentümer. Insoweit ist keine 13 Änderung beabsichtigt, so dass auf die frühere Rechtsprechung zurückgegriffen werden kann. Maßgeblich ist alleine die Eigentümerstellung. Demnach darf grundsätzlich jeder im Grundbuch eingetragene Wohnungseigentümer die Beschlüsse der Eigentümerversammlung bis zu seinem Ausscheiden aus der Eigentümergemeinschaft anfechten. Danach ist er nicht mehr anfechtungsbefugt, zumal ihn die Beschlüsse nach Verlust der Eigentümerstellung vor der Beschlussfassung auch nicht mehr binden können (BGHZ 106, 39; *KG* ZWE 2001, 219; *OLG Zweibrücken* ZMR 2007, 398). Etwas anderes gilt nur, wenn ein Beschluss ausnahmsweise noch Auswirkungen auf seine Rechtsposition zeitigen kann (*OLG Düsseldorf* ZMR 1997, 545). Dies ist bei Beschlüssen im Zusammenhang mit der Jahresabrechnung grundsätzlich nicht der Fall (*OLG Düsseldorf* ZMR 1997, 545f.). Anfechtungsbefugt ist auch der rechtsfähige Verband, soweit er zugleich Eigentümer von Wohnungs- bzw. Teileigentum ist.

b) Mehrheit von Eigentümern

Sofern an einem Wohn- oder Teileigentum Bruchteilseigentum besteht, ist jeder Angehörige der 14 Eigentümergemeinschaft zur Anfechtung berechtigt (*BayObLG* NJW-RR 1988, 271; 1991, 216; *KG* NJW-RR 1994, 279; *OLG Frankfurt* ZMR 2007, 291; *LG Berlin* NJW-RR 1997, 652; *Becker* ZWE 2008, 405). Die bisherigen Probleme bei der Behandlung der anderen Bruchteilseigentümer, die dem Wortlaut von § 46 Abs. 1 S. 1 WEG a.F. hätten mitverklagt werden müssen (vgl. den Gegenvorschlag von *Becker* ZWE 2008, 405 ff.), sind mit der Passivlegitimation der Wohnungseigentümergemeinschaft entfallen. Entsprechendes gilt für die Erbengemeinschaft (*BayObLG* NJW-RR 1998, 164 = WuM 1998, 748). Hingegen kann der Gesellschafter einer GbR außerhalb der Notgeschäftsführung analog § 744 Abs. 2 BGB Eigentümerbeschlüsse alleine nicht anfechten, da die GbR als rechtsfähiger Verband nur selbst anfechtungsberechtigt ist, nicht aber ihre einzelnen Gesellschafter (*BayObLG* NJW-RR 1991, 216). Der drohende Ablauf der Anfechtungsfrist nach § 45 Satz. 1 WEG genügt dabei alleine nicht zur Rechtfertigung einer Notgeschäftsführung, da es sich hierbei um den – gesellschaftsintern vorab zu berücksichtigenden – Regelfall handelt und das Einstimmigkeitsprinzip des § 709 Abs. 1 BGB auch in eiligen Angelegenheiten gilt (*BayObLG* NJW-RR 1991, 216).

c) Keine Beschränkung durch Stimmverhalten, Stimmrechtsausschluss, Saalverweis

Zur Beschlussanfechtung ist auch der Eigentümer berechtigt, der dem angegriffenen Beschluss 15 zugestimmt hat (*BayObLG* NJW-RR 1997, 717; 2001, 1234; *OLG Karlsruhe* ZMR 2003, 291). Der vom Stimmrecht ausgeschlossene Wohnungseigentümer verliert nicht auch das Recht, ordnungsmäßiger Verwaltung widersprechende Beschlüsse im Verfahren nach § 43 Abs. 2 Nr. 4 WEG anzufechten (*KG* NJW-RR 1986, 643). Gleiches gilt für Wohnungseigentümer, die etwa wegen Fehlverhaltens aus der Eigentümerversammlung ausgeschlossen wurden.

d) Vermögensverwalter

Die Rechtslage bleibt auch bezüglich der Klagebefugnis Dritter unverändert. Sie ist nur insoweit 16 gegeben, als Dritte wie etwa der Zwangs- oder Insolvenzverwalter Verwaltungsrechte des Eigentümers wahrnehmen (*BayObLG* NJW-RR 1991, 724; *KG* ZMR 2007, 802; *Niedenführ/Kümmel/Vandenhouten* § 46 Rn. 9). Dies ist in jedem Fall dann zu bejahen, wenn die vermögensrechtliche Verwaltung der Einheit betroffen ist, etwa bei der früheren Beschlussfassung über Wirtschaftsplan und Jahresabrechnung (*KG* ZMR 2006, 221; 2007, 802). Bei Anordnung der Zwangsverwaltung bleibt der Wohnungseigentümer jedenfalls insoweit anfechtungsbefugt, als nicht nur die wirtschaftliche Seite, sondern seine mitgliedschaftlichen Rechte betroffen sind. Dazu soll wegen der persönlichen, gesamtschuldnerischen Haftung auch der Beschluss über Wirtschaftsplan und Jahresabrechnung gehören (*KG* ZMR 2006, 221; 2007, 802), was zu einer Verdoppelung der Anfechtungsberechtigten führen würde.

e) Erwerber

17 Die Sonderprobleme in der Gründungsphase der Wohnungseigentümergemeinschaft sind durch die Vorverlagerung ihres Beginns in § 9a Abs. 1 S. 2 WEG und der Eigentümerstellung gemäß § 8 Abs. 3 WEG weitgehend entfallen. Da jeder durch Vormerkung gesicherte Ersterwerber, der bereits Besitz an dem Wohnungs- oder Teileigentum erlangt hat, gemäß § 8 Abs. 3 WEG einem Wohnungseigentümer gleichgestellt ist, kann er bereits vor seiner Eintragung in das Grundbuch Beschlüsse anfechten (vgl. *KG* NJW-RR 2004, 878; a.A. *OLG Saarbrücken* NJW-RR 1998, 1094 ff.). Wird allerdings der Kaufvertrag durch Rücktritt oder Anfechtung beseitigt, erlöschen die akzessorische Vormerkung und damit auch die Klagebefugnis für Anfechtungsklagen (*BayObLG* NJW-RR 1996, 335). Anderes gilt beim Zweiterwerb von einem (werdenden) Eigentümer (insoweit richtig *OLG Saarbrücken* NJW-RR 2002, 1236 f.), weil § 8 Abs. 3 WEG nur für den Erwerb vom teilenden Eigentümer einschlägig ist. Maßgeblich ist dann die Eintragung im Grundbuch; der Veräußerer kann also bis zur Umschreibung Klage nach § 43 Abs. 2 Nr. 4 WEG erheben und verliert seine Klägerstellung nach § 265 Abs. 2 ZPO dann nicht mehr (*BayObLG* NJW-RR 1991, 532; 1995, 467). Demgemäß kann der erst nach der Beschlussfassung, aber vor Ablauf der Anfechtungsfrist in das Grundbuch eingetragene Erwerber den Eigentümerbeschluss ebenfalls anfechten (*OLG Frankfurt* NJW-RR 1992, 1170; *KG* NJW-RR 1995, 148 = WE 1995, 121). Der Erwerber kann auch zur Beschlussanfechtung ermächtigt werden (*KG* NJW-RR 1995, 147 f. = WE 1995, 120).

f) Sonstige Dritte

18 Dritte wie etwa Mieter sind nach § 44 Abs. 1 S. 1 WEG grundsätzlich nicht zur Erhebung der Anfechtungsklage befugt, auch wenn sie aufgrund ihrer schuldrechtlichen Beziehungen zu einem Wohnungseigentümer von einem Beschluss (etwa einer Hausordnung) betroffen sind. Insoweit können sie sich nur an den Wohnungseigentümer als Vertragspartner halten (vgl. o. § 13 Rdn. 7 f.). Auch dinglich Berechtigte wie Grundpfandrechtsgläubiger oder Nießbraucher sind nach § 44 Abs. 1 S. 1 WEG nicht aktivlegitimiert (*BayObLG* NJW-RR 1999, 1536 = ZMR 1998, 709f.; *OLG Düsseldorf* ZMR 2005, 469; a.A. *KG* NJW-RR 1987, 973 f.), da die Vorschrift ausdrücklich nur von Klagen »eines Wohnungseigentümers« redet. Da es insoweit auf die Eintragung im Grundbuch ankommt und die Figur des »werdenden Wohnungseigentümers« nicht anzuerkennen ist (vgl. aber § 8 Abs. 3 WEG), sind auch rechtsgeschäftliche Erwerber, die durch eine Auflassungsvormerkung gesichert sind, nicht zur Anfechtungsklage befugt (BGHZ 106, 118 ff.; *OLG Saarbrücken* ZMR 1998, 596f.; *BayObLG* ZWE 2001, 591 f.). Die Ermächtigung und die Anfechtung in Prozessstandschaft sind allerdings nach wie vor möglich (*BGH*, Urt. v. 27.11.2020 – V ZR 71/20; ZMR 2021, 506 = ZWE 2021, 229; *BayObLG* WE 1990, 67; *KG* NJW-RR 1995, 148 = WE 1995, 120; NJW-RR 2004, 879; *OLG Saarbrücken* NJW-RR 2002, 1237; *AG Hamburg-Altona* ZMR 2008, 493). Dies erfordert wie nach altem Recht die Offenlegung der Prozessstandschaft innerhalb der Anfechtungsfrist (*KG* NJW-RR 1995, 148 = WE 1995, 121; NJW-RR 2004, 879; *BayObLG* NJW-RR 1999, 1537 = ZMR 1998, 710). Auch der rechtsfähige Verband ist Dritter und daher nicht im Verfahren nach § 43 Abs. 2 Nr. 4 WEG aktivlegitimiert sofern er nicht zugleich Eigentümer ist.

II. Beklagte

1. Grundsatz

a) Wohnungseigentümergemeinschaft als Beklagte

Die Beschlussklage ist nach § 44 Abs. 2 S. 1 WEG nicht mehr gegen die Wohnungseigentümer, sondern gegen die Wohnungseigentümergemeinschaft zu richten. Dies behebt, worauf die Gesetzesmaterialien zu Recht abstellen (BT-Drs. 19/18791 S. 81) eine erhebliche Menge von Unzuträglichkeiten in praktischer und rechtlicher Hinsicht. Insbesondere fällt die nach altem Recht nicht lösbare Frage fort, wie die ursprünglichen Beklagten nach einer erfolgreichen Beschlussanfechtung in den Rechtsmittelinstanzen zu behandeln sind, wenn nur einige von ihnen Berufung einlegen. 19

b) Untergemeinschaften

Auch nach neuem Recht sind Untergemeinschaften selbst bei weitestgehender Verselbständigung nicht (teil)rechtsfähig (*BGH* v. 10.11.2017 – V ZR 184/16, ZMR 2018, 234 = ZWE 2018, 124 = WuM 2018, 100; *OLG Naumburg* v. 21.04.2008, ZMR 2009, 389; *OLG Koblenz* v. 18.10.2010, ZMR 2011, 225; *AG Bremen* v. 22.06.2012, ZMR 2012, 905, 906.). Deshalb können sie auch nicht verklagt werden, was auch für Beschlussklagen gilt. Dies ist auch dann der Fall, wenn die Gemeinschaftsordnung die Willensbildung innerhalb dieser Untergemeinschaften den der Untergemeinschaft zugehörigen Wohnungseigentümern unter Ausschluss der übrigen Wohnungseigentümer vorbehält (vgl. *BGH* v. 20.07.2012, ZMR 2012, 979, 980; *AG Bremen* v. 22.06.2012, ZMR 2012, 905, 906; insoweit richtig auch *LG München I* v. 20.12.2010, ZMR 2011, 413, 414 f.). Damit verbleibt es bei dem schon im alten Recht nicht jedermann auf Anhieb nachvollziehbaren Grundsatz (vgl. die abweichende Auffassung von *LG München I* v. 20.12.2010, ZMR 2011, 413; *LG München I* v. 14.09.2011, ZMR 2012, 123), dass eine Anfechtungsklage gegen Beschlüsse solcher Untergemeinschaften zwar nicht mehr gegen alle Wohnungseigentümer (*BGH* v. 11.11.2011, ZMR 2012, 285; *AG Bremen* v. 22.06.2012, ZMR 2012, 905, 907; *AG Saarbrücken* v. 09.08.2012, ZMR 2013, 79), wohl aber gegen die gesamte Gemeinschaft zu richten ist. 20

c) Behandlung von Beschlussklagen gegen die übrigen Wohnungseigentümer

Die gegen die Wohnungseigentümer erhobene Anfechtungsklage kann nicht durch Rubrumsberichtigung auf die Wohnungseigentümergemeinschaft umgestellt werden; hierzu bedarf es der Klageänderung (*BGH*, Versäumnisurteil v. 08.07.2022 – V ZR 202/21). Die Beschlussklage gegen die Wohnungseigentümer ist mangels Passivlegitimation unbegründet. Sie wahrt die Frist des § 45 WEG auch dann nicht, wenn sie nach Ablauf der Klagefrist auf die Wohnungseigentümergemeinschaft umgestellt wird. Denn hierbei handelt es sich nicht nur um eine Rubrumsberichtigung. Vielmehr richtete sich die Klage gegen die Wohnungseigentümer und somit nach Maßgabe des neuen Rechts (§ 44 Abs. 2 S. 1 WEG) gegen den Falschen (*BGH*, Urt. v. 13.01.2023 – V ZR 43/22, auch gegen eine klägerfreundlichere Handhabung in einer Übergangszeit). Entgegen der Auffassung des *BGH* zum früheren Recht (*BGH*, NJW 2011, 779, 780) ist auch ein Parteiwechsel nicht mehr möglich. Denn dies begründete der *BGH* damit, dass der Verwalter sowohl die Gemeinschaft der Wohnungseigentümer als auch die Wohnungseigentümer vertrat. Letzteres ist nach neuem Recht gerade nicht mehr der Fall, da er nunmehr nur noch die Gemeinschaft vertritt. (*LG Frankfurt/M.*, Urt. v. 28.04.2022 – 2-13 S 117/21; IMR 202, 296; a.A. *LG Berlin*, Urt. v. 22.03.2022 – 55 S 37/21; MietRB 2022, 171). Das Gericht hat auf die fehlende Passivlegitimation hinzuweisen. Einem Kläger, der etwa die Wohnungseigentümer verklagt oder die Zustellung an einen Ersatzzustellungsvertreter beantragt, ist allerdings nur im Rahmen der allgemeinen Hinweispflichten zu helfen. Die dabei verstreichende Zeit wird freilich in die Anfechtungsfrist einberechnet und rechtfertigt auch keine Wiedereinsetzung, da die Unkenntnis des neuen Rechtes kein unverschuldeter Hinderungsgrund ist. 21

D. Die Klageschrift und ihre Zustellung

I. Bezeichnung der Beklagten in der Klageschrift

22 Das neue Recht enthält keine § 44 WEG a.F. entsprechende Sonderregelung mehr zur Bezeichnung der Beklagten in der Klageschrift. Es gilt somit die allgemeine Regelung des § 9a Abs. 1 S. 3 WEG, wonach die Beklagte als »Gemeinschaft der Wohnungseigentümer« oder als »Wohnungseigentümergemeinschaft«, gefolgt von der bestimmten Angabe des gemeinschaftlichen Grundstücks zu bezeichnen ist. Die Wohnungseigentümer haben im Rubrum nichts zu suchen. Weder besteht die Wohnungseigentümergemeinschaft aus den Wohnungseigentümern noch sind sie auch nur am Prozess beteiligt. Nennt der Kläger sie gleichwohl, ist dies nicht nur überflüssig, sondern höchst gefährlich. Denn er provoziert mit einer solchen Nennung das Missverständnis, die Klage gegen die Falschen zu richten. Hinzu kommt die Angabe der Vertretung, je nachdem, ob ein Verwalter bestellt ist oder nicht (vgl. u. Rdn. 26 f.).

II. Klageantrag

1. Bestimmtheit

23 Schon zu Zeiten der freiwilligen Gerichtsbarkeit waren die Anforderungen an den Antrag im Beschlussanfechtungsverfahren höher als in den sonstigen Verfahren nach § 43 WEG a.F. Es genügte nicht, dass im Wege der Auslegung ein Rechtsschutzziel des Antragstellers erkennbar wurde. Vielmehr musste der Antragsteller etwa durch Angabe des Tagesordnungspunktes oder des Inhalts klar erkennen lassen, welcher Beschluss inwieweit angefochten werden sollte (*Hügel/Elzer* § 13 Rn. 144; *OLG Zweibrücken* NJW-RR 1995, 398; *OLG Köln* NJW-RR 1996, 1481f.). Denn die Miteigentümer hatten ein schützenswertes Interesse daran, zu wissen, welche Beschlüsse bestandskräftig geworden sind (*OLG Zweibrücken* NJW-RR 1995, 398; *OLG Köln* NJW-RR 1996, 1482). War dem vor Ablauf der Anfechtungsfrist gestellten Antrag nicht zu entnehmen, welcher Beschluss angefochten werden sollte, konnte dies nicht nach Fristablauf nachgeholt werden (*KG* NJW-RR 1996, 845; *OLG Köln* WE 1996, 467). An diesen Grundsätzen hat sich weder durch den Übergang in den Zivilprozess noch durch das WEMoG etwas geändert. Deshalb ist auch die Anfechtung unter einer Bedingung, etwa einer entsprechenden Rechtsauffassung des Gerichts, unzulässig (*AG Bremen* ZMR 2007, 820). Erledigt sich der ursprüngliche Antrag auf Ungültigerklärung eines Beschlusses, kommt eine Fortsetzung des Prozesses im Sinne einer Fortsetzungsfeststellungsklage nicht in Betracht. Eine auf Feststellung seiner Ungültigkeit gerichtete Klage ist nach wie vor regelmäßig unzulässig (*BayObLG* NJW-RR 2004, 444).

2. Anfechtung aller Beschlüsse

24 Die Anfechtung »der Beschlüsse« einer Eigentümerversammlung genügt dem Bestimmtheitserfordernis nur dann, wenn tatsächlich alle Beschlüsse angefochten werden, weil sie etwa unter demselben formalen Mangel leiden oder vorsorglich angegriffen werden, da der Verwalter nicht korrekt eingeladen, die Beschluss-Sammlung nicht aktualisiert und die Niederschrift nicht angefertigt bzw. verschickt hat (*BayObLG* NJW-RR 1995, 1167; 2001, 1234; 2002, 734; *OLG Köln* NJW-RR 1996, 1481 f.). Der Klageantrag kann dann nach Ablauf der Frist auf einzelne Beschlüsse beschränkt werden (*LG Mainz* NJW-RR 2000, 825). Allerdings setzt dies nach neuem Recht voraus, dass der anfechtende Wohnungseigentümer bei Kenntnis der Versammlung versucht hat, sich auch durch Einsichtnahme in die Beschluss-Sammlung über die gefassten Beschlüsse zu informieren. Ansonsten fehlt seiner Klage nämlich wegen der Nichtausschöpfung einer einfacheren Rechtsschutzmöglichkeit das Rechtsschutzbedürfnis (*LG München I* NZM 2008, 410; *LG Hamburg* ZMR 2009, 73).

3. Teilanfechtung von Beschlüssen

25 Wie schon nach altem Recht kann die Anfechtungsklage aufgrund der Dispositionsmaxime auf einen Teil des Eigentümerbeschlusses beschränkt werden (*BayObLG* NJW-RR 1991, 15; 1992, 1169; 1993, 1039; 2001, 10; *KG* NJW-RR 1991, 1236; *OLG Saarbrücken* NJW-RR 2006, 732; *OLG Mün-*

chen ZMR 2006, 950; ZMR 2008, 661; *LG Lüneburg* ZMR 2009, 555). Nach § 308 Abs. 1 ZPO ist das Gericht nicht befugt, über diesen Antrag hinauszugehen und den Beschluss im weiteren Umfang für ungültig zu erklären. Allerdings setzt die teilweise Ungültigerklärung die Abtrennbarkeit des Beschlussteils voraus (s. Vor §§ 43ff. Rdn. 2). Damit stellt sich das Problem, wie zu verfahren ist, wenn der Kläger diese Abtrennbarkeit zu Unrecht annimmt. Nach altem Recht ging man davon aus, dass der Antrag dann dahin gehend auszulegen sei, dass der Beschluss insgesamt angefochten werde (*OLG Hamburg* ZMR 2008, 153). Das dürfte nicht in das neue Recht zu übernehmen sein. Denn den Umfang der Anfechtung bestimmt nach allgemeinen zivilprozessualen Grundsätzen alleine der Klageantrag (§ 308 Abs. 1 ZPO). Stellt der Kläger einen unzulässigen Antrag, kann er hierfür nicht dadurch privilegiert werden, dass das Gericht über seinen Antrag hinausgeht. Die Klage ist dann, sofern der Antrag nicht im Wege der Auslegung doch als Anfechtung des gesamten Beschlusses angesehen oder nur einfach unklar und deshalb auf Hinweis nach § 139 Abs. 1 S. 2 ZPO korrigiert werden kann, als unzulässig abzuweisen. Allerdings ist der Kläger hierauf hinzuweisen. Innerhalb der Frist des § 45 Satz 1 WEG kann er seinen Antrag auf den gesamten Beschluss erstrecken.

III. Zustellung der Klageschrift

1. Verwalter als Vertreter der Wohnungseigentümergemeinschaft (§ 9b Abs. 1 S. 1 WEG)

Das WEMoG hat die Sonderregelungen zur Zustellung in § 45 WEG a.F. ersatzlos gestrichen. Die Zustellung der Beschlussklage erfolgt nach der allgemeinen Regelung des § 9b Abs. 1 S. 1 WEG, wonach der Verwalter die Wohnungseigentümergemeinschaft außergerichtlich und gerichtlich vertritt. 26

2. Fehlen eines Verwalters

Das WEMoG hat die Regelungen zum Ersatzzustellungsvertreter in § 45 Abs. 2, 3 WEG a.F. ersatzlos gestrichen Folglich erfolgt die Zustellung einer Beschlussklage an eine Wohnungseigentümergemeinschaft ohne Verwalter nunmehr nach den allgemeinen Vertretungsregelungen des § 9b WEG. Demnach wird die Wohnungseigentümergemeinschaft durch alle Wohnungseigentümer gemeinschaftlich vertreten (§ 9b Abs. 1 S. 2 WEG). Dies stellt wie nach altem Recht einen Fall der Gesamtvertretung dar, so dass nach wie vor bei Zustellungen an den Verband nach § 170 Abs. 3 ZPO die Zustellung an einen Wohnungseigentümer genügt (BT-Drs. 19/18791 S. 47). Da dies die Gefahr einer ungenügenden Weiterleitung in sich birgt, kann das Gericht allerdings nach Auffassung des Gesetzgebers verpflichtet sein, weitere Maßnahmen zur Information der Wohnungseigentümer zu ergreifen (BT-Drs. 19/18791 S. 81). 27

IV. Besonderheiten der Beschlussersetzungsklage (§ 44 Abs. 1 S. 2, 45 S. 1 WEG)

1. Vorbefassung der Eigentümerversammlung als Zulässigkeitsvoraussetzung

Nach altem und neuen Recht ist die Vorbefassung der Eigentümerversammlung mit dem Beschlussantrag Voraussetzung für die Zulässigkeit der Beschlussersetzungsklage. Denn einer Klage nach § 44 Abs. 1 S. 2 WEG fehlt das Rechtsschutzbedürfnis, wenn dem Kläger ein einfacherer Weg offen stünde. Das ist regelmäßig dann zu bejahen, wenn er ohne Einschaltung der hierfür zuständigen Wohnungseigentümerversammlung sogleich das Gericht mit seinem Begehren befasst (*BGH* ZMR 2010, 542 f.; *LG Berlin* ZMR 2012, 713 f. *LG Hamburg* ZMR 2011, 233 f.). Dass der Gesetzgeber hieran etwas ändern wollte, ist nicht ersichtlich. 28

2. Kein Rechtsschutzbedürfnis des Mehrheitseigentümers

Fraglich erscheint, ob auch der Mehrheitseigentümer die gerichtliche Ersetzung eines Beschlusses beantragen kann. Denn ihm steht der einfachere Weg offen, auf der Eigentümerversammlung für seinen Beschlussantrag zu stimmen. Für den Antrag auf Bestellung eines Verwalters wurde deshalb 29 das Rechtsschutzinteresse verneint (*LG Frankfurt/M.*, Beschl. v. 06.02.2023 – 2–13 T 7/23; IMR 2023, 253).

V. Klageanträge

1. Beschlüsse ohne Ermessensspielraum

30 Besteht ein Anspruch auf einen bestimmten Beschluss, dann kann der Kläger wie nach früherem Recht genau diese Beschlussfassung durch das Gericht ersetzen lassen. Dies ist systemgerecht, da dann auch die Eigentümerversammlung keinen Ermessensspielraum gehabt hätte, so dass ihre Verwaltungsbefugnisse durch das Gericht nicht beschnitten werden.

2. Beschlüsse mit Ermessensspielraum

31 Nicht ganz so eindeutig ist die Rechtslage, wenn nur ein Anspruch dem Grunde nach besteht, die Eigentümerversammlung hinsichtlich des konkreten Beschlusses aber ein Ermessen hat. Nach früherem Recht (§ 21 Abs. 8 WEG a.F.) konnte der Kläger eine Entscheidung nach billigem Ermessen des Gerichts beantragen. Der Gesetzgeber hielt die Vorschrift des § 21 Abs. 8 WEG a.F., wonach das Gericht nach billigem Ermessen entschied, auch im Zusammenhang mit Beschlüssen für überflüssig, die auf einem Ermessen der Eigentümerversammlung beruhen. Dies begründen die Gesetzesmaterialien damit, dass dem Gericht nur dann ein Ermessen zukommt, wenn auch die Eigentümerversammlung ein Ermessensspielraum gehabt hätte (BT-Drs. 19/18791 S. 80). Hieraus folgerte der *BGH*, dass die Beschlussersetzung bei Beschlüssen mit Ermessensspielraum nur einen Klageantrag erfordere, der das Rechtsschutzziel erkennen lässt. Denn das Gericht übe bei seiner Entscheidung nur eine Ermessensausübung anstelle der Wohnungseigentümer aus, so dass keine Bindung an die Klageanträge bestehe (*BGH*, Urt. v. 16.09.2022 – V ZR 69/21, ZMR 2023, 55, 56 Rn. 9). Im Ergebnis wird somit die alte Rechtslage nach §21 Abs. 8 WEG a.F. fortgeschrieben.

VI. Keine Ersetzung von Vereinbarungen

32 Mit der Aufhebung des § 21 Abs. 8 WEG a.F. verwirft der Gesetzgeber die Auffassung des *BGH* zum alten Recht, wonach das Gericht nach § 21 Abs. 8 WEG a.F. auch Vereinbarungen ersetzen durfte (BT-Drs. 19/18791 S. 80). § 44 Abs. 1 S. 2 WEG erlaubt nur noch die Ersetzung von Beschlüssen durch das Gericht. Der Anspruch auf Ersetzung von Vereinbarungen ist im Verfahren nach § 43 Abs. 1 Nr. 1 WEG gegen diejenigen Wohnungseigentümer durchzusetzen, die dem Abschluss einer Vereinbarung nicht zugestimmt haben (BT-Drs. 19/18791 S. 81). Dabei muss der Kläger versuchen, durch Hilfsanträge dem Risiko zu entgehen, dass das Gericht zwar einen Anspruch dem Grunde nach bejaht, aber nicht auf die konkret eingeklagte Vereinbarung.

E. Informationspflichten des Verwalters (§ 44 Abs. 2 S. 2 WEG)

I. Bedeutung

33 Die missglückte Vorschrift des § 27 Abs. 1 Nr. 7 WEG a.F., wonach der Verwalter verpflichtet war, den Wohnungseigentümern die Erhebung einer Klage unverzüglich bekannt zu machen, hat das WEMoG gestrichen. An ihre Stelle tritt die Informationspflicht in § 44 Abs. 2 S. 2 WEG. Damit regelt das neue Recht Pflichten des Verwalters, die über seinen üblichen Aufgabenbereich hinausgehen. Da er nunmehr nur noch Organ und Vertreter der Wohnungseigentümergemeinschaft, nicht mehr der einzelnen Wohnungseigentümer ist, verstehen sich Pflichten zumal zur unverzüglichen Information der Wohnungseigentümer nicht von selbst. Da er nach § 9b Abs. 1 S. 1 WEG zur umfassenden Vertretung der Wohnungseigentümergemeinschaft befugt ist, könnte er die notwendigen Reaktionen auf eine Klage im Regelfall zudem selbst ergreifen. Die Informationspflicht in § 44 Abs. 2 S. 2 WEG normiert also eine über diesen Rahmen hinausgehende Aufgabe des Verwalters an.

II. Inhalt der Bekanntgabe

1. Bekanntmachung von Beschlussklagen

In § 44 Abs. 2 S. 2 WEG ist etwas missverständlich davon die Rede, dass der Verwalter den Wohnungseigentümern die Erhebung einer »Klage« bekanntzugeben hat. Hieraus könnte man auf eine Fortführung des Regelungsgehalts aus § 27 Abs. 1 Nr. 7 WEG a.F. folgern, wonach dem Verwalter die Pflicht zur Unterrichtung über jedes Verfahren nach § 43 WEG a.F. auferlegt wurde. Jedenfalls aus dem systematischen Zusammenhang geht jedoch hervor, dass mit dem irreführend weiten Begriff der Klage nur Beschlussklagen gemeint sind. Dies ergibt sich auch aus der Einordnung der Vorschrift, da § 44 WEG ausdrücklich (nur) Beschlussklagen betrifft. Zudem beschäftigen sich auch der vorhergehende und der darauffolgende Satz ausschließlich mit Beschlussklagen. Es ist daher davon auszugehen, dass der Gesetzgeber den zu weiten Umfang der Informationspflichten in § 27 Abs. 1 Nr. 7 WEG a.F., der selbst Klagen einzelner Wohnungseigentümer untereinander oder gegen den Verwalter und sogar den Antrag auf Erlass von Mahnbescheiden umfasste, auf das gebotene Maß reduzieren wollte. 34

2. Zweck der Bekanntmachung gemäß § 44 Abs. 2 S. 2 WEG

Nicht anders als § 27 Abs. 1 Nr. 7 WEG a.F. verlangt auch § 44 Abs. 2 S. 2 WEG mit der Bekanntmachung nur eine Erstinformation über die Erhebung einer Klage, keine umfassende Mitteilungspflicht über den jeweiligen Stand des Prozesses. Ziel der Bekanntmachung nach § 44 Abs. 2 S. 2 WEG ist es, ebenso wie nach altem Recht sicherzustellen, dass die Wohnungseigentümer Kenntnis von einer Beschlussklage erlangen. Damit soll gerade im Hinblick auf die Bindungswirkung gegenüber allen Wohnungseigentümern gemäß § 44 Abs. 3 WEG die Möglichkeit ihrer frühzeitigen Beteiligung am Rechtsstreit eröffnet werden, worauf auch die Materialien (BT-Drs. 19/18791 S. 81) zu Recht verweisen. 35

3. Inhalt der Erstinformation

Aus diesem Zweck folgt auch der Inhalt der Bekanntmachung gemäß § 44 Abs. 2 S. 2 WEG. Erforderlich, aber auch hinreichend ist die Mitteilung, dass ein zu nennender Wohnungseigentümer einen bestimmten Beschluss anficht bzw. die Ersetzung eines Beschlusses begehrt. Diese Mitteilung versetzt jeden Wohnungseigentümer in die Lage, sich beim Verwalter über den jeweiligen Verfahrensstand zu informieren. 36

III. Zeitpunkt und Form der Information

1. Unverzügliche Bekanntmachung

Im Zusammenhang mit dem Zeitpunkt der Informationspflicht, beseitigt das WEMoG den peinlichen Fehler in § 27 Abs. 1 Nr. 7 WEG a.F., wonach der Verwalter bereits bei Anhängigkeit, also bei Eingang der Klage bei Gericht zur Information der Wohnungseigentümer verpflichtet sein sollte. An Stelle der Anhängigkeit tritt nunmehr korrekt die Erhebung der Klage, also die Rechtshängigkeit. Dieser Normbefehl ist vom Verwalter auch unschwer zu erfüllen, da er Zustellungsempfänger der Klage ist (s.o. Rdn. 26). Nach Zustellung der Klage hat er die Wohnungseigentümer hierüber unverzüglich zu unterrichten. Dies räumt ihm allenfalls eine Frist von wenigen Tagen ein. 37

2. Form der Bekanntgabe

§ 44 Abs. 2 S. 2 WEG schreibt keine bestimmte Form der Bekanntgabe vor. Dies beruht nach dem Bekunden der Gesetzesmaterialien auf einer bewussten Entscheidung des Gesetzgebers. Daher bleibt dem Verwalter ein weiter Rahmen, wie er die Wohnungseigentümer informieren will. Der Verwalter kann die Klageerhebung also mit Brief, E-Mail oder sonstiger Internetkommunikation bekannt machen. Selbst ein individueller Zugang bei den einzelnen Wohnungseigentümern ist nicht erforderlich. So kann der Verwalter durch einen Aushang über die Zustellung der Beschlussklage informie- 38 ren, der jedenfalls dann datenschutzrechtlichen Vorgaben genügt, wenn er nur Miteigentümern zugänglich ist. Denkbar ist auch falls vorhanden, die Einstellung der Information in einem Online-Portal der Liegenschaft.

IV. Gemeinschaften ohne Verwalter

39 Die Informationspflicht aus § 44 Abs. 2 S. 2 WEG trifft nur den Verwalter. Ist ein solcher nicht bestellt, gilt § 44 Abs. 2 S. 2 WEG nicht auch für den einzelnen Wohnungseigentümer, dem nach § 170 Abs. 3 ZPO zugestellt wird. Allerdings wird man auch ihm jedenfalls aus der Treuepflicht der Wohnungseigentümer untereinander die Verpflichtung auferlegen müssen, den übrigen Wohnungseigentümern die Zustellung bekannt zu machen. Das Zurückhalten der Information über die Zustellung etwa aus Sympathie mit dem Klagebegehren stellt in jedem Fall eine Pflichtverletzung dar. Allerdings darf von einem beliebigen Wohnungseigentümer nicht dasselbe verlangt werden wie vom Verwalter. Mehr als eine Mitteilung an die zuletzt bekannte Adresse der Miteigentümer oder der Aushang am schwarzen Brett kann ihm kaum abverlangt werden.

V. Keine abschließende Regelung

40 § 44 Abs. 2 S. 2 WEG regelt die Informationspflichten des Verwalters nicht abschließend. Über die dortigen Informationspflichten hinaus hat dieser die Wohnungseigentümer im Rahmen ordnungsmäßiger Verwaltung über den Gang des Verfahrens zu unterrichten. Dies gilt insbesondere dann, wenn wichtige prozessuale Entscheidungen, etwa über Rechtsmittel anstehen.

F. Die Wohnungseigentümergemeinschaft im Beschlussprozess

I. Vertretung der Wohnungseigentümergemeinschaft gegenüber Gegner und Gericht

1. Wohnungseigentümergemeinschaften mit Verwalter

41 Für die Vertretung der Wohnungseigentümergemeinschaft im Prozess existieren keine Sonderregelungen. Es findet somit die allgemeine Regelung des § 9b Abs. 1 S. 1 WEG Anwendung, wonach der Verwalter unbeschränkt zur Vertretung befugt ist. Er kann deshalb auch einen Rechtsanwalt beauftragen oder einen Prozessvergleich abschließen. Diese Vollmacht ist gemäß § 9b Abs. 1 S. 3 WEG im Außenverhältnis unbeschränkbar. Eine prozessuale Verfahrenshandlung des Verwalters wie etwa der Abschluss eines Vergleichs oder ein Anerkenntnis ist somit selbst dann wirksam, wenn sie nicht mit den Wohnungseigentümern abgesprochen ist oder gar ihrem Willen zuwiderläuft. Allerdings verletzt er damit seine Pflichten im Innenverhältnis, was ihn gegenüber der Wohnungseigentümergemeinschaft schadensersatzpflichtig machen kann. Ein Vergleich muss zudem durch Weiterleitung der erforderlichen Informationen vor der Eigentümerversammlung (möglichst schon in der Einladung) so vorbereitet werden, dass die Wohnungseigentümer die Reichweite des Vergleichs und die Prozessrisiken abschätzen können (*LG Frankfurt/M.*, Beschl. v. 14.06.2021 – 2–13 S 13/21, IMR 2021, 370).

2. Wohnungseigentümergemeinschaften ohne Verwalter

a) Zweiergemeinschaften

42 Nach Inkrafttreten des WEMoG war streitig, wie eine verwalterlose Wohnungseigentümergemeinschaft in einem Rechtsstreit eines Wohnungseigentümers gegen die Wohnungseigentümergemeinschaft vertreten wird. Im Hinblick auf die hier nicht mögliche Vertretung durch alle Wohnungseigentümer ging eine Position davon aus, dass die Wohnungseigentümergemeinschaft dann nicht prozessfähig sei, weshalb ein Prozesspfleger nach § 57 Abs. 1 ZPO bestellt werden müsse (so etwa *AG Wiesbaden*, Beschl. v. 04.05.2021 – 91 C 944/21, MietRB 2021, 308 = IMR 2021, 475). Nach der Gegenmeinung wird die Wohnungseigentümergemeinschaft von den übrigen Wohnungseigentümern vertreten (so *LG München I* v. 01.09.2020 – 1 S 17376/19, IMR 2021, 174; *LG Frankfurt/M.* v. 15.07.2021 – 2–13 S 5/21; IMR 2021, 382). Dieser Auffassung schloss sich der *BGH* an (*BGH*,

Versäumnisurteil v. 08.07.2022 – V ZR 202/21). Damit ist wenigstens die Zweiergemeinschaft im Beschlussprozess handlungsfähig. Denn bei den »übrigen Miteigentümern« handelt es sich dann eben um den anderen Miteigentümer, der ohne eine Abstimmung mit anderen Miteigentümern für den Verband handeln kann.

b) Sonstige Wohnungseigentümergemeinschaften ohne Verwalter

43 Weit schwieriger steht es bei sonstigen Wohnungseigentümergemeinschaften ohne Verwalter. Die h.M. vermeidet zwar das Problem, dass der Anfechtungskläger auch auf Seiten der Beklagten stehen müsste. Im Übrigen bleibt es aber dabei, dass die anderen Wohnungseigentümer gemeinschaftlich handeln müssen. Schon ein mit dem Anfechtungskläger sympathisierender oder auch nur desinteressierter Miteigentümer würde bereits die Verteidigungsanzeige vereiteln, da diese nur durch alle übrigen Miteigentümer abgegeben werden könnte. Nach früherem Recht hätte dieses Problem durch die Bestellung eines Vertreters nach § 27 Abs. 3 S. 3 WEG a.F. entschärft werden können. Diese Möglichkeit hat der Gesetzgeber mit der Streichung des § 27 Abs. 3 S. 3 WEG a.F. bewusst entfallen lassen, was er damit begründete, dass der Minderheit die Existenz eines Vertreters nicht zuzumuten sei, der nicht die Pflichten eines Verwalters hat (BT-Drs. 19/17791 S. 47). Die Gesetzesmaterialien stellen nicht nur die Beschlusskompetenz für die Bestellung eines Vertreters in Abrede, sondern gehen sogar davon aus, dass selbst nach früherem Recht wirksame Beschlüsse nach § 27 Abs. 3 S. 3 WEG a.F. mit Inkrafttreten des WEMoG ihre Wirkung verlieren (BT-Drs. 19/18791, S. 47). All dies erscheint zweifelhaft. Beispiele dafür, dass ein Vertreter nach § 27 Abs. 3 S. 3 WEG a.F. seine Bevollmächtigung missbraucht hätte, nennen weder die Materialien noch wären sie sonst wie ersichtlich. Für Beschlussklagen gegen verwalterlose Wohnungseigentümergemeinschaften führt dies regelmäßig zu deren Handlungsunfähigkeit. Einzige Abhilfe ist die Bestellung eines Verwalters.

II. Entscheidungen über die Prozessführung der Wohnungseigentümergemeinschaft

1. Entscheidungen des Verwalters

44 Der Verwalter ist zwar jetzt nach § 9b Abs. 1 S. 1, 3 WEG unbeschränkbar zur Vertretung der Wohnungseigentümergemeinschaft bevollmächtigt. Er darf deshalb auch einen Rechtsanwalt beauftragen oder einen Prozessvergleich abschließen. Im Innenverhältnis dürften Beschlussklagen aber niemals zu den Tätigkeiten untergeordneter Bedeutung gehören, für die der Verwalter keinen Beschluss einholen muss. Hierüber muss er die Eigentümerversammlung befragen. Der Verwalter ist ohne Rücksprache mit der Eigentümerversammlung lediglich, wie schon nach altem Recht, zur Vornahme eiliger Prozesshandlungen befugt (§ 27 Abs. 1 Nr. 2 WEG).

2. Entscheidung der Eigentümerversammlung

45 Die Letztentscheidungsbefugnis darüber, wie ein Beschlussprozess geführt werden soll, liegt, wie alle anderen bedeutsamen Fragen der Verwaltung, bei der Eigentümerversammlung. Diese kann dem Verwalter Weisung erteilen, wie er im Prozess zu agieren hat. Sofern die Beschlusskompetenz hierzu im alten Recht teilweise verneint wurde (zutreffend zu diesem Streit *BGH*, Urt. v. 06.12.2013 – V ZR 85/13, ZWE 2014, 176), dürfte diese Frage mittlerweile gesetzlich geklärt sein. Sie folgt nunmehr ohne Weiteres aus § 27 Abs. 2 WEG. Allerdings wirkt dieser Beschluss gemäß § 9b Abs. 1 S. 3 WEG nur im Innenverhältnis der Wohnungseigentümergemeinschaft.

3. Beteiligung des Klägers (§ 25 Abs. 4 WEG)

a) Teilnahmerecht

46 Die Verhandlung des Streitstoffes in der Eigentümerversammlung hat die missliche Folge, dass auch der Anfechtungskläger über Prozesstaktik und Absichten der Wohnungseigentümerversammlung informiert wird. Denn der Kläger darf nicht von der Eigentümerversammlung ausgeschlossen werden, wenn das Vorgehen in seiner Beschlussklage dort erörtert wird (*BGH* v. 08.07.2016 – V ZR 161/15; MietRB 2017, 11). Den übrigen Wohnungseigentümern ist es aber nicht verwehrt, das

Vorgehen in einer Beschlussklage außerhalb einer Eigentümerversammlung zu beraten. Zulässig ist zu diesem Zwecke auch die Behandlung vor einer Eigentümerversammlung oder deren Unterbrechung, da der Wohnungseigentümer dadurch in seinem Teilnahmerecht nicht beschränkt wird (*BGH* v. 08.07.2016 – V ZR 161/15; MietRB 2017, 11). Bei der Beschlussfassung ist der Kläger allerdings wieder zuzulassen, da diese nur in einer Eigentümerversammlung erfolgen kann. Ihm ist auch das Wort zu erteilen, falls er dies wünscht. Denn § 25 Abs. 4 WEG betrifft nur das Stimmrecht.

b) Stimmrecht

47 Der Beschlusskläger war schon nach altem Recht von der Abstimmung über Fragen der Prozessführung nach § 25 Abs. 5 Fall 2 WEG a.F. ausgeschlossen. Zu diesem Ergebnis konnte der *BGH* allerdings bei Klagen gegen den Verband mangels Anpassung der Norm an die Teilrechtsfähigkeit der Wohnungseigentümergemeinschaft nur im Wege einer doppelten Analogie gelangen, da nur Klagen der Wohnungseigentümer *gegen* einen Miteigentümer § 25 Abs. 5 WEG a.F. unmittelbar unterfielen (*BGH*, Urt. v. 06.12.2013 – V ZR 85/13, ZWE 2014, 176). Der Analogie hinsichtlich des Gegners des einzelnen Wohnungseigentümers bedarf es heute in Beschlussklagen nicht mehr. Denn der Gesetzgeber hat in § 25 Abs. 4 WEG nach »Rechtsstreit« den Passus »der anderen Wohnungseigentümer« gestrichen, so dass Prozesse mit dem Verband nunmehr vom Wortlaut des § 25 Abs. 4 WEG erfasst sind. Sofern § 25 Abs. 4 WEG nach wie vor nur von Prozessen gegen den Wohnungseigentümer spricht, ist die zweite Analogie des *BGH* noch notwendig, da ja hier der Wohnungseigentümer gegen die Gemeinschaft der Wohnungseigentümer klagt.

G. Prozessverbindung (§ 44 Abs. 2 S. 3 WEG)

I. Bedeutung der Vorschrift

48 Aus materiellem Recht folgt, dass ein Beschluss nur allen Wohnungseigentümern gegenüber gültig oder unwirksam sein kann. Anderes hätte nicht hinnehmbare Konsequenzen, etwa bei der Kostenverteilung, da es aufgrund der verschiedenen Verteilungsschlüssel dann zu einer Unter- oder Überdeckung käme. § 44 Abs. 2 S. 3 WEG zieht die prozessuale Konsequenz daraus für den Fall, dass ein Beschluss von mehreren Wohnungseigentümern angefochten wird und beabsichtigt, einen Gleichlauf der Prozesse zu schaffen. Die Gesetzesmaterialien stellen dabei darauf ab, dass § 44 Abs. 2 S. 3 WEG ähnlich wie früher § 47 WEG a.F. divergierende Entscheidungen vermeiden soll (BT-Drs. 19/18791 S. 81). Dies dürfte noch zu kurz gegriffen sein. Denn die Vorschrift bietet (anders als § 47 WEG a.F.) auch eine Lösung für den Fall, dass eine von mehreren Beschlussklagen etwa wegen Nichteinhaltung von Klage- bzw. Begründungsfrist oder wegen ungenügenden Vortrags unbegründet ist, während eine andere berechtigt ist. In diesen Fällen neben einer einheitlichen Entscheidung zu richtigen Prozessergebnissen zu kommen, ist Zweck des § 44 Abs. 2 S. 3 WEG.

II. Mehrzahl von Prozessen

1. Beschlussklagen

49 Wenn § 44 Abs. 2 S. 3 WEG von mehreren Prozessen redet, ist dies streng genommen ungenau. Aus dem systematischen Zusammenhang geht hervor, dass nicht jegliche Prozesse zu verbinden sind, sondern nur Beschlussklagen. Dies erfasst nicht nur Anfechtungs- und Nichtigkeits-, sondern auch Beschlussersetzungsklagen (BT-Drs. 19/18791, S. 81). Wiederum nicht erfasst sind sonstige Streitigkeiten um die Beschlusslage in der Gemeinschaft. Hier muss der Kläger etwa durch Streitverkündung selbst für einen Gleichlauf der Prozesse sorgen.

2. Derselbe Beschluss

50 Zumindest aus dem Sinn der Norm ergibt sich, dass sich die Klagen darüber hinaus gegen denselben Beschluss richten müssen. Das setzen auch die Gesetzesmaterialien voraus, wonach die Vorschrift nur für Verfahren »über denselben Streitgegenstand« gilt (BT-Drs. 19/18791, S. 81). Denn bei einer

Mehrheit von Klagen gegen verschiedene Beschlüsse kann es von vorneherein nicht zu divergierenden Entscheidungen kommen. In der Praxis aufwändig sind die Fälle einer bloßen Teilüberdeckung von Beschlussklagen. Hierzu kommt es, wenn also mehrere Wohnungseigentümer denselben Beschluss, darüber hinaus aber noch andere Beschlüsse anfechten. Hier sind die Prozesse der einzelnen Kläger zu trennen, soweit sie sich auf denselben Beschluss beziehen, und mit den Klagen der andere Kläger gegen denselben Beschluss nach § 44 Abs. 2 S. 3 WEG zu verbinden.

3. Gleichrichtung der Beschlussklagen

51 Unter der Geltung des früheren Rechtes bestand Streit, ob die Klagen gegen einen Beschluss gleichgerichtete Interessen verfolgen mussten (vgl. *AG Hamburg*-Harburg ZMR 2008, 919 f.; a.A. wohl Jennißen/*Suilmann* § 47 Rn. 3). Dies muss trotz Anfechtung desselben Beschlusses nicht zwingend der Fall sein, wenn etwa ein Eigentümer schon die beschlossene Gebrauchsregelung als zu weitgehend ansieht, der andere sie dagegen für ungenügend hält und eine weitergehende im Wege der Beschlussersetzung erstrebt. Eine solche Gleichrichtung ist nach neuem Recht wohl nicht zu fordern. Denn § 44 Abs. 2 S. 3 WEG verzichtet auf jede Vorgabe zur Zielrichtung der Klage, die § 47 S. 1 WEG a.F. mit dem Passus »Klagen auf Erklärung oder Feststellung der Ungültigkeit« noch enthielt. Vor allem aber handelt es sich eben um denselben Beschluss, der nicht, um in obigem Beispiel zu bleiben, in einem Prozess für ungültig erklärt, in dem anderen durch einen weitergehenden ersetzt werden kann.

III. Wirkung der Verbindung

1. Ausgangslage

52 Nach Rechtsprechung des *BGH* schloss die Vorgängervorschrift des § 47 WEG a.F. nicht aus, dass gleichwohl divergierende Urteile ergehen konnten. Demnach sollte bei Versäumung der Klage- oder Begründungsfrist durch einen von mehreren Klägern dessen Klage als unbegründet abgewiesen werden können (*BGH* v. 27.03.2009 – V ZR 196/08, ZMR 2009, 698). Dies war vor dem Hintergrund, dass § 47 WEG a.F. eine einheitliche Entscheidung über alle Beschlussklagen beabsichtigte, wohl zweifelhaft. Die bei isolierter Betrachtung fehlende Erfolgsaussicht einer von mehreren Klagen hätte in der Kostenentscheidung berücksichtigt werden können. Gleichwohl scheint sich der Gesetzgeber § 44 Abs. 2 S. 3 WEG mit der Streichung des § 47 S. 2 WEG a.F., wonach die Kläger der vorher selbständigen Prozesse als Streitgenossen anzusehen waren, an der Rechtsprechung des *BGH* orientiert zu haben. Denn nunmehr fehlt jeder Hinweis auf eine (notwendige) Streitgenossenschaft (vgl. hierzu *BGH* v. 27.03.2009 – V ZR 196/08, ZMR 2009, 698, 700). Vielmehr sollen die Prozesse nur noch zur gleichzeitigen Verhandlung und Entscheidung verbunden werden. Dies entspricht der Formulierung in § 147 ZPO. Die Verbindung der Beschlussklagen stellt somit wie nach § 147 ZPO nur eine äußerliche Verbindung dar, die ihnen die Selbständigkeit nicht nimmt. Folglich können nun auch systemkonform divergierende Urteile ergehen.

2. Wirkung der Verbindung nach neuem Recht

53 Die Wirkung der Verbindung nach § 44 Abs. 2 S. 3 WEG geht gleichwohl über diejenige nach § 147 ZPO hinaus. Denn anders als dort »kann« das Gericht die Klagen nicht nur verbinden (und ggf. nach § 145 ZPO wieder trennen). Vielmehr stellt die Formulierung »*sind* (...) zu verbinden« klar, dass die Verbindung und gleichzeitige Entscheidung über alle Beschlussklagen nach § 44 Abs. 2 S. 3 WEG zwingend ist. Diese speziell auf Beschlussklagen zugeschnittene Art der Verbindung mit der daraus folgenden Gleichzeitigkeit und gemeinsamen Entscheidung soll Missverständnisse der Art vermeiden, dass die Abweisung einer Beschlussklage abschließend über alle Klagen mit demselben Gegenstand entscheidet. Bei Einhaltung der Vorschrift ergeht folglich nur eine einzige Entscheidung über alle Beschlussklagen, aus der trotz möglicher Abweisung einzelner Klagen ersichtlich wird, dass beim Erfolg auch nur einer Klage der angegriffene Beschluss gleichwohl für ungültig erklärt wurde. Im Ergebnis kann der materiellen Gerechtigkeit sogar in weiterem Umfang Rechnung getragen werden als nach Rechtsprechung des *BGH*. Denn das Gericht kann nicht nur die Ein-

haltung von Klage- und Begründungsfrist, sondern den gesamten Parteivortrag daraufhin überprüfen, ob die einzelne Beschlussklage begründet ist.

3. Fehler im Zusammenhang mit der Verbindung

54 Wird die Verbindung unterlassen, führt auch die Klageabweisung in einem Prozess zur Belastung des Klägers in einem anderen, noch nicht abgeschlossenen Beschlussanfechtungsverfahren. Denn die klageabweisende Entscheidung erzeugt den Rechtsschein, dass über die Beschlussanfechtung insgesamt entschieden wurde. Deshalb kann in diesem Fall auf die Rechtsprechung des *BGH* zum alten Recht zurückgegriffen werden, wonach auch der Kläger, dessen Beschlussklage noch nicht beschieden wurde, im Parallelprozess Berufung einlegen kann (*BGH* v. 26.10.2012 – V ZR 7/12, ZMR 2013, 210). Aus diesem Grunde wäre eine Vorabentscheidung über eine von mehreren Beschlussanfechtungen ein unzulässiges Teilurteil, das ein anderer Kläger ebenfalls anfechten könnte. Allerdings wird man ihm schon wegen § 45 Satz 1 WEG nur gestatten können, in der Berufung die Argumente vorzutragen, die er in seiner Klagebegründung vorgetragen hat. Denn die fehlerhaft unterlassene Verbindung kann nicht die Frist zur Klagebegründung außer Kraft setzen.

H. Das weitere Vorgehen des Gerichts

I. Wegfall von Sonderregelungen

55 Das weitere Vorgehen des Gerichtes richtet sich nach den allgemeinen Regelungen der ZPO. Das WEMoG hat Sonderregelungen wie den Hinweis auf erkennbar vom Kläger übersehene Tatsachen, aus denen sich die Nichtigkeit eines Beschlusses ergibt (§ 46 Abs. 2 WEG a.F.) gestrichen. Während der Verzicht auf diesen überflüssigen Hinweis berechtigt erscheint, gilt anderes für die Beiladung gemäß§ 48 Abs. 1, 2 WEG a.F. Zwar ist dem Gesetzgeber sicherlich darin zuzustimmen, dass mit der Übertragung der Ausübungsbefugnis von Beseitigungs- und Unterlassungsansprüchen auf die Wohnungseigentümergemeinschaft die Gefahr der mehrfachen Inanspruchnahme eines Wohnungseigentümers stark verringert wird (BT-Drs. 19/18791 S. 77. f.). § 48 WEG a.F. sollte aber dem Umstand Rechnung tragen, dass Streitigkeiten gemäß § 43 Nr. 1 WEG a.F. etwa um bauliche Veränderungen die Interessen der anderen Wohnungseigentümer berühren. Diese bleiben im Zwei-Parteien-Prozess nur ungenügend gewahrt.

II. Prüfungsumfang

1. Fortgeltung alter Rechtsprechung

56 Das WEMoG hat zwar das Beschlussrecht in einzelnen Teilbereichen des Wohnungseigentumsrecht, etwa zur baulichen Veränderung massiv verändert. Im Grundsatz ist der Prüfungsumfang jedoch unverändert geblieben. Insoweit kann auf die Rechtsprechung zum alten Recht zurückgegriffen werden. Das Gericht für Wohnungseigentumssachen prüft den Beschluss sowohl in formeller wie in inhaltlicher Hinsicht. In formeller Hinsicht sind insbesondere Fehler beim Zustandekommen eines Beschlusses schädlich. Inhaltlich ist vor allem seine Vereinbarkeit mit der Teilungserklärung und mit höherrangigem Recht sowie die Einhaltung der Grundsätze ordnungsmäßiger Verwaltung zu prüfen. Innerhalb dieses Rahmens kommt der Eigentümerversammlung aber oftmals ein Beurteilungs- oder Ermessensspielraum zu, in den das Gericht nicht eingreifen darf.

2. Recht zur Zeit der Beschlussfassung als Prüfungsmaßstab

57 Maßstab der Prüfung ist die Rechts- und Sachlage zur Zeit der Beschlussfassung (*OLG Hamm* ZMR 2008, 159). Dies gilt auch für neue Beschlusskompetenzen, die mit den Novellen in das Gesetz eingefügt wurden (*OLG Hamm* ZMR 2008, 159; *AG Wiesbaden* ZMR 2008, 165; *Deckert/Kappus* NZM 2007, 751). Denn deren Einführung ändert nichts daran, dass der Eigentümerversammlung für einen entsprechenden Beschluss vor dem 01.07.2007 bzw. 01.12.2020 die Beschlusskompetenz fehlte. Er bleibt daher nichtig, auch wenn er nach neuem Recht gefasst werden könnte und die danach erforderlichen Mehrheiten erreicht wurden.

3. Die Auslegung des Beschlusses durch das Gericht

58 Wie alle rechtlich erheblichen Erklärungen kann das Gericht einen Beschluss der Wohnungseigentümer auslegen. Allerdings erfordert der Schutz des Rechtsverkehrs hier Einschränkungen. Denn insbesondere den nicht auf der Eigentümerversammlung anwesenden Wohnungseigentümern sowie späteren Sonderrechtsnachfolgern kann nicht zugemutet werden, einen möglicherweise mit dem Wortlaut unvereinbaren tatsächlichen Willen der Eigentümerversammlung zu ermitteln. Ansonsten wären Niederschriften und Beschluss-Sammlung letztlich auch vollständig entwertet. Daher gilt der Grundsatz der »objektiv-normativen« Auslegung, wonach das Gericht einen Beschluss ähnlich wie eine Rechtsnorm oder das Grundbuch so auszulegen hat, wie ihn ein objektiver Dritter verstehen würde (*BayObLG* NJW-RR 1986, 1464; NJW-RR 1994, 1104; NJW-RR 2000, 1400; NJW-RR 2004, 1455; ZMR 2005, 388; NJW-RR 2005, 385; *OLG Hamm* NJW-RR 1989, 1161; NJW-RR 1997, 970; *OLG Köln* NJW-RR 2003, 1233; *OLG München* NJW-RR 2005, 599; ZMR 2007, 69; NJW-RR 2007, 1461; *OLG Düsseldorf* ZMR 2006, 297; NJW-RR 2007, 1169f.; *OLG Frankfurt* ZMR 2008, 399). Da dies eine Rechtsfrage ist, sind die Erklärungen der Parteien hierzu nicht bindend (*BayObLG* NJW-RR 1989, 721). Für die Auslegung kann das Gericht nur den Wortlaut von Beschluss und Niederschrift (*OLG Hamm* NJW-RR 2003, 1452; *OLG München* ZMR 2006, 230f.) sowie auch für Dritte erkennbare Umstände, etwa die Beschaffenheit des Grundstücks und der Baulichkeiten (*OLG München* ZMR 2007, 558; *OLG Frankfurt* ZMR 2009, 57) heranziehen, nicht aber für Außenstehende nicht ersichtliche Umstände. Der subjektive Wille einzelner oder mehrerer Eigentümer oder die nicht protokollierte Diskussion auf der Eigentümerversammlung sind daher unerheblich (*OLG Hamm* NJW-RR 1997, 970 f.; ZMR 2007, 296 f.). Soll die Berücksichtigung derartiger Umstände bei der Auslegung möglich sein, müssen sie folglich Eingang in die Niederschrift finden (*BayObLG* NJW-RR 1994, 1104). Wie Grundbucheintragungen können Beschlüsse der Wohnungseigentümer noch vom Revisionsgericht selbständig ausgelegt werden (s. *OLG Frankfurt* ZMR 2008, 399; a.A. für Beschlüsse, die einen abgeschlossenen Einzelfall regeln, *BayObLG* NJW-RR 1994, 1104).

4. Formelle Ordnungsmäßigkeit

a) Einhaltung der Regeln zur Eigentümerversammlung

59 Eine Beschlussfassung kann nicht an beliebigem Ort zu irgendeiner Zeit erfolgen, etwa bei einem zufälligen Treffen von Wohnungseigentümern. Anders als die Gemeinschaft nach §§ 741 ff. BGB kann die Wohnungseigentümergemeinschaft ihren Willen nur in einer formalisierten Versammlung der Miteigentümer bilden. Werden die hierfür in Gesetz und Gemeinschaftsordnung vorgesehenen Regelungen nicht eingehalten, ist ein gleichwohl gefasster Beschluss im Regelfall (nur) anfechtbar. In Ausnahmefällen kann er allerdings auch nichtig sein, wenn der formale Fehler etwa bewusst begangen wurde, um die Wahrnehmung unentziehbarer Mitgliedschaftsrechte zu vereiteln. Hierzu zählt etwa die bewusste Nichtladung missliebiger Wohnungseigentümer durch den Verwalter, die im Gegensatz zu versehentlichen Ladungsfehlern zur Nichtigkeit der auf dieser Versammlung geführten Beschlüsse führen kann (*BayObLG* ZMR 2005, 801 f.; *OLG Köln*, ZMR 2005, 810).

b) Einberufung durch eine hierzu befugte Person

60 Die formelle Ordnungsmäßigkeit eines Beschlusses erfordert zunächst die ordnungsgemäße Einberufung durch eine hierzu befugte Person. Dies ist i.d.R. der Verwalter, in den Fällen des § 24 Abs. 3 WEG auch der Vorsitzende des Verwaltungsbeirats oder sein Stellvertreter bzw. ein durch Beschluss ermächtigter Wohnungseigentümer. Der Beschluss zur Ermächtigung kann durch das Gericht ersetzt werden.

c) Bezeichnung des Beschlussgegenstandes

61 Eine ordnungsgemäße Einberufung erfordert die Bezeichnung des Beschlussgegenstandes, anhand derer sich jeder Wohnungseigentümer ein hinreichend klares Bild über ihren Gegenstand machen

kann. Dies erfordert nicht schon in der Einladung den Beschlussantrag, über den abgestimmt werden soll. Es bedarf aber zumindest einer stichwortartigen Beschreibung des Gegenstandes, über den die Eigentümerversammlung befinden soll.

d) Nichtöffentlichkeit

62 Die Willensbildung der Eigentümerversammlung ist ferner nur dann ordnungsgemäß, wenn sie nicht offen oder verdeckt fremden Einflüssen ausgesetzt ist. Deshalb sind Eigentümerversammlungen grundsätzlich nicht öffentlich. Dies schließt insbesondere die Teilnahme Dritter aus, die nicht zulässigerweise als Bevollmächtigte eines Wohnungseigentümers oder sonstigen Teilnahmeberechtigten auftreten. Darüber hinaus ist aber auch sicherzustellen, dass der Verlauf der Versammlung nicht durch »Zaungäste« verfolgt werden kann. Denn die Beobachtung der Versammlung durch Dritte kann, selbst wenn diese passiv bleiben, das Rede- und Abstimmungsverhalten der Teilnehmer beeinflussen, weil sie sich u.U. nicht mehr ungezwungen zu allen Themen äußern oder Missfallen etwa der Nachbarn über ihr Abstimmungsverhalten zu baulichen Veränderungen fürchten (s.i.E. *Abramenko* Handbuch WEG § 5 Rn. 69 ff.)

e) Beschlussfähigkeit

63 Das WEMoG hat mit der Aufhebung von § 25 Abs. 3 WEG a.F. die Beschlussfähigkeit als formale Voraussetzungen einer ordnungsgemäßen Beschlussfassung gestrichen. Sie ist folglich nur noch dann von Bedeutung, wenn die Gemeinschaftsordnung eine entsprechende Regelung enthält. Dann ist aber zu prüfen, ob sie gemäß § 47 WEG weiterhin Geltung beanspruchen kann.

f) Einhaltung von Formerfordernissen

64 Die Beschlussfassung der Eigentümerversammlung selbst unterliegt keiner bestimmten Form. Sie kann geheim (z.B. durch Stimmzettel), aber auch offen erfolgen. In eindeutigen Fällen genügt die Akklamation. Nach überwiegender, von der Rechtsprechung gebilligter Meinung genügt, wenn niemand widerspricht, sogar die so genannte Subtraktionsmethode. Danach kann es der Versammlungsleiter bei der Frage nach Nein-Stimmen und Enthaltungen bewenden lassen, da der hierauf schweigende Rest dann zwingend den Ja-Stimmen zuzuordnen ist (*BGH* ZMR 2002, 937 ff.). Ebenso bleibt die Nichteinhaltung der Vorgaben zur Niederschrift und zur Beschluss-Sammlung ohne Einfluss auf die Wirksamkeit eines Beschlusses. Die Gemeinschaftsordnung kann aber abweichende Regelungen vorsehen, etwa der Art, dass sie die Protokollierung von Beschlüssen oder die Unterzeichnung der Niederschrift durch bestimmte Wohnungseigentümer zwingend vorschreibt. Verstöße hiergegen führen aber in der Regel nur zur Anfechtbarkeit eines Beschlusses, nicht jedoch zu seiner Nichtigkeit (*OLG Schleswig* ZMR 2006, 721; *OLG München* ZMR 2007, 883 f.; noch großzügiger *OLG Hamm* ZMR 2009, 218). Vorgaben der Gemeinschaftsordnung zur Form der Protokollierung können im Einzelfall aber auch als Voraussetzung für die Wirksamkeit aller oder bestimmter Beschlussfassungen zu verstehen sein. Dies ist jedenfalls dann der Fall, wenn die Bestimmung in der Teilungserklärung erkennen lässt, dass ein Beschluss nur bei korrekter Einhaltung der dort vorgesehenen Form Wirkung entfalten soll (so wohl *OLG Frankfurt* ZMR 2009, 58).

g) Die Unschädlichkeit formeller Fehler

65 Formelle Fehler ziehen nicht zwingend die Ungültigerklärung eines hiervon betroffenen Beschlusses nach sich. Zum Einen kann jeder Wohnungseigentümer auf eine Rüge des formellen Fehlers verzichten (*BayObLG* NJW-RR 1992, 911). Betrifft der formelle Fehler nur einzelne Wohnungseigentümer – etwa bei der versehentlichen Nichtladung – können hiervon nicht betroffene Miteigentümer eine Anfechtung dann nicht mehr hierauf stützen. Ein konkludenter Verzicht auf die Einhaltung der Formvorschriften liegt auch dann vor, wenn alle Wohnungseigentümer an der Eigentümerversammlung teilnehmen (sog. Vollversammlung), ohne den Mangel zu rügen (*OLG Düsseldorf* NJW-RR 1986, 97; *KG* NJW-RR 1991, 213; vgl. *Abramenko* Handbuch WEG § 5 Rn. 105). Zum anderen sind Einberufungsmängel dann unbeachtlich, wenn gleichwohl alle Wohnungseigentümer

erscheinen und keiner den Fehler rügt. Schließlich scheidet eine Ungültigerklärung bei vielen formellen Fehlern aus, wenn sie ohne Einfluss auf die Beschlussfassung waren. Dies ist etwa bei Ladungsmängeln der Fall, wenn der angegriffene Beschluss auch bei korrekter Bezeichnung des Beschlussgegenstandes genauso gefasst worden wäre (*BayObLG* NJW-RR 1992, 911; *OLG Köln* NJW-RR 2001, 89). Allerdings genügen hier keine bloßen Wahrscheinlichkeiten oder große Mehrheiten. Die fehlende Kausalität des Fehlers für die Beschlussfassung muss positiv festgestellt werden (*OLG Köln* ZMR 2009, 627), wofür diejenigen beweisbelastet sind, die den Beschluss verteidigen. Ein häufiges Beispiel hierfür ist der Umstand, dass der versehentlich nicht geladene Wohnungseigentümer bei einstimmig oder mit großer Mehrheit gefassten Beschlüssen selbst nicht angeben kann, was er denn bei ordnungsmäßiger Ladung vorgetragen hätte, um die Miteigentümer zu überzeugen.

5. Materielle Ordnungsmäßigkeit

Jeder Beschluss muss der Gemeinschaftsordnung, höherrangigem Recht und den Grundsätzen einer ordnungsmäßigen Verwaltung entsprechen. Während die Einhaltung der beiden ersten Vorgaben relativ leicht festzustellen ist, lässt sich die Übereinstimmung mit den Grundsätzen ordnungsmäßiger Verwaltung nur im Einzelfall überprüfen. Nach Rechtsprechung und Schrifttum entspricht eine Maßnahme im Rahmen der Bewirtschaftung des gemeinschaftlichen Eigentums ordnungsmäßiger Verwaltung, wenn sie unter Berücksichtigung der besonderen Umstände des Einzelfalls im Interesse der Gesamtheit aller Wohnungseigentümer liegt (*BayObLG* NJW-RR 2004, 1021). Eine genauere Definition erscheint kaum möglich, da sich die völlig verschiedenen Rahmenbedingungen hunderttausender Gemeinschaften nicht auf eine griffige Formel verallgemeinern lassen. So kann die Einstellung eines Hausmeisters, um nur ein Beispiel anzuführen, in größeren Anlagen zwingend geboten sein, während sie in einem Haus mit vier Wohnungen überflüssig erscheint. Selbst bei Anlagen ähnlicher Größe können identische Maßnahmen nach Rücklagen und finanziellen Möglichkeiten der Eigentümer unterschiedlich zu beurteilen sein. Daher muss die Frage, ob ein Beschluss ordnungsmäßiger Verwaltung entspricht, an Kriterien wie dem Kosten-Nutzen-Vergleich, der Finanzlage, der Übereinstimmung mit bau- und ordnungsrechtlichen Vorgaben und der Eigenart der Anlage beantwortet werden. 66

(unbelegt) 67

I. Entscheidung und Rechtsmittel

I. Die erstinstanzliche Entscheidung

1. Ungültigerklärung in Beschlussklagen

a) Entscheidung ohne Gestaltungsspielraum

Das Gericht kann in Anfechtungsklagen nur die Klage abweisen oder den angefochtenen Beschluss für ungültig erklären (bzw. deklaratorisch seine Nichtigkeit feststellen). Es konnte schon nach früherem Recht im Beschlussanfechtungsverfahren weder den Beschluss auf einen zulässigen Inhalt reduzieren noch eine andere sinnvolle Entscheidung an die Stelle des angefochtenen Beschlusses setzen (*OLG Hamm* ZMR 2007, 881; *OLG Hamburg* ZMR 2008, 152). 68

b) Teilungültigerklärung

Allenfalls kann das Gericht einen Beschluss nur teilweise für ungültig erklären, was aber voraussetzt, dass dieser aus abtrennbaren Teilen besteht (*OLG Hamm* ZMR 2007, 881; *OLG Hamburg* ZMR 2008, 153). Das Gericht darf etwa nicht über einzelne Anfechtungs- oder Nichtigkeitsgründe durch Teilurteil befinden (Jennißen/*Suilmann* § 46 Rn. 164). Dies ist nur dann der Fall, wenn bestimmte Teile schlicht gestrichen werden können. Typischer Fall waren früher einzelne Positionen einer Jahresabrechnung (vgl. § 28 Rdn. 101). Nicht möglich sind dagegen Teilanfechtung und Teilungültigerklärung einzelner Einzelabrechnungen, da dies zur rechnerischen Unschlüssigkeit der Jahres- 69 abrechnung führen würde (*OLG München* ZMR 2008, 905). Die Möglichkeit einer inhaltlichen Änderung oder auch nur Umformulierung scheidet dagegen aus.

c) Konstitutive Ungültigerklärung und deklaratorische Nichtigkeitsfeststellung

70 Die erstinstanzliche Entscheidung erklärt den angefochtenen Beschluss konstitutiv für ungültig. Konstitutive Bedeutung kommt auch der Ersetzung der Verkündung eines Beschlussergebnisses zu. Hingegen ist die Feststellung der Beschlussnichtigkeit nur deklaratorischer Natur. Denn die Nichtigkeit eines Beschlusses kann stets, auch inzident etwa im Rahmen einer Leistungsklage geltend gemacht werden. Die Gültigkeit eines Beschlusses ist auf der Grundlage des zur Zeit der Beschlussfassung geltenden Rechts zu beurteilen (*BGH* ZMR 2009, 298). Das Gericht darf nicht offen lassen, ob es die Anfechtungsklage für unzulässig oder für unbegründet hält (*BGH* ZMR 2009, 297). Dieser Unterschied gewinnt allerdings nur dort Bedeutung, wenn die Nichtigkeit eines Beschlusses in Betracht kommt. Denn nur bei einer Klageabweisung als unbegründet kann auch die Nichtigkeit des Beschlusses nicht mehr geltend gemacht werden (s.u. Rdn. 77).

d) Ermessensentscheidungen

70a Weiteren Spielraum hatte das Gericht nach früherem Recht bei Anträgen auf Entscheidung nach billigem Ermessen des Gerichts gemäß § 21 Abs. 8 WEG a.F. Diese Praxis setzt der *BGH* auch nach ersatzloser Streichung dieser Vorschrift fort. Denn der Gesetzgeber hielt sie deshalb für überflüssig, weil dem Gericht ohnehin (nur) dann ein Ermessen zukommt, wenn auch die Eigentümerversammlung ein solches gehabt hätte (BT-Drs. 19/18791 S. 80). Demzufolge übt das Gericht nur das von dieser nicht richtig wahrgenommene Ermessen aus (*BGH*, Urt. v. 16.09.2022 – V ZR 69/21, ZMR 2023, 55, 56 Rn. 9). Das ist schon deswegen möglich, da dem Gericht, das an die Stelle der Eigentümerversammlung tritt, keine geringen Befugnisse zukommen als jener.

II. Rechtsmittel der Wohnungseigentümergemeinschaft

71 Das Rechtsmittel folgt nunmehr gänzlich den allgemeinen zivilprozessualen Regeln. Die Probleme des alten Rechts insbesondere für die Parteistellung der Beklagten, die nicht gegen die Ungültigerklärung vorgehen wollten, haben sich mit dem neuen Recht erledigt. Die Wohnungseigentümergemeinschaft kann stets nur als ganze Berufungsklägerin sein. Ob einzelne Wohnungseigentümer eine Berufung gegen die erstinstanzliche Ungültigerklärung nicht wünschen, ist nur noch eine Frage der internen Willensbildung.

J. Wirkung der Entscheidung über Beschlussklagen (§ 44 Abs. 3 u. 4 WEG)

I. Regelungszweck

72 Nach der Umorientierung des Gesetzes hinsichtlich der Passivlegitimation wird über eine Beschlussanfechtung nunmehr im Zwei-Parteien-Prozess entschieden. Dies würde nach allgemeinen zivilprozessualen Grundsätzen dazu führen, dass das Urteil nur zwischen Anfechtungskläger und Wohnungseigentümergemeinschaft wirkte. Damit käme es zu der unhaltbaren Folge, dass ein Beschluss für einige Wohnungseigentümer wirksam wäre, für andere nicht. Das hätte, wie schon oben zur Prozessverbindung dargelegt, nicht hinnehmbare Konsequenzen. Einer solchen gespaltenen Wirksamkeit von Beschlüssen will bereits die Prozessverbindung nach § 44 Abs. 2 S. 3 WEG entgegenwirken. Zur Vermeidung solcher Unterschiede in der Wirksamkeit von Beschlüssen ordnet § 44 Abs. 3 WEG die Wirksamkeit des Urteiles in Beschlussklagen auch gegen die Wohnungseigentümer an, die nicht Partei der Beschlussklage waren.

II. Erfasste Entscheidungen der Wohnungseigentümer

73 Mit dieser umfassenden Bezugnahme auf alle Beschlussklagen stellt der Gesetzgeber klar, dass nicht nur Entscheidungen in Anfechtungs- und Nichtigkeitsklagen von der Rechtskrafterstreckung erfasst sind. sondern auch die Ersetzung eines Beschlusses. Hingegen gilt § 44 Abs. 3 WEG nicht in sons-

tigen Verfahren wegen der inneren Willensbildung, die früher ebenfalls den Verfahren nach § 43 Nr. 4 WEG a.F. zugerechnet wurden, also etwa auf Feststellung eines bestimmten Beschlussinhalts. Wollen die Parteien hier Rechtssicherheit, müssen sie den anderen Wohnungseigentümern bzw. der Wohnungseigentümergemeinschaft den Streit verkünden. Ebenso wenig gilt § 44 Abs. 3 WEG für Klagen nach § 10 Abs. 2 WEG auf Änderung von Vereinbarungen. Hier bedarf es der Klage gegen alle widerstrebenden Miteigentümer.

III. Nebenintervention nach § 66 ZPO

1. Ausgangslage

74 Die Neuregelung der Passivlegitimation bringt für die »übrigen Wohnungseigentümer«, die nicht schon auf Klägerseite an der Beschlussklage beteiligt sind, eine massive Verschlechterung ihrer prozessualen Position. Nach altem Recht waren sie Partei, weshalb sie jederzeit Vortrag zur Sache zur Akte reichen konnten, den das Gericht zu beachten hatte. Nunmehr sind sie im Zwei-Parteien-Prozess zwischen Beschlusskläger und Wohnungseigentümergemeinschaft Dritte. Nach allgemeinen zivilprozessualen Grundsätzen müsste das Gericht ihr Vorbringen daher gar nicht beachten. Dies wäre kaum hinnehmbar, da ein Beschluss u.U. sogar massiv in ihre Rechte eingreift, etwa bei Änderung des Kostenverteilungsschlüssels oder der Gestattung einer baulichen Veränderung.

2. Möglichkeit der Nebenintervention

a) Beitritt auf Seiten der Wohnungseigentümergemeinschaft

75 Der Gesetzgeber hat gleichwohl von einer speziellen wohnungseigentumsrechtlichen Regelung abgesehen. Wie der Verweis in § 44 Abs. 4 WEG auf die Kosten der Nebenintervention zeigt, sieht er hierin bereits eine ausreichende Abhilfemöglichkeit. Der einzelne Wohnungseigentümer kann dem Rechtsstreit gemäß §§ 66 ff. ZPO auf Seiten der Wohnungseigentümergemeinschaft beitreten (BT-Drs. 19/18791 S. 82). Dies bedarf eines Schriftsatzes nach § 70 ZPO. Da die Rechtskraft der Entscheidung im Hauptprozess auch zwischen dem beigetretenen Wohnungseigentümer und dem Beschlusskläger wirkt, wird er sogar zum streitgenössischen Nebenintervenienten. Er kann mithin eigenen Vortrag zur Akte reichen und ein Versäumnisurteil gegen die Wohnungseigentümergemeinschaft verhindern.

b) Kein Beitritt auf Seiten des Anfechtungsklägers

76 Entgegen der früheren Rechtsprechung des *BGH* (*BGH* v. 27.03.2009 – V ZR 196/08, ZMR 2009, 698, 700), die dieser zu Recht aufgegeben hat (*BGH* v. 26.10.2012 – V ZR 7/12, ZMR 2013, 210, 211), kann ein Wohnungseigentümer indessen nicht auf Seiten des Beschlussklägers in den Prozess eintreten. Hierfür bestand schon nach altem Recht kein Bedarf, woran sich nichts geändert hat. Denn jeder Wohnungseigentümer hat es in der Hand, selbst eine Beschlussklage anzustrengen. Anders als bei den Wohnungseigentümern, die den Beschluss verteidigen wollen, besteht für seinen Gegner also von vorneherein nicht die Gefahr, ohne eigene Einwirkungsmöglichkeiten an die Ergebnisse eines Prozesses zwischen Dritten gebunden zu sein.

3. Wirkung der Klageabweisung bei nichtigen Beschlüssen

77 Anders als § 48 Abs. 4 WEG a.F. enthält das neue Recht keine Regelung zur Wirkung einer Abweisung der Anfechtungsklage bei Nichtigkeit des angegriffenen Beschlusses. Eine rechtliche Änderung ist damit nicht eingetreten. Denn Anfechtungs- und Nichtigkeitsklage haben denselben Streitgegenstand (vgl. Rdn. 3). Nach wie vor ist daher, wenn das Gericht in einer Anfechtungsklage die Fehlerhaftigkeit des Beschlusses verneint, aufgrund desselben Streitgegenstandes auch die Berufung auf seine Nichtigkeit ausgeschlossen. Der Wegfall von § 48 Abs. 4 WEG a.F. ändert hieran nichts, da die Vorschrift nur deklaratorischen Charakter hatte (*BGH*, Urt. v. 13.01.2023 – V ZR 43/22). Wird ein Beschluss umgekehrt durch das Gericht für wirksam erachtet (oder umgekehrt ersetzt), so wird der Rechtsschutz hiergegen ebenfalls nicht durch die Beschlussanfechtung, sondern durch die zivil-

prozessualen Möglichkeiten, mithin durch die Berufung oder im Falle des Versäumnisurteils durch Einspruch gewährleistet. Selbst Nichtigkeitsgründe wie das Fehlen der Beschlusskompetenz können nur auf diesem Wege geltend gemacht werden (*BGH*, Urt. v. 16.02.2018 – V ZR 148/17; ZMR 2018, 608 = NJW-RR 2018, 522 = ZfIR 2018, 405).

IV. Bindung von Rechtsnachfolgern und Grundbucheintragung nach § 10 Abs. 3 WEG

1. Bindung nach §§ 265, 325 ZPO

78 Die Bindung von Gesamtrechtsnachfolgern ergibt sich schon aus allgemeinen Vorschriften wie § 1922 BGB. Für Sonderrechtsnachfolger hat es das WEMoG bei der Regelung des § 10 Abs. 3 WEG belassen. Die Bindung des Sonderrechtsnachfolgers folgt wohl zumindest aus einer analogen Anwendung von §§ 265, 325 ZPO.

2. Kollision von § 44 Abs. 3 WEG und § 10 Abs. 3 S. 1 WEG

a) Eintragung gerichtlich ersetzter Beschlüsse in das Grundbuch

79 Eine Besonderheit ergibt sich allerdings bei Beschlüssen, die aufgrund einer gewillkürten Öffnungsklausel gefasst werden. Wird ein solcher Beschluss im Verfahren nach § 44 Abs. 1 S. 2 WEG durch das Gericht ersetzt, kollidieren nach Auffassung des Gesetzgebers die Normbefehle aus § 44 Abs. 3 WEG und § 10 Abs. 3 S. 1 WEG. Denn nach § 44 Abs. 3 WEG würde die Bindung unmittelbar durch die gerichtliche Entscheidung eintreten, nach § 10 Abs. 3 S. 1 WEG erst nach ihrer Eintragung im Grundbuch. Der Gesetzgeber entscheidet diese Kollision zugunsten des § 10 Abs. 3 S. 1 WEG. Danach soll es sich bei § 10 Abs. 3 S. 1 WEG um die vorrangige Norm handeln. In der Konsequenz wirken auch durch das Gericht ersetzte Beschlüsse erst mit ihrer Eintragung in das Grundbuch gegen den Sonderrechtsnachfolger wirken (BT-Drs. 19/18791 S. 82).

b) Vorgehen bei Beschlussersetzung durch das Gericht

80 Der erfolgreiche Kläger einer Beschlussersetzungsklage sollte den erstrittenen Beschluss schon im Hinblick auf die Gefahr des gutgläubigen Erwerbs (ohne den gerichtlich ersetzten Beschluss) alsbald in das Grundbuch eintragen lassen. Allerdings steht er in diesem Fall vor dem Problem, dass die Eintragung nicht von der Wohnungseigentümergemeinschaft bewilligt werden kann. Denn nicht ihre Rechte sind durch die Änderung des Grundbuches betroffen, sondern diejenigen der Wohnungseigentümer. Selbst wenn man eine gleichzeitige Klage gegen diese auf Abgabe der Bewilligung für möglich hält (Hierzu s. *Lemke/Zimmer* Immobilienrecht 2. Aufl. 2016 § 19 GBO Rn. 23), geht jedenfalls in dieser Konstellation der Vorteil der neuen Passivlegitimation der Wohnungseigentümergemeinschaft in Beschlussklagen verloren.

K. Kostenentscheidung und Kostenfestsetzungsverfahren (§ 44 Abs. 4 WEG)

I. Entfallene Besonderheiten der Kostenentscheidung

81 Nicht nur die Kostengrundentscheidung, sondern auch die Beurteilung, ob einzelne Kosten erstattungsfähig sind, richtet sich nunmehr grundsätzlich nach § 91 ZPO. Mit dem WEMoG wurden frühere Sonderregelungen überwiegend beseitigt. Dies betrifft zunächst **§ 16 Abs. 8 WEG a.F.**, wonach Kosten eines Rechtsstreites nach § 43 WEG a.F. nicht zu den Kosten der Verwaltung gehörten. Im Umkehrschluss stellen somit die Kosten der Wohnungseigentümergemeinschaft für die Durchführung eines Verfahrens nach § 44 WEG Ausgaben dar, die in die Jahresabrechnung einzustellen sind. Der Kläger wird somit nach neuem Recht selbst im Falle seines Obsiegens anteilmäßig mit den Kosten der Wohnungseigentümergemeinschaft belastet. Ersatzlos entfallen ist ferner die von den Berufungsgerichten sehr unterschiedlich gehandhabte Möglichkeit der Kostenentscheidung zulasten des Verwalters nach **§ 49 Abs. 2 WEG a.F.** Materiell-rechtliche Schadensersatzansprüche gegen den Verwalter müssen nunmehr stets in einem getrennten Verfahren nach § 43 Abs. 2 Nr. 3 WEG geltend zu machen (BT-Drs. 19/18791 S. 78).

II. Kosten der Nebenintervention (§ 44 Abs. 4 WEG)

1. Beschränkung der Kosten von Nebenintervenienten

a) Grundsatz

Besonderheiten verbleiben bei der Beteiligung von Wohnungseigentümern im Wege der Nebenintervention. Grundsätzlich trägt die unterlegene Partei auch die Kosten der Nebenintervenienten. Dies wirft das aus dem früheren Recht bekannte Problem wieder auf, dass der Beschlusskläger mit einer Vielzahl von Erstattungsansprüchen rechnen muss. Das neue Recht bietet mit § 44 Abs. 4 WEG eine ähnliche Lösung an wie das alte in § 50 WEG a.F. (BT-Drs. 19/18791 S. 82). Danach sollen die Kosten von Nebenintervenienten nur zu erstatten sein, »wenn die Nebenintervention geboten war.« Damit knüpft der Gesetzgeber bewusst an das frühere Recht an. Die Gebotenheit soll wie nach dem früheren Recht (§ 50 WEG a.F.) zu verstehen sein (BT-Drs. 19/18791 S. 82). 82

b) Die praktische Handhabung bei der Mandatierung mehrerer Anwälte

Nicht ausdrücklich geregelt ist der Fall, dass sich die Beklagten gleichwohl durch mehrere Anwälte vertreten lassen. Hier stellt sich die Frage, ob und nach welchem Schlüssel die Erstattung auf alle rechtsanwaltlich vertretenen Beklagten aufzuteilen ist (hierfür *Elzer/Hügel* § 13 Rn. 252; vgl. *Skrobek* ZMR 2008, 177). Nach dem Sinn der Norm dürfte eine solche Aufteilung der nach § 91 ZPO zu erstattenden Kosten, sei es nach Köpfen oder Miteigentumsanteilen indessen fern liegen (vgl. Jennißen/*Suilmann* § 50 Rn. 16; *Drasdo* ZMR 2008, 268, wonach der gemeinschaftlich bestellte Rechtsanwalt vorrangig ist und ansonsten eine Quotelung vorzunehmen ist). Denn es handelt sich um eine Angelegenheit der Gemeinschaft. Hierüber hat diese aber mit Mehrheit zu befinden. Beschließt die Mehrheit die Mandatierung eines Rechtsanwalts, muss ein Miteigentümer mit abweichenden Vorstellungen diese Mehrheitsentscheidung dulden wie jede andere. Das »Gerechtigkeitsdefizit« (so *Elzer/Hügel* § 13 Rn. 252) dieser zwangsweisen Verpflichtung auf einen Rechtsanwalt ist also normale Folge der Mehrheitsherrschaft. Findet sich der hiermit unzufriedene Miteigentümer nicht ab, muss er die Einschaltung eines eigenen Anwalts selbst tragen. 83

c) Die Rückausnahme

Von der Begrenzung der Kostenerstattung lässt § 44 Abs. 4 WEG eine Rückausnahme zu, »wenn die Nebenintervention geboten war«. Dies kann z.B. bei der besonderen Betroffenheit eines Wohnungseigentümers der Fall sein, etwa bei der Anfechtung eines Beschlusses über die Genehmigung einer baulichen Veränderung. In diesem Fall wird man dem Miteigentümer, der einen kostspieligen Anbau durch einen ebenso kostspieligen Rückbau beseitigen soll, eigenen rechtlichen Beistand zubilligen müssen. Denn die anderen Wohnungseigentümer, die sich etwa nur gegen den Vorwurf einer ungenügenden Bezeichnung des entsprechenden Beschlusses in der versandten Tagesordnung wehren, tragen ein ungleich geringeres Risiko (so auch *Drasdo* ZMR 2008, 268, der auf die unterschiedlichen finanziellen und sonstigen Auswirkungen einer Ungültigerklärung abstellt). In Betracht kommt die Mandatierung eines weiteren Anwaltes auch bei möglichen Interessenkollisionen des ersten (*Drasdo* ZMR 2008, 268); nicht aber die mangelhafte Tätigkeit des ersten Rechtsanwalts, da dies nicht der Gegenseite zur Last fallen darf (*Drasdo* ZMR 2008, 269 zu Recht gegen Jennißen/*Suilmann* § 50 Rn. 9). Persönliche Differenzen zu anderen Wohnungseigentümern oder zum Anwalt genügen aber nicht (*Drasdo* ZMR 2008, 268), ebenso wenig der vom Sitz der Kanzlei weit entfernte Wohnort eines Miteigentümers (*Drasdo* ZMR 2008, 269). Selbst ein unterschiedliches Abstimmungsverhalten von Mehrheitseigentümer und Miteigentümern aufgrund gegensätzlicher Interessenlage soll keine Mandatierung eines weiteren Anwalts rechtfertigen (*BGH*, Beschl. v. 01.07.2021 – V ZB 55/20; MDR 2021, 1056). Insoweit kann keine Rede davon sein, dass »keine Fallkonstellation« existiert, die eine entsprechende Entscheidung rechtfertigt (so aber *Skrobek* ZMR 2008, 176). 84

2. Beschränkung der Kostenlast bei einer Mehrheit von Klägern

85 Hingegen stellen sich die sonstigen Fragen zu § 50 WEG a.F. insbesondere zur Kostenerstattung bei einer Vielzahl von Beschlussklägern nicht mehr. Deren Kostenerstattungsanspruch wird durch § 44 Abs. 4 WEG nicht eingeschränkt, da die Vorschrift ausdrücklich nur die Kosten der Nebenintervention regelt. Denkbar ist allerdings wie nach bisherigem Recht, dass die Kosten nach den Maßstäben des § 91 ZPO nicht notwendig waren. Auch insoweit dürften die zum alten Recht entwickelten Grundsätze fortgelten, wonach es an der Notwendigkeit fehlte, wenn die Kläger zwar durch einen Rechtsanwalt vertreten werden, aber trotzdem jeder Anfechtungskläger eine eigene Klage einreicht (*BGH* ZMR 2011, 50; weiter gehend *LG Düsseldorf* ZMR 2010, 143, das prüft, ob die Mandatierung eines gemeinsamen Anwalts auf Klägerseite möglich oder zumutbar war). Die Entscheidung über diese Frage bleibt allerdings weiterhin dem Kostenfestsetzungsverfahren vorbehalten, so dass hiergegen Beschwerde und Rechtsbeschwerde gemäß §§ 567 ff. ZPO zulässig sind.

3. Aufklärungspflichten des Rechtsanwalts?

86 Das besondere Kostenrisiko wirft die Frage auf, ob der Anwalt seinen Mandanten darüber belehren muss, dass er auch bei einem Obsiegen seine Kosten u.U. nicht erstattet bekommt. Eine gesetzliche Hinweispflicht wie in § 12a Abs. 1 S. 2 ArbGG hat der Gesetzgeber in vorliegendem Zusammenhang nicht normiert. Gleichwohl wurde eine Hinweispflicht im Hinblick auf § 50 WEG bisweilen bejaht (*Drasdo* ZMR 2008, 269), was dann auch bei § 44 Abs. 3 WEG der Fall sein müsste.

4. Die Entscheidung des Gerichts

87 Dem Gericht kommt nach dem Wortlaut der Norm weder bei der Regel der Nichterstattung noch bei der Ausnahme ein Ermessen zu (*Skrobek* ZMR 2008, 177). Es hat lediglich einen Beurteilungsspielraum. Beide Entscheidungen sind somit durch die nächste Instanz und, soweit Rechtsfragen betroffen sind, auch noch in der Revision voll überprüfbar. Das Revisionsgericht ist allerdings an die verfahrensfehlerfrei zustande gekommenen tatsächlichen Feststellungen des Beschwerdegerichts, die es zur Ausfüllung seines Beurteilungsspielraums getroffen hat, gebunden.

III. Das Kostenfestsetzungsverfahren

1. Der Antrag

88 Die Kostenfestsetzung erfolgt nach § 103 Abs. 2 ZPO nur auf Antrag, dem eine Berechnung der Kosten und die zur Rechtfertigung der einzelnen Ansätze dienenden Belege beizufügen sind. Nach § 104 Abs. 2 S. 1 ZPO genügt zur Berücksichtigung eines Ansatzes dessen Glaubhaftmachung, zur Berücksichtigung von Umsatzsteuer nach § 104 Abs. 2 S. 3 ZPO sogar die einfache Erklärung, dass die Beträge nicht als Vorsteuer abgezogen werden können. Dieser Antrag samt Kostenberechnung und Anlagen ist nach § 103 Abs. 2 S. 2 ZPO dem Gegner mitzuteilen.

2. Erstattungsfähige Kosten

a) Anwaltsgebühren und sonstige Kosten zur zweckentsprechenden Rechtsverfolgung

89 Die Erstattungsfähigkeit außergerichtlicher Kosten richtet sich nach § 91 Abs. 1 ZPO. Zu erstatten sind also wie im Zivilprozess nur die zur zweckentsprechenden Rechtsverfolgung oder Rechtsverteidigung erforderlichen Kosten. Dies spielt in anderen Verfahren eine größere Rolle als in Beschlussklagen. Leitet die Eigentümergemeinschaft etwa gegen einen Mehrfacheigentümer wegen jeder Wohnung getrennte Beitreibungsverfahren ein, sind die Mehrkosten nicht erstattungsfähig (*KG* NJW-RR 1992, 1298). Ebenso kann die Beauftragung mehrere Anwälte über die notwendigen und somit erstattungsfähigen Kosten nach § 91 Abs. 1 S. 1 ZPO hinausgehen (*OLG Karlsruhe* ZMR 1996, 226). Zur zweckentsprechenden Rechtsverfolgung oder -verteidigung erforderlich sind gemäß § 91 Abs. 2 S. 1 ZPO stets, auch bei einem Berufsverwalter, die Kosten anwaltlichen Beistands (*OLG Frankfurt/M.* WE 1984, 126; *OLG Köln* NJW 1991, 1303 *KG* WuM 1993, 433). Des Weiteren können

alle weiteren Kosten und Auslagen, die zur Verfahrensführung erforderlich waren, festgesetzt werden, etwa Postentgelte, die Kosten für Bankauskünfte beim Streit um Zahlungen, für amtliche Auskünfte u.Ä. Insoweit kann auf die zu § 91 Abs. 1 ZPO entwickelten Grundsätze zurückgegriffen werden.

b) Sondervergütungen des Verwalters

Sondervergütungen, die dem Verwalter aufgrund vertraglicher Abreden für die Durchführung eines Verfahrens zustehen (vgl. hierzu o. § 26 Rdn. 137), können nach Auffassung des *BGH* nicht im Kostenfestsetzungsverfahren geltend gemacht werden (*BGH* ZWE 2014, 333 = Rpfleger 2014, 553; a.A. *KG* NJW-RR 1989, 330; *OLG Frankfurt/M.* WuM 1990, 458; BayObLGZ 1988, 293; für die Möglichkeit einer Einforderung auch im Hauptsacheverfahren *OLG Köln* NJW 1991, 1302 f.). 90

3. Die Entscheidung über den Kostenfestsetzungsantrag

Über den Antrag entscheidet nach § 21 Nr. 1 RpflG der Rechtspfleger. Er hat dem Antragsgegner grundsätzlich rechtliches Gehör zu gewähren. Dies kann aber im Abhilfeverfahren nachgeholt werden. Der Kostenfestsetzungsbeschluss ist jedenfalls bei Absetzungen oder umstrittenen Ansätzen zu begründen (vgl. *OLG Düsseldorf* Rpfleger 1981, 408). Bei einer Kostentragung nach Quoten kann gemäß § 106 ZPO ein Kostenausgleich vorgenommen werden. Der Kostenfestsetzungsbeschluss ist selbständiger Vollstreckungstitel nach § 794 Abs. 1 Nr. 2 ZPO. 91

IV. Rechtsmittel

1. Die befristete Erinnerung bei einer Beschwer bis 200 €

Gegen die Entscheidung des Rechtspflegers ist somit gemäß § 104 Abs. 3 S. 1 ZPO die sofortige Beschwerde gegeben. Die Mindestbeschwer beträgt seit 2004 nach § 567 Abs. 2 ZPO 200 €. Wird sie nicht erreicht, ist nach § 11 Abs. 2 S. 1 RPflG die befristete Erinnerung zulässig. Dieser kann der Rechtspfleger nach § 11 Abs. 2 S. 2 RPflG nach Anhörung der Gegenseite abhelfen. Tut er dies nicht, hat er die Sache nach § 11 Abs. 2 S. 3 RPflG dem Abteilungsrichter am Amtsgericht vorzulegen, der abschließend entscheidet. Als Rechtsbehelf gegen seine Entscheidung kommt nach allgemeinen Grundsätzen nur die Gegenvorstellung nach § 321a ZPO in Betracht. Ansonsten ist die Entscheidung nicht mehr angreifbar. Wird ein Rechtsmittel trotz Nichterreichens der Mindestbeschwer an die Beschwerdekammer des Landgerichtes weitergeleitet, hat sie dieses grundsätzlich nicht zu verwerfen, auch wenn es fälschlich als »sofortige Beschwerde« bezeichnet ist. Vielmehr ist die Sache (evtl. unter Aufhebung des Vorlagebeschlusses) an das Amtsgericht zur eigenen Entscheidung zurückzugeben. 92

2. Die sofortige Beschwerde

Ist die Mindestbeschwer erreicht, findet gegen die Entscheidung des Rechtspflegers nach § 104 Abs. 3 S. 1 ZPO die sofortige Beschwerde statt. Der Rechtspfleger kann der sofortigen Beschwerde gemäß § 572 Abs. 1 S. 1 ZPO wiederum nach Anhörung des Gegners abhelfen. Hierbei können Verfahrensverstöße wie die fehlende Begründung oder die unterlassene Gewährung rechtlichen Gehörs durch Nachholung der unterbliebenen Amtshandlung geheilt werden. Hilft der Rechtspfleger der sofortigen Beschwerde nicht ab, hat er die Sache der Beschwerdekammer des übergeordneten Landgerichtes vorzulegen. Die korrekte Durchführung des Nichtabhilfeverfahrens ist keine Voraussetzung für die Entscheidung der Beschwerdekammer (*OLG Frankfurt/M.* MDR 2002, 1391; *OLG Stuttgart* MDR 2003, 110). Das Beschwerdegericht hat als Tatsacheninstanz tatsächliche und rechtliche Einwendungen zu berücksichtigen. Hält es die sofortige Beschwerde für begründet, so kann es den Erlass eines neuen Kostenfestsetzungsbeschlusses nach § 572 Abs. 3 ZPO dem Amtsgericht übertragen. Dies kommt insbesondere dann in Betracht, wenn die Behebung eines Fehlers umfangreiche Neuberechnungen erfordert. 93

3. Die Rechtsbeschwerde

94 Gegen die Entscheidung des Beschwerdegerichtes ist die Rechtsbeschwerde nur zulässig, wenn das Beschwerdegericht sie nach § 574 Abs. 1 Nr. 2 ZPO zugelassen hat (*BayObLG* ZMR 2002, 946). Dies schließt nach Auffassung des *BGH* die Übertragung der Sache auf den Einzelrichter aus (*BGH* RPfleger 2003, 374f.). Für die Entscheidung über die Rechtsbeschwerde ist nunmehr der *BGH* zuständig.

4. Vollstreckungsgegenklage

95 Einwendungen, die den Titel selbst betreffen, wie etwa Erfüllung, muss der Schuldner auch im Kostenfestsetzungsverfahren mit der Vollstreckungsgegenklage geltend machen (*BGH* ZMR 2009, 545). Allerdings gilt beim Kostenfestsetzungsbeschluss die Einschränkung des § 767 Abs. 2 ZPO nicht, da streitige Einwendungen wie die Behauptung der Erfüllung im Kostenfestsetzungsverfahren nicht berücksichtigt werden können (*BayObLG* ZMR 2000, 45).

§ 45 Fristen der Anfechtungsklage

Die Anfechtungsklage muss innerhalb eines Monats nach der Beschlussfassung erhoben und innerhalb zweier Monate nach der Beschlussfassung begründet werden. Die §§ 233 bis 238 der Zivilprozessordnung gelten entsprechend.

Übersicht

A. Normzweck

1 Die Wohnungseigentümergemeinschaft soll nach einer Beschlussfassung alsbald Klarheit über deren Bestand erlangen. Dem dienen (knappe) Fristen sowohl zur Erhebung als auch zur Begründung der Anfechtungsklage in § 45 WEG. Die Vorschrift entspricht inhaltlich und weitgehend auch wörtlich der Vorgängernorm (§ 46 Abs. 1 Sätze 2 u. 3 WEG a.F.). Das WEMoG beabsichtigte insoweit keine Änderung gegenüber der früheren Rechtslage. Auf die Rechtsprechung zum früheren Recht kann daher weiterhin uneingeschränkt zurückgegriffen werden.

B. Anwendungsbereich

I. Anfechtungsklage

1. Gesetzliche Regelung

Die Fristen zur Erhebung und Begründung gemäß § 45 S. 1 WEG sind auf die Anfechtungsklage beschränkt. Die Nichtigkeitsklage kann, wie nach früherem Recht, ohne Einhaltung einer Frist erhoben werden. Das folgt bereits aus materiellem Recht, da ein nichtiger Beschluss für und gegen niemanden Rechtswirkungen entfaltet, woran sich auch nach Ablauf eines Monats nichts ändert. Die Nichtigkeit kann folglich auch nach dieser Zeit noch vom Gericht deklaratorisch festgestellt werden. In der Konsequenz hat das Gericht die Nichtigkeit eines Beschlusses, sofern der Parteivortrag hierzu Anlass bietet, auch nach Ablauf der Anfechtungsfrist von Amts wegen zu berücksichtigen. Ebenso wenig ist die Anfechtungsfrist in anderen Streitigkeiten um die innere Willensbildung, etwa im Rahmen einer Klage auf Feststellung des Beschlussinhalts, anwendbar. 2

2. Abweichende Regelungen in der Gemeinschaftsordnung

Umstritten ist, ob abweichende Regelungen in der Gemeinschaftsordnung wirksam sind (vgl. zum Streitstand *Bergerhoff* NZM 2007, 427; *Dötsch* ZMR 2008, 436). Die Argumentation, dass dies schon deswegen ausgeschlossen sei, da nicht nur nach § 10 Abs. 2 WEG die Wohnungseigentümer, sondern auch der Verwalter betroffen sei (so *Bergerhoff* NZM 2007, 427), überzeugte allerdings schon nach altem Recht nicht. Denn das war auch schon nach altem Recht der Fall, obwohl die Abdingbarkeit der Anfechtungsfrist nach § 23 Abs. 4 S. 2 WEG allgemein bejaht wurde (vgl. Bärmann/*Pick/Merle* 9. Aufl. 2003, § 24 Rn. 215 m.w.N.). Nunmehr ist der Verwalter überhaupt nicht mehr zur Anfechtung von Beschlüssen befugt, so dass dieses Argument gänzlich hinfällig ist. Da Dritte nicht betroffen sind und § 45 WEG nicht zu den zwingenden Normen des Wohnungseigentumsrechtes gehört, wird man von einer Abdingbarkeit der Fristen gemäß § 10 Abs. 2 WEG ausgehen müssen. 3

3. Schlichtungsverfahren

Auch wenn die Gemeinschaftsordnung ein Schlichtungsverfahren vorsieht, gilt dies wegen § 45 Satz 1 WEG nicht für Beschlussanfechtungsverfahren. Ansonsten würde die ohnehin schon knappe Anfechtungsfrist nochmals verkürzt (*AG Merseburg* ZMR 2008, 748). Umgekehrt entbindet die überobligatorische Einleitung nicht von der Einhaltung der Monatsfrist. 4

II. Beschlussersetzungsklage

1. Vorgängiger Negativbeschluss

Die Anfechtungsfrist des § 45 Satz 1 WEG gilt nach dem Wortlaut der Norm nur für Anfechtungsklagen. Wer einen Beschluss erstreiten will, kann die Beschlussersetzungsklage also grundsätzlich ohne Einhaltung einer Frist nach Vorbefassung der Eigentümerversammlung erheben. Denn ein bloßer Negativbeschluss entfaltet nach Rechtsprechung des *BGH* keine Bindungswirkung (s. etwa *BGH* v. 17.05.2019 – V ZR 34/18; NJW-RR 2019, 976). Die Anfechtungsfrist des § 45 Satz 1 WEG gilt erst recht nicht, wenn die Eigentümerversammlung trotz Beschlussantrages keine Entscheidung in der Sache getroffen, die Sache etwa von der Tagesordnung genommen oder vertagt hat. Denn dann war sie vorbefasst und hatte Gelegenheit zur Entscheidung, ohne sie wahrzunehmen. 5

2. Vorgängiger positiver Beschluss

Anderes gilt, wenn sich die Eigentümerversammlung mit dem Beschlussantrag beschäftigt und hierüber einen positiven Beschluss fasst, der aber hinter dem Beschlussantrag zurückbleibt. Dann liegt ein positiver Beschluss vor, der Bindungswirkung erzeugt. Der Antragsteller müsste sich dann ohne Anfechtung mit dieser hinter seinem Antrag zurückbleibenden Beschlussfassung zufriedengeben und könnte infolge der Bestandskraft auch im Beschlussersetzungsverfahren keinen weitergehenden 6

Beschluss mehr erstreiten. In diesen Fällen gilt somit die Anfechtungs- und Begründungsfrist für die Anfechtung des ungenügenden Beschlusses. Hält der Kläger aber diese Frist mit der Anfechtungsklage ein, kann er die Klage auf Beschlussersetzung gemäß § 44 Abs. 1 S. 2 WEG noch nachträglich erheben oder erweitern.

C. Die Klagefrist

I. Fristberechnung

7 Die Ungültigerklärung muss wie nach altem Recht binnen eines Monats nach der Beschlussfassung bzw. bei schriftlichen Beschlüssen nach deren Verkündung beantragt werden (*Hügel/Elzer* § 13 Rn. 132). Die Frist berechnet sich nach §§ 187, 188 BGB. Sie beginnt mit der Beschlussfassung zu laufen, die i.d.R. dem Datum der Eigentümerversammlung entspricht und wird auch durch Einreichung der Klage bei einem unzuständigen Gericht gewahrt (Jennißen/*Suilmann* § 46 Rn. 99; zur Verweisung s. § 43 Rdn. 37). Die Frist kann auch vom Gericht nicht verlängert werden (*Bergerhoff* NZM 2007, 427; *Dötsch* ZMR 2008, 436).

II. Fristwahrung

1. Einreichung der Klageschrift

8 Zur Fristwahrung genügt es, wenn die Klageschrift innerhalb der Anfechtungsfrist bei Gericht eingeht. Hingegen soll die fristgerechte Zustellung einer formell mangelhaften, etwa nicht gegen die richtigen Beklagten gerichteten Klageschrift nicht ausreichend sein (*AG Charlottenburg* ZMR 2008, 2).

2. Die Rückwirkungsfiktion gemäß § 167 ZPO

a) Bedeutung

9 Dem Kläger kommt die Rückwirkungsfiktion des § 167 ZPO zugute, wenn seine Klage noch vor Ablauf der Monatsfrist bei Gericht eingeht, aber erst danach zugestellt wird (*BGH* ZMR 2009, 299). Allerdings erfordert dies die demnächstige Zustellung (vgl. BT-Drs. 16/887, 37). Die Rückwirkungsfiktion nach § 167 ZPO setzt nach neuem Recht nicht nur voraus, dass die Sache noch innerhalb der Monatsfrist bei Gericht eingeht. Entgegen früherer Rechtsprechung (*BayObLG* NZM 2001, 143, 144; *OLG Köln* ZMR 2001, 661 f.; *OLG Zweibrücken* ZMR 2003, 452; *OLG Hamm* ZMR 2005, 806; *KG* ZMR 2006, 66) wird das Gericht jetzt auch bei Beschlussanfechtungen nur noch dann tätig, wenn der Kostenvorschuss rechtzeitig eingezahlt wird. Die auf Beschlussanfechtungsverfahren angewandte Regelung des § 8 Abs. 2 S. 2 KostO, wonach es »nicht angebracht erscheint«, die Zustellung von der Zahlung des Kostenvorschusses abhängig zu machen, kann auf Zivilprozesse nach § 43 WEG keine Anwendung mehr finden. Entgegen bisweilen geäußerter Auffassung (*Elzer/Hügel* § 13 Rn. 178) kann das Gericht die frühere Praxis nicht unter Berufung auf § 12 Abs. 1 S. 1 GKG fortführen. Denn § 12 Abs. 1 S. 1 GKG gibt nur ein Ermessen für den Einzelfall, etwa bei drohender Verjährung. Es geht aber nicht an, diese dem Regelfall zuwiderlaufende, nur für Ausnahmen bestimmte Ermessensausübung auf eine bestimmte Art von Klagen insgesamt auszudehnen. Dies hätte der Gesetzgeber regeln müssen. Im Übrigen liefe eine solche Handhabung auch der erklärten Absicht (z.B. BT-Drs. 16/887, 12 u. 14) zuwider, staatliche Ressourcen durch den Übergang in den Zivilprozess zu schonen. Bei verspäteter Einzahlung des Vorschusses ist die nicht mehr demnächstige Zustellung also im Gegensatz zur früheren Praxis nicht mehr vom Gericht zu vertreten.

b) Anforderungen an den Kläger zur Wahrung der Frist

10 Die Rückwirkungsfiktion des § 167 ZPO setzt voraus, dass der Anfechtungskläger den Kostenvorschuss rechtzeitig auf Anforderung einzahlt. Nach früher ganz h.M. war die Einzahlung verspätet, wenn sie nicht binnen zwei Wochen nach Aufforderung zur Einzahlung des Vorschusses erfolgt

(*BGH* ZMR 2009, 299; *LG Nürnberg-Fürth* ZMR 2009, 76 f.; *LG Berlin* ZMR 2009, 391; *AG Bonn* ZMR 2008, 246; ausdrücklich gegen eine großzügige Handhabung bei geringfügigen Überschreitungen *LG Hamburg* ZMR 2009, 396). Der *BGH* hat diese Zeitspanne dahingehend verlängert, dass die durch den Kläger verursachte Verspätung der Zustellung einen Zeitraum von ca. 14 Tagen nicht überschreitet. Zudem soll dem Kläger für die Einzahlung des Kostenvorschusses ein Zeitraum von etwa einer Woche zukommen (*BGH*, Urt. v. 17.05.2019 – V ZR 34/18). Die Aufforderung zur Zahlung des Kostenvorschusses darf der Kläger abwarten (*LG Hamburg* ZMR 2009, 396; *AG Bonn* ZMR 2008, 246). Er muss auch nicht schon in der Klageschrift Angaben zum Streitwert machen (*LG Berlin* ZMR 2009, 391). Fragt das Gericht aber wegen des Streitwertes an, hat der Kläger hierauf zügig zu reagieren (*LG Berlin* ZMR 2009, 391; für eine Bearbeitungsfrist von einer Woche *LG Hamburg* ZMR 2009, 397). Werden die Kosten nicht angefordert, muss der Kläger nicht tätig werden (so aber *Bergerhoff* NZM 2007, 426). Insbesondere trifft ihn keine Pflicht zur Nachfrage nach dem Stand des Verfahrens, auch nicht analog § 204 Abs. 2 BGB binnen sechs Monaten. Der Anfechtungskläger darf auf eine ordnungsgemäße Wahrnehmung der Amtspflichten durch das Gericht vertrauen (*BGH*, Beschl. v. 07.04.2022 – V ZR 165/21; NZM 2022, 512 = GE 2022, 643). Führt allerdings ein vom Kläger verschuldeter Umstand dazu, dass die Klage nicht demnächst zugestellt wird, ist sie nicht mehr gemäß § 167 ZPO fristgerecht (im Ergebnis ebenso *AG Wiesbaden* ZMR 2008, 581; *Niedenführ/Kümmel/Vandenhouten* § 46 Rn. 40). Durch das Gericht verschuldete Verzögerungen schließen die Rückwirkungsfiktion des § 167 ZPO aber nach wie vor nicht aus (*LG Nürnberg-Fürth* ZMR 2008, 739; *LG Köln* ZMR 2009, 633).

c) Fristwahrung durch Einreichung eines Prozesskostenhilfegesuchs

Besonders problematisch gestaltet sich die Wahrung der Monatsfrist, wenn der Kläger meint, den 11
Prozess nicht aus eigenen Mitteln finanzieren zu können. Teilweise wird in Anlehnung an die gesellschaftsrechtlichen Anfechtungsklagen vertreten, dass die Stellung eines Prozesskostenhilfeantrags zur Fristwahrung genügt (so *Niedenführ/Kümmel/Vandenhouten* § 46 Rn. 45; Jennißen/*Suilmann* § 46 Rn. 98 u. Voraufl. § 46 Rn. 6). Die Gegenauffassung meint, in diesen Fällen komme nur die Wiedereinsetzung nach §§ 233 ff. ZPO in Betracht (*Dötsch* NZM 2008, 311f.). Da beide Wege vertretbar erscheinen, entspricht es dem Gebot des fairen Verfahrens, dass ein Gericht seinen Standpunkt offenlegt, wenn es die Wiedereinsetzungslösung bevorzugt. Denn dann muss gemäß § 233 ZPO binnen zwei Wochen nach der Entscheidung über das PKH-Gesuch ein Antrag auf Wiedereinsetzung gestellt werden. Gleiches gilt für die Versäumung der Klagebegründungsfrist (*Dötsch* NZM 2008, 312). Der Anwalt sollte diese Anträge, wenn ihm die Auffassung des Gerichts nicht bekannt ist, schon aus anwaltlicher Vorsicht stellen. Innerhalb derselben Frist muss nach § 236 Abs. 2 S. 2 ZPO die unterlassene Handlung nachgeholt, hier also eine den Anforderungen des § 253 ZPO genügende Klage eingereicht werden (*Dötsch* NZM 2008, 312).

3. Folgen der Fristversäumung

Obwohl die Frist im Verfahrensrecht geregelt ist, soll es sich gleichwohl um eine materiell-rechtliche 12
Ausschlussfrist handeln (BT-Drs. 16/887, 38; *BGH* ZMR 2009, 297; *LG Berlin* ZMR 2009, 392 f.; *LG Köln* ZMR 2009, 633; *AG Hamburg* ZMR 2009, 232). Wird die Anfechtungsfrist versäumt, ist die Klage also nicht unzulässig, sondern unbegründet (*BayObLG* NJW-RR 1990, 211; 1991, 977; 2001, 1593f.; *LG Nürnberg-Fürth* ZMR 2009, 77; *AG Hamburg* ZMR 2009, 232), was auch die Berufung auf die Nichtigkeit des Beschlusses ausschließt (vgl. o. § 44 Rdn. 77). Diese Rechtsfolge tritt unabhängig davon ein, ob sich die Beklagten hierauf berufen (*Dötsch* ZMR 2008, 436). Bei einer Mehrheit von Anfechtungsklagen soll die Fristversäumung durch einzelne Kläger trotz der notwendigerweise einheitlichen Entscheidung zur Abweisung nur der verspäteten Klage führen können (*BGH* ZMR 2009, 700; *Jennißen/Suilmann* § 46 Rn. 170).

D. Die Frist zur Klagebegründung

I. Rechtsnatur

13 Mit der Überführung der Wohnungseigentumssachen in das ZPO-Verfahren muss die Beschlussanfechtung wie jede Klage begründet werden. Ansonsten ist sie mangels Schlüssigkeit unbegründet (*AG Bonn* ZMR 2008, 246f.; *Dötsch* ZMR 2008, 437; a.A. *Hügel/Elzer* § 13 Rn. 154, wonach § 46 Abs. 1 S. 2 WEG a.F. eine Sachurteilsvoraussetzung darstellen soll, deren Nichteinhaltung zur Unzulässigkeit der Klage führt – wohl nicht mit allgemeinen zivilprozessualen Grundsätzen vereinbar). Denn es handelt sich um eine materiell-rechtliche Frist (*BGH* ZMR 2009, 298; ZMR 2009, 698; *LG Dessau-Roßlau* ZMR 2008, 324; *AG Hamburg* ZMR 2009, 232). Dies kann allerdings gerade in Verfahren nach § 43 Abs. 2 Nr. 4 WEG besondere Schwierigkeiten bereiten. So kann ein nicht auf der Versammlung anwesender Kläger wesentliche Tatsachen etwa zu Beschlussfähigkeit, Ausschlüssen von der Abstimmung o.Ä. erst aus der Niederschrift erfahren, die ihm u.U. erst Wochen nach der Versammlung zugeht (BT-Drs. 16/887, 73). Deshalb gestattet § 45 Satz 1 WEG bei Anfechtungsklagen, die Klagebegründung binnen 2 Monaten nach der Beschlussfassung nachzureichen. Maßgeblich ist der Eingang bei Gericht, da § 167 ZPO keine Anwendung findet und die unvorhersehbare Bearbeitungsdauer der Begründung durch Gericht und Post nicht dem Kläger zum Nachteil gereichen darf (Jennißen/*Suilmann* § 46 Rn. 103; *Dötsch* ZMR 2008, 437). Wie bei der Anfechtungsfrist (s.o. Rdn. 2) erfasst auch die Begründungsfrist nicht alle Verfahren nach § 43 Abs. 2 Nr. 4 WEG. So können Nichtigkeitsgründe noch nach ihrem Ablauf vorgetragen werden (Jennißen/*Suilmann* § 46 Rn. 105; *Briesemeister* ZMR 2008, 254). Mit Rechtskraft des Urteils kann aber auch hier nicht mehr die Nichtigkeit des Beschlusses geltend gemacht werden (vgl. o. § 44 Rdn. 77).

II. Anforderungen an eine fristwahrende Begründung

1. Darlegung des konkreten Anfechtungsgrundes

14 Die Begründung muss nicht als solche bezeichnet werden, um dem Begründungserfordernis des § 46 Abs. 1 S. 2 WEG Genüge zu tun (*BGH* ZMR 2009, 698). Sie muss aber den konkreten Lebenssachverhalt, auf den sich die Anfechtung stützt, mindestens seinem wesentlichen Kern nach innerhalb der Frist des § 45 WEG darlegen (*BGH* ZMR 2009, 298; ZMR 2009, 699; *AG Bonn* ZMR 2008, 246f.; *AG Konstanz* ZMR 2008, 496; *AG Hamburg* ZMR 2009, 232; *Bergerhoff* NZM 2007, 428). Pauschale Ausführungen der Art, dass der angegriffene Beschluss »rechtswidrig« sei »ordnungsmäßiger Verwaltung« widerspreche o.Ä. genügen nicht (*LG Lüneburg* ZMR 2009, 636f.; *AG Bonn* ZMR 2008, 246f.; *AG Hamburg* ZMR 2009, 232). Es genügt nicht, wenn sich der Anfechtungsgrund nur aus den Anlagen ergibt (*BGH* ZMR 2009, 299). Auch eine schlagwortartige Bezeichnung genügt in der Regel nicht (*BGH* ZMR 2009, 699). Rügte der Kläger die nach altem Recht fehlende Beschlussfähigkeit der Versammlung, genügte der einfache Hinweis hierauf nicht. Er hatte vielmehr darzulegen, ob dies seiner Auffassung nach auf unzureichenden Vollmachten, ungenügender Präsenz von Wohnungseigentümern, der Berücksichtigung nicht Stimmberechtigter o.a. beruht (*BGH* ZMR 2009, 698). Ähnliches soll für Fehler der Abrechnung gelten, die im Einzelnen darzulegen sind (*LG Lüneburg* ZMR 2009, 637). Selbst der Vortrag, die beschlossene Verwaltervergütung sei überhöht, soll nicht genügen, vielmehr soll Vortrag zu vergleichbaren Vergütungen erforderlich sein (*LG Lüneburg* ZMR 2009, 637 – sehr weitgehend). Für die gerichtliche Abberufung des Verwalters genügt die Darlegung, dass die Auskunft erteilt wurde, eine Beschluss-Sammlung liege nicht vor (*AG München* ZMR 2009, 645). Dann trifft den Verwalter eine sekundäre Beweislast, dass in Wirklichkeit doch eine Beschluss-Sammlung geführt werde (*AG München* ZMR 2009, 645). Wie alle Prozesshandlungen unterliegt sie noch der Prüfung durch das Revisionsgericht (*BGH* ZMR 2009, 698).

2. Vortrag nach Ablauf der Begründungsfrist

Ein Nachschieben neuer Anfechtungsgründe ist nach h.M. ausgeschlossen (*BGH* ZMR 2009, 298; ZMR 2009, 700; *LG Nürnberg-Fürth* ZMR 2009, 319; *AG Konstanz* ZMR 2008, 497; *AG Lichtenberg* ZMR 2008, 578; *AG Hamburg* ZMR 2009, 232; *Bergerhoff* NZM 2007, 428; a.A. mit guten Gründen *Briesemeister* ZMR 2008, 257ff.; *Dötsch* ZMR 2008, 438f.). Zulässig ist nur eine Präzisierung des bisherigen Sachvorbringens (*AG Hamburg* ZMR 2009, 232) oder der Anträge (*Dötsch* ZMR 2008, 436). Dies betrifft aber nur den Tatsachenvortrag; Rechtsausführungen können bis zur Verkündung einer Entscheidung nachgereicht werden, da das Gericht die Rechtslage ohnehin bis zu diesem Zeitpunkt von selbst zu prüfen hat (*AG Saarbrücken* ZMR 2009, 561). Unbestrittenes neues Vorbringen kann aber wohl berücksichtigt werden (vgl. *LG Nürnberg-Fürth* ZMR 2009, 319). Vorschläge, die Möglichkeit zuzulassen, die Begründungsfrist bei Zustimmung der Beklagten analog § 520 Abs. 2 S. 2 ZPO zu verlängern (*Hügel/Elzer* § 13 Rn. 155), haben sich nicht durchgesetzt (vgl. *LG Dessau-Roßlau* ZMR 2008, 325; *LG Hamburg* ZMR 2008, 415; *Dötsch* ZMR 2009, 301; *Bergerhoff* NZM 2007, 427; *Dötsch* ZMR 2008, 437). Selbst die irrtümliche Verlängerung der Frist durch das Gericht bleibt wirkungslos (*LG Dessau-Roßlau* ZMR 2008, 324 f.; *AG Wernigerode* ZMR 2008, 88). Erst recht sind Vereinbarungen der Parteien wirkungslos (*Bergerhoff* NZM 2007, 427). Die rechtzeitige Begründung der Anfechtungsklage durch einen Streitgenossen kommt nach deren Rücknahme den verbleibenden Klägern nicht zugute (*BGH* ZMR 2009, 699f.). Schon mangels Begründung wird auch die frühere Praxis, bei verspäteter Übersendung des Protokolls vorsorglich alle Beschlüsse anzufechten, kaum mehr fortgeführt werden können (*Briesemeister* ZMR 2008, 255; im Ergebnis ebenso, aber mit der Möglichkeit der Einsicht in die Beschluss-Sammlung argumentierend *LG Hamburg* ZMR 2009, 73). 15

III. Die Wiedereinsetzung

1. Die Regelung der Wiedereinsetzung

Bereits nach früherem Recht war in der Rechtsprechung anerkannt, dass bei unverschuldeter Versäumung der Anfechtungsfrist Wiedereinsetzung gewährt werden kann. Einige Stimmen zogen diese h.M. allerdings deswegen in Zweifel, weil bei Versäumung einer materiell-rechtlichen Frist nicht nach verfahrensrechtlichen Vorschriften Wiedereinsetzung gewährt werden könne. Diesen Streit beseitigte bereits § 46 Abs. 1 S. 3 WEG a.F., indem die zivilprozessualen Vorschriften der §§ 233 bis 238 ZPO ausdrücklich für anwendbar erklärt werden (vgl. *Hügel/Elzer* § 13 Rn. 138). Diese Regelung wurde in § 45 Satz 1 WEG übernommen. Zugleich stellt die systematische Stellung dieser Verweisung klar, dass auch gegen die Versäumung der Klagebegründungsfrist Wiedereinsetzung gewährt werden kann. Dies setzt freilich einen Antrag in der Frist des § 234 Abs. 1 S. 1 ZPO voraus (vgl. *LG Nürnberg-Fürth* ZMR 2009, 319). Nur dann, wenn die versäumte Handlung bereits vorgenommen oder nachgeholt wurde, kann auch ohne Antrag Wiedereinsetzung gewährt werden. 16

2. Voraussetzungen der Wiedereinsetzung

a) Wiedereinsetzungsgründe

Inhaltlich änderte sich durch die Anwendbarkeit der §§ 233 ff. ZPO gegenüber dem Verfahren in der freiwilligen Gerichtsbarkeit wenig, da die dortigen Voraussetzungen für eine Wiedereinsetzung § 22 Abs. 2 FGG weitgehend entsprechen. Die Wiedereinsetzung stellt nach wie vor hohe Anforderungen an die unverschuldete Kenntnis des Beschlusses. Wiedereinsetzung ist etwa zu gewähren, wenn der Beschluss weder korrekt angekündigt noch rechtzeitig protokolliert wurde. Denn dann muss der Wohnungseigentümer mit der Beschlussfassung nicht rechnen (*BayObLG* NJW-RR 1989, 656; *OLG Düsseldorf* NJW-RR 1995, 464; *KG* NJW-RR 1996, 845; 1997, 777). Folglich trifft ihn mangels Kenntnis kein Verschulden gemäß § 233 ZPO. Hingegen ist die verspätete Zusendung der Niederschrift kein Wiedereinsetzungsgrund (*BayObLG* NJW-RR 1991, 977; *OLG Düsseldorf* NJW-RR 1995, 464; *KG* NJW-RR 1996, 845). Da eine Verpflichtung des Verwalters zur Versendung der Niederschrift kraft Gesetzes nicht besteht, ist der Wohnungseigentümer 17 ohne abweichende Regelung in Teilungserklärung oder Verwaltervertrag gehalten, sich selbst beim Verwalter über die gefassten Beschlüsse zu informieren (*BayObLG* NJW-RR 1989, 656; 1991, 977; *OLG Düsseldorf* NJW-RR 1995, 464; *KG* NJW-RR 1997, 777). Ebenso wenig ist die weisungswidrige Ausnutzung einer Vollmacht ein Wiedereinsetzungsgrund (*KG* NJW-RR 1997, 777). Auch Arbeitsüberlastung rechtfertigt die Wiedereinsetzung nicht (*BayObLG* NJW-RR 2003, 1666). Nach Änderung von Instanzenzug und Rechtsmitteln war von besonderer Bedeutung, dass weder die Unkenntnis des Rechtsmittels, das der Anwalt i.Ü. selbst zu prüfen hat (*OLG München* ZMR 2007, 560), noch des Rechtsmittelgerichts (*OLG Zweibrücken* ZMR 2006, 160) Wiedereinsetzungsgründe sind. Auch das Verschulden eines gesetzlichen Vertreters, etwa des Geschäftsführers einer Verwaltergesellschaft, wird dieser zugerechnet (*BayObLG* NJW-RR 1997, 1373). Die Grundsätze zur Versäumung der Einlegungsfrist finden entsprechend auf die Versäumung der Frist zur Klagebegründung Anwendung. Wird etwa keine Niederschrift angefertigt oder kann der Kläger seine Anfechtungsklage unverschuldet aus anderen Gründen erst nach dieser Frist begründen, ist ihm gemäß § 45 Satz 2 WEG Wiedereinsetzung nach §§ 233 ff. ZPO zu gewähren (vgl. *Elzer* ZMR 2009, 256f. auch für einzelne Anfechtungsgründe). Hingegen ist das Abwarten auf eine Bescheidung eines Antrags auf Verlängerung der Begründungsfrist nach § 45 Satz 1 WEG kein Wiedereinsetzungsgrund, da diese Frist nicht verlängert werden kann (*LG Dessau-Roßlau* ZMR 2008, 325).

b) Die Bedeutung der Beschluss-Sammlung

18 Nochmals verschärft wurden die Voraussetzungen für eine Wiedereinsetzung durch die Einführung der Beschluss-Sammlung. Insbesondere wird die früher praktizierte vorsorgliche Anfechtung aller Beschlüsse bei ungenügender Information über evtl. anstehende Beschlussfassungen nun nicht mehr ohne Weiteres für zulässig befunden, da sich der Wohnungseigentümer zunächst anhand der Beschluss-Sammlung über eventuell gefasste Beschlüsse zu informieren hat (*LG München I* NJW 2008, 1823 f.; *LG Hamburg* ZMR 2009, 73; *AG Düsseldorf*, Urt. v. 05.02.2018 – 290a C 90/17; MietRB 2018, 275; anders noch Jennißen/*Suilmann* § 46 Rn. 87 u. 122). Auch die Unsicherheit darüber, ob überhaupt ein Beschluss gefasst wurde, stellt keine unverschuldete Fristversäumung dar, da der Wohnungseigentümer Einsicht in die Beschluss-Sammlung nehmen und dann vorsorglich die Ungültigerklärung beantragen kann (*OLG München* ZMR 2007, 995).

Teil 4 Ergänzende Bestimmungen

§ 46 Fehlende Veräußerungszustimmung

Fehlt eine nach § 12 erforderliche Zustimmung, so sind die Veräußerung und das zugrundeliegende Verpflichtungsgeschäft unbeschadet der sonstigen Voraussetzungen wirksam, wenn die Eintragung der Veräußerung oder einer Auflassungsvormerkung in das Grundbuch vor dem 15. Januar 1994 erfolgt ist und es sich um die erstmalige Veräußerung dieses Wohnungseigentums nach seiner Begründung handelt, es sei denn, dass eine rechtskräftige gerichtliche Entscheidung entgegensteht. Das Fehlen der Zustimmung steht in diesen Fällen dem Eintritt der Rechtsfolgen des § 878 des Bürgerlichen Gesetzbuchs nicht entgegen. Die Sätze 1 und 2 gelten entsprechend in den Fällen der §§ 30 und 35 des Wohnungseigentumsgesetzes.

Literatur

Pause, Das Gesetz zur Heilung des Erwerbs von Wohnungseigentum NJW 1994, 501; *F. Schmidt*, Heilung möglich? Gedanken zum Beschluss des *BGH* vom 21.02.1991 WE 1991, 280.

Übersicht

A. Allgemeines

Die Vorschrift entspricht § 61 in der bis zum 30.11.2020 geltenden Fassung. In der ursprünglichen Fassung regelte § 61 noch die »Einheitsbewertung« von Wohnungseigentum. § 61 a.F. wurde durch das SteuerbereinigungsG vom 14.12.1984 (BGBl. I, 1493) aufgehoben. Die Nachfolgeregelung des § 61 wurde durch das Gesetz zur Heilung des Erwerbs von Wohnungseigentum vom 03.01.1994 (BGBl. I, 66) eingefügt. 1

B. Zweck

Die Vorschrift war erforderlich geworden, nachdem der *Bundesgerichtshof* mit seinem Beschl. v. 21.02.1991 (BGHZ 113, 374 = Rpfleger 1991, 246 = ZMR 1991, 230) bei einer eingetragenen Veräußerungsbeschränkung gem. § 12 die Zustimmung des Verwalters zu einer Erstveräußerung durch den teilenden Eigentümer auch im Fall des § 8 für erforderlich hielt. Die bis dahin ganz herrschende Auffassung (vgl. *BayObLG* Rpfleger 1988, 95; *OLG Frankfurt am Main*, Rpfleger 1990, 254 = ZMR 1990, 188; *KG* Rpfleger 1988, 480) ging davon aus, es könne nicht angenommen werden, der teilende Eigentümer wolle sich bei der Erstveräußerung des von ihm geschaffenen Wohnungseigentums selbst den Beschränkungen des § 12 unterwerfen. Diese Auslegung wurde nur dann nicht mehr als gerechtfertigt angesehen, wenn sich der teilende Eigentümer infolge eines längeren verstrichenen Zeitraumes erkennbar in die Wohnungseigentümergemeinschaft eingefügt hatte (so *LG Wuppertal* Rpfleger 1985, 190; *LG Köln* MittRhNotK 1988, 209). Demgegenüber gelangte der *BGH* in seiner am Wortlaut der vorliegenden Grundbucheintragung orientierten Auslegung zu dem Ergebnis, dass eine zeitliche Aufteilung des Zustimmungserfordernisses bis zur Einordnung des teilenden Eigentümers in die Gemeinschaft mit den für die Auslegung von Grundbucherklärungen maßgeblichen Grundsätzen unvereinbar sei und eine Zustimmungsfreiheit nur dann angenommen werden könne, wenn sie auch ausdrücklich vereinbart worden sei (BGHZ 113, 374 = Rpfleger 1991, 246 = ZMR 1991, 230). Damit war in der Praxis eine große Zahl von Veräußerungen trotz inzwischen vollzogener Grundbucheintragung als schwebend unwirksam anzusehen (vgl. § 12 Rdn. 96; *BGH* ZMR 2012, 972), da Notare und Grundbuchgerichte sich der vormaligen Ansicht der Obergerichte angeschlossen hatten. Der mit der Heilungsvorschrift des § 61 verfolgte Zweck diente damit nicht nur der **Beseitigung** der entstandenen **Rechtsunsicherheit**, sondern auch der **Abwendung** sonst denkbarer **Haftungsansprüche** gegenüber Notaren und Grundbuchgerichten (Bärmann/*Göbel* § 46 Rn. 1; Weitnauer/*Lüke* § 61 Rn. 2). 2

C. Anwendungsbereich

Nach dem Wortlaut des § 46 wird nicht zwischen einer Teilungserklärung gem. § 8 und einem Teilungsvertrag unter Miteigentümern gem. § 3 unterschieden. Der Normzweck lässt jedoch eine Heilung nur dann gerechtfertigt erscheinen, wenn die erstmalige Veräußerung eines Wohnungseigentums im Wege der sog. Vorratsteilung gem. § 8 – vielfach durch einen Bauträger – erfolgt ist, weil nur in diesen Fällen trotz einer vereinbarten Veräußerungsbeschränkung die Zustimmung gem. § 12 für entbehrlich gehalten wurde (*KG* Rpfleger 1995, 17; Bärmann/*Göbel* § 46 Rn. 3; Weitnauer/*Lüke* § 61 Rn. 3; **a.A.** *Pause* NJW 1994, 501, 502). Bei der Begründung von Wohnungseigentum gem. § 3 wurde schon seit jeher auch eine Erstveräußerung als zustimmungsbedürftig angesehen (vgl. *BayObLG* NJW-RR 1987, 270 = Rpfleger 1987, 16; *OLG Hamburg* OLGZ 1982, 53). 3

Die Vorschrift bezieht sich ausschließlich auf **Altfälle.** Die **Eintragung der Veräußerung** oder einer **Auflassungsvormerkung** muss vor dem 15.01.1994 erfolgt sein. Für die Zeit danach kommt eine Heilung nicht mehr in Betracht; die geänderte Rechtsprechung des *BGH* wird insoweit als bekannt vorausgesetzt. *Bärmann/Göbel* (§ 46 Rn. 4) befürwortet wegen einer planwidrigen Regelungslücke die entsprechende Anwendung der §§ 878, 892 Abs. 2 BGB (a.A. Jennißen/*Abramenko* § 46 Rn. 10). Danach wäre für die Stichtagsregelung der Zeitpunkt der **Antragstellung** maßgeblich, sofern bis auf die fehlende Zustimmung alle übrigen Eintragungsvoraussetzungen vorgelegen haben und die Eintragung nachfolgte. 4

D. Wirkung

5 Die Regelung erklärt sowohl das zugrunde liegende Verpflichtungsgeschäft als auch den sachenrechtlichen Vollzug im Rahmen der Erstveräußerung **rückwirkend** für **wirksam**, soweit ihnen vereinbarungswidrig nicht zugestimmt wurde (ebenso Bärmann/*Göbel* Rn. 1; *Hügel/Elzer* § 46 Rn. 1; a.A. Jennißen/*Abramenko* Rn. 14: ex nunc). Nachfolgende Erwerbsvorgänge bedürfen keiner Heilung, da sie nach der Regelung entweder vom Berechtigten oder in Gemäßheit des § 892 BGB erfolgen (Weitnauer/*Lüke* § 61 Rn. 4). Die Heilungswirkung kann allerdings nur dann eintreten, wenn die Veräußerung auch bei Inkrafttreten des Gesetzes noch schwebend unwirksam war (*BGH* NJW 2012, 3232 = ZMR 2012, 972). Andere Voraussetzungen und entgegenstehende gerichtliche Entscheidungen bleiben unberührt. Gerichtliche Entscheidungen müssen Bindungswirkung inter omnes entfalten (Bärmann/*Göbel* § 46 Rn. 6) oder zu einer rechtskräftigen Abweisung des Grundbucheintragungsantrags geführt haben (Bärmann/*Göbel* § 46 Rn. 6; Jennißen/*Abramenko* § 46 Rn. 12)

6 Mit der Regelung des Satzes 2 wird erreicht, dass auch Verfügungsbeschränkungen auf Veräußererseite unter den ansonsten vorliegenden Voraussetzungen des § 878 BGB den Rechtserwerb – trotz der an sich entgegenstehenden schwebenden Unwirksamkeit – nicht beeinträchtigen (Jennißen/*Abramenko* § 46 Rn. 14; a.A. Bärmann/*Göbel* § 46 Rn. 9: »überflüssige Norm«).

7 S. 3 erstreckt die Heilungswirkung auf Wohnungs- und Teilerbbaurechte (§ 30) sowie Dauerwohn- und -nutzungsrechte (§ 35).

§ 47 Auslegung von Altvereinbarungen

Vereinbarungen, die vor dem 1. Dezember 2020 getroffen wurden und die von solchen Vorschriften dieses Gesetzes abweichen, die durch das Wohnungseigentumsmodernisierungsgesetz vom 16. Oktober 2020 (BGBl. I S. 2187) geändert wurden, stehen der Anwendung dieser Vorschriften in der vom 1. Dezember 2020 an geltenden Fassung nicht entgegen, soweit sich aus der Vereinbarung nicht ein anderer Wille ergibt. Ein solcher Wille ist in der Regel nicht anzunehmen.

Literatur:
M. Falkner, Das Übergangsrecht des WEMoG, ZWE 2021, 149-155; *K. Reinke*, Was wird aus Altvereinbarungen und -beschlüssen? MK 2021, 030-034; *Riecke*, Case-Law zum Übergangsrecht des WEMoG, ZWE 2023, 350; *Skauradszun*, Neuausrichtung der Verwaltung in der vollrechtsfähigen WEG, ZRP 2020, 34; *Skauradszun/Harnack*, Das Zusammenspiel der Organe nach dem WEMoG am Beispiel der Veräußerungsbeschränkung AnwZert MietR 13/2020, Anm. 1; *Skauradszun*, Der Beschluss als Rechtsgeschäft, 2020.

Übersicht

A. Grundsätzliches

I. Normzweck

Der Gesetzgeber (vgl. BT-Drs. 19/18791, S. 84, 85) wollte Folgendes erreichen: § 47 WEG soll sicherstellen, dass die geänderten Vorschriften des WEG in der Regel auch in den Gemeinschaften gelten, in denen Wohnungseigentum vor Inkrafttreten der Änderungen begründet worden ist. Die Vorschrift bewirkt, dass Vereinbarungen, die vor Inkrafttreten der Änderungen getroffen wurden, der Anwendung der geänderten Vorschriften nur dann entgegenstehen, wenn sich ein entsprechender Wille aus der Vereinbarung mit hinreichender Deutlichkeit ergibt. 1

Eine solche Vorschrift ist notwendig, da viele Gemeinschaftsordnungen den Wortlaut des bei ihrer Errichtung geltenden Gesetzes wiederholen. In der Regel wird damit nicht bezweckt, dass diese Vorschriften auch gegenüber späteren Gesetzesänderungen Vorrang genießen. Vielmehr soll die Wiederholung gesetzlicher Vorschriften in der Gemeinschaftsordnung in der Regel nur den Wohnungseigentümern und dem Verwalter die Lektüre des Gesetzes ersparen. Problematisch ist jedoch, dass es bei späteren Gesetzesänderungen zu einem zumindest formalen Widerspruch von Gemeinschaftsordnung und geändertem Gesetz kommen kann. Nach allgemeinen Grundsätzen müsste im Wege der Auslegung geklärt werden, ob eine abweichende Vereinbarung im Sinne des § 10 Abs. 1 S. 2 WEG vorliegt. Den mit einer solchen Auslegung verbundenen Unsicherheiten begegnet § 47 WEG. 2

Eine abweichende Vereinbarung, die der Anwendung der geänderten Vorschriften entgegensteht, ist nach § 47 Satz 1 WEG nur anzunehmen, wenn sich aus der Vereinbarung der Wille ergibt, dass die Vereinbarung auch gegenüber künftigen Gesetzesänderungen Vorrang genießen soll. Aufgrund der negativen Formulierung hat derjenige, der einen solchen Willen behauptet, diesen Willen zu beweisen. Der Wille muss sich dabei aus der Vereinbarung selbst ergeben. Nach § 47 Satz 2 WEG ist das im Regelfall nicht anzunehmen. Im Einzelfall ist es aber nicht ausgeschlossen, dass sich ein solcher Wille aus einer Vereinbarung und ihrem Kontext mit hinreichender Deutlichkeit ergibt. 3

Funktional tritt § 47 WEG an die Stelle der geltenden §§ 12 Abs. 4 S. 2, 16 Abs. 5 WEG a.F. und § 22 Abs. 2 S. 2 WEG a.F. Diese Vorschriften ordnen die Unabdingbarkeit einzelner Vorschriften an, die nachträglich in das WEG eingefügt wurden. Auch dadurch wird sichergestellt, dass die neuen gesetzlichen Vorschriften Vorrang vor bereits bestehenden Vereinbarungen genießen. Allerdings wird durch die Anordnung der Unabdingbarkeit die im WEG grundsätzlich bestehende Gestaltungsfreiheit empfindlich eingeschränkt und zwar sowohl für die Vergangenheit als auch für die Zukunft. Dagegen lässt die in § 47 WEG vorhandene Vermutungsregel privatautonomen Entscheidungen hinreichenden Raum und ist deshalb vorzugswürdig. §§ 12 Abs. 4 S. 2, 16 Abs. 5 WEG a.F. und § 22 Abs. 2 S. 2 WEG a.F. haben im WEMoG daher keine Entsprechung mehr. 4

II. Regelungsgehalt

§ 47 WEG gehört systematisch zu § 10 Abs. 1 WEG und wäre besser dort verortet worden (*Hügel/Elzer* 4. Aufl. § 47 Rn. 1 a.E.; BeckOK WEG/*Elzer* § 47 Rn. 1). Da durch eine inhaltsgleiche Neufassung der Altvereinbarung der Wille der gegenwärtigen Mitglieder der Gemeinschaft verwirklicht werden könnte, wird die Regelung von *Krafka* kritisiert (MüKo-BGB 9. Aufl. 2023 Band 8 Sachenrecht § 47 WEG Rn. 6). 5

§ 47 WEG schafft eine »vermutete dynamische Verweisung« (*BGH*, Urt. v. 17.03.2023 – V ZR 140/22, ZMR 2023, 556 Rn. 17; *Falkner* ZWE 2021, 150 r. Sp.; *Hügel/Elzer* 4. Aufl. § 47 Rn. 4; BeckOGK/*Skauradszun* § 47 Rn. 1 und 10, spricht von »typisierender Auslegung der Altvereinbarung«) auf die Normen des WEMoG, das in der Regel auch für vor dem 01.12.2020 errichtete Gemeinschaften gelten soll (BeckOK WEG/*Elzer* § 47 Rn. 2). Das WEMoG arbeitet nicht wie die 6

Reform von 2007 mit zwingenden Normen, die jeder Altvereinbarung vorgehen, sondern mit einer bloßen Auslegungsregel. Ein Wiederaufleben von Alt-Vereinbarungen vor dem 01.07.2007 ist nicht gewollt (*Falkner* ZWE 2021 151 r. Sp.). Nur wenn die Altvereinbarung von der damaligen/früheren Rechtslage in einer Weise abweicht, dass ein dauerhafter eigenständiger Regelungsgehalt anzunehmen ist, geht die Altvereinbarung dem WEMoG vor (*Greiner* Wohnungseigentumsrecht 5. Aufl. § 7 Rn. 55).

7 Es ist auszulegen, ob die Wohnungseigentümer tatsächlich von den Vorschriften des damals aktuellen WEG abweichen wollten oder die Vereinbarung – auch ohne dynamischen Verweis – auf die Vorschriften des WEG in ihrer jeweils aktuellen Fassung Bezug nehmen. Bei dieser Auslegung setzt § 47 WEG an und nimmt eine typisierende Auslegung zugunsten des neuen Rechts vor (BeckOGK/*Skauradszun* § 47 Rn. 10).

8 Die Gestaltungsfreiheit der Wohnungseigentümer, durch Vereinbarung etwas vom Gesetz Abweichendes zu bestimmen, soll für die Vergangenheit und die Zukunft gestärkt werden, hierbei ergeben sich Vereinbarungsgrenzen aber z.B. aus § 9b Abs. 1 S. 3, § 11 Abs. 1 S. 2, § 17 Abs. 3 und § 26 Abs. 5 (BeckOK WEG/*Elzer* § 47 Rn. 3).

III. Anwendungsbereich

9 Auch wenn Regelungen in Gemeinschaftsordnungen schon mal als so »stabil wie die ägyptischen Pyramiden« (*Falkner* ZWE 2021, 149) bezeichnet werden, so wirkt § 47 WEG dem entgegen. Er gilt für alle wirksamen schuldrechtlichen Vereinbarungen vor dem 01.12.2020. Insoweit gelten insbesondere vorrangig die §§ 13 Abs 2, 14, 16 Abs. 2 Satz 2 (vgl. *BGH*, Urt. v. 22.03.2024 – V ZR 81/23, ZMR 2024, 679; a.A. *AG Clausthal-Zellerfeld*, Urt. v. 21.02.2023 – 44 C 5/22, ZMR 2023, 505 und *LG Braunschweig*, Urt. v. 13.10.2023 – 6 S 47/23, ZMR 2024, 326), 18 Abs. 1 und 4, 19 Abs. 2 Nr. 6, 20, 21, 23 Abs. 1 Satz 2, Abs 3, 24 Abs. 2, 3 und 4, 25 Abs. 3, 27, 28, 29 Abs. 1 und 3 WEG. Ob diese Alt-Vereinbarungen von den Wohnungseigentümern nach § 5 Abs. 4 S. 1 WEG zum Inhalt des Sondereigentums gemacht worden waren, ist für die Anwendung des § 47 Satz 1 WEG unerheblich (BeckOK WEG/*Elzer* § 47 Rn. 4). Als Änderung durch das WEMoG einzuordnen ist dabei auch der ersatzlose Wegfall einer Vorschrift wie § 25 Abs. 3 und 4 WEG a.F. (so Staudinger/*Wobst* 2023 § 47 Rn. 9).

10 Die Überleitungsvorschrift des § 47 WEG greift nicht ein, wenn der Kostenverteilungsschlüssel in der Vereinbarung bzw. Gemeinschaftsordnung der gesetzlichen Neuregelung gerade nicht zuwiderläuft. Wenn der Text einer solchen Vereinbarung auch nicht eine vormals geltende und nunmehr überholte gesetzliche Regelung wiedergibt oder darauf Bezug nimmt, dann kommt es auf die Ermittlung eines etwa entgegenstehenden Willens der Gemeinschaft der Wohnungseigentümer nicht an (*AG Erfurt*, Urt. v. 22.06.2022 – 5 C 1260/21, ZMR 2022, 826 Juris Rn. 54; dazu *Dötsch*, jurisPR-MietR 19/2022 Anm. 4).

11 § 47 erfasst hingegen keine Altbeschlüsse (*Hügel/Elzer* 4. Aufl. § 47 Rn. 5) und damit nicht diejenigen Rechtsgeschäfte, die innerhalb einer Beschlussprozedur aufgrund mindestens einer, meist aber vieler gleichgerichteter Willenserklärungen entstanden sind. Bei diesen gilt daher nicht die Auslegungsregelung des § 47 WEG, sondern die Auslegungsgrundsätze für Beschlüsse (BeckOGK/*Skauradszun* § 47 Rn. 7).

12 Für einen Sonderfall der Altbeschlüsse hat der Gesetzgeber in der Gesetzesbegründung ausgeführt, dass diese mit Inkrafttreten des WEMoG ihre Wirkung verlören, nämlich für Vergemeinschaftungs-Beschlüsse, die bislang auf § 10 Abs. 6 S. 3 Halbs. 2 WEG a.F. gestützt wurden (so jetzt wenig überzeugend *LG Düsseldorf*, Urt. v. 21.09.2022 – 25 S 1/22, ZMR 2023, 64). Nach diesem (fragwürdigem) Verständnis bedarf es für Beschlüsse, die ohnehin für die Zukunft ihre Wirkung verlieren, auch keiner Auslegungsfrist wie § 47 WEG (BeckOGK/*Skauradszun* § 47 Rn. 9).

13 Das bisherige Recht wird auch als obsoletes Recht nicht unwirksam. Eher passt der Grundsatz aus dem öffentlichen Recht, wonach allein der Wegfall einer Ermächtigungsgrundlage die Wirksamkeit

einer darauf gegründeten Rechtsnorm unberührt lässt. Andernfalls wäre auch das nach Art. 20 Abs. 3 GG geschützte Vertrauen im Hinblick auf retroaktiv wirkende Gesetze erschüttert. Demnach bleiben getroffene Vergemeinschaftungsbeschlüsse erhalten; dies gilt auch dann, wenn sie bei Inkrafttreten des neuen WEG noch nicht bestandskräftig sind. Zum Übergangsrecht ist das letzte Wort somit noch nicht gesprochen (so *Bruns* AnwZert MietR 13/2020 Anm. 2 unter IV.). Der auf Grundlage von § 10 Abs. 6 S. 3 Halbs. 2 WEG a.F. gefasste Beschluss dürfte als Rechtsgeschäft bestehen bleiben. Denn rechtsgeschäftlich ist nicht ersichtlich, warum das einmal zustande gekommene Rechtsgeschäft tatbestandlich aufgehoben würde (BeckOGK/*Skauradszun* § 47 Rn. 9.2.). Der Gesetzgeber stellt sich offenbar vor, dass die Aufhebung von § 10 Abs. 6 S. 3 Halbs. 2 WEG a.F. gleichbedeutend mit dem Erlass eines gesetzlichen Verbots sei. Es handelt sich nicht um ein Verbotsgesetz, wenn eine rechtsgeschäftliche Gestaltungsfreiheit von vornherein eingeschränkt ist. Nur weil ab 01.12.2020 rechtsgeschäftlich aber eine Gestaltung nicht mehr möglich ist, ist das Schweigen des Gesetzes hierzu nicht automatisch ein gesetzliches Verbot (BeckOGK/*Skauradszun* § 47 Rn. 9.3.). Es ist nicht ersichtlich, dass das bloße Aufheben von § 10 Abs. 6 S. 3 Halbs. 2 WEG a.F. zu alledem auch noch ein Verbotsgesetz mit echter Rückwirkung darstellt. Eine solche Rückwirkung müsste im Gesetz explizit vorgesehen werden, was eindeutig nicht der Fall ist. Im Übrigen wäre allenfalls denkbar, dass noch nicht vollzogene Vergemeinschaftungs-Beschlüsse nun nicht mehr vollzogen werden könnten, wenn ab 01.12.2020 der Vollzug gegen ein gesetzliches Verbot verstieße, was jedoch gerade nicht der Fall ist (BeckOGK/*Skauradszun* § 47 Rn. 9.4.).

IV. Rechtsfolge

§ 47 WEG bewirkt im Regelfall, dass die Altvereinbarungen ab 01.12.2020 zurzeit nicht anwendbar sind. Das WEMoG überlagert diese Altvereinbarungen ähnlich wie die HeizkostenV das BGB bzw. abweichende Regelungen in Mietverträgen. Sollten künftig korrespondierende Normen des WEMoG geändert oder ganz aufgehoben werden, sind die entsprechenden Altvereinbarungen wieder beachtlich. § 47 WEG bewirkt gerade nicht, dass diese Altvereinbarungen wegen eines Gesetzesverstoßes nichtig werden/sind und gar zu einer Unrichtigkeit des Grundbuchs führen könnten (*Hügel/Elzer* 4. Aufl. § 47 Rn. 8; BeckOK WEG/*Elzer* § 47 Rn. 14, 15; *Becker/Schneider* ZfIR 2020, 281 [307]). 14

V. Prozessrecht

1. Darlegungs- und Beweislast

Behauptet eine Prozesspartei, dass eine – ihr günstige – Altvereinbarung, die unter § 47 WEG fällt, für das Verhältnis der Wohnungseigentümer untereinander anwendbar ist, muss sie dies nach § 47 S. 2 WEG beweisen (*Hügel/Elzer* 4. Aufl. § 47 Rn. 17; MüKo-BGB/*Krafka* § 47 WEG Rn. 3). § 47 Satz 2 WEG ist eine gesetzliche Vermutung (vgl. § 292 S. 1 ZPO). Dies folgt schon aus der Negativformulierung »soweit (...) nicht«. Im Regelfall muss das Gericht aber in keine Beweisaufnahme eintreten, sondern nach der Darlegung der Ausnahme die Altvereinbarung objektiv-normativ auslegen (BeckOGK/*Skauradszun* § 47 Rn. 14). Der Beweis des Gegenteils einer gesetzlichen Vermutung ist häufig zulässig, den vollen Gegenbeweis zu erbringen aber meist schwer (BeckOGK/*Skauradszun* § 47 Rn. 15). 15

2. Feststellungsklage; Passivlegitimation

Besteht unter den Wohnungseigentümern ein prozesserheblicher Streit, ob eine Altvereinbarung fortgilt oder wegen § 47 WEG die Normen des WEMoG gelten, kann nach § 256 Abs. 1 ZPO auf Feststellung geklagt werden. Diese Klage unterfällt § 43 Abs. 2 Nr. 1 WEG und ist gegen die anderen Wohnungseigentümer zu richten. § 44 Abs. 2 S. 1 WEG ist nicht entsprechend anwendbar (*Hügel/Elzer* 4. Aufl. § 47 Rn. 18; BeckOK WEG/*Elzer* § 47 Rn. 22). 16

B. Einzelfälle

I. Abweichung vom WEMoG

17 Der Kläger verkaufte sein Sondereigentum. Die Gemeinschaftsordnung sieht hierfür die Zustimmung des Verwalters vor (Fall nach *AG Heidelberg*, Urt. v. 19.03.2021 – 45 C 2/21, ZMR 2021, 523). Insoweit gilt unverändert § 12 Abs. 1 WEG: *»Als Inhalt des Sondereigentums kann vereinbart werden, dass ein Wohnungseigentümer zur Veräußerung seines Wohnungseigentums der Zustimmung anderer Wohnungseigentümer oder eines Dritten bedarf.«* § 47 WEG ist hier **nicht** einschlägig. Ob der Verwalter als »Dritter« nach dem 01.12.2020 noch der richtige Beklagte ist oder er in der Gemeinschaftsordnung nur als Organ des Verbandes genannt wurde, ist eine hiervon unabhängige Frage. Das *AG Heidelberg* (Urt. v. 19.03.2021 – 45 C 2/21, ZMR 2021, 523) sieht zu Unrecht weiterhin den Verwalter als passivlegitimiert an; die zutreffende Gegenauffassung vertritt insbesondere *Skauradszun* (in: SEHR Die WEG-Reform 2020 § 1 Rn. 107 ff.; so jetzt auch *BGH*, Urt. v. 21.07.2023 – V ZR 90/22, ZMR 2023, 900). Diese Altvereinbarung muss nach § 47 im Lichte des WEG n.F. ausgelegt werden. Sie sollte nun so zu verstehen sein, dass sie der Anwendung der neuen § 18 Abs. 1 WEG und § 19 Abs. 1 WEG nicht entgegensteht. Nach dem neuen System der §§ 18, 19 WEG handelt es sich bei der Prüfung und Erteilung bzw. Nichterteilung der Zustimmung in der Regel und im Zweifel um eine Aufgabe des Verbands (GdWE). Denn bei einem Eigentümerwechsel ist nicht nur das Sondereigentum, sondern auch die Gemeinschaft der Wohnungseigentümer (GdWE) insgesamt betroffen. Ist aber die GdWE nach § 18 Abs. 1 WEG zuständig, entscheidet im Innenverhältnis die GdWE als Willensbildungsorgan (BeckOGK/*Skauradszun* § 47 Rn. 6).

18 Altvereinbarungen gelten unabhängig von § 47 WEG fort, wenn diese Regelungsgegenstände betreffen, die inhaltlich unverändert geblieben sind (auch wenn sie nach Inkrafttreten des WEMoG einen anderen Platz im WEG erhalten haben; vgl. *Hügel/Elzer* 4. Aufl. § 47 Rn. 6; BeckOK WEG/*Elzer* § 47 Rn. 5) oder zu denen das neue WEG (wie das frühere Recht auch) keine explizite inhaltliche Aussage trifft.

▶ **Beispiele:**

- ☐ Vereinbarte Umlageschlüssel/Kostentragungsregelungen/Erhaltungspflichten
- ☐ Vereinbarte Zustimmung zu baulichen Veränderungen (Dachgeschossausbau, etc.)
- ☐ Vereinbarungen zu Details der Erhaltungsrücklage
- ☐ Vereinbarungen zu Mehrhausanlagen/Untergemeinschaften
- ☐ Vereinbarte Gebrauchs- und Nutzungsregelungen/Hausordnung/Sondernutzungsrechte
- ☐ Vereinbarte Nebenregelungen zu Wirtschaftsplan und Jahresabrechnung (außerhalb § 28 WEG)
- ☐ Anpassungs-Vereinbarungen (vereinbarte sog. Öffnungsklauseln)
- ☐ Vereinbarte Zustimmungsrechte oder -pflichten des Verwalters (bauliche Veränderungen/Vermietung)

II. Wiederholung des bisher gültigen Rechts/WEG

20 Ungeschriebene Tatbestandsvoraussetzung des § 47 WEG ist nicht etwa, dass die zu betrachtende Vereinbarung den Wortlaut des alten Gesetzes wiederholt (wie hier *Hügel/Elzer* 4. Aufl. § 47 Rn. 7 a.E.; **a.A.** allerdings *LG Lüneburg*, Beschl. v. 31.01.2023 – 3 S 29/22, ZMR 2023, 500; *Becker/Schneider* ZfIR 2020, 281 [307] und BeckOK WEG/*Elzer* § 47 Rn. 6). Das würde die typische »Lesehilfe« (MüKo-WEG/*Krafka* § 47 Rn. 3) auch überbewerten und den gesetzlichen Anwendungsbereich stark reduzieren.

21 In der Regel ist nicht anzunehmen, dass für die Altvereinbarung der Wille bestand, von denjenigen Vorschriften auch künftig abzuweichen (insbesondere § 18 WEG n.F.), mit denen das alte System geändert wurde (insbesondere § 20 Abs. 1 a.F.). Insbesondere ist kein Wille anzunehmen, dass der geltende § 18 Abs. 1 WEG nicht angewendet werden soll. Beispiel: In einer Altvereinbarung wird von § 20 Abs. 1 WEG aF abgewichen, wonach bestimmte Teile des gemeinschaftlichen Eigentums

nur von bestimmten Wohnungseigentümern verwaltet werden. § 20 Abs. 1 WEG aF wurde durch das WEMoG geändert. Die Altvereinbarung steht der Anwendung des neuen § 18 Abs. 1 WEG nicht entgegen, soweit sich aus der Vereinbarung nicht ein anderer Wille ergibt. Ein solcher Wille ist in der Regel nicht anzunehmen (§ 47 Satz 2 WEG). Daher dürfte etwaigen kritischen Stimmen nicht nachgegeben werden, die den typisierten Verbandszweck damit zu unterlaufen versuchten, dass sie den Verbandszweck nur als treuhänderische Aufgabe zugunsten der Bruchteilseigentümer auslegen, mithin nicht den Verband in das konzeptionelle Zentrum rücken wollen, sondern – wie einst 1951 – die Wohnungseigentümer als Bruchteilseigentümer. Eine solche Auslegung wäre rechtshistorisch noch nachvollziehbar, seit dem WEMoG jedoch eine Auslegung contra legem (so BeckOGK/*Skauradszun* § 18 Rn. 13 unter Kritik von *AG Heidelberg* ZMR 2021, 523 = ZWE 2021, 269 m. krit. Anm. *Hogenschurz*; BeckOGK/*Skauradszun* § 47 Rn. 5).

Hier kommt es für die Beurteilung, ob ein »Versteinerungswillen« bei Abschluss der Altvereinbarung bestand – sofern es nicht um einen Systemwechsel geht (Bsp: neue Verbandsstruktur; privilegierte bauliche Veränderungen) – darauf an, wie der Gesetzestext des WEG im Zeitpunkt des Abschlusses der konkreten Vereinbarung lautete. 22

Einen anderen (abzulehnenden) Ansatz verfolgt das *LG Itzehoe* (Urt. v. 15.07.2024 – 11 S 25/23, ZMR 2024, 879 : Bei der Prüfung nach § 47 WEG, ob eine Altvereinbarung nach dem 30.11.2020 noch fortgilt, ist darauf abzustellen, ob der Altvereinbarung ein von dem aktuellen Rechtsstatus maßgeblich abweichender individueller Regelungsgehalt zukommt. In solchen Fällen ist die Vermutung des § 47 S. 2 WEG widerlegt. Maßgebend für die Fortgeltung einer Altvereinbarung ist nicht deren Vergleich mit der seinerzeitigen, sondern mit der aktuellen Rechtslage. 22a

Die Gegenansicht vertreten: *AG München*, Urt. v. 13.10.2022 – 1293 C 365/22, ZMR 2023, 158; Lehmann-Richter/Wobst WEG-Reform 2020 § 19 Rn. 2043 ff.; *Riecke* ZWE 2023, 350, 356. 22b

Der Versteinerungswille einer Altvereinbarung kann nämlich (entgegen *LG Itzehoe*, s.o.) nicht allein aus der Sicht späterer Gesetze beurteilt werden. Es kommt primär auf altes und auch auf neues WEG-Recht an. Es geht schlicht darum, ob aus der Altvereinbarung selbst herausgelesen werden kann, dass sie damals bereits bestimmten (meist gegenläufigen, zumindest nicht in dieselbe Richtung gehenden) Gesetzesänderungen gegenüber künftig Bestand haben will. Die gesetzliche Vermutung des § 47 S. 2 WEG gilt bereits dann, wenn die Altvereinbarung gegenüber der damaligen Gesetzeslage herabgesetzte Anforderungen für die Zulässigkeit von baulichen Veränderungen postuliert, wenn diese Anforderungen im neuen Recht (vgl. §§ 20, 21 WEG) aber noch weiter herabgesetzt wurden.

Meist wird es darauf hinauslaufen, ob die Regelung nach der Ursprungsfassung des WEG oder der ab 01.07.2007 gültigen Norm zu beurteilen ist. So betrug gem. § 24 Abs. 4 Satz 2 WEG die Frist zur Einberufung einer Eigentümerversammlung – sofern nicht ein Fall besonderer Dringlichkeit vorliegt – bis 30.06.2007 eine Woche; ab 01.07.2007: zwei Wochen und ab 01.12.2020 drei Wochen (vgl. *Greiner* WE-Recht § 7 Rn. 56 unter Bsp. zu c)). 23

Wenn die Gemeinschaftsordnung aus der Zeit **vor** dem 01.07.2007 eine Ladungsfrist von 8 Tagen vorsieht (maßgeblich sollte die Aufgabe zur Post sein), so gilt für Eigentümerversammlungen ab 01.12.2020 die aktuelle Ladungsfrist von drei Wochen gemäß der gesetzlichen Vermutung des § 47 WEG . Nach *AG Ludwigshafen* (Beschl. v. 16.03.2021 – 2p C 37/21, ZMR 2021, 525) gilt für eine marginal abweichende Formulierung gegenüber dem Recht bei Abschluss der Vereinbarung: »Soweit eine Partei darauf abhebt, dass 8 Tage nicht mit einer Woche gleichzusetzen seien, steht dies in Anbetracht von § 47 Satz 2 WEG der Anwendung der derzeitigen gesetzlichen Regelung nicht entgegen. Zum einen bestimmt die Teilungserklärung, dass die Einladung 8 Tage vor der Eigentümerversammlung zur Post gegeben werden muss, so dass der Eingang dann beim jeweiligen Eigentümer üblicherweise sieben Tage vor der Eigentümerversammlung erfolgt, zum anderen ist es jedenfalls im süddeutschen Sprachraum üblich für »in einer Woche« auch »in 8 Tagen« zu sagen, was angeblich ein Relikt aus römischer Zeit sein soll, als der Anfangstag und der Schlusstag mitgezählt wurden.« Selbst wenn die Vereinbarung auch inhaltlich – hier z.B. um einen Tag – abwiche, brächte dies doch 24 schon vom Wortlaut und der Auslegung her keinen »Versteinerungswillen« hinreichend klar und deutlich zum Ausdruck. Denn eine solche Vereinbarung lässt keinen Willen zur Fortgeltung ungeachtet späterer gesetzlicher Neuregelungen erkennen (vgl. *Elzer* in: SEHR Die WEG-Reform 2020 § 14 Rn. 7).

25 Für die Altvereinbarung ist das bei deren Abschluss geltende WEG maßgeblich; wann z.B. die Eintragung im Grundbuch zwecks Wirkung gegenüber Rechtsnachfolgern erfolgte, ist für die Beurteilung, ob eine Abweichung vom damals geltenden Recht vorliegt ohne Bedeutung.

26 Für eine Alt-Vereinbarung, die die bloße Wiederholung des damaligen Gesetzestextes z.B. zur Beschlussfähigkeit beinhaltet, ist eine Fortgeltung zu verneinen (vgl. Jennißen/*Suilmann* § 47 Rn. 6). Dasselbe gilt für die vereinbarte Schriftform des Umlaufbeschlusses, der nun in Textform möglich ist (vgl. *Falkner* ZWE 2021, 150 r. Sp.).

27 Vertreten wird, dass sich aus der Gesetzesbegründung ergebe, dass § 47 WEG ausschließlich auf Altvereinbarungen anwendbar sei, die den damaligen Gesetzestext bloß wiederholen. Ein eventuell fehlender Versteinerungswille könne nur jenseits § 47 WEG und nur ausnahmsweise im Wege der Auslegung angenommen werden (vgl.: BeckOK WEG/*Elzer*, § 47 Rn. 6 unter Hinweis auf *Becker/Schneider* ZfIR 2020, 281 (307)). Das ergibt sich nicht zwingend aus den Gesetzesmaterialien (s.o.); der Fall einer bloß gesetzeswiederholenden Vereinbarung wird dort nur als Motiv bzw. Beispiel (»da viele Gemeinschaftsordnungen den Wortlaut des bei ihrer Errichtung geltenden Gesetzes wiederholen«) genannt.

28 Zum Teil wird in alten Gemeinschaftsordnungen die erforderliche Beschlussfassung über den Wirtschaftsplan und die Jahresgesamt- und -Einzelabrechnungen wie in § 28 Abs. 5 WEG a.F., festgeschrieben. Solche Regeln gelten nicht fort (BeckOGK/*Skauradszun* § 47 Rn. 6; Jennißen/*Suilmann* § 47 Rn. 9). Beschlussgegenstand sind ab 01.12.2020 nicht mehr der Wirtschaftsplan bzw. die Jahresabrechnung selbst. Beide sind nur Tatsachengrundlage (*AG Köln*, Urt. v. 19.07.2021 – 215 C 6/21, ZMR 2022, 77, str.) für Beschlüsse gem. § 28 Abs. 1 und 2 WEG zu Vorschüssen, Nachschüssen und Anpassung von Vorschüssen (vgl. *BGH*, Beschl. v. 25.10.2023 – V ZB 9/23, ZMR 2024, 221; *AG Mettmann*, Urt. v. 16.04.2021 – 26 C 1/21, ZMR 2021, 687; *AG Hamburg-St. Georg*, Urt. v. 25.02.2022 – 980a C 29/21, ZMR 2022, 421; *AG Hamburg-St. Georg*, Urt. v. 01.07.2022 – 980a C 41/21, ZMR 2022, 833).

29 Soweit Altregelungen zur Beiratswahl bestehen, wird in der Regel der Text des früheren WEG wörtlich oder sinngemäß wiederholt. Auch solche Regeln gelten nicht fort (Jennißen/*Suilmann* § 47 Rn. 10).

III. Wiederholung des bisher gültigen Rechts/WEG zzgl. sog. Öffnungsklausel

30 Regelt die Gemeinschaftsordnung, dass »für das Verhältnis der Wohnungseigentümer untereinander die Vorschriften des WEG gelten, sofern nichts Abweichendes vereinbart ist« und ist weiter eine sog. Öffnungsklausel vereinbart, soll dies auf einen deutlichen Versteinerungswillen hindeuten (vgl. BeckOK WEG/*Elzer* § 47 Rn. 20). Hiergegen lässt sich argumentieren, dass die Öffnungsklauseln oft lediglich die bisher fehlende Beschlusskompetenz kompensieren und nicht künftigen Gesetzesänderungen im Wege stehen sollen.

31 Für Beschlüsse, die die Wohnungseigentümer aufgrund einer sog. Öffnungsklausel gefasst haben und die – wie § 10 Abs. 3 WEG zeigt – wie Vereinbarungen wirken, hat § 47 WEG keine Bedeutung (BeckOK WEG/*Elzer* § 47 Rn. 12 und 13).

IV. Strengere Alt-Regelung in einer Gemeinschaftsordnung bzw. Vereinbarung gegenüber dem damaligen WEG

1. Alt-Vereinbarung und WEMoG gehen in dieselbe Richtung

Ladungsfristen in Gemeinschaftsordnungen oder Vereinbarungen, die gegenüber dem damaligen WEG-Recht strengere Regelungen enthalten (hier: **längere** Ladungsfrist als damals gültiges WEG; vgl. *Greiner* WE-Recht § 7 Rn. 56 Bsp. unter c); *Falkner* ZWE 2021, 150 r. Sp.; Jennißen/*Suilmann* § 47 Rn.8 a.E.), gehen dem neuen Recht des WEMoG nur vor, wenn sie über die dreiwöchige Ladungsfrist des WEMoG hinausgehen (*Häublein*, Einberufung der (ersten) Wohnungseigentümerversammlung nach dem WEMoG, ZWE 2021, 103). Eine Altvereinbarung (»Die Frist der Einberufung der Eigentümerversammlung beträgt vier Wochen, sofern nicht ein Fall besonderer Dringlichkeit vorliegt«), die gegenüber der damaligen Gesetzeslage ausdrücklich eine verlängerte Ladungsfrist vorsieht, geht mit der Zielrichtung der neuen Ladungsfrist von drei Wochen nur teilweise konform, da ersichtlich bezweckt wurde, gerade eine sehr viel längere Ladung zu ermöglichen, die noch heute eine über die Intention des WEMoG hinausgehende »überschießende« Besserstellung der Eigentümer vorsieht. 32

Strengere Alt-Regelungen, die hinter dem WEMoG aber zurückbleiben (z.B. zweiwöchige Ladungsfrist vereinbart vor dem 01.07.2007), gelten nicht fort. 33

Auch wenn die Gemeinschaftsordnung aus der Zeit vor dem 01.07.2007 in Abweichung von der damaligen gesetzlichen Regelung (Ladungsfrist: eine Woche) eine Ladungsfrist von zwei Wochen vorsieht, gilt gleichwohl die neue Ladungsfrist von jetzt drei Wochen aufgrund der gesetzlichen Vermutung des § 47 S. 2 WEG (vgl. *Dötsch/Schultzky/Zschieschack* WEG-Recht 2021 Kap. 16 Rn. 11). 34

Zielrichtung des neuen § 24 Abs. 4 S. 2 WEG ist es nämlich, aufgrund einer verlängerten Ladungsfrist den Eigentümern die Möglichkeit zu verschaffen, sich besser auf die Versammlung vorzubereiten (vgl.: *Riecke* in: SEHR Die WEG-Reform 2020 § 6 Rn. 19). 35

Die Altvereinbarung, die gegenüber der damaligen Gesetzeslage eine verlängerte Ladungsfrist vorsieht, geht demnach mit der Zielrichtung der neuen Ladungsfrist von drei Wochen konform, auch wenn sie hinter der Neuregelung zurückbleibt. Da ersichtlich die Besserstellung der Eigentümer bezweckt war, ist somit kein Wille erkennbar, dass die nunmehr kürzere – früher gegenüber dem damaligen WEG längere – Ladungsfrist weiter gelten soll, wenn die Neuregelung eine zusätzliche Besserstellung im Sinne der Altvereinbarung ergibt. 36

Sieht die Altvereinbarung aber eine vierwöchige Ladungsfrist vor, gilt diese weiter (vgl. *Greiner* WE-Recht § 7 Rn. 56 Bsp. unter c)). 37

Wenn die Altvereinbarung anlagenspezifisch die Besetzung des Beirats regelt, kann dieser Teil der Altregelung fortgelten, während die Zahl der Beiräte nach dem neuen § 29 WEG per Beschluss erhöht werden könnte (Jennißen/*Suilmann* § 47 Rn. 11). 38

2. Alt-Vereinbarung und WEMoG gehen in entgegengesetzte Richtungen

Regelt etwa die Gemeinschaftsordnung »Die Versammlung ist nur beschlussfähig, wenn die erschienenen stimmberechtigten Wohnungseigentümer mehr als 2/3 der Miteigentumsanteile, berechnet nach der im Grundbuch eingetragenen Größe dieser Anteile, vertreten«, ist die gesetzliche Vermutung des § 47 WEG widerlegt und die Altvereinbarung gilt fort (vgl. *Greiner* WE-Recht 5. Aufl § 7 Rn. 56 Bsp. unter a) am Ende; *Falkner* ZWE 2021, 151). 39

Die Altvereinbarung, die gegenüber der damaligen Gesetzeslage ausdrücklich eine verschärfte Anforderung zur Beschlussfähigkeit vorsieht, geht mit der Zielrichtung der neuen Erleichterung mangels Beschlussfähigkeitsvoraussetzungen nicht konform, da ersichtlich bezweckt wurde, gerade eine besonders hohe Hürde für die Beschlussfassung aufzubauen (vgl. *AG Frankfurt/M*, Urt. v. 28.10.2022 – 33 C 1230/22, ZMR 2023, 150). 40

V. Weniger strenge Alt-Regelung in einer Gemeinschaftsordnung bzw. Vereinbarung gegenüber dem damaligen WEG-Recht

1. Erschwerung durch das WEMoG

41 Ladungsfristen in Gemeinschaftsordnungen oder Vereinbarungen, die gegenüber dem damaligen WEG-Recht weniger strengere Regelungen enthalten (hier: **kürzere** Ladungsfrist als das damalige WEG), gehen dem neuen Recht des WEMoG vor (*Häublein*, Einberufung der (ersten) Wohnungseigentümerversammlung nach dem WEMoG, ZWE 2021, 103; Jennißen/*Suilmann* § 47 Rn. 8). Sieht etwa die Gemeinschaftsordnung aus der Zeit vor dem 01.12.2020 in Abweichung von der damaligen gesetzlichen Regelung (Ladungsfrist: zwei Wochen) eine verkürzte Ladungsfrist (eine Woche) vor, gilt die gesetzliche Vermutung des § 47 WEG als widerlegt und es gilt die Altvereinbarung fort.

42 Die Altvereinbarung, die gegenüber der damaligen Gesetzeslage ausdrücklich eine verkürzte Ladungsfrist vorsieht, geht mit der Zielrichtung der neuen Ladungsfrist von drei Wochen **nicht** konform, da ersichtlich bezweckt wurde, gerade eine kurzfristige Ladung zu ermöglichen, ungeachtet des Interesses der Eigentümer, sich länger vorzubereiten (vgl. *Hügel/Elzer* 4. Aufl. § 47 Rn. 13).

2. Erleichterung durch das WEMoG

43 Altvereinbarungen gelten gemäß § 47 WEG fort, wenn sie eine mit dem neuen WEG deshalb inkompatible Regelung treffen, weil sie bereits eine Erleichterung gegenüber dem »alten« Recht bezweckten, die sogar über die Erleichterungen des WEMoG hinausgehen, so dass angenommen werden muss, dass spätere »zurückbleibende« Erleichterungen gerade nicht den vereinbarten Standard »mindern« sollten.

44 Altvereinbarungen gelten nach § 47 WEG aber nicht fort, d.h. die Neuregelung des WEMoG gilt, wenn sie eine mit dem neuen WEG kompatible Erleichterung gegenüber dem »alten« Recht bezwecken, sofern sie hinter der Neuregelung zurückbleiben und sie keinen expliziten »Versteinerungswillen« deutlich erkennen lassen (vgl.: *Hügel/Elzer* 4. Aufl. § 47 Rn. 12; *Elzer* in: SEHR Die WEG-Reform 2020 § 14 Rn. 7; BeckOK WEG/*Elzer* § 47 Rn. 10).

45 Für eine Alt-Vereinbarung, die die Anforderungen zur Beschlussfähigkeit gegenüber dem damaligen Recht absenkte, ist eine Fortgeltung zu verneinen (**a.A.** nur Müller/*Fichtner* 7. Aufl. 2023 § 10 Rn. 181 S. 147 unten), weil das WEMoG dieselbe Tendenz verfolgt, aber sogar noch weiter geht (vgl. *Greiner* WE-Recht § 7 Rn. 56 Bsp. unter a)).

46 Es liegt kein Verstoß gegen die Teilungserklärung – lautend *»Die Versammlung ist beschlussfähig, wenn mehr als die Hälfte der Stimmen, gerechnet nach der Größe der Miteigentumsanteile, vertreten ist. Ist die Versammlung hiernach nicht beschlussfähig, so hat der Verwalter eine zweite Versammlung mit gleichem Gegenstand einzuberufen. Diese ist in jedem Falle beschlussfähig. Hierauf ist in der Einladung besonders hinzuweisen«* – und § 25 Abs. 3 WEG a.F. vor (*AG Mettmann*, Urt. v. 19.04.2021 – 26 C 1/21, ZMR 2021, 687). Die Auslegungsregel des § 47 WEG, wonach in der Regel nicht anzunehmen ist, dass sich ein anderer Wille bezüglich Vereinbarungen ergibt als der, dass die Vorschriften des WEMoG angewendet werden, greift (anders wohl Müller/*Fichtner* 7. Aufl. 2023 § 10 Rn. 181). Danach stellt das WEMoG an die Beschlussfähigkeit der Versammlung keine besonderen Anforderungen (mehr).

47 Regelt die Altvereinbarung, dass jede Versammlung beschlussfähig ist mit dem Zusatz »Hierauf ist in der Einladung besonders hinzuweisen«, so entfällt die Hinweispflicht ab 01.12.2020. Ein Abweichungswille gegenüber dem WEMoG lässt sich nicht mehr feststellen. Die Hinweispflicht war nur nach altem Recht sinnvoll und nötig wegen der gravierenden Abweichung von § 25 Abs. 3 WEG a.F. (vgl. *Greiner* WE-Recht § 7 Rn. 56 unter Bsp. zu b); Jennißen/*Suilmann* § 47 Rn. 7 zum Fall der erleichterten Eventualeinberufung der Versammlung in der Altvereinbarung). Entscheidend ist, dass die Erleichterung durch das WEMoG noch weiter geht als eine marginale Erleichterung in der Altvereinbarung gegenüber § 25 Abs. 4 WEG a.F.

Altvereinbarungen gelten gem. § 47 WEG fort, so dass die Neuregelung des WEMoG nicht gilt, wenn sie eine mit dem neuen WEG deshalb inkompatible Regelung treffen, weil sie ausdrücklich bereits eine Verschärfung gegenüber dem »alten« Recht bezweckten, so dass nicht angenommen werden kann, dass spätere Erleichterungen »mitgenommen« werden sollten. Enthält etwa eine Gemeinschaftsordnung aus der Zeit vor dem 01.12.2020 folgende Regelung zur Beschlussfähigkeit *»…. wenn sowohl mehr als die Hälfte der Miteigentümer als auch mehr als die Hälfte der Miteigentumsanteile vertreten sind«*, so gilt diese Regelung trotz der gegenteiligen Vermutung in § 47 WEG fort, weil es sich um eine deutliche Verschärfung gegenüber dem damaligen WEG-Recht handelt (*AG Frankfurt/M*, Urt. v. 28.10.2022 – 33 C 1230/22, ZMR 2023, 150 f.) 48

VI. Grenzfall

Kritisch ist der Grenzfall, in dem eine Gemeinschaftsordnung regelt für eine Anlage mit nur fünf Wohnungen: *»Die Versammlung ist nur beschlussfähig, wenn mindestens drei Wohnungen vertreten sind«*. Das *AG Hamburg-St. Georg* (Urt. v. 28.05.2021 – 980a C 1/21, ZMR 2021, 770; so auch Jennißen/*Suilmann* § 47 Rn. 6 a.E.: Anzahl der Wohnungen statt MEA) entschied insoweit: Die Voraussetzungen zur Beschlussfähigkeit der Versammlung ergeben sich nicht (mehr) aus der Regelung in der Gemeinschaftsordnung. Vielmehr wird diese Regelung überlagert von der seit dem 01.12.2020 geltenden (Neu-)Regelung in § 25 Abs. 1 WEG, wonach jede Versammlung – im Grundsatz ohne Rücksicht auf bestimmte Quoren – beschlussfähig ist. Dies folgt aus der Übergangsregelung in § 47 WEG. Das erkennende Gericht vermag den Alt-Regelungen keinen sog. Versteinerungswillen der Eigentümer zu entnehmen, der eine Anwendbarkeit des neuen Rechts auf die Frage der Beschlussfähigkeit ausschließt. Die vorgenannte Regelung sieht in Abweichung zu § 25 Abs. 3 WEG a.F. vor, dass die Beschlussfähigkeit einer Versammlung nicht an die anwesende bzw. vertretene Mehrheit der Miteigentumsanteile, sondern an die Anzahl der Wohnungen (drei von fünf) geknüpft wird. Dies folgt dem Inhalt der Teilungserklärung, wonach sich das Verhältnis der Eigentümer untereinander nach den Vorschriften des WEG »in seiner jeweils gültigen Fassung« bestimmt, soweit diese Erklärung nichts Abweichendes bestimmt. Aus dem Gesamtgefüge der in Rede stehenden Vereinbarungen selbst ergibt sich gerade nicht, dass die Eigentümer an der Regelung zur Beschlussfähigkeit für alle Zeit festhalten wollten. Deren Abweichung von der früheren Rechtslage ist in ihrer Zielrichtung nicht wesensverschieden, sondern ordnete für die Frage der Beschlussfähigkeit lediglich eine andere Berechnungsgrundlage an. 49

Zielrichtung des neuen § 25 WEG ist es, dass die Durchführung einer Versammlung nicht mehr durch die Passivität einzelner Wohnungseigentümer behindert werden kann (vgl. *Riecke* in: SEHR Die WEG-Reform 2020 § 6 Rn. 89). Die Altvereinbarung, die gegenüber der damaligen Gesetzeslage eine **herabgesetzte** Beschlussfähigkeit vorsieht, geht mit der Zielrichtung des WEMoG konform, auch wenn sie hinter der Neuregelung zurückbleibt. 50

Wenn allerdings wie im Fall des *AG Hamburg-St. Georg* (Urt. v. 28.05.2021 – 980a C 1/21, ZMR 2021, 770) die Anforderungen an die Beschlussfähigkeit gegenüber der vormaligen Gesetzeslage **heraufgesetzt** wurden (»3 von 5 Wohnungen« laut Gemeinschaftsordnung gegenüber mehr als »die Hälfte der Miteigentumsanteile« laut § 25 Abs. 3 WEG a.F.) spricht viel für einen Versteinerungswillen, insbesondere wenn 3 von 5 Wohnungen immer einen höheren Stimmenanteil als die Hälfte der Miteigentumsanteile repräsentieren. 51

VII. Bauliche Veränderungen

Bis zum Inkrafttreten des WEMoG am 01.12.2020 galt § 22 Abs. 1 WEG a.F. (»Bauliche Veränderungen […] können beschlossen […] werden, wenn jeder Wohnungseigentümer zustimmt, dessen Rechte […] über das in § 14 Nr. 1 bestimmte Maß hinaus beeinträchtigt werden«). 52

Auch wenn die Gemeinschaftsordnung aus der Zeit vor dem 01.12.2020 in Abweichung von der damaligen gesetzlichen Regelung vorsieht, dass die Gestattung einer baulichen Veränderung mit einer ¾-Mehrheit der anwesenden Stimmen beschlossen werden kann, gilt gleichwohl aufgrund der 53 gesetzlichen Vermutung des § 47 S. 2 WEG die Neuregelung des § 20 WEG , wonach für die Gestattung einer baulichen Veränderung die einfache Beschlussmehrheit ausreicht (vgl. *AG München*, Urt. v. 13.10.2022 – 1293 C 365/22, ZMR 2023, 158). Zielrichtung des neuen § 20 Abs. 1 WEG ist es, dass die Gestattung baulicher Veränderungen zugunsten einzelner Eigentümer einfacher beschlossen werden kann. Die Altvereinbarung, die gegenüber der damaligen Gesetzeslage eine **herabgesetzte** Beschlussmehrheit vorsieht, geht mit dieser Zielrichtung des WEMoG konform, auch wenn sie hinter der Neuregelung zurückbleibt (vgl. BeckOK WEG/*Elzer* § 47 Rn. 10, 11; *Lehmann-Richter/Wobst* WEG-Reform 2020 § 19 Rn. 2044; Jennißen/*Suilmann* § 47 Rn. 5: Es kann nicht angenommen werden, dass die Gemeinschaft künftigen Erleichterungen entgegenwirken wollte).

54 Wenn die Gemeinschaftsordnung aus der Zeit vor dem 01.12.2020 folgende Regelung enthält: »Bauliche Veränderungen des gemeinschaftlichen Eigentums bedürfen der Zustimmung sämtlicher Wohnungseigentümer«, geht diese die Anforderungen **heraufsetzende** Regelung über die gem. § 22 Abs. 1 WEG a.F. erforderliche Zustimmung aller benachteiligten Eigentümer hinaus, weshalb die gesetzliche Vermutung des § 47 Satz 2 WEG widerlegt wird (vgl. andererseits *Falkner* ZWE 2021, 150 r. Sp. und 151 l. Sp., die den Paradigmenwechsel bei baulichen Veränderungen keine Bedeutung beimisst). Diese Altvereinbarung, die gegenüber der damaligen Gesetzeslage eine heraufgesetzte Allstimmigkeit vorsieht, geht mit der Zielrichtung des WEMoG nicht konform, so dass sie weiter wirksam bleibt.

▶ **Hinweis**

55 **Sonderfall: Neue privilegierte bauliche Maßnahmen**

56 Die Auslegungsregel des § 47 WEG ergibt, dass nur scheinbar eine verschärfende Abweichung vom Gesetz durch die postulierte Allstimmigkeit vereinbart wurde. Im bisherigen WEG bestand nämlich keine Vorschrift, die der neu eingeführten privilegierten baulichen Veränderung des § 20 Abs. 2 S. 1 WEG entsprochen hätte. Insofern liegt eine strukturelle, dem früheren Recht völlig systemfremde Neuregelung vor. Daher kann der Altvereinbarung ein Wille der Versteinerung nicht beigemessen werden (*Hügel/Elzer* 4. Aufl. § 47 Rn. 14; BeckOK WEG/*Elzer* § 47 Rn. 8 f.)

VIII. Altvereinbarung ohne Abweichung vom damaligen WEG

57 Beschränkungen des Vertreterkreises in Altvereinbarungen sind auch nach Inkrafttreten des WEMoG weiterhin wirksam (*LG Frankfurt/M.*, Beschl. v. 10.11.2022 – 2-13 S 54/22, ZMR 2023, 316). Denn bezüglich der möglichen Vertreter sind weder im WEG a.F. noch im WEMoG Regeln enthalten, so dass die für die Anwendung von § 47 WEG erforderliche Situation eines Konfliktes einer Altvereinbarung mit dem modernisierten WEG nicht besteht.

58 Enthält die Vereinbarung eine Regelung, zu der zwar im alten WEG keine Bestimmung vorhanden war, die aber nun vom neuen WEG abweicht, so ist zu prüfen, ob die Altvereinbarung mit dem neuen WEG kompatibel ist.

59 Das bisherige WEG-Recht enthielt keine Regelung zur Formbedürftigkeit einer Versammlungsvollmacht. Zwar bestand im bisherigen WEG keine Vorschrift, die eine besondere Form für die gem. § 164 BGB auch mündlich wirksam erteilbare Vollmacht vorsah. Jedoch ergab sich aus § 174 Satz 1 BGB die Verpflichtung des Versammlungsleiters, sich das Vorliegen einer Vollmacht in Schriftform nachweisen zu lassen. Mit Blick auf § 174 Satz 1 BGB wiederholt die Altvereinbarung lautend »Die Vertretung in der Eigentümerversammlung ist nur unter Vorlage einer Vollmacht in Schriftform zulässig« lediglich die damals geltende Rechtslage, ohne dass dem ein Wille zur Versteinerung angesichts des erleichterten Nachweises in Textform gem. § 25 Abs. 3 WEG beizumessen wäre.

60 Altvereinbarungen gelten gem. § 47 WEG nicht fort, so dass die Neuregelung des WEMoG gilt, wenn sie eine mit dem neuen WEG deshalb kompatible Regelung treffen, weil sie mangels früherer Regelung im WEG nur eine scheinbare Verschärfung gegenüber dem »alten« Recht bezweckten, so dass anzunehmen ist, dass spätere Erleichterungen »mitgenommen« werden sollten (z.B. Nachweis

der Versammlungsvollmacht in Schriftform). Vorlage der Vollmacht in Textform genügt, da die Altvereinbarung nicht fortgilt (vgl. *Greiner* WE-Recht § 7 Rn. 83; *Lehmann-Richter/Wobst* WEG-Reform 2020 § 8 Rn. 630; *Häublein* ZWE 2021, 103). Nach der Gegenansicht gilt: Es liegt deshalb eine verschärfende Abweichung vom damaligen Recht vor, weil eben das WEG a.F. keinerlei Formvorschrift für die Bevollmächtigung vorsah. Die Verpflichtung zur Vorlage einer schriftlichen Vollmacht sei nicht nur als bloße Formvorschrift, sondern als Voraussetzung der Stimmrechtsausübung zu werten. Dies gelte insbesondere für Gemeinschaftsordnungen, die bis zum 31.07.2001 erstellt wurden, da es die Textform im BGB erst ab dem 01.08.2001 gibt (so *Dötsch/Schultzky/Zschieschack* WEG-Recht 2021 Kap. 8 Rn. 89; Jennißen/*Schultzky* WEG 7. Aufl. 2022 § 25 Rn. 96).

Altvereinbarungen gelten gem. § 47 WEG fort, so dass die Neuregelung des WEMoG nicht gilt, 61
wenn sie eine mit dem neuen WEG deshalb inkompatible Regelung treffen, weil sie mangels früherer Regelung im WEG keine nur scheinbare Verschärfung gegenüber dem »alten« Recht bezweckten, sondern darüber bewusst hinausgingen, so dass nicht anzunehmen ist, dass spätere Erleichterungen »mitgenommen« werden sollten (z.B. Nachweis der Versammlungsvollmacht in notariell beglaubigter Form).

Altvereinbarungen gelten gem. § 47 WEG nicht fort, so dass die Neuregelung des WEMoG gilt, 62
wenn sie eine mit dem neuen WEG deshalb inkompatible Regelung treffen, weil sie zwar eine gegenüber der früheren Regelung einschränkende Regelung beinhalten; die Neuregelung des WEG dem früheren Recht indes systemfremd ist (z.B. bei privilegierten baulichen Veränderungen).

IX. Sonderfall: neue WEG-Strukturen

Eine spezielle Grenze pro Nichtfortgeltung der Altvereinbarungen ist aber dort zu ziehen, wo die 63
aktuellen WEG-Strukturen gleichsam zerstört würden und auch eine »aktuelle« Vereinbarung daher als unwirksam angesehen werden müsste (BeckOK WEG/*Elzer* § 47 Rn. 8 und 9). Dies ist z.B. wegen § 18 Abs. 1 WEG für eine Vereinbarung anzunehmen, die anordnet, dass die Verwaltung des gemeinschaftlichen Eigentums nicht der Gemeinschaft der Wohnungseigentümer, sondern den Wohnungseigentümern gemeinschaftlich zusteht (so noch § 21 Abs. 1 WEG a.F.), oder eine Vereinbarung, nach der die Verwaltung des gemeinschaftlichen Eigentums den Wohnungseigentümern, dem Verwalter und dem Verwaltungsbeirat obliegt (§ 20 Abs. 1 WEG a.F.).

§ 48 Übergangsvorschriften

(1) [1]§ 5 Absatz 4, § 7 Absatz 2 und § 10 Absatz 3 in der vom 1. Dezember 2020 an geltenden Fassung gelten auch für solche Beschlüsse, die vor diesem Zeitpunkt gefasst oder durch gerichtliche Entscheidung ersetzt wurden. [2]Abweichend davon bestimmt sich die Wirksamkeit eines Beschlusses im Sinne des Satzes 1 gegen den Sondernachfolger eines Wohnungseigentümers nach § 10 Absatz 4 in der vor dem 1. Dezember 2020 geltenden Fassung, wenn die Sondernachfolge bis zum 31. Dezember 2025 eintritt. [3]Jeder Wohnungseigentümer kann bis zum 31. Dezember 2025 verlangen, dass ein Beschluss im Sinne des Satzes 1 erneut gefasst wird; § 204 Absatz 1 Nummer 1 des Bürgerlichen Gesetzbuchs gilt entsprechend.

(2) § 5 Absatz 4 Satz 3 gilt in der vor dem 1. Dezember 2020 geltenden Fassung weiter für Vereinbarungen und Beschlüsse, die vor diesem Zeitpunkt getroffen oder gefasst wurden, und zu denen vor dem 1. Dezember 2020 alle Zustimmungen erteilt wurden, die nach den vor diesem Zeitpunkt geltenden Vorschriften erforderlich waren.

(3) [1]§ 7 Absatz 3 Satz 2 gilt auch für Vereinbarungen und Beschlüsse, die vor dem 1. Dezember 2020 getroffen oder gefasst wurden. [2]Ist eine Vereinbarung oder ein Beschluss im Sinne des Satzes 1 entgegen der Vorgabe des § 7 Absatz 3 Satz 2 nicht ausdrücklich im Grundbuch eingetragen, erfolgt die ausdrückliche Eintragung in allen Wohnungsgrundbüchern nur auf Antrag eines Wohnungseigentümers oder der Gemeinschaft der Wohnungseigentümer. [3]Ist die Haftung von Sondernachfolgern für Geldschulden entgegen der Vorgabe des § 7 Absatz 3 Satz 2 nicht aus-

drücklich im Grundbuch eingetragen, lässt dies die Wirkung gegen den Sondernachfolger eines Wohnungseigentümers unberührt, wenn die Sondernachfolge bis zum 31. Dezember 2025 eintritt.

(4) [1]§ 19 Absatz 2 Nummer 6 ist ab dem 1. Dezember 2023 anwendbar. [2]Eine Person, die am 1. Dezember 2020 Verwalter einer Gemeinschaft der Wohnungseigentümer war, gilt gegenüber den Wohnungseigentümern dieser Gemeinschaft der Wohnungseigentümer bis zum 1. Juni 2024 als zertifizierter Verwalter.

(5) Für die bereits vor dem 1. Dezember 2020 bei Gericht anhängigen Verfahren sind die Vorschriften des dritten Teils dieses Gesetzes in ihrer bis dahin geltenden Fassung weiter anzuwenden.

(6) Fassen die Wohnungseigentümer vor dem 1. Januar 2028 einen Beschluss nach § 23 Absatz 1a, ist bis einschließlich 2028 mindestens einmal im Jahr eine Präsenzversammlung durchzuführen, sofern die Wohnungseigentümer hierauf nicht durch einstimmigen Beschluss verzichten. Ein Verstoß gegen diese Pflicht führt nicht zur Nichtigkeit oder Anfechtbarkeit der in einer virtuellen Wohnungseigentümerversammlung gefassten Beschlüsse.

Übersicht

A. Grundsätzliches

1 § 48 enthält Übergangsvorschriften.

I. Normzweck, Historie

2 Der Gesetzgeber (vgl. BT-Drs. 19/18791, S. 85, 86 zu § 48 Abs. 1–3 und 5; BT-Drs. 19/22634, S. 48 zu § 48 Abs. 4) wollte Folgendes erreichen:

3 Zu § 48 Absatz 1 WEG

4 Nach § 5 Abs. 4 S. 1 WEG können Beschlüsse, die aufgrund einer Vereinbarung gefasst werden, durch Eintragung im Grundbuch zum Inhalt des Sondereigentums gemacht werden. Nach § 10 Abs. 3 S. 1 WEG ist die Eintragung notwendig, damit diese Beschlüsse gegen Sondernachfolger wirken.

5 § 48 Abs. 1 S. 1 WEG ordnet an, dass für die Wirkung gegen Sondernachfolger grundsätzlich auch die Eintragung solcher Beschlüsse notwendig ist, die vor Inkrafttreten der Neuregelung gefasst oder durch gerichtliche Entscheidung ersetzt wurden (sogenannte Altbeschlüsse).

6 § 48 Abs. 1 S. 2 WEG sieht jedoch eine Übergangsfrist bis zum 31. Dezember 2025 vor. Sie verhindert, dass Altbeschlüsse gegenüber Sondernachfolgern nicht wirken, weil die Sondernachfolge eintritt, bevor der Beschluss im Grundbuch eingetragen ist. Altbeschlüsse wirken deshalb nach § 10 Absatz 4 WEG a.F. auch ohne Eintragung im Grundbuch gegen Sondernachfolger, wenn die Sonder-

nachfolge bis zum 31. Dezember 2025 eintritt. Die Praxis erhält damit ausreichend Zeit, um die Eintragung von Altbeschlüssen in das Grundbuch zu bewirken.

Für das Eintragungsverfahren gilt die Vorschrift des § 7 Absatz 2 WEG. Demnach genügt eine Niederschrift über den Altbeschluss in der dort vorgeschriebenen Form. Für den Fall, dass die in § 24 Absatz 6 WEG genannten Personen nicht mehr zur Verfügung stehen, sieht § 48 Abs. 1 S. 3 WEG eine weitere Erleichterung vor. Die Vorschrift gewährt jedem Wohnungseigentümer einen Anspruch darauf, dass ein nach § 48 Abs. 1 S. 1 WEG einzutragender Altbeschluss erneut gefasst wird. Der erneut gefasste Beschluss kann dann nach § 7 Absatz 2 WEG eingetragen werden. Der Anspruch setzt voraus, dass ein wirksamer Altbeschluss gefasst wurde. Erfüllen die Wohnungseigentümer diesen Anspruch nicht durch eine entsprechende Beschlussfassung, kann Beschlussersetzungsklage erhoben werden (§ 44 Abs. 1 S. 2 WEG). Der Anspruch ist bis zum 31. Dezember 2025 befristet. Ist bei Fristablauf eine Beschlussersetzungsklage rechtshängig, besteht der Anspruch bis zum Abschluss des Verfahrens weiter, denn § 48 Abs. 1 S. 2 Halbs. 2 WEG ordnet die entsprechende Anwendung von § 204 Abs. 1 Nr. 1 BGB an. Der Fortbestand des Anspruchs hat jedoch keine Auswirkungen auf Sondernachfolger, wenn die Sondernachfolge nach Ablauf der Frist eintritt; gegen sie wirkt der Altbeschluss nur bei Eintragung im Grundbuch. 7

Zu § 48 Absatz 2 WEG 8

Die Aufhebung des § 5 Abs. 4 S. 3 WEG a.F. bewirkt, dass bestimmte Vereinbarungen und Beschlüsse, die nach geltendem Recht keiner Zustimmung Dritter bedürfen, jetzt einer solchen bedürfen. § 48 Absatz 2 WEG verhindert, dass Vereinbarungen oder Beschlüsse, die vor Inkrafttreten der Neuregelung bereits wirksam geworden sind, nachträglich wieder schwebend unwirksam werden. Er ordnet an, dass Vereinbarungen und Beschlüsse, die bis zum Inkrafttreten der Neuregelung getroffen oder gefasst wurden und zu denen alle Zustimmungen erteilt wurden, die nach den bis zu diesem Zeitpunkt geltenden Vorschriften erforderlich waren, durch die Neuregelung nicht berührt werden. Die Fassung des § 5 Abs. 4 S. 3 WEG a.F. gilt für diese Vereinbarungen und Beschlüsse weiter. 9

Zu § 48 Absatz 3 WEG 10

§ 48 Absatz 3 WEG betrifft Vereinbarungen über Veräußerungsbeschränkungen nach § 12 WEG und über die Haftung von Sondernachfolgern für Geldschulden, die vor dem Inkrafttreten der Neuregelung getroffen wurden. Er gilt auch für Beschlüsse dieses Inhalts, die aufgrund einer Vereinbarung gefasst wurden. 11

Nach § 48 Abs. 3 S. 1 WEG gilt § 7 Abs. 3 S. 2 WEG auch für diese Vereinbarungen und Beschlüsse. Auch wenn sie bereits nach § 7 Absatz 3 WEG a.F. unter Bezugnahme eingetragen wurden, sind sie nunmehr ausdrücklich in das Grundbuch einzutragen. Grundbuchrechtlich handelt es sich dabei um eine Richtigstellung, die nach § 48 Abs. 3 S. 2 WEG aber nicht von Amts wegen, sondern nur auf Antrag eines Wohnungseigentümers oder der Gemeinschaft der Wohnungseigentümer, die dabei in der Regel durch den Verwalter vertreten wird (§ 9b Abs. 1 S. 1 WEG), in allen Wohnungsgrundbüchern erfolgt; einer Bewilligung bedarf es nicht. 12

§ 48 Abs. 3 S. 3 WEG gewährt für nicht eingetragene Haftungsklauseln eine Übergangsfrist bis zum 31. Dezember 2025. Eine Haftungsklausel, die lediglich durch Bezugnahme nach § 7 Absatz 3 WEG a.F., aber nicht ausdrücklich im Grundbuch eingetragen ist, wirkt demnach gegenüber Sondernachfolgern, wenn die Sondernachfolge bis zum Ablauf der Übergangsfrist eintritt. 13

Zu § 48 Absatz 4 WEG 14

§ 19 Abs. 2 Nr. 6 WEG, der den Anspruch auf Bestellung eines zertifizierten Verwalters begründet, ist nach § 48 Abs. 4 S. 1 WEG erst drei (urspr. zwei) Jahre nach Inkrafttreten des Gesetzes anwendbar, um die Entwicklung und Umsetzung der notwendigen Zertifizierungsverfahren zu ermöglichen. 15

§ 48 Abs. 4 S. 2 WEG sieht eine Übergangsfrist für Personen vor, die bei Inkrafttreten des Gesetzes bereits zum Verwalter einer Gemeinschaft der Wohnungseigentümer bestellt sind. Sie gelten gegenüber den Wohnungseigentümern dieser Gemeinschaft der Wohnungseigentümer noch für weitere 16 dreieinhalb Jahre als zertifizierter Verwalter. Verwaltern, die bereits über praktische Erfahrung verfügen, soll damit etwas Zeit eingeräumt werden, die Prüfung abzulegen. Dies entlastet zugleich die Prüfungsstellen und lässt ihnen Kapazität für die noch jungen Verwalter.

17 Zu § 48 Absatz 5 WEG

18 Die vorgesehenen Änderungen des Verfahrensrechts sollen bereits anhängige Verfahren unberührt lassen. Verfahren, die bei Inkrafttreten der Neuregelung bereits bei Gericht anhängig sind, sind deshalb nach den bis zu diesem Zeitpunkt geltenden Vorschriften zu führen.

18a Zu § 48 Absatz 6:

Erst auf Initiative des Rechtsauschusses des Bundestages (vgl. BT-Drs. 20/12146 v. 03.07.2024) wurde durch das durch das Gesetz zur Zulassung virtueller Wohnungseigentümerversammlungen pp. die Übergangsregelung des § 48 Abs. 6 in das WEG eingefügt (vgl. dazu IMR 2024, Heft 8, Streiflichter: Ein einzelner Wohnungseigentümer kann zumindest die kommenden 3 Jahre verlangen, dass eine Präsenzversammlung abgehalten wird).

II. Regelungsgehalt

19 § 48 WEG enthält Übergangsvorschriften für den Umgang mit bestimmten neuen Regelungen des WEMoG.

20 Für eine Reihe von Übergangsproblemen schweigt § 48 WEG allerdings. So findet er keine Antworten für laufende Verträge, das Verhältnis der Behörden zur Gemeinschaft der Wohnungseigentümer, für laufende Baumaßnahmen, für Kostenverträge oder andere Kostentatbestände (vgl. BeckOK-WEG/Elzer § 48 Rn. 2).

20a Die Umstellung auf künftige virtuelle Versammlungen soll § 48 Abs. 6 WEG den Wohnungseigentümern erleichtern (vgl. BT-Drs. 20/12146, unter A. zu Buchstabe a) »*indem im Wohnungseigentumsgesetz eine Beschlusskompetenz der Wohnungseigentümerinnen und -eigentümer für virtuelle Wohnungseigentümerversammlungen geschaffen wird.*« Das faktische Vetorecht jedes Eigentümers kann allerdings bis Ende 2028 die neue Beschlusskompetenz leerlaufen lassen.

III. Anwendungsbereich

1. § 48 Abs. 1 WEG, Grundbucheintragung von vereinbarungsändernden Alt-Beschlüssen

21 Die Vorschriften der §§ 5 Abs. 4, § 7 Abs. 2 und § 10 Abs. 3 WEG gelten auch für solche Beschlüsse, die vor dem Inkrafttreten der Gesetzesänderung gefasst oder durch gerichtliche Entscheidung ersetzt wurden (§ 48 Abs. 1 S. 1 WEG; sog. Altbeschlüsse; Staudinger/*Wobst* § 48 Rn. 4). Ob ein Beschluss eintragungsfähig ist, bestimmt sich nach neuem Recht (Falkner ZWE 2021, 149, 152). Denn andernfalls würde die Eintragungsfähigkeit vom Zeitpunkt der Beschlussfassung abhängen. Etwa Kostenverteilungsschlüssel müssen in aller Regel nicht nachgetragen werden, weil § 16 Abs. 2 S. 2 WEG nunmehr eine weitreichende gesetzliche Beschlusskompetenz bereithält (Staudinger/*Wobst* § 48 Rn. 4 a.E.).

22 Nur Beschlüsse, die selbst Vereinbarungscharakter haben, unterfallen dem Anwendungsbereich des § 10 Abs. 3 S. 1 Alt. 2 WEG, d.h. sie müssen inhaltlich selbst eine Änderung oder Aufhebung einer Vereinbarung bewirken. Die bloße Ausübung einer vereinbarten Beschlusskompetenz zählt nicht hierzu (vgl.: Jennißen/*Abramenko* WEG 8. Aufl. 2024 § 10 Rn. 67). Erfasst wird aber auch die Abänderung von Beschlüssen, die selbst eine Vereinbarung ersetzen.

23 § 48 Abs. 1 S. 2 WEG sieht jedoch insoweit eine Übergangsfrist bis zum 31.12.2025 vor. Sie verhindert, dass Altbeschlüsse gegenüber Sondernachfolgern nicht wirken, weil die Sondernachfolge eintritt, bevor der Beschluss im Grundbuch eingetragen ist. Altbeschlüsse wirken deshalb auch ohne Eintragung im Grundbuch noch gegen einen Sondernachfolger, wenn die Sondernachfolge bis zum 31. Dezember 2025 eintritt. Die Praxis soll damit ausreichend Zeit erhalten, um die Eintragung

von Altbeschlüssen in das Grundbuch zu bewirken. Für das Eintragungsverfahren gilt wiederum § 7 Abs. 2 WEG (vgl. Jennißen/*Suilmann* WEG, 8. Aufl. § 48 Rn. 4).

Weil eine Regelung nur einheitlich gegenüber allen Wohnungseigentümern wirken kann (*OLG Frankfurt* v. 01.02.2006 – 20 W 291/06, ZWE 2006, 392 [394] = ZWE 2006, 489; *BayObLG* v. 10.01.2002 – 2 Z BR 180/01, ZMR 2002, 528 = ZWE 2002, 268 [269] unter 2.c.; *OLG Köln* v. 02.04.2001 – 16 Wx 7/01, ZMR 2002, 73 = DNotZ 2002, 223 [226 f.] unter b[4]), wird der Beschluss insgesamt unwirksam, sobald er auch nur gegen einen Sondernachfolger nicht mehr wirkt (so Staudinger/Wobst § 48 Rn. 6). 24

Sollte die hierfür notwendige Form des § 29 GBO nicht mehr erlangt werden können, kann jeder Wohnungseigentümer bis zum 31.12.2025 verlangen, dass ein Beschluss erneut gefasst wird (§ 48 Abs. 1 S. 3 WEG; vgl. Jennißen/*Suilmann* WEG, 8. Aufl. § 48 Rn. 6; Staudinger/Wobst § 48 Rn. 8: **Reproduktion des Beschlusses**). Dieser Anspruch setzt allerdings voraus, dass ein wirksamer Altbeschluss gefasst wurde. Nach der h.M. liegt ein solcher Beschluss aber gerade nicht vor, wenn man materiell-rechtlich eine Drittzustimmung für notwendig gehalten hat. Ein solcher Beschluss wäre allenfalls (noch) schwebend unwirksam. Erfüllen die Wohnungseigentümer also den gesetzlich eingeräumten bis 31.12.2025 befristeten Anspruch auf erneute Beschlussfassung nicht, hätte eine mit entsprechendem Kostenaufwand verfolgte Beschlussersetzungsklage von vornherein keine Aussicht auf Erfolg. § 48 Abs. 1 S. 3 WEG kann also nur zum Ziel führen, wenn man davon ausgeht, dass Beschlüsse aufgrund einer Vereinbarung bisher keine Zustimmung des Drittberechtigten erforderten (so Schneider in SEHR, Die WEG-Reform 2020, § 3 Rn. 68; Becker in Köhler, Anwaltshandbuch Wohnungseigentumsrecht, 4. Aufl. 2020, Rz. 3.140; *Becker/Schneider* ZfIR 2020, 281, 288). Selbst nach Durchsetzung des Reproduktionsanspruchs kann durch inhaltsändernden Zweitbeschluss eine neue/abweichende Regelung von der Mehrheit beschlossen werden, wobei im Rahmen der Beschlussanfechtung ggf. dessen Ordnungsmäßigkeit gerichtlich überprüft werden kann. 25

Der befristete Anspruch auf erneute Beschlussfassung besteht bis zum Abschluss des Ersetzungsverfahrens fort, wenn er bis Fristablauf rechtshängig gemacht wurde (vgl. §§ 48 Abs. 1 S. 3 Hs. 2 WEG, 204 Abs. 1 Nr. 1 BGB). Wegen § 167 ZPO genügt sogar die Anhängigkeit der Klage (Staudinger/Peters/*Jacoby* [2019] BGB § 204 Rn. 34; Müller/Fichtner 7. Aufl. § 17 Rn. 49). Diese Fortwirkung des **Reproduktionsanspruchs** wirkt aber nicht zulasten von Sondernachfolgern: Sie sind nach Ablauf des 31.12.2025 nur an Altbeschlüsse gebunden, die bei Vollendung des Eigentumserwerbs bereits eingetragen waren (vgl. BT-Drs. 19/18791, S. 85). Mit Eintritt der Sondernachfolge entfällt der Reproduktionsanspruch nach § 48 Abs. 1 S. 3 WEG. Als Folge ist das rechtshängige bzw. zumindest anhängige Beschlussersetzungsverfahren zur Vermeidung eines Klagabweisung für erledigt zu erklären. Wird der Beschlussersetzungsklage – zu Unrecht – stattgegeben, wirkt das Urteil freilich wegen § 44 Abs. 3 WEG auch gegen den Sondernachfolger; der Beschluss lebt also wieder auf (Staudinger/*Wobst* § 48 Rn. 8 a.E.). 26

2. § 48 Abs. 2 WEG; Zustimmung Dritter, Begründung von Sondernutzungsrechten

§ 5 Abs. 4 S. 3 WEG a.F. (*»Bei der Begründung eines Sondernutzungsrechts ist die Zustimmung des Dritten nicht erforderlich, wenn durch die Vereinbarung gleichzeitig das zu seinen Gunsten belastete Wohnungseigentum mit einem Sondernutzungsrecht verbunden wird«*) gilt für Vereinbarungen und Beschlüsse weiter, die vor dem 01.12.2020 getroffen oder gefasst worden sind, wenn zu diesem Zeitpunkt alle seinerzeit erforderlichen Zustimmungen erteilt waren (§ 48 Abs. 2 WEG; vgl. Jennißen/Suilmann WEG, 8. Aufl. § 48 Rn. 9). Auf diese Weise wird verhindert, dass Vereinbarungen oder Beschlüsse, die vor Inkrafttreten der Neuregelung bereits wirksam geworden sind, nachträglich wieder schwebend unwirksam werden (so *Schneider* in SEHR, Die WEG-Reform 2020, § 3 Rn. 101; BT-Drs. 19/18791, S. 83). 27

Der erst 2007 eingefügte S. 3 des § 5 Abs. 4 WEG a.F. sah vor, dass eine nach allgemeinen Vorschriften notwendige Zustimmung eines Dritten zur Begründung eines Sondernutzungsrechts dann nicht erforderlich ist, wenn zugleich ein Sondernutzungsrecht zu Gunsten des belasteten Wohnungs- 28 eigentums begründet wird. Dem lag der Gedanke zugrunde, dass der Dritte durch eine solche Maßnahme zumindest wirtschaftlich nicht beeinträchtigt würde. Dies erscheint dem Gesetzgeber aber nun zweifelhaft, weil es nach dem Wortlaut der Vorschrift weder auf die Gleichartigkeit noch auf die Gleichwertigkeit der Sondernutzungsrechte ankommt (vgl. auch *OLG München* NZM 2014, 479). Eine Beeinträchtigung des Dritten ist wirtschaftlich aber nur ausgeschlossen, soweit der Wert des aufgehobenen Sondernutzungsrechts mit dem Wert des neu begründeten Sondernutzungsrechts übereinstimmt. Das Wertverhältnis als weitere Voraussetzungen in die Vorschrift aufzunehmen schied aber aus, weil eine Prüfung des Wertverhältnisses im Rahmen des Grundbuchverfahrens nicht erfolgen kann (BT-Drs. 19/18791, S. 39). Der Gesetzgeber macht sich damit die seit Jahren bestehende Kritik an dieser Regelung zu eigen (vgl. Riecke/Schmid/*Schneider* WEG 5. Aufl. § 5 Rn. 106 m.w.N.) und schafft die Ausnahmevorschrift wieder ab (vgl. *Schneider* in SEHR, Die WEG-Reform 2020, § 3 Rn. 100).

29 § 48 Abs. 2 WEG garantiert Stabilität: Wenn vor 01.12.2020 alle Zustimmungen erteilt wurden, die nach altem Recht erforderlich waren, bleibt die Regelung wirksam, auch wenn nach neuem Recht zusätzliche Zustimmungen erforderlich wären. Maßgeblich ist das materiell-rechtliche Wirksamwerden der Zustimmung; auf den Zeitpunkt der Grundbucheintragung kommt es nicht an (Staudinger/*Wobst* § 48 Rn. 9).

3. § 48 Abs. 3 WEG Veräußerungsbeschränkungen; Haftungsklauseln

30 Die Pflicht zur ausdrücklichen Eintragung von Haftungsklauseln gilt gem. § 48 Abs. 3 S. 1 WEG auch für Vereinbarungen und Beschlüsse, die vor dem 01.12.2020 getroffen oder gefasst wurden. Ist eine solche Regelung entgegen § 7 Abs. 3 S. 2 WEG bisher **nicht ausdrücklich, sondern lediglich unter Bezugnahme auf die Eintragungsbewilligung** in das Grundbuch eingetragen worden, kann die ausdrückliche Eintragung in allen Wohnungsgrundbüchern wiederum nur auf Antrag eines Wohnungseigentümers oder der Gemeinschaft der Wohnungseigentümer nachgeholt werden (§ 48 Abs. 3 S. 2 WEG). Anders als noch bei der Nachholung einer (fehlerhaft) nicht ausdrücklich eingetragenen Veräußerungsbeschränkung werden die Grundbuchgerichte in diesem Fall wohl keine Veranlassung für eine Tätigkeit von Amts wegen sehen (vgl. Jennißen/*Suilmann* WEG, 8. Aufl. § 48 Rn. 12; Staudinger/*Wobst* § 48 Rn. 10 f.); die bisherige Eintragung war nämlich zutreffend in Übereinstimmung mit den zum Zeitpunkt der Eintragung geltenden gesetzlichen Bestimmungen erfolgt (vgl. § 7 Abs. 3 WEG a.F.).

31 Für die Nachholung räumt das Gesetz wiederum eine Übergangsfrist bis zum 31.12.2025 ein. Ist eine Haftungsklausel bisher nicht ausdrücklich in das Grundbuch eingetragen worden, soll die Wirkung gegenüber dem Sondernachfolger eines Wohnungseigentümers unberührt bleiben, wenn die Sondernachfolge bis zum 31.12.2025 eintritt (§ 48 Abs. 3 S. 3 WEG). Ohne Nachholung der ausdrücklichen Grundbucheintragung soll die Klausel nach diesem Zeitpunkt dann keine Wirkung mehr gegenüber dem Sondernachfolger eines Wohnungseigentümers entfalten.

32 Die Übergangsregelung differenziert nach dem hier zugrunde gelegten Verständnis nicht genügend zwischen der Eintragung einer Haftungsklausel aufgrund einer Vereinbarung der Wohnungseigentümer und einer solchen aufgrund eines zulässigerweise gefassten Beschlusses infolge einer Öffnungsklausel (ebenso bereits *Becker/Schneider* ZfIR 2020, 281, 289).

33 Soweit es sich grundbuchrechtlich bei der Eintragung um eine Richtigstellung handeln soll (so BT-Drs. 19/18791 S. 84), kann sich diese Aussage nur auf eine vereinbarte Haftungsklausel beziehen. Einer Bewilligung bedarf es insoweit richtigerweise nicht; es handelt sich der Sache nach nämlich lediglich um die veränderte Fassung einer Grundbucheintragung in einer anderen Darstellungsform (*Becker/Schneider* ZfIR 2020, 281, 289). Die Haftungsklausel ist bereits zutreffend unter Bezugnahme in das Grundbuch eingetragen worden; die Eintragung ist auch wirksam, weil sie in Übereinstimmung mit den zum Zeitpunkt der Eintragung geltenden gesetzlichen Bestimmungen erfolgt ist (vgl. § 7 Abs. 3 WEG a.F.). Der Sachverhalt ist vergleichbar der später auf Anregung nachgeholten ausdrücklichen Grundbucheintragung eines Sondernutzungsrechts, das zuvor bereits zulässigerweise

unter Bezugnahme im Grundbuch vermerkt war (vgl. *OLG Hamm* OLGZ 1985, 19 = Rpfleger 1985, 109; Riecke/Schmid/*Schneider* WEG, 5. Aufl. § 7 Rn. 180 ff.).

Der Fall einer bloßen Klarstellung einer bereits abgeschlossenen Grundbucheintragung liegt jedoch nicht vor (anders Falkner ZWE 2021, 149, 153), wenn bisher lediglich außerhalb des Grundbuchs aufgrund einer Öffnungsklausel eine Haftungsregelung zulässigerweise begründet wurde. Diese soll nämlich nach dem Inkrafttreten des WEMoG erstmalig zur Grundbucheintragung gelangen. Damit handelt es sich der Sache nach aber um eine Grundbuchberichtigung, die eine bisher schon außerhalb des Grundbuchs eingetretene Änderung des Sondereigentumsinhalts erstmals im Buch verlautbaren soll (*Becker/Schneider* ZfIR 2020, 281, 289). Nur für solche bisher noch nicht eingetragenen Haftungsklauseln, die auf einer Öffnungsklausel beruhen, ist die fortdauernde Wirkung gegenüber Sondernachfolgern sinnvoll, wenn die Sondernachfolge bis zum Ablauf der Übergangsfrist eintritt. Dies entspricht auch der korrespondierenden Regelung in § 48 Abs. 1 S. 2 WEG für die Eintragung von allgemein aufgrund einer Öffnungsklausel beschlossenen Vereinbarungen. 34

Demgegenüber ist die Neufassung einer wirksam erfolgten Grundbucheintragung auch über den 31.12.2025 hinaus möglich, ohne dass die Wirkung gegenüber dem Sondernachfolger eines Wohnungseigentümers nach diesem Zeitpunkt entfällt. Die einmal dinglich gesicherte Haftungsklausel wirkt unverändert weiter. Der Gesetzgeber würde andernfalls mit der missglückten Formulierung rückwirkend in den Bestand wirksam erworbener dinglicher Rechte eingreifen. Es handelt sich bei solchen noch unter Bezugnahme eingetragenen Haftungsklauseln immerhin um den Inhalt des Sondereigentums (vgl. § 5 Abs. 4 S. 1, § 10 Abs. 3 WEG a.F.). 35

Das Eigentum wird durch Art. 14 Abs. 1 GG jedoch gegen solche Eingriffe besonders geschützt. Ein solcher einfachgesetzlicher Eingriff in das verfassungsrechtlich garantierte Eigentumsrecht der Wohnungseigentümer könnte mit echter Rückwirkung nur erfolgen, wenn das WEMoG mit § 48 Abs. 3 WEG sich ausdrücklich und zulässigerweise Rückwirkung beilegt, was hinsichtlich des nach dem 31.12.2025 eintretenden Rechtsverlustes aber nicht geschieht. 36

Will man demgegenüber ohne Rücksicht auf die bestehende Verdinglichung (wegen der sachenrechtlichen Rechtseinheit vgl. aber auch § 6 WEG) die wohnungseigentumsrechtliche Beziehung der Miteigentümer lediglich als eine Art dauerhafte schuldrechtliche Sonderverbindung begreifen, könnte die Verbotswirkung grundsätzlich erst mit dem Inkrafttreten für zukünftig neu errichtete Gemeinschaftsordnungen einsetzen. § 48 Abs. 3 WEG erschöpft sich deshalb in der Anordnung der Nachholung der ausdrücklichen Eintragung für bestehende Gemeinschaftsordnungen, beinhaltet jedoch nach Sinn und Zweck keinen Wegfall der fortdauernden Wirkungen bestehender Regelungen nach dem 31.12.2025. Ein solcher Wegfall ist schon deshalb nicht angebracht, weil der mit § 48 Abs. 3 WEG angestrebte Zweck den Schutz eines Sondernachfolgers höher einordnen würde als das Vertrauen der Wohnungseigentümer in den Inhalt ihres Eigentums. Sondernachfolger konnten aber auch bisher über rd. 70 Jahre nicht auf eine fehlende Haftungsvereinbarung vertrauen, ohne die zugrundeliegende Eintragungsbewilligung eingesehen zu haben. Selbst diese Erkenntnismöglichkeit versagte ihnen die ganz h.M. in der Vergangenheit, wenn die Regelung aufgrund einer Öffnungsklausel zustande gekommen war. Vor diesem Hintergrund lässt eine Abwägung der unterschiedlichen Interessen den für einen Erwerbsinteressenten auch im Hinblick auf andere verdinglichte Regelungen (wie etwa Sondernutzungsrechte) unverändert mit einer Grundbucheinsicht verbundenen Aufwand für Altfälle weiterhin als zumutbar erscheinen (vgl. *Schneider* in SEHR, Die WEG-Reform 2020, § 3 Rn. 81–87). 37

Für diese o.g. Eintragung bedarf es nach § 48 Abs. 3 S. 2 WEG des Antrags eines Wohnungseigentümers oder der Gemeinschaft der Wohnungseigentümer. Über diese Notwendigkeit hat die Gemeinschaft der Wohnungseigentümer durch ihr Organ, den Verwalter, die Wohnungseigentümer zu informieren. Ferner hat sie im Regelfall für die nachträgliche ausdrückliche Eintragung im Grundbuch Sorge zu tragen (BeckOK-WEG/*Elzer* § 48 Rn. 13). 38

Die erst 2007 eingefügten S. 4 – 6 des § 7 Abs. 4 S. 3 bis 6 WEG a.F. sahen vor, dass die Landesregierungen durch Rechtsverordnung bestimmen konnten, dass und in welchen Fällen der Auf- 39 teilungsplan und die Abgeschlossenheit von einem öffentlich bestellten oder anerkannten Sachverständigen für das Bauwesen anstelle der Baubehörde ausgefertigt und bescheinigt werden. Von dieser Möglichkeit hatte jedoch kein Bundesland Gebrauch gemacht. Nach dem WEMoG steigen die Anforderungen an den Aufteilungsplan und die Abgeschlossenheitsbescheinigung (vgl. § 3 Absatz 3, § 7 Abs. 4 S. 1 Nr. 1 WEG). Aufgrund ihrer hervorgehobenen Bedeutung für ein gedeihliches Zusammenleben der Wohnungseigentümer sieht das Gesetz daher vor, dass der Aufteilungsplan sowie die Abgeschlossenheits- u. Freiflächenbescheinigung stets der Mitwirkung der Baubehörden bedürfen. Die bisherige Delegationsmöglichkeit wurde deshalb ersatzlos gestrichen (vgl. BT-Drs. 19/18791 S. 41).

40 Eine parallele Aufhebung findet sich für Dauerwohn- und Dauernutzungsrechte in der Streichung des vormaligen § 32 Abs. 2 S. 4 bis 7 WEG a.F. (vgl. *Schneider* in SEHR, Die WEG-Reform 2020, § 3 Rn. 103).

41 Auch wenn es selten vorkommen mag: Für eine vereinbarte Veräußerungsbeschränkung i.S.d. § 12 WEG, die – trotz § 3 Abs. 2 WGV – nicht explizit im Bestandsverzeichnis eingetragen wurde, gilt die Schonfrist des § 48 Abs. 3 S. 3 WEG nicht, so dass sich ein Kontrollblick lohnt.

4. § 48 Abs. 4 WEG; zertifizierter Verwalter

42 Zur ordnungsmäßigen Verwaltung und Benutzung gehört nach § 19 Abs. 2 Nr. 6 WEG grundsätzlich die Bestellung eines nach § 26a WEG zertifizierten Verwalters. Der Gesetzgeber erkennt damit an, dass sich mit dem WEMoG die Anforderungen an eine qualifizierte Verwaltung von Wohnungseigentumsanlagen erhöht haben (BT-Drs. 19/22634). Der zunehmende Bedarf an einer fachkundigen Verwaltung resultiere ferner aus den immer komplexer werdenden gesellschaftlichen und rechtlichen Zusammenhängen, welche die Verwaltertätigkeit prägten. Der Rechtsausschuss hielt es daher für erforderlich, den Wohnungseigentümern das rechtliche Instrumentarium dafür bereit zu stellen, dass sie nach ihren Bedürfnissen und ihrem Ermessen die Verwaltung einer sach- und fachkundigen Person übertragen können (BeckOK-WEG/*Elzer* § 48 Rn. 16).

43 Um den Personen, die sich zertifizieren lassen wollen, sowie den Industrie- und Handelskammern, die nach § 26a Abs. 1 WEG die Prüfung abzunehmen haben, und dem Bundesministerium der Justiz, das nach § 26a Abs. 2 S. 1 WEG ermächtigt ist, durch Rechtsverordnung nähere Bestimmungen über die Prüfung zum zertifizierten Verwalter zu erlassen, Zeit für die Vorbereitung auf die Zertifizierungsverfahren zu gewähren, ist § 19 Abs. 2 Nr. 6 nach § 48 Abs. 4 S. 1 erst ab dem 01.12.2022 <2023> anwendbar (vgl. Staudinger/*Wobst* § 48 Buchst. F., Jennißen/*Suilmann* WEG, 8. Aufl. § 48 Rn. 15). Zur ZertVerwVO vgl. insbesondere *Füllbeck*, ZMR 2022, 105, *Martini*, AnwZert MietR 6/2022 Anm. 2 und Zschieschack NZM 2022, 193 ff.

Hat eine Gemeinschaft der Wohnungseigentümer (GdWE) in der Zeit nach Inkrafttreten der WEG-Reform, aber vor Inkrafttreten des § 19 Abs. 2 Nr. 6 WEG einen nicht zertifizierten Verwalter bestellt, begründet dies keinen Abberufungsanspruch eines Eigentümers ab dem Geltungszeitraum des § 19 Abs. 2 Nr. 6 WEG (*AG München*, Urt. v. 03.09.2024 – 1293 C 13809/24).

44 § 48 Abs. 4 S. 2 WEG fingiert, dass natürliche oder juristische Personen, die am 01.12.2020 Verwalter einer Gemeinschaft der Wohnungseigentümer waren, gegenüber den Wohnungseigentümern (nur) dieser Gemeinschaft der Wohnungseigentümer bis zum 01.06.2024 als zertifizierter Verwalter gelten (vgl. Jennißen/*Suilmann* WEG, 8. Aufl. § 48 Rn. 16). Insoweit gibt es eine Karenzzeit für »alte Hasen« (vgl. Staudinger/*Wobst* § 48 Rn. 13).

5. § 48 Abs. 5 WEG; Verfahrensrecht

45 Bis zum 30.11.2020 anhängig gewordene Gerichtsverfahren (Leistungs-, Feststellungs- und Gestaltungsklagen inklusive Beschlussersetzungsklagen; vgl. Jennißen/*Suilmann* WEG, 8. Aufl. § 48 Rn. 18, 19) – maßgeblich ist der Eingang bei Gericht, nicht die Rechtshängigkeit (vgl. Jennißen/Suilmann WEG, 8. Aufl. § 48 Rn. 18) – sind weiterhin gegen die übrigen Wohnungseigentümer

zu führen. Einer Umstellung auf die Gemeinschaft der Wohnungseigentümer bei der früher in § 21 Abs. 8 WEG a.F. – d.h. außerhalb des Verfahrensrechts – geregelten Beschlussersetzungsklage (bejahend früher Elzer in SEHR § 15 Rn. 2, 2. Spiegelstrich) ist nicht geboten (so jetzt BeckOK-WEG/Elzer § 48 Rn. 20; Staudinger/*Wobst* § 48 Rn. 14; *BGH*, Urt. v. 25.02.2022 – V ZR 65/21, ZMR 2022, 483).

Soweit die Prozessführungsbefugnis eines einzelnen Wohnungseigentümers, der sich aus dem gemeinschaftlichen Eigentum ergebende Rechte geltend macht, in Anwendung des Rechtsgedankens von § 48 Abs. 5 WEG fortbesteht, ist auch die materiell-rechtliche Aktivlegitimation weiterhin gegeben (*BGH*, Urt. v. 15.07.2022 – V ZR 127/21, ZMR 2022, 900; näher *BGH*, Urt. v. 25. 02.2022 – V ZR 65/21, ZMR 2022, 483 = WuM 2022, 299 Rn. 20). 46

Der Gesetzgeber hat mit seiner grundsätzlichen Entscheidung, bei anhängigen Verfahren das alte Verfahrensrecht weiter gelten zu lassen, zugleich aber das neue materielle Recht zur Anwendung zu bringen, die enge Verzahnung von materiellem und formellem Recht in verschiedenen Bereichen – und so auch hier – übersehen (*BGH*, Urt. v. 15.07.2022 – V ZR 127/21, ZMR 2022, 900). 47

Wird ein identischer Beschluss durch verschiedene Eigentümer einmal am 30.11.2020 und einmal am 01.12.2020 mit der Anfechtungsklage angegriffen, sind die Verfahren wegen der Regelung zur Rechtskraft in den §§ 44 WEG a.F. bzw. 44 Abs. 3 WEG (vgl. Jennißen/*Suilmann* WEG, 8. Aufl. § 48 Rn. 21) zu gemeinsamer Verhandlung und Entscheidung zu verbinden (vgl. auch § 47 WEG a.F. und § 44 Abs. 2 S. 3 WEG). 48

Für das materielle Recht existiert keine Übergangsregelung. Deshalb ist das neue aktuelle WEG-Recht auf alle noch nicht abgeschlossenen Sachverhalte anzuwenden (vgl. Jennißen/*Suilmann* WEG, 8. Aufl. § 48 Rn. 24). Maßgeblich ist für die Beurteilung streitgegenständlicher Ansprüche das im Zeitpunkt der letzten mündlichen Verhandlung geltende Recht. 49

Bei vor dem 01.12.2020 bereits abgeschlossenen Sachverhalten gilt altes Recht (vgl. Jennißen/*Suilmann* WEG, 8. Aufl. § 48 Rn. 27). Insbesondere im Rahmen der Beschlussanfechtung und der Beschlussnichtigkeit kommt es auf das Recht zum Zeitpunkt der Beschlussfassung an (*BGH*, v. 11.06.2021 – V ZR 215/20, MDR 2021, 1256 = ZMR 2021, 830 Rn. 4 unter Verweis auf *BGH* v. 26.02.2021 – V ZR 33/20, MDR 2021, 737 = ZMR 2021, 595 Rn. 5). Die neuen Beschlusskompetenzen (vgl. §§ 16 Abs. 2 S. 2; 20 WEG) können einen nichtigen Beschluss nicht retten; er müsste neu gefasst werden. 50

Durch die Aufhebung des § 21 Abs. 7 WEG a.F, sollen Beschlüsse zu Umzugspauschalen ab 01.12.2020 ihre Wirkung verloren haben (vgl. Jennißen/*Suilmann* WEG, 8. Aufl. § 48 Rn. 32). 51

Weil § 48 Abs. 5 WEG die Vorstellung des Gesetzgebers zugrunde liegt, dass Änderungen des Verfahrensrechts bereits anhängige Verfahren unberührt lassen (BT-Drs. 19/18791, S. 86), soll die Änderung verfahrensrechtlicher Vorschriften auf den Ausgang eines bei Inkrafttreten der verfahrensrechtlichen Neuregelungen anhängigen Verfahrens keine Auswirkungen haben, selbst wenn wegen § 9a Abs. 2 WEG die Prozessführungsbefugnis nachträglich entfiele (vgl. *BGH* v. 07.05.2021 – V ZR 299/19, ZMR 2021, 680). Das Fortgelten der Prozessführungsbefugnis wird fingiert. 52

Umstritten ist die Frage, ob von der Wirkungslosigkeit eines Vergemeinschaftungs-Beschlusses in Bezug auf die frühere »gekorene« Ausübungsbefugnis gemäß § 10 Abs. 6 S. 3 Halbs. 2 WEG a.F. (wegen individueller Ansprüche einzelner Eigentümer = kein Fall der neuen gesetzlichen Vergemeinschaftung nach § 9a Abs. 2 WEG; a.A. Jennißen/*Suilmann* 8. Aufl. § 48 Rn. 33, 35, der § 9a Abs. 2 WEG auch generell auf die »gekorene« Ausübungsbefugnis bezieht) ab 01.12.2020 auszugehen ist (dafür: *Hügel/Elzer*, § 9a Rn. 114; BeckOK WEG/*Müller*, 49. Edition 01.07.2022, WEG § 9a Rn. 112; Gesetzesbegründung, BT-Drs. 19/18791, S. 47 und *LG Düsseldorf*, Urt. v. 21.09.2022 – 25 S 1/22). Das bisherige Recht wird auch als obsoletes Recht nicht unwirksam. Eher passt der Grundsatz aus dem öffentlichen Recht, wonach allein der Wegfall einer Ermächtigungsgrundlage die Wirksamkeit einer darauf gegründeten Rechtsnorm unberührt lässt. Andernfalls wäre auch das nach Art. 20 Abs. 3 GG geschützte Vertrauen im Hinblick auf retroaktiv wirkende Gesetze erschüttert. 53

Demnach bleiben getroffene Vergemeinschaftungsbeschlüsse wirksam; dies gilt auch dann, wenn sie bei Inkrafttreten des neuen WEG noch nicht bestandskräftig sind (so überzeugend *Bruns*, AnwZert MietR 13/2020, Anm. 2 unter IV.).

53a Die Übergangsregelung erfasst nur virtuelle Versammlungen, die auf der Grundlage einer entsprechenden Beschlussfassung nach § 23 Absatz 1a WEG (2024) durchgeführt werden, nicht auch solche, die auf einer Vereinbarung aller Wohnungseigentümer beruhen. Denn im Falle der schon bislang möglichen vereinbarten virtuellen Versammlungen besteht kein Grund, die Gemeinschaften der Wohnungseigentümer zur Durchführung von Präsenzversammlungen zu verpflichten.

Da kein Grund ersichtlich ist, auch Gemeinschaften der Wohnungseigentümer zur Durchführung von Präsenzversammlungen zu verpflichten, bei denen keine Wohnungseigentümerin bzw. kein Wohnungseigentümer Interesse an solchen Präsenzversammlungen hat, sieht der Vorschlag vor, dass die Wohnungseigentümerinnen und -eigentümer hierauf durch einstimmigen Beschluss verzichten können. Für den Verzicht ist also eine weitere Beschlussfassung erforderlich. Einstimmigkeit in der Wohnungseigentümerversammlung bedeutet, dass keine Gegenstimme gegen den Beschlussantrag abgegeben wird (so BT-Drs. 20/12146, S. 14).

Solche Alt-Vereinbarungen dürften allerdings entgegen den Überlegungen des Rechtsausschusses bis zum 01.01.2029 unwirksam werden/sein (§ 47 WEG; vgl. *Hügel/Elzer* 4. Aufl. § 48 Rn. 29); zumindest laufen sie leer.

53b § 48 Abs. 6 WEG greift, sobald die Wohnungseigentümer einen Beschluss nach § 23 Abs. 1a WEG (2024) wirksam gefasst haben.

In diesem Fall müssen die Wohnungseigentümer bis Ende 2028 grundsätzlich mindestens einmal im Jahr eine Präsenzversammlung durchführen.

Insofern wird ein Zusammenhang mit der für 2027 vorgesehenen Evaluation der WEG-Reform hergestellt. Dieser Zeitrahmen ermöglicht es, die Ergebnisse der für 2027 vorgesehenen Evaluation angemessen auszuwerten. Der Ausschuss geht davon aus, dass die Ergebnisse der Evaluation im Jahr 2027 so rechtzeitig vorgelegt werden, dass ein sich daran anschließendes Gesetzgebungsverfahren noch im Jahr 2028 im Deutschen Bundestag abgeschlossen werden kann. Die Regelung sieht ausdrücklich vor, dass ein Verstoß gegen die Pflicht zur jährlichen Durchführung einer Präsenzversammlung nicht zur Nichtigkeit oder Anfechtbarkeit von Beschlüssen führt, die in virtuellen Wohnungseigentümerversammlungen gefasst wurden. Dadurch werden Rechtsunsicherheit und etwaige erhebliche Nachteile und Zusatzkosten für die Gemeinschaften der Wohnungseigentümer vermieden. (so BT-Drs. 20/12146, S. 14).

Der Gesetzgeber geht dabei davon aus, dass die Ergebnisse der Evaluation so rechtzeitig vorgelegt werden, dass ein sich daran anschließendes Gesetzgebungsverfahren noch im Jahr 2028 im Deutschen Bundestag abgeschlossen werden kann. Diese Hoffnung dürfte sich nicht erfüllen. Der Zeitrahmen ist für eine valide Evaluation außerdem zu kurz. Das Zeitfenster ist damit ein Feigenblatt, das die gegen § 23 Abs. 1a WEG zahlreich und auch in der Anhörung der Sachverständigen im Rechtsausschuss erhobenen Bedenken nicht verdecken kann. Der Zeitrahmen sollte auf jeden Fall verlängert werden (so *Hügel/Elzer* 4. Aufl. § 48 Rn. 32).

Zur Präsenzversammlung gemäß § 48 Abs. 6 S. 1 WEG zählt auch die Hybrid-Versammlung nach § 23 Abs. 1 S. 2 WEG. Keine Präsenzversammlung in diesem Sinne ist eine bloße Scheinversammlung. So liegt es beispielsweise, wenn nur der Verwalter zu einer Präsenzversammlung erscheint, um § 48 Abs. 6 S. 1 WEG zu umgehen. Ferner reicht es nicht, wenn nur der aufteilende Eigentümer sich »versammelt« oder eine Tagesordnung nur einen Punkt hat (so *Hügel/Elzer* 4. Aufl. § 48 Rn. 33). Nach dem Sinn und Zweck muss die Präsenzversammlung grundsätzlich die in § 24 Abs. 1 WEG gemeinte Versammlung sein mit den jährlich wiederkehrenden Standardbeschlussthemen.

§ 48 Abs. 6 S. 1 WEG ist nicht anwendbar, sofern die Wohnungseigentümer auf eine Präsenzversammlung einmal durch einen Beschluss ohne Nein-Stimmen verzichten.

Ein Verstoß gegen die Pflicht nach § 48 Abs. 6 S. 1 WEG führt nur zur Anfechtbarkeit der in einer virtuellen Versammlung gefassten Beschlüsse. Die Regelung schafft allerdings einen Anreiz, gegen § 48 Abs. 1 S. 1 WEG zu verstoßen. Geschieht dies bewusst und absichtlich, sollte § 48 Abs. 6 S. 2 WEG teleologisch reduziert werden (so *Hügel/Elzer* 4. Aufl. § 48 Rn. 35).

Selbst wenn man von der Wirkungslosigkeit ausgeht muss für ein schon vor dem 01.12.2020 anhängiges Klageverfahren in entsprechender Anwendung des Rechtsgedankens des § 48 Abs. 5 WEG die Prozessführungsbefugnis zumindest solange fortbestehen, bis dem Gericht eine entgegenstehende Äußerung des betreffenden Wohnungseigentümers zur Kenntnis gebracht wird, wie dies der *BGH* für den umgekehrten Fall bejaht hat (*BGH*, Urt. v. 07.05.2021 – V ZR 299/19, ZMR 2021, 680; *LG Düsseldorf*, Urt. v. 21.09.2022 – 25 S 1/22). 54

B. Einzelfälle aus der Rechtsprechung zu § 48 Abs. 5 WEG (analog)

1. Beschlussersetzungsklage

Für das (auch in der Revisionsinstanz von Amts wegen zu prüfende) Bestehen oder Fehlen der Prozessführungsbefugnis kommt es zwar bei der Beschlussersetzungsklage grundsätzlich auf den Zeitpunkt der letzten mündlichen Tatsachenverhandlung an (vgl. *BGH*, Urt. v. 14.12.1959 – V ZR 197/58, BGHZ 31, 279, 283; *BGH*, Urt. v. 19.03.1987 – III ZR 2/86, BGHZ 100, 217, 219 mwN). Hier ist es aber deshalb anders, weil die materiell-rechtlichen Änderungen durch das WEMoG in Ermangelung von Übergangsvorschriften sofort gelten und diese Gesetzesänderung auch in der Revisionsinstanz beachtlich ist (vgl. *BGH*, Urt. v. 07.05.2021 – V ZR 299/19, ZMR 2021, 680 = NZM 2021, 561 Rn. 6). Die Prozessführungsbefugnis wäre deshalb an sich selbst in dritter Instanz ohne weiteres entfallen; nachdem der Senat allerdings ihren Fortbestand in Anwendung des Rechtsgedankens des § 48 Abs. 5 WEG anerkannt hat, muss sich im Gegenzug die andere Partei noch in der Revisionsinstanz auf einen Widerspruch der GdWE berufen können (*BGH*, Urt. v. 15.07.2022 – V ZR 127/21, ZMR 2022, 900). 55

Der analogen Anwendung des § 48 Abs. 5 WEG auf eine vor dem 01.12.2020 anhängig gewordene Beschlussersetzungsklage steht nicht entgegen, dass mit Inkrafttreten des WEMoG vom 16.10.2020 am 01.12.2020 (BGBl. I S. 2187) der Anspruch eines Wohnungseigentümers auf ordnungsmäßige Verwaltung des gemeinschaftlichen Eigentums auf § 18 Abs. 1 WEG beruht und dieser Anspruch nur noch gegen die Gemeinschaft selbst, nicht aber mehr gegen die einzelnen Wohnungseigentümer besteht. Hierauf kommt es wegen des besonderen Charakters der Beschlussersetzungsklage als Gestaltungsklage nicht an. Zwar hat die in § 21 Abs. 8 WEG a.F. geregelte Beschlussersetzungsklage erst mit Wirkung zum 01.12.2020 eine gesetzliche Ausgestaltung im dritten Teil des WEG erfahren und ist erstmals durch § 44 Abs. 1 S. 2 und Abs. 2 S. 2 WEG der Kreis der aktiv- und passivlegitimierten Personen gesetzlich ausdrücklich bestimmt worden. Bis zum 01.12.2020 war die Beschlussersetzungsklage demgegenüber lediglich rudimentär und im zweiten Teil des WEG geregelt. Eine ausdrückliche Übergangsvorschrift für die am 01.12.2020 bereits anhängigen Beschlussersetzungsklagen enthält das Gesetz nicht. § 48 Abs. 5 WEG ist aber entsprechend anzuwenden. Der Übergangsregelung in § 48 Abs. 5 WEG liegt die Vorstellung des Gesetzgebers zugrunde, dass Änderungen des Verfahrensrechts bereits anhängige Verfahren unberührt lassen (BT-Drs. 19/18791, S. 86), die Änderung verfahrensrechtlicher Vorschriften also auf den Ausgang eines bei Inkrafttreten der verfahrensrechtlichen Neuregelungen anhängigen Verfahrens keine Auswirkungen haben soll (vgl. auch *BGH* v. 07.05.2021 – V ZR 299/19, ZMR 2021, 680 Rn. 23). Da auch die Beschlussersetzungsklage verfahrensrechtlichen Charakter hat, ist ohne weiteres anzunehmen, dass es dem Plan des Gesetzgebers entspricht, ein bereits eingeleitetes Verfahren nach Maßgabe der bei Einleitung des Verfahrens maßgeblichen Vorschriften zu Ende zu führen. Merkmal einer solchen Gestaltungsklage ist, dass die Parteien eines solchen Verfahrens gesetzlich bestimmt sein können. Dies unterscheidet sie von der Leistungsklage, die erfolgreich nur gegen den Schuldner eines behaupteten Anspruchs gerichtet werden kann. Auch eine vor dem 01.12.2020 anhängige Beschlussersetzungsklage ist daher – ebenso wie eine Anfechtungsklage – in entsprechender Anwendung des § 48 Abs. 5 56

WEG weiterhin gegen die übrigen Wohnungseigentümer zu richten (*LG Berlin*, Urt. v. 03.06.2021 – 55 S 115/20, ZMR 2022, 143).

57 § 21 Abs. 8 WEG a.F. findet gemäß § 48 Abs. 5 WEG analog für bereits vor dem 01.12.2020 bei Gericht anhängigen Verfahren weiter Anwendung (vgl. Lehmann-Richter/Wobst, WEG-Reform 2020, § 18, Rn. 1993). Nach der Übergangsvorschrift des § 48 Abs. 5 WEG sind für die am 01.12.2020 bei Gericht anhängigen Verfahren weiter die §§ 43–50 WEG a.F. anzuwenden. Daraus ist abzuleiten, dass für diese Verfahren auch noch die Vorschrift des § 49a GKG a.F. anzuwenden ist (*LG Hamburg*, Urt. v. 24.03.2021 – 318 S 85/19, ZMR 2021, 607). Zum Übergangsrecht befasst sich die Kammer zu Recht nicht weiter mit der gegenteiligen Lesart (nur) des *LG Köln* (Urt. v. 28.06.2021 – 29 S 32/21 – ZMR 2021, 844), die allein wegen der (schon immer verfehlten) systematischen Stellung des § 21 Abs. 8 WEG a.F. im materiellen Recht die Übergangsregelung in § 48 Abs. 5 WEG für unanwendbar hält, so dass nunmehr die Klage gegen die Gemeinschaft weiterzuführen gewesen wäre. Das überzeugt auch in der Tat nicht (für Analogie zu § 48 Abs. 5 WEG etwa auch *LG Berlin*, Urt. v. 03.06.2021 – 55 S 115/20, ZMR 2022, 143; *LG Frankfurt*, Urt. v. 20.04.2021 – 2–13 S 133/20, ZMR 2021, 760); es kann (weiter) gegen die übrigen Wohnungseigentümer geklagt werden. Materiell-rechtlich kommt es aber auf den Zeitpunkt der letzten mündlichen Verhandlung an, so dass insofern neues Recht gilt – was vorliegend kein Problem war, weil nach altem wie neuem Recht ein unverjährbarer Daueranspruch auf Erhaltung des gemeinschaftlichen Eigentums besteht (so Dötsch, jurisPR-MietR 7/2022 Anm. 4).

58 Beschlussersetzungsklagen, die bereits vor dem 01.12.2020 anhängig waren, sind entsprechend § 48 Abs. 5 WEG gegen die übrigen Eigentümer fortzuführen, materiell ist allerdings das seit dem 01.12.2020 geltende Recht anzuwenden (*LG Frankfurt*, Beschl. v. 20.04.2021 – 2–13 S 133/20, ZMR 2021, 760). Die Erwägungen zum Fortbestand der Prozessführungsbefugnis nach § 48 Abs. 5 WEG analog in »Altverfahren«, in denen es um die Geltendmachung von gemeinschaftlichen Rechten durch einen einzigen Eigentümer geht (vgl. *BGH*, Urt. v. 07.05.2021 – V ZR 299/19, ZMR 2021, 680), sind auf die Fälle der »überholten« Beschlussersetzungsklage nach § 21 Abs. 8 WEG a.F. nicht übertragbar (*AG Hamburg*-St. Georg, Urt. v. 25.06.2021 – 980a C 31/20, ZMR 2021, 774).

59 Dem (Klage-)Antrag ist der Erfolg versagt, wenn die Voraussetzungen für eine gerichtliche Ersetzung der Beschlussfassung nicht (mehr) am Schluss der mündlichen Verhandlung vorliegen. Das Gericht soll durch eine Ermessensentscheidung nach § 21 Abs. 8 WEG a.F. nur im Ausnahmefall – also nicht ohne Grund und nur im Rahmen des Erforderlichen – in das Selbstorganisationsrecht der Eigentümer eingreifen dürfen (*AG Hamburg*-St. Georg, Urt. v. 27.03.2020 – 980b C 9/19, ZMR 2020, 598, Riecke/Schmid, WEG, 5. Aufl., § 21, Rn. 312). Es fehlt hier – bezogen auf den maßgeblichen Zeitpunkt – allerdings an einem Ausfall des Selbstbestimmungsrechts der Eigentümer und einer erforderlichen Reduzierung des ihnen zustehenden Ermessens »auf Null«. Insoweit kommt es, anders als im Rahmen der Beschlussanfechtung, nicht auf den Zeitpunkt der Willensbildung an, sondern nach allgemeinen prozessualen Regeln auf den Zeitpunkt der letzten mündlichen Tatsachenverhandlung an (s. *BGH*, Urt. v. 04.05.2018 – V ZR 203/17, NJW 2018, 3238, 3241, Tz. 26 = ZMR 2018, 835; Engelhardt, in: MüKoBGB, Bd. 8, 8. Aufl. 2020, § 21 WEG, Rn. 87). Bestand demnach bei der Abstimmung über einen Beschlussantrag eine Handlungspflicht, haben die Eigentümer nicht ordnungsmäßig gehandelt, die Handlung zu verweigern. Fällt hingegen durch die Änderung der Sach- und/oder Rechtslage diese Handlungspflicht später weg, können und müssen die Wohnungseigentümer vor Erhebung einer Klage damit erneut befasst werden (vgl. zum umgekehrten Fall Elzer, in: BeckOK-WEG, 42. Ed. [01.08.2020], § 21, Rn. 429). Zwar ist der Anspruch auf Austausch der Fenster nicht entfallen. Allerdings haben bzw. hätten die Miteigentümer infolge der zum 01.12.2020 in Kraft getretenen Änderungen des materiellen Rechts nunmehr gemäß § 16 Abs. 2 S. 2 WEG die Möglichkeit, eine von der Teilungserklärung abweichende Kostenverteilung zu beschließen, also die Kosten für den Austausch der Fenster etwa allein der Betroffenen aufzuerlegen. Diese Kompetenz der Eigentümer umfasst insbesondere auch den Austausch von Fenstern, die sich im Bereich des Sondereigentums eines Miteigentümers befinden (vgl. BT-Drs. 19/18791, 56; Elzer, in: SEHR, Skauradszun/Elzer/Hinz/Riecke, Die WEG-Reform 2020,

2021, § 13, Rn. 23; Hügel, in: BeckOK-BGB, 58. Ed. [01.05.2021], § 16 WEG, Rn. 18). Dementsprechend würde das Gericht ohne (erneute) Vorbefassung der Eigentümerversammlung mit dem Begehren, die Kosten auf alle Miteigentümer zu verteilen, unnötig in die Selbstbestimmungsfreiheit der Eigentümer eingreifen, wenn es dem Klageantrag stattgeben würde. Dass sich die materielle Rechtslage nach Anhängigkeit ihres Antrages geändert hat, hätte zum Anlass genommen werden müssen, die Klage insoweit in der Hauptsache für erledigt zu erklären (vgl. etwa Dötsch/Schultzky/Zschieschack, WEG-Recht 2021, 2021, Kap. 14, Rz. 187 [Fn. 226] zum Wegfall der Klagebefugnis aufgrund einer Gesetzesänderung). Die Erwägungen zum Fortbestand der Prozessführungsbefugnis nach § 48 Abs. 5 WEG analog in »Altverfahren«, in denen es um die Geltendmachung von gemeinschaftlichen Rechten durch einen einzigen Eigentümer geht (vgl. *BGH*, Urt. v. 07.05.2021 – V ZR 299/19, ZMR 2021, 680), sind insoweit auf die Fälle der »überholten« Beschlussersetzungsklage nach § 21 Abs. 8 WEG a.F. nicht übertragbar. Es geht es nicht um die Zulässigkeit einer solchen Klage, sondern um deren Begründetheit. Es ist auch nicht ersichtlich, dass die Regelung in § 48 Abs. 5 WEG insoweit eine planwidrige Regelungslücke enthält, die durch eine Vorverlagerung des Beurteilungszeitpunktes für die Begründetheit auf den Zeitpunkt der – hier auch angefochtenen – Beschlussfassung zu schließen ist. Es ist zwar offensichtlich, dass der Gesetzgeber bei der Schaffung des WEMoG (BGBl. I 2020, 2187) die Auswirkung einer veränderten materiellen Rechtslage auf anhängige Verfahren, die einen Antrag nach § 21 Abs. 8 WEG a.F. zum Gegenstand haben, übersehen hat; den Gesetzesmaterialien (vgl. BT-Drs. 19/18791 [Gesetzentwurf der Bundesregierung] und BT-Drs. 19/22634 [Beschlussempfehlung und Bericht des Ausschusses für Recht und Verbraucherschutz]) lässt sich zu dieser Problematik nichts entnehmen. Allerdings besteht kein Anlass anzunehmen, dass der Gesetzgeber mit den Rechtsänderungen von dem gefestigten prozessualen Grundsatz, wonach es für die Begründetheit einer (Beschlussersetzungs-)Klage auf den Zeitpunkt der letzten mündlichen Tatsachenverhandlung ankommt (so etwa Elzer/Riecke, in: SEHR, Skauradszun/Elzer/Hinz/Riecke, a.a.O., § 9, Rn. 74 und Hügel/Elzer, WEG, 3. Aufl. 2021, § 44, Rn. 204 zur neuen Rechtslage), nur für die hier in Rede stehenden Übergangskonstellationen hat abweichen wollen. Dafür spricht auch nicht der Sinn und Zweck einer Klage nach § 21 Abs. 8 WEG a.F. Diese soll(te) dem Wohnungseigentümer, der mit seinem berechtigten Anliegen bei seinen übrigen Miteigentümern kein Gehör gefunden hat, die Möglichkeit an die Hand geben, ein Gericht anzurufen, um dort die Durchsetzung seines Anspruchs zu erreichen. Das enthebt ihn aber gleichwohl nicht von dem allgemeinen prozessualen Risiko, dass sich sein Klagebegehren durch eine Rechtsänderung »erledigt« und er ggfs. mit seinem Unterliegen rechnen muss (*AG Hamburg*-St. Georg, Urt. v. 25.06.2021 – 980b C 31/20, ZMR 2021, 774).

2. Anfechtungsklage

Auf die Anfechtungsklage findet wegen eines Beschlusses vor dem 01.12.2020 < gemeint wohl, wenn auch die Klage vor dem 01.12.2020 anhängig wurde > gemäß § 48 Abs. 5 WEG das bis zum 30.11.2020 geltende Verfahrensrecht Anwendung. Das Inkrafttreten des neuen Rechts zum 01.12.2020 stellt keinen Grund für den Wegfall des Rechtsschutzinteresses für die Anfechtungsklage dar (a.A. noch *AG Kaiserslautern* ZMR 2021, 686). Das Rechtsschutzinteresse für die Klage kann nicht deswegen verneint werden, weil die Kläger aus den geltend gemachten Anfechtungsgründen einen noch gar nicht ergangenen neuerlichen Beschluss nicht mehr mit Erfolg anfechten könnten (*LG Landau* in der Pfalz, Urt. v. 17.12.2021 – 5 S 16/21, ZMR 2022, 323). 60

3. Gebrauchsrechte; störende Nutzung

Berechtigt zur Geltendmachung von Ansprüchen gegen Wohnungseigentümer bezüglich der Überschreitung ihrer Gebrauchsrechte am gemeinschaftlichen Eigentum ist nach der WEG-Reform durch das WEMoG nur die Gemeinschaft der Wohnungseigentümer (Verband) und nicht mehr der einzelne Wohnungseigentümer. Dies würde – nach dem reinen Wortlaut des § 48 Abs. 5 WEG – auch für bereits vor dem 01.12.2020 anhängige Verfahren gelten (vgl. *LG Frankfurt*/M., Urt. v. 28.01.2021 – 2–13 S 155/19, ZMR 2021, 342; a.A. später *BGH*, Urt. v. 07.05.2021 - V ZR 299/19, ZMR 2021, 680). 61

62 Für die bereits vor dem 01.12.2020 bei Gericht anhängigen Verfahren besteht die Prozessführungsbefugnis eines Wohnungseigentümers, der sich aus dem gemeinschaftlichen Eigentum ergebende Rechte geltend macht, über diesen Zeitpunkt hinaus in Anwendung des Rechtsgedankens des § 48 Abs. 5 WEG fort, bis dem Gericht eine schriftliche Äußerung des nach § 9b WEG vertretungsberechtigten Organs über einen entgegenstehenden Willen der Gemeinschaft der Wohnungseigentümer zur Kenntnis gebracht wird (*BGH*, Urt. v. 07.05.2021 – V ZR 299/19, ZMR 2021, 680; vgl. dazu Letzner, ZWE 2021, 307; Elzer, Erste Probleme des WEG-Übergangsrechtes – ein kurzer Blick zurück und voraus! ZMR 2021, 717 sowie Mediger, Neuregelung der Störungsabwehr, NZM 2021, 489; vgl. auch *LG Itzehoe*, Urt. v. 02.07.2021 – 11 S 41/20, ZMR 2021, 843 und *BGH*, Beschl. v. 04.11.2021 – V ZR 106/21, ZMR 2022, 140).

63 Ein Wohnungseigentümer, der – in einem Rechtsstreit, der am 01.12.2020 bereits anhängig war – sich aus dem gemeinschaftlichen Eigentum ergebende Rechte geltend macht, verliert seine Prozessführungsbefugnis, wenn der Verwalter gegenüber dem Gericht schriftlich erklärt, dass die Gemeinschaft der Wohnungseigentümer eine Fortsetzung des Rechtsstreits nicht wünscht, auch wenn der Wohnungseigentümer den Beschluss, der dieser Erklärung zu Grunde liegt, fristgerecht angefochten hat. Es ist nicht erforderlich, den Rechtsstreit im Hinblick auf die Anfechtungsklage auszusetzen (*AG Wiesbaden*, Urt. v. 01.10.2021 – 93 C 3536/20, ZMR 2022, 85; Fortführung der *BGH*-Entscheidung v. 07.05.2021 – V ZR 299/19, ZMR 2021, 680). Die Prozessführungsbefugnis entfällt jedoch, sobald dem Gericht vom vertretungsberechtigten Organ ein entgegenstehender Wille der Gemeinschaft zur Kenntnis gebracht wird. Da der Verwalter im Außenverhältnis gemäß § 9b Abs. 1 S. 1 WEG über eine umfassende Vertretungsmacht verfügt, kommt es nicht darauf an, ob der Erklärung eine wirksame Willensbildung der Gemeinschaft zugrunde liegt. Daher würde die Prozessführungsbefugnis auch nicht wieder aufleben, wenn der Beschluss der Eigentümerversammlung, mit welcher der Klägerin die Ermächtigung zur Fortsetzung nicht bewilligt wurde, erfolgreich angefochten wird. Denn es kommt lediglich auf die Erklärung des Verwalters an; diese könnte auch im Widerspruch zur internen Willensbildung der Eigentümer stehen (Pöpel, jurisPR-MietR 4/2022 Anm. 5; vgl. auch *AG München*, Urt. v. 25.08.2021 – 485 C 3241/20, ZMR 2021, 936).

64 Verlangt die Gemeinschaft der Wohnungseigentümer mit einer vor dem 01.12.2020 anhängigen Klage von einem Wohnungseigentümer Unterlassung einer gegen die Gemeinschaftsordnung verstoßenden Nutzung, kommt es nach Inkrafttreten des WEMoG am 01.12.2020 für die Prozessführungsbefugnis des Verbandes nicht mehr darauf an, ob ein Vergemeinschaftungsbeschluss vorlag (vgl. dazu auch *LG Berlin*, Beschl. v. 11.02.2021 – 85 S 40/20, ZMR 2021, 411). Die sich aus dem gemeinschaftlichen Eigentum ergebenden Unterlassungsansprüche aus § 1004 Abs. 1 BGB übt gemäß § 9a Abs. 2 WEG der Verband aus, der deshalb nach neuem Recht schon kraft Gesetzes prozessführungsbefugt ist (vgl. hierzu auch BT-Drs. 19/18791 S. 46; *BGH*, Urt. v. 07.05.2021 – V ZR 299/19, ZMR 2021, 680 = WuM 2021, 392 Rn. 6). Der Anspruch aus dem an die Stelle von § 15 Abs. 3 WEG aF getretenen § 14 Abs. 1 Nr. 1 WEG ist nunmehr allein dem Verband zugewiesen. Das ergibt sich aus dem eindeutigen Wortlaut des Gesetzes (»gegenüber der Gemeinschaft der Wohnungseigentümer« – im Unterschied zu § 14 Abs. 2 WEG: »gegenüber den übrigen Wohnungseigentümern«) und aus dem in der Gesetzesbegründung zum Ausdruck gebrachten Willen des Gesetzgebers (vgl. BT-Drs. 19/18791 S. 52; Dötsch/Schultzky/Zschieschack WEG-Recht 2021 Kapitel 3 Rn. 127, Kapitel 4 Rn. 27; Lehmann-Richter/Wobst WEG-Reform 2020 Rn. 1395, 1492; a.A.; *Hügel/Elzer* WEG 3. Aufl. § 14 Rn. 12: nur Ausübungsbefugnis gemäß § 9a Abs. 2 WEG). Im Hinblick auf einen Anspruch aus § 14 Abs. 1 Nr. 1 WEG folgt die Prozessführungsbefugnis des Verbands deshalb bereits aus dem allgemein anerkannten Grundsatz, dass derjenige, der behauptet, Inhaber eines bestimmten Rechts zu sein, prozessual die Befugnis hat, dieses Recht im eigenen Namen einzuklagen (vgl. *BGH*, Urt. v. 08.02.2019 – V ZR 153/18, ZMR 2019, 696 = NJW 2019, 3446 Rn. 8).

65 Anderer Ansicht ist allerdings das *LG Köln* (Beschl. v. 28.06.2021 – 29 S 32/21, ZMR 2021, 844): *In Altverfahren ist ein Parteiwechsel auf Beklagtenseite geboten nach Wegfall der Passivlegitimation der*

ursprünglich verklagten übrigen Wohnungseigentümer. Dem steht auch BGH, Urteil vom 7. Mai 2021 – V ZR 299/19, ZMR 2021, 680 nicht entgegen.

4. selbständiges Beweisverfahren

Ein selbständiges Beweisverfahren zwischen Wohnungseigentümern ist nach der WEG-Reform im Hinblick auf bauliche Veränderungen des Gemeinschaftseigentums (nur) dann zulässig, wenn der Antragsteller eine davon ausgehende Störung im Bereich seines Sondereigentums geltend macht. 66

Soweit bereits Prozesse anhängig sind, können Ansprüche aus § 1004 BGB in entsprechender Anwendung des § 48 Abs. 5 WEG von den Eigentümern zu Ende geführt werden, wenn die GdWE dem nicht widerspricht oder den Prozess übernimmt (*BGH*, Urt. v. 01.10.2021 – V ZR 48/21, ZMR 2022, 230). Eine derartige Konstellation liegt nicht vor, wenn das Klageverfahren zwischen den Parteien, bei welchem die Beweisfragen eine Rolle spielen könnten, übereinstimmend für erledigt erklärt worden ist. Damit ist die Rechtshängigkeit in diesem Verfahren entfallen (MüKoZPO/*Schulz* 6. Aufl. 2020, ZPO § 91a Rn. 36). Ob eine erneute Klage zulässig ist (dazu MüKoZPO/*Schulz* 6. Aufl. 2020, ZPO § 91a Rn. 39 m.w.N.), kann dahinstehen, denn jedenfalls wäre insoweit der Anwendungsbereich des § 48 Abs. 5 WEG nicht eröffnet, da das neue Verfahren erst in der Zukunft anhängig wird. Etwas anders gilt auch nicht deshalb, weil zuvor ein selbständiges Beweisverfahren anhängig war. Denn das selbständige Beweisverfahren ist nicht Teil des Verfahrens iSv § 48 Abs. 5 WEG, zumal damit der Anspruch nicht rechtshängig wird (*LG Frankfurt*/M., Beschl. v. 09.12.2021 – 2–13 T 74/21, ZMR 2022, 242; *LG Duisburg*, Beschl. v. 08.06.2010 – 7 S 10710, ZMR 2010, 980 = NJW-RR 2011, 302; BeckOK BGB/*Zschieschack*/*Orthmann* 60. Ed. 01.11.2021 WEG § 48 Rn. 26). 67

5. Grundbuchverfahren

§ 48 Abs. 5 WEG gilt analog für grundbuchverfahrensrechtliche Vorschriften, die im Rahmen des Vollzugs der Teilungserklärung zu beachten sind. Ging etwa der Antrag vor dem 01.12.2020 beim Grundbuchamt ein und enthielt eine Abgeschlossenheitsbescheinigung der Baubehörde, die für Garagenstellplätze dauerhafte Markierungen, aber keine Maßangaben attestierte (§ 7 Abs. 4 S. 1 Nr. 2, § 3 Abs. 2 S. 2 WEG a.F.), kann diese auch Grundlage für eine erst nach diesem Stichtag erfolgende Eintragung sein (Beispiel nach Staudinger/*Wobst* § 48 Rn. 16). 68

6. Streitwertbestimmung; Wert des Beschwerdegegenstandes

Aus § 48 Abs. 5 WEG ist für die Streitwertbestimmung abzuleiten, dass der ab 01.12.2020 aufgehobene § 49a GKG weiterhin für Altverfahren aus der Zeit vor dem 01.12.2020 gelten soll. Für die Beschlussanfechtung kommt es auf das zur Zeit der Beschlussfassung geltende materielle Recht an (*LG Hamburg*, Urt. v. 13.01.2021 – 318 S 67/19, ZMR 2021, 418). 69

Ist eine Beschlussanfechtungsklage vor dem 01.12.2020 bei Gericht anhängig geworden, bemisst sich der Streitwert analog § 48 Abs. 5 WEG auch für nach diesem Zeitpunkt eingelegte Rechtsmittel nach § 49a GKG a.F. und nicht nach § 49 GKG. Die (allgemeine) Übergangsvorschrift des § 71 Abs. 1 S. 2 GKG ist insoweit nicht anwendbar; § 71 Abs. 1 S. 2 GKG, wonach in der Rechtsmittelinstanz neues Recht anwendbar wäre, wird insoweit verdrängt (a.A. Lehmann-Richter/Wobst, WEG-Reform 2020, Rn. 1994; Skauradszun/Elzer/Hinz/Riecke, Die WEG-Reform 2020, § 10 Rn. 15; *Suilmann* in: Jennißen, WEG, 8. Aufl., § 49 GKG Rn. 8). Hierfür spricht zum einen bereits der Wortlaut des § 49 GKG, der eine Regelung für die Bestimmung des Streitwerts (nur) für »Verfahren nach § 44 Abs. 1 des Wohnungseigentumsgesetzes« trifft und damit ersichtlich auf eine Vorschrift des neuen Rechts verweist. Zum anderen entspricht auch nur diese Sichtweise dem Willen des Gesetzgebers. Dadurch, dass der Streitwert nunmehr (§ 49 Satz 2 GKG) auf den siebeneinhalbfachen und nicht mehr auf den fünffachen Wert des Interesses (§ 49a Abs. 1 S. 2 GKG aF) des Klägers und der auf seiner Seite Beigetretenen gedeckelt und damit höher ist als nach dem bisherigen Recht, wollte der Gesetzgeber (vgl. BT-Drs. 19/22634, 48) den Wegfall der Mehrvertretungsgebühr 70 für den Beklagtenvertreter kompensieren. Nach neuem Recht ist die Beschlussklage nämlich nicht mehr gegen die übrigen Wohnungseigentümer (so § 46 Abs. 1 S. 1 WEG aF), sondern gegen die Gemeinschaft der Wohnungseigentümer zu richten (§ 44 Abs. 2 S. 1 WEG), so dass der Rechtsanwalt auf Beklagtenseite nur noch einen Mandanten vertritt. Mit diesem Verständnis des § 49 GKG wäre es nicht zu vereinbaren, wenn in einem Fall, in dem aufgrund der Übergangsbestimmung des § 48 Abs. 5 WEG im Rechtsmittelverfahren die übrigen Wohnungseigentümer weiter Beklagte der Beschlussanfechtungsklage bleiben, bei der Bestimmung des Streitwerts mit § 49 GKG eine Vorschrift angewendet würde, die nach der Vorstellung des Gesetzgebers voraussetzt, dass die Gemeinschaft der Wohnungseigentümer Beklagte ist. Gelten für die Beschlussanfechtungsklage noch die bisherigen Verfahrensvorschriften, ist deshalb auch bei der Bestimmung des Streitwerts das bisherige Recht und damit § 49a GKG aF anzuwenden (*BGH*, Beschl. v. 30.09.2021 – V ZR 258/20, ZWE 2022, 98; Staudinger/*Wobst* § 48 Rn. 15).

71 Der Wert des Beschwerdegegenstands darf im Altverfahren nach § 48 Abs. 5 WEG, § 49a Abs. 1 S. 2 GKG a.F. das Fünffache des Einzelinteresses der Kläger nicht übersteigen, das dann maßgeblich ist (*BGH*, Beschl. v. 25.03.2021 – V ZR 136/20, ZMR 2021, 758). Der im wohnungseigentumsrechtlichen Verfahren nach § 48 Abs. 5 WEG noch nach Maßgabe des früheren § 49a GKG zu bemessende – Streitwert entspricht in der Regel nicht der für die Zulässigkeit des Rechtsmittels maßgeblichen Beschwer (vgl. *BGH*, Beschl. v. 02.07.2020 – V ZR 2/20, ZWE 2020, 397 Rn. 4 mwN).

7. Sonstiges Verfahren

72 Auf die Prozessführungsbefugnis und die Aktivlegitimation des Klägers hat das Inkrafttreten des WEMoG keine Auswirkungen, wenn kein Verfahren im Sinne der §§ 43 ff. WEG a.F. vorliegt, weil dann die Übergangsvorschrift des § 48 Abs. 5 WEG keine Anwendung findet (*LG Frankfurt/M.*, Beschl. v. 23.02.2021 – 2–13 S 12/20, ZMR 2021, 512).

§ 49 Überleitung bestehender Rechtsverhältnisse

(1) Werden Rechtsverhältnisse, mit denen ein Rechtserfolg bezweckt wird, der den durch dieses Gesetz geschaffenen Rechtsformen entspricht, in solche Rechtsformen umgewandelt, so ist als Geschäftswert für die Berechnung der hierdurch veranlassten Gebühren der Gerichte und Notare im Falle des Wohnungseigentums ein Fünfundzwanzigstel des Einheitswertes des Grundstückes, im Falle des Dauerwohnrechtes ein Fünfundzwanzigstel des Wertes des Rechtes anzunehmen.

(2) Durch Landesgesetz können Vorschriften zur Überleitung bestehender, auf Landesrecht beruhender Rechtsverhältnisse in die durch dieses Gesetz geschaffenen Rechtsformen getroffen werden.

Literatur:
Thümmel Abschied vom Stockwerkseigentum JZ 1980, 125.

Übersicht

A. Allgemeines

1 Die Vorschrift entspricht dem vormaligen § 63 Abs. 1 u. Abs. 3 WEG; Abs. 2 war bereits zuvor durch Zeitablauf gegenstandslos geworden. Mit der Überleitungsvorschrift sollen gebührenrechtliche Anreize zur Überführung altrechtlicher Rechtsverhältnisse in das WEG geschaffen werden. Der Regelung kommt heute keine praktische Bedeutung mehr zu.

B. Anwendungsbereich

Nach der angestrebten Zielsetzung werden von der Vorschrift Rechtsverhältnisse erfasst, die den durch dieses Gesetz geschaffenen Rechtsformen entsprechen. § 49 Abs. 1 WEG bezieht sich damit nicht nur auf dem eigentlichen **Wohnungseigentum** (§ 1 WEG) ähnliche Rechtsformen, sondern erfasst auch **Wohnungserbbaurechte** (§ 30 WEG) und **Dauerwohnrechte** (§ 31 WEG). In Betracht kommen hier vor allem das altrechtliche oder das auf Art. 131 EGBGB gegründete sog. Stockwerkseigentum oder das auf § 1093 in Verbindung mit § 1010 BGB gestützte dingliche Wohnungsrecht (BayObLGZ 1957, 168, 172; für die Einordnung eines Wohn- und Nutzungsrechts als Dauerwohnrecht vgl. *BGH* BGHZ 27, 158 = NJW 1958, 1289). Es muss sich also um eine dingliche, eigentumsähnliche Behelfskonstruktion handeln; lediglich schuldrechtliche Rechtsbeziehungen genügen diesen Anforderungen nicht (Bärmann/*Göbel* § 49 Rn. 9; **a.A.** Jennißen/*Abramenko* § 49 Rn. 3). Selbst Nießbrauchsrechte, deren Ausübung Dritten überlassen werden kann (§ 1059 S. 2 BGB) sowie beschränkte persönliche Dienstbarkeiten mit wohnungsbezogenem Inhalt, sofern die Ausübungsüberlassung gestattet ist (§ 1092 Abs. 1 S. 2 BGB), können dem Anwendungsbereich des § 49 Abs. 1 WEG unterfallen, wenn die Einräumung eines solchen Rechts als Ersatz für das seinerzeit nicht mögliche Eigentum an einer Wohnung gewählt wurde (Bärmann/*Göbel* § 49 Rn. 7 u. Rn. 12). Zum nur vorübergehend in Baden-Württemberg zwischen 1950 und 1953 möglichen Miteigentum nach Wohneinheiten vgl. Bärmann/*Göbel* § 49 Rn. 5 m.w.N. u Art. 35 BaWüAGBGB. 2

Nicht erfasst sind demgegenüber gewöhnliche Miteigentumsverhältnisse gem. §§ 741ff., 1008ff. BGB (BayObLGZ 1957, 168, 172). Auch findet die Vorschrift keine Anwendung auf Rechtsverhältnisse, die erst nach dem Inkrafttreten des WEG am 20.03.1951 (BGBl. I S. 175) begründet wurden, weil sich die Beteiligten unter der Geltung des WEG sogleich für die Bildung von Wohnungseigentum hätten entscheiden können (BayObLGZ 1957, 168, 172; Jennißen/*Abramenko* § 49 Rn. 3). 3

C. Gebührenprivilegierte Umwandlung

Die Umwandlung der Altrechte kann grds. nur auf **rechtsgeschäftlicher** Grundlage erfolgen. Für die Umwandlung von Stockwerkseigentum oder bestehenden Miteigentumsanteilen mit wohnungsbezogenen Nutzungsvereinbarungen gem. § 1010 BGB sind deshalb die §§ 3, 4 WEG maßgeblich. Die Umwandlung beschränkter dinglicher Rechte (Wohnungsrechte gem. § 1093 BGB, Nießbrauchrechte) kann sich nur durch Neubestellung eines Dauerwohnrechts gem. § 31ff. WEG unter gleichzeitiger Löschung der Altrechte vollziehen. In dingliche Rechte eines Dritten darf dabei nicht ohne dessen Zustimmung eingegriffen werden (§§ 876, 877 BGB). 4

Das Gebührenprivileg wird durch **Ermäßigung des Geschäftswerts** für die durch die Umwandlung veranlassten Gerichts- und Notargebühren gewährt. Die Ermäßigung beträgt bei der Umwandlung in Wohnungseigentum 1/25stel des Einheitswertes des Grundstücks, bei der Umwandlung in ein Dauerwohnrecht 1/25stel des Wertes des Rechts. 5

D. Ermächtigung der Bundesländer

§ 49 Abs. 2 WEG ermächtigt die Bundesländer dazu, bestehende landesrechtliche Regelungen – ggf. auch zwangsweise (Bärmann/*Göbel* § 49 Rn. 18) – durch Landesgesetz in die Rechtsformen des WEG überzuleiten. Von der Ermächtigung haben mit unterschiedlicher Regelungstiefe Gebrauch gemacht: 6

Baden-Württemberg (für Stockwerkseigentum: §§ 36ff. BaWüAGBGB v. 26.11.1974, GBl. S. 498); 7

Hessen (G z Überleitung des Stockwerkseigentums v. 06.01.1962, GVBl. S. 17). 8

E. Landesrechtliche Besonderheiten

In **Bayern** gilt das Stockwerkseigentum als modifiziertes Miteigentum am Grundstück fort (Art. 62 BayAGBGB). 9

10 Im **Saarland** können nach Einführung des Bundesrechts solche Wohnungseigentums- und Dauerwohnrechte, die noch unter der Herrschaft des saarländischen WEG begründet worden sind, kostenprivilegiert in die entsprechenden Rechte des Bundes-WEG überführt werden (§ 3 Abschn. II d Gesetz zur Einführung von Bundesrecht im Saarland v. 30.06.1959, BGBl. I S. 313).

Bürgerliches Gesetzbuch BGB

in der Fassung der Bekanntmachung vom 2. Januar 2002 (BGBl. I S. 42, 2909; 2003 I S. 738), zuletzt geändert durch Artikel 9 des Gesetzes vom 16. Juli 2024 (BGBl. 2024 I Nr. 240)

– Auszug –

§ 554 Barrierereduzierung, E-Mobilität und Einbruchsschutz

(1) Der Mieter kann verlangen, dass ihm der Vermieter bauliche Veränderungen der Mietsache erlaubt, die dem Gebrauch durch Menschen mit Behinderungen, dem Laden elektrisch betriebener Fahrzeuge, dem Einbruchsschutz oder der Stromerzeugung durch Steckersolargeräte dienen. Der Anspruch besteht nicht, wenn die bauliche Veränderung dem Vermieter auch unter Würdigung der Interessen des Mieters nicht zugemutet werden kann. Der Mieter kann sich im Zusammenhang mit der baulichen Veränderung zur Leistung einer besonderen Sicherheit verpflichten; § 551 Absatz 3 gilt entsprechend.

(2) Eine zum Nachteil des Mieters abweichende Vereinbarung ist unwirksam.

Übersicht

A. Grundsätzliches

I. Entstehungsgeschichte

1 Das am 01.12.2020 in Kraft getretene WEMoG (BGBl. I, 2020, S. 2187) hat die Vorgängernorm § 554a BGB a.F. aufgehoben und den neuen § 554 BGB geschaffen. Der Gesetzgeber hatte zuvor schon mit § 554a BGB a.F. gefestigte Rechtsprechung (*BVerfG* ZMR 2000, 435 und *LG Duisburg* ZMR 2000, 464) kodifiziert. § 554 BGB ist dem neuen § 20 Abs. 2 WEG nachgebildet; er übernimmt für das Mietrecht nur die ersten 3 der 4 privilegierten baulichen Veränderungen (*Rolfs* NZM 20, 902; *Horst* MietRB 21, 181). Die weitere Ergänzung des § 554 BGB um die Privilegierung der sog. Balkonkraftwerke (Steckersolaranlagen) beruht auf Art. 2 BalKraftBeschG (vgl. BT-Drs. 20/12146 vom 03.07.2024).

II. Normzweck

2 Der Mieter hat Anspruch auf Zustimmung zu Erweiterungen seines Mietgebrauchs durch eigene bauliche Veränderungen (*Herlitz* AnwZert MietR 24/2020 Anm. 1). § 554a BGB a.F. ermöglichte allein Maßnahmen zur behindertengerechten Nutzung. Die Verhandlungsposition behinderter Mieter gegenüber ihrem Vermieter wurde bereits durch § 554a BGB a.F. gestärkt. Zu sozialrechtlichen Fragen i.V.m. der UN-BRK vgl. *Welti* SGb 15, 533 ff; *Hintzke* SuP 18, 343 ff. Aus § 554 Abs. 1 S. 1 BGB ergibt sich grds. ein Anspruch des Mieters einer Einzelgarage auf Erlaubnis des Vermieters zum Einbau einer »Wallbox« nebst Anschluss an eine bereits vorhandene Starkstromleitung zum Laden eines Elektrofahrzeugs (*LG München I* ZMR 2022, 731).

III. Anwendungsbereich

3 § 554 BGB regelt vom Mieter geplante Eingriffe in die Bausubstanz, die den vertragsgemäßen Gebrauch überschreiten. Der Zustimmungsanspruch gem. § 554 BGB besteht für alle Mieter von jedweden Räumen, da in § 578 BGB seit 01.12.2020 nunmehr eine Verweisungsvorschrift existiert. Auch mit eigenem Vertrag hinzugemietete Stellplätze und Garagen bei Wohnraummiete werden erfasst. Zum vermieteten Wohnungseigentum vgl. *Schultzky* AnwZert-MietR 24/2019 Anm. 1.

4 Mangels spezieller Übergangsvorschrift gilt § 554 BGB ab 01.12.2020 (arg. Art 171 EGBGB) für eine vom Mieter verlangte Erlaubnis.

5 § 554 BGB erfasst auch den Fall einer bereits ursprünglich (erst recht später) bestehenden Notwendigkeit behindertengerechten Umbaus, der über seniorengerechtes Wohnen hinausgeht (*OLG Koblenz* VersR 2012, 201). Trotzdem wird man den Mieter nicht für verpflichtet halten, unaufgefordert bei Vertragsabschluss etwa auf eine Behinderung eines Haushaltsangehörigen hinzuweisen; er darf gezielte Fragen des Vermieters zu diesem Themenbereich nur nicht falsch beantworten.

B. Regelungsgehalt

I. Tatbestandsvoraussetzungen

6 Ein berechtigtes Interesse des Mieters im Hinblick auf die begehrte bauliche Veränderung wird nicht gefordert. Die Interessenabwägung findet erst im Rahmen der Ausnahme des § 554 Abs. 1 S. 2 BGB statt.

7 Der Begriff »bauliche Veränderung« ist weit zu verstehen; von ihm werden auch Veränderungen der Anlagentechnik des Gebäudes erfasst. Diese bauliche Veränderung beschränkt sich nicht auf die Mietwohnung selbst. Der Mieter kann etwa einen Treppenlift in dem gemeinschaftlich genutzten Treppenhaus einbauen lassen wollen.

1. Behinderung

8 »Behindert« ist nicht im engen Sinne des Sozialrechts zu verstehen. Erfasst werden soll jede erhebliche und dauerhafte Einschränkung der Bewegungsfähigkeit (vgl. BGG v 27.04.2002, BGBl. I 2002, S. 1467). § 554 Abs. 1 S. 1 BGB meint solche baulichen Veränderungen, die Menschen mit Behinderungen den Gebrauch der Mietsache leichter ermöglichen. Hierzu zählen alle Maßnahmen, die für eine Nutzung durch körperlich oder geistig eingeschränkte Menschen zumindest eine Erleichterung bzw. Verbesserung bedeuten.

9 Es muss auch nicht eine Barrierefreiheit i.S.d. § 4 BGG erreicht werden. Dies wird nur bejaht bei solchen baulichen Maßnahmen und Anlagen, verkehrsmitteltechnischen Gebrauchsgegenständen etc., wenn sie für behinderte Menschen in der allgemein üblichen Weise ohne besondere Erschwernis und grds. ohne fremde Hilfe zugänglich und nutzbar sind (*Braun* MDR 2002, 862, 864 linke Spalte). Eine Barrierereduzierung genügt bereits.

10 Wegen der neuen Verweisung in § 578 Abs. 1 BGB besteht ein Anspruch des Mieters gem. § 554 Abs. 1 S. 1 BGB auf Erteilung einer Veränderungserlaubnis auch in der Gewerbemiete. Wegen der Zugangserleichterung z.B. für Patienten und Kunden mit (Geh-)Behinderungen besteht dem Grunde nach ein Anspruch auf eine Rollstuhlrampe im Zugangsbereich zum Aufzug. Dieser kann noch an der Interessenabwägung nach § 554 Abs. 1 S. 2 BGB scheitern.

2. E-Mobilität

11 Wie bei den privilegierten baulichen Veränderungen nach § 20 Abs. 2 S. 1 Nr. 2 WEG besteht ein Erlaubnisanspruch für Maßnahmen, die dem Laden elektrisch betriebener Fahrzeuge (vgl. insbesondere § 2 Nr. 1 EmoG) dienen (*Horst* NZM 2022, 313). Hierzu zählen: reine Batterieelektrofahrzeuge, von außen aufladbare Hybridelektrofahrzeuge, Brennstoffzellenfahrzeuge, elektrisch

betriebene Zweiräder. Elektromobile für Gehbehinderte, die nicht unter das EmoG fallen ebenfalls. Es geht primär um die Errichtung eines Ladepunktes (Wallbox), einer Ladesäule nebst Verlegung der erforderlichen Stromkabel.

Dem Aufladen solcher E-Fahrzeuge dienen auch bauliche Veränderungen, die zur Umsetzung von Vorgaben des Messstellenbetriebsgesetzes (MsbG) oder zur Teilnahme an einem Flexibilitätsmechanismus nach § 14a EnWG nötig sind (Veränderungen von Zählerschränken, Anbindung der Ladeeinrichtung an ein intelligentes Messsystem etc.). 12

Der Anspruch des Mieters erfasst auch Maßnahmen zur Erhaltung, Verbesserung und Modernisierung einer bereits existenten Ladeinfrastruktur, vorbehaltlich der Interessenabwägung nach § 554 Abs. 1 S. 2 BGB. Ein Modernisierungsanspruch wird zu bejahen sein, wenn die weitere Maßnahme eine wesentliche Beschleunigung des Ladevorgangs bewirkt. 13

§ 554 BGB erfasst nur bauliche Veränderungen im Bereich der Mietsache oder der Gemeinschaftsflächen, die dem Mieter vertraglich zur alleinigen oder zumindest zur gemeinschaftlichen Nutzung zugewiesen sind. Räume und Flächen, deren Nutzung dem Mieter nur widerruflich gestattet wurde, sind nicht betroffen. 14

3. Einbruchsschutz

Gemeint sind bauliche Maßnahmen, die den widerrechtlichen Zutritt zur Wohnung des Mieters verhindern, erschweren oder zumindest unwahrscheinlicher machen können. Der Anspruch umfasst in der Wohnung z.B. Wohnungstürspione, einbruchshemmende Türen und Fenster, Alarmanlagen etc. Außerdem kann der Mieter etwa die Erlaubnis zur Errichtung von einbruchsschützenden Anlagen in gemeinschaftlich genutzten Bereichen des Mietgrundstücks/-objekts beanspruchen, z.B. ein Schließsystem an der Hauseingangstür. Gegenläufige Interessen anderer Mieter im selben Objekt sind im Rahmen der Interessenabwägung nach § 554 Abs. 1 S. 2 BGB aufseiten des Vermieters zu gewichten/bewerten. 15

4. Balkonkraftwerke

Hierzu heißt es u.a. in der Gesetzesbegründung: 15a

»2. Privilegierung von Steckersolargeräten im Wohnungseigentums- und Mietrecht

a) Der Anspruch auf die Installation von Steckersolargeräten darf nicht durch überzogene Vorgaben über das »Wie« der Installation ausgehöhlt werden.
Ungeachtet der Tatsache, dass öffentlich-rechtliche Vorgaben bei der ordnungsmäßigen Verwaltung stets zu berücksichtigen sind, ist es nicht zulässig, durch zu weitreichende Vorgaben zum »Wie« letztlich die Installation eines Steckersolargerätes zu verhindern (vgl. BGH, 09. 02. 2024 – V ZR 244/22 zum § 20 WEG und dem Regel-Ausnahme-Verhältnisses, wenn die verlangte bauliche Veränderung einem der gesetzlich privilegierten Zwecke dient.

b) Sichtbar installierte Steckersolargeräte sind von der Privilegierung erfasst
§ 20 Abs. 2 Satz 1 Nr. 5 WEG ist hinsichtlich etwaiger Standorte für die Installation bewusst offen formuliert, um der Praxis möglichst weite Entscheidungsmöglichkeiten einzuräumen. Steckersolargeräte werden grundsätzlich auch auf Terrassen und Grünflächen installiert werden können.

c) Fälle der Installation von Steckersolargeräten, die keine bauliche Veränderung darstellen
Es ist davon auszugehen, dass die Anbringung von Steckersolargeräten in der Regel mit einem Substanzeingriff verbunden sein wird und damit eine bauliche Veränderung im Sinne des § 20 Abs. 1 WEG vorliegt. Dies gilt auch bei einer Anbringung mit Schellen, wenn beispielsweise Leitungen verlegt oder Steckdosen angebracht werden müssen.

d) Keine gesetzliche Einschränkung von Rückbauansprüchen der Vermieterinnen und Vermieter erforderlich
Eine Regelung zur Einschränkung etwaiger Rückbauansprüche der Vermieterinnen und Vermieter ist nicht erforderlich. Typischerweise werden sich Mieterinnen und Mieter bereits im

Vorfeld der Installation mit ihren Vermieterinnen und Vermietern darauf einigen, wie im Falle eines Auszugs hinsichtlich des Steckersolargerätes vorzugehen ist.

Im Übrigen ist zwischen der zu schaffenden Infrastruktur und dem Steckersolargerät als solchem zu unterscheiden: Die zu schaffende Infrastruktur wird nur in seltenen Fällen aufwändig sein. In der Regel wird es um die Anbringung einer Außensteckdose am Balkon gehen. Vermieterinnen und Vermieter dürften bei Beendigung des Mietverhältnisses Interesse am Fortbestand von fachgerecht installierten Außensteckdosen haben und daher auf den Rückbau verzichten. Einem etwaigen Rückbauverlangen kann zudem unter Umständen ein Verstoß gegen Treu und Glauben (§ 242 BGB) entgegengehalten werden. Ein treuwidriges Rückbauverlangen kann insbesondere dann in Betracht zu ziehen sein, wenn die fachgerecht geschaffene Infrastruktur auch nach dem Auszug weiter genutzt werden kann und der Rückbau mit einem erheblichen Beseitigungsaufwand einher geht (vgl. Drucksache 19/18791, S. 87 unter Hinweis auf OLG Frankfurt, 19. 12. 1991 – 6 U 108/90, Rn.181).

Das Steckersolargerät als solches ist ein elektrisches Gerät, das die Mieterin oder der Mieter beim Auszug wie jedes andere Gerät grundsätzlich mitnehmen muss.

e) Dach-Photovoltaikanlagen

Eine Privilegierung von Dach-Photovoltaikanlagen ist nicht erforderlich.«

II. Rechtsfolgen

16 Die Erlaubnis ist eine Zustimmung zur Vertragsänderung, die wiederum für die Umsetzung der begehrten Maßnahme nötig ist. Da § 554 BGB kein gesetzliches Umbaurecht konstituiert, darf der Mieter nicht sofort baulich tätig werden; dies wäre eine Mietvertragspflichtverletzung gemäß den §§ 280 Abs. 1, 241 Abs. 2 BGB. Versagt der Vermieter unberechtigt die Erlaubnis, muss der Mieter Klage erheben. Folgekosten – insbes. bei Schaffung von Lademöglichkeiten – hat der Gesetzgeber nicht geregelt; insoweit bedarf es eines gesonderten Vertrags; der Mieter muss nämlich nicht nur die Einbaukosten zahlen.

17 Nur so behält der Vermieter die Möglichkeit, Gründe für den Anspruchsausschluss nach § 554 Abs. 1 S. 2 BGB geltend zu machen. Die Zustimmung kann formfrei erteilt werden; zu Beweiszwecken ist Textform sinnvoll.

18 Wenn zur Ausführung der baulichen Veränderung über die Zustimmung/Erlaubnis hinaus weitere Handlungen des Vermieters erforderlich sind, kann der Mieter die notwendige Mitwirkung als Nebenleistungspflicht des Vermieters verlangen; z.B. Erteilung von Informationen zum Gebäude, Kabelplan etc.

III. Ausschlusstatbestand (§ 554 Abs. 1 S. 2 BGB).

1. Allgemeines

19 § 554 Abs. 1 S. 2 BGB beinhaltet einen Ausschluss der Erlaubnis zur Vornahme der privilegierten baulichen Veränderungen, und zwar ähnlich wie in den §§ 553 Abs. 1 S. 2, 555d Abs. 2 S. 1 BGB. Abzuwägen sind die (negativen) Folgen der baulichen Veränderung aufseiten des Vermieters gegen die (positiven) Folgen derselben Maßnahme für den Mieter. Der vorwiegend dem Interesse des Mieters dienenden Regelung des § 554 Abs. 1 BGB ist zu entnehmen, dass der Mieter grundsätzlich selbst diese Veränderungen – jedenfalls mittels eines geeigneten Fachunternehmens – durchführen darf, was beinhaltet, dass er befugt ist dieses auch auszuwählen und auch die konkrete Ausgestaltung des Anschlusses zu bestimmen. Auch wenn es dem Vermieter grundsätzlich nicht verwehrt ist, eine Gleichbehandlung mehrerer Mietparteien anzustreben, stellt sich diese Frage erst, wenn später auch noch andere Mieter einen Elektroanschluss wünschen (*LG München I* ZMR 2022, 643; vgl. *Kappus* NZM 2022, 626).

2. Interessen des Vermieters

Eine berechtigte Zustimmungsverweigerung kann gestützt werden auf: konkrete Gefährdung der Verkehrssicherheit (mobile Auffahrtschienen, *AG München* NZM 2011, 206), die nicht durch Zusage des Mieters kompensiert wird, er werde eine Haftpflichtversicherung abschließen; wenn durch den Umbau das Mietobjekt für Nichtbehinderte nicht mehr oder weitgehend nicht mehr im bisherigen Umfang nutzbar ist. 20

Im Rahmen der Verkehrssicherungspflicht kann der Vermieter sich darauf berufen, dass etwa die Statik des Hauses gewisse Arbeiten nicht zulässt; zu beachten ist auch, dass bei Einbau von Treppenliften die nach der jeweiligen Landesbauordnung notwendige Breite zwischen der Fahrschiene und dem festen Handlauf vorhanden sein muss. Muss der Handlauf bedingt durch den Einbau des Treppenliftes von der Wand noch auf die andere Seite umgesetzt werden, wird schnell auch in einem Zweiparteienhaus die Mindestbreite der Treppe (in der Regel 80 cm) unterschritten. Der Vermieter kann sachgerechte Auflagen machen. Das sog. Konservierungsinteresse des Vermieters bedeutet in der Regel, dass er vom Mieter verlangen kann, sämtliche die Gebäudesubstanz (insbesondere Statik) berührenden Arbeiten durch ein Fachunternehmen ausführen zu lassen. Keinesfalls darf der Mieter eine formell oder materiell baurechtswidrige Situation schaffen. 21

Für Tiefgaragenstellplätze muss ggf. eine Ladeinfrastruktur geschaffen werden, die Eingriffe in die vermieterseits vorgehaltene E-Installation erfordert. Wenn der Mieter die Kosten für solche Arbeiten übernimmt, ist es dem Vermieter meist verwehrt, aus diesem Grunde dem einzelnen Mieter die Erlaubnis zur Schaffung von Ladeinfrastruktur zu verweigern. Für »Nachzügler« unter den Mietern könnte man § 21 Abs. 4 WEG analog anwenden. Allgemeine moralische Vorbehalte des Vermieters gegenüber der E-Mobilität, die abstrakte Furcht vor einer angenommenen erhöhten Brandgefahr bei Elektrofahrzeugen und pauschale Bedenken in Bezug auf eine ggf. nicht ausreichende Stromversorgung des vermieteten Anwesens sind im Rahmen der Interessenabwägung nach § 554 Abs. 1 S. 2 BGB unbehelflich (*LG München I* ZMR 2022, 731). 22

Der Vermieter muss für sich entscheiden, ob er ggf. – statt dem Mieter die Erlaubnis zu erteilen – selbst die begehrte Maßnahme durchführen lässt. Er könnte das Mietobjekt in Eigenregie gemäß den §§ 555b ff. BGB modernisieren lassen, um dann die Kosten über eine Modernisierungsmieterhöhung zu realisieren. Widersprüche (§§ 555d Abs. 3, 559 Abs. 4 BGB) der an der Maßnahme nicht interessierten Mieter hat er einzukalkulieren. Die bloße vage Ankündigung des Vermieters, er werde selbst modernisieren, reicht zur Verweigerung der Erlaubnis wohl nie aus. 23

Drohende Mietminderungen durch andere Mieter wegen der begehrten baulichen Veränderung sind aufseiten des Vermieters bei der Abwägung zu berücksichtigen. 24

Auch die grds. Rückbaupflicht des Mieters (vgl. § 546 Abs. 1 BGB) besteht trotz (temporärer, auf die Mietzeit begrenzter) Zustimmung des Vermieters. Wenn der Mieter z.B. insolvenzbedingt seine Rückbaupflicht nicht erfüllt, treffen wirtschaftlich den Vermieter auch Rückbaukosten. Falls der Mieter dem Vermieter eine Zusatzkaution (vgl. § 554 Abs. 1 S. 3 BGB) in Höhe ortsüblicher Handwerkerkosten zzgl. Sicherheitszuschlag anbietet – einen Anspruch darauf gewährt das Gesetz dem Vermieter nicht -, wären die eventuellen Rückbaukosten kompensiert. 25

Im Zusammenhang mit der begehrten Installation von Ladevorrichtungen kann durch neue Verkehrssicherungspflichten (E-Checks etc.) der Mieter und durch eine Haftpflichtversicherung, die sämtliche aus der Ladeinfrastruktur resultierenden Risiken abdeckt, den Nachteil des Vermieters kompensieren. Künftige E-Checks etc. sowie Folgekosten muss der Mieter ebenfalls übernehmen. 26

3. Interessen des Mieters

Frühere »berechtigte Interessen«, wie Art, Dauer (Heilungschancen) und Schwere der Behinderung, Umfang und Erforderlichkeit der Maßnahme, Dauer der Bauzeit und Möglichkeiten des Rückbaus werden beim Wohnraummieter wohl weiter als Abwägungskriterien angesehen (*LG Duisburg* ZMR 2000, 463) sowie die restliche/voraussichtliche Dauer des Mietverhältnisses, Entwicklung des Gesund- 27 heitszustands des Mieters oder seines Haushaltsangehörigen sowie bisherige Dauer des Mietverhältnisses und dadurch bereits aufgebaute Bindungen an die Umgebung. Das Umbauinteresse ist jetzt sogar generell relevant. Die Erlaubnis darf nicht verweigert werden, weil an der baulichen Veränderung kein anerkennenswertes Interesse bestehe.

28 Bei der Bewertung des mieterseitigen Veränderungsinteresses hat das (frühere) »berechtigte« Interesse eines gehbehinderten Mieters hinsichtlich eines Aufzugs höheres Gewicht als etwa das Interesse an Maßnahmen zum besseren Einbruchsschutz.

29 Im Zusammenhang mit der Errichtung von Ladeinfrastruktur sollen auch die Belange des Klima- und Umweltschutzes in die Abwägung einfließen (Reduzierung von Treibhausgasen, Schadstoffen, Lärmbelästigung). Aus dem Gesetzeswortlaut lässt sich dies nicht andeutungsweise entnehmen. Deshalb sollte die Abwägung nur zwischen den Interessen der beiden Mietvertragsparteien erfolgen.

30 Weil durch eine Ausstattung mit Ladeinfrastruktur eine Mietermodernisierung erfolgt, kann dies auf seiner Seite ein Abwägungskriterium sein, wenn Mitmieter davon profitieren.

31 Die behindertengerechte Ausgestaltung der Räumlichkeiten fällt nicht hierunter. Hier müssen die grundgesetzlich geschützten Interessen des Vermieters am Status quo und das Interesses des Mieters an einer behindertengerechten Nutzung gegeneinander abgewogen werden.

32 Bezieht sich das Veränderungsinteresse des Mieters nur auf die Optimierung des Ist-Zustands, so ist dieses Begehren erheblich niedriger einzustufen, als wenn eine solche Anlage/Maßnahme noch gänzlich fehlt.

33 Alternativ können sich die Parteien dahin verständigen, dass der Vermieter die mieterseits erstrebte bauliche Veränderung durchführt und über die Kosten eine Modernisierungsvereinbarung treffen. Der Vermieter kann nämlich seine Kosten der »Ersatzvornahme« nicht analog § 670 BGB vollständig und ohne Modernisierungsmieterhöhung dem Mieter belasten. Der Vermieter, der seine Erlaubnis mit Auflagen versieht, hat allerdings keinen Anspruch auf Umsetzung der Gesamtmaßnahme durch den Mieter. Der Vermieter könnte aber wohl seine Zustimmung/Erlaubnis dahingehend befristen, dass sie nach 3 Jahren erlischt, falls der Mieter die begehrte Maßnahme nicht umgesetzt hat. Eine Berücksichtigung der Interessen der Gemeinschaft der Wohnungseigentümer (GdWE) bereits im Rahmen der Interessenabwägungen wird allgemein als unzulässig angesehen, da § 554 BGB die Abwägung ausdrücklich nur auf die Berücksichtigung von Interessen anderer Mieter bezieht.

34 Bei vermietetem Wohnungseigentum darf der Mieter auch eine ihm vom Vermieter erlaubte »privilegierte« bauliche Veränderung erst durchführen, nachdem die Wohnungseigentümer nach § 20 Abs. 2 S. 2 WEG positiv hierzu Beschluss gefasst haben.

35 Auch ein bestandskräftiger »Zitterbeschluss« reicht hier aus (*Abramenko* ZMR 2009, 97; a.A. *Armbrüster* ZMR 2009, 252). Insbesondere steht die erste Jahrhundert-Entscheidung des *BGH* vom 20.09.2000 (ZMR 2000, 771) nicht entgegen. Sind alle Tatbestandsvoraussetzungen einschließlich einer zugunsten des Mieters ausgegangenen Interessenabwägung für die Zustimmung zur Herstellung, z.B. der Barrierefreiheit, gegeben, kann sich der vermietende Wohnungseigentümer nicht erfolgreich darauf berufen, dass es ihm unmöglich sei, die Zustimmung zu erteilen.

36 Der Vermieter sollte ggf. nicht unter Verweis auf die WEG-Problematik die Erlaubnis zurückhalten, sondern »vorbehaltlich eines positiven Eigentümerbeschlusses« erteilen. Selbst ein bestandskräftiger Beschluss bringt keine endgültige Sicherheit, da zumindest vor Auftragserteilung ein abändernder Zweitbeschluss möglich und nicht evident ordnungswidrig wäre.

37 Nur bei einer vom Vermieter bereits unbedingt und vorbehaltslos erlaubten baulichen Veränderung, die letztlich aber am Widerstand der Gemeinschaft der Wohnungseigentümer scheitert, würde dies nach § 536 BGB zur Minderung pp. führen können. Bei bloß bedingter Zustimmung des Vermieters ist der Mieter noch nicht berechtigt, in das gemeinschaftliche Eigentum einzugreifen; er muss den Genehmigungsbeschluss der GdWE abwarten.

Da gem. § 20 Abs. 2 S. 2 i.V.m. § 21 WEG bei sogar 4 – demnächst 5 – baulichen Maßnahmen ein Anspruch des vermietenden Wohnungseigentümers auf Gestattung/Vornahme solcher baulichen Veränderungen besteht, muss er diesen auch im Interesse seines Mieters gegenüber seinen Miteigentümern durchsetzen. 38

Der Beschluss zur Ausführung der privilegierten baulichen Veränderung durch die Gemeinschaft führt üblicherweise zur Kostentragungspflicht des vermietenden Wohnungseigentümers. Dieses Ergebnis kann dem Anspruch des Mieters auf Selbstvornahme entgegengehalten werden. Auch hier kann der Vermieter wohl auf einer Kosten-Vereinbarung nach § 555f Nr. 3 BGB bestehen. 39

IV. Zusätzliche Kaution (§ 554 Abs. 1 S. 3 BGB)

Die Parteien können im Zusammenhang mit einer »privilegierten« baulichen Veränderung vereinbaren (einen Anspruch hat der Vermieter nicht), dass der Mieter – neben/zusätzlich zu der Sicherheit nach § 551 BGB – eine weitere angemessene Sicherheit leistet. Die Höchstgrenze von 3 monatlichen Nettomieten in der Wohnraummiete gilt hier nicht. Eine solche Zusatzkaution ist analog § 551 Abs. 3 BGB treuhänderisch auf einem Sonderkonto verzinslich anzulegen. 40

Anders als nach § 554a Abs. 2 BGB a.F. ist der Vermieter nach § 554 Abs. 1 S. 3 BGB nicht generell berechtigt, seine Erlaubnis von der Leistung einer Zusatz-Sicherheit abhängig zu machen. Der Wortlaut des § 554 BGB eröffnet dem bauwilligen Mieter die Möglichkeit, sich zur Leistung einer besonderen Sicherheit zu verpflichten, d.h., er darf bei seiner Offerte die Höchstbetragsgrenze des § 551 Abs. 1 und 4 BGB überschreiten. 41

Rückbauansprüche des Vermieters und das Beschädigungsrisiko seiner Bausubstanz dürfen üblicherweise durch eine Zusatzkaution abgesichert werden. Bei vermietetem Wohnungseigentum gilt allerdings: Einmal vorgenommene bauliche Veränderungen müssen/dürfen nicht mehr einfach etwa bei Mietvertragsende oder Wegfall des Nutzungsinteresses zurückgebaut werden, so dass hierfür auch keine Kaution verlangt werden kann. Zudem führt der Gestattungsbeschluss nach § 20 WEG zur Rechtmäßigkeit dieser Maßnahme; die Beseitigung dieser Einrichtung wäre nun ihrerseits eine bauliche Veränderung. Bei Maßnahmen zum Einbruchsschutz werden oft Rückbauansprüche des Vermieters wegen des durch die bauliche Veränderung verbesserten Ausstattungsstandards nicht bestehen. 42

Zur Art der Sicherheitsleistung sollte eine Vereinbarung getroffen werden, damit kein Streit entsteht, ob der Mieter ein Wahlrecht (§§ 232, 262 BGB) oder der Vermieter ein Bestimmungsrecht (§ 315 BGB) hat. 43

Eine zusätzliche Kautionsleistung ist hier vor Beginn der Arbeiten in voller Höhe vom Mieter zu leisten; § 551 Abs. 2 BGB gilt nicht. 44

Die Zusatzsicherheit ist zweckgebunden. Sie darf nicht für andere Forderungen, weder aus weiteren Rechtsverhältnissen noch aus demselben Mietverhältnis eingesetzt werden. 45

V. Unabdingbarkeit

Unzulässig sind Vereinbarungen, die eine Erlaubnis des Vermieters zur Durchführung der »privilegierten« baulichen Veränderungen von vornherein erschweren oder gar ausschließen. Der Anspruch des Mieters darf nicht von einer generellen Kautionsleistungspflicht durch den Mieter abhängig gemacht werden. Auch die Anlagepflicht für die Kaution ist zwingend. 46

C. Prozessuales

Richtet sich der Anspruch gegen einen vermietenden Wohnungseigentümer, wird von *Drasdo* (WuM 2002, 123, 129) empfohlen, den übrigen Wohnungseigentümern gemäß den §§ 72 ff. ZPO den Streit zu verkünden. Hat der vermietende Wohnungseigentümer dagegen bereits seinerseits trotz Verweigerung der Zustimmung gegenüber dem Mieter einen Rechtstreit gegen die GdWE und mittelbar gegen seine Mitwohnungseigentümer angestrengt, wird empfohlen, die Mietstreitigkeit 47 nach § 148 ZPO auszusetzen. Die Gemeinschaft der Wohnungseigentümer könnte – unabhängig vom Mietprozess – ihre Zustimmung auch vorbehaltlich der gerichtlichen Verpflichtung des vermietenden Wohnungseigentümers zur Zustimmung gegenüber dem Mieter erteilen, wenn bereits ein Mietrechtsstreit läuft.

48 Der Mieter trägt die Darlegungs- und Beweislast für die Voraussetzungen eines Anspruchs auf die begehrte Erlaubnis. Im Übrigen trägt jede Partei die Darlegungs- und Beweislast für jeden Umstand, der zu ihrem Vorteil in die Interessenabwägung einfließen soll.

49 Die Klage des Mieters richtet sich auf Abgabe einer Willenserklärung (§ 894 ZPO), nicht auf bloße Duldung der erstrebten baulichen Veränderung. Die erstrebte Willenserklärung muss der Mieter so konkret bezeichnen, dass der Vermieter nur mit einem einfachen »Ja« zustimmen kann. Die beabsichtigte bauliche Veränderung ist unter Berücksichtigung des Bestimmtheitsgrundsatzes präzise zu beschreiben (vgl. *LG Bremen* ZMR 2017, 83: Modell, Material, Größe und Farbe). Durch ausdrückliche Bezugnahme können ergänzende Unterlagen zum Gegenstand der begehrten Zustimmungserklärung gemacht werden (*AG Hamburg-Blankenese* ZMR 2004, 783; 2017, 765 zur Verweisungstechnik; *LG Stuttgart* ZMR 2018, 451). Die Willenserklärung gilt (§ 894 ZPO) mit Rechtskraft des Urteils als abgegeben. Anschließend muss der Vermieter die Durchführung der entsprechenden Arbeiten dulden. Verweigert er die Duldung, muss der Mieter auch noch einen Duldungstitel erstreiten.

50 Bei vermietetem Sondereigentum gilt: Lehnt die Gemeinschaft mehrheitlich ab, müsste dieser Negativbeschluss vom vermietenden Eigentümer allerdings zur Vermeidung seiner Bestandskraft binnen Monatsfrist des § 45 WEG vorsorglich (vgl. dazu *Wenzel* ZMR 2005, 413 zum Negativbeschluss) gerichtlich angefochten werden (§ 44 WEG). Gleichzeitig wäre eine Beschlussersetzungsklage (§ 44 Abs. 1 S. 2 WEG) zu erwägen. Bei veränderter Sachlage muss erst die Eigentümerversammlung angerufen werden (*OLG Köln* ZMR 2007, 641 = NZM 2007, 603). Bejaht man eine Abtretbarkeit des Duldungs- und/oder Zustimmungsanspruchs des Eigentümers – trotz des höchstpersönlichen Charakters und trotz § 399 BGB –, dann würde auch eine Abtretung desselben an den Mieter ausreichen.

51 Offen ist, ob der Wohnungseigentümer seinen Mieter zur Klageerhebung gegen die Gemeinschaft der Wohnungseigentümer im Wege einer gewillkürten Prozessstandschaft wirksam ermächtigen kann. Klagebefugt ist bei der Anfechtungsklage gemäß § 44 Abs. 1 WEG allein der Wohnungseigentümer.

D. Treuwidriges Rückbauverlangen

52 Die Rückbaupflicht ist Teil der Räumungspflicht. Dennoch kann im Einzelfall ein Rückbauverlangen des Vermieters bei einer »privilegierten« baulichen Veränderung treuwidrig sein (§ 242 BGB). Dies wird für Maßnahmen zur Förderung der E-Mobilität eine Rolle spielen. Da der Anspruch des Vermieters auf Wiederherstellung des ursprünglichen Zustands im Gesetz nicht generell ausgeschlossen wurde, muss nun in jedem Einzelfall eine Prüfung erfolgen.

E. Wegnahmerecht

53 Aus § 539 Abs. 2 BGB steht dem Mieter z.B. hinsichtlich der Wallbox bzw. der Ladesäule meist ein Wegnahmerecht zu. Das gilt selbst dann, wenn diese Gegenstände fest mit dem Gebäude verbunden sind, da sie im Zweifel nur Scheinbestandteile (§ 95 BGB) sind. Nach § 552 BGB kann der Vermieter die Ausübung des Wegnahmerechts nach § 552 Abs. 1 BGB durch Zahlung einer angemessenen Entschädigung abwenden, es sei denn, der Mieter hätte ein berechtigtes Interesse an der Wegnahme.

§ 556 Vereinbarungen über Betriebskosten.

(1) [1]Die Vertragsparteien können vereinbaren, dass der Mieter Betriebskosten trägt. [2]Betriebskosten sind die Kosten, die dem Eigentümer oder Erbbauberechtigten durch das Eigentum oder

das Erbbaurecht am Grundstück oder durch den bestimmungsmäßigen Gebrauch des Gebäudes, der Nebengebäude, Anlagen, Einrichtungen und des Grundstücks laufend entstehen. [3]Für die Aufstellung der Betriebskosten gilt die Betriebskostenverordnung vom 25. November 2003 (BGBl. I S. 2346, 2347) fort. [4]Die Bundesregierung wird ermächtigt, durch Rechtsverordnung ohne Zustimmung des Bundesrates Vorschriften über die Aufstellung der Betriebskosten zu erlassen.

(2) [1]Die Vertragsparteien können vorbehaltlich anderweitiger Vorschriften vereinbaren, dass Betriebskosten als Pauschale oder als Vorauszahlung ausgewiesen werden. [2]Vorauszahlungen für Betriebskosten dürfen nur in angemessener Höhe vereinbart werden.

(3) [1]Über die Vorauszahlungen für Betriebskosten ist jährlich abzurechnen; dabei ist der Grundsatz der Wirtschaftlichkeit zu beachten. [2]Die Abrechnung ist dem Mieter spätestens bis zum Ablauf des zwölften Monats nach Ende des Abrechnungszeitraums mitzuteilen. [3]Nach Ablauf dieser Frist ist die Geltendmachung einer Nachforderung durch den Vermieter ausgeschlossen, es sei denn, der Vermieter hat die verspätete Geltendmachung nicht zu vertreten. [4]Der Vermieter ist zu Teilabrechnungen nicht verpflichtet. [5]Einwendungen gegen die Abrechnung hat der Mieter dem Vermieter spätestens bis zum Ablauf des zwölften Monats nach Zugang der Abrechnung mitzuteilen. [6]Nach Ablauf dieser Frist kann der Mieter Einwendungen nicht mehr geltend machen, es sei denn, der Mieter hat die verspätete Geltendmachung nicht zu vertreten.

(3a) Ein Glasfaserbereitstellungsentgelt nach § 72 Absatz 1 des Telekommunikationsgesetzes hat der Mieter nur bei wirtschaftlicher Umsetzung der Maßnahme zu tragen. Handelt es sich um eine aufwändige Maßnahme im Sinne von § 72 Absatz 2 Satz 4 des Telekommunikationsgesetzes, hat der Mieter die Kosten nur dann zu tragen, wenn der Vermieter vor Vereinbarung der Glasfaserbereitstellung soweit möglich drei Angebote eingeholt und das wirtschaftlichste ausgewählt hat.

(4) Eine zum Nachteil des Mieters von Absatz 1, Absatz 2 Satz 2, Absatz 3 oder Absatz 3a abweichende Vereinbarung ist unwirksam.

Übersicht Rdn.

A. Grundsätzliches

I. Gesetzesgeschichte und Zweck

§ 556 BGB ist durch das MSRG v. 19.06.2001 (BGBl I 1149) mit Wirkung vom 01.09.2001 in das Gesetz eingefügt worden. § 556 Abs. 1 BGB ist mit Wirkung vom 01.01.2007 durch das Föderalismusreform-Begleitgesetz v. 05.09.2006 (BGBl I 2098) neu gefasst, § 556 Abs. 3a BGB ist mit Wirkung vom 01.12.2021 durch das Telekommunikationsmodernisierungsgesetz vom 23.06.2021 (BGBl I 1858) in das Gesetz eingefügt worden. § 556 Abs. 1 S. 1 BGB weist darauf hin, dass die Vertragsparteien entgegen dem Leitbild (Rn. 9) vereinbaren können, dass der Mieter – ganz oder teilweise – die Betriebskosten (Rn. 3) tragen muss (Umlegungsvereinbarung). Der Mieter trägt nach einer Übertragung das Risiko von Veränderungen bei den Betriebskosten, kann aber auch Nutznießer sein. § 556 Abs. 2 BGB regelt zwingende Inhalte einer etwaigen Umlegungsvereinbarung. § 556 Abs. 3 BGB trifft Bestimmungen zur Abrechnung, sofern Vorauszahlungen vereinbart sind. 1

II. Anwendungsbereich

§ 556 BGB gilt für sämtliche Mietverträge über Wohnraum – auch für die in § 549 Abs. 2 und 3 BGB genannten. Für preisgebundene Wohnungen haben §§ 20, 4 NMV 1970, 10 WoBindG Vorrang (diese Vorschriften gelten nach Maßgabe des § 2 WoFÜG weiter). Zur Gewerberaummiete s. Rn. 168 ff. Wird bei der Bestellung eines dinglichen Wohnungsrechtes schuldrechtlich vereinbart, dass der Berechtigte bestimmte Betriebskosten anteilig zu tragen und Vorauszahlungen zu leisten hat, gilt für die Abrechnung über die Vorauszahlungen § 556 BGB entsprechend (*BGH* WuM 2018, 432 Rn. 7; NJW 2009, 3644 Rn. 8 ff.). Dies soll auch für Nießbraucher gelten (*LG München I* ZMR 2022, 477). § 556 Abs. 3 BGB gilt nach h.M. auch dann entsprechend, wenn der Berechtigte die Betriebskosten trägt, aber keine Vorauszahlungen vereinbart sind (*BGH* WuM 2018, 432 Rz 13; s.a. *BGH* NJW-RR 2021, 15 Rn. 40). Siehe ergänzend Rn. 126. 2

III. Betriebskosten (§ 556 Abs. 1 S. 2 BGB)

1. Legaldefinition(en)

§ 556 Abs. 1 S. 2 BGB definiert iVm § 1 BetrKV legal, welche Kosten »Betriebskosten« sind (s.a. *BGH* ZMR 2022, 700 Rn. 30): Kosten, die dem Eigentümer oder Erbbauberechtigten (diesen stehen gleich: Nießbraucher oder Zwischenmieter) durch das Eigentum oder das Erbbaurecht am Grundstück oder durch den bestimmungsmäßigen Gebrauch des Gebäudes, der Nebengebäude, Anlagen, Einrichtungen und des Grundstücks laufend (Rdn. 4) entstehen. Ein Bezug zum einzelnen Mieter ist nicht erforderlich (*BGH* ZMR 2023, 102 Rn. 27). Die Betriebskosten sind einzeln 3 aufgeführt in § 2 BetrKV (zu den einzelnen Betriebskosten s. Schmid/*Ormanschick* Handbuch der Nebenkosten, 18. Aufl. 2023, Kap. 5).

4 Keine Betriebskosten sind Kosten, die nur fiktiv entstehen oder wenn der Vermieter eine Rückzahlung erhalten hat. Keine Betriebskosten, grds. Teil der Miete und nicht abzurechnen sind ferner:

- Verwaltungskosten (s. § 1 Abs. 2 Nr. 1 BetrKV), auch Versicherungen, soweit sie unter § 2 Nr. 13 BetrKV nicht erfasst sind, sowie »versteckte Verwaltungskosten« (= Dritte übernehmen für den Vermieter die Verwaltung). Hierzu gehört die Notdienstpauschale des Hausmeisters (*BGH* NJW-RR 20, 332 Rn. 16) und gehören auch die Kosten des Vermieters, die Betriebskosten zu senken (»Betriebskostenoptimierung«). Anders ist es, wenn die BetrKV oder die HeizkostenV Verwaltungs- als Betriebskosten ansehen.
- Instandhaltungs- und Instandsetzungskosten (§ 1 Abs. 2 Nr. 2 BetrKV), etwa Reinigungs- oder Kontrollkosten oder die Kosten für die Entstopfung eines Wasserrohrs, die Spülung der Fußbodenheizung, die Reparatur eines Personenaufzugs, nicht aber das Fällen eines morschen Baumes (*BGH* MDR 2022, 89 Rn. 24). Kosten der Instandhaltung und Instandsetzung werden durch Reparatur und Wiederbeschaffung verursacht oder müssen zur Erhaltung des bestimmungsgemäßen Gebrauchs aufgewendet werden, um die durch Abnutzung, Alterung oder Witterungseinwirkung entstehenden baulichen oder sonstigen Mängel ordnungsgemäß zu beseitigen; Instandhaltung und Instandsetzung betreffen deshalb Mängel an der Substanz der Immobilie oder ihrer Teile (*BGH* NJW 2010, 226 Rn. 12; *BGH* NJW 2007, 1356 Rn. 10). Regelmäßig durchzuführende Maßnahmen, etwa zur Überprüfung der Funktionsfähigkeit einer technischen Anlage, gehören nicht zur Instandhaltung (*BGH* NJW 2010, 226 Rn. 12; *BGH* NJW 2007, 1356 Rn. 10).
- Kapital- oder Finanzierungskosten (§§ 19 ff. II. BV), z.B. Erbpachtzinsen (*AG Mannheim* NZM 2009, 28).
- Anschaffungs-, ggf. Anmiet- oder Leasingkosten (*BGH* NZM 2009, 120 Rn. 13), oder Ersatzkosten für Messgeräte, etwa die Kosten eines Kaltwasserzählers, für Lampen oder Leuchtmittel oder einer Antennenanlage.
- Mangelbedingte Verluste, etwa von Gas, Öl, Wasser (*LG Rostock* WuM 2017, 402; *Hinz* ZMR 18, 645, 647), auch geringfügige. Zum Teil bedarf es bei »gemischten Kosten« (= teilweise liegen Betriebs-, teilweise andere Kosten vor) einer Abgrenzung, z.B. bei Dienstleistungen des Hausmeisters (im Einzelnen *BGH* NJW-RR 2020, 332 Rn. 17 ff.). Der Vermieter ist insoweit grds. berechtigt, zu schätzen (*BGH* NJW 2008, 1801 Rn. 29).
- Maßnahmen, die der Erfüllung von Verkehrssicherungspflichten dienen, können als Betriebskosten umlagefähig sein (*BGH* MDR 2022, 89 Rn. 25; *BGH* NJW 2007, 1356 Rn. 12).

2. Laufend anfallend

5 Betriebskosten sind nur solche Ausgaben, die »laufend« anfallen. Kosten fallen »laufend« an, wenn sie regelmäßig, indes nicht notwendig jährlich anfallen (*BGH* MDR 2022, 89 Rn. 27; *BGH* ZMR 2017, 303 Rn. 22; *BGH* NJW 2010, 226 Rn. 14; *BGH* NJW 2007, 1356 Rn. 15). Einen festen Zeitraum, z.B. 5–7 Jahre, gibt es nicht. Etwa wiederkehrende Kosten der Reinigung des Öltanks einer Heizungsanlage, der Kosten der Überprüfung einer Elektroanlage, der Dachrinnenreinigung oder des Gasdrucks oder das Fällen eines Baumes sind daher »laufend«.

3. Bestimmungsgemäßer Gebrauch

6 Betriebskosten sind nur solche Kosten, die für den bestimmungsgemäßen Gebrauch der Mietsache anfallen. Hieran fehlt es z.B. bei den Kosten für Parkflächen, deren Nutzung der Öffentlichkeit gewidmet ist. Nicht erforderlich ist, dass der Gebrauch durch die Mieter selbst erfolgt oder sich als rechtmäßige Inanspruchnahme der Mietsache darstellt (*BGH* ZMR 2023, 102 Rn. 26; *BGH* ZMR 2016, 434 Rn. 13/15).

4. Höhe der Betriebskosten

7 Die Höhe von Betriebskosten ist (allein) kein Prüfstein für die Umlagefähigkeit (Rdn. 33).

IV. Untermiete

Im Verhältnis zwischen Haupt- und Untermieter gilt § 556 BGB in gleicher Weise wie zwischen Haupt- und Vermieter. Eine Bindung des Untermieters an die Abrechnung des Hauptvermieters besteht nicht. Eine solche Bindung kann wegen § 556 Abs. 3 und 4 BGB auch nicht vereinbart werden. 8

V. Wohnungseigentum

Der vermietende Wohnungseigentümer als Sondereigentümer oder der Vermieter des gemeinschaftlichen Eigentums können mit einem Mieter vereinbaren, dass dieser die Betriebskosten zu tragen hat. 9

B. Umlegungsvereinbarung (§ 556 Abs. 1 S. 1 BGB)

I. Notwendigkeit

Nach in § 535 Abs. 1 S. 3, Abs. 2 BGB hat grds. der Vermieter die auf der Mietsache ruhenden Lasten zu tragen. Dazu gehören auch die Betriebskosten (*BGH* ZMR 2019, 328 Rn. 11; *BGH* NZM 2012, 608 Rn. 13). Das Gesetz geht mithin davon aus, dass der Vermieter die aus der Gebrauchsgewährung herrührenden Kosten in die Miete einkalkuliert und diese mit der Miete abgegolten werden. Abweichungen hiervon bedürfen einer Umlegungsvereinbarung (*BGH* NZM 2012, 608 Rn. 13), wenn der Mieter nicht selbst Anschlussnehmer ist. Nur für Heiz- und Warmwasserkosten ist es in der Regel anders (Rdn. 35). 10

II. Abschluss

1. Ausdrücklich

Für eine Übertragung der Betriebskosten auf den Mieter bedarf es grds. einer ausdrücklichen, inhaltlich bestimmten Regelung, aus der sich klar und eindeutig ergibt, dass der Mieter neben der Grundmiete ganz oder anteilig (*BGH* NZM 2012, 608 Rn. 20; *BGH* NJW 2008, 283 Rn. 16) Betriebskosten zu tragen hat (*BGH* NZM 2012, 608 Rn. 14); die Vereinbarung der Tragung der »Nebenkosten« reicht, da eine Falschbezeichnung grds. unschädlich ist (*BGH* NZM 2018, 714 Rn. 11; *BGH* NJW 2016, 1308 Rn. 16). Für eine Vereinbarung reicht in der Wohnraummiete (zur Gewerberaummiete Rdn. 174) die – auch formularmäßige – Vereinbarung, dass der Mieter »die Betriebskosten« zu tragen hat (s.a. Rdn. 27; *BGH* ZMR 2023, 102 Rn. 29; *BGH* NZM 2016, 720 Rn. 3; *BGH* NJW 2016, 1308 Rn. 15). Die jahrelange Praktizierung eines Abrechnungsverhaltens kann bei einer unklaren Regelung einen entscheidenden Anhaltspunkt dafür geben, was die Parteien unter der Regelung verstanden und damit gewollt haben (*BGH* ZMR 2011, 536 Rn. 16 ff.). 11

2. Schlüssiges Handeln

Eine Umlegungsvereinbarung kann – wie jeder Vertrag – auch schlüssig geschlossen werden. Erforderlich ist ein Verhalten der einen Vertragspartei, das aus der Sicht der anderen Partei eindeutig und bestimmt einen entsprechenden Vertragsänderungswillen erkennen lässt (*BGH* NZM 2014, 748 Rn. 19). Beruft sich der (unternehmerische) Vermieter auf eine stillschweigende Erweiterung der Umlegungsvereinbarung, kommt ein Widerrufsrecht nach § 312g BGB in Betracht (*Lützenkirchen* NJW 2015, 1740 [1741]). 12

III. Pauschale oder Vorauszahlung (§ 556 Abs. 2 S. 1 BGB).

1. Überblick.

Die Mietvertragsparteien müssen bestimmen, ob die Betriebskosten als Pauschale oder als Vorauszahlung ausgewiesen werden (vgl. auch Schmid/*Riecke* HdB der Mietnebenkosten 18. Aufl. 2023 Kap. 1 Rn. 1236 ff.). Die Verwendung des Wortes »pauschal« und das Fehlen von Regelungen über 13 die Abrechnung sprechen für eine Pauschale (*OLG Düsseldorf* IMR 2008, 239). Ist eine Vorauszahlung gewollt, diese Vereinbarung aber nicht wirksam, ist die Vorauszahlung in eine Pauschale umzudeuten (*OLG Düsseldorf* NZM 2002, 526). Die Mietvertragsparteien können die Art und Weise jederzeit einvernehmlich ändern – auch schlüssig. Die bloße Nichtabrechnung von Vorauszahlungen kann in der Regel nicht als Angebot einer Pauschale angesehen werden. Bleiben Zweifel, ist eine Pauschale vereinbart.

2. Pauschale

a) Zweck

14 Eine Pauschale erspart dem Vermieter die genaue Abrechnung der Betriebskosten und entlastet ihn damit von dem ansonsten jährlich anfallenden Arbeitsaufwand (*BGH* NJW 2012, 303 Rn. 14).

b) Gegenstand

15 Gegenstand der Pauschale müssen und können allein Betriebskosten (Rn. 3 ff.) mit Ausnahme der Heiz- und Warmwasserkosten sein. Deckt eine Pauschale verbrauchsabhängige Kosten ab, ist der Mieter nach § 241 Abs. 2 BGB verpflichtet, einen übermäßigen, über das gewöhnliche und der Pauschale zu Grunde liegende Maß hinausgehenden Verbrauch zu vermeiden; liegt es nicht so, kann er nach § 280 Abs. 1 S. 1 BGB zum Schadensersatz verpflichtet sein (*LG Oldenburg* ZMR 2002, 200). Da die HeizkostenV eine verbrauchsabhängige Kostenverteilung vorschreibt und zwingendes Recht enthält, kann in ihrem Anwendungsbereich keine Pauschale vereinbart werden, sofern nicht Ausnahmetatbestände (§§ 2, 11 HeizkostenV) vorliegen (s.a. Rn. 34).

16 Eine einheitliche Pauschale für Betriebs- und andere Kosten, die eigentlich Bestandteil der Grundmiete sind, verstößt in Formularmietverträgen gegen § 307 Abs. 1 S. 2 BGB. In Individualverträgen ist die Pauschale mangels anderer Auslegungsmöglichkeiten der Grundmiete zuzurechnen mit der Folge, dass eine Erhöhung nach § 560 BGB ausgeschlossen ist (*Schmid* WuM 2001, 424). Aus der Vereinbarung muss sich ergeben, welche Betriebskosten umfasst sind. Eine Vereinbarung, die auch nach Auslegung nicht erkennen lässt, welche Betriebskosten umfasst sind, ist wegen Unbestimmtheit unwirksam.

c) Festbetrag

17 Die Pauschale muss bei Mietverträgen über Wohnraum ein Festbetrag sein. Variable Pauschalen, insbesondere ein Prozentsatz von der Grundmiete oder eine Koppelung an einen bestimmten Index, können nicht wirksam vereinbart werden (*Schmid* WuM 2001, 424).

d) Höhe

18 Da die Pauschale nicht zu einer verdeckten höheren Miete führen, andererseits aber die voraussichtlichen Kosten decken soll, ist nur die Vereinbarung einer Pauschale in angemessener Höhe zulässig. Dabei sind in Ermangelung anderer Anhaltspunkte dieselben Grundsätze anzuwenden wie bei der Beurteilung der Angemessenheit von Vorauszahlungen (Rdn. 23).

e) Abrechnung

19 Der Vermieter muss eine Pauschale nicht abrechnen. Tut er es doch, kann hierin im Einzelfall das schlüssige Angebot auf eine Vertragsänderung und (künftige) Vorauszahlungen liegen.

f) Änderung

20 Zur Änderung einer Pauschale s. PWW/*Elzer* § 560 Rn. 4 ff.

3. Vorauszahlungen

a) Vereinbarung

Der Vermieter kann Vorauszahlungen nur dann verlangen, wenn dies vereinbart ist. 21

b) Fälligkeit

Vorauszahlungen sind grds. zusammen mit der Miete zu entrichten. Vorauszahlungen stehen dem Vermieter allerdings nicht mehr zu, wenn Abrechnungsreife (Rdn. 93) eingetreten (*BGH* ZMR 2016, 519 Rn. 13; *BGH* NJW 2011, 1957 Rn. 14) oder die Abrechnungsfrist abgelaufen ist (Rdn. 93). 22

c) Höhe/Angemessenheit (§ 556 Abs. 2 S. 2 BGB)

aa) Überblick

Die Höhe der Vorauszahlungen muss nach § 556 Abs. 2 S. 2 BGB »angemessen« sein (s.a. § 20 Abs. 3 S. 1 NMV 1970). Auf andere Mietverträge ist § 556 Abs. 2 S. 2 BGB (bzw. § 20 Abs. 3 S. 1 NMV 1970) entsprechend anzuwenden, da er Ausdruck eines allgemeinen Rechtsgedankens ist (*KG* MDR 2010, 1311 Rn. 169). 23

bb) Prognose/Schätzung

Angemessen sind Vorauszahlungen, wenn die zu erwartenden Kosten »ungefähr« gedeckt werden. Die Angemessenheit wird nicht dadurch ausgeschlossen, dass gewisse Überzahlungen eintreten können, weil künftige Kosten nie genau kalkuliert werden können (*BayObLG* ZMR 1996, 20). Dabei ist es auch zu berücksichtigen, wenn bestimmte Kosten gar nicht anfallen können, z.B. Heizkosten, wenn die Heizungsanlage stillgelegt ist (*KG* MDR 2010, 1311). Die Prognose schafft keinen Vertrauenstatbestand dahin, dass die Vorauszahlungen in etwa die anfallenden Kosten abdecken (*BGH* NJW 2004, 1102 unter II 2). Eine Pflichtverletzung soll aber zu bejahen sein, wenn »besondere Umstände« gegeben sind (PWW/*Elzer* § 535 Rn. 40) oder der Mieter nachgefragt hat (*OLG Rostock* ZMR 2009, 527, 528). Besondere Umstände können etwa zu bejahen sein, wenn der Vermieter dem Mieter bei Vertragsschluss die Angemessenheit der Nebenkosten ausdrücklich zugesichert oder diese bewusst zu niedrig bemessen hat, um über den Umfang der tatsächlichen Mietbelastung zu täuschen und jemanden auf diese Weise zur Begründung eines Mietverhältnisses zu veranlassen (*BGH* NJW 2004, 1102 unter II 2; *OLG Rostock* ZMR 2009, 527, 528). Das Gleiche gilt, wenn der Vermieter Kosten bewusst nicht bei der Berechnung der Vorauszahlung einbezogen hat (*KG* ZMR 2007, 963). Allein der Umstand, dass der Vermieter nicht von sich aus darauf hinweist, dass die Vorauszahlungen nicht kostendeckend sind, begründet noch keine Arglist (*OLG Rostock* ZMR 2009, 527). Sind die Vorauszahlungen pflichtwidrig zu hoch angesetzt, kann der Mieter Herabsetzung verlangen (*AG Hamburg-Wandsbek* WuM 1996, 28), aber nicht eigenmächtig kürzen. Der Mieter kann ferner ggf. Freistellung verlangen (*KG* ZMR 2007, 963; *OLG Düsseldorf* ZMR 2000, 604; zw.), jedenfalls aber kündigen. Für künftige Kostensteigerungen trifft den Vermieter eine Aufklärungspflicht allenfalls dann, wenn ihm die Kostensteigerung bekannt ist oder er damit rechnet (*BGH* ZMR 1991, 170). 24

cc) Vorauszahlungen von vornherein unangemessen hoch/Anpassung (§ 560 Abs. 4 BGB)

Sind Vorauszahlungen von vornherein unangemessen hoch, so ist die Vereinbarung unwirksam, soweit sie die angemessene Höhe überschreitet (*BayObLG* ZMR 1996, 20). Jede Vertragspartei kann gem. § 560 Abs. 4 BGB nach einer Abrechnung ferner durch Erklärung in Textform eine Anpassung auf eine angemessene Höhe vornehmen (PWW/*Elzer* § 560 Rn. 22 ff.). 25

IV. Inhalt einer Umlegungsvereinbarung

1. Beschreibung der Betriebskosten

a) Überblick

26 Die Umlegungsvereinbarung muss genau regeln, welche Betriebskosten der Mieter tragen soll. Nur dann ist es dem Mieter möglich, sich zumindest ein grobes Bild davon zu machen, welche zusätzlichen Kosten auf ihn zukommen können (*BGH* NZM 2012, 608 Rn. 14). Der *BGH* hält allerdings eine ergänzende Vertragsauslegung für möglich (*BGH* NJW 2007, 3060 Rn. 27 für die Umlegbarkeit von Breitbandkabelkosten; s.a. *Riecke* WuM 2021, 10, 12).

b) Pauschale Benennung

27 Zur Übertragung sämtlicher Betriebskosten – auch im preisgebundenen Wohnraum (s.a. *BGH* NJW 2010, 1198 Rn. 17) – genügt die Bestimmung, die auch Inhalt von AGB sein kann (*BGH* ZMR 2016, 287 Rn. 10), dass der Mieter »die Betriebskosten« – also grds. sämtliche umlagefähigen Betriebskosten im Sinne der §§ 1 Abs. 1 S. 1, 2 BetrKV – zu tragen hat (*BGH* NJW-RR 2020, 332 Rn. 10; *BGH* ZMR 2016, 682 Rn. 3). Dem Mietvertrag muss weder ein Betriebskostenkatalog beigefügt werden noch muss er auf § 556 Abs. 1 S. 2 BGB oder die BetrKV Bezug nehmen. Nur sonstige Betriebskosten im Sinne von § 2 Nr. 17 BetrKV müssen namentlich benannt werden (*BGH* ZMR 2023, 102 Rn. 29; *BGH* ZMR 2016, 287 Rn. 11; *BGH* NZM 2012, 608 Rn. 15; *BGH* NJW 2007, 3060 Rn. 19); sehr weitgehend für nicht näher definierte »Wartungskosten« *OLG Frankfurt* NZM 2016, 264. Zum Begriff der Wartungskosten vgl. *Menck*, Der mietrechtliche Wartungsbegriff – Betrachtungen zu den Folgen der Umlage von »Wartungskosten« im Formularmietvertrag, ZMR 2023, Heft 3.

c) Benennung im Einzelnen

28 Werden die Betriebskosten im Mietvertrag einzeln abschließend – und nicht bloß beispielhaft – aufgeführt, können nur die genannten Betriebskosten umgelegt werden (*LG Köln* WuM 1985, 346). Falschbezeichnungen sind unschädlich, wenn ohne Weiteres erkennbar ist, was gemeint ist (*LG Berlin* GE 2007, 225). Im Mietvertrag nicht ausreichend bestimmte Kostenpositionen können im Einzelfall durch die Korrespondenz zwischen den Parteien und durch jahrelange Übung »konkretisiert« werden (*KG* GE 2014, 1584).

d) Wohnungseigentum

29 Der Vermieter eines Sonder- oder des gemeinschaftlichen Eigentums muss beachten, dass nicht alle Positionen einer WEG-Abrechnung nach § 28 Abs. 2 S. 2 WEG auf einen Mieter umgelegt werden können. Zu den nicht umlagefähigen Kosten gehören vor allem die Verwaltungskosten und dem Grunde nach auch Instandhaltungs- und Instandsetzungskosten (§ 1 Abs. 2 Nr. 1 und Nr. 2 BetrKV; s.a. Rdn. 9). Eine Vereinbarung, wonach der Mieter sämtliche Kosten für die (Eigentums-)Wohnung »gemäß Verwaltungsabrechnung« zu tragen hat, wäre gem. §§ 134, 556 Abs. 1 und 4 BGB nichtig (*Riecke* GuT 2011, 12). Ferner ist zu beachten, dass es Betriebskosten gibt, die kein Bestandteil der Abrechnung sind, z.B. die Grundsteuer.

e) Änderungsvertrag

30 Für einen – ggf. schlüssigen – Änderungsvertrag, der die Umlage von Betriebskosten zum Gegenstand hat, die der Mieter bislang nicht tragen musste, ist erforderlich, dass der Vermieter nach den Gesamtumständen davon ausgehen kann, dass der Mieter dem zustimmt (*BGH* NJW 2008, 283 Rn. 18). Dafür reicht es grds nicht aus, dass der Mieter eine Abrechnung lediglich nicht beanstandet (*BGH* ZMR 2016, 519 Rn. 26; *BGH* ZMR 14, 965 Rn. 19). Denn aus Sicht des Mieters ist der Übersendung einer Abrechnung, die vom Mietvertrag abweicht, nicht ohne Weiteres, sondern nur bei Vorliegen besonderer Umstände ein Angebot des Vermieters zu entnehmen, den Mietvertrag zu

ändern (*BGH* ZMR 2014, 965 Rn. 19; *BGH* NJW 2008, 1302 Rn. 10; *BGH* NJW 2008, 283 Rn. 18). Anders soll es liegen können, wenn der Vermieter vor der Versendung der Abrechnung telefonisch oder schriftlich eine Änderung ankündigt, der eine die mitgeteilten zusätzlichen Betriebskosten enthaltende Abrechnung folgt. Gleicht der Mieter alsdann die Nachforderung vorbehaltlos aus oder leistet er die vom Vermieter angepassten (erhöhten) Vorauszahlungen, könne in diesem Verhalten seine Zustimmung liegen (*BGH* ZMR 2014, 965 Rn. 20; *BGH* NJW 08, 283 Rn. 19).

2. Neue Betriebskosten (Mehrbelastungsklausel)

Die Mietvertragsparteien können bei Abschluss des Mietvertrags (*BGH* NJW 2006, 3558 Rn. 11; 31
Riecke WuM 2021, 10, 15) oder aktuell vereinbaren, dass der Mieter (auch) »neue« Betriebskosten (= Betriebskosten, die erst nach Vertragsschluss entstehen oder durch öffentliche Abgaben neu eingeführt werden; vgl. auch Schmid/*Riecke* HdB der Mietnebenkosten 18. Aufl. 2023 Kap. 3 Rn. 3083 ff.), etwa die Kosten einer Sach- und Haftpflichtversicherung, tragen soll (»Mehrbelastungsklausel«). Diese werden dann wirksam einbezogen, wenn die Klausel eine Umlage im Rahmen der gesetzlichen Vorschriften bewirken soll und die Umlage nicht rückwirkend erfolgt (*BGH* NJW 2006, 3558 Rz 11). Die Pflicht des Mieters entsteht mit der Vollendung der Modernisierungsmaßnahme (str; s.a. *Harsch* MietRB 2021, 248, 251). Ist die Kostenposition bereits in dem Mietvertrag aufgeführt und fallen die Kosten tatsächlich erst später an, so erfolgt die Umlage bereits aufgrund der vorhandenen vertraglichen Regelung (*BGH* NJW 2004, 417 Rn. 16). Ohne Verabredung ist die Umlage nicht möglich. Im Einzelfall kann allerdings eine ergänzende Vertragsauslegung zur Umlegbarkeit führen (s.a. Rdn. 30) – etwa, wenn die neuen Betriebskosten durch eine duldungspflichtige Modernisierung anfallen (*BGH* NJW 2007, 3060 Rn. 27). Die Maßnahme, die zum Entstehen der neuen Betriebskosten führt, muss nicht einer wirtschaftlichen oder praktischen Notwendigkeit entsprechen. Der Vermieter kann grds. frei entscheiden. Er muss sich lediglich an die Grundsätze einer ordnungsgemäßen Bewirtschaftung halten (*BGH* NZM 2004, 417 unter II 2 b).

3. Duldungspflichtige Modernisierungsmaßnahme

Für den Fall, dass der Mieter eine Modernisierungsmaßnahme dulden muss, z.B. den Einbau von 32
Rauchwarnmeldern, ist streitig, ob der Vermieter grds. berechtigt ist, die neu entstehenden Betriebskosten ohne eine vertragliche Grundlage auf den Mieter umzulegen. Richtigerweise ist eine Umlage auch dann nur möglich, wenn man die ursprüngliche Klausel so auslegen kann (Rdn. 26) oder eine Mehrbelastungs- (Rdn. 31) oder wirksame Öffnungsklausel (*LG München I* ZMR 2021, 489) vereinbart worden ist (*LG Magdeburg* NJW 2012, 544, 545; *LG Berlin* GE 2007, 597, a.A. z.B. *Riecke* WuM 2021, 10, 15). Liegt es so, muss der Vermieter die Umlagepflicht nicht zusätzlich erklären (a.A. *LG München I* ZMR 2021, 489, 492).

4. Obergrenze#.

§ 556 Abs. 1 S. 1 BGB sieht keine Obergrenze vor, welche Betriebskosten in welcher Höhe umgelegt 33
werden können (*BGH* NJW 2013, 597 Rn. 11; s.a. *BGH* ZMR 2022, 282 Rn. 32). Eine allgemeine Abwägung der Interessen von Mieter und Vermieter gegeneinander findet über den Grundsatz der Wirtschaftlichkeit (Rdn. 143 ff.) hinaus nicht statt (*BGH* ZMR 2022, 282 Rn. 33). Es wird allein diskutiert, ob der Vermieter berechtigt/verpflichtet sein kann, in mehrjährigem Turnus anfallende Betriebskosten nicht in vollem Umfang in den Abrechnungszeitraum (Rdn. 43) einzubeziehen, sondern über mehrere Zeiträume umzulegen (Rdn. 51).

V. Änderung einer Umlegungsvereinbarung

Die Mietvertragsparteien können eine Umlegungsvereinbarung jederzeit ändern – auch dann, wenn 34
damit eine Erhöhung der Gesamtmiete verbunden ist (§ 557 Abs. 1 BGB). Auch eine bloß stillschweigende Änderung ist möglich (allgemein s. PWW/*Elzer* § 535 Rn. 32; s.a. Rdn. 30). Eine Änderung kann allerdings nur unter Beteiligung sämtlicher Vertragspartner wirksam vereinbart

werden (*BGH* ZMR 2016, 519 Rn. 24); § 1357 BGB ist nicht anwendbar (*BGH* ZMR 2016, 519 Rn. 24).

C. Besonderheiten der Heiz- und Warmwasserkosten (Heizkostenabrechnung)

I. Umlegungsvereinbarung

1. Grundsatz

35 Für Heiz- und Warmwasserkosten bedarf es mit Blick auf § 2 HeizkostenV grds. keiner Umlegungsvereinbarung (*BGH* NJW 2012, 1141 Rn. 12). Bei einer danach unzulässigen Inklusiv- oder Teilinklusivmiete oder Pauschale (PWW/*Elzer* § 535 Rn. 177) sind der Heiz- und Warmwasserkostenanteil aus der Miete herauszunehmen und ist der darauf entfallene Mietanteil als Betriebskostenvorschuss auf die entsprechenden Kosten zu verrechnen (*BayObLG* ZMR 1988, 384; *OLG Hamm* ZMR 1986, 436). Durch die Pflicht zur verbrauchsabhängigen Abrechnung soll das Nutzerverhalten bei der Raumheizung sowie beim Warmwasserverbrauch mit dem Ziel der Energieeinsparung beeinflusst werden (*BGH* ZMR 2015, 704 Rz 29). Streitig ist, ob der Vermieter unmittelbar abrechnen kann (*LG Heidelberg* ZMR 2011, 638) – was allein überzeugt – oder die Mietstruktur für die Zukunft umzustellen ist (*LG Potsdam* WuM 2015, 550).

2. Ausnahme

36 Bei Gebäuden mit nicht mehr als 2 Wohnungen, von denen eine der Vermieter selbst bewohnt (§ 2 HeizkostenV), und im Falle des § 11 Abs. 1 HeizkostenV ist eine Inklusiv- oder Teilinklusivmiete (PWW/*Elzer* § 535 Rn. 176) zulässig. Soll der Mieter in diesem Falle dennoch die Heiz- und Warmwasserkosten ganz oder teilweise tragen, bedarf es dann ausnahmsweise einer Umlegungsvereinbarung.

II. Heizkostenabrechnung

1. Isoliert oder im Verbund

37 Sind – wie in der Regel – Heiz- und Warmwasserkosten abzurechnen, kann die Abrechnung Teil der Abrechnung sämtlicher Vorauszahlungen (§ 556 Abs. 3 S. 1 BGB) sein (Rdn. 39 ff.). Das ist sogar zu bevorzugen – und mehr als naheliegend: die Heiz- und Warmwasserkosten sind Betriebskosten im Sinne von § 556 Abs. 1 BGB, über die nach § 556 Abs. 3 S. 1 BGB grds. insgesamt abzurechnen ist. Es soll allerdings auch möglich sein, die Heiz- und Warmwasserkosten eigenständig – nach den Maßgaben der Rdn. 53 ff. – und neben den anderen Betriebskosten abzurechnen. Dies liegt meist an den Messdienstleistern, die den Vermietern die fertige Abrechnung der Heiz- und Warmwasserkosten als Teilabrechnung zur Weiterleitung zur Verfügung stellen.

2. Anforderungen an die Darstellung

38 Nach dem *BGH* ist eine Heizkostenabrechnung zu erstellen, die den Anforderungen der HeizkostenV entspricht (*BGH* NJW 2012, 603 Rn. 13). Die HeizkostenV stellt jenseits von § 6a Abs. 3 S. 1 HeizkostenV an die Darstellung der Abrechnung der Heiz- und Warmwasserkosten indes keine Anordnungen und regelt keine Heizkostenabrechnung. Die HeizkostenV regelt nur, welche Kosten ihr unterfallen und welche Kosten auf welche Weise umzulegen sind. Heiz- und Warmwasserkosten können z.B. nur unter Ansatz des im Abrechnungszeitraum verbrauchten Brennstoffs abgerechnet werden (*BGH* NJW 2012, 1141 Rn. 12). Ferner sind zwingend die von ihr rahmenartig vorgeschlagenen Umlageschlüssel einzusetzen. Für eine formal wirksame Abrechnung der Heiz- und Warmwasserkosten reicht es daher wie stets (Rdn. 53 ff.), wenn ein mit den einschlägigen Rechtsvorschriften vertrauter Mieter anhand der mitgeteilten Größen die Abrechnung prüfen kann (*BGH* NJW 2012, 603 Rn. 13; *BGH* NJW 2010, 2053, Rn. 13; *BGH* NJW 2005, 3135 unter II 2 c). Der Vermieter muss Bestimmungen der HeizkostenV, die für die Umlage der Heiz- und Warmwasserkosten eine Rolle spielen, also weder mitteilen noch erläutern (*BGH* ZMR 2015, 704 Rn. 14;

BGH NJW 2012, 603 Rn. 13). Hat er die VDI-Richtlinie 2077 angewandt, die mathematisch-technische Methoden zur Heizkostenermittlung und -verteilung beschreibt, muss er nach h.M. auch ihren Text weder aushändigen noch deren Inhalt in anderer Weise mitteilen (*BGH* ZMR 2015, 704 Rn. 15) noch deren technische Anwendungsvoraussetzungen erläutern oder die Umstellung der Abrechnung vorher ankündigen (s.a. Rdn. 55; *BGH* ZMR 2015, 704 Rn. 14). Wenn die Abrechnungen auf dem tatsächlichen Verbrauch oder auf den Ablesewerten von Heizkostenverteilern beruhen, muss der Gebäudeeigentümer den Nutzern für Abrechnungszeiträume, die ab dem 1.12.21 beginnen, zusammen mit der Abrechnung die in § 6a Abs. 3 S. 1 HeizkostenV genannten Informationen zugänglich machen.

D. Abrechnung von Vorauszahlungen (§ 556 Abs. 3 S. 1 BGB)

I. Allgemeines

Nach h.M. kommt der Abrechnung kein »rechtsgeschäftlicher Erklärungswert« zu (s.a. *Jacoby* ZMR 2017, 781, 787). Sie sei lediglich »Rechenvorgang im Sinne des § 259« (*BGH* NJW 2016, 3231 Rn. 20; *BGH* NJW 2010, 1965 Rn. 8). Freilich wird sie entsprechend § 130 Abs. 1 BGB wirksam (s.a. Rdn. 92). Bei mehreren Mietern (s.a. Rdn. 41) gilt § 425 Abs. 1 BGB. Die §§ 119 ff. BGB sind nicht anwendbar. 39

II. Sinn und Zweck

Leistet der Mieter Vorauszahlungen (Rdn. 21 ff.), so ist hierüber abzurechnen (§ 556 Abs. 3 S. 1 BGB; s.a. § 20 Abs. 3 S. 2 NMV 1970). Dies dient abstrakt der Abrechnungssicherheit, der Streitvermeidung und der Schaffung von Rechtsklarheit in überschaubarer Zeit (*BGH* NJW-RR 2021, 15 Rn. 42), und konkret dazu, die Betriebskosten des jeweiligen Abrechnungszeitraums (Rdn. 43) zu erfassen, zusammenzustellen und unter Abzug der jeweils geleisteten Vorauszahlungen auf die einzelnen Mieter zu verteilen (*BGH* NJW 2018, 1599 Rn. 15). Die Abrechnung soll den Mieter in die Lage versetzen, einen behaupteten Anspruch zu prüfen, also gedanklich und rechnerisch nachzuvollziehen (*BGH* NJW 2015, 51 Rn. 13; *BGH* NJW 2012, 1502 Rn. 24). Die Übermittlung einer formal ordnungsgemäßen Abrechnung dient ferner dazu, die Fälligkeit des sich hieraus ergebenden Saldos, also einer eventuellen Nachforderung oder eines Guthabens, herbeizuführen (*BGH* NJW 2010, 1965 Rn. 8) sowie den Lauf der Frist für Einwendungen des Mieters nach § 556 Abs. 3 S. 5 BGB in Gang zu setzen (*BGH* ZMR 2016, 436 Rn. 17; Rdn. 128). 40

III. Abrechnungspflicht und -anspruch

Der Vermieter im Sinne des Gesetzes (PWW/*Elzer* § 535 Rn. 83 ff.) hat ggü. jedem Mieter im Sinne des Gesetzes (PWW/*Elzer* § 535 Rn. 90 ff.) spätestens mit Ablauf des Abrechnungszeitraums (Rdn. 43) abzurechnen (Rdn. 53) und dies »mitzuteilen« (§ 556 Abs. 3 S. 2 BGB), sofern der Mieter Betriebskosten gezahlt hat; ob er Vorauszahlungen leisten musste, ist unerheblich (*LG Berlin* GE 2007, 1252; s.a. *BGH* WuM 2018, 432 Rn. 13; a.A. *LG München II* NZM 2012, 342). Auf die Abrechnung hat jeder Mieter einen Anspruch (unzutreffend *BGH* NJW 2010, 1965 Rn. 8), der mit Ablauf des Abrechnungszeitraums zu verjähren beginnt. In der Regel ist schriftlich abzurechnen – wobei § 126 BGB nicht gilt. Es genügt eine Übermittlung per Fax oder E-Mail. Eine nur mündliche Abrechnung ist nicht zumutbar. Im preisgebundenen Wohnraum ist die Schriftform zu beachten. Der Anspruch ist mit Ablauf der Abrechnungsfrist (§ 556 Abs. 3 S. 2 BGB) durchsetzbar. Die Abrechnungspflicht ist erfüllt (§ 362 BGB), wenn die Abrechnung formal ordnungsgemäß ist und den ganzen Abrechnungszeitraum (Rdn. 43) umfasst (Rdn. 90 zu Teilabrechnungen). Bei einem Mieterwechsel während des Abrechnungszeitraums (Rdn. 43) ist keine Teilabrechnung (§ 556 Abs. 3 S. 4 BGB) geschuldet (Rdn. 90). Bei der Abrechnung müssen aber die für die betreffende Mietsache entstandenen Betriebskosten zeitanteilig zwischen den jeweiligen Mietern aufgeteilt werden (*LG Frankfurt/M.* NZM 2002, 336). Bei Abrechnung »nach erfasstem Verbrauch« (§ 556a Rdn. 11) hat der Mieter einen Anspruch auf Zwischenablesung. Die Abrechnung muss so gestaltet sein, dass 41 der Mieter diejenigen Kosten abgrenzen und beziffern kann, die ihm für erbrachte Dienstleistungen berechnet werden.

42 Die Grundsätze für die Abrechnung gelten nicht analog, wenn Nebenkosten »entsprechend dem Anfall« umgelegt werden, ohne dass Vorauszahlungen vereinbart sind (*LG München II* ZMR 2012, 777; *LG Potsdam* ZMR 2011, 48; a.A. *LG Berlin* GE 2007, 1252).

IV. Zeitpunkt (Abrechnungszeitraum)

43 Nach § 556 Abs. 3 S. 1 BGB ist »jährlich« abzurechnen (Abrechnungszeitraum/Abrechnungsperiode); s. für den preisgebundenen Wohnraum § 20 Abs. 3 S. 2 NMV 1970. Der Abrechnungszeitraum darf ein Jahr nicht überschreiten (*BGH* NZM 2008, 520 Rn. 10). § 556 Abs. 3 S. 1 BGB schreibt nicht vor, welcher jährliche Zeitraum der Abrechnung zugrunde zu legen ist (*BGH* NZM 2008, 520 Rn. 10). In Betracht kommen etwa das Kalender- oder das Mietjahr oder der Jahreszeitraum, innerhalb dessen in der Regel die Abrechnungen der Versorgungsträger erteilt werden (*BGH* NZM 2008, 520 Rn. 10). Sofern der Mietvertrag keine Festlegung eines Abrechnungszeitraums enthält, bestimmt der Vermieter die (erste) Abrechnungsperiode nach billigem Ermessen, § 315 BGB. Der Abrechnungszeitraum kann für verschiedene Betriebskosten unterschiedlich bestimmt werden (*BGH* NZM 2008, 520 Rn. 12 und Rn. 16). § 193 BGB ist anwendbar. Daher wird die Frist bis zum nächsten Werktag verlängert, wenn der letzte Tag auf einen Sonn- oder auf einen am Erklärungsort – also am Sitz des Vermieters – staatlich anerkannten, allgemeinen Feiertag oder auf einen Sonnabend fällt (*Lützenkirchen* NJW 2015, 3078).

44 Eine zum Nachteil des Mieters von § 556 Abs. 3 S. 1 BGB abweichende Vereinbarung ist unwirksam (§ 556 Abs. 4 BGB; s.a. *BGH* NJW 2011, 2878 Rn. 8). Auch kürzere Abrechnungszeiträume können grds. nicht gewählt werden (*LG Berlin* GE 1991, 935). Im Einzelfall kann sich jedoch ein kürzerer Abrechnungszeitraum dadurch ergeben, dass die Wohnung erst während des festgelegten Abrechnungszeitraums bezugsfertig wird oder dass der Vermieter ausnahmsweise nach Treu und Glauben berechtigt ist, den Abrechnungszeitraum zu ändern (*LG Berlin* GE 2009, 780). § 556 Abs. 3 S. 1, Abs. 4 BGB stehen ferner einer einmaligen einvernehmlichen Verlängerung des Abrechnungszeitraums zum Zwecke der Umstellung auf eine kalenderjährliche Abrechnung nicht entgegen (*BGH* NJW 2011, 2878 Rn. 11).

V. Leistungs- und Abflussprinzip

45 Die auf den Abrechnungszeitraum (Rdn. 43) entfallenden Kosten können nach verschiedenen »Prinzipien« ermittelt werden: Nach dem Leistungsprinzip (auch Zeitabgrenzungs- oder Verbrauchsprinzip genannt) sind diejenigen Kosten abzurechnen, die für den jeweiligen Abrechnungszeitraum angefallen sind (*LG Berlin* ZMR 2019, 492, 493). Nach dem sog. Abflussprinzip (auch Abrechnung nach Rechnungen oder Ausgabenabrechnung genannt) können alle Kosten in die Abrechnung eingestellt werden, mit denen der Vermieter selbst im Abrechnungszeitraum belastet wird (*LG Berlin* ZMR 2019, 492, 493).

46 Keinem dieser »Prinzipien« kommt grds. ein Vorteil zu. Wenn eine Mehrbelastung des Mieters ausgeschlossen ist – weil im Jahr des Verbrauchs und im Jahr der Abrechnung kein Mieterwechsel stattgefunden hat – kann der Vermieter daher entscheiden, wie er vorgeht (*BGH* NJW 2012, 1141 Rn. 11; *BGH* NJW 2008, 1300 Rn. 17). Ferner kann er sich auch in einer Abrechnung beider »Prinzipien« bedienen (*LG Berlin* ZMR 2019, 492, 493). Zu den Heiz- und Warmwasserkosten s. Rdn. 38.

VI. Umlegungsbezugspunkt

1. Gebäude

a) Mietshaus

Umlegungsbezugspunkt ist grds. ein Mietshaus – ein Haus mit mehreren Mietwohnungen (*BGH* NJW 2016, 866 Rz 8; s.a. § 2 II. BV für preisgebundenen Wohnraum. 47

b) Gebäude einer Wohnungseigentumsanlage

In einer WE-Anlage ist grds. das Gebäude, in dem das Sondereigentum liegt, der Umlegungsbezugspunkt. Die Räume/Flächen, die im Sondereigentum stehen, können nach h.M. kein Umlegungsbezugspunkt sein. Dies folgt ggf. aus § 556a Abs. 3 S. 1 BGB. 48

2. Wirtschafts- und Abrechnungseinheit

Der Vermieter kann nach h.M., die § 556 Abs. 1 S. 2 BGB widerspricht, jederzeit (*BGH* ZMR 2012, 173 Rn. 4) nach billigem Ermessen gemäß § 315 BGB, bei preisgebundenem Wohnraum nach § 2 Abs. 2, 3 II. BV, ohne Verstoß gegen § 556 Abs. 4 BGB (*BGH* NJW 2011, 368 Rn. 20) für alle oder einige Betriebskosten (*BGH* NJW 2011, 368 Rn. 18), z.B. die Heizkosten, mehrere Gebäude zu einer »Wirtschafts- und Abrechnungseinheit« zusammenfassen (*BGH* ZMR 2012, 173 Rn. 4; *BGH* NJW 2011, 368 Rn. 17; *BGH* ZMR 2011, 458 Rn. 11) – soweit im Mietvertrag nichts anderes bestimmt ist (*BGH* ZMR 2011, 24 Rn. 10; *BGH* ZMR 2005, 937 Rn. 17). »Technische« Gründe sind hierfür nicht erforderlich (*BGH* NJW 2011, 368 Rn. 18). Auch ein Einbau von Zwischenzählern für jedes einzelne Gebäude ist nicht erforderlich (*BGH* ZMR 2011, 458 Rn. 11). Eine »Wirtschafts- und Abrechnungseinheit« soll auch stillschweigend mit der Abrechnung gebildet werden können (*BGH* ZMR 2012, 173 Rn. 4); einer Ankündigung bedarf es nicht (*BGH* ZMR 2012, 173 Rn. 4). Entspr. gilt bei einem vermieteten Sondereigentum (s.a. Rdn. 81). In der Abrechnung muss nicht angegeben werden, aus welchen einzelnen Gebäudeteilen oder Hausnummern sich die Wirtschaftseinheit zusammensetzt (*BGH* NZM 2020, 320 Rn. 14). 49

Erörtert wird, ob es für die Bildung einer »Wirtschafts- und Abrechnungseinheit« eine Anforderung ist, dass die Gebäude »einheitlich verwaltet« werden, in »einem unmittelbaren örtlichen Zusammenhang stehen« und zwischen den einzelnen Gebäuden »keine wesentlichen Unterschiede im Wohnwert« bestehen (grundlegend *OLG Koblenz* NJW-RR 1990, 1038, 1039) – was jeweils grds. zweifelhaft ist. Richtig wäre es, die Bildung von »Wirtschafts- und Abrechnungseinheiten« schlicht abzulehnen. 50

VII. Betriebskosten, die nicht jährlich, sondern in größeren zeitlichen Abständen wiederkehren

Betriebskosten, die nicht jährlich, sondern in größeren zeitlichen Abständen wiederkehren (Rdn. 5), können grds. in dem Abrechnungszeitraum (Rdn. 43) umgelegt werden, in dem sie entstanden sind (*BGH* NJW 2010, 226 Rn. 18; *BGH* NJW 2007, 1356 Rn. 18). 51

Ob ein Vermieter ferner berechtigt ist oder – unter besonderen Umständen – sogar nach §§ 241 Abs. 2, 242 BGB verpflichtet sein kann, in mehrjährigem Turnus anfallende Betriebskosten nicht in vollem Umfang in einen Abrechnungszeitraum einzubeziehen, sondern über mehrere Abrechnungszeiträume verteilt umzulegen, ist vorstellbar, wenn der Mieter durch die einmalige Umlage dieser Kosten in unbilliger Weise erheblich belastet würde (ohne Stellungnahme *BGH* ZMR 2022, 282 Rn. 35; *BGH* NJW 2010, 226 Rn. 19). 52

VIII. Anforderungen an wirksame Abrechnung (»formale« Voraussetzungen)

1. Überblick

a) Allgemeines

53 Der Vermieter erfüllt im Sinne von § 362 Abs. 1 BGB seine Pflicht, abzurechnen, wenn seine Abrechnung den Anforderungen des § 259 Abs. 1 BGB genügt, also eine geordnete Zusammenstellung der Einnahmen und Ausgaben enthält (*BGH* NJW 2018, 1599 Rn. 15; *BGH* WuM 2017, 529 Rn. 15). Für die Annahme einer Erfüllung sind nach h.M. »keine zu hohen Anforderungen« zu stellen (*BGH* NJW 2016, 866 Rn. 13; *BGH* NJW 2012, 12 Rn. 24). Es genügt, dass sich einzelne Angaben, etwa zum Umlageschlüssel (Rdn. 59), dem Vertrag oder den den Nebenkostenabrechnungen beigefügten Erläuterungen entnehmen lassen (*BGH* MDR 2021, 352 Rn. 17; *BGH* NJW-RR 2020, 587 Rn. 13). Notwendig ist in der Regel eine schriftliche Niederlegung, jedoch bei preisfreiem Wohn- und Geschäftsraum nicht in Schriftform i.S.d. § 126 BGB – insbesondere keine eigenhändige Unterschrift. Auch die Anforderungen an die Textform (§ 126b BGB) müssen nicht erfüllt sein (a.A. *Lützenkirchen* NZM 2018, 266, 267). Eine nur mündliche Abrechnung ist in zumutbarer Weise allerdings nicht nachprüfbar (für preisgebundenen Wohnraum siehe § 20 NMV 1970 i.V.m. § 10 WoBindG). Ist bei mehreren Mietern die Abrechnung nur an einen gerichtet, ist die Pflicht (Rdn. 41) nur gegenüber diesem erfüllt (*BGH* NJW 2010, 1965 Rn. 8 und Rn. 11).

b) Nachvollziehbar- und Prüffähigkeit

54 Ob der Vermieter mit einem Abrechenwerk seine Abrechnungspflicht (Rdn. 41) im Sinne des § 362 BGB erfüllt hat, richtet sich u.a. danach, ob der Mieter anhand des Abrechenwerks in der Lage ist, 1. die zur Umlage anstehenden Betriebskosten (Rdn. 3) zu erkennen und 2. anhand der ihm mitgeteilten Umlageschlüssel (§ 556a Rdn. 5 ff.) den auf ihn entfallenden Kostenanteil nachzuprüfen (ständige Rechtsprechung, etwa *BGH* NJW 2018, 1599 Rn. 15; *BGH* ZMR 2017, 464 Rn. 4). Der Mieter muss also aus der Abrechnung die ihm angelasteten Kosten klar ersehen und überprüfen können (*BGH* NJW 2010, 3645 Rn. 17), so dass eine Einsichtnahme in dafür vorhandene Belege (Rdn. 158) nur noch zur Kontrolle und zur Beseitigung von Zweifeln erforderlich ist (*BGH* WuM 2017, 529 Rn. 16; *BGH* GE 2017, 830 Rn. 5). Dass die Abrechnung aus mehreren Seiten besteht, der Mieter ggf. zurückblättern und auf verschiedenen Seiten enthaltene Angaben gedanklich zusammenführen muss, ist dabei unschädlich (*BGH* WuM 2017, 529 Rn. 16). Maßgeblich ist der »durchschnittlich gebildete, juristisch und betriebswirtschaftlich nicht geschulte« Mieter (*BGH* NJW 2015, 51 Rn. 16; *BGH* NJW 2011, 1867 Rn. 14).

55 Erläuterungen sind grds. nicht notwendig – selbst, wenn »extreme« Kostensteigerungen vorliegen (*BGH* NJW 2008, 2260 Rn. 12 ff.). Auch gesetzlich vorgegebene Formeln und Berechnungsmethoden müssen nicht erklärt werden (s.a. Rdn. 38). Anders ist es, wenn z.B. eine tabellarische Darstellung aus sich heraus nicht hinreichend verständlich ist, oder bei Schlagworten und bei nicht allgemein bekannten Abkürzungen.

c) Mindestangaben

56 Nach den in Rdn. 53–55 genannten Voraussetzungen sind bei Gebäuden mit mehreren Mietern in verschiedenen Wohnungen in der Regel in die Abrechnung folgende Mindestangaben aufzunehmen (*BGH* MDR 2021, 352 Rn. 16; *BGH* NZM 2020, 320 Rn. 8; *BGH* WuM 2017, 529 Rn. 15; grundlegend *BGH* NJW 1982, 573 unter II 2 a) aa):

57 Eine Zusammenstellung der Gesamtkosten.
- »Gesamtkosten« meint den Betrag, der sich bei der Zusammenstellung der Betriebskosten (Rdn. 3) des jeweiligen Umlegungsbezugspunktes (Rdn. 47 ff.) am Ende der Addition sämtlicher Rechnungen, die im Abrechnungszeitraum (Rdn. 43) zu den konkreten Kostenpositionen nach dem Abrechnungsprinzip (Rdn. 45) anzusetzen sind, nach Behauptung des Vermieters errechnet.

Warum Kosten von früheren Abrechnungen erheblich abweichen, muss nicht angegeben werden (*BGH* NZM 2020, 320 Rn. 20).

- Eine Zusammenstellung ist nach h.M. entbehrlich, wenn Kosten nur auf die Mietsache entfallen, also »wohnungsbezogen« sind, z.B. Grundsteuer oder Kosten der Wasserversorgung und der Entwässerung (*BGH* NZM 13, 457 Rn. 7; *BGH* NZM 2011, 581 Rn. 3; *BGH* NJW 2010, 3228 Rn. 12; *BGH* NJW 2008, 2105 Rn. 20).
- Es genügt, wenn der Vermieter bei der jeweiligen Betriebskostenart den Gesamtbetrag angibt, den er auf die Mieter der gewählten Wirtschafts- und Abrechnungseinheit (Rdn. 49) umlegt. Dies gilt auch dann, wenn der Vermieter diesen Gesamtbetrag vorab um nicht auf den Mieter umlagefähige Kostenanteile bereinigt hat; einer Angabe und Erläuterung der zum angesetzten Gesamtbetrag führenden Rechenschritte bedarf es nicht (*BGH* NJW 2016, 866 Rn. 8). Angaben über die Zusammensetzung des Umlegungsbezugspunktes (Rdn. 47 ff.), z.B. die Bezeichnung davon umfasster Gebäude, bedarf es also nicht (*BGH* GE 2012, 954 Rn. 3).
- Bei der Zusammenstellung genügt es grds, nach den Kostenarten des in § 2 BetrKV zu differenzieren und diese nach ihrem Entstehungsgrund gleichartigen Kosten summenmäßig zusammenzufassen (*BGH* ZMR 2017, 464 Rn. 4; *BGH* NJW 2010, 2053 Rn. 13).
- Einerseits ist eine Aufschlüsselung einzelner Kostenpositionen innerhalb einer Ziffer des Betriebskostenkatalogs im Wohnraummietrecht grds. nicht erforderlich (*BGH* ZMR 2017, 464 Rn. 4; *BGH* NJW 2010, 2053 Rn. 13). Die in § 2 BetrKV Nr. 8 und Nr. 9 zusammen geregelten Kosten sind getrennt anzuführen.
- Andererseits ist eine Zusammenfassung der in verschiedenen Ziffern des § 2 BetrKV genannten Kosten grds. unzulässig (*BGH* ZMR 2017, 464 Rn. 4). Dass der Mieter durch eine Einsichtnahme in die Belege ermitteln kann, welche Kosten wofür angefallen sind, ist unerheblich. Denn diese Angaben sollen dem Mieter gerade durch die Zusammenstellung der Kosten in der Betriebskostenabrechnung übermittelt werden (*BGH* ZMR 2017, 464 Rn. 7).
- »Eng zusammenhängende Kosten« sollen allerdings in einer Summe zusammengefasst werden dürfen (*BGH* NJW 2011, 143 Rn. 40). Einen derartigen engen Zusammenhang ist für die Kosten für Frisch- und Schmutzwasser – soweit Letztere auf der Grundlage des Frischwasserbezugs berechnet werden – sowie für Sach- und Haftpflichtversicherungsbeiträge bejaht (*BGH* ZMR 2017, 464 Rn. 5; *BGH* NJW 2011, 143 Rn. 40) und für die Kosten für Heizenergie/Wartung und Schornsteinfeger verneint worden (*AG Hamburg* ZMR 2022, 645).
- Es ist unschädlich, wenn nicht der auf jede Betriebskostenart entfallende Anteil des Mieters betragsmäßig gesondert ausgewiesen ist, sondern sämtliche nach dem § 556a Abs. 1 S. 1 BGB umgelegten Betriebskosten addiert und daraus unter Anwendung des Umlageschlüssels der vom Mieter insgesamt zu tragende Anteil errechnet wird (*BGH* GE 2017, 830 Rn. 5).
- Durch eine Messeinrichtung erfasste Verbrauchswerte bedürfen grds. keiner Erläuterung (*BGH* NJW 2010, 2053 Rn. 14; *BGH* NJW 2008, 2260 Rn. 14); Entsprechendes gilt für Verbrauchswerte und dafür angesetzte Preise.
- Ermittelt der Vermieter die Betriebskosten aus kalenderübergreifenden Rechnungen, etwa eines Versorgers, müssen die erforderlichen Zwischenschritte nicht offengelegt werden (*BGH* NJW 2015, 406 Rn. 18).

Beruhen die eingestellten Kosten auf einer Schätzung, ist weder die Angabe der Schätzgrundlagen noch der Vorgehensweise erforderlich (*BGH* ZMR 2017, 30 Rn. 27; *BGH* ZMR 2015, 111 Rn. 18). 58

Die Angabe der angewandten Umlageschlüssel – und ggf. ihre Erläuterung. 59

- Umlageschlüssel ist der gesetzliche oder vertraglich vereinbarte Maßstab im Sinne von § 556a BGB (§ 556a Rdn. 5 ff.), nach dem errechnet wird, welcher Kostenanteil eines Gesamtbetrags auf eine Mietsache entfällt.
- Umlageschlüssel sind grds. nur zu »benennen«, vor allem Wohn- oder Wohn- und Nutzfläche oder ein gemessener Verbrauch (Gas, Müll, Strom, Wasser). Es genügt, dass für den Mieter erkennbar ist, welcher Umlageschlüssel angewendet wird. Seine »Richtigkeit« ist ausschließlich eine die inhaltliche Ordnungsgemäßheit der Abrechnung betreffende Frage (*BGH* WuM 2017, 529 Rn. 17).

- Umlageschlüssel bedürfen keiner Erläuterung, wenn sie »allgemein verständlich« sind (*BGH* NJW 2011, 368 Rn. 13), und sind zu erläutern, wenn dies nicht der Fall ist (*BGH* NJW 2011, 1867 Rn. 8). Überblick:
  - Verständlich: »Fläche« (*BGH* NZM 2020, 320 Rn. 13; *BGH* NJW 2010, 3363 Rn. 16), »Miteigentum« (*BGH* NJW 2009, 283 Rn. 28), aber nicht »MEA« (*AG Hamburg* ZMR 2022, 645; 28.2.19 – 44 C 481/17; *Elzer* ZMR 2019, 825, 827; a.A. *LG Leipzig* NZM 2005, 14; Schmid/*Riecke* Handbuch der Mietnebenkosten, 18. Aufl. 2023 Rn. 3485 auch zu anderen Abkürzungen), »Wohneinheiten« (*BGH* NJW 2009, 283 Rn. 30), »Personenmonate« (*BGH* NJW 2015, 51 Rn. 17), »Personen« (*BGH* NJW 2015, 51 Rn. 16), »Hausstrom« (*AG Hamburg* IMR 2022, 272). Es bedarf auch nicht der Angabe, für welchen Zeitraum wie viele Personen pro Wohnung berücksichtigt worden sind (*BGH* NJW 2015, 51 Rn. 17).
  - Unverständlich: »HB-KOSTE« (*BGH* NJW 2009, 283 Rn. 23), »ABZÜGE« (*BGH* NJW 2009, 283 Rn. 24), »03 Umlage nach Quadratmetern Wohnfläche*Monate« (*BGH* NJW 2008, 2258 Rn. 15).
- Gibt der Vermieter unzutreffende Umlageschlüssel an, z.B. »Wohn-/Nutzfläche« statt »Miteigentumsanteil«, ist das formal unschädlich (*BGH* NJW 2005, 219 unter I 2 b).
- Bei »wohnungsbezogenen« Kosten – also dann, wenn Kosten nur auf die Mietsache entfallen, z.B. Grundsteuer oder Kosten der Wasserversorgung und der Entwässerung – ist für die Anwendung eines Umlageschlüssels kein Raum (*BGH* NZM 2013, 457 Rn. 8; *BGH* ZMR 2012, 173 Rn. 7; *BGH* NZM 2008, 442 Rn. 20).

60 Es reicht, wenn der Umlageschlüssel, z.B. »ST«, in einer Anlage erläutert wird (*BGH* MDR 2021, 352 Rn. 27).

61 Die Berechnung des Anteils des Mieters.

- Der Vermieter muss aufzeigen, wie er von den Gesamtkosten bzw. den zu verteilenden Kosten rechnerisch zum Anteil des Mieters gelangt ist. Einer Erläuterung der angesetzten Kosten bedarf es nicht (*BGH* NJW 2015, 406 Rn. 17).
- Dass die angesetzten Kosten auf abgelesenen Messwerten oder einer bloßen Schätzung beruhen, ist unerheblich.

62 Der Abzug der Vorauszahlungen des Mieters, sofern diese nicht mit »0« anzusetzen sind. Sind Vorauszahlungen zu niedrig angesetzt, stellt das die formale Ordnungsmäßigkeit nicht in Frage (*BGH* NJW 2016, 2254 Rn. 17; *BGH* NJW 2011, 842 Rn. 15; *BGH* NJW 2011, 2786 Rn. 12).

2. Mängel

a) »Formale«

aa) Grundsatz

63 Erfüllt eine Abrechnung nicht die in Rdn. 53–62 genannten Voraussetzungen, ist sie »formal« mangelhaft und damit unwirksam. Mit einer wegen formaler Mängel unwirksamen Abrechnung genügt der Vermieter seiner Abrechnungspflicht nicht (*BGH* NJW 2011, 1867 Rn. 15); vielmehr kann der Mieter in diesem Fall eine erneute Abrechnung verlangen (*BGH* NJW 2011, 1867 Rn. 15; *BGH* NJW 2006, 2552 Rn. 13). In der Abrechnung genannte Nachzahlungen sind dann nicht fällig, der Einwendungsausschluss des § 556 Abs. 3 S. 3 BGB gilt – ggf. teilweise (Rdn. 64; Rdn. 133) – nicht und der Einwendungsausschluss des § 556 Abs. 3 S. 6 BGB gilt (noch) nicht.

bb) Einzelne Kosten (Teilwirksamkeit)

64 Betrifft ein formaler Mangel nur einzelne Kosten, soll die Abrechnung im Übrigen wirksam (= teilwirksam) sein, wenn die vom Mangel betroffenen Kosten »unschwer herausgerechnet werden können« (*BGH* ZMR 2017, 464 Rz 3; *BGH* NJW 2011, 143 Rn. 42; *BGH* NJW 2010, 3363 Rn. 14; *BGH* NJW 2007, 1059 Rn. 11). So liegt es z.B. nicht, wenn der Vermieter einen unverständlichen Umlageschlüssel (§ 556a Rdn. 5 ff.) wählt, der mit 2 Ausnahmen für alle Kosten gilt und ohne die

Ausnahme kein Nachzahlungsanspruch verbleibt (*BGH* NJW 2008, 2258 Rn. 16). Hinsichtlich des unwirksamen Teils ist der Vermieter verpflichtet, eine neue, formal wirksame Abrechnung vorzulegen.

b) »Materielle« Mängel

aa) Überblick

Hat der Vermieter seine Abrechnungspflicht (Rdn. 41) im Sinne von Rdn. 53–62 formal erfüllt, werden andere Mängel als »materiell« (vgl. auch Schmid/*Riecke* HdB der Mietnebenkosten 18. Aufl. 2023 Kap. 3 Rn. 3313) angesehen und sollen nicht berechtigen, eine erneute Abrechnung zu fordern. Dies überzeugt nicht, da Erfüllung im Sinne von § 362 BGB bei nicht obligationsgemäßer Leistung nicht eintritt (s.a. Rdn. 63). Außerdem soll der Mieter »unter dem Gesichtspunkt der inhaltlichen Unrichtigkeit« in bestimmten Ausnahmefällen berechtigt sein, auch bei einer formal ordnungsgemäßen Abrechnung eine neue Berechnung zu fordern (*BGH* NJW 2011, 368 Rn. 16), z.B. wenn mit einem nicht vereinbarten Umlageschlüssel abgerechnet wurde und der Mieter die erforderlichen Bezugsdaten für eine Berechnung auf der Grundlage des vereinbarten Umlageschlüssels nicht kannte (*BGH* NJW 2005, 219 unter II 1b). 65

bb) Begriff

Ein materieller Mangel soll vorliegen, wenn die abgerechneten Kosten dem Ansatz und/oder der Höhe nach nicht bestehen (*BGH* NJW 2011, 368 Rn. 22) oder es keine Umlagevereinbarung gibt – das Verlangte also materiell-rechtlich nicht verlangt werden kann – oder »sonstige« Mängel der Abrechnung vorliegen (*BGH* NJW 2009, 283 Rn. 22), etwa ein falscher Umlageschlüssel genutzt wird, zu hohe Verbräuche angegeben sind (*BGH* NZM 2020, 320 Rn. 20), die Vorauszahlungen zu hoch oder zu niedrig angesetzt sind (*BGH* NJW 2012, 1502 Rn. 24), Soll- statt Ist-Vorauszahlungen angesetzt werden (*BGH* NJW 2012, 1502 Rn. 24) oder die angesetzten Wohnflächen falsch sind. Diese Mängel sollen nicht die Abrechnungspflicht (Rdn. 41), sondern allein die materielle Berechtigung berühren, über die in einem Rechtsstreit auf Nachzahlung oder Rückerstattung von Betriebskosten zu befinden sei (*BGH* NJW 2011, 368 Rn. 22). Ungeachtet materieller Mängel sind Nachzahlungen also (zunächst) fällig und der Einwendungsausschluss des § 556 Abs. 3 S. 6 BGB gilt. Kein materieller Mangel soll nach h.M. grds. vorliegen, wenn der Vermieter Verbrauche (dazu § 556a Rdn. 15) oder Kostenaufteilungen geschätzt hat. 66

cc) Beanstandung

Meint der Mieter, es liege ein materieller Mangel vor, muss er konkrete Beanstandungen vorbringen (dazu Rdn. 134 ff.). Wenn nicht, schuldet der Mieter die in der Abrechnung genannte Nachzahlung (Rdn. 137). 67

IX. Mehrere Abrechnungen

Ob der Vermieter eine Abrechnung für sämtliche Betriebskosten vorlegen muss/darf oder ob getrennte Abrechnungen zu erstellen sind, vor allem die getrennte Abrechnung von Heiz-/Warmwasser- und den anderen Betriebskosten, richtet sich nach Auslegung des Mietvertrags. Dabei spricht es für eine getrennte Abrechnung, wenn verschiedene Abrechnungszeiträume vereinbart sind, z.B. Heizkosten nach der Heizperiode, andere Betriebskosten nach dem Kalenderjahr, oder ggf wenn separate Vorauszahlungen erhoben werden (*AG Melsungen* WuM 2009, 459; a.A. *LG Neuruppin* ZMR 2010, 768). Gegen eine getrennte Abrechnung mag es sprechen, wenn ein einheitlicher Vorauszahlungsbetrag für alle umzulegenden Kosten vereinbart ist. 68

Allein die Tatsache, dass im Mietvertrag einzelnen Kosten bestimmte Beträge zugeordnet sind, spricht weder für die eine noch für die andere Variante, zumal bei preisgebundenem Wohnraum eine solche Mitteilung vorgeschrieben ist. Im Zweifel ist entsprechend dem in § 556 Abs. 3 S. 4 BGB zum Ausdruck gekommenen Regelfall von einer einheitlichen Abrechnung auszugehen. Wird in 2 69

Abrechnungen abgerechnet, ändern sich eine Nachforderung oder ein Guthaben nicht (*BGH* NJW 2012, 603 Rn. 11). Und auch auf die Nachvollziehbarkeit hat es nach h.M. keinen Einfluss, ob eine oder 2 Abrechnungen vorliegen (*BGH* NJW 2012, 603 Rn. 11; s.a. *BGH* WuM 2017, 529 Rn. 17).

70 Entsprechendes gilt, wenn der Vermieter sämtliche Betriebskosten in 2 Abrechnungen abrechnet, die jeweils einen Teil des gesamten Abrechnungszeitraums und zusammen alles abdecken.

X. Voraufteilungen

1. Abzug nicht umlegbarer Kosten

71 Erbringt der Vermieter für umlegbare und nicht umlegbare Kosten ggü. einem Dritten eine einheitliche Zahlung, muss vor der Kostenumlegung der Aufwand für die nicht umlegbaren Leistungen herausgerechnet werden.

2. Voraufteilung auf Umlegungsbezugspunkte

72 Entstehen Kosten für mehrere Umlegungsbezugspunkte (Rdn. 47 ff.) einheitlich, müssen sie vor der Verteilung auf die Umlegungsbezugspunkte aufgeteilt werden (*LG Köln* WuM 2001, 496). Nach welchen Kriterien dies zu erfolgen hat, richtet sich nach der Art und Weise des einheitlichen Anfalls und den jeweiligen tatsächlichen Gegebenheiten.

3. Aufteilung auf verschiedene Kostenpositionen

73 Fallen einheitlich Kosten an, die mehrere Kostenpositionen betreffen, ist eine Voraufteilung aus Gründen der Übersichtlichkeit und Nachvollziehbarkeit erforderlich. Eine Voraufteilung ist insbesondere dann notwendig, wenn unterschiedliche Umlageschlüssel bestehen oder eine Kostenposition nicht auf alle Mieter umlegbar ist. Die Aufteilung hat in der Weise zu erfolgen, dass die Gesamtkosten nach dem Verhältnis des Aufwandes der jeweiligen Kostenposition zugeordnet werden.

4. Gemischt genutzte Gebäude oder Wirtschafts- bzw. Abrechnungseinheiten (»Vorwegabzug«)

a) Grundsatz: kein »Vorwegabzug«

74 Gibt es in einem Gebäude oder in einer Wirtschafts- bzw. Abrechnungseinheit (Rdn. 49) Räume und/oder Flächen, die sowohl der preisfreien Wohnraummiete unterliegen (anders: § 20 Abs. 2 S. 2 NMV 1970) als auch der Gewerberaummiete, müssen alle oder einzelne Betriebskosten für die jeweiligen Mietverträge nicht getrennt abgerechnet werden (*BGH* NZM 2017, 520 Rn. 18; *BGH* NJW 2007, 211 Rn. 16; grundlegend *BGH* NJW 2006, 1419 Rn. 30).

b) Ausnahme

75 Etwas anderes gilt nach h.M. gemäß den §§ 315, 316 BGB, wenn – wofür der Mieter die Darlegungs- und Beweislast trägt (*BGH* WuM 2017, 399 Rn. 20; *BGH* NJW 2007, 211 Rn. 16) – durch die gewerbliche Nutzung »erhebliche« Mehrkosten (pro Quadratmeter) entstehen (*BGH* WuM 2017, 399 Rn. 20; *BGH* NZM 2011, 118 Rn. 21; *BGH* NJW 2010, 3363 Rn. 22). Dies überzeugt nicht: der einfach handhabbare Flächenmaßstab wird konterkariert, wenn geprüft werden müsste, ob einzelne Betriebskosten durch das Vorhandensein von Gewerberaummiete erheblich erhöht werden.

76 »Erhebliche« Mehrkosten sollen sich nicht pauschal mit dem Hinweis auf erhöhten Publikumsverkehr der Gewerberaummieter oder durch einen Vergleich mit den in einem Betriebskostenspiegel ausgewiesenen Durchschnittskosten begründen lassen, sondern nur anhand der konkreten Gegebenheiten einerseits und der Art der gewerblichen Nutzung andererseits beurteilt werden können (*BGH* NJW 2010, 3363 Rn. 23). Dabei sei hinsichtlich der einzelnen Betriebskosten zu differenzieren (*BGH* NJW 2010, 3363 Rn. 23). Bei der Grundsteuer soll es grds. keine »Mehrkosten« geben (*BGH* WuM 2017, 399 Rn. 19).

Hinsichtlich der erforderlichen Informationen kann der Mieter Auskunft vom Vermieter und Einsicht in die der Abrechnung zu Grunde liegenden Belege verlangen (Rdn. 158 ff.); soweit der Mieter danach weiterhin nicht in der Lage sein sollte, die für einen Vorwegabzug maßgebenden Tatsachen vorzutragen, kommt zu seinen Gunsten eine Modifizierung seiner Darlegungslast nach den Grundsätzen über die sekundäre Darlegungslast (hier: des Vermieters) in Betracht (*BGH* NJW 2007, 211 Rn. 16). 77

XI. Berichtigung/Korrektur

1. Grundsatz

Der Vermieter kann innerhalb der Abrechnungsfrist einen formalen und/oder materiellen Mangel korrigieren (*BGH* NJW 2011, 843 Rn. 13; *BGH* NJW 2007, 1059 Rn. 12). Nach Ablauf der Abrechnungsfrist darf die Abrechnung hingegen grds. nicht mehr zum Nachteil des Mieters korrigiert werden (*BGH* NJW 2011, 1957 Rn. 12; *BGH* NJW 2011, 843 Rn. 13; *BGH* NJW 2008, 204 Rn. 12). Das gilt namentlich dann, wenn das Ergebnis der erteilten Abrechnung ein Guthaben ist (*BGH* NJW 2011, 1957 Rn. 12; *BGH* NJW 2008, 1150 Rn. 12). Anders soll es nach § 242 BGB sein, wenn ein materieller Mangel »auf den ersten Blick« erkennbar ist (*BGH* NJW 2011, 1957 Rn. 15), etwa bei einem Additionsfehler (*LG Berlin* GE 2014, 123). Ferner soll es unschädlich sein, wenn eine Korrektur dazu führt, dass die korrigierte Abrechnung die bisherige weder in den Einzelpositionen noch insgesamt überschreitet (*BGH* NJW 2005, 219 unter II 2). 78

2. Vermieter hat die verspätete Korrektur nicht zu vertreten

Der Vermieter ist entsprechend § 556 Abs. 3 S. 3 Hs. 2 BGB (Rdn. 108) zu einer verspäteten Korrektur befugt, wenn er den bisherigen Fehler nicht zu vertreten hat (*BGH* NJW 2005, 219 unter II 2). 79

3. Schuldanerkenntnis

In der vorbehaltlosen Zahlung einer sich aus einer Abrechnung ergebenden Nachforderung oder in der vorbehaltlosen Auszahlung oder Gutschrift eines aus einer Abrechnung folgenden Guthabens ist kein deklaratorisches Schuldanerkenntnis zu sehen, das der Korrektur/Berichtigung entgegenstünde (*BGH* NJW 2011, 843 Rn. 18; *LG Lübeck* NJOZ 2017, 911, 913). 80

XII. Wohnungseigentum

1. Grundsatz

Eine Jahresabrechnung (§ 28 Abs. 2 S. 2 WEG) ist keine Abrechnung i.S.d. § 556 Abs. 3 S. 1 Hs. 1 BGB (*LG Dessau-Roßlau* ZMR 2010, 471; *Elzer* ZMR 2019, 825, 832). Die Jahresabrechnung, wären die Umlageschlüssel und der Abrechnungszeitraum gleich, enthält u.a. auch nicht umlagefähige Kosten, vor allem – aber nicht nur – die Kosten der Verwaltung, den Beitrag des Wohnungseigentümers zu Rückstellungen und Kosten für die Erhaltung des gemeinschaftlichen Eigentums (siehe nur *BGH* ZMR 2016, 436 Rn. 12). Ferner enthält die Jahresabrechnung nicht die Vorauszahlungen des Mieters (vgl. *Elzer* ZMR 2019, 825 ff.). 81

2. Selbständige Abrechnung

Der vermietende Wohnungseigentümer muss somit selbständig abrechnen oder, etwa durch den Verwalter als Sondereigentums-Verwalter, abrechnen lassen. Dazu muss er in die entsprechenden Belege beim Verwalter Einsicht nehmen und anhand der in der WE-Anlage geltenden Umlageschlüssel auf sich selbst umlegen (s.a. Rdn. 113). Anschließend muss er anhand der vereinbarten oder nach den nach § 556a Abs. 3 S. 1 BGB geltenden Umlageschlüssel (dazu § 556a Rdn. 37 ff.) die umlagefähigen Kosten auf den Mieter umlegen (*Elzer* ZMR 2019, 825, 832; *Flatow* AnwZert 82

MietR 16/2017). Etwas anderes gilt, wenn Kosten speziell für die einzelne Wohnung erhoben werden, z.B. die Grundsteuer (*BGH* ZMR 2014, 108 Rn. 7; *BGH* ZMR 2012, 173 Rn. 7).

83 Legt der vermietende Wohnungseigentümer auch nicht umlagefähige Kosten (Rdn. 4) um, gilt § 556 Abs. 3 S. 6 BGB (*BGH* NJW 2016, 2254 Rn. 12). Der Wohnungseigentümer soll aber daran gehindert sein, sich auf § 556 Abs. 3 S. 6 BGB zu berufen, wenn er sich in seinem Abrechnungsschreiben auf die beigefügte Jahresabrechnung bezieht und Kosten darin ausdrücklich als »nicht umlagefähig bezeichnet« sind (*BGH* NJW 2016, 2254 Rn. 12; zw).

3. Beschluss nach § 28 Abs. 2 S. 1 WEG

84 Der Beschluss nach § 28 Abs. 2 S. 1 WEG ist keine Voraussetzung für die Abrechnung (*BGH* ZMR 2017, 303 Rn. 17; *Elzer* ZMR 2019, 825, 832). Der Wohnungseigentümer kann sich für eine verspätete Geltendmachung im Sinne von § 556 Abs. 3 S. 3 BGB nicht auf den fehlenden Beschluss nach § 28 Abs. 2 S. 1 WEG berufen (Rdn. 112).

XIII. Abrechnungsverpflichtete

1. Grundsatz

85 Abrechnungspflichtiger ist, wer bei Ablauf des Abrechnungszeitraums (Rdn. 43) Vermieter ist. Dies kann auch ein Wohnungseigentümer sein (Rdn. 83). Bei einer Vermietermehrheit müssen alle Vermieter die Abrechnung erteilen (*LG Berlin* GE 1998, 245). Der Vermieter braucht nicht persönlich abzurechnen, sondern kann sich dafür Hilfspersonen oder Dritter oder eines Stellvertreters (dann gilt § 174 BGB) bedienen (*BGH* NJW 2014, 1802 Rn. 14).

2. Vermieterwechsel

86 Der frühere Vermieter muss über die zum Zeitpunkt des Vertragsüberganges bereits abgeschlossenen Abrechnungszeiträume abrechnen und bleibt insoweit berechtigt und verpflichtet (*BGH* NZM 2013, 854 Rn. 18; *BGH* NZM 2007, 441 Rn. 13; *BGH* NZM 2005, 17 zur Gewerberaummiete). Gleiches gilt für den Erwerber im Wege des Zwangsversteigerungsverfahrens nach § 57 ZVG (*BGH* NZM 2008, 100 Rn. 16). Der Erwerber ist jedoch nicht abrechnungspflichtig, wenn der Mietvertrag im Erwerbsjahr beendet worden ist und der Mieter geräumt hat, bevor der Erwerber Eigentümer oder sonst wie rechtsgeschäftlich in die Vermieterstellung eingetreten ist (*BGH* NZM 2007, 441 Rn. 13).

3. Zwangsverwalter

87 Der Zwangsverwalter rückt nach § 152 ZVG in die Pflichten des Vermieters ein (*OLG Schleswig* NJOZ 2019, 1397 Rn. 37). Er muss auch solche Abrechnungszeiträume abrechnen, die vor seiner Bestellung liegen, sofern eine etwaige Nachforderung von der als Beschlagnahme geltenden Anordnung der Zwangsverwaltung erfasst wird (*BGH* NJW 2006, 2626 Rn. 6; *BGH* NJW 2003, 2320 unter II 2 b). Anders ist es auch nicht für Mietverträge, die zum Zeitpunkt des Wirksamwerdens der Beschlagnahme bereits beendet waren (a.A. *LG Berlin* NZM 2001, 1100; *LG Potsdam* WuM 2001, 289). Bei einer über den Zuschlag hinaus fortgesetzten Verwaltung ist der Zwangsverwalter verpflichtet, die für die Zeit vor dem Zuschlag vereinnahmten, aber nicht verbrauchten Vorauszahlungen an den Ersteher auszukehren, soweit diesem die Abrechnung und die Rückzahlung des Überschusses obliegt (*BGH* NZM 2008, 100 Rn. 14). Eine Aufrechnung ist nicht möglich (*BGH* NZM 2012, 325 Rn. 13). Die aus § 152 Abs. 1 Hs. 2 ZVG folgende Prozessführungsbefugnis kann über den Zeitpunkt der Aufhebung der Zwangsverwaltung hinaus andauern. Mieten gebühren dem Ersteher erst von dem Zuschlag an (§ 56 S. 2 ZVG). Ansprüche, welche einen früheren Zeitraum betreffen, sind daher auch nach der Aufhebung der Zwangsverwaltung vom Zwangsverwalter geltend zu machen (*BGH* NJW-RR 2010, 214 Rn. 7). Dabei kommt es auf den Zeitpunkt der Entstehung der Ansprüche und nicht deren Fälligkeit an (*OLG Schleswig* NJOZ 2019, 1397 Rn. 40).

4. Insolvenzverwalter

Der Insolvenzverwalter ist nach §§ 80, 108 Abs. 1 Nr. 1 InsO zur Abrechnung verpflichtet – auch für solche Zeiträume, die vor der Eröffnung des Insolvenzverfahrens geendet haben. Er muss für die Zeit bis zur Verfahrenseröffnung und für die Zeit danach getrennt abrechnen, weil die Erstattungsansprüche des Mieters für die Zeit bis zur Eröffnung des Verfahrens Insolvenzforderungen sind (§ 108 Abs. 2 InsO), für die Zeit danach dagegen Masseforderungen (*BGH* NZM 2007, 162 Rn. 14). 88

E. Teilabrechnung (§ 556 Abs. 3 S. 4 BGB)

Nach § 556 Abs. 3 S. 4 BGB muss der Vermieter keine Teilabrechnung erstellen – weder für einzelne Betriebskosten noch bei einem Mieterwechsel (Rdn. 41); etwas anderes kann vereinbart werden (*BGH* NZM 2008, 520 Rn. 18). 89

Eine Teilabrechnung in diesem Sinne ist eine Abrechnung lediglich für einen Teil des Abrechnungszeitraums (*BGH* NJW 2010, 3228 Rn. 18). Rechnet der Vermieter dennoch teilweise ab, ist das keine Abrechnung im Sinne des § 556 Abs. 3 S. 1 BGB (*BGH* NJW 2010, 3228 Rn. 18). Keine unzulässige Teilabrechnung ist eine Abrechnung, die in 2 Zeitabschnitte aufgeteilt ist, aber den gesamten Abrechnungszeitraum (Rdn. 43) umfasst. 90

F. Abrechnungsfrist (§ 556 Abs. 3 S. 2, 3 BGB)

I. Sinn und Zweck

Die Abrechnungsfrist aus § 556 Abs. 3 S. 2 BGB (s.a. § 20 Abs. 3 S. 4 NMV 1970) – und der durch § 556 Abs. 3 S. 3 BGB angeordnete Ausschluss von Nachforderungen nach Fristablauf – dienen der Abrechnungssicherheit für den Mieter und sollen Streit vermeiden (*BGH* ZMR 2017, 303 Rn. 36; *BGH* NJW 2011, 1957 Rn. 12; *BGH* NJW 2006, 3350 Rn. 17). 91

II. Berechnung

Die formal ordnungsgemäße Abrechnung ist dem Mieter spätestens bis zum Ablauf des zwölften Monats nach dem Ende des Abrechnungszeitraumes (Rdn. 43) – immer am Monatsende, auch wenn der Abrechnungszeitraum nicht an einem Monatsende endet – zuzuleiten bzw. mitzuteilen. Das bedeutet nicht Aufgabe zur Post, sondern Eingang beim Mieter (*BGH* NJW 2009, 2197 Rn. 10). § 212Abs. 1 S. 1 BGB ist nicht analog anwendbar (*BGH* NJW 2008, 2258 Rn. 20). Ausreichend ist der 31.12 – im Hausbriefkasten auch um 17.34 Uhr (*LG Berlin* GE 2017, 1223; a.A. *LG Landshut-Tiengen* NJOZ 2009, 3746). 92

III. Folgen nicht fristgerechter Abrechnung

1. Vermieter (§ 556 Abs. 3 S. 3 BGB)

a) Überblick

Rechnet der Vermieter nicht innerhalb der zur Verfügung stehenden Zeit ab, ist »Abrechnungsreife« eingetreten und ihm stehen keine Vorauszahlungen mehr zu (*BGH* ZMR 2016, 519 Rn. 13; *BGH* NZM 2010, 736 Rn. 22). Der Vermieter kann über die Abrechnung nur noch – bis zur Höhe der geschuldeten Vorauszahlungen – Zahlungen insoweit verlangen, als sie durch eine (ggf. auch nachträglich) erteilte Abrechnung gerechtfertigt sind (*BGH* ZMR 2016, 519 Rn. 13; *BGH* NJW 2011, 143 Rn. 44; *BGH* NJW 2008, 142 Rn. 25). 93

Die aus dem Schuldnerverzug folgenden Rechte bleiben dem Vermieter grds auch nach dem Eintritt der Abrechnungsreife erhalten, so dass ihm auch dann noch Verzugszinsen auf rückständige Vorauszahlungen zuzusprechen sind, wenn die Vorauszahlungen selbst nicht mehr verlangt werden können (*BGH* NZM 2013, 85 Rn. 29). 94

95 Unterläuft dem Vermieter ein dem Mieter »auf den ersten Blick« erkennbarer Fehler, kann der Mieter nach Treu und Glauben (§ 242 BGB) gehindert sein, sich auf den Ablauf der Abrechnungsfrist zu berufen (Rdn. 78; *BGH* NJW 2011, 1957 Rn. 15; *LG Berlin* GE 2018, 330; sehr zweifelhaft, s.a. Rdn. 138).

b) Zahlungen und Ansprüche des Mieters

96 Hat der Mieter auf eine schuldhaft verspätete Abrechnung geleistet, kann er seine Zahlungen nach §§ 812 ff BGB zurückfordern: er hat ohne Rechtsgrund geleistet (*BGH* NJW 2006, 903 Rn. 10). § 214 Abs. 2 S. 1 BGB ist nicht analog anwendbar.

97 Ein Guthaben (Rdn. 125 ff.), das in einer verspäteten Abrechnung ermittelt wird, ist auszuzahlen. Ein Anspruch auf Zinsen für ein etwaiges Guthaben ab Ende der Abrechnungsfrist besteht aber nicht (*BGH* NJW 2013, 859 Rn. 20 ff).

2. Mieter: bei laufendem Mietvertrag (Zurückbehaltungsrecht)

a) Grundsatz

98 Wenn der Vermieter für einen vorangegangenen Zeitraum nicht rechtzeitig abrechnet, hat der Mieter – solange der Mietvertrag nicht beendet ist – nach § 273 BGB ein Zurückbehaltungsrecht für weitere Vorauszahlungen (*BGH* ZMR 2021, 874 Rn. 60; *BGH* NJW 2013, 859 Rn. 14; *BGH* NJW 2012, 3508 Rn. 9); hiervon ausgenommen ist der Fall der Zwangsversteigerung für Zeiträume, für die der frühere Eigentümer noch abrechnen muss (*AG Charlottenburg* GE 2009, 582).

99 Kein Zurückbehaltungsrecht besteht für in der Vergangenheit nicht geleistete Vorauszahlungen (*OLG Düsseldorf* ZMR 2001, 25); etwas anderes gilt bei beendeten Mietverträgen (*OLG Düsseldorf* GE 2008, 926).

b) Grundmiete

100 Ein Zurückbehaltungsrecht auch für die Grundmiete besteht nicht. Zwischen Abrechnungspflicht und Verpflichtung zur Zahlung der Grundmiete besteht weder Gegenseitigkeit im Sinne des § 320 BGB noch ein Zusammenhang im Sinne des § 273 BGB (*OLG Düsseldorf* ZMR 2002, 37; ohne Entscheidung *BGH* NJW 2009, 1947 Rn. 14).

c) Ende

101 Das Zurückbehaltungsrecht endet bei Vorlage einer formal ordnungsmäßigen Abrechnung (*BGH* NJW 2008, 2260 Rn. 17). Verzugszinsen auf unerfüllte Vorauszahlungen können bis zum Ablauf der Abrechnungsfrist verlangt werden (*OLG Düsseldorf* DWW 2000, 86; s.a. Rdn. 97).

3. Mieter: Bei beendetem Mietvertrag (Rückforderungsanspruch)

a) Grundsatz

102 Ist die Abrechnungsfrist abgelaufen, hat der ehemalige Mieter – solange der Vermieter keine formal ordnungsgemäße und inhaltlich richtige Abrechnung vorlegt (*BGH* NJW 2011, 143 Rn. 38) – nach dem Ende des Mietvertrags im Wege der ergänzenden Vertragsauslegung einen Anspruch auf Rückzahlung geleisteter Vorauszahlungen (*BGH* ZMR 2021, 874 Rn. 59; *BGH* NJW 2013, 859 Rn. 14; *BGH* NJW 2012, 3508 Rn. 8; *BGH* NJW 2011, 143 Rn. 38). Dieser Anspruch ist allerdings nur vorläufiger Natur (*BGH* NJW 2011, 143 Rn. 44) – selbst wenn er rechtskräftig tituliert ist.

103 Führt der Vermieter die Fälligkeit seiner Nachforderung durch eine formal ordnungsgemäße Abrechnung nachträglich noch herbei, so steht die Rechtskraft des einer Klage des Mieters stattgebenden Urteils einer (späteren) Klage des Vermieters auf Zahlung der Vorauszahlungen nicht entgegen: der Rückzahlungsanspruch des Mieters wurde lediglich als »zurzeit begründet« anerkannt (*BGH* NJW 2011, 143 Rn. 44). Der Mieter ist daher bis zum Eintritt der Verjährung dem begründeten

Anspruch des Vermieters auf Zahlung der Vorauszahlungen ausgesetzt. Lediglich mit Nachforderungen ist der Vermieter nach Ablauf der einjährigen Abrechnungsfrist ausgeschlossen. Macht der Mieter seinen Anspruch auf Rückzahlung der Betriebskostenvorauszahlungen nicht mit einem Zahlungsverlangen, sondern im Wege der Aufrechnung geltend, führt dies zu keinem anderen Ergebnis (*BGH* NJW 2011, 143 Rn. 44).

Der Rückzahlungsanspruch ist nicht davon abhängig, dass noch ein fälliger und durchsetzbarer Anspruch auf Erteilung einer Abrechnung besteht (*KG* GuT 2010, 200). Die Verjährung des Rückzahlungsanspruchs beginnt mit dem Ende des Jahres, in dem der Mietvertrag beendet wurde (*AG Peine* WuM 2010, 420). Der Vermieter kann die Abrechnung noch im Rückforderungsprozess vorlegen (*BGH* NJW 2011, 143 Rn. 38; *BGH* NJW 2005, 1499 unter II 3). 104

b) Grenzen

Ein Rückforderungsanspruch wird verneint, wenn das Mietende durch eine fristlose Kündigung wegen Zahlungsverzugs nach § 543 Abs. 2 Nr. 3 BGB hergeführt worden ist und die Aufrechnung mit dem Rückforderungsanspruch dazu dienen soll, eine Unwirksamkeit der Kündigung nach § 569 Abs. 3 Nr. 2 BGB herbeizuführen (*AG Köln* ZMR 2007, 281). 105

Ferner wird der Rückforderungsanspruch versagt, wenn der Mieter bereits während des Mietvertrags Gelegenheit hatte, ein Zurückbehaltungsrecht geltend zu machen (*BGH* ZMR 2021, 874 Rn. 61; *BGH* NJW 2013, 859 Rn. 14; *BGH* NJW 2012, 3508 Rn. 7). 106

c) Sonstiges

Ist das Urteil auf Rückzahlung noch nicht vollstreckt, kann der Vermieter nach Erteilung der Abrechnung Vollstreckungsabwehrklage erheben (*BGH* NZM 2010, 783 Rn. 5). Der Rückzahlungsanspruch wird jedoch als fortbestehend angesehen, wenn der Vermieter zwar abrechnet, aber keine Belegeinsicht gewährt (*AG Charlottenburg* GE 2010, 1625). 107

4. Vermieter hat die verspätete Geltendmachung nicht zu vertreten (§ 556 Abs. 3 S. 3 Halbs. 2)

a) Überblick

Der Vermieter hat die verspätete Geltendmachung nicht zu vertreten, wenn er nicht in der Lage war, vor Ablauf der Abrechnungsfrist abzurechnen. Für das Verschulden gelten die zu § 276 BGB aufgestellten Sorgfaltsmaßstäbe (*BGH* ZMR 2017, 303 Rn. 40; *BGH* NJW 2009, 2197 Rn. 13). Zum Entlastungsbeweis hat der Vermieter konkret darzulegen, inwiefern er die Verspätung nicht zu vertreten hat. Hierzu gehört insbesondere die Darlegung der Bemühungen, die er unternommen hat, um eine rechtzeitige Abrechnung sicherzustellen (*BGH* ZMR 2017, 303 Rn. 46). Kein Verschulden liegt z.B. vor, wenn Steuern oder Abgaben erst nach Ablauf der Abrechnungsperiode behördlich festgesetzt werden (*BGH* NJW 2009, 283 Rn. 25; *BGH* NJW 2006, 3350 Rn. 15), wenn es einen Rechtsstreit über die Grundlagen gab (*LG München I* WuM 2018, 427) oder ein Versorgungsunternehmen verspätet abrechnet. 108

b) Erfüllungsgehilfen

Der Vermieter muss sich nach § 278 BGB das Verschulden von Erfüllungsgehilfen, z.B. der Post, zurechnen lassen (*BGH* ZMR 2017, 303 Rn. 40; *BGH* NJW 2009, 2197 Rn. 13). Der WEG-Verwalter ist – ist er nicht Sondereigentumsverwalter (*BGH* ZMR 2017, 303 Rn. 45) – kein Erfüllungsgehilfe des vermietenden Wohnungseigentümers (*BGH* ZMR 2017, 303 Rn. 42). 109

c) Wegfall des Abrechnungshindernisses

Nach Sinn und Zweck der Abrechnungsfrist (dazu Rn. 88) darf der Vermieter auch dann, wenn er die Abrechnungsfrist zunächst unverschuldet nicht einhalten kann, nach Wegfall des Abrechnungs- 110 hindernisses nicht unbegrenzt warten, bis er die Abrechnung erstellt oder eine Nachforderung erhebt (*BGH* NJW 2006, 3350 Rn. 16).

111 Eine zunächst entschuldigte Verspätung kann daher nachträglich zu einer verschuldeten werden, wenn der Vermieter sich auch dann noch unnötig viel Zeit bis zur Erstellung der Abrechnung lässt, nachdem die notwendigen Unterlagen vorliegen (*BGH* NJW 2006, 3350 Rn. 17). Es handelt sich um einen Zeitraum »von ca. 3 Monaten« (*BGH* NJW 2006, 3350 Rn. 19).

IV. Wohnungseigentum

112 Für den vermietenden Wohnungseigentümer – Entsprechendes gilt für die vermietende Gemeinschaft der Wohnungseigentümer – gelten keine Besonderheiten. Er muss auch dann innerhalb der Frist des § 556 Abs. 3 S. 2 BGB abrechnen, wenn zu diesem Zeitpunkt noch kein Beschluss nach § 28 Abs. 2 S. 1 WEG vorliegt (Rn. 79). Dies gilt auch in großen WE-Anlagen (*Flatow* AnwZert MietR 16/2017).

113 Der vermietende Wohnungseigentümer ist im Sinne von § 556 Abs. 3 S. 3 Hs. 2 BGB allerdings so lange »entschuldigt«, solange er die für die Erstellung der Abrechnung notwendigen Belege und Rechnungen nicht zur Einsicht erhält, obwohl er sich »intensiv« darum bemüht hat (*Flatow* AnwZert MietR 16/2017). Ein Streit der Wohnungseigentümer untereinander, welcher Umlageschlüssel gilt und die Lösung des Streits, ist hingegen kein relevanter Umstand (*Elzer* ZMR 2019, 825, 832; a.A. *LG München I* WuM 2018, 427). Denn der vermietende Wohnungseigentümer ist dadurch nicht gehindert, nach seinen Vorstellungen abzurechnen. Anders liegt es auch nicht bei »technischen Problemen«. Im Übrigen können die Wohnungseigentümer nicht durch eine interne Regelung in die für die Abrechnung des vermietenden Wohnungseigentümers relevanten Grundlagen eingreifen.

G. Nachforderungen

I. Fälligkeit

1. Allgemeines

a) Grundsatz

114 Der Anspruch auf Nachforderung soll bereits mit der vertraglichen Vereinbarung gemäß § 556 Abs. 1 BGB entstehen (*BGH* NJW 2016, 3231 Rn. 20), aber erst mit Zugang einer »formal« (Rn. 61) ordnungsgemäßen Abrechnung fällig werden (*BGH* NJW 2018, 1599 Rn. 25; *BGH* NJW 2016, 3231 Rn. 20). Materielle Mängel der Abrechnung (Rn. 63) berühren die Fälligkeit hingegen nicht. Ohne Belang ist die Einwendungsfrist des § 556 Abs. 3 S. 5 BGB. Für preisgebundenen Wohnraum gilt über § 20 Abs. 4, § 4 Abs. 7 und 8 NMV 1970, § 10 Abs. 2 WoBindG. Bei der Vermietung von Wohnungs- und Teileigentum hängt die Fälligkeit der Nachforderung nicht davon ab, dass der Beschluss nach § 28 Abs. 2 S. 1 WEG bestandskräftig ist (Rn. 109).

b) Vermieterwechsel

115 Nachzahlungsansprüche aus einer nach dem Eigentümerwechsel erteilten Abrechnung über eine zuvor abgelaufene Abrechnungsperiode stünden dem ehemaligen Vermieter zu (*BGH* NZM 2007, 441 Rn. 13; *BGH* NJW 2004, 851 unter II 1). Auch die Abrechnungspflicht (Rdn. 86) und die Verpflichtung zur Auskehrung eines etwaigen Guthabens (Rdn. 127) treffen in einem derartigen Fall den früheren Vermieter. Dies soll auch für die im Zeitpunkt des Eigentümerwechsels laufende Abrechnungsperiode gelten, wenn der Mieter vor dem Eigentumsübergang ausgezogen ist (*BGH* NZM 2007, 441 Rn. 13).

2. Teilfälligkeit

116 Betrifft ein formaler Mangel (Rdn. 63) nur einzelne Kosten, soll die Abrechnung im Einzelfall teilwirksam sein können (Rdn. 64). Der Mieter schuldet in diesem Falle eine Nachzahlung, wenn fest-

steht, dass sich für die übrigen Kosten eine Nachzahlung ergibt (*BGH* NJW 2007, 1059 Rn. 11) oder wenn für die jeweils abgerechneten Kosten gesonderte Vorauszahlungen mit gesonderten Abrechnungen vereinbart sind.

3. Vertragliche Fälligkeitsregelungen

Vertragliche Fälligkeitsregelungen sind möglich (*AG Hamburg-Bergedorf* ZMR 2013, 203), aber an §§ 305 ff. BGB zu messen. Ob ein vereinbartes Zahlungsziel als Fälligkeitsregelung oder als Zahlungsfrist, die bereits einen fälligen Anspruch voraussetzt, auszulegen ist, ist eine Frage des Einzelfalls (*OLG Düsseldorf* ZMR 2000, 454). Bestimmt der Vermieter einseitig eine Zahlungsfrist, so tritt Fälligkeit nicht vor Ablauf dieser Frist ein (*OLG Düsseldorf* WuM 2006, 381). 117

4. Zurückbehaltungsrecht

Dem Mieter steht gegenüber der Nachforderung nach § 273 Abs. 1 BGB ein temporäres Zurückbehaltungsrecht zu, solange der Vermieter ihm keine Überprüfung der Abrechnung durch Einsicht in die Belege (Rdn. 158 ff.) ermöglicht (*BGH* NZM 2022, 373 Rn. 13; *BGH* NJW 2021, 693 Rn. 12; *BGH* NZM 2019, 620 Rn. 38; *BGH* NJW 2018, 1599 Rn. 27). Zu den Abrechnungsunterlagen, auf die sich das Einsichtsrecht bezieht, gehören neben den Rechnungen auch die dazugehörigen Zahlungsbelege über die in der Abrechnung auf die Mieter umgelegten Betriebskosten (*BGH* NJW 2021, 693 Rn. 13). Der Darlegung eines besonderen Interesses bedarf es nicht (*BGH* NJW 2021, 693 Rn. 13). Das gilt unabhängig davon, ob der Vermieter nach dem Abfluss- oder nach dem Leistungsprinzip abrechnet oder bei den unterschiedlichen Betriebskostenarten teils die eine, teils die andere Abrechnungsmethode anwendet (*BGH* NJW 2021, 693 Rn. 14). Eine gleichwohl erhobene Zahlungsklage ist als »derzeit nicht begründet« abzuweisen (*BGH* NZM 2019, 620 Rn. 38; *BGH* NJW 2018, 1599 Rn. 29). Die Fälligkeit wird durch die Überprüfungsfrist für den Mieter aber nicht hinausgeschoben (*BGH* NJW 2018, 1599 Rn. 25; *BGH* NJW 2010, 1965 Rn. 8; *BGH* NJW 2006, 1419 Rn. 20). 118

II. Verzug

Der Verzugseintritt richtet sich nach § 286 BGB; erforderlich ist deshalb grds. eine Mahnung (§ 286 Abs. 1 BGB). Im Mietvertrag kann jedoch eine angemessene Frist vereinbart werden, innerhalb derer der Mieter ab Zugang der Rechnung zu zahlen hat. Eine solche Vereinbarung kann auch in Formularmietverträgen getroffen werden. Nach Fristablauf kommt der Mieter auch ohne Mahnung nach § 286 Abs. 2 Nr. 2 BGB in Verzug. 119

Soll nach Ablauf einer Zahlungsfrist Verzug eintreten (mit der Abrechnung verbundene vorsorgliche Mahnung), muss dies unzweideutig zum Ausdruck kommen (*BGH* NJW 2008, 50 Rn. 7). Der Mieter kommt nicht in Verzug, solange er die Nichtzahlung nicht zu vertreten hat (§ 286 Abs. 4 BGB). Da dem Mieter ein Überprüfungsrecht durch Einsicht in die Belege zusteht (Rdn. 158 ff), hat er das Unterlassen der Nachzahlung nicht zu vertreten, solange er von diesem Recht unverschuldet keinen Gebrauch machen kann (*AG Naumburg* WuM 2004, 690). 120

III. Verjährung

Nachforderungen aus einer formal wirksamen Abrechnung verjähren nach § 195 BGB jeweils in 3 Jahren nach Zugang beim Mieter. Korrigiert der Vermieter eine grds. wirksame Abrechnung innerhalb der Abrechnungsfrist, ändert sich nichts. Korrigiert er sie nach Ablauf der Abrechnungsfrist, ändert das auch nichts: Nachzahlungen und Guthaben waren bereits mit Zugang der formal wirksamen Abrechnung jeweils fällig (*LG Berlin* MM 2017, 30). Der Vermieter könnte durch eine neue Abrechnung den Lauf der bereits angelaufenen Verjährung nicht ändern. 121

IV. Verwirkung

122 Der Vermieter kann im seltenen Einzelfall sein Recht, nachzufordern, verwirken (*BGH* NZM 2012, 677 Rn. 7; *OLG Düsseldorf* ZMR 2014, 441).

V. Schuldanerkenntnis

123 Allein in der vorbehaltlosen Zahlung einer Nachforderung liegt kein deklaratorisches Schuldanerkenntnis, das einer Rückforderung entgegensteht (Rdn. 126; *BGH* NJW 2011, 843 Rn. 18; s.a. *BGH* NJW 2013, 2885 Rn. 11 ff).

VI. Minderung

124 Ist der Mieter nach § 536 Abs. 1 S. 1 BGB ganz oder teilweise von der Entrichtung der Miete befreit, betrifft das auch die Abrechnung. Unter Anwendung des § 536 BGB ist daher eine Nachforderung zu reduzieren (*BGH* NJW 2011, 1806 Rn. 11). Grundlage der Minderung ist die Nachforderung. Hierauf ist die Minderungsquote anzuwenden. Hat der Mangel nur vorübergehend bestanden, kann die Minderung nur zeitanteilig angerechnet werden. Dazu muss die Nachforderung durch 365 Tage dividiert werden (*Lützenkirchen* NJW 2015, 1740, 1741).

H. Rückzahlungen des Vermieters

I. Guthaben

125 Die Rückzahlung eines Guthabens ist – entsprechend der Nachzahlung – mit Zugang einer »formal« ordnungsgemäßen Abrechnung (Rn. 52 ff.) fällig (*BGH* NJW 2013, 859 Rn. 12; *BGH* ZMR 2005, 281 unter 1. b)).

II. Rückzahlung nicht geschuldeter Vorauszahlungen

126 Hat der Mieter eine Nachzahlung geleistet, obwohl der Vermieter die Ausschlussfrist von § 556 Abs. 3 S. 3 BGB versäumt hat, so besteht ein Rückforderungsanspruch nach §§ 812 ff. BGB. Dieser ist nicht entsprechend § 214 Abs. 2 S. 1 BGB ausgeschlossen, auch wenn die Einwendungsfrist des § 556 Abs. 3 S. 5 BGB abgelaufen ist (*BGH* NJW 2006, 903 Rn. 11). Vorauszahlungen, die bezahlt wurden, ohne dass eine Verpflichtung hierzu bestand, können bis zur Abrechnung nach §§ 812 ff. BGB zurückverlangt werden. Sobald die Abrechnung zugegangen ist, sollen sie hingegen zu »Abrechnungsposten« geworden sein und nur noch »innerhalb« der Abrechnung berücksichtigt werden können. Das überzeugt nicht – gab es doch keine Verpflichtung zur Zahlung.

III. Verpflichteter

127 Im Falle eines Vermieterwechsels ist der frühere Vermieter verpflichtet, wenn zum Zeitpunkt des Wechsels der Abrechnungszeitraum (Rdn. 43) bereits abgelaufen ist (*BGH* NZM 2007, 441 Rn. 13). Dies soll auch für die im Zeitpunkt des Eigentümerwechsels laufende Abrechnungsperiode gelten, wenn der Mieter vor dem Eigentumsübergang ausgezogen ist (*BGH* NZM 2007, 441 Rn. 13). Soweit der Zwangsverwalter zur Abrechnung verpflichtet ist, hat er ein etwaiges Guthaben auszuzahlen; dies gilt auch dann, wenn ihm die betreffenden Vorauszahlungen nicht unmittelbar zugeflossen sind (*BGH* NJW 2003, 2320 unter II 2).

I. Mitteilung von Einwendungen und Einwendungsausschluss (§ 556 Abs. 3 S. 5, 6)

I. Übersicht und Sinn und Zweck

128 Der Mieter hat Einwendungen gegen eine formal wirksame (Rdn. 53 ff.; Rdn. 133) Abrechnung spätestens bis zum Ablauf des zwölften Monats nach Zugang »mitzuteilen« (§ 556 Abs. 3 S. 5 BGB). Nach Ablauf der Einwendungsfrist kann der Mieter – ggf. weitere (*Lützenkirchen* NZM 2002, 513) – Einwendungen nicht mehr geltend machen – es sei denn, er hat die verspätete Geltend-

machung nicht zu vertreten (Rdn. 139). § 556 Abs. 3 S. 5, 6 BGB verfolgen insoweit den Zweck, rasch Klarheit über die wechselseitig geltend gemachten Ansprüche zu erzielen (*BGH* NJW 2011, 842 Rn. 15; *BGH* NJW 2010, 2275 Rn. 17; *BGH* NJW 2008, 283 Rn. 25).

II. Anwendungsbereich

§ 556 Abs. 3 S. 5, 6 BGB sind von Gesetzes wegen anwendbar, wenn der Mieter Vorauszahlungen schuldet und der Vermieter diese abzurechnen hat. Er ist anwendbar auf materielle Fehler (Rdn. 65 ff), also u.a. auf: 129
- Höhe der angefallenen Kosten;
- Höhe der Vorauszahlungen (*BGH* NJW 2016, 2254 Rn. 18; *BGH* WuM 2012, 98 Rn. 3);
- Verletzung des Gebots der Wirtschaftlichkeit (*LG Berlin* ZMR 2021, 811; *LG Karlsruhe* NJW-Spezial 2012, 385; a.A. *AG Dortmund* ZMR 2016, 706; *Zehelein* NZM 2014, 369);
- fehlende Erläuterungen;
- Rechenfehler;
- falsche Umlageschlüssel;
- Verweigerung der Belegeinsicht/Übersendung von Kopien;
- unwirksame Preiserhöhungen der Leistungsträger.

Nach h.M. sind § 556 Abs. 3 S. 5, 6 BGB darüber hinaus anwendbar auf: 130
- fehlende Umlegungsvereinbarung grds. umlagefähiger Betriebskosten (*BGH* WuM 2014, 336 Rn. 2; *BGH* NJW 2011, 842 Rn. 15);
- Betriebskosten, die gar nicht umlagefähig sind (*BGH* NJW 2016, 2254 Rn. 25);
- fehlende Umlegungsvereinbarung im Ganzen oder Pauschalen (*BGH* WuM 2014, 336 Rn. 2: Mieter könne anhand des Mietvertrags und ggf. weiterer mietvertraglicher Abreden überprüfen, ob die ihm in Rechnung gestellten Betriebskosten nach den vertraglichen Vereinbarungen abrechenbar seien; offen hingegen *BGH* NJW 2008, 283 Rn. 25);
- Inklusivmiete (*BGH* NJW 2008, 82 Rn. 24).

Auf preisgebundenen Wohnraum können § 556 Abs. 3 S. 5 und 6 BGB nicht angewendet werden, da die Preisbindungsvorschrift des § 8 WoBindG Vorrang hat. Ein überhöhter Nachzahlungsbetrag übersteigt das preisrechtlich zulässige Entgelt. Ein Einwendungsausschluss würde dazu führen, dass das überhöhte Entgelt zu bezahlen ist und, falls bereits bezahlt ist, für den Rückforderungsanspruch die Verjährungsfrist des § 8 Abs. 2 S. 3 WoBindG unterlaufen würde (*Schmid* ZMR 2002, 731; a.A. *Langenberg* NZM 2001, 784). Für Wohnraum, der nach dem WoFG gefördert ist, ergibt sich die gleiche Rechtsfolge aus § 28 Abs. 2 WoFG (*Schmid* GE 2008, 516). 131

III. Berechnung der Frist

Für die Fristwahrung gelten §§ 187–193 BGB (*LG Berlin* GE 2011, 1229). Die Frist kann nicht auf das Monatsende, in dem die Frist ablaufen würde, verlängert werden (*Lützenkirchen* NJW 2015, 3078 [3080]; a.A. *LG Frankfurt/M* WuM 2013, 40). Für die Rechtzeitigkeit der Einwendung, die der Mieter beweisen muss (*Schmid* ZMR 2001, 761, 768), kommt es auf den Zugang (§ 130 BGB) beim Vermieter an. 132

Der Zugang einer wegen formaler Mängel unwirksamen Abrechnung setzt die Einwendungsfrist nicht in Lauf. Dies hat nach h.M. zur Folge, dass in den Fällen, in denen die Abrechnung hinsichtlich aller darin aufgeführten Kostenpositionen nicht den formalen Mindestanforderungen genügt, der Einwendungsausschluss des § 556 Abs. 3 S. 6 BGB insgesamt nicht greift (*BGH* NJW 2011, 1867 Rn. 15). Sind dagegen nur einzelne, »abtrennbare« Kostenpositionen formal nicht ordnungsgemäß abgerechnet worden, soll der Einwendungsausschluss nur hinsichtlich dieser nicht greifen (*BGH* NJW 2011, 1867 Rn. 15). 133

IV. »Mitteilung«

134 Der Mieter – jeder einzelne muss Einwendungen erheben, wenn er sich erfolgreich gegen eine Nachforderung verteidigen will (§ 425 BGB) – kann Einwendungen zwar formlos geltend machen, muss sie aber »mitteilen«, also im Einzelnen darstellen (*OLG Düsseldorf* ZMR 2003, 570; *KG* ZMR 2006, 928; *LG Karlsruhe* IMR 2012, 227; *LG Berlin* GE 2011, 612). Unspezifizierte und/oder unbegründete Einwendungen sind unzureichend: sonst könnte der Mieter weit nach Ablauf der Einwendungsfrist weitere Einwendungen mitteilen und behaupten, es seien die bislang verfolgten. Die Einwendungen müssen daher so konkret mitgeteilt werden, dass zu erkennen ist, was, z.B. eine fehlende Umlegungsvereinbarung, ein falscher Umlageschlüssel, eine fehlende Minderung (Rdn. 124), fehlende Erläuterungen oder einzelne Kostenpositionen, beanstandet wird (*OLG Düsseldorf* ZMR 2003, 570; *KG* ZMR 06, 928; *LG Berlin* GE 2017, 1021). In einer bloßen Zahlungsverweigerung nach Erhalt einer Abrechnung liegt keine Einwendung, da für die Nichtzahlung auch andere Beweggründe in Betracht kommen, z.B. Zahlungsunfähigkeit. Hatte der Mieter bereits gegen eine frühere Abrechnung Einwendung erhoben, reicht das nicht. Einwendungen müssen bei jeder Abrechnung mit dem gleichen Fehler erneut vorgebracht werden (*BGH* NJW 2010, 2275 Rn. 14).

135 Für eine spezifizierte und begründete Einwendung bedarf es in der Regel einer Belegeinsicht (dazu Rdn. 158 ff).

136 Eine Einwendung kann sich im Einzelfall aber auch aus der Abrechnung selbst ergeben (*LG Hamburg* WuM 2018, 88), z.B., wenn sich dort Rechenfehler finden oder Positionen eingestellt sind, die nicht umgelegt werden dürfen (*Gratz* AnwZert MietR 19/2018).

V. Folgen eines Fristablaufs

1. Grundsatz

137 Nach Fristablauf schuldet der Mieter die in der Abrechnung genannte Nachzahlung und kann die in Rdn. 129 genannten Einwendungen grds. nicht mehr geltend machen.

138 Bei einem arglistigen Verhalten kann dem Vermieter die Berufung auf den Ablauf der Ausschlussfrist allerdings versagt sein (*LG Berlin* GE 2007, 847). Der Vermieter kann ferner nach § 242 BGB gehindert sein, sich auf § 556 Abs. 3 S. 5 BGB zu berufen – etwa, wenn er bei der Abrechnung zum Ausdruck bringt, dass ihm Kosten eigentlich nicht zustehen (*BGH* NJW 2016, 2254 Rn. 28; *LG Berlin* GE 2018, 330; zweifelhaft; s.a. Rn. 92).

2. Nicht vertreten

139 Der Einwendungsausschluss tritt nicht ein, wenn der Mieter die verspätete Geltendmachung nicht zu vertreten hat. Der Mieter hat den Ablauf der Einwendungsfrist nicht zu vertreten, wenn der Vermieter ihm innerhalb dieser Frist nicht die Ausübung seiner Kontrollrechte (dazu Rdn. 53) ermöglicht.

140 Das Verschulden eines Erfüllungsgehilfen – etwa des Mietervereins (dazu *BGH* NJW 2007, 428 Rn. 21) – muss sich der Mieter zurechnen lassen; im Übrigen gilt Rdn. 108 ff. entsprechend.

VI. Vertragliche Einwendungsregelungen

141 Bei Mietverträgen über Wohnraum sind vertragliche Vereinbarungen, nach denen der Mieter die Richtigkeit der Abrechnung anerkennt oder mit Einwendungen ausgeschlossen ist, wenn er nicht innerhalb einer bestimmten Frist widerspricht, unwirksam.

142 Für preisfreien Wohnraum ergibt sich dies aus § 556 Abs. 4 BGB, für preisgebundenen Wohnraum aus den Preisbindungsvorschriften.

J. Grundsatz der Wirtschaftlichkeit (§ 556 Abs. 3 S. 1 Hs. 2 BGB)

I. Allgemeines

Der Grundsatz der Wirtschaftlichkeit (siehe auch Schmid/*Riecke* HdB der Mietnebenkosten 18. Aufl. 2023 Kap. 1 Rn. 1053 ff.) bezeichnet die vertragliche Nebenpflicht (*BGH* ZMR 2023, 102 Rn. 36; *BGH* NZM 2015, 132 Rn. 11), bei Maßnahmen und Entscheidungen, die Einfluss auf die Höhe der nach einer Umlegungsvereinbarung vom Mieter zu tragenden Betriebskosten haben, auf ein angemessenes Kosten-Nutzen-Verhältnis Rücksicht zu nehmen und den Mieter nur mit Nebenkosten zu belasten, die erforderlich und angemessen sind (*BGH* ZMR 2023, 102 Rn. 36; *BGH* ZMR 2022, 193 Rn. 37; *BGH* NJW 2018, 1599 Rn. 11). S.a. § 20 Abs. 1 S. 2 NMV 1970, § 24 Abs. 2 der II. BerechnungsVO; eine Modernisierungspflicht folgt hieraus nicht. 143

Nach dem Grundsatz der Wirtschaftlichkeit dürfen nur solche Kosten umgelegt werden, die bei gewissenhafter Abwägung aller Umstände und bei ordentlicher Geschäftsführung gerechtfertigt sind. Maßgebend ist somit der Standpunkt eines vernünftigen Vermieters, der ein vertretbares Kosten-Nutzen-Verhältnis im Auge behält. Der Vermieter darf also keine überflüssigen Maßnahmen oder Kosten umlegen, muss sich an die Grundsätze einer ordnungsgemäßen Bewirtschaftung halten (*BGH* ZMR 2007, 361 unter II 3; *BGH* ZMR 2004, 430 unter II 2). 144

Anders als es der Wortlaut des § 556 Abs. 3 S. 1 Hs. 2 BGB andeutet, ist der Grundsatz der Wirtschaftlichkeit nicht erst bei der Abrechnung zu beachten: eine Abrechnung kann nicht »wirtschaftlich« sein. Der Grundsatz der Wirtschaftlichkeit ist vielmehr bei Abschluss der Verträge zu beachten, deren Kosten auf den Mieter nach der Umlegungsvereinbarung umgelegt werden dürfen, sowie bei Maßnahmen, die ergriffen werden sollen, z.B. der Anstellung eines Hausmeisters. 145

II. Beurteilung der (Un-)Wirtschaftlichkeit

1. Grundsätze

Der Vermieter muss sich so verhalten, wie sich ein wirtschaftlich Denkender verhalten würde, wenn die Möglichkeit der Kostenumlegung nicht bestünde (*LG Dresden* CuR 2004, 65). Dabei ist dem Vermieter ein Entscheidungsspielraum zuzubilligen (*BGH* NJW 2010, 3647 Rn. 18 zur Gewerberaummiete). Er ist nicht gehalten, stets die billigste Lösung zu wählen (*OLG Düsseldorf* GE 2013, 1273), sondern darf andere für eine ordnungsgemäße Bewirtschaftung relevante Kriterien, wie z.B. die Zuverlässigkeit des Vertragspartners, in seine Entscheidungsfindung einbeziehen (*BGH* NJW 2010, 3647 Rn. 18 zur Gewerberaummiete). 146

Da die Wirtschaftlichkeit objektiv zu beurteilen ist, kommt es auf die persönlichen Kenntnisse und Möglichkeiten des Vermieters nicht an. Was gilt, hängt wesentlich vom Charakter des Mietobjektes und der Mietsache ab, der sich aus der Lage, den baulichen Gegebenheiten, dem Repräsentationscharakter und dem Nutzungszweck ergibt (*LG Hamburg* ZMR 2001, 970). Der Nutzungszweck bestimmt sich nach dem vertragsgemäßen Gebrauch und damit insbesondere auch nach dem jeweiligen Mietvertrag. 147

Dem Vermieter steht es auch frei, selbst Verbesserungen an der Mietsache vorzunehmen. Sofern nicht abweichende vertragliche Regelungen bestehen, obliegt es seiner Organisationskompetenz, ob er selbst tätig wird oder die Aufgaben durch Angestellte oder selbständige Unternehmer erledigen lässt (*BGH* ZMR 2004, 430 unter II 2). 148

2. Beispiele

Der Entscheidungsspielraum ist überschritten bei Kosten für Maßnahmen, die nicht erforderlich oder sinnlos sind. Das gilt: 149

- Wenn sich der Vermieter auf unangemessene, marktunübliche überhöhte Entgelte einlässt (*OLG Düsseldorf* ZMR 2014, 31; *OLG Celle* ZMR 1999, 238, 240; *LG Köln* NZM 2005, 453). Der Vermieter muss zwar nicht unbedingt den billigsten Anbieter wählen (Rn. 143). Von ihm kann aber grds. verlangt werden, dass er denkbare Anbieter zur Abgabe eines Angebots auffordert (*KG* GE 2011, 545) – mindestens 3 (s.a. § 18 WEG). Bei kostenintensiven Betriebskostenarten ist eine Ausschreibung zu fordern (*AG Dortmund* ZMR 2016, 457; *AG Dortmund* WuM 2015, 626).

- Für Wartungsverträge über Einrichtungen und Anlagen, die keinem regelmäßigen Verschleiß unterliegen und von denen auch keine Gefahr ausgeht, z.B. Wartungsverträge für Herde (*AG Lichtenberg* WuM 1998, 572) und für Klingel- und Gegensprechanlagen (*AG Hamburg* WuM 1998, 308) – wenn nicht im Einzelfall aufgrund besonderer Umstände ein Wartungsbedarf besteht.
- Für Kosten, die nicht geschuldet werden (*LG Chemnitz* WuM 2003, 217). Das gilt auch für Trinkgelder (*LG Berlin* GE 81, 235).
- Für Zahlungen, die trotz Verjährung erbracht werden.
- Für Kosten, die wegen einer Säumnis des Vermieters entstehen, z.B. Säumniszuschläge, Mahngebühren und Verzugszinsen.
- Gegen überhöhte Gebühren und Steuern muss der Vermieter mit Rechtsbehelfen vorgehen (*LG Berlin* GE 2003, 121).
- Ohne ein konkretes Gebäudeschadenswagnis widerspricht es einer vernünftigen Bewirtschaftung einer Immobilie, dieses Risiko abzudecken (*BGH* NJW 2010, 3647 Rn. 21 zur Gewerberaummiete).
- Wenn eine Anlage behebbare Mängel aufweist.

150 Der Entscheidungsspielraum ist grds. noch nicht überschritten:

- Wenn der Vermieter nicht die wirtschaftlich vorteilhafteste Versorgungsvariante wählt (*BGH* NZM 2007, 563 Rn. 14 für das Verhältnis Zentralheizung/Wärmecontracting; Rdn. 147).
- Wenn der Vermieter Anlagen entsprechend den Unfallverhütungsvorschriften der Berufsgenossenschaften überprüfen lässt (*BGH* ZMR 2007, 361 unter II 3).
- Wenn der Vermieter von Anfang des Mietvertrags an eine unwirtschaftliche Anlage einsetzt (keine Modernisierungspflicht).

151 Auch eine schlechte Aufgabenerfüllung reicht nicht aus, um die Höhe des gezahlten Entgeltes nur teilweise als umlegungsfähig anzusehen (*AG Oldenburg* ZMR 2013, 362; a.A. *AG Frankfurt/M.* WuM 1996, 778; *AG Offenbach* WuM 1980, 114). Erst wenn der Vermieter kündigen oder Abzüge vom Entgelt machen könnte, fehlt es an der Erforderlichkeit der Ausgaben (*Wall* WuM 2007, 9).

III. Verstoß gegen den Wirtschaftlichkeitsgrundsatz

152 Verletzt der Vermieter schuldhaft seine Nebenpflicht (Rdn. 143), auf ein angemessenes Kosten-Nutzen-Verhältnis Rücksicht zu nehmen, schuldet er Schadensersatz (*BGH* ZMR 2023, 102 Rn. 36). Dieser richtet sich auf Freihaltung des Mieters von den unnötigen Kosten (*BGH* ZMR 2023, 102 Rn. 36; *BGH* ZMR 2015, 132 Rn. 11; *BGH* NJW 2011, 3028 Rn. 13; *BGH* NJW 2008, 440 Rn. 14; *BGH* NJW 2015, 855 Rn. 11 zur Geschäftsraummiete). Für die Behauptung, es liege ein Verstoß gegen den Wirtschaftlichkeitsgrundsatz vor, gilt – geht es doch um eine Nebenpflicht – § 556 Abs. 3 S. 5 BGB nicht (*Zehelein* NZM 2014, 369; a.A. *Streyl* NZM 2013, 97).

IV. Darlegungs- und Beweislast

153 Der Mieter trägt die Darlegungs- und Beweislast für eine Verletzung des Grundsatzes der Wirtschaftlichkeit (*BGH* ZMR 2023, 102 Rn. 36; *BGH* NJW 2018, 1599 Rn. 11; *BGH* NJW 2015, 855 Rn. 16; Schmid/*Riecke* HdB der Mietnebenkosten 18. Aufl. 2023 Kap. 1 Rn. 1077d) – mit Ausnahme des Verschuldens, wo sich nach § 280 Abs. 1 S. 2 BGB der Vermieter entlasten muss; in der Regel trifft den Vermieter keine sekundäre Darlegungslast für die tatsächlichen Grundlagen seines Betriebskostenansatzes (*BGH* NJW 2011, 3028 Rn. 19 ff). Nach fragwürdiger, dem Beweisrecht nicht entsprechender Ansicht des *BGH* genügt es für die Darlegung der Nebenpflichtverletzung (Rdn. 143) nicht, wenn der Mieter zunächst behauptet, die betreffenden Leistungen seien zu überhöhten Preisen beschafft worden (*BGH* NZM 2015, 132 Rn. 13). Er soll vielmehr »näher« darlegen müssen, wenn gleichwertige Leistungen nach den örtlichen Gegebenheiten zu einem deutlich gerin-

geren Preis zu beschaffen gewesen wären. Mit der Behauptung, ein Kostenansatz übersteige den insoweit überregional ermittelten durchschnittlichen Kostenansatz für Wohnungen vergleichbarer Größe, soll der Mieter diesem »Gebot« nicht genügen (*BGH* NJW 2011, 3028 Rn. 18; a.A. wohl *AG Mitte* GE 2018, 767). Hat der Mieter ausreichend vorgetragen und den Beweis geführt, hat der Vermieter den Gegenbeweis zu führen, mit dem von ihm abgeschlossenen Vertrag keine Nebenpflicht verletzt zu haben. Ist streitig, ob Kosten in der berechneten Form angefallen sind, muss der Vermieter nachweisen, dass sie tatsächlich entstanden sind. Auch dann, wenn es »auffällige Abweichungen oder Schwankungen« gegenüber den Ansätzen und Werten anderer Abrechnungszeiträume (Rdn. 43) gibt, soll den Vermieter die Darlegungs- und Beweislast treffen, dass die berechneten Kosten tatsächlich auf einem entsprechenden Verbrauch beruhen (*BGH* NJW 2008, 2260 Rn. 15; mehr als zweifelhaft).

Die Würdigung des Vorbringens zur fehlenden Angemessenheit oder Erforderlichkeit der abgerechneten Kosten liegt vornehmlich in der Verantwortung des Tatrichters. Dabei dürfen einerseits die Anforderungen an die dem Mieter obliegende Darlegung der Umstände, die für einen Verstoß gegen den Grundsatz der Wirtschaftlichkeit sprechen, nicht überspannt werden (*Milger* NZM 2012, 657). Insbesondere dürfen die Anforderungen an die Darlegung nicht so weit gehen, dass sie das Gericht von der Richtigkeit der behaupteten Tatsache bereits überzeugen müssen. 154

Auf der anderen Seite genügt es für die Darlegung einer Nebenpflichtverletzung des Vermieters noch nicht, wenn der Mieter die Angemessenheit und Üblichkeit der Kosten nur bestreitet oder lediglich pauschal behauptet, dass die betreffenden Leistungen zu überhöhten Preisen beschafft worden seien. Vielmehr ist von ihm die Darlegung zu erwarten, dass gleichwertige Leistungen nach den örtlichen Gegebenheiten zu einem deutlich geringeren Preis zu beschaffen gewesen wären (*BGH* NJW 2015, 855 Rn. 13 zur Gewerberaummiete). 155

K. Glasfaserbereitstellungsentgelt (§ 556 Abs. 3a)

I. Überblick

§ 556 Abs. 3a S. 1 BGB (dazu Rdn. 1) soll für ein Glasfaserbereitstellungsentgelt nach § 72 TKG (s.a. § 2 S. 1 Nr. 15c BetrKV) klarstellen, dass der Vermieter (auch) bei der Durchführung einer Maßnahme nach § 555b Nr. 4 BGB nach wirtschaftlichen Grundsätzen zu handeln hat (BT-Drs. 19/28865, 413). Dies gilt unabhängig davon, welche Kosten die Maßnahme auslöst (BT-Drs. 19/28865, 413). Über die Kosten gibt die Rechnung im Sinne von § 72 Abs. 4 TKG Auskunft, die der Mieter einsehen kann. 156

II. Angebote

§ 556 Abs. 3a S. 2 BGB verlangt, dass der Vermieter – soweit möglich – 3 Angebote einholt, wenn es sich um eine aufwendige Maßnahme im Sinne von § 72 Abs. 2 S. 4 TKG handelt, die Gesamtkosten der Maßnahme mithin 300 € übersteigen. Die Pflicht reicht allerdings nur so weit, wie die Situation vor Ort es erlaubt (BT-Drs. 19/28865, 413), und dürfte nicht für die in § 72 Abs. 7 S. 2 TKG genannten Fälle rückwirkend gelten. Sofern der Vermieter weniger als 3 Angebote erlangen kann, ist es nach Ansicht des Gesetzgebers notwendig, dass er dies dokumentiert (BT-Drs. 19/28865, 413). 157

L. Belegeinsicht – Fotokopien

I. Belegeinsicht

1. Anspruch und Zweck

Der Mieter hat aus § 259 BGB einen einklagbaren (*BGH* NZM 2022, 373 Rn. 13) Anspruch auf Belegeinsicht (*BGH* ZMR 2022, 193 Rn. 17; *BGH* NJW 2018, 1599 Rn. 16; *BGH* NJW 2011, 3028 Rn. 21; vgl. auch Schmid/*Riecke* HdB der Mietnebenkosten 18. Aufl. 2023 Kap. 3 Rn. 3613 ff.). Für den preisgebundenen Wohnraum siehe § 29 Abs. 1 NMV 1970. Einen besonderen Grund für 158 die Einsicht muss er nicht dartun (*BGH* ZMR 2022, 193 Rn. 17; *BGH* NJW 2021, 693 Rn. 13; *BGH* NJW 2018, 1599 Rn. 18). Mehrere Mieter haben jeweils einen eigenen Anspruch. Der Mieter darf sich, soweit erforderlich, fachkundiger Hilfe bedienen (*BGH* NZM 2006, 926 Rn. 7; *BGH* NJW 2006, 1419 Rn. 25). Wird der Anspruch nicht erfüllt, hat der Mieter ggü. Nachforderungsansprüchen ein Zurückbehaltungsrecht (Rdn. 118). Ferner kann der Mieter die laufenden Vorauszahlungen zurückbehalten (*BGH* NZM 2022, 373 Rn. 13). Solange der Mietvertrag nicht beendet ist, kann der Mieter aber nicht die Rückzahlung der Vorauszahlungen verlangen (*BGH* NZM 2022, 373 Rn. 13).

159 Die Belegeinsicht dient der vollständigen Aufklärung des Mieters und soll ferner die Gelegenheit bieten, Zweifel des Mieters durch (einfache) mündliche Erläuterung auszuräumen (*BGH* NJW 2006, 1419 Rn. 24).

2. Anspruchsinhalt

160 Das Einsichtsrecht erstreckt sich auf sämtliche Unterlagen, auf denen die Abrechnung beruht (*BGH* ZMR 2022, 193 Rn. 18; *LG Hamburg* ZMR 2020, 957). Dies sind u.a. Verträge mit Dritten (*BGH* ZMR 2022, 193 Rn. 18), aber auch die Einzelverbrauchsdaten anderer Mieter eines gemeinsam versorgten Mietobjektes (*BGH* NJW 2018, 1599 Rn. 17) und die Zahlungsbelege (*LG Berlin* ZMR 2019, 492; *Agatsy* MietRB 2019, 260, 261). Hat der Vermieter Dritte zur Erledigung der abgerechneten Arbeiten eingeschaltet, sind grds. auch die mit diesen getroffenen Vergütungsregelungen und die insoweit erteilten Rechnungen vom Einsichtsrecht erfasst (*BGH* ZMR 2022, 193 Rn. 19). Wenn der Dritte einen Subunternehmer eingeschaltet hat, bezieht sich das Einsichtsrecht nicht auf Unterlagen aus dem Verhältnis zwischen dem Dritten und dem Subunternehmer (*BGH* ZMR 2022, 193 Rn. 19). Der Vermieter muss daher weder Verträge und Rechnungen aus dem Verhältnis zwischen dem Energielieferanten des Vermieters und dessen Vorlieferanten vorlegen (*BGH* ZMR 2022, 193 Rn. 18) noch schuldet er Auskunft darüber, zu welchem Preis und zu welchen Konditionen beispielsweise der Heizöllieferant das Heizöl von seinem Vorlieferanten bezieht (*BGH* ZMR 2022, 193 Rn. 18). Etwas anderes kann gelten, wenn der Vermieter mit dem Dritten keine eigenständige Vergütungsregelung getroffen, sondern nur die Erstattung der anfallenden Kosten vereinbart hat (*BGH* ZMR 2022, 193 Rn. 20). Den Vermieter trifft keine Pflicht, sich Unterlagen erst zu beschaffen. Etwas anderes gilt, wenn die Unterlagen überhaupt woanders bereitgehalten werden, z.B. bei einer externen Buchhaltung, bei einem zwischengeschalteten Abrechnungsunternehmen (*AG Hamburg-Barmbek* ZMR 2007, 458) oder beim WEG-Verwalter. Hier muss sich der Vermieter entweder die Unterlagen beschaffen oder die Einsicht ermöglichen (*LG Frankfurt/M.* WuM 1997, 52; *AG Homburg* ZMR 2004, 593).

161 Der Mieter hat grds. das Recht, die Originale einzusehen (*BGH* ZMR 2022, 280 Rn. 13 ff). Der Vermieter ist aber nicht daran gehindert, Originalbelege zB einzuscannen oder anders zu digitalisieren (Scan- und Datensicherheit soll z.B. die TR-RESISCAN abbilden [www.bsi.bund.de/resiscan], dann zu vernichten und dem Mieter nur Ausdrucke zur Verfügung zu stellen (*LG Hamburg* ZMR 2020, 957; *LG Berlin* ZMR 2019, 122, 123; *LG Hamburg* WuM 2004, 97; s.a. § 257 Abs. 3 HGB) oder eine digitale Einsichtnahme zu ermöglichen (s.a. *BGH* ZMR 2022, 280 Rn. 26). Ferner ist vorstellbar, dass die Originalbelege sowieso nur digital vorliegen (*BGH* ZMR 2022, 280 Rn. 14). Präsentiert der Vermieter gescannte oder digitale Belege, kann der Mieter nicht einwenden, es handele sich nicht um Originale, wenn der Vermieter gleichzeitig ausführlich vorträgt, die vom Speichermedium ausgedruckten Belege stünden den Originalen gleich (*LG Hamburg* ZMR 2020, 957) oder seien die Originale. Im Prozess muss der Vermieter die korrekte Übertragung vom Original darlegen und beweisen.

3. Ort der Belegeinsicht

162 Der Vermieter muss eine Einsichtnahme in die Abrechnungsunterlagen in seinen Büroräumen oder in den Büroräumen seines Bevollmächtigten – in der Regel eine Hausverwaltung – anbieten (*BGH* NJW 2006, 1419 Rn. 21). Hat der Vermieter (der Verwalter) seinen Sitz an einem anderen

Ort, muss Einsicht am Ort der Mietsache – gesamtes Stadtgebiet – angeboten werden (*LG Berlin* ZMR 2019, 865; s.a. *AG Höxter* IMR 2022, 138). Ein Anspruch auf Übersendung der Belege besteht nicht. Der vermietende Wohnungseigentümer muss den Mieter zu einer Einsichtnahme in den Büroräumen des WEG-Verwalters ermächtigen. Ein Anspruch, die WEG-Beschlüsse zu sehen, besteht nach h.M. nicht (*BGH* ZMR 2012, 173 Rn. 5); dies kann für Beschlüsse nach § 16 Abs. 2 S. 2 WEG bei § 556a Abs. 3 S. 1 BGB aber nicht gelten. Die Mietvertragsparteien können den Ort der Belegeinsicht unter Wahrung der §§ 305 ff. BGB vereinbaren (*LG Freiburg* NZM 2012, 23; *AG Wiesbaden* WuM 2000, 312). Eine unangemessene Benachteiligung ist anzunehmen, wenn von vornherein eine Belegeinsicht an einem weit entfernten Ort vereinbart werden soll.

4. Zeitpunkt der Belegeinsicht

Die Zeit ist zwischen den Parteien (ihren Vertretern) zu vereinbaren. Kommt keine Vereinbarung 163
zustande, soll der Mieter berechtigt sein, den Vermieter (Verwalter) nach einer Ankündigung ohne Abrede aufzusuchen (*LG Berlin* ZMR 2019, 865).

II. Fotokopien

1. Anspruch des Mieters.

Der Mieter hat grds. keinen Anspruch auf Kopien oder ihre Übersendung (*BGH* NZM 2006, 926 164
Rn. 7; NJW 2006, 1419 Rn. 23). Für den preisgebundenen Wohnraum siehe § 29 Abs. 2 NMV 1970.

Etwas anderes gilt nach § 242 BGB, wenn dem Mieter eine Einsichtnahme unzumutbar ist (*BGH* 165
NJW 2022, 772 Rn. 26; *BGH* ZMR 2022, 193 Rn. 56; *BGH* WuM 2010, 296 Rn. 2; *BGH* NZM 2006, 926 Rn. 7). Dies ist z.B. für einen mittlerweile in Münster wohnenden Mieter – der sich auch in Portugal aufhält – angenommen worden, wenn der Ort der Belegeinsicht Köln wäre (*BGH* NJW 2010, 2288 Rn. 2). Ähnlich kann es liegen, wenn die Mietvertragsparteien heillos zerstritten sind oder der Mieter um seine körperliche Unversehrtheit fürchten muss. Nicht so liegt es, wenn die Belege umfassend sind, oder der Mieter der Hilfe bedarf: diese kann er mitbringen (Rdn. 158).

2. Kostenerstattung

§ 29 Abs. 2 S. 1 NMV 1970 sieht für preisgebundenen Wohnraum vor, dass Kopien nur gegen 166
Erstattung der Auslagen des Vermieters verlangt werden können. Diese Vorschrift ist auf andere Mietverträge entsprechend anzuwenden, wenn ein Anspruch auf Überlassung von Kopien besteht (Rn. 159), der Vermieter sich zur Überlassung verpflichtet hat oder sie freiwillig übersendet (*AG Münster* WuM 2007, 41). Für die Höhe der Kostenerstattung sind die Selbstkosten einschließlich der Vorhalte-, Wartungs- und Arbeitskosten maßgebend (*AG Hamburg-Wandsbek* WuM 2001, 362).

Der Vermieter kann seine Kosten konkret darlegen (*AG Hamburg-Wandsbek* WuM 2001, 362). Aus 167
Vereinfachungsgründen ist eine Pauschalierung in entsprechender Anwendung von § 287 ZPO zuzulassen. Die Rechtsprechung gewährt pro Seite Beträge zwischen 0,05 € (*AG Pankow/Weißensee* NZM 2002, 655; *AG Oldenburg* WuM 1993, 412) und 0,50 € (*AG Bremen* WuM 2005, 129; *AG Oldenburg* WuM 2000, 232). Die Tendenz geht zu Beträgen im unteren oder mittleren Bereich der Spanne mit dem wohl häufigsten Betrag von 0,25 € (*LG Berlin* GE 2002, 1563; *AG Münster* WuM 2007, 41).

In entsprechender Anwendung von § 811 Abs. 2 S. 2 BGB kann der Vermieter die Erteilung von 168
Kopien von einem Kostenvorschuss abhängig machen (*LG Duisburg* WuM 2002, 32; *AG Oldenburg* WuM 1993, 412; a.A. *OLG Düsseldorf* WE 2002, 16).

M. Unabdingbarkeit (§ 556 Abs. 4 BGB)

Eine zum Nachteil des Mieters von § 556 Abs. 1, Abs. 2 S. 2, Abs. 3, Abs. 3a BGB abweichende 169
individuelle (*BGH* ZMR 2019, 328 Rn. 13) Vereinbarung ist ebenso wie eine in AGB unwirksam

(§ 556 Abs. 4 BGB). Etwa eine formularmäßige Verwaltungskostenpauschale, aus der nicht eindeutig hervorgeht, dass es sich um einen Teil der Grundmiete (Nettomiete) handelt (*BGH* ZMR 2019, 328 Rn. 14), oder die Verlängerung der Abrechnungsfrist sind unwirksam (*LG Münster* WuM 2008, 728). Möglich ist z.B. die Vereinbarung, dass der Mieter keine Vorauszahlungen leisten muss (*LG München I* ZMR 2012, 342). § 556 Abs. 3 S. 3 BGB ist in diesem Falle nicht – auch nicht analog – anwendbar (*LG München I* ZMR 2012, 342). § 556 Abs. 4 BGB steht auch nicht der Wirksamkeit einer einzelfallbezogenen Verständigung der Mietvertragsparteien über die einmalige Verlängerung der jährlichen Abrechnungsperiode zwecks Umstellung auf eine kalenderjährliche Abrechnung entgegen (*BGH* NJW-RR 2021, 15 Rn. 44; *BGH* NJW 2011, 2878 Rn. 11 ff). § 556 Abs. 3 und 4 BGB hindern die Mietvertragsparteien auch nicht daran, nach Zugang einer Betriebskostenabrechnung an den Mieter eine Vereinbarung darüber zu treffen, dass der Mieter den ausgewiesenen Saldo als verbindlich anerkennt (*BGH* NJW-RR 2021, 15 Rn. 41). Es handelt sich um die Anerkennung einer konkreten Schuld.

170 Ferner können die Mietvertragsparteien kürzere Abrechnungsfristen vereinbaren (*BGH* ZMR 2016, 284 Rn. 15). Einer noch unter der Geltung des § 4 Abs. 1 S. 1, 2 MHRG von einem Vermieter in einem Wohnraummietvertrag gestellten Formularklausel, die bestimmt: »Spätestens am 30. Juni eines jeden Jahres ist über die vorangegangene Heizperiode abzurechnen. …«, ist keine Ausschlusswirkung dahin beizumessen, dass der Vermieter mit Ablauf dieser Frist gehindert ist, Heizkostennachforderungen geltend zu machen (*BGH* ZMR 2016, 284 Rn. 20 ff).

N. Prozessuales

171 Der Vermieter trägt im Nachforderungsprozess die Darlegungs- und Beweislast für die erhobene Forderung, also für die richtige Erfassung, Zusammenstellung und Verteilung der angefallenen Betriebskosten auf die einzelnen Mieter (*BGH* NJW 2018, 1599 Rn. 12; *BGH* NJW 2008, 1801 Rn. 29); sie umfasst auch die Höhe eines von ihm vorgenommenen Abzugs nicht umlagefähiger Verwaltungs-, Instandhaltungs- und Instandsetzungskosten (*LG Berlin* ZMR 2016, 690).

172 Den Vermieter trifft ferner die Darlegungs- und Beweislast, dass umgelegte Kosten angefallen und von der vertraglichen Vereinbarung abgedeckt sind (*BGH* NJW 2015, 855 Rn. 12 zur Gewerberaummiete). Die Nachforderungen können im Urkundenprozess geltend gemacht werden (*BGH* NJW 2015, 475 Rn. 11). Dort trägt der Vermieter die Darlegungs- und Beweislast für die Flächenansätze (*BGH* NJW 2015, 475 Rn. 16). Der Mieter muss dann – soll sein Vortrag beachtlich sein – erläutern, von welchen tatsächlichen Umständen er ausgeht (*BGH* NJW 2015, 475 Rn. 16). Das einfache Bestreiten der Wohnfläche der Mietsache oder des Umlegungsbezugspunktes genügt dazu grds. nicht (*BGH* NJW 2015, 475 Rn. 16 und Rn. 20).

173 Erfüllt der Mieter eine Nachforderung, trägt er in einem Rückforderungsprozess (§§ 812 ff. BGB) die Darlegungs- und Beweislast für die materielle Unrichtigkeit der Abrechnung (*BGH* NJW-RR 1987, 783,784; *LG Berlin* ZMR 2016, 690). Ein vom Mieter bei der Zahlung erklärter Vorbehalt ändert an der Beweislastverteilung nichts, sofern sich aus der Erklärung nicht unmissverständlich ergibt, dass der Mieter nicht nur die Wirkung des § 814 BGB ausschließen, sondern dem Vermieter für einen späteren Rückforderungsstreit auch die Beweislast für die materielle Richtigkeit der Abrechnung aufbürden wollte (*LG Berlin* ZMR 2016, 690).

O. Gewerberaummiete

174 Auf Mietverträge über Gewerberaum ist § 556 BGB nicht anwendbar (*BGH* ZMR 2020, 638 Rn. 24; *BGH* NJW 2010, 1065 Rn. 18) – auch nicht entsprechend. Es gilt nach h.M. aber Folgendes:

– Die Mietvertragsparteien müssen eine Vereinbarung schließen, dass der Mieter die Betriebs- und/oder Verwaltungs- und/oder Instandhaltungskosten (Nebenkosten) zu tragen hat (*BGH* ZMR 2020, 638 Rn. 13). Es bedarf einer ausdrücklichen, inhaltlich bestimmten Regelung, aus der sich ergibt, dass der Mieter neben der Grundmiete ganz oder anteilig Betriebskosten zu tragen hat.

Letztere müssen der Art nach konkretisiert werden (*BGH* NZM 2012, 608 Rn. 14). Die Vereinbarung muss, handelt es sich um AGB, im Sinne von § 307 Abs. 1 S. 2 BGB transparent sein (*BGH* ZMR 2020, 638 Rn. 14; *BGH* NJW 2013, 41 Rn. 14). Was gilt, ist eine Frage des Einzelfalls. Kein Problem besteht, wenn der Vertrag zur Umlegung der Betriebskosten eine Verweisung auf die Anlage 3 zu § 27 Abs. 1 der II. BV bzw. § 2 BetrKV enthält, sofern es sich nicht um »sonstige Betriebskosten« handelt (*BGH* NZM 2012, 608 Rn. 15; *BGH* NZM 2009, 478 Rn. 10; Schmid/*Riecke* HdB der Mietnebenkosten 18. Aufl. 2023 Kap. 3 Rn. 3016). Ausreichend ist auch die Vereinbarung, dass der Mieter »die Nebenkosten« oder »alle umlagefähigen Nebenkosten« zu tragen hat (*OLG Frankfurt* ZMR 2018, 924). Auch der Begriff »Verwaltungskosten« soll grds. transparent sein (*BGH* NJW 2012, 54 Rn. 13). Auch die Regelung »Sämtliche Betriebskosten werden von dem Mieter getragen«, genügt (*BGH* ZMR 2020, 638 Rn. 13; *OLG Hamm* ZMR 2019, 864).

– Muss der Mieter Nebenkosten tragen, ist der Vermieter zur Abrechnung über die Kosten, auf die der Mieter Vorauszahlungen leistet, innerhalb einer angemessenen Frist verpflichtet. Diese Frist endet in der Regel zum Ablauf eines Jahres nach Ende des Abrechnungszeitraums (*BGH* NJW 2014, 2780 Rn. 24; *BGH* NJW 2011, 445 Rn. 19; *BGH* NJW 2010, 1065 Rn. 38), sofern die Parteien nichts anderes vereinbart haben (*KG* GE 2011, 545) oder der Vermieter eine verspätete Abrechnung nicht zu vertreten hat (*BGH* NJW 2010, 1065 Rn. 38).
– Die formalen Anforderungen an eine Abrechnung im Wohnraummietrecht (Rdn. 53) gelten entsprechend (*BGH* MDR 2021, 352 Rn. 19).
– Bei der Abrechnung soll eine Aufschlüsselung nach den im Mietvertrag aufgelisteten Kosten erforderlich sein (*KG* IMR 12, 371).
– Die Ausschlussfrist des § 556 Abs. 3 S. 3 BGB ist nicht anzuwenden (*BGH* NJW 2014, 2780 Rn. 24; *BGH* NJW 2011, 445 Rn. 12). Ebenso wenig gilt die Ausschlussfrist des § 556 Abs. 3 S. 6 BGB (*BGH* NJW 2014, 2780 Rn. 24; *BGH* NJW 2013, 2885 Rn. 13).
– § 556 Abs. 3 S. 4 BGB soll auf Mietverträge über Gewerberaum entsprechend anwendbar sein (*OLG Düsseldorf* ZMR 2009, 275).
– Auch bei der Geschäftsraummiete kann der Vermieter nach Treu und Glauben (§ 242 BGB) nur solche Kosten umlegen, die dem Grundsatz der Wirtschaftlichkeit genügen (*BGH* NJW 2015, 855 Rn. 10; *BGH* NJW 2010, 3647 Rn. 17).

§ 556a Abrechnungsmaßstab für Betriebskosten

(1) [1]Haben die Vertragsparteien nichts anderes vereinbart, sind die Betriebskosten vorbehaltlich anderweitiger Vorschriften nach dem Anteil der Wohnfläche umzulegen. [2]Betriebskosten, die von einem erfassten Verbrauch oder einer erfassten Verursachung durch die Mieter abhängen, sind nach einem Maßstab umzulegen, der dem unterschiedlichen Verbrauch oder der unterschiedlichen Verursachung Rechnung trägt.

(2) [1]Haben die Vertragsparteien etwas anderes vereinbart, kann der Vermieter durch Erklärung in Textform bestimmen, dass die Betriebskosten zukünftig abweichend von der getroffenen Vereinbarung ganz oder teilweise nach einem Maßstab umgelegt werden dürfen, der dem erfassten unterschiedlichen Verbrauch oder der erfassten unterschiedlichen Verursachung Rechnung trägt. [2]Die Erklärung ist nur vor Beginn eines Abrechnungszeitraums zulässig. [3]Sind die Kosten bislang in der Miete enthalten, so ist diese entsprechend herabzusetzen.

(3) [1]Ist Wohnungseigentum vermietet und haben die Vertragsparteien nichts anderes vereinbart, sind die Betriebskosten abweichend von Absatz 1 nach dem für die Verteilung zwischen den Wohnungseigentümern jeweils geltenden Maßstab umzulegen. [2]Widerspricht der Maßstab billigem Ermessen, ist nach Absatz 1 umzulegen.

(4) Eine zum Nachteil des Mieters von Absatz 2 abweichende Vereinbarung ist unwirksam.

Übersicht

A. Grundsätzliches

I. Gesetzesgeschichte und Anwendungsbereich

1 § 556a BGB ist durch das MSRG v. 19.06.2001 (BGBl. I 1149) mit Wirkung vom 01.09.2001 in das Gesetz eingefügt worden; § 556a Abs. 2 BGB hatte ein Vorbild in § 4 Abs. 5 Nr. 1 MHG; § 556a Abs. 3 BGB (dazu Rdn. 36 ff.) wurde mit Wirkung vom 01.12.2020 durch das WEMoG vom 16.10.2020 (BGBl. I 2187) angefügt. § 556a BGB gilt für Mietverträge über Wohnraum – auch für solche, die vor dem 1.9.01 geschlossen worden sind (*BGH* NJW 2012, 226 Rn. 16). Für preisgebundenen Wohnraum sind §§ 20 ff. NMV 1970 oder entsprechende landesrechtliche Vorschriften vorrangig. Eine analoge Anwendung auf Mietverträge über Nichtwohnraum scheidet aus. Bei Mietverträgen über Gewerberaum gilt grds. im Rahmen der §§ 134, 138, 242, 305 ff. BGB Vertragsfreiheit. Haben die Parteien keinen Umlageschlüssel vereinbart, gilt § 556a Abs. 1 S. 1 BGB.

II. Leerstehende Räume/Wohnungen/Flächen

1. Grundsatz

2 Sind Räume/Wohnungen/Flächen nicht vermietet, muss der Vermieter – da er das Vermietungsrisiko trägt (*BGH* NJW 2010, 3645 Rn. 23; *BGH* NJW 2006, 2771 Rn. 13) – die auf diese Räume/Wohnungen/Flächen entfallenden Betriebskosten tragen – egal, um welchen Umlageschlüssel es geht (*BGH* NJW 2006, 2771 Rn. 13; *BGH* NJW 2003, 2902 unter 2 b).

2. Anspruch des Vermieters

Der Vermieter hat grds. keinen Anspruch, dass leerstehende Räume/Wohnungen/Flächen zu seinen Gunsten aus der Umlegung bestimmter Betriebskosten ausgenommen werden. Nur im Einzelfall kann er nach §§ 242, 313 BGB die Zustimmung zu einer Änderung des vereinbarten Flächenschlüssels dahin gehend verlangen, dass die Flächen leerstehender Wohnungen in die Umlegung bestimmter – insbesondere verbrauchsabhängiger – Betriebskosten nicht einbezogen werden (siehe auch *BGH* NJW 2006, 2771 Rn. 15). Dabei ist zu beachten, dass es der Vermieter in der Hand hat, eine Kostenbeteiligung leerstehender Wohnungen, in denen ein Verbrauch nicht stattfindet, durch den Einbau von Wasseruhren und eine verbrauchsabhängige Umlegung dieser Betriebskosten nach Verbrauch/Verursachung zu vermeiden (*BGH* NJW 2010, 3645 Rn. 24; *BGH* NJW 2006, 2771 Rn. 17). 3

3. Anspruch des Mieters

Wenn Dauer und Umfang des Leerstandes unter Berücksichtigung der Höhe der verbrauchsunabhängigen Kostenbestandteile eine für die Mieter nicht mehr hinnehmbare Mehrbelastung ergeben, ist der Vermieter nach §§ 242, 313 BGB verpflichtet, diesem Umstand durch eine Änderung der Umlageschlüssel Rechnung zu tragen (zur HeizkostenV siehe *BGH* ZMR 2015, 284 Rn. 24) oder den Mietern in anderer Weise einen finanziellen Ausgleich zu verschaffen (*BGH* NJW 2010, 3645 Rn. 25). Wann es so liegt, ist eine vom Tatrichter aufgrund der jeweiligen Umstände des Einzelfalls (insbesondere: Umfang und Dauer des Leerstandes und Höhe der streitigen Kosten) zu entscheidende Frage (*BGH* NZM 2013, 264 Rn. 1). So kann es in Betracht kommen, auch für die Zeiten des Leerstandes eine fiktive Person anzusetzen und auf diese Weise eine Beteiligung des Vermieters an den Leerstandskosten zu erreichen; dies dürfte sich insbesondere für Kosten anbieten, deren Höhe nicht von der Anzahl der zu betrachtenden Personen abhängt (Entwässerung, Gemeinschaftsantenne, Müllgebühren nach Fixkosten). Bei Wasserkosten ist auch eine Aufteilung nach Grundkosten und Verbrauchskosten denkbar, so dass der Vermieter im Hinblick auf den Leerstand nur mit einem Teil der Grundkosten belastet wird (*BGH* NZM 2013, 264 Rn. 1). Ferner mag es – insbesondere bei geringfügigem Leerstand – im Einzelfall auch angemessen sein, von einer Berücksichtigung ganz abzusehen. 4

B. Festlegung der Umlageschlüssel

I. Vertrag

Die Mietvertragsparteien können vorbehaltlich anderweitiger Vorschriften im Rahmen des §§ 305 ff. BGB – ausdrücklich oder schlüssig – in den Grenzen der §§ 134, 138, 242 BGB vertraglich bestimmen, nach welchem Umlageschlüssel die jeweiligen Betriebskosten (§ 556 Rdn. 3 ff.) umgelegt werden. Die Mietvertragsparteien können dem Vermieter oder Mieter auch ein im Sinne von § 315 BGB einseitiges Leistungsbestimmungsrecht nach billigem Ermessen einräumen (*BGH* NJW 2015, 952 Rn. 21). 5

II. Vertragsgrenzen (§ 556a Abs. 1 S. 2 BGB)

§ 556a Abs. 1 S. 2 BGB schreibt keine Verbrauchserfassung vor (*BGH* ZMR 10, 282 Rn. 15). Auch Betriebskosten, die von einem erfassten Verbrauch oder einer erfassten Verursachung abhängen, sind daher nach h.M. von Gesetzes wegen nicht nach § 556a Abs. 1 S. 2 BGB umzulegen (*BGH* ZMR 2010, 282 Rn. 15 und Rn. 20; *BGH* NZM 2008, 444 Rn. 12). Stellungnahme. Der h.M. ist zu folgen, aber nur dann, wenn der Vermieter nicht nach Öffentlichem Recht gezwungen ist, Messgeräte einzubauen. Wird der Verbrauch oder eine Verursachung sämtlicher Mieter (*BGH* NJW 2008, 1876 Rn. 12: arg. »die Mieter«) im Übrigen erfasst, z.B. Kosten der Wasserversorgung oder Kosten für die Müllentsorgung, muss von den Vertragsparteien – vereinbaren sie denn einen – ein Umlageschlüssel gewählt werden, der dem unterschiedlichen Verbrauch oder der Verursachung »Rechnung trägt«, d.h. sie angemessen berücksichtigt (*BGH* ZMR 2016, 521 Rn. 14; *BGH* NJW 2010, 3645 6

Rn. 15). Dies ist z.B. nicht der Fall, wenn Kosten, etwa Grundsteuern, auf einer einheitlichen Festsetzung beruhen und nicht von einem Verhalten der Mieter abhängen (*BGH* WuM 2017, 399 Rn. 17). Wird nur der Verbrauch einiger Mieter erfasst, z.B. der Gewerberaummieter, kann der Vermieter diesen Verbrauch vom Gesamtverbrauch abziehen und den übrigen Verbrauch nach Wohnflächenanteil umlegen (*BGH* NZM 2010, 195 Rn. 16).

III. Undurchführbarkeit des vertraglich vereinbarten Umlageschlüssels

7 Ist der vertraglich vereinbarte Umlageschlüssel nicht durchführbar, z.B. ein Personenschlüssel (Rdn. 8) oder eine Verteilung nach Verbrauch/Verursachung (Rdn. 11 ff.), läge es nahe, grds. § 556a Abs. 1 S. 1 BGB – ggf. unter Abzug eines prozentualen Anteils – anzuwenden (so auch *BGH* ZMR 2012, 615 Rn. 3: Anwendung von § 556a Abs. 1 S. 1 BGB + Kürzung »unter dem Gesichtspunkt des Schadensersatzanspruchs infolge einer Vertragsverletzung« analog § 12 HeizkostenV). Nach wohl h.M. sind allerdings Schätzungen möglich (Rdn. 15; Schmid/*Riecke* HdB der Mietnebenkosten 18. Aufl. 2023 Kap. 1 Rn. 1154 ff.).

IV. Beispiele für mögliche, von § 556a Abs. 1 BGB abweichende Umlageschlüssel

1. Anzahl der Bewohner/Eigentümer/Nutzer- bzw. Personen/Personenmonate

8 Die Mietvertragsparteien können die Anzahl der Bewohner/Eigentümer/Nutzer- bzw. Personen als Umlageschlüssel vereinbaren (*BGH* NJW 2015, 51 Rn. 14; *BGH* NJW 2010, 3570 Rn. 10). Bei diesem Umlageschlüssel bestimmt sich der Anteil eines Mieters an den Betriebskosten nach dem Verhältnis der in seiner Wohnung lebenden Personen zu den in der Abrechnungseinheit (§ 556 Rdn. 49) insgesamt wohnenden Personen (*BGH* NJW 2015, 51 Rn. 16; *BGH* NJW 2010, 3570 Rn. 11). Die Anwendung des Umlageschlüssels setzt voraus, dass die jeweilige Anzahl eindeutig messbar/zählbar und klar ist, wer z.B. »Person« ist (gemeldete? tatsächlich anwesende? Kinder? Erwachsene? Gäste?) und auf welche Zeiten (Stunden? Tage? Wochen? Monate?) abzustellen ist (*BGH* NZM 2008, 242 Rn. 8). Im Falle des Leerstandes soll der Vermieter eine fiktive Person ansetzen können (*AG Saarbrücken* WuM 2018, 428; zweifelhaft).

9 Bei der Ermittlung muss der Vermieter die Zahl der in der Abrechnungseinheit (§ 556 Rdn. 49) wohnenden Personen entweder »taggenau« oder zu einzelnen (gröberen) Stichtagen ermitteln (*BGH* NJW 2010, 3570 Rn. 12). Wie »grob« die Stichtage sein dürfen, ist unklar. Zum anderen muss der Vermieter die in der betroffenen Mietsache wohnenden Personen ermitteln (*BGH* NZM 2008, 242 Rn. 8). Zu diesem Zweck kann er von den Mietern Auskunft verlangen, wie viele Personen in welchem Zeitraum in der Wohnung gewohnt haben. Ist z.B. eine Umlegung nach der Kopfzahl der in einer Mietsache ständig lebenden Personen vereinbart, ist das Register nach dem Melderechtsrahmengesetz keine hinreichend exakte Grundlage für die Feststellung (*BGH* NZM 2008, 242 Rn. 8). Denn es kommt auf die tatsächliche Benutzung an, nicht auf die melderechtliche Registrierung (*BGH* NZM 2008, 242 Rn. 8). In der Regel wird ein Umlageschlüssel »Anzahl der Bewohner/Eigentümer/Nutzer- bzw. Personen« mangels Bestimmtheit nicht anzuwenden sein. Dann gilt Rdn. 7.

2. Anzahl der vermieteten Wohnungen/Objekte

10 Die Mietvertragsparteien können die Anzahl der vermieteten Wohnungen/Objekte als Umlageschlüssel vereinbaren (*BGH* NJW 2007, 3060 Rn. 28). Dies bietet sich für Betriebskosten an, wenn der Nutzen für jede Wohnung unabhängig von der Fläche gleich ist, etwa Kabelempfang (*BGH* NJW 2007, 3060 Rn. 28).

3. Verbrauchs- und Verursachungserfassung

a) Überblick

11 Die Mietvertragsparteien können vorbehaltlich § 556 Abs. 1 S. 2 BGB als Umlageschlüssel Verbrauch oder Verursachung vereinbaren (siehe auch Rdn. 26 zu einem Bestimmungsrecht des Ver-

mieters). Der Verbrauch/die Verursachung muss in diesem Fall durch – sofern gesetzlich verlangt – geeichte Messgeräte, z.B. Zähler oder Waagen, ermittelt werden (*BayObLG* NZM 2005, 609). Als »Verbrauch« in diesem Sinne gelten auch verbrauchsunabhängige Grundgebühren (*BGH* NJW 2010, 3645 Rn. 18). Möglich ist auch eine Kombination von Festkosten- und Verursachungsanteil (*BGH* ZMR 2016, 521 Rn. 17). Das Verhältnis von Festkostenanteil und Verursachungsanteil kann vertraglich bestimmt werden. Fehlt eine Regelung, kann der Vermieter eine einseitige Bestimmung nach billigem Ermessen vornehmen (*Schmid* NZM 2011, 235, 237).

b) Umlage

Der Vermieter kann die erfassten Verbräuche oder die erfassten Verursachungsanteile einerseits zu 100 % umlegen. Andererseits ist er aber auch berechtigt, in gewissem Umfang verbrauchs- oder verursachungsunabhängige Kostenbestandteile in die Umlage einzubeziehen (*BGH* ZMR 2016, 521 Rn. 15; *BGH* NJW 2010, 3645 Rn. 16). Enthalten verbrauchsabhängige Kosten auch verbrauchsunabhängige Bestandteile, wie Grundgebühren bei der Wasserversorgung, kann es die Billigkeit erfordern, dass bei einem Leerstand (Rdn. 2) diese Kosten nicht in vollem Umfang von den vorhandenen Mietern zu tragen sind. 12

c) Fehlerhafte Erfassung

Unklar ist, ob der Umlageschlüssel »Verbrauch« anzuwenden ist, wenn nur eine Messung durch nicht geeichte Messgeräte möglich ist. Weil nicht nur die Nutzung des Messgeräts, sondern auch die Nutzung der mit dem Messgerät ermittelten Daten gegen das öffentliche Recht verstößt (*OVG Münster* NVwZ-RR 2016, 807), wird man den so ermittelten Verbrauch nicht als Umlageschlüssel anwenden können (*Schmid* DWE 2015, 60; *Blank* MDR 2017, 369 [370]; a.A. *LG Limburg* IMR 2018, 410; *BGH* NJW 2011, 598 Rn. 13 zum alten Recht; unklar *Streyl* WuM 2017, 560, 563). Statt des Verbrauchs ist dann bis zu einer Eichung § 556a Abs. 1 S. 1 BGB als subsidiärer Umlageschlüssel anzuwenden. Verstößt der Vermieter dagegen, ist die Abrechnung formal nicht zu beanstanden. Im Streit sind die ermittelten Verbräuche aber nicht einsetzbar. Auch ein Gutachten und § 287 ZPO werden in der Regel versagen, sodass es dann auf § 556a Abs. 1 S. 1 BGB ankommt. 13

d) Teilweise Erfassung

Kann der Verbrauch der in einem bestimmten Zeitraum angefallenen Verbrauchswerte für Strom, Gas oder Wasser durch Messung nur teilweise ermittelt werden, kann dieser nach wohl h.M. geschätzt werden (*Heilmann* NZM 2018, 698; *Streyl* WuM 2017, 560), z.B. mittels zeitanteiliger Hochrechnung anhand der Kalendertage, aufgrund des Vorjahresverbrauchs bzw. des durchschnittlichen Verbrauchs vorhergehender Abrechnungszeiträume (siehe auch *OLG Celle* NJW-RR 2016, 435 Rn. 35) – soweit kein Mieterwechsel stattfand –, anhand des Durchschnittsverbrauchs je Quadratmeter/Nutzfläche oder vergleichbarer Wohnungen. Im Prozess gilt dann § 287 Abs. 2 ZPO (Rdn. 16). Nach hier vertretener Ansicht ist für den nicht erfassten Teil § 556a Abs. 1 S. 1 BGB anzuwenden (Rdn. 7; siehe auch *LG Saarbrücken* GE 2006, 1557). 14

e) Keine Erfassung

Selbst dann, wenn eine Erfassung technisch nicht möglich war, soll eine Schätzung möglich sein (*Streyl* WuM 2017, 560, 562; zur formalen Seite siehe *BGH* ZMR 2017, 30 Rn. 27 und *BGH* ZMR 2015, 111 Rn. 18). Nach hier vertretener Ansicht gilt hingegen § 556a Abs. 1 S. 1 BGB (Rdn. 7). Der Mieter kann allerdings nachweisen, dass er bei korrekter Verbrauchserfassung weniger zu zahlen gehabt hätte. Der Vermieter schuldet ferner Schadensersatz, wenn er die Unmöglichkeit der verbrauchsabhängigen Abrechnung verschuldet (§ 280 Abs. 1 S. 2 BGB). Zur Berechnung des Schadensersatzes ist insoweit ggf. § 12 HeizkostenV analog anwendbar (*BGH* ZMR 2012, 615 Rn. 3). 15

f) **Prozessuales**

16 Der Vermieter ist für das ordnungsgemäße Funktionieren der Messgeräte darlegungs- und beweispflichtig. Hat der Mieter oder sein Vertreter ein Ableseprotokoll unterschrieben, beinhaltet dieses kein deklaratorisches Schuldanerkenntnis (a.A. *LG Berlin* ZMR 1997, 156). Konnte der Verbrauch der in einem bestimmten Zeitraum angefallenen Verbrauchswerte für Strom, Gas oder Wasser durch Messung nicht oder teilweise nicht ermittelt werden (Rdn. 14, 15), kann dieser nach h.M. entsprechend § 287 Abs. 2 ZPO geschätzt werden, sofern der Vortrag der Parteien hierfür eine hinreichende Grundlage bietet (*BGH* NJW 2014, 1298 Rn. 21 ff). Ggf. können § 21 Abs. 1 AVBFernwärmeV, § 21 Abs. 1 AVBWasserV, § 18 Abs. 1 AVBStromV und § 18 Abs. 1 AVBGasV entsprechend angewendet werden.

4. **Größe eines Miteigentumsanteils**

17 Die Mietvertragsparteien können nach h.M. als Umlageschlüssel die Größe eines Miteigentumsanteils vereinbaren (*BGH* GE 2005, 360 unter II 3; siehe auch *BGH* NJW 2009, 283 Rn. 28 und *BGH* ZMR 2004, 662 unter II 2 d) – auch in einem Formularmietvertrag (*AG Düsseldorf* DWW 1991, 373; *Blank* WuM 2004, 446). Dieser Umlageschlüssel ist – wenigstens in Ausnahmefällen – allerdings fragwürdig und kann den Mieter benachteiligen (*Elzer* ZMR 2019, 825, 830; *Langenberg* NZM 2004, 361, 362).

18 Weicht die Größe der Miteigentumsanteile mehr als 25 % von der Wohnfläche ab (a.A. *Nüßlein* PiG 76, 105: 10 %; *Derleder* WuM 2008, 444, 452: 40 %), und war die Abweichung dem Mieter nicht erkennbar, vor allem, weil der Vermieter eine Aufklärung unterließ, kann der Mieter gem. § 242 BGB eine Änderung des Umlageschlüssels verlangen (Rdn. 31; siehe auch *Derleder* WuM 2008, 444, 452).

19 Ein Änderungsanspruch ist vor allem dann anzunehmen, wenn die Voraussetzungen des § 10 Abs. 2 WEG vorliegen. Bis zu einer Änderung kann der Mieter in diesem Falle die von ihm zu zahlenden Betriebskosten angemessen kürzen.

V. **Subsidiärer Umlageschlüssel (§ 556a I 1)**

1. **Sinn und Zweck**

20 § 556a Abs. 1 S. 1 BGB soll Streitigkeiten in den Fällen verhindern, in denen die Parteien keine Umlageschlüssel vereinbart haben (*BGH* NJW 2015, 952 Rn. 23), und soll die Umlage von Betriebskosten leichter handhabbar machen (*BGH* NJW 2006, 3557 Rn. 19). Neben § 556a Abs. 1 S. 1 BGB gibt es keinen gesetzlichen Ersatzumlageschlüssel (a.A. *Streyl* WuM 2017, 560, 566) – die Mietvertragsparteien können diesen aber vereinbaren.

2. **Grundsatz**

a) **Wohnflächenanteil**

aa) **Grundsatz**

21 Haben die Vertragsparteien nichts anderes vereinbart oder ist der vertraglich geregelte Umlageschlüssel nicht durchführbar (Rdn. 7), ist – geht es nicht um die Heiz- und Warmwasserkosten – nach § 556a Abs. 1 S. 1 BGB subsidiärer Umlageschlüssel grds. der Wohnflächenanteil der konkreten Mietsache an der Gesamtwohnfläche (*BGH* NJW 2006, 3557 Rn. 16; siehe auch § 20 Abs. 2 S. 1 NMV 1970 und § 7 Abs. 1 S. 2, § 8 Abs. 1 HeizkostenV für den verbrauchsunabhängigen Anteil). Der Mieter muss die Abrechnung nach einem einheitlichen, generalisierenden Maßstab trotz ggf. unterschiedlicher Verursachungsanteile der Mietparteien grds. hinnehmen (*BGH* NJW 2006, 3557 Rn. 20). Eine nach der jeweiligen Verursachung oder tatsächlichen Nutzung differenzierende Umlage, etwa im Falle der Aufzugskosten, wäre vielfach nicht praktikabel und hätte eine erhebliche Unübersichtlichkeit und möglicherweise auch laufende Veränderungen in der Abrechnung

zur Folge (*BGH* NJW 2006, 3557 Rn. 19). Ist die Wohnfläche, etwa durch einen Balkonanbau, nach Abschluss des Mietvertrags größer geworden, ist diese Fläche und nicht die ursprüngliche zugrunde zu legen.

bb) Vereinbarung

Auch dann, wenn die Mietvertragsparteien eine Wohnfläche vereinbart haben, ist – sofern und soweit Betriebskosten nach gesetzlichen Vorgaben (z.B. § 556 Abs. 1 und § 7 Abs. 1 HeizkostenV) ganz oder teilweise nach Wohnflächenanteilen umgelegt werden – für die Abrechnung nicht das Vereinbarte, sondern in der Regel der jeweilige Anteil der tatsächlichen Wohnfläche der betroffenen Wohnung an der in der Abrechnungseinheit (§ 556 Rdn. 49) tatsächlich vorhandenen Gesamtwohnfläche maßgebend (*BGH* ZMR 2019, 326 Rn. 25; *BGH* NJW 2018, 2317 Rn. 23). Öffentlich-rechtliche Nutzungsbeschränkungen sind unerheblich, wenn die Behörde nicht einschreitet (*BGH* ZMR 2019, 326 Rn. 21). 22

b) Anderweitige Vorschriften

Anderweitige Vorschriften enthalten die HeizkostenV und für preisgebundenen Wohnraum die NMV 1970. 23

C. Änderung der Umlageschlüssel

I. Vertrag

Die Mietvertragsparteien können die geltenden Umlageschlüssel jederzeit ausdrücklich oder schlüssig (*BGH* NZM 2006, 11 Rn. 12) ändern. Sie können auch einen Änderungsvorbehalt vereinbaren. In Formularmietverträgen muss dieser den Bestimmungen der §§ 305 ff. BGB gerecht werden. 24

II. Nach Willkür des Vermieters (§ 556a Abs. 2 S. 1 BGB)

1. Sinn und Zweck

§ 556a Abs. 2 S. 1 BGB verfolgt das Ziel, mehr Abrechnungs- und Kostengerechtigkeit zu schaffen (*BGH* ZMR 2016, 521 Rn. 19). Er räumt dem Vermieter allerdings nur ein Recht ein. Der Mieter hat keinen Anspruch darauf, dass der Vermieter von der Änderungsmöglichkeit Gebrauch macht – auch wenn Erfassungsmöglichkeiten vorhanden sind (Rdn. 31). Aus § 556a Abs. 2 S. 1 BGB folgt auch kein Anspruch auf Einbau von Erfassungsgeräten (siehe auch Rdn. 6). 25

2. Anwendungsbereich

§ 556a Abs. 2 S. 1 BGB ist zum einen anwendbar, wenn Betriebskosten, die nach Verbrauch oder Verursachung erfasst werden (§ 556a Abs. 1 S. 2 BGB), künftig entsprechend Verbrauch oder Verursachung auch umgelegt werden sollen. § 556a Abs. 2 S. 1 BGB erlaubt zum anderen einen Eingriff in die Mietstruktur. Wie sich aus § 556a Abs. 2 S. 3 BGB ergibt, kann der Vermieter von einer (Teil-)Inklusivmiete – soweit möglich – zu einer verbrauchs- oder verursachungsbezogenen Abrechnung übergehen; Entsprechendes gilt für Pauschalen. Nicht erfasst sind jedoch Fälle, in denen eine Direktabrechnung zwischen Mieter und Versorger vereinbart ist (*AG Hamburg-Blankenese* ZMR 2013, 814), was zulässig ist, aber einen Vertrag des Mieters mit dem Versorger voraussetzt (BT-Drs. 14/4553, 52). Das Änderungsrecht kann für einen künftigen Abrechnungszeitraum erneut ausgeübt werden (*BGH* ZMR 2016, 521 Rn. 22). 26

3. Voraussetzungen

Voraussetzung ist, 1. dass die Mietvertragsparteien einen Umlageschlüssel vereinbart haben (Rdn. 5 ff.) und 2. eine Möglichkeit besteht, Betriebskosten nach Verbrauch oder Verursachung zu erfassen. 27

4. Durchführung

28 Der Vermieter muss eine einseitige empfangsbedürftige Erklärung in Textform (§ 126b BGB) abgeben. Die Erklärung muss den Umfang der Vertragsänderung klar erkennen lassen. Insbesondere muss der künftige Umlageschlüssel so eindeutig dargestellt werden, dass der Mieter die Abrechnung nachprüfen kann (*LG Hamburg* ZMR 1998, 36). Eine Begründungspflicht sieht das Gesetz nicht vor. Die Erklärung des Vermieters muss vor Beginn eines Abrechnungszeitraumes abgegeben werden (§ 556a Abs. 2 S. 2 BGB; *BGH* ZMR 2016, 521 Rn. 22). Eine Rückwirkung ist ausgeschlossen.

5. Rechtsfolgen

29 Liegen die in Rdn. 27–28 genannten Voraussetzungen vor, kann der Vermieter einseitig durch Erklärung in Textform (§ 126b BGB) bestimmen, dass die Betriebskosten zukünftig abweichend von der getroffenen Vereinbarung ganz oder teilweise nach einem Maßstab umgelegt werden dürfen, der dem erfassten unterschiedlichen Verbrauch oder der erfassten unterschiedlichen Verursachung Rechnung trägt. § 556a Abs. 2 S. 1 BGB gestattet es, eine verursachungsgerechte Abrechnung auch unter Berücksichtigung eines Festanteils vorzunehmen (*BGH* ZMR 2016, 521 Rn. 17). Waren die Kosten in der Miete bislang enthalten, ist sie herabzusetzen (§ 556a Abs. 2 S. 3 BGB).

30 Mit dem Wirksamwerden der einseitigen Änderung wird die getroffene Regelung Vertragsbestandteil. Der Vermieter ist also u.a. auch berechtigt, auf den voraussichtlichen Umlegungsbetrag Vorauszahlungen zu erheben.

III. Auf Verlangen (Gebot der Umlagegerechtigkeit)

31 Eine Mietvertragspartei kann nach §§ 242, 313 BGB die Änderung des geltenden Umlageschlüssels verlangen, wenn er »zu einer krassen Unbilligkeit führt« – also unzumutbar ist (zum »Wohnflächenanteil« *BGH* NJW 2008, 1876 Rn. 12; *BGH* NJW 2006, 3557 Rn. 21; siehe auch Rdn. 5 und Rdn. 6 zu einem Leerstand und Rdn. 34 zur HeizkostenV). Soweit Mieter zur Entstehung der Gesamtkosten in unterschiedlichem Maße beitragen oder davon in unterschiedlichem Umfang profitieren, sind gewisse Ungenauigkeiten bei der Verteilung freilich nicht zu vermeiden. Der Mieter muss daher die Umlage nach einem einheitlichen, generalisierenden Maßstab trotz ggf. unterschiedlicher Verursachungsanteile der anderen Mieter grds. hinnehmen (*BGH* NJW 2010, 3645 Rn. 17; *BGH* NZM 2008, 277 Rn. 24). Absolute Verteilungsgerechtigkeit bei der Umlage von Betriebskosten wird vom Gesetz nicht gefordert und ist nicht erreichbar (siehe auch *BGH* NJW 2018, 2317 Rn. 22): in der Regel pauschalieren Umlageschlüssel und Messungen sind ungenau.

D. Heiz- und Warmwasserkosten

I. Überblick

32 Für den Umlageschlüssel für die Kosten des Betriebs der zentralen Heizungsanlage einschließlich der Abgasanlage (§ 7 Abs. 2 S. 1 HeizkostenV), für die Kosten der Wärmelieferung (§ 7 Abs. 4 HeizkostenV), des Betriebs der zentralen Warmwasserversorgungsanlage (§ 8 Abs. 2 HeizkostenV), die Kosten der Warmwasserlieferung (§ 8 Abs. 4 HeizkostenV) bzw. die Aufteilung der Kosten verbundener Anlagen (§ 9 HeizkostenV) gilt nicht § 556a BGB. Diesen bestimmt nach den Maßgaben der §§ 7, 8 HeizkostenV gem. § 6 Abs. 4 S. 1 HeizkostenV der Gebäudeeigentümer im Sinne von § 1 Abs. 1 und 2 HeizkostenV – der Vermieter.

II. Änderungen

1. Freiwillig

33 Der Gebäudeeigentümer kann den jeweils geltenden Umlageschlüssel nach den Maßgaben des § 6 Abs. 4 S. 2 HeizkostenV ändern.

2. Unbilligkeit

Der Vermieter kann im Einzelfall verpflichtet sein, einem Verlangen des Mieters auf eine Vertragsänderung dahingehend zuzustimmen, den nach Verbrauch zu berechnenden Teil der Kosten zukünftig auf das gesetzliche Mindestmaß von 50 % abzusenken, beispielsweise um die Fixkosten bei hohen Leerständen angemessen zu verteilen (*BGH* ZMR 2015, 284 Rn. 24; allgemein Rdn. 5 und Rdn. 6 und Rdn. 31). 34

III. Subsidiärer Umlageschlüssel

Hat der Gebäudeeigentümer keine Bestimmungen getroffen, gilt für die Umlage der Kosten subsidiär § 9a HeizkostenV. 35

E. Vermietetes Wohnungseigentum (§ 556a III)

I. Tatbestandsvoraussetzungen (§ 556a III 1)

1. Wohnungseigentum

§ 556a Abs. 3 BGB ist anwendbar, wenn ein Wohnungseigentümer ab dem 1.12.20 Sondereigentum vermietet. Für das Sondereigentum, das einem Teileigentümer zusteht (in der Regel Gewerberaummiete), ist § 556a Abs. 3 BGB hingegen nicht – auch nicht entsprechend – anwendbar (*Martini* AnwZert MietR 21/2021). Auf Verträge vor dem 1.12.20 ist § 556a Abs. 3 BGB anwendbar, soweit die Vertragsparteien bislang keine Umlageschlüssel vereinbart haben (*Jacoby* ZMR 2021, 1, 6). Ferner ist § 556a Abs. 3 BGB anwendbar, soweit der Bereich des § 556a Abs. 2 S. 1 BGB erfasst ist (Rdn. 25 ff). 36

2. Betriebskosten

Zum Begriff der Betriebskosten siehe § 556 Rdn. 3 sowie Schmid/*Riecke* HdB der Mietnebenkosten 18. Aufl. 2023 Kap. 1 Rn. 1021 ff. § 556a Abs. 3 S. 1 BGB unterfallen auch die Umlageschlüssel der Wohnungseigentümer, die diese sich für die Verteilung der Heiz- und Warmwasserkosten gegeben haben, soweit sie wirksam sind. 37

3. Keine abweichende Vereinbarung

Die Vertragsparteien haben nach § 556a Abs. 1 BGB keinen oder keine anderen Umlageschlüssel vereinbart (Rdn. 36; Rdn. 5 ff.). Der Mieter ist nach §§ 535, 241 Abs. 2, 242 BGB nicht verpflichtet, einer Vertragsänderung zuzustimmen. 38

II. Rechtsfolge (§ 556a Abs. 3 S. 1 BGB)

1. Grundsatz

Sind die Tatbestandsvoraussetzungen erfüllt, gelten zwischen den Vertragsparteien, die Umlageschlüssel, die im Verhältnis der Wohnungseigentümer nach § 16 Abs. 2 S. 1 WEG, nach § 16 Abs. 2 S. 2 WEG oder nach einer Umlagevereinbarung im Sinne von § 10 Abs. 1 S. 2 WEG jeweils für eine Kostenposition gelten. Der Umlageschlüssel kann sich mehrfach und jährlich ändern. Die Umlageschlüssel sind für sämtliche Abrechnungen anzuwenden, die nach dem 01.12.2020 erstellt werden (a.A. *Martini* AnwZert MietR 21/2021). 39

2. Ausnahme (§ 556a Abs. 3 S. 2 BGB)

Die Betriebskosten sind für eine oder mehrere Kostenpositionen nach § 556a Abs. 1 S. 1 BGB umzulegen, wenn der Umlageschlüssel, der im Verhältnis der Wohnungseigentümer nach § 16 Abs. 2 S. 1 WEG, § 16 Abs. 2 S. 2 WEG oder nach einer Umlagevereinbarung gilt, im Verhältnis zwischen den Vertragsparteien nicht oder nicht mehr billigem Ermessen widerspricht. 40

41 Ob es so liegt, ist anhand der Interessenlage von Mieter und Vermieter zu ermitteln (BR-Drs. 168/20, 103). Unbilligkeit ist z.B. anzunehmen, wenn der Mieter nach § 556a Abs. 3 S. 1 BGB für eine Kostenposition mehr als 10 % zahlen müsste ggü. einer Anwendung von § 556a Abs. 1 S. 1 BGB (a.A. Schmidt-Futterer/*Lehmann-Richter* § 556a Rn. 57). Dies gilt auch dann, wenn der Vermieter dadurch auf Kosten sitzenbleibt. Beispiel: Die Größe der Miteigentumsanteile orientiert sich nicht an den Wohn- und/oder Nutzflächen. Unbilligkeit ist vor allem anzunehmen, wenn der Schlüssel auch im Verhältnis zwischen dem Wohnungseigentümer und Gemeinschaft der Wohnungseigentümer unbillig ist und ein Anspruch auf Änderung nach den §§ 18 Abs. 2, 10 Abs. 2 WEG besteht.

F. Abdingbarkeit (§ 556a Abs. 4 BGB)

42 § 556a Abs. 4 BGB begrenzt die Vertragsfreiheit in Bezug auf die in § 556a Abs. 2 BGB formulierten Voraussetzungen (*BGH* NJW 2015, 954 Rn. 22). § 556a Abs. 1 BGB ist hingegen abdingbar (*BGH* NJW 2015, 954 Rn. 22).

Verordnung über die Aufstellung von Betriebskosten (Betriebskostenverordnung – BetrKV)

Vom 25. November 2003 (BGBl. I S. 2346, 2347) zuletzt geändert durch Artikel 4 des Gesetzes vom 16. Oktober 2023 (BGBl. I Nr. 280)

– Auszug –

§ 2 Betriebskostenverordnung

Übersicht Rdn.

Vorbemerkung

1 Die folgende Erläuterung des § 2 BetrKV erfolgt der Zielsetzung dieses Buches entsprechend vor allem unter wohnungseigentumsrechtlichen Gesichtspunkten und hier insbesondere unter dem Blickwinkel des § 16 Abs. 2 WEG. Eine ausführliche Darstellung auch zu speziell mietrechtlichen Fragen findet sich bei *Ormanschick* in: Schmid Handbuch der Mietnebenkosten 18. Aufl. 2023 Kap. 5 Rn. 5000 ff.

A. Die laufenden öffentlichen Lasten des Grundstücks

2 **Hierzu gehört namentlich die Grundsteuer.**

3 Die Grundsteuer (*Schmid/Ormanschick* a.a.O. Rn. 5006–5023) wird unmittelbar von den einzelnen Wohnungseigentümern erhoben und kann ohne »Kostenverteilung« dem Mieter grds. weiterbelastet werden; sie spielt deshalb im Rahmen des § 16 WEG keine Rolle. Sonstige öffentliche Abgaben, für die die Gemeinschaft der Wohnungseigentümer (GdWE) in Anspruch genommen wird, können nach § 16 Abs. 2 S. 1 und 2 WEG behandelt/verteilt werden.

4 Zu den öffentlichen Lasten gehören neben der Grundsteuer z.B. Realkirchensteuern und Deichgebühren (*Kinne,* Betriebskostenarten und deren Abwälzung, ZMR 2001, 2), Beiträge zu Wasser- und Bodenverbänden (*Stangl,* Umlagefähigkeit einzelner Betriebskostenpositionen bei Wohnraum – eine tabellarische Arbeitshilfe, ZMR 2006, 95), Kosten nach § 20 des Schornsteinfeger-Handwerksgesetzes (§ 20 Abs. 2 SchfHwG). Die Kosten sind von der Gemeinschaft der Wohnungseigentümer oder, falls die Anlage zum Sondereigentum gehört, von dem Wohnungseigentümer zu tragen (§ 20 Abs. 2 SchfHwG; vgl. *VG Berlin,* Urt. v. 05.04.2017 – 8 K 179.16 openJur 2020, 35541) Öffentliche Lasten sind ferner die Kosten eines Feuerstättenbescheides (*AG Soest* DWW 2013, 340).

5 Von den Gemeinden erhobene Straßenausbaubeiträge, die als Deckungsgrundlage für Investitionsaufwendungen dienen und wiederkehrend erhoben werden, sind Erschließungskosten nach § 5 Abs. 2 II. BV und werden nicht den öffentlichen Lasten im Sinne der Nr. 1 zugeordnet (*AG Greiz* WuM 1999, 133; *Ruff* DWW 2004, 48, 51).

B. Die Kosten der Wasserversorgung

Hierzu gehören die Kosten des Wasserverbrauchs, die Grundgebühren, die Kosten der Anmietung oder anderer Arten der Gebrauchsüberlassung von Wasserzählern sowie die Kosten ihrer Verwendung einschließlich der Kosten der Eichung sowie der Kosten der Berechnung und Aufteilung, die Kosten der Wartung von Wassermengenreglern, die Kosten des Betriebs einer hauseigenen Wasserversorgungsanlage und einer Wasseraufbereitungsanlage einschließlich der Aufbereitungsstoffe. 6

I. Grundsätzliches

Der Nr. 2 des § 2 BetrKV (*Schmid/Ormanschick* a.a.O. Rn. 5024–5097) unterfallen laufend entstehende Kosten, nicht einmalige Gebühren, wie Anschlussgebühren oder besondere Gebühren, z.B. für die Erweiterung der kommunalen Wasserversorgungsanlage. 7

Der Wasserverbrauch muss mit dem allgemeinen Wohngebrauch in Zusammenhang stehen. Keine laufenden Verbrauchskosten sind Wasserkosten, die durch Schäden, z.B. infolge eines Wasserrohrbruches, undichter Leitungen (*AG Salzgitter* WuM 1996, 285), schadhafter Dichtungen (*Kinne* ZMR 2001, 3) oder defekter Toilettenspülungen (*Stangl* ZMR 2006, 95) anfallen oder durch Baumaßnahmen verursacht sind (*AG Görlitz* WuM 1996, 48). Das Problem einer gesonderten Erfassung stellt sich hier ebenso wie im Mietrecht. Gegebenenfalls müssen Schätzungen erfolgen. 8

Nicht umlegungsfähig sind auch die Kosten für Wasser, das vom Bewohner verkauft oder sonst für nutzungsfremde Zwecke verwendet wird (*BayObLG* ZMR 1997, 152 = WuM 1997, 186 für den Fall, dass Wasser nach »Bearbeitung« oder »Veredelung« verkauft wird). Das wirft insbesondere dann Probleme auf, wenn von einem Mieter Wasser für gewerbliche Zwecke verbraucht wird. Der Regelungsbereich des § 2 Nr. 2 BetrKV erscheint hier nicht eröffnet. 9

§ 2 Nr. 2 BetrKV setzt allerdings nicht voraus, dass das Wasser innerhalb einer Wohnung verbraucht wird, wenn ein Zusammenhang mit der üblichen Wohnungsnutzung besteht. Insbesondere wird die Umlegung nicht dadurch ausgeschlossen, dass das Wasser für Gemeinschaftsflächen verbraucht wird, z.B. Putzwasser (*AG Ibbenbühren* WuM 2000, 83). 10

II. Kosten im Einzelnen

1. Kosten des Wasserverbrauchs und Grundgebühren

Das sind die laufenden Kosten, die von dem Wasserversorgungsunternehmen dem Vermieter in Rechnung gestellt werden, und zwar verbrauchsabhängige und verbrauchsunabhängige Kosten. Die Grundgebühren werden teilweise auch als Zählermiete bezeichnet, was an ihrer Umlegungsfähigkeit nichts ändert (*Ruff* DWW 2004, 79, 81). 11

2. Kosten der Verbrauchserfassung und Kostenaufteilung

Unter § 2 Nr. 2 BetrKV fallen die Kosten für die Anmietung oder anderer Arten der Gebrauchsüberlassung von Wasserzählern. Keine Kosten der Wasserversorgung sind die Kosten für einen Erwerb von Wasserzählern (*Schläger* ZMR 1994, 192). 12

Zu Nr. 2 gehören auch die Kosten der Verwendung von Wasserzählern. Hierzu gehören insbesondere die Kosten einer vorgeschriebenen Eichung. Sind die Kosten für einen Geräteaustausch nicht höher als die Eichkosten, können statt der Eichkosten diese Kosten angesetzt werden (*LG Berlin* GE 2007, 1123: Die Kosten eines Eichservices für die Wasserzähler sind nach der Anzahl der in der Wohnung vorhandenen Zähler zu verteilen und nicht nach dem Verhältnis des gemessenen Wasserverbrauchs des betreffenden Mieters zum Gesamtverbrauch). 13

Werden zur Erfassung des Verbrauches verschiedener Mietergruppen (z.B. Wohnraum/Gewerberaum) Zwischenzähler verwendet, so sind die dadurch entstehenden Betriebskosten den Gesamtkosten zuzurechnen (*Schmid/Harsch* in: Schmid/Harz, Mietrecht, § 2 BetrKV Rn. 35). Die Gegen- 14 meinung (*Kinne* ZMR 2001, 2) verkennt, dass der Zwischenzähler zur Verbrauchserfassung für beide Gruppen dient, wobei es gleichgültig ist, ob der Verbrauch der einen oder der anderen Gruppe gemessen und dann vom Gesamtverbrauch abgezogen wird.

15 Die Kosten der Berechnung und Aufteilung sind vor allem die Kosten der Messdienstfirmen. Obgleich es sich bei diesen Kosten um Verwaltungskosten handelt, werden sie als Betriebskosten behandelt.

3. Wartungskosten für Wassermengenregler

16 Wassermengenregler sind Geräte, die die Durchlaufmenge unabhängig vom Wasserdruck regeln. Demgegenüber verändern Durchflussbegrenzer die Wassermenge abhängig vom Wasserdruck. Deren Wartungskosten unterfallen nicht der Nr. 2 des § 2 BetrKV (*Both* Betriebskostenlexikon Rn. 249). Zu Wartungskosten vgl. *Menck* ZMR 2023, 165 ff.

4. Kosten der hauseigenen Wasserversorgungsanlage

17 Erfasst sind nur die Betriebskosten, nicht die Kosten der Errichtung oder von Reparaturen. Betriebskosten sind z.B. die Stromkosten für die Wasserpumpe (*Kinne* ZMR 2001, 3) und die Kosten für eine behördlich angeordnete Trinkwasseruntersuchung (*AG Wesel* WuM 1990, 443). Letzteres kann allerdings nur dann gelten, wenn es sich um regelmäßige Untersuchungen handelt, da es ansonsten am Merkmal der »laufenden« Entstehung fehlt (vgl. Anhang »Trinkwasserverordnung - TrinkwV« Ziffer 9 Rdn. 80 ff.). Erfasst sind auch die Betriebskosten für Druckerhöhungsanlagen, wenn der Wasserdruck aus dem Netz des Wasserlieferanten nicht ausreicht (*Kinne* ZMR 2001, 3).

5. Kosten der Wasseraufbereitungsanlage

18 Wasseraufbereitungsanlagen sind Einrichtungen, durch die das Frischwasser in irgendeiner Weise verbessert wird. Hierzu gehören insbesondere Filteranlagen und Entkalkungsgeräte. Der Schutz von Leitungen und Geräten vor Verkalkung reicht aus (*AG Steinfurt* WuM 2004, 567).

19 Zu den Kosten der Wasseraufbereitungsanlage gehören auch die Kosten der Aufbereitungsstoffe, und Mittel, die dem Korrosionsschutz dienen (vgl. *Riecke* in: Schmid Handbuch der Mietnebenkosten Rn. 1028a).

C. Die Kosten der Entwässerung

20 **Hierzu gehören die Gebühren für die Haus- und Grundstücksentwässerung, die Kosten des Betriebs einer entsprechenden nicht öffentlichen Anlage und die Kosten des Betriebs einer Entwässerungspumpe.**

21 Zu den Kosten des Betriebs der Entwässerungsanlage (*Schmid/Ormanschick* a.a.O. Rn. 5098–5113; Langenberg/*Zehelein* 10. Aufl. A. Rn. 81 ff.) gehören auch Aufwendungen, die erforderlich sind, um den Betrieb der Anlage aufrechtzuerhalten (*AG Greiz* WuM 1999, 65). Hierzu gehören insbesondere **Strom- und Wartungskosten** (*Kinne* ZMR 2001, 4).

22 Bei einer eigenen **Klär- und Sickergrube** gehören hierzu die Kosten der Abfuhr und Reinigung (*Stangl* ZMR 2006, 95). Einmalige Gebühren sind nicht umlagefähig (vgl. *Riecke* in Schmid, Handbuch der Mietnebenkosten, Rn. 1021 ff.).

23 Im Gegensatz zur Regelung für die Wasserkosten nach § 2 Nr. 2 BetrKV sind hier die **Kosten für eine verbrauchsabhängige Abrechnung** nicht ausdrücklich als umlagefähig bezeichnet, und zwar auch dann nicht, wenn die Abwasserkosten nach dem Frischwasserverbrauch berechnet werden. Mehrkosten, die zu der Abrechnung des Frischwassers hinzukommen, hat der Vermieter trotzdem nicht zu tragen (vgl. zum Streitstand Langenberg/*Zehelein* 10. Aufl. A. Rn. 91). Die Abrechnungskosten sind jedenfalls von § 16 Abs. 2 S. 1 und 2 WEG erfasst.

24 Die Kosten für die Beseitigung einer **Abwasserrohrverstopfung** sind Reparaturkosten und keine laufenden Kosten der Entwässerung (*OLG Hamm* ZMR 1982, 314 = WuM 1982, 201). Kosten

einer **Dachrinnenreinigung** gehören nicht zu § 2 Nr. 3, sondern zu § 2 Nr. 17 BetrKV oder sind bei einer bereits eingetretenen Verstopfung nicht umlegungsfähig (*BGH*, VIII ZR 167/03, ZMR 2004, 430 = WuM 2004, 290).

D. Die Kosten a) des Betriebs der zentralen Heizungsanlage einschließlich der Abgasanlage

Hierzu gehören die Kosten der verbrauchten Brennstoffe und ihrer Lieferung, die Kosten des Betriebsstroms, die Kosten der Bedienung, Überwachung und Pflege der Anlage, der regelmäßigen Prüfung ihrer Betriebsbereitschaft und Betriebssicherheit einschließlich der Einstellung durch eine Fachkraft, der Reinigung der Anlage und des Betriebsraums, die Kosten der Messungen nach dem Bundes-Immissionsschutzgesetz, die Kosten der Anmietung oder anderer Arten der Gebrauchsüberlassung einer Ausstattung zur Verbrauchserfassung sowie die Kosten der Verwendung einer Ausstattung zur Verbrauchserfassung einschließlich der Kosten der Eichung sowie der Kosten der Berechnung und Aufteilung. 25

§ 16 Abs. 2 WEG umfasst grundsätzlich auch die Heiz- und Warmwasserkosten (zu § 2 Nr. 4a BetrKV vgl. *Schmid/Ormanschick* a.a.O. Rn. 5114–5160). Neben § 16 Abs. 2 WEG gilt aber weiterhin die HeizkostenV. Die Beschlusskompetenz der Wohnungseigentümer wird deshalb durch die HeizkostenV insoweit begrenzt, als nur eine danach zulässige Kostenverteilung beschlossen werden kann (*Schmid* WE 2007, 103). 26

1. Kosten der verbrauchten Brennstoffe und ihrer Lieferung

Kosten der Lieferung sind nur die unmittelbaren Lieferkosten (*BGH* – VIII ZR 156/11, ZMR 2012, 241 m. Anm. *Schmid*). Nicht erfasst sind deshalb die Kosten für die Überwachung der Öllieferung (*AG Charlottenburg* GE 1986, 1075) und für die Hausreinigung nach der Anlieferung von Brennstoffen. Reinigungskosten sind bei Nr. 9 ansetzbar. Trinkgelder für Brennstofffahrer sind nicht erfasst (*Riecke* in Schmid, Handbuch der Mietnebenkosten, Rn. 1060f; vgl. zum Streitstand *Lammel* HeizkV 5. Aufl. 2022 § 7 Rn. 88). 27

2. Kosten des Betriebsstroms

Betriebsstrom ist nur der Stromverbrauch für die Anlage selbst, nicht sonstiger Stromverbrauch wie etwa für die Beleuchtung des Heizungsraumes (*Lammel* HeizkV § 7 Rn. 90). 28

3. Kosten der Bedienung, Überwachung und Pflege der Anlage

Hierzu gehören nur die Kosten, die mit dem laufenden Betrieb verbunden sind, nicht Reparatur- und Ersatzbeschaffungskosten (*OLG Düsseldorf* NZM 2000, 762: Keine Betriebskosten, sondern Erhaltungs- bzw. Instandhaltungskosten sind Kosten für die Auswechslung von Lampen und Glühbirnen). Nicht erfasst sind die Kosten einer Heizöltankbeschichtung (*LG Frankenthal* ZMR 1985, 302); ebenso nicht die Kosten einer Tankreinigung, wenn diese nur als Vorarbeiten für die Beschichtung notwendig sind (*LG Hamburg* WuM 1989, 522). Kosten für die wiederkehrende Reinigung des Öltanks sind den Betriebskosten zuzurechnen (*BGH*, VIII ZR 221/08, WuM 2010, 33 = MDR 2010, 137). 29

Der Pflege der Anlage zugerechnet werden laufende kleinere Erhaltungs- bzw. Instandhaltungsarbeiten wie der Austausch von verschleißanfälligen Teilen, z.B. Dichtungen, Filter, Düsen (*OLG Düsseldorf* NZM 2000, 762 – zweifelhaft; vgl. *Riecke* in: Schmid Handbuch der Mietnebenkosten Rn. 1028 ff.). Pflegekosten sind auch die Kosten für Korrosionsschutzmaßnahmen (**a.A.** *AG Friedberg/Hessen* WuM 2000, 381). 30

Bedienungskosten sind nach eindeutigem Verordnungswortlaut auch bei vollautomatischen Zentralheizungen ansetzbar, selbst wenn der Aufwand geringfügig ist (*Ormanschick* in: Schmid Handbuch der Mietnebenkosten Rn. 5134; **a.A.** *LG Hannover* WuM 1996, 776). 31

4. **Kosten der regelmäßigen Prüfung der Betriebsbereitschaft und Betriebssicherheit einschließlich der Einstellung durch eine Fachkraft**

32 Umlegungsfähig sind nur die Prüfungs- und Einstellungskosten, nicht die Kosten von Reparaturen, deren Notwendigkeit bei der Prüfung festgestellt wird. Bei einer Gaszentralheizung gehören zur Überprüfung der Betriebssicherheit auch Druck- und Dichtigkeitsprüfungen der zugehörigen Gasleitungen (vgl. *AG Königstein/Ts.* WuM 1997, 684). Das Entlüften und das Nachfüllen von Wasser ist ebenfalls hierher zu rechnen (*Wall* Betriebskostenkommentar Rn. 3401 ff., 5914; *Lammel* HeizkV § 7 Rn. 98).

5. **Kosten der Reinigung der Anlage und des Betriebsraumes**

33 Hierzu gehören die Reinigungskosten für die gesamte Anlage einschließlich der Tankreinigung (*Schopp* ZMR 1986, 304; *Ormanschick* in: Schmid Handbuch der Mietnebenkosten, Rn. 5139; a.A. *AG Karlsruhe* WuM 1992, 139 f.; *AG Ahrensburg* WuM 2002, 117; *AG Speyer* ZMR 2007, 871 = WuM 2007, 575) und die Schornsteinreinigung (*Lammel* HeizkV § 7 Rn. 104). Die Tankreinigungskosten gehören deshalb zu den umlegbaren Kosten, weil hierdurch nicht nur die Gefahr der Korrosion verringert wird, sondern auch die Gefahr einer Verstopfung der Ansaugvorrichtung und der Düsen. Der zeitliche Abstand zwischen den Tankreinigungen ist i.d.R. auch nicht so groß, dass eine »laufende Entstehung« verneint werden müsste (a.A. *AG Hamburg* WuM 2000, 332).

6. **Kosten der Messungen nach dem Bundes-Immissionsschutzgesetz**

34 Hierzu gehören nur die Kosten der vorgeschriebenen Messungen (vgl. *Lammel* HeizkV § 7 Rn. 107), nicht sonstige Messkosten.

7. **Kosten der Anmietung oder anderer Arten der Gebrauchsüberlassung einer Ausstattung zur Verbrauchserfassung**

35 Hierzu gehören bei einer Funkablesung auch die Kosten für die Anmietung der Funkanlage (*Ormanschick* in: Schmid Handbuch der Mietnebenkosten Rn. 5142; a.A. *LG Berlin* WuM 2004, 340). Die Funkablesung ermöglicht eine gleichzeitige Ablesung bei allen Nutzern, ohne dass deren Wohnungen betreten werden müssen. Sie hat gegenüber einer Ablesung vor Ort erhebliche Vorteile.

8. **Kosten der Verwendung einer Ausstattung zur Verbrauchserfassung einschließlich der Eichkosten und der Kosten der Berechnung und Aufteilung**

36 Kosten einer Ausstattung zur Verbrauchserfassung sind auch die Kosten der vorgeschriebenen Eichungen. Zu den Betriebskosten der Wärmezähler werden auch die Kosten für deren Wartung und die Kosten für Erneuerung der zu ihrem Betrieb benötigten Batterien gerechnet (*AG Steinfurt* WuM 1999, 721). Keine Betriebskosten sind Kosten für die erstmalige Beschaffung von Geräten, auch im Fall einer Umrüstung nach § 9 Abs. 2 S. 1 HeizkostenV (*Kinne* GE 2009, 492).

37 Kosten der Berechnung und Aufteilung sind insbesondere die Kosten der Messdienstfirmen, wobei es auf die Art der Messgeräte und die Durchführung der Berechnung und Aufteilung nicht ankommt (*Schmid*, a.a.O. Rn. 5148; a.A. *Lammel* HeizkostenV § 7 Rn. 72 m.w.N.). Ferner der Verwaltungsaufwand für die Kostenzusammenstellung, die Korrespondenz mit der Messdienstfirma und die Kontrolle der von dieser erstellten Abrechnungen sowie der mit einem Nutzerwechsel verbundene zusätzliche Verwaltungsaufwand.

9. **Verbrauchserfassung**

38 Anders als in § 7 Abs. 2 HeizkostenV sind hier die Kosten der früheren Verbrauchsanalyse ebenso wenig erwähnt wie die heutigen Informationspflichten nach § 6a HeizkV (vgl. *Lammel* § 7 Rn. 115).

10. Miet- und Leasingkosten

Für Ausstattungen zur Verbrauchserfassung s. § 4 HeizkostenV. Keine Betriebskosten sind Leasingkosten für Brenner, Öltank und Zuleitungen (*BGH,* VIII ZR 92/08, ZMR 2009, 354 = NJW 2009, 667). Die Kosten für die Anmietung eines Flüssiggastanks werden ebenfalls nicht den Betriebskosten zugerechnet (*AG Bad Kreuznach* BayHausBesZ 1989, 341). 39

E. Die Kosten b) des Betriebs der zentralen Brennstoffversorgungsanlage

Hierzu gehören die Kosten der verbrauchten Brennstoffe und ihrer Lieferung, die Kosten des Betriebsstroms und die Kosten der Überwachung sowie die Kosten der Reinigung der Anlage und des Betriebsraums. 40

Zentrale Brennstoffversorgungsanlagen sind Einrichtungen, durch die von einem zentralen Vorratsbehälter aus die Wohnungen mit Brennstoff versorgt werden (*Fischer-Dieskau/Pergande/Schwender* Anm. 6.2. zu § 27 II. BV). 41

Zu Einzelfragen für die unter Buchst. b) genannten Kostenpositionen s.o. Rdn. 25 ff. Anders als in Nr. 4 Buchst. a) sind hier die Kosten der Bedienung und Pflege der Anlage nicht genannt. Zu den Kosten der Überwachung gehören auch Kosten für die Überprüfung der Leitungen vom Tank zur Heizung (*Schach* GE 2005, 334, 337). 42

F. Die Kosten c) der eigenständig gewerblichen Lieferung von Wärme, auch aus Anlagen i.S.d. Buchst. a

Hierzu gehören das Entgelt für die Wärmelieferung und die Kosten des Betriebs der zugehörigen Hausanlagen entsprechend Buchst. a). 43

Vom Grundsatz her ist das gesamte Entgelt, das der Wärmelieferer erhält (*Schmid,* a.a.O. Rn. 5165–5176a), umlegbar, auch wenn darin als unselbständige Kalkulationsposten Investitionen, Finanzierungskosten, Amortisationen, Reparaturen, Pacht von Räumlichkeiten und ein Unternehmergewinn enthalten sind (*BGH,* VIII ZR 286/02, ZMR 2003, 824 = WuM 2003, 501; *LG München II* ZMR 2001, 199 = MDR 2001, 210). Der Katalog der Einzelkosten nach § 2 Nr. 4 Buchst. a) BetrKV, § 7 Abs. 2 HeizkostenV ist hier nicht von Belang (*AG München* WuM 2002, 434). 44

Unter Hausanlagen im Sinne dieser Vorschrift wird die Übergabestation samt den zugehörigen Einrichtungen, die zwischen der Leitung des Lieferanten und den zu den einzelnen Nutzern führenden Hausleitungen liegen, verstanden (*LG Gera* ZMR 2001, 350). Erfasst sind nur Betriebskosten, nicht die Kosten der Anlage selbst. Das gilt auch, wenn die Hausanschlussstation vom Wärmelieferanten gestellt wird und die Kosten hierfür im Wärmelieferungspreis enthalten sind (*LG Gera* ZMR 2001, 350; Schmid ZMR 2001, 690; a.A. *AG München* WuM 2002, 434; *Burmeister/Kues* Zur Umlegung der Kosten für eine Hausanschluss-Station für die Fernwärmeversorgung auf den Mieter, ZMR 2001, 352), oder wenn eine sog. Kompaktstation angemietet oder geleast wird (*Wall,* Betriebskosten-Kommentar, Rn. 6004 ff., a.A. *AG Leipzig* WuM 2010, 428 = NZM 2009, 858). Zu den Betriebskosten der Hausanlage gehören auch die Kosten des Kaltwassers, das für den Wärmetauscher erforderlich ist (*LG Berlin* GE 2006, 1041). 45

G. Die Kosten d) der Reinigung und Wartung von Etagenheizungen und Gaseinzelfeuerstätten

Hierzu gehören die Kosten der Beseitigung von Wasserablagerungen und Verbrennungsrückständen in der Anlage, die Kosten der regelmäßigen Prüfung der Betriebsbereitschaft und Betriebssicherheit und der damit zusammenhängenden Einstellung durch eine Fachkraft sowie die Kosten der Messungen nach dem Bundes-Immissionsschutzgesetz. 46

Besonders erwähnt sind die Kosten der Beseitigung von Wasserablagerungen und Verbrennungsrückständen in der Anlage. Die Reinigung des Öltanks fällt nicht darunter, weil die Ablagerungen im Öltank weder Wasserablagerungen noch Verbrennungsrückstände sind (*Schmid,* a.a.O. Rn. 47

5178–5183). Da nicht nur die Kosten der Heizungen selbst genannt sind, sondern auch die regelmäßige Überprüfung der Betriebssicherheit erwähnt wird, sind regelmäßige (nach Vorgaben des Herstellers sinnvolle) Wartungskosten für die Gastherme in dieser Position umlegbar, wenn zumindest allgemein im Mietvertrag auf § 2 BetrkV verwiesen wurde; eine enumerative unvollständige Aufzählung im Mietvertrag kann schädlich sein (vgl. *AG Darmstadt* NJW-RR 2013, 850). Die Kosten einer Dichtigkeitsprüfung der Gaszuleitungen zur Therme sind dagegen nicht umlagefähig (*AG Kassel* NZM 2006, 537 = WuM 2006, 149; **a.A.** *LG Hannover* ZMR 2007, 865; *AG Bad Wildungen* WuM 2004, 669); insoweit handelt es sich um gesondert als umlagefähig zu vereinbarende sonstige Betriebskosten nach § 2 Nr. 17.

H. Die Kosten a) des Betriebs der zentralen Warmwasserversorgungsanlage

48 **Hierzu gehören die Kosten der Wasserversorgung entsprechend Nr. 2, soweit sie nicht dort bereits berücksichtigt sind, und die Kosten der Wassererwärmung entsprechend Nr. 4 Buchst. a).**

49 Die Kosten der Wasserversorgung sind nur dann als Kosten des Betriebs der zentralen Warmwasserversorgungsanlage (*Schmid/Ormanschick*, a.a.O. Rn. 5184–5190) abzurechnen, wenn sie nicht gesondert abgerechnet werden. Kanalgebühren dürfen in diese Position nicht eingestellt werden, auch wenn die Abwasserkosten nach dem Frischwasserverbrauch berechnet werden (*AG Aachen* ZMR 2008, 383).

50 Für die Kosten der Wassererwärmung verweist § 2 Nr. 5 Buchst. b) auf § 2 Nr. 4 Buchst. a). Es kann deshalb auf Rdn. 25 ff. Bezug genommen werden.

51 Umstritten war, ob die Kosten der regelmäßigen Trinkwasseruntersuchung hier (so h.M.: *Serwe*, Kosten der Trinkwasseruntersuchung sind auf die Mieter nach § 2 Nr. 2, 4 bis 6, 16 BetrKVO umlegbar, ZMR 2012, 167; vgl. auch die Kommentierung zur TrinkwasserV im Anhang) oder bei § 2 Nr. 17 anzusetzen sind.

52 **Die Kosten b) der eigenständig gewerblichen Lieferung von Warmwasser, auch aus Anlagen i.S.d. Buchst. a**

53 **Hierzu gehören das Entgelt für die Lieferung des Warmwassers und die Kosten des Betriebs der zugehörigen Hausanlagen entsprechend Nr. 4 Buchst. a).**

54 Die Regelung entspricht § 2 Nr. 4 Buchst. c); vgl. oben Rdn. 43.

I. Die Kosten c) der Reinigung und Wartung von Warmwassergeräten

55 **Hierzu gehören die Kosten der Beseitigung von Wasserablagerungen und Verbrennungsrückständen im Inneren der Geräte sowie die Kosten der regelmäßigen Prüfung der Betriebsbereitschaft und Betriebssicherheit und der damit zusammenhängenden Einstellung durch eine Fachkraft.**

56 Dem Buchst. c) unterfallen Warmwassergeräte, die in der Wohnung selbst aufgestellt sind – im Gegensatz zur zentralen Warmwasserversorgungsanlage. Die Beseitigung von Kalkablagerungen geht über eine Reinigung und Wartung hinaus, die hierdurch entstehenden Kosten sind keine Betriebskosten (*Stangl* ZMR 2006, 95, 96; *Schmid/Ormanschick* a.a.O. Rn. 5192).

57 **Die Kosten verbundener Heizungs- und Warmwasserversorgungsanlagen**

a) bei zentralen Heizungsanlagen entsprechend Nr. 4 Buchst. a) und entsprechend Nr. 2, soweit sie nicht dort bereits berücksichtigt sind;

oder

b) der eigenständig gewerblichen Lieferung von Wärme entsprechend Nr. 4 Buchst. c) und entsprechend Nr. 2, sie nicht dort bereits berücksichtigt sind;

oder

58 **c) bei verbundenen Etagenheizungen und Warmwasserversorgungsanlagen entsprechend Nr. 4 Buchst. d) und entsprechend Nr. 2, soweit sie nicht dort bereits berücksichtigt sind.**

Eine Kostenaufteilung ist nur nach § 9 HeizkostenV für den Anwendungsbereich dieser Verordnung vorgeschrieben. 59

J. Die Kosten des Betriebs des Personen- oder Lastenaufzuges

Hierzu gehören die Kosten des Betriebsstroms, die Kosten der Beaufsichtigung, der Bedienung, Überwachung und Pflege der Anlage, der regelmäßigen Prüfung der Betriebsbereitschaft und Betriebssicherheit einschließlich der Einstellung durch eine Fachkraft sowie die Kosten der Reinigung der Anlage. 60

Die Kosten des **Betriebsstroms** sind grundsätzlich durch einen Zwischenzähler zu ermitteln (*Schmid* a.a.O. Rn. 5195). Nur wenn die hierdurch anfallenden Kosten unwirtschaftlich hoch sind oder der Zwischenzähler ausgefallen ist, ist eine Schätzung zulässig (*Kinne* GE 2007, 494, 495). 61

Kosten der **Beaufsichtigung** und **Überwachung** sind die Kosten für einen Aufzugswart (*Kinne* ZMR 2001, 4) und die Kosten einer Überwachungsanlage mit Notrufmöglichkeit (*LG Gera* WuM 2001, 615; *AG Frankfurt-Höchst* WuM 2001, 615) und einer Alarmanlage (*LG Braunschweig* ZMR 2003, 114). Erfasst sind die Wartungs- und Betriebskosten (*AG Hamburg* WuM 1989, 126) sowie die Kosten einer Anmietung (*LG Gera* WuM 2001, 615), nicht aber die Kosten der Anschaffung und des erstmaligen Anschlusses (*OLG Düsseldorf* ZMR 2012, 184 = GE 2012, 202). 62

Zu den Kosten der **Pflege** der Anlage gehören auch Reinigungsmittel und Schmierstoffe (*Kinne* ZMR 2001, 4). Der Austausch von Teilen stellt jedoch eine Reparatur dar (*Kinne* GE 2007, 494, 495). 63

Kosten der **Prüfung der Betriebsbereitschaft und Betriebssicherheit** sind Aufwendungen für regelmäßige Überprüfungen, insbesondere für solche, die öffentlich-rechtlich vorgeschrieben sind. 64

Die Kosten der **Einstellung** durch eine Fachkraft umfassen auch Aufwendungen für eine Störungsbeseitigung, die eine Reparatur nicht erfordert (*LG Berlin* GE 1987, 89). 65

Nach § 2 Nr. 7 umlegbar sind nur die Kosten der **Reinigung** der Aufzugsanlage. Reinigungskosten für den Fahrkorb gehören zu Nr. 9. 66

Versicherungen sind nach Maßgabe der Nr. 13 umzulegen. 67

Vor allem für Aufzüge werden häufig **Vollwartungsverträge** geschlossen. Mietrechtlich besteht Einigkeit darüber, dass bei Vollwartungsverträgen der Reparaturkostenanteil der Instandhaltung und Instandsetzung zuzurechnen und aus den Gesamtkosten herauszurechnen ist, wobei jedoch die Berechnungsweise und die Höhe dieses Anteils höchst umstritten sind (vgl. *Riecke* in: Schmid HdB der Mietnebenkosten Rn. 1030 ff und *Ormanschick* a.a.O. Rn. 5204 m.w.N.). Diese Schwierigkeiten entstehen beim Wohnungseigentum in gleicher Weise, wenn für die Betriebskosten und die Reparaturkosten unterschiedliche Abrechnungsmaßstäbe gelten. In der Abrechnung muss dann eine Aufteilung erfolgen. Die Beschlusskompetenz nach § 16 Abs. 2 S. 2 WEG erstreckt sich jetzt auf Betriebskosten und Reparaturkosten. 68

Eine Differenzierung der Kostentragung nach Stockwerken widerspricht nicht ordnungsmäßiger Verwaltung (*LG Nürnberg-Fürth* ZMR 2009, 638 = IMR 2009, 281). 69

K. Die Kosten der Straßenreinigung und Müllbeseitigung

Zu den Kosten der Straßenreinigung gehören die für die öffentliche Straßenreinigung zu entrichtenden Gebühren und die Kosten nicht öffentlicher Maßnahmen; zu den Kosten der Müllbeseitigung gehören namentlich die für die Müllabfuhr zu entrichtenden Gebühren, die Kosten entsprechender nichtöffentlicher Maßnahmen, sowie die Kosten des Betriebs von Müllkompressoren, Müllschluckern, Müllabsauganlagen sowie des Betriebs von Müllmengenerfassungsanlagen einschließlich der Kosten der Berechnung und Aufteilung. 70

I. Straßenreinigung

1. Erfasste Flächen

71 Die Vorschrift betrifft die Kosten für die Reinigung der öffentlichen Straßen (*Schmid* a.a.O. Rn. 5220–5285). Entsprechende Maßnahmen auf dem Grundstück selbst können über die Positionen Hauswart (Nr. 14) oder Gartenpflege (Nr. 10) umgelegt werden. Für die Abgrenzung ist darauf abzustellen, ob die Fläche nach öffentlichem Recht dem allgemeinen Verkehr gewidmet ist.

72 Zu den Straßen gehören auch Fuß- (*Wall* Betriebskosten-Kommentar Rn. 3800 ff.) und Radwege. Bei Passagen, Arkaden und ähnlichen Durchgängen kommt es darauf an, ob diese nach öffentlichem Recht dem allgemeinen Verkehr gewidmet sind. Ist dies der Fall gilt § 2 Nr. 8 BetrKV. Handelt es sich um einen privaten Weg, bestimmt sich die Kostenumlegung nach § 2 Nr. 10 BetrKV.

2. Erfasste Tätigkeiten

73 Zur Straßenreinigung gehört bereits nach dem Wortlaut die Beseitigung von Verschmutzungen. Hierzu gerechnet werden aber auch die Beseitigung von Eis und Schnee und das Streuen bei Glätte. Dies gilt nicht für Pflegekosten von Garten- oder Parkflächen, die durch bauplanerische Bestimmungen oder durch den Vermieter selbst für die Nutzung der Öffentlichkeit gewidmet sind (*BGH* – VIII ZR 33/15, ZMR 2016, 434).

3. Umlegbare Kosten

74 Umlegbar sind die Kosten für die Arbeitsleistung selbst. Umlegbar ist auch der Betrag eines Mietnachlasses, der einem Mieter für die Übernahme der Reinigungstätigkeit gewährt wird (*Kinne* ZMR 2001, 5).

75 **Reinigungsmittel** (*Kinne* ZMR 2001, 5) und **Streugut** (*BGH* – VIII ZR 341/03, ZMR 2004, 901 = WuM 2004, 666, Juris Rn. 15), die der Vermieter verwendet oder von einem Dritten in Rechnung gestellt bekommt, gehören zu den Kosten der Straßenreinigung.

76 Die Kosten für die Anschaffung und Ersatzbeschaffung von **Geräten** zur Schnee- und Schmutzbeseitigung sind nicht erfasst (vgl. *Riecke* in: Schmid HdB der Mietnebenkosten Rn. 1035; **a.A.** *Kinne* ZMR 2001, 5; *Hitpaß* ZMR 2008, 935). Dasselbe gilt für die Kosten einer Reparatur dieser Geräte (vgl. *Riecke* in: Schmid HdB der Mietnebenkosten Rn. 1028 ff.; **a.A.** *Kinne* ZMR 2005, 1219, 1220). Umlegbar sind die Wartungskosten (*Kinne* ZMR 2001, 5) und die Treibstoffkosten (*Ormanschick* in: Schmid HdB der Mietnebenkosten Rn. 5226).

II. Müllbeseitigung

77 Die umlegbaren Kostenpositionen sind »namentlich« aufgezählt. Es können deshalb unter dieser Position auch weitere, nicht ausdrücklich genannte Kosten erfasst werden, die sich als Betriebskosten für die Müllbeseitigung darstellen, z.B. die Kosten für die **Reinigung der Müllbehältnisse**. Rechnet man diese Kosten nicht hierher, sind sie nach § 2 Nr. 17 BetrKV umlegungsfähig (vgl. *Schmid* DWW 2004, 288).

78 Nicht erfasst sind die Kosten für die Anschaffung von **Abfallbehältern**. Es handelt sich um Baukosten nach Nr. II. 5. der Anlage 1 zu § 5 Abs. 5 II. BV (*OLG Naumburg* ZMR 2007, 618).

79 Unabhängig von der Bezeichnung als Müll oder Wertstoff können auch die Kosten für die Leerung einer **Kompostonne** hier angesetzt werden (*Schläger* ZMR 1998, 676; **a.A.** *AG Uelzen* NZM 1998, 75).

80 Die Kosten der **Sperrmüllbeseitigung** rechnet *BGH* (VIII ZR 137/09, ZMR 2010, 433 = NJW 2010, 1198 Juris Rn. 24) auch dann zu den umlegungsfähigen Betriebskosten, wenn der Sperrmüll rechtswidrig von Dritten abgestellt wurde. Gegen diese allgemeine Aussage bestehen jedoch Bedenken. Soweit der Sperrmüll rechtswidrig abgestellt wurde, liegt kein bestimmungsgemäßer Gebrauch i.S.d.

§ 1 BetrKV vor (*Schmid*, MietRB 2010, 120). Ob diese Kosten laufend entstehen, ist eine Frage des Einzelfalls. Bei der Beurteilung der laufenden Entstehung verfährt der *BGH* zwar großzügig und verlangt weder einen Turnus noch eine regelmäßige Wiederkehr (VIII ZR 137/09, NZM 2010, 274 = ZMR 2010, 433) und lässt einen Abstand von 5 bis 7 Jahren für die laufende Entstehung ausreichen (VIII ZR 221/08, MDR 2010, 137 = NZM 2010, 79). Es wird deshalb auch für die Sperrmüllbeseitigung nur eine »gewisse« Regelmäßigkeit verlangt (*LG Berlin* GE 2011, 58)

Sehr umstritten ist auch, inwieweit die Kosten für ein **Müllmanagement** bei Nr. 8 angesetzt werden können (vgl. *BGH*, 23.01.2023 – VIII ZR 230/21, ZMR 2023, 535; bejahend *AG Mainz* WuM 2003, 450; im Wesentlichen verneinend *AG Mitte* WuM 2005, 393; für eine nachträgliche Mülltrennung verneinend *LG Tübingen* WuM 2004, 497). Unter Müllmanagement wird vor allem die Nachbehandlung und Nachsortierung des Mülls verstanden, um Müllabfuhrgebühren zu sparen (vgl. *Wall* WuM 2005, 393 und *Gabriel* DWW 2005, 366 ff.). Da die Kosten der Müllbeseitigung in Nr. 8 nur »namentlich« aufgeführt sind, ist ein Ansatz grundsätzlich möglich (*Ormanschick* in: Schmid HdB der Mietnebenkosten Rn. 5251 ff.). 81

Die Kosten für die **Reinigung der Tonnenräume** sind bei Nr. 9 oder bei den Hauswartkosten (Nr. 14) anzusetzen. 82

Mietkosten für Müllkompressoren, Müllschlucker, Müllabsauganlagen und Müllmengenerfassungsanlagen werden überwiegend nicht als erfasst angesehen (*Wall* WuM 2004, 10, 11). 83

L. Die Kosten der Gebäudereinigung und Ungezieferbekämpfung

Zu den Kosten der Gebäudereinigung gehören die Kosten der Säuberung der von den Bewohnern gemeinsam benutzten Gebäudeteile, wie Zugänge Flure, Treppen, Keller, Bodenräume, Waschküchen, Fahrkorb des Aufzuges. 84

I. Gebäudereinigung

1. Reinigungsgegenstände

a) Grundsätzliches

Umlegbar sind die Kosten für die in § 2 Nr. 9 BetrKV ausdrücklich genannten Gebäudeteile und für sonstige Gebäudeteile, die von den Bewohnern gemeinsam benutzt werden (*Schmid/Ormanschick* HdB der Mietnebenkosten Rn. 5286–5336). Reinigungskosten für Flächen auf dem Grundstück außerhalb des Gebäudes unterfallen § 2 Nr. 10 BetrKV, Kosten für die Straßenreinigung außerhalb des Grundstücks dem § 2 Nr. 8 BetrKV. Außerdem kommt eine Kostenumlegung nach § 2 Nr. 17 BetrKV in Betracht. Laufende Reinigungskosten, die nicht unter § 2 Nr. 9 BetrKV oder eine andere Nummer fallen, sind sonstige Betriebskosten i.S.v. § 2 Nr. 17 BetrKV (*Schmid/Ormanschick* HdB der Mietnebenkosten Rn. 5286; **a.A.** *AG Hamburg* WuM 1995, 652 für Fassadenreinigung). 85

b) Einzelfälle

Nach § 2 Nr. 7 BetrKV umlegbar sind die Kosten der Reinigung der **Aufzugsanlage.** Reinigungskosten für den Fahrkorb gehören zu § 2 Nr. 9 BetrKV (*Schmid* WuM 2011, 659). 86

Die Kosten einer **Dachrinnenreinigung** gehören zu § 2 Nr. 17 BetrKV. Die Kosten sind umlegungsfähig, wenn die Reinigung in regelmäßigen Abständen durchgeführt wird, nicht aber wenn eine einmalige Maßnahme aus einem bestimmten Anlass vorliegt oder eine bereits eingetretene Verstopfung beseitigt werden soll (*BGH*, VIII ZR 167/03, ZMR 2004, 430 = WuM 2004, 290). 87

Die **Fassade** ist mit den Beispielen des § 2 Nr. 9 BetrKV nicht vergleichbar und wird deshalb im Sinne dieser Vorschrift nicht »gemeinsam genutzt«. Die Kosten der Fassadenreinigung sind § 2 Nr. 17 BetrKV zuzuordnen (*Wall*, Betriebskosten-Kommentar, Rn. 3900 ff; **a.A.** *AG Hamburg* WuM 1995, 652). Auch die Beseitigung von Graffitis an der Außenfassade gehört nicht zu § 2 Nr. 9 BetrKV (**a.A.** *Schulz* GE 2007, 1221, 1222). 88

89 Miet- und Reinigungskosten für **Fußmatten** sind nicht hier, sondern bei § 2 Nr. 17 BetrKV anzusetzen, da die Matten zwar die Verschmutzung des Hauses verringern, aber nicht dessen Reinigung betreffen (a.A. *LG Berlin* GE 2007, 1123; *Wall* Betriebskosten-Kommentar, Rn. 3901).

90 **Glasdächer** sollen von den Bewohnern nicht betreten werden. Die Reinigungskosten unterfallen § 2 Nr. 17 BetrKV (**a.A.** *AG Potsdam* GE 2007, 918).

91 Die Reinigung des **Hauswartbüros** ist den Verwaltungskosten zuzurechnen (vgl. auch *Lehmann-Richter* in: Schmidt-Futterer Mietrecht § 556 Rn. 255).

92 Reinigungskosten für den Heizungsraum der zentralen **Heizungsanlage** sind in § 2 Nr. 4 BetrKV genannt. Die Kosten für die Hausreinigung nach der Anlieferung von Brennstoffen sind Reinigungskosten nach § 2 Nr. 9 BetrKV (*Schmid* WuM 2011, 659).

93 Reinigungskosten für **Jalousien** gehören zu § 2 Nr. 17 BetrKV (*AG Potsdam* GE 2007, 918).

94 Die Kosten für die Reinigung von **Lichtschächten** gehören ebenfalls nicht zu Nr. 9, sondern zu Nr. 17 BetrKV (vgl. *LG München I* WuM 2000, 258).

95 Kosten für einen **Notdienst** sind Betriebskosten (*AG Neuss* ZMR 2013, 899).

96 Die Reinigungskosten für **Passagen** oder **Arkaden** gehören nicht zur § 2 Nr. 9 BetrKV, da sie nicht dem Gebäude zuzurechnen sind (*Pfeifer* DWW 2000, 14; *Lehmann-Richter* in: Schmidt-Futterer Mietrecht § 556 Rn. 255), sondern zu § 2 Nr. 8 oder Nr. 10. Es kommt darauf an, ob diese nach öffentlichem Recht dem allgemeinen Verkehr gewidmet sind. Ist dies der Fall gilt § 2 Nr. 8. Handelt es sich um einen privaten Weg, bestimmt sich die Kostenumlegung nach § 2 Nr. 10.

97 Die Reinigung von **Parkplätzen** o.ä. außerhalb des Hauses unterfällt § 2 Nr. 10 BetrKV nur wenn sie nicht dem öffentlichen Verkehr dienen (*Lehmann-Richter* in: Schmidt-Futterer, Mietrecht, § 556 Rn. 268; *Schmid/Ormanschick*, HdB der Mietnebenkosten, Rn. 5297).

98 Die Reinigung von **Tiefgaragen** oder **Garagengebäuden** gehört zu § 2 Nr. 9 BetrKV (*Schmid/Ormanschick*, HdB der Mietnebenkosten, Rn. 5299). Das gilt auch für die Zufahrten zu Tiefgaragen (*Lehmann-Richter* in: Schmidt-Futterer Mietrecht § 556 Rn. 268 f.), aber nur soweit sie nach der Verkehrsanschauung bereits dem Gebäude zuzuordnen sind. Fahrstraßen zu Tiefgaragen gehören zu § 2 Nr. 10 BetrKV (*Schmid* WuM 2011, 659).

99 Die Kosten für die Reinigung der **Tonnenräume** sind bei § 2 Nr. 9 BetrKV anzusetzen (*Schmid/Ormanschick* HdB der Mietnebenkosten Rn. 5300).

100 Reinigungskosten von **Wärmeversorgungsräumen** bei Fernheizungen sind nach § 2 Nr. 4 Buchst. c) und Buchst. a) BetrKV den Heizkosten zuzuordnen (*Schmid* WuM 2011, 659, 660; **a.A.** *AG Charlottenburg* GE 1988, 309). Der Raum, in dem sich die mit Fernwärme versorgte Anlage befindet, entspricht dem Betriebsraum einer zentralen Heizungsanlage.

101 Die Kosten der Reinigung der Einrichtungen für die **Wäschepflege** gehören zu § 2 Nr. 16 BetrKV. Die Reinigungskosten für den Raum, in dem die Geräte aufgestellt sind, gehören dagegen zu § 2 Nr. 9 BetrKV (*Schmid/Ormanschick*, HdB der Mietnebenkosten, Rn. 5302).

2. Umlegbare Aufwendungen

a) Personalkosten

102 Wird ein selbständiges Reinigungsunternehmen beauftragt, sind dessen Kosten umlegungsfähig, auch wenn darin Sachaufwendungen einkalkuliert sind (*Westphal* WuM 1998, 329 für Hauswartkosten).

103 Wird die Gebäudereinigung durch eine angestellte Reinigungskraft vorgenommen, sind die Lohnkosten umlagefähig (*LG Kiel* WuM 1996, 631). Ebenso wird man wie beim Hauswart (§ 2 Nr. 14 BetrKV) auch Lohnnebenkosten (*Wall* Betriebskosten-Kommentar, Rn. 3900 ff.) und sonstige Ver-

gütungen ansetzen können. Nicht als umlegungsfähig angesehen werden die Kosten der Lohnabrechnung (*LG Kiel* WuM 1996, 631).

Als Verwaltungskosten ebenfalls nicht umlegungsfähig sind die Kosten für die Einweisung und Überwachung der Putzkräfte (*AG Köln* WuM 1998, 692). Dies gilt jedoch dann nicht, wenn bei Einsatz eines Reinigungsunternehmens solche Kosten nur einen internen Kalkulationsposten darstellen (*Schmid/Ormanschick* HdB der Mietnebenkosten Rn. 5310). 104

b) Sachkosten

Zu den Kosten der Gebäudereinigung gehören auch die laufend verbrauchten Putzmittel (*AG Tiergarten* GE 1988, 631; *Wall* Betriebskosten-Kommentar, Rn. 3900). Dagegen wird man den Erwerb von Putzgeräten nicht hierher rechnen können, da es sich insoweit nicht um Betriebskosten handelt (*AG Lörrach* WuM 1996, 628; a.A. *Kinne* ZMR 2001, 5). Das gilt sowohl für Kleingeräte wie Putzlappen als auch für größere Geräte wie Bohnermaschinen (*Wall* Betriebskosten-Kommentar, Rn. 3900). Die Betriebskosten für solche Maschinen sind jedoch umlagefähig (*Kinne* ZMR 2001, 5), nicht aber die Reparaturkosten (*Schmid/Ormanschick* HdB der Mietnebenkosten Rn. 5311; a.A. *Kinne* ZMR 2001, 5). Nicht ansetzbar sind auch die Erwerbskosten für sonstige Arbeitsmittel (vgl. generell *Schmid/Riecke* HdB der Mietnebenkosten Rn. 1035 m.w.N.). 105

Die Kosten für das zum Putzen verwendete Wasser sind umlegungsfähig (*Schmid/Ormanschick* HdB der Mietnebenkosten Rn. 5312), wobei das Problem darin liegt, dass der Verbrauch in der Praxis vielfach nicht gesondert erfasst wird. Das führt zu Schwierigkeiten bei einer verbrauchsabhängigen Abrechnung der Wasserkosten. Sind sämtliche Positionen, für die Wasser verbraucht wird, umlegbar, wird man es in Analogie zu § 2 Nr. 5 und Nr. 16 BetrKV, § 25 Abs. 1 NMV 1970 sowie § 5 Abs. 2, § 8 HeizkostenV zulassen können, dass der Wasserverbrauch nach dem Verhältnis des Verbrauches in den einzelnen Wohnungen umgelegt wird, also in die verbrauchsabhängige Abrechnung einfließt (*Schmid* WE 2001, 206; a.A. *Milger* NZM 2008, 757, 761, die bei einer Abrechnung nach Verbrauch nur eine gesonderte Erfassung zulässt). Sind dagegen Wasserverbräuche außerhalb der Wohnung nicht umlegungsfähig, sind diese Kosten vom Vermieter zu tragen (*Schmid/Ormanschick* HdB der Mietnebenkosten Rn. 5312, 5088 ff.). 106

3. Nicht als Betriebskosten umlegbare Reinigungskosten

a) Abgrenzung zu Instandsetzungskosten

Nicht umlegungsfähig sind Sonderreinigungskosten aufgrund von Baumaßnahmen (*Wall* Betriebskosten-Kommentar Rn. 3908; *Kinne* ZMR 2001, 6). Die Kosten entstehen weder laufend noch sind sie durch den Gebrauch des Gebäudes veranlasst. Sie sind den Instandsetzungskosten zuzurechnen (§ 1 Nr. 2 BetrKV). 107

b) Rechtswidrige Verschmutzungen

Betriebskosten sind nur solche Kosten, die durch den bestimmungsgemäßen Gebrauch entstehen. Durch den bestimmungsgemäßen Gebrauch entstehen Kosten, die ihren Grund in einer ordnungsgemäßen Benutzung haben. Keine Betriebskosten sind deshalb Kosten, die durch ein rechtswidriges Verhalten von Mietern oder von Dritten entstehen (*Schmid* WuM 2008, 519; a.A. *BGH* – VIII ZR 137/09, WuM 2010, 153 = ZMR 2010, 433 für Sperrmüll). Durch ein rechtswidriges Verhalten wird das Gebäude nicht bestimmungsgemäß genutzt. 108

Zusätzliche Gebäudereinigungskosten sind deshalb nicht umlegungsfähig, wenn die Reinigung durch vertragswidrige, insbesondere mutwillige Schmutzverursachung einzelner Mieter notwendig wurde (*LG Siegen* WuM 1992, 630; *Ormanschick* in: Schmid HdB der Mietnebenkosten Rn. 5304 ff.; *Wall* Betriebskosten-Kommentar Rn. 3908 a.E.). 109

c) Laufende Entstehung

110 Betriebskosten sind nur solche Kosten, die laufend entstehen (§ 1 Abs. 1 BetrKV).

111 Kosten für die Beseitigung besonderer Verschmutzungen, die beim Ein- oder Auszug entstehen sind nicht als Betriebskosten umlegbar, da sie nach der Rechtsprechung (so für die Nutzerwechselgebühr *BGH* – VIII ZR 19/07, MDR 2008, 313 = NZM 2008, 123; zweifelhaft vgl. *Schmid/Riecke* HdB der Mietnebenkosten Rn. 1036a) nicht regelmäßig entstehen (*Wall* Betriebskosten-Kommentar, Rn. 3908).

II. Ungezieferbekämpfung

112 Einmalige Ungezieferbekämpfungen (*Schmid/Ormanschick* HdB der Mietnebenkosten Rn. 5330) sind nach überwiegender Meinung nicht erfasst, da die Kosten nicht laufend entstehen (*LG Siegen* WuM 1992, 630 f.; *LG Oberhausen* WuM 1996, 714; **a.A.** *AG Offenbach* NZM 2002, 214). Eine einmalige Maßnahme ist die Beseitigung eines Bienennestes (*AG Freiburg* WuM 1997, 471) oder Wespennestes (*AG München* GE 2011, 1623). Ist jedoch mit weiteren Bekämpfungsmaßnahmen, insbesondere auch mit prophylaktischen Maßnahmen zu rechnen, handelt es sich auch dann um laufend entstehende Kosten, wenn sie im Abstand von mehreren Jahren anfallen (*AG Köln* WuM 1992, 630; *AG Oberhausen* WuM 1996, 714, 715; *AG Lichtenberg* GE 1998, 1401: Turnus von 4 Jahren). Zu weit gehend setzt das *LG Siegen* (WuM 1992, 630 f.) die Darlegung einer Bekämpfung im jährlichen Turnus voraus. Auch die Kosten nur vorbeugender Maßnahmen sind ansetzbar (*Pfeifer* DWW 2004, 44, 46).

M. Die Kosten der Gartenpflege

113 **Hierzu gehören die Kosten der Pflege gärtnerisch angelegter Flächen einschließlich der Erneuerung von Pflanzen und Gehölzen, der Pflege von Spielplätzen einschließlich der Erneuerung von Sand und der Pflege von Plätzen, Zugängen und Zufahrten, die dem nicht öffentlichen Verkehr dienen.**

I. Garten

1. Grundsätzliches

114 Die Nr. 10 in § 2 BetrKV (*Schmid/Ormanschick* HdB der Mietnebenkosten Rn. 5337–5401) spricht von gärtnerisch angelegten Flächen. Erfasst ist deshalb jedenfalls der ebenerdige Garten. Zweifelhaft ist, ob hierunter auch Dachgärten fallen. M.E. ist dies zu verneinen, da die Vorschrift nach ihrem Gesamtzusammenhang ebenerdige Flächen betrifft. Die Anlage eines Dachgartens ist eher mit sonstigen Verschönerungsmaßnahmen vergleichbar, wie etwa mit dem Aufstellen von Pflanzen im Treppenhaus. In Betracht kommt u.U. eine Kostenumlegung nach Nr. 17.

115 Nur einmalige Maßnahmen scheiden aus. »Erneuerungen« (von Pflanzen etc.) sind zwar Instandsetzungsmaßnahmen nach § 1 Abs. 2 Nr. 2 BetrKV, aber in § 2 Nr. 10 BetrKV ausdrücklich genannt und nur deshalb umlagefähig.

2. Einzelfälle

116 Die Gartenpflege umfasst insbesondere das **Rasenmähen** und **Nachsäen** (*Schmid* ZMR 2004, 794), die Beseitigung von **Unkraut** und die **Reinigung** des Gartens (*LG Berlin* GE 1988, 355).

117 Das **Schneiden von Bäumen** (*AG Köln* NZM 2001, 41), **Sträuchern** und **Hecken**, jedenfalls sofern es sich um einen regelmäßigen Rückschnitt handelt (*LG Reutlingen* WuM 2004, 669; **a.A.** *LG Landshut* DWW 2004, 126); außerdem dann, wenn der Rückschritt wiederholt – auch in unregelmäßigen Abständen – erforderlich ist (*Schmid* ZMR 2004, 794). Auch ein erheblicher Heckenrückschnitt ist erfasst (*AG Steinfurt* WuM 2007, 41: von 4 m auf 2,50 m).

118 Die Kosten für das Fällen von **Bäumen** sind in der Regel umlegbar (*LG München I* ZMR 2021, 116; a.A. früher *AG Hamburg-Blankenese* ZMR 2015, 135), d.h. nicht nur wenn es sich um den

Ersatz eines alten Baumes durch einen neuen handelt (**a.A.** *Wall* Betriebskosten-Kommentar, Rn. 4019). Das beruht auf der Sonderregelung für die Erneuerungen von Pflanzen und Gehölzen. Die Kosten der Fällung eines morschen, nicht mehr standsicheren Baums sind grundsätzlich umlagefähige Kosten der Gartenpflege i.S.v. § 2 Nr. 10 BetrKV (*LG Hannover* ZMR 2020, 958). Die Fällung und Beseitigung eines solchen Baums ist regelmäßig eine objektiv erforderliche Maßnahme der Gartenpflege. Eine Beschränkung auf »Gehölze« einer bestimmten Größe oder Art ergibt sich aus dem Wortlaut des § 2 Nr. 10 BetrKV nicht. Kosten für die Fällung eines abgängigen Baums sind, trotz möglicherweise größerer Zeitintervalle, laufende »Kosten der Gartenpflege« (*BGH* – VIII ZR 107/20, ZMR 2022, 282).

Die Beseitigung von Sturmschäden unterfällt der Instandsetzung gem. § 1 Abs. 2 Nr. 2 BetrKV 119 (Witterungseinflüsse; vgl. *LG Krefeld* WuM 2010, 357: Die Kosten für das Fällen von Bäumen und der Beseitigung von Schäden durch außergewöhnliche Stürme [Kyrill] sind nicht umlagefähig). Eines Abstellens darauf, ob Stürme in der jeweiligen Gegend häufig oder selten sind, bedarf es deshalb nicht (a.A. z.B. *AG Berlin-Spandau* GE 2005, 1256). Kosten für das Fällen von altersschwachen Bäumen sind an sich ebenfalls Instandhaltungskosten (Alterung). Angesichts der langen Lebensdauer von Bäumen, die die Lebensdauer des Gebäudes durchaus übertreffen kann (*Bausch* NZM 2006, 366, 367), kann man darüber hinaus selbst bei großzügigster Auslegung nicht von einer laufenden Entstehung der Kosten der Beseitigung von Bäumen sprechen (vor *BGH* – VIII ZR 107/20, ZMR 2022, 282: *LG Tübingen* WuM 2004, 669; *AG Reutlingen* WuM 2004, 95; *AG Schöneberg* NZM 2010, 473; *AG Dinslaken* WuM 2009, 115).

Auch die Kosten für eine Beseitigung und Neubepflanzung nach (nicht unüblichen) Sturmschäden 120 sind Betriebskosten (*BGH*, 10.11.2021 – VIII ZR 107/20, ZMR 2022, 282; *Horst* MDR 2000, 1161, 1166/1167; m.w.N. auch zur Gegenmeinung; **a.A.** *LG Krefeld* WuM 2010, 357), da es auf den Grund für die evtl. Ersatzpflanzung nicht ankommt. Ersatz kranker oder altersschwacher Bäume ist umlegungsfähig (**a.A.** *AG Hamburg* WuM 1989, 641). Immer muss die Maßnahme des Vermieters im Rahmen der ordnungsgemäßen Bewirtschaftung des Grundstücks erfolgen (*BGH*, VIII ZR 33/15, ZMR 2016, 434).

Die Erneuerung von Pflanzen und Gehölzen ist ausdrücklich als umlegungsfähige Maßnahme 121 bezeichnet. Das gilt auch für eine turnusmäßige Neubepflanzung des Gartens (*AG Steinfurt* WuM 1999, 721), insbesondere mit kurzlebigen Pflanzen (*Schmid* ZMR 2004, 794). Zu den Kosten der Erneuerung gehören sowohl die Kosten für die Beseitigung der alten Pflanze als auch die Kosten der Neupflanzung (*Schmid* DWW 2011, 49, 50). Die Kosten für das **Entfernen von Pflanzen** sind umlegbar, wenn sie durch ihren Wuchs Beeinträchtigungen verursachen (vgl. für Efeu an der Hauswand *AG Mönchengladbach* ZMR 2003, 198). Dass zu groß gewordene Pflanzen entfernt werden müssen, ist bei der Pflege eines Gartens wiederkehrend erforderlich. Dasselbe gilt für die Entfernung kranker oder morscher Pflanzen (*AG Spandau* GE 2005, 1256).

Umlegbar ist auch die Beseitigung von **Gartenabfällen**, gleichgültig, ob sie zuvor kompostiert wur- 122 den oder nicht (*Schläger* ZMR 1998, 676). Auch die Kosten der Beseitigung gefällter oder umgestürzter Bäume sind umlegungsfähig (*Kinne* GE 2003, 444).

Zu den berücksichtigungsfähigen Kosten gehören auch die Aufwendungen für **Gießwasser** (*AG Stein-* 123 *furt* WuM 1999, 721), sofern die Umlegung nicht zusammen mit den Wasserkosten vorgenommen wird.

Nicht ansetzbar sind die Anschaffungskosten für Geräte, auch wenn es sich um Ersatzbeschaffungen 124 handelt (*AG Steinfurt* WuM 1999, 721; **a.A.** *AG Lichtenberg* NZM 2004, 96); dagegen sind die laufenden Betriebskosten für die Gerätschaften, z.B. der Treibstoff für den Rasenmäher, umlagefähig (*LG Hamburg* WuM 1989, 640).

3. Kostenverteilung

125 Sondernutzungsberechtigte Wohnungseigentümer können alleine zur Kostentragung herangezogen werden. Eine Regelungsbefugnis hierfür ergibt sich auch aus § 16 Abs. 2 S. 2 WEG.

II. Spielplatz

126 Hierzu gehören die Pflege- und Reinigungskosten für den Spielplatz und die Spielgeräte und sonstigen Einrichtungen sowie die Kosten der Überwachung und Wartung (*Kinne* ZMR 2001, 7). Die Kosten für die Erneuerung von Sand sind ausdrücklich als umlegungsfähig erwähnt.

III. Plätze, Zugänge, Zufahrten

127 a) § 2 Nr. 10 BetrKV betrifft nur die Flächen, die nicht dem öffentlichen Verkehr dienen. Hierzu gehören auch Parkplätze außerhalb von Gebäuden (vgl. *Schmid/Ormanschick* HdB der Mietnebenkosten Rn. 5382 ff.) sowie Höfe und Müllplätze (*Kinne* ZMR 2001, 7). Die Aufwendungen für öffentliche Verkehrsflächen sind in § 2 Nr. 8 BetrKV geregelt. Bei Passagen, Arkaden und ähnlichen Durchgängen kommt es darauf an, ob diese nach öffentlichem Recht dem allgemeinen Verkehr gewidmet sind. Ist dies der Fall gilt Nr. 8. Handelt es sich um einen privaten Weg, bestimmt sich die Kostenumlegung nach Nr. 10.

128 b) Erfasst sind vor allem Reinigungsarbeiten und die Kosten der Schnee- und Eisbeseitigung (*LG Hamburg* WuM 1989, 640, 641), unabhängig davon, in welchen Intervallen geräumt und gestreut werden muss (*Schmid* ZMR 2004, 795). Kosten für die Erneuerung und Reparatur von Wegen sind Instandsetzungskosten (*AG Stuttgart-Bad Cannstatt* WuM 1996, 481; a.A. *LG Hamburg* WuM 1989, 640).

N. Die Kosten der Beleuchtung

129 **Hierzu gehören die Kosten des Stroms für die Außenbeleuchtung und die Beleuchtung der von den Bewohnern gemeinsam genutzten Gebäudeteile, wie Zugänge, Flure, Treppen, Keller, Bodenräume, Waschküchen.**

130 Umfasst sind die Kosten für die Außenbeleuchtung einschließlich der Beleuchtung der Hausnummern und des Klingeltableaus und für die Beleuchtung von Gemeinschaftsflächen (*Schmid/Ormanschick* HdB der Mietnebenkosten Rn. 5402–5415), soweit sie allen Mietern gleichmäßig zur Verfügung stehen (*AG Leipzig* WuM 2007, 576 = NJW-RR 2008, 43). Erfasst sind auch die Kosten für die Beleuchtung der Tiefgarage und des Parkplatzes (*AG Neuss* WuM 1997, 471). Ansetzbar sind ferner die Kosten für den Betrieb eines Notstromaggregats (*AG Koblenz* NZM 2000, 238). Da nur die Stromkosten erwähnt sind, sind die Kosten für Lampen und Leuchtmittel nicht umfasst (*OLG Düsseldorf* NZM 2000, 762; *AG Tiergarten* GE 1988, 631).

131 Stromkosten können bei verschiedenen Positionen angesetzt werden. Auch wenn es einfacher wäre, die Stromkosten insgesamt umzulegen, ist nach der Systematik der BetrKV und im Hinblick auf mögliche unterschiedliche Umlegungskriterien eine Aufteilung erforderlich (*LG Kiel*, WuM 1996, 631, 632; a.A. ohne auf das Problem einzugehen: *BGH*, VIII ZR 227/09, ZMR 2010, 933 = WuM 2010, 493). Richtigerweise ist eine Position »Allgemeinstrom« nicht zulässig (so *AG Hamburg* GE 2020, 1630 Juris Rn. 29; vgl. auch *Schmid* ZMR 2011, 15). Zweckmäßigerweise wird der Verbrauch durch Zwischenzähler erfasst. Fehlt ein solcher, werden Schätzungen zugelassen. Dabei sind die Anschlusswerte und die nachgewiesenen Betriebszeiten heranzuziehen (*AG Mitte* GE 2005, 1253).

132 Die Wohnungseigentümer können nach § 16 Abs. 2 S. 2 WEG beschließen, dass die Stromkosten statt nach Miteigentumsanteilen nach Wohnungen umgelegt werden (*AG Recklinghausen* ZMR 2010, 242 = WuM 2009, 546).

O. Die Kosten der Schornsteinreinigung

Hierzu gehören die Kehrgebühren nach der maßgebenden Gebührenordnung, soweit sie nicht bereits als Kosten nach Nr. 4 Buchst. a) berücksichtigt sind. 133

§ 2 Nr. 12 BetrKV betrifft die Fälle, in denen die Schornsteinfegerkosten nicht zusammen mit den Heizkosten umgelegt werden (*Schmid/Ormanschick* HdB der Mietnebenkosten Rn. 5416). 134

P. Die Kosten der Sach- und Haftpflichtversicherung

Hierzu gehören namentlich die Kosten der Versicherung des Gebäudes gegen Feuer-, Sturm-, Wasser- sowie sonstige Elementarschäden, der Glasversicherung, der Haftpflichtversicherung für das Gebäude, den Öltank und den Aufzug. 135

Die Aufzählung der einzelnen Versicherungsarten in § 2 Nr. 13 BetrKV (*Schmid/Ormanschick* HdB der Mietnebenkosten, Rn. 5418–5464) ist nicht abschließend (»namentlich«; *BGH*, XII ZR 129/09, MDR 2010, 1372 zur Terrorschadensversicherung). 136

Versicherungen von Schäden durch Rückstau von **Abwasser** sind umlegungsfähig (*Maaß* GE 2003, 932). 137

Die Kosten einer **Aufzugssprech- und Aufzugssignalanlagenversicherung** sind umlegbar (*LG Berlin* GE 1987, 517; **a.A.** *Wall* Betriebskosten-Kommentar, Rn. 4320 f.). 138

Zu einer Elementarschadensversicherung gehört auch eine **Erdbebenversicherung**. Ihr Abschluss wird jedoch als unwirtschaftlich angesehen, wenn das Gebiet nicht erdbebengefährdet ist (*Otto* ZfIR 2004, 146). Etwas anderes kann allerdings dann gelten, wenn das Risiko in einem Paket mit anderen Risiken versichert ist und die übrigen Risiken nicht einzeln versichert werden können bzw. keine Mehrbelastung gegenüber dem Abschluss erforderlicher Einzelversicherungen eintritt (*Streyl* NZM 2006, 125, 128). 139

Kosten einer **Fernmeldeanlagenversicherung** sind umlegungsfähig (*Schmid* VersR 2010, 1364, 1365). 140

Die Kosten für Wartung und Prüfung einer Trockensteigleitung können nicht den **Feuerversicherungskosten** zugeordnet werden Diese Kosten können als sonstige Betriebskosten i.S.v. § 2 Nr. 17 BetrKV angesehen werden, da sie der Überprüfung der Funktionsfähigkeit und der Betriebssicherheit einer technischen Einrichtung dienen. Die Kosten sind aber nur umlagefähig, wenn sie im Mietvertrag konkret aufgeführt sind (vgl. *LG Berlin* WuM 2013, 612). 141

Die **Haftpflichtversicherung** ist auch insoweit umlegbar, als sie Schäden aus einer Verletzung der Instandhaltungspflicht umfasst (vgl. *BGH* – VIII ARZ 1/01, ZMR 2002, 184 = NZM 2002, 116, 118 zu Sachschäden am Eigentum des Mieters). 142

Umlegbar sind die Kosten einer Versicherung gegen **Hausbock und Schwamm** (*AG Hamburg* WuM 1998, 352: Ist die Umlage von Sachversicherungskosten im Mietvertrag vereinbart, rechnet hierzu auch die Hausbock- und Schwammversicherung, die nach ihrem Abschluss vom Vermieter in eine Betriebskostenabrechnung ohne gesonderte Erklärung eingestellt werden kann). 143

Die Kosten der **Öltankversicherung** sind ausdrücklich genannt. Entsprechend den Kosten der Öltankversicherung sind auch die Kosten einer **Gastankversicherung** umlegbar (*Kinne* ZMR 2001, 8). 144

Nicht umlegungsfähig sind die Kosten einer **Reparaturversicherung**, wenn dadurch zu erwartender Reparaturbedarf abgedeckt werden soll (vgl. *AG Köln* WuM 1990, 556). Das gilt auch für die Kosten einer Maschinenversicherung, wenn dadurch Mängel oder Bedienungsfehler abgedeckt werden (*AG Hamburg* WuM 2004, 202). Bei Maschinen, die nicht wesentlicher Bestandteil des Gebäudes sind, fehlt es darüber hinaus an dem Merkmal Versicherung »des Gebäudes«. 145

Die Kosten einer **Rechtsschutzversicherung** können weder nach Nr. 13 noch nach Nr. 17 des § 2 BetrKV als Betriebskosten angesehen werden (*OLG Düsseldorf* ZMR 1995, 203 = WuM 1995, 434: 146

Auch im Bereich der gewerblichen Miete kann die Überwälzung der Kosten einer Gebäuderechtsschutzversicherung des Vermieters auf den Mieter nichtig sein).

147 Umlagefähig sind auch die Kosten einer **Terrorversicherung**, wobei der *BGH* unter dem Gesichtspunkt der Wirtschaftlichkeit ein besonderes Gefährdungspotential verlangt (*BGH*, XII ZR 129/09, MDR 2010, 1372 = NZM 2010, 864). Zu den gefährdeten Gebäuden gehören deshalb insbesondere Gebäude mit Symbolcharakter (z.B. der Eiffelturm), Gebäude, in denen staatliche Macht ausgeübt wird (militärische Einrichtungen, Regierungs- und Parlamentsgebäude), Gebäude, vor allem in Großstädten oder Ballungszentren, in denen sich regelmäßig eine große Anzahl von Menschen aufhält (Bahnhöfe, Flughäfen, Touristenattraktionen, Sportstadien, Büro- oder Einkaufszentren), sowie Gebäude, die sich in unmittelbarer Nachbarschaft der genannten Gebäude befinden. Diese Auffassung erscheint nicht unbedenklich, da der Ort von Terroranschlägen nicht vorhersehbar ist (*Scheiber/Machwirt* ZfIR 2011, 278, 281).

148 Zu den Kosten der Sachversicherung gehört auch eine Versicherung gegen Schäden durch **innere Unruhen und böswillige Handlungen (Vandalismus)**, soweit hierdurch veranlasste Sachschäden versichert sind (AG und *LG Braunschweig* WuM 2010, 423; **a.A.** *OLG Brandenburg* NZM 2000, 572 zur Police auch für Schutz bei Schäden durch innere Unruhen, böswillige Handlungen und Streik oder Aussperrung).

149 Nicht umlegungsfähig sind die Kosten einer **Wertverlustversicherung** (*OLG Düsseldorf* ZMR 2000, 668 = NZM 2001, 588: Die Kosten einer Mietverlustversicherung kann der Vermieter auch im Bereich der Gewerberaummiete jedenfalls nicht auf den Mieter umlegen).

Q. Die Kosten für den Hauswart

150 **Hierzu gehören die Vergütung, die Sozialbeiträge und alle geldwerten Leistungen, die der Eigentümer oder Erbbauberechtigte dem Hauswart für seine Arbeit gewährt, soweit diese nicht die Instandhaltung, Instandsetzung, Erneuerung, Schönheitsreparaturen oder die Hausverwaltung betrifft; soweit Arbeiten vom Hauswart ausgeführt werden, dürfen Kosten für Arbeitsleistungen nach Nr. 2 bis 10 und 16 nicht angesetzt werden.**

I. Hauswarttätigkeiten

1. Positive Abgrenzung

151 Die Hauswarttätigkeit (*Schmid/Ormanschick* HdB der Mietnebenkosten Rn. 5465–5550) wird bezeichnet als Verrichtung von Arbeiten, die mehr praktisch-technischer Natur sind und den bestimmungsgemäßen Gebrauch sowie die pflegliche Behandlung und ordnungsgemäße Benutzung des Grundstücks und des Gebäudes gewährleisten sollen (*AG Dortmund* WuM 1996, 561). Diese Definition bietet aber keine hinreichende Abgrenzung zur Erhaltung bzw. Instandsetzung und zu Verwaltungstätigkeiten. *Westphal* (WuM 1998, 329) beschreibt die Hauswartaufgaben in dem Sinne, dass hierzu alle Arbeiten gehören, die unmittelbar dem Erhalt der Mietsache in tatsächlicher Hinsicht dienen und bei deren Ausführung nur Sachmittel eingesetzt werden, die entweder einfachstes Handwerkszeug oder reine Verbrauchsgüter sind. Angesichts der Verwendung verschiedenster technischer Hilfsmittel ist der Einsatz einfachsten Handwerkszeuges kein klares und brauchbares Abgrenzungskriterium. Schließlich versagt das Merkmal der Eigenhändigkeit dort, wo Hauswartsunternehmen eingesetzt werden, weil es diesen i.d.R. unbenommen ist, Subunternehmer zur Erfüllung ihrer Aufgaben tätig werden zu lassen. Nach Sinn und Zweck der Norm zählt *v. Seldeneck* (Betriebskosten im Mietrecht, Rn. 2378) betriebsdienliche, servicegeneigte Tätigkeiten zu den Hauswarttätigkeiten und rechnet hierzu konsequent auch den Austausch von Kleinteilen und die Reparatur von Hilfsgeräten. Damit wird jedoch die Grenze zur Erhaltung bzw. Instandhaltung verwischt. Zweckmäßig ist ein Abstellen darauf, welche Arbeiten ausgeführt werden. Kosten des Hauswartes sind diejenigen Kosten, die für Arbeitsleistungen anfallen, die bei gesonderter Vergütung bei den Nrn. 2 bis 10 und 15 bis 17 anzusetzen wären (*Ormanschick* in: Schmid Handbuch der Mietnebenkosten Rn. 5470 ff.).

2. Negative Abgrenzung

a) Instandhaltung und Instandsetzung (Erhaltung)

Maßnahmen der Instandhaltung und Instandsetzung i.S.v. § 1 Abs. 2 Nr. 2 BetrKV sind keine umlegungsfähigen Tätigkeiten. 152

b) Erneuerung

Nicht umlegungsfähig sind Arbeiten für Erneuerungen. Eine Ausnahme hiervon ist zu machen, wenn der Hauswart die Erneuerung von Spielsand vornimmt und diese Kosten nicht gesondert umgelegt werden (vgl. § 2 Nr. 14 Halbs. 2 und Nr. 10 BetrKV). Dieser spezielle Fall ist bei der allgemeinen Formulierung der Nr. 14 offensichtlich nicht bedacht worden. 153

c) Schönheitsreparaturen

Als Schönheitsreparaturen (zur Historie und zum Begriff vgl. *Riecke/Mack*, Schönheitsreparaturen Rn. 1 ff.) nennt § 28 Abs. 4 S. 4 II. BV das Tapezieren, Anstreichen oder Kalken der Wände und Decken, das Streichen der Fußböden, Heizkörper einschließlich der Heizrohre, der Innentüren sowie der Fenster von innen und der Außentüren von innen. Diese Definition enthält jedoch eine Einschränkung, die speziell für § 28 II. BV Bedeutung hat, wie sich aus dem Wort »nur« ergibt. Diese Einschränkung hat im Rahmen des § 2 Nr. 14 BetrKV keine Berechtigung. Umfasst sind hier alle Schönheitsreparaturen am gesamten Haus, insbesondere auch das Streichen der Außenseiten von Fenstern und Türen. 154

d) Hausverwaltung

Schwierigkeiten bereitet auch die Abgrenzung zwischen Hauswarttätigkeit und Hausverwaltungstätigkeit, weil vom Hauswart oft Tätigkeiten vorgenommen werden, die streng genommen Verwaltungstätigkeiten sind, aber von einer Person vor Ort erledigt werden. Im Rahmen des § 16 Abs. 2 S. 2 WEG besteht jedoch auch eine Beschlusskompetenz für die Verteilung von Verwaltungskosten. 155

II. Kostenaufteilung

Erledigt eine Person aufgrund eines einheitlichen Vertrages sowohl Hauswarttätigkeiten als auch sonstige Dienstleistungen, so sind die Kosten verhältnismäßig aufzuteilen und nur die auf die Hauswarttätigkeiten entfallenden Kosten anzusetzen (*AG Wuppertal* ZMR 1994, 372, 373; *AG Hannover* WuM 1994, 435). Die hierdurch im Mietrecht bereits bekannten Schwierigkeiten sind für Wohnungseigentümer leichter zu lösen, da sie insoweit nun von § 16 Abs. 2 S. 2 WEG Gebrauch machen können, der nicht nur für Betriebskosten gilt. Dabei will das *LG Bonn* (WuM 1998, 353) die Kostenaufteilung auf der Grundlage des Hauswartvertrages vornehmen. Es kommt jedoch nicht auf die vertragliche Zuordnung, sondern auf die **tatsächlich** geleisteten Arbeiten an (*Riecke* WuM 2003, 670). 156

III. Einzelne Kosten

1. Reparaturen, insbesondere Schönheitsreparaturen

Zu den Schönheitsreparaturen siehe *BGH*, 06.03.2024 – VIII ZR 79/22, ZMR 2024, 654.Sie zählen nicht zu den Betriebskosten. 157

2. Wartung

Wartungs- und Pflegekosten sind teilweise in der BetrKV ausdrücklich genannt. Sie sind umlegungsfähig (*BGH* – VIII ZR 123/06, ZMR 2007, 361 = MDR 2007, 769). Sie können deshalb auch umgelegt werden, wenn die Tätigkeit von einem Hauswart vorgenommen wird. Genannt werden: Gangbarhaltung der allgemein genutzten Türen und Fenster sowie der Gas- und Wasserabsperr- 158 hähne; Pflege des Maschinenparks, soweit es sich nicht um Instandsetzungsarbeiten handelt (vgl. *LG München I* WuM 2000, 258).

3. Handwerker und andere Dienstleister

159 Nicht umlegungsfähig ist die Beauftragung von Handwerkern (*AG Bergisch-Gladbach* WuM 1992, 490) oder anderen Dienstleistern; Wahrnehmung von Terminen mit Handwerkern (*LG Wuppertal* WuM 1999, 342); Einweisung für die erforderliche Tätigkeiten (*LG Gera* WuM 2001, 615); Nachsicht bei kleineren Reparaturen (**a.A.** *AG Köln* WuM 1995, 120).

4. Kontroll- und Überwachungstätigkeiten

160 Bei Kontrolltätigkeiten ist zu differenzieren, worauf sich die Kontrolle bezieht.

161 Regelmäßig anfallende, nicht durch eine bereits aufgetretene Störung veranlasste Maßnahmen, die der Überprüfung der Funktionsfähigkeit und Betriebssicherheit einer technischen Einrichtung dienen, sind Betriebskosten (*BGH* VIII ZR 123/06, ZMR 2007, 361 = MDR 2007, 769). Werden diese Tätigkeiten durch einen Hauswart vorgenommen, bestehen keine Bedenken, hierin umlegungsfähige Hauswarttätigkeiten zu sehen (*LG Wuppertal* WuM 1999, 342; *AG Hohenschönhausen* GE 2008, 933; **a.A.** *AG Suhl* WuM 2003, 453). Hierzu zu rechnen sind: Kontrolle der Funktionsfähigkeit von Abflüssen (*LG Berlin* GE 2007, 851); Überwachung des Aufzugs (*AG Köln* Mietrechtliche Entscheidungen in Leitsätzen ZMR 1996 Heft 9 S. XII); Überwachung der Heizungsanlage (*AG Mitte* NJW-RR 2002, 656); Kontrolle der Beleuchtung (**a.A.** *AG Köln* WuM 2007, 264); Kontrolle von Wärmemessgeräten auf Funktionieren, sofern eine solche erforderlich ist (**a.A.** *LG München I* WuM 2000, 258, 259; *LG Gera* WuM 2001, 615); Überwachung der Wasserversorgungsanlage (*AG Köln* Mietrechtliche Entscheidungen in Leitsätzen ZMR 1996 Heft 9 S. XII).

162 Dagegen müssen solche Kontrolltätigkeiten aus den Hauswartkosten herausgerechnet werden, bei denen es sich um Verwaltungsangelegenheiten handelt. Das sind insbesondere allgemeine Kontrollen des Bauzustandes (*LG München I* WuM 2000, 258) und des Gesamtzustandes des Anwesens (*AG Köln* WuM 1999, 235); Überprüfung der Ordnung im Hause (*AG Köln* WuM 1999, 235; **a.A.** für die Überprüfung der Gemeinschaftsanlagen auf ordnungsmäßige Nutzung und die Kontrolle der Einhaltung von Ruhezeiten: *LG Berlin* GE 2007, 851); Kontrollen, ob Rettungs- und Fluchtwege frei sind (**a.A.** *LG Berlin* GE 2007, 851); Überwachung der zur Ausführung von Arbeiten herangezogenen Unternehmen (*LG Gera* WuM 2001, 615; *AG Köln* WuM 1999, 466), auch, wenn die Kosten für die durchgeführten Arbeiten umlagefähig sind, weil die Überprüfung ordnungsgemäßer Auftragserledigung eine Verwaltungstätigkeit ist (**a.A.** *LG Berlin* GE 2007, 851; *AG Köln* WuM 1995, 120); Kontrolle der Ausführung von Wartungsverträgen durch Drittunternehmen (*LG München I* WuM 2000, 258, 259); Überwachung des Schornsteinfegers (*LG München I* WuM 2000, 258, 259).

5. Wachdienst

163 Ob die Kosten für einen Wachdienst umlagefähig sind, ist umstritten. Bewachungskosten sind Kosten der Aufsicht und damit Verwaltungskosten i.S.d. § 2 Abs. 2 Nr. 1 BetrKV (*OLG Düsseldorf* DWW 1981, 283; *Ormanschick* in: Schmid HdB der Mietnebenkosten Rn. 5482; **a.A.** *OLG Celle* ZMR 1999, 338 ff.; *OLG Frankfurt am Main* ZMR 2004, 182; *LG Berlin* GE 2005, 237; wohl auch *BGH* NZM 2005, 452 = WuM 2005, 336). Die Überprüfung der Sicherheit auf dem Grundstücksgelände ist Verwaltungstätigkeit (*AG Kerpen* WuM 2000, 37). Ein Abstellen darauf, ob die Bewachung dem Interesse des Vermieters oder des Mieters dient, verbundenen mit einer nur anteiligen Umlegung der Kosten (so *LG Köln* WuM 2004, 400; *AG Hamburg-Barmbek* WuM 2007, 289) ist weder rechtsdogmatisch begründbar noch praktikabel. Rechnet man die Bewachungskosten den Betriebskosten zu, so kann die Umlegung nicht mit der Begründung verneint werden, dass in einer Großstadt Einbruchsversuche üblich sind (a.A. *AG Hamburg-Barmbek* WuM 2007, 289).

Der Wachdienst ist jedoch keine typische Hauswarttätigkeit. Eine Umlegung unter der Position Hauswart kommt deshalb ohnehin nur dann in Betracht, wenn es sich um einzelne Tätigkeiten handelt, die gegenüber der sonstigen Arbeit des Hauswarts untergeordnet sind. 164

6. Bereitschaftsdienst

Diese Dienste werden als umlegungsfähig angesehen (*LG Köln* WuM 1997, 230; *AG Köln* Mietrechtliche Entscheidungen in Leitsätzen ZMR 1996 Heft 9 S. XII). Das erscheint jedoch nur zutreffend, soweit die Bereitschaft eines Aufzugswartes erforderlich ist, da dessen Kosten dem § 2 Nr. 7 BetrKV unterfallen (*Kinne* ZMR 2001, 1, 4). 165

7. Pförtnertätigkeit

Kosten für einen Pförtner (Concierge, Doorman) werden vom *BGH* (VIII ZR 78/04, NZM 2005, 452 = WuM 2005, 336) grundsätzlich als sonstige Betriebskosten anerkannt, sind aber nur umlegungsfähig, wenn eine konkrete Notwendigkeit besteht. Der *BGH* musste zu dem Problem nicht abschließend Stellung nehmen, da es an einer konkreten Notwendigkeit fehlte. Das *LG Berlin* (GE 2007, 657) bejaht eine solche Notwendigkeit, wenn die Gefahr besteht, dass Einbrecher das Gebäude betreten. Verfehlt (a.A. *Beyer* GE 2007, 950, 952) zieht das Gericht auch die Entgegennahme von Postsendungen, die Wahrnehmung von Ableseterminen und die Aufbewahrung von Schlüsseln durch den Doorman heran. Jedenfalls insoweit handelt es sich um Verwaltungskosten. Die Pförtnertätigkeit betrifft nur Tätigkeiten im Eingangsbereich; Patroulliendienste können deshalb nicht als Pförtnerkosten umgelegt werden (*AG Charlottenburg* GE 2007, 1124). 166

Der Pförtnerdienst ist zudem keine typische Hauswarttätigkeit. Eine Umlegung unter der Position Hauswart kommt deshalb ohnehin nur dann in Betracht, wenn es sich um einzelne Tätigkeiten handelt, die gegenüber der sonstigen Arbeit des Hauswarts untergeordnet sind. 167

8. Abrechnungen

Als Verwaltungstätigkeit grundsätzlich nicht umlegungsfähig ist alles, was mit der Abrechnung zu tun hat (*AG Köln* WuM 1995, 120). Hierzu gehören die Entleerung von Münzautomaten (*AG Köln* WuM 1999, 466) und die Verbrauchserfassung und Abrechnung der Betriebskosten für Einrichtungen für die Wäschepflege (*AG Mühlheim/Ruhr* WuM 2000, 424). Zählerablesungen sind nicht umlagefähig (*LG Berlin* GE 2007, 851; *AG Köln* WuM 1999, 235). Dasselbe gilt für die Wahrnehmung von Ableseterminen (a.A. *LG Berlin* GE 2007, 657). Ein nur geringfügiger Zeitaufwand hierfür kann vernachlässigt werden (*AG Hohenschönhausen* GE 2008, 933). Eine Ausnahme gilt jedoch, wenn es sich um Verteilungskosten nach § 2 Nrn. 2, 4, 5 oder 8 BetrKV handelt. In diesen Positionen sind die Kosten für die Verbrauchserfassung und Kostenverteilung ausdrücklich als umlagefähig bezeichnet, sodass sie auch umgelegt werden können, wenn die Tätigkeit vom Hauswart vorgenommen wird. 168

9. Kontaktpflege und Mitteilungen

Kontakte mit Mietern sind als Verwaltungsmaßnahmen nicht umlegungsfähig (*AG Köln* WuM 2002, 615). Das gilt auch für die Entgegennahme von Mängelanzeigen (*AG Bergisch-Gladbach* WuM 1992, 490); Weiterleitung von Reparaturmeldungen und Benachrichtigung des Vermieters von Störungen (a.A. *LG Berlin* GE 2009, 979 m. abl. Anm. *Beuermann* GE 2009, 938); Abhaltung von Mietersprechstunden (*AG Dortmund* ZMR 1996, 387); Verteilung von Schreiben an Mieter (*AG Mitte* NJW-RR 2002, 656; *AG Hamburg-St. Georg* WuM 2007, 446). 169

10. Heizung und Warmwasser

Nimmt ein Hauswart Tätigkeiten vor, die in §§ 7, 8 HeizkostenV genannt sind, so sind die dafür anfallenden Kostenteile abweichend von den allgemeinen Grundsätzen aus den Hauswartkosten herauszurechnen und nach den Umlegungsmaßstäben der HeizkostenV umzulegen (a.A. *AG Ham-* 170 *burg* HKA 1989, 43 für preisgebundenen Wohnraum). Das folgt aus dem Vorrang der HeizkostenV auch hinsichtlich der danach umzulegenden Kostenpositionen (§ 2 HeizkostenV). Die HeizkostenV stellt auf die Art der Tätigkeit und nicht auf die Person des Tätigen ab. In Betracht kommen hier insbesondere Bedienung, Überwachung und Pflege der Anlage, Prüfung der Betriebsbereitschaft und Betriebssicherheit, Reinigung der Anlage und des Betriebsraumes sowie Zählerablesungen.

11. Vermietungstätigkeiten

171 Der Hauswart wird oft auch bei Neuvermietungen oder bei der Abwicklung beendeter Mietverhältnisse herangezogen. Solche Tätigkeiten sind Verwaltungstätigkeiten und dürfen deshalb nicht in die Betriebskostenabrechnung einbezogen werden. Die Rechtsprechung beschäftigt haben bereits: Maklertätigkeiten (*AG Neumünster* WuM 1992, 284); das Anschaffen von Namensschildern der Mieter (*LG München* I WuM 2000, 258, 259); diverse Tätigkeiten anlässlich einer Neuvermietung (*AG Köln* WuM 1995, 120); Wohnungsbesichtigungen (*LG Mitte* NJW-RR 2002, 656); Wohnungsübergaben (*AG Köln* WuM 1995, 120). In all diesen Fällen wurde eine Umlagefähigkeit verneint.

12. Entgelt

172 Die Vergütung des Hauswarts ist umlagefähig. Hierzu gehören bei angestellten Hauswarten die Lohn- und Lohnnebenkosten (*AG Kleve* WuM 1989, 28), bei selbständigen Hauswarten oder Hauswartsunternehmen auch die Umsatzsteuer. Das Entgelt für einen selbständigen Hauswart ist voll umlegungsfähig, auch wenn darin Sachaufwendungen einkalkuliert sind (*Westphal* WuM 1998, 329). Kostenlose oder verbilligte Zurverfügungstellung einer Wohnung sind umlegbare Aufwendungen (*AG Köln* WuM 1997, 273). Ein Mietnachlass, der einem Mieter für die Erbringung von Hauswarttätigkeiten gewährt wird, kann umgelegt werden.

173 Trinkgelder u.ä. Kosten, die vom Vermieter dem Hauswart nicht geschuldet werden, sind nicht umlegungsfähig (*LG Chemnitz* WuM 2003, 217). Das gilt auch für Trinkgelder (*LG Berlin* GE 1981, 235; a.A. *LG Hamburg* ZMR 1960, 75) und Gutscheine fürs Oktoberfest oder andere Volksfeste (a.A. *AG München* bei *Küttner* WE 2007, 265).

13. Vertretung

174 Kosten der Vertretung im Urlaubs- und Krankheitsfall sind umlegungsfähig (*AG Köln* WuM 1997, 273). Das gilt auch für den Einsatz sog. Springer, die bei größeren Unternehmen angestellt sind und bei Urlaub oder Krankheit des Hauswarts aushelfen, soweit eine Aushilfstätigkeit stattfindet (*Wolbers* ZMR 2009, 417, 418).

14. Sachaufwendungen

175 Nicht umlagefähige Sachaufwendungen sind: Kosten für Arbeitsmittel und Geräte (*AG Steinfurt* WuM 1999, 721; *AG Starnberg* NZM 2002, 910; a.A. *AG Köln* Mietrechtliche Entscheidungen in Leitsätzen ZMR 1996, Heft 9 S. XII). Fahrtkosten jedenfalls dann, wenn sie dem Hauswart nur deshalb erstattet werden, weil dieser auch noch andere Anlagen betreut (*LG Bonn* WuM 1998, 553). Als Sachaufwendungen wird man Fahrtkosten jedoch generell als nicht umlegungsfähig ansehen müssen. Kosten für Kleinteile, die der Hauswart verwendet (*LG Wuppertal* WuM 1999, 342: Als Hausmeisterkosten für ein Objektbetreuungsunternehmen sind Instandhaltungs- und Verwaltungskosten sowie Kosten für Werkzeuge, Geräte und Reparaturmaterial in der Betriebskostenabrechnung ebenso wenig anzusetzen wie Kosten außerhalb einer sparsamen Wirtschaftsführung). Telefonkosten sind unstreitig nicht umlegbar, soweit sie auf Verwaltungstätigkeiten entfallen (*AG Hannover* WuM 1994, 435). Als Sachaufwendungen sind Telefonkosten in der Position Hauswart generell nicht umlegungsfähig (a.A. *AG Hannover* WuM 1994, 435). Das gilt auch für die Kosten einer Rufumleitung, wenn sich der Hauswart nur stundenweise im Hause aufhält (*LG Bonn* WuM 1998, 353).

Die Arbeitskleidung für den Hauswart kann umgelegt werden (a.A. *AG Lörrach* WuM 1996, 628). Die Bezahlung der Arbeitskleidung ist entweder als geldwerter Vorteil für den Hauswart oder als eine arbeitsvertragliche Nebenpflicht des Vermieters anzusehen. Die Zurverfügungstellung von Arbeitskleidung kommt unmittelbar dem Hauswart zugute. 176

15. Sonstiges

Umlagefähig sind: Bereitstellung der Tonnen für die Müllabfuhr bzw. Öffnen des Müllkellers, Leeren von Abfallbehältnissen auf dem Grundstück (*Wall* Betriebskosten-Kommentar, Rn. 3840, 4437 ff.). Der Aufwand für Schnee- und Eisbeseitigung (*LG Berlin* NZM 2002, 65) und die Besorgung und Bevorratung von Streugut (*LG Gera* WuM 2001, 615). Reinigungsarbeiten (*LG Frankfurt/M.* WuM 1996, 561). Die Gartenpflege ist umlegungsfähig, soweit es sich um Gartenpflegetätigkeiten im Sinne von § 2 Nr. 10 BetrKV handelt (*AG Köln* WuM 1995, 120; *AG Hohenschönhausen* GE 2008, 933). Überwachung, Pflege und Reinigung der Gemeinschaftswaschmaschine. 177

Nicht umlagefähig ist der für Aufwand eine Mitteilung besonderer Vorkommnisse an die Hausverwaltung (*AG Köln* WuM 1999, 466, 467) sowie die Bestellung von Waren (*LG Berlin* GE 2009, 979), das Aufstellen von Plänen zur Reinigung des Treppenhauses und zur Benutzung der Einrichtungen für die Wäschepflege. 178

R. Die Kosten insbesondere einer gebäudeinternen Verteilanlage

a) des Betriebs der Gemeinschafts-Antennenanlage; 178a
hierzu gehören die Kosten des Betriebsstroms und die Kosten der regelmäßigen Prüfung ihrer Betriebsbereitschaft einschließlich der Einstellung durch eine Fachkraft, bis zum 30.06.2024 außerdem das Nutzungsentgelt für eine nicht zu dem Gebäude gehörende Antennenanlage sowie die Gebühren, die nach dem Urheberrechtsgesetz für die Kabelweitersendung entstehen;
oder

b) des Betriebs der mit einem Breitbandnetz verbundenen privaten Verteilanlage;
hierzu gehören die Kosten des Betriebsstroms, bis zum 30.06.2024 außerdem die weiteren Kosten entsprechend Buchst. a), sowie die laufenden monatlichen Grundgebühren für Breitbandanschlüsse,
oder

c) des Betriebs einer gebäudeinternen Verteilanlage, die vollständig mittels Glasfaser mit einem öffentlichen Netz mit sehr hoher Kapazität i.S.d. § 3 Nummer 33 des Telekommunikationsgesetzes verbunden ist, wenn der Mieter seinen Anbieter von öffentlich zugänglichen Telekommunikationsdiensten über seinen Anschluss frei wählen kann,
hierzu gehören die Kosten des Betriebsstroms sowie ein Bereitstellungsentgelt gem. § 72 Abs. 1 des Telekommunikationsgesetzes.

Für Anlagen, die ab dem 01.12.2021 errichtet worden sind, ist Satz 1 Nr. 15 Buchst. a) und b) nicht anzuwenden. 179

I. Historie; Normzweck

Durch Art. 15 des Gesetzes zur Umsetzung der Richtlinie (EU) 2018/1972 des Europäischen Parlaments und des Rates v. 11.12.2018 über den europäischen Kodex für die elektronische Kommunikation (Neufassung) und zur Modernisierung des Telekommunikationsrechts (Telekommunikationsmodernisierungsgesetz) v. 23.06.2021 (BGBl. I 1858) hat § 2 Nr. 15 BetrKV m.W.v. 01.12.2021 dann seine heutige Fassung mit drei Buchstaben erhalten (s.a. *Lehmann-Richter* ZMR 2022, 522 ff.). 180

Im Fall von Gemeinschaftsantennenanlagen nach Buchst. a) bleiben weiterhin ansatzfähig als Betriebskosten i.S.d. § 1 BetrKV die Kosten des Betriebsstroms und die Kosten der regelmäßigen Prüfung ihrer Betriebsbereitschaft sowie im Fall privater Verteilanlagen nach Buchst. b) die Kosten des Betriebsstroms (vgl. BT-Drs. 19/28865, 412). Der Nr. 15 wurde darüber hinaus ein neuer Buchst. c) angefügt, der laufende Kosten des Betriebs einer gebäudeinternen Glasfaser-Netzinfrastruktur als umlagefähige 181

Betriebskosten benennt. Damit reagierte der Gesetzgeber auf die Kritik, dass ansonsten ein wichtiges Finanzierungsinstrument für den Ausbau von Netzen mit sehr hoher Kapazität entfallen würde (vgl. BT-Drs. 19/26964, 38; vgl. *Schmid/Elzer* HdB der Mietnebenkosten Rn. 5551).

II. Gemeinschafts-Antennenanlage

182 Nach § 2 Satz 1 Nr. 15 Buchst. a) sind Kosten des Betriebs einer Gemeinschafts-Antennenanlage Betriebskosten i.S.v. § 1 BetrKV. Eine »Gemeinschafts-Antennenanlage« i.d.S. ist eine Antennenanlage über die Rundfunk- und/oder Fernsehsignale empfangen und dann auf mehrere Nutzer verteilt werden (vgl. *Schmid/Elzer* HdB der Mietnebenkosten Rn. 5554). Hierunter fallen auch Satellitenempfangsanlagen (*AG Steinfurt* WuM 2008, 283).

183 **Kosten des Betriebs einer Gemeinschafts-Antennenanlage**

184 Hierzu zählen erstens die Kosten des Betriebsstroms. Diese Kosten können mit einem Zwischenzähler gemessen werden. Ist kein Zwischenzähler vorhanden, kann die Menge des verbrauchten Betriebsstroms nach h.M. unter Heranziehung des Anschlusswertes aber auch geschätzt werden. Der Betriebsstrom darf nicht zusammen mit dem Strom für Beleuchtung abgerechnet werden (a.A. *Kinne* GE 2007, 377 [341], wenn für Beleuchtung und Kabelempfang der gleiche Umlageschlüssel gilt). Zweitens gehören die Kosten der regelmäßigen Prüfung der Betriebsbereitschaft der Antennenanlage einschließlich ihrer Einstellung durch eine Fachkraft zu den Kosten. Nicht erfasst sind die Kosten für den Einbau einer Satellitenempfangsanlage, auch wenn hierfür ein monatlicher Betrag angesetzt wird (*AG Gelsenkirchen* WuM 2004, 234).

185 Bestehen umfassende Wartungsverträge vgl. *Schmid/Riecke* HdB der Mietnebenkosten Rn. 1030a ff. Drittens gehört bis zum 30.06.2024 das Nutzungsentgelt für eine nicht zu dem Gebäude gehörende Antennenanlage, beispielsweise eine angemietete oder geleaste Antennenanlage, umfassend zu den Kosten.

186 Und viertens bis zum 30.06.2024 die Gebühren, die nach dem Urheberrechtsgesetz für eine Kabelweitersendung ggf. entstehen (dazu beispielsweise *BGH*, 18.06.2020 – I ZR 171/19, GRUR 2020, 1297; *BGH*, 17.09.2015 – I ZR 228/14, GRUR 2016, 71; *OLG Dresden*, 22.11.2016 – 14 U 530/16, GRUR-RR 2017, 49; *AG Charlottenburg*, 01.02.2018 – 218 C 288/17, ZMR 2018, 549).

187 **Umlageschlüssel**

188 Es bietet sich als Umlageschlüssel die Anzahl der Empfangsdosen in einer Einheit oder allgemein die Anzahl der Einheiten (vgl. *Schmid/Riecke* HdB der Mietnebenkosten Rn. 4274) an. Die Wohnflächen haben keine Aussagekraft. Bei preisgebundenem Wohnraum sind die Kosten dennoch nach dem Verhältnis der Wohnflächen umzulegen, sofern nicht im Einvernehmen mit allen Mietern ein anderer, besserer Umlageschlüssel vereinbart ist (§ 24a Abs. 2 S. 1 NMV 1970).

III. Mit einem Breitbandnetz verbundene Verteilanlage

189 Zu den **Kosten** des Betriebs der mit einem Breitbandnetz verbundenen privaten Verteilanlage gehören die Kosten des Betriebsstroms sowie bis zum 30.06.2024 außerdem die weiteren Kosten entsprechend Buchst. a) sowie vor allem die laufenden monatlichen Grundgebühren für Breitbandanschlüsse (*Schmid/Elzer* HdB der Mietnebenkosten Rn. 5557).

190 Keine ansetzbaren Kosten nach § 2 Nr. 15 Buchst. b) BetrKV sind die Entgelte für den Anschluss an ein Breitbandnetz, auch wenn diese in Form wiederkehrender Teilzahlungen geleistet werden (*Wienicke* GE 1984, 603). Die Kosten für einen Sperrfilter, der den Empfang bestimmter Programme verhindern soll, weil der Mieter den Anschluss an das Breitbandnetz verweigert hat, sind nicht erfasst (*AG Freiburg* WuM 1996, 285). Entgegen der früheren Fassung der Verordnung ist die Kostenumlegung nicht mehr auf ein Breitbandkabelnetz beschränkt.

191 Die Kosten des **Betriebsstroms** können mit einem Zwischenzähler gemessen werden. Ist kein Zwischenzähler vorhanden, kann die Menge des verbrauchten Betriebsstroms nach h.M. unter

Heranziehung des Anschlusswertes aber auch geschätzt werden. Der Betriebsstrom darf aber nicht zusammen mit dem Strom für Beleuchtung abgerechnet werden.

Die Kosten für die Belieferung mit Signalen sowie den Betrieb der gebäudeinternen Breitbandinfrastruktur können nur bis zum 30.06.2024 umgelegt werden. Für die Gebäudeeigentümer/Vermieter bedeutet dies, dass sie zwar weiterhin das Entgelt aus der Vereinbarung mit dem Leistungserbringer bezahlen müssen, die dadurch entstehenden Kosten jedoch nicht weiterreichen können. Für die Fälle, in denen die Vertragsparteien keine Regelung für den Wegfall der Umlagefähigkeit getroffen haben, besteht für Bezugsverträge über die Belieferung von Gebäuden oder Einheiten mit Telekommunikationsdiensten (darunter fällt u.a. auch eine TV-Versorgung) gem. § 230 Abs. 5 TKG ein Kündigungsrecht mit Wirkung ab dem 01.07.2024 (vgl. *Schmid/Elzer* HdB der Mietnebenkosten Rn. 5560). 192

IV. Kosten einer mit einer Glasfaser verbundenen Verteilanlage

Will der Gebäudeeigentümer/Vermieter von der danach bestehenden Möglichkeit, ein Glasfaserbereitstellungsentgelt auf den Mieter umzulegen, keinen Gebrauch machen, kann er selbst eine gebäudeinterne Glasfaserinfrastruktur herstellen. Erfolgt der Ausbau vollständig mittels Glasfaserkomponenten und wird die gebäudeinterne Netzinfrastruktur an ein öffentliches Telekommunikationsnetz mit sehr hoher Kapazität angeschlossen, stellt dies eine Modernisierungsmaßnahme dar (§ 555b Abs. 4a BGB). In diesem Fall ist der Gebäudeeigentümer/Vermieter nach § 559 BGB zur Erhöhung der Kaltmiete berechtigt. Zum anderen kann der Gebäudeeigentümer/Vermieter ein Telekommunikationsunternehmen mit dem Ausbau und Betrieb der gebäudeinternen Netzinfrastruktur beauftragen. In diesem Fall wird i.d.R. vereinbart, dass der Gebrauch der eingebrachten Netzinfrastruktur dem Telekommunikationsunternehmen obliegt. Das Telekommunikationsunternehmen kann seine Investition über die Endkundenverträge sowie Mitnutzungsentgelte anderer Telekommunikationsunternehmen (vgl. § 149 Abs. 5 i.V.m. Abs. 3 TKG) refinanzieren (vgl. *Schmid/Elzer* HdB der Mietnebenkosten Rn. 5563). 193

Die Kosten des **Betriebsstroms** können mit einem Zwischenzähler gemessen werden. Ist kein Zwischenzähler vorhanden, kann die Menge des verbrauchten Betriebsstroms unter Heranziehung des Anschlusswertes aber auch geschätzt werden. Der Betriebsstrom darf nicht zusammen mit dem Strom für Beleuchtung abgerechnet werden. 194

Glasfaserbereitstellungsentgelt 195

Eine Umlage des Bereitstellungsentgeltes ist nur möglich, wenn die gesetzlichen Vorgaben zum Glasfaserbereitstellungsentgelt, also § 72 TKG sowie § 556 Abs. 3a BGB, erfüllt sind (s.a. *Lehmann-Richter* ZMR 2022, 522 [524]). 196

Nach § 72 Abs. 1 S. 1, Abs. 6 Satz 1 TKG kann der Betreiber eines öffentlichen Telekommunikationsnetzes auf Grundlage einer vertraglichen Vereinbarung mit dem Eigentümer des Grundstücks von diesem ein Bereitstellungsentgelt nach Maßgabe von § 72 Abs. 2 bis Abs. 7 TKG erheben, wenn der Betreiber 197

1. das Gebäude mit Gestattung des Eigentümers des Grundstücks erstmalig mit einer Netzinfrastruktur ausstattet, die vollständig aus Glasfaserkomponenten besteht, 198
2. die Netzinfrastruktur nach Nr. 1 an ein öffentliches Netz mit sehr hoher Kapazität anschließt, 199
3. für den mit dem Eigentümer des Grundstücks vereinbarten Bereitstellungszeitraum die Betriebsbereitschaft der Netzinfrastruktur nach Nr. 1 und des Anschlusses an das öffentliche Netz mit sehr hoher Kapazität nach Nr. 2 gewährleistet, und 200
4. anderen Anbietern auf Antrag dauerhaft zu transparenten, diskriminierungsfreien Bedingungen unentgeltlich den Zugang zu der errichteten Infrastruktur gewährt. 201

Dem Eigentümer eines Grundstücks steht nach § 72 Abs. 1 S. 2 TKG der Inhaber eines grundstücksgleichen Rechtes gleich. 202

203 Das Bereitstellungsentgelt darf nach § 72 Abs. 2 S. 2, Satz 3 TKG regelmäßig 5 Jahre, bei Vorliegen besonderer Gründe längstens 9 Jahre, bis zu 5 € brutto im Monat pro Einheit betragen (= jährlich 60 €). Die Obergrenze für das Entgelt liegt somit bei 540 € pro Einheit (= 9 x 60). Zu unterscheiden ist im Übrigen, wann die Glasfaserinfrastruktur errichtet wurde. Keine Besonderheiten gelten für die Anlagen, die zwischen dem 01.12.2021 bis spätestens 31.12.2027 errichtet werden (vgl. § 72 Abs. 7 S. 1 TKG). Für Infrastrukturen, die im Zeitraum vom 01.01.2015 bis zum 01.12.2021 errichtet wurden, kann ein Bereitstellungsentgelt nach § 72 Abs. 7 S. 2 TKG hingegen nur dann erhoben werden, wenn die Voraussetzungen von § 72 Abs. 1 bis Abs. 6 TKG eingehalten sind und der Eigentümer des Grundstücks und der Betreiber nach § 72 Abs. 1 TKG anlässlich der erstmaligen Errichtung der Netzinfrastruktur einen Gestattungsvertrag geschlossen haben, der nach der vertraglichen Vereinbarung frühestens am 01.07.2024 endet. In diesem Fall ist das Bereitstellungsentgelt nach § 72 Abs. 7 S. 3 TKG in dem Verhältnis zu kürzen, das dem Verhältnis von verstrichener Zeit seit Errichtung der Infrastruktur zu der vereinbarten Laufzeit des Gestattungsvertrags entspricht (vgl. *Schmid/Elzer* HdB der Mietnebenkosten Rn. 5567).

204 Nach § 556 Abs. 3a S. 1 BGB hat der Mieter das Glasfaserbereitstellungsentgelt nach § 72 Abs. 1 TKG außerdem nur bei wirtschaftlicher Umsetzung der Maßnahme zu tragen. Dies gilt unabhängig davon, welche Kosten die Maßnahme auslöst (BT-Drs. 19/28865, 413). Über die Kosten gibt die Rechnung i.S.v. § 72 Abs. 4 TKG Auskunft, die der Mieter einsehen kann. Handelt es sich um eine aufwendige Maßnahme i.S.v. § 72 Abs. 2 S. 4 TKG, hat der Mieter die Kosten nur dann zu tragen, wenn der Vermieter vor Vereinbarung der Glasfaserbereitstellung soweit möglich drei Angebote eingeholt und das wirtschaftlichste ausgewählt hat. Die Pflicht reicht allerdings nur so weit, wie die Situation vor Ort es erlaubt (BT-Drs. 19/28865, 413), und dürfte nicht für die in § 72 Abs. 7 S. 2 TKG genannten Fälle rückwirkend gelten. Sofern der Vermieter weniger als drei Angebote erlangen kann, ist es nach Ansicht des Gesetzgebers notwendig, dass er dies dokumentiert (BT-Drs. 19/28865, 413). Eine aufwendige Maßnahme liegt vor, wenn die vom Betreiber des öffentlichen Telekommunikationsnetzes dem Grundstückseigentümer/Vermieter in Rechnung gestellten Kosten pro Wohneinheit 300 € überschreiten. Dies kann sich aufgrund der Besonderheiten vor Ort (fehlende Leerrohre, Denkmalschutzauflagen, etc.) ergeben (vgl. *Schmid/Elzer* HdB der Mietnebenkosten Rn. 5568).

205 Haben die Mietvertragsparteien in einem vor dem 01.12.2021 geschlossenen Mietvertrag keine konkrete umfassende **Umlagevereinbarung** getroffen (dazu PWW/*Elzer* BGB § 556 Rn. 10), sondern ausdrücklich die Umlage der Kosten des Betriebs der mit einem Breitbandnetz verbundenen privaten Verteilanlage i.S.v. § 2 Satz 1 Buchst. b) BetrKV, wird für die Umlage des Glasfaserbereitstellungsentgeltes i.d.R. dennoch keine neue Umlegungsvereinbarung erforderlich sein. Denn die Vereinbarung der Umlage der Kosten des Betriebs der mit einem Breitbandnetz verbundenen privaten Verteilanlage wird i.d.R. im Wege der ergänzenden Vertragsauslegung so ausgelegt werden können, dass sie auch die Umlage solcher Kosten umfasst, die funktional an ihre Stelle treten (*Bentrop* WuM 2021, 593 [596]; a.A. *Lehmann-Richter* ZMR 2022, 522 [525]); ggf. liegt auch im Lauf der Zeit eine schlüssige Zustimmung vor (vgl. *Schmid/Elzer* HdB der Mietnebenkosten Rn. 5569).

206 Mieter, die Signale als **Nebenleistung zum Mietvertrag** beziehen und über die Mietnebenkosten bezahlen, werden ab dem 01.07.2024 grundsätzlich nicht mehr zwingend über den Gebäudeeigentümer/Vermieter versorgt (a.A. *Horst* MietRB 2022, 182 [184]: Vermieter schulde eine Versorgung aus Mietvertrag). Sie müssen daher, wenn sie es wollen, einen individuellen Vertrag zum Bezug von Signalen abschließen (s.a. *Bentrop* WuM 2021, 593 [594]; *Horst* MietRB 2022, 182 [184]). Zur Übermittlung der Signale kann die im Gebäude vorhandene Verteilanlage eingesetzt werden. Den Betriebsstrom muss der Mieter dann nach Buchst. b) bezahlen.

207 Die Gebäudeeigentümer/Vermieter können nach § 71 Abs. 2 S. 1 TKG mit einem Anbieter von Rundfunkübertragungsdiensten vereinbaren, dass sie gegenüber den Mietern das Entgelt für den Bezug von Signalen erheben und an den Anbieter weiterleiten (*Lehmann-Richter* ZMR 2022, 522 [529 ff.]; s.a. BT-Drs. 19/28865, 473). Voraussetzung dafür ist, dass der Gebäudeeigentümer/Vermieter mit den Mietern individuelle Vereinbarungen zum Bezug von Signalen schließt (*Horst* MietRB

2022, 182 [184]). Diese dürfen eine anfängliche Mindestvertragslaufzeit von höchstens 24 Monaten haben und müssen im Anschluss monatlich kündbar sein (§ 71 Abs. 2 S. 3 TKG). Auch im Übrigen gelten für den Gebäudeeigentümer/Vermieter die Kundenschutzvorschriften des TKG. Eine Abrechnung über die Mietnebenkosten ist bei Neuanlagen nach § 2 Satz 2 BetrKV nicht und bei Bestandsanlagen über den 30.06.2024 hinaus nicht zulässig (*Bentrop* WuM 2021, 593 [594]; a.A. ggf. *Horst* MietRB 2022, 182 [183]). Bei Abschluss einer entsprechenden Vereinbarung muss der Gebäudeeigentümer/Vermieter sich wie ein Anbieter öffentlich zugänglicher Telekommunikationsdienste verhalten und unterliegt gem. § 71 Abs. 2 S. 1 TKG den Verpflichtungen des Teils 3 des TKG. Der Vermieter ist dabei insbesondere an die Transparenzvorgaben nach § 52 TKG, die Informationsverpflichtungen nach §§ 54, 55 TKG, die Regelungen zur Minderung nach § 57 TKG und die Vorgaben zur Entstörung nach § 58 TKG gebunden (vgl. *Schmid/Elzer* HdB der Mietnebenkosten Rn. 5569a und b).

(nicht besetzt) 208

S. Die Kosten des Betriebs der Einrichtungen für die Wäschepflege

Hierzu gehören die Kosten des Betriebsstroms, die Kosten der Überwachung, Pflege und Reinigung der maschinellen Einrichtung, der regelmäßigen Prüfung ihrer Betriebsbereitschaft und Betriebssicherheit sowie die Kosten der Wasserversorgung entsprechend Nr. 2, soweit sie nicht dort bereits berücksichtigt sind. 209

Einrichtungen für die Wäschepflege sind nach § 2 Nr. 16 BetrKV alle für die Wäschepflege aufgestellten Einrichtungen, insbesondere Waschmaschinen, Wäscheschleudern, Trockner, Wäscheleinen und Bügelmaschinen. 210

Betriebsstrom: Die Stromkosten müssen über einen eigenen Zähler gesondert erfasst werden, da eine hinreichend genaue Schätzung kaum möglich ist (*Schmid* DWW 1997, 68). 211

In der Jahresabrechnung einer Gemeinschaft der Wohnungseigentümer (GdWE) müssen die Kosten des Betriebsstroms der zentralen Heizungsanlage nach Maßgabe der Heizkostenverordnung verteilt werden; wird der Betriebsstrom nicht über einen Zwischenzähler, sondern über den allgemeinen Stromzähler erfasst, muss – nicht vom Verwalter, sondern durch Beschluss der Eigentümer – geschätzt werden, welcher Anteil an dem Allgemeinstrom hierauf entfällt (*BGH* – V ZR 166/15, ZMR 2017, 76) 212

Überwachung, Pflege, Reinigung: Diese Maßnahmen müssen die Wascheinrichtung selbst betreffen, nicht den Waschraum. 213

Prüfung der Betriebsbereitschaft und Betriebssicherheit: Genannt sind nur die Kosten der Prüfung, nicht Aufwendungen für eine Beseitigung von Störungen. Bei Wartungsverträgen sind deshalb nur die Überprüfungskosten erfasst, nicht die darin enthaltenen Reparaturkosten (*Schmid* DWW 1997, 68). 214

Wasserkosten: Die Wasserkosten können u.a. in dieser Position umgelegt werden. Das setzt voraus, dass sie gesondert erfasst werden. Es kann aber auch eine Umlegung zusammen mit den anderen Wasserkosten nach § 2 Nr. 2 BetrKV erfolgen. Wenn die sonstigen Wasserkosten und die Kosten für die Wascheinrichtung verbrauchsabhängig abgerechnet werden, wird es in aller Regel der Billigkeit entsprechen, den Wasserverbrauch gesondert zu erfassen und hier umzulegen (*Schmid* DWW 1997, 68). 215

Erhaltungs- bzw. Instandhaltungspauschale: Nur im Anwendungsbereich der NMV 1970 darf für die Kosten der Instandhaltung der Wascheinrichtungen ein Erfahrungswert als Pauschbetrag angesetzt werden (§ 25 Abs. 1 S. 2 NMV 1970). Instandhaltungskosten sind deshalb in der Regel nicht von § 16 Abs. 3 WEG erfasst. 216

Nicht genannt und deshalb nicht nach dieser Position umlegungsfähig, sind die Kosten für den **Waschraum.** Möglich ist jedoch eine Zuordnung hierdurch veranlasster Betriebskosten zu anderen 217

Positionen des § 2 BetrKV, z.B. zu Nr. 4 ff. für Heizung, zu Nr. 9 für Reinigung, zu Nr. 11 für Beleuchtung, zu Nr. 14 für Hauswartkosten.

218 Ebenfalls nicht genannt sind die **Abwasserkosten.** Ihre Umlegung erfolgt nach § 2 Nr. 3 BetrKV und zwar auch dann, wenn sich die Abwasserkosten nach dem Frischwasserverbrauch richten.

219 Die Kosten der **Verbrauchserfassung und Abrechnung** können nicht in dieser Position erfasst werden (*AG Mühlheim/Ruhr* WuM 2000, 424).

T. Sonstige Betriebskosten

220 **Hierzu gehören Betriebskosten, die von den Nr. 1 bis 16 nicht erfasst sind.**

I. Grundsätzliches

221 Ein Wohnungseigentümerbeschluss, der nur »sonstige Betriebskosten« nennt, soll noch hinreichend bestimmt sein. Die einzelnen Betriebskosten, für die eine Umlegungsregelung getroffen werden soll, müssten dann nicht genannt werden. Die gesetzliche Betriebskostendefinition biete ausreichende Abgrenzungskriterien.

222 Die für das Mietrecht entwickelte Auffassung, dass die sonstigen Kosten einzeln genannt werden müssen (*BGH* – VIII ZR 167/03, ZMR 2004, 430 = WuM 2004, 290) dient der Information des Mieters, welche Kosten auf ihn zukommen (vgl. dazu *Riecke*, Die Umlage von »sonstigen Betriebskosten« im Sinne von § 2 Nr. 17 BetrKV, WuM 2021, 10–15).

223 Dieser Gesichtspunkt hat für das Wohnungseigentum zwar geringere Relevanz, da die Wohnungseigentümer ohnehin alle Kosten tragen müssen, ändert aber nichts an den strengen Grundsätzen zur Bestimmtheit von Eigentümerbeschlüssen (*Riecke* ZMR 2018, 173 ff., *Abramenko* ZfIR 2014, 725 ff., *Hogenschurz* ZMR 2011, 928). Der Beschluss muss deutlich erkennen lassen, welche Kosten (z.B. von der Änderung des Verteilungsschlüssels) betroffen sind (vgl. *LG Hamburg* ZMR 2013, 465).

II. Einzelfragen

224 Einzelfälle werden auch bei *Riecke*, Die Umlage von »sonstigen Betriebskosten« im Sinne von § 2 Nr. 17 BetrKV, WuM 2021, 11 und *Wall* Betriebskosten-Kommentar Rn. 4721 erwähnt.

225 Überprüfungskosten für **Abflussrohre** (*AG Tiergarten* GE 1996, 1435) und Kosten für eine vorbeugende Reinigung (*Gather* DWW 2011, 362, 366).

226 **Abrechnungskosten**, sind keine Betriebskosten, soweit nicht ausdrücklich etwas anderes bestimmt ist, wie in § 2 Nrn. 2, 4, 5, 6 und 8 BetrKV.

227 Betriebskosten für **Abwasserreinigungsanlagen** (*Kinne* ZMR 2001, 10).

228 **Beleuchtung:** Eine regelmäßige Kontrolle ist im Interesse der Verkehrssicherheit erforderlich. Die hierfür anfallenden Kosten sind umlegungsfähig (*Schmid,* Handbuch der Mietnebenkosten, Rn. 5606; a.A. *AG Köln* WuM 2007, 264). Die Kosten unterfallen § 2 Nr. 17 BetrKV, nicht § 2 Nr. 11 BetrKV, da dort nur die Stromkosten erwähnt sind. Beleuchtungskosten für den Heizungsraum unterfallen ebenfalls der Nr. 17, da sie in der Nr. 4 nicht erwähnt sind (*Lammel* HeizkostenV § 7 Rn. 90). Nicht umlegbar sind bei Wohnraummietverhältnissen die Kosten für Lampen und Leuchtmittel (*OLG Düsseldorf* NZM 2000, 762; *AG Tiergarten* GE 1988, 631).

229 Kosten für einen **Bereitschaftsdienst** (*AG Köln* Mietrechtliche Entscheidungen in Leitsätzen ZMR 1996 Heft 3 S. IV).

230 **Beschichtungen** von Bodenbelägen und Öltank (Schmid Handbuch der Mietnebenkosten Rn. 5608) betreffen die Instandhaltung und Instandsetzung und unterfallen deshalb nicht der Nr. 17.

Kosten der Prüfung der **Betriebsbereitschaft und Betriebssicherheit** (vgl. *BGH,* VIII ZR 123/06, ZMR 2007, 361 = MDR 2007, 769; **a.A.** *Wall* WuM 1998, 528). Teilweise sind diese Kosten ausdrücklich angeführt. I.Ü. handelt es sich um Kosten des Betriebes der jeweiligen Anlage. 231

Bewachung: Kosten der Bewachung des Mietobjekts sind keine Betriebskosten (*OLG Düsseldorf* DWW 1981, 283; offengelassen in *OLG Düsseldorf* ZMR 2012, 184; **a.A.** die wohl h.M.: *OLG Celle* ZMR 1999, 338 ff.; *OLG Frankfurt* ZMR 2004, 182; *LG Berlin* GE 2005, 237; wohl auch *BGH* – VIII ZR 78/04, NZM 2005, 452 = WuM 2005, 336). Bewachungskosten sind Kosten der Aufsicht und damit Verwaltungskosten i.S.d. § 2 Abs. 2 Nr. 1 BetrKV (Schmid HdB der Mietnebenkosten Rn. 5610). Teilweise erfolgt eine Zurechnung zu den Hauswartkosten. Ein Abstellen darauf, ob die Bewachung dem Interesse des Vermieters oder des Mieters dient, verbundenen mit einer nur anteiligen Umlegung der Kosten (so *LG Köln* WuM 2004, 400) ist weder rechtsdogmatisch begründbar noch praktikabel. Die notwendige Eingrenzung sieht die h.M. in der Notwendigkeit der Bewachung, also letztlich nur im Wirtschaftlichkeitsgrundsatz (*LG Berlin* WuM 2013, 612). 232

Kosten für die Wartung einer **Blitzschutzanlage** unterfallen der Nr. 17 (*AG Bremervörde* WuM 1987, 198; *Schmid* GE 2013, 1242; **a.A.** *Kinne* GE 2003, 444). 233

Wartungskosten für **Brandschutzanlagen** (*Gather* DWW 2011, 362, 363), insbesondere Wartungskosten für Brandmelde- und Sprinkleranlagen (für Rauchwarnmelder s.u. Rdn. 260). 234

Concierge-Kosten werden als umlegungsfähig angesehen (*AG Erfurt* WuM 2008, 303). 235

Dachbegrünung: Die Kosten der Pflege einer Dachbegrünung werden überwiegend als nicht umlagefähig angesehen, da es hierbei um die Verbesserung der Dämmeigenschaften des Daches gehe (*KG* ZMR 2006, 284 = NZM 2006, 296; *Wall,* Betriebskosten-Kommentar, Rn. 4034). Das schließt es allerdings nicht aus, im Grundsatz Betriebskosten nach § 2 Nr. 17 BetrKV anzunehmen (*Schmid* GE 2013, 1242). Allerdings werden hier regelmäßig entstehende Kosten, die keine Instandhaltungs- oder Instandsetzungskosten sind, kaum anfallen. 236

Dachflächen: Kosten für die Kontrolle der Dachflächen sind keine Betriebskosten. Zwar sind solche Kontrollen notwendig (*Schmid* GE 2011, 1595, 1597; **a.A.** *Wall* WuM 1998, 530), damit sich der Vermieter im Fall eines Schadens nach § 836 Abs. 1 S. 2 BGB entlasten kann (*LG Offenburg* NJW-RR 2002, 596 zum Orkan »Lothar« am 26.12.1999). Es handelt sich jedoch um Verwaltungskosten (*Schmid* HdB der Mietnebenkosten Rn. 5615). 237

Dachgärten und Dachterrassen: Reinigungskosten für Dachgärten unterfallen nicht dem § 2 Nr. 9 BetrKV, da diese Vorschrift, wie die Beispiele zeigen, auf die Reinigung von Flächen innerhalb des Gebäudes abstellt. Auch § 2 Nr. 10 BetrKV kann nicht herangezogen werden, da diese Vorschrift nach ihrem Gesamtzusammenhang ebenerdige Gärten betrifft (Schmid HdB der Mietnebenkosten Rn. 5616). Auch insoweit handelt es sich deshalb um sonstige Betriebskosten nach § 2 Nr. 17 BetrKV. Entsprechendes gilt für die Reinigung von Dachterrassen, sofern diese allen Mietern zur Verfügung stehen (*Schmid* GE 2013, 1242: Auch Dächer können Betriebskosten verursachen!). 238

Die Umlegbarkeit der Kosten einer **Dachrinnenbeheizung** wird überwiegend verneint (*Wall* Betriebskosten-Kommentar Rn. 4731). Dem ist jedoch nicht zu folgen (*Schmid* GE 2013, 1242). Das Argument, dass es um die Einhaltung der Verkehrssicherungspflicht und die Erhaltung der Bausubstanz gehe, vermag nicht zu überzeugen. Weder das eine noch das andere schließt die Annahme von Betriebskosten aus. Auch der Winterdienst dient der Erfüllung der Verkehrssicherungspflicht und die Kosten sind nach § 2 Nr. 8 und 10 BetrKV umlegbar. Der Erhaltung der Bausubstanz dient es auch, wenn das Einfrieren von Leitungen verhindert wird; die Kosten sind nach § 2 Nr. 4 bis 6 BetrKV umlegbar. Die Beheizung der Dachrinne ist weder eine Instandhaltungs- noch eine Verwaltungsmaßnahme. Die Betriebskosten sind sonstige Betriebskosten nach § 2 Nr. 17 BetrKV (*Schmid* HdB der Mietnebenkosten Rn. 5617; *Lützenkirchen* in: Lützenkirchen, Mietrecht, § 556 Rn. 286). 239

240 **Dachrinnenreinigung.** Die Kosten sind umlegungsfähig, wenn die Reinigung in regelmäßigen Abständen durchgeführt wird, nicht aber wenn eine einmalige Maßnahme aus einem bestimmten Anlass vorliegt oder eine bereits eingetretene Verstopfung beseitigt werden soll (*BGH* – VIII ZR 167/03, ZMR 2004, 430 = WuM 2004, 290).

241 Gemeinschaftlich entstehende Kosten bei **Einzelheizungen** außer Schornsteinfegerkosten.

242 Überprüfungs- und Wartungskosten für **elektrische Anlagen** (*BGH* ZMR 2007, 361 = GE 2007, 440).

243 Stromkosten für **Entlüftungsanlagen** (*Gather* DWW 2011, 362, 363: Nebenkosten bei der Gewerberaummiete).

244 **Fassadenreinigung** (*Schmid* DWW 2004, 288; **a.A.** *AG Hamburg* WuM 1995, 652, 653 – Instandsetzung).

245 Wartungskosten für **Feuerlöschgeräte** (*LG Köln* WuM 1997, 230; *LG Berlin* NZM 2002, 65; **a.A.** *AG Steinfurt* WuM 1993, 135; *AG Hamburg* WuM 1998, 352).

246 **Fußbodenheizung:** Kosten für eine Spülung unterfallen nicht § 2 Nr. 17 BetrKV (*AG Köln* WuM 1999, 235).

247 **Fußmatten:** Miet- und Reinigungskosten für Fußmatten sind nicht bei § 2 Nr. 9 BetrKV, sondern bei § 2 Nr. 17 BetrKV anzusetzen, da die Matten zwar die Verschmutzung des Hauses verringern, aber nicht dessen Reinigung betreffen (*Schmid* WuM 2011, 659; **a.A.** *LG Berlin* GE 2007, 1123).

248 Druck- und Dichtigkeitsprüfungen von **Gasleitungen**, sofern die Leitungen nicht zur zentralen Heizungsanlage (*AG Königstein/Ts.* WuM 1997, 684) oder zu einer Etagenheizung (vgl. Schmid HdB der Mietnebenkosten Rn. 5626) gehören. In diesen Fällen sind die Kosten bei der jeweiligen Position umlegungsfähig. Es handelt sich um eine Überprüfung technischer Einrichtungen.

249 Wartungskosten für **Gasaußenwandheizkörper** (*AG Lichtenberg* WuM 1998, 572).

250 **Glasdächer:** Reinigungskosten unterfallen § 2 Nr. 17 BetrKV (*Schmid* GE 2013, 1242; **a.A.** *AG Potsdam* GE 2007, 918).

251 **Graffiti:** Bei der Beseitigung von Graffitis handelt es sich nicht um Betriebskosten, da die Kosten nicht durch einen bestimmungsgemäßen Gebrauch des Gebäudes verursacht sind (*Schmid* WuM 2008, 519, 521; ders. WuM 2011, 659, 661; **a.A.** *AG Mitte* GE 2007, 1259).

252 **Jalousien:** Reinigungskosten unterfallen § 2 Nr. 17 BetrKV (*AG Potsdam* GE 2007, 918).

253 Reinigungskosten für **Lichtschächte** (vgl. *Schmid/Ormanschick* Handbuch der Mietnebenkosten Rn. 5637).

254 Kosten der Wartung für eine **Lüftungsanlage** (*AG Köln* Mietrechtliche Entscheidungen in Leitsätzen ZMR 1996 Heft 9 S. XII).

255 **Müllbehälterreinigungskosten** gehören zur Nr. 8 (*Schmid* HdB der Mietnebenkosten Rn. 5641).

256 **Notfallsysteme:** Betriebskosten sind umlegbar nach § 2 Nr. 17 BetrKV. Es handelt sich dabei um die Kosten für Strom und Wartung, aber auch um die Kosten für eine Notrufzentrale (*Schmid* WE 2007, 274).

257 **Pförtner:** Kosten für einen Pförtner (Concierge, Doorman) werden vom *BGH* (VIII ZR 78/04, NZM 2005, 452 = WuM 2005, 336) grundsätzlich als sonstige Betriebskosten anerkannt, sind aber nur erfasst, wenn eine konkrete Notwendigkeit besteht. Der *BGH* musste zu dem Problem jedoch nicht abschließend Stellung nehmen, da es an einer konkreten Notwendigkeit fehlte. Das *LG Berlin* (GE 2007, 657) bejaht eine solche Notwendigkeit, wenn die Gefahr besteht, dass Einbrecher das Gebäude betreten. Verfehlt zieht das Gericht auch die Entgegennahme von Postsendungen, die Wahrnehmung von Ableseterminen und die Aufbewahrung von Schlüsseln durch den Doorman

heran. Jedenfalls insoweit handelt es sich um Verwaltungskosten (*Schmid* HdB der Mietnebenkosten Rn. 5644; **a.A.** *Beyer* GE 2007, 950, 952).

Wartungskosten für **Pumpen** sind Betriebskosten (*LG Berlin* NZM 2002, 65). 258

Wartungskosten für eine **Rauchabzugsanlage** (*AG Schöneberg* GE 2008, 1631; **a.A.** *LG Berlin* NZM 259
2000, 27). Aus Sicherheitsgründen ist zumindest eine regelmäßige Funktionsprüfung erforderlich.

Erfasst sind die Kosten für die Wartung von **Rauchwarnmeldern** (s. Anh. Rauchwarnmelder m.w.N.), 260
nicht jedoch die Miet- oder Anschaffungskosten (*BGH* – VIII ZR 117/21 WuM 2022, 733 = ZMR 2023, 102). Die Kosten für neue Batterien sind als Ersatzbeschaffungskosten nicht umlegungsfähig (*Riecke* in: Schmid HdB der Mietnebenkosten Rn. 1035; **a.A.** *AG Lübeck* ZMR 2008, 302).

Wartungskosten für **Rücktauschsicherungen** gehören zu § 2 Nr. 17 BetrKV (*LG Braunschweig* ZMR 261
1984, 243, 245).

Die Kontrolle von **Schneefanggittern** ist eine reine Verwaltungstätigkeit, sodass eine Kostenumlegung 262
nach § 2 Abs. 1 Nr. 1 BGB ausscheidet (*Wal*, Betriebskosten-Kommentar Rn. 4728; *Schmid* GE 2013, 1242, 1243).

Servicegebühren, die für im Hause angebotene Dienstleistungen erhoben werden, sind keine Betriebs- 263
kosten (*AG Neuss* ZMR 2013, 899).

Stromkosten, die keiner anderen Position unterfallen, z.B. für Rolltore in einer Tiefgarage und für 264
Entlüftungsanlagen, gehören zu § 2 Nr. 17 BetrKV (*Kinne* GE 2005, 165, 167.

Kosten der regelmäßigen **Trinkwasseruntersuchung** (*Schmid* ZMR 2012, 11; Anh. zu TrinkwasserV, 265
a.A. *Blümmel* GE 2011, 1396; *Pfeifer* DWE 2011, 131, 137: Zuordnung zu § 2 Nr. 5 und 6 BetrKV). Nicht umlegbar sind dagegen mangels regelmäßiger Entstehung die Kosten für eine **besonders** angeordnete Trinkwasseruntersuchung (*Schmid* ZMR 2012, 10).

Betriebskosten für eine **Videoüberwachungsanlage** (*Kinne* GE 2005, 165, 167; *Schmid* ZMR 2008, 266
98, 99).

Reinigungskosten von **Wärmeversorgungsräumen** bei Fernheizungen (vgl. *AG Charlottenburg* GE 267
1988, 309), sofern man sie nicht bereits den Heizkosten zurechnet.

Warnanlagen in Tiefgaragen unterfallen der Nr. 17 (*Pfeifer* DWW 2004, 44, 47). 268

Verordnung zur Berechnung der Wohnfläche (Wohnflächenverordnung – WoFlV)

Vom 25. November 2003 (BGBl. I S. 2346)

– Auszug –

§ 1 Anwendungsbereich, Berechnung der Wohnfläche

(1) Wird nach dem Wohnraumförderungsgesetz die Wohnfläche berechnet, sind die Vorschriften dieser Verordnung anzuwenden.

(2) Zur Berechnung der Wohnfläche sind die nach § 2 zur Wohnfläche gehörenden Grundfläche nach § 3 zu ermitteln und nach § 4 auf die Wohnfläche anzurechnen.

Literatur:
Cramer, Wohnflächenabweichungen, NZM 2017, 457; *Durst/v. Zitzewitz*, Flächenberechnung bei Gewerbe- und Wohnraum, NZM 1999, 605; *Eisenschmid*, Die Wohnflächenverordnung, WuM 2004, 3; *Elzer*, Die Wohnfläche in Wohnungseigentumsanlagen, FS Börstinghaus 2020, 74; *Gante*, Flächenermittlung und Flächenabweichung, WuM 2008, 525; *Grundmann*, Neuregelungen zu Betriebskosten und Wohnflächenberechnung, NJW 2003, 3745; *Heix*, Die unbegrenzte Wohnfläche nach dem *Bundesgerichtshof*, WuM 2022, 1; *Heix*, Die tatsächliche Wohnfläche in der Rechtsprechung des Bundesgerichtshofs, WuM 2019, 10; *Hinz*, Auswirkungen von Wohnflächenabweichungen auf die Betriebskostenabrechnung, ZMR 2018, 1; *Hinz*, Flächenabweichungen und Betriebskosten, WuM 2008, 633; *Horst*, Der Nachweis von Flächendifferenzen im Wohn- und Gewerbemietrecht, FS Börstinghaus 2020, 253; *Isenmann*, Wohnflächenberechnung, NZM 1998, 749; *Kraemer*, Mietraumfläche - Auswirkungen auf Mietpreis, Gewährleistung und Nebenkosten, NZM 1999, 156; *Langenberg*, Die neuen Verordnungen zur Berechnung der Wohnfläche und zu den Betriebskosten, NZM 2004, 41; *Schißer*, Flächenberechnung bei Bauwerken, MDR 2003, 1401; *Schmid*, Feststellung der Mietfläche, GuT 2012, 98; *Schmid*, Festlegung von Flächen im Wohnungseigentum, ZWE 2008, 371; *Schul/Wichert*, Berechnung und Bedeutung der Mietfläche von Gewerberäumen, ZMR 2002, 634; *Zehelein*, Flächenumlage und -abrechnung im Betriebskostenrecht, FS Börstinghaus 2020, 431.

A. Normgeschichte und -zweck

I. Überblick

1. Verordnung zur Berechnung der Wohnfläche, über die Aufstellung von Betriebskosten und zur Änderung anderer Verordnungen

1 Die Bundesregierung hat die »Verordnung zur Berechnung der Wohnfläche, über die Aufstellung von Betriebskosten und zur Änderung anderer Verordnungen« mit Wirkung zum 01.01.2004 erlassen (BGBl I 2346). Ein **Teil** dieser Verordnung ist in Art. 1 auf Basis von § 19 S. 2 WoFG i.d.F. bis zum 31.12.2006 die Verordnung zur Berechnung der Wohnfläche (Wohnflächenverordnung – WoFlV) mit 5 Paragrafen. Diese WoFlV soll die Regelungsinhalte der BerechnungsVO (Rdn. 3) **vereinfachen** und an neuere Verhältnisse **anpassen** (zu den Einzelheiten BR-Drs. 568/03). Die Vorschriften der WoFlV wurden gegenüber §§ 42 bis 44 der II. BerechnungsVO deshalb zum Teil sprachlich und inhaltlich aufgefrischt. Sie stellen aber wie diese weiterhin nur ein **allgemeines** Gerüst dar (*Langenberg* NZM 2004, 41 [43]).

2. Wegfall der Ermächtigungsgrundlage zum 01.07.2007

2 Das Föderalismusreform-Begleitgesetz v. 05.09.2006 (BGBl. I 2098) hat § 19 S. 2 WoFG mit Wirkung zum 01.01.2007 geändert. Seit diesem Zeitpunkt ist es an den **Ländern**, durch Rechtsverordnung Vorschriften zur Berechnung der Grundfläche und zur Anrechenbarkeit auf die Wohnfläche zu erlassen. Von dieser Ermächtigung haben die Länder bislang aber keinen Gebrauch gemacht. Die WoFlV gilt daher nach Art. 125a Abs. 1 S. 1 GG als **Bundesrecht fort**. Dies zeigte bis zum 31.10.2020 u.a. § 2 Nr. 12 EnEV und zeigt heute beispielsweise § 3 Nr. 32 GEG. Die WoFlV kann gem. Art. 125a Abs. 1 S. 1 GG allerdings durch Landesrecht **ersetzt** werden.

II. §§ 42 bis 44 Zweite Berechnungsverordnung – II. BerechnungsVO

1. Überblick

3 Bis zum Inkrafttreten WoFlV fanden sich **gesetzliche** Regelungen zur Wohnflächenberechnung für die Kostenmiete in §§ 42 bis 44 II. BerechnungsVO v. 17.10.1957 (BGBl I 1719). Ist eine Wohnfläche bis zum 31.12.2003 nach der II. BerechnungsVO berechnet worden, **bleibt** es gem. § 42 S. 1 II. BerechnungsVO auch bei **dieser** Berechnung. Soweit in diesen Fällen nach dem 31.12.2003 bauliche Änderungen an dem Wohnraum vorgenommen werden, die eine **Neuberechnung** der Wohnfläche **erforderlich** machen, sind allerdings nach § 42 S. 2 II. BerechnungsVO die Bestimmungen der WoFlV anzuwenden (s.a. § 5 WoFlV Rdn. 5). Daneben gab es Altbaumietenverordnungen. In deren jeweiligen § 9 wurde zur Flächenberechnung auf die §§ 25–27 der **Verordnung über Wirtschaftlichkeits- und Wohnflächenberechnung für neugeschaffenen Wohnraum** v. 20.11.1950 (BGBl. I S. 753) verwiesen. Diese erste BerechnungsVO bestimmte in ihrem § 25 die Wohnflächen, in ihrem § 26 die technischen Vorschriften, wie die Grundfläche im Einzelnen zu ermitteln war, und ihrem § 27 wie die so bestimmten und errechneten Flächen anzurechnen waren.

2. Wortlaut der §§ 42 bis 44 II. BerechnungsVO

§§ 42 bis 44 II. BerechnungsVO sind §§ 2 bis 4 WoFlV **sehr ähnlich** und lauteten wie folgt: 4

- **§ 42 Wohnfläche.** (1) Die Wohnfläche einer Wohnung ist die Summe der anrechenbaren Grundflächen der Räume, die ausschließlich zu der Wohnung gehören. (2) Die Wohnfläche eines einzelnen Wohnraumes besteht aus dessen anrechenbarer Grundfläche; hinzuzurechnen ist die anrechenbare Grundfläche der Räume, die ausschließlich zu diesem einzelnen Wohnraum gehören. Die Wohnfläche eines untervermieteten Teils einer Wohnung ist entsprechend zu berechnen. (3) Die Wohnfläche eines Wohnheimes ist die Summe der anrechenbaren Grundflächen der Räume, die zur alleinigen und gemeinschaftlichen Benutzung durch die Bewohner bestimmt sind. (4) Zur Wohnfläche gehört nicht die Grundfläche von 1.Zubehörräumen; als solche kommen in Betracht: Keller, Waschküchen, Abstellräume außerhalb der Wohnung, Dachböden, Trockenräume, Schuppen (Holzlegen), Garagen und ähnliche Räume; 2.Wirtschaftsräume; als solche kommen in Betracht: Futterküchen, Vorratsräume, Backstuben, Räucherkammern, Ställe, Scheunen, Abstellräume und ähnliche Räume; 3. Räumen, die den nach ihrer Nutzung zu stellenden Anforderungen des Bauordnungsrechtes nicht genügen; 4. Geschäftsräume.
- **§ 43 Berechnung der Grundfläche.** (1) Die Grundfläche eines Raumes ist nach Wahl des Bauherrn aus den Fertigmaßen oder den Rohbaumaßen zu ermitteln. Die Wahl bleibt für alle späteren Berechnungen maßgebend. (2) Fertigmaße sind die lichten Maße zwischen den Wänden ohne Berücksichtigung von Wandgliederungen, Wandbekleidungen, Scheuerleisten, Öfen, Heizkörpern, Herden und dergleichen. (3) Werden die Rohbaumaße zugrunde gelegt, so sind die errechneten Grundflächen um 3 vom Hundert zu kürzen. (4) Von den errechneten Grundflächen sind abzuziehen die Grundflächen von 1.Schornsteinen und anderen Mauervorlagen, freistehenden Pfeilern und Säulen, wenn sie in der ganzen Raumhöhe durchgehen und ihre Grundfläche mehr als 0,1 Quadratmeter beträgt, 2.Treppen mit über drei Steigungen und deren Treppenabsätze. (5) Zu den errechenbaren Grundflächen sind hinzuzurechnen die Grundflächen von 1. Fenster- und offenen Wandnischen, die bis zum Fußboden herunterreichen und mehr als 0,13 Meter tief sind, 2. Erkern und Wandschränken, die eine Grundfläche von mindestens 0,5 Quadratmeter haben, 3. Raumteilen unter Treppen, soweit die lichte Höhe mindestens 2 Meter ist. Nicht hinzuzurechnen sind die Grundflächen der Türnischen. (6) Wird die Grundfläche auf Grund der Bauzeichnung nach den Rohbaumaßen ermittelt, so bleibt die hiernach berechnete Wohnfläche maßgebend, außer wenn von der Bauzeichnung abweichend gebaut ist. Ist von der Bauzeichnung abweichend gebaut worden, so ist die Grundfläche auf Grund der berichtigten Bauzeichnung zu ermitteln.
- **§ 44 Anrechenbare Grundfläche.** (1) Zur Ermittlung der Wohnfläche sind anzurechnen 1.voll die Grundflächen von Räumen und Raumteilen mit einer lichten Höhe von mindestens 2 Metern; 2. zur Hälfte die Grundflächen von Räumen und Raumteilen mit einer lichten Höhe von mindestens 1 Meter und weniger als 2 Metern und von Wintergärten, Schwimmbädern und ähnlichen, nach allen Seiten geschlossenen Räumen; 3. Nicht die Grundflächen von Räumen oder Raumteilen mit einer lichten Höhe von weniger als 1 Meter. (2) Gehören ausschließlich zu dem Wohnraum Balkone, Loggien, Dachgärten oder gedeckte Freisitze, so können deren Grundflächen zur Ermittlung der Wohnfläche bis zur Hälfte angerechnet werden. (3) Zur Ermittlung der Wohnfläche können abgezogen werden 1. bei einem Wohngebäude mit einer Wohnung bis zu 10 vom Hundert der ermittelten Grundfläche der Wohnung, 2. bei einem Wohngebäude mit zwei nicht abgeschlossenen Wohnungen bis zu 10 vom Hundert der ermittelten Grundfläche beider Wohnungen, 3. bei einem Wohngebäude mit einer abgeschlossenen und einer nicht abgeschlossenen Wohnung bis zu 10 vom Hundert der ermittelten Grundfläche der nicht abgeschlossenen Wohnung. (4) Die Bestimmung über die Anrechnung oder den Abzug nach Absatz 2 oder 3 kann nur für das Gebäude oder die Wirtschaftseinheit einheitlich getroffen werden. Die Bestimmung bleibt für alle späteren Berechnungen maßgebend.

B. Anwendungsbereich der WoFlV (§ 1 Abs. 1 WoFlV)

I. Sachlich

5 Die WoFlV ist gem. § 1 Abs. 1 WoFlV anzuwenden, **wenn** die Wohnfläche nach dem WoFG zu berechnen ist. Dies betrifft nach § 2 Abs. 1 WoFlV Wohnungen und Wohnheime. Die WoFlV ist – wie früher § 42 Abs. 2 S. 1 II. BerechnungsVO – aber auch zur Berechnung der Wohnfläche eines einzelnen Wohnraumes oder der Wohnfläche eines untervermieteten Teils einer Wohnung anwendbar (§ 2 WoFlV Rdn. 1; s.a. *Eisenschmid* WuM 2004, 3 [4]). Die Anwendung anderer Regelwerke ist **unzulässig**, soweit es um das Wohnraumförderungsgesetz geht (s.a. BT-Drs. 568/03, 21).

II. Zeitlich

6 Den zeitlichen Anwendungsbereich beschreibt § 5 WoFlV. Die WoFlV ist danach seit dem 01.01.2004 anwendbar. Ist die Wohnfläche bis zum 31.12.2003 **bereits** nach der II. BerechnungsVO berechnet worden, **bleibt** es bei **dieser** Berechnung. Wenn nach dem 31.12.2003 bauliche Änderungen an einem Wohnraum vorgenommen wurden, die eine **Neuberechnung** der Wohnfläche erforderlich machen, ist für die Neuberechnung aber die WoFlV anzuwenden (§ 5 Rdn. 3 ff.).

III. Entsprechende Anwendung

7 Für die Berechnung der Wohnfläche gelten die Vorschriften der WoFlV teilweise **entsprechend**. Beispiele:
- **Nach Gesetzen:** Für die Wohnflächen nach § 14 Abs. 1 HMindBauV gelten die Vorschriften der WoFlV nach § 14 Abs. 2 HMindBauV entsprechend. Wohnfläche i.S.v. § 3 Abs. 1 Nr. 32 GEG ist die Fläche, die nach WoFlV oder auf der Grundlage anderer Rechtsvorschriften oder anerkannter Regeln der Technik zur Berechnung von Wohnflächen ermittelt worden ist.
- **Nach dem BGH:** Für die Berechnung der Wohnfläche bei einer Mieterhöhung und Abrechnung der Betriebskosten (Rdn. 11; s.a. Rdn. 19 und Rdn. 28).

C. Vorgehen bei der Berechnung (§ 1 Abs. 2 WoFlV)

8 Ist die Wohnfläche nach der WoFlV zu berechnen, so sind gem. § 1 Abs. 2 WoFlV die nach § 2 WoFlV zur Wohnfläche gehörenden **Grundflächen** nach § 3 WoFlV zu **ermitteln** und dann nach § 4 WoFlV auf die Wohnfläche **anzurechnen**. Die Wohnfläche wird mithin in 4 Schritten ermittelt:
- In einem ersten Schritt sind sämtliche Räume **zu bestimmen**, deren Flächen Wohnflächen i.S.v. § 2 WoFlV sind.
- In einem zweiten Schritt sind nach § 3 WoFlV die **Grundflächen** der nach § 2 WoFlV bestimmten Räume zu **ermitteln**.
- In einem dritten Schritt sind dann die ermittelten Grundflächen der nach § 2 WoFlV bestimmten Räume gem. § 4 WoFlV entweder voll, zur Hälfte oder zu einem Viertel »**anzurechnen**« (= überwiegend zu kürzen).
- In einem vierten Schritt sind die Grundflächen der nach § 2 WoFlV bestimmten Räume nach dem durch § 4 WoFlV bestimmten Maß zur Wohnfläche **zusammenzurechnen**.

D. Wohnraummiete

I. Vertragsfreiheit

1. Überblick

9 Für das Wohnraummietrecht jenseits der Kostenmiete gibt es **keine** gesetzliche Regelung, die entsprechend der WoFlV bestimmt, wann eine Fläche eine »Wohnfläche« ist (a.A. *Heix* WuM 2022, 1 (2/3)). Vermieter und Mieter können daher im Rahmen ihrer **Vertragsfreiheit** und in Orientierung an der WoFlV bestimmen, **welche** Räume und/oder Flächen sie zur Wohnfläche zählen wollen (*BGH*, 27.09.2023 – VIII ZR 117/22, NJW-RR 2023, 1438 Rn. 12; *BGH*, 22.06.2021 – VIII ZR 26/20, ZMR 2022, 17 Rn. 10; *BGH*, 16.12.2009 – VIII ZR 39/09, NJW 2010, 1064 Rn. 17;

BGH, 16.09.2009 – VIII ZR 275/08, NJW 2009, 3421 Rn. 10; *AG München*, 06.04.2018 – 411 C 19356/17, ZMR 2019, 38) und **wie** die Grundflächen dieser Räume zu **ermitteln und anzurechnen** sind (s.a. *Heix* WuM 2019, 10 (12)). Diese Vertragsbestimmungen können ausdrücklich, aber auch schlüssig getroffen werden (*Riecke*, in: Schmid, Handbuch der Mietnebenkosten, Rn. 4189). Bei Formularmietverträgen darf der Mieter nach § 307 BGB **nicht unbillig** benachteiligt werden. Die Vereinbarung muss danach oder nach § 242 BGB oder nach §§ 315, 316 BGB »angemessen« sein (*Cramer* NZM 2017, 457 (467)). Außerdem muss eine Bestimmung zu Wohnfläche den **Transparenzgebot** des § 307 Abs. 1 S. 2 BGB genügen (*Riecke*, in: Schmid, Handbuch der Mietnebenkosten, Rn. 4190). Danach soll im Mietvertrag nicht nur ein prozentualer Wohnflächenanteil an der Gesamtfläche anzugeben sein, sondern die Wohnfläche und die Wohnfläche der gesamten Abrechnungseinheit (*Cramer* NZM 2017, 457 (467)). Zur Wirksamkeit s.a. *Lehmann-Richter* PiG 92 [2012], 115 (125). Vorstellbar ist, dass im Extremfall in jeder Wohnung einer Abrechnungseinheit andere Regelungen anwendbar sind. Hierin liegt **kein** Vertrag zu Lasten eines Dritten.

2. Ausdrückliche Bestimmung

Eine ausdrückliche Bestimmung stellt beispielsweise eine Bezugnahme auf die WoFlV oder eine 10
andere Ordnung zur Berechnung der Wohnfläche dar. Ferner ist vorstellbar, dass die Parteien einen Raum, der **nicht** den an seine Nutzung zu stellenden Anforderungen des Bauordnungsrechts der Länder genügt (s.a. § 3 Nr. 2 WoFlV), **dennoch** als Wohnraum ansehen (*LG Berlin*, 10.10.2011 – 67 S 43/11, GE 20212, 485) oder einen Raum, den der Mieter geschaffen hat, nicht als Wohnraum ansehen wollen (*LG Berlin*, 10.02.1998 – 64 S 182/97, NZM 1999, 307). Ebenso kann es mit einem **Zubehörraum** i.S.v. § 2 Abs. 3 Nr. 1 WoFlV (*BGH*, 20.02.2008 – VIII ZR 27/07, NJW 2008, 1801 Rn. 25; *LG Berlin*, 29.04.2019 – 64 S 233/18, GE 2019, 919) oder einem **Geschäftsraum** i.S.v. § 2 Abs. 3 Nr. 3 WoFlV liegen.

3. Anwendungsbereich: Beschaffenheitsvereinbarung

Haben die Vertragsparteien eine Vereinbarung zur Wohnfläche getroffen, soll diese nur für eine 11
Beschaffenheitsvereinbarung eine Rolle spielen (*BGH*, 22.06.2021 – VIII ZR 26/20, ZMR 2022, 17 Rn. 15) und also nur das Schicksal einer **Minderung** regieren (s.a. *BGH*, 17.10.2023 – VIII ZR 61/23, GE 2024, 190 Rn. 19; *BGH*, 27.09.2023 – VIII ZR 117/22, NJW-RR 2023, 1438 Rn. 13). Bei einer **Mieterhöhung** nach § 558 BGB – und wohl auch bei der Abrechnung der Betriebskosten nach § 556a Abs. 3 BGB (vgl. *BGH*, 30.05.2018 – VIII ZR 220/17, ZMR 2018, 746 Rn. 19) – soll dagegen die nach »**objektiven**« Kriterien ermittelte **tatsächliche Wohnfläche** maßgeblich sein (*BGH*, 22.06.2021 – VIII ZR 26/20, ZMR 2022, 17 Rn. 15). Etwaige abweichende Vereinbarungen seien gem. § 558 Abs. 6 BGB unwirksam (*BGH*, 22.06.2021 – VIII ZR 26/20, ZMR 2022, 17 Rn. 15). Diese Sichtweise überzeugt nicht, da § 556a Abs. 1 S. 1 BGB bei Umlageschlüsseln Vereinbarungen **erlaubt** (s.a. *Lehmann-Richter/Streyl* NZM 2018, 673) und eine Vereinbarung auch **nicht** von § 558 BGB abweicht. Die allerdings nach allgemeinen Überlegungen notwendige Binnengerechtigkeit ist wie bei den Kosten für Wärme und Warmwasser herzustellen, indem man davon ausgeht, dass die Art und Weise der Berechnung der Flächen nur **einheitlich** für das **gesamte** Gebäude vereinbart werden darf (§ 6 HeizkostenV Rdn. 39). Auf welche Art und Weise nach der *BGH*-Rechtsprechung die »tatsächliche Wohnfläche« zu ermitteln ist, ist im Übrigen unklar (s.a. *Börstinghaus* LMK 2016, 375498). Nahe liegt, bei Wohnflächen die WoFlV entsprechend anzuwenden (*Lehmann-Richter/Streyl* NZM 2018, 673 [674]), da es ansonsten keine andere gesetzliche Grundlage gibt. Bei **Nutzflächen** ist dieser Weg aber kaum gangbar (Rdn. 19). Meinte man allerdings, die WoFlV sei maßgeblich, wären gem. § 2 Abs. 3 Nr. 2 öffentlich-rechtliche Nutzungsbeschränkungen vermieteter Wohnräume (§ 2 WoFlV Rdn. 21) bei der Abrechnung der Betriebskosten auch dann **nicht** zu berücksichtigen, **wenn** die Nutzbarkeit der Räume mangels Einschreitens der zuständigen Behörden noch nicht eingeschränkt ist (a.A. *BGH*, 16.01.2019 – VIII ZR 173/17, ZMR 2019, 326 Rn. 21). Für die **Wohnungseigentümer** akzeptiert der *BGH* im Übrigen auch **im Bereich der Betriebskosten** Vereinbarungen zur Berechnung der Wohnfläche (*BGH*, 02.10.2020 – V ZR 282/19,

ZMR 2021, 136 Rn. 21). Diese Betrachtung konfligiert mit dem Mietrecht. Was sie für § 556a Abs. 3 S. 1 BGB bedeutet, ist völlig unklar.

II. Stillschweigende Bestimmung der WoFlV bzw. der §§ 42 bis 44 II. BerechnungsVO

1. Allgemeines

12 Es besteht zwar **kein** allgemeiner Sprachgebrauch, der mit dem Begriff der Wohnfläche deren Berechnung gerade nach der WoFlV verbindet (s. nur *BGH*, 02.10.2020 – V ZR 282/19, ZMR 2021, 136 Rn. 18). Nach h.M. ist **ungeachtet dessen** aber davon auszugehen, dass sich die Mietvertragsparteien **stillschweigend** darauf geeinigt haben, für die Berechnung der Wohn- **oder** Nutzfläche die WoFlV bzw. die §§ 42 bis 44 II. BerechnungsVO entsprechend anzuwenden (st. Rspr., vgl. nur *BGH*, 27.09.2023 – VIII ZR 117/22, NJW-RR 2023, 1438 Rn. 14; *BGH*, 22.06.2021 – VIII ZR 26/20, ZMR 2022, 17 Rn. 10; *BGH*, 28.10.2009 – VIII ZR 164/08, NJW 2010, 292 Rn. 17).

2. Zeitliche Schranke

13 Bei Mietverträgen, die nach dem 31.12.2003 abgeschlossen wurden, soll die WoFlV vereinbart worden sein, bei Mietverträgen, die vor dem 01.01.2004 **abgeschlossen** worden sind, die Vorschriften der II. BerechnungsVO in ihrer jeweiligen bei **Abschluss des Mietvertrages** geltenden Fassung (st. Rspr., vgl. nur *BGH*, 17.10.2023 – VIII ZR 61/23, GE 2024, 190 Rn. 10; *BGH*, 27.09.2023 – VIII ZR 117/22, NJW-RR 2023, 1438 Rn. 14; *BGH*, 17.04.2019 – VIII ZR 33/18, ZMR 2019, 661 Rn. 36; *BGH*, 28.10.2009 – VIII ZR 164/08, NJW 2010, 292 Rn. 17). Auf den Zeitpunkt der Berechnung der Wohnfläche kommt es nicht an (*BGH*, 17.10.2023 – VIII ZR 61/23, GE 2024, 190 Rn. 21; a.A. *Beyer* jurisPR-MietR 17/2019 Anm. 1). S.a. § 5 WoFlV Rdn. 1.

3. Umfang der entsprechenden Anwendung

14 Von einer entsprechenden Anwendung sind **mehrere** Fragen erfasst, nämlich:
- Welche Räume und Flächen überhaupt zur Wohnfläche **gehören** (§ 2 WoFlV). Hier wird es häufig aber ausdrückliche Abweichungen geben (s.a. Rdn. 9).
- Auf welche Art und Weise die Grundflächen **ermittelt** werden (§ 3 WoFlV). Wer die Berechnung der Wohnfläche bei einem älteren Bauwerk nach heutigen Vorschriften vereinbart, muss sich dann daran festhalten lassen (*BGH*, 08.07.2009 – VIII ZR 218/08, NZM 2009, 659 Rn. 14 und Rn. 16)
- Wie die Grundflächen auf die Wohnfläche **anzurechnen** sind (§ 4 WoFlV).

III. Ausnahmen

1. Überblick

15 Etwas Anderes soll abweichend von Rdn. 11 ff. gelten, **wenn** ein anderer »Berechnungsmodus« **ortsüblich** oder nach der Art der Wohnung **naheliegender** ist (*BGH*, 22.06.2021 – VIII ZR 26/20, ZMR 2022, 17 Rn. 10).

2. Ortsüblicher Berechnungsmodus

16 Mit dem Begriff des »ortsüblichen Berechnungsmodus« ist eine bestehende örtliche Verkehrssitte zur Wohnflächenberechnung gemeint. Eine solche maßgebliche Verkehrssitte verlangt, dass sie auf einer **gleichmäßigen, einheitlichen und freiwilligen** tatsächlichen Übung beruht, die sich innerhalb eines angemessenen Zeitraums für vergleichbare Geschäftsvorfälle gebildet hat und der eine einheitliche Auffassung sämtlicher beteiligten Kreise an dem betreffenden, ggf. räumlich beschränkten Geschäftsverkehr zugrunde liegt (*BGH*, 17.04.2019 – VIII ZR 33/18, ZMR 2019, 661 Rn. 37). Somit ist erforderlich, dass Mieter und Vermieter der Vorgehensweise diesem Vorgehen wie gegenüber einem Mietspiegel **zustimmen**. So kann, wird es i.d.R. aber nicht in Bezug auf § 4 Nr. 4 WoFlV

liegen, wenn die Grundfläche von Balkonen stets **zur Hälfte** angerechnet wird (so *LG Berlin*, 17.01.2018 – 18 S 308/13, ZMR 2018, 503 gegen *LG Berlin*, 13.08.2013 – 85 S 177/12 WEG, ZWE 2014, 269; *LG Berlin*, 19.07.2011 – 65 S 130/10, GE 2011, 1086 [1087]; s.a. *BGH*, 17.04.2019 – VIII ZR 33/18, ZMR 2019, 661 Rn. 33 ff.).

3. Nach der Art der Wohnung naheliegender

17 Die Ausnahme, ein anderer »Berechnungsmodus« liege nach der Art der Wohnung näher, entspricht Rdn. 10. Beispielsweise bei einer **Maisonette-Wohnung** mit Dachschrägen im ausgebauten Spitzboden soll es naheliegend sein, entgegen § 4 Nr. 2 WoFlV **keinen** Abzug von Flächen mit einer lichten Höhe unter 2 m vorzunehmen (s.a. *BGH*, 24.03.2004 – VIII ZR 44/03, ZMR 2004, 501) und jedenfalls **insoweit** von der WoFlV abzuweichen (= im Übrigen ist diese anwendbar). Eine zusätzliche exklusiv genutzte Gartenfläche soll hingegen **keinen** Anlass bieten, von der WoFlV abzuweichen (s.a. *BGH*, 28.10.2009 – VIII ZR 164/08, NJW 2010, 292).

IV. Neuvermessungen

18 Wird im Laufe des Mietvertrags die Wohnfläche **neu** vermessen, ist deren Ergebnis für alle Mieter (Außenverhältnis) anzusetzen (*Beyer* NZM 2010, 417 (422)). Zeigt sich bei der Vermessung eine größere Fläche als vereinbart, ist der Vermieter berechtigt, die **richtige** Fläche zugrunde zu legen (*Langenberg/Zehelein* BetrKostR F. Rn. 849).

E. Gewerberaummiete (Nutzflächen)

I. Vertragsfreiheit

19 Auch für die Gewerberaummiete gibt es **keine** gesetzliche Regelung, die entsprechend der WoFlV bestimmt, wann eine Fläche eine »Nutzfläche« ist. Vermieter und Mieter können daher im Rahmen ihrer Vertragsfreiheit und in Orientierung an der WoFlV auch hier bestimmen, **welche** Räume sie zur Nutzfläche zählen wollen und **wie** die Grundflächen dieser Räume zu **ermitteln und anzurechnen** sind (*OLG Hamm*, 09.05.2014 – 30 U 58/12, NZM 2014, 585 [586]; *OLG Düsseldorf*, 16.01.2003 – 10 U 182/01, ZMR 2005, 943, *AG Bad Segeberg*, 22.12.2011 – 17 C 179/10, NJOZ 2012, 1063 [1064]). Diese Vertragsbestimmungen können ausdrücklich, aber auch schlüssig getroffen werden. Ob diese Vereinbarung **nur** die Beschaffenheit erfassen (Rdn. 14), ist unklar. Nahe liegt, hier Vertragsfreiheit zuzulassen.

II. Auffang-Bestimmungen

1. Überblick

20 Haben die Vertragsparteien **keine** ausdrücklichen Bestimmungen zur Nutzfläche getroffen, soll heranzuziehen auch an **dieser** Stelle die WoFlV entsprechend heranzuziehen sein (*Lehmann-Richter/Streyl* NZM 2018, 673 [674]). Für die Ermittlung der Nutzfläche sind aber auch **andere** Berechnungsmodi akzeptiert und wohl sogar **vorherrschend** (s.a. *KG*, 30.09.2005 – 12 U 213/04, NJOZ 2006, 4613 [4615]; *AG Bad Segeberg*, 22.12.2011 – 17 C 179/10, NJOZ 2012, 1063 [1064]). Zu diesen Bestimmungen gehören die im August 1983 (Berechnung der Wohnflächen und Nutzflächen) bzw. im August 1989 (Begriffe) zwar **zurückgezogene**, aber nach wie vor **anwendbare** DIN 283 aus dem Jahr 1951 (*Pfeifer* MietRB 2019, 52 [53]; *Isenmann* NZM 1998, 749; *Langenberg/Zehelein* BetrKostR F. Rn. 68). Ferner ist hierher die DIN 277–1:2016–01 (»Grundflächen und Rauminhalte im Bauwesen - Teil 1: Hochbau«) in der Fassung von Januar 2016 des DIN (Deutsches Institut für Normung e. V.) zu zählen (*KG*, 30.09.2005 – 12 U 213/04, NJOZ 2006, 4613 [4615]; *Pfeifer* MietRB 2019, 52 [53]). Teilweise wird auch eine **Richtlinie** zur Berechnung der Mietfläche für Wohnraum eingesetzt, die der Arbeitskreis Flächendefinitionen der Gesellschaft für immobilienwirtschaftliche Forschung e.V. (gif e.V.) im Mai 2012 veröffentlicht hat (*Langenberg/Zehelein* BetrKostR F. Rn. 69 und Rn. 71). Sie orientiert sich an der DIN 277 (Rdn. 18), trifft aber **weitere** Bestimmungen.

2. Unterschiede (WoFlV, II. BerechnungsVO und DIN 283)

21 – Im Begriff »Wohnfläche« unterscheiden sich die Bestimmungen kaum. Die DIN 277 kennt keine Wohnfläche. Bei der Frage, welche Räume zur Wohnfläche gehören und welche Flächen außer Betracht bleiben müssen, unterscheiden sich die Bestimmungen kaum, die DIN 283 ist aber weiter. Die DIN 277 hat zum Teil keine Regelung. Bei den Nettogrundflächen wird nach ihr nicht angerechnet.
– Bei der Frage, wie bei der »Ermittlung« der Grundflächen vorzugehen ist, unterscheiden sich die Bestimmungen kaum. Die DIN 277 kennt nur lichte Maße. Treppen werden den darüber liegenden Grundrissebenen zugerechnet.
– Bei der »Anrechnung« gibt es größere Unterschiede. Die DIN 277 erfasst überdeckte Grundflächen gesondert.

3. Zweifel

22 Ist keine Berechnungsart wenigstens »ortsüblich« (Rdn. 16), so sollte die Nutzfläche im Streit nach den in Rdn. 21 genannten Methoden ermittelt und dann **gedrittelt** werden. Denn ein Vorrang einer Methode ist ebenso nicht zu erkennen wie ihre Gleichwertigkeit. Nicht angängig ist es jedenfalls, dem Sachverständigen die Wahl zu überlassen.

F. Wohnungseigentumsrecht

I. Überblick

23 Die »Wohn-« oder »Nutzfläche« spielt im Wohnungseigentumsrecht jenseits der Kosten für Wärme und Warmwasser von Gesetzes wegen **keine** Rolle. Die Wohnungseigentümer können die »Wohn-« oder »Nutzflächen« aber im Wege der Umlagevereinbarung, § 10 Abs. 1 S. 2 WEG *Elzer* FS Börstinghaus S. 73 (75 ff.)), oder durch Beschluss nach § 16 Abs. 2 S. 2 WEG als Schlüssel bestimmen (*Elzer* FS Börstinghaus S. 73 (80 ff.)). Stellt ein Umlageschlüssel nur auf die »Wohnfläche« ab, tritt bei einem Teileigentum an die Stelle der Wohn- die **Nutzfläche** (*Hügel/Elzer* § 16 WEG Rn. 84).

II. Vertragsfreiheit

24 Auch für das Wohnungseigentumsrecht gibt es allerdings **keine** gesetzliche Regelung, die entsprechend der WoFlV bestimmt, wann eine Fläche eine »Wohn-« oder »Nutzfläche« ist. Die Wohnungseigentümer können daher im Rahmen ihrer Vertragsfreiheit und in Orientierung an der WoFlV auch hier nach § 10 Abs. 1 S. 2 WEG vereinbaren (*BGH*, 02.10.2020 – V ZR 282/19, ZMR 2021, 136 Rn. 9; *Schmid* ZWE 2008, 371) oder nach § 19 Abs. 1 WEG beschließen (*LG Berlin* – 85 S 3/22, ZMR 2022, 651; s.a. *AG Berlin-Charlottenburg*, 17.05.2013 – 73 C 156/12, ZWE 2014, 282), **welche** Räume sie zur »Wohn-« oder »Nutzfläche« zählen wollen und **wie** die Grundflächen dieser Räume zu **ermitteln und anzurechnen** sind. Findet sich in der **Teilungserklärung** eine Größenangabe, soll hierin eine solche Größenvereinbarung liegen können. Diese Bestimmungen gelten immer auch den Betriebskosten. Die Rechtsprechung steht daher im Widerspruch zum Mietrecht (Rdn. 11).

III. Auffang-Bestimmung

25 Die WoFlV ist im Verhältnis der Wohnungseigentümer **nicht unmittelbar** anwendbar (s.a. *LG Berlin*, 13.08.2013 – 85 S 177/12 WEG, ZWE 2014, 269; *AG Dortmund*, 16.02.2010 – 512 C 57/09, ZMR 2010, 887). Haben die Wohnungseigentümer keine ausdrücklichen Bestimmungen getroffen, kann nach h.M. aber auch an dieser Stelle die WoFlV **entsprechend** herangezogen werden (*LG Frankfurt/M.*, 17.05.2018 – 2–13 S 91/16, ZMR 2018, 789; *Pfeifer* MietRB 2019, 52). Rdn. 11 ff. gelten entsprechend.

G. Kosten von Wärme und Warmwasser

I. Keine Vereinbarung

Die Parteien können zur Ausfüllung des Begriffe der »Wohn-« oder »Nutzfläche« i.S.v. §§ 7 Abs. 1 S. 5, 8 Abs. 1 HeizkostenV nach h.M. keine **Vereinbarung** treffen (*BGH*, 16.01.2019 – VIII ZR 173/17, ZMR 2019, 326 Rn. 25; *BGH*, 30.05.2018 – VIII ZR 220/17, ZMR 2018, 746 Rn. 23; *Lehmann-Richter/Streyl* NZM 2018, 673; *Blank* MietRB 2011, 325 [328]; *Elzer* in: Schmid Handbuch der Mietnebenkosten Rn. 6255; a.A. *BGH*, 02.10.2020 – V ZR 282/19, ZMR 2021, 136 Rn. 21 für die Wohnungseigentümer). 26

II. »Tatsächliche« Fläche

1. Grundsatz

Nach h.M. ist für die Ermittlung der »Wohn-« oder »Nutzfläche« i.S.v. §§ 7 Abs. 1 S. 5, 8 Abs. 1 HeizkostenV die »tatsächliche« Fläche maßgeblich (*BGH*, 16.01.2019 – VIII ZR 173/17, ZMR 2019, 326 Rn. 25; *BGH*, 30.05.2018 – VIII ZR 220/17, ZMR 2018, 746 Rn. 23; PWW/*Elzer* BGB § 556a Rn. 22). 27

2. Ermittlung

a) Keine gesetzlichen Vorgaben

Die HeizkostenV enthält allerdings **keine** Vorgaben zur Berechnung einer »tatsächlichen« Fläche (s.a. *BGH*, 02.10.2020 – V ZR 282/19, ZMR 2021, 136 Rn. 18). Es besteht auch kein allgemeiner Sprachgebrauch, der mit dem Begriff der »Wohn-« oder »Nutzfläche« deren Berechnung nach festgelegten Regeln verbindet (*BGH*, 02.10.2020 – V ZR 282/19, ZMR 2021, 136 Rn. 18). 28

b) Entsprechende Anwendung der WoFlV

Die Wohnflächen müssen daher vom Gebäudeeigentümer wohl jedenfalls vorrangig unter Rückgriff auf die Bestimmungen der WoFlV ermittelt werden (*BGH*, 02.10.2020 – V ZR 282/19, ZMR 2021, 136 Rn. 18; *Lehmann-Richter/Streyl NZM* 2018, 673 (674); *Schmid* CuR 2013, 10 (12)). 29

c) Anwendung anderer Berechnungsmethoden

Der Gebäudeeigentümer kann möglicherweise aber auch eine **andere**, anerkannte Berechnungsmethode festlegen (so *BGH*, 02.10.2020 – V ZR 282/19, ZMR 2021, 136 Rn. 21 für die Wohnungseigentümer; a.A. *Lehmann-Richter/Streyl* NZM 2018, 673 (674)). Die Nutzflächen können vom Gebäudeeigentümer z.B. nach DIN 277 oder der DIN 283 ermittelt werden. In Betracht kommt ferner die Berechnungsmethode der Gesellschaft für immobilienwirtschaftliche Forschung e.V. 24: »Richtlinie zur Berechnung der Mietfläche für gewerblichen Raum (MFG) 2017«. 30

H. Prozess

Im Prozess muss derjenige, der einwendet, die Voraussetzungen der WoFlV lägen **nicht** vor, diese Behauptung beweisen (*LG Berlin*, 10.02.1998 – 64 S 182/97, NZM 1999, 307). Zur Beweislast im Übrigen vgl. *BGH*, 27.02.2019 – VIII ZR 255/17, ZMR 2019, 574 Rn. 14 ff. sowie *Horst* FS Börstinghaus S. 253 ff. und *Riecke* in: Schmid, Handbuch der Mietnebenkosten Rn. 4241. 31

§ 2 Zur Wohnfläche gehörende Grundflächen

(1) Die Wohnfläche einer Wohnung umfasst die Grundfläche der Räume, die ausschließlich zu dieser Wohnung gehören. Die Wohnfläche eines Wohnheims umfasst die Grundfläche der Räume, die zur alleinigen und gemeinschaftlichen Nutzung durch die Bewohner bestimmt sind.

(2) Zur Wohnfläche gehören auch die Grundflächen von
1. Wintergärten, Schwimmbädern und ähnlichen nach allen Seiten geschlossenen Räumen sowie
2. Balkonen, Loggien, Dachgärten und Terrassen, wenn sie ausschließlich zu der Wohnung oder dem Wohnheim gehören.

(3) Zur Wohnfläche gehören nicht die Grundflächen folgender Räume:
1. Zubehörräume, insbesondere:
a) Kellerräume,
b) Abstellräume und Kellerersatzräume außerhalb der Wohnung,
c) Waschküchen,
d) Bodenräume,
e) Trockenräume,
f) Heizungsräume und
g) Garagen,
2. Räume, die nicht den an ihre Nutzung zu stellenden Anforderungen des Bauordnungsrechts der Länder genügen, sowie
3. Geschäftsräume.

Übersicht Rdn.

A. Zweck und Allgemeines

1 § 2 WoFlV bestimmt mit seinen drei Absätzen, welche Grundflächen zur Wohnfläche **gehören** (Absatz 1 und Absatz 2) und welche **auszunehmen** sind (Absatz 3). Wie die Grundflächen **ermittelt** werden, bestimmt hingegen § 3 WoFlV. Wie die Grundflächen auf die Wohnfläche **anzurechnen** sind, regelt schließlich § 4 WoFlV.

2 § 2 WoFlV entspricht § 42 Abs. 1 und Abs. 3 II. BerechnungsVO. Auf die Anordnung, dass die Bestimmungen entsprechend für einzelne Wohnräume und untervermietete Teile einer Wohnung anwendbar sind (§ 42 Abs. 2 II. BerechnungsVO), ist allerdings verzichtet worden, weil hierfür kein Bedarf mehr bestehe (BT-Drs. 568/03, 22). Diese Annahme ist auch **überzeugend**, weil es um Wohnraum geht. Wohnraum können nach § 17 Abs. 1 S. 2 WoFG aber Wohnungen **oder** einzelne Wohnräume sein.

B. Wohnungen (§ 2 Abs. 1 S. 1 WoFlV)

I. Allgemeines

Gem. § 2 Abs. 1 S. 1 WoFlV umfasst die Wohnfläche einer Wohnung zum einen die Grundfläche 3
der Räume, die **ausschließlich** zu dieser Wohnung gehören. Dies sind, ist die WoFlV **anwendbar**, auch Grundflächen, die der Nutzer **selbst** geschaffen hat (s.a. § 1 WoFlV Rdn. 10).

II. Begriff der Wohnung

Eine »Wohnung« i.S.v. § 2 WoFlV ist wie nach § 249 Abs. 10 S. 1 BewG die **Summe der Räume**, 4
welche die dauernde Führung eines selbständigen Haushaltes objektiv – tatsächlich und rechtlich – **ermöglichen** und hierzu vom Verfügungsberechtigten **bestimmt** sind (s.a. *BVerwG*, 15.11.1985 – 8 C 103/83, ZMR 1986, 138; *VGH München*, 20.05.1981 – 19 XIV 78, BayVBl 1981, 758). Dazu gehört stets eine **Küche** oder ein Raum mit Kochgelegenheit (s.a. § 249 Abs. 10 S. 3 BewG sowie Landesbauordnungen, bspw. § 48 Abs. 1 BlnBauO oder Art. 46 Abs. 1 BayBO) sowie Wasserversorgung, Ausguss und **WC** (s.a. § 249 Abs. 10 S. 3 BewG sowie die Landesbauordnungen, bspw. § 48 Abs. 3 BlnBauO oder Art. 46 Abs. 3 BayBO). Für die Eignung bedarf es i.d.R. außerdem einer **Abgeschlossenheit** i.S.v. § 5 Abs. 1 AVA bzw. § 249 Abs. 10 S. 2 BewG, also einer baulichen Trennung von fremden Wohnungen und Räumen, beispielsweise durch Wände und Decken, und eines eigenen abschließbaren Zuganges unmittelbar vom freien, offenen Treppenhaus oder einem Vorraum.

III. Ausschließlich zur Wohnung gehörig

1. Überblick

Ein Raum gehört i.S.v. § 2 Abs. 1 WoFlV dann »ausschließlich« zu einer Wohnung, **wenn** nur sein 5
Nutzer, beispielweise ein Mieter, diesen Raum gebrauchen und benutzen darf, und wenn er **nicht** Absatz 2 oder Absatz 3 unterfällt. Dies können beispielsweise sein: Wohnzimmer, Schlafzimmer, Kinderzimmer, Esszimmer, Küchen, Badezimmer oder Toilettenräume.

2. Hinter dem Wohnungsabschluss

Zu einer Wohnung gehören sämtliche Räume »ausschließlich«, die **hinter dem Wohnungsabschluss** 6
liegen (*VGH Mannheim*, 28.09.1994 – 3 S 2442/92). Hierzu zählt auch ein hinter der Haustür liegender Windfang, eine Diele, ein Flur, Treppen sowie Nebenräume (*BVerwG*, 29.11.1985 – 8 C 116/83, NJW-RR 1986, 635).

3. Außerhalb der Wohnung

Es ist allerdings **nicht erforderlich** ist, dass sich ein Raum **innerhalb** des räumlichen Abschlusses der 7
Wohnung befindet (s.a. § 5 Abs. 2 AVA). Auch ein Raum an einer **anderen** Stelle kann ausschließlich zu einer Wohnung gehören (*LG Hamburg*, 31.01.1980 – 7 S 185/79, WuM 1980, 142). Es reicht, wenn er räumlich unmittelbar dem Wohnraum verbunden ist (*BVerwG*, 26.07.1994 – 8 B 123/94). Ein »Hobbyraum« gehört bspw. **dann** ausschließlich zu einer Wohnung, wenn er von dort aus **über eine Treppe** zu erreichen ist (*BVerwG*, 23.09.1987 – 8 C 32.85, ZMR 1988, 191 (193)). Anders liegt es bspw. für eine Diele, die den Zugang zu einer **weiteren** Wohnung bildet (*AG Hamburg*-Altona, 10.02.2011 - 318 C 231/10, ZMR 2011, 557). Die Anforderungen von § 2 Abs. 1 S. 1 WoFlV sind auch dann **nicht** erfüllt, wenn eine Fläche von einem Bewohner mitbenutzt werden kann (*LG Frankfurt*/M., 17.02.2009 – 2–17 S 102/08, ZMR 2011, 382 für **Treppenpodeste**).

IV. Nach allen Seiten geschlossene Räume (§ 2 Abs. 2 Nr. 1 WoFlV)

1. Überblick

8 Zur Wohnfläche gehören nach § 2 Abs. 2 Nr. 1 WoFlV ferner die Grundflächen von Räumen, die **nach allen Seiten geschlossen** sind und **ausschließlich** zu der Wohnung »gehören«. Ihre **Größe oder Lage** zur Wohnung ist unerheblich. Ihre Grundflächen sind nach § 4 Nr. 3 WoFlV allerdings nur zur Hälfte anzurechnen (§ 4 WoFlV Rdn. 5 ff.).

2. Beispiele

9 § 2 Abs. 2 Nr. 1 WoFlV erwähnt als Beispiele für nach allen Seiten geschlossene Räume **Wintergärten** und **Schwimmbäder.** »Wintergärten« i.d.S. sind Anbauten an ein Gebäude oder ein selbständiges Bauwerk, dessen Dach und Seitenwände größtenteils aus Glas besteht (s.a. BT-Drs. 568/03, 25). Ein »Schwimmbad« ist ein Raum, in dem sich ein Schwimmbecken befindet. Weitere Beispiele können Saunen, Dusch-, Ruhe- und Hobbyräume (Rdn. 6) oder eine große, nicht als Wohnraum verwendete Eingangsdiele sein (Rdn. 7).

3. Ausschließlich

10 Ein Raum gehört »ausschließlich« zu einer Wohnung, wenn **nur** der Nutzer der Wohnung, beispielweise ein Mieter, diesen Raum gebrauchen und benutzen darf. »Gehören« meint, dass der Raum nach der Verkehrsauffassung zur Wohnfläche einer Wohnung gehört. Dies ist i.d.R. beispielsweise dann der Fall, wenn **nur** der Mieter für den Raum eine Miete zahlt.

V. Balkone, Loggien, Dachgärten und Terrassen (§ 2 Abs. 2 Nr. 2 WoFlV)

1. Überblick

11 Gem. § 2 Abs. 2 Nr. 2 WoFlV gehören ferner die Grundflächen von Balkonen, Loggien, Dachgärten und Terrassen zur Grundfläche einer Wohnung, **wenn** sie ausschließlich zu der Wohnung gehören. Allen diesen Fällen gemeinsam ist der Zweck, **Wohnen im Freien** zu ermöglichen (*BVerwG*, 16.03.1977 – VIII C 72.76, ZMR 1977, 349). Ihre Grundflächen sind nach § 4 Nr. 4 WoFlV i.d.R. zu einem Viertel, höchstens jedoch zur Hälfte anzurechnen (§ 4 WoFlV Rdn. 8 ff.).

2. Begriffe

12 Ein »Balkon« ist ein nach einer oder mehreren Seiten offener, überdeckter oder nicht überdeckter und betretbarer Anbau an ein Geschoss des Hauses. Die Kragplatte kann selbsttragend sein oder mittels Konsolen oder Streben an der Wand abgestützt werden. Eine »Loggia« ist ein überdeckter, nur zur Hausfront offener Aufenthaltsplatz, der im Gegensatz zum Balkon nicht vor der Mauer liegt, sondern hinter der Mauerflucht zurückspringt. Ein »Dachgarten« ist eine Dachterrasse oder ein Flachdach mit Bepflanzung. Er kann sich auch auf einer Garage finden. Eine »Terrasse« ist eine offene Plattform für den Aufenthalt im Freien. Es ist eine von der Gartenfläche **abgegrenzter** Fläche, die ausschließlich einem **angrenzenden** Wohnraum zugeordnet ist (*BVerwG*, 16.03.1977 – VIII C 72.76, ZMR 1977, 349 zum Freisitz).

3. Ausschließlich

13 »Ausschließlich« meint, dass **nur** der Nutzer der Wohnung, beispielweise ein Mieter, diese Flächen gebrauchen und benutzen darf (s.a. Rdn. 10).

4. Gehören

14 Balkone, Loggien oder Terrassen »gehören« nur dann zum Wohnraum, wenn sie gleichsam als Anhängsel an diesen **angrenzen** (*BGH*, 08.07.2009 – VIII ZR 218/08, NZM 2009, 659 Rn. 12; *BVerwG*, 16.03.1977 – VIII C 72.76, ZMR 1977, 349; *LG Landau* [Pfalz], 11.112014 – 1 S 67/14,

ZMR 2015, 317; *Börstinghaus* jurisPR-MietR 7/2015 Anm. 4; Langenberg/*Zehelein* BetrKostR F. Rn. 65). Dies folgt aus der maßgeblichen Verkehrsanschauung und entspricht auch der **wohntechnischen** Definition der Begriffe (*BGH*, 08.07.2009 – VIII ZR 218/08, NZM 2009, 659 Rn. 12). Für **Dachterrassen** gilt allerdings etwas Anderes. Ein entscheidender Unterschied besteht darin, dass eine Dachterrasse unmittelbar mit dem Wohngebäude verbunden ist und insoweit eine Einheit mit diesem bildet (*BGH*, 08.07.2009 – VIII ZR 218/08, NZM 2009, 659 Rn. 12).

VI. Zubehör-, Geschäftsräume und Bauordnungsrecht (§ 2 Abs. 3 WoFlV)

1. Überblick

§ 2 Abs. 3 WoFlV nimmt erstens Zubehörräume, zweitens Räume, die nicht den an ihre Nutzung zu stellenden Anforderungen des Bauordnungsrechts der Länder genügen, sowie drittens Geschäftsräume **von der Grundfläche aus.** Gegenüber § 42 Abs. 4 II. BerechnungsVO sind Schuppen (Holzlegen) weggefallen, ebenso Wirtschaftsräume, die gegenüber den Verhältnissen zur Zeit der Schaffung der II. BerechnungsVO im Jahr 1957 keine Bedeutung mehr hatten. Heizungsräume sind klarstellend in den Beispielkatalog aufgenommen worden. 15

2. Zubehörräume (§ 2 Abs. 3 Nr. 1 WoFlV)

a) Begriff

Zubehörräume sind Räume, die nicht dem dauernden oder vorübergehenden Aufenthalt zu unmittelbaren Wohnzwecken, gleichwohl aber **mittelbar** Wohnzwecken dienen (BR-Drs. 568/03, 22; s.a. *BVerwG*, 13.12.1985 – 8 C 95/83, ZMR 1986, 321). Nach ihrer Beschaffenheit und Funktion kann es sich nur um Räume handeln, die **nicht gleichzeitig** Wohnraum sind (*BVerwG*, 24.07.1980 – 8 B 18/80, *Buchholz* 454.42 II. BV Nr. 8; s.a. Rdn. 7). Die Aufzählung in § 2 Abs. 3 Nr. 1 WoFlV ist **beispielhaft** (»insbesondere«). Zubehörräume sind z.B. auch Schuppen (BR-Drs. 568/03, 23). 16

- § 2 Abs. 3 Nr. 1 a) WoFlV. Kellerräume sind Räume, die sich im Geschoss eines Gebäudes befinden, dessen Fußboden in einem bestimmten Mindestmaß **unter** der Oberfläche des Baugeländes liegt (s.a. *BGH*, 05.07.2023 – VIII ZR 94/21, NJW-RR 2023, 1309 Rn. 45; *OLG Frankfurt*/M., 19.09.2023 – 9 U 36/21, MDR 2023, 1581 Rn. 40).
- § 2 Abs. 3 Nr. 1 b) WoFlV. Abstellraum bzw. Kellerersatzräume dienen dem Abstellen von Sachen, z.B. Vorräten. Das Merkmal »außerhalb der Wohnung« meint, dass der Raum außerhalb des engeren Wohnbereichs liegen muss, also nicht unmittelbar mit den übrigen Wohn- und Nebenräumen **verbunden** ist (*BVerwG*, 26.07.1994 – 8 B 123/94).
- § 2 Abs. 3 Nr. 1 c) WoFlV. Eine Waschküche ist ein Raum, welcher der Wäschereinigung dient.
- § 2 Abs. 3 Nr. 1 d) WoFlV. Ein Bodenraum (Dachboden) ist Teil des Dachraums, der bauplanmäßig nicht mit Räumen zum dauernden Aufenthalt von Menschen oder mit Nebenräumen in Übereinstimmung mit den Vorschriften des Bauordnungsrechts vorgesehen ist (*VG Karlsruhe*, 25.11.1978 – IV 126/78, BlGBW 1981, 140).
- § 2 Abs. 3 Nr. 1 e) WoFlV. Ein Trockenraum ist ein Raum, die bauplanmäßig zum Trocknen von Wäsche bestimmt und dazu eingerichtet ist. Auf die tatsächliche Nutzung kommt es nicht an.
- § 2 Abs. 3 Nr. 1 f) WoFlV. Ein Heizungsraum ist ein Raum, in dem sich die Heizung befindet oder ein Brennstofftank.
- § 2 Abs. 3 Nr. 1 g) WoFlV. Eine Garage ist eine überdachte und durch feste Wände (mit Garagentor) umschlossene Abstellmöglichkeit für Fahrzeuge.

b) Lage

aa) Außerhalb des engeren Wohnbereichs

Zubehörräume müssen, was die einzelnen Begriffe, aber auch § 2 Abs. 3 Nr. 1 b) WoFlV zeigen, **außerhalb** des engeren Wohnbereichs liegen (BR-Drs. 568/03, 22; s.a. *BVerwG*, 13.12.1985 – 8 C 95/83, ZMR 1986, 321). 17

bb) **Innerhalb der Wohnung**

18 Zubehörräume **innerhalb** der Wohnung gehören daher zur Wohnfläche. Dasselbe gilt für Räume **innerhalb** der Wohnung, die vorwiegend z.B. Waschen oder Trocknen genutzt werden.

3. **Bauordnungsrecht (§ 2 Abs. 3 Nr. 2 WoFlV)**

19 Zur Wohnfläche gehören nach § 2 Abs. 3 Nr. 2 WoFlV nicht die Grundflächen von Räumen, die nicht den an ihre Nutzung zu stellenden Anforderungen des Bauordnungsrechts der Länder genügen. Unerheblich ist es, dass die Räume **gleichwohl** zu Wohnzwecken genutzt werden (a.A. ggf. *BGH*, 16.01.2019 – VIII ZR 173/17, ZMR 2019, 326 Rn. 21).

4. **Geschäftsräume (§ 2 Abs. 3 Nr. 3 WoFlV)**

20 Geschäftsräume sind Räume, die nach ihrer baulichen Anlage und Ausstattung auf Dauer **anderen** als Wohnzwecken, insbesondere gewerblichen und beruflichen Zwecken, zu dienen bestimmt sind und solchen Zwecken dienen (BR-Drs. 568/03, 23). Sie müssen sich durch **äußerlich-objektive** Merkmale, insbesondere durch ihre bauliche Ausgestaltung und ihre Lage, von Wohnräumen **deutlich** unterscheiden (*VGH Mannheim*, 28.09.1994 – 3 S 2442/92).

21 Dazu gehören in erster Linie solche Räume, die sich nach ihrer baulichen Beschaffenheit und Lage praktisch nur für eine gewerbliche Nutzung eignen und daher eindeutig als Geschäftsräume gekennzeichnet sind, wie etwa Läden, Werkstätten, Lagerräume etc. (*BVerwG*, 28.11.1985 – 8 B 78/80, *Buchholz* 454.4 § 82 II. WoBauG Nr. 42; *VGH Mannheim*, 28.09.1994 – 3 S 2442/92).

22 Die Geschäftsraumeigenschaft kann sich auch aus dem **Bauordnungsrecht** ergeben; denn Räume, die danach nur gewerblich oder beruflich genutzt werden dürfen, können nicht Teil einer Wohnung sein (s.a. *Silberkuhl* ZMR 1986, 145 (149)). Der Begriff des Geschäftsraumes ist nicht identisch mit dem in § 580a Abs. 2 BGB verwendeten.

C. Wohnheime (§ 2 Abs. 1 S. 2 WoFlV)

I. Überblick

23 Die Wohnfläche eines Wohnheims umfasst die Grundfläche der Räume, die zur **alleinigen**, bspw. Schlafzimmer, und **gemeinschaftlichen** Nutzung, z.B. Fernsehräume, durch die jeweiligen **Bewohner** bestimmt sind. Rdn. 4 ff. gelten entsprechend.

II. Anrechnung

24 Nach § 14 Abs. 2 S. 2 HMindBauV sind beheizbare und unbeheizbare Wintergärten, Schwimmbäder und ähnliche nach allen Seiten geschlossene Räume sowie Balkone, Loggien, Dachgärten und Terrassen entgegen § 4 WoFlV **nicht** anzurechnen.

§ 3 Ermittlung der Grundfläche

(1) Die Grundfläche ist nach den lichten Maßen zwischen den Bauteilen zu ermitteln; dabei ist von der Vorderkante der Bekleidung der Bauteile auszugehen. Bei fehlenden begrenzenden Bauteilen ist der bauliche Abschluss zu Grunde zu legen.

(2) Bei der Ermittlung der Grundfläche sind namentlich einzubeziehen die Grundflächen von
1. **Tür- und Fensterbekleidungen sowie Tür- und Fensterumrahmungen,**
2. **Fuß-, Sockel- und Schrammleisten,**
3. **fest eingebauten Gegenständen, wie z.B. Öfen, Heiz- und Klimageräten, Herden, Bade- oder Duschwannen,**
4. **freiliegenden Installationen,**
5. **Einbaumöbel und**

6. nicht ortsgebundenen, versetzbaren Raumteilern.

(3) Bei der Ermittlung der Grundflächen bleiben außer Betracht die Grundflächen von
1. Schornsteinen, Vormauerungen, Bekleidungen, freistehenden Pfeilern und Säulen, wenn sie eine Höhe von mehr als 1,50 Meter aufweisen und ihre Grundfläche mehr als 0,1 Quadratmeter beträgt,
2. Treppen mit über drei Steigungen und deren Treppenabsätze,
3. Türnischen und
4. Fenster- und offenen Wandnischen, die nicht bis zum Fußboden herunterreichen oder bis zum Fußboden herunterreichen und 0,13 Meter oder weniger tief sind.

(4) Die Grundfläche ist durch Ausmessung im fertig gestellten Wohnraum oder auf Grund einer Bauzeichnung zu ermitteln. Wird die Grundfläche auf Grund einer Bauzeichnung ermittelt, muss diese
1. für ein Genehmigungs-, Anzeige-, Genehmigungsfreistellungs- oder ähnliches Verfahren nach dem Bauordnungsrecht der Länder gefertigt oder, wenn ein bauordnungsrechtliches Verfahren nicht erforderlich ist, für ein solches geeignet sein und
2. die Ermittlung der lichten Maße zwischen den Bauteilen im Sinne des Absatzes 1 ermöglichen.
Ist die Grundfläche nach einer Bauzeichnung ermittelt worden und ist abweichend von dieser Bauzeichnung gebaut worden, ist die Grundfläche durch Ausmessung im fertig gestellten Wohnraum oder auf Grund einer berichtigten Bauzeichnung neu zu ermitteln.

Übersicht

A. Zweck

§ 3 WoFlV bestimmt mit seinen vier Absätzen, auf welche Art und Weise die **Grundfläche** zu **ermitteln** ist. Welche Grundflächen zur Wohnfläche **gehören**, bestimmt § 2 WoFlV. Wie die Grundflächen auf die Wohnfläche **anzurechnen** sind, regelt § 4 WoFlV. § 3 WoFlV lehnt sich an § 43 II. BerechnungsVO an (BT-Drs. 568/03, 23). 1

B. Gang der Ermittlung (§ 3 Abs. 1 WoFlV)

I. Überblick

Die Grundfläche ist gem. § 3 Abs. 1 S. 1 WoFlV nach den **lichten Maßen** zwischen den Bauteilen auf zwei Stellen nach dem Komma zu ermitteln. Das »lichte Maß« bezeichnet die Höhe oder Breite eines Raumes. Bei der Ermittlung ist von der Vorderkante der Bekleidung der Bauteile auszugehen. Putz oder andere Wandbekleidung, soweit vorhanden, gelten als Bestandteil der Bauteile. Im Gegensatz zu § 43 Abs. 1 bis Abs. 3 II. BerechnungsVO unterscheidet § 3 Abs. 1 S. 1 WoFlV **nicht** zwischen Rohbau- und Fertigmaßen. Angesichts veränderter Bautechniken sei ein »Putzabzug« nicht mehr gerechtfertigt (BT-Drs. 568/03, 23). 2

II. Fehlende Bauteile (§ 3 Abs. 1 S. 2 WoFlV)

§ 3 Abs. 1 S. 1 WoFlV setzt begrenzende Bauteile voraus. **Fehlen** diese, so ist gem. § 3 Abs. 1 S. 2 WoFlV der bauliche Abschluss zu Grunde zu legen. 3

C. Zweifelsfälle (§ 3 Abs. 2 WoFlV)

4 § 3 Abs. 2 WoFlV nennt zur Klarstellung in 6 Ziffern **Zweifelsfälle**, deren **Zugehörigkeit** zur Grundfläche eines Raumes anderenfalls fraglich sein könnte (BT-Drs. 568/03, 23). Dazu gehören **u.a.** Tür- und Fensterbekleidungen sowie Tür- und Fensterumrahmungen, Fuß-, Sockel- und Schrammleisten, fest eingebaute Gegenstände, wie z.B. Öfen, Heiz- und Klimageräte, Herde, Bade- oder Duschwannen, freiliegende Installationen, Einbaumöbel und nicht ortsgebundene, versetzbare Raumteiler.

D. Ausgeschlossene Grundflächen (§ 3 Abs. 3 WoFlV)

5 § 3 Abs. 3 WoFlV ordnet **abschließend** (BT-Drs. 568/03, 24) an, welche Grundflächen bei der Ermittlung **außer Betracht** bleiben. Dieser Abzug ist im Hinblick auf den **geminderten Wohnwert** der Grundflächen vorgesehen (*BGH*, 27.09.2023 – VIII ZR 117/22, NJW-RR 2023, 1438 Rn. 18; s.a. BR-Drs. 272/57, 32). Es sind die Grundflächen von: Schornsteinen, Vormauerungen, Bekleidungen, freistehenden Pfeilern und Säulen, wenn sie eine Höhe von mehr als 1,50 Meter aufweisen **und** ihre Grundfläche mehr als 0,1 Quadratmeter beträgt, Treppen innerhalb der Wohnung mit über drei Steigungen und deren Treppenabsätze, Türnischen und Fenster- und offenen Wandnischen, die nicht bis zum Fußboden herunterreichen **oder** bis zum Fußboden herunterreichen **und** 0,13 Meter **oder** weniger tief sind. Eine Türnische ist eine Öffnung in einer – die Grundfläche eines Raums im Sinne von § 3 Abs. 1 WoFlV begrenzenden – Wand, die einen **Durchgang** (Wandöffnung) durch diese Wand ermöglicht (*BGH*, 27.09.2023 – VIII ZR 117/22, NJW-RR 2023, 1438 Rn. 17). Im Hinblick auf den Regelungszweck und die Systematik der WoFlV kommt es **nicht** darauf an, ob in die Wandöffnung eine Tür oder ein Türrahmen eingebaut ist (*BGH*, 27.09.2023 – VIII ZR 117/22, NJW-RR 2023, 1438 Rn. 18). Ebenso ist es nicht von entscheidender Bedeutung, ob die betreffende Wandöffnung tatsächlich als Zugangs- oder Durchgangsmöglichkeit genutzt oder ob eine solche Nutzung aus »raumgestalterischer Sicht« sinnvoll ist (*BGH*, 27.09.2023 – VIII ZR 117/22, NJW-RR 2023, 1438 Rn. 19).

E. Ermittlungsmöglichkeiten (§ 3 Abs. 4 WoFlV)

I. Überblick

6 § 3 Abs. 4 S. 1 WoFlV benennt die beiden technischen Möglichkeiten der Grundflächenermittlung (BT-Drs. 568/03, 24). Es sind: Grundflächenermittlung durch **Ausmessung** im fertig gestellten Wohnraum (§ 3 Abs. 4 S. 1 Fall 1 WoFlV) und Grundflächenermittlung aufgrund einer **Bauzeichnung** (§ 3 Abs. 4 S. 1 Fall 2 WoFlV).

II. Bauzeichnung (§ 3 Abs. 4 S. 2, S. 3 WoFlV)

7 § 3 Abs. 4 S. 2, S. 3 WoFlV enthalten **technische** Vorschriften für die Ermittlung der Grundfläche aufgrund einer Bauzeichnung.

§ 4 Anrechnung der Grundflächen

Die Grundflächen

1. **von Räumen und Raumteilen mit einer lichten Höhe von mindestens zwei Metern sind vollständig,**
2. **von Räumen und Raumteilen mit einer lichten Höhe von mindestens einem Meter und weniger als zwei Metern sind zur Hälfte,**
3. **von unbeheizbaren Wintergärten, Schwimmbädern und ähnlichen nach allen Seiten geschlossenen Räumen sind zur Hälfte,**
4. **von Balkonen, Loggien, Dachgärten und Terrassen sind i.d.R. zu einem Viertel, höchstens jedoch zur Hälfte**

anzurechnen.

A. Zweck

§ 4 WoFlV bestimmt abschließend, wie die maßgeblichen Grundflächen **anzurechnen** sind. Welche Grundflächen zur Wohnfläche **gehören** bestimmt § 2 WoFlV. Wie die Grundflächen **ermittelt** werden, bestimmt hingegen § 3 WoFlV. § 4 WoFlV lehnt sich an § 44 II. BerechnungsVO an (BT-Drs. 568/03, 25). 1

B. Betrachtung der Höhe nach

I. Lichte Höhe von mindestens 2 m (§ 4 Nr. 1 WoFlV)

Die nach § 2 WoFlV zu berücksichtigenden Räume und Raumteile mit einer lichten Höhe von **mindestens** 2 m sind nach der Ermittlung ihrer Grundfläche gem. § 3 WoFlV bei der Berechnung der Wohnfläche **vollständig** anzurechnen. Erfasst sind auch Raumteile unter Treppen (BT-Drs. 568/03, 25). 2

II. Lichte Höhe unter 1 m (§ 4 Nr. 2 WoFlV)

Die nach § 2 WoFlV zu berücksichtigenden Räume und Raumteile mit einer lichten Höhe von **mindestens** 1 m und **weniger** als 2 m sind nach der Ermittlung ihrer Grundfläche gem. § 3 WoFlV bei der Berechnung der Wohnfläche **zur Hälfte** anzurechnen. Erfasst sind auch Raumteile unter Treppen (BT-Drs. 568/03, 25). 3

III. Lichte Höhe weniger als 1 m

Räume und Raumteile mit einer Höhe von **weniger** als 1 m sind stets **nicht** anzurechnen (BT-Drs. 568/03, 25). 4

C. Wintergärten, Schwimmbäder und ähnliche Räume (§ 4 Nr. 3 WoFlV)

I. Überblick

Unbeheizbare Wintergärten (§ 2 WoFlV Rdn. 9), Schwimmbäder (§ 2 WoFlV Rdn. 9) und **ähnliche** nach allen Seiten geschlossene Räume sind bei der Berechnung der Wohnfläche **zur Hälfte** anzurechnen. 5

II. Beheizbare Wintergärten

Beheizbare Wintergärten (zum Begriff s. § 2 WoFlV Rdn. 9) sind auf die Wohnfläche allerdings **voll** anzurechnen (s.a. BR-Drs. 568/03, 25). Beheizbar ist ein Wintergarten dann, wenn er mit dem Heizsystem beheizt wird, wie der restliche Wohnraum; die bloße Möglichkeit, einen Elektroofen aufzustellen, genügt **nicht** (s.a. *Eisenschmid* WuM 2004, 3 [5]). 6

III. Hobbyräume

7 Hobbyräume, die voll nutzbar sind, z.B. als Schlafzimmer, sind **keine** »ähnlichen Räume« i.S.d. § 4 Nr. 3 WoFlV, sondern **voll** anzurechnen (s.a. *BGH*, 23.05.2007 – VIII ZR 231/06, ZMR 2007, 764 [766]).

D. Balkone, Loggien, Dachgärten und Terrassen (§ 4 Nr. 4 WoFlV)

I. Regelanrechnung

8 Balkone (zum Begriff s. § 2 WoFlV Rdn. 12), Loggien (zum Begriff s. § 2 WoFlV Rdn. 12), Dachgärten und Terrassen (zum Begriff s. § 2 WoFlV Rdn. 12), sind **unabhängig** von ihrer Größe i.d.R. **zu einem Viertel**, höchstens jedoch zur Hälfte bei der Berechnung der Wohnfläche anzurechnen. Eine Dachterrasse ist ein Dachgarten (zum Begriff s. § 2 WoFlV Rdn. 12). Diese Anrechnung soll dem Umstand Rechnung tragen, dass diese Bauteile aufgrund ihrer witterungsabhängigen Nutzbarkeit einen **deutlich geringeren Wohnwert** als beispielsweise ein Wintergarten haben (BT-Drs. 568/03, 26).

II. Ausnahme

1. Überblick

9 Von der Regelanrechnung zu einem Viertel ist **abzuweichen**, wenn **besondere** Umstände des Einzelfalls dies rechtfertigen. Dies kann bei Maßnahmen in bestehenden Gebäuden der Fall sein, deren übrige Wohnfläche nach den §§ 42 bis 44 II. BerechnungsVO berechnet wurde, und in denen nach § 1 WoFlV eine Berechnung der Wohnfläche erforderlich wird, z.B. bei Aufstockungen oder bei der Zusammenlegung von Wohnungen (BR-Drs. 568/03, 27). Besondere Umstände können auch vorliegen, wenn in bereits bestehenden Gebäuden oder Wohnanlagen mit einer Vielzahl von Wohnungen, in denen Balkone bisher zu 50 % angerechnet worden sind, bei einigen Wohnungen eine Neuberechnung der Wohnfläche erforderlich wird. Hier können die Balkone der neu berechneten Wohnung ausnahmsweise mit 50 % ihrer Fläche angerechnet werden, wenn die Neuberechnung auch aller anderen Wohnungen mit einem erheblichen und der Sache nicht angemessenen Kostenaufwand verbunden wäre (*Grundmann* NJW 2003, 3745 [3748]).

2. Mehr als ein Viertel

10 Die Anrechnung von mehr als einem Viertel **bis zur Hälfte** kommt nach h.M. beispielsweise bei **besonders guten Lagen**, z.B. Balkon zum Garten mit Südwestlage (*Grundmann* NJW 2003, 3745 [3748]), oder **aufwendigen** Balkon- oder Terrassengestaltungen in Betracht, die zu einem höheren Wohnwert des Balkons oder der Terrasse führen als im Normalfall gegeben (BT-Drs. 568/03, 26; s.a. *LG Berlin*, 17.01.2018 – 18 S 308/13, ZMR 2018, 503). Dem ist **entgegenzuhalten**, dass dadurch qualitative, subjektiv beeinflusste Kriterien (Wohnwert) mit rein quantitativen, objektiven Kriterien (Wohnfläche) vermengt werden (s.a. Langenberg/*Zehelein* BetrKostR F. Rn. 65).

3. Weniger als ein Viertel

11 Eine Abweichung von **weniger** als einem Viertel soll nach h.M. beispielsweise dann angenommen werden können, wenn ein Balkon aufgrund seiner Lage nicht oder nur sehr **eingeschränkt** nutzbar ist (BT-Drs. 568/03, 26/27). So soll es im Einzelfall auch bei Erdgeschoss- bzw. Hochparterrelage an einer stark befahrenen Straßenkreuzung liegen können (*Grundmann* NJW 2003, 3745 [3748]). Ein geringerer Ansatz kann jedenfalls gerechtfertigt sein, wenn große Flächen zu einem **unangemessen großen Anteil** an der Gesamtwohnfläche führen würden.

III. Anrechnungsentscheidung

Die Anrechnungsentscheidung ist **objektiv** zu treffen. Ein Wahlrecht eines Bauherrn besteht **nicht** (s.a. *Grundmann* NJW 2003, 3745 [3748]). Maßgeblich ist die Bestimmung des Anrechnungsmodus in der **Förderzusage** nach § 13 Abs. 1 S. 1 Nr. 1 WoFG. 12

Fehlt diese Bestimmung, muss sie von dem, der die Wohnung zur Verfügung stellt, und dem Nutzer nach den allgemeinen Maßnahmen auf Grundlage einer objektiven Betrachtung getroffen werden. Im Wohnungseigentumsrecht können die **Wohnungseigentümer** die Anrechnungsentscheidung vereinbaren oder beschließen. 13

§ 5 Überleitungsvorschrift

Ist die Wohnfläche bis zum 31. Dezember 2003 nach der Zweiten Berechnungsverordnung in der Fassung der Bekanntmachung vom 12. Oktober 1990 (BGBl. I S. 2178), zuletzt geändert durch Artikel 3 der Verordnung vom 25. November 2003 (BGBl. I S. 2346), in der jeweils geltenden Fassung berechnet worden, bleibt es bei dieser Berechnung. Soweit in den in S. 1 genannten Fällen nach dem 31. Dezember 2003 bauliche Änderungen an dem Wohnraum vorgenommen werden, die eine Neuberechnung der Wohnfläche erforderlich machen, sind die Vorschriften dieser Verordnung anzuwenden.

Übersicht

A. Zweck

§ 5 WoFlV ist eine Überleitungsvorschrift. Sie gilt nur für den **preisgebundenen** Wohnraum (*BGH*, 17.10.2023 – VIII ZR 61/23, GE 2024, 190 Rn. 21). Sie ist für den preisfreien Wohnraum **nicht anwendbar** (*BGH*, 17.10.2023 – VIII ZR 61/23, GE 2024, 190 Rn. 21). Es entspricht vielmehr der typischen Interessenlage der Parteien eines Mietvertrags über preisfreien Wohnraum, den Begriff der Wohnfläche in Anlehnung an die materiellen Vorschriften der **jeweils** im Zeitpunkt des **Vertragsschlusses** geltenden Vorschriften für preisgebundenen Wohnraum zu bestimmen (§ 1 WoFlV Rdn. 13; *BGH*, 17.10.2023 – VIII ZR 61/23, GE 2024, 190 Rn. 21). Auch ein Schutzbedürfnis des Vermieters preisfreien Wohnraums besteht nicht. Es steht ihm frei, in einem ab Januar 2004 abgeschlossenen Mietvertrag auf eine (ausdrückliche) Vereinbarung dahingehend hinzuwirken, dass die dort vereinbarte Wohnfläche (noch) nach den Vorschriften der II. BerechnungsVO zu berechnen ist (*BGH*, 17.10.2023 – VIII ZR 61/23, GE 2024, 190 Rn. 21). 1

B. Altberechnungen (§ 5 S. 1 WoFlV)

Ist die Wohnfläche bis zum 31.12.2003 nach der II. BerechnungsVO in der **jeweils** geltenden Fassung berechnet worden, **bleibt** es bei dieser Berechnung. 2

C. Änderungen am Wohnraum (§ 5 S. 2 WoFlV)

I. Überblick

Soweit in den in § 5 S. 1 WoFlV genannten Fällen nach dem 31.12.2003 **bauliche Änderungen** an dem Wohnraum vorgenommen werden, die eine **Neuberechnung** der Wohnfläche erforderlich machen, ist die WoFlV anzuwenden. 3

II. Tatbestandsvoraussetzungen

1. Bauliche Änderungen

4 Eine »bauliche Änderung« ist ein nicht nur unerheblicher Eingriff in die Wohnung i.S.v. § 2 Abs. 1 WoFlV, durch die ein neuer oder veränderter baulicher Zustand entsteht. Eine bloße »Umwidmung«, Um- oder Neumöblierung und vergleichbare Maßnahmen sind keine bauliche Änderung. Auch das Aufstellen von Dingen ist keine bauliche Änderung. Ein Beispiel ist ein **Anbau** (BT-Drs. 568/03, 27) oder die **rechtliche Zusammenlegung** von zwei Wohnungen (*Grundmann* NJW 2003, 3745 (3748)).

2. Erforderlichkeit

5 Eine bauliche Änderung macht eine Neuberechnung der Wohnfläche »erforderlich«, wenn sich die nach § 2 WoFlV zur Wohnfläche gehörende **Grundflächen vergrößert oder verkleinert** haben.

III. Rechtsfolge

6 Liegen die Tatbestandsvoraussetzungen vor, ist die **gesamte** Wohnfläche neu zu berechnen.

Verordnung über die verbrauchsabhängige Abrechnung der Heiz- und Warmwasserkosten (Verordnung über Heizkostenabrechnung – HeizkostenV)

In der Fassung der Bekanntmachung vom 5. Oktober 2009 (BGBl. I S. 3250)

Geändert durch die Verordnung vom 24. November 2021 (BGBl. I S. 4964) 1

Vorbemerkung zu § 1 HeizkostenV

Übersicht Rdn.

Rdn.

A. Entstehung und Entwicklung der HeizkostenV

I. Überblick

1. Der Anlass

a) Allgemeines

1 Aus Sicht des Gesetzgebers waren im Jahr 1979 die energiepolitischen **Abhängigkeiten der Bundesrepublik** in besonderem Maße deutlich geworden (BT-Drs. 8/3348, 1). Der Gesetzgeber wollte diesem Umstand durch **verstärkte Energieeinsparungsmaßnahmen** entgegenwirken. Der Verringerung des Energiebedarfes für die Gebäudeheizung, der mit 40 % am gesamten Endenergiebedarf der Bundesrepublik beteiligt war, kam dabei besondere Bedeutung zu. Der Gesetzgeber hielt daher im Bereich der Gebäudeheizung neben der Festlegung begrenzter Anforderungen an den Wärmeschutz in bestehenden Gebäuden und an bestehende heizungstechnische Anlagen die Einführung einer verbrauchsabhängigen Abrechnung von Heizkosten für nicht preisgebundene Mietwohnungen, Eigentumswohnungen und gewerblich genutzte Räume mit mehreren Wirtschaftseinheiten für erforderlich (BT-Drs. 8/3348, 1).

b) Änderung des EnEG

aa) Überblick

2 Aus diesem Grunde änderte der Gesetzgeber durch das erste Gesetz zur Änderung des Energieeinsparungsgesetzes v. 20.06.1980 (BGBl. I 701) mWv 26.06.1980 das Energieeinsparungsgesetz (EnEG) von 22.07.1976 (BGBl. I 1873) und fügte dort § 3a und § 5 Abs. 3 und Abs. 4 ein.

bb) § 3a EnEG

3 Mit § 3a Abs. 1 EnEG wurde die Bundesregierung **ermächtigt**, durch Rechtsverordnung mit Zustimmung des Bundesrates vorzuschreiben, dass der Energieverbrauch der Benutzer von heizungs- oder raumlufttechnischen oder der Versorgung mit Brauchwasser dienenden gemeinschaftlichen Anlagen oder Einrichtungen **erfasst** wird (Ablesung), und dass die Betriebskosten dieser Anlagen oder Einrichtungen so auf die Benutzer zu verteilen sind, dass dem **Energieverbrauch** der Benutzer Rechnung getragen wird. Durch § 3a Abs. 2 EnEG wurde die Bundesregierung **ferner ermächtigt**, die Erfassung und Kostenverteilung **abweichend** von Vereinbarungen der Benutzer und von Vorschriften des Wohnungseigentumsgesetzes zu regeln und näher zu bestimmen, wie sich die Verordnung auf die Rechtsverhältnisse zwischen den Beteiligten auswirkt. Die Art der messtechnischen Ausstattung sollte nicht vorgeschrieben werden (BT-Drs. 8/3348, 5). Ferner ging der Gesetzgeber davon aus, dass ein Teil der anfallenden Kosten in der Regel weiterhin nach einem verbrauchsunabhängigen Maßstab abzurechnen sein wird, um den Gegebenheiten des Heizungsbetriebs Rechnung zu tragen, bei dem ein Teil dieser Kosten unabhängig von der individuellen Nutzung entsteht (BT-Drs. 8/3348, 5).

cc) § 5 EnEG

4 Nach § 5 Abs. 3 EnEG konnte in den Rechtsverordnungen nach §§ 1 bis 4 EnEG wegen technischer Anforderungen auf Bekanntmachungen sachverständiger Stellen unter Angabe der Fundstelle verwiesen werden. Nach § 5 Abs. 4 EnEG konnten in den Rechtsverordnungen nach den §§ 1 bis 4 EnEG die Anforderungen abweichend von Vereinbarungen der Benutzer und von Vorschriften des Wohnungseigentumsgesetzes geregelt und näher bestimmt werden, wie diese Regelungen sich auf die Rechtsverhältnisse zwischen den Beteiligten auswirken.

2. Erlass der HeizkostenV am 23.02.1981

5 Die Bundesregierung machte von der Ermächtigung in § 3a EnEG durch die Verordnung über die verbrauchsabhängige Abrechnung der Heiz- und Warmwasserkosten (Verordnung über Heizkosten-

abrechnung – HeizkostenV) v. 23.02.1981 (BGBl. I 261) **Gebrauch**, die am 01.03.1981 in Kraft trat (zur Begründung der einzelnen Bestimmungen vgl. BR-Drs. 632/80; s.a. *Peruzzo* NJW 1981, 801 ff., *Demmer* MDR 1981, 529 ff. und *Schröder* JurBüro 1981, 817 ff.). Diese verfolgt vor allem den **Zweck**, dass der **Nutzer** sein **Nutzungsverhalten energieeinsparend** verändert (BR-Drs. 570/08, 7 und 11; st. Rspr. *BGH*, 10.02.2023 – V ZR 246/21, Rn. 25; *BGH*, 16.09.2022 – V ZR 214/21, ZMR 2023, 61 Rn. 16; *BGH*, 16.01.2019 – VIII ZR 113/17, ZMR 2019, 325 Rn. 16; *BGH*, 20.01.2016 – VIII ZR 329/14, ZMR 2016, 280 Rn. 16). Dem jeweiligen Nutzer soll durch eine verbrauchsabhängige Abrechnung der **Zusammenhang** zwischen dem individuellen Verbrauch und den daraus resultierenden Kosten bewusstgemacht werden (*BGH*, 16.09.2022 – V ZR 214/21, ZMR 2023, 61 Rn. 16; *BGH*, 20.01.2016 – VIII ZR 329/14, ZMR 2016, 280 Rn. 16; *BGH*, 10.12.2014 – VIII ZR 9/14, NZM 2015, 205 Rn. 21). Dieses Ziel entspricht dem 28. Erwägungsgrund der Energieeffizienzrichtlinie: Danach sollen die Endkunden die Möglichkeit haben, ihren individuellen Verbrauch zu steuern.

3. Änderung der Rechtsgrundlage (§ 6 GEG)

Durch das Gesetz zur Vereinheitlichung des Energieeinsparrechts für Gebäude v. 08.08.2020 (BGBl. I 6
1728) wurde das Gesetz zur Einsparung von Energie und zur Nutzung erneuerbarer Energien zur Wärme- und Kälteerzeugung in Gebäuden (Gebäudeenergiegesetz – GEG) geschaffen und das EnEG mWv 31.10.2020 **aufgehoben**. Die Verordnungsermächtigung zur Verteilung der Betriebskosten und zu Abrechnungs- und Verbrauchsinformationen wurde in § 6 GEG **übernommen**, allerdings **erweitert** (zur Begründung vgl. BT-Drs. 19/16716, 113/114). Absatz 1 entspricht im Kern § 3a EnEG. Dieser wurde aber u.a. um die Anordnungen erweitert, dass die Benutzer in regelmäßigen, im Einzelnen zu bestimmenden Abständen auf klare und verständliche Weise Informationen erhalten über Daten, die für die Einschätzung, den Vergleich und die Steuerung des Energieverbrauchs und der Betriebskosten von heizungs-, kühl- oder raumlufttechnischen oder der Versorgung mit Warmwasser dienenden gemeinschaftlichen Anlagen oder Einrichtungen relevant sind, und über Stellen, bei denen weitergehende Informationen und Dienstleistungen zum Thema Energieeffizienz verfügbar sind (vgl. jetzt § 6a HeizkostenV), dass die zum Zwecke der Datenverarbeitung eingesetzte Technik einem Stand der Technik entsprechen muss, der Datenschutz, Datensicherheit und Interoperabilität gewährleistet (vgl. § 5 HeizkostenV), und dass bei einem Wechsel des Abrechnungsdienstleisters oder einer Übernahme der Abrechnung durch den Gebäudeeigentümer die für die Abrechnung notwendigen Daten dem neuen Messdienstunternehmen oder dem Gebäudeeigentümer zugänglich gemacht werden müssen (vgl. § 5 HeizkostenV). Absatz 2 entspricht § 5 Abs. 4 EnEG a.F., Absatz 3 der bisherigen Regelung in § 5 Abs. 2 EnEG. Absatz 4 erinnert an die DSGVO.

4. Grundsatz der Wirtschaftlichkeit (§ 5 GEG)

Nach § 5 GEG (Grundsatz der Wirtschaftlichkeit) müssen im Übrigen die Anforderungen und 7
Pflichten, die in den auf Grund des GEG erlassenen Rechtsverordnungen aufgestellt werden, nach dem Stand der Technik erfüllbar sowie für Gebäude gleicher Art und Nutzung und für Anlagen oder Einrichtungen **wirtschaftlich vertretbar** sein. Anforderungen und Pflichten gelten als wirtschaftlich vertretbar, wenn generell die erforderlichen Aufwendungen innerhalb der üblichen Nutzungsdauer durch die eintretenden Einsparungen erwirtschaftet werden können. Bei bestehenden Gebäuden, Anlagen und Einrichtungen ist die noch zu erwartende Nutzungsdauer zu berücksichtigen.

II. Verordnung zur Änderung wohnungsrechtlicher Vorschriften v. 05.04.1984

Die Verordnung zur Änderung wohnungsrechtlicher Vorschriften v. 05.04.1984 (BGBl. I 546) hat 8
die HeizkostenV mWv 01.05.1984 umfassend geändert (zur Begründung und den Einzelheiten vgl. BR-Drs. 483/83; siehe ferner *Sternel* ZMR 1984, 253). Seit dem 01.05.1984 galt danach die geänderte HeizkostenV u.a. auch für den Geltungsbereich der NMW 1970 (§ 1 Abs. 4 HeizkostenV). Die Neufassung der HeizkostenV wurde am 05.04.1985 (BGBl. I 592) bekannt gemacht.

III. Verordnung zur Änderung energiesparrechtlicher Vorschriften v. 19.01.1989

9 Die Verordnung zur Änderung energiesparrechtlicher Vorschriften v. 19.01.1989 (BGBl. I 109) hat die HeizkostenV mWv 01.03.1989 geändert. Diese Verordnung wollte vor allem einige Rechtsunsicherheiten, die in den ersten Jahren aufgetreten waren (zur Begründung und den Einzelheiten vgl. BR-Drs. 494/88; siehe ferner *Müller* GE 1989, 216). Die Neufassung der HeizkostenV wurde am 01.03.1989 (BGBl. I 115) bekannt gemacht.

IV. Einigungsvertrag v. 23.09.1990

10 Nach Anlage I des Einigungsvertrags vom 23.09.1990 (BGBl. II 908, 1007) galt die HeizkostenV vom 01.01.1991 an auch im Gebiet der ehemaligen DDR. Es galten aber verschiedene Übergangsregelungen.

V. Verordnung zur Änderung der HeizkostenV v. 02.12.2008

11 Durch die Verordnung zur Änderung der Verordnung über Heizkostenabrechnung v. 02.12.2008 (BGBl. I 2375) wurde die HeizkostenV mWv 01.01.2009 **geändert**. Durch die Erhöhung des verbrauchsabhängigen Anteils bei der Verteilung der Heizkosten bei bestimmten Gebäuden sollte künftig das Verbrauchsverhalten des Nutzers stärker berücksichtigt werden. Ferner sollte mit einer Ausnahme von der Anwendung der Verbrauchserfassungspflicht ein Anreiz zur Erreichung des Passivhausstandards beim Bau bzw. bei der Sanierung von Mehrfamilienhäusern gesetzt werden (zur Begründung und den Einzelheiten vgl. BR-Drs. 570/08; siehe ferner u.a. *Paschke* WuM 2010, 14; *Pfeifer* GE 2009, 156; *Schmid* NZM 2009, 104; Schmitt HKA 2009, 13; *Wall* WuM 2009, 3).

VI. Verordnung über die Änderung HeizkostenV v. 24.11.2021

12 Die Verordnung über die Änderung der Verordnung über Heizkostenabrechnung v. 24.11.2021 (BGBl. I 4964) hat mWv 01.12.2021 die HeizkostenV abermals geändert. Diese Verordnung dient vor allem der Umsetzung der geänderten EU-Energieeffizienzrichtlinie (zur Begründung und den Einzelheiten vgl. BR-Drs. 643/21, 2; siehe ferner *Pfeifer* MietRB 2023, 15 und MietRB 2022, 366; *Fritsch/Okon* ZMR 2022, ZMR 2022, 169; *Lammel* ZMR 2022, 1; *Pfeifer* GE 2022, 133, 286, 561, 674; *Wall* NZM 2022, 73; *Zehelein* ZMR 2021, 541).

VII. Heizungsgesetz v. 16.10.2023

13 Das Gesetz zur Änderung des Gebäudeenergiegesetzes, zur Änderung des Bürgerlichen Gesetzbuches, zur Änderung der Verordnung über Heizkostenabrechnung, zur Änderung der Betriebskostenverordnung und zur Änderung der Kehr- und Überprüfungsordnung (Heizungsgesetz) v. 16.10.2023 (BGBl. 2023 I Nr. 280) hat mWv 01.10.2024 zu Änderungen bei den §§ 7, 9, 11 und 12 HeizkostenV geführt. Es geht jeweils um Änderungen im Zusammenhang mit der **Streichung der Ausnahme für Wärmepumpen** in § 11 Abs. 1 Nr. 3 Buchstabe a) HeizkostenV.

B. Umsetzung europäischen Rechtes

I. Überblick

1. Richtlinie 93/76/EWG

14 Der Rat der Europäischen Gemeinschaften hat am 13.09.1993 die Richtlinie 93/76/EWG zur **Begrenzung** der Kohlendioxidemissionen durch eine effizientere Energienutzung (SAVE) erlassen. Die Mitgliedstaaten wurden durch deren Art. 1 und Art. 3 u.a. verpflichtet, Programme für eine in einem angemessenen Verhältnis zum tatsächlichen Verbrauch stehende Abrechnung der Kosten für Heizung und Warmwasserbereitung zu erstellen und durchzuführen. Diese Programme sollten die **Aufteilung** der Kosten für diese Leistungen auf die Nutzer eines Gebäudes oder Gebäudeteils nach dem Wärmeverbrauch bzw. Kalt- und Warmwasserverbrauch jedes Nutzers **ermöglichen**. Dies betraf Gebäude oder Gebäudeteile, die über eine zentrale Heizung, Klimatisierung oder Warmwasser-

bereitung verfügen. Die Bewohner solcher Gebäude sollten in die Lage versetzt werden, ihren eigenen Wärme-, Kaltwasser- und Heißwasserverbrauch zu regeln.

2. Richtlinie 2006/32/EG

Das Europäische Parlament und der Rat der Europäischen Union haben am 05.04.2006 die Richtlinie über Endenergieeffizienz und Energiedienstleistungen und zur **Aufhebung** der Richtlinie 93/76/ 15
EWG des Rates erlassen. Soweit es technisch machbar, finanziell vertretbar und im Vergleich zu den potenziellen Energieeinsparungen angemessen ist, haben die Mitgliedstaaten nach ihrem Art. 13 u.a. sicherzustellen, dass alle Endkunden in den Bereichen Strom, Erdgas, Fernheizung und/oder -kühlung und Warmbrauchwasser **individuelle Zähler** zu wettbewerbsorientierten Preisen erhalten, die den tatsächlichen Energieverbrauch des Endkunden und die tatsächliche Nutzungszeit widerspiegeln.

3. Richtlinie 2012/27/EU – Energieeffizienzrichtlinie

a) Überblick

Das Europäische Parlament und der Rat der Europäischen Union haben am 25.10.2012 die Richtlinie 2012/27/EU zur Energieeffizienz, zur Änderung der Richtlinien 2009/125/EG und 2010/30/ 16
EU und zur Aufhebung der Richtlinien 2004/8/EG und 2006/32/EG erlassen – »Energieeffizienzrichtlinie« (siehe dazu u.a. *Martin* EnWZ 2012, 62 ff.). Diese Richtlinie hat wiederum die Richtlinie 93/76/EWG **aufgehoben.**

Ihr Art. 9 regelt die **Einzelheiten zur Verbrauchserfassung.** Art. 10 trifft hingegen Regelungen zu 17
Abrechnungsinformationen. Nach Art. 13 haben die Mitgliedstaaten u.a. **Sanktionen** für den Fall der Nichteinhaltung der aufgrund der Art. 9 und 10 der Richtlinie erlassenen nationalen Vorschriften festzulegen und die zu ihrer Anwendung erforderlichen Maßnahmen zu ergreifen. Die Sanktionen müssen wirksam, angemessen und abschreckend sein.

b) Änderung: Richtlinie (EU) 2018/2002

Am 11.12.2018 haben das Europäische Parlament und der Rat der Europäischen Union die Richtlinie (EU) 2018/2002 zur Änderung der Richtlinie 2012/27/EU zur Energieeffizienz erlassen (siehe 18
dazu u.a. *Schulz/Losch* EnWZ 2017, 107). Diese Richtlinie hat zum einen Art. 9 der Energieeffizienzrichtlinie **geändert.** Art. 9 Abs. 1 UA 1 fordert jetzt, dass die Mitgliedstaaten – soweit es technisch machbar, finanziell vertretbar und im Vergleich zu den potenziellen Energieeinsparungen verhältnismäßig ist – sicherstellen, dass Endkunden im Bereich Strom und Erdgas individuelle Zähler zu wettbewerbsfähigen Preisen erhalten. Ferner ist Art. 10 geändert worden. Bedeutender ist, neben weiteren Änderung, die Einfügung der Art. 9a (Verbrauchserfassung für die Wärme- und Kälteversorgung sowie die Warmwasserbereitung für den häuslichen Gebrauch), Art. 9b (Einzelverbrauchserfassung ›Submetering‹ und Kostenverteilung für die Wärme-, Kälte- und Trinkwarmwasserversorgung), Art. 9c (Fernablesungsanforderung), Art. 10a (Abrechnungs- und Verbrauchsinformationen zur Wärme-, Kälte- und Trinkwarmwasserversorgung) und Art. 11a (Kosten für den Zugang zu Verbrauchserfassungs- und Abrechnungs- und Verbrauchsinformationen für die Wärme-, Kälte- und Trinkwarmwasserversorgung). Der Umsetzung dieser Bestimmungen gelten § 6a HeizkostenV und Änderungen in den §§ 5, 12 HeizkostenV (s.a. BR-Drs. 643/21, 2). Zu den Zielen der Richtlinie (EU) 2018/2002 und den Änderungen s.a. Ziffer 1. der Empfehlung (EU) 2019/1660 der Kommission vom 25.09.2019 zur Umsetzung der neuen Bestimmungen der Energieeffizienzrichtlinie 2012/27/EU für die Verbrauchserfassung und Abrechnung.

4. Umsetzung durch die HeizkostenV

Deutschland hat versucht, die genannten Richtlinien u.a. durch die HeizkostenV **umzusetzen.** Dies 19
gilt **aktuell** für die Energieeffizienzrichtlinie in der Form, die sie durch die Richtlinie (EU) 2018/2002 erhalten hat. Einen Zwang, die Richtlinie durch ein förmliches Gesetz umzusetzen, gab es nicht

(*Lammel* ZMR 2022, 1 (2)). Denn nach Art. 288 Abs. 3 AEUV sind die Mitgliedstaaten frei, welche Form sie für eine Umsetzung wählen (a.A. *Zehelein* ZMR 2021, 541 [542]: Verstoß gegen den effet-utile-Grundsatz).

II. Richtlinienkonforme Auslegung

1. Überblick

20 Soweit die Energieeffizienzrichtlinie greift, sind die von ihr **betroffenen Normen richtlinienkonform** auszulegen (vgl. dazu u.a. *Zehelein* NZM 2020, 857 [860]; *Herresthal* JuS 2014, 289). Das folgt aus Art. 288 Abs. 3 S. 1 AEUV und dem Grundsatz der Gemeinschaftstreue nach Art. 4 Abs. 3 AEUV (vgl. nur *BVerfG*, 26.09.2011, 2 BvR 2216/06, NJW 2012, 669 Rn. 46).

21 Die Pflicht zur richtlinienkonformen Auslegung besteht allerdings nur **innerhalb des sachlichen, personellen und gegenständlichen Regelungsbereichs der Richtlinie** (*Herresthal* JuS 2014, 289 (290)). Innerhalb dieses Bereichs muss aber das **gesamte** nationale Recht, nicht nur das Umsetzungsrecht, richtlinienkonform sein. Nationale Normen außerhalb dieses Regelungsbereichs dürfen die praktische Wirksamkeit (*effet utile*) der umgesetzten Richtlinienvorgaben im nationalen Recht nicht beeinträchtigen.

2. Auslegung

a) Ziel

22 Die HeizkostenV ist, **soweit** die Energieeffizienzrichtlinie greift (Rdn. 21; zu weitgehend daher *Zehelein* NZM 2018, 993 [994], der wohl der Ansicht ist, bei der **ganzen** HeizkostenV handele es sich um richtlinienumsetzendes Recht), nach nationalen Grundsätzen so auszulegen, dass das Ergebnis der **Zielvorgabe** der Energieeffizienzrichtlinie entspricht (vgl. allgemein beispielsweise *EuGH*, 05.10.2004 – C-397/01 bis C-403/01, NJW 2004, 3547 Rn. 116 – Bernhard Pfeiffer u.a./DRK). Die nationalen Gerichte sind mithin verpflichtet, die Auslegung des nationalen Rechtes unter voller Ausschöpfung des Beurteilungsspielraums, den ihnen das nationale Recht einräumt, so weit wie möglich am **Wortlaut und Zweck der Richtlinie** auszurichten, um das mit der **Richtlinie verfolgte Ziel** zu erreichen (*BGH*, 18.11.2020 – VIII ZR 78/20, NJW 2021, 1008 Rn. 19 und Rn. 25). Der aus Art. 4 Abs. 3 EUV folgende Grundsatz der Unionstreue **verpflichtet** alle mitgliedstaatlichen Stellen, also auch Gerichte, diejenige Auslegung des nationalen Rechts zu wählen, die dem Inhalt einer EU-Richtlinie in der ihr vom *EuGH* gegebenen Auslegung entspricht (*BGH*, 18.11.2020 – VIII ZR 78/20, NJW 2021, 1008 Rn. 28).

b) Gang der Auslegung in der HeizkostenV

23 Für eine richtlinienkonforme Auslegung der HeizkostenV ist **zunächst die Energieeffizienzrichtlinie** auszulegen. Für diese Auslegung gelten die besonderen Auslegungsgrundsätze des Unionsrechtes. Neben dem Wortlaut und dem Zweck der Richtlinie sind mithin ergänzend auch der **Kontext** (Zusammenhang), in dem die fragliche Bestimmung der Richtlinie steht (*EuGH*, 18.10.2012 – C-428/11, GRUR 2012, 1269 Rn. 35 – Purely Creative Ltd. u.a./Office of Fair Trading) und ihre **Entstehungsgeschichte** (*EuGH*, 18.10.2012 – C-428/11, GRUR 2012, 1269 Rn. 35 – Purely Creative Ltd. u.a./Office of Fair Trading) zu berücksichtigen. Ein wichtiges Hilfsmittel für die Auslegung sind auch die Erwägungsgründe, die dem verfügenden Teil einer Richtlinie vorangestellt sind. Von mehreren Auslegungsmöglichkeiten ist diejenige **vorzuziehen**, die allein geeignet ist, die praktische Wirksamkeit der betreffenden Bestimmung zu sichern und damit die Ziele des Unionsrechtes zu verwirklichen (*EuGH*, 14.10.1999 – C-223/98, NJW 2000, 2337 – Adidas). Die von der Richtlinie verwendeten Rechtsbegriffe sind dabei als Begriffe des Unionsrechtes **autonom** und in der gesamten Union **einheitlich** auszulegen (exemplarisch *EuGH*, 27.01.2022 – C-347/20, EuZW 2022, 182 Rn. 42; *EuGH*, 05.02.2020 – C-341/18, TranspR 2020, 517 Rn. 40; *EuGH*, 22.03.2012 – C-190/10, GRUR 2012, 613 Rn. 40 – Génesis/Boys Toys). Bedeutung und Tragweite von Begriffen, die das Unionsrecht nicht definiert, sind dabei entsprechend ihrem üblichen Sinn und unter Berücksichtigung

des Zusammenhangs, in dem sie verwendet werden, und der Ziele der Regelung, zu der sie gehören, zu bestimmen (*EuGH*, 27.01.2022 – C-347/20, EuZW 2022, 182 Rn. 42). Anhand des so gewonnenen Ergebnisses ist anschließend die betroffene Regelung der HeizkostenV auszulegen. Es ist u.a. zu fragen, ob sich die Regelung nach ihrem Wortlaut, ihrem Zweck, der Systematik und Entstehung mit der Energieeffizienzrichtlinie deckt. Der Wortlaut ist dabei **nicht** die äußere Grenze der Auslegung. Es sind alle Mittel der Rechtsfortbildung auszuschöpfen. Deckt sich ein Auslegungsergebnis mit der Zielvorgabe der Energieeffizienzrichtlinie, so kommt **diesem** Auslegungsergebnis **Vorrang** gegenüber allen anderen, nach nationalem Recht ggf. möglichen Auslegungsergebnissen zu (*BVerfG*, 26.09.2011 – 2 BvR 2216/06, NJW 2012, 669 Rn. 46). Die nationalen Gerichte müssen dabei ggf. auch eine gefestigte Rechtsprechung abändern, wenn sie auf einer Auslegung des nationalen Rechts beruht, die mit den Zielen einer Richtlinie nicht vereinbar ist (exemplarisch *EuGH*, 11.09.2019 – C-143/18, BKR 2020, 81 Rn. 38 – DSL Bank./. Romano).

3. Grenzen

a) Überblick

Die Pflicht zur richtlinienkonformen Auslegung findet allerdings im Grundsatz der Rechtssicherheit ihre Schranken und darf **nicht** als Grundlage für eine Auslegung des nationalen Rechtes **contra legem** dienen (exemplarisch *EuGH*, 11.09.2019 – C-143/18, BKR 2020, 81 Rn. 38 – DSL Bank./. Romano; *EuGH*, 24.01.2012 – C-282/10, NJW 2012, 509 Rn. 25 – Maribel Dominguez/Centre informatique du Centre Ouest Atlantique; *BVerfG*, 17.11.2017 – 2 BvR 1131/16, NVwZ-RR 2018, 169 Rn. 37; *BVerfG*, 26.09.2011 – 2 BvR 2216/06, NJW 2012, 669 Rn. 450; *BGH*, 26.10.2021 – XI ZR 608/20, NJW-RR 2022, 130 Rn. 20; *BGH*, 31.03.2020 – XI ZR 198/19, BKR 2020, 253 Rn. 12). 24

Eine richtlinienkonforme Auslegung darf mithin **nicht** dazu führen, dass einer nach **Wortlaut und Sinn eindeutigen** Norm ein entgegengesetzter Sinn gegeben oder der normative Gehalt der Norm grundlegend neu bestimmt wird (exemplarisch *BGH*, 26.10.2021 – XI ZR 608/20, NJW-RR 2022, 130 Rn. 20). Demgemäß kommt eine richtlinienkonforme Auslegung nur infrage, wenn eine Norm tatsächlich **unterschiedliche Auslegungsmöglichkeiten** im Rahmen dessen zulässt, was der **gesetzgeberischen Zielsetzung** entspricht (*BGH*, 31.03.2020 – XI ZR 198/19, BKR 2020, 253 Rn. 13). Eine richtlinienkonforme Auslegung setzt also **voraus**, dass durch sie der erkennbare **Wille des Gesetz- oder Verordnungsgebers nicht verändert** wird, sondern Auslegung des nationalen Rechts seinem Willen (noch) entspricht (*BGH*, 18.11.2020 – VIII ZR 78/20, NJW 2021, 1008 Rn. 29). Dies gilt auch für eine richtlinienkonforme Rechtsfortbildung (*BGH*, 18.11.2020 – VIII ZR 78/20, NJW 2021, 1008 Rn. 29). Ob und inwieweit das innerstaatliche Recht eine richtlinienkonforme Auslegung zulässt, haben die **innerstaatlichen** Gerichte zu beurteilen (*BVerfG*, 26.09.2011 – 2 BvR 2216/06, NJW 2012, 669 Rn. 37; *BVerfG*, 17.11.2017 – 2 BvR 1131/16, NVwZ-RR 2018, 169 Rn. 37). 25

b) Folge

Kommt eine richtlinienkonforme Auslegung (oder Rechtsfortbildung) nicht in Betracht, bleibt es bei der HeizkostenV – auch wenn diese **richtlinienwidrig** ist (allgemein *BGH*, 18.11.2020 – VIII ZR 78/20, NJW 2021, 1008 Rn. 46) 26

C. Ermessen

I. Überblick

Die HeizkostenV räumt dem Gebäudeeigentümer an sehr vielen Stellen ein Ermessen ein (vgl. u.a. §§ 5 Abs. 7 S. 2, 7 Abs. 1 S. 3 HeizkostenV). Dies ist **notwendig**, denn in den benannten Fällen besteht keine Möglichkeit, abstrakt-generell anzuordnen, was gelten soll. Es sind mithin Konstellationen, in denen erst aus der Eigenart und den Besonderheiten des Einzelfalls geschlossen werden kann, wie zu verfahren ist. 27

II. Keine Willkür

28 Der Umstand, dass dem Gebäudeeigentümer Ermessen eingeräumt ist, bedeutet nicht, dass er nach seiner Willkür und allein nach seiner Sicht der Dinge entscheiden kann. Denn das Ermessen ist rechtlich gebunden und pflichtgemäß, d.h. strikt an den Gesetzen und allgemeinen Rechtsgrundsätzen orientiert, auszuüben (vgl. auch § 40 VwVfG). Es geht darum, im Einzelfall, **orientiert am Zweck** der HeizkostenV (*OLG Hamburg*, 12.05.2004 – 2 Wx 103/96, ZMR 2004, 769; *OLG Hamburg*, 16.02.2001 – 2 Wx 146/99, WuM 2001, 460) aufgrund der Besonderheiten der konkreten Sache den besten Weg zu beschreiten. Dazu muss das Gericht das Für und Wider der möglichen Alternativen abwägen. Für die Ermessensentscheidung sind insoweit alle Umstände des Einzelfalls, insbesondere Umfang und Bedeutung der Sache zu berücksichtigen.

III. Ermessensfehler

29 Ein Ermessensfehler liegt u.a. darin, dass der Gebäudeeigentümer überhaupt nicht erkennt, dass er ein Ermessen hat. Ferner liegt ein Ermessensfehler darin, dass der Gebäudeeigentümer die in Betracht zu ziehenden Umstände nicht umfassend berücksichtigt werden. Der Gebäudeeigentümer muss bei der Ausübung seines Ermessens außerdem die **gesetzlichen Grenzen** einhalten (s.a. *BGH*, 21.01.2004 – VIII ZR 137/03, ZMR 2004, 343). Werden diese Grenzen überschritten, ist die Bestimmung nach § 2 HeizkostenV unbeachtlich (§ 2 HeizkostenV Rdn. 28).

IV. Ermessensreduktion

30 Im Einzelfall kann sich das dem Gebäudeeigentümer eingeräumte Ermessen so reduzieren, dass nur noch **eine** Entscheidung ermessensfehlerfrei ist – Ermessensreduzierung »auf null« (vgl. z.B. § 5 HeizkostenV Rdn. 63; § 6 HeizkostenV Rdn. 54; § 7 HeizkostenV Rdn. 19).

V. Kontrolle

31 Entspricht die Bestimmung des Gebäudeeigentümers nicht der Billigkeit, so wird die Bestimmung nach § 315 Abs. 3 S. 2 Halbs. 1 BGB **durch Urteil** getroffen; das Gleiche gilt, wenn die Bestimmung verzögert wird (§ 315 Abs. 3 S. 2 Halbs. 2 BGB).

32 Diese richterliche Ersatzleistungsbestimmung ist auf Grundlage des Vortrags der Parteien zu treffen. Eine Darlegungs- und Beweislast im prozessualen Sinn besteht nicht, doch ist jede Partei gehalten, die für ihre Position sprechenden Umstände vorzutragen, weil das Gericht nur die ihm bekannten Umstände in seine Bestimmung einbringen kann (*BAG*, 03.08.2016 – 10 AZR 710/14, NZA 2016, 1334 Rn. 30).

D. Verhältnis zu Mietverträgen

I. Überblick

33 Nach § 535 Abs. 1 S. 3 BGB hat der **Vermieter** die auf der Mietsache ruhenden Lasten zu tragen. Die Vertragsparteien können aber nach § 556 Abs. 1 S. 1 BGB **vereinbaren**, dass der Mieter Betriebskosten trägt. Betriebskosten sind nach § 556 Abs. 1 S. 2 BGB die Kosten, die dem Eigentümer oder Erbbauberechtigten durch das Eigentum oder das Erbbaurecht am Grundstück oder durch den bestimmungsmäßigen Gebrauch des Gebäudes, der Nebengebäude, Anlagen, Einrichtungen und des Grundstücks laufend entstehen. Zu den Betriebskosten gehören damit auch die **Kosten für Wärme und Warmwasser**.

II. Mietvertragsparteien haben eine Regelung getroffen

34 Haben die Mietvertragsparteien eine Regelung zu den Kosten für Wärme und Warmwasser getroffen, darf diese **nicht** gegen die HeizkostenV **verstoßen** (§ 2 HeizkostenV). Dies schließt es aus, dass der **Vermieter** die Kosten für Wärme und Warmwasser ganz oder teilweise trägt (§ 2 HeizkostenV Rdn. 18 ff). Verstößt der Mietvertrag gegen § 2 HeizkostenV, vereinbaren die Mietvertragsparteien

beispielsweise eine Inklusivmiete, ist der Mietvertrag insoweit also nicht anzuwenden. Den Mietvertragsparteien ist im Übrigen auch verwehrt, vertraglich auf §§ 7 Abs. 2, Abs. 4, 8 Abs. 2, Abs. 4 HeizkostenV (§ 2 HeizkostenV Rdn. 27) oder auf die Umlageschlüssel (§ 2 HeizkostenV Rdn. 28) einzuwirken.

III. Mietvertragsparteien haben keine Regelung getroffen

Haben die Mietvertragsparteien keine Regelung in Bezug auf die Kosten für Wärme und Warmwasser getroffen, gilt die HeizkostenV **unmittelbar** (PWW/*Elzer* BGB § 556 Rn. 34). Dies gilt auch im Falle des § 1 Abs. 1 Nr. 2 HeizkostenV. Für die Abrechnung gilt jeweils § 556 Abs. 3 BGB entspr. 35

E. Nicht erfasste Materien

I. Pflicht zur Versorgung mit Wärme und Warmwasser

Die HeizkostenV regelt nicht, ob der Gebäudeeigentümer **überhaupt verpflichtet** ist, den Nutzer mit Wärme und Warmwasser zu versorgen. Hier besteht Vertragsfreiheit. Ist der Vermieter verpflichtet und hat der der Mieter die Betriebskosten für Wärme oder Warmwasser zu tragen, ist vorstellbar, dass der Vermieter die Versorgung von der Eigenversorgung auf die eigenständig gewerbliche Lieferung durch einen Wärmelieferanten (Wärmelieferung) umstellt. Dazu ist er der Vermieter **jederzeit** berechtigt, wenn vertraglich nichts anderes vereinbart ist (*BGH*, 27.06.2007 – VIII ZR 202/06, NZM 2007, 769 Rn. 20). Der Mieter hat die Kosten der Wärmelieferung (dazu § 7 HeizkostenV Rdn. 63 ff.) **in diesem Falle** nach § 555c Abs. 1 BGB als Betriebskosten zu tragen, wenn die Wärme mit verbesserter Effizienz entweder aus einer vom Wärmelieferanten errichteten neuen Anlage oder aus einem Wärmenetz geliefert wird und die Kosten der Wärmelieferung die Betriebskosten für die bisherige Eigenversorgung mit Wärme oder Warmwasser nicht übersteigen. 36

II. Vorauszahlungen des Nutzers

Die HeizkostenV regelt nicht, ob der Gebäudeeigentümer vom Nutzer **Vorauszahlungen** auf die Kosten nach §§ 7, 8 HeizkostenV verlangen darf (§ 2 HeizkostenV Rdn. 29) und gibt dem Gebäudeeigentümer auch kein Recht, solche zu verlangen. Gibt es keine Abrechnung, weil der Nutzer **keine** Vorauszahlungen schuldet, ist die Ausweisung der Kosten der Wärme und des Warmwassers ein Teil der Verteilung nach § 6 Abs. 1 S. 1 HeizkostenV (§ 6 HeizkostenV Rdn. 7). 37

III. Abrechnung der Kosten für Wärme und Warmwasser

1. Überblick

Die HeizkostenV bestimmt jenseits von § 6a Abs. 3, Abs. 5 (dazu § 6 HeizkostenV Rdn. 26 ff.) **nichts zur Art und Weise** der Abrechnung der Kosten, die ihr nach §§ 7, 8 HeizkostenV unterfallen. Die Regelungen zur Abrechnung finden sich für das **Mietrecht** in § 556 Abs. 3 BGB (dazu PWW/*Elzer* BGB § 556 Rn. 38 ff.) sowie für das **Wohnungseigentumsrecht** in § 28 Abs. 2 S. 2 WEG (dazu § 28 WEG Rdn. 145 ff.). Auf Mietverträge über **Gewerberaum** ist § 556 Abs. 3 BGB nicht anwendbar. Da der Mieter aber zwingend die Kosten für Wärme und Warmwasser zu tragen hat, ist der Vermieter auch dort zu einer Abrechnung verpflichtet. Für die **formalen** Anforderungen an diese Abrechnung gilt § 556 Abs. 3 BGB entspr. (*BGH*, 20.01.2021 – XII ZR 40/20, MDR 2021, 352 Rn. 19). 38

2. Formal wirksame Abrechnung

a) Überblick

Die HeizkostenV bestimmt jenseits von § 6a Abs. 3, Abs. 5 (dazu § 6 HeizkostenV Rdn. 26 ff.) **nichts zur Art und Weise** der Abrechnung der Kosten, die ihr nach §§ 7, 8 HeizkostenV unterfallen. Die Regelungen zur Abrechnung finden sich für das **Mietrecht** in § 556 Abs. 3 BGB (dazu PWW/*Elzer* BGB § 556 Rn. 38 ff.) sowie für das **Wohnungseigentumsrecht** in § 28 Abs. 2 S. 2 WEG 39 (dazu § 28 WEG Rdn. 145 ff.). Auf Mietverträge über **Gewerberaum** ist § 556 Abs. 3 BGB nicht anwendbar. Da der Mieter aber zwingend die Kosten für Wärme und Warmwasser zu tragen hat, ist der Vermieter auch dort zu einer Abrechnung verpflichtet. Für die **formalen** Anforderungen an diese Abrechnung gilt § 556 Abs. 3 BGB entspr. (*BGH*, 20.01.2021 – XII ZR 40/20, MDR 2021, 352 Rn. 19; s.a. *Flatow* WuM 2023, 713 ff.). Eine Abrechnung muss **allgemeinverständlich** und **nachvollziehbar** sein (BR-Drs. 643/21, 17; zum Mietrecht s. PWW/*Elzer* BGB § 556 Rn. 53; zum WEG s. PWW/*Elzer/Riecke* WEG § 28 Rn. 35). **Besonderheiten** bestehen wegen der Energiekrise 2022/2023 jedenfalls für die Abrechnungen 2021 und 2022. Denn § 5 Abs. 1 S. 1 EWSG verpflichtet Vermieter, das kann auch ein vermietender Wohnungseigentümer sein, die Entlastung, die er nach §§ 2 oder 4 EWSG für Dezember 2022 erlangt oder erlangen könnte, im Rahmen der Abrechnung der Heizkosten oder nach vertraglicher Vereinbarung für die laufende Abrechnungsperiode an den Mieter **weiterzugeben**. Die Höhe der Entlastung des Vermieters ist in der **Heizkostenabrechnung für die laufende Abrechnungsperiode** gesondert auszuweisen (§ 5 Abs. 1 S. 2 EWSG). § 5 Abs. 3 S. 1 EWSG verpflichtet hingegen die Gemeinschaft der Wohnungseigentümer, die Entlastung, die sie nach den §§ 2 oder 4 ESWG erlangt, im Rahmen der Jahresabrechnung an die Wohnungseigentümer weiterzugeben. Die Höhe der Entlastung der Gemeinschaft der Wohnungseigentümer ist nach § 5 Abs. 1 S. 2 EWSG in der Jahresabrechnung gesondert auszuweisen. § 26 Abs. 1 S. 1 EWPBG verpflichtet den Vermieter die Entlastung, die er nach den §§ 3 und 5 EWPBG oder den §§ 11 und 13 EWPBG ab dem 01.03.2023 erlangt, in der Heizkostenabrechnung für die laufende Abrechnungsperiode zu berücksichtigen. Die Höhe der Entlastung nach § 26 Abs. 1 S. 1 EWPBG und die Höhe des auf den Mieter entfallenden Anteils an der Entlastung sind mit der Abrechnung für die jeweilige Abrechnungsperiode gesondert auszuweisen. Die Gemeinschaft der Wohnungseigentümer hat nach § 26 Abs. 7 S. 1 EWPBG die Entlastung, die sie nach den §§ 3 und 5 EWPBG oder nach den §§ 11 und 13 EWPBG ab dem 01.03.2023 erlangt, im Rahmen der Jahresabrechnung zu berücksichtigen. § 5 Abs. 1 S. 2 und Abs. 3 S. 1 EWPBG sind entsprechend anzuwenden.

b) Getrennte Abrechnungen

40 Die Abrechnung der Kosten für Wärme und Warmwasser kann Teil der Abrechnung **sämtlicher** Vorauszahlungen sein. Das ist sogar zu bevorzugen (s.a. *BGH*, 30.04.2008 – VIII ZR 240/07, NJW 2008, 2328 Rn. 18). Es soll allerdings **auch** möglich sein, die Heiz- und Warmwasserkosten **eigenständig** und neben den anderen Betriebskosten abzurechnen (exemplarisch *AG Dresden*, 31.03.2023 – 147 C 3768/22). Diese sogar verbreitete Praxis liegt i.d.R. an den Messdienstunternehmen, die den Gebäudeeigentümern die fertige Abrechnung der Heiz- und Warmwasserkosten als Teilabrechnung zur Weiterleitung zur Verfügung stellen. Zu den Einzelheiten s. PWW/*Elzer* BGB § 556 Rn. 38 ff. bzw. PWW/*Elzer/Riecke* WEG § 28 Rn. 21 ff. sowie § 28 WEG Rdn. 145 ff. Wird getrennt abgerechnet, sollte die Abrechnung der Kosten für Wärme und Warmwasser als **allgemeine Angaben** den Gebäudeeigentümer (§ 1 HeizkostenV Rdn. 29 ff.), den Nutzer (§ 1 HeizkostenV Rdn. 40 ff.), ggf. die Wohneinheit, den Abrechnungszeitraum (Rdn. 48), den Nutzungszeitraum sowie das Abrechnungsdatum nennen. Genannt werden kann auch der Messdienstleister.

c) Grundsätze zur Abrechnung nach § 556 BGB

aa) Allgemeines

41 Die Abrechnung der Kosten, die der HeizkostenV unterfallen, muss **allgemeinverständlich** und **nachvollziehbar** sein (BR-Drs. 643/21, 17). Soweit keine besonderen Abreden getroffen sind, sind in die Abrechnung bei Gebäuden mit mehreren Wohneinheiten regelmäßig daher folgende Mindestangaben aufzunehmen (näher WW/*Elzer* BGB § 556 Rn. 55 ff.):

- eine Zusammenstellung der Gesamtkosten,
- die Angabe und Erläuterung der zugrunde gelegten Umlageschlüssel,
- die Berechnung des Anteils des Mieters
- und der Abzug der geleisteten Vorauszahlungen.

Für die Abrechnung der Kosten von Wärme und Warmwasser spielen nur die ersten drei Angaben eine Rolle. 42

bb) Zusammenstellung der Gesamtkosten

»Gesamtkosten« meint den Betrag, der sich bei der Zusammenstellung der Betriebskosten des jeweiligen Umlegungsbezugspunktes am Ende der Addition sämtlicher Rechnungen, die im Abrechnungszeitraum (Rdn. 48) zu den konkreten Betriebskostenarten nach dem Abrechnungsprinzip (Rdn. 49) anzusetzen sind, nach Behauptung des Gebäudeeigentümers errechnet. Warum Kosten von früheren Abrechnungen erheblich abweichen, muss nicht angegeben werden (*BGH*, 29.01.2020 – VIII ZR 244/18, NZM 2020, 320 Rn. 20). Es genügt, wenn der Vermieter bei der jeweiligen Betriebskostenart den Gesamtbetrag angibt, den er auf die Mieter der gewählten **Wirtschafts- und Abrechnungseinheit** umlegt. Dies gilt auch dann, wenn der Vermieter diesen Gesamtbetrag vorab um nicht auf den Mieter umlagefähige Kostenanteile bereinigt hat; einer Angabe und Erläuterung der zum angesetzten Gesamtbetrag führenden Rechenschritte bedarf es nicht (*BGH*, 20.01.2016 – VIII ZR 93/15, NJW 2016, 866 Rn. 8). Angaben über die Zusammensetzung des Umlegungsbezugspunktes, z.B. die Bezeichnung davon umfasster Gebäude, bedarf es also nicht (*BGH*, 14.02.2012 – VIII ZR 207/11, GE 2012, 954 Rn. 3). 43

- **Bereinigung.** Es reicht, wenn der Gebäudeeigentümer den Gesamtbetrag angibt, den er auf den Nutzer umlegt. Dies gilt auch dann, wenn der Gebäudeeigentümer diesen Gesamtbetrag vorab um nicht auf den Mieter umlagefähige Kostenanteile bereinigt hat (*BGH*, 20.01.2016 – VIII ZR 93/15, ZMR 2016, 282 Rn. 8).
- **Betriebsstrom.** Es ist nicht zulässig, die den Heizkosten zuzuordnenden Stromkosten für die Heizungsanlage als Teil des Allgemeinstroms abzurechnen (*BGH*, 03.06.2016 – V ZR 166/15, ZMR 2017, 76 Rn. 13). Wird der Betriebsstrom nicht über einen Zwischenzähler erfasst, muss geschätzt werden, welcher Anteil an dem Allgemeinstrom hierauf entfällt (*BGH*, 03.06.2016 – V ZR 166/15, ZMR 2017, 76 Rn. 14). Die Schätzung kann sich entweder auf einen Bruchteil der Brennstoffkosten stützen (*BGH*, 03.06.2016 – V ZR 166/15, ZMR 2017, 76 Rn. 14) oder an einer Berechnung orientieren, die auf dem Stromverbrauchswert der angeschlossenen Geräte und den (ggf. geschätzten) Heiztagen beruht (*BGH*, 03.06.2016 – V ZR 166/15, ZMR 2017, 76 Rn. 14). Welche Schätzmethode der Gebäudeeigentümer wählt, steht in seinem Ermessen (*BGH*, 03.06.2016 – V ZR 166/15, ZMR 2017, 76 Rn. 14).
- **Brennstoffkosten.** Eine ordnungsmäßige Abrechnung der **Brennstoffkosten** erfordert die summenmäßige Angabe der Verbrauchswerte und der dafür angefallenen Kosten. Eine aus sich heraus vollständige Überprüfbarkeit dieser Angaben auf ihre materielle Richtigkeit ist hingegen nicht erforderlich, sondern bleibt einer auf Verlangen des Mieters zu gewährenden Belegeinsicht vorbehalten (*BGH*, 25. 11.2009 – VIII ZR 322/08, NJW 2010, 2053 Rn. 14).
- **CO_2KostAufG.** Rn. 51.
- **Erläuterungen.** Erläuterungen sind grundsätzlich nicht notwendig – selbst, wenn »extreme« Kostensteigerungen vorliegen (*BGH*, 28.05.2008 – VIII ZR 261/07, NJW 2008, 2260 Rn. 12 ff.). Auch gesetzlich vorgegebene Formeln und Berechnungsmethoden müssen nicht erklärt werden. Anders ist es, wenn z.B. eine tabellarische Darstellung aus sich heraus nicht hinreichend verständlich ist, oder bei Schlagworten und bei nicht allgemein bekannten Abkürzungen.
- **EWPBG.** Rdn. 53.
- **EWSG.** Rdn. 53.
- **Formeln.** Formeln müssen **nicht** erläutert werden (*BGH*, 26.10.2011 – VIII ZR 268/10, NJW 2012, 603 Rn. 13; *BGH*, 20.07.2005 – VIII ZR 371/04, ZMR 2005, 937).
- **Gradtagszahlmethode.** Setzt der Gebäudeeigentümer die **Gradtagszahlmethode** ein, stellt die Rechtsprechung strenge Anforderungen an die Verständlichkeit der Abrechnung (vgl. z.B. *LG Freiburg*, 05.04.1983 – 9 S 345/82, WuM 1983, 265; *AG Bensheim*, 10.05.1979 – 6 C 903/78, WuM 1980, 232). Die Wiedergabe der vom Gebäudeeigentümer eingesetzten Tabelle wird beispielsweise nicht für ausreichend erachtet. Es wird eine verständliche **Erläuterung** verlangt, mit welchen **Methoden** die Gradtagszahlen ermittelt wurden. Die einzelnen Rechenschritte seien

nachvollziehbar darzustellen (*LG Krefeld*, 11.06.1987 – 3 S 222/86, WuM 1987, 360). Diese Anforderungen sind offensichtlich zu **weitgehend**. Wenn auf anerkannte Erfahrungswerte zurückgegriffen wird und werden darf, muss die Ermittlung der Erfahrungswerte **nicht gesondert** dargelegt werden. Etwas anderes gilt, wenn der Nutzer nachfragt. Die Antwort ist aber nicht in der Abrechnung, sondern gesondert zu geben (s.a. *BGH*, 12.11.2014 – VIII ZR 112/14, ZMR 2015, 111 Rn. 18).

– **Kosten, die nicht umgelegt werden.** Der Gebäudeeigentümer muss aus formalen Gründen für Kosten, die nicht umgelegt werden, keine Angaben machen (*Schmid* CuR 2012, 70 (73)). Er muss z.B. keine Angaben über den Betriebsstrom machen, wenn die Kosten hierfür **nicht** umgelegt werden (*BGH*, 13.09.2011 – VIII ZR 45/11, ZMR 2012, 173).
– **Kosten, welche die HeizkostenV nicht kennt.** Rechnet der Gebäudeeigentümer getrennt ab und nimmt er in die Heizkostenabrechnung unter dem Punkt »Heizkosten« Einzelkosten auf, z.B. der Kosten einer Klimaanlage oder Investitionskosten, die die HeizkostenV **nicht kennt**, soll er das erläutern müssen (*OLG Dresden*, 12.03.2002 – 5/23 U 2557/01, GuT 2002, 87).
– **Nutzergruppen.** Hat der Gebäudeeigentümer i.S.v. § 5 Abs. 7 HeizkostenV Nutzergruppen gebildet, muss er in der Abrechnung aus formalen Gründen nicht angeben, welche Nutzer das sind (a.A. *AG Aschaffenburg*, 31.07.2014 – 115 C 638/13, ZMR 2015, 33). Aus der Abrechnung selbst muss sich auch nicht nachvollziehbar ergeben, wie die Nutzergruppen gebildet worden sind (a.A. *KG*, 13.07.2009 – 8 U 36/09, ZMR 2010, 35).
– **Rechnungsbeträge.** Der Gebäudeeigentümer ist nicht gehalten, jeden einzelnen Rechnungsbetrag anzugeben (*BGH*, 25. 11.2009 – VIII ZR 322/08, NJW 2010, 2053 Rn. 13).
– **Rechenschritte.** Der Gebäudeeigentümer muss **nicht die Rechenschritte** angeben und erläutern, die zum angesetzten Gesamtbetrag führen (*BGH*, 20.01.2016 – VIII ZR 93/15, ZMR 2016, 282 Rn. 8). Eine Kostenaufteilung muss sich also **nicht** aus der Abrechnung selbst nachvollziehbar ergeben (a.A. *LG Berlin*, 13.06.2008 – 63 S 309/07, GE 2008, 995).
– **Schätzungen.** Für die formale Ordnungsmäßigkeit ist es bedeutungslos, ob die der Abrechnung zu Grunde gelegten Verbrauchswerte auf abgelesenen Messwerten oder auf einer **Schätzung beruhen** und ob eine vom Gebäudeeigentümer vorgenommene Schätzung den Anforderungen des § 9a HeizkostenV entspricht. Es bedarf weder einer Erläuterung, auf welche Weise eine Schätzung vorgenommen wurde, noch der Beifügung von Unterlagen, aus denen der Nutzer die Schätzung nachvollziehen kann (*BGH*, 24.08.2016 – VIII ZR 261/15, ZMR 2017, 30 Rn. 27; *BGH*, 12.11.2014 – VIII ZR 112/14, ZMR 2015, 111 Rn. 28).
– **Verbrauchswerte.** Durch eine Messeinrichtung erfasste Verbrauchswerte müssen nicht erläutert werden (*BGH*, 25. 11.2009 – VIII ZR 322/08, NJW 2010, 2053 Rn. 14).
– **Warmwasser.** Ist die zentrale Anlage zur Versorgung mit Wärme mit der zentralen Warmwasserversorgungsanlage **verbunden**, so sind die einheitlich entstandenen Kosten des Betriebs nach § 9 Abs. 1 HeizkostenV aufzuteilen.
– **Zählerstand.** Bei Zählern müssen nicht der Anfangs- und der Entstand angegeben werden (*BGH*, 25.11.2009 – VIII ZR 322/08, NJW 2010, 2053 Rn. 14).
– **Zusammenstellung.** Bei der **Zusammenstellung** genügt es, nach den **Betriebskostenarten** des § 2 BetrKV zu differenzieren und diese nach ihrem Entstehungsgrund gleichartigen Kosten **summenmäßig zusammenzufassen** (*BGH*, 24.01.2017 – VIII ZR 285/15, ZMR 2017, 464 Rn. 4; *BGH*, 25.11.2009 – VIII ZR 322/08, NJW 2010, 2053 Rn. 13). »Eng zusammenhängende Kosten« sollen allerdings in einer Summe zusammengefasst werden dürfen (*BGH*, 22.09.2010 – VIII ZR 285/09, NJW 2011, 143 Rn. 40). Ein derartig enger Zusammenhang ist z.B. für die Kosten für Heizenergie/Wartung und Schornsteinfeger verneint worden (*AG Hamburg*, 05.05.2021 – 49 C 569/20). Eine Aufschlüsselung einzelner Kostenarten **innerhalb einer Betriebskostenart** ist nicht erforderlich (*BGH*, 24.01.2017 – VIII ZR 285/15, ZMR 2017, 464 Rn. 4; *BGH*, 25.11.2009 – VIII ZR 322/08, NJW 2010, 2053 Rn. 13).

cc) Umlageschlüssel

Umlageschlüssel ist der **gesetzliche oder vertraglich vereinbarte** Maßstab i.S.v. § 556a BGB nach dem errechnet wird, welcher Kostenanteil eines Gesamtbetrags auf einen Nutzer entfällt. Umlageschlüssel sind zu »benennen«, v.a. die Wohn- oder Wohn- und Nutzfläche oder ein gemessener Verbrauch (Gas, Müll, Strom, Wasser). Es genügt, dass für den Mieter erkennbar ist, welcher Umlageschlüssel angewendet wird. Seine »Richtigkeit« ist ausschließlich eine die inhaltliche Ordnungsgemäßheit der Abrechnung betreffende Frage (*BGH*, 19.07.2017 – VIII ZR 3/17, WuM 2017, 529 Rn. 17). 44

Umlageschlüssel bedürfen keiner Erläuterung, **wenn** sie »allgemein verständlich« sind (*BGH*, 20.10.2010 – VIII ZR 73/10, NJW 2011, 368 Rn. 13), und sind zu erläutern, wenn dies nicht der Fall ist (*BGH*, 08.12.2010 – VIII ZR 27/10, NJW 2011, 1867 Rn. 8). Die Angabe eines Umlageschlüssels »lt. Zähler« soll danach ohne Erläuterung unzureichend sein (*LG Gießen*, 12.06.1996 – 1 S 56/96, NJW-RR 1996, 1163). Dem ist aber nicht zu folgen, da offensichtlich der Verbrauch gemeint ist. Bei der Änderung des Verhältnisses von Verbrauchs- und Festkosten muss die Abrechnung nicht den Grund für die Änderung nennen (a.A. *LG Erfurt*, 12.04.2002 – 2 S 218/01, WuM 2002, 317). Die Richtigkeit des Umlageschlüssels betrifft die inhaltliche Richtigkeit der Abrechnung (s.a. *BGH*, 17.11.2004 – VIII ZR 115/04, ZMR 2005, 121). 45

Setzt der Gebäudeeigentümer die **Gradtagszahlmethode** ein, stellt die Rechtsprechung bislang strenge Anforderungen an die Verständlichkeit der Abrechnung (vgl. z.B. *LG Freiburg*, 05.04.1983 – 9 S 345/82, WuM 1983, 265; *AG Bensheim*, 10.05.1979 – 6 C 903/78, WuM 1980, 232). Die bloße Wiedergabe der vom Gebäudeeigentümer eingesetzten Tabelle wird beispielsweise nicht für ausreichend erachtet. Es wird eine verständliche **Erläuterung** verlangt, mit welchen **Methoden** die Gradtagszahlen ermittelt wurden. Die einzelnen Rechenschritte seien nachvollziehbar darzustellen (*LG Krefeld*, 11.06.1987 – 3 S 222/86, WuM 1987, 360). Diese Anforderungen sind offensichtlich zu **weitgehend** und aus formalen Gründen unnötig. Wenn auf anerkannte Erfahrungswerte zurückgegriffen wird und werden darf, muss die Ermittlung der Erfahrungswerte z.B. **nicht gesondert** dargelegt werden. Etwas anderes gilt, wenn der Nutzer nachfragt. Die Antwort ist aber nicht in der Abrechnung, sondern gesondert zu geben (s.a. *BGH*, 12.11.2014 – VIII ZR 112/14, ZMR 2015, 111 Rn. 18). 46

dd) Berechnung des Anteils des Mieters

Bei den Brennstoffkosten genügt für die formale Wirksamkeit die **Angabe des Verbrauchs**. Der Anfangs- und Endbestand müssen nicht angegeben werden. Bei der Wärmelieferung genügt die Angabe der vom Wärmelieferer in Rechnung gestellten Beträge (*BGH*, 08.02.2011 – VIII ZR 145/10, WuM 2011, 219). 47

3. Abrechnungszeitraum (Abrechnungsperiode)

a) Begriff

Nach § 556 Abs. 3 S. 1 BGB ist »jährlich« abzurechnen. Im Wohnungseigentumsrecht ist nach § 28 Abs. 2 S. 2 WEG »nach Ablauf des Kalenderjahres« abzurechnen. Bei der Kostenmiete ist über die Betriebskosten, den Umlegungsbetrag und die Vorauszahlungen nach § 20 Abs. 3 S. 2 NMV 1970 jährlich abzurechnen. Diese Pflicht besteht nach einer Vereinbarung grundsätzlich auch in der Gewerberaummiete. Der Zeitraum, über den abgerechnet wird, ist der **Abrechnungszeitraum** oder die Abrechnungsperiode (vgl. auch § 9a Abs. 1 S. 1 HeizkostenV). Der Abrechnungszeitraum darf ein Jahr nicht überschreiten (s.a. *BGH*, 30.04.2008 – VIII ZR 240/07, NZM 2008, 520 Rn. 10). Das Gesetz schreibt allerdings nicht vor, welcher jährliche Zeitraum der Abrechnung zugrunde zu legen ist (s.a. *BGH*, 30.04.2008 – VIII ZR 240/07, NZM 2008, 520 Rn. 10). In Betracht kommen z.B. das Kalender- oder das Mietjahr oder der Jahreszeitraum, innerhalb dessen die Versorgungsträger i.d.R. die Abrechnungen der Versorgungsträger erteilen (s.a. *BGH*, 30.04.2008 – VIII ZR 240/07, NZM 2008, 520 Rn. 10). Sofern ein Vertrag einen Abrechnungszeitraum nicht festlegt, 48 bestimmt der Gebäudeeigentümer die (erste) Abrechnungsperiode nach billigem Ermessen, § 315 BGB. Der Abrechnungszeitraum kann für verschiedene Betriebskosten unterschiedlich bestimmt werden (s.a. *BGH*, 30.04.2008 – VIII ZR 240/07, NZM 2008, 520 Rn. 12 und Rn. 16). § 193 BGB ist anwendbar.

b) Prinzip

49 Die auf den Abrechnungszeitraum entfallenden Kosten können nach **verschiedenen** »Prinzipien« ermittelt werden. Keinem kommt grundsätzlich ein Vorrang zu. Wenn eine Mehrbelastung des Mieters ausgeschlossen ist – weil im Jahr des Verbrauchs und im Jahr der Abrechnung kein Mieterwechsel stattgefunden hat – kann der Vermieter daher entscheiden, wie er vorgeht. Ferner kann er sich auch in einer Abrechnung beider »Prinzipien« bedienen.

50 Die Brennstoffkosten **müssen** allerdings nach dem **Verbrauch** im Abrechnungszeitraum abgerechnet werden (*BGH*, 01.02.2012 – VIII ZR 156/11, ZMR 2012, 341; *BGH*, 17.02.2012 – V ZR 251/10, ZMR 2012, 372; a.A. *Schmid* CuR 2011, 153). Die Kosten, die nicht in jedem Jahr anfallen, beispielsweise die Eichkosten, und solche Kosten, die regelmäßig erst im nächsten Jahr bezahlt werden, insbesondere die Kosten der Messdienste, können auf die Dauer der Gültigkeit der Eichung gleichmäßig auf die Abrechnungszeiträume verteilt werden (*LG Berlin*, 14.11.2002 – 62 S 230/02, GE 2003, 121).

4. Nennung der Bestimmungen der HeizkostenV; Methoden und Techniken

51 Für eine formal wirksame Abrechnung der Wärme- und Warmwasserkosten reicht es, wenn ein mit den einschlägigen Rechtsvorschriften vertrauter Mieter anhand der mitgeteilten Größen die Abrechnung **prüfen** kann (Rdn. 43). Der Gebäudeeigentümer muss Bestimmungen der HeizkostenV, die für die Umlage der Heiz- und Warmwasserkosten eine Rolle spielen, weder mitteilen noch erläutern (*BGH*, 06.05.2015 – VIII ZR 193/14, ZMR 2015, 704 Rn. 14; *BGH*, 26.10.2011 – VIII ZR 268/10, NJW 2012, 603 Rn. 13). Hat der Gebäudeeigentümer die VDI-Richtlinie 2077 angewandt, muss er auch ihren Text weder aushändigen noch deren Inhalt in anderer Weise mitteilen (*BGH*, 06.05.2015 – VIII ZR 193/14, ZMR 2015, 704 Rn. 15) noch deren technische Anwendungsvoraussetzungen erläutern oder die Umstellung der Abrechnung vorher ankündigen. Dies gilt auch für andere Methoden und Techniken (Rdn. 43). Der Gebäudeeigentümer muss in der Abrechnung auch keine Angaben machen, die dem Nutzer die Überprüfung ermöglichen, ob die **Ausstattungen zur Verbrauchserfassung** zugelassen und ordnungsmäßig angebracht sind. Für eine formal wirksame Abrechnung genügt es, wenn ein mit den einschlägigen Rechtsvorschriften vertrauter Nutzer anhand der **mitgeteilten Faktoren** die vorgenommene Abrechnung nachprüfen kann (*BGH*, 26.10.2011 – VIII ZR 268/10, NJW 2012, 603 Rn. 13; s.a. *AG Neuruppin*, 23.06.2004 – 42 C 64/04, WuM 2004, 538).

5. Datum der Ablesung

52 Der Gebäudeeigentümer muss aus formalen Gründen nicht das Datum der Ablesung in der Abrechnung angegeben (a.A. *LG Itzehoe*, 29.04.2005 – 9 [1] S 251/04, ZMR 2005, 539). Etwas anderes gilt auch nicht bei einer Funkablesung (a.A. *Schmid* ZMR 2005, 541).

6. Anforderungen anderer Gesetze

53 Das EWPBG und das EWSG verpflichten den Gebäudeeigentümer bzw. Vermieter vorübergehend, das CO_2KostAufG verpflichtet den Gebäudeeigentümer bzw. Vermieter dauerhaft, **mit der Abrechnung** bzw. in der Abrechnung der Kosten für Wärme und Warmwasser dem Nutzer bzw. Mieter **weitere Informationen** zu geben und stellen **Anforderungen** an die Abrechnung. Siehe dazu jeweils *Elzer* HeizkostenV. Beispiele, wie eine solche Darstellung praktisch aussehen kann, gibt *Flatow* WuM 2023, 713 (714 ff.).

IV. Wirtschafts- und Abrechnungseinheiten

Die HeizkostenV selbst gibt dem Gebäudeeigentümer **keine Möglichkeit**, Betriebskosten auf gebäudeübergreifende »**Wirtschafts- und Abrechnungseinheiten**« zu bilden. Sie steht dieser Möglichkeit aber auch nicht entgegen (vgl. auch § 9a HeizkostenV Rdn. 33). Denn nach h.M. kann der Vermieter jederzeit (*BGH*, 13.09.2011 – VIII ZR 45/11, ZMR 2012, 173 Rn. 4) nach billigem Ermessen (Rdn. 27 ff.), bei preisgebundenem Wohnraum nach § 2 Abs. 2 S. 2, S. 3 II. BV, ohne Verstoß gegen § 556 Abs. 4 BGB, für die Abrechnung der Betriebskosten mehrere Gebäude zu einer »Wirtschafts- und Abrechnungseinheit« zusammenfassen (*BGH*, 13.09.2011 – VIII ZR 45/11, ZMR 2012, 173 Rn. 4; *BGH*, 20.10.2010 – VIII ZR 73/10, NJW 2011, 368 Rn. 17) – wenn, z.B. in einem Mietvertrag, nichts anderes bestimmt ist. »Technische« Gründe sind hierfür nicht erforderlich (*BGH*, 20.10.2010 – VIII ZR 73/10, NJW 2011, 368 Rn. 18). 54

V. Anforderungen an Heizungsanlagen

Die HeizkostenV richtet **keine** Anforderungen an die Heizung. Diese stellt aber das Gebäudeenergiegesetz – GEG. Seine derzeitigen §§ 71 ff. enthalten Bestimmungen zur **Nachrüstung** bei heizungstechnischen Anlagen und **Betriebsverbote** für bestimmte Heizkessel. Sehr viel umfassendere Vorschriften enthält ein Entwurf eines Gesetzes zur Änderung des Gebäudeenergiegesetzes, zur Änderung der Heizkostenverordnung und zur Änderung der Kehr- und Überprüfungsordnung (BR-Drs. 170/23). Dort werden in §§ 71 ff. GEG-E **tiefgreifende Anforderungen an neue Heizungsanlagen** bestimmt, aber auch Prüfpflichten und weitere Maßnahmen angeordnet. Beispielsweise nach § 71 GEG-E dürfen Heizungsanlagen zum Zweck der Inbetriebnahme in einem Gebäude nur eingebaut oder aufgestellt werden, wenn sie mindestens 65 Prozent der mit der Anlage bereitgestellten Wärme mit erneuerbaren Energien oder unvermeidbarer Abwärme erzeugen. 55

VI. Anwendungsbereich nicht eröffnet

Schließlich trifft die HeizkostenV natürlich auch keine Bestimmungen, was gilt, wenn ihr Anwendungsbereich **nicht eröffnet** ist (§ 1 HeizkostenV Rdn. 7 ff.; § 11 HeizkostenV Rdn. 24 ff.). 56

§ 1 Anwendungsbereich

(1) Diese Verordnung gilt für die Verteilung der Kosten
1. des Betriebs zentraler Heizungsanlagen und zentraler Warmwasserversorgungsanlagen,
2. der eigenständig gewerblichen Lieferung von Wärme und Warmwasser, auch aus Anlagen nach Nummer 1 (Wärmelieferung, Warmwasserlieferung),

durch den Gebäudeeigentümer auf die Nutzer der mit Wärme oder Warmwasser versorgten Räume.

(2) Dem Gebäudeeigentümer stehen gleich
1. der zur Nutzungsüberlassung in eigenem Namen und für eigene Rechnung Berechtigte,
2. derjenige, dem der Betrieb von Anlagen i.S.d. § 1 Abs. 1 Nr. 1 in der Weise übertragen worden ist, dass er dafür ein Entgelt vom Nutzer zu fordern berechtigt ist,
3. beim Wohnungseigentum die Gemeinschaft der Wohnungseigentümer im Verhältnis zum Wohnungseigentümer, bei Vermietung einer oder mehrerer Eigentumswohnungen der Wohnungseigentümer im Verhältnis zum Mieter.

(3) Diese Verordnung gilt auch für die Verteilung der Kosten der Wärmelieferung und Warmwasserlieferung auf die Nutzer der mit Wärme oder Warmwasser versorgten Räume, soweit der Lieferer unmittelbar mit den Nutzern abrechnet und dabei nicht den für den einzelnen Nutzer gemessenen Verbrauch, sondern die Anteile der Nutzer am Gesamtverbrauch zugrunde legt; in diesen Fällen gelten die Rechte und Pflichten des Gebäudeeigentümers aus dieser Verordnung für den Lieferer.

(4) Diese Verordnung gilt auch für Mietverhältnisse über preisgebundenen Wohnraum, soweit für diesen nichts anderes bestimmt ist.

Übersicht

A. Normgeschichte, Zweck und Allgemeines

1 § 1 HeizkostenV findet sich von Anfang an in der HeizkostenV. Er ist vor allem durch die Verordnung zur Änderung energiesparrechtlicher Vorschriften v. 19.01.1989 (BGBl. I 109) mWv 01.03.1989 **geändert** worden. Dadurch ist der Absatz 3 der Absatz 4 geworden (siehe zur Begründung BR-Drs. 494/88). Dessen Fassung war bereits **zuvor** durch Art. 3 der Verordnung zur Änderung wohnungsrechtlicher Vorschriften v. 05.04.1984 (BGBl. I 546) geändert worden. Auch mit dieser Änderung war der Anwendungsbereich der HeizkostenV **erweitert** worden, nämlich auf den preisgebundenen Wohnraum (den Übergang regelte der mittlerweile aufgehobene § 12a HeizkostenV).

2 § 1 Abs. 1, Abs. 3 und Abs. 4 HeizkostenV bestimmen nach dem Willen des Verordnungsgebers, **wann** die HeizkostenV **anwendbar** ist. Sie werden ergänzt durch §§ 2, 11 HeizkostenV. § 1 Abs. 2

HeizkostenV ist hingegen eine Fiktion und bestimmt, wer dem Gebäudeeigentümer (Rdn. 30 ff.) gleichsteht.

B. Grundlagen

I. Kostenverteilung (§ 1 Abs. 1 HeizkostenV)

Die HeizkostenV ist anwendbar auf die **Verteilung** der Kosten des Betriebs zentraler Heizungsanlagen (§ 7 Abs. 2 HeizkostenV), des Betriebs zentraler Warmwasserversorgungsanlagen (§ 8 Abs. 2 HeizkostenV), der eigenständig gewerblichen Lieferung von Wärme (§ 7 Abs. 4 HeizkostenV), der eigenständig gewerblichen Lieferung von Warmwasser (§ 8 Abs. 4 HeizkostenV) und der Versorgung mit Wärme und Warmwasser bei verbundenen Anlagen (§ 9 HeizkostenV). 3

II. Keine Verteilung

1. Ein Nutzer

Die Kosten, die §§ 7, 8 HeizkostenV nennen, müssen **erfasst** und unter **mehreren** Nutzern (Rdn. 40 ff.) **verteilt** werden. Gibt es nur **einen** einzigen Nutzer, z.B. in einem Einfamilienhaus, ist die HeizkostenV mithin nicht anwendbar. 4

2. Einzelöfen/Etagenheizungen

a) Überblick

Die HeizkostenV ist ferner **nicht** anwendbar, wenn die Wärme- **und** Warmwasserbereitung durch **Einzelöfen,** z.B. Kohle- oder Ölöfen oder Nachtspeicherheizungen oder Etagenheizungen, erfolgt, wenn **ein** Nutzer die gesamte Etage nutzt. Denn auch in diesen Fällen sind keine Kosten zu verteilen (s.a. *Wall* HeizkostenV § 1 Rn. 5101). 5

b) Wohnungseigentum

Die im Zusammenhang mit **Einzelöfen** (Rdn. 5) oder **Etagenheizungen** stehenden Kosten sind **Kosten des Sondereigentums.** Anders ist es nach § 5 Abs. 1 S. 1, Abs. 2 WEG i.d.R. mit den Erhaltungskosten des Kamins. Die Kosten hierfür, einschließlich der Kosten des Kaminkehrers sind mangels anderweitiger rechtsgeschäftlicher Regelung nach § 16 Abs. 2 S. 1 WEG **Kosten der Gemeinschaft der Wohnungseigentümer.** Die Wohnungseigentümer können nach § 16 Abs. 2 S. 2 WEG etwas anderes beschließen oder nach § 10 Abs. 1 S. 2 WEG vereinbaren. 6

C. Sachlicher Anwendungsbereich

I. Zentrale Heizungs- und Warmwasserversorgungsanlagen (§ 1 Abs. 1 Nr. 1 HeizkostenV)

1. Überblick

Die HeizkostenV ist nach ihrem § 1 Abs. 1 Nr. 1 anwendbar für die Verteilung der Kosten des Betriebs zentraler Heizungsanlagen und zentraler Warmwasserversorgungsanlagen (Rdn. 8) durch den Gebäudeeigentümer (Rdn. 29 ff.) auf die Nutzer (Rdn. 40 ff.) der mit Wärme oder Warmwasser versorgten Räume (Rdn. 45). 7

2. Begriff

»Zentrale Heizungs- und Warmwasserversorgungsanlagen« sind solche Anlagen, die von **einer** Stelle/einem Punkt aus, z.B. aus dem Keller, **mehrere** Nutzer mit **Wärme und Warmwasser** versorgen. Diese Anlage wird i.d.R. ein Heizkessel sein. Die Anlage kann z.B. aber auch ein Blockheizkraftwerk (*OLG Köln*, 16.01.1991 – 2 U 26/90, ZMR 1991, 141). 8

3. Lage der Anlage

9 Die Heizungs- und Warmwasserversorgungsanlage muss sich **nicht** in dem Gebäude befinden, in dem Wärme und Warmwasser abgenommen werden. Denn die zentrale Anlage kann auch **mehrere** Gebäude, z.B. Reihenhäuser, oder Wohnungen versorgen und sich in einem anderen Gebäude des Grundstücks befinden.

4. Mehrere Anlagen

10 § 1 Abs. 1 Nr. 1 HeizkostenV erfasst auch **mehrere** Anlagen in einem Gebäude, wenn durch die jeweilige Anlage mehrere Nutzer versorgt werden, z.B. Stockwerksheizungen, wenn sich auf einem Stockwerk mehrere Wohnungen befinden (*Lammel* HeizkostenV § 1 Rn. 5).

II. Lieferung von Wärme und Warmwasser (§ 1 Abs. 1 Nr. 2 HeizkostenV)

1. Überblick

11 Die HeizkostenV ist nach ihrem § 1 Abs. 1 Nr. 2 **außerdem** anwendbar für die Verteilung der Kosten der **eigenständig gewerblichen** Lieferung von Wärme und Warmwasser, auch aus Anlagen nach Nummer 1 (Wärmelieferung, Warmwasserlieferung), durch den Gebäudeeigentümer (Rdn. 29 ff.) auf die Nutzer (Rdn. 40 ff.) der mit Wärme oder Warmwasser versorgten Räume (Rdn. 45).

12 Die Lieferung wird i.d.R. ihre Grundlage in einem Wärmeliefervertrag i.S.v. § 2 WärmeLV (»Contracting«) haben (dazu PWW/*Elzer* BGB § 556c Rn. 6). Jedenfalls im **Wohnungseigentumsrecht** kann die Grundlage aber auch ein **Vertrag mit dem Grundstücksnachbarn** sein, wenn sich die Heizungs- und Warmwasserversorgungsanlage dort befindet (so im Fall *BGH*, 10.04.2019 – VIII ZR 250/17, NZM 2019, 620).

2. Wärmelieferung/Warmwasserlieferung

a) Begriff

13 Die eigenständig gewerbliche Lieferung von Wärme und Warmwasser i.S.v. § 1 Abs. 1 Nr. 2 ist **jede Art** der selbständigen gewerblichen Wärme- und Warmwasserlieferung, einschließlich des gewerblichen Betriebs von Heizzentralen mit Lieferung von Wärme und Warmwasser für die Nutzer eines oder mehrerer Gebäude durch den Gebäudeeigentümer, ohne Rücksicht darauf, ob sie in Lieferverträgen als Direkt-, Nah- oder Fernwärmelieferung deklariert wird (BR-Drs. 494/88, 21). Auf die Nähe der Anlage zu dem versorgten Gebäude oder das Vorhandensein eines größeren Leitungsnetzes kommt es nicht an (*BGH*, 25.10.1989 – VIII ZR 229/88, NJW 1990, 1181).

b) Vertragspartner

14 Vertragspartner des Wärmelieferanten ist der **Gebäudeeigentümer**. Der Nutzer darf in diesen Vertrag Einsicht nehmen (*BGH*, 03.07.2013 – VIII ZR 322/12, NJW 2013, 3234 Rn. 9; *BGH*, 22.11.2011 – VIII ZR 38/11, ZMR 2012, 542 Rn. 2). Der Gebäudeeigentümer ist aber nicht zur Vorlage der dem Lieferer von dessen Vorlieferanten ausgestellten Rechnung verpflichtet (*BGH*, 03.07.2013 – VIII ZR 322/12, NJW 2013, 3234 Rn. 10). Soweit der Wärmelieferant **unmittelbar** mit dem Nutzer abrechnet, ist die HeizkostenV nach § 1 Abs. 3 anwendbar (Rdn. 22 ff.).

c) Anwendung der HeizkostenV

15 Die HeizkostenV ist **unabhängig** davon anwendbar, ob die Voraussetzungen des § 555c Abs. 1 BGB erfüllt sind. Liegen die Voraussetzungen nicht vor, muss der Nutzer aber einen Teil der Kosten der Wärmelieferung nicht tragen (§ 7 HeizkostenV Rdn. 63 ff.).

3. Entscheidung der Gemeinschaft der Wohnungseigentümer

a) Wohnungseigentümer

Die Entscheidung, dass die Gemeinschaft der Wohnungseigentümer einen Wärmeliefervertrag i.S.v. § 2 Abs. 1 WärmeLV schließen soll, ist nach § 10 Abs. 1 S. 2 WEG zu vereinbaren oder nach § 19 Abs. 1 WEG zu beschließen. 16

Dem Beschluss für einen Wärmeliefervertrag steht **nicht entgegen**, dass Wohnungseigentümer ihr Sondereigentum **vermietet** haben (*Schmid* ZMR 2013, 776 (777)). Der Beschluss ist ordnungsmäßig, wenn den Wohnungseigentümern nach 10 Jahren im Ergebnis ebenso viele oder weniger Kosten als durch einen Eigenbetrieb entstehen (vgl. auch § 11 Abs. 1 Nr. 1 Buchstabe b) HeizkostenV). 17

b) Verwalter

Der Verwalter ist **nicht** befugt, die Entscheidung nach § 27 Abs. 1 WEG zu treffen. Die Maßnahme ist jedenfalls nicht von untergeordneter Bedeutung. Etwas anderes gilt nach einer Vereinbarung oder einem Beschluss nach § 27 Abs. 2 WEG. 18

c) Folgen für vermietende Wohnungseigentümer

aa) Allgemeines

Die Frage, was zwischen dem vermietenden Wohnungseigentümer und seinem Mieter gilt, bestimmt § 556c Abs. 1 BGB (dazu *Beyer* CuR 2014, 4 (7); *Beyer* ZMR 2013, 933 (944); *Hinz* WuM 2014, 54 (58)). 19

bb) § 555c BGB

Hat der Mieter die Betriebskosten für Wärme oder Warmwasser zu tragen und stellt die Gemeinschaft der Wohnungseigentümer die Versorgung von der Eigenversorgung auf die eigenständig gewerbliche Lieferung durch einen Wärmelieferanten (Wärmelieferung) um, so hat der Mieter die Kosten der Wärmelieferung als Betriebskosten zu tragen, **wenn** die Wärme mit verbesserter Effizienz entweder aus einer vom Wärmelieferanten errichteten neuen Anlage oder aus einem Wärmenetz geliefert wird **und** die Kosten der Wärmelieferung die Betriebskosten für die bisherige Eigenversorgung mit Wärme oder Warmwasser nicht übersteigen. 20

Sind die Voraussetzungen für eine Umstellung nach § 555c Abs. 1 BGB **nicht** erfüllt, kann der Wohnungseigentümer nur die (fiktiv zu berechnenden) bisherigen Kosten für die Versorgung mit Wärme oder Warmwasser verlangen, nicht aber sonstige Kosten des Lieferers (§ 7 HeizkostenV Rdn. 64). 21

D. Wärmelieferung und/oder Warmwasserlieferung durch Dritte (§ 1 Abs. 3 HeizkostenV)

I. Überblick

Im Einzelfall stellt **nicht** der Gebäudeeigentümer »als Gebäudeeigentümer«, sondern ein »Lieferer« dem Nutzer Wärme und/oder Warmwasser zur Verfügung (»Fernwärme«). In diesem Falle **kann** die HeizkostenV nach ihrem § 1 Abs. 3 anwendbar sein. »Lieferer« kann in einem **weiteren** Vertragsverhältnis auch der Gebäudeeigentümer selbst als Unternehmer sein, z.B. Kommunen, die aus einem eigenen Heizkraftwerk ihre eigenen Häuser versorgen. Maßgeblich für die Annahme einer eigenständigen Lieferung ist nicht die Person des Lieferers, sondern die Art der Vertragsgestaltung. 22

II. Tatbestandsvoraussetzungen

1. Unmittelbare Abrechnung

23 Der Lieferer muss aufgrund eines Vertrags **unmittelbar** mit den Nutzern (Rdn. 40 ff.) abrechnen (»Direktabrechnung«). Rechnet der Lieferer als Wärmelieferant hingegen mit dem Gebäudeeigentümer (Rdn. 29 ff.) ab, liegt ein Fall des § 1 Abs. 1 Nr. 2 HeizkostenV vor (Rdn. 13 ff.).

2. Anteile der Nutzer am Gesamtverbrauch

24 Der Lieferer muss der Verteilung der Kosten die **Anteile der Nutzer am Gesamtverbrauch** anhand eines Zählers zu Grunde legen. Der Verteilung wird also **keine Einzelmessung** zugrunde gelegt, sondern nach §§ 6 ff. HeizkostenV das **Verhältnis** zwischen Einzel- und Gesamtverbrauch.

3. Einzelmessung beim Nutzer

25 Der Anwendungsbereich von § 1 Abs. 3 Halbs. 1 HeizkostenV ist **nicht** eröffnet, wenn der Lieferer den beim Nutzer mittels wohnungsbezogenem Wärmezähler erfassten Verbrauch direkt gegenüber diesem zum Maßstab nimmt. In **diesem** Falle ist die AVBFernwärmeV zu beachten.

III. Rechtsfolge

26 Liegt die Tatbestandsvoraussetzung vor, gelten nach § 1 Abs. 3 Halbs. 2 HeizkostenV die Rechte und Pflichten des Gebäudeeigentümers aus der HeizkostenV für den **Lieferer**.

IV. Kosten des Gebäudeeigentümers (§ 11 Abs. 1 Nr. 4 HeizkostenV)

27 Fallen beim **Gebäudeeigentümer** Kosten für Betrieb der zugehörigen Hausanlagen an, können diese nur dann auf den Nutzer umgelegt werden, wenn die Verteilung auf den Nutzer **vereinbart** ist. Denn auf diese Kosten sind nach § 11 Abs. 1 Nr. 4 HeizkostenV die §§ 3–7 HeizkostenV nicht anzuwenden.

E. Mietverhältnisse über preisgebundenen Wohnraum (§ 1 Abs. 4 HeizkostenV)

28 Die HeizkostenV gilt nach ihrem § 1 Abs. 4 seit dem Jahr 1984 (Rdn. 1; Vor § 1 HeizkostenV Rdn. 8) auch für Mietverhältnisse über **preisgebundenen** Wohnraum, soweit für diesen nichts anderes bestimmt ist. § 22 Abs. 1 NVM wiederholt diese Anordnung. Liegt eine Ausnahme nach § 11 HeizkostenV vor (dazu § 11 HeizkostenV Rdn. 3 ff.), dürfen gem. § 22 Abs. 2 S. 1 NMV 1970 die **Kosten der Versorgung mit Wärme** nach Ermessen des Gebäudeeigentümers (dazu Vor § 1 HeizkostenV Rdn. 27 ff.) nach der Wohnfläche (dazu grundsätzlich § 7 HeizkostenV Rdn. 24 ff.) oder dem umbauten Raum (§ 7 HeizkostenV Rdn. 29) umgelegt werden. Es darf aber auch die Wohnfläche oder der umbaute Raum der beheizten Räume zugrunde gelegt werden (§ 7 HeizkostenV Rdn. 29 ff.). Die Kosten der Versorgung **mit Warmwasser** sind hingegen nach der Wohnfläche oder einem Maßstab, der dem Warmwasserverbrauch in anderer Weise als durch Erfassung Rechnung trägt, umzulegen. Gem. § 22 Abs. 2 S. 2 NMV 1970 gelten §§ 7 Abs. 2 und 4, 8 Abs. 2 und 4 HeizkostenV entspr. (bestimmte Genehmigungen bleiben unberührt, vgl. § 22 Abs. 2 S. 3 NMV 1970). § 22 Abs. 3 NMV 1970 bestimmt eine Übergangsregelung.

F. Gebäudeeigentümer (§ 1 Abs. 1, Abs. 2 HeizkostenV)

I. Normzweck

29 Die HeizkostenV knüpft **an vielen Stellen** an den Begriff des »Gebäudeeigentümers« an, beispielsweise in seinen §§ 1 Abs. 1, 4 Abs. 1, 6 Abs. 1 S. 1, 6a Abs. 1, 6b. § 1 Abs. 2 HeizkostenV bestimmt, wer **abweichend** vom Grundstückeigentümer (Rdn. 30) als Gebäudeeigentümer zu verstehen sind.

II. Eigentlicher Gebäudeeigentümer

Gebäudeeigentümer i.S.v. § 1 Abs. 1 HeizkostenV ist der **Grundstückseigentümer** (§§ 93, 94 BGB). 30
Im Fall der Zwangsverwaltung treffen die Pflichten des Gebäudeeigentümers den Zwangsverwalter, bei Insolvenz den Insolvenzverwalter (*Lammel* HeizkostenV § 1 Rn. 26; *Wall* HeizkostenV § 1 Rn. 5112).

III. Dem Gebäudeeigentümer gleichgestellte Personen (§ 1 Abs. 2 HeizkostenV)

1. Überblick

§ 1 Abs. 2 HeizkostenV stellt dem Grundstückseigentümer (Rdn. 29 ff.) **drei** Personen gleich. Diese 31
verdrängen den Grundstückseigentümer und treten vollständig in dessen Pflichten nach der HeizkostenV ein. Folge der Gleichstellung ist, dass den Anlagebetreiber alle **Pflichten** aus der HeizkostenV treffen, also sowohl die Verbrauchserfassung als auch die verbrauchsabhängige Kostenverteilung.

2. Nutzungsüberlassung (§ 1 Abs. 2 Nr. 1 HeizkostenV)

Nach § 1 Abs. 2 Nr. 1 HeizkostenV steht dem Gebäudeeigentümer eine Person gleich, die zur 32
Nutzungsüberlassung der Räume in **eigenem** Namen und für **eigene** Rechnung berechtigt ist. Der Rechtsgrund für die Überlassungsberechtigung ist gleichgültig.

Eine berechtige Person ist beispielsweise ein gewerblicher Zwischenmieter oder Zwischenpächter, 33
ein Untervermieter oder Unterverpächter, ein Nießbraucher, ein Wohnungsrechtsinhaber, der Inhaber eines Dauerwohn- und Dauernutzungsrechtes (BR-Drs. 632, 18).

3. Wärme- und Warmwasserlieferung (§ 1 Abs. 2 Nr. 2 HeizkostenV)

Nach § 1 Abs. 2 Nr. 2 HeizkostenV steht dem Gebäudeeigentümer eine Person gleich, welcher der 34
Betrieb von Anlagen i.S.d. § 1 Abs. 1 Nr. 1 HeizkostenV in der Weise **übertragen** worden ist, dass **sie** dafür ein Entgelt vom Nutzer zu fordern berechtigt ist (s.a. BR-Drs. 632/80, 19).

Dies setzt **mehrere** Verträge voraus. Einen zwischen dem Gebäudeeigentümer und der Person. Und 35
mehrere zwischen der Person und den Nutzern. § 1 Abs. 2 Nr. 2 HeizkostenV soll es erreichen, dass durch die Übertragung die HeizkostenV **nicht umgangen** wird.

4. Wohnungseigentum (§ 1 Abs. 2 Nr. 3 HeizkostenV)

a) Überblick

Nach § 3 S. 1 HeizkostenV sind ihre Vorschriften auf **Wohnungseigentum** anzuwenden. Nach §§ 1 36
Abs. 6, 30 Abs. 3 S. 2 WEG gelten die Vorschriften über das Wohnungs- und das Teileigentum entspr. für das **Wohnungs- und das Teilerbbaurecht.** § 1 Abs. 2 Nr. 3 HeizkostenV ist auf **diese** Rechte anwendbar (*LG Hamburg*, 18.03.2015 – 318 S 104/14, ZMR 2015, 484; *Demmer* MDR 1981, 529 [530]). Dass diese Anordnungen zu treffen sind, folgt aus Art. 9 der Energieeffizienzrichtlinie (Vor § 1 HeizkostenV Rdn. 16 ff.). Unterschiedslos **allen** Endkunden (eine natürliche oder juristische Person, die Energie für den eigenen Endverbrauch kauft) in den Bereichen Strom, Erdgas, Fernwärme, Fernkälte und Warmbrauchwasser sind **danach** individuelle Zähler zu wettbewerbsfähigen Preisen zur Verfügung zu stellen, die den tatsächlichen Energieverbrauch des Endkunden genau widerspiegeln und Informationen über die tatsächliche Nutzungszeit bereitstellen. In Bezug ist auf den **Gebäudeeigentümer** ist allerdings zu unterscheiden. I.d.R. treffen die Pflichten aus der HeizkostenV stets mehrere Personen.

b) Verhältnis zu den Wohnungseigentümern

Im Verhältnis zwischen der Gemeinschaft der Wohnungseigentümer und den Wohnungseigentümern 37
fingiert § 1 Abs. 2 Nr. 3 HeizkostenV, dass die Gemeinschaft der Wohnungseigentümer der Gebäudeeigentümer ist (dies ist eine Fiktion, da das Gebäude den Wohnungseigentümern als Mit- oder

Sondereigentümern gehört). Damit treffen die Gemeinschaft der Wohnungseigentümer in **diesem** Verhältnis die Pflichten aus der HeizkostenV.

c) Verhältnis zu Mieter/Pächter

aa) Allgemeines

38 Im Verhältnis zwischen einem Wohnungs- oder Teileigentümer und seinem Mieter oder Pächter fingiert § 1 Abs. 2 Nr. 3 HeizkostenV hingegen, dass der **Wohnungs- oder Teileigentümer** Gebäudeeigentümer ist.

bb) Keine Identität

39 Der vermietende Wohnungseigentümer kann auf den Mieter nur die Kosten umlegen, die zwischen ihnen nach einer Vereinbarung nach §§ 556 Abs. 1 S. 1, 556a Abs. 1 S. 1 BGB oder nach §§ 556 Abs. 1 S. 1, 556a Abs. 3 S. 1, S. 2 BGB umzulegen sind (für den Teileigentümer gilt § 556a Abs. 3 BGB nicht, vgl. PWW/*Elzer* BGB § 556c Rn. 36). Für die Kosten der Wärme und des Warmwassers kann das aber **nicht gelten**. Diese sind zwingend auf den Nutzer umzulegen.

G. Nutzer

I. Überblick

40 Nutzer i.S.d. HeizkostenV ist die **Person**, deren **Raum** mit Wärme oder Warmwasser **versorgt** wird. Dies ist i.d.R. ein Genosse, Mieter, Pächter, Wohnungseigentümer oder Inhaber eines Wohnungsrechtes. Nutzer ist aber nicht nur derjenige, der Wärme und Warmwasser **tatsächlich** in Anspruch nimmt, sondern jeder, der die versorgten Räume nutzen darf. Denn auch derjenige, der nichts verbraucht, wird mit **Festkosten** belastet (§§ 7, 8 HeizkostenV). Mehrere Mieter **einer** Wohnung oder mehrere Mieter oder Pächter einer Gewerbeeinheit sind **ein** Nutzer i.S.v. § 1 HeizkostenV.

41 Als Nutzer gilt auch der Rauminhaber nach **beendetem** Miet- oder Pachtverhältnis (§ 546 Abs. 1 BGB), aber auch auf Grund eines faktischen Gebrauchs- oder Nutzungsverhältnisses (MüKo-BGB/*Zehelein* HeizkostenV § 1 Rn. 3).

42 Nutzer kann ferner derjenige sein, der Heizung und Warmwasser **nicht selbst verbraucht**, sondern einem Dritten zur Verfügung stellt, wie z.B. der vermietende Wohnungseigentümer seinem Mieter.

II. Wohnungseigentum

1. Gemeinschaft der Wohnungseigentümer und Wohnungseigentümer

43 Im Verhältnis der Gemeinschaft der Wohnungseigentümer zum Wohnungseigentümer ist der **Wohnungseigentümer** der Nutzer, auch dann, wenn das Sondereigentum Drittnutzern überlassen ist.

2. Wohnungseigentümer und Drittnutzer

44 Im Verhältnis zwischen dem vermietenden Wohnungseigentümer und dem Drittnutzer ist der **Drittnutzer** der Nutzer i.S. der HeizkostenV.

H. Räume

45 Räume i.S. der HeizkostenV sind solche, die **bestimmungsgemäß** mit Wärme/Warmwasser versorgt werden (§ 4 HeizkostenV Rdn. 30 ff.; s.a. *Lammel* HeizkostenV § 1 Rn. 47).

§ 2 Vorrang vor rechtsgeschäftlichen Bestimmungen

Außer bei Gebäuden mit nicht mehr als zwei Wohnungen, von denen eine der Vermieter selbst bewohnt, gehen die Vorschriften dieser Verordnung rechtsgeschäftlichen Bestimmungen vor.

Übersicht

A. Normgeschichte, Zweck und Allgemeines

§ 2 HeizkostenV ordnete ursprünglich kategorisch an, dass die Vorschriften der HeizkostenV rechts- 1
geschäftlichen Bestimmungen vorgehen (BGBl. I 261). Diese Anordnung ist durch Art. 3 der Verordnung zur Änderung wohnungsrechtlicher Vorschriften v. 05.04.1984 (BGBI. I 546) **geändert** worden. Der Vorrang wurde zwar beibehalten. Bei Einfamilienhäusern mit Einliegerwohnung und Zweifamilienhäusern, bei denen eine Wohnung vom Vermieter selbst bewohnt wird, sollte die HeizkostenV aber nicht mehr anwendbar sein. Zur Begründung wurde angegeben, bei dieser Art von Mietverhältnissen könne davon ausgegangen werden, dass Vermieter und Mieter gemeinsam bemüht seien, Heizkosten einzusparen (BR-Drs. 483/83, 14). Für die Handhabung spreche auch, dass auch bei der Heizungsanlagenverordnung Ein- und Zweifamilienhäuser ausgenommen seien (BR-Drs. 483/83, 14). Nach § 2 HeizkostenV werden rechtsgeschäftliche Bestimmungen, die Vorschriften der HeizkostenV entgegenstehen, in ihrem Anwendungsbereich (§ 1 HeizkostenV Rdn. 7 ff.; s.a. § 11 HeizkostenV Rdn. 3 ff.) **verdrängt**. Entgegenstehende Bestimmungen sollen die **verbrauchsabhängige** Abrechnung der Heiz- und Warmwasserkosten, wie sie die HeizkostenV festlegt, **nicht**

verhindern können (BR-Drs. 632/80, 20; BR-Drs. 483/83, 14). Im Umkehrschluss bedeutet das, dass **außerhalb** ihres Anwendungsbereichs rechtsgeschäftliche Bestimmungen möglich sind.

B. Grundsatz: Vorrang

I. Überblick

2 Außer bei Gebäuden mit nicht mehr als zwei Wohnungen, von denen eine der Vermieter selbst bewohnt (dazu Rdn. 41 ff.), gehen nach § 2 HeizkostenV die Vorschriften der HeizkostenV rechtsgeschäftlichen Bestimmungen vor.

II. Tatbestandsvoraussetzungen

1. Rechtsgeschäftliche Bestimmungen

3 »Rechtsgeschäftliche Bestimmungen« i.S.v. § 2 HeizkostenV sind **vertragliche** Abreden zwischen einem Nutzer (§ 1 HeizkostenV Rdn. 40 ff.) und dem Gebäudeeigentümer (§ 1 HeizkostenV Rdn. 29 ff.).

2. Vorschriften »dieser« Verordnung

a) Überblick

4 Nach § 2 HeizkostenV besitzen **sämtliche** ihrer Bestimmungen **von Anfang an** einen Vorrang. Dies betrifft auch §§ 7, 8 HeizkostenV (Rdn. 27).

b) HeizkostenV ist dispositiv

5 »Rechtsgeschäftliche Bestimmungen« (Rdn. 3) sind hingegen **möglich**, wo dies von der HeizkostenV **ausdrücklich** zugelassen ist. Überblick:
- § 6 Abs. 3 S. 2 HeizkostenV für Kosten der Gemeinschaftsräume (§ 6 HeizkostenV Rdn. 34 ff.);
- § 8 Abs. 2 HeizkostenV ermöglicht iVm § 2 Nr. 5 Buchst. a) BetrKV eine Vereinbarung über den Ansatz von Wasserkosten;
- § 9b Abs. 4 HeizkostenV für abweichende Vereinbarungen bei einem Nutzerwechsel (§ 9b HeizkostenV Rdn. 31 ff.);
- § 10 HeizkostenV für einen höheren verbrauchsabhängigen Anteil.

c) HeizkostenV trifft keine Anordnungen

aa) Überblick

6 Trifft die HeizkostenV auch nach einer Auslegung **keine** Anordnungen und sperrt sie auch keine vertraglichen Abreden, steht § 2 HeizkostenV diesen auch nicht entgegen.

bb) Heizkostenvorauszahlungen

7 Der Nutzer (§ 1 HeizkostenV Rdn. 40 ff.) und der Gebäudeeigentümer (§ 1 HeizkostenV Rdn. 29 ff.) können daher nach allgemeinen Grundsätzen z.B. **Vorauszahlungen** vereinbaren. Fehlt es an dieser Abrede, muss der Nutzer keine Vorauszahlungen leisten. Dies entbindet den Gebäudeeigentümer aber nicht von seiner Pflicht, abzurechnen.

cc) Kosten, die nicht der HeizkostenV unterfallen

8 Der Nutzer und der Gebäudeeigentümer können **ferner** vereinbaren, dass auf den Nutzer solche Kosten umgelegt werden, die **nicht** der HeizkostenV unterfallen. Ob diese Umlage wirksam ist, beurteilt sich dann nicht nach der HeizkostenV, sondern nach den allgemeinen Grundsätzen über die Umlegung von Nebenkosten.

dd) **Kosten, die mit der Heizung oder Warmwasser in Zusammenhang stehen**

(1) **Abrechnung nach der HeizkostenV**

Umlegungsfähige Kosten, die mit der Heizung oder Warmwasser in **Zusammenhang** stehen, aber nicht in §§ 7, 8, 9 HeizkostenV genannt sind, können bei **anderen** Kostenpositionen nach den hierfür geltenden Umlageschlüsseln umgelegt werden. 9

(2) **Wohnungseigentum**

Beim **Wohnungseigentum** handelt es sich bei einer abweichenden Regelung um eine Verteilung von Kosten, welche die Wohnungseigentümer nach § 16 Abs. 2 S. 2 WEG beschließen oder nach § 10 Abs. 1 S. 2 WEG vereinbaren können. 10

d) **Vereinbarung der Anwendung der HeizkostenV**

aa) **Überblick**

Dem Gebäudeeigentümer (§ 1 HeizkostenV Rdn. 29 ff.) ist es nicht möglich, **einseitig** zu bestimmen, die HeizkostenV auf Kosten anzuwenden, die ihr nicht nach §§ 7 Abs. 2, Abs. 4, 8 Abs. 2, Abs. 4 HeizkostenV unterfallen (a.A. *LG Itzehoe*, 24.09.2010 – 9 S 65/09, ZMR 2011, 214). Auch § 556a Abs. 2 BGB gestattet es **nicht**, eine Betriebskostenart in eine andere aufzunehmen und auf diese Weise den Umlageschlüssel mittelbar zu ändern. 11

bb) **Vereinbarung**

Der Nutzer (§ 1 HeizkostenV Rdn. 40 ff.) und der Gebäudeeigentümer (§ 1 HeizkostenV Rdn. 29 ff.) sind jenseits von § 22 NMV 1970 hingegen **nicht** daran gehindert, für Kosten, die §§ 7 Abs. 2, Abs. 4, 8 Abs. 2, Abs. 4 HeizkostenV nicht unterfallen, zu **vereinbaren**, die **HeizkostenV anzuwenden** (§ 11 HeizkostenV Rdn. 25). Denn die HeizkostenV enthält kein Verbot, in ihr nicht genannte Kosten nach ihren Regeln umzulegen. Auch § 556a Abs. 1 BGB beschränkt die Parteien insoweit nicht, da der Vorrang vertraglicher Regelungen gilt. Und auch § 11 HeizkostenV steht dieser Vereinbarung nicht entgegen (*Schmid* DWW 2010, 242 [246]; a.A. *Wall* WuM 2002, 130 [133]). Denn § 11 HeizkostenV ist weder ein Verbotsgesetz i.S.d. § 134 BGB, noch geht er rechtsgeschäftlichen Regelungen i.S.d. § 2 HeizkostenV vor. § 11 HeizkostenV befreit lediglich von einer Verpflichtung, verbietet es aber nicht, **freiwillig** entspr. zu verfahren. 12

Eine Ausnahme besteht für **preisgebundenen Mietwohnraum**, bei dem der Umlageschlüssel für Abwasser demjenigen für **Frischwasser** entsprechen muss (§ 21 Abs. 3 S. 2 NMV 1970). 13

Haben der Nutzer (§ 1 HeizkostenV Rdn. 40 ff.) und der Gebäudeeigentümer (§ 1 HeizkostenV Rdn. 29 ff.) **vereinbart**, die HeizkostenV anzuwenden (§ 11 HeizkostenV Rdn. 25), führt ein **Verstoß** gegen die HeizkostenV im Mietrecht **notwendig** zu einem Kürzungsrecht entspr. § 12 Abs. 1 HeizkostenV (*LG Dresden*, 06.02.2009 – 4 S 91/08, WuM 2009, 292; a.A. *Schmid* DWW 2010, 242 [247]). 14

III. **Rechtsfolgen**

1. **Überblick**

Die Wirkungsweise von § 2 HeizkostenV ist **streitig**. Nach einer Ansicht ordnet er an, dass rechtsgeschäftliche Bestimmungen nach § 134 BGB **unwirksam** sind (*OLG Düsseldorf*, 11.03.2008 – I-24 U 152/07, ZMR 2008, 710; *OLG Hamm*, 02.07.1986 – 4 RE-Miet 4/85, ZMR 1986, 436; *OLG Schleswig*, 15.01.198 – 6 RE-Miet 1/85, WuM 1986, 330). Nach der wohl **herrschenden** Gegenansicht werden die rechtsgeschäftlichen Bestimmungen hingegen lediglich von den Vorschriften der HeizkostenV »überlagert« (*BayObLG*, 30.06.2004 – 2Z BR 118/04, ZMR 2005, 135; *OLG Düsseldorf*, 26.09.2002 – I-10 U 170/01, ZMR 2003, 109 [110]; *OLG Karlsruhe*, 06.02.2001 – 14 Wx 15

11/00, WuM 2001, 458; *Lammel* ZMR 2017, 886; *Abramenko* ZWE 2007, 61). Ferner wird vereinzelt von einem »Abdingbarkeitsverbot hinsichtlich der Verordnungsregelungen« gesprochen (*Langenberg/Zehelein* Kap K. Rn. 8).

16 Dieser Streit ist von **allenfalls** geringer Bedeutung. Es kann nämlich i.d.R. **offenbleiben**, welcher Ansicht zu folgen ist (s.a. *BGH*, 19.07.2006 – VIII ZR 212/05, NJW-RR 2006, 1305 Rn. 13 und *BGH*, 22.06.2018 – V ZR 193/17, ZMR 2018, 1022 Rn. 16). Etwas anderes würde nur in dem sehr theoretischen Fall gelten, dass die HeizkostenV **aufgehoben** werden sollte (*Demmer* MDR 1981, 529 [531]). Für diesen Fall ist anzunehmen, dass zuvor unanwendbare rechtsgeschäftliche Bestimmungen wenigstens entspr. anwendbar sind.

17 Die HeizkostenV geht jedenfalls rechtsgeschäftlichen Bestimmungen **vor** (im Einzelnen Rdn. 18 ff.). Die Geltung ihrer Vorschriften ist mithin **nicht** davon abhängig, dass der Gebäudeeigentümer oder der Nutzer eine verbrauchsabhängige Kostenverteilung verlangt (*BGH*, 19.07.2006 – VIII ZR 212/05, NJW-RR 2006, 1305 Rn. 13). Vereinbarungen, die gegen § 2 HeizkostenV verstoßen, sind **ohne Weiteres** nicht anzuwenden (siehe nur *BGH*, 19.07.2006 – VIII ZR 212/05, NJW-RR 2006, 1305 Rn. 10) und die HeizkostenV ist **unmittelbar** anwendbar. Auch im **Wohnungseigentumsrecht** muss daher von den Wohnungseigentümern nichts vereinbart oder beschlossen werden (§ 3 HeizkostenV Rdn. 2; *BGH*, 17.02.2012 – V ZR 251/10, ZMR 2012, 372 Rn. 8; *LG Hamburg*, 18.03.2015 – 318 S 104/14, ZMR 2015, 484; a.A. *Abramenko* ZWE 2007, 61).

2. Verstoß gegen § 6 Abs. 1 S. 1 HeizkostenV: Keine Kostenverteilung nach Verbrauch

a) Mietvertrag

aa) Inklusivmiete

18 Verteilt der Gebäudeeigentümer die Kosten der Versorgung mit Wärme und Warmwasser entgegen § 6 Abs. 1 S. 1 HeizkostenV nicht auf der Grundlage einer Verbrauchserfassung nach Maßgabe der §§ 7 bis 9 HeizkostenV auf die einzelnen Nutzer, weil die Mietvertragsparteien eine **Inklusivmiete** vereinbart haben, führt § 2 HeizkostenV dazu, dass der Gebäudeeigentümer **oder** der Nutzer einseitig den Wärme- und Warmwasserkostenanteil aus der Inklusivmiete »herausnehmen« kann und die darauf entfallende Miete als Betriebskostenvorschuss als **Vorauszahlung** i.S.v. § 556 Abs. 2 S. 1 BGB verstehen darf (*BayObLG*, 23.06.1988 – RE-Miet 3/88, NJW-RR 1988, 1293 [1294]; *LG Berlin*, 20.04.1999 – 64 S 451/98, NZM 2000, 333 [334]; s.a. *Flatow* NZM 2021, 865 ff.).

19 Es ist dann anhand der Rechnungen und nicht anhand einer Kalkulation zu ermitteln, welcher Anteil auf die Kosten für **Wärme und Warmwasser** fiktiv entfallen ist (*BayObLG*, 23.06.1988 – RE-Miet 3/88, NJW-RR 1988, 1293 [1294]). Dazu sind die Kosten des Vermieters, die auf die in §§ 7, 8 HeizkostenV genannten Positionen entfallen sind, zu addieren. Maßgeblich für die Höhe ist der Anteil nach den Kosten der **letzten** Heizperiode (vgl. *OLG Düsseldorf*, 11.03.2008 – I-24 U 152/07, ZMR 2008, 710; *Schmid* DWW 1982, 228; *Langenberg/Zehelein* K. Heizkosten Rn. 13). Nach a.A. kommt es auf die Höhe der Kosten bei **Vertragsschluss** (*LG Potsdam*, 17.07.2015 – 13 S 72/14, WuM 2015, 550) oder nach der **letzten Erhöhung** an (*BayObLG*, 23.06.1988 – RE-Miet 3/88, NJW-RR 1988, 1293 [1294]). Der Streit ist grundsätzlich unerheblich. Folgt man den abweichenden Sichtweisen, kann nämlich jede Vertragspartei nach einer Abrechnung (Vor § 1 HeizkostenV Rdn. 38 ff.) gem. § 560 Abs. 4 BGB durch Erklärung in Textform eine Anpassung auf eine angemessene Höhe vornehmen.

20 Der errechnete Anteil ist gem. § 2 HeizkostenV fiktiv **rückwirkend** und also nicht nur zu Beginn des nächsten Abrechnungszeitraums (*BayObLG*, 23.06.1988 – RE-Miet 3/88, NJW-RR 1988, 1293 [1294]; a.A. *LG Potsdam*, 17.07.2015 – 13 S 72/14, WuM 2015, 550; zum Begriff des Abrechnungszeitraums s. § 9a HeizkostenV Rdn. 5) und ohne weitere vertragliche Vereinbarung nach § 2 HeizkostenV als **Vorauszahlung** i.S.v. § 556 Abs. 2 S. 1 BGB zu verstehen. Für die anderen Betriebskosten gilt das nicht.

bb) Betriebskostenpauschale

Verteilt der Gebäudeeigentümer die Kosten der Versorgung mit Wärme und Warmwasser entgegen § 6 Abs. 1 S. 1 HeizkostenV nicht auf der Grundlage einer Verbrauchserfassung nach Maßgabe der §§ 7 bis 9 auf die einzelnen Nutzer, weil die Mietvertragsparteien eine **Betriebskostenpauschale** vereinbart haben, führt § 2 HeizkostenV dazu, dass diese **aufzuspalten** ist (*OLG Düsseldorf*, 11.03.2008 – I-24 U 152/07, ZMR 2008, 710; *LG Heidelberg*, 25.02.2011 – 5 S 77/10, ZMR 2011, 638; *AG Köln*, 04.10.2013 – 219 C 569/12, WuM 2013, 764). Es ist dann anhand der Rechnungen und nicht anhand einer Kalkulation zu ermitteln, welcher Anteil konkret auf die Kosten für Wärme und Warmwasser entfallen ist. Dazu sind die Kosten des Vermieters, die auf die in §§ 7, 8 HeizkostenV genannten Positionen entfallen sind, zu addieren. Maßgeblich ist der Anteil nach den Kosten der **letzten** Heizperiode (dazu näher Rdn. 19). 21

Diesen Anteil schuldet der Mieter nach § 2 HeizkostenV – auch fiktiv **rückwirkend** und **nicht** nur zu Beginn des nächsten Abrechnungszeitraums (*LG Heidelberg*, 25.02.2011 – 5 S 77/10, ZMR 2011, 638; a.A. *OLG Hamburg*, 24.05.2017 – 8 U 41/16, ZMR 2017, 884; *OLG Düsseldorf*, 30.03.2006 – I-10 U 143/05, WuM 2006, 381; *AG Erfurt*, 17.01.2007 – 5 C 523/06, WuM 2007, 130; *Lammel* WuM 2007, 439) – und ohne weitere vertragliche Vereinbarung (*LG Heidelberg*, 25.02.2011 – 5 S 77/10, ZMR 2011, 638; a.A. *LG Berlin*, 20.04.1999 – 64 S 451/98, NZM 2000, 333 [334]) als **Vorauszahlung** i.S.v. § 556 Abs. 2 S. 1 BGB. Für die anderen Betriebskosten gilt das nicht. 22

cc) Wärme- und Warmwasserkostenpauschale

Haben die Mietvertragsparteien eine Wärme- und Warmwasserkostenpauschale vereinbart, ist diese als **Vorauszahlung** i.S.v. § 556 Abs. 2 S. 1 BGB zu behandeln. Insoweit gelten Rdn. 21 ff. entspr. 23

b) Wohnungseigentum

Verteilt die Gemeinschaft der Wohnungseigentümer die Kosten der Versorgung mit Wärme und Warmwasser entgegen § 6 Abs. 1 S. 1 HeizkostenV nicht auf der Grundlage einer Verbrauchserfassung nach Maßgabe der §§ 7 bis 9 HeizkostenV auf die Wohnungseigentümer, weil die Wohnungseigentümer nach § 10 Abs. 1 S. 2 WEG vereinbart oder nach § 16 Abs. 2 S. 2 WEG beschlossen haben, die Kosten, die der HeizkostenV unterfallen, **nicht verbrauchsabhängig** umzulegen, sind diese Bestimmungen nach § 2 HeizkostenV **nicht anwendbar.** 24

c) Nachrüstung/Kürzung

Im Einzelfall sind die Räume **erstmals** mit Ausstattungen zur Verbrauchserfassung zu versehen. Solange diese Ausstattungen **fehlen**, ist der anteilige Wärme- oder Warmwasserverbrauch nach § 9a Abs. 2 HeizkostenV zugrunde zu legen (§ 9a HeizkostenV Rn. 16; s.a. *Flatow* NZM 2021, 865 (868)). Der Nutzer ist dann berechtigt, die Kosten nach § 12 Abs. 1 S. 1 HeizkostenV zu kürzen (*LG Heidelberg*, 25.02.2011 – 5 S 77/10, ZMR 2011, 638). Für die Wohnungseigentümer gilt das nach § 12 Abs. 1 S. 4 HeizkostenV nicht. 25

d) Umlageschlüssel

Der Gebäudeeigentümer muss nach § 6 Abs. 4 S. 1 HeizkostenV ggf. erstmals nach billigem Ermessen (§ 6 HeizkostenV Rdn. 39 ff.) solche Umlageschlüssel auswählen, die der HeizkostenV entsprechen. Der Gebäudeeigentümer ist insoweit nicht gebunden. Es kann im Einzelfall aber richtig sein, sich im Kern an einer **ursprünglichen** Berechnung zu orientieren (s.a. *Zimmermann* DNotZ 1981, 543; *Schmid* BlGBW 1981, 107: 50 v.H.). Auch die Wohnungseigentümer können **keinen Umlageschlüssel** vereinbaren oder beschließen, den die HeizkostenV **nicht** vorsieht (s.a. Rdn. 28). 26

3. Verstoß gegen §§ 7, 8 HeizkostenV: Keine Kostenverteilung nach Verbrauch

27 Nach § 2 HeizkostenV haben auch §§ 7, 8 HeizkostenV, die **festlegen**, was **wenigstens** zu den Kosten des Betriebs der zentralen Heizungsanlage einschließlich der Abgasanlage, zu den Kosten der Wärmelieferung, den Kosten des Betriebs der zentralen Warmwasserversorgungsanlage und den Kosten der Warmwasserlieferung gehört, einen **Vorrang vor den Verabredungen** des Gebäudeeigentümers mit den Nutzern (s.a. *Schmid* DWW 2010, 242 [246]). Der Wortlaut und der Sinn und Zweck von § 2 HeizkostenV sind eindeutig. Hierfür spricht aber auch die Normgeschichte. § 2 HeizkostenV soll dem Grundsatz Ausdruck verleihen, dass für die Verteilung der Heiz- und Warmwasserkosten die HeizkostenV gelten soll (BR-Drs. 632/80, 20; BR-Drs. 483/83, 14). Entgegenstehende Bestimmungen, z.B. in Mietverträgen oder in Vereinbarungen oder Beschlüssen der Wohnungseigentümer, sollen die **verbrauchsabhängige** Abrechnung (Vor § 1 HeizkostenV Rdn. 38 ff.) der Heiz- und Warmwasserkosten, wie sie die Verordnung festlegt, **nicht** verhindern können (Rdn. 1). Hieraus folgt auch, dass es **unerheblich** ist, wenn §§ 7, 8 HeizkostenV Kosten nennen, die der Nutzer nach seinem **Vertrag** nicht tragen müsste, z.B. die Kosten für Abrechnungs- oder Verbrauchsinformationen (§ 7 HeizkostenV Rdn. 62). Nach a.A. können der Gebäudeeigentümer und der Nutzer hingegen von §§ 7 Abs. 2, Abs. 4, 8 Abs. 2, Abs. 4 HeizkostenV vertraglich abweichen (*Lammel* HeizkostenV § 2 Rn. 34). Dem ist aber nur zuzustimmen, soweit der Gebäudeeigentümer und der Nutzer auf den Nutzer Kosten übertragen, die §§ 7, 8 HeizkostenV **nicht** nennen. Ferner ist es unerheblich, ob die Umlage der in §§ 7, 8 HeizkostenV genannten Kosten vereinbart ist. Hat der Vermieter z.B. vor Abschluss des Mietvertrags einen Vertrag zur Lieferung von Wärme und Warmwasser geschlossen, muss der Mietvertrag beispielsweise nicht auf die BetrKV verweisen (a.A. *BGH*, 27.06.2007 – VIII ZR 202/06, NZM 2007, 769 Rn. 19).

4. Verstoß gegen die Umlageschlüssel der HeizkostenV

28 Der Gebäudeeigentümer kann nach § 2 HeizkostenV ferner **keinen** Umlageschlüssel bestimmen, der gegen die HeizkostenV verstößt (*Lammel* HeizkostenV Rn. 29). Hat der Gebäudeeigentümer gegen § 2 HeizkostenV verstoßen, muss er sein Ermessen, z.B. nach § 6 Abs. 4 S. 1 HeizkostenV, erneut, jetzt fehlerfrei (dazu Vor § 1 HeizkostenV Rdn. 29) ausüben. Dies gilt auch im **Wohnungseigentumsrecht** (§ 3 HeizkostenV Rdn. 15; *Schmid* CuR 2010, 147 [149]). Werden in einer Jahresabrechnung allerdings nur **einmalig** die Kosten entgegen § 7 HeizkostenV verteilt und wird der Umlageschlüssel nicht geändert, ist der nach § 28 Abs. 2 S. 1 WEG gefasste Beschluss nur anfechtbar (s.a. *BGH*, 22.06.2018 – V ZR 193/17, ZMR 2018, 1022 Rn. 16; § 3 HeizkostenV Rdn. 16).

5. Regelungen jenseits der HeizkostenV

29 Trifft die HeizkostenV allerdings keine Bestimmungen, steht § 2 HeizkostenV sonstigen vertraglichen Regelungen, beispielsweise solchen, die sich mit Leistungsmodalitäten befassen, der Pflicht, Vorauszahlungen zu leisten (und ihre Höhe), nicht entgegen (Vor § 1 HeizkostenV Rdn. 36).

6. Mieterhöhung

30 Verlangt der Vermieter vom Mieter die Zustimmung zur Erhöhung einer Inklusivmiete bis zur ortsüblichen Vergleichsmiete, hat der Umstand, dass die Vereinbarung gem. § 2 HeizkostenV nicht anzuwenden ist, **nicht** die Unwirksamkeit des Mieterhöhungsverlangens und damit auch nicht die Unzulässigkeit der Zustimmungsklage zur Folge (*BGH*, 19.07.2006 – VIII ZR 212/05, WuM 2006, 518).

C. Ausnahme: Abweichung

I. Überblick und Normzweck

31 Der **Nutzer** (§ 1 HeizkostenV Rdn. 40 ff.) und der **Gebäudeeigentümer** (§ 1 HeizkostenV Rdn. 29 ff.) können von der HeizkostenV **ausnahmsweise** vertraglich abweichen, wenn es sich um ein Gebäude mit nicht mehr als zwei Wohnungen handelt, von denen eine der Gebäudeeigentümer **als Vermieter**

selbst bewohnt. Diese Einschränkung folgt der Heizungsanlagenverordnung und beruht auf der wenig überzeugenden Überlegung, bei **Einfamilienhäusern mit Einliegerwohnung** und **Zweifamilienhäusern**, bei denen eine Wohnung vom Vermieter selbst bewohnt wird, könne davon ausgegangen werden, dass Vermieter und Mieter gemeinsam bemüht sind, Heizkosten einzusparen (BR-Drs. 483/83, 14).

II. Tatbestandsvoraussetzungen

1. Gebäude

Ein »Gebäude« i.S.v. § 2 HeizkostenV ist ein nach allen Seiten abgeschlossenes Bauwerk, das einer Nutzung zugängliche Räume enthält, durch räumliche Umfriedung Schutz gewährt und den Eintritt von Menschen gestattet. Das Gebäude muss nach dem **Normzweck** und der **Normgeschichte** (Rdn. 1) im **Eigentum** des Vermieters stehen. Dies können auch Miteigentümer sein. Es kann sich beim Gebäude daher auch um ein in **Wohnungseigentum** aufgeteiltes Gebäude handeln. 32

2. Wohnung

Eine »Wohnung« i.S.v. § 2 HeizkostenV ist ein umschlossener Raum oder eine Flucht aus mehreren Räumen, die zum Wohnen oder Schlafen benutzt werden. Keine Wohnung sind Räume, die **nicht zu Wohnzwecken** dienen (vgl. § 1 Abs. 3 WEG). 33

3. »Nicht mehr als zwei«

Das Gebäude (Rdn. 32) darf **nicht mehr** als zwei Wohnungen (Rdn. 33) haben. Dieses Merkmal liegt nicht vor, wenn es **mehr** als zwei Wohnungen gibt. Es ist aber nach dem Normzweck (Rdn. 1) auch dann nicht erfüllt, wenn es neben den Wohnungen **weitere** mit Wärme oder Warmwasser versorgte Räume gibt. Hingegen liegen (nachträglich) zwei Wohnungen vor, wenn ein Wohnungseigentümer in einem Gebäude mit drei Wohnungen zwei Wohnungen **rechtlich miteinander verbindet.** Eine bloß bauliche Verbindung genügt nicht, da es auch dann rechtlich immer noch **drei** Wohnungen gibt. 34

4. Vermieter

a) Überblick

Der **Gebäudeeigentümer** (§ 1 HeizkostenV Rdn. 29 ff.) muss i.S.v. § 535 Abs. 1 S. 1 BGB »Vermieter« des Nutzers sein. Vermieter können auch **mehrere** Personen als Miteigentümer sein. 35

b) Selbstnutzer

Der Vermieter muss **eine der zwei** vorhandenen Wohnungen (Rdn. 33) **selbst** bewohnen. Dies ist bei Miteigentümern vorstellbar, wenn sämtliche Miteigentümer Vermieter **und** Selbstnutzer sind, nicht aber bei Körperschaften und Personengesellschaften. 36

Bezieht der Vermieter eine bislang vermietete Wohnung, so wird **nachträglich** eine vertragliche Abweichung von der HeizkostenV möglich. Der Vermieter ist jedoch an die vertraglichen Regelungen mit dem verbleibenden Mieter gebunden. Zieht der Vermieter hingegen aus, **entfällt** der Ausnahmetatbestand, und es gelten **unmittelbar** die Regelungen der HeizkostenV. 37

5. Mieter

Die Wohnung kann einen Wohnraummieter, aber auch mehrere haben. Denn mehrere Mieter sind ein Nutzer (§ 1 HeizkostenV Rdn. 40). 38

III. Rechtsfolgen

39 Liegen die Tatbestandsvoraussetzungen vor **und** wäre die HeizkostenV anwendbar, können der Vermieter und der Nutzer **vertraglich** vereinbaren, dass die Bestimmungen der HeizkostenV ganz oder teilweise nicht anwendbar sind. Es ist z.B. eine Inklusivmiete oder eine Nebenkostenpauschale möglich.

IV. Entsprechende Anwendung

1. Überblick

40 Die dem § 2 HeizkostenV zugrunde liegende Überlegung, es könne davon ausgegangen werden, dass Vermieter und Mieter gemeinsam bemüht sind, Heizkosten einzusparen (Rdn. 1), **überzeugt** nicht. Die Erwartung, dass Vermieter und Mieter **gemeinsame** Anstrengungen unternehmen werden, Wärme und Warmwasser zu sparen, ist **unrealistisch**. Vor diesem vagen Hintergrund werden daher Analogien diskutiert.

2. Wohnungseigentumsanlagen mit zwei Wohnungseigentümern und zwei Wohnungen

a) Überblick

41 § 2 HeizkostenV ist auf ein Gebäude **unmittelbar** anwendbar, wenn das Grundstück in Wohnungseigentum aufgeteilt ist, die Wohnungen im Eigentum **eines** Wohnungseigentümers stehen und der Wohnungseigentümer eine Wohnung selbst nutzt, die andere aber vermietet. Undeutlich ist hingegen, ob § 2 HeizkostenV auch dann auf ein Gebäude **entspr.** anwendbar ist, wenn das Grundstück in Wohnungseigentum aufgeteilt ist und die Wohnungen im Eigentum **verschiedener** Wohnungseigentümer stehen. Dieser Fall dürfte allerdings sehr **selten** vorkommen, da entweder die Voraussetzungen des § 11 HeizkostenV vorliegen oder gegenüber den Nutzern unmittelbar abrechnet und dabei der bei dem einzelnen Nutzer gemessene Verbrauch zu Grunde gelegt wird.

b) Zwei Selbstnutzer

42 Stehen zwei Wohnungen im Sondereigentum von zwei oder mehr Personen und nutzen die Wohnungseigentümer ihr Sondereigentum selbst, wird vertreten, § 2 HeizkostenV sei entspr. anwendbar (*AG Hamburg-Blankenese*, 04.09.2003 – 506 II 34/03, ZMR 2004, 544; *Lammel* HeizkostenV § 2 Rn. 45; MüKo-BGB/*Zehelein* HeizkostenV § 2 Rn. 4). Diese Stimmen argumentieren, es reiche, dass es nur **zwei Nutzer** gebe. Dem ist **nicht** zu folgen. Denn § 2 HeizkostenV verlangt zwingend, dass der eine Nutzer sein Nutzungsrecht vom anderen Nutzer **ableitet** (Rdn. 36). Dies zeigen die Beispiele in den Materialien (Einfamilienhäuser mit Einliegerwohnung und Zweifamilienhäuser, bei denen eine Wohnung vom Vermieter selbst bewohnt wird).

c) Ein Selbstnutzer und ein Mieter

43 Stehen die Wohnungen im Sondereigentum von zwei oder mehr Personen und nutzt ein Wohnungseigentümer sein Sondereigentum **selbst**, während der **andere** Wohnungseigentümer sein Sondereigentum **vermietet**, ist § 2 HeizkostenV auch nicht entspr. anwendbar (*OLG München*, 11.09.2007 – 32 Wx 118/07, ZMR 2007, 1001; *OLG Düsseldorf*, 15.10.2003 – I-3 Wx 225/03, ZMR 2004, 694). Der Umstand, dass das Gesetz von einem Gebäude »mit nicht mehr als zwei Wohnungen« spricht, »von denen eine der Vermieter selbst bewohnt«, zeigt auch hier, dass es **einen** Vermieter geben muss, der zugleich Selbstnutzer ist (*OLG Düsseldorf*, 15.10.2003 – I-3 Wx 225/03, ZMR 2004, 694; *Blank* WE 1993, 103 (104)).

44 Bei einer Wohnungseigentumsanlage, die aus Doppelhaushälften besteht, oder bei einer großzügig angelegten Villa, die in Wohnungseigentum aufgeteilt worden ist, spricht auch nichts für die Annahme gemeinsamer Bemühungen, Heizkosten zu sparen (*OLG Düsseldorf*, 15.10.2003 – I-3 Wx 225/03, ZMR 2004, 694). Der Umstand, dass es sich um ein Zweifamilienhaus handelt, genügt nicht. Hinzukommen müssten **rechtliche Beziehungen zwischen den Nutzern**, z.B. ein Mietvertrag. Hie-

ran fehlt es, wenn in dem Haus ein Wohnungseigentümer und der Mieter eines anderen Wohnungseigentümers wohnen (*Schmid* FGPrax 2004, 103).

d) Zwei Drittnutzer

§ 2 HeizkostenV ist in einer Wohnungseigentumsanlage nach ganz h.M. nicht entspr. anwendbar, wenn **beide** Wohnungen vermietet sind (*Schmid* DWE 2008, 38). 45

3. »Nicht-Wohnungen«

§ 2 HeizkostenV ist anwendbar, wenn es sich um **zwei Nicht-Wohnungen** handelt und der Vermieter die eine Einheit **selbst nutzt**, die andere aber **vermietet**, oder um eine Wohnung und eine »Nicht-Wohnung«. Denn der Normzweck (Rdn. 1) und die übrigen Tatbestandsvoraussetzungen des § 2 HeizkostenV (Rdn. 3 ff.) sind in diesem Falle bis auf die Voraussetzung »Wohnung« erfüllt. Es ist indes nicht erkennbar, dass diese Tatbestandsvoraussetzung zwingend ist, denn die HeizkostenV unterscheidet die Nutzung der Räume auch im Übrigen nicht (*Lammel* HeizkostenV § 2 Rn. 44; MüKoBGB/*Zehelein* HeizkostenV § 2 Rn. 4). 46

4. Mehr als zwei Wohnungen

§ 2 HeizkostenV ist nicht anwendbar, wenn es sich um mehr als zwei Wohnungen handelt. 47

§ 3 Anwendung auf das Wohnungseigentum

Die Vorschriften dieser Verordnung sind auf Wohnungseigentum anzuwenden unabhängig davon, ob durch Vereinbarung oder Beschluss der Wohnungseigentümer abweichende Bestimmungen über die Verteilung der Kosten der Versorgung mit Wärme und Warmwasser getroffen worden sind. Auf die Anbringung und Auswahl der Ausstattung nach den §§ 4 und 5 sowie auf die Verteilung der Kosten und die sonstigen Entscheidungen des Gebäudeeigentümers nach den §§ 6 bis 9b und 11 sind die Regelungen entsprechend anzuwenden, die für die Verwaltung des gemeinschaftlichen Eigentums im Wohnungseigentumsgesetz enthalten oder durch Vereinbarung der Wohnungseigentümer getroffen worden sind. Die Kosten für die Anbringung der Ausstattung sind entsprechend den dort vorgesehenen Regelungen über die Tragung der Verwaltungskosten zu verteilen.

A. Normgeschichte, Zweck und Allgemeines

1 § 3 HeizkostenV ist bislang **nicht** verändert worden. Satz 1 **wiederholt** § 2 HeizkostenV (Rdn. 2). Satz 2 erinnert **ohne** eigenen Regelungsgehalt daran, wie die Wohnungseigentümer die Entscheidungen zur Auswahl der Ausstattung nach den §§ 4 und 5 HeizkostenV sowie auf die Verteilung der Kosten und die sonstigen Entscheidungen treffen (s.a. § 6 Abs. 2 GEG). Satz 3 ordnet an, dass Kosten für die Anbringung der Ausstattung Verwaltungskosten i.S.v. § 16 Abs. 2 S. 1 WEG sind.

B. Anwendung der HeizkostenV auf Wohnungseigentum

I. Allgemeines

2 § 3 S. 1 HeizkostenV **erinnert** den Regelungsgehalt von § 2 HeizkostenV (s.a. *Schmid* ZMR 2008, 844; *Schmid* DWE 2008, 38 [40]). Die Vorschriften der HeizkostenV sind danach **unmittelbar** auf Wohnungseigentum anzuwenden. Einer Vereinbarung nach § 10 Abs. 1 S. 2 WEG, eines Beschlusses der Wohnungseigentümer nach § 19 Abs. 1 WEG oder eines Handelns des Verwalters nach § 27 WEG bedarf es **nicht** (§ 2 HeizkostenV Rdn. 17). Dass die HeizkostenV grundsätzlich auf bebaute Grundstücke anzuwenden ist, die in Wohnungseigentum aufgeteilt sind, folgt **außerdem** aus der Energieeffizienzrichtlinie (dazu Vor § 1 HeizkostenV Rdn. 16 ff.). Diese unterscheidet **nicht** zwischen Mietshäusern und Wohnungseigentumsanlagen (s.a. *EuGH*, 05.12.2019 – C-708/17, NZM 2020, 888 Rn. 74 ff. – EVN Bulgaria Toplofikatsia u.a./Nikolina Stefanova Dimitrova u.a.).

II. Folgen

1. Grundsatz

3 Jeder Wohnungseigentümer kann nach §§ 2, 3 S. 1, 4 Abs. 4 HeizkostenV **jederzeit** nach § 18 Abs. 1, Abs. 2 Nr. 1 WEG von der Gemeinschaft der Wohnungseigentümer **verlangen** (s.a. *BayObLG*, 07.11.2002 – 2Z BR 77/02, ZMR 2003, 277; *BayObLG*, 09.06.1988 – BReg 2 Z 12/88, ZMR 1988, 349), dass

- der anteilige Verbrauch der Nutzer an Wärme und Warmwasser erfasst wird (§ 4 Abs. 1 HeizkostenV),
- die Räume mit geeigneten Ausstattungen zur Verbrauchserfassung versehen werden (§ 4 Abs. 2 S. 1 HeizkostenV),
- die Kosten der Versorgung mit Wärme und Warmwasser auf der Grundlage der Verbrauchserfassung nach Maßgabe der §§ 7 bis 9 HeizkostenV auf die einzelnen Nutzer verteilt werden (§ 6 Abs. 1 S. 1 HeizkostenV) und
- sämtliche Umlageschlüssel der HeizkostenV ordnungsmäßig bestimmt werden (§ 6 Abs. 4 S. 1 HeizkostenV).

2. Beschlussersetzungsklage

4 Werden die Entscheidungen, die nach der HeizkostenV zu treffen sind, nicht getroffen, kann nach § 44 Abs. 1 S. 2 WEG eine **Beschlussersetzungsklage** erhoben werden (*Schmid* DWE 2008, 38 (39)). Für eine Klage auf eine **Vereinbarung** besteht hingegen i.d.R. kein Rechtschutzbedürfnis.

3. Ausnahme

5 Etwas anderes gilt, **wenn** der Anwendungsbereich von § 11 HeizkostenV eröffnet ist. Dazu im Einzelnen § 11 HeizkostenV Rdn. 2 ff.

C. Verwaltungsentscheidungen (§ 3 S. 2 HeizkostenV)

I. Überblick

Bevor die HeizkostenV rechtsförmig angewendet werden kann, **müssen** Entscheidungen über die Anbringung und Auswahl der Ausstattung nach den §§ 4, 5 HeizkostenV getroffen werden. Ferner können/müssen nach den §§ 6 bis 9b und 11 HeizkostenV Entscheidungen getroffen werden, vor allem zu den **Umlageschlüsseln.** Die HeizkostenV trifft für diese Entscheidungen, ebenso wie für die Entscheidungen anderer Gebäudeeigentümer, keine Anordnungen. **Anwendbar** sind daher §§ 10 Abs. 1 S. 2, 16 Abs. 2 S. 2 und 19 Abs. 1 WEG. Daran erinnert § 3 S. 2 HeizkostenV. Auch die Entscheidung, wer die Wohnungseigentumsanlage mit Wärme und/oder Warmwasser versorgt, kann von den Wohnungseigentümern bestimmt werden. Dem steht auch Art. 27 der Richtlinie 2011/83/EU **nicht** entgegen (*EuGH*, 05.12.2019 – C-708/17, NZM 2020, 888 – EVN Bulgaria Toplofikatsia u.a./Nikolina Stefanova Dimitrova u.a.). 6

II. Anbringung und Auswahl der Ausstattung (§§ 4, 5 HeizkostenV)

Die Wohnungseigentümer können die Entscheidungen, die nach §§ 4, 5 HeizkostenV zu treffen sind, nach § 10 Abs. 1 WEG **vereinbaren**, oder nach § 19 Abs. 1 WEG **beschließen.** Diese Entscheidungen können sie im Wege der Vereinbarung oder des Beschlusses auch wieder ändern. Ist die Entscheidung vereinbart worden, besteht allerdings keine Kompetenz, diese durch Beschluss zu ändern. Ein entspr. Beschluss wäre nichtig. Zu den Entscheidungen nach §§ 4, 5 HeizkostenV gehört **auch** die Frage, ob die Ausstattungen zur Verbrauchserfassung geleast, gekauft oder gemietet werden und vom wem. 7

III. Umlageschlüssel (§§ 6, 7, 8, 9, 9a, 9b HeizkostenV)

1. Entscheidung der Wohnungseigentümer

Die Wohnungseigentümer können die Umlageschlüssel, die nach §§ 6, 7, 8, 9, 9a, 9b HeizkostenV zu bestimmen sind, nach § 10 Abs. 1 S. 2 WEG **vereinbaren** (dazu z.B. *BayObLG,* 07.11.2002 – 2Z BR 77/02, ZMR 2003, 277, auch zur Auslegung), oder nach §§ 16 Abs. 2 S. 2, 19 Abs. 1 WEG **beschließen**; dies gilt auch für § 7 Abs. 1 S. 3 HeizkostenV (s.a. *LG Köln*, 01.02.2018 – 29 S 89/17, ZMR 2018, 440). Diese Entscheidungen können sie im Wege der Vereinbarung oder des Beschlusses auch wieder **ändern.** Auch dann, wenn ein Umlageschlüssel **vereinbart** worden ist, kann dieser nach § 16 Abs. 2 S. 2 WEG **im Wege des Beschlusses** geändert werden (s.a. *BGH*, 16.07.2010 – V ZR 221/09, NJW 2010, 3298 Rn. 15). Dabei ist § 6 Abs. 4 S. 2 HeizkostenV zu beachten (*BGH*, 16.07.2010 – V ZR 221/09, NJW 2010, 3298 Rn. 12). Für eine Vereinbarung gilt dies nicht, da § 6 Abs. 4 S. 2 HeizkostenV einer Änderung im allseitigen Einvernehmen nach einer Auslegung nicht entgegensteht (*Schmid* GE 2007, 103). Den Wohnungseigentümern ist bei Änderungen des Umlageschlüssels nach § 6 Abs. 4 S. 3 HeizkostenV aufgrund ihres Selbstorganisationsrechtes ein **weiter Gestaltungsspielraum** eingeräumt (*BGH*, 02.10.2020 – V ZR 282/19, ZMR 2021, 136 Rn. 13). Der neue Umlageschlüssel muss lediglich den Anforderungen einer ordnungsmäßigen Verwaltung genügen. Die Wohnungseigentümer dürfen danach jeden Maßstab wählen, der den Interessen der Gemeinschaft der Wohnungseigentümer und der einzelnen Wohnungseigentümer angemessen ist und insbesondere nicht zu einer ungerechtfertigten Benachteiligung Einzelner führt. Dabei dürfen an die Auswahl eines angemessenen Umlageschlüssels nicht zu strenge Anforderungen gestellt werden, weil sich jede Änderung des Verteilungsmaßstabs zwangsläufig auf die Kostenlast des einen oder des anderen Wohnungseigentümers auswirkt. Die Aufgabe eines Umlageschlüssels zugunsten eines neuen durch Beschluss setzt insbesondere nicht voraus, dass der geltende Umlageschlüssels einzelne Wohnungseigentümer benachteiligt oder dass aufgrund sonstiger Umstände eine Neuregelung erforderlich ist (*BGH*, 02.10.2020 – V ZR 282/19, ZMR 2021, 136 Rn. 13). Dem den Wohnungseigentümern bei einer Beschlussfassung über die Änderung des Umlageschlüssels eingeräumten weiten Gestaltungsspielraum wird eine Grenze nur durch das Willkürverbot gezogen (*BGH*, 02.10.2020 – V ZR 282/19, ZMR 2021, 136 Rn. 13). 8

2. Entscheidung des Verwalters

9 Ein Verwalter ist nach § 27 Abs. 1 Nr. 1 WEG nicht befugt, die Umlageschlüssel, die nach §§ 7, 8 HeizkostenV **dauerhaft** anzuordnen sind, zu bestimmen (s.a. *BGH*, 17.02.2012 – V ZR 251/10, ZMR 2012, 372 Rn. 11; *BGH*, 01.02.2012 – VIII ZR 156/11, ZMR 2012, 341). Die Bestimmung hat keine bloß untergeordnete Bedeutung. Die Wohnungseigentümer können etwas anderes nach §§ 19 Abs. 1, 27 Abs. 2 WEG **nicht** beschließen, aber nach § 10 Abs. 1 S. 2 WEG vereinbaren. Für die Umlageschlüssel, die nach §§ 9a, 9b HeizkostenV **temporär** anzuordnen sind, gilt das nicht. Diese Bestimmungen haben eine untergeordnete Bedeutung.

3. Messdienstunternehmen

10 Ein Messdienstunternehmen kann die Entscheidung für die Wohnungseigentümer **vorbereiten** und zu einer Wahl raten, diese aber ohne eine Vollmacht nicht treffen. Legt die Gemeinschaft der Wohnungseigentümer den Wohnungseigentümern durch den Verwalter die vom Messdienstunternehmen vorbereitete Abrechnung vor und fassen die Wohnungseigentümer auf dieser Grundlage einen Beschluss nach § 28 Abs. 2 S. 1 WEG, liegt darin eine schlüssige Bestimmung der Wohnungseigentümer, sofern die Wohnungseigentümer **wussten**, dass eine Wahl zu treffen war, und sie sich die vom Messdienstunternehmen vorgeschlagene Wahl zu eigen machen **wollten**.

IV. Entscheidung, die HeizkostenV anzuwenden (§ 11 HeizkostenV)

11 Die Wohnungseigentümer können die Entscheidung, die HeizkostenV **ungeachtet** des Dispenses von § 11 HeizkostenV **anzuwenden**, nach § 10 Abs. 1 S. 2 WEG vereinbaren, oder nach § 19 Abs. 1 WEG beschließen. Diese Entscheidung können sie im Wege der Vereinbarung oder des Beschlusses auch wieder ändern. Ist die Entscheidung vereinbart worden, besteht keine Kompetenz, diese durch Beschluss zu ändern. Ein entspr. Beschluss wäre nichtig. Liegen die Voraussetzungen des § 11 HeizkostenV vor, kann die Anwendung der HeizkostenV **nicht erzwungen** werden (*OLG Köln*, 23.11.2001 – 16 Wx 202/01, ZMR 2002, 780 (781)).

V. Fehlende Verwaltungsentscheidungen

1. Überblick

12 Um die HeizkostenV anzuwenden, **sind** Auswahlentscheidungen zwischen den von der HeizkostenV zugelassenen Möglichkeiten erforderlich (*BGH*, 16.09.2022 – V ZR 214/21, ZMR 2023, 61 Rn. 18). Die Wohnungseigentümer haben im Rahmen der ihnen obliegenden ordnungsmäßigen Verwaltung durch Vereinbarung oder Mehrheitsbeschluss die Voraussetzungen für eine der HeizkostenV entsprechende Abrechnung zu schaffen (*BGH*, 16.09.2022 – V ZR 214/21, ZMR 2023, 61 Rn. 18). Haben die Wohnungseigentümer noch keine Entscheidungen getroffen, müssen sie das nachholen (*BGH*, 16.09.2022 – V ZR 214/21, ZMR 2023, 61 Rn. 18). Solange Entscheidungen **fehlen**, kann ein Wohnungseigentümer gegen die Gemeinschaft der Wohnungseigentümer einen **Schadenersatzanspruch** haben, wenn diese den Mangel zu vertreten hat und der Wohnungseigentümer alles unternommen hat, gegen den Verstoß vorzugehen (s.a. *Fritsch/Okon* ZMR 2022, 169 [172]).

2. Beschlussersetzungsklage/Vereinbarung

13 Kommt keine Entscheidung zustande, kann jeder Wohnungseigentümer nach §§ 18 Abs. 2 Nr. 1, 44 Abs. 1 S. 2 WEG im Wege der Beschlussersetzungsklage die Auswahlentscheidung erzwingen (*BGH*, 16.09.2022 – V ZR 214/21, ZMR 2023, 61 Rn. 18). Für eine Klage auf eine **Vereinbarung** besteht kein Rechtsschutzbedürfnis.

3. Fehlende Umlageschlüssel

14 Solange die Wohnungseigentümer keine Umlageschlüssel nach §§ 7, 8 HeizkostenV bestimmt haben, ist § 9a HeizkostenV anwendbar. Der Anwendungsbereich von § 16 Abs. 2 S. 1 WEG ist **nicht**

eröffnet (*Abramenko* ZWE 2007, 61 [62]). Liegen keine Daten vor, ist entspr. § 9a Abs. 2 HeizkostenV vorzugehen (s.a. *LG Itzehoe*, 23.11.2010 – 11 S 55/09, ZMR 2011, 236: Wohnfläche).

VI. Entscheidungen, die gegen die HeizkostenV verstoßen

1. Grundsatz

Vereinbarungen oder Beschlüsse, die der HeizkostenV widersprechen, sind nach § 2 **HeizkostenV nicht anzuwenden** (§ 2 HeizkostenV Rdn. 17). Beispielsweise ist ein Beschluss, der einen Umlageschlüssel bestimmt, welcher der HeizkostenV widerspricht, **unbeachtlich** (§ 2 HeizkostenV Rdn. 28). Selbst wenn ein Wohnungseigentümer nachweislich die Heizkörper dauernd abgesperrt hält, kann er daher nicht verlangen, dass er von den verbrauchsabhängigen Kosten des Heizbetriebs gemäß den bei ihm abgelesenen Verdunstungswerten völlig freigestellt wird (§ 5 HeizkostenV Rdn. 6; *BayObLG*, 07.04.1988 – BReg 2 Z 157/87, NJW-RR 1988, 1166). Auch ein Beschluss, der die Anwendung der HeizkostenV ausschließt, obwohl die Voraussetzungen nach § 11 HeizkostenV nicht vorliegen, ist **unbeachtlich** (*OLG Hamm*, 12.12.1994 – 15 W 327/94, ZMR 1995, 173). Ferner der Beschluss, in dem ein **fiktiver** Mindestverbrauch festgesetzt wird (MüKo-BGB/*Zehelein* HeizkostenV § 2 Rn. 5; a.A. *OLG Hamm*, 31.03.2005 – 15 W 298/04, ZMR 2006, 148). 15

2. Vorschuss/Nachschuss

Wird im Wirtschaftsplan oder in der Jahresabrechnung ein Umlageschlüssel eingesetzt, welcher der HeizkostenV widerspricht, sind dieser und der entspr. Vorschuss/Nachschuss **nicht ordnungsmäßig** (*LG München I* ZWE 2022, 362 Rn. 36). Der Beschluss nach § 28 Abs. 1 S. 1, Abs. 2 S. 1 WEG ist wegen des Verstoßes gegen § 2 HeizkostenV aber **nicht nichtig** (*BGH*, 22.06.2018 – V ZR 193/17, ZMR 2018, 1022 Rn. 16; *LG München I* ZWE 2022, 362 Rn. 36), da er weder den der HeizkostenV konformen Umlageschlüssel ändern will noch gegen eine andere Bestimmung der HeizkostenV verstößt (Rdn. 16). 16

D. Kosten für die Ausstattung zur Verbrauchserfassung (§ 3 S. 3 HeizkostenV)

I. Überblick

Etwaige Kosten für die **Ausstattung** zur Verbrauchserfassung sind nach § 3 S. 3 HeizkostenV entspr. den Regelungen über die Tragung der **Verwaltungskosten** der Gemeinschaft der Wohnungseigentümer nach § 16 Abs. 2 S. 1 WEG zu verteilen. 17

II. Abweichende Umlageschlüssel

Besteht nach § 10 Abs. 1 S. 2 WEG eine Vereinbarung (*Schmid* BlGBW 1981, 106) oder nach § 16 Abs. 2 S. 2 WEG ein Beschluss über die Verteilung der Verwaltungskosten oder jedenfalls der Kosten für die Ausstattung zur Verbrauchserfassung, ist für die Umlage der auf **diese** Weise festgelegte Maßstab anzuwenden. 18

E. Folgen für den Wirtschaftsplan und die Vorschüsse

Aus § 3 S. 1 HeizkostenV folgt, dass ein Wirtschaftsplan die Kosten, die der HeizkostenV unterfallen, nach **ihren** Maßstäben umlegen muss; vor allem sind nur Umlageschlüssel maßgeblich, die konform mit der HeizkostenV festgelegt sind (§ 2 HeizkostenV Rdn. 28). 19

F. Folgen für die Jahresabrechnung und Nachschüsse

Aus § 3 S. 1 HeizkostenV folgt, dass eine Jahresabrechnung die Kosten, die der HeizkostenV unterfallen, nach ihren Maßstäben umlegen muss; vor allem sind nur Umlageschlüssel maßgeblich, die konform mit der HeizkostenV festgelegt worden sind (§ 2 HeizkostenV Rdn. 28). Nach der ständigen Rechtsprechung entspricht **allein** eine den Anforderungen der HeizkostenV genügende Jahresabrechnung den Grundsätzen ordnungsmäßiger Verwaltung (*BGH*, 22.06.2018 – V ZR 193/17, 20

ZMR 2018, 1022 Rn. 17; *BGH*, 03.06.2016 – V ZR 166/15, ZMR 2017, 76 Rn. 13; *BGH*, 17.02.2012 – V ZR 251/10, NJW 2012, 1434 Rn. 9; *BGH*, 16.07.2010 – V ZR 221/09, NJW 2010, 3298 Rn. 15).

21 Dies gilt **unabhängig** davon, ob die Wohnungseigentümer durch Vereinbarung oder Beschluss abweichende Bestimmungen getroffen haben, da sich diese Verpflichtung unmittelbar aus § 3 S. 1 HeizkostenV ergibt. Beschließen die Wohnungseigentümer z.B. Vor- oder Nachschüsse aufgrund einer Heizkostenabrechnung, die verbrauchs**unabhängig** orientiert ist, ist der Beschluss selbst auf Anfechtung für ungültig zu erklären, aber **nicht nichtig** (*BGH*, 22.06.2018 – V ZR 193/17, ZMR 2018, 1022 Rn. 17; a.A. *Zehelein* NZM 2018, 993 (994)).

G. HeizkostenV und ordnungsmäßige Verwaltung i.S.v. § 18 Abs. 2 WEG

22 Eine Kostenverteilung, die der HeizkostenV entspricht, entspricht nicht schon aus **diesem** Grunde ordnungsmäßiger Verwaltung. Wird ein Wohnungseigentümer beispielsweise durch die gewählte Art der Verbrauchserfassung **benachteiligt**, kann er einen Anspruch auf Verbesserung der Verbrauchserfassung und unter Umständen auch Schadenersatzansprüche gegen die Gemeinschaft der Wohnungseigentümer haben. Solche Umstände führen aber nicht zur Ungültigkeit des Beschlusses über die Vorschüsse oder Nachschüsse. Ein Anspruch auf eine Verwaltungsentscheidung gegen die Gemeinschaft der Wohnungseigentümer kann auch im Verfahren über die Anfechtung der Vor- oder Nachschüsse nicht einredeweise geltend gemacht werden (*BayObLG*, 04.09.1997 – 2Z BR 105/97, ZMR 1998, 177).

23 Zu Schadenersatzansprüchen kann es auch führen, wenn die Gemeinschaft der Wohnungseigentümer **schuldhaft** die Durchführung der unter dem Gesichtspunkt einer ordnungsmäßigen Verwaltung gebotenen Maßnahmen zur Sicherstellung einer ordnungsmäßigen Wärmeerfassung unterlassen hat (*BayObLG*, 22.04.1999 – 2Z BR 41/99, ZMR 1999, 573 für Zweifel am richtigen Funktionieren der Messgeräte).

§ 4 Pflicht zur Verbrauchserfassung

(1) Der Gebäudeeigentümer hat den anteiligen Verbrauch der Nutzer an Wärme und Warmwasser zu erfassen.

(2) Er hat dazu die Räume mit Ausstattungen zur Verbrauchserfassung zu versehen; die Nutzer haben dies zu dulden. Will der Gebäudeeigentümer die Ausstattung zur Verbrauchserfassung mieten oder durch eine andere Art der Gebrauchsüberlassung beschaffen, so hat er dies den Nutzern vorher unter Angabe der dadurch entstehenden Kosten mitzuteilen; die Maßnahme ist unzulässig, wenn die Mehrheit der Nutzer innerhalb eines Monats nach Zugang der Mitteilung widerspricht. Die Wahl der Ausstattung bleibt im Rahmen des § 5 dem Gebäudeeigentümer überlassen.

(3) Gemeinschaftlich genutzte Räume sind von der Pflicht zur Verbrauchserfassung ausgenommen. Dies gilt nicht für Gemeinschaftsräume mit nutzungsbedingt hohem Wärme- oder Warmwasserverbrauch, wie Schwimmbäder oder Saunen.

(4) Der Nutzer ist berechtigt, vom Gebäudeeigentümer die Erfüllung dieser Verpflichtungen zu verlangen.

Übersicht

A. Normgeschichte, Zweck und Allgemeines

I. Überblick

1 Die Bestimmung findet sich von Anfang an im Gesetz. Sie hatte ursprünglich **drei** Absätze. Absatz 2 Satz 2 wurde durch die Verordnung zur Änderung wohnungsrechtlicher Vorschriften v. 05.04.1984 (BGBl. I 592) mWv 01.05.1984, Absatz 3 wurde durch die Verordnung zur Änderung energiesparrechtlicher Vorschriften v. 19.01.1989 (BGBl. I 109) mWv 01.03.1989 eingefügt.

II. Erfassung/Ausstattung

2 Absatz 1, Absatz 2 Satz 1, Absatz 3 Satz 2 und Absatz 4 verpflichten den Gebäudeeigentümer (§ 1 HeizkostenV Rdn. 29 ff.) wegen des Zwecks der Verordnung (Vor § 1 HeizkostenV Rdn. 5), den anteiligen Verbrauch der Nutzer an Wärme und Warmwasser zu **erfassen**, dazu nach seiner Wahl die Räume mit **Ausstattungen** zur Verbrauchserfassung zu **versehen** und den Nutzer (§ 1 HeizkostenV Rdn. 40 ff.), der einen Anspruch auf die Erfassung und Ausstattung hat, die Ausstattung zu **dulden** (s.a. BR-Drs. 632/80, 24; s.a. § 6 Abs. 1 Nr. 1GEG). Die Pflicht, den Verbrauch durch Ausstattungen zu erfassen, dient der **Umsetzung** von §§ 9 Abs. 1 UA 1, 9a Abs. 1, 9b der Energieeffizienzrichtlinie (Rdn. 5).

III. Anmietung/Gebrauchsüberlassung

3 Absatz 2 Satz 2 berücksichtigt, dass der Gebäudeeigentümer Ausstattungen zur Verbrauchserfassung u.a. **anmieten oder leasen** kann (BR-Drs. 483/83, 33). Er soll auch Anstöße zur Verwendung verbesserter Ausstattungen zu geben (BR-Drs. 483/83, 33). Da die Anmietung oder andere Arten der Gebrauchsüberlassung gegenüber dem Erwerb einer Ausstattung zu höheren **Kosten** für die Nutzer führen kann, stellt er sicher, dass dies nicht gegen den erklärten Willen der Mehrheit der Nutzer geschehen kann (BR-Drs. 483/83, 33).

IV. Gemeinschaftsräume

4 Absatz 3 soll den **Streit** klären, ob auch gemeinschaftlich genutzte Räume (z.B. Flure, Treppenhäuser, Trockenräume) mit Ausstattungen zur Verbrauchserfassung zu versehen sind (BR-Drs. 494/88, 24). Dies hat der Verordnungsgeber verneint, da die auf Gemeinschaftsräume entfallenden Verbrauchsanteile sehr gering seien. Der Verbrauch in diesen Räumen könne i.d.R. keinem Nutzer zugeordnet und von ihm nicht beeinflusst werden (BR-Drs. 494/88, 24).

B. Ausstattungen (§ 4 Abs. 1, Abs. 2 S. 1 Halbs. 1 HeizkostenV)

I. Überblick

5 Nach § 4 Abs. 1, Abs. 2 S. 1 Halbs. 2 HeizkostenV **hat** der Gebäudeeigentümer (§ 1 HeizkostenV Rdn. 29 ff.) den anteiligen Verbrauch der Nutzer (§ 1 HeizkostenV Rdn. 40 ff.) an Wärme und Warmwasser zu erfassen und dazu die Räume (§ 1 HeizkostenV Rdn. 45) mit Ausstattungen zur Verbrauchserfassung zu versehen. Hierauf hat der Nutzer nach § 4 Abs. 4 HeizkostenV einen Anspruch (Rdn. 75 ff.). Die Verpflichtungen des Gebäudeeigentümers sind **nicht** straf- oder bußgeldbewehrt. Einen Zwang auf den Gebäudeeigentümer kann lediglich der Nutzer ausüben. Dem steht Art. 13 der Energieeffizienzrichtlinie **nicht** entgegen. Danach sind zwar Sanktionen vorzusehen, wenn der Gebäudeeigentümer seine Pflicht zur Ausstattung verletzt. Das **Kürzungsrecht** ist aber ausreichend, die Ziele der HeizkostenV (Vor § 1 HeizkostenV Rdn. 5) zu erreichen. Ein Anspruch auf eine Ausstattung besteht im Übrigen nicht, wenn eine der Ausnahmen des § 11 Abs. 1 HeizkostenV vorliegt (s.a. *BGH*, 08.10.2003 – VIII ZR 67/03, ZMR 2004, 99). § 4 Abs. 1, Abs. 2 S. 1 Halbs. 1 HeizkostenV setzen Artt. 9 Abs. 1 UA 1, 9a Abs. 1, 9b der Energieeffizienzrichtlinie um (Rdn. 2). Danach sind individuelle Verbrauchszähler zu installieren, um den Wärme-, Kälte- oder Warmwasserverbrauch der einzelnen Einheiten zu messen. § 4 Abs. 2 S. 1 Halbs. 2 HeizkostenV

ist aus diesem Grunde – teilweise – **richtlininienkonform** auszulegen (dazu Vor § 1 HeizkostenV Rdn. 20 ff.).

II. Art der Ausstattung (§ 4 Abs. 2 S. 3 HeizkostenV)

Der Gebäudeeigentümer hat **innerhalb** des Rahmens, den § 5 HeizkostenV steckt (derzeit: Wärmezähler oder Heizkostenverteiler bzw. Warmwasserzähler, sofern diese fernablesbar sind und dabei **den Datenschutz und die Datensicherheit** nach dem **Stand der Technik** gewährleisten, es sei denn, dies ist im Einzelfall wegen besonderer Umstände technisch nicht möglich oder würde durch einen unangemessenen Aufwand oder in sonstiger Weise zu einer unbilligen Härte führen), nach § 4 Abs. 1, Abs. 2 S. 1, S. 3 HeizkostenV ein **Ermessen**, welche Ausstattung er für einen Raum auswählt (allgemein Vor § 1 HeizkostenV Rdn. 27 ff.). 6

Der Gebäudeeigentümer ist insoweit **nicht** verpflichtet, die technisch **optimale** Lösung zu wählen (*LG Hamburg*, 18.02.1992 – 316 S 188/91, NJW-RR 1992, 717). Er darf Zuverlässigkeit und Genauigkeit im Rahmen seines Ermessens ebenso berücksichtigen wie den Vorteil einer einfachen Ablesung bei Geräten mit einem Funksystem (*Wall* WuM 2002, 130 [134]). Der Nutzer kann auch keine Einwendungen gegen die Abrechnung (Vor § 1 HeizkostenV Rdn. 38 ff.) erheben, wenn Fertigungs-, Skalierungs- oder Montagemängel innerhalb der zulässigen Toleranzen liegen (*LG Hamburg*, 03.09.1987 – 7 S 259/85, WuM 1988, 64). Grenzen ziehen der **Datenschutz** (s.a. § 6 Abs. 4 GEG) und der **Grundsatz der Wirtschaftlichkeit** (s.a. § 5 GEG). Der Grundsatz der Wirtschaftlichkeit kann z.B. verletzt sein, wenn die Kosten für eine Ausstattung mehr als die Hälfte der eigentlichen Heizkosten ausmachen (s.a. *LG Berlin*, 10.11.2003 – 62 S 220/03, WuM 2004, 340). 7

III. Eigentum oder Gebrauchsüberlassung an der Ausstattung

1. Überblick

Der Gebäudeeigentümer hat ein Ermessen, ob er die Ausstattung zu **Eigentum** erwirbt, anmietet oder durch eine **andere Art der Gebrauchsüberlassung** das bloße Recht an einer Nutzung erlangt (allgemein Vor § 1 HeizkostenV Rdn. 27 ff.). Hat der Gebäudeeigentümer ein **bloßes Nutzungsrecht**, muss ihm der Überlasser bei einem Wechsel des Messdienstunternehmens das Schlüsselmaterial (Codes) auch dann zur Verfügung stellen, wenn der Gerätemietvertrag vor dem Stichtag des § 5 Abs. 1 HeizkostenV geschlossen wurde (*AG Frankfurt/M.*, 20.04.2023 – 30 C 796/22 [87], GE 2023, 598). 8

Entscheidet sich der Gebäudeeigentümer für das Eigentum an der Ausstattung, steht die Ausstattung in einer Wohnungseigentumsanlage nach § 5 Abs. 2 WEG im **gemeinschaftlichen** Eigentum (Rdn. 28). 9

2. Anmietung/andere Art der Gebrauchsüberlassung (§ 4 Abs. 2 S. 2 Halbs. 1 HeizkostenV)

a) Überblick

Will der Gebäudeeigentümer **erstmalig** die Ausstattung zur Verbrauchserfassung mieten oder durch eine andere Art der **Gebrauchsüberlassung** beschaffen, so hat er dies gem. § 4 Abs. 2 S. 2 HeizkostenV den Nutzern **vorher** unter Angabe der dadurch entstehenden Kosten mitzuteilen. Wenn der Gebrauchsüberlassungsvertrag **später** geändert wird oder sich der Vertragspartner ändert, bedarf es keiner erneuten Mitteilung (a.A. *Lammel* HeizkostenV § 4 Rn. 14). Auch wenn Geräte mit einer höheren Miete angemietet werden, ist eine erneute Beteiligung der Nutzer nicht erforderlich (a.A. *AG Rüdesheim/Rhein*, 26.09.2006 – 3 C 447/05, WuM 2007, 265 (266); *Pfeifer* GE 2022, 132 (137)). Die Nutzer sind insoweit bereits ausreichend durch den **Grundsatz der Wirtschaftlichkeit** (s.a. § 5 GEG) geschützt. Im Übrigen ist der Wirtschaftlichkeitsgrundsatz aber nicht anzuwenden (a.A. *Wall* WuM 2002, 130 [134]; *Wall* WuM 1998, 66). Denn die Nutzer sind insoweit ausreichend durch die Möglichkeit geschützt, nach einer Mitteilung der Gebrauchsüberlassung zu widersprechen. 10

11 War bereits eine Ausstattung zur Verbrauchserfassung **vorhanden**, wird die Meinung vertreten, die Grundmiete sei entspr. zu **senken** (*Wall* WuM 1998, 63 (69)). Dafür besteht aber keine Veranlassung. Wurden die Kosten der Ausstattung zur Verbrauchserfassung allerdings nach § 559 BGB umgelegt, würde z.B. ein Mieter durch die Mieterhöhung und die Tragung der Kosten für die Gebrauchsüberlassung **doppelt** belastet. Der Erhöhungsbetrag nach § 559 BGB darf deshalb von dem Zeitpunkt ab nicht mehr geltend gemacht werden, von dem ab die Kosten für die Gebrauchsüberlassung umgelegt werden (vgl. zum ähnlichen Problem des Überganges zur Wärmelieferung *Schmid* ZMR 1998, 735 [739]).

b) Adressat und Zugang der Mitteilung

12 Adressat der Mitteilung sind **sämtliche** Nutzer. Ihnen muss die Mitteilung i.S.d. § 130 Abs. 1 S. 1 BGB zugehen. Werden die Räume von mehreren Personen genutzt, ist jede Vertragspartei des Gebäudeeigentümers zu informieren, z.B. jeder Ehegatte gesondert. Ein Aushang genügt nicht (*AG Rüdesheim/Rhein*, 26.09.2006 – 3 C 447/05, WuM 2007, 265; *AG Neuss*, 17.06.1994 – 36 C 85/93, WuM 1995, 46), selbst dann, wenn der Nutzer den Aushang zufällig wahrnimmt.

c) Inhalt der Mitteilung

aa) Überblick

13 Der Gebäudeeigentümer muss die Nutzer über die »Art der Gebrauchsüberlassung« und die Kosten informieren, die durch die Gebrauchsüberlassung anfallen, **nicht** aber über die »Geräteart« (a.A. *Lammel* HeizkostenV § 4 Rn. 14). Die Nutzer sind nach Sinn und Zweck der Mitteilung allerdings auf ihr **Widerspruchsrecht** hinzuweisen (*AG Erfurt*, 07.12.2022 – 5 C 145/21, jurisPR-MietR 14/2023 Anm. 2; a.A. *AG Hamburg*, 25.01.1994 – 47 C 170/93, WuM 1994, 695).

bb) Art der Gebrauchsüberlassung

14 Als »Art der Gebrauchsüberlassung« ist mitzuteilen, ob die Ausstattung zur Verbrauchserfassung angemietet, geleast oder auf eine andere Art der Gebrauchsüberlassung beschafft werden soll.

cc) Kosten

15 Als »Kosten« sind die **monatlichen Zahlungen** sowie die **Laufzeit des Vertrags** mitzuteilen, die den Nutzer nach § 7 Abs. 2 HeizkostenV treffen sollen. Welche Kosten bei einem **Kauf** einer Ausstattung ggf. anfallen würden, kann, muss aber nicht mitgeteilt werden (a.A. *Lammel* HeizkostenV § 4 Rn. 15). Der Gebäudeeigentümer muss also keine Angebote für eine Anschaffung einholen und z.B. einen Durchschnittswert mitteilen. Der Gebäudeeigentümer muss auch keine Berechnung nach § 559 Abs. 1 S. 1 BGB anstellen.

dd) Mängel

16 Geht die Mitteilung den Nutzern zwar zu, ist ihr Inhalt aber **unzureichend**, müssen die Nutzer, sofern sie der Gebrauchsüberlassung nicht ohnehin widersprechen (Rdn. 17), die Kosten für die Gebrauchsüberlassung erst dann tragen, wenn sie eine ausreichende Information erhalten und nicht widersprochen haben. Dies gilt auch dann, wenn es **keine Mitteilung** gibt (*LG Köln*, 14.12.1989 – 1 S 253/89, WuM 1990, 562; *AG Tecklenburg*, 27.05.1998 – 5 C 17/98, WuM 1999, 365; *AG Neuss*, 17.06.1994 – 36 C 85/93, WuM 1995, 46).

d) Rechtsfolgen

aa) Widerspruch (§ 4 Abs. 2 S. 2 Halbs. 2 HeizkostenV)

17 Eine Gebrauchsüberlassung ist »unzulässig«, wenn die Mehrheit der Nutzer **innerhalb eines Monats** nach Zugang der Mitteilung gegenüber dem Gebäudeeigentümer widerspricht. Der Zugang bestimmt

sich nach den §§ 130 bis 132 BGB. Ein nach Ablauf der Frist eingehender Widerspruch ist unbeachtlich. Auch die Gründe für den Widerspruch sind im Rahmen der §§ 226, 242 BGB unbeachtlich.

Die Mehrheit ist in der Weise zu berechnen, dass jede Nutzungseinheit auch dann, wenn es dort mehrere Mieter gibt, eine Stimme hat: Mehrere Mieter **einer** Wohnung oder mehrere Mieter oder Pächter einer Gewerbeeinheit sind **ein** Nutzer i.S.v. § 1 HeizkostenV (§ 1 HeizkostenV Rdn. 40). Einer ausdrücklichen Zustimmung zur Gebrauchsüberlassung bedarf es nicht (unzutreffend *LG Berlin*, 07.07.2006 – 63 S 373/05, GE 2006, 1041). Zum Wohnungseigentum s. Rdn. 24 und Rdn. 26. 18

Ein Widerspruch der Nutzer bedeutet, dass der Gebäudeeigentümer nicht befugt ist, die angekündigte Art der Gebrauchsüberlassung zu wählen (*Lammel* HeizkostenV § 4 Rn. 21). Die Nutzer sind in diesem Falle jedenfalls **nicht verpflichtet**, die Anbringung der Ausstattung zu **dulden** (*Lammel* HeizkostenV § 4 Rn. 22) oder die **Kosten der Gebrauchsüberlassung** zu tragen. 19

bb) Kein Widerspruch (§ 4 Abs. 2 S. 2 Halbs. 2 HeizkostenV)

Widersprechen die Nutzer nach einer wirksamen Mitteilung der Gebrauchsüberlassung nicht, müssen sie deren Kosten tragen, auch dann, wenn es **keine** Vereinbarung nach § 556 Abs. 1 S. 1 BGB gibt (PWW/*Elzer* BGB § 556 Rn. 34; a.A. *Lammel* HeizkostenV § 4 Rn. 30 ff.). 20

cc) Kosten der Gebrauchsüberlassung

Die Kosten der Gebrauchsüberlassung gehören zu den Kosten des Betriebs der zentralen Heizungs- bzw. Warmwasserversorgungsanlage (§ 7 HeizkostenV Rdn. 59; § 8 HeizkostenV Rdn. 14). Dies gilt auch dann, wenn die Gebrauchsüberlassung **als solche unwirtschaftlich** ist (a.A. *AG Hamburg*, 25.01.1994 – 47 C 170/93, WuM 1994, 695, 696; ähnlich *Wall* WuM 2002, 130 [134]). Anders ist es, wenn ein **überteuerter Anbieter** ausgewählt wurde. Dann können nur die Kosten bis zur angemessenen Höhe umgelegt werden. 21

3. Kosten des Eigentumserwerbes

a) Erstmalig

Erwirbt der Gebäudeeigentümer die Messgeräte **erstmalig** zu Eigentum, kann diese Investition **nicht** im nach §§ 7 Abs. 2, 8 Abs. 2 HeizkostenV umgelegt werden. Bei **freifinanziertem Wohnraum** sind die Kosten aber als Modernisierungsaufwand i.S.v. § 559 BGB zu behandeln (*Pfeifer* GE 2022, 132 [137]; *Peruzzo* NJW 1981, 801 [802]; *Demmer* MDR 1981, 529 [533]), wenn mit den Geräten eine nachhaltige Gebrauchswerterhöhung der Wohnung i.S.d. § 555b Nr. 4 BGB verbunden ist (s.a. *BGH*, 28.09.2011 – VIII ZR 326/10, NJW 2011, 3514; *AG Konstanz*, 21.10.2021 – 4 C 163/21, IR 2022, 127). Dies ist beispielsweise der Fall, wenn die Geräte erstmals fernablesbar sind (dann dürften i.d.R. auch die Voraussetzungen von § 555b Nr. 6 BGB erfüllt sein). Die Kosten sind **insoweit** zu berücksichtigen, als sie dem Grundsatz der Wirtschaftlichkeit entsprechen (*Wall* WuM 2002, 130 [134]). Unwirtschaftlich ist beispielsweise die Anschaffung überteuerter Geräte oder technisch aufwändiger Geräte, deren Mehrkosten in keiner Relation zum Nutzen stehen. Handelt es sich bei den auszustattenden Räumen hingegen um **preisgebundenen** Wohnraum, richtet sich die Erhöhung der Kostenmiete durch die Kosten für die Anschaffung der Erfassungsgeräte nach §§ 8, 8a, 8b WoBindG i.V.m. § 6 NMV 1970. § 6 NMV 1970 stellt die Grundnorm für eine Erhöhung der Kostenmiete auf Grund baulicher Veränderungen dar (vgl. §§ 16 Abs. 5, 17 Abs. 5 NMV 1970). Bei der **Gewerberaummiete** ist § 559 BGB nicht anwendbar. 22

b) Ersatzbeschaffung

Die Kosten für eine **Ersatzbeschaffung** unbrauchbar gewordener Geräte können wie **sonstige Ersatzanschaffungen** nicht auf den Nutzer umgelegt werden (*AG Nürnberg*, 11.07.1990 – 27 C 4081/90, WuM 1990, 524). Das gilt auch für die Kosten, wenn in einem Wartungsvertrag ein Austausch alle 5 Jahre vorgesehen ist. Hier muss zwischen Wartungs- und Ersatzbeschaffungskosten aufgeteilt wer- 23 den. Zwischen der Gemeinschaft der Wohnungseigentümer und den Wohnungseigentümern gilt das jeweils allerdings nicht.

4. Wohnungseigentumsrecht

a) Allgemeines

24 Im Wohnungseigentumsrecht treffen die **Wohnungseigentümer** nach § 10 Abs. 1 S. 2 WEG oder nach § 19 Abs. 1 WEG (*OLG Düsseldorf*, 23.06.2008 – I-3 Wx 77/08, NZM 2009, 162) für die Gemeinschaft der Wohnungseigentümer und für ihr Verhältnis untereinander die Entscheidungen, mit **welchen** Geräten die Räume ausgestattet werden und ob die Geräte **gemeinschaftliches** Eigentum werden (Rdn. 28) oder von einem Dritten **zum Gebrauch überlassen** werden sollen. Die Gemeinschaft der Wohnungseigentümer muss den Wohnungseigentümern die Entscheidung, sich für eine Gebrauchsüberlassung entschieden zu haben, daher **nicht** mitteilen (s.a. *Schmid* DWE 2008, 38 [41]). Widerspricht eine Gebrauchsüberlassung, z.B. wegen unverhältnismäßig hoher Kosten im Vergleich zu einem Ankauf, einer ordnungsmäßigen Verwaltung, ist der Beschluss auf eine Klage für ungültig zu erklären.

b) Verwalter (§ 27 WEG)

25 Der Verwalter ist nach § 27 Abs. 1 WEG **nicht** befugt, Entscheidungen nach § 4 HeizkostenV zu treffen. Die Entscheidungen haben **keine untergeordnete** Bedeutung. Die Wohnungseigentümer können nach § 10 Abs. 1 S. 2 WEG oder nach § 27 Abs. 2 WEG etwas anderes bestimmen.

c) Vermietende/verpachtende Wohnungseigentümer

26 Im Verhältnis zu einem Mieter/Pächter ist der **einzelne Wohnungseigentümer** Gebäudeeigentümer (§ 1 HeizkostenV Rdn. 38). Die Pflicht, den Mieter/Pächter nach § 4 Abs. 2 S. 2 Halbs. 1 HeizkostenV zu informieren, trifft also den Wohnungseigentümer. Widerspricht der Nutzer, ist eine Gebrauchsüberlassung wenigstens **insoweit unzulässig** (differenzierend *Schmid* DWE 2008, 38 [41]). Ob das eine Ausstattung im Wege der Gebrauchsüberlassung für das ganze Gebäude unmöglich macht, ist eine Frage des Einzelfalls.

d) Kosten

27 Die Kosten der Ausstattung sind nach § 3 S. 3 HeizkostenV Kosten der Gemeinschaft der Wohnungseigentümer i.S.v. § 16 Abs. 2 S. 1 WEG. Dabei ist unerheblich, ob die Ausstattung **gekauft** oder im **Wege der Gebrauchsüberlassung** erlangt wird.

e) Eigentum

28 Die Ausstattungen zur Verbrauchserfassung stehen nach § 5 Abs. 2 WEG im **gemeinschaftlichen** Eigentum, wenn sie nicht gemietet oder geleast werden.

f) Umsetzung

29 Die Ausstattung der Räume zur Verbrauchserfassung ist gesetzlich geboten und daher eine **Erhaltungsmaßnahme** im weiteren Sinne, keine bauliche Veränderung (näher *Hügel/Elzer* WEG § 19 Rn. 68).

IV. Räume

1. Überblick

30 Der Gebäudeeigentümer hat nach § 4 Abs. 2 S. 1 Halbs. 1 HeizkostenV »Räume« mit Ausstattungen zur Verbrauchserfassung zu versehen. **Welche** Räume das sind, sagt die HeizkostenV nicht.

2. Begriffe

a) Raum

Nach h.M. sind in § 4 Abs. 2 S. 1 Halbs. 1 HeizkostenV nur die Räume gemeint, in denen es »**Heizkörper**« gibt, welche i.d.R. an eine zentrale Heizungsanlage angeschlossen sind, die nicht § 4 Abs. 3 S. 1 HeizkostenV unterfallen, und **wo** die Heizkörper eine Anbringung überhaupt ermöglichen (Bub/Treier/*Emmerich* Kap. III Rn. 409; Kreuzberg/Wien/*von Brunn* 3.3.3; BeckOK MietR/*Pfeifer* HeizkostenV § 4 Rn. 11; *Lammel* HeizkostenV § 4 Rn. 5). Für diese Sichtweise spricht, dass die HeizkostenV grundsätzlich nicht auf die in den Räumen erzielbare Raumtemperatur, sondern auf die **Wärmeabgabe** abstellt (Bub/Treier/*Emmerich* Kap. III Rn. 409; *Lammel* HeizkostenV § 4 Rn. 5). 31

Ob der Heizkörper abgesperrt ist und nicht betrieben wird, ist **unerheblich**. Notwendig, aber auch ausreichend ist, dass eine Wiederinbetriebnahme ohne besonderen Aufwand und ohne besondere Kenntnisse möglich ist (*AG Tettnang*, 19.02.1988 – 3 C 857/87, WuM 1989, 193). Ferner ist unerheblich, ob die Heizkörperventile nicht geöffnet werden (*BayObLG*, 07.04.1988 – BReg. 2 Z 157/87, NJW-RR 1988, 1166; *LG München II*, 15.06.1988 – 11 S 597/88, WuM 1988, 310). 32

»Raum« i.d.S. können auch »Nebenräume« sein, z.B. ein Hobbyraum, eine Garage (*LG Köln*, 24.11.1983 – 1 S 25/83, WuM 1985, 371), ein Keller oder eine Mansarde, sofern es dort einen Heizköper gibt (Bub/Treier/*Emmerich* Kap. III Rn. 409). 33

Räume ohne Heizkörper sind nicht auszustatten, auch wenn sie Wärme aus den umliegenden Räumen empfangen. Sie sind aber in die Flächenermittlung einzubeziehen. 34

b) Heizkörper

aa) Überblick

Ein Heiz- ist i.d.R. ein Hohlkörper, der als Wärmetauscher einen Teil der vom Heizmedium (z.B. Wasser, Öl) transportierten oder produzierten thermischen Energie an die Umgebung abgibt, um die Raumtemperatur zu erhöhen. Die Größe des Heizkörpers ist unerheblich (BeckOK MietR/*Pfeifer* HeizkostenV § 4 Rn. 15). 35

Eine **Steigeleitung** (*LG Dresden*, 06.02.2009 – 4 S 91/08, WuM 2009, 292; *AG Berlin-Hohenschönhausen*, 29.05.2008, 16 C 205/07, GE 2008, 933; a.A. *AG Berlin-Hohenschönhausen*, 15.05.2007 – 2 C 507/06, GE 2009, 657) oder das **Fallrohr** eines Heizungsstranges ist kein Heizkörper. Der Nutzer muss daher die Anbringung einer Ausstattung an diesen auch **nicht** dulden (a.A. *BGH*, 12.05.2010 – VIII ZR 170/09, NJW 2010, 2571 Rn. 7). Problemen der **Rohrwärmeabgabe** ist durch angemessene Umlageschlüssel zu begegnen (§ 7 HeizkostenV Rdn. 19 ff.). 36

bb) Wohnungseigentum

Ein Wohnungseigentümer ist **nicht berechtigt**, einen in seiner Wohnung befindlichen Heizkörper, der mit einem Wärmeverbrauchsmesser ausgestattet ist, eigenmächtig abzumontieren und ihn z.B. durch einen Konvektor ohne Verbrauchserfassungsmöglichkeit zu ersetzen (*OLG Hamburg*, 22.04.1999 – 2 Wx 39/99, ZMR 1999, 502). Handelt der Wohnungseigentümer anders, ist er verpflichtet, wieder einen Heizkörper einbauen zu lassen, der eine gesetzlich vorgeschriebene Ablesung des Wärmeverbrauchs ermöglicht (*OLG Hamburg*, 22.04.1999 – 2 Wx 39/99, ZMR 1999, 502). Ein Beschluss, der Wohnungseigentümern im Interesse gleichmäßiger Messung des Wärmeverbrauchs verbietet, Heizkörper zu entfernen, ist daher auch nicht nichtig (*BayObLG*, 20.03.1985 – BReg 2 Z 141/84, WuM 1986, 26). 37

c) Fußbodenheizungen

Gibt es in einer Wohnung eine Fußbodenheizung, deren Wärmeabgabe durch einen **Wärmezähler** erfasst wird, reicht ein Wärmezähler für die **gesamten** Räume (BeckOK MietR/*Pfeifer* HeizkostenV § 4 Rn. 12). 38

V. Verbrauchsermittlung

39 Der Gebäudeeigentümer hat **entspr.** § 4 Abs. 1, Abs. 2 S. 1 Halbs. 2 HeizkostenV den anteiligen Verbrauch durch Messen, Ablesen oder Berechnen der Verbrauchswerte zu ermitteln.

C. Duldungspflicht des Nutzers (§ 4 Abs. 2 S. 1 Halbs. 2 HeizkostenV)

I. Überblick

40 Nach § 4 Abs. 2 S. 1 Halbs. 2 HeizkostenV haben die Nutzer (§ 1 HeizkostenV Rdn. 40 ff.) es zu dulden, dass der Gebäudeeigentümer (§ 1 HeizkostenV Rdn. 29 ff.) die Räume mit Ausstattungen zur Verbrauchserfassung versieht. Verstöße gegen § 4 Abs. S. 2 HeizkostenV lassen die Duldungspflicht **unberührt** (*LG Heidelberg*, 19.11.2010 – 5 S 34/10, WuM 2011, 14).

II. Umfang der Duldungspflicht

1. Ausstattung

a) Überblick

41 Der Nutzer – das kann auch ein Wohnungseigentümer sein – muss die **Erstausstattung** der Räume, an denen er Eigengebrauch hat, aber auch jede **weitere** Ausstattung zur Verbrauchserfassung dulden (*BGH*, 28.09.2011 – VIII ZR 326/10, NJW 2011, 3514 Rn. 17; *AG Konstanz*, 21.10.2021 – 4 C 163/21, IR 2022, 127). Aus welchem Anlass es zu einer weiteren Ausstattung kommt, ist unerheblich. Beispiele sind der Austausch einer defekten Ausstattung, die Schließung einer Lücke in der Verbrauchserfassung (*BGH*, 12.05.2010 – VIII ZR 170/09, NJW 2010, 2571 Rn. 7), aber auch der Austausch einer funktionierenden Ausstattung gegen eine andere (*BGH*, 28.09.2011 – VIII ZR 326/10, NJW 2011, 3514 Rn. 14; *LG Heidelberg*, 19.11.2010 – 5 S 34/10, WuM 2011, 14; a.A. *LG Kassel*, 27.05.2004 – 1 S 381/03, NZM 2006, 818), z.B. nach § 5 Abs. 2, Abs. 5 HeizkostenV.

b) Betreten

42 Zur Durchführung sind der Gebäudeeigentümer und von ihm beauftragte Dritte befugt, die Räume zu betreten (*BGH*, 12.05.2010 – VIII ZR 170/09, NJW 2010, 2571 Rn. 6).

43 Der Nutzer kann die Zutrittsgewährung davon **abhängig** machen, dass der Ableser vor dem Betreten der Wohnung seine Schuhe auszieht (**veraltet** *LG Hamburg*, 12.01.1993 – 309 S 60/92; *AG Hamburg*, 24.03.1992 – 21b C 189/92; *AG Berlin-Tiergarten*, 02.10.1989 – 10 C 251/89), nicht raucht, nicht fotografiert oder in Zeiten einer Pandemie eine Mund-Nasen-Maske trägt. Das ist Ausfluss des **Hausrechtes** des Nutzers, das in den Grenzen des Schikaneverbots dazu führt, dass sich der Gebäudeeigentümer oder von ihm beauftragte Dritte den Gepflogenheiten bzw. Wünschen des Nutzers zu unterwerfen haben (s.a. *Lützenkirchen* NJW 2007, 2152 [2155] zum Betretungsrecht des Vermieters).

c) Weitere Maßnahmen

44 Die Duldungspflicht umfasst nicht nur die Montage, sondern sämtliche mit der Erfassung im Zusammenhang stehenden Maßnahmen wie das Verlegen von Leitungen, das Aufmessen der Heizkörper, ggf. die Programmierung elektronischer Heizkostenverteiler.

2. Ablesung/Austausch/Erhaltung/Wartung

45 Nach Sinn und Zweck von § 4 Abs. 1 HeizkostenV, jedenfalls aber entspr. § 4 Abs. 2 S. 1 Halbs. 2 HeizkostenV hat der Nutzer das Betreten der Wohnung auch zu dulden, wenn die Ausstattung **abgelesen** (*AG Sonthofen*, 04.10.2018 – 1 C 813/17, ZWE 2019, 183 Rn. 26 ff.), im aktuellen Recht vor allem aber **ausgetauscht, erhalten und gewartet** werden soll (*AG Düsseldorf*, 16.02.2006 – 28 C 13749/05, DWW 2008, 98; *Schmid* WuM 2011, 331). Denn nur so ist es dem Gebäudeeigentümer möglich, die Kosten verbrauchsabhängig aufzuteilen.

3. Mitwirkung des Nutzers

a) Grundsatz

Dulden heißt »Hinnehmen«. Der Nutzer muss für eine Ausstattung also nicht mitwirken, muss z.B. keine Möbel beiseitestellen (a.A. *LG Berlin*, 04.06.1996 – 64 S 97/96, ZMR 1997, 145; *Schmid* MDR 2011, 637 (638)), oder Gardinen abnehmen (anders s.a. § 38 S. 4 MsbG). Er darf eine Ablesung/Ausstattung/Wartung aber auch nicht durch Worte und/oder Taten behindern und muss außerdem die Tür öffnen. Der Nutzer ist ferner verpflichtet, Maßnahmen zu **unterlassen**, die zu einer Verfälschung der Messergebnisse führen, z.B. die Anbringung von Heizkörperverkleidungen vor Verdunstungsgeräten (a.A. *AG Aschersleben*, 12.05.2005 – 15 C 219/01 [IV], ZMR 2005, 715) oder deren Einbau (s.a. *AG Schwerin*, 29.10.2014 – 16 C 283/12, GE 2015, 59). 46

b) Terminabsprachen

Der Mieter schuldet als Teil der »Duldung« allerdings Terminabsprachen und ist verpflichtet, an der Abstimmung eines baldigen Termins mitzuwirken (s.a. *BGH*, 04.03.2009 – VIII ZR 110/08, NJW 2009, 1736 Rn. 16 zu Erhaltungsmaßnahmen). 47

c) Ableseprotokoll

Der Nutzer ist **nicht** verpflichtet, ein Ableseprotokoll zu unterschreiben (s.a. *Schmid* MDR 2011, 637 (638); *Schmid* MietRB 2011, 158 (159)). Unterschreibt er, ist dies zwar kein deklaratorisches Schuldanerkenntnis (*Gruber* NZM 2000, 843; *Schmid* ZMR 1997, 452; a.A. *LG Berlin*, 04.06.1996 – 64 S 97/96, ZMR 1997, 145). Die Unterschrift soll aber ein **Indiz** für die Richtigkeit der Ablesung sein (*OLG Köln*, 03.04.1985 – 27 U 18/84, GE 1986, 341 [345]; *LG Hannover*, 29.07.1987 – 11 S 338/85, ZMR 1989, 97; a.A. *Gruber* NZM 2000, 843). 48

4. Grenzen/Verstöße

Grenzen der Duldungspflicht bilden §§ 242, 226 BGB (*Schmid* MDR 2011, 637; s.a. *BGH*, 23.02.1972 – VIII ZR 91/70, NJW 1972, 723). Verletzt der Mieter durch grundlose mehrfache Weigerung, trotz Abmahnung und mehrfacher Terminankündigung seine Duldungspflicht, kann der Vermieter ihm fristlos kündigen (s.a. *AG Brandenburg*, 05.11.2021 – 31 C 32/21, ZMR 2022, 220). Eine gesundheitsschädliche Wirkung fernablesbarer Ausstattungen ist wissenschaftlich nicht belegt und aus der Sicht eines objektiven Mieters nicht geeignet, die mit einem funkablesbaren Messgerät verbundenen Vorteile zu entwerten (*BGH*, 28.09.2011 – VIII ZR 326/10, ZMR 2012, 97). 49

III. Ankündigung

1. Überblick

Der Gebäudeeigentümer hat entspr. § 555a Abs. 2 BGB eine Ablesung/Ausstattung/Wartung dem Nutzer rechtzeitig **anzukündigen**, es sei denn, die sofortige Durchführung ist zwingend erforderlich (s.a. *Pfeifer* GE 2022, 133 (137)). 50

2. Einzelheiten

Der Gebäudeeigentümer oder ein Vertreter muss den Tag und die Uhrzeit der Ablesung sowie ggf. den Namen, die Anschrift und eine Telefonnummer der mit der Ablesung beauftragten Person/ Firma ankündigen. Ferner muss er dem Nutzer Hinweise geben, z.B. zu den Ablesemöglichkeiten der Erfassungsgeräte und zum Wechsel der Kontrollfarbe bei Verdunstungsgeräten (*Langenberg/ Zehelein* Kap. K. Rn. 232). Der Nutzer kann verlangen, dass sich ein Ableser legitimiert. 51

3. Form

52 Die Ankündigung bedarf **keiner** besonderen Form. Neben der Schrift- ist auch jede andere Form ordnungsmäßig, soweit die Ankündigung dem Nutzer zugeht. Wird die Ankündigung nur im Treppenhaus ausgehängt, was zulässig ist (*Schmid* WuM 2011, 331; *Langenberg/Zehelein* Kap. K. Rn. 228; s.a. § 38 S. 2 MsbG), ist dies **nicht immer** der Fall. Bei mehreren Hauseingängen ist an jedem Eingang ein Anschlag anzubringen. Ankündigender ist der Gebäudeeigentümer, ein von ihm Ermächtigter oder ein Vertreter. § 174 BGB ist nicht anwendbar.

4. Rechtzeitig

53 Was rechtzeitig ist, ist nach den **Umständen des Einzelfalls** zu entscheiden. Abzuwägen sind u.a. die Beeinträchtigungen der Räume und des Nutzers, das Alter und Krankheiten des Nutzers, der Umfang sowie die Dringlichkeit. Ferner ist zu berücksichtigen, dass der Nutzer sich auf die Arbeiten einstellen und entspr. Vorkehrungen treffen können muss. Das kann bei Berufstätigkeit die Beantragung von Urlaub usw. sein, ggf. die Absprache mit Dritten, um Zutritt zu gewähren, um ggf. während der Arbeiten durch Anwesenheit die eigenen Interessen zu wahren. Der Nutzer kann nicht allein mit der Begründung, berufstätig zu sein, seine Duldungspflicht auf Zeiträume in der üblichen Freizeit beschränken.

54 Für Arbeiten **innerhalb** vermieteter Räume sind i.d.R. 2 Wochen ausreichend, aber auch notwendig (s.a. § 38 S. 3 MsbG; *Schmid* WuM 2011, 331; a.A. *AG Brandenburg*, 04.10.2004 – 32 [33] C 110/04, NZM 2005, 257 und *AG Münster*, 09.10.1986 – 8 C 40/86, WuM 1987, 230: 1 Woche). Für Gemeinschaftsräume reichen grundsätzlich 3 Tage. Für die dem Gebäudeeigentümer zunächst nicht zugänglichen Räume ist ein **zweiter** Ablesetermin in einem Abstand von 14 Tagen anzusetzen (*LG München* I, 22.02.2001 – 12 O 7987/00, WuM 2001, 190 [192]; s.a. § 38 S. 3 MsbG).

5. Tageszeit und Dauer

55 Die vorgesehene Tageszeit und Dauer sind so einzurichten, dass sie den Nutzer möglichst wenig belasten, andererseits aber den Gebäudeeigentümer seine Interessen wahrnehmen lassen. Übliche Zeiten sind werktags, tagsüber, nicht zur Unzeit, beispielsweise am frühen Morgen oder späten Abend (10.00–13.00 Uhr und 15.00–18.00 Uhr). Ist eine Zeit unüblich und liegt kein Notfall vor, kann der Nutzer den Zutritt zu den Räumen verwehren. Ein Zeitfenster von mehr als 2 Stunden ist unzumutbar (*Schmid* WuM 2011, 331).

56 Auf die berufliche Situation des Nutzers ist Rücksicht zu nehmen, sodass auch Termine am Abend und am Samstag verlangt werden können (*Horst* GE 2008, 587). Der Nutzer muss sich dazu mit dem Gebäudeeigentümer in Verbindung setzen und auf seine Situation hinweisen.

6. Zeitpunkt der Ablesung

57 Bei Ausstattungen, die noch **nicht fernablesbar** sind oder elektronisch einen Stichtag festhalten, sollte der Verbrauch grundsätzlich in dem Monat **vor oder nach** Ende des Abrechnungszeitraums erfasst werden. Beispielsweise wurde eine Ablesung bei Abrechnung nach dem Kalenderjahr nach Mitte Februar in Anlehnung an § 9a Abs. 2 HeizkostenV für zu spät gehalten, da auf diesen Zeitraum nach der Gradtagstabelle mehr als 25 % des durchschnittlichen jährlichen Heizenergieverbrauchs entfallen (*AG Schöneberg*, 21.11.2012 – 104 C 183/12; *AG Nordhorn*, 11.03.2003 – 3 C 15/03, WuM 2003, 326). Der Gebäudeeigentümer kann diese Folge **nicht umgehen**, indem er vom verspäteten Ablesetermin mit Hilfe der Gradtagszahlmethode auf das Ende des Abrechnungszeitraums zurückrechnet (s.a. *LG Osnabrück*, 17.07.2003 – 5 S 197/03, NZM 2004, 95 (96)). Endet die Heizperiode allerdings in den Sommermonaten, ist eine längere Frist hinzunehmen (*OLG Schleswig*, 04.10.1990 – 4 REMiet 1/88, NJW-RR 1991, 78).

IV. Durchsetzung

Der Gebäudeeigentümer kann den Nutzer gestützt auf § 4 Abs. 2 S. 1 Halbs. 2 HeizkostenV im Wege der **Leistungsklage auf Duldung** in Anspruch nehmen (*LG Köln*, 18.04.1985 – 1 S 466/84, DWW 1985, 233 (234)). Im Einzelfall, z.B. für eine Ablesung, ist auch ein Vorgehen nach §§ 935, 940 ZPO vorstellbar (s.a. *Schmid* WuM 2011, 331 (332); *Ropertz/Wüstefeld* NJW 1989, 2365 (2368)). 58

Eine hartnäckige Weigerung des Mieters, seiner Duldungspflicht trotz rechtskräftiger Feststellung nachzukommen, begründet ein Recht zur fristlosen Kündigung (a.A. *LG Hamburg*, 18.02.1992 – 316 S 188/91, WuM 1992, 245). 59

V. Schadenersatz

Eine verschuldete unberechtigte Zutrittsverweigerung verpflichtet den Nutzer zum **Schadenersatz** (*AG Brandenburg*, 04.10.2004 – 32 (33) C 110/04, NZM 2005, 257; *Schmid* WuM 2011, 331 (332)). Hat der Nutzer die Notwendigkeit eines weiteren Termins nicht zu vertreten, sind die Kosten als normale Verbrauchserfassungskosten zu behandeln (*Kinne* GE 2006, 1025). 60

VI. Keine Erfassung: Schätzung

Kann der anteilige Wärme- oder Warmwasserverbrauch von Nutzern für einen Abrechnungszeitraum wegen des Verhaltens des Nutzers ausnahmsweise **nicht erfasst** werden, ist § 9a HeizkostenV anwendbar (s.a. *Schmid* WuM 2011, 331 (332)). 61

D. Gemeinschaftsräume (§ 4 Abs. 3 HeizkostenV)

I. Grundsatz: Keine Pflicht zur Verbrauchserfassung (§ 4 Abs. 3 S. 1 HeizkostenV)

1. Überblick

§ 4 Abs. 3 S. 1 HeizkostenV nimmt »gemeinschaftlich genutzte Räume« (Rdn. 64 ff.) seit dem Jahr 1988 (Rdn. 1) von der Pflicht zur Verbrauchserfassung aus. 62

2. Normzweck

Der Verordnungsgeber hat diese Ausnahme erstens mit dem Umstand begründet, dass die auf diese Räume entfallenden Verbrauchsanteile grds. **verhältnismäßig gering** seien (BR-Drs. 494/88, 24). Die Verbrauchsanteile würden von Wissenschaftlern und Praktikern auf durchschnittlich 2% bis 3 % des Gesamtverbrauchs eines Gebäudes geschätzt werden (BR-Drs. 494/88, 24). Zweitens könne der Verbrauch in Gemeinschaftsräumen i.d.R. den einzelnen Nutzern **nicht zugeordnet** und drittens von ihnen **nicht individuell beeinflusst** werden (BR-Drs. 494/88, 24). Es entspreche daher dem Verhältnismäßigkeitsgrundsatz und dem Gebot der Wirtschaftlichkeit, den Verbrauch, der in Gemeinschaftsräumen anfalle, von der Pflicht zur gesonderten Erfassung auszunehmen. 63

3. Gemeinschaftlich genutzte Räume

a) Definition

Gemeinschaftlich genutzte Räume sind Räume, die **mehrere** Nutzer benutzen, an denen aber keinem Nutzer ein **alleiniges** Gebrauchs- und/oder Nutzungsrecht zusteht und bei denen es nutzungsbedingt zu **keinem** hohen Wärme- oder Warmwasserverbrauch kommt. Ob man den Raum nur gegen Entgelt nutzen kann, ist unerheblich. Für die Frage, ob es zu einem hohen Wärme- oder Warmwasserverbrauch kommt, ist auf das Verhältnis von Gesamtverbrauch zum Verbrauch des Raums und nicht auf den absoluten Energieverbrauch des Raums abzustellen (s.a. *Ropertz/Wüstefeld* NJW 1989, 2365 (2367)). Ein hoher Wärme- oder Warmwasserverbrauch dürfte in jedem Falle vorliegen, wenn die Heizleistung des Raums mehr als 20 % des Gesamtverbrauchs erreicht. Die 64

Räume können, müssen aber nicht beheizt sein und können die Abnahme von Warmwasser erlauben. Das ist aber nicht zwingend.

b) **Beispiele**

65 Es handelt sich i.d.R. um das Treppenhaus. Es kann sich aber auch um Abstellräume, Bodenräume, Fahrradräume, Flure, Garagen, Heizungsräume, Hobbyräume, Kellerräume, Kinderwagenräume, Spielhäuser, Spitzböden, Tiefgaragen (verkannt von *LG Hamburg*, 18.03.2015 – 318 S 104/14, ZMR 2015, 484), Tischtennisräume, Trockenräume, Wäschekeller und Waschküchen, Wintergärten usw. handeln.

4. **Umlage der Kosten**

66 Die in den gemeinschaftlich genutzten Räumen anfallenden Kosten sind Teil der Gesamtkosten und wie Hausstrom nach dem allgemeinen Umlageschlüssel auf die Nutzer zu verteilen (*Ropertz/Wüstefeld* NJW 1989, 2365 (2366)).

5. **Vereinbarungen von Gebäudeeigentümer und Nutzer**

67 Gebäudeeigentümer und Nutzer sind durch § 4 Abs. 3 S. 1 HeizkostenV **nicht** gehindert, für Gemeinschaftsräume eine Verbrauchserfassung und Umlageschlüssel zu vereinbaren, die der HeizkostenV entsprechen.

68 Auf diese Vereinbarung kann ein Nutzer nach § 241 Abs. 2 BGB einen **Anspruch** haben, z.B. ein Nutzer, der **lagebedingt** einen überdurchschnittlich hohen Wärmebedarf oder eine **große Wohnfläche** hat, da dieser ansonsten einen überdurchschnittlich hohen Kostenanteil für die Gemeinschaftsräume übernehmen müsste (s.a. *Ropertz/Wüstefeld* NJW 1989, 2365 (2367)).

6. **Wohnungseigentumsrecht**

69 Die Wohnungseigentümer können nach § 10 Abs. 1 S. 2 WEG für Gemeinschaftsräume eine Verbrauchserfassung und Umlageschlüssel vereinbaren, die der HeizkostenV entsprechen, nach § 19 Abs. 1 WEG aber auch beschließen. Der Verwalter ist hierzu nach § 27 WEG nicht befugt.

II. **Ausnahme: Pflicht zur Verbrauchserfassung**

1. **Überblick**

70 Nach § 4 Abs. 1, Abs. 2 S. 1 Halbs. 2, Abs. 3 S. 2 HeizkostenV hat der Gebäudeeigentümer (§ 1 HeizkostenV Rdn. 29 ff.) den anteiligen Verbrauch der Nutzer (§ 1 HeizkostenV Rdn. 40 ff.) an Wärme und Warmwasser für solche Gemeinschaftsräume zu erfassen und mit Ausstattungen zur Verbrauchserfassung zu versehen, bei denen **nutzungsbedingt** mit einem **hohem** Wärme- oder Warmwasserverbrauch zu rechnen ist.

2. **Normzweck**

71 Mit der Ausstattung und der Erfassung soll erstens eine »gewisse Verbrauchskontrolle« ermöglicht, zweitens den Nutzenden der Energieverbrauch aufgezeigt und drittens ein zusätzlicher Anreiz für **sparsames** Verbrauchsverhalten gegeben werden (BR-Drs. 494/88, 24).

3. **Gemeinschaftsräume**

a) **Definition**

72 Gemeinschaftsräume sind Räume, die mehrere Nutzer benutzen, an denen aber keinem Nutzer ein alleiniges Gebrauchs- und/oder Nutzungsrecht zusteht und bei denen es nutzungsbedingt zu einem hohen Wärme- oder Warmwasserverbrauch kommt. Die Räume müssen beheizt sein und müssen grds die Abnahme von Warmwasser erlauben.

b) Beispiele

Es handelt sich bei Gemeinschaftsräumen vor allem um **Schwimmbäder** oder **Saunen.** Es kann aber auch ein Schwitzbad oder ein anderer intensiv genutzter Raum sein, beispielsweise ein Fernsehzimmer, aber im Einzelfall auch ein Treppenhaus. 73

4. Umlage der Kosten

Die in den gemeinschaftlich genutzten Räumen anfallenden Kosten sind nach Maßgabe von § 6 Abs. 3 HeizkostenV umzulegen, gem. § 6 Abs. 3 S. 1 HeizkostenV also nach dem **Verhältnis der erfassten Anteile** am Gesamtverbrauch auf die Gemeinschaftsräume und die übrigen Räume aufzuteilen. Die Verteilung der auf die Gemeinschaftsräume entfallenden anteiligen Kosten richtet sich nach § 6 Abs. 3 S. 2 HeizkostenV nach rechtsgeschäftlichen Bestimmungen. 74

E. Anspruch auf Erfassung/Ausstattung (§ 4 Abs. 4 HeizkostenV)

I. Überblick

1. Mieter/Pächter

Nach § 4 Abs. 4 HeizkostenV hat jeder einzelne Nutzer (§ 1 Rdn. 40 ff.) einen sich **wiederholenden** und daher unverjährbaren **Anspruch** (§ 194 BGB), dass der Gebäudeeigentümer (§ 1 Rdn. 29 ff.) den anteiligen Verbrauch der Nutzer an Wärme und Warmwasser erfasst und dazu die Räume mit Ausstattungen zur Verbrauchserfassung versieht. Er kann dazu eine Klage gegen den Gebäudeeigentümer erheben. Daneben steht ihm das Recht aus § 12 Abs. 1 S. 1 HeizkostenV zu. 75

2. Wohnungseigentumsrecht

a) Verhältnis zur Gemeinschaft der Wohnungseigentümer

Im Verhältnis zur Gemeinschaft der Wohnungseigentümer hat nach § 4 Abs. 4 HeizkostenV jeder Wohnungseigentümer einen **Anspruch** (*BGH*, 16.09.2022 – V ZR 214/21, ZMR 2023, 61 Rn. 18). Der Anspruch folgt daneben aus § 18 Abs. 1 WEG (s.a. *Pfeifer* GE 2022, 133 [138]). Ein Anspruch auf **Änderung des Verbrauchserfassungssystems** kann sich aus § 18 Abs. 2 WEG ergeben, wenn die bisherige Verbrauchserfassung zu grob unbilligen Ergebnissen führen würde (s.a. *BayObLG*, 24.04.2003 – 2Z BR 14/03, WuM 2003, 519; *Schmid* DWE 2008, 38 [41]). Zur Durchsetzung kann der Wohnungseigentümer eine Klage gegen die Gemeinschaft der Wohnungseigentümer erheben, i.d.R. eine **Beschlussersetzungsklage** (*BGH*, 16.09.2022 – V ZR 214/21, ZMR 2023, 61 Rn. 18). Das Recht aus § 12 Abs. 1 S. 1 HeizkostenV steht dem Wohnungseigentümer hingegen nicht zu (§ 12 Abs. 1 S. 4 HeizkostenV; s.a. *BGH*, 16.09.2022 – V ZR 214/21, ZMR 2023, 61 Rn. 14). 76

b) Verhältnis zum Wohnungseigentümer

Im Verhältnis zum Wohnungseigentümer steht der Anspruch dem **Drittnutzer** zu (*AG Düsseldorf*, 24.11.1986 – 27 C 96/86, WuM 1988, 171). Den Anspruch muss der Wohnungseigentümer notfalls gegen die Gemeinschaft der Wohnungseigentümer durchsetzen (*AG Düsseldorf*, 24.11.1986 – 27 C 96/86, WuM 1988, 171). 77

II. Entsprechende Anwendung

Der Nutzer kann entspr. § 4 Abs. 4 HeizkostenV verlangen, dass die Werte der Ausstattungen erfasst und abgerechnet werden. Ein Wohnungseigentümer als Nutzer kann entspr. § 4 Abs. 4 HeizkostenV verlangen, dass Beschlüsse nicht gegen die HeizkostenV verstoßen. Beispielsweise ein Beschluss, der die Weiterbenutzung eichpflichtiger Wärme- oder Warmwasserverbrauchserfassungsgeräte nach Ablauf der Eichfrist vorsieht, entspricht **nicht** den Grundsätzen ordnungsmäßiger Verwaltung (vgl. *BayObLG*, 26.03.1998 – 2Z BR 154/97, ZMR 1998, 508). 78

III. Verstöße

1. Grundsatz

79 Soweit die Kosten der Versorgung mit Wärme oder Warmwasser **nicht verbrauchsabhängig** abgerechnet (Vor § 1 HeizkostenV Rdn. 38 ff.) werden, hat der Nutzer nach § 12 Abs. 1 S. 1 HeizkostenV das Recht, den ihn entfallenden Anteil um 15 v.H. zu kürzen.

2. Gemeinschaft der Wohnungseigentümer und Wohnungseigentümer

80 Soweit die Kosten der Versorgung mit Wärme oder Warmwasser nicht verbrauchsabhängig abgerechnet werden, hat ein Wohnungseigentümer im Verhältnis zur Gemeinschaft der Wohnungseigentümer **kein Kürzungsrecht**. Er kann aber nach § 4 Abs. 4 HeizkostenV die rechtsförmige Abrechnung (Vor § 1 HeizkostenV Rdn. 38 ff.) verlangen und hat ggf. gegen die Gemeinschaft der Wohnungseigentümer einen Schadenersatzanspruch, wenn diese den Mangel der Kostenverteilung zu vertreten hat und der Wohnungseigentümer alles unternommen hat, gegen den Verstoß vorzugehen (s.a. *Fritsch/Okon* ZMR 2022, 169 [172]).

3. Wohnungseigentümer und Nutzer

81 Im Verhältnis zwischen dem Wohnungseigentümer und einem Nutzer gilt dies nicht. In dieser Beziehung besteht das Kürzungsrecht.

F. Thermostat

82 Wird eine Zentralheizung in ein Gebäude eingebaut, hat der Bauherr oder der Eigentümer nach § 61 GEG dafür Sorge zu tragen, dass die Zentralheizung mit zentralen selbsttätig wirkenden Einrichtungen zur Verringerung und Abschaltung der Wärmezufuhr sowie zur Ein- und Ausschaltung elektrischer Antriebe ausgestattet ist (Thermostat). Soweit diese in einem bestehenden Gebäude nicht vorhanden sind, musste der Eigentümer sie bis zum 30.09.2021 nachrüsten.

83 Wird eine heizungstechnische Anlage mit Wasser als Wärmeträger in ein Gebäude eingebaut, hat der Bauherr oder der Eigentümer nach § 63 Abs. 1 S. 1 GEG im Übrigen auch grundsätzlich dafür Sorge zu tragen, dass die heizungstechnische Anlage mit einer selbsttätig wirkenden Einrichtung zur raumweisen Regelung der Raumtemperatur ausgestattet ist.

G. Prozessuales

84 Die Klage auf Duldung einer Ausstattung oder einer Ablesung ist im Verhältnis des Vermieters – auch eines Wohnungseigentümers – zum Mieter ist eine Mietsache i.S.v. § 23 Nr. 2 Buchstabe a) GVG. Im Verhältnis der Gemeinschaft der Wohnungseigentümer und einem Wohnungseigentümer ist es hingegen eine Streitigkeit i.S.v. § 23 Nr. 2 Buchstabe c) GVG.

85 Der Gebäudeeigentümer muss darlegen und beweisen, die Räume mit Ausstattungen zur Verbrauchserfassung versehen zu haben. Der Gebäudeeigentümer muss ferner darlegen und beweisen, dass die Voraussetzungen des § 4 Abs. 3 S. 1 HeizkostenV vorliegen.

§ 5 Ausstattung zur Verbrauchserfassung

(1) Zur Erfassung des anteiligen Wärmeverbrauchs sind Wärmezähler oder Heizkostenverteiler, zur Erfassung des anteiligen Warmwasserverbrauchs Warmwasserzähler zu verwenden. Soweit nicht eichrechtliche Bestimmungen zur Anwendung kommen, dürfen nur solche Ausstattungen zur Verbrauchserfassung verwendet werden, hinsichtlich derer sachverständige Stellen bestätigt haben, dass sie den anerkannten Regeln der Technik entsprechen oder dass ihre Eignung auf andere Weise nachgewiesen wurde. Als sachverständige Stellen gelten nur solche Stellen, deren Eignung die nach Landesrecht zuständige Behörde im Benehmen mit der Physikalisch-Technischen Bundesanstalt bestätigt hat. Die Ausstattungen müssen für das jeweilige Heizsystem geeignet sein und so angebracht werden, dass ihre technisch einwandfreie Funktion gewährleistet ist.

(2) Ausstattungen zur Verbrauchserfassung nach Absatz 1 Satz 1 und nach § 9 Absatz 2 Satz 1, die nach dem 1. Dezember 2021 installiert werden, müssen fernablesbar sein und dabei den Datenschutz und die Datensicherheit nach dem Stand der Technik gewährleisten. Fernablesbar ist eine Ausstattung zur Verbrauchserfassung, wenn sie ohne Zugang zu einzelnen Nutzeinheiten abgelesen werden kann. Ab dem 1. Dezember 2022 dürfen nur noch solche fernablesbaren Ausstattungen installiert werden, die sicher an ein Smart-Meter-Gateway nach § 2 Satz 1 Nummer 19 des Messstellenbetriebsgesetzes vom 29. August 2016 (BGBl I S. 2034), das zuletzt durch Artikel 10 des Gesetzes vom 16. Juli 2021 (BGBl I S. 3026) geändert worden ist, unter Beachtung des in Schutzprofilen und Technischen Richtlinien des Bundesamtes für Sicherheit in der Informationstechnik niedergelegten Stands der Technik nach dem Messstellenbetriebsgesetz angebunden werden können. Die Sätze 1 bis 3 sind nicht anzuwenden, wenn ein einzelner Zähler oder Heizkostenverteiler ersetzt oder ergänzt wird, der Teil eines Gesamtsystems ist und die anderen Zähler oder Heizkostenverteiler dieses Gesamtsystems zum Zeitpunkt des Ersatzes oder der Ergänzung nicht fernablesbar sind.

(3) Nicht fernablesbare Ausstattungen zur Verbrauchserfassung, die bis zum 1. Dezember 2021 oder nach Maßgabe des Absatzes 2 Satz 4 nach dem 1. Dezember 2021 installiert wurden, müssen bis zum 31. Dezember 2026 die Anforderungen nach den Absätzen 2 und 5 durch Nachrüstung oder Austausch erfüllen. Satz 1 ist nicht anzuwenden, wenn dies im Einzelfall wegen besonderer Umstände technisch nicht möglich ist oder durch einen unangemessenen Aufwand oder in sonstiger Weise zu einer unbilligen Härte führen würde.

(4) Fernablesbare Ausstattungen zur Verbrauchserfassung, die bis zum 1. Dezember 2022 installiert wurden, müssen nach dem 31. Dezember 2031 die Anforderungen nach Absatz 2 Satz 3 und Absatz 5 durch Nachrüstung oder Austausch erfüllen.

(5) Ab dem 1. Dezember 2022 dürfen nur noch solche fernauslesbaren Ausstattungen zur Verbrauchserfassung installiert werden, die einschließlich ihrer Schnittstellen mit den Ausstattungen gleicher Art anderer Hersteller interoperabel sind und dabei den Stand der Technik einhalten. Die Interoperabilität ist in der Weise zu gewährleisten, dass im Fall der Übernahme der Ablesung durch eine andere Person diese die Ausstattungen zur Verbrauchserfassung selbst fernablesen kann. Das Schlüsselmaterial der fernablesbaren Ausstattungen zur Verbrauchserfassung ist dem Gebäudeeigentümer kostenfrei zur Verfügung zu stellen.

(6) Die Einhaltung des Stands der Technik nach den Absätzen 2 und 5 wird vermutet, soweit Schutzprofile und technische Richtlinien eingehalten werden, die vom Bundesamt für Sicherheit in der Informationstechnik bekannt gemacht worden sind, oder wenn die Ausstattung zur Verbrauchserfassung mit einem Smart-Meter-Gateway nach § 2 Satz 1 Nummer 19 des Messstellenbetriebsgesetzes verbunden ist und die nach dem Messstellenbetriebsgesetz geltenden Schutzprofile und technischen Richtlinien eingehalten werden. Wenn der Gebäudeeigentümer von der Möglichkeit des § 6 Absatz 1 des Messstellenbetriebsgesetzes für die Sparte Heizwärme Gebrauch gemacht hat, sind fernablesbare Ausstattungen zur Verbrauchserfassung nach den Absätzen 2 und 3 an vorhandene Smart- Meter-Gateways nach § 2 Satz 1 Nummer 19 des Messstellenbetriebsgesetzes anzubinden.

(7) Wird der Verbrauch der von einer Anlage im Sinne des § 1 Absatz 1 versorgten Nutzer nicht mit gleichen Ausstattungen erfasst, so sind zunächst durch Vorerfassung vom Gesamtverbrauch die Anteile der Gruppen von Nutzern zu erfassen, deren Verbrauch mit gleichen Ausstattungen erfasst wird. Der Gebäudeeigentümer kann auch bei unterschiedlichen Nutzungs- oder Gebäudearten oder aus anderen sachgerechten Gründen eine Vorerfassung nach Nutzergruppen durchführen.

(8) [1]Die Bundesregierung evaluiert die Auswirkungen der Regelungen auf Mieter in den Absätzen 2, 5 und 6 drei Jahre nach dem 1. Dezember 2021, insbesondere im Hinblick auf zusätzliche Betriebskosten durch fernablesbare Ausstattungen und den Nutzen dieser Ausstattungen für Mieter. [2]Der Evaluationsbericht wird spätestens am 31. August 2025 veröffentlicht.

Übersicht Rdn.

A. Normgeschichte, Zweck und Allgemeines

§ 5 findet sich von Anfang an in der HeizkostenV. Zunächst hatte er drei Absätze. Absatz 1 regelte und regelt die Pflicht, eine Ausstattung zur Verbrauchserfassung zu verwenden. Welcher Art diese Ausstattung sein muss und welche Anforderungen daran zu stellen sind, hat sich im Laufe der Zeit allerdings **mehrfach geändert**. Aktuell bestimmt Absatz 1 Satz 1, dass Wärmezähler oder Heizkostenverteiler und Warmwasserzähler zu verwenden sind. 1

Die Absätze 2 bis 6 und 8 sind durch die Verordnung zur Änderung der Verordnung über Heizkostenabrechnung v. 24.11.2021 (BGBl I 4964) mWv 01.12.2021 in § 5 **eingefügt** worden. Sie beruhen auf § 6 Abs. 1 Nr. 3 bis Nr. 5 GEG, sollen die Anforderungen von Art. 9c der Energieeffizienzrichtlinie umsetzen (BR-Drs. 643/21, 14 ff.) und sind daher **richtlinienkonform** auszulegen (Vor § 1 HeizkostenV Rdn. 20 ff.). Absatz 8 beauftragt die Bundesregierung, die Auswirkungen der Regelungen zu evaluieren (Rdn. 70). Dieser Auftrag ist auf Initiative des Bundesrates aufgenommen worden (vgl. BR-Drs. 643/1/21, 2). Absatz 7 fand sich wieder von Anfang an in der HeizkostenV, aber als Absatz 2. Sein Satz 2 wurde zuletzt durch die Verordnung zur Änderung wohnungsrechtlicher Vorschriften v. 05.04.1984 (BGBl I 546) geändert (zur Begründung vgl. BR-Drs. 483/83). 2

B. Überblick zu den Fristen des § 5 HeizkostenV

Im Überblick stellen sich die Fristen des § 5 HeizkostenV für den Gebäudeeigentümer (§ 1 HeizkostenV Rn. 29 ff.) und die Ausstattungen wie folgt dar: 3

- **01.12.2021:** Der Gebäudeeigentümer darf vorbehaltlich von § 5 Abs. 2 S. 4 HeizkostenV nur noch solche Ausstattungen installieren, die **fernablesbar** sind und dabei den Datenschutz und die Datensicherheit nach dem Stand der Technik gewährleisten (Rdn. 25 ff.).
- **01.12.2022:** Der Gebäudeeigentümer darf vorbehaltlich von § 5 Abs. 3 S. 2 HeizkostenV, der entspr. gilt (Rdn. 55), nur Ausstattungen installieren, die **interoperabel** (Rdn. 49 ff.) sind (§ 5 Abs. 5 S. 1 HeizkostenV). Die Ausstattungen müssen vorbehaltlich von § 5 Abs. 2 S. 4 HeizkostenV **fernablesbar** sein (Rdn. 25 ff.) und an ein **Smart-Meter-Gateway** angebunden (Rdn. 29 ff.) werden können (§ 5 Abs. 2 S. 1, S. 3 HeizkostenV).
- **31.12.2026:** Der Gebäudeeigentümer muss **noch nicht** fernablesbare Ausstattungen, die er bis zum 01.12.2021 oder nach Maßgabe von § 5 Abs. 2 S. 4 HeizkostenV nach dem 01.12.2021 installiert hatte, vorbehaltlich von § 5 Abs. 3 S. 2 HeizkostenV bis zum 31.12.2026 **nachrüsten oder austauschen.** Die neuen Ausstattungen müssen **fernablesbar** (Rdn. 25 ff.) und **interoperabel** sein (Rdn. 49 ff.) und an ein **Smart-Meter-Gateway** angebunden (Rdn. 29 ff.) werden können (§ 5 Abs. 2 S. 1, S. 3, Abs. 3 S. 1, Abs. 5 HeizkostenV).
- **31.12.2031:** Fernablesbare Ausstattungen, die bis zum 01.12.2022 installiert wurden und die Anforderungen von § 5 Abs. 2 S. 3, Abs. 5 S. 1 noch nicht erfüllen, müssen vorbehaltlich von § 5 Abs. 3 S. 2 HeizkostenV bis zum 31.12.2031 durch **Nachrüstung oder Austausch** an ein

Smart-Meter-Gateway (Rdn. 29 ff.) angebunden werden können und müssen **interoperabel** (Rdn. 49 ff.) werden (§ 5 Abs. 4 HeizkostenV).

C. Verbrauchserfassungssysteme (§ 5 Abs. 1 HeizkostenV)

I. Allgemeines

4 Zur Erfassung des anteiligen Wärmeverbrauchs sind Wärmezähler **oder** Heizkostenverteiler, zur Erfassung des anteiligen Warmwasserverbrauchs Warmwasserzähler zu verwenden. Soweit nicht eichrechtliche Bestimmungen zur Anwendung kommen, dürfen nur **solche** Ausstattungen zur Verbrauchserfassung verwendet werden, hinsichtlich derer sachverständige Stellen **bestätigt** haben, dass sie den anerkannten Regeln der Technik entsprechen oder dass ihre Eignung auf andere Weise nachgewiesen wurde. Als sachverständige Stellen gelten nur solche Stellen, deren Eignung die nach Landesrecht zuständige Behörde im Benehmen mit der Physikalisch-Technischen Bundesanstalt bestätigt hat. Die Ausstattungen müssen für das jeweilige Heizsystem geeignet sein und so angebracht werden, dass ihre technisch einwandfreie Funktion gewährleistet ist.

II. Ungenauigkeiten

5 Erfüllen die Ausstattungen zur Verbrauchserfassung die vorgeschriebenen Voraussetzungen, so müssen gewisse **Messungenauigkeiten**, z.B. bei Verdunstungsgeräten, in Kauf genommen werden (s.a. § 7 HeizkostenV Rdn. 4). Der Nutzer kann mithin keine Einwendungen gegen die Abrechnung (Vor § 1 HeizkostenV Rdn. 38 ff.) erheben, wenn Fertigungs-, Skalierungs- oder Montagemängel innerhalb der zulässigen Toleranzen liegen (*LG Hamburg*, 03.09.1987 – 7 S 259/85, WuM 1988, 64).

6 Das gilt insbesondere für die Kaltverdunstung, die bei Verdunstungsgeräten zu einer Verbrauchsanzeige führt, ohne dass die Heizung betrieben wird. Der Nutzer muss es **hinnehmen**, dass auch bei vollständig abgestellten Heizkörperventilen allein infolge der Wärmeleitung durch das Metall der Anschlussleitungen eine, wenn auch geringe, Erwärmung der Heizkörper erfolgt. Dass diese anlagebedingte Wärmeentnahme durch die Heizkostenverteiler gemessen wird, stellt keinen Fehler dar; auch insoweit liegt ein Wärmeverbrauch vor, dessen Kosten auf den Mieter umzulegen sind.

7 Ein Nutzer kann daher auch **nicht verlangen**, von dem dadurch angezeigten Verbrauch freigestellt zu werden, selbst wenn er nachweist, dass die Heizung nicht eingeschaltet war (§ 3 HeizkostenV Rdn. 15). Er soll nach Treu und Glauben (§ 242 BGB) ggf. aber verlangen können, dass in diesem Fall die Verbrauchswerte auf die Zahl begrenzt werden, die als niedrigste bei einem anderen Nutzer einer gleich großen Wohnung abgelesen worden ist (*BayObLG*, 07.08.1988 – BReg 2 Z 157/87, NJW-RR 1988, 1166).

III. Erfassung des Wärmeverbrauchs

1. Wärmezähler

8 Wärmezähler erfassen die verbrauchte thermische Energie (*BGH*, 16.07.2008 – VIII ZR 57/07, NZM 2008, 767 Rn. 21).

2. Heizkostenverteiler

9 Ein Heizkostenverteiler ist kein Mess-, sondern ein **Erfassungsgerät** (*Pfeifer* GE 2022, 133). Ein Heizkostenverteiler misst mithin keine Wärmemenge, sondern liefert bloß Einheiten, die die zeitliche Summierung der Temperatur(differenz) widerspiegeln (*BGH*, 16.07.2008 – VIII ZR 57/07, NZM 2008, 767 Rn. 21). Erst durch Faktoren, die sich aus Art und Abmessung der Heizkörper ergeben, lässt sich ein Wärmemengenverbrauch herleiten.

10 Es werden mithin durch Verhältnisrechnung der Erfassungsergebnisse mehrerer gleichartiger Heizkostenverteiler die individuellen Heizkosten der einzelnen Nutzer ermittelt. Als Heizkostenverteiler

dienen elektronische Geräte (Heizkostenverteiler mit elektrischer Energiezufuhr) und solche, die nach dem Verdunstungsprinzip arbeiten.

3. Andere geeignete Ausstattungen

Art. 9b Abs. 2 der Energieeffizienzrichtlinie lässt **keine anderen** Ausstattungen zu (s.a. BR-Drs. 643/21, 13). 11

IV. Erfassung des Warmwasserverbrauchs

Zur Erfassung des anteiligen Warmwasserverbrauchs können nach § 5 Abs. 1 S. 1 HeizkostenV **nur** Warmwasserzähler verwendet werden. Dies sind Messinstrumente, die den Wasserstrom in einem Rohrsystem feststellen (*Zehelein* ZMR 2021, 541 (542)). Sie bestehen aus Messtechnik und einer Anzeige. Anforderungen an Warmwasserzähler regelt die MessEV. Nach § 34 Abs. 1 Nr. 1 MessEV i.V.m. Anlage 7 Punkt 5.5.2 müssen sie alle 6 Jahre geeicht werden. In der Praxis werden u.a. Flügelradzähler (gekapselt und offen), Mehrstrahlzähler und Woltmann-Warmwasserzähler verwendet. Art. 9b Abs. 2 der Energieeffizienzrichtlinie lässt **keine anderen** Ausstattungen zu (s.a. BR-Drs. 643/21, 13). 12

V. Allgemeine Eignung (§ 5 Abs. 1 S. 2, S. 3 HeizkostenV)

1. Überblick

Soweit nicht bereits **eichrechtliche** Bestimmungen zur Anwendung kommen, dürfen nur solche Ausstattungen zur Verbrauchserfassung verwendet werden, hinsichtlich derer sachverständige Stellen **bestätigt** haben, dass sie den anerkannten Regeln der Technik entsprechen oder dass ihre Eignung auf andere Weise nachgewiesen wurde. 13

Als sachverständige Stellen gelten nur solche Stellen, deren Eignung die nach Landesrecht zuständige Behörde im Benehmen mit der Physikalisch-Technischen Bundesanstalt bestätigt hat. 14

2. Ausstattung unterfällt eichrechtlichen Bestimmungen

a) Überblick

Eine Ausstattung ist ein Messgerät. Ob ein solches den eichrechtlichen Bestimmungen **unterliegt**, bestimmt § 1 MessEG. Danach unterfallen grundsätzlich **alle** Wärme- und Warmwasserzähler dem MessEG, Heizkostenverteiler hingegen nicht. 15

b) Eichung abgelaufen

Beruhen die in eine **Abrechnung** (Vor § 1 HeizkostenV Rdn. 38 ff.) eingestellten Verbrauchswerte auf der Ablesung eines geeichten Messgeräts, spricht eine tatsächliche Vermutung dafür, dass diese Werte den tatsächlichen Verbrauch richtig wiedergeben. Den von einem nicht (mehr) geeichten Messgerät abgelesenen Verbrauchswerten kommt diese Vermutung nicht zu. In diesem Fall muss der Gebäudeeigentümer im Prozess die Richtigkeit der abgelesenen Werte zur Überzeugung des Tatrichters nachweisen (*BGH*, 17.11.2010 – VIII ZR 112/10, Rn. 13; *Zehelein* NZM 2017, 794 [802]). Der Nutzer ist dann aber nicht zu einer Kürzung nach § 12 Abs. 1 S. 1 HeizkostenV berechtigt. 16

c) Wohnungseigentumsrecht

Ob der Umlageschlüssel »Verbrauch« im Wohnungseigentumsrecht anwendbar ist, wenn der individuelle Verbrauch nur durch nicht geeichte Messgeräte gemessen werden konnte, ist streitig. Hier ist zwischen dem Messgerät und dem -ergebnis zu unterscheiden. Der Einsatz von Messgeräten nach Ablauf ihrer Eichfrist **verstößt** gegen das öffentliche Recht (*OVG Münster*, 25.07.2016 – 4 A 1150/15, NVwZ-RR 2016, 807; *VG Köln*, 10.12.2014 – 1 L 1666/14, ZWE 2015, 292). Ein Beschluss, der den Weitereinsatz eichpflichtiger Wärme- oder Warmwasserverbrauchserfassungsgeräte nach Ablauf 17 der Eichfrist vorsieht, widerspricht daher den Grundsätzen ordnungsmäßiger Verwaltung (*Hügel/Elzer* WEG § 16 Rn. 78). Dem Verwalter ist es öffentlich-rechtlich außerdem nicht erlaubt, die Messergebnisse zu verwerten (*OVG Münster*, 25.07.2016 – 4 A 1150/15, NVwZ-RR 2016, 807; *VG Köln*, 10.12.2014 – 1 L 1666/14, ZWE 2015, 292).

18 Legt der Verwalter die Messergebnisse der Jahresabrechnung dennoch zu Grunde, kann man fragen, ob der Umlageschlüssel »Verbrauch« dann eingesetzt werden kann. Nach h.M. ist zu **vermuten**, dass auch das Messergebnis nicht geeichter Geräte den Verbrauch richtig wiedergibt. Es ist also möglich, die Messergebnisse zunächst als Umlageschlüssel einzusetzen (*BGH*, 17.11.2010 – VIII ZR 112/10, Rn. 13; *Zehelein* NZM 2017, 794 (802); *Pfeifer* MietRB 2015, 83 (87); *Hügel/Elzer* WEG § 16 Rn. 79). Die Vermutung kann aber erschüttert werden. Nach einer anderen Ansicht ist der Einsatz der Messergebnisse ungeachtet ihrer Richtigkeit verboten und die Jahresabrechnung bezogen auf die entspr. Kostenposition erfolgreich und **ohne weitere Prüfung** anfechtbar (*Lammel* jurisPR-MietR 1/2019; *Jennißen/Kemm* ZWE 2017, 390 (394); *Blank* MDR 2017, 369 (370)).

3. Ausstattung unterfällt nicht eichrechtlichen Bestimmungen

a) Bestätigung durch sachverständige Stellen

19 Unterfällt eine Ausstattung ganz ausnahmsweise **nicht** dem MessEG, ist nach § 5 Abs. 1 S. 2 HeizkostenV einerseits möglich, dass eine sachverständige Stelle **bestätigt** hat, dass die Ausstattung den **anerkannten Regeln der Technik** entspricht. Diese stellen die Summe der im Bauwesen anerkannten bewährten wissenschaftlichen, technischen und handwerklichen Erfahrungen dar, die durchweg bekannt und als richtig und notwendig anerkannt sind (*OLG Düsseldorf*, 25.04.2019 – I-5 U 185/17, NJW-RR 2019, 1039 Rn. 27). Es sind diejenigen Prinzipien und Lösungen, die in der Praxis erprobt und bewährt sind und sich bei der Mehrheit der Praktiker durchgesetzt haben (*BVerwG*, 30.09.1996 – 4 B 175/96, NVwZ-RR 1997, 214). Technische Weiterentwicklungen und Verbesserungen der Gerätetechnologie verpflichten nicht dazu, nachzurüsten. Als sachverständige Stellen gelten nach § 5 Abs. 1 S. 3 HeizkostenV solche Stellen, deren Eignung die nach Landesrecht zuständige Behörde im Benehmen mit der Physikalisch-Technischen Bundesanstalt bestätigt hat.

b) Nachweis auf andere Art

20 Unterfällt eine Ausstattung **nicht** dem MessEG, ist es nach § 5 Abs. 1 S. 2 HeizkostenV andererseits möglich, dass die Eignung auf andere Weise nachgewiesen wurde. Dies kann z.B. ein Einzel- oder Typengutachten einer anerkannten ausländischen Universität sein.

VI. Besondere Eignung und Anbringung (§ 5 Abs. 1 S. 4 HeizkostenV)

1. Überblick

21 Die Ausstattungen müssen nach § 5 Abs. 1 S. 4 HeizkostenV für das jeweilige Heizsystem **geeignet** sein und so **angebracht** werden, dass ihre technisch einwandfreie Funktion gewährleistet ist.

2. Eignung

22 Eine Ausstattung muss **abstrakt** geeignet sein, seine Aufgabe, zu erfüllen. Auf seine konkrete Eignung kommt es nicht an (a.A. *LG Nürnberg-Fürth*, 17.08.2011 – 12 O 4361/10, ZMR 2012, 358 für elektronische Heizkostenverteiler bei einer Einrohrheizung). Verdunstungsgeräte dürfen z.B. nicht eingesetzt werden bei Heizungsanlagen mit **niedrigen Auslegungstemperaturen** (vgl. DIN EN 834 und 835 sowie *Wall* jurisPR-MietR 5/2016 Anm. 3).

3. Anbringung

23 Die Ausstattungen müssen so angebracht werden, dass ihre technisch einwandfreie Funktion gewährleistet ist. Heizkostenverteiler müssen z.B. sowohl in der vertikalen als der horizontalen Richtung richtig moniert werden. Z.B. für Handtuch-, Design- oder Heizkörper mit geringer Bauhöhe sind

aber auch abweichende Montagepunkte möglich. Für die horizontale Ausrichtung wird i.d.R. waagerecht gesehen in der Mitte des Heizkörpers der richtige Ort sein. Ein Heizkostenverteiler darf aber nicht unmittelbar am oder über dem Heizwassereintritt befestigt sein. Nach DIN EN 834 für elektronische Heizkostenverteiler und DIN EN 835 für Verdunstungsgeräte müssen diese zwischen 66 % und 80 % der Bauhöhe des Heizkörpers – von unten gemessen – angebracht sein. Beim Einsatz von Thermostatventilen sehen die Normen vor, die Geräte in 75 % der Bauhöhe des Heizkörpers und in horizontaler Heizkörpermitte zu montieren (s.a. *LG Hamburg*, 15.04.1988 – 11 S 265/87, WuM 1988, 310; *AG Hamburg-Barmbek*, 24.09.2010 – 820 C 293/09, ZMR 2011, 293; *AG Jülich*, 22.04.1987 – 4 C 676/86, WuM 1987, 397). Auch Wärmezähler müssen korrekt eingebaut und ihre Temperaturfühler ordnungsgemäß platziert sein (vgl. sowie *Wall* jurisPR-MietR 5/2016 Anm. 3).

VII. Ermessen

Die Auswahl zwischen den verschiedenen Ausstattungen, die den Anforderungen der HeizkostenV 24
genügen, obliegt nach § 4 Abs. 2 S. 3 HeizkostenV dem Gebäudeeigentümer nach billigem Ermessen (näher § 4 HeizkostenV Rdn. 6 und Rdn. 7; allgemein Vor § 1 HeizkostenV Rdn. 27 ff.).

D. Fernablesbarkeit (§ 5 Abs. 2, Abs. 6 HeizkostenV)

I. Allgemeines

§ 5 Abs. 2 S. 1 HeizkostenV setzt die Vorgabe aus Art. 9c Abs. 1 der Energieeffizienzrichtlinie um. 25
Danach müssen für das Metering (die Messung) und das Submetering (der innerhalb des Meterings zentral ermittelte Verbrauch wird auf einzelne Nutzer heruntergebrochen) installierte Zähler und Heizkostenverteiler vorbehaltlich § 11 Abs. 1 HeizkostenV **fernablesbar** (Rdn. 26 ff.) sein (s.a. BR-Drs. 643/21, 14). Die Ausstattungen müssen vorbehaltlich § 11 Abs. 1 HeizkostenV gem. § 5 Abs. 2 S. 3 HeizkostenV zudem an ein **Smart-Meter-Gateway** angebunden werden können (Rdn. 30). Beide Anforderungen kann der Nutzer nach § 4 Abs. 4 HeizkostenV verlangen.

II. Begriff der Fernablesbarkeit (§ 5 Abs. 2 S. 2 HeizkostenV)

1. Überblick

Nach § 5 Abs. 2 S. 2 HeizkostenV ist eine Ausstattung zur Verbrauchserfassung »fernablesbar«, wenn 26
sie **ohne Zugang** zu einzelnen **Nutzeinheiten** abgelesen werden kann.

2. Funk

Diese Anforderung »Fernablesbarkeit« wird sicher erfüllt, wenn eine Ausstattung per Funk ablesbar 27
ist (s.a. *Pfeifer* GE 2022, 133 (134)).

3. Walk-by/Drive-by

Die Anforderung »Fernablesbarkeit« wird auch erfüllt, wenn man das Gebäude zu Fuß oder mit 28
einem Fahrzeug (»Walk-by« oder »Drive-by«) aufsucht, **ohne** die Nutzeinheit betreten zu müssen (BR-Drs. 643/21, 14; s.a. Erwägungsgrund 33 der Richtlinie (EU) 2018/2002 zur Änderung der Richtlinie 2012/27/EU zur Energieeffizienz sowie Ziffer 6.1 der Empfehlung (EU) 2019/1660 der Kommission vom 25.09.2019 zur Umsetzung der neuen Bestimmungen der Energieeffizienzrichtlinie 2012/27/EU für die Verbrauchserfassung und Abrechnung). Die Ableser erfassen die Zählerdaten in der Regel mit einem digitalen Lesegerät (»Personal Digital Assistant – PDA«) innerhalb der Liegenschaft oder bei ausreichender Funkstärke in unmittelbarer Umgebung zur Liegenschaft. Ein Zugang zu den einzelnen Wohneinheiten ist nicht erforderlich. Diese Alternative dürfte angesichts der Pflichten des § 6a Abs. 1, Abs. 2 HeizkostenV allerdings **nur selten** genutzt werden. Eine Funkübertragung ist für dieses Vorgehen **nicht** notwendig (a.A. *Pfeifer* GE 2022, 133 (134)). Es reicht ein Kabel, z.B. in den Keller. Dies zeigt u.a. die amtliche Begründung zu § 5 Abs. 4 HeizkostenV, die Kabel erwähnt (vgl. BR-Drs. 643/21, 15).

III. Anbindung an ein Smart-Meter-Gateway (§ 5 Abs. 2 S. 3 HeizkostenV)

1. Überblick

29 Ab dem 01.12.2022 dürfen nur noch solche fernablesbaren (Rdn. 26 ff.) Ausstattungen installiert werden, die sicher an ein **Smart-Meter-Gateway** nach § 2 S. 1 Nr. 19 MsbG **angebunden** werden **können.** Ein Zwang, die Ausstattungen anzubinden, gibt es aber **nicht.**

2. Begriff

30 Ein »Smart-Meter-Gateway« (SMGW) ist nach § 2 S. 1 Nr. 19 MsbG die zentrale **Kommunikationseinheit** eines intelligenten Messsystems, die ein oder mehrere moderne Messeinrichtungen und weitere technische Einrichtungen zur Gewährleistung des Datenschutzes, der Datensicherheit und Interoperabilität unter Beachtung der besonderen Anforderungen von Schutzprofilen und Technischen Richtlinien nach § 22 Abs. 1 und Abs. 2 MsbG sicher in ein **Kommunikationsnetz einbinden** kann und über Funktionalitäten zur Erfassung, Verarbeitung und Versendung von Daten verfügt (s.a. https://de.wikipedia.org/wiki/Smart_Meter_Gateway). Das SMGW kommuniziert zur Verbrauchsdatenübertragung wie auch zu seiner Administration mit verschiedenen Komponenten und beteiligten Marktakteuren. Im Weitverkehrsnetz (»Wide Area Network« – WAN) korrespondiert das SMGW mit den externen Marktteilnehmern und insbesondere auch mit dem SMGW-Administrator. Im lokalen Metrologischen Netz (»Local Metrological Network« – LMN) kommuniziert das SMGW mit den angebundenen Zählern (Strom, Gas, Wasser, Wärme) eines oder mehrerer Letztverbraucher. Die Zähler kommunizieren ihre Messwerte über das LMN an das SMGW. Im Heimnetz (Home Area Network, HAN) des Letztverbrauchers kommuniziert das SMGW mit den steuerbaren Energieverbrauchern beziehungsweise Energieerzeugern (z.B. intelligente Haushaltsgeräte, KraftWärme-Kopplungs- oder Photovoltaik-Anlagen). Des Weiteren stellt das SMGW Daten für den Letztverbraucher bzw. für den Service-Techniker im HAN bereit. Alle Kommunikationsflüsse sind verschlüsselt und in Bezug auf Integrität, Authentizität und Vertraulichkeit abgesichert. Das SMGW bedient sich hierzu eines sogenannten Sicherheitsmoduls, das zum einen als sicherer Speicher für das zur Verschlüsselung erforderliche kryptographische Schlüsselmaterial dient. Zum anderen stellt es die kryptographischen Kernroutinen für Signaturerstellung und -prüfung, Schlüsselgenerierung, Schlüsselaushandlung sowie Zufallszahlengenerierung für das SMGW bereit.

3. Einhaltung des Standes der Technik nach dem MsbG

a) Allgemeines

31 Die Anbindung muss den Stand der Technik beachten, der in Schutzprofilen und Technischen Richtlinien des **Bundesamtes für Sicherheit** in der Informationstechnik niedergelegt ist (s.a. § 6 Abs. 5 GEG). Die aus diesem Grunde ergangene Allgemeinverfügung v. 07.02.2020 wurde unter Anordnung (Wiederherstellung) aufschiebender Wirkung im Verfahren des vorläufigen Rechtsschutzes (§ 123 VwGO) für »offensichtlich rechtswidrig« erklärt (*OVG Münster*, 04.03.2021 – 21 B 1162/20, MMR 2021, 660). Die Bundesregierung hat darauf mit § 19 Abs. 6 MsbG reagiert.

b) Vermutung (§ 5 Abs. 6 HeizkostenV)

aa) Einhaltung von Bekanntmachungen des Bundesamtes für Sicherheit

32 Die Einhaltung des Standes der Technik wird nach § 5 Abs. 6 S. 1 HeizkostenV einerseits widerleglich vermutet, soweit **Schutzprofile** und **technische Richtlinien** eingehalten werden, die vom Bundesamt für Sicherheit in der Informationstechnik bekannt gemacht worden sind (s.a. § 6 Abs. 5 GEG).

33 In »Schutzprofilen« sind generische Anforderungen an eine Produktkategorie festgeschrieben. Schutzprofile beziehen sich immer auf die Ausstattung.

»Technische Richtlinien« spezifizieren die Vorgaben für die Nutzung der Ausstattung. Sie richten sich i.d.R. an alle, die mit dem Aufbau oder der Absicherung von IT-Systemen zu tun haben, ergänzen die technischen Prüfvorschriften des BSI und liefern Kriterien und Methoden für Konformitätsprüfungen sowohl der Interoperabilität von IT-Sicherheitskomponenten als auch der umgesetzten IT-Sicherheitsanforderungen. 34

bb) MsbG

Anderseits wird die Einhaltung dann widerleglich vermutet, **wenn** die Ausstattung mit einem Smart-Meter-Gateway nach § 2 S. 1 Nr. 19 des MsbG verbunden ist **und** die nach dem MsbG **geltenden** Schutzprofile (Rdn. 33) und technischen Richtlinien (Rdn. 34) eingehalten werden. 35

4. Gebäudeeigentümer wählt Messstellenbetreiber

Wenn der Gebäudeeigentümer von der **Möglichkeit** des § 6 Abs. 1 MsbG für die Sparte Heizwärme Gebrauch gemacht hat, sind vom **Messstellenbetreiber** fernablesbare Ausstattungen zur Verbrauchserfassung nach den Absätzen § 5 Abs. 2, Abs. 3 HeizkostenV an vorhandene Smart-Meter-Gateways nach § 2 S. 1 Nr. 19 MsbG anzubinden. Damit besteht die Möglichkeit, die Anschlüsse für Strom und Heizwärme/Warmwasser zu **bündeln** und Kosten einzusparen (*Wall* NZM 2022, 73 [74]). 36

IV. Datenschutz und Datensicherheit (§ 5 Abs. 2 S. 1 HeizkostenV)

Fernablesbare Ausstattungen müssen vorbehaltlich § 5 Abs. 2 S. 4 HeizkostenV (Rdn. 40) nach § 5 Abs. 2 S. 1 HeizkostenV **Datenschutz** und **Datensicherheit** nach dem **Stand der Technik** gewährleisten. Für die Einhaltung des Standes der Technik (Rdn. 31) sieht Absatz 6 eine Vermutung vor (Rdn. 32). Es gelten **zudem** Art. 24, 25 und 32 der DSGVO. Diese bestimmen, dass der Verantwortliche i.S.d. DSGVO unter Berücksichtigung der **Art**, des **Umfanges**, der **Umstände** und der **Zwecke** der Verarbeitung sowie der unterschiedlichen Eintrittswahrscheinlichkeit und Schwere der Risiken für die Rechte und Freiheiten natürlicher Personen, die im Einzelfall erforderlichen technischen und organisatorischen Maßnahmen selbst zu treffen hat. Art. 24, 25 und 32 DSGVO treffen ferner genauere Festlegungen zum Umfang dieser Pflichten. Die Daten müssen danach bei der Übertragung u.a. sicher verschlüsselt und dürfen nur berechtigten Empfängern zugänglich sein (*Wall* NZM 2022, 73 [77]). Die Daten dürfen nur so oft wie nötig verwendet werden (*Wall* NZM 2022, 73 [77]). Die Daten dürfen auch nur **zweckgebunden** genutzt werden, nämlich zur Erstellung der Abrechnung (Vor § 1 HeizkostenV Rdn. 38 ff.) sowie der Abrechnungs- und Verbrauchsinformationen aus § 6a HeizkostenV (*Wall* NZM 2022, 73 [77]). 37

Um sicherzustellen, dass **alle** Vorgaben der DSGVO erfüllt werden, hat der Verordnungsgeber **bewusst** darauf verzichtet, in der HeizkostenV spezielle Vorgaben zu technischen und organisatorischen Maßnahmen zur Gewährleistung von Datenschutz und Datensicherheit festzulegen (s.a. BR-Drs. 643/21, 14). 38

V. Zeitpunkt (§ 5 Abs. 2 S. 1, S. 4 HeizkostenV)

1. Grundsatz (§ 5 Abs. 2 S. 1 HeizkostenV)

Ausstattungen zur Verbrauchserfassung nach § 5 Abs. 1 S. 1 HeizkostenV und nach § 9 Abs. 2 S. 1 HeizkostenV, die nach dem **01.12.2021 installiert** werden, müssen vorbehaltlich § 5 Abs. 2 S. 4 HeizkostenV (Rdn. 40) die Anforderungen von § 5 Abs. 2 S. 1 HeizkostenV erfüllen (für vorhandene Ausstattungen vgl. Rdn. 42 ff.). 39

2. Ausnahme (§ 5 Abs. 2 S. 4 HeizkostenV)

§ 5 Abs. 2 S. 1 und S. 3 HeizkostenV sind nach § 5 Abs. 2 S. 4 HeizkostenV bis zum 31.12.2026 (vgl. § 5 Abs. 3 S. 1 HeizkostenV) nicht anzuwenden, wenn ein **einzelner** Zähler oder Heizkosten- 40 verteiler ersetzt oder ergänzt wird, der **Teil eines Gesamtsystems** ist und die anderen Zähler oder Heizkostenverteiler dieses Gesamtsystems zum Zeitpunkt des Ersatzes oder der Ergänzung **nicht fernablesbar** sind. In diesen Fällen wäre es oft nicht möglich oder jedenfalls nicht sinnvoll, einen nicht funktionierenden oder fehlenden Zähler oder Heizkostenverteiler durch einen fernablesbaren Zähler oder Heizkostenverteiler zu ersetzen oder zu ergänzen (s.a. BR-Drs. 643/21, 14). Der Begriff »einzelner Zähler oder Heizkostenverteiler« ist zwar als **Begrenzung** der Anzahl der zu ersetzenden oder ergänzenden Geräte zu verstehen (a.A. *Fritsch/Okon* ZMR 2022, 169 [170]), hat aber **nichts** mit der Funktion eines Gerätes, beispielsweise als Gesamtzähler, zu tun (Ziffer 6.3 der Empfehlung (EU) 2019/1660 der Kommission vom 25.09.2019 zur Umsetzung der neuen Bestimmungen der Energieeffizienzrichtlinie 2012/27/EU für die Verbrauchserfassung und Abrechnung; a.A. *Fritsch/Okon* ZMR 2022, 169 [170]). § 5 Abs. 2 S. 4 HeizkostenV kann in der Variante »Ersatz« z.B. einschlägig sein, wenn im Fall von Heizkostenverteilern nach dem Verdunstungsprinzip fernablesbare Alternativen keine verfügbare technische Option wären oder weil im Fall von elektronischen Heizkostenverteilern eine fernablesbare Version des an anderer Stelle im Gebäude verwendeten Modells nicht verfügbar ist (BR-Drs. 643/21, 15). Eine »Ergänzung« i.S.v. § 5 Abs. 2 S. 4 HeizkostenV liegt hingegen vor, wenn das Bestandssystem erweitert wird, z.B. wenn ein neuer Heizkörper in Betrieb genommen wird und mit einem Erfassungsgerät ausgestattet werden muss (BR-Drs. 643/21, 14; Ziffer 6.3 der Empfehlung [EU] 2019/1660 der Kommission vom 25.09.2019 zur Umsetzung der neuen Bestimmungen der Energieeffizienzrichtlinie 2012/27/EU für die Verbrauchserfassung und Abrechnung). Sind **sämtliche** Ausstattungen betroffen oder jedenfalls der **Löwenanteil** (50 % + x), ist der Anwendungsbereich von § 5 Abs. 2 S. 4 HeizkostenV nicht eröffnet.

VI. Verstöße

41 Verstößt der Gebäudeeigentümer gegen § 5 Abs. 2 HeizkostenV, hat der Nutzer nach § 12 Abs. 1 S. 2 HeizkostenV das Recht, bei der Abrechnung (Vor § 1 HeizkostenV Rdn. 38 ff.) den auf ihn entfallenden Anteil um 3 v.H. zu **kürzen** (§ 12 HeizkostenV Rdn. 40 ff.).

E. Pflicht zur Nachrüstung (§ 5 Abs. 3, Abs. 4 HeizkostenV)

I. Nicht fernablesbare Ausstattungen (§ 5 Abs. 3 HeizkostenV)

1. Überblick (§ 5 Abs. 3 S. 1 HeizkostenV)

a) Allgemeines

42 § 5 Abs. 3 S. 1 Fall 1 HeizkostenV ist eine **Übergangsregelung.** Nicht fernablesbare Ausstattungen zur Verbrauchserfassung, die bis zum 01.12.2021 oder nach Maßgabe des Absatzes § 5 Abs. 2 S. 4 HeizkostenV nach dem 01.12.2021 installiert wurden, müssen danach vom Gebäudeeigentümer (§ 1 HeizkostenV Rdn. 29 ff.) bis zum **31.12.2026** die Anforderungen nach den Absätzen 2 **und** 5 durch **Nachrüstung** oder **Austausch** erfüllen. Dieses Verlangen setzt Art. 9c Abs. 2 der Energieeffizienzrichtlinie um (BR-Drs. 643/21, 15). Danach müssen bereits installierte, nicht fernablesbare Zähler und Heizkostenverteiler bis zum 31.12.2026 mit dieser Funktion nachgerüstet oder durch fernablesbare Geräte ersetzt werden, es sein denn, der Mitgliedstaat weist nach, dass dies nicht kosteneffizient ist. § 5 Abs. 3 S. 1 Fall 1 HeizkostenV ist aus diesem Grunde **richtlinienkonform** auszulegen (Vor § 1 HeizkostenV Rdn. 20 ff.). § 5 Abs. 3 S. 1 Fall 2 HeizkostenV bestimmt darüber hinaus, dass diese Ausstattungen bis zum 31.12.2026 auch **interoperabel** und also an ein Smart-Meter-Gateway anbindbar sein müssen (dazu Rdn. 29 ff.).

b) Wohnungseigentumsanlagen

43 In Wohnungseigentumsanlagen ist im Verhältnis zu den Wohnungseigentümern die **Gemeinschaft der Wohnungseigentümer** verpflichtet, nachzurüsten, im Verhältnis zum Mieter hingegen der Wohnungseigentümer. Die Nachrüstung ist nach § 10 Abs. 1 S. 2 WEG zu vereinbaren oder nach § 19 Abs. 1 WEG zu beschließen. Bei der Nachrüstung handelt es sich nämlich um eine Erhaltungsmaßnahme i.S.v. § 19 Abs. 1 WEG, da sie **gesetzlich** angeordnet ist (zu Unrecht differenzierend

Fritsch/Okon ZMR 2022, 169 [174]). Nach § 27 Abs. 1 Nr. 1 WEG ist der Verwalter nicht berechtigt, die Nachrüstung allein zu organisieren. Denn die Frage, ob die neue Ausstattung gekauft oder eine Art der Gebrauchsüberlassung gewählt wird, ist **nicht** bloß **untergeordnet**. Nach § 18 Abs. 2 WEG (s.a. *Pfeifer* GE 2022, 133 [138]), jedenfalls nach § 4 Abs. 4 HeizkostenV besteht für die Nutzer ein **Anspruch** auf Nachrüstung. Etwaige Kosten sind nach § 16 Abs. 2 S. 1 WEG umzulegen (*Pfeifer* GE 2022, 133 [137]).

2. Andauernde Ausnahme (§ 5 Abs. 3 S. 2 HeizkostenV)

Etwas anderes gilt von Gesetzes wegen nach § 5 Abs. 3 S. 2 HeizkostenV **dauerhaft**, wenn eine Nachrüstung oder ein Austausch im Einzelfall wegen besonderer Umstände **technisch nicht möglich** ist oder durch einen **unangemessenen Aufwand** oder in **sonstiger Weise** zu einer unbilligen Härte führen würde. Bei der Auslegung sind Art. 9 Abs. 1 UA 1 und Art. 9b Abs. 1 der Energieeffizienzrichtlinie zu beachten. Danach ist eine Ausstattung nur notwendig, soweit sie technisch machbar, finanziell vertretbar und im Vergleich zu den potenziellen Energieeinsparungen verhältnismäßig ist. Auch § 5 Abs. 3 S. 2 HeizkostenV ist aus diesem Grunde **richtlinienkonform** auszulegen (Vor § 1 HeizkostenV Rdn. 20 ff.). Ein Beispiel, bei dem die Erfüllung der Anforderung zu einer unbilligen Härte wegen unangemessenen Aufwandes führen würde, wäre z.B. ein Gebäude, bei dem Materialien verbaut sind, die ein ordnungsmäßiges Funktionieren der verfügbaren drahtlosen Technik verhindern würde, und wo **Alternativen** mit Kabeln mit unverhältnismäßig hohen Kosten verbunden wären, z.B. bei einem hohen Anteil an Bewehrungsstahl in Wänden und Böden (BR-Drs. 643/21, 15). 44

II. Fernablesbare Ausstattungen, aber nicht Smart-Meter-Gateway-fähig (§ 5 Abs. 4 HeizkostenV)

Auch § 5 Abs. 4 HeizkostenV ist eine **Übergangsregelung** (BR-Drs. 643/21, 15). Sie dient dem notwendigen Bestandsschutz von fernablesbaren Ausstattungen, die vor dem Inkrafttreten der Verordnung über die Änderung der Verordnung über Heizkostenabrechnung v. 24.11.2021 (BGBl I 4964) eingebaut wurden, aber noch nicht »Smart-Meter-Gateway-fähig« (Rdn. 29 ff.) sind (BR-Drs. 643/21, 16). Bereits fernablesbare Ausstattungen zur Verbrauchserfassung (Rdn. 25 ff.), die **bis zum 01.12.2022** installiert wurden, müssen danach erst nach dem **31.12.2031** die Anforderungen nach § 5 Abs. 2 S. 3 HeizkostenV und § 5 Abs. 5 HeizkostenV durch **Nachrüstung** oder **Austausch** erfüllen. 45

III. Umsetzung

Die Nutzer haben die Nachrüstung oder den Ersatz nach § 4 Abs. 2 S. 1 Halbs. 1 HeizkostenV zu dulden (zu den Einzelheiten s. § 4 HeizkostenV Rdn. 40 ff.). Lässt der Vermieter nicht fernablesbare Zähler oder Heizkostenverteiler ersetzen, ergibt sich die Duldungspflicht zusätzlich nach § 555b Nr. 4 BGB. Denn der Einbau fernablesbarer Geräte erhöht den Gebrauchswert der Wohnung, da die Fernablesung ein Betreten entbehrlich macht (Wall NZM 2022, 73 [76]; Fritsch/Okon ZMR 2022, 169 [173]). Im Zweifel ist § 555b Nr. 6 BGB anwendbar Fritsch/Okon ZMR 2022, 169 (173). In Wohnungseigentumsanlagen folgt das Betretungsrecht gegenüber den Wohnungseigentümern auch aus § 14 Abs. 1 Nr. 2 WEG. 46

IV. Kosten

Erwirbt der Gebäudeeigentümer die neue Ausstattung zu **Eigentum**, gelten für die Kosten die Ausführungen zu § 4 HeizkostenV Rdn. 22 f. und Rn. 27 entspr. (s.a. *Pfeifer* GE 2022, 133 [137]). Die Kosten der Anmietung oder anderer Arten der **Gebrauchsüberlassung** regeln hingegen §§ 7 Abs. 2, 8 Abs. 2 HeizkostenV (dazu § 7 HeizkostenV Rdn. 59 f.). 47

V. Verstöße

48 Verstößt der Gebäudeeigentümer gegen § 5 Abs. 3 HeizkostenV, hat der Nutzer nach § 12 Abs. 1 S. 2 HeizkostenV das Recht, bei der Abrechnung (Vor § 1 HeizkostenV Rdn. 38 ff.) den auf ihn entfallenden Anteil um 3 v.H. zu kürzen (§ 12 HeizkostenV Rdn. 40 ff.). Aber auch ein Verstoß gegen § 5 Abs. 4 HeizkostenV ist erheblich, da § 5 Abs. 4 HeizkostenV auf § 5 Abs. 2 HeizkostenV **verweist** (§ 12 HeizkostenV Rdn. 42).

F. Interoperabilität (§ 5 Abs. 5, Abs. 6 HeizkostenV)

I. Allgemeines

49 § 5 Abs. 5 S. 1 HeizkostenV bestimmt in Anlehnung an § 11a Abs. 3 der Energieeffizienzrichtlinie, dass ab dem 01.12.2022 Ausstattungen mit gleichartigen Ausstattungen anderer Hersteller – also Wärmezähler mit Wärmezählern, Heizkostenverteiler mit Heizkostenverteilern und Warmwasserzähler mit Warmwasserzählern – »interoperabel« (zusammenpassend) sein müssen (vgl. auch § 6 Abs. 1 Nr. 4 GEG). Die Ausstattungen müssen vorbehaltlich von § 5 Abs. 2 S. 4 HeizkostenV außerdem **fernablesbar** sein (Rdn. 25 ff.) und an ein **Smart-Meter-Gateway angebunden** (Rdn. 29 ff.) werden können (§ 5 Abs. 2 S. 1, S. 3 HeizkostenV). Mit § 5 Abs. 5 HeizkostenV wird versucht, eine **Kernempfehlung** des Bundeskartellamts aus einer Sektoruntersuchung Submetering **umzusetzen** (BR-Drs. 643/21, 16). Die fehlende Interoperabilität der fernablesbaren Zähler bzw. Heizkostenverteiler erschwere nach dieser Untersuchung des Bundeskartellamtes den Wechsel zwischen den Messdienstunternehmen und stelle folglich ein **Wettbewerbshindernis** dar (BR-Drs. 643/21, 16).

II. Begriff der Interoperabilität (§ 5 Abs. 5 S. 1 HeizkostenV)

50 Der Begriff »Interoperabilität« meint die Fähigkeit der verschiedenen Ausstattungen, **Daten bzw. Informationen** miteinander **auszutauschen** (s.a. BR-Drs. 643/21, 16). Das bedeutet, dass bei einem Anbieterwechsel nicht das Gesamtsystem im Gebäude getauscht werden muss, sondern der neue Anbieter die Anlage übernehmen, in seine Infrastruktur aufnehmen und einzelne Messgeräte durch eigene austauschen und ergänzen kann (BR-Drs. 643/21, 16).

III. Art und Weise der Interoperabilität (§ 5 Abs. 5 S. 2 HeizkostenV)

51 § 5 Abs. 5 S. 2 HeizkostenV verlangt, dass die Interoperabilität in der Weise zu gewährleisten ist, dass im Fall der Übernahme der Ablesung durch eine andere Person diese Person die Ausstattungen zur Verbrauchserfassung **selbst fernablesen** kann (BR-Drs. 643/21, 16). Dies bedeutet, dass dieser die Ausstattungen mit eigenen Mitteln fernablesen kann (BR-Drs. 643/21, 16). Diese Anforderung kann z.B. durch frei verfügbare Protokolle, Schnittstellen und Kommunikationstechnologien sichergestellt werden (BR-Drs. 643/21, 16).

IV. Schlüsselmaterial (§ 5 Abs. 5 S. 3 HeizkostenV)

52 Das Schlüsselmaterial der fernablesbaren Ausstattungen zur Verbrauchserfassung ist nach § 5 Abs. 5 S. 3 HeizkostenV **dem Gebäudeeigentümer** zur Verfügung zu stellen (vgl. auch § 6 Abs. 1 Nr. 5 GEG). »Schlüsselmaterial« i.d.S. sind die **notwendigen kryptographischen Informationen** zur Entschlüsselung der von den Ausstattungen zur Verbrauchserfassung versendeten verschlüsselten Informationen (BR-Drs. 643/21, 16).

53 Diese Geräteschlüssel müssen **kostenfrei** zur Verfügung gestellt werden, damit das Ziel der Interoperabilität nicht durch hohe Kosten für die Geräteschlüssel gefährdet wird (BR-Drs. 643/21, 16).

V. Einhaltung des Standes der Technik (§ 5 Abs. 6 HeizkostenV)

54 Für die Einhaltung des Standes der Technik gelten Rdn. 31 ff. entspr.

VI. Ausnahme: § 5 Abs. 3 S. 2 HeizkostenV

Die Pflicht zur Installation besteht **entspr. § 5 Abs. 3 S. 2 HeizkostenV** nicht, wenn die Installation im Einzelfall wegen besonderer Umstände technisch nicht möglich ist oder durch einen unangemessenen Aufwand oder in sonstiger Weise zu einer unbilligen Härte führen würde. Dies folgt aus einem **Umkehrschluss** zu § 5 Abs. 3 S. 2 HeizkostenV: Besteht keine Pflicht zur Nachrüstung oder einem Austausch, kann auch die Installation nicht geboten sein. 55

G. Vorerfassung nach Nutzergruppen (§ 5 Abs. 7 HeizkostenV)

I. Allgemeines

§ 5 Abs. 7 HeizkostenV dient der **Energieeinsparung** (s.a. Vor § 1 HeizkostenV Rdn. 5). Er soll die individuelle Sparsamkeit beim Energieverbrauch unterstützen (BR-Drs. 632/80, 13). 56

§ 5 Abs. 7 S. 1 HeizkostenV betrifft den Fall, dass der Verbrauch der Nutzer in einem Gebäude u.a. aus technischen Gründen oder wegen unterschiedlicher Nutzung (z.B. neben Wohnungen auch Läden, Büro- oder Praxisräume) **nicht mit gleichen Ausstattungen** erfasst wird (BR-Drs. 632/80, 26). § 5 Abs. 7 S. 2 HeizkostenV, der durch die Verordnung zur Änderung wohnungsrechtlicher Vorschriften v. 05.04.1984 (BGBl I 546) eingefügt wurde, **ermöglicht** dem Gebäudeeigentümer, eine Vorerfassung auch dann vorzunehmen, wenn der Verbrauch zwar mit gleichen Ausstattungen erfasst wird, eine Vorerfassung aber aus anderen Gründen **sachgerecht** erscheint (BR-Drs. 483/83, 35). 57

II. Tatbestandsvoraussetzungen

1. Überblick

§ 5 Abs. 7 HeizkostenV ist einerseits anwendbar, wenn der Verbrauch der von einer Anlage i.S.d. § 1 Abs. 1 HeizkostenV versorgten Nutzer mit Wärme und/oder Warmwasser **objektiv** nicht mit gleichen Ausstattungen erfasst wird, und ist andererseits anwendbar, wenn der Gebäudeeigentümer (§ 1 HeizkostenV Rdn. 29 ff.) aus anderen sachgerechten Gründen eine Vorerfassung nach Nutzergruppen **subjektiv** durchführen will. 58

2. Ungleiche Ausstattungen

Ob der Verbrauch von einer Anlage i.S.d. § 1 Abs. 1 HeizkostenV versorgter Nutzer nicht mit **gleichen** Ausstattungen erfasst wird, bemisst sich an § 5 Abs. 1 HeizkostenV. § 5 Abs. 7 HeizkostenV ist in diesem Falle auch bei **nur zwei** Nutzergruppen einschlägig (*BGH*, 16.07.2008 – VIII ZR 57/07, NZM 2008, 767 Rn. 23; *LG Berlin*, 02.06.2017 – 63 S 304/16, GE 2017, 1551). Eine Gruppe von Nutzern kann aus nur **einer** Einheit bestehen (*BGH*, 16.09.2022 – V ZR 214/21, Rn. 8): auch dann, wenn nur eine Einheit anders ausgestattet ist, können Wärmeverluste zwischen dem Eingangszähler und den Erfassungsvorrichtungen in dieser Einheit entstehen, die ohne Vorerfassung nicht ermittelbar sind. 59

3. Gebäudeeigentümer bestimmt eine Vorerfassung nach Nutzergruppen

a) Unterschiedliche Nutzungs- oder Gebäudearten

Unterschiedliche **Nutzungsarten** sind gegeben, wenn z.B. Wohnungen, Geschäftsräume, Praxen oder auch Ferienwohnungen durch **ein und dieselbe** Anlage versorgt werden (BR-Drs. 483/83, 35). Einen allgemeinen Grundsatz, dass in Gewerberäumen stets ein höherer Verbrauch stattfindet, gibt es allerdings nicht (*AG Schöneberg*, 08.07.1986 – 15 C 136/86, GE 1986, 1177 [1178]; a.A. *AG Hamburg*, 17.12.1981 – 49 C 344/81, WuM 1982, 162). Unterschiedliche **Nutzungsarten** sind der Sache nach aber auch bei technisch unterschiedlichen Wärmeversorgungssysteme gegeben (*Lammel* jurisPR-MietR 16/2021 Anm. 4), beispielsweise Heizkörper und Fußbodenheizung (diese werden müssen/werden im Übrigen mit unterschiedlichen Vorlauftemperaturen betrieben). 60

61 Unterschiedliche **Gebäudearten** liegen z.B. vor, wenn Hochhäuser, Einfamilienhäuser oder Ladenzeilen gemeinsam versorgt werden (BR-Drs. 483/83, 35). Eine Vorerfassung kann sich auch dann anbieten, wenn gleichartige Gebäude wegen unterschiedlicher Entfernung zur Anlage unterschiedlich hohen Leitungsverlusten ausgesetzt sind oder durch unterschiedliche Heizsysteme versorgt werden (BR-Drs. 483/83, 35). Unterschieden werden kann auch zwischen Alt- und Neubau.

b) Ermessen

aa) Grundsatz

62 Liegen objektiv unterschiedliche Nutzungs- oder Gebäudearten vor, **kann** der Gebäudeeigentümer nach billigem Ermessen (Vor § 1 HeizkostenV Rdn. 27 ff.). eine Vorerfassung nach Nutzergruppen bestimmen. Im Wohnungseigentumsrecht müssen die Wohnungseigentümer diese Vorerfassung vereinbaren (§ 10 Abs. 1 S. 2 WEG) oder beschließen (§ 19 Abs. 1 WEG). Das Ermessen der Gemeinschaft der Wohnungseigentümer kann aber auch vom **Verwalter** nach § 27 Abs. 1 Nr. 1 WEG ausgeübt werden.

bb) Reduktion

63 Das Ermessen des Gebäudeeigentümers ist im **Einzelfall** auf null reduziert (Vor § 1 HeizkostenV Rdn. 30). So liegt es, wenn der Gebäudeeigentümer eine Vorerfassung vereinbart hat. Im Übrigen kann man sich für die **Ermessensreduktion** am **Mietrecht** orientieren. Gibt es in einem Gebäude oder in einer Wirtschafts- bzw. Abrechnungseinheit (s.a. Vor § 1 HeizkostenV Rdn. 43) Räume und/oder Flächen, die sowohl der preisfreien Wohnraum- unterliegen als auch der Gewerberaummiete unterliegen, **müssen** Betriebskosten zwar **nicht** getrennt abgerechnet werden (*BGH*, 10.05.2017 – VIII ZR 79/16, NZM 2017, 520 Rn. 18; *BGH*, 25.10.2006 – VIII ZR 251/05, NJW 2007, 211 Rn. 16). Etwas anderes gilt nach h.M. gem. §§ 315, 316 BGB aber dann, wenn – wofür der Mieter die Darlegungs- und Beweislast trägt (*BGH*, 10.05.2017 – VIII ZR 79/16, NZM 2017, 520 Rn. 18; *BGH*, 25.10.2006 – VIII ZR 251/05, NJW 2007, 211 Rn. 16) – durch die gewerbliche Nutzung »erhebliche« Mehrkosten (pro Quadratmeter) entstehen (*BGH*, 10.05.2017 – VIII ZR 79/16, NZM 2017, 520 Rn. 20). »Erhebliche« Mehrkosten sollen sich allerdings nicht pauschal z.B. mit dem Hinweis auf erhöhten Publikumsverkehr der Gewerberaummieter oder durch einen Vergleich mit den in einem Betriebskostenspiegel ausgewiesenen Durchschnittskosten begründen lassen, sondern nur **anhand der konkreten Gegebenheiten** einerseits und der **Art der gewerblichen Nutzung** andererseits beurteilt werden können (*BGH*, 11.08.2010 – VIII ZR 45/10, NJW 2010, 3363 Rn. 23).

64 Eine Ermessensreduktion kann ferner vorliegen, wenn Fußbodenheizungen in Bädern als Nutzergruppe erfasst werden können, weil es ansonsten nur Räume mit Heizkörpern gibt (*AG Altötting*, 25.02.2021 – 2 C 567/20! jurisPR-MietR 16/2021 Anm. 4).

III. Rechtsfolgen

1. Überblick

65 Liegen die Tatbestandsvoraussetzungen vor – dies ist der Fall, wenn der Gebäudeeigentümer eine Vorerfassung nach Nutzergruppen bestimmt hat und bestimmen konnte, **oder** wenn der Verbrauch nicht mit gleichen Ausstattungen erfasst wird – **sind** die Anteile der Gruppen von Nutzern zu **erfassen.**

2. Messung

66 »Erfassen« bedeutet **messen**, nicht berechnen (*BGH*, 16.09.2022 – V ZR 214/21, Rn. 8; *BGH*, 16.07.2008 – VIII ZR 57/07, NZM 2008, 767 Rn. 24; *OLG Brandenburg*, 29.08.2018 – 4 U 106/15, NJOZ 2019, 1397 Rn. 94; *LG Berlin*, 02.06.2017 – 63 S 304/16, GE 2017, 1551). Die Berechnung des Verbrauchs einer Nutzergruppe durch **Abzug** des durch den Wärmezähler erfassten

Verbrauchs der anderen Nutzergruppe von dem Gesamtverbrauch ist keine Vorerfassung (*BGH*, 16.09.2022 – V ZR 214/21, Rn. 8; *BGH*, 16.07.2008 – VIII ZR 57/07, NZM 2008, 767 Rn. 24). Die Erfassung des Verbrauchs lediglich einer Nutzergruppe genügt mithin nicht (*BGH*, 16.07.2008 – VIII ZR 57/07, NZM 2008, 767 Rn. 24; *LG Berlin*, 02.06.2017 – 63 S 304/16, GE 2017, 1551). Ebenso stellt eine Addition der in den in einzelnen Wohneinheiten mit Wärmemengenzählern ermittelten Verbrauchsmengen keine Vorerfassung des Gesamtverbrauchs dieser Nutzergruppe dar (*BGH*, 16.09.2022 – V ZR 214/21, Rn. 8).

3. Messgerät

67 Für die Vorerfassung kommen nur Wärme- oder Warmwasserzähler in Betracht (*BGH*, 16.09.2022 – V ZR 214/21, Rn. 8/Rn. 9; s.a. *OLG Brandenburg*, 29.08.2018 – 4 U 106/15, NJOZ 2019, 1397 Rn. 94).

IV. Kostenmiete

68 Für die Kostenmiete ist § 20 Abs. 2 NMV 1970 zu beachten. Danach sind Betriebskosten, die **nicht** für Wohnraum entstanden sind, vorweg abzuziehen (§ 20 Abs. 2 S. 1 Halbs. 1 NMV 1970). Kann nicht festgestellt werden, ob die Betriebskosten auf Wohnraum oder auf Geschäftsraum entfallen, sind sie nach Ermessen des Gebäudeeigentümers (allgemein Vor § 1 HeizkostenV Rdn. 27 ff.) für den Wohnteil und den anderen Teil des Gebäudes **oder** der Wirtschaftseinheit im Verhältnis des umbauten Raums **oder** der Wohn- und Nutzflächen aufzuteilen (§ 20 Abs. 2 S. 1 Halbs. 1 NMV 1970). Bei der Berechnung des umbauten Raums ist Anlage 2 zur Zweiten Berechnungsverordnung zugrunde zu legen (§ 20 Abs. 2 S. 2 NMV 1970).

V. Verstöße

69 Verstößt der **Vermieter** gegen § 5 Abs. 7 HeizkostenV, ist in der Regel gleichwohl der **ermittelte** Verbrauch (dazu Rdn. 66) einer Abrechnung zu Grunde zu legen (*BGH*, 20.01.2016 – VIII ZR 329/14, NZM 2016, 381 Rn. 19). Bei dieser Vorgehensweise ist zwar nicht auszuschließen, dass sich wegen nicht erfasster Wärmeverluste etwaige Verteilungsfehler vergrößern und **einseitig** zu Lasten einer Nutzergruppe auswirken können (*BGH*, 16.09.2022 – V ZR 214/21, Rn. 17; *BGH*, 16.07.2008 – VIII ZR 57/07, NZM 2008, 767 Rn. 24; *Wall* jurisPR-MietR 5/2016 Anm. 3). Das ist aber regelmäßig hinzunehmen, da auch die rechnerische Ermittlung auf dem tatsächlichen Nutzerverhalten beruht und nach dem Zweck der Heizkostenverordnung einer Abrechnung nach dem Flächenmaßstab grundsätzlich vorzuziehen ist (*BGH*, 16.09.2022 – V ZR 214/21, Rn. 17). Der Mieter ist im Übrigen nach § 12 Abs. 1 S. 1 HeizkostenV befugt, die Kosten zu **kürzen** (*BGH*, 20.01.2016 – VIII ZR 329/14, NZM 2016, 381 Rn. 22). Die Kürzung ist von dem (gesamten) Kostenanteil zu berechnen, der nach der verordnungswidrigen Verteilung auf den Mieter entfallen soll (*BGH*, 20.01.2016 – VIII ZR 329/14, NZM 2016, 381 Rn. 22). In einer **Wohnungseigentumsanlage** ist ähnlich zu verfahren. Dort entspricht die Abrechnung der Heizkosten in der Regel also dann ordnungsmäßiger Verwaltung, wenn der Verbrauch im Wege einer rechnerisch zutreffenden Differenzberechnung (dazu Rdn. 66) unter Berücksichtigung der ermittelten Verbrauchsdaten errechnet wird (*BGH*, 16.09.2022 – V ZR 214/21, Rn. 10 ff.). Ein Kürzungsrecht gibt es dort allerdings nicht, § 12 Abs. 1 S. 4 HeizkostenV (*BGH*, 16.09.2022 – V ZR 214/21, Rn. 14).

H. Evaluierung (§ 5 Abs. 8 HeizkostenV)

70 § 5 Abs. 8 HeizkostenV verpflichtet die Bundesregierung, die **Auswirkungen** der Regelungen auf Mieter in den Absätzen 2, 5 und 6 drei Jahre nach dem 01.12.2021, insbesondere im Hinblick auf zusätzliche Betriebskosten durch fernablesbare Ausstattungen und den Nutzen dieser Ausstattungen für Mieter zu **evaluieren**. Der Evaluationsbericht ist spätestens am 31.08.2025 zu veröffentlichen.

71 Diese Berichtspflicht beruht auf **Zweifeln**, ob die vom Verordnungsgeber angenommene Kostenneutralität für die Nutzer besteht (BR-Drs. 643/1/21, 2). Derzeit bestünden wenig Einsparpotentiale

für Verbraucherinnen und Verbraucher (vgl. BR-Drs. 643/1/21, 2). Ein Einsparpotenzial werde lediglich beim persönlichen Ablesen bzw. Verarbeiten der Verbrauchswerte gesehen (vgl. BR-Drs. 643/1/21, 2).

§ 6 Pflicht zur verbrauchsabhängigen Kostenverteilung

(1) Der Gebäudeeigentümer hat die Kosten der Versorgung mit Wärme und Warmwasser auf der Grundlage der Verbrauchserfassung nach Maßgabe der §§ 7 bis 9 auf die einzelnen Nutzer zu verteilen. Das Ergebnis der Ablesung bei nicht fernablesbaren Ausstattungen soll dem Nutzer in der Regel innerhalb eines Monats mitgeteilt werden. Eine gesonderte Mitteilung ist nicht erforderlich, wenn das Ableseergebnis über einen längeren Zeitraum in den Räumen des Nutzers gespeichert ist und von diesem selbst abgerufen werden kann. Einer gesonderten Mitteilung des Warmwasserverbrauchs bedarf es auch dann nicht, wenn in der Nutzeinheit ein Warmwasserzähler eingebaut ist.

(2) In den Fällen des § 5 Abs. 2 sind die Kosten zunächst mindestens zu 50 vom Hundert nach dem Verhältnis der erfassten Anteile am Gesamtverbrauch auf die Nutzergruppen aufzuteilen. Werden die Kosten nicht vollständig nach dem Verhältnis der erfassten Anteile am Gesamtverbrauch aufgeteilt, sind

1. die übrigen Kosten der Versorgung mit Wärme nach der Wohn- oder Nutzfläche oder nach dem umbauten Raum auf die einzelnen Nutzergruppen zu verteilen; es kann auch die Wohn- oder Nutzfläche oder der umbaute Raum der beheizten Räume zugrunde gelegt werden,

2. die übrigen Kosten der Versorgung mit Warmwasser nach der Wohn- oder Nutzfläche auf die einzelnen Nutzergruppen zu verteilen. Die Kostenanteile der Nutzergruppen sind dann nach Absatz 1 auf die einzelnen Nutzer zu verteilen.

(3) In den Fällen des § 4 Abs. 3 Satz 2 sind die Kosten nach dem Verhältnis der erfassten Anteile am Gesamtverbrauch auf die Gemeinschaftsräume und die übrigen Räume aufzuteilen. Die Verteilung der auf die Gemeinschaftsräume entfallenden anteiligen Kosten richtet sich nach rechtsgeschäftlichen Bestimmungen.

(4) Die Wahl der Abrechnungsmaßstäbe nach Absatz 2 sowie nach § 7 Abs. 1 Satz 1, §§ 8 bis 9 bleibt dem Gebäudeeigentümer überlassen. Er kann diese für künftige Abrechnungszeiträume durch Erklärung gegenüber den Nutzern ändern,

1. bei der Einführung einer Vorerfassung nach Nutzergruppen,

2. nach Durchführung von baulichen Maßnahmen, die nachhaltig Einsparungen von Heizenergie bewirken oder

3. aus anderen sachgerechten Gründen nach deren erstmaliger Bestimmung.

Die Festlegung und die Änderung der Abrechnungsmaßstäbe sind nur mit Wirkung zum Beginn eines Abrechnungszeitraumes zulässig.

Übersicht

A. Normgeschichte, Zweck und Allgemeines

§ 6 findet sich **von Anfang an** in der HeizkostenV und beruht heute auf § 6 Abs. 1 Nr. 2 GEG. 1
Die Verordnung zur Änderung wohnungsrechtlicher Vorschriften v. 05.04.1984 (BGBl I 546) hatte ihn mWv 01.05.1984 erstmals **umfassend** geändert. Die Verordnung zur Änderung energiesparrechtlicher Vorschriften v. 19.01.1989 (BGBl I 109) hat m.W.v. 01.03.1989 vor allem den Absatz 3 eingefügt und den bisherigen Absatz 3 zu Absatz 4 gemacht. Durch die Verordnung zur Änderung der Verordnung über Heizkostenabrechnung v. 02.12.2008 (BGBl I 2375) wurde § 6 m.W.v. 01.01.2009 dann **abermals stark** geändert und im Kern in seine heutige Form gebracht. Allerdings hat ihn auch die Verordnung über die Änderung der Verordnung über Heizkostenabrechnung v. 24.11.2021 (BGBl I 4964) m.W.v. 01.12.2021 leicht verändert (in Absatz 1 Satz 2 wurden nach dem Wort »Ablesung« die Wörter »bei nicht fernablesbaren Ausstattungen« eingefügt), allerdings die Verweisung in Absatz 2 auf § 5 Abs. 2 HeizkostenV (es muss Absatz 7 heißen) vergessen.

Absatz 1 bestimmt, **wann** der Gebäudeeigentümer Kosten auf der Grundlage der Verbrauchserfassung verteilen muss, und ordnet Mitteilungspflichten an (Rdn. 10 ff.). Absatz 2 (Rdn. 24 ff.) und Absatz 3 (Rdn. 32 ff.) widmen sich Umlageschlüsseln für besondere Situationen. Absatz 4 gibt dem Gebäudeeigentümer die Möglichkeit, einseitig Umlageschlüssel zu bestimmen und unter bestimmten Voraussetzungen auch wieder zu ändern (Rdn. 39 ff.). 2

B. Verteilung der Kosten (§ 6 Abs. 1 S. 1 HeizkostenV)

I. Überblick

3 Die Bundesregierung ist durch § 6 Abs. 1 Nr. 2 GEG ermächtigt worden, durch Rechtsverordnung vorzuschreiben, dass die Betriebskosten von heizungs-, kühl- oder raumlufttechnischen oder der Versorgung mit Warmwasser dienenden gemeinschaftlichen Anlagen oder Einrichtungen so auf die Benutzer zu **verteilen** sind, dass dem Energieverbrauch der Benutzer Rechnung getragen wird. Diese Möglichkeit setzt § 6 Abs. 1 S. 1 HeizkostenV um.

II. Tatbestandsvoraussetzungen

4 § 6 Abs. 1 S. 1 HeizkostenV ist vorbehaltlich § 11 HeizkostenV (vgl. auch *BGH,* 08.10.2003 – VIII ZR 67/03, ZMR 2004, 99) dann anwendbar, **wenn** ein Gebäudeeigentümer Nutzer mit Wärme und Warmwasser versorgt.

III. Rechtsfolge

1. Überblick

5 Liegen die Tatbestandsvoraussetzungen vor, hat der Gebäudeeigentümer (§ 1 HeizkostenV Rdn. 29 ff.) die Kosten der Versorgung mit Wärme (§ 7 Abs. 2 HeizkostenV) und die Kosten der Versorgung mit Warmwasser (§ 8 Abs. 2 HeizkostenV) **auf der Grundlage der Verbrauchserfassung** (§ 4 Abs. 1 HeizkostenV) nach Maßgabe der §§ 7 bis 9 Heizkosten V auf die einzelnen Nutzer **zu verteilen.** Mit dieser Verpflichtung **korrespondiert** das Recht des Nutzers aus § 4 Abs. 4 HeizkostenV, die Beachtung der HeizkostenV zu verlangen.

2. Umsetzung

a) Abrechnung

6 Die Pflicht, zu »verteilen«, erfüllt der Gebäudeeigentümer im Mietrecht i.d.R. durch seine nach § 556 Abs. 3 S. 1 Halbs. 1 BGB geschuldete jährliche **Abrechnung der Vorauszahlungen**, im Wohnungseigentumsrecht durch die Einzeljahresabrechnung als Teil der **Jahresabrechnung** nach § 28 Abs. 2 S. 2 WEG (dazu jeweils Vor § 1 HeizkostenV Rdn. 38 ff.). Auf Mietverträge über Gewerberaum ist § 556 BGB unmittelbar allerdings **nicht** anwendbar (Vor § 1 HeizkostenV Rdn. 38). Der Vermieter ist aber auch dort i.d.R. zu einer Abrechnung verpflichtet (Vor § 1 HeizkostenV Rdn. 38). Im **Wohnungseigentumsrecht** ist die Verteilung ein Teil der Jahresabrechnung. Die HeizkostenV trifft für alle diese Abrechnungen jenseits von seinem § 6a Abs. 3 (dazu § 6a HeizkostenV Rdn. 26 ff.) selbst jeweils **keine** Anordnungen.

b) Verteilung

7 Gibt es keine Abrechnung, weil der Nutzer **keine** Vorauszahlungen schuldet, sind die Kosten der Wärme und des Warmwassers **bloß zu verteilen.** Dies meint, dass der Gebäudeeigentümer jedem Nutzer **mitteilt**, welchen Anteil an den Kosten, die zunächst der Gebäudeeigentümer allein getragen hat, auf ihn entfällt. Diesen Verteilungsbetrag muss der Gebäudeeigentümer dann von jedem Nutzer **anfordern.** Bei einer Verteilung ist § 556 BGB nicht entsprechend anwendbar (a.A. *Schmid* NZM 2012, 855). Die Parteien können etwas Anderes vereinbaren.

3. Ablesung

8 Damit der Gebäudeeigentümer die Verbrauchserfassung als Grundlage der Verteilung nehmen kann, muss er den Verbrauch an der Ausstattung vor Ort **ablesen**, sofern es (noch) keine fernablesbare Ausstattung gibt.

Der Nutzer muss diese Ablesung dulden (s.a. *AG Brandenburg*, 04.10. 2004 – 32 [33] C 110/04, NZM 2005, 257). Insofern gelten § 4 HeizkostenV Rdn. 41 ff. **entspr.** (§ 4 HeizkostenV Rdn. 45; *Lammel* HeizkostenV § 6 Rn. 16). 9

C. Mitteilungspflicht (§ 6 Abs. 1 S. 2 bis S. 4 HeizkostenV)

I. Überblick

Nach § 6 Abs. 1 S. 2 HeizkostenV hat der **Gebäudeeigentümer** (§ 1 HeizkostenV Rdn. 29 ff.) nicht nur abzurechnen, sondern dem Nutzer (§ 1 HeizkostenV Rdn. 40 ff.) **vorab** »das Ergebnis der Ablesung« bereits mitzuteilen. Diese Mitteilungspflicht ist zum Jahr 2009 eingeführt worden. Da eine verbrauchsabhängige Abrechnung (dazu Vor § 1 HeizkostenV Rdn. 38 ff.) auf das Nutzungsverhalten abziele (s. Vor § 1 HeizkostenV Rdn. 5), sei es **erforderlich**, dass sich der Nutzer mit den Ergebnissen der Ablesung zeitnah auseinandersetzen könne und nicht erst bei Vorlage der Abrechnung (BR-Drs. 580/08, 11). Die zeitnahe Mitteilung des Ergebnisses soll außerdem zur **Streitvermeidung** und damit zum Rechtsfrieden beitragen (BR-Drs. 580/08, 11). 10

II. Nicht fernablesbare Ausstattungen

1. Überblick

Liegen die Tatbestandsvoraussetzungen vor, muss der Gebäudeeigentümer dem Nutzer bei **nicht fernablesbaren** Ausstattungen das Ergebnis der Ablesung des Verbrauchs mitteilen. Der Anwendungsbereich ist seit Ende des Jahres 2021 beschränkt, weil bei fernablesbaren Ausstattungen die **spezielleren** Regeln des § 6a HeizkostenV gelten (BR-Drs. 643/21, 17). § 6 Abs. 1 S. 2 HeizkostenV erfasst damit vor allem **Verdunstungsgeräte.** 11

2. Inhalt der Mitteilung

Der Gebäudeeigentümer muss das **Ergebnis** der Ablesung für einen **Stichtag** mitteilen. Der Begriff »Ablesung« meint die bislang übliche jährliche Ablesung, aber auch die nach § 9b HeizkostenV (*Kinne* GE 2009, 692 (694)). Denn bei einem Nutzerwechsel wird der bisherige Nutzer später nicht mehr über die Ablesung isoliert informiert werden. 12

3. Adressat der Mitteilung

Adressat der Mitteilung ist der »Nutzer«. In einer Wohnungseigentumsanlage ist das im Verhältnis zur Gemeinschaft der Wohnungseigentümer der Wohnungseigentümer, im Verhältnis zwischen Wohnungseigentümer und Mieter hingegen der Mieter. Bei mehreren Nutzern einer Einheit, z.B. Ehegatten, Wohngemeinschaften usw. reicht eine Mitteilung (vgl. § 1 HeizkostenV Rdn. 40). Eine Mitteilung an den Verwalter ist unnötig, wenn die Mitteilung nicht an die Gemeinschaft der Wohnungseigentümer adressiert ist. 13

4. Wirksamwerden und Form der Mitteilung

Die Mitteilung setzt den Zugang einer Erklärung entspr. § 130 Abs. 1 S. 1 BGB voraus. Der Gebäudeeigentümer kann sich zur Erfüllung der Mitteilungspflicht Dritter bedienen, z.B. eines Messdienstunternehmens als Erfüllungsgehilfen. Die Mitteilung bedarf von Gesetzes wegen **keiner** besonderen **Form**, muss also nicht verkörpert sein. Damit reicht eine mündliche Mitteilung aus (*Schmid* NZM 2009, 104 [105]; a.A. *Wall* WuM 2009, 3; *Pfeiffer* GE 2009, 156 [157]). Diese Form ist aber nicht sinnvoll, wenn sich der Nutzer die Mitteilung nicht gleich notiert. Enthält ein Ablesebeleg, der dem Nutzer ggf. zur Unterschrift vorgelegt wird, die Messergebnisse, ist der Mitteilungspflicht i.d.R. aber Genüge getan (*Pfeifer* GE 2009, 156 [157]). Denn der Nutzer erhält den Ablesebeleg. 14

5. Zeitliche Anforderungen an die Mitteilung

15 Das Ergebnis der Ablesung ist i.d.R. **innerhalb eines Monats** mitzuteilen. Die Frist beginnt mit der Ablesung.

6. Verstöße gegen Mitteilungspflicht

16 Das Gesetz sieht keine **Sanktion** für einen Verstoß gegen die Mitteilungspflicht vor. Ein Kürzungsrecht nach § 12 Abs. 1 HeizkostenV besteht auch nicht, weil das Unterbleiben der Mitteilung keine Abrechnung (Vor § 1 HeizkostenV Rdn. 38 ff.) entgegen den Vorschriften der HeizkostenV ist (*Wall* WuM 2009, 3 [4]; *Schmid* MDR 2009, 129; a.A. *Pfeifer* GE 2008, 156 [157]).

7. Kosten der Mitteilung

17 Die Kosten der Mitteilung sind solche der Berechnung und Aufteilung und damit nach § 7 Abs. 2 HeizkostenV umzulegen (§ 7 HeizkostenV Rdn. 61).

8. Prozessuales

18 Streiten der Gebäudeeigentümer und der Nutzer über die Abrechnung (dazu Vor § 1 HeizkostenV Rdn. 38 ff.), muss der Gebäudeeigentümer die **Ablesewerte** beweisen, **wenn** er sich darauf beruft. Hat der Nutzer ein Protokoll unterschrieben, kann dies zu einer Beweislastumkehr führen (§ 4 HeizkostenV Rdn. 48). Kann der Nutzer die Ablesewerte aus eigener Wahrnehmung noch selbst kontrollieren (Auslesung des Speichers), muss er nach § 138 Abs. 2 ZPO wenigstens vortragen, welcher Wert dort steht (s.a. *KG*, 08.07.2010 – 12 U 26/09, MDR 2011, 22; *LG Berlin*, 12.11.2010 – 63 S 150/10, NZM 2011, 583), kann sich aber auf Ablesefehler dennoch berufen (a.A. *LG Berlin*, 04.06.1996 – 64 S 97/96, ZMR 1997, 145). Werden die Ablesewerte bloß in Gegenwart des Nutzers abgelesen, kann sich dieser zu ihrer Höhe dennoch mit Nichtwissen erklären (*Lammel* WuM 2011, 413 [414]; a.A. *LG Itzehoe*, 17.12.2010 – 9 S 66/10, MietRB 2011, 73).

III. Keine gesonderte Mitteilung (§ 6 Abs. 1 S. 3, 4 HeizkostenV)

1. Speicherung und Selbstabrufung

a) Allgemeines

19 Eine gesonderte Mitteilung ist nach § 6 Abs. 1 S. 3 HeizkostenV bei einer **nicht fernablesbaren Ausstattung** (BR-Drs. 643/21, 17) ausnahmsweise nicht erforderlich, wenn das Ableseergebnis über einen längeren Zeitraum in den Räumen des Nutzers **gespeichert** ist (Rdn. 20) und von diesem selbst **abgerufen** werden kann (Rdn. 21). Dies gilt nicht nur, aber insbesondere für Geräte mit Funkablesung oder anderen Techniken, die dem Nutzer ein einfaches, auch für den technischen Laien anwenderfreundliches Abrufen der Werte ermöglichen (BR-Drs. 643/21, 17). Das Ableseergebnis muss nicht in einem **besonderen** Medium gespeichert werden. Der Nutzer muss nur einen Wert erhalten, den er nachträglich noch kontrollieren kann (a.A. *Lammel* HeizkostenV § 6 Rn. 29). Durch die Regelung soll insgesamt die Akzeptanz der HeizkostenV beim Nutzer sichergestellt werden (BR-Drs. 643/21, 17). § 6 Abs. 1 S. 3 HeizkostenV blickt vor allem auf elektronische Heizkostenverteiler und Wärmezähler, aber auch auf Verdunster mit zwei Sichtfenstern.

b) Längerer Speicherungszeitraum

20 Unklar ist, was unter einem »längeren Zeitraum« zu verstehen ist. Nahe liegt, von einem Zeitraum bis zur Versendung einer Abrechnung (dazu Vor § 1 HeizkostenV Rdn. 38 ff.) **und** ihrer Prüfung auszugehen (s.a. *Wall* WuM 2009, 3 [4]; *Pfeifer* GE 2009, 156 [158]).

c) Abrufbarkeit

Eine »Abrufbarkeit« wird i.d.R. bei Wärmezählern, elektronischen Heizkostenverteilern und Heizkostenverteilern mit Speicher für die Ampulle des Vorjahres möglich sein. In der Praxis wissen die Nutzer häufig allerdings nicht, wie die Geräte funktionieren. Es ist deshalb idR eine **Einweisung** des Nutzers in die Bedienung des Geräts und eine Überlassung einer Bedienungsanleitung erforderlich (*Wall* WuM 2009, 3 [4]). Die Einweisung muss auch für Ausländer verständlich sein (*Pfeifer* GE 2009, 156 [157]). 21

d) Raum des Nutzers

Der maßgebliche Wert muss »in den Räumen des Nutzers« gespeichert werden. Diese Anforderung ist **nicht** erfüllt, wenn die Zähler mehrerer Wohnungen z.B. im Keller in einem gemeinschaftlichen Zählerraum oder in einem verglasten Zählerschrank untergebracht sind. 22

2. Warmwasserzähler

Einer gesonderten Mitteilung des Warmwasserverbrauchs bedarf es bei einer nicht fernablesbaren Ausstattung (BR-Drs. 643/21, 17) ausnahmsweise **ferner dann nicht**, wenn in der Nutzeinheit ein **Warmwasserzähler** eingebaut ist. Dann muss sich der Nutzer den aktuellen Wert selbst notieren. Der Gebäudeeigentümer muss hierauf nach h.M. nicht hinweisen. Tatsächlich ist deshalb auch hier nach Sinn und Zweck eine **Einweisung** des Nutzers in die Bedienung des Geräts und eine Überlassung einer Bedienungsanleitung erforderlich. 23

D. Vorerfassung (§ 6 Abs. 2 HeizkostenV)

I. Überblick

§ 6 Abs. 2 HeizkostenV trifft Regelungen, was gilt, **wenn** der Verbrauch der von einer Anlage i.S.d. § 1 Abs. 1 HeizkostenV versorgten Nutzer nicht mit gleichen Ausstattungen erfasst wird (dazu § 5 HeizkostenV Rdn. 56 ff.). Der Verordnungsgeber hat diese Bestimmung durch die Verordnung zur Änderung wohnungsrechtlicher Vorschriften v. 05.04.1984 (BGBl I 546) mWv 01.05.1984 geändert. Die Änderung soll ein **flexibleres** Vorgehen bei der Aufteilung der Kosten auf die Nutzergruppen ermöglichen. Nach der bisherigen Fassung waren die Kosten zunächst in voller Höhe nach dem Verhältnis der erfassten Anteile am Gesamtverbrauch aufzuteilen, was in der Praxis zu Härten führen konnte (vgl. BR-Drs. 483/83, 36). Die Neuregelung erlaubt es dem Gebäudeeigentümer jetzt, die Kosten – in Grenzen – auch nach bestimmten festen Maßstäben aufzuteilen, was z.B. in Fällen nutzungsbedingter unterschiedlicher Intensität des Verbrauchs **geboten** sein kann. Dabei wird davon ausgegangen, dass der Gebäudeeigentümer einen Umlageschlüssel wählt, der den konkreten Gegebenheiten angemessen Rechnung trägt (BR-Drs. 483/83, 36; s.a. Rdn. 30). 24

II. Tatbestandsvoraussetzungen

§ 6 Abs. 2 HeizkostenV ist anwendbar, **wenn** die Tatbestandsvoraussetzungen von § 5 Abs. 7 HeizkostenV vorliegen. 25

III. Rechtsfolge

1. Überblick

Liegen die Tatbestandsvoraussetzungen vor, sind die Kosten **zunächst mindestens** zu 50 v.H. nach dem Verhältnis der erfassten Anteile am Gesamtverbrauch auf die Nutzergruppen aufzuteilen (s.a. *BGH*, 16.07.2008 – VIII ZR 57/07, NJW-RR 2008, 1542 Rn. 22). Die Kostenanteile der Nutzergruppen sind hingegen nach Absatz 1 auf die einzelnen Nutzer zu verteilen. 26

2. Verteilung auf die Nutzergruppen

a) Kosten werden nur nach Verbrauch aufgeteilt

27 Der Gebäudeeigentümer kann die Kosten nach billigem Ermessen (Rdn. 30) bis **zu 100 %** nach Verbrauch auf die Nutzergruppen aufteilen. Eine Obergrenze besteht im Gegensatz zu §§ 7, 8 HeizkostenV nicht. Eine hälftige Aufteilung nach dem Verbrauch ist nach § 6 Abs. 2 S. 1 HeizkostenV allerdings der **Mindestsatz.**

b) § 6 Abs. 2 S. 2, S. 3 HeizkostenV

28 Werden die Kosten nicht vollständig nach dem Verhältnis der erfassten Anteile am Gesamtverbrauch aufgeteilt (Rdn. 27), sind die **übrigen Kosten der Versorgung** mit Wärme **nach Wahl des Gebäudeeigentümers** (Rdn. 30) auf die einzelnen Nutzergruppen nach der Wohn- oder Nutzfläche (§ 7 HeizkostenV Rdn. 23 ff.), nach dem umbauten Raum (§ 7 HeizkostenV Rdn. 28), nach der Wohn- oder Nutzfläche der beheizten Räume (§ 7 HeizkostenV Rdn. 29) oder nach dem umbauten Raum der beheizten Räume (§ 7 HeizkostenV Rdn. 34) zu verteilen. Die **übrigen Kosten der Versorgung mit Warmwasser** sind nach der Wohn- oder Nutzfläche auf die einzelnen Nutzergruppen zu verteilen.

3. Einzelverteilung

29 Der Kostenanteil einer einzelnen Nutzergruppe ist **innerhalb** dieser Nutzergruppe nach §§ 7 bis 9 HeizkostenV zu verteilen. Hier sind die **Obergrenzen** für den verbrauchsunabhängigen Anteil nach §§ 7 Abs. 1 S. 1, 8 Abs. 1 HeizkostenV zu beachten.

IV. Wahl der Umlageschlüssel

30 Der Gebäudeeigentümer ist nach § 6 Abs. 4 S. 1 HeizkostenV befugt, die Umlageschlüssel jeweils nach **billigem** Ermessen zu bestimmen (entspr. § 7 HeizkostenV Rdn. 35 ff.; allgemein Vor § 1 HeizkostenV Rdn. 27 ff.).

V. Verstoß

31 Ermittelt der Gebäudeeigentümer den Verbrauch unter Verstoß gegen § 6 Abs. 2 HeizkostenV, können die Nutzer die Kosten nach § 12 Abs. 1 S. 1 HeizkostenV kürzen (*BGH*, 16.07.2008 – VIII ZR 57/07, NJW-RR 2008, 1542 Rn. 27).

E. Gemeinschaftlich genutzte Räume (§ 6 Abs. 3 HeizkostenV)

I. Überblick

32 § 6 Abs. 3 HeizkostenV trifft Regelungen für Gemeinschaftsräume mit **nutzungsbedingt hohem Wärme- oder Warmwasserverbrauch** (dazu § 4 HeizkostenV Rdn. 70 ff.). Der Verordnungsgeber hat diese Bestimmung durch die Verordnung zur Änderung energiesparrechtlicher Vorschriften v. 19.01.1989 (BGBl I 109) als Absatz 3 (neu) mit Blick auf den damals neuen § 4 Abs. 3 S. 2 HeizkostenV (§ 4 HeizkostenV Rdn. 4) in § 6 eingefügt (vgl. BR-Drs. 494/88, 25).

II. Tatbestandsvoraussetzungen

33 § 6 Abs. 3 HeizkostenV ist anwendbar, **wenn** es im Gebäude Gemeinschaftsräume mit nutzungsbedingt hohem Wärme- oder Warmwasserverbrauch i.S.v. § 4 Abs. 3 S. 2 HeizkostenV gibt.

III. Rechtsfolge

1. Überblick

Liegen die Tatbestandsvoraussetzungen vor, sind die Kosten nach dem Verhältnis der **erfassten** Anteile am **Gesamtverbrauch** ohne Grundkostenanteil auf die Gemeinschaftsräume und die übrigen Räume aufzuteilen. Die Verteilung der auf die Gemeinschaftsräume entfallenden anteiligen Kosten richtet sich nach **rechtsgeschäftlichen** Bestimmungen. 34

2. Regelung

a) Überblick

Die Regelung müssen der Gebäudeeigentümer und die Nutzer **treffen.** Im Wohnungseigentumsrecht müssen die Gemeinschaft der Wohnungseigentümer und die Wohnungseigentümer handeln und etwas nach § 10 Abs. 1 S. 2 WEG oder § 19 Abs. 1 WEG bestimmen. Der Verwalter ist nach § 27 Abs. 1 Nr. 1 WEG nicht befugt, etwas anzuordnen. Im Verhältnis zu Mietern müssen jeweils die Wohnungseigentümer die Vereinbarung treffen. Diese Vereinbarung kann aber von der Vereinbarung der Wohnungseigentümer für ihr Verhältnis untereinander **nicht** abweichen. Der Gebäudeeigentümer ist nicht befugt, **einseitig** eine Bestimmung nach billigem Ermessen anzuordnen. 35

b) Inhalt

Die rechtsgeschäftliche Bestimmung ist nicht durch §§ 7 bis 9 HeizkostenV gebunden. 36

3. Fehlende Regelung

a) Mietrecht

Fehlt eine Regelung, kann der Nutzer die Kosten nach § 12 Abs. 1 S. 1 HeizkostenV kürzen. Etwas anderes gilt, wenn er sich einer angemessenen Bestimmung **verweigert** hat. Der Gebäudeeigentümer hat **kein** einseitiges Bestimmungsrecht. 37

b) Wohnungseigentumsrecht

Fehlt eine Regelung der Gemeinschaft der Wohnungseigentümer, können die Wohnungseigentümer die Kosten nicht kürzen (§ 12 Abs. 1 S. 4 HeizkostenV). Im Verhältnis zum Wohnungseigentümer kann der Nutzer die Kosten nach § 12 Abs. 1 S. 1 HeizkostenV kürzen. Etwas anderes gilt, wenn er sich einer angemessenen Bestimmung verweigert hat. Der Wohnungseigentümer hat **kein** einseitiges Bestimmungsrecht. 38

F. Festlegung der Umlageschlüssel (§ 6 Abs. 4 S. 1, S. 3 HeizkostenV)

I. Überblick

§ 6 Abs. 4 S. 1 HeizkostenV ermächtigt den Gebäudeeigentümer, die Umlageschlüssel nach Absatz 2 sowie nach §§ 7 Abs. 1 S. 1, 8 bis 9 HeizkostenV **einseitig** zu bestimmen. Dies gilt entspr. für § 9a Abs. 1 HeizkostenV und § 9b Abs. 2 HeizkostenV. Dem Gebäudeeigentümer steht es aber natürlich frei, auf dieses Recht zu **verzichten** und die Umlageschlüssel mit den Nutzern in den gesetzlichen Grenzen (§ 2 HeizkostenV) zu vereinbaren. Wenn es keine Nutzergruppen gibt, sind die Umlageschlüssel für alle Nutzer in gleicher Weise zu bestimmen. Erscheint dies unbillig, muss ggf. nach § 5 Abs. 7 S. 2 HeizkostenV vorgegangen werden. Die Festlegung, welcher Schlüssel anzuwenden ist, muss nach allgemeinen Überlegungen **für alle Nutzer gleich** lauten. Dies gilt für die verbrauchsabhängigen Kosten, aber auch für die verbrauchsunabhängigen Kosten. 39

II. Ermessen

1. Überblick

40 Der Verordnungsgeber geht davon aus, dass der Gebäudeeigentümer die Belange der Nutzer **berücksichtigt** (BR-Drs. 632/80, 27). Die Bestimmungen sind mithin jeweils nach billigem Ermessen zu treffen (Vor § 1 HeizkostenV Rdn. 27 ff.). Zu den Einzelheiten s. § 7 HeizkostenV Rdn. 15 ff., § 9a HeizkostenV Rdn. 17 ff. und § 9b HeizkostenV Rdn. 26. Die dortigen Ausführungen gelten für Absatz 2 entspr.

2. Grenzen

41 Der Gebäudeeigentümer muss bei der Ausübung seines Ermessens die gesetzlichen Grenzen einhalten (s.a. *BGH*, 21.01.2004 – VIII ZR 137/03, ZMR 2004, 343). Werden diese überschritten, ist die Bestimmung **unbeachtlich** (§ 2 HeizkostenV Rdn. 28; Vor 1 HeizkostenV Rdn. 29). Ein Vertrag kann daran wegen § 2 HeizkostenV nichts ändern (*BGH*, 20.01.1993 – VIII ZR 10/92, ZMR 1993, 263).

III. Wohnungseigentumsrecht

42 In einer Wohnungseigentumsanlage bestimmen die Wohnungseigentümer die Umlageschlüssel nach § 10 Abs. 1 S. 2 WEG oder § 16 Abs. 2 S. 2 WEG (s. zu den Einzelheiten § 3 HeizkostenV Rdn. 8 ff.). Vermietet ein Wohnungseigentümer sein Sondereigentum, bestimmt er im Verhältnis zum Nutzer die Umlageschlüssel. Auch die Bestimmungen der Wohnungseigentümer müssen billigem Ermessen entsprechen. Zum Verwalter s. § 3 HeizkostenV Rdn. 9. Zum **Anspruch** auf Änderung eines Umlageschlüssels s. § 16 WEG Rdn. 72 ff.

IV. Wirkungszeitpunkt (§ 6 Abs. 4 S. 3 HeizkostenV)

43 Die Festlegung ist nach § 6 Abs. 4 S. 3 HeizkostenV nur mit Wirkung zum **Beginn** eines Abrechnungszeitraums zulässig. Dieser Zeitpunkt dient dazu, die Nutzer vor Überraschungen zu schützen (BR-Drs. 632/80, 27).

V. Mitteilung

44 Die Festsetzung setzt den **Zugang** einer Erklärung entspr. § 130 Abs. 1 S. 1 BGB voraus.

G. Änderung der Umlageschlüssel (§ 6 Abs. 4 S. 2, S. 3 HeizkostenV)

I. Überblick

45 Nicht sachgerechte Umlageschlüssel müssen **revidiert** werden können. Eine Änderung durch eine rechtsgeschäftliche Vereinbarung, der alle Nutzer zustimmen müssten, ist aufgrund der zu erwartenden Interessengegensätze unwahrscheinlich. Deshalb legt § 6 Abs. 4 S. 2 HeizkostenV fest, dass der Gebäudeeigentümer unter bestimmten Voraussetzungen die Umlageschlüssel einseitig ändern darf (BR-Drs. 632/80, 27). § 6 Abs. 4 S. 2 HeizkostenV verdrängt in seinem Anwendungsbereich § 556a Abs. 2 BGB. An Verträge ist der Gebäudeeigentümer mithin **nicht** gebunden.

II. Tatbestandsvoraussetzungen

1. Einführung einer Vorerfassung nach Nutzergruppen (§ 6 Abs. 4 S. 2 Nr. 1 HeizkostenV)

46 Für den Gebäudeeigentümer besteht eine Änderungsbefugnis nach § 6 Abs. 4 S. 2 Nr. 1 HeizkostenV, wenn er eine Vorerfassung nach Nutzergruppen i.S.v. § 5 Abs. 7 HeizkostenV einführt. Eine solche Vorerfassung ist vielfach nur sachgerecht, wenn die Umlageschlüssel angepasst werden.

2. Bauliche Maßnahmen (§ 6 Abs. 4 S. 2 Nr. 2 HeizkostenV)

Für den Gebäudeeigentümer besteht eine Änderungsbefugnis nach § 6 Abs. 4 S. 2 Nr. 2 HeizkostenV, **wenn** er bauliche Maßnahmen durchgeführt hat, die nachhaltig Einsparungen von Heizenergie bewirken. Der Verordnungsgeber versteht darunter insbesondere die Fälle, die in § 4 Abs. 3 ModEnG a.F. aufgezählt waren (BR-Drs. 632/80, 28). Dies sind Maßnahmen zur **wesentlichen** Verbesserung der Wärmedämmung von Fenstern, Außentüren, Außenwänden, Dächern, Kellerdecken und obersten Geschossdecken, die wesentliche Verminderung des Energieverlustes und des Energieverbrauchs der zentralen Heizungs- und Warmwasseranlagen, die Änderung zentraler Heizungs- und Warmwasseranlagen innerhalb des Gebäudes für den Anschluss an die Fernwärmeversorgung, die überwiegend aus Anlagen der Kraft-Wärme-Kopplung, zur Verbrennung von Müll oder zur Verwertung von Abwärme gespeist wird, die Rückgewinnung von Wärme sowie die Nutzung von Energie durch Wärmepumpen- und Solaranlagen. Auch eine völlige Erneuerung der Heizanlage kann eine Änderung des Umlageschlüssels rechtfertigen. 47

3. Änderung aus sachgerechten Gründen (§ 6 Abs. 4 S. 2 Nr. 3 HeizkostenV)

Für den Gebäudeeigentümer besteht nach § 6 Abs. 4 S. 2 Nr. 3 HeizkostenV im Übrigen eine Änderungsbefugnis, wenn nach der erstmaligen Bestimmung eines Umlageschlüssels sachgerechte Gründe für eine Änderung sprechen. Der Begriff des »sachgerechten« Grundes ist aus § 6 Abs. 4 S. 2 Nr. 1 und Nr. 2 HeizkostenV zu entwickeln und muss den dort genannten Fällen in Schwere und Bedeutung gleichstehen. Ferner ist zu beachten, dass § 6 Abs. 4 S. 2 HeizkostenV den Nutzer im Ergebnis schützen soll, da die Änderung der Umlageschlüssel nicht im Belieben des Gebäudeeigentümers liegt. Als ein »sachgerechter Grund« ist es daher **insbesondere** anzusehen, wenn die Anwendung des bisherigen Umlageschlüssels zu **unbilligen** Ergebnissen führt. 48

4. Rechtsgeschäftliche Änderungsmöglichkeiten

Die Änderungsmöglichkeiten sind **abschließend**. Vorbehalte eines einseitigen Änderungsrechtes, z.B. in Mietverträgen, kommen nicht zum Tragen (s.a. *BGH*, 20.01.1993 – VIII ZR 10/92, ZMR 1993, 263). Beispielsweise ein Leerstand gibt dem Vermieter i.d.R. kein Recht zu einer Änderung (s.a. zum alten Recht *BGH*, 21.01.2004 – VIII ZR 137/03, ZMR 2004, 343). 49

III. Rechtsfolge

1. Überblick

Liegen die Tatbestandsvoraussetzungen vor, ist der **Gebäudeeigentümer** (§ 1 HeizkostenV Rdn. 29 ff.) nach § 6 Abs. 4 S. 2 HeizkostenV befugt, die in § 6 Abs. 4 S. 1 HeizkostenV genannten Umlageschlüssel **allein** zu ändern. Dem Gebäudeeigentümer steht es allerdings frei, einen Umlageschlüssel mit den Nutzern abzustimmen und zu vereinbaren. Diese Vereinbarung kann auch schlüssig getroffen werden. 50

2. Künftige Abrechnungszeiträume

Nach § 6 Abs. 4 S. 3 HeizkostenV ist die Festlegung und Änderung des neuen Umlageschlüssels durch einseitige Erklärung nur mit Wirkung zum Beginn eines Abrechnungszeitraums zulässig. Eine Änderung für die laufende oder die zurückliegende Abrechnungsperiode ist mithin **nicht** möglich (*AG Hamburg-Altona*, 28.01.1987 – 317a C 562/86, WuM 1987, 162). Der Gebäudeeigentümer kann seiner Abrechnung (dazu Vor § 1 HeizkostenV Rdn. 38 ff.) nur den Umlageschlüssel zugrunde legen, den er auch (zulässigerweise) für Vorauszahlungen gewählt hatte (vgl. *AG Neubrandenburg*, 28.01.1994 – C 870/93, WuM 1994, 379). 51

3. Erklärung gegenüber den Nutzern

a) Überblick

52 Der Gebäudeeigentümer muss den Nutzern (dazu § 1 HeizkostenV Rdn. 40 ff.) die Änderung des Umlageschlüssels **vor** Beginn des Abrechnungszeitraums mitteilen (*BGH*, 21.01.2004 – VIII ZR 137/03, ZMR 2004, 343). Dies setzt den Zugang einer Erklärung entspr. § 130 Abs. 1 S. 1 BGB voraus. Maßgeblich ist der Zeitpunkt, zu dem die Erklärung dem letzten Nutzer zugeht. Eine Mitteilung erst mit der Abrechnung (dazu Vor § 1 HeizkostenV Rdn. 38 ff.) ist zu spät. Die Mitteilung wirkt dann erst für den **nächsten** Abrechnungszeitraum (Rdn. 51). Der Gebäudeeigentümer muss die Änderungen nicht begründen/erläutern.

b) Ausnahmen

53 Liegen die Tatbestandsvoraussetzungen des § 7 Abs. 1 S. 2 HeizkostenV vor, muss der Gebäudeeigentümer die Abweichung von § 7 Abs. 1 S. 1 HeizkostenV **nicht** nach § 6 Abs. 4 S. 3 HeizkostenV vor Beginn des Abrechnungszeitraums ankündigen (§ 7 HeizkostenV Rdn. 11). Dies gilt **auch dann**, wenn der Gebäudeeigentümer den Wärmeverbrauch der Nutzer abweichend von § 7 Abs. 1 S. 1 HeizkostenV nach anerkannten Regeln der Technik bestimmt (*BGH*, 06.05.2015 – VIII ZR 193/14, ZMR 2015, 704 Rn. 27 ff.; § 7 HeizkostenV Rdn. 15).

4. Ermessen

a) Überblick

54 Der neue Umlageschlüssel muss – wie der davor bestimmte – wieder billigem Ermessen (§ 315 Abs. 1 BGB; allgemein Vor § 1 HeizkostenV Rdn. 27) entsprechen. Der Verordnungsgeber geht davon aus, dass der Gebäudeeigentümer die Belange der Nutzer **berücksichtigt** (BR-Drs. 632/80, 27). Ein Nutzer hat keinen Anspruch auf einen **bestimmten** neuen Umlageschlüssel. Ein solcher Anspruch kommt nur dann in Betracht, wenn nur ein Umlageschlüssel sachgerecht ist – Ermessensreduzierung auf null (s.a. *LG Mannheim*, 27.01.1999 – 4 S 141/98, NZM 1999, 365; *Wall* WuM 2009, 3 [5]; *Schmid* NZM 2009, 104 [106]; allgemein Vor § 1 HeizkostenV Rdn. 28). Zu den Einzelheiten s. § 7 HeizkostenV Rdn. 15 ff., § 9a HeizkostenV Rdn. 17 ff. und § 9b HeizkostenV Rdn. 26. Die dortigen Ausführungen gelten für Absatz 2 entspr.

b) Grenzen

55 Der Gebäudeeigentümer muss bei der Ausübung seines Ermessens die **gesetzlichen** Grenzen einhalten (s.a. *BGH*, 21.01.2004 – VIII ZR 137/03, ZMR 2004, 343). Werden diese überschritten, ist die Bestimmung **unbeachtlich** (§ 2 HeizkostenV Rdn. 28; Vor 1 HeizkostenV Rdn. 29). Ein Vertrag kann daran wegen § 2 HeizkostenV nichts ändern (*BGH*, 20.01.1993 – VIII ZR 10/92, ZMR 1993, 263).

c) Wohnungseigentumsrecht

56 Zum Wohnungseigentumsrecht und dem Ermessen der Wohnungseigentümer bei Änderungen s.a. § 3 Rdn. 8.

IV. Wirkungszeitpunkt (§ 6 Abs. 4 S. 3 HeizkostenV)

57 Die Festlegung ist nach § 6 Abs. 4 S. 3 HeizkostenV nur mit Wirkung zum **Beginn** eines Abrechnungszeitraums zulässig. Dieser Zeitpunkt dient dazu, die Nutzer vor Überraschungen zu schützen (BR-Drs. 632/80, 27). Eine **rückwirkende** Änderung ist ausgeschlossen (*LG Hamburg*, 09.04.2014 – 318 S 66/13, ZMR 2014, 740).

§ 6a Abrechnungs- und Verbrauchsinformationen; Informationen in der Abrechnung

(1) Wenn fernablesbare Ausstattungen zur Verbrauchserfassung installiert wurden, hat der Gebäudeeigentümer den Nutzern Abrechnungs- oder Verbrauchsinformationen für Heizung und Warmwasser auf der Grundlage des tatsächlichen Verbrauchs oder der Ablesewerte von Heizkostenverteilern in folgenden Zeitabständen mitzuteilen:
1. für alle Abrechnungszeiträume, die ab dem 1. Dezember 2021 beginnen
   a) auf Verlangen des Nutzers oder wenn der Gebäudeeigentümer sich gegenüber dem Versorgungsunternehmen für die Zustellung der Abrechnung auf elektronischem Wege entschieden hat, mindestens vierteljährlich und
   b) ansonsten mindestens zweimal im Jahr,
2. ab dem 1. Januar 2022 monatlich.

(2) Verbrauchsinformationen nach Absatz 1 Nummer 2 müssen mindestens folgende Informationen enthalten:
1. Verbrauch des Nutzers im letzten Monat in Kilowattstunden,
2. einen Vergleich dieses Verbrauchs mit dem Verbrauch des Vormonats desselben Nutzers sowie mit dem entsprechenden Monat des Vorjahres desselben Nutzers, soweit diese Daten erhoben worden sind, und
3. einen Vergleich mit dem Verbrauch eines normierten oder durch Vergleichstests ermittelten Durchschnittsnutzers derselben Nutzerkategorie.

(3) Wenn die Abrechnungen auf dem tatsächlichen Verbrauch oder auf den Ablesewerten von Heizkostenverteilern beruhen, muss der Gebäudeeigentümer den Nutzern für Abrechnungszeiträume, die ab dem 1. Dezember 2021 beginnen, zusammen mit den Abrechnungen folgende Informationen zugänglich machen:
1. Informationen über
   a) den Anteil der eingesetzten Energieträger und bei Nutzern, die mit Fernwärme aus Fernwärmesystemen versorgt werden, auch über die damit verbundenen jährlichen Treibhausgasemissionen und den Primärenergiefaktor des Fernwärmenetzes, bei Fernwärmesystemen mit einer thermischen Gesamtleistung unter 20 Megawatt jedoch erst ab dem 1. Januar 2022,
   b) die erhobenen Steuern, Abgaben und Zölle,
   c) die Entgelte für die Gebrauchsüberlassung und Verwendung der Ausstattungen zur Verbrauchserfassung, einschließlich der Eichung, sowie für die Ablesung und Abrechnung,
2. Kontaktinformationen, darunter Internetadressen von Verbraucherorganisationen, Energieagenturen oder ähnlichen Einrichtungen, bei denen Informationen über angebotene Maßnahmen zur Energieeffizienzverbesserung, Endnutzer-Vergleichsprofile und objektive technische Spezifikationen für energiebetriebene Geräte eingeholt werden können,
3. im Falle eines Verbrauchervertrags nach § BGB § 310 Absatz BGB § 310 Absatz 3 des Bürgerlichen Gesetzbuches die Information über die Möglichkeit der Durchführung von Streitbeilegungsverfahren nach dem Verbraucherstreitbeilegungsgesetz, wobei die §§ VSBG § 36 und VSBG § 37 des Verbraucherstreitbeilegungsgesetzes unberührt bleiben,
4. Vergleiche mit dem Verbrauch eines normierten oder durch Vergleichstests ermittelten Durchschnittsnutzers derselben Nutzerkategorie, wobei im Fall elektronischer Abrechnungen ein solcher Vergleich online bereitgestellt und in der Abrechnung darauf verwiesen werden kann,
5. einen Vergleich des witterungsbereinigten Energieverbrauchs des jüngsten Abrechnungszeitraums des Nutzers mit seinem witterungsbereinigten Energieverbrauch im vorhergehenden Abrechnungszeitraum in grafischer Form.

Der Energieverbrauch nach Satz 1 Nummer 5 umfasst den Wärmeverbrauch und den Warmwasserverbrauch. Dabei ist der Wärmeverbrauch einer Witterungsbereinigung unter Anwendung eines den anerkannten Regeln der Technik entsprechenden Verfahrens zu unterziehen. Die Einhaltung der anerkannten Regeln der Technik wird vermutet, soweit für den Vergleich der witterungsbereinigten Energieverbräuche Vereinfachungen verwendet werden, die vom Bundesministerium für

Wirtschaft und Energie und vom Bundesministerium des Innern, für Bau und Heimat gemeinsam im Bundesanzeiger bekannt gemacht worden sind.

(4) Die Pflichten gemäß § 556 Absatz 3 des Bürgerlichen Gesetzbuches bleiben unberührt.

(5) Abrechnungen, die nicht auf dem tatsächlichen Verbrauch oder auf den Ablesewerten von Heizkostenverteilern beruhen, müssen mindestens die Informationen gemäß Absatz 3 Satz 1 Nummer 2 und 3 enthalten.

Übersicht

A. Normgeschichte, Zweck und Allgemeines

1 § 6a ist durch die Verordnung über die Änderung der Verordnung über Heizkostenabrechnung v. 24.11.2021 (BGBl. I 4964) m.W.v. 01.12.2021 in die HeizkostenV **eingefügt** worden. Er beruht auf § 6 Abs. 1 Nr. 3 GEG und soll die Anforderungen von Art. 10a (Abrechnungs- und Verbrauchsinformationen zur Wärme-, Kälte- und Trinkwarmwasserversorgung) in Verbindung mit Anhang VIIa Nr. 1 bis 3 der **Energieeffizienzrichtlinie** umsetzen (BR-Drs. 643/21, 17 ff.; s.a. Ziffern 7 und 9 der Empfehlung [EU] 2019/1660 der Kommission vom 25.09.2019 zur Umsetzung der neuen Bestimmungen der Energieeffizienzrichtlinie 2012/27/EU für die Verbrauchserfassung und

Abrechnung). § 6a HeizkostenV ist aus diesem Grunde **richtlinienkonform** auszulegen (Vor § 1 HeizkostenV Rdn. 20 ff.).

Die Absätze 1 und 2 regeln, dass und welche **Verbrauchsinformationen** der Gebäudeeigentümer den Nutzern mitteilen muss, **wenn** fernablesbare Ausstattungen zur Verbrauchserfassung installiert wurden. Absatz 3 bestimmt, welche Informationen der Gebäudeeigentümer den Nutzern jährlich zugänglich machen muss, **wenn** die Abrechnungen (dazu Vor § 1 HeizkostenV Rdn. 38 ff.) auf dem tatsächlichen Verbrauch oder auf den Ablesewerten von Heizkostenverteilern beruhen (»**Abrechnungsinformationen**«). Diese Anordnung ist systemwidrig, da es um eine Anforderung an § 556 Abs. 3 BGB bzw. § 28 Abs. 2 S. 2 WEG geht, also an die Abrechnung über die Vorauszahlungen von Betriebskosten bzw. die Abrechnung von Vorschüssen nach § 28 Abs. 2 S. 2 WEG. Absatz 4 ist eine unnötige Klarstellung (s.a. BR-Drs. 643/21, 21). Absatz 5 regelt, was für Abrechnungen (dazu Vor § 1 HeizkostenV Rdn. 38 ff.) gilt, die **nicht** auf dem tatsächlichen Verbrauch oder auf den Ablesewerten von Heizkostenverteilern beruhen. 2

B. Verbrauchsinformationen (§ 6a Abs. 1, Abs. 2 HeizkostenV)

I. Allgemeines

§ 6a Abs. 1, 2 HeizkostenV regeln, wann der Gebäudeeigentümer den Nutzern für Heizung und Warmwasser welche **Verbrauchsinformationen** geben muss. Sie sollen die Informationspflichten aus Art. 10a iVm Anhang VIIa Nr. 2 der Energieeffizienzrichtlinie umsetzen (BR-Drs. 643/21, 18). Die allgemeinen Grundsätze der Rechnungslegung, die sich aus § 556 Abs. 3 BGB und § 28 Abs. 2 S. 2 und Abs. 4 WEG ergeben, gelten **weiterhin**. 3

II. Tatbestandsvoraussetzungen

1. Es sind nur fernablesbare Ausstattungen vorhanden

§ 6a Abs. 1 HeizkostenV ist anwendbar, **wenn** fernablesbare Ausstattungen zur Verbrauchserfassung (zum Begriff § 5 HeizkostenV Rdn. 26 ff.) **installiert** wurden (s.a. *Pfeifer* GE 2022, 286). Eine **Pflicht**, fernablesbare Ausstattungen zur Verbrauchserfassung zu installieren oder nachzurüsten, folgt aus § 5 Abs. 2 bis Abs. 5 HeizkostenV. Der Gebäudeeigentümer kann fernablesbare Ausstattungen aber auch **freiwillig** installieren, z.B. wenn die Voraussetzungen des § 11 HeizkostenV vorliegen. Auch dann ist § 6a Abs. 1 HeizkostenV anwendbar, da er nicht zwischen Pflicht und Freiwilligkeit unterscheidet. Nur diese Deutung entspricht auch § 10a Abs. 1 der Energieeffizienzrichtlinie. 4

2. Es sind auch fernablesbare Ausstattungen vorhanden

Wenn ein Gebäude sowohl fernablesbare als auch nicht fernablesbare Ausstattungen zur Verbrauchserfassung nach § 5 Abs. 1 HeizkostenV oder § 9 Abs. 2 S. 2 HeizkostenV enthält, ist anhand einer **Einzelfallprüfung** zu entscheiden, ob eine unterjährige Abrechnungs- oder Verbrauchsinformation möglich und zumutbar ist (BR-Drs. 643/21, 18; a.A. *Lammel* ZMR 2022, 1 (4)). Siehe dazu auch 9.2.1 der Empfehlung (EU) 2019/1660 der Kommission vom 25.09.2019 zur Umsetzung der neuen Bestimmungen der Energieeffizienzrichtlinie 2012/27/EU für die Verbrauchserfassung und Abrechnung (ABl. 2019 L 275/121). 5

▶ **Beispiel:**

In einem mit Fernwärme versorgten Gebäude mit mehreren Wohnungen, bei dem in jeder Gebäudeeinheit entweder fernablesbare Heizkostenverteiler oder fernablesbare Zähler installiert sind, ist der Hauptzähler des Gebäudes, mit dem die gesamte gelieferte oder verbrauchte Wärme gemessen wird, möglicherweise nicht fernablesbar. In diesem Fall kann eine vollständige Berechnung grundsätzlich erst dann erfolgen, wenn auch die Ablesewerte des Hauptzählers verfügbar sind. 6

III. Rechtsfolgen

1. Zeitpunkt (§ 6a Abs. 1 HeizkostenV)

7 Die Verbrauchsinformationen sind nach § 6a Abs. 1 Nr. 1 HeizkostenV für alle Abrechnungszeiträume, die ab dem 01.12.2021 begonnen haben, auf Verlangen des Nutzers, oder wenn der Gebäudeeigentümer sich gegenüber dem Versorgungsunternehmen für die Zustellung der Abrechnung auf elektronischem Wege entschieden hat, mindestens vierteljährlich und ansonsten mindestens zweimal im Jahr, und ab dem 01.01.2022 **monatlich**, grundsätzlich unverzüglich (s.a. *Pfeifer* GE 2022, 286 (289)), längstens nach 4 Wochen (MüKo-BGB/*Zehelein* HeizkostenV § 6a Rn. 9; s.a. *Hinz* PiG 111 (2022) 157 (167)), mitzuteilen. Eine Mitteilung für mehrere Monate, **verletzt** § 6a Abs. 1 Nr. 1 HeizkostenV (s.a. *Pfeifer* GE 2022, 286 (289)). Die Pflicht nach § 6a Abs. 1 Nr. 1 HeizkostenV gilt auch dann, wenn im Gebäude **nicht geheizt** wird (*Lammel* ZMR 2022, 1 (5)), betrifft dann aber nur das Warmwasser (vgl. 9.2.3 der Empfehlung [EU] 2019/1660 der Kommission vom 25.09.2019 zur Umsetzung der neuen Bestimmungen der Energieeffizienzrichtlinie 2012/27/EU für die Verbrauchserfassung und Abrechnung, ABl. 2019 L 275/121)

2. Tatsächlicher Verbrauch oder Ablesewerte

8 Der Gebäudeeigentümer kann nach § 315 BGB wählen, ob er die Verbrauchsinformationen auf der **Grundlage** des tatsächlichen Verbrauchs oder der Ablesewerte von Heizkostenverteilern mitteilt. Bei den verbrauchten Mengen, eine Zahl, geht es nicht um die damit verbundenen Kosten oder andere Abrechnungsinformationen (BR-Drs. 643/21, 18). Im Wohnungseigentumsrecht kann der Verwalter diese Wahl nach § 27 Abs. 1 Nr. 1 WEG treffen.

3. Inhalt der Verbrauchsinformationen (§ 6a Abs. 2 HeizkostenV)

a) Überblick

9 Die Verbrauchsinformationen für Heizung und Warmwasser müssen nach § 6 Abs. 2 HeizkostenV **mindestens** Informationen enthalten zum Verbrauch des Nutzers im letzten Monat in Kilowattstunden, einen Vergleich dieses Verbrauchs mit dem Verbrauch des Vormonats desselben Nutzers sowie des entspr. Monats des Vorjahres desselben Nutzers, soweit diese Daten erhoben worden sind, und einen Vergleich mit dem Verbrauch eines normierten oder durch Vergleichstests ermittelten Durchschnittsnutzers derselben Nutzerkategorie. Der Gebäudeeigentümer darf **weitere** Informationen mitteilen, z.B. auch Abrechnungsinformationen. Informationen zu anderen Nutzern dürfen jedoch **keine** personenbezogenen Daten i.S.d. Art. 4 Nr. 1 DSGVO enthalten (BR-Drs. 643/21, 19). Die Informationen berechtigen weder den Gebäudeeigentümer noch die Nutzer, nach § 560 Abs. 4 BGB eine Anpassung der Betriebskostenvorauszahlungen auf eine angemessene Höhe vorzunehmen (*Pfeifer* GE 2022, 286).

b) Verbrauch (§ 6a Abs. 2 Nr. 1 HeizkostenV)

10 Der Gebäudeeigentümer muss nach § 6a Abs. 2 Nr. 1 HeizkostenV den **Verbrauch** des Nutzers im letzten Monat in **Kilowattstunden** angeben. Andere Maßeinheiten sind umzurechnen (*Pfeifer* GE 2022, 286 (290)). Eine Mitteilung ist unmittelbar nur bei Wärme- und Warmwasserzählern möglich (*Wall* NZM 2022, 73 (78)). Bei elektronischen Heizkostenverteilern kann aber **umgerechnet** werden (*Lammel* GE 2022, 343; *Wall* NZM 2022, 73 (78); skeptisch *Pfeifer* GE 2022, 286 (290)). Die Umrechnung ist anhand der sogenannten Basisempfindlichkeit des Heizkostenverteilers möglich und verstößt nicht gegen das MessEG (*Lammel* GE 2022, 343; a.A. *Pfeifer* GE 2022, 286 (290/291). Dabei handelt es sich um das Verhältnis von Verbrauchseinheit und Wärmemenge. Die Basisempfindlichkeit wird in der Normprüfung nach DIN EN 834 »Heizkostenverteiler für die Verbrauchserfassung von Raumheizflächen« ermittelt. Dieses Verfahren ist allgemein anerkannt und wird auch von den Dienstleistungsunternehmen so praktiziert. Wenn erwogen wird, andere Angaben zu machen, z.B. »cbm« oder in »Litern«, steht dem das Gesetz **entgegen** (a.A. *Wall* NZM 2022, 73

(78); MüKoBGB/*Zehelein* HeizkostenV § 6a Rn. 5; s.a. *Lammel* ZMR 2022, 1 (6): technisch nicht oder kaum machbar).

c) **Bisheriger Verbrauch des Nutzers (§ 6a Abs. 2 Nr. 2 HeizkostenV)**

Der Gebäudeeigentümer muss nach § 6a Abs. 2 Nr. 2 HeizkostenV den Verbrauch i.S.v. Nummer 1 mit dem Verbrauch des Vormonats desselben Nutzers sowie des entspr. Monats des Vorjahres desselben Nutzers vergleichen, **soweit** diese Daten vom **Nutzer** erhoben worden sind. Diese Angabe soll dem Nutzer dazu dienen, den Verbrauch i.S.v. Nummer 1 einordnen zu können, um mögliche Einsparpotenziale zu erschließen (BR-Drs. 643/21, 19). Mit dem entspr. Monat des Vorjahres ist der Monat gemeint, der dem Namen nach dem Monat entspricht, für den die aktuelle Verbrauchsinformation erfolgt, es soll also z.B. ein Vergleich des Verbrauchs des Monats Januar 2023 mit dem Verbrauch des Monats Januar 2022 erfolgen (BR-Drs. 643/21, 19). Eine Witterungsbereinigung, die dann mitzuteilen ist, ist entspr. § 6a Abs. 3 S. 1 Nr. 5 HeizkostenV möglich und zulässig (*Wall* NZM 2022, 73 (79)), aber nicht zwingend. 11

d) **Durchschnittsnutzer (§ 6a Abs. 2 Nr. 3 HeizkostenV)**

Der Gebäudeeigentümer muss nach § 6a Abs. 2 Nr. 3 HeizkostenV den Verbrauch des Nutzers mit dem Verbrauch eines **normierten** oder durch Vergleichstests **ermittelten** Durchschnittsendnutzers derselben Nutzerkategorie vergleichen. Auch diese Angabe soll dem Nutzer dazu dienen, den Verbrauch i.S.v. Nummer 1 einordnen zu können, um »mögliche Einsparpotenziale zu erschließen« (BR-Drs. 643/21, 19). 12

Gemeint ist **nicht** ein Vergleich mit den Nutzern im selben Gebäude (BR-Drs. 643/21, 19). Für den Vergleich sollen z.B. anonymisierte Verbraucher aus den Gebäudeportfolios der Messdienstunternehmen dienen (BR-Drs. 643/21, 19). Diesem Vergleich sollen als Kriterien insbesondere derselbe Zeitraum, dieselbe Klimazone, ein vergleichbarer energetischer Zustand oder das Baualter des Gebäudes, der verwendete Energieträger oder die eingesetzte Anlagentechnik sowie die Gebäudegröße zugrunde gelegt werden (BR-Drs. 643/21, 19). 13

Verbrauchsrelevant sind ferner z.B. die Wohnungsgröße, die Bewohnerzahl, ihr Alter, Berufstätigkeit oder Ruhestand, Kinder(-zahl) und -alter (*Lammel* ZMR 2022, 1 (6)), sowie Lagenachteile (*Wall* NZM 2022, 73 (79)). 14

4. **Mitteilung (§ 6a Abs. 1 HeizkostenV)**

a) **Überblick**

Der Gebäudeeigentümer hat den Nutzern die Verbrauchsinformationen nach Art. 10a iVm Anhang VIIa Nr. 2 der Energieeffizienzrichtlinie »bereitzustellen«. Der Verordnungsgeber hat versucht, diesen Begriff mit »mitzuteilen« umzusetzen (BR-Drs. 643/21, 18). Er versteht ihn so, wie er sich z.B. in §§ 555d Abs. 3 S. 1, 556 Abs. 3 S. 2, § 560 Abs. 3 S. 2 BGB findet. 15

b) **Bedeutung**

Der Begriff »Mitteilen« soll mithin bedeuten, dass die Information den Nutzer **unmittelbar** erreicht, ohne dass er sie **suchen** muss (*Hinz* PiG 111 (2022) 157 (166)). Dies kann in Papierform oder auf elektronischem Wege, z.B. verschlüsselt (*Wall* NZM 2022, 71 (79); *Hinz* PiG 111 (2022) 157 (166)) per E-Mail, geschehen. Informationen können auch über das Internet (und über Schnittstellen wie ein Webportal oder eine Smartphone-App) zur Verfügung gestellt werden, jedoch nur, **wenn** der Nutzer dann in irgendeiner Weise in den angegebenen Intervallen darüber unterrichtet wird, dass sie dort zur Verfügung stehen (BR-Drs. 643/21, 18; s.a. 9.2.4 der Empfehlung [EU] 2019/1660 der Kommission vom 25.09.2019 zur Umsetzung der neuen Bestimmungen der Energieeffizienzrichtlinie 2012/27/EU für die Verbrauchserfassung und Abrechnung, ABl. 2019 L 275/121). Eine 16 mündliche Mitteilung reicht nicht (*Lammel* ZMR 2022, 1 (4); a.A. *Hinz* PiG 111 (2022) 157 (166)). Auch ein Aushang im Hausflur ist offensichtlich nicht möglich.

c) Elektronische Mitteilung

aa) Grundsatz

17 Die Mitteilung per E-Mail oder eine Smartphone-App setzt voraus, dass der Nutzer damit einverstanden ist (*Fritsch/Okon* ZMR 2022, 169 (176); *Wall* NZM 2022, 73 (79)). Dazu muss sich der Nutzer ausdrücklich oder schlüssig **erklären.** Dass der Gebäudeeigentümer z.B. über eine E-Mail-Adresse verfügt, reicht nicht. Eine Mitteilung auf elektronischem Weg hat die Anforderungen des Datenschutzrechtes einzuhalten (*Fritsch/Okon* ZMR 2022, 169 (175 ff.); s.a. *Wall* NZM 2022, 73 (80)).

bb) Anspruch?

18 Da der Nutzer nach §§ 7 Abs. 2, 8 Abs. 2 S. 1 HeizkostenV die Kosten der Information zu tragen hat, kann man fragen, ob er womöglich einen **Anspruch** auf eine elektronische Mitteilung hat (s.a. *Wall* NZM 2022, 73 (80)). Art. 10a Abs. 2 Buchstabe b) der Energieeffizienzrichtlinie gibt allerdings nur dem **Endkunden** einen Anspruch, Abrechnungsinformationen und Rechnungen in elektronischer Form erhalten zu können. Nach 7.6 der Empfehlung (EU) 2019/1660 der Kommission vom 25.09.2019 zur Umsetzung der neuen Bestimmungen der Energieeffizienzrichtlinie 2012/27/EU für die Verbrauchserfassung und Abrechnung (ABl. 2019 L 275/121) hat der Nutzer daher **keinen Anspruch** auf einen Zugang zu elektronischen Abrechnungsinformationen und Rechnungen.

d) Vereinbarung

19 Die Art und Weise der Mitteilung kann zwischen dem Gebäudeeigentümer und dem Nutzer konkret vereinbart werden, auch in AGB. Eine Klausel hält i.d.R. einer Prüfung nach §§ 305c Abs. 1, 307 Abs. 1 BGB stand.

IV. Besonderheiten im Wohnungseigentumsrecht

20 Die Gemeinschaft der Wohnungseigentümer ist verpflichtet, den Wohnungseigentümern die Verbrauchsinformationen mitzuteilen. Im Verhältnis zum Mieter als Nutzer trifft diese Pflicht hingegen den Wohnungseigentümer.

21 Der Vertrag zwischen der Gemeinschaft der Wohnungseigentümer und einem Dritten wird i.d.R. ein **Vertrag zu Gunsten der Wohnungseigentümer** sein und den Dritten verpflichten, (auch) die Nutzer der Wohnungseigentümer zu informieren (s.a. *Fritsch/Okon* ZMR 2022, 169 (178)). Verletzt die Gemeinschaft der Wohnungseigentümer die Pflicht, den Messdienstvertrag entspr. auszugestalten, schuldet sie den Wohnungseigentümern, die ihr Sondereigentum vermieten, Schadenersatz.

22 Hat die Gemeinschaft der Wohnungseigentümer mit dem Dritten keinen Vertrag geschlossen, der die Wohnungseigentümer berechtigt, müssen diese **selbst** mit dem Dritten oder einem anderen Dritten die notwendigen Informationen beschaffen.

C. Verbrauch/Ablesewerte (§ 6a Abs. 1, Abs. 3 HeizkostenV)

I. Allgemeines

23 § 6a Abs. 1, 3 HeizkostenV regeln, wann der Gebäudeeigentümer den Nutzern für Heizung und Warmwasser welche Abrechnungsinformationen geben muss, wenn die Abrechnungsinformationen auf dem tatsächlichen Verbrauch oder auf den Ablesewerten von Heizkostenverteilern **beruhen.** Sie sollen die Informationspflichten aus Art. 10a iVm Anhang VIIa Nr. 3 der Energieeffizienzrichtlinie umsetzen (BR-Drs. 643/21, 19).

Die allgemeinen Grundsätze der Rechnungslegung, die sich aus § 556 Abs. 3 BGB und § 28 Abs. 2 WEG ergeben, gelten **weiterhin**, was für das Mietrecht auch aus Absatz 4 folgt (s.a. Vor § 1 HeizkostenV Rdn. 39). 24

II. Tatbestandsvoraussetzungen

§ 6a Abs. 1, 3 HeizkostenV sind für Abrechnungszeiträume, die ab dem 01.12.2021 beginnen, anwendbar, **wenn** die Abrechnung (Vor § 1 HeizkostenV Rdn. 38 ff.) auf dem tatsächlichen Verbrauch **oder** auf den Ablesewerten von Heizkostenverteilern beruht. Nicht darunter fallen die Fälle des § 9a HeizkostenV und Fälle, in denen eine Ausnahme gem. § 11 HeizkostenV greift (BR-Drs. 643/21, 19). Die Informationspflichten bestehen, anders als die Informationspflichten nach Absatz 1, **nicht nur** bei fernablesbaren Ausstattungen zur Verbrauchserfassung, sondern bei **allen** Ausstattungen. 25

III. Rechtsfolgen

1. Zeitpunkt (§ 6a Abs. 3 S. 1 HeizkostenV)

Der Gebäudeeigentümer muss dem Nutzer Abrechnungsinformationen **zusammen** mit der Abrechnung (Vor § 1 HeizkostenV Rdn. 38 ff.) zugänglich machen. 26

2. Inhalt (§ 6a Abs. 3 HeizkostenV)

a) § 6a Abs. 3 S. 1 Nr. 1 HeizkostenV (Grundinformationen)

Der Gebäudeeigentümer muss dem Nutzer Informationen über den Anteil der eingesetzten **Energieträger**, z.B. Erdgas, Heizöl oder Kohle, und bei Nutzern, die mit Fernwärme aus Fernwärmesystemen versorgt werden, auch über die damit verbundenen jährlichen Treibhausgasemissionen und den Primärenergiefaktor des Fernwärmenetzes (vgl. §§ 20 bis 22 GEG), bei Fernwärmesystemen mit einer thermischen Gesamtleistung unter 20 Megawatt jedoch erst ab dem 1. Januar 2022, die erhobenen Steuern, beispielsweise die Umsatzsteuer oder die CO_2-Steuer, Abgaben und Zölle, die Entgelte für die Gebrauchsüberlassung und Verwendung der Ausstattungen zur Verbrauchserfassung, einschließlich der Eichung, sowie für die Ablesung und Abrechnung (Vor § 1 HeizkostenV Rdn. 38 ff.) geben. 27

Siehe auch 9.3.1 der Empfehlung (EU) 2019/1660 der Kommission vom 25.09.2019 zur Umsetzung der neuen Bestimmungen der Energieeffizienzrichtlinie 2012/27/EU für die Verbrauchserfassung und Abrechnung (ABl. 2019 L 275/121). 28

b) § 6a Abs. 3 S. 1 Nr. 2 HeizkostenV (Kontaktinformationen)

Der Gebäudeeigentümer muss dem Nutzer **Kontaktinformationen** zugänglich machen. Dies sind Internetadressen von Verbraucherorganisationen, Energieagenturen oder ähnlichen Einrichtungen, bei denen Informationen über angebotene Maßnahmen zur Energieeffizienzverbesserung, Endnutzer-Vergleichsprofile und objektive technische Spezifikationen für energiebetriebene Geräte eingeholt werden können. 29

c) § 6a Abs. 3 S. 1 Nr. 3 HeizkostenV (Streitbeilegungsverfahren)

Verbindet den Gebäudeeigentümer und den Nutzer ein Verbrauchervertrag i.S.v. § 310 Abs. 3 BGB, muss der Gebäudeeigentümer über die Möglichkeit der Durchführung von **Streitbeilegungsverfahren** nach dem Verbraucherstreitbeilegungsgesetz informieren. 30

d) § 6a Abs. 3 S. 1 Nr. 4 HeizkostenV (Durchschnittsnutzer)

Der Gebäudeeigentümer muss den Verbrauch des Nutzers mit dem Verbrauch eines normierten oder durch Vergleichstests ermittelten Durchschnittsnutzers derselben Nutzerkategorie vergleichen, 31 wobei im Fall elektronischer Abrechnungen ein solcher Vergleich online bereitgestellt und in der Abrechnung (Vor § 1 HeizkostenV Rdn. 38 ff.) darauf verwiesen werden kann.

e) **§ 6a Abs. 3 S. 1 Nr. 5, S. 2 bis S. 4 HeizkostenV (Witterungsbereinigung)**

32 Der Gebäudeeigentümer muss den witterungsbereinigten Energieverbrauch des jüngsten Abrechnungszeitraums des Nutzers mit seinem witterungsbereinigten Energieverbrauch im vorhergehenden Abrechnungszeitraum in **grafischer** Form darstellen.

33 Der Energieverbrauch umfasst nach Satz 2 den Wärme- und den Warmwasserverbrauch. Dabei ist der Wärmeverbrauch einer Witterungsbereinigung unter Anwendung eines den **anerkannten Regeln der Technik** entspr. Verfahrens zu unterziehen. Für die Witterungsbereinigung des Wärmeverbrauchs muss der Einfluss der Witterung im Zeitabschnitt (hier für einen zusammenhängenden Zeitraum eines Jahres) am jeweiligen Gebäudestandort berücksichtigt werden. Hierzu werden standortspezifische Außentemperaturdaten verwendet, um die Heizgradtage zu berechnen, auf deren Grundlage die klimabezogene Korrektur erfolgt.

34 Die Einhaltung der anerkannten Regeln der Technik wird vermutet, soweit für den Vergleich der witterungsbereinigten Energieverbräuche Vereinfachungen verwendet werden, die vom Bundesministerium für Wirtschaft und Klimaschutz und vom Bundesministerium des Innern und für Heimat gemeinsam im **Bundesanzeiger bekannt** gemacht worden sind. Mit dieser Bekanntmachung werden Vereinfachungen zur Verfügung gestellt, mit denen bei Kenntnis des Standortes des Gebäudes nach der Postleitzahl der Vergleich der witterungsbereinigten Energieverbräuche in wenigen Schritten durchgeführt werden kann. Klimafaktoren, die auf diese Vereinfachungen zugeschnitten sind, werden für die verschiedenen Postleitzahlbezirke und Zeiträume vom Deutschen Wetterdienst kostenfrei im Internet zur Verfügung gestellt. Für ein Verfahren nach anerkannten Regeln der Technik kommt insbesondere die technische Regel VDI 3807 in Frage.

3. Zugänglichmachung (§ 6a Abs. 3 HeizkostenV)

35 Der Gebäudeeigentümer muss den Nutzern die Verbrauchsinformationen nach Art. 10a iVm Anhang VIIa Nr. 3 der Energieeffizienzrichtlinie »zur Verfügung stellen«. Der Verordnungsgeber hat dafür den Begriff »zugänglich machen« gewählt. Zugänglichmachung bedeutet weniger als »Mitteilen«. Die Informationen sind z.B. **bereits dann** zugänglich gemacht, wenn sie über das Internet und über Schnittstellen wie ein Web-Portal oder eine Smartphone-App zur Verfügung gestellt worden sind und der Nutzer das weiß. Anders als beim Begriff »Mitteilen« ist es nicht erforderlich, die Nutzer jeweils darüber zu unterrichten, dass neue Informationen zur Verfügung gestellt worden sind (BR-Drs. 643/21, 19).

4. Kosten der Mitteilung

36 Zu den Kosten der Mitteilung s. § 7 HeizkostenV Rdn. 63.

IV. Besonderheiten im Wohnungseigentumsrecht

37 Die Gemeinschaft der Wohnungseigentümer ist verpflichtet, den Wohnungseigentümern die Abrechnungsinformationen zugänglich zu machen. Im Verhältnis zum Mieter als Nutzer trifft diese Pflicht hingegen den Wohnungseigentümer.

38 Der Vertrag zwischen der Gemeinschaft der Wohnungseigentümer und einem Dritten wird i.d.R. ein **Vertrag zu Gunsten der Wohnungseigentümer** sein und den Dritten verpflichten, die Nutzer der Wohnungseigentümer zu informieren. Verletzt die Gemeinschaft der Wohnungseigentümer die Pflicht, den Messdienstvertrag entspr. auszugestalten, schuldet sie den Wohnungseigentümern, die ihr Sondereigentum vermieten, Schadenersatz.

D. Kein Verbrauch/Ablesewerte (§ 6a Abs. 1, Abs. 5 HeizkostenV)

I. Allgemeines

§ 6a Abs. 1, 5 HeizkostenV regeln, wann der Gebäudeeigentümer den Nutzern für Heizung und Warmwasser welche Abrechnungsinformationen geben muss, wenn die Abrechnungsinformationen nicht auf dem tatsächlichen Verbrauch oder auf den Ablesewerten von Heizkostenverteilern beruhen. § 6a Abs. 1, 5 HeizkostenV sollen die Informationspflichten aus Art. 10a iVm Anhang VIIa Nr. 3 S. 2 der Energieeffizienzrichtlinie umsetzen (BR-Drs. 643/21, 22). 39

Die allgemeinen Grundsätze der Rechnungslegung, die sich aus § 556 Abs. 3 BGB und § 28 Abs. 2 WEG ergeben, gelten selbstverständlich **weiterhin**, was auch, für das Mietrecht, aus Absatz 4 folgt (s.a. *Zehelein* ZR 2021, 541 [549]). Dies bedeutet u.a., dass eine Abrechnung allgemeinverständlich und nachvollziehbar sein muss (s.a. Vor § 1 HeizkostenV Rdn. 39). 40

II. Tatbestandsvoraussetzungen

§ 6a Abs. 5 HeizkostenV ist anwendbar, wenn eine Abrechnung (Vor § 1 HeizkostenV Rdn. 38 ff.) **ausnahmsweise** nicht auf dem tatsächlichen Verbrauch oder auf den Ablesewerten von Heizkostenverteilern beruht. Dies betrifft die Fälle des § 9a HeizkostenV und die Ausnahmen gem. § 11 HeizkostenV. 41

III. Rechtsfolgen

1. Zeitpunkt (§ 6a Abs. 3, Abs. 5 HeizkostenV)

Der Gebäudeeigentümer muss dem Nutzer Abrechnungsinformationen **zusammen** mit der Abrechnung (Vor § 1 HeizkostenV Rdn. 38 ff.) zugänglich machen. 42

2. Inhalt (§ 6a Abs. 3 HeizkostenV)

Die Abrechnung (Vor § 1 HeizkostenV Rdn. 38 ff.) muss mindestens die Informationen gem. § 6a Abs. 3 S. 1 Nr. 2 (Rdn. 11) und Nr. 3 (Rdn. 12 ff.) HeizkostenV enthalten. Siehe auch 9.3.2 der Empfehlung (EU) 2019/1660 der Kommission vom 25.09.2019 zur Umsetzung der neuen Bestimmungen der Energieeffizienzrichtlinie 2012/27/EU für die Verbrauchserfassung und Abrechnung (ABl. 2019 L 275/121). 43

E. Weitere Pflichten (§ 6a Abs. 4 HeizkostenV)

§ 6a Abs. 4 HeizkostenV stellt klar, dass § 6a Abs. 3, Abs. 5 HeizkostenV die Pflichten gem. § 556 Abs. 3 BGB unberührt lässt. Dies gilt **entspr.** für die Pflichten nach § 28 Abs. 2 S. 2 und Abs. 4 WEG (*Lammel* ZMR 2022, 1 [4]). Verletzt der Gebäudeeigentümer seine Pflichten aus § 6a Abs. 3 HeizkostenV, führt dies **nicht** zu einem formalen Abrechnungsmangel (*Pfeifer* GE 2022, 286 [289]; s.a. Vor § 1 HeizkostenV Rdn. 39). 44

F. Verstöße (Kürzungsrecht)

Teilt der Gebäudeeigentümer die Informationen nach § 6a HeizkostenV nicht oder nicht vollständig mit, hat der Nutzer das Recht, bei der Abrechnung der Kosten den auf ihn entfallenden Anteil um 3 v.H. zu kürzen (§ 12 HeizkostenV Rdn. 45 ff.). Für einen Wohnungseigentümer gilt dies im Verhältnis zur Gemeinschaft der Wohnungseigentümer nicht. Jeder Nutzer hat den Anspruch aus § 4 Abs. 4 HeizkostenV, der jedenfalls entspr. anwendbar ist. 45

G. Abdingbarkeit

Der Gebäudeeigentümer kann nach § 2 HeizkostenV zusammen mit dem Nutzer die Pflichten aus § 6a HeizkostenV nicht aufheben (s.a. *Pfeifer* GE 2022, 286 (287)). 46

H. Prozessuales

47 Der Gebäudeeigentümer muss darlegen und beweisen, die nach § 6a Abs. 1 HeizkostenV geschuldeten Informationen vollständig und rechtzeitig mitgeteilt bzw. zugänglich gemacht zu haben (s.a. *Pfeifer* GE 2022, 286 (288)). Der Nutzer muss darlegen und beweisen, dass die Informationen nicht gesetzeskonform waren.

§ 6b Zulässigkeit und Umfang der Verarbeitung von Daten

Die Erhebung, Speicherung und Verwendung von Daten aus einer fernablesbaren Ausstattung zur Verbrauchserfassung darf nur durch den Gebäudeeigentümer oder einen von ihm beauftragten Dritten erfolgen und soweit dies erforderlich ist:

1. **zur Erfüllung der verbrauchsabhängigen Kostenverteilung und zur Abrechnung mit dem Nutzer nach § 6 oder**
2. **zur Erfüllung der Informationspflichten nach § 6a.**

Übersicht

A. Normgeschichte, Zweck und Allgemeines

1 § 6b ist durch die Verordnung über die Änderung der Verordnung über Heizkostenabrechnung v. 24.11.2021 (BGBl. I 4964) mWv 01.12.2021 in die HeizkostenV **eingefügt** worden. Er soll **abschließend** regeln, wer in welchem Umfang und zu welchem Zweck Daten aus einer fernablesbaren Ausstattung zur Verbrauchserfassung erheben, speichern und verwenden darf (BR-Drs. 643/21, 22; s.a. Rdn. 9 ff.). Daraus, dass die Daten nur erhoben, gespeichert und verwendet werden dürfen, soweit sie für die genannten Zwecke erforderlich sind, soll folgen, dass die Daten **gelöscht** werden müssen, sobald sie für diese Zwecke nicht mehr benötigt werden (Rdn. 13).

B. Tatbestandsvoraussetzungen

I. Abrechnung/Information

2 § 6b HeizkostenV ist als **Eingriffsgrundlage nur** dann anwendbar, wenn Daten (Rdn. 11) verarbeitet (Rdn. 9) werden müssen, um die Pflichten des Gebäudeeigentümers (Rdn. 6 ff.) zu erfüllen, nämlich die Pflicht aus § 6 Abs. 1 S. 1 HeizkostenV, die Kosten der Versorgung mit Wärme und Warmwasser auf der Grundlage der Verbrauchserfassung zu verteilen, sowie seine Pflicht aus § 6a Abs. 1 HeizkostenV, den Nutzern Abrechnungs- oder Verbrauchsinformationen für Heizung und Warmwasser auf der Grundlage des tatsächlichen Verbrauchs oder der Ablesewerte von Heizkostenverteilern mitzuteilen (s.a. *Wall* NZM 2022, 73 [77]).

II. Weitere Zwecke

3 Weitere Zwecke schließt § 6b HeizkostenV ausdrücklich (»darf nur«) aus (*Lammel* ZMR 2022, 1 [7]; *Zehelein* ZMR 2021, 541 [550]).

Damit ist z.B. die Einsichtnahme eines Mieters in die Verbrauchsdaten eines anderen Mieters auf Grundlage von § 6b HeizkostenV **ausgeschlossen** (*Zehelein* ZMR 2021, 541 [551]). Der Gebäudeeigentümer darf die Daten nach § 6b HeizkostenV auch **nicht** dazu verwenden, um dem Nutzer z.B. bei Auftreten von Feuchtigkeitsmängeln oder Schimmel ein unzureichendes Heizverhalten nachzuweisen (*Wall* NZM 2022, 73 [77]). Die Zulässigkeit der Verarbeitung kann aber **jeweils** aus der DSGVO folgen (*Fritsch/Okon* ZMR 2022, 169 [175]). 4

C. Rechtsfolgen

I. Überblick

Liegen die Tatbestandsvoraussetzungen vor, **erlaubt** § 6b HeizkostenV den Berechtigten (Rdn. 6 ff.) die »Verarbeitung« (Rdn. 9 ff.) von »Daten« (Rdn. 11) von »Fernablesbaren Ausstattungen zur Verbrauchserfassung« (Rdn. 12). Ohne § 6b HeizkostenV würde die Berechtigung aus § 6 Abs. 1 U.A. 1 Buchstabe c) DSGVO (»zur Erfüllung einer rechtlichen Verpflichtung erforderlich, der der Verantwortliche unterliegt«) folgen. Diese Möglichkeit **verdrängt** § 6b HeizkostenV in seinem Anwendungsbereich (Rdn. 2 ff.). 5

II. Berechtigte

1. Gebäudeeigentümer

Wer **Gebäudeeigentümer** ist, bestimmt § 1 HeizkostenV (§ 1 HeizkostenV Rdn. 30 ff.). Dem Gebäudeeigentümer stehen die in § 1 Abs. 2 Heizkosten V Genannten gleich (§ 1 HeizkostenV Rdn. 31 ff.). Im Verhältnis zu den Wohnungseigentümern ist die **Gemeinschaft der Wohnungseigentümer** also die Berechtigte. Im Verhältnis zum Mieter ist hingegen der **Wohnungseigentümer**, der sein Sondereigentum vermietet, der Berechtigte. 6

2. Dritter (Messdienstunternehmen)

Der Begriff »Dritter« meint Personen, die der Gebäudeeigentümer nach seinem Ermessen (allgemein Vor § 1 HeizkostenV Rdn. 27 ff.) mit der Erstellung der Abrechnung der Kosten der Versorgung mit Wärme und Warmwasser und/oder mit der Mitteilung der nach § 6a Abs. 1 HeizkostenV geschuldeten Informationen **beauftragt** (BR-Drs. 643/21, 22; s.a. *Fritsch/Okon*, ZMR 2022, S. 169, 175). Im Verhältnis zwischen Gebäudeeigentümer und dem »Dritten« sind die Daten auf der Grundlage eines Vertrags über die Auftragsverarbeitung gem. Art. 4 Nr. 8, 28 Abs. 3 DSGVO zu verarbeiten. 7

3. Wohnungseigentumsrecht

Der WEG-Verwalter ist kein »Dritter«. Beauftragt die Gemeinschaft der Wohnungseigentümer, vertreten nach § 9b Abs. 1 WEG (s.a. *Fritsch/Okon*, ZMR 2022, S. 169, 175), einen »Dritten«, ist dies ein Vertrag zu Gunsten der vermietenden Wohnungseigentümer. Der Dritte **muss und kann** nach § 6b HeizkostenV daher die erhobenen Daten auch den vermietenden Wohnungseigentümern zur Verfügung stellen. Allerdings kann der vermietende Wohnungseigentümer auch selbst einen Dritten beauftragen. 8

III. Erhebung, Speicherung und Verwendung (Verarbeitung)

Den Berechtigten ist eine »Erhebung«, »Speicherung« und »Verwendung« von Daten erlaubt, soweit dies erforderlich ist. Die Begriffe sind **enger** als der Begriff »Verarbeitung« i.S.v. Art. 4 Nr. 1 DSGVO (*Zehelein* ZMR 2021, 541 [550]). § 6b HeizkostenV erlaubt daher eigentlich **nicht jeden** mit oder ohne Hilfe automatisierter Verfahren ausgeführten Vorgang oder eine Vorgangsreihe im Zusammenhang mit personenbezogenen Daten. Unzulässig wäre danach z.B. das Erfassen von Daten, die Organisation von Daten, das Ordnen, die Speicherung, die Anpassung oder Veränderung von Daten, das Auslesen von Daten, das Abfragen, die Verwendung, die Offenlegung durch Übermittlung, Ver- 9 breitung oder eine andere Form der Bereitstellung von Daten, der Abgleich oder die Verknüpfung, die Einschränkung, das Löschen oder die Vernichtung. Das kann **kaum gewollt** sein, da der Berechtigte dann **nicht** in der Lage wäre, mit den erhobenen Daten sachgerecht umzugehen (s.a. MüKo-BGB/*Zehelein* HeizkostenV § 6b Rn. 6). Die Begriffe »Erhebung«, »Speicherung« und »Verwendung« müssen daher wie der Begriff »Verarbeitung« i.S.v. Art. 4 Nr. 1 DSGVO verstanden werden, aber **nur, wenn** der Berechtigte für die in § 6b HeizkostenV genannten Zwecke zu einer Verarbeitung verpflichtet/berechtigt ist. Dies steht z.B. einem Abgleich und/oder einer Verknüpfung der Daten entgegen (s.a. Rdn. 3; Rdn. 4).

10 Der Berechtigte darf nach § 6b HeizkostenV die Verbrauchsdaten **und** die Nutzerdaten verarbeiten. Nach anderer Ansicht folgt die Berechtigung, die Nutzerdaten zu verarbeiten, aus Art. 6 Abs. 1 UA Buchstabe b) DSGVO (*Fritsch/Okon* ZMR 2022, 169 [175]; *Lammel* ZMR 2022, 1 [7]).

IV. Daten

11 Der Begriff »Daten« meint entspr. Art. 4 Nr. 1 DSGVO **alle** Informationen, die sich auf eine identifizierte oder identifizierbare natürliche Person (im Folgenden »betroffene Person«) beziehen. Als identifizierbar wird nach Art. 4 Nr. 1 DSGVO eine natürliche Person angesehen, die direkt oder indirekt identifiziert werden kann, insbesondere mittels Zuordnung zu einer Kennung wie einem Namen, zu einer Kennnummer, zu Standortdaten, zu einer Online-Kennung oder zu einem oder mehreren besonderen Merkmalen, die Ausdruck der physischen, physiologischen, genetischen, psychischen, wirtschaftlichen, kulturellen oder sozialen Identität dieser natürlichen Person sind.

V. Fernablesbare Ausstattung zur Verbrauchserfassung

12 Was eine »fernablesbare Ausstattung zur Verbrauchserfassung« ist, bestimmt § 5 Abs. 1 S. 2 HeizkostenV (§ 5 HeizkostenV Rdn. 26 ff.).

D. Löschung

I. Überblick

13 Die Daten sind zu löschen, soweit sie **nicht mehr** für die in Rdn. 2 genannten Zwecke benötigt werden.

II. Gesetzgeber

14 Nach Ansicht des Gesetzgebers werden die Daten nicht mehr benötigt, wenn die Einwendungsfrist des § 556 Abs. 3 S. 5 BGB abgelaufen ist, der Mieter die verspätete Einwendung nicht zu vertreten hat und die Daten auch **nicht mehr** für die Erstellung des Vergleichs gem. § 6a Abs. 2 Nr. 5 HeizkostenV **benötigt** werden (BR-Drs. 643/21, 22; s.a. *Lammel* ZMR 2022, 1 [7]; *Flatow* NZM 2020, 623 [630]). Dies sind **mindestens** 3 Jahre (Erfassungszeitraum + Abrechnungsfrist + Einwendungsfrist). Wird ein Rechtsstreit geführt, kann der Zeitraum aber auch länger sein. Denn nach Art. 17 Abs. 3 Buchstabe e) DSGVO besteht kein Recht auf Löschung, soweit die Verarbeitung zur Geltendmachung, Ausübung oder Verteidigung von Rechtsansprüchen erforderlich ist.

III. Schrifttum

15 Nach anderer Ansicht gilt § 556 Abs. 3 S. 5 BGB **nicht** für die Abrechnung der Kosten für Wärme und Warmwasser (*Zehelein* ZMR 2021, 541 [551]). Es gebe für diese Kosten aus europarechtlichen Gründen daher **keine** Einwendungsfrist. Dem ist aber **nicht** zu folgen. Das Europarecht führt **nicht** dazu, dass der Nutzer ewig Fehler der Abrechnung einwenden könnte. Eine Einwendungsfrist ist **kein richtlinienwidriger Zustand** (a.A. MüKo-BGB/*Zehelein* HeizkostenV § 6b Rn. 7). Die Energieeffizienzrichtlinie trifft zur Frage der Abrechnung der Kosten für Wärme und Warmwasser und der Möglichkeit des Gebäudeeigentümers, Einwendungen zu begegnen, keine Anordnung. Die Energieeffizienzrichtlinie und die HeizkostenV verfolgen den Zweck, dass der Nutzer sein Nutzungsver-

halten energieeinsparend verändert (Vor § 1 HeizkostenV Rdn. 5). Dieser Zweck wird auch erreicht, wenn der Nutzer sich nicht mehr gegen eine Abrechnung wenden kann.

IV. Vereinbarung

16 Der Gebäudeeigentümer und der Nutzer können eine **weitere** Verarbeitung der Daten vereinbaren (Art. 6 Abs. 1 U.A. 1 Buchstabe a) DSGVO).

§ 7 Verteilung der Kosten der Versorgung mit Wärme

(1) Von den Kosten des Betriebs der zentralen Heizungsanlage einschließlich der Abgasanlage sind mindestens 50 vom Hundert, höchstens 70 vom Hundert nach dem erfassten Wärmeverbrauch der Nutzer zu verteilen. In Gebäuden, die das Anforderungsniveau der Wärmeschutzverordnung vom 16. August 1994 (BGBl. I S. 2121) nicht erfüllen, die mit einer Öl- oder Gasheizung versorgt werden und in denen die freiliegenden Leitungen der Wärmeverteilung überwiegend gedämmt sind, sind von den Kosten des Betriebs der zentralen Heizungsanlage 70 vom Hundert nach dem erfassten Wärmeverbrauch der Nutzer zu verteilen. In Gebäuden, in denen die freiliegenden Leitungen der Wärmeversorgung überwiegend ungedämmt sind und deswegen ein wesentlicher Anteil des Wärmeverbrauchs nicht erfasst wird, kann der Wärmeverbrauch der Nutzer nach anerkannten Regeln der Technik bestimmt werden. Der so bestimmte Verbrauch der einzelnen Nutzer wird als erfasster Wärmeverbrauch nach Satz 1 berücksichtigt. Die übrigen Kosten sind nach der Wohn- oder Nutzfläche oder nach dem umbauten Raum zu verteilen; es kann auch die Wohn- oder Nutzfläche oder der umbaute Raum der beheizten Räume zugrunde gelegt werden.

(2) Zu den Kosten des Betriebs der zentralen Heizungsanlage einschließlich der Abgasanlage gehören die Kosten des zur Wärmeerzeugung verbrauchten Stroms und der verbrauchten Brennstoffe und ihrer Lieferung, die Kosten des Betriebsstromes, die Kosten der Bedienung, Überwachung und Pflege der Anlage, der regelmäßigen Prüfung ihrer Betriebsbereitschaft und Betriebssicherheit einschließlich der Einstellung durch eine Fachkraft, der Reinigung der Anlage und des Betriebsraumes, die Kosten der Messungen nach dem Bundes-Immissionsschutzgesetz, die Kosten der Anmietung oder anderer Arten der Gebrauchsüberlassung einer Ausstattung zur Verbrauchserfassung sowie die Kosten der Verwendung einer Ausstattung zur Verbrauchserfassung einschließlich der Kosten der Eichung sowie der Kosten der Berechnung, Aufteilung und Abrechnungs- und Verbrauchsinformationen gemäß § 6a.

(3) Für die Verteilung der Kosten der Wärmelieferung gilt Absatz 1 Satz 1 und 3 bis 5 entsprechend.

(4) Zu den Kosten der Wärmelieferung gehören das Entgelt für die Wärmelieferung und die Kosten des Betriebs der zugehörigen Hausanlagen entsprechend Absatz 2.

Übersicht

A. Normgeschichte, Zweck und Allgemeines

1 § 7 findet sich von Anfang an in der HeizkostenV. Durch die Verordnung zur Änderung energiesparrechtlicher Vorschriften v. 19.01.1989 (BGBl. I 109) wurden mWv 01.03.1989 in Absatz 2 HeizkostenV nach dem Wort »Heizungsanlage« die Wörter »einschließlich der Abgasanlage« »Warmwasserlieferung« und in Absatz 3 das Wort »Fernwärme« durch das Wort »Wärmelieferung« ersetzt und Absatz 4 neu gefasst und in seine heutige Form gestellt. Durch die Verordnung zur Änderung der Verordnung über Heizkostenabrechnung v. 02.12.2008 (BGBl. I 2375) wurden mWv 01.01.2009 dann die Sätze 2 bis 4 in den Absatz 1 **eingefügt** und Absatz 2 leicht geändert (zu den Gründen s. BR-Drs. 570/08, 12 ff. sowie *Zehelein* NZM 2015, 913 (915 ff.)). Die Verordnung über die Änderung der Verordnung über die Heizkostenabrechnung v. 24.11.2021 (BGBl. I 4964) hat mWv 01.12.2021 Absatz 2 Satz 2 **aufgehoben** und Satz 1 (das Wort »Verbrauchsanalyse« durch die Wör-

ter »Abrechnungs- und Verbrauchsinformationen gemäß § 6a« ersetzt) und Absatz 3 (§ 7 Abs. 2 S. 4 HeizkostenV wurde aus der Verweisung ausgenommen) geändert. Artikel 3 des Gesetzes zur Änderung des Gebäudeenergiegesetzes, zur Änderung des Bürgerlichen Gesetzbuches, zur Änderung der Verordnung über Heizkostenabrechnung, zur Änderung der Betriebskostenverordnung und zur Änderung der Kehr- und Überprüfungsordnung v. 16.10.2023 (BGBl. 2023 I Nr. 280) hat mWv 01.10.2024 in Absatz 2 Satz 1 die Worte »des zur Wärmeerzeugung verbrauchten Stroms und« **eingefügt.** § 7 HeizkostenV bestimmt, was für die Verteilung der Kosten der Versorgung mit Wärme (Absatz 1 und Absatz 2) und der Kosten der Wärmelieferung (Absatz 3 und Absatz 4) gilt. § 7 HeizkostenV ist **nicht anwendbar**, wenn Heizungsanlage und Warmwasserversorgungsanlage keine getrennten Anlagen sind. Zweck der vom Verordnungsgeber vorgeschriebenen Umlageschlüssel ist es, das Verbrauchsverhalten der Nutzer nachhaltig zu beeinflussen und damit Energieeinspareffekte zu erzielen (*BGH*, 10.12.2014 – VIII ZR 9/14, NJW-RR 2015, 457 Rn. 18; BR-Drs. 570/08, 7).

B. Anwendungsbereich

I. Leerstand

§ 7 HeizkostenV ist auch bei großen **Leerständen** anwendbar (s.a. *BGH*, 10.12.2014 – VIII ZR 9/14, ZMR 2015, 284 Rn. 22). Eine Analogie zu § 9a HeizkostenV ist nicht möglich (*BGH*, 10.12.2014 – VIII ZR 9/14, ZMR 2015, 284 Rn. 22). Wenn Dauer und Umfang des Leerstandes unter Berücksichtigung der Höhe der verbrauchsunabhängigen Kostenbestandteile eine für die Nutzer nicht mehr hinnehmbare Mehrbelastung ergeben, ist der Vermieter nach §§ 242, 313 BGB verpflichtet, diesem Umstand durch eine Änderung der Umlageschlüssel gem. § 6 Abs. 4 S. 2 HeizkostenV Rechnung zu tragen (s.a. *BGH*, 10.12.2014 – VIII ZR 9/14, ZMR 2015, 284 Rn. 22) oder in **anderer** Weise einen finanziellen Ausgleich zu schaffen (*BGH*, 06.10.2010 – VIII ZR 183/09, NJW 2010, 3645 Rn. 25; PWW/*Elzer* BGB § 556a Rn. 4). 2

II. Verbundene Anlagen

§ 7 HeizkostenV ist allerdings **nicht anwendbar**, wenn Heizungs- und Warmwasserversorgungsanlage **keine** getrennten Anlagen sind. Es muss also stets ein »zweiter Kessel« vorhanden sein, der **nur** für die Warmwasserbereitung verwendet wird. Für »verbundene Anlagen« (= ein Kessel für Raumwärme und Warmwasser) gilt § 9 HeizkostenV. 3

C. Kosten der Versorgung mit Wärme

I. Die gesetzlichen Umlageschlüssel

1. Allgemeines

Die HeizkostenV **unterscheidet** die Verbrauchs- (Rdn. 5 ff.) und die Grundkosten (Rdn. 22 ff.). Diese Trennung ist technisch bedingt. Der Nutzer ist **nie** in der Lage, durch sein Verhalten die Wärmeabgabe vollständig zu beherrschen (s.a. § 5 HeizkostenV Rdn. 5). So sind Heizungsanlagen z.B. während der Heizperiode ständig in Betrieb und halten Wärme vor, unabhängig davon, ob und ggf. in welchem Umfang Wärme durch die Nutzer abgenommen wird. Ferner ist z.B. die Effizienz (der Wirkungsgrad) von Heizungsanlagen unterschiedlich, wird Wärme nicht nur an den Heizkörpern abgegeben oder profitiert ein Nutzer vom Heizverhalten anderer Nutzer oder der Lage der von ihm genutzten Räume. Außerdem gibt es viele Kosten, die **verbrauchsunabhängig** entstehen, beispielsweise Abgas- Bereitstellungs- und/oder Transportverluste (*Wall* HeizkostenV § 7 Rn. 5809 ff.). 4

2. Verbrauch

a) § 7 Abs. 1. S. 1 HeizkostenV

Von den Kosten des Betriebs der zentralen Heizungsanlage sind nach Ermessen des Gebäudeeigentümers (allgemein Vor § 1 HeizkostenV Rdn. 27 ff.) nach § 6 Abs. 4 S. 1 HeizkostenV **mindestens** 50 v.H., **höchstens** 70 v.H. nach dem erfassten Wärmeverbrauch der Nutzer zu verteilen. Nach § 10 5

HeizkostenV kann etwas **anderes** bestimmt werden. Die Bestimmung, welcher Schlüssel anzuwenden ist, muss für alle Nutzer **gleich** lauten (*Lammel* HeizkostenV § 7 Rn. 15), da aus der Formulierung »von den Kosten des Betriebs der zentralen Heizungsanlage …« geschlossen werden kann, dass die Kostenverteilung auf die eine zentrale Heizungsanlage bezogen wird. Zu den Einzelheiten vgl. § 6 HeizkostenV Rdn. 39 ff.

b) § 7 Abs. 1 S. 2 HeizkostenV (Anforderungsniveau nicht erfüllt)

aa) Allgemeines

6 § 7 Abs. 1 S. 2 HeizkostenV **schränkt** für bestimmte Fälle die Wahlmöglichkeit des Gebäudeeigentümers (Rdn. 5; § 6 HeizkostenV Rdn. 40) unter dem Gesichtspunkt der **Wahrung der Verteilungsgerechtigkeit** ein (BR-Drs. 570/08, 12/13). Durch die verpflichtende Festlegung des verbrauchsabhängigen Anteils auf 70 % soll der Einfluss des Nutzers gestärkt werden und dieser hierdurch zu sparsamerem Verbrauchsverhalten angehalten werden (BR-Drs. 570/08, 7, 12; *BGH*, 16.01.2019 – VIII ZR 113/17, ZMR 2019, 325 Rn. 16). Die Regelung ist **zwingend** (s.a. *BGH*, 16.01.2019 – VIII ZR 113/17, ZMR 2019, 325 Rn. 9). Von ihr kann nach unten auch durch Vertrag nicht abgewichen werden (§ 2 HeizkostenV). Die Möglichkeit, einen höheren verbrauchsabhängigen Anteil zu vereinbaren (§ 10 HeizkostenV), bleibt von § 7 Abs. 1 S. 3 HeizkostenV allerdings **unberührt** (*Wall* WuM 2009, 3 [6]; *Pfeifer* GE 2009, 156 [160]; *Schmid* CuR 2013, 10 [11]).

bb) Tatbestandsvoraussetzungen

(1) Überblick

7 Das Gebäude darf **erstens** das Anforderungsniveau der Wärmeschutzverordnung vom 16.08.1994 (BGBl. I S. 2121) nicht erfüllen, muss **zweitens** mit einer Öl- oder Gasheizung versorgt werden und die freiliegenden Leitungen der Wärmeverteilung müssen **drittens** überwiegend gedämmt sein. Eine »Öl- oder Gasheizung« liegt vor, wenn die Heizungsanlage die Wärme mit Hilfe der Verbrennung eines entspr. Mediums produziert (*Lützenkirchen/Lützenkirchen* MietR HeizkostenV § 7 Rn. 31). Werden daneben andere Medien eingesetzt, kommt es auf den **Schwerpunkt** der Versorgung an, wofür auf die Abrechnungsperiode abzustellen ist (*Lützenkirchen/Lützenkirchen* MietR HeizkostenV § 7 Rn. 31).

(2) Freiliegend

8 »Freiliegend« sind nur Leitungen, die **außerhalb** der Wände, Böden und Decken liegen. Es sind auf der Wand verlaufende und damit sichtbare Wärmeleitungen (*BGH*, 15.03.2017 – VIII ZR 5/16, ZMR 2017, 462 Rn. 12). Andere Rohre bleiben außer Betracht, auch wenn sie ebenfalls Wärme abgeben (*Wall* WuM 2009, 3 [9]).

(3) Überwiegend gedämmt

9 Die Verordnungsbegründung geht davon aus, dass »überwiegend« als »zu mehr als die Hälfte« zu verstehen ist (BR-Drs. 570/08, 14). »Dämmung« meint nicht nur eine Verkleidung (*Lützenkirchen/Lützenkirchen* MietR HeizkostenV § 7 Rn. 30).

(4) Leitungen der Wärmeverteilung

10 »Leitungen der Wärmeverteilung« sind i.d.R. vertikal verlegte Hauptleitungen zur Versorgung mehrerer Heizkörper in unterschiedlichen Nutzereinheiten, die auf der Wand verlaufen und folglich **sichtbar** sind (BR-Drs. 570/08, 14).

cc) **Rechtsfolge**

Liegen die Tatbestandsvoraussetzungen vor, sind von den Kosten des Betriebs der zentralen Heizungsanlage **zwingend sofort** 70 v.H. nach dem erfassten Wärmeverbrauch der Nutzer zu verteilen (s.a. *BGH*, 16.01.2019 – VIII ZR 113/17, ZMR 2019, 325 Rn. 9 und Rn. 22). Der Gebäudeeigentümer muss die Abweichung von § 7 Abs. 1 S. 1 HeizkostenV daher auch **nicht** nach § 6 Abs. 4 S. 3 HeizkostenV vor Beginn des Abrechnungszeitraums ankündigen (s.a. *BGH*, 06.05.2015 – VIII ZR 193/14, ZMR 2015, 704 Rn. 27 ff.). Sofern der Gebäudeeigentümer gleichwohl an einem davon **abweichenden** Umlageschlüssel festhält, hat der Nutzer einen Anspruch auf eine Änderung des Umlageschlüssels (*BGH*, 16.01.2019 – VIII ZR 113/17, ZMR 2019, 325 Rn. 11). Es reicht nicht, dass der Mieter **zusätzlich** das Recht zur **Kürzung** nach § 12 Abs. 1 S. 1 HeizkostenV hat (*BGH*, 16.01.2019 – VIII ZR 113/17, ZMR 2019, 325 Rn. 12 ff.). 11

c) **§ 7 Abs. 1. S. 3, S. 4 HeizkostenV (freiliegende Leitungen der Wärmeverteilung überwiegend ungedämmt)**

aa) **Allgemeines**

Die von ungedämmten Rohrleitungen abgegebene Wärmemengen können durch das Verbrauchsverhalten der Nutzer nicht beeinflusst und nicht oder nur unzureichend von Ablesegeräten erfasst werden. Ein Teil der Nutzer, nämlich diejenigen, die ihren Wärmebedarf vor allem über Heizkörper abdecken oder – beispielsweise auf Grund einer ungünstigen Lage ihrer Wohnung – abdecken müssen, muss daher nahezu den gesamten Wärmeverbrauch begleichen, weil die Heizkostenverteiler die Rohrwärme nicht erfassen (*BGH*, 06.05.2015 – VIII ZR 193/14, ZMR 2015, 704 Rn. 18). § 7 Abs. 1 S. 3 HeizkostenV schafft vor diesem Hintergrund die **Möglichkeit**, den Wärmeverbrauch nicht zu messen, sondern nach den **anerkannten Regeln der Technik** zu bestimmen oder dadurch die Kostenverschiebungen jedenfalls zu reduzieren (BR-Drs. 570/08, 14). 12

bb) **Tatbestandsvoraussetzungen**

(1) **Überblick**

Die Leitungen der Wärmeverteilung müssen »freiliegend« und »überwiegend ungedämmt« sein und deswegen muss ein »wesentlicher Anteil des Wärmeverbrauchs« nicht erfasst werden. »Freiliegend« sind Leitungen, die nicht unter Putz oder im Mauerwerk liegen (Rdn. 7). Die Verordnungsbegründung geht davon aus, dass »überwiegend« auch hier als »zu mehr als die Hälfte« zu verstehen ist (Rdn. 8). »Leitungen der Wärmeverteilung« sind i.d.R. vertikal verlegte Hauptleitungen zur Versorgung mehrerer Heizkörper in unterschiedlichen Nutzereinheiten, die auf der Wand verlaufen und folglich sichtbar sind (Rdn. 9). 13

(2) **Analogie**

§ 7 Abs. 1 S. 3 HeizkostenV ist auf zwar überwiegend ungedämmte, aber **nicht freiliegende** Leitungen der Wärmeverteilung nach h.M. **nicht** entspr. anwendbar (*BGH*, 15.03.2017 – VIII ZR 5/16, ZMR 2017, 462 Rn. 18 ff.). Dies gilt – selbstverständlich – auch im Wohnungseigentumsrecht (*BGH*, 15.11.2019 – V ZR 9/19, ZMR 2020, 521 Rn. 13). Die Kosten sind in diesem Falle auch nicht entspr. § 9a Abs. 1 und 2 HeizkostenV zu verteilen (*BGH*, 15.11.2019 – V ZR 9/19, ZMR 2020, 521 Rn. 14 ff.). 14

cc) **Rechtsfolge: Ermessen**

(1) **Überblick**

Liegen die Tatbestandsvoraussetzungen vor, **kann** der Gebäudeeigentümer nach billigem Ermessen (Vor § 1 HeizkostenV Rdn. 27 ff.) den Wärmeverbrauch der Nutzer **abweichend** von § 4 Abs. 1 HeizkostenV nach anerkannten Regeln der Technik bestimmen (*Pfeiffer* GE 2009, 156 [162]; a.A. *Wall* WuM 2009, 3 [9]). Der so bestimmte Verbrauch der einzelnen Nutzer wird nach § 7 Abs. 1 15

S. 3 HeizkostenV fiktiv als erfasster Wärmeverbrauch nach § 7 Abs. 1 S. 1 HeizkostenV berücksichtigt. Der Gebäudeeigentümer muss auch diese Abweichung von § 7 Abs. 1 S. 1 HeizkostenV **nicht** nach § 6 Abs. 4 S. 3 HeizkostenV vor Beginn des Abrechnungszeitraums ankündigen (*BGH*, 06.05.2015 – VIII ZR 193/14, ZMR 2015, 704 Rn. 27 ff.).

(2) **Anerkannte Regeln der Technik**

16 Die h.M. (vgl. *BGH*, 15.03.2017 – VIII ZR 5/16, ZMR 2017, 462 Rn. 11; *BGH*, 06.05.2015 – VIII ZR 193/14, ZMR 2015, 704 Rn. 20) sowie die Verordnungsmaterialien (BR-Drs. 570/08, 14) verweisen für die anerkannten Regeln der Technik auf das Beiblatt »Rohrwärme« der damaligen VDI-Richtlinie 2077 und die dort zur Verfügung gestellten Verfahren zur Berücksichtigung der Rohrwärmeabgabe. Die VDI-Richtlinie 2077 enthält drei Verfahren zur Erfassung des Rohrwärmeanteils (näher dazu *Zehelein* NZM 2015, 913 (916)).

17 Bei der **messtechnischen** Ermittlung werden die Rohrleitungen mit **Heizkostenverteilern** ausgestattet. Bei dem **Bilanzverfahren** erfolgt eine Schätzung der Rohrwärmeabgabe durch einen Vergleich des gesamten Heizwärmeverbrauchs mit dem erfassten Verbrauch. Bei der **rechnerischen** Ermittlung wird ein Aufmaß der Rohrleitungen nach Länge und Durchmesser vorgenommen, ebenso wird der Wärmedurchgangskoeffizient bestimmt, zudem werden die mittlere Temperatur des Heizwassers und die Betriebsdauer abgeschätzt.

18 Hat sich der Gebäudeeigentümer einer dieser Techniken bedient, müssen dem Nutzer weder deren Anwendungsvoraussetzungen mitgeteilt noch muss dem Nutzer z.B. die VDI-Richtlinie 2077 zur Verfügung gestellt werden (Vor § 1 HeizkostenV Rdn. 39). Selbst bei hohen Rohrwärmeverlusten scheidet das gem. § 7 Abs. 1 S. 3 HeizkostenV mögliche Korrekturverfahren nach VDI 2077, Blatt 3.5 allerdings aus, wenn die Wohnungen mit Wärmezählern, aber nicht mit Heizkostenverteilern ausgestattet sind (*LG Dortmund* WuM 2018, 660).

(3) **Ermessensreduktion**

19 § 7 Abs. 1. S. 3 HeizkostenV gibt dem Gebäudeeigentümer ein **Ermessen**, von § 7 Abs. 1 S. 1 HeizkostenV abzuweichen. Dieses Ermessen muss er **fehlerfrei** ausüben. Dies kann dazu führen, dass der Gebäudeeigentümer nach § 7 Abs. 1 S. 3 HeizkostenV vorgehen muss (allgemein Vor § 1 HeizkostenV Rdn. 30).

20 Dass nicht die ganze abgegebene Wärmeenergie gemessen wird, steht einer Verteilung gem. § 7 Abs. 1 S. 1 HeizkostenV noch nicht entgegen (*LG München I*, 19.12.2013 – 36 S 12255/12 WEG, MietRB 2014, 211). Sind indes gewisse Grenzwerte erreicht, nach hier vertretener Ansicht eine Erfassungsrate von **unter 20 %** (s.a. *LG Köln*, 01.02.2018 – 29 S 89/17, ZMR 2018, 440; *LG Leipzig*, 01.07.2016 – 2 S 104/16, NZM 2017, 699; *LG München I*, 19.12.2013 – 36 S 12255/12 WEG, MietRB 2014, 211), ist **zwingend** nach § 7 Abs. 1 S. 3 HeizkostenV vorzugehen.

21 Auch das Ermessen der Wohnungseigentümer ist insoweit auf **null** reduziert (*LG Köln*, 01.02.2018 – 29 S 89/17, ZMR 2018, 440; *LG Nürnberg*-Fürth, 06.08.2014 – 14 S 9871/12 WEG, NZM 2015, 598 [600]; *Hügel/Elzer* WEG § 16 Rn. 103).

3. **Übrige Kosten (nicht verbrauchsabhängiger Grundkostenanteil)**

a) **Überblick**

22 Die übrigen Kosten (= der nicht verbrauchsabhängige Grundkostenanteil) sind nach **Ermessen** des Gebäudeeigentümers (allgemein Vor § 1 HeizkostenV Rdn. 27 ff.) nach der Wohn- oder Nutzfläche **oder** nach dem umbauten Raum zu verteilen; es kann **auch** die Wohn- oder Nutzfläche oder der umbaute Raum der beheizten Räume zu Grunde gelegt werden. Eine Verteilung z.B. nach »Personen-Werten« (*LG München I*, 06.05.1987 – 31 S 15206/86, ZMR 1987, 339) oder Kopfteilen (*AG Kassel*, 05.01.1999 – 451 C 4529/98, WuM 2000, 37) ist hingegen **unzulässig** (s.a. *Wall* HeizkostenV § 7 Rn. 5820).

b) Wohn- oder Nutzfläche § 7 Abs. 1 S. 5 Halbs. 1 Fall 1 HeizkostenV

aa) Flächenberechnung

Nach h.M. ist die »tatsächliche« Fläche maßgeblich (*BGH*, 16.01.2019 – VIII ZR 173/17, ZMR 2019, 326 Rn. 25; *BGH*, 30.05.2018 – VIII ZR 220/17, ZMR 2018, 746 Rn. 23; PWW/*Elzer* BGB § 556a Rn. 22). Die HeizkostenV enthält allerdings **keine** Vorgaben zur Berechnung der Flächen (*BGH*, 02.10.2020 – V ZR 282/19, ZMR 2021, 136 Rn. 18). Es besteht auch kein allgemeiner Sprachgebrauch, der mit dem Begriff der Wohn- oder Nutzfläche deren Berechnung nach festgelegten Regeln verbindet (*BGH*, 02.10.2020 – V ZR 282/19, ZMR 2021, 136 Rn. 18). 23

bb) Wohnflächen

Die Wohnflächen **können** vom Gebäudeeigentümer unter Rückgriff auf die Bestimmungen der WoFlV ermittelt werden (*BGH*, 02.10.2020 – V ZR 282/19, ZMR 2021, 136 Rn. 18; *AG Hameln*, 05.10.2022 – 32 C 19/22, ZMR 2023, 717; *Lehmann-Richter/Streyl* NZM 2018, 673 (674); *Schmid* CuR 2013, 10 (12)). Der Gebäudeeigentümer kann aber ggf. auch eine **andere**, anerkannte **Berechnungsmethode** festlegen (*BGH*, 02.10.2020 – V ZR 282/19, ZMR 2021, 136 Rn. 21; a.A. *Lehmann-Richter/Streyl* NZM 2018, 673 (674)). 24

cc) Nutzflächen

Die Nutzflächen können vom Gebäudeeigentümer z.B. nach DIN 277 oder der DIN 283 ermittelt werden. In Betracht kommt ferner die Berechnungsmethode der Gesellschaft für immobilienwirtschaftliche Forschung e.V. 24: »Richtlinie zur Berechnung der Mietfläche für gewerblichen Raum (MFG) 2017«. 25

dd) Gleichlautende Bestimmung

Die Festlegung muss nach allgemeinen Überlegungen **für alle Nutzer gleich** lauten (s.a. Rdn. 5). 26

ee) Berechnung

Für die Berechnung der Wohn- und/oder Nutzflächen ist der Grundkostenanteil an den Gesamtkosten durch die gesamte Wohn-/Nutzfläche zu teilen und mit der darin enthaltenen Fläche des Nutzers zu multiplizieren (s.a. *BGH*, 30.05.2018 – VIII ZR 220/17, ZMR 2018, 746 Rn. 23). 27

c) Umbauter Raum (§ 7 Abs. 1 S. 5 Halbs. 1 Fall 2 HeizkostenV)

Als »umbauter Raum« (Bruttorauminhalt (BRI) ist das Volumen des Raums gemeint, das sich aus Höhe x Breite x Länge, ergibt. Das Volumen kann nach der Anlage 2 zu §§ 11a und 34 Abs. 1 II. BV (*LG Berlin*, 29.08.2002 – 67 S 505/01, GE 2002, 1627 (1628)) oder nach DIN 277 Teil 1 (Grundflächen und Rauminhalte von Bauwerken im Hochbau) berechnet werden. 28

d) Wohn- oder Nutzfläche der beheizbaren Räume (§ 7 Abs. 1 S. 5 Halbs. 2 Fall 1 HeizkostenV)

aa) Wohn- oder Nutzfläche

Die Begriffe »Wohn- oder Nutzfläche« sind wie Rdn. 23 ff. zu verstehen. 29

bb) Beheizbare Räume

§ 7 Abs. 1 S. 5 Halbs. 2 HeizkostenV meint nicht die »beheizten Räume«, sondern die durch einen Heizkörper (*LG Berlin*, 09.04.1991 – 64 S 428/90, GE 1992, 717; *AG Koblenz*, 22.11.2011 – 133 C 1623/11 WEG, WuM 2012, 118) »beheizbaren Räume« (s.a. *Wall* HeizkostenV § 7 Rn. 5824). Ansonsten könnte der Nutzer die Anrechnung allein dadurch verhindern, dass er eine vorhandene 30

Heizung nicht benutzt. Das widerspräche aber dem Gedanken, dass der verbrauchsunabhängige Anteil **auch** der Deckung der Bereitstellung der Heizmöglichkeit dienen soll.

31 Es sind daher **sämtliche** Räume, die mit funktionsfähigen Heizkörpern ausgestattet sind, zu berücksichtigen (*AG Köln*, 22.12.1986 – 213 C 553/86, WuM 1987, 361). § 7 HeizkostenV gestattet es auch nicht, durch rechtsgeschäftliche Regelung zu bestimmen, welche Räume als »beheizt« und welche als »unbeheizt« gelten (a.A. *AG Köln*, 28.11.2000 – 205 C 146/00, WuM 2001, 449).

32 Eine **Mitbeheizung** durch Heizungen in **anderen** Räumen genügt allerdings nicht (*Schmid* CuR 2013, 10 [13]; a.A. *AG Spandau*, 19.01.2010 – 11 C 217/09, GE 2010, 277). Etwas anderes gilt, wenn die Heizung von **vornherein** darauf ausgelegt ist, dass von einem Heizkörper aus mehrere Räume beheizt werden. Geschäftsräume (§ 2 Abs. 3 Nr. 2 WoFlV) sind in die Berechnung einzubeziehen, auch wenn sie sich innerhalb der Wohnung befinden, z.B. ein häusliches Arbeitszimmer (*Schmid* ZMR 2006, 664 (665)).

33 Keine beheizten Räume sind insbesondere die in § 4 Nr. 4 WoFlV genannten Balkone, Dachgärten, Loggien und Terrassen (*Schmid* ZMR 2006, 664). Entspr. gilt für Speisekammern (*Schmid* ZMR 2006, 664). Bei Wintergärten ist danach zu differenzieren, ob sie durch die zentrale Heizungsanlage beheizt werden oder nicht (*Schmid* ZMR 2006, 664; a.A. *Lammel* HeizkostenV § 7 Rn. 23).

cc) Umbauter Raum der beheizten Räume

34 Der Begriff »umbauter Raum« ist wie Rdn. 28 zu verstehen. Für den Begriff »beheizte Räume« gelten Rdn. 30 ff. entspr.

4. Bestimmung/Änderung

a) Überblick

35 Die Umlageschlüssel nach § 7 Abs. 1 HeizkostenV oder ihre Änderung für künftige Abrechnungszeiträume (§ 6 Abs. 4 S. 2 HeizkostenV) bestimmt der Gebäudeeigentümer jeweils nach **billigem Ermessen** i.S.v. § 315 BGB (*BGH*, 10.12.2014 – VIII ZR 9/14, NJW-RR 2015, 457 Rn. 18; *LG Berlin*, 19.04.2007 – 62 S 297/06, GE 2007, 915; s.a. Vor § 1 HeizkostenV Rdn. 38 ff.) nach § 6 Abs. 4 S. 1 HeizkostenV (§ 6 HeizkostenV Rdn. 39). Die Entscheidung des Gebäudeeigentümers ist in dem Verfahren nach § 315 Abs. 3 BGB überprüfbar (Vor § 1 HeizkostenV Rdn. 31).

b) Verbrauch

36 In den Gebäuden, in denen der Nutzer wegen der **wärmespezifischen Eigenheiten** des Gebäudes durch sein Nutzverhalten maßgeblich den Heizenergieverbrauch beeinflussen **kann**, entspricht es entspr. § 7 Abs. 1 S. 2 HeizkostenV billigem Ermessen, einen möglichst **hohen** Verbrauchkostenanteil zu wählen. Umgekehrt entspricht es – was mittelbar aus § 7 Abs. 1 S. 3 HeizkostenV folgt – billigem Ermessen, einen niedrigen Verbrauchkostenanteil zu wählen, wenn der Einfluss des Nutzers gering ist.

37 Die Möglichkeit, durch das Nutzverhalten den Heizenergieverbrauch zu beeinflussen, hängt u.a. von der energetischen Beschaffenheit der Gebäudehülle (Wärmedämmung, Fenster) sowie der Beschaffenheit der Heizungsanlage oder der Qualität der Erfassungsgeräte ab (s.a. *LG Berlin*, 19.04.2007 – 62 S 297/06, GE 2007, 915; *AG Saarburg*, 22.03.2000 – 5 C 284/99, WuM 2001, 85). Nachteile einzelner Wohnungen, die sich aufgrund ihrer Lage im Gebäude ergeben, sind unerheblich (BR-Drs. 570/08, 14). Denn dabei handelt es sich um ein den Wohnwert bestimmendes Merkmal, welches im Rahmen der Festlegung der Grundmiete zu berücksichtigen ist. Außerdem sind die Umlageschlüssel nach § 7 Abs. 1 HeizkostenV für alle Räume gleich zu bestimmen (s.a. § 6 HeizkostenV Rdn. 39).

38 Ein **Ermessensfehlgebrauch** soll z.B. vorliegen, wenn in einem schlecht isolierten Altbau, bei dem ein erhöhter Grundwärmebedarf besteht, die Kosten überwiegend nach Verbrauchsanteilen verteilt

werden (*AG Saarburg*, 22.03.2000 – 5 C 284/99, WuM 2001, 85; *AG Lübeck*, 16.11.1987 – 28 C 3147/87, WuM 1988, 64).

c) Übrige Kosten (nicht verbrauchsabhängiger Grundkostenanteil)

Eine Verteilung der Grundkosten unter Einbeziehung unbeheizter Nutzflächen (§ 7 Abs. 1 S. 5 Halbs. 1 HeizkostenV) kann bei einem **großen Flächenanteil** nicht beheizbarer innenliegender Räume (*LG Karlsruhe*, 05.11.2015 – 11 S 120/14, NZM 2016, 558) oder wenn nicht jeder Nutzer einen Balkon hat (*LG Schwerin*, 30.09.2009 – 6 T 48/09, ZMR 2014, 484) im Einzelfall billigem Ermessen **widersprechen**. Sind einerseits viele Terrassen oder sonstige Freiflächen vorhanden, soll vor allem der Maßstab »beheizte Räume« der Billigkeit entsprechen (*KG*, 28.11.2005 – 8 U 125/05, ZMR 2006, 284; *LG Frankfurt/M.*, 17.05.2018 – 2–13 S 91/16, ZMR 2018, 789). 39

Der Umlageschlüssel »umbauter Raum« kann sich bei unterschiedlichen Raumhöhen anbieten (*LG Berlin*, 29.08.2002 – 67 S 505/01, GE 2002, 1627 (1628)). Die gesamte Wohnfläche kann herangezogen werden, wenn das Gebäude keine außenliegenden Nutzflächen aufweist. Eine Verteilung nach beheizten Räumen wird teilweise verlangt, wenn kein vergleichbares Verhältnis zwischen gesamter Wohnfläche und beheizter Fläche besteht (*AG Hamburg*, 27.03.1986 – 41 C 2013/86, WuM 1987, 230). Befindet sich im Keller ein Heizkörper, kann es aus Billigkeitsgründen erforderlich sein, den Maßstab »beheizte Räume« zu wählen, wenn tatsächlich geheizt wird (*Schmid* CuR 2013, 10). Dies gilt auch für Räume, die nicht dem Bauordnungsrecht entsprechen, aber beheizt werden (*Schmid* ZMR 2006, 665). 40

d) Besonderheiten des Wohnungseigentumsrechtes

Die Umlageschlüssel oder ihre Änderung (§ 6 Abs. 4 S. 2 HeizkostenV) bestimmt die Gemeinschaft der Wohnungseigentümer nach § 6 Abs. 4 S. 1 HeizkostenV (§ 6 HeizkostenV Rdn. 39 ff.). Die Wohnungseigentümer können die Entscheidung, wie die Kosten des Betriebs der zentralen Warmwasserversorgungsanlage zu verteilen sind, nach § 10 Abs. 1 S. 2 WEG vereinbaren oder nach § 16 Abs. 2 S. 2 WEG beschließen (§ 3 HeizkostenV Rdn. 8). 41

Eine Änderung des geltenden Umlageschlüssels ist nur möglich, wenn die Voraussetzungen des § 6 Abs. 4 S. 2 HeizkostenV vorliegen (*Schmid* ZMR 2007, 844 [845]). Ob der **Verwalter** die Entscheidung treffen kann, ist eine Frage des Einzelfalls (§ 3 HeizkostenV Rdn. 14). 42

II. Erfasste Kosten (§ 7 Abs. 2 HeizkostenV)

1. Allgemeines

§ 7 Abs. 2 HeizkostenV bestimmt, welche Kosten zu den Kosten des Betriebs der zentralen Heizungsanlage einschließlich der Abgasanlage gehören. Die HeizkostenV regelt für das Mietrecht **abschließend**, welche Kosten erfasst sind (*BGH*, 17.12.2008 – VIII ZR 92/08, NJW 2009, 667 Rn. 13; BR-Drs. 632/80, 29). Nicht erfasst sind daher z.B. Leasingkosten für Brenner, Öltank und Zuleitungen (*BGH*, 17.12.2008 – VIII ZR 92/08, NJW 2009, 667 Rn. 13) oder Kosten für die Anmietung eines Flüssiggastanks (*LG Bonn*, 12.06.1989 – 6 S 102/89, WuM 1989, 398; *AG Bad Kreuznach*, 09.05.1989 – 2 C 338/88, WuM 1989, 310.). Gebäudeeigentümer und Nutzer **müssen und können** mit Blick auf § 2 HeizkostenV **nicht** vereinbaren, dass die Kosten i.S.v. § 7 Abs. 2 HeizkostenV vom Nutzer zu tragen sind (§ 2 HeizkostenV Rdn. 27; *Lützenkirchen/Lützenkirchen* MietR HeizkostenV § 7 Rn. 40). § 556 Abs. 3 BGB gilt aber entspr. Nach diesem ist bei der Höhe der Kosten der **Grundsatz der Wirtschaftlichkeit** zu beachten (s.a. *LG Köln*, 04.11.2004 – 6 S 36/04, NZM 2005, 453; *LG Berlin*, 10.11.2003 – 62 S 220/03, WuM 2004, 340; *AG Tempelhof-Kreuzberg*, 27.05.1998 – 2 C 516/97, GE 1998, 1465). Kosten die **nicht angefallen** sind, bspw. Kosten für Brennstoffe, die nicht verbraucht wurden, sind nicht zu verteilen (s.a. *AG Besigheim*, 27.04.2023 – 7 C 481/22, WuM 2023, 346). Für das Verhältnis zwischen der **Gemeinschaft der Wohnungseigentümer und den Wohnungseigentümern** spielt § 7 Abs. 2 HeizkostenV keine Rolle. Denn die Wohnungseigentümer müssen **sämtliche** Kosten der Gemeinschaft der Wohnungseigentümer tragen, 43 unabhängig davon, welcher Bestimmung sie unterfallen. § 7 Abs. 2 HeizkostenV hat allerdings für das Verhältnis zwischen einem vermietenden Wohnungseigentümer und seinem Mieter eine Bedeutung.

2. Kosten des zur Wärmeerzeugung verbrauchten Stroms

44 Durch den Wegfall der Ausnahmeregelung in § 11 Abs. 1 Nr. 3 Buchstabe a) (§ 11 HeizkostenV Rdn. 1) sind die Vorschriften über die Verteilung der Kosten der Versorgung mit Wärme und Warmwasser in § 7 auch auf Gebäude anzuwenden, die überwiegend mit Wärme oder mit Wärme und Warmwasser aus **Wärmepumpen** versorgt werden. Dies stellt das Gesetz seit dem 01.01.2024 (Rdn. 1) klar (BT-Drs. 20/7619, 89). Zu den Kosten des zur Wärmeerzeugung verbrauchten Stroms gehören vor allem die Kosten des Gebäudeeigentümers für den von diesem erworbenen und/oder selbst hergestellten Stroms, der der **Wärmeerzeugung** durch Wärmepumpen dient.

3. Kosten der Brennstoffe und ihre Lieferung

a) Erfasste Kosten

45 Zu den Kosten der Brennstoffe und ihre Lieferung gehören die Kosten des **Ankaufs** der Brennstoffe und der Anfeuerungsmittel für die Brennstoffe (Koks oder Kohle) und die Kosten ihrer **Anlieferung**. Mengenrabatte, Staffelpreise usw. sind an die Nutzer weiterzugeben. Auch »Kick-Back-Vergütungen« sind dem Nutzer gutzuschreiben. Bezieht der Vermieter Kohle, Öl oder Strom als »Deputat«, so kann er den marktüblichen Preis ansetzen (BeckOK MietR/*Pfeifer* HeizkostenV § 7 Rn. 210). Betreibt der Gebäudeeigentümer eine Anlage mit Kraft-Wärme-Kopplung und erhält eine beantragte Energiesteuererstattung, muss er diesen Erstattungsbetrag anteilig für die Wärmeerzeugung zugunsten des Mieters von den eingesetzten Brennstoffpreisen abziehen (BeckOK MietR/*Pfeifer* HeizkostenV § 7 Rn. 210). Bei Gas und Strom ergeben sich diese Kosten i.d.R. aus den im Abrechnungsjahr bezahlten Rechnungen, bei Ölheizungen ist der Verbrauch durch Gegenüberstellung des Anfangs- und Endbestandes zu ermitteln – unter Berücksichtigung von Zukäufen und des Prinzips »first in, first out« (*OLG Koblenz*, 17.09.1985 – 3 U 1623/83, DWE 1986, 244; *LG Hamburg*, 20.11.2008 – 307 S 87/08, ZMR 2009, 530). Rechnerisch ist also zuerst das gesamte noch **vorhandene** ältere Heizöl anzusetzenden, und zwar mit dem Preis, zu dem es gekauft wurde (*OLG Koblenz*, 17.09.1985 – 3 U 1623/83, DWE 1986, 244; *LG Berlin*, 20.02.1984 – 61 S 305/83, GE 1984, 869). Es können nur die Kosten des im Abrechnungszeitraum tatsächlich verbrauchten Brennstoffs abgerechnet werden (*BGH*, 01.02.2012 – VIII ZR 156/11, NJW 2012, 1141 Rn. 12). Dieser Anforderung wird eine Abrechnung (dazu Vor § 1 HeizkostenV Rdn. 38 ff.) nach dem **Abflussprinzip** nicht gerecht (*BGH*, 01.02.2012 – VIII ZR 156/11, NJW 2012, 1141 Rn. 12). Dieser **inhaltliche** Mangel der Abrechnung kann nicht durch eine Kürzung der geltend gemachten Forderungen nach § 12 Abs. 1 S. 1 HeizkostenV ausgeglichen werden (*BGH*, 01.02.2012 – VIII ZR 156/11, NJW 2012, 1141 Rn. 13). Nicht erfasst sind beispielsweise Trinkgelder für Brennstofffahrer (*LG Mannheim*, 02.11.1997 – 4 S 44/77, WuM 1978, 209). Nicht erfasst sein sollen ferner die Kosten für die Überwachung der Ölanlieferung (*AG Charlottenburg*, 13.05.1986 – 6 C 697/85, GE 1986, 1075), für die Hausreinigung nach der Anlieferung von Brennstoffen, für das Trockenheizen eines Neubaus (*AG Köln*, 12.04.1984 – 208 C 604/83, WuM 1985, 371), die eigene Arbeitsleistung des Gebäudeeigentümers für die Beschaffung sowie Zinsverluste durch die Bevorschussung des Kaufpreises (*AG Bruchsal*, 09.09.1987 – 3 C 271/87, WuM 1988, 62; *AG Siegburg*, 19.05.1985 – 2 C 75/85, WuM 1985, 345). Keine Kosten sind **bloß anlagetechnisch bedingte Wärmeverluste** (*LG Frankfurt/M.*, 16.12.1986 – 2/11 S 387/84, NJW-RR 1987, 659; *AG Besigheim*, 27.04.2023 – 7 C 481/22, WuM 2023, 346).

4. Kosten des Betriebsstroms

a) Überblick

Kosten des Betriebsstroms fallen u.a. an für Brenner, Umwälz- oder Ölpumpe, Regelungssystem, Schaltuhr, Kompressor und Wärmefühler. Betreibt der Gebäudeeigentümer als Teil der Heizungsanlage eine Wärmerückgewinnungsanlage mit einer **Wärmepumpe**, sind die für die Wärmerückgewinnungsanlage anfallenden Stromkosten als Betriebsstrom zu berücksichtigen (*OLG Frankfurt a.M.*, 19.04.2018 – 2 U 57/17, ZMR 2018, 585). Der Betriebsstrom muss **ermittelt** werden (*LG Münster*, 29.06.2022 – 01 S 121/20, WuM 2023, 681 (683)) und ist **kein Teil** des **Allgemeinstroms** (*BGH*, 03.06.2016 – V ZR 166/15, ZWE 2017, 43 Rn. 13; *BGH*, 20.02.2008 – VIII ZR 27/07, NJW 2008, 1801 Rn. 32). 46

b) Zwischenzähler

Ist, wie es anzustreben ist, ein Zwischenzähler gesetzt worden, sind die Werte zu Beginn und am Ende der Abrechnungsperiode abzulesen und der Verbrauch entspr. den Stromkosten zu bewerten. Jeder Nutzer, also auch ein Wohnungseigentümer, hat **ungeachtet** der dafür anfallenden Kosten entspr. § 4 Abs. 4 HeizkostenV einen Anspruch auf einen **Zwischenzähler** (*LG Berlin*, 30.05.1985 – 62 S 305/84, GE 1986, 43; *LG Berlin*, 04.12.1982 – 63 S 277/81, GE 1983, 327; a.A. *Wall* HeizkostenV § 7 Rn. 5930a). Ein Beschluss, der den Einbau ablehnt, widerspricht daher einer ordnungsmäßigen Verwaltung (a.A. *Bub/Bernhard* FD-MietR 2016, 382572). 47

c) Zwischenzähler fehlt

Ist kein Zwischenzähler gesetzt, ist der Betriebsstrom zu **schätzen** (*BGH*, 03.06.2016 – V ZR 166/15, ZWE 2017, 43 Rn. 14; *BGH*, 20.02.2008 – VIII ZR 27/07, NJW 2008, 1801 Rn. 32). Welche Schätzmethode der Gebäudeeigentümer wählt, steht in seinem **Ermessen** (dazu Vor § 1 HeizkostenV Rdn. 27 ff.). Das Ermessen ist überschritten (dazu Vor § 1 HeizkostenV Rdn. 29), wenn er einen **offenkundig** ungeeigneten Maßstab wählt (*BGH*, 03.06.2016 – V ZR 166/15, ZWE 2017, 43 Rn. 14). Die Schätzmethode ist im Wohnungseigentumsrecht durch einen eigenständigen Beschluss anzuordnen (a.A. *Becker* ZWE 2017, 43 [44]), die Entscheidung kann nach § 27 Abs. 1 S. 1 WEG aber auch der Verwalter treffen. 48

Die Schätzung soll sich zum einen auf einen Bruchteil der Brennstoffkosten stützen können (*BGH*, 03.06.2016 – V ZR 166/15, ZWE 2017, 43 Rn. 14; kritisch *Pfeifer* jurisPR-MietR 8/2023 Anm. 4). Um den Rahmen von 3% bis 10% näher zu bestimmen sind u.a. folgende Prüfsteine zu beachten (*Wall* jurisPR-MietR 24/2016; s.a. *LG Münster*, 29.06.2022 – 01 S 121/20, WuM 2023, 681 [683]): Die Art der Anlage (erzeuge sie zusätzlich Wärme für die Warmwasseraufbereitung – verbundene Anlage –, werde zumeist zusätzlicher Strom für eine Zirkulationspumpe benötigt), die Art des Energieträgers (in fernwärmebeheizten Häusern seien die Betriebsstromkosten niedriger als in solchen mit Kesselanlagen, da u.a. der Stromverbrauch für den Brenner entfalle), die Einbindung erneuerbarer Energien (eine Solaranlage z.B. benötige zusätzlich Betriebsstrom). Der niedrigste Wert von 3 % ist danach angemessen für ein fernwärmebeheiztes Gebäude ohne zentrale Warmwassererwärmung mit einer hocheffizienten Umwälzpumpe. Der höchste Wert von 10% sei hingegen anzusetzen für ein älteres öl- oder gasbeheiztes kleines Haus mit zentraler Warmwasseraufbereitung und älterer Pumpentechnik (*Wall* jurisPR-MietR 24/2016). Ferner soll es möglich sein, sich an einer Berechnung zu orientieren, die auf dem **Stromverbrauchswert** der angeschlossenen Geräte (Anschlusswert × Laufdauer [= 24 Stunden] × Heiztage × Strompreis) beruht (*BGH*, 03.06.2016 – V ZR 166/15, ZWE 2017, 43 Rn. 14). Diese Methode ist allerdings mit einem erheblichen Aufwand verbunden (*Wall* jurisPR-MietR 24/2016; s.a. kritisch *Pfeifer* jurisPR-MietR 8/2023 Anm. 4). Zudem ist das Berechnungsergebnis bei nicht regelbaren Pumpen sehr ungenau. Das gilt erst recht, wenn die Anzahl der jährlichen Heiztage geschätzt werden muss (*Wall* jurisPR-MietR 24/2016). Ein weiterer Ansatz soll darin bestehen, den Stromverbrauch je Quadratmeter Gebäudewohnfläche zugrunde 49 zu legen (*Wall* jurisPR-MietR 24/2016). Danach sei in den meisten Gebäuden ein Betriebsstromverbrauch zwischen 1,5 kWh/m² und 2,5 kWh/m² zutreffen.

50 Der Gebäudeeigentümer muss den Nutzern die Grundlagen der Schätzung offenlegen (*BGH*, 20.02.2008 – VIII ZR 27/07, NJW 2008, 1801 Rn. 32) – nicht aber in der Abrechnung (dazu Vor § 1 HeizkostenV Rdn. 39)

d) Nicht erfasste Kosten

51 Keine Kosten des Betriebsstroms sind die Kosten für die **Beleuchtung** des Heizraums.

5. Kosten der Bedienung, Überwachung und Pflege der Anlage

a) Erfasste Kosten

52 Zu den Kosten der Bedienung, Überwachung und Pflege der Anlage zählen u.a. die **Personalkosten** für die mit Festbrennstoff befeuerten Anlagen sowie die Bedienung von Heizungsanlagen durch fachkundiges Personal. **Bedienungskosten** sind dabei auch bei einer **voll**automatischen Zentralheizung ansetzbar, selbst wenn der Aufwand geringfügig ist (a.A. *LG Hannover*, 07.06.1993 – 18 S 154/92, WuM 1996, 776). Auch die Kosten für die wiederkehrende Reinigung des Öltanks sind Kosten der Reinigung der Anlage (Rdn. 57). Auch die **TÜV-Gebühren** für die Prüfung von Druckgasanlagen sind erfasst – auch **ohne** Umlagevereinbarung (Vor § 1 HeizkostenV Rdn. 35; a.A. *AG Bremervörde*, 25.02.1987 – 4 C 176/86, WuM 1987, 198; *AG Rheine*, 10.01.1985 – 14 C 644/84, WuM 1985, 345).

53 Der Pflege der Anlage **zuzurechnen** sind ferner laufende kleinere **Instandhaltungsarbeiten** wie der Austausch von verschleißanfälligen Teilen, z.B. Dichtungen, Filter, Düsen (*OLG Düsseldorf*, 08.06.2000 – 10 U 94/99, NZM 2000, 762) oder die **Entkalkung der Heizstäbe**. Pflegekosten sind auch die Kosten für Korrosionsschutzmaßnahmen (a.A. *AG Friedberg/Hessen*, 18.03.1989 – C 1626/96–17, WuM 2000, 381).

b) Nicht erfasste Kosten

54 Keine bloßen Pflegekosten sind die Kosten einer **Heizöltankbeschichtung** (*LG Frankenthal*, 10.04.1985 – 2 S 483/84, ZMR 1985, 302) oder eines Anstrichs (*AG Schöneberg*, 01.10.1981 – 6 C 233/81, GE 1981, 1119); ebenso nicht die Kosten einer **Tankreinigung**, wenn diese nur als **Vorarbeiten** für die Beschichtung notwendig sind (*LG Hamburg*, 22.06.1989 – 7 S 121/88, WuM 1989, 522). Auch die Kosten für die Spülung einer Fußbodenheizung sind nach h.M. keine bloßen Pflegekosten (*AG Köln*, 27.08.1998 – 222 C 376/97, WuM 1999, 235), was aber zweifelhaft ist.

6. Kosten der Prüfung der Betriebsbereitschaft und Betriebssicherheit (Wartungskosten)

a) Erfasste Kosten

55 Zu den Kosten der Prüfung der Betriebsbereitschaft und Betriebssicherheit gehören die **Wartungskosten** (s.a. *OLG Düsseldorf*, 08.06.2000 – 10 U 94/99, NZM 2000, 762). Bei einer Gaszentralheizung gehören zur Überprüfung der Betriebssicherheit auch Druck- und Dichtigkeitsprüfungen der zugehörigen Gasleitungen (*AG Bad Wildungen*, 20.06.2003 – C 66/03, WuM 2004, 669; *AG Königstein i.T.* – 28.08.1997, 23 C 155/97, WuM 1997, 684). Auch das Entlüften und das Nachfüllen von Wasser sind Wartungskosten.

b) Nicht erfasste Kosten

56 Keine Wartungskosten i.S.d. HeizkostenV sind Reparaturkosten, die Beseitigung bereits eingetretener Störungen und der Austausch defekter Bestandteile der Heizungsanlage, z.B. Pumpen und Brenner.

7. Kosten der Reinigung der Anlage und des Betriebsraums

Zu den Kosten der Reinigung der Anlage und des Betriebsraums gehören die Kosten für die Reinigung des Heizkessels, des Schornsteins, aber auch eines Öltanks (*BGH*, 11.11.2009 – VIII ZR 221/08, NJW 2010, 226 Rn. 10). Zur Reinigung des Betriebsraums gehören die Personalkosten einschließlich der Reinigungsmaterialien. 57

8. Kosten der Messungen nach dem Bundes-Immissionsschutzgesetz

Kosten der Messungen nach dem Bundes-Immissionsschutzgesetz sind die Kosten für Messungen nach §§ 22, 23 BImSchG. Hierzu zählen **nicht** die Kosten für die Abnahme einer neuen Heizungsanlage (*AG Schöneberg*, 21.02.2008 – 109 C 257/07, MM 2008, 299). 58

9. Kosten der Verwendung einer Ausstattung zur Verbrauchserfassung

Zu Kosten der Verwendung einer Ausstattung zur Verbrauchserfassung gehören **sämtliche** Kosten, die Dritte dem Gebäudeeigentümer für eine **Gebrauchsüberlassung** nach § 4 Abs. 2 S. 2 HeizkostenV in Rechnung stellen, oder die dem Gebäudeeigentümer für die Kommunikation mit dem Anbieter entstehen, nicht aber die Kosten für die erstmalige Beschaffung einer Ausstattung, auch im Fall einer Umrüstung nach § 9 Abs. 2 S. 1 HeizkostenV (*Kinne* GE 2009, 492). 59

Kosten der Ausstattung zur Verbrauchserfassung sind auch die Kosten der vorgeschriebenen **Eichungen.** Zu den Kosten werden auch die Kosten für die **Wartung** der Wärmezähler und die Kosten für Erneuerung der zu ihrem Betrieb benötigten **Batterien** gerechnet (*AG Steinfurt*, 04.02.1999, 4 C 629/98, WuM 1999, 721) sowie bei einer Funkablesung die Kosten für die Anmietung der Funkanlage (a.A. *LG Berlin*, 10.11.2003 – 62 S 220/03, WuM 2004, 340). 60

10. Kosten der Berechnung und Aufteilung (Verbrauchserfassung)

Zu den Kosten der Verbrauchserfassung gehören die Kosten für ein **Messdienstunternehmen.** Darunter fallen zum Beispiel die Kosten für das Überwachen der Messgeräte, für die Ablesung oder die Herstellung der Heizkostenabrechnung. Ferner zählen hierher die Eichkosten oder die Kosten für einen Eichservicevertrag. Keine Kosten der Verbrauchserfassung sind die Kosten, die bei einem **Nutzerwechsel** (§ 9b HeizkostenV) anfallen (*BGH*, 14.11.2007, 14.11.2007 – VIII ZR 19/07, NZM 2008, 123 Rn. 17). Zum Grundsatz der Wirtschaftlichkeit s. § 4 HeizkostenV Rdn. 21. 61

11. Kosten für Abrechnungs- oder Verbrauchsinformationen

Zu den Kosten für Abrechnungs- oder Verbrauchsinformationen nach § 6a HeizkostenV gehören **sämtliche** Kosten, die dem Gebäudeeigentümer selbst, oder nach Art. 11a Abs. 2 der Energieeffizienzrichtlinie einem Dritten, der für den Gebäudeeigentümer tätig wird (*Lammel* ZMR 2022, 1 [8]), für eine Mitteilung in Papierform, auf elektronischem Weg, über ein Webportal oder z.B. eine Smartphone-App entstehen. Die Kosten, die dem Gebäudeeigentümer nach § 6a Abs. 3 HeizkostenV entstehen, sind umlagefähig, soweit es Kosten für die Informationen nach § 6a Abs. 3 HeizkostenV handelt (s.a. *Hinterseer-Zbib* AnwZert MietR 1/2022 Anm. 1). Im Übrigen handelt es sich um Kosten der Berechnung und Aufteilung (Rdn. 61). Einer Umlage steht **nicht entgegen**, dass die BetrKV **nicht** ergänzt wurde (§ 2 HeizkostenV Rdn. 27; a.A. *Wall* NZM 2022, 73 [80]; allgemein *Lammel* HeizkostenV § 2 Rn. 34). Keine Kosten für Abrechnungs- oder Verbrauchsinformationen sind beispielsweise die Kosten, die für die **Entwicklung** einer App oder eines Webportals entstehen (*Wall* NZM 2022, 73 [80]). Der Nutzer hat auch aus Kostengründen **keinen Anspruch** auf eine elektronische Mitteilung (§ 6a HeizkostenV Rdn. 18). 62

D. Kosten der Wärmelieferung (§ 7 Abs. 3, Abs. 4 HeizkostenV)

I. Verteilung (§ 7 Abs. 3 HeizkostenV)

63 Die Kosten für die Wärmelieferung an den Gebäudeeigentümer (§ 1 Abs. 1 Nr. 2 HeizkostenV) **oder** an den Nutzer (§ 1 Abs. 3 HeizkostenV) sind nach § 7 Abs. 3 HeizkostenV entspr. Absatz 1 Satz 1 und Satz 3 bis 5 zu verteilen. Hat der Lieferer keinen unmittelbaren Wärmelieferungsvertrag mit den Nutzern geschlossen, stellt er die Kosten dem Gebäudeeigentümer in Rechnung. Dieser muss dann die **ihm** berechneten Kosten verteilen.

II. Zugehörige Kosten (§ 7 Abs. 4 HeizkostenV)

1. Überblick

64 Zu den Kosten der Wärmelieferung gehören das **Entgelt** für die Wärmelieferung und die Kosten des **Betriebs** der zugehörigen Hausanlagen entspr. § 7 Abs. 2 HeizkostenV (Rdn. 43 ff.). Diese Kosten muss ein Mieter **ohne Weiteres** tragen, wenn der Vermieter die eigenständig gewerbliche Lieferung durch einen Wärmelieferanten bereits **vor Abschluss** des Mietvertrags mit einem Lieferer vereinbart und die Anlage entsprechend beliefert wurde (§ 2 HeizkostenV Rdn. 27; PWW/*Elzer* BGB § 555c Rn. 15; *Lammel* HeizkostenV Rn. 16; a.A. Lützenkirchen/*Lützenkirchen* Mietrecht § 7 HeizkostenV Rn. 115: es bedarf einer Vereinbarung). Die Mietvertragsparteien können nach § 2 HeizkostenV nichts anderes vereinbaren (a.A. Lützenkirchen/*Lützenkirchen* Mietrecht § 7 HeizkostenV Rn. 109). Stellt der Vermieter hingegen die Versorgung von der Eigenversorgung auf die eigenständig gewerbliche Lieferung durch einen Wärmelieferanten **erst im Laufe des Mietvertrags um**, muss der Mieter die Kosten der Wärmelieferung nur dann tragen, wenn die Voraussetzungen des § 555c Abs. 1 BGB vorliegen. Sind die Voraussetzungen für eine Umstellung **nicht** erfüllt, kann der Vermieter nur die (fiktiv zu berechnenden) bisherigen Kosten für die Versorgung mit Wärme oder Warmwasser verlangen, nicht aber **sonstige Kosten des Lieferers** (BT-Drs. 17/10485, 23; PWW/*Elzer* BGB § 555c Rn. 16). In Wohnungseigentumsanlagen gilt dies für die Wohnungseigentümer nicht, wohl aber für die Drittnutzer im Verhältnis zum Wohnungseigentümer.

2. Entgelt für die Wärmelieferung

65 Zum »Entgelt« für die Wärmelieferung gehören die Kosten, die der Wärmelieferant in Rechnung stellt (*BGH*, 27.06.2007 – VIII ZR 202/06, NZM 2007, 769 Rn. 21; *BGH*, 16.07.2003 – VIII ZR 286/02, ZMR 2003, 824). Es ist das **gesamte** Entgelt umlegbar, welches der Wärmelieferer erhält, auch wenn darin als **unselbständige Kalkulationsposten** Investitionen, Finanzierungskosten, Amortisationen, Reparaturen, Pacht von Räumlichkeiten und ein Unternehmergewinn enthalten sind (*BGH*, 16.04.2008 – VIII ZR 75/07, NJW 2008, 2105 Rn. 17; *BGH*, 27.06.2007 – VIII ZR 202/06, NZM 2007, 769 Rn. 21; *BGH*, 16.07.2003 – VIII ZR 286/02, ZMR 2003, 824; *BGH*, 09.11.1983 – VIII ZR 161/82, NJW 1984, 971 [972]). Auf den Katalog der Einzelkosten nach § 2 Nr. 4 a) BetrKV kommt es mithin nicht an (s.a. *AG München*, 17.05.2002 – 472 C 1299/02, WuM 2002, 434; § 2 HeizkostenV Rdn. 27).

3. Kosten des Betriebs der zugehörigen Hausanlage

66 Unter »Hausanlage« wird die **Übergabestation** samt den zugehörigen Einrichtungen, die zwischen der Leitung des Lieferanten und den zu den einzelnen Nutzern führenden Hausleitungen liegen, verstanden (*LG Gera*, 10.10.2000 – 8 S 261/00, ZMR 2001, 350). Erfasst sind die **Betriebskosten**, nicht die Kosten der Anschaffung der Anlage. Das gilt auch, wenn die Hausanschlussstation vom Wärmelieferanten gestellt wird und die Kosten hierfür im Wärmelieferungspreis enthalten sind (*LG Gera*, 10.10.2000 – 8 S 261/00, ZMR 2001, 350; *Schmid* ZMR 2001, 690; a.A. *AG München*, 17.05.2000 – 472 C 1299/02, WuM 2002, 434; *Burmeister/Kues* ZMR 2001, 352) oder wenn eine Kompaktstation angemietet oder geleast wird (a.A. *AG Leipzig*, 06.03.2009 – 163 C 6664/08, NZM 2009, 858). Zu den Betriebskosten der Hausanlage gehören auch die Kosten des Kaltwassers, das für den Wärmetauscher erforderlich ist (*LG Berlin*, 07.07.2006 – 63 S 373/05, GE 2006, 1041).

E. Verstöße

I. Miete

1. Abrechnung

Durch einen Fehler bei der Anwendung von § 7 Abs. 1 HeizkostenV wird die **formale** Ordnungsmäßigkeit der Abrechnung (dazu Vor § 1 HeizkostenV Rdn. 39 f.) **nicht** berührt. Dies gilt auch dann, wenn der Nutzer anhand der Abrechnung den richtigen Betrag **nicht** berechnen kann (*BGH*, 17.11.2004 – VIII ZR 115/04, NJW 2005, 219). 67

2. Kürzungsrecht

Verstößt der Gebäudeeigentümer gegen § 7 Abs. 1 HeizkostenV, kann der Nutzer nicht von dem Kürzungsrecht des § 12 Abs. 1 S. 1 HeizkostenV Gebrauch machen. Wenn z.B. die Wärmekosten entgegen § 7 Abs. 1 S. 2 HeizkostenV nach 50 v.H. umgelegt werden, werden die Kosten der Versorgung mit Wärme **verbrauchsabhängig** abgerechnet (a.A. *AG Münster*, 26.04.2013 – 28 C 3962/11, Rn. 19 – juris; *Wall* HeizkostenV Rn. 5858). Der Nutzer kann allerdings im Rahmen der Abrechnung (dazu Vor § 1 HeizkostenV Rdn. 39 f.) auch den richtigen Umlageschlüssel verlangen. 68

3. Schadenersatz

Trifft den Vermieter ein Verschulden an der Anwendung eines falschen Umlageschlüssels, kann der Nutzer Schadenersatz geltend machen. 69

II. Wohnungseigentum

1. Beschlussanfechtung

Die Anwendung eines falschen Umlageschlüssels führt dazu, dass der Beschluss nach § 28 Abs. 2 S. 1 WEG nach § 44 Abs. 1 S. 1 WEG **erfolgreich** angefochten werden kann. 70

2. Kürzungsrecht

Das Kürzungsrecht nach § 12 Abs. 1 HeizkostenV besteht bei einem Verstoß gegen § 7 HeizkostenV nicht (§ 12 Abs. 1 S. 4 HeizkostenV). Dem vermietenden Wohnungseigentümer droht allerdings ein Kürzungsrecht (Rdn. 68). 71

3. Schadenersatz

Trifft die Gemeinschaft der Wohnungseigentümer ein Verschulden an der Anwendung eines falschen Umlageschlüssels, kann der vermietende Wohnungseigentümer Schadenersatz geltend machen. 72

F. Prozessuales

Die Darlegungs- und Beweislast trifft den, der sich auf § 7 HeizkostenV beruft. 73

§ 8 Verteilung der Kosten der Versorgung mit Warmwasser

(1) Von den Kosten des Betriebs der zentralen Warmwasserversorgungsanlage sind mindestens 50 vom Hundert, höchstens 70 vom Hundert nach dem erfassten Warmwasserverbrauch, die übrigen Kosten nach der Wohn- oder Nutzfläche zu verteilen.

(2) Zu den Kosten des Betriebs der zentralen Warmwasserversorgungsanlage gehören die Kosten der Wasserversorgung, soweit sie nicht gesondert abgerechnet werden, und die Kosten der Wassererwärmung entsprechend § 7 Abs. 2. Zu den Kosten der Wasserversorgung gehören die Kosten des Wasserverbrauchs, die Grundgebühren und die Zählermiete, die Kosten der Verwendung von

Zwischenzählern, die Kosten des Betriebs einer hauseigenen Wasserversorgungsanlage und einer Wasseraufbereitungsanlage einschließlich der Aufbereitungsstoffe.

(3) Für die Verteilung der Kosten der Warmwasserlieferung gilt Absatz 1 entsprechend.

(4) Zu den Kosten der Warmwasserlieferung gehören das Entgelt für die Lieferung des Warmwassers und die Kosten des Betriebs der zugehörigen Hausanlagen entsprechend § 7 Abs. 2.

Übersicht

A. Normgeschichte, Zweck und Allgemeines

1 § 8 findet sich **von Anfang an** in der HeizkostenV. Im Jahr 1983 wurde durch die Verordnung zur Änderung wohnungsrechtlicher Vorschriften v. 05.04.1984 (BGBl. I 546) mWv 01.05.1984 ein möglicher Redaktionsfehler beseitigt (vgl. BR-Drs. 483/83, 37). Durch die Verordnung zur Änderung energiesparrechtlicher Vorschriften v. 19.01.1989 (BGBl. I 109) wurden mWv. 01.03.1989 in § 8 Abs. 3 HeizkostenV dann die Wörter »Lieferung von Fernwasser« durch »Warmwasserlieferung« ersetzt und Absatz 4 neu gefasst und in seine heutige Form gestellt. § 8 HeizkostenV bestimmt, was für die Verteilung der Kosten der Versorgung mit Warmwasser (Absatz 1 und Absatz 2) und der Kosten der Warmwasserlieferung (Absatz 3 und Absatz 4) gilt. Ebenso wie § 7 HeizkostenV unterscheidet § 8 HeizkostenV bei den Kosten der Versorgung mit Warmwasser und der Warmwasserlieferung einen verbrauchsabhängigen (Rdn. 3 ff.) und einen verbrauchsunabhängigen Teil (Rdn. 4 ff.). Das bedeutet, dass die Gesamtkosten **rechnerisch** aufgeteilt werden müssen in einen verbrauchsabhängig und einen verbrauchsunabhängig weiter zu verteilenden Anteil. Zweck der vom Verordnungsgeber vorgeschriebenen Umlageschlüssel ist es, das **Verbrauchsverhalten** der Nutzer nachhaltig zu **beeinflussen** und damit Energie zu sparen (*BGH*, 10.12.2014 – VIII ZR 9/14, NJW-RR 2015, 457 Rn. 18; s.a. BR-Drs. 570/08, 7).

B. Anwendungsbereich

I. Leerstand

2 § 8 HeizkostenV ist **auch** bei **großen Leerständen** anwendbar (*BGH*, 10.12.2014 – VIII ZR 9/14, ZMR 2015, 284 Rn. 22). Eine Analogie zu § 9a HeizkostenV ist **nicht** möglich (*BGH*, 10.12.2014 – VIII ZR 9/14, ZMR 2015, 284 Rn. 22). Wenn Dauer und Umfang des Leerstandes unter Berücksichtigung der Höhe der verbrauchsunabhängigen Kostenbestandteile eine für die Nutzer nicht mehr hinnehmbare Mehrbelastung ergeben, ist der Vermieter nach §§ 242, 313 BGB verpflichtet, diesem

Umstand durch eine **Änderung der Umlageschlüssel** nach § 6 Abs. 4 HeizkostenV Rechnung zu tragen (*BGH*, 10.12.2014 – VIII ZR 9/14, ZMR 2015, 284 Rn. 22) oder in anderer Weise einen **finanziellen Ausgleich** zu schaffen (*BGH*, 06.10.2010 – VIII ZR 183/09, NJW 2010, 3645 Rn. 25; PWW/*Elzer* BGB § 556a Rn. 4).

II. Verbundene Anlagen

§ 8 HeizkostenV ist allerdings **nicht anwendbar**, wenn Heizungsanlage und Warmwasserversorgungs- 3
anlage **keine getrennten Anlagen** sind (Lützenkirchen/*Lützenkirchen* Mietrecht § 8 HeizkostenV Rn. 1). Es muss also stets ein »zweiter Kessel« vorhanden sein, der **nur** für die Warmwasserbereitung verwendet wird. Für »verbundene Anlagen« (= ein Kessel für Raumwärme und Warmwasser) gilt § 9 HeizkostenV.

C. Kosten der Versorgung mit Warmwasser

I. Umlageschlüssel

1. Verbrauch

Von den Kosten des Betriebs der zentralen Warmwasserversorgungsanlage sind **mindestens** 50 v.H., 4
höchstens 70 v.H. nach dem erfassten Warmwasserverbrauch zu verteilen. Nach § 10 HeizkostenV kann etwas anderes bestimmt werden. Die Aufteilung muss nicht mit der für die Heizkosten identisch sein (Lützenkirchen/*Lützenkirchen* Mietrecht § 8 HeizkostenV Rn. 2).

2. Übrige Kosten (nicht verbrauchsabhängiger Grundkostenanteil)

a) Überblick

aa) Allgemeines

Die übrigen Kosten (= der nicht verbrauchsabhängige Grundkostenanteil) sind nach der **Wohn-** 5
oder **Nutzfläche** zu verteilen. Eine Verteilung z.B. nach »Personen-Werten« (*LG München I*, 06.05.1987 – 31 S 15206/86, ZMR 1987, 339) oder Kopfteilen (*AG Kassel*, 05.01.1999 – 451 C 4529/98, WuM 2000, 37) ist damit unzulässig. Stets ist die »**tatsächliche**« Fläche maßgeblich (*BGH*, 16.01.2019 – VIII ZR 173/17, ZMR 2019, 326 Rn. 25; *BGH*, 30.05.2018 – VIII ZR 220/17, ZMR 2018, 746 Rn. 23; PWW/*Elzer* BGB § 556a Rn. 22).

bb) Flächenberechnung

Nach h.M. ist die »tatsächliche« Fläche maßgeblich (§ 1 WoFlV Rn. 26). Die HeizkostenV enthält 6
indes **keine** Vorgaben zur Berechnung von Flächen (s.a. *BGH*, Beschl. v. 02.10.2020 – V ZR 282/19, ZMR 2021, 136 Rn. 18). Es besteht auch kein allgemeiner Sprachgebrauch, der mit dem Begriff der Wohn- oder Nutzfläche deren Berechnung nach festgelegten Regeln verbindet (*BGH*, Beschl. v. 02.10.2020 – V ZR 282/19, ZMR 2021, 136 Rn. 18).

cc) Wohnflächen

Die Wohnflächen können daher nach h.M. vom Gebäudeeigentümer unter Rückgriff auf die 7
Bestimmungen der WoFlV ermittelt werden (§ 1 WoFlV Rn. 28). Der Gebäudeeigentümer kann aber ggf. auch eine **andere**, anerkannte **Berechnungsmethode** festlegen (§ 1 WoFlV Rn. 29).

dd) Nutzflächen

Die Nutzflächen können vom Gebäudeeigentümer z.B. nach DIN 277 oder der DIN 283 ermittelt 8
werden. In Betracht kommt ferner die Berechnungsmethode der Gesellschaft für immobilienwirtschaftliche Forschung e.V. 24 – gif-Richtlinie: »Richtlinie zur Berechnung der Mietfläche für gewerblichen Raum (MFG) 2017«.

ee) **Gleichlautende Bestimmung**

9 Die Festlegung muss nach allgemeinen Überlegungen **für alle Nutzer gleich** lauten (s.a. § 7 HeizkostenV Rdn. 5).

ff) **Berechnung**

10 Für die Berechnung der Wohn- und/oder Nutzflächen ist der Grundkostenanteil an den Gesamtkosten durch die gesamte Wohn-/Nutzfläche zu teilen und mit der darin enthaltenen Fläche des Nutzers zu multiplizieren (s.a. *BGH*, Beschl. v. 30.05.2018 – VIII ZR 220/17, ZMR 2018, 746 Rn. 23).

b) **Bestimmung/Änderung**

aa) **Mietrecht**

11 Den Umlageschlüssel **oder** seine Änderung (§ 6 Abs. 4 S. 2 HeizkostenV) bestimmt der Gebäudeeigentümer (§ 1 HeizkostenV Rdn. 29 ff.) nach billigem Ermessen i.S.v. § 315 BGB (*BGH*, 10.12.2014 – VIII ZR 9/14, NJW-RR 2015, 457 Rn. 18; allgemein Vor § 1 HeizkostenV Rdn. 27 ff.) gem. § 6 Abs. 4 S. 1 HeizkostenV (§ 6 HeizkostenV Rdn. 39 ff.).

bb) **Wohnungseigentumsrecht**

12 Den Umlageschlüssel **oder** seine Änderung (§ 6 Abs. 4 S. 2 HeizkostenV) bestimmt die Gemeinschaft der Wohnungseigentümer als fingierter Gebäudeeigentümer nach § 6 Abs. 4 S. 1 HeizkostenV (§ 6 HeizkostenV Rdn. 39 ff.). Die Wohnungseigentümer können die Entscheidung, wie die Kosten des Betriebs der zentralen Warmwasserversorgungsanlage zu verteilen sind, nach § 10 Abs. 1 WEG **vereinbaren** oder nach § 19 Abs. 1 WEG **beschließen** (§ 3 HeizkostenV Rdn. 8). Eine Änderung des geltenden Umlageschlüssels ist nur dann möglich, wenn die Voraussetzungen des § 6 Abs. 4 S. 2 HeizkostenV vorliegen (*Schmid* ZMR 2007, 844 [845]). Ob der **Verwalter** die Entscheidung treffen kann, ist eine Frage des Einzelfalls (§ 3 HeizkostenV Rdn. 14).

II. **Betroffene Kosten**

1. **Allgemeines**

13 Die berücksichtigungsfähigen Betriebskosten sind in § 8 Abs. 2 HeizkostenV **abschließend** aufgezählt. Die HeizkostenV unterscheidet zwischen den Kosten der **Wassererwärmung** (Rdn. 14 ff.) und der **Wasserversorgung** (Rdn. 18 ff.)

2. **Kosten der Wassererwärmung**

a) **Überblick**

14 Die Kosten der Wassererwärmung sind nach der HeizkostenV abzurechnen. Welche Kosten dies sind, regelt die HeizkostenV durch Verweisung auf § 7 Abs. 2 HeizkostenV (§ 7 HeizkostenV Rdn. 43 ff.). Die Kosten ergeben sich aus den Brennstoffkosten und den Heiznebenkosten.

b) **Prüfung auf Legionellen**

aa) **Allgemeines**

15 Nach § 14b Abs. 1, Abs. 4 TrinkwV hat der »Unternehmer« und der »sonstige Inhaber« einer Wasserversorgungsanlage das Trinkwasser in der Wasserversorgungsanlage regelmäßig auf den Parameter Legionella spec. prüfen zu lassen. Die dafür anfallenden Kosten gehören nach h.M. zu den **Kosten der Wassererwärmung**, obwohl sie in § 7 Abs. 2 HeizkostenV nicht aufgeführt sind (*Pfeifer* MK 2012, 13 (17); Langenberg/Zehelein Kap. K. Rn. 141; a.A. Schmid ZMR 2012, 10 [11]).

»Unternehmer« ist die natürliche oder juristische Person, die dafür verantwortlich ist, dass die Anforderungen der Verordnung an die Gewinnung, Aufbereitung und Verteilung von Wasser erfüllt werden. »Sonstige Inhaber« sind natürliche und juristische Personen, die eine Wasserversorgungsanlage nicht als Unternehmer, also nicht gewerblich betreiben. 16

bb) Wohnungseigentumsrecht

Die Gemeinschaft der Wohnungseigentümer ist nach § 9a Abs. 2 Fall 1 WEG ein »sonstiger Inhaber« (s.a. zum alten Recht *OVG Münster*, 25.06.2015 – 13 B 452/15, NJW 2015, 3528 Rn. 7; *VGH München*, 29.09.2014 – 20 CS 14.1663, NJW-RR 2015, 331 Rn. 16; *LG Saarbrücken*, 18.12.2015 – 5 S 17/15, ZWE 2016, 187; *Elzer* IMR 2016, 31; *Bittner* NJW 2015, 3531). Die Kosten sind auf **sämtliche Nutzer** in der Wohnungseigentumsanlage umzulegen (*LG Saarbrücken*, 18.12.2015 – 5 S 17/15, ZWE 2016, 187; *AG Heiligenstadt*, 20.12.2013 – 3 C 331/13, ZMR 2014, 490). 17

3. Kosten der Wasserversorgung

a) Überblick

Die Kosten der Wasserversorgung – auch die **Kaltwasserkosten** – gehören zu den Kosten der Versorgung mit Warmwasser, wenn sie **nicht gesondert** abgerechnet werden (Rdn. 19). Zu den Kosten der Wasserversorgung gehören z.B. die Kosten des Wasserverbrauchs, die Grundgebühren und die Zählermiete, die Kosten der Verwendung von Zwischenzählern, die Kosten des Betriebs einer hauseigenen Wasserversorgungsanlage und einer Wasseraufbereitungsanlage einschließlich der Aufbereitungsstoffe. Auch Maßnahmen, die dem Korrosionsschutz dienen, sind Kosten des Wasserverbrauchs (*AG Dresden*, 16.02.2002 – 143 C 3528/00, NZM 2001, 708; a.A. z.B. *AG Friedberg*, 18.03.1998 – C 1626/96–17, WuM 2000, 381). 18

b) Gesonderte Abrechnung

Die Kosten der Wasserversorgung gehören nicht zu den Kosten der Versorgung mit Warmwasser, wenn sie **gesondert** abgerechnet werden. Dies sind die Frischwasserkosten, **wenn** diese z.B. mit einem Zwischenzähler erfasst werden, und vom Nutzer nach einer Umlagevereinbarung zu tragen sind. Bei der Abrechnung dürfen die Kosten nicht nochmals über § 2 Nr. 2 BetrKV abgerechnet werden (*AG Charlottenburg*, 27.10.2005 – 219 C 97/05, GE 2006, 59). Ob der Gebäudeeigentümer gesondert abrechnet, steht in seinem billigem Ermessen (Vor § 1 HeizkostenV Rdn. 27 ff.), solange dies nicht den **vertraglichen** Regelungen widerspricht. 19

c) Keine gesonderte Abrechnung

Welche Kosten im Übrigen zu den Kosten der Wasserversorgung gehören, ist in § 8 Abs. 2 S. 2 HeizkostenV **aufgezählt.** Die Regelung deckt sich zum großen Teil mit § 2 Nr. 2 BetrKV. Allerdings können auch die in § 2 Nr. 2 BetrKV genannten Kosten, die in § 8 Abs. 2 S. 2 HeizkostenV nicht genannt sind, in die Kostenverteilung einbezogen werden (MüKoBGB/*Zehelein* HeizkostenV § 8 Rn. 2). 20

d) Keine Kosten der Wasserversorgung

Die Kanalgebühren zählen **nicht** zu den Kosten i.S.v. § 8 Abs. 2 S. 2 HeizkostenV (*AG Aachen*, 30.08.2007 – 80 C 18/07, ZMR 2008, 383). Auch die Kosten für die **Entsorgung des Warmwassers** können nur als Kosten der Entwässerung i.S.d. § 2 Nr. 3 BetrKV umgelegt werden (*AG Charlottenburg*, 27.10.2005 – 219 C 97/05, GE 2006, 59). 21

D. Kosten der Warmwasserlieferung (§ 8 Abs. 3, Abs. 4 HeizkostenV)

I. Überblick (§ 8 Abs. 3 HeizkostenV)

22 Die Kosten für die Warmwasserlieferung (§ 1 Abs. 1 Nr. 2, Abs. 3 HeizkostenV) sind nach § 8 Abs. 3 HeizkostenV entspr. Absatz 1 zu verteilen. Das bedeutet, dass die Gesamtkosten **rechnerisch** aufgeteilt werden müssen in einen verbrauchsabhängig und einen verbrauchsunabhängig weiter zu verteilenden Anteil (Rdn. 2).

II. Zugehörige Kosten (§ 8 Abs. 4 HeizkostenV)

23 Zu den Kosten der Warmwasserlieferung gehören nach § 8 Abs. 4 HeizkostenV das **Entgelt** für die Lieferung des Warmwassers und die **Kosten des Betriebs** der zugehörigen Hausanlagen entspr. § 7 Abs. 2 HeizkostenV. S. dazu im Einzelnen § 7 HeizkostenV Rdn. 65 f.

§ 9 Verteilung der Kosten der Versorgung mit Wärme und Warmwasser bei verbundenen Anlagen

(1) Ist die zentrale Anlage zur Versorgung mit Wärme mit der zentralen Warmwasserversorgungsanlage verbunden, so sind die einheitlich entstandenen Kosten des Betriebs aufzuteilen. Die Anteile an den einheitlich entstandenen Kosten sind bei Anlagen mit Heizkesseln nach den Anteilen am Brennstoffverbrauch oder am Energieverbrauch, bei Wärmepumpen oder bei eigenständiger gewerblicher Wärmelieferung nach den Anteilen am Wärmeverbrauch zu bestimmen. Kosten, die nicht einheitlich entstanden sind, sind dem Anteil an den einheitlich entstandenen Kosten hinzuzurechnen. Der Anteil der zentralen Anlage zur Versorgung mit Wärme ergibt sich aus dem gesamten Verbrauch nach Abzug des Verbrauchs der zentralen Warmwasserversorgungsanlage. Bei Anlagen, die nicht ausschließlich durch Heizkessel, durch Wärmepumpen oder durch eigenständige gewerbliche Wärmelieferung mit Wärme versorgt werden, können anerkannte Regeln der Technik zur Aufteilung der Kosten verwendet werden. Der Anteil der zentralen Warmwasserversorgungsanlage am Wärmeverbrauch ist nach Absatz 2, der Anteil am Brennstoffverbrauch nach Absatz 3 zu ermitteln.

(2) Die auf die zentrale Warmwasserversorgungsanlage entfallende Wärmemenge (Q) ist mit einem Wärmezähler zu messen. Kann die Wärmemenge nur mit einem unzumutbar hohen Aufwand gemessen werden, kann sie nach folgender Zahlenwertgleichung als Ergebnis in Kilowattstunden pro Jahr bestimmt werden:

$$Q = 2{,}5 \times V \times (tw - 10).$$

Dabei sind zu Grunde zu legen:

1. **der Wert 2,5 für die Erzeugeraufwandszahl des Wärmeerzeugers, die mittlere spezifische Wärmekapazität des Wassers, die Wärmeverluste für Warmwasserspeicher, Verteilung einschließlich Zirkulation, Messdatenerhebungen zum Warmwasserverbrauch,**
2. **das gemessene Volumen des verbrauchten Warmwassers (V) in Kubikmetern,**
3. **die gemessene oder geschätzte mittlere Temperatur des Warmwassers (tw) in Grad Celsius und**
4. **der Wert 10 für die übliche Kaltwassereintrittstemperatur in die Warmwasserversorgungsanlage in Grad Celsius.**

Wenn in Ausnahmefällen weder die Wärmemenge noch das Volumen des verbrauchten Warmwassers gemessen werden können, kann die Wärmemenge, die auf die zentrale Warmwasserversorgungsanlage entfällt, nach folgender Zahlenwertgleichung als Ergebnis in Kilowattstunden pro Jahr bestimmt werden:

$$Q = 32 \times A_{Wohn}.$$

Dabei sind zu Grunde zu legen:
1. der Wert 32 für den Nutzwärmebedarf für Warmwasser, die Erzeugeraufwandszahl des Wärmeerzeugers, Messdatenerhebungen zum Warmwasserverbrauch und
2. die durch die zentrale Anlage mit Warmwasser versorgte Wohn- oder Nutzfläche (A_{Wohn}) in Quadratmeter.

Die nach den Zahlenwertgleichungen in Satz 2 oder 4 bestimmte Wärmemenge (Q) ist
1. bei brennwertbezogener Abrechnung von Erdgas mit 1,11 zu multiplizieren,
2. bei eigenständiger gewerblicher Wärmelieferung durch 1,15 zu dividieren und
3. bei dem Betrieb einer monovalenten Wärmepumpe mit 0,30 zu multiplizieren.

(3) Bei Anlagen mit Heizkesseln ist der Brennstoffverbrauch der zentralen Warmwasserversorgungsanlage (B) in Litern, Kubikmetern oder Kilogramm nach folgender Gleichung zu bestimmen:

$$B = \frac{Q}{H_i}$$

Dabei sind zu Grunde zu legen
1. die auf die zentrale Warmwasserversorgungsanlage entfallende Wärmemenge (Q) nach Absatz 2 in kWh;
2. der Heizwert des verbrauchten Brennstoffes (Hi) in Kilowattstunden je Liter, Kubikmeter oder Kilogramm.

Als Heizwerte nach Satz 2 Nummer 2 sind die in den Abrechnungsunterlagen des Energieversorgungsunternehmens oder Brennstofflieferanten angegebenen Heizwerte zu verwenden. Wenn diese vom Energieversorgungsunternehmen oder Brennstofflieferanten nicht angegeben werden, können hilfsweise folgende Werte verwendet werden:

	Heizwert *Hi*	Einheit
Leichtes Heizöl extra leichtflüssig	10	Kilowattstunden je Liter
Schweres Heizöl	10,9	Kilowattstunden je Liter
Erdgas H	10	Kilowattstunden je Kubikmeter
Erdgas L	9	Kilowattstunden je Kubikmeter
Flüssiggas	13	Kilowattstunden je Kilogramm
Koks	8	Kilowattstunden je Kilogramm
Braunkohle	5,5	Kilowattstunden je Kilogramm
Steinkohle	8	Kilowattstunden je Kilogramm
Brennholz (lufttrocken)	4,1	Kilowattstunden je Kilogramm
Holzpellets	5	Kilowattstunden je Kilogramm
Holzhackschnitzel (lufttrocken)	4	Kilowattstunden je Kilogramm

Soweit die Abrechnung über Kilowattstunden-Werte erfolgt, ist eine Umrechnung in Brennstoffverbrauch nicht erforderlich. Enthalten die Abrechnungsunterlagen des Energieversorgungsunternehmens oder Brennstofflieferanten *Hi*-Werte, sind diese zu verwenden. Soweit die Abrechnung über kWh-Werte erfolgt, ist eine Umrechnung in Brennstoffverbrauch nicht erforderlich

(4) Der Anteil an den Kosten der Versorgung mit Wärme ist nach § 7 Absatz 1, der Anteil an den Kosten der Versorgung mit Warmwasser nach § 8 Absatz 1 zu verteilen, soweit diese Verordnung nichts anderes bestimmt oder zulässt.

Übersicht

A. Normgeschichte, Zweck und Allgemeines

1 § 9 findet sich von Anfang an in der HeizkostenV. Er bestimmt, was für die Verteilung der Kosten der Versorgung mit Wärme und Warmwasser bei **verbundenen Anlagen** gilt. Für die Berechnung der jeweils aufgewendeten Energie trennt er zwischen der Lieferung von Wärme und den sonstigen in hausinternen Heizkesseln verwendeten Energieträgern.

2 Die Anteile an den **einheitlich** entstandenen Kosten werden nach § 9 Abs. 1 S. 2 HeizkostenV bei Anlagen mit **Heizkesseln** nach den Anteilen am Brennstoff- oder am Energieverbrauch, bei **eigenständiger gewerblicher Wärmelieferung** nach den Anteilen am Wärmeverbrauch bestimmt (*LG Stralsund*, 01.09.2021 – 1 S 94/20, ZMR 2022, 45: Gesamtverbrauch minus Warmwasserverbrauch = Raumwärmeverbrauch). **Im ersten** Fall ist der Brennstoffverbrauch für die Warmwasserversorgung nach Absatz 3 zu ermitteln. Der auf die Erzeugung des Warmwassers entfallende Brennstoffverbrauch ist vom Gesamt-Brennstoffverbrauch abzuziehen. Das Ergebnis der Subtraktion sind die Kosten für die Wärmeerzeugung. **Im zweiten** Fall wird der **gemessene** Wärmeverbrauch für die Warmwasserbereitung vom **gemessenen** Gesamtwärmeverbrauch abgezogen und auf diese Weise der Wärmeverbrauch für die Heizwärme wieder durch Subtraktion ermittelt (*Lammel* WuM 2017, 177 (178)).

3 Durch die Verordnung zur Änderung der Verordnung über Heizkostenabrechnung v. 02.12.2008 (BGBl. I 2375) wurde er m.W.v. 01.01.2009 **stark verändert**. Wiederholte Verschärfungen der Anforderungen an die bauliche Hülle hatten dazu geführt, dass sich bei gleichbleibendem Wasserverbrauch der Anteil des Energieverbrauchs für die Warmwasserbereitung am Gesamtenergieverbrauch erhöht hatte. Die Vorschrift musste daher überarbeitet werden (zu den Einzelheiten BR-Drs. 570/08, 15 ff.). Weitere, **tiefgreifende Veränderungen** ordnete die Verordnung über die Änderung der Verordnung über Heizkostenabrechnung v. 24.11.2021 (BGBl. I 4964) m.W.v. 01.12.2021 an (zu den Einzelheiten BR-Drs. 643/21, 23 ff.). Artikel 3 des Gesetzes zur Änderung des Gebäudeenergiegesetzes, zur Änderung des Bürgerlichen Gesetzbuches, zur Änderung der Verordnung über Heizkostenabrechnung, zur Änderung der Betriebskostenverordnung und zur Änderung der Kehr- und Überprüfungsordnung v. 16.10.2023 (BGBl. 2023 I Nr. 280) hat m.W.v. 01.10.2024 Regelungen für **Wärmepumpen** eingefügt (s.a. BT-Drs. 20/7619, 99).

B. Tatbestandsvoraussetzung

§ 9 HeizkostenV ist nach seinem Absatz 1 Satz 1 anwendbar, **wenn** die zentrale Anlage zur Versorgung mit Wärme mit der zentralen Warmwasserversorgungsanlage **verbunden** ist. 4

C. Rechtsfolge

I. Überblick

Liegt die Tatbestandsvoraussetzung vor, sind die einheitlich entstandenen Kosten des Betriebs aufzuteilen. Der Anteil an den Kosten der **Versorgung mit Wärme** ist nach § 9 Abs. 4 HeizkostenV gem. § 7 Abs. 1 HeizkostenV, der Anteil an den Kosten der Versorgung mit **Warmwasser** nach § 8 Abs. 1 HeizkostenV zu verteilen, soweit die HeizkostenV nichts anderes bestimmt oder zulässt. 5

II. Anlagen mit Heizkesseln (§ 9 Abs. 1 S. 2 Fall 1 HeizkostenV)

Bei Anlagen **mit** Heizkesseln sind die Anteile an den einheitlich entstandenen Kosten nach den **Anteilen am Brennstoff-** oder am **Energieverbrauch** zu bestimmen. 6

III. Wärmepumpen und eigenständige gewerbliche Wärmelieferung (§ 9 Abs. 1 S. 2 Fall 2 HeizkostenV)

Bei Wärmepumpen und eigenständiger gewerblicher Wärmelieferung sind die Anteile an den einheitlich entstandenen Kosten nach den **Anteilen am Wärmeverbrauch** zu bestimmen. 7

IV. Kosten, die nicht einheitlich entstanden sind (§ 9 Abs. 1 S. 3 HeizkostenV)

Kosten, die nicht einheitlich entstanden sind, sind gem. § 9 Abs. 1 S. 3 HeizkostenV dem Anteil an den einheitlich entstandenen Kosten **hinzuzurechnen**. In Betracht kommen hier insbesondere die Kaltwasserkosten für Warmwasser, wenn sie zusammen mit den Heizkosten abgerechnet werden. 8

V. Berechnung

1. Überblick

§ 9 ist nach seinem Absatz 1 Satz 1 nur auf die **einheitlich** entstandenen Kosten anwendbar. Für die Berechnung sind daher **vorab** nach §§ 7, 8 Abs. 2 HeizkostenV die Kosten zu bestimmen, die **nur** auf die Wärme oder das Warmwasser entfallen sind, und abzuziehen. 9

2. Anteil der zentralen Anlage zur Versorgung mit Wärme (§ 9 Abs. 1 S. 4 HeizkostenV)

a) Überblick

Der Anteil der zentralen Anlage zur Versorgung mit Wärme ergibt sich nach § 9 Abs. 1 S. 4 HeizkostenV aus dem **gesamten** Verbrauch nach **Abzug** des Verbrauchs der zentralen **Warmwasserversorgungsanlage** (s.a. Rdn. 2). Der gesamte Verbrauch ergibt sich aus den Kosten des Einkaufs. 10

b) Ermittlung der auf die Wasserversorgung entfallenden Wärmemenge bei Wärmelieferung (§ 9 Abs. 2 HeizkostenV)

aa) Wärmezähler

(1) Überblick (§ 9 Abs. 2 S. 1 HeizkostenV)

Die auf die zentrale Warmwasserversorgungsanlage entfallende Wärmemenge ist nach § 9 Abs. 2 S. 1 HeizkostenV grundsätzlich mit einem **Wärmezähler** zu messen. Dies ist ein Messgerät zur Ermittlung der Wärmeenergie. 11

(2) **Geräteausfall**

12 Bei einem **Geräteausfall** ist nach § 9a HeizkostenV vorzugehen (*LG Leipzig*, 09.03.2017 – 1 S 330/16, WuM 2017, 530).

(3) **Kein Wärmemengenzähler**

13 Verstößt der Gebäudeeigentümer gegen § 9 Abs. 2 S. 1 HeizkostenV, gibt es mithin keinen Zähler **und** liegen **weder** die Voraussetzungen von § 9 Abs. 2 S. 2 HeizkostenV (Rdn. 14) **noch** die des § 9 Abs. 2 S. 4 HeizkostenV vor (Rdn. 15), ist nach § 9a HeizkostenV vorzugehen. Dann hat der Nutzer ein Kürzungsrecht (Rdn. 20).

bb) Rechnerische Ersatzverfahren

(1) Unverhältnismäßig hoher Aufwand (§ 9 Abs. 2 S. 2, S. 3, S. 6 HeizkostenV)

14 Kann die Wärmemenge **objektiv** nur mit einem **unzumutbar hohen Aufwand** gemessen werden, ist nach § 9 Abs. 2 S. 2, S. 3 und S. 6 HeizkostenV vorzugehen. Ein »unzumutbar hoher Aufwand« liegt vor, wenn die Anbringung von Messgeräten aus baulichen oder technischen Gründen **unverhältnismäßig hohe Kosten** verursachen würde (*Pfeifer* GE 2009, 156 [163]; BR-Drs. 570/08, 16). Dazu ist der Aufwand in das Verhältnis zur Verbesserung der Abrechnung bzw. Aufteilung zwischen Warmwasser und Wärme zu setzen. Zum Aufwand gehören die Kosten des Einbaus **sowie** Folgekosten. Für die Anwendung der Zahlenwertgleichungen ist für die Abrechnung von Strom für **Wärmepumpen** der Umrechnungsfaktor 0,30 bestimmt worden. Dieser ergibt sich unter Berücksichtigung einer durchschnittlichen Jahresarbeitszahl von 2,7 und der Tatsache, dass in dem Wert 2,5 der bisherigen Zahlenwertgleichung in § 9 Absatz 2 ein Nutzungsgrad von 0,8 berücksichtigt ist. Die angenommene Jahresarbeitszahl in Satz 6 von 2,7 berücksichtigt die bei zentralen Warmwasserversorgungsanlagen üblicherweise vergleichsweise hohen Systemtemperaturen, aber auch die insbesondere bei Luft-Wasser-Wärmepumpen im Sommer günstigen Quellentemperaturen (BT-Drs. 20/7619, 99). Eine monovalente ist dabei eine Heizungsanlage mit einer Wärmepumpe (für andere Anlagen s. Satz 5).

(2) Keine Messung möglich (§ 9 Abs. 2 S. 4, S. 5, S. 6 HeizkostenV)

15 Kann **objektiv** aus **technischen** Gründen weder die Wärmemenge noch das Volumen des verbrauchten Warmwassers **gemessen** werden, kann die Wärmemenge, die auf die zentrale Warmwasserversorgungsanlage entfällt, nach § 9 Abs. 2 S. 4 bis S. 6 HeizkostenV bestimmt werden. Der in Satz 5 genannte Faktor von 32 soll sich aus öffentlich-rechtlichen Vorgaben ergeben, nämlich dem Nutzenergiebedarf für Warmwasser unter Berücksichtigung von empirischen Erkenntnissen der Abrechnungswirtschaft über Verluste für Verteilung und Speicherung sowie einer mittleren Aufwandszahl für den Wärmeerzeuger von 1,15 (BR-Drs. 570/08, 16). Aus Vereinfachungsgründen wird **nicht** zwischen dem Warmwasserverbrauch bei Mietwohnraum und Gewerberaum differenziert (BR-Drs. 570/08, 17). S.a. Rdn. 14.

c) Ermittlung des auf die Wasserversorgung entfallenden Brennstoffverbrauchs bei Anlagen mit Heizkesseln (§ 9 Abs. 3 HeizkostenV)

16 § 9 Abs. 3 HeizkostenV bestimmt, auf welche Weise bei **Anlagen mit Heizkesseln** der Brennstoffverbrauch der zentralen **Warmwasserversorgungsanlage** zu ermitteln ist. Nach § 9 Abs. 3 S. 1 HeizkostenV ist der Brennstoffverbrauch nach der dort genannten Gleichung nach Maßgabe von § 9 Abs. 3 S. 2 HeizkostenV zu bestimmen. Als Heizwerte § 9 Abs. 3 S. 2 Nr. 2 HeizkostenV sind die in den Abrechnungsunterlagen des Energieversorgungsunternehmens oder Brennstofflieferanten angegebenen Heizwerte zu verwenden (§ 9 Abs. 3 S. 3 HeizkostenV). Wenn diese nicht angegeben werden, können hilfsweise die in § 9 Abs. 3 S. 4 HeizkostenV genannten Werte genommen werden. Im Rahmen der **Änderungen** der HeizkostenV zum 01.01.2009 (Vor § 1 HeizkostenV Rdn. 11) und 2021 (Vor § 1 HeizkostenV Rdn. 12) ist die Aufzählung der Brennstoffe der Beheizungsstruktur

angepasst und um Brennstoffe ergänzt worden. Bei einer Abrechnung des verbrauchten Brennstoffs in kWh-Werten ist eine Umrechnung in Brennstoffverbrauch **nicht erforderlich.** Dann kann die aus der Abrechnung des Energielieferanten ersichtliche Wärmemenge direkt für die Ermittlung des Anteils der Warmwasserversorgung am Gesamtverbrauch in die Formel nach § 9 Abs. 2 HeizkostenV eingesetzt werden.

3. Sonderfälle (§ 9 Abs. 1 S. 5 HeizkostenV)

Bei Anlagen, die **nicht ausschließlich** durch Heizkessel, durch **Wärmepumpen** oder durch eigenständige gewerbliche Wärmelieferung mit Wärme versorgt werden, können zur Aufteilung der Kosten **anerkannte Regeln der Technik** verwendet werden. Diese stellen die Summe der im Bauwesen anerkannten bewährten wissenschaftlichen, technischen und handwerklichen Erfahrungen dar, die **durchweg bekannt und als richtig und notwendig anerkannt sind** (*OLG Düsseldorf*, 25.04.2019 – I-5 U 185/17, NJW-RR 2019, 1039 Rn. 27). Entscheidend ist, dass diese Regel theoretisch richtig ist und sich in der Praxis bewährt hat. Nicht mit den anerkannten Regeln der Technik gleich zu setzen ist, ob eine bestimmte Bauausführung dem Stand der Technik entspricht. Dies ist eine Einordnung des (öffentlich-rechtlichen) Bauordnungsrechts. 17

D. Darstellung in der Abrechnung

Die Kostenaufteilung muss sich **nicht** aus der Abrechnung selbst nachvollziehbar ergeben (allgemein Vor § 1 HeizkostenV Rdn. 39; a.A. *LG Berlin*, 13.06.2008 – 63 S 309/07, GE 2008, 995). Und auch die vom Gebäudeeigentümer eingesetzten **Formeln** müssen von ihm **nicht** erläutert werden (Vor § 1 HeizkostenV Rdn. 43; s.a. *BGH*, 26.10.2011 – VIII ZR 268/10, NJW 2012, 603 Rn. 13; *BGH*, 20.07.2005 – VIII ZR 371/04, ZMR 2005, 937). 18

E. Kürzungsrecht (Mängel)

I. Mietrecht

Verstößt der Gebäudeeigentümer gegen § 9 Abs. 2 S. 1 HeizkostenV, ist zu **unterscheiden.** Hat der Gebäudeeigentümer entgegen § 9 Abs. 2 S. 1 HeizkostenV keinen Zähler eingebaut und liegen weder die Voraussetzungen von § 9 Abs. 2 S. 2 HeizkostenV (Rdn. 13) noch die des § 9 Abs. 2 S. 4 HeizkostenV vor (Rdn. 13), **hat** der Nutzer, ist er ein Mieter, ein Kürzungsrecht (*BGH*, Beschl. v. 12.01.2022 – VIII ZR 151/20, WuM 2022, 109 Rn. 29; *LG Stralsund*, Beschl. v. 01.09.2021 – 1 S 94/20, ZMR 2022, 45; a.A. *LG Berlin*, Beschl. v. 15.06.2017 – 67 S 101/17, NJOZ 2018, 1092 Rn. 1; MüKo-BGB/*Zehelein* HeizkostenV § 9 Rn. 3). Denn der Gebäudeeigentümer soll zur Einhaltung des Rechts angehalten werden. Dass die Abrechnung **dennoch verbrauchsabhängig** ist, steht dem **nicht** entgegen, da der Gebäudeeigentümer die falsche Methode anwendet (a.A. MüKo-BGB/*Zehelein* HeizkostenV § 9 Rn. 3). 19

Der Nutzer kann aber auch eine **Berichtigung der Abrechnung** verlangen. Bei bloßen **Rechenfehlern** besteht hingegen kein Kürzungsrecht. 20

II. Wohnungseigentumsrecht

1. Kürzung

Verstößt die Gemeinschaft der Wohnungseigentümer gegen § 9 Abs. 2 S. 1 HeizkostenV, stellt sich **nicht** die Frage, ob der Wohnungseigentümer kürzen kann (näher § 12 HeizkostenV Rdn. 37). 21

2. Jahresabrechnung und Beschluss nach § 28 Abs. 2 S. 1 WEG

Etwas Anderes gilt für die Jahresabrechnung und den Beschluss nach § 28 Abs. 2 S. 1 WEG. Verstößt die Gemeinschaft der Wohnungseigentümer gegen § 9 Abs. 2 S. 1 HeizkostenV, wird eine Jahresabrechnung und ein Beschluss nach § 28 Abs. 2 S. 1 WEG aber einer ordnungsmäßigen Verwaltung **entsprechen**, wenn die auf die zentrale Warmwasserversorgungsanlage entfallende Wärme- 22 menge anhand der Formel des § 9 Abs. 2 S. 2, S. 3 ermittelt wird (*BGH*, Urt. v. 10.02.2023 – V ZR 246/21, Rn. 22 und Rn. 24) und der Verstoß **unheilbar** ist.

23 Nur in Ausnahmefällen gilt etwas Anderes. Dies ist dann der Fall, wenn die Anwendung der Formel des § 9 Abs. 2 S. 2, S, 3 HeizkostenV dazu führt, dass das tatsächliche Nutzerverhalten im Einzelfall nicht wenigstens annähernd abgebildet und somit der Zweck der Heizkostenverordnung nicht erfüllt wird (*BGH*, Urt. v. 10.02.2023 – V ZR 246/21, Rn. 28; s.a. *BGH*, Urt. v. 20.01.2016 – VIII ZR 329/14, WuM 2016, 174 Rn. 18). Die muss nach den allgemeinen Regeln der Kläger beweisen.

§ 9a Kostenverteilung in Sonderfällen

(1) Kann der anteilige Wärme- oder Warmwasserverbrauch von Nutzern für einen Abrechnungszeitraum wegen Geräteausfalls oder aus anderen zwingenden Gründen nicht ordnungsgemäß erfasst werden, ist er vom Gebäudeeigentümer auf der Grundlage des Verbrauchs der betroffenen Räume in vergleichbaren Zeiträumen oder des Verbrauchs vergleichbarer anderer Räume im jeweiligen Abrechnungszeitraum oder des Durchschnittsverbrauchs des Gebäudes oder der Nutzergruppe zu ermitteln. Der so ermittelte anteilige Verbrauch ist bei der Kostenverteilung anstelle des erfassten Verbrauchs zugrunde zu legen.

(2) Überschreitet die von der Verbrauchsermittlung nach Absatz 1 betroffene Wohn- oder Nutzfläche oder der umbaute Raum 25 vom Hundert der für die Kostenverteilung maßgeblichen gesamten Wohn- oder Nutzfläche oder des maßgeblichen gesamten umbauten Raumes, sind die Kosten ausschließlich nach den nach § 7 Abs. 1 Satz 5 und § 8 Abs. 1 für die Verteilung der übrigen Kosten zugrunde zu legenden Maßstäbe zu verteilen.

Übersicht Rdn.

A. Normgeschichte, Zweck und Allgemeines

§ 9a ist durch die Verordnung zur Änderung energiesparrechtlicher Vorschriften v. 19.01.1989 (BGBl. I 109) mWv 01.03.1989 in die HeizkostenV mit dem Ziel eingefügt worden, die bis dahin bestehenden **Unsicherheiten** zu **beseitigen**, was gilt, wenn eine Verbrauchserfassung wegen Geräteausfalls oder aus anderen zwingenden Gründen nicht möglich ist (BR-Drs. 494/88, 28). Leitgedanke ist zwar die Aufrechterhaltung einer möglichst verbrauchsnahen Abrechnung (BR-Drs. 494/88, 28). Allerdings ist es nicht das Ziel der auf Praktikabilitäts- und **Wirtschaftlichkeitserwägungen** beruhenden Bestimmung (§ 5 GEG), eine **exakte** Ermittlung des Verbrauchs sicherzustellen (s.a. *BGH,* 27.10.2021 – VIII ZR 264/19, ZMR 2022, 290 Rn. 29). Der Verordnungsgeber wollte die – bereits zuvor in der Praxis bewährte – Möglichkeit, den Wärme- oder Wasserverbrauch für die Fälle, in denen eine Erfassung des tatsächlichen Verbrauchs wegen Geräteausfalls oder aus anderen zwingenden Gründen nicht möglich ist, anhand von Ersatzkriterien zu ermitteln, im Sinn einer **möglichst verbrauchsnahen** Ermittlung regeln (*BGH,* 27.10.2021 – VIII ZR 264/19, ZMR 2022, 290 Rn. 28). Zur Erreichung dieses Ziels und zur Vereinheitlichung der Ermittlung lässt Absatz 1 nur solche Ermittlungsmethoden zur Verbrauchsschätzung zu, die aus Sicht des Verordnungsgebers eine hinreichende Vergleichbarkeit der den Verbrauch beeinflussenden Umstände sicherstellen (*BGH,* 27.10.2021 – VIII ZR 264/19, ZMR 2022, 290 Rn. 28; BR-Drs. 494/88, 28). Die Grenze, bis zu der eine Ermittlung des Verbrauchs anhand von Ersatzkriterien noch als hinnehmbar angesehen werden kann, zieht Absatz 2 (*BGH,* 27.10.2021 – VIII ZR 264/19, ZMR 2022, 290 Rn. 28). 1

Durch die Verordnung zur Änderung der Verordnung über Heizkostenabrechnung v. 02.12.2008 (BGBl. I 2375) wurden mWv 01.01.2009 in Absatz 1 Satz 1 die Wörter »früheren Abrechnungszeiträumen« durch das Wort »Zeiträumen« ersetzt und nach den Wörtern »im jeweiligen Abrechnungszeitraum« die Wörter »oder des Durchschnittsverbrauchs des Gebäudes oder der Nutzergruppe« eingefügt. Die **erste** Änderung sollte es ermöglichen, Daten über einen kürzeren Zeitraum, die aber gleichwohl aussagekräftig sind, einzusetzen (BR-Drs. 570/08, 17). Die zweite Änderung wurde nicht begründet. 2

B. Tatbestandsvoraussetzungen (§ 9a Abs. 1 HeizkostenV)

I. Überblick

§ 9a HeizkostenV ist anwendbar, wenn der anteilige Wärme- und/oder Warmwasserverbrauch von Nutzern für einen Abrechnungszeitraum wegen Geräteausfalls oder aus anderen zwingenden Gründen **objektiv** (*BGH,* 31.10.2007 – VIII ZR 261/06, *NJW 2008, 142 Rn. 16*) nicht ordnungsmäßig erfasst werden. Sind **nur** die Heizkostenverteiler ausgefallen, bleibt die Warmwasserabrechnung unberührt. Fehlen nur in **zwei** kleineren Räumen einer Wohneinheit Erfassungsgeräte, so dürfen die Wärmekosten auch nur für diese Räume geschätzt werden (*KG,* 09.06.2009 – 24 W 357/08, ZMR 2010, 133 (135)). 3

II. Anteiliger Wärme- oder Warmwasserverbrauch

§ 9a HeizkostenV ist anwendbar, wenn der auf einen Nutzer entfallende Wärme- **und/oder** Warmwasserverbrauch für einen Abrechnungszeitraum nicht erfasst werden kann. Wird der Verbrauch der einzelnen Nutzer einer Nutzergruppe iSv § 5 Abs. 7 S. 1 HeizkostenV **ordnungsmäßig** erfasst, nicht aber der anteilige Verbrauch der jeweiligen Nutzergruppe, ist § 9a HeizkostenV **nicht** anwendbar (*BGH,* 16.09.2022 – V ZR 214/21, ZMR 2023, 61 Rn. 11). 4

III. Abrechnungszeitraum

§ 9a HeizkostenV geht von einem Abrechnungszeitraum von einem Jahr aus (s.a. § 556 Abs. 3 S. 1 BGB; § 20 Abs. 3 S. 2 NMV 1970; § 28 Abs. 2 S. 2 WEG. Der Abrechnungszeitraum darf ein Jahr nicht überschreiten (s.a. *BGH,* 30.04.2008 – VIII ZR 240/07, NZM 2008, 520 Rn. 10). Das Gesetz schreibt allerdings nicht vor, welcher jährliche Zeitraum der Abrechnung zugrunde zu legen ist (s.a. *BGH,* 30.04.2008 – VIII ZR 240/07, NZM 2008, 520 Rn. 10). In Betracht kommen z.B. das 5

Kalender- oder das Mietjahr oder der Jahreszeitraum, innerhalb dessen i.d.R. die Abrechnungen der Versorgungsträger erteilt werden (s.a. *BGH*, 30.04.2008 – VIII ZR 240/07, NZM 2008, 520 Rn. 10). Sofern ein Vertrag einen Abrechnungszeitraum nicht festlegt, bestimmt der Gebäudeeigentümer die (erste) Abrechnungsperiode nach billigem Ermessen, § 315 BGB. Der Abrechnungszeitraum kann für verschiedene Betriebskosten unterschiedlich bestimmt werden (s.a. *BGH*, 30.04.2008 – VIII ZR 240/07, NZM 2008, 520 Rn. 12 und Rn. 16). § 193 BGB ist anwendbar.

6 Die Möglichkeit, § 9a HeizkostenV anzuwenden, ist allerdings **nicht** auf einen **einzelnen** Abrechnungszeitraum **begrenzt** (*BGH*, 27.10.2021 – VIII ZR 264/19, ZMR 2022, 290 Rn. 20; a.A. *Gruber* NZM 2000, 842 (844)). Notwendig, aber auch ausreichend ist, dass die Voraussetzungen für jede einzelne Abrechnungsperiode vorliegen, für die auf die Ersatzverfahren nach § 9a HeizkostenV zurückgegriffen werden soll (*BGH*, 27.10.2021 – VIII ZR 264/19, ZMR 2022, 290 Rn. 20). Der Gefahr, dass der Gebäudeeigentümer aus Bequemlichkeit auf die Verbrauchserfassung verzichtet und auf das Schätzungsverfahren ausweicht (vgl. *Gruber* NZM 2000, 842 (844)), wird dadurch begegnet, dass eine Schätzung nur bei Annahme eines zwingenden Grundes zulässig ist (*BGH*, 27.10.2021 – VIII ZR 264/19, ZMR 2022, 290 Rn. 20).

IV. Geräteausfall

7 Ein Geräteausfall ist das technische Versagen eines Erfassungsgeräts (*Gruber* NZM 2000, 842 (843)). Dem Geräteausfall ist die **fehlerhafte Anbringung** eines Messgeräts gleichzustellen (*OLG Düsseldorf*, 20.03.2000 – 3 Wx 414/99, ZMR 2000, 475). Ferner sind hierher die Fälle zu zählen, in denen ein Gerät **abgebaut** wurde (s.a. *LG Berlin*, 04.06.1996 – 64 S 97/96, ZMR 1997, 145 (146)). Ein Geräteausfall liegt hingegen nicht vor, wenn z.B. ein Heizkostenverteiler wegen einer **Rohrwärmeabgabe** nur einen geringen oder gar keinen Verbrauch erfassen konnte (*BGH*, 15.11.2019 – V ZR 9/19, ZMR 2020, 521 Rn. 17). Hierher gehören auch nicht die Fälle, in denen es **nie Geräte** gab (*Langenberg/Zehelein Kap. K. Rn. 194)*. Ein »Geräteausfall« liegt auch **nicht** darin, dass das Gerät nicht mehr **geeicht** ist (*BGH*, 17.11.2010 – VIII ZR 112/10, NJW 2011, 598 Rn. 13). Anders ist es, wenn feststeht, dass die Messung nicht zu gebrauchen ist (*Langenberg/Zehelein Kap. K. Rn. 197)*.

V. Andere zwingende Gründe

1. Überblick

8 Ein »anderer zwingender Grund« für eine nicht ordnungsmäßige Erfassung des Verbrauchs liegt vor, wenn Umstände gegeben sind, die dem Geräteausfall gleichzusetzen sind, weil sie eine rückwirkende Korrektur der Erfassungsmängel **ausschließen** (*BGH*, 22.06.2018 – V ZR 193/17, ZMR 2018, 1022 Rn. 10; *BGH*, 16.11.2005 – VIII ZR 373/04, NJW-RR 2006, 232 Rn. 13).

9 Es muss kein Fall höherer Gewalt vorliegen (*Müller* GE 1989, 216). Es ist daher **unerheblich**, ob der Gebäudeeigentümer (*Gruber* NZM 2000, 842 (844); a.A. *Müller* GE 1989, 216; *Kinne* GE 2006, 1278 (1280)) oder der Nutzer (*LG Berlin*, 04.06.1996 – 64 S 97/96, ZMR 1997, 145) den Grund zu **vertreten** hat (*BGH*, 16.11.2005 – VIII ZR 373/04, NJW-RR 2006, 232 Rn. 13 und Rn. 15).

10 Hat der **Nutzer** den Grund zu vertreten, haftet er zwar ggf. auf Schadenersatz (*AG Brandenburg*, 04.10.2004 – 32 (33) C 110/04, GE 2004, 1459; *Gruber* NZM 2000, 842 (844)). Wenn der Gebäudeeigentümer nach § 9a HeizkostenV vorgehen kann, wird jedoch wegen des Erfassungsmangels kaum ein Schaden feststellbar sein. Hat der **Gebäudeeigentümer** die Unmöglichkeit der Verbrauchserfassung zu vertreten, hat der Nutzer einen Schadenersatzanspruch, wobei Beweisschwierigkeiten für den Minderverbrauch bestehen (*Gruber* NZM 2000, 842 (847)). Eine zum Schadenersatz verpflichtende Unterlassung kann darin liegen, dass der Vermieter nicht mit Rechtsbehelfen gegen einen anderen Nutzer vorgeht, der die Ablesung verhindert (*Schmid* ZMR 2006, 347).

2. Zwingende physikalische Gründen

Ein »anderer zwingender Grund« liegt beispielsweise vor, wenn der am Heizkörper abgelesene Messwert aus zwingenden physikalischen Gründen nicht dem tatsächlichen Verbrauchswert entsprechen kann und damit fehlerhaft ist (*BGH*, 15.11.2019 – V ZR 9/19, ZMR 2020, 521 Rn. 18; *BGH*, 22.06.2018 – V ZR 193/17, ZMR 2018, 1022 Rn. 10; *BGH*, 05.03.2013 – VIII ZR 310/12, NZM 2013, 676 Rn. 3), z.B. durch eine Heizkörperverkleidung (*LG Magdeburg*, 11.11.2005 – 1 S 266/05, ZMR 2006, 289). 11

3. Defekt wird zu spät bemerkt/Ablesefehler/Verlust der Ablesebelege

Als »zwingend« ist ein Grund ferner dann anzusehen, wenn seine Folgen in dem Zeitpunkt, in dem er bemerkt wird, von dem zur Abrechnung Verpflichteten oder seinem Beauftragten nicht mehr behoben werden können. Ein »anderer zwingender Grund« ist daher auch dann anzunehmen, wenn ein Defekt **zu spät bemerkt** worden ist und nicht mehr gemessen werden kann (*BGH*, 15.11.2019 – V ZR 9/19, ZMR 2020, 521 Rn. 18; *BGH*, 27.10.2021 – VIII ZR 264/19, ZMR 2022, 290 Rn. 20), bei einem bloßen Ablesefehler (*BGH*, 16.11.2005 – VIII ZR 373/04, NJW-RR 2006, 232 Rn. 15) oder wenn die Ablesebelege verloren gegangen sind, z.B. bei einem PC-Fehler oder durch einen PC-Virus. 12

4. Weitere Fälle

Ein zwingender Grund **kann** ferner darin liegen, dass keine Daten vorliegen, weil 13
- der Gebäudeeigentümer das Messunternehmen nicht bezahlt (*KG*, 28.01.1994 – 24 W 1145/93, WuM 1994, 400 (402));
- einzelne Räume für eine Ablesung nicht zugänglich sind (*OLG Hamburg*, 12.05.2004 – 2 Wx 103/96, ZMR 2004, 769; *AG Brandenburg*, 04.10.2004 – 32 (33) C 110/04, GE 2004, 1459; Betracht (*Schmid* ZMR 2006, 347);
- ein Nutzer länger ortsabwesend oder krank ist (*OLG Hamburg*, 16.02.2001 – 2 Wx 146/99, WuM 2001, 460).
- Ggf. dann, wenn der Nutzer Möbel vor den Messeinrichtungen nicht entfernt (*LG Berlin*, 04.06.1996 – 64 S 97/96, ZMR 1997, 145; das führt indes dazu, dass Nutzer mit hohem Verbrauch es in der Hand hätten, die Geräte nicht ablesen zu lassen, um über § 9a Abs. 2 HeizkostenV zu einer günstigeren Kostenbelastung zu kommen).
- Kein zwingender Grund liegt vor, wenn von den Heizkostenverteilern infolge von **Rohrwärmeverlusten** weniger als 20% der abgegebenen Wärme erfasst werden (*BGH*, 15.11.2019 – V ZR 9/19, ZMR 2020, 521 Rn. 14).
- Kein zwingender Grund liegt vor, wenn der Gebäudeeigentümer gegen § 5 Abs. 7 S. 1 HeizkostenV verstößt (Rdn. 4; *BGH*, 16.09.2022 – V ZR 214/21, ZMR 2023, 61 Rn. 11; a.A. *LG Berlin*, 20.03.2013 – 67 S 414/12, MM 2015, 30).

C. Rechtsfolgen

I. Überblick

1. Allgemeines

a) Grundsatz

Liegen die Tatbestandvoraussetzungen **objektiv** vor, kann der Gebäudeeigentümer der Abrechnung anstelle des erfassten Verbrauchs nach seiner Wahl eines von **vier Ersatzverfahren** zu Grunde legen (Rdn. 24 ff.). Das Ersatzverfahren ist für den gesamten Abrechnungszeitraum anzuwenden (*Langenberg/Zehelein Kap. K. Rn. 200*). Es ist **unzulässig**, auf eine **andere** Methode auszuweichen, die eine möglichst exakte Ermittlung des Wärmeverbrauchs gewährleistet (*Schmid* ZMR 2006, 348; *Lützenkirchen* MietR § 9a HeizkostenV Rn. 22). Ein anderes Ersatzverfahren kommt daher **nicht** in Betracht (unzutreffend daher *BGH*, 16.11.2005 – VIII ZR 373/04, NJW-RR 2006, 232 Rn. 18: Gradtags- 14 zahlen). Gegenstand des Bestimmungsrechtes nach § 9a HeizkostenV ist **nicht die Feststellung der Anspruchsvoraussetzungen** (a.A. *BGH,* 27.10.2021 – VIII ZR 264/19, ZMR 2022, 290 Rn. 17).

b) **Keine Daten**

15 Liegen die Tatbestandvoraussetzungen vor, ist aber in **Ermangelung von Daten** keines der Ersatzverfahren anwendbar, ist entspr. § 9a Abs. 2 HeizkostenV vorzugehen. Dies entspricht im Kern der Ansicht des *BGH.* Dieser erlaubt es, in diesem Falle die Wohnfläche zu Grunde zu legen (*BGH,* 31.10.2007 – VIII ZR 261/06, *NJW 2008, 142 Rn. 16*). Der *BGH* meint allerdings, dieses Vorgehen habe im **Mietrecht** das **Kürzungsrecht** nach § 12 Abs. 1 HeizkostenV zur Folge (*BGH,* 31.10.2007 – VIII ZR 261/06, *NJW 2008, 142 Rn. 16; so auch Langenberg/Zehelein Kap. K. Rn. 193*). Dem ist aber **nicht** zu folgen, da nicht entgegen den Vorschriften der HeizkostenV abgerechnet wird.

c) **Tatbestandsvoraussetzungen liegen nicht vor**

16 Liegen die Tatbestandsvoraussetzungen **nicht** vor, ist der Anwendungsbereich von § 12 Abs. 1 S. 1 HeizkostenV **eröffnet.** Auch dann ist entspr. § 9a Abs. 2 HeizkostenV vorzugehen (s.a. *Langenberg/Zehelein Kap. K. Rn. 194).*

2. **Ermessen**

a) **Allgemeines**

17 Die Wahl, welcher von § 9a Abs. 1 HeizkostenV **zugelassene** Maßstab gilt, hat der Gebäudeeigentümer (§ 1 HeizkostenV Rdn. 29 ff.) gem. § 315 BGB nach **billigem Ermessen** zu treffen (*BGH,* 27.10.2021 – VIII ZR 264/19, ZMR 2022, 290 Rn. 17; *OLG Hamburg,* 12.05.2004 – 2 Wx 103/96, ZMR 2004, 769; s.a. § 7 HeizkostenV Rdn. 15 ff. und § 9b HeizkostenV Rdn. 26). Gegenstand des Bestimmungsrechtes können auch Modalitäten der Leistung/Gegenleistung sein (*BGH,* 27.10.2021 – VIII ZR 264/19, ZMR 2022, 290 Rn. 17).

18 Bei der Wahl ist neben dem mit den Vorschriften der §§ 6 ff. HeizkostenV verfolgten Ziel einer möglichst verbrauchsnahen Abrechnung (s.a. BR-Drs. 494/88, 28) zu berücksichtigen, dass es **nicht** Zweck dieser Vorschrift ist, eine exakte Ermittlung des Verbrauchs sicherzustellen (*BGH,* 27.10.2021 – VIII ZR 264/19, ZMR 2022, 290 Rn. 18). Deshalb sind Ungenauigkeiten bei der Verbrauchsermittlung hinzunehmen. Der Verordnungsgeber hat die Ersatzverfahren im Übrigen für grundsätzlich **gleichwertig** erachtet (BR-Drs. 494/88, 28), weshalb keinem der Ersatzverfahren bereits grundsätzlich Vorrang vor dem anderen eingeräumt werden kann (*BGH,* 27.10.2021 – VIII ZR 264/19, ZMR 2022, 290 Rn. 18; *Schmid* GE 2007, 39). Auch der Durchschnittsverbrauch des Gebäudes oder der Nutzergruppe ist nicht von vornherein als unbillig anzusehen (*Schmid* MDR 2009, 129 (130); a.A. *Wall* WuM 2009, 3 (14)). Dies gilt auch in **Wohnungseigentumsanlagen.**

19 Als Schätzmethode ist i.d.R. allerdings das individuelle Vergleichsverfahren der Schätzung nach Durchschnittsverbrauch des Gebäudes vorzuziehen (*AG Charlottenburg,* 24.11.2017 – 73 C 47/17, IMR 2018, 300; *AG Charlottenburg,* 10.04.2013 – 73 C 174/12, ZWE 2014, 226; *Schmid* MDR 2009, 129 [130]; *Hügel/Elzer* WEG § 16 Rn. 114). Für den **Warmwasserverbrauch** kommt es weniger auf die Räume als auf das Nutzungsverhalten an (*Gruber* NZM 2000, 842 (846)). Die Heranziehung anderer Räume wird deshalb für den Warmwasserverbrauch nur selten in Betracht kommen.

b) **Wohnungseigentumsanlagen**

20 Im Verhältnis zwischen der Gemeinschaft der Wohnungseigentümer und den Wohnungseigentümern können die Wohnungseigentümer die Wahl nach § 10 Abs. 1 S. 2 WEG vereinbaren oder nach § 19 Abs. 1 WEG beschließen (§ 3 HeizkostenV Rdn. 8; *OLG Düsseldorf,* 01.12.2006 – I-3 Wx 194/06, ZWE 2007, 111; *OLG Hamburg,* 16.02.2001 – 2 Wx 146/99, WuM 2001, 460; *LG Itzehoe,* 28.06.2013 – 11 S 31/12, ZWE 2014, 91; *Schmid* DWE 2015, 60). Aber auch der **Verwalter** ist

zu einer Bestimmung nach § 27 Abs. 1 WEG berechtigt. Die Wohnungseigentümer können etwas anderes vereinbaren oder nach §§ 19 Abs. 1, 27 Abs. 2 WEG beschließen. In einem Beschluss nach § 28 Abs. 2 S. 1 WEG auf Grundlage einer Jahresabrechnung liegt noch keine Wahl. Anders ist es, wenn die Wohnungseigentümer **wussten**, dass eine Wahl zu treffen war, und sie diese mit dem Beschluss nach § 28 Abs. 2 S. 1 WEG treffen **wollten**. Im Verhältnis zwischen einem Mieter und dem Wohnungseigentümer als seinen Vermieter gilt Rdn. 17 ff.

c) Messdienstunternehmen

Ein Messdienstunternehmen kann die Entscheidung für einen Gebäudeeigentümer vorbereiten und 21
zu einer Wahl raten, diese aber ohne eine Vollmacht nicht treffen. Legt der Gebäudeeigentümer den Nutzern die vom Messdienstunternehmen vorbereitete Heizkostenabrechnung vor, liegt darin eine schlüssige Bestimmung des Gebäudeeigentümers, sofern der Gebäudeeigentümer **wusste**, dass eine Wahl zu treffen war, und er sich die vom Messdienstunternehmen vorgeschlagene Wahl zu eigen machen **wollte**.

d) Abrechnung

Der Gebäudeeigentümer muss in der Abrechnung (s.a. Vor § 1 HeizkostenV Rdn. 38 ff.) **nicht dar-** 22
legen und erläutern, wie er sein Ermessen ausgeübt hat (*BGH*, 12.11.2014 – VIII ZR 112/14, ZMR 2015, 111 Rn. 18). Stützt er sich z.B. auf den Verbrauch der betroffenen Räume in vergleichbaren Zeiträumen, muss er die Vorjahresabrechnung, aus der die damals ermittelten Werte ersichtlich sind, **nicht** beifügen und **nicht** erläutern (*BGH*, 12.11.2014 – VIII ZR 112/14, ZMR 2015, 111 Rn. 18). Für die formale Ordnungsmäßigkeit einer Abrechnung ist es **bedeutungslos**, ob die dort für den jeweiligen Nutzer angesetzten Kosten auf abgelesenen Messwerten oder einer Schätzung beruhen und ob eine eventuell vom Vermieter vorgenommene Schätzung den Anforderungen des § 9a HeizkostenV entspricht (*BGH*, 12.11.2014 – VIII ZR 112/14, ZMR 2015, 111 Rn. 18). Auf **Nachfrage** muss die Schätzung aber offengelegt und erläutert werden (*BGH*, 20.02.2008 – VIII ZR 27/07, NZM 2008, 403 Rn. 32).

3. Große Flächen (§ 9a Abs. 2 S. 1 HeizkostenV)

Überschreitet die von der Verbrauchsermittlung nach Absatz 1 betroffene Wohn- oder Nutzfläche 23
oder der umbaute Raum 25 v.H. der für die Kostenverteilung maßgeblichen gesamten Wohn- oder Nutzfläche oder des maßgeblichen gesamten umbauten Raums, sind die Kosten ausschließlich nach den nach § 7 Abs. 1 S. 5 und § 8 Abs. 1 für die Verteilung der übrigen Kosten zu Grunde zu legenden Maßstäben zu verteilen.

II. Verbrauch der betroffenen Räume in vergleichbaren Zeiträumen (§ 9a Abs. 1 Fall 1 HeizkostenV)

1. Allgemeines

Der Gebäudeeigentümer kann nach seiner Wahl (Rdn. 1 bis Rdn. 7) auf den Verbrauch der 24
betroffenen Räume in vergleichbaren Zeiträumen abstellen.

2. Betroffene Räume

Die »betroffenen Räume« sind die Räume, bei denen der anteilige Wärme- oder Warmwasserver- 25
brauch nicht ordnungsmäßig erfasst werden konnte.

3. Zeitraum

Ein »Zeitraum« sind mehrere Tage, Monate oder Jahre (s.a. *Wall* WuM 2009, 3 (14)). Der Zeitraum 26
kann ein Abrechnungszeitraum sein. Es reicht aber auch ein **kürzerer** Zeitraum, wenn er **aussagekräftig** ist (BR-Drs. 570/08, 17). Dies ist beim Warmwasserverbrauch i.d.R. der Fall (*Wall* WuM

2009, 3 (14)). Beim Wärmeverbrauch müsste es ein Zeitraum sein, der jedenfalls die **meisten** Monate erfasst (= mehr als 50 %), in denen Wärme verbraucht wird. Herangezogen werden können nicht nur frühere, sondern auch **spätere** Zeiträume (*Schmid* MDR 2009, 129 (130)). Es müssen **nicht zwei** Zeiträume herangezogen werden. Werden mehrere Zeiträume herangezogen, ist ein Durchschnittswert zu bilden (*Gruber* NZM 2000, 842 (845)). Ein anderer Zeitraum kann nicht herangezogen werden, wenn in diesem in den betroffenen Räumen **keine Messungen**, sondern ebenfalls nur Schätzungen vorgenommen wurden (*LG Berlin*, 26.06.1990 – 64 S 457/89, GE 1991, 825). Ein Zeitraum von mehr als 16 Monaten ist i.d.R. nicht geeignet, auch dann nicht, wenn er auf einen Zwölf-Monats-Wert heruntergerechnet wird (*LG Itzehoe*, 28.06.2013 – 11 S 31/12, ZWE 2014, 91). Denn bei einem Zeitraum von über 16 Monaten wird neben einem Sommer-Halbjahr eine Winter-(Heiz-)periode voll und eine Winter-(Heiz-)periode zumindest großenteils herangezogen.

III. Verbrauch vergleichbarer anderer Räume im jeweiligen Abrechnungszeitraum (§ 9a Abs. 1 S. 1 Fall 2 HeizkostenV)

1. Allgemeines

27 Der Gebäudeeigentümer kann nach seiner Wahl (Rdn. 17 ff.) auf den Verbrauch vergleichbarer anderer Räume im jeweiligen Abrechnungszeitraum (Rdn. 5) abstellen. Eine anderer Raum ist **vergleichbar**, wenn er dem Bezugsraum in wesentlichen Merkmalen ähnlich ist. Bezogen auf Ausstattung, Lage und Größe schadet nur offensichtliche Unvergleichbarkeit. Bei der Frage der Vergleichbarkeit ist mithin ein großzügiger Maßstab anzulegen (s.a. zu § 558a Abs. 2 Nr. 4 BGB *BGH*, 24.04.2019 – VIII ZR 62/18, NJW 2019, 3142 Rn. 25). Eine Übereinstimmung oder Identität in allen wesentlichen Merkmalen ist nicht erforderlich. Die anderen Räume müssen daher zwar nach Lage und Größe sowie – soweit dieses erkennbar ist – nach dem Nutzungsverhalten (*Müller* GE 1989, 216) vergleichbar sein, **nicht** aber in **demselben** Gebäude liegen (*BGH*, 27.10.2021 – VIII ZR 264/19, ZMR 2022, 290 Rn. 21).

28 Die Vergleichbarkeit der (anderen) Räume ist abhängig von den Einzelfallumständen anhand unterschiedlicher **objektiver** Merkmale, beispielsweise der Bausubstanz, Konstruktion, Lage, Größe oder Nutzungsart festzustellen, ohne dass dabei eine Vergleichbarkeit hinsichtlich sämtlicher Merkmale gegeben sein müsste (*BGH*, 27.10.2021 – VIII ZR 264/19, ZMR 2022, 290 Rn. 30). Maßgebend ist, dass zu vergleichende Räume bautechnisch und von ihrer Nutzungsintensität (Anzahl der Nutzer/Dauer der Nutzung) im Wesentlichen vergleichbar sind (*BGH*, 27.10.2021 – VIII ZR 264/19, ZMR 2022, 290 Rn. 30). Hierbei ist insbesondere zu berücksichtigen, dass allein die Lage der zu vergleichenden Räume in demselben Gebäude nichts darüber besagt, ob die zum Vergleich herangezogenen Räume einen ähnlichen Einfluss auf den Wärmeverbrauch haben wie die von der Schätzung betroffenen Räumlichkeiten (*BGH*, 27.10.2021 – VIII ZR 264/19, ZMR 2022, 290 Rn. 30).

29 So wird sich z.B. eine in demselben Gebäude befindliche Kellerwohnung nicht ohne Weiteres mit einer Mittelgeschosswohnung vergleichen lassen (*BGH*, 27.10.2021 – VIII ZR 264/19, ZMR 2022, 290 Rn. 30). Geschäfts- können i.d.R. nicht mit Wohnräumen verglichen werden, selbst wenn sie den gleichen Zuschnitt aufweisen. Außen-, Dach- und Kellerwohnungen sind für die Verbrauchsermittlung einer innen liegenden Wohnung nicht geeignet (a.A. *OLG Düsseldorf*, 20.03.2000 – 3 Wx 414/99, NZM 2000, 875 für Dachwohnungen).

2. Abrechnungszeitraum

30 Abrechnungszeiträume, die sich über einen längeren Zeitraum erstrecken, z.B. zwei Winterperioden und nur eine Sommerperiode erfassen, können nicht herangezogen werden (s.a. *LG Itzehoe*, 28.06.2013 – 11 S 31/12, ZMR 2013, 924). Entspr. gilt für kürzere Abrechnungszeiträume. Geringfügige zeitliche Unterschiede, insbesondere wegen nicht genau gleicher Ablesetage, sind jedoch zu tolerieren, wenn sie keine deutliche Auswirkung auf die Vergleichbarkeit haben.

IV. Durchschnittsverbrauch des Gebäudes (§ 9a Abs. 1 S. 1 Fall 3 HeizkostenV)

Der Durchschnittsverbrauch des **Gebäudes** ist der Verbrauch **sämtlicher** Nutzungseinheiten des zu betrachtenden Gebäudes geteilt die ihre Anzahl. Diese Wahl (Rdn. 17 ff.) ist nur ermessensfehlerfrei, wenn sämtliche Nutzer ein halbwegs vergleichbares Nutzungsverhalten aufweisen. 31

Sind die Bewohner eines Gebäudes heterogen, die Einheiten in erheblicher Weise verschieden groß oder gibt es gewerbliche und nicht gewerbliche Nutzer, dürfte diese Anforderung nicht erfüllt sein. 32

V. Durchschnittsverbrauch der Nutzergruppe (§ 9a Abs. 1 S. 1 Fall 4 HeizkostenV)

Der Begriff »Nutzergruppe« bezieht sich auf die **Möglichkeit** des Gebäudeeigentümers, die Heizkosten nicht auf ein Gebäude (§ 9a Abs. 1 S. 1 Fall 3 HeizkostenV) zu beziehen, sondern gebäudeübergreifende »**Wirtschafts- und Abrechnungseinheiten**« (s.a. vor § 1 HeizkostenV Rdn. 43) zu bilden (a.A. *Schmid* MDR 2009, 129 [130]: »Nutzergruppe« sind solche Nutzer, deren Verbrauch durch eine Vorerfassung nach § 5 Abs. 7 HeizkostenV festgestellt wurde). Denn nach h.M. kann der Vermieter jederzeit (*BGH*, 13.09.2011 – VIII ZR 45/11, ZMR 2012, 173 Rn. 4) nach billigem Ermessen gem. § 315 BGB, bei preisgebundenem Wohnraum nach § 2 Abs. 2 S. 2, S. 3 II. BV, ohne Verstoß gegen § 556 Abs. 4 BGB, für die Abrechnung die Heizkosten mehrerer Gebäude zu einer »Wirtschafts- und Abrechnungseinheit« zusammenfassen (*BGH*, 13.09.2011 – VIII ZR 45/11, ZMR 2012, 173 Rn. 4; *BGH*, 20.10.2010 – VIII ZR 73/10, NJW 2011, 368 Rn. 17) – wenn, z.B. in einem Mietvertrag, nichts anderes bestimmt ist. »Technische« Gründe sind hierfür **nicht** erforderlich (*BGH*, 20.10.2010 – VIII ZR 73/10, NJW 2011, 368 Rn. 18). 33

Sind die Nutzer der »Nutzergruppe« heterogen, die Einheiten in erheblicher Weise verschieden groß oder gibt es gewerbliche und nicht gewerbliche Nutzer, dürfte diese Anforderung nicht erfüllt sein. 34

D. Ausschluss der verbrauchsabhängigen Kostenverteilung (§ 9a Abs. 2 HeizkostenV)

I. Überblick

Der Gebäudeeigentümer **hat** nach Absatz 2 vorzugehen, wenn die Voraussetzungen von Absatz 1 vorliegen **und** die von der Verbrauchsermittlung nach Absatz 1 betroffene Wohn- oder Nutzfläche **oder** der umbaute Raum 25 % der für die Kostenverteilung maßgeblichen gesamten Wohn- oder Nutzfläche oder des maßgeblichen gesamten umbauten Raums überschreitet. Welche dieser Berechnungsgrundlagen heranzuziehen ist, bestimmt sich danach, welcher dieser Maßstäbe bei einer verbrauchsabhängigen Abrechnung für die **Festkosten** gelten würde (§ 7 HeizkostenV Rdn. 22 ff.). 35

II. Tatbestandsvoraussetzungen

1. Wohn- oder Nutzfläche

Zum Begriff der »Wohn- oder Nutzflächen« s. § 7 HeizkostenV Rdn. 23 ff. 36

2. Umbauter Raum

Zum Begriff »umbauter Raum« s. § 7 HeizkostenV Rdn. 28. 37

3. 25 %

Die 25 % berechnen sich nach der gesamten Wohn- oder Nutzfläche oder des maßgeblichen gesamten umbauten Raums, nicht nach der jeweiligen Nutzungseinheit. 38

III. Rechtsfolge

Liegen die Tatbestandsvoraussetzungen vor, sind die Kosten **ausschließlich** für **sämtliche Nutzer** nach den nach § 7 Abs. 1 S. 5 HeizkostenV und § 8 Abs. 1 HeizkostenV für die Verteilung der übrigen Kosten zugrunde zu legenden Maßstäben zu verteilen. 39

40 Haben der Gebäudeeigentümer und die Nutzer nach § 10 HeizkostenV einen Verbrauchsanteil von 100 % vereinbart, ist nach §§ 315 ff. BGB zu verfahren.

E. Kürzungsrecht

41 Werden die Kosten nach § 9a HeizkostenV verteilt, ist der Anwendungsbereich von § 12 HeizkostenV **nicht** eröffnet (§ 12 HeizkostenV Rn. 24).

42 Liegen Voraussetzungen des § 9a HeizkostenV vor, wendet der Gebäudeeigentümer § 9a HeizkostenV **aber nicht an**, besteht hingegen ein Kürzungsrecht (§ 12 HeizkostenV Rn. 24).

F. Prozessuales

43 Da § 9a HeizkostenV eine **Ausnahme** von der regelmäßigen Kostenverteilung ist, muss die Voraussetzungen für die Anwendbarkeit der Vorschrift derjenige darlegen und beweisen, der sich hierauf **beruft** (*BGH*, 05.03.2013 – VIII ZR 310/12, NZM 2013, 676 Rn. 2; *a.A. Gruber* NZM 2000, 842 (843)).

44 Rechnet beispielsweise der Gebäudeeigentümer nach § 9a HeizkostenV ab, ist er darlegungs- und beweispflichtig für die Tatsachen, aus denen sich die Richtigkeit der Abrechnung ergibt (*BGH*, 27.10.2021 – VIII ZR 264/19, ZMR 2022, 290 Rn. 35). Der Nutzer hat gem. § 138 Abs. 4 ZPO die Möglichkeit, sich zur Vergleichbarkeit der (anderen) Räume mit Nichtwissen zu erklären (*BGH*, 27.10.2021 – VIII ZR 264/19, ZMR 2022, 290 Rn. 36).

§ 9b Kostenaufteilung bei Nutzerwechsel

(1) Bei Nutzerwechsel innerhalb eines Abrechnungszeitraumes hat der Gebäudeeigentümer eine Ablesung der Ausstattung zur Verbrauchserfassung der vom Wechsel betroffenen Räume (Zwischenablesung) vorzunehmen.

(2) Die nach dem erfassten Verbrauch zu verteilenden Kosten sind auf der Grundlage der Zwischenablesung, die übrigen Kosten des Wärmeverbrauchs auf der Grundlage der sich aus anerkannten Regeln der Technik ergebenden Gradtagszahlen oder zeitanteilig und die übrigen Kosten des Warmwasserverbrauchs zeitanteilig auf Vor- und Nachnutzer aufzuteilen.

(3) Ist eine Zwischenablesung nicht möglich oder lässt sie wegen des Zeitpunktes des Nutzerwechsels aus technischen Gründen keine hinreichend genaue Ermittlung der Verbrauchsanteile zu, sind die gesamten Kosten nach den nach Absatz 2 für die übrigen Kosten geltenden Maßstäben aufzuteilen.

(4) Von den Absätzen 1 bis 3 abweichende rechtsgeschäftliche Bestimmungen bleiben unberührt.

Übersicht Rdn.

A. Normgeschichte, Zweck und Allgemeines

§ 9b ist durch die Verordnung zur Änderung energiesparrechtlicher Vorschriften v. 19.01.1989 (BGBl. I 109) mWv 01.03.1989 in die HeizkostenV mit dem Ziel eingefügt worden, durch Absatz 1 und Absatz 2 eine **einheitliche Rechtsgrundlage** für das Vorgehen bzw. die Kostenaufteilung in Fällen des **Nutzerwechsels** zu schaffen (BR-Drs. 494/88, 29; s.a. *Rudolph* MDR 1995, 227 ff.; *Rudolph* ZMR 1994, 56 ff.; *Rudolph* ZMR 1992, 371 ff.). Wann eine Zwischenablesung vorgenommen werden muss und was für die Kosten gilt, regeln die Absätze 1 und 2. Der Absatz 3 regelt, was gilt, wenn eine Zwischenablesung nicht möglich oder zu ungenau ist, Absatz 4 gibt Raum für abweichende Vereinbarungen. Grundgedanke ist jeweils das Bestreben, in den Fällen des Nutzerwechsels möglichst **eine verbrauchsabhängige Verteilung** der Heiz- und Warmwasserkosten auf die wechselnden Nutzer zu erhalten (BR-Drs. 494/88, 29). 1

Die Zwischenablesung führt **nicht** dazu, dass auf den ersten Nutzer nur die bis zu seinem Wechsel angefallenen Kosten verteilt werden können (*Lammel* HeizkostenV § 9b Rn. 6): Es ist keine Kosten-, sondern eine **Verbrauchsaufteilung** vorzunehmen (*Lammel* HeizkostenV § 9b Rn. 6). Die Bestimmung ist im Übrigen ein »Kind« der 1980er Jahre. Sind Ausstattungen zur Verbrauchserfassung fernablesbar, stellen sich viele Probleme nicht mehr. 2

B. Tatbestandsvoraussetzungen (§ 9b Abs. 1 HeizkostenV)

I. Überblick

Es muss innerhalb des Abrechnungszeitraums (Rdn. 4) in Bezug auf einen Raum zu einem Nutzerwechsel (Rdn. 5 ff.) kommen. Kommt es im Abrechnungszeitraum zu **mehreren** Nutzerwechseln, ist jeweils nach § 9b HeizkostenV zu verfahren. Dies ist auch der Fall, wenn ein Raum zwischenzeitlich unvermietet leer stand: dann war zeitweise der Gebäudeeigentümer der »Nutzer«. 3

II. Abrechnungszeitraum

Der Begriff »Abrechnungszeitraum« ist wie in § 6 Abs. 4 HeizkostenV zu verstehen. I.d.R. geht es um ein Jahr. 4

III. Nutzerwechsel

1. Mietrecht

Ein Nutzerwechsel liegt vor, wenn ein Nutzungsverhältnis **rechtlich** beendet wird. So liegt es noch nicht, wenn der Nutzer den Raum nicht mehr nutzt, er aber zur Nutzung berechtigt wäre. Ein vor- 5 zeitiger Auszug des Mieters bei fortbestehendem Mietverhältnis ist daher beispielsweise kein Fall des Nutzerwechsels (*OLG Düsseldorf*, 25.10.2001 – 10 U 122/00, ZMR 2002, 46).

2. Wohnungseigentumsrecht

a) Unvermietetes Sondereigentum

6 Im Wohnungseigentumsrecht tritt der Nutzerwechsel i.d.R. **nicht** erst mit der Eigentumsumschreibung ein, sondern bereits in dem Zeitpunkt, in dem der Erwerber die **Lastentragung übernimmt**, also auch die Heizkosten trägt (*Casser* ZWE 2018, 117 (118)). Kein Fall des Nutzerwechsels ist die bloße Eröffnung des Insolvenzverfahrens über das Vermögen eines Nutzers (a.A. *Horst* ZMR 2007, 167 (174)).

b) Vermietetes Sondereigentum

7 Wird ein Wohnungseigentum veräußert, dessen Sondereigentum vermietet wird und bleibt der bisherige Nutzer in der Wohnung, kommt es durch die Änderung des Eigentums am Wohnungseigentum **nicht** zu einem Nutzerwechsel.

8 Zwar ist im Verhältnis zur Gemeinschaft der Wohnungseigentümer nach § 1 Abs. 2 Nr. 3 HeizkostenV nicht der Mieter, sondern der Wohnungseigentümer der Nutzer. Aber weder der Veräußerer noch der Erwerber haben einen Einfluss auf die verbrauchte Wärme und das verbrauchte Wasser.

C. Rechtsfolgen

I. Überblick

9 Liegen die Tatbestandsvoraussetzungen vor, hat der Gebäudeeigentümer (§ 1 HeizkostenV Rdn. 29 ff.) eine Ablesung der Ausstattung zur Verbrauchserfassung der vom Wechsel **betroffenen** Räume vorzunehmen. Das Gesetz nennt diese Ablesung »Zwischenablesung«. Bei den Rechtsfolgen ist zu **unterscheiden**, ob eine Zwischenablesung möglich oder unmöglich war oder wegen des Zeitpunktes des Nutzerwechsels aus technischen Gründen keine hinreichend genaue Ermittlung der Verbrauchsanteile zulässt. Die Zwischenablesung erfolgt nur in den Räumen, die vom Nutzerwechsel betroffen sind, nicht in der gesamten Abrechnungseinheit (*Lammel* HeizkostenV § 9b Rn. 4).

10 Die Verpflichtung zur Zwischen**ablesung** begründet keine Pflicht zu einer Zwischen**abrechnung**. Eine Zwischenabrechnung ist i.d.R. auch nicht möglich, weil die Gesamtkosten erst zum Ende des Abrechnungszeitraums feststehen werden (s.a. *AG Oberhausen*, 26.10.1993 – 32 C 359/93, DWW 1994, 24; *AG Neuss*, 12.07.1991 – 36 C 122/91, WuM 1991, 547).

II. Zwischenablesung möglich (§ 9b Abs. 2 HeizkostenV)

1. Überblick

11 Ist eine Zwischenablesung möglich, ist nach § 9b Abs. 2 HeizkostenV zwischen den Kosten des **erfassten** Verbrauchs und den **übrigen** Kosten zu unterscheiden. Auszugehen ist von den Gesamtkosten. Preiserhöhungen oder Preissenkungen, die nach dem Nutzerwechsel erfolgt sind, sind nicht zu berücksichtigen.

2. Erfasster Verbrauch

12 Die nach dem erfassten Verbrauch zu verteilenden Kosten des Wärme- und des Warmwasserverbrauchs sind auf der **Grundlage der Zwischenablesung** zwischen den Nutzern aufzuteilen. Der Verbrauch ist am letzten Tag der Nutzung abzulesen (s.a. Rdn. 5). Die Ablesung können Messdienstunternehmen, aber z.B. auch Gebäudeeigentümer und/oder Nutzer vornehmen (*AG Hagen*, 31.07.1986 – 43 C 138/86, WuM 1987, 3).

3. Übrige Kosten

a) Übrige Kosten des Wärmeverbrauchs

aa) Allgemeines

Die übrigen Kosten des Wärmeverbrauchs (§ 7 HeizkostenV Rdn. 22 ff.) sind auf der Grundlage der sich aus anerkannten Regeln der Technik ergebenden **Gradtagszahlen** oder **zeitanteilig** zu verteilen. Die Verwendung anderer Verfahren ist **unzulässig** (s.a. *Wall* jurisPR-MietR 1/2014). 13

bb) Gradtagszahlen

(1) Überblick

Gradtagszahlen werden vom Deutschen Wetterdienst (www.dwd.de) als Differenz zwischen den Außentemperaturen und der fixen Raumtemperatur ermittelt. Sie stellen einen Maßstab für den Temperaturverlauf einer Heizperiode dar. Jeder Monat und jeder Tag haben einen bestimmten Promille Anteil am gesamten Heizenergiebedarf eine Abrechnungsperiode. Übersicht zur Gradtagszahlentabelle nach VDI 2067: 14

15

Monat	Wärmeverbrauchsanteile in Promille		
	je Monat	Je Tag	
September	30	30/30	1,00
Oktober	80	80/31	2,58
November	120	120/30	4,00
Dezember	160	160/31	5,16
Januar	170	170/31	5,48
Februar	150	150/28	5,35
		150/29	5,17
März	130	130/31	4,19
April	80	80/30	2,66
Mai	40	40/31	1,29
Juni, Juli, August	insg.: 40	40/92	0,43

(2) **Abrechnung**

Setzt der Gebäudeeigentümer die Gradtagszahlmethode ein, stellt die Rechtsprechung **strenge** Anforderungen an die Verständlichkeit der Abrechnung (vgl. z.B. *LG Freiburg*, 05.04.1983 – 9 S 345/82, WuM 1983, 265; *AG Bensheim*, 10.05.1979 – 6 C 903/78, WuM 1980, 232). Die Wiedergabe der vom Gebäudeeigentümer eingesetzten Tabelle wird beispielsweise nicht für ausreichend erachtet. Es wird eine verständliche **Erläuterung** verlangt, mit welchen **Methoden** die Gradtagszahlen ermittelt wurden. Die einzelnen Rechenschritte seien nachvollziehbar darzustellen (*LG Krefeld*, 11.06.1987 – 3 S 222/86, WuM 1987, 360). Diese Anforderungen sind aber offensichtlich zu **weitgehend** (s.a. Vor § 1 HeizkostenV Rdn. 39). Wenn auf anerkannte Erfahrungswerte zurückgegriffen wird und werden darf, muss die Ermittlung der Erfahrungswerte **nicht gesondert** dargelegt werden. Etwas anderes gilt, wenn der Nutzer nachfragt. Die Antwort ist aber nicht in der Abrechnung, sondern gesondert zu geben (s.a. *BGH*, 12.11.2014 – VIII ZR 112/14, ZMR 2015, 111 Rn. 18). 16

cc) Zeitanteilig

»Zeitanteilig« meint die Anzahl der Tage, die auf einen Nutzer entfallen. I.d.R. werden es Monate sein. Vollzieht sich der Nutzerwechsel zum Monatsende, sind die auf die betroffenen Räume entfallenden Kosten durch 12 zu dividieren und mit der Anzahl der jeweiligen Verweilmonate zu multiplizieren. 17

dd) **Ermessen des Gebäudeeigentümers**

(1) **Überblick**

18 Ob die übrigen Kosten des Wärmeverbrauchs auf der Grundlage der sich aus anerkannten Regeln der Technik ergebenden Gradtagszahlen **oder** zeitanteilig zu verteilen sind, bestimmt der Gebäudeeigentümer (§ 1 HeizkostenV Rdn. 29 ff.) nach **billigem Ermessen** (Vor § 1 HeizkostenV Rdn. 27 ff.). Dass sich das Ermessen **stets** auf die Anwendung der Gradtagszahlmethode reduziert (dazu Vor § 1 HeizkostenV Rdn. 30), ist **nicht** erkennbar (a.A. *Ropertz/Wüstefeld* NJW 1989, 2365 [2369]; *Lammel* HeizkostenV § 9b Rn. 27). Bei der Ausübung seines Ermessens muss er aber den **Gegebenheiten des Falles** hinreichend Rechnung tragen und **Wirtschaftlichkeits- und Praktikabilitätsaspekte** ausreichend berücksichtigen. Die zeitanteilige Verteilung hat dabei den **Vorzug**, einfach und durchschaubar zu sein. Gegen eine zeitanteilige Verteilung spricht i.d.R. aber, dass im Winter bei kühlen Außentemperaturen ein wesentlich höherer Heizenergiebedarf als im Sommer anfällt. Solchen Witterungseinflüssen trägt die Gradtagszahlmethode besser Rechnung (s.a. *BGH*, 16.11.2005 – VIII ZR 373/04, NJW-RR 2006, 232 Rn. 20: Die Anwendung der Gradtagszahlmethode ist deshalb sachgerecht, weil sie eine taggenaue Abrechnung ermöglicht und den anerkannten Regeln der Technik entspricht).

(2) **Wohnungseigentumsanlagen**

19 Im Verhältnis zwischen der Gemeinschaft der Wohnungseigentümer und den Wohnungseigentümern können die Wohnungseigentümer die Wahl nach § 10 Abs. 1 S. 2 WEG vereinbaren oder nach § 19 Abs. 1 WEG beschließen (§ 3 HeizkostenV Rdn. 9). Nach § 27 Abs. 1 Nr. 1 WEG ist ferner der **Verwalter** zu einer Wahl berechtigt. In einem Beschluss der Wohnungseigentümer nach § 28 Abs. 2 S. 1 WEG auf Grundlage einer Jahresabrechnung liegt noch keine Wahl. Anders ist es, wenn die Wohnungseigentümer **wussten**, dass eine Wahl zu treffen war, und sie diese mit dem Beschluss nach § 28 Abs. 2 S. 1 WEG treffen **wollten**. Im Verhältnis zwischen einem Mieter und dem Wohnungseigentümer als seinen Vermieter gilt Rdn. 18.

(3) **Messdienstunternehmen**

20 Ein Messdienstunternehmen kann die Entscheidung für einen Gebäudeeigentümer **vorbereiten** und zu einer Wahl raten, diese aber ohne eine Vollmacht nicht treffen. Legt der Gebäudeeigentümer den Nutzern die vom Messdienstunternehmen vorbereitete Heizkostenabrechnung vor, liegt darin eine schlüssige Bestimmung des Gebäudeeigentümers, sofern der Gebäudeeigentümer **wusste**, dass eine Wahl zu treffen war, und er sich die vom Messdienstunternehmen vorgeschlagene Wahl zu eigen machen **wollte**.

b) **Übrige Kosten des Warmwasserverbrauchs**

21 Die übrigen Kosten des Warmwasserverbrauchs (§ 7 HeizkostenV Rdn. 22 ff.) sind **stets** zeitanteilig auf Vor- und Nachnutzer zu verteilen. Der Gebäudeeigentümer hat insoweit kein Ermessen (dazu Vor § 1 HeizkostenV Rdn. 27 ff.).

4. **Verstöße: Kürzungsrecht**

22 Unterbleibt eine Zwischenablesung, **ohne** dass ein zulässiger Ausnahmefall vorliegt, besteht für den Nutzer ein **Kürzungsrecht** nach § 12 Abs. 1 HeizkostenV (*LG Hamburg*, 18.03.1988 – 11 S 202/87, NJW-RR 1988, 907; *AG Schöneberg*, 16.07.2008 – 6 C 68/08, GE 2008, 1497; *AG Charlottenburg*, 01.12.2005 – 218 C 382/05, WuM 2006, 36; *AG Mitte*, 02.03.2004 – 25 C 306/03, MM 2005, 39). Die formale Ordnungsmäßigkeit einer Betriebskostenabrechnung wird vom Unterbleiben der Zwischenablesung hingegen **nicht** berührt (a.A. *AG Offenbach*, 24.04.2003 – 350 C 424/02, ZMR 2005, 960).

III. Zwischenablesung nicht möglich/ungenau (§ 9b Abs. 3 HeizkostenV)

1. Tatbestandsvoraussetzungen

a) Überblick

§ 9b Abs. 3 HeizkostenV ist anwendbar, wenn eine Zwischenablesung **nicht möglich** ist oder wegen des Zeitpunktes des Nutzerwechsels aus **technischen Gründen keine hinreichend genaue** Ermittlung der Verbrauchsanteile zulässt. 23

b) Zwischenablesung unmöglich (§ 9b Abs. 3 Fall 1 HeizkostenV)

Wann eine Zwischenablesung unmöglich ist, bestimmt die HeizkostenV nicht. Der Verordnungsgeber hat in den Materialien (BR-Drs. 494/88, 30) auch **keinen** Anwendungsfall benannt. Nahe liegt, dass es entspr. § 9a Abs. 1 HeizkostenV eine **technische**, aber auch eine **tatsächliche** Unmöglichkeit sein kann (s.a. Langenberg/Zehelein Kap. K Rn. 218). Denn die technischen Gründe nennt erst § 9b Abs. 3 Fall 2 HeizkostenV. Es reicht daher, dass die Zwischenablesung tatsächlich unmöglich ist, weil es beispielsweise zu einem **heimlichen** Nutzerwechsel kommt, also einem Nutzerwechsel ohne Kenntnis des Gebäudeeigentümers. Dies ist im Wohnungseigentumsrecht sogar der Regelfall, da der alte und der neue Eigentümer i.d.R. nicht daran denken werden, die Gemeinschaft der Wohnungseigentümer über den tatsächlichen Nutzerwechsel zu informieren. Keine Unmöglichkeit liegt vor, wenn der Gebäudeeigentümer die Zwischenablesung einfach unterlässt (*AG Charlottenburg*, 01.12.2005 – 218 C 382/05, WuM 2006, 36; *AG Schöneberg*, 05.10.2005 – 104a C 226/05, MM 2006, 39). 24

c) Zwischenablesung aus technischen Gründen ungenau (§ 9b Abs. 3 Fall 2 HeizkostenV)

Eine Zwischenablesung lässt wegen des Zeitpunktes des Nutzerwechsels aus technischen Gründen keine hinreichend genaue Ermittlung der Verbrauchsanteile zu, wenn bei Verwendung von Heizkostenverteilern eine **sachgerechte Aufteilung** nach Absatz 2 **nicht möglich** ist (BR-Drs. 494/88, 30). Dies war bislang beispielsweise der Fall, wenn bei Verwendung von Heizkostenverteilern nach dem Verdunstungsprinzip der Benutzerwechsel unmittelbar vor oder nach der Heizperiode bzw. dem Abrechnungszeitraum erfolgte (BR-Drs. 494/88, 30; s.a. *LG Bonn*, 17.03.1986 – 6 S 482/85, WuM 1988, 172 [173]; *AG Köpenick*, 11.12.2008 – 12 C 365/08, GE 2009, 199). Dieser Fall wird künftig wegen der Anforderungen des § 5 HeizkostenV keine Rolle mehr spielen. Ob die Zwischenablesung ungenau ist, ist anhand der Lage vor Ort **objektiv** zu beurteilen. Der Gebäudeeigentümer (oder ein Messdienstunternehmen) kann sie nicht bloß behaupten, nach Absatz 4 aber mit den Nutzern vereinbaren. 25

2. Rechtsfolge

a) Überblick

Liegen die Tatbestandsvoraussetzungen von Absatz 3 vor, sind die **gesamten** Kosten nach den nach Absatz 2 für die übrigen Kosten geltenden Maßstäben **nach billigem Ermessen** des Gebäudeeigentümers (nicht des Messdienstunternehmens) aufzuteilen (Rdn. 18 ff.; allgemein Vor § 1 HeizkostenV Rdn. 27 ff.). Im Wohnungseigentumsrecht kann der **Verwalter** im Verhältnis zu den Wohnungseigentümern diese Bestimmung für die Gemeinschaft der Wohnungseigentümer nach § 27 Abs. 1 Nr. 1 WEG treffen. 26

Da der tatsächliche Verbrauch außer Betracht bleibt, hat die Anwendung der Gradtagszahlmethode hier noch eher ihre Berechtigung als bei einer Verteilung nur der Festkosten. Daraus folgt jedoch **noch nicht**, dass eine zeitanteilige Aufteilung i.d.R. unbillig ist (a.A. *Lefèvre* HKA 1989, 8). Die Unbilligkeit muss sich vielmehr aus dem konkreten Fall ergeben, da der Verordnungsgeber beide Möglichkeiten auch an dieser Stelle gleichberechtigt zulässt. 27

b) **Abrechnung/Jahresabrechnung**

28 Bei einem Nutzerwechsel während des Abrechnungszeitraums soll der Gebäudeeigentümer erläutern müssen, dass die Kaltverdunstung und damit die Überfüllung der Ampulle der Ablesegeräte **allein** auf die Sommermonate Mai bis September angerechnet wird und bei einem vorherigen Nutzerwechsel allein dem Nachmieter zugutekommt (*AG Starnberg*, 25.06.2013 – 2 C 281/13, NZM 2013, 789). Dem ist nicht zu folgen (allgemein Vor § 1 HeizkostenV Rdn. 39). Diese Erläuterungen haben keinen Platz in der bloßen Abrechnung.

IV. **Besonderheiten im Wohnungseigentumsrecht**

1. **Überblick**

29 Im Wohnungseigentumsrecht ist die **Gemeinschaft der Wohnungseigentümer** im Verhältnis zu den Wohnungseigentümern als Gebäudeeigentümerin verpflichtet, die Kostenaufteilung zwischen dem alten und dem neuen Eigentümer zu organisieren (*Elzer* ZWE 2018, 153 (157); *Casser* ZWE 2018, 117 (118); SWK-WEG/*Pauli* Zwischenablesung Rn. 5). Der alte Wohnungseigentümer ist insoweit verpflichtet, die Gemeinschaft der Wohnungseigentümer über den tatsächlichen Nutzerwechsel zu **informieren** (s.a. *Schmid* MDR 2013, 502 (504)). Wird die Gemeinschaft der Wohnungseigentümer nicht informiert, ist der Anwendungsbereich des § 9b Abs. 3 Fall 1 HeizkostenV wegen tatsächlicher Unmöglichkeit eröffnet (a.A. *Casser* ZWE 2018, 117 (118/119)).

2. **Jahresabrechnung**

30 Umstritten ist, ob der Begriff »Aufteilung« in Absatz 2 und Absatz 3 dazu zwingt, wenigstens in Bezug auf die Kosten der Versorgung mit Wärme und Warmwasser **zwei Einzelabrechnungen** zu erstellen (bejahend *Jennißen* ZWE 2011, 153 (156); verneinend *Schmid* MDR 2013, 502 (504)). Diese Frage ist zu **bejahen** (*Elzer* ZWE 2018, 153 [157]; s.a. SWK-WEG/*Pauli* Zwischenablesung Rn. 4). Erfährt die Gemeinschaft der Wohnungseigentümer vom Nutzerwechsel und ist sie in der Lage, etwas zu unternehmen, genügt sie ihrer Pflicht, die Kosten zu verteilen, also **nicht** bereits damit, dass sie den Nutzern das Ergebnis der Zwischenablesung mitteilt. Gegen zwei Einzelabrechnungen spricht nicht, dass die Wohnungseigentümer den Veräußerer als »nicht mehr Wohnungseigentümer« durch den Beschluss, mit dem sie Nachschuss verlangen, nicht binden könnten, die Einzelabrechnung nicht auf eine Mitteilung von Daten eines Nutzungsverhaltens, sondern auf die Abrechnungsspitze zielt und die Abrechnung **wohnungseigentumsbezogen** und nicht besitzbezogen ist. Denn durch die Mitteilung des Zwischenergebnisses können der Veräußerer und der Sondernachfolger einen Kostenausgleich nicht unter sich ausmachen. Dieses Denken hat **zwei** Folgen: Der Beschluss nach § 28 Abs. 2 S. 1 WEG bindet ausnahmsweise einen »Nichtwohnungseigentümer«. Aus diesem Grunde ist dieser befugt, aber auch gezwungen, den Beschluss gem. § 28 Abs. 2 S. 1 WEG anzufechten (*Hügel/Elzer* WEG § 28 Rn. 273).

D. **Rechtsgeschäftliche Bestimmungen**

I. **Überblick**

31 Der Gebäudeeigentümer und der Nutzer können von den Absätzen 1 bis 3 **abweichende** rechtsgeschäftliche Bestimmungen im Hinblick auf die **Zwischenablesung** und das **Aufteilungsverfahren** unter den Nutzern einer Einheit treffen. Dies bezweckt, aus Gründen der Wirtschaftlichkeit einen Freiraum für zivilrechtliche Lösungen zu schaffen. Den Beteiligten soll ermöglicht werden, Ihnen billig erscheinende einfachere oder wirtschaftlichere Lösungen zu vereinbaren (BR-Drs. 494/88, 30). Außerdem sollen solche Vereinbarungen unberührt bleiben, die der Gebäudeeigentümer und die Nutzer **bereits getroffen** hatten (BR-Drs. 494/88, 30).

II. Einzelheiten

Die rechtsgeschäftliche Bestimmung kann eine Individualabrede zwischen dem Gebäudeeigentümer und den Nutzern (s.a. *Langenberg/Zehelein* Kap. K Rn. 214), aber auch unter Beachtung von § 307 BGB (s.a. *Langenberg/Zehelein* Kap. K Rn. 215) Gegenstand **allgemeiner Geschäftsbedingungen** sein (BR-Drs. 494/88, 30). Eine einseitige Bestimmung durch den Gebäudeeigentümer ist hingegen **nicht** möglich. 32

III. Wohnungseigentumsrecht

Eine Bestimmung zwischen dem alten und dem neuen Wohnungseigentümer ist im Verhältnis zur Gemeinschaft der Wohnungseigentümer unbeachtlich. Der Veräußerer und der Erwerber können nur eine Regelung für **ihr** Verhältnis untereinander treffen. 33

E. Kosten der Zwischenablesung

I. Überblick

Die Kosten der Zwischenablesung (»Nutzerwechselgebühr«) sind Verwaltungskosten, die der Gebäudeeigentümer zu tragen hat (*BGH*, 14.11.2007 – VIII ZR 19/07, NZM 2008, 123). Der Gebäudeeigentümer und die Nutzer können – auch in allgemeinen Geschäftsbedingungen (a.A. *AG Hohenschönhausen*, 31.03.2008 – 16 C 205/07, GE 2008, 933) – etwas anderes vereinbaren. 34

II. Wohnungseigentumsrecht

Im Wohnungseigentumsrecht unterfallen die Kosten der Zwischenablesung als Verwaltungskosten dem § 16 Abs. 2 S. 1 WEG (SWK-WEG/*Pauli* Zwischenablesung Rn. 7). Die Wohnungseigentümer können etwas anderes vereinbaren oder nach § 16 Abs. 2 S. 2 WEG beschließen (SWK-WEG/*Pauli* Zwischenablesung Rn. 9). 35

§ 10 Überschreitung der Höchstsätze

Rechtsgeschäftliche Bestimmungen, die höhere als die in § 7 Abs. 1 und § 8 Abs. 1 genannten Höchstsätze von 70 vom Hundert vorsehen, bleiben unberührt.

Übersicht

A. Normgeschichte, Zweck und Allgemeines

§ 10 findet sich von Anfang an in der HeizkostenV. Er lässt in **Rückausnahme** bzw. als **Sonderregelung** zu § 2 HeizkostenV rechtsgeschäftliche Bestimmungen des **Abrechnungsmaßstabs** zu, die eine Überschreitung der in §§ 7, 8 HeizkostenV vorgesehenen Höchstsätze für den verbrauchsabhängigen Anteil vorsehen (*BGH*, 30.01.2019 – XII ZR 46/18, ZMR 2019, 398 Rn. 17; s.a. BR-Drs. 632/80, 31). Damit wird der **Privatautonomie** Vorrang vor den Vorschriften der HeizkostenV insoweit eingeräumt, als deren Ziel, Nutzer zu einem sparsamen Gebrauch von Energie anzuhalten, durch eine Vereinbarung zwischen dem Gebäudeeigentümer und den Nutzern übererfüllt worden 1 ist (*BGH*, 16.07.2010 – V ZR 221/09, NJW 2010, 3298 Rn. 10). Auch die Vereinbarung, ob und unter welchen Voraussetzungen eine solche rechtsgeschäftliche Bestimmung geändert wird (Rdn. 11), unterliegt der Privatautonomie (*BGH*, 16.07.2010 – V ZR 221/09, NJW 2010, 3298 Rn. 10).

2 Bereits vor Inkrafttreten der HeizkostenV am 01.03.1981 (dazu Vor § 1 HeizkostenV Rdn. 5) getroffene Vereinbarungen sind **wirksam** geblieben (*AG Langenfeld*, 13.05.1986 – 12 C 695/85, WuM 1986, 323).

B. Tatbestandsvoraussetzungen

I. Rechtsgeschäftliche Bestimmung

3 Eine rechtsgeschäftliche Bestimmung ist eine, deren Grundlage ein **Rechtsgeschäft** zwischen den Parteien ist. Das Rechtsgeschäft kann ausdrücklich, aber auch schlüssig zustande kommen.

II. Wohnungseigentumsrecht

1. Umlagevereinbarung

4 Eine Umlagevereinbarung nach § 10 Abs. 1 S. 2 WEG ist eine rechtsgeschäftliche Bestimmung i.S.v. § 10 HeizkostenV (*Jennißen* ZWE 2011, 153 (156)). Die Umlagevereinbarung kann Teil der Gemeinschaftsordnung sein, aber auch später getroffen werden. Sie muss – wie jede Vereinbarung – klar und bestimmt sein. Die Umlagevereinbarung »soweit laufende Kosten für jede Einheit durch Messvorrichtungen oder in anderer Weise einwandfrei festgestellt werden können, trägt jeder Eigentümer die für sein Sondereigentum anfallenden Kosten allein« ist nach einer Auslegung z.B. **keine Umlagevereinbarung** nach § 10 HeizkostenV (*OLG Hamm*, 12.01.2004 – 15 W 24/03, ZMR 2005, 73).

2. Beschluss

5 Ein **Beschluss** nach § 16 Abs. 2 S. 2 WEG kann zwar eine Umlagevereinbarung nach § 10 Abs. 1 S. 2 WEG ändern (s.a. *BGH*, 16.07.2010 – V ZR 221/09, NJW 2010, 3298 Rn. 9 ff.), ist nach den allgemeinen Regelungen aber keine »rechtsgeschäftliche Bestimmung« (*Elzer* ZWE 2018, 153 (157); *Jennißen* ZWE 2011, 153 (158); *Hügel/Elzer* WEG § 16 Rn. 100; MüKo-BGB/*Scheller* WEG § 16 Rn. 81; *Becker* ZWE 2010, 403 (404); ohne Stellungnahme *AG Frankfurt/M.*, 14.09.2023 – 33 C 3476/22 (26)). Der Beschluss geht daher ins Leere (a.A. *AG Frankfurt/M.*, 14.09.2023 – 33 C 3476/22 (26)).

III. Mietrecht

1. Vertrag

6 Ein gleichlautender, **ausdrücklicher** (*LG Saarbrücken*, 16.10.1989 – 13 B S 145/89, WuM 1990, 85) oder **schlüssiger** Vertrag ist unstreitig eine rechtsgeschäftliche Bestimmung i.S.v. § 10 HeizkostenV. Dieser Vertrag kann bei Mietbeginn oder später getroffen werden. Eine Vereinbarung, wonach die Abrechnung »nach Heizkostenverteilern« erfolgt, soll z.B. als Vereinbarung nach § 10 HeizkostenV auszulegen sein (*OLG Düsseldorf*, 11.03.2003 – I-24 U 74/02, ZMR 2003, 569). Da es darum geht, die Kosten gleichmäßig auf die Nutzer zu verteilen, muss der Vertrag mit **sämtlichen** Mietern **gleichlautend** geschlossen werden (*Ludley* NZM 2019, 464 [466]; a.A. *AG Berlin-Mitte*, 07.09.2005 – 5 C 577/04, GE 2005, 1253).

7 Der Vertrag setzt von Gesetzes wegen **keine Individualabrede** voraus (s.a. BR-Drs 632/31, die AGB anspricht). Eine formularvertragliche Vereinbarung kann sich nach einer AGB-Prüfung aber als **unbillig** herausstellen. Eine unangemessene Benachteiligung ist z.B. zu bejahen, wenn der Nutzer aufgrund des schlechten energetischen Zustandes des Gebäudes und/oder einer veralteten Anlagentechnik die Kosten der Wärmeversorgung nur in einem geringen Maß über sein individuelles Verbrauchsverhalten steuern kann.

2. Einseitige Bestimmung des Vermieters

Eine einseitige Bestimmung des Vermieters ist keine »rechtsgeschäftliche Bestimmung« i.S.v. § 10 Heizkosten 8

C. Rechtsfolgen

I. Umlageschlüssel

1. Überblick

Liegen die Tatbestandsvoraussetzungen vor, können die Wohnungseigentümer oder Vermieter und Mieter entspr. § 6 Abs. 4 S. 2 HeizkostenV für **künftige** Abrechnungszeiträume vereinbaren, dass der Nutzer **mehr** als 70 % der Kosten des Betriebs der zentralen Heizungsanlage bzw. mehr als 70 % der Kosten des Betriebs der zentralen Warmwasserversorgungsanlage zu tragen hat (*Ludley* NZM 2019, 464 (466)). 9

2. Wohnungseigentumsrecht

Die Entscheidung, die Kosten zu 100 % nach Verbrauch umzulegen, wird i.d.R. **nur dann** einer ordnungsmäßigen Verwaltung i.S.v. § 18 Abs. 2 WEG entsprechen, wenn hierfür **besondere** Gründe vorliegen (s.a. *OLG Hamm*, 22.12.2005 – 15 W 375/04, ZMR 2006, 630). Für vermietende Wohnungseigentümer und ihre Mieter ist § 556a Abs. 3 BGB zu beachten. 10

3. Mietrecht

Es können **rein verbrauchsabhängige** Kostenverteilungen vereinbart werden (*BGH*, 30.01.2019 – XII ZR 46/18, ZMR 2019, 398 Rn. 17; *AG Berlin-Mitte*, 07.09.2005 – 5 C 577/04, GE 2005, 1253). 11

II. Umlagefähige Kosten

§ 10 HeizkostenV erlaubt es nicht, zu bestimmen, **welche** Kosten auf die Nutzer umgelegt werden können (MüKo-BGB/*Zehelein* HeizkostenV § 10 Rn. 1). 12

III. Anwendung der HeizkostenV

§ 10 HeizkostenV erlaubt es nicht, die HeizkostenV ganz oder teilweise **abzubedingen** (*Ludley* NZM 2019, 464 (468)). 13

D. Änderungen

Die Mietvertragsparteien **gemeinsam** (Rdn. 1) oder die Wohnungseigentümer (nach § 16 Abs. 2 S. 2 WEG) können die rechtsgeschäftliche Vereinbarung wieder **rechtsgeschäftlich** (Rdn. 3) ändern und einen anderen Vomhundertsatz bestimmen. 14

§ 11 Ausnahmen

(1) Soweit sich die §§ 3 bis 7 auf die Versorgung mit Wärme beziehen, sind sie nicht anzuwenden

1. auf Räume,

a) in Gebäuden, die einen Heizwärmebedarf von weniger als 15 kWh / (m². a) aufweisen,

b) bei denen das Anbringen der Ausstattung zur Verbrauchserfassung, die Erfassung des Wärmeverbrauchs oder die Verteilung der Kosten des Wärmeverbrauchs nicht oder nur mit unverhältnismäßig hohen Kosten möglich ist; unverhältnismäßig hohe Kosten liegen vor, wenn diese nicht durch die Einsparungen, die in der Regel innerhalb von zehn Jahren erzielt werden können, erwirtschaftet werden können; oder

c) die vor dem 1. Juli 1981 bezugsfertig geworden sind und in denen der Nutzer den Wärmeverbrauch nicht beeinflussen kann;

2. a) auf Alters- und Pflegeheime, Studenten- und Lehrlingsheime,
b) auf vergleichbare Gebäude oder Gebäudeteile, deren Nutzung Personengruppen vorbehalten ist, mit denen wegen ihrer besonderen persönlichen Verhältnisse regelmäßig keine üblichen Mietverträge abgeschlossen werden;

3. auf Räume in Gebäuden, die überwiegend versorgt werden
a) mit Wärme aus Anlagen zur Rückgewinnung von Wärme oder aus Solaranlagen oder
b) mit Wärme aus Anlagen der Kraft-Wärme-Kopplung oder aus Anlagen zur Verwertung von Abwärme, sofern der Wärmeverbrauch des Gebäudes nicht erfasst wird;

4. auf die Kosten des Betriebs der zugehörigen Hausanlagen, soweit diese Kosten in den Fällen des § 1 Abs. 3 nicht in den Kosten der Wärmelieferung enthalten sind, sondern vom Gebäudeeigentümer gesondert abgerechnet werden;

5. in sonstigen Einzelfällen, in denen die nach Landesrecht zuständige Stelle wegen besonderer Umstände von den Anforderungen dieser Verordnung befreit hat, um einen unangemessenen Aufwand oder sonstige unbillige Härten zu vermeiden.

(2) Soweit sich die §§ 3 bis 6 und § 8 auf die Versorgung mit Warmwasser beziehen, gilt Absatz 1 entsprechend.

Übersicht

A. Normgeschichte, Zweck und Allgemeines

1 § 11 findet sich von Anfang an in der HeizkostenV. Durch die Verordnung zur Änderung energiesparrechtlicher Vorschriften v. 19.01.1989 (BGBl. I 109) wurden m.W.v. 01.03.1989 in Absatz 2 HeizkostenV nach dem Wort »Heizungsanlage« die Wörter »einschließlich der Abgasanlage« und »Warmwasserlieferung« eingefügt, in Absatz 3 das Wort »Fernwärme« durch das Wort »Wärmelieferung« ersetzt, Absatz 4 neu gefasst und in seine heutige Form gestellt. Durch die Verordnung zur Änderung der Verordnung über Heizkostenabrechnung v. 02.12.2008 (BGBl. I 2375) wurde m.W.v. 01.01.2009 § 11 Abs. 1 Nr. 1 a) eingefügt, wurde der bisherige Buchstabe a) zu Buchstabe b)

(dieser wurde zu Buchstabe c). Ferner wurde legal definiert, was **unverhältnismäßig** hohe Kosten sind. Artikel 3 des Gesetzes zur Änderung des Gebäudeenergiegesetzes, zur Änderung des Bürgerlichen Gesetzbuches, zur Änderung der Verordnung über Heizkostenabrechnung, zur Änderung der Betriebskostenverordnung und zur Änderung der Kehr- und Überprüfungsordnung v. 16.10.2023 (BGBl. 2023 I Nr. 280) hat m.W.v. 01.10.2024 in Absatz 1 Nummer 3 Buchstabe a) die Worte »Wärmepumpen- oder« **gestrichen.** Die Aufhebung sei **unionsrechtlich geboten** (BR-Drs. 170/23, 163; BT-Drs. 20/7619, 99). Hierdurch erhofft man sich Einsparungen von ca. 8,4 Mio. € über die Lebensdauer der betroffenen Anlagen (20 Jahre).

§ 11 bestimmt **abschließend** (BR-Drs. 632/80, 33), wann die HeizkostenV auf die Versorgung mit Wärme bzw. auf die Versorgung mit Warmwasser ausnahmsweise insgesamt (*Gruber* NZM 2000, 842) nicht anwendbar ist (BR-Drs. 570/08, 17). Es sind Fälle, in denen eine verbrauchsabhängige Abrechnung im Einzelfall **undurchführbar** oder mit **unvertretbar hohen Kosten** verbunden (Bub/Treier/*Emmerich* Kap. III A. Rn. 552) oder aus **Härtegründen** nicht vertretbar ist. Liegt ein Fall des § 11 HeizkostenV vor, ist eine Kürzung nach § 12 HeizkostenV ausgeschlossen (*BGH*, 08.10.2003 – VIII ZR 67/03, NZM 2004, 24 (25)). Die Unanwendbarkeit der HeizkostenV befreit nicht nur den Gebäudeeigentümer von **seinen** Verpflichtungen, sondern lässt grundsätzlich auch die **Duldungspflichten** des Nutzers **entfallen** (*VG Berlin*, 26.05.1988 – 14 A 279.87, GE 1988, 1283), sofern nicht im Mietvertrag eine abweichende Vereinbarung getroffen worden ist oder nach § 242 BGB oder entspr. § 555c BGB im begründeten Einzelfall etwas anderes gelten muss. So kann es z.B. liegen, wenn die Wohnungseigentümer die Anwendung der HeizkostenV bestimmen, obwohl eine Ausnahme nach § 11 HeizkostenV gilt (*Schmid* FGPrax 2004, 103). Übergangsregelungen für das Beitrittsgebiet enthält die Anlage I zum Einigungsvertrag Kapitel V Sachgebiet D Abschnitt III Nr. 10. Ob die Tatbestandsvoraussetzungen des § 11 HeizkostenV vorliegen, muss der Gebäudeeigentümer **eigenverantwortlich** prüfen (*Schmid* ZMR 2009, 172 (175)). Liegen die Tatbestandsvoraussetzungen einer der Ausnahmen nicht vor, sind entgegenstehende Bestimmungen nach § 2 HeizkostenV i.V.m. § 134 BGB hingegen **nichtig** (s.a. *Schmid* DWE 2008, 38 (39)). 2

B. Tatbestandsvoraussetzungen

I. Niedrigenergiehäuser (§ 11 Abs. 1 Nr. 1 Buchstabe a) HeizkostenV)

§ 11 Abs. 1 Nr. 1 Buchstabe a) HeizkostenV ist durch die Verordnung zur Änderung der Verordnung über Heizkostenabrechnung v. 02.12.2008 (BGBl. I 2375) m.W.v. 01.01.2009 in die HeizkostenV eingefügt worden. 3

Diese Ausnahme setzt den Beschluss um, für Gebäude, die den so genannten Passivhausstandard einhalten, von der Anwendung der HeizkostenV auszunehmen, um einen **Anreiz** zur Erreichung dieses Standards beim Bau bzw. bei der Sanierung von Mehrfamilienhäusern zu schaffen (BR-Drs. 570/08, 17). Untersuchungen hatten außerdem belegt, dass den – durch besseren baulichen Wärmeschutz – abnehmenden Energiekosteneinsparpotenzialen weitgehend unveränderte Aufwendungen für die verbrauchsabhängige Abrechnung gegenüberstehen (BR-Drs. 570/08, 18). Der Aufwand für die verbrauchsabhängige Abrechnung würde durch die Energieeinsparung **nicht** erwirtschaftet. 4

Angesichts des geringen Energiebedarfes dieser Gebäude hat das Nutzungsverhalten außerdem keinen wesentlichen Einfluss auf den Energieverbrauch, da der Luftwechsel in der Regel ausschließlich über eine Lüftungsanlage mit Wärmerückgewinnung erfolgt (BR-Drs. 570/08, 18). 5

II. Unmöglichkeit der Ausstattung/Erfassung/Verteilung (§ 11 Abs. 1 Nr. 1 Buchstabe b) Fall 1 HeizkostenV)

1. Überblick

§ 11 Abs. 1 Nr. 1 Buchstabe b) Fall 1 HeizkostenV findet sich von Anfang an in der HeizkostenV, zunächst als § 11 Abs. 1 Nr. 1 Buchstabe a) Fall 1 HeizkostenV. Er nimmt Räume bei denen das 6

Anbringen der Ausstattung zur Verbrauchserfassung, die Erfassung des Wärmeverbrauchs oder die Verteilung der Kosten des Wärmeverbrauchs **unmöglich** ist, von der Anwendung der HeizkostenV aus.

2. Unmöglichkeit

7 Die Ausstattung, Erfassung und/oder Verteilung sind unmöglich, wenn sie aus **objektiven Gründen technisch** unmöglich sind (*Gruber* NZM 2000, 842 [843]; *Langenberg/Zehelein* Kap. K Rn. 321). Das Nutzungsverhalten ist belanglos. Ein Wohnungseigentümer kann sich nicht auf § 11 Nr. 1 Buchstabe b) Fall 1 HeizkostenV berufen, wenn er einen Heizkörper mit Messeinrichtung gegen einen Konvektor austauschen will, der eine Verbrauchserfassung **nicht** ermöglicht (*OLG Hamburg*, 22.04.1999 – 2 Wx 39/99, ZMR 1999, 502 (503)). Unmöglichkeit bei der Erfassung ist u.a. im folgenden Fällen **angenommen** worden:

– für Messeinrichtungen an Badewannenheizungen;
– wenn wegen anderer Wärmequellen (z.B. Küchenherd) ein zuverlässiges Messergebnis nicht erreicht werden kann;
– wenn, z.B. bei einer Erwärmung von Räumen ohne Heizkörper durch durchlaufende Rohre, nur ein sehr **geringer** Teil der abgegebenen Wärmemenge durch Messgeräte erfasst werden kann (*LG Berlin*, 25.02.2013 – 67 S 365/12, WuM 2013, 612; *VG Berlin* 26.05.1988 – 14 A 279.87, GE 1988, 1283; *LG Mühlhausen*, 29.01.2009 – 1 S 182/08, WuM 2009, 234; *LG Gera*, 04.04.2007 – 1 S 332/06, WuM 2007, 511; s.a. Rdn. 12 sowie § 7 HeizkostenV Rdn. 12 ff.).

8 Unmöglichkeit bei der Erfassung ist u.a. im folgenden Fällen **abgelehnt** worden:

– wenn Heizkörper aufwendig verkleidet (*LG Hamburg*, 15.01.1991 – 16 S 402/88, WuM 1992, 259) oder bloß zugestellt sind (andernfalls hätten die Gemeinschaft der Wohnungseigentümer bzw. der Vermieter die Möglichkeit, die Anwendung der HeizkostenV durch die Anbringung derartiger Verkleidungen oder Ähnliches zu unterlaufen, vgl. *Gruber* NZM 2000, 842 (843));
– bei Fußbodenheizungen, die nur eine Nutzungseinheit versorgen (Rdn. 12).

III. Unverhältnismäßig hohe Kosten (§ 11 Abs. 1 Nr. 1 Buchstabe b) Fall 2 HeizkostenV)

1. Überblick

9 § 11 Abs. 1 Nr. 1 Buchstabe b) Fall 2 HeizkostenV findet sich von Anfang an in der HeizkostenV, zunächst als § 11 Abs. 1 Nr. 1 Buchstabe a) Fall 2 HeizkostenV. Allerdings bestand **Streit**, wann eine Ausstattung/Erfassung/Verteilung nur mit **unverhältnismäßigen** Kosten möglich ist (s. nur *BayObLG*, 16.09.1993 – 2Z BR 91/93, NJW-RR 1994, 145 und *Wall* WuM 2002, 130 ff.). Um diesen Streit zu beenden (s.a. BR-Drs. 570/08, 18), ist die Bestimmung durch die Verordnung zur Änderung der Verordnung über Heizkostenabrechnung 02.12.2008 (BGBl. I 2375) m.W.v. 01.01.2009 geändert und ist legal definiert worden, wann unverhältnismäßige Kosten vorliegen (Rdn. 1). Diese Ausnahme ist europarechtskonform (s.a. *EuGH*, 05.12.2019 – C-708/17, NZM 2020, 888 – EVN Bulgaria Toplofikatsia u.a./Nikolina Stefanova Dimitrova u.a.).

2. Feststellung der Kosten

10 Zur Feststellung der Verhältnismäßigkeit sind die Einbaukosten, aber auch die Kosten für den Mess- und Abrechnungsaufwand für i.d.R. 10 Jahre in das **Verhältnis** zu der möglichen Einsparung von Energiekosten zu setzen (s.a. *BGH*, 30.01.1991 – VIII ZR 361/89, ZMR 1991, 170; *OLG Frankfurt*, 26.02.2004 – 20 W 164/02, juris; *LG Lüneburg*, 31.05.2011 – 9 S 77/10, ZMR 2011, 829). Die Höhe der möglichen Einsparung von Energiekosten ist dabei mit 15 % anzusetzen. Jedenfalls der Gesetzgeber geht davon aus, dass durch die verbrauchsabhängige Abrechnung ein Einsparpotenzial von 15 % besteht (BR-Drs. 632/80, 13). Die Höhe der Kosten für Kauf (Miete/Leasing), Installation, Wartung, Eichung, Ablesung usw. sind entspr. § 287 ZPO zu **schätzen.** Dies gilt auch für die Steigerung der jährlichen Energiekosten (s.a. *BayObLG*, 30.06.2004 – 2Z BR 118/04, ZMR 2005, 135; *OLG Köln*, 05.09.2006 – 16 Wx 154/06, ZMR 2007, 389; *LG Lüneburg*, 31.05.2011 –

9 S 77/10, ZMR 2011, 829). Zu den Einbaukosten zählen auch Aufwendungen zur Wiederherstellung einer durch die Bauarbeiten beschädigten Dekoration (s.a. *BGH*, 30.03.2011 – VIII ZR 173/10, NJW 2011, 1499 Rn. 11). Zwischen den Heizkosten und den Kosten der Wassererwärmung ist zu trennen (*Wall* WuM 2009, 3 (14/15).

IV. Nichtregulierbarkeit (§ 11 Abs. 1 Nr. 1 Buchstabe c) HeizkostenV)

1. Überblick

§ 11 Abs. 1 Nr. 1 Buchstabe c) HeizkostenV findet sich von Anfang an in der HeizkostenV, zunächst als § 11 Abs. 1 Nr. 1 Buchstabe b) HeizkostenV. Für das **Gebiet der ehemaligen DDR** ist nach dem Einigungsvertragsgesetz 23.09.1990 (BGBl. II 1007) der 01.01.1991 anzusetzen (*BGH*, 08.10.2003 – VIII ZR 67/03, ZMR 2004, 99; s.a. Rdn. 2). Für **preisgebundene Wohnungen** gilt entspr. § 12 Abs. 3 HeizkostenV in der Fassung bis zum 30.11.2021 der 01.09.1984. Bei später bezugsfertig gewordenen Räumen muss der Nutzer eine Möglichkeit zur Steuerung haben (*Peruzzo* NJW 1981, 801 [802]). 11

2. Einzelheiten

Ob der Nutzer den Wärmeverbrauch **gar nicht** beeinflussen kann, ist Tatfrage. Es handelt sich insbesondere um Fußboden-, Decken- und Einrohrheizungen, die mehrere Nutzungseinheiten versorgen (*Schröder* JurBüro 1981, 817 [826]; s.a. Rdn. 12). Der Unmöglichkeit einer Beeinflussung stehen trotz § 7 Abs. 1 S. 3 HeizkostenV die Fälle gleich, in denen das Nutzungsverhalten **irrelevant** ist (*AG Hersbruck*, 27.10.2017 – 3 C 297/16, WuM 2018, 30). Dies ist der Fall, wenn die Verbrauchserfassungsrate nur **niedrige einstellige Werte** erreicht (*LG Siegen*, 12.05.2015 – 1 S 121/11, ZMR 2015, 858; *AG Hersbruck*, 27.10.2017 – 3 C 297/16, WuM 2018, 30; *AG Neubrandenburg*, 05.06.2012 – 6 C 675/11, juris; *Wall* jurisPR-MietR 4/2012). Dass anstelle von Thermostatventilen bloß Drehventile, Kegelhähne oder dergleichen eingebaut sind, führt noch nicht zur Nichtregulierbarkeit (*LG Berlin*, 24.01.1989 – 64 S 326/88, ZMR 1989, 305). 12

V. Heime und vergleichbare Gebäude (§ 11 Abs. 1 Nr. 2 HeizkostenV)

1. Überblick

§ 11 Abs. 1 Nr. 2 HeizkostenV findet sich von Anfang an in der HeizkostenV. Der Gesetzgeber hält den Verwaltungsaufwand für eine verbrauchsabhängige Heizkostenabrechnung bei Alters-, Pflege- Studenten- und Lehrlingsheimen sowie für **vergleichbare** Fälle in Anbetracht der meist geringen Größe der Wohneinheiten, des großen Wärmeaustauschs zwischen den einzelnen Räumen sowie zum Teil auch einer häufigeren Fluktuation **für nicht gerechtfertigt** (BR-Drs. 632/1/80, 2; BR-Drs. 632/80, 2). 13

2. Objektive Bestimmung

Ob ein Gebäude § 11 Abs. 1 Nr. 2 HeizkostenV unterfällt, ist objektiv zu bestimmen. Der Heimbegriff ist nach dem Zweck des § 11 HeizkostenV (Rdn. 1) **weiter** zu fassen als in § 1 S. 2 HeimG. 14

3. Vergleichbare Fälle

Vergleichbare Fälle sind z.B. Schwesternheime, Internate, Ferienwohnanlagen, Behelfsunterkünfte für Bauarbeiter, Obdachlose, Aus- oder Übersiedler oder Häuser für Lehrgänge. 15

VI. Energiesparende Technologien (§ 11 Abs. 1 Nr. 3 HeizkostenV)

1. Überblick

§ 11 Abs. 1 Nr. 3 HeizkostenV findet sich von Anfang an in der HeizkostenV, wobei die Äderungen zum 01.01.2024 (Rdn. 1) zu beachten sind. Die Ausnahmen galten zunächst allerdings **nur**, wenn 16 die nach Landesrecht zuständige Stelle eine Ausnahme **zugelassen** hatte. Diese weitere Voraussetzung ist durch die Verordnung zur Änderung der Verordnung über Heizkostenabrechnung v. 02.12.2008 (BGBl. I 2375) m.W.v. 01.01.2009 **gestrichen** worden, weil der Gesetzgeber ein besonderes Verwaltungsverfahren nicht mehr für erforderlich hielt (BR-Drs. 570/08, 5). Für den Nutzer sei leicht zu erkennen, ob die Heizwärmeversorgung durch eine der angegebenen Techniken erfolge.

17 Die Aufzählung der privilegierten Anlagen ist **abschließend** (*Wall* WuM 2009, 3 (15)). Andere Technologien, z.B. Biogas, Tiefengeothermie oder Windenergie, sind **nicht** erfasst.

18 Die Vorschrift ist nach h.M. eng auszulegen (s.a. BR-Drs. 832/80, 34), dürfte **europarechtswidrig** (s.a. BR-Drs. 170/23, 163 für Wärmepumpen; s.a. Rdn. 1) und damit nach einer richtlinienkonformen Auslegung (Vor § 1 HeizkostenV Rdn. 20 ff.) **nicht anwendbar** sein.

2. Tatbestandsvoraussetzungen

19 Das Gebäude muss **überwiegend** mit Wärme aus einer Anlage zur Rückgewinnung von Wärme, einer Solaranlage, einer Anlage der Kraft-Wärme-Kopplung oder einer Anlage zur Verwertung von Abwärme versorgt werden. Für **Wärmepumpen** gilt dies seit dem 01.01.2024 nicht mehr (Rdn. 1).

20 Ein »Überwiegen« ist nach dem allgemeinen Sprachgebrauch **bereits dann** zu bejahen, wenn die Versorgung zu mehr als 50 % durch die Anlage erfolgt (Schmidt-Futterer/*Lammel* HeizkostenV § 11 Rn. 40).

VII. Hausanlagen (§ 11 Abs. 1 Nr. 4 HeizkostenV)

21 § 11 Abs. 1 Nr. 4 HeizkostenV ist durch die Verordnung zur Änderung energiesparrechtlicher Vorschriften 19.01.1989 (BGBl. I 109) m.W.v. 01.03.1989 in die HeizkostenV eingefügt worden. Er setzt voraus, dass ein »Lieferer« dem Nutzer Wärme und/oder Warmwasser zur Verfügung stellt (§ 1 HeizkostenV Rdn. 22), die Kosten des Betriebs der zugehörigen **Hausanlagen** (Verteilstation, Druckminderer, Regelventile usw.) aber nicht in den Kosten der Wärmelieferung enthalten sind. In diesem Falle müsste der Gebäudeeigentümer bei ihm entstandene Kosten des Betriebs der zugehörigen Hausanlage eigentlich **verbrauchsabhängig** verteilen (BR-Drs. 494/88, 31).

22 Dies erschien **wirtschaftlich nicht vertretbar**, weil bei der Größenordnung dieser Kosten (Schätzungen gehen von allenfalls 1 bis 2 % der Gesamtkosten aus) der hiermit verbundene Verwaltungsaufwand in keinem Verhältnis zu dem erzielbaren Nutzen stünde (BR-Drs. 494/88, 31).

VIII. Härteklausel (§ 11 Abs. 1 Nr. 5 HeizkostenV)

23 § 11 Abs. 1 Nr. 5 HeizkostenV findet sich von Anfang an in der HeizkostenV, zunächst als § 11 Abs. 1 Nr. 4 HeizkostenV. Er ist eine **Härteklausel**, die ihre Grundlage in § 5 Abs. 2 EnEG a.F. hatte und heute in § 6 Abs. 3 GEG hat. Ihre praktische Auswirkung ist **gering**, da der weitaus überwiegende Teil der Härtefälle bereits durch die anderen Nummern erfasst wird (s.a. BR-Drs. 632/80, 35). Eine unbillige Härte liegt nicht vor, wenn die verbrauchsabhängige Abrechnung den Mieter einer Wohnung in exponierter Lage besonders belastet (*LG Berlin*, 27.01.1987 – 64 S 288/86, ZMR 1987, 338) oder wenn die Mehrheit der Mieter keine verbrauchsabhängige Abrechnung wünscht.

C. Rechtsfolgen

I. Kein Ermessen des Gebäudeeigentümers

24 Liegen die Tatbestandsvoraussetzungen einer Ausnahme vor (Rdn. 3 ff.), ist der Gebäudeeigentümer nicht befugt, einen Umlageschlüssel **nach billigem Ermessen** bestimmen (dazu Vor § 1 HeizkostenV Rdn. 27 ff.).

II. Vereinbarungen

1. Preisfreie Wohnraum- und Geschäftsraummiete

Die Mietvertragsparteien können bei der preisfreien Wohnraum- und die Geschäftsraummiete einen beliebigen Umlageschlüssel, aber auch die entspr. **Anwendung der HeizkostenV** vereinbaren (*Pfeifer* jurisPR-MietR 21/2021; a.A. *Wall* WuM 2002, 130 (133)). § 11 HeizkostenV ist weder ein Verbotsgesetz i.S.d. § 134 BGB noch geht er rechtsgeschäftlichen Regelungen i.S.d. § 2 HeizkostenV vor. § 11 HeizkostenV **befreit** lediglich von einer Verpflichtung, verbietet es aber nicht, freiwillig entspr. zu verfahren. 25

2. Preisgebundene Wohnungen

a) Kosten der Versorgung mit Wärme

Bei preisgebundenen Wohnungen können die Kosten der Versorgung mit Wärme **nach billigem Ermessen des Gebäudeeigentümers** (Vor § 1 HeizkostenV Rdn. 27 ff.) gem. § 22 Abs. 2 Nr. 1 NMV 1970 nur nach der Wohnfläche **oder** nach dem umbauten Raum umgelegt werden. Alternativ kann der Gebäudeeigentümer die Wohnfläche oder den umbauten Raum der beheizten Räume bestimmen. § 7 Abs. 2 und 4 HeizkostenV gelten entspr. 26

b) Kosten der Versorgung mit Warmwasser

Die Kosten der Versorgung mit Warmwasser können nach Wahl des Gebäudeeigentümers (§ 1 HeizkostenV Rdn. 26 ff.) gem. § 22 Abs. 2 Nr. 2 NMV 1970 nach **billigem Ermessen** (BR-Drs. 570/1/08, 8) nur nach der Wohnfläche oder einem Maßstab, der dem Warmwasserverbrauch in anderer Weise als durch Erfassung Rechnung trägt, umgelegt werden (dazu Vor § 1 HeizkostenV Rdn. 27 ff.). § 8 Abs. 2 und 4 HeizkostenV gelten entspr. 27

c) Alt-Genehmigungen

Genehmigungen nach §§ 22 Abs. 5, 23 Abs. 5 NMV 1970 in der bis zum 30.04.1984 geltenden Fassung bleiben unberührt. 28

3. Wohnungseigentum

In Wohnungseigentumsanlagen können die Wohnungseigentümer einen Umlageschlüssel, aber auch die Anwendung der HeizkostenV nach § 10 Abs. 1 S. 2 WEG vereinbaren oder nach § 16 Abs. 2 S. 2 WEG beschließen. 29

III. Fehlende Vereinbarungen

Subsidiär sind im Mietrecht die Kosten nach § 556a Abs. 1 S. 1 BGB umzulegen (*OLG Frankfurt a. M.*, 19.04.2018 – 2 U 57/17, ZMR 2018, 585), im Wohnungseigentumsrecht nach § 16 Abs. 2 S. 1 WEG. Für die Mieter ist dann ggf. § 556a Abs. 3 BGB zu beachten. 30

D. Warmwasser

Soweit sich die §§ 3 bis 6 HeizkostenV und § 8 HeizkostenV auf die Versorgung mit Warmwasser beziehen, gelten die Ausführungen Rdn. 3 ff. entspr. 31

E. Prozessuales

Die **Beweislast** trägt der, welcher sich auf § 11 HeizkostenV beruft. Das kann auch ein Nutzer sein. 32

§ 12 Kürzungsrecht, Übergangsregelungen

(1) Soweit die Kosten der Versorgung mit Wärme oder Warmwasser entgegen den Vorschriften dieser Verordnung nicht verbrauchsabhängig abgerechnet werden, hat der Nutzer das Recht, bei der nicht verbrauchsabhängigen Abrechnung der Kosten den auf ihn entfallenden Anteil um 15 vom Hundert zu kürzen. Wenn der Gebäudeeigentümer entgegen § 5 Absatz 2 oder Absatz 3 keine fernablesbare Ausstattung zur Verbrauchserfassung installiert hat, hat der Nutzer das Recht, bei der Abrechnung der Kosten den auf ihn entfallenden Anteil um 3 vom Hundert zu kürzen. Dasselbe ist anzuwenden, wenn der Gebäudeeigentümer die Informationen nach § 6a nicht oder nicht vollständig mitteilt. Die Sätze 1 bis 3 sind nicht anzuwenden beim Wohnungseigentum im Verhältnis des einzelnen Wohnungseigentümers zur Gemeinschaft der Wohnungseigentümer; insoweit verbleibt es bei den allgemeinen Vorschriften.

(2) Wird in den Fällen des § 1 Abs. 3 der Wärmeverbrauch der einzelnen Nutzer am 30. September 1989 mit Einrichtungen zur Messung der Wassermenge ermittelt, gilt die Anforderung des § 5 Abs. 1 Satz 1 als erfüllt.

(3) Wenn der anteilige Verbrauch der Nutzer an Wärme oder Warmwasser aus Wärmepumpen am 1. Oktober 2024 noch nicht erfasst wird, hat der Gebäudeeigentümer bis zum Ablauf des 30. September 2025 eine Ausstattung zur Verbrauchserfassung zu installieren. In den Fällen des Satzes 1 sind die Vorschriften dieser Verordnung für den Abrechnungszeitraum, der nach der Installation beginnt, erstmalig anzuwenden. Der Eigentümer eines vermieteten Gebäudes, in dem mindestens ein Mieter eine Bruttowarmmiete entrichtet, hat vor Beginn des ersten Abrechnungszeitraums nach dem 30. September 2025 Folgendes zu bestimmen:

1. den Durchschnittswert der in den Jahren 2022, 2023 und 2024 jährlich angefallenen Kosten der Versorgung mit Wärme und Warmwasser sowie

2. den Anteil der einzelnen Nutzeinheiten an dem ermittelten Durchschnittswert entsprechend ihrer Wohn- oder Nutzfläche.

Übersicht

[unbesetzt] 1

A. Normgeschichte, Zweck und Allgemeines

§ 12 HeizkostenV findet sich von Anfang an in der HeizkostenV. Er wurde durch die Verordnung 2
zur Änderung energiesparrechtlicher Vorschriften v. 19.01.1989 (BGBl. I 109) m.W.v. 01.03.1989 neu gefasst. Der Verordnungsentwurf sah im Ergebnis eine Streichung des Kürzungsrechtes vor. Tatsächlich wurde das Kürzungsrecht aber beibehalten und als Dauerregelung **neu formuliert**. Inhaltlich knüpfte er aber nicht mehr an das Unterlassen der Anbringung von Erfassungsgeräten an, sondern an das Unterlassen der verbrauchsabhängigen Abrechnung (s.a. *Ropertz/Wüstefeld* NJW 1989, 2365 [2370]). Die Verordnung zur Änderung der Verordnung über Heizkostenabrechnung v. 02.12.2008 (BGBl. I 2375) führte m.W.v. 01.01.2009 zu Umstellungen, die heute **nicht mehr** von Bedeutung sind. Im Jahr 2021 wurde § 12 HeizkostenV dann **umfassend** durch die Verordnung über die Änderung der Verordnung über Heizkostenabrechnung v. 24.11.2021 (BGBl. I 4946) m.W.v. 01.12.2021 geändert. Die Absätze 2 bis 4 und 6 wurden **aufgehoben**. Der bisherige Absatz 5 wurde zu Absatz 2. Und auch Absatz 1 wurde neu gefasst. Satz 1 blieb unverändert. Satz 2 und 3 wurden aber neu eingefügt. Die Ergänzung in § 12 führte **Sanktionen** für die Verletzung der neu eingeführten Informationspflichten und der Installationspflichten von fernablesbaren Ausstattungen zur Verbrauchserfassung ein, um Art. 13 Energieeffizienzrichtlinie umzusetzen (BR-Drs. 643/21, 24). Dieser Artikel verlangt, dass wirksame, angemessene und abschreckende Sanktionen für den Fall der Nichteinhaltung der aufgrund der Art. 7 bis 11 der Richtlinie erlassenen nationalen Vorschriften festgelegt werden. Im bisherigen Satz 2 und jetzigen Satz 4 wurden im Übrigen die Wörter »Dies gilt nicht« durch die Wörter »Die Sätze 1 bis 3 sind nicht anzuwenden« ersetzt. Artikel 3 des Gesetzes zur Änderung des Gebäudeenergiegesetzes, zur Änderung des Bürgerlichen Gesetzbuches, zur Änderung der Verordnung über Heizkostenabrechnung, zur Änderung der Betriebskostenverordnung und zur Änderung der Kehr- und Überprüfungsordnung v. 16.10.2023 (BGBl. 2023 I Nr. 280) hat m.W.v. 01.10.2024 in Absatz 3 **eingefügt**. Es ist eine Übergangsregelung für Gebäude, die zum Zeitpunkt des **Wegfalls der Ausnahme** in § 11 Abs. 1 Nr. 3 Buchstabe a) HeizkostenV (§ 11 HeizkostenV Rdn. 1) überwiegend mit Wärme aus einer Wärmepumpe versorgt werden, und nicht über eine Ausstattung zur Verbrauchserfassung verfügen und in denen deshalb keine verbrauchsabhängige Abrechnung stattfindet (BT-Drs. 20/7619, 99).

B. Keine verbrauchsabhängige Abrechnung: Kürzungsrecht

I. Normzweck und Allgemeines

Soweit entgegen der HeizkostenV die Kosten der Versorgung mit Wärme oder Warmwasser **nicht** 3
verbrauchsabhängig abgerechnet werden, hat der Nutzer nach § 12 Abs. 1 S. 1 HeizkostenV grundsätzlich das Recht, bei der nicht verbrauchsabhängigen Abrechnung der Kosten den auf ihn entfallenden Anteil um 15 v.H. zu **kürzen**. Dieses »Kürzungsrecht« soll den Gebäudeeigentümer (§ 1 HeizkostenV Rdn. 29 ff.) mittelbar **zwingen**, Räume mit Verbrauchserfassungsgeräten auszustatten (*BGH*, 12.01.2022 – VIII ZR 151/20, WuM 2022, 109 Rn. 34; BR-Drs. 494/88, 31) und die Kosten der Versorgung mit Wärme oder Warmwasser **verbrauchsabhängig** abzurechnen (BR-Drs. 494/1/88, 3; BR-Drs. 494/88, 2).

4 Der Sache nach handelt es sich nach h.M. um einen **pauschalierten Schadenersatzanspruch** wegen Nichtbeachtung sich aus der Heizkostenverordnung ergebender Pflichten (*BGH*, 12.01.2022 – VIII ZR 151/20, WuM 2022, 109 Rn. 39; *BGH*, 20.01.2016 – VIII ZR 329/14, WuM 2016, 174 Rn. 19; s.a. *BGH*, 13.03.2012 – VIII ZR 218/11, WuM 2012, 316 Rn. 3). Die Möglichkeit zur pauschalen Schadenberechnung sei zwar – vom Verordnungsgeber hingenommen – zwangsläufig mit der Gefahr einer unzutreffenden, insbesondere zu hohen Bemessung des Schadens verbunden. Dieses Risiko könne aber durch eine der HeizkostenV entspr. Abrechnung ohne weiteres vermieden werden, durch die der Vermieter den Strafabzug abwenden könne (*BGH*, 12.01.2022 – VIII ZR 151/20, WuM 2022, 109 Rn. 39; *BGH*, 14.09.2005 – VIII ZR 195/04, ZMR 2005, 939). **Stellungnahme.** Diese Sichtweise überzeugt nicht, da es auf ein Verschulden nicht ankommen kann. Besser wäre daher die Annahme eines Anspruchs **eigener** Art. Jedenfalls kommt keine Schadensminderungspflicht des Nutzers in Betracht (a.A. *Pfeifer* GE 2022, 674 (676)).

II. Verhältnis zu anderen Rechten

5 Das Kürzungsrecht schließt sonstige Rechte des Nutzers **nicht** aus. Der Nutzer kann nach § 4 Abs. 4 HeizkostenV vom Gebäudeeigentümer weiterhin die Erfüllung der Pflicht zur Verbrauchserfassung verlangen (§ 4 HeizkostenV Rdn. 75). Ferner kann der Nutzer nachweisen, dass er bei korrekter Anwendung der HeizkostenV **noch weniger** zahlen muss. Der Nutzer muss hierzu darlegen, in welchem Ausmaß sein Verbrauch hinter dem Ansatz zurückbleibt (*LG Berlin*, 19.12.2006 – 65 S 199/06, GE 2007, 223). Bei preisgebundenem Wohnraum ergibt sich dann ein unmittelbarer Anspruch des Mieters aus §§ 8, 8a WoBindG auf Herabsetzung des Betrags (*Lammel* HeizkostenV § 12 Rn. 30). Bei preisfreien Mietverhältnissen ist der Mieter zur Zahlung des überschießenden Betrags nicht verpflichtet.

6 Neben dem Kürzungsrecht kann der Nutzer **Minderung** und/oder **Schadenersatz** geltend machen, wenn die allgemeinen Voraussetzungen hierfür vorliegen, z.B. wenn den Vermieter ein Verschulden trifft und ein durch das Kürzungsrecht nicht abgedeckter Schaden entstanden ist. Macht der **Nutzer des Sondereigentums** gegenüber dem vermietenden Wohnungseigentümer ein Kürzungsrecht geltend, kann der vermietende Wohnungseigentümer von der Gemeinschaft der Wohnungseigentümer Schadenersatz verlangen, wenn diese den Mangel der Kostenverteilung zu vertreten hat und der Wohnungseigentümer alles unternommen hat, gegen den Verstoß vorzugehen (*Fritsch/Okon* ZMR 2022, 169 (172)).

III. Tatbestandsvoraussetzungen

1. Verstoß gegen HeizkostenV

a) Einschlägige Bestimmungen der HeizkostenV

7 Eine Abrechnung i.S.v. § 556a Abs. 1 S. 1 BGB/§ 28 Abs. 2 S. 2 WEG ist i.S.v. § 12 Abs. 1 S. 1 HeizkostenV **nicht** verbrauchsabhängig, wenn:
- die HeizkostenV von Gesetzes wegen anzuwenden ist, was **nicht** der Fall ist, wenn die Voraussetzungen von § 11 HeizkostenV oder § 2 Fall 1 HeizkostenV vorliegen,
- die HeizkostenV anwendbar ist und kein **Ausnahmetatbestand** nach §§ 9 Abs. 2 S. 2, Abs. 3, 9a HeizkostenV vorliegt,
- der Anwendung der HeizkostenV keine **rechtsgeschäftliche** Bestimmung nach §§ 2, 9b Abs. 4 HeizkostenV entgegensteht,
- die HeizkostenV anwendbar ist und der Verbrauch **nicht** nach der Gradtagszahlmethode ermittelt werden darf (s. *BGH*, 16.11.2005 – VIII ZR 373/04, NJW-RR 2006, 232 Rn. 21; dazu Rdn. 14) und
- die HeizkostenV anwendbar ist und die Abrechnung **nicht** den einschlägigen Bestimmungen der HeizkostenV entspricht (*BGH*, 12.01.2022 – VIII ZR 151/20, WuM 2022, 109 Rn. 22; *BGH*, 16.11.2005 – VIII ZR 373/04, NJW-RR 2006, 232 Rn. 21). Dies ist der Fall, wenn der Gebäudeeigentümer eine **Ausstattung nicht installiert** hat (s.a. *BGH*, 12.01.2022 – VIII ZR 151/20,

WuM 2022, 109 Rn. 35), und ist **nicht** der Fall, wenn sich der Gebäudeeigentümer bloß verrechnet, die Abrechnung falsch adressiert oder in der Abrechnung einen **falschen Umlageschlüssel** oder eine **falsche Berechnungsmethode** (*Pfeifer* GE 2022, 674; a.A. *LG Stralsund*, 01.09.2021 – 1 S 94/20, ZMR 2022, 45) einsetzt hat. Dies ist beispielsweise auch dann der Fall, wenn kein Wärmezähler installiert ist, obwohl mit einem zumutbaren Aufwand gemessen werden kann (§ 9 HeizkostenV Rdn. 20). Dass die Abrechnung dennoch verbrauchsabhängig ist, steht dem nicht entgegen (§ 9 HeizkostenV Rdn. 20; a.A. MüKoBGB/*Zehelein* HeizkostenV § 9 Rn. 3).

b) Umfang des Verstoßes

Der Umfang des Verstoßes ist unerheblich (*BGH*, 12.01.2022 – VIII ZR 151/20, WuM 2022, 109 Rn. 22: ganz oder teilweise). Es genügt z.B., wenn in **einem** Raum ein Messgerät fehlt (*LG Berlin*, 29.04.2003, 64 S 46/03, ZMR 2003, 680; *LG Meiningen*, 23.09.2002 – 6 S 169/00, WuM 2003, 453). 8

c) Verschulden

Ob der Gebäudeeigentümer ohne Verschulden gegen die einschlägigen Bestimmungen der HeizkostenV verstößt, ist nach h.M. **unerheblich** (*Schmid* GE 2013, 658; a.A. *Gruber* NZM 2000, 842 [848]). Da die h.M. § 12 Abs. 1 S. 1 HeizkostenV als pauschalierten Schadenersatzanspruch ansieht (Rdn. 4), ist das inkonsequent. 9

d) Anwendbarkeit der HeizkostenV

Keine »Verpflichtung« i.S.v. § 12 Abs. 1 S. 1 HeizkostenV besteht, soweit eine **Ausnahme** nach § 11 HeizkostenV vorliegt (*BGH*, 08.10.2003 – VIII ZR 67/03, ZMR 2004, 99; *LG Berlin*, 25.02.2013 – 67 S 365/12, WuM 2013, 612; s.a. *BGH*, 16.07.2008 – VIII ZR 57/07, NZM 2008, 767 Rn. 27). 10

2. Verstoß gegen Abrechnungsgrundsätze

Rechnet der der Gebäudeeigentümer zwar verbrauchsabhängig ab, ist aber seine **Abrechnung fehlerhaft**, ist diese z.B. unübersichtlich oder legt sie eine falsche Wohnfläche zu Grunde, gelten die **allgemeinen** Grundsätze für eine fehlerhafte Abrechnung (*AG Köln*, 28.11.2000 – 205 C 146/00, WuM 2001, 449 zur Wärmeverbrauchs-Schätzung eines Heizkörpers). Der Verstoß führt nicht einem Kürzungsrecht (vgl. Rdn. 7, Rdn. 13, Rdn. 17, Rdn. 24). 11

3. Anwendung der HeizkostenV ist vertraglich vereinbart

Ist die Anwendung der HeizkostenV zwar nicht vorgeschrieben, wird sie aber **vertraglich vereinbart** (§ 11 HeizkostenV Rdn. 25), ist **auszulegen**, ob der Nutzer nach § 12 Abs. 1 S. 1 HeizkostenV berechtigt sein soll, die Kosten zu kürzen. Die Anwendung des Kürzungsrechtes kann i.d.R. als vereinbart angesehen werden, wenn der Vertrag beispielsweise **pauschal** auf die HeizkostenV Bezug nimmt (s.a. *LG Stralsund*, 01.09.2021 – 1 S 94/20, ZMR 2022, 45). Gegen die Vereinbarung eines Kürzungsrechtes spricht es hingegen, wenn nur Abrechnungsmaßstäbe vereinbart sind, die der HeizkostenV entsprechen. 12

4. Einzelfälle für ein Kürzungsrecht

Abflussprinzip. Nach § 12 Abs. 1 S. 1 HeizkostenV besteht **kein** Kürzungsrecht, wenn der Gebäudeeigentümer fehlerhaft statt nach dem Leistungs- nach dem Abflussprinzip abrechnet (*BGH*, 01.02.2012 – VIII ZR 156/11, ZMR 2012, 341 Rn. 13). 13

Ablesefehler. Ablesefehler sind, soweit möglich, zu berichtigen. Ist das nicht möglich, ist nach § 9a HeizkostenV vorzugehen (a.A. *Springer* WuM 2017, 569). Ist eine Vergleichsberechnung nicht möglich, weil die hierfür erforderlichen **Daten** nicht zur Verfügung stehen, so kann der anteilige Verbrauch **nach h.M.** ausnahmsweise im Wege der Gradtagszahlmethode ermittelt werden (dazu § 9a 14

HeizkostenV Rdn. 14). Eine unter diesen Voraussetzungen erstellte Kostenabrechnung dürfe dann vom Nutzer nicht gekürzt werden (*BGH*, 16.11.2005 – VIII ZR 373/04, NJW-RR 2006, 232 Rn. 21).

15 **Anerkannte Regeln der Technik.** Das Verfahren einer Verbrauchsermittlung nach anerkannten Regeln der Technik gem. § 7 Abs. 1 S. 3 HeizkostenV **entspricht** der HeizkostenV (dazu § 7 HeizkostenV Rdn. 12 ff.) und begründet daher kein Kürzungsrecht nach § 12 Abs. 1 S. 1 HeizkostenV (*LG Berlin*, 05.10.2012 – 63 S 11/12, WuM 2013, 227; *Wall* WuM 2013, 215 [216]).

16 **Ermessen.** Soweit der Vermieter bei der Anwendung der HeizkostenV ein Ermessen auszuüben hat (dazu Vor § 1 HeizkostenV Rdn. 27 ff.), insbesondere bei der Festlegung der Umlageschlüssel, begründet ein **Ermessensfehlgebrauch** (Vor § 1 HeizkostenV Rdn. 30) kein Kürzungsrecht (*Schmid* CuR 2013, 10 [14]). Denn die Kostenverteilung erfolgt nicht entgegen den Vorschriften der Heizkostenabrechnung, sondern es wird innerhalb der HeizkostenV ein nach allgemeinen Grundsätzen zu behandelnder Fehler gemacht.

17 **Formale Fehler der Abrechnung.** Formale Fehler der Abrechnung, z.B. mangelnde Nachvollziehbarkeit, machen die Abrechnung mangelhaft, führen aber **nicht** zu einem Kürzungsrecht (Rdn. 11).

18 **Heizkörperverkleidungen.** Nach § 12 Abs. 1 S. 1 HeizkostenV **besteht** ein Kürzungsrecht, wenn die Verbrauchserfassung durch vermieterseits angebrachte Heizkörperverkleidungen verfälscht wird (*LG Hamburg*, 20.11.1990 – 16 S 57/89, WuM 1991, 561). Hat aber der Nutzer die Verkleidungen angebracht, hat er kein Kürzungsrecht (*Kinne* GE 2006, 1278).

19 **Inklusivmieten.** Bei rechtswidrigen Inklusivmieten, also Mieten, bei denen u.a. die Kosten der Wärme und des Warmwassers nicht nach Verbrauch verteilt werden, ist ein **fiktiver Heizkostenanteil** zu errechnen, nach Fläche umzulegen und der so errechnete Betrag um 15 % zu kürzen (vgl. *OLG Düsseldorf*, 11.03.2008 – I-24 U 152/07, ZMR 2008, 710).

20 **Leitungsverluste.** Wenn infolge hoher Wärmeverluste durch z.B. ungedämmte Leitungen nur 17,8 % des Wärmeverbrauchs durch die Heizkostenverteiler erfasst werden, besteht **kein Kürzungsrecht** (a.A. *LG Dresden*, 06.02.2009 – 4 S 91/08, WuM 2009, 292). Denn die Kosten der Versorgung mit Wärme oder Warmwasser werden dann nicht – entgegen der HeizkostenV – verbrauchsabhängig abgerechnet. Ggf. ist dann sogar eine **Verbrauchserfassung unmöglich** (§ 11 HeizkostenV Rdn. 7 und Rdn. 12).

21 **Messgeräte.** Nach § 12 Abs. 1 S. 1 HeizkostenV **besteht** ein Kürzungsrecht, wenn die Messgeräte erst **während** des Abrechnungszeitraums angebracht werden (*LG Berlin*, 06.10.2009 – 63 S 555/08, GE 2010, 126), wenn **unzulässige Ausstattungen** zur Verbrauchserfassung verwendet werden (*LG Berlin*, WuM 1987, 32; *LG Meinigen*, 23.09.2002 – 6 S 169/00, WuM 2003, 453; s.a. Rdn. 40 ff.), wenn Messgeräte **fehlerhaft** angebracht sind, sofern nicht zulässigerweise nach § 9a HeizkostenV abgerechnet wird, oder – entspr. § 12 Abs. 1 S. 1 HeizkostenV – wenn **vorgeschriebene Eichungen** nicht durchführt worden sind (*BGH*, 13.03.2012 – VIII ZR 218/11, WuM 2012, 316 Rn. 3; *BayObLG*, 26.03.1998 – 2Z BR 154/97, ZMR 1998, 508; *LG Limburg*, 31.08.2018 – 3 S 39/18, ZMR 2019, 27; *LG Berlin*, 13.03.2007 – 65 S 272/05, GE 2007, 1257).

22 **Mieterwechsel.** Ein Kürzungsrecht besteht, wenn entgegen einer bei einem Nutzerwechsel nach § 9b HeizkostenV bestehenden Verpflichtung keine Zwischenablesung vorgenommen wird (*LG Köln*, *LG Köln*, 07.05.1987 – 1 S 379/86, WuM 1988, 38; *AG Berlin-Schöneberg*, 16.07.2008 – 6 C 68/08, GE 2008, 1497 (1499)). Dagegen besteht kein Kürzungsrecht, wenn nach § 9b Abs. 3 HeizkostenV wegen Unmöglichkeit einer (hinreichend genauen) Zwischenablesung verbrauchsunabhängig abgerechnet wird.

23 **Nutzergruppen.** Ermittelt der Gebäudeeigentümer den Verbrauch unter Verstoß gegen § 5 Abs. 7 S. 1 HeizkostenV, ist der Nutzer berechtigt, nach § 12 Abs. 1 S. 1 HeizkostenV zu kürzen (*BGH*, 20.01.2016 – VIII ZR 329/14, WuM 2016, 174 Rn. 11).

Rechenfehler. Rechenfehler in einer Abrechnung führen nicht zu einem Kürzungsrecht, sondern sind zu berichtigen (s.a. Rdn. 17, Rdn. 13, Rdn. 9). 24

Schätzungen/Hochrechnungen (§ 9a HeizkostenV). Wendet der Gebäudeeigentümer § 9a HeizkostenV an, entspricht sein Vorgehen der HeizkostenV. Dieses Vorgehen begründet **kein** Kürzungsrecht (*BGH*, 16.11.2005 – VIII ZR 373/04, NJW-RR 2006, 232 Rn. 21 zu § 9a Abs. 1 HeizkostenV; *LG Hamburg*, 20.03.2019 – 311 O 1/16, MietRB 2019, 265, 267; *Kissel* GE 2019, 644 (646); *Müller* GE 1989, 217; a.A. *AG Köln*, 10.10.1996 – 222 C 233/96, WuM 1997, 273; *Fritsch/Okon* ZMR 2022, 169 (172)). Der Nutzer kann beispielsweise nicht kürzen, wenn der Gebäudeeigentümer bei (teilweiser) Unmöglichkeit der ordnungsmäßigen Verbrauchserfassung nach § 9a Abs. 2 HeizkostenV **ausschließlich verbrauchsunabhängig** abrechnet (*OLG Düsseldorf*, 11.03.2003 – I-24 U 74/02, ZMR 2003, 569) oder ein **zulässiges Ersatzverfahren** heranzieht (s.a. *BGH*, 16.11.2005 – VIII ZR 373/04, ZMR 2006, 123). Ein Kürzungsrecht entsteht hingegen, wenn in die Abrechnung **entgegen** § 9a HeizkostenV gemessene Werte statt Vergleichswerten eingesetzt werden und umgekehrt. Ein Kürzungsrecht besteht auch dann, wenn nach dem Ersatzverfahren des § 9a HeizkostenV abzurechnen wäre, der Vermieter aber gleichwohl **nach Wohnfläche** abrechnet (*BGH*, 05.03.2013 – VIII ZR 310/12, ZMR 2013, 793 Rn. 3). 25

Treu und Glauben. Kein Kürzungsrecht besteht nach § 242 BGB, wenn zweifelsfrei **feststeht**, dass sich der Fehler nicht zum Nachteil des Nutzers ausgewirkt haben kann. Der Nutzer würde in diesen Fällen treuwidrig handeln, wenn er vom Kürzungsrecht Gebrauch macht. Darlegungs- und beweispflichtig ist der Vermieter. Die Geltendmachung des Kürzungsrechtes ist hingegen nicht zu versagen, wenn sich der Nutzer vor Beginn der Abrechnungsperiode mit einer verbrauchsunabhängigen Abrechnung einverstanden erklärt hat (a.A. *LG Hamburg*, 16.05.1991 – 307 S 374/90, WuM 1995, 192). 26

Verbundene Anlagen. Ein Kürzungsrecht besteht bei verbundenen Anlagen i.S.d. § 9 HeizkostenV, wenn zwischen Wärme und Warmwasser **überhaupt nicht aufgeteilt** wird oder die Regeln des § 9 HeizkostenV **nicht angewendet** werden (*BGH*, 12.01.2022 – VIII ZR 151/20, WuM 2022, 109 Rn. 29). Das gilt auch dann, wenn die Verfahren nach § 9 Abs. 2 S. 2 bis 6 HeizkostenV angewendet werden, obwohl die Voraussetzungen hierfür nicht vorliegen (§ 9 HeizkostenV Rdn. 20; *BGH*, 12.01.2022 – VIII ZR 151/20, WuM 2022, 109 Rn. 31). 27

Verteilungsmaßstäbe (Umlageschlüssel). Tatsächliche Fehler in der Abrechnung, z.B. falsche Wohnflächen, Nichtberücksichtigung beheizbarer Räume oder falsche Umlageschlüssel, sind zu berichtigen und begründen kein Kürzungsrecht (*OLG Düsseldorf*, 24.06.2004 – I-24 U 92/04, ZMR 2005, 43). 28

Voraufteilungen. Fehlerhafte Verbrauchserfassungen für Voraufteilungen begründen ein Kürzungsrecht (Rdn. 23). 29

Wärmelieferung. Verstöße gegen § 556c BGB und/oder die Wärmeverordnung führen **nicht** zu einem Kürzungsrecht nach § 12 HeizkostenV, da sie keinen Verstoß gegen die HeizkostenV begründen. 30

IV. Rechtsfolgen

1. Überblick

Liegen die Tatbestandsvoraussetzungen vor, ist der **konkrete Nutzer** (s. auch *Pfeifer* GE 2022, 674). nach § 12 Abs. 1 S. 1 HeizkostenV **berechtigt**, nicht aber verpflichtet, die Kosten des auf ihn entfallenden Anteils um 15 v.H. zu kürzen. Dieses Recht hat seine Grundlage in Art. 13 der Energieeffizienzrichtlinie (Vor § 1 Rdn. 16 ff.) und ist daher **richtlinienkonform** auszulegen (Vor § 1 Rdn. 20 ff.). Bei Verstoß gegen Satz 2 und/oder Satz 3 **summieren** sich die Kürzungsrechte (s.a. BR-Drs. 643/21, 25). Bessert der Gebäudeeigentümer die Abrechnung bis zum Ablauf des zwölften Monats nach Ende des Abrechnungszeitraums nach, entfällt das Kürzungsrecht (*Pfeifer* GE 2022, 674). Das Kürzungsrecht ist nach § 242 BGB ferner ausgeschlossen, wenn der Nutzer den Verstoß 31 gegen HeizkostenV (dazu Rdn. 7) überwiegend zu vertreten oder die Erfassungsgeräte nachhaltig manipuliert hat.

2. Geltendmachung

a) Überblick

32 Die Herabsetzung der Kosten bis zu 15 % – dem Nutzer steht es frei, einen geringeren Kürzungsbetrag geltend zu machen – tritt **nicht automatisch** ein, sondern muss vom Nutzer ausdrücklich **geltend** gemacht werden (*OLG Köln*, 11.06.2010, 1 U 66/09, ZMR 2010, 850; *Pfeifer* GE 2022, 674). Der Nutzer kann die Kürzung ausdrücklich verlangen. Es reicht aber auch ein **schlüssiges** Verhalten, z.B. durch Zahlung des um den Kürzungsbetrag geminderten Nachzahlungsbetrags. Allein in einer bloßen Nichtzahlung kann die Geltendmachung noch nicht gesehen werden, da diese auch auf Zahlungsunfähigkeit oder -unwilligkeit beruhen kann. In begründeten Ausnahmefall kann eine **Verwirkung** in Betracht kommen, beispielsweise wenn der Mieter längere Zeit den Eindruck erweckt, er werde das Recht nicht geltend machen, und der Vermieter sich hierauf eingerichtet hat. So kann es ggf. in **Ausnahmefällen** liegen, wenn sich der Nutzer mit einem Verstoß gegen die HeizkostenV vertraglich einverstanden erklärt hat und die Vertragsparteien es so lange Jahre gelebt haben. Dies darf aber nicht zu einer Umgehung der HeizkostenV führen (s. auch *AG Gütersloh*, 08.10.2021 – 10 C 798/19, IMR 2022, 276).

b) Zeitliche Grenze

33 Das Kürzungsrecht kann ab Zugang der Abrechnung geltend gemacht werden (*Pfeifer* GE 2022, 674). Eine zeitliche Grenze für die Geltendmachung besteht danach **nicht**. Der Nutzer kann sein Kürzungsrecht auch noch im Prozess geltend machen (*OLG Köln*, 11.06.2010 – 1 U 66/09, ZMR 2010, 850). Da das Kürzungsrecht **kein Anspruch** i.S.d. § 194 BGB ist, unterliegt es auch nicht der Verjährung. Der Nutzer kann das Kürzungsrecht also auch **nach Zahlung** des geforderten Nachzahlungsbetrags geltend machen (*Schmid* GE 2013, 658 (660)). Es fällt dann der Rechtsgrund für die Zahlung des Kürzungsbetrags nachträglich weg mit der Folge, dass dem Nutzer ein Bereicherungsanspruch nach §§ 812 ff. BGB erwächst (*LG Berlin*, 29.04.2003 – 64 S 46/03, ZMR 2003, 680; a.A. *LG Hamburg*, 01.10.1998 – 307 S 91/98, WuM 2000, 311). Ein Fall des § 814 BGB liegt nicht vor, da die Zahlung bis zur Ausübung des Kürzungsrechtes geschuldet war.

c) § 556 Abs. 3 S. 5 und S. 6 BGB

34 Zu beachten ist, dass der Rückforderungsanspruch allerdings nach § 556 Abs. 3 S. 5 und 6 BGB **ausgeschlossen** sein kann. Mit Ablauf der Einwendungsfrist gilt die Abrechnung als richtig. Der Mieter kann sich dann **nicht mehr** auf die Unrichtigkeit berufen und damit entfällt auch das Kürzungsrecht (*Schmid* ZMR 2002, 727 (730)).

3. Berechnung

a) Überblick

35 Die Kürzung erfolgt beim einzelnen Nutzer, nicht bei den Gesamtkosten. Ausgangspunkt für die Kürzung ist der auf den **Nutzer aufgeteilte Betrag** auf die Heiz- **oder** Warmwasserkosten oder der Heiz- **und** Warmwasserkosten. Maßgeblich sind die Kosten, die dem einzelnen Nutzer unter Missachtung der Vorschriften der Heizkostenverordnung in Rechnung gestellt werden (*BGH*, 20.01.2016 – VIII ZR 329/14, NZM 2016, 381 Rn. 14). Der Gebäudeeigentümer muss also nicht neu abrechnen (*BGH*, 20.01.2016 – VIII ZR 329/14, NZM 2016, 381 Rn. 14). Maßgeblich ist der Gesamtbetrag, nicht nur eine z.B. geforderte Nachzahlung. Der Prozentsatz ist unabhängig davon, **welcher** Fehler vorliegt. Insbesondere besteht das volle Kürzungsrecht auch dann, wenn nur der Verbrauch in **einem** Raum nicht ordnungsmäßig erfasst ist. Gibt es **keine Verbrauchswerte**, sind die Kosten nach Wohnfläche umzulegen und dann um 15 % zu kürzen (*BGH*, 31.10.2007 – VIII ZR 261/06, NZM 2008, 35 Rn. 16)

b) Trennung zwischen Heiz- und Warmwasserkosten

Der Wortlaut von § 12 Abs. 1 S. 1 HeizkostenV (»oder«) lässt eine **Trennung** zwischen Heiz- und Warmwasserkosten zu. Betrifft deshalb der Fehler nur die Warmwasserkosten, können **nur diese** gekürzt werden, nicht aber die Heizkosten, und umgekehrt (*BGH*, 14.09.2005 – VIII ZR 195/04, ZMR 2005, 939; *LG Stralsund*, 01.09.2021, 1 S 94/20, ZMR 2022, 45). 36

V. Besonderheiten im Wohnungseigentumsrecht (§ 12 Abs. 1 S. 4 HeizkostenV)

1. Verhältnis des Wohnungseigentümers zur Gemeinschaft der Wohnungseigentümer

Nach § 12 Abs. 1 S. 4 HeizkostenV besteht das Kürzungsrecht **nicht** im Verhältnis des einzelnen Wohnungseigentümers zur Gemeinschaft der Wohnungseigentümer. Das Kürzungsrecht ist in diesem Verhältnis **nicht sinnvoll**, da es nach § 16 Abs. 2 S. 1 WEG wieder den kürzenden Wohnungseigentümer treffen würde (*BGH*, 10.02.2023 – V ZR 246/21, Rn. 24; *BGH*, 16.09.2022 – V ZR 214/21, ZWE 2023, 46 Rn. 14). Der Wohnungseigentümer kann als »Mit-Gebäudeeigentümer« den Ausfall nicht auf die anderen »Mit-Gebäudeeigentümer« verlagern. Der Sinn und Zweck des Kürzungsrechts (Rdn. 2) stößt hier mithin auf systematische Grenzen und wurde von vornherein ausgeschlossen (BR-Drs. 632/80, 37). 37

2. Verhältnis des Nutzers

Im Verhältnis eines Nutzers zu dem Wohnungseigentümer, der ihm das Sondereigentum vermietet, oder im Verhältnis zur Gemeinschaft der Wohnungseigentümer, z.B. dann, wenn gemeinschaftliches Eigentum vermietet ist, ist § 12 Abs. 1 S. 4 HeizkostenV nicht anwendbar (*Demmer* MDR 1981, 529 [535]). Im **Einzelfall** kann ein Wohnungseigentümer gegen die Gemeinschaft der Wohnungseigentümer einen **Schadenersatzanspruch** haben, weil diese nicht für eine Abrechnung sorgt, die den Vorschriften der HeizkostenV entspricht (*Fritsch/Okon* ZMR 2022, 169 [172]; s.a. § 3 HeizkostenV Rdn. 12). 38

VI. Schadloshaltung beim Abrechnungsunternehmen

Ob der Gebäudeeigentümer gegen ein Messdienstunternehmen Regressansprüche hat, hängt von den Umständen des Einzelfalls ab, insbesondere davon, wer den Fehler zur vertreten hat (*Schmid* GE 2013, 658 (660)). Hat bereits der Gebäudeeigentümer falsche Vorgaben gemacht, so liegt die Pflichtverletzung bei ihm und nicht beim Abrechnungsunternehmen. Hat dagegen das Abrechnungsunternehmen den Fehler verursacht, haftet es für eine dabei begangene schuldhafte Pflichtverletzung nach § 280 BGB (*Schmid* CuR 2013, 10, 15). 39

C. Keine fernablesbare Ausstattung (§ 12 Abs. 1 S. 2 HeizkostenV)

I. Normzweck und Allgemeines

§ 12 Abs. 1 S. 2 HeizkostenV ist durch die Verordnung über die Änderung der Verordnung über Heizkostenabrechnung v. 24.11.2021 (BGBl. I 4946) m.W.v. 01.12.2021 in die HeizkostenV **eingefügt** worden. Hintergrund ist Art. 13 Energieeffizienzrichtlinie (Vor § 1 Rdn. 16 ff.). § 12 Abs. 1 S. 2 HeizkostenV ist daher **richtlinienkonform** auszulegen (Vor § 1 Rdn. 20 ff.; s.a. *Fritsch/Okon* ZMR 2022, 169; *Lammel* ZMR 2022, 1 [7]; *Zehelein* ZMR 2021, 541 [552]). 40

Im Vergleich zu der Pflichtverletzung des Satzes 1 entsteht im Falle des Satzes 2 **kein unmittelbarer wirtschaftlicher Schaden** (s.a. BR-Drs. 643/21, 24). Es ist nur ein mittelbarer und begrenzter ökonomischer Schaden denkbar, der sich daraus ergibt, dass der Nutzer seinen Verbrauch ggf. mehr einschränken würde, wenn er öfter oder detaillierter über diesen informiert würde, oder daraus, dass er zur Ablesung zu Hause sein muss (BR-Drs. 643/21, 24). 41

II. Tatbestandsvoraussetzungen

42 Der Gebäudeeigentümer installiert **entgegen** einer Pflicht nach § 5 Abs. 2, Abs. 3 HeizkostenV keine fernablesbare Ausstattung zur Verbrauchserfassung. Auch ein Verstoß gegen § 5 Abs. 4 HeizkostenV ist nicht unerheblich (a.A. *Zehelein* ZMR 2021, 541 [551]), da § 5 Abs. 4 HeizkostenV auf § 5 Abs. 2 HeizkostenV verweist.

III. Rechtsfolgen

43 Der Nutzer hat das Recht, bei der Abrechnung der Kosten nach § 556 Abs. 3 S. 1 BGB den auf ihn entfallenden Anteil einmal (*Lammel* ZMR 2022, 1 [8]) um 3 v.H. zu kürzen. Die Ausführungen Rdn. 31 ff. gelten insoweit entspr. Bei Verstoß gegen Satz 1 und/oder Satz 3 **summieren** sich die Kürzungsrechte (*Wall* NZM 2022, 73 [81]; BR-Drs. 643/21, 25).

IV. Ausnahme

44 Entspr. § 11 Abs. 1 Nr. 1 b) Fall 1 und Fall 2 HeizkostenV besteht **kein** Kürzungsrecht, wenn es dem Gebäudeeigentümer **tatsächlich** oder ökonomisch unmöglich war, zum maßgeblichen Zeitpunkt die Anforderungen des § 5 Abs. 2 HeizkostenV zu erfüllen (*Wall* NZM 2022, 73 [82]). Dies gilt auch dann, wenn der Gebäudeeigentümer **einfache** fernablesbare Geräte installieren könnte (a.A. *Wall* NZM 2022, 73 [81]), da diese **nicht** § 5 Abs. 2 HeizkostenV entsprechen.

D. Keine Mitteilung der vollständigen Informationen (§ 12 Abs. 1 S. 3 HeizkostenV)

I. Normzweck und Allgemeines

45 § 12 Abs. 1 S. 3 HeizkostenV ist durch die Verordnung über die Änderung der Verordnung über Heizkostenabrechnung v. 24.11.2021 (BGBl. I 4946) m.W.v. 01.12.2021 in die HeizkostenV **eingefügt** worden. Hintergrund ist Art. 13 Energieeffizienzrichtlinie (Vor § 1 Rdn. 16 ff.). § 12 Abs. 1 S. 3 HeizkostenV ist daher **richtlinienkonform** auszulegen (Vor § 1 Rdn. 20 ff.; s.a. *Zehelein* ZMR 2021, 541 [552]).

46 Im Vergleich zu der Pflichtverletzung des Satzes 1 entsteht **kein unmittelbarer ökonomischer Schaden** (BR-Drs. 643/21, 24). Es ist nur ein mittelbarer und begrenzter ökonomischer Schaden denkbar, der sich daraus ergibt, dass der Nutzer seinen Verbrauch ggf. mehr einschränken würde, wenn er öfter oder detaillierter über diesen informiert würde, oder daraus, dass er zur Ablesung zu Hause sein muss (BR-Drs. 643/21, 24).

II. Tatbestandsvoraussetzungen

47 Der Gebäudeeigentümer erteilt die Informationen nach § 6a Abs. 1, Abs. 2 **oder** § 6a Abs. 3 HeizkostenV (a.A. *Lammel* ZMR 2022, 1 [8]; *Pfeifer* GE 2022, 286 [287]) **nicht oder nicht vollständig**, z.B. nur einige Monate nicht (diese Auslegung ist nach Art. 10a Abs. 1 S. 1, 13 iVm Anhang VIIa Nr. 1 und Nr. 2 der Energieeffizienzrichtlinie zwingend). Eine **fehlerhafte** Information ist nach einer am Sinn und Zweck orientierten richtlinienkonformen Auslegung (Vor § 1 HeizkostenV Rdn. 20 ff.) eine **nicht vollständige** Information (a.A. *Pfeifer* GE 2022, 674 [675]; MüKoBGB/*Zehelein* HeizkostenV § 12 Rn. 10). Zur Erteilung ist der Gebäudeeigentümer aber nur gehalten, wenn bereits fernablesbare Ausstattungen zur Verbrauchserfassung nach § 5 Abs. 4 bis Abs. 6 HeizkostenV installiert werden **mussten**. Denn § 6a HeizkostenV gilt nur dann, wenn fernablesbare Ausstattungen zur Verbrauchserfassung installiert werden mussten.

III. Rechtsfolgen

48 Der Nutzer hat das Recht, bei der Abrechnung der Kosten nach § 556 Abs. 3 S. 1 BGB den auf ihn entfallenden Anteil einmal (*Lammel* ZMR 2022, 1 [8]) um 3 v.H. zu kürzen. Die Ausführungen Rdn. 31 ff. gelten insoweit entspr. Bei Verstoß gegen Satz 1 und/oder Satz 2 summieren sich die Kürzungsrechte (*Pfeifer* GE 2022, 674 [676]; *Wall* NZM 2022, 73 [81]; BR-Drs. 643/21, 25; a.A.

Fritsch/Okon ZMR 2022, 169 [172]). Eine Quotelung z.B. nach Monaten kommt aus Gründen des Europarechtes nicht in Betracht (a.A. *Pfeifer* GE 2022, 674 [676]).

IV. Ausnahme

Entspr. § 11 Abs. 1 Nr. 1 b) Fall 1 und Fall 2 HeizkostenV besteht **kein** Kürzungsrecht, wenn es dem Gebäudeeigentümer **tatsächlich** oder ökonomisch unmöglich war, zum maßgeblichen Zeitpunkt die Anforderungen des § 5 Abs. 2 HeizkostenV zu erfüllen (*Wall* NZM 2022, 73 [82]). Dies gilt selbst dann, wenn der Gebäudeeigentümer **einfache** fernablesbare Geräte installieren könnte (a.A. *Wall* NZM 2022, 73 [81]), da diese **nicht** § 5 Abs. 2 HeizkostenV entsprechen. 49

E. Besitzstandsregelung (§ 12 Abs. 2 HeizkostenV)

§ 12 Abs. 2 HeizkostenV ist eine **Besitzstandsregelung.** Der Bestandsschutz gilt aber nur, wenn an der Heizung im Übrigen keine Veränderungen vorgenommen werden, die sich auch auf die Ausstattungen zur Verbrauchserfassung auswirken. Der Bestandsschutz geht hingegen nicht dadurch verloren, dass vorhandene Geräte aus technischen Gründen ummontiert, z.B. beim Einbau von Thermostatventilen höher gesetzt werden müssen. 50

F. Übergangsregelung für Wärmepumpen (§ 12 Abs. 3 HeizkostenV)

I. Normzweck und Allgemeines

Artikel 3 des Gesetzes zur Änderung des Gebäudeenergiegesetzes, zur Änderung des Bürgerlichen Gesetzbuches, zur Änderung der Verordnung über Heizkostenabrechnung, zur Änderung der Betriebskostenverordnung und zur Änderung der Kehr- und Überprüfungsordnung v. 16.10.2023 (BGBl. 2023 I Nr. 280) hat m.W.v. 01.01.2024 die Ausnahme in § 11 Abs. 1 Nr. 3 Buchstabe a) HeizkostenV für Wärmepumpen gestrichen (§ 11 HeizkostenV Rdn. 1). Er will regeln, was gilt, bis eine **Ausstattung zur Verbrauchserfassung** installiert ist. 51

II. Anwendungsbereich

§ 12 Abs. 3 HeizkostenV hat **nur für Bestandsgebäude**, nicht aber für Neubauten eine Relevanz. Für diese gelten mit dem Wegfall der Ausnahme in § 11 Abs. 1 Nr. 3 Buchstabe a) die Vorgaben der §§ 3 bis 8 HeizkostenV und damit die allgemeine Pflicht, Wärmepumpen von Beginn an mit einer Ausstattung zur Verbrauchserfassung zu versehen und die Heizkosten verbrauchsabhängig abzurechnen. 52

III. Ausstattung zur Verbrauchserfassung (§ 12 Abs. 3 S. 1 HeizkostenV)

Wird der anteilige Verbrauch der Nutzer an Wärme oder Warmwasser aus Wärmepumpen am 01.10.2024 noch nicht erfasst, hat der Gebäudeeigentümer (§ 1 HeizkostenV Rdn. 29 ff.) bis zum Ablauf des **30.09.2025** eine Ausstattung zur Verbrauchserfassung zu installieren. Insoweit gilt § 4 HeizkostenV. 53

IV. Anwendung der HeizkostenV (§ 12 Abs. 3 S. 2 HeizkostenV)

Liegen die Voraussetzungen des § 12 Abs. 1 S. 1 HeizkostenV vor (= es fehlt am 01.10.2024 eine Ausstattung zur Verbrauchserfassung), ist die HeizkostenV **erstmalig** für den Abrechnungszeitraum (Vor § 1 HeizkostenV Rdn. 48), der **nach** der Installation beginnt, anzuwenden. Wird das Gebäude mithin bis zum 31.12.2024 ausgestattet, ist die HeizkostenV i.d.R. für den Abrechnungszeitraum 2025 anzuwenden. Wird das Gebäude hingegen bis zum 31.12.2025 ausgestattet, ist die HeizkostenV i.d.R. erst für den Abrechnungszeitraum 2026 anzuwenden. 54

V. Bestimmungen des Gebäudeeigentümers (§ 12 Abs. 3 S. 3 HeizkostenV)

1. Überblick

55 Der Eigentümer eines **vermieteten** Gebäudes, in dem mindestens **ein Mieter** eine Inklusivmiete oder Bruttowarmmiete entrichtet, hat **vor Beginn** des ersten Abrechnungszeitraums nach dem 30.09.2025 den Durchschnittswert der in den Jahren 2022, 2023 und 2024 jährlich angefallenen Kosten der Versorgung zu **errechnen** sowie den Anteil der einzelnen Nutzeinheiten an dem ermittelten Durchschnittswert entsprechend ihrer **Wohn- oder Nutzfläche** (§ 7 HeizkostenV Rdn. 23 ff.) zu **bestimmen.** Für **Wohnungseigentumsanlagen** gilt dies entsprechend, selbst dann, wenn es noch keine Mieter gibt. Die Pflicht trifft den Verwalter.

2. Sinn und Zweck

56 Die Ermittlung des Durchschnittswertes nach Satz 3 dient der Vorbereitung der regelmäßigen Durchführung der **Abrechnung der Kosten für Wäre und Warmwasser** (§ 556 Abs. 3 S. 1 BGB) und der **Umstellung** der Vertragsstruktur von einer Inklusivmiete oder Bruttowarmmiete in eine Brutto- oder Nettokaltmiete.

3. Umstellung der Inklusivmiete

57 Zur Umstellung sind die Kosten der Versorgung mit Wärme und Warmwasser im Wege ergänzender Vertragsauslegung unter Berücksichtigung der neuen Rechtslage aus einer bislang vereinbarten Inklusivmiete oder Bruttowarmmiete **herauszurechnen.** Die Ermittlung des Durchschnittswertes an Heizkosten aus den vergangenen drei Abrechnungsperioden bietet dabei einen **Anhaltspunkt** für die Bemessung der künftigen Höhe der Brutto- oder Nettokaltmiete (BT-Drs. 20/7619, 100). Die Bildung des Durchschnittswertes dient dazu, witterungs- und brennstoffpreisbedingte **Schwankungen auszugleichen.**

58 Die Brutto- oder Nettokaltmiete kann später durch Vereinbarung der Mietvertragsparteien **oder** durch Mieterhöhung auf die ortsübliche Vergleichsmiete angepasst werden (BT-Drs. 20/7619, 100).

59 Der **errechnete** Durchschnittsbetrag kann als Grundlage für die Bestimmung einer Vorauszahlung i.S.v. § 556 Abs. 2 S. 1 BGB in dem ersten Abrechnungszeitraum (Vor § 1 HeizkostenV Rdn. 48) genutzt werden (BT-Drs. 20/7619, 100).

G. Prozessuales

I. § 12 Abs. 1 S. 1 HeizkostenV

60 Der Gebäudeeigentümer muss **darlegen und beweisen**, abgerechnet zu haben. Der Nutzer muss darlegen und beweisen, dass die Kosten der Versorgung mit Wärme oder Warmwasser entgegen den Vorschriften der HeizkostenV nicht verbrauchsabhängig abgerechnet wurden.

II. § 12 Abs. 1 S. 2 HeizkostenV

61 Der Nutzer muss darlegen und beweisen, dass der Gebäudeeigentümer **entgegen** § 5 Abs. 2 HeizkostenV oder § 5 Abs. 3 HeizkostenV keine fernablesbare Ausstattung zur Verbrauchserfassung installiert hat. Dem steht nicht entgegen, dass nach einigen Stimmen die Beweislast für Primär- und Sekundäranspruch »synchronisiert« sein muss. Der Nutzer kann nicht primär Erfüllung verlangen und hilfsweise sein Kürzungsrecht gelten machen. Das Kürzungsrecht besteht unabhängig vom Erfüllungsanspruch und also auch dann, wenn der Nutzer keine Erfüllung verlangt. Der Gebäudeeigentümer muss darlegen und beweisen, dass die gesetzlich gebotene Installation wegen besonderer Umstände technisch nicht möglich ist oder durch einen unangemessenen Aufwand oder in sonstiger Weise zu einer unbilligen Härte führen würde.

III. § 12 Abs. 1 S. 3 HeizkostenV

Der Nutzer muss darlegen und beweisen, dass der Gebäudeeigentümer die nach § 6a Abs. 1 HeizkostenV geschuldeten Informationen nicht vollständig und rechtzeitig mitgeteilt bzw. zugänglich gemacht hat. Der Nutzer muss ferner – anders als bei der Erfüllung (§ 6 HeizkostenV Rdn. 47) – darlegen und beweisen, dass etwaige Informationen nicht gesetzeskonform waren. 62

H. CO_2 KostAufG

Im Einzelfall hat der Nutzer, sofern er kein Wohnungseigentümer ist, ein **weiteres Kürzungsrecht** gem. § 7 Abs. 4 CO_2KostAufG. Bestimmt der Vermieter den auf den einzelnen Mieter entfallenden Anteil an den Kohlendioxidkosten nicht oder weist er die gem. § 7 Abs. 3 CO_2KostAufG erforderlichen Informationen **nicht** aus, so hat der Mieter danach das Recht, den auf ihn entfallenden Anteil an den Heizkosten um 3 % zu kürzen. 63

§ 13 HeizkostenV Berlin-Klausel

– gegenstandslos – 1

§ 14 HeizkostenV

– gegenstandslos – 1

Steuerrecht

Übersicht

A. Allgemeines

Mietrechtliche Bezüge zum Steuerrecht ergeben sich insbesondere im Zusammenhang mit einkommen-, umsatz-, sowie erbschaft- und schenkungsteuerlichen Fragestellungen. Hinzu kommen gewerbesteuerliche, grundsteuerliche und grunderwerbsteuerliche Probleme. Auch die Kapitalertragsteuer und die Zweitwohnungsteuer werfen in der Praxis etliche Fragen auf. Der Beratungsbedarf nach steuerlichen Dienstleistungen im Zusammenhang mit Immobilien ist sehr hoch und stellt regelmäßig einen wichtigen Bereich für Steuerberater dar. Ebenso hoch ist das Beratungsrisiko, da entsprechende Gestaltungen oft über Jahre praktiziert werden oder – insbesondere bei der Übertragung von Immobilien – die Gegenstandswerte erheblich sind. 1

B. Einkommensteuer

Sobald Wohnungen oder Räumlichkeiten vermietet werden, ergibt sich zumindest für den Vermieter eine einkommensteuerliche Relevanz. Überschüsse bzw. Gewinne sind Bestandteile des steuerpflichtigen Einkommens und führen zu einer Steuerbelastung, während Verluste mit anderen Einkünften verrechnet werden und somit zu Steuerersparnissen führen können. 2

Für selbst genutzte Immobilien hat sich die steuerliche Bedeutung seit Abschaffung der Eigenheimzulage ab 2007 (sie wird nur noch für sog. Altfälle gewährt) stark vermindert. 3

Relevant geblieben sind betrieblich oder beruflich eigengenutzte Immobilien, Immobilien in Sanierungsgebieten und selbst genutzte Baudenkmäler sowie Steuerermäßigungen für Handwerkerleistungen oder energetische Sanierungsmaßnahmen. 4

I. Einkunftsarten und Einkunftsbegriff

Das Einkommensteuerrecht kennt sieben Einkunftsarten. Für drei davon kann die Vermietung bzw. Nutzung von Immobilien relevant sein. Bei zwei weiteren Einkunftsarten (Einkünfte aus Land- und Forstwirtschaft sowie Einkünfte aus selbstständiger Arbeit) können Immobilien für die Gewinnermittlung von Bedeutung sein soweit diese zum Betriebsvermögen gehören. 5

Für die richtige Zuordnung ist zunächst entscheidend, ob sich das vermietete Grundstück bzw. der Grundstücksteil im Privat- oder Betriebsvermögen befindet. 6

In der Abgrenzungsfrage zwischen Privat- und Betriebsvermögen verfügt das Steuerrecht über die Möglichkeit, Räumlichkeiten gemäß deren Nutzung aufzuteilen und zwar unabhängig vom sachenrechtlichen Eigentum. So können in einem einzigen Haus zeitgleich bis zu vier verschiedene Nutzungen vorliegen, die steuerlich jeweils separat zu beurteilen sind: 7

- Nutzung zu eigenen Wohnzwecken (steuerlich i.d.R. irrelevant)
- Nutzung zu fremden Wohn- oder anderen Zwecken (Vermietung oder Verpachtung von Privatvermögen)
- Nutzung zu eigenen betrieblichen oder beruflichen Zwecken (Betriebsvermögen)
- Nutzung zu fremden betrieblichen oder beruflichen Zwecken als Betriebsverpachtung (Betriebsvermögen).

Die Ermittlung der steuerpflichtigen Einkünfte richtet sich danach, welche Einkunftsart vorliegt. 8

1. Einkünfte aus Vermietung und Verpachtung (§ 21 EStG)

9 Diese Einkunftsart stellt den Regelfall bei der Vermietung von Immobilien des Privatvermögens dar. Steuerpflichtig sind dabei sämtliche Einnahmen, die aus der Vermietung der Immobilie erzielt werden, abzüglich aller damit zusammenhängenden Werbungskosten einschließlich Abschreibungen.

10 Gewinne oder Verluste aus der Veräußerung der Immobilie sind im Rahmen dieser Einkunftsart steuerlich unbeachtlich.

2. Einkünfte aus privaten Veräußerungsgeschäften (§ 23 EStG)

11 Die privaten Veräußerungsgeschäfte gem. § 23 EStG sind ein Spezialfall der sonstigen Einkünfte gem. § 22 EStG. Steuerpflichtig ist der Gewinn aus der Veräußerung einer Immobilie des Privatvermögens, wenn zwischen Anschaffung und Veräußerung weniger als 10 Jahre liegen und zwar unabhängig davon, ob die Immobilie vermietet wurde oder nicht. Ausgenommen sind lediglich ausschließlich zu eigenen Wohnzwecken genutzte Immobilien.

12 Der steuerpflichtige Veräußerungsgewinn gem. § 23 EStG ist völlig unabhängig von den Vermietungseinkünften gem. § 21 EStG zu erklären und führt auch nicht dazu, dass die Immobilie Betriebsvermögen wird.

3. Einkünfte aus Gewerbebetrieb (§ 15 EStG)

13 Das Vorliegen von Betriebsvermögen und damit gewerblichen Einkünften führt dazu, dass Veräußerungsgewinne und -verluste steuerlich immer zu berücksichtigen sind und zwar in Höhe der Differenz zwischen Veräußerungspreis und Buchwert.

14 Bei gewerblichen Einkünften (§ 15 EStG) ist der Gewinn nach den Vorschriften des EStG zu ermitteln und der Einkommensteuer zu unterwerfen.

15 Darüber hinaus unterliegen die gewerblichen Einkünfte grundsätzlich der Gewerbesteuer.

II. Einkünfte aus Vermietung und Verpachtung (§ 21 EStG)

16 Wer eine Immobilie des Privatvermögens vermietet oder verpachtet, hat die erzielten Einnahmen abzüglich der Werbungskosten zu versteuern.

1. Einkunftserzielungsabsicht (Liebhaberei)

a) Grundsätzliche Problematik

17 Bei der Vermietung von Immobilien kommt es aufgrund der Abschreibungen und Finanzierungsaufwendungen häufig zu langjährigen Verlusten. Da diese die Steuerbelastung anderer Einkünfte senken, nimmt es die Finanzverwaltung nicht hin, wenn dauerhaft keine Überschüsse erwirtschaftet werden können.

18 Voraussetzung der steuerlichen Erfassung der Einnahmen einerseits und der Abzugsfähigkeit der Werbungskosten andererseits ist daher eine gegebene Einkunftserzielungsabsicht (*BFH* v. 24.08.2006 – IX R 15/06, BStBl. II 2007, S. 256).

19 Eine Einkunftserzielungsabsicht liegt nach ständiger Rechtsprechung nicht vor, wenn sog. »Liebhaberei«-Fälle gegeben sind (*BFH* v. 25.06.1984 – GrS 4/82, BStBl. II 1984, S. 751). In Liebhaberei-Fällen können angefallene Aufwendungen nicht als Werbungskosten angesetzt werden.

20 Die Abgrenzung zwischen Einkunftserzielungsabsicht und Liebhaberei ist oftmals streitig.

21 Einzelheiten enthält ein Schreiben des BMF v. 08.10.2004 (IV C 3 – S-2253 – 91/04, BStBl. I 2004, S. 933), dessen weitere Anwendbarkeit zuletzt mit Datum vom 18.03.2019 bestätigt wurde (BMF v. 10.03.2023 – IV A 2 –O 2000/22/10003:001). Zwar geht es im genannten BMF-Schreiben vorrangig um die Einkunftserzielungsabsicht bei Ferienwohnungen. Gleichwohl gibt das genannte

Schreiben die aktuelle Rechtsprechung sehr gut wieder. Zur Einkunftserzielungsabsicht bei der Vermietung besonders aufwendig ausgestatteter Wohnungen (Luxuswohnung) s. *BFH* v. 20.06.2023 – IX R 17/21, BStBl. II 2024, 35, Rn. 17 ff.; *OFD München* v. 27.10.2004 (S-2253–86 St 41, DB 2005, S. 76), eines Zweifamilienhauses s. *FG Düsseldorf* v. 21.10.2004 (11 K 2425/02, *EFG* 2005, S. 114) eines historischen Objekts (Mühle) s. *BFH* v. 19.04.2005 (IX R 10/04, BStBl. II 2005, S. 692). Zum Problem Abstandszahlungen an Mieter bei beabsichtigter Selbstnutzung (= keine Einkunftserzielungsabsicht) s. *BFH* v. 07.07.2005 (IX R 38/03, BStBl. II 2005, S. 760).

b) Unentgeltliche Vermietung

Bei unentgeltlicher Vermietung mangelt es regelmäßig an der Einkunftserzielungsabsicht, sodass die entsprechenden Aufwendungen nicht steuerlich geltend gemacht werden können. 22

c) Entgeltliche Vermietung

Bei entgeltlicher und auf Dauer angelegten Vermietung zu ortsüblichem Mietzins spricht der Beweis des ersten Anscheins für das Vorliegen einer Einkunftserzielungsabsicht, weil nicht auf das Ergebnis der Vermögensnutzung eines oder weniger Jahre, sondern auf das positive Gesamtergebnis der voraussichtlichen Vermögensnutzung abzustellen ist. Nach ständiger Rechtsprechung des *BFH* (vgl. *BFH* v. 01.04.2009 – IX R 39/08, BStBl. II 2009, 776 m.w.N.) ist bei einer auf Dauer angelegten Vermietungstätigkeit ohne weitere Prüfung vom Vorliegen einer Einkunftserzielungsabsicht auszugehen. Grundsätzlich sind daher sowohl die Einnahmen als auch die Werbungskosten in voller Höhe steuerlich zu berücksichtigen. 23

Der Beweis des ersten Anscheins für das Vorliegen der Einkunftserzielungsabsicht ist jedoch bei atypischen Fällen entkräftet, wenn aufgrund objektiver Beweisanzeichen (z.B. kurzfristige Finanzierung oder kurze Mietzeit) festgestellt wird, dass der Steuerpflichtige das Gebäude in der Absicht angeschafft hat, alle steuerlichen Vorteile in Anspruch zu nehmen und es kurze Zeit danach zu veräußern. Erkennt die Finanzverwaltung eine Einkunftserzielungsabsicht z.B. aus den vorgenannten Gründen nicht an, so liegen keine Einkünfte aus Vermietung und Verpachtung vor und die Einnahmen und Ausgaben aus dieser Tätigkeit werden steuerrechtlich nicht berücksichtigt. Dies kommt insbesondere vor, wenn ein Steuerpflichtiger eine Immobilie erwirbt (oder sich an einem Immobilienfonds beteiligt), um diese nach einer kurzen Phase der Verlustnutzung an Angehörige zu verschenken oder selbst zu nutzen. 24

d) Teilentgeltliche Vermietung

Bei teilentgeltlicher Vermietung stellt der Gesetzgeber die vereinbarte Miete der ortsüblichen Marktmiete gegenüber und beurteilt danach den Umfang abzugsfähiger Werbungskosten (s. Rdn. 75 ff.). 25

Bei einem Entgelt von weniger als 50 % (bis 2020: 66 %) der ortsüblichen Miete ist eine Aufteilung in einen entgeltlichen und einen unentgeltlichen Teil vorzunehmen, wobei nur die auf den entgeltlichen Teil entfallenden Werbungskosten von den Mieteinnahmen abgezogen werden dürfen (§ 21 Abs. 2 S. 1 EStG). 26

Erreicht oder übersteigt das Entgelt bei auf Dauer angelegter Wohnraumvermietung 66 % der ortsüblichen Miete, so gilt die Vermietung als komplett entgeltlich und ein ungekürzter Werbungskostenabzug wird zugelassen (§ 21 Abs. 2 S. 2 EStG). 27

Dabei bestimmt sich die ortsübliche Miete als Bruttomiete aus der Kaltmiete zzgl. der nach der Betriebskosten-VO umlagefähigen Kosten für Wohnungen vergleichbarer Art, Lage und Ausstattung (*BFH* v. 10.05.2016 – IX R 44/15, BStBl. II 2016, S. 835). 28

e) Angehörigen-Verträge

Einkommensteuerliche Gestaltungsmöglichkeiten ergeben sich bei Fällen teilentgeltlicher Überlassung zu mehr als 50 % (bis 31.12.2020: 66 %) der ortsüblichen Marktmiete insbesondere dann, 29 wenn es sich um Verträge mit nahen Angehörigen handelt. Diese werden von der Finanzverwaltung – gestützt durch die Rechtsprechung des *BFH* – darauf hin überprüft, ob sie zivilrechtlich wirksam abgeschlossen wurden, ob die Vereinbarungen auch tatsächlich durchgeführt werden und ob die Gestaltung dem zwischen Fremden Üblichen entspricht.

aa) Zivilrechtliche Wirksamkeit

30 Die zivilrechtliche Wirksamkeit von Verträgen ist anhand der Vorschriften des BGB und der ansonsten einschlägigen mietrechtlichen Vorschriften zu beurteilen.

bb) Tatsächliche Durchführung

31 Zudem ist entscheidend, dass die Verträge tatsächlich wie vereinbart durchgeführt werden. Daher kann eine zivilrechtliche Unwirksamkeit geheilt werden, wenn zeitnah nach Erkennen der Unwirksamkeit die Mängel beseitigt werden (BMF v. 23.12.2010 – IV C 6 – S-2144/07/10004, BStBl. I 2011, S. 37).

32 Die tatsächliche Durchführung der vertraglichen Vereinbarungen wird in der finanzamtlichen Praxis überprüft. Daher sollten Barzahlungen belegbar sein (trotz *FG Düsseldorf* und *FG Münster*, s.o.) und Barzahlungsbelege sowie Kontoauszüge aufbewahrt werden.

cc) Fremdvergleich

33 Grundsätzlich steht es Angehörigen frei, ihre Rechtsverhältnisse untereinander so zu gestalten, dass diese steuerlich möglichst günstig sind (*BFH* v. 29.08.2007 – IX R 17/07, BStBl. II 2008, S. 502). Der Fremdvergleich (*BFH* v. 31.07.2007 – IX R 8/07, *BFH*/NV 2008, S. 350) findet daher nur dort seine Berechtigung, wo nicht anderweitig festgestellt werden kann, dass die vereinbarten Leistungen tatsächlich dem Einkunftserzielungsbereich und nicht dem Privatbereich zuzurechnen sind.

34 Für die Beurteilung eines Angehörigenvertrages ist daher nicht auf einzelne vertragliche Abreden abzustellen, sondern auf deren Gesamtheit (OFD Frankfurt v. 25.04.2007 – S 2253 A – 46 – St 214, StB 2007, S. 288). Nicht jede Abweichung vom Üblichen schließt notwendigerweise die steuerliche Anerkennung von Verträgen unter Angehörigen aus (H 21.4 EStR, Stichwort »Fremdvergleich«, S. 1).

35 Zwingende Voraussetzung für die steuerliche Anerkennung ist, dass die Hauptpflichten der Mietvertragsparteien wie z.B. die Überlassung einer konkret bestimmten Mietsache und die Höhe der zu entrichtenden Miete stets klar und eindeutig vereinbart und auch tatsächlich durchgeführt werden (H 21.4 EStR, Stichwort »Fremdvergleich«, Satz 2).

36 Das gilt auch für nachträgliche Vertragsänderungen (*BFH* v. 20.10.1997 – IX R 38/97, BStBl. II 1998, S. 106; Schmidt/Kulosa EStG 2019, § 21 Rn. 81 ff.).

37 Die folgenden Fallgestaltungen zwischen Angehörigen wurden von der Rechtsprechung als fremdüblich anerkannt:

- Unregelmäßige Mietzahlungen, keine Abreden über die oder Ungenauigkeiten bei den Nebenkosten (*BFH* v. 25.07.2000 – IX R 6/97, *BFH*/NV 2001, S. 305).
- Ungenauigkeiten bzgl. Inhalt des Mietvertrages oder in seiner Durchführung, wenn gleiche Mängel bei zwischen Fremden abgeschlossenen Verträgen auftraten (*BFH* v. 28.06.2002 – IX R 68/99, BStBl. II 2002, S. 699).
- Formverstöße beim Mietvertrag (*BFH* v. 21.10.1997 – IX R 57/96, BStBl. II 1998, 108).
- Barzahlungen ohne Quittung führen für sich allein noch nicht zur Nichtanerkennung des Mietvertrages (*FG Düsseldorf* v. 12.02.1998 – 8 K 872/96, *EFG* 1998, S. 1012; ebenso *FG Münster* v. 29.04.1998 – 1 K 504/98, *EFG* 1999, S. 836).
- Bei Mietverhältnissen zwischen Eltern mit einem unterhaltsberechtigten Kind ist die steuerliche Anerkennung nicht deshalb zu versagen, weil das Kind die Miete aus dem Barunterhalt der Eltern zahlt oder die Miete mit dem Barunterhalt verrechnet wird (*BFH* v. 19.10.1999 – IX R 30/98,

BStBl. II 2000, S. 223). Die Finanzverwaltung wendet diese Rechtsprechung an (OFD Frankfurt v. 08.10.2001 – S 2253 A – 46 St II 23, DB 2001, S. 2629).

- Auch bei Mischfinanzierungen durch die Kinder – Bezahlung der Miete teils aus eigenen Mitteln, teils aus dem Barunterhalt – erkennt die Rechtsprechung dahin gehende Mietverträge an (*BFH* v. 17.12.2002 – IX R 35/99, *BFH*/NV 2003, S. 611).
- Eine nur geringe Nutzung der Wohnung durch den mietenden Angehörigen steht der steuerlichen Anerkennung des Mietvertrages nicht entgegen (*BFH* v. 07.06.1994 – IX R 121/92, *BFH*/NV 1995, S. 112; *FG Niedersachsen* v. 01.10.1992 – S 3250 17 34, *EFG* 1992, S. 195).
- Der steuerlichen Anerkennung steht es auch nicht entgegen, wenn der mietende Familienangehörige das Grundstück zuvor gegen wiederkehrende Leistungen auf den vermietenden Familienangehörigen übertragen hat (*BFH* v. 10.12.2003 – IX R 12/01, BStBl. II 2004, S. 643). Anders jedoch, wenn ein im Zusammenhang mit einer Grundstücksübertragung eingeräumtes unentgeltliches Wohnungsrecht gegen Vereinbarung einer dauernden Last aufgehoben und gleichzeitig ein Mietverhältnis mit einem Mietzins in Höhe der dauernden Last vereinbart wird (*BFH* v. 17.12.2003 – IX R 56/03, BStBl. II 2004, S. 648).
- Vermietung zwischen Ehegatten im Rahmen einer doppelten Haushaltsführung zu fremdüblichen Bedingungen (*BFH* v. 11.03.2003 – IX R 55/01, BStBl. II 2003, S. 627).

f) Nießbrauchs-Verträge

In Nießbrauchsfällen ist zwischen entgeltlich bestelltem und unentgeltlich bestelltem Nießbrauch 38
zu unterscheiden.

aa) Entgeltlich bestellter Nießbrauch

Wer einen Nießbrauch an einer Immobilie gegen Entgelt bestellt, erzielt Einnahmen i.S.d. § 21 39
EStG, sofern der Nießbrauchbesteller bspw. als Vermieter Träger der Rechte und Pflichten aus einem Miet- oder Pachtvertrag ist und dadurch die rechtliche oder tatsächliche Macht zur Nutzungsüberlassung ausübt (*BFH* v. 25.06.2002 – IX R 55/99, BFH/NV 2002, 1556). Es gilt das Zuflussprinzip gem.§ 11 EStG, sodass das Entgelt für die Einräumung des Nießbrauchs in dem Kalenderjahr als Einnahme zu erfassen ist, in dem es dem Eigentümer bzw. Nießbrauchsverpflichteten zufließt. Bei Einmalzahlungen für mehr als 5 Jahre kann aus Billigkeitsgründen eine Verteilung auf den Zeitraum erfolgen, für den die Zahlung geleistet wird (BMF v. 30.09.2014 – IV C 1 – S-2253/07/10004, BStBl. I 2013, S. 1184, Rn. 28).

Der Werbungskostenabzug steht dem Eigentümer zu (Schmidt/*Kulosa* EStG 2024, § 21 Rn. 73). 40
Relevant ist insoweit die Abschreibung (vgl. *BFH GrS* v. 30.01.1995, GrS 4/92, BStBl. II 1995, 281).

Wenn und soweit der Nießbrauchsberechtigte das Objekt vermietet, ist er seinerseits steuerlich wie 41
ein vermietender Eigentümer zu behandeln. Er hat die Mieteinnahmen zu versteuern und kann die bei ihm anfallenden Aufwendungen als Werbungskosten steuermindernd geltend machen.

bb) Unentgeltlich bestellter Nießbrauch

Beim unentgeltlich bestellten Nießbrauch kann der Eigentümer bzw. Nießbrauchsverpflichtete 42
mangels Einkunftserzielungsabsicht grundsätzlich keine Werbungskosten geltend machen (BMF v. 30.09.2014 – IV C 1 – S-2253/07/10004, BStBl. I 2013, S. 1184, Rn. 24).

g) Ferienwohnungen

Wer eine Ferienwohnung vermietet, muss die Einnahmen aus Vermietung und Verpachtung ver- 43
steuern und kann im Gegenzug die auf das Vermietungsobjekt entfallenden Aufwendungen als Werbungskosten steuerlich absetzen. Voraussetzung ist allerdings auch hier die Einkunftserzielungsabsicht (*BFH* v. 25.06.1984 – GrS 4/82, BStBl. II 1984, S. 751).

44 Das BMF hat mit Schreiben v. 08.10.2004 (IV C 3 – S-2253– 91/04, BStBl. I 2004, 933) u.a. auch die Rechtsprechung des *BFH* zur Vermietung von Ferienwohnungen zusammengefasst. Danach ist zwischen Vermietungsfällen, Selbstnutzungsfällen und Leerstandsfällen zu unterscheiden.

aa) Ausschließliche Vermietung

45 Wer eine Ferienwohnung ausschließlich an wechselnde Feriengäste privat (nicht gewerblich!) vermietet und diese in Leerstandszeiten nicht selber nutzt, sondern für potenzielle Feriengäste freihält, ist bzgl. des Werbungskostenabzuges auf der sicheren Seite. Die Finanzverwaltung geht ohne weitere Prüfung von einer Einkunftserzielungsabsicht aus – und zwar unabhängig davon, ob die Vermietung durch den Eigentümer in Eigenregie oder durch Einschaltung eines Verwalters erfolgt. Dies gilt auch dann, wenn die Wohnung nur an wenigen Tagen im Jahr vermietet wird (*BFH* v. 05.11.2002 – IX R 18/02, BStBl. II 2003, S. 914; *BFH* v. 21.11.2000 – IX R 37/98, BStBl. II 2001, S. 705; *BFH* v. 06.11.2001 – IX R 97/00, BStBl. II 2002, S. 726). Allein hohe Werbungskostenüberschüsse rechtfertigen keine Ausnahme von dieser typisierenden Annahme (*BFH* v. 24.08.2006 – IX R 15/06, BStBl. II 2007, S. 256).

46 Die Finanzverwaltung (BMF v. 08.10.2004 – IV C 3 – S-2253 – 91/04, BStBl. I 2004, S. 933, Rn. 17) geht zudem von einer ausschließlichen Vermietungsabsicht aus, wenn

– die Entscheidung über die Vermietung der Ferienwohnung nicht dem Eigentümer, sondern einem Dritten (z.B. Reiseveranstalter oder Kurverwaltung) obliegt und darüber hinaus eine Eigennutzung durch den Eigentümer vertraglich für das jeweilige Jahr ausgeschlossen ist.
– sich die Ferienwohnung im ansonsten vom Eigentümer selbst genutzten Zwei- oder Mehrfamilienhaus oder in unmittelbarer räumlicher Nähe zu der selbst genutzten Wohnung des Eigentümers befindet. Voraussetzung ist allerdings, dass die selbst genutzte Wohnung des Eigentümers nach Größe oder Ausstattung dessen Wohnbedürfnissen entspricht. Indiz dafür ist, dass die selbst genutzte Wohnung des Eigentümers die Möglichkeit zur Unterbringung von Gästen bietet.
– der vermietende (Wohnungs-) Eigentümer an dem Ort, an dem sich die vermietete Ferienwohnung befindet, mehr als eine Ferienwohnung besitzt und nur eine davon selbst nutzt.
– die Dauer der Vermietung der Ferienwohnung dem Durchschnitt der Vermietungsdauer in der am Ferienort üblichen Saison entspricht.

47 Der Vermieter ist für die ausschließliche Vermietungsabsicht feststellungsbelastet. Wenn und soweit also die vorgenannten Voraussetzungen nicht vorliegen, wird nicht automatisch von Liebhaberei ausgegangen, sondern der jeweilige Eigentümer muss schlüssig darlegen, dass eine Einkunftserzielungsabsicht besteht.

48 Unterschreiten z.B. die Tage der Vermietung die übliche Vermietungsdauer am Ferienort um mindestens 25 %, so hat der Steuerpflichtige entsprechend gesteigerte Werbemaßnahmen zu belegen (*BFH* v. 26.10.2004 – IX R 57/02, BStBl. II 2005, S. 388; vgl. auch *BFH* v. 24.08.2006 – IX R 15/06, BStBl. II 2007, S. 256).

49 Gleiches gilt, wenn im Anschluss an eine Dauervermietung eine – erfolglose – Bereitstellung zur gelegentlichen Vermietung erfolgt (*FG Bremen* v. 11.06.2004 – 1 K 265/03, *EFG* 2005, S. 361; *BFH* v. 05.04.2005 – IX R 48/04, *BFH*/NV 2005, S. 1299).

50 Der Einkunftserzielungsabsicht steht es nicht entgegen, wenn sich der Eigentümer in der Ferienwohnung kurzfristig wegen Wartungs-, Reinigungs- oder Reparaturarbeiten, allgemeinen Kontrollen, Schlüsselübergaben oder Teilnahmen an Eigentümerversammlungen selbst aufhält. Derartige Aufenthalte stehen grundsätzlich im Zusammenhang mit der Vermietungstätigkeit und sind daher der Fremdnutzung zuzuordnen.

51 Wird der jeweilige Eigentümer dabei jedoch von einem Familienmitglied oder Dritten begleitet oder dauert die Selbstnutzung mehr als einen Tag, so ist zu begründen und ggf. sogar nachzuweisen, dass der Aufenthalt dennoch ausschließlich den Vermietungszwecken diente (BMF v. 08.10.2004 – IV C 3 – S-2253 – 91/04, BStBl. I 2004, S. 933, Rn. 19).

bb) Zeitweise Vermietung und zeitweise Selbstnutzung

Wird eine Ferienwohnung durch den Eigentümer zeitweise selbst genutzt oder Dritten unentgeltlich überlassen bzw. für derartige Zwecke freigehalten und nur in den verbleibenden Zeiträumen vermietet, so ist diese Mischnutzung ein Beweisanzeichen für eine auch private, nicht mit der Einkunftserzielung zusammenhängende Veranlassung der Aufwendungen. Dies gilt sogar schon dann, wenn die Selbstnutzung nur vertraglich als Option vorgesehen ist (*BFH* v. 16.04.2013 – IX R 22/12, BStBl. II 2013, 613). Daher ist in solchen Fällen die Einkunftserzielungsabsicht nachzuweisen. 52

Der Eigentümer muss objektive Umstände vortragen, aufgrund derer in einem bestimmten Beurteilungszeitraum ein Überschuss der Einnahmen über die Werbungskosten erwartet werden konnte/wird. Grundsätzlich ist für einen Beurteilungszeitraum von dreißig Jahren eine Prognose zu erstellen, die zu einem Totalüberschuss führt (*OFD Frankfurt a. M.*, RdVfg. v. 19.08.2019 – S 2253 A – 48 – St 242; BMF v. 08.10.2004 – IV C 3 – S-2253 – 91/04, BStBl. I 2004, S. 933, Rn. 21). 53

Bei befristeter Vermietung ist nicht auf den vorgenannten Dreißig-Jahres-Zeitraum, sondern auf den entsprechend kürzeren Zeitraum abzustellen (BMF v. 08.10.2004 – IV C 3 – S-2253 – 91/04, BStBl. I 2004, S. 933, Rn. 36). 54

Dabei sind Aufwendungen nur dann als Werbungskosten in die Überschussprognose einzubeziehen, wenn und soweit sie auf Zeiträume entfallen, in denen die Ferienwohnung tatsächlich an Feriengäste vermietet wurde bzw. für solche Zwecke freigehalten wurde. Aufwendungen, die sowohl Selbst- als auch Fremdnutzungszeiträume betreffen, sind entsprechend der zeitlichen Nutzung aufzuteilen (BMF v. 08.10.2004 – IV C 3 – S-2253 – 91/04, BStBl. I 2004, S. 933, Rn. 40). 55

cc) Leerstand

Hat sich ein Eigentümer bei Erwerb der Immobilie noch nicht entschieden, ob er diese veräußern, selbst nutzen oder vermieten will, so wertet die Finanzverwaltung dies als ein gegen die Einkunftserzielungsabsicht sprechendes Beweisanzeichen (BMF v. 08.10.2004 – IV C 3 – S-2253 – 91/04, BStBl. I 2004, S. 933, Rn. 24 ff.). 56

Andererseits kann auch schon vor Abschluss eines Mietvertrages über eine leer stehende Wohnung eine Einkunftserzielungsabsicht vorliegen (BMF v. 08.10.2004 – IV C 3 – S-2253 – 91/04, BStBl. I 2004, S. 933, Rn. 25). In diesen Fällen können bereits vor der Erzielung von Einnahmen entstandene Aufwendungen steuermindernd geltend gemacht werden. Es handelt sich um sog. vorweggenommene/vorab entstandene Werbungskosten (*BFH* v. 31.01.2017 – IX R 17/16, DStRE 2017, 654, Rn. 18 m.w.N.). 57

Zur Selbstnutzungsabsicht bei einer ursprünglich nicht zu Ferienzwecken erworbenen Eigentums-/Ferienwohnung s. *FG Baden-Württemberg* v. 16.12.2003 (2 K 367/01, *EFG* 2005, S. 112). Zur Einkunftserzielungsabsicht trotz ungewollter Leerstandszeiten vgl. *BFH* v. 24.08.2006 (IX R 15/06, BStBl. II 2007, S. 256; *BFH* v. 11.12.2012 – IX R 14/12, BStBl. II 2013, 279). 58

Schließt ein Steuerpflichtiger eine dauerhafte Vermietung aus, um die Wohnung verkaufen zu können und ist dies ursächlich für einen jahrelangen Leerstand, so sind die Aufwendungen für die leer stehende Wohnung mangels Einkunftserzielungsabsicht nicht abzugsfähig (*BFH* v. 05.04.2005 – IX R 48/04, *BFH*/NV 2005, S. 1299). 59

2. Einkunftsermittlung

Im Rahmen der Einkunftsart Vermietung und Verpachtung wird für die Besteuerung der Überschuss der Einnahmen über die Werbungskosten zugrunde gelegt (§ 2 Abs. 2 Satz1 Nr. 2 EStG). 60

Die Entscheidung, ob Einnahmen und Werbungskosten bei den Einkünften aus Vermietung und Verpachtung anzusetzen sind, richtet sich danach, ob ein ursächlicher Zusammenhang zu dem Vermietungsobjekt besteht. 61

62 Die Frage, in welchem Veranlagungsjahr Einnahmen und Werbungskosten zu berücksichtigen sind, beantwortet im Wesentlichen das Zu- und Abflussprinzip (§ 11 EStG), welches jedoch durch einige Sonderregelungen durchbrochen wird. Einige der Sonderregelungen sind unter Einnahmen (s. Rdn. 63 ff.) bzw. Werbungskosten (s. Rdn. 75 ff.) erläutert.

3. Einnahmen

a) Ursachenzusammenhang

63 Einnahmen aus Vermietung und Verpachtung sind alle Güter, die in Geld oder Geldeswert bestehen und dem Vermieter bzw. Verpächter aufgrund der Nutzungsüberlassung (notwendiger Zusammenhang) zufließen (§ 8 Abs. 1 EStG i.V.m. § 21 EStG).

64 Praxisrelevant sind i.d.R. nur Einnahmen in Form von Geld. Einnahmen »in Geldeswert« sind weniger von Bedeutung.

b) Zuflussprinzip

65 Bei Vermietungstätigkeit im Privatbereich gem. § 21 EStG werden die steuerpflichtigen Einnahmen als Überschüsse i.S.d. §§ 2 Abs. 2 Nr. 2, 8 EStG zwingend durch eine Einnahmen-Überschuss-Rechnung ermittelt. Für die steuerliche Erfassung der Einnahmen gilt das Zuflussprinzip des § 11 EStG.

aa) Grundsatz

66 Die zeitliche Zuordnung erfolgt gem. § 11 Abs. 1 S. 1 EStG: »Einnahmen sind innerhalb des Kalenderjahres bezogen, in dem sie dem Steuerpflichtigen zugeflossen sind«.

67 Diese Regelung bietet Gestaltungsmöglichkeiten. So kann z.B. ein Steuerzahler, der gegen Ende des Kalenderjahres feststellt, dass seine in dem gerade ablaufenden Kalenderjahr zu versteuernden Einkünfte schon relativ hoch sind, veranlassen, dass er die Dezember-Mieten erst Mitte Januar kassiert.

bb) Ausnahmen

68 Diesen Gestaltungsmöglichkeiten versucht der Gesetzgeber auf zwei Wegen Grenzen aufzuzeigen: zum einen bei regelmäßig wiederkehrenden Einnahmen, zum anderen bei Vorauszahlungen.

aaa) Regelmäßig wiederkehrende Einnahmen

69 Regelmäßig wiederkehrende Einnahmen, die dem Vermieter/Verpächter kurze Zeit vor Beginn oder kurze Zeit nach Beendigung des Kalenderjahres, zu dem sie wirtschaftlich gehören, zugeflossen sind, gelten als in diesem Kalenderjahr bezogen (§ 11 Abs. 1 S. 2 EStG).

70 Wiederkehrend sind Einnahmen, bei denen ihrer Natur nach aufgrund eines bestimmten Rechtsverhältnisses die Wiederholung in gewissen Zeitabständen von Anfang an feststeht (*BFH* v. 10.12.1985 – VIII R 15/83, BStBl. II 1986, S. 342), so z.B. die monatliche Miete.

71 Regelmäßig wiederkehrend sind Einnahmen, die entsprechend dem vereinbarten Rechtsverhältnis grundsätzlich am Beginn oder am Ende des Kalenderjahres zahlbar sind, zu dem sie wirtschaftlich gehören (*BFH* v. 06.07.1995 – IV R 63/94, BStBl. II 1996, S. 266). Voraussetzung ist lediglich die Gleichartigkeit. Eine Gleichmäßigkeit hinsichtlich der Höhe der Zahlungen ist nicht erforderlich. Beispiel: Wenn eine vereinbarte Mietzahlung zum 30. eines Monats erst am 2. des Folgemonats eingeht, gilt sie am 30. des Vormonats als zugeflossen.

72 Als »kurze Zeit« i.S.d. § 11 Abs. 1 S. 2 EStG ist ein Zeitraum von bis zu zehn Tagen anzusehen (st. Rechtsprechung vgl. z.B. *BFH* v. 24.07.1986 – IV R 309/84, BStBl. II 1987, S. 16). Demzufolge gelingt der unter Rdn. 62 dargestellte Effekt nur dann, wenn die Dezember-Mieten erst nach dem 10. Januar des Folgejahres bezahlt werden.

bbb) Verteilungswahlrecht für Vorauszahlungen

Einnahmen, die auf einer Nutzungsüberlassung von mehr als fünf Jahren beruhen und im Voraus geleistet werden (Mietvorauszahlungen), können insgesamt auf den Zeitraum gleichmäßig verteilt werden, für den sie geleistet werden (Wahlrecht gem. § 11 Abs. 1 S. 3 EStG). 73

c) Einnahmen-ABC

Einnahmen aus Vermietung und Verpachtung liegen dann vor, wenn zum einen die dargestellte Einkunftserzielungsabsicht vorliegt und zum anderen ein Ursachenzusammenhang zwischen den Zuflüssen in Geld oder Geldeswert und der Nutzungsüberlassung besteht. Beispiele: 74

- **Abstandszahlungen** des Mieters für die vorzeitige Entlassung aus dem Mietverhältnis gehören zu den Einnahmen aus Vermietung und Verpachtung, insbesondere dann, wenn sich die Höhe der Abstandszahlung an noch ausstehenden Mietzahlungen orientiert (*BFH* v. 11.01.2005 – IX R 67/02, *BFH*/NV 2005, S. 1044).
- **Arbeitgeber-Wohnung:** Die Überlassung einer Wohnung durch den Arbeitgeber an einen Arbeitnehmer ist als Vermietung zu werten. Mieteinnahme ist der anteilige Wert der Arbeitsleistung (*BFH* v. 01.09.1998 – VIII R 3/97, BStBl. II 1999, S. 213), der sich nach dem ortsüblichen Mietwert richtet.
- **Arbeitszimmer-Vermietung:** Überlässt ein Arbeitnehmer ein in seinem Haus oder in seiner Wohnung gelegenes und von ihm genutztes Büro an seinen Arbeitgeber und erfolgt die Nutzung des Büros im vorrangigen Interesse des Arbeitgebers, so sind daraus erzielte Entgelte den Einkünften aus Vermietung zuzuordnen (BMF v. 13.12.2005 IV C 3 – S-2253 – 112/05, BStBl. I 2006, S. 4; Schmidt/Kulosa EStG 2024, § 21 Rn. 117 Stichwort »Arbeitnehmer-Wohnung«).
- **Baukostenzuschüsse: Öffentliche** Baukostenzuschüsse, die keine Gegenleistung für die Überlassung des Gebrauchs darstellen, sondern für die Erneuerung, Erhaltung oder funktionsgerechte Verwendung einer Immobilie gewährt werden, stellen keine Einnahmen aus Vermietung und Verpachtung dar, sondern mindern die Herstellungskosten (*BFH* v. 26.03.1991 – IX R 104/86, BStBl. II 1992, S. 999) bzw. Erhaltungsaufwendungen (EStR 21.5 Abs. 1).
- **Baukostenzuschüsse: Private** Baukostenzuschüsse, die z.B. von Mietern als Mietvorauszahlung oder als verlorener Zuschuss gezahlt werden, sind Einnahmen aus Vermietung und Verpachtung. Sie sind grundsätzlich in dem Jahr zu erfassen, in dem sie dem Vermieter zufließen (§ 11 Abs. 1 EStG). Um die Progressionswirkung abzumildern, ist jedoch eine Verteilung auf mehrere Jahre gem. §11 Abs. 1 S. 3 EStG zulässig (EStR 21.5 Abs. 3 Satz 2).
- **Bausparguthabenzinsen:** Diese sind Einnahmen aus Vermietung und Verpachtung, wenn sie in engem zeitlichem Zusammenhang mit dem Erwerb oder Umbau eines Hauses stehen (*BFH* v. 09.11.1982 – VIII R 188/79, BStBl. II 1983, S. 172), anderenfalls handelt es sich um Einkünfte aus Kapitalvermögen (*BFH* v. 08.12.1992 – VIII R 78/89, BStBl. II 1993, S. 301).
- **Beschlagnahmeentschädigungen:** Nutzungsentschädigungen für die Inanspruchnahme eines Grundstücks z.B. für die Einweisung von Asylanten oder Obdachlosen sind Einnahmen aus Vermietung und Verpachtung (*BFH* v. 14.06.1963 – VI R 216/61 U, BStBl. III 1963, S. 380).
- **Damnum:** Erstattete Damnumbeträge stellen Einnahmen i.S.d. § 21 EStG dar, wenn das Damnum selbst als Werbungskosten abzugsfähig war (*BFH* v. 22.09.1994 – IX R 13/93, BStBl. II 1995, S. 118). Keine Einnahmen aus Vermietung und Verpachtung liegen hingegen vor, wenn das Damnum lediglich als Bemessung für eine Vorfälligkeitsentschädigung dient (*BFH* v. 19.02.2002 – IX R 36/98, BStBl. II 2003, S. 126).
- **Dienstbarkeit:** Das Entgelt für die Bestellung einer beschränkt persönlichen Dienstbarkeit (§§ 1090 ff. BGB) oder einer Grunddienstbarkeit (§§ 1018 ff. BGB) gehört dann zu den Einnahmen aus Vermietung und Verpachtung, wenn es sich dem wirtschaftlichen Gehalt nach um Nutzungsentgelte im weitesten Sinne handelt (*BFH* v. 19.04.1994 – IX R 19/90, BStBl. II 1994, 640).
- **Entschädigungen:** Nutzungsentschädigungen sind Einnahmen i.S.d. § 21 EStG. Ansonsten kommt eine Besteuerung gem. § 22 Nr. 3 EStG in Betracht. U.U. ist die Entschädigung aber auch nicht steuerbar (*BFH* v. 19.12.2000 – IX R 96/97, BStBl. II 2001, S. 391). Entschädigun-

gen wegen unterlassener Instandhaltung sind ebenfalls als Einnahme zu erfassen (*BFH* v. 29.11.1968 – VI R 316/66, BStBl. II 1969, S. 184), nicht aber Entschädigungen für den Verzicht auf künftige Wohnnutzung (*FG München* v. 27.06.2007 – 1 K 4055/04, *EFG* 2007, S. 1603). Ebenso wenig zählen Ersatzzahlungen eines Bergbauunternehmens zu Einnahmen i.S.d. § 21 EStG, insoweit die Zahlung als Ersatz bergbaubedingter reparabler Schäden (Werbungskosten) für eine privat gehaltene und vermietete Immobilie gezahlt wird (*BFH* v. 09.07.2021 – IX R 11/20, BFH/NV 2022, 104).

- **Erbbaurecht:** Laufender Erbbauzins ist beim Besteller des Erbbaurechts als Entgelt für die Duldung der Nutzung des Grundstücks als Einnahme aus Vermietung und Verpachtung zu erfassen und zwar auch dann, wenn das Entgelt in einer Summe oder in nur wenigen Teilbeträgen gezahlt wird (*BFH* v. 20.09.2006 – IX R 17/04, BStBl. II 2007, S. 112). Für geleistete Einmalzahlungen oder Vorauszahlungen darf das Wahlrecht gem. § 11 Abs. 1 S. 3 EStG angewendet werden.
- **Erschließungskosten:** Zahlt ein Erbbauberechtigter neben dem Erbbauzins auch Erschließungskosten an den Grundstückseigentümer und Straßenanliegerbeiträge an die Gemeinde, so führt dies beim Erbbaubesteller zu Einnahmen aus Vermietung und Verpachtung, wenn aus der Zahlung ein Wertzuwachs des Grundstücks resultiert (*BFH* v. 21.11.1989 – IX R 170/85, BStBl. II 1990, S. 310).
- **Feuerversicherung:** Entschädigungen aus einem Feuerversicherungsvertrag zählen nicht zu den Einnahmen aus Vermietung und Verpachtung, es sei denn, es werden Werbungskosten oder Aufräumkosten ersetzt (*BFH* v. 01.12.1992 – IX R 333/87, BStBl. II 1994, S. 12).
- **Kaution:** Zinsen aus Kautionen sind einkommensteuerrechtlich dem Mieter zuzurechnen und stellen daher keine Einnahme aus Vermietung und Verpachtung beim Vermieter dar.
- **Kostenübernahmen:** Hat der Mieter sämtliche Kosten i.Z.m. dem Objekt zu tragen, so kann dies beim Vermieter zu Einnahmen aus Vermietung und Verpachtung einerseits und in entsprechender Höhe zu abzugsfähigen Werbungskosten andererseits führen. Unter dem Strich ergibt sich für den Vermieter keinerlei Belastung (*BFH* v. 10.08.1988 – IX R 20/84, *BFH*/NV 1989, S. 160). Aus Vereinfachungsgründen müssen die vom Mieter getragenen Erhaltungsaufwendungen nicht berücksichtigt werden (EStR 21.5 Abs. 3 S. 6).
- **Mietausfallversicherung:** Einnahmen aus einer Mietausfallversicherung sind Einnahmen i.S.d. § 21 EStG, da es sich um Ersatz für entgangene Mieteinnahmen handelt (*BFH* v. 29.04.1982 – IV R 177/78, BStBl. II 1982, S. 591).
- **Mieteraufwendungen/Mietereinbauten:** Instandhaltungsaufwendungen des Mieters, zu denen er verpflichtet ist, sind keine Einnahmen des Vermieters. Anders ist es, wenn der Mieter von ihm vorgenommene und bei Vertragsende noch vorhandene Verbesserungen unentgeltlich dem Vermieter überlassen muss. Dann stellt der Wert der Verbesserungen eine Einnahme aus Vermietung und Verpachtung beim Vermieter dar. Ebenfalls gehören zu den Einnahmen aus Vermietung und Verpachtung die Entschädigungen, die der Mieter wegen unterlassener Instandhaltungen an den Vermieter zu zahlen hat (*BFH* v. 29.11.1968 – VI R 316/66, BStBl. II 1969, S. 184).
- **Nebenkosten:** Ein Entgelt für Nebenleistungen des Vermieters gehört zu den Einnahmen aus Vermietung und Verpachtung, so z.B. Entgelt für die Beleuchtung, für die Reinigung der Flure und Treppen oder für die Überlassung eines Schwimmbades (*BFH* v. 01.08.1978 – VIII R 17/74, BStBl. II 1979, S. 14).
- **Nießbrauch:** Entgelte zugunsten des Eigentümers für die Nießbrauchseinräumung sind Einnahmen aus Vermietung und Verpachtung (*BFH* v. 27.06.1978 – VIII R 54/74, BStBl. II 1979, S. 332; BMF v. 30.09.2013 – IV C 1 – S 2253/07/10004). Zum Erwerb eines Grundstücks gegen eine Bebauungsverpflichtung und gegen eine Wohnrechtseinräumungsverpflichtung s. *OFD Koblenz* v. 18.04.2006 (S 2253 A – St 31 2, DB 2006, S. 1136).
- **Photovoltaik:** Einspeisungsvergütungen, die einem Mieter für eine Anlage gezahlt werden, die dieser auf dem Mietobjekt installiert hat, sind Einnahmen des Mieters und nicht des Vermieters (*BFH* v. 11.04.2008 – V R 10/07, BStBl. II 2009, S. 741). Einnahmen i.S.d. § 21 EStG können vorliegen, sofern der Eigentümer Grundstücksteile einem Energieerzeugungsunternehmen zur Stromerzeugung gegen Entgelt überlässt (BeckOK EStG/*Spilker* EStG § 21 Rn. 764).

- **Schadensersatz** für die Beschädigung oder Zerstörung der Mietsache durch den Mieter oder einen Dritten zählt nicht zu den Einnahmen aus Vermietung und Verpachtung, wenn die Schadensersatzleistung nicht auf dem Mietvertrag, sondern auf einem anderen Rechtsgrund beruht (*BFH* v. 29.11.1968 – VI R 316/66, BStBl. II 1969, S. 184). Anders ist es, wenn eine Abgeltung der Gebrauchsüberlassung im Vordergrund steht, so z.B. bei Schadensersatz wegen vertragswidriger Vernachlässigung oder Vorenthaltung der Mietsache (*BFH* v. 05.05.1971 – I R 166/69, BStBl. II 1971, S. 624) oder wegen übermäßiger Beanspruchung der Mietsache (*BFH* v. 22.04.1966 – VI 264/65, BStBl. III 1966, S. 395).
- **Umlagen** für Wassergeld, Flur- und Kellerbeleuchtung, Grundsteuer, Müllabfuhr, Straßenreinigung, Kanalbenutzung, Zentralheizung, Wasserversorgung, Fahrstuhlbenutzung, Schwimmbadbenutzung etc. gehören zu den Mieteinnahmen (*BFH* v. 14.12.1999 – IX R 69/98, BStBl. II 2000, S. 197; *BFH* v. 13.07.2000 – VI B 184/99, *BFH*/NV 2000, S. 1470).
- **Umsatzsteuer:** Die Erstattung von Umsatzsteuer in Optionsfällen (§§ 4 Nr. 12a, 9, 15 UStG) führt zu einer Einnahme aus Vermietung und Verpachtung (*BFH* v. 17.03.1992 – IX R 55/90, BStBl. II 1993, S. 17). Das gilt auch dann, wenn die gezahlte Vorsteuer im Vorjahr nicht als Werbungskosten geltend gemacht worden ist oder wenn sie sich nicht bei einer Einkommensteuer-Veranlagung tatsächlich ausgewirkt hat (*BFH* v. 29.06.1982 – VIII R 6/79, BStBl. II 1982, S. 755). Bei Herstellungskosten führt in Optionsfällen die an den Bauunternehmer gezahlte Umsatzsteuer als Vorsteuer zu Werbungskosten und die spätere Erstattung durch das Finanzamt zu Einnahmen.
- **Vertragsstrafe:** Zahlen Architekten oder Bauunternehmer wegen verspäteter Fertigstellung eines zur Vermietung gedachten Objektes und als Ausgleich entgangener Mieteinnahmen Vertragsstrafen, so liegen Einnahmen aus Vermietung und Verpachtung vor.
- **Verzugszinsen:** Wenn Verzugszinsen wegen verspäteter Mietzahlung in Rechnung gestellt und gezahlt werden, zählen sie zu den Einnahmen aus Vermietung und Verpachtung und nicht zu solchen aus Kapitalvermögen (Subsidiaritätsprinzip gem. § 20 Abs. 8 EStG).
- **Vorauszahlungen** auf Mietzinsen sind grundsätzlich im Zeitpunkt ihres Zuflusses (§ 11 EStG) als Einnahme zu erfassen, es sei denn, es handelt sich um eine Darlehenshingabe des Mieters an den Vermieter. Für Mietzahlungen und gegen einen Darlehensvertrag spricht eine Verrechnungsabrede (*BFH* v. 11.10.1983 – VIII R 61/81, BStBl. II 1984, S. 267).
- **Vormietrecht:** Entgelte für die Einräumung eines Vormietrechtes sind Einnahmen aus Vermietung und Verpachtung. Sie stehen wirtschaftlich vorweggenommenen Mietzahlungen gleich.

4. Werbungskosten

Bei der Einkunftsart Vermietung und Verpachtung gem. § 21 EStG werden die Kosten, die steuerlich zulässig die Einnahmen mindern, Werbungskosten genannt. 75

Werbungskosten sind Aufwendungen zur Erwerbung, Sicherung und Erhaltung der Einnahmen (§ 9 Abs. 1 S. 1 EStG). Diese können in Geld oder Geldeswert (Sachaufwendungen) bestehen. Ersparte Aufwendungen sind keine Ausgaben (*BFH* v. 15.12.1977 – VI R 102/75, BStBl. II 1978, S. 216; *BFH* v. 21.10.1980 – VIII R 190/78, BStBl. II 1981, S. 160). Auch die eigene Arbeitskraft ist keine Aufwendung i.S.d. § 9 EStG (*BFH* v. 01.10.1985 – IX R 58/81, BStBl. II 1986, S. 142). 76

a) Veranlassungszusammenhang

Für den Werbungskostenabzug ist der Veranlassungszusammenhang mit der Vermietung und Verpachtung ausdrücklich verlangt gem. § 9 Abs. 1 S. 2 EStG. 77

Ob eine Veranlassung i.S.d. § 9 Abs. 1 S. 2 EStG vorliegt, ist für das Steuerrecht unabhängig von strafrechtlichen (conditio sine qua non) oder sonstigen Bedingungstheorien zu prüfen. Der *BFH* (*BFH* v. 27.02.1975 – GrS 2–3/88, BStBl. II 1990, S. 817) fordert einen tatsächlichen oder wirtschaftlichen Zusammenhang. 78

79 Der Veranlassungszusammenhang zwischen Einkünften i.S.d. § 21 EStG und Werbungskosten ist bei allen Aufwendungen gegeben, bei denen objektiv ein wirtschaftlicher Zusammenhang mit der Vermietung und Verpachtung besteht. Grundsätzlich müssen entsprechende Aufwendungen auch subjektiv zur Förderung der Nutzungsüberlassung getätigt werden (statt vieler *BFH* v. 13.01.2015 – IX R 46/13, BeckRS 2015, 94409, Rn. 16 f.).

80 In den Fällen verbilligter Vermietung hängen entstandene Aufwendungen unter Umständen nicht in voller Höhe mit den erzielten Einnahmen zusammen:

81 Wenn die Miete für die Überlassung einer Wohnung zu Wohnzwecken weniger als 50 % (bis 2020: 66 %) der ortsüblichen Marktmiete beträgt, so ist die Nutzungsüberlassung in einen entgeltlichen und einen unentgeltlichen Teil aufzuteilen (§ 21 Abs. 2 EStG; s.a. Rdn. 26 ff.).

82 Die auf den entgeltlichen Teil entfallenden Einkünfte sind zu versteuern, d.h. die angefallenen Werbungskosten sind entsprechend anteilig abzugsfähig.

83 Übersteigt die gezahlte Miete 50%(bis 2020: 66%) % der ortsüblichen Marktmiete, ist die Miete in der tatsächlich gezahlten Höhe zu versteuern und die angefallenen Aufwendungen sind zu 100 % abzugsfähig.

b) Abflussprinzip

84 Bei Vermietungstätigkeit im Privatbereich gem. § 21 EStG werden die steuerpflichtigen Einkünfte zwingend durch eine Einnahmen-Überschuss-Rechnung ermittelt. Für die steuerliche Erfassung der Ausgaben gilt das Abflussprinzip des § 11 EStG.

aa) Grundsatz

85 § 11 Abs. 2 S. 1 EStG bestimmt, dass Ausgaben für das Kalenderjahr abzusetzen sind, in dem sie geleistet worden sind.

86 Diese Regelung bietet Gestaltungsmöglichkeiten. So kann z.B. ein Vermieter gegen Ende des Kalenderjahres noch Werbungskosten »produzieren«, indem er vor Ablauf des Jahres noch Reparaturen vornimmt und bezahlt, die eigentlich erst im folgenden Kalenderjahr hätten vorgenommen werden brauchen.

bb) Ausnahmen

87 Diesen Gestaltungsmöglichkeiten versucht der Gesetzgeber auf zwei Wegen Grenzen aufzuzeigen. Zum einen für den Fall regelmäßig wiederkehrender Ausgaben und zum anderen für den Fall von Vorauszahlungen.

aaa) Regelmäßig wiederkehrende Ausgaben

88 Regelmäßig wiederkehrende Ausgaben, die bei dem Steuerzahler kurze Zeit vor Beginn oder kurze Zeit nach Beendigung des Kalenderjahres, zu dem sie wirtschaftlich gehören, abfließen, gelten als in diesem Kalenderjahr abgegangen (§ 11 Abs. 2 S. 2 EStG).

89 Wiederkehrend sind Ausgaben, bei denen ihrer Natur nach aufgrund eines bestimmten Rechtsverhältnisses die Wiederholung in gewissen Zeitabständen von Anfang an feststeht (*BFH* v. 10.12.1985 – VIII R 15/83, BStBl. II 1986, S. 342), so z.B. die monatliche Zahlung an Energieversorgungsunternehmen.

90 Regelmäßig wiederkehrend sind Ausgaben, die nach dem zugrunde liegenden Rechtsverhältnis grundsätzlich am Beginn oder am Ende des Kalenderjahres zahlbar sind, zu dem sie wirtschaftlich gehören (*BFH* v. 06.07.1995 – IV R 63/94, BStBl. II 1996, S. 266). Voraussetzung ist nur die Gleichartigkeit, nicht die Gleichmäßigkeit der Zahlungen in der Höhe.

Eine »kurze Zeit« i.S.d. § 11 Abs. 2 S. 2 EStG ist ein Zeitraum von bis zu zehn Tagen (st. Rechtsprechung vgl. z.B. *BFH* v. 24.07.1986 – IV R 309/84, BStBl. II 1987, S. 16). 91

bbb) Verteilungspflicht für Vorauszahlungen

Vorauszahlungen für eine Nutzungsüberlassung von mehr als 5 Jahren sind auf den Zeitraum gleichmäßig zu verteilen, für den sie geleistet werden (§ 11 Abs. 2 S. 3 EStG). Dies gilt vor allem für Zinsvorauszahlungen, jedoch nicht für ein Damnum oder Disagio, soweit dieses marktüblich ist (§ 11 Abs. 2 S. 4 EStG). Wird eine Damnum- oder Disagiovereinbarung mit einer Geschäftsbank wie unter fremden Dritten geschlossen, indiziert dies Marktüblichkeit (*BFH* v. 08.03.2016 – IX R 38/14, BStBl. II 2016, S. 646). 92

c) WEG-Instandhaltungsrücklage

Wohnungseigentümer leisten monatliche Vorschüsse auf das sog. »Hausgeld« oder »Wohngeld« (§ 28 Abs. 2 WEG). In diesen Zahlungen sind anteilige Beiträge zur Instandhaltungsrückstellung enthalten. Hinsichtlich dieser Zahlungen ist wie folgt zu unterscheiden: 93

Für vermietende Wohnungseigentümer sind Aufwendungen zur Instandhaltung und Instandsetzung des vermieteten Wohnungs- oder Teileigentums steuerlich abzugsfähig. Fraglich ist nur, in welchem Besteuerungszeitraum die steuerliche Zuordnung erfolgt. 94

Der *BFH* (*BFH* v. 26.01.1988 – IX R 119/93, BStBl. II 1988, S. 577) vertritt die Auffassung, dass die an den Wohnungseigentumsverwalter gezahlten Beiträge erst dann als Werbungskosten abzugsfähig sind, wenn die Gelder tatsächlich verausgabt werden. Die Finanzverwaltung stimmt dem zu (H 21.2 EStR, Stichwort »Werbungskosten«). 95

Mit anderen Worten: Steuerlich relevant ist nicht das Kalenderjahr, in dem der vermietende Wohnungs- bzw. Teileigentümer an den Verwalter zahlt, sondern erst das Kalenderjahr, in dem der Verwalter die eingesammelten Beiträge zur Instandhaltungsrückstellung tatsächlich für Aufwendungen verwendet, die ihrerseits steuerlich als Werbungskosten zu beachten sind. Trotz einer gewissen Rechtsfähigkeit der WEG seit 2007 hat der *BFH* mit Beschluss vom 09.12.2008 (IX B 124/08, *BFH* NV 2009, S. 571) an seinen Rechtsprechungsgrundsätzen festgehalten. 96

Der *BGH* hat beschlossen, dass die Instandhaltungsrücklage »dem Verband« zusteht (*BGH* v. 02.06.2005 – V ZB 32/05, DB 2005, S. 2075). Gleichwohl hat der *BFH* seine Rechtsprechung aus 1988 bestätigt (*BFH* v. 21.10.2005 – IX B 144/05, *BFH*/NV 2006, S. 291). Die Begründung aus 1988, wonach erst bei der tatsächlichen Verwendung der Gelder durch den Wohnungseigentumsverwalter feststeht, ob es sich um Erhaltungs- oder Herstellungsaufwand handelt, greift weiter. 97

Mit Einführung des § 9a WEG mit Wirkung zum 01.12.2020 hat der Gesetzgeber endgültig die eigene Rechtsfähigkeit der Weg gesetzlich verankert. Es bleibt abzuwarten, ob dies zu einer Änderung der Rechtsprechung führt. 98

Hiergegen wird oftmals – und bisweilen mit Duldung der Finanzverwaltung – verstoßen, da die vom *BFH* geforderte Regelung mit erheblichem Mehraufwand verbunden und wirtschaftlich unzutreffend ist. Ein Verkäufer hat keinen Anspruch auf Rückerhalt zu viel gezahlter Instandhaltungskosten; umgekehrt profitiert der Käufer, wenn die von einem Rechtsvorgänger gezahlte Rücklage für Instandhaltungen verwendet wird. 99

In der Praxis bestätigt der Wohnungseigentumsverwalter nach Bezahlung derjenigen Rechnungen, die zum Werbungskostenabzug führen, dem jeweiligen Wohnungs- bzw. Teileigentümer, dass er einen entsprechenden anteiligen Betrag für Reparaturen etc. ausgegeben hat. Der Wohnungs- bzw. Teileigentümer kann den auf ihn entfallenden Betrag zusammen mit der Bestätigung des Wohnungseigentumsverwalters steuerlich absetzen. Die Finanzämter akzeptieren i.d.R. derartige Verwalterbescheinigungen. 100

d) Abgrenzung Erhaltungs-/Herstellungsaufwand

101 Der wesentliche Unterschied zwischen Erhaltungsaufwand einerseits und Herstellungsaufwand andererseits ist die Tatsache, dass sich Erhaltungsaufwand bereits im Jahr der Zahlung steuermindernd auswirkt. Herstellungsaufwand hingegen ist auf die (Rest-) Nutzungsdauer der Immobilie zu verteilen und im Wege der Abschreibung zeitanteilig zu berücksichtigen.

aa) Erhaltung

102 Unter Erhaltungsaufwand versteht man »Aufwendungen für die Erneuerung von bereits vorhandenen Teilen, Einrichtungen oder Anlagen« (R 21.1 EStR Abs. 1). Beispiel: Fenstererneuerung, Austausch Heizkessel, Dacherneuerung, auch: Einbau einer solarstrombetriebenen Brauchwasseranlage in bereits vorhandene Gaswärmeversorgung (*BFH* v. 14.07.2004 – IX R 52/02, BStBl. II 2004, S. 949).

103 Daneben bestimmt R 21.1 Abs. 2 Satz 2 EStR, dass Herstellungsaufwendungen, die nach Fertigstellung eines Gebäudes für die einzelne Baumaßnahme nicht mehr als (netto) 4.000 € betragen, stets als Erhaltungsaufwand zu behandeln sind, sofern ein entsprechender Antrag gestellt wurde.

bb) Herstellung

104 Herstellungsaufwand definiert § 255 Abs. 2 S. 1 HGB. Danach handelt es sich um Aufwendungen durch den Verbrauch von Gütern und die Inanspruchnahme von Diensten für die Erweiterung oder für die über den ursprünglichen Zustand hinausgehende wesentliche Verbesserung eines Gebäudes. Die wesentliche Verbesserung muss gegenüber dem ursprünglichen Zustand im Zeitpunkt des Erwerbs bestehen.

105 Eine wesentliche Verbesserung liegt dann vor, wenn Einrichtungen nicht nur in zeitgemäßer Form ersetzt werden, sondern darüber hinaus das Gebäude als Ganzes in seinem Gebrauchswert deutlich erweitert und damit der Wohnwert insgesamt deutlich gesteigert wird. Beispiel: Einbau einer Klimaanlage (*FG Nürnberg* v. 15.11.2005 – I 304/2004, *EFG* 2006, S. 1573). Pauschalierend spricht man insoweit von einer »Standardanhebung«. Eine Standardanhebung wird vor allem durch die Qualität der Heizung, der Sanitär- und Elektroinstallation sowie der Fenster dokumentiert. Wenn bei mindestens drei der genannten Kriterien (Heizung, Sanitär, Elektro, Fenster) eine Anhebung des Standards zu verzeichnen ist, geht die Rechtsprechung des *BFH* von Herstellungsaufwendungen aus. Sofern jedoch feststeht, dass es sich um reine Reparaturmaßnahmen (Erhaltung des ursprünglichen Zustandes) handelt, führen die Maßnahmen auch dann nicht zum Herstellungsaufwand, wenn sie in allen vier genannten Bereichen durchgeführt werden (*BFH* v. 20.08.2002 – IX R 10/02, *BFH/NV* 2003, S. 35).

cc) Abgrenzung

106 Hinsichtlich der Abgrenzung des Standards unterscheidet die Finanzverwaltung zwischen
- sehr einfacher Standard
- mittlerer Standard
- sehr anspruchsvoller Standard (Luxussanierung).

107 Da der weitaus überwiegende Teil der in Deutschland bestehenden Wohnungen dem mittleren Standard entspricht, bedarf es entweder einer bisher selbst unterdurchschnittlichen Wohnbedürfnissen nicht hinreichenden Wohnungsausstattung, um eine Standardanhebung zu definieren oder aber der Modernisierung in eine außergewöhnliche Luxuswohnung. Einzelheiten zur Abgrenzung sind in dem BMF-Schreiben vom 18.07.2003 (IV C 3 – S-2211 – 94/03, BStBl. I 2003, S. 386) zusammengefasst.

e) **Anschaffungsnahe Aufwendungen**

Fällt innerhalb kurzer Zeit nach dem Erwerb einer Immobilie größerer Erhaltungsaufwand an, so ist zu prüfen, ob es sich dabei um sog. anschaffungsnahe Herstellungskosten im Sinne § 6 Abs. 1 Nr. 1a EStG handelt. 108

Gem. § 6 Abs. 1 Nr. 1a EStG gilt, dass zu den Herstellungskosten eines Gebäudes auch Aufwendungen für Instandsetzungs- und Modernisierungsaufwendungen gehören, die innerhalb von 3 Jahren nach der Anschaffung des Gebäudes durchgeführt werden, wenn die Aufwendungen (netto, d.h. ohne USt) 15 % der Anschaffungskosten des Gebäudes übersteigen. Dabei tritt das Problem auf, dass die Aufteilung der originären Anschaffungskosten auf Gebäude und Grund und Boden in der Praxis oft strittig ist, sodass ein vom Finanzamt im Nachhinein festgestellter höherer Wert für Grund und Boden in Grenzfällen nachträglich dazu führt, dass die 15 %-Grenze überschritten wird. 109

Das Überschreiten der 15 %-Grenze ist ein rückwirkendes Ereignis, sodass Vorläufigkeitsvermerke i.S.d. § 165 AO zur Änderung der entsprechenden Steuerbescheide nicht erforderlich sind (*OFD Münster* v. 21.01.2005, DB 2005, S. 258). 110

Bei der Ermittlung des Betrags der anschaffungsnahen Aufwendungen bleiben die Kosten für Erweiterungen i.S.d. § 255 Abs. 2 S. 1 HGB außer Betracht. Bislang galt dies auch für Aufwendungen für Erhaltungsarbeiten oder Schönheitsreparaturen, die jährlich üblicherweise anfallen. 111

Zu den Aufwendungen i.S. von § 6 Abs. 1 Nr. 1a Satz 1 EStG gehören unabhängig von ihrer handelsrechtlichen Einordnung sämtliche Aufwendungen für bauliche Maßnahmen, die im Rahmen einer im Zusammenhang mit der Anschaffung des Gebäudes vorgenommenen Instandsetzung und Modernisierung anfallen und nicht nach Satz 2 der Vorschrift ausdrücklich ausgenommen sind Hierzu gehören auch Kosten für Schönheitsreparaturen, die jährlich üblicherweise anfallen (*BFH* v. 14.06.2016 – IX R 22/15, BStBl. II 2016, S. 999). 112

Auch Aufwendungen zur Beseitigung von mieterverursachten Substanzschäden stellen sofort abziehbare Werbungskosten dar (*BFH* v. 09.05.2017 – IX R 6/16, BStBl. II 2018, S. 9). 113

Die Drei-Jahres-Frist beginnt mit dem Tag der Anschaffung. Der Begriff der Anschaffung ist definiert als Erwerb des wirtschaftlichen Eigentums. Dieses gilt dann als erworben, wenn der Erwerber die wirtschaftliche Verfügungsmacht erlangt. Diese Voraussetzung ist regelmäßig in dem Zeitpunkt erfüllt, in dem Besitz, Gefahr, Nutzung und Lasten auf den Erwerber übergehen (*BFH* v. 28.04.1977 – IV R 163/75, BStBl. II 1977, S. 553 m.w.N.; die Literatur folgt dem: Schmidt/*Kulosa* EStG 2024, § 6 Rn. 35). 114

Erwirbt ein Wohnungs- bzw. Teileigentümer ein Wohnungs- bzw. Teileigentum und investiert er nach dem Anschaffungszeitpunkt in sein Wohnungs- bzw. Teileigentum, so dürfte auf die Aufwendungen des einzelnen Wohnungs- bzw. Teileigentümers abzustellen sein. 115

Wenn jedoch mehrere Wohnungs- bzw. Teileigentümer jeweils ein Wohnungs- bzw. Teileigentum erwerben und sodann die Gemeinschaft – vertreten durch den Verwalter (§ 27 Abs. 1 Nr. 2 WEG) – in das gemeinschaftliche Eigentum investiert, so existiert kein gemeinsamer Anschaffungszeitpunkt, auf den der Beginn der Drei-Jahres-Frist festgelegt werden kann. Es bietet sich an, die gemachten Aufwendungen umzurechnen auf die jeweiligen individuellen Anteile des einzelnen Wohnungs- bzw. Teileigentümers an der Gesamtanlage und sodann auf den Anschaffungszeitpunkt des einzelnen Wohnungs-/Teileigentums abzustellen. Die Rechtsprechung hat sich zu dieser Problematik bislang nicht geäußert. 116

f) **Verteilung größeren Erhaltungsaufwands gem. § 82b EStDV**

Gemäß § 82b Abs. 1 S. 1 EStDV können größere Aufwendungen für die Erhaltung von Gebäuden/Wohnungseigentum, die im Zeitpunkt der Leistung des Erhaltungsaufwands nicht zu einem Betriebsvermögen gehören und zudem überwiegend (mehr als 50 %) Wohnzwecken dienen, auf zwei bis 117 fünf Jahre gleichmäßig verteilt werden. Ein gesonderter Antrag ist insoweit nicht erforderlich. Es reicht die Verteilung in der eingereichten Steuererklärung.

118 Die Frage, ob das Objekt zu mehr als 50 % Wohnzwecken dient, ist auf der Basis einer Nutzflächenberechnung zu beantworten. Bei Räumen, die sowohl Wohnzwecken als auch anderen Zwecken dienen, kommt es darauf an, welchem überwiegenden Zweck sie dienen (Schmidt/*Kulosa* EStG 2024, § 21 Rn. 124). Für diese Beurteilung ist das Kalenderjahr maßgebend, in dem die Aufwendungen getätigt werden. Wird das Gebäude/das Wohnungseigentum in den nachfolgenden Jahren nicht mehr überwiegend zu Wohnzwecken genutzt, ist dies unschädlich.

119 Gehören zum Gebäude/Wohnungseigentum Garagen, so sind diese – ohne Rücksicht auf ihre tatsächliche Nutzung – als zu Wohnzwecken dienend zu behandeln, soweit in ihnen nicht mehr als ein Personenkraftwagen für jede in dem Gebäude befindliche Wohnung untergestellt werden kann (§ 82b Abs. 1 S. 3 EStDV).

120 Die Abweichung von § 11 Abs. 2 EStG (Abflussprinzip) ist in § 82b Abs. 1 S. 1 EStDV ausdrücklich normiert.

121 Wird das Gebäude/Wohnungseigentum während des Verteilungszeitraumes veräußert, ist der noch nicht berücksichtigte Teil des Erhaltungsaufwands im Jahr der Veräußerung als Werbungskosten anzusetzen (§ 82b Abs. 2 S. 1 EStDV). Gleiches gilt, wenn ein Gebäude/Wohnungseigentum in ein Betriebsvermögen eingebracht, in Teileigentum umgewandelt oder nicht mehr zur Einkünfteerzielung (Selbstnutzung zu Wohnzwecken) genutzt wird (§ 82b Abs. 2 S. 2 EStDV).

g) Abschreibungen

122 Bereits getätigte Anschaffungs- oder Herstellungsaufwendungen sind nach der »Aufwandsverteilungstheorie« begrifflich im Zeitpunkt der Verausgabung als Werbungskosten anzusehen. Sie können lediglich nicht im Zeitpunkt der Verausgabung in voller Höhe steuerlich abgezogen werden, sondern werden periodengerecht verteilt. § 9 Abs. 1 S. 3 Nr. 7 EStG ist abweichend von und vorrangig vor § 11 Abs. 2 S. 1 EStG zu beachten.

123 Voraussetzung für den Werbungskostenabzug ist, dass abnutzbare Wirtschaftsgüter angeschafft oder hergestellt wurden. Konsequenterweise fallen die Aufwendungen für den Grund und Boden nicht in die Bemessungsgrundlage. Die Aufteilung des Gesamtkaufpreises eines bebauten Grundstückes wird von der Finanzverwaltung seit jeher kritisch hinterfragt, weshalb sich in der Praxis die Frage gestellt hat, mit welcher Relevanz die Aufteilung im Kaufvertrag vereinbart werden kann. Mit Urteil vom 16.09.2015 hat der *BFH* (IX R 12/14, BStBl. II 2016, S. 397) entschieden, dass die vertragliche Kaufpreisaufteilung von Grundstück und Gebäude der Berechnung der AfA auf das Gebäude zu Grunde zu legen ist, sofern sie zum einen nicht nur zum Schein getroffen wurde sowie keinen Gestaltungsmissbrauch darstellt und zum anderen die realen Wertverhältnisse in grundsätzlicher Weise nicht verfehlt und wirtschaftlich haltbar erscheint. Erfolgt keine Aufteilung im Kaufvertrag, so hat die Aufteilung in dem Verhältnis stattzufinden, in dem die Sachwerte des Grund und Bodens (Bodenrichtwerte) und des Gebäudes (Normalherstellungskosten abzgl. Abnutzung) zueinander stehen. Das BMF hat hierzu mit Datum vom 10.05.2021 ein Berechnungsschema mit hinterlegten Normalherstellungskosten als Arbeitshilfe veröffentlicht, deren Verwendung jedoch nicht immer zu sachgerechten Ergebnissen führt.

124 Zu beachten ist allerdings, dass die sich aus der Arbeitshilfe ergebenden Werte keine bindende Wirkung entfalten – weder für die Finanzverwaltung noch für den Steuerpflichtigen oder die Finanzgerichte. Spätestens seit dem Urteil des *BFH* vom 21.07.2020 (IX R 26/19, BStBl. II 2021, S. 372) werden die Finanzämter bei der Beanstandung einer vorgenommenen Kaufpreisaufteilung die vom BMF zur Verfügung gestellte Arbeitshilfe allenfalls aus Gründen der Verprobung verwenden können. In strittigen Fällen wird daher künftig möglicherweise öfters auf Gutachten von öffentlich bestellten Sachverständigen zurückgegriffen werden müssen.

Weitere Voraussetzung ist, dass es sich um abnutzbare Wirtschaftsgüter handelt, die für mehr als ein Jahr verwendet oder genutzt werden. Die Verwendung oder Nutzung des Wirtschaftsgutes muss sich nur »erfahrungsgemäß« auf einen Zeitraum von mehr als einem Jahr erstrecken (§ 7 Abs. 1 S. 1 EStG). Vorübergehende Nutzungsunterbrechungen (z.B. wegen Instandsetzungsarbeiten oder bei Leerstandszeiten wegen Nichtvermietbarkeit) hindern nicht an der Inanspruchnahme der Jahres-AfA. Abweichendes gilt nur dann, wenn die Leerstandszeit oder sonstige Nichtbenutzung zu einer Aufgabe der Einkunftserzielungsabsicht führt. 125

aa) § 7 Abs. 4 S. 1 Nr. 2 EStG

Bei Gebäuden differenziert § 7 Abs. 4 S. 1 EStG zwischen solchen, die zu einem Betriebsvermögen gehören und nicht Wohnzwecken dienen einerseits und Gebäuden, die nicht zu einem Betriebsvermögen gehören oder Wohnzwecken dienen andererseits. 126

Zu einem Privatvermögen gehörende Gebäude oder Eigentumswohnungen werden entsprechend ihres Fertigstellungsdatums – unabhängig davon, ob sie dem Mieter zu Wohn- oder gewerblichen Zwecken dienen – weiter unterschieden. Objekte, die nach dem 31.12.1924 fertiggestellt worden sind, werden mit 2 % p.a. abgeschrieben und solche, die vor dem 01.01.1925 fertiggestellt worden sind, mit 2,5 % p.a. Damit unterstellt der Gesetzgeber eine Nutzungsdauer von 50 bzw. 40 Jahren. 127

Beträgt die tatsächliche Nutzungsdauer eines solchen Gebäudes jedoch nachweislich weniger als 50 bzw. 40 Jahre, so kann diese der Abschreibungsberechnung zugrunde gelegt werden (§ 7 Abs. 4 S. 2 EStG). 128

Die Abschreibung nach § 7 Abs. 4 EStG erfolgt linear, d.h. in gleichbleibenden Jahressätzen. 129

bb) § 7 Abs. 5 EStG

Neubauten, deren Bauantrag bis zum 31.12.2005 gestellt wurde, konnten – abweichend von § 7 Abs. 4 EStG – auch degressiv abgeschrieben werden. Es handelt sich um ein auslaufendes Recht. Die Norm wurde in der Gesetzeshistorie mehrfach modifiziert und gibt fallende Abschreibungsprozentsätze vor, die in verschiedenen Zeitabschnitten anzuwenden sind. Ein Wechsel der degressiven AfA zur linearen AfA nach § 7 Abs. 4 EStG und umgekehrt ist nicht zulässig. 130

cc) § 7 Abs. 5a EStG

Ab dem Veranlagungsjahr 2023 – eingeführt durch das Wachstumschancengesetz – können **bei Wohngebäuden** befristete Abschreibungen auch degressiv vorgenommen werden (sog. geometrisch-degressive AfA mit fallenden Jahresbeträgen). Bei Vorliegen der Voraussetzungen des § 7 Abs. 5a EStG kann die AfA i.H.v. 5 % vom jeweiligen Restbuchwert in Anspruch genommen werden. Der abschreibungsfähige Restwert der Immobilie verringert sich von Jahr zu Jahr, ist also degressiv. Hinsichtlich der Höhe der AfA ist zu beachten, dass im ersten Jahr eine monatsweise zeitanteilige AfA zu gewähren ist. 131

▶ **Beispiel:**

Bei einem neu errichteten Gebäude mit Anschaffungskosten von 500.000 € können also im ersten Jahr 25.000 € (5 % von 500.000 €) abgeschrieben werden, im zweiten Jahr 23.750 € (5 % von 475.000 €), im dritten Jahr 22.562,50 € (5 % von 451.250 €), u.s.w. 131a

Um die degressive AfA in Anspruch nehmen zu können, müssen folgende Anwendungsvoraussetzungen vorliegen: 131b

(1) Das abzuschreibende Wirtschaftsgut muss ein Gebäude, eine Eigentumswohnung oder ein anderer selbstständiger Teil eines Gebäudes sein, das in einem Mitgliedsstaat der EU oder EWR belegen ist.

(2) Das Gebäude nach (1) muss Wohnzwecken dienen.

(3) Das Gebäude nach (1) muss vom Steuerpflichtigen hergestellt oder bis zum Jahresende nach Fertigstellung angeschafft worden sein.

(4) Mit der Herstellung des Gebäudes nach (1) muss zwischen dem 30.09.2023 und dem 30.09.2029 begonnen werden (i.d.R: Baubeginnsanzeige nach § 74 Abs. 9 BauO NRW bzw. andere landesrechtliche Vorschriften) oder das Gebäude nach (1) ist aufgrund eines rechtswirksam abgeschlossenen schuldrechtlichen Vertrages (z.B. notarieller Grundstückskaufvertrag, Bauträgervertrag) im selben Zeitraum angeschafft worden.

132 Der Wechsel von der degressiven zur linearen AfA ist zulässig (§ 7 Abs. 5a EStG) und aufgrund der immer geringer werdenden jährlichen AfA-Beträge auch sinnvoll, sobald der degressive Abschreibungssatz den linearen AfA-Satz unterschreitet. Beim Übergang zur linearen AfA ist als Bemessungsgrundlage der Restwert (d.h. der aktuelle Buchwert des Gebäudes) heranzuziehen. Die Höhe des dann anzusetzenden linearen AfA-Satzes wird bestimmt, indem der unter Berücksichtigung der Restnutzungsdauer maßgebende Prozentsatz ermittelt wird (§ 7 Abs. 5a S. 8 EStG). Es ist also ein individueller Prozentsatz für die Restnutzungsdauer zu berechnen. Im ersten Schritt ist dafür die prozentuale Höhe der bisherigen (degressiven) Abschreibungen festzustellen. In einem zweiten Schritt ist sodann zu bestimmen, wie hoch der gleichbleibende lineare Abschreibungssatz sein muss, damit das Gebäude am Ende der Gesamtabschreibungsdauer nach § 7 Abs. 4 S. 1 Nr. 2 EStG (im Regelfall also nach lit. a) 33 1/3 Jahre) vollständig abgeschrieben ist. Die Gesamtabschreibungsdauer darf also nicht länger sein als die intendierte Nutzungsdauer nach dieser Norm (BT-Drs. 20/9396, S. 20).

132a Die degressive AfA kann neben der Sonderabschreibung nach § 7b EStG in Anspruch genommen werden. Nicht zulässig ist es dagegen, neben der AfA nach § 7 Abs. 5a EStG Absetzungen für außergewöhnliche technische oder wirtschaftliche Abnutzung zu nutzen.

133 § 7b EStG gestattet neben der linearen AfA des § 7 Abs. 4 EStG Sonderabschreibungen von bis zu 5 % p.a. der Anschaffungs- oder Herstellungskosten für vier Jahre für die begünstigen Wohnungen vorzunehmen. Die Anwendung der Sonderabschreibung für den Mietwohnungsneubau nach § 7b EStG wurde durch das Wachstumschancengesetz bis zum 30.09.2029 verlängert. § 7b EStG gilt nur für vermietete Objekte.

134 Die Einzelvoraussetzungen für die Gewährung der Sonderabschreibungen werden nachfolgend dargestellt:

- Begünstigt sind die Anschaffung sowie die Herstellung neuer Wohnungen in neuen wie auch in bestehenden Gebäuden, die in einem EU-Staat belegen sind, soweit sie mindestens zehn Jahre nach dem Erwerb/der Herstellung entgeltlich zu fremden Wohnzwecken überlassen werden.
- Die betriebliche Nutzung ist nicht begünstigt. Gleiches gilt für die Schaffung nur vorübergehender Beherbergungsmöglichkeiten, z.B. bei Ferienwohnungen. Räume, die sowohl Wohnzwecken als auch betrieblichen oder beruflichen Zwecken dienen, sind – je nachdem, welchem Zweck sie überwiegend dienen – entweder ganz den Wohnzwecken oder ganz den betrieblichen oder beruflichen Zwecken dienenden Räumen zuzurechnen. Das häusliche Arbeitszimmer des Mieters ist aus Vereinfachungsgründen den Wohnzwecken dienenden Räumen zuzurechnen.
- Die Anschaffung ist nur begünstigt, wenn diese bis zum Ende des Jahres der Fertigstellung der Wohnung erfolgt. In diesen Fällen hat der Erwerber den alleinigen Anspruch auf die Sonderabschreibungen.
- Die Anschaffung- oder Herstellungskosten dürfen 3.000 € je qm Wohnfläche nicht übersteigen (Bauantrag bis Kalenderjahr 2021); 5.200 € je qm Wohnfläche (Bauantrag bis Kalenderjahr 2023). Mit dieser Regelung soll die Begünstigung hochpreisigen Wohnraumes vermieden werden. Zu beachten ist insofern, dass auch die nachträglichen Anschaffungs- oder Herstellungskosten in die Baukostenobergrenze miteinzubeziehen sind. Ansonsten könnten über die Korrekturvorschrift des § 7 Abs. 4 S. 2 EStG die Sonderabschreibungen rückwirkend entfallen.
- Der Bauantrag bzw. die Bauanzeige muss nach der ursprünglichen Fassung zwischen dem 31.08.2018 und dem 31.12.2021 gestellt werden. Nach der erweiterten Fassung sind der Bauantrag bzw. die Bauanzeigen zwischen dem 01.01.2023 und dem 30.09.2029 begünstigt.

Auf den Zeitpunkt der Fertigstellung kommt es nur für den Beginn der Sonderabschreibungen an.

- Nach § 7b EStG werden nur Gebäude – mit Bauantrag nach dem 31.12.2022 und vor dem 30.09.2029 – gefördert, die als »Effizienzhaus 40« mit Nachhaltigkeits-Klasse eingestuft sind und dies durch entsprechende Qualitätssiegel nachgewiesen wird.

Weitere Einzelheiten ergeben sich aus den Verwaltungsanweisungen zu § 7b EStG (BMF Schreiben v. 07.07.2020 – IV C 3 – S 2197/19/10009:008; geändert durch BMF Schreiben v. 21.09.2021 – IV C 3 – S 2197/19/10009:009, BStBl. I 21, 1805.). 135

Die Voraussetzungen müssen zum Zeitpunkt des Bauantrages vorliegen. Die Einhaltung sämtlicher Voraussetzungen hat der Steuerpflichtige nachzuweisen. Bei Nichteinhaltung werden die Sonderabschreibungen rückwirkend versagt. 136

Die Sonderabschreibung kann lediglich dann gewährt werden, wenn diese gemeinsam mit anderen sog. De-minimis-Beihilfen für das jeweilige Unternehmen i.S.d. § 7 Abs 5 EStG eine Gesamt-Subventionswirkung von 200.000 € in drei Jahren nicht übersteigt.

Für begünstigte Investitionen können im Jahr der Anschaffung oder Herstellung und in den drei Folgejahren bis zu jährlich 5 % der förderfähigen Bemessungsgrundlage als Sonderabschreibungen geltend gemacht werden. Der Begünstigungszeitraum ist somit auf vier Jahre beschränkt (insgesamt 20 %). 137

Hinsichtlich des zeitlichen Anwendungsbereichs muss beachtet werden, dass die Förderung erstmals im Jahr der Fertigstellung bzw. der Anschaffung der Wohnung in Anspruch genommen werden kann. 138

Die Sonderabschreibungen können neben den 2 %-igen linearen Abschreibungen in Anspruch genommen werden (maximale AfA von 28 %). Sollte für das Gebäude die lineare Abschreibung nach § 7 Abs. 4 EStG nicht zulässig sein, ist auch die Vornahme von Sonderabschreibungen nicht möglich. 139

Nach Ablauf des vierjährigen Begünstigungszeitraums wird der verbleibende Restbuchwert linear auf die Restnutzungsdauer verteilt. 140

dd) § 7h EStG

Bemessungsgrundlage für die Sonderabschreibungen sind die Anschaffungs-/Herstellungskosten der begünstigten Wohnung. Für den Grund und Boden werden keine Sonderabschreibungen gewährt. Gleiches gilt für die Außenanlagen. Da insbesondere die Schaffung von Wohnraum für mittlere und untere Einkommensgruppen gefördert werden soll, wird die förderfähige Bemessungsgrundlage der Sonderabschreibungen auf 2.000 € je qm Wohnfläche begrenzt. Liegen die abschreibungsfähigen Anschaffungskosten zwischen 2.000 € je qm und 3.000 € je qm Wohnfläche, werden die Sonderabschreibungen durch die Kappung letztlich nur anteilig gewährt. 141

Bei einem im Inland belegenen Gebäude, Gebäudeteile, Eigentumswohnungen oder Räumen im Teileigentum in einem förmlich festgelegten Sanierungsgebiet oder städtebaulichen Entwicklungsbereich können abweichend von § 7 Abs. 4 EStG und § 7 Abs. 5 EStG im Jahr der Herstellung und in den folgenden sieben Jahren jeweils bis zu 9 % und in den folgenden vier Jahren jeweils bis zu 7 % der Herstellungskosten für Modernisierungs- und Instandsetzungsmaßnahmen abgesetzt werden (§ 7h Abs. 1 S. 1, Abs. 3 EStG). Entsprechendes gilt für Herstellungskosten von Maßnahmen, die der Erhaltung, Erneuerung und funktionsgerechten Verwendung des Gebäudes dienen, das wegen seiner geschichtlichen, künstlerischen oder städtebaulichen Bedeutung erhalten bleiben soll (§ 7h Abs. 1 S. 2 EStG). 142

Allerdings können die erhöhten Abschreibungen nicht in Anspruch genommen werden, sofern durch die Maßnahmen ein neues Gebäude hergestellt wird, wobei die Beurteilung dessen dem Finanzamt obliegt (§ 7h Abs. 1a EStG). Auch bedarf es für die Inanspruchnahme der erhöhten Abschreibungen der Vorlage einer nicht offensichtlich rechtswidrigen Bescheinigung der zuständigen Gemeindebehörde (§ 7h Abs. 2 EStG).

ee) § 7i EStG

143 Bei im Inland belegenen Gebäuden, Gebäudeteilen, Eigentumswohnungen oder Räumen im Teileigentum, die nach den jeweiligen landesrechtlichen Vorschriften ein Baudenkmal sind, kann der Steuerpflichtige abweichend von § 7 Abs. 4 EStG und § 7 Abs. 5 EStG im Jahr der Herstellung und in den folgenden sieben Jahren jeweils bis zu 9 % und in den folgenden vier Jahren jeweils bis zu 7 % der Herstellungskosten für Baumaßnahmen, die zur Erhaltung des Gebäudes als Baudenkmal erforderlich sind, absetzen (§ 7i Abs. 1 S. 1, Abs. 3 EStG). Entsprechendes gilt, wenn das Gebäude selbst nicht die Voraussetzungen eines Baudenkmals erfüllt, aber Teil einer Gebäudegruppe oder einer Gesamtanlage ist, die nach den jeweiligen landesdenkmalrechtlichen Vorschriften als Einheit geschützt ist (§ 7i Abs. 1 S. 4 EStG).

Es bedarf für die Inanspruchnahme der erhöhten Abschreibungen der Vorlage einer nicht offensichtlich rechtswidrigen Bescheinigung der zuständigen Stelle (§ 7i Abs. 2 EStG).

ff) Sonstige Abschreibungsmöglichkeiten

144 Für einige Gebäudearten (z.B. Hallenkonstruktionen) und Grundstückseinrichtungen (z.B. Parkplätze) gelten besondere Abschreibungssätze, die den amtlichen AfA-Tabellen zu entnehmen sind.

h) Abschreibungsmodelle

145 Diverse Abschreibungsmodelle sind bekannt geworden als sog. »Bauherrenmodelle«. Deren Ziel ist es, mehrere Personen zu vereinen, um Immobilien zu erwerben, zu errichten oder zu modernisieren. Es sollen Vermietungseinkünfte i.S.d. § 21 EStG erzielt werden und die entstehenden Aufwendungen sollen möglichst sofort und in voller Höhe steuerlich abzugsfähig sein.

146 Bekannt geworden sind

- das »Hamburger Modell«, welches sich dadurch auszeichnet, dass sich Anleger als Kommanditisten an einer *KG* beteiligen, die sanierungsbedürftige Häuser instandsetzt und nach einer bestimmten Laufzeit die Kommanditisten mit Eigentumswohnungen abfindet.
- das Mietkaufmodell, in dem der Anleger ein Bündel voneinander abhängiger Verträge schließt, die darauf abzielen, die Verluste der Anlaufphase als sofort abzugsfähige Werbungskosten darzustellen.
- geschlossene Immobilienfonds, bei denen die Anleger Einkünfte aus Vermietung und Verpachtung (§ 21 EStG) erzielen und die regelmäßig in der Rechtsform einer *KG* oder GbR angeboten werden.
- offene Immobilienfonds, bei denen die Anleger Einkünfte aus Kapitalvermögen (§ 20 EStG) erzielen.

aa) Bauherr/Erwerber

147 Für die steuerliche Konsequenz der Beteiligung an einem Modell ist die Abgrenzung zwischen Bauherren einerseits und Erwerbern andererseits von Bedeutung. Hierzu hat der *BFH* entschieden, dass die Anleger im Rahmen eines Bauherrenmodells, an dem sie sich aufgrund eines von dem Projektanbieter vorformulierten Vertrages beteiligen regelmäßig nicht als Bauherren, sondern als Erwerber des bebauten Grundstücks anzusehen sind.

148 Bauherr ist danach nur, wer ein Gebäude auf eigene Rechnung und Gefahr baut oder bauen lässt. Dies ist nach dem Gesamtbild des Verhältnisses des Einzelfalls zu beurteilen. Der »Bauherr« muss das Geschehen beherrschen. Eine solche Beherrschung liegt nicht vor, wenn der Anleger das gesamte, vom Initiator vollständig vorformulierte Vertragsbündel einschließlich der Bauplanung und der Bauausführung übernimmt und sich umfassend durch Baubetreuer und Treuhänder vertreten lässt.

Hat der Anleger daher lediglich die Wahl, entweder das gesamte Bündel der angebotenen Verträge zu übernehmen oder sich überhaupt nicht zu beteiligen, so ist er kein Bauherr im steuerlichen Sinne, sondern Erwerber. Zu Einzelheiten s. BMF v. 20.10.2003 – IV C 3 – S-2253a – 48/03, BStBl. I 2003, S. 546.

bb) Werbungskosten/Anschaffungs- bzw. Herstellungskosten

Werbungskosten sind steuerlich im Jahr der Aufwendung abzugsfähig, Anschaffungs-/Herstellungskosten sind im Wege der Abschreibung auf die Nutzungsdauer des Objekts zu verteilen. 149

Im sog. 5. Bauherrenerlass (BMF v. 20.10.2003 – IV C 3 – S-2253a – 48/03, BStBl. I 2003, S. 546) 150
hat der BMF für sog. »Gesamtobjekte«, also solche Objekte, bei denen mehrere Personen gleichartige Rechtsbeziehungen zu Dritten hergestellt oder unterhalten haben, auch aufgezeigt, welche Aufwendungen bei Bauherrenmodellen als sofort abzugsfähige Werbungskosten und welche Aufwendungen als Anschaffungskosten zu qualifizieren sind. Im Einzelnen:

- Zinsen der Zwischen- und Endfinanzierung (Rn. 12):
  Werbungskosten, wenn eigene Verpflichtung gegenüber Darlehensgeber besteht.
- Vorauszahlungen von Schuldzinsen (Rn. 13):
  Werbungskosten nur bei Vorliegen wirtschaftlich vernünftiger Gründe. Hiervon wird ausgegangen bei Vorauszahlungen für bis zu 12 Monaten.
- Damnum, Disagio, Bearbeitungs- und Auszahlungsgebühren (Rn. 15):
  Werbungskosten soweit marktüblich; bei Laufzeit von mindestens 5 Jahren gilt Damnum bis zu 5 % (früher: 10 %) als marktüblich. Neue Regelung gilt für nach dem 31.12.2003 abgeschlossene Darlehensverträge (*OFD Berlin* v. 19.01.2004 – S-2211 1/04, DStR 2004, S. 356).
- Kosten der Darlehenssicherung (Rn. 16):
  Werbungskosten, soweit an Notar oder Grundbuchamt gezahlt.
- Vermietungsgarantien und -bürgschaften:
  Keine Werbungskosten, wenn Mieter bei Objektbeginn bereits feststeht oder Mieter mit Anleger-/Anbieterseite verflochten ist (so auch *BFH* v. 21.02.1990 – IX B37, *BFH*/NV 1992, S. 90, m.w.N.). Ansonsten bei Erstvermietung zwei Monatsmieten, bei mindestens fünfjähriger Garantie vier Monatsmieten als Werbungskosten abzugsfähig.
- Gebühren für Endfinanzierung (Rn. 18):
  Werbungskosten i.H.v. 2 % des vermittelten Darlehens. Höhere Gebühren zählen zu den Anschaffungskosten.
- Bürgschafts- oder Garantiegebühren (Rn. 18):
  Werbungskosten i.H.v. 0,5 % der in Anspruch genommenen Darlehen. Höhere Gebühren zählen zu den Anschaffungskosten.
- Vergütungen an Steuer- und Rechtsberater (Rn. 19):
  Werbungskosten, soweit diese auch ein Erwerber außerhalb eines Gesamtprojekts absetzen könnte. Unaufgegliedertes Gesamthonorar zählt zu den Anschaffungskosten.
- Sach- und Haftpflichtversicherungen (Rn. 20):
  Werbungskosten, soweit der Anleger die Beiträge als Versicherungsnehmer zahlt.

Aufgrund der in 2005 eingeführten Vorschrift § 15b EStG (Verluste im Zusammenhang mit Steuer- 151
stundungsmodellen) hat die Bedeutung der Abschreibungsmodelle erheblich nachgelassen. § 15b EStG bestimmt, dass bei sog. Verlustzuweisungsmodellen die initialen Verluste nicht mit anderen Einkünften, sondern nur mit späteren Gewinnen derselben Immobilie (Einkunftsquellenidentität) verrechnet werden dürfen. Steuerstundungsmodelle liegen vor, sobald die Verlustzuweisung aufgrund modellhafter Gestaltung 10 % des Kapitaleinsatzes übersteigt.

Trotz dieser erheblichen Einschränkung können durch hohe Werbungskosten in der Initialphase 152
steuerliche Vorteile dadurch erreicht werden, dass positive Überschüsse durch die Verrechnung mit dem Verlustvortrag über mehrere Jahre nicht versteuert werden müssen.

i) Leerstandszeiten

153 In den Fällen, in denen eine Immobilie weder selbst genutzt noch vermietet wird (sog. Leerstandsfälle), hängt die Möglichkeit eines Werbungskostenabzuges davon ab, ob während der Leerstandszeiten eine Vermietungsabsicht bestand.

154 Liegt eine Vermietungsabsicht vor, so ist der Werbungskostenabzug zu gewähren. Eine dahin gehende Absicht ist seitens des Steuerzahlers zu belegen (*BFH* v. 09.07.2003 – IX R 102/00, BStBl. II 2003, S. 940).

155 Folgende Nachweismöglichkeiten für ernsthafte und nachhaltige Vermietungsbemühungen werden von der Rechtsprechung anerkannt:
- Fortgesetzte Vermietungsinserate
- Einschaltung eines Maklers
- Beauftragung der Wohnungsverwaltung mit der Mietsuche
- Rechnungen über Zeitungsanzeigen
- Angebote im Internet
- Benennung von Mietinteressenten

j) Werbungskosten-ABC

156 Werbungskosten sind Aufwendungen, die in ursächlichem Zusammenhang mit der Vermietungstätigkeit stehen (§ 9 EStG). Beispiele:
- **Abstandszahlungen:** Zahlungen des Vermieters an den Mieter für die vorzeitige Räumung des vermieteten Objekts sind Werbungskosten (*BFH* v. 24.10.1979 – VIII R 92/77, BStBl. II 1980, S. 187). Erfolgt die Zahlung jedoch wegen beabsichtigter Selbstnutzung, so liegen keine Werbungskosten vor (*BFH* v. 07.07.2005 – IX R 38/03, BStBl. II 2005, S. 760).
- **Annoncen:** Wird ein Mieter gesucht, sind die Inseratskosten Werbungskosten.
- **Arbeitszimmer:** Einzelheiten s. Rdn. 486 ff.
- **Bausparvertrag:** Die Abschlussgebühren für einen Bausparvertrag sind Werbungskosten, wenn der Abschluss des Vertrages in einem engen wirtschaftlichen Zusammenhang mit dem Hausbau, dem Hauskauf oder der Ablösung eines Anschaffungs-/Herstellungsdarlehens steht (*BFH* v. 01.10.2002 – IX R 12/00, BStBl. II 2003, S. 398).
- **Bauwesenversicherung:** Die Beiträge zu einer Bauwesenversicherung sind Werbungskosten (*BFH* v. 25.02.1976 – VIII B 81/74, BStBl. II 1980, S. 294).
- **Beiträge:** Kommunalabgaben zur Errichtung öffentlicher Anlagen (z.B. Kanalisation, Versorgungsleitungen) sind grundsätzlich nachträgliche Anschaffungskosten des Grund und Boden (vgl. Schmidt/*Kulosa* EStG 2024, § 6 Rn. 59), in Modernisierungsfällen können es jedoch Werbungskosten sein.
- **Bewirtschaftungskosten:** Kosten für Heizung, Wasser, Müllabfuhr, Kanalisation, Straßenreinigung, Schornsteinfeger, Hausverwalter, Hausmeister, Reinigung etc. sind Werbungskosten.
- **Darlehen:** Schuldzinsen aus einem Darlehensvertrag sind als Werbungskosten abzugsfähig (*BFH* v. 04.03.2016 – IX B 85/15, BFH/NV 2016, 917).
- **Einbauküche:** Wird in einer Mietwohnung die bisherige Einbauküche erneuert, führt dies aufgrund einer Rechtsprechungsänderung nicht mehr zu sofort abzugsfähigen Erhaltungsaufwendungen. Vielmehr müssen die Kosten für alle Einzelelemente – also sowohl für die Möbel als auch die Elektrogeräte – einheitlich über zehn Jahre abgeschrieben werden. Die 1000 €-Grenze für sofort abzugsfähige geringwertige Wirtschaftsgüter ist für alle Einzelteile nicht nutzbar (*BFH* v. 03.08.2016 – IX R 14/15, BStBl. II 2017, S. 437).
- **Finanzierungskosten:** Einmalige oder laufende Leistungen in Geld für die Überlassung von Kapital (Schuldzinsen) sind grundsätzlich Werbungskosten (*FG Köln* v. 19.10.2023 – 11 K 1802/22, DStRE 2024, 656 Rn. 17). Dazu gehören auch Bürgschaftsprovisionen, Kurssicherungsaufwendungen, Zahlungen aufgrund einer Wertsicherungsklausel, Verzugszinsen, Verwaltungskostenbeiträge, Nebenkosten der Darlehensaufnahme (z.B. Notargebühren, Maklerkosten) und Umschuldungskosten. Auch Abschlussgebühren eines Bausparvertrages, Bereitstellungszin-

sen und Vorfälligkeitsentschädigungen können abzugsfähig sein. Kursverluste aus der Tilgung von Fremdwährungsdarlehen sind im Zusammenhang mit Einkünften aus § 21 EStG grundsätzlich nicht abzugsfähig. Vgl. hierzu Schmidt/*Krüger* EStG 2024, § 9 Rn. 131 ff.
Schuldzinsen für ein Darlehen, das ursprünglich zur Finanzierung von Anschaffungskosten einer zur Vermietung bestimmten Immobilie aufgenommen wurde, können grundsätzlich auch dann noch als nachträgliche Werbungskosten bei den Einkünften aus Vermietung und Verpachtung abgezogen werden, wenn das Gebäude veräußert wurde, der Veräußerungserlös aber nicht ausreichte, um die Darlehensverbindlichkeit zu tilgen (*BFH* v. 20.06.2012 – IX R 67/10, BStBl. II 2013, S. 275; *BFH* v. 08.04.2014-- IX R 45/13, *BFH*/NV 2014, S. 1151) und die Einkunftserzielungsabsicht nicht bereits vor Veräußerung des aufgegeben wurde.(BMF v. 27.07.2015,– IV C 1 – S-2211 – 11/10001:001, BStBl. I 2015, S. 581).
Nachträgliche Schuldzinsen für darlehensfinanzierte sofort abziehbare Werbungskosten (Erhaltungsaufwendungen) können ebenfalls als nachträgliche Werbungskosten geltend gemacht werden, sofern der Veräußerungserlös nicht ausreicht, um das Darlehen zu tilgen (BMF v. 27.07.2015 – IV C 1 – S-2211 – 11/10001, BStBl. I 2015, S. 581). Zum Schuldzinsenabzug bei einem Darlehen für die Herstellung oder Anschaffung eines teilweise vermieteten und teilweise selbst genutzten Gebäudes s. BMF v. 16.04.2004 – IV C 3 – S-2211 – 36/04, BStBl. I 2004, S. 464 sowie *BFH* v. 01.04.2009 – IX R 35/08, BStBl. II 2009, S. 663.

- **Grundsteuer:** Als Werbungskosten abzugsfähig.
- **Heizkosten:** Heizkosten zur Vermeidung/Beseitigung von Schäden sind Werbungskosten, nicht jedoch Heizkosten während der Bauphase. Letztere sind Herstellungskosten.
- **Instandhaltungsrücklage:** Zuführungen zur wohnungseigentumsrechtlich vorgegebenen Instandhaltungsrücklage i.S.d. § 16 Abs. 2 WEG sind erst dann als Werbungskosten abzugsfähig, wenn die Gelder tatsächlich für Reparaturen etc. verwendet worden sind (*BFH* v. 26.01.1988 – IX R 119/83, BStBl. II 1988, S. 577 sowie *BFH* v. 21.10.2005 – IX B 144/05, *BFH*/NV 2006, S. 291). Einzelheiten hierzu s. Rdn. 93 ff.
- **Kontoführungsgebühren:** Kontoführungsgebühren sind als Werbungskosten abzugsfähig, insoweit auf das Konto mit dem Objekt zusammenhängende Kontobewegungen entfallen (z.B. Mietzahlungen, Abfluss Renovierungskosten) (*BFH* v. 09.05.1984 – VI R 63/80, BStBl. II 1984, S. 560).
- **Maklerprovisionen:** An Makler gezahlte Provisionen sind dann als Werbungskosten abzugsfähig, wenn die Aufwendungen für die Vermittlung eines Mieters entstanden sind.
- **Planungskosten:** Planungskosten sind regelmäßig den nicht sofort abzugsfähigen Herstellungskosten zuzurechnen. Ein Werbungskostenabzug kommt in Betracht bei vergeblichen Aufwendungen (Schmidt/*Krüger* EStG 2024, § 9 Rn. 102).
- **Prozesskosten:** Kosten eines gerichtlichen Verfahrens sind als Werbungskosten abzugsfähig, wenn sie im Zusammenhang mit der Vermietung stehen. Wenn es um den An- oder Verkauf einer Immobilie geht, sind die entstandenen Aufwendungen hingegen nicht als Werbungskosten abzugsfähig.
- **Räumungskosten:** Die Kosten zur Freimachung/Räumung einer Immobilie können Werbungskosten sein, wenn sie einer weiteren Vermietung dienen.
- **Reisekosten:** Fahrtkosten, Mehraufwand für Verpflegung und Übernachtungskosten sind als Werbungskosten abzugsfähig, wenn und soweit eine private Mitveranlassung ausgeschlossen ist. Zur Aufteilung der Aufwendungen für eine gemischt veranlasste Reise s. auch BMF v. 06.07.2010 – IV C 3 – S-2227 – 07/10003, BStBl. I 2010, S. 614).
- **Schönheitsreparaturen:** Lässt der Vermieter in der vermieteten Wohnung Schönheitsreparaturen auf eigene Kosten durchführen, sind die Aufwendungen als Werbungskosten abzugsfähig. Schönheitsreparaturen, die innerhalb von drei Jahren nach Anschaffung durchgeführt werden, sind grundsätzlich anschaffungsnahe Herstellungskosten, also ein sofortiger Werbungskostenabzug ist nicht möglich (*BFH* v. 14.06.2016 – IX R 25/14, BStBl. II. 2016, S. 992)
- **Vorfälligkeitsentschädigung:** Wird ein zur Finanzierung eines vermieteten Grundstücks aufgenommenes Darlehen unter Zahlung einer Vorfälligkeitsentschädigung getilgt, das Grundstück jedoch weiterhin zur Vermietung genutzt, ist die Vorfälligkeitsentschädigung als Werbungskosten

bei den Einkünften aus Vermietung und Verpachtung abziehbar (so EStH 21.2 »Finanzierungskosten« mit Verweis auf die *BFH*-Rechtsprechung).

- **Zweitwohnungsteuer:** Ist eine Wohnung als Ferienwohnung vermietet und fällt Zweitwohnungsteuer an, so sind die gezahlten Zweitwohnungsteuern jedenfalls für den anteiligen Zeitraum der Fremdnutzung als Werbungskosten abzugsfähig (*BFH* v. 15.10.2002 – IX R 58/01, BStBl. II 2003, S. 287).

5. Auslandsbezug

157 Auch in den Fällen, in denen eine inländische Immobilie einem (Steuer-) Ausländer gehört, ergibt sich eine steuerliche Relevanz. Ebenso haben im Inland unbeschränkt steuerpflichtige Personen steuerliche Pflichten zu beachten, wenn sie über vermieteten Grundbesitz im Ausland verfügen.

a) Inlandsimmobilien von Steuerausländern

158 Steuerausländer sind solche Personen, die in Deutschland weder einen Wohnsitz noch einen gewöhnlichen Aufenthalt haben. Sie werden allerdings mit ihrer in Deutschland gelegenen Immobilie gem. § 49 Abs. 1 Nr. 6 EStG beschränkt steuerpflichtig, sofern diese vermietet oder verpachtet wird.

159 Durch die Bestimmungen eines Doppelbesteuerungsabkommens (DBA) können nationale Besteuerungsanspruche des Staates eingeschränkt und oder den Besteuerungsanspruch einem anderen Staat zuweisen.

160 In den meisten Fällen einer in Deutschland liegenden vermieteten Immobilie des Privatvermögens weisen die DBA Deutschland das Besteuerungsrecht zu (Belegenheitsprinzip). Demzufolge muss der Steuerausländer seine Einkünfte in Deutschland erklären und versteuern. Eine Verpflichtung zum Steuerabzug gem. § 50a EStG (Quellensteuer), die den Schuldner der Miete zu Einbehalt und Abführung der Einkommensteuer des ausländischen Eigentümers verpflichtet, besteht nicht.

b) Ausländischer Grundbesitz

161 Grundsätzlich hat ein unbeschränkt Einkommensteuerpflichtiger seine im Ausland erzielten Überschüsse aus Vermietung und Verpachtung in Deutschland als Bestandteil seines steuerpflichtigen Einkommens zu versteuern.

162 Dieser Grundsatz wird jedoch überlagert, sofern ein DBA etwas Anderes regelt.

163 Entsprechend dem Belegenheitsprinzip weisen die DBA in den meisten Fällen das Besteuerungsrecht dem Land zu, in dem die Immobilie des Privatvermögens liegt (vgl. Art. 6 OECD-MA 2017). Der Steuerinländer muss daher seinen Vermietungsüberschuss im Ausland versteuern. Demgemäß sind diese Einkünfte zwar in Deutschland steuerfrei (Freistellungsmethode), jedoch unterliegen sie gem. § 32b EStG dem Progressionsvorbehalt. Das bedeutet, dass der Steuerpflichtige sein im Inland steuerpflichtiges Einkommen mit dem Steuersatz versteuern muss, der sich ergäbe, wenn die steuerfreien ausländischen Vermietungseinkünfte in das Einkommen einfließen würden. Diese Vorschrift bleibt bei demjenigen ohne Auswirkung, der mit seinem sonstigen inländischen Einkommen bereits den Höchststeuersatz erreicht. Hingegen muss derjenige, der mit seinen übrigen Einkünften in der Progressionszone liegt, durchaus mit einer erheblichen Mehrbelastung rechnen.

164 Einige DBA, z.B. Spanien und Schweiz, sehen nicht die Freistellungsmethode gem. dem Belegenheitsprinzip vor, sondern das sog. Anrechnungsverfahren. Daraus ergibt sich, dass z.B. die Vermietungsüberschüsse eines Ferienhauses auf Mallorca sowohl in Spanien als auch in Deutschland steuerpflichtig sind. Die in Spanien entrichtete Einkommensteuer kann allerdings auf die deutsche Steuerbelastung angerechnet werden. Die Anrechnung erfolgt maximal in Höhe der deutschen Steuerbelastung, sodass es nicht zu einer Erstattung ausländischer Steuern durch den deutschen Fiskus kommen kann.

Eine Besonderheit gilt in Verlustfällen: Gem. § 2a EStG dürfen in Deutschland steuerpflichtige Verluste aus Auslandsimmobilien in Drittstaaten nicht mit anderen Einkünften verrechnet werden, sondern nur mit späteren positiven Einkünften derselben Immobilie. 165

Befindet sich die Immobilie innerhalb der EU, des EWR oder aber (aufgrund EU-Assoziierungsabkommens) innerhalb der Schweiz, findet diese Gesetzesnorm indes keine Anwendung, da eine abweichende EU-Rechtsprechung vorrangig zu beachten ist: Danach ist § 2a EStG gemeinschaftsrechtswidrig mit der Folge, dass Verluste aus einer z.B. in Spanien oder Frankreich gelegenen Immobilie ohne Weiteres mit positiven Einkünften inländischer Art verrechnet werden dürfen (*EuGH* v. 15.10.2009 – C-35/08, DStR 2009, S. 2186). 166

III. Einkünfte aus privaten Veräußerungsgeschäften (§ 23 EStG)

Unter bestimmten Voraussetzungen sind die Veräußerungen von Immobilien des Privatvermögens innerhalb von 10 Jahren gem. § 23 EStG steuerpflichtig. 167

Ausgenommen hiervon sind Grundstücke, die im Zeitraum zwischen Anschaffung oder Fertigstellung und Veräußerung ausschließlich oder im Jahr der Veräußerung und in den beiden vorangegangenen Jahren zu eigenen Wohnzwecken genutzt wurden. Dies setzt voraus, dass die Immobilie zum Bewohnen dauerhaft geeignet ist und vom Steuerpflichtigen auch bewohnt wird. Die Immobilie muss vom Steuerpflichtigen zumindest auch selbst genutzt werden; unschädlich ist, wenn er diese gemeinsam mit seinen Familienangehörigen oder einem Dritten bewohnt (vgl. *BFH* v. 21.05.2019 – IX R 6/18, BFH/NV 2019, 1227, Rn. 16; *BFH* v. 24.05.2022 – IX R 28/21, DStR 2022, 2430, Rn. 15 und *BFH* v. 14.02.2023 – X R 11/21, BStBl. II 2023, 642). Dabei setzt eine Nutzung zu »eigenen Wohnzwecken« weder die Nutzung als Hauptwohnung voraus noch, dass sich der Schwerpunkt der persönlichen und familiären Lebensverhältnisse dort befindet (*BFH* v. 27.06.2017 – IX R 37/16, BStBl. II 2017, S. 1192). 168

Die Veräußerung einer Immobilie wird nur dann angenommen, wenn das angeschaffte und das veräußerte Wirtschaftsgut wirtschaftlich identisch sind (sog. Erfordernis der Nämlichkeit). Dies stellt nach der Rechtsprechung ein ungeschriebenes Tatbestandsmerkmal des § 23 EStG dar. Insbesondere wird dies im Rahmen eines Erbfalls relevant, in denen an Miterben ein Grundstück als Erbmasse übertragen wird und einer der Miterben dieses veräußern will. Bei der entgeltlichen Veräußerung des Miterbenanteils handelt es sich nicht um eine Veräußerung des Grundstücks, wodurch auch kein Veräußerungsgewinn nach § 23 EStG bei dieser Übertragung zu veräußern ist. Insoweit hat der *BFH* seine Rechtsprechung geändert und entgegen BMF-Schreiben v. 14.03.2006 – IV B 2 - S 2242 - 7/06, BStBl. I 2006, S. 253, Rn. 43 gestellt (vgl. *BFH* v. 26.09.2023 – IX R 13/22, BFH/NV 2024, 306). 168a

Einzelheiten zu Auslegungsfragen behandelt das BMF-Schreiben v. 05.10.2000 – IV C 3 – S-2256 – 263/00, BStBl. I 2000, S. 1838 i.d.F. v. 29.03.2007 und das BMF-Schreiben v. 27.12.2018 (BStBl. I 2019 S. 11). 169

1. 10-Jahres-Frist

Maßgeblich für den Anschaffungs- bzw. Veräußerungszeitpunkt ist das Verpflichtungsgeschäft (Kaufvertrag). Demzufolge wird auch dann ein Veräußerungsgewinn steuerpflichtig, wenn zwar der Besitz und das dingliche Eigentum erst später als 10 Jahre nach der Anschaffung übertragen werden, der zugrunde liegende Verkaufsvertrag jedoch innerhalb der 10-Jahres-Frist abgeschlossen wurde. Im Fall einer Erbschaft oder Schenkung liegt keine Anschaffung vor, d.h. für den Erben ist der Zeitpunkt der Anschaffung des Erblassers maßgeblich. Die Frist beginnt nur früher zu laufen, wenn das wirtschaftliche Eigentum bereits vor diesen Zeitpunkten übertragen wurde, bspw. liegt dies vor, wenn ein Vorkaufsrecht mit umfangreichen Vertragsstrafen bei Nichtausübung vereinbart wurde. 170

2. Einkunftsermittlung

171 Die Höhe der Einkünfte aus privaten Veräußerungsgeschäften (§ 23 EStG) ergibt sich aus dem Unterschiedsbetrag zwischen Veräußerungspreis einerseits und den fortgeführten Anschaffungs- oder Herstellungskosten (einschließlich Anschaffungsnebenkosten wie Grunderwerbsteuer, Notar- und Gerichtsgebühren) andererseits.

172 Durch den Abzug der fortgeführten Anschaffungs- oder Herstellungskosten (Buchwert) gem. § 23 Abs. 3 S. 4 EStG verlieren die Abschreibungen, die bis dahin steuerlich in der Vermietungszeit geltend gemacht wurden, im Nachhinein in voller Höhe ihre Wirkung und zwar im Veräußerungsjahr.

173 Im Zusammenhang mit der Veräußerung stehende Kosten können als Werbungskosten i.S.d. durch das Veräußerungsgeschäft veranlasste Aufwendungen gewinnmindernd geltend gemacht werden.

▶ **Beispiel:**

174

–	Besitzübergang in 2023 (irrelevant)	
–	Grundbucheintragung in 2024 (irrelevant)	
–	Verkaufsvertrag im Jahr 2022 (relevant)	
	Verkaufspreis	500.000 €
./.	Anschaffungskosten in 2013	350.000 €
./.	Verkaufskosten in 2023 (Makler)	10.000 €
+	Abschreibungen 2013–2022	45.000 €
=	Einkünfte gem. § 23 EStG in 2032	185.000 €

175 Auch Verluste aus privaten Immobiliengeschäften innerhalb der genannten Zeitspanne sind von steuerlicher Relevanz. Allerdings dürfen derartige Verluste gem. § 23 Abs. 3 S. 7, 8 EStG nicht mit Überschüssen anderer Einkunftsarten verrechnet werden, sondern nur mit Gewinnen aus privaten Veräußerungsgeschäften des gleichen Jahres oder des Vorjahres. Ist Beides nicht möglich, können sie vorgetragen und mit Gewinnen aus privaten Veräußerungsgeschäften späterer Jahre saldiert werden.

IV. Einkünfte aus Gewerbebetrieb (§ 15 EStG)

1. Originärer Gewerbebetrieb

176 Wer ein Gewerbe betreibt, hält die dazugehörigen Wirtschaftsgüter üblicherweise im Betriebsvermögen. Sobald eine Immobilie Betriebsvermögen darstellt, werden mit deren Vermietung keine Einkünfte aus Vermietung und Verpachtung erzielt, sondern gewerbliche Einkünfte (Subsidiaritätsprinzip gem. § 21 Abs. 3 EStG).

177 Betriebsvermögen liegt auch vor, wenn der Gesellschafter einer gewerblichen Personengesellschaft (z.B. OHG, GmbH & Co. *KG*) der Personengesellschaft ein Gebäude zur Nutzung überlässt (sog. Sonderbetriebsvermögen gem. § 15 Abs. 1 S. 1 Nr. 2 EStG).

178 Im Gegensatz zu der privaten Vermietung und Verpachtung, werden Gebäude, soweit sie zum Betriebsvermögen gehören und nicht Wohnzwecken dienen mit 3 % linear abgeschrieben (§ 7 Abs. 4 S. 1 Nr. 1 EStG). Damit unterstellt der Gesetzgeber eine Nutzungsdauer von 33 Jahren.

179 Beträgt die tatsächliche Nutzungsdauer eines solchen Gebäudes jedoch nachweislich weniger als 33 Jahre, so kann diese der Abschreibungsberechnung zugrunde gelegt werden (§ 7 Abs. 4 S. 2 EStG).

2. Gewerbebetrieb kraft Rechtsform

Gewerbliche Einkünfte liegen per se vor, wenn sich die Immobilie im Eigentum einer Kapitalgesellschaft oder einer GmbH & Co. *KG* befindet, bei der eine oder mehrere Kapitalgesellschaften persönlich haftende Gesellschafter sind und nur diese oder Nicht-Gesellschafter zur Geschäftsführung befugt sind. § 15 Abs. 3 S. 1 Nr. 1 EStG nennt diese Konstellation eine gewerblich geprägte Personengesellschaft. 180

3. Betriebsaufspaltung

Ebenfalls Betriebsvermögen und damit gewerbliche Einkünfte liegen vor, wenn eine sog. Betriebsaufspaltung gegeben ist. Eine Betriebsaufspaltung liegt vor, wenn ein Unternehmen (Besitzunternehmen) eine wesentliche Betriebsgrundlage an eine gewerblich tätige Personen- oder Kapitalgesellschaft (Betriebsunternehmen) zur Nutzung überlässt (sachliche Verflechtung) und eine Person oder mehrere Personen zusammen sowohl das Besitzunternehmen als auch das Betriebsunternehmen in dem Sinne beherrschen, dass sie in der Lage sind, in beiden Unternehmen einen einheitlichen geschäftlichen Bestätigungswillen durchzusetzen (personelle Verflechtung). Liegen die Voraussetzungen einer personellen und sachlichen Verflechtung vor, ist die Vermietung oder Verpachtung keine Vermögensverwaltung mehr, sondern eine gewerbliche Vermietung oder Verpachtung. Das Besitzunternehmen ist Gewerbebetrieb (*BFH* v. 12.11.1985 – VIII R 240/81, BStBl. II 1986, S. 296). Weitere Einzelheiten finden sich in H 15.7 Abs. 4–6 und Abs. 8 EStR. 181

Im Grundfall der Betriebsaufspaltung ist die Eigentümerin einer Immobilie eine Privatperson, die gleichzeitig Mehrheitseigentümerin einer Kapitalgesellschaft ist, die die Immobilie nutzt. 182

▶ **Beispiel:**

Der 70 %-ige Gesellschafter einer Maschinenbaufabrik (Kapitalgesellschaft) errichtet eine Fabrikationshalle, die er an die Maschinenbaufabrik vermietet. Obwohl der Gesellschafter als Privatperson handelt, wird die Immobilie durch das Rechtsinstitut der Betriebsaufspaltung als Betriebsvermögen behandelt. 183

Betriebsaufspaltungen können auch bei Personengruppen entstehen. Entscheidend ist immer, dass zwischen Besitzgesellschaft und Betriebsgesellschaft eine mehr als 50 %-ige Gemeinsamkeit besteht. 184

4. Gewerblicher Grundstückshandel

Der gewerbliche Grundstückshandel stellt einen Spezialfall der gewerblichen Einkunftsart dar. 185

Er ergibt sich nicht unmittelbar aus dem Gesetz, sondern ist aus der finanzgerichtlichen Rechtsprechung entwickelt worden. In der Regel geht es um Objekte, die nicht von vornherein als Betriebsvermögen klassifiziert sind, sondern zunächst i.d.R. als Privatvermögen zu Vermietungszwecken genutzt werden. Gewerblichkeit tritt nach herrschender Auffassung nicht etwa durch den Umfang des Immobilienbesitzes ein. Auch bei der Vermietung von sehr umfangreichem Grundbesitz gilt noch der Grundsatz der Einkunftsart Vermietung und Verpachtung (*BFH* v. 21.08.1990 – VIII R 271/84, BStBl. II 1991, S. 126). Gewerblichkeit definiert sich vielmehr dadurch, dass die sog. Vermögensumschichtung, d.h. die Verwertung der Immobilie, gegenüber der Vermietungstätigkeit als wirtschaftliches Motiv – gewollt oder ungewollt – in den Vordergrund tritt. Maßgeblich ist, in welcher Zeit wie viele Objekte veräußert werden. Dabei spielt es keine Rolle, ob die Veräußerung von vornherein geplant war oder nicht. Die Rechtsprechung spricht hier von der sog. bedingten Veräußerungsabsicht, die grundsätzlich bei jedem Immobilienerwerb unterstellt wird. 186

Liegt gewerblicher Grundstückshandel vor, so ist die Steuerpflicht aus privaten Veräußerungsgeschäften aufgrund des Subsidiaritätsprinzips gem. § 23 Abs. 2 EStG hinfällig. 187

Fraglich ist in der Praxis, wann die Grenze zwischen privaten Vorgängen und betrieblichen Vorgängen überschritten ist. Zur Gewerblichkeit bei der Vermietung einer Ferienwohnung s. *FG Münster* v. 11.11.2004 – 14 K 3586/03, *EFG* 2005, S. 197. 188

189 Die aktuelle Rechtsprechung wurde zusammengestellt im Schreiben des BMF v. 26.03.2004 – IV A 6 – S-2240 – 46/04, BStBl. I 2004, S. 434.

190 Entscheidungskriterien sind die Dauer der Nutzung vor der Veräußerung, die eventuelle Beteiligung am allgemeinen wirtschaftlichen Verkehr sowie die Zahl der veräußerten Objekte innerhalb eines bestimmten Zeitraums.

a) Nutzungsdauer vor der Veräußerung

191 Ein gewerblicher Grundstückshandel wird nach der Rechtsprechung des *BFH* angenommen, wenn ein Veräußerer eine Anzahl bestimmter Objekte kauft oder bebaut und sie in engem zeitlichen Zusammenhang veräußert (*BFH* v. 18.09.2002 – X R 183/96, BStBl. II 2003, S. 238). Ein enger zeitlicher Zusammenhang wird in aller Regel angenommen, wenn die Zeitspanne zwischen Errichtung und Verkauf der Objekte nicht mehr als fünf Jahre beträgt (*BFH* v. 23.04.1996 – VIII R 27/94, *BFH*/NV 1997, S. 170). Dieser Fünfjahreszeitraum ist keine starre Grenze. Auch Objekte, die nach mehr als fünf Jahren seit Erwerb oder Errichtung veräußert werden, bleiben nicht immer außer Betracht. Eine Überschreitung des Fünfjahreszeitraums hat lediglich zur Folge, dass die von dem zeitlichen Zusammenhang ausgehende Indizwirkung verloren geht, jedoch durch andere Indizien ersetzt werden kann (*BFH* v. 23.01.2004 – IV B 3/03, *BFH*/NV 2004, S. 781).

192 Sind bebaute Grundstücke bis zur Veräußerung mindestens zehn Jahre vermietet worden, so gehört die Veräußerung der Grundstücke nach Ablauf der zehn Jahre zur privaten Vermögensverwaltung (*BFH* v. 06.04.1990 – III R 28/87, BStBl. II 1990, S. 1057; BMF v. 26.03.2004 – IV A 6 – S-2240 – 46/04, BStBl. I 2004, S. 434, Rn. 2).

b) Beteiligung am allgemeinen wirtschaftlichen Verkehr

193 Indiz für die Annahme eines gewerblichen Grundstückshandels ist die sog. Teilnahme am allgemeinen wirtschaftlichen Verkehr. Diese ist dann gegeben, wenn Kontakte zu einer Mehrzahl von Käufern vorliegen (*BFH* v. 29.03.1973 – I R 153/71, BStBl. II 1973, S. 661). Es kann ausreichen, wenn ein Makler eingeschaltet wird, um die Beteiligung am allgemeinen wirtschaftlichen Verkehr zu bejahen (*BFH* v. 07.12.1995 – IV R 112/92, BStBl. II 1996, S. 367).

c) Drei-Objekt-Grenze

194 Ein weiteres wesentliches Indiz für das Vorliegen eines gewerblichen Grundstückshandels ist das Überschreiten der Drei-Objekt-Grenze (*BFH* v. 10.12.2001 – GrS 1/98, BStBl. II 2002, S. 291). Die Veräußerung von mehr als drei Objekten innerhalb eines Fünfjahreszeitraums ist grundsätzlich gewerblich (*BFH* v. 18.09.1991 – XI R 23/90, BStBl. 1992 II, S. 135).

195 Dabei ist es verfassungsrechtlich unbedenklich, die Veräußerung von zwei ungeteilten Mehrfamilienhäusern an zwei Erwerber im Rahmen der Drei-Objekt-Grenze nur als zwei Objekte zu bewerten, hingegen die Veräußerung von zwei in Wohnungseigentum aufgeteilten Mehrfamilienhäusern en bloc an zwei Erwerber als Veräußerung der Zahl der Wohnungseigentumsrechte entsprechenden Objektezahl zu qualifizieren (*BFH* v. 15.07.2004 – III R 37/02, BStBl. II 2004, S. 950).

196 Die Drei-Objekt-Grenze ist keine Drei-Erwerber-Grenze. Konsequenterweise beginnt die Nachhaltigkeit eines Grundstückshandels nicht erst bei einem Verkauf an vier verschiedene Erwerber (*BFH* v. 23.01.2004 – IV B 3/03, *BFH*/NV 2004, S. 781).

197 In WEG-Fällen stellt jedes Wohnungseigentum/Teileigentum ein selbstständiges Objekt dar. Dies gilt sogar für im Teileigentum stehende Garagenabstellplätze (*BFH* v. 18.09.2002 – X R 183/96, BStBl. II 2003, S. 238; *BFH* v. 15.07.2004 – III R 37/02, BStBl. II 2004, S. 950).

198 In folgenden Fällen gelten Besonderheiten:

aa) Geschenkte/geerbte Immobilien

Unentgeltlich erworbene Immobilien zählen bei der Bestimmung der Drei-Objekt-Grenze mit. Für die Frage des zeitlichen Zusammenhangs zwischen Anschaffung und Veräußerung ist allerdings auf die Anschaffung bzw. Herstellung durch den Rechtsvorgänger (Schenker/Erblasser) abzustellen. Im Ergebnis bedeutet dies, dass die von Vater oder Mutter geerbte Eigentumswohnung regelmäßig ohne Überschreitung der Drei-Objekt-Grenze veräußert werden kann. 199

Voraussetzung ist allerdings, dass die unentgeltlichen Übertragungen 200
- nach den Grundsätzen über die steuerliche Anerkennung von Verträgen zwischen nahen Angehörigen anzuerkennen sind,
- nicht auf Strohmann-/Scheingeschäften i.S.d. § 41 Abs. 2 AO beruhen und
- keinen Missbrauch rechtlicher Gestaltungsmöglichkeiten i.S.d. § 42 AO darstellen.

bb) Zu eigenen Wohnzwecken genutzte Immobilien

In die Bestimmung der Drei-Objekt-Grenze nicht einzubeziehen sind zu eigenen Wohnzwecken genutzte Immobilien. Diese gehören – insbesondere, wenn sie auf die eigenen Wohnbedürfnisse zugeschnitten sind – regelmäßig zum notwendigen Privatvermögen (*BFH* v. 16.10.2002 – X-R-74/99, BStBl. II 2003, S. 245). 201

Das gilt nicht, wenn eine zur Veräußerung bestimmte Immobilie nur vorübergehend zu eigenen Wohnzwecken genutzt wird (*BFH* v. 11.04.1989 – VIII-R-266/84, BStBl. 1989 II, S. 621). Was »vorübergehend« ist, ist nicht eindeutig definiert. Jedenfalls eine Nutzung zu eigenen Wohnzwecken über einen Zeitraum von sieben Jahren reicht aus, um eine vermutete Veräußerungsabsicht und damit einen gewerblichen Grundstückshandel bezogen auf diese Immobilie auszuschließen (*BFH* v. 16.10.2002 – X-R-74/99, BStBl. II 2003, S. 245). 202

cc) Veräußerungen durch Ehegatten

Bei Ehegatten ist eine Zusammenfassung der Grundstücksaktivitäten regelmäßig nicht zulässig. Das bedeutet, dass jeder Ehegatte bis zu drei Objekte im Rahmen der – privaten, steuerlich irrelevanten – Vermögensverwaltung veräußern kann, ohne einen gewerblichen Grundstückshandel zu begründen. 203

Das gilt nicht, wenn die Ehegatten nicht nur in ehelicher Verbundenheit agieren, sondern z.B. eine Gesellschaft bürgerlichen Rechts gründen, in die sie ihre Grundstücksaktivitäten einbringen (*BFH* v. 24.07.1986 – IV-R-99/85, BStBl. II 1986, S. 913). 204

dd) Beteiligung an Grundstücksgesellschaften

Gerade wenn es um Wohnungs-/Teileigentum geht, schließen sich oftmals mehrere Personen zusammen, um eine Immobilie zu erwerben, zu bebauen, aufzuteilen (§ 8 WEG) und zu veräußern. In solchen Fällen ist zunächst zu prüfen, ob der Zusammenschluss als solcher einen gewerblichen Grundstückshandel betreibt. Handelt es sich bei dem Zusammenschluss um einen gewerblichen Grundstückshandel, sind die Veräußerungen einzelner Eigentumswohnungen durch den Zusammenschluss – regelmäßig Gesellschaften bürgerlichen Rechts – den Beteiligten zuzurechnen, wenn diese selber noch Veräußerungen außerhalb des Zusammenschlusses vornehmen. 205

Voraussetzung für die Zurechnung ist, dass der einzelne Gesellschafter an der jeweiligen Gesellschaft zu mindestens zehn Prozent beteiligt ist oder aber – wenn die Zehn-Prozent-Grenze nicht überschritten wird – dass der Gesellschaftsanteil mindestens 250.000 € wert ist (BMF v. 26.03.2004 – IV A6 – S-2240 – 46/04, BStBl. I 2004, S. 434, Rn. 14). Es reicht auch aus, wenn ein nicht zu mindestens zehn Prozent beteiligter Gesellschafter eine Generalvollmacht hat oder aus anderen Gründen die Geschäfte der Grundstücksgesellschaft maßgeblich bestimmt (*BFH* v. 12.07.2007 – X R 4/04, BStBl. II 2007, S. 885). 206

d) Sonderfälle

207 Selbst ohne Überschreitung der Drei-Objekt-Grenze kann ein gewerblicher Grundstückshandel gegeben sein, wenn
- das Grundstück mit einem darauf vom Verkäufer zu errichtenden Gebäude bereits vor seiner Fertigstellung verkauft wird;
- das Grundstück von vorn herein auf Rechnung und nach den Wünschen des Erwerbers bebaut wird;
- ein Steuerzahler bereits während der Bauzeit einen Makler mit dem Verkauf des Objekts beauftragt;
- schon vor der Fertigstellung ein Vorvertrag mit einem künftigen Erwerber geschlossen wird;
- unmittelbar nach dem Erwerb eines Grundstücks mit dessen Bebauung begonnen und das Grundstück unmittelbar nach Abschluss der Bauarbeiten veräußert wird.

C. Bauleistungssteuer

208 Seit dem 01.01.2001 gilt das »Gesetz zur Eindämmung der illegalen Betätigung im Baugewerbe« vom 30.08.2001 (BGBl. I, S. 2267). Dieses hat die §§ 48 bis 48d EStG zum Gegenstand.

209 Unternehmerisch tätige Auftraggeber von Bauleistungen i.S.d. § 2 UStG (Leistungsempfänger) müssen nach den §§ 48 bis 48d EStG im Inland einen Steuerabzug von 15 % der Gegenleistung für Rechnung des die Bauleistung erbringenden Unternehmens (Bauunternehmer als Leistender) vornehmen und an das Finanzamt abführen, wenn keine gültige, vom zuständigen Finanzamt des Leistenden ausgestellte Freistellungsbescheinigung vorliegt oder bestimmte Freigrenzen nicht überschritten werden (vgl. BMF-Schreiben v. 19.07.2022 - IV C 8-S 2272/19/10003:002, BStBl I 2022 S. 1229, Rn. 1).

210 Die von dem Bauherren an das Finanzamt abgeführten Beträge werden auf die Lohnsteuer, Einkommensteuer und Körperschaftsteuer des Bauunternehmers angerechnet.

I. Begriff der Bauleistung

211 Unter Bauleistungen sind alle Leistungen zu verstehen, die der Herstellung, Instandsetzung oder Instandhaltung, Änderung oder Beseitigung von Bauwerken dienen (§ 48 Abs. 1 S. 3 EStG). Die Finanzverwaltung verweist insoweit auf § 101 Abs. 2 S. 2 SGB III i.V.m. §§ 1 und 2 der Baubetriebe-Verordnung (BMF-Schreiben v. 19.07.2022 - IV C 8-S 2272/19/10003:002, BStBl. I 2022 S. 1229, Rn. 4). Wartungsleistungen an Bauwerken sind nur dann als Bauleistung zu behandeln, wenn das Nettoentgelt für den einzelnen Umsatz 500 € übersteigt und Teile verändert, überarbeitet oder ausgetauscht werden.

212 Die Bauleistung muss an einem Bauwerk erbracht werden. Dazu gehören auch Arbeiten an Türen und Fenstern sowie Heizungsanlagen. Auch Arbeiten an Einrichtungsgegenständen, die mit einem Gebäude fest verbunden sind (Ladeneinbauten, Schaufensteranlagen, Gaststätteneinrichtungen, Einbauküchen) werden erfasst.

213 Ausschließlich planerische Leistungen (z.B. von Statikern, Architekten, Ingenieuren) sind keine Bauleistungen. Das Gleiche gilt für die bloße Reinigung von Räumlichkeiten oder reine Wartungsarbeiten. Sofern i.R. eines Vertrages mehrere Leistungen erbracht werden, bei denen es sich teilweise um Bauleistungen handelt, ist zu ermitteln, welche Leistung bei der Vertragserfüllung im Vordergrund steht bzw. diesem sein Gepräge gibt. Es besteht eine vollumfängliche Abzugsverpflichtung, sofern die vertragliche Leistung als Bauleistung zu qualifizieren ist (vgl. BMF-Schreiben v. 19.07.2022 - IV C 8-S 2272/19/10003:002, BStBl. I 2022 S. 1229, Rn. 12 ff.).

214 Eine sehr ausführliche Übersicht zur Frage, was i.E. als Bauleistung anzusehen ist, findet sich in BMF-Schreiben v. 19.07.2022 - IV C 8-S 2272/19/10003:002, BStBl. I 2022 S. 1229.

II. Abzugsverpflichteter

Abzugsverpflichtet sind Unternehmer i.S.d. § 2 UStG und Personen des öffentlichen Rechts. Das ist jeder, der eine gewerbliche oder berufliche Tätigkeit selbstständig und nachhaltig ausübt. Maßgebend ist, dass die Tätigkeit auf die Erzielung von Einnahmen gerichtet ist. Eine Gewinnerzielungsabsicht muss nicht bestehen. Auch Tätigkeiten, die einkommensteuerrechtlich eine Liebhaberei darstellen, werden erfasst. 215

Dabei kommt es nicht darauf an, ob die von diesem Unternehmer getätigten Umsätze umsatzsteuerfrei oder umsatzsteuerpflichtig sind. Dementsprechend werden grundsätzlich auch Vermieter erfasst, obwohl Vermietungsumsätze im Normalfall gem. § 4 Nr. 12a UStG von der Umsatzsteuerpflicht befreit sind. Die Abzugsverpflichtung besteht auch für Kleinunternehmer (§ 19 UStG), pauschalversteuernde Land- und Forstwirte (§ 24 UStG). 216

Wenn an einem Gebäude Nießbrauch bestellt wurde, ist der Nießbrauchsberechtigte als Unternehmer anzusehen. Sofern ein entgeltlicher Nießbrauch bestellt wurde, ist der Gebäudeeigentümer als Unternehmer anzusehen. Bei einem unentgeltlichen Nießbrauch fehlt es mangels Einnahmeerziehlungsabsicht an der Unternehmereigenschaft (vgl. BMF-Schreiben v. 19.07.2022 - IV C 8-S 2272/19/10003:002, BStBl. I 2022 S. 1229 Rn. 14). 217

Probleme gibt es in Mischfällen. Das sind die Fälle, in denen Bauleistungen für ein Bauwerk erbracht werden, das teilweise unternehmerischen und teilweise nicht unternehmerischen Zwecken dient. Dann kommt es für die Frage der Abzugsverpflichtung abweichend on Abschnitt 15.2c Abs. 2 des UmsatzsteuerAnwendungserlasses (UStAE) darauf an, ob die Bauleistung dem unternehmerischen oder dem nicht unternehmerischen Teil des Bauwerks zugeordnet werden muss. 218

Dazu ein von der Finanzverwaltung vorgegebenes Beispiel (BMF –Schreiben v. 19.07.2022 - IV C 8-S 2272/19/10003:002, BStBl. I 2022 S. 1229): Ein Eigentümer lässt in einem Mehrfamilienhaus mit vier Wohnungen, in dem er eine Wohnung selbst bewohnt, Verbundglasfenster einbauen. Da es sich bei dem Eigentümer hinsichtlich seiner Vermietungstätigkeit um einen Unternehmer handelt, unterliegt die Vergütung des Bauunternehmers insoweit dem Steuerabzug, als sie sich auf den Einbau von Fenstern in den vermieteten Wohnungen bezieht. Fenster in Gemeinschaftsräumen (z.B. Flure, Treppenhäuser) sind der überwiegenden Nutzung zuzuordnen. Das bedeutet, dass in den Fällen, in denen in einem Mehrfamilienhaus nur eine Wohnung zu eigenen Wohnzwecken genutzt wird, von einer überwiegend unternehmerischen Nutzung ausgegangen werden kann. Von der Gegenleistung für die Fenster in Fluren und Treppenhäusern ist daher der Steuerabzug vorzunehmen. 219

III. Leistender

Leistender im Sinne des Umsatzsteuerrechts ist der Bauunternehmer. Als Leistender gilt immer derjenige, der abrechnet. Unabhängig davon, ob er die Leistung selber erbracht hat oder sich seinerseits Subunternehmern bedient. Unerheblich ist, ob die Einkünfte des Leistenden in Deutschland steuerpflichtig sind (*BFH* v. 07.11.2019 - I R 46/17, BStBl. II 2020, S. 552, Rn. 27). 220

Für Bauträger gilt der Steuerabzug nur, wenn der Abnehmer als Bauherr gilt. 221

Bei einer Wohnungseigentümergemeinschaft besteht die Pflicht zum Steuerabzug für Bauleistungen, die das Gemeinschaftseigentum betreffen. Wird ein Auftrag zur Ausführung einer Bauleistung lediglich vermittelt (bspw. durch Selbsthilfeeinrichtungen wie Maschinenringe), ist nicht der Vermittler, sondern der Leistungsempfänger für den Steuerabzug verantwortlich.

IV. Abstandnahme vom Steuerabzug

Der Steuerabzug ist nicht vorzunehmen, wenn eine Freistellungsbescheinigung vorliegt oder eine der Bagatellregelungen greift. 222

1. Freistellungsbescheinigung

223 Der Auftragnehmer, d.h. der leistende Bauunternehmer kann bei dem für ihn zuständigen Finanzamt eine Freistellungsbescheinigung beantragen (§ 48b EStG). Diese kann auf Gewerke bezogen oder zeitlich beschränkt werden. Wenn und soweit die Freistellungsbescheinigung dem Bauherrn vorgelegt wird, ist dieser von der Verpflichtung zum Steuerabzug befreit (vgl. im Einzelnen BMF-Schreiben v. 19.07.2022 – IV C 8-S 2272/19/10003:002, BStBl. I 2022 S. 1229 Rn. 28 ff.).

2. Bagatellregelung (Freigrenze)

224 Ferner kann vom Steuerabzug abgesehen werden, wenn die Gegenleistung im laufenden Kalenderjahr die Freigrenze von

- 5.000 € voraussichtlich nicht übersteigen wird bzw.
- 15.000 € voraussichtlich nicht übersteigen wird, wenn der Bauherr ausschließlich umsatzsteuerfreie Vermietungsumsätze tätigt (§ 48 Abs. 2 EStG).

3. Zweiwohnungsregelung

225 Vermietet jemand nicht mehr als zwei Wohnungen, ist der Steuerabzug auf Bauleistungen für diese Wohnungen nicht anzuwenden (§ 48 Abs. 1 S. 2 EStG).

226 Im Ergebnis sind die §§ 48 ff. EStG daher nur in Vermietungsfällen anzuwenden, in denen ein Vermieter drei oder mehr Wohnungen vermietet.

4. Entstehung, Fälligkeit und Anmeldung des Abzugsbetrages

227 Die Pflicht zum Steuerabzug entsteht in dem Zeitpunkt, in dem die Zahlung des Bauherrn an den Unternehmer erfolgt. Das gilt auch für Vorschüsse und Abschlagszahlungen. In Verrechnungsfällen gilt der Zeitpunkt der Aufrechnung.

228 Der einbehaltene Abzugsbetrag ist am 10. des Folgemonats abzuführen.

229 Zuständig ist das für die Besteuerung des Bauunternehmers zuständige Finanzamt.

230 Der Steuerabzugsbetrag ist auf einem amtlich vorgeschriebenen Vordruck gegenüber dem Finanzamt des Bauunternehmers anzumelden. Für jeden Bauunternehmer ist eine eigene Anmeldung abzugeben. Die Adressen der zuständigen Finanzämter bzw. deren Kontonummern müssen vom jeweiligen Bauunternehmer erfragt werden.

5. Abrechnung mit dem Bauunternehmer

231 Der Bauherr ist verpflichtet, mit dem Bauunternehmer mit dem einbehaltenen Steuerabzug abzurechnen (§ 48a Abs. 2 EStG). Dazu hat der Bauherr dem Bauunternehmer einen Abrechnungsbeleg zu erteilen, der nachfolgende Angaben enthalten muss:

- Name und Anschrift des Bauherrn
- Rechnungsbetrag, Rechnungsdatum und Zahlungstag
- Höhe des Steuerabzugs
- Finanzamt, bei dem der Steuerabzugsbetrag angemeldet worden ist.

V. Haftung

232 Ist der Steuerabzug nicht ordnungsgemäß oder überhaupt nicht durchgeführt worden, so haftet der Bauherr für den nicht oder zu niedrig abgeführten Abzugsbetrag (§ 48a Abs. 3 S. 1 EStG). Es ist unerheblich, ob im Inland Steueransprüche des Leistenden gesichert werden müssen. Insbesondere kann sich der Leistungsempfänger im Haftungsverfahren nicht darauf berufen, dass die Leistung beim Leistenden im Inland nicht versteuert werden kann (siehe *BFH* v. 07.11.2019 - I R 46/17, BStBl. II 2020 S. 552 Rn. 45, 46). Der Steuerabzug wird gemäß § 48d Abs. 1 S. 1, 6 EStG durch ein Doppelbesteuerungsabkommen nicht begrenzt.

Die Haftung ist unabhängig von einem Verschulden des Bauherrn, wenn ihm keine Freistellungsbescheinigung vorgelegen hat. 233

Hat dem Bauherrn eine Freistellungsbescheinigung vorgelegen, so haftet er nur dann nicht, wenn er auf die Rechtmäßigkeit der Freistellungsbescheinigung vertrauen durfte. 234

D. Gewerbesteuer

Gewerbesteuerliche Aspekte sind nur dann relevant, wenn und soweit die Vermietung im Rahmen eines gewerblichen Unternehmens erfolgt, d.h. die vermietete Immobilie Betriebsvermögen darstellt. 235

Für die private Vermietung besteht grundsätzlich keine Gewerbesteuerpflicht. Nur in Ausnahmefällen kann sich ergeben, dass eine private Vermietung steuerlich in eine gewerbliche umqualifiziert wird (s. Rdn. 146 ff.). 236

1. Besteuerungsgegenstand

Steuergegenstand der Gewerbesteuer ist jeder stehende Gewerbebetrieb, soweit er im Inland betrieben wird (§ 2 Abs. 1 S. 1 GewStG). Was als Gewerbebetrieb zu qualifizieren ist, richtet sich nach den Vorschriften des EStG. 237

Die Tätigkeit einer GmbH oder einer AG gilt stets und in vollem Umfang als Gewerbebetrieb (§ 8 Abs. 2 KStG). 238

2. Besteuerungsausnahmen

Wer von der Gewerbesteuer befreit ist, regelt § 3 GewStG. Diesen Vorteil genießen insbesondere einige juristische Personen des öffentlichen Rechts. 239

3. Berechnung der Steuer

a) Bemessungsgrundlage

Der Gewerbesteuer unterworfen wird der Gewerbeertrag (§ 6 GewStG). 240

Dabei handelt es sich um den Gewinn, der nach den Vorschriften des EStG oder des KStG ermittelt wird (§ 7 Satz 1 GewStG) vermehrt um die gewerbesteuerlichen Hinzurechnungen (§ 8 GewStG) und vermindert um die gewerbesteuerlichen Kürzungen (§ 9 GewStG). Der sich ergebende Betrag ist abzurunden und um evtl. Freibeträge (§ 11 Abs. 2 GewStG) zu verringern. 241

Soweit es um Immobilien geht, sind nachfolgende Regelungen des GewStG von Bedeutung: 242

– Hinzurechnung zum Gewinn i.S.d. EStG oder KStG:
  Ein Viertel der Summe aus 100 % der Entgelte für Schulden, 20 % der Miet- und Pachtzinsen (einschl. Leasingraten) für die Benutzung von beweglichen Wirtschaftsgütern des Anlagevermögens und 50 % der Miet- und Pachtzinsen (einschl. Leasingraten) für die Benutzung von unbeweglichen Wirtschaftsgütern des Anlagevermögens, die im Eigentum eines anderen stehen (§ 8 Satz 1 Nr. 1a, d, e GewStG), soweit diese Summe den Betrag von 200.000 € übersteigt. Der Miet- und oder Leasingaufwand für Elektro- oder extern aufladbare Hybridelektrofahrzeuge und Fahrräder, die keine Kraftfahrzeuge sind, wird nach Maßgabe des neuen § 8 Nr. 1d Satz 2 GewStG halbiert. Die Halbierung ist bis 2030 befristet und soll nur Entgelte betreffen, die auf nach dem 31.12.2019 abgeschlossenen Verträgen beruhen.
  Mit diesen Vorschriften werden die Finanzierungszinsen einer Immobilie der Gewerbesteuer unterworfen und für Mieter und Pächter ebenso die gezahlten Mieten und Pachten, unabhängig davon, ob diese beim Vermieter bzw. Verpächter ebenfalls der Gewerbesteuer unterworfen werden. Faktisch kommt es somit zu einer Substanzbesteuerung. Soweit der Freibetrag i.H.v. 200.000 € überschritten wird, werden 25 % der Schuldzinsen und 5,0 % bzw. 12,5 % der Miet- und Pachtaufwendungen der Gewerbesteuer unterworfen. Insbesondere bei anlageintensiven Betrieben (z.B. Baugeräteverleih) beträchtlichen steuerlichen Belastungen. Bei einem Hebesatz von 450 %

verursachen und solchen, die hohe Raumaufwendungen (z.B. Einzelhandelsketten) haben, kommt es zu Schuldzinsen i.H.v. 250.000 € ca. 2.000 € Gewerbesteuer und Mietaufwendungen i.H.v. 600.000 € ca. 7.875 € Gewerbesteuer.

Die Hinzurechnungsvorschrift ist verfassungsrechtlich nicht bedenklich (*BVerfG* v. 15.02.2016 – 1 BvL 8/12, BStBl. II 2016, S. 557).

– Kürzung vom Gewinn i.S.d. EStG oder KStG:
  1,2 % des Einheitswerts (ab VAZ 2025: 0,11% des Grundsteuerwerts) des zum Betriebsvermögen gehörenden – und nicht von der Grundsteuer befreiten – Grundbesitzes mit weiteren Bedingungen und Einschränkungen (§ 9 Satz 1 Nr. 1 Satz 1 GewStG)
  bzw.
  bei Grundstücksunternehmen:
  100 % des Ertrags aus der Verwaltung und Nutzung des zum Betriebsvermögen – und nicht von der Grundsteuer befreiten – Grundbesitzes mit weiteren Bedingungen und Einschränkungen (§ 9 Satz 1 Nr. 1 Satz 2 GewStG).

b) Erweiterte Kürzung für Grundstücksunternehmen

243 Die verhältnismäßig geringe Entlastung mit 1,2 % des Einheitswertes soll nach dem gesetzgeberischen Willen eine Doppelbesteuerung mit Gewerbesteuer und Grundsteuer, die beide als Real- bzw. Objektsteuern von den Gemeinden erhoben werden, vermeiden.

244 Die sog. erweiterte Kürzung für Grundstücksunternehmen gem. § 9 Nr. 1 Satz 2 GewStG hat hingegen einen anderen Zweck. Sinn dieser Befreiungsnorm ist, dass Unternehmen, die lediglich Grundbesitz verwalten, gänzlich von der Gewerbesteuer entlastet werden sollen. Prinzipiell soll eine Gleichstellung mit denjenigen Steuerpflichtigen erreicht werden, die ihr Immobilienvermögen im Privatvermögen halten. Von der erweiterten Kürzung profitieren vor allem Wohnungsbaugesellschaften und Genossenschaften, die – auch aufgrund der gewerbesteuerlichen Hinzurechnungsvorschriften der Fremdkapitalzinsen – mit Gewerbesteuer belastet würden, diese jedoch aufgrund der geringen Margen bzw. wegen des Gesellschaftszwecks gar nicht begleichen könnten.

245 Die erweiterte Kürzung steht nur solchen Unternehmen zu, die ausschließlich eigenen Grundbesitz verwalten. Unschädlich ist lediglich, wenn neben dem eigenen Grundbesitz eigenes Kapitalvermögen verwaltet wird. Jede noch so geringfügige anderweitige gewerbliche Tätigkeit führt dazu, dass das Unternehmen die erweiterte Kürzung nicht mehr geltend machen kann.

246 Auch wenn neben dem eigentlichen Grundbesitz nicht mit dem Grundstück fest verbundene Betriebsvorrichtungen mitvermietet werden, ist die erweiterte Kürzung des Gewerbeertrags ausgeschlossen (*BFH* v. 11.04.2019 – III R 36/15, *BFH*/NV 2019, S. 1309). In solchen Fällen empfiehlt sich die Vermietung durch eine Parallelgesellschaft, damit dem Grundbesitzunternehmen die erweiterte Kürzung erhalten bleibt.

247 Das Kriterium der Ausschließlichkeit wird sogar so eng gefasst, dass nach Auffassung der Finanzverwaltung – bestätigt durch *BFH*-Rechtsprechung – dieses während des gesamten Veranlagungszeitraumes vorliegen muss (vgl. *BFH* v. 25.05.2023 – IV R 33/19, BStBl. II 2023, 927).

▶ **Beispiel:**

248 Veräußert ein Grundstücksunternehmen seinen gesamten Immobilienbesitz zum 01.11. eines Kalenderjahres, so kommt die erweiterte Kürzungsvorschrift für den gesamten Veranlagungszeitraum nicht mehr zur Anwendung, da das Unternehmen in den letzten beiden Monaten des Jahres keinen eigenen Grundbesitz mehr verwaltet hat. Das Unternehmen wird in diesem Fall doppelt bestraft: Nicht nur der laufende Ertrag führt zu einer Gewerbesteuerbelastung, sondern auch der Veräußerungsgewinn, der ansonsten ebenfalls von der erweiterten Kürzung erfasst worden wäre.

249 Mit dem in 2021 eingeführten Fondsstandortgesetz hat der Gesetzgeber die Voraussetzungen der Ausschließlichkeit entschärft und ein neue für die Anwendung der erweiterten Kürzung unschäd-

liche Tätigkeit mit aufgenommen (vgl. GLE v. 17.06.2022 – G 1425, DStR 2022, 1316). Danach darf das Grundstücksunternehmen seit dem 01.01.2021 künftig – neben der reinen Vermietung und Verwaltung – ebenfalls Einnahmen aus der Stromerzeugung aus erneuerbaren Energien und aus dem Betrieb von Ladestationen für Elektrofahrzeige/-fahrräder erzielen, sofern diese Einnahmen im Wirtschaftsjahr nicht höher als 10% der Einnahmen aus der Vermietung betragen. Bei der Stromerzeugung darf die Lieferung nicht an den Letztverbraucher erfolgen, es sei denn, dieser ist Mieter. Es gilt zudem zu beachten, dass diese Einnahmen bei der Gewerbsteuer nicht gekürzt werden dürfen und demnach der Gewerbesteuer unterliegen.

Der Gesetzgeber hat in § 9 Nr. 1 S. 3 lit. c GewStG zudem eine sog. Geringfügigkeitsgrenze für Einnahmen aus Nebentätigkeiten im Zusammenhang mit dem Mietverhältnis eingeführt. Hierunter können z.B. die Mitvermietung von den bereits erwähnten Betriebsvorrichtungen, Hausmeisterleistungen o.ä. fallen. Die Einnahmen aus diesen Nebentätigkeiten dürfen 5% der Einnahmen aus der Vermietung nicht übersteigen. 250

Eine Nichtbeachtung des Ausschließlichkeitskriteriums kann zu erheblichen gewerbesteuerlichen Belastungen führen. 251

Beispiel:

Wird eine langjährig genutzte Immobilie mit einem Veräußerungsgewinn i.H.v. 10 Mio. € übertragen, so kann sich daraus eine Gewerbesteuerbelastung in einer Größenordnung von 1,5 Mio. € ergeben. 252

Diese Wirkung lässt sich vermeiden, wenn das Unternehmen seinen Grundbesitz entweder erst zum Jahresende (31.12.) veräußert oder sein Geschäftsjahr mit dem Datum der Übertragung auf ein abweichendes Wirtschaftsjahr umstellt. 253

c) Freibeträge, Steuermesszahl und Steuermessbetrag

Natürliche Personen und Personengesellschaften haben einen Freibetrag i.H.v. 24.500 € p.a. (§ 11 Abs. 1 S. 3 Nr. 1 GewStG). 254

Auf den nach Abrundung und Abzug evtl. Freibeträge (§ 11 Abs. 1 GewStG) ermittelten Gewerbeertrag ist die Steuermesszahl von 3,5 % (§ 11 Abs. 2 GewStG) anzuwenden, um den sog. Steuermessbetrag zu erhalten. 255

d) Hebesätze

Die Gewerbesteuer berechnet sich durch Multiplikation des Steuermessbetrages mit einem bestimmten Hundertsatz (Hebesatz). Die Hebesätze werden von den Gemeinden individuell festgesetzt und können daher je nach Belegenheit des Gewerbebetriebes in ihrer Höhe von mindestens 200 % bis hin zu 580 % (derzeitiger Höchststand) variieren. Der Mindesthebesatz von 200 % wurde gesetzlich verankert, um einen Niedrigsteuerwettbewerb der Gemeinden zu unterbinden (§ 16 Abs. 4 S. 2 GewStG). 256

Eine Übersicht über die Hebesätze ausgewählter Gemeinden findet sich im Beck'schen Steuerberater-Handbuch 2023/2024, Pelka/Rohde, Kap. G, Rn. 177. 257

Die Gewerbesteuer ist seit 2008 einkommensteuerlich und körperschaftsteuerlich nicht abzugsfähig. Bei einem Hebesatz von 450 % ergibt sich somit eine Belastungsquote in Höhe von 15,75 % auf den Gewerbeertrag. 258

4. Steuerschuldner

Schuldner der Gewerbesteuer ist der Unternehmer, d.h. derjenige, für dessen Rechnung das Gewerbe betrieben wird (§ 5 Abs. 1 S. 1, 2 GewStG). 259

260 Wird das Gewerbe durch eine Personengesellschaft betrieben, so schuldet die Gesellschaft die Gewerbesteuer (§ 5 Abs. 1 S. 3 GewStG).

5. Entstehung und Fälligkeit

261 Soweit es sich nicht um Vorauszahlungen handelt, entsteht die Gewerbesteuer mit Ablauf des Erhebungszeitraums, für den die Festsetzung vorgenommen wird (§ 18 GewStG).

262 Vorauszahlungen auf die Gewerbesteuer entstehen mit Beginn des Kalendervierteljahrs, in dem die Vorauszahlungen zu entrichten sind oder wenn die Steuerpflicht erst im Laufe des Kalendervierteljahrs begründet wird, mit Begründung der Steuerpflicht (§ 21 GewStG).

263 Die vierteljährliche Gewerbesteuer-Vorauszahlung ist jeweils zum 15.02., 15.05., 15.08. und 15.11. eines Jahres zur Zahlung fällig.

6. Einkommensteuerliche Anrechnung

264 Mit dem Ziel einer steuerlichen Rechtsformneutralität wurde ein pauschales Gewerbesteueranrechnungsverfahren eingeführt, das die gewerbesteuerliche Belastung von Einzelunternehmen und Personengesellschaften zumindest teilweise kompensieren soll.

265 Dabei wird die Einkommensteuer um das 4-fache (bis 2019: 3,8-fache) des Gewerbesteuermessbetrages reduziert (§ 35 Abs. 1 GewStG).

266 Der Gewerbesteuermessbetrag kann dem Gewerbesteuerbescheid entnommen werden. Bei einem Hebesatz von bis zu 420 % wird faktisch erreicht, dass die gezahlte Gewerbesteuer durch die Einkommensteuerersparnis kompensiert wird. Die Anrechnung wird begrenzt durch die tatsächlich gezahlte Gewerbesteuer, sodass bei Gemeinden mit Hebesätzen unter 420 % eine entsprechende Kappung erfolgt.

267 Für die gewerbesteuerliche Anrechnung wird vorausgesetzt, dass für das Unternehmen tatsächlich Gewerbesteuer festgesetzt wurde. Damit kommt das Gewerbesteueranrechnungsverfahren erst dann zur Anwendung, wenn die gewerbesteuerliche Bemessungsgrundlage den für Personengesellschaften und Einzelunternehmen maßgeblichen Freibetrag von 24.500 € (§ 11 Abs. 1 S. 3 Nr. 1 GewStG) übersteigt.

268 Die aktuelle Rechtsprechung zu § 35 EStG ergibt sich aus dem BMF-Schreiben v. 03.11.2016 – IV C 6 – S-2296a/08/10002, BStBl. I 2016, S. 1187 i.V.m. BMF-Schreiben v. 17.04.2019 – IV C 6 – S-2296a/17/10004, BStBl. I 2019, S. 459.

E. Umsatzsteuer

269 Vermieter sind grundsätzlich Unternehmer i.S.d. § 2 Abs. 1 UStG und unterliegen damit den Regelungen des Umsatzsteuergesetzes. Da die Vermietung eine sonstige Leistung darstellt, die gegen Entgelt erbracht wird, sind die Vermietungsleistungen – soweit das Mietgrundstück in Deutschland liegt – grundsätzlich umsatzsteuerbar (§ 1 Abs. 1 Nr. 1 UStG).

270 Das gilt selbst dann, wenn jemand lediglich eine Photovoltaikanlage betreibt und den in der Anlage erzeugten Strom regelmäßig und nicht nur gelegentlich ganz oder teilweise in das allgemeine Stromnetz einspeist. Wird regelmäßig Strom eingespeist, kommt es für die Unternehmereigenschaft nicht auf die Höhe der erzielten Umsätze an (*OFD Karlsruhe* v. 31.01.2017 – S. 7104 Karte 1).

271 Seit dem 01.01.2023 unterliegt die Lieferung und Installation bestimmter Photovoltaikanlagen einem neuen Nullsteuersatz (§ 12 Abs. 3 UStG). Die Absenkung des Steuersatzes auf 0 % gilt nur für die Leistungen gegenüber dem Betreiber der PV-Anlage und nicht bspw. für den Hersteller. Voraussetzung ist, dass ein Zusammenhang der PV-Anlage mit der Privatwohnung, Wohnungen und öffentlichen oder anderen Gebäuden besteht. Das Gesetz sieht die vorgenannten Voraussetzungen

als erfüllt an (Fiktion), wenn die installierte Bruttoleistung der Anlage nicht mehr als 30kW (peak) nach dem Marktstammdatenregister beträgt.

Im Folgenden wird von dem Regelfall einer umsatzsteuerlichen Qualifikation des Vermieters als Unternehmer ausgegangen. 272

1. Art und Umfang von Vermietungsleistungen

Die Begriffe der Vermietung und Verpachtung stellen eigenständige Begriffe des Unionsrechts dar, deren Auslegung nicht von dem Zivilrecht eines Mitgliedstaates abhängt, sondern von der Zielsetzung und Systematik der MwStSystRL (*EuGH* C-532/11, UR 2013, S. 30). Eine Vermietung liegt nach § 4 Nr. 12a UStG vor, wenn der Vermieter dem Mieter das Recht einräumt, ein Grundstück auf bestimmte Zeit gegen Vergütung so in Besitz zu nehmen, als ob er dessen Eigentümer wäre, und jede andere Person von diesem Recht ausschließt (*BFH* v. 24.09.2015 – V R 30/14 BStBl. II, S. 132). 273

Liegen sog. gemischte Verträge vor, die neben der Gebrauchsüberlassung auch andere Leistungen enthalten, so ist zunächst zu prüfen, ob diese anderen Leistungen umsatzsteuerlich unselbstständig oder selbstständig sind. 274

Unselbstständige Nebenleistungen teilen das umsatzsteuerliche Schicksal der Hauptleistung. Zu den unselbstständigen Nebenleistungen gehören die Lieferung von Wärme, die Versorgung mit Kalt- und Warmwasser, die Überlassung von Waschmaschinen, die Flur- und Treppenreinigung, die Treppenbeleuchtung sowie die Lieferung von Strom durch den Vermieter (A 4.12.1.Abs. 5 UStAE). 275

Die Überlassung von Standplätzen im Zusammenhang mit einer Grundstücksvermietung wird ebenfalls als unselbstständige Nebenleistung beurteilt. 276

Besteht daher zwischen denselben Vertragspartnern ein Mietverhältnis sowohl bzgl. eines Grundstücks als auch bzgl. eines Stellplatzes und besteht zwischen Grundstück und Stellplatz ein räumlicher Zusammenhang, so wird die Stellplatzvermietung als unselbstständige Nebenleistung zur Hauptleistung beurteilt (A 4.12.2 Abs. 3 UStAE). 277

Selbstständige Nebenleistungen hingegen sind umsatzsteuerlich jeweils für sich zu beurteilen. Dazu gehören z.B. die Lieferung von Heizöl oder Heizgas oder die Vermietung von Inventar (A 4.12.1 Abs. 6 UStAE). 278

(*unbesetzt*) 279

Außer den vorstehend genannten gemischten Verträgen kennt das Umsatzsteuerrecht noch sog. Verträge besonderer Art. Diese liegen vor, wenn die Gebrauchsüberlassung des Grundstücks gegenüber anderen wesentlichen Leistungen zurücktritt und das Vertragsverhältnis ein einheitliches, unteilbares Ganzes darstellt (*BFH* v. 31.05.2001– V R 97/98, BStBl. II 2001, S. 658; BMF-Schreiben v. 17.04.2003 – IV B 7 – S-7100– 77/03, BStBl. I 2003, S. 279). Liegt ein solcher Vertrag besonderer Art vor, ist umsatzsteuerlich nicht von einer Vermietungsleistung auszugehen, sodass auch die Steuerbefreiung nach § 4 Nr. 12 UStG nicht in Betracht kommt – und zwar weder für die gesamte Leistung noch für einen Teil der Leistung. Einzelheiten und Beispielsfälle befinden sich auch in A 4.12.6 UStAE. 280

In Leasing-Fällen folgt das Umsatzsteuerrecht dem Einkommensteuerrecht. Konsequenterweise ist Finanzierungsleasing mit einkommensteuerrechtlicher Zuordnung des Leasinggegenstandes beim Leasinggeber umsatzsteuerrechtlich als Vermietung anzusehen. 281

2. Steuerfreiheit gem. § 4 Nr. 12 UStG

Umsätze der Vermietung und Verpachtung von Grundstücken, von Berechtigungen, für die die Vorschriften des bürgerlichen Rechts über Grundstücke gelten und von staatlichen Hoheitsrechten, die die Nutzung von Grund und Boden betreffen, sind umsatzsteuerfrei (§ 4 Nr. 12 lit a UStG). 282

283 Ebenfalls umsatzsteuerbefreit sind Umsätze, die in der Überlassung von Grundstücken und Grundstücksteilen zur Nutzung aufgrund eines auf Übertragung des Eigentums gerichteten Vertrages oder Vorvertrages bestehen (§ 4 Nr. 12 lit. b UStG) sowie Umsätze, die auf der Bestellung, Übertragung oder Ausübungsüberlassung von dinglichen Nutzungsrechten an Grundstücken beruhen (§ 4 Nr. 12 lit. c UStG).

284 Nicht steuerbefreit sind hingegen sog. Hotelumsätze (Vermietung von Wohn- und Schlafräumen zur kurzfristigen Beherbergung von Fremden) sowie die Vermietung von Plätzen für das Abstellen von Fahrzeugen (als Hauptleistung), die kurzfristige Vermietung auf Campingplätzen (vgl. *BFH* v. 13.02.2008 – XI R 51/06, BStBl. II 2009, S. 63) und die Vermietung von Betriebsvorrichtungen – selbst dann, wenn die Betriebsvorrichtung wesentlicher Grundstücksbestandteil ist (§ 4 Nr. 12 Satz 2 UStG).

285 Bei einer steuerbefreiten Vermietung ist es dem Vermieter grundsätzlich nicht möglich, einen Vorsteuerabzug geltend zu machen (§ 15 Abs. 2 UStG).

3. Option zur Steuerpflicht gem. § 9 UStG

286 Unter bestimmten Voraussetzungen kann der Vermieter auf die Steuerbefreiung nach § 4 Nr. 12 UStG verzichten und so die Möglichkeit erlangen, aus den Anschaffungs- oder Herstellungskosten des Gebäudes bzw. aus Reparaturaufwendungen Vorsteuer geltend zu machen.

287 Dies ist immer dann sinnvoll und in der Praxis auch der Regelfall, wenn der Mieter zum Vorsteuerabzug berechtigt ist und der Mieter somit die an den Vermieter zu zahlende Umsatzsteuer auf die Miete vom Finanzamt erstattet erhält. Für den Mieter stellt die Umsatzsteuer in diesem Fall keine Belastung dar und für den Vermieter ergibt sich ein zusätzlicher Ertrag dadurch, dass alle seine Aufwendungen geringer ausfallen, sofern und soweit diese Umsatzsteuer enthalten.

288 Besonders gravierend wirkt sich dies bei einem Neubau aus, da die gesamten Baukosten bezogen auf die Bruttorechnungen um ca. 16 % (19/119) niedriger ausfallen.

a) materiell-rechtliche Voraussetzungen

289 Materiell-rechtliche Voraussetzung für die Option zur Steuerpflicht ist, dass
- die Vermietung an einen anderen Unternehmer für dessen Unternehmen (§ 9 Abs. 1 UStG) erfolgt und
- der mietende Unternehmer das Objekt ausschließlich für Umsätze verwendet oder aber zu verwenden beabsichtigt, die den Vorsteuerabzug nicht ausschließen (§ 9 Abs. 2 UStG). Mit anderen Worten: Der Mieter muss seinerseits umsatzsteuerpflichtige oder andere vorsteuerunschädliche Umsätze tätigen.

290 Bei Altgebäuden i.S.d. § 27 Abs. 2 UStG (Errichtungsbeginn zu bestimmten Daten vor dem 11.11.1993 und Fertigstellung zu bestimmten Daten vor dem 01.01.1998) muss letztere Voraussetzung nicht erfüllt sein (A 9.2 Abs. 5 UStAE).

291 Die Frage der Option ist für jeden Grundstücksteil (z.B. Wohnungen, gewerbliche Flächen, Büroräume, Praxisräume) gesondert zu beurteilen (A 9.2. Abs. 1 Satz 4 UStAE).

292 In Mischnutzungsfällen (der Mieter nutzt das vermietete Objekt teilweise zu unternehmerischen Zwecken und teilweise zu privaten Zwecken) ist eine Aufteilung vorzunehmen. Das Gleiche gilt, wenn der Mieter das Objekt zwar insgesamt zu unternehmerischen Zwecken nutzt, jedoch ein Teil dieser Zwecke nicht zu umsatzsteuerpflichtigen Umsätzen führt. Eine dahin gehend sehr umfassende Darstellung mit etlichen Beispielen findet sich in A 9.2 Abs. 1 UStAE.

293 Die Ausübung des Besteuerungswahlrechts unterliegt der Missbrauchskontrolle des § 42 AO (*BFH* v. 09.11.2006 – V R 43/04, BStBl. II 2007, S. 344).

b) **formelle Voraussetzungen**

Formelle Voraussetzung für die Option zur Steuerpflicht ist die Ausübung des Optionsrechts. Diese muss nicht zwingend schriftlich erfolgen (A 9.1 Abs. 3 Satz 5 UStAE). Ein lediglich konkludentes Verhalten reicht aus, soweit hieraus der Wille zum Verzicht eindeutig hervorgeht (A 9.1 Abs. 3 Satz 8 UStAE). Dazu gehört z.B. 294

- der Abzug von Vorsteuern, die nicht abgezogen werden könnten, wenn der mit der Vermietung bewirkte Umsatz umsatzsteuerfrei wäre
- die Erteilung von Rechnungen mit offenem (gesondertem) Umsatzsteuerausweis
- die Verbuchung von Vermietungsumsätzen als steuerpflichtige Umsätze
- die Erfassung von Vermietungsumsätzen in der Umsatzsteuervoranmeldung oder in der Umsatzsteuerjahreserklärung als umsatzsteuerpflichtige Umsätze.

Die Erklärung zur Option ist grundsätzlich zulässig, solange die Steuerfestsetzung anfechtbar oder aufgrund eines Vorbehalts der Nachprüfung nach § 164 AO noch änderbar ist (*BFH* v. 19.12.2013 – V R 6/12, BStBl. II 2017, S. 837; *BFH* v. 19.12.2013 – V R 7/12, BStBl. II 2017, S. 841; BMF v. 02.08.2017 – III C 3 – S 7198/16/10001, BStBl. I 2017, S. 1240). Die Ausübung der Option kann danach noch bis zur materiellen Bestandskraft der zugrunde liegenden Jahressteuerfestsetzung erfolgen. 295

Der Verzicht auf die Umsatzsteuerbefreiung der Lieferung eines Grundstücks (außerhalb der Zwangsversteigerung) kann jedoch nur in dem dieser Grundstückslieferung zugrunde liegenden notariell zu beurkundenden Vertrag erklärt werden. Ein späterer Verzicht ist unwirksam, selbst wenn er notariell beurkundet wird (*BFH* v. 21.10.2015 – XI R40/13, BStBl. II 2017, S. 852; A 9.2 Abs. 9 UStAE). 296

Gleiches gilt unter den vorgenannten Voraussetzungen für die Rücknahme des Verzichts auf die Umsatzsteuerbefreiung (A 9.1 Abs. 4 Satz 1 und A 9.2 Abs. 9 Satz 3 UStAE). 297

4. **Berechnung der Steuer**

a) **Bemessungsgrundlage**

Als Bemessungsgrundlage ist die Höhe des steuerpflichtigen Umsatzes, d.h. des Mietentgelts, heranzuziehen. 298

Im Regelfall ist die gem. Vertrag vereinbarte Miete maßgeblich (Soll-Besteuerung). 299

Auf Antrag gestattet das Finanzamt jedoch auch eine Besteuerung nach den vereinnahmten Mieten (Ist-Besteuerung), wenn der Unternehmer 300

- im vorangegangenen Kalenderjahr einen Gesamtumsatz von nicht mehr als 600.000 € hatte (§ 20 Satz 1 Nr. 1 UStG) oder
- von der Buchführungspflicht befreit ist (§ 20 Satz 1 Nr. 2 UStG) oder
- Umsätze als Freiberufler gem. § 18 Abs. 1 Nr. 1 EStG generiert (§ 20 Satz 1 Nr. 3 UStG).

b) **Steuersätze**

Auf die Bemessungsgrundlage ist grundsätzlich der allgemeine Umsatzsteuersatz i.H.v. 19 % anzuwenden (§ 12 Abs. 1 UStG). 301

Lediglich für die Vermietung von Wohn- und Schlafräumen, die ein Unternehmer zur kurzfristigen Beherbergung von Fremden bereithält – insbesondere bei Hotels – sowie für die kurzfristige Vermietung von Campingplätzen gilt der ermäßigte Umsatzsteuersatz i.H.v. 7 % (§ 12 Abs. 2 Nr. 11 UStG). 302

Zu beachten ist dabei jedoch, dass die Einräumung von Parkmöglichkeiten an Hotelgäste nicht zu der unmittelbaren Beherbergungs- bzw. Vermietungsleistung gehört. Diese Leistung ist daher mit dem Regelsteuersatz von 19 % zu versteuern. Das gilt auch dann, wenn hierfür kein gesondertes Entgelt berechnet wird (*BFH* v. 01.03.2016 – XI R 11/14, *BFH*/NV 2016, S. 1233). 303

5. Vorsteuerabzug gem. § 15 UStG

304 Hat der Vermieter zur Umsatzsteuerpflicht seiner Vermietungsumsätze optiert, so ist er bei den damit in Zusammenhang stehenden Eingangsleistungen grundsätzlich zum Vorsteuerabzug berechtigt. Für die tatsächliche Geltendmachung der Vorsteuer ist jedoch erforderlich, dass eine im umsatzsteuerlichen Sinne ordnungsgemäße Rechnung vorliegt.

305 Eine ordnungsgemäße Rechnung muss gem. § 14 Abs. 4 UStG folgende Angaben enthalten:
- den vollständigen Namen und die vollständige Anschrift des leistenden Unternehmers (Vermieter) und des Leistungsempfängers (Mieter)
- die dem leistenden Unternehmer (Vermieter) vom Finanzamt erteilte Steuernummer oder die ihm vom Bundeszentralamt für Steuern erteilte Umsatzsteuer-Identifikationsnummer
- das Ausstellungsdatum
- eine fortlaufende Nummer, die zur Identifizierung der Rechnung vom Rechnungsaussteller einmalig vergeben wird (Rechnungsnummer)
- die Menge und die Art (handelsübliche Bezeichnung) der gelieferten Gegenstände bzw. den Umfang und die Art der sonstigen Leistung (Bezeichnung des Vermietungsobjekts)
- den Zeitpunkt der Leistung bzw. wenn ein (Teil-) Entgelt vor Ausführung der Leistung vereinnahmt wird den Zeitpunkt der Vereinnahmung (Angabe des Zeitraums, für den die Miete verlangt bzw. in dem die Miete gezahlt wird)
- das nach Steuersätzen und einzelnen Steuerbefreiungen aufgeschlüsselte Entgelt für die Leistung sowie jede im Voraus vereinbarte Minderung des Entgelts, sofern diese nicht bereits im Entgelt berücksichtigt ist
- den anzuwendenden Steuersatz sowie den auf das Entgelt entfallenden Steuerbetrag oder im Fall einer Steuerbefreiung den Hinweis darauf, dass die Leistung steuerfrei ist und
- in Fällen des § 14b Abs. 1 S. 5 UStG einen Hinweis auf die Aufbewahrungspflicht des Leistungsempfängers (s. Rdn. 347 ff.).

306 Wird ein Gebäude angeschafft oder hergestellt und soll dieses sowohl für vorsteuerunschädliche (steuerpflichtige Vermietung) als auch für vorsteuerschädliche (steuerfreie Vermietung) verwendet werden, so sind die Vorsteuerbeträge im Wege einer sachgerechten Schätzung prozentual aufzuteilen. Als Maßstab erkennt die Finanzverwaltung dabei i.d.R. nur das Verhältnis der Nutzflächen an (BMF-Schreiben v. 20.10.2022 – III C 2 - S 7306/19/10001, BStBl. I 2022, S. 1497).

6. Vorsteuerkorrektur gem. § 15a UStG

307 Die Berechtigung zur Umsatzsteueroption und damit zum Vorsteuerabzug kann sich im Laufe der Jahre ändern. Daher hat der Gesetzgeber mit § 15a UStG einen Mechanismus geschaffen, der bei bestimmten Leistungsbezügen im Nachhinein eine Korrektur des Vorsteuerabzuges vorsieht – sowohl im positiven als auch im negativen Sinne. Betroffen sind im Wesentlichen Vorsteuern aus der Errichtung des Gebäudes (§ 15a Abs. 1 UStG) sowie aus solchen Leistungen an dem Gebäude, die nicht bereits im Zeitpunkt ihres Bezuges wirtschaftlich verbraucht sind (§ 15a Abs. 3 UStG i.V.m. A 15a 6 Abs. 8 UStAE). Damit können z.B. auch Renovierungsarbeiten betroffen sein (BMF v. 12.04.2007 – IV A 5 – S-7316/07/0002, BStBl. I 2007, S. 466).

308 Zu beachten ist, dass eine Vorsteuerkorrektur immer nur dann in Betracht kommen kann, wenn sich das Recht zum Vorsteuerabzug gegenüber dem Erstjahr ändert, z.B. – bedingt durch einen Mieterwechsel – von einer steuerfreien zu einer steuerpflichtigen Vermietung oder umgekehrt.

309 Von den umsatzsteuerfreien Umsätzen zu unterscheiden sind in diesem Zusammenhang die nichtsteuerbaren Umsätze, wie z.B. die Geschäftsveräußerung im Ganzen (s. Rdn. 315 ff.). Bei einem Wechsel von steuerpflichtigen zu nicht-steuerbaren Umsätzen findet § 15a UStG keine Anwendung.

310 Für die Anschaffungs- oder Herstellungskosten einer Immobilie gilt gem. § 15a Abs. 1 S. 2 UStG ein Berichtigungszeitraum von 10 Jahren. Bei der Berichtigung des Vorsteuerabzugs wird ein prozentuales Verhältnis des ursprünglichen Vorsteuerabzugs zum Vorsteuervolumen zu Grunde gelegt.

Im Berichtigungsjahr wird der daraus ermittelte Prozentsatz des ursprünglichen Vorsteuerabzuges verglichen mit dem anhand der tatsächlichen Verwendung berechneten Prozentsatz der abziehbaren Vorsteuern. Aus dieser Differenz wird die Vorsteuerberichtigung bestimmt.

▶ **Beispiel:**

Ein Vermieter hat 50.000 € Vorsteuern aus einem Neubau geltend gemacht und das Gebäude umsatzsteuerpflichtig vermietet. Zu Beginn des 4. Jahres ändern sich die Verhältnisse, weil ein Mieterwechsel dergestalt stattfindet, dass der neue Mieter (z.B. ein Arzt) nicht zum Vorsteuerabzug berechtigt ist und somit der Vermieter die Option zur Umsatzsteuer nicht mehr ausüben darf. Der Vorsteuerabzug auf den Neubau bleibt aufgrund der abgelaufenen drei Jahre mit 30 % (15.000 €) endgültig. Die restlichen 70 % (35.000 €) unterliegen der Korrektur. Da diese pro Jahr 5.000 € beträgt, muss der Vermieter im 4. Jahre 5.000 € an das Finanzamt zurückzahlen. Ändern sich die Verhältnisse nicht erneut, sind auch in den Folgejahren (5. bis 10. Jahr) jeweils 5.000 € zu korrigieren. Findet ab dem Beginn des 9. Jahres wieder eine umsatzsteuerpflichtige Vermietung statt, so werden für das 9. und 10. Jahr indes keine Vorsteuerkorrekturen vorgenommen. Im Vergleich relevant ist daher nur das Erst- bzw. hier das Anschaffungsjahr. 311

In diesen Konstellationen führt die Vorsteuerkorrektur immer zu einem erheblichen Zinsvorteil für den Vermieter. Muss bereits im Jahr nach der Gebäudeerrichtung eine Vorsteuerkorrektur vorgenommen werden, so muss der Vermieter zwar 90 % der Vorsteuern zurückzahlen – jedoch verteilt über neun Jahre. 312

Die Korrekturvorschrift des § 15a UStG gilt auch in umgekehrter Richtung. Sollte zunächst eine Optionsausübung nicht oder nur teilweise möglich gewesen sein, so kann bei umsatzsteuerpflichtiger Vermietung ab einem späteren Zeitpunkt innerhalb von 10 Jahren nachträglich Vorsteuer aus den ursprünglichen Anschaffungs- oder Herstellungskosten geltend gemacht werden. Erfolgt z.B. nach fünf Jahren steuerfreier Vermietung zu Beginn des sechsten Jahres eine umsatzsteuerpflichtige Vermietung, so können immerhin noch 40 % der Vorsteuern aus dem Neubau in den letzten vier Jahren des Berichtigungszeitraumes geltend gemacht werden. 313

In Fällen einer Immobilienveräußerung durch Geschäftsveräußerung im Ganzen (s. Rdn. 315 ff.) ist bedeutsam, dass der Erwerber den Berichtigungszeitraum des Veräußerers fortführt (§ 15a Abs. 10 UStG). Demzufolge kann es bei dem Erwerber einer Immobilie durchaus zu einer Vorsteuerkorrektur kommen, wenn z.B. acht Jahre nach Errichtung und fünf Jahre nach Erwerb von einer umsatzsteuerpflichtigen in eine umsatzsteuerfreie Vermietung gewechselt wird. 314

7. Geschäftsveräußerung im Ganzen

Der Gesetzgeber hat per Legaldefinition (§ 1 Abs. 1a UStG) die sog. Geschäftsveräußerung im Ganzen als nicht-steuerbar von der Umsatzbesteuerung ausgenommen. Dadurch, dass es sich hier nicht um eine Umsatzsteuerbefreiung, sondern um eine Nicht-Steuerbarkeit handelt, ist auch eine Optionsausübung im Sinne einer freiwilligen Umsatzbesteuerung nicht möglich. Gehen die Parteien jedoch im Rahmen des notariellen Kaufvertrags übereinstimmend von einer Geschäftsveräußerung im Ganzen aus und beabsichtigen sie lediglich für den Fall, dass sich ihre rechtliche Beurteilung später als unzutreffend herausstellt, eine Option zur Steuerpflicht, gilt diese vorsorglich und im Übrigen unbedingt im notariellen Kaufvertrag erklärte Option als mit dem Vertragsschluss wirksam (A 9.1 Abs. 3 Satz3 UStAE). Auch hier ist allerdings zu beachten, dass der Verzicht auf die Steuerbefreiung nur in dem gemäß § 311b Abs. 1 BGB notariell zu beurkundenden Vertrag erklärt werden kann (*BFH* v. 21.10.2015 – XI R 40/13, BStBl. II 2017, S. 852). 315

Die Geschäftsveräußerung im Ganzen spielt bei Immobilien eine besondere Rolle. Sie liegt zunächst dann vor, wenn z.B. ein Immobilienunternehmen seine gesamten Immobilien oder ein privater Immobilienbesitzer seinen gesamten Immobilienbestand veräußert. Die Veräußerung wird nicht der 316

Umsatzsteuer unterworfen. Dies gilt auch dann, wenn die Immobilien zuvor umsatzsteuerpflichtig vermietet worden sind.

317 Es findet auch keine nachträgliche Vorsteuerkorrektur gem. § 15a UStG statt, sodass eine während des zehnjährigen Berichtigungszeitraumes veräußerte Immobilie auch dann nicht beim Veräußerer zur Vorsteuerkorrektur führt, wenn er diese Immobilie vor der Veräußerung umsatzsteuerpflichtig vermietet hatte (s. Rdn. 307 ff.). Eine z.B. zu Beginn des 3. Jahres veräußerte Immobilie führt trotz Veräußerung ohne Umsatzsteuer nicht dazu, dass der Veräußerer für die restliche Zeit 70 % der ehemals geltend gemachten Vorsteuer zurückzahlen muss.

318 Die gesetzgeberische Definition der Geschäftsveräußerung im Ganzen bedarf gerade bei Immobilien einer Interpretation. So lässt sich durchaus die Auffassung vertreten, dass jede einzelne Immobilie für sich betrachtet ein Geschäft darstellt. Besitzt z.B. eine Immobiliengesellschaft 10 Immobilien, so könnte bereits in der Veräußerung einer Immobilie eine Geschäftsveräußerung im Ganzen gesehen werden, obwohl die Gesellschaft mit ihren verbleibenden 9 Immobilien nach wie vor ihrer Vermietungstätigkeit nachgeht.

319 Die Rechtsprechung hat hierzu im Wesentlichen folgende Abgrenzungskriterien herausgearbeitet:

320 Sofern das Grundstück nur einen Teil des Unternehmens umfasst, liegt eine nicht steuerbare Geschäftsveräußerung nur dann vor, wenn das verkaufte Grundstück einen in der Gliederung des Unternehmens gesondert geführten Betrieb darstellt.

321 Die Übertragung eines gesondert geführten Betriebs liegt z.B. vor, wenn Teileigentum an einem Grundstück, das nach dem Wohnungseigentumsgesetz aufgeteilt ist, veräußert wird.

322 Allerdings ist ein Grundstück kein gesondert geführter Betrieb, wenn es nicht als ein für sich lebensfähiger Organismus beurteilt werden kann, d.h. es nach außen hin kein selbstständiges, in sich abgeschlossenes Wirtschaftsgebilde gewesen ist. Denn entscheidend ist letztlich, ob die Übertragung dem Erwerber die Fortführung einer selbstständigen wirtschaftlichen Tätigkeit ermöglicht (vgl. *BFH* v. 19.12.2012 – XI R 38/10, BStBl. II 2013, S. 1053).

323 Ein unvermietetes Grundstück stellt regelmäßig keinen gesondert geführten Betrieb dar (*BFH* v. 11.10.2007 – VR 57/06, *BFH*/NV 2008, S. 509). Bei einem vermieteten Grundstück hingegen kann regelmäßig davon ausgegangen werden, dass es sich um einen gesondert geführten Betrieb handelt.

324 Sofern der Erwerber in die Mietverträge eintritt und die unternehmerische Vermietungstätigkeit fortführt, kann daher von einer Geschäftsveräußerung ausgegangen werden (*BFH* v. 01.04.2004 – V B 112/03, BStBl. II 2004, S. 802). Keine Geschäftsveräußerung im Ganzen liegt indes vor, wenn die Immobilie an den Mieter selbst veräußert wird: Als Eigennutzer führt er die Vermietungstätigkeit nicht fort. Auch der Verkauf einer eigenbetrieblich genutzten Immobilie wird i.d.R. nicht als Geschäftsveräußerung im Ganzen qualifiziert. Es ist nach Auffassung der Finanzverwaltung von einer nachhaltigen Vermietungstätigkeit auszugehen, wenn die Vermietungsdauer mindestens 6 Monate betragen hat (UStAE 1.5 Abs. 2 S. 4). Dabei handelt es sich um eine widerlegbare Vermutung.

325 Man sollte annehmen, dass die Folgen dieser Vorschrift in der Praxis keine Probleme hervorrufen. Liegt eine Geschäftsveräußerung im Ganzen vor, so wird ohne Umsatzsteuer und ohne nachträgliche Vorsteuerkorrektur übertragen. Liegt keine Geschäftsveräußerung im Ganzen vor, so wird die Veräußerung umsatzsteuerpflichtig vorgenommen, da der Erwerber bei unveränderten Vermietungsverhältnissen vorsteuerabzugsberechtigt ist.

326 Kritisch wird die Angelegenheit jedoch dann, wenn eine einmal getroffene Entscheidung Jahre später z.B. anlässlich einer Betriebsprüfung durch die Finanzverwaltung angegriffen wird und aus einer nachträglich anderen Betrachtungsweise erhebliche materielle Konsequenzen resultieren. Daher sind bei der Formulierung von Grundstückskaufverträgen hohe Anforderungen an entsprechende Absicherungsinstrumente zu stellen.

Dies sei an folgenden Beispielen erläutert: 327

1. Beispiel:

Die Vertragsparteien nehmen eine Geschäftsveräußerung im Ganzen an, sodass keine Umsatzsteuer berechnet wird. Die Finanzverwaltung kommt bei einer Überprüfung zu einem anderen Ergebnis. Der Berichtigungszeitraum für eine Vorsteuerkorrektur ist mit sechs Jahren noch nicht abgelaufen, sodass das Finanzamt anlässlich der umsatzsteuerfreien Veräußerung im Nachhinein 60 % der bei der Herstellung des Gebäudes geltend gemachten Umsatzsteuer zurückverlangt. Die Alternative, aus dem Kaufpreis die Umsatzsteuer anlässlich einer umsatzsteuerpflichtigen Veräußerung herauszurechnen, ist im Regelfall noch teurer. 328

2. Beispiel:

Die Vertragsparteien nehmen keine Geschäftsveräußerung im Ganzen an und behandeln den Verkauf umsatzsteuerpflichtig. Das Finanzamt kommt jedoch zu dem Ergebnis, dass eine Geschäftsveräußerung im Ganzen vorliegt. In diesem Fall verliert der Erwerber seinen Vorsteuererstattungsanspruch auf den gesamten Kaufpreis und kann nur hoffen, dass der Verkäufer noch existiert und in der Lage ist, seinerseits eine Korrektur der abgeführten Umsatzsteuer und der Rechnung durchzuführen. Ansonsten bliebe dessen Umsatzsteuer gem. § 14c UStG nach wie vor geschuldet. 329

Sind sich die Vertragsparteien also nicht zu 100 % sicher, ob es sich bei der Immobilienveräußerung um eine Geschäftsveräußerung im Ganzen handelt, bedarf es entsprechender vertraglicher Regelungen um den Fall abzusichern, dass die Finanzverwaltung eine abweichende Auffassung vertritt. Gleichzeitig ist sicherzustellen, dass etwaige Korrekturen auch noch tatsächlich durchgeführt werden können. Entsprechende vertragliche Formulierungen gestalten sich daher in der Praxis recht kompliziert. 330

8. Steuerschuldner

Grundsätzlich schuldet der leistende Unternehmer die Umsatzsteuer für seine Umsätze, d.h. der Vermieter muss die Umsatzsteuer auf die von ihm getätigten Vermietungsleistungen an die Finanzbehörden entrichten. 331

In Ausnahmefällen kehrt sich die Umsatzsteuerschuldnerschaft um und der Leistungsempfänger hat die Steuer abzuführen (sog. Reverse-Charge-Verfahren). 332

Im Bereich der Vermietung und Verpachtung gilt dies dann, wenn 333

- Bauleistungen (»Werklieferungen und sonstige Leistungen, die der Herstellung, Instandsetzung, Instandhaltung, Änderung oder Beseitigung von Bauwerken dienen, mit Ausnahme von Planungs- und Überwachungsarbeiten«) an den Vermieter – in seiner Eigenschaft als Bauherr bzw. Auftraggeber von Reparaturarbeiten – erbracht werden und
- der Vermieter seinerseits selber Bauleistungen (z.B. Wohnungseigentümergemeinschaften) erbringt.

Gemäß § 13b Abs. 2 UStG schuldet in diesen Fällen nicht der leistende Bauunternehmer, sondern der Vermieter als Empfänger der Bauleistung die Umsatzsteuer. 334

Der Begriff der »Bauleistungen« ergibt sich aus A 13b.2 UStAE i.d.F. des BMF-Schreibens v. 10.08.2016 (III C 3 – S 7279/16/10001, BStBl. I 2016, S. 820). Zudem enthalten das BMF-Schreiben v. 31.03.2004 (IV D 1 – S-7279–107/04, BStBl. I 2004, S. 453 ff.) nebst Ergänzung v. 02.12.2004 (IV A 6-S 7279–100/04, BStBl. I 2004, S. 1129) sowie das Merkblatt zur Umsatzbesteuerung in der Bauwirtschaft (BMF v. 12.10.2009 – IV B 8-S 7270/07/10001, BStBl. I 2009, S. 1292) eine nicht abschließende Aufzählung von Leistungen, die unter den Begriff der »Bauleistungen« fallen. Darüber hinaus existiert auch eine neuere Verfügung der *OFD Karlsruhe* v. 31.01.2017 (S 7279 Karte 1) zur Definition von Bauleistungen. 335

9. Entstehung und Fälligkeit

336 Im Regelfall besteuern Unternehmer ihre Umsätze nach vereinbarten Entgelten (sog. Soll-Versteuerung). Dabei entsteht die Umsatzsteuer mit Ablauf des Voranmeldungszeitraums, in dem die Leistungen ausgeführt worden sind (§ 13 Abs. 1 Nr. 1 a Satz 1 UStG).

337 Unternehmer, deren Gesamtumsatz im vorangegangenen Kalenderjahr nicht mehr als 600.000 € (bis 2019: 500.000 € betragen hat, dürfen auf Antrag die sog. Ist-Versteuerung anwenden. Dabei entsteht die Umsatzsteuer mit Ablauf des Voranmeldungszeitraums, in dem der leistende Unternehmer das Entgelt vom Kunden vereinnahmt hat (§ 13 Abs. 1 Nr. 1 b UStG).

338 Im Fall von Anzahlungen, d.h. der Vereinnahmung des Entgelts bzw. eines Teils des Entgelts vor Erbringung der Leistung, entsteht die Umsatzsteuer insoweit ebenfalls mit Ablauf des Voranmeldungszeitraums, in das (Teil-) Entgelt vereinnahmt wurde (§ 13 Abs. 1 Nr. 1 a Satz 4 UStG).

339 Voranmeldungszeitraum ist grundsätzlich das Kalendervierteljahr. Beträgt die Umsatzsteuer für das vorangegangene Kalenderjahr mehr als 6.136 €, so ist der Kalendermonat Voranmeldungszeitraum. Auch in Neugründungsfällen ist im laufenden sowie im folgenden Kalenderjahr grundsätzlich der Kalendermonat Voranmeldungszeitraum. Seit 2021 besteht für Gründer jedoch auch die Möglichkeit, vierteljährliche Voranmeldungen abzugeben, wenn die voraussichtliche Umsatzsteuer im Jahr 7.500 € nicht überschreitet (§ 18 Abs. 2 S. 4 und 6 sowie Absatz 2a UStG).

340 Spätestens bis zum 10. Tag nach Ablauf des Voranmeldungszeitraums muss der Unternehmer seine Umsatzsteuer-Voranmeldung elektronisch an das Finanzamt übermitteln. Darin hat er seine Vorauszahlung selbst zu berechnen, indem er die entstandene Umsatzsteuer mit der abzugsfähigen Vorsteuer saldiert. Ergibt der Saldo eine Zahlungspflicht, so wird diese am 10. Tag nach Ablauf des Voranmeldungszeitraums fällig.

341 Durch Beantragung einer Dauerfristverlängerung kann der Unternehmer die Frist zur Übermittlung der Umsatzsteuer-Voranmeldung und zur Zahlung der Umsatzsteuer-Vorauszahlung um jeweils einen Monat verlängern.

342 Unternehmern, die ihre Voranmeldungen monatlich abzugeben haben, wird die Dauerfristverlängerung unter der Voraussetzung gewährt, dass sie eine Sondervorauszahlung leisten. Diese beträgt 1/11 der Summe der Vorauszahlungen für das vorangegangene Kalenderjahr bzw. in Neugründungsfällen 1/11 der zu erwartenden Vorauszahlungen des Kalenderjahres. Einzelheiten hierzu ergeben sich aus A 18.4 UStAE.

10. Pflicht zur Ausstellung von Rechnungen

343 Zur Intensivierung der Bekämpfung der Schwarzarbeit und damit zusammenhängender Steuerhinterziehung regelt § 14 Abs. 2 S. 1 Nr. 1 UStG, dass Unternehmer, die in Zusammenhang mit einem Grundstück stehende steuerpflichtige Leistungen erbringen, innerhalb von sechs Monaten nach Ausführung der Leistung eine Rechnung ausstellen müssen (A 14.1. Abs. 3 UStAE).

344 Für steuerfreie Umsätze gem. § 4 Nr. 12 UStG gilt dies jedoch seit 2009 nicht mehr (§ 14 Abs. 2 S. 1 Nr. 2 Satz 3 UStG).

345 Verstöße gegen die Ausstellungspflicht können mit einer Geldbuße von bis zu 5.000 € geahndet werden (§ 26a Abs. 2 UStG).

346 Hat der Vermieter zur Umsatzsteuer optiert, so kann der Mieter gem. § 14 Abs. 1 UStG die Erteilung einer Rechnung mit offenem Steuerausweis verlangen. Solange der Vermieter diesen Anspruch nicht erfüllt – eine bloße Mahnung stellt noch keine Rechnung dar (A 14.1 Abs. 1 Satz 4 UStAE) – besteht ein Leistungsverweigerungsrecht des Mieters gem. § 273 BGB, das sich grundsätzlich auf die gesamte Miete bzw. den gesamten Zahlungsanspruch erstreckt (*OLG Düsseldorf* v. 09.03.2006 – I-10 U 130/05, NWB Eilnachrichten Fach1 S. 344/NWB-Nr. 42 v. 16.10.2006).

11. Pflicht zur Aufbewahrung von Rechnungen

Jeder Unternehmer (sowohl auf Vermieter- als auch auf Mieterseite) hat sämtliche Eingangs- und Ausgangsrechnungen zehn Jahre lang aufzubewahren (§ 14b Abs. 1 S. 1 UStG). 347

Ist der Mieter ein Nichtunternehmer oder ein Unternehmer, der jedoch zu nichtunternehmerischen Zwecken mietet, so hat er für seine Eingangsrechnungen in Zusammenhang mit dem gemieteten Grundstück eine Aufbewahrungspflicht von zwei Jahren zu beachten (§ 14b Abs. 1 S. 5 UStG). 348

Die Aufbewahrungsfrist beginnt mit dem Ablauf des Kalenderjahres, in dem die Rechnung ausgestellt worden ist (§ 14b Abs. 1 S. 3 UStG). 349

Verstößt ein Mieter (Unternehmer) gegen die zehnjährige Aufbewahrungspflicht, so kann eine Geldbuße von bis zu 5.000 € gegen ihn festgesetzt werden (§ 26a Abs. 2 UStG). 350

Verstößt ein Mieter (Nichtunternehmer oder Unternehmer, der für nichtunternehmerische Zwecke mietet) gegen die zweijährige Aufbewahrungspflicht, so kann eine Geldbuße von bis zu 500 € gegen ihn festgesetzt werden (§ 26a Abs. 2 UStG). 351

F. Grunderwerbsteuer

Die Grunderwerbsteuer ist eine Verkehrsteuer und besteuert Grundstücksumsätze. 352

1. Besteuerungsgegenstand

Besteuert werden Erwerbsvorgänge, die sich auf inländische Grundstücke beziehen. 353

Erfasst werden im Wesentlichen (§ 1 Abs. 1 GrEStG) Kaufverträge oder andere Rechtsgeschäfte, die einen Anspruch auf Übereignung oder auf Abtretung eines Übereignungsanspruchs begründen sowie der Übergang des Eigentums im Zwangsversteigerungsverfahren. 354

Unter Grundstücken nach § 2 Abs. 1 GrEStG sind Grundstücke i.S.d. Grund und Bodens, seiner wesentlichen Bestandteile wie Gebäude und Gebäudebestandteile (§§ 93–96 BGB) zu verstehen. 355

Den Grundstücken stehen Erbbaurechte, Gebäude auf fremden Boden und dinglich gesicherte Sondernutzungsrechte i.S.d. § 15 WEG und des § 1010 BGB gleich (§ 2 Abs. 2 GrEStG). 356

Wohnungs- und Teileigentum sowie Wohnungs- und Teilerbbaurechte i.S.d. WEG gehören grunderwerbsteuerlich ebenfalls zu den Grundstücken. 357

2. Besteuerungsausnahmen

Von der Besteuerung ausgenommen sind u.a. 358
- Grundstückserwerbe, wenn der für die Berechnung der Steuer maßgebende Wert 2.500 € nicht übersteigt
- Grundstückserwerbe, die dem Erbschaftsteuer- und Schenkungsteuergesetz unterfallen (Erwerbe von Todes wegen und Schenkungen unter Lebenden)
- Grundstückserwerbe durch den Ehegatten bzw. eingetragenen Lebenspartner des Veräußerers
- Grundstückserwerbe durch den früheren Ehegatten bzw. eingetragenen Lebenspartner des Veräußerers im Rahmen der Vermögensauseinandersetzung nach der Scheidung bzw. nach Aufhebung der Lebenspartnerschaft durch Urteil
- Grundstückserwerbe durch Personen, die mit dem Veräußerer in gerader Linie verwandt sind.

Stiefkinder stehen den Abkömmlingen gleich. Außerdem werden den Verwandten in gerader Linie sowie den Stiefkindern deren jeweilige Ehegatten gleichgestellt. 359

Einzelheiten zu diesen und weiteren Ausnahmen der Besteuerung ergeben sich aus §§ 3 und 4 GrEStG. 360

3. Gesellschaftsrechtlich vermittelte Erwerbstatbestände

361 Durch die Grunderwerbsteuer soll der Erwerb der wirtschaftlichen Verfügungsmacht über Grundstücke besteuert werden. Die Grunderwerbsteuer knüpft an den Wechsel von Gesellschaftern bei Personen- und Kapitalgesellschaften an und fingiert insoweit einen Grundstückserwerb.

362 Bei Personen- oder Kapitalgesellschaften gilt dies nur eingeschränkt. Unter bestimmten Voraussetzungen kann hier jedoch auch bereits ein Gesellschafterwechsel dazu führen, dass Grunderwerbsteuer entsteht.

363 Zum 01.07.2021 wurde das Gesetz geändert und bezüglich der Besteuerung von gesellschaftsrechtlich vermittelten Erwerbstatbeständen verschärft: dabei wurden vor allem Beteiligungsgrenzen von 95% auf 90% herabgesetzt und Betrachtungszeiträume von 5 auf 10 Jahre verlängert. Auch wurde in § 1 Abs. 2b und 2c GrEStG ein Ergänzungstatbestand für grundstücksbesitzende Kapitalgesellschaften geschaffen, durch den die Vorschriften für Gesellschafterwechsel bei Personengesellschaften auch bei Kapitalgesellschaften gelten (sog. »Share Deals«).

Die Regelungen zur Fiktion der rechtsfähigen Gesellschaft bürgerlichen Rechts als Gesamthand in § 24 GrEStG gelten nur bis zum 31.12.2026. Bis zum Ablauf dieser Übergangsregelung ist eine umfassende Reform der Grunderwerbsteuer geplant.

a) Personengesellschaften

364 Im Privatvermögen werden Grundstücke gerne durch eine GbR gehalten, während in betrieblichen Bereichen die Rechtsform der GmbH & Co. *KG* eine häufig anzutreffende Erscheinungsform darstellt. Mit der Reform des Personengesellschaftsrechts zum 01.01.2024 durch das MoPeG wurde insbesondere die Rechtsfähigkeit der GbR kodifiziert. Daher wurde von dem bisher geltenden Gesamthandsprinzp Abstand genommen. Die Grunderwerbsteuer knüpft jedoch in weiten Teilen an die sog. Gesamthand an. Nach § 24 GrEStG soll das Gesamthandsprinzip für Zwecke der Grunderwerbsteuer bis zum 31.12.2026 weitergelten. Bis zum Ablauf der Übergangsvorschrift ist eine grundlegende Reform der Grunderwerbsteuer geplant. Für solche Personengesellschaften hat der Gesetzgeber geregelt, dass ein grunderwerbsteuerpflichtiger Vorgang vorliegt, wenn zum Vermögen der Gesellschaft ein inländisches Grundstück gehört und mindestens 90% der Anteile auf neue Gesellschafter übergehen. Veräußern z.B. alle Gesellschafter einer GbR mit inländischem Grundbesitz ihre Anteile, so fällt auf den vollen Wert des Grundstücks Grunderwerbsteuer an. Dagegen würde ein nur 50 %-iger Gesellschafterwechsel keine Grunderwerbsteuer auslösen. Maßgeblich für die Frage des Überschreitens der 90 %- Grenze ist ein 10-jähriger Betrachtungszeitraum (§ 1 Abs. 2a GrEStG).

365 In der Praxis bedeutet dies, dass ein vollständiger Gesellschafterwechsel und damit eine vollständige Neuorientierung des wirtschaftlichen Eigentums an dem Grundstück ohne jede Grunderwerbsteuer gelingen kann, wenn die letzten 10,1 % bzw. 5,1 % erst nach Ablauf von mehr als 10 bzw. 5 Jahren übertragen werden. In der Praxis werden derartige steuerlich zulässige Gestaltungen nicht selten gewählt.

▶ **Beispiel:**

366 A hält 60 % und B 40 % an einer Grundstücks-GbR. A verkauft seine sämtlichen Anteile an den Gesellschafter C. Gesellschafter B veräußert 20 % der Anteile ebenfalls an den Gesellschafter C. Es fällt keine Grunderwerbsteuer an. Für die nächsten 10 Jahre sind der Gesellschafter B mit 20 % und der Gesellschafter C mit 80 % an der GbR beteiligt. Nach Ablauf der 10 Jahre verkauft Gesellschafter B 9 % der Anteile an den Gesellschafter C und 11 % an den neuen Gesellschafter D. Auch dieser Vorgang bleibt grunderwerbsteuerfrei. Obwohl ein 100 %-iger Wechsel des wirtschaftlichen Eigentums stattgefunden hat, wird keine Grunderwerbsteuer ausgelöst.

Zur Vermeidung von Grunderwerbsteuer ist zudem die Einführung eines neuen Ergänzungstatbestandes zu beachten. Danach führt auch eine (mittelbare) Übertragung von mindestens 90% einer grundstückshaltenden Kapitalgesellschaft auf Neugesellschafter innerhalb eines 10-Jahres-Zeitraumes zur Besteuerung (§ 1 Abs. 2b GrEStG). 367

Auch eine sog. Anteilsvereinigung in einer Hand löst GrESt aus: Hier gilt ebenfalls eine 90 %-Grenze (§ 1 Abs. 3 Nr. 1 und Nr. 2 GrEStG). Gleiches gilt im Fall der Anteilsübertragung (§ 1 Abs. 3 Nr. 3 und Nr. 4 GrEStG). 368

▶ **Beispiel:**

Hätte im oben beschriebenen Fall der Gesellschafter C von B nach Ablauf der 10 Jahre nicht nur 9 %, sondern 11 % Anteile erworben, so läge eine Anteilsvereinigung in seiner (C's) Hand vor und auf den gesamten Grundstückswert würde Grunderwerbsteuer anfallen. 369

Subsidiär zu § 1 Abs. 2a und Abs. 3 GrEStG regelt ein zusätzlicher Auffangtatbestand (auch für Kapitalgesellschaften), dass auch ein Vorgang besteuert wird, bei dem ein Rechtsträger mittelbar oder unmittelbar oder teils unmittelbar, teils mittelbar eine wirtschaftliche Beteiligung von mindestens 90 % an einer Gesellschaft mit Grundbesitz erlangt bzw. innehat (§ 1 Abs. 3a GrEStG). 370

Weitere Besonderheiten ergeben sich beim Übergang von Alleineigentum in Gesamthandseigentum oder umgekehrt sowie von einer Gesamthand auf eine andere Gesamthand. Soweit bei solchen Übergängen ein Anteilseigner vorher wie nachher mittelbar Grundstückseigentum hält, wird im Regelfall keine Grunderwerbsteuer erhoben (vgl. GLE v. 05.04.2024 - S 4514, BStBl. S. 410). Die einzelnen Regelungen sind in den §§ 5, 6 GrEStG normiert. 371

▶ **Beispiel:**

Bringt ein Grundstückseigentümer eine Immobilie in eine Grundstücks-GbR ein, an der er zu 60 % beteiligt ist, so wird die Grunderwerbsteuer nur zu 40 % erhoben. 372

b) Kapitalgesellschaften

Eine vergleichbare und doch in einigen Punkten entscheidend andere Regelung gilt bei Kapitalgesellschaften. Auch hier gilt der Tatbestand der Anteilsvereinigung in einer Hand (§ 1 Abs. 3 GrEStG). 373

▶ **Beispiel:**

Werden 100 % der Anteile an einer GmbH an einen einzigen Erwerber veräußert, so wird der gesamte Grundbesitz der GmbH einschließlich des Grundbesitzes etwaiger 100 %-iger Tochtergesellschaften der Grunderwerbsteuer unterworfen. 374

Dieser Gesetzesnorm wird im Rahmen von Unternehmenskaufverträgen häufig wenig Beachtung geschenkt. Wird jedoch ein Unternehmen verkauft, das über umfangreichen Grundbesitz verfügt, so kann es zu erheblichen grunderwerbsteuerlichen Belastungen kommen. 375

Bei Kapitalgesellschaften lässt sich die Grunderwerbsteuer dadurch vermeiden, dass mindestens ein zweiter Gesellschafter mit einer Mindestquote von 10,1 % als Käufer auftritt. 376

c) Konzerne

Für Konzerne gilt seit dem 01.01.2010 eine Sonderregelung. Danach werden durch eine Umwandlung i.S.d. UmwG oder durch eine Einbringung oder sonst auf gesellschaftsvertraglicher Grundlage verursachte Grundbesitzübertragungen innerhalb eines Konzerns nicht der Grunderwerbsteuer unterworfen, wenn vorher wie nachher die grundbesitzende Gesellschaft (unmittelbar oder mittelbar) zu mindestens 95 % zu demselben Konzern gehört und dies bereits fünf Jahre vor der Transaktion so war und weitere fünf Jahre danach so bleibt (§ 6a GrEStG). 377

378 Mit dieser im Detail nicht ganz einfachen Vorschrift wurde einer langjährigen Forderung der Wirtschaft partiell und leider recht restriktiv Rechnung getragen, da die zuvor geltende Regelung konzerninterne Umstrukturierungen erheblich erschwert, teuer oder gar unmöglich gemacht hatte.

4. Berechnung der Steuer

379 Die Steuer bemisst sich grundsätzlich nach dem Wert der Gegenleistung (§ 8 Abs. 1 GrEStG).

380 Als Gegenleistung gilt im Normalfall (Verkauf) der Kaufpreis einschließlich der vom Käufer übernommenen sonstigen Leistungen (§ 9 Abs. 1 Nr. 1 GrEStG). Die mitverkaufte Einbauküche und Markise und sonstige mitverkaufte bewegliche Gegenstände, insbesondere bewegliches Inventar, sind nicht grunderwerbsteuerpflichtig. Entscheidend ist, ob die Gegenstände in der Immobilie dauerhaft fest verbaut sind oder nicht.

381 In Zwangsversteigerungsfällen gilt als Gegenleistung das Meistgebot (§ 9 Abs. 1 Nr. 4 GrEStG).

382 Beim Erwerb einer Eigentumswohnung ist der gleichzeitige Erwerb eines in der Instandhaltungsrücklage (§ 21 Abs. 5 Nr. 4 WEG) angesammelten Guthabens durch den Erwerber in die grunderwerbsteuerrechtliche Gegenleistung einzubeziehen (*BFH* v. 16.09.2020 – II R 49/17, BStBl. II 2021, S. 339). Demnach ist auch die Instandhaltungsrücklage grunderwerbsteuerpflichtig.

383 Die Steuer beträgt grundsätzlich 3,5 % (§ 11 Abs. 1 GrEStG). Durch die Föderalismusreform I aus 2006 ist die Gesetzgebungskompetenz zur Bestimmung des Steuersatzes auf die Länder übergegangen. Demnach gilt der Steuersatz von 3,5 % nur noch in Bayern. Ein Steuersatz von 5,0 % gilt in den Bundesländern Baden-Württemberg, Bremen, Niedersachsen, Rheinland-Pfalz und Sachsen-Anhalt. In Hamburg und Sachsen werden 5,5 % erhoben. In Berlin, Mecklenburg-Vorpommern und Hessen werden 6,0 % erhoben. In Brandenburg, Nordrhein-Westfalen, dem Saarland, Schleswig-Holstein und Thüringen beträgt der Steuersatz sogar 6,5 %.

5. Steuerschuldner

384 Steuerschuldner sind im Regelfall die an einem Erwerbsvorgang als Vertragsteile beteiligten Personen, d.h. sowohl der Verkäufer als auch der Käufer (§ 13 Nr. 1 GrEStG).

385 In der Praxis wird jedoch zumeist vertraglich vereinbart, dass der Erwerber die Grunderwerbsteuer trägt. Daher hat sich die Finanzverwaltung bei der Eintreibung der Steuer in sachgerechter Ermessensausübung zunächst an den Erwerber zu richten. Dies ändert nichts daran, dass der Veräußerer Steuerschuldner bleibt und im Zweifel die Grunderwerbsteuer in voller Höhe auch von ihm verlangt werden kann.

386 In Zwangsversteigerungsverfahren ist Steuerschuldner der Meistbietende (§ 13 Nr. 4 GrEStG)

387 Bei einer Vereinigung von mind. 90 % der Anteile in einer Hand ist der Anteilserwerber Steuerschuldner (§ 13 Nr. 5 GrEStG).

388 Entsteht Grunderwerbsteuer aufgrund einer Änderung des Gesellschafterbestandes einer Personengesellschaft, so schuldet die Personengesellschaft die Grunderwerbsteuer (§ 13 Nr. 6 GrEStG).

389 Bei der wirtschaftlichen Beteiligung von mind. 90 % an einer Gesellschaft trägt die Grunderwerbsteuer der Rechtsträger, der die Beteiligung wirtschaftlich innehat (§ 13 Nr. 7 GrEStG).

6. Entstehung und Fälligkeit

390 Die Steuer entsteht grundsätzlich mit dem Abschluss des rechtswirksamen und notariell beurkundeten Kaufvertrages. Die Übergabe des Grundstücks, die Grundbucheintragung sowie auch die Kaufpreiszahlung haben keinerlei Einfluss auf die Steuerentstehung.

Ist die Wirksamkeit des Erwerbs von dem Eintritt einer Bedingung abhängig, so entsteht die Steuer erst mit dem Eintritt dieser Bedingung. Bedarf der Erwerb einer Genehmigung, so entsteht die Steuer mit der Erteilung dieser Genehmigung (vgl. § 14 GrEStG). 391

Die Fälligkeit der Steuer tritt grundsätzlich einen Monat nach Bekanntgabe des Steuerbescheids ein, jedoch darf das Finanzamt auch eine längere Zahlungsfrist setzen (§ 15 GrEStG). 392

Die Steuer wird nicht festgesetzt, wenn der Erwerbsvorgang innerhalb von zwei Jahren rückgängig gemacht wird (§ 16 GrEStG). 393

G. Erbschaft-/Schenkungsteuer

Wird Immobilieneigentum unentgeltlich übereignet, liegt ein entweder erbschaft- oder schenkungsteuerlich relevanter Vorgang vor. In beiden Fällen greifen die Regeln des ErbStG. 394

Am 01.01.2009 sind die Vorschriften des Erbschaftsteuerreformgesetzes in Kraft getreten. Diese Regelungen wurden vom Bundesverfassungsgericht mit Beschluss vom 17.12.2014 erneut als verfassungswidrig beurteilt (*BVerfG* v. 17.12.2014 – 1 BvL 21/12, BStBl. II 2015, S. 50). Zwischenzeitlich ergangene Neuregelungen betreffen jedoch nicht die Besteuerung der Übertragung von Immobilien. 395

1. Besteuerungsgegenstand

Der Erbschaft- bzw. Schenkungsteuer unterliegen u.a. der Erwerb von Todes wegen (§ 1 Abs. 1 Nr. 1 ErbStG) und die Schenkung unter Lebenden (§ 1 Abs. 1 Nr. 2 ErbStG). 396

Als Erwerb von Todes wegen gilt der Erwerb durch Erbanfall (§ 1922 BGB), der Erwerb durch Vermächtnis (§§ 2147 ff. BGB), der Erwerb aufgrund eines geltend gemachten Pflichtteilsanspruchs (§§ 2303 ff. BGB) und der Erwerb durch Schenkung auf den Todesfall (§ 2301 BGB). Besonderheiten gelten für Zugewinngemeinschaften (§ 5 ErbStG: Steuerfreiheit des Zugewinnausgleichs) und für Fälle der Vor-/Nacherbschaft (§ 6 ErbStG: Zwei getrennt zu beurteilende Erbfälle). 397

Als Schenkung unter Lebenden gilt jede freigebige Zuwendung unter Lebenden, soweit der Bedachte auf Kosten des Zuwendenden durch sie bereichert wird. 398

2. Bewertung des Erwerbs

Die Bewertung des Erwerbs richtet sich nach § 12 ErbStG. 399

Die Grundbesitzbewertung für erbschaft- und schenkungsteuerliche Zwecke wurde durch das Erbschaftsteuerreformgesetz umfassend neu geregelt. 400

Daher sind gem. § 12 Abs. 3 ErbStG i.V.m. § 151 Abs. 1 S. 1 Nr. 1, 2 BewG für Übertragungen ab dem 01.01.2009 die Normen der §§ 157 ff. BewG einschlägig. 401

Die Bewertung nach § 11 ErbStG hat für den Erwerb von Todes wegen auf den Stichtag des Todes des Erblassers (§ 9 Abs. 1 Nr. 1 ErbStG) oder bei Schenkungen unter Lebenden auf den Zeitpunkt der Ausführung der Schenkung (§ 9 Abs. 1 Nr. 2 ErbStG) zu erfolgen. 402

Zu unterscheiden ist zunächst, ob sich die erworbene Immobilie im steuerlichen Privat- oder Betriebsvermögen befindet. 403

a) Steuerliches Privatvermögen

Sowohl für inländischen als auch ausländischen Grundbesitz ist der gemeine Wert maßgeblich (§ 177 BewG). 404

Dieser wird in Abhängigkeit von der übertragenen Grundstücksart nach unterschiedlichen Verfahren ermittelt: 405

406 Unbebaute Grundstücke werden mit dem Bodenrichtwert angesetzt (§ 179 BewG).

407 Für bebaute Grundstücke gilt Folgendes:

- Ein- und Zweifamilienhäuser sowie Eigentumswohnungen: Gem. dem sog. Vergleichswertverfahren (§§ 182 Abs. 2, 183 BewG) wird der gemeine Wert i.d.R aus tatsächlich realisierten Kaufpreisen vergleichbarer Grundstücke abgeleitet. Grundlage sind vorrangig die von Gutachterausschüssen mitgeteilten Vergleichspreise bzw. Vergleichsfaktoren (ErbStR B 183 Abs. 2, 3).
- Geschäfts- und gemischt genutzte Grundstücke, für die sich eine ortsübliche Miete ermitteln lässt sowie Mietwohngrundstücke: Beim anzuwendenden Ertragswertverfahren (§§ 182 Abs. 3, 184 BewG) werden Bodenwert und Gebäudeertragswert separat ermittelt und anschließend addiert (§ 185 BewG). Dabei ist für den Bodenwert der Bodenrichtwert maßgeblich. Der Gebäudeertragswert berücksichtigt die um einen Abschlag für Bewirtschaftungskosten sowie für die Liegenschaftsverzinsung des Bodens verminderte und kapitalisierte Jahresnettokaltmiete. Die pauschalen Abschläge, die Zinssätze und die Vervielfältiger variieren je nach Grundstücksart, Gesamt- und Restnutzungsdauer (ErbStR B 184).

Das Sachwertverfahren nach §§ 182 Abs. 3, 189 BewG ist bspw. für Ein- und Zweifamilienhäuser subsidiär anwendbar, wenn kein Vergleichswert vorhanden ist, oder bei sonstigen bebauten Grundstücken. Insoweit gilt es zu beachten, dass sich bei der Ermittlung des Gebäuderegelherstellungswerts für Bewertungsstichtage nach dem 31.12.2015 Änderungen ergeben haben. Die Änderung der Anlage 24 für Bewertungsstichtage ab dem 31.12.2015 hat die Berechnung der Regelherstellungskosten gemäß § 205 Abs. 10 BewG modifiziert.

▶ **Beispiel:**

408
- Bewertung zum 01.01.2024
- Mietwohngrundstück mit vier Wohnungen
- wirtschaftliche Gesamtnutzungsdauer 80 Jahre
- Restnutzungsdauer 50 Jahre
- Baujahr 1992
- Grundstücksgröße 500 qm
- Bodenrichtwert 400 €/qm
- Jahresnettokaltmiete 48.000 €

Berechnung Bodenwert: Grundstückgröße x Bodenrichtwert 500 qm x 400 €/qm	200.000 €
Berechnung Gebäudeertragswert: Rohertrag (Jahresnettokaltmiete)	48.000 €
./. Bewirtschaftungskosten 23 % (pauschal gem. § 187 Abs. 2 i.V.m. Anl. 22, 23 BewG)	11.040 €
\= Reinertrag	36.960 €
./. Verzinsung des Bodenwertes 5 % (Liegenschaftszinssatz gem. § 188 Abs. 2 BewG) 200.000 € x 5 %	10.000 €
= Gebäudereinertrag	26.960 €
x Kapitalisierungsfaktor 18,26 (Vervielfältiger gem. § 185 Abs. 3 i.V.m. Anl. 21, 23 BewG) = Gebäudeertragswert	492.290 €
Ergebnis:	
Bodenwert	200.000 €
+ Gebäudeertragswert	492.290 €
= Grundstückswert	692.290 €

- übrige Geschäfts- und gemischt genutzte Grundstücke sowie sonstige bebaute Grundstücke: Entsprechend dem maßgeblichen Sachwertverfahren (§ 189 BewG) erfolgt die Wertermittlung auf der Grundlage des Substanzwertes, d.h. der Summe aus dem Herstellungswert der auf dem Grundstück befindlichen baulichen Anlagen sowie dem Bodenwert (§ 190 BewG). Auch hier wird zunächst der Bodenwert durch Multiplikation der Fläche mit dem relevanten Bodenrichtwert ermittelt. Der im zweiten Schritt zu berechnende Gebäudesachwert berücksichtigt die sog. Regelherstellungskosten (RHK) vermindert um einen Alterswertabschlag. Die pauschalen Abschläge sind wiederum von Grundstücksart, Gesamt- und Restnutzungsdauer abhängig. Zur Anpassung an den gemeinen Wert ist die Summe aus Bodenwert und Gebäudesachwert abschließend mit einer Wertzahl zu multiplizieren.

▶ **Beispiel:**

- Bewertung zum 01.01.2024 409
- Industriegrundstück mit Büro und Sozialtrakt
- wirtschaftliche Gesamtnutzungsdauer 50 Jahre
- Restnutzungsdauer 25 Jahre
- Baujahr 1997
- Grundstücksgröße 4.000 qm
- Bodenrichtwert 150 €/qm
- Bruttogrundfläche 3.000 qm
- Gebäude mittlerer Ausstattung

Berechnung Bodenwert: Grdstk.größe x Bodenrichtwert 4.000 qm x 150 €/qm	600.000 €
Berechnung Gebäudesachwert:	
Bruttogrundfläche x Flächenpreis (RHK gem. § 190 Abs. 1 i.V.m. Anl. 24 BewG) 3.000 qm x 1.040 €/qm	
= Gebäuderegelherstellungswert	3.120.000 €
./. Alterswertmind. gem. § 190 Abs. 2 i.V.m. Anl. 22 BewG 3.120.000 € x 50 %	1.560.000 €
= Gebäudesachwert (mind. 40 % des Gebäuderegelherstellungswertes)	1.560.000 €
Ergebnis:	
Bodenwert	600.000 €
+ Gebäudesachwert	1.560.000 €
= vorläufiger Sachwert	2.160.000 €
x Wertzahl gem. § 191 i.V.m. Anl. 25 BewG	0,8
= Grundstückswert	1.728.000 €

In allen Fällen verbleibt dem Erwerber die Möglichkeit, einen tatsächlich niedrigeren Verkehrswert des unbebauten oder bebauten Grundstücks mithilfe eines Gutachtens nachzuweisen (§ 198 BewG). 410

Übertragungen sog. Familienwohnheime (Selbstnutzung zu eigenen Wohnzwecken) unter Ehegatten zu Lebzeiten sind steuerbefreit, wenn das Grundstück im Inland, der EU oder dem EWR belegen ist (§ 13 Abs. 1 Nr. 4a ErbStG). Bei Erwerb von Todes wegen gilt die Steuerbefreiung nicht nur für den überlebenden Ehepartner, sondern auch für den überlebenden Lebenspartner (§ 13 Abs. 1 Nr. 4b ErbStG). Auch die Kinder oder die Kinder verstorbener Kinder werden begünstigt, soweit das Familienheim die Gesamtwohnfläche von 200 qm nicht übersteigt (§ 13 Abs. 1 Nr. 4c ErbStG). Voraussetzung ist, dass auch die Kinder bzw. Kindeskinder die Immobilie selbst zu Wohnzwecken nutzen. 411

Handelt es sich bei dem übertragenen Grundbesitz um eine vermietete Wohnimmobilie im Privatvermögen, so wird diese nur mit 90 % ihres Wertes angesetzt (Verschonungsabschlag gem. § 13d ErbStG). 412

b) Steuerliches Betriebsvermögen

Im Betriebsvermögen befindlicher Grundbesitz wird keiner gesonderten Bewertung unterworfen. Vielmehr erfolgt eine Gesamtbewertung des Betriebes. 413

Dadurch können betriebliche Immobilien insoweit eine zusätzliche Förderung erfahren, als dass die Übertragung von Betriebsvermögen unter bestimmten Voraussetzungen insgesamt steuerlich begünstigt ist. 414

415 Gem. § 13a ErbStG i.V.m. § 13b ErbStG bleibt Betriebsvermögen (und damit auch dazugehörige Immobilien) der EU und der EWR

- im Umfang von 85 % außer Ansatz (Verschonungsabschlag), wenn die innerhalb von zehn Jahren anfallenden Erwerbe steuerlich begünstigten Betriebsvermögens insgesamt 26 Mio. € nicht übersteigt und wenn während einer 5-jährigen Betriebsfortführungsfrist
  - bei 0–5 Beschäftigten eine Lohnsumme von 0 %,
  - bei 6 Beschäftigten eine Lohnsumme von 250 %,
  - bei 11–15 Beschäftigten eine Lohnsumme von 300 % bzw.
  - bei mehr als 15 Beschäftigten eine Lohnsumme von 400 %

  erhalten bleibt; die restlichen 15 % des Betriebsvermögens unterliegen nach Berücksichtigung einer gleitenden Freigrenze von 150.000 € (Abzugsbetrag) der Besteuerung;
- im Umfang von 100 % außer Ansatz (Verschonungsabschlag), wenn während einer 7-jährigen Betriebsfortführungsfrist
  - bei 0–5 Beschäftigten eine Lohnsumme von 0 %,
  - bei 6 Beschäftigten eine Lohnsumme von 500 %,
  - bei 11–15 Beschäftigten eine Lohnsumme von 565 % bzw.
  - bei mehr als 15 Beschäftigten eine Lohnsumme von 700 %

  erhalten bleibt.

416 Bei Nichtbeachtung der Mindesthalte- und Mindestlohnsummenbedingungen entfällt der Verschonungsabschlag zeitanteilig bzw. quotal, sodass eine Nachversteuerung erfolgt.

417 Wird die Grenze von 26 Mio. € durch mehrere von derselben Person anfallenden Erwerbe innerhalb von 10 Jahren überschritten, entfällt die Steuerbefreiung rückwirkend.

418 Verwaltungsvermögen ist grundsätzlich nicht begünstigt. Hierzu gehören insbesondere an Dritte vermietete Immobilien. Rückausnahmen hiervon gelten für Fälle der Betriebsverpachtung und Betriebsaufspaltung.

3. Berechnung der Steuer

a) Steuerklassen

419 Wie hoch die zu zahlende Erbschaft- oder Schenkungssteuer ist, richtet sich u.a. danach, in welche Steuerklasse der Erbe oder Beschenkte einzuordnen ist. Das ErbStG unterscheidet drei Steuerklassen (§ 15 ErbStG):

- Steuerklasse I:
  Ehegatten bzw. Lebenspartner, Kinder und Stiefkinder sowie deren Abkömmlinge, Eltern und Großeltern bei Erwerb von Todes wegen
- Steuerklasse II:
  geschiedene Ehegatten bzw. Lebenspartner einer aufgehobenen Lebenspartnerschaft, Geschwister, Nichten, Neffen, Schwiegerkinder, Schwiegereltern, Stiefeltern sowie Eltern und Großeltern bei Schenkungen,
- Steuerklasse III:
  übrige Erwerber.

b) Freibeträge

420 Erbschaften und Schenkungen werden durch relativ großzügig bemessene Steuerfreibeträge begünstigt.

421 Die Freibeträge betragen (§ 16 Abs. 1 ErbStG)

- für Ehegatten und eingetragene Lebenspartner 500.000 €
- für Kinder und verwaiste Enkelkinder 400.000 €
- für sonstige Enkelkinder 200.000 €
- für übrige Personen der Steuerklasse I 100.000 €
- für Personen der Steuerklasse II 20.000 €

– für Personen der Steuerklasse III 20.000 €.

In Erbfällen erhalten überlebende Ehegatten und Lebenspartner darüber hinaus einen zusätzlichen Versorgungsfreibetrag in Höhe von 256.000 € (§ 17 Abs. 1 ErbStG). 422

Ebenfalls nur in Erbfällen kommt auch für Kinder bis zur Vollendung des 27. Lebensjahres ein zusätzlicher Versorgungsfreibetrag in Betracht, der je nach Alter des Kindes im Erbzeitpunkt von 52.000 € bis 10.300 € gestaffelt ist (§ 17 Abs. 2 ErbStG). 423

In beiden Fällen ist der Versorgungsfreibetrag um den kapitalisierten Wert eventueller, anlässlich des Todes erworbener Versorgungsbezüge zu mindern. 424

c) Steuersätze

Die Erbschaft- bzw. Schenkungsteuer wird seit dem 01.01.2010 nach folgenden %-Sätzen erhoben (§ 19 Abs. 1 ErbStG): 425

426

Wert des steuerpflichtigen Erwerbs (§ 10) bis einschließlich	%-Satz in der Steuerklasse		
€	I	II	III
75.000	7	15	30
300.000	11	20	30
600.000	15	25	30
6.000.000	19	30	30
13.000.000	23	35	50
26.000.000	27	40	50
über 26.000.000	30	43	50

4. Steuerschuldner

Steuerschuldner ist im Regelfall der Erwerber bzw. im Fall einer Schenkung auch der Zuwendende (§ 20 Abs. 1 ErbStG). Übernimmt der Zuwendende die Schenkungsteuer, so unterliegt diese wiederum der Schenkungsteuer. 427

5. Entstehung und Fälligkeit

Bei Erwerben von Todes wegen entsteht die Steuer grundsätzlich mit dem Tod des Erblassers. Ausnahmen hierzu regelt § 9 Abs. 1 Nr. 1 a–j ErbStG. Bei Schenkungen unter Lebenden entsteht die Steuer zum Zeitpunkt der ausgeführten Zuwendung. 428

Die Fälligkeitstermine für die Erbschaft- und Schenkungssteuer werden mittels Steuerbescheid bekannt gegeben. In Sonderfällen kann der Steuerpflichtigen eine Stundung der Steuerschuld beantragen (§ 28 ErbStG). 429

H. Grundsteuer

1. Besteuerungsgegenstand

Der Grundsteuer unterliegt der Grundbesitz i.S.d. BewG (§ 2 GrStG). Das sind der Grund und Boden nebst aufstehenden Gebäuden, das Erbbaurecht, das Wohnungs- und Teileigentum sowie das Wohnungs- und Teilerbbaurecht, soweit es sich nicht um land- und forstwirtschaftliches Vermögen oder um Betriebsvermögen handelt (§ 68 Abs. 1 BewG). 430

2. Besteuerungsausnahmen

Umfangreiche Befreiungen von der Steuerpflicht sind in §§ 3, 4 GrStG geregelt. Insbesondere ist der Grundbesitz juristischer Personen des öffentlichen Rechts und der Grundbesitz diverser Religionsgesellschaften von der Besteuerung ausgenommen. 431

432 Bei strukturellem Leerstand und daraus resultierender Ertragsminderung um 100 % bzw. mehr als 50 % wird die Grundsteuer auf Antrag in Höhe von 50 % bzw. in Höhe von 25 % erlassen (§ 33 GrStG). Der Antrag ist bis zu dem auf den Erlasszeitraum folgenden 31.03. zu stellen.

3. Berechnung der Steuer

433 Bei der Grundsteuer gilt das sog. Stichtagsprinzip, d.h. sie wird nach den Verhältnissen zu Beginn des Kalenderjahres festgesetzt (§ 9 Abs. 1 GrStG).

a) Bemessungsgrundlage

434 Mit Datum vom 10.04.2018 hatte das *BVerfG* entschieden, dass die Regelungen des BewG zur Einheitsbewertung von Grundvermögen nicht verfassungsgemäß sind. Die Maßgeblichkeit der Wertverhältnisse am Hauptfeststellungszeitpunkt 01.01.1964 (neue Bundesländer) bzw. 01.01.1935 (alte Bundesländer) führt für die Einheitsbewertung zu Folgen, die mit dem allgemeinen Gleichheitssatz (Art. 3 Abs. 1 GG) nicht mehr vereinbar sind. Das Gericht hatte dem Gesetzgeber aufgegeben, bis Ende 2019 eine Neuregelung zu treffen.

435 Bis zum 31.12.2024 darf die Grundsteuer noch auf Basis der alten Einheitswerte festgesetzt werden.

436 Zum 01.01.2025 tritt sodann die neue Grundsteuer in Kraft und an die Stelle des Einheitswerts tritt der Grundsteuerwert. Dieser muss für alle etwa 36 Millionen Grundstücke und Gebäude neu ermittelt werden – unabhängig davon ob es sich um private oder auch betrieblich genutzte Immobilien handelt. Als Bewertungsstichtag wurde der 01.01.2022 gewählt. Hierfür sind eigenständige Steuererklärungen, sog. Feststellungserklärungen, zu erstellen, die in der Zeit 01.07.-31.10.2022 beim Finanzamt eingereicht werden müssen (§ 288 BewG). Je nach Bundesland erfolgt die Bewertung dabei nach unterschiedlichen Methoden, wobei einige Bundesländer – u.a. auch NRW – das sog., Bundesmodell anwenden.

b) Steuermesszahl und Steuermessbetrag

437 Bis zum 31.12.2024 ist auf den Einheitswert ein Tausendsatz (Steuermesszahl) anzuwenden, um zur Rechengröße des Steuermessbetrages zu gelangen.

438 Die Steuermesszahl beträgt grundsätzlich 3,5 vom Tausend (§ 15 Abs. 1 GrStG).

439 Sonderregelungen (§ 15 Abs. 2 GrStG) gelten für
- Einfamilienhäuser: gestaffelte Steuermesszahl von 2,6 vom Tausend (für die ersten 38.346,89 € des Einheitswertes) und 3,5 vom Tausend (für den Rest des Einheitswertes)
- Zweifamilienhäuser: 2,6 vom Tausend.

440 Ab dem 01.01.2025 ist auf den Grundsteuerwert ein Promillesatz (Steuermesszahl) anzuwenden, um zur Rechengröße des Steuermessbetrages zu gelangen.

441 Die Steuermesszahl beträgt
- 0,34 Promille für unbebaute Grundstücke (§ 15 Abs. 1 Nr. 1 GrStG).
- 0,31 bzw. 0,34 Promille für bebaute Grundstücke (§ 15 Abs. 1 Nr. 2 GrStG).

442 In Sonderfällen wird die Steuermesszahl um 25% oder 10% ermäßigt (§ 15 Abs. 2–4 GrStG).

443 Durch die deutlich niedrigere Steuermesszahl sollen die Werterhöhungen zwischen 1964 und 2022 kompensiert werden, da die neuen Grundsteuerwerte – jedenfalls nach Aussagen des Gesetzgebers – nicht zu einer Steuererhöhung führen sollen.

c) Hebesatz

444 Die Grundsteuer berechnet sich durch Multiplikation des Steuermessbetrages mit einem bestimmten Hundertsatz (Hebesatz).

Die Höhe der Hebesätze wird durch die Gemeinden bestimmt (§ 1 GrStG). Je nachdem, wo der Grundbesitz liegt, kann die Höhe der Grundsteuer daher variieren. 445

Unterschieden wird zwischen Hebesätzen des Typ A für land- und forstwirtschaftliches Vermögen und Hebesätzen des Typ B für alle anderen Immobilien. Zusätzlich wurde durch die Grundsteuerreform ein Typ C für unbebaute, baureife Grundstücke eingeführt, mittels dessen die Gemeinde solche Grundstücke höher besteuern kann, um Bauanreize zu schaffen und Spekulationen teurer zu machen. 446

Die Grundsteuer-Hebesätze des Typ B schwanken derzeit zwischen 230 % und 1050 %. Die Mehrzahl der Städte haben ihre Grundsteuer-Hebesätze des Typ B zwischen 400 % und 500 % festgelegt. 447

Für die Grundsteuer-Hebesätze des Typ C liegen noch keine allgemeinen Erfahrungswerte vor. 448

Eine Übersicht über die Hebesätze ausgewählter Gemeinden findet sich im Beck'schen Steuerberater-Handbuch 2023/2024, Pelka/Wüst, Kap. G, Rn. 417. 449

4. Steuerschuldner

Schuldner der Grundsteuer ist derjenige, dem der Steuergegenstand nach den Vorschriften des BewG bei der Feststellung des Einheitswertes (ab 01.01.2025: Grundsteuerwerts) zugerechnet wird (§ 10 Abs. 1 GrStG). Grundsätzlich schuldet der Eigentümer die Grundsteuer. 450

Wird der Steuergegenstand mehreren Personen zugerechnet, so sind diese Gesamtschuldner (§ 10 Abs. 3 GrStG bzw. ab 01.01.2025 § 10 Abs. 2 GrStG). 451

5. Entstehung und Fälligkeit

Die Steuer entsteht mit dem Beginn des Kalenderjahres (§ 9 Abs. 2 GrStG). 452

Da die Festsetzung der Steuer immer für ein gesamtes Kalenderjahr erfolgt, handelt es sich um eine sog. Jahressteuer. 453

Die Fälligkeit hingegen tritt für je ein Viertel des Jahresbetrags quartalsweise jeweils am 15.02., 15.05., 15.08. und 15.11. eines Jahres ein (§ 28 GrStG). 454

Daher schuldet z.B. derjenige, der im März seine Immobilie verkauft, grundsätzlich auch noch die restlichen drei Fälligkeiten des Jahres. 455

In Grundstückskaufverträgen wird daher regelmäßig eine Vereinbarung getroffen, wonach der Erwerber dem Veräußerer zeitanteilig ab Besitzübergang die Grundsteuer erstatten muss. 456

I. Zweitwohnungsteuer

Die Zweitwohnungsteuer ist eine örtliche Aufwandsteuer, die von den Gemeinden erhoben wird. Mit der Zweitwohnungsteuer wird ein »besonderer Aufwand« besteuert, also eine Einkommensverwendung für Dinge, die über die Befriedigung des allgemeinen Lebensbedarfs hinausgehen (hier: das Innehaben einer zweiten Wohnung). 457

Ermächtigungsgrundlage zur Erhebung der Zweitwohnungsteuer sind die Kommunalabgabengesetze der Bundesländer. Aufgrund der darin enthaltenen Ermächtigungen beschließen die Gemeinden eine örtliche Zweitwohnungsteuersatzung, in der die einzelnen Rechtsgrundlagen und das Verfahren zur Erhebung der Steuer festgelegt sind. 458

1. Besteuerungsgegenstand

Der Begriff der Zweitwohnung muss in der Satzung definiert sein. Grundsätzlich unterliegen der Steuerpflicht Zweitwohnungen, die sich zumindest zeitweise zum Wohnen eignen und in denen sich der Inhaber nicht dauernd, sondern nur vorübergehend aufhält. 459

460 Als Wohnung i.S.d. Zweitwohnungsatzung gilt jeder umschlossene Raum, der zum Wohnen oder Schlafen benutzt wird. Wohn- und Campingwagen unterliegen nur dann der Zweitwohnungsteuer, wenn die Satzung sie ausdrücklich als Zweitwohnung definiert. So können auch Wochenendhäuser und Jagdhütten zweitwohnungsteuerpflichtig sein.

2. Besteuerungsausnahmen

461 Für Wohnungen, die lediglich der Kapitalanlage dienen, darf eine Zweitwohnungsteuer nicht erhoben werden. Wird die Zweitwohnung demnach vermietet, sodass der Eigentümer keine Möglichkeit hat, diese zu nutzen, so gilt sie für den Eigentümer als reine Kapitalanlage und es entsteht keine Zweitwohnungsteuerpflicht.

462 Dabei scheidet eine steuerliche Qualifikation als reine Kapitalanlage aus, wenn die Wohnung für einen nicht unerheblichen Zeitraum des Jahres für die eigene Erholung oder für die Erholung von Angehörigen verwendet wird. Dies gilt selbst dann, wenn die Möglichkeit der Eigennutzung lediglich theoretisch gegeben ist (*BVerwG* v. 10.10.1995 – 8 C 40/93, BStBl. II 1996, S. 37).

463 Ebenfalls nicht besteuert werden darf die Innehabung einer aus beruflichen Gründen gehaltenen Zweitwohnung eines nicht dauernd getrenntlebenden Verheirateten, dessen eheliche Wohnung sich in einer anderen Gemeinde befindet. Sieht eine Zweitwohnungsteuersatzung eine derartige Erhebung vor, so ist diese insoweit nichtig: Sie diskriminiert die Ehe und verstößt gegen Art. 6 Abs. 1 GG (*BVerfG* v. 11.10.2005 – 1 BvR 1232/00, 1 BvR 2627/03, DStR 2005, S. 48).

3. Berechnung der Steuer

a) Bemessungsgrundlage

464 Als Bemessungsgrundlage wird grundsätzlich der Mietwert der Zweitwohnung herangezogen, d.h. die jährliche Nettokaltmiete bzw. bei Eigentümern die ortsübliche Jahres-Nettokaltmiete.

b) Steuersätze

465 Die Steuersätze bewegen sich zwischen 5 % (Tübingen) und 25 % (Konstanz). In den meisten Fällen liegen die Sätze zwischen 10 % und 15 %.

4. Steuerschuldner

466 Steuerschuldner ist derjenige, der die Zweitwohnung innehat. Dabei kommt es nicht darauf an, ob der Zweitwohnungsinhaber Eigentümer oder Mieter ist. Weiterhin ist ohne Bedeutung, ob sich die erste Wohnung (Hauptwohnung) innerhalb oder außerhalb des gleichen Gemeindegebietes befindet.

467 Haben mehrere Personen gemeinschaftlich eine Zweitwohnung inne, so sind diese Gesamtschuldner nach § 44 AO.

5. Entstehung und Fälligkeit

468 Die Steuer wird als Jahressteuer erhoben und entsteht grundsätzlich am 01.01. eines jeden Kalenderjahres.

469 Tritt die Zweitwohnungseigenschaft erst nach dem 01.01. ein, so entsteht die Steuerpflicht mit dem ersten Tag des auf diesen Zeitpunkt folgenden Monats.

470 Die Gemeinde setzt die Steuer durch Bescheid fest. Solange sich die Bemessungsgrundlagen und der Steuerbetrag nicht ändern, kann in dem Bescheid bestimmt werden, dass er auch für künftige Zeitabschnitte gilt.

471 Die Steuer wird erstmalig einen Monat nach der Bekanntgabe des Steuerbescheids fällig.

Bis zur Bekanntgabe eines neuen Steuerbescheides ist die Steuer zu den Zeitpunkten zu entrichten, zu denen die Gemeinde die Fälligkeit festlegt. Manche Gemeinden stellen – meist zur Jahresmitte – die gesamte Jahressumme fällig, andere fordern eine Quartalszahlung meist in Übereinstimmung mit den Raten der Grundsteuer. 472

J. Kapitalertragsteuer in WEG Fällen

1. Besteuerungsgegenstand

Die Kapitalertragsteuer ist eine besondere Erhebungsform der Einkommensteuer, ihr unterliegen grundsätzlich Kapital- und Zinserträge (§ 43 EStG). Die Kapitalertragsteuer wird von der Stelle, welche die Erträge auszahlt (z.B. der Bank) einbehalten und direkt an die Finanzverwaltung abgeführt. Da deshalb ein Steuerabzug direkt an der Quelle erfolgt, spricht man auch von Abzugs- bzw. Quellensteuer. 473

[unbesetzt] 474

Wohnungs- bzw. Teileigentümers leisten (meist durch monatliche Zahlungen) Beiträge zu einer Instandhaltungsrücklage an den Verwalter. Der Verwalter hat die eingezahlten Gelder als Teil ordnungsmäßiger Verwaltung (§ 27 Abs. 1 WEG) für Rechnung der Wohnungs- bzw. Teileigentümer anzulegen. Dabei hat er die verwalteten Gelder von seinem Vermögen gesondert zu halten. Diese Grundsätze des Umgangs mit von den Wohnungseigentümern zur Verfügung gestellten Geldern regelt § 27 WEG n.F. seit dem WEMoG nicht mehr ausdrücklich, sie gelten in der Sache allerdings weiterhin (vgl. BT-Drs. 19/18791, S. 74 f.) 475

Durch die Anlage nicht unmittelbar für die Instandhaltung eingesetzter Gelder aus der Rücklage entstehen Kapitalerträge, die der Kapitalertragsteuer unterliegen und anteilig den einzelnen Wohnungs- bzw. Teileigentümern zuzurechnen sind. 476

2. Berechnung der Steuer

a) Bemessungsgrundlage

Der Einkommen- bzw. Kapitalertragsteuer unterliegen grundsätzlich sämtliche Kapitalerträge i.S.d. § 20 EStG. Dazu gehören auch die Zinsen aus einer Instandhaltungsrücklage. 477

b) Steuersatz

Die Kapitalertragsteuer beträgt 25 % des Kapitalertrags (§ 43a Abs. 1 S. 1 Nr. 1 EStG). Die Einkommensteuer für Kapitalerträge ist mit dem 25 %-Steuerabzug abgegolten. 478

Hinzu kommt noch der Solidaritätszuschlag von 5,5 % (§ 4 Satz 1 SolZG) auf die Kapitalertragsteuer, sodass die gesamte Quellenbesteuerung 26,375 % ausmacht. Hieran hat sich auch durch die teilweise Abschaffung des Solidaritätszuschlags durch das Inflationsausgleichsgesetz 2022 (vgl. § 3 Abs. 2a SolzG) nichts geändert. Unterliegen die Einkünfte nämlich der Kapitalertragssteuer, wird der Solidaritätszuschlag weiterhin ohne Berücksichtigung einer Freigrenze erhoben. 479

Ist der Steuerpflichtige kirchensteuerpflichtig, unterliegen auch die Kapitalerträge der Kirchensteuer. Ein automatischer Kirchensteuerabzug gemeinsam mit dem Kapitalertragsteuerabzug – wie dies bei der Kapitalertragsteuer der Regelfall ist (§ 51a Abs. 2c EStG) – findet bei der Wohnungseigentümergemeinschaft allerdings nicht statt, da im automatisierten Verfahren nicht hinterlegt ist, welche (kirchensteuerpflichtigen) Wohnungseigentümer mit welchen Anteilen Teil der WEG sind (s. *Petersen* npoR 2012, 108, 112). Der Steuerpflichtige muss die Erklärung Kirchensteuer daher im Veranlagungsverfahren nachholen. 479a

Der Vollständigkeit halber sei ergänzt, dass der Steuerpflichtige beantragen kann, die Kapitalerträge nicht der sog. Abgeltungsteuer von 25 %, sondern der tariflichen Einkommensteuer zu unterwerfen (sog. Günstigerprüfung, § 32d Abs. 6 EStG). Vorteilhaft ist dies etwa, wenn der persönliche Ein- 480 kommensteuersatz unter 25 % liegt, ausländische Steuern noch nicht berücksichtigt sind oder im Rahmen des Steuerabzuges der Sparer-Pauschbetrag noch nicht voll ausgeschöpft wurde.

481 Die für den Mieter einbehaltenen Steuern sind sodann auf seine persönliche Einkommensteuerschuld anrechenbar (§ 36 Abs. 2 Nr. 2 EStG). Voraussetzung für die Anrechnung ist jedoch, dass ihm eine Bescheinigung über den Einbehalt und die Abführung der Steuer erteilt wird (§ 45a Abs. 2 EStG). Diese Bescheinigung wird regelmäßig für den Kontoinhaber – also den Verwalter – ausgestellt und nicht für den einzelnen Wohnungs- bzw. Teileigentümer.

482 Gleichwohl erfolgt die Anrechnung der einbehaltenen Steuern auf die persönliche Einkommensteuerschuld der einzelnen Wohnungs- bzw. Teileigentümer, wenn der Verwalter

- die insgesamt erzielten Kapitalerträge nach dem Verhältnis der Miteigentumsanteile aufteilt,
- diese Aufteilung dem jeweiligen Miteigentümer mitteilt und
- der Mitteilung eine Kopie der Steuerbescheinigung des jeweiligen Kreditinstituts beifügt.

Diese Praxis wird von der Finanzverwaltung anerkannt und für ausreichend gehalten (BMF-Schreiben v. 23.05.2022 – IV C 1 – S 2401/19/10001:006, BStBl. I/2024, 223; Rn. 21 f.).

483 Die Mitteilung des Verwalters nebst kopierter Steuerbescheinigung hat der einzelne Wohnungs- bzw. Teileigentümer seinem Finanzamt vorzulegen, welches sodann die auf seinen Miteigentumsanteil entfallende einbehaltene Steuer auf seine persönliche Einkommensteuerschuld anrechnet. Dies ist im Regelfall der einfachere Weg, weil ansonsten eine gesonderte und einheitliche Feststellung der von der Wohnungseigentümergemeinschaft erzielten Zinsen aus der Anlage der Instandhaltungsrücklage stattfinden müsste (§ 180 Abs. 3 S. 2 AO). Für den damit verbundenen Aufwand darf der Verwalter ein Sonderhonorar verlangen. Die Rechtslage ist vergleichbar mit den Fällen, in denen Wohnungseigentümerverwalter Bescheinigungen nach § 35a EStG erstellen (vgl. *AG Bremen* v. 03.06.2007 – 111 a II 89/2007 WEG sowie *LG Düsseldorf* v. 08.02.2008 – 19 T 489/2007).

3. Steuerschuldner

484 Steuerschuldner der Kapitalertragsteuer ist das einbehaltende Kreditinstitut (§ 44 Abs. 1 S. 1 EStG).

485 *[unbesetzt]*

K. Einzelfragen

1. Arbeitszimmer

486 Ein Arbeitszimmer ist definiert als ein beruflich oder betrieblich genutzter Raum, der nach Lage, Funktion und Ausstattung vorwiegend der büromäßigen Erledigung gedanklicher, schriftlicher oder verwaltungstechnischer bzw. -organisatorischer Arbeiten dient (s. Schmidt/*Loschelder* EStG 2024, § 4 Rn. 592 ff.). Der steuerliche »Idealfall« besteht aus einem Raum, der mit einem Schreibtisch und Möbeln zur Aufbewahrung von Akten, einer EDV und einem Telefon ausgestattet ist.

a) Häusliches Arbeitszimmer

487 Selbstnutzer von Immobilien haben grundsätzlich keine Möglichkeit ihre Grundstückskosten steuermindernd geltend zu machen. Etwas Anderes kann jedoch gelten, wenn ein Bezug zu einer anderen Einkunftsart als den Einkünften aus Vermietung und Verpachtung (§ 21 EStG) besteht. Beispielsweise zu den Einkünften aus Gewerbebetrieb (§ 15 EStG), freiberuflicher Tätigkeit (§ 18 EStG) oder nichtselbstständiger Tätigkeit (§ 19 EStG). Dieser Bezug zu einer anderen Einkunftsart ergibt sich zum Beispiel über das häusliche Arbeitszimmer. Wer einen Teil der ansonsten zu Wohnzwecken genutzten Immobilie zu betrieblichen (§§ 15, 18 EStG) oder beruflichen (§ 19 EStG) Tätigkeiten nutzt, kann u.U. den Teil der Aufwendungen, der auf den betrieblich oder beruflich genutzten Teil der Immobilie entfällt, als Betriebsausgaben bei den Einkünften aus Gewerbebetrieb oder freiberuflicher Tätigkeit bzw. als Werbungskosten bei den Einkünften aus nichtselbstständiger Tätigkeit geltend machen. Der Begriff des häuslichen Arbeitszimmers setzt jedoch voraus, dass der jeweilige

Raum ausschließlich oder nahezu ausschließlich für betriebliche oder berufliche Zwecke genutzt wird. Die Nutzung des Arbeitszimmers für Zwecke einer nicht steuerbaren Tätigkeit ist einer privaten Nutzung gleichzustellen (*BFH* v. 16.02.2016 – IX R 20/13, *BFH*/NV 2016, S. 1146; *BFH* v. 16.02.2016 – IX R 21/13, *BFH*/NV 2016, S. 1147).

Wird das Arbeitszimmer zu betrieblichen Zwecken genutzt, so ist zu beachten, dass dieses unter Umständen in Betriebsvermögen (um)qualifiziert wird. 488

Dies ist immer dann der Fall, wenn der darauf entfallende Grundstücksteil von nicht untergeordneter Bedeutung ist, d.h. entweder mehr als ein Fünftel des gemeinen Wertes des gesamten Grundstückes oder mehr als 20.500 € beträgt (§ 8 EStDV). Dies bedeutet u.a., dass bei einer späteren Veräußerung des Objektes oder einer Aufgabe der betrieblichen Tätigkeit ein Veräußerungs- oder Entnahmegewinn zu Steuerbelastungen eines ansonsten privaten Objektes führen kann. 489

Während der Veranlagungszeiträume 2020 bis 2022 können Aufwendungen für ein häusliches Arbeitszimmer grundsätzlich nur dann steuerlich abgesetzt werden, wenn das Arbeitszimmer den Mittelpunkt der gesamten betrieblichen und beruflichen Tätigkeit bildet. Bei einer Gesamtwertung der betrieblichen und beruflichen Tätigkeit muss der qualitative Schwerpunkt im häuslichen Arbeitszimmer liegen. Entscheidend ist dabei, dass der jeweilige Steuerzahler dort diejenigen Handlungen vornimmt und Leistungen erbringt, die für den konkret ausgeübten Beruf wesentlich und prägend sind (BMF v. 02.03.2011 – IV C 6 – S-2145/07/10002, BStBl. I 2011, S. 195). 490

Dem quantitativen Mittelpunkt, d.h. dem zeitlichen Umfang der Nutzung des häuslichen Arbeitszimmers ist lediglich indizielle Bedeutung beizumessen. 491

Übt ein Steuerzahler verschiedene betriebliche und berufliche Tätigkeiten nebeneinander aus, so muss das häusliche Arbeitszimmer den Mittelpunkt jeder einzelnen Tätigkeit oder jedes einzelnen Aufgabenbereichs darstellen (*BFH* v. 23.09.1999 – VI R 74/98, BStBl. II 2000, S. 7). 492

Stellt das Arbeitszimmer zwar nicht den Mittelpunkt der gesamten Tätigkeit dar, steht dem Steuerpflichtigen aber kein anderer Arbeitsplatz zur Verfügung, so kann er für sein häusliches Arbeitszimmer bis zu 1.250 € geltend machen. 493

Auch ein Raum, in dem ein Steuerpflichtiger zuhause einen Telearbeitsplatz unterhält, kann dem Typus des häuslichen Arbeitszimmers entsprechen (*BFH* v. 26.02.2014 – VI R 40/12, *BFH*/NV 2014, S. 1137). 494

Steuerpflichtige, die über kein häusliches Arbeitszimmer verfügen oder entsprechende Aufwendungen nicht geltend machen (Wahlrecht), können für die Jahre 2020 und 2021 eine Pauschale von 5 € pro Tag, höchstens 600 € im Kalenderjahr geltend machen (§ 4 Abs. 5 S. 1 Nr. 6b Satz 4 EStG). 495

Die Homeoffice-Pauschale gemäß § 4 Abs. 5 S. 1 Nr. 6c EStG wird ab dem Veranlagungszeitraum 2023 erhöht und dauerhaft festgelegt. Nach neuem Recht ist die Regelung über die Abzugsfähigkeit von erwerblich veranlassten Aufwendungen für die Nutzung der häuslichen Wohnung auf zwei Tatbestände aufgeteilt, die grundsätzlich abschließend sind. Die geänderte Vorschrift ist nach § 52 Abs. 6 S. 12 EStG auf Steuersachverhalte ab dem 01.01.2023 anzuwenden. 496

Mit der neuen Regelung in Nr. 6c wird die temporär in der Corona-Pandemie geltende Homeoffice-Pauschale dauerhaft im Gesetz verankert. Für jeden Kalendertag, an dem die betriebliche oder berufliche Tätigkeit überwiegend in der häuslichen Wohnung erfolgt und keine außerhalb der Wohnung gelegene erste Tätigkeitsstätte aufgesucht wird, kann ein Betrag von 6 € pro Tag, höchstens jedoch 1.260 € jährlich, abgezogen werden (§ 4 Abs. 5 S. 1 Nr. 6c S. 1 EStG). Ein Abzug ist auch möglich, wenn kein anderer Arbeitsplatz dauerhaft zur Verfügung steht, selbst wenn die Tätigkeit außerhalb oder in der ersten Tätigkeitsstätte ausgeübt wird (§ 4 Abs. 5 S. 1 Nr. 6c S. 2 EStG). Nach § 4 Abs. 5 Nr. 6c S. 3 EStG hat der Abzug von Arbeitszimmeraufwendungen oder die Geltendmachung der Jahrespauschale nach § 4 Abs. 5 S. 1 Nr. 6b EStG Vorrang vor der Geltendmachung der Homeoffice-Pauschale.

b) Betriebsstätte

497 Voraussetzung für das Abzugsverbot ist, dass es sich überhaupt um ein Arbeitszimmer handelt.

498 Davon abzugrenzen – und somit auch nicht vom Abzugsverbot betroffen – ist eine Betriebsstätte. Betriebsstätte ist jede feste Geschäftseinrichtung oder Anlage, die der Tätigkeit eines Unternehmens dient (§ 12 AO). Dies gilt z.B. für Anwaltskanzleien oder Versicherungsagenturen, die in einem Raum der Privatwohnung betrieben werden.

499 Eine exakte Abgrenzung zwischen Arbeitszimmern einerseits und Betriebsstätten andererseits bereitet in der Praxis Schwierigkeiten. Die Rechtsprechung des *BFH* nimmt als Abgrenzungskriterien den Umfang der maschinellen Ausstattung, die Beschäftigung von Angestellten, die Größe des Raumes, eventuell vorhandenen Publikumsverkehr und insbesondere Hinweise am Gebäude (Kanzleischilder) an, aus denen sich im Gesamtbild ergibt, dass in der fraglichen Wohnung nicht nur gewohnt wird.

c) Vermietung an Arbeitgeber

500 Die Arbeitszimmer- bzw. Betriebsstätten-Problematik ergibt sich dann nicht, wenn der Mieter bzw. Eigentümer der Wohnung den fraglichen Raum an den Arbeitgeber vermietet. Das BMF hat ausdrücklich bestätigt, dass sich in derartigen Fällen die Frage der Abzugsbeschränkung für die Aufwendungen in Zusammenhang mit dem Arbeitszimmer nicht stellt (BMF v. 13.12.2005 – IV C 3 – S 2253–112/05, BStBl. I 2006, S. 4).

2. Über-Kreuz-Vermietung

501 Gelegentlich werden sog. Über-Kreuz-Vermietungen vorgenommen. Auf diesem Wege versuchen zwei Steuerzahler, die eigentlich als Selbstnutzer keine Aufwendungen als Werbungskosten steuermindernd geltend machen könnten, dennoch in den Vorteil des Werbungskostenabzuges zu gelangen.

502 Im Idealfall sind zwei Personen Eigentümer einer in etwa gleich großen und gleich belegenen Wohnung. Die beiden Eigentümer vermieten sich wechselseitig ihre Wohnung. Im Ergebnis ist jeder Vermieter und kann die auf »seine« Wohnung entfallenden Aufwendungen steuermindernd geltend machen.

503 Die Finanzverwaltung betrachtet solche »Gestaltungen« sehr genau. Meist wird ein sog. Missbrauch rechtlicher Gestaltungsmöglichkeiten (§ 42 AO) angenommen. Der *BFH* folgt dieser Ansicht der Finanzverwaltung jedenfalls dann, wenn planmäßig jeweils zwei – in etwa gleichwertige – Wohnungen von zwei Personen angeschafft werden, um diese sodann unmittelbar nach der Anschaffung der jeweils anderen Person zu vermieten, sodass sich die Vorgänge wirtschaftlich neutralisieren (*BFH* v. 19.06.1991 – IX R 134/86, BStBl. II 1991, S. 904; *BFH* v. 25.01.1994 – IX R 97/90, BStBl. II 1994, S. 738). Nur in Ausnahmefällen wurden derartige Gestaltungen steuerlich anerkannt (vgl. *BFH* v. 12.09.1995 – IX R 54/93, BStBl. II 1996, S. 158).

3. Mietereinbauten

504 Insbesondere im gewerblichen Bereich kommt es häufig vor, dass der Mieter Investitionen in und an dem Gebäude vornimmt. Das Steuerrecht definiert in diesem Fall Gebäudeteile, die als selbstständige Wirtschaftsgüter gewertet werden. Neben Betriebsvorrichtungen (z.B. Hochregallager), Scheinbestandteilen (vorübergehender, jederzeit wieder entfernbarer Einbau, z.B. Schränke) und Ladeneinbauten (z.B. Schaufensteranlagen) spielen vor allem Mietereinbauten eine bedeutsame Rolle.

505 Einbauten oder Umbauten des Mieters sind als Herstellungskosten eines materiellen Wirtschaftsgutes zu aktivieren, wenn sie unmittelbar besonderen Zwecken dienen und in diesem Sinne in einem von der eigentlichen Gebäudenutzung verschiedenen Funktionszusammenhang stehen (*BFH* v. 26.02.1975 – I R 32/73, BStBl. II 1975, S. 443 und BMF v. 15.01.1976 – III B 11 – S-2133–2/75, BStBl. I 1976, S. 66). Nach der Definition der Rechtsprechung sowie den Richtlinien der

Finanzverwaltung führen faktisch sämtliche Investitionen, die ein Mieter in den Räumlichkeiten vornimmt, zu Mietereinbauten, sofern sie nicht als Scheinbestandteile, Betriebsvorrichtungen oder sonstige Mietereinbauten/Mieterumbauten qualifiziert werden können. Mietereinbauten liegen z.B. vor, wenn der Mieter in einem Großraumbüro durch Zwischenwände Raumaufteilungen vornimmt.

Durch die Klassifizierung als selbstständiges Wirtschaftsgut kann der Mieter die entsprechenden Aufwendungen nicht im Zeitpunkt der Vornahme steuerlich geltend machen. Er hat sie vielmehr zu aktivieren und über die Nutzungsdauer abzuschreiben. Die Frage, wie hoch diese Abschreibungen ausfallen, ist in der Praxis bisweilen heftig umstritten und war auch in der Rechtsprechung nicht einheitlich geurteilt. Im BMF-Schreiben v. 15.01.1976 war zugunsten der Steuerpflichtigen noch geregelt, dass es im Regelfall auf die restliche Dauer des Mietvertragsverhältnisses ankommt. Mit *BFH*-Urteil v. 15.10.1996 (VIII R 44/94, BStBl. II 1997, S. 533) wurde den mietvertragsorientierten Nutzungsdauern eine Absage erteilt. Aufgrund der Klassifizierung als Gebäudeteile sind demnach die Abschreibungssätze für Gebäude, also insbesondere § 7 EStG, anzuwenden (*BFH* v. 25.02.2010 – VI R 2/07, *BFH*/NV 2010, S. 1018; *BFH* v. 19.06.2015 – III B 2/14, *BFH*/NV 2015, S. 1385). 506

Da die degressiven Abschreibungsregeln für Gebäude im Betriebsvermögen schon seit Längerem abgeschafft sind, bedeutet dies, dass Mietereinbauten im Regelfall nur mit 3 % p.a., d.h. auf 33 1/3 Jahre abgeschrieben werden dürfen. Dieses Ergebnis ist höchst fragwürdig, da nur im Ausnahmefall ein Mieter diese Einbauten über einen derart langen Zeitraum in Gebrauch haben dürfte. Demzufolge bietet diese Rechtsprechung und Verwaltungsmeinung in der Praxis ein hohes Maß an Streitpotenzial. 507

Der Mieter wird im Regelfall versuchen, eine kürzere Abschreibungsdauer durchzusetzen. Er muss unter Bezugnahme auf § 7 Abs. 4 S. 2 EStG den Nachweis antreten, dass die tatsächliche Nutzungsdauer kürzer ist. Ein solcher Nachweis ist möglich, wenn z.B. der Mietvertrag zu einem bestimmten Datum ausläuft und eine Verlängerung eher unwahrscheinlich ist. Ebenso gelingt der Nachweis, wenn feststeht, dass die Mietereinbauten zu einem bestimmten Zeitpunkt entfernt oder ersetzt werden (vgl. *BFH* v. 20.09.89 – X R 140/87, BStBl. II S. 90, 368, 370. 508

Hat der Mieter die geringe Abschreibung von 3 % hinnehmen müssen, so hat er allein aufgrund handelsrechtlicher Bestimmungen die Nutzungsdauer zu verkürzen, sobald feststeht, dass die normierte Nutzungsdauer des § 7 Abs. 4 EStG nicht erreicht wird. Dies ist z.B. dann der Fall, wenn der Betrieb eine Standortverlagerung beschließt oder wenn das Mietvertragsverhältnis – egal von welcher Partei – gekündigt wird. 509

▶ **Beispiel:**

Mietereinbauten in 2023 100.000 €./. Abschreibung gem. § 7 Abs. 4 EStG: für 2021–2023 15.000 € Buchwert zum 31.12.2021 85.000 €. Kündigung Mietvertrag zum 31.12.2023 Restnutzungsdauer 2 Jahre Abschreibung in 2022 und 2023 jeweils 42.500 €. 510

In den Fällen, in denen kein unzweifelhaftes Ende des Mietvertrages vorliegt, wird der Nachweis einer behaupteten kürzeren Nutzungsdauer zu Auseinandersetzungen mit der Finanzverwaltung führen. 511

4. Steuerermäßigung für Handwerkerleistungen

Sowohl für selbstnutzende Wohnungs- oder Hauseigentümer als auch für Mieter hat der Gesetzgeber eine Steuerermäßigung für die Inanspruchnahme von Handwerkerleistungen geschaffen. Die Regelung ist in § 35a EStG normiert. Es handelt sich um sog. haushaltsnahe Dienstleistungen. 512

a) **Leistungen nach § 35a EStG**

513 § 35a EStG differenziert zwischen drei Arten von Leistungen, die zu einer Steuerminderung führen können:

514

Vorschrift (EStG)	§ 35a Abs. 1 EStG	§ 35 Abs. 2 EStG	§ 35 Abs. 3 EStG
Art der Leistung	haushaltsnahes Beschäftigungsverhältnis in Form geringfügiger Beschäftigung (Arbeitslohn bis 400 € bzw. ab 2013 bis 450 €, Teilnahme am Haushaltsscheckverfahren)	haushaltsnahes Beschäftigungsverhältnis in Form nicht-geringfügiger Beschäftigung haushaltsnahe Dienstleistungen	haushaltsnahe Handwerkerleistung
Steuerminderung	20 % der Aufwendungen inkl. Abführung an Minijobzentrale	20 % der Arbeitskosten	20 % der Arbeitskosten
Deckelung Steuerminderung bei	510 €	4.000 €	1.200 €

aa) **Haushaltsnahes Beschäftigungsverhältnis (§ 35a Abs. 1 EStG)**

515 Kennzeichnend ist, dass der Steuerpflichtige Aufwendungen als Arbeitgeber an einen abhängig Beschäftigten hat. Nach Ansicht der Finanzverwaltung verlangt ein haushaltsnahes Beschäftigungsverhältnis eine Tätigkeit mit engem Bezug zum Haushalt. Beispielhaft werden– neben hier nicht interessierenden Tätigkeiten wie der Zubereitung von Mahlzeiten– genannt die Reinigung der Wohnung des Steuerpflichtigen und die Gartenpflege (BMF-Schreiben v. 09.11.2016 – IV C 8 – S-2296b/07/10003:008, BStBl. I 2016, S. 1213, Rn. 1). Geht man davon aus, sind auch die Treppenhausreinigung, Schneebeseitigung und allgemeine Hausmeistertätigkeiten begünstigte Leistungen, denn zwischen der Gartenpflege und der Schneebeseitigung oder dem Auswechseln einer Glühbirne ist kein sachlicher Unterschied ersichtlich.

bb) **Haushaltsnahe Dienstleistung (§ 35a Abs. 2 EStG)**

516 Als haushaltsnahe Dienstleistungen versteht die Finanzverwaltung Tätigkeiten, die nicht zu den handwerklichen Leistungen im Sinne des § 35a Abs. 3 EStG gehören, die typischerweise durch Mitglieder des privaten Haushalts erledigt werden und für die ein selbstständiger Dienstleister in Anspruch genommen wird. Wegen der Vergleichbarkeit mit dem haushaltsnahen Beschäftigungsverhältnis ist auch hier die Begünstigung von Arbeiten wie der Treppenhausreinigung, der Schneebeseitigung und allgemeinen Hausmeistertätigkeiten auszugehen.

517 Die Rechtsprechung benutzt in diesem Zusammenhang den Begriff hauswirtschaftliche Tätigkeit. Keine haushaltsnahen Dienstleistungen sind demnach solche, die zwar im Haushalt ausgeübt werden, aber keinen Bezug zur Hauswirtschaft haben.

518 Bei Dienstleistungen, die sowohl auf öffentlichem Gelände als auch auf Privatgelände durchgeführt werden, sind nur die Aufwendungen für den das Privatgelände betreffenden Teil begünstigt (BMF-Schreiben v. 09.11.2016 – IV C 8 – S-2296b/07/10003:008, BStBl. I 2016, S. 1213, Rn. 11 ff.). Das bedeutet, dass zur Inanspruchnahme der Steuerverminderung der Dienstleister beispielsweise bei der Schneeräumung in seiner Rechnung ausweisen muss, wie viel Arbeitslohn und Materialkosten in der Beseitigung des Schnees auf der öffentlichen Straße vor einem Haus in seiner Rechnung enthalten ist und welcher Teil der Schneeräumung den privaten Zuweg zum Haus betrifft. Dies erschwert die Erstellung korrekter Abrechnungen und Steuerbescheinigungen deutlich.

cc) Haushaltsnahe Handwerkerleistung (§ 35a Abs. 3 EStG)

Haushaltsnahe handwerkliche Tätigkeiten sind nach Ansicht der Finanzverwaltung alle handwerklichen Tätigkeiten für Renovierungs-, Erhaltungs- und Modernisierungsmaßnahmen, die in einem Haushalt erbracht werden, und zwar unabhängig davon, ob es sich um regelmäßig vorzunehmende Renovierungsarbeiten handelt oder kleinere Ausbesserungsarbeiten, die gewöhnlich durch Mitglieder des privaten Haushalts erledigt werden oder um Erhaltungs- und Modernisierungsmaßnahmen, die im Regelfall nur von Fachkräften durchgeführt werden. Beispielhaft werden genannt: 519
- Arbeiten an Innen- und Außenwänden,
- Arbeiten am Dach, an der Fassade, an Garagen oder ähnlichem,
- Reparatur oder Austausch von Fenstern und Türen,
- Streichen/Lackieren von Türen und Fenstern von innen und außen, von Wandschränken und Heizkörpern und -rohren,
- Reparatur oder Austausch von Bodenbelägen (Teppichboden, Parkett, Fliesen),
- Reparatur, Wartung oder Austausch von Heizungsanlagen, Elektro-, Gas- und Wasserinstallationen,
- Modernisierung oder Austausch der Einbauküche,
- Modernisierung des Badezimmers,
- Reparatur und Wartung von Gegenständen im Haushalt des Steuerpflichtigen (Waschmaschine, Geschirrspüler, Herd, Fernseher, Personalcomputer),
- Maßnahmen der Gartengestaltung,
- Pflasterarbeiten auf dem Wohngrundstück,

und zwar unabhängig davon, ob die Aufwendungen für die einzelne Maßnahme Erhaltungs- oder Herstellungsaufwand darstellen. Nicht begünstigt sind lediglich Tätigkeiten im Rahmen einer Neubaumaßnahme.

Dabei ist allerdings zu beachten, dass handwerkliche Tätigkeiten, die im Regelfall nur von Fachkräften durchgeführt werden, keine haushaltsnahen Dienstleistungen oder Handwerkerleistungen sind. Deshalb ist die Renovierung einer ganzen Außenfassade oder die Erneuerung eines ganzen Bades nicht nach § 35a Abs. 2 EStG steuerbegünstigt. 520

b) Begünstigte Aufwendungen

aa) Umfang der begünstigten Aufwendungen

Im Fall des § 35a Abs. 1 EStG zählt zu den begünstigten Aufwendungen im Wesentlichen der Bruttoarbeitslohn oder das Arbeitsentgelt einschließlich der von Steuerpflichtigen getragenen Sozialversicherungsbeiträge, der Lohnsteuer nebst Solidaritätszuschlag, der Kirchensteuer. 521

Im Fall des § 35a Abs. 2 EStG sind die Kosten für Handwerkertätigkeit selbst (also der Handwerkerlohn) einschließlich Maschinen- und Fahrtkosten sowie der Kosten für Verbrauchs-, Schmier-, Reinigungs- und Spülmittel begünstigt, nicht jedoch Materialkosten. 522

Klarstellend wird festgestellt, dass Aufwendungen, bei denen die Entsorgung im Vordergrund steht, nicht begünstigt sind, es sei denn, die Entsorgung ist nur Nebenleistung zur Hauptleistung. Das hat zur Folge, dass die Abfuhr von alten Fliesen bei der Neuverfliesung eines Bades begünstigt ist, weil die Neuverfliesung eine haushaltsnahe Handwerkerleistung ist; entsprechendes gilt für die Abfuhr von Schnittgut bei der Gartenpflege. Aufwendungen, bei denen eine Gutachtertätigkeit im Vordergrund steht, sind ebenso wenig begünstigt wie Verwaltergebühren (BMF-Schreiben v. 09.11.2016 – IV C 8 – S-2296b/07/10003:008, BStBl. I 2016, S. 1213, Rn. 31 ff.). 523

Der Anteil der begünstigten Arbeitskosten muss dabei nicht mehr ausschließlich exakt anhand der Angaben in der Rechnung gesondert ermittelt werden; es ist auch eine prozentuale Aufteilung des Rechnungsbetrags in Arbeitskosten und Materialkosten durch den Rechnungsaussteller zulässig. Dabei bleibt jedoch offen, nach welchen Grundsätzen die prozentuale Aufteilung vorzunehmen ist oder ob der Aussteller der Rechnung dabei frei schätzen darf. 524

525 Die begünstigten Aufwendungen sind ggf. um Versicherungsleistungen oder um zu erwartende Leistungen von Versicherungen zu kürzen (BMF-Schreiben v. 09.11.2016 – IV C 8 – S-2296b/07/10003:008, BStBl. I 2016, S. 1213, Rn. 41 ff.).

bb) Ausschluss der Aufwendungen

526 Die Steuerermäßigung ist ausgeschlossen, wenn die Aufwendungen zu den Betriebsausgaben oder Werbungskosten gehören. Liegen gemischte Aufwendungen vor, muss eine zeitanteilige Aufteilung erfolgen. Reinigt also beispielsweise eine Kraft in 2/3 ihrer Arbeitszeit das Treppenhaus und in 1/3 der Zeit das berufliche Arbeitszimmer des Mieters, kann der Mieter 2/3 der Aufwendungen als haushaltsnahe Dienstleistung geltend machen und 1/3 als Betriebsausgaben oder Werbungskosten.

527 Die Steuerermäßigung ist außerdem ausgeschlossen, wenn die betreffenden Aufwendungen als Sonderausgaben oder als außergewöhnliche Belastung berücksichtigt werden. Ggf. ist auch insofern eine Aufteilung vorzunehmen.

528 Eine Aufspaltung von Positionen ist nicht zulässig. Lässt der Vermieter beispielsweise zum Abschluss einer nicht als Nebenkosten umlagefähigen Baumaßnahme das Treppenhaus einer Sonderreinigung unterziehen, können die in der Rechnung des Bauhandwerkers enthaltenen Reinigungskosten selbst dann nicht als haushaltsnahe Dienstleistungen geltend gemacht werden, wenn der Handwerker diese mit ihrem Arbeitslohnanteil in seiner Schlussrechnung separat auswiese (FG Rheinland –Pfalz v. 02.09.2004, DStRE 2004, S. 1341; *FG Niedersachsen* v. 04.10.2005, DStRE 2006, S. 715; FG Thüringen v. 13.10.2005, DStRE 2006, S. 1125).

cc) Steuerminderung

529 Die Anwendung von § 35a EStG führt zu einer echten Steuerminderung. Das bedeutet, dass sich in Höhe des zu berücksichtigenden Betrags nicht (wie bei Werbungskosten oder Betriebsausgaben) die Bemessungsgrundlage (§ 2 Abs. 5 EStG) des Einkommensteuertarifs reduziert, sondern die festzusetzende Einkommensteuer (§ 2 Abs. 6 EStG) vermindert wird.

c) Anspruchsberechtigte

530 Die Steuerermäßigung kann grundsätzlich nur der Steuerpflichtige in Anspruch nehmen, der entweder in Fällen des § 35a Abs. 1 EStG Arbeitgeber ist oder derjenige, der in den Fällen des § 35a Abs. 2 und Abs. 3 EStG Auftraggeber ist.

531 Schließen sich mehrere Steuerpflichtige als Arbeitgeber (sog. Arbeitgeber-Pool) für ein haushaltsnahes Beschäftigungsverhältnis zusammen (beispielsweise mehrere Mieter, die gemeinsam eine Reinigungskraft für das Treppenhaus oder für ihre Wohnungen beschäftigen), kann jeder Steuerpflichtige die Steuerermäßigung für seinen Anteil an den Aufwendungen in Anspruch nehmen, soweit er eine Abrechnung vorlegen kann, aus welcher der seine Wohnung betreffende Anteil an den Aufwendungen zu entnehmen ist (BMF-Schreiben v. 09.11.2016 – IV C 8 – S-2296b/07/10003:008, BStBl. I 2016, S. 1213, Rn. 25 ff.).

532 Ist allerdings der Vermieter oder die Wohnungseigentümergemeinschaft Arbeitgeber, ist nach dem Gesetzeswortlaut eine Steuerermäßigung nicht möglich. Hiervon lässt die Finanzverwaltung mit Schreiben vom 09.11.2016 nunmehr für Mieter und Wohnungseigentümer Ausnahmen zu:

aa) Mieter als Anspruchsberechtigter

533 Demnach kann ein Mieter die Steuerermäßigung beanspruchen, wenn
- in den von ihm zu zahlenden Nebenkosten Beträge enthalten sind, die für ein haushaltsnahes Beschäftigungsverhältnis, für haushaltsnahe Dienstleistungen oder für handwerkliche Tätigkeiten geschuldet werden und
- sein Anteil an den vom Vermieter unbar gezahlten Aufwendungen entweder aus der Nebenkostenabrechnung hervorgeht oder ihm durch eine separate Bescheinigung des Vermieters oder

dessen Verwalters nachgewiesen wird (vgl. dazu *BFH* v. 20.04.2023 – VI R 24/20, BStBl. II 2023, 906).

bb) Wohnungseigentümer als Anspruchsberechtigter

Ein Wohnungseigentümer kann die Steuerermäßigung beanspruchen, wenn 534
- in dem von ihm zu zahlenden Wohngeld Beträge enthalten sind, die für ein haushaltsnahes Beschäftigungsverhältnis, für haushaltsnahe Dienstleistungen oder für handwerkliche Tätigkeiten geschuldet werden, und
- die begünstige Leistung vom Wohnungseigentümer bestellt und bezahlt wurde,
- es sich um die Abrechnungen des Vermieters oder der Wohnungseigentümergemeinschaft handelt,
- an den Wohnungseigentümer weiterbelastet wurde (vgl. *BFH* v. 20.04.2023 – VI R 24/20, BStBl. II 2023, 906).

d) Verpflichtung des Vermieters oder Wohnungseigentumsverwalters

§ 35a EStG enthält keine Verpflichtung des Vermieters oder der Wohnungseigentümergemeinschaft zur Ausstellung von Steuerbescheinigungen. In Mietverträgen und Hausverwalterverträgen sind entsprechende Vereinbarungen jedenfalls bislang regelmäßig nicht enthalten. Da gleichzeitig das Bundesministerium der Finanzen mit seinem Rundschreiben vom 09.11.2016 auch durch die Anlage des Musters einer Bescheinigung an die Finanzverwaltung eine solche Verpflichtung nicht begründet hat– auch überhaupt nicht hätte begründen können– sind nach hier vertretener Ansicht die verschiedenen Konstellationen zu unterscheiden: 535

aa) Nebenkostenabrechnung

Kann einerseits jemand eine Auskunft unschwer geben und ist andererseits ein Dritter ohne die Auskunft an der Wahrnehmung von Rechten gehindert, ist nach Treu und Glauben die Auskunft zu erteilen (*BGH* v. 17.05.1994, NJW 1995, S. 387; Köhler NJW 1992, S. 1477, S. 1480 m.w.N.). Nach diesem Grundsatz hat der Vermieter dann die mietvertragliche Nebenpflicht, dem Mieter eine Steuerbescheinigung über die in den abgerechneten Nebenkosten enthaltenen Entgeltanteile i.S.d. § 35a EStG zu erteilen, wenn ihm dies unschwer möglich ist. Dies ist von vorneherein immer dann der Fall, wo der entsprechende Dienstleister oder Handwerker seine Rechnung bereits in dieser Art aufgeschlüsselt hat. Umgekehrt hat der Vermieter dort keine Pflicht, wo ihm die notwendigen Angaben in der Nebenkostenabrechnung unmöglich sind, beispielsweise, weil der Unternehmer, mit dem er einen noch langjährig laufenden Vertrag geschlossen hat, sich weigert, seine Rechnung den Anforderungen gem. § 35a EStG aufzuschlüsseln. 536

Steht die Neuvergabe einer Leistung an, wird der Vermieter künftig gehalten sein, die Erteilung entsprechender Rechnungen zu vereinbaren, damit der Mieter in den Genuss der Steuerverminderung kommen kann. 537

Verletzt der Vermieter seine Pflichten, haftet er dem Mieter nach allgemeinen Grundsätzen auf Schadensersatz, also in Höhe der dem Mieter entgehenden Steuerverminderung. Der dem Vermieter durch die Erteilung der Steuerbescheinigung entstehende Mehraufwand stellt nicht umlagefähige Verwaltungskosten dar. 538

bb) Wohngeldabrechnung

Die vorstehend dargestellten Regeln der als Nebenpflicht zu erteilenden Auskunft gelten allgemein, also auch im Wohnungseigentumsrecht. Der WE-Verwalter hat demnach– wenn er nicht bereits als Vermögensbetreuer nach § 34 AO gesehen wird– jedenfalls wie der Vermieter die sich aus seinem Verwaltervertrag ergebende Nebenpflicht, die steuerlich relevanten Auskünfte zu geben. Dabei kann der Verwalter aber im Gegensatz zum Vermieter Vergütung seines Mehraufwands verlangen. 539

540 Im zweiten Schritt stellt sich die Frage, ob die vom Verwalter auszustellende Bescheinigung nach der Musterbescheinigung gem. dem BMF-Schreiben vom 09.11.2016 erstellt werden muss. Dies ist abzulehnen, da die Ausstellung einer Bescheinigung entsprechende der Musterbescheinigung vom Aussteller steuerliche Kenntnisse erfordert, über die ein WE-Verwalter per se nicht verfügen muss.

541 Eine Bescheinigung, aus welcher sich die Art der Leistung, die Höhe der Gesamtkosten unter Abzug der Material- und sonstigen, nicht begünstigten Kosten, sowie der auf den einzelnen Eigentümer entfallende Kostenanteil ergibt, ist ausreichend.

cc) Zeitpunkt der Erstellung

542 Von der Frage, ob eine Bescheinigung auszustellen ist, muss diejenige getrennt werden, bis wann sie dem Mieter oder Wohnungseigentümer zu übergeben ist, da dieser seine Einkommensteuererklärung jeweils bis zum 31.5. des Folgejahres abzugeben hat (§ 149 Abs. 2 AO). Für die Inanspruchnahme der Steuerermäßigung ist nach dem Gesetzeswortlaut auf den Veranlagungszeitraum der Leistung abzustellen (§ 11 Abs. 2 EStG).

543 Die Kritik daran, in welchem Veranlagungszeitraum die Steuermäßigung in Anspruch genommen werden kann, wurde– nicht vom Gesetzgeber, sondern von der Finanzverwaltung– teilweise aufgegriffen. Zwar können Vorauszahlungen für regelmäßig wiederkehrende Dienstleistungen grundsätzlich nur im Jahr der Vorauszahlung und einmalige Aufwendungen nur im Jahr der Genehmigung der Jahresabrechnung geltend gemacht werden. Neu können Wohnungseigentümer nunmehr aber die gesamten Aufwendungen in dem Jahr geltend machen, in welchem die WE-Versammlung die Jahresabrechnung genehmigt. Entsprechendes gilt für die Nebenkostenabrechnungen bei der Miete.

544 Weitere Ausführungen finden sich im Anwendungsschreiben zu § 35a EStG (BMF v. 09.11.2016 – IV C 8 – S-2296b/07/10003:008, BStBl. I 2016, S. 1213).

5. Steuerermäßigung für energetische Sanierungsmaßnahmen

545 Zum Zwecke des Klimaschutzes wurde die steuerliche Förderung energetischer Sanierungsmaßnahmen an selbst genutztem Wohneigentum (d.h. Gebäuden, Gebäudeteilen und Eigentumswohnungen) im Rahmen des § 35c EStG eingeführt und seitdem bereits geändert. Die Steuerermäßigung greift in zeitlicher Hinsicht für Maßnahmen, mit denen nach dem 31.12.2019 begonnen wurde und die vor dem 01.01.2030 beendet werden. Beginn und Ende bestimmen sich nach den baurechtlichen Genehmigungsanforderungen bzw. Anzeigepflichten. In persönlicher Hinsicht gilt § 35c EStG nur für unbeschränkt steuerpflichtige natürliche Personen. Eine Steuerermäßigung kann je Objekt bis zu 20 % der begünstigten Aufwendungen des Steuerpflichtigen, beschränkt auf 40.000 € (§ 35c Abs 1 S. 5 Hs. 2 EStG) bei Abschluss der Maßnahme und Antragstellung geltend gemacht werden. Maximal können demnach Aufwendungen i.H.v. 200.000 € je Objekt als Steuerermäßigung geltend gemacht werden.

546 Die Steuerermäßigung für energetische Maßnahmen bei zu eigenen Wohnzwecken genutzten Gebäuden kann nur in Anspruch genommen werden, wenn durch eine nach amtlichem Muster erstellte Bescheinigung des ausführenden Fachunternehmens nachgewiesen wird, dass die Voraussetzungen des § 35c Abs. 1 S. 1 – 3 EStG sowie die Anforderungen nach der Verordnung zur Bestimmung von Mindestanforderungen für energetische Maßnahmen bei zu eigenen Wohnzwecken genutzten Gebäuden nach § 35c des Einkommensteuergesetzes erfüllt sind (§ 35c Abs. 1 S. 7 EStG).

Förderfähig sind dabei solche Einzelmaßnahmen, welche auch von der Kreditanstalt für Wiederaufbau (KfW) als förderfähig eingestuft werden (vgl. BMF-Schreiben v. 14.01.2021 - V C 1 - S 2296-c/20/10004, BStBl. I S. 103, Rn. 36 ff., Rn. 54, 55). Dazu gehören unter anderem Maßnahmen wie die Wärmedämmung von Wänden, Dachflächen oder Geschossdecken, die Erneuerung der Fenster oder Außentüren, die Erneuerung bzw. der Einbau einer Lüftungsanlage, die Erneuerung einer Heizungsanlage, der Einbau von digitalen Systemen zur energetischen Betriebs- und Verbrauchsoptimierung und die Optimierung bestehender Heizungsanlagen. Darüber hinaus können auch die Kosten für die Erteilung der Bescheinigung sowie die Kosten für sogenannte Energieberater abgesetzt werden (§ 35c Abs. 1 S. 4 Hs. 2 EStG).

Die Steuerermäßigung beträgt je Objekt 20 % der Aufwendungen, maximal 40.000 €, verteilt über 547
drei Jahre. So sind im Jahr des Abschlusses der Maßnahme sowie im darauffolgenden Jahr jeweils 7 % und im dritten Jahr 6 % der Aufwendungen abzugsfähig.

Details regelt das Anwendungsschreiben zu § 35c EStG (BMF-Schreiben v. 14.01.2021 - V 548
C 1 – S 2296-c/20/10004, BStBl. I S. 103; BMF-Schreiben v. 26.01.2023 - V C 1 – S 2296-c/20/10003:006, BStBl. I S. 218; geändert durch BMF-Schreiben v. 06.02.2024 - IV C 1 - S 2296-c/20/10003:006, BStBl. I S. 237).

Verordnung über die Qualität von Wasser für den menschlichen Gebrauch (Trinkwasserverordnung – TrinkwV)

– Zweite Verordnung zur Novellierung der Trinkwasserverordnung vom 20.06.2023, BGBl. I 2023, Nr.159, S. 1-65, in Kraft getreten am 24.06.2023; früher: Neubekanntmachung vom 02.08.2013, BGBl. (2013) I, S. 2977 – 3004 sowie vom 10.03.2016, BGBl. (2016) I, 459; in Kraft getreten bereits am 14.12.2012: geändert durch VO zur Neuordnung trinkwasserrechtlicher Vorschriften vom 03.01.2018, BGBl. (2018) I, S. 99 – 114 –; geändert durch Art. 99 der 11. ZuständigkeitsanpassungsVO v. 19.06.2020 (BGBl. I, 1328, 1339); zuletzt geändert durch Art. 1 der 5. Vorordnung zur Änderung der TrinkwasserVO v. 22.09.2021 (BGBl. I, 4343).

Literatur (mit Bezug zu Miete und WEG):
Blankenstein, Verwalterpflichten aufgrund der Trinkwasserverordnung, in: Deckert, ETW 2/7914 ff.; *Blümmel*, Legionellen-Überprüfung: Der Aufwand stellt Betriebskosten und Modernisierungskosten dar – Mieterbund irrt GE 2011, 1396; *Böck/Pause*, Erfüllung der Pflichten aus der Trinkwasserverordnung bei Wohnungseigentumsanlagen, ZWE 2013, 346 ff.; Burckhard, Novellierung der Trinkwasserverordnung 2018, Die Heizkostenabrechnung Nr. 3-4/2018; *Drasdo*, Legionellengefahr: Trinkwasserverordnung und Wohnungseigentum, NJW-Spezial 2013, 481; *Dötsch*, Keine rechtmäßige Differenzierung bei Umlage der Legionellen-Untersuchungskosten auf nur vermietende Wohnungseigentümer, JurisPR-MietR 18/2014 Anm. 4; *GdW*-Arbeitshilfe 66, »Umsetzung der TrinkwV 2011 – Legionellenprüfung«; *Hardt*, Zur Frage der fristlosen Kündigung in einer Zahnarztpraxis durch den Mieter wegen erheblichen Legionellenbefalls des Trinkwassers, ZMR 2015, 722; *Herrlein*, »Aus« für Rohrinnensanierung mittels Epoxidharzbeschichtung? NZM 2011, 741 f.; *Horst*, Schadensersatz: Pflicht zur Legionellenprüfung und haftungsbegründende Kausalität, MietRB 2015, 194; *Hübner*, Auswirkungen der im Jahr 2011 novellierten Trinkwasserverordnung auf den Eigentümer einer vermieteten Bestandsimmobilie, ZfIR 2012, 724; *ders.*, Überblick über die für den Eigentümer von vermieteten Bestandsimmobilien relevanten Nachjustierungen durch die »Zweite Verordnung zur Änderung der Trinkwasserverordnung«, ZfIR 2013, 89 ff.; *Jahreis*, Verantwortlichkeit der Wohnungseigentümergemeinschaft für erforderliche Überprüfung der Trinkwasseranlage, JurisPR-MietR 7/2016, Anm.6; *Krapf*, Mietminderung wegen Legionellenbefalls: Gesundheitsgefährdung bei Überschreitung des technischen Maßnahmewertes, JurisPR-MietR 18/2021 Anm.2; *Laubinger*, »Aus« für Rohrinnensanierung mittels Epoxidharzbeschichtung?, ZMR 2012, 413 ff.; *Lehmann-Richter*, Ahndung des WEG-Verwalters wegen Ordnungswidrigkeiten – TrinkwV, EnEV und EichG, ZWE 2013, 341 ff.; *Mediger*, Die Trinkwasseruntersuchungspflicht des Vermieters, NZM 2012, 670; *Pfeifer*, Die neue Trinkwasserverordnung – Neue Pflichten für Eigentümer und Verwalter DWE 2011, 131 ff.; *ders.*, Trinkwasserverordnung 2011 – Neuer Pflichtenkatalog für Vermieter, MietRB 2011, 392; *ders.*, Novellierung der Trinkwasserverordnung, MietRB 2018, 276; *ders.*, Legionellen-Sicherheitsfragen und Reaktionsmöglichkeiten, WuM 2021, 401 ff.; *Schmid*, Kosten der Trinkwasseruntersuchung auf die Mieter umlegbar?, ZMR 2012, 10; *Serwe*, Kosten der Trinkwasseruntersuchung sind auf die Mieter nach § 2 Nr. 2, 4 bis 6, 16 BetrKVO umlegbar, ZMR 2012, 167.

Übersicht Rdn.

1. Ausgangslage

1 Fast 6 Monate nach Verabschiedung durch den Bundesrat wurde die Erste Verordnung zur Änderung der Trinkwasserverordnung am 11.05.2011 verkündet.

2 Die Zweite Verordnung zur Novellierung der Trinkwasserverordnung trat am 24.06.2023 – einen Tag nach der Verkündung – (BGBl. I 2023, Nr. 159, S. 1–65) in Kraft.

3 Schon mit Inkrafttreten (01.11.2011) der 1. Neufassung der Trinkwasserverordnung trafen Vermieter nach § 14 Abs. 3 TrinkwV a.F. neue Anzeige- und anschließend auch neue Prüfpflichten. Sie mussten insbesondere ihre Wasserversorgungsanlagen einmal jährlich auf das Vorhandensein von Legionellen (Süßwasserbakterien) untersuchen zu lassen. Das kontaminierte Wasser ist nur durch das Einatmen z.B. beim Duschen gesundheitsgefährdend; als Trinkwasser aber meist völlig unbedenklich.

4 Nach heftiger Kritik an der ersten Novellierung (Neubekanntmachung BGBl. I, 2011, 2370 ff.) erfolgte eine Nachjustierung (Neubekanntmachung BGBl. I, 2013, S. 2977). Die Änderungen betrafen Begriffsdefinitionen in der Verordnung selbst (§ 3), Wegfall der generellen Anzeigepflicht und Änderung der Zuständigkeiten (§ 13), Verlängerung des Untersuchungszeitraums (§ 14 Abs. 3) sowie zusätzliche Handlungspflichten (§ 16 Abs. 7) sowie Folgeanpassungen (vgl. *Hübner* ZfIR 2013, 89 ff.). Eine weitere Neubekanntmachung erfolgte am 10.03.2016, BGBl. (2016) I, 459. Die nächste Änderung erfolgte durch die VO zur Neuordnung trinkwasserrechtlicher Vorschriften vom 03.01.2018, BGBl (2018) I, 99 – 114. Erneut geändert wurde die Verordnung durch Art. 99 der 11. ZuständigkeitsanpassungsVO v. 19.06.2020 (BGBl. I, 1328, 1339: In § 11 Absatz 2 Nummer 2 der TrinkwasserVO in der Fassung der Bekanntmachung vom 10.03.2016 (BGBl. I S. 459), die zuletzt durch Artikel 1 der Verordnung vom 20.12.2019 (BGBl. I S. 2934) geändert worden ist, wird das Wort »Innern« durch die Wörter »Innern, für Bau und Heimat« ersetzt).

5 Anschließend erfolgte eine Änderung erfolgte durch Art. 1 der 5. Vorordnung zur Änderung der TinkwasserVO v. 22.09.2021 (BGBl. I, 4343). Dort hieß es dann: § 14 Absatz 2d der TrinkwasserVO in der Fassung der Bekanntmachung vom 10.03.2016 (BGBl. I S. 459), die zuletzt durch Artikel 99 der Verordnung vom 19.06.2020 (BGBl. I S. 1328) geändert worden ist, wird wie folgt gefasst: »(2d) Bei Wasserversorgungsanlagen nach § 3 Nummer 2 Buchstabe b kann das Gesundheitsamt für die in Anlage 4 Buchstabe b genannten Parameter der Gruppe B bestimmen, welche Untersuchungen nach Absatz 1 Nummer 2 und 3 in welchen Zeitabständen abweichend von Absatz 2 Satz 1 innerhalb eines von ihm festzulegenden Zeitraums durchzuführen sind. Satz 1 gilt nicht, wenn dem Gesundheitsamt Tatsachen bekannt sind, die für die in Anlage 4 Buchstabe b genannten Parameter der Gruppe B zu einer Nichteinhaltung der Anforderungen oder zu einer Überschreitung der Grenzwerte im Trinkwasser führen können. Die abweichende Bestimmung, einschließlich Begründung, hat das Gesundheitsamt dem Unternehmer oder sonstigen Inhaber der betroffenen Wasserversorgungsanlage schriftlich oder elektronisch bekannt zu geben.«

6 Neu ist bereits seit 2018, dass die Anzeigepflicht nach § 16 Satz 1 Nr. 1 TrinkwV nicht (mehr) besteht, wenn dem anzeigepflichtigen Unternehmer oder sonstigen Inhaber einer Wasserversorgungsanlage ein Nachweis darüber vorliegt, dass die Anzeige bereits (früher nach § 15a Absatz 1 TrinkwV) durch die Untersuchungsstelle erfolgt ist.

7 Voraussetzungen für die Untersuchung von Wasser für den menschlichen Gebrauch (Trinkwasser) nach TrinkwV durch die Trinkwasseruntersuchungsstellen sind:

die Akkreditierung durch eine nationale Akkreditierungsstelle eines Mitgliedsstaates der Europäischen Union für Trinkwasseruntersuchungen, die Einhaltung der Vorgaben nach Trinkwasserverordnung unter Berücksichtigung der angeführten Anlagen, die Arbeit nach den allgemein anerkannten Regeln der Technik, ein funktionierendes System der internen Qualitätssicherung, die erfolgreiche Beteiligung an externen Qualitätssicherungsprogrammen, der Einsatz von hinreichend qualifiziertem Personal für die Durchführung der Untersuchungen, die Zulassung und die Listung durch die Benannte Stelle eines Bundeslandes.

§ 15a TrinkwV a.F. regelte bereits eine **direkte** Anzeigepflicht für Untersuchungsstellen, die jetzt in § 53 TrinkwV kodifiziert ist: 8

(1) Stellt eine zugelassene Untersuchungsstelle bei einer Untersuchung des Trinkwassers auf den Parameter Legionella spec. nach § 31 das Erreichen des in Anlage 3 Teil II festgelegten technischen Maßnahmenwerts fest, so ist sie verpflichtet, dies unverzüglich dem für die Überwachung der Wasserversorgungsanlage zuständigen Gesundheitsamt anzuzeigen. 8a

(2) Die Anzeige nach Abs. 1 muss mindestens folgende Angaben enthalten: 9
1. Name, Anschrift, Telefonnummer und E-Mail-Adresse der anzeigenden Untersuchungsstelle, 10
2. Name, Anschrift, Telefonnummer und E-Mail-Adresse des Betreibers der betroffenen Wasserversorgungsanlage und, sofern vorhanden, der in seinem Auftrag handelnden Person, 11
3. Straße, Hausnummer, Postleitzahl und Ort der Stelle der Probennahme, 12
4. Bezeichnung der Stelle der Probennahme, 13
5. Datum und Uhrzeit der Probennahme, 14
6. alle Ergebnisse der Untersuchungen auf den Parameter Legionella spec., die im Rahmen der systemischen Untersuchung nach § 31 durchgeführt wurden, und 14a
7. die Bestätigung, dass der Betreiber der betroffenen Wasserversorgungsanlage und, sofern vorhanden, die in seinem Auftrag handelnde Person über das Erreichen des technischen Maßnahmenwerts informiert wurde. 15

(3) Die zuständige oberste Landesbehörde oder eine andere nach Landesrecht zuständige Stelle kann bestimmen, dass für die Anzeige nach Absatz 1 einheitliche Vordrucke zu verwenden oder einheitliche elektronische Datenverarbeitungsverfahren anzuwenden sind. 15a

2. Die Regelung des § 51 TrinkwV

(1) Wird in einer Trinkwasserinstallation der in Anlage 3 Teil II festgelegte technische Maßnahmenwert für den Parameter Legionella spec. erreicht, so hat der Betreiber der Wasserversorgungsanlage, in der sich die Trinkwasserinstallation befindet, unverzüglich 16
1. dies dem Gesundheitsamt anzuzeigen, sofern ihm kein Nachweis darüber vorliegt, dass bereits die Anzeige nach § 53 Absatz 1 durch die zugelassene Untersuchungsstelle erfolgt ist, 17
2. Untersuchungen zur Klärung der Ursachen durchzuführen; diese Untersuchungen müssen eine Ortsbesichtigung sowie eine Prüfung der Einhaltung der allgemein anerkannten Regeln der Technik in der betroffenen Trinkwasserinstallation einschließen, 18
3. eine schriftliche Risikoabschätzung unter Beachtung der Empfehlung des Umweltbundesamts »Empfehlungen für die Durchführung einer Gefährdungsanalyse gemäß Trinkwasserverordnung – Maßnahmen bei Überschreitung des technischen Maßnahmenwertes für Legionellen« vom Dezember 2012 (Bundesgesundheitsblatt 2023 S. 188) zu erstellen und 19
4. unter Beachtung der in Nummer 3 genannten Empfehlung des Umweltbundesamts die Maßnahmen durchzuführen, die nach den allgemein anerkannten Regeln der Technik zum Schutz der Gesundheit der Verbraucher erforderlich sind. 19a

(3) Der Betreiber hat dem Gesundheitsamt unverzüglich die von ihm nach Absatz 1 Nummer 4 ergriffenen Maßnahmen mitzuteilen. Auf Verlangen des Gesundheitsamts ist diesem unverzüglich die Risikoabschätzung zu übermitteln. 20

(4) Die Maßnahmen nach Absatz 1 Nummer 4 hat der Betreiber unmittelbar nach deren Abschluss schriftlich oder auf Datenträgern zu dokumentieren. Die Dokumentation hat er nach dem Abschluss der Maßnahmen zehn Jahre verfügbar zu halten und dem Gesundheitsamt auf Verlangen unverzüglich zu übermitteln. 20a

§ 51 TrinkwV regelt besondere Anzeige- und Handlungspflichten. 21

Wird eine Kontamination festgestellt, ist das Gesundheitsamt unverzüglich zu informieren. Die Pflicht trifft bereits das Beprobungsunternehmen. Trotzdem verbleiben beim Verwalter Kontroll- 22 pflichten. Die Behörde entscheidet mit über die Sanierungswege. Hier sollten präzise Absprachen getroffen werden.

23 Der Betreiber (oft zugleich Eigentümer) ist unmittelbar zum Handeln verpflichtet; ein vorheriges Tätigwerden des Gesundheitsamtes ist nicht mehr vorgesehen. Bei Gefahrenlage und Untätigkeit des verpflichteten Betreibers, kann die Behörde einschreiten (*Hübner* ZfIR 2013, 91). »Betreiber« ist nach § 2 Nr. 3 TrinkwV ein Unternehmer oder sonstiger Inhaber einer Wasserversorgungsanlage.

24 Die Information der Mieter sollte der Verwalter besser selbst vornehmen, möglichst schon unter Hinweis auf die geplante Abhilfe.

25 Es gab schon zu der TrinkwV a.F. eine GdW-Arbeitshilfe 66 »Umsetzung der TrinkwV 2011 – Legionellenprüfung«.

3. Maßnahmenwert

26 Der (technische) Maßnahmenwert (kein Grenzwert) für die im Trinkwasser vorhandene Legionellenkonzentration ist jetzt konkret definiert worden:

27 100 KBE (kolonienbildende Einheiten) pro 100 ml Trinkwasser (vgl. § 51 Abs. 1 i.V.m. Anlage 3 Teil II TrinkwV).

28 Der bloße technische Maßnahmenwert (§ 51 Abs. 1 TrinkwV i.V.m. Anlage 3 Teil II) für die Legionellen-Konzentration im Trinkwasser ist definitionsgemäß kein Grenzwert, der immer eingehalten werden muss, und keine zwingende Anforderung, die erfüllt werden muss, um Trinkwasser anbieten zu dürfen.

29 Er ist vielmehr ein Wert, bei dessen Erreichen eine Gesundheitsgefährdung lediglich zu besorgen ist, weshalb die Abgabe von Trinkwasser nicht von Vorneherein ausgeschlossen ist, sondern abhängig von den gem. § 51 TrinkwVO gewonnenen Erkenntnissen weitere Maßnahmen zu treffen sind.

30 Kontaminationsstufen und aktuelle Werte:

31 Mittlere Kontamination: > 100 KBE/100 ml

32 Hohe Kontamination: > 1.000 KBE/100 ml

33 Extrem hohe Kontamination: > 10.000 KBE/100 ml

34 Aktuelle Erfahrungen:

35 Gesamtbestand: ca. 20 % erreichen den Maßnahmenwert, und zwar:

36	>100 KBE	13 %
	>1.000 KBE	6 %
	>10.000 KBE	1 %

4. Informationspflichten

37 Der Betreiber einer Trinkwasser-Installation, der dem Trinkwasser Aufbereitungsstoffe zusetzt (vgl. § 18 TrinkwV zu den Aufbereitungszwecken; § 20 TrinkwV zu den zulässigen Aufbereitungsstoffen), hat die betroffenen Verbraucher hierüber bei Beginn der Zugabe unmittelbar zu informieren; darüber hinaus sind alle verwendeten Aufbereitungsstoffe regelmäßig einmal jährlich den betroffenen Verbrauchern bekannt zu geben (§ 26 TrinkwV). Der Betreiber hat vor dem Einsatz eines Aufbereitungsstoffs sicherzustellen, dass dessen Reinheit nach den allgemein anerkannten Regeln der Technik geprüft worden ist, um die Konformität mit den Reinheitsanforderungen nach § 20 Abs. 2 Nr. 1 a sicherzustellen (§ 19 Abs. 4 TrinkwV).

38 Dies kann gem. § 26 Abs. 2 TrinkwV auch durch Anzeige in örtlichen Tageszeitungen erfolgen.

Gem. § 45 TrinkwV ist der Betreiber der Trinkwasser-Installation bei gewerblicher oder öffentlicher Abgabe zusätzlich verpflichtet mindestens jährlich, dem Endverbraucher geeignetes und aktuelles Informationsmaterial über die Qualität der zur Verfügung gestellten Trinkwassers zur Kenntnis zu geben. Das Informationsmaterial ist geeignet, wenn es auf der Grundlage von Ergebnissen von Untersuchungen des Trinkwassers auf mikrobiologische und chemische Parameter und Indikatorparameter …. und, soweit vorhanden, auf der Grundlage von Ergebnissen der Untersuchungen des Trinkwassers im Rahmen der Überwachung nach den §§ 54, 55 und 57 TrinkwV sowie von Ergebnissen aktueller Untersuchungen des Trinkwassers auf Anordnung der zuständigen Behörde nach § 61 TrinkwV erstellt wurde (§ 45 Abs. 3 TrinkwV). 39

Zudem regelt § 46 TrinkwV die »regelmäßige internetbasierte Information der Verbraucher«. 40

Die Grenzwerte für Blei im Trinkwasser wurden sukzessive gesenkt. 41

Gem. § 17 Abs. 1 TrinkwV sind Bleileitungen bis zum Ablauf des 12.01.2026 zu entfernen oder stillzulegen. Das Gesundheitsamt kann gemäß § 17 Abs. 3 TrinkwV diese Frist auf Antrag des Betreibers längstens bis zum Ablauf des 12.01.2036 verlängern, wenn 1. es sich um eine Gebäudewasserversorgungsanlage oder Eigenwasserversorgungsanlage handelt, 2. das Trinkwasser nur für den eigenen Haushalt des Betreibers der Wasserversorgungsanlage genutzt wird und 3. eine Schädigung der Gesundheit der Verbraucher, die die Wasserversorgungsanlage regelmäßig nutzen, insbesondere unter Berücksichtigung von deren Alter und Geschlecht nicht zu besorgen ist. Wenn das Gesundheitsamt die Frist nach Satz 1 verlängert, ist der Betreiber der betroffenen Wasserversorgungsanlage verpflichtet, dem Gesundheitsamt unverzüglich mitzuteilen, wenn hinsichtlich der Verbraucher, die die Wasserversorgungsanlage regelmäßig nutzen, eine relevante Änderung eingetreten ist, insbesondere, wenn Minderjährige, schwangere Frauen oder Frauen im gebärfähigen Alter hinzukommen. Wenn der Eigentümer einer Wasserversorgungsanlage wechselt, bevor die nach Satz 1 verlängerte Frist abläuft, endet die Frist nach Absatz 1 ein Jahr nach dem Übergang des Eigentums; die Frist endet jedoch frühestens mit Ablauf des 12.01.2026. 42

Ab 01.12.2013 gilt ein Wert von 0,010 mg/l Trinkwasser. Der neue Grenzwert von 0,005 mg/l Trinkwasser gilt ab dem 12.01.2028. Er gilt – wie der heutige Grenzwert – als überschritten, wenn bei einer gestaffelten Stagnationsbeprobung der Messwert einer der drei Proben S0, S1 oder S2 oder bei der Zufallsstichprobe der Messwert über dem Grenzwert liegt (Teil II zu »Chemische Parameter«). 43

Faktisch wird dies auf einen zeitnah notwendigen Komplettaustausch aller Bleileitungen hinauslaufen, der bis 12.01.2026 rechtlich sowieso erzwungen ist. 44

5. Dokumentationspflichten

Gem. § 25 TrinkwV ist der Betreiber der Trinkwasser-Installation bei gewerblicher oder öffentlicher Tätigkeit verpflichtet, Aufbereitungsstoffe und deren Konzentration mindestens wöchentlich aufzuzeichnen und diese Aufzeichnungsergebnisse mindestens 6 Monate lang für Verbraucher während der üblichen Geschäftszeiten zugänglich zu halten sowie auf Anfrage zur Verfügung zu stellen. 45

Zusätzlich traf und trifft auch Betreiber einer Trinkwasser-Installation die Pflicht, dem Gesundheitsamt (nur) auf Verlangen u.a. die technischen Pläne der Wasserversorgungsanlage nebst der Pläne etwaiger technischer Änderungen vorzulegen (§ 13 TrinkwV zur Planung, Errichtung, Instandhaltung und Betrieb von Wasserversorgungsanlagen). 46

6. Allgemeine Untersuchungspflicht

Wird dem Betreiber bekannt, dass das Trinkwasser in seiner Anlage nicht den Qualitätsanforderungen der TrinkwV entspricht, hat er gem. § 27 ff. TrinkwV umgehend alle erforderlichen Maßnahmen zur Aufklärung der Ursache und zur Abhilfe, insbesondere die in den §§ 14, 15 TrinkwV beschriebenen Untersuchungen, für die nur anerkannte Prüfunternehmen und -labore zugelassen sind, durchzuführen. 47

7. **Besondere Untersuchungspflicht; Häufigkeit; Maßnahmenplan**

48 Anlage 4 Teil II Buchst. b) zu den §§ 14 und 19 TrinkwV sah ursprünglich die mindestens einmal jährlich (so auch noch *Drasdo* NJW-Spezial 2013, 481) zu erfüllende Beprobungspflicht nach den Vorgaben des § 14 Abs. 3 TrinkwV a.F. vor.

49 Anlage 4 Teil II Buchst. b) Abs. 1 zu den §§ 14 und 19 TrinkwV a.F. sah vor:

50 – Untersuchung von Trinkwasser-Installationen nach § 14 Abs. 3 TrinkwV a.F. –

51 Der Parameter Legionella spec. war mindestens einmal jährlich entsprechend den Vorgaben in § 14 Abs. 3 a.F. zu untersuchen. Wasserversorgungsanlagen nach § 3 Nr. 2 Buchst. e), aus denen im Rahmen einer gewerblichen, nicht aber öffentlichen Tätigkeit Trinkwasser abgegeben wird, sind mindestens alle 3 Jahre entsprechend den Vorgaben des § 14 Abs. 3 a.F. zu untersuchen. Die erste Untersuchung musste bis zum 31.12.2013 abgeschlossen sein.

52 Die Untersuchungen müssen durch eine – zumindest in einem Bundesland – zugelassene Untersuchungsstelle (vgl. §§ 40, 41, 43, 51 TrinkwV) erfolgen.

53 Hierzu sagte bereits der Finanzausschuss: Gleichwohl bleibt durch die Übermittlung aller Überschreitungen des technischen Maßnahmenwertes für Legionellen eine regelhafte Befassung der Gesundheitsbehörden erhalten.

54 Dies erfordert aufgrund der hohen Zahl der Anlagen einen erheblichen Personalmehrbedarf …

55 Nach § 14 Abs. 3 TrinkwV a.F. hatte der Betreiber oder Inhaber einer Großanlage zur Trinkwassererwärmung i.S.d. § 3 Nr. 12 TrinkwV a.F. die Anlage, sofern diese mit Duschen oder anderen Anlagen, in denen es zu einer Vernebelung von Trinkwasser kommt, ausgestattet ist, grundsätzlich/mindestens alle 3 Jahre an mehreren repräsentativen Probeentnahmestellen auf Legionellen zu untersuchen bzw. untersuchen zu lassen, die Untersuchungsergebnisse aufzuzeichnen, 10 Jahre verfügbar zu halten. § 3 Nr. 12 letzter Halbs. TrinkwV a.F. nahm Ein- und Zweifamilienhäuser ausdrücklich aus.

56 Die §§ 31 und 51 TrinkwV regeln jetzt die Handlungs- und Untersuchungspflichten in Bezug auf Legionella spec.

57 **§ regelt zum Maßnahmenplan:**

Der Betreiber einer zentralen Wasserversorgungsanlage oder einer dezentralen Wasserversorgungsanlage hat einen Maßnahmenplan gemäß Satz 3 aufzustellen. Der Maßnahmenplan muss, unter Berücksichtigung der örtlichen Gegebenheiten der Wasserversorgung, Angaben darüber enthalten, 1. wie in dem Fall, in dem nach § 63 Absatz 1 Satz 3 Nummer 3 und Absatz 3 Satz 1 die Wasserversorgung zu unterbrechen ist, die Umstellung auf eine andere Wasserversorgung als Ersatz für die unterbrochene Wasserversorgung zu erfolgen hat und 2. welche Stellen im Fall einer Unterbrechung der Wasserversorgung oder im Fall einer Abweichung von den Anforderungen an die Beschaffenheit des Trinkwassers nach Abschnitt 2 zu informieren sind sowie wer zur Übermittlung dieser Information verpflichtet ist. Der Maßnahmenplan muss spätestens zur Inbetriebnahme der Wasserversorgungsanlage vorliegen. Er ist zu aktualisieren, wenn sich in Bezug auf die in Satz 2 genannten Gegebenheiten und Angaben wesentliche Änderungen ergeben haben, mindestens aber alle fünf Jahre.

58 Die Untersuchungspflichten in Bezug auf Legionella spec. werden näher in § 31 TrinkwV geregelt: Der Betreiber einer mobilen Wasserversorgungsanlage, einer Gebäudewasserversorgungsanlage oder einer zeitweiligen Wasserversorgungsanlage hat das Trinkwasser, sofern es im Rahmen einer gewerblichen oder öffentlichen Tätigkeit abgegeben wird, durch eine systemische Untersuchung der Wasser-

versorgungsanlage nach den in den Absätzen 2 bis 4 genannten Bedingungen und zeitlichen Vorgaben auf den Parameter Legionella spec. zu untersuchen, wenn

1. sich in der Wasserversorgungsanlage eine Anlage zur Trinkwassererwärmung befindet mit
   a) einem Speicher-Trinkwassererwärmer oder einem zentralen Durchfluss-Trinkwassererwärmer, jeweils mit einem **Inhalt von mehr als 400 Litern**, oder b) einem Inhalt von mehr als 3 Litern in mindestens einer Trinkwasserleitung zwischen dem Abgang des Trinkwassererwärmers und der Entnahmestelle für Trinkwasser, wobei der Inhalt einer Zirkulationsleitung nicht berücksichtigt wird,
2. sich in der Wasserversorgungsanlage **Duschen** oder andere Einrichtungen befinden, in denen es zu einer Vernebelung des Trinkwassers kommt, und
3. die Wasserversorgungsanlage sich nicht in einem Ein- oder Zweifamilienhaus befindet.

(2) Die Untersuchungen auf den Parameter Legionella spec. nach Absatz 1 sind in folgender **Häufigkeit** durchzuführen: 59

1. bei mobilen Wasserversorgungsanlagen in einer vom Gesundheitsamt festzulegenden Häufigkeit, 60
2. bei Gebäudewasserversorgungsanlagen
   a) **mindestens alle drei Jahre**, wenn das Trinkwasser im Rahmen einer gewerblichen, nicht aber einer öffentlichen Tätigkeit abgegeben wird,
   b) im Übrigen **mindestens einmal jährlich**, sofern nicht das Gesundheitsamt nach Absatz 3 ein längeres Untersuchungsintervall festlegt,
3. bei zeitweiligen Wasserversorgungsanlagen in einer vom Gesundheitsamt festzulegenden Häufigkeit.

8. Anzeige- und Prüfungsgegenstand

Als **Großanlagen** nach § 3 Nr. 12 TrinkwV (früher: nach dem DVGW-Arbeitsblatt W 551; Deutscher Verein des Gas- und Wasserfaches e.V.) gelten alle Anlagen mit Speichertrinkwassererwärmern oder zentralen Durchflusstrinkwassererwärmern, d.h. 61

- Warmwasseraufbereitungsanlagen mit **mehr als 400 l** Inhalt sowie
- Warmwasserleitungen mit **mehr als 3 l** Inhalt zwischen dem Trinkwassererwärmer und der Entnahmestelle. Nicht berücksichtigt wird jetzt ausdrücklich der Inhalt einer **Zirkulationsleitung**. Dies bedeutet: Bei 1/2 Zoll – Rohrleitungen entspricht dies ca. 15 m Rohr, bei 3/4 Zoll – Rohrleitungen sind es ca. 8 m.

Damit kann die TrinkwV selbst bei dezentraler Warmwasserversorgung im Einzelfall greifen. 62

Entscheidend soll die Entfernung zwischen dem Punkt sein, an dem das Wasser auf 55–60°C erwärmt wird und der entferntesten Entnahmestelle. Jeder Steigstrang muss erfasst werden. 63

[unbesetzt] 64–79

9. Kosten der ersten und weiteren laufenden Trinkwasseruntersuchung als umlagefähige Betriebskosten

Verneinend äußerte sich vorschnell nur *Siebenkotten* (DMB) in einer Mitteilung des Deutschen Mieterbundes; seine Auffassung ist jedoch rechtlich unhaltbar (vgl. *Blümmel* GE 2011, 1395, *Schmid* ZMR 2012, 10 sowie *Serwe* ZMR 2012, 167). 80

Siebenkotten äußerte sich wie folgt: **Mieter müssen keine Kosten für Trinkwasseruntersuchung zahlen – Legionellen-Überprüfung keine Betriebskosten** 81

(dmb) »Vermieter können die Kosten der seit 1. November 2011 vorgeschriebenen Legionellen-Überprüfung nicht einfach auf ihre Mieter über die jährliche Betriebskostenabrechnung umlegen«, stellte der Direktor des Deutschen Mieterbundes (DMB), Lukas Siebenkotten, klar und reagierte damit auf entgegengesetzte Behauptungen von Eigentümerverbänden. »Die von Vermieterseite vertretene Rechtsauffassung ist aus unserer Sicht falsch. Die Kosten der Trinkwasseruntersuchung muss 82

der Vermieter selbst zahlen. Es gibt keine Rechtsgrundlage für eine Umlage dieser Kosten auf Mieter.«

83 *Seit dem 1. November 2011 schreibt die Trinkwasserverordnung Eigentümern verbindlich vor, Wasserversorgungsanlagen einmal jährlich auf den Befall von Legionellen zu überprüfen. Betroffen sind Warmwasseraufbereitungsanlagen mit mehr als 400 Litern Inhalt oder Warmwasserleitungen mit mehr als 3 Litern Inhalt zwischen dem Trinkwassererwärmer und der Entnahmestelle. Nicht betroffen von dieser Neuregelung sind Ein- und Zweifamilienhäuser.*

84 *In der Trinkwasserverordnung ist die Kostenfrage der Legionellen-Überprüfung, schätzungsweise 150 bis 250Euro pro Haus, nicht geregelt. Als Betriebskosten dürfen diese Kosten nur abgerechnet werden, wenn sie ausdrücklich in der Betriebskostenverordnung genannt werden. Hiernach sind die Kosten der Wasserversorgung grundsätzlich umlagefähige Betriebskosten. Dazu gehören neben den reinen Wasserkosten ausdrücklich nur die Kosten der hauseigenen Wasseranlage (eigener Brunnen), nicht aber Kosten für eine Wasseranlage, die an die öffentliche Wasserversorgung angeschlossen ist.*

85 *Siebenkotten: »Weder die Trinkwasser- noch die Betriebskostenverordnung erlauben die Weitergabe der Kosten an Mieter. Ohne eine entsprechende Rechtsgrundlage dürfen die Kosten nicht in die Betriebskostenabrechnung eingestellt werden. Geschieht dies doch, sollten Mieter die Zahlung verweigern und den örtlichen Mieterverein einschalten.«*

86 Diese »Steilvorlage« nahm *Blümmel* (GE 2011, 1396) natürlich gerne auf und konterte:

87 *»Auf den Gedanken in der BetrKVO etwas weiter zu lesen ist Siebenkotten nicht gekommen. Sonst wäre er vielleicht auf § 2 Ziffern 5a, 5b, 5c, 6a und 6b gestoßen.«*

88 Nicht umlagefähig sind tatsächlich lediglich Kosten für diejenigen Untersuchungen, die nach § 14 Abs. 6 TrinkwV früher auf besondere Anordnung der zuständigen Behörde erfolgten bzw. jetzt bei Überschreiten des Maßnahmenwerts zu ergreifen sind. Insoweit fehlt es am Merkmal der laufenden Entstehung (Schmid/*Ormanschick* Handbuch der Mietnebenkosten 18. Aufl. 2023 Rn. 5658; a.A. *AG Wesel* WuM 1990, 443).

89 Betriebskosten sind nach § 556 Abs. 1 S. 2 BGB, § 1 Abs. 1 S. 1 BetrKV die Kosten, die dem Eigentümer .... durch das Eigentum .... am Grundstück oder durch den bestimmungsmäßigen Gebrauch des Gebäudes, der Nebengebäude, Anlagen, Einrichtungen und des Grundstücks laufend entstehen. Für die Aufstellung der Betriebskosten gilt nach § 556 Abs. 1 S. 3 BGB die BetrKV.

90 Die in der Regel jährlich oder alle 3 Jahre nötigen Untersuchungen erfüllen alle Kriterien für eine Zuordnung zu den umlagefähigen Betriebskosten. Sie entstehen durch den bestimmungsgemäßen Gebrauch der Grundstückeinrichtung »Warmwasserversorgungsanlage« und sind weder Instandhaltungs- noch Verwaltungskosten (vgl. § 1 Abs. 2 BetrKV). Sie sind vergleichbar mit den in § 2 Nrn. 4–7 und 16 BetrKV genannten Kosten für die Überprüfung der Betriebssicherheit (*Schmid* ZMR 2012, 10).

91 Anders sah dies die h.M. zur vorvorigen Fassung der Trinkwasserverordnung für die Untersuchung auf Bleigehalt und für die damals noch freiwillige Untersuchung auf Legionellen (*Langenberg* Betriebskostenrecht, 5. Aufl. S. 20 sowie in *Schmidt-Futterer*, Mietrecht, 10. Aufl., 2011, § 556 Rn. 125; a.A. *Pfeifer* GE 1999, 624). Dies sollte selbst dann gelten, wenn die Beprobung ggf. in mehrjährigem Turnus erfolgt.

92 Da der Vermieter jetzt zur Durchführung der Untersuchung verpflichtet ist, erübrigt sich auch die Frage, ob derartige Untersuchungen notwendig oder möglicherweise unwirtschaftlich sind.

93 **Betriebskosten nach § 2 Nr. 2, 5, 6 oder Nr. 17 BetrKVO?**

94 Stellt man rein auf den Wortlaut ab, so enthalten § 2 Nrn. 2 und 4 bis 6 BetrKVO keine expliziten Regelungen über die Umlegungsfähigkeit der Wasseruntersuchung auf Keime, insbesondere Legionellen.

Im Einzelnen: 95

Untersuchungskosten fallen zumindest bei einem hauseigenen kleinen Wasserwerk (*Langenberg/Zehelein* Betriebskostenrecht 10. Aufl. 2022 A 72, 78) unter § 2 Nr. 2 BetrKVO. 96

Für die übrigen Fälle kommt – ähnlich wie im Gebührenrecht – eine Analogie nur selten in Betracht, 97 da § 2 Nr. 17 BetrKVO einen Auffangtatbestand (*OLG Celle* NZM 1999, 501; *Pfeifer* ZMR 1993, 353) enthält.

So hat der *BGH* (VIII ZR 123/06, ZMR 2007, 361) zum sog. E-Check entschieden: 98

Wiederkehrende Kosten, die dem Vermieter zur Prüfung der Betriebssicherheit einer technischen Anlage (hier: Elektroanlage) entstehen, sind Betriebskosten, die bei entsprechender ausdrücklicher Vereinbarung der Mietvertragsparteien als »sonstige Betriebskosten« im Sinne von »Nr. 17 BetrKVO auf den Mieter umgelegt werden können.« 99

Zuvor bereits hatte der *BGH* (VIII ZR 167/03, ZMR 2004, 430) zur Dachrinnenreinigung judiziert: 100

»1. Kosten einer Dachrinnenreinigung können als sonstige Betriebskosten nach Nr. 17 der Anlage 3 zu § 27 II. BV a.F. (jetzt: § 2 BetrKVO) auf den Mieter umgelegt werden. 101

2. Sonstige Betriebskosten i.S. v. Nr. 17 der Anlage 3 zu § 27 II BV. a.F. (jetzt: § 2 BetrKVO) sind nur dann umlagefähig, wenn die Umlegung der im einzelnen bestimmten Kosten mit dem Mieter vereinbart worden ist.«

Das *LG Magdeburg* (ZMR 2011, 957) erkannte zur nach Mietvertragsabschluss angeordneten Einbaupflicht für Rauchwarnmelder: 102

»Betriebskosten unterliegen Veränderungen. Deswegen sieht § 2 BetrKVO die Umlage »sonstiger Kosten« vor. Es handelt sich um einen Auffangtatbestand, der auch die Umlage neu entstehender Betriebskosten ermöglichen soll.« 103

Diese Überlegungen passen auch auf den vorliegenden Fall der nachvertraglich eingeführten Untersuchungspflichten nach der TrinkwV. 104

Voraussetzung für die Umlegung dieser Kosten auf den Mieter ist, dass Vermieter und Mieter im konkreten Mietverhältnis die Abwälzung genau dieser Betriebskostenart – wenn auch nicht zwingend ausdrücklich – vereinbart haben. 105

Da die Kosten für eine Beprobung in § 2 Nr. 1 bis 16 BetrKV nicht ausdrücklich genannt sind, sind sie **zumindest** als »sonstige Betriebskosten« i.S.d. § 2 Nr. 17 BetrKV zu qualifizieren. Nach der Rechtsprechung des *BGH* (VIII ZR 167/03, ZMR 2004, 430) ist die Umlegung »sonstiger Betriebskosten« nach § 2 Nr. 17 BetrKV nur insoweit wirksam vereinbart, als die jeweiligen Kostenarten einzeln bezeichnet sind. Das kann nicht nur durch eine ausdrückliche, sondern auch durch eine konkludente Vereinbarung erfolgen und obendrein noch im Wege der ergänzenden Vertragsauslegung als Wille der Parteien zu ermitteln sein (*Schmid* WuM 2009, 488, *BGH*, GE 2007, 1310 = ZfIR 2007, 669 m. Anm. *Schmid*). 106

Jedenfalls bei **Neuabschluss** eines Mietvertrages sollten/müssen deshalb die Kosten für die Beprobung ausdrücklich als umzulegende Betriebskosten genannt werden. Die Verteilung richtet sich nach den von den Mietparteien vertraglich vorgesehenen Umlageschlüssel. 107

Entstehen Betriebskosten später (d.h. nach Abschluss des Mietvertrages) infolge einer nach § 555d BGB duldungspflichtigen Modernisierungsmaßnahme (so *Blümmel* für die Beprobung nach der neuen TrinkwV in GE 2011, 1396), so ist zu differenzieren: 108

Haben die Vertragsparteien eine Betriebskostenpauschale vereinbart und zugleich im Mietvertrag eine wirksame **Mehrbelastungsabrede** getroffen, kann der Vermieter einseitig unmittelbar nach § 560 Abs. 1 BGB die neu entstandenen Kosten bei dem Mieter geltend machen. 109

110 Ist die Mehrbelastungsabrede unwirksam oder sind statt einer Pauschale Vorauszahlungen vereinbart, führt eine **ergänzende Vertragsauslegung** zur Umlagefähigkeit der Kosten der Beprobung, auch wenn keine wirksame Umlegungsvereinbarung besteht.

111 Entstehen nachträglich infolge einer duldungspflichtigen Modernisierungsmaßnahme laufende Betriebskosten, so weist der Mietvertrag hinsichtlich der Kostentragungslast insoweit eine planwidrige Lücke auf. Diese ist im Wege der ergänzenden Vertragsauslegung dahin gehend auszufüllen, dass die Mietvertragsparteien in diesem Fall die Umlagefähigkeit dieser Kosten auf den Mieter gewollt und vereinbart hätten (vgl. *BGH* – VIII ZR 202/06, ZMR 2007, 851 = ZfIR 2007, 669 m. Anm. *Schmid*; *Wall* Betriebskosten-Kommentar 5. Aufl. 2020 Rn. 1578 ff.; *Lehmann-Richter* in: Schmidt-Futterer Mietrecht 15. Aufl. 2022 § 556 Rn. 230, weil das Äquivalenzverhältnis des Vertrages gewahrt bleibe, indem der größeren Kostenlast die Schaffung von etwas Neuem gegenüberstehe).

112 Das Fehlen einer ausdrücklichen Vereinbarung steht deshalb in diesen Fällen einer Umlegung der Betriebskosten nicht entgegen.

113 Das bedeutet, solange noch keine Störung aufgetreten ist, sind derartige verdeckte Instandhaltungskosten noch als sonstige Betriebskosten anzusehen.

114 Damit ist aber nur die Umlagefähigkeit attestiert. Umgelegt werden können diese Kosten nur bei entsprechender mietvertraglicher Vereinbarung.

115 Die BetrKV verwendet zwei Regelungstechniken (vgl. *Schmid* ZMR 2012, 10). Bei einem Teil der einzelnen Kostenpositionen (Nrn. 1, 8, 13) werden nur Beispiele genannt (»namentlich«). Die anderen Positionen enthalten eine abschließende Aufzählung. Dadurch wird es jedoch nicht ausgeschlossen, dass Kosten, die mit einer Kostenart zusammenhängen, aber dort nicht genannt sind, als Betriebskosten nach § 2 Nr. 17 BetrKV umgelegt werden können.

116 Nach *Serwe* (ZMR 2012, 167 ff), *Blümmel* (GE 2011, 1396), *Lützenkirchen* (Mietrecht § 556 Rn. 97), *Wall* (5. Aufl. 2020 Rn. 6117) und *Langenberg/Zehelein* (10. Aufl. 2022, K Rn. 140, 141, S. 639) sind die Nrn 5 a) – c), 6 a) – c) des § 2 BetrKV einschlägig. Folgt man dem, dann bedarf es keiner Angabe der Beprobungskosten im Mietvertrag, solange die **Wassererwärmungskosten** umlegbar sind.

117 Ist, wie meist, eine Betriebskostenumlegung in höchstzulässigem Umfang vereinbart, spricht nach *Schmid* (ZMR 2012, 10) dies dafür, dass auch die neuen Betriebskosten, so man mit ihrem Entstehen gerechnet hätte, als umlegungsfähig vereinbart worden wären (vgl. Schmid/*Riecke* Handbuch der Mietnebenkosten 18. Aufl. 2023 Rn. 3033, 3043; weiter gehend *AG Leverkusen* NJW-RR 1994, 400, das eine Vermutung für die künftige Umlegbarkeit annimmt).

118 Sind dagegen nur einzelne Nebenkostenpositionen enumerativ aufgezählt, obgleich bei Vertragsschluss auch andere Kosten angefallen sind, spricht dies dafür, dass es bei der Umlegung der genannten Kosten auch für die Zukunft sein Bewenden haben soll (Schmid/*Riecke* Handbuch der Mietnebenkosten 18. Aufl. 2023 Rn. 3043). Nach *Serwe* (ZMR 2012, 167 ff) wären die Beprobungskosten auch in diesem Fall umlegbar, solange die Warmwasserkosten kraft Verordnung oder Vereinbarung umlegbar sind.

119 Bei Altverträgen kommt es auf die Ausgestaltung der Vereinbarung über die Umlegung der Mietnebenkosten sowie ggf. auch den vorliegenden Meinungsstreit.

10. Wer ist verpflichtet, die Anforderungen der TrinkwV zu erfüllen?

120 Als Adressaten nennt **§ 2 Ziff. 3 TrinkwV** den »Betreiber«, nämlich den Unternehmer oder den sonstigen Inhaber einer Wasserversorgungsanlage.

121 Dies ist in der Regel der Gebäudeeigentümer. Bei Wohnungseigentum wären es dann auf den ersten Blick die einzelnen Sondereigentümer als dinglich Berechtigte (vgl. § 10 Abs. 1 WEG a.F.). Aber: Der seit 01.12.2020 voll rechtsfähige Verband »Gemeinschaft der Wohnungseigentümer (GdWE)«

(vgl. § 9a Abs. 1 WEG) kann polizeirechtlich durchaus in Anspruch genommen werden (vgl. *Elzer* in: Riecke/Schmid 3. Aufl. § 10 Rn. 391). Nach § 9a Abs. 2 WEG nimmt der Verband die gemeinschaftsbezogenen Pflichten wahr, ebenso sonstige Pflichten der Eigentümer, die gemeinschaftlich zu erfüllen sind.

So wie Wohnungseigentümer den Einbau von Rauchwarnmeldern in Wohnungen jedenfalls dann 122
beschließen können, wenn das Landesrecht eine entsprechende eigentumsbezogene Pflicht (für alle Sondereigentümer) vorsieht (*BGH* – V ZR 238/11, ZMR 2013, 642), gilt dies erst recht für die Pflichten aus der bundesweit geltenden TrinkwV. Der *BGH* (V ZR 238/11, ZMR 2013, 642) stellt fest: »*Richtet sich die Pflicht an die Gesamtheit der Wohnungseigentümer als Grundstückseigentümer, ist der Verband gemäß § 10 Abs. 6 Satz 3 Halbs. 1 WEG <a.F.>, nach der die Gemeinschaft die gemeinschaftsbezogenen Pflichten der Wohnungseigentümer wahrnimmt, ohne weiteres befugt, diese Pflicht zu erfüllen. Diese sogenannte geborene Wahrnehmungsberechtigung des Verbandes ist gegeben, wenn eine Verpflichtung, die im Außenverhältnis alle Wohnungseigentümer gleichermaßen trifft, nach der Interessenlage ein gemeinschaftliches Vorgehen erfordert. Das ist beispielsweise bei der Wahrnehmung von Verkehrssicherungspflichten der Fall. So liegt es aber auch, wenn die Wohnungseigentümer aufgrund öffentlich-rechtlicher Vorschriften als Bruchteilseigentümer verpflichtet sind, das Grundstück oder das darauf befindliche Gebäude in einer bestimmten Weise auszustatten, sofern es dabei nicht zu einem unzulässigen Eingriff in das Sondereigentum kommt. Ist Adressat der (öffentlich-rechtlichen) Verpflichtung der einzelne Wohnungseigentümer, besteht eine geborene Wahrnehmungskompetenz der Gemeinschaft allerdings nur, wenn die Verpflichtung* **sämtliche** *Mitglieder betrifft.* «

Die Warmwasserversorgungsanlage ist als Einheit zu sehen und deshalb insgesamt – selbst nach 123
BGH (V ZR 57/12, ZMR 2013, 454 zu Versorgungsleitungen) überwiegend, d.h. bis zum ersten Absperrventil im räumlichen Bereich des Sondereigentums – zwingend gemeinschaftliches Eigentum.

Nicht ausdrücklich geregelt ist, was gelten soll, wenn nur ein Sondereigentümer vermietet, alle 124
anderen aber nicht gewerbliche Selbstnutzer sind. Nach § 3 Nr. 10 TrinkwV (»*»gewerbliche Tätigkeit« ist die unmittelbare oder mittelbare, zielgerichtete Trinkwasserbereitstellung im Rahmen einer Vermietung oder einer sonstigen selbstständigen, regelmäßigen und in Gewinnerzielungsabsicht ausgeübten Tätigkeit*«) ist dann für die **gesamte Anlage** von »gewerblicher Tätigkeit« auszugehen (wie hier *Böck/Pause* ZWE 2013, 348 l. Sp.; **a.A.** nur *Hübner* ZfIR 2013, 90 r.Sp. oben unter II.1. sowie zum alten Recht *AG Nürtingen* vom 26.11.2012 – 19 C 1338/12, ZMR 2014, 463). Nach § 16 Abs. 3 WEG a.F. (vgl. jetzt § 16 Abs. 2 S. 2 WEG) wollten *dies* schon Selbstnutzer zu abweichenden Kostenverteilungsschlüssel qua Beschluss für die laufenden Beprobungskosten nützen. Beschlusskompetenz besteht auch. Die Kosten für die Installation der Probenentnahmehähne fällt unter § 19 Abs. 2 Nr. 2 WEG oder unter die §§ 20, 21 WEG, d.h. eine einfache Mehrheit genügt. Die laufenden Kosten der Legionellenuntersuchung dagegen fallen unter § 16 Abs. 2 WEG, d.h. die einfache Mehrheit genügt auch hier. Es kommt zu einer echten Änderung des Kostenverteilerschlüssels. Aber: Es ist systemwidrig nur die vermietenden Wohnungseigentümer mit den bei Umsetzung der TrinkwasserVO entstehenden Kosten zu belasten. Der TOP »TrinkwasserVO – Legionellenprüfung« ist außerdem in der Einladung nicht ausreichend, wenn eine dauerhafte Änderung des Verteilerschlüssels oder eine Durchbrechung desselben beschlossen werden soll (vgl. *AG Heilbad Heiligenstadt*, Urt. v. 20.12.2013 – 3 C 331/13, ZMR 2014, 490)

11. An wen ergehen Ordnungsverfügungen?

Die Inanspruchnahme des Verwalters einer Gemeinschaft der Wohnungseigentümer zur Erfüllung 125
öffentlich-rechtlicher Pflichten im Bereich des gemeinschaftlichen Eigentums durch eine Ordnungsverfügung ist nach – abzulehnender – Ansicht des *OVG NRW/Münster* (ZMR 2010, 78 betr. Sicherstellung des Brandschutzes) nicht zu beanstanden. Der Begriff der Instandhaltung (§ 27 Abs. 1 Nr. 2 WEG a.F.; nunmehr Erhaltung vgl. §§ 13 Abs. 2, 19 Abs. 2 WEG) umfasse auch die Beseitigung einer Störung der öffentlichen Sicherheit oder Ordnung. Der WEG-Verwalter kann als Organ der

GdWE bei ordnungswidrigem Zustand als Störer von der Kommune in Anspruch genommen werden (vgl. *OVG* NRW ZMR 2010, 78). Das war schon nach altem Recht falsch.

126 Weil der Verwalter nach außen handeln darf, gilt er als Störer. Seine Ordnungspflicht sei umfassend. Die Inanspruchnahme aller einzelnen Sondereigentümer würde zu unverhältnismäßigem Verwaltungsaufwand führen (so *VG Düsseldorf* ZMR 2011, 338).

127 Die Herstellung des (z.B. brandschutzgemäßen) Zustands gehört zur laufenden Instandsetzung; obendrein ist Dringlichkeit zu bejahen, selbst wenn der Ist-Zustand schon Jahre andauert. Gegebenenfalls müsse der WEG-Verwalter Aufträge im eigenen Namen erteilen; die Frage, ob dem Verwalter ggü. der WEG ein realisierbarer Aufwendungsersatz zusteht, sei irrelevant (*OVG NRW/Münster* ZMR 2011, 425).

128 Das Ergebnis ist **falsch**. Die Rspr. zum öff. Recht verkennt jedenfalls die nach dem 01.07.2007 und 01.12.2020 veränderte rechtliche Situation. § 27 Abs. 1 WEG gewährt dem Verwalter keine Vertretungsbefugnis für die Eigentümer. Die Vorschrift bezieht sich nach dem Willen des Gesetzgebers (BT-Drs. 16/887, S. 70 = NZM 2006, 401, 442 li. Sp.) *nur* auf das *Innenverhältnis*. Trotz einer umfassenden Vertretungsmacht des Verwalters nach § 9a, 9b WEG (außer Grundstücks- und Darlehensgeschäften) ist die GdWE auch heute richtiger Adressat, nicht aber der Verwalter als deren Organ.

129 Auch die Argumentation, dass der Verwalter handeln dürfe, weil ihm nach § 27 Abs. 1 und 2 WEG (früher: § 27 Abs. 3 S. 1 Nr. 3 WEG a.F.) eine Vollmacht für die Durchführung von laufenden Instandsetzungs- und -haltungsmaßnahmen eingeräumt worden sei, ist unzutreffend. Darunter sind *wiederkehrende* Maßnahmen zu verstehen (*BGH* – VII ZR 193/75, NJW 1977, 44). Dies dürfte bei der Befolgung einer Ordnungsverfügung nicht der Fall sein.

130 Für alle nicht regelmäßig wiederkehrenden Maßnahmen bedarf es regelmäßig im Innenverhältnis einer Beschlussfassung der Wohnungseigentümer, um eine entsprechende Pflicht zu begründen. Anderes gilt, wenn die Befugnisse des Verwalters im Innenverhältnis nach § 27 Abs. 2 WEG erweitert wurden. Auf eine Notwendigkeit der geforderten Maßnahme kommt es mithin nicht an. Nach dem Grundsatz der Effektivität der Gefahrenabwehr meint die die Behörde aber oft sich entscheiden zu können, den WEG-Verwalter und nicht die GdWE als Verband vertreten durch den WEG-Verwalter per Bescheid/Verfügung in Anspruch zu nehmen.

131 Zur polizeirechtlichen Verantwortlichkeit vgl. *Fraatz-Rosenfeld* (AnwZert MietR 11/2016 Anm. 2), der zum WEG in der bis 30.11.2020 die Ansicht vertrat: Ohne Rechtsbehelf gegen eine Verfügung der Verwaltungsbehörde gerate die Gemeinschaft der Wohnungseigentümer nämlich »zwischen die Stühle«: Sie muss der Verwaltungsbehörde etwas »liefern«, was ihr bei Weigerung eines Sondereigentümers gar nicht möglich ist (nämlich z.B. den Nachweis der Probenentnahme an Endgeräten).

12. Wem drohen Bußgelder?

132 § 30 OWiG: Kann ein Verband sui generis wie die Gemeinschaft der Wohnungseigentümer als bußgeldfähig angesehen werden, obwohl die GdWE weder juristische Person noch Personengesellschaft ist? Außerdem gilt hier das Analogieverbot wie im Strafrecht generell.

133 Damit scheidet bei Verneinung dieser Vorfrage eine Verhängung eines Bußgelds nach § 9 Abs. 1 Nr. 1 und 2 OWiG gegen die Gemeinschaft aus (vgl. *Lehmann-Richter* ZWE 2013, 342).

134 Da der WEG-Verwalter aber im Geschäftskreis des Verbandes handelt, wobei er seit 01.12.2020 dessen vertretungsberechtigtes Organ kraft Gesetzes (§ 9b Abs. 1 WEG) ist, kommt dennoch eine Haftung nach § 9 Abs. 1 Nr. 3 OWiG als »gesetzlicher Vertreter« i.S.d. OWiG in Betracht.

135 Insbesondere das **Unterlassen der Einberufung** einer (ordentlichen) Eigentümerversammlung mit dem TOP »erforderliche Beprobung nach der TrinkwV; Beauftragung eines Dienstleisters« kann den Tatbestand einer Ordnungswidrigkeit erfüllen.

Eine gewerbliche Abgabe von Trinkwasser liegt bereits vor, wenn nur ein Eigentümer vermietet, da § 3 Nr. 10 TrinkwV a.F. bereits die »Vermietung« ausdrücklich nannte und damit generell einbezog (anders *Lehmann-Richter* ZWE 2013, 344 unter C. I. 2. verneint zumindest für den Verband das Merkmal »gewerblich«). 136

Lehmann-Richter meint – konsequent –, dass wenn Inhaber der Anlage der Verband/die GdWE (vgl. auch *Drasdo* NJW-Spezial 2013, 481 unter II.) sei und nicht die einzelnen Wohnungseigentümer, eine Untersuchungspflicht nur bestehen könne, wenn (auch) der Verband (vermiete und/oder) das Wasser gewerblich i.S.d. § 3 Nr. 10 TrinkwV a.F. abgebe. (»*Der Unternehmer und der sonstige Inhaber einer Wasserversorgungsanlage (…) haben (…), sofern sie Trinkwasser im Rahmen einer gewerblichen oder öffentlichen Tätigkeit abgeben…*.«). Gewerblich gebe der Verband das Wasser aber nicht ab. Ergo gäbe es innerhalb der Gemeinschaft der Wohnungseigentümer niemals eine Untersuchungspflicht. Über die Jahresabrechnung nach § 28 WEG werde das Wasser zum »Selbstkostenpreis« kostenmäßig auf die Eigentümer verteilt. 137

Zu einem anderen Ergebnis kommt man schon, wenn man die Eigentümer als Inhaber der Anlage ansieht. Dann soll – nach *Lehmann-Richter* – nur die einzelnen vermietenden Eigentümer die Untersuchungspflicht treffen. Wirtschaftlich zum selben Ergebnis kann ein Beschluss nach § 16 Abs. 2 S. 2 WEG zu den laufenden Beprobungskosten führen. Der einzelne vermietende Wohnungseigentümer kann die Beprobung kaum realisieren. Aus eigenem Recht könnte er nicht einmal die Ventile setzen und in die andere Sondereigentumseinheit am Ende des Stranges gelangen. 138

Maßgeblich sollte aber sein, ob und dass Wasser letztlich »im Rahmen einer Vermietung« abgegeben wird. 139

Eine Haftung scheidet aus, wenn sich feststellen lässt, dass die Eigentümer sowieso nicht entsprechend Beschluss gefasst hätten (fehlende Kausalität). Verschulden in Form der Fahrlässigkeit wird in der Regel bei Profi-Verwaltern gegeben sein. 140

Erst Recht scheidet eine Haftung aus, wenn der Verwalter den TOP aufruft und die Mehrheit dagegen votiert. 141

Die bloße Nichtumsetzung entsprechender Anforderungen der TrinkwV reicht dagegen nicht aus, weil die Verpflichtung des WEG-Verwalters nicht unmittelbar aus dem Gesetz folgt (vgl. *Lehmann-Richter* ZWE 2013, 342, 343). 142

Gem. § 72 TrinkwV kommt eine Haftung des Verwalters in Betracht, sofern er eine gebotene »Legionellenuntersuchung« unterlässt, weil er insoweit keine Eilmaßnahme bejaht, aber auch nicht – ggf. unter Abkürzung der Ladungsfrist – eine Versammlung einberuft. 143

Auch ein Unterlassen der gebotenen Gefährdungsanalyse ist bußgeldbewehrt (vgl. § 72 TrinkwV). 144

13. Prozessuales

Behauptet der Mieter eine vom Vermieter bestrittene Gesundheitsgefahr durch eine zwischen den Parteien unstreitige Legionellenkontamination des Trinkwassers, ist über die Frage, ob die Kontamination für den Mieter eine Gesundheitsgefahr begründet, (Sachverständigen-)Beweis zu erheben. Eine richterliche Eigenrecherche, die der Ermittlung zwischen den Parteien streitiger Tatsachen dient, die nicht allgemeinkundig sind, ist durch § 291 ZPO nicht gedeckt und verstößt gegen den Beibringungsgrundsatz (*LG Berlin* ZMR 2017, 641; *Selk* WuM 2017, 397 f.). 145

Verstirbt ein Wohnungsmieter nachweislich an einer Infektion mit Legionella pneumophilia der Serogruppe 1 und werden diese Keime in der Trinkwasserinstallation des Wohnhauses nicht nachgewiesen; sondern finden sich in mehreren im Hause genommenen Wasserproben lediglich Keime von Legionella pneumophilia der Serogruppen 2–14, so scheitert der Beweis, der Verstorbene habe sich die Legionelleninfektion mit den Keimen der Serogruppe 1 durch kontaminiertes Trinkwasser aus der Hausinstallation zugezogen (*LG Krefeld* ZMR 2022, 44; vgl. dazu Anm. *Pfeifer* WuM 2021, 401). 146

14. Vermieterpflichten; Betreiberpflichten

147 Es liegt ein massiver Pflichtverstoß seitens des Vermieters vor, wenn dieser dem Mieter trotz mehrfacher Aufforderung über den Umfang eines Legionellen-Befalls im Anwesen im Unklaren lässt, obwohl nicht nur eine einzelne Wohnung ganz massiv befallen war, sondern in vielen anderen Wohnungen in dem Gesamtkomplex Werte erheblich oberhalb des technischen Maßnahmenwertes von 100 KBE/100 ml festgestellt worden waren. Wartet der Mieter weitere 9 Wochen zu, bevor er – nach dem Verstreichenlassen mehrerer gesetzter Fristen zum Informationsstand hinsichtlich des Ausmaßes des Legionellen-Befalls im Anwesen durch den Vermieter – die außerordentliche Kündigung ausspricht, so ist ihm ein Zuwarten bis zum nächsten ordentlichen Kündigungstermin zumutbar (*LG Nürnberg-Fürth* ZMR 2017, 566 nebst Anm. *Hardt; Brinkmann* IMR 2017, 232).

148 Zur Pflicht des Wohnraumvermieters, das über die Wasserversorgungsanlage des Wohnhauses an die Mieter abgegebene Trinkwasser auf das Vorhandensein von Legionellen zu untersuchen (vgl. *BGH* – VIII ZR 161/14, ZMR 2015, 702; *LG Stuttgart*, ZMR 2015, 720 m. Anm. *Hardt*). Der Vermieter ist verpflichtet den Mieter auf Nachfrage über den Zustand der gesamten Trinkwasserversorgungsanlage zu informieren. Bei Verletzung dieser vertraglichen Nebenpflicht und ordentlicher Kündigung des Mieters wegen befürchteter Gesundheitsgefahren, schuldet der Vermieter Ersatz von Umzugs- und Maklerkosten (*AG Hersbruck* ZMR 2016, 634).

149 Zu den Obhutspflichten eines Heimträgers entschied der *BGH* (III ZR 113/18, ZMR 2020, 68): Ein Heimbewohner, der dem Heimträger zum Schutz seiner körperlichen Unversehrtheit anvertraut ist, kann erwarten, dass der Heimträger ihn vor einer – jedenfalls in einer DIN-Norm beschriebenen – Gefahrenlage schützt, wenn er selbst auf Grund körperlicher oder geistiger Einschränkungen nicht in der Lage ist, die Gefahr eigenverantwortlich zu erkennen und angemessen auf sie zu reagieren. Zur Vorbeugung vor Legionellenbefall muss deshalb die Wasserinstallation in der Dusche des Heimbewohners eine Temperaturbegrenzung aufweisen oder andere geeignete Sicherheitsvorkehrungen. Das heiße Wasser darf nicht, sofern nicht manuell kaltes Wasser beigemischt wurde, mit der Temperatur austreten, die im Warmwassersystem vorhanden war. Diese lag – entsprechend den Empfehlungen zur Vermeidung von Gefahren durch Legionellen – bei zumindest annähernd 60 °C und war jedenfalls so heiß, dass es binnen kürzester Zeit zu schwerwiegenden Verbrühungen kommen konnte.

▶ **Beachte:**

150 Sowohl nach DIN 1988–6 als auch nach der neueren DIN 1988–600 ist der unmittelbare Anschluss in der Ausführungsart »nass/nass« zwischen einer Löschwasseranlage mit kombiniertem Feuerlösch- und Trinkwassersystem und Kombitrenner unzulässig (*OLG Bremen* ZMR 2014, 842, dazu *Gottschlich* IMR 2017, 58).

15. Mieterrechte

151 Es ist nicht schon bei Erreichen des sogenannten technischen Maßnahmenwertes von 100 kbE/100 ml für die Legionellenbelastung im Trinkwasser einer Wohnimmobilie von einer minderungsrelevanten Gesundheitsgefahr auszugehen. Anderes gilt nur wenn an einer der Entnahmestellen eine Legionellenkonzentration über dem Wert von 10.000 kbE/100 ml, ab dem von einer Gesundheitsgefährdung auszugehen und eine direkte Gefahrabwehr notwendig ist, gemessen wurde (vgl. DVGW – Arbeitsblatt W 551); *AG München* ZMR 2015, 139.

152 Wenn das Trinkwasser des Mietobjekts der Trinkwasserverordnung entspricht, insbesondere das Trinkwasser nicht ungenießbar ist und auch keinen üblen bitteren oder metallischen Geschmack hat und obendrein der Härtegrad von 8^0 dH nicht unterschritten wurde (obwohl diese Regelung seit Novellierung der Trinkwasserverordnung am 21. Mai 2001 entfallen ist), so liegt mangels konkludenter oder ausdrücklicher Regelung im Mietvertrag kein Sachmangel vor (*AG München* ZMR 2016, 970).

Bereits bei einer mittleren Kontamination (> 100 und < 1.000 KBE/100 ml) besteht eine ernst zu nehmende Gefährdung der Gesundheit der angeschlossenen Mieter. Zwar gibt der »technische Maßnahmenwert« von 100 KBE/100 ml Wasser noch keinen Aufschluss darüber, ab welcher Legionellenkonzentration eine Infektion beim Menschen auftritt. Bereits eine Kontamination des Trinkwassers mit Werten > 100 KBE/100 ml stellt eine minderungsrelevante (Quote 20 %) Gesundheitsgefährdung dar (*AG Köln* ZMR 2020, 515). Auch eine »Mangelgefahr« – hier Legionellen – soll im Einzelfall zu einer Mietminderung i.H.v. 15 % berechtigen (*AG Mitte* ZMR 2021, 897). Das *LG Berlin* (ZMR 2021, 884) entschied: Ein Mangel der Mietsache liegt vor, wenn die Trinkwasserversorgungsanlage der Mietsache von Legionellen befallen ist und dadurch der technischen Maßnahmenwert nach Anlage 3 Teil II der TrinkwV (100 KbE/100 ml) überschritten wird. Ausreichend ist bereits die sich aus dem Überschreiten des Maßnahmenwertes ergebende Besorgnis legionellenbedingter Gesundheitsgefahren für den Mieter. Die zur Begründung des Mangels hinreichende Gefahrbesorgnis entfällt nicht, bevor der Mieter wegen der von ihm zu besorgenden Gesundheitsgefahren nachvollziehbar entwarnt worden ist. 153

Erheblicher Legionellenbefall des Trinkwassers in einer angemieteten Zahnarztpraxis stellt einen nicht unerheblichen Mängel der Mietsache dar. Eine auch nur potentielle Gesundheitsgefahr im Sinn einer Legionelleninfektion muss in einer zahnärztlichen Praxis ausgeschlossen werden können. Ist diese Gefahr nur durch vom Mieter eingebaute Filter gebannt worden, kann sich der Vermieter darauf nicht berufen. Solange der Mieter/Zahnarzt befürchten muss, dass eine endgültige und sichere Sanierung der Wasserversorgungsanlage im Hause nicht erfolgt ist, ist die Miete gemindert. Bei erheblicher Legionellenbelastung ist eine Minderung von 50 % bei einer Zahnarztpraxis angemessen; bei anschließend noch latenter Gefahr einer Belastung ist eine Minderung von 25 % angemessen. Ist es dem Vermieter nach mehrfacher Aufforderung durch den Mieter nicht gelungen, den Mangel der Trinkwasserversorgung dauerhaft zu beseitigen, steht dem Mieter das Recht zur fristlosen Kündigung zu (*LG Stuttgart* ZMR 2015, 720 mit Anm. *Hardt*). 154

Ist ein Wohnraummieter im Jahre 2008 an einer akuten Legionellen-Pneumonie verstorben, kann ein Ursachenzusammenhang zwischen der Legionellen-Infektion und der mangelhaften Trinkwasserqualität in dem betr. Wohnhaus naheliegen, wenn die – überdimensionierte und teilweise keine zur Verhinderung eines Legionellenwachstums erforderliche Temperatur erreichende – Warmwasseraufbereitungsanlage in dem Wohnhaus den Erfordernissen der Trinkwasserverordnung (TrinkwV) nicht entsprach und seit acht Jahren nicht mehr gewartet worden war. Dann kommen grundsätzlich vertragliche und deliktische Ansprüche (des Mietererben aus übergegangenem Recht) auf Schadensersatz und Schmerzensgeld in Betracht. Der Vermieter kann unter dem Gesichtspunkt der Verletzung der Verkehrssicherungspflicht auch für die Zeit vor dem am 01.11.2011 erfolgten Inkrafttreten des in § 14 Abs. 3 TrinkwV gesetzlich normierten Pflicht des Vermieters zur Untersuchung des Trinkwassers auf Legionellen haften (vgl. *LG Saarbrücken*, 11. 12.2009 – 10 S 26/08, MietRB 2010, 132; *BGH*, VIII ZR 161/14, ZMR 2015, 702). 155

16. Kostenverteilung u.a. im WEG-Recht

Die Kosten für die Installation der Probeentnahmehähne fallen unter § 19 bzw. 20, 21 WEG. Die laufenden Kosten der Legionellenuntersuchung fallen unter § 16 Abs. 2 S. 2 WEG. Es ist systemwidrig nur die vermietenden Wohnungseigentümer mit den bei Umsetzung der Trinkwasserverordnung entstehenden Kosten zu belasten. 156

Die Kosten für die bei Vermietung erforderliche Beprobung tragen nicht sämtliche Wohnungseigentümer, sondern nur die Vermieter. Nur bei ausreichender Vorbefassung der Eigentümerversammlung kommt eine gerichtliche Beschlussersetzung in Betracht (*AG Hoyerswerda* ZMR 2013, 318, abzulehnen). 157

Die Kosten für die Legionellenuntersuchung gehören in der Jahresabrechnung zu den Warmwasserkosten (*AG Würzburg* ZMR 2019, 379). 158

159 Die Nennung der Nachnamen von Wohnungseigentümern in der mit einer Einladung zur Eigentümerversammlung verschickten Tagesordnung kann im Zusammenhang mit einem Legionellenbefall rechtmäßig sein (*OLG München* v. 27.10.2021 – 20 U 7051/20, ZMR 2022, 142 sowie Vorinstanz *LG Landshut* ZMR 2021, 610, dazu *Dötsch* JurisPR-MietR 11/2021 Anm. 4 und *Zerull* AnwZert MietR 10/2022 Anm. 2).

17. Rohr(innen)sanierung

160 Die Anwendung des Epoxidharzverfahrens bei der Rohrinnensanierung von Trinkwasserleitungen entspricht derzeit nicht den anerkannten Regeln der Technik, welche von den Hauseigentümern (Anschlussnehmer) aber gemäß § 12 Abs. 2 S. 1 AVBWasserV einzuhalten sind. Sind in einem Vertrag zwischen den Wasserversorgungsunternehmen und einem Installationsunternehmen die Einhaltung der anerkannten Regeln der Technik für die Ausführung der Leistungen vorgegeben, sind die Wasserversorgungsunternehmen berechtigt, das Epoxidharzverfahren in ihrem Versorgungsgebiet gegenüber den Installationsunternehmen zu untersagen (*LG Mannheim* ZMR 2015, 497).

161 Es gibt noch keine Prüfkriterien, die eine Einstufung der Verwendung von Epoxidharz für Rohre mit einem Durchmesser < 80 mm als unbedenklich erlauben. Die Anlage 5 zu der Beschichtungsleitlinie des Umweltbundesamtes verhält sich ausschließlich zu Rohren mit größerem Durchmesser. Solange ein Produkt, welches einen Stoff enthält, der Gefahren für die Gesundheit hervorrufen kann, nicht geprüft worden ist, kann nicht davon ausgegangen werden, dass das Produkt den allgemein anerkannten technischen Regeln entspricht. Derzeit liegen keine allgemein anerkannten Regeln der Technik für die Innenrohrsanierung häuslicher Trinkwasserleitungen mittels Epoxidharz vor (*OLG Karlsruhe* ZMR 2016, 499).

162 Die Rohrinnensanierung mit Epoxidharzen, die Bisphenol A und Epichlorhydrin enthalten, verstößt derzeit gegen den Vorsorgegrundsatz und das Minimierungsgebot. Es kommt zu einer vermeidbaren – weil unnötigen – Belastung des Trinkwassers. Bei einer Trinkwasseranlage einer Gemeinschaft der Wohnungseigentümer müssen mindestens die allgemein anerkannten Regeln der Technik eingehalten sein. Ein Werkstoff, der lediglich nach DIN EN ISO 9001 zertifiziert ist, beinhaltet keine Zulassung nach § 17 Abs. 5 TrinkwVO. Für die Beseitigungsanordnung muss keine Gesundheitsgefahr für den Verbraucher festgestellt sein. Die Gemeinschaft der Wohnungseigentümer ist der richtige Adressat des Bescheids (*VG Würzburg*, ZMR 2016, 241).

163 In 2. Instanz hat der *BayVGH* mit Beschluss vom 18.07.2017 – 20 ZB 16.182, ZMR 2018, 386 ernstliche Zweifel an der Richtigkeit des Urteils formuliert. Insbesondere sei nicht von einer ausreichend hohen Belastung mit Bisphenol A auszugehen. Vgl. auch *Laubinger* ZMR 2012, 413–421 (»Aus« für Rohrinnensanierung mittels Epoxidharzbeschichtung?) und *ders.* ZMR 2012, 25–27. Der *BayVGH* (v. 06.03.2018, ZMR 2018, 815) entschied: Die §§ 4 Abs 1 und 6 Abs 1 – 3, 17 TrinkwV stellen keine Befugnisnormen dar, sondern enthalten materielle Anforderungen an die Beschaffenheit von Wasser für den menschlichen Gebrauch. Auf § 39 Abs. 2 Nr. 1 IfSG kann eine Anordnung, gerichtet auf die Entfernung von eingebrachtem Epoxidharz aus einer Trinkwasser-Installation, nicht gestützt werden. § 9 Abs. 7 TrinkwV stellt die spezielle Befugnisnorm für den Fall dar, dass die Nichteinhaltung oder Nichterfüllung der in den §§ 5 – 7 TrinkwV festgelegten Grenzwerte oder Anforderungen auf die Trinkwasser-Installation im Sinne von § 3 Nr. 3 TrinkwV oder deren unzulängliche Instandhaltung zurückzuführen ist. Für Bisphenol A existiert kein Grenzwert im Sinne des § 6 Abs. 2 TrinkwV. In Trinkwasser dürfen keine chemischen Stoffe in Konzentrationen enthalten sein, die eine Schädigung der menschlichen Gesundheit besorgen lassen. Dafür, dass eine Schädigung zu »besorgen« ist, muss diese weder eingetreten, noch mit Sicherheit zu erwarten sein. Es reicht, dass die Möglichkeit einer Gesundheitsbeschädigung besteht. Insbesondere ist zu berücksichtigen, ob in den wissenschaftlichen Fachkreisen die Möglichkeit für Gesundheitsschäden allgemeine Ansicht ist oder ob nur Außenseiter eine solche Möglichkeit bejahen. Bei der Bestimmung der Schwelle, bei deren Überschreitung eine Schädigung der menschlichen Gesundheit zu besorgen ist, kommt dem Sachverstand der hierfür zuständigen Fachbehörde eine besondere Bedeutung zu. Eine Reduzierung der Konzentration von Bisphenol A im Trinkwasser ist nach den allgemein

anerkannten Regeln der Technik grundsätzlich möglich. § 6 Abs 3 TrinkwV verlangt aus Verhältnismäßigkeitsgesichtspunkten keine Minimierung des Schadstoffgehalts unter allen Umständen. Sind die vom Umweltbundesamt festgelegten DWPLL-Werte für Bisphenol A bzw. die in der TrinkwV enthaltenen Grenzwerte für Epichlorhydrin nicht überschritten, kann von einer gesundheitlichen Gefahr nicht ausgegangen werden. Um zu erkennen, ob die Konzentration von Bisphenol A über den vom Bundesamt für die Beurteilung, ob eine Gefährdung der menschlichen Gesundheit im Sinne des § 9 Abs. 7 TrinkwV zu besorgen ist, festgesetzten DWPLL-Wert angestiegen ist, kann eine Untersuchung nach § 20 Abs. 1 Nr. 4 Buchst b TrinkwV angeordnet werden. Die allgemeinen Untersuchungspflichten des § 14 TrinkwV decken eine derartige Untersuchung nicht ab.

Gesetz zur Einsparung von Energie und Nutzung erneuerbarer Energien zur Wärme- und Kälteerzeugung in Gebäuden (Gebäudeenergiegesetz – GEG) – Wohnungseigentum –

Übersicht

I. Einführung

1. Hintergrund

Im Rahmen des israelisch-arabischen Jom-Kippur-Kriegs hatten die arabischen Erdölexporteure im Jahr 1973 den Ölhahn zugedreht, was infolge drastischer Erhöhung der Rohölpreise zum Auslöser der Ölkrise wurde. Vor diesem Hintergrund wurde mit dem Energieeinsparungsgesetz (EnEG) im Jahr 1976 (BGBl. 1976 I 1873) die **Entwicklung des deutschen Gebäudeenergierechts** angestoßen. Sich inhaltlich überwiegend auf Verordnungsermächtigungen beschränkend, wurden in der Folgezeit auf seiner Grundlage mehrere Rechtsverordnungen erlassen (1977: Wärmeschutzverordnung – WärmeschutzV, BGBl. 1977 I 1554; 1978: Heizungsanlagenverordnung – HeizAnlV, BGBl. 1977 I 1581; 1981: Verordnung über Heizkostenabrechnung – HeizkostenV, BGBl. 1981 I 261). Im Jahr 2002 wurden mit Inkrafttreten der Energieeinsparverordnung (EnEV, BGBl. 2001 I 3085) die Regelungen der WärmeschutzV und der HeizAnlV zusammengeführt. Insbesondere europarechtliche Vorgaben zwangen zur kontinuierlichen Anpassung der energierechtlichen Anforderungen (EnEV 2004, BGBl. 2004 I 3146; EnEV 2007, BGBl. 2007 I 1519; EnEV 2009, BGBl. 2009 I 954; EnEV 2014, BGBl. 2013 I 3951; eine weitere Änderung erfuhr die EnEV durch Art. 3 der Verordnung zum Asylverfahrensbeschleunigungsgesetz vom 24.10.2015, BGBl 2015 I 1789; eingeführt wurde die Bestimmung des § 25a über eine temporäre Befreiung von Gebäuden für die Unterbringung von Asylsuchenden und Flüchtlingen von bestimmten Anforderungen der EnEV bis 31.12.2018). Dem Vorbild Baden-Württembergs folgend, das im Jahr 2007 das Erneuerbare-Wärme-Gesetz (EWärmG, GVBl. BW 2007, 531) erlassen hatte, trat am 01.01.2009 das Erneuerbare-Energien-Wärmegesetz (EEWärmeG, BGBl. 2008 I, 1658) in Kraft, das eine grundsätzliche Verpflichtung zur anteiligen Nutzung erneuerbarer Energien durch spezifische bauliche Ersatzmaßnahmen anordnete (HK-GEG/GEIG/Knauff, Einl. GEG Rn. 22). 1

Mit der **Gebäudeeffizienzrichtlinie** (Richtlinie 2010/31/EU des europäischen Parlaments und des Rates [Gebäudeeffizienzrichtlinie] v. 19.05.2010 über die Gesamtenergieeffizienz von Gebäuden [Neufassung], ABl. L 153, 18.06.2010, S. 13, geändert durch Richtlinie [EU] 2018/844 v. 30.05.2018 zur Änderung der Richtlinie 2010/31/EU über die Gesamtenergieeffizienz von Gebäuden und der Richtlinie 2012/27/EU über Energieeffizienz, ABl. 2018 L 156, 19.06.2018 S. 75) sollte dann die Gesamtenergieeffizienz von Gebäuden und gebäudetechnischen Systemen gefördert werden, sodass seit 2021 alle neuen Gebäude als Niedrigstenergiegebäude ausgeführt werden. Diese Verpflichtung nahm der deutsche Gesetzgeber zum Anlass, mit dem am 01.11.2020 in Kraft getretenen Gesetz zur Einsparung von Energie und zur Nutzung erneuerbarer Energien zur Wärme- und Kälteerzeugung in Gebäuden (Gebäudeenergiegesetz – GEG, BGBl. 2020 I 1728) die vormals unzureichend aufeinander abgestimmten Regelwerke EnEG, EnEV und EEWärmeG zu harmonisieren, die im Zuge des Inkrafttretens des GEG außer Kraft getreten waren. Wesentliche Änderungen des Gebäudeenergierechts waren im Übrigen mit dem GEG in der Fassung seiner Bekanntmachung nicht ver- 2 bunden. Unabhängig davon, dass die Weiterentwicklung des GEG bereits in § 9 GEG gesetzlich angelegt ist, hat es zwischenzeitlich aufgrund der durch den Krieg in Osteuropa ausgelösten neuerlichen Energiekrise die energetischen Anforderungen an Neubauten verschärft (Art. 18a des Gesetzes zu Sofortmaßnahmen für einen beschleunigten Ausbau der erneuerbaren Energien und weiteren Maßnahmen im Stromsektor v. 20.07.2022, BGBl. 2022 I 1237, seit 01.01.2023 in Kraft).

3 Ganz erhebliche Änderungen des GEG – in erster Linie Heizungsanlagen betreffend – hat die am 01.01.2024 in Kraft getretene GEG-Reform 2024 gebracht. Insoweit hat das Bundeskabinett am 19. April 2023 das »Gesetz zur Änderung des Gebäudeenergiegesetzes, zur Änderung der Heizkostenverordnung und zur Änderung der Kehr- und Überprüfungsordnung« beschlossen (sog. »Heizungsgesetz«, BT-Drs. 20/7619). die Novelle des GEG beschlossen. Wesentlicher Kernpunkt der Neuregelungen stellt die Verpflichtung dar, ab 01.01.2024 beim Einbau neuer Heizungen konsequent erneuerbare Energien oder unvermeidbare Abwärme einzubeziehen. Insoweit gilt die Vorgabe, dass 65% des Energiebedarfs durch erneuerbare Energien gedeckt werden müssen. Bestehende reparable Heizungsanlagen sind zunächst von den Neuregelungen nicht betroffen, allerdings sind insoweit die schon nach EnEV geregelten Betriebsverbote mit Zeitablauf zu beachten. Im Übrigen bestehen großzügige Übergangsfristen.

2. Überblick

4 Das GEG ist in 9 Teile gegliedert. In einem 1. Allgemeinen Teil (§§ 1 bis 9 GEG) werden zunächst u.a. Ziel und Zweck des Gesetzes in § 1 GEG definiert, sein Anwendungsbereich in § 2 GEG umrissen, der Grundsatz der Wirtschaftlichkeit in § 5 GEG verankert, eine Verordnungsermächtigung zur Anpassung der HeizkostenV an die Energieeffizienzrichtlinie in § 6 GEG geregelt, die zwischenzeitlich bereits erfolgte (Art. 1 der Verordnung über die Änderung der Verordnung über Heizkostenabrechnung v. 24.11.2021, BGBl. 2021 I 4964, seit 01.12.2021 in Kraft), und in § 8 GEG die für die Einhaltung des Gesetzes Verantwortlichen bestimmt. § 9a GEG räumt den Ländern Gesetzgebungskompetenzen ein, gerichtet auf weitergehende Anforderungen an die Erzeugung und Nutzung von Strom oder Wärme sowie Kälte aus erneuerbaren Energien.

5 Teil 2 befasst sich in den §§ 10 bis 45 GEG mit den Anforderungen an zu errichtende Gebäude und gliedert sich in 4 Abschnitte. In einem 1. Allgemeinen Teil verankert § 10 GEG den Grundsatz der Niedrigstenergiegebäude, definiert in § 11 GEG den Mindestwärmeschutz und in den §§ 12 bis 14 GEG die Anforderungen an Wärmebrücken, Dichtheit sowie den sommerlichen Wärmeschutz. Abschnitt 2 regelt jeweils in Unterabschnitten den Jahres-Primärenergiebedarf und baulichen Wärmeschutz von Wohngebäuden und Nichtwohngebäuden. Abschnitt 3 legt die insoweit maßgeblichen Berechnungsgrundlagen und -verfahren fest. Abschnitt 4 hatte ursprünglich die Nutzung von erneuerbaren Energien zur Wärme- und Kälteerzeugung zum Inhalt. Im Zuge der GEG-Reform 2024 sind die in ihm enthaltenen §§ 34 bis 45 GEG a.F. weggefallen. Entsprechende Vorgaben sind nunmehr in Teil 4 geregelt.

6 Bestimmungen über bestehende Gebäude enthält Teil 3 in den §§ 46 bis 56 GEG und war ursprünglich in zwei Abschnitte gegliedert. Da im Zuge der GEG-Reform 2024 die §§ 52 bis 56 GEG a.F. weggefallen sind, regeln nur noch die Bestimmungen der §§ 46 bis 51 GEG die Anforderungen an bestehende Gebäude und konkret in §§ 46 bis 48 und 51 GEG ein dreistufiges Anforderungssystem, nämlich zunächst ein generelles Verschlechterungsverbot für Außenbauteile, unter bestimmten Voraussetzungen Nachrüstpflichten für oberste Geschossdecken sowie die Anforderungen bei Änderung, Ausbau und Erweiterung bestehender Gebäude. Die weggefallenen Regelungen bezüglich der Nutzung erneuerbarer Energien zur Wärmeerzeugung bei bestehenden öffentlichen Gebäuden sind nunmehr ebenfalls in Teil 4 verortet.

7 Teil 4 (§§ 57 bis 78 GEG) enthält Vorschriften bezüglich Anlagen der Heizungs-, Kühl- und Raumlufttechnik sowie der Warmwasserversorgung. Abschnitt 1 ordnet in § 57 GEG zunächst ein Verschlechterungsverbot an und regelt in §§ 58 bis 60 GEG die Betreiberpflichten. Die im Rahmen der GEG-Reform 2024 eingefügten §§ 60a bis 60c GEG sehen in § 60a GEG eine Betriebsprüfung

von Wärmepumpen vor. §§ 60b und 60c GEG führen im Wesentlichen, wenn auch in einem etwas erweiterten Umfang, die bisherigen Regelungen der EnSimiMaV (Mittelfristenergieversorgungssicherungsmaßnahmenverordnung v. 23.09.2022, BGBl. 2022 I 1530). fort. Da diese mit Ablauf des 30.09.2024 außer Kraft getreten waren, sind §§ 60b und 60c GEG nach Art. 4 Abs. 2 GEG am 01.10.2024 in Kraft treten. Abschnitt 2 hat Regelungen bezüglich des Einbaus und Ersatzes der Anlagentechnik zum Inhalt. Von großer praktischer Relevanz sind schließlich die Nachrüstpflichten nach § 69 GEG bezüglich der Dämmung von Wärmeverteilungs- und Warmwasserleitungen sowie die in § 72 GEG geregelten Betriebsverbote für Heizkessel und Ölheizungen.

Die Kerninhalte der GEG-Reform 2024 finden sich in den §§ 71 bis 71p GEG, die das eigentliche, 8
im Umgangsjargon gebräuchliche »Heizungsgesetz« darstellen, und die 65 %-Vorgabe neu in Betrieb genommener Heizungsanlagen näher ausgestalten. § 71n GEG sieht dabei einen »Fahrplan« für Gemeinschaften der Wohnungseigentümer vor, in denen mindestens eine Etagenheizung betrieben wird.

Teil 5 (§§ 79 bis 88 GEG) hat den Energieausweis zum Inhalt. Gegenüber der früheren Rechtslage 9
auf Grundlage der EnEV waren bereits im GEG die Pflichten insoweit gestiegen, als beim Energieverbrauchsausweis das Erfordernis einer Vorort-Begehung bei Bestandsgebäuden besteht, so nicht aussagefähige Lichtbilder zur Beurteilung des energetischen Zustands des Gebäudes vorhanden sind. Der Immobilienmakler wird nunmehr ausdrücklich als Vorlagepflichtiger u.a. bei Verkauf oder Vermietung benannt. Das GEG 2024 hat die Rechtslage unverändert gelassen.

Teil 6 (§§ 89 bis 91 GEG) enthält Regelungen zur finanziellen Förderung der Nutzung erneuerbarer 10
Energien für die Erzeugung von Wärme oder Kälte und von Energieeffizienzmaßnahmen.

Teil 7 (§§ 92 bis 103 GEG) hat den Vollzug des GEG zum Inhalt. Mit § 92 GEG wird erstmals 11
die Erfüllungserklärung geregelt. § 96 GEG regelt weiterhin die Möglichkeit privater Nachweise insbesondere in Form der Unternehmererklärung. § 99 GEG regelt die Stichprobenkontrollen von Energieausweisen und Inspektionsberichten über Klimaanlagen. Von praktischer Relevanz regelt schließlich § 102 GEG die Voraussetzungen für eine Befreiung von den Vorgaben des GEG.

Teil 8 (§§ 104 bis 109 GEG) enthält Regelungen zu besonderen Gebäuden, Bußgeldvorschriften 12
sowie Regelungen zum Anschluss- und Benutzungszwang. Von Bedeutung ist zunächst die Bestimmung des § 105 GEG, die Ausnahmeregelungen für Baudenkmäler und sonstige besonders erhaltenswerte Bausubstanz enthält. Von praktischer Relevanz für den Bereich des Wohnungseigentums regelt § 106 GEG die Behandlung gemischt genutzter Gebäude. § 108 GEG hat einen umfangreichen Ordnungswidrigkeiten-Katalog zum Inhalt.

Teil 9 (§§ 110 bis 114) enthält die Übergangsvorschriften. 13

3. Anwendungsbereich

Der Anwendungsbereich entspricht dem früheren Geltungsbereich von EnEG, EnEV und EEWärmeG. 14
Nach § 2 Abs. 1 GEG ist das GEG auf Gebäude anzuwenden, soweit sie nach ihrer Zweckbestimmung unter Einsatz von Energie beheizt oder gekühlt werden, und der Anlagen dieser Gebäude sowie ihrer Einrichtungen der Heizungs-, Kühl-, Raumluft- und Beleuchtungstechnik sowie der Warmwasserversorgung. In wohnungseigentumsrechtlicher Hinsicht nicht anzuwenden ist das GEG zunächst also auf offene Parkhäuser, die nach WEG geteilt sind und nicht beheizt werden.

In wohnungseigentumsrechtlicher Hinsicht könnten weiter im wohl äußerst seltenen Ausnahmefall 15
die beiden Ausnahmetatbestände des § 2 Abs. 2 Nr. 8 GEG Bedeutung für **Ferienhausanlagen** haben. Nach § 2 Abs. 2 Nr. 8 GEG ist das Gesetz mit Ausnahme der §§ 74 bis 78 GEG nicht auf Wohngebäude anzuwenden, die für eine Nutzungsdauer von weniger als vier Monaten jährlich bestimmt sind oder für eine begrenzte jährliche Nutzungsdauer bestimmt sind und deren zu erwartender Energieverbrauch für die begrenzte jährliche Nutzungsdauer weniger als 25 Prozent des zu erwartenden Energieverbrauchs bei ganzjähriger Nutzung beträgt. Der Anwendungsbereich dürfte

indes verschwindend gering sein, da auf die Gebäudenutzung und nicht die Nutzung der jeweiligen Wohnung abgestellt wird.

16 Vom Anwendungsbereich des GEG ausgenommen sind nach § 2 Abs. 2 Nr. 3 GEG auch **unterirdische Bauten.** Diese Ausnahmeregelung gilt jedoch nicht für Kellergeschosse oder unterhalb der Wohnanlage befindliche Tiefgaragen. Oberirdische Gebäude die unterkellert sind, werden vielmehr als Einheit betrachtet, was selbst dann gilt, wenn der unterirdische Teil flächenmäßig den oberirdischen überschreitet (Frenz/Lülsdorf/*Frenz*, § 1 EnEV Rn. 63). Im Fall von Mehrhausanlagen, die über eine von den oberirdischen Gebäuden räumlich getrennte Tiefgarage verfügen, gelten für letztere jedenfalls die Anforderungen an die energetische Inspektion von Klimaanlagen der §§ 74 ff. GEG (BT-Drs. 19/16716, 111), wie bereits im Wortlaut von § 2 Abs. 2 GEG zum Ausdruck kommt.

4. Übergangsregelungen

17 Nach § 111 Abs. 1 S. 1 GEG sind die Regelungen des GEG nicht auf Vorhaben anzuwenden, soweit die Bauantragstellung oder der Antrag auf Zustimmung oder die Bauanzeige vor dem Inkrafttreten des GEG am 01.11.2020 erfolgte. Für diese Vorhaben sind nach § 111 Abs. 1 S. 2 GEG die Bestimmungen des EnEG, der EnEV, der AVV Energiebedarfsausweis und EEWärmeG in den zum Zeitpunkt der Bauantragstellung oder des Antrags auf Zustimmung oder der Bauanzeige jeweils geltenden Fassungen weiter anzuwenden. Entsprechendes gilt nach § 111 Abs. 1 S. 3 GEG für nicht genehmigungsbedürftige Vorhaben und für Vorhaben, die nach Maßgabe des Bauordnungsrechts der zuständigen Behörde zur Kenntnis zu geben sind. Bei Letzteren ist auf den Zeitpunkt des Eingangs der Kenntnisgabe bei der zuständigen Behörde und für sonstige nicht genehmigungsbedürftige, insbesondere genehmigungs-, anzeige- und verfahrensfreie Vorhaben auf den Zeitpunkt des Beginns der Bauausführung abzustellen.

18 § 111 Abs. 2 GEG verallgemeinert die vorgenannten Überleitungsregelungen zu einem für das GEG geltenden Prinzip des Vertrauensschutzes, indem die Vorschrift für Vorhaben, welche die Errichtung, die Änderung, die grundlegende Renovierung, Erweiterung oder den Ausbau von Gebäuden zum Gegenstand haben, die Anwendung des Gesetzes in der jeweils zum Zeitpunkt der Bauantragstellung bzw. der vorgenannten Alternativzeitpunkte geltenden Fassung normiert (BT-Drs. 19/16716, 161).

19 § 111 Abs. 3 GEG enthält eine Rechtswahlklausel nach dem Vorbild der früheren Regelung in § 28 Abs. 4 EnEV. Ist über den Bauantrag oder über den Antrag auf Zustimmung oder nach einer Bauanzeige noch nicht bestandskräftig entschieden, ist auf Verlangen des Bauherrn abweichend von § 111 Abs. 1 und 2 GEG das jeweils neue Recht anzuwenden. Betroffen sind also nur Altfälle vor Inkrafttreten des GEG am 01.11.2020. Eine bestandskräftige Entscheidung liegt dann vor, wenn im Fall der Genehmigungsbedürftigkeit entweder die Anfechtungsfrist gemäß §§ 70 Abs. 1, 74 Abs. 1 VwGO abgelaufen ist oder im Fall der Anfechtung die letztinstanzliche Entscheidung rechtskräftig wurde (Frenz/Lülsdorf/*Frenz*, § 28 EnEV Rn. 15). Bei anzeigepflichtigen Vorhaben gilt die Entscheidung als bestandskräftig, wenn die Gemeinde nicht innerhalb eines Monats nach Vorlage der erforderlichen Unterlagen erklärt hat, das vereinfachte Baugenehmigungsverfahren solle durchgeführt werden oder eine vorläufige Untersagung gemäß § 15 Abs. 1 S. 2 BauGB beantragt (HK-GEG/GEIG/*Knauff* § 111 GEG Rn. 6). Das Verlangen des Bauherrn stellt eine empfangsbedürftige Willenserklärung dar, die grundsätzlich formlos erfolgen kann (HK-GEG/GEIG/*Knauff* § 111 GEG Rn. 7).

20 Zu den Übergangsvorschriften für Energieausweise siehe Rn. 170 ff., zu denen bezüglich der zur Ausstellung von Energieausweisen Berechtigten Rn. 168.

5. Länderöffnungsklausel

21 Mit der am 01.01.2024 in Kraft getretenen GEG-Reform sind durch den neu eingefügten § 9a GEG die Länderkompetenzen erweitert worden. Hiernach können die Länder durch Landesrecht weitergehende Anforderungen an die Erzeugung und Nutzung von Strom oder Wärme sowie Kälte

aus erneuerbaren Energien in räumlichem Zusammenhang mit Gebäuden und weitergehende Anforderungen oder Beschränkungen an Stromdirektheizungen stellen. Darüber hinaus dürfen die Länder auch weitergehende Anforderungen oder Beschränkungen an Stromdirektheizungen stellen. Insoweit hat die Bestimmung allerdings lediglich deklaratorischen Charakter, da einige Bundesländer – bezogen auf Direktheizungen, aber auch Solardächer – bereits bislang strengere Vorgaben geregelt haben.

6. Landesrechtliche Ausführungsbestimmungen

Zum Vollzug des GEG müssen die Länder allerdings ungeachtet der in § 9a GEG erweiterten Länderkompetenzen entsprechend der EnEV-Durchführungsverordnungen Ausführungsregelungen erlassen bzw. bestehende Regelungen anpassen: 22

- Baden-Württemberg: Verordnung der Landesregierung und des Umweltministeriums zur Durchführung des Gebäudeenergiegesetzes (GEG-Durchführungsverordnung – GEG-DVO) v. 09.03.2022, GBl. 2022, 165;
- Bayern: Teil 2 der Verordnung zur Ausführung energiewirtschaftlicher Vorschriften (AVEn) v. 22.01.2002 (GVBl. S. 18, BayRS 754–4-1-W), zuletzt geändert am 13.04.2021 (GVBl. S. 205);
- Berlin: Verordnung zur Durchführung der Energieeinsparverordnung in Berlin – EnEV-DVO-Bln v. 18.12.2009, BlnGBl. 2009, 889, zuletzt geändert am 09.01.2018 (GVBl. 2018, 144). Die Verordnung gilt bis zum Erlass einer Verordnung zur Durchführung des GEG bzw. bis zu ihrer förmlichen Aufhebung weiter;
- Brandenburg: Brandenburgische EnEV Zuständigkeitsverordnung – BbgEnEVZV v. 21.06.2010, GVBl.II/10, (Nr. 36). Eine landesrechtliche Durchführungsverordnung zum GEG ist noch nicht erlassen. Bis zu deren Inkrafttreten wird bei Baugenehmigungsverfahren die Einhaltung der Anforderungen an die Energieeinsparung und zur Nutzung erneuerbarer Energien wie bisher auf Grundlage des § 15 Abs. 4 und des § 51 Abs. 2 Brandenburgische Bauordnung (BbgBO) nachgewiesen. Die Kontrolle von Energieausweisen und Inspektionsberichten über Klimaanlagen wird von der Brandenburgischen Ingenieurkammer (BBIK) als Kontrollstelle wahrgenommen. Weitere Informationen mit Download-Möglichkeiten unter: https://mil.brandenburg.de/mil/de/themen/planen-bauen/bautechnik/gebaeudeenergiegesetz/#;
- Bremen: Weitergeltung der Verordnung zur Durchführung der Energieeinsparverordnung und des Erneuerbare-Energien-Wärmegesetzes im Land Bremen (EnEV/EEWärmeGV) v. 08.12.2015 (Gbl. S. 546);
- Hamburg: Anordnung über Zuständigkeiten auf dem Gebiet des Klimaschutzes und der Energieeinsparung v. 31.03.2009; Amtl. Anz. 2009, 629;
- Hessen: Heizkosten- und Energieverfahrensverordnung – HEVV v. 03.02.2009, GVBl. I 2009, 30, 38. Eine landesrechtliche Durchführungsverordnung zum GEG ist noch nicht erlassen. Informationen und Downloadmöglichkeiten unter: https://wirtschaft.hessen.de/das-gebaeudeenergiegesetz-geg;
- Mecklenburg-Vorpommern: EnEV-Durchführungsverordnung – EnEVDVO v. 21.09.2010, GVOBl. M-V S. 521. Eine landesrechtliche Durchführungsverordnung zum GEG ist noch nicht erlassen;
- Niedersachsen: Niedersächsische Verordnung zur Durchführung des Gebäudeenergiegesetzes (NDVO-GEG) 26.08.2021 (Nds. GVBl. 2021, 618);
- Nordrhein-Westfalen: Verordnung zur Umsetzung des Gebäudeenergiegesetzes (GEG-UVO) v. 23.06.2021 (Artikel 4 des Gesetzes über Zuständigkeiten und zur Umsetzung des vereinheitlichten Energieeinsparrechts für Gebäude [GEG-Umsetzungsgesetz – GEG-UG NRW] vom 23.06.2021, GV. NRW. S. 782);
- Rheinland-Pfalz: Landesverordnung über Zuständigkeiten auf dem Gebiet der Energieeinsparung v. 04.03.2005, GVBl. 2005, 84. Eine landesrechtliche Durchführungsverordnung zum GEG ist noch nicht erlassen;

- Saarland: Verordnung zur Durchführung des Gesetzes zur Einsparung von Energie und zur Nutzung erneuerbarer Energien zur Wärme- und Kälteerzeugung in Gebäuden (GEGDVO) vom 24.07.2023, GBl. S. 766;
- Sachsen: Sächsische Energieeinsparverordnungs-Durchführungsverordnung v. 19.09.2016, SächsGVBl. 346, zuletzt geändert am 12.04.2021 (SächsGVBl. 517);
- Sachsen-Anhalt: Energieeinspar-Durchführungsverordnung (EnE-DVO) v. 12.12.2018, GVBl. LSA 2018, 427. Eine landesrechtliche Durchführungsverordnung zum GEG ist noch nicht erlassen; Download-Möglichkeit bezüglich der Erfüllungserklärung: https://lvwa.sachsen-anhalt.de/service/formulare/;
- Schleswig-Holstein: Landesverordnung über die zuständigen Behörden nach dem Energieeinsparungsgesetz – EnEGzustBehV SH v. 27.09.2002 in der Fassung v. 23.09.2016, GVOBl. 835. Eine landesrechtliche Durchführungsverordnung zum GEG ist noch nicht erlassen;
- Thüringen: § 1 der Thüringer Verordnung über Zuständigkeiten auf den Gebieten der Energieeinsparung und der Verbrauchskennzeichnung v. 05.12.2006 in der ab 01.01.2019 geltenden Fassung.

II. Verantwortliche

1. Bauherr und Eigentümer

23 Nach § 8 Abs. 1 GEG ist der Bauherr oder Eigentümer für die Einhaltung der Vorgaben des GEG verantwortlich, soweit nicht etwas anderes ausdrücklich bestimmt ist. Dies ist insbesondere in §§ 58 ff. GEG und §§ 74 ff. GEG (Betreiber) und insbesondere in § 80 Abs. 4 und 5 GEG bezüglich der Vorlagepflicht des Energieausweises und der Pflichtinformationen in Immobilienanzeigen der Fall (u.a. Verkäufer, Vermieter, Makler). Bauherr ist derjenige, der auf seine Verantwortung eine bauliche Anlage vorbereitet oder ausführt, beziehungsweise vorbereiten oder ausführen lässt (Frenz/Lülsdorf/*v. Oppen* EnEG/EnEV § 26 EnEV Rn. 2). Die Frage, wer als Eigentümer anzusehen ist, ist nach zivilrechtlichen Vorschriften zu beantworten (HK-GEG/GEIG/Hofmann, § 8 GEG Rn. 2).

24 Die Eigenschaft als Bauherr oder Eigentümer kann in vielen Fällen auseinanderfallen, weshalb auch der Eigentümer in den Kreis der Verantwortlichen nach § 8 Abs. 1 GEG aufgenommen wurde. Als Bauherren können im Einzelfall auch Mieter, Pächter, Nießbraucher oder dinglich Wohnberechtigte in Betracht kommen. Bezüglich der Verantwortlichkeit des Eigentümers wird es maßgeblich auf die Regelungen im Innenverhältnis des Bauherrn zum Eigentümer ankommen. Stets zu berücksichtigen ist jedenfalls, dass mit Blick auf die mögliche Verwirklichung von Ordnungswidrigkeitstatbeständen eine Täterschaft als Beteiligter nach § 14 Abs. 1 OWiG möglich ist.

2. Beauftragte

25 Nach § 8 Abs. 2 GEG sind auch die Personen verantwortlich, die im Auftrag des Eigentümers oder des Bauherrn bei der Errichtung oder Änderung von Gebäuden oder der Anlagentechnik in Gebäuden tätig werden. Hierbei handelt es sich also um die beteiligten Sonderfachleute und Fachunternehmen im Rahmen ihrer Beauftragung. In erster Linie kommen in Anlehnung an § 52 ff. MBO als weitere Baubeteiligte insbesondere Architekten, sonstige Planer, Bauunternehmen und Bauleiter infrage (Frenz/Lülsdorf/*v. Oppen* EnEG/EnEV § 26 Rn. 4), selbstverständlich aber auch beauftragte Heizungsbauer und andere Unternehmer, die der Eigentümer im Rahmen der Verpflichtung zur Erfüllung der 65 %-EE-Vorgabe des § 71 Abs. 1 GEG beauftragt.

3. Wohnungseigentümer/Gemeinschaft der Wohnungseigentümer

26 Bezüglich der Vorgaben betreffend das Gemeinschaftseigentum sind die Wohnungseigentümer in ihrer Gesamtheit als Bruchteilseigentümer verantwortlich (MHdWE/*Drasdo/Elzer/Stierle*, 8. Aufl. 2023, § 90 Rn. 18; *Börstinghaus/Meyer/Zschieschack* Das neue GEG § 4 Rn. 9; *J-H. Schmidt* ZWE 2015, 309 [313]). Da die jeweiligen Vorgaben gleichgerichtet von allen Wohnungseigentümern zu erfüllen sind und ein gemeinschaftliches Vorgehen erfordern (vgl. *BGH*,

Urt. v. 08.02.2013 - V ZR 238/11, ZMR 2013, 642), werden die entsprechenden Pflichten von der Gemeinschaft der Wohnungseigentümer (im Folgenden: GdWE) nach § 9a Abs. 2 WEG wahrgenommen bzw. erfüllt (MHdWE/*Drasdo/Elzer/Stierle*, 8. Aufl. 2023, § 90 Rn. 18; *Börstinghaus/Meyer/Zschieschack* Das neue GEG § 4 Rn. 10; *Elzer/Fraaz-Rosenfeld* SWK WEG Gebäudeenergiegesetz Rn. 14; *Fraaz-Rosenfeld* AnwZert MietR 13/2021 Anm. 2; für die Rechtslage nach § 10 Abs. 6 S. 3 HS 1 WEG a.F.: *BGH*, Urt. v. 09.03.2012 - V ZR 161/11, ZMR 2012, 646; *J-H Schmidt* ZWE 2015, 309 [313]).

Ob die **GdWE** insoweit **als Verantwortliche** im Sinne von § 8 Abs. 1 GEG fungiert, liegt zwar nahe, 27
definitiv geklärt ist das aber nicht. Zwar kann sie als Adressatin einer Ordnungsverfügung infrage kommen (*OVG Lüneburg*, ZWE 2023, 293), allerdings nicht als Adressatin eines Bußgeldbescheids bei Verstößen gegen die Vorgaben des GEG. Auch ist zu berücksichtigen, dass anders als etwa in der Heizkostenverordnung (HeizkostenV) die GdWE nicht als Eigentümerin genannt wird, wie dies in § 1 Abs. 2 Nr. 3 HeizkostenV der Fall ist. Überdies ist zu berücksichtigen, dass die GdWE in § 2 Nr. 1 des Gebäude-Elektromobilitätsinfrastruktur-Gesetzes (GEIG) ausdrücklich dem Eigentümer gleichgestellt ist, was im GEG nicht der Fall ist. Dass insoweit von einem Redaktionsversehen des Gesetzgebers im Rahmen des GEG auszugehen ist, dürfte angesichts der Tatsache nicht möglich sein, als das GEG in § 71n GEG gerade Sonderregelungen für die Eigentümergemeinschaften enthält. Ob die GdWE regelmäßig nicht ohnehin als Bauherrin fungieren dürfte, da ihr die Verwaltung des Gemeinschaftseigentums obliegt und in ihrem Namen die erforderlichen Werkverträge geschlossen werden (vgl. Lehmann-Richter ZWE 2013, 341 [345]), wird in der aktuellen Auseinandersetzung nicht fokussiert, dürfte allerdings nicht fern liegen.

Der einzelne **Wohnungseigentümer** kann auch als Bauherr etwa im Rahmen eines gestatteten Dach- 28
geschossausbaus fungieren. Werden bestimmte Anforderungen an das Sondereigentum gestellt, ist der jeweilige Wohnungseigentümer verpflichtet (MHdWE/*Drasdo/Elzer/Stierle*, 8. Aufl. 2023, § 90 Rn. 18; für das alte Recht: *BGH* ZMR 2011, 971; *J.-H. Schmidt* ZWE 2015, 309 [311]). Dies gilt in erster Linie auch bezüglich eines erforderlichen Heizungsaustauschs im Fall von Etagenheizungen. Die jeweiligen Thermen sind insoweit nämlich Sondereigentum (*BayObLG* ZMR 2000, 622; *Blankenstein* ZMR 2018, 138). Zweifellos fungiert die GdWE dann als Verantwortliche i.S.v. § 8 Abs. 1 GEG, wenn sie selbst Eigentümerin einer Sondereigentumseinheit ist.

4. Verwalter

Um als Normadressat des § 8 Abs. 2 GEG infrage zu kommen, müsste der Verwalter im Auftrag 29
des Eigentümers oder des Bauherrn tätig werden. Als Auftragnehmer des Eigentümers kommt der Verwalter von vornherein nicht in Frage, so ihn persönlich Pflichten nach GEG treffen. Ausnahmsweise könnte dann etwas anderes gelten, wenn er den Verwalter ausdrücklich beauftragt, seine Pflichten wahrzunehmen, was nur außerhalb des WEG möglich ist. Er kommt aber auch nicht als Auftragnehmer der Bruchteilsgemeinschaft in Betracht, so Pflichten nach GEG die Wohnungseigentümer gleichgerichtet treffen. Die Ausführung der insoweit nach § 9a Abs. 2 WEG ausübungsverpflichteten GdWE obliegt zwar dem Verwalter, allerdings nicht als Beauftragtem, sondern als Ausführungsorgan (so wohl auch *Lehmann-Richter* ZWE 2013, 341 ff).

§ 71n Abs. 4 GEG verpflichtet den Verwalter persönlich, nach Kenntnisnahme des Austauschs der 30
ersten Etagenheizung unverzüglich eine Eigentümerversammlung einzuberufen (siehe Rdn. 279). Hier könnte nun § 8 Abs. 1 GEG für den Verwalter virulent werden, weil er als »anderer Verantwortlicher« ausdrücklich bezeichnet ist, anders allerdings, wenn er nur als Organ der GdWE genannt ist. Für den Bereich des Wohnungseigentumsrechts ist zwischenzeitlich für den Fall vereinbarter Veräußerungsbeschränkung nach § 12 WEG geklärt, dass eine Klage auf Erteilung der Zustimmung zur Veräußerung einer Sondereigentumseinheit seit Inkrafttreten des WEMoG am 01.12.2020 gegen die GdWE zu richten ist, auch wenn der Verwalter als Zustimmungsberechtigter ausdrücklich in der Vereinbarung benannt ist (*BGH* ZMR 2023, 900). Insoweit ist entscheidend, dass der Gesetzgeber die Aufgaben und Befugnisse des Verwalters und das Verhältnis des Verwalters zur GdWE grundlegend neu ausgestaltet hat. Die Verwaltung des gemeinschaftlichen Eigentums obliegt seit

Inkrafttreten des WEMoG sowohl im Außenverhältnis als auch im Innenverhältnis nach § 18 Abs. 1 WEG ausschließlich der GdWE. Sie erfüllt die ihr zugewiesenen Aufgaben durch den Verwalter als ihr Ausführungsorgan (*BGH* ZMR 2023, 384); internes Organ für die Ausführung ist der Verwalter, der die Entscheidungen umsetzt.

31 Ob sich diese Aspekte auf das GEG übertragen lassen vermag zweifelhaft zu sein, da das GEG auch in einem anderen Bereich des Wohnungseigentums eigene Wege beschreitet: Im wohnungseigentumsrechtlichen Sinn stehen Etagenheizungen im Sondereigentum (*BayObLG* ZMR 2000, 622; *Blankenstein* ZMR 2018, 138). Eine Beschlusskompetenz bezüglich im Sondereigentum stehender Gegenstände besteht nicht. Dementgegen verleiht § 71n Abs. 7 S. 2 GEG den Wohnungseigentümern die Kompetenz, über die im Sondereigentum entstehenden Kosten durch Beschluss der Wohnungseigentümer zu entscheiden (siehe Rdn. 285). Sähe man den Verwalter als nach § 8 Abs. 1 GEG Verantwortlichen an, würde der Bußgeldtatbestand des § 108 Abs. 1 Nr. 12 GEG aber auch nur dann virulent für ihn, wenn aufgrund seiner Untätigkeit und in vollständiger Ignorierung des Themas »Erfüllung der 65 %-EEVorgabe« des § 71 Abs. 1 GEG weiterhin auch nach Ablauf der insoweit maßgeblichen Übergangsfristen Etagenheizungen betrieben würden, die nicht vorerwähnter Vorgabe entsprechen.

32 Im Übrigen obliegen dem Verwalter die aus dem Wohnungseigentumsgesetz resultierenden Pflichten bezüglich etwaiger auf Grundlage des GEG erforderlicher Maßnahmen, die durch die GdWE zu erfüllen sind. Insoweit hat er bezüglich der anlasslosen Nachrüstungspflichten der §§ 47, 61 und 69 Abs. 2 GEG einen möglicherweise erforderlichen Handlungsbedarf zu ermitteln und die Eigentümer hierüber zu informieren und schließlich entsprechende Beschlüsse vorzubereiten (vgl. auch MHdWE/*Drasdo/Elzer/Stierle*, 8. Aufl. 2023, § 90 Rn. 86 ff.; *Horst* ZMR 2024, 181 [189 f.]; *Jacoby* ZWE 2012, 418 [419 f.]). Als Ausführungsorgan der GdWE obliegt ihm sodann die Beschlussdurchführung. Da die Verpflichtung zur Dämmung oberster Geschossdecken bereits mit der EnEV 2014 seit ihrem Inkrafttreten am 01.05.2014 und die Pflicht zur Leitungsdämmung seit 1. Oktober 2009 besteht, hat der eine neue Gemeinschaft übernehmende Verwalter beim Vorverwalter Erkundigungen einzuholen, ob die Pflichten bereits erfüllt sind bzw. die Gründe in Erfahrung zu bringen, warum entsprechendes noch nicht erfolgte.

33 Bezüglich der anlasslosen aber auch der anlassbezogenen Pflichten des GEG hat der Verwalter eine Bestandsaufnahme zu machen und zu prüfen, ob entsprechende Maßnahmen erforderlich sind. Hierzu wird er in aller Regel nicht in Person in der Lage sein, sodass ein Sonderfachmann entsprechend zu beauftragen ist. Ob er insoweit eine Maßnahme ordnungsmäßiger Verwaltung von untergeordneter Bedeutung trifft, die nicht zu erheblichen Verpflichtungen i.S.v. § 27 Abs. 1 Nr. 1 WEG führt oder zur präventiven Nachteilsabwendung nach § 27 Abs. 1 Nr. 2 WEG auch ohne Beschlussfassung ermächtigt ist, soll hier nicht vertieft werden. Zeigt sich konkreter Handlungsbedarf, hat der Verwalter jedenfalls die Entscheidung der Wohnungseigentümer herbeizuführen. Denn erforderliche Maßnahmen zur Umsetzung der Vorgaben des GEG dürften in keinem Fall solche darstellen, die lediglich von untergeordneter Bedeutung sind.

III. Öffentlich-rechtliche Vorgaben und ordnungsmäßige Verwaltung

1. Einordnung der Maßnahmen

34 Zur Einhaltung öffentlich-rechtlicher Vorschriften erforderliche Maßnahmen stellen solche der ordnungsmäßigen Verwaltung dar. Da sie regelmäßig mit substantiellen Eingriffen in die Gebäude- bzw. Anlagensubstanz verbunden sind, werden sie als solche der Erhaltung nach § 19 Abs. 2 Nr. 2 WEG eingeordnet (*OLG Hamm* WuM 2009, 252; *LG Berlin* ZMR 2018, 347; zu den Grenzen *LG Saarbrücken* ZWE 2013, 421; *AG Mettmann* ZMR 2013, 841; *OVG Münster* WuM 2015, 581; *VG Würzburg* ZWE 2015, 287). Dies gilt auch für nach GEG bzw. vormals EnEV erforderliche Maßnahmen (*BGH* ZMR 2019, 47). Werden die Vorgaben eingehalten, spielt der wohnungseigentumsrechtliche Amortisationsgedanke keine Rolle (*BayObLG* ZMR 2002, 209; *OLG Hamm* WuM 2009, 252; *LG Berlin* ZMR 2018, 347; *AG Hamburg-Blankenese* MietRB 2020, 244.

Gehen die Maßnahmen allerdings über das Anforderungsniveau des GEG hinaus, können sie solche der **modernisierenden Erhaltung** darstellen. Umstritten ist insoweit, ob unter den Begriff der baulichen Veränderung im Sinne von § 20 Abs. 1 WEG auch Maßnahmen der modernisierenden Erhaltung zu subsumieren sind (so *LG München I*, Urt. v. 09.11.2022 – 1 S 3113/22 WEG, ZWE 2023 S. 170; Jennißen/*Sommer* WEG, 8. Aufl. 2024, § 19 Rn. 104b; *Horst* ZMR 2024, 181 [187]; *Zschieschack* ZWE 2021, 68 [69]; *Abramenko* Das neue Wohnungseigentumsrecht 2020 § 4 Rn. 3; D/S/Z WEG-Recht 2021, Kap. 6 Rn. 9; Lehmann-Richter/Wobst WEG-Reform 2020 Rn. 1609; BeckOGK/*Kempfle* 01.03.2024, § 20 Rn. 33; *Blankenstein* WEG-Reform 2020, S. 467; a.A. *LG Berlin II*, Urt. v. 29.02.2024 – 85 S 52/23 WEG, ZWE 2024 S. 185; Deutsches Ständiges Schiedsgericht für Wohnungseigentum, Schiedsspruch v. 29.03.2022 – SG 21/07/128, ZMR 2022 S. 590; *Hügel/Elzer* WEG, 3. Aufl. 2021, § 19 Rn. 72; BeckOK WEG/*Elzer* 55. Ed. 01.01.2024, WEG § 19 Rn. 69; dahingehend tendierend Bärmann/*Dötsch*, 15. Aufl. 2023, WEG § 20 Rn. 49; pointiert vermittelnd Jennißen/*Hogenschurz* WEG, 8. Aufl. 2024, § 20 Rn. 26). 35

Bezüglich der Konsequenzen der Kategorisierung von Maßnahmen der modernisierenden Erhaltung scheint zunächst die Differenzierung mit Blick auf eine **Kostenbelastung** sämtlicher Wohnungseigentümer keine Rolle zu spielen, da § 21 Abs. 2 S. 1 Nr. 2 WEG eine Kostentragungsverpflichtung aller Wohnungseigentümer für Maßnahmen der baulichen Veränderung an, die sich innerhalb eines angemessenen Zeitraums amortisieren. Auch nach der vor Inkrafttreten des WEMoG geltenden Rechtslage mussten sich die Kosten einer modernisierenden Instandsetzung innerhalb eines derartigen Zeitraums amortisieren. Als maßgeblich wurde insoweit ein Zeitraum von ca. 10 Jahren angenommen (*BGH* ZMR 2013, 292, *LG Bremen* ZMR 2015, 776). Zwar kein unverrückbares Dogma aber doch als wichtiger Anhaltspunkt gilt dieser Zeitraum auch hinsichtlich der Regelung in § 21 Abs. 2 S. 1 Nr. 2 WEG (BT-Drs. 19/22634, 43). Zu berücksichtigen ist allerdings, dass auf Grundlage des alten Rechts nicht allein und ausschließlich auf die Amortisation abgestellt wurde, sondern allgemein auch eine technisch bessere oder wirtschaftlich sinnvollere Lösung erlaubt war. Die »Kosten-Nutzen-Analyse« wiederum war allerdings von besonderer Bedeutung, wenn auch gerade nicht allein ausschlaggebend (Bärmann/*Dötsch*, 15. Aufl. 2023, WEG § 21 Rn. 100). Auch nach altem Recht entsprach jedenfalls ein Amortisationszeitraum von weit über 10 Jahren in der Regel nicht ordnungsgemäßer Verwaltung (*LG München I* ZWE 2023, 170; BeckOGK/*Kempfle* 01.03.2024 § 20 Rn. 31). Nach allem ist die Rechtslage alles andere als geklärt. 36

Praktische Auswirkungen hat der Meinungsstreit im Ergebnis jedoch bezüglich der **Finanzierung** derartiger Maßnahmen. Geht man mit der wohl h.M. davon aus, dass Maßnahmen der modernisierenden Erhaltung unter die Bestimmung des § 20 Abs. 1 WEG zu subsumieren sind, kommt eine Finanzierung aus der Erhaltungsrücklage nicht in Frage. Anders bei ihrer Kategorisierung als Erhaltungsmaßnahme. Dann wäre eine Finanzierung aus der Erhaltungsrücklage möglich (für das neue Recht: Hügel/Elzer, 3. Aufl. 2021, WEG § 19 Rn. 142; für das alte Recht: u.a. *OLG Frankfurt* ZMR 2011, 737; *LG Braunschweig* ZMR 2019, 139). 37

Dessen ungeachtet ist im Übrigen zu berücksichtigen, dass sich bezüglich der Maßnahmen modernisierender Erhaltung lediglich diejenigen Kosten amortisieren müssen, die **das Maß erforderlicher Erhaltung überschreiten**. So also im Zuge von Erhaltungsmaßnahmen etwa an der Fassadenfläche unter den Voraussetzungen von § 48 Satz 1 GEG die Vorgaben des GEG zu befolgen sind, diese aber durch die konkrete Maßnahme in energetischer Hinsicht übertroffen werden, müssen sich nur diejenigen Kosten amortisieren, die gerade in Überschreitung der Vorgaben des GEG zusätzlich angefallen sind (BT-Drs. 19/18791, 67; Bärmann/*Dötsch*, 15. Aufl. 2023, WEG § 21 Rn. 99; D/S/Z WEG-Recht 2021 Kap. 6 Rn. 129; *Blankenstein* WEG-Reform 2020, 517 f.). Dies soll folgendes Beispiel illustrieren: 38

▶ **Beispiel:**

Die in der Wohnanlage vorhandenen 2-fach verglasten Holzfenster sind allesamt reparatur- und überwiegend austauschbedürftig. Die Wohnungseigentümer beschließen daher, diese 39

Fenster durch 3-fach verglaste Fenster auszutauschen. 2-fach verglaste Fenster würden 200 € kosten, 3-fach verglaste Fenster kosten 235 €.

40 Nach § 48 S. 1 GEG sind Maßnahmen an Außenbauseiten im Sinne der Anlage 7 im Fall der Erneuerung oder des Ersatzes so auszuführen, dass die betroffenen Flächen des Außenbauteils die Wärmedurchgangskoeffizienten der Anlage 7 nicht überschreiten. Anlage 7 Nr. 2a zu § 48 GEG sieht für Außenfenster einen Wärmedurchgangskoeffizienten ($W/(m^2K)$ = U-Wert) von 1,3 vor, wenn das Wohngebäude oder Nichtwohngebäude auf mindestens19 Grad Celsius oder mehr beheizt wird. Im Gegensatz zu 2-fach verglasten Fenstern, die regelmäßig einen U-Wert von 1,1 bis 1,3 $W/(m^2K)$ haben, beträgt dieser bei 3-fach verglasten Fenstern 0,8 bis 0,9 $W/(m^2K)$. Da die Fenster reparatur- und überwiegend austauschbedürftig sind, müssen sich die Kosten für den Einbau 2-fach verglaster Fenster nicht amortisieren, da ein U-Wert von 1,3 ohnehin nach GEG vorgeschrieben ist. Amortisieren müssen sich nun nur die Mehrkosten, die deshalb entstehen, weil sich die Wohnungseigentümer statt der 2-Fach-Verglasung für eine 3-Fach-Verglasung entscheiden. Amortisieren müssen sich also die Mehrkosten in Höhe von 35 € je Fenster. Insoweit ist zu berücksichtigen, dass die Energieeinsparung gegenüber einer 2-Fach-Verglasung bei ca. 30 % liegt. Es liegt in diesem Fall also sehr nahe, dass sich diese Mehrkosten in einem Zeitraum von ca. zehn Jahren amortisieren werden.

41 Werden im Übrigen die Anforderungen des GEG bei Bestandsgebäuden übertroffen, sind die entsprechenden Maßnahmen grundsätzlich nach § 89 S. 1 Nr. 4 GEG förderfähig, was im Rahmen der Kosten/Nutzen/Analyse weiter zu berücksichtigen ist.

42 Im Übrigen würden die Kosten überschießender Maßnahmen dann von sämtlichen Wohnungseigentümern zu tragen sein, wenn der Maßnahmenbeschluss nach § 21 Abs. 2 S. 1 Nr. 1 WEG mit einer Mehrheit von mehr als 2/3 der abgegebenen Stimmen gefasst würde, die mindestens die Hälfte der Miteigentumsanteile repräsentieren (streitig, ob insoweit die Hälfte der Miteigentumsanteile ausreicht, so *Hügel/Elzer*, 3. Aufl. 2021, WEG § 21 Rn. 24; Jennißen/*Jennißen*, 8. Aufl. 2024, § 21 Rn. 40; BeckOK WEG/*Elzer* 55. Ed. 01.01.2024 WEG § 21 Rn. 24; Blankenstein, WEG-Reform 2021, 511 oder mehr als die Hälfte der Miteigentumsanteile erforderlich ist, so: Bärmann/*Dötsch*, 15. Aufl. 2023, WEG § 21 Rn. 73; *Abramenko* Das neue Wohnungseigentumsrecht § 4 Rn. 107 [wohl aber nicht mehr in S/E/H/R, § 5 Rn. 85]; D/S/Z WEG-Recht 2021 Kap. 6 Rn. 118; Lehmann-Richter/Wobst WEG-Reform 2020 § 11 Rn. 1069; BeckOGK-WEG/*Kempfle* § 21 Rn. 35). In diesem Fall würden sich Fragen rund um eine Kostenamortisation von vornherein nicht stellen. Allerdings dürften die Kosten nicht unverhältnismäßig sein.

2. Anspruch auf Maßnahmendurchführung

43 Resultierend aus ihrer Eigenschaft als Maßnahmen ordnungsmäßiger Verwaltung ergibt sich für nach GEG erforderliche Maßnahmen der wesentliche weitere Aspekt, dass jeder Wohnungseigentümer gemäß § 18 Abs. 2 Nr. 1 WEG gegen die GdWE einen Anspruch auf Erfüllung der sich aus dem GEG ergebenden Pflichten hat (MHdWE/*Drasdo/Elzer/Stierle*, 8. Aufl. 2023, § 90 Rn. 92). Beschlussinitiativen einzelner Wohnungseigentümer gerichtet auf nach GEG erforderliche Maßnahmen hat der Verwalter demnach Folge zu leisten (arg. *LG München I* ZMR 2011, 839; *OLG Frankfurt*, ZMR 2009, 133; *OLG Saarbrücken* ZMR 2004, 533). Für den Fall der mehrheitlichen Ablehnung eines entsprechenden Beschlussantrags wird im Fall einer Beschlussersetzungsklage nach § 44 Abs. 1 S. 2 WEG lediglich zu klären sein, ob einer der im GEG geregelten Ausnahme- bzw. Befreiungstatbestände vorliegt (Rdn. 79 ff.). Zu beachten ist allerdings, dass im Zuge des Erfordernisses etwa einer Fassadenerhaltungsmaßnahme kein Anspruch auf Anbringung eines vollständigen Wärmeverbundsystems besteht, wenn lediglich durch eine partielle Wärmedämmung bereits der Mindestwärmeschutz erreicht wird (*AG Mettmann* ZMR 2013, 841).

IV. Ordnungswidrigkeiten und obstruktives Stimmverhalten

1. Grundsätze

Das GEG regelt in § 108 Abs. 1 GEG einen Katalog von insgesamt 32 Tatbeständen möglicher Ordnungswidrigkeiten. § 108 Abs. 2 GEG regelt die Höhe der Bußgelder. Diese können abhängig vom Gesetzesverstoß mit einer Geldbuße zwischen 5.000 und 50.000 € bewehrt sein. Die jeweilige Ordnungswidrigkeit muss nach § 108 Abs. 1 GEG **vorsätzlich oder leichtfertig** verwirklicht worden sein. Da die Abgrenzung des bedingten Vorsatzes von der Leichtfertigkeit in der Praxis erhebliche Schwierigkeiten bereitet, hat sich der Gesetzgeber des GEG dafür entschieden, beide subjektiven Elemente zu erfassen und auch gleich zu behandeln. Allerdings wird wohl in eindeutigen Fällen des Vorsatzes oder der Leichtfertigkeit die Höhe der festgesetzten Bußgelder differieren. Diese richtet sich jedenfalls nach der Schwere des Verstoßes gegen die jeweilige Pflicht bzw. das jeweilige Verbot. Das Bußgeld soll auch nicht nur den aus der Tat gezogenen Vorteil abschöpfen, sondern den wirtschaftlichen Vorteil der Tat übersteigen, was insbesondere auch eine Differenzierung zwischen Wohn- und Nichtwohngebäuden erforderlich machen kann (BT-Drs. 20/6875, 144). Zu dem Bemessungskriterien gehören z.B. der Wert des betroffenen Rechtsguts, der Grad und das Ausmaß der Beeinträchtigung, die Schwere der Folgen, die Nähe zu Rechtfertigungs- und Entschuldigungsgründen und die finanzielle Leistungsfähigkeit des Betroffenen (BT-Drs. 20/6875, a.a.O.). 44

Im Übrigen wird vertreten, an private Grundstückseigentümer seien weniger strenge **Sorgfaltsmaßstäbe** anzulegen als an gewerbliche Immobilieneigentümer (HK-GEG/GEIG/*Senders* § 108 GEG Rn. 4; Frenz/Lülsdorf/*Frenz* § 27 EnEV Rn. 8). Für den Bereich des Wohnungseigentums dürften wohl strengere Sorgfaltsmaßstäbe an den Verwalter zu stellen sein als an die Wohnungseigentümer. Insoweit ist zu berücksichtigen, dass der Verwalter ohnehin über eine einschlägige Ausbildung verfügen sollte (*LG Düsseldorf* ZMR 2014, 234; *LG Hamburg* ZMR 2012, 385). Hinzukommt seine seit 01.08.2018 bestehende Weiterbildungspflicht nach § 34c Abs. 2a GewO, die in § 15b MaBV näher ausgestaltet ist. Anlage 1 zu § 15b Absatz 1 MaBV sieht insoweit energierechtlich spezifische Weiterbildungsinhalte in Nr. 3.8.4 vor. Der nach § 26a WEG zertifizierte Verwalter muss ohnehin nach Anlage 1 zu § 1 S. 1 Nr. 2.6.3 der Zertifizierter-VerwalterPrüfungsverordnung – ZertVerwV (v. 02.12.2021, BGBl. 2021 I 5182) über energierechtliche Kenntnisse verfügen. Der DIHK-Rahmenplan (abrufbar unter www.dihk.de/resource/blob/67830/a1ba350fb8401daad4f1671 ebe8676b8/dihk-rahmenplan-weg-verwalter-data.pdf) thematisiert insoweit in Nr. 2.6.3 ausdrücklich das GEG und verleiht ihm sowohl schriftliche als auch mündliche Prüfungsrelevanz mit der durchaus anspruchsvollen Taxonomiestufe 2, die Transferleistungen erfordert. An den nicht zertifizierten Verwalter oder den Eigentümerverwalter (§ 19 Abs. 6 Alt. 2 WEG) dürften aus Gründen der Gleichbehandlung und auch effektiven Rechtsschutzes kaum geringere Anforderungen zu stellen sein. 45

2. Adressaten eines Bußgeldbescheids

Täter möglicher Ordnungswidrigkeiten und somit Adressaten eines Bußgeldbescheids können alle Verantwortlichen i.S.v. § 8 GEG sein, also der Bauherr, Eigentümer und diejenigen Personen, die im Auftrag des Eigentümers oder Bauherren bei der Errichtung oder Änderung von Gebäuden oder der Anlagentechnik in Gebäuden tätig werden. 46

a) GdWE

In erster Linie könnte zwar die GdWE als Adressatin in Betracht kommen, da sie nach § 9a Abs. 2 WEG die Pflichten der Wohnungseigentümer bezogen auf das gemeinschaftliche Eigentum wahrnimmt. Allerdings wäre dies nur möglich, wenn sich die GdWE unter die Norm des § 30 OWiG subsumieren ließe. Vorerwähnte Vorschrift regelt die Möglichkeit, Geldbußen auch gegen juristische Personen und Personenvereinigungen festsetzen zu können, da nach allgemeinen Grundsätzen nur natürliche Personen straffähig sind (*Lehmann-Richter* ZWE 2013, 341). Bei der GdWE handelt es sich weder um eine juristische Peron, einen nicht rechtsfähigen Verein noch um eine Personengesellschaft. Trotz ihrer Rechtsfähigkeit lässt sich die GdWE nicht einem dieser Verbandstypen zuordnen, 47 sondern stellt weiterhin einen Verband sui generis dar (MüKo-WEG/*Krafka* Einleitung Rn. 49 ff.; für die Rechtslage vor Inkrafttreten des WEMoG: *BGH* ZMR 2005, 547; *Lehmann-Richter* ZWE 2013, 341 [342]). Aufgrund des auch im Bereich des Rechts der Ordnungswidrigkeiten geltenden Analogieverbots (*Lehmann-Richter* ZWE 2013, 341) scheidet die GdWE also als Adressatin eines Bußgeldbescheids aus (*Zschieschack* NZM 2023, 817 [825]; *Helmrich* NZM 2010, 457).

b) Wohnungseigentümer

48 Da die GdWE die Eigentümerpflichten im Rahmen einer Verwaltungstreuhand wahrnimmt (Bärmann/*Suilmann* WEG, 15. Aufl. 2023, § 9a Rn. 106; *Zschieschack* NZM 2023, 817 [825]) und § 8 Abs. 1 GEG neben dem Bauherrn auch den Eigentümer verpflichtet, kommen als Adressaten der Bußgeldbescheide in erster Linie die Wohnungseigentümer infrage. Die Wohnungseigentümer sind nicht nur die Eigentümer des Gemeinschaftseigentums, ihnen obliegt gemäß § 19 Abs. 1, 2 Nr. 2 WEG auch die Beschlussfassung über die konkrete Maßnahme, deren Ausführung im Rahmen der Verwaltung des Gemeinschaftseigentums nach § 18 Abs. 1 WEG der GdWE obliegt.

c) Verwalter

aa) Verantwortlichkeit als gesetzlicher Vertreter

49 Zwar verpflichtet das GEG mit Ausnahme von § 71n GEG den Verwalter nicht persönlich, grundsätzlich käme allerdings seine Haftung nach § 9 Abs. 1 Nr. 3 OWiG als gesetzlicher Vertreter der GdWE infrage. Handelt jemand als gesetzlicher Vertreter eines anderen, ist die Möglichkeit seiner Ahndung nach § 9 Abs. 1 Nr. 3 OWiG eröffnet – der Verwalter fungiert nach § 9b Abs. 1 WEG als gesetzlicher Vertreter der GdWE. Sieht man die GdWE jedenfalls über die Zuweisungskompetenz des § 9a Abs. 2 WEG auch als Verantwortliche nach § 8 Abs. 1 GEG an, käme sie selbst zwar nicht als Täterin oder Beteiligte einer Ordnungswidrigkeit infrage, wohl aber käme als potenzieller Adressat eines Bußgeldbescheids der Verwalter in Betracht.

bb) Verantwortlichkeit als Beteiligter

50 Da das GEG vor allem den bzw. die Eigentümer verpflichtet, kann der Verwalter unter den Voraussetzungen des § 14 Abs. 1 OWiG als Beteiligter einer Ordnungswidrigkeit der Wohnungseigentümer bußgeldpflichtig sein (Bärmann/*Becker*, 15. Aufl. 2023, WEG § 27 Rn. 238; Jennißen/*Zschieschack*, 8. Aufl. 2024, WEG § 27 Rn. 285). Dass bei ihm insoweit das besondere persönliche Merkmal des Eigentümers nicht vorliegt, ist gemäß § 14 Abs. 1 S. 2 OWiG unbedeutend. Wird der Verwalter jedenfalls auf Grundlage eines GEG-widrigen Beschlusses tätig, ist er als Beteiligter nach § 14 Abs. 1 OWiG im Fall der Missachtung der Vorgaben des GEG anzusehen, so den Wohnungseigentümern insoweit Vorsatz zum Vorwurf zu machen ist. Sorgt der Verwalter nicht für eine Beschlussfassung zur Umsetzung von nach GEG erforderlichen Maßnahmen, kann ihm im Grunde also ein Unterlassen zum Vorwurf gemacht werden. Damit kommt er nach § 14 Abs. 1 OWiG ebenfalls grundsätzlich als Beteiligter in Betracht, da ihm als Ausführungsorgan der GdWE die Einberufung von Wohnungseigentümerversammlungen nach § 24 Abs. 1 WEG obliegt. Zwar obliegt die Beschlussfassung selbst den Wohnungseigentümern, der Verwalter leistet jedoch durch sein Unterlassen einen Beitrag dazu, dass die erforderliche Maßnahme unterbleibt (Jennißen/*Zschieschack* a.a.O.; *Lehmann-Richter* ZWE 2013, 341), was als Tatbeitrag ausreicht (*BGH* NJW 1990, 2560).

3. Obstruktives Stimmverhalten

a) Grundsätze

51 Obstruktives Stimmverhalten kann einerseits darin liegen, einem Beschluss über nach GEG erforderliche Maßnahmen nicht zuzustimmen und andererseits darin, einem Beschlussantrag zuzustimmen, der nach GEG erforderliche Vorgaben missachtet. Die Beteiligung mehrerer an einer Ordnungswidrigkeit regelt § 14 OWiG. Ob im Fall obstruktiver Beschlussfassung gegen nach dem GEG erforderliche Maßnahmen als Beteiligte der Ordnungswidrigkeit auch diejenigen Wohnungseigen-

tümer in Betracht kommen, die im einen Fall für die GEG-konforme Maßnahme gestimmt haben und im anderen Fall gegen den GEG-widrigen Beschlussantrag, ist ersichtlich (noch) ungeklärt. Zu berücksichtigen ist jedenfalls, dass es sich um eine Gremiumsentscheidung handelt (*Zschieschack* NZM 2023, 817 [825]). Insoweit ist jedenfalls derjenige als Beteiligter anzusehen, der durch sein Stimmverhalten seinen Beitrag dazu leistet, dass die gebotene Maßnahme unterbleibt (*BGH* NJW 1990, 2560; *Lehmann-Richter* ZWE 2013, 341 [342]). Im Umkehrschluss folgt daraus, dass diejenigen Wohnungseigentümer, die ihr Stimmverhalten GEG-konform ausgerichtet haben, zwar zunächst von einer Ahndung ausgeschlossen sind. Allerdings ist nach der zum Strafrecht ergangenen *BGH*-Rechtsprechung jedenfalls derjenige als Beteiligter anzusehen, der nicht alles ihm Mögliche und Zumutbare tut, um eine rechtskonforme Maßnahme durchzusetzen (*BGH* a.a.O.).

Diese Rechtsprechung ist nicht unumstritten, weil sie subjektive Elemente nicht ausreichend berück- 52
sichtigt. Allerdings ist zu berücksichtigen, dass bereits das WEG den überstimmten Wohnungseigentümern durch die Beschlussersetzungsklage ein effektives Mittel an die Hand gibt, die Einhaltung öffentlich-rechtlicher Vorgaben auch gegen den Willen der Mehrheit durchzusetzen. Um insoweit privilegiert zu sein, müssten überstimmte Wohnungseigentümer entsprechende Klage gegen die GdWE erheben (so wohl auch Vorauflage/*Drasdo* EnEV Rn. 117). Ob dieser Weg vorsichtshalber eingeschlagen werden sollte, wird die Rechtsprechung zu klären haben, auch wenn dies nach hier vertretener Auffassung eher abwegig ist. Insoweit dürfte bereits der Grundsatz des § 14 Abs. 3 OWiG zu berücksichtigen sein, dass jeweils das Verschulden des Einzelnen für seine Ahndung zwingende Voraussetzung ist. Wegen der der GdWE auferlegten und von den klagenden Wohnungseigentümern anteilig zu tragenden Verfahrenskosten könnten hiervon unabhängig allerdings die klagenden Wohnungseigentümer anschließend die obstruktive Mehrheit über die GdWE in Regress nehmen (arg. *BGH* ZMR 2018, 1015). Von elementarer Bedeutung ist jedenfalls die namentliche Dokumentation des Abstimmungsergebnisses seitens des Verwalters (*OLG Düsseldorf* NJW 1980, 71; MüKo-StGB/*Joecks/Scheinfeld* § 25 Rn. 256). Die namentliche Erfassung des Stimmverhaltens zur möglichen Durchsetzung von Schadensersatzansprüchen stellt im Übrigen keine widerrechtliche Drohung dar (*AG München* ZWE 2018, 331).

b) Praktische Konsequenzen

Da der Verwalter einerseits kein Vormund der Wohnungseigentümer und andererseits verpflichtet 53
ist, auch anfechtbare Beschlüsse durchzuführen, was in Ermangelung einer aufschiebenden Wirkung auch dann gilt, wenn ein Beschluss angefochten ist (*LG Dortmund* ZMR 2017, 910; *LG Frankfurt/M.* ZMR 2010, 787; *LG München I* ZMR 2014, 396; *AG Rosenheim* ZMR 2017, 439), ist zunächst zu prüfen, ob ein Beschluss, der gegen die Vorgaben des GEG verstößt, lediglich anfechtbar oder aber nichtig ist. Gemäß § 23 Abs. 4 S. 1 WEG ist ein Beschluss nichtig, der gegen eine Rechtsvorschrift verstößt, auf deren Einhaltung rechtswirksam nicht verzichtet werden kann. Aus wohnungseigentumsrechtlicher Sicht kommt es bei Verstößen gegen zwingende Rechtsvorschriften maßgeblich auf den Schutzzweck der verletzten Rechtsvorschrift an (*BGH* ZMR 2018, 1022). Die Nichtigkeit kommt jedenfalls dann in Betracht, wenn die verletzte Norm gerade dem Schutz der Wohnungseigentümer dient (*BGH* ZMR 2022, 570; *Hügel/Elzer* WEG, 3. Aufl., § 23 Rn. 160).

Da es in erster Linie Ziel des GEG ist, einen Beitrag zur Erreichung der energie- und klimapolitischen 54
Ziele der Bundesregierung zu leisten, was sowohl im Wortlaut des § 1 Abs. 2 GEG als auch in der Gesetzesbegründung zum Ausdruck kommt (HK-GEG/GEIG/*Knauff* § 1 GEG Rn. 10), kann von einem Schutzzweck gerichtet gerade auf die nach GEG Verpflichteten nicht ausgegangen werden. Dies allerdings ist nur die eine Seite der Medaille. Maßgeblich zu berücksichtigen ist, dass die Verletzung der Pflichten nach dem GEG jeweils eine Ordnungswidrigkeit darstellt. Ebenso wie die Wohnungseigentümer nicht die Begehung von Straftaten beschließen können (Bärmann/*Dötsch* WEG, 15. Aufl. 2023, § 23 Rn. 285), können sie auch keine Maßnahmen beschließen, die den Tatbestand einer Ordnungswidrigkeit verwirklichen (*KG* ZMR 1992, 68). Das eine wie das andere führt zur Beschlussnichtigkeit (Beschlussnichtigkeit ohne nähere Begründung bejahend: Vorauflage/*Drasdo* EnEV Rn. 65, 74, 102, 117).

55 Um persönliche Risiken zu minimieren, insbesondere ihre Inanspruchnahme als Beteiligte einer Ordnungswidrigkeit, sollten Verwalter die Wohnungseigentümer durch Dokumentation in der Versammlungsniederschrift **beweisbar darüber aufklären**, dass die Nichteinhaltung der Vorgaben des GEG bußgeldbewehrte Ordnungswidrigkeiten darstellen und die erforderlichen Maßnahmen somit zwingend zu beschließen und anschließend durchzuführen sind. Weiter sind die Wohnungseigentümer darüber aufzuklären, dass der Verwalter zur Durchführung offensichtlich nichtiger Beschlüsse nicht berechtigt ist und in diesem Zusammenhang darauf hinweisen, dass er bei Durchführung des Beschlusses selbst ordnungswidrig handeln würde. Schließlich kann unter Verweis insbesondere auf die Gesetzesbegründung zu § 44 Abs. 1 S. 1 WEG darauf hingewiesen werden, dass die Befugnis zur Erhebung einer Beschlussklage des Verwalters insbesondere auch vor dem Hintergrund entfallen konnte, als der Verwalter bereits aus materiell-rechtlichen Gründen in derartigen Fällen nicht zur Beschlussausführung verpflichtet ist (BT-Drs. 19/18791, 82).

56 So die Wohnungseigentümer dann mehrheitlich gegen nach GEG erforderliche Maßnahmen votieren, kann der Verwalter bezüglich der ersten Konstellation bedenkenlos den entsprechenden Negativbeschluss verkünden. Er kommt weder als Täter noch als Teilnehmer einer Ordnungswidrigkeit in Betracht, da insoweit die Grundsätze über die mittelbare Täterschaft zur Anwendung kämen (BeckOK-OWiG/*Coen* 33. Ed. 01.01.2022 OWiG § 14 Rn. 63 ff.). Entscheiden sich die Wohnungseigentümer für eine GEG-widrige Ausführung einer Maßnahme ist der Beschluss zwar nicht zu verkünden (*Deckert* ZMR 2008, 585 [594]; *Elzer* MietRB 2008, 378 [380]), wird er allerdings vom Verwalter verkündet, darf er ihn nicht ausführen (vgl. auch Horst ZMR 2024, 181 [194 f.] eine »Mandatsniederlegung« empfehlend). Freilich sollten GEG-widrige Beschlüsse erst gar nicht zur Abstimmung gestellt werden. Dies gilt auch dann, wenn man einen GEG-widrigen Beschluss lediglich als anfechtbar ansehen würde, denn der Verwalter ist nicht verpflichtet, rechtswidrige Beschlussanträge zur Tagesordnung zu nehmen (vgl. nur *Hügel/Elzer* WEG, 3. Aufl. 2021, § 23 Rn. 93).

V. Duldungspflichten

57 Entsteht das Erfordernis von Bauteilöffnungen im Bereich des Sondereigentums zur Prüfung der energetischen Gebäudesubstanz bezüglich etwaiger nach GEG erforderlicher Maßnahmen, besteht für den betroffenen Wohnungseigentümer bzw. den betroffenen Wohnungsnutzer eine Duldungspflicht gegenüber der GdWE und gegenüber den übrigen Wohnungseigentümern. Da die Nachrüstpflichten nach dem GEG allerdings überwiegend die GdWE treffen, spielen in diesem Zusammenhang Duldungspflichten gegenüber anderen Wohnungseigentümern keine Rolle. Die Duldungspflicht besteht selbstverständlich auch im Zuge eines etwa erforderlich werdenden Heizkörperaustauschs und Arbeiten an Leitungen im Zuge der Umsetzung der 65 %-EE-Vorgabe des § 71 Abs. 1 WEG.

1. Wohnungseigentümer

58 Nach § 14 Abs. 1 Nr. 2 WEG ist jeder Wohnungseigentümer gegenüber der GdWE verpflichtet, das Betreten seines Sondereigentums und andere Einwirkungen auf dieses und das gemeinschaftliche Eigentum zu dulden, wenn ihm hierdurch kein Nachteil erwächst, der über das bei einem geordneten Zusammenleben unvermeidliche Maß hinausgeht. Geht die Einwirkung über das zumutbare Maß hinaus, verleiht § 14 Abs. 3 WEG dem Wohnungseigentümer einen Anspruch auf angemessenen Geldausgleich. Praktisch bedeutsam ist die Norm insbesondere im Zusammenhang mit dem Erfordernis der nachträglichen Dämmung oberster Geschossdecken und im Zuge von erforderlichen Maßnahmen im Sondereigentum, die zur Umsetzung der Vorgabe des § 71 Abs. 1 GEG erforderlich sind. Soweit eine Dämmung über den Dachraum nicht möglich ist, hat der betroffene Wohnungseigentümer Eingriffe in die Wohnungsdecke zu dulden. Weiter soll er auch zur Duldung von Maßnahmen verpflichtet sein, die betroffene Räume in einen dauerhaft nachteiligen Zustand etwa durch einen Verlust an Raumhöhe versetzen (*J.-H. Schmidt* ZWE 2015, 309 [314]). Praktisch bedeutsam kann weiter das Erfordernis des Betretens von Sondereigentum etwa zur Aufbringung eines Wärmedämmverbundsystems sein. Auch dies hat der betroffene Wohnungseigentümer zu dulden. Entsprechendes gilt für die mit einem Sondernutzungsrecht belegten Gebäude-

teile oder Gemeinschaftsflächen (*AG Bremen-Blumenthal* ZMR 2018, 704). Mit Blick auf Ausgleichsansprüche nach § 14 Abs. 3 WEG ist gegenüber der Rechtslage vor Inkrafttreten des WEMoG nicht mehr entscheidend, dass der Schaden durch die Benutzung des Sondereigentums im Zuge von Erhaltungsmaßnahmen entstanden ist. Ersatzfähig sind vielmehr grundsätzlich Beeinträchtigungen aufgrund von Einwirkungen, die das zumutbare Maß überschreiten (BeckOK WEG/*Müller* 55. Ed. 01.01.2024 WEG § 14 Rn. 130).

2. Drittnutzer

Wer Wohnungseigentum gebraucht, ohne Wohnungseigentümer zu sein, hat nach § 15 Nr. 1 WEG 59
gegenüber der GdWE und anderen Wohnungseigentümern u.a. die Erhaltung des gemeinschaftlichen Eigentums zu dulden. Da nach öffentlichem Recht erforderliche Baumaßnahmen Erhaltungsmaßnahmen i.S.v. § 19 Abs. 2 Nr. 2 WEG darstellen (*BGH* ZMR 2019, 47), besteht also eine generelle Duldungspflicht des Drittnutzers. Zu dulden sind nach § 15 Nr. 2 WEG aber auch über die Erhaltung hinausgehende Maßnahmen, also solche der baulichen Veränderung. Zum Kreis der Drittnutzer gehören Mieter, dinglich Wohnungsberechtigte, Nießbraucher und alle sonstigen Nutzer, denen das Wohnungseigentum überlassen wurde (BT-Drs. 19/18791, 54). Voraussetzung ist die rechtzeitige Ankündigung entsprechend § 555a Abs. 2 BGB. Bezüglich des Merkmals der Rechtzeitigkeit sind die zu erwartenden Beeinträchtigungen des Nutzers, die Dringlichkeit der Maßnahme und der Maßnahmenumfang abzuwägen (*BGH* ZMR 2015, 842; *Hügel/Elzer*, 3. Aufl. 2021, WEG § 15 Rn. 8). Von etwaigen Ansprüchen eines Drittnutzers gegen den das Nutzungsverhältnis vermittelnden Wohnungseigentümer hat diesen die GdWE entsprechend § 14 Abs. 3 WEG freizustellen (BeckOK-WEG/*Müller* 55. Ed. 01.01.2024 § 15 Rn. 54; Jennißen/*Hogenschurz*, 8. Aufl. 2024, § 14 Rn. 49).

VI. Zweiergemeinschaften

Einige Bestimmungen des GEG knüpfen ihren Regelungsgehalt an ein Gebäude mit zwei Wohnun- 60
gen, von denen der Eigentümer eine Wohnung selbst bewohnt. Klassischer Fall ist hier zunächst das Einfamilienhaus mit Einliegerwohnung. In wohnungseigentumsrechtlicher Hinsicht stellt sich die Frage, ob der Anwendungsbereich auch bei in Wohnungseigentum aufgeteilten Doppelhäusern als einzelner Anlage oder als Bestandteil einer größeren Wohnungseigentümergemeinschaft eröffnet ist. Dies wurde für die EnEV bejaht, da nicht auf die rechtlichen Rahmenbedingungen abgestellt werde, sondern auf die technischen Einrichtungen und den Bestand von Gebäuden (Vorauflage *Drasdo* EnEV Rn. 14 oder Riecke/Schmid/*Drasdo* WEG, 5. Aufl. 2019, EnEV Rn. 14). Die Problematik wurde in der Literatur und Rechtsprechung nicht weiter erörtert und weder das GEG 2020 noch das GEG 2024 führen zu einer Änderung der Betrachtungsweise, da insoweit keine materiell-rechtlichen Änderungen der Rechtslage erfolgt sind. Die Sichtweise scheint auch überzeugend, gleichwohl hier die Rechtsprechung für eine wünschenswerte Klarstellung sorgen möge.

Mit Blick auf das GEG ist der wohnungseigentumsrechtliche Terminus der Zweiergemeinschaft 61
jedoch in engem Sinne anzuwenden, da die Sonderregelungen der §§ 47 Abs. 3 und Abs. 4, 48 Satz 3, 71d Abs. 4 Nr. 2 sowie 73 GEG nicht an die Anzahl der Eigentümer anknüpfen, sondern an die Existenz lediglich zweier Einheiten. Im wohnungseigentumsrechtlichen Sinn kann eine Zweiergemeinschaft im weiteren Sinne auch dann vorliegen, wenn es zwar nur 2 Wohnungseigentümer gibt, die jedoch Eigentümer mehrerer in der Wohnanlage belegenen Wohnungen bzw. Nutzungseinheiten sind. Anders aber eben im Bereich des GEG. Hier dürfen überhaupt nur 2 Wohnungen vorhanden sein, von denen einer der beiden Wohnungseigentümer eine Wohnung selbst bewohnt. Die Wohnung des anderen Wohnungseigentümers kann daher vermietet oder anderweitig zur Nutzung überlassen sein.

VII. Mehrhausanlagen

Nach der Legaldefinition in Art. 2 Nr. 1 der Gebäudeeffizienzrichtlinie (RL 2010/31/EU) ist ein 62
Gebäude »eine Konstruktion mit Dach und Wänden, deren Innenraumklima unter Einsatz von

Energie konditioniert wird«. Maßgeblich ist die Begrenzung durch Dach und Wände, sodass auch jedes Haus einer Mehrhausanlage ein (gesondertes) Gebäude darstellt. Lediglich im Fall der Errichtung einer Mehrhausanlage mit direkt an die Gebäude weiter angrenzenden Gebäuden gleicher Bauart darf die Häuserzeile gemäß § 17 S. 1 GEG hinsichtlich der energetischen Anforderungen der §§ 12 (Wärmebrücken), 14 (sommerlicher Wärmeschutz), 15 (Jahresprimärenergiebedarf) und 16 (spezifischer Transmissionswärmeverlust) GEG wie ein Gebäude behandelt werden. Die Erfüllung der Anforderungen kann also auf die gesamte Gebäudezeile bezogen nachgewiesen werden. § 17 führt somit die Regelung in Anlage 1 Nummer 2.6 S. 3 und 4 der EnEV fort (BT-Drs. 19/167616, 117). Von maßgeblicher Bedeutung ist § 17 S. 2 GEG, da er die Vorschriften des Teils 5 des GEG vom Anwendungsbereich des Satzes 1 ausnimmt. Für die einzelnen Häuser der Mehrhausanlage müssen daher eigene Energieausweise erstellt werden (BT-Drs. 19/16716, 118). § 17 GEG ist auch nicht auf Änderungen an Bestandsgebäuden i.S.v. § 48 GEG bzw. deren Ausbau und Erweiterung nach § 51 GEG anzuwenden, da der Anwendungsbereich der Norm lediglich für neu errichtete Gebäude eröffnet ist.

63 In wohnungseigentumsrechtlicher Hinsicht ist zu beachten, dass auch im Fall der Bildung von **Untergemeinschaften** stets die Gesamtgemeinschaft verpflichtet bleibt, weil Untergemeinschaften nicht rechtsfähig sind (*BGH* ZMR 2018, 234). Durch Vereinbarung kann den Mitgliedern der für einzelne Gebäude oder Gebäudekomplexe gebildeten Untergemeinschaften die Kompetenz eingeräumt werden, unter Ausschluss der anderen Eigentümer die Durchführung von Erhaltungsmaßnahmen zu beschließen, die ein zu der jeweiligen Untergemeinschaft gehörendes Gebäude betreffen. Voraussetzung ist die weitere Regelung, dass die durch diese Maßnahmen verursachten Kosten im Innenverhältnis allein von den Mitgliedern der jeweiligen Untergemeinschaft zu tragen sind (*BGH* a.a.O.). Von maßgeblicher Bedeutung ist die zwischenzeitlich erfolgte Klarstellung, dass bei entsprechender Bildung von Untergemeinschaften die Teileigentümer einer Tiefgarage die Kosten von Erhaltungsmaßnahmen im Bereich der Tiefgarage auch im Hinblick auf tragende Bauteile zu tragen haben, die zugleich das Fundament der Wohngebäude bilden (*BGH* ZMR 2022, 232). Zu berücksichtigen ist allerdings die auf ihren Miteigentumsanteil beschränkte Teil- bzw. Außenhaftung sämtlicher Wohnungseigentümer gemäß § 9a Abs. 4 WEG. Das Rechtsschutzbedürfnis für die Anfechtung von Beschlüssen in Mehrhausanlagen mit Untergemeinschaften besteht demnach bereits dann, wenn die theoretische Möglichkeit einer Inanspruchnahme aus § 9a Abs. 4 WEG für den Anfechtungskläger besteht (*LG Frankfurt/M.* ZMR 2018, 791).

64 Beschließen die Wohnungseigentümer eines Hauses im Übrigen im konkreten Einzelfall einer Erhaltungsmaßnahme, die Kosten der Maßnahme nur unter den Wohnungseigentümern dieses Hauses zu verteilen, haben diese Wohnungseigentümer im Fall erforderlichen Erhaltungsbedarfs an den anderen Häusern im Regelfall – freilich auf Grundlage konkreter Prüfung – aus Gründen der Gleichbehandlung einen Anspruch auf entsprechende Kostenfreistellung (*BGH* 22.03.2024 – V ZR 87/23).

65 Stets ist im Übrigen zu beachten, dass Untergemeinschaften zwar die entsprechende Beschlusskompetenz zur Regelung von Maßnahmen der Erhaltung haben, die lediglich ihr Haus betreffen. Sie haben aber nicht die Kompetenz, über Maßnahmen zu entscheiden, die die Gesamtgemeinschaft betreffen.

▶ **Beispiel:**

66 *Die einzelnen Häuser der Mehrhausanlage werden jeweils getrennt voneinander durch Ölzentralheizung mit Wärme versorgt. In einem Haus droht der irreparable Defekt der Zentralheizung. Die Wohnungseigentümer beschließen daher zur Umsetzung der 65 %-EE-Vorgabe des § 71 Abs. 1 GEG den Einbau einer Wärmepumpen-Hybridheizung. Die Wärmepumpe soll im Bereich des gemeinschaftlichen Gartens aufgestellt werden.*

Dieser Beschluss ist nichtig, da die Wohnungseigentümer des betreffenden Hauses keine Beschlusskompetenz hinsichtlich der gemeinschaftlichen Gartenfläche haben. Den Beschluss hätten sämtliche Eigentümer fassen müssen.

VIII. Gemischt genutzte Anlagen (Wohnungs- und Teileigentum)

Da das GEG in vielen Bereichen unterschiedliche energetische Anforderungen an Wohngebäude und Nichtwohngebäude stellt, regelt § 106 GEG den insbesondere im Bereich des Wohnungseigentums bedeutsamen Anwendungsbereich der jeweiligen Normen bei gemischt genutzten Gebäuden, also Wohnungseigentums- und Teileigentumseinheiten. Nach § 106 Abs. 1 GEG sind Teile eines Wohngebäudes, die sich hinsichtlich der Art ihrer Nutzung und der gebäudetechnischen Ausstattung wesentlich von der Wohnnutzung unterscheiden und einen nicht unerheblichen Teil der Gebäudenutzfläche umfassen, getrennt als Nichtwohngebäude zu behandeln. Spiegelbildlich ordnet § 106 Abs. 2 GEG an, dass Teile eines Nichtwohngebäudes, die dem Wohnen dienen und einen nicht unerheblichen Teil der Nettogrundfläche umfassen, getrennt als Wohngebäude zu behandeln sind. 67

Auswirkungen hat dies in erster Linie auf die energetischen Anforderungen bei Änderungen in Bestandsgebäuden nach § 48 GEG, deren Ausbau und Erweiterung nach § 51 sowie den Angaben im Energieausweis nach § 85 GEG. Sind jedenfalls die Voraussetzungen von § 106 Abs. 1 und Abs. 2 erfüllt, sind getrennte Energieausweise auszustellen, soweit im einen, wie im anderen Fall nicht lediglich eine Bagatellfläche vorliegt. 68

Überschreitet der Anteil der Nichtwohnnutzung in einem Wohngebäude einen Anteil von nicht mehr als 10 % der Gebäudenutzfläche, handelt es sich um eine **Bagatellfläche**, die als Wohnfläche behandelt wird. Entsprechendes gilt, wenn die Wohnnutzung im Nichtwohngebäude einen Anteil von 10 % der Nettogrundfläche nicht überschreitet. Allerdings handelt es sich in beiden Fällen lediglich um einen groben Anhaltspunkt und keine feste Größe (BR-Drs. 282/07, S. 140; HK-GEG/GEIG/*Senders* § 106 GEG Rn. 7; Theobald/Kühling/*Stock* 113. EL August 2021 § 22 EnEV Rn. 7). 69

Mit Blick auf den Anwendungsbereich von § 106 GEG ist zunächst zu prüfen, welche Nutzung überwiegt. Bilden die Wohnungen den Schwerpunkt, weil sie mehr als 50 % der Gebäudenutzfläche umfassen und demnach der Anwendungsbereich des § 106 Abs. 1 GEG eröffnet ist, müssen drei Voraussetzungen kumulativ vorliegen, um das Gebäude aufteilen zu müssen: 70

1. Die Nichtwohnnutzung darf nicht nur einen unerheblichen Teil der Gebäudenutzfläche umfassen; 71
2. die Nichtwohnnutzung muss sich in wesentlicher Hinsicht von der Wohnnutzung unterscheiden; 72
3. die gebäudetechnische Ausstattung muss sich wesentlich von den Wohnungen unterscheiden. 73

Aus § 106 Abs. 1 GEG ergibt sich zunächst der Grundsatz, dass das Gebäude auch insoweit als **Wohngebäude** zu behandeln ist, soweit die Nichtwohnnutzung sich nach der Art der Nutzung und der gebäudetechnischen Ausstattung nicht wesentlich von der Wohnnutzung unterscheidet. Weder waren der EnEV noch sind dem GEG insoweit weitere Konkretisierungen zu entnehmen. Nach Auffassung des Verordnungsgebers der EnEV 2007 seien typische Fälle derartiger wohnähnlicher Nutzungen freiberufliche Nutzungen, die üblicherweise in Wohnungen stattfinden könnten, und freiberufsähnliche gewerbliche Nutzungen (BR-Drs. 282/07,139). Insoweit unterscheiden sich freiberufliche Nutzungen wie etwa Kanzleien, Architekturbüros, Kindertagesstätten oder auch Schreibbüros oder Arztpraxen nicht wesentlich von der Wohnnutzung. 74

Dem Spaltungsgrundsatz unterliegen weiter nur solche Nichtwohnnutzungen innerhalb eines Wohngebäudes, die sich zusätzlich auch bei der **gebäudetechnischen Ausstattung** (z.B. Belüftung und Klimatisierung) wesentlich von der Wohnnutzung unterscheiden (BR-Drs. 282/07,139). Wird etwa im Erdgeschoss der Wohnanlage ein Lebensmittelmarkt betrieben, der die Bagatellgrenze von 10 % der Gebäudenutzfläche überschreitet, wäre das Gebäude zu teilen, da ein Supermarkt typischerweise lüftungs- und klimatechnische Unterschiede zu einer Wohnnutzung aufweist. Da sich die Nutzung im Übrigen in wesentlicher Hinsicht von einer Wohnnutzung unterscheidet, wäre seine Fläche als Nichtwohngebäude zu behandeln. 75

§ 106 Abs. 2 GEG bezieht sich auf **Nichtwohngebäude** im Sinne des § 3 Abs. 1 Nr. 23 GEG und regelt den Fall, dass Nichtwohngebäude zu einem nicht unerheblichen Anteil Wohnungen oder sonstigen Wohnraum enthalten. In diesem Fall werden nur an die dem Wohnen dienenden Räum- 76 lichkeiten die für Wohngebäude geltenden materiell-rechtlichen Anforderungen gestellt. Keine Rolle spielt hingegen, ob sich die Nichtwohnnutzungen im Gebäude hinsichtlich der Art ihrer Nutzung und der gebäudetechnischen Ausstattung wesentlich von der Wohnnutzung unterscheiden, wie es in § 106 Abs. 1 GEG aus Sicht der Wohnnutzung geregelt ist (HK-GEG/GEIG/*Senders* § 106 GEG Rn. 11). Es spielt also keine Rolle, dass das Nichtwohngebäude überwiegend freiberuflich wie etwa von Kanzleien, Architekturbüros, Kindertagesstätten oder auch Schreibbüros oder Arztpraxen genutzt wird und sich diese Nutzung gerade nicht wesentlich von der Wohnnutzung unterscheidet – es bleibt dabei, dass es sich um ein Nichtwohngebäude handelt. Bezüglich der Bagatellgrenze gelten die Ausführungen zu § 106 Abs. 1 GEG entsprechend, wobei sich der Anteil auf die Nettogrundfläche bezieht.

77 Die Berechnung von **Trennwänden und Trenndecken** zwischen den Gebäudeteilen richtet sich gemäß § 106 Abs. 3 GEG jeweils nach § 29 Abs. 1 GEG. § 29 Abs. 1 GEG enthält für Wohngebäude Regelungen für die Berechnung des Transmissionswärmeverlusts von Trennwänden zwischen aneinandergereihten Gebäuden. Die trennenden Bauteile als wärmeübertragende Flächen finden dann keine Berücksichtigung, wenn die Nichtwohnnutzung bestimmungsgemäß eine Solltemperatur von mindestens 19 °Celsius aufweist. Wird etwa im Erdgeschoss des Wohngebäudes ein Restaurant betrieben, dessen Größe 20 % der Gebäudenutzfläche entspricht, unterscheidet sich das Restaurant zwar aufgrund seiner gebäudetechnischen Ausstattung von einer Wohnnutzung. Da auch die Bagatellgrenze von 10% der Gebäudenutzfläche überschritten ist, ist das Erdgeschoss auch als Nichtwohngebäude zu behandeln, Allerdings wird ein Restaurant seinem Verwendungszweck nach auf Innentemperaturen von mindestens 19 Grad Celsius beheizt. Folge hiervon ist, dass nach § 29 Abs. 1 Nr. 1 GEG die Trenndecke bei der Ermittlung der wärmeübertragenden Umfassungsfläche nicht berücksichtigt, also als »neutral« behandelt wird.

IX. Wirtschaftlichkeitsgebot/Ausnahmen/Befreiungen

1. Wirtschaftlichkeitsgebot

78 In Übereinstimmung mit der ursprünglich geltenden Norm des § 5 Abs. 1 EnEG regelt § 5 S. 1 GEG den Wirtschaftlichkeitsgrundsatz. Zunächst müssen die Anforderungen des GEG nach dem Stand der Technik überhaupt erfüllbar sein. Diese Selbstverständlichkeit ergibt sich bereits aus Gründen der Sachlogik. Wichtiger ist das Postulat wirtschaftlicher Vertretbarkeit. Nach § 5 S. 2 GEG sind Anforderungen und Pflichten nach dem GEG dann wirtschaftlich vertretbar, wenn die erforderlichen Aufwendungen innerhalb der üblichen Nutzungsdauer durch die eintretenden Einsparungen erwirtschaftet werden können. Für Bestandsgebäude ist nach § 5 S. 3 GEG die noch zu erwartende Nutzungsdauer, also die Restnutzungsdauer zu berücksichtigen (Frenz/Lülsdorf/*Frenz* § 5 EnEG Rn. 38). Bezüglich der wirtschaftlichen Vertretbarkeit stellt § 5 S. 1 GEG auf Gebäude gleicher Art und Nutzung ab. Hieraus folgt eine fallgruppenbezogene Betrachtungsweise (HK-GEG/GEIG/*Hofmann* § 5 GEG Rn. 8), die sich insbesondere auf die im GEG selbst geregelten unterschiedlichen Bautypen bezieht, wie etwa Wohngebäude, Nichtwohngebäude, Zweifamilienhäuser und Baudenkmäler. Aus dem Gesamtzusammenhang der Regelung des § 5 GEG ergibt sich, dass individuelle Faktoren, wie insbesondere die finanzielle Leistungsfähigkeit nicht vom Anwendungsbereich der Norm umfasst sind (Frenz/Lülsdorf/*Frenz* § 5 EnEG Rn. 45).

2. Ausnahmen

79 Das GEG 2020 hatte noch Ausnahmeregelungen in § 47 Abs. 4 GEG a.F. bezüglich der Verpflichtung zur nachträglichen Dachgeschossdämmung und in § 71 Abs. 2 GEG a.F. bezüglich der Verpflichtung zur nachträglichen Dämmung bislang ungedämmter Wärmeverteilungs- und Warmwasserleitungen vorgesehen. Beiden Ausnahmeregelungen lag der Grundsatz zugrunde, dass die für eine Nachrüstung erforderlichen Aufwendungen durch die eintretenden Einsparungen nicht innerhalb angemessener Frist erwirtschaftet werden können. Beide Ausnahmen haben im GEG 2024 keine Entsprechung mehr gefunden. Während § 47 Abs. 4 GEG nunmehr den Anwendungsbereich der Ausnahme auf Wohngebäude mit nicht mehr als zwei Wohnungen beschränkt, von denen der Eigentümer eine

Wohnung selbst bewohnt, existiert die Ausnahmeregelung des § 71 Abs. 2 GEG gar nicht mehr. § 71 Abs. 1 GEG a.F. wurde ab 01.01.2024 in den Regelungsbereich von § 69 GEG überführt und bildet den neuen Absatz 2 dieser Norm. § 69 Abs. 2 GEG sieht keine Ausnahme mehr von den Pflichten vor, wenn die für eine Nachrüstung erforderlichen Aufwendungen durch die eintretenden Einsparungen nicht innerhalb angemessener Frist erwirtschaftet werden können. Hier kann allenfalls eine Befreiung von den Pflichten nach § 102 GEG in Betracht kommen.

Der Beurteilungsmaßstab der angemessenen Frist bezüglich des mit Außenflächen vergleichbaren Bauteils der obersten Geschossfläche dürfte dabei bei 25 Jahren liegen (Theobald/Kühling/*Stock* a.a.O., unter Bezugnahme auf entsprechende Erlasse der Bundesländer Hessen und Nordrhein-Westfalen). Maßgeblich ist, dass insoweit eine objektbezogene Wirtschaftlichkeitsbetrachtung geboten ist und subjektive Umstände, insbesondere fehlende finanzielle Mittel, unberücksichtigt bleiben (HK-GEG/GEIG/*Hofmann* § 47 GEG Rn. 10; Theobald/Kühling/*Stock* § 10 EnEV Rn. 45), wobei auch hier eine Befreiung von den Pflichten nach § 102 GEG in Betracht kommen kann. 80

Für Baudenkmäler sieht die Bestimmung des § 105 GEG eine Ausnahme dann vor, wenn andere Maßnahmen als nach GEG zu einem unverhältnismäßigen Aufwand führen. Auch insoweit findet eine rein objektbezogene Betrachtung statt, in der subjektive Elemente keine Berücksichtigung finden (Rdn. 375). 81

Allen genannten Normen ist gemeinsam, dass sie jeweils als lex specialis der Bestimmung des § 102 GEG vorgehen. Ihnen ist weiter gemeinsam, dass die jeweiligen Befreiungen bzw. Ausnahmen per Gesetz bestehen und nicht dem Genehmigungsbedürfnis einer Behörde unterliegen (BT-Drs. 19/16716, 147). 82

3. Befreiungen

a) Anderweitige Zielerreichung

Zunächst sieht § 102 Abs. 1 Nr. 1 GEG die Selbstverständlichkeit der Möglichkeit einer Befreiung von den Pflichten des GEG vor, wenn die Ziele des GEG durch andere als im GEG vorgesehene Maßnahmen im gleichen Umfang erreicht werden können. Weder dem Gesetz noch seiner Begründung ist hierzu Näheres zu entnehmen. Würden allerdings etwa beim Einsatz einer transparenten Wärmedämmung die Anforderungen an den Wärmeschutz nicht erfüllt und wäre der Energiebedarf aber nachweislich nicht höher als bei einer opaken, also lichtundurchlässigen Wärmedämmung, wäre das Ziel des GEG dennoch erreicht (Beispiel nach *Jungmann/Lambrecht* GEG im Bild S. 121). Nach § 102 Abs. 3 GEG haben Eigentümer oder Bauherr darzulegen und nachzuweisen, dass Alternativmaßnahmen ebenso geeignet sind, die Ziele des GEG zu erfüllen. Allgemeine Behauptungen genügen demnach nicht, vielmehr muss ein entsprechender Nachweis geführt werden. Da den zuständigen Landesbehörden regelmäßig die Kenntnis fehlen wird, ob der vorgelegte Nachweis tatsächlich eine Zielerfüllung bestätigt, kann die Behörde vom Eigentümer oder Bauherrn gemäß § 102 Abs. 3 S. 2 GEG die Vorlage einer Beurteilung durch qualifizierte Sachverständige verlangen. 83

b) Unbillige Härte

In der Praxis spielen Befreiungen nach § 102 Abs. 1 S. 1 Nr. 2 GEG wegen einer unbilligen Härte eine wesentlich größere Rolle als solche nach § 102 Abs. 1 S. 1 Nr. 1 GEG. Jedenfalls kann von den Anforderungen des GEG dann eine Befreiung erteilt werden, wenn die Anforderungen im Einzelfall wegen besonderer Umstände zu einer unbilligen Härte führen. Der Gesetzgeber stellt insoweit in erster Linie auf Wirtschaftlichkeits- bzw. Amortisationsaspekte ab. 84

aa) Kostenamortisation

Nach § 102 Abs. 1 S. 2 GEG liegt eine unbillige Härte insbesondere vor, *»wenn die erforderlichen Aufwendungen innerhalb der üblichen Nutzungsdauer, bei Anforderungen an bestehende Gebäude nicht* 85 *innerhalb angemessener Frist durch die eintretenden Einsparungen erwirtschaftet werden können*«. Die erforderlichen Investitionen müssen also in einem angemessenen Verhältnis zum Ertrag stehen. Hierbei ist auf eine subjektive Betrachtung abzustellen, bei der es zu einer Abwägung auch anderer Aspekte wie zum Beispiel der finanziellen Situation des Betroffenen kommt (BR-Drs. 584/1/19, 90). Gebäude sollen nicht zur gänzlich unrentablen Belastung werden (*BVerfG* ZfIR 1999, 933). Hiermit kommt aber auch ein strenger Prüfungsmaßstab zum Ausdruck, sodass Schulden allgemein wohl irrelevant sind, vielmehr gebäudebezogene finanzielle Schwierigkeiten vorliegen müssen (Frenz/Lülsdorf/*Hofmann* § 5 EnEG Rn. 48). Stets maßgeblich sind die Umstände des Einzelfalls. Insoweit ist auch zu berücksichtigen, welche Möglichkeiten der Inanspruchnahme von Finanzierungs-, Unterstützungs- und Beratungsangeboten existieren (BT-Drs. 20/6875, 141 f.).

bb) Gebäudewert

86 Weiter liegt nach § 102 Abs. 1 S. 3 GEG eine unbillige Härte vor, wenn die notwendigen Investitionen nicht in einem angemessenen Verhältnis zum Wert des Gebäudes stehen. Hierbei sind unter Berücksichtigung der gesetzgeberischen Ziele die zur Erreichung dieser Ziele erwartbaren Preisentwicklungen für Energie einschließlich der Preise für Treibhausgase nach dem europäischen und dem nationalen Emissionshandel zu berücksichtigen.

cc) Besondere persönliche Umstände

87 Schließlich liegt nach § 102 Abs. 1 S. 5 GEG eine unbillige Härte auch vor, wenn aufgrund besonderer persönlicher Umstände die Erfüllung der Anforderungen des GEG nicht zumutbar ist. Als besondere persönliche Umstände führt die Gesetzesbegründung Pflegebedürftigkeit oder Schwerbehinderung an (BT-Drs. 20/7619, 96). Hierdurch wird deutlich, dass zu den besonderen persönlichen Umständen nicht etwa auch eine finanzielle Überforderung gehört, so diese nicht gebäudebezogen ist. § 102 Abs. 2 GEG stellt ausdrücklich klar, dass die Befreiungsmöglichkeit nach § 102 Abs. 1 GEG nicht auf den 5. Teil des Gesetzes anzuwenden ist, also auf die Verpflichtungen rund um den Energieausweis. Die dort geregelten Pflichten unterliegen nicht der Schranke der Kosteneffizienz und dementsprechend auch nicht dem Wirtschaftlichkeitsgebot des § 5 Abs. 1 GEG (BR-Drs. 282/07, 142).

dd) Bezieher einkommensabhängiger Sozialleistungen

88 Bezüglich der Verpflichtung zur Umsetzung der 65%-EE-Vorgabe des § 71 Abs. 1 GEG hat die GEG-Reform 2024 einen neuem Befreiungstatbestand geschaffen. Nach § 102 Abs. 5 GEG haben die zuständigen Länderbehörden auf Antrag des Eigentümers diesen von den Anforderungen des § 71 Abs. 1 GEG zu befreien, wenn er zum Zeitpunkt der Antragstellung einkommensabhängige Sozialleistungen bezieht. Sind die Voraussetzungen des § 102 Abs. 5 GEG erfüllt, ist den Behörden kein Ermessen eingeräumt, dem Antrag ist stattzugeben. Die Gesetzesbegründung (BT-Drs. 20/7619, 96) benennt Befreiungsmöglichkeiten für die folgenden einkommensabhängigen Sozialleistungen: Laufende Leistungen nach dem SGB II (Bürgergeld), dem Dritten Kapitel des SGB XII (»echte« Sozialhilfe), dem Vierten Kapitel des SGB XII (Grundsicherung im Alter und bei Erwerbsminderung), dem SGB XIV (durch bestimmte Ereignisse unmittelbar gesundheitlich Geschädigte), nach dem Asylbewerberleistungsgesetz, nach dem Wohngeldgesetz und Bezieher des Kinderzuschlags nach dem Bundeskindergeldgesetz. Voraussetzung für die Befreiung nach § 102 Abs. 5 S. 1 GEG ist, dass der Eigentümer zum Zeitpunkt der Antragstellung seit mindestens sechs Monaten ununterbrochen eine der vorbezeichneten einkommensabhängigen Sozialleistungen bezogen hat. Die zuständige Behörde hat den Eigentümer dann auf seinen Antrag zunächst für 12 Monate von den Anforderungen des § 71 Abs. 1 GEG zu befreien, also konkret von der 65 %-EE-Vorgabe.

89 Wie die Umsetzung in Eigentümergemeinschaften erfolgen soll, denen auch Sozialleistungsbezieher angehören, ist nach dem GEG selbst offen. Nach § 22 Abs. 1 S. 1 SGB II gehören zu den Bedarfen für die Unterkunft und Heizung die Aufwendungen, die tatsächlich und untrennbar mit dem Gebrauch verbunden sind. Das ist das Hausgeld, aber auch eine Sonderumlage. Als Bedarf werden nach § 12 Abs. 3 S. 1 SGB II auch unabweisbare Aufwendungen für Instandhaltung und Reparatur

anerkannt, soweit diese unter Berücksichtigung der im laufenden sowie den darauffolgenden 11 Kalendermonaten anfallenden Aufwendungen insgesamt angemessen sind. Insoweit dürfte für nach GEG erforderliche Maßnahmen, die als solche der Erhaltung anzusehen sind, regelmäßig anteilig das Sozialamt aufkommen.

ee) Finanzielles Unvermögen der GdWE

Grundsätzlich stellt sich für den Bereich des Wohnungseigentums im maßgeblichen Zusammenhang die Frage, wann ein finanzielles Unvermögen der Wohnungseigentümer bzw. der GdWE anzunehmen ist. Für den Bereich des Prozessrechts ist geklärt, dass sie im Fall finanziellen Unvermögens prozesskostenhilfefähig ist (für Zivilverfahren *BGH* ZMR 2019, 514). Hiernach liegen die Voraussetzungen des § 116 S. 1 Nr. 2 ZPO für die Bewilligung der Prozesskostenhilfe bei der GdWE dann vor, wenn die Kosten des Rechtsstreits weder von ihr noch von den Wohnungseigentümern aufgebracht werden können. Insoweit werden als wirtschaftlich Beteiligte die einzelnen Wohnungseigentümer angesehen. Von wesentlicher Bedeutung ist nun, dass der GdWE Prozesskostenhilfe lediglich dann gewährt werden kann, wenn diese über keine ausreichenden finanziellen Mittel verfügt und insoweit nachweist, dass ihr kein Kredit gewährt wird und keiner der Wohnungseigentümer in der Lage ist, die Verfahrenskosten zu finanzieren. Darauf, ob den einzelnen Wohnungseigentümern die Finanzierung von Rechtsstreitigkeiten der Gemeinschaft der Wohnungseigentümer zumutbar ist, kommt es nicht an (*BGH* a.a.O.). Diese Maßstäbe dürften im Rahmen des § 102 GEG nicht zur Anwendung kommen, da bereits strukturelle Unterschiede bestehen. Die Prozesskostenhilfe stellt im Fall der Fälle eine staatliche Leistung dar. Demgegenüber wird im Rahmen des Befreiungstatbestands des § 102 GEG keine Leistung gewährt, es wird lediglich eine bestimmte Leistung des Verpflichteten nicht gefordert. Abzustellen ist daher auf die Situation der Gemeinschaft als solcher, wobei wohl neben fehlenden finanziellen Mitteln durchaus auch das Kriterium fehlender Kreditwürdigkeit von maßgeblicher Bedeutung sein dürfte. Von vornherein ausgeschlossen ist nach § 102 Abs. 2 GEG eine Befreiung von den Pflichten rund um den Energieausweis (§§ 79 ff. GEG), da die dort geregelten Pflichten nicht der Schranke der Kosteneffizienz unterliegen und dementsprechend auch nicht dem Wirtschaftlichkeitsgebot des § 5 Abs. 1 GEG (BR-Drs. 282/07, 142). 90

c) Kein behördliches Ermessen

Die Befreiung ist gemäß § 102 Abs. 1 S. 1 GEG bei der nach Landesrecht zuständigen Behörde (Rdn. 22) zu beantragen. Liegen die Voraussetzungen für eine Befreiung vor, ist sie zu erteilen. Der Behörde ist insoweit kein Ermessensspielraum eingeräumt (HK-GEG/GEIG/*Schomerus* § 102 GEG Rn. 8; Frenz/Lülsdorf/*v. Oppen* § 25 EnEV Rn. 10), weshalb ein Anspruch des Antragstellers auf Befreiung besteht (HK-GEG/GEEIG/*Schomerus* a.a.O.; Theobald/Kühling/*Stock* § 24 EnEV Rn. 36). Bei größeren Erhaltungsvorhaben, die vorbereitende und baubegleitende Maßnahmen erfordern, liegt im Übrigen keine objektive Pflichtverletzung des Verwalters vor, wenn er eine kostenauslösende vorbereitende Maßnahme wie insbesondere eine Antragstellung auf Befreiung von den Vorgaben des GEG ohne Beschlussfassung in Auftrag gibt, wenn die Kosten in Relation zu den zu erwartenden Gesamtkosten nicht unverhältnismäßig sind, die beabsichtigte Maßnahme bereits in einem Grundsatzbeschluss Erwähnung findet und objektiv vernünftig erscheint (*AG Pinneberg* 25.04.2017 – 60 C 24/16, juris). 91

X. Verschlechterungsverbot

§ 46 GEG hat zunächst die Aufrechterhaltung der energetischen Qualität bestehender Gebäude im Fokus und regelt insoweit ein Verschlechterungsverbot. **Außenbauteile** eines bestehenden Gebäudes dürfen nach § 46 Abs. 1 S. 1 GEG nicht in einer Weise verändert werden, dass die energetische Qualität des Gebäudes verschlechtert wird. Satz 2 regelt die Ausnahme von diesem Grundsatz, wonach eine Änderung, die mit einer Verschlechterung der energetischen Qualität dann zulässig ist, wenn nicht mehr 10 Prozent der geänderten Bauteile einer Bauteilgruppe nach Anlage 7 GEG betroffen sind. Hier sind abschließend (Frenz/Lülsdorf/*Ziaja* § 9 EnEV Rn. 10) diejenigen Außen- 92 bauteile aufgeführt, bei deren Erneuerung, Ersatz oder erstmaligem Einbau bestimmte Höchstwerte der Wärmedurchgangskoeffizienten einzuhalten sind, wobei nach Wohngebäuden und Zonen von Nichtwohngebäuden mit einer Raum-Solltemperatur von 19 °Celsius und darüber einerseits und Zonen von Nichtwohngebäuden mit Raum-Solltemperaturen von 12 bis 18 °Celsius unterschieden wird.

93 **Bauteilgruppen** sind insoweit:

– Außenwände nebst dem Anbringen von Bekleidungen (Platten oder plattenartige Bauteile), Verschalungen, Mauervorsatzschalen oder Dämmschichten auf der Außenseite einer bestehenden Wand oder die Erneuerung des Außenputzes einer bestehenden Wand;
– Gegen Außenluft abgrenzende Fenster, Fenstertüren, Dachflächenfenster, Glasdächer, Außentüren und Vorhangfassaden;
– Gegen Außenluft abgrenzende Dachflächen einschließlich Dachgauben sowie gegen unbeheizte Dachräume abgrenzende Decken (oberste Geschossdecken) und Wände einschließlich der Abseitenwände;
– Wände gegen Erdreich oder unbeheizte Räume (mit Ausnahme von Dachräumen) sowie Decken nach unten gegen Erdreich, Außenluft oder unbeheizte Räume.

94 So also mehr als 10 % der Bauteilfläche betroffen sind, kann etwa eine bestehende Wärmedämmung nur dann entfernt werden, wenn sie durch eine mindestens gleichwertige ersetzt wird. Andererseits kann es die Bagatellklausel erlauben, ein neues Fenster in eine Außenwandfläche einzubauen, das einen schlechteren U-Wert als die übrigen Fenster hat.

95 Vom Anwendungsbereich des Teils 3 des GEG ausgenommen sind nach §§ 46 Abs. 2 GEG Maßnahmen auf Grundlage anderer öffentlich-rechtlicher Vorschriften insbesondere zur Standsicherheit und zum Brandschutz, die einer Einhaltung der §§ 46 ff. GEG entgegenstehen. Zum Verschlechterungsverbot für Anlagen der Heizungs-, Kühl und Raumlufttechnik sowie der Warmwasserversorgung des § 57 GEG, siehe Rdn. 138.

XI. Nachrüstpflichten

1. Dämmung oberster Geschossdecken

96 Nach § 47 Abs. 1 S. 1 GEG müssen Eigentümer eines Wohngebäudes sowie Eigentümer eines Nichtwohngebäudes, die nach ihrer Zweckbestimmung jährlich mindestens vier Monate auf Innentemperaturen von mindestens 19 Grad Celsius beheizt werden, dafür sorgen, dass oberste Geschossdecken, die nicht den Anforderungen an den Mindestwärmeschutz nach DIN 4108–2: 2013–02 genügen, so gedämmt sind, dass der Wärmedurchgangskoeffizient der obersten Geschossdecke 0,24 (m^2 K/W) nicht überschreitet. Diese Pflicht gilt nach § 47 Abs. 1 S. 2 GEG als erfüllt, wenn anstelle der obersten Geschossdecke das darüber liegende Dach entsprechend gedämmt ist oder den Anforderungen an den Mindestwärmeschutz nach DIN 4108–2: 2013–02 genügt, also einen minimalen Wärmedurchgangswiderstand (R-Wert) von 0,90 (m^2 K/W). Die Bestimmung entspricht § 10 Abs. 3 bis 5 EnEV 2013 (BT-Drs. 19/16716, 136). Hiernach waren bis zum 31.12.2015 die Anforderungen an den Mindestwärmeschutz nach DIN 4108–2: 2013–02 zu erfüllen. Als oberste Geschossdecke definiert § 3 Abs. 1 Nr. 28 GEG die zugängliche Decke beheizter Räume zum unbeheizten Dachraum.

97 Wird der Wärmeschutz durch Dämmung in Deckenzwischenräumen ausgeführt und ist die Dämmschichtdicke im Rahmen dieser Maßnahmen aus technischen Gründen begrenzt, gelten die Anforderungen gemäß § 47 Abs. 2 S. 1 GEG als erfüllt, wenn die nach anerkannten Regeln der Technik höchstmögliche Dämmschichtdicke eingebaut wird, wobei ein Bemessungswert der Wärmeleitfähigkeit von 0,35 (m^2 K/W) einzuhalten ist. Werden Dämmmaterialien in Hohlräume eingeblasen oder Dämmmaterialien aus nachwachsenden Rohstoffen verwendet, ist nach § 47 Abs. 2 S. 2 GEG ein Bemessungswert der Wärmeleitfähigkeit von 0,45 (m^2 K/W) einzuhalten. Wird der Wärmeschutz im Fall der Dachdämmung als Zwischensparrendämmung ausgeführt und ist die

Dämmschichtdicke wegen einer innenseitigen Bekleidung oder der Sparrenhöhe begrenzt, gilt nach § 47 Abs. 2 S. 3 GEG Vorausgeführtes entsprechend.

Verantwortlich ist insoweit der Eigentümer. In **wohnungseigentumsrechtlicher Hinsicht** zu klären ist demnach, ob die GdWE über § 9a Abs. 2 WEG verpflichtet ist oder der bzw. die Wohnungseigentümer der Dachgeschosswohnung(en). Diese Frage beantwortet § 47 Abs. 1 S. 1 GEG direkt, indem auf den »Eigentümer eines Gebäudes« abgestellt wird. Gebäudeeigentümer sind die Wohnungseigentümer in Bruchteilsgemeinschaft, die oberste Geschossdecke ist Gemeinschaftseigentum. Es handelt sich also nicht um eine Pflicht der Dachgeschosseigentümer, sondern über § 9a Abs. 2 WEG um ein solche, die von der GdWE zu erfüllen ist (*Elzer/Fraaz-Rosenfeld* SWK WEG Gebäudeenergiegesetz Rn. 14; MHdWE/*Drasdo/Elzer/Stierle*, 8. Aufl. 2023, § 90 Rn. 44; *J.-H. Schmidt* ZWE 2015, 309 [313]). 98

Die **Kostenverteilung** erfolgt nach dem für Erhaltungsmaßnahmen geltenden Kostenverteilungsschlüssel. Zwar kann dieser auf Grundlage der Bestimmung des § 16 Abs. 2 S. 2 WEG für einzelne Kosten oder Kostenarten geändert werden. Allerdings widerspräche ein Beschluss über eine exklusive Kostenbelastung der Dachgeschosseigentümer ordnungsmäßiger Verwaltung. Zwar profitieren sie von der Maßnahme am meisten, allerdings besteht die Verpflichtung zustandsbezogen zur Anpassung des Gemeinschaftseigentums an öffentlich-rechtliche Vorgaben (MHdWE/*Drasdo/Elzer/Stierle*, 8. Aufl. 2023, § 90 Rn. 45; vgl. für die alte Rechtslage nach § 16 Abs. 4 WEG a.F.: *BGH*, Urt. v. 23.06.2017 - V ZR 102/16, ZMR 2017, 818 [2. Rettungsweg]; hiervon unabhängig gilt entsprechendes allgemein bei Erhaltungsmaßnahmen etwa auch im Bereich des Kellers oder Daches, vgl. *BGH*, Urt. v. 17.10.2014 - V ZR 9/14, ZMR 2015, 241 [Kellersanierung]; *BGH*, Urt. v. 18.06.2010 - V ZR 164/09, ZMR 2010, 866 [Dachsanierung]). Aus diesem Grund dürfte sich auf Grundlage der jüngsten *BGH*-Rechtsprechung zur Reichweite von § 16 Abs. 2 S. 2 WEG nichts anderes ergeben (*BGH* 22.03.2024 – V ZR 81/23 und V ZR 87/23). Zwar hat der *BGH* insoweit klargestellt, dass Wohnungseigentümer auch erstmals mit Kosten der Erhaltung exklusiv belastet werden können, Voraussetzung ist lediglich, dass sich die Kostenverteilung am Gebrauch bzw. der Möglichkeit des Gebrauchs orientiert. Zu berücksichtigen sein dürfte im hier maßgeblichen Zusammenhang, dass die Dachgeschosseigentümer jedenfalls keinen Gebrauch von der obersten Geschossdecke bzw. dem gemeinschaftlichen Dach machen und auch eine entsprechende Gebrauchsmöglichkeit wohl kaum eine wirkliche Rolle spielen dürfte. 99

In Übereinstimmung mit § 10 Abs. 4 EnEV 2014 gilt weiterhin nach § 47 Abs. 3 GEG eine **Ausnahme für Wohngebäude mit nicht mehr als zwei Wohnungen**, von denen der Eigentümer eine Wohnung am 01.02.2002 selbst bewohnt, also seit Inkrafttreten der EnEV. Mit dieser Regelung sollen besondere Härten durch die eventuell hohe finanzielle Belastung mit Kosten der Nachrüstung vermieden werden (BR-Drs. 194/01, S. 57). Die Pflicht zur Nachrüstung besteht dann erst zwei Jahre nach einem Eigentümerwechsel. Dies gilt auch bei in Wohnungseigentum aufgeteilten Doppelhäusern als einzelne Anlage oder als Bestandteil einer größeren Wohnungseigentümergemeinschaft (siehe Rdn. 60). Der Erwerb von Bruchteilseigentum durch einen anderen Miteigentümer soll keinen Eigentümerwechsel darstellen (Theobald/Kühling/*Stock* § 10 EnEV Rn. 41). 100

Für den **Zeitpunkt des Eigentümerwechsels** dürfte im Fall der schuldrechtlichen Verschaffungsverpflichtung, die Umschreibung des Grundbuches und im Fall einer Versteigerung der Zuschlagsbeschluss nach § 90 Abs. 1 ZVG maßgeblich sein. Ungeklärt ist der Erbfall. Denn auch dieser stellt einen Eigentümerwechsel dar. Nach dem Sinn der Regelung wird anzunehmen sein, dass die Nachrüstungspflicht zwei Jahre nach dem Todesfall des Eigentümers beginnt, wenn der Erbe die Wohnung nicht selbst bezieht (Vorauflage/*Drasdo* EnEV Rn. 15). Wohnt er in dieser oder will er dies in kurzem zeitlichem Abstand nach dem Erbfall verwirklichen, ist davon auszugehen, dass er in die Rechtsstellung des Erblassers auch hinsichtlich der Vorschriften des GEG eintritt und die Nachrüstungspflicht wiederum erst bei einem späteren Eigentümerwechsel eintritt. Dafür spricht jedenfalls, dass anders als bei einem entgeltlichen Erwerb der Erbe die Kosten der Maßnahmen bei dem Eigentumswechsel nicht berücksichtigen kann (Vorauflage/*Drasdo* EnEV a.a.O.). 101

102 Die Nachrüstpflicht besteht nach § 47 Abs. 4 GEG nicht in Wohngebäuden mit nicht mehr als zwei Wohnungen, von denen der Eigentümer eine Wohnung selbst bewohnt, wenn die für eine Nachrüstung erforderlichen Aufwendungen durch die eintretenden Einsparungen **nicht innerhalb angemessener Frist erwirtschaftet** werden können. Nach Auffassung des Gesetzgebers sind Maßnahmen nach § 47 GEG in den allermeisten Fällen wirtschaftlich. Das im Vergleich zu größeren Gebäuden schlechtere Verhältnis der Dachfläche zur Wohnfläche begründe jedoch eine Ausnahme für selbstnutzende Eigentümerinnen und Eigentümer von Gebäuden mit nicht mehr als zwei Wohnungen. Häufiger als bei größeren Gebäuden könne es hier zu einer Unwirtschaftlichkeit von Maßnahmen nach § 47 GEG kommen (BT-Drs. 20/6875, 98). Bezüglich der Frage, wann eine Maßnahme der Dachgeschossdämmung unwirtschaftlich ist, kann nicht auf subjektive Elemente des Eigentümers abgestellt werden, wie etwa finanzielles Unvermögen oder Gebrechlichkeit wegen hohen Alters. Maßgeblich sind objektbezogene Kriterien. Weder das Gesetz noch seine Begründung enthalten Details zur Wirtschaftlichkeitsberechnung, womit lediglich festgestellt werden kann, dass die angemessene Frist nicht länger sein kann als die noch zu erwartende Nutzungsdauer des Gebäudes entsprechend § 5 Satz 3 GEG (HK-GEG/GEIG/*Hofmann* § 47 GEG Rn. 12; Theobald/Kühling/*Stock* EnEV § 10 Rn. 48). Unter den Voraussetzungen des § 102 GEG kann allerdings stets eine Befreiung von der Pflicht auch im Fall des § 47 Abs. 4 GEG erteilt werden, wenn die Maßnahme zwar wirtschaftlich ist, ihre Durchführung für den Eigentümer aber eine unbillige Härte darstellt.

2. Heiztechnik

a) Abschalttechnik

103 Nach § 61 Abs. 1 GEG müssen Zentralheizungen so ausgerüstet sein, dass selbsttätig wirkende Einrichtungen zur Abschaltung der Wärmezufuhr und zur Ein- und Ausschaltung elektrischer Antriebe in Abhängigkeit von Außentemperatur und Zeit vorhanden sind. Entsprechende Maßnahmen waren nach § 61 Abs. 2 GEG bis zum 30. September 2021 nachzurüsten. Adressat der Verpflichtung ist der Bauherr oder Eigentümer, über § 9a Abs. 2 WEG also die Gemeinschaft der Wohnungseigentümer. § 61 Abs. 3 GEG bietet die Alternative zur wohnungsweisen Heizkreisregelung, soweit die Wohnanlage mehr als fünf Wohnungen hat. Voraussetzung ist, dass die zentral erzeugte Wärme wohnungsweise, statt je Heizkörper abgegeben wird und die Trinkwassererwärmung mittels Wärmetauscher ebenfalls dezentral erfolgt (HK-GEG/GEIG/*Knauff* § 61 GEG Rn. 22). Nach § 108 Abs. 1 Nr. 8 GEG stellt die nicht rechtzeitig erfolgte Nachrüstung eine Ordnungswidrigkeit dar, die nach § 108 Abs. 2 GEG mit einer Geldbuße bis 50.000 € geahndet werden kann. Dem nicht rechtzeitigen Einbau steht dabei der fehlerhafte Einbau gleich.

104 Regelungen für **Fernheizungsanlagen** enthält insoweit § 62 GEG, die denjenigen des § 14 Abs. 1 S. 3 EnEV 2014 entsprechen. Bei Wasserheizungen, die ohne Wärmeübertrager an eine Nah- oder Fernwärmeversorgung angeschlossen sind, gelten die Vorgaben des § 61 Abs. 1 GEG hinsichtlich der Verringerung und Abschaltung der Wärmezufuhr auch ohne entsprechende Einrichtungen in den Haus- und Kundenanlagen als eingehalten, wenn die Vorlauftemperatur des Nah- oder Fernwärmenetzes in Abhängigkeit von der Außentemperatur und der Zeit durch entsprechende Einrichtungen in der zentralen Erzeugungsanlage geregelt wird.

b) Raumweise Regelung der Raumtemperatur

105 Nach § 63 Abs. 1 S. 1 GEG müssen Zentralheizungen mit einer raumweisen selbsttätig wirkenden Regelung ausgestattet werden, die die Heizleistung selbständig an die eingestellte Solltemperatur anpasst, was etwa mit manuell einstellbaren Thermostatreglern erfolgen kann (*Jungmann/Lambrecht* GEG im Bild S. 101). Betroffen sind heizungstechnische Anlagen mit Wasser als Wärmeträger, sodass etwa Klimaanlagen ebenso nicht erfasst sind wie auch die Verwendung anderer Trägermedien oder etwa Stromdirektheizungen (HK-GEG/GEIG/*Knauff* § 63 GEG Rn. 5). Ausgenommen sind nach § 63 Abs. 1 S. 2 Nr. 1 GEG Fußbodenheizungen in Räumen mit weniger als sechs Quadratmeter Nutzfläche sowie nach § 63 Abs. 1 S. 2 Nr. 2 GEG Einzelgeräte, die zum Betrieb mit flüssigen oder festen Brennstoffen eingerichtet sind. Als Einzelgerät ist ein solches anzusehen, das Wärme

im Raum seiner Aufstellung erzeugt und dessen Heizwirkung auf den Raum beschränkt bleibt (HK-GEG/GEIG/*Knauf* § 63 GEG Rn. 12). Die Vorschrift gilt nach § 63 Abs. 3 GEG auch für Bestandsgebäude, sodass ggf. entsprechend nachzurüsten ist. Ein Verstoß gegen die Nachrüstverpflichtung ist allerdings nicht nach § 108 GEG bußgeldbewehrt (HF-GEG/GEIG/*Senders* § 108 GEG Rn. 17). Die entsprechende und nach § 96 Abs. 1 Nr. 4 GEG auszustellende Unternehmererklärung (Rdn. 136) ist mindestens zehn Jahre aufzubewahren und der nach Landesrecht zuständigen Behörde auf Verlangen vorzulegen (§ 96 Abs. 2 GEG).

Eine flächenunabhängige Ausnahme besteht nach § 63 Abs. 4 GEG für **Fußbodenheizungen**, die vor Inkrafttreten der EnEV am 1. Februar 2002 eingebaut wurden. Die Ausnahme bezieht sich allerdings nur auf das Merkmal der Selbsttätigkeit der Einrichtungen. Eine Einrichtung zur raumweisen Anpassung der Wärmeleistung an die Heizlast muss demgegenüber vorhanden sein. Erforderlich ist also die Möglichkeit der manuellen raumbezogenen Temperaturregelung, etwa durch Drosseln an den Heizregistern (HK-GEG/GEIG/*Knauff* § 63 GEG Rn. 20; Frenz/Lülsdorf/*Achenbach* § 14 EnEV Rn. 29). 106

c) **Leitungsdämmung**

Bei heizungstechnischen Anlagen sind nach § 69 Abs. 2 GEG bisher ungedämmte, zugängliche Wärmeverteilungs- und Warmwasserleitungen, die sich nicht in beheizten Räumen befinden nach Maßgabe der Anlage 8 GEG (zu den §§ 69 und 70 – Anforderungen an die Wärmedämmung von Rohrleitungen und Armaturen) zu dämmen. Da sich die Verpflichtung zur Leitungsdämmung lediglich auf nicht beheizte Räume bezieht, wird sie in aller Regel nach 9a Abs. 2 WEG von der GdWE wahrgenommen, da sich die erste Absperrmöglichkeit im Bereich des Sondereigentums (vgl. *BGH* ZMR 2013, 454) wiederum in aller Regel im »beheizten Raum« befindet. Aber auch dann, wenn die Leitungen etwa durch Kellerräume verlaufen, an denen Sondereigentum begründet ist, gilt nichts anderes, soweit dort keine Absperrmöglichkeit existiert (*BGH* a.a.O.), was wohl nur im theoretischen Ausnahmefall denkbar wäre. 107

Voraussetzung ist zum einen, dass sich die betreffende Leitung nicht in einem beheizten Raum befindet und zum anderen, dass sie zugänglich ist. Als beheizten Raum definiert § 3 Abs. 1 Nr. 4 GEG einen Raum, der nach seiner Zweckbestimmung direkt oder durch Raumverbund beheizt wird. Durch Raumverbund beheizt wird etwa ein Flur oder auch ein Treppenhaus. Zugänglich ist die Leitung dann, wenn sie ohne bauliche Maßnahmen erreichbar ist. Dies ist stets bei Aufputz-Leitungen der Fall. Insoweit stehen etwaige Verschalungen einer nachträglichen Leitungsdämmung nicht im Wege. Unterputz-Leitungen sind vom Anwendungsbereich der Norm nicht erfasst (HK-GEG/GEIG/*Knauff* § 71 GEG Rn. 4; Frenz/Lülsdorf/*Lülsdorf* § 10 EnEV Rn. 38). Zu beachten ist, dass nicht nur die Leitung selbst betroffen sein kann, sondern auch ungedämmte Bögen, Abzweige oder Armaturen (*Jungmann/Lambrecht* GEG im Bild S. 108). Werden Wärmeverteilungs- und Warmwasserleitungen sowie Armaturen ersetzt, muss nach § 69 Abs. 1 GEG dafür gesorgt werden, dass die Wärmeabgabe der Rohrleitungen und Armaturen nach Anlage 8 GEG begrenzt wird. 108

Die Verletzung der Pflicht zur entsprechenden Dämmung stellt nach § 108 Abs. 1 Nr. 11 GEG eine bußgeldbewehrte Ordnungswidrigkeit dar. Das Bußgeld beträgt nach § 108 Abs. 2 GEG bis zu 50.000 €. 109

Bei Wohngebäuden mit nicht mehr als 2 Wohnungen, von denen der Eigentümer eine Wohnung am 01.02.2002 selbst bewohnt hat, besteht die Pflicht nach § 73 Abs. 1 GEG erst im Fall eines Eigentümerwechsels nach dem 1. Februar 2002. Die Frist zur Pflichterfüllung beträgt nach § 73 Abs. 2 GEG 2 Jahre ab dem ersten Eigentumsübergang nach dem 01.02.2002. 110

XII. Änderungen, Ausbau und Erweiterung

1. Änderungen

a) Grundsätze

111 Zentrale Norm bezüglich der energetischen Anforderungen bei Änderungen an bestehenden Gebäuden ist § 48 GEG. Sie entspricht der früheren Regelung des § 9 Abs. 1 EnEV 2014 nebst Anlage 3 Nr. 1 bis 6 EnEV 2014. Sie gilt sowohl für Wohngebäude als auch Nichtwohngebäude. Entsprechend der Grundnorm des § 46 Abs. 1 GEG ist der Anwendungsbereich nach § 48 S. 2 GEG dann nicht eröffnet, wenn die von den Änderungen betroffenen Außenbauteile nicht mehr als 10 % der gesamten Fläche der jeweiligen Bauteilgruppe des Gebäudes betreffen. Die Vorgaben des § 48 GEG sind auch dann nicht zu beachten, wenn Bauteile von Änderungen betroffen sind, die in Anlage 7 GEG nicht aufgeführt sind (Frenz/Lülsdorf/*Ziaja* § 9 EnEV Rn. 10). Es besteht also keine Pflicht zur energetischen Verbesserung des Bauteils, wenn sich dieses im Gebäudeinneren befindet. Für eine Innendämmung etwa bestehen keine Anforderungen.

b) Praxis-Beispiel: Erneuerungen an der Außenfassade

112 § 48 S. 1 i.V.m. Anlage 7 Nr. 1b GEG stellt Anforderungen an den Wärmedurchgangskoeffizienten der Außenwand, wenn der Außenputz erneuert wird und die Fläche der Erneuerung die Bagatellgrenze des § 48 S. 2 GEG von 10 % überschreitet. Ausnahmen bestehen nach Anlage 7 Fußnote 1 GEG für Gebäude, die unter Einhaltung energiesparrechtlicher Vorschriften nach dem 31. Dezember 1983 errichtet oder erneuert worden sind.

113 Im Fall erforderlicher Erneuerung des Außenputzes einer bestehenden Wand ist also zunächst zu prüfen, ob das Gebäude unter Einhaltung energiesparrechtlicher Vorschriften nach dem 31. Dezember 1983 errichtet wurde. Ist dies der Fall, sind die Vorgaben des GEG – freilich unter Berücksichtigung des Verschlechterungsverbots nach § 46 GEG – unbeachtlich. Entsprechendes gilt bei einem vor dem 31. Dezember 1983 errichteten Gebäude, wenn die von den Putzarbeiten betroffene Außenwand bereits einmal nach dem 31. Dezember 1983 unter Einhaltung energiesparrechtlicher Vorschriften erneuert wurde.

114 Ist auch dies nicht der Fall, ist die konkrete Maßnahme selbst in Blick zu nehmen. Die Vorgaben des GEG sind nämlich nur im Fall einer Erneuerung des Außenputzes zu beachten. Eine Erneuerung setzt bereits begrifflich die Beseitigung des Altputzes voraus. Soll demgegenüber der Altputz bestehen bleiben und lediglich einzelne Putzreparaturen etwa auch in Verbindung mit einer malerischen Überarbeitung der betroffenen Fläche erfolgen, sind die Voraussetzungen des § 48 S. 1 GEG nicht erfüllt (Auslegungen der PG GEG, Stand 06.09.2021, Auslegung zu § 48 S. 1 i.V.m. Anlage 7 Nr. 1b GEG). Es handelt sich dann um eine gewöhnliche Erhaltungsmaßnahme. Entsprechendes gilt für Erhaltungsmaßnahmen an geschädigten Betonflächen. Auch hier stellen etwa Reparaturmaßnahmen an geschädigten Bereichen mit einer anschließenden Beschichtung der Betonflächen keine Putzerneuerung im Sinne des GEG dar, sondern wiederum gewöhnliche Erhaltungsmaßnahmen (Auslegungen der PG GEG, a.a.O.).

115 Wird der Putz unter Beseitigung des Altputzes erneuert, ist weiter zu prüfen, ob die Bagatellgrenze des 48 S. 2 GEG überschritten wird, also mehr als 10 % der Wandfläche von der Maßnahme betroffen sind. Wird diese Grenze nicht überschritten, sind die Vorgaben des GEG nicht maßgeblich. Wird diese Grenze überschritten, so sind konkret die Vorgaben der Nr. 1b Spiegelstrich 2 Anlage 7 GEG einzuhalten, nämlich ein Höchstwert des Wärmedurchgangskoeffizienten von 0,24 W/(m²K). Ist die Dämmschichtdicke im Rahmen dieser Maßnahmen aus technischen Gründen begrenzt, gelten die Anforderungen nach Anlage 7 Fußnote 1 GEG als erfüllt, wenn die nach anerkannten Regeln der Technik höchstmögliche Dämmschichtdicke eingebaut wird, wobei eine Wärmeleitfähigkeit von 0,35 (m² K/W) einzuhalten ist. Abweichend von Satz 1 ist ein Bemessungswert der Wärmeleitfähigkeit von l = 0,045 W/(m K) einzuhalten. Werden Dämmmaterialien in

Hohlräume eingeblasen oder Dämmmaterialien aus nachwachsenden Rohstoffen verwendet, ist ein Bemessungswert der Wärmeleitfähigkeit von 0,35 (m^2 K/W) einzuhalten.

Von erheblicher praktischer Bedeutung ist, dass im Fall notwendiger Putzerneuerung etwa lediglich einer Fassadenwand die Vorgaben des GEG auch nur für diese Außenwand zu erfüllen sind. Auch wenn etwa die Gesamtfläche der Außenwand mehr als 10 % der gesamten Fassadenwandflächen entspricht, führt dies also nicht dazu, dass die Vorgaben des GEG auch für die anderen Außenwände zu erfüllen wären (Auslegungen der PG GEG, a.a.O.; *Jungmann/Lambrecht* GEG im Bild S. 86). 116

In diesem Zusammenhang sind die Fälle der partiellen Erneuerung des Außenputzes bei nicht zusammenhängenden Teilflächen von praktischer Bedeutung, die insgesamt die Bagatellgrenze überschreiten. Da im Falle einer über die Fassadenfläche verteilten partiellen Putzerneuerung eine »pflasterartig hervorstehende« Dämmung der betroffenen Fassadenbereiche technisch nicht möglich ist, kann hier nach Anlage 7 Fußnote 1 GEG von einer höchstmöglichen Dämmschichtdicke der betroffenen Teilflächen von Null Zentimeter ausgegangen werden (Auslegungen der PG GEG, Stand 06.09.2021, Auslegung zu § 48 S. 2 GEG, »Bagatellregelung« in Zusammenhang mit einer Erneuerung des Außenputzes bei Teilflächen oder vergleichbaren anderen Maßnahmen). 117

Stets ist auch bei anderen Bauteilen nach Anlage 7 GEG konkret zu prüfen, wann das Anforderungsprofil zu erfüllen ist. Muss etwa das **Dach nach einem Sturm- oder Hagelschaden** großflächig neu gedeckt oder ausgebessert werden, sind von der Maßnahme aber nicht auch die darunter liegenden Lattungen und Verschalungen betroffen, so sind die Voraussetzungen von Ziffer 5b Spiegelstrich 1 der Anlage 7 GEG nicht erfüllt, da hier die energetischen Vorgaben des GEG nur beim Ersatz oder Neuaufbau der Dachdeckung einschließlich der darunter liegenden Lattungen und Verschalungen einzuhalten sind. 118

c) Sonderproblem Überbau

Bei einer Grenzbebauung, bei der die GEG-konforme Dämmschichtdicke dazu führen würde, dass der Bauherr das Grundstück des Nachbarn überbaut, bestünde auf Grundlage von § 912 BGB keine Duldungspflicht des Grundstücksnachbars, da ein vorsätzlicher Überbau nicht hingenommen werden muss. Insoweit würde die Pflicht zur Einhaltung der vom GEG geforderten Dämmschichtdicke entfallen (Auslegungen der PG GEG, Stand 06.09.2021, Auslegung zu § 48 S. 1 i.V.m. Anlage 7 Nr. 1b GEG). Dies gilt jedoch nicht, soweit auf Grund von landesrechtlichen Regelungen, insbesondere in den Landesnachbarrechtsgesetzen, eine Pflicht des Nachbarn zur Duldung des Überbaus besteht. Entsprechende Duldungspflichten regeln § 7c NRG BW, Art. 46a AGBGB Bay, § 16a NachbG Bln, § 19 NRG Bbg., § 10a NachbG HE, § 22 NachbG Nds., § 23a NachbG NRW, § 19a NachbG Saarl., § 16 NbG LSA, § 16 NachbG SchlH und §14a NRG Thür. Ob entsprechende Regelungen in den Landesnachbarrechtsgesetzen überhaupt verfassungsgemäß sind, war umstritten (offengelassen von *BVerfG* NJW-RR 2008, 26 mit der Klarstellung, dass die Beurteilung der materiellrechtlichen Verfassungsmäßigkeit durch die Zivilgerichte erfolgen kann). Da die Voraussetzungen und Rechtsfolgen eines Überbaus in § 912 BGB nicht erschöpfend geregelt worden sind und der vorsätzliche Überbau im Grundsatz nach § 912 BGB nicht hingenommen werden muss, andere Beschränkungen aber auf Grundlage von Art. 124 EGBGB durch Landesrecht geregelt werden können, sind entsprechende Duldungspflichten im Zuge nachträglicher Wärmedämmung in den Landesnachbarrechtsgesetzen verfassungsgemäß (*BGH* ZMR 2023, 421). Zweifelhaft könnte dies allerdings in den Fällen der § 16a NachbG Bln, § 22 NachbG Nds., § 16 NbG LSA und § 16 NachbG SchlH sein, da diese keine Ausgleichsregelungen enthalten (insoweit bzgl. § 16a NachbG Bln zweifelnd aber offenlassend: *BGH* NJW-RR 2022, 1095; *BGH* ZMR 2017, 943). 119

d) Ermittlung der Vorgabenerfüllung

Zum Nachweis bzw. der Ermittlung, dass die Vorgaben des GEG im Fall der Änderung an bestehenden Gebäuden eingehalten sind, stehen grundsätzlich zwei Varianten zur Verfügung: 120

– Nachweis über die Einhaltung der Wärmedurchgangskoeffizienten nach Anlage 7 GEG;

– Nachweis über die Einhaltung der Anforderungen von § 50 GEG an den baulichen Wärmeschutz und den Jahres-Primärenergiebedarf.

121 Letztlich haben Bauherr bzw. Eigentümer die Wahl zwischen beiden Nachweismöglichkeiten. Wird der Nachweis über die Einhaltung der Wärmekoeffizienten nach Anlage 7 GEG gewählt, muss für jede geänderte Bauteilgruppe nachgewiesen werden, dass der jeweils maßgebliche U-Wert eingehalten wurde. Alternativ bedarf es dieses Nachweises nicht, wenn eine Gesamtberechnung des Gebäudes nach § 50 GEG erfolgt. Die Berechnungsverfahren richten sich nach den für Neubauten geltenden Bestimmungen über die Berechnung des Jahres-Primärenergiebedarfs für Wohngebäude nach § 20 GEG und im Fall von Nichtwohngebäuden gemäß § 21 Abs. 1 GEG nach DIN V 18599: 2018–09.

122 Nach § 50 Abs. 1 Nr. 1 GEG darf das geänderte **Wohngebäude** insgesamt den Jahres-Primärenergiebedarf für Heizung, Warmwasserbereitung, Lüftung und Kühlung den auf die Gebäudenutzfläche bezogenen Wert des Jahres-Primärenergiebedarfs eines Referenzgebäudes, das die gleiche Geometrie, Gebäudenutzfläche und Ausrichtung wie das geänderte Gebäude aufweist und der technischen Referenzausführung der Anlage 1 entspricht, um nicht mehr als 40 Prozent überschreiten und den Höchstwert des spezifischen, auf die wärmeübertragende Umfassungsfläche bezogenen Transmissionswärmeverlusts nach Absatz 2 um nicht mehr als 40 Prozent überschreiten. Den Jahresprimärenergiebedarf definiert § 3 Abs. 1 Nr. 15 GEG als den jährlichen Gesamtenergiebedarf eines Gebäudes, der zusätzlich zum Energiegehalt der eingesetzten Energieträger und von elektrischem Strom auch die vorgelagerten Prozessketten bei der Gewinnung, Umwandlung, Speicherung und Verteilung mittels Primärenergiefaktoren einbezieht.

123 Nach § 50 Abs. 1 Nr. 2 GEG darf das geänderte **Nichtwohngebäude** den Jahres-Primärenergiebedarf für Heizung, Warmwasserbereitung, Lüftung, Kühlung und eingebaute Beleuchtung den auf die Nettogrundfläche bezogenen Wert des Jahres-Primärenergiebedarfs eines Referenzgebäudes, das die gleiche Geometrie, Nettogrundfläche, Ausrichtung und Nutzung, einschließlich der Anordnung der Nutzungseinheiten, wie das geänderte Gebäude aufweist und der technischen Referenzausführung der Anlage 2 entspricht, um nicht mehr als 40 Prozent überschreiten und das auf eine Nachkommastelle gerundete 1,25fache der Höchstwerte der mittleren Wärmedurchgangskoeffizienten der wärmeübertragenden Umfassungsfläche gemäß der Anlage 3 um nicht mehr als 40 Prozent überschreiten.

124 Wird der Nachweis über die Einhaltung der Wärmedurchgangskoeffizienten nach Anlage 7 GEG geführt, bedarf es nicht des Ausstellens eines **Energieausweises.** Wird der Nachweis hingegen über die Anforderungen nach § 50 Abs. 3 GEG geführt, so bedarf es nach § 80 Abs. 2 GEG des Ausstellens eines Energiebedarfsausweises. Ein etwa bereits vorhandener Energieausweis verliert seine Gültigkeit, weshalb er nicht mehr verwendet werden darf. Dies haben Verwalter zwingend zu berücksichtigen und sollten die Beschlussfassung über die Erstellung des Energiebedarfsausweises sogleich mit der Maßnahmenbeschlussfassung initiieren.

e) Zweiergemeinschaften

125 Für den Fall von Zweiergemeinschaften regelt § 48 S. 3 GEG das Erfordernis eines Beratungsgesprächs. Werden Änderungen im Sinn von § 48 S. 1 und 2 GEG an dem Gebäude vorgenommen und werden unter Anwendung des § 50 Abs. 1 und 2 GEG für das gesamte Gebäude Berechnungen nach § 50 Abs. 3 GEG durchgeführt, hat der Eigentümer vor Beauftragung der Planungsleistungen ein informatorisches Beratungsgespräch mit einer nach § 88 GEG zur Ausstellung von Energieausweisen berechtigten Person (Rdn. 342) zu führen, wenn ein solches Beratungsgespräch als einzelne Leistung unentgeltlich angeboten wird. Zunächst ist der Anwendungsbereich der Norm nur dann eröffnet, wenn Änderung nach § 48 S. 1 GEG und Berechnung für das gesamte Gebäude nach § 50 Abs. 3 GEG kumulativ vorliegen. Werden zwar Änderungen vorgenommen, der Nachweis allerdings auf Grundlage von Anlage 7 GEG bauteilbezogen erbracht, ist ein Beratungsgespräch nicht erforderlich.

126 Die neue Regelung setzt die in den Eckpunkten für das Klimaschutzprogramm 2030 von der Bundesregierung beschlossene Maßnahme zur Energieberatung um, die u.a. eine obligatorische Beratung

zu bestimmten Anlässen (z.B. Eigentümerwechsel) vorsieht. Die Verpflichtung des Eigentümers richtet sich ausdrücklich auf die Beratungsangebote der Verbraucherzentrale Bundesverband (vzbv), um Kosten für ihn vermeiden zu können. Die Verbraucherzentrale Bundesverband (vzbv) bietet auch eine kostenlose Energieberatung an. Hintergrund ist letztlich, dass im Energieausweis gemäß § 84 GEG zwar Informationen über sinnvolle energetische Maßnahmen zu erteilen sind, der Energieausweis aber erst nach Maßnahmendurchführung ausgestellt wird. Insoweit soll eine informatorische Beratung vor der Beauftragung von Planungsleistungen auf sinnvolle energetische Modernisierungsmaßnahmen hinweisen (BT-Drs. 19/16716, S. 137).

§ 48 S. 4 GEG verpflichtet insoweit den geschäftsmäßig an oder in einem Gebäude Tätigen bei Abgabe seines Angebots zum schriftlichen Hinweis auf die Verpflichtung zur Führung eines Beratungsgesprächs. Verstöße hiergegen sind allerdings nicht bußgeldbewehrt, stellen mithin keine Ordnungswidrigkeit dar. 127

2. Ausbau und Erweiterung

a) Grundsätze

§ 51 GEG regelt Erweiterung und Ausbau eines Gebäudes um beheizte oder gekühlte Räume. Die Bestimmung ist lex specialis zu § 48 GEG (HK-GEG/GEIG/*Hofmann* § 51 GEG Rn. 1). Bedeutung hat dies insbesondere für die in § 48 S. 1 GEG geregelte Bagatellgrenze, die im Anwendungsbereich des § 51 GEG nicht gilt. § 51 GEG regelt insoweit die energetischen Anforderungen an bauliche Erweiterungen, die einen neuen beheizten oder klimatisierten Gebäudeteil schaffen (Theobald/Kühling/*Stock* 113. EL August 2021 EnEV § 9 Rn. 114). Gegenüber der früheren Rechtslage erfolgt keine Differenzierung mehr danach, ob die Erweiterung und der Ausbau mit oder ohne neuen Wärmeerzeuger erfolgt. 128

Eine **Erweiterung** kann durch die Hinzufügung weiterer Räume oder die Vergrößerung bestehender Gebäude bewirkt werden; auch der Anbau mit gesondertem Zugang ist unter die Bestimmung des § 51 GEG zu subsumieren (HK-GEG/GEIG/*Hofmann* § 51 GEG Rn. 2). Allerdings darf kein neues eigenständiges Gebäude entstehen (MHdWE/*Drasdo/Elzer/Stierle* 8. Aufl. 2023, § 90 Rn. 48). Wohnungseigentumsrechtlich von Bedeutung ist insoweit insbesondere der nachträgliche Dachgeschossausbau, der ebenfalls unter den Begriff der Erweiterung subsumiert wird (Danner/Theobald/*Stock* EnEV § 9 Rn. 116; Frenz/Lülsdorf/*Ziaja* § 9 EnEV Rn. 13). 129

Ein **Ausbau** umfasst bauliche Maßnahmen, durch die bislang unbeheizte und nicht klimatisierte Räume zu beheizten oder klimatisierten Räumen umgestaltet oder bestehende Räume vergrößert werden. Hierbei ist allerdings zu beachten, dass die Kubatur des Gebäudes unverändert bleibt (HK-GEG/GEIG/*Hofmann* § 51 GEG Rn. 3; Theobald/Kühling/*Stock* 113. EL August 2021 § 9 EnEV Rn. 119; Frenz/Lülsdorf/*Ziaja* § 9 EnEV Rn. 15). 130

Für Wohngebäude muss nach § 51 Abs. 1 Nr. 1 GEG im Fall der Erweiterung oder des Ausbaus das 1,2fache des **Transmissionswärmeverlusts** des Referenzgebäudes nach Anlage 1 GEG eingehalten werden. Anlage 1 GEG enthält insoweit Vorgaben bezüglich der technischen Ausführung eines Neubau-Referenz-Wohngebäudes. Bei Nichtwohngebäuden dürfen gemäß § 51 Abs. 1 Nr. 2 GEG die mittleren Wärmedurchgangskoeffizienten der wärmeübertragenden Umfassungsfläche der Außenbauteile der neu hinzukommenden Räume das auf eine Nachkommastelle gerundete 1,25fache der Höchstwerte nach der Anlage 3 GEG nicht überschreiten. Ist die hinzukommende zusammenhängende Nutzfläche größer als 50 Quadratmeter sind nach § 51 Abs. 2 GEG auch die Anforderungen an den sommerlichen Wärmeschutz nach § 14 GEG einzubeziehen. § 3 Abs. 1 Nr. 26 GEG definiert die Nutzfläche im Wohngebäude als die Gebäudenutzfläche und im Nichtwohngebäude als die Nettogrundfläche. 131

b) Nachträglicher Dachgeschossausbau

132 Entspricht die Dämmung der obersten Geschossdecke bereits den Vorgaben des GEG, etwa weil bereits den entsprechenden Nachrüstpflichten nach der EnEV nachgekommen wurde oder aber die Dämmung der obersten Geschossdecke stets den energierechtlichen Vorgaben entsprochen hatte, muss der energetische Standard des § 51 Abs. 1 Nr. 1 GEG für das nachträglich ausgebaute Dachgeschoss eingehalten werden. Entspricht also zwar die oberste Geschossdecke den energierechtlichen Vorgaben, muss infolge des Dachgeschossausbaus auch das Dach den energierechtlichen Vorgaben entsprechen. Maßgeblich für Wohngebäude ist insoweit § 51 Abs. 1 Nr. 1 GEG. Hiernach darf der spezifische, auf die wärmeübertragende Umfassungsfläche bezogene Transmissionswärmeverlust der Außenbauteile der neu hinzukommenden beheizten oder gekühlten Räume das 1,2fache des entsprechenden Wertes des Referenzgebäudes gemäß der Anlage 1 GEG nicht überschreiten.

133 In wohnungseigentumsrechtlicher Hinsicht verleihen insbesondere Regelungen in Gemeinschaftsordnungen Befugnisse zum Dachgeschossausbau. Hiervon unabhängig kann einem Wohnungseigentümer der Dachgeschossausbau auch als Maßnahme der baulichen Veränderung nach § 20 Abs. 1 WEG gestattet werden. Im Fall erforderlicher Dämmung des Dachs und der Außenwände des Dachgeschosses ist Gemeinschaftseigentum betroffen, weshalb der Rechtskreis der Gemeinschaft der Wohnungseigentümer über § 9a Abs. 2 WEG eröffnet wäre. Die Maßnahme selbst, also der Dachgeschossausbau wird jedoch durch den Wohnungseigentümer als Bauherrn durchgeführt, da es sich beim Bauherrn um denjenigen handelt, der die Ausbaumaßnahme durchführt. Dieser muss nicht notwendigerweise Eigentümer des betroffenen Bauteils sein. Die Pflicht zur Erfüllung der energetischen Vorgaben des GEG trifft demnach den ausbauberechtigten Wohnungseigentümer (*Elzer/Fraaz-Rosenfeld* SWK WEG Gebäudeenergiegesetz Rn. 17; *J.-H. Schmidt* ZWE 2015, 309 [312]).

134 Ist die oberste Geschossdecke (noch) nicht gedämmt und hat der ausbauende Wohnungseigentümer bezüglich des Dachgeschossausbaus die energetischen Vorgaben des GEG einzuhalten, führt er insoweit also die Alternativlösung des § 47 Abs. 1 S. 2 GEG herbei. Für die Gemeinschaft der Wohnungseigentümer würde eine Dämmung der obersten Geschossdecke nach § 47 Abs. 1 S. 1 GEG demnach obsolet werden. Sieht die Gemeinschaftsordnung für diesen Fall keine Regelung vor, muss dies bei der Kostenverteilung berücksichtigt werden. Dem ausbauenden Wohnungseigentümer können jedenfalls nicht ausschließlich die Kosten für die erforderliche Dachdämmung aufgebürdet werden (*Elzer/Fraaz-Rosenfeld* SWK WEG Gebäudeenergiegesetz Rn. 18; *J.-H. Schmidt* ZWE 2015, 309 [313]).

3. Nachweis

a) Erfüllungserklärung

135 Werden bei einem bestehenden Gebäude Änderungen im Sinne von § 48 S. 1 GEG ausgeführt, hat der Eigentümer gemäß § 92 Abs. 2 GEG der nach Landesrecht zuständigen Behörde eine Erfüllungserklärung unter Zugrundelegung der energetischen Eigenschaften des geänderten Gebäudes abzugeben. Voraussetzung ist, dass unter Anwendung des § 50 Abs. 1 und 2 GEG für das gesamte Gebäude Berechnungen nach § 50 Abs. 3 GEG durchgeführt werden. Dies ist jedoch nicht zwingend. Auch bei umfangreichen Maßnahmen an bestehenden Gebäuden kann der Bauteilnachweis stets nach § 48 in Verbindung mit der Anlage 7 GEG geführt werden. Allerdings ist eine Unternehmererklärung nach § 96 stets erforderlich. Nach § 92 Abs. 2 S. 2 GEG besteht die Verpflichtung auch bei Maßnahmen nach § 51 Abs. 1 S. 2 und 3 GEG, also im Fall des Ausbaus und der Erweiterung bestehender Gebäude. Die Erfüllungserklärung ist gemäß § 92 Abs. 1 S. 2 GEG nach Fertigstellung der jeweiligen Maßnahme vorzulegen, soweit das Landesrecht nicht einen anderen Zeitpunkt bestimmt. Konkretisiert werden diese Pflichten demnach in den Ausführungsgesetzen der Länder (Rdn. 22).

b) Unternehmererklärung

Die Unternehmererklärung des § 96 GEG bietet die Möglichkeit des privaten Nachweises. Wer nach § 96 Abs. 1 GEG geschäftsmäßig an oder in einem bestehenden Gebäude Arbeiten durchführt, hat hierzu dem Eigentümer unverzüglich nach Abschluss der Arbeiten schriftlich zu bestätigen, dass die von ihm geänderten oder eingebauten Bau- oder Anlagenteile den Anforderungen der § 96 Abs. 1 Nr. 1 bis 8 GEG genannten Vorschriften entsprechen. Die Unternehmererklärung findet lediglich Anwendung bei bestehenden Gebäuden und nicht bei neu errichteten Gebäuden. Unerheblich ist dabei, ob es sich um ein Wohngebäude oder ein Nichtwohngebäude handelt. 136

Nach § 96 Abs. 2 GEG ist die Unternehmererklärung zwecks Nachweises der Erfüllung der in § 96 Abs. 1 GEG genannten Vorschriften vom Eigentümer mindestens zehn Jahre aufzubewahren. Die Frist beginnt mit Zugang der Unternehmererklärung beim Eigentümer (Frenz/Lülsdorf/*v. Oppen* § 26a EnEV Rn. 10; HK-GEG/GEIG/*Schomerus/Neidig* § 96 GEG Rn. 13), im hier maßgeblichen Bereich also mit Zugang beim Verwalter. Auf Verlangen ist die Unternehmererklärung der nach Landesrecht zuständigen Behörde vorzulegen. Für die Unternehmer dürfte sich aus § 8 Abs. 2 GEG die Verpflichtung ergeben, den Eigentümer auf die Aufbewahrungspflicht hinzuweisen; allerdings stellt eine Missachtung der Pflicht keine Ordnungswidrigkeit nach § 108 Abs. 1 GEG dar. 137

XIII. Anlagen der Heizungs-, Kühl- und Raumlufttechnik

1. Verschlechterungsverbot

Bestehende Anlagen der Heizungs-, Kühl- und Raumlufttechnik unterliegen gemäß § 57 GEG entgegen der amtlichen Überschrift einem Verschlechterungsverbot und keinem Veränderungsverbot (HK-GEG/GEIG/*Knauff* § 57 GEG Rn. 4). Sie dürfen nicht in einer Weise verändert werden, dass die energetische Qualität des Gebäudes verschlechtert wird. Freilich dürfen sie jedoch in einer Weise verändert werden, die die energetische Qualität des Gebäudes verbessert. Ordnen sonstige öffentlich-rechtliche Vorschriften abweichende Anforderungen u.a. zur Standsicherheit, zum Brandschutz oder zum Schallschutz an, sind diese nach § 57 Abs. 2 GEG maßgeblich. Dies gilt nach § 57 Abs. 1 GEG allerdings nur für solche Anlagen, die zum Nachweis der Anforderungen energieeinsparungsrechtlicher Vorschriften zu berücksichtigen waren. War die betreffende Anlage nicht erforderlich, um die Vorgaben der EnEV einzuhalten darf sie demontiert werden, soweit im sie im Nachweis nach EnEV nicht berücksichtigt wurde. Wurde sie berücksichtigt, darf sie auch nicht demontiert werden (*Jungmann/Lambrecht* GEG im Bild S. 97). 138

2. Betreiberpflichten

§§ 58 bis 60 GEG regeln bestimmte Betreiberpflichten. Nach § 58 Abs. 1 GEG besteht die Pflicht zur Aufrechterhaltung der Betriebsbereitschaft. Konkret darf also Heiztechnik, die den Energiebedarf senkt, nicht außer Betrieb genommen werden. Etwa eine vorhandene Lüftungsanlage oder Thermostatventile dürfen nicht ausgebaut werden, wobei allerdings § 58 Abs. 2 GEG eine Öffnungsklausel dergestalt enthält, als ein energetischer Ausgleich durch andere bauliche oder anlagentechnische Maßnahmen geschaffen wird. Bezugspunkt ist dabei der Einfluss einer energiebedarfssenkenden Einrichtung auf den Jahres-Primärenergiebedarf. Bleibt dieser letztlich im Ergebnis unverändert, wird eine Nutzung und Erhaltung nach § 58 Abs. 1 GEG fingiert (Frenz/Lülsdorf/*Frenz* § 11 EnEV Rn. 20). Die Pflicht zur sachgerechten Bedienung regelt § 59 GEG. § 60 GEG schließlich regelt die Pflicht zur fachkundigen Wartung und Instandhaltung. Zusammengefasst ist Haustechnik mit Einfluss auf die Energieeffizienz des Gebäudes regelmäßig zu warten und instand zu halten, ohne dass das Gesetz insoweit weitere Vorgaben zu entsprechenden Intervallen enthält. Wartung und Instandhaltung müssen jedenfalls durch fachkundiges Personal erfolgen. Ist der Betreiber der Anlage selbst fachkundig, darf er die Wartungs- und Instandhaltungsarbeiten auch selbst durchführen (BT-Drs. 19/16716 S. 142). Verstöße gegen die Betreiberpflichten der §§ 58 bis 60 GEG sind im Übrigen nicht bußgeldbewehrt. 139

140 Adressat dieser Pflichten ist der jeweilige Betreiber der Anlage. Den Begriff des Betreibers definiert das GEG nicht. In wohnungseigentumsrechtlicher Hinsicht dürfte zu differenzieren sein: Im Fall von Zentralheizungsanlagen ist als Betreiber der Anlage nicht der Nutzer, also der Wohnungseigentümer oder sein Mieter, sondern derjenige anzusehen, der die Anlage und ihre Funktionsweise tatsächlich und rechtlich eigenständig beeinflussen kann (HK-GEG/GEIG/*Knauff* § 58 GEG Rn. 3). In der Regel ist daher der Betreiber mit dem Eigentümer identisch (Frenz/Lülsdorf/*Frenz* § 11 EnEV Rn. 19), womit die GdWE über § 9a Abs. 2 WEG die Betreibereigenschaft trifft. Bezüglich Kühl- und Raumlufttechnik kann hingegen als Betreiber der jeweilige Teileigentümer bzw. sein Mieter oder Pächter verpflichtet sein. Bezüglich der Lüftungstechnik gemeinschaftlicher Tiefgaragen ist wiederum die GdWE als Betreiberin anzusehen. Dies gilt auch im Fall geregelter Mehrhausanlagen, da die Tiefgarageteileigentümer zwar Untergemeinschaften bilden können, die allerdings als solche nicht rechtsfähig sind (*BGH* ZMR 2018, 234).

3. Prüfung von Heizungsanlagen

a) Wärmepumpen

141 Mit § 60a GEG wird erstmals eine Betriebsprüfung von Wärmepumpen eingeführt, was bislang nicht erforderlich war. Immer schon anders war dies im Fall von Heizungsanlagen mit Verbrennungsprozessen, die regelmäßig im Rahmen der Abgasmessung und Feuerstättenschau kontrolliert werden. Betroffen von der Betriebsprüfung sind nach § 60a Abs. 1 S. 1 GEG Gebäude mit mindestens sechs Wohn- oder sonstigen Nutzungseinheiten, die als Heizungsanlage mittels Wärmepumpe versorgt werden. Betroffen sind aber nur Wärmepumpen, die nach dem 31.12.2023 eingebaut oder aufgestellt werden. Diese Wärmepumpen müssen nach einer vollständigen Heizperiode, spätestens jedoch nach Ablauf von 2 Jahren nach Inbetriebnahme, einer Betriebsprüfung unterzogen werden. Unterliegen die Wärmepumpen keiner Fernkontrolle, muss die Betriebsprüfung nach § 60a Abs. 1 S. 3 GEG alle fünf Jahre wiederholt werden. Ausgenommen von diesen Pflichten sind nach § 60a Abs. 1 S. 2 GEG Warmwasser-Wärmepumpen oder Luft-Luft-Wärmepumpen.

142 Überprüft wird nach § 60a Abs. 2 GEG, ob ein hydraulischer Abgleich durchgeführt wurde. Die Prüfung umfasst weiter die Überprüfung der Regelparameter der Wärmepumpenanlage einschließlich der Einstellung u.a. der Abschalt- oder Absenkzeiten, der Heizgrenztemperatur und der Pumpeneinstellung. Daneben werden u.a. die Vor- und Rücklauftemperaturen und die Funktionstüchtigkeit des Ausdehnungsgefäßes überprüft, der Füllstand des Kältemittelkreislaufs, die hydraulischen Komponenten der Wärmepumpe und der der elektrischen Anschlüsse.

143 Die Betriebsprüfung ist von einer Person durchzuführen, die eine erfolgreiche Schulung im Bereich der Wärmepumpen durchlaufen hat. Als insoweit fachkundig gelten nach § 60a Abs. 4 GEG insbesondere Schornsteinfeger (Anlage A Nr. 12 zur HwO), Installateure und Heizungsbauer (Anlage A Nr. 24 zur HwO), Kälteanlagenbauer (Anlage A Nr. 18 zur HwO), Ofen- und Luftheizungsbauer (Anlage A Nr. 2 zur HwO), Elektrotechniker (Anlage A Nr. 25 zur HwO) oder Energieberater, die auf der Energieeffizienz-Expertenliste für Förderprogramme des Bundes stehen. Das Ergebnis der Prüfung einschließlich etwaigen Optimierungsbedarfs ist nach § 60a Abs. 5 GEG vom Prüfer schriftlich festzuhalten und dem Verantwortlichen, also regelmäßig dem Gebäudeeigentümer, zum Nachweis zu übersenden. Sind Optimierungsmaßnahmen erforderlich, sind diese innerhalb von einem Jahr nach der Betriebsprüfung durchzuführen.

144 Das Ergebnis der Prüfung und ein Nachweis über erforderliche und sodann durchgeführte Arbeiten sind nach § 60a Abs. 5 S. 3 und 4 GEG auf Verlangen dem Mieter, Pächter oder einem sonstigen entgeltlichen Nutzer unverzüglich vorzulegen. Derartigen entgeltlichen Nutzern soll so die Möglichkeit eingeräumt werden, einen Einblick in die tatsächliche Effizienz der Wärmepumpe zu erlangen, mit der die von ihm angemieteten Räume beheizt werden. Schließlich hat diese Auswirkungen auf die von ihnen zu tragenden Nebenkosten (BT-Drs. 20/6875, 100).

b) Prüfung älterer Heizungsanlagen

Die beiden Bestimmungen des § 60b GEG bezüglich der Heizungsprüfung und des § 60c GEG bezüglich des hydraulischen Abgleichs von Heizungssystemen sind am 01.10.2024 in Kraft getreten. Bis zum 30.09.2024 waren entsprechend korrespondierende Regelungen in der Mittelfristenergieversorgungssicherungsmaßnahmenverordnung (EnSimiMaV, vom 16.09.2022, BGBl. 2022 I 1530) enthalten. Verstöße gegen die EnSimiMaV stellten keine Ordnungswidrigkeiten dar. Anders aber seit 01.10.2024. Mit Inkrafttreten der im Wesentlichen korrespondierenden Pflichten nach dem GEG 2024, stellen Verstöße eine Ordnungswidrigkeit dar, die mit einem Bußgeld von bis zu 5.000 € bewehrt sind. 145

aa) Heizungsprüfung

Zunächst waren nach § 2 Abs. 1 EnSimiMaV alle Eigentümer von Gebäuden, in denen Anlagen zur Wärmeerzeugung durch Erdgas für Heizung oder für Heizung und Warmwasser genutzt werden, verpflichtet, eine Heizungsprüfung durchführen und die Heizungsanlage des Gebäudes optimieren zu lassen. In diesem Rahmen ist zu prüfen, 146
- ob die zum Betrieb einer Heizung einstellbaren technischen Parameter für den Betrieb der Heizung hinsichtlich der Energieeffizienz optimiert ist,
- ob die Heizung hydraulisch abzugleichen ist,
- ob effiziente Heizungspumpen im Heizsystem eingesetzt werden und
- inwieweit Dämmmaßnahmen an Armaturen und Rohren durchgeführt werden sollten.

Nach § 2 Abs. 3 EnSimiMaV war das Ergebnis der Prüfung schriftlich festzuhalten. Sollte Optimierungsbedarf festgestellt werden, war die Optimierung der Heizung bis zum 15.09.2024 durchzuführen. Die Heizungsprüfung musste nach § 2 Abs. 4 EnSimiMaV von einer fachkundigen Person durchgeführt werden. Dazu zählten insbesondere Bezirksschornsteinfeger, Handwerker der Gewerke Installateur und Heizungsbauer sowie Ofen- und Luftheizungsbauer sowie Energieberater. 147

Die Pflicht zur Heizungsprüfung und -optimierung betrifft seit 01.10.2024 auf Grundlage von § 60b GEG nur Heizungsanlagen in Gebäuden mit mindestens sechs Wohnungen oder sonstigen selbstständigen Nutzungseinheiten. Selbstständige Nutzungseinheiten sind Teileigentumseinheiten im Bereich des Wohnungseigentums, im Übrigen gewerblich oder freiberuflich genutzte Einheiten. Weiter muss es sich bei der Heizungsanlage um eine solche mit Wasser als Wärmeträger handeln. Wärmepumpen sind vom Anwendungsbereich der Norm nach § 60b Abs. 1 GEG ausgenommen, unterliegen also nicht der Pflicht zur Heizungsprüfung und -optimierung. Wurde die Heizung nach Ablauf des 30.09.2009 eingebaut oder aufgestellt, ist sie innerhalb eines Jahres nach Ablauf von 15 Jahren seit Einbau bzw. Aufstellung und wurde sie vor dem 01.10.2009 eingebaut oder aufgestellt, ist sie bis zum Ablauf des 30.09.2027 einer Heizungsprüfung und Heizungsoptimierung zu unterziehen. Gemäß § 60b Abs. 5 GEG ist das Ergebnis der Heizungsprüfung sowie etwaiger Optimierungsbedarf der Heizung schriftlich festzuhalten und dem Verantwortlichen zu übersenden. Da Schriftform vorgeschrieben ist, muss das Ergebnis mit der Originalunterschrift der prüfenden Person abschließen (§ 126 Abs. 1 BGB). 148

Zeigt sich im Rahmen der Heizungsprüfung Optimierungsbedarf bezüglich der einstellbaren technischen Parameter für den Betrieb der Heizungsanlage, sind die Optimierungsmaßnahmen innerhalb eines Jahres nach der Heizungsprüfung durchzuführen und schriftlich zu dokumentieren. Gegenüber der zuständigen Behörde kann dann mithilfe des Prüfvermerks und des Belegs über die Durchführung der Maßnahme die Durchführung der Maßnahme nachgewiesen werden. Auch nach § 60b Abs. 5 S. 3 GEG ist das Ergebnis der Heizungsprüfung und der Nachweis über durchgeführte Optimierungsmaßnahmen Mietern oder Pächtern unverzüglich vorzulegen, wenn sie dies verlangen. 149

bb) Hydraulischer Abgleich

Die Pflicht zum hydraulischen Abgleich regelt seit dem 01.10.2024 § 60c GEG und löst insoweit mit gewissen Modifikationen den am 30.09.2024 außer Kraft getretenen § 3 Abs. 1 EnSimiMaV 150 ab. Nach vorerwähnter Bestimmung waren Gaszentralheizungssysteme in Nichtwohngebäuden ab 1000 m² beheizter Fläche und in Wohngebäuden mit mindestens 10 Wohneinheiten bis zum 30.09.2023, in Wohngebäuden mit mindestens sechs Wohneinheiten bis zum 15.09.2024 hydraulisch abzugleichen. Dies galt nach § 3 Abs. 2 EnSimiMaV allerdings nicht, wenn das Heizsystem in der aktuellen Konfiguration bereits hydraulisch abgeglichen wurde, innerhalb von sechs Monaten nach dem jeweiligen Stichtag ein Heizungstausch bevorsteht oder das Gebäude innerhalb von sechs Monaten nach dem jeweiligen Stichtag umgenutzt oder stillgelegt werden sollte. Der hydraulische Abgleich war nach § 3 Abs. 3 S. 2 EnSimiMaV einschließlich aller relevanten Einstellungswerte, der Heizlast des Gebäudes, der eingestellten Leistung der Wärmeerzeuger und der raumweisen Heizlastberechnung, der Auslegungstemperatur, der Einstellung der Regelung und den Drücken im Ausdehnungsgefäß in Textform, also insbesondere auch digital, festzuhalten und dem Gebäudeeigentümer zur Verfügung zu stellen.

151 Im Rahmen des hydraulischen Abgleichs stellt das Fachunternehmen die Heizung letztlich so ein, dass die Wärme im Gebäude gleichmäßig verteilt wird. Für jeden Raum wird insoweit die für diesen tatsächlich benötigte Wärmemenge ermittelt. Hierbei werden auch besondere Gebäude- bzw. Wohnungseigenschaften berücksichtigt wie etwa die Dämmung der Außenwände und die Qualität der Fenster. Anschließend werden die erforderliche Heizwassermenge und Pumpenleistung berechnet. Insoweit sind Vorlauftemperatur, Wasserdruck, Wasserdurchlaufmenge und die Regelungsfähigkeit der jeweiligen Heizkörperventile bestimmt, um die notwendige Heizwassermenge sowie die richtige Pumpenleistung ermitteln zu können. Auf dieser Basis können die Thermostatventile exakt eingestellt und so an den Bedarf angepasst werden, dass jeder Heizkörper so viel Wärme erhält, um die gewünschte Raumtemperatur zu erreichen. Im Einzelfall kann es insoweit erforderlich werden, Thermostatventile austauschen zu müssen.

152 Im Bereich des Wohnungseigentums könnte vor dem streitigen Hintergrund der Eigentumszuordnung der Thermostatventile problematisiert werden, ob eine Beschlusskompetenz bezüglich der Optimierung der Thermostatventile besteht, so man diese dem Sondereigentum zuordnet (siehe hierzu *Horst* ZMR 2024, 181 [193]. Zu berücksichtigen ist allerdings, dass die Optimierung der Thermostatventile nur einen Bestandteil des hydraulischen Abgleichs darstellt. Weiter ist zu berücksichtigen, dass § 71n GEG eine Beschlusskompetenz bezüglich der im Sondereigentum stehenden Etagenheizungen verleiht, sodass dessen Wertungen auch bezüglich einer Optimierung oder eines erforderlichen Austauschs von Thermostatventilen herangezogen werden dürften. Von besonderer Bedeutung ist in diesem Zusammenhang die *BGH*-Rechtsprechung zum sog. Handhabungsbeschluss (*BGH* ZMR 2023, 55). Geht es um die Handhabung höchstrichterlich ungeklärter und umstrittener Rechtsfragen, sind die Wohnungseigentümer berechtigt, durch Mehrheitsbeschluss zu entscheiden, wie ihrer Auffassung nach diese durch die GdWE zu handhaben sind. Insoweit entspricht jedenfalls ein Beschluss ordnungsmäßiger Verwaltung, wonach die Thermostatventile so zu behandeln sind, als handele es sich bei ihnen um Gemeinschaftseigentum.

153 Gegenüber § 3 EnSimiMaV ist der Anwendungsbereich des § 60c GEG nicht nur auf Gaszentralheizungssysteme beschränkt, sondern erstreckt sich auf sämtliche Heizungssysteme mit Wasser als Wärmeträger. Ebenfalls abweichend von den Regelungen der EnSimiMaV erstreckt sich die Pflicht zum hydraulischen Abgleich auf sämtliche Gebäude mit mindestens sechs Wohnungen oder sonstigen selbstständigen Nutzungseinheiten. Eine Unterscheidung zwischen Wohngebäuden und Nichtwohngebäuden erfolgt nicht mehr. Die Durchführung des hydraulischen Abgleichs gemäß § 60c Abs. 2 GEG entspricht im Wesentlichen demjenigen nach § 3 Abs. 3 EnSimiMaV. Entgegen der Regelung in § 3 Abs. 3 S. 2 EnSimiMaV ist der hydraulische Abgleich nach § 60c Abs. 4 S. 1 GEG einschließlich aller relevanten Einstellungswerte, der Heizlast des Gebäudes, der eingestellten Leistung der Wärmeerzeuger und der raumweisen Heizlastberechnung, der Auslegungstemperatur, der Einstellung der Regelung und den Drücken im Ausdehnungsgefäß nicht mehr lediglich in Textform mitzuteilen, sondern in Schriftform.

4. Betriebsverbote

Grundsätzlich dürfen Heizkessel, die mit flüssigen oder gasförmigen Brennstoffen beschickt werden und vor dem 01.01.1991 eingebaut oder aufgestellt worden sind, nach § 72 Abs. 1 GEG nicht mehr weiterbetrieben werden. Sind die Heizkessel nach dem 01.01.1991 eingebaut oder aufgestellt worden, dürfen sie gem. § 72 Abs. 2 GEG nach Ablauf von 30 Jahren seit Einbau oder Aufstellung nicht mehr betrieben werden. Die noch im Gesetzentwurf des GEG 2020 vorgesehene Ausnahme für Wohngebäude mit nicht mehr als zwei Wohnungen, von denen der Eigentümer eine Wohnung am 01.02.2002 selbst bewohnt hat, ist nicht Gesetz geworden, sodass die Betriebsverbote uneingeschränkt gelten. Ein Verstoß gegen das Betriebsverbot stellt eine Ordnungswidrigkeit nach § 108 Abs. 1 Nr. 20 GEG dar, die mit einem Bußgeld bis zu 50.000 € geahndet werden kann. 154

Ausgenommen von diesen Betriebsverboten sind nach § 72 Abs. 3 GEG Niedertemperatur-Heizkessel und Brennwertkessel sowie heizungstechnische Anlagen, deren Nennleistung weniger als 4 Kilowatt oder mehr als 400 Kilowatt beträgt. Ob es sich im Einzelfall um einen »Brennwertkessel« oder einen »Niedertemperaturkessel« handelt, kann in aller Regel anhand der Konformitätserklärung und/oder des Typenschilds ermittelt werden. Bestehen Zweifel, hat der Bezirksschornsteinfeger nach § 97 Abs. 1 Nr. 1 GEG eine entsprechende Prüfung vorzunehmen. Ebenso ausgenommen sind nach § 72 Abs. 3 Nr. 3 GEG heizungstechnische Anlagen mit Gas-, Biomasse- oder Flüssigbrennstofffeuerung als Bestandteil einer Wärmepumpen-Hybridheizung oder einer Solarthermie-Hybridheizung nach § 71h GEG, soweit diese nicht mit fossilen Brennstoffen betrieben werden (siehe Rdn. 234). 155

Nach § 72 Abs. 4 GEG dürfen Heizkessel längstens bis zum 31.12.2044 mit fossilen Brennstoffen betrieben werden. Auch hier droht bei einem Verstoß nach § 108 Abs. 1 Nr. 20 GEG ein Bußgeld bis zu 50.000 €. 156

XIV. Neue Heizungsanlagen (65%-EE-Vorgabe)

1. Grundsätze

Nach § 71 Abs. 1 S. 1 GEG darf eine Heizungsanlage zum Zweck der Inbetriebnahme in einem Gebäude seit Inkrafttreten des GEG-Reformgesetzes am 01.01.2024 nur eingebaut oder aufgestellt werden, wenn sie mindestens 65 % (im Folgenden: 65 %-EE-Vorgabe) der mit der Anlage bereitgestellten Wärme mit erneuerbaren Energien oder unvermeidbarer Abwärme erzeugt. Unmittelbar gilt dies allerdings nur für Neubauten, die innerhalb von Neubaugebieten errichtet werden. Maßgeblich ist der Zeitpunkt des Bauantrags. Wird dieser ab 01.01.2024 gestellt, gilt die Verpflichtung. Wurde der Bauantrag noch im Jahr 2023 gestellt, gilt die 65 %-EE-Vorgabe des § 71 Abs. 1 GEG nicht. 157

Sämtliche vor dem 01.01.2024 installierten Heizungen müssen nicht den Vorgaben des § 71 Abs. 1 GEG genügen. Alle vor diesem Zeitpunkt eingebauten Heizungsanlagen dürfen so lange weiterbetrieben werden, bis sie irreparabel defekt sind und durch eine neue ersetzt werden müssen. Zu beachten ist lediglich das absolute Betriebsverbot des § 72 Abs. 4 GEG. Hiernach dürfen Heizkessel ab 01.01.2045 nicht mehr mit fossilen Brennstoffen betrieben werden. Von ebenfalls großer Bedeutung ist die allgemeine Übergangsfrist des § 71i GEG: Eine ausgetauschte Heizungsanlage kann fünf Jahre weiter betrieben werden, ohne die 65 %-EE-Vorgabe des § 71 Abs. 1 GEG erfüllen zu müssen. Diese Übergangsfrist knüpft nicht mehr an den Fall einer Heizungshavarie an, wie noch im Gesetzentwurf vorgesehen, sondern gilt allgemein bei einem Austausch von Heizungsanlagen, wobei wirklich praxisrelevant tatsächlich die Heizungshavarie sein dürfte. Von Bedeutung ist insoweit, dass die Übergangsfrist des § 71i GEG erst nach Ablauf der Wärmeplanungsfristen des § 71 Abs. 8 GEG zu laufen beginnt. 158

2. Anwendungsbereich

a) Heizungsanlage

159 Eine Heizungsanlage ist nach § 3 Abs. 1 Nr. 14a GEG eine Anlage zur Erzeugung von Raumwärme, Warmwasser oder einer Kombination davon. Ausgenommen sind handbeschickte Einzelraumfeuerungsanlagen i.S.v. § 2 Nr. 3, also Kachelöfen und offene Kamine nach § 2 Nr. 12 der Verordnung über kleine und mittlere Feuerungsanlagen (1. BImSchV). Für Kaminöfen und Kachelöfen gelten die Vorschriften über die Etagenheizungen in § 71l GEG entsprechend. Die Heizungsanlage ist insoweit von der heiztechnischen Anlage abzugrenzen. Diese umfasst einerseits die Heizungsanlage selbst, daneben aber auch noch Anlagen der Speicherung, Verteilung und Übergabe der Wärme (*Herlitz* jurisPR-MietR 20/2023 Anm. 1).

b) Bestellung vor dem 19.04.2023, Einbau bis 18.10.2023

160 Die 65%-EE-Vorgabe des § 71 Abs. 1 GEG gilt nach § 71 Abs. 12 GEG nicht für Heizungsanlagen, für die ein Lieferungs- oder Leistungsvertrag vor dem 19.04.2023 geschlossen wurde und die Heizung bis zum Ablauf des 18.10.2024 zum Zweck der Inbetriebnahme eingebaut oder aufgestellt wird. Am 19.04.2023 wurde der Kabinettsbeschluss über den Gesetzentwurf des GEG gefasst. Es sollen also all diejenigen geschützt werden, die vor dem Beschluss noch eine Heizung bestellt haben (BT-Drs. 20/7619, 92). Allerdings dürfte das Abstellen auf den Zeitpunkt der Fassung des Kabinettsbeschlusses in doppelter Hinsicht mehr als fragwürdig sein. Zum einen dürfte wohl kaum zumutbar sein, stets das aktuelle politische Geschehen im Auge haben zu müssen. Zum anderen musste wohl vor dem Hintergrund der monatelangen streitigen Auseinandersetzungen um das GEG gerade auch innerhalb der Regierungskoalition niemand damit rechnen, dass der Entwurf überhaupt Gesetz würde, wenn auch in teilweise erheblicher Modifizierung.

3. Einzubindende Brennstoffe

161 § 3 Abs. 2 GEG konkretisiert, was **Erneuerbare Energien** im Sinne des GEG sind. Hierbei handelt es sich um Geothermie (Erdwärme), Umweltwärme (thermische Energie, die in der Luft, dem Erdreich oder dem Wasser gespeichert ist), Sonnenenergie (insbes. Photovoltaik, Solarthermie), Bioenergie (Biomasse), feste Bioenergie (u.a. Holz, Pflanzen), flüssige Bioenergie (u.a. Pflanzenöl, Biodiesel, Bioethanol), gasförmige Bioenergie (u.a. Biogas, Biowasserstoff), Wasserkraft (u.a. Staudämme, Laufwasserkraftwerke, Strömungsenergie der Flüsse und Meere), Windenergie (u.a. Windkraftanlagen), Grüner Wasserstoff (Herstellung durch Elektrolyse von Wasser), Blauer Wasserstoff (entsteht aus der Dampfreduzierung von Erdgas; Gas wird in Wasserstoff und Kohlendioxid gespalten).

162 »**Unvermeidbare Abwärme**« ist nach § 3 Abs. 1 Nr. 15 Wärmeplanungsgesetz (WPG) Wärme, die als unvermeidbares Nebenprodukt in einer Industrieanlage, einer Stromerzeugungsanlage oder im tertiären Sektor anfällt und ohne den Zugang zu einem Wärmenetz ungenutzt in die Luft oder in das Wasser abgeleitet werden würde. Abwärme gilt als unvermeidbar, soweit sie aus wirtschaftlichen, sicherheitstechnischen oder sonstigen Gründen im Produktionsprozess nicht nutzbar ist und nicht mit vertretbarem Aufwand verringert werden kann. Sie kann u.a. aus der Müllverbrennung oder auch lokalen Rechenzentren resultieren.

4. Mögliche Konstellationen

163 Die 65 %-EE-Vorgabe des § 71 Abs. 1 GEG gilt nach § 71 Abs. 4 S. 1 GEG bei

164 1. Heizungsanlagen, die sowohl Raumwärme als auch Warmwasser erzeugen, für das Gesamtsystem,

165 2. Heizungsanlagen, in denen Raumwärme und Warmwasser getrennt voneinander erzeugt werden, nur bezüglich des Einzelsystems, das neu eingebaut oder aufgestellt wird, oder bei

166 3. mehreren Heizungsanlagen in einem Gebäude oder in einem Quartier bei zur Wärmeversorgung verbundenen Gebäuden entweder für die einzelne Heizungsanlage, die neu eingebaut oder aufgestellt wird, oder auf die Gesamtheit aller installierten Heizungsanlagen.

a) Einheitliche Erzeugung von Raumwärme und Warmwasser

Keiner Problematisierung bedarf es, dass die 65 %-EE-Vorgabe des § 71 Abs. 1 GEG dann erfüllt werden muss, wenn es sich bei der neu eingebauten oder aufgestellten Heizungsanlage um eine solche handelt, die Raumwärme und Warmwasser gemeinsam erzeugt. 167

b) Getrennte Anlagen zur Beheizung und Warmwasserbereitung

Allerdings kann die Wärmeerzeugung auch mittels getrennter Heizanlagen erfolgen. Erfolgt die Erzeugung von Raumwärme und Warmwasser mit getrennten Anlagen, gilt die 65 %-EE-Vorgabe jeweils nur für den betroffenen neuen Wärmeerzeuger. Erfolgt also die Erzeugung der Raumwärme und des Warmwassers jeweils durch eine eigene Heizungsanlage muss etwa im Fall des irreparablen Defekts der Heizungsanlage, die die Raumwärme erzeugt, nur die neue Raumwärme-Heizanlage die 65 %-EE-Vorgabe des § 71 Abs. 1 GEG erfüllen. 168

Wird das Warmwasser in einer getrennten Anlage dezentral erzeugt, also insbesondere in Form von Durchlauferhitzern, gelten nach § 71 Abs. 5 GEG neue elektrisch betriebene Warmwasserbereiter auch als Pflichterfüllung. Elektrisch betriebene Warmwasserbereiter sind insoweit elektronische Durchlauferhitzer, Brauchwasser-Wärmepumpen oder Warmwasserboiler. 169

c) Mehrere Heizungsanlagen im Gebäude oder Quartier

Insbesondere in größeren Gebäuden mit mehreren Wärmeerzeugern kann die Situation eintreten, dass nur ein Wärmeerzeuger ausgetauscht werden muss. Für diesen Fall regelt § 71 Abs. 4 S. 1 Nr. 3 GEG eine Wahlfreiheit. Wenn beispielsweise die Heizzentrale aus 2 Wärmeerzeugern besteht, die mit fossilen Brennstoffen betrieben werden, muss beim Austausch des ersten Wärmeerzeugers der neu eingebaute Erzeuger die 65 %-EE-Vorgabe erfüllen. Wird der zweite Wärmeerzeuger ausgetauscht, kann für diesen die 65 %-EE-Vorgabe des § 71 Abs. 1 GEG wahlweise auch so erfüllt werden, dass die Heizungszentrale als Gesamtheit bilanziert wird. Wurde als erster Erzeuger etwa eine Wärmepumpe eingebaut, kann der zweite Erzeuger ein Kessel mit fossilen Brennstoffen sein, wenn die Gesamtanlage die Bedingungen an eine Wärmepumpen-Hybridheizung gemäß § 71h GEG erfüllt. 170

§ 107 GEG regelt die Voraussetzungen einer gemeinsamen **Wärmeversorgung im Quartier**. Bauherren oder Eigentümer, deren Gebäude in räumlichem Zusammenhang stehen, können Vereinbarungen über eine gemeinsame Versorgung ihrer Gebäude mit Wärme treffen, um die jeweiligen Anforderungen nach § 71 Abs. 1 GEG zu erfüllen. Voraussetzung ist, dass die von der Vereinbarung erfassten Gebäude in ihrer Gesamtheit die Anforderungen nach § 71 Abs. 1 GEG erfüllen. Der »räumliche Zusammenhang« soll vermeiden, dass sog. »Streubesitz« in 2 verschiedenen Gemeinden oder 2 verschiedenen – wenn auch angrenzenden – Stadtteilen ein Quartier bildet (BT-Drs. 19/16716, 159). Der räumliche Zusammenhang wird im Übrigen nicht durch eine Straße beseitigt. 171

Bei wohnungseigentumsrechtlichen **Mehrhausanlagen** bedarf es zwar keiner Vereinbarung nach § 107 GEG, allerdings sind die Wertungen dieser Vorschrift heranzuziehen, wenn die einzelnen Häuser mittels jeweils eigener Heizungsanlage mit Wärmeenergie versorgt werden. Dann wiederum kann derart bilanziert werden, dass die Heizungsanlagen insgesamt die 65 %-EE-Vorgabe des § 71 Abs. 1 WEG erfüllen, mag dies bei der einen oder anderen Heizungsanlage für sich gesehen auch nicht der Fall sein. 172

5. Bestandsgebäude und Baulücken

a) Grundsätze

Im Fall von Bestandsgebäuden und Neubauten in Baulücken außerhalb von Neubaugebieten gilt das Erfordernis der 65 %-EE-Vorgabe des § 71 Abs. 1 GEG ab dem 01.01.2024 zunächst nicht, da insoweit der Grundsatz gilt, dass Heizungsanlagen so lange unverändert betrieben werden dürfen, bis sie irreparabel ausfallen. Freilich sind die fristgebundenen Betriebsverbote nach § 72 Abs. 1 und 173

Abs. 2 GEG sowie das absolute Betriebsverbot des § 72 Abs. 4 GEG zu beachten, wonach Heizkessel längstens bis zum Ablauf des 31.12.2044 mit fossilen Brennstoffen betrieben werden dürfen.

174 Im Fall der Bestandsgebäude und den Neubauten in Baulücken außerhalb von Neubaugebieten kommt dem Zusammenspiel der beiden Übergangsregelungen der §§ 71 Abs. 8 und 71i GEG Bedeutung zu. Relevant wird zunächst die Grundnorm des § 71 Abs. 1 GEG bezüglich der Erfüllung der 65%-EE-Vorgabe nach § 71 Abs. 8 GEG erst mit Ablauf der maßgeblichen Fristen zur Erstellung einer Kommunalen Wärmeplanung. Sind diese Fristen abgelaufen – unabhängig davon, ob tatsächlich in einzelnen Gemeinden eine Kommunale Wärmeplanung veröffentlicht wurde –, ist zwar die 65%-EE-Vorgabe zu erfüllen, dies jedoch nach § 71i GEG erst fünf Jahre nach den maßgeblichen Fristen zur Erstellung der Kommunalen Wärmeplanung.

b) Übergangsfrist des § 71 Abs. 8 GEG

175 § 71 Abs. 8 GEG regelt Übergangsfristen für bestehende Gebäude und Neubauten in Baulücken. Die Übergangsfristen hängen insoweit von der jeweiligen Gemeindegröße bzw. Einwohnerzahl der Gemeinde ab. Differenziert wird nach Gemeinden, in denen am 01.01.2024 mehr als 100.000 Einwohner oder bis zu 100.000 Einwohner gemeldet sind. Sind in einer Gemeinde mehr als 100.000 Einwohner gemeldet, kann nach § 71 Abs. 8 S. 1 GEG bis zum Ablauf des 30.06.2026 in einem bestehenden Gebäude eine Heizungsanlage ausgetauscht und eine andere Heizungsanlage zum Zweck der Inbetriebnahme eingebaut oder aufgestellt und betrieben werden, die nicht die Vorgaben des § 71 Abs. 1 GEG erfüllt. Es können also weiterhin Heizöl oder Erdgas beschickte Heizungen eingebaut werden. Liegt das Gebäude in einem Gemeindegebiet, in dem am 01.01.2024 bis zu 100.000 Einwohner gemeldet sind, verlängert sich die Übergangsfrist bis zum Ablauf des 30.06.2028.

176 Die Übergangsfristen gelten jedoch längstens bis zum Vorliegen einer kommunalen Wärmeplanung. Trifft die Gemeinde eine Entscheidung über die Ausweisung als Gebiet zum Neu- oder Ausbau eines Wärmenetzes oder als Wasserstoffnetzausbaugebiet und wird diese Entscheidung bekannt gegeben und veröffentlicht, gilt ab diesem Zeitpunkt eine Übergangsfrist von einem Monat. Nach Ablauf eines Monats nach Bekanntmachung der Entscheidung müssen neue Heizungen in Bestandsgebäuden die Vorgaben des § 71 Abs. 1 GEG erfüllen, also zu 65 % Erneuerbare Energien einbinden.

c) Übergangsfrist des § 71i GEG

177 Von erheblicher praktischer Bedeutung ist in diesem Zusammenhang die allgemeine Übergangsregelung des § 71i GEG. Sie regelt Fälle des Heizungsaustauschs nach den vorbeschriebenen Zeitpunkten des 30.06.2026 und 30.06.2028 bzw. der Ausweisung als Gebiet zum Neu- oder Ausbau eines Wärmenetzes oder als Wasserstoffnetzausbaugebiet auf Grundlage einer kommunalen Wärmeplanung. Ausgangspunkt ist die Tatsache, dass bestehende Heizungsanlagen so lange betrieben werden dürfen, bis sie irreparabel defekt sind – also auch über die Zeitpunkte 30.06.2026 bzw. 30.06.2028 hinaus. § 71i GEG regelt, dass übergangsweise für höchstens 5 Jahre nach Ablauf der Fristen bzw. der veröffentlichten Entscheidung einer kommunalen Wärmeplanung eine alte Heizungsanlage ausgetauscht und eine neue Heizungsanlage zum Zweck der Inbetriebnahme eingebaut und betrieben werden kann, die nicht die 65 %-EE-Vorgabe des § 71 Abs. 1 GEG erfüllt.

d) Heizungsaustausch vor dem 01.07.2026 bzw. 01.07.2028

178 § 71 Abs. 9 GEG regelt die praxisrelevanten Fälle, in denen nach dem 01.01.2024, aber vor Ablauf der Übergangsfristen des § 71 Abs. 8 GEG, neue Heizungen in Bestandsgebäude eingebaut werden. Da bis zum Ablauf der Übergangsfristen auch Heizungen installiert werden können, die nicht den Vorgaben des § 71 Abs. 1 GEG entsprechen, könnten diese etwa ausschließlich mit Erdgas oder Erdöl bis zum absoluten Betriebsverbot des § 72 Abs. 4 GEG bis zum 31.12.2045 betrieben werden. Um dies zu verhindern, regelt § 71 Abs. 9 GEG wiederum Übergangsfristen. Der Betreiber hat insoweit sicherzustellen, dass ab dem 01.01.2029 mindestens 15 %, ab dem 01.01.2035 mindestens 30 % und ab dem 01.01.2040 mindestens 60 % der mit der Anlage bereitgestellten Wärme

aus Biomasse oder grünem oder blauem Wasserstoff einschließlich daraus hergestellter Derivate erzeugt wird.

6. Kommunale Wärmeplanung

a) Grundsätze

Insgesamt ist das GEG technologieoffen ausgestaltet und sieht verschiedene Erfüllungsoptionen im Rahmen der geplanten 65 %-EE-Vorgabe vor. Die Wärmeplanung stellt insoweit eine strategische Planung dar, die eine Orientierung bei der Entscheidung über neue Heizungsanlagen bieten soll. Eine rechtliche Außenwirkung kommt ihr nur insoweit zu, als ihre Veröffentlichung vor Ablauf der Fristen des § 71 Abs. 8 GEG zur Verpflichtung der Erfüllung der Vorgabe des § 71 Abs. 1 GEG führt. Auch wenn also eine kommunale Wärmeplanung umgesetzt ist, besteht im Fall eines Heizungstauschs keine Pflicht, einen bestimmten Energieträger zu verwenden, solange die Voraussetzungen des § 71 Abs. 1 GEG erfüllt sind, die Heizungsanlage also zu mindestens 65 % mit Erneuerbaren Energien beschickt wird. 179

Die kommunale Wärmeplanung stellt dar, ob in einem Gebiet voraussichtlich 180
- der Anschluss an ein Fernwärmenetz möglich sein wird,
- ob die Wärmeversorgung voraussichtlich dezentral erfolgt oder erfolgen wird (etwa durch Wärmepumpen) oder
- ob in einem Gebiet ggf. das Gasnetz vor Ort auf Wasserstoff umgerüstet wird.

b) Wärmeplanungsgesetz

Ziel des zeitgleich mit dem GEG 2024 am 01.01.2024 in Kraft getretenen Wärmeplanungsgesetzes (Gesetz für die Wärmeplanung und zur Dekarbonisierung der Wärmenetze [Wärmeplanungsgesetz – WPG] v. 20.12.2023, BGBl. 2023 I Nr. 394) ist, dass der Anteil von Wärme aus erneuerbaren Energien, aus unvermeidbarer Abwärme oder einer Kombination hieraus an der jährlichen Nettowärmeerzeugung in Wärmenetzen im bundesweiten Durchschnitt ab dem 01.01.2030 50 % beträgt. Insoweit sollen Wärmenetze ausgebaut und es soll die Anzahl der Gebäude, die an ein Wärmenetz angeschlossen sind, signifikant gesteigert werden. 181

Nach § 4 Abs. 1 WPG sind die Länder verpflichtet, sicherzustellen, dass auf ihrem Hoheitsgebiet Wärmepläne nach Maßgabe des WPG spätestens bis zu den in § 4 Abs. 2 WPG genannten Zeitpunkten erstellt werden. Maßgebliche Zeitpunkte sind in Gemeinden mit 182
- über 100.000 Einwohnern der 30.06.2026 und
- bis 100.000 Einwohner der 30.06.2028.

Die Fristen korrespondieren mit denen des § 71 Abs. 8 GEG. Ist nach Ablauf der Fristen noch keine Wärmeplanung erstellt, fingiert § 71 Abs. 8 S. 4 GEG deren Vorliegen. Das WPG sieht insoweit keine Sanktionierung der Bundesländer vor, die flächendeckend keine fristgemäße Wärmeplanung erstellen. 183

Nach § 5 Abs. 1 WPG gilt die Pflicht zur Durchführung einer Wärmeplanung nach § 4 Abs. 1 WPG nicht für ein beplantes Gebiet, für das spätestens zum Ablauf der Umsetzungsfristen des § 4 Abs. 2 WPG auf Grundlage von und im Einklang mit Landesrecht ein Wärmeplan erstellt und veröffentlicht wurde. Sämtliche bestehenden Wärmepläne bestehen weiter fort, und zwar unabhängig vom Wärmeplanungsgesetz. Sie müssen die bundesrechtlichen Regelungen des Wärmeplanungsgesetzes erst mit dessen Fortschreibung erfüllen. Voraussetzung ist, dass sie auf einer landesrechtlichen Grundlage über die Wärmeplanung beruhen, was in den Bundesländern Baden-Württemberg, Hamburg, Hessen, Niedersachsen und Schleswig-Holstein der Fall ist. § 5 Abs. 1 S. 2 WPG stellt insoweit ausdrücklich klar, dass die Wirksamkeit eines solchen nach Landesrecht erstellten Wärmeplans durch das Inkrafttreten des WPG nicht berührt wird. 184

Entsprechendes gilt nach § 5 Abs. 2 WPG allerdings auch für beplante Gebiete, für die keine landesgesetzliche Regelung besteht, wenn 185

186 1. am 01.01.2024 ein Beschluss oder eine Entscheidung über die Durchführung der Wärmeplanung vorliegt,

187 2. spätestens bis zum Ablauf des 30.06.2026 der Wärmeplan erstellt und veröffentlicht wurde und

188 3. die dem Wärmeplan zugrunde liegende Planung mit den Anforderungen des WPG im Wesentlichen vergleichbar ist. Die wesentliche Vergleichbarkeit ist insbesondere anzunehmen, wenn die Erstellung des Wärmeplans Gegenstand einer Förderung aus Mitteln des Bundes oder eines Landes war oder nach den Standards der in der Praxis verwendeten Leitfäden erfolgt ist.

c) Durchführung der Wärmeplanung

189 Die Wärmeplanung selbst erfolgt nach den §§ 13 ff. WPG. Voraussetzung ist zunächst nach § 13 Abs. 1 Nr. 1 WPG ein Beschluss oder eine Entscheidung der planverantwortlichen Stelle über die Durchführung der Wärmeplanung. Konkret besteht die Wärmeplanung im Wesentlichen aus folgenden Elementen:

190 1. Eignungsprüfung,

191 2. Bestandsanalyse,

192 3. Potenzialanalyse,

193 4. Zielszenario,

194 5. Einteilung des beplanten Gebiets in voraussichtliche Wärmeversorgungsgebiete und

195 6. Darstellung der Wärmeversorgungsarten für das Zieljahr.

196 **Eignungsprüfung:** Zunächst wird das zu beplanende Gebiet nach § 14 WPG im Rahmen einer Eignungsprüfung auf Teilgebiete überprüft, die sich mit hoher Wahrscheinlichkeit nicht für eine Versorgung durch ein Wärmenetz oder Wasserstoffnetzgebiet eignen. Zusammengefasst ist dies dann der Fall, wenn in dem beplanten Gebiet oder Teilgebiet derzeit kein Wärmenetz bzw. Gasnetz besteht und aufgrund der Siedlungsstruktur und des daraus resultierenden voraussichtlichen Wärmebedarfs davon auszugehen ist, dass eine künftige Versorgung des Gebiets oder Teilgebiets über ein Wärmenetz der Gasnetz nicht wirtschaftlich sein wird. Für derartige Gebiete oder Teilgebiete kann eine verkürzte Wärmeplanung durchgeführt werden, bei der eine Bestandsanalyse nach § 15 WPG nicht erfolgt und die auch nicht in voraussichtliche Wärmeversorgungsgebiete nach § 18 WPG eingeteilt werden.

197 **Bestandsanalyse:** Im Rahmen der Bestandsanalyse wird nach § 15 WPG zunächst der Ist-Zustand ermittelt. Konkret werden der derzeitige Wärmebedarf oder -verbrauch einschließlich der hierfür eingesetzten Energieträger, die vorhandenen Wärmeerzeugungsanlagen und die für die Wärmeversorgung relevanten Energieinfrastrukturanlagen ermittelt.

198 **Potenzialanalyse:** Im Rahmen der Potenzialanalyse wird nach § 16 WPG u.a. geprüft, welche unterschiedlichen Quellen für Erneuerbare Energien und unvermeidbare Abwärme für die Wärmeversorgung verfügbar sind bzw. sein werden. Das kann etwa die Abwärme aus lokalen Rechenzentren sowie Erneuerbare Energie aus Abwasser, Solarthermie, Geothermie, Biomasse, grünem Wasserstoff oder anderen Quellen sein.

199 **Zielszenario:** Nach § 17 Abs. 1 WPG beschreibt die planungsverantwortliche Stelle im Zielszenario für das beplante Gebiet als Ganzes die langfristige Entwicklung der Wärmeversorgung. Das Zielszenario wird auf Grundlage der Ergebnisse der Eignungsprüfung, Bestandsanalyse sowie der Potenzialanalyse im Einklang mit der Einteilung des beplanten Gebiets in voraussichtliche Wärmeversorgungsgebiete nach § 18 WPG und mit der Darstellung der Wärmeversorgungsarten für das Zieljahr nach § 19 WPG entwickelt.

200 **Einteilung des beplanten Gebiets in voraussichtliche Wärmeversorgungsgebiete:** Die planungsverantwortliche Stelle teilt das beplante Gebiet nach § 18 Abs. 1 WPG auf Grundlage der Bestandsanalyse und der Potenzialanalyse in voraussichtliche Wärmeversorgungsgebiete ein. Die Einteilung erfolgt auf Basis von Wirtschaftlichkeitsvergleichen als kartographische Darstellung, welche Wärmeversorgungsart sich für das jeweilige beplante Teilgebiet besonders eignet. Besonders geeignet sind dabei Wärmeversorgungsarten, die im Vergleich zu den anderen in Betracht kommenden Wärme-

versorgungsarten geringe Wärmegestehungskosten, geringe Realisierungsrisiken, ein hohes Maß an Versorgungssicherheit und geringe kumulierte Treibhausgasemissionen bis zum Zieljahr aufweisen. § 18 Abs. 2 WPG stellt insoweit klar, dass Ansprüche Dritter auf Einteilung zu einem bestimmten Wärmeversorgungsgebiet nicht bestehen. Dies korrespondiert mit dem rein verwaltungsinternen rechtlichen Charakter der Wärmeplanung, der in § 23 Abs. 4 WPG ausdrücklich bestätigt wird (BT-Drs. 20/8654, 118).

Nach § 18 Abs. 3 WPG erfolgt die Einteilung des beplanten Gebiets in voraussichtliche Wärmeversorgungsgebiete für die Betrachtungszeitpunkte der Jahre 2030, 2035 und 2040. Insoweit können voraussichtliche Wärmeversorgungsgebiete ausgewiesen werden, die bis zum Betrachtungszeitpunkt durch die entsprechende Wärmeversorgungsart und die dafür erforderliche Infrastruktur erschlossen werden sollen. Zieljahr ist spätestens 2045 (BT-Drs. 20/8654, 101). Dies ist bereits vor dem Hintergrund des absoluten Betriebsverbots für Heizungsanlagen mit fossilen Brennstoffen des § 72 Abs. 4 GEG sachlogisch. Diese dürfen längstens bis 31.12.2044 betrieben werden. Im Rahmen der Umsetzung der Wärmeplanung können die Länder auch ein früheres Zieljahr bestimmen (BT-Drs. 20/8654, 84). 201

Darstellung der Wärmeversorgungsarten für das Zieljahr: Auf Grundlage der Eignungsprüfung, der Bestandsanalyse und der Potenzialanalyse stellt die zuständige Behörde nach § 19 Abs. 1 WPG die für das beplante Gebiet mögliche Wärmeversorgungsart für das entweder von den Ländern bestimmte Zieljahr oder spätestens 2045 dar. Insoweit wird ausgewiesen, aus welchen Elementen eine Wärmeversorgung ausschließlich auf Grundlage von Wärme aus erneuerbaren Energien oder aus unvermeidbarer Abwärme innerhalb des beplanten Gebiets bis zum Zieljahr bestehen kann. Eignungsstufen sind nach § 19 Abs. 2 WPG: 202

1. die Wärmeversorgungsart ist für dieses Gebiet im Zieljahr sehr wahrscheinlich geeignet; 203
2. die Wärmeversorgungsart ist für dieses Gebiet im Zieljahr wahrscheinlich geeignet; 204
3. die Wärmeversorgungsart ist für dieses Gebiet im Zieljahr wahrscheinlich ungeeignet; 205
4. die Wärmeversorgungsart ist für dieses Gebiet im Zieljahr sehr wahrscheinlich ungeeignet. 206

d) Veröffentlichung

Der Wärmeplan wird nach § 23 Abs. 3 WPG durch das zuständige Gremium oder die zuständige Stelle beschlossen und anschließend im Internet veröffentlicht. Die Veröffentlichung erfolgt dabei durch auf der Internetseite der planungsverantwortlichen Stelle (BR-Drs. 388/23, 116). Wer für die Planung verantwortlich ist, richtet sich dabei jeweils nach dem Landesrecht. In aller Regel werden es die Kommunen sein, weshalb wohl eine Veröffentlichung der Wärmeplanung in den Internetportalen der jeweiligen Gemeinden erfolgen dürfte. 207

Auf Grundlage der Wärmeplanung muss die jeweilige Kommune eine gesonderte Entscheidung zur Ausweisung von Wasserstoff- oder Wärmenetzgebieten vornehmen und diese veröffentlichen. Erst mit dieser veröffentlichten Entscheidung wird ein Monat danach die Verpflichtung zur Nutzung von 65 % Erneuerbaren Energien nach § 71 Abs. 8 GEG ausgelöst. 208

e) Rechtswirkungen

Der Wärmeplan hat nach § 23 Abs. 4 WPG keine rechtliche Außenwirkung und begründet keine einklagbaren Rechte oder Pflichten. Weist der Wärmeplan etwa ein bestimmtes Teilgebiet als Wasserstoffausbaugebiet aus, kann ein Eigentümer, dessen Grundstück unmittelbar an dieses Teilgebiet angrenzt, nicht verlangen, dass auch sein Grundstück noch in dieses Teilgebiet einbezogen wird. Dies stellt § 26 Abs. 2 WPG klar. Rechtswirkungen entfaltet die Wärmeplanung lediglich insoweit, als es sich bei der Entscheidung über die Ausweisung als Gebiet zum Neu- oder Ausbau von Wärmenetzen oder als Wasserstoffnetzausbaugebiet nach § 27 Abs. 1 WPG um eine Entscheidung nach §§ 71 Abs. 8 S. 3 und 71k Abs. 1 Nr. 1 GEG handelt. 209

Sofern das Gebäude also in einem Gebiet liegt, für das vor Ablauf des 30.06.2026 bzw. 30.06.2028 die nach Landesrecht zuständige Stelle unter Berücksichtigung eines Wärmeplans eine Entscheidung 210 über die Ausweisung als Gebiet zum Neu- oder Ausbau eines Wärmenetzes oder als Wasserstoffnetzausbaugebiet getroffen hat, sind die Anforderungen des § 71 Abs. 1 GEG einen Monat nach Bekanntgabe dieser Entscheidung anzuwenden. Zu berücksichtigen ist dann noch die 5-jährige Übergangsvorschrift des § 71i GEG. Mit Blick auf § 71k Abs. 1 Nr. 1 GEG hat die Ausweisung als Wasserstoffnetzausbaugebiet die Konsequenz, dass auch weiterhin Gaskessel eingebaut werden können, die die 65 %-EE-Vorgabe nicht erfüllen, aber derart ausgelegt sind, dass sie so umgerüstet werden können, dass sie zu 65 % mit grünen Gasen (Biomethan oder grünem oder blauem Wasserstoff) betrieben werden können.

f) Exkurs: Anschluss- und Benutzungszwang

211 § 109 GEG ermächtigt die Gemeinden und Gemeindeverbände von einer Bestimmung nach Landesrecht, die sie zur Begründung eines Anschluss- und Benutzungszwangs an ein Netz der öffentlichen Fernwärme- oder Fernkälteversorgung ermächtigt, auch zum Zweck des Klima- und Ressourcenschutzes Gebrauch machen zu können. Eine hiermit übereinstimmende Regelung enthielt bereits § 16 EEWärmeG. So regelt beispielsweise § 11 der Gemeindeordnung für Baden-Württemberg einen Anschluss- und Benutzungszwang. Hiernach können die Gemeinden bei öffentlichem Bedürfnis durch Satzung für die Grundstücke ihres Gebiets u.a. den Anschluss an die Versorgung mit Nah- und Fernwärme vorschreiben. Dabei kann die Satzung bestimmte Ausnahmen vom Anschluss- und Benutzungszwang zulassen. Sie kann den Zwang auf bestimmte Teile des Gemeindegebiets oder u.a. auf bestimmte Gruppen von Grundstücken beschränken.

212 Voraussetzung eines Anschluss- und Benutzungszwangs ist, dass dieser
- nach den örtlichen Verhältnissen zur Vermeidung von Gefahren, Umweltbelastungen oder unzumutbaren Belästigungen oder
- zur Sicherung der örtlichen Energieversorgung oder
- aus Gründen der Schonung der natürlichen Lebensgrundlagen, insbesondere zum Schutz des Klimas und der allgemeinen Energieeinsparung

gerechtfertigt ist.

213 Vor dem Hintergrund der voranschreitenden kommunalen Wärmeplanung dürfte damit zu rechnen sein, dass Gemeinden vermehrt von ihrer Ermächtigung zur Anordnung eines Anschluss- und Benutzungszwangs Gebrauch machen werden. Dies bereits aus Gründen besserer Planbarkeit und zur Sicherung der Finanzierung von Wärmenetzen. Dies führt freilich zu einer nur noch eingeschränkten Wahlfreiheit der Gebäudeeigentümer bzw. Verfügungsberechtigten bezüglich der Auswahl des Energieträgers. Eine Befreiung vom Anschluss- und Benutzungszwang kommt regelmäßig nur unter engen Voraussetzungen in Betracht (Börstinghaus/Meyer/*von Staa* Das neue GEG § 6 Rn. 37). So ein Anschluss an ein Fernwärmenetz nicht gewünscht sein sollte, ist es daher ratsam, vor Inkrafttreten eines Anschluss- und Benutzungszwangs eine Neuanlage einzubauen und in Betrieb zu nehmen, um insoweit Bestandschutz gegenüber dem Anschluss- und Benutzungszwang geltend machen zu können (Börstinghaus/Meyer/*von Staa* a.a.O. m.w.N.).

7. Erfüllungsoptionen

a) Wahlfreiheit und Nachweispflicht

214 Nach § 71 Abs. 2 S. 1 GEG kann der Gebäudeeigentümer bzw. der nach § 8 GEG Verantwortliche frei wählen, mit welcher Heizungsanlage die Anforderungen des § 71 Abs. 1 GEG erfüllt werden. Da das Gesetz letztlich jede Heizung auf Grundlage von erneuerbaren Energien und unterschiedliche Kombinationen von Techniken zulässt, muss nach § 71 Abs. 2 S. 2 GEG ein Nachweis erbracht werden, dass ein Mindestanteil von 65 % erneuerbarer Energie oder unvermeidbarer Abwärme für das Heizen verwendet wird. Von erheblicher praktischer Bedeutung sind die Ausnahmen von der Nachweispflicht. Die Nachweispflicht des § 71 Abs. 2 S. 2 GEG besteht nämlich nicht bei
- einem Anschluss an ein Wärmenetz (Rdn. 219),
- dem Einbau einer elektrisch angetriebenen Wärmepumpe (Rdn. 223),

- dem Einbau einer Stromdirektheizung (Rdn. 225),
- dem Einbau einer solarthermischen Anlage (Rdn. 227),
- dem Einbau einer Heizungsanlage zur Nutzung von grünem oder blauem Wasserstoff (Rdn. 228),
- dem Einbau einer Wärmepumpen-Hybridheizung (Rdn. 233) sowie
- dem Einbau einer Solarthermie-Hybridheizung (Rdn. 234).

In diesen Fällen wird die Erfüllung der Vorgabe des § 71 Abs. 1 GEG unterstellt, wonach 65 % Erneuerbare Energien in die Wärmeerzeugung eingebunden sind. 215

In anderen Fällen ist die Einhaltung der Anforderungen auf Grundlage von Berechnungen nach der DIN V 18599: 2018–09 durch eine nach § 88 GEG berechtigte Person nachzuweisen. § 88 GEG regelt die zur Ausstellung von Energieausweisen berechtigten Personen. Hierzu sind u.a. insbesondere Architekten, Ingenieure, aber auch qualifizierte Schornsteinfeger berechtigt (siehe Rdn. 342 ff.). Der Nachweis der Einhaltung der Anforderungen ist gem. § 71 Abs. 2 S. 2 GEG vor Inbetriebnahme der Heizungsanlage einzuholen. 216

Der Gebäudeeigentümer bzw. der nach § 8 GEG Verantwortliche ist nach § 71 Abs. 2 S. 3 GEG verpflichtet, die Heizungsanlage nach den Anforderungen des Nachweises einzubauen oder aufzustellen und zu betreiben. Werden die Anforderungen missachtet, stellt dies nach § 108 Abs. 1 Nr. 12 GEG eine bußgeldbewehrte Ordnungswidrigkeit dar, die nach § 108 Abs. 2 S. 1 Nr. 3b) GEG mit einem Bußgeld bis zu 5.000 € geahndet werden kann. Der Nachweis ist von dem Eigentümer bzw. dem nach § 8 GEG Verantwortlichen und von dem Aussteller mindestens 10 Jahre aufzubewahren. Auf Verlangen ist er der nach Landesrecht zuständigen Behörde sowie dem bevollmächtigten Bezirksschornsteinfeger vorzulegen. Bei den jeweils landesrechtlich zuständigen Behörden handelt es sich um die Bauaufsichtsbehörden der Gemeinden und Verwaltungsgemeinschaften. Die Aufbewahrungsfrist läuft taggenau und beginnt nicht erst mit Ablauf des Kalenderjahres. 217

Bei den nachfolgend dargestellten Erfüllungsoptionen bedarf es nach § 71 Abs. 3 S. 1 GEG keines Nachweises über die Erfüllung der 65%-EE-Vorgabe des § 71 Abs. 1 GEG. Wird eine dieser Beheizungsvarianten gewählt, wir die Erfüllung dieser Vorgabe vielmehr unterstellt bzw. fingiert. 218

b) Anschluss an ein Wärmenetz

Am unkompliziertesten gestaltet sich der Anschluss an ein Wärmenetz, also an ein Nah- oder Fernwärmenetz, wobei ein Unterschied zwischen Nahwärme und Fernwärme tatsächlich nicht besteht, da die Technik die gleiche ist. Von erheblicher praktischer Bedeutung ist die Übergangsfrist des § 71j GEG bei Neu- und Ausbau eines Wärmenetzes. § 71j GEG lässt die Inbetriebnahme sowie den Weiterbetrieb von Heizungsanlagen zu, die nicht der 65 %-EE-Vorgabe des § 71 Abs. 1 GEG entsprechen, wenn der Anschluss an ein Wärmenetz zum Zeitpunkt der Inbetriebnahme noch nicht möglich, aber absehbar oder wahrscheinlich ist. Das kann der Fall sein, wenn ein neues Wärmenetz geplant, aber noch nicht fertig gestellt ist, oder die Erweiterung eines bestehenden Wärmenetzes geplant ist. Selbstverständlich muss sich die Heizungsanlage im Gebiet des geplanten Ausbaus befinden, in dem der Ausbau noch nicht abgeschlossen ist. 219

Voraussetzung ist, dass der Eigentümer bzw. die GdWE mit dem Netzbetreiber einen Vertrag zur Lieferung von mindestens 65 % Wärme aus erneuerbaren Energien oder unvermeidbarer Abwärme sowie zum Anschluss des Gebäudes an ein Wärmenetz nachweist. Auf Basis dieses Vertrags muss die GdWE ab dem Zeitpunkt des Anschlusses des Gebäudes an das Wärmenetz, spätestens jedoch innerhalb von 10 Jahren nach Vertragsschluss, beliefert werden. Für die Erfüllung dieser Voraussetzung genügt jede Art der Vereinbarung mit dem Wärmelieferanten. Auch vorvertragliche Vereinbarungen genügen, wenn die Bedingungen der künftigen Wärmelieferung noch nicht abschließend festgelegt werden können (BT-Drs. 20/6875, 121). Es genügt daher die Vereinbarung des künftigen Anschlusses und Wärmebezugs. Die Vertragsparteien sollten mit Blick auf den zeitlichen »Fahrplan« geeignete Regelungen für den Fall einer Rechtsnachfolge auf beiden Seiten aufnehmen. Nach Auffassung des Gesetzgebers sollte das Recht zur einseitigen Vertragslösung möglichst ausgeschlossen werden (BT-Drs. 20/6875, 121). 220

221 Der Netzbetreiber hat der nach Landesrecht zuständigen Behörde einen Investitionsplan vorzulegen. Er hat darin darzulegen wie er eine Wärmeversorgung des betreffenden Gebiets spätestens bis zum 01.01.2035 realisieren will. Dem Eigentümer bzw. der GdWE hat er auf Verlangen zu bestätigen, dass die gesetzlichen Vorgaben an den Ausbau bzw. Neubau des Wärmenetzes erfüllt sind bzw. erfüllt werden. Stellt die zuständige Behörde fest, dass die Umsetzung des Wärmenetzausbaufahrplans zum Wärmenetzausbau vollständig oder für bestimmte Gebiete nicht weiterverfolgt wird, ergeht ein entsprechender Feststellungsbescheid der Behörde. Dieser Bescheid ist mit Rechtsmitteln durch die Verwaltungsgerichte überprüfbar. Im Fall seiner Bestandskraft ist dies öffentlich bekannt zu geben. Wie die Bekanntgabe zu erfolgen hat, lässt sich weder dem Gesetz noch seiner Begründung entnehmen. Mutmaßlich wird diese entsprechend der Regelung zur Wärmeplanung in § 23 Abs. 3 WPG über das Internet veröffentlicht. Folge ist nun, dass nach § 71j Abs. 2 GEG alle bis ein Jahr nach der öffentlichen Bekanntmachung der Bestandskraft eingebauten Heizungen, die nicht der 65 %-EE-Vorgabe des § 71 Abs. 1 GEG genügen, innerhalb einer Übergangsfrist von 3 Jahren dieser Vorgabe genügen müssen – entweder durch entsprechende Umrüstung oder einen Austausch. Für diesen Fall steht also nicht der allgemeine Übergangszeitraum des § 71i GEG von fünf Jahren zur Verfügung, sondern nur der Dreijahreszeitraum des § 71j Abs. 2 GEG. Kann die Heizungsanlage unabhängig hiervon nicht binnen der 10-Jahres-Frist über das Wärmenetz mit mindestens 65 % Wärme aus erneuerbaren Energien oder unvermeidbarer Abwärme betrieben oder versorgt werden, ist der Gebäudeeigentümer gemäß § 71j Abs. 3 GEG verpflichtet, die Anforderung nach § 71 Abs. 1 GEG nach Ablauf von drei Jahren ab Ablauf der Zehnjahresfrist einzuhalten. Auch in diesem Fall steht also nicht die Fünfjahresfrist des § 71i GEG zur Verfügung.

222 Für den Fall, dass der Wärmenetzbetreiber den Netzausbau vollständig oder für bestimmte Bereiche nicht weiterverfolgt oder ihn nicht innerhalb der 10-Jahres-Frist des § 71j Abs. 1 S. 1 Nr. 3 GEG bewerkstelligen kann, hat der Gebäudeeigentümer nach § 71j Abs. 4 GEG einen Anspruch gegen den Wärmenetzbetreiber auf Erstattung von Mehrkosten, die ihm entstehen, weil er anderweitig für eine Wärmeversorgung in Erfüllung der 65 %-EE-Vorgabe des § 71 Abs. 1 GEG zu sorgen hat. Der Ersatzanspruch besteht allerdings dann nicht, wenn der Wärmenetzbetreiber etwaige Mehrkosten nicht zu vertreten hat.

c) Wärmepumpe

223 § 71c GEG regelt schlicht, dass die Anforderungen des § 71 Abs. 1 GEG als erfüllt gelten, wenn eine oder mehrere Wärmepumpen den Wärmebedarf des Gebäudes oder der über ein Gebäudenetz verbundenen Gebäude decken. Nach § 3 Nr. 9a GEG ist ein Gebäudenetz ein Netz zur ausschließlichen Versorgung mit Wärme und Kälte von mindestens zwei bis sechzehn Gebäuden und bis zu einhundert Wohneinheiten. Die Grenze von einhundert Wohneinheiten ist nicht auf Gewerberäume übertragbar. Für reine bzw. überwiegende Gewerbeimmobilien gilt daher nur die Grenze von bis zu sechzehn Gebäuden (BT-Drs. 20/6875, 106).

224 Unverzichtbare Voraussetzung ist, dass die Wärmepumpe elektrisch betrieben wird. Sie darf also nicht etwa mit einem Verbrennungsmotor betrieben werden.

d) Stromdirektheizung

225 Zunächst definiert § 3 Abs. 1 Nr. 29 GEG die Stromdirektheizung als ein Gerät zur direkten Erzeugung von Raumwärme durch Ausnutzung des elektrischen Widerstands auch in Verbindung mit Festkörper-Wärmespeichern. Letztlich handelt es sich schlicht um Heizungen, die mittels Elektrostroms betrieben werden. Die Vorgaben bezüglich der Verwendung derartiger Heizungen regelt § 71d GEG. Zu beachten ist allerdings, dass die nachfolgenden Regelungen nur für Stromdirektheizungen gelten, die mit dem Gebäude verbunden sind. Steckerfertige Geräte fallen nicht darunter (BT-Drs. 20/6875, 132).

226 Die Wärmeversorgung mittels Stromdirektheizung dürfte im Bereich des Wohnungseigentums keine wirkliche Rolle spielen. Jedenfalls darf eine Stromdirektheizung nach § 71d Abs. 2 GEG zum Zweck

der Inbetriebnahme nur eingebaut oder aufgestellt werden, wenn das Gebäude die Anforderungen an den baulichen Wärmeschutz nach den §§ 16 und 19 GEG um mindestens 30 % unterschreitet. Verfügt das Bestandsgebäude bereits über eine Heizungsanlage mit Wasser als Wärmeträger, ist der Einbau einer Stromdirektheizung nur zulässig, wenn das Gebäude die Anforderungen an den baulichen Wärmeschutz nach den §§ 16 und 19 GEG um mindestens 45 % unterschreitet.

e) Solarthermische Anlagen

Die Anforderungen an eine solarthermische Anlage regelt § 71e GEG. Er übernimmt weitgehend 227 den Regelungsgehalt des § 35 Abs. 3 GEG 2020, der mit dem GEG 2024 aufgehoben wurde. Bei einer solarthermischen Anlage, die mit Flüssigkeiten als Wärmeträger genutzt wird, müssen die darin enthaltenen Kollektoren oder das System mit dem europäischen Prüfzeichen »Solar Keymark« zertifiziert sein, so nicht eine CE-Kennzeichnung zwingend erforderlich ist. Im Unterschied zu Photovoltaikanlagen, die der Stromerzeugung dienen, wandeln Solarthermieanlagen Sonnenenergie in Wärme um. Diese Wärme wird zum Erhitzen des Trinkwassers oder zum Heizen genutzt. Die in aller Regel auf das Hausdach montierten Sonnenkollektoren werden mit der Heizungsanlage im Keller verbunden.

f) Anlagen zur Nutzung flüssiger oder gasförmiger Biomasse

Nach § 71f Abs. 1 GEG hat der Betreiber einer mit flüssigen oder gasförmigen Brennstoffen 228 beschickten Heizungsanlage sicherzustellen, dass mindestens 65 % der mit der Anlage bereitgestellten Wärme aus Biomasse oder grünem oder blauem Wasserstoff einschließlich daraus hergestellter Derivate erzeugt wird. Dem Betreiber steht auch der Nachweis nach § 71 Abs. 2 S. 4 GEG offen, der einen geringeren Anteil der mit der Anlage bereitgestellten Wärme aus Biomasse oder grünem oder blauem Wasserstoff einschließlich daraus hergestellter Derivate erlaubt. Der Betreiber hat nach § 71f Abs. 2 GEG sicherzustellen, dass die eingesetzte flüssige Biomasse die Anforderungen an einen nachhaltigen Anbau und eine nachhaltige Herstellung der Biomassestrom-Nachhaltigkeitsverordnung (vom 02.12.2021, BGBl. 2021 I 5126) in der jeweils geltenden Fassung erfüllt. Diese regelt die Anforderungen an landwirtschaftliche und forstwirtschaftliche Biomasse.

Nach § 108 Abs. 1 Nr. 17 GEG stellt es eine bis 5.000 € bußgeldbewehrte Ordnungswidrigkeit dar, 229 wenn der Betreiber der Anlage entgegen § 71f Abs. 1 S. 1 GEG nicht sicherstellt, dass mindestens 65 % der mit der Anlage bereitgestellten Wärme aus Biomasse oder grünem oder blauem Wasserstoff einschließlich daraus hergestellter Derivate erzeugt werden. Ergänzend regelt § 108 Abs. 1 Nr. 30 GEG einen mit 5.000 € bewehrten Ordnungswidrigkeitstatbestand, wenn entgegen § 96 Abs. 5 S. 2 GEG eine Abrechnung nicht oder nicht mindestens 5 Jahre aufbewahrt wird. Nach vorgenannter Vorschrift sind im Fall der Nutzung von flüssiger oder gasförmiger Biomasse oder grünem oder blauem Wasserstoff einschließlich daraus hergestellter Derivate die Abrechnungen und Bestätigungen in den ersten fünfzehn Jahren nach Inbetriebnahme der Heizungsanlage von dem Eigentümer oder Belieferten jeweils mindestens fünf Jahre nach Lieferung aufzubewahren. Die Abrechnungen und Bestätigungen sind im Übrigen der nach Landesrecht zuständigen Behörde, also den Bauaufsichtsämtern, auf Verlangen vorzulegen.

g) Anlagen zur Nutzung fester Biomasse

Da nachhaltig erzeugte Biomasse nur begrenzt verfügbar ist und voraussichtlich aufgrund der Nach- 230 frage in verschiedenen Sektoren teurer wird, empfiehlt sich diese Option vor allem in Bestandsgebäuden, in denen andere Lösungen nicht sinnvoll oder machbar sind. Dies kann beispielsweise für Wohnanlagen gelten, die schwer zu sanieren sind oder unter Denkmalschutz stehen. Die Nutzung nach § 71g GEG hat in einem automatisch beschickten Biomasseofen mit Wasser als Wärmeträger oder einem Biomassekessel zu erfolgen. Es darf ausschließlich Biomasse eingesetzt werden aus naturbelassenem stückigen Holz einschließlich Rinde (u.a. Scheitholz, Hackschnitzeln, Reisig), naturbelassenem nicht stückigen Holz (u.a. Sägemehl, Späne, Rinde), Presslingen aus naturbelassenem Holz in Form von Holzbriketts oder in Form von Holzpellets, Stroh und ähnlichen pflanzlichen

Stoffen, nicht als Lebensmittel bestimmtem Getreide (u.a. Getreidebruchkörner, Getreideganzpflanzen, Getreideausputz, Getreidespelzen sowie Pellets hieraus).

231 Nach § 108 Abs. 1 Nr. 18 GEG stellt es eine bis 5.000 € bußgeldbewehrte Ordnungswidrigkeit dar, wenn der Betreiber der Anlage entgegen § 71g Nr. 1 oder Nr. 2 GEG nicht sicherstellt, dass die Nutzung der festen Biomasse in einem automatisch beschickten Biomasseofen mit Wasser als Wärmeträger oder einem Biomassekessel erfolgt und ausschließlich dort genannte Biomasse eingesetzt wird.

h) Wärmepumpen-/Solarthermie-Hybridheizung

232 § 71h GEG ermöglicht eine Kombination verschiedener Wärmeerzeuger mit einer elektrisch angetriebenen Wärmepumpe.

aa) Wärmepumpen-Hybridheizung

233 § 71h Abs. 1 GEG regelt die Vorgaben für eine Wärmepumpen-Hybridheizung. Hiernach ist Voraussetzung, dass ein Vorrang für die Wärmepumpe insoweit besteht, dass die Wärmeerzeugung primär mittels Wärmepumpe erfolgt und der weitere Wärmeerzeuger nur dann zum Einsatz kommt, wenn der Wärmebedarf nicht mehr von der Wärmepumpe allein gedeckt werden kann. Dienen als Wärmeerzeuger also etwa eine elektrische Wärmepumpe und ein Gaskessel, kann der Gaskessel erst dann in Betrieb genommen werden, wenn allein die Wärmepumpe nicht in der Lage ist, ausreichend Wärmeenergie zu erzeugen. Voraussetzung ist weiter, dass es sich beim dem Spitzenlasterzeuger im Fall des Einsatzes von gasförmigen oder flüssigen Brennstoffen um einen Brennwertkessel handelt.

bb) Solarthermie-Hybridheizung

234 Solarthermie-Hybridheizungen können nach § 71 h Abs. 3 GEG in Kombination mit einer Gas-, Biomasse oder Flüssigbrennstofffeuerung betrieben werden. Folgende Voraussetzungen müssen erfüllt sein:

– bei Wohngebäuden mit höchstens zwei Wohneinheiten eine Fläche von mindestens 0,07 m^2 Aperturfläche je Quadratmeter Nutzfläche oder
– bei Wohngebäuden mit mehr als zwei Wohneinheiten oder Nichtwohngebäuden eine Fläche von mindestens 0,06 m^2 Aperturfläche je Quadratmeter Nutzfläche.

235 Unter der Aperturfläche versteht man die Lichteintrittsfläche eines Sonnenkollektors. Durch sie gelangen die Sonnenstrahlen in den Kollektor. Nur Licht, das durch die Lichteintrittsfläche in den Kollektor gelangt, kann in Wärme umgewandelt werden. Die Aperturfläche wird auch als Pflichtkollektorfläche bezeichnet, die für Neubauten nach dem Erneuerbare-Energien-Gesetz (EEG) vorgeschrieben ist. Außerdem dient sie als Bezugsfläche bei der DIN-Prüfung.

236 Sind die Voraussetzungen an die Mindestaperturfläche erfüllt, kann die solarthermische Anlage mit einem Deckungsanteil von rund 15 % berücksichtigt werden. Dementsprechend müssen noch weitere 50 % der Wärme mit erneuerbaren Energien mittels Biomasse oder grünem oder blauem Wasserstoff gedeckt werden, sodass die 65 %-EE-Vorgabe des § 71 Abs. 1 GEG erfüllt ist. Sofern die Aperturfläche der solarthermischen Anlage kleiner ist als in § 71h Abs. 2 GEG vorgegeben, muss nach § 71h Abs. 5 GEG entsprechend der Reduktion der Aperturfläche der Anteil der mit der Anlage bereitgestellten Wärme aus Biomasse oder grünem oder blauem Wasserstoff einschließlich daraus hergestellter Derivate erhöht werden.

i) Erdgas-/Wasserstoff-Hybridheizungen

237 Zunächst ist zu beachten, dass derzeit eine Versorgung mit grünem oder blauem Wasserstoff einschließlich daraus hergestellter Derivate noch nicht möglich. Hierzu müssen die Betreiber die bestehenden Netze erst umrüsten oder neue Netze errichten. Dies hindert allerdings nicht den Einbau einer Gas-/Wasserstoff-Hybridheizung. Diese darf nämlich zunächst allein mit Gas betrieben werden. Sie muss nur zu 100 % auf Wasserstoff umrüstbar sein. Das ist nach § 71k Abs. 7 GEG

dann der Fall, wenn sie mit »niederschwelligen« Maßnahmen nach dem Austausch einzelner Bauteile mit 100 % Wasserstoff betrieben werden kann. Maßnahmen sind dann niederschwellig, wenn sie im Verhältnis zu den Anschaffungs- und Installationskosten verhältnismäßig gering sind. Der Nachweis der Umrüstbarkeit auf 100 % Wasserstoff kann durch eine Hersteller- oder Handwerkererklärung erbracht werden (BT-Drs. 20/7619, 95).

Nach § 71k Abs. 1 GEG kann bis zum Anschluss an ein Wasserstoffnetz eine Heizungsanlage eingebaut und aufgestellt werden, die Erdgas verbrennen kann und auf die Verbrennung von 100 % Wasserstoff umrüstbar ist, auch wenn sie nicht die Anforderungen von § 71 Abs. 1 oder Abs. 9 GEG zur Wärmeerzeugung erfüllt. 238

Voraussetzung ist, dass 239

- das Gebäude in einem Gebiet liegt, für das die zuständige Behörde unter Berücksichtigung eines Wärmeplans eine Entscheidung über die Ausweisung als Wasserstoffnetzausbaugebiet getroffen hat. Der Wärmeplan muss auf Grundlage einer bundesgesetzlichen Regelung zur Wärmeplanung erstellt worden sein, also auf Grundlage einer kommunalen Wärmeplanung nach dem am 01.01.2024 in Kraft getretenen Wärmeplanungsgesetz. Hieraus folgt, dass wohl eine kommunale Wärmeplanung, die vor Inkrafttreten des GEG 2024 veröffentlicht wurde, keine geeignete Grundlage darstellt. Abschließend und sicher kann das allerdings nicht beurteilt werden, da eine nach § 5 Abs. 1 WPG auf Grundlage des Landesrechts erfolgte Wärmeplanung weiterhin maßgeblich sein soll.
- die zuständige Behörde eine Entscheidung über die Ausweisung als Wasserstoffnetzausbaugebiet getroffen hat und
- dieses spätestens bis zum Ablauf des 31.12.2044 vollständig mit Wasserstoff versorgt werden soll.

Weitere Voraussetzung ist, dass der Betreiber des Gasverteilernetzes, an dessen Netz die Heizungsanlage angeschlossen ist, und die zuständige Behörde bis zum Ablauf des 30.06.2028 einen einvernehmlichen und verbindlichen Fahrplan für die bis zum Ablauf des 31.12.2044 zu vollendende Umstellung der Netzinfrastruktur auf die vollständige Versorgung der Anschlussnehmer mit Wasserstoff beschlossen und veröffentlicht haben. 240

Der Fahrplan muss nach § 71k Abs. 3 GEG seitens der Bundesnetzagentur geprüft und genehmigt werden. Wird der Fahrplan genehmigt, wird die Genehmigung veröffentlicht. Wie im Fall der Wärmeplanung nach dem WPG, dürfte die Veröffentlichung über das Internet erfolgen, und zwar über den Internet-Auftritt der Bundesnetzagentur. Kommt die Bundesnetzagentur zum Ergebnis, dass die Umsetzung des Fahrplans nicht die Anforderungen des § 71k Abs. 1 GEG erfüllt und wird deshalb der Fahrplan nicht von ihr genehmigt, ergeht ein entsprechender Feststellungsbescheid gegenüber der betreffenden Gemeinde. Dieser Bescheid ist mittels entsprechender Rechtsmittel gerichtlich überprüfbar. Im Fall der Bestandskraft des Feststellungsbescheids, muss die Bestandskraft öffentlich bekannt gegeben werden. Folge ist nun, dass alle innerhalb eines Jahres nach der öffentlichen Bekanntmachung der Bestandskraft eingebauten Heizungen, die nicht der 65 %-EE-Vorgabe des § 71 Abs. 1 GEG genügen, innerhalb einer Übergangsfrist von drei Jahren dieser Vorgabe genügen müssen – entweder durch entsprechende Umrüstung oder einen Austausch. 241

Wird der Fahrplan seitens der Bundesnetzagentur genehmigt, überprüft sie ihn nach § 71k Abs. 3 S. 1 GEG alle drei Jahre. Kommt sie im Rahmen der Überprüfung zum Ergebnis, dass die beabsichtigte Umstellung oder der Neubau eines Wasserstoffverteilnetzes nicht weiterverfolgt wird, ergeht wiederum entsprechender Feststellungsbescheid. Auch die Bestandskraft dieses Feststellungsbescheids ist zu veröffentlichen. Auch in diesem Fall muss jede Heizungsanlage, die bis zum Ablauf eines Jahres nach Veröffentlichung der Bestandskraft der Entscheidung der Bundesnetzagentur eingebaut oder aufgestellt wurde, binnen einer Frist von drei Jahren nach der öffentlichen Bekanntgabe der Bestandskraft des Bescheids gegen eine solche getauscht werden, die den Vorgaben des § 71 Abs. 1 GEG entspricht, also das 65 %-EE-Kriterium erfüllt. 242

§ 71k Abs. 6 GEG verleiht dem Gebäudeeigentümer einen Anspruch auf Erstattung der daraus entstehenden Mehrkosten gegen den Betreiber des Gasverteilernetzes, an dessen Netz seine Heizungs- 243 anlage angeschlossen ist. Dies gilt allerdings nicht, wenn der Betreiber die Mehrkosten nicht zu vertreten hat. Wann dies der Fall ist, lässt sich weder dem Gesetz noch seinen Materialien entnehmen.

8. Etagenheizungen – Allgemeines

a) Grundsätze

244 § 71l Abs. 1 GEG regelt eine Übergangsfrist für Gebäude, in denen mindestens eine Etagenheizung betrieben wird. Die Vorgaben des § 71 Abs. 1 GEG sind hiernach fünf Jahre nach dem Zeitpunkt zu erfüllen, zu dem die erste Etagenheizung oder zentrale Heizungsanlage ausgetauscht und eine andere Heizungsanlage eingebaut oder aufgestellt wurde. Die Bestimmung ist maßgeblich nicht nur für ausschließlich dezentral beheizte Gebäude, sondern auch für gemischt versorgte Gebäude und solche, in denen neben den dezentralen Etagenheizungen nicht nur eine Zentralheizung betrieben wird, sondern die Versorgung mit Wärme durch **mehrere parallel arbeitende Zentralheizungen** erfolgt. Der Anwendungsbereich der Norm ist also nicht ausschließlich dann eröffnet, wenn die erste Etagenheizung ausgetauscht wird, sondern auch im Fall des Austauschs der Zentralheizung oder des Ausfalls einer der parallel arbeitenden Zentralheizungen (BT-Drs. 20/6875, 124).

245 Die Bestimmung gilt uneingeschränkt auch für den Bereich des Wohnungseigentums; § 71n GEG enthält insoweit lediglich konkretisierende Vorgaben für Wohnungseigentümergemeinschaften, insbesondere das Prozedere der Entscheidungsfindung und der Kostenverteilung im Innenverhältnis der Gemeinschaften betreffend. Entscheidend ist weiter, dass § 71l GEG eine Spezialvorschrift darstellt, die § 71 Abs. 1 GEG nicht verdrängt, sondern für den Fall der (teilweisen) Versorgung von Einheiten durch Etagenheizungen oder Etagenheizungen und einer Zentralheizung oder mehreren parallel arbeitenden Zentralheizungsanlagen ergänzende Regelungen enthält. Der Eigentümer bzw. die Wohnungseigentümer, müssen innerhalb der Fünf-Jahres-Frist seit dem Austausch der ersten Etagenheizung bzw. der Zentralheizung oder einer von mehreren parallel versorgenden Zentralheizungen zunächst nur eine Entscheidung über das weitere Schicksal der Beheizung treffen. Konkrete (Austausch-)Maßnahmen sind noch nicht erforderlich. Nach § 71l Abs. 1 S. 1 i.V.m. § 71i S. 2 GEG beginnt die Fünf-Jahres-Frist mit dem Tag, an dem erstmals Arbeiten zum Austausch einer Heizungsanlage durchgeführt werden. Abgestellt wird also nicht auf den Zeitpunkt eines etwaigen Ausfalls der jeweiligen Heizung.

246 Die Entscheidung, ob das gesamte Gebäude oder Teile der vorhandenen Wohnungen oder sonstigen Nutzungseinheiten auf eine zentrale Wärmeversorgung umgestellt werden sollen oder es bei einer dezentralen Versorgung verbleibt, ist dann nach § 71l Abs. 5 GEG dem bevollmächtigten **Bezirksschornsteinfeger** unverzüglich in Textform mitzuteilen. Auch wenn im Allgemeinen noch ein Zeitraum bis zwei Wochen bezüglich des Merkmals der Unverzüglichkeit toleriert wird (*BGH* NJW 2012, 1725), spielt dieses Merkmal keine größere Rolle, da die Mitteilung dem Bezirksschornsteinfeger innerhalb der Fünf-Jahres-Frist des § 71l Abs. 1 S. 1 GEG zugehen muss (BT-Drs. 20/6875, 127). Die Bestimmung ist also nicht so auszulegen, dass es ausreicht, die Entscheidung zwar innerhalb der Fünf-Jahres-Frist getroffen und dem Bezirksschornsteinfeger unverzüglich nach Fristablauft übermittelt zu haben.

b) Konstellationen

247 Letztlich sind drei Ausgangskonstellationen zu unterscheiden:

248 1. Bislang vollständig dezentrale Versorgung: Bei einer vollständig dezentralen Versorgung – sämtliche Einheiten werden bislang mit Etagenheizungen beheizt – können künftig
   – alle Einheiten an eine neue Zentralheizung angeschlossen werden,
   – Einheiten teilweise an eine Zentralheizung angeschlossen werden oder
   – alle Einheiten weiter über Etagenheizungen beheizt werden

249 2. Bislang gemischt versorgte Gebäude: In gemischt versorgten Gebäuden können künftig
   – alle dezentral, also mit Etagenheizung versorgten Einheiten an die Zentralheizung angeschlossen werden,

- teilweise vorhandene Etagenheizungen an die Zentralheizung angeschlossen werden oder
- teilweise an die Zentralheizung angeschlossene Einheiten ebenfalls dezentral mittels Etagenheizungen versorgt werden.

3. Künftig dezentrale Versorgung: Sowohl in einem gemischt versorgten Gebäude als auch in einem bislang vollständig zentral beheizten Gebäude können sich der oder die Eigentümer auch dafür entscheiden, künftig alle Einheiten dezentral mittels Etagenheizungen zu versorgen (BT-Drs. 20/6875, 125). 250

aa) Bislang vollständige dezentrale Versorgung

Vollständige Zentralisierung 251

Entscheiden sich die Wohnungseigentümer dafür, innerhalb der 5-Jahres-Frist des § 71l Abs. 1 GEG bei bislang vollständig dezentral versorgten Einheiten bzw. Wohnungen, auf eine vollständig zentrale Heizung umzustellen, verlängert sich die Fünf-Jahres-Frist des § 71l Abs. 1 GEG gemäß § 71l Abs. 2 S. 1 GEG bis zur Fertigstellung der zentralen Heizungsanlage längstens um weitere 8 Jahre. Insoweit ergibt sich also ein Höchstzeitraum von 13 Jahren. 252

Teilweise Zentralisierung 253

Im Fall der Entscheidung für eine teilweise Zentralisierung gilt die 13-Jahres- Frist für alle von der Zentralisierung betroffenen Wohn- und Nutzungseinheiten. Für die nicht von der Zentralisierung betroffenen Wohn- oder Nutzungseinheiten gilt dies nicht. 254

▶ **Beispiel:**

Das Gebäude besteht aus 12 Wohn- bzw. Nutzungseinheiten. Die Beheizung erfolgt bislang dezentral. Am 25.10.2025 muss die erste Etagenheizung ausgetauscht werden. Die Wohnungseigentümer entscheiden sich, sechs Einheiten an eine Zentralheizung anzuschließen, sechs Einheiten sollen weiterhin dezentral mit Wärme versorgt werden. 255

Zunächst steht für die Entscheidungsfindung ein Zeitfenster bis Ende Oktober des Jahres 2030 offen. Bis zur Entscheidungsfindung können sämtliche Etagenheizungen der 12 Wohn- bzw. Nutzungseinheiten durch solche ausgetauscht werden, die nicht die 65 %-EE-Vorgabe des § 71 Abs. 1 GEG erfüllen.

Zunächst steht für die Entscheidungsfindung ein Zeitfenster bis Ende Februar des Jahres 2031 offen. Bis zur Entscheidungsfindung können sämtliche Etagenheizungen der 10 Wohn- bzw. Nutzungseinheiten durch solche ausgetauscht werden, die nicht die 65 %-EE-Vorgabe des § 71 Abs. 1 GEG erfüllen. 256

Situation der von der Zentralisierung betroffenen Einheiten 257

Spätestens nach Ablauf der Fünf-Jahres-Frist des § 71l Abs. 1 GEG, vom Ausgangsbeispiel ausgegangen also Ende Februar 2031, steht ein weiteres Zeitfenster für die Errichtung der Zentralheizung und die hiermit verbundenen erforderlichen Maßnahmen zur Schaffung der entsprechenden Infrastruktur von 8 Jahren zur Verfügung. Die sechs von der Zentralisierung betroffenen Einheiten müssen also erst bis spätestens Ende Februar des Jahres 2039 an die Zentralheizung angeschlossen werden. 258

Ist die Zentralheizung vor Ablauf des Höchstzeitraums errichtet, sind die Etagenheizungen an die Zentralheizung anzuschließen. Zum Zeitpunkt der Fertigstellung der Zentralheizung noch intakte Etagenheizungen müssen aber erst dann an diese angeschlossen werden, wenn sie irreparabel defekt sind. Bis zu diesem Zeitpunkt können sie weiter betrieben werden. 259

Für den Fall einer zwischenzeitlichen Havarie einer dieser Etagenheizungen kann auch eine Etagenheizung eingebaut werden, die nicht die 65 %-EE-Vorgabe des § 71 Abs. 1 GEG erfüllt. Dies gilt bis zum Zeitpunkt der Fertigstellung der Zentralheizung, also spätestens 13 Jahre nach dem Ausfall der ersten Etagenheizung. In diesem Zwischenzeitraum eingebaute neue Etagenheizungen sind nach 260

§ 71 Abs. 2 S. 3 GEG nach Ablauf eines weiteren Jahres an die Zentralheizung anzuschließen. Dies gilt auch für den Fall, dass sie keine Defekte aufweisen.

261 *Situation der nicht von der Zentralisierung betroffenen Einheiten*

262 Alle von der Zentralisierung nicht betroffenen Wohn- oder Nutzungseinheiten müssen nach Ablauf der Fünf-Jahres-Frist die 65 %-EE-Vorgabe des § 71 Abs. 1 GEG erfüllen, so sie ausgetauscht werden müssen. Bis zum Ablauf der Fünf-Jahres-Frist kann im Fall eines irreparablen Defekts einer Etagenheizung eine solche eingebaut werden, die nicht die 65 %-EE-Vorgabe des § 71 Abs. 1 GEG erfüllt. Innerhalb der Fünf-Jahres-Frist ausgetauschte Etagenheizungen müssen spätestens ein Jahr nach Fristablauf die Vorgabe des § 71 Abs. 1 GEG erfüllen. Dies gilt unabhängig davon, ob sie defekt oder noch intakt sind.

263 *Weitere Beheizung über Etagenheizung*

264 Für den Fall, dass alle Etagenheizungen weiterhin betrieben werden sollen, gilt das zur »Situation der nicht von der Zentralisierung betroffenen Einheiten« entsprechend.

bb) Gemischt versorgte Gebäude

265 *Vollständige Zentralisierung*

266 Entscheiden sich die Wohnungseigentümer innerhalb der Fünf-Jahres-Frist des § 71l Abs. 1 GEG dafür, alle bislang noch dezentral versorgten Einheiten künftig auch durch eine Zentralheizung zu versorgen, gelten für diese Einheiten die Vorgaben des § 71 Abs. 1 GEG gemäß § 71l Abs. 2 S. 6 GEG als erfüllt, wenn diese an die bereits bestehende Zentralheizung angeschlossen werden. Für den Fall, dass die vorhandene Zentralheizung nicht ausreichend dimensioniert sein sollte, folglich also eine neue Zentralheizung einzubauen ist, gilt wiederum der weitere Acht-Jahres-Zeitraum des § 71l Abs. 2 S. 2 GEG. Spätestens dann muss die neue Zentralheizung eingebaut sein und zu diesem Zeitpunkt defekt werdende Etagenheizungen an die Zentralheizung angeschlossen werden. Ist die Zentralheizung fertig gestellt, haben sich diejenigen Wohnungseigentümer, die von der Zentralisierungsentscheidung betroffen sind, spätestens dann an die zentrale Heizungsanlage anzuschließen, wenn ihre Anlage irreparabel defekt ist und ausgetauscht werden muss (BT-Drs. 20/6875, 145). Für zwischenzeitlich ausgetauschte defekte Etagenheizungen gilt, dass diese innerhalb des Höchstzeitraums durch solche ersetzt werden können, die nicht die 65 %-EE-Vorgabe des § 71 Abs. 1 GEG erfüllen. Spätestens ein Jahr nach Errichtung der Zentralheizung müssen diese aber an die Zentralheizung angeschlossen werden. Dies gilt unabhängig davon, ob sie defekt oder noch intakt sind.

267 *Mehrzentralisierung*

268 Im Fall gemischt versorgter Gebäude kann auch die Situation eintreten, dass sich die Eigentümer für eine Mehrzentralisierung entscheiden, also bislang durch Gasetagenheizung versorgte Einheiten ebenfalls künftig an die Zentralheizung anzuschließen, andere Einheiten aber weiterhin über Etagenheizung zu versorgen. Dies bietet sich insbesondere dann an, wenn die Zentralheizung ausreichend dimensioniert ist, weitere Wohn- oder Nutzungseinheiten versorgen zu können. Für die bereits zentralisierten Einheiten gelten insoweit keine Besonderheiten. Werden die von der Zentralisierung betroffenen Einheiten an die Zentralheizung angeschlossen, gelten nach § 71l Abs. 2 S. 6 GEG die Anforderungen des § 71 Abs. 1 GEG als erfüllt. Dies gilt auch dann, wenn die Zentralheizung (noch) nicht den Anforderungen des § 71 Abs. 1 GEG entspricht.

269 Im Übrigen müssen alle von der Zentralisierung nicht betroffenen Wohn- oder Nutzungseinheiten nach Ablauf der Fünf-Jahres-Frist die 65 %-EE-Vorgabe des § 71 Abs. 1 GEG erfüllen, so sie ausgetauscht werden müssen. Bis zum Ablauf der Fünf-Jahres-Frist kann im Fall eines irreparablen Defekts einer Etagenheizung eine solche eingebaut werden, die nicht die 65 %-EE-Vorgabe des § 71 Abs. 1 GEG erfüllt. Innerhalb der 5-Jahres-Frist ausgetauschte Etagenheizungen müssen spätestens

ein Jahr nach Fristablauf die Vorgabe des § 71 Abs. 1 GEG erfüllen. Dies gilt unabhängig davon, ob sie defekt oder noch intakt sind.

cc) Künftig dezentrale Versorgung

§ 71l Abs. 3 GEG ermöglicht durchaus auch die Konstellation, dass bisher zentral beheizte Wohnungen künftig dezentral per Etagenheizung beheizt werden können (BT-Drs. 20/6875, 125). Sowohl in einem gemischt versorgten Gebäude als auch in einem bislang vollständig zentral beheizten Gebäude können sich die Wohnungseigentümer also auch dafür entscheiden, künftig alle Einheiten dezentral mittels Etagenheizungen zu versorgen. Auch hier muss jede nach Ablauf der Fünf-Jahres-Frist des § 71l Abs. 1 GEG eingebaute oder aufgestellte Etagenheizung die 65 %-EE-Vorgabe des § 71 Abs. 1 GEG erfüllen. Innerhalb der Fünf-Jahres-Frist ausgetauschte Etagenheizungen müssen spätestens ein Jahr nach Fristablauf die Vorgabe des § 71 Abs. 1 GEG erfüllen. Dies gilt unabhängig davon, ob sie defekt oder noch intakt sind. 270

c) Unterbliebene Entscheidung

Treffen die Wohnungseigentümer nicht innerhalb der Fünf-Jahres-Frist des § 71l Abs. 1 GEG eine Entscheidung, wie die künftige Beheizung ausgestaltet werden soll, besteht nach § 71l Abs. 4 S. 1 GEG die unumschränkte Pflicht zur vollständigen Umstellung auf eine zentrale Heizungsanlage, die der 65 %-EE-Vorgabe des § 71 Abs. 1 GEG entspricht. Von erheblicher Bedeutung ist insoweit die Bestimmung des § 71l Abs. 4 S. 2 GEG, die bezüglich der Umstellung die Vorgaben von § 71l Abs. 2 GEG anordnet. Die GdWE wird also so gestellt, wie sie stünde, hätte sie sich selbst für die Zentralisierung entschieden. Konsequenz: Auch in diesem Fall steht der weitere Acht-Jahres-Zeitraum des § 71l Abs. 2 S. 1 GEG zur Umsetzung zur Verfügung. 271

d) Einzelraumfeuerungsanlagen

Sämtliche Ausführungen bezüglich der Etagenheizungen gelten nach § 71l Abs. 6 GEG auch für Gebäude, in denen mindestens eine Einzelraumfeuerungsanlage i.S.d. § 2 Nr. 3 der Verordnung über kleine und mittlere Feuerungsanlagen zur Erzeugung von Raumwärme, Warmwasser oder einer Kombination davon betrieben wird, sobald die erste Einzelraumfeuerungsanlage zum Zweck der Inbetriebnahme in dem Gebäude eingebaut oder aufgestellt wurde. Gängige Einzelraumfeuerungsanlagen sind Kaminöfen und Kachelöfen. Von der Vorschrift des § 71l Abs. 6 GEG sind sowohl handbeschickte (etwa mit Kohle, Holz oder Öl) als auch automatisch (etwa mit Gas) beschickte Einzelraumfeuerungsanlagen erfasst. Ausgenommen sind Feuerungsanlagen, die primär Kochzwecken dienen, ausgenommen ist auch der Austausch von Stromdirektheizungen nach § 71d Abs. 3 GEG (BT-Drs. 20/6875 S. 127). Der Wortlaut der Norm scheint zunächst verwirrend, da auf den Zeitpunkt des Einbaus der Einzelraumfeuerungsanlage abgestellt wird. Allerdings ordnet § 71l Abs. 6 GEG die Anwendung der Absätze 1 bis 5 GEG an. Nach § 71l Abs. 1 GEG gilt, dass die Fünf-Jahres-Frist erst mit Beginn der Arbeiten im Hinblick auf den Einbau einer neuen Etagenheizung infolge irreparablen Defekts beginnt. Nichts anderes gilt im Fall der Einzelraumfeuerungsanlagen. 272

9. Etagenheizungen – Umsetzung im Wohnungseigentum

§ 71n GEG regelt die Umsetzung eines erforderlich werdenden Austauschs von Etagenheizungen in Wohnungseigentumsanlagen. Das Pflichtenprogramm des § 71n GEG knüpft – anders als die Übergangsregelung des § 71l Abs. 1 GEG – nicht an den Austausch der ersten Etagenheizung an, sondern erlegt Wohnungseigentümern und Verwaltern hiervon unabhängig bereits (weit) im Vorfeld des ersten Austauschs bestimmte Informations- und Auskunftspflichten auf, die teilweise bereits bis zum 31.12.2024 zu erfüllen sind. 273

a) Informationsbeschaffung und -aufbereitung

aa) Informationsbeschaffung vom Bezirksschornsteinfeger

274 Ist in einer Wohnungs- oder Teileigentumseinheit eine Etagenheizung eingebaut oder aufgestellt, verpflichtet § 71n Abs. 1 S. 1 GEG die GdWE bis zum Ablauf des 31.12.2024 vom Bezirksschornsteinfeger die Mitteilung der im Kehrbuch vorhandenen Informationen zu verlangen, die für die Entscheidung über eine zukünftige Wärmeversorgung erforderlich sind. Zu den Informationen gehören nach § 71n Abs. 1 S. 3 GEG solche über Art, Alter, Funktionstüchtigkeit und Nennwärmeleistung der Anlage. Der Bezirksschornsteinfeger ist nach § 71n Abs. 1 S. 4 GEG verpflichtet, innerhalb von sechs Monaten nach der Aufforderung für jede Etagenheizung die erforderlichen und im Kehrbuch vorhandenen Informationen der GdWE zu übermitteln. Dem Bezirksschornsteinfeger sind die ihm entstandenen Aufwendungen seitens der GdWE zu ersetzen. Im Rahmen seines Aufwendungsersatzanspruchs sind dem Schornsteinfeger Portokosten oder auch Kosten eines USB-Sticks bei Weitergabe der Informationen in digitaler Form zu erstatten. Zu vergüten ist selbstverständlich auch der ihm in Ermittlung der Informationen entstehende Arbeitsaufwand. Die Vergütung orientiert sich an § 6 Abs. 3 S. 2 der Kehr- und Überprüfungsordnung (BT-Drs. 20/6875, 150). Derzeit sieht diese einen Arbeitswert von 1,20 € pro Minute zuzüglich der gesetzlichen Umsatzsteuer vor.

bb) Informationsbeschaffung von Wohnungseigentümern

275 § 71n Abs. 2 S. 1 GEG verpflichtet die GdWE, bis zum Ablauf des 31.12.2024 von den betreffenden Wohnungseigentümern bzw. Teileigentümern, in deren Einheiten eine Etagenheizung betrieben wird, die Mitteilung von Informationen über die zum Sondereigentum gehörenden Anlagen und Ausstattungen zu verlangen, die für eine Ersteinschätzung etwaigen Handlungsbedarfs zur Erfüllung der Vorgaben des § 71 Abs. 1 GEG dienlich sein können. Hierzu zählen nach § 71n Abs. 2 S. 2 GEG insbesondere Informationen über den Zustand der Heizungsanlage, die der Wohnungseigentümer aus eigener Nutzungserfahrung oder aus der Beauftragung von Handwerkern erlangt hat, sämtliche weiteren Bestandteile der Heizungsanlage, die zum Sondereigentum gehören, wie etwa Leitungen und Heizkörper, sowie sämtliche Modifikationen, die der Wohnungseigentümer selbst durchgeführt oder beauftragt hat, und Ausstattungen zur Effizienzsteigerung, die im Sondereigentum stehen. § 71n Abs. 2 S. 3 GEG verpflichtet die Wohnungseigentümer dazu, diese Informationen innerhalb von sechs Monaten nach der Aufforderung der Gemeinschaft der Wohnungseigentümer über den Verwalter in Textform mitzuteilen.

cc) Information der Wohnungseigentümer

276 Nach Ablauf der Mitteilungsfrist des § 71 Abs. 2 S. 3 GEG hat die Gemeinschaft der Wohnungseigentümer die erhaltenen Informationen nach § 71n Abs. 3 GEG den Wohnungseigentümern innerhalb von drei Monaten in konsolidierter Fassung zur Verfügung zu stellen. Der Verwalter hat also die ihm von den Wohnungseigentümern erteilten Informationen übersichtlich, aber detailliert genug, zusammenzufassen, damit die Wohnungseigentümer eine Grundlage für Beratungen und Entscheidungen über die zukünftige Wärmeversorgung des Gebäudes haben. Wie die Informationen zur Verfügung zu stellen sind, lässt sich zwar nicht dem Gesetz, wohl aber seiner Begründung entnehmen. Jedenfalls können die Informationen den Wohnungseigentümern per Post- oder E-Mail-Versand und auch elektronisch in einem Internetportal bereitgestellt werden (BT-Drs. 20/6875, 131). Die Gesetzesbegründung sieht auch eine »Bereitstellung in Papierform bei Gelegenheit einer Informationsveranstaltung« als weitere Möglichkeit vor (BT-Drs. 20/6875, a.a.O.). Gemeint dürfte offensichtlich eine Eigentümerversammlung sein, in deren Rahmen dann die Informationen zur Verfügung gestellt werden. Voraussetzung ist allerdings, dass die Eigentümerversammlung innerhalb von drei Monaten nach Vorliegen der Informationen durchgeführt wird.

dd) Zwangsweise Durchsetzung der Informationspflicht

Es dürfte zu prognostizieren sein, dass die Informationsbeschaffung nicht in allen Fällen reibungslos verlaufen wird und nicht alle (betroffenen) Wohnungseigentümer tatsächlich der Aufforderung des Verwalters innerhalb der ihnen gesetzten Frist folgen werden. Im Fall der Weigerung einzelner Wohnungseigentümer, erforderliche Informationen zu erteilen, muss der Verwalter für die GdWE Klage auf Auskunft erheben. Abhängig von der Größe der verwalteten Gemeinschaft ist auch die Frage zu beantworten, ob der Verwalter entsprechende Klagen ohne Ermächtigungsbeschluss der Wohnungseigentümer erheben kann, ob es sich also um Maßnahmen von untergeordneter Bedeutung mit unerheblichen Verpflichtungen gemäß § 27 Abs. 1 Nr. 1 WEG handelt. Zur Vermeidung jeglicher Unsicherheiten sollte der Verwalter eine Beschlussfassung dahingehend initiieren, dass er im Fall der Nichterteilung der von den betroffenen Wohnungseigentümern zu erteilenden Information zur Klageerhebung gegen diese ermächtigt ist. 277

b) Austausch der ersten Etagenheizung

Unabhängig von den Informationspflichten nach § 71n Abs. 2 S. 2 und 3 GEG, haben die Wohnungseigentümer nach § 71n Abs. 2 S. 4 GEG die GdWE über den Austausch einer Etagenheizung, den Einbau oder die Aufstellung einer neuen Etagenheizung und über weitere Änderungen bezüglich den Informationen nach § 71 Abs. 2 S. 2 GEG unverzüglich zu unterrichten. Der Verwalter hat nach § 71n Abs. 4 S. 1 GEG unverzüglich eine Eigentümerversammlung einzuberufen, sobald die GdWE über ihn davon Kenntnis erlangt, dass die erste Etagenheizung ausgetauscht und eine neue Heizungsanlage zum Zweck der Inbetriebnahme eingebaut oder aufgestellt wurde. In der Wohnungseigentümerversammlung ist dann über die Vorgehensweise zur Erfüllung der Vorgaben der 65 %-EE-Vorgabe des § 71 Abs. 1 GEG zu beraten. § 71n Abs. 4 S. 2 GEG verpflichtet den Verwalter zum Hinweis auf die Rechtsfolge des § 71l Abs. 4 GEG. Die Wohnungseigentümer sind daher beweisbar darauf hinzuweisen, dass zwingend eine vollständige Umstellung auf eine zentrale Heizungsanlage zu erfolgen hat, wenn die Wohnungseigentümer nicht innerhalb der Fünf-Jahres-Frist des § 71l Abs. 1 S. 1 GEG eine Entscheidung darüber fassen, wie die Versorgung der Wohnanlage mit Wärme künftig erfolgen soll. Dieser Hinweis sollte in der Versammlungsniederschrift dokumentiert werden. Bestenfalls teilt der Verwalter dies bereits auch im Ladungsschreiben zur Eigentümerversammlung mit. 278

Der Verwalter hat die **Eigentümerversammlung »unverzüglich« einzuberufen**, nachdem ihm der Austausch der ersten Etagenheizung mitgeteilt wurde. Unverzüglich handelt nach § 121 Abs. 1 BGB derjenige, der ohne schuldhaftes Zögern handelt. Ausweislich der Gesetzesbegründung hat der Verwalter demgegenüber die Versammlung »mit einer angemessenen Frist« einzuberufen. Insoweit genügt die Behandlung der Thematik auch noch in einer Wohnungseigentümerversammlung, die ohnehin in den nächsten vier Monaten stattfinden würde (BT-Drs. 20/6875, 152). Es stellt sich demnach auch nicht die Frage, ob die gesetzliche Ladungsfrist von drei Wochen des § 24 Abs. 4 S. 2 WEG unterschritten werden könnte, weil ein Fall besonderer Dringlichkeit vorliegt. Wie vorausgeführt, liegt bereits kein Fall besonderer Dringlichkeit vor. Es gilt daher die gesetzliche Ladungsfrist von drei Wochen. Soweit eine Vereinbarung eine längere Frist vorsieht, ist diese maßgeblich. Die Vorschrift des § 71n Abs. 4 S. 1 GEG soll nur verhindern, dass die Heizungsproblematik auf die lange Bank geschoben wird und die Wohnungseigentümer nicht ausreichend Gelegenheit haben, innerhalb der Fünf-Jahres-Frist des § 71l Abs. 1 GEG eine fundierte Entscheidung zu finden. 279

Da die Wohnungseigentümer innerhalb der Fünf-Jahres-Frist des § 71l Abs. 1 GEG über die Erfüllung der 65 %-EE-Vorgabe des § 71 Abs. 1 GEG entscheiden müssen, sieht § 71n Abs. 5 S. 2 GEG das Erfordernis vor, ein entsprechendes **Umsetzungskonzept** zu erarbeiten, zu beschließen und schließlich auszuführen. Bis zur vollständigen Umsetzung ist mindestens einmal jährlich in der Wohnungseigentümerversammlung über den Stand der Umsetzung zu beraten. Zwar ist ein Verstoß gegen diese Pflicht nicht bußgeldbewehrt, allerdings ist der Bußgeldtatbestand des § 108 Abs. 1 Nr. 12 GEG erfüllt, wenn nicht fristgemäß die Vorgabe des § 71 Abs. 2 S. 3 GEG erfüllt wird und eine Heizungsanlage nicht richtig eingebaut, nicht richtig aufgestellt oder nicht richtig betrieben wird. 280

Der Verwalter hat also auf jeder der jährlich durchzuführenden Wohnungseigentümerversammlungen einen entsprechenden Tagesordnungspunkt zu berücksichtigen. Über die Inhalte des entsprechenden Umsetzungskonzepts schweigen sich Gesetz und Begründung aus. Zwangsläufig werden die Gemeinschaften insoweit sachkundige Beratung durch Sonderfachleute in Anspruch nehmen müssen. Bereits in der ersten Eigentümerversammlung nach dem erstmaligen irreparablen Ausfall einer Etagenheizung sollte ein Beschluss über die Beauftragung eines Sonderfachmanns zur Teilnahme an der nächsten Eigentümerversammlung zwecks Beratung der Wohnungseigentümer gefasst werden.

c) Verwalterlose Gemeinschaften

281 Insbesondere kleine Eigentümergemeinschaften haben häufig keinen Verwalter. Diesen Umstand berücksichtigt zwar das GEG nicht, die Pflichten nach §§ 71l und 71n GEG sind aber selbstverständlich auch für verwalterlose Gemeinschaften verbindlich. Stets ist zu berücksichtigen, dass die Wohnungseigentümer einen Vertreter der Gemeinschaft aus ihren Reihen nicht durch Beschluss bestellen können. Als Gesamtvertreter nach § 9b WEG müssen sie eine Willenserklärung, die für und gegen die verwalterlose Gemeinschaft wirken soll, gemeinsam abgeben. Dies erfordert zwar nicht gleichzeitiges, aber gleichgerichtetes Handeln, letztlich in Form der Zustimmung, so einer der Wohnungseigentümer für die Gemeinschaft handelt (Bärmann/*Becker*, 15. Aufl. 2023, WEG § 9b Rn. 113). Sind sich die Wohnungseigentümer einig, können sie einen einzelnen oder auch mehrere Wohnungseigentümer zur Vornahme bestimmter Rechtsgeschäfte ermächtigen (BT-Drs. 19/18791, 49). Insoweit genügt auch eine stillschweigende Ermächtigung und es soll sogar ausreichen, dass die anderen Gesamtvertreter das Auftreten eines einzelnen Gesamtvertreters, also Wohnungseigentümers, fortgesetzt dulden (Jennißen/*Zschieschack* WEG, 8. Aufl. 2024, § 9b Rn. 58).

282 In harmonischen Gemeinschaften dürfte es zumindest unproblematisch sein, wenn einer der Wohnungseigentümer die nach § 71n Abs. 1 GEG benötigten Informationen beim zuständigen Bezirksschornsteinfeger anfordert. Freilich aber sollte zumindest einer der Wohnungseigentümer zum Verwalter bestellt werden, sodass der weitere Katalog des § 71n GEG einigermaßen problemlos abgearbeitet werden kann. In den zerstrittenen Gemeinschaften dürfte sich kein übernahmebereiter Verwalter finden lassen. In zerstrittenen verwalterlosen Gemeinschaften dürfte es wohl niemals möglich sein, eine Einigung über eine Heizungsalternative erzielen zu können. Wird eine solche jedenfalls nicht innerhalb der Frist des § 71l Abs. 1 GEG getroffen, besteht dann zwangsweise die Vorgabe, dass sämtliche Sondereigentumseinheiten mittels Zentralheizung versorgt werden müssen.

d) Beibehalten von Etagenheizungen

283 Nach § 71n Abs. 6 S. 1 GEG kann die Beibehaltung mindestens einer Etagenheizung mit einer Mehrheit von 2/3 der abgegebenen Stimmen und der Hälfte aller Miteigentumsanteile beschlossen werden. Abgestellt wird auf die Mehrheit der abgegebenen Stimmen. Bemessungsgrundlage sind also nicht alle Wohnungseigentümer, sondern nur diejenigen, die am Abstimmungsvorgang beteiligt sind. Im Rahmen der Beschlussfassung gilt das gesetzliche Kopfstimmprinzip des § 25 Abs. 2 WEG oder das abweichend hiervon vereinbarte Stimmprinzip, was sich häufig nach Miteigentumsanteilen richtet. § 71n Abs. 6 S. 2 GEG ordnet die entsprechende Anwendung von § 71l Abs. 4 und 5 GEG an: Beschließen die Wohnungseigentümer nicht innerhalb der 5-Jahres-Frist des § 71l Abs. 1 GEG die Beibehaltung mindestens einer Etagenheizung, besteht die Pflicht zur Zentralisierung der Wärmeversorgung. Es muss dann eine vollständige Umstellung auf eine Zentralheizung erfolgen. Die Beibehaltung von Etagenheizungen kann nach Ablauf der 5-Jahres-Frist nicht mehr beschlossen werden (BT-Drs. 20/6875, 132). Wird innerhalb der Fünf-Jahres-Frist ein Beschluss nach § 71n Abs. 6 S. 1 GEG gefasst, wonach mindestens eine Etagenheizung beibehalten bleibt, ist dies dem Bezirksschornsteinfeger unverzüglich in Textform mitzuteilen.

Entscheiden sich die Wohnungseigentümer für die Beibehaltung der Etagenheizungen, gilt Folgendes: 284

- Alle Wohn- oder Nutzungseinheiten müssen nach Ablauf der Fünf-Jahres-Frist des § 71l Abs. 1 GEG die 65 %-EE-Vorgabe des § 71 Abs. 1 GEG erfüllen, so sie ausgetauscht werden müssen.
- Bis zum Ablauf der 5-Jahres-Frist kann im Fall eines irreparablen Defekts einer Etagenheizung eine solche eingebaut werden, die nicht die 65 %-EE-Vorgabe des § 71 Abs. 1 GEG erfüllt.
- Innerhalb der 5-Jahres-Frist ausgetauschte Etagenheizungen müssen spätestens ein Jahr nach Fristablauf die Vorgabe des § 71 Abs. 1 GEG erfüllen. Dies gilt unabhängig davon, ob sie defekt oder noch intakt sind.

e) Kostentragung und Kostenverteilung

Zentrale Regelung über die Kostenverteilung in Wohnungseigentümergemeinschaften nach GEG stellt § 71n Abs. 7 GEG dar. Bezüglich der Kosten von Umrüstmaßnahmen sind letztlich sechs Konstellationen zu unterscheiden: 285

- ausschließlich dezentrale Versorgung unter Beibehaltung dieses Zustands,
- ausschließlich dezentrale Versorgung bei künftig ausschließlicher Versorgung durch Zentralheizung,
- ausschließlich dezentrale Versorgung unter teilweiser Zentralisierung,
- Mehrzentralisierung unter Anschluss an eine vorhandene Zentralheizung,
- Mehrzentralisierung unter Anschluss an eine neue Zentralheizung,
- teilweise dezentrale Versorgung unter Beibehaltung des Ursprungszustands.

aa) Fortführung bisher ausschließlich dezentrale Versorgung

In dieser Konstellation trägt jeder Wohnungseigentümer die für die Umrüstung seiner Therme entstehenden Kosten selbst. Anderes könnte lediglich im theoretischen Ausnahmefall gelten, in dem die Thermen durch Vereinbarung dem Gemeinschaftseigentum zugeordnet wären. 286

bb) Ausschließlich dezentrale wird auf ausschließlich zentrale Versorgung umgestellt

Die Kosten sind unter sämtlichen Wohnungseigentümern nach Miteigentumsanteilen oder dem abweichend hiervon vereinbarten Kostenverteilungsschlüssel zu verteilen. Die Wohnungseigentümer haben aber auch die Kompetenz, auf Grundlage von § 16 Abs. 2 S. 2 WEG eine hiervon abweichende Kostenverteilung zu beschließen. Für Bestandteile der vorhandenen Heizungsanlage, die im Sondereigentum stehen, ggf. Heizkörper und Versorgungsleitungen innerhalb der Sondereigentumseinheit, verleiht § 71n Abs. 7 S. 2 GEG die erforderliche Beschlusskompetenz über ein einheitliches Vorgehen bezüglich Sonder- und Gemeinschaftseigentum. So kann es insbesondere bei Einbau von Wärmepumpen erforderlich werden, die bestehenden Heizkörper auszutauschen. Eine derartige Beschlusskompetenz ist zwar wohnungseigentumsrechtlich systemwidrig, da keine Beschlusskompetenz bzgl. Gegenständen des Sondereigentums besteht. Anderes gilt aber dann, wenn die Beschlusskompetenz gesetzlich begründet wird, was mit dem GEG der Fall und auch erforderlich ist, um die Ziele des Gesetzes möglichst lückenlos umzusetzen. 287

cc) Ausschließlich dezentrale Versorgung unter teilweiser Zentralisierung

Denkbar ist auch die Konstellation, dass bei einer bisher ausschließlich dezentralen Versorgung der Einheiten mit Etagenheizungen künftig ein Teil der Einheiten mittels Zentralheizung versorgt werden soll. Die Kosten, die mit dem Aufstellen der Heizungsanlage und der Errichtung des Leitungsnetzes verbunden sind, haben dann diejenigen Wohnungseigentümer zu tragen, deren Einheiten an die Zentralheizung angeschlossen werden sollen. Auch hier erfolgt die Kostenverteilung unter ihnen nach Miteigentumsanteilen. Es kann auch hier eine abweichende Kostenverteilung auf Grundlage von § 16 Abs. 2 S. 2 WEG beschlossen werden. 288

dd) Mehrzentralisierung unter Anschluss an eine vorhandene Zentralheizung

289 Wird die Wohnanlage bereits teilweise zentral versorgt und wollen oder müssen sich weitere bislang dezentral versorgte Wohnungseigentümer an die Zentralheizung anschließen, so haben diese die Kosten hierfür nach dem Verhältnis ihrer Miteigentumsanteile zu tragen. Auch für diesen Fall gilt § 71n Abs. 7 S. 2 GEG mit der Folge, dass die Wohnungseigentümer auch über die Verteilung der Kosten durch Beschluss entscheiden können, die für Maßnahmen im Sondereigentum erforderlich werden. Diejenigen Wohnungseigentümer, die den Anschluss an eine bereits bestehende Zentralheizung wünschen, haben gemäß § 71n Abs. 7 S. 3 GEG nach dem Vorbild des § 21 Abs. 4 S. 1 WEG einen angemessenen Ausgleich zu entrichten (BT-Drs. 20/6875, 133). Hier wie dort gilt, einen Wohnungseigentümer an Kosten aus der Vergangenheit zu beteiligen, die sich zumindest mittelbar auf seine zukünftige Nutzung auswirken. Wie im Bereich der baulichen Veränderungen sind also frühere laufende Betriebskosten nicht zu berücksichtigen, wohl aber die Kosten zwischenzeitlich erforderlicher Erhaltungsmaßnahmen. Bezüglich der ursprünglichen Herstellungskosten sind zwischenzeitlich eingetretene Verschlechterungen zu berücksichtigen, es ist also ein Abzug »neu für alt« vorzunehmen (BT-Drs. 20/6875, 133).

290 Der von den Wohnungseigentümern durch Beschluss festgesetzten Ausgleichsbetrag für das Profitieren bereits vorhandener Infrastruktur, haben die betreffenden Wohnungseigentümer an die Gemeinschaft der Wohnungseigentümer zu leisten. Die Ausschüttung dieser Einnahmen unter den ursprünglich finanzierenden Wohnungseigentümern erfolgt über die Jahresabrechnung (BT-Drs. 20/6875, 154). Im Rahmen der Gutschrift der anteilig über die Jahresabrechnung auszuschüttenden Ausgleichsbeträge ist darauf zu achten, dass derselbe Verteilungsschlüssel zur Anwendung kommt, der für die ursprüngliche Verteilung der Kosten zur Schaffung der Infrastruktur sowie für zwischenzeitlich erforderliche und durchgeführte Erhaltungsmaßnahmen gegolten hatte. Wird dies missachtet und ein anderer Verteilungsschlüssel angewendet, kann dies zur Anfechtbarkeit des Beschlusses über die Einforderung von Nachschüssen und die Anpassung der Vorschüsse nach § 28 Abs. 2 S. 1 WEG auf Grundlage der Jahresabrechnung führen.

ee) Mehrzentralisierung unter Anschluss an eine neue Heizungsanlage

291 Im Übrigen werden Konstellationen verbreitet sein, in denen eine Mehrzentralisierung unter Einbau einer neuen Zentralheizung erfolgt, da ggf. die Kapazität der vorhandenen Zentralheizung nicht zur Versorgung weiterer Sondereigentumseinheiten ausreicht. Kann das bereits vorhandene Verteilnetz weiter genutzt werden, haben die neu hinzukommenden Wohnungseigentümer, deren Einheiten bislang durch Etagenheizung versorgt wurden, einen Ausgleich für das bereits vorhandene Verteilnetz zu leisten. Hier gilt ebenfalls der Grundsatz, dass die Kosten der Errichtung und zwischenzeitlich im Zuge von Erhaltungsmaßnahmen am Verteilnetz entstandenen Kosten anteilig von den neu hinzukommenden Wohnungseigentümern zu tragen sind. Die Ermittlung dieser Kosten dürfte im Einzelfall schwierig sein und eine lediglich grobe Schätzung ordnungsmäßiger Verwaltung widersprechen. Wie sich die Rechtsprechung hier entwickeln wird, muss abgewartet werden.

ff) Teilweise dezentrale Versorgung wird fortgeführt

292 Werden Sondereigentumseinheiten teilweise durch Zentralheizung und teilweise mittels Etagenheizungen mit Wärmeenergie versorgt und beschließen die Wohnungseigentümer mit der doppelt qualifizierten Mehrheit des § 71n Abs. 6 S. 1 GEG die unveränderte Beibehaltung dieses Zustands, haben die Eigentümer der Etagenheizungen erforderliche Umrüstmaßnahmen jeweils auf eigene Kosten durchzuführen. Erforderliche Maßnahmen an der Zentralheizungsanlage werden seitens der Gemeinschaft der Wohnungseigentümer durchgeführt. Die Kosten sind unter denjenigen Wohnungseigentümern zu verteilen, die an die Zentralheizung angeschlossen sind. Das Gesetz regelt hier zwar zunächst eine Kostenverteilung nach Miteigentumsanteilen, allerdings haben die Wohnungseigentümer auch für diesen Bereich auf Grundlage von § 16 Abs. 2 S. 2 WEG eine Beschlusskompetenz zur abweichenden Kostenverteilung.

f) Mögliche sachenrechtliche Probleme bei Entscheidung für (teilweise) Zentralisierung

Insbesondere in den Fällen, in denen alle Sondereigentumseinheiten bislang dezentral beheizt werden und künftig eine (Teil)Zentralisierung erfolgen soll, können sich Probleme ergeben, da es einen Raum geben muss, in dem die Heizungsanlage installiert werden kann – in aller Regel stehen Kellerräume im Sondereigentum oder es sind Sondernutzungsrechte begründet. Keinerlei Probleme bereitet es, wenn sich einer der Wohnungseigentümer bereitfindet, seinen Kellerraum an die Gemeinschaft der Wohnungseigentümer zu veräußern oder zu vermieten. Bereits frühzeitig sollte dies innerhalb der Gemeinschaft thematisiert werden. Es besteht jedenfalls sowohl Beschlusskompetenz für die Anmietung des Raumes als auch für dessen Erwerb. Problematisch wird es aber dann, wenn die Installation einer Zentralheizungsanlage im Bereich des Gemeinschaftseigentums nicht möglich ist und keiner der Sondereigentümer bereit ist, seinen Keller zur Nutzung als Heizungsraum zur Verfügung zu stellen. Kommt jedenfalls kein Beschluss auf Grundlage von § 71n Abs. 6 S. 1 GEG über eine Beibehaltung der dezentralen Wärmeversorgung zustande, besteht letztlich ein Zwang zur Zentralisierung. Hier stellt sich die Frage, ob Wohnungseigentümer quasi enteignet werden können und einen Kellerraum zur Verfügung stellen müssen. 293

Ist kein Wohnungseigentümer zur Überlassung seines Kellerraums bereit, ist zu prüfen, ob ein Anspruch auf Nutzungsüberlassung besteht, um die Heizungsanlage einbauen zu können. Ein solcher Anspruch kann im Fall des Sondernutzungsrechts aus § 10 Abs. 2 WEG resultieren und im Fall des Sondereigentums aus den Grundsätzen von Treu und Glauben nach § 242 BGB abgeleitet werden, wenn besonders schwerwiegende Gründe vorliegen (*BGH* ZMR 2012, 793). Hierbei sind die Wertungen des Gesetzgebers zu berücksichtigen, denn der Anspruch kann insbesondere dann bestehen, wenn gesetzliche oder behördliche Vorgaben dies erfordern. Intention des Gesetzgebers im Rahmen der GEG-Reform 2024 ist es, ab bestimmten Zeitpunkten eine Verpflichtung zur Nutzung erneuerbarer Energien zwecks Verringerung des CO_2-Ausstoßes zu schaffen. Machen die Wohnungseigentümer dabei nicht innerhalb der Fünf-Jahres-Frist des § 71l Abs. 1 GEG von der ihnen eingeräumten Entscheidungskompetenz Gebrauch, ordnet das Gesetz die zwingende künftige Beheizung über eine Zentralheizung an. Auch wenn man einräumt, dass die Wohnungseigentümer fünf Jahre Zeit haben, eine Entscheidung zu treffen, und durchaus die Möglichkeit besteht, auch weiterhin dezentral zu heizen, bedarf es hierfür einer Mehrheit von 2/3 der abgegebenen Stimmen, die dabei die Hälfte der Miteigentumsanteile repräsentieren muss. Das vom Gesetzgeber favorisierte Modell ist eine zentrale Wärmeversorgung. Darüber hinaus können Wohnungseigentümer wohl kaum gezwungen werden, weiterhin dezentral heizen zu müssen. Wird jedenfalls die doppelt qualifizierte Mehrheit nicht erreicht, besteht ein Zwang zur Zentralisierung und es muss einen Raum für eine Heizung geben. Da andernfalls eine Beheizung der Wohnanlage nicht möglich wäre, liegt ein besonders schwerwiegender Grund vor (vgl. *Zschieschack* NZM 2023, 817) 294

Sollte ein Wohnungseigentümer bereit sein, seinen Kellerraum langfristig an die Gemeinschaft der Wohnungseigentümer zu vermieten, ist dieser zwingend Gemeinschaftseigentum, wenn er nur als Heizungsraum genutzt werden kann oder der Raum nach seiner Art, Lage und Beschaffenheit objektiv nicht mehr geeignet ist, daneben noch andere, annähernd gleichwertige Zwecke zu erfüllen (*OLG Bremen* ZMR 2016, 716). Dies wird wohl in der Regel der Fall sein. Kann der Raum nach objektiver Sicht andere, annähernd gleichwertige Zwecke erfüllen, verbleibt er Sondereigentum. Der betreffende Wohnungseigentümer hat allerdings zu dulden, dass seitens der Gemeinschaft der Wohnungseigentümer beauftragte Personen den Raum betreten (*OLG Bremen* a.a.O.). 295

10. Heizungsaustausch in der Eigentümergemeinschaft

a) Austausch als Erhaltungsmaßnahme

Grundsätzlich liegt eine Erhaltungsmaßnahme auch dann vor, wenn zwar die betreffende Anlage noch funktionstüchtig ist, mit ihrem Ausfall allerdings in naher Zukunft jederzeit zu rechnen ist (*OLG München*, Beschl. v. 07.08.2007 – 34 Wx 3/05, ZWE 2008, 27). Die Wohnungseigentümer müssen also nicht zuwarten, bis eine bereits marode Heizungsanlage tatsächlich ausfällt. Grundsätz- 296 lich steht auch den Wohnungseigentümergemeinschaften die Möglichkeit offen, innerhalb der Fünf-Jahresfrist des § 71i Satz 1 GEG eine Heizungsanlage einzubauen, die nicht die 65 %-EE-Vorgabe des § 71 Abs. 1 GEG erfüllt. Auch können sich die Wohnungseigentümer vor Ablauf der in § 71 Abs. 8 GEG geregelten Fristen für eine derartige Anlage entscheiden. In diesem Fall muss aber die Anforderung des § 71 Abs. 9 GEG einer stufenweisen Einbindung erneuerbarer Energien beachtet werden (Rdn. 175). Im ersten Fall stellt sich allerdings die Frage, ob ein Beschluss über eine Interimslösung ordnungsmäßiger Verwaltung entspricht. Denn im Fall des § 71i GEG kann die Heizung nur für einen Fünf-Jahres-Zeitraum betrieben werden, soweit sie nicht die 65 %-EE-Vorgabe des § 71 Abs. 1 GEG erfüllt. Nach Ablauf dieses Zeitraums muss eine Heizung eingebaut bzw. eine Beheizungsart gewählt werden, die diese Vorgabe erfüllt. Insoweit wird es auf die Maßgaben des konkreten Einzelfalls ankommen.

b) Austausch einer intakten Heizung

297 In Eigentümergemeinschaften kann sich die Frage stellen, ob die vorhandene Heizung, die weder aktuell noch in absehbarer Zukunft einen Ausfall erwarten lässt, durch eine neue ersetzt werden soll. Infrage kommt sowohl eine Heizung, die die Vorgaben des § 71 Abs. 1 GEG erfüllt als auch eine solche, die die 65 %-EE-Voraussetzung nicht erfüllt. In beiden Fällen ist zu beachten, dass es sich bei der Austauschmaßnahme niemals um eine Erhaltungsmaßnahme handeln kann, da kein Erhaltungsbedarf besteht und ein solcher auch in näherer Zukunft nicht zu erwarten ist. Es würde sich also um eine Maßnahme der baulichen Veränderung handeln. Unzweifelhaft ist das der Fall, wenn die Heizungsanlage nicht die Vorgabe des § 71 Abs. 1 GEG erfüllt. Ob etwas anderes für eine Heizung, die die 65 %-EE-Vorgabe erfüllt, gelten kann, könnte jenseits des Rechts der baulichen Veränderungen ggf. unter dem Gesichtspunkt ordnungsmäßiger Verwaltung, also einer Maßnahme nach § 19 Abs. 1 WEG, diskutiert werden. Allerdings dürfte dieser Ansatz bereits daran scheitern, dass es kaum ordnungsmäßiger Verwaltung entsprechen dürfte, ohne Not intakte und funktionstüchtige Anlagen des Gemeinschaftseigentums kostenintensiv zu ersetzen.

298 Unabhängig davon, dass mangels Erhaltungsbedarfs auch keine Maßnahme der modernisierenden Erhaltung vorliegt und sich damit der Meinungsstreit erübrigt, ob noch eine Erhaltungsmaßnahme gegeben ist, könnte im Einzelfall jedoch tatsächlich die Voraussetzung des § 21 Abs. 2 S. 1 Nr. 2 WEG erfüllt sein, wenn sich der Heizungsaustausch innerhalb eines angemessenen Zeitraums amortisiert. Voraussetzung wäre, dass sich die Kosten für den Austausch innerhalb eines Zeitraums von zehn Jahren amortisieren werden. Hier führt kein Weg an einer fachlichen Beratung vorbei, da zu viele Unbekannte existieren. Wie lange hätte die ausgetauschte Heizungsanlage noch in Betrieb gehalten werden können? In welcher Höhe werden tatsächlich effektiv Heizkosten eingespart? In welcher Höhe werden Reparaturkosten eingespart? Um insoweit anfechtungssicher eine Beschlussfassung herbeiführen zu können, müssen sämtliche Informationen auf fundierter Basis beruhen und den Wohnungseigentümern vor der Beschlussfassung vorliegen (vgl. *Zschieschack* NZM 2023, 818; *Horst* ZMR 2024, 181 [185]).

299 Für den Fall der Nichtamortisation der Kosten kann eine Beschlussfassung auf Grundlage von § 20 Abs. 2 S. 1 Nr. 1 WEG infrage kommen. Wird die doppelte Qualifizierung, wonach die Kosten der Maßnahme dann unter allen Wohnungseigentümern zu verteilen sind, wenn mehr als 2/3 der abgegebenen Stimmen für die Maßnahme votieren und dabei mindestens die Hälfte der Miteigentumsanteile repräsentieren, nicht erreicht, würden die Kosten lediglich von den zustimmenden Wohnungseigentümern zu tragen sein. Das aber ist in aller Regel nicht gewollt, weil alle Wohnungseigentümer von der beschlossenen Maßnahme profitieren. Für derartige Fälle sollte der Beschluss seinem Wortlaut nach nur dann zustande kommen, wenn die doppelt qualifizierte Mehrheit tatsächlich erreicht wird. Auf diese Weise werden etwaige Anfechtungsrisiken elegant umschifft.

300 Möglich ist es freilich auch, im Beschluss eine Kostenverteilung unter sämtlichen Wohnungseigentümern zu regeln und dabei zum Ausdruck zu bringen, dass der Beschluss mit der Regelung zur Kostenverteilung stehen und fallen soll (vgl. *Zschieschack* NZM 2023, 817 [822]). Stellt sich im Anfechtungsverfahren heraus, dass es sich wegen einer Kostenamortisation um eine Erhaltungsmaß-

nahme handelt, füllt der lediglich einfachmehrheitlich zustande gekommene Beschluss lediglich die Bestimmung des § 16 Abs. 2 WEG aus. Für den Fall einer baulichen Veränderung würde der Beschluss zwar wegen eines Verstoßes gegen § 21 Abs. 5 WEG für ungültig erklärt werden. Allerdings dürfte der Heizungseinbau bis zu einer rechtskräftigen richterlichen Entscheidung bereits vollzogen sein. Vor dem Hintergrund der maßgeblichen *BGH*-Rechtsprechung zum Folgenbeseitigungsanspruch (*BGH* ZMR 2020, 857) würden der GdWE lediglich die Kosten des von ihr verlorenen Anfechtungsverfahrens auferlegt, mehr hätte der klagende Wohnungseigentümer nicht erreicht (vgl. instruktiv *Zschieschack* NZM 2023, 817 [822]).

c) Heizkörperaustausch

Nicht unbedeutend ist die Frage nach den Eigentumsverhältnissen im Fall eines erforderlichen Austauschs der Heizkörper. Ordnet man sie dem Sondereigentum zu, dann besteht für die Wohnungseigentümer keine Kompetenz über einen Austausch zu beschließen (*BGH* ZMR 2022, 983). Bereits entschieden ist, dass die Heizkörper durch Vereinbarung der Wohnungseigentümer zu Sondereigentum erklärt werden können (*BGH* ZMR 2011, 971). Allerdings wird auch vertreten, dass Heizkörper zumindest dann ohnehin im Sondereigentum stehen, wenn ihr Vorhandensein für das Heizsystem nicht Voraussetzung ist (Bärmann/*Armbrüster*, 15. Aufl. 2023, WEG § 5 Rn. 55H). Auch wird vertreten, dass Heizkörper grundsätzlich Gemeinschaftseigentum sind (Jennißen/*Grziwotz*, 8. Aufl. 2024, WEG § 5 Rn. 85). Die Bestimmung des § 71n Abs. 7 S. 2 GEG könnte nun suggerieren, der Gesetzgeber gehe bei Heizkörpern von Sondereigentum aus. Diese Bestimmung betrifft allerdings ausschließlich nach GEG erforderliche Maßnahmen bei Etagenheizungen. Dem Wortlaut nach räumt § 71n Abs. 7 S. 2 GEG den Wohnungseigentümern eine Beschlusskompetenz »über die Verteilung von Kosten, die aus der Durchführung von Maßnahmen im Sondereigentum entstehen« ein. Insoweit spielt die Frage der Eigentumszuordnung der Heizkörper keine Rolle, die aber im Fall von Etagenheizungen ohnehin Sondereigentum sind, da auch die Thermen selbst im Sondereigentum stehen. 301

Gerade in den praxisrelevanteren Fällen, in denen keine Etagenheizungen vorhanden sind, ist also angesichts des Meinungsstreits bezüglich der Eigentumszuordnung der Heizkörper Rechtsunsicherheit vorprogrammiert. Diesem Problem kann aber durch eine Beschlussfassung auf Grundlage von § 16 Abs. 2 S. 2 WEG begegnet werden: Beschließen die Wohnungseigentümer, dass für den Fall eines etwa erforderlichen Heizkörperaustauschs die Wohnungseigentümer jeweils die Kosten der in ihrem Sondereigentum benötigten Heizkörper zu tragen haben, ist auch in den unklaren Fällen das Hauptproblem der Eigentumszuordnung umschifft. Da auch deklaratorische Beschlüsse grundsätzlich ordnungsmäßiger Verwaltung entsprechen (*BGH* ZMR 2023, 384), ist es also unschädlich, dass der Beschluss nur die Selbstverständlichkeit regelt, dass die Kosten von Maßnahmen am Sondereigentum der jeweilige Sondereigentümer zu tragen hat. Im Übrigen dürften hier auch die Voraussetzungen eines sog. Handhabungsbeschlusses (*BGH* ZMR 2023, 55) erfüllt sein. Geht es jedenfalls um die Handhabung höchstrichterlich ungeklärter und umstrittener Rechtsfragen, sind die Wohnungseigentümer berechtigt, durch Mehrheitsbeschluss zu entscheiden, wie ihrer Auffassung nach diese durch die GdWE zu handhaben sind. Insoweit würde jedenfalls auch ein Beschluss ordnungsmäßiger Verwaltung entsprechen, wonach die Heizkörper so zu behandeln seien, als handele es sich bei ihnen um Gemeinschaftseigentum. 302

XV. Energieausweis

1. Überblick

§§ 79 ff. GEG enthalten Regelungen zu den Energieausweisen für Gebäude. Wesentliche Änderungen haben sich durch das GEG 2024 nicht ergeben. Lediglich der Katalog des § 85 Abs. 1 GEG bezüglich der Pflichtangaben in Energieausweisen wurde in Nr. 15 insoweit modifiziert, als die Art der genutzten erneuerbaren Energien zur Erfüllung der Anforderungen nach § 71 Abs. 1 GEG anzugeben sind. 88 Abs. 5 GEG erweitert den Kreis der zur Ausstellung von Energieausweisen Berechtigten um Personen, die eine Qualifikationsprüfung »Energieberatung des Bundesamtes für 303

Wirtschaft und Ausfuhrkontrolle« erfolgreich abgeschlossen haben. Gegenüber der früheren Rechtslage auf Grundlage der EnEV waren die Pflichten rund um den Energieausweis bereits mit dem GEG 202 gestiegen, wobei das GEG 2024 insoweit keine Änderungen gebracht hat. So besteht das Erfordernis einer Vorort-Begehung bei Bestandsgebäuden, so nicht aussagefähige Lichtbilder zur Beurteilung des energetischen Zustands des Gebäudes vorhanden sind (§ 84 Abs. 1 S. 1 GEG). Grundsätzlich sind auch die CO_2-Emissionen im Energieausweis aufzuführen, die Effizienzklassen sind nach dem Primärenergiebedarf bzw. dem Primärenergieverbrauch einzuteilen (§ 85 Abs. 2 GEG). Die Vorlagepflicht u.a. bei Verkauf oder Vermietung besteht nunmehr ausdrücklich auch für Immobilienmakler (§ 80 Abs. 4 GEG). Von ihnen sind auch die erforderlichen Pflichtangaben in Immobilienanzeigen zu beachten (§ 87 Abs. 1 GEG). Stellt der Eigentümer die erforderlichen Daten für den Energieausweis zusammen, ist er für die Richtigkeit seiner Angaben verantwortlich (§ 83 Abs. 3 S. 1 GEG). Der Aussteller hat die Daten sorgfältig zu prüfen und darf diese nur verwenden, wenn er keine Zweifel an deren Richtigkeit hat (§ 83 Abs. 3 S. 2 GEG). Im Rahmen der Modernisierungsempfehlungen ist der Gebäudezustand zu beschreiben (§ 84 Abs. 1 S. 1 GEG), bei inspektionspflichtigen Klimaanlagen ist das Fälligkeitsdatum der nächsten Inspektion zu vermerken (§ 85 Abs. 1 Nr. 17 GEG).

304 § 79 Abs. 1 S. 1 GEG regelt zunächst den Grundsatz, dass der Energieausweis ausschließlich der Information über die energetischen Eigenschaften eines Gebäudes dient, um einen überschlägigen Vergleich von Gebäuden zu ermöglichen. Entsprechend der früheren Rechtslage auf Grundlage der EnEV können Energieausweise nach § 79 Abs. 1 S. 2 GEG weiterhin als Energiebedarfsausweis oder Energieverbrauchsausweis ausgestellt werden. § 79 Abs. 1 S. 3 GEG erlaubt insoweit die Angabe sowohl des Energiebedarfs als auch des Energieverbrauchs. Tatsächlich aber ist das Wahlrecht eingeschränkt. Im Fall der Neuerrichtung eines Gebäudes bedarf es des Energiebedarfsausweises ebenso wie unter bestimmten Voraussetzungen bei Änderungen an Bestandsgebäuden. Ein echtes Wahlrecht besteht in den Fällen des Verkaufs, der Vermietung und Verpachtung sowie Verleasung und der Begründung von Wohnrechten.

305 Der Energieausweis wird nach § 79 Abs. 2 S. 1 GEG jeweils für ein Gebäude erstellt. Für Teile eines Gebäudes ist er nach § 79 Abs. 2 S. 2 GEG zu erstellen, wenn die Gebäudeteile nach § 106 GEG getrennt zu behandeln sind (Rdn. 67). Nach wie vor hat der Energieausweis nach § 79 Abs. 3 GEG eine Gültigkeitsdauer von 10 Jahren (Rdn. 346). Auf kleine Gebäude (§ 3 Abs. 1 Nr. 17 GEG: maximal 50 m² Nutzfläche) sind die Vorschriften über den Energieausweis nach § 79 Abs. 4 S. 1 GEG nicht anzuwenden. Zum Baudenkmal siehe Rdn. 359.

306 Als Maßnahme ordnungsmäßiger Verwaltung können die Wohnungseigentümer auch anlasslos die Ausstellung eines Energieausweises gemäß § 19 Abs. 1 WEG beschließen (Jennißen/*Sommer* WEG, 8. Aufl. 2024, § 19 Rn. 102; *Rückebeil/Dose* ZWE 2015, 395 [400]; *Greiner* Wohnungseigentumsrecht, 5. Aufl. 2022, § 6 Rn. 693, der einen Individualanspruch der Wohnungseigentümer bejaht; a.A. *Maletz/Hillebrand* ZfIR 2008, 456 [458 f.]). Zu berücksichtigen ist insoweit nämlich, dass im Zuge der Erstellung des Energieausweises nach § 84 Abs. 1 GEG vom Aussteller etwaige Maßnahmen zur Energieeffizienz zu ermitteln sind und im Energieausweis als Modernisierungsempfehlungen enthalten sein müssen.

2. Bedarfs- und Verbrauchsausweis

307 Der Energiebedarfsausweis ist nach § 80 Abs. 1 S. 1 GEG im Fall der Errichtung neuer Gebäude und nach § 80 Abs. 2 S. 1 GEG im Fall der Änderungen an Bestandsgebäuden nach § 48 GEG erforderlich, bei denen Berechnungen nach § 50 Abs. 3 GEG für das gesamte Gebäude durchgeführt werden. Dies folgt bereits aus Gründen der Sachlogik, da zum Ausstellen eines Energieverbrauchsausweises Daten aus der Vergangenheit vorliegen müssen. Im Gegensatz zum Energieverbrauchsausweis liefert der Energiebedarfsausweis objektive Werte, denn er ist unabhängig von den Zufälligkeiten eines unterschiedlichen Nutzerverhaltens in einem Gebäude und von klimatischen Veränderungen (*Elzer/Fraatz-Rosenfeld* SWK WEG Energieausweis Rn. 4).

Den Verbrauchsausweis regelt § 82 GEG. Nach § 82 Abs. 1 GEG wird der Energieausweis auf Grundlage des erfassten Endenergieverbrauchs ausgestellt. § 82 Abs. 2 GEG regelt die Berechnungsmethoden. Die Auswirkungen lokaler klimatischer Unterschiede und jährlicher Klimaschwankungen werden bezüglich des Endenergieverbrauchs für die Heizung nach § 82 Abs. 3 GEG durch eine Witterungsbereinigung neutralisiert. Der Deutsche Wetterdienst stellt insoweit für jeden Postleitzahlbereich Umrechnungsfaktoren bereit (www.geg.bund.de; vgl. *Jungmann/Lambrecht* GEG im Bild S. 125). Zur Ermittlung des Energieverbrauchs können nach § 82 Abs. 4 GEG entsprechend § 19 Abs. 3 EnEV 2014 die Verbrauchsdaten der Heizkostenabrechnungen, Abrechnungen von Energielieferanten oder auch eine Kombination von beidem verwendet werden. Von maßgeblicher Bedeutung ist, dass die Energieverbräuche für das gesamte Gebäude der letzten 36 Monate vollständig vorliegen müssen; das Ende der jüngsten Abrechnungsperiode darf nicht mehr als 18 Monate zurückliegen. Sind diese Voraussetzungen nicht erfüllt, kann ein Energieverbrauchsausweis nicht ausgestellt werden. 308

Verwalter sollten die Entscheidung, ob ggf. die Voraussetzungen des § 106 GEG vorliegen, weshalb es sowohl eines Energieausweises für Wohngebäude als auch für Teileigentumseinheiten bedarf, der Beurteilung eines Fachmanns überlassen. Zum einen ist zu berücksichtigen, dass die Weitergabe unrichtiger Daten an den Ausweisaussteller eine nach § 108 Abs. 1 Nr. 15 GEG bußgeldbewehrte Ordnungswidrigkeit darstellt und der Verwalter von der GdWE für die Kosten eines überflüssigen Energieausweises in Regress genommen werden kann, wenn gerade nicht die Voraussetzungen des § 106 GEG vorliegen bzw. es sich um Bagatellflächen handelt (*AG München* ZMR 2012, 54). 309

3. Anlässe

a) Neubau

Wird ein Energiebedarfsausweis für ein zu errichtendes Gebäude auf der Grundlage des berechneten Energiebedarfs ausgestellt, sind die Ergebnisse der nach den §§ 15 und 16 GEG oder nach den §§ 18 und 19 GEG erforderlichen Berechnungen zugrunde zu legen. Der Anwendungsbereich der §§ 15 und 16 GEG ist für Wohngebäude eröffnet. § 15 GEG enthält insoweit Vorgaben bezüglich des Gesamtenergiebedarfs, § 16 GEG regelt Vorgaben bezüglich des baulichen Wärmeschutzes. Korrespondierende Regelungen enthalten §§ 18 und 1 GEG für Nichtwohngebäude. 310

Nach § 80 Abs. 1 S. 1 GEG ist ein Energiebedarfsausweis unter Zugrundelegung der energetischen Eigenschaften des fertiggestellten Gebäudes auszustellen. Im Fall der Begründung von Wohnungseigentum durch den Bauträger ist also zu prüfen, wann das Gebäude als fertiggestellt im Sinne des GEG anzusehen ist. Spätester Zeitpunkt ist hier sicherlich die »Schlüsselfertigkeit« der Wohnanlage. Allerdings kann der Energieausweis nach § 81 Abs. 1 S. 1 GEG auch vor diesem Zeitpunkt erstellt werden, soweit die Ergebnisse der nach den §§ 15 und 16 GEG oder nach den §§ 18 und 19 GEG erforderlichen Berechnungen vorliegen. Dies spricht aber nicht für eine Verpflichtung zur frühzeitigen Erstellung, also vor endgültiger Fertigstellung, soweit vorerwähnte Berechnungen vorliegen (a.A. HK-GEG/GEIG/*Ertel* § 80 GEG Rn. 7). 311

b) Bestandsgebäude

Nach § 80 Abs. 2 S. 1 GEG ist ein Energiebedarfsausweis auszustellen, wenn bei einem bestehenden Gebäude Änderungen im Sinne des § 48 GEG ausgeführt und unter Anwendung des § 50 Abs. 1 und 2 GEG für das gesamte Gebäude Berechnungen nach § 50 Abs. 3 GEG durchgeführt werden. Um die Pflicht zur Ausstellung eines Energieausweises für Bestandsgebäude auszulösen, müssen kumulativ also 3 Voraussetzungen erfüllt sein: 312

1. Änderung im Sinne von § 48 GEG und 313
2. Berechnung nach § 50 Abs. 3 GEG und 314
3. Berechnung für das gesamte Gebäude. 315

Liegen diese Voraussetzungen vor, ist ein Energiebedarfsausweis für das betroffene Gebäude auszustellen. Hieraus folgt, dass es keines Energieausweises bedarf, wenn zwar Änderungen am Bestands- 316 gebäude nach § 48 GEG ausgeführt werden, der Nachweis über die Einhaltung der Vorgaben aber mittels Anlage 7 GEG geführt wird und daher Berechnungen nach § 50 Abs. 3 GEG nicht erforderlich sind. Da Energieausweise jeweils für einzelne Gebäude auszustellen sind, bedeutet dies für Mehrhausanlagen, dass es keines Energieausweises für Häuser innerhalb der Wohnanlage bedarf, die von den Änderungen nicht betroffen sind.

c) Vorlagepflicht

aa) Anlass

317 Nach § 80 Abs. 3 S. 1 GEG besteht eine Verpflichtung zum Ausstellen eines Energieausweises im Fall des Verkaufs, der Begründung oder Übertragung eines Erbbaurechts sowie im Fall der Vermietung, Verpachtung oder Verleasung eines Gebäudes oder Wohnungs- bzw. Teileigentums. Diese Pflicht besteht selbstverständlich nur dann, wenn nicht bereits ein (noch) gültiger Energieausweis vorliegt. Grundsätzlich unerheblich ist, ob es sich dabei um einen Energiebedarfsausweis oder einen Energieverbrauchsausweis handelt. Dies gilt allerdings nach § 80 Abs. 3 S. 2 GEG nicht für Wohngebäude mit weniger als fünf Wohnungen, für die der Bauantrag vor dem 1. November 1977 gestellt worden ist. In diesen Fällen bedarf es eines Energiebedarfsausweises. Dies wiederum gilt nach § 80 Abs. 3 S. 3 GEG dann nicht, wenn das Gebäude bereits bei Fertigstellung das Anforderungsniveau der Wärmeschutzverordnung vom 11. August 1977 erfüllt hat oder durch spätere Änderungen auf dieses Anforderungsniveau gebracht worden ist. In diesen Fällen genügt also ein Energieverbrauchsausweis. Im Übrigen muss der Energieausweis vorgelegt werden. Erklärt etwa der Käufer, dass er darauf verzichtet, ist dies unbeachtlich. Eine entsprechende Vereinbarung mit dem Verkäufer wäre gemäß § 134 BGB wegen eines Gesetzesverstoßes nichtig.

318 Bereits unter dem Geltungsbereich der EnEV war geklärt, dass es keines Energieausweises in den Fällen der Abrissgebäude bedurfte – es dem Käufer also nur auf den Grundstückserwerb ankommt und er das aufstehende Gebäude abreißen möchte (BR-Drs. 282/07, 121). Hieran haben weder das GEG 2020 noch das GEG 2024 etwas geändert.

bb) Zeitpunkt

319 Der Energieausweis muss den Interessenten nach § 80 Abs. 4 S. 1 GEG spätestens im Rahmen des Besichtigungstermins zumindest in Kopie vorgelegt werden. Die Vorlagepflicht wird auch durch einen deutlich sichtbaren Aushang oder ein deutlich sichtbares Auslegen während der Besichtigung erfüllt. Findet keine Besichtigung statt, hat der Verkäufer nach § 80 Abs. 4 S. 3 GEG den Energieausweis oder eine Kopie hiervon dem potenziellen Käufer unverzüglich vorzulegen. Der Verkäufer muss den Energieausweis als Original oder Kopie spätestens dann unverzüglich vorlegen, wenn der potenzielle Käufer ihn hierzu auffordert; ansonsten ist er unverzüglich nach Abschluss des Kaufvertrags dazu verpflichtet. Wie bereits erwähnt, wäre eine entsprechende Verzichtserklärung des Käufers unbeachtlich. Entsprechendes gilt nach § 80 Abs. 5 GEG bei der Vermietung, der Verpachtung und auch dem Leasing eines Gebäudes, einer Wohnung oder einer sonstigen selbstständigen Nutzungseinheit.

320 Beim Abschluss eines Kaufvertrages über ein Wohngebäude mit nicht mehr als zwei Wohnungen hat der Verkäufer oder der Immobilienmakler nach § 80 Abs. 4 S. 6 GEG dem Käufer ein informatorisches Beratungsgespräch zum Energieausweis durch einen Energieberater der Verbraucherzentrale Bundesverband anzubieten, wenn ein solches Beratungsgespräch als einzelne Leistung unentgeltlich angeboten wird.

cc) Verpflichtete

321 Zur Vorlage verpflichtet sind neben Verkäufern bzw. Vermietern oder Verpächtern auch die Immobilienmakler. Bereits unter dem Geltungsbereich der EnEV wurde, ohne ausdrücklich benannt zu sein, auch der Makler als Vorlagepflichtiger angesehen. Die nicht unverzügliche oder unterlassene Vorlage des Energieausweises stellt nach § 108 Abs. 1 Nr. 23 und Nr. 24 GEG eine bußgeldbewehrte

Ordnungswidrigkeit dar. Nach § 108 Abs. 2 GEG kann sie mit einem Bußgeld bis zu 10.000 € geahndet werden. Hinsichtlich der aus dem Maklervertrag folgenden Nebenpflichten wird man den Makler als verpflichtet ansehen müssen, seinen Auftraggeber über dessen Pflicht aufzuklären, einen Energieausweis vorzulegen. Dies gilt jedenfalls in den Fällen, in denen den Makler selbst keine Verpflichtung zur Vorlage trifft, weil er etwa lediglich eine Nachweistätigkeit in Benennung des potenziellen Hauptvertragspartners und dessen Personalien entfaltet hat. Werden die Vorlagepflichten nicht erfüllt, riskiert der Verkäufer bzw. Vermieter ein Bußgeld. Der Makler dürfte bei Verletzung der Aufklärungspflicht seinem Auftraggeber insoweit schadensersatzpflichtig sein, wenn diesem ein Bußgeld auferlegt wurde. Freilich müsste sich der Auftraggeber aber einen anspruchsmindernden Mitverschuldensvorwurf nach § 254 Abs. 1 BGB gefallen lassen.

dd) Individualbetroffenheit der Wohnungseigentümer

In wohnungseigentumsrechtlicher Hinsicht stellt sich in den Übertragungsfällen die Frage, ob der betroffene Wohnungseigentümer den Energieausweis selbst und auf eigene Kosten erstellen lassen muss oder er insoweit einen Anspruch gegen die GdWE hat. Tatsache ist jedenfalls, dass nicht jede Eigentümergemeinschaft über einen (gültigen) Energieausweis verfügt. Mit der EnEV 2007 (v. 24.07.2007, BGBl. 2007 I 1519) wurde die Vorlagepflicht des Energieausweis eingeführt. Der Verordnungsgeber hatte in seiner Begründung bezüglich der Vorlagepflicht in Wohnungseigentumsfällen ausgeführt, dass zwar die Pflicht zur Zugänglichmachung den verkaufswilligen Wohnungs- oder Teileigentümer treffe, wenn die zum Verkauf anstehende Einheit kein eigenständiges Gebäude bilde. Im Innenverhältnis habe dieser einen Anspruch gegen die Eigentümergemeinschaft auf rechtzeitige Bereitstellung eines Energieausweises. Die Kosten des Energieausweises seien von der Eigentümergemeinschaft zu tragen (BR-Drs. 282/07, 121). Dementsprechend wurde auch vertreten, die Kosten des Energieausweises seien von der Eigentümergemeinschaft zu tragen, obwohl der einzelne verkaufs- oder vermietungswillige Eigentümer vorlagepflichtig sei (*Hertel* DNotZ 2007, 486 [492] mit der Anmerkung, die Kostenregelung sei pragmatisch; Horst NZM 2008, 145 [151]). Diese Auffassung ist auf Kritik gestoßen (vgl. *Drasdo* NJW-Spezial 2015, 353; *Maletz/Hillebrand* ZfIR 2008, 456). Es fehle an einer Gemeinschaftsbezogenheit. Zwar könne die GdWE die Erstellung des Energieausweises nach § 10 Abs. 6 S. 3 HS 2 WEG a.F. an sich ziehen, im Übrigen sei aber der veräußerungswillige Wohnungseigentümer verpflichtet. 322

Ungeachtet der Tatsache, dass das aufgrund des WEMoG reformierte WEG seit 01.12.2020 keine mit § 10 Abs. 6 S. 3 HS 2 WEG a.F. korrespondierende Vorschrift mehr kennt, ist zunächst zu berücksichtigen, dass der Energieausweis für das Gebäude auszustellen ist (*Elzer/Fraaz-Rosenfeld* SWK WEG Energieausweis Rn. 16). Darüber hinaus wird mit dem Energieausweis der energetische Zustand des Gemeinschaftseigentums einer Beurteilung unterzogen. Hierbei wiederum ist zu berücksichtigen, dass der Energieausweis nach § 84 Abs. 1 S. 1 GEG Modernisierungsempfehlungen enthalten muss, die für alle Wohnungseigentümer nützlich sind. Die zur Erstellung des Energieausweises erforderlichen Unterlagen wird auch eher der Verwalter zusammenstellen können. Schließlich ist zu berücksichtigen, dass Sondereigentum immanent ist, dass es zur Nutzung durch Dritte übertragen werden kann, was § 13 Abs. 1 WEG zum Ausdruck bringt. So an diesen Vorgang bestimmte öffentlich-rechtliche Pflichten geknüpft sind, die aber gerade das Gemeinschaftseigentum betreffen, dürfte nichts anderes gelten als in den Fällen, in denen das Gemeinschaftseigentum im Bereich einer Sondereigentumseinheit den Vorgaben des öffentlichen Rechts anzupassen ist und folglich der Rechtskreis der GdWE betroffen ist. 323

Eine andere Frage ist, ob den Wohnungseigentümern bezüglich der Kosten des Energieausweises im Rahmen der Beschlussfassung die Möglichkeit des § 16 Abs. 2 S. 2 WEG offensteht (bejahend zu § 16 Abs 3 WEG a.F.: *AG München* ZMR 2012, 54). Der *BGH* (Urt. v. 22.03.2024 – V ZR 81/23 und V ZR 87/23) handhabt seinen Anwendungsbereich entsprechend seines Wortlauts großzügig für die Fälle, in denen es um die Kosten von Erhaltungsmaßnahmen an Bereichen des Gemeinschaftseigentums geht, an denen die betroffenen Wohnungseigentümer eine (mehr oder weniger) exklusive Gebrauchsmöglichkeit haben. Das aber passt nicht für die hier zu beurteilende Frage einer 324

Verpflichtung bezüglich der Kostentragung für einen Energieausweis, in dessen Genuss zu einem späteren Zeitpunkt auch weitere Wohnungseigentümer kommen könnten. Insoweit könnte es bezüglich des indirekten Nutzens für alle Eigentümer interessengerecht sein, die Kosten hälftig zwischen der GdWE und dem nutzungsübertragenden Wohnungseigentümer zu teilen. Bezüglich des auf diesen Wohnungseigentümer entfallenden Kostenanteils könnte nach dem Vorbild von § 21 Abs. 4 WEG eine Kostenbeteiligung nachfolgend im Gültigkeitszeitraum vorlageverpflichteter Wohnungseigentümer geregelt werden. Dieses Modell wäre im Fall von in Reihenhäuser geteilten Wohnanlagen allerdings nicht umsetzbar, da für jedes Haus ein Energieausweis auszustellen ist. So nicht ohnehin eine wirtschaftliche Trennung vereinbart ist, dürfte wohl eine exklusive Kostenbelastung des betroffenen Wohnungseigentümers beschließbar sein.

d) Aushangpflicht

325 Nach § 80 Abs. 6 GEG hat der Eigentümer eines Gebäudes, in dem sich mehr als 250 m² Nutzfläche mit starkem Publikumsverkehr befinden, der auf behördlicher Nutzung beruht, sicherzustellen, dass für das Gebäude ein Energieausweis ausgestellt wird und ihn an einer für die Öffentlichkeit gut sichtbaren Stelle auszuhängen. Wird die Nutzfläche nicht oder nicht überwiegend vom Eigentümer selbst genutzt, so trifft die Pflicht zum Aushang des Energieausweises den Nutzer. Der Eigentümer hat ihm zu diesem Zweck den Energieausweis oder eine Kopie hiervon zu übergeben. Nach § 80 Abs. 7 GEG hat der Eigentümer eines Gebäudes, in dem sich mehr als 500 m² Nutzfläche mit starkem Publikumsverkehr befinden, der nicht auf behördlicher Nutzung beruht, einen Energieausweis an einer für die Öffentlichkeit gut sichtbaren Stelle auszuhängen, sobald für das Gebäude ein Energieausweis vorliegt.

326 Beiden Fällen ist gemeinsam, dass die Pflicht zunächst über § 9a Abs. 2 WEG von der GdWE zu erfüllen ist. Im Fall des § 80 Abs. 6 GEG wird aber in aller Regel der behördliche Nutzer verpflichtet sein, wobei ihm die GdWE den Energieausweis auszuhändigen hat. Im Gegensatz zu § 80 Abs. 7 GEG ist ein Energieausweis im Fall des § 80 Abs. 6 GEG anlasslos auszustellen. § 3 Abs. 1 Nr. 27 GEG definiert als »Nutzfläche mit starkem Publikumsverkehr« eine öffentlich zugängliche Nutzfläche, die während ihrer Öffnungszeiten von einer großen Zahl von Menschen aufgesucht wird und ergänzt konkretisierend, dass sich eine derartige Fläche insbesondere in einer öffentlichen oder einer privaten Einrichtung befinden kann, die für gewerbliche, freiberufliche, kulturelle, soziale oder behördliche Zwecke genutzt wird. Als Richtwert wird insoweit eine Anzahl von 15–20 Personen pro Tag angesehen (HK-GEG/GEIG/*Ertel* § 80 GEG Rn. 18).

4. Pflichtangaben in Immobilienanzeigen

327 § 87 GEG regelt die Pflichtangaben in Immobilienzeitungen, soweit im Fall des Verkaufs, der Vermietung, der Verpachtung oder dem Leasing eines Gebäudes, einer Wohnung oder einer sonstigen selbständigen Nutzungseinheit bei Beginn der Vermarktung bereits ein Energieausweis vorliegt.

a) Immobilienanzeige

328 Der Anwendungsbereich des § 87 GEG ist eröffnet, wenn eine Immobilienanzeige »in kommerziellen Medien« aufgegeben wird. Unter »kommerziellen Medien« sind insbesondere Anzeigen in Zeitungen, Zeitschriften oder im Internet zu verstehen. Nicht erfasst werden private, kostenfreie Kleinanzeigen, z.B. kostenfreie Aushänge an »schwarzen Brettern« in Supermärkten o.ä. (BR-Drs. 113/13, S. 98). Das Merkmal der Kommerzialität verdeutlicht, dass nicht entscheidend ist, ob die Anzeige für den verpflichteten Personenkreis kostenpflichtig oder kostenlos ist. Entscheidend ist, dass das Medium geschäftsmäßig verbreitet wird und so einem großen Personenkreis zugänglich gemacht wird. Hieraus folgt, dass auch Anzeigen etwa über eBay-Kleinanzeigen vom Anwendungsbereich der Norm erfasst sind (HK-GEG/GEIG/*Ertel* § 87 GEG Rn. 6).

b) Verpflichtete

Ihrem Wortlaut nach verpflichtet die Bestimmung des § 87 Abs. 1 GEG den Verkäufer, Vermieter, Verpächter, Leasinggeber oder Immobilienmakler, soweit die jeweilige Person die Veröffentlichung der Immobilienanzeige verantwortet. Gegenüber der Regelung in § 16a EnEV 2014 ist nunmehr auch der Immobilienmakler ausdrücklich in den Geltungsbereich einbezogen. Allerdings hat sich die Rechtslage nicht geändert. Denn bereits vor Inkrafttreten des GEG mussten auch die Makler § 16a EnEV beachten. Nach § 5a Abs. 2 UWG liegt nämlich dann eine unlautere Handlung vor, wenn die Entscheidungsfähigkeit von Verbrauchern dadurch beeinflusst wird, dass eine Information vorenthalten wird, die im konkreten Fall unter Berücksichtigung aller Umstände einschließlich der Beschränkung des Kommunikationsmittels wesentlich ist. Ergänzt wird die Bestimmung durch § 5a Abs. 4 UWG. Hiernach gelten als wesentlich auch Informationen, »die dem Verbraucher aufgrund gemeinschaftsrechtlicher Verordnungen oder nach Rechtsvorschriften zur Umsetzung gemeinschaftsrechtlicher Richtlinien für kommerzielle Kommunikation einschließlich Werbung und Marketing nicht vorenthalten werden dürfen«. Da mit der EnEV 2014 die europäische Richtlinie 2010/13/EU vom 19.05.2010 umgesetzt wurde, die in Art. 12 Abs. 4 die Angaben in der Werbung verlangt, musste also auch der Makler die Pflichtangaben nach EnEV bei seiner Akquise berücksichtigen. War dies nicht der Fall, lag ein Wettbewerbsverstoß vor (*BGH* NWB 2018, 686). Die fehlende Angabe von Informationen zum Energieverbrauch einer Immobilie entgegen § 87 GEG in der Werbeanzeige eines Maklers stellt selbstverständlich weiter eine unlautere Handlung nunmehr im Sinne von § 3a UWG dar (*OLG Frankfurt* GRUR-RR 2021, 324). Die Differenzierung beruht allein darauf, dass die Verpflichtung nunmehr ausdrücklich gesetzlich geregelt ist. 329

Die Pflicht trifft denjenigen, der die Anzeige zu verantworten hat. In aller Regel dürfte die Ermittlung der verantwortlichen Person keine Schwierigkeiten bereiten. So ein Makler mit der Vermarktung beauftragt wurde, dürfte regelmäßig auch dieser verpflichtet sein. Sollte sich allerdings die Verantwortlichkeit nicht eindeutig zuordnen lassen, werden im Zweifel alle an der Anzeige Mitwirkenden für Richtigkeit und Vollständigkeit verantwortlich sein (HK-GEG/GEIG/*Ertel* § 87 GEG Rn. 14). 330

c) Erforderliche Angaben

Hinsichtlich des Inhalts von Immobilienanzeigen in kommerziellen Medien sind in Übereinstimmung mit den früheren Vorgaben des § 16a Abs. 1 S. 1 EnEV 2014 nach der Bestimmung des § 87 Abs. 1 GEG nachfolgende Pflichtangaben vorgeschrieben: 331

1. Art des Energieausweises: Energiebedarfsausweis im Sinne von § 81 GEG oder Energieverbrauchsausweis im Sinne von § 82 GEG; 332
2. der im Energieausweis genannte Wert des Endenergiebedarfs oder Endenergieverbrauchs für das Gebäude; 333
3. die im Energieausweis genannten wesentlichen Energieträger für die Heizung des Gebäudes; 334
4. bei Wohngebäuden das im Energieausweis genannte Baujahr; 335
5. bei Wohngebäuden die im Energieausweis genannte Energieeffizienzklasse. 336

Bei Nichtwohngebäuden muss bei Energiebedarfs- und Energieverbrauchsausweisen als Pflichtangabe der Endenergiebedarf oder Endenergieverbrauch sowohl für Wärme als auch für Strom jeweils getrennt aufgeführt werden. Auch diese Regelung des § 87 Abs. 2 GEG korrespondiert mit den vormals geltenden Vorgaben des § 16a Abs. 1 S. 2 EnEV 2014. Die genannten Pflichtangaben sind stets bei Verkauf, Vermietung, Verpachtung und Leasing bei Immobilienanzeigen zum Verkauf, der Vermietung, der Verpachtung oder zum Leasing eines Gebäudes, einer Wohnung oder einer sonstigen selbstständigen Nutzungseinheit zu machen. 337

d) Fehlerhafte Angaben

aa) Gewährleistungsansprüche

§ 79 Abs. 1 S. 1 GEG stellt zunächst in Übereinstimmung mit der nicht mehr geltenden Bestimmung des § 5a S. 2 EnEG klar, dass der Energieausweis lediglich ein Informationsmedium über die ener- 338 getischen Eigenschaften eines Gebäudes darstellt (BT-Drs. 17/12619, 10: »Das EnEG begründet in dieser Hinsicht keine neuen rechtlichen Wirkungen in Miet- und Kaufverhältnissen.«). Lediglich auf Grundlage der Angaben des Energieausweises können zunächst keine Gewährleistungsansprüche etwa des Mieters oder Käufers hergeleitet werden (*OLG Koblenz* MDR 2016, 1199). Allerdings können sich Gewährleistungsansprüche bei entsprechender Beschaffenheitsvereinbarung ergeben, die im Fall der Vermietung, Verpachtung oder des Verleasens auch konkludent erfolgen kann. Die bloße Aushändigung eines Energieausweises führt noch nicht zu einer Beschaffenheitsvereinbarung (*OLG Schleswig* NJW 2015, 2668). Maßgeblich wird es darauf ankommen, ob der Verkäufer oder Vermieter mit den Angaben aus dem Energieausweis wirbt und es dem Käufer oder Mieter bei Vertragsabschluss ersichtlich auf die Einhaltung dieser Angaben ankam (HK-GEG/GEIG/*Ertel* § 79 GEG Rn. 5). Im Verkaufsfall wäre eine Beschaffenheitsvereinbarung gemäß § 311b Abs. 1 BGB formbedürftig (*OLG Schleswig* NJW 2015, 2668). Eine Haftung des Eigentümers kann auch aus § 241 Abs. 2 BGB resultieren, wenn der Eigentümer seinen Vertragspartner über die Energieeffizienz des Gebäudes getäuscht hat (Blank/Börstinghaus/Siegmund/*Siegmund*, 7. Aufl. 2023, BGB § 536 Rn. 45b).

339 Da der Energieausweis im Übrigen keinen unmittelbaren Rückschluss auf den tatsächlichen Energieverbrauch des Gebäudes erlaubt, muss der Aussteller ohne Hinzutreten weiterer Umstände nicht mit einer Drittbezogenheit seiner Leistung rechnen. Damit kann ein Dritter, etwa der Wohnungskäufer bei Fehlangaben im Ausweis keine Rechte gegen den Aussteller geltend machen. Verkauft der Auftraggeber des Energieausweises eine Wohnung mit vereinbartem Haftungsausschluss, ist es dem Käufer unter Berücksichtigung von Treu und Glauben verwehrt, den von ihm nicht beauftragten Aussteller des fehlerhaften Energieausweises in Anspruch zu nehmen. Dessen Haftung geht nicht weiter als die des Verkäufers (*OLG Koblenz* MDR 2016, 1199).

bb) Ordnungswidrigkeit

340 Die in einer Immobilienanzeige enthaltenen Pflichtangaben nach § 87 GEG müssen selbstverständlich richtig sein. § 108 Abs. 1 Nr. 27 GEG regelt mit Blick auf die Bestimmung des § 87 GEG allerdings nur das Fehlen erforderlicher Pflichtangaben als Ordnungswidrigkeit. Der Fall unrichtiger Pflichtangaben wird nicht ausdrücklich erwähnt. Ob mit Blick auf das strafrechtliche Analogieverbot, das auch im Recht der Ordnungswidrigkeiten zu beachten ist (*Lehmann-Richter* ZWE 2013, 341), daher unrichtige Angaben in der Immobilienanzeige mit Bußgeld bewehrt werden können, scheint zweifelhaft, wird aber bejaht (vgl. HK-GEG/GEIG/*Senders* § 108 GEG Rn. 36). Hiervon unabhängig würden fehlerhafte Angaben des Maklers einen Wettbewerbsverstoß nach § 3a UWG darstellen.

e) Noch nicht vorliegender Energieausweis

341 Liegt im Zeitpunkt der Akquise über Immobilienanzeigen noch kein Energieausweis vor, können zwar in der Immobilienanzeige keine entsprechenden Angaben gemacht werden, allerdings sind selbstverständlich die Vorgaben und Fristen des § 80 Abs. 4 und 5 GEG zu beachten. Erfolgt im Laufe der Akquise über das Internet die Erstellung des Energieausweises, so ist die Anzeige anzupassen und um die fehlenden Angaben bezüglich des Energieausweises zu ergänzen. Entsprechendes gilt für Daueranzeigen in Printmedien (HK-GEG/GEIG/*Ertel* § 87 GEG Rn. 5).

5. Ausstellungsberechtigte

342 Den Kreis der zur Ausstellung eines Energieausweises berechtigten Personen regeln § 88 GEG und die Übergangsvorschrift des § 113 GEG. Letztere regelt beschränkt auf Bestandswohngebäude und die Fälle des § 80 Abs. 3 GEG die Berechtigung von Personen, die aufgrund spezifischer Aus- bzw. Weiterbildung am 25. April 2007 über die Befugnis zur Energieberatung verfügen. Hierbei kann es sich um BAFA-Energieberater handeln, die vor dem vorerwähnten Zeitpunkt für die Energieberatung registriert wurden (Abs. 1) oder Personen, die am 25. April 2007 über eine abgeschlossene Berufsausbildung im Baustoff-Fachhandel oder in der Baustoffindustrie und eine erfolgreich

abgeschlossene Weiterbildung zum Energiefachberater im Baustoff-Fachhandel oder in der Baustoffindustrie verfügt haben, wobei es ausreicht, dass die Weiterbildung vor dem 25. April 2007 begonnen hat (Abs. 2) und schließlich von Personen, die am 25. April 2007 über eine abgeschlossene Fortbildung auf der Grundlage des § 42a der Handwerksordnung für Energieberatung im Handwerk verfügt haben, wobei es ausreicht, dass die Fortbildung vor dem 25. April 2007 begonnen hatte.

Den Kreis der unbeschränkt Ausstellungsberechtigten regelt § 88 GEG. Zunächst sind nach § 88 343 Abs. 1 Nr. 1 GEG die nach landesbauordnungsrechtlichen Vorschriften zur Unterzeichnung von bautechnischen Nachweisen des Wärmeschutzes oder der Energieeinsparung bei der Errichtung von Gebäuden Berechtigten auch zur Ausstellung von Energieausweisen berechtigt, was § 21 Abs. 1 S. 1 Nr. 5 EnEV entspricht. Grundsätzlich zur unbeschränkten Ausstellung von Energieausweisen berechtigt sind nach § 88 Abs. 1 Nr. 2 GEG Hochschulabsolventen der Fachrichtungen Architektur, Innenarchitektur, Hochbau, Bauingenieurwesen, Technische Gebäudeausrüstung, Physik, Bauphysik, Maschinenbau oder Elektrotechnik oder einer anderen technischen oder naturwissenschaftlichen Fachrichtung mit einem entsprechenden Ausbildungsschwerpunkt. Nach § 88 Abs. 1 Nr. 3 GEG berechtigt sind Handwerker eines zulassungspflichtigen Bau-, Ausbau- oder anlagentechnisches Gewerbe oder für das Schornsteinfegerhandwerk soweit die Voraussetzungen zur Eintragung in die Handwerksrolle erfüllt sind oder für ein zulassungsfreies Handwerk in einem der vorgenannten Bereich einen Meistertitel erworben hat. Schließlich sind nach § 88 Abs. 1 Nr. 4 GEG staatlich anerkannte oder geprüfte Techniker berechtigt, deren Ausbildungsschwerpunkt auch die Beurteilung der Gebäudehülle, die Beurteilung von Heizungs- und Warmwasserbereitungsanlagen oder die Beurteilung von Lüftungs- und Klimaanlagen umfasst.

Im Rahmen des GEG 2024 neu aufgenommen in den Kreis der unbeschränkt Ausstellungs- 344 berechtigten sind nach § 88 Abs. 5 GEG auch Personen, die eine Qualifikationsprüfung Energieberatung des Bundesamtes für Wirtschaft und Ausfuhrkontrolle erfolgreich abgeschlossen haben.

Im Übrigen setzt die Berechtigung zur Ausstellung von Energieausweisen gemäß § 88 GEG 1 Nr. 2 345 bis 4 GEG nach § 80 Abs. 2 GEG nicht nur eine bestimmte fachliche Qualifikation voraus, sondern zusätzlich auch den Erwerb fachspezifischer Kenntnisse. Die Voraussetzungen vorerwähnter Norm sind dann erfüllt, wenn während des Studiums ein Ausbildungsschwerpunkt im Bereich des energiesparenden Bauens gesetzt oder nach einem Studium ohne einen solchen Schwerpunkt eine mindestens zweijährige Berufserfahrung in wesentlichen bau- oder anlagentechnischen Tätigkeitsbereichen des Hochbaus erworben wurde, oder eine erfolgreiche Schulung im Bereich des energiesparenden Bauens, die den wesentlichen Inhalten der Anlage 11 GEG entspricht absolviert wurde, oder eine öffentliche Bestellung als vereidigter Sachverständiger für ein Sachgebiet im Bereich des energiesparenden Bauens oder in wesentlichen bau- oder anlagentechnischen Tätigkeitsbereichen des Hochbaus erfolgte. Ausstellungsberechtigte können unter www.energie-effizienz-experten.de/oder www.effizienzhaus.zukunft-haus.info/aussteller/suche-experten/recherchiert werden.

6. Geltungsdauer

Nach § 79 Abs. 3 S. 1 GEG ist der Energieausweis für eine Gültigkeitsdauer von zehn Jahren aus- 346 zustellen. Die Zehn-Jahres-Frist ist tagesgenau anhand des Ausstellungsdatums zu berechnen (HK-GEG/GEIG/Ertel, § 79 GEG Rn. 13; Theobald/Kühling/*Söfker* § 17 EnEV Rn. 23). Spätestens nach Ablauf der zehn Jahre verliert der Energieausweis seine Gültigkeit, sodass er als nichtvorliegend anzusehen ist. Nach § 79 Abs. 3 S. 2 GEG verliert ein Energieausweis auch dann seine Gültigkeit, wenn nach § 80 Abs. 2 GEG ein neuer Energieausweis erforderlich wird. Dies kann dann der Fall sein, wenn im Bestandsgebäude Änderungen nach § 48 GEG ausgeführt werden. Auch die Verwendung eines ungültigen Energieausweises stellt nach § 108 Abs. 1 Nr. 23, 24 GEG eine bußgeldbewehrte Ordnungswidrigkeit dar.

7. Übergangsvorschriften

347 § 112 GEG enthält Übergangsvorschriften bezüglich des Energieausweises. Vor dem Hintergrund der Geltungsdauer der Energieausweise von 10 Jahren müssen aus Gründen des Vertrauensschutzes bestimmte Übergangsregelungen getroffen werden.

a) Bestandsbau

348 § 112 Abs. 1 GEG ordnet allgemein die Pflichtangabe der angewandten gesetzlichen Fassung über den Energieausweis an, wenn dieser nach Inkrafttreten des GEG am 1. November 2020 ausgestellt wird, jedoch Baumaßnahmen an einem Gebäude betrifft, auf die nach §§ 111 Abs. 1 oder § 112 Abs. 2 GEG noch das alte Recht anzuwenden ist. Nach § 111 Abs. 1 S. 1 GEG sind die Regelungen des GEG nicht auf Vorhaben anzuwenden, soweit die Bauantragstellung oder der Antrag auf Zustimmung oder die Bauanzeige vor dem Inkrafttreten des GEG am 01.11.2020 erfolgte. Entsprechendes gilt nach § 111 Abs. 1 S. 3 GEG für nicht genehmigungsbedürftige Vorhaben und für Vorhaben, die nach Maßgabe des Bauordnungsrechts der zuständigen Behörde (Rdn. 22) zur Kenntnis zu geben sind. Die Vorschrift entspricht im Übrigen der früheren Regelung in § 28 Abs. 3a EnEV 2014.

349 Die Übergangsregelung des § 112 Abs. 2 GEG ist mittlerweile bedeutungslos. Sie trägt dem Umstand Rechnung, dass Energieausweise in aller Regel unter Verwendung elektronische Datenschemata erstellt werden und diese auf den am 1. November 2020 außer Kraft getretenen Altregelungen gestützt und somit anzupassen waren. Insoweit sieht § 112 Abs. 2 GEG für Energieausweise insbesondere nach § 80 Abs. 3 S. 1 GEG eine Übergangsfrist bis zum 1. Mai 2021 vor. Bis zu diesem Zeitpunkt kamen also die Altvorschriften zur Anwendung.

b) Pflichtangaben in Immobilienanzeigen

350 § 112 Abs. 3 GEG hat eine Übergangsregelung für Energieausweise zum Inhalt, die nach dem 30. September 2007 und vor dem 1. Mai 2014 ausgestellt worden sind. Angesichts der Geltungsdauer der Energieausweise von zehn Jahren hat diese Bestimmung keine Praxisrelevanz mehr.

c) Modernisierungsempfehlungen

351 Erst mit der EnEV 2014 wurden Modernisierungsempfehlungen zum zwingenden Inhalt eines Energieausweises. Insoweit ordnete § 29 Abs. 3a) EnEV 2014 begleitende Modernisierungsempfehlungen in den Fällen des Nutzerwechsels u.a. bei Verkauf oder Vermietung an, wenn der Energieausweis auf Basis früherer Fassungen der EnEV ausgestellt wurde. Entsprechendes regelt § 112 Abs. 4 GEG für Energieausweise auf Grundlage der EnEV 2007 und der EnEV 2009. Aufgrund ihrer 10-jährigen Geltungsdauer sind nunmehr nur noch Energieausweise betroffen, die auf Grundlage der EnEV 2009 ausgestellt wurden. Neben dem Energieausweis sind demnach innerhalb der Fristen des § 80 Abs. 4 und 5 GEG zusätzlich Modernisierungsempfehlungen zugänglich zu machen.

XVI. Denkmalschutz

1. Grundlagen

352 Der Denkmalschutz zielt in erster Linie auf die Erhaltung des baulichen Zustands geschützter Objekte, und zwar in erster Linie das Erscheinungsbild betreffend. Der Begriff der Erhaltung ist demnach enger als der miet- und wohnungseigentumsrechtliche Begriff der Erhaltung. Geschützt ist in der Regel die Außenansicht des Gebäudes, allerdings kann sich der Denkmalschutz auch auf Innenbereiche erstrecken wie bestimmte Ausstattungsmerkmale (u.a. Stuck, bestimmte Bodenbeläge, Treppenanlagen). Nach GEG erforderliche Maßnahmen können insoweit den Schutzbereich des Gebäudes beeinträchtigen, weshalb § 105 GEG Ausnahmen für Baudenkmäler regelt. Wird die

Substanz oder das Erscheinungsbild beeinträchtigt oder führen andere Maßnahmen zu einem unverhältnismäßig hohen Aufwand, kann von den Anforderungen des GEG abgewichen werden.

§ 3 Abs. 1 Nr. 3 GEG definiert das Baudenkmal als ein nach Landesrecht geschütztes Gebäude oder eine nach Landesrecht geschützte Gebäudemehrheit. Der Anwendungsbereich des § 105 GEG geht über diese Definition hinaus und regelt Ausnahmen für Baudenkmäler, besonders geschützte Bausubstanz aufgrund gesetzlicher Anordnung und sonstige besonders erhaltenswerte Bausubstanz. Die Bestimmung entspricht inhaltlich § 24 Abs. 1 EnEV, wobei allerdings die »durch Vorschriften des Bundes- oder Landesrechts besonders geschützte Bausubstanz« im Rahmen des GEG 2020 ergänzt wurde. Tatsächlich ist dies aber nichts wirklich Neues, sondern war bereits von § 24 Abs. 1 EnEV erfasst. Der Gesetzgeber wollte diese Tatbestände lediglich »ausdrücklich« regeln (BT-Drs. 19/16716, 159). 353

Letztlich regelt § 105 GEG drei Gebäudealternativen: 354
- Baudenkmal;
- besonders geschützte Bausubstanz aufgrund gesetzlicher Anordnung;
- besonders erhaltenswerte Bausubstanz.

Die Denkmalschutzgesetze der Länder definieren das Baudenkmal zwar nicht exakt gleich, jedoch stets sinngemäß als bauliche Anlage mit zumeist geschichtlicher, künstlerischer, wissenschaftlicher, städtebaulicher oder volkskundlicher Bedeutung an deren Erhaltung und Nutzung ein öffentliches Interesse besteht (MHdWE/*Drasdo/Elzer/Skrobek*, 8. Aufl. 2023, § 81 Rn. 3). Als Baudenkmäler genießen nicht nur einzelne Bauten Denkmalschutz, sondern auch Denkmalbereiche, etwa als Ensemble oder als Gesamtanlage. Einzelne Gebäude genießen also als Teil eines Ensembles oder einer Gesamtanlage dann Denkmalschutz, wenn es sich bei ihnen nicht um Baudenkmale handelt. Der Begriff Ensemble beschreibt eine städtebauliche Situation, in der durch mehrere einzelne Gebäude, die nicht alle für sich Baudenkmäler sein müssen, eine Gesamtheit entstanden ist, die als Ganzes von geschichtlicher, künstlerischer, städtebaulicher, wissenschaftlicher oder volkskundlicher Bedeutung ist. Entscheidend ist der optische Eindruck der Gesamtheit, also das ganzheitliche Erscheinungsbild (vgl. *VG Würzburg* BeckRS 2015, 40235; *VG München,* 15.07.2010 - Nr. M 11 K 09.3000). 355

Aufgrund gesetzlicher Anordnung können als eine besonders geschützte Bausubstanz insbesondere besonders erhaltenswerte Gebäude in flächenhaften Schutzausweisungen vor allem im Geltungsbereich von Gestaltungssatzungen oder Erhaltungssatzungen nach § 172 BauGB festgelegt sein (Theobald/Kühling/*Stock* 112. EL Juni 2021 § 24 EnEV Rn. 14). 356

Die »besonders erhaltenswerte Bausubstanz« ist immer noch nicht legaldefiniert. Geklärt ist jedoch, dass es sich insoweit gerade nicht um ein Baudenkmal handelt (Frenz/Lülsdorf/*v. Oppen* § 24 EnEV Rn. 8) und auch nicht um eine besonders geschützte Bausubstanz aufgrund gesetzlicher Anordnung (HK-GEG/GEIG/*Senders* § 105 GEG Rn. 12). Zur erhaltenswerten Bausubstanz können etwa Gebäude gehören, die Kommunalbehörden im Rahmen bestimmter Projekte als besonders erhaltenswert ausgewiesen haben, wie dies insbesondere bei Konzepten zur Stadt- oder Quartiersentwicklung der Fall sein kann (*VG Gelsenkirchen* juris), oder auch solche, deren besondere Erhaltungswürdigkeit amtlich bestätigt ist (KfW-Förderung »Kfw-Effizienzhaus Denkmal«, vgl. Theobald/Kühling/*Stock* 112. EL Juni 2021 § 24 EnEV Rn. 14). 357

Besteht der Denkmalschutz nur an Bestandteilen des Gebäudes, die dessen äußere Gestaltung betreffen, besteht kein Verbot, Veränderungen innerhalb des Gebäudes vorzunehmen. Erstreckt sich der Schutz nur auf seine inneren Bestandteile, etwa eine Ladeneinrichtung, Stuckelemente oder besondere Böden, sind wiederum Maßnahmen im Außenbereich möglich. Soweit Umbauarbeiten jeweils zulässig sind, ist darauf zu achten, dass sich diese nicht auf den ansonsten geschützten Bereich auswirken (*Drasdo* NJW-Spezial 2010, 737). 358

Nach § 79 Abs. 4 S. 2 GEG ist die zentrale Norm des § 80 GEG in seinen Absätzen 3 bis 7 bezüglich der Vorlagepflichten im Fall der Nutzungsübertragung auf Baudenkmäler nicht anzuwenden. Die Pflicht zum Ausstellen von Energieausweisen betrifft insoweit zwar auch neu errichtete Gebäude, 359 was allerdings wohl kaum denkmalschutzrechtlich relevant sein dürfte. Für Bestandsbaudenkmäler ist ein Energieausweis im Fall von Änderungen am Gebäude nach § 48 GEG auszustellen.

2. Ausnahmetatbestände

360 Der Anwendungsbereich des § 105 GEG ist eröffnet, wenn die durchzuführende Maßnahme mit einer Substanzbeeinträchtigung oder einer Beeinträchtigung des Erscheinungsbilds der baulichen Anlage oder unverhältnismäßigem Kostenaufwand von Alternativmaßnahmen verbunden ist. Eine Beeinträchtigung liegt vor, wenn Schutzzwecke des Denkmalschutzes durch die Maßnahmen gestört oder vereitelt werden können (z.B. *VGH Mannheim*, Urt. v. 01.09.2011 - 1 S 1070/11, NVwZ-RR 2012, 222 [224]; *OVG Münster*, Urt. v. 08.03.2012 - 10 A 2037/11, BauR 2012, 1781).

a) Beeinträchtigung von Substanz oder Erscheinung

361 Der Begriff der Substanzbeeinträchtigung im Sinne des Denkmalschutzes ist weit auszulegen. Er erfasst jede bauliche Maßnahme, die den bestehenden Zustand des Gebäudes abändert, was auch für etwaige Erhaltungsmaßnahmen gilt (Frenz/Lülsdorf/*v. Oppen* § 24 EnEV Rn. 15). Das geschützte Objekt muss durch die betreffende Maßnahme eine mehr als nur geringfügige Beeinträchtigung erfahren (HK-GEG/GEIG/*Senders* § 105 GEG Rn. 13; Frenz/Lülsdorf/*v. Oppen* § 24 EnEV Rn. 14). Als Beeinträchtigung sind alle baulichen und anlagentechnischen Maßnahmen anzusehen, die denkmal- und erhaltungsrechtlich nicht zulässig sind. Zu den Maßnahmen, die ein Baudenkmal oder ein städtebaulich geschütztes Gebäude beeinträchtigen können, zählen vor allem bauliche Änderungen an der Gebäudehülle nach § 48 GEG. In Betracht kommen weiter Anbauten und Ausbauten i.S.v. § 51 GEG sowie bauliche Maßnahmen zur Erfüllung der Nachrüstpflicht des § 47 Abs. 1 GEG (Theobald/Kühling/*Stock* 113. EL August 2021 § 24 EnEV Rn. 16), wobei die Schutzziele durch bauliche Änderungen im Innern der Gebäude, die von außen nicht wahrnehmbar sind, nicht berührt werden (Ernst/Zinkahn/Bielenberg/Krautzberger/*Stock* Baugesetzbuch 143. EL August 2021, § 172 BauGB Rn. 157). Insbesondere die nachfolgend dargestellten Konfliktfälle können virulent werden.

aa) Dacherhaltung

362 Dachkonstruktionen historischer Bauten und besonders prägende Dachelemente wie etwa Gauben unterliegen regelmäßig dem Denkmalschutz (vgl. *VG Würzburg*, Urt. v. 13.11.2014 – W 5 K 13.18, BeckRS 2015, 40235).

bb) Fassadenerhaltung

363 Im Fall erforderlicher Fassadenerhaltungsmaßnahmen, die nach den Vorgaben des GEG eine Dämmung erforderlich machen, sind gerade für das Gesamtbild eines Gebäudes prägende Bauteile betroffen, weshalb es in der Regel nicht möglich sein wird, Veränderungen unter Berücksichtigung denkmalschutzrechtlicher Vorgaben durchzuführen (MHdWE/*Drasdo/Elzer/Skrobek*, 8. Aufl. 2023, § 81 Rn. 25). Allerdings hat dies nicht automatisch zur Folge, dass die Erfüllung der Vorgaben des GEG obsolet würde. Bereits § 24 Abs. 2 EnEV hatte vorgesehen, dass andere als in der EnEV vorgesehene Maßnahmen zu prüfen sind, die zur Zielerreichung geeignet sind. Die entsprechende Regelung findet sich nunmehr in § 102 Abs. 1 S. 1 Nr. 1 GEG. Eine Änderung der Rechtslage ist hiermit nicht verbunden (BT-Drs. 19/16716, 158). Insoweit dürfte die Verpflichtung zur Innendämmung als Alternativmaßnahme in Frage kommen, die allerdings im Einzelfall mit erheblichen Beeinträchtigungen verbunden sein kann (vgl. *VG Düsseldorf*, Urt. v. 02.03.2009 - 25 K 2496/08, juris). Die etwa mit einer Innendämmung verbunden Nachteile, wie insbesondere eine Verkleinerung der Wohn-/Nutzfläche, ggf. nicht mehr nutzbares Einbaumobiliar oder auch Veränderungen in Sanitärbereichen, weil die entsprechenden Anschlüsse nicht mehr passen, können allerdings zu einem unverhältnismäßigen Aufwand führen.

Im Rahmen von Erhaltungsmaßnahmen an der Fassade ist nicht nur die Wärmedämmung denkmalschutzrechtlich von Bedeutung, auch eine optische Veränderung wie ein anderer Anstrich (vgl. *BayObLG*, Beschl. v. 09.08.1993 - 3 ObOWi 64/93, BauR 1993, 720.) oder das Verschließen von Gebäudeöffnungen (vgl. *OLG Köln*, Beschl. v. 28.01.2000 - 16 Wx 189/99, NZM 2000, 297) können den Denkmalschutz beeinträchtigen (zu Wärmedämmverbundsystemen Rdn. 374). 364

cc) Fensteraustausch

Die Fenster sind wesentliches gestalterisches Merkmal eines Gebäudes und daher in besonderer Weise Anknüpfungspunkt denkmalschutzrechtlicher Einstufungen als konstitutiver Bestandteil der Denkmaleigenschaft (MHdWE/*Drasdo/Elzer/Skrobek*, 8. Aufl. 2023, § 81 Rn. 22). Dem Grundsatz der Materialkontinuität folgend ist bereits die Materialauswahl von Bedeutung (*VGH Kassel*, Urt. v. 02.03.2006 - 4 UE 2636/04, IMR 2006, 35; *OVG Lüneburg*, Beschl. v. 22.09.2015 - 1 LA 54/15, BauR 2016, 91). Zugelassen wurden allerdings Kunststofffenster bei gleichem Profil und gleicher Farbgebung (*OVG Berlin-Brandenburg*, Urt. v. 21.02.2008 - 2 B 12.06, juris). Ein Sprosseneinbau ist ebenso beizubehalten wie die Anzahl der Fensterflügel (*VG Berlin*, Urt. v. 08.06.2006 - 16 A 342/03, GE 2008, 127). 365

dd) Heizungsanlagen

Zunächst ist auch bei Baudenkmälern zu beachten, dass defekte Heizungsanlagen so lange betrieben werden können, bis sie irreparabel defekt sind. Alle Teile, die noch repariert werden können, dürfen repariert werden. Sie können auch ausgetauscht werden, soweit (noch) Ersatzteile vorhanden sind. Die Grenze ist erst dann erreicht, wenn die gesamte Anlage irreparabel und deshalb austauschbedürftig ist. 366

Durch geänderte Heizungsanlagen kann eine andere Art von erwärmter Raumluft entstehen, die mit der vorhandenen Bausubstanz nicht kompatibel ist. Zudem kann durch die Installation einer Heizungsanlage auch die Bausubstanz beeinträchtigt werden (Theobald/Kühling/*Stock* 113. EL August 2021 § 24 EnEV Rn. 17). Nicht selten können bei Neuinstallationen vorhandene Einrichtungen nicht genutzt werden und Rohre müssen durch Decken und Wände verlegt werden. Soweit der Innenraum eines Gebäudes geschützt ist, können sich Unvereinbarkeiten mit dem Denkmalschutz bei der Heizungsmontage ergeben (Vorauflage/*Drasdo* EnEV Rn. 47). So kann es beim Einbau einer Wärmepumpe erforderlich sein, ggf. Heizkörper auszutauschen und zusätzliche Dämmmaßnahmen vorzunehmen, damit die Wärmepumpe effektiv betrieben werden kann. In diesem Fall dürfte nur eine Innendämmung infrage kommen, weil die Gebäudefassade in aller Regel dem Denkmalschutz unterliegt. Sollte weder eine Solaranlage noch eine Wärmepumpe infrage kommen, ist auch an den Einbau einer Pelletheizung zu denken. Hier könnte ggf. der Ein- oder Ausbau eines notwendigen Vorrats- bzw. Lagerraums problematisch werden. Bei allem dürften hier aber auch die Grundwertungen des § 2 Satz 2 EEG zu berücksichtigen sein, wonach jedenfalls »die erneuerbaren Energien als vorrangiger Belang in die jeweils durchzuführenden Schutzgüterabwägungen eingebracht werden« sollen (siehe vertiefend Rdn. 369). 367

ee) Rollladen/Sonnenschutz

Die Montage von Rollladen- oder sonstigen Sonnenschutzanlage scheidet wegen einer Veränderung des Erscheinungsbilds des denkmalgeschützten Gebäudes per se aus; Aspekte verbesserter wirtschaftlicher Verwertung sind insoweit kein berücksichtigungsfähiges Abwägungskriterium (MHdWE/*Drasdo/Elzer/Skrobek*, 8. Aufl. 2023, § 81 Rn. 23 m.w.N.). 368

ff) Solaranlagen

Bei Solaranlagen ist stets das Staatsziel des Klimaschutzes gegen das des Denkmalschutzes abzuwägen. Nach § 2 Satz 2 EEG sollen die erneuerbaren Energien als vorrangiger Belang in die jeweils durchzuführenden Schutzgüterabwägungen eingebracht werden, bis die Stromerzeugung im Bundes- 369 gebiet nahezu treibhausgasneutral ist. Hieraus dürfte vorsichtig zu prognostizieren sein, dass der Klima- bzw. Umweltschutz einen gewissen Vorrang vor dem Denkmalschutz genießt (eindeutig in diese Richtung: *OVG Koblenz*, Urt. v. 15.08.2024 – 1 A 10604/23.OVG). Der Klima- bzw. Umweltschutz ist in Art. 20a GG verankert.

370 Zunächst besteht unzweifelhaft ein gewichtiges öffentliches Interesse an der Vermeidung von CO_2-Emissionen gerade auch im Bereich der Beheizung von Gebäuden. Das mit Art. 20a GG verfassungsrechtlich verbriefte öffentliche Interesse am Schutz der natürlichen Lebensgrundlagen dürfte auf Grundlage von § 2 Satz 2 EEG das öffentliche Interesse an der unveränderten Erhaltung eines Denkmals wohl schon dann überwiegen, wenn eine Solarthermieanlage an einer Dachfläche einen Beitrag zur Verringerung der CO_2-Belastung leistet (ausweitend auf den Bereich einer Grundstücksfläche: *OVG Koblenz*, Urt. v. 15.08.2024 – 1 A 10604/23.OVG). Dem Denkmalschutz als öffentliche Aufgabe kommt zwar ein hoher Stellenwert zu, der dem Interesse an einer sicheren und umweltfreundlichen Energieversorgung nicht grundsätzlich nachsteht (s. *OVG Nordrhein-Westfalen*, Beschl. v. 08.01.2020 – 10 A 921/19, juris). Allerdings dürfte das am 01.01.2023 in Kraft getretene EEG 2023 insoweit eine Trendwende eingeläutet zu haben.

371 Bei der Gewichtung der beiden sich gegenüberstehenden öffentlichen Interessen des Klima- bzw. Umweltschutzes und des Denkmalschutzes ist dessen ungeachtet, zu beachten, dass Art. 20a GG darauf ausgerichtet ist, die natürlichen Lebensgrundlagen insgesamt sicherzustellen. Der Norm kann indes nicht entnommen werden, welches Schutzniveau für den Erhalt der natürlichen Lebensgrundlagen erreicht werden soll und wie dieses Ziel umzusetzen ist (*OVG Rheinland-Pfalz*, Beschl. v. 16.08.2011 – 8 A 10590/11, juris). Art. 20a GG, der den Staat zum Klimaschutz verpflichtet, genießt keinen unbedingten Vorrang gegenüber anderen Belangen, sondern ist im Konfliktfall in einen Ausgleich mit anderen Verfassungsrechtsgütern und Verfassungsprinzipien zu bringen, wobei allerdings das relative Gewicht des Klimaschutzgebots in der Abwägung bei fortschreitendem Klimawandel weiter zunimmt (*BVerfG*, Beschl. v. 24.03.2021 – 1 BvR 2656/18, juris). Gerade dies kommt in § 2 Satz 2 EEG zum Ausdruck. Aus Art. 20a GG ergibt sich daher vorsichtig formuliert ein Vorrang des Staatsziels Umweltschutz gegenüber dem in den Bundesländern ebenfalls verfassungsrechtlich verankerten Denkmalschutz. Freilich dürfte nach wie vor ein interessengerechter Ausgleich herzustellen sein (*OVG Sachsen-Anhalt*, Beschl. v. 10.06.2022 – 2 L 21/20.Z, juris; *OVG Berlin-Brandenburg*, Beschl. v. 01.03.2017 – OVG 2 N 68.14, juris).

372 Bis zum Inkrafttreten von § 2 Satz 2 EEG am 01.01.2023 war im Fall von Solaranlagen eine denkmalschutzrechtliche Genehmigung aus Gründen der verfassungsrechtlich normierten Stellung des Klimaschutzes nur dann zu versagen, wenn durch deren Montage eine mehr als nur geringfügige Beeinträchtigung des Denkmals erfolgte (*VGH Mannheim*, Urt. v. 01.09.2011 - 1 S 1070/11, NVwZ-RR 2012, 222). Maßstab war in subjektiver Hinsicht das Empfinden eines für die Belange des Denkmalschutzes aufgeschlossenen Durchschnittsbetrachters, weshalb die Interessen des Denkmalschutzes mit denen des Gebäudeeigentümers einzelfallbezogen abzuwägen waren (MHdWE/*Drasdo*/*Elzer*/*Skrobek*, 8. Aufl. 2023, § 81 Rn. 24 m.w.N.). Nicht zu beachten sei bei der Abwägung der ökologische Nutzen einer Solaranlage (*VGH Mannheim*, Urt. v. 01.09.2011 - 1 S 1070/11, NVwZ-RR 2012, 222; *AG Kiel*, Urt. v. 11.08.2011 - 108 C 24/11, ZMR 2012, 201; a.A. *VG Berlin*, Urt. v. 09.09.2010 - VG 16 K 26.10., ZUR 2011, 93). Dies dürfte nunmehr anders und zugunsten des Klimaschutzes zu beurteilen sein.

373 Bei der Installation von Solaranlagen auf einem denkmalgeschützten Gebäude ist im Übrigen selbst für ungeschulte Betrachter der historische Bestand unproblematisch zu trennen von der technischen Neuerung, sodass nur der Anschauungswert, nicht aber der Zeugniswert des Baudenkmals von der Installation berührt wird. Weiter ist eine Beeinträchtigung des Anschauungswerts eines Baudenkmals durch Solaranlagen weniger gravierend, wenn die betroffene Dachfläche für Passanten schlecht einsehbar ist und der Urzustand der betroffenen Gebäudeseite bereits durch frühere Umbaumaßnahmen verwässert worden ist (*VG Braunschweig*, Urt. v. 10.11.2021 – 2 A 13/21, juris). Blickrichtung und Einsehbarkeit spielen nicht nur bei Ensembledenkmalen eine Rolle (*VG Braunschweig*, Urt. v. 06.03.2019 – 2 A 176/17, n.v.), sondern auch bei Einzeldenkmalen ist zu berücksichtigen,

welche Position ein Betrachter naheliegenderweise einnehmen wird. Ob alle Gebäudeseiten die gleiche Bedeutung für den Denkmalwert haben, ist eine Frage des Einzelfalls (*VG Braunschweig*, Urt. v. 10.11.2021 – 2 A 13/21, juris). Allerdings wird diesem Aspekt vor dem Hintergrund von § 2 Satz 2 EEG wohl kaum mehr sonderlich Gewicht beizumessen sein.

gg) Wärmedämmverbundsystem

Der Zulässigkeit eines Vollwärmeschutzes werden bei Baudenkmälern in der Regel alternative Methoden der energetischen Ertüchtigung entgegenstehen wie insbesondere eine Verbesserung der Heizungsanlage (*VG München*, Urt. v. 13.12.2011 - M 11 K 10.2805, BeckRS 2011, 34506). Im Fall der Anbringung eines Wärmedämmverbundsystems auf die Fassade eines historischen Fachwerkhauses wurde die Auffassung vertreten, dass das Eigentumsgrundrecht und das in Art 20a GG verankerte Staatsziel des Umweltschutzes nicht die größtmögliche Energieeinsparungsmöglichkeit garantieren würde (*VG Arnsberg*, Urt. v. 30.08.2010 - 14 K 1931/09, BeckRS 2014, 57389; *VG Minden*, Urt. v. 25.08.2009 - 1 K 2312/08, BeckRS 2009, 41604). Eine derartige Maßnahme soll allenfalls in Ausnahmefällen aus zwingenden Gründen zugelassen werden können (*VG Düsseldorf*, Urt. v. 02.03.2009 - 25 K 2496/08, juris). 374

b) Unverhältnismäßiger Kostenaufwand anderer Maßnahmen

Weder § 24 Abs. 1 EnEV hatte geregelt, unter welchen Voraussetzungen ein unverhältnismäßiger Aufwand anzunehmen ist, noch ist § 105 GEG insoweit eine Konkretisierung zu entnehmen. Sachgerecht erscheint daher, zunächst das allgemeine Wirtschaftlichkeitsgebot des § 5 GEG sowie die Wertungen des §, 102 Abs. 1 Satz 2 GEG zu übernehmen, die eine Befreiungsmöglichkeit für die Fälle regeln, dass die Anforderungen im Einzelfall wegen besonderer Umstände durch einen unangemessenen Aufwand oder in sonstiger Weise zu einer unbilligen Härte führen. Das ist zunächst der Fall, wenn die erforderlichen Aufwendungen nicht innerhalb angemessener Frist durch die eintretenden Einsparungen erwirtschaftet werden können. Das ist wiederum der Fall, wenn die erforderlichen Investitionen nicht in einem angemessenen Verhältnis zum Ertrag stehen (*BVerfG*, Beschl. v. 02.03.1999 – 1 BvL 7/91, BVerfGE 100, 226). Führen andere Maßnahmen zu einem derart unverhältnismäßigen Kostenaufwand »kann« von den Vorgaben des GEG abgewichen werden. Soweit also die Schwelle zur Unverhältnismäßigkeit überschritten ist, besteht keine gesetzliche Befreiung, sondern vielmehr ein Wahrrecht des betroffenen Eigentümers bzw. Bauherrn. 375

c) Rechtsfolge

Sind die Voraussetzungen des § 105 GEG erfüllt, kann von den Anforderungen des GEG abgewichen werden. Diese Entscheidung trifft nicht etwa die zuständige Behörde, sondern der Bauherr bzw. Eigentümer. Einer behördlichen Entscheidung über die Abweichung bedarf es nicht (HK-GEG/GEIG/*Senders* § 105 GEG Rn. 28; Theobald/Kühling/*Stock* 112. EL Juni 2021 § 24 EnEV Rn. 22). Hierin liegt der maßgebliche Unterschied zu § 102 Abs. 1 GEG (HK-GEG/GEIG/*Senders* a.a.O.). 376

Rauchwarnmelder in Mietwohnungen und Wohnungseigentumsanlagen (RWM)

Übersicht

– Rechtsgrundlagen, Eigentumsverhältnisse, Verkehrssicherungspflicht, (fehlende) Sonderregelungen in den Landesbauordnungen, DIN-Vorschriften, Kostenverteilung, Umlagefähigkeit der Kosten auf Mieter, Täusch- und Fehlalarmproblematik, Beschluss-Muster – 1

Literatur:

Casser, Risiken und Nebenwirkungen von Beschlüssen zur Übertragung der Verpflichtung der Ausstattung mit Rauchwarnmeldern auf die Wohnungseigentümergemeinschaft, ZMR 2015, 177, *Cramer*, Horror Infernal - Die Wartung von Rauchwarnmeldern im Mietrecht, ZMR 2016, 505; *Euba*, Die Beschlusskompetenz der WEG zum Einbau von Rauchwarnmeldern, IMR 2016, 135 – 139; *Fritsch*, Nachrüst- und Wartungspflicht für Rauchwarnmelder, ZMR 2016, 925 – 929; *Greupner*, Rauchwarnmelder: Die Verpflichtung zur Nachrüstung in Wohnungseigentumsanlagen, ZMR 2012, 497 – 515; *Jacoby*, Beschlusskompetenz zur Ausstattung mit Rauchwarnmeldern am Beispiel Sachsen, ZMR 2022, 944; *Pistorius*, Sind die Kosten der Anmietung von Rauchwarnmeldern Betriebskosten? ZMR 2011, 934; *Riecke*, Rauchwarnmelder: Einbau- und Wartungspflichten in Wohnanlagen - Umsetzung landesrechtlicher Vorgaben in der Wohnungseigentümergemeinschaft, NZM 2016, 217; *Riecke*, Rauchwarnmelder im Mietrecht – Pflichten des Vermieters, Umlagefähigkeit als Betriebskosten, Partner im Gespräch Band 99 (2015), 139 ff.; *J.-H. Schmidt/R. Breiholdt/O. Riecke*, Zum Einbau von Rauchwarnmeldern in Wohnungseigentumsanlagen - Betrachtungen nach WEG- und Mietrecht, ZMR 2008, 341 – 352; *Serwe*, Rauchwarnmelder - Neuerungen bzgl. der DIN 14676 und der Landesbauordnungen in Hessen und Nordrhein-Westfalen, ZMR 2019, 6, *Sommer*, Rauchwarnmelder: Wie? Wann? Und wo? Die Götter bleiben stumm! Du halte dich ans Weil und frage nicht: Warum? MietRB 2017, 200 – 206; *Staudinger*, Rauchwarnmelder und etwaige Leistungskürzungen des Gebäudeversicherers nach dem VVG, ZMR 2015, 179

Die Regelungen zum Einbau von Rauchwarnmeldern (vgl. auch *Eisenschmids* Übersicht zu »Heimrauchmeldern« in Schmidt-Futterer, 16. Aufl. 2024, § 555b Rn. 131) – meist mit Übergangsfrist 2 für Bestandsbauten – befinden sich in den jeweiligen Landesbauordnungen. Hierbei lassen sich folgende Gruppen unterscheiden:

3 **(1) Sechs Altregelungen z.T. mit bereits abgelaufener Einbaufrist:**

4 **Hamburgische Bauordnung** vom 14.12.2005 § 45 (6): In Wohnungen müssen Schlafräume, Kinderzimmer und Flure, über die Rettungswege von Aufenthaltsräumen führen, jeweils mindestens einen Rauchwarnmelder haben. Die Rauchwarnmelder müssen so eingebaut und betrieben werden, dass Brandrauch frühzeitig erkannt und gemeldet wird. Vorhandene Wohnungen sind **bis zum 31.12.2010** mit Rauchwarnmeldern auszurüsten.

5 **Bauordnung von Schleswig-Holstein** vom 22.01.2009 § 49 Abs. 4, gültig ab 01.05.2009: In Wohnungen müssen Schlafräume, Kinderzimmer und Flure, über die Rettungswege von Aufenthaltsräumen führen, jeweils mindestens einen Rauchwarnmelder haben. Die Rauchwarnmelder müssen so eingebaut und betrieben werden, dass Brandrauch frühzeitig erkannt und gemeldet wird. Die Eigentümerinnen oder Eigentümer vorhandener Wohnungen sind verpflichtet, jede Wohnung **bis zum 31.12.2010** mit Rauchwarnmeldern auszurüsten. Die Sicherstellung der Betriebsbereitschaft obliegt den unmittelbaren Besitzerinnen oder Besitzern, es sei denn, die Eigentümerin oder der Eigentümer übernimmt diese Verpflichtung selbst.

6 **Bauordnung von Mecklenburg-Vorpommern** vom 15.10.2015 § 48 (4): In Wohnungen müssen Schlafräume und Kinderzimmer sowie Flure, über die Rettungswege von Aufenthaltsräumen führen, jeweils mindestens einen Rauchwarnmelder haben. Die Rauchwarnmelder müssen so eingebaut oder angebracht und betrieben werden, dass Brandrauch frühzeitig erkannt und gemeldet wird.

7 **Bauordnung von Rheinland-Pfalz** vom 24.11.1998 – geändert u.a. am 03.02.2021 – § 44 (7): In Wohnungen müssen Schlafräume und Kinderzimmer sowie Flure, über die Rettungswege von Aufenthaltsräumen führen, jeweils mindestens einen Rauchmelder haben. Die Rauchmelder müssen so eingebaut und betrieben werden, dass Brandrauch frühzeitig erkannt und gemeldet wird.

8 Bestehende Wohnungen sind entsprechend auszustatten.

9 § 54 Abs. 2 der Bauordnung von Rheinland-Pfalz regelt die Verantwortlichkeit für die Einhaltung der baurechtlichen Vorschriften. Demnach sind die Eigentümer von Wohnungen für die Installation und die Wartung der Rauchmelder zuständig.

10 **Bauordnung des Saarlands** vom 18.02.2004/04.12.2020 § 46 (4): In Wohnungen müssen Schlafräume und Kinderzimmer sowie Flure, über die Rettungswege von Aufenthaltsräumen führen, jeweils mindestens einen Rauchwarnmelder haben. Die Rauchwarnmelder müssen so eingebaut und betrieben werden, dass Brandrauch frühzeitig erkannt und gemeldet wird. Die Eigentümerinnen und Eigentümer vorhandener Wohnungen sind verpflichtet, jede Wohnung bis zum **3112.2016** entsprechend auszustatten. Die Sicherstellung der Betriebsbereitschaft obliegt den unmittelbaren Besitzerinnen und Besitzern, es sei denn, die Eigentümerin oder der Eigentümer übernimmt diese Verpflichtung selbst.

11 **Thüringer Bauordnung** vom 13.03.2014/23.11.2020 § 48 Abs. 4: Zum Schutz von Leben und Gesundheit müssen in Wohnungen Schlafräume und Kinderzimmer sowie Flure, über die Rettungswege von Aufenthaltsräumen führen, jeweils mindestens einen Rauchwarnmelder haben. Die Rauchwarnmelder müssen so eingebaut und betrieben werden, dass Brandrauch frühzeitig erkannt und gemeldet wird. Vorhandene Wohnungen sind bis zum **31.12.2018** mit Rauchwarnmeldern auszurüsten. Die Einstandspflicht der Versicherer im Schadensfall bleibt unberührt.

12 **(2) Sechs Neuregelungen mit Zugriffsrechten des Vermieters auch für die Wartungsarbeiten**

13 Bauordnung des **Landes Sachsen-Anhalt** vom 10.09.2013/18.11.2020: § 47 (4) In Wohnungen müssen Schlafräume und Kinderzimmer sowie Flure, über die Rettungswege aus Aufenthaltsräumen führen, jeweils mindestens einen Rauchwarnmelder haben. Die Rauchwarnmelder müssen so angebracht und betrieben werden, dass Brandrauch frühzeitig erkannt und gemeldet wird. **Die**

Rauchwarnmelder sind auf Verlangen für Menschen mit nachgewiesener Gehörlosigkeit mit optischen Signalen auszustatten. Bestehende Wohnungen sind **bis zum 31.12.2015** dementsprechend auszurüsten.

Bremer Bauordnung vom 04.09.2018/22.09.2020: § 48 (4) In Wohnungen müssen Schlafräume und Kinderzimmer sowie Flure, über die Rettungswege von Aufenthaltsräumen führen, jeweils mindestens einen Rauchwarnmelder haben. Die Rauchwarnmelder müssen so eingebaut oder angebracht und betrieben werden, dass Brandrauch frühzeitig erkannt und gemeldet wird. Die Eigentümer **vorhandener Wohnungen** sind verpflichtet, jede Wohnung **bis zum 31.12.2015** entsprechend auszustatten. Die Sicherstellung der Betriebsbereitschaft obliegt den unmittelbaren Besitzern, es sei denn, der Eigentümer übernimmt diese Verpflichtung selbst. 14

Hessische Bauordnung vom 28.05.2018/03.06.2020 15

§ 14 Brandschutz (2) Zum Schutz von schlafenden Personen müssen 16

1. in Wohnungen die Schlafräume und Kinderzimmer sowie Flure, über die Rettungswege von Aufenthaltsräumen führen,
2. in sonstigen Nutzungseinheiten die Aufenthaltsräume, in denen bestimmungsgemäß Personen schlafen,

jeweils mindestens einen Rauchwarnmelder haben. Die Rauchwarnmelder müssen so eingebaut oder angebracht und betrieben werden, dass Brandrauch frühzeitig erkannt und gemeldet wird. Die Sicherstellung der Betriebsbereitschaft obliegt

1. in Wohnungen nach Satz 1 Nr. 1 den unmittelbaren Besitzerinnen und Besitzern,
2. in Nutzungseinheiten nach Satz 1 Nr. 2 den Betreiberinnen und Betreibern,

es sei denn, die Eigentümerinnen oder die Eigentümer haben diese Verpflichtung übernommen. 4 Bestehende Nutzungseinheiten nach Satz 1 Nr. 2 sind bis **zum 1. Januar 2020** entsprechend auszustatten.

Niedersächsische Bauordnung vom 03.04.2012/10.11.2020, § 44 Abs. 5: In Wohnungen müssen Schlafräume und Kinderzimmer sowie Flure, über die Rettungswege von Aufenthaltsräumen führen, jeweils mindestens einen Rauchwarnmelder haben. [2]Die Rauchwarnmelder müssen so eingebaut oder angebracht und betrieben werden, dass Brandrauch frühzeitig erkannt und gemeldet wird. [3]In Wohnungen, die bis zum **31.10.2012** errichtet oder genehmigt sind, hat die Eigentümerin oder der Eigentümer die Räume und Flure bis zum **31.12.2015** entsprechend den Anforderungen nach den Sätzen 1 und 2 auszustatten. [4]Für die Sicherstellung der Betriebsbereitschaft der Rauchwarnmelder in den in Satz 1 genannten Räumen und Fluren sind die Mieterinnen und Mieter, Pächterinnen und Pächter, sonstige Nutzungsberechtigte oder andere Personen, die die tatsächliche Gewalt über die Wohnung ausüben, verantwortlich, es sei denn, die Eigentümerin oder der Eigentümer übernimmt diese Verpflichtung selbst. [5]§ 56 Satz 2 gilt entsprechend. (Satz 3–5 gültig ab 01.11.2012). 17

§ 56 Satz 2 lautet. Erbbauberechtigte treten an die Stelle der Eigentümer. 18

Bayerische Bauordnung vom 14.08.2007/25.05.2021, § 46 Abs. 4: [1]In Wohnungen müssen Schlafräume und Kinderzimmer sowie Flure, die zu Aufenthaltsräumen führen, jeweils mindestens einen Rauchwarnmelder haben. [2]Die Rauchwarnmelder müssen so eingebaut oder angebracht und betrieben werden, dass Brandrauch frühzeitig erkannt und gemeldet wird. [3]Die Eigentümer **vorhandener Wohnungen** sind verpflichtet, jede Wohnung **bis zum 31.12.2017** entsprechend auszustatten. [4]Die Sicherstellung der Betriebsbereitschaft obliegt den unmittelbaren Besitzern, es sei denn, der Eigentümer übernimmt diese Verpflichtung selbst. 19

Bauordnung für Baden-Württemberg vom 05.03.2010/21.11.2017 § 15 Abs. 7: Aufenthaltsräume, in denen bestimmungsgemäß Personen schlafen, sowie Rettungswege von solchen Aufenthaltsräumen in derselben Nutzungseinheit sind jeweils mit mindestens einem Rauchwarnmelder auszustatten. Die Rauchwarnmelder müssen so eingebaut oder angebracht werden, dass Brandrauch frühzeitig erkannt und gemeldet wird. Eigentümerinnen und Eigentümer bereits bestehender Gebäude sind verpflichtet, diese **bis zum 31.12.2014** entsprechend auszustatten. Die Sicherstellung der Betriebs- 20 bereitschaft obliegt den unmittelbaren Besitzern, es sei denn, der Eigentümer übernimmt die Verpflichtung selbst.

21 (3) Sonderfall NRW

22 **Bauordnung NRW** vom 21.07.2018/30.06.2021 § 47 Abs. 3: In Wohnungen müssen Schlafräume und Kinderzimmer sowie Flure, über die Rettungswege von Aufenthaltsräumen führen, jeweils mindestens einen Rauchwarnmelder haben. Dieser muss so eingebaut oder angebracht und betrieben werden, das Brandrauch frühzeitig erkannt und gemeldet wird. Die Betriebsbereitschaft der Rauchwarnmelder hat die unmittelbare besitzhabende Person sicherzustellen, es sei denn, die Eigentümerin oder der Eigentümer übernimmt diese Verpflichtung selbst.

23 (4) Nachzügler

24 Literatur: C. Brückner, Rauchwarnmelderpflicht in Berlin und Brandenburg (2016)

25 **Berliner Bauordnung** in der Fassung vom 12.10.2020, § 48 Abs. 4:

26 In Wohnungen müssen
1. **Aufenthaltsräume**, ausgenommen Küchen, und
2. Flure, über die Rettungswege von Aufenthaltsräumen führen,

jeweils mindestens einen Rauchwarnmelder haben. Die Rauchwarnmelder müssen so eingebaut oder angebracht und betrieben werden, dass Brandrauch frühzeitig erkannt und gemeldet wird. Bestehende Wohnungen sind bis zum **31.12.2020** entsprechend auszustatten. Die Sicherstellung der Betriebsbereitschaft obliegt den Mietern oder sonstigen Nutzungsberechtigten, es sei denn, die Eigentümerin oder der Eigentümer übernimmt diese Verpflichtung selbst.

27 **Brandenburger Bauordnung** vom 18.12.2020/09.02.2021, § 48 Abs. 4:

28 In Wohnungen müssen
1. **Aufenthaltsräume**, ausgenommen Küchen, und
2. Flure, über die Rettungswege von Aufenthaltsräumen führen,

jeweils mindestens einen Rauchwarnmelder haben. Die Rauchwarnmelder müssen so eingebaut oder angebracht und betrieben werden, dass Brandrauch frühzeitig erkannt und gemeldet wird. Bestehende Wohnungen sind bis zum **31.12.2020** entsprechend auszustatten.

29 **Beachte:** Nur in Berlin und Brandenburg erfasst die Einbaupflicht **alle Aufenthaltsräume, außer Küchen.**

30 **Sächsische Bauordnung** in der Fassung vom 11.05.2016, § 47 Abs. 4:

31 Aufenthaltsräume, in denen bestimmungsgemäß Personen schlafen, und Flure, die zu diesen Aufenthaltsräumen führen, sind jeweils mit mindestens einem Rauchwarnmelder auszustatten, soweit nicht für solche Räume eine automatische Rauchdetektion und angemessene Alarmierung sichergestellt sind. Die Rauchwarnmelder müssen so eingebaut oder angebracht und betrieben werden, dass Brandrauch frühzeitig erkannt und gemeldet wird. Die Sicherstellung der Betriebsbereitschaft obliegt den unmittelbaren Besitzern, es sei denn, der Eigentümer übernimmt diese Verpflichtung selbst. Eigentümer bereits bestehender Nutzungseinheiten mit Räumen nach Satz 1 sind verpflichtet, diese bis zum 31.12.2023 entsprechend auszustatten.

▶ **Beachte:**

32 Nur in Sachsen war bisher **keine Nachrüstpflicht** für Bestandsbauten vorgesehen. Seit 08.06.2022 sind – gem. der Neufassung des § 47 der sächsischen Bauordnung – mit einer Übergangsfrist bis zum 31.12.2023 auch Bestandsbauten nachzurüsten.

I. Einleitung

Jährlich gibt es in Deutschland 600–700 Brandtote durch Wohnungsbrände. 6.000 werden schwer, 60.000 leicht verletzt. Die Sachschäden an Gebäude und Einrichtungen gehen in die Milliarden. 75 % der Brandopfer fallen nicht den Flammen zum Opfer, sondern sterben an einer Rauchvergiftung. Die meisten Feuer beginnen mit der Schwelphase. Der Rauch verteilt sich schnell und unbemerkt in der Wohnung. Das im Rauch vor allem freigesetzte Kohlenmonoxid ist geruchlos und im Schlaf nicht wahrnehmbar. Nachts ist daher die Gefahr am größten. Kohlenmonoxid macht den Menschen schon nach drei Atemzügen bewusstlos. zehn Atemzüge sind tödlich. Feuer breitet sich schnell aus und erreicht innerhalb kürzester Zeit Temperaturen von mehreren 100 Grad Celsius. Nach Auslösung eines Rauchwarnmelders verbleiben selten mehr als 2 Minuten Fluchtzeit (nähere Informationen nachzulesen im Internet z.B. unter www.rauchmelder-lebensretter.de). Die Ausstattung mit Rauchwarnmeldern bietet zuverlässigen und preiswerten Schutz für Wohngebäude sowie deren Bewohner. 33

II. Rechtsgrundlagen

1. Landesbaurecht

Alle sechzehn Bundesländern (in Sachsen gibt es erst ab 08.06.2022 eine Nachrüstpflicht für Bestandsbauten) haben in der Zwischenzeit gesetzliche Regelungen zur Ausstattung von Wohnungen mit Rauchwarnmeldern erlassen. Eine einheitliche Regelung für die gesamte Bundesrepublik gibt es nicht. Anders als z.B. in Frankreich liegt die Gesetzgebungszuständigkeit bei den einzelnen Ländern. 34

Als erstes Bundesland hat im Jahr 2003 Rheinland-Pfalz eine Einbaupflicht statuiert. Im Jahr 2004 folgte das Saarland. 2005 zogen Schleswig-Holstein und Hessen nach. Dann traten 2006 gesetzliche Regelungen in Hamburg und Mecklenburg-Vorpommern, 2008 in Thüringen sowie 2009 in Sachsen-Anhalt und Bremen, 2012 in Niedersachsen und 2013 in Bayern, NRW und Baden-Württemberg, 2016 in Berlin, Brandenburg und Sachsen in Kraft. (Die Regelungen befinden sich in den jeweiligen Landesbauordnungen) Bayern setzte bis zur Kodifizierung in § 46 Abs. 4 BayBO im Jahr 2012 auf die Eigenverantwortung der Eigentümer, befürwortete die Ausstattung mit Rauchwarnmeldern teilweise aber sogar ausdrücklich. (vgl. etwa das Hinweisblatt des Bayerischen Staatsministeriums des Innern von November 2006 zur Ausstattung von Wohnungen mit Rauchwarnmeldern. Die Ausstattung von »Wohnungen, Häusern und Werkstätten« mit Rauchwarnmeldern wurde bis zur Novelle der BayBO den Bürgern lediglich empfohlen [so *VG München*, Urt. v. 29.05.2008 – M 11 K 07.6087, ZMR 2009, 721].) 35

Das Gesetzgebungsverfahren zu Art. 46 Abs. 4 BayBO (2012) begegnet keinen verfassungsrechtlichen Bedenken. Sämtliche beratenden Ausschüsse haben einstimmig Zustimmung zu u.a. diesem Änderungsantrag empfohlen (LT-Drs. 16/14776), das Gesetz wurde am 29.11. 2012 einstimmig mit u.a. dieser Änderung beschlossen (Plenarprotokoll 16/113 S. 10506). Durch den Änderungsantrag wurde in das Gesetzesvorhaben kein vollständig neuer Inhalt eingefügt, der keinen Bezug zu der mit dem Gesetzentwurf verbundenen Regelungsmaterie aufweist (vgl. Brechmann in Meder/Brechmann, Die Verfassung des Freistaates Bayern, Art. 71 Rn. 4, Art. 72 Rn. 4). Die durch den Änderungsantrag eingefügte Vorschrift zur Einführung einer Verpflichtung zur Installation und Wartung von Rauchwarnmeldern hielt sich thematisch im Rahmen der Gesetzesinitiative zur Änderung der Bayerischen Bauordnung. Die Rauchwarnmelderausstattung in Bundesländern mit Rauchwarnmelderpflicht für private Haushalte ist maßgeblich höher als in Ländern ohne eine entsprechende gesetzliche Verpflichtung und in Bundesländern mit gesetzlicher Pflicht der ist der Ausstattungsgrad um durchschnittlich 40 % gestiegen (vgl. *BayVerfGH*, Entscheidung vom 26.10.2023 – Vf. 6-VII-22 u.a. zu einer Forsa-Umfrage).

In allen Bundesländern sind Rauchwarnmelder sowohl in Neu- als auch in Bestandsbauten vorgeschrieben. Im Sachsen gilt die Rauchwarnmelderpflicht lange nur für Neu- und Umbauten. 36

37 Die Nachrüstung mit Rauchwarnmeldern in allen Wohnungen hatte in Mecklenburg-Vorpommern bis **31.12.2009**, in Schleswig-Holstein (Hier kam es zu einer 1-jährigen Fristverlängerung.) und Hamburg bis zum **31.12.2010**, in Rheinland-Pfalz bis **12.07.2012**, in Hessen und Baden-Württemberg bis **31.12.2014**, in NRW bis **31.03.2015**, in Sachsen-Anhalt, Bremen und Niedersachsen **bis 31.12.2015**, in NRW bis zum **31.12.2016**, in Bayern **bis 31.12.2017** zu erfolgen.

38 Die Nachrüstfrist lief in Thüringen **bis 31.12.2018** und in Berlin und Brandenburg **bis zum 31.12.2020.** In Sachsen lief sie noch bis 31.12.2023.

2. Wohnungseigentumsrecht

39 Das Wohnungseigentumsgesetz (WEG) enthält keine spezialgesetzliche Regelung für den Einbau von Rauchwarnmeldern. Es gelten daher die allgemeinen Vorschriften zur Vornahme baulicher Maßnahmen (§§ 20, 21 WEG) und zur Kostenverteilung (§ 16 WEG) in der üblichen Hierarchie: zwingendes WEG – teilungserklärungsändernde Beschlüsse aufgrund gesetzlicher oder vereinbarter Öffnungsklausel (= Anpassungsvereinbarung) – Teilungserklärung/Gemeinschaftsordnung – sonstige Beschlüsse – dispositives WEG, subsidiär BGB.

3. DIN 14676 und DIN EN 14604

40 Seit März 2003 gibt es die Deutsche Industrie-Norm 14676 »Rauchwarnmelder für Wohnhäuser, Wohnungen und Räume mit wohnähnlicher Nutzung«. Diese Norm legte Mindestanforderungen für Planung, Einbau, Betrieb und Instandhaltung von Rauchwarnmeldern in Wohnhäusern, Wohnungen und Räumen mit wohnungsähnlicher Nutzung fest. Sie richtet sich an die für den Brandschutz zuständigen Behörden, Feuerwehren, Hersteller von Rauchwarnmeldern, Planer, Architekten, Bauherren, Eigentümer und Bewohner. Die DIN 14676 erfuhr eine Überarbeitung. Die ursprünglich gültige Fassung verlangte eine jährliche Überprüfung der Funktionsbereitschaft, aufgeteilt in eine Alarmprüfung und eine zwingende Sichtprüfung. Die Sichtprüfung war wörtlich zu nehmen, sprich optische Begutachtung des Rauchwarnmelders. Die neuere DIN 14676:2012–09 sprach nicht mehr explizit von »Sichtprüfung«, sondern regelte nur noch, welche Kontrollinhalte vorgeschrieben sind. Diese Neu-Formulierung wollte technologischen Innovationen den Weg freimachen, die die Kontrollen automatisch durchführen.

41 Die DIN-Vorgaben wurden Ende 2018 neu gefasst. Die unterschiedlichen Inspektionsverfahren sind dort im »Anhang F« zu DIN 14676 in Form einer Tabelle dargestellt. Die DIN 14676 enthält erstmals die Beschreibung der Inspektion von Rauchwarnmeldern etwa per Funk. Die DIN 14676 unterscheidet zwischen drei Bauweisen der Rauchwarnmelder und den dazugehörigen Inspektionsverfahren, abhängig von den technischen Eigenschaften der Geräte:
- Bauweise A – Rauchwarnmelder ohne Ferninspektionsmöglichkeit
- Bauweise B – Rauchwarnmelder mit teilweiser Ferninspektionsmöglichkeit
- Bauweise C – Rauchwarnmelder mit vollständiger Ferninspektionsmöglichkeit

42 Unter Ziffer 6.2.2 der DIN sind die »Grundsätzlichen Anforderungen an die Inspektion« festgelegt; danach beinhaltet die Inspektion eines Rauchwarnmelders unabhängig von seiner Bauweise mindestens – die Kontrolle der Energieversorgung; – die Kontrolle der Rauchsensorik; – die Kontrolle der Funktion des Warnsignals; – die Kontrolle, ob die Raucheindringöffnungen frei sind (z.B. Abdeckungen, Verschmutzungen durch Flusen und Stäube); – die Kontrolle, ob die Umgebung von 0,5 m um den Rauchwarnmelder frei von Hindernissen (z.B. Einrichtungsgegenstände) ist, die das Eindringen von Brandrauch in den Rauchwarnmelder behindern könnten; – die Überwachung der vorgesehenen Betriebsdauer; – die Kontrolle auf Demontage; – die Kontrolle, ob eine funktionsrelevante Beschädigung des Rauchwarnmelders vorliegt.

43 Zu Details der für die Rauchwarnmelder der Bauweisen A, B und C geltenden verschiedenen Inspektionsverfahren vgl. *Serwe* ZMR 2019, 6 ff).

Die DIN 14676 gilt nicht für Räume und bauliche Anlagen (Sonderbauten) im baurechtlichen Sinne, für die Brandmeldeanlagen entsprechend DIN 14675/VDE 0833 Teil 2 gefordert sind. 44

III. Träger der Einbau- und Wartungspflicht

1. Wohnungseigentümer

Die meisten Landesbauordnungen ordnen an, dass der »Eigentümer« verpflichtet ist, Rauchwarnmelder zu installieren bzw. vorhandene Wohnungen nachzurüsten (Auch *Schultz* ZWE 2009, 384 entnimmt dies selbst bei fehlender gesetzlicher Anordnung dem § 903 BGB). Eine ausdrückliche gesetzliche Regelung zu Art und Umfang der regelmäßigen Wartung und Instandhaltung installierter Rauchwarnmelder gibt es nicht. Insoweit enthält jedoch die DIN 14676 einschlägige Anforderungen, die für die Definierung gesetzlicher Pflichten des Eigentümers nach Art und Umfang entsprechend herangezogen werden dürften. 45

2. Besitzer

In **Mecklenburg-Vorpommern** sprach der Gesetzeswortlaut statt vom Eigentümer vom »Besitzer« (s. § 48 Abs. 4 a.F.: ». Bestehende Wohnungen sind bis zum 31. Dezember 2009 **durch den Besitzer** entsprechend auszustatten.«). Die Materialien sind wenig ergiebig [Landtagsdrucks. 4/2183 S. 16; 18 – Antrag der CDU-Fraktion]. Was unter dem Besitzer zu verstehen ist, wird nicht näher erläutert. Normadressat ist auch hier wie in allen anderen Fällen primär der Eigentümer des Grundstücks, der ja auch mittelbarer Besitzer nach Vermietung bleibt. 46

Ein anderer wichtiger Eckpfeiler des Verkehrssicherungsrechts lautet, dass die Verkehrssicherungspflicht des Eigentümers nicht allein in der Sicherung des eröffneten Grundstücksverkehrs durch geeignete Schutzmaßnahmen besteht, sondern – bei Delegation auf andere – insbesondere auch in einer Kontrolle desjenigen, der die Ausübungspflicht für ihn vor- bzw. übernimmt. Es verbleibt somit auch bei Delegation von Ausführungspflichten immer bei einem »Pflichtenrest« hinsichtlich der Kontrollpflicht. Die Kontrollpflicht des Eigentümers dürfte auch dann eingreifen, wenn die Ausübungs- bzw. Durchführungspflicht selbst nicht vertraglich verlagert wird (vgl. etwa § 838 BGB im Verhältnis WEG zum WEG-Verwalter), sondern gesetzlich angeordnet ist. Kommt es zu einem Brand- und/oder Personenschaden, dürften deshalb Wohnungseigentümer bzw. Verband und WEG-Verwaltung für den entstandenen Schaden haften, wenn nicht dargelegt und bewiesen werden kann, dass und auf welche Weise (z.B. aussagekräftige Dokumentation) die Kontrolle des Besitzers erfolgt ist. Sich darauf zu verlassen, dass der Besitzer der gesetzlichen Ausstattungspflicht pflichtgemäß nachkommt, dürfte fahrlässig sein, zumindest leicht fahrlässig. Die Kontrolle muss mindestens stichprobenartig erfolgen. Das Prüfungsintervall dürfte sich an der vorgegebenen 1-jährigen optischen Funktionskontrolle (Probealarm und Funktionsprüfung!) ausrichten. Bei Anhaltspunkten für eine nicht pflichtgemäße Ausstattung mit Rauchwarnmeldern können ggf. auch kurzfristigere Überprüfungen nötig sein. (so *J.-H. Schmidt* WE 2009, 220.) 47

Es werden neue Haftungstatbestände geschaffen. 48

▶ **Hinweis:**

So heißt es in der Landtagsdrucksache BW 15/3724: 49

Zur weiteren Erläuterung von Nr. 1 des Entschließungsantrags Nr. 4 fügt er hinzu, der Direktor des Instituts für Versicherungswissenschaft der Universität Mannheim habe in der Anhörung darauf hingewiesen, dass durch das Vorhaben im Rechtssinne neue Haftungstatbestände geschaffen würden, und zugesagt, zum strafrechtlichen Ausmaß eine ergänzende Stellungnahme abzugeben. Diese Stellungnahme sei jedoch nicht erfolgt. Geklärt werden müsse noch, ob sich jemand strafbar mache und gegenüber Dritten in Haftung genommen werden könne, wenn er seine Pflicht zur Anbringung von Rauchwarnmeldern vernachlässige. Sollte dies der Fall sein, müsste im Gesetzentwurf darauf hingewiesen werden, dass ein solcher Tatbestand geschaffen werde. Die einschlägigen DIN-Normen seien nicht verbindlich. Dem Ministerium seien keine Probleme bekannt, die es erforderlich machen würden, genauere Vorgaben für den Einbau bzw. die Anbringung von Rauchwarnmeldern zu machen. Den Äußerungen in der Anhörung, auch vonseiten der Feuerwehr, habe sie entnommen, dass es möglich sei, Rauchwarnmelder so anzubringen, dass diese ihren Zweck erfüllten, ohne dass dies bis ins letzte Detail geregelt werden müsste. Ein Abgeordneter der Fraktion der CDU erwidert, bei einer fehlenden Festlegung technischer Standards bestehe die Gefahr, dass der Gesetzeszweck des Schutzes von Menschenleben nicht in jedem Fall erreicht werde.

Auch in der Anhörung sei thematisiert worden, dass beim Einbau der Rauchwarnmelder die entsprechenden DIN-Normen beachtet werden sollten. So könnte über eine Verordnung geregelt werden, dass die Rauchwarnmelder den einschlägigen DIN-Normen entsprechen müssten. Die Einhaltung technischer Standards sei auch mit einer versicherungsrechtlichen Frage verbunden. Im Übrigen gebe es noch den Streit darüber, ob leitungsnetzgebundene Brandmelder erforderlich seien oder batteriebetriebene Rauchwarnmelder ausreichten. Eine schriftliche Stellungnahme zu der strafrechtlichen Seite sei jedoch ausgeblieben.

Insofern sei noch nicht geklärt, ob jemand, der der Pflicht zur Anbringung von Rauchwarnmeldern nicht nachkomme, haften müsse oder strafrechtlich belangt werde, wenn dadurch einem Dritten Schaden zugefügt werde.

Der Abgeordnete der Fraktion der SPD weist darauf hin, unterschieden werden müsse zwischen einem zivilrechtlichen Haftungstatbestand und einem strafrechtlichen Tatbestand in Bezug auf Unterlassung. Der Abgeordnete der Fraktion der CDU stellt klar, ihm gehe es um den letztgenannten Tatbestand.

Ein Abgeordneter der Fraktion GRÜNE vertritt die Auffassung, ein Straftatbestand wäre nur dann erfüllt, wenn der Tod oder Unfall eines Dritten kausal damit zusammenhänge, dass ein Rauchmelder nicht eingebaut worden sei, und darüber hinaus die Möglichkeit zur rechtzeitigen Selbstrettung bestanden hätte, wenn ein Rauchwarnmelder eingebaut gewesen wäre. Die letztgenannte Voraussetzung sei aber nicht erfüllt.

Mit der angesprochenen Fragestellung hätten sich die Wissenschaft und die Juristerei auseinanderzusetzen. Für den Gesetzentwurf habe diese Frage jedoch keine Relevanz.

50 Dieses Problem wurde in der ab 01.05.2009 geltenden LBauO von **Schleswig-Holstein** gesehen und wie folgt in § 49 Abs. 4 gelöst: »Die Sicherstellung der Betriebsbereitschaft obliegt den unmittelbaren Besitzerinnen oder Besitzern, es sei denn, die Eigentümerin oder der Eigentümer übernimmt diese Verpflichtung selbst.« Dasselbe gilt etwa auch für Hessen Niedersachsen, Bayern und Baden-Württemberg.

51 Ist das Grundstück in Wohnungseigentum aufgeteilt, sind Normadressaten die Wohnungseigentümer in ihrer Gesamtheit.

3. Gemeinschaft der Wohnungseigentümer

52 Der rechtsfähige Verband (»Gemeinschaft der Wohnungseigentümer«) ist zumindest nach dem Gesetzeswortlaut nicht Adressat der gesetzlichen Regelung. Zweifelhaft ist, dass damit kraft gesetzlicher Anordnung, ähnlich wie z.B. bei der Belieferung mit Wasser (zur Belieferung mit Gas vgl. dagegen *BGH*, Urt. v. 07.03.2007 – VIII ZR 125/06, ZMR 2007, 472 (Verband als Vertragspartner); zur Haftung aller Wohnungseigentümer für Kommunalabgaben vgl. *BVerwG*, Beschl. v. 11.11.2005 – 10 B 65/05, ZMR 2006, 242 und *KG*, Urt. v. 06.04.2006 – 1 U 96/05, ZMR 2006, 636 einerseits (nur quotale Haftung, § 9a Abs. 4 WEG) sowie *BGH*, Urt. v. 18.06.2009 – VII ZR 196/08 ZMR 2009, 854 andererseits (gesamtschuldnerische Haftung der dinglich Berechtigten); zum Abschluss eines Versorgungsvertrages *BGH*, Urt. v. 19.07.2013 – V ZR 109/12, NZM 2014, 81 = GE 2013, 1591) durch kommunale Versorgungsträger, eine Rechtsbeziehung ausschließlich zum Eigentümer

hergestellt werden soll. Näher liegt vielmehr, dass ordnungsbehördliche Verfügungen im Fall von Verstößen gegen gesetzliche Installationspflichten oder gegen die Pflicht zur regelmäßigen Wartung und Instandhaltung der Rauchwarnmelder an die rechtsfähige Wohnungseigentümergemeinschaft, vertreten durch den Verwalter, ergehen werden. (Zu der Frage, ob die Wohnungseigentümergemeinschaft [Verband] als Adressat einer Verbandsgeldbuße gem. § 30 Abs. 1 OWiG in Betracht kommt, s. *Helmrich* NZM 2010, 457 ff. Zum Erlass einer Ordnungsverfügung gegen den Verwalter zur Sicherstellung des Brandschutzes – allerdings im Bereich des gemeinschaftlichen Eigentums – vgl. *OVG NRW [Münster]*, Beschl. v. 15.04.2009 – 10 B 304/09, ZMR 2010, 78 = NZM 2009, 912 ff.; *OVG NRW*, Beschl. v. 28.01.2011 – 2 B 1495/10, ZMR 2011, 425 und *VG Düsseldorf*, Urt. v. 20.08.2010 – 25 K 3682/10, ZMR 2011, 338; vgl. dazu die berechtigte Kritik von *Briesemeister* ZWE 2011, 26) Voraussetzung hierfür ist aber, dass es sich bei der Umsetzung der gesetzlichen Vorgaben aus der jeweiligen Landesbauordnung um eine geborene gemeinschaftsbezogene Pflicht (vgl. dazu früher § 10 Abs. 6 S. 3 WEG in der bis 30.11.2020 geltenden Fassung) handelt. Davon ist immer auszugehen, wenn ausschließlich Wohnungseigentumseinheiten existieren, also kein Teileigentum, das nicht ausgestattet werden muss. In einem solchen Fall handelt es sich um eine Verpflichtung sämtlicher Sondereigentümer. Die Wahrnehmungsbefugnis für die Erfüllung solcher geborenen gemeinschaftsbezogenen Pflichten obliegt kraft Gesetzes (§ 9a Abs. 2 WEG) dem rechtsfähigen Verband. Der Abschluss der zur Erfüllung der gemeinschaftsbezogenen Pflichten (vgl. *BGH*, Urt. v. 08.02.2013 – V ZR 238/11, ZMR 2013, 642 [eigentumsbezogene Pflichten]) erforderlichen Rechtsgeschäfte (Verträge) erfolgt im Namen des rechtsfähigen Verbandes. Dies gilt sowohl für die Installation als auch für die Erhaltung (Instandsetzung) und für laufende Wartungsverträge.

Eine sog. gekorene Wahrnehmungsbefugnis sieht das WEG seit 01.12.2020 nicht mehr vor. Das 53
WEMoG kennt nur die gesetzliche Vergemeinschaftung in § 9a Abs. 2 WEG. Rauchwarnmelder sind zwar kein Sondereigentum, aber auch kein gemeinschaftliches Eigentum, sondern Zubehör oder Teil der Gemeinschaftsvermögen (§ 9a Abs. 3 WEG) bei Anschaffung durch die Gemeinschaft (vgl. *Dötsch/Schultzky/Zschieschack* Kap. 3 Rn. 153; *Hogenschurz* WEG § 9a Rn. 127, 133; *Hügel/Elzer* § 9a Rn. 100).

Dies bedeutet aber nicht, dass wegen fehlender gekorener Wahrnehmungsbefugnis bei solchen 54
Anlagen mit Teileigentumseinheiten keine Beschlusskompetenz für Einbau und Wartung von Rauchwarnmeldern bestünde. Ein auf der Grundlage einer entsprechenden landesrechtlichen Pflicht gefasster Beschluss der Wohnungseigentümer über den einheitlichen Einbau und die einheitliche Wartung und Kontrolle von Rauchwarnmeldern in allen Wohnungen durch ein Fachunternehmen entspricht regelmäßig auch dann ordnungsmäßiger Verwaltung, wenn er auch Wohnungen einbezieht, in denen Eigentümer bereits Rauchwarnmelder angebracht haben (*BGH*, Urt. v. 07.12.2018 – V ZR 273/17, ZMR 2019, 291). Die Beschlusskompetenz folgte bis 30.11.2020 aus § 21 Abs. 1, 3 und Abs. 5 Nr. 2 WEG a.F., wonach die Wohnungseigentümer eine ordnungsmäßige Instandhaltung und Instandsetzung (jetzt: Erhaltung, § 13 Abs. 2 WEG) des gemeinschaftlichen Eigentums durch Stimmenmehrheit beschließen können. Der Annahme einer Beschlusskompetenz der Wohnungseigentümer hinsichtlich der Wartung und Kontrolle der Rauchwarnmelder steht auch insbesondere nicht § 49 Abs. 7 S. 4 BauO NRW entgegen. Dieser bestimmt zwar, dass der unmittelbare Besitzer verpflichtet ist, die Betriebsbereitschaft der Rauchwarnmelder sicherzustellen, es sei denn, der Eigentümer hat diese Verpflichtung bis zum 31.03.2013 übernommen. Das hindert die Wohnungseigentümer aber nicht, die einheitliche Wartung der neu eingebauten Rauchwarnmelder durch ein Fachunternehmen zu beschließen. Der Gesetzgeber wollte durch die Regelung des § 49 Abs. 7 BauO NRW nicht in bestehende Aufgabenverteilungen eingreifen, sondern die Kosten und Lasten zwischen dem Eigentümer und dem unmittelbaren Besitzer, in der Regel also zwischen Vermieter und Mieter, sachgerecht verteilen. Nach der Intention des Gesetzgebers haben deshalb der Eigentümer die Installation der Rauchwarnmelder und der unmittelbare Besitzer deren Wartung vorzunehmen (LT NRW-Drucks. 16/1624 S. 6 f. mit Plenarprotokollen 16/18 S. 1351 und 16/24 S. 2037, 2039). Den Eigentümer sollten neben den Kosten für die Installation nicht auch noch die Kosten für die Wartung treffen. Damit wollte der Gesetzgeber aber nicht verbieten, dass der Eigentümer sich um die Wartung kümmert (vgl. *LG Dortmund* ZMR 2016, 642, 644 und ZWE 2017,

138, 139; vgl. auch nunmehr § 47 Abs. 3 BauO NRW in der ab 01.01.2019 gültigen Fassung – GV NRW 2018 S. 421). Ein Beschluss der Wohnungseigentümer entspricht den Grundsätzen ordnungsmäßiger Verwaltung (vgl. jetzt § 19 Abs. 1 WEG; *BGH*, Urt. v. 07.12.2018 – V ZR 273/17, ZMR 2019, 291 noch zur Vorgängerregelung des § 21 Abs. 3 WEG a.F.).

55 Wenn sich die Ausstattungspflicht (vgl. jüngst § 47 Abs. 4 S. 1 SächsBauO) nicht auf das Sondereigentum beschränkt, sondern alle Flure auszustatten sind, die zu diesen Aufenthaltsräumen führen, ist auch gemeinschaftliches Eigentum betroffen.

56 Nach *Jacoby* (ZMR 2022, 944) legen die Regelungen zum Rettungsweg in § 36 SächsBauO im systematischen Vergleich nahe, dass damit auch Flure im gemeinschaftlichen Eigentum wie namentlich im Treppenhaus gemeint sind. Abweichendes lässt sich § 47 Abs. 4 SächsBauO nicht entnehmen. Also bezieht sich die Ausstattungspflicht im räumlichen Anwendungsbereich des Landes Sachsen auch auf das gemeinschaftliche Eigentum. Insoweit muss die Gemeinschaft ohnehin eine Lösung beschließen.

57 Nur wer zu Unrecht Rauchwarnmelder dem Sondereigentum zuordnet (*Hogenschurz* WEG 3. Aufl. § 9a Rn. 133; BeckOK WEG/*Müller* 49. Ed. 01.07.2022 § 9a WEG Rn. 133), kommt zu anderen Ergebnissen.

58 Ähnliches gilt für Autoren (vgl. *Dötsch/Schultzky/Zschieschack* WEG-Recht 2021 Kap. 3 Rn. 153), die zwar zu Recht die Sondereigentumseigenschaft der Rauchwarnmelder ablehnen, aber sogar früher gefasste bestandskräftige Mehrheitsbeschlüsse plötzlich als ab 01.12.2020 »wirkungslos« (so auch *Hogenschurz* WEG 3. Aufl. § 9a Rn. 135) ansehen wegen Wegfalls der gekorenen Wahrnehmungsbefugnis. Sie übersehen hier den Anwendungsbereich des § 19 Abs. 1 WEG.

59 Wenn bei Vorhandensein nur einer Teileigentumseinheit entweder die Beschlusskompetenz (*Dötsch/Schultzky/Zschieschack* WEG-Recht 2021 Kap. 3 Rn. 153) oder Zugriffsermessen und Beschlusskompetenz (*Hügel/Elzer* 3. Aufl. § 9a Rn. 100 und § 23 Rn. 99 Stichwort »Rauchwarnmelder«) verneint werden, so ist dies nicht überzeugend, weil § 19 Abs. 1 WEG insoweit zu stark eingeschränkt wird.

60 § 9a Abs. 2 WEG hat auch eine Erweiterung der Wahrnehmungszuständigkeit der Gemeinschaft erbracht. Denn die Gemeinschaft muss alle Pflichten wahrnehmen, die die Eigentümer als Inhaber des gemeinschaftlichen Eigentums anspricht. Hinsichtlich der Ausstattungspflicht mit Rauchwarnmeldern lässt sich angesichts der Anknüpfung an die zum Schlaf dienenden Räume daran denken, dass die Wohnungseigentümer allein als Sondereigentümer adressiert sind, Indessen spricht dagegen die Aussage des *BGH* (ZMR 2019, 291), dass die Rauchwarnmelder auch das gemeinschaftliche Eigentum alle Nutzer des Hauses schützen. Auch wenn der Schutz schlafender Personen Anlass der Pflicht ist, lässt sich beim Brandschutz schlecht zwischen Sonder- und Gemeinschaftseigentum unterscheiden. Daher ist eine Ausstattungspflicht der Gemeinschaft unter dem Gesichtspunkt Pflicht aus dem gemeinschaftlichen Eigentum zu bejahen (vgl. *Jacoby* ZMR 2022, 944).

61 Wer auf den konkreten Inhalt der jeweiligen Landesbauordnung abstellt, der überbewertet auch das Landesrecht (vgl. *BGH*, Urt. v. 07.12.2018 – V ZR 273/17, ZMR 2019, 291; *Fritsch* ZMR 2016, 925 ff. auch für gemischt genutzte Gebäude, S. 927: Bundesrecht bricht Landesrecht).

62 Wer auf die Installation im Bereich des Sondereigentums abhebt (vgl. *Hügel/Elzer* WEG 3. Aufl. 2021 § 9a Rn. 100) übersieht, dass sich auch im räumlichen Bereich des Sondereigentums gemeinschaftliches Eigentum oder Verbandsvermögen befinden kann.

63 Durchaus denkbar ist aber auch, bereits die aus der Landesbauordnung folgende gesetzliche Verpflichtung als solche von vornherein der Wahrnehmungsbefugnis des rechtsfähigen Verbandes gem. § 9a Abs. 2 WEG bei Betroffenheit aller Sondereigentümer zu unterstellen. Der Verband nähme dann für die Wohnungseigentümer deren – für den Verband fremde – gesetzliche Einbaupflicht wahr, ohne selbst Adressat der Einbaupflicht zu sein.

Andererseits ist es vorstellbar, die gesetzliche Einbaupflicht als originär eigene Pflicht des rechtsfähigen Verbandes anzusehen, und zwar, indem man den Brandschutz der Verkehrssicherung des Grundstücks und die Verkehrssicherungspflicht dem rechtsfähigen Verband selbst zuordnet, wobei dahinstehen kann, ob der Verband alleiniger Träger der Verkehrssicherungspflicht ist oder neben ihm auch die Wohnungseigentümer. Denn in beiden Fällen träfe den rechtsfähigen Verband – zumindest auch – eine eigene Verpflichtung. Die Einzelheiten waren schon zur alten Rechtslage bis 30.11.2020 streitig (Vgl. zur Verkehrssicherungspflicht Wenzel ZWE 2009, 57; *Gottschalg* DWE 2009, 81). 64

4. Verwalter

Fraglich ist, ob neben dem rechtsfähigen Verband und/oder den Wohnungseigentümern (s.o.) der WEG-Verwalter – obwohl nur Organ der Gemeinschaft der Wohnungseigentümer – als Adressat der Pflicht zum Einbau von Rauchwarnmeldern in Betracht kommt. Dann muss der Einbau überwacht werden, aber nicht der Betrieb, es sei die Eigentümer haben dies konsequenterweise auch übernommen. Nach dem Wortlaut der einschlägigen Bestimmungen in den Landesbauordnungen ist dies nicht der Fall. Andererseits kann sich eine Verpflichtung und somit ein entsprechendes Haftungsrisiko des Verwalters aus der Verkehrssicherungspflicht (a.A. insoweit *Schultz* ZWE 2009, 384) ergeben. Denn es wird in Rechtsprechung und Schrifttum die Meinung vertreten, dass der Verwalter einer deliktsrechtlichen Eigenhaftung für Verstöße gegen die Verkehrssicherungspflicht ausgesetzt ist, selbst wenn die Verkehrssicherungspflicht als solche dem rechtsfähigen Verband obliegt und er rechtsgeschäftlich, d.h. im Verwaltervertrag, die Wahrnehmung der Verkehrssicherungspflicht für den Verband nicht übernommen haben sollte (*Wenzel* ZWE 2009, 57, 59 f. unter Hinweis auf *BGH* NJW 1996, 1535, 1537; NJW 1993, 1782; NJW 1990, 976, f.). Um dieser ihn ab dem Zeitpunkt seiner organschaftlichen Bestellung höchstpersönlich treffenden deliktsrechtlichen Eigenhaftung im Fall eines Brandschadens erfolgreich zu entgehen, muss der Verwalter seine gesetzlichen (organschaftlichen) Kontroll-, Hinweis- und Organisationspflichten erfüllt haben und die pflichtgemäße Erfüllung dokumentieren können. Verfügt der Verwalter persönlich oder in seinem Unternehmen über die nötige technische Sachkunde, kann er die Kontrolle selbst wahrnehmen. Andernfalls gehört es zur Wahrung der im Verkehr erforderlichen Sorgfalt, dass er ein zuverlässiges Fachunternehmen mit der regelmäßigen Nachprüfung betraut (im Rahmen der Betriebspflicht), wie z.B. auch mit der technischen Wartung und Überwachung der Rauchwarnmelder (Wenzel ZWE 2009, 57, 60; vgl. auch *OLG Karlsruhe*, Urt. v. 30.12.2008 – 14 U 107/07, ZMR 2009, 623 = WE 2009, 248.). Dabei dürfte aber nicht nur die Wartung, sondern auch der Einbau der vorgeschriebenen Anzahl an Rauchwarnmelder an den vorgeschriebenen Stellen in den Wohnungen der Kontroll- und Organisationspflicht unterliegen. Hinsichtlich der deliktsrechtlichen Verkehrssicherungspflicht soll der Verwalter allerdings weder berechtigt noch verpflichtet sein, gegen den erklärten Willen der Mehrheit der Wohnungseigentümer tätig zu werden (*Wenzel* ZWE 2009, 57, 60). Informiert der Verwalter die Wohnungseigentümer über die gesetzliche Einbaupflicht, stellt er entsprechende Beschlussanträge zur Abstimmung und lehnt die Eigentümerversammlung die Erfüllung der gesetzlichen Pflicht mehrheitlich ab (Negativ-Beschluss), dürfte er nach dieser Meinung also nicht zu weiteren Aktivitäten verpflichtet sein, d.h. weder zu einer Anfechtung des negativen Beschlusses noch zu einer Ausstattung der Wohnungen mit Rauchwarnmeldern im Namen und auf Kosten der Wohnungseigentümergemeinschaft (ohne Vertretungsmacht) oder auch im eigenen Namen. Vielmehr dürfte er sich im Hinblick auf seine deliktsrechtliche Verantwortlichkeit durch Hinweise auf die gesetzliche Verpflichtung der Wohnungseigentümer haftungsrechtlich ausreichend abgesichert haben. 65

Eine im Vergleich zur deliktsrechtlichen Eigenhaftung strengere Eigenhaftung des Verwalters wird vertreten, wenn und soweit der Verwalter kraft Rechtsgeschäfts, also insbesondere im Verwaltervertrag oder in einem Eigentümerbeschluss, möglicherweise aber auch durch schlüssiges Verhalten (konkludent), die dem rechtsfähigen Verband originär oder kraft geborener Wahrnehmungsbefugnis (gesetzliche Vergemeinschaftung) obliegende Verkehrssicherungspflicht klar und eindeutig übernommen hat (*Wenzel* ZWE 2009, 57, 61). Eine derartige Übernahme soll zur Folge haben, dass 66 dem Verwalter unmittelbar die Gefahrenabwehr obliegt und er dafür zu sorgen hat, dass niemand zu Schaden kommt. Der Verband bzw. die Eigentümerversammlung soll ihm gegenüber dann nicht mehr weisungsbefugt sein, sodass der Verwalter eine erforderliche Maßnahme auch gegen den Willen der Eigentümermehrheit zu ergreifen hat. Die gesetzliche Vertretungsmacht zum Abschluss eines Vertrages über den Einbau und die Wartung von Rauchwarnmelder folgt jetzt aus § 9b WEG. In diesem Bereich lauert somit für den Verwalter das wesentlich höhere Haftungsrisiko, nicht zuletzt deshalb, weil die Auslegung des Verwaltervertrages, eines Eigentümerbeschlusses oder des (konkludenten) Verhaltens stets von den Umständen des Einzelfalles abhängig und kaum vorhersehbar ist.

5. Konkurrenzsituation

67 Fraglich und umstritten ist, ob die Wohnungseigentümergemeinschaft bzw. die Mehrheit der Wohnungseigentümer von allen Miteigentümern verlangen kann, dass **Einbau und Wartung** gemeinschaftlich erfolgen. Gemeinschaftlich bedeutet vor allem einheitlich (vgl. *AG Rosenheim*, Urt. vom 24.05.2017, 10 C 1296/16, ZMR 2017, 773) organisiert und beauftragt durch den Verwalter als Organ im Namen der Wohnungseigentümergemeinschaft.

68 Das *AG Karlsruhe* (ZMR 2015, 160) entschied: Die Wohnungseigentümer sind trotz gesetzlicher Verpflichtung zur Ausstattung mit Rauchwarnmeldern durch die Landesbauordnung nicht zu einer positiven Beschlussfassung über die Anschaffung und Installation von Rauchwarnmeldern durch und auf Kosten der Gemeinschaft verpflichtet, weil bei Mischnutzung (Wohn- und Teileigentum) insoweit lediglich eine sog. »gekorene Wahrnehmungsbefugnis« besteht. …… Eine geborene Wahrnehmungskompetenz der Gemeinschaft besteht nur dann, wenn die Verpflichtung **sämtliche** Mitglieder der Gemeinschaft berührt.

69 Das *LG Karlsruhe* (ZMR 2016, 59) judizierte dagegen: Wie bei der Wahrnehmung anderer Verkehrssicherheitspflichten besteht auch bei der Umsetzung der sämtliche Wohnungseigentümer treffenden Einbaupflicht für Rauchwarnmelder nach der Landesbauordnung eine geborene Wahrnehmungsberechtigung des Verbandes »Wohnungseigentümergemeinschaft«. Adressat der Regelung sind nicht (nur) die Eigentümer selbst. Es handelt sich nicht um eine gekorene Ausübungsberechtigung. **Der Einzelne hat einen Anspruch gegen die sich weigernden Eigentümer auf Zustimmung zum einheitlichen Einbau der Rauchwarnmelder**; vgl. auch *LG Karlsruhe* NZM 2016, 827 und *LG Karlsruhe* NZM 2016, 240.

70 Da Rauchwarnmelder entweder Gemeinschaftsvermögen (vgl. § 9a Abs. 3 WEG) – früher: Verwaltungsvermögen – (vgl. *Riecke* NZM 2016, 218 unter II.2.), Zubehör oder zwingend gemeinschaftliches Eigentum sind (s.u. IV. Rdn. 78 ff.), oder jedenfalls nur sonderrechtsfähig und nicht sondereigentumsfähig (vgl. *BGH*, Urt. v. 08.02.2013 – V ZR 238/11, ZMR 2013, 642; *Schultz* ZWE 2011, 21, *W. Schneider* ZMR 2010, 822 ff.; *LG Hamburg*, Urt. v. 02.03.2011 – 318 S 193/10, ZMR 2011, 387.) sind, besteht bei reinem Wohnungseigentum Beschlusskompetenz. (*LG Hamburg*, Urt. v. 02.03.2011 – 318 S 193/10, ZMR 2011, 387 und *LG Hamburg*, Urt. v. 05.10.2011 – 318 S 245/10, ZMR 2012, 129 – bestätigt im Ergebnis durch *BGH*, Urt. v. 08.02.2013 – V ZR 238/11, ZMR 2013, 642 –; *LG Dortmund* ZWE 2017, 138 und ZMR 2016, 642; **a.A.** noch zu Unrecht *AG Hamburg-Wandsbek*, Urt. v. 21.06.2010 – 740 C 31/10, ZMR 2010, 809.)

71 Ist Adressat der **Einbauverpflichtung** der einzelne Wohnungseigentümer, besteht eine geborene Wahrnehmungskompetenz der Gemeinschaft allerdings nur, wenn die Verpflichtung sämtliche Mitglieder betrifft. Da die Bauordnungen nur die Ausstattung von Wohnungen, nicht aber auch von anderweit genutzten Räumen mit Rauchwarnmeldern vorschreiben, fehlt es an dieser Voraussetzung, sobald eine Anlage auch Teileigentumseinheiten umfasst. Die Wohnungseigentümer sind in diesem Fall seit 01.12.2020 nicht mehr berechtigt, von einem **Zugriffsermessen** Gebrauch zu machen, das ihnen nach § 10 Abs. 6 S. 3 Halbs. 2 WEG a.F. noch zustand (sog. gekorene Ausübungs- bzw. Wahrnehmungsbefugnis; *BGH*, Urt. v. 08.02.2013 – V ZR 238/11, ZMR 2013, 642 [eigentumsbezogene Pflichten])

Die Sicherstellung der Betriebsbereitschaft obliegt in mehreren Bundesländern den unmittelbaren Besitzern. Zur Sicherstellung der Betriebsbereitschaft (Beispiel: Sachsen-Anhalt) kann der Eigentümer die Verpflichtung selbst übernehmen. 72

Nach *Schneider* (ZMR 2010, 822.) und ihm folgend *LG Hamburg* (Urt. v. 02.03.2011 – 318 S 193/10, ZMR 2011, 387 und Urt. v. 05.10.2011 – 318 S 245/10, ZMR 2012, 129) sowie *BGH* (Urt. v. 08.02.2013 – V ZR 238/11, ZMR 2013, 642) handelt es sich bei Rauchwarnmeldern lediglich um Zubehör i.S.d. § 97 BGB. 73

Jedenfalls handelt es sich bei Einbau und Wartung um eine gemeinschaftsbezogene Pflicht, nämlich die Erfüllung öffentlich-rechtlicher Pflichten. Die öffentliche Hand müsste sich bei Durchsetzung der Verpflichtung an den Verband wenden, nicht aber an den WEG-Verwalter (Unzutreffend *OVG* NRW, Beschl. v. 15.04.2009 – 10 B 304/09, ZMR 2010, 78 und *OVG* NRW, Beschl. v. 28.01.2011 – 2 B 1495/10, ZMR 2011, 425 und *VG Düsseldorf*, Urt. v. 20.08.2010 – 25 K 3682/10, ZMR 2011, 337 = ZfIR 2011, 195; vgl. dazu die berechtigte Kritik von *Briesemeister* ZWE 2011, 26.) Bei der Wartung kommt es darauf an, dass nicht der einzelne Eigentümer evtl. diese Verpflichtung trägt. Die öffentlich-rechtliche Pflicht darf jedenfalls durch die Gesamtheit der Wohnungseigentümer erfüllt werden. Dies stellt keinen unzulässigen Eingriff in das Sondereigentum dar. 74

Soweit dies in der amtsgerichtlichen Rechtsprechung vereinzelt anders gesehen wird (verfehlt etwa *AG Augsburg* ZMR 2018, 79 und *LG Braunschweig* ZMR 2014, 813 m. abl. Anm. *Riecke*; laut *AG Rendsburg*, Urt. v. 30.10.2008 – 18 C 545/08, ZMR 2009, 239 soll ein einzelner Wohnungseigentümer ausnahmsweise nicht verpflichtet werden können, die von der Gemeinschaft ausgewählten Geräte zu dulden, wenn er bereits auf eigene Kosten deutlich teurere Melder installiert hat; **a.A. jetzt für das Mietrecht** *AG Hamburg-Blankenese*, Urt. v. 16.02.2011 – 531 C 341/10, ZMR 2011, 395 [z.T. fehlinterpretiert von *Wüstefeld* WuM 2012, 134, der die dem Vermieter eingeräumte Verwaltungshoheit mit der Motivation des Mieters zu früheren Einbau eigener Melder vermischt]; *AG Burgwedel*, Urt. v. 01.07.2010 – 73 C 251/09 ZMR 2011, 800 und in II. Instanz *LG Hannover*, Beschl. v. 09.12.2010 – 1 S 24/10, ZMR 2011, 826) überzeugt das nicht. Zutreffend entschied etwa das *AG Düsseldorf* (ZMR 2016, 575): *Der Einbau von Rauchwarnmeldern in Erfüllung einer landesgesetzlichen Anforderung stellt eine Maßnahme der erstmaligen Herstellung eines ordnungsmäßigen Zustands dar. Die Wohnungseigentümer sind nicht gehalten, einzelne Eigentümer, die bereits selbst Rauchwarnmelder installiert haben, von der Regelung auszunehmen. Insoweit besteht Verwaltungsermessen.* Wenig überzeugend entschied das *LG Karlsruhe* (NZM 2016, 827): *Ein Beschluss zum zwingenden Einbau von Rauchwarnmeldern durch die Gemeinschaft in allen Wohnungen ohne Rücksicht auf dort bereits vorhandene Geräte kann nur dann ordnungsmäßiger Verwaltung entsprechen, wenn er wirtschaftlich ist und die Interessen der einzelnen Mitglieder hinreichend berücksichtigt (Fortführung LG Karlsruhe, 17.11. 2015 – 11 S 38/15, NJW 2016, 1333). Zwar mag ein einheitliches und gemeinsames Vorgehen tatsächlich ein für den Verwalter gut zu kontrollierender Weg sein, um das gesamte Gebäude entsprechend den bauordnungsrechtlichen Pflichten auszurüsten. Daraus folgt aber noch kein erhöhter Brandschutz. Ob bereits vorhandene Rauchwarnmelder geeignet sind, die gesetzlichen Einbaupflichten zu erfüllen, muss in der Beschlussanfechtungsklage der Kläger darlegen und beweisen. Dazu gehört hinreichender Vortrag und Beweisantritt zur zwischenzeitlichen Wartung der bereits vor drei Jahren eingebauten Rauchwarnmelder. Kommt der Kläger dieser Obliegenheit nicht nach, sind seine vorhandenen Rauchwarnmelder nicht zu berücksichtigen.* 75

Vor allem der als Kontroll- und Überwachungspflicht stets und undelegierbar bei der Wohnungseigentümergemeinschaft und/oder dem Verwalter verbleibende »Pflichtenrest« aus der nach dieser amtsgerichtlichen Ansicht im Übrigen (d.h. Einbau- und Wartungspflicht) wirksam auf die einzelnen Sondereigentümer delegierten Verkehrssicherungspflicht muss der Wohnungseigentümergemeinschaft die Befugnis und das Recht geben, Einbau und Wartung durch einen einheitlichen Vertrag zu organisieren und entsprechende Verträge abzuschließen. 76

77 Der vermietende Wohnungseigentümer muss auf einen nicht duldungswilligen Mieter einwirken und ihn notfalls auf Duldung des Zutritts und des Einbaus in der Mietwohnung verklagen (zum Mietrecht vgl. *AG Hamburg-Blankenese*, Urt. v. 16.02.2011 – 531 C 341/10, ZMR 2011, 395; *AG Burgwedel*, Urt. v. 01.07.2010 – 73 C 251/09 ZMR 2011, 800 und in II. Instanz *LG Hannover*, Beschl. v. 09.12.2010 – 1 S 24/10, ZMR 2011, 826.). Wohnungseigentümergemeinschaften bzw. Verwalter sollten daran denken, vermietende Sondereigentümer rechtzeitig zur form- und fristgerechten Einwirkung auf den Mieter oder anderer Benutzer der Wohnung aufzufordern, am besten bereits im Beschluss über den Einbau von Rauchwarnmeldern durch die Gemeinschaft

IV. Eigentumsverhältnisse an Rauchwarnmeldern

78 Fraglich ist, wie die Eigentumsverhältnisse am Rauchwarnmelder rechtlich einzustufen sind. Von der dinglichen Zuordnung wird die Beantwortung weiterer Folgefragen (z.B. Instandhaltung, Wartung und Instandsetzung, Kostentragung) maßgeblich beeinflusst.

79 Rauchwarnmelder könnten entweder Verwaltungsvermögen, Zubehör, gemeinschaftliches Eigentum oder Sondereigentum sein. Nach der Regelungssystematik des WEG stehen sämtliche Gebäudeteile, Einrichtungen und Anlagen im gemeinschaftlichen Eigentum (vgl. § 1 Abs. 5 WEG), es sei denn,

- die Teilungserklärung erklärt sie (nicht einzeln, sondern über betreffenden Raum) zu Sondereigentum und
- weitere wichtige Voraussetzung – der zu Sondereigentum erklärte Gebäudeteil bzw. Einrichtungsgegenstand ist sondereigentumsfähig (vgl. zur Abgrenzung auch *Riecke* BTR 2003, 11).

80 Denn nur *sondereigentumsfähige* Teile (vgl. *AG Bremen-Blumenthal* ZMR 2018, 370: verneint beim Absperrventil) können rechtswirksam zu Sondereigentum erklärt werden. Sind sie hingegen nicht sondereigentumsfähig, ist eine anderslautende Bestimmung in der Teilungserklärung nichtig. (Einzelheiten bei *Schneider* oben § 1 Rdn. 6 ff.; vgl. auch *BGH*, Urt. v. 26.10.2012 – V ZR 57/12, ZMR 2013, 454 Rn. 10: Durch eine Teilungserklärung kann Sondereigentum an wesentlichen Bestandteilen des Gebäudes [§§ 93, 94 BGB] nicht begründet werden. Eine Aufzählung der zum Sondereigentum gehörenden Bestandteile des Gebäudes hat nur deklaratorischen Charakter [*BGH*, Urt. v. 25.10.2013 – V ZR 212/12, ZMR 2014, 223].)

81 Zwingender Bestandteil des gemeinschaftlichen Eigentums sind gem. § 5 Abs. 2 WEG alle Teile des Gebäudes, die für dessen Bestand oder Sicherheit erforderlich sind, sowie Anlagen und Einrichtungen die dem gemeinschaftlichen Gebrauch aller Eigentümer dienen. Diese Gebäudeteile können nicht wirksam zu Sondereigentum erklärt werden, und zwar auch dann nicht, wenn sie sich im räumlichen Bereich des Sondereigentums befinden. Einzig in Betracht kommt eine Umdeutung der nichtigen Sondereigentumszuordnung in eine Kostenverteilungsvereinbarung über die Kostentragungspflicht des Sondereigentümers für einen Bestandteil des Gemeinschaftseigentums. (*Schneider* § 1 Rdn. 6 m.w.N.)

82 Zutreffend ist der Hinweis, dass Rauchwarnmelder nicht allein deshalb zum Gemeinschaftseigentum zu zählen sind, weil einzelne Bundesländer eine Pflicht zum Einbau vorschreiben (*Armbrüster* in: Bärmann WEG 15. Aufl. 2023 § 5 Rn. 55B unter Brandwarnmelder und Rn. 55R) Die gesetzliche Einbaupflicht ist für die sachenrechtliche Zuordnung unbeachtlich. (a.A. *Kümmel* in: Bärmann/Seuß Praxis des Wohnungseigentums 5. Aufl. 2010 C. Rn. 66: »Sollten Feuermelder gesetzlich vorgeschrieben werden, gehören sie zum Gemeinschaftseigentum.«; aufgegeben in der 6. Aufl. 2013 Teil C Rn. 66 Stichwort »Rauchwarnmelder«: Rauchwarnmelder, die die Gemeinschaft angeschafft hat, gehören zum **Verwaltungsvermögen/Gemeinschaftsvermögen**)

83 Rauchwarnmelder befinden sich nach den gesetzlichen Vorgaben im räumlichen Bereich des Sondereigentums, nämlich innerhalb der Wohnungen. Gesetzlich vorgeschriebene Anbringungsorte innerhalb von Wohnungen sind Schlafräume und Kinderzimmer (in Berlin und Brandenburg: alle Aufenthaltsräume außer der Küche) sowie Flure (Ein Flur ist eine Verbindung zwischen Räumen und dem Ausgang), die als Rettungsweg dienen. Für Gebäudebereiche außerhalb von Wohnungen (z.B. Treppenhäuser, Kellerflure, Dachböden) treffen die Landesbauordnungen keine Regelung, womit

aber nicht ausgeschlossen ist, auch in diesen Räumen Rauchwarnmelder zu installieren, um den Schutz zu erhöhen. Die Landesbauordnungen wie auch die DIN 14676 stellen lediglich Mindestanforderungen auf.

Gemessen an den Tatbestandsmerkmalen von § 5 Abs. 2 WEG und auch nach Sinn und Zweck der gesetzlichen Regelung ist anzunehmen, dass jedenfalls **Brandmeldeanlagen** zwingend (a.A. nur *Schultz* ZWE 2009, 384 r.Sp., der auf das Merkmal »erforderlich« allein abstellt und von Rauchgasmeldern schreibt) **zum gemeinschaftlichen Eigentum gehören** (so auch *OLG Frankfurt* ZMR 2009, 864 = DWE 2009, 63: Brand- und Rauchwarnmelder gehören zu den Einrichtungen, die dem gemeinschaftlichen Gebrauch der Wohnungseigentümer dienen und aus diesem Grunde gem. § 5 Abs. 2 WEG zwingend gemeinschaftliches Eigentum sind. Für diese rechtliche Qualifikation ist es unbeachtlich, dass sich die Melder innerhalb des räumlichen Bereichs des Sondereigentums befinden. Die Gemeinschaft hat Beschlusskompetenz zur Erweiterung bzw. zum Einbau der Melder). 84

Rauchwarnmelder dienen dem Bestand und der Sicherheit des ganzen Gebäudes und sind nicht sondereigentumsfähig. Letzteres bejaht auch *W. Schneider* (ZMR 2010, 822 ff.) sowie das *LG Hamburg* (Urt. v. 02.03.2011 – 318 S 193/10, ZMR 2011, 387) und ihm folgend der *BGH* (Urt. v. 08.02.2013 – V ZR 238/11, ZMR 2013, 642), sodass man auf zwei Wegen zu diesem Ergebnis gelangt. Ob im Hinblick auf die Unterscheidung »Gemeinschafts- oder Sondereigentum« der Satz »tertium non datur« hier gilt, kann dahin gestellt bleiben. 85

Zum Gebäudeschutz gehört auch der Brandschutz. Wohnungsbrände sind räumlich nicht auf einzelne Wohnungen begrenzt, sondern stellen stets eine Bedrohung für das gesamte Gebäude dar. Flammen und Rauch machen vor der Wohnungstür und fremdem Sondereigentum nicht halt. Bestand und Sicherheit des Gebäudes können dabei weder begrifflich noch vom Schutzgedanken her getrennt werden von der Sicherheit seiner Bewohner. Rauchwarnmelder dienen dem Schutz von Leib und Leben der im Gebäude lebenden Personen und Tiere sowie dem Schutz von Gebäude und Einrichtungsgegenständen gleichermaßen. 86

Die Auffassung, Rauchwarnmelder seien Sondereigentum, weil sie allein Leib und Leben der in der Wohnung anwesenden Personen schützten, überzeugt nicht. Ihr liegt die Annahme zugrunde, dass der eigentliche Zweck der Rauchwarnmelder darin liege, bei der Entstehung von Brandrauch/Rauchgas Alarm auszulösen, um den – in der Wohnung – anwesenden Personen die Flucht zu ermöglichen; alle weiteren Maßnahmen, wie z.B. die Benachrichtigung der Feuerwehr seien lediglich ein Reflex (*AG Hamburg-Wandsbek*, Urt. v. 21.06.2010 – 740 C 31/10, ZMR 2010, 809; *Schultz* ZWE 2009, 384, 385). Richtig ist aber, dass sich die eigentliche Funktion des Rauchwarnmelders im Auslösen eines Alarms erschöpft, alles Weitere wie z.B. die Alarmierung der Nachbarn und der Feuerwehr, aber auch die Flucht, ist bereits ein Reflex des Nutzers auf diesen Alarm. Wie der Nutzer jeweils auf den Brand reagiert, ist einzelfallabhängig. Bspw. bei in Brand geratenen Adventsgestecken oder anderen nur kleinen (Schwel-) Bränden (z.B. durch im Backofen vergessene Brötchen) wird es möglich sein, diese Brände selbst zu löschen, wodurch nicht nur Leib und Leben der in der Wohnung anwesenden Personen, sondern (auch) Leib und Leben der übrigen Bewohner des Gebäudes und dessen Substanz geschützt werden. Der Zweck von Rauchwarnmeldern liegt nicht allein in der rechtzeitigen Flucht, sondern auch im Ergreifen von schnellen und wirksamen Gegenmaßnahmen. (*VG München*, Urt. v. 29.05.2008 – M 11 K 07.6087, ZMR 2009, 721, 722) Des Weiteren ist der Ansatz verfehlt, Rauchwarnmelder seien allein darauf ausgelegt, den in der Wohnung anwesenden Personen die Flucht zu ermöglichen. Richtig ist vielmehr, dass Rauchwarnmelder einen so lauten **Alarmton von 88 db** produzieren, dass nicht nur die Personen, die sich in dem betroffenen Raum befinden, sondern auch Personen in Hörweite in Nachbarräumen diesen wahrnehmen können (vgl. »Hinweise zur Ausstattung von Wohnungen mit Rauchwarnmeldern« des Bayerisches Staatsministerium des Innern – Stand Mai 2008 –). Danach schützen Rauchwarnmelder auch das Leben und die Gesundheit der Nutzer von Nachbarwohnungen zu einer vom Feuer befallenen Wohnung, und zwar nicht nur dadurch, dass diese von den betroffenen Nachbarn alarmiert werden können, sondern auch durch den Alarm des Rauchwarnmelders in der Nachbarwohnung selbst. 87

88 Es ist ferner anzunehmen, dass Rauchwarnmelder zu den Einrichtungen gehören, die dem gemeinschaftlichen Gebrauch der Wohnungseigentümer dienen und auch deshalb jedenfalls nicht Sondereigentum sind. Denn ihr Zweck ist darauf gerichtet, als Sicherheitsvorkehrung der Gesamtheit der Wohnungseigentümer einen sicheren Gebrauch der Wohnung und der Wohnanlage zu gewährleisten (vgl. *Schneider* § 1 Rdn. 10 f.) Der Rauchwarnmelder in einer Wohnung reagiert auch auf Rauch, der infolge eines Brandes in der Nachbarwohnung oder in einem sonstigen Bereich der Wohnanlage entsteht.

89 Es gilt grundsätzlich dasselbe wie für Heizungs- oder Thermostatventile an Heizkörpern in Wohnungseigentumsanlagen. Diese sind nach h.M., vor allem der oberlandesgerichtlichen Rechtsprechung (*OLG Stuttgart,* Beschl. v. 13.11.2007 – 8 W 404/07, ZMR 2008, 243; *OLG Hamm*, Beschl. v. 16.03.2001 – 15 W 320/00, ZMR 2001, 839; a.A. für die Heizungsanlage *BGH*, Beschl. v. 08.07.2011 – V ZR 176/10, ZMR 2011, 971, falls die Teilungserklärung etwas Abweichendes regelt. Dies kann bei Rauchwarnmelder praktisch nie der Fall sein, weil sie bei Erstellung der meisten Teilungserklärungen am Markt noch nicht präsent waren und heute noch kein Notar auf die Idee gekommen ist, sie zu Sondereigentum zu erklären; richtig mit Blick auf die Einheitlichkeit der Anlage jetzt pro gemeinschaftlichem Eigentum *BGH*, Urt. v. 26.10.2012 – V ZR 57/12, ZMR 2013, 454 zu Versorgungsleitungen) Bestandteile des Gemeinschaftseigentums, da sie für die Funktionsfähigkeit der gesamten Heizungsanlage unverzichtbar seien (a.A. *Armbrüster* in: Bärmann 15. Aufl. 2023 § 5 Rn. 55R zu Rollläden). Die Kosten für die Reparatur und den Austausch defekter Thermostatventile sind somit Kosten der Verwaltung des gemeinschaftlichen Eigentums. Selbst wenn man der h.M. zu den Thermostatventilen nicht folgt und diese als Sondereigentum ansieht (*Armbrüster* in: Bärmann 15. Aufl. 2023 § 5 Rn. 55T), ergeben sich jedenfalls für Rauchwarnmelder keine abweichenden Ergebnisse. Im Vordergrund der rechtlichen Beurteilung nach § 5 Abs. 2 WEG steht der Gemeinschaftsgedanke in Bezug auf den optimalen Schutz des Gebäudes vor Feuer und Brandrauch. Macht nur ein Wohnungseigentümer bei der Ausstattung seiner Wohnung nicht mit, ist der Brandschutz sofort schlechter. Die gesetzmäßige Ausstattung aller Wohnungen dient somit dem gemeinschaftlichen Gebrauch (Schutz) aller Wohnungseigentümer und Nutzer.

90 Dies alles kann dahinstehen, wenn man mit *Schneider* (ZMR 2010, 822) annimmt, § 5 Abs. 1 WEG erfasse lediglich *wesentliche* Bestandteile (*BGH*, Urt. v. 02.02.1979 – V ZR 14/77, BGHZ 73, 302 = NJW 1979, 2391 = ZMR 1981, 123; *BGH*, Urt. v. 10.10.1980 – V ZR 47/79, BGHZ 78, 225 = NJW 1981, 455 = ZMR 1982, 60; *BayObLG*, Beschl. v. 24.02.2000 – 2Z BR 155/99, NJW-RR 2000, 1032 = ZMR 2000, 622; *Armbrüster* in: Bärmann 12. Aufl. 2013 § 5 Rn. 19 f.; *Schneider* § 5 Rdn. 17; *Rapp* in: Staudinger [2018] § 5 Rn. 23 »Rauchwarnmelder (Zubehör)«; *Briesemeister* in: Weitnauer § 5 Rn. 14) eines Gebäudes, die räumlich in Verbindung mit einem dem Sondereigentum zugeordneten Bereich stehen müssen, ändert sich am Ergebnis nichts. Für den Regelfall handelsüblicher Rauchwarnmelder wird eine Zuordnung zum Sondereigentum von vornherein zu verneinen sein. Dann bleiben nur die Einordnung als (Schein-)Zubehör oder Gemeinschaftsvermögen/Verwaltungsvermögen (übrig, wenn kein Privateigentum z.B. eines Dienstleisters bei Mietgeräten gegeben ist.

91 Dem entgegenstehende abweichende Bestimmungen in einer Teilungserklärung sind aufgrund der im Rahmen des § 5 Abs. 1 WEG fehlenden privatautonomen Gestaltungsmöglichkeiten unwirksam, weil sie gegen zwingende sachenrechtliche Vorgaben verstoßen (vgl. *Armbrüster* in Bärmann, 15. Aufl. 2023, § 5 Rn. 19. Deshalb ist auch das Urt. des *AG Hamburg-Wandsbek* v. 21.06.2010 – 740 C 31/10, ZMR 2010, 809 nicht zutreffend und bereits aus diesen Erwägungen abzulehnen), dass auch im Rahmen des § 5 Abs. 2 WEG nur solche Teile des Gebäudes und Anlagen desselben zwingend dem Gemeinschaftseigentum zuzuordnen sind, die andernfalls gem. § 5 Abs. 1 WEG zu Sondereigentum bestimmt werden könnten. § 5 Abs. 2 WEG stellt systematisch eine Einschränkung des § 5 Abs. 1 WEG dar und soll bestimmte – grundsätzlich sondereigentumsfähige – Bereiche der individuellen Dispositionsfreiheit eines Sondereigentümers entziehen. (Keine »Monopolisierung« von Gegenständen, auf deren Unversehrtheit oder Gebrauch mehrere oder alle Wohnungseigentümer angewiesen sind; *Armbrüster* in: Bärmann 15. Aufl. 2023 § 5 Rn. 30 unter Hinweis auf *Häub-*

lein Sondernutzungsrechte S. 103) Dies wiederum ist nur möglich, wenn die betreffenden Teile des Gebäudes und die im § 5 Abs. 2 WEG genannten Anlagen zugleich *wesentliche* Bestandteile des Grundstücks oder des Gebäudes sind. (*BGH*, Urt. v. 18.10.1975 – V ZR 120/73, NJW 1975, 688 = ZMR 1975, 247 Ls.; *OLG Düsseldorf*, Beschl. v. 01.07.1994 – 3 Wx 334/94, NJW-RR 1995, 206 = WE 1995, 375 Ls.; *Armbrüster* in: Bärmann 15. Aufl. 2023 § 5 Rn. 31)

Rauchwarnmelder der hier behandelten Art werden diese Anforderungen jedoch regelmäßig nicht 92 erfüllen.

Rauchwarnmelder sind nach dieser Sichtweise **Zubehör**, d.h. bewegliche Sachen, die, ohne Bestand- 93 teile der Hauptsache zu sein, dem wirtschaftlichen Zwecke der Hauptsache zu dienen bestimmt sind und zu ihr in einem dieser Bestimmung entsprechenden räumlichen Verhältnis stehen (§ 97 Abs. 1 S. 1 BGB). Eine Sache ist nicht Zubehör, wenn sie im Verkehr nicht als Zubehör angesehen wird (§ 97 Abs. 1 S. 2 BGB).

Als Zubehör dürfen Rauchwarnmelder kein Bestandteil der Hauptsache sein. Zubehörstücke sind 94 der Hauptsache lediglich wirtschaftlich untergeordnet; sie bleiben selbstständig und können Gegenstand besonderer Rechte sein, während Bestandteile unselbstständige Teile einer einheitlichen Sache sind (RGZ 63, 171, 173; RGZ 158, 362, 368; *OLG Frankfurt*, Urt. v. 07.04.1981 – 4 U 80/80, NJW 1982, 653 = ZMR 1982, 203 Ls.). Wenn also Rauchwarnmelder keine Bestandteile eines Wohnungseigentums sein sollten, sind sie Zubehör. Ihre Befestigung im Sondereigentum erfolgt auf Dauer ausgerichtet entweder mittels einfach zu lösender Verschraubung oder gar nur über eine Verklebung. (vgl. zu den damals noch nicht abschließend geklärten Befestigungsmöglichkeiten auch *Schmidt/Breiholdt/Riecke* ZMR 2008, 341, 344 Fn. 23.) Durch ihre Anbringung in den Räumlichkeiten eines Sondereigentums weisen sie auch den notwendigen räumlichen Bezug auf.

Rauchwarnmelder dienen außerdem »dem wirtschaftlichen Zwecke der Hauptsache«. Der Begriff 95 »wirtschaftlicher Zweck« ist nämlich weit auszulegen (*BGH*, Urt. v. 25.05.1984 – V ZR 149/83, NJW 1984, 2277 zur Zubehöreigenschaft einer Glocke mit Läutewerk in einem Kirchengebäude.) und kann daher auch die Nutzung des Sondereigentums zu Wohnzwecken oder zur Vermietung umfassen (vgl. § 13 Abs. 1 WEG). Als Zubehör müssen Rauchwarnmelder weiterhin dem Zweck der Hauptsache zu dienen bestimmt sein. Ihre Funktion besteht gleichermaßen im Schutz des Sondereigentums und des umgebenden Gebäudes sowie seiner darin lebenden Bewohner. Rauchwarnmelder dienen somit zumindest auch dem Eigentumsschutz. (ebenso *Drasdo* NJW-Spezial 2007, 145. Die Zweckbestimmung manifestiert sich insb. vor dem Hintergrund einer etwaig bestehenden Wiederaufbauverpflichtung der Wohnungseigentümer). Insoweit ist anerkannt, dass Zubehörstücke dem Zweck der Hauptsache nicht ausschließlich dienen müssen (vgl. RGZ 47, 197, 200). Die einem Rauchwarnmelder zufallende Aufgabe, durch seinen Signalton zunächst die anwesenden Bewohner vor einem Brand zu warnen, steht mithin seiner Zubehöreigenschaft nicht entgegen. Auch ohne Anwesenheit von Personen in den Räumlichkeiten eines Sondereigentums wird ein Rauchwarnmelder seine dienende Aufgabe durch Warnung der Nachbarschaft oder der zentral vernetzten Stelle erfüllen können. Diese warnende Funktion ist einem Rauchwarnmelder auch als Bestimmung beigelegt (so *Schneider* ZMR 2010, 822).

Letztlich dürfte auch die Verkehrsanschauung einer Qualifizierung als Zubehör nicht entgegen- 96 stehen. Wenngleich die Verkehrsanschauung in Bezug auf die beteiligten Verkehrskreise und in geografischer Hinsicht einem ständigen Wandel unterworfen ist und ein Fortbestehen nicht ohne Weiteres vermutet werden kann (*BGH*, Urt. v. 01.10.1992 – V ZR 36/91, NJW 1992, 3224 = DNotZ 1993, 687), dürfte doch anzuerkennen sein, dass Erwerber von Eigentumswohnungen dort installierte Rauchwarnmelder wohl als Zubehör ansehen werden. Entsprechendes ist für eine Alarmanlage in einer Eigentumswohnung bereits obergerichtlich entschieden worden (*OLG München*, Urt. v. 03.07.1979 – 5 U 1851/79, MDR 1979, 934 = ZMR 1980, 308 Ls.).

Insbesondere eine Eigentumszuordnung zugunsten des Verwaltungsvermögens (vgl. *Kümmel* in: 97 Bärmann/Seuß 6. Aufl. 2013 Teil C Rn. 66, Stichwort »Rauchwarnmelder«.) des Verbandes Wohnungseigentümergemeinschaft als Drittem ist möglich, sofern dem Verband die erforderliche

Kompetenz zur Beschlussfassung über die Anbringung von im räumlichen Bereich des Sondereigentums seiner Mitglieder befindlichen Zubehörstücken zukommt. Als Rechtsgrundlage kommt insoweit § 15 Abs. 2 WEG in Betracht.

98 Eine Sondereigentumsfähigkeit von Rauchwarnmeldern ist im Einzelfall auch nicht dort gegeben, wo einzelne Wohnungseigentümer sich freiwillig dazu entschließen, über die gesetzlich vorgeschriebene und von der Gemeinschaft durchgeführte Ausrüstung der einzelnen Wohnungen mit Rauchwarnmelder hinausgehende zusätzliche Rauchwarnmelder einzubauen, z.B. den Einbau jeweils eines zusätzlichen Geräts pro Raum oder den Einbau in Werk- oder Hobbyräumen. Hierbei ist zum einen zu bedenken, dass bereits die Mindestausstattungspflichten weitreichend sind. Gemäß Punkt 4.4 der DIN 14676 sollen in L-förmigen Räumen Rauchwarnmelder in Gehrungslinie installiert werden. Bei größeren L-förmigen Räumen ist jeder Schenkel wie ein separater Raum zu betrachten. Räume, die durch eine deckenhohe Möblierung oder durch Trennwände unterteilt sind, sollten in jedem Raum einen Rauchwarnmelder haben. Bei offenen Verbindungen mit mehreren Geschossen ist auf der obersten Ebene mindestens ein Rauchwarnmelder zu installieren. Maßgebend ist, dass auch jeder zusätzlich eingebaute Rauchwarnmelder eine Erhöhung der Sicherheit des Gebäudes und seiner Bewohner mit sich bringt, was dafür spricht, auch sie zwingend zum Gemeinschaftseigentum zu zählen. Die Entscheidung über den Einbau zusätzlicher Geräte ist aber Gemeinschaftsangelegenheit. Für eigenmächtige Zusatzeinbauten besteht grundsätzlich kein Aufwendungsersatzanspruch des einzelnen Wohnungseigentümers gegenüber der Wohnungseigentümergemeinschaft. Auf der anderen Seite dürfte kein Sondereigentümer verpflichtet sein, selbst eingebaute Geräte abzubauen, sofern diese die Installation und Funktionsfähigkeit gemeinschaftlicher Geräte nicht stören. Eigeneinbauten dürfen insoweit also zusätzlich zu den gemeinschaftlichen Rauchwarnmeldern installiert werden bzw. bleiben, deren Installation und Wartung durch die Wohnungseigentümergemeinschaft jeder Sondereigentümer wiederum freilich dulden muss. Den Einbauort in den Räumen der Wohnung bestimmt die Wohnungseigentümergemeinschaft nach den maßgeblichen technischen Installationsvorgaben.

V. Kostenverteilung

99 Wenn Rauchwarnmelder zwingend zum gemeinschaftlichen Eigentum oder dem Gemeinschaftsvermögen/Verwaltungsvermögen gehören, obliegt die Pflicht zur Erhaltung (Instandhaltung = Wartung und Instandsetzung = Reparatur) einschließlich der Tragung der dafür aufzubringenden Kosten grundsätzlich allen Wohnungseigentümern gemeinschaftlich. Maßgeblich ist der in der Gemeinschaftsordnung vereinbarte oder auf der Grundlage einer vertraglichen oder gesetzlichen Öffnungsklausel wirksam beschlossene Kostenverteilungsschlüssel. Fehlt eine solche vorrangige Kostenverteilungsregelung, gilt die gesetzliche Regelung des § 16 Abs. 2 WEG, also die Verteilung nach dem Verhältnis der Miteigentumsanteile.

100 Sieht die Gemeinschaftsordnung oder ein auf der Grundlage einer vereinbarten oder gesetzlichen Öffnungsklausel beschlossener Kostenverteilungsschlüssel eine Kostentrennung zwischen Wohnungen und Teileigentumseinheiten (z.B. Gewerbe) vor, sind Teileigentümer grundsätzlich nicht mit Kosten zu belasten, soweit nicht auch die Teileigentumseinheiten mit Rauchwarnmeldern ausgerüstet werden. Die gesetzlichen Regelungen in den Landesbauordnungen sehen nur für Wohnungen eine Einbaupflicht vor. Allerdings erstreckt sich bereits der Anwendungsbereich der DIN 14676 auf Wohnhäuser, Wohnungen und Räume mit wohnungsähnlicher Nutzung (Räume mit wohnungsähnlicher Nutzung sind gemäß Punkt 3 DIN 14676 a.F. gewerblich genutzte Räume mit einer wohnungsähnlichen Struktur bis max. 400 m² [z.B. Arztpraxen, Anwaltskanzleien, Beherbergungsbetriebe mit weniger als 12 Gastbetten, Containerräume, Wohnwagen und Wohnmobile, Hütten und Gartenlauben].), worin sich abzeichnet, dass Rauchwarnmelder auch in anderen als zu Wohnzwecken dienenden Räumen und Gebäudeteilen sinnvoll sind.

VI. Beschlusskompetenzen

Sofern es um Beschlusskompetenzen der Wohnungseigentümer geht, ist bei baulichen Maßnahmen zwischen der Baumaßnahme und der Kostenverteilung zu unterscheiden. Bei der Kostenverteilung muss getrennt werden zwischen den einmaligen Baukosten und den späteren Folgekosten, wobei bei diesen wiederum zwischen Betriebskosten, Wartungskosten sowie Reparaturkosten differenziert werden kann. 101

1. Einbau

Beim Einbau von Rauchwarnmeldern in Wohnungen handelt es sich um eine bauliche Maßnahme im räumlichen Bereich des Sondereigentums. Die bauliche Maßnahme ist anhand des WEG zu qualifizieren. In Betracht kommt die Qualifizierung als 102

- Maßnahme der ordnungsmäßigen Verwaltung in der Unterform der Erhaltung (früher: Instandhaltung oder Instandsetzung) (§ 19 Abs. 1, Abs. 2 Nr. 2 WEG i.V.m. § 555b Nr. 6 BGB) oder,
- »klassische« bauliche Veränderung nach § 20 WEG

a) Bestehen einer gesetzlichen Einbaupflicht

Schreibt ein Landesgesetz die Installation oder Nachrüstung von Rauchwarnmeldern in Wohnungen vor (s.o. II. 1.), handelt es sich bei der Umsetzung der gesetzlichen Vorgabe um eine Maßnahme ordnungsmäßiger Verwaltung. Sie kann nach § 19 Abs. 1 WEG mit einfacher Mehrheit beschlossen und nach § 18 Abs. 2 WEG von jedem einzelnen Miteigentümer individuell von der Gemeinschaft verlangt werden. Die gesetzliche Einbaupflicht führt zu einer Ermessensreduktion auf Null, die eine abweichende Mehrheitsentscheidung rechtswidrig macht. Die bauliche Maßnahme selbst ist nicht als bauliche Veränderung gem. § 20 Abs. 1 WEG zu qualifizieren. Die vorstehend wiedergegebenen Aussagen wurden vom *Bundesgerichtshof* (*BGH*) in seiner Grundsatzentscheidung zum Einbau von Kaltwasserzählern in Wohnungen aufgestellt (*BGH* ZMR 2003, 937). 103

Nach dem Inkrafttreten der WEG-Novelle (BGBl. I, S. 370) am 01.07.2007 und des WEMoG (BGBl. I, S. 2187) am 01.12.2020 kann an den vom *BGH* aufgestellten Grundsätzen im Wesentlichen festgehalten werden. Für die Beschlusskompetenz kommt es nach Ansicht des *BGH* (Urt. v. 08.02.2013 – V ZR 238/11, ZMR 2013, 642 [Vorinstanz *LG Hamburg*, 05.10.2011 – 318 S 245/10, ZMR 2012, 129–131].) nicht einmal auf die sachenrechtliche Zuordnung der Rauchwarnmelder an, wenn eine öffentlich-rechtliche Verpflichtung zum Handeln für alle Sondereigentümer besteht (vgl. § 9a Abs. 2 WEG). Dann ist eine gemeinschaftsbezogene Pflicht zu bejahen. Konkret: Rauchwarnmelder schützen das ganze Haus, nicht nur eine einzelne Wohnung und ihre Bewohner! 104

Ist Adressat der Einbauverpflichtung jeder einzelne Wohnungseigentümer, besteht eine geborene Wahrnehmungskompetenz der Gemeinschaft allerdings nur, wenn die Verpflichtung sämtliche Mitglieder betrifft. Da die Bauordnungen nur die Ausstattung von Wohnungen, nicht aber auch von anderweit genutzten Räumen mit Rauchwarnmeldern vorschreiben, fehlt es an dieser Voraussetzung, sobald eine **Anlage** auch **Teileigentumseinheiten** umfasst (vgl. *Schultz* ZWE 2012, 57, 58; *Abramenko* ZWE 2013, 117, 120.). 105

Die Wohnungseigentümer konnten nur bis 30.11.2020 in diesem Fall, von ihrem Zugriffsermessen Gebrauch zu machen, das ihnen nach § 10 Abs. 6 S. 3 Halbs. 2 WEG a.F. zustand (sog. gekorene Ausübungs- bzw. Wahrnehmungsbefugnis, *BGH*, Urt. v. 08.02.2013 – V ZR 238/11, ZMR 2013, 642). 106

Die Gemeinschaftsbezogenheit bei Rauchwarnmeldern folgt aus dem laut *BGH* (ZMR 2013, 642; a.A. *Staudinger* ZMR 2015, 179) sonst gefährdeten Versicherungsschutz (Brandschutzversicherer) und aus dem Kollektivgedanken des § 5 Abs. 1 und 2 WEG (macht nur ein Wohnungsnutzer nicht mit, ist der Schutz aller anderen schlechter). 107

108 Die Beschlusskompetenz (vgl. *LG Dortmund* ZWE 2017, 138; *AG Bochum* WuM 2016, 242) folgt aber wohl eher aus § 19 Abs. 1 WEG (bei gesetzlich angeordneter Einbaupflicht/Wartung Fallgruppe der Erfüllung öffentlich-rechtlicher Pflichten, bei fehlender gesetzlicher Anordnung Fallgruppe sonstige ordnungsmäßige Verwaltung). Als weitere Fallgruppe kommt in beiden Varianten die Erfüllung der Verkehrssicherungspflicht/Brandschutz in Betracht, die nach ganz herrschender Ansicht sowohl öffentlich-rechtlich als auch zivilrechtlich ausgestaltet sein kann.

109 Es besteht ein Ermessensspielraum, und zwar im Hinblick auf Art und Umfang (Anzahl) der Rauchwarnmelder sowie den Einbauzeitpunkt.

aa) Der Ermessensspielraum der Eigentümer

110 Im Rahmen der Beschlussfassung nach § 19 Abs. 1 WEG verfügen die Wohnungseigentümer über einen grundsätzlich weiten Ermessensspielraum. Dieser gestattet es ihnen, bei der Abstimmung über einen Beschlussantrag alle für und gegen die fragliche Maßnahme sprechenden Umstände abzuwägen und sich unter verschiedenen in Betracht kommenden Möglichkeiten für eine Lösung zu entscheiden (*BGH*, Beschl. v. 25.09.2003 – V ZB 21/03, ZMR 2003, 937, 940 f.). Sind mehrere Möglichkeiten als ermessensfehlerfrei anzusehen, ist die Entscheidung der Mehrheit für eine dieser Lösungen von den übrigen Eigentümern hinzunehmen. Ein Anfechtungsantrag bei Gericht scheitert, da der Richter nicht berechtigt ist, den ermessensfehlerfrei zustande gekommenen Mehrheitswillen in Zweifel zu ziehen und den Mehrheitsbeschluss für ungültig zu erklären. Einen gerichtlich einklagbaren Anspruch auf eine bestimmte Lösung hat der einzelne Wohnungseigentümer nur und erst dann, wenn sich im Wege der *Ermessensreduktion* (zum Ermessen der Wohnungseigentümer *Elzer* ZMR 2006, 85 ff.) auf Null ergibt, dass nur die von ihm gewollte Beschlussfassung ordnungsmäßiger Verwaltung entspricht und alle anderen Lösungen, insbesondere die angefochtene Beschlussfassung, ermessensfehlerhaft sind. Eine solche Ermessensreduktion liegt dann vor, wenn die begehrte Maßnahme gesetzlich vorgeschrieben ist (*BGH*, Beschl. v. 25.09.2003 – V ZB 21/03, ZMR 2003, 937, 941).

111 Für den Einbau von Rauchwarnmeldern folgt daraus, dass der Einbau als solcher (»dem Grunde nach«) mit einfacher Mehrheit beschlossen und vom einzelnen Eigentümer verlangt werden kann. Das Ermessen der Eigentümer reduziert sich kraft gesetzlicher Anordnung in den Landesbauordnungen dahin gehend »auf eins bzw. null«, dass nur die Installation der Rauchwarnmelder ordnungsmäßiger Verwaltung gem. § 19 Abs. 1 WEG entspricht. Unzweifelhaft und problemlos gilt dies für Neu- und Umbauten. Hier greift die gesetzliche Einbaupflicht bereits heute ein und wird überdies zumeist in den Baugenehmigungen konkreter Bestandteil des Brandschutznachweises sein. Die Ermessensreduktion auf Null bezieht sich aber nur auf das Ob, nicht auf das Wie.

112 Probleme konnten sich bezüglich der gesetzlichen Nachrüstpflichten ergeben. Fraglich war, welches Gewicht im Rahmen der vorzunehmenden Abwägung (vgl. *BGH*, Beschl. v. 25.09.2003 – V ZB 21/03, ZMR 2003, 937, 941) der Umstand besitzt, dass die Landesgesetzgeber für die Erfüllung der Nachrüstpflichten teilweise langjährige Übergangsfristen vorgesehen haben.

113 Selbst die längste Übergangsfrist (zuletzt Sachsen **bis 31.12.2023**) ist inzwischen abgelaufen. Es ist vom weiten Ermessensspielraum gedeckt, wenn die Mehrheit beschließt, alle vorhandenen Wohnungen sofort oder kurzfristig mit Rauchwarnmeldern auszustatten. Gesichtspunkte, von denen sich die Abwägung leiten lassen kann, sind etwa die sofortige Verbesserung des Brandschutzes für Bewohner und Gebäude.

114 Auch bei den übrigen Umständen, die nicht den Einbau oder die Nachrüstung als solche (»dem Grunde nach«) betreffen, sondern die Art und den Umfang der Rauchwarnmelder, für die man sich entscheidet (»Auswahlermessen«), muss der weite Ermessensspielraum der Eigentümer dazu führen, dass die Mehrheit zwischen verschiedenen technischen Möglichkeiten entscheiden darf. Deshalb ist es vom Ermessen der Mehrheit gedeckt, wenn gesetzliche Mindestanforderungen überschritten und dadurch ein besserer oder optimaler Schutz hergestellt werden soll. Zu denken ist etwa daran, auch andere Räume als Schlafräume, Kinderzimmer und Flure mit Rauchwarnmeldern auszurüsten (zur

Vollausstattung vgl. *LG Hamburg*, Urt. v. 29.03.2017 – 318 S 36/16, ZMR 2017, 501; *AG Halle* vom 28.01.2014 – 97 C 2551/13, ZMR 2014, 455 und vom 14.03.2014 – 99 C 2552/13 = *LG Halle* vom 31.03.2014 – 3 S 11/14, ZMR 2014, 986), in denen es zu Brandzündungen kommen kann, z.B. in Hobby-, Trocken-, Werk- oder sonstigen Wohnräumen (Von einer Installation in Küchen und Bädern wird wegen der hohen Gefahr von Fehlalarmen fachlich allgemein abgeraten, sodass eine solche Entscheidung ermessensfehlerhaft wäre.). Weiter beispielhaft aufzuzählen sind die Benutzung dual versorgter Geräte (230V-Strom und Notstrom über Batterie) statt rein Batterie betriebener Geräte, die Installation auch in wohnungsähnlichen Räumen, die Zusammenschaltung der in einer größeren Wohnung installierten Geräte oder die Vernetzung mehrerer Rauchwarnmelder auf eine übergeordnete Melderzentrale. Schwierigkeiten mit einer Kosten-Nutzen-Analyse, wie sie beim Einbau von Kaltwasserzähler zu thematisieren war (*BGH*, Beschl. v. 25.09.2003 – V ZB 21/03, ZMR 2003, 937 m.w.N.) und auch bei anderen Messeinrichtungen (z.B. Warmwasser und Heizung) zu beachten sind, können beim Einbau von Rauchwarnmeldern vernachlässigt werden, da die Kosten vergleichsweise gering sind.

b) Fehlen einer gesetzlichen Einbaupflicht

Fraglich war, welches Mehrheitserfordernis in Bundesland ohne gesetzlichen Zwang zur Nach-Installation von Rauchwarnmeldern (bis 08.06.2022 nur Sachsen) galt. 115

Käme ebenfalls § 19 Abs. 1 WEG zur Anwendung, bestünde der Unterschied zu den Fällen einer gesetzlichen Einbaupflicht (oben a) im Fehlen einer Ermessensreduktion kraft gesetzlicher Anordnung. Folge hiervon wäre, dass die Mehrheit, die sich gegen den Einbau stellt, von der Minderheit auch mit gerichtlicher Hilfe nicht dazu gezwungen werden könnte, sich dem Beschlussantrag der Minderheit anzuschließen und der Installation zuzustimmen. Der Anfechtung eines negativen Mehrheitsbeschlusses im Wege der Anfechtungs- und Beschlussersetzungsklage (§ 44 Abs. 1 S. 2 WEG) wären kaum Erfolgsaussichten beizumessen. Der Minderheit bliebe nur die Hoffnung auf die Tätigkeit des Landesgesetzgebers. 116

Eine Übertragung der unter a) zitierten *BGH*-Entscheidung zum Kaltwasserzählereinbau und damit die Anwendbarkeit von § 19 Abs. 1 WEG erscheint aber zweifelhaft. Es kann weder von der erstmaligen Herstellung eines gesetzmäßigen (bauordnungsrechtlichen [öffentlich-rechtlichen]) Zustands des Gebäudes die Rede sein noch gibt es einen Instandsetzungsbedarf an vorhandenen Gebäudeteilen. Es gibt allenfalls einen Modernisierungsbedarf; aber keinen Anspruch auf Modernisierung. 117

Anderes würde gelten, wenn man den Einbau von Rauchwarnmeldern trotz fehlender gesetzlicher Verpflichtung als eine Maßnahme der Erfüllung der Verkehrssicherungspflicht ansieht. So ist in anderem Zusammenhang anerkannt, dass die Einzäunung oder sonstige Sicherung Gefahr bringender Einrichtungen oder Anlagen auf dem Grundstück (z.B. Teiche, Flüsse, Seen) mit einfacher Mehrheit beschlossen werden darf, da es sich nicht um eine bauliche Veränderung gem. § 20 Abs. 1 WEG handelt (*Schmidt/Breiholdt/Riecke* ZMR 2008, 341, 346). Diese Ansicht wurde in der obergerichtlichen Rechtsprechung bereits aufgegriffen, aber im Ergebnis offen gelassen, (*OLG Frankfurt*, Beschl. v. 17.07.2008 – 20 W 325/06, ZMR 2009, 864 = DWE 2009, 63, 63 f.) da im dortigen Fall (der Fall spielte in Hessen) in der Zwischenzeit eine gesetzliche Einbaupflicht eingeführt worden war und daher die oben unter a) dargestellten Grundsätze zur Anwendung kamen. 118

Nach dem Inkrafttreten des WEMoG am 01.12.2020 genügt eine einfache Mehrheit für den Beschluss zum Einbau von Rauchwarnmeldern. 119

Die zur alten Regelung des § 22 Abs. 1 WEG (in der bis 30.11.2020 geltenden Fassung) bestehende »Verkündungsfalle« für den Verwalter hatte der *BGH* bereits beseitigt (vgl. *BGH* – V ZR 141/19, ZMR 2020, 770). Die Zustimmung der durch die Maßnahme Beeinträchtigten ist ab 01.12.2020 nach dem WEMoG nicht mehr erforderlich. Es genügt immer ein Beschluss über die bauliche Veränderung selbst. Dieser bedarf nach § 25 Abs. 1 WEG der Mehrheit der abgegebenen Stimmen (d.h. mehr Ja- als Nein-Stimmen). 120

c) Beschränkte gesetzliche Einbaupflicht

121 Ordnet das Landesbaurecht (bis 08.06.2022 nur Sachsen) zwar den Einbau von Rauchwarnmeldern in Neubauten, nicht aber eine Nachrüstung in vorhandenen Wohnungen an, gelten hinsichtlich der Installation die oben unter a) aufgestellten und bezüglich der nicht geregelten Nachrüstung die hier unter b) dargelegten Grundsätze. Die Wohnungseigentümer können im Rahmen einer Ermessensentscheidung mit einfacher Mehrheit über die Nachrüstung in ihrer Wohnanlage beschließen.

2. Instandhaltung (Betrieb, Wartung) und Instandsetzung (Reparatur); Erhaltung

122 Da Rauchwarnmelder in aller Regel Gemeinschaftsvermögen/Verwaltungsvermögen oder gemeinschaftliches Eigentum sind, obliegt die Erhaltung (Instandhaltung und Instandsetzung) als gemeinschaftsbezogene Aufgabe dem Verband, nicht dem einzelnen Sondereigentümer. Grundsätzlich ist es zulässig, die Pflicht zur Erhaltung von Sachen von der Gemeinschaft auf den Sondereigentümer zu überbürden. Anzutreffen sind solche Regelungen vor allem dort, wo es um Teile des gemeinschaftlichen Eigentums im räumlichen Bereich des Sondereigentums geht, z.B. Fenster oder Glasschäden. Die Sicherstellung der Betriebsbereitschaft der Rauchwarnmelder ist eine Form der Instandhaltung der Geräte.

123 Voraussetzung für eine rechtswirksame Überbürdung der Instandsetzungspflicht auf den Sondereigentümer ist aber eine Vereinbarung i.S.d. § 10 Abs. 1 S. 2 WEG aller Eigentümer. Ein Mehrheitsbeschluss ist mangels Beschlusskompetenz nichtig, es sei denn, die Gemeinschaftsordnung enthält eine Öffnungsklausel (Anpassungsvereinbarung), die eine derartige Beschlussfassung erlaubt. Abgesehen davon, dass derartige Öffnungsklauseln selten sind, ist die Überbürdung im Zusammenhang mit Rauchwarnmeldern ohnehin fraglich, da auch in diesem Fall bei der Gemeinschaft als Trägerin der Verkehrssicherungspflicht in jedem Fall eine Aufsichts- und Kontrollpflicht verbliebe. Diese wäre vom WEG-Verwalter zu erbringen und darauf gerichtet, regelmäßig zu überprüfen, dass der Sondereigentümer seinen Pflichten ordnungsgemäß nachkommt, also entweder persönlich oder durch seinen Mieter. Da die Funktionskontrolle an den Rauchwarnmeldern nach DIN 14676 und den Herstellerrichtlinien meist einmal jährlich stattzufinden hat und die Aufsichtspflicht daran anzulehnen sein dürfte, wäre also auch der praktische Ertrag einer Abwälzung auf den Sondereigentümer gering.

124 Auch ohne eine Vereinbarung oder einen auf einer Anpassungs-Vereinbarung (Öffnungsklausel) beruhenden Beschluss kann die Wahrnehmung der Erhaltungspflicht vom einzelnen Sondereigentümer im Einzelfall übernommen werden, wenn dieser seiner individuellen Sonderbelastung zustimmt. Ohne seine individuelle Zustimmung besteht eine Rechtspflicht nicht. Insbesondere ein anspruchsbegründender Mehrheitsbeschluss wäre mangels Beschlusskompetenz der Wohnungseigentümer auch im Einzelfall nichtig (So bereits *Schmidt/Riecke* ZMR 2005, 252 m.w.N.; ausdrücklich *BGH*, Urt. v. 18.06.2010 – V ZR 193/09, ZMR 2010, 777). Die zu klärende Frage in dieser Konstellation lautet indes, ob die Gemeinschaft bzw. der Verwalter berechtigt ist, die Wahrnehmung einer gemeinschaftsbezogenen Aufgabe ohne gemeinschaftsrechtlichen Kollektivakt, sprich ohne eine Vereinbarung nach § 10 Abs. 1 S. 2 WEG oder rechtswirksamen Beschluss, allein aufgrund des Einverständnisses eines Sondereigentümers auf diesen zu übertragen. Denn immerhin hat die Gemeinschaftsbezogenheit der Maßnahme gerade im Fall von Rauchwarnmeldern eine besondere Schutzrichtung, die von der Gemeinschaft durch deren Organ »Verwalter« wahrzunehmen sein dürfte.

3. Kostenverteilung

125 Kosten des Einbaus, der Wartung oder der Reparatur von Rauchwarnmeldern sind Kosten der ordnungsmäßigen Verwaltung (Erhaltung). Sie sind daher nach dem hierfür in der Gemeinschaftsordnung, einem davon abweichenden Eigentümerbeschluss oder ansonsten im Gesetz jeweils vorgesehenen Kostenverteilungsschlüssel zu verteilen.

126 Sofern es um die Kosten für die Vornahme einer baulichen Maßnahme geht, können die Wohnungseigentümer abweichend von dem nach dem Gemeinschaftsrecht an sich geltenden Kostenverteilungs-

schlüssel mit einfacher Mehrheit gem. § 16 Abs. 2 S. 2 WEG generell mehrheitlich beschließen, dass ein anderer Kostenverteilungsschlüssel angewendet wird, sofern dieser z.B. dem Gebrauch oder der Möglichkeit des Gebrauchs Rechnung trägt (»Gebrauchsbezogenheit«) und auch im Übrigen ordnungsmäßiger Verwaltung entspricht. Keine Rolle spielt dabei, wie die bauliche Maßnahme zu qualifizieren ist. § 16 Abs. 2 S. 2 WEG erfasst alle denkbaren Baumaßnahmen.

Dem Maßstab der Gebrauchsbezogenheit trägt ein Verteilerschlüssel Rechnung, der nur die betroffenen Wohnungen an den Kosten beteiligt oder eine Verteilung nach dem Verhältnis der Anzahl der Rauchwarnmelder je Einheit vornimmt (Zu Einzelheiten neuer Kostenverteilungsmöglichkeiten umfassend *J.-H. Schmidt* ZMR 2007, 913). 127

Nach § 16 Abs. 2 S. 2 WEG können die Wohnungseigentümer sogar mit einfacher Mehrheit eine Änderung des Kostenverteilungsschlüssels auf Dauer beschließen, sofern es sich bei den Kosten um *Betriebskosten* i.S.d. Wohnraummietrechts (§ 556 Abs. 1 BGB) handelt, die nicht direkt von einem Dritten – der Gesetzeswortlaut spricht irreführend von »gegenüber einem Dritten« – abgerechnet werden, und der neue Schlüssel auf Verbrauch oder Verursachung oder einem anderen ordnungsmäßigen Maßstab basiert (vgl. *LG Dortmund* ZWE 2017, 138). Eine Beschlusskompetenz besteht demnach nicht, wenn Kosten für den Betrieb und die Wartung von Rauchwarnmeldern aufgrund von Einzelverträgen direkt mit den Sondereigentümern abgerechnet werden. Ansonsten ist den gesetzlichen Anforderungen des § 16 Abs. 3 WEG an den neuen Verteilerschlüssel genügt, wenn die Kostenverteilung statt nach Miteigentumsanteilen nach der Anzahl der Wohnungen, nach Wohnfläche oder nach der Zahl der pro Wohnung installierten Rauchwarnmelder im Verhältnis zur Gesamtzahl aller Rauchwarnmelder im Gesamtobjekt erfolgt. 128

VII. Zutrittsverschaffung gegenüber Sondereigentümer

Der Sondereigentümer ist verpflichtet, das Betreten und die Benutzung der in seinem Sondereigentum stehenden Gebäudeteile zu gestatten, soweit dies zur Instandhaltung und Instandsetzung des Gemeinschaftseigentums erforderlich ist (§ 14 Abs. 1 Nr. 2 WEG). 129

Diese Vorschrift berechtigt auch zum Betreten und zum Einbau von Rauchwarnmeldern in der Wohnung. Rauchwarnmelder sind kein Sondereigentum (*BGH*, Urt. v. 08.02.2013 – V ZR 238/11, ZMR 2013, 642). Instandhaltung und Instandsetzung sind im Anwendungsbereich von § 14 Abs. 1 WEG erweiternd zu verstehen. Erfasst ist auch der erstmalige Einbau von Rauchwarnmeldern, unabhängig davon, ob es eine öffentlich-rechtliche Einbaupflicht gibt oder nicht. Durch die Duldungspflicht ist auch das jährliche Betreten des Sondereigentums zur Vornahme der optischen Funktionsprüfung – bei alter Gerätetechnik – gedeckt (zum Mietrecht vgl. insoweit *AG Hamburg-Blankenese*, Beschl. v. 26.06.2013 – 531 C 125/13, ZMR 2013, 965 f.). 130

Der strenge Maßstab einer verfassungskonform restriktiven Auslegung des Tatbestandsmerkmals der »Erforderlichkeit«, wie er für das Betreten zur Überprüfung des gemeinschaftlichen Eigentums ohne konkreten tatsächlichen Anhaltspunkt für einen Erhaltungsbedarf vertreten wird, kann für die Durchführung der jährlichen Wartung nicht angelegt werden. Vielmehr muss als Anlass für die Erforderlichkeit des Betretens der Lauf bzw. Ablauf der jährlichen Prüfungsfrist genügen. 131

Das Betreten des Sondereigentums (vgl. *Herrlein* ZMR 2007, 247 für das Mietrecht) ist mit einer ausreichenden Frist anzukündigen. Angemessen und ausreichend ist eine Frist von 7 bis 10 Tagen. Jederzeitige Betretungsrechte, die gerade in älteren Gemeinschaftsordnungen anzutreffen sind, halten einer Rechtsprüfung nicht stand; sie sind unwirksam. 132

Der Anspruch aus § 14 Abs. 1 WEG gehört zu den gemeinschaftsbezogenen Rechten und ist gem. § 9a Abs. 2 WEG vom rechtsfähigen Verband durchzusetzen. Der dem Sondereigentümer durch die Benutzung seines Sondereigentums entstehende Schaden ist ihm zu ersetzen (§ 14 Abs. 3 WEG). Der Anspruch richtet sich gegen den rechtsfähigen Verband, da die Ersatzpflicht zu den gemeinschaftsbezogenen Pflichten gehört. 133

VIII. Umlagefähigkeit auf Mieter

1. Einbaukosten

134 Der Einbau von Rauchwarnmeldern obliegt nach der Gesetzeslage dem Vermieter (§ 535 BGB). Der Mieter ist ohne vertragliche Vereinbarung und – außer evtl. in Mecklenburg-Vorpommern – nach keiner Landesbauordnung (selbst wenn ihm danach Wartungspflichten obliegen) dazu verpflichtet. Formularmäßig kann die Pflicht nicht auf den Mieter übertragen werden, sondern nur im Rahmen einer Individualvereinbarung.

135 Vom Einbau selbst zu unterscheiden sind die Kosten des Einbaus. Anschaffungs- und Installationskosten für derartige Gerätschaften und Einrichtungen sind keine Betriebskosten (*Ruff*, DWW 2006, 98, 102; vgl. *LG Berlin* GE 2005, 237, 238 für Feuerlöscher). Umstritten war, ob die **Kosten einer Anmietung** oder einer sonstigen Art der Gebrauchsüberlassung als Betriebskosten umlegungsfähig sind (Generell verneinend jetzt *BGH* v. 05.10.2022 – VIII ZR 117/21, ZMR 2023, 102 = WuM 2022, 733; unter Hinweis darauf, dass es sich um Kapitalersatzkosten handele bereits zuvor *LG Berlin* WuM 2021, 356, *LG Düsseldorf* ZMR 2020, 650, *LG Hagen*, Urt. v. 04.03.2016, -1 S 198/15, ZMR 2016, 701; *AG Schönebeck*, Urt. v. 04.05.2011 – 4 C 148/11, ZMR 2011, 646 m. Anm. *Riecke*; abgeändert durch *LG Magdeburg*, Urt. v. 27.09.2011 – 1 S 171/11, ZMR 2011, 957 = NZM 2012, 305; *Wall* WuM 1998, 528; *Wall* 5. Aufl. 2020 Rn. 2990, 2994, 2996, 4778; *Wüstefeld* WuM 2012, 133 f.; weitgehend bejahend *Harsch* in: Schmid Handbuch der Mietnebenkosten 17. Aufl. 2021 Rn. 3496, 5647 ff.; *Schmid* ZMR 2000, 197; *Schmid* WuM 2009, 489: Mietkosten können nicht allgemein als sonstige Betriebskosten angesehen werden; verneinend für Rauchwarnmelder *AG Dortmund* ZMR 2017, 491; *Schumacher* NZM 2005, 641, 643; bejahend für Alarmanlagen in Aufzügen *LG Gera*, Urt. v. 31.01.2001 – 1 S 185/00, WuM 2001, 615; generell bejahend *LG Magdeburg*, Urt. v. 27.09.2011 – 1 S 171/11, ZMR 2011, 957 = NZM 2012, 305.). Im Gegensatz zu anderen technischen Geräten (vgl. § 2 Nr. 2, 4, 5, 6, und 15 BetrKVO) sind beim Rauchwarnmelder nicht ausdrücklich die »Kosten der Anmietung« im Gesetz erwähnt. Bei Nichtwohnraummietverhältnissen – für die allerdings keine Ausstattungspflicht besteht – ist eine entsprechende Vereinbarung möglich (*Schmid* ZMR 2008, 98). Dazu entschied jetzt der *BGH* (v. 11.05.2022 – VIII ZR 379/20, ZMR 2022, 700): Bei den Kosten für die Miete von Rauchwarnmeldern handelt es sich nicht um sonstige Betriebskosten im Sinne von § 2 Nr. 17 BetrKV, sondern – da sie den Kosten für den Erwerb von Rauchwarnmeldern gleichzusetzen sind – um betriebskostenrechtlich nicht umlagefähige Aufwendungen. Zu Wartungs- und Anmietkosten entschied der *BGH* v. 05.10.2022 – VIII ZR 117/21, ZMR 2023, 102: Die Kosten für die regelmäßige Prüfung und Sicherstellung der Betriebsbereitschaft von in den Mieträumen angebrachten Rauchwarnmeldern sind – im Gegensatz zu den Anmietkosten – im Wohnraummietverhältnis als »sonstige Betriebskosten« im Sinne von § 2 Nr. 17 BetrKV auf den Mieter umlegbar. Sie werden von einer vertraglichen Umlagevereinbarung erfasst, welche die Umlage der Kosten des Betriebs von Brandschutz- und Brandmeldeanlagen auf den Mieter vorsieht.

a) Die Fallgruppen der §§ 555b Nr. 4, 5 und 6, 559 Abs. 1 BGB

136 Hinsichtlich der Kosten der nach Mietvertragsabschluss durchgeführten Installation von Rauchwarnmeldern kommt eine Mieterhöhung nach § 559 Abs. 1 BGB i.V.m. § 555b Nr. 4 und 5 BGB infrage. Die Kosten können jährlich mit 8 % im Wege der Mieterhöhung auf den Mieter abgewälzt werden, wenn einer der in den Fallgruppen des § 555b BGB genannten Tatbestände erfüllt ist und im Übrigen die allgemeinen Voraussetzungen einer Modernisierungsmieterhöhung gegeben sind.

137 In allen Bundesländern, in denen jetzt die Nachrüst- und Einbaupflicht gesetzlich vorgesehen ist, ist der Mieterhöhungstatbestand des § 559 Abs. 1 i.V.m. § 555b Nr. 6 BGB unproblematisch erfüllt (*Schumacher* NZM, 2005, 641, 642; *Ruff* DWW 2006, 98, 102.). Gesetzlich in der Pflicht, führt der Vermieter mit der Installation der Rauchwarnmelder eine bauliche Maßnahme durch, die er i.S.d. Gesetzes »nicht zu vertreten« hat. Dort, wo die gesetzliche Einbaupflicht fehlt, kommt eine Mieterhöhung nach § 559 Abs. 1 BGB in Betracht, wenn durch die Installation der Rauchwarn-

melder eine nachhaltige Erhöhung des Gebrauchswerts (vgl. § 555b Nr. 4 BGB) gegeben ist. Was für die Maßnahmen zur Verbesserung der Sicherheit vor Diebstahl und Gewalt gilt (*Monschau* in: Schmid/Harz Mietrecht 6. Aufl. § 559 BGB Rn. 15, 16), sollte auch für Sicherheitsmaßnahmen bei Feuer und ähnlichen Unglücksfällen gelten. So wird als nachhaltige Gebrauchswerterhöhung nicht nur der Einbau von Sicherheitsschlössern (*LG Hannover* WuM 1982, 83.) oder einer einbruchserschwerenden Tür (*LG Köln* WuM 1983, 603) angesehen, sondern auch die Anbringung von Rauchwarnmeldern (*Eisenschmid* in: Schmidt-Futterer Mietrecht 16. Aufl. 2024 § 555b Rn. 128; *Schumacher* NZM, 2005, 641, 642; offen gelassen von *Ruff* DWW 2006, 98, 102). Da der Einbau von Rauchwarnmeldern – unabhängig vom Bestehen einer gesetzlichen Einbaupflicht – die Sicherheit der Mietsache und somit den Gebrauchswert erhöht, stellt er eine Maßnahme zur Verbesserung der Mietsache dar (*AG Hamburg-Bergedorf*, Urt. v. 16.11.2009 – 410D C 181/09, ZMR 2010, 969; *AG Hagenow* ZMR 2010, 770 und *LG Schwerin* – 2 S 57/10). Eine Verbesserung ist auch dann zu bejahen, wenn der Mieter bereits selbst gleichwertige oder bessere Rauchwarnmelder installiert hat. Entscheidend ist die Verbesserung des vermieterseits gelieferten Zustands der Wohnung (*AG Burgwedel* ZMR 2011, 800 und in II. Instanz *LG Hannover* ZMR 2011, 826).

b) Die Stellung des Vermieters als »Bauherr«

Ein Problem liegt darin, dass die Mieterhöhung nach § 559 Abs. 1 BGB voraussetzt, dass der Vermieter die bauliche Maßnahme durchgeführt hat. Der Vermieter muss, so die Formulierung der h.M. im Mietrecht, selbst »Bauherr« der Maßnahme gewesen sein (*Börstinghaus* in: Schmidt-Futterer Mietrecht 16. Aufl. 2024 § 559 Rn. 26 ff. mit umfassenden Nachweisen aus der Rspr.). Bauherr ist nach h.M. nur der, der die Maßnahme im eigenen Namen und auf eigene Rechnung durchführt oder durchführen lässt (*Börstinghaus* in: Schmidt-Futterer Mietrecht 16. Aufl. 2024 § 559 Rn. 27.). 138

Installiert der Wohnungseigentümer in der von ihm vermieteten Wohnung eigenständig und unabhängig von etwaigen Willensbildungen der Wohnungseigentümergemeinschaft Rauchwarnmelder, dann ist er Bauherr und kann eine Mieterhöhung durchführen. Zweifel an der Bauherreneigenschaft des einzelnen Wohnungseigentümers treten aber neuerdings auf (s. den Hinweis von *Börstinghaus* in: Schmidt-Futterer Mietrecht 16. Aufl. 2024 § 559 Rn. 30.), wenn die Gemeinschaft der Wohnungseigentümer, d.h. der rechtsfähige Verband, vertreten durch den Verwalter, den Einbau der Rauchwarnmelder beauftragt und bezahlt. Hier ist jedenfalls formal die rechtsfähige Gemeinschaft, also eine andere Rechtsperson, Bauherr. 139

Vor Entdeckung der sog. Teilrechtsfähigkeit der Wohnungseigentümergemeinschaft durch den *BGH* (*BGH*, Beschl. v. 02.06.2005 – V ZB 32/05 ZMR 2005, 547 m. Anm. *Häublein* = NJW 2005, 2061 und de lege lata § 9a Abs. 1 WEG) wurde dem vermietenden Wohnungseigentümer die Bauherreneigenschaft i.S.d. § 559 Abs. 1 BGB zugebilligt, da es für diese nicht darauf ankommt, dass der Vermieter alleiniger Bauherr ist (vgl. früher *Börstinghaus* in: Schmidt-Futterer Mietrecht 8. Aufl. 2003 § 559 Rn. 37). Es ist unerheblich, wenn neben dem Vermieter noch weitere Personen, sprich die Miteigentümer, Bauherren sind. 140

Fraglich ist, was nach der WEG-Novelle zu gelten hat. Formal betrachtet ist der vermietende Wohnungseigentümer nicht Bauherr im Sinne der mietrechtlichen Definition. Danach käme eine Weitergabe der Einbaukosten an den Mieter nicht in Betracht. Ein solches Ergebnis erscheint wenig überzeugend. Die Konstellation, dass der Verband »Bauherr«, aber nicht Mietvertragspartei ist, der eine Mieterhöhung durchsetzen könnte, umgekehrt der Wohnungseigentümer zwar Vermieter, aber nicht »Bauherr« ist, erinnert an die in der Gesetzesbegründung zum WEG 2007 erörterte Problematik der Eintragung von Bauhandwerkerhypotheken (§ 648 BGB; BT-Drs. 16/887, S. 66). Dort sind Besteller und Eigentümer nicht personenidentisch, wenn der rechtsfähige Verband für Baumaßnahmen am gemeinschaftlichen Eigentum Vertragspartei des Bauhandwerkervertrages ist. Hier greift die h.M. auf die Grundsätze von Treu und Glauben gem. § 242 BGB zurück, um zu einem sachgerechten Ergebnis zu kommen. Da allein die Wohnungseigentümer und nicht der Verband Nutzen aus den Bauleistungen haben und es auch die Wohnungseigentümer sind, die über den Abschluss eines Bauhandwerkervertrages entscheiden, müssen sie sich nach § 242 BGB wie ein 141

Besteller behandeln lassen, und haben die Eintragung der Hypothek in ihre Grundbücher zu bewilligen. (BT-Drs. 16/887, S. 66; *Elzer* in der 3. Aufl. 2010 § 10 Rn. 520).

142 Es bietet sich an, bei der Auslegung von § 559 Abs. 1 BGB ähnlich zu argumentieren, wenngleich das angestrebte Auslegungsergebnis hier zu einer Verbesserung der Rechtsposition des Wohnungseigentümers führen würde. Zum einen ist von dem im Mietrecht entwickelten Merkmal des »Bauherren« im Gesetzeswortlaut nichts zu sehen. § 559 Abs. 1 BGB spricht vom Vermieter, wovon der vermietende Wohnungseigentümer unzweifelhaft erfasst ist. Zum anderen ist schon wegen des fehlenden sachenrechtlichen Bezuges im Rahmen der Mieterhöhung nach § 559 Abs. 1 BGB eine streng formal juristische Betrachtungsweise nicht angezeigt.

143 In Betracht kommt deshalb, auf die Frage, ob zwischen dem Vermieter und dem Bauherrn Identität besteht, mit einer rechtlichen und wirtschaftlichen Betrachtung zu antworten. Danach ist auch in dem Fall, dass der rechtsfähige Verband beim Rauchwarnmeldereinbau Vertragspartner wird, der einzelne Wohnungseigentümer als Bauherr anzusehen. Er ist es, der bei der Beschlussfassung über den Einbau der Rauchwarnmelder entscheidet, über seinen Kosten- und Lastenbeitrag nach § 16 WEG wird die Maßnahme finanziert und er haftet darüber hinaus im Außenverhältnis für die Kosten des Einbaus nach § 9a Abs. 4 WEG.

144 Dem Gesetzgeber ging es nach dem Sinn und Zweck von § 559 Abs. 1 BGB darum, den Vermieter durch die Mieterhöhungsmöglichkeit zu motivieren, Investitionen zur Modernisierung des alten Baubestandes zu tätigen und dessen finanzielle Risikobereitschaft insoweit zu fördern. Dieses Ziel hätte der Gesetzgeber mit der Kodifizierung der Rechtsfähigkeit der WEG für vermietete Eigentumswohnungen ausgehebelt, würde die Bauherreneigenschaft nicht in dem hier vertretenen wirtschaftlichen Sinne ausgelegt werden. Der hier vertretenen Auslegung steht auch nicht die Funktion der mietrechtlichen Regelungen des BGB als Mieterschutzbestimmungen (*Börstinghaus* in: Schmidt-Futterer Mietrecht 16. Aufl. 2024 § 559 Rn. 30,) entgegen. Sieht man den Wohnungseigentümer als Bauherrn an, obwohl die Auftragserteilung nach § 9a WEG durch und im Namen des Verbandes erfolgt, wird dadurch keine Missbrauchsmöglichkeit zulasten des Mieters eröffnet. Der Mieter einer Eigentumswohnung in einer Gemeinschaft, in der sich die Eigentümer zum Einbau von Rauchwarnmeldern entschließen, würde sich – umgekehrt – besser stehen als Mieter in Anlagen, in denen die Wohnungseigentümer im eigenen Namen Rauchwarnmelder einbauen lassen und als Mieter, die in Zinshäusern wohnen.

145 § 559 BGB gilt nicht für Mietverhältnisse über Geschäftsräume, für die in § 549 Abs. 2 und 3 BGB genannten Wohraummietverhältnisse und für preisgebundenen Wohnraum (*Monschau* in: Schmid/Harz Mietrecht 6. Aufl. § 559 BGB Rn. 3). Bei preisgebundenem Wohnraum kommt eine Mieterhöhung nach § 11 II. BV, § 10 WoBindG in Betracht. Ansonsten ist eine besondere vertragliche Vereinbarung erforderlich und möglich.

2. Betriebskosten (Wartung)

146 Zum Einbau von Sicherheitssystemen in der Wohnung der einzelnen Mieter zählt auch eine Ausrüstung mit Rauchwarnmeldern. Rauchwarnmelder dienen vor allem der Sicherheit des einzelnen Mieters und nicht nur dem Schutz des Gebäudes. Als Betriebskosten kommen die geringen Kosten für Batteriestrom und Wartung in Betracht. Dem Vermieter obliegt nach DIN 14676, die Wartung der Rauchwarnmelder durchzuführen.

147 Die DIN 14676 Abschnitt 7 (a.F.) regelte bereits die Anforderungen für den **Nachweis der Fachkompetenz** für Dienstleistungserbringer in der Anmerkung 1 in Anlehnung an Artikel 26 der EG-Dienstleistungsrichtlinie 2006/123/EG [1] wie folgt: Die Fachkraft für Rauchwarnmelder muss über einen Kompetenznachweis für die Projektierung, Installation und Instandhaltung von Rauchwarnmeldern verfügen, der alle fünf Jahre zu aktualisieren ist. Der zur Prüfung verwendete Aufgaben- und Fragenkatalog muss von einer kompetenten Stelle, z.B. Forum Brandrauchprävention in der vfdb bestätigt sein.

Die dadurch entstehenden Kosten der Wartung sowie die Kosten für den Austausch der Standard-Batterien sind als regelmäßig wiederkehrende Kosten im Sinne der gesetzlichen Betriebskostendefinition des § 1 Abs. 1 S. 1 der Betriebskostenverordnung (BetrKV) und als solche auf den Mieter umlagefähig (*Schumacher* NZM, 2005, 641, 642; *Ruff* DWW 2006, 98, 103; *Schickedanz* ZMR 2007, 669, 670; *Lehmann-Richter* in: Schmidt-Futterer Mietrecht 16. Aufl. 2024 § 556 Rn. 304; *Wall* Betriebskosten-Kommentar 5. Aufl. 2020 Rn. 4765, 4775 – 4775b; *AG Halle/S.* ZMR 2016, 708: Den formellen Anforderungen an eine Mietnebenkostenabrechnung wird es gerecht, wenn der Vermieter für die Betriebskostenart »Rauchwarnmelder« zusammengefasst den Betrag angibt, der nach seiner Sichtweise umlagefähig ist [hier: Miete und Wartung]. Nur die Kosten für die Wartung der Rauchwarnmelder sind umlagefähig. Für die Miete dieser Geräte ist das nicht der Fall; **a.A.** für NRW: *AG Dortmund* ZMR 2017, 491 mit abl. Anm. *Riecke*). Als eines der ersten Gerichte hat das *AG Lübeck* (Urt. v. 05.11.2007 – 21 C 1668/07, ZMR 2008, 302) diese Auffassung bestätigt und festgestellt, dass die Umlage der Wartungskosten für Rauchwarnmelder auf die Mieter als Betriebskosten rechtens ist. 148

Umlagefähig sind die Kosten für Brandschutzeinrichtungen, insbesondere die Wartungskosten für Brand- bzw. Rauchmelde- und Sprinkleranlagen (*Harsch* in: Schmid Handbuch der Mietnebenkosten 17. Aufl. 2021 Rn. 5647 ff.; **a.A.** *Kinne* GE 2003, 444.) als sonstige Betriebskosten nach § 2 Nr. 17 BetrKV. Entsprechendes gilt für Wartungskosten für eine Rauchabzugsanlage (*Harsch* in: Schmid Handbuch der Mietnebenkosten 17. Aufl. 2021, Rn. 5646; **a.A.** *LG Berlin* NZM 2000, 27.). Umlagefähig sind ferner die Betriebskosten für Warnanlagen in Tiefgaragen (*Pfeiffer* DWW 2004, 44, 47.). Die Kosten entstehen laufend durch den Betrieb dieser Rauchwarnmelder. Es handelt sich auch nicht um Verwaltungs- oder Instandsetzungskosten (**a.A.** früher *Eisenschmid* in: Eisenschmid/Rips/Wall Betriebskosten-Kommentar 2. Aufl. 2006 Rn. 3946, der gerade den Austausch der Batterien als Instandhaltungsmaßnahme infolge Alterung qualifiziert; dagegen *Schumacher* NZM, 2005, 641, 642: das Entleeren der Batterie stelle keinen Mangel, sondern eine Folge ihres bestimmungsgemäßen Gebrauches dar, ihr Ersatz sei mithin eine Maßnahme der Instandhaltung.) i.S.d. § 1 Abs. 2 BetrKV. Voraussetzung für die Umlegung dieser Kosten auf den Mieter ist, dass Vermieter und Mieter im konkreten Mietverhältnis die Abwälzung genau dieser Betriebskostenart vereinbart haben. Da die Kosten für Rauchwarnmelder in § 2 Nr. 1 bis 16 BetrKV nicht ausdrücklich genannt sind, sind sie als »sonstige Betriebskosten« i.S.d. § 2 Nr. 17 BetrKV zu qualifizieren (**a.A.** *AG Bielefeld* ZMR 2012, 448 = NZM 2011, 775: Die Kosten für die Wartung der nachträglich eingebauten Rauchwarnmelder in den Mietwohnungen stellen keine »sonstigen Betriebskosten« dar und dürfen daher nicht auf die Mieter umgelegt werden.). Nach der Rechtsprechung des *BGH* (VIII ZR 167/03, ZMR 2004, 430 = NZM 2004, 417, 418 und VIII ZR 146/03, WE 2004, 10 = NZM 2004, 418, 419.) ist die Umlegung »sonstiger Betriebskosten« nach § 2 Nr. 17 BetrKV nur insoweit wirksam vereinbart, als die jeweiligen Kostenarten einzeln bezeichnet sind. Das kann durch eine ausdrückliche (*BGH* – VIII ZR 167/03, ZMR 2004, 430 = NZM 2004, 417, 418.) oder konkludente Vereinbarung (*BGH* – VIII ZR 146/03, NZM 2004, 418, 419 = WuM 2004, 292.) erfolgen, aber auch im Wege der ergänzenden Vertragsauslegung als Wille der Parteien zu ermitteln sein (*Schmid* WuM 2009, 488 unter Hinweis auf Inkonsequenzen der *BGH*-Rechtsprechung: ergänzende Vertragsauslegung wird bei Übergang von Antenne zu Kabel-TV bejaht, dagegen bei Übergang von Fernwärme zu Nahwärme verneint; *BGH* – VIII ZR 202/06, ZMR 2007, 851 = GE 2007, 1310 = ZfIR 2007, 669 m. Anm. *Schmid*). Jedenfalls bei Neuabschluss eines Mietvertrages müssen deshalb die Kosten für die Funktionsprüfung und den Austausch der Batterien der Rauchwarnmelder ausdrücklich als umzulegende Betriebskosten genannt werden. Die Verteilung richtet sich nach den von den Mietparteien vertraglich vorgesehenen Umlageschlüssel. 149

Trotzdem soll die Umlagefähigkeit der nachträglich entstandenen Wartungskosten für Rauchwarnmelder nach der abzulehnenden Ansicht des *LG München I* (ZMR 2021, 489) scheitern, wenn der Vermieter keine (vorherige) Erhöhungserklärung gegenüber dem Mieter abgegeben hat. 150

Für nach Vertragsabschluss neu entstandene Betriebskosten fehle eine Regelung; § 560 Abs. 4 BGB gelte nur für Vorauszahlungen hinsichtlich bereits vereinbarter Betriebskostenarten. Im Hinblick 151 auf nachträglich entstandene (neue) Betriebskosten bei vereinbarter Abrechnung liege eine »planwidrige Gesetzeslücke« vor; insoweit ist es naheliegend, die Regelung des § 560 Abs. 1 BGB entsprechend anzuwenden.

152 Entstehen Betriebskosten erst später infolge einer nach § 555d BGB duldungspflichtigen Modernisierungsmaßnahme, so ist zu differenzieren: Haben die Vertragsparteien eine Betriebskostenpauschale vereinbart und zugleich im Mietvertrag eine wirksame **Mehrbelastungsabrede** (*LG München I* ZMR 2021, 489; *LG Magdeburg* ZMR 2011, 957 = NZM 2012, 305) getroffen, kann der Vermieter einseitig unmittelbar nach § 560 Abs. 1 BGB die neu entstandenen Kosten bei dem Mieter geltend machen (*BGH* – VIII ZR 167/03, ZMR 2004, 430 = NZM 2004, 417, 418.). Ist die Mehrbelastungsabrede unwirksam oder sind statt einer Pauschale Vorauszahlungen vereinbart, führt eine ergänzende Vertragsauslegung zur Umlagefähigkeit der Kosten der Rauchwarnmelder, auch wenn keine wirksame Umlegungsvereinbarung besteht (*Schumacher* NZM 2005, 641, 643; *Ruff* DWW 2004.). Entstehen nachträglich infolge einer duldungspflichtigen Modernisierungsmaßnahme laufende Betriebskosten, so weist der Mietvertrag hinsichtlich der Kostentragungslast insoweit eine planwidrige Lücke auf. Diese ist im Wege der ergänzenden Vertragsauslegung dahin gehend auszufüllen, dass die Mietvertragsparteien in diesem Fall die Umlagefähigkeit dieser Kosten auf den Mieter gewollt und vereinbart hätten (*BGH* – VIII ZR 202/06, ZMR 2007, 851 = ZfIR 2007, 669 m. Anm. *Schmid*; so bereits *Langenberg* in: Schmidt-Futterer Mietrecht 13. Aufl. 2017, § 556 Rn. 230 und § 560 Rn. 13, weil das Äquivalenzverhältnis des Vertrages gewahrt bleibe, indem der größeren Kostenlast die Schaffung von etwas Neuem gegenüberstehe). Das Fehlen einer ausdrücklichen Vereinbarung steht deshalb in diesen Fällen einer Umlegung der Betriebskosten nicht entgegen (*Schmid* ZMR 2008, 98.).

153 Wenn man das Wechseln der Batterie als reine »Stromkosten« des Rauchwarnmelders qualifiziert, ist der Charakter als Betriebskosten zu bejahen. *Eisenschmid* (Eisenschmid/Rips/Wall Betriebskosten-Kommentar 2. Aufl. 2006 Rn. 3946) dagegen sah im Austausch der Batterien eine Instandhaltungsmaßnahme infolge Alterung.

154 Analog zur Rechtsprechung des *BGH* (VIII ZR 202/06, ZMR 2007, 851 = ZfIR 2007, 669 m. Anm. *Schmid*) zu den Kabelempfangskosten ist daran zu denken, eine Umlage nach der Anzahl der Mietobjekte vorzunehmen. Dieser Verteilungsschlüssel könnte sachgerecht und deshalb das Ergebnis einer ergänzenden Vertragsauslegung sein, wenn der Nutzen für jede Wohnung unabhängig von der Fläche gleich ist (vgl. *BGH* – VIII ZR 202/06, ZMR 2007, 851 = GE 2007, 1310 = ZfIR 2007, 669 m. Anm. *Schmid*). Dass sich der *BGH* damit über § 556a Abs. 1 S. 1 BGB und den Grundsatz, dass die Kostenumlegung nicht vom Nutzen abhängt, hinwegsetzt, ist zwar rechtsdogmatisch sehr bedenklich (vgl. *Schmid* ZfIR 2007, 673), jedoch muss sich die Praxis bis auf Weiteres auf diese Rechtsprechung einstellen. In einer größeren Wohnung mit mehr Zimmern wird für eine möglicherweise größere Anzahl von Nutzern eine größere Anzahl von Rauchwarnmeldern zu installieren sein als in einer kleinen Einzimmerwohnung. Der Nutzen von Rauchwarnmeldern in dieser größeren Wohnung ist ebenso wie der Kostenverursachungsbeitrag quantitativ höher als in einer kleinen Wohnung. Bei der nachträglichen Installation von Rauchwarnmeldern bleibt es danach bei der gesetzlichen Regel des § 556a Abs. 1 S. 1 BGB. Die Kosten werden nach dem Flächenmaßstab umgelegt, falls nichts anderes im Mietvertrag steht (*Schumacher* NZM 2005, 641, 643). Auch der Maßstab nach konkret verbauter Zahl von Rauchwarnmeldern in der Wohnung des Mieters ist bei unterschiedlich großen Wohnungen immer noch besser vertretbar als die Verteilung nach Zahl der Wohnungen.

155 Bei den Kosten für die Miete von Rauchwarnmeldern handelt es sich dagegen nicht um sonstige Betriebskosten i.S.v. § 2 Nr. 17 BetrKV, sondern – da sie den Kosten für den Erwerb von Rauchwarnmeldern gleichzusetzen sind – um betriebskostenrechtlich nicht umlagefähige Aufwendungen (*BGH*, 11.05.2022 – VIII ZR 379/20, ZMR 2022, 700).

IX. Duldungspflicht des Mieters

Der Mieter muss den Einbau von Rauchwarnmeldern gem. § 555d Abs. 1 BGB grundsätzlich dulden, d.h. nach vorheriger Ankündigung den Zutritt zur Wohnung und den vorgeschriebenen Einbauorten (Zimmern) gestatten und die Montage hinnehmen (*LG Hamburg* ZMR 2021, 115 für Melder mit Funktechnologie; *AG Brandenburg* ZMR 2022, 220; *AG Burgwedel*, ZMR 2011, 800 und in II. Instanz *LG Hannover*, ZMR 2011, 826). Gleiches gilt für die jährlich bei nicht funkfähigen Meldern durchzuführende optische Funktionskontrolle. Auch wenn es sich beim Einbau von Rauchwarnmeldern um eine zur Mieterhöhung berechtigende Modernisierungsmaßnahme i.S.d. § 559 BGB i.V.m. § 555b BGB handelt, gilt für den Einbau selbst nicht die dreimonatige Ankündigungsfrist des § 555c Abs. 1 BGB. Denn bauliche Maßnahmen, die der Vermieter aufgrund einer behördlichen Anordnung oder gesetzlichen Verpflichtung durchzuführen hat, fallen von vornherein nicht unter § 555c BGB (**a.A.** insoweit *AG Schwarzenbek* ZMR 2008, 721.) und unterliegen deshalb auch nicht den dem Vermieter auferlegten Mitteilungspflichten. Derartige Maßnahmen muss der Mieter vielmehr nach § 555d Abs. 1 BGB dulden. Sie sind, soweit es sich nicht um Notmaßnahmen handelt, vom Vermieter vorher anzukündigen, sodass sich der Mieter nach Möglichkeit darauf einstellen kann. Der Mieter ist nach Treu und Glauben verpflichtet, an einer baldigen Terminsabstimmung mitzuwirken (*BGH* – VIII ZR 110/08, MDR 2009, 738 = NZM 2009, 394) In Bundesländern ohne gesetzliche Einbaupflicht (bis 08.06.2022 Sachsen) gilt die dreimonatige Ankündigungsfrist auch nicht, da der Einbau von Rauchwarnmeldern die Bagatellgrenze nicht überschreitet und die Einhaltung der Frist nach § 555c Abs. 4 BGB entbehrlich ist (vgl. *AG Schwarzenbek* ZMR 2008, 721). 156

Auch Mieter, die bereits **eigene Rauchwarnmelder installiert** haben, müssen die einheitliche (dagegen zu Unrecht im WEG-Recht *AG Augsburg* ZMR 2018, 79) – und ggf. vollständige, d.h. aller zum Schlafen geeigneten Räume, inklusive Wohnzimmer; vgl. *AG Halle/Saale* ZMR 2014, 455 – Ausstattung ihrer Mietwohnung durch das vom Vermieter beauftragte Unternehmen dulden (*AG Hamburg-Blankenese* ZMR 2011, 395). Der Mieter muss die Dispositionsbefugnis des Vermieters akzeptieren und kann nicht durch vorauseilenden Gehorsam und Einbau eigener Geräte letztlich in die Verwaltungspraxis des Vermieters eingreifen (missverstanden von *Wüstefeld* WuM 2012, 134). Der Vermieter entscheidet auch über den Umfang der Ausstattung; er ist nicht verpflichtet nur eine Mindestausstattung nach der jeweiligen LBauO vorzunehmen; *AG Hamburg-Wandsbek* ZMR 2009, 47 = WE 2009, 137. Der dortige Urteilstenor lautete: *»Der Beklagte wird verurteilt, der Klägerin und den Mitarbeitern der Firma […] den Zugang zur Wohnung […] zu gewähren und den Einbau der zertifizierten batteriebetriebenen Rauchwarnmelder durch die Mitarbeiter der Firma […] in allen Wohnräumen sowie den Fluren an den Decken zu dulden.«* Die **eigene Installation von Rauchwarnmeldern** lässt die einheitliche Ausstattung der Mietwohnung mit Rauchwarnmeldern (vgl. zum WEG-Recht *AG Rosenheim* ZMR 2017, 773; *AG München*, ZWE 2017, 463; *AG Wuppertal* ZMR 2016, 1006) durch den Vermieter nicht als eine für den Mieter auch unter Berücksichtigung der berechtigten Interessen des Vermieters nicht zu rechtfertigende Härte erscheinen. Ein Wegfall der Duldungspflicht nach § 555d Abs. 2 BGB scheidet danach aus (*AG Hamburg-Bergedorf* ZMR 2010, 969). Der Mieter ist auch verpflichtet, den Einbau von Rauchwarnmeldern in Räumen zu dulden, die nach den Vorgaben der jeweiligen Landesbauordnung nicht der Ausstattungspflicht unterliegen. Es gibt weder ein Verbot zulasten des Mieters, einen Nutzungswechsel der einzelnen Zimmer vorzunehmen und bspw. das ehemalige Schlaf- zum Wohnzimmer und umgekehrt das ehemalige Wohn- zum Schlafzimmer zu machen, noch gibt es eine Verpflichtung des Mieters, den Vermieter über einen derartigen Nutzungswechsel aufzuklären. Bereits deshalb hat der Vermieter ein überwiegendes berechtigtes Interesse, auch Räume mit Rauchwarnmeldern auszustatten, die von der gesetzlichen Einbaupflicht nicht umfasst sind, um hier auf Dauer seinen gesetzlichen Verpflichtungen nachkommen zu können (*AG Hamburg-Bergedorf* ZMR 2010, 969). Die Mieter müssen ermöglichen, dass Mitarbeiter – max. zwei Personen gleichzeitig, die sich auf Wunsch der Mieter ausweisen müssen – eines vom Vermieter beauftragten Unternehmens nach vorheriger Ankündigung mit Frist von mindestens einer Woche in der Zeit zwischen 09.00 Uhr und 13.00 Uhr sowie 15.00 Uhr und 18.00 Uhr den Zutritt zu der gemieteten Wohnung … erhalten und dulden, dass in den 157 zum Schlafen genutzten/geeigneten Räumen sowie im Flur der Wohnung jeweils die Installation eines Rauchwarnmelders an der Decke des Raumes erfolgt (*AG Hamburg-Blankenese* ZMR 2011, 395).

158 In Mecklenburg-Vorpommern soll bei einer eigenen gesetzeskonformen Installation von DIN EN 14604 gerechten und VdS-zertifzierten Rauchwarnmelder durch den Mieter eine auch bei Berücksichtigung der Interessen des Vermieters nicht zu rechtfertigende Härte vorliegen. Dieser Mieter, der als Nachrüstungsverpflichteter i.S.d. § 48 Abs. 4 LBauO M-V anzusehen sei, sei gem. § 554 Abs. 2 S. 2 BGB a.F. nicht verpflichtet, den Einbau von Rauchwarnmeldern zu dulden (*AG Hagenow* ZMR 2010, 770, *LG Schwerin* – 2 S 57/10). Hierbei wird verkannt, dass Bundesrecht (Mietrecht des BGB, dort § 535) vor Landesrecht (Landesbauordnung) geht.

159 Der Mieter ist berechtigt, selbst Rauchwarnmelder einzubauen, was solange sinnvoll erscheint wie der Vermieter (noch) nicht für eine (einheitliche) Ausstattung der Mietwohnung Rauchwarnmelder gesorgt hat. Die Installation entspricht einem vertragsgemäßen Gebrauch der Mietsache (*AG Hannover* WuM 2008, 399 = ZMR 2009, 293.). Die Kosten sind vom Mieter zu tragen. Bei Mietende darf er die Rauchwarnmelder, die in der Regel Scheinbestandteile i.S.d. § 95 BGB oder Scheinzubehör i.S.d. § 97 BGB sind, gem. § 539 Abs. 2 BGB wegnehmen. In den in diesem Zusammenhang eher seltenen Fällen des § 539 Abs. 1 BGB kommt ein Aufwendungsersatz oder ein Bereicherungsanspruch in Betracht (*Schmid* ZMR 2008, 98, 100 m.w.N.).

X. Fehlalarm (insbesondere Täuschalarm bzw. Täuschungsalarm)

160 Solche Täuschungsalarme lassen sich beim besten Melder wohl nicht vermeiden. Auch wenn z.B. das Eindringen von Fruchtfliegen in die Kammer des Rauchwarnmelders durch feine Netze verhindert wird, kann die Fruchtfliege evtl. ihre Eier in der Kammer ablegen. Dann ist der Nachwuchs das Problem, weil er die Kammer nicht mehr verlassen kann.

161 Verstehen Dritte einen auf mangelnde Batterie-Stromspannung weisenden Signalton des Rauchwarnmelders als Alarmton oder kommt es zu einem Auslösen des Melders ohne Brand nebst Rauchentwicklung wegen eines technischen Defekts (anders bei Manipulation durch den Mieter) und wird dann von der Feuerwehr die Wohnungstür im Einsatz gewaltsam aufgebrochen, ist der Mieter gegenüber dem Vermieter nicht schadensersatzpflichtig, da die freiwillige Installation von Rauchwarnmeldern einem vertragsgemäßen Gebrauch der Mietsache entspricht (*AG Hannover* WuM 2008, 399 = ZMR 2009, 293).

162 Feuerwehreinsätze wegen des Fehlalarms einer Brandmeldeanlage sind auch dann gebührenpflichtig, wenn die Anlage zwar im überwiegenden öffentlichen Interesse eingerichtet wurde, sie aber auch privaten Interessen dient. (*OVG Hamburg* ZMR 2009, 567). Die Entscheidung betraf eine Asylbewerberunterkunft mit einer max. Belegungskapazität von 360 Personen, für die nach den öffentlich-rechtlichen Bestimmungen eine Brandmeldeanlage vorzuhalten war. Die Entscheidung dürfte aber auf Rauchwarnmelder in Wohnungen entsprechend anzuwenden sein.

163 Ein gutes Eskalationsmanagement ist vor dem Hintergrund möglicher Kosten für Feuerwehreinsätze bei Fehlalarm zu sehen. Die Landes-Brandschutzgesetze regeln in einigen Bundesländern zumindest ähnliche Sachverhalte. So heißt in Schleswig-Holstein in § 2 BrandschutzG:

164 Aufgaben der Gemeinden

165 *Die Gemeinden haben als Selbstverwaltungsaufgabe zur Sicherstellung des abwehrenden Brandschutzes und der Technischen Hilfe den örtlichen Verhältnissen angemessene leistungsfähige öffentliche Feuerwehren zu unterhalten, Fernmelde- und Alarmierungseinrichtungen einzurichten sowie für eine ausreichende Löschwasserversorgung zu sorgen.*

166 Während § 29 (2) BrandschutzG regelt:

167 *Für andere Einsätze und Leistungen der öffentlichen Feuerwehren … kann der Träger der Feuerwehr Gebühren oder privatrechtliche Entgelte erheben. Dabei können Pauschalbeträge festgesetzt werden. Das*

Kommunalabgabengesetz des Landes Schleswig-Holstein gilt entsprechend. Das Gleiche gilt für Einsätze in den zusätzlichen Einsatzbereichen nach § 21 Absatz 4 und zu Zwecken nach Absatz 1 im Falle vorsätzlicher Verursachung von Gefahr oder Schaden, vorsätzlicher grundloser Alarmierung der Feuerwehr, eines Fehlalarms einer Brandmeldeanlage, ...

Ähnlich regelt § 26 BrandschutzG Mecklenburg-Vorpommern den Kostenersatz 168

(1) Der Einsatz der öffentlichen Feuerwehren ist unbeschadet des Absatzes 2 für die Geschädigten unentgeltlich bei 169

a) Bränden,

b) der Befreiung von Menschen aus lebensbedrohlichen Lagen,

c) der Technischen Hilfeleistung bei Not- und Unglücksfällen, die durch Naturereignisse verursacht werden.

(2) Für andere Einsätze und Leistungen der öffentlichen Feuerwehren sind die Kosten nach allgemeinen gesetzlichen Bestimmungen oder nach örtlichen Gebührenregelungen zu erstatten. Das Gleiche gilt für Einsätze nach Absatz 1....

e) für den Eigentümer oder Besitzer einer Brandmeldeanlage, wenn diese Anlage einen Fehlalarm auslöst.

Ausgangspunkt für die rechtliche Beurteilung ist der jeweilige Gefahrenbegriff, der für die Rechtmäßigkeit polizeilichen Vorgehens oder eines Feuerwehreinsatzes erfüllt sein muss. (vgl. *Sven Tönnemann*, Vorgehen bei vermutlichen Fehlalarmen durch Rauchwarnmelder, Deutsche Feuerwehrzeitung 2008, 798–801). 170

Eine Anscheinsgefahr liegt bereits vor, wenn bei verständiger Würdigung objektive Anhaltspunkte (Rauchwarnmelder erst kurze Zeit an und Qualm aus der Küche) für eine Gefahr vorliegen. 171

Dann ist die Feuerwehr zu sog. (rechtmäßigen und teuren) Gefahrerforschungseingriffen berechtigt und verpflichtet. 172

Ein objektiver Anhaltspunkt wird aber z.T. auch bejaht, wenn der Melder schon länger alarmiert. Es könnte nämlich ein Schwelbrand vorliegen, dessen Glutnester bei Zufuhr von Sauerstoff sich explosionsartig entzünden können. 173

Es »droht« auch dann ein rechtmäßiger Gefahrerforschungseingriff der Feuerwehr. Dieser setzt ein ermessensfehlerfreies Betreten der Wohnung i.d.R. voraus. 174

Ein Kostenerstattungsanspruch der Gemeinde kommt ggf. in Betracht, wenn der Melder nicht bestimmungsgemäß ausgelöst hat. Bisher sieht das BrandschutzG (§ 29 Abs. 2) in Schleswig-Holstein aber nur bei Brandmeldeanlagen Derartiges ausdrücklich vor. Analogieschlüsse im Kostenrecht sind problematisch. Dasselbe gilt für ein Zurückgreifen auf eine öffentlich-rechtliche Geschäftsführung ohne Auftrag. 175

Aber: Schadensersatzansprüche wegen von der Feuerwehr verursachten Schäden kommen nicht in Betracht bei rechtmäßigem Vorgehen! 176

Z.T. werden Aufwendungsersatzansprüche der Polizei analog § 683 BGB bejaht, z.B. für das Einsetzen eines neuen Schlosses im Rahmen der Eigentumssicherung. 177

Grundsätzlich gilt zumindest für Polizeieinsätze allerdings: 178

Ist der Eingriff rechtmäßig (Primärebene), so führt dies in Fällen der Anscheinsgefahr nicht zwingend und immer dazu, dass der Anscheinsstörer die Kosten für den Einsatz (Sekundärebene) tragen muss. 179

Bei Bestehen einer Einbaupflicht nach der jeweiligen LBauO kann es ermessensfehlerhaft sein einerseits den Einbau der Rauchwarnmelder zu fordern und andererseits für einen Feuerwehreinsatz voll 180 zu liquidieren. Dem Landesgesetzgeber war ja bekannt, dass auch der beste Melder fehleranfällig ist.

181 Zu Fehleinsätzen und deren Kosten vgl. auch *OVG Schleswig* (2 K 20/97, SchlHA 2000, 141 = NordÖR 2000, 304): Auch wenn die Vorsorgeleistungen für größere Notfalleinsätze – ebenso wie Vorsorgeleistungen für den herkömmlichen Rettungsdienst – für die Allgemeinheit von Bedeutung und Interesse sind, sind es letztlich diejenigen, die den Rettungsdienst in Anspruch nehmen müssen, denen die getroffene Vorsorge allein zugutekommt. Dies rechtfertigt, die öffentliche Hand zu entlasten und dem Personenkreis, dem die Leistungen zurechenbar sind, allein die Kosten aufzubürden.

182 Keine Einwände lassen sich weiterhin dagegen erheben, dass die Aufwendungen für sog. Fehleinsätze in den gebührenpflichtigen Aufwand einbezogen wurden. Diese Aufwendungen sind betriebsbedingt. Nach § 6 Abs. 1 S. 1 RDG ist Rettungsdienst die bedarfsgerechte und leistungsfähige Sicherstellung von Notfallrettungen und Krankentransport in öffentlich-rechtlicher Trägerschaft. Diese Definition verdeutlicht, dass die öffentliche Einrichtung Rettungsdienst das Versorgungssystem als Ganzes umfasst.

183 Sog. Fehleinsätze, sei es, dass der Verletzte eines Transports nicht bedarf bzw. es ablehnt, transportiert zu werden oder sei es, weil niemand am Einsatzort angetroffen wird, sind unvermeidlich.

184 Lösung über eine Klausel im Versicherungsvertrag?

185 *»Bei einer Fehlfunktion eines installierten (!) Rauchwarnmelders wird die XY-Gebäudeversicherung auf Prüfung einer möglichen Obliegenheitsverletzung verzichten.«*

186 Nach dem Wortlaut der Klausel wird nur auf Fehlfunktionen abgehoben. Nach dem für Versicherungsbedingungen geltenden Auslegungsmaßstab des verständigen durchschnittlichen Versicherungsnehmers dürften damit allein technisch bedingte Fehlfunktionen gemeint sein (z.B. Ausfall der Elektronik).

187 Zweifelhaft ist etwa, ob man noch von einer Fehlfunktion sprechen kann, wenn es sich um einen Wartungsmangel und nicht um eine Funktionsstörung handelt; hier könnten Gerichte dem Versicherungsnehmer freilich möglicherweise über die Unklarheitenregel helfen.

188 Abzulehnen ist es in jedem Fall, eine Entfernung des Rauchwarnmelders noch als Funktionsstörung einzuordnen. Von der Hamburger Feuerwehr wird allerdings das Entfernen der Rauchwarnmelder während des Urlaubs empfohlen (sehr fraglich).

XI. Beschlussmuster für die Eigentümerversammlung

1. Grund-Beschluss

189 (Laut *LG Hamburg*, Urt. v. 02.03.2011, 318 S 193/10, ZMR 2011, 387 muss dieser Beschluss erkennen lassen, dass er nur Vorstufe für den geplanten Ausführungsbeschluss ist) für Ausstattung im gesetzlichen Mindestumfang (auch in Bundesländern ohne gesetzlicher Einbaupflicht)

▶ **Textvorschlag:**

190 **Es wird beschlossen, dass sämtliche Wohnungen – ggf.: und folgende Bereiche des Gemeinschaftseigentums** *(vgl. Schultz ZWE 2009, 384, wonach auch das Anbringen außerhalb des Sondereigentums ordnungsmäßiger Verwaltung i.d.R. entspricht.)* **– im Gebäude mit Rauchwarnmeldern ausgestattet werden. Die Ausstattung erfolgt durch batteriebetriebene Rauchmelder auf der Grundlage der Vorgaben der Landesbauordnung von Berlin (in Schleswig-Holstein: von Schleswig-Holstein u.s.w.). Der Verwalter wird beauftragt und ermächtigt, bis zur nächsten ordentlichen Eigentümerversammlung ein Angebot und mindestens drei Vergleichsangebote von Fachunternehmen einzuholen. Die Kosten der Installation werden nach [...] verteilt. Die Finanzierung erfolgt aus der Instandhaltungsrücklage oder durch eine Sonderumlage. Einzelheiten werden beschlossen nach Vorliegen der Angebote.**

2. Grund-Beschluss

(Laut *LG Hamburg*, Urt. v. 02.03.2011, 318 S 193/10, ZMR 2011, 387 muss dieser Beschluss erkennen lassen, dass er nur Vorstufe für den geplanten Ausführungsbeschluss ist) für Ausstattung im erweiterten Umfang (in Bundesländern mit gesetzlicher Einbaupflicht) 191

▶ Textvorschlag:

Es wird beschlossen, dass die nach § […] erforderlichen Rauchwarnmelder in den Räumen sämtlicher Wohnungen im Gebäude installiert werden. Die Ausstattung erfolgt durch für jede Einheit untereinander nicht vernetzte (alternativ: vernetzte im Keller zwischen FH-Tür und Vorraum) Rauchwarnmelder. Eckpunkte für die Angebotseinholung sind die Vorgaben der Landesbauordnung von Berlin (in Schleswig-Holstein: von Schleswig-Holstein u.s.w.) mit der besonderen Maßgabe, dass zusätzlich zu den dort genannten Wohnräumen auch die Kellerräume der Wohnungen mit einem Rauchwarnmelder versehen werden. Die Installation erfolgt bis zum ………. Der Verwalter wird beauftragt und ermächtigt, auf der Grundlage der oben genannten Vorgaben ein entsprechendes Angebot und mindestens drei Vergleichsangebote bei Fachunternehmen einzuholen. Sobald diese vorliegen, wird der Verwalter zu einer außerordentlichen Eigentümerversammlung einladen, in der über die Auftragsvergabe abgestimmt wird. Die Kosten der Installation werden nach […] verteilt. Die Finanzierung erfolgt aus der Instandhaltungsrücklage oder durch eine Sonderumlage. Einzelheiten werden beschlossen nach Vorliegen der Angebote. 192

3. Ausführungsbeschluss in Bundesländern mit gesetzlicher Einbaupflicht

Vgl. etwa *AG Rosenheim* ZMR 2017, 773. 192a

XII. Antragsmuster

(vgl. *AG Hamburg-Blankenese* ZMR 2011, 395). Das *AG Hamburg-Wandsbek* ZMR 2009, 47 = WE 2009, 137 tenorierte: 193

Der Beklagte wird verurteilt, der Klägerin und den Mitarbeitern der Firma […] den Zugang zur Wohnung […] zu gewähren und den Einbau der zertifizierten batteriebetriebenen Rauchwarnmelder durch die Mitarbeiter der Firma […] in allen Wohnräumen sowie den Fluren an den Decken zu dulden. 194

Das *AG Burgwedel* (ZMR 2011, 800) tenorierte für Einbau beim widersprechenden Mieter: 195

Die Beklagten werden verurteilt, bei Vermeidung der gerichtlichen Festsetzung eines der Höhe nach noch zu bestimmenden Ordnungsgeldes, ersatzweise Ordnungshaft die Durchführung folgender Bauarbeiten in den Mieträumen der Wohnung … zu ermöglichen und zu dulden.: …) 196

▶ Textvorschlag:

Die Mieter müssen ermöglichen, dass Mitarbeiter – max. zwei Personen gleichzeitig, die sich auf Wunsch der Mieter ausweisen müssen – eines vom Vermieter beauftragten Unternehmens nach vorheriger Ankündigung mit Frist von mindestens einer Woche in der Zeit zwischen 09.00 Uhr und 13.00 Uhr oder 15.00 Uhr und 18.00 Uhr den Zutritt zu ihrer gemieteten Wohnung im A-Weg 9, Hamburg erhalten und dulden, dass in den zum Schlafen genutzten/geeigneten Räumen sowie im Flur der Wohnung jeweils die Installation eines Rauchwarnmelders an der Decke des Raumes erfolgt. 197

Das Muster lässt sich auch analog für Klagen gegen Sondereigentümer verwenden. 198

Als Vertragsklausel für Mietverträge hat sich bewährt – wenn der Vermieter bei Altverträgen ganz sicher gehen wollte – für die Wartung der Rauchwarnmelder etc. – folgende (Öffnungs-) Klausel 199 (vgl. Vgl. Staudinger/*Artz* § 560 Rn. 12a unter Hinweis u.a. auf *BGH* NJW 1993, 1061; *AG Hamburg-Blankenese* ZMR 2013, 359 Rn. 45; Hamburger Mietvertrag § 9 Nr. 1 Abs. 3) zu vereinbaren:

▶ **Textvorschlag:**

200 »Der Vermieter ist berechtigt, im Rahmen ordnungsmäßiger Bewirtschaftung neu entstehende oder nachträglich anfallende Betriebskosten im Sinne von § 2 BetrKVO auf die Mieter umzulegen und die Vorauszahlungen auf die Betriebskosten in angemessener Höhe neu festzulegen.«

201 Für neue Verträge könnte es jetzt heißen (vgl. Hamburger Mietvertrag § 9 Nr. 3):

▶ **Textvorschlag:**

202 »Als sonstige Betriebskosten gemäß § 2 Ziffer 17 BetrKVO werden die Kosten der Dachrinnenreinigung, der Regel-Beprobung nach der Trinkwasserverordnung …… sowie die Kosten der Wartung von Feuerlöschern, Rauchabzugsanlagen und Rauchwarnmeldern vereinbart.«

Weiterer Textvorschlag:

»Als »sonstige Betriebskosten« im Sinne von § 2 Ziff. 17 der BetrKVO werden umgelegt: Die Kosten für die regelmäßige Wartung und Prüfung der Rauchwarnmelder, Überprüfungskosten des Abflussrohres, Reinigung der Abwasseranlagen, Beleuchtungskosten für den Heizraum (wenn sie nicht beim Allgemeinstrom erfasst wurden), Reinigung der Lichtschächte, Reinigung der Müllbehälter, Aufwendungen für eine Videoüberwachungsanlage, Wartung der Alarmanlage, Druck- und Dichtigkeitsprüfung von Gasleitungen, Wartungskosten für installierte Haustechnik, Spülung der Fußbodenheizung, Wartung des Blitzableiters, Wartung von Feuerlöschern und brandschutztechnische Einrichtungen (Brandmelde- und Sprinkleranlagen), Reinigung von Dachrinnen, Wartung von CO2-Warnanlagen in den Tiefgaragen, Kosten für die Reinigung von Glasdächern oder Rollläden und E-Check (Prüfkosten der Elektroinstallationen).«

Gesetz zur Aufteilung der Kohlendioxidkosten (Kohlendioxidkostenaufteilungsgesetz – CO2 KostAufG)

Vom 5. Dezember 2022 (BGBl. I S. 2154)

Übersicht

§ 1 Zweck des Gesetzes

Zweck dieses Gesetzes ist die Aufteilung der Kohlendioxidkosten zwischen Vermieter und Mieter entsprechend ihren Verantwortungsbereichen und Einflussmöglichkeiten auf den Kohlendioxidausstoß eines Gebäudes. Das Anreizsystem des Brennstoffemissionshandelsgesetzes vom 12. Dezember 2019 (BGBl. I S. 2728), das zuletzt durch Artikel 2 des Gesetzes vom 9. November 2022 (BGBl. I S. 2006) geändert worden ist, in der jeweils geltenden Fassung, soll im Verhältnis von Vermieter und Mieter dergestalt wirken, dass die Nutzer eines Gebäudes zu energieeffizientem Verhalten und Gebäudeeigentümer zu Investitionen in klimaschonende Heizungssysteme und zu energetischen Sanierungen angereizt werden. Das Anreizsystem des Brennstoffemissionshandelsgesetzes und dieses Gesetz dienen der Reduktion von Treibhausgasemissionen im Gebäudebereich.

§ 2 Anwendungsbereich

(1) Dieses Gesetz gilt für Gebäude, in denen Brennstoffe in getrennten oder verbundenen Anlagen zur Wärmeerzeugung für Heizung oder für Heizung und Warmwasser genutzt werden, für die in der Rechtsverordnung nach § 7 Absatz 4 des Brennstoffemissionshandelsgesetzes Standardwerte für Emissionsfaktoren festgelegt sind. Dieses Gesetz gilt auch für die eigenständig gewerbliche Lieferung von Wärme oder von Wärme und Warmwasser hinsichtlich der für die Wärmeerzeugung eingesetzten Brennstoffe.

(2) Dieses Gesetz regelt im Verhältnis zwischen Mieter und Vermieter die Aufteilung der Kohlendioxidkosten, die enthalten sind

1. in den Kosten der zur Versorgung mit Wärme oder Warmwasser verbrauchten Brennstoffe oder
2. in den Kosten für die Wärmelieferung oder Warmwasserlieferung,

sowie notwendige Begleitfragen, die die Verteilung der Kosten der zur Versorgung mit Wärme oder Warmwasser verbrauchten Brennstoffe oder die Kosten für die Wärmelieferung oder Warmwasserlieferung betreffen.

(3) Dieses Gesetz ist auch auf Wärmelieferungen anzuwenden, die aus Wärmeerzeugungsanlagen gespeist werden, die dem Europäischen Emissionshandel unterliegen. Satz 1 gilt nicht für Wärmelieferungen für Gebäude, die erstmals nach dem 1. Januar 2023 einen Wärmeanschluss erhalten haben.

(4) Die Bestimmungen dieses Gesetzes gehen den Regelungen über die Verteilung der Kosten der Versorgung mit Wärme oder Warmwasser auf die Nutzer eines Gebäudes nach § 6 Absatz 1 der Verordnung über Heizkostenabrechnung sowie rechtsgeschäftlichen Bestimmungen vor.

(5) Abweichend von Absatz 1 gilt § 10 auch für den Einsatz von Brennstoffen, für die in der Rechtsverordnung nach § 7 Absatz 4 des Brennstoffemissionshandelsgesetzes keine Standardwerte für Emissionsfaktoren festgelegt sind.

(6) In den Fällen von § 11 der Verordnung über Heizkostenabrechnung ist dieses Gesetz nicht anzuwenden, es sei denn, die Vertragsparteien haben eine Abrechnung der Heiz- und Warmwasserkosten vereinbart.

§ 3 Informationspflicht bei der Lieferung von Brennstoffen oder Wärme

(1) Brennstofflieferanten haben auf Rechnungen für die Lieferung von Brennstoffen oder von Wärme folgende Informationen in allgemeinverständlicher Form auszuweisen:

1. die Brennstoffemissionen der Brennstoff- oder Wärmelieferung in Kilogramm Kohlendioxid,
2. den sich nach Absatz 2 für den jeweiligen Zeitpunkt der Lieferung ergebenden Preisbestandteil der Kohlendioxidkosten für die gelieferte oder zur Wärmeerzeugung eingesetzte Brennstoffmenge,
3. den heizwertbezogenen Emissionsfaktor des gelieferten oder zur Wärmeerzeugung eingesetzten Brennstoffs, angegeben in Kilogramm Kohlendioxid pro Kilowattstunde,
4. den Energiegehalt der gelieferten oder zur Wärmeerzeugung eingesetzten Brennstoffmenge in Kilowattstunden sowie
5. einen Hinweis auf die in § 6 Absatz 2 und § 8 Absatz 2 geregelten Erstattungsansprüche.

(2) Die Standardwerte und Berechnungsvorgaben zur rechnerischen Ermittlung der Brennstoffemissionen, die in der für das Lieferjahr geltenden Rechtsverordnung nach § 7 Absatz 4 Nummer 2 und 4 des Brennstoffemissionshandelsgesetzes festgelegt sind, sind der Angabe nach Absatz 1 Nummer 3 zugrunde zu legen. Satz 1 gilt nicht für die Lieferung von Brennstoffen, bei denen ausgeschlossen ist, dass der Käufer sie in Heizungsanlagen oder Warmwasserversorgungsanlagen in Gebäuden nutzen wird.

(3) Der nach Absatz 1 Nummer 2 auszuweisende Preisbestandteil für die gelieferte oder zur Wärmeerzeugung eingesetzte Brennstoffmenge ergibt sich durch Multiplikation der Brennstoffemissionen

nach Absatz 1 Nummer 1 mit dem zum Zeitpunkt der Lieferung maßgeblichen Preis der Emissionszertifikate nach § 4 Absatz 1 zuzüglich einer auf diesen Betrag anfallenden Umsatzsteuer.

(4) Die Informationspflicht nach den Absätzen 1 bis 3 gilt für Wärmelieferanten entsprechend mit den Maßgaben, dass

1. anstelle der Brennstoffe auf die zur Erzeugung der gelieferten Wärme eingesetzten Brennstoffe abzustellen ist,
2. im Fall der Wärmeerzeugung in einer Kraft-Wärme-Kopplungs-Anlage die Zuordnung der Brennstoffemissionen für die Erzeugung der Wärme entsprechend der Zuordnungsregel nach Anhang 1 Teil 3 der Zuteilungsverordnung 2020 vom 26. September 2011 (BGBl. I S. 1921), die durch Artikel 2 des Gesetzes vom 13. Juli 2017 (BGBl. I S. 2354) geändert worden ist, in der jeweils geltenden Fassung, vorzunehmen ist,
3. im Fall der Wärmelieferung aus Wärmenetzen, die aus mehreren Anlagen gespeist werden, abweichend von Absatz 1 Nummer 3 ein einheitlicher heizwertbezogener Emissionsfaktor des Wärmenetzes, angegeben in Kilogramm Kohlendioxid pro Kilowattstunde, anzugeben ist, der die Emissionsmengen der Einzelanlagen jeweils anteilig zur insgesamt eingespeisten Wärmemenge abbildet, und
4. im Fall der Wärmelieferung aus Wärmenetzen, die zumindest anteilig aus Wärmeerzeugungsanlagen gespeist werden, die dem Europäischen Emissionshandel unterliegen,
   a) im Rahmen der Ableitung des einheitlichen Emissionsfaktors nach Nummer 3 abweichend von Absatz 1 für diese Wärmeerzeugungsanlagen, die nach den Vorgaben des Treibhausgas-Emissionshandelsgesetzes zu berichtenden Emissionsdaten und Produktionsmengen zugrunde zu legen sind, und
   b) für den aus diesen Wärmeerzeugungsanlagen stammenden Anteil der Wärmelieferung abweichend von Absatz 2 als maßgeblicher Zertifikatepreis der Durchschnittspreis der Versteigerungen nach § 8 Absatz 1 des Treibhausgas-Emissionshandelsgesetzes in dem der Rechnungsstellung vorangegangenen Kalenderjahr heranzuziehen ist.

§ 4 Maßgeblicher Zertifikatepreis

(1) Der maßgebliche Preis der Emissionszertifikate entspricht

1. bis einschließlich zum Jahr 2025 dem Festpreis der Emissionszertifikate nach § 10 Absatz 2 Satz 2 des Brennstoffemissionshandelsgesetzes,
2. im Jahr 2026: Dem Mittelwert des Preiskorridors nach § 10 Absatz 2 Satz 4 des Brennstoffemissionshandelsgesetzes,
3. ab dem Jahr 2027: Dem Durchschnittspreis der Versteigerungen nach § 10 Absatz 1 des Brennstoffemissionshandelsgesetzes im Zeitraum vom 1. Juli bis zum 30. November des jeweils vorangegangenen Kalenderjahres.

(2) Das Umweltbundesamt veröffentlicht die nach Absatz 1 Nummer 2 und 3 maßgeblichen Preise der Emissionszertifikate spätestens zehn Werktage vor dem Beginn des jeweiligen Kalenderjahres auf seiner Internetseite.

(3) Das Umweltbundesamt veröffentlicht den nach § 3 Absatz 4 Nummer 4 Buchstabe b maßgeblichen Durchschnittspreis nach § 19 Absatz 2 Nummer 2 zweiter Halbsatz der Emissionshandelsverordnung 2030 vom 29. April 2019 (BGBl. I S. 538), die durch Artikel 19 des Gesetzes vom 10. August 2021 (BGBl. I S. 3436) geändert worden ist, bis zum 31. März des auf das Berichtsjahr folgenden Kalenderjahres auf seiner Internetseite.

§ 5 Aufteilung der Kohlendioxidkosten bei Wohngebäuden

(1) Der Vermieter ermittelt im Zuge der jährlichen Heizkostenabrechnung den Kohlendioxidausstoß des Gebäudes in Kilogramm Kohlendioxid pro Quadratmeter Wohnfläche und Jahr. Versorgt der Vermieter eine vermietete Wohnung gesondert mit Wärme oder mit Wärme und Warmwasser,

ermittelt er den Kohlendioxidausstoß der Wohnung pro Quadratmeter Wohnfläche und Jahr; vermietet er in einem Gebäude mehrere Wohnungen mit gesonderter oder zentraler Versorgung mit Wärme oder mit Wärme und Warmwasser, ist deren Gesamtwohnfläche maßgeblich. Der Wert des nach Satz 1 oder Satz 2 ermittelten spezifischen Kohlendioxidausstoßes ist auf die erste Nachkommastelle zu runden. Ist ein Abrechnungszeitraum von unter einem Jahr vereinbart, so sind die Werte der Einstufungstabelle in der Anlage anteilig zu kürzen. Weichen die Abrechnungszeiträume der Brennstoff- oder Wärmelieferungen von den zwischen Mieter und Vermieter vereinbarten Abrechnungszeiträumen ab, sind die auf den Rechnungen ausgewiesenen Brennstoffemissionen auf den vereinbarten Zeitraum umzurechnen.

(2) Die Aufteilung der im Abrechnungszeitraum angefallenen Kohlendioxidkosten zwischen Mieter und Vermieter richtet sich nach dem spezifischen Kohlendioxidausstoß des Gebäudes oder, in Fällen des Absatzes 1 Satz 2, nach der zugrunde zu legenden Wohnfläche. Dieser Wert ist in die Tabelle in der Anlage einzuordnen, um das maßgebliche Aufteilungsverhältnis zu ermitteln.

(3) Versorgt sich der Mieter selbst mit Wärme oder mit Wärme und Warmwasser, ermittelt der Mieter im Zuge der jährlichen Betriebskostenabrechnung den Kohlendioxidausstoß der gemieteten Wohnung in Kilogramm Kohlendioxid pro Quadratmeter Wohnfläche und Jahr. Zur Einstufung der gemieteten Wohnung wird der spezifische Kohlendioxidausstoß mit der Tabelle in der Anlage abgeglichen und die Wohnung danach der anwendbaren Stufe zugeordnet. Aus der Tabelle ergibt sich das Verhältnis der Aufteilung der im Abrechnungszeitraum des Wärmeversorgers angefallenen Kohlendioxidkosten. Absatz 1 Satz 4 und 5 gilt entsprechend.

§ 6 Begrenzung der Umlagefähigkeit; Erstattungsanspruch bei Wohngebäuden

(1) Vereinbarungen, nach denen der Mieter mehr als den nach § 5 Absatz 2 auf ihn entfallenden Anteil an den Kohlendioxidkosten zu tragen hat, sind in Mietverträgen über Wohnraum oder über Räume, die keine Wohnräume sind, in einem Wohngebäude im Sinn von § 3 Absatz 1 Nummer 33 des Gebäudeenergiegesetzes vom 8. August 2020 (BGBl. I S. 1728), das durch Artikel 18a des Gesetzes vom 20. Juli 2022 (BGBl. I S. 1237) geändert worden ist, unwirksam. Ein Wohngebäude ist ein Gebäude, das nach seiner Zweckbestimmung überwiegend dem Wohnen dient.

(2) Versorgt sich der Mieter selbst mit Wärme oder mit Wärme und Warmwasser, so hat der Vermieter dem Mieter den Anteil der Kohlendioxidkosten zu erstatten, den der Vermieter nach § 5 Absatz 3 zu tragen hat. Der Mieter muss den Erstattungsanspruch nach Satz 1 innerhalb von zwölf Monaten ab dem Zeitpunkt, in dem der Lieferant der Brennstoffe oder der Wärmelieferant die Lieferung gegenüber dem Mieter abgerechnet hat, in Textform geltend machen. Haben die Parteien eine Vorauszahlung auf Betriebskosten vereinbart, so kann der Vermieter einen vom Mieter geltend gemachten Erstattungsbetrag im Rahmen der nächsten auf die Anzeige folgenden jährlichen Betriebskostenabrechnung verrechnen. Erfolgt keine Betriebskostenabrechnung oder findet keine Verrechnung statt, so hat der Vermieter dem Mieter den Betrag spätestens zwölf Monate nach Anzeige zu erstatten.

(3) Setzt der Mieter Brennstoffe, für die in der Rechtsverordnung nach § 7 Absatz 4 des Brennstoffemissionshandelsgesetzes Standardwerte für Emissionsfaktoren festgelegt sind, nicht ausschließlich in Anlagen zur Wärmeerzeugung für Heizung oder für Heizung und Warmwasser, sondern darüber hinaus zum Betrieb von Geräten zu anderen, gewerblichen Zwecken ein, kann er seinen Erstattungsanspruch gemäß Absatz 2 nur geltend machen, wenn der Verbrauch für die Erzeugung von Wärme oder von Wärme und Warmwasser mit einer Messeinrichtung separat erfasst wird und der Mieter diesen dem Vermieter gegenüber nachweist; der Nachweis kann auch durch die separate Erfassung des Brennstoffverbrauchs nur zum Betrieb der Geräte zu anderen gewerblichen Zwecken erfolgen. Setzt der Mieter Brennstoffe, für die in der Rechtsverordnung nach § 7 Absatz 4 des Brennstoffemissionshandelsgesetzes Standardwerte für Emissionsfaktoren festgelegt sind, nicht ausschließlich in Anlagen zur Wärmeerzeugung für Heizung oder für Heizung und Warmwasser, sondern

darüber hinaus zum Betrieb eigener Geräte zu anderen Zwecken ein, ist sein Erstattungsanspruch nach Absatz 2 um 5 Prozent zu kürzen.

§ 7 Abrechnung des auf den Mieter entfallenden Anteils an den Kohlendioxidkosten bei Wohngebäuden

(1) Der Vermieter ermittelt die auf den oder die Mieter gemäß § 5 Absatz 1 Satz 1 oder 2 entfallenden Kohlendioxidkosten, indem er den im Abrechnungszeitraum verursachten Kohlendioxidausstoß gemäß § 5 Absatz 1 sowie die angefallenen Kohlendioxidkosten gemäß § 5 Absatz 2 berechnet und den auf den Vermieter entfallenden Anteil abzieht. Der Vermieter berechnet sodann den auf den einzelnen Mieter entfallenden Anteil an den Kohlendioxidkosten gemäß der Vereinbarung zwischen Vermieter und Mieter über die Verteilung der Heiz- und Warmwasserkosten auf Grundlage der §§ 6 bis 10 der Verordnung über Heizkostenabrechnung.

(2) Bei Wohngebäuden mit nicht mehr als zwei Wohnungen, von denen eine der Vermieter selbst bewohnt, und in den Fällen von § 11 der Verordnung über Heizkostenabrechnung, in denen die Vertragsparteien eine Abrechnung der Heiz- und Warmwasserkosten vereinbart haben, trägt der Mieter die auf ihn nach Absatz 1 entfallenden Kohlendioxidkosten entsprechend dem mit dem Vermieter vereinbarten Verfahren zur Abrechnung der Heizkosten.

(3) Der Vermieter weist in der Heizkostenabrechnung den auf den Mieter entfallenden Anteil an den Kohlendioxidkosten, die Einstufung des Gebäudes oder der Wohnung im Sinne von § 5 Absatz 1 Satz 1 oder 2 sowie die Berechnungsgrundlagen aus.

(4) Bestimmt der Vermieter den auf den einzelnen Mieter entfallenden Anteil an den Kohlendioxidkosten nicht oder weist er die gemäß Absatz 3 erforderlichen Informationen nicht aus, so hat der Mieter das Recht, den gemäß der Heizkostenabrechnung auf ihn entfallenden Anteil an den Heizkosten um 3 Prozent zu kürzen.

§ 8 Aufteilung der Kohlendioxidkosten und Erstattungsanspruch bei Nichtwohngebäuden

(1) Vereinbarungen, nach denen der Mieter mehr als 50 Prozent der Kohlendioxidkosten zu tragen hat, sind in Mietverträgen über Wohnraum oder über Räume, die keine Wohnräume sind, in einem Nichtwohngebäude im Sinn von § 3 Absatz 1 Nummer 23 des Gebäudeenergiegesetzes unwirksam. Ein Nichtwohngebäude ist ein Gebäude, das nach seiner Zweckbestimmung nicht überwiegend dem Wohnen dient.

(2) Versorgt sich der Mieter selbst mit Wärme oder Warmwasser, so hat der Vermieter dem Mieter 50 Prozent der Kohlendioxidkosten zu erstatten; § 6 Absatz 2 Satz 2 bis 4 und Absatz 3 gilt entsprechend.

(3) Der Vermieter berechnet die auf den oder die Mieter im Gebäude entfallenden Kohlendioxidkosten, indem er die im Abrechnungszeitraum für das Gebäude angefallenen Kohlendioxidkosten ermittelt und den gemäß Absatz 1 auf den Vermieter entfallenden Teil abzieht. Der Vermieter berechnet sodann den auf den einzelnen Mieter entfallenden Anteil an den Kohlendioxidkosten gemäß der Vereinbarung zwischen Vermieter und Mieter über die Verteilung der Heiz- und Warmwasserkosten auf Grundlage der §§ 6 bis 10 der Verordnung über Heizkostenabrechnung. § 7 Absatz 3 und 4 gilt entsprechend.

(4) Die hälftige Aufteilung der Kohlendioxidkosten bei Nichtwohngebäuden wird im Jahr 2025 von einem Stufenmodell für Nichtwohngebäude abgelöst werden.

§ 9 Beschränkungen bei energetischen Verbesserungen

(1) Sofern öffentlich-rechtliche Vorgaben einer wesentlichen energetischen Verbesserung des Gebäudes oder einer wesentlichen Verbesserung der Wärme- und Warmwasserversorgung des Gebäudes entgegenstehen, ist der prozentuale Anteil, den der Vermieter an den Kohlendioxidkosten nach § 5, 6, 7 oder 8 zu tragen hätte, um die Hälfte zu kürzen. Zu den Vorgaben zählen beispielsweise

1. denkmalschutzrechtliche Beschränkungen,
2. rechtliche Verpflichtungen, Wärmelieferungen in Anspruch zu nehmen, insbesondere bei einem Anschluss- und Benutzungszwang, sowie
3. der Umstand, dass das Gebäude im Geltungsbereich einer Erhaltungssatzung gemäß § 172 Absatz 1 Nummer 2 des Baugesetzbuchs liegt.

(2) Wenn in Bezug auf ein Gebäude öffentlich-rechtliche Vorgaben sowohl einer wesentlichen energetischen Verbesserung des Gebäudes als auch einer wesentlichen Verbesserung der Wärme- und Warmwasserversorgung des Gebäudes entgegenstehen, so erfolgt keine Aufteilung der Kohlendioxidkosten.

(3) Der Vermieter kann sich auf Absatz 1 oder 2 nur berufen, wenn er dem Mieter die Umstände nachweist, die ihn zur Herabsetzung seines Anteils berechtigen.

§ 10 Erfahrungsbericht

Das Bundesministerium für Wirtschaft und Klimaschutz und das Bundesministerium für Wohnen, Stadtentwicklung und Bauwesen evaluieren dieses Gesetz und legen dem Bundestag bis zum 31. Dezember 2025 einen Erfahrungsbericht vor. Die Evaluierung wird regelmäßig alle zwei Jahre durchgeführt und umfasst insbesondere

1. eine Prüfung der Effizienz und der Anwendungssicherheit des Verfahrens der Aufteilung der Kohlendioxidkosten im Rahmen der Heizkostenabrechnung, sowie die Prüfung einer Anpassung der Stufen zur Bestimmung des Aufteilungsverhältnisses der Kohlendioxidkosten zwischen Mieter und Vermieter,
2. eine statistische Erfassung der Kostenaufteilung über alle betroffenen Mietverhältnisse hinweg, eine Prüfung der Stufenaufteilung auf ihre Lenkungswirkung,
3. eine Prüfung der Frage, ob die Regelung eines Stufenmodells anhand der Energieeffizienzklassen und eine Aufteilung auf der Grundlage von Energieausweisen zweckmäßig und praktikabel ist, sowie
4. die Prüfung, ob der Mieter bei einem Brennstoffwechsel durch das Wirtschaftlichkeitsgebot nach § 556 Absatz 3 Satz 1 zweiter Halbsatz des Bürgerlichen Gesetzbuches ausreichend geschützt ist oder ob darüber hinausgehende gesetzliche Regelungen geboten sind.

§ 11 Übergangsregelungen

(1) Dieses Gesetz ist auf ein Mietverhältnis, das vor dem 1. Januar 2023 entstanden ist, mit der Maßgabe anzuwenden, dass Vertragsbestimmungen, die den Mieter verpflichten, die Kosten für die Versorgung der mit Wärme oder Warmwasser verbrauchten Brennstoffe oder die Kosten für Wärmelieferungen oder Warmwasserlieferungen zu tragen, nicht den Anteil an den Kohlendioxidkosten umfassen, den der Vermieter nach § 5 Absatz 2 oder nach § 8 Absatz 1 zu tragen hat.

(2) Die Vorschriften über die Aufteilung der Kohlendioxidkosten nach diesem Gesetz sind auf Abrechnungszeiträume für die Abrechnung der Wärme- und Warmwasserkosten anzuwenden, die am oder nach dem 1. Januar 2023 beginnen. Kohlendioxidkosten, die aufgrund des Verbrauchs von Brennstoffmengen anfallen, die vor dem 1. Januar 2023 in Rechnung gestellt worden sind, bleiben unberücksichtigt.

(3) Die Bundesregierung wird bis zum 1. Juni 2023 eine elektronische Anwendung zur Berechnung und Aufteilung der Kohlendioxidkosten für Vermieter und solche Mieter bereitstellen, die sich selbst mit Wärme oder mit Wärme und Warmwasser versorgen.

§ 12 Inkrafttreten

Dieses Gesetz tritt am 1. Januar 2023 in Kraft.

Die verfassungsmäßigen Rechte des Bundesrates sind gewahrt.

Anlage CO2KostAufG – Einstufung der Gebäude oder der Wohnungen bei Wohngebäuden

(zu den §§ 5 bis 7)

Kohlendioxidausstoß des vermieteten Gebäudes oder der Wohnung pro Quadratmeter Wohnfläche und Jahr	Anteil Mieter	Anteil Vermieter	
< 12 kg $CO_2/m^2/a$	100 %	0 %	1
12 bis < 17 kg $CO_2/m^2/a$	90 %	10 %	
17 bis < 22 kg $CO_2/m^2/a$	80 %	20 %	
22 bis < 27 kg $CO_2/m^2/a$	70 %	30 %	
27 bis < 32 kg $CO_2/m^2/a$	60 %	40 %	
32 bis < 37 kg $CO_2/m^2/a$	50 %	50 %	
37 bis < 42 kg $CO_2/m^2/a$	40 %	60 %	
42 bis < 47 kg $CO_2/m^2/a$	30 %	70 %	
47 bis < 52 kg $CO_2/m^2/a$	20 %	80 %	
> = 52 kg $CO_2/m^2/a$	5 %	95 %	

(unbelegt) 2-4

I. Ausgangslage

Am 10.11.2022 (vgl. Deutscher Bundestag, Plenarprotokoll 20/66 v. 10.11.2022, S. 7549) hat der Bundestag das Kohlendioxidkostenaufteilungsgesetz (CO2KostAufG) beschlossen, das am 01.01.2023 in Kraft trat (Gesetzesentwurf der Bundesregierung v. 24.08.2022, BT-Drs. 20/3172, in der Fassung der Beschlussempfehlung des Ausschusses für Wohnen, Stadtentwicklung, Bauwesen und Kommunen v. 09.11.2022, BT-Drs. 20/4383, – vgl. BR-Drs. 580/22 v. 11.11.2022). Nach *Lammel* (HeizkV 5. Aufl. 2022, Nr. 4 Entwurf CO2KostAufG § 1 Rn. 2) stellt das Gesetz die bisherige Systematik »gleichsam auf den Kopf«. Zu unionsrechtlichen Bedenken wird verwiesen auf *Zehelein* WuM 2022, 578 unter III.3. 5

Ab dem 01.01.2023 haben sich Vermieter an den von den Mietern bislang alleine zu tragenden Kohlendioxidkosten, die als staatliche Abgabe Bestandteil der Brennstoffkosten sind, zu beteiligen. 6

Die Kostenaufteilung erfolgt nach einem komplexen Verfahren, dass sich grundsätzlich nach der Energieeffizienz (*Zehelein* WuM 2022, 576 spricht von »Modernisierungsgrad der Heizanlage und energetischer Qualität des Gebäudes«) des jeweiligen Mietobjekts richtet, aber zwischen der Vermietung von Wohn- und Nichtwohngebäuden unterscheidet. 7

Neu ist auch, dass die sich selbst mit Heizwärme und Warmwasser versorgenden Mieter die bei Ihnen anfallenden Kohlendioxidkosten nun von ihrem Vermieter (anteilig) erstatten lassen können. 8

Die folgenden Ausführungen sollen eine erste Übersicht darüber verschaffen, was ab dem 01.01.2023 auf Mieter, Vermieter und Gemeinschaften der Wohnungseigentümer (GdWE) zukommt. 9

II. Anwendungsbereich des CO2KostAufG

10 Voraussetzung für die Anwendbarkeit des CO2KostAufG ist, dass für die Erzeugung von Wärme für die Beheizung bzw. Warmwasserversorgung eines Gebäudes Brennstoffe genutzt werden, für die

11 Kohlendioxidkosten anfallen (§ 2 Abs. 1 CO2KostAufG). Zu einem möglichen gesetzeshierarchischen Konflikt, weil dem Verordnungsgeber die Kompetenz zur Bestimmung des Anwendungsbereichs von Bundesrecht überlassen werde vgl. Zehelein, WuM 2022, 579 unter IV.1. Die In § 2 Abs. 2 CO2KostAufG getroffene Aussage »Dieses Gesetz regelt im Verhältnis zwischen Mieter und Vermieter die Aufteilung der Kohlendioxidkosten ….« soll nicht zutreffend sein, weil § 7 Abs. 4 BEHG diese Regelung trifft. § 2 Abs. 4 CO2KostAufG regelt allein dessen Vorrang vor § 6 Abs. 1 HeizkostenVO, obwohl ein Bundesgesetz als höherrangig der (Heizkosten-)Verordnung sowieso vorgeht (vgl. zum Vorrang auch *Lammel* HeizkV, 5. Aufl. 2022, Nr. 4 Entwurf CO2KostAufG § 2 Rn. 6).

1. Umfassende Anwendung auf alle Versorgungsarten

12 Die Ausgestaltung der Erzeugung und Versorgung des Gebäudes mit Wärme für dessen Beheizung bzw. Warmwasserbereitung im Einzelnen ist unerheblich. Der Anwendungsbereich des CO2KostAufG erfasst alle Formen der Eigen- und Fremderzeugung bzw. -versorgung, insbesondere Nah- und Fernwärme sowie Contracting (§ 2 Abs. 1 S. 1 u. 2, Abs. 3 CO2KostAufG).

2. Anfall von Kohlendioxidkosten

13 Entscheidend für die Anwendung des CO2KostAufG ist somit, ob Kohlendioxidkosten als Bestandteil der Brennstoffkosten anfallen.

a) Kohlendioxidkosten auf der Grundlage des Nationalen Emissionshandels

14 Das CO2KostAufG ist primär auf den Anfall von Kohlendioxidkosten durch den Nationalen Emissionshandel ausgerichtet.

15 Auf der Grundlage des Brennstoffemissionshandelsgesetzes (BEHG) müssen bereits seit dem 01.01.2021 Brennstofflieferanten (Inverkehrbringer von Brennstoffen i.S.d. Energiesteuergesetzes) für das durch die Verbrennung der von ihnen veräußerten Brennstoffe freigesetzte Kohlendioxid (CO2) einen CO2-Preis bezahlen (Brennstoffemissionshandelsgesetz – BEHG – v. 12.12.2019 (BGBl. I 2019, S. 2728), zuletzt geändert durch das 2. Gesetz zur Änderung des BEHG v. 09.11.2022 (BGBl. I 2022, S. 2006).

16 Der CO2-Preis wird im Rahmen des nationalen CO2-Emissionshandels über den verpflichtenden Erwerb von Emissionszertifikaten bei der Deutschen Emissionshandelsstelle (DEHSt) im Umweltbundesamt erhoben. Die Emissionszertifikate berechtigen den Erwerber, eine bestimmte Menge an CO2 durch das Inverkehrbringen von Brennstoffen zu emittieren. Die begrenzte Menge an Emissionszertifikaten regelt, wieviel CO2 insgesamt freigesetzt werden darf. Überschreitungen ziehen Strafzahlungen nach sich.

17 Dies betrifft gem. § 2 Abs. 1 S. 1 CO2KostAufG i.V.m. § 7 Abs. 4 BEHG insbesondere die für die Wärme- und Warmwasserversorgung von Gebäuden typischerweise eingesetzten Brennstoffe wie Heizöl, Erdgas und Flüssiggas sowie ab 2023 auch Kohle (zudem Diesel und Benzin, ab 2024 auch Abfall als Brennstoff; Festlegung der Emissionsfaktoren in Anlage 1 Teil 4 der Verordnung über die Emissionsberichterstattung nach dem Brennstoffemissionshandelsgesetz für die Jahre 2021 und 2022 (Emissionsberichterstattungsverordnung 2022 – EBeV 2022) v. 17.12.2020 (BGBl. I 2020, 3016).

18 Der Preis des Emissionszertifikats und damit die Kohlendioxidkosten richten sich gem. § 10 BEHG i.V.m. § 4 CO2KostAufG während einer Festpreisphase von 2021 bis 2025 nach einem staatlich festgelegten, sich schrittweise jährlich von zunächst 25,00 € pro Tonne CO2 bis auf 45,00 € pro Tonne CO2 erhöhenden Preis (2022: 30,00 € pro Tonne CO2). Die ursprünglich vorgesehene Preiserhöhung für 2023 auf 35,00 € wurde zur Entlastung der Privathaushalte und der Wirtschaft

ausgesetzt (2023: 30,00 €) sowie für 2024 und 2025 um 10,00 € abgesenkt (2024: 35,00 € /2025: 45,00 €).

Im Jahr 2026 berechnet sich der CO2 -Preis nach dem Mittelwert des Preiskorridors von 55,00 € bis 65,00 € . 19

Ab dem Jahr 2027 berechnet sich der CO2-Preis nach dem Durchschnittspreis der Versteigerungen im Zeitraum vom 1.7. bis zum 30.11. des jeweils vorangegangenen Kalenderjahres. 20

b) Kohlendioxidkosten auf der Grundlage des Europäischen Emissionshandels

Vom BEHG nicht umfasst werden Wärmelieferungen aus Fernwärmenetzen, die ganz oder teilweise aus Wärmeerzeugungsanlagen gespeist werden, für die aufgrund ihrer Größe (Wärmeerzeugungsanlagen > 20 Megawatt Leistung) Kohlendioxidkosten auf der Grundlage des Europäischen Emissionshandels (European Emissions Trading System – EU-ETS) anfallen (EU-Emissionshandelsrichtlinie [Richtlinie 2003/87/EG] v. 13.10.2003, EU-Abl. L 275/12. v. 25.10.2003). 21

Um eine Ungleichbehandlung zu vermeiden, werden gem. § 2 Abs. 3 S. 1 CO2KostAufG auch solche Fernwärmelieferungen in die Kohlendioxidkostenaufteilung einbezogen. 22

Um den in umweltpolitisch förderungswürdigen Ausbau der Fernwärmeversorgung nicht zu beeinträchtigen, sind allerdings neue Fernwärmeanschlüsse ab dem 01.01.2023 ausgenommen (Beschlussempfehlung des Ausschusses für Wohnen, Stadtentwicklung, Bauwesen und Kommunen v. 09.11.2022; BT-Drs. 20/4383, S. 25). 23

III. Aufteilung der Kohlendioxidkosten nach dem CO2KostAufG

Anlass für die Einführung des CO2KostAufG ist der Umstand, dass der mit dem Inkrafttreten des BEHG erhoffte Effekt, zumindest was vermietete Immobilien angeht, ausgeblieben ist. 24

1. Einseitige Kostenbelastung der Mieter durch das BEHG

Die mit dem BEHG eingeführte CO2-Abgabe verfolgt den Zweck, durch eine schrittweise Herabsetzung der zum Erwerb zur Verfügung stehenden CO2-Emissionszertifikate bei gleichzeitiger Erhöhung der Zertifikatspreise die Kosten für Brennstoffe laufend zu verteuern (»Cap and Trade-Prinzip«). 25

Dies soll den finanziellen Anreiz für alle Beteiligten immer größer werden lassen, CO2 -Emissionen zu vermeiden und in Klimaschutzmaßnahmen zu investieren. 26

Wohl kaum überraschend, schlagen indes Brennstofflieferanten die ihnen durch das BEHG entstehenden Kohlendioxidkosten schlicht auf die Brennstoffpreise auf. 27

Da die hierdurch erhöhten Brennstoffkosten im Rahmen von Mietverhältnissen typischerweise als Betriebskosten auf die Mieter umgelegt werden, ist auch der Anreiz der Vermieter zur energetischen Ertüchtigung ihrer Gebäude gering geblieben. 28

Letztlich hat das BEHG zu einer einseitigen finanziellen Belastung der Mieter mit den Kohlendioxidkosten geführt, insbesondere bei einkommensschwachen Mietern von Wohnraum. 29

2. Beteiligung der Vermieter an den Kohlendioxidkosten

Zweck des CO2KostAufG ist die Behebung dieses Missstands durch die anteilige Belastung der Vermieter mit den bei den Mietern anfallenden Kohlendioxidkosten (vgl. *Lammel*, HeizkV, 5. Aufl. 2022, Nr. 4 Entwurf CO2KostAufG § 1 Rn. 3). 30

Die gemeinsame Belastung von Mietern und Vermietern mit den Kohlendioxidkosten soll zum einen bewirken, dass die Gebäudeeigentümer in klimaschonende Heizungssysteme und energetische 31

Sanierungen investieren, zum anderen sollen die Mieter zu energieeffizientem Verhalten angehalten werden (vgl. § 1 CO2KostAufG).

a) Vorwegabzug des Vermieteranteils in der Heizkostenabrechnung

32 Mit Wirkung ab dem 01.01.2023 müssen die in den Brennstoffkosten enthaltenen Kohlendioxidkosten für die Versorgung des Gebäudes mit Wärme bzw. Warmwasser zwischen Vermieter und Mieter aufgeteilt werden (vgl. §§ 2 Abs. 2, 5 Abs. 2, 8 Abs. 1 S. 1, 11 Abs. 2 S. 1 CO2KostAufG).

33 Hierzu hat der den Mieter mit Heizwärme und Warmwasser versorgende Vermieter den auf ihn entfallenden Anteil an den Kohlendioxidkosten aus den Brennstoffkosten als nicht umlagefähig herauszurechnen und im Rahmen der Heizkostenabrechnung als Vorwegabzug von den umlagefähigen Heizkosten abzusetzen (vgl. §§ 7 Abs. 1, 8 Abs. 3 S. 1 u. 2 CO2KostAufG). In der Heizkostenabrechnung ist die Anteilsberechnung nebst den Berechnungsgrundlagen auszuweisen (vgl. §§ 7 Abs. 3, 8 Abs. 3 S. 3 CO2KostAufG).

34 Dem entgegenstehende »Vereinbarungen« (*Zehelein* WuM 2022, 581 r. Sp. moniert, dass nur abweichende rechtsgeschäftliche Abreden für unwirksam erklärt werden, nicht aber die HeizkostenVO abgeändert wird) – insbesondere im Mietvertrag – sind ab dem 01.01.2023 nicht mehr zulässig (vgl. §§ 6 Abs. 1 S. 1, 8 Abs. 1 S. 1 CO2KostAufG). Vereinbarungen in vor diesem Zeitpunkt begründeten Mietverträgen werden gesetzlich dahingehend reduziert, dass die als umlagefähig vereinbarten Brennstoffkosten bzw. Kosten für Wärme- und Warmwasserlieferungen den Vermieteranteil an den Kohlendioxidkosten nicht mehr umfassen (vgl. § 11 Abs. 1 CO2KostAufG). Auch *Zehelein* (WuM 2022, 580 unter IV.5.a) bb) konzediert, dass die »misslungene« Regelung in § 6 Abs. 1 CO2KostAufG das Erfordernis eines Vorwegabzugs auf Seiten des Vermieters herstellen will. Grundlage der Kostentragungspflicht bei Heizkosten ist nämlich nicht der Mietvertrag, sondern die ihn (derzeit) überlagernde HeizkostenVO (dort § 2). Deshalb können vereinbarte Bruttowarmmieten auch (derzeit) nicht wirksam werden (vgl. zu Pauschalmieten *Lammel* HeizkV, 5. Aufl. 2022, Nr. 4 Entwurf CO2KostAufG § 6 Rn. 8; *Riecke* in: Schmid Handbuch der Mietnebenkosten, 18.Aufl. 2023, Rn. 1095 f.). Die Entwurfsbegründung geht von einem falschen Verständnis zur Anspruchsgrundlage aus; die Kostenzuordnung und Kostentragung erfolgt nicht rechtsgeschäftlich, sondern verordnungsrechtlich zulasten des Mieters (vgl. *Zehelein* WuM 2022, 581 unter IV.5.cc) zu BT-Drs. 20/3172, S. 34). In § 5 Abs. 2 CO2KostAufG fehlt eine ausdrückliche den Vorgaben der HeizkostenVO vorgehende materielle Kostenzuordnung (zur unzureichenden Systematik vgl. *Zehelein* WuM 2022, 581 unter IV.5.dd). Es bedarf hier einer am erkennbaren Normzweck orientierten weiten Auslegung der §§ 5 Abs. 2 und 2 Abs. 4 CO2KostAufG.

b) Energieeffizienz als Aufteilungsmaßstab

35 Der vom Vermieter zu übernehmende Anteil an den Kohlendioxidkosten richtet sich bei Wohngebäuden nach der Energieeffizienz. Je schlechter diese in insgesamt 10 Effizienzklassen eingestuft wird, umso höher fällt die Belastung des Vermieters aus (sog. Stufenmodell vgl. §§ 5 Abs. 2, 6 Abs. 1 i.V.m. Anlage zu §§ 5–7 CO2KostAufG).

36 Bei Nichtwohngebäuden beträgt der Vermieteranteil derzeit stets 50% der Kohlendioxidkosten; die hälftige Aufteilung der Kohlendioxidkosten soll indes im Jahr 2025 durch ein Stufenmodell für Nichtwohngebäude ersetzt werden (vgl. § 8 Abs. 1, Abs. 3 CO2KostAufG).

c) Erstattungsanspruch des selbstversorgenden Mieters (§ 6 Abs. 2 CO2KostAufG)

37 Aus der gemeinsamen Tragung der Kohlendioxidkosten folgt, dass dem sich selbst mit Heizwärme und Warmwasser versorgenden Mieter ein Anspruch auf anteilige Erstattung der bei ihm angefallenen Kohlendioxidkosten gegenüber dem Vermieter nach den o.g. Aufteilungsregeln zusteht (vgl. §§ 6 Abs. 2 S. 1, 8 Abs. 2 S. 1 CO2KostAufG). Der Mieter muss diesen Erstattungsanspruch innerhalb von 12 Monaten ab dem Zeit-punkt, in dem der Lieferant der Brennstoffe oder der Wärmelieferant die Lieferung gegenüber dem Mieter abgerechnet hat, in Textform geltend machen (§ 6 Abs. 2 S. 2

CO2KostAufG). Haben die Parteien eine Vorauszahlung auf Betriebskosten vereinbart, so kann der Vermieter einen vom Mieter geltend gemachten Erstattungsbetrag im Rahmen der nächsten auf die Anzeige folgenden jährlichen Betriebskostenabrechnung verrechnen (§ 6 Abs. 2 S. 3 CO2KostAufG), womit ersichtlich eine Aufrechnung gemeint ist; die beabsichtigte hinausgeschobene Fälligkeitsregelung oder gesetzliche Stundung ist dem Gesetz nicht zu entnehmen (vgl. *Zehelein* WuM 2022, 582 unter IV.5.b) bb).

d) Ausnahmen

Die besonderen Aufteilungsregelungen des CO2KostAufG finden naturgemäß keine Anwendung, wenn in den Fällen des § 11 HeizkostenV keine Abrechnung der Heizungs- und Warmwasserkosten stattfindet (vgl. § 2 Abs. 6 CO2KostAufG). 38

Haben die Mietvertragsparteien indes trotz Anwendbarkeit des § 11 HeizkostenV eine Abrechnung der Heizungs- und Warmwasserkosten vereinbart, trägt der Mieter die Kohlendioxidkosten nur anteilig nach den mit dem Vermieter besonders vereinbarten Abrechnungsregelungen. 39

Entsprechendes gilt für besondere Abrechnungsvereinbarungen bei Gebäuden mit nur zwei Wohnungen, von denen eine vom Vermieter selbst bewohnt wird (vgl. § 7 Abs. 2 CO2KostAufG i.V.m. §§ 2, 11 HeizkostenV). 40

IV. Verfahren zum Vorwegabzug des Vermieteranteils bei Wohngebäuden

Das Stufenmodell für die Berechnung und den Vorwegabzug (vgl. *Zehelein* WuM 2022, 584 unter IV.6.a)bb) des Vermieteranteils an den Kohlendioxidkosten gem. §§ 5–7 CO2KostAufG gilt für alle Mietverträge, die auf Wohngebäude i.S.d. § 6 Abs. 1 CO2KostAufG i.V.m. § 3 Abs. 1 Nr. 33 GEG bezogen sind. Hiernach ist ein Wohngebäude ein Gebäude, das nach seiner Zweckbestimmung überwiegend dem Wohnen dient. Daher können auch Mietverhältnisse über Räume, die keine Wohnräume sind, unter das Stufenmodell fallen, wenn diese Räume sich in einem Gebäude befinden, das überwiegend zu Wohnzwecken genutzt wird. In Fällen, in denen ein Gebäude zu gleichen Teilen zum Wohnen und zu sonstigen Zwecken genutzt wird, ist die Regelung über gemischtgenutzte Gebäude aus § 106 GEG anzuwenden. 41

1. Schritt 1: Berechnung des spezifischen CO2-Ausstoßes des Gebäudes

Der Vermieter berechnet zunächst nach § 7 Abs. 1 i.V.m. § 5 Abs. 1 CO2KostAufG den spezifischen CO2-Ausstoß des Gebäudes bzw. der Wohnung in Kilogramm CO2 pro qm-Wohnfläche und Jahr. Hierfür ermittelt er die im Abrechnungszeitraum verbrauchte Brennstoffmenge und multipliziert deren Energiegehalt in kWh mit dem maßgeblichen Emissionsfaktor des jeweiligen Brennstoffs in Kilogramm CO2 pro kWh. 42

2. Schritt 2: Berechnung der angefallenen Kohlendioxidkosten der Wohnung

Der Vermieter berechnet sodann gem. § 5 Abs. 2 S. 1 CO2KostAufG die im Abrechnungszeitraum insgesamt angefallenen Kohlendioxidkosten. Hierfür ist der in Kilogramm ermittelte jährliche CO2-Ausstoß des Gebäudes zunächst in Tonnen CO2 umzurechnen (:1000) und mit dem jeweiligen für die Brennstofflieferung geltenden aktuellen CO2-Preis pro Tonne (2022: 30,00 €) zu multiplizieren. Ins Verhältnis zur Gesamtwohnfläche gesetzt ergeben sich die auf die einzelne Wohnung entfallenden Kohlendioxidkosten. 43

3. Schritt 3: Ermittlung des Vermieteranteils an den Kohlendioxidkosten

Gem. § 5 Abs. 2 S. 2 CO2KostAufG richtet sich der vom Vermieter zu tragende Anteil an den in Schritt 2 ermittelten Kohlendioxidkosten nach der Einstufung des Gebäudes in die 10 Energieeffizienzklassen, die in der Anlage zu §§ 5–7 CO2KostAufG enthalten sind, anhand des in Schritt 1 ermittelten spezifischen CO2-Ausstoßes des Gebäudes. 44

45 Je höher der spezifische CO2-Ausstoß des Gebäudes in kg pro Jahr und qm-Wohnfläche ist, desto höher fällt der der jeweiligen Energieeffizienzklasse, in das das Gebäude einzustufen ist, zugeordnete Kostenanteil des Vermieters aus. Fällt das Gebäude in die emissionsstärkste Stufe, sind vom Vermieter 100 % der Kohlendioxidkosten alleine zu tragen, in der emssionsschwächsten Stufe liegt der Vermieteranteil nur noch bei 5 % der Kohlendioxidkosten (vgl. Anlage zu §§ 5–7 CO2KostAufG).

4. Schritt 4: Vornahme des Vorwegabzugs und Abrechnung der Rest-Kohlendioxidkosten

46 Nach Abzug des vom Vermieter selbst zu tragenden Anteils legt der Vermieter den verbleibenden Mieteranteil an den Kohlendioxidkosten gem. § 7 Abs. 1 CO2KostAufG im Rahmen der Heizkostenabrechnung nach dem gem. §§ 6 – 10 HeizkostenV vereinbarten Verteilerschlüssel um.

47 Dabei hat der Vermieter gem. § 7 Abs. 3 CO2KostAufG in der Heizkostenabrechnung den auf den Mieter entfallenden Anteil an den Kohlendioxidkosten, die Einstufung des Gebäudes oder der Wohnung gem. § 5 Abs 1 S. 1 oder 2 CO2KostAufG sowie die Berechnungsgrundlagen auszuweisen.

5. Erleichterung der Berechnung durch § 3 C02KostAufG

48 Eine Erleichterung der vorstehend wiedergegebenen Berechnungsschritte 1 und 2 soll durch § 3 CO2KostAufG bewirkt werden.

49 Hiernach haben Brennstoff- und Wärmelieferanten auf ihren Rechnungen Angaben über die Brennstoffemissionen der Brennstoff- oder Wärmelieferung in kg-CO2, über die für die jeweilige Lieferung anfallenden Kohlendioxidkosten, den heizwertbezogenen Emissionsfaktor der gelieferten oder zur Wärmeerzeugung eingesetzten Brennstoffe in kg-CO2/kWh und den Energiegehalt des Brennstoffs in kWh auszuweisen (vgl. auch *Zehelein* WuM 2022, 580 unter IV.3. und 4.). Zu den Standardwerten bei der Berechnung von Brennstoffemissionen vgl. die Übersicht bei *Lammel* HeizkV, 5. Aufl. 2022, Nr. 4 Entwurf CO2KostAufG § 3 Rn. 2.

6. Der Aufwand zur Kostenermittlung (gemäß § 5 C02KostAufG) ist erheblich

50 § 5 nebst Anlage 1 C02KostAufG ist der Kernpunkt der neuen Regelung (*Lammel* HeizkV, 5. Aufl. 2022, Nr. 4 Entwurf CO2KostAufG § 5 Rn. 1) Für den Vermieter (und auch für den Mieter als »Selbstversorger«, § 5 Abs. 3 C02KostAufG; vgl. dazu *Lammel* HeizkV, 5. Aufl. 2022, Nr. 4 Entwurf CO2KostAufG § 5 Rn. 7 sowie § 6 Rn. 4) ergibt sich gleichwohl ein erheblicher bürokratischer Aufwand für das Berechnungs- und Aufteilungsverfahren (vgl. *Zehelein* WuM 2022, 580 unter IV.4.) nach dem Stufenmodell.

51 Zu unterschätzen dürfte auch nicht der zusätzliche Aufwand sein, der sich daraus ergibt, dass die Brennstoffliefermengen und -zeitpunkte (gerade bei Heizöl) regelmäßig nicht mit dem mietrechtlich vereinbarten Abrechnungszeitraum und dem tatsächlichen Brennstoffverbrauch übereinstimmen, was komplizierte Abgrenzungsberechnungen zur Folge hat (vgl. § 5 Abs. 1 S. 5 CO2KostAufG).

52 Gleiches gilt für unterjährige Abrechnungszeiträume z.B. durch Nutzerwechsel (vgl. § 5 Abs. 1 S. 4 CO2KostAufG).

53 Abgrenzungen müssen für die Übergangsphase von 2022 auf 2023 vorgenommen werden, da Kohlendioxidkosten, die aufgrund des Verbrauchs von Brennstoffen, die vor dem 01.01.2023 in Rechnung gestellt wurden, außer Betracht bleiben (vgl. § 11 Abs. 2 S. 2 CO2KostAufG; *Lammel* HeizkV, 5. Aufl. 2022, Nr. 4 Entwurf CO2KostAufG § 12 a.F. Rn. 2).

54 Die Kostenberechnung wird zudem mit Beendigung der Festpreisphase für Emissionszertifikate komplizierter, da die anzusetzenden Kohlendioxidkosten sich regelmäßig ändern, insbesondere nach dem Ende der Festpreisphase ab 2026 (vgl. § 4 CO2KostAufG).

55 Ferner werden Mieter zur Kontrolle der Berechnungsgrundlagen das ihnen zustehende Recht auf Einsichtnahme in die Original-Rechnungen ausüben (*BGH*, Urt. v. 15.12.2021 – VIII ZR 66/20, ZMR 2022, 280).

7. Praktische Umsetzung

Professionell agierende Vermieter und Verwalter werden mangels technischer und personeller Ressourcen den zur Berechnung und Vornahme des Vorwegabzugs nach dem Stufenmodell zu betreibenden Aufwand auf ihren mit der Erstellung der Heizkostenabrechnungen befassten Dienstleister auslagern (müssen). Dies gilt ebenso für private oder Kleinvermieter, die mit dem erzeugten bürokratischen Aufwand überfordert sind. 56

Ob das in § 11 Abs. 3 CO2KostAufG enthaltene Versprechen der Bundesregierung, bis zum 01.06.2023 eine elektronische Anwendung zur Berechnung und Aufteilung der Kohlendioxidkosten für Vermieter bereitzustellen, diese Probleme löst, bleibt abzuwarten. 57

V. Verfahren zum Vorwegabzug des Vermieteranteils bei Nichtwohngebäuden

Bei Nichtwohngebäuden werden die Kohlendioxidkosten gem. § 8 Abs. 3 CO2KostAufG vorläufig hälftig geteilt. 58

Der Vermieter ermittelt die auf den Mieter entfallenden Kohlendioxidkosten im Sinne des oben dargestellten 2. Berechnungsschrittes, kürzt diese um einen Vermieteranteil, der stets 50 % beträgt, und legt den verbleibenden Mieteranteil an den gemäß dem obigen 4. Berechnungsschritt im Rahmen der Heizkostenabrechnung nach dem gem. §§ 6 – 10 HeizkostenV vereinbarten Verteilerschlüssel auf den Mieter um. (§ 8 CO2KostAufG). 59

Die 50:50-Regel gilt für alle Mietverträge, die auf Nichtwohngebäude i.S.d. § 8 Abs. 1 CO2KostAufG i.V.m. § 3 Abs. 1 Nr. 23 GEG bezogen sind. Hiernach ist ein Nichtwohngebäude ein Gebäude, das nach seiner Zweckbestimmung nicht überwiegend dem Wohnen dient. Daher können auch Mietverhältnisse über Räume, die Wohnräume sind, unter die 50:50 Regel fallen, wenn diese Räume sich in einem Gebäude befinden, das überwiegend nicht zu Wohnzwecken genutzt wird. 60

Gem. § 8 Abs. 4 CO2KostAufG soll die 50:50-Regelung für Nichtwohngebäude im Jahr 2025 durch ein Stufenmodell abgelöst werden. 61

VI. Verfahren zum Erstattungsanspruch des selbstversorgenden Mieters

Dem sich selbst mit Heizwärme und Warmwasser versorgenden Mieter steht gem. §§ 6 Abs. 2, 8 Abs. 2 CO2KostAufG gegenüber dem Vermieter ein Anspruch auf anteilige Erstattung (vgl. *Zehelein* WuM 2022, 577 unter III.1.) der bei ihm angefallenen Kohlendioxidkosten zu. 62

Das Berechnungsverfahren zur Ermittlung des Vermieteranteils an den Kohlendioxidkosten folgt – nur mit umgekehrten Vorzeichen – bei Mietverhältnissen in Bezug auf Wohngebäude gem. § 5 Abs. 3 CO2KostAufG dem unter obiger Ziff. 3. dargestellten Stufenmodell. 63

Ob insbesondere Mieter von Wohnraum in der Lage und willens sein werden, den mit der Berechnung und Aufteilung der Kohlendioxidkosten verbundenen Aufwand auf sich zu nehmen, bleibt auch angesichts des in § 11 Abs. 3 CO2KostAufG enthaltenen Ankündigung, bis zum 01.06.2023 eine elektronische Anwendung zur Berechnung und Aufteilung der Kohlendioxidkosten auch für Mieter bereitzustellen, abzuwarten. 64

Gleiches gilt gem. § 8 Abs. 2 CO2KostAufG für die Berechnung des Vermieteranteils an den Kohlendioxidkosten bei Nichtwohngebäuden nach der 50:50-Regel (s. oben zu Ziff. 4.). 65

Besonderheiten ergeben sich bei der Geltendmachung und Abwicklung des Erstattungsanspruchs. 66

1. Ausschlussfrist für die Geltendmachung des Erstattungsanspruchs

Der Mieter muss gem. §§ 6 Abs. 2 S. 2, 8 Abs. 2 Hs. 2 CO2KostAufG seinen Erstattungsanspruch innerhalb einer (Ausschluss-)Frist von 12 Monaten (im Entwurf waren noch 6 Monate vorgesehen, vgl. *Lammel* HeizkV, 5. Aufl. 2022, Nr. 4 Entwurf CO2KostAufG § 6 Rn. 5), gerechnet ab dem 67

Zeitpunkt, in dem der Brennstofflieferant ihm gegenüber abgerechnet hat, in Textform beim Vermieter geltend machen.

2. Abwicklungsfristen für den Erstattungsanspruch

68 Sind Vorauszahlungen auf Betriebskosten vereinbart, so kann der Vermieter gem. §§ 6 Abs. 2 S. 3, 8 Abs. 2 Hs. 2 CO2KostAufG den geltend gemachten Erstattungsbetrag im Rahmen der nächstfolgenden Betriebskostenabrechnung verrechnen.

69 Erfolgt keine Betriebskostenabrechnung oder findet keine Verrechnung statt, so hat der Vermieter gem. §§ 6 Abs. 2 S. 4, 8 Abs. 2 Hs. 2 CO2KostAufG dem Mieter den Betrag spätestens zwölf Monate nach Anzeige zu erstatten.

3. Hinweispflicht des Brennstofflieferanten

70 Da der Vermieter den Mieter nicht auf dessen Erstattungsanspruch hinweisen muss, haben Brennstoff- und Wärmelieferanten auf ihren Rechnungen auf die Erstattungsansprüche nach § 6 Abs. 2 und § 8 Abs. 2 CO2KostAufG hinzuweisen.

VII. Sonderregelungen bei der Beschränkung energetischer Verbesserungen

71 Stehen öffentlich-rechtliche Vorschriften einer wesentlichen energetische Verbesserung des Gebäudes **oder** einer wesentlichen Verbesserung von dessen Wärme-/Warmwasserversorgung entgegen (Denkmalschutz, Anschluss- und Benutzungszwang, Erhaltungssatzung nach § 172 Abs. 1 Nr. 2 BauGB), ist der nach den vorstehend beschriebenen Verfahren ermittelte Vermieteranteil an den Kohlendioxidkosten um 50 % zu kürzen (§ 9 Abs. 1 CO2KostAufG).

72 Stehen öffentlich-rechtliche Vorschriften **sowohl** einer wesentlichen energetische Verbesserung des Gebäudes **als auch** einer wesentlichen Verbesserung der Wärme-/Warmwasserversorgung entgegen, erfolgt keine Aufteilung Kohlendioxidkosten (§ 9 Abs. 2 CO2KostAufG).

VIII. Anwendbarkeit des CO2KostAufG auf das Wohnungseigentum

73 Nach dem Wortlaut der Regelungen unter § 1 und § 2 Abs. 2 CO2KostAufG erstreckt sich dessen Anwendungsbereich ausschließlich auf die Ermittlung, Aufteilung und Abrechnung der Kohlendioxidkosten im Verhältnis zwischen Mieter und Vermieter.

74 Das CO2KostAufG blendet dabei die Existenz vermieteten Wohnungseigentums vollkommen aus.

1. Verwaltungskompetenz der Gemeinschaft der Wohnungseigentümer (GdWE)?

75 Somit ist fraglich, ob eine Befugnis der GdWE zur Wahrnehmung der sich aus dem CO2KostAufG für vermietende Wohnungseigentümer ergebenden Aufgaben besteht.

76 Tatsächlich bezieht sich die Kompetenz der GdWE gem. § 18 Abs. 1 WEG nur auf die Verwaltung des gemeinschaftlichen Eigentums und nicht auf die (Miet-)Verwaltung des Sondereigentums.

77 Selbst wenn man einen unmittelbaren Zusammenhang zwischen der Verteilung der Kohlendioxidkosten und der aus § 1 Abs. 2 Nr. 3 Hs. 1 HeizkostenV folgenden Verpflichtung der GdWE zur Erteilung von Heizkostenabrechnungen sieht, besagt indes § 1 Abs. 2 Nr. 3 Hs. 2 HKVO, dass im Verhältnis zum Mieter der vermietende Wohnungseigentümer (und nicht die GdWE) als Gebäudeeigentümer und damit als zur Erfüllung der Vorschriften der HeizkostenV Verpflichteter gilt.

2. Fatale Folgen fehlender Verwaltungskompetenz

78 Verneint man eine Verwaltungskompetenz der GdWE, hat dies für den vermietenden Wohnungseigentümer fatale Folgen.

Die von der GdWE gem. § 1 Abs. 2 Nr. 3 Hs. 1 HeizkostenV den Wohnungseigentümern zur Verfügung zu stellende Heizkostenabrechnung enthielte dann weder eine Berechnung und Aufteilung noch eine Darstellung und Erläuterung des vorzunehmenden Vorwegabzugs des vom vermietenden Wohnungseigentümer im Verhältnis zu seinem Mieter zu tragenden Anteils an den Kohlendioxidkosten. 79

Da der einzelne vermietende Wohnungseigentümer nicht Vertragspartner des die Heizkostenabrechnung für die GdWE erstellenden Dienstleisters ist, besteht insoweit auch keine Einflussmöglichkeit. 80

Es sei denn, der Messdienstleister wäre auf der Grundlage eines separat mit dem vermietenden Wohnungseigentümer zu schließenden Dienstleistungsvertrags bereit, für eine einzelne Wohnung die Berechnung, Aufteilung Vornahme und Erläuterung des Vorwegabzugs der Kohlendioxidkosten vorzunehmen. Ein Szenario, dass realistischerweise kaum in Betracht kommt. 81

Somit müsste der vermietende Wohnungseigentümer, bevor er die mietrechtliche Betriebskostenabrechnung erstellen kann, zunächst die nach dem CO2KostAufG erforderliche Berechnung sowie Aufteilung der Kohlendioxidkosten selbst vornehmen und den zu tätigenden Vorwegabzug in die Heizkostenabrechnung einfügen. Ob ihm dies nach den obigen Ausführungen rechtssicher gelingt, ist ebenso zu bezweifeln. 82

3. Verwaltungskompetenz der GdWE besteht

Aus § 1 und § 2 Abs. 2 CO2KostAufG und § 1 Abs. 2 Nr. 3 Hs. 2 HeizkostenV kann nicht gefolgert werden, dass eine Handlungskompetenz der GdWE ausgeschlossen ist. 83

Es entspricht der herrschenden Rechtsauffassung, dass auch das Sondereigentum betreffende Angelegenheiten, insbesondere die durch die Nutzung des Sondereigentums verursachten Kosten, gleichwohl der Verwaltungskompetenz der GdWE (und damit auch dem Tätigkeitsbereich des Verwalters) unterfallen, soweit eine Abwicklung insbesondere der entstehenden Kosten, durch die GdWE im Außenverhältnis notwendig ist (*BGH*, Urt. v. 22.11.2013 – V ZR 46/13, ZMR 2014, 899). 84

So handelt es sich bei der (Mit-)Versicherung des Sondereigentums im Rahmen der von der GdWE gem. § 19 Abs. 2 Nr. 4 WEG abzuschließenden Wohngebäudeversicherung sowie bei den durch das Sondereigentum (mit-)verursachten Kosten nach einhelliger Meinung um einen Gegenstand, der der Verwaltungskompetenz der GdWE unterfällt (*LG Frankfurt/M.*, Urt. v. 20.05.2021 – 2–13 S 149/19, ZMR 2021, 841). 85

Auch unterliegen unstreitig Fragen des Kabel-/TV-Empfangs, der Versorgung mit Kaltwasser, der Abwasserbeseitigung und der Müllabfuhr der Verwaltungskompetenz der GdWE, wobei es sich bei den hierdurch nur im Sondereigentum entstehenden Kosten unstreitig um deren Verwaltungskosten handelt, auch wenn der in § 16 Abs. 3 WEG a.F. enthaltene ausdrückliche Hinweis hierauf in § 16 Abs. 2 WEG n.F. nicht mehr enthalten ist (*Hügel/Elzer* WEG, 3. Aufl. 2021, § 16 Rn. 35; Jennißen/*Jennißen* WEG, 8. Aufl. 2024, § 16 Rn. 33). 86

Dies gilt unbestritten insbesondere für die Erfüllung der Vorschriften der HeizkostenV, obgleich der Wärmeverbrauch ganz überwiegend im Bereich des Sondereigentums stattfindet (*Hügel/Elzer* WEG, 3. Aufl. 2021, § 16 Rn. 91 ff.). 87

Dabei ist auch zu berücksichtigen, dass die GdWE im Rahmen der ihr obliegenden Pflicht zur Erfassung und Abrechnung der Heizkosten ohnehin, was der Handlungskompetenz des einzelnen Wohnungseigentümers entzogen ist, mit einem Messdienstleister einen Vertrag über die Ausstattung des Sondereigentums mit Verbrauchserfassungsgeräten, deren Ablesung und der Erstellung der Heizkostenabrechnung schließt. 88

IX. Kürzungsrecht des Mieters (§ 7 Abs. 4 CO2KostAufG)

89 Bestimmt der Vermieter den auf den einzelnen Mieter entfallenden Anteil an den Kohlendioxidkosten nicht oder weist er die gemäß § 7 Abs. 3 CO2KosteAufG erforderlichen Informationen nicht aus, hat der Mieter gem. § 7 Abs. 4 CO2KosteAufG das Recht, den gemäß der Heizkostenabrechnung auf ihn entfallenden Anteil an den Heizkosten um drei Prozent zu kürzen.

1. Kumulative Anwendung neben den Kürzungsrechten gem. § 12 HeizkostenV

90 Das für 2 alternative Sachverhalte vorgesehene Kürzungsrecht aus § 7 Abs. 4 CO2KostAufG beläuft sich insgesamt auf 3 % und besteht kumulativ neben den Kürzungsrechten gem. § 12 Abs. 1 – 3 HeizkostenV.

91 Die Begründung des Gesetzesentwurfs verweist »zur Ausgestaltung der Sanktion sowie zur Höhe der Kürzungsmöglichkeit« ausdrücklich auf das Kürzungsrecht gem. § 12 Abs. 1 HeizkostenV (BT-Drs. 20/3172, S. 34).

2. Ausschluss des Kürzungsrechts im Wohnungseigentum

92 Die Kürzungsrechte aus § 12 Abs. 1 – 3 HeizkostenV sind gem. § 12 Abs. 4 HeizkostenV nicht im Verhältnis des einzelnen Wohnungseigentümers zur GdWE anwendbar.

93 Dazu, ob dies auch für das Kürzungsrecht gem. § 7 Abs. 4 CO2KostAufG gilt, schweigen das Gesetz.

Wegen des Verweises der Gesetzesbegründung auf das Kürzungsrecht des § 12 Abs. 1 HeizkostenV und der Tatsache, dass das CO2KostAufG eine **Spezialregelung zur Abrechnung der Heizkosten** darstellt, ist davon auszugehen, dass dem einzelnen vermietenden Wohnungseigentümer gegenüber der GdWE kein Kürzungsrecht zusteht, sofern diese die aus dem CO2KostAufG resultierenden Pflichten nicht oder nicht vollständig wahrnimmt.

94 Allerdings kann dem vermietenden Wohnungseigentümer gegenüber der GdWE ein Schadensersatzanspruch in Höhe einer durch den Mieter berechtigterweise vorgenommenen Kürzung gem. § 7 Abs. 4 CO2KostAufG zustehen, denn gem. § 12 Abs. 4 HeizkostenV verbleibt ausdrücklich bei den allgemeinen Vorschriften (vgl. §§ 280 BGB, 18 Abs. 2 Nr. 1 WEG).

X. Umlage der durch das CO2KostAufG erzeugten Mehrkosten auf den Mieter

95 Es wurde bereits angesprochen, dass Vermieter und Verwalter mangels technischer und personeller Ressourcen den zur Berechnung und Vornahme des Vorwegabzugs der auf den Vermieter entfallenden Kohlendioxidkostenanteils zu betreibenden Aufwand auf ihren mit der Erstellung der Heizkostenabrechnungen befassten Dienstleister auslagern werden (vgl. oben zu Rdn. 56).

96 Zur Umlagefähigkeit der hierdurch entstehenden zusätzlichen Kosten enthält das CO2KostAufG keine Regelung.

97 Soweit ein Abrechnungsdienstleister mit der Erfüllung der Pflichten des CO2KostAufG beauftragt wird, können die hierdurch entstehenden (Mehr-)Kosten auf den Mieter gem. § 7 Abs. 2 HeizkostenV umgelegt werden, denn aus § 2 Abs. 2 CO2KostAufG ergibt sich, dass es hierbei um Kosten für die Aufteilung und Berechnung von Brennstoffkosten nach der HeizkostenV handelt.

98 Der neben den unmittelbar § 7 Abs. 2 HeizkostenV unterfallenden Kosten des Abrechnungsdienstleisters anfallende Mehraufwand des Verwalters für die Weiterleitung der Berechnungsgrundlagen sowie der in den Brennstoffrechnungen enthaltenen Angaben gem. § 3 CO2KostAufG und für die Gewährung der Einsichtnahme in die Rechnungen des Brennstofflieferanten, können indes, da es sich um reinen Verwaltungsaufwand handelt, gem. § 1 Abs. 2 BetriebskostenV nicht auf den Mieter umgelegt werden.

XI. Fazit

Ob das CO2KostAufG einen Nutzen erzeugt, der den mit ihm verbundenen erheblichen büro- 99
kratischen Aufwand übersteigt, darf bezweifelt werden.

Letztlich haben auch die Mieter zusätzlichen Kosten gem. § 7 Abs. 2 HeizkostenV zu tragen. 100

Nicht umsonst sieht § 10 CO2KostAufG vor, dass das Bundesministerium für Wirtschaft und 101
Klimaschutz und das Bundesministerium für Wohnen, Stadtentwicklung und Bauwesen das Gesetz alle zwei Jahre auf seine Effizienz hin zu prüfen und bis zum 31.12.2025 dem Bundestag einen ersten Evaluierungsbericht vorzulegen haben.

Synopse zu den Änderungen des WEG/WEMoG

I. Gegenüberstellung der Gesetzesfassungen alt/neu

alt	neu
Gesetz über das Wohnungseigentum und das Dauerwohnrecht) Gesetz vom 15.03.1951 **WEG**	Gesetz zur Förderung der Elektromobilität und zur Modernisierung des Wohnungseigentumsgesetzes und zur Änderung von kosten- und grundbuchrecht-lichen Vorschriften (Wohnungseigentumsmodernisierungsgesetz – **WEMoG**)
Erster Teil: Wohnungseigentum Begriffsbestimmungen	Teil 1 Wohnungseigentum Abschnitt 1 Begriffsbestimmungen
§ 1 Abs. 5	§ 1 Abs. 5
Gemeinschaftliches Eigentum im Sinne dieses Gesetzes sind das Grundstück sowie die Teile, Anlagen und Einrichtungen des Gebäudes, die nicht im Sondereigentum oder im Eigentum eines Dritten stehen.	Gemeinschaftliches Eigentum im Sinne dieses Gesetzes sind das Grundstück und das Gebäude, soweit sie nicht im Sondereigentum oder im Eigentum eines Dritten stehen.
§ 3 Abs. 1 Das Miteigentum (§ 1008 des Bürgerlichen Gesetzbuches) an einem Grundstück kann durch Vertrag der Miteigentümer in der Weise beschränkt werden, daß jedem der Miteigentümer abweichend von § 93 des Bürgerlichen Gesetzbuches das **Sondereigentum** an einer bestimmten Wohnung oder an nicht zu Wohnzwecken dienenden bestimmten Räumen in einem auf dem Grundstück errichteten oder zu errichtenden Gebäude eingeräumt wird.	§ 3 Abs. 1 Das Miteigentum (§ 1008 des Bürgerlichen Gesetzbuches) an einem Grundstück kann durch Vertrag der Miteigentümer in der Weise beschränkt werden, dass jedem der Miteigentümer abweichend von § 93 des Bürgerlichen Gesetzbuches das **Eigentum** an einer bestimmten Wohnung oder an nicht zu Wohnzwecken dienenden bestimmten Räumen in einem auf dem Grundstück errichteten oder zu errichtenden Gebäude (»**Sondereigentum**«) eingeräumt wird.
§ 3 Abs. 2 Satz 2 Garagenstellplätze gelten als abgeschlossene Räume, wenn ihre Flächen durch dauerhafte Markierungen ersichtlich sind.	**§ 3 Abs. 1 Satz 2** **Stellplätze gelten als Räume im Sinne des Satzes 1.**
--	**§ 3 Abs. 2** **Das Sondereigentum kann auf einen außerhalb des Gebäudes liegenden Teil des Grundstücks erstreckt werden, es sei denn, die Wohnung oder die nicht zu Wohnzwecken dienenden Räume bleiben dadurch wirtschaftlich nicht die Hauptsache.**
§ 3 Abs. 2 Satz 1 Sondereigentum soll nur eingeräumt werden, wenn die Wohnungen oder sonstigen Räume in sich abgeschlossen sind.	**§ 3 Abs. 3** Sondereigentum soll nur eingeräumt werden, wenn die Wohnungen oder sonstigen Räume in sich abgeschlossen sind **und Stellplätze sowie außerhalb des Gebäudes liegende Teile des Grundstücks durch Maßangaben im Aufteilungsplan bestimmt sind.**

I. Gegenüberstellung der Gesetzesfassungen alt/neu

alt	neu
§ 5 Abs. 1 Gegenstand des Sondereigentums sind die gemäß § 3 Abs. 1 bestimmten Räume sowie die zu diesen Räumen gehörenden Bestandteile des Gebäudes, die verändert, beseitigt oder eingefügt werden können, ohne daß dadurch das gemeinschaftliche Eigentum oder ein auf Sondereigentum beruhendes Recht eines anderen Wohnungseigentümers über das *nach § 14 zulässige* Maß hinaus beeinträchtigt oder die äußere Gestaltung des Gebäudes verändert wird.	§ 5 Abs. 1 Gegenstand des Sondereigentums sind die gemäß § 3 Abs. 1 **Satz 1** bestimmten Räume sowie die zu diesen Räumen gehörenden Bestandteile des Gebäudes, die verändert, beseitigt oder eingefügt werden können, ohne daß dadurch das gemeinschaftliche Eigentum oder ein auf Sondereigentum beruhendes Recht eines anderen Wohnungseigentümers über das **bei einem geordneten Zusammenleben unvermeidliche** Maß hinaus beeinträchtigt oder die äußere Gestaltung des Gebäudes verändert wird. **Soweit sich das Sondereigentum auf außerhalb des Gebäudes liegende Teile des Grundstücks erstreckt, gilt § 94 des Bürgerlichen Gesetzbuchs entsprechend.**
§ 5 Abs. 2 Teile des Gebäudes, die für dessen Bestand oder Sicherheit erforderlich sind, sowie Anlagen und Einrichtungen, die dem gemeinschaftlichen Gebrauch der Wohnungseigentümer dienen, sind nicht Gegenstand des Sondereigentums, selbst wenn sie sich im Bereich der im Sondereigentum stehenden Räume befinden.	§ 5 Abs. 2 Teile des Gebäudes, die für dessen Bestand oder Sicherheit erforderlich sind, sowie Anlagen und Einrichtungen, die dem gemeinschaftlichen Gebrauch der Wohnungseigentümer dienen, sind nicht Gegenstand des Sondereigentums, selbst wenn sie sich im Bereich der im Sondereigentum stehenden Räume **oder Teile des Grundstücks** befinden.
§ 5 Abs. 4 Vereinbarungen über das Verhältnis der Wohnungseigentümer untereinander können nach den Vorschriften des *2. und 3. Abschnittes* zum Inhalt des Sondereigentums gemacht werden. Ist das Wohnungseigentum mit der Hypothek, Grund- oder Rentenschuld oder der Reallast eines Dritten belastet, so ist dessen nach anderen Rechtsvorschriften notwendige Zustimmung *zu der Vereinbarung* nur erforderlich, wenn ein Sondernutzungsrecht begründet oder ein mit dem Wohnungseigentum verbundenes Sondernutzungsrecht aufgehoben, geändert oder übertragen wird. Bei der Begründung eines *Sondernutzungsrechts ist die Zustimmung des Dritten nicht erforderlich, wenn durch die Vereinbarung gleichzeitig das zu seinen Gunsten belastete Wohnungseigentum mit einem Sondernutzungsrecht verbunden wird.*	§ 5 Abs. 4 Vereinbarungen über das Verhältnis der Wohnungseigentümer untereinander **und Beschlüsse aufgrund einer solchen Vereinbarung** können nach den Vorschriften des **Abschnitts 4** zum Inhalt des Sondereigentums gemacht werden. Ist das Wohnungseigentum mit der Hypothek, Grund- oder Rentenschuld oder der Reallast eines Dritten belastet, so ist dessen nach anderen Rechtsvorschriften notwendige Zustimmung nur erforderlich, wenn ein Sondernutzungsrecht begründet oder ein mit dem Wohnungseigentum verbundenes Sondernutzungsrecht aufgehoben, geändert oder übertragen wird.
	§ 7 Abs. 2 **Zur Eintragung eines Beschlusses im Sinne des § 5 Absatz 4 Satz 1 bedarf es der Bewilligungen der Wohnungseigentümer nicht, wenn der Beschluss durch eine Niederschrift, bei der die Unterschriften der in § 24 Absatz 6 bezeichneten Personen öffentlich beglaubigt sind, oder durch ein Urteil in einem Verfahren nach § 44 Absatz 1 Satz 2 nachgewiesen ist. Antragsberechtigt ist auch die Gemeinschaft der Wohnungseigentümer.**

alt	neu
§ 7 Abs. 3 Zur näheren Bezeichnung des Gegenstandes und des Inhalts des Sondereigentums kann auf die Eintragungsbewilligung Bezug genommen werden.	§ 7 Abs. 3 Zur näheren Bezeichnung des Gegenstandes und des Inhalts des Sondereigentums kann auf die Eintragungsbewilligung **oder einen Nachweis gemäß Absatz 2 Satz 1** Bezug genommen werden.
§ 3 Abs. 2, 2. Halbsatz Wohnungsgrundbuchverfügung … vereinbarte Veräußerungsbeschränkungen (§ 12 des Wohnungseigentumsgesetzes) sind jedoch ausdrücklich einzutragen.	**Veräußerungsbeschränkungen (§ 12) und die Haftung von Sondernachfolgern für Geldschulden sind jedoch ausdrücklich einzutragen.**
§ 7 Abs. 4 Der Eintragungsbewilligung sind als Anlagen beizufügen: 1. eine von der Baubehörde mit Unterschrift und Siegel oder Stempel versehene Bauzeichnung, aus der die Aufteilung des Gebäudes sowie die Lage und Größe der im Sondereigentum und der im gemeinschaftlichen Eigentum stehenden Gebäudeteile ersichtlich ist (Aufteilungsplan); alle zu demselben Wohnungseigentum gehörenden Einzelräume sind mit der jeweils gleichen Nummer zu kennzeichnen; 2. eine Bescheinigung der Baubehörde, daß die Voraussetzungen des § 3 Abs. 2 vorliegen.	§ 7 Abs. 4 Der Eintragungsbewilligung sind als Anlagen beizufügen: 1. eine von der Baubehörde mit Unterschrift und Siegel oder Stempel versehene Bauzeichnung, aus der die Aufteilung des Gebäudes **und des Grundstücks** sowie die Lage und Größe der im Sondereigentum und der im gemeinschaftlichen Eigentum stehenden **Teile des Gebäudes und des Grundstücks** ersichtlich ist (Aufteilungsplan); alle zu demselben Wohnungseigentum gehörenden Einzelräume **und Teile des Grundstücks** sind mit der jeweils gleichen Nummer zu kennzeichnen; 2. eine Bescheinigung der Baubehörde, dass die Voraussetzungen des § 3 Abs. **3** vorliegen.
Wenn in der Eintragungsbewilligung für die einzelnen Sondereigentumsrechte Nummern angegeben werden, sollen sie mit denen des Aufteilungsplanes übereinstimmen. Die Landesregierungen können durch Rechtsverordnung bestimmen, dass und in welchen Fällen der Aufteilungsplan (Satz 1 Nr. 1) und die Abgeschlossenheit (Satz 1 Nr. 2) von einem öffentlich bestellten oder anerkannten Sachverständigen für das Bauwesen statt von der Baubehörde ausgefertigt und bescheinigt werden. *Werden diese Aufgaben von dem Sachverständigen wahrgenommen, so gelten die Bestimmungen der Allgemeinen Verwaltungsvorschrift für die Ausstellung von Bescheinigungen gemäß § 7 Abs. 4 Nr. 2 und § 32 Abs. 2 Nr. 2 des Wohnungseigentumsgesetzes vom 19. März 1974 (BAnz. Nr. 58 vom 23. März 1974). entsprechend.* *In diesem Fall bedürfen die Anlagen nicht der Form des § 29 der Grundbuchordnung.* *Die Landesregierungen können die Ermächtigung durch Rechtsverordnung auf die Landesbauverwaltungen übertragen.*	Wenn in der Eintragungsbewilligung für die einzelnen Sondereigentumsrechte Nummern angegeben werden, sollen sie mit denen des Aufteilungsplanes übereinstimmen.

I. Gegenüberstellung der Gesetzesfassungen alt/neu

alt	neu
§ 8 Abs. 1 Der Eigentümer eines Grundstücks kann durch Erklärung gegenüber dem Grundbuchamt das Eigentum an dem Grundstück in Miteigentumsanteile in der Weise teilen, daß mit jedem Anteil *das Sondereigentum an einer bestimmten Wohnung oder an nicht zu Wohnzwecken dienenden bestimmten Räumen in einem auf dem Grundstück errichteten oder zu errichtenden Gebäude* verbunden ist.	§ 8 Abs. 1 Der Eigentümer eines Grundstücks kann durch Erklärung gegenüber dem Grundbuchamt das Eigentum an dem Grundstück in Miteigentumsanteile in der Weise teilen, dass mit jedem Anteil **Sondereigentum** verbunden ist.
§ 8 Abs. 2 Im Falle des Absatzes 1 gelten *die Vorschriften des § 3 Abs. 2 und der §§ 5, 6, § 7 Abs. 1, 3 bis 5* entsprechend. *Die Teilung wird mit der Anlegung der Wohnungsgrundbücher wirksam.*	§ 8 Abs. 2 Im Falle des Absatzes 1 gelten **§ 3 Absatz 1 Satz 2, Absatz 2 und 3, § 4 Absatz 2 Satz 2 sowie die §§ 5 bis 7** entsprechend.
(werdender Eigentümer; Rspr.)	§ 8 Abs. 3 **Wer einen Anspruch auf Übertragung von Wohnungseigentum gegen den teilenden Eigentümer hat, der durch Vormerkung im Grundbuch gesichert ist, gilt gegenüber der Gemeinschaft der Wohnungseigentümer und den anderen Wohnungseigentümern anstelle des teilenden Eigentümers als Wohnungseigentümer, sobald ihm der Besitz an den zum Sondereigentum gehörenden Räumen übergeben wurde.**
§ 9 Abs. 1 Die Wohnungsgrundbücher werden geschlossen: 1. von Amts wegen, wenn die Sondereigentumsrechte gemäß § 4 aufgehoben werden; 2. *auf Antrag sämtlicher Wohnungs-eigentümer, wenn alle Sondereigentumsrechte durch völlige Zerstörung des Gebäudes gegenstandslos geworden sind und der Nachweis hierfür durch eine Bescheinigung der Baubehörde erbracht ist;* 3. auf Antrag des Eigentümers, wenn sich sämtliche Wohnungseigentumsrechte in einer Person vereinigen.	§ 9 Abs. 1 Die Wohnungsgrundbücher werden geschlossen: 1. von Amts wegen, wenn die Sondereigentumsrechte gemäß § 4 aufgehoben werden; 2. auf Antrag des Eigentümers, wenn sich sämtliche Wohnungseigentumsrechte in einer Person vereinigen.
2. Abschnitt *Gemeinschaft der Wohnungseigentümer*	**Abschnitt 3** **Rechtsfähige Gemeinschaft der Wohnungseigentümer;** **Abschnitt 4** **Rechtsverhältnis der Wohnungseigentümer untereinander und zur Gemeinschaft der Wohnungseigentümer**
§ 10 Abs. 1 *Inhaber der Rechte und Pflichten nach den Vorschriften dieses Gesetzes, insbesondere des Sondereigentums und des gemeinschaftlichen Eigentums, sind die Wohnungseigentümer, soweit nicht etwas anderes ausdrücklich bestimmt ist.*	

alt	neu
§ 10 Abs. 2 Das Verhältnis der Wohnungseigentümer untereinander bestimmt sich nach den Vorschriften dieses Gesetzes und, soweit dieses Gesetz keine besonderen Bestimmungen enthält, nach den Vorschriften des Bürgerlichen Gesetzbuches über die Gemeinschaft.	§ 10 Abs. 1 Das Verhältnis der Wohnungseigentümer untereinander **und zur Gemeinschaft der Wohnungseigentümer** bestimmt sich nach den Vorschriften dieses Gesetzes und, soweit dieses Gesetz keine besonderen Bestimmungen enthält, nach den Vorschriften des Bürgerlichen Gesetzbuches über die Gemeinschaft.
Die Wohnungseigentümer können von den Vorschriften dieses Gesetzes abweichende Vereinbarungen treffen, soweit nicht etwas anderes ausdrücklich bestimmt ist.	Die Wohnungseigentümer können von den Vorschriften dieses Gesetzes abweichende Vereinbarungen treffen, soweit nicht etwas anderes ausdrücklich bestimmt ist.
§ 10 Abs. 2 Satz 3 Jeder Wohnungseigentümer kann eine vom Gesetz abweichende Vereinbarung oder die Anpassung einer Vereinbarung verlangen, soweit ein Festhalten an der geltenden Regelung aus schwerwiegenden Gründen unter Berücksichtigung aller Umstände des Einzelfalles, insbesondere der Rechte und Interessen der anderen Wohnungseigentümer, unbillig erscheint.	§ 10 Abs. 2 Jeder Wohnungseigentümer kann eine vom Gesetz abweichende Vereinbarung oder die Anpassung einer Vereinbarung verlangen, soweit ein Festhalten an der geltenden Regelung aus schwerwiegenden Gründen unter Berücksichtigung aller Umstände des Einzelfalles, insbesondere der Rechte und Interessen der anderen Wohnungseigentümer, unbillig erscheint
§ 10 Abs. 3 Vereinbarungen, durch die die Wohnungseigentümer ihr Verhältnis untereinander in Ergänzung oder Abweichung von Vorschriften dieses Gesetzes regeln, *sowie die Abänderung oder Aufhebung solcher Vereinbarungen* wirken gegen den Sondernachfolger eines Wohnungseigentümers nur, wenn sie als Inhalt des Sondereigentums im Grundbuch eingetragen sind.	§ 10 Abs. 3 Vereinbarungen, durch die die Wohnungs-eigentümer ihr Verhältnis untereinander in Ergänzung oder Abweichung von Vorschriften dieses Gesetzes regeln, die Abänderung oder Aufhebung solcher Vereinbarungen **sowie Beschlüsse, die aufgrund einer Vereinbarung gefasst werden**, wirken gegen den Sondernachfolger eines Wohnungseigentümers nur, wenn sie als Inhalt des Sondereigentums im Grundbuch eingetragen sind.
§ 10 Abs. 4 *Beschlüsse der Wohnungseigentümer gemäß § 23 und gerichtliche Entscheidungen in einem Rechtsstreit gemäß § 43 bedürfen zu ihrer Wirksamkeit gegen den Sondernachfolger eines Wohnungseigentümers nicht der Eintragung in das Grundbuch.* *Dies gilt auch für die gemäß § 23 Abs. 1 aufgrund einer Vereinbarung gefassten Beschlüsse, die vom Gesetz abweichen oder eine Vereinbarung ändern.*	(§ 10 Abs. 3 letzter Satz) **Im Übrigen bedürfen Beschlüsse zu ihrer Wirksamkeit gegen den Sondernachfolger eines Wohnungseigentümers nicht der Eintragung in das Grundbuch.**
§ 10 Abs. 5 *Rechtshandlungen in Angelegenheiten, über die nach diesem Gesetz oder nach einer Vereinbarung der Wohnungseigentümer durch Stimmenmehrheit beschlossen werden kann, wirken, wenn sie auf Grund eines mit solcher Mehrheit gefaßten Beschlusses vorgenommen werden, auch für und gegen die Wohnungseigentümer, die gegen den Beschluß gestimmt oder an der Beschlußfassung nicht mitgewirkt haben.*	

alt	neu
§ 10 Abs. 6 *Die Gemeinschaft der Wohnungseigentümer kann im Rahmen der gesamten Verwaltung des gemeinschaftlichen Eigentums gegenüber Dritten und Wohnungseigentümern selbst Rechte erwerben und Pflichten eingehen.* *Sie ist Inhaberin der als Gemeinschaft gesetzlich begründeten und rechtsgeschäftlich erworbenen Rechte und Pflichten.*	§ 9a Abs. 1 Die Gemeinschaft der Wohnungseigentümer kann Rechte erwerben und Verbindlichkeiten eingehen,
Sie übt die gemeinschaftsbezogenen Rechte der Wohnungseigentümer aus und nimmt die gemeinschaftsbezogenen Pflichten der Wohnungseigentümer wahr, ebenso sonstige Rechte und Pflichten der Wohnungseigentümer, soweit diese gemeinschaftlich geltend gemacht werden können oder zu erfüllen sind.	§ 9a Abs. 2 Die Gemeinschaft der Wohnungseigentümer übt die sich aus dem gemeinschaftlichen Eigentum ergebenden Rechte sowie solche Rechte der Wohnungseigentümer aus, die eine einheitliche Rechtsverfolgung erfordern, und nimmt die entsprechenden Pflichten der Wohnungseigentümer wahr.
Die Gemeinschaft muss die Bezeichnung »Wohnungseigentümergemeinschaft« gefolgt von der bestimmten Angabe des gemeinschaftlichen Grundstücks führen.	§ 9a Abs. 1 Satz 3 Sie führt die Bezeichnung »Gemeinschaft der Wohnungseigentümer« oder »Wohnungseigentümergemeinschaft« gefolgt von der bestimmten Angabe des gemeinschaftlichen Grundstücks.
Sie kann vor Gericht klagen und verklagt werden.	§ 9a Abs. 1 Satz 1, 2. Halbs. Die Gemeinschaft der Wohnungseigentümer kann vor Gericht klagen und verklagt werden.
§ 10 Abs. 7 *Das Verwaltungsvermögen gehört der Gemeinschaft der Wohnungseigentümer. 2Es besteht aus den im Rahmen der gesamten Verwaltung des gemeinschaftlichen Eigentums gesetzlich begründeten und rechtsgeschäftlich erworbenen Sachen und Rechten sowie den entstandenen Verbindlichkeiten. 3Zu dem Verwaltungsvermögen gehören insbesondere die Ansprüche und Befugnisse aus Rechtsverhältnissen mit Dritten und mit Wohnungseigentümern sowie die eingenommenen Gelder. 4Vereinigen sich sämtliche Wohnungseigentumsrechte in einer Person, geht das Verwaltungsvermögen auf den Eigentümer des Grundstücks über.*	§ 9a Abs. 3 Für das Vermögen der Gemeinschaft der Wohnungseigentümer (**Gemein-schaftsvermögen**) gelten § 18, § 19 Absatz 1 und § 27 entsprechend.
§ 10 Abs. 8 *Jeder Wohnungseigentümer haftet einem Gläubiger nach dem Verhältnis seines Miteigentumsanteils (§ 16 Abs. 1 Satz 2) für Verbindlichkeiten der Gemeinschaft der Wohnungseigentümer, die während seiner Zugehörigkeit zur Gemeinschaft entstanden oder während dieses Zeitraums fällig geworden sind; für die Haftung nach Veräußerung des Wohnungseigentums ist § 160 des Handelsgesetzbuches entsprechend anzuwenden.*	§ 9a Abs. 4 Jeder Wohnungseigentümer haftet einem Gläubiger nach dem Verhältnis seines Miteigentumsanteils (§ 16 Absatz 1 Satz 2) für Verbindlichkeiten der Gemeinschaft der Wohnungseigentümer, die während seiner Zugehörigkeit entstanden oder während dieses Zeitraums fällig geworden sind; für die Haftung nach Veräußerung des Wohnungseigentums ist § 160 des Handelsgesetzbuchs entsprechend anzuwenden.

alt	neu
Er kann gegenüber einem Gläubiger neben den in seiner Person begründeten auch die der Gemeinschaft zustehenden Einwendungen und Einreden geltend machen, nicht aber seine Einwendungen und Einreden gegenüber der Gemeinschaft. *Für die Einrede der Anfechtbarkeit und Aufrechenbarkeit ist § 770 des Bürgerlichen Gesetzbuches entsprechend anzuwenden.* *Die Haftung eines Wohnungseigentümers gegenüber der Gemeinschaft wegen nicht ordnungsmäßiger Verwaltung bestimmt sich nach Satz 1.*	Er kann gegenüber einem Gläubiger neben den in seiner Person begründeten auch die der Gemeinschaft der Wohnungseigentümer zustehenden Einwendungen und Einreden geltend machen, nicht aber seine Einwendungen und Einreden gegenüber der Gemeinschaft der Wohnungseigentümer. Für die Einrede der Anfechtbarkeit und Aufrechenbarkeit ist § 770 des Bürgerlichen Gesetzbuchs entsprechend anzuwenden.
§ 11 *Unauflöslichkeit* der Gemeinschaft	§ 11 **Aufhebung** der Gemeinschaft
§ 11 Abs. 3 Ein Insolvenzverfahren über das Verwaltungsvermögen der Gemeinschaft findet nicht statt.	§ 9a Abs. 5 Ein Insolvenzverfahren über das **Gemeinschaftsvermögen** findet nicht statt.
§ 12 Abs. 4 Die Wohnungseigentümer können *durch Stimmenmehrheit* beschließen, dass eine Veräußerungsbeschränkung gemäß Absatz 1 aufgehoben wird. Diese Befugnis kann durch Vereinbarung der Wohnungseigentümer nicht eingeschränkt oder ausgeschlossen werden.	§ 12 Abs. 4 Die Wohnungseigentümer können beschließen, dass eine Veräußerungsbeschränkung gemäß Absatz 1 aufgehoben wird.
Ist ein Beschluss gemäß Satz 1 gefasst, kann die Veräußerungsbeschränkung im Grundbuch gelöscht werden. Der Bewilligung gemäß § 19 der Grundbuchordnung bedarf es nicht, wenn der Beschluss gemäß Satz 1 nachgewiesen wird. Für diesen Nachweis ist § 26 Abs. 3 entsprechend anzuwenden.	Ist ein Beschluss gemäß Satz 1 gefasst, kann die Veräußerungsbeschränkung im Grundbuch gelöscht werden.
	§ 7 Abs. 2 gilt entsprechend.
§ 13 Rechte des Wohnungseigentümers	§ 13 Rechte des Wohnungseigentümers **aus dem Sondereigentum**
§ 13 Abs. 1 Jeder Wohnungseigentümer kann, soweit nicht das Gesetz *oder Rechte Dritter* entgegenstehen, *mit den im* Sondereigentum *stehenden Gebäudeteilen* nach Belieben verfahren, insbesondere diese bewohnen, vermieten, verpachten oder in sonstiger Weise nutzen, und andere von Einwirkungen ausschließen.	§ 13 Abs. 1 Jeder Wohnungseigentümer kann, soweit nicht das Gesetz entgegensteht, mit seinem Sondereigentum nach Belieben verfahren, insbesondere dieses bewohnen, vermieten, verpachten oder in sonstiger Weise nutzen, und andere von Einwirkungen ausschließen.
§ 13 Abs. 2 *Jeder Wohnungseigentümer ist zum Mitgebrauch des gemeinschaftlichen Eigentums nach Maßgabe der §§ 14, 15 berechtigt. 2An den sonstigen Nutzungen des gemeinschaftlichen Eigentums gebührt jedem Wohnungseigentümer ein Anteil nach Maßgabe des § 16.*	§ 16 Abs. 1 letzter Satz Jeder Wohnungseigentümer ist zum Mitgebrauch des gemeinschaftlichen Eigentums nach Maßgabe des § 14 berechtigt.

I. Gegenüberstellung der Gesetzesfassungen alt/neu

alt	neu
§ 14 Pflichten des Wohnungseigentümers	§ 14 Pflichten des Wohnungseigentümers
Jeder Wohnungseigentümer ist verpflichtet:	§ 14 Abs. 1 Jeder Wohnungseigentümer ist **gegenüber der Gemeinschaft der Wohnungseigentümer** verpflichtet,
§ 14 Nr. 1 die im Sondereigentum stehenden Gebäudeteile so instand zu halten und von diesen sowie von dem gemeinschaftlichen Eigentum nur in solcher Weise Gebrauch zu machen, daß dadurch keinem der anderen Wohnungseigentümer über das bei einem geordneten Zusammenleben unvermeidliche Maß hinaus ein Nachteil erwächst;	§ 14 Abs. 1 **1. die gesetzlichen Regelungen, Vereinbarungen und Beschlüsse einzuhalten und**
§ 14 Nr. 2 für die Einhaltung der in Nummer 1 bezeichneten Pflichten durch Personen zu sorgen, die seinem Hausstand oder Geschäftsbetrieb angehören oder denen er sonst die Benutzung der in Sonder- oder Miteigentum stehenden Grundstücks- oder Gebäudeteile überläßt;	**- vgl. § 15**
§ 14 Nr. 3 Einwirkungen auf die im Sondereigentum stehenden Gebäudeteile und das gemeinschaftliche Eigentum zu dulden, soweit sie auf einem nach Nummer 1, 2 zulässigen Gebrauch beruhen;	§ 14 Abs. 1 **2. das Betreten seines Sondereigentums und andere Einwirkungen auf dieses und das gemeinschaftliche Eigentum zu dulden, die den Vereinbarungen oder Beschlüssen entsprechen oder, wenn keine entsprechenden Vereinbarungen oder Beschlüsse bestehen, aus denen ihm über das bei einem geordneten Zusammenleben unvermeidliche Maß hinaus kein Nachteil erwächst.**
§ 14 Nr. 4 *das Betreten und die Benutzung der im Sondereigentum stehenden Gebäudeteile zu gestatten, soweit dies zur Instandhaltung und Instandsetzung des gemeinschaftlichen Eigentums erforderlich ist;*	§ 14 Abs. 1 … 2.
§ 14 Nr. 4 letzter Hs *der hierdurch entstehende Schaden ist zu ersetzen.*	§ 14 Abs. 3 **Hat der Wohnungseigentümer eine Einwirkung zu dulden, die über das zumutbare Maß hinausgeht, kann er einen angemessenen Ausgleich in Geld verlangen.**
	§ 14 Abs. 2 **Jeder Wohnungseigentümer ist gegenüber den übrigen Wohnungseigentümern verpflichtet,** **1. deren Sondereigentum nicht über das in Absatz 1 Nummer 2 bestimmte Maß hinaus zu beeinträchtigten und** **2. Einwirkungen nach Maßgabe des Absatz 1 Nummer 2 zu dulden.**

alt	neu
	§ 15 Pflichten Dritter **Wer Wohnungseigentum gebraucht, ohne Wohnungseigentümer zu sein, hat gegenüber der Gemeinschaft der Wohnungseigentümer und anderen Wohnungseigentümern zu dulden:** **1. die Erhaltung des gemeinschaftlichen Eigentums und des Sondereigentums, die ihm rechtzeitig angekündigt wurde; § 555a Absatz 2 des Bürgerlichen Gesetzbuchs gilt entsprechend;**
	2. Maßnahmen, die über die Erhaltung hinausgehen, die spätestens drei Monate vor ihrem Beginn in Textform angekündigt wurden; § 555c Absatz 1 Satz 2 Nummer 1 und 2, Absatz 2 bis 4 und § 555d Absatz 2 bis 5 des Bürgerlichen Gesetzbuchs gelten entsprechend.
§ 15 Gebrauchsregelung *(1) Die Wohnungseigentümer können den Gebrauch des Sondereigentums und des gemeinschaftlichen Eigentums durch Vereinbarung regeln.*	§ 10 Abs. 1 Satz 2 Die Wohnungseigentümer können von den Vorschriften dieses Gesetzes abweichende Vereinbarungen treffen, soweit nicht etwas anderes ausdrücklich bestimmt ist.
(2) Soweit nicht eine Vereinbarung nach Absatz 1 entgegensteht, können die Wohnungseigentümer durch Stimmenmehrheit einen der Beschaffenheit der im Sondereigentum stehenden Gebäudeteile und des gemeinschaftlichen Eigentums entsprechenden ordnungsmäßigen Gebrauch beschließen.	§ 19 Abs. 1 Soweit die .... Benutzung des gemeinschaftlichen Eigentums und des Sondereigentums nicht durch Vereinbarung der Wohnungseigentümer geregelt sind, beschließen die Wohnungseigentümer eine .... Benutzung.
§ 15 Abs. 3 *Jeder Wohnungseigentümer kann einen Gebrauch der im Sondereigentum stehenden Gebäudeteile und des gemeinschaftlichen Eigentums verlangen, der dem Gesetz, den Vereinbarungen und Beschlüssen und, soweit sich die Regelung hieraus nicht ergibt, dem Interesse der Gesamtheit der Wohnungseigentümer nach billigem Ermessen entspricht.*	§ 18 Abs. 2 Nr. 2 Jeder Wohnungseigentümer kann von der Gemeinschaft der Wohnungseigentümer … 2. eine Benutzung des gemeinschaftlichen Eigentums und des Sondereigentums verlangen, die dem Interesse der Gesamtheit der Wohnungseigentümer nach billigem Ermessen (ordnungsmäßige ... Benutzung) und, soweit solche bestehen, den gesetzlichen Regelungen, Vereinbarungen und Beschlüssen entsprechen.
§ 16 Nutzungen, *Lasten und* Kosten	§ 16 Nutzungen und Kosten
§ 16 Abs. 1 Jedem Wohnungseigentümer gebührt ein seinem Anteil entsprechender Bruchteil der *Nutzungen des gemeinschaftlichen Eigentums.* Der Anteil bestimmt sich nach dem gemäß § 47 der Grundbuchordnung im Grundbuch eingetragenen Verhältnis der Miteigentumsanteile.	§ 16 Abs. 1 Jedem Wohnungseigentümer gebührt ein seinem Anteil entsprechender Bruchteil der **Früchte des gemeinschaftlichen Eigentums und des Gemeinschaftsvermögens.** Der Anteil bestimmt sich nach dem gemäß § 47 der Grundbuchordnung im Grundbuch eingetragenen Verhältnis der Miteigentumsanteile.

I. Gegenüberstellung der Gesetzesfassungen alt/neu

alt	neu
§ 16 Abs. 2 *Jeder Wohnungseigentümer ist den anderen Wohnungseigentümern gegenüber verpflichtet, die Lasten des gemeinschaftlichen Eigentums sowie die Kosten der Instandhaltung, Instandsetzung, sonstigen Verwaltung und eines gemeinschaftlichen Gebrauchs des gemeinschaftlichen Eigentums nach dem Verhältnis seines Anteils (Absatz 1 Satz 2) zu tragen.*	§ 16 Abs. 2 Satz 1 Die Kosten der **Gemeinschaft der Wohnungseigentümer, insbesondere** der Verwaltung und des **gemeinschaftlichen Gebrauchs des gemeinschaftlichen Eigentums, hat jeder Wohnungseigentümer nach dem Verhältnis seines Anteils (Absatz 1 Satz 2) zu tragen.**
§ 16 Abs. 3 *Die Wohnungseigentümer können abweichend von Absatz 2 durch Stimmenmehrheit beschließen, dass die Betriebskosten des gemeinschaftlichen Eigentums oder des Sondereigentums im Sinne des § 556 Abs. 1 des Bürgerlichen Gesetzbuches, die nicht unmittelbar gegenüber Dritten abgerechnet werden, und die Kosten der Verwaltung nach Verbrauch oder Verursachung erfasst und nach diesem oder nach einem anderen Maßstab verteilt werden, soweit dies ordnungsmäßiger Verwaltung entspricht.*	§ 16 Abs. 2 Satz 2 Die Wohnungseigentümer können **für einzelne Kosten oder bestimmte Arten von Kosten eine von Satz 1 oder von einer Vereinbarung abweichende Verteilung beschließen.**
§ 16 Abs. 4 – Abs. 8 *Die Wohnungseigentümer können im Einzelfall … oder zu baulichen Veränderungen oder Aufwendungen im Sinne des § 22 Abs. 1 und 2 durch Beschluss die Kostenverteilung abweichend von Absatz 2 regeln, wenn der abweichende Maßstab dem Gebrauch oder der Möglichkeit des Gebrauchs durch die Wohnungseigentümer Rechnung trägt. ……..*	§ 16 Abs. 3 **Für die Kosten und Nutzungen bei baulichen Veränderungen gilt § 21.** **§ 21 Nutzungen und Kosten bei baulichen Veränderungen** § 21 Abs. 1 **Die Kosten einer baulichen Veränderung, die einem Wohnungseigentümer gestattet oder die auf sein Verlangen nach § 20 Absatz 2 durch die Gemeinschaft der Wohnungseigentümer durchgeführt wurden, hat dieser Wohnungseigentümer zu tragen. Nur ihm gebühren die Nutzungen.** § 21 Abs. 2 **Vorbehaltlich des Absatzes 1 haben alle Wohnungseigentümer die Kosten einer baulichen Veränderung nach dem Verhältnis ihrer Anteile (§ 16 Absatz 1 Satz 2) zu tragen,** **1. die mit mehr als zwei Dritteln der abgegebenen Stimmen und der Hälfte aller Miteigentumsanteile beschlossen wurde, es sei denn, die bauliche Veränderung ist mit unverhältnismäßigen Kosten verbunden, oder** **2. deren Kosten sich innerhalb eines angemessenen Zeitraums amortisieren.** **Für die Nutzungen gilt § 16 Absatz 1.** § 21 Abs. 3 **Die Kosten anderer als der in den Absätzen 1 und 2 bezeichneten baulichen Veränderungen haben die Wohnungseigentümer, die sie beschlossen haben, nach dem Verhältnis ihrer Anteile (§ 16 Absatz 1 Satz 2) zu tragen. Ihnen gebühren die Nutzungen entsprechend § 16 Absatz 1.**

alt	neu
	§ 21 Abs. 4 **Ein Wohnungseigentümer, der nicht berechtigt ist, Nutzungen zu ziehen, kann verlangen, dass ihm dies nach billigem Ermessen gegen angemessenen Ausgleich gestattet wird. Für seine Beteiligung an den Nutzungen und Kosten gilt Absatz 3 entsprechend.** § 21 Abs. 5 **Die Wohnungseigentümer können eine abweichende Verteilung der Kosten und Nutzungen beschließen. Durch einen solchen Beschluss dürfen einem Wohnungseigentümer, der nach den vorstehenden Absätzen Kosten nicht zu tragen hat, keine Kosten auferlegt werden.**
§ 17 Im Falle der Aufhebung der Gemeinschaft bestimmt sich der Anteil der Miteigentümer nach dem Verhältnis des Wertes ihrer Wohnungseigentumsrechte zur Zeit der Aufhebung der Gemeinschaft. Hat sich der Wert eines Miteigentumsanteils durch Maßnahmen verändert, deren Kosten der Wohnungseigentümer nicht getragen hat, so bleibt eine solche Veränderung bei der Berechnung des Wertes dieses Anteils außer Betracht.	§ 11 Abs. 3 Im Fall der Aufhebung der Gemeinschaft bestimmt sich der Anteil der Miteigentümer nach dem Verhältnis des Wertes ihrer Wohnungseigentumsrechte zur Zeit der Aufhebung der Gemeinschaft. Hat sich der Wert eines Miteigentumsanteils durch Maßnahmen verändert, deren Kosten der Wohnungseigentümer nicht getragen hat, so bleibt eine solche Veränderung bei der Berechnung des Wertes dieses Anteils außer Betracht.
§ 18 Entziehung des Wohnungseigentums	§ 17 Entziehung des Wohnungseigentums
§ 18 Abs. 1 Hat ein Wohnungseigentümer sich einer so schweren Verletzung der ihm gegenüber anderen Wohnungseigentümern obliegenden Verpflichtungen schuldig gemacht, daß diesen die Fortsetzung der Gemeinschaft mit ihm nicht mehr zugemutet werden kann, so *können die anderen Wohnungseigentümer* von ihm die Veräußerung seines Wohnungseigentums verlangen. *Die Ausübung des Entziehungsrechts steht der Gemeinschaft der Wohnungseigentümer zu, soweit es sich nicht um eine Gemeinschaft handelt, die nur aus zwei Wohnungseigentümern besteht.*	§ 17 Abs. 1 Hat ein Wohnungseigentümer sich einer so schweren Verletzung der ihm gegenüber anderen Wohnungseigentümern **oder der Gemeinschaft der Wohnungseigentümer** obliegenden Verpflichtungen schuldig gemacht, dass diesen die Fortsetzung der Gemeinschaft mit ihm nicht mehr zugemutet werden kann, so **kann die Gemeinschaft der Wohnungseigen-tümer** von ihm die Veräußerung seines Wohnungseigentums verlangen.

I. Gegenüberstellung der Gesetzesfassungen alt/neu

alt	neu
§ 18 Abs. 2 Die Voraussetzungen des Absatzes 1 liegen insbesondere vor, wenn *1.* der Wohnungseigentümer trotz Abmahnung wiederholt gröblich gegen die ihm nach § 14 obliegenden Pflichten verstößt; *2. der Wohnungseigentümer sich mit der Erfüllung seiner Verpflichtungen zur Lasten- und Kostentragung (§ 16 Abs. 2) in Höhe eines Betrages, der drei vom Hundert des Einheitswertes seines Wohnungseigentums übersteigt, länger als drei Monate in Verzug befindet; in diesem Fall steht § 30 der Abgabenordnung einer Mitteilung des Einheitswerts an die Gemeinschaft der Wohnungseigentümer oder, soweit die Gemeinschaft nur aus zwei Wohnungseigentümern besteht, an den anderen Wohnungseigentümer nicht entgegen.*	§ 17 Abs. 2 Die Voraussetzungen des Absatzes 1 liegen insbesondere vor, wenn der Wohnungseigentümer trotz Abmahnung wiederholt gröblich gegen die ihm nach § 14 **Absatz 1 und 2** obliegenden Pflichten verstößt.
§ 18 Abs. 3 *Über das Verlangen nach Absatz 1 beschließen die Wohnungseigentümer durch Stimmenmehrheit. Der Beschluß bedarf einer Mehrheit von mehr als der Hälfte der stimmberechtigten Wohnungseigentümer. Die Vorschriften des § 25 Abs. 3, 4 sind in diesem Falle nicht anzuwenden.*	
§ 18 Abs. 4 Der in Absatz 1 bestimmte Anspruch kann durch Vereinbarung der Wohnungseigentümer nicht eingeschränkt oder ausgeschlossen werden.	§ 17 Abs. 3 Der in Absatz 1 bestimmte Anspruch kann durch Vereinbarung der Wohnungseigentümer nicht eingeschränkt oder ausgeschlossen werden.
§ 19 Abs. 1 Das Urteil, durch das ein Wohnungseigentümer zur Veräußerung seines Wohnungseigentums verurteilt wird, berechtigt *jeden Miteigentümer* zur Zwangsvollstreckung entsprechend den Vorschriften des Ersten Abschnitts des Gesetzes über die Zwangsversteigerung und die Zwangsverwaltung.	§ 17 Abs. 4 Satz 1 Das Urteil, durch das ein Wohnungseigentümer zur Veräußerung seines Wohnungseigentums verurteilt wird, berechtigt zur Zwangsvollstreckung entsprechend den Vorschriften des Ersten Abschnitts des Gesetzes über die Zwangsversteigerung und die Zwangsverwaltung.
§ 19 Abs. 1 Satz 2 *Die Ausübung dieses Rechts steht der Gemeinschaft der Wohnungseigentümer zu, soweit es sich nicht um eine Gemeinschaft handelt, die nur aus zwei Wohnungseigentümern besteht.*	-
§ 19 Abs. 2 *Der Wohnungseigentümer kann im Falle des § 18 Abs. 2 Nr. 2 bis zur Erteilung des Zuschlags die in Absatz 1 bezeichnete Wirkung des Urteils dadurch abwenden, daß er die Verpflichtungen, wegen deren Nichterfüllung er verurteilt ist, einschließlich der Verpflichtung zum Ersatz der durch den Rechtsstreit und das Versteigerungsverfahren entstandenen Kosten sowie die fälligen weiteren Verpflichtungen zur Lasten- und Kostentragung erfüllt.*	

alt	neu
§ 19 Abs. 3 Ein gerichtlicher oder vor einer Gütestelle geschlossener Vergleich, durch den sich der Wohnungseigentümer zur Veräußerung seines Wohnungseigentums verpflichtet, steht dem in Absatz 1 bezeichneten Urteil gleich.	§ 17 Abs. 4 Satz 2 **Das Gleiche gilt für Schuldtitel im Sinne des § 794 der Zivilprozessordnung, durch die** sich der Wohnungseigentümer zur Veräußerung seines Wohnungseigentums verpflichtet.
§ 20 *Gliederung der* Verwaltung	§ 18 Verwaltung **und Benutzung**
§ 20 Abs. 1 Die Verwaltung des gemeinschaftlichen Eigentums obliegt *den Wohnungseigentümern nach Maßgabe der §§ 21 bis 25 und dem Verwalter nach Maßgabe der §§ 26 bis 28, im Falle der Bestellung eines Verwaltungsbeirats auch diesem nach Maßgabe des § 29.*	§ 18 Abs. 1 Die Verwaltung des gemeinschaftlichen Eigentums obliegt **der Gemeinschaft der Wohnungseigentümer.**
§ 20 Abs. 2 *Die Bestellung eines Verwalters kann nicht ausgeschlossen werden.*	§ 26 Abs. 5 Abweichungen von den Absätzen 1 bis 3 sind nicht zulässig.
§ 21 Abs. 1 Soweit nicht in diesem Gesetz oder durch Vereinbarung der Wohnungseigentümer etwas anderes bestimmt ist, steht die Verwaltung des gemeinschaftlichen Eigentums den Wohnungseigentümern gemeinschaftlich zu.	< s. § 18 Abs. 1>
§ 21 Abs. 2 Jeder Wohnungseigentümer ist berechtigt, ohne Zustimmung der anderen Wohnungseigentümer die Maßnahmen zu treffen, die zur Abwendung eines dem gemeinschaftlichen Eigentum unmittelbar drohenden Schadens notwendig sind.	§ 18 Abs. 3 Jeder Wohnungseigentümer ist berechtigt, ohne Zustimmung der anderen Wohnungseigentümer die Maßnahmen zu treffen, die zur Abwendung eines dem gemeinschaftlichen Eigentum unmittelbar drohenden Schadens notwendig sind.
<§§ 675, 666 BGB>	§ 18 Abs. 4 **Jeder Wohnungseigentümer kann von der Gemeinschaft der Wohnungseigentümer Einsicht in die Verwaltungsunterlagen verlangen.**
§ 21 Abs. 3 Soweit die Verwaltung des gemeinschaftlichen Eigentums nicht durch Vereinbarung der Wohnungseigentümer geregelt *ist, können die Wohnungseigentümer eine der Beschaffenheit des gemeinschaftlichen Eigentums entsprechende ordnungsmäßige Verwaltung durch Stimmenmehrheit beschließen.*	§ 19 Abs. 1 Soweit die Verwaltung des gemeinschaftlichen Eigentums **und die Benutzung des gemeinschaftlichen Eigentums und des Sondereigentums** nicht durch Vereinbarung der Wohnungseigentümer geregelt **sind, beschließen die Wohnungseigentümer eine ordnungsmäßige Verwaltung und Benutzung.**

I. Gegenüberstellung der Gesetzesfassungen alt/neu

alt	neu
§ 21 Abs. 4 *Jeder Wohnungseigentümer kann eine Verwaltung verlangen, die den Vereinbarungen und Beschlüssen und, soweit solche nicht bestehen, dem Interesse der Gesamtheit der Wohnungseigentümer nach billigem Ermessen entspricht.*	§ 18 Abs. 2 **Jeder Wohnungseigentümer kann von der Gemeinschaft der Wohnungseigentümer** 1. **eine Verwaltung des gemeinschaftlichen Eigentums sowie** 2. **eine Benutzung des gemeinschaftlichen Eigentums und des Sondereigentums**
	verlangen, die dem Interesse der Gesamtheit der Wohnungseigentümer nach billigem Ermessen (ordnungsmäßige Verwaltung und Benutzung) und, soweit solche bestehen, den gesetzlichen Regelungen, Vereinbarungen und Beschlüssen entsprechen.
	§ 19 **Regelung der Verwaltung und Benutzung durch Beschluss**
§ 21 Abs. 5 *Zu einer ordnungsmäßigen, dem Interesse der Gesamtheit der Wohnungseigentümer entsprechenden Verwaltung gehört insbesondere:* 1. die Aufstellung einer Hausordnung; 2. die ordnungsmäßige *Instandhaltung und Instandsetzung* des gemeinschaftlichen Eigentums; 3. *die Feuerversicherung* des gemeinschaftlichen Eigentums zum Neuwert *sowie die angemessene Versicherung* der Wohnungseigentümer gegen Haus- und Grundbesitzerhaftpflicht; 4. die Ansammlung einer angemessenen *Instandhaltungsrückstellung;* 5. *die Aufstellung eines Wirtschaftsplans (§ 28);*	§ 19 Abs. 2 **Zur ordnungsmäßigen Verwaltung und Benutzung gehören insbesondere** 1. die Aufstellung einer Hausordnung, 2. die ordnungsmäßige **Erhaltung** des gemeinschaftlichen Eigentums, 3. **die angemessene Versicherung** des gemeinschaftlichen Eigentums zum Neuwert sowie der Wohnungseigentümer gegen Haus- und Grundbesitzerhaftpflicht, 4. die Ansammlung einer angemessenen **Erhaltungsrücklage sowie** 5. **die Festsetzung von Vorschüssen nach § 28 Absatz 1 Satz 1.** 6. **die Bestellung eines zertifizierten Verwalters nach § 26a, es sei denn, es bestehen weniger als neun Sondereigentumsrechte, ein Wohnungseigentümer wurde zum Verwalter bestellt und weniger als ein Drittel der Wohnungseigentümer (§ 25 Absatz 2) verlangt die Bestellung eines zertifizierten Verwalters.**
§ 21 Abs. 5 Nr. 6 *die Duldung aller Maßnahmen, die zur Herstellung einer Fernsprechteilnehmer-einrichtung, einer Rundfunkempfangsanlage oder eines Energieversorgungsanschlusses zugunsten eines Wohnungseigentümers erforderlich sind.*	§ 20 Abs. 2 **Jeder Wohnungseigentümer kann angemessene bauliche Veränderungen verlangen, die** 1. **dem Gebrauch durch Menschen mit Behinderungen** 2. **dem Laden elektrisch betriebener Fahrzeuge** 3. **dem Einbruchsschutz und** 4. **dem Anschluss an ein Telekommunikationsnetz mit sehr hoher Kapazität dienen.** **Über die Durchführung ist im Rahmen ordnungsmäßiger Verwaltung zu beschließen.**
§ 21 Abs. 6 *Der Wohnungseigentümer, zu dessen Gunsten eine Maßnahme der in Absatz 5 Nr. 6 bezeichneten Art getroffen wird, ist zum Ersatz des hierdurch entstehenden Schadens verpflichtet.*	

alt	neu
§ 21 Abs. 7 *Die Wohnungseigentümer können die Regelung der Art und Weise von Zahlungen, der Fälligkeit und der Folgen des Verzugs sowie der Kosten für eine besondere Nutzung des gemeinschaftlichen Eigentums oder für einen besonderen Verwaltungsaufwand mit Stimmenmehrheit beschließen.*	§ 19 Abs. 3 RegE wurde wieder gestrichen
§ 21 Abs. 8 Treffen die Wohnungseigentümer eine nach dem Gesetz erforderliche Maßnahme nicht, so kann an ihrer Stelle das Gericht in einem Rechtsstreit gemäß § 43 nach billigem Ermessen entscheiden, soweit sich die Maßnahme nicht aus dem Gesetz, einer Vereinbarung oder einem Beschluss der Wohnungseigentümer ergibt.	<vgl. § 44 Abs. 1 Satz 2> **Unterbleibt eine notwendige Beschlussfassung, kann das Gericht auf Klage eines Wohnungseigentümers den Beschluss fassen (Beschlussersetzungsklage)**
§ 22 Besondere Aufwendungen, Wiederaufbau	§ 20 Bauliche Veränderungen
§ 22 Abs. 1 Satz 1 *Bauliche Veränderungen und Aufwendungen,* die über die ordnungsmäßige *Instandhaltung oder Instandsetzung des gemeinschaftlichen Eigentums hinausgehen,* können beschlossen *oder verlangt* werden, *wenn jeder Wohnungseigentümer zustimmt, dessen Rechte durch die Maßnahmen über das in § 14 Nr. 1 bestimmte Maß hinaus beeinträchtigt werden.*	§ 20 Abs. 1 **Maßnahmen,** die über die ordnungsmäßige Erhal**tung des gemeinschaftlichen Eigentums hinausgehen (bauliche Veränderungen),** können beschlossen **oder einem Wohnungseigentümer durch Beschluss** gestattet werden.
§ 22 Abs. 1 Satz 2 *Die Zustimmung ist nicht erforderlich, soweit die Rechte eines Wohnungseigentümers nicht in der in Satz 1 bezeichneten Weise beeinträchtigt werden.*	§ 20 Abs. 3 **Unbeschadet des Absatzes 2 kann jeder Wohnungseigentümer verlangen, dass ihm eine bauliche Veränderung gestattet wird, wenn alle Wohnungseigentümer, deren Rechte durch die bauliche Veränderung über das bei einem geordneten Zusammenleben unvermeidliche Maß hinaus beeinträchtigt werden, einverstanden sind.**
§ 22 Abs. 2 *Maßnahmen gemäß Absatz 1 Satz 1, die der Modernisierung entsprechend § 555b Nummer 1 bis 5 des Bürgerlichen Gesetzbuches oder der Anpassung des gemeinschaftlichen Eigentums an den Stand der Technik dienen, die Eigenart der Wohnanlage nicht ändern und keinen Wohnungseigentümer gegenüber anderen unbillig beeinträchtigen, können abweichend von Absatz 1 durch eine Mehrheit von drei Viertel aller stimmberechtigten Wohnungseigentümer im Sinne des § 25 Abs. 2 und mehr als der Hälfte aller Miteigentumsanteile beschlossen werden. Die Befugnis im Sinne des Satzes 1 kann durch Vereinbarung der Wohnungseigentümer nicht eingeschränkt oder ausgeschlossen werden.*	§ 20 Abs. 4 **Bauliche Veränderungen, die die Wohnanlage grundlegend umgestalten oder einen Wohnungseigentümer ohne sein Einverständnis gegenüber anderen unbillig benachteiligen, dürfen nicht beschlossen und gestattet werden; sie können auch nicht verlangt werden.**
§ 22 Abs. 3 *Für Maßnahmen der modernisierenden Instandsetzung im Sinne des § 21 Abs. 5 Nr. 2 verbleibt es bei den Vorschriften des § 21 Abs. 3 und 4.*	

I. Gegenüberstellung der Gesetzesfassungen alt/neu

alt	neu
§ 22 Abs. 4 Ist das Gebäude zu mehr als der Hälfte seines Wertes zerstört und ist der Schaden nicht durch eine Versicherung oder in anderer Weise gedeckt, so kann der Wiederaufbau nicht *gemäß § 21 Abs. 3* beschlossen oder *gemäß § 21 Abs. 4* verlangt werden.	§ 22 Wiederaufbau Ist das Gebäude zu mehr als der Hälfte seines Wertes zerstört und ist der Schaden nicht durch eine Versicherung oder in anderer Weise gedeckt, so kann der Wiederaufbau nicht beschlossen oder verlangt werden.
§ 23 Wohnungseigentümerversammlung	§ 23 Wohnungseigentümerversammlung
§ 23 Abs. 1 Angelegenheiten, über die nach diesem Gesetz oder nach einer Vereinbarung der Wohnungseigentümer die Wohnungseigentümer durch Beschluß entscheiden können, werden durch Beschlußfassung in einer Versammlung der Wohnungseigentümer geordnet.	§ 23 Abs. 1 Angelegenheiten, über die nach diesem Gesetz oder nach einer Vereinbarung der Wohnungseigentümer die Wohnungseigentümer durch Beschluss entscheiden können, werden durch Beschlussfassung in einer Versammlung der Wohnungseigentümer geordnet.
	Die Wohnungseigentümer können beschließen, dass Wohnungseigentümer an der Versammlung auch ohne Anwesenheit an deren Ort teilnehmen und sämtliche oder einzelne ihrer Rechte ganz oder teilweise im Wege elektronischer Kommunikation ausüben können.
§ 23 Abs. 2	§ 23 Abs. 2 - unverändert
§ 23 Abs. 3 Auch ohne Versammlung ist ein Beschluß gültig, wenn alle Wohnungseigentümer ihre Zustimmung zu diesem Beschluß schriftlich erklären.	§ 23 Abs. 3 Auch ohne Versammlung ist ein Beschluss gültig, wenn alle Wohnungseigentümer ihre Zustimmung zu diesem Beschluss **in Textform** erklären. **Die Wohnungseigentümer können beschließen, dass für einen einzelnen Gegen-stand die Mehrheit der abgegebenen Stimmen genügt.**
§ 23 Abs. 4	§ 23 Abs. 4 - unverändert
§ 24 Einberufung, Vorsitz, Niederschrift	§ 24 Einberufung, Vorsitz, Niederschrift
§ 24 Abs. 1	§ 24 Abs. 1 - unverändert
§ 24 Abs. 2 Die Versammlung der Wohnungseigentümer muß von dem Verwalter in den durch Vereinbarung der Wohnungseigentümer bestimmten Fällen, im übrigen dann einberufen werden, wenn dies *schriftlich* unter Angabe des Zweckes und der Gründe von mehr als einem Viertel der Wohnungseigentümer verlangt wird.	§ 24 Abs. 2 Die Versammlung der Wohnungseigentümer muss von dem Verwalter in den durch Vereinbarung der Wohnungseigentümer bestimmten Fällen, im übrigen dann einberufen werden, wenn dies **in Textform** unter Angabe des Zweckes und der Gründe von mehr als einem Viertel der Wohnungseigentümer verlangt wird.
§ 24 Abs. 3 Fehlt ein Verwalter oder weigert er sich pflichtwidrig, die Versammlung der Wohnungseigentümer einzuberufen, so kann die Versammlung auch, *falls ein Verwaltungsbeirat bestellt ist, von dessen Vorsitzenden oder seinem Vertreter* einberufen werden.	§ 24 Abs. 3 Fehlt ein Verwalter oder weigert er sich pflichtwidrig, die Versammlung der Wohnungseigentümer einzuberufen, so kann die Versammlung auch **durch den Vorsitzenden des Verwaltungsbeirats, dessen Vertreter oder einen durch Beschluss ermächtigten Wohnungseigentümer** einberufen werden.
§ 24 Abs. 4 Die Einberufung erfolgt in Textform. Die Frist der Einberufung soll, sofern nicht ein Fall besonderer Dringlichkeit vorliegt, mindestens *zwei* Wochen betragen.	§ 24 Abs. 4 Die Einberufung erfolgt in Textform. Die Frist der Einberufung soll, sofern nicht ein Fall besonderer Dringlichkeit vorliegt, mindestens **drei** Wochen betragen.

alt	neu
§ 24 Abs. 5	§ 24 Abs. 5 - unverändert
§ 24 Abs. 6 Über die in der Versammlung gefaßten Beschlüsse ist eine Niederschrift aufzunehmen. Die Niederschrift ist von dem Vorsitzenden und einem Wohnungseigentümer und, falls ein Verwaltungsbeirat bestellt ist, auch von dessen Vorsitzenden oder seinem Vertreter zu unterschreiben. *Jeder Wohnungseigentümer ist berechtigt, die Niederschriften einzusehen.*	§ 24 Abs. 6 Über die in der Versammlung gefassten Beschlüsse ist **unverzüglich** eine Niederschrift aufzunehmen. Die Niederschrift ist von dem Vorsitzenden und einem Wohnungseigentümer und, falls ein Verwaltungsbeirat bestellt ist, auch von dessen Vorsitzenden oder seinem Vertreter zu unterschreiben. § 18 Abs. 4 Jeder Wohnungseigentümer kann von der Gemeinschaft der Wohnungseigentümer Einsicht in die Verwaltungsunterlagen verlangen.
§ 24 Abs. 7 *Es ist eine Beschluss-Sammlung zu führen. Die Beschluss-Sammlung enthält nur den Wortlaut* 1. *der in der Versammlung der Wohnungseigentümer verkündeten Beschlüsse mit Angabe von Ort und Datum der Versammlung,* 2. *der schriftlichen Beschlüsse mit Angabe von Ort und Datum der Verkündung und* 3. *der Urteilsformeln der gerichtlichen Entscheidungen in einem Rechtsstreit gemäß § 43 mit Angabe ihres Datums, des Gerichts und der Parteien, soweit diese Beschlüsse und gerichtlichen Entscheidungen nach dem 1. Juli 2007 ergangen sind. Die Beschlüsse und gerichtlichen Entscheidungen sind fortlaufend einzutragen und zu nummerieren. Sind sie angefochten oder aufgehoben worden, so ist dies anzumerken. Im Falle einer Aufhebung kann von einer Anmerkung abgesehen und die Eintragung gelöscht werden. Eine Eintragung kann auch gelöscht werden, wenn sie aus einem anderen Grund für die Wohnungseigentümer keine Bedeutung mehr hat. Die Eintragungen, Vermerke und Löschungen gemäß den Sätzen 3 bis 6 sind unverzüglich zu erledigen und mit Datum zu versehen. Einem Wohnungseigen-tümer oder einem Dritten, den ein Wohnungseigentümer ermächtigt hat, ist auf sein Verlangen Einsicht in die Beschluss-Sammlung zu geben.*	§ 24 Abs. 7 bleibt unverändert <§ 25 Abs. 5 RegE wurde wieder gestrichen>
§ 24 Abs. 8 *Die Beschluss-Sammlung ist von dem Verwalter zu führen. Fehlt ein Verwalter, so ist der Vorsitzende der Wohnungseigentümer-versammlung verpflichtet, die Beschluss-Sammlung zu führen, sofern die Wohnungseigentümer durch Stimmenmehrheit keinen anderen für diese Aufgabe bestellt haben.*	§ 24 Abs. 8 bleibt unverändert <§ 25 Abs. 5 RegE wurde wieder gestrichen>
§ 25 *Mehrheitsbeschluß*	§ 25 **Beschlussfassung**
§ 25 Abs. 1 *Für die Beschlußfassung in Angelegenheiten, über die die Wohnungseigentümer durch Stimmenmehrheit beschließen, gelten die Vorschriften der Absätze 2 bis 5.*	§ 25 Abs. 1 **Bei der Beschlussfassung entscheidet die Mehrheit der abgegebenen Stimmen.**
§ 25 Abs. 2	§ 25 Abs. 2 - unverändert

I. Gegenüberstellung der Gesetzesfassungen alt/neu

alt	neu
§ 25 Abs. 3	§ 25 Abs. 3
Die Versammlung ist nur beschlußfähig, wenn die erschienenen stimmberechtigten Wohnungseigentümer mehr als die Hälfte der Miteigentumsanteile, berechnet nach der im Grundbuch eingetragenen Größe dieser Anteile, vertreten.	**Vollmachten bedürfen zu ihrer Gültigkeit der Textform**
§ 25 Abs. 4 *Ist eine Versammlung nicht gemäß Absatz 3 beschlußfähig, so beruft der Verwalter eine neue Versammlung mit dem gleichen Gegenstand ein. 2Diese Versammlung ist ohne Rücksicht auf die Höhe der vertretenen Anteile beschlußfähig; hierauf ist bei der Einberufung hinzuweisen.*	
§ 25 Abs. 5	§ 25 Abs. 4
Ein Wohnungseigentümer ist nicht stimmberechtigt, wenn die Beschlußfassung die Vornahme eines auf die Verwaltung des gemeinschaftlichen Eigentums bezüglichen Rechtsgeschäfts mit ihm oder die Einleitung oder Erledigung eines Rechtsstreits *der anderen Wohnungseigentümer* gegen ihn betrifft oder wenn er nach § *18* rechtskräftig verurteilt ist.	Ein Wohnungseigentümer ist nicht stimmberechtigt, wenn die Beschlussfassung die Vornahme eines auf die Verwaltung des gemeinschaftlichen Eigentums bezüglichen Rechtsgeschäfts mit ihm oder die Einleitung oder Erledigung eines Rechtsstreits gegen ihn betrifft oder wenn er nach § 17 rechtskräftig verurteilt ist.
§ 26 Bestellung und Abberufung des Verwalters	§ 26 Bestellung und Abberufung des Verwalters
§ 26 Abs. 1 Über die Bestellung und Abberufung des Verwalters beschließen die Wohnungs-eigentümer *mit Stimmenmehrheit.* Die Bestellung *darf* auf höchstens fünf Jahre vorgenommen werden, im Falle der ersten Bestellung nach der Begründung von Woh-nungseigentum aber auf höchstens drei Jahre. *Die Abberufung des Verwalters kann auf das Vorliegen eines wichtigen Grundes beschränkt werden. Ein wichtiger Grund liegt regelmäßig vor, wenn der Verwalter die Beschluss-Sammlung nicht ordnungsmäßig führt.* *§ 26 Abs. 1 letzter Satz* *Andere* Beschränkungen der Bestellung oder Abberufung des Verwalters sind nicht zulässig.	§ 26 Abs. 1 Über die Bestellung und Abberufung des Verwalters beschließen die Wohnungseigentümer. Abs. 2 Die Bestellung **kann** auf höchstens fünf Jahre vorgenommen werden, im Falle der ersten Bestellung nach der Begründung von Wohnungseigentum aber auf höchstens drei Jahre. Abs. 3 **Der Verwalter kann jederzeit abberufen werden. Ein Vertrag mit dem Verwalter endet spätestens sechs Monate nach dessen Abberufung.** Abs. 5 Abweichungen von den Absätzen 1 bis 3 sind nicht zulässig.
§ 26 Abs. 2 Die wiederholte Bestellung ist zulässig; sie bedarf eines erneuten Beschlusses der Wohnungseigentümer, der frühestens ein Jahr vor Ablauf der Bestellungszeit gefaßt werden kann.	§ 26 Abs. 2 Satz 2 Die wiederholte Bestellung ist zulässig; sie bedarf eines erneuten Beschlusses der Wohnungseigentümer, der frühestens ein Jahr vor Ablauf der Bestellungszeit gefasst werden kann.

alt	neu
§ 26 Abs. 3 Soweit die Verwaltereigenschaft durch eine öffentlich beglaubigte Urkunde nachgewiesen werden muß, genügt die Vorlage einer Niederschrift über den Bestellungsbeschluß, bei der die Unterschriften der in § 24 Abs. 6 bezeichneten Personen öffentlich beglaubigt sind.	§ 26 Abs. 4 Soweit die Verwaltereigenschaft durch eine öffentlich beglaubigte Urkunde nachgewiesen werden muss, genügt die Vorlage einer Niederschrift über den Bestellungsbeschluss, bei der die Unterschriften der in § 24 Absatz 6 bezeichneten Personen öffentlich beglaubigt sind.
§ 27 Aufgaben und Befugnisse des Verwalters	§ 27 Aufgaben und Befugnisse des Verwalters
<§ 27 wurde komplett neu gefasst>	§ 27 Abs. 1 Der Verwalter ist gegenüber der Gemeinschaft der Wohnungseigentümer berechtigt und verpflichtet, die Maßnahmen ordnungsmäßiger Verwaltung zu treffen, die 1. untergeordnete Bedeutung haben und nicht zu erheblichen Verpflichtungen führen oder 2. zur Wahrung einer Frist oder zur Abwendung eines Nachteils erforderlich sind.
§ 27 Abs. 1 Nr. 7 Der Verwalter ist … verpflichtet, die Wohnungseigentümer unverzüglich darüber zu unterrichten, dass ein Rechtsstreit gemäß § 43 anhängig ist.	§ 44 Abs. 2 Satz 2 Der Verwalter hat den Wohnungseigentümern die Erhebung einer Klage unverzüglich bekannt zu machen.
§ 27 Abs. 3 Der Verwalter ist berechtigt, im Namen der Gemeinschaft der Wohnungseigentümer und mit Wirkung für und gegen sie 1. Willenserklärungen und Zustellungen entgegenzunehmen; 2. Maßnahmen zu treffen, die zur Wahrung einer Frist oder zur Abwendung eines sonstigen Rechtsnachteils erforderlich sind, insbesondere einen gegen die Gemeinschaft gerichteten Rechtsstreit gemäß § 43 Nr. 2 oder Nr. 5 im Erkenntnis- und Vollstreckungsverfahren zu führen; 3. die laufenden Maßnahmen der erforderlichen ordnungsmäßigen Instandhaltung und Instandsetzung gemäß Absatz 1 Nr. 2 zu treffen; 4. die Maßnahmen gemäß Absatz 1 Nr. 3 bis 5 und 8 zu treffen; 5. im Rahmen der Verwaltung der eingenommenen Gelder gemäß Absatz 1 Nr. 6 Konten zu führen; 6. mit einem Rechtsanwalt wegen eines Rechtsstreits gemäß § 43 Nr. 2 oder Nr. 5 eine Vergütung gemäß Absatz 2 Nr. 4 zu vereinbaren; 7. sonstige Rechtsgeschäfte und Rechtshandlungen vorzunehmen, soweit er hierzu durch Vereinbarung oder Beschluss der Wohnungseigentümer mit Stimmenmehrheit ermächtigt ist.	**§ 9b Vertretung** Abs. 1 **Die Gemeinschaft der Wohnungseigentümer wird durch den Verwalter gerichtlich und außergerichtlich vertreten, beim Abschluss eines Grundstückskauf- oder Darlehensvertrags aber nur aufgrund eines Beschlusses der Wohnungseigentümer.** **Hat die Gemeinschaft der Wohnungseigentümer keinen Verwalter, wird sie durch die Wohnungseigentümer gemeinschaftlich vertreten.** **Eine Beschränkung des Umfangs der Vertretungsmacht ist Dritten gegenüber unwirksam.** Abs. 2 **Dem Verwalter gegenüber vertritt der Vorsitzende des Verwaltungsbeirats oder ein durch Beschluss dazu ermächtigter Wohnungseigentümer die Gemeinschaft der Wohnungseigentümer.**

alt	neu
Fehlt ein Verwalter oder ist er zur Vertretung nicht berechtigt, so vertreten alle Wohnungseigentümer die Gemeinschaft. Die Wohnungseigentümer können durch Beschluss mit Stimmenmehrheit einen oder mehrere Wohnungseigentümer zur Vertretung ermächtigen.	
§ 27 Abs. 4 *Die dem Verwalter nach den Absätzen 1 bis 3 zustehenden Aufgaben und Befugnisse können durch Vereinbarung der Wohnungseigentümer nicht eingeschränkt oder ausgeschlossen werden.*	§ 27 Abs. 2 **Die Wohnungseigentümer können die Rechte und Pflichten nach Absatz 1 durch Beschluss einschränken oder erweitern.**
§ 28 Wirtschaftsplan, *Rechnungslegung*	§ 28 Wirtschaftsplan, **Jahresabrechnung, Vermögensbericht**
§ 28 Abs. 1 Der Verwalter hat jeweils für ein Kalenderjahr einen Wirtschaftsplan aufzustellen. Der Wirtschaftsplan enthält: 1. die voraussichtlichen Einnahmen und Ausgaben bei der Verwaltung des gemeinschaftlichen Eigentums; 2. die anteilmäßige Verpflichtung der Wohnungseigentümer zur Lasten- und Kostentragung; 3. die Beitragsleistung der Wohnungseigen-tümer zu der in § 21 Abs. 5 Nr. 4 vorgesehenen Instandhaltungsrückstellung.	§ 28 Abs. 1 **Die Wohnungseigentümer beschließen über die Vorschüsse zur Kostentragung und zu den nach § 19 Absatz 2 Nummer 4 oder durch Beschluss vorgesehenen Rücklagen.** **Zu diesem Zweck hat der Verwalter jeweils für ein Kalenderjahr einen Wirtschaftsplan aufzustellen, der darüber hinaus die voraussichtlichen Einnahmen und Ausgaben enthält.**
§ 28 Abs. 2 *Die Wohnungseigentümer sind verpflichtet, nach Abruf durch den Verwalter dem beschlossenen Wirtschaftsplan entsprechende Vorschüsse zu leisten.*	
§ 28 Abs. 3 *Der Verwalter hat nach Ablauf des Kalenderjahres eine Abrechnung aufzustellen.*	§ 28 Abs. 2 Satz 2 **Zu diesem Zweck hat der Verwalter eine Abrechnung über den Wirtschaftsplan (Jahresabrechnung) aufzustellen, die darüber hinaus die Einnahmen und Ausgaben enthält.**
§ 28 Abs. 4 *Die Wohnungseigentümer können durch Mehrheitsbeschluß jederzeit von dem Verwalter Rechnungslegung verlangen.*	§ 28 Abs. 3 **Der Verwalter hat nach Ablauf eines Kalenderjahres einen Vermögensbericht zu erstellen, der den Stand der in Absatz 1 Satz 1 bezeichneten Rücklagen und eine Aufstellung des wesentlichen Gemeinschaftsvermögens enthält. Der Vermögensbericht ist jedem Wohnungseigentümer zur Verfügung zu stellen.**
§ 28 Abs. 5 *Über den Wirtschaftsplan, die Abrechnung und die Rechnungslegung des Verwalters beschließen die Wohnungseigentümer durch Stimmenmehrheit.*	§ 28 Abs. 2 Satz 1 **Nach Ablauf des Kalenderjahres beschließen die Wohnungseigentümer über die Einforderung von Nachschüssen oder die Anpassung der beschlossenen Vorschüsse.**
§ 29 Verwaltungsbeirat	§ 29 Verwaltungsbeirat

alt	neu
§ 29 Abs. 1 *Die Wohnungseigentümer können durch Stimmenmehrheit die Bestellung eines Verwaltungsbeirats beschließen. Der Verwaltungsbeirat besteht aus einem Wohnungseigentümer als Vorsitzenden und zwei weiteren Wohnungseigentümern als Beisitzern.*	§ 29 Abs. 1 **Wohnungseigentümer können durch Beschluss zum Mitglied des Verwaltungsbeirats bestellt werden. Hat der Verwaltungsbeirat mehrere Mitglieder, ist ein Vorsitzender und ein Stellvertreter zu bestimmen.**
§ 29 Abs. 2 Der Verwaltungsbeirat unterstützt den Verwalter bei der Durchführung seiner Aufgaben.	§ 29 Abs. 2 Satz 1 Der Verwaltungsbeirat unterstützt **und überwacht** den Verwalter bei der Durchführung seiner Aufgaben.
§ 29 Abs. 3 Der Wirtschaftsplan, *die Abrechnung über den Wirtschaftsplan, Rechnungslegungen und Kostenanschläge* sollen, bevor *über sie die Wohnungseigentümerversammlung beschließt*, vom Verwaltungsbeirat geprüft und mit dessen Stellungnahme versehen werden.	§ 29 Abs. 2 Satz 2 Der Wirtschaftsplan **und die Jahresabrechnung** sollen, bevor **die Beschlüsse nach § 28 Absatz 1 Satz 1 und Absatz 2 Satz 1 gefasst werden**, vom Verwaltungsbeirat geprüft und mit dessen Stellungnahme versehen werden.
§ 29 Abs. 4 Der Verwaltungsbeirat wird von dem Vorsitzenden nach Bedarf einberufen.	§ 29 Abs. 1 letzter Satz Der Verwaltungsbeirat wird von dem Vorsitzenden nach Bedarf einberufen.
-	§ 29 Abs. 3 **Sind Mitglieder des Verwaltungsbeirats unentgeltlich tätig, haben sie nur Vorsatz und grobe Fahrlässigkeit zu vertreten.**
§ 30	§ 30 Wohnungserbbaurecht
§ 32 Absatz 2 Satz 4-7 werden aufgehoben	Der bisherige 4. Abschnitt wird Abschnitt 5. Der II. Teil wird Teil 2
III. Teil	Teil 3 Verfahrensvorschriften
§ 43 Zuständigkeit	§ 43 Zuständigkeit
	§ 43 Abs. 1 Die Gemeinschaft der Wohnungseigentümer hat ihren allgemeinen Gerichtsstand bei dem Gericht, in dessen Bezirk das Grundstück liegt. Bei diesem Gericht kann auch die Klage gegen Wohnungseigentümer im Fall des § 9a Absatz 4 Satz 1 erhoben werden.
§ 43 Das Gericht, in dessen Bezirk das Grundstück liegt, ist ausschließlich zuständig für 1. Streitigkeiten über die *sich aus der Gemeinschaft der Wohnungseigentümer und aus der Verwaltung des gemeinschaftlichen Eigentums ergebenden* Rechte und Pflichten der Wohnungseigentümer untereinander; 2. Streitigkeiten über die Rechte und Pflichten zwischen der Gemeinschaft der Wohnungseigentümer und Wohnungseigentümern; 3. Streitigkeiten über die Rechte und Pflichten des Verwalters *bei der Verwaltung des gemeinschaftlichen Eigentums*;	§43 Abs. 2 Das Gericht, in dessen Bezirk das Grundstück liegt, ist ausschließlich zuständig für 1. Streitigkeiten über die Rechte und Pflichten der Wohnungseigentümer untereinander, 2. Streitigkeiten über die Rechte und Pflichten zwischen der Gemeinschaft der Wohnungseigentümer und Wohnungseigentümern, 3. Streitigkeiten über die Rechte und Pflichten des Verwalters **einschließlich solcher über Ansprüche eines Wohnungseigentümers gegen den Verwalter sowie** 4. Beschlussklagen gemäß § 44.

I. Gegenüberstellung der Gesetzesfassungen alt/neu

alt	neu
4. Streitigkeiten über die Gültigkeit von Beschlüssen der Wohnungseigentümer; 5. Klagen Dritter, die sich gegen die Gemeinschaft der Wohnungseigentümer oder gegen Wohnungseigentümer richten und sich auf das gemeinschaftliche Eigentum, seine Verwaltung oder das Sondereigentum beziehen; 6. Mahnverfahren, wenn die Gemeinschaft der Wohnungseigentümer Antragstellerin ist. Insoweit ist § 689 Abs. 2 der Zivilprozessordnung nicht anzuwenden.	
§ 44 Bezeichnung der Wohnungseigentümer in der Klageschrift - entfällt -	
§ 45 Zustellung - entfällt -	
§ 46 Anfechtungsklage	§ 44 Beschlussklagen
§ 46 Abs. 1 Satz 1 *Die Klage eines oder mehrerer Wohnungseigentümer auf Erklärung der Ungültigkeit eines Beschlusses der Wohnungseigentümer ist gegen die übrigen Wohnungseigentümer und die Klage des Verwalters ist gegen die Wohnungseigentümer zu richten.*	§ 44 Abs. 2 Satz 1 Die Klagen sind gegen die Gemeinschaft der Wohnungseigentümer zu richten. …. --
§ 46 Abs. 1 Satz 2 *Sie* muss innerhalb eines Monats nach der Beschlussfassung erhoben und innerhalb zweier Monate nach der Beschlussfassung begründet werden. Die §§ 233 bis 238 der Zivilprozessordnung gelten entsprechend.	§ 45 Fristen der Anfechtungsklage **Die Anfechtungsklage** muss innerhalb eines Monats nach der Beschlussfassung erhoben und innerhalb zweier Monate nach der Beschlussfassung begründet werden. Die §§ 233 bis 238 der Zivilprozessordnung gelten entsprechend.
§ 46 Abs. 2 *Hat der Kläger erkennbar eine Tatsache übersehen, aus der sich ergibt, dass der Beschluss nichtig ist, so hat das Gericht darauf hinzuweisen.*	<war noch als § 45 Abs. 2 im ReferentenEntw>
§ 47 *Prozessverbindung*	
§ 47 *Mehrere Prozesse, in denen Klagen auf Erklärung oder Feststellung der Ungültigkeit desselben Beschlusses der Wohnungseigentümer erhoben werden, sind zur gleichzeitigen Verhandlung und Entscheidung zu verbinden.* *Die Verbindung bewirkt, dass die Kläger der vorher selbständigen Prozesse als Streitgenossen anzusehen sind.*	§ 44 Abs. 2 Satz 3 **Mehrere Prozesse sind zur gleichzeitigen Verhandlung und Entscheidung zu verbinden.**
§ 48 Beiladung, Wirkung des Urteils	

alt	neu
§ 48 Abs. 1 Richtet sich die Klage eines Wohnungseigentümers, der in einem Rechtsstreit gemäß § 43 Nr. 1 oder Nr. 3 einen ihm allein zustehenden Anspruch geltend macht, nur gegen einen oder einzelne Wohnungseigentümer oder nur gegen den Verwalter, so sind die übrigen Wohnungseigentümer beizuladen, es sei denn, dass ihre rechtlichen Interessen erkennbar nicht betroffen sind. Soweit in einem Rechtsstreit gemäß § 43 Nr. 3 oder Nr. 4 der Verwalter nicht Partei ist, ist er ebenfalls beizuladen.	
§ 48 Abs. 2 Die Beiladung erfolgt durch Zustellung der Klageschrift, der die Verfügungen des Vorsitzenden beizufügen sind. Die Beigeladenen können der einen oder anderen Partei zu deren Unterstützung beitreten. 3Veräußert ein beigeladener Wohnungseigentümer während des Prozesses sein Wohnungseigentum, ist § 265 Abs. 2 der Zivilprozessordnung entsprechend anzuwenden.	
§ 48 Abs. 3 *Über die in § 325 der Zivilprozessordnung angeordneten Wirkungen hinaus wirkt das rechtskräftige Urteil auch für und gegen alle beigeladenen Wohnungseigentümer und ihre Rechtsnachfolger sowie den beigeladenen Verwalter.*	§ 44 Abs. 3 **Das Urteil wirkt für und gegen alle Wohnungseigentümer, auch wenn sie nicht Partei sind.**
Abs. 4 Wird durch das Urteil eine Anfechtungsklage als unbegründet abgewiesen, so kann auch nicht mehr geltend gemacht werden, der Beschluss sei nichtig.	< war noch als § 45 Abs. 3 im ReferentenE>
Änderungen des GKG	
§ 49a GKG Wohnungseigentumssachen	§ 49 GKG Beschlussklagen nach dem Wohnungseigentumsgesetz
Der **Streitwert** ist auf 50 Prozent des Interesses der Parteien und aller Beigeladenen an der Entscheidung festzusetzen. Er darf das Interesse des Klägers und der auf seiner Seite Beigetretenen an der Entscheidung nicht unterschreiten und das **Fünffache des Wertes** ihres Interesses nicht überschreiten. Der Wert darf in keinem Fall den Verkehrswert des Wohnungseigentums des Klägers und der auf seiner Seite Beigetretenen übersteigen. (2) Richtet sich eine Klage gegen einzelne Wohnungseigentümer, darf der Streitwert das Fünffache des Wertes ihres Interesses sowie des Interesses der auf ihrer Seite Beigetretenen nicht übersteigen. 2Absatz 1 Satz 3 gilt entsprechend.	Der **Streitwert** in Verfahren nach § 44 Absatz 1 des Wohnungseigentumsgesetzes ist auf das Interesse aller Wohnungseigentümer an der Entscheidung festzusetzen. Er darf den **sieben-einhalbfachen Wert** des Interesses des Klägers und der auf seiner Seite Beigetretenen sowie den Verkehrswert ihres Wohnungseigentums nicht übersteigen.

II. Gegenüberstellung der Gesetzesfassungen neu/alt

neu	alt
Gesetz zur Förderung der Elektromobilität und zur Modernisierung des Wohnungseigentumsgesetzes und zur Änderung von kosten- und grundbuchrechtlichen Vorschriften (Wohnungseigentumsmodernisierungsgesetz – **WEMoG**) sowie der WEG-Novelle 2024	Gesetz über das Wohnungseigentum und das Dauerwohnrecht) Gesetz vom 15.03.1951 **WEG**
Teil 1 Wohnungseigentum Abschnitt 1 Begriffsbestimmungen	Erster Teil: Wohnungseigentum Begriffsbestimmungen
§ 1 Abs. 5 Gemeinschaftliches Eigentum im Sinne dieses Gesetzes sind das Grundstück **und das Gebäude, soweit sie** nicht im Sondereigentum oder im Eigentum eines Dritten stehen.	§ 1 Abs. 5 Gemeinschaftliches Eigentum im Sinne dieses Gesetzes sind das Grundstück sowie die Teile, Anlagen und Einrichtungen des Gebäudes, die nicht im Sondereigentum oder im Eigentum eines Dritten stehen.
§ 3 Abs. 1 Das Miteigentum (§ 1008 des Bürgerlichen Gesetzbuches) an einem Grundstück kann durch Vertrag der Miteigentümer in der Weise beschränkt werden, dass jedem der Miteigentümer abweichend von § 93 des Bürgerlichen Gesetzbuches das **Eigentum** an einer bestimmten Wohnung oder an nicht zu Wohnzwecken dienenden bestimmten Räumen in einem auf dem Grundstück errichteten oder zu errichtenden Gebäude (»**Sondereigentum**«) eingeräumt wird.	§ 3 Abs. 1 Das Miteigentum (§ 1008 des Bürgerlichen Gesetzbuches) an einem Grundstück kann durch Vertrag der Miteigentümer in der Weise beschränkt werden, daß jedem der Miteigentümer abweichend von § 93 des Bürgerlichen Gesetzbuches das **Sondereigentum** an einer bestimmten Wohnung oder an nicht zu Wohnzwecken dienenden bestimmten Räumen in einem auf dem Grundstück errichteten oder zu errichtenden Gebäude eingeräumt wird.
Stellplätze gelten als Räume im Sinne des Satzes 1.	§ 3 Abs. 2 Satz 2 Garagenstellplätze gelten als abgeschlossene Räume, wenn ihre Flächen durch dauerhafte Markierungen ersichtlich sind.
§ 3 Abs. 2 **Das Sondereigentum kann auf einen außerhalb des Gebäudes liegenden Teil des Grundstücks erstreckt werden, es sei denn, die Wohnung oder die nicht zu Wohnzwecken dienenden Räume bleiben dadurch wirtschaftlich nicht die Hauptsache.**	--
§ 3 Abs. 3 Sondereigentum soll nur eingeräumt werden, wenn die Wohnungen oder sonstigen Räume in sich abgeschlossen sind **und Stellplätze sowie außerhalb des Gebäudes liegende Teile des Grundstücks durch Maßangaben im Aufteilungsplan bestimmt sind.**	§ 3 Abs. 2 Satz 1 Sondereigentum soll nur eingeräumt werden, wenn die Wohnungen oder sonstigen Räume in sich abgeschlossen sind.

neu	alt
§ 5 Abs. 1 Gegenstand des Sondereigentums sind die gemäß § 3 Abs. 1 **Satz 1** bestimmten Räume sowie die zu diesen Räumen gehörenden Bestandteile des Gebäudes, die verändert, beseitigt oder eingefügt werden können, ohne daß dadurch das gemeinschaftliche Eigentum oder ein auf Sondereigentum beruhendes Recht eines anderen Wohnungseigentümers über das **bei einem geordneten Zusammenleben unvermeidliche** Maß hinaus beeinträchtigt oder die äußere Gestaltung des Gebäudes verändert wird. **Soweit sich das Sondereigentum auf außerhalb des Gebäudes liegende Teile des Grundstücks erstreckt, gilt § 94 des Bürgerlichen Gesetzbuchs entsprechend.**	§ 5 Abs. 1 Gegenstand des Sondereigentums sind die gemäß § 3 Abs. 1 bestimmten Räume sowie die zu diesen Räumen gehörenden Bestandteile des Gebäudes, die verändert, beseitigt oder eingefügt werden können, ohne daß dadurch das gemeinschaftliche Eigentum oder ein auf Sondereigentum beruhendes Recht eines anderen Wohnungseigentümers über das *nach § 14 zulässige* Maß hinaus beeinträchtigt oder die äußere Gestaltung des Gebäudes verändert wird.
§ 5 Abs. 2 Teile des Gebäudes, die für dessen Bestand oder Sicherheit erforderlich sind, sowie Anlagen und Einrichtungen, die dem gemeinschaftlichen Gebrauch der Wohnungseigentümer dienen, sind nicht Gegenstand des Sondereigentums, selbst wenn sie sich im Bereich der im Sondereigentum stehenden Räume **oder Teile des Grundstücks** befinden.	§ 5 Abs. 2 Teile des Gebäudes, die für dessen Bestand oder Sicherheit erforderlich sind, sowie Anlagen und Einrichtungen, die dem gemeinschaftlichen Gebrauch der Wohnungseigentümer dienen, sind nicht Gegenstand des Sondereigentums, selbst wenn sie sich im Bereich der im Sondereigentum stehenden Räume befinden.
§ 5 Abs. 4 Vereinbarungen über das Verhältnis der Wohnungseigentümer untereinander **und Beschlüsse aufgrund einer solchen Vereinbarung** können nach den Vorschriften des **Abschnitts** 4 zum Inhalt des Sondereigentums gemacht werden.	§ 5 Abs. 4 Vereinbarungen über das Verhältnis der Wohnungseigentümer untereinander können nach den Vorschriften des *2. und 3. Abschnittes* zum Inhalt des Sondereigentums gemacht werden.
Ist das Wohnungseigentum mit der Hypothek, Grund- oder Rentenschuld oder der Reallast eines Dritten belastet, so ist dessen nach anderen Rechtsvorschriften notwendige Zustimmung nur erforderlich, wenn ein Sondernutzungsrecht begründet oder ein mit dem Wohnungseigentum verbundenes Sondernutzungsrecht aufgehoben, geändert oder übertragen wird.	Ist das Wohnungseigentum mit der Hypothek, Grund- oder Rentenschuld oder der Reallast eines Dritten belastet, so ist dessen nach anderen Rechtsvorschriften notwendige Zustimmung *zu der Vereinbarung* nur erforderlich, wenn ein Sondernutzungsrecht begründet oder ein mit dem Wohnungseigentum verbundenes Sondernutzungsrecht aufgehoben, geändert oder übertragen wird.
--	*Bei der Begründung eines Sondernutzungsrechts ist die Zustimmung des Dritten nicht erforderlich, wenn durch die Vereinbarung gleichzeitig das zu seinen Gunsten belastete Wohnungseigentum mit einem Sondernutzungsrecht verbunden wird.*
§ 7 Abs. 2 **Zur Eintragung eines Beschlusses im Sinne des § 5 Absatz 4 Satz 1 bedarf es der Bewilligungen der Wohnungseigentümer nicht, wenn der Beschluss durch eine Niederschrift, bei der die Unterschriften der in § 24 Absatz 6 bezeichneten Personen öffentlich beglaubigt sind, oder durch ein Urteil in einem Verfahren nach § 44 Absatz 1 Satz 2 nachgewiesen ist. Antragsberechtigt ist auch die Gemeinschaft der Wohnungseigentümer.**	--

II. Gegenüberstellung der Gesetzesfassungen neu/alt

neu	alt
§ 7 Abs. 3 Zur näheren Bezeichnung des Gegenstandes und des Inhalts des Sondereigentums kann auf die Eintragungsbewilligung **oder einen Nachweis gemäß Absatz 2 Satz 1** Bezug genommen werden.	§ 7 Abs. 3 Zur näheren Bezeichnung des Gegenstandes und des Inhalts des Sondereigentums kann auf die Eintragungsbewilligung Bezug genommen werden.
Veräußerungsbeschränkungen (§ 12) **und die Haftung von Sondernachfolgern für Geldschulden sind jedoch ausdrücklich einzutragen.**	§ 3 Abs. 2, 2. Halbsatz Wohnungsgrundbuchverfügung … vereinbarte Veräußerungsbeschränkungen (§ 12 des Wohnungseigentumsgesetzes) sind jedoch ausdrücklich einzutragen.
§ 7 Abs. 4 Der Eintragungsbewilligung sind als Anlagen beizufügen: 1. eine von der Baubehörde mit Unterschrift und Siegel oder Stempel versehene Bauzeichnung, aus der die Aufteilung des Gebäudes **und des Grundstücks** sowie die Lage und Größe der im Sondereigentum und der im gemeinschaftlichen Eigentum stehenden **Teile des Gebäudes und des Grundstücks** ersichtlich ist (Aufteilungsplan); alle zu demselben Wohnungseigentum gehörenden Einzelräume **und Teile des Grundstücks** sind mit der jeweils gleichen Nummer zu kennzeichnen;	§ 7 Abs. 4 Der Eintragungsbewilligung sind als Anlagen beizufügen: 1. eine von der Baubehörde mit Unterschrift und Siegel oder Stempel versehene Bauzeichnung, aus der die Aufteilung des Gebäudes sowie die Lage und Größe der im Sondereigentum und der im gemeinschaftlichen Eigentum stehenden Gebäudeteile ersichtlich ist (Aufteilungsplan); alle zu demselben Wohnungseigentum gehörenden Einzelräume sind mit der jeweils gleichen Nummer zu kennzeichnen;
2. eine Bescheinigung der Baubehörde, dass die Voraussetzungen des § 3 Abs. **3** vorliegen. Wenn in der Eintragungsbewilligung für die einzelnen Sondereigentumsrechte Nummern angegeben werden, sollen sie mit denen des Aufteilungsplanes übereinstimmen. Die Landesregierungen können durch Rechtsverordnung bestimmen, dass und in welchen Fällen der Aufteilungsplan (Satz 1 Nr. 1) und die Abgeschlossenheit (Satz 1 Nr. 2) von einem öffentlich bestellten oder anerkannten Sachverständigen für das Bauwesen statt von der Baubehörde ausgefertigt und bescheinigt werden.	2. eine Bescheinigung der Baubehörde, daß die Voraussetzungen des § 3 Abs. 2 vorliegen. Wenn in der Eintragungsbewilligung für die einzelnen Sondereigentumsrechte Nummern angegeben werden, sollen sie mit denen des Aufteilungsplanes übereinstimmen. Die Landesregierungen können durch Rechtsverordnung bestimmen, dass und in welchen Fällen der Aufteilungsplan (Satz 1 Nr. 1) und die Abgeschlossenheit (Satz 1 Nr. 2) von einem öffentlich bestellten oder anerkannten Sachverständigen für das Bauwesen statt von der Baubehörde ausgefertigt und bescheinigt werden.
<Die Sätze 3 bis 6 wurden aufgehoben.>	*Werden diese Aufgaben von dem Sachverständigen wahrgenommen, so gelten die Bestimmungen der Allgemeinen Verwaltungsvorschrift für die Ausstellung von Bescheinigungen gemäß § 7 Abs. 4 Nr. 2 und § 32 Abs. 2 Nr. 2 des Wohnungseigentumsgesetzes vom 19. März 1974 (BAnz. Nr. 58 vom 23. März 1974). entsprechend.* *In diesem Fall bedürfen die Anlagen nicht der Form des § 29 der Grundbuchordnung.* *Die Landesregierungen können die Ermächtigung durch Rechtsverordnung auf die Landesbauverwaltungen übertragen.*

neu	alt
§ 8 Abs. 1 Der Eigentümer eines Grundstücks kann durch Erklärung gegenüber dem Grundbuchamt das Eigentum an dem Grundstück in Miteigentumsanteile in der Weise teilen, dass mit jedem Anteil **Sondereigentum** verbunden ist.	§ 8 Abs. 1 Der Eigentümer eines Grundstücks kann durch Erklärung gegenüber dem Grundbuchamt das Eigentum an dem Grundstück in Miteigentumsanteile in der Weise teilen, daß mit jedem Anteil *das Sondereigentum an einer bestimmten Wohnung oder an nicht zu Wohnzwecken dienenden bestimmten Räumen in einem auf dem Grundstück errichteten oder zu errichtenden Gebäude* verbunden ist.
§ 8 Abs. 2 Im Falle des Absatzes 1 gelten **§ 3 Absatz 1 Satz 2, Absatz 2 und 3, § 4 Absatz 2 Satz 2 sowie die §§** 5 bis 7 entsprechend.	§ 8 Abs. 2 Im Falle des Absatzes 1 gelten *die Vorschriften des § 3 Abs. 2 und der §§ 5, 6, § 7 Abs. 1, 3 bis 5* entsprechend. *Die Teilung wird mit der Anlegung der Wohnungsgrundbücher wirksam.*
§ 8 Abs. 3 **Wer einen Anspruch auf Übertragung von Wohnungseigentum gegen den teilenden Eigentümer hat, der durch Vormerkung im Grundbuch gesichert ist, gilt gegenüber der Gemeinschaft der Wohnungseigentümer und den anderen Wohnungseigentümern anstelle des teilenden Eigentümers als Wohnungseigentümer, sobald ihm der Besitz an den zum Sondereigentum gehörenden Räumen übergeben wurde**	(früher: werdender Wohnungseigentümer; Rspr.)
§ 9 Abs. 1 a) Nummer 2 wird aufgehoben.	§ 9 Abs. 1 2. *auf Antrag sämtlicher Wohnungseigentümer, wenn alle Sondereigentumsrechte durch völlige Zerstörung des Gebäudes gegenstandslos geworden sind und der Nachweis hierfür durch eine Bescheinigung der Baubehörde erbracht ist;*
§ 9 Abs. 1 b) Nummer 3 wird Nummer 2. 2. auf Antrag des Eigentümers, wenn sich sämtliche Wohnungseigentumsrechte in einer Person vereinigen.	§ 9 Abs. 1 3. auf Antrag des Eigentümers, wenn sich sämtliche Wohnungseigentumsrechte in einer Person vereinigen.
Abschnitt 3 **Rechtsfähige Gemeinschaft der Wohnungseigentümer**	
§ 9a **Gemeinschaft der Wohnungseigentümer**	
§ 9a Abs. 1 **Die Gemeinschaft der Wohnungseigentümer kann Rechte erwerben und Verbindlichkeiten eingehen, vor Gericht klagen und verklagt werden.**	§ 10 Abs. 6 Satz 1 Die Gemeinschaft der Wohnungseigentümer kann im Rahmen der gesamten Verwaltung des gemeinschaftlichen Eigentums gegenüber Dritten und Wohnungseigentümern selbst Rechte erwerben und Pflichten eingehen. --

neu	alt
Die Gemeinschaft der Wohnungseigentümer entsteht mit Anlegung der Wohnungsgrundbücher; dies gilt auch im Fall des § 8.	§ 10 Abs. 6 Satz 5 Sie kann vor Gericht klagen und verklagt werden.
Sie führt die Bezeichnung »Gemeinschaft der Wohnungseigentümer« oder »Wohnungseigentümergemeinschaft« gefolgt von der bestimmten Angabe des gemeinschaftlichen Grundstücks.	§ 10 Abs. 6 Satz 4 Die Gemeinschaft muss die Bezeichnung »Wohnungseigentümergemeinschaft« gefolgt von der bestimmten Angabe des gemeinschaftlichen Grundstücks führen.
§ 9a Abs. 2 **Die Gemeinschaft der Wohnungseigentümer übt die sich aus dem gemeinschaftlichen Eigentum ergebenden Rechte sowie solche Rechte der Wohnungseigentümer aus, die eine einheitliche Rechtsverfolgung erfordern, und nimmt die entsprechenden Pflichten der Wohnungseigentümer wahr.**	§ 10 Abs. 6 Satz 3 Sie übt die gemeinschaftsbezogenen Rechte der Wohnungseigentümer aus und nimmt die gemeinschaftsbezogenen Pflichten der Wohnungseigentümer wahr, ebenso sonstige Rechte und Pflichten der Wohnungseigentümer, soweit diese gemeinschaftlich geltend gemacht werden können oder zu erfüllen sind.
§ 9a Abs. 3 **Für das Vermögen der Gemeinschaft der Wohnungseigentümer (Gemein-schaftsvermögen) gelten § 18, § 19 Absatz 1 und § 27 entsprechend.**	§ 10 Abs. 7 Das Verwaltungsvermögen gehört der Gemeinschaft der Wohnungseigentümer.
§ 9a Abs. 4 Jeder Wohnungseigentümer haftet einem Gläubiger nach dem Verhältnis seines Miteigentumsanteils (§ 16 Absatz 1 Satz 2) für Verbindlichkeiten der Gemeinschaft der Wohnungseigentümer, die während seiner Zugehörigkeit entstanden oder während dieses Zeitraums fällig geworden sind; für die Haftung nach Veräußerung des Wohnungseigentums ist § 160 des Handelsgesetzbuchs entsprechend anzuwenden. Er kann gegenüber einem Gläubiger neben den in seiner Person begründeten auch die der Gemeinschaft der Wohnungseigentümer zustehenden Einwendungen und Einreden geltend machen, nicht aber seine Einwendungen und Einreden gegenüber der Gemeinschaft **der Wohnungseigentümer.** Für die Einrede der Anfechtbarkeit und Aufrechenbarkeit ist § 770 des Bürgerlichen Gesetzbuchs entsprechend anzuwenden.	§ 10 Abs. 8 Jeder Wohnungseigentümer haftet einem Gläubiger nach dem Verhältnis seines Miteigentumsanteils (§ 16 Abs. 1 Satz 2) für Verbindlichkeiten der Gemeinschaft der Wohnungseigentümer, die während seiner Zugehörigkeit zur Gemeinschaft entstanden oder während dieses Zeitraums fällig geworden sind; für die Haftung nach Veräußerung des Wohnungseigentums ist § 160 des Handelsgesetzbuches entsprechend anzuwenden. Er kann gegenüber einem Gläubiger neben den in seiner Person begründeten auch die der Gemeinschaft zustehenden Einwendungen und Einreden geltend machen, nicht aber seine Einwendungen und Einreden gegenüber der Gemeinschaft. Für die Einrede der Anfechtbarkeit und Aufrechenbarkeit ist § 770 des Bürgerlichen Gesetzbuches entsprechend anzuwenden. Die Haftung eines Wohnungseigentümers gegenüber der Gemeinschaft wegen nicht ordnungsmäßiger Verwaltung bestimmt sich nach Satz 1.
§ 9a Abs. 5 Ein Insolvenzverfahren über das **Gemeinschaftsvermögen** findet nicht statt.	§ 11 Abs. 3 *Ein Insolvenzverfahren über das Verwaltungsvermögen der Gemeinschaft findet nicht statt.*

neu	alt
§ 9b Vertretung	
Abs. 1 **Die Gemeinschaft der Wohnungseigentümer wird durch den Verwalter gerichtlich und außergerichtlich vertreten, beim Abschluss eines Grundstückskauf- oder Darlehensvertrags aber nur aufgrund eines Beschlusses der Wohnungseigentümer. Hat die Gemeinschaft der Wohnungseigentümer keinen Verwalter, wird sie durch die Wohnungseigentümer gemeinschaftlich vertreten.** **Eine Beschränkung des Umfangs der Vertretungsmacht ist Dritten gegenüber unwirksam.**	§ 27 Abs. 3 Der Verwalter ist berechtigt, im Namen der Gemeinschaft der Wohnungseigentümer und mit Wirkung für und gegen sie 1. Willenserklärungen und Zustellungen entgegenzunehmen; 2. Maßnahmen zu treffen, die zur Wahrung einer Frist oder zur Abwendung eines sonstigen Rechtsnachteils erforderlich sind, insbesondere einen gegen die Gemeinschaft gerichteten Rechtsstreit gemäß § 43 Nr. 2 oder Nr. 5 im Erkenntnis- und Vollstreckungsverfahren zu führen; 3. die laufenden Maßnahmen der erforderlichen ordnungsmäßigen Instandhaltung und Instandsetzung gemäß Absatz 1 Nr. 2 zu treffen; 4. die Maßnahmen gemäß Absatz 1 Nr. 3 bis 5 und 8 zu treffen; 5. im Rahmen der Verwaltung der eingenommenen Gelder gemäß Absatz 1 Nr. 6 Konten zu führen; 6. mit einem Rechtsanwalt wegen eines Rechtsstreits gemäß § 43 Nr. 2 oder Nr. 5 eine Vergütung gemäß Absatz 2 Nr. 4 zu vereinbaren; 7. sonstige Rechtsgeschäfte und Rechtshandlungen vorzunehmen, soweit er hierzu durch Vereinbarung oder Beschluss der Wohnungseigentümer mit Stimmenmehrheit ermächtigt ist. Fehlt ein Verwalter oder ist er zur Vertretung nicht berechtigt, so vertreten alle Wohnungseigentümer die Gemeinschaft. Die Wohnungseigentümer können durch Beschluss mit Stimmenmehrheit einen oder mehrere Wohnungseigentümer zur Vertretung ermächtigen.
Abs. 2 **Dem Verwalter gegenüber vertritt der Vorsitzende des Verwaltungsbeirats oder ein durch Beschluss dazu ermächtigter Wohnungseigentümer die Gemeinschaft der Wohnungseigentümer.**	
Abschnitt 4 Rechtsverhältnis der Wohnungseigentümer untereinander und zur Gemeinschaft der Wohnungseigentümer	*2. Abschnitt* *Gemeinschaft der Wohnungseigentümer*
§ 10 Das Verhältnis der Wohnungseigentümer untereinander **und zur Gemeinschaft der Wohnungseigentümer** bestimmt sich nach den Vorschriften dieses Gesetzes und, soweit dieses Gesetz keine besonderen Bestimmungen enthält, nach den Vorschriften des Bürgerlichen Gesetzbuches über die Gemeinschaft. Die Wohnungseigentümer können von den Vorschriften dieses Gesetzes abweichende Vereinbarungen treffen, soweit nicht etwas anderes ausdrücklich bestimmt ist.	§ 10 Abs. 2 Das Verhältnis der Wohnungseigentümer untereinander bestimmt sich nach den Vorschriften dieses Gesetzes und, soweit dieses Gesetz keine besonderen Bestimmungen enthält, nach den Vorschriften des Bürgerlichen Gesetzbuches über die Gemeinschaft. Die Wohnungseigentümer können von den Vorschriften dieses Gesetzes abweichende Vereinbarungen treffen, soweit nicht etwas anderes ausdrücklich bestimmt ist.

II. Gegenüberstellung der Gesetzesfassungen neu/alt

neu	alt
§ 10 Abs. 2	§ 10 Abs. 2 Satz 3
Jeder Wohnungseigentümer kann eine vom Gesetz abweichende Vereinbarung oder die Anpassung einer Vereinbarung verlangen, soweit ein Festhalten an der geltenden Regelung aus schwerwiegenden Gründen unter Berücksichtigung aller Umstände des Einzelfalles, insbesondere der Rechte und Interessen der anderen Wohnungseigentümer, unbillig erscheint.	Jeder Wohnungseigentümer kann eine vom Gesetz abweichende Vereinbarung oder die Anpassung einer Vereinbarung verlangen, soweit ein Festhalten an der geltenden Regelung aus schwerwiegenden Gründen unter Berücksichtigung aller Umstände des Einzelfalles, insbesondere der Rechte und Interessen der anderen Wohnungseigentümer, unbillig erscheint.
§ 10 Abs. 3 Vereinbarungen, durch die die Wohnungseigentümer ihr Verhältnis untereinander in Ergänzung oder Abweichung von Vorschriften dieses Gesetzes regeln, **die Abänderung oder Aufhebung solcher Vereinbarungen sowie Beschlüsse, die aufgrund einer Vereinbarung gefasst werden**, wirken gegen den Sondernachfolger eines Wohnungseigentümers nur, wenn sie als Inhalt des Sondereigentums im Grundbuch eingetragen sind. **Im Übrigen bedürfen Beschlüsse zu ihrer Wirksamkeit gegen den Sondernachfolger eines Wohnungseigentümers nicht der Eintragung in das Grundbuch.**	§ 10 Abs. 3 Vereinbarungen, durch die die Wohnungseigentümer ihr Verhältnis untereinander in Ergänzung oder Abweichung von Vorschriften dieses Gesetzes regeln, *sowie die Abänderung oder Aufhebung solcher Vereinbarungen* wirken gegen den Sondernachfolger eines Wohnungseigentümers nur, wenn sie als Inhalt des Sondereigentums im Grundbuch eingetragen sind.
Die Absätze 4 bis 8 werden aufgehoben.	
§ 11 Abs. 3 Aufhebung der Gemeinschaft	§ 17 Anteil bei Aufhebung der Gemeinschaft
Im Fall der Aufhebung der Gemeinschaft bestimmt sich der Anteil der Miteigentümer nach dem Verhältnis des Wertes ihrer Wohnungseigentumsrechte zur Zeit der Aufhebung der Gemeinschaft. Hat sich der Wert eines Miteigentumsanteils durch Maßnahmen verändert, deren Kosten der Wohnungseigentümer nicht getragen hat, so bleibt eine solche Veränderung bei der Berechnung des Wertes dieses Anteils außer Betracht	Im Fall der Aufhebung der Gemeinschaft bestimmt sich der Anteil der Miteigentümer nach dem Verhältnis des Wertes ihrer Wohnungseigentumsrechte zur Zeit der Aufhebung der Gemeinschaft. Hat sich der Wert eines Miteigentumsanteils durch Maßnahmen verändert, deren Kosten der Wohnungseigentümer nicht getragen hat, so bleibt eine solche Veränderung bei der Berechnung des Wertes dieses Anteils außer Betracht
§ 12 Veräußerungsbeschränkung	§ 12 Veräußerungsbeschränkung
§ 12 Abs. 4 Die Wohnungseigentümer können beschließen, dass eine Veräußerungsbeschränkung gemäß Absatz 1 aufgehoben wird.	§ 12 Abs. 4 Die Wohnungseigentümer können *durch Stimmenmehrheit* beschließen, dass eine Veräußerungsbeschränkung gemäß Absatz 1 aufgehoben wird. Diese Befugnis kann durch Vereinbarung der Wohnungseigentümer nicht eingeschränkt oder ausgeschlossen werden.
Ist ein Beschluss gemäß Satz 1 gefasst, kann die Veräußerungsbeschränkung im Grundbuch gelöscht werden.	Ist ein Beschluss gemäß Satz 1 gefasst, kann die Veräußerungsbeschränkung im Grundbuch gelöscht werden. Der Bewilligung gemäß § 19 der Grundbuchordnung bedarf es nicht, wenn der Beschluss gemäß Satz 1 nachgewiesen wird. Für diesen Nachweis ist § 26 Abs. 3 entsprechend anzuwenden.
<Die Sätze 2, 4 und 5 werden aufgehoben>	
§ 7 Absatz 2 gilt entsprechend.	

neu	alt
§ 13 Rechte des Wohnungseigentümers aus dem Sondereigentum	§ 13 Rechte des Wohnungseigentümers
§ 13 Abs. 1 Jeder Wohnungseigentümer kann, soweit nicht das Gesetz entgegensteht, mit seinem Sondereigentum nach Belieben verfahren, insbesondere dieses bewohnen, vermieten, verpachten oder in sonstiger Weise nutzen, und andere von Einwirkungen ausschließen.	§ 13 Abs. 1 Jeder Wohnungseigentümer kann, soweit nicht das Gesetz *oder Rechte Dritter* entgegenstehen, *mit den im* Sondereigentum *stehenden Gebäudeteilen* nach Belieben verfahren, insbesondere diese bewohnen, vermieten, verpachten oder in sonstiger Weise nutzen, und andere von Einwirkungen ausschließen.
§ 13 Abs. 2 Für Maßnahmen, die über die ordnungsmäßige Instandhaltung und Instandsetzung (Erhaltung) des *Sonder*eigentums hinausgehen, gilt § 20 mit der Maßgabe entsprechend, dass es keiner Gestattung bedarf, soweit keinem der anderen Wohnungseigentümer über das bei einem geordneten Zusammenleben unvermeidliche Maß hinaus ein Nachteil erwächst.	
§ 14 Pflichten des Wohnungseigentümers	§ 14 Pflichten des Wohnungseigentümers
§ 14 Abs. 1 **Jeder Wohnungseigentümer ist gegenüber der Gemeinschaft der Wohnungseigentümer verpflichtet,** **1. die gesetzlichen Regelungen, Vereinbarungen und Beschlüsse einzuhalten und** **2. das Betreten seines Sondereigentums und andere Einwirkungen auf dieses und das gemeinschaftliche Eigentum zu dulden, die den Vereinbarungen oder Beschlüssen entsprechen oder, wenn keine entsprechenden Vereinbarungen oder Beschlüsse bestehen, aus denen ihm über das bei einem geordneten Zusammenleben unvermeidliche Maß hinaus kein Nachteil erwächst.**	§ 14 Nr. 1 die im Sondereigentum stehenden Gebäudeteile so instand zu halten und von diesen sowie von dem gemeinschaftlichen Eigentum nur in solcher Weise Gebrauch zu machen, daß dadurch keinem der anderen Wohnungseigentümer über das bei einem geordneten Zusammenleben unvermeidliche Maß hinaus ein Nachteil erwächst; § 14 Nr. 4 *das Betreten und die Benutzung der im Sondereigentum stehenden Gebäudeteile zu gestatten, soweit dies zur Instandhaltung und Instandsetzung des gemeinschaftlichen Eigentums erforderlich ist;*
§ 14 Abs. 2 Jeder Wohnungseigentümer ist gegenüber den übrigen Wohnungseigentümern verpflichtet, 1. deren Sondereigentum nicht über das in Absatz 1 Nummer 2 bestimmte Maß hinaus zu beeinträchtigten und 2. Einwirkungen nach Maßgabe des Absatz 1 Nummer 2 zu dulden.	
§ 14 Abs. 3 Hat der Wohnungseigentümer eine Einwirkung zu dulden, die über das zumutbare Maß hinausgeht, kann er einen angemessenen Ausgleich in Geld verlangen.	§ 14 Nr. 4 letzter Hs *der hierdurch entstehende Schaden ist zu ersetzen.*
§ 15 Pflichten Dritter	§ 14 Nr. 2

neu	alt
Wer Wohnungseigentum gebraucht, ohne Wohnungseigentümer zu sein, hat gegenüber der Gemeinschaft der Wohnungseigentümer und anderen Wohnungseigentümern zu dulden: 1. **die Erhaltung des gemeinschaftlichen Eigentums und des Sondereigentums, die ihm rechtzeitig angekündigt wurde; § 555a Absatz 2 des Bürgerlichen Gesetzbuchs gilt entsprechend;** 2. **Maßnahmen, die über die Erhaltung hinausgehen, die spätestens drei Monate vor ihrem Beginn in Textform angekündigt wurden; § 555c Absatz 1 Satz 2 Nummer 1 und 2, Absatz 2 bis 4 und § 555d Absatz 2 bis 5 des Bürgerlichen Gesetzbuchs gelten entsprechend.**	Jeder Wohnungseigentümer ist verpflichtet: … 2. für die Einhaltung der in Nummer 1 bezeichneten Pflichten durch Personen zu sorgen, die seinem Hausstand oder Geschäftsbetrieb angehören oder denen er sonst die Benutzung der in Sonder- oder Miteigentum stehenden Grundstücks- oder Gebäudeteile überläßt; …
§ 16 Nutzungen und Kosten	§ 16 Nutzungen, Lasten und Kosten
§ 16 Abs. 1 Jedem Wohnungseigentümer gebührt ein seinem Anteil entsprechender Bruchteil der **Früchte des gemeinschaftlichen Eigentums und des Gemeinschaftsvermögens.** Der Anteil bestimmt sich nach dem gemäß § 47 der Grundbuchordnung im Grundbuch eingetragenen Verhältnis der Miteigentumsanteile.	§ 16 Abs. 1 Jedem Wohnungseigentümer gebührt ein seinem Anteil entsprechender Bruchteil der *Nutzungen des gemeinschaftlichen Eigentums.* Der Anteil bestimmt sich nach dem gemäß § 47 der Grundbuchordnung im Grundbuch eingetragenen Verhältnis der Miteigentumsanteile.
§ 16 Abs. 1 letzter Satz **Jeder Wohnungseigentümer ist zum Mitgebrauch des gemeinschaftlichen Eigentums nach Maßgabe des § 14 berechtigt.**	§ 13 Abs. 2 Jeder Wohnungseigentümer ist zum Mitgebrauch des gemeinschaftlichen Eigentums nach Maßgabe der §§ 14, 15 berechtigt.
§ 16 Abs. 2 Satz 1 **Die Kosten der Gemeinschaft der Wohnungseigentümer, insbesondere der Verwaltung und des gemeinschaftlichen Gebrauchs des gemeinschaftlichen Eigentums, hat jeder Wohnungseigentümer nach dem Verhältnis seines Anteils (Absatz 1 Satz 2) zu tragen.**	§ 16 Abs. 2 *Jeder Wohnungseigentümer ist den anderen Wohnungseigentümern gegenüber verpflichtet, die Lasten des gemeinschaftlichen Eigentums sowie die Kosten der Instandhaltung, Instandsetzung, sonstigen Verwaltung und eines gemeinschaftlichen Gebrauchs des gemeinschaftlichen Eigentums nach dem Verhältnis seines Anteils (Absatz 1 Satz 2) zu tragen.*
§ 16 Abs. 2 Satz 2 **Die Wohnungseigentümer können für einzelne Kosten oder bestimmte Arten von Kosten eine von Satz 1 oder von einer Vereinbarung abweichende Verteilung beschließen.**	§ 16 Abs. 3 *Die Wohnungseigentümer können abweichend von Absatz 2 durch Stimmenmehrheit beschließen, dass die Betriebskosten des gemeinschaftlichen Eigentums oder des Sondereigentums im Sinne des § 556 Abs. 1 des Bürgerlichen Gesetzbuches, die nicht unmittelbar gegenüber Dritten abgerechnet werden, und die Kosten der Verwaltung nach Verbrauch oder Verursachung erfasst und nach diesem oder nach einem anderen Maßstab verteilt werden, soweit dies ordnungsmäßiger Verwaltung entspricht.*

neu	alt
§ 16 Abs. 3 **Für die Kosten und Nutzungen bei baulichen Veränderungen gilt § 21.**	§ 16 Abs. 4 – Abs. 8 entfallen *Die Wohnungseigentümer können im Einzelfall … oder zu baulichen Veränderungen oder Aufwendungen im Sinne des § 22 Abs. 1 und 2 durch Beschluss die Kostenverteilung abweichend von Absatz 2 regeln, wenn der abweichende Maßstab dem Gebrauch oder der Möglichkeit des Gebrauchs durch die Wohnungseigentümer Rechnung trägt. ……..*
§ 17 Entziehung des Wohnungseigentums	§ 18 Entziehung des Wohnungseigentums
§ 17 Abs. 1 Hat ein Wohnungseigentümer sich einer so schweren Verletzung der ihm gegenüber anderen Wohnungseigentümern **oder der Gemeinschaft der Wohnungseigentümer** obliegenden Verpflichtungen schuldig gemacht, dass diesen die Fortsetzung der Gemeinschaft mit ihm nicht mehr zugemutet werden kann, so **kann die Gemeinschaft der Wohnungseigen-tümer** von ihm die Veräußerung seines Wohnungseigentums verlangen.	§ 18 Abs. 1 Hat ein Wohnungseigentümer sich einer so schweren Verletzung der ihm gegenüber anderen Wohnungseigentümern obliegenden Verpflichtungen schuldig gemacht, daß diesen die Fortsetzung der Gemeinschaft mit ihm nicht mehr zugemutet werden kann, so *können die anderen Wohnungseigentümer* von ihm die Veräußerung seines Wohnungseigentums verlangen. *Die Ausübung des Entziehungsrechts steht der Gemeinschaft der Wohnungseigentümer zu, soweit es sich nicht um eine Gemeinschaft handelt, die nur aus zwei Wohnungseigentümern besteht.*
§ 17 Abs. 2 Die Voraussetzungen des Absatzes 1 liegen insbesondere vor, wenn der Wohnungseigentümer trotz Abmahnung wiederholt gröblich gegen die ihm nach § 14 **Absatz 1 und 2** obliegenden Pflichten verstößt.	§ 18 Abs. 2 Die Voraussetzungen des Absatzes 1 liegen insbesondere vor, wenn 1. der Wohnungseigentümer trotz Abmahnung wiederholt gröblich gegen die ihm nach § 14 obliegenden Pflichten verstößt; 2. *der Wohnungseigentümer sich mit der Erfüllung seiner Verpflichtungen zur Lasten- und Kostentragung (§ 16 Abs. 2) in Höhe eines Betrages, der drei vom Hundert des Einheitswertes seines Wohnungseigentums übersteigt, länger als drei Monate in Verzug befindet; in diesem Fall steht § 30 der Abgabenordnung einer Mitteilung des Einheitswerts an die Gemeinschaft der Wohnungseigentümer oder, soweit die Gemeinschaft nur aus zwei Wohnungseigentümern besteht, an den anderen Wohnungseigentümer nicht entgegen.*
(§ 18 Abs. 3 a.F. wird aufgehoben; § 18 Absatz 4 a.F. wird § 17 Absatz 3.)	§ 18 Abs. 3 *Über das Verlangen nach Absatz 1 beschließen die Wohnungseigentümer durch Stimmenmehrheit. Der Beschluß bedarf einer Mehrheit von mehr als der Hälfte der stimmberechtigten Wohnungseigentümer. 3Die Vorschriften des § 25 Abs. 3, 4 sind in diesem Falle nicht anzuwenden.*
§ 17 Abs. 3 Der in Absatz 1 bestimmte Anspruch kann durch Vereinbarung der Wohnungseigentümer nicht eingeschränkt oder ausgeschlossen werden.	§ 18 Abs. 4 Der in Absatz 1 bestimmte Anspruch kann durch Vereinbarung der Wohnungseigentümer nicht eingeschränkt oder ausgeschlossen werden.

neu	alt
§ 17 Abs. 4 Das Urteil, durch das ein Wohnungseigentümer zur Veräußerung seines Wohnungseigentums verurteilt wird, berechtigt zur Zwangsvollstreckung entsprechend den Vorschriften des Ersten Abschnitts des Gesetzes über die Zwangsversteigerung und die Zwangsverwaltung.	§ 19 Abs. 1 Satz 1 Das Urteil, durch das ein Wohnungseigentümer zur Veräußerung seines Wohnungseigentums verurteilt wird, berechtigt *jeden Miteigentümer* zur Zwangsvollstreckung entsprechend den Vorschriften des Ersten Abschnitts des Gesetzes über die Zwangsversteigerung und die Zwangsverwaltung.
§ 17 Abs. 4 Satz 2 Das Gleiche gilt für Schuldtitel im Sinne des § 794 der Zivilprozessordnung, durch die sich der Wohnungseigentümer zur Veräußerung seines Wohnungseigentums verpflichtet.	§ 19 Abs. 3 Ein gerichtlicher oder vor einer Gütestelle geschlossener Vergleich, durch den sich der Wohnungseigentümer zur Veräußerung seines Wohnungseigentums verpflichtet, steht dem in Absatz 1 bezeichneten Urteil gleich.
§ 18 Verwaltung und Benutzung	§ 20 Gliederung der Verwaltung
§ 18 Abs. 1 Die Verwaltung des gemeinschaftlichen Eigentums obliegt **der Gemeinschaft der Wohnungseigentümer.**	§ 20 Abs. 1 Die Verwaltung des gemeinschaftlichen Eigentums obliegt *den Wohnungseigentümern nach Maßgabe der §§ 21 bis 25 und dem Verwalter nach Maßgabe der §§ 26 bis 28, im Falle der Bestellung eines Verwaltungsbeirats auch diesem nach Maßgabe des § 29.* § 21 Abs. 1 Soweit nicht in diesem Gesetz oder durch Vereinbarung der Wohnungseigentümer etwas anderes bestimmt ist, steht die Verwaltung des gemeinschaftlichen Eigentums den Wohnungseigentümern gemeinschaftlich zu.
§ 18 Abs. 2 **Jeder Wohnungseigentümer kann von der Gemeinschaft der Wohnungseigentümer** **1. eine Verwaltung des gemeinschaftlichen Eigentums sowie** **2. eine Benutzung des gemeinschaftlichen Eigentums und des Sondereigentums** **verlangen, die dem Interesse der Gesamtheit der Wohnungseigentümer nach billigem Ermessen (ordnungsmäßige Verwaltung und Benutzung) und, soweit solche bestehen, den gesetzlichen Regelungen, Vereinbarungen und Beschlüssen entsprechen.**	§ 21 Abs. 4 *Jeder Wohnungseigentümer kann eine Verwaltung verlangen, die den Vereinbarungen und Beschlüssen und, soweit solche nicht bestehen, dem Interesse der Gesamtheit der Wohnungseigentümer nach billigem Ermessen entspricht.* Vgl. auch § 15 Abs. 3 a.F.
§ 18 Abs. 3 Jeder Wohnungseigentümer ist berechtigt, ohne Zustimmung der anderen Wohnungseigentümer die Maßnahmen zu treffen, die zur Abwendung eines dem gemeinschaftlichen Eigentum unmittelbar drohenden Schadens notwendig sind.	§ 21 Abs. 2 Jeder Wohnungseigentümer ist berechtigt, ohne Zustimmung der anderen Wohnungseigentümer die Maßnahmen zu treffen, die zur Abwendung eines dem gemeinschaftlichen Eigentum unmittelbar drohenden Schadens notwendig sind.
§ 18 Abs. 4 **Jeder Wohnungseigentümer kann von der Gemeinschaft der Wohnungseigentümer Einsicht in die Verwaltungsunterlagen verlangen.**	<§§ 675, 666 BGB>
§ 19 Regelung der Verwaltung und Benutzung durch Beschluss	

neu	alt
§ 19 Abs. 1 Soweit die Verwaltung des gemeinschaftlichen Eigentums **und die Benutzung des gemeinschaftlichen Eigentums und des Sondereigentums** nicht durch Vereinbarung der Wohnungseigentümer geregelt **sind, beschließen die Wohnungseigentümer eine ordnungsmäßige Verwaltung und Benutzung.**	§ 21 Abs. 3 Soweit die Verwaltung des gemeinschaftlichen Eigentums nicht durch Vereinbarung der Wohnungseigentümer geregelt *ist, können die Wohnungseigentümer eine der Beschaffenheit des gemeinschaftlichen Eigentums entsprechende ordnungsmäßige Verwaltung durch Stimmenmehrheit beschließen.*
§ 19 Abs. 2 **Zur ordnungsmäßigen Verwaltung und Benutzung gehören insbesondere** 1. die Aufstellung einer Hausordnung, 2. die ordnungsmäßige **Erhaltung** des gemeinschaftlichen Eigentums, 3. **die angemessene Versicherung** des gemeinschaftlichen Eigentums zum Neuwert sowie der Wohnungseigentümer gegen Haus- und Grundbesitzerhaftpflicht, 4. die Ansammlung einer angemessenen **Erhaltungsrücklage,** 5. **die Festsetzung von Vorschüssen nach § 28 Absatz 1 Satz 1 sowie** 6. **die Bestellung eines zertifizierten Verwalters nach § 26a, es sei denn, es bestehen weniger als neun Sondereigentumsrechte, ein Wohnungseigentümer wurde zum Verwalter bestellt und weniger als ein Drittel der Wohnungseigentümer (§ 25 Absatz 2) verlangt die Bestellung eines zertifizierten Verwalters.**	§ 21 Abs. 5 *Zu einer ordnungsmäßigen, dem Interesse der Gesamtheit der Wohnungseigentümer entsprechenden Verwaltung gehört insbesondere:* 1. die Aufstellung einer Hausordnung; 2. die ordnungsmäßige *Instandhaltung und Instandsetzung* des gemeinschaftlichen Eigentums; 3. *die Feuerversicherung* des gemeinschaftlichen Eigentums zum Neuwert *sowie die angemessene Versicherung* der Wohnungseigentümer gegen Haus- und Grundbesitzerhaftpflicht; 4. die Ansammlung einer angemessenen *Instandhaltungsrückstellung;* 5. *die Aufstellung eines Wirtschaftsplans (§ 28);*
<§ 19 Abs. 3 des RegE wurde wieder gestrichen>	§ 21 Abs. 7 *Die Wohnungseigentümer können die Regelung der Art und Weise von Zahlungen, der Fälligkeit und der Folgen des Verzugs sowie der Kosten für eine besondere Nutzung des gemeinschaftlichen Eigentums oder für einen besonderen Verwaltungsaufwand mit Stimmenmehrheit beschließen.*
§ 20 Bauliche Veränderungen	§ 22 Besondere Aufwendungen, Wiederaufbau
§ 20 Abs. 1 **Maßnahmen, die über die ordnungsmäßige Erhaltung des gemeinschaftlichen Eigentums hinausgehen (bauliche Veränderungen), können beschlossen oder einem Wohnungseigentümer durch Beschluss gestattet werden.**	§ 22 Abs. 1 Satz 1 *Bauliche Veränderungen und Aufwendungen,* die über die ordnungsmäßige *Instandhaltung oder Instandsetzung des gemeinschaftlichen Eigentums hinausgehen,* können beschlossen *oder verlangt* werden, *wenn jeder Wohnungseigentümer zustimmt, dessen Rechte durch die Maßnahmen über das in § 14 Nr. 1 bestimmte Maß hinaus beeinträchtigt werden.*

II. Gegenüberstellung der Gesetzesfassungen neu/alt

neu	alt
§ 20 Abs. 2 **Jeder Wohnungseigentümer kann angemessene bauliche Veränderungen verlangen, die** **1. dem Gebrauch durch Menschen mit Behinderungen** **2. dem Laden elektrisch betriebener Fahrzeuge** **3. dem Einbruchsschutz und** **4. dem Anschluss an ein Telekommunikationsnetz mit sehr hoher Kapazität und** **5. der Stromerzeugung durch Steckersolargeräte dienen.** **Über die Durchführung ist im Rahmen ordnungsmäßiger Verwaltung zu beschließen.**	
§ 20 Abs. 3 **Unbeschadet des Absatzes 2 kann jeder Wohnungseigentümer verlangen, dass ihm eine bauliche Veränderung gestattet wird, wenn alle Wohnungseigentümer, deren Rechte durch die bauliche Veränderung über das bei einem geordneten Zusammenleben unvermeidliche Maß hinaus beeinträchtigt werden, einverstanden sind.**	§ 22 Abs. 1 Satz 2 *Die Zustimmung ist nicht erforderlich, soweit die Rechte eines Wohnungseigentümers nicht in der in Satz 1 bezeichneten Weise beeinträchtigt werden.*
§ 20 Abs. 4 **Bauliche Veränderungen, die die Wohnanlage grundlegend umgestalten oder einen Wohnungseigentümer ohne sein Einverständnis gegenüber anderen unbillig benachteiligen, dürfen nicht beschlossen und gestattet werden; sie können auch nicht verlangt werden.**	§ 22 Abs. 2 *Maßnahmen gemäß Absatz 1 Satz 1, die der Modernisierung entsprechend § 555b Nummer 1 bis 5 des Bürgerlichen Gesetzbuches oder der Anpassung des gemeinschaftlichen Eigentums an den Stand der Technik dienen, die Eigenart der Wohnanlage nicht ändern und keinen Wohnungseigentümer gegenüber anderen unbillig beeinträchtigen, können abweichend von Absatz 1 durch eine Mehrheit von drei Viertel aller stimmberechtigten Wohnungseigentümer im Sinne des § 25 Abs. 2 und mehr als der Hälfte aller Miteigentumsanteile beschlossen werden. Die Befugnis im Sinne des Satzes 1 kann durch Vereinbarung der Wohnungseigentümer nicht eingeschränkt oder ausgeschlossen werden.*
§ 21 Nutzungen und Kosten bei baulichen Veränderungen	
§ 21 Abs. 1 **Die Kosten einer baulichen Veränderung, die einem Wohnungseigentümer gestattet oder die auf sein Verlangen nach § 20 Absatz 2 durch die Gemeinschaft der Wohnungseigentümer durchgeführt wurden, hat dieser Wohnungseigentümer zu tragen. Nur ihm gebühren die Nutzungen.**	*§ 16 Abs. 4* *Aufwendungen im Sinne des § 22 Abs. 1 und 2 durch Beschluss die Kostenverteilung abweichend von Absatz 2 regeln, wenn der abweichende Maßstab dem Gebrauch oder der Möglichkeit des Gebrauchs durch die Wohnungseigentümer Rechnung trägt. ……..*

neu	alt
§ 21 Abs. 2 **Vorbehaltlich des Absatzes 1 haben alle Wohnungseigentümer die Kosten einer baulichen Veränderung nach dem Verhältnis ihrer Anteile (§ 16 Absatz 1 Satz 2) zu tragen,** **1. die mit mehr als zwei Dritteln der abgegebenen Stimmen und der Hälfte aller Miteigentumsanteile beschlossen wurde, es sei denn, die bauliche Veränderung ist mit unverhältnismäßigen Kosten verbunden, oder** **2. deren Kosten sich innerhalb eines angemessenen Zeitraums amortisieren.** **Für die Nutzungen gilt § 16 Absatz 1.**	
§ 21 Abs. 3 **Die Kosten anderer als der in den Absätzen 1 und 2 bezeichneten baulichen Veränderungen haben die Wohnungseigentümer, die sie beschlossen haben, nach dem Verhältnis ihrer Anteile (§ 16 Absatz 1 Satz 2) zu tragen. Ihnen gebühren die Nutzungen entsprechend § 16 Absatz 1.**	§ 16 Abs. 6 Ein Wohnungseigentümer, der einer Maßnahme nach § 22 Abs. 1 nicht zugestimmt hat, ist nicht berechtigt, einen Anteil an Nutzungen, die auf einer solchen Maßnahme beruhen, zu beanspruchen; er ist nicht verpflichtet, Kosten, die durch eine solche Maßnahme verursacht sind, zu tragen.
§ 21 Abs. 4 **Ein Wohnungseigentümer, der nicht berechtigt ist, Nutzungen zu ziehen, kann verlangen, dass ihm dies nach billigem Ermessen gegen angemessenen Ausgleich gestattet wird. Für seine Beteiligung an den Nutzungen und Kosten gilt Absatz 3 entsprechend.**	
§ 21 Abs. 5 **Die Wohnungseigentümer können eine abweichende Verteilung der Kosten und Nutzungen beschließen. Durch einen solchen Beschluss dürfen einem Wohnungs-eigentümer, der nach den vorstehenden Absätzen Kosten nicht zu tragen hat, keine Kosten auferlegt werden.**	
§ 22 Wiederaufbau Ist das Gebäude zu mehr als der Hälfte seines Wertes zerstört und ist der Schaden nicht durch eine Versicherung oder in anderer Weise gedeckt, so kann der Wiederaufbau nicht beschlossen oder verlangt werden.	§ 22 Abs. 4 Ist das Gebäude zu mehr als der Hälfte seines Wertes zerstört und ist der Schaden nicht durch eine Versicherung oder in anderer Weise gedeckt, so kann der Wiederaufbau nicht *gemäß § 21 Abs. 3* beschlossen oder *gemäß § 21 Abs. 4* verlangt werden.
§ 23 Wohnungseigentümerversammlung	§ 23 Wohnungseigentümerversammlung

II. Gegenüberstellung der Gesetzesfassungen neu/alt

neu	alt
§ 23 Abs. 1 Angelegenheiten, über die nach diesem Gesetz oder nach einer Vereinbarung der Wohnungseigentümer die Wohnungseigentümer durch Beschluss entscheiden können, werden durch Beschlussfassung in einer Versammlung der Wohnungseigentümer geordnet. **Die Wohnungseigentümer können beschließen, dass Wohnungseigentümer an der Versammlung auch ohne Anwesenheit an deren Ort teilnehmen und sämtliche oder einzelne ihrer Rechte ganz oder teilweise im Wege elektronischer Kommunikation ausüben können.** **Abs. 1a** Die Wohnungseigentümer können mit mindestens drei Vierteln der abgegebenen Stimmen beschließen, dass die Versammlung innerhalb eines Zeitraums von längstens drei Jahren ab Beschlussfassung ohne physische Präsenz der Wohnungseigentümer und des Verwalters an einem Versammlungsort stattfindet oder stattfinden kann (virtuelle Wohnungseigentümerversammlung). Die virtuelle Wohnungseigentümerversammlung muss hinsichtlich der Teilnahme und Rechteausübung mit einer Präsenzversammlung vergleichbar sein.	§ 23 Abs. 1 Angelegenheiten, über die nach diesem Gesetz oder nach einer Vereinbarung der Wohnungseigentümer die Wohnungseigentümer durch Beschluß entscheiden können, werden durch Beschlußfassung in einer Versammlung der Wohnungseigentümer geordnet.
§ 23 Abs. 2	§ 23 Abs. 2 unverändert
§ 23 Abs. 3 Auch ohne Versammlung ist ein Beschluss gültig, wenn alle Wohnungseigentümer ihre Zustimmung zu diesem Beschluss **in Textform** erklären. **Die Wohnungseigentümer können beschließen, dass für einen einzelnen Gegen-stand die Mehrheit der abgegebenen Stimmen genügt.**	§ 23 Abs. 3 Auch ohne Versammlung ist ein Beschluß gültig, wenn alle Wohnungseigentümer ihre Zustimmung zu diesem Beschluß schriftlich erklären.
§ 23 Abs. 4 Ein Beschluss, der gegen eine Rechtsvorschrift verstößt, auf deren Einhaltung rechtswirksam nicht verzichtet werden kann, ist nichtig. Im Übrigen ist ein Beschluss gültig, solange er nicht durch rechtskräftiges Urteil für ungültig erklärt ist.	§ 23 Abs. 4 Ein Beschluss, der gegen eine Rechtsvorschrift verstößt, auf deren Einhaltung rechtswirksam nicht verzichtet werden kann, ist nichtig. Im Übrigen ist ein Beschluss gültig, solange er nicht durch rechtskräftiges Urteil für ungültig erklärt ist.
§ 24 Einberufung, Vorsitz, Niederschrift	§ 24 Einberufung, Vorsitz, Niederschrift
§ 24 Abs. 2 Die Versammlung der Wohnungseigentümer muss von dem Verwalter in den durch Vereinbarung der Wohnungseigentümer bestimmten Fällen, im übrigen dann einberufen werden, wenn dies **in Textform** unter Angabe des Zweckes und der Gründe von mehr als einem Viertel der Wohnungseigentümer verlangt wird.	§ 24 Abs. 2 Die Versammlung der Wohnungseigentümer muß von dem Verwalter in den durch Vereinbarung der Wohnungseigentümer bestimmten Fällen, im übrigen dann einberufen werden, wenn dies *schriftlich* unter Angabe des Zweckes und der Gründe von mehr als einem Viertel der Wohnungseigentümer verlangt wird.

neu	alt
§ 24 Abs. 3 Fehlt ein Verwalter oder weigert er sich pflichtwidrig, die Versammlung der Wohnungseigentümer einzuberufen, so kann die Versammlung auch durch den Vorsitzenden des Verwaltungsbeirats, dessen Vertreter **oder einen durch Beschluss ermächtigten Wohnungseigentümer** einberufen werden.	§ 24 Abs. 3 Fehlt ein Verwalter oder weigert er sich pflichtwidrig, die Versammlung der Wohnungseigentümer einzuberufen, so kann die Versammlung auch, *falls ein Verwaltungsbeirat bestellt ist, von dessen Vorsitzenden oder seinem Vertreter* einberufen werden.
§ 24 Abs. 4 Die Einberufung erfolgt in Textform. Die Frist der Einberufung soll, sofern nicht ein Fall besonderer Dringlichkeit vorliegt, mindestens **drei** Wochen betragen.	§ 24 Abs. 4 Die Einberufung erfolgt in Textform. Die Frist der Einberufung soll, sofern nicht ein Fall besonderer Dringlichkeit vorliegt, mindestens *zwei* Wochen betragen.
§ 24 Abs. 5	§ 24 Abs. 5 unverändert
§ 24 Abs. 6 Über die in der Versammlung gefassten Beschlüsse ist **unverzüglich** eine Niederschrift aufzunehmen. Die Niederschrift ist von dem Vorsitzenden und einem Wohnungseigentümer und, falls ein Verwaltungsbeirat bestellt ist, auch von dessen Vorsitzenden oder seinem Vertreter zu unterschreiben.	§ 24 Abs. 6 Über die in der Versammlung gefaßten Beschlüsse ist eine Niederschrift aufzunehmen. Die Niederschrift ist von dem Vorsitzenden und einem Wohnungseigentümer und, falls ein Verwaltungsbeirat bestellt ist, auch von dessen Vorsitzenden oder seinem Vertreter zu unterschreiben.
§ 24 Abs. 6 Satz 3 wird aufgehoben. Die Absätze 7 und 8 bleiben unverändert.	
§ 25 **Beschlussfassung**	§ 25 *Mehrheitsbeschluß*
§ 25 Abs. 1 **Bei der Beschlussfassung entscheidet die Mehrheit der abgegebenen Stimmen.**	§ 25 Abs. 1 *Für die Beschlußfassung in Angelegenheiten, über die die Wohnungseigentümer durch Stimmenmehrheit beschließen, gelten die Vorschriften der Absätze 2 bis 5.*
§ 25 Abs. 2 Jeder Wohnungseigentümer hat eine Stimme. Steht ein Wohnungseigentum mehreren gemeinschaftlich zu, so können sie das Stimmrecht nur einheitlich ausüben.	§ 25 Abs. 2 Jeder Wohnungseigentümer hat eine Stimme. Steht ein Wohnungseigentum mehreren gemeinschaftlich zu, so können sie das Stimmrecht nur einheitlich ausüben.
§ 25 <Die Absätze 3 und 4 werden durch folgenden> Absatz 3 <ersetzt:> **Vollmachten bedürfen zu ihrer Gültigkeit der Textform.**	§ 25 Abs. 3 und 4 zur Beschlussfähigkeit entfallen
§ 25 Abs. 4 Ein Wohnungseigentümer ist nicht stimmberechtigt, wenn die Beschlussfassung die Vornahme eines auf die Verwaltung des gemeinschaftlichen Eigentums bezüglichen Rechtsgeschäfts mit ihm oder die Einleitung oder Erledigung eines Rechtsstreits gegen ihn betrifft oder wenn er nach § 17 rechtskräftig verurteilt ist.	§ 25 Abs. 5 Ein Wohnungseigentümer ist nicht stimmberechtigt, wenn die Beschlußfassung die Vornahme eines auf die Verwaltung des gemeinschaftlichen Eigentums bezüglichen Rechtsgeschäfts mit ihm oder die Einleitung oder Erledigung eines Rechtsstreits *der anderen Wohnungseigentümer* gegen ihn betrifft oder wenn er nach § *18* rechtskräftig verurteilt ist.
<Der geplante § 25 Abs. 5 aus dem RegE wurde wieder gestrichen>	

neu	alt
§ 26 Bestellung und Abberufung des Verwalters	§ 26 Bestellung und Abberufung des Verwalters
§ 26 Abs. 1 Über die Bestellung und Abberufung des Verwalters beschließen die Wohnungseigentümer. § 26 Abs. 2 Die Bestellung **kann** auf höchstens fünf Jahre vorgenommen werden, im Falle der ersten Bestellung nach der Begründung von Wohnungseigentum aber auf höchstens drei Jahre. Die wiederholte Bestellung ist zulässig; sie bedarf eines erneuten Beschlusses der Wohnungseigentümer, der frühestens ein Jahr vor Ablauf der Bestellungszeit gefasst werden kann. § 26 Abs. 3 Der Verwalter kann **jederzeit** abberufen werden. **Ein Vertrag mit dem Verwalter endet spätestens sechs Monate nach dessen Abberufung.** § 26 Abs. 4 Soweit die Verwaltereigenschaft durch eine öffentlich beglaubigte Urkunde nachgewiesen werden muss, genügt die Vorlage einer Niederschrift über den Bestellungsbeschluss, bei der die Unterschriften der in § 24 Absatz 6 bezeichneten Personen öffentlich beglaubigt sind. § 26 Abs. 5 Abweichungen von den Absätzen 1 bis 3 sind nicht zulässig.	§ 26 Abs. 1 S. 1 und 2 Über die Bestellung und Abberufung des Verwalters beschließen die Wohnungs-eigentümer *mit Stimmenmehrheit.* Die Bestellung *darf* auf höchstens fünf Jahre vorgenommen werden, im Falle der ersten Bestellung nach der Begründung von Wohnungseigentum aber auf höchstens drei Jahre. § 26 Abs. 2 Die wiederholte Bestellung ist zulässig; sie bedarf eines erneuten Beschlusses der Wohnungseigentümer, der frühestens ein Jahr vor Ablauf der Bestellungszeit gefasst werden kann. *§ 26 Abs. 1 S.3 und 4* *Die Abberufung des Verwalters kann auf das Vorliegen eines wichtigen Grundes beschränkt werden. Ein wichtiger Grund liegt regelmäßig vor, wenn der Verwalter die Beschluss-Sammlung nicht ordnungsmäßig führt.* § 26 Abs. 3 Soweit die Verwaltereigenschaft durch eine öffentlich beglaubigte Urkunde nachgewiesen werden muß, genügt die Vorlage einer Niederschrift über den Bestellungsbeschluß, bei der die Unterschriften der in § 24 Absatz 6 bezeichneten Personen öffentlich beglaubigt sind. § 26 Abs. 1 S.5 *Andere* Beschränkungen der Bestellung oder Abberufung des Verwalters sind nicht zulässig.

neu	alt
§ 26a Zertifizierter Verwalter	
Abs. 1 **Als zertifizierter Verwalter darf sich bezeichnen, wer vor einer Industrie- und Handelskammer durch eine Prüfung nachgewiesen hat, dass er über die für die Tätigkeit als Verwalter notwendigen rechtlichen, kaufmännischen und technischen Kenntnisse verfügt.** Abs. 2 **Das Bundesministerium der Justiz und für Verbraucherschutz wird ermächtigt, durch Rechtsverordnung nähere Bestimmungen über die Prüfung zum zertifizierten Verwalter zu erlassen. In der Rechtsverordnung nach Satz 1 können insbesondere festgelegt werden** **1. nähere Bestimmungen zu Inhalt und Verfahren der Prüfung;** **2. Bestimmungen über das zu erteilende Zertifikat;** **3. Voraussetzungen, unter denen sich juristische Personen und Personengesellschaften als zertifizierte Verwalter bezeichnen dürfen;** **4. Bestimmungen, wonach Personen aufgrund anderweitiger Qualifikationen von der Prüfung befreit sind, insbesondere weil sie die Befähigung zum Richteramt, einen Hochschulabschluss mit immobilienwirtschaftlichem Schwerpunkt, eine abgeschlossene Berufsausbildung zum Immobilienkaufmann oder zur Immobilienkauffrau oder einen vergleichbaren Berufsabschluss besitzen.**	
§ 27 Aufgaben und Befugnisse des Verwalters	§ 27 Aufgaben und Befugnisse des Verwalters
§ 27 Abs. 1 **Der Verwalter ist gegenüber der Gemeinschaft der Wohnungseigentümer berechtigt und verpflichtet, die Maßnahmen ordnungsmäßiger Verwaltung zu treffen, die** **1. untergeordnete Bedeutung haben und nicht zu erheblichen Verpflichtungen führen oder** **2. zur Wahrung einer Frist oder zur Abwendung eines Nachteils erforderlich sind.**	<§ 27 wurde komplett neu gefasst>
§ 27 Abs. 2 **Die Wohnungseigentümer können die Rechte und Pflichten nach Absatz 1 durch Beschluss einschränken oder erweitern.**	§ 27 Abs. 4 Die dem Verwalter nach den Absätzen 1 bis 3 zustehenden Aufgaben und Befugnisse können durch Vereinbarung der Wohnungseigentümer nicht eingeschränkt oder ausgeschlossen werden.

II. Gegenüberstellung der Gesetzesfassungen neu/alt

neu	alt
§ 28 Wirtschaftsplan, **Jahresabrechnung, Vermögensbericht**	§ 28 Wirtschaftsplan, *Rechnungslegung*
§ 28 Abs. 1 **Die Wohnungseigentümer beschließen über die Vorschüsse zur Kostentragung und zu den nach § 19 Absatz 2 Nummer 4 oder durch Beschluss vorgesehenen Rücklagen.** **Zu diesem Zweck hat der Verwalter jeweils für ein Kalenderjahr einen Wirtschaftsplan aufzustellen, der darüber hinaus die voraussichtlichen Einnahmen und Ausgaben enthält.**	§ 28 Abs. 1 Der Verwalter hat jeweils für ein Kalenderjahr einen Wirtschaftsplan aufzustellen. Der Wirtschaftsplan enthält: 1. die voraussichtlichen Einnahmen und Ausgaben bei der Verwaltung des gemeinschaftlichen Eigentums; 2. die anteilmäßige Verpflichtung der Wohnungseigentümer zur Lasten- und Kostentragung; 3. die Beitragsleistung der Wohnungseigen-tümer zu der in § 21 Abs. 5 Nr. 4 vorgesehenen Instandhaltungsrückstellung.
§ 28 Abs. 2 Satz 1 **Nach Ablauf des Kalenderjahres beschließen die Wohnungseigentümer über die Einforderung von Nachschüssen oder die Anpassung der beschlossenen Vorschüsse.**	§ 28 Abs. 5 *Über den Wirtschaftsplan, die Abrechnung und die Rechnungslegung des Verwalters beschließen die Wohnungseigentümer durch Stimmenmehrheit.*
§ 28 Abs. 2 Satz 2 **Zu diesem Zweck hat der Verwalter eine Abrechnung über den Wirtschaftsplan (Jahresabrechnung) aufzustellen, die darüber hinaus die Einnahmen und Ausgaben enthält.**	§ 28 Abs. 3 *Der Verwalter hat nach Ablauf des Kalenderjahres eine Abrechnung aufzustellen.*
§ 28 Abs. 3 **Die Wohnungseigentümer können beschließen, wann Forderungen fällig werden und wie sie zu erfüllen sind.**	
§ 28 Abs. 4 **Der Verwalter hat nach Ablauf eines Kalenderjahres einen Vermögensbericht zu erstellen, der den Stand der in Absatz 1 Satz 1 bezeichneten Rücklagen und eine Aufstellung des wesentlichen Gemeinschaftsvermögens enthält. Der Vermögensbericht ist jedem Wohnungseigentümer zur Verfügung zu stellen.**	§ 28 Abs. 4 *Die Wohnungseigentümer können durch Mehrheitsbeschluß jederzeit von dem Verwalter Rechnungslegung verlangen.*
§ 29 Verwaltungsbeirat	§ 29 Verwaltungsbeirat
§ 29 Abs. 1 **Wohnungseigentümer können durch Beschluss zum Mitglied des Verwaltungsbeirats bestellt werden.** **Hat der Verwaltungsbeirat mehrere Mitglieder, ist ein Vorsitzender und ein Stellvertreter zu bestimmen.** Der Verwaltungsbeirat wird von dem Vorsitzenden nach Bedarf einberufen.	§ 29 Abs. 1 *Die Wohnungseigentümer können durch Stimmenmehrheit die Bestellung eines Verwaltungsbeirats beschließen. Der Verwaltungsbeirat besteht aus einem Wohnungseigentümer als Vorsitzenden und zwei weiteren Wohnungseigentümern als Beisitzern.* § 29 Abs. 4 Der Verwaltungsbeirat wird von dem Vorsitzenden nach Bedarf einberufen.

neu	alt
§ 29 Abs. 2 Der Verwaltungsbeirat unterstützt **und überwacht** den Verwalter bei der Durchführung seiner Aufgaben. Der Wirtschaftsplan **und die Jahresabrechnung** sollen, bevor **die Beschlüsse nach § 28 Absatz 1 Satz 1 und Absatz 2 Satz 1 gefasst werden**, vom Verwaltungsbeirat geprüft und mit dessen Stellungnahme versehen werden.	§ 29 Abs. 3 Der Wirtschaftsplan, *die Abrechnung über den Wirtschaftsplan, Rechnungslegungen und Kostenanschläge* sollen, bevor *über sie die Wohnungseigentümerversammlung beschließt*, vom Verwaltungsbeirat geprüft und mit dessen Stellungnahme versehen werden.
§ 29 Abs. 3 **Sind Mitglieder des Verwaltungsbeirats unentgeltlich tätig, haben sie nur Vorsatz und grobe Fahrlässigkeit zu vertreten.**	
Der bisherige 4. Abschnitt wird Abschnitt 5.	
§ 30 Wohnungserbbaurecht	
Der II. Teil wird Teil 2 § 32 Absatz 2 Satz 4-7 werden aufgehoben	
Teil 3 Verfahrensvorschriften	III. Teil
§ 43 Zuständigkeit	§ 43 Zuständigkeit
§ 43 Abs. 1 **Die Gemeinschaft der Wohnungseigentümer hat ihren allgemeinen Gerichtsstand bei dem Gericht, in dessen Bezirk das Grundstück liegt. Bei diesem Gericht kann auch die Klage gegen Wohnungseigentümer im Fall des § 9a Absatz 4 Satz 1 erhoben werden.**	
§ 43 Abs. 2 **Das Gericht, in dessen Bezirk das Grundstück liegt, ist ausschließlich zuständig für** **1. Streitigkeiten über die Rechte und Pflichten der Wohnungseigentümer untereinander,** **2. Streitigkeiten über die Rechte und Pflichten zwischen der Gemeinschaft der Wohnungseigentümer und Wohnungseigentümern,** **3. Streitigkeiten über die Rechte und Pflichten des Verwalters einschließlich solcher über Ansprüche eines Wohnungseigentümers gegen den Verwalter sowie** **4. Beschlussklagen gemäß § 44.**	§ 43 Das Gericht, in dessen Bezirk das Grundstück liegt, ist ausschließlich zuständig für 1. Streitigkeiten über die *sich aus der Gemeinschaft der Wohnungseigentümer und aus der Verwaltung des gemeinschaftlichen Eigentums ergebenden* Rechte und Pflichten der Wohnungseigentümer untereinander; 2. Streitigkeiten über die Rechte und Pflichten zwischen der Gemeinschaft der Wohnungseigentümer und Wohnungseigentümern; 3. Streitigkeiten über die Rechte und Pflichten des Verwalters *bei der Verwaltung des gemeinschaftlichen Eigentums*; 4. Streitigkeiten über die Gültigkeit von Beschlüssen der Wohnungseigentümer;
§ 44 Beschlussklagen	
§ 44 Abs. 1 **Das Gericht kann auf Klage eines Wohnungseigentümers einen Beschluss für ungültig erklären (Anfechtungsklage) oder seine Nichtigkeit feststellen (Nichtigkeits-klage).** **Unterbleibt eine notwendige Beschlussfassung, kann das Gericht auf Klage eines Wohnungseigentümers den Beschluss fassen (Beschlussersetzungsklage).**	§ 21 Abs. 8 *Treffen die Wohnungseigentümer eine nach dem Gesetz erforderliche Maßnahme nicht, so kann an ihrer Stelle das Gericht in einem Rechtsstreit gemäß § 43 nach billigem Ermessen entscheiden, soweit sich die Maßnahme nicht aus dem Gesetz, einer Vereinbarung oder einem Beschluss der Wohnungseigentümer ergibt.*

II. Gegenüberstellung der Gesetzesfassungen neu/alt

neu	alt
§ 44 Abs. 2 **Die Klagen sind gegen die Gemeinschaft der Wohnungseigentümer zu richten.** **Der Verwalter hat den Wohnungseigentümern die Erhebung einer Klage unverzüglich bekannt zu machen.** **Mehrere Prozesse sind zur gleichzeitigen Verhandlung und Entscheidung zu verbinden.**	§ 46 Abs. 1 Satz 1 *Die Klage eines oder mehrerer Wohnungseigentümer auf Erklärung der Ungültigkeit eines Beschlusses der Wohnungseigentümer ist gegen die übrigen Wohnungseigentümer und die Klage des Verwalters ist gegen die Wohnungseigentümer zu richten.* § 27 Abs. 1 Nr. 7 *Der Verwalter ist … verpflichtet, die Wohnungseigentümer unverzüglich darüber zu unterrichten, dass ein Rechtsstreit gemäß § 43 anhängig ist* *§ 47* *Mehrere Prozesse, in denen Klagen auf Erklärung oder Feststellung der Ungültigkeit desselben Beschlusses der Wohnungseigentümer erhoben werden, sind zur gleichzeitigen Verhandlung und Entscheidung zu verbinden.* *Die Verbindung bewirkt, dass die Kläger der vorher selbständigen Prozesse als Streitgenossen anzusehen sind.*
§ 44 Abs. 3 **Das Urteil wirkt für und gegen alle Wohnungseigentümer, auch wenn sie nicht Partei sind.**	§ 48 Abs. 3 *Über die in § 325 der Zivilprozessordnung angeordneten Wirkungen hinaus wirkt das rechtskräftige Urteil auch für und gegen alle beigeladenen Wohnungseigentümer und ihre Rechtsnachfolger sowie den beigeladenen Verwalter.*
§ 44 Abs. 4 **Die durch eine Nebenintervention verursachten Kosten gelten nur dann als notwendig zur zweckentsprechenden Rechtsverteidigung im Sinne des § 91 der Zivilprozessordnung, wenn die Nebenintervention geboten war.**	
§ 45 Fristen der Anfechtungsklage **Die Anfechtungsklage** muss innerhalb eines Monats nach der Beschlussfassung erhoben und innerhalb zweier Monate nach der Beschlussfassung begründet werden. Die §§ 233 bis 238 der Zivilprozessordnung gelten entsprechend.	§ 46 Abs. 1 Satz 2 *Sie* muss innerhalb eines Monats nach der Beschlussfassung erhoben und innerhalb zweier Monate nach der Beschlussfassung begründet werden. Die §§ 233 bis 238 der Zivilprozessordnung gelten entsprechend.
Der IV. Teil wird Teil 4	
§ 61 wird § 46 und die Überschrift wird wie folgt gefasst: § 46 Veräußerung ohne erforderliche Zustimmung.	

neu	alt
§ 46 **Veräußerung ohne erforderliche Zustimmung** Fehlt eine nach § 12 erforderliche Zustimmung, so sind die Veräußerung und das zugrundeliegende Verpflichtungsgeschäft unbeschadet der sonstigen Voraussetzungen wirksam, wenn die Eintragung der Veräußerung oder einer Auflassungsvormerkung in das Grundbuch vor dem 15. Januar 1994 erfolgt ist und es sich um die erstmalige Veräußerung dieses Wohnungseigentums nach seiner Begründung handelt, es sei denn, dass eine rechtskräftige gerichtliche Entscheidung entgegensteht. Das Fehlen der Zustimmung steht in diesen Fällen dem Eintritt der Rechtsfolgen des § 878 des Bürgerlichen Gesetzbuchs nicht entgegen. Die Sätze 1 und 2 gelten entsprechend in den Fällen der §§ 30 und 35 des Wohnungseigentumsgesetzes.	
§ 47 **Auslegung von Altvereinbarungen** Vereinbarungen, die vor dem 1.12.2020 getroffen wurden und die von solchen Vorschriften dieses Gesetzes abweichen, die durch das Wohnungseigentumsmodernisierungsgesetz vom 16.10.2020 (BGBl. I S. 2187) geändert wurden, stehen der Anwendung dieser Vorschriften in der vom 1.12.2020 an geltenden Fassung nicht entgegen, soweit sich aus der Vereinbarung nicht ein anderer Wille ergibt. **Ein solcher Wille ist in der Regel nicht anzunehmen.**	
§ 48 Übergangsvorschriften **Abs. 1** § 5 Absatz 4, § 7 Absatz 2 und § 10 Absatz 3 in der vom 1. Dezember 2020 an geltenden Fassung gelten auch für solche Beschlüsse, die vor diesem Zeitpunkt gefasst oder durch gerichtliche Entscheidung ersetzt wurden. Abweichend davon bestimmt sich die Wirksamkeit eines Beschlusses im Sinne des Satzes 1 gegen den Sondernachfolger eines Wohnungseigentümers nach § 10 Absatz 4 in der vor dem 1.12.2020 geltenden Fassung, wenn die Sondernachfolge bis zum 31.12.2025 eintritt. Jeder Wohnungseigentümer kann bis zum **31.12.2025** verlangen, dass ein Beschluss im Sinne des Satzes 1 **erneut** gefasst wird; § 204 Absatz 1 Nummer 1 des Bürgerlichen Gesetzbuchs gilt entsprechend. ……	

neu	alt
Abs. 4 § 19 Absatz 2 Nummer 6 ist ab dem 1.12.2022 anwendbar. Eine Person, die am 1.12.2020 Verwalter einer Gemeinschaft der Wohnungseigentümer war, gilt gegenüber den Wohnungseigentümern dieser Gemeinschaft der Wohnungseigentümer bis zum 1.6.2024 als zertifizierter Verwalter. … Abs. 6 Fassen die Wohnungseigentümer vor dem 1. Januar 2028 einen Beschluss nach § 23 Absatz 1a, ist bis einschließlich 2028 mindestens einmal im Jahr eine Präsenzversammlung durchzuführen, sofern die Wohnungseigentümer hierauf nicht durch einstimmigen Beschluss verzichten. Ein Verstoß gegen diese Pflicht führt nicht zur Nichtigkeit oder Anfechtbarkeit der in einer virtuellen Wohnungseigentümerversammlung gefassten Beschlüsse.	
Änderungen des GKG	
§ 49 GKG Beschlussklagen nach dem Wohnungseigentumsgesetz	**§ 49a GKG** Wohnungseigentumssachen
Der **Streitwert** in Verfahren nach § 44 Absatz 1 des Wohnungseigentumsgesetzes ist auf das Interesse aller Wohnungseigentümer an der Entscheidung festzusetzen. Er darf den **sieben-einhalbfachen Wert** des Interesses des Klägers und der auf seiner Seite Beigetretenen sowie den Verkehrswert ihres Wohnungseigentums nicht übersteigen.	Der Streitwert ist auf 50 Prozent des Interesses der Parteien und aller Beigeladenen an der Entscheidung festzusetzen. Er darf das Interesse des Klägers und der auf seiner Seite Beigetretenen an der Entscheidung nicht unterschreiten und das **Fünffache des Wertes** ihres Interesses nicht überschreiten. Der Wert darf in keinem Fall den Verkehrswert des Wohnungseigentums des Klägers und der auf seiner Seite Beigetretenen übersteigen. (2) Richtet sich eine Klage gegen einzelne Wohnungseigentümer, darf der Streitwert das Fünffache des Wertes ihres Interesses sowie des Interesses der auf ihrer Seite Beigetretenen nicht übersteigen. 2Absatz 1 Satz 3 gilt entsprechend.

Anhänge

Anhang 1 WGV mit Anlagen 1-4

Verordnung über die Anlegung und Führung der Wohnungs- und Teileigentumsgrundbücher (Wohnungsgrundbuchverfügung – WGV)

In der Fassung der Bekanntmachung vom 24. Januar 1995 (BGBl. I S. 134)
Zuletzt geändert durch Artikel 8 des Gesetzes vom 16. Oktober 2020 (BGBl. I S. 2187)

§ 1 WGV

Für die gemäß § 7 Abs. 1, § 8 Abs. 2 des Wohnungseigentumsgesetzes vom 15. März 1951 (Bundesgesetzbl. I S. 175) für jeden Miteigentumsanteil anzulegenden besonderen Grundbuchblätter (Wohnungs- und Teileigentumsgrundbücher) sowie für die gemäß § 30 Abs. 3 des Wohnungseigentumsgesetzes anzulegenden Wohnungs- und Teilerbbaugrundbücher gelten die Vorschriften der Grundbuchverfügung entsprechend, soweit sich nicht aus den §§ 2 bis 5, 8 und 9 etwas anderes ergibt.

§ 2 WGV

In der Aufschrift ist unter die Blattnummer in Klammern das Wort »Wohnungsgrundbuch« oder »Teileigentumsgrundbuch« zu setzen, je nachdem, ob sich das Sondereigentum auf eine Wohnung oder auf nicht zu Wohnzwecken dienende Räume bezieht. Ist mit dem Miteigentumsanteil Sondereigentum sowohl an einer Wohnung als auch an nicht zu Wohnzwecken dienenden Räumen verbunden und überwiegt nicht einer dieser Zwecke offensichtlich, so ist das Grundbuchblatt als »Wohnungs- und Teileigentumsgrundbuch« zu bezeichnen.

§ 3 WGV

(1) Im Bestandsverzeichnis sind in dem durch die Spalte 3 gebildeten Raum einzutragen:

a) der in einem zahlenmäßigen Bruchteil ausgedrückte Miteigentumsanteil an dem Grundstück;
b) die Bezeichnung des Grundstücks nach den allgemeinen Vorschriften; besteht das Grundstück aus mehreren Teilen, die in dem maßgebenden amtlichen Verzeichnis (§ 2 Abs. 2 der Grundbuchordnung) als selbstständige Teile eingetragen sind, so ist bei der Bezeichnung des Grundstücks in geeigneter Weise zum Ausdruck zu bringen, dass die Teile ein Grundstück bilden;
c) das mit dem Miteigentumsanteil verbundene Sondereigentum und die Beschränkung des Miteigentums durch die Einräumung der zu den anderen Miteigentumsanteilen gehörenden Sondereigentumsrechte; dabei sind die Grundbuchblätter der übrigen Miteigentumsanteile anzugeben.

(2) Wegen des Gegenstandes und des Inhalts des Sondereigentums kann auf die Eintragungsbewilligung und einen Nachweis nach § 7 Absatz 2 Satz 1 des Wohnungseigentumsgesetzes Bezug genommen werden (§ 7 Absatz 3 Satz 1 des Wohnungseigentumsgesetzes); vereinbarte Veräußerungsbeschränkungen (§ 12 des Wohnungseigentumsgesetzes) und Vereinbarungen über die Haftung von Sondernachfolgern für Geldschulden sind jedoch ausdrücklich einzutragen (§ 7 Absatz 3 Satz 2 des Wohnungseigentumsgesetzes).

(3) In Spalte 1 ist die laufende Nummer der Eintragung einzutragen. In Spalte 2 ist die bisherige laufende Nummer des Miteigentumsanteils anzugeben, aus dem der Miteigentumsanteil durch Vereinigung oder Teilung entstanden ist.

(4) In Spalte 4 ist die Größe des im Miteigentum stehenden Grundstücks nach den allgemeinen Vorschriften einzutragen.

(5) In den Spalten 6 und 8 sind die Übertragung des Miteigentumsanteils auf das Blatt sowie die Veränderungen, die sich auf den Bestand des Grundstücks, die Größe des Miteigentumsanteils oder

den Gegenstand oder den Inhalt des Sondereigentums beziehen, einzutragen. Der Vermerk über die Übertragung des Miteigentumsanteils auf das Blatt kann jedoch statt in Spalte 6 auch in die Eintragung in Spalte 3 aufgenommen werden.

(6) Verliert durch die Eintragung einer Veränderung nach ihrem aus dem Grundbuch ersichtlichen Inhalt eine frühere Eintragung ganz oder teilweise ihre Bedeutung, so ist sie insoweit rot zu unterstreichen.

(7) Vermerke über Rechte, die dem jeweiligen Eigentümer des Grundstücks zustehen, sind in den Spalten 1, 3 und 4 des Bestandsverzeichnisses sämtlicher für Miteigentumsanteile an dem herrschenden Grundstück angelegten Wohnungs- und Teileigentumsgrundbücher einzutragen. Hierauf ist in dem in Spalte 6 einzutragenden Vermerk hinzuweisen.

§ 4 WGV

(1) Rechte, die ihrer Natur nach nicht an dem Wohnungseigentum als solchem bestehen können (wie z.B. Wegerechte), sind in Spalte 3 der zweiten Abteilung in der Weise einzutragen, dass die Belastung des ganzen Grundstücks erkennbar ist. Die Belastung ist in sämtlichen für Miteigentumsanteile an dem belasteten Grundstück angelegten Wohnungs- und Teileigentumsgrundbüchern einzutragen, wobei jeweils auf die übrigen Eintragungen zu verweisen ist.

(2) Absatz 1 gilt entsprechend für Verfügungsbeschränkungen, die sich auf das Grundstück als Ganzes beziehen.

§ 5 WGV

Bei der Bildung von Hypotheken-, Grundschuld- und Rentenschuldbriefen ist kenntlich zu machen, dass der belastete Gegenstand ein Wohnungseigentum (Teileigentum) ist.

§ 6 WGV

Sind gemäß § 7 Abs. 1 oder § 8 Abs. 2 des Wohnungseigentumsgesetzes für die Miteigentumsanteile besondere Grundbuchblätter anzulegen, so werden die Miteigentumsanteile in den Spalten 7 und 8 des Bestandsverzeichnisses des Grundbuchblattes des Grundstücks abgeschrieben. Die Schließung des Grundbuchblatts gemäß § 7 Abs. 1 Satz 3 des Wohnungseigentumsgesetzes unterbleibt, wenn auf dem Grundbuchblatt von der Abschreibung nicht betroffene Grundstücke eingetragen sind.

§ 7 WGV

(weggefallen)

§ 8 WGV

Die Vorschriften der §§ 2 bis 6 gelten für Wohnungs- und Teilerbbaugrundbücher entsprechend.

§ 9 WGV

Die nähere Einrichtung der Wohnungs- und Teileigentumsgrundbücher sowie der Wohnungs- und Teilerbbaugrundbücher ergibt sich aus den als Anlagen 1 und 3[1] beigefügten Mustern. Für den Inhalt eines Hypothekenbriefs bei der Aufteilung des Eigentums am belasteten Grundstück in Wohnungseigentumsrechte nach § 8 des Wohnungseigentumsgesetzes dient die Anlage 4 als Muster. Die in den Anlagen befindlichen Probeeintragungen sind als Beispiele nicht Teil dieser Verfügung.

§ 10 WGV

(1) Die Befugnis der zuständigen Landesbehörden, zur Anpassung an landesrechtliche Besonderheiten ergänzende Vorschriften zu treffen, wird durch diese Verfügung nicht berührt.

1 Beachte: Anlagen nicht enthalten.

(2) Soweit auf die Vorschriften der Grundbuchverfügung verwiesen wird und deren Bestimmungen nach den für die Überleitung der Grundbuchverfügung bestimmten Maßgaben nicht anzuwenden sind, treten an die Stelle der in Bezug genommenen Vorschriften der Grundbuchverfügung die entsprechenden anzuwendenden Regelungen über die Einrichtung und Führung der Grundbücher. Die in § 3 vorgesehenen Angaben sind in diesem Falle in die entsprechenden Spalten für den Bestand einzutragen.

(3) Ist eine Aufschrift mit Blattnummer nicht vorhanden, ist die in § 2 erwähnte Bezeichnung an vergleichbarer Stelle im Kopf der ersten Seite des Grundbuchblatts anzubringen.

(4) Wurde von der Anlegung besonderer Grundbuchblätter abgesehen, sollen diese bei der nächsten Eintragung, die das Wohnungseigentum betrifft, spätestens jedoch bei der Anlegung des Datenbankgrundbuchs angelegt werden.

§ 11 WGV

(Inkrafttreten)

Anlagen 1 bis 4

zur Verordnung über die Anlegung und Führung der Wohnungs- und Teileigentumsgrundbücher (Wohnungsgrundbuchverfügung – WGV)

Hinweise:

Die Anlagen sind im Zuge der Neufassung der Wohnungsgrundbuchverfügung vom 24.01.1995 aktualisiert worden.

Nicht wiedergegeben ist die farbliche Gestaltung der in Papierform geführten Grundbücher:
- Weiß für die Aufschrift und das Bestandsverzeichnis,
- Rosa für die Abteilung I,
- Gelb für die Abteilung II,
- Grün für die Abteilung III.

Die Rotunterstreichungen sind durch schwarze Linien dargestellt.

Anlage 1
(zu § 9)

Muster
(Wohnungs- und Teileigentumsgrundbuch)

Amtsgericht

Schönberg

Grundbuch
von

Waslingen

Blatt 171

(~~Wohnungs- und Teileigentumsgrundbuch~~)

(Wohnungsgrundbuch)

Amtsgericht Schönberg

Einlegebogen

Grundbuch von Waslingen **Blatt** 171 **Bestandsverzeichnis** 1

Lfd. Nr. der Grundstücke	Bisherige lfd. Nr. der Grundstücke	Bezeichnung der Grundstücke und der mit dem Eigentum verbundenen Rechte		Größe
		Gemarkung Flur Flurstück	Wirtschaftsart und Lage	m²
		a/b/c	d	
1	2	3		4
1	-	42/100 (zweiundvierzig Hundertstel) Miteigentumsanteil an dem Grundstück		
		Waslingen 3 112	Gebäude- und Freifläche, Mühlenstr.10	468
		verbunden mit dem Sondereigentum an dem Ladenlokal im Erdgeschoß und an der Wohnung im ersten Stockwerk links, im Aufteilungsplan bezeichnet mit Nr. 1. Das Miteigentum ist durch die Einräumung der zu den anderen Miteigentumsanteilen gehörenden Sondereigentumsrechte (eingetragen in den Blättern 171 bis 176, ausgenommen dieses Blatt) beschränkt. Veräußerungsbeschränkung: Zustimmung durch die Mehrheit der übrigen Wohnungs- und Teileigentümer. Im übrigen wird wegen des Gegenstands und des Inhalts des Sondereigentums auf die Bewilligung vom 6. Mai 1981 Bezug genommen. Eingetragen am 15. Mai 1981. Neu Meier		
2	Rest von 1	14/100 (vierzehn Hundertstel) Miteigentumsanteil an dem Grundstück		
		Waslingen 3 112	Gebäude- und Freifläche, Mühlenstr. 10	468
		verbunden mit dem Sondereigentum an der Wohnung im ersten Stockwerk links, im Aufteilungsplan bezeichnet mit Nr. 1. Das Miteigentum ist durch die Einräumung der zu den anderen Miteigentumsanteilen gehörenden Sondereigentumsrechte (eingetragen in den Blättern 171 bis 176, 227, ausgenommen dieses Blatt) beschränkt.		
3 zu 2		Licht- und Fensterrecht an dem Grundstück Waslingen Flur 3 Flurstück 119, eingetragen im Grundbuch von Waslingen Blatt 21 Abt. II Nr. 2, zugunsten des jeweiligen Eigentümers des Grundstücks Waslingen Flur 3 Flurstück 112.		

Amtsgericht Schönberg **Einlegebogen**

Grundbuch von Waslingen **Blatt** 171 **Bestandsverzeichnis** 1 R

Bestand und Zuschreibungen		Abschreibungen	
Zur lfd. Nr. der Grundstücke		Zur lfd. Nr. der Grundstücke	
5	6	7	8
1	Der Miteigentumsanteil ist bei Anlegung dieses Blattes von Blatt 47 hierher übertragen am 15. Mai 1981. Neu Meier	1, 2	Von Nr. 1 sind 28/100 Miteigentumsanteil, verbunden mit Sondereigentum an dem Laden im Erdgeschoß, übertragen nach Blatt 227 am 18. Juli 1985. Rest: Nr. 2. Neu Meier
3 zu 2	Hier sowie auf den für die übrigen Miteigentumsanteile angelegten Grundbuchblättern (Blätter 172 bis 176, Blatt 227) vermerkt am 26. April 1986. Schmidt Lehmann		
2	Der Inhalt des Sondereigentums ist dahin geändert, daß a) die Zustimmung zur Veräußerung nicht erforderlich ist im Falle der Versteigerung nach § 19 des Wohnungseigentumsgesetzes sowie bei Veräußerung im Wege der Zwangsvollstreckung oder durch den Konkursverwalter; b) über den Gebrauch des Hofraums eine Vereinbarung getroffen ist. Eingetragen unter Bezugnahme auf die Bewilligung vom 18. August 1988 am 2. September 1988. Schmidt Lehmann		
2	Der Gegenstand des Sondereigentums ist bezüglich eines Raumes geändert. Unter Bezugnahme auf die Bewilligung vom 28. Februar 1989 eingetragen am 21. März 1989. Schmidt Lehmann		

Fortsetzung auf Einlegebogen

Amtsgericht Schönberg **Einlegebogen**

Grundbuch von Waslingen **Blatt** 171 **Erste Abteilung** 1

Lfd. Nr. der Eintragungen	Eigentümer	Lfd. Nr. der Grundstücke im Bestandsverzeichnis	Grundlage der Eintragung
1	2	3	4
1a b	Müller, Johann, geb. am 21. Februar 1938, Waslingen Müller, Johanna, geb. Schmitz, geb. am 27. Juli 1940, Waslingen - je zu 1/2 -	1 3 ---- zu 2	Der Miteigentumsanteil ist aufgelassen am 6. Mai 1981; eingetragen am 15. Mai 1981. Neu Meier In Blatt 21 eingetragen am 26. April 1986; hier vermerkt am 26. April 1986. Schmidt Lehmann

Amtsgericht Schönberg **Einlegebogen**

Grundbuch von Waslingen **Blatt** 171 **Zweite Abteilung** 1

Lfd. Nr. der Eintragungen	Lfd. Nr. der betroffenen Grundstücke im Bestandsverzeichnis	Lasten und Beschränkungen
1	2	3
1	1	Geh- und Fahrtrecht an dem Grundstück Flur 3 Flurstück Nr. 112 für den jeweiligen Eigentümer des Grundstücks Blatt 4 Nr. 2 des Bestandsverzeichnisses (Flur 3 Flurstück 115); eingetragen in Blatt 47 am 4. April 1943 und hierher sowie auf die für die anderen Miteigentumsanteile angelegten Grundbuchblätter (Blätter 172 bis 176) übertragen am 15. Mai 1981. Neu Meier
2	2	Wohnungsrecht für Müller, Emilie, geb. Schulze, geb. am 13. März 1912, Waslingen. Eingetragen unter Bezugnahme auf die Bewilligung vom 20. September 1986 am 11. Oktober 1986. Schmidt Lehmann

Amtsgericht Schönberg **Einlegebogen**

Grundbuch von Waslingen **Blatt** 171 **Dritte Abteilung** 1

Lfd. Nr. der Eintragungen	Lfd. Nr. der belasteten Grundstücke im Bestandsverzeichnis	Betrag	Hypotheken, Grundschulden, Rentenschulden
1	2	3	4
1	1	10 000 DM	Zehntausend Deutsche Mark Darlehen, mit sechs vom Hundert jährlich verzinslich, für die Stadtsparkasse Waslingen. Die Erteilung eines Briefes ist ausgeschlossen. Unter Bezugnahme auf die Bewilligung vom 8. Mai 1981 als Gesamtbelastung in den Blättern 171 bis 176 eingetragen am 17. Mai 1981. Neu Meier
2	2	3 000 DM	Dreitausend Deutsche Mark Grundschuld mit sechs vom Hundert jährlich verzinslich für Ernst Nuter, geb. am 23. April 1940, Neudorf. Unter Bezugnahme auf die Bewilligung vom 17. Januar 1986 eingetragen am 2. Februar 1986. Schmidt Lehmann

Amtsgericht Schönberg **Einlegebogen**

Grundbuch von Waslingen **Blatt** 171 **Dritte Abteilung** 1 R

Veränderungen			Löschungen		
Lfd. Nr. der Spalte 1	Betrag		Lfd. Nr. der Spalte 1	Betrag	
5	6	7	8	9	10
1	10 000 DM	Weitere Mithaft besteht in Blatt 227; eingetragen am 18. Juli 1985. Neu Meier			

Fortsetzung auf Einlegebogen

Anlage 3
(zu § 9)

Muster
(Aufschrift und Bestandsverzeichnis eines Wohnungserbbaugrundbuchs)

Amtsgericht

Schönberg

Grundbuch

von

Waslingen

Blatt 148

(Wohnungserbbaugrundbuch)

Einlegebogen

Amtsgericht Schönberg

Grundbuch von Waslingen **Blatt** 148 **Bestandsverzeichnis** 1

Lfd. Nr. der Grundstücke	Bisherige lfd. Nr. der Grundstücke	Bezeichnung der Grundstücke und der mit dem Eigentum verbundenen Rechte		Größe
		Gemarkung Flur Flurstück	Wirtschaftsart und Lage	m²
		a/b/c	d	
1	2	3		4
1	-	1/12 (ein Zwölftel) Anteil an dem Erbbaurecht, das im Grundbuch von Waslingen Blatt 23 als Belastung des im Bestandsverzeichnis unter Nr. 2 verzeichneten Grundstücks		
		Waslingen 5 102 --- 66	Garten an der Wublitz	2 515
		in Abteilung II Nr. 1 für die Dauer von 99 Jahren seit dem Tag der Eintragung, dem 1. Juni 1981, eingetragen ist.		
		Grundstückseigentümer: Walter Breithaupt, geb. am 1. März 1947, Waslingen.		
		Unter Bezugnahme auf die Bewilligung vom 26. April 1981 bei Anlegung dieses Wohnungserbbaugrundbuchs hier vermerkt am 1. Juni 1981.		
		Mit dem Anteil an dem Erbbaurecht ist das Sondereigentum an der Wohnung im ersten Stockwerk links, im Aufteilungsplan bezeichnet mit Nr. 12, des auf Grund des Erbbaurechts zu errichtenden Gebäudes verbunden. Der Anteil ist durch die Einräumung der zu den anderen Anteilen gehörenden Sondereigentumsrechte (eingetragen in den Blättern 137 bis 148, ausgenommen dieses Blatt) beschränkt.		
		Der Wohnungserbbauberechtigte bedarf zur Veräußerung des Wohnungserbbaurechts der Zustimmung der Mehrheit der übrigen Wohnungserbbauberechtigten.		
		Im übrigen wird wegen des Gegenstands und des Inhalts des Sondereigentums auf die Bewilligung vom 15. Mai 1981 Bezug genommen. Eingetragen am 1. Juni 1981. Fuchs Körner		
		Der Inhalt des Erbbaurechts ist bezüglich der Heimfallgründe geändert. Unter Bezugnahme auf die Bewilligung vom 11. September 1985 eingetragen am 3. Oktober 1985. Fuchs Körner		

Amtsgericht Schönberg **Einlegebogen**

Grundbuch von Waslingen **Blatt** 148 **Bestandsverzeichnis** 1 R

Bestand und Zuschreibungen		Abschreibungen	
Zur lfd. Nr. der Grundstücke		Zur lfd. Nr. der Grundstücke	
5	6	7	8
1	Der Inhalt des Sondereigentums ist hinsichtlich der Gebrauchsregelung geändert. Unter Bezugnahme auf die Bewilligung vom 20. Februar 1986 eingetragen am 3. März 1986. Fuchs Körner		

Fortsetzung auf Einlegebogen

Anlage 4
(zu § 9)

Muster

(Probeeintragungen
in einen Hypothekenbrief
bei Aufteilung des Eigentums am belasteten Grundstück
in Wohnungseigentumsrechte nach § 8 des Wohnungseigentumsgesetzes)

Deutscher
Hypothekenbrief

über

100 000 Deutsche Mark

eingetragen im Grundbuch von

Waslingen (Amtsgericht Schönberg)

Blatt 88 Abteilung III Nr. 3 (drei)

Inhalt der Eintragung:

Nr. 3: 100 000 (einhunderttausend) Deutsche Mark Darlehen für die Darlehensbank Aktiengesellschaft in Waslingen mit sechseinhalb vom Hundert jährlichen Zinsen. Unter Bezugnahme auf die Eintragungsbewilligung vom 28. September 1979 eingetragen am 18. Oktober 1979.

Belastetes Grundstück:

Das im Bestandsverzeichnis des Grundbuchs unter Nr. 1 verzeichnete Grundstück.

Schönberg, den 18. Oktober 1979

Amtsgericht

(Siegel oder Stempel)

(Unterschriften)

Das Eigentum an dem belasteten Grundstück ist in Wohnungseigentum aufgeteilt worden. Für die einzelnen Wohnungseigentumsrechte ist am 26. September 1980 jeweils ein Wohnungsgrundbuch angelegt worden. Diese Wohnungsgrundbücher haben folgende Bezeichnungen:

Wohnungsgrundbuch von Waslingen

Blatt
97
98
99
100

In den vorgenannten Wohnungsgrundbüchern ist das Wohnungseigentum jeweils unter Nr. 1 im Bestandsverzeichnis eingetragen worden. Die Hypothek ist jeweils in die dritte Abteilung dieser Wohnungsgrundbücher unter Nr. 1 (eins) übertragen worden. Das Grundbuch von Waslingen Band 3 Blatt 88 ist geschlossen worden.*)

Schönberg, den 29. September 1980

Amtsgericht

(Siegel oder Stempel)

(Unterschriften)

*) Dieser Satz entfällt im Falle des § 6 Satz 2 der Wohnungsgrundbuchverfügung.

Anhang 2

Allgemeine Verwaltungsvorschrift für die Ausstellung von Bescheinigungen nach dem Wohnungseigentumsgesetz (AVA)

Vom 6. Juli 2021 (BAnz AT 12.07.2021 B2; geändert durch Verwaltungsvorschrift vom 19.12.2022 (BAnz AT 28.12.2022 B3))

Nach Artikel 84 Absatz 2 des Grundgesetzes erlässt die Bundesregierung die folgende Allgemeine Verwaltungsvorschrift:

§ 1 Anwendungsbereich

Diese Allgemeine Verwaltungsvorschrift gilt für die Ausstellung von Bescheinigungen gemäß § 7 Absatz 4 Satz 1 Nummer 2 und § 32 Absatz 2 Satz 2 Nummer 2 des Wohnungseigentumsgesetzes in der Fassung der Bekanntmachung vom 12. Januar 2021 (BGBl. I S. 34).

§ 2 Zuständigkeit

Die Bescheinigungen werden von der nach Landesrecht zuständigen Behörde erteilt.

§ 3 Antrag

(1) Antragsberechtigt ist der Eigentümer, der Erbbauberechtigte und jede andere Person, die ein berechtigtes Interesse glaubhaft macht (zum Beispiel Erwerber).

(2) Der Antrag ist schriftlich oder elektronisch zu stellen. Wird der Antrag elektronisch gestellt und hat die jeweilige Landesregierung durch Rechtsverordnung nach § 135 Absatz 1 Satz 2 der Grundbuchordnung festgelegt, dass dem Grundbuchamt Dokumente elektronisch übermittelt werden können, so sind die in der jeweiligen Rechtsverordnung enthaltenen Formvorgaben einzuhalten.

(3) Dem Antrag ist eine Bauzeichnung beizufügen. Im Falle der schriftlichen Antragstellung ist die Bauzeichnung in zweifacher Ausfertigung beizufügen und darf sie das Format DIN A3 nicht übersteigen. Im Falle der elektronischen Antragstellung muss die Bauzeichnung als elektronisches Dokument übermittelt werden, das im Format DIN A3 druckbar ist. Die Bauzeichnung muss bei bestehenden Gebäuden eine Baubestandszeichnung sein.

§ 4 Voraussetzungen

(1) Die Bescheinigung ist auszustellen, wenn

1. die Wohnungen und die nicht zu Wohnzwecken dienenden Räume, an denen Sondereigentum begründet oder ein Dauerwohnrecht bestellt werden soll, in sich abgeschlossen sind (§ 3 Absatz 3 Alternative 1 des Wohnungseigentumsgesetzes) und
2. die Stellplätze, an denen Sondereigentum begründet werden soll, sowie die außerhalb des Gebäudes liegenden Teile des Grundstücks, auf die sich das Sondereigentum erstrecken soll, durch Maßangaben bestimmt sind (§ 3 Absatz 3 Alternative 2 des Wohnungseigentumsgesetzes).

(2) Die Bescheinigung ist ungeachtet bauordnungsrechtlicher Vorschriften zu erteilen.

§ 5 Abgeschlossenheit

(1) Abgeschlossen sind Wohnungen und nicht zu Wohnzwecken dienende Räume, wenn sie

1. baulich vollkommen von fremden Wohnungen und Räumen abgetrennt sind (zum Beispiel durch Wände und Decken) und
2. einen eigenen abschließbaren Zugang unmittelbar vom Freien, von einem Treppenhaus oder einem Vorraum haben; der Zugang darf nicht über ein anderes Sondereigentum oder ohne dingliche Absicherung über ein Nachbargrundstück führen.

(2) Zu einer abgeschlossenen Wohnung oder zu in sich abgeschlossenen, nicht zu Wohnzwecken dienenden Räumen können zusätzliche abschließbare Räume außerhalb des jeweiligen Abschlusses gehören.

§ 6 Maßangaben

Die Maßangaben zu Stellplätzen und Teilen des Grundstücks müssen es ermöglichen, die Größe und Lage der zum Sondereigentum gehörenden Flächen ausgehend von den Grenzen des Grundstücks oder eines Gebäudes zu bestimmen.

§ 7 Sondereigentum an Stellplätzen

(1) Das Sondereigentum an einem Stellplatz kann zu einer abgeschlossenen Wohnung oder zu in sich abgeschlossenen, nicht zu Wohnzwecken dienenden Räumen gehören. Wenn der Stellplatz über das gemeinschaftliche Eigentum zugänglich ist, kann er auch alleiniger Gegenstand einer Teileigentumseinheit sein.

(2) Absatz 1 gilt auch für einen Stellplatz in einer Mehrfachparkanlage. In der Bauzeichnung muss jeder Stellplatz in einer Mehrfachparkanlage, an dem Sondereigentum begründet werden soll, eindeutig bezeichnet werden (zum Beispiel »Nr. 5 (oben)«, »Nr. 6 (unten)«). Zulässig ist es auch, jede Ebene einer Mehrfachparkanlage wie ein eigenständiges Stockwerk darzustellen (zum Beispiel »obere Stellplätze in den Mehrfachparkanlagen«, »untere Stellplätze in den Mehrfachparkanlagen«).

§ 8 Bescheinigung

(1) Die Bescheinigung nach § 7 Absatz 4 Satz 1 Nummer 2 des Wohnungseigentumsgesetzes ist nach dem Muster der Anlage 1, die Bescheinigung nach § 32 Absatz 2 Satz 2 Nummer 2 des Wohnungseigentumsgesetzes nach dem Muster der Anlage 2 auszustellen.

(2) Die Bescheinigung ist mit Unterschrift sowie Siegel oder Stempel zu versehen. Mit der Bescheinigung ist eine als Aufteilungsplan bezeichnete und mit Unterschrift sowie mit Siegel oder Stempel versehene Ausfertigung der Bauzeichnung zu erteilen. Die Zusammengehörigkeit von Bescheinigung und Aufteilungsplan ist durch Verbindung beider mittels Schnur und Siegel ersichtlich zu machen oder durch übereinstimmende Aktenbezeichnung; auf Antrag ist sie nur durch übereinstimmende Aktenbezeichnung ersichtlich zu machen.

(3) Wurde der Antrag elektronisch gestellt und hat die jeweilige Landesregierung durch Rechtsverordnung nach § 135 Absatz 1 Satz 2 der Grundbuchordnung festgelegt, dass dem Grundbuchamt Dokumente elektronisch übermittelt werden können, so ist die Bescheinigung samt Aufteilungsplan elektronisch zu erteilen. An die Stelle der Unterschrift und des Siegels oder Stempels tritt eine qualifizierte elektronische Signatur, wobei das der Signatur zugrundeliegende qualifizierte Zertifikat die Behörde erkennen lassen muss. Die Zusammengehörigkeit von Bescheinigung und Aufteilungsplan ist durch übereinstimmende Aktenbezeichnung ersichtlich zu machen oder durch kryptografische Verfahren nach dem Stand der Technik herzustellen, wenn Bescheinigung und Aufteilungsplan nicht in demselben elektronischen Dokument enthalten sind.

§ 9 Inkrafttreten, Außerkrafttreten

Diese Allgemeine Verwaltungsvorschrift tritt am Tag nach ihrer Veröffentlichung in Kraft. Gleichzeitig tritt die Allgemeine Verwaltungsvorschrift für die Ausstellung von Bescheinigungen gemäß § 7 Abs. 4 Nr. 2 und § 32 Abs. 2 Nr. 2 des Wohnungseigentumsgesetzes vom 19. März 1974 (BAnz. Nr. 58 vom 23. März 1974) außer Kraft.

Anlage 1

Bescheinigung nach § 7 Absatz 4 Satz 1 Nummer 2 des Wohnungseigentumsgesetzes

Auf Grundlage des beiliegenden Aufteilungsplans für das Grundstück in… (Ort),… (Straße, Hausnummer), (katastermäßige Bezeichnung) wird bescheinigt:

Die Voraussetzungen des § 3 Absatz 3 des Wohnungseigentumsgesetzes liegen vor.

(Ort), (Datum)

(Siegel oder Stempel) (Unterschrift)

Anlage 2

Bescheinigung nach § 32 Absatz 2 Satz 2 Nummer 2 des Wohnungseigentumsgesetzes

Auf Grundlage des beiliegenden Aufteilungsplans für das Grundstück in… (Ort),… (Straße, Hausnummer), (katastermäßige Bezeichnung) wird bescheinigt:

Die Voraussetzungen des § 32 Absatz 1 des Wohnungseigentumsgesetzes liegen vor.

(Ort), (Datum)

(Siegel oder Stempel) (Unterschrift)

Stichwortverzeichnis

Halbfett gedruckte Ziffern verweisen auf den Paragraphen und mager gedruckte Ziffern auf die Randnummer der Kommentierung.